가나다순 법령 찾기(別冊)

＊별표는 각 해당 법령의 별표를 가리키는 것임.

가 部

나 部

다 部

라 部

마 部

바 部

사 部

아 部

자 部

차部

타部

파部

하部

農林編

粉青沙器象嵌牡丹紋

(舊 : 농어업 · 농어촌 및 식품산업 기본법)

농업 · 농촌 및 식품산업 기본법(약칭 : 농업식품기본법)

(2009년 5월 27일 전부개정법률 제9717호)

개정
2010. 3.31법10220호(지방세특례제한법)
2011. 3. 9법10449호 2011. 7.25법10935호
2011.11.22법11094호 2012.10.22법11499호
2012.12.18법11561호 2013. 3.23법11694호
2013. 8.13법12061호 2014. 3.18법12438호
2014. 5.20법12605호
2015. 1.20법13054호(수산)
2015. 6.22법13356호
2015. 6.22법13383호(수산업 · 어촌발전기본법)
2017. 3.21법14647호 2018. 2.21법15387호
2018. 9.18법15769호 2019. 1.15법16229호
2020. 2.11법16973호
2020.12. 8법17618호(양식산업발전법)
2022. 1. 4법18689호
2023.10.24법19750호→2024년 1월 25일 시행하는 부분은 가제 수록하였고 2024년 10월 25일 시행하는 부분은 「法典 別册」 보유편 수록

제1장 총 칙

제1조【목적】 이 법은 국민의 경제, 사회, 문화의 기반인 농업과 농촌의 지속가능한 발전을 도모하고, 국민에게 안전한 농산물과 품질 좋은 식품을 안정적으로 공급하며, 농업인의 소득과 삶의 질을 높이기 위하여 농업, 농촌 및 식품산업이 나아갈 방향과 국가의 정책 방향에 관한 기본적인 사항을 규정함을 목적으로 한다.(2015.6.22 본조개정)

제2조【기본이념】 이 법의 기본이념은 다음 각 호와 같다.
1. 농업은 국민에게 안전한 농산물과 품질 좋은 식품을 안정적으로 공급하고 국토환경의 보전에 이바지하는 등 경제적 · 공익적 기능을 수행하는 기간산업으로서 국민의 경제 · 사회 · 문화발전의 기반이 되도록 한다.
2. 농업인은 자율과 창의를 바탕으로 다른 산업종사자와 균형된 소득을 실현하는 경제주체로 성장하여 나가도록 한다.
3. 농촌은 고유한 전통과 문화를 보존하고 국민에게 쾌적한 환경을 제공하는 산업 및 생활 공간으로 발전시켜 이를 미래세대에 물려주도록 한다.
(2015.6.22 1호~3호개정)

제3조【정의】 이 법에서 사용하는 용어의 뜻은 다음과 같다.
1. "농업"이란 농작물재배업, 축산업, 임업 및 이들과 관련된 산업으로서 대통령령으로 정하는 것을 말한다.
2. "농업인"이란 농업을 경영하거나 이에 종사하는 자로서 대통령령으로 정하는 기준에 해당하는 자를 말한다.
3. "농업경영체"란 「농어업경영체 육성 및 지원에 관한 법률」 제2조제3호에 따른 농업경영체를 말한다.
4. "생산자단체"란 농업 생산력의 증진과 농업인의 권익보호를 위한 농업인의 자주적인 조직으로서 대통령령으로 정하는 단체를 말한다.
5. "농촌"이란 다음 각 목의 어느 하나에 해당하는 지역을 말한다.
 가. 읍 · 면의 지역
 나. 가목 외의 지역 중 그 지역의 농업, 농업 관련 산업, 농업인구 및 생활여건 등을 고려하여 농림축산식품부장관이 고시하는 지역
6. "농수산물"이란 다음 각 목의 것을 말한다.
 가. 농산물 : 농업활동으로 생산되는 산물로서 대통령령으로 정하는 것
 나. 수산물 : 「수산업 · 어촌 발전 기본법」 제3조제1호 가목에 따른 어업활동 및 같은 호 마목에 따른 양식업활동으로 생산되는 산물로서 대통령령으로 정하는 것(2020.12.8 본목개정)
(2015.6.22 1호~6호개정)
7. "식품"이란 다음 각 목의 어느 하나에 해당하는 것을 말한다.
 가. 사람이 직접 먹거나 마실 수 있는 농수산물
 나. 농수산물을 원료로 하는 모든 음식물
8. "식품산업"이란 식품을 생산, 가공, 제조, 조리, 포장, 보관, 수송 또는 판매하는 산업으로서 대통령령으로 정하는 것을 말한다.
9. "농업 · 농촌의 공익기능"이란 농업 · 농촌이 가지는 다음 각 목의 어느 하나에 해당하는 기능을 말한다.
 가. 식량의 안정적 공급
 나. 국토환경 및 자연경관의 보전
 다. 수자원의 형성과 함양
 라. 토양유실 및 홍수의 방지
 마. 생태계의 보전
 바. 농촌사회의 고유한 전통과 문화의 보전
 (2015.6.22 본호개정)
10.~11. (2015.6.22 삭제)

제4조【국가 · 지방자치단체 및 농업인 · 소비자 등의 책임】 ① 국가와 지방자치단체는 농업과 농촌의 지속가능한 발전과 공익적 기능을 증진하고, 안전한 농산물과 품질 좋은 식품을 안정적으로 공급하며, 농업 인력 육성, 농업인과 농촌주민의 소득안정, 삶의 질을 향상시키기 위하여 종합적인 정책을 세우고 시행하여야 한다.
② 농업인과 농촌주민은 농업 · 농촌의 발전주체로서 안전하고 품질 좋은 농산물을 안정적으로 생산 · 공급하고, 생산성 향상과 농업경영 혁신 등을 통하여 국가발전에 이바지할 수 있도록 노력하여야 한다.
③ 생산자단체는 농산물의 수급 안정과 유통 개선, 농업경영의 효율화, 농업과 농촌의 지속가능성 제고 등을 통하여 농업과 농촌의 지속가능한 발전 및 농업인의 권익 신장을 위하여 노력하여야 한다.
④ 식품산업에 종사하는 자는 품질 좋은 식품을 안정적으로 생산 · 공급하고, 식품산업 및 농업 · 농촌의 지속가능한 발전과 소비자의 건전한 식생활 향상에 이바지할 수 있도록 노력하여야 한다.
⑤ 소비자는 농업 · 농촌의 공익기능에 대한 이해를 높이고 농산물과 식품의 건전한 소비를 위하여 적극적으로 노력하여야 한다.
(2015.6.22 본조개정)

제4조의2【농업인의 날】 ① 농업 · 농촌의 소중함을 국민에게 알리고, 농업인의 긍지와 자부심을 고취하기 위하여 매년 11월 11일을 농업인의 날로 정한다.
② 국가와 지방자치단체는 제1항에 따른 농업인의 날에 적합한 행사 등 사업을 실시하도록 노력하여야 한다.
(2011.11.22 본조신설)

제5조【다른 법률과의 관계】 농업 · 농촌 및 식품산업에 관하여 다른 법률을 제정하거나 개정하려면 이 법에 부합되도록 하여야 한다.(2015.6.22 본조개정)

제2장 농업 · 농촌 및 식품산업 정책의 기본방향
(2015.6.22 본장제목개정)

제6조【정책 수립 · 시행의 기본원칙】 ① 국가와 지방자치단체는 농업 · 농촌 및 식품산업 정책을 세우고 시행할 때에는 시장경제 원리를 바탕으로 한 효율성을 추구하되, 농업과 농촌의 공익기능을 최대한 고려하여야 한다.
② 국가와 지방자치단체가 농업 · 농촌 및 식품산업의 발전을 위한 정책을 세울 때에는 지역공동체의 유지, 해당 지역의 농업 · 농촌의 특성을 충분히 반영하여야 한다.
(2015.6.22 본조개정)

제7조【농산물과 식품의 안정적 공급】 국가와 지방자치단체는 안전한 농산물과 품질 좋은 식품의 안정적 공급을 위하여 농산물 생산 단계에서의 안전성 확보, 농업과 식품산업의 발전, 적정한 식량 및 주요 식품의 자급목표 달성 · 유지, 식품지원 등에 필요한 정책을 세우고 시행하여야 한다.(2022.1.4 본조개정)

제8조【농업의 구조개선과 지속가능한 발전】 ① 국가와 지방자치단체는 농업 종사 인력, 농업 경영, 농지의 소유 및 이용과 농산물의 유통 등을 포함한 농업구조를 개선하고, 식품산업과 농업 자재산업 등을 활성화시킴으로써 농업인의 소득이 안정적으로 증대될 수 있도록 노력하여야 한다.
② 국가와 지방자치단체는 농업의 환경보전기능을 증진하고 안전한 농산물과 품질 좋은 식품의 생산 및 소비를 촉진하기 위하여 지속가능한 친환경 농업 등을 육성하여야 한다.
(2015.6.22 본조개정)

제9조【농업 · 농촌의 공익기능 증진】 국가와 지방자치단체는 국가의 균형발전과 국민의 식생활 향상을 위하여 농업 · 농촌의 공익기능이 최대한 유지 · 증진되도록 노력하여야 한다.(2015.6.22 본조개정)

제10조【지역농업의 발전과 농촌주민의 복지증진】 ① 국가와 지방자치단체는 농촌을 도시와 연계된 산업 · 생활 · 휴양공간으로 발전시켜 나가고, 농촌 경관과 지역공동체 유지 등을 통하여 농촌지역의 고유한 전통과 문화를 보전하고 계승하도록 노력하여야 한다.
② 국가와 지방자치단체는 농촌주민이 의료, 교육, 주택, 상하수도 등 삶의 질 향상과 관련된 복지혜택을 누릴 수 있도록 노력하여야 한다.
(2015.6.22 본조개정)

제11조【농업 및 식품산업 관련 단체의 육성】 ① 국가와 지방자치단체는 농업인, 식품산업에 종사하는 자 및 소비자의 권익을 보호하고 이들의 경제활동을 촉진하기 위하여 농업 및 식품산업과 관련된 단체의 설립 및 운영을 지원할 수 있다.(2015.6.22 본항개정)
② 국가와 지방자치단체는 제1항에 따른 단체들이 공동의 목적 실현을 위한 사회적 협의기구를 설립 · 운영하거나 단체의 회원 및 농업인 등에 대한 교육훈련, 경영지도, 상담 등에 필요한 시설을 설치 · 운영하려는 경우 이에 필요한 비용을 지원할 수 있다.(2015.6.22 본항개정)
③ 제1항 및 제2항에 따른 단체의 운영지원 또는 시설의 설치 · 운영 지원의 기준 등에 필요한 사항은 대통령령으로 정한다.
(2015.6.22 본조제목개정)

제11조의2【농림수산식품교육문화정보원의 설립】 ① 농림축산식품부장관은 농업 인적자원의 육성, 농식품 · 농촌 정보화의 촉진, 농촌 문화의 가치 확산 및 홍보, 농업경영체의 역량 제고, 농산물의 안전정보 제공 등을 효율적으로 추진하기 위하여 농림수산식품교육문화정보원(이하 "농정원"이라 한다)을 설립한다.(2015.6.22 본항개정)
② 농정원은 법인으로 한다.
③ 농정원은 주된 사무소가 있는 곳에서 설립등기를 함으로써 성립한다.
④ 농정원은 다음 각 호의 사업을 한다.
1. 농업 · 농촌 및 식품산업 분야의 정보화 촉진
2. 농업 · 농촌에 관한 문화 창달 및 가치 확산 · 홍보
3. 농업경영체의 기술수준 및 경영능력 제고
4. 농업 · 농촌 및 식품산업 분야의 전문인력 양성 등 인적자원 육성
5. 농산물에 관한 안전정보의 제공, 정보교류의 활성화와 지식 및 산업재산권의 보호
6. 농업 · 농촌 및 식품산업 분야의 통상정책과 국제협력에 관한 정보 지원
(2015.6.22 1호~6호개정)
7. 농림수산식품 분야의 지식 및 정보서비스 제공
8. 그 밖에 농림축산식품부장관이 지정 또는 위탁하는 사업
(2015.6.22 본호개정)
⑤ 정부는 예산의 범위에서 농정원의 설립 · 운영 등에 필요한 경비의 전부 또는 일부를 출연하거나 보조할 수 있다.
⑥ 농정원에 관하여 이 법 및 「공공기관의 운영에 관한 법률」에서 정한 사항 외에는 「민법」 중 재단법인에 관한 규정을 준용한다.
(2011.11.22 본조신설)

제12조【통일 대비 농업 · 농촌 및 식품산업 정책】 정부는 남북한 간의 농산물과 식품의 거래가 민족 내부의 거래라는 것을 인식하고, 남북한의 통일을 대비한 농업 · 농촌 및 식품산업 정책을 세우고 시행하기 위하여 노력하여야 한다.(2015.6.22 본조개정)

제13조【통상 및 국제협력】 ① 정부는 우리나라의 농업 · 농촌 및 식품산업의 특수성을 고려하여 대외통상정책을 세우고 시행하며, 상호주의와 국민경제의 발전 수준에 맞는 국제협력 강화와 국제사회에 대한 기여 등을 위하여 노력하여야 한다.
② 정부는 제1항에 따른 대외통상정책을 세우고 시행할 경우 농업 · 농촌 및 식품산업의 피해를 최소화하도록 노력하여야 한다.
③ 정부는 주요 통상여건의 변화로 인하여 농업 · 농촌의 공익기능이 약화될 경우 보완대책을 세우고 시행하여야 한다.
(2015.6.22 본조개정)

제3장 농업 · 농촌 및 식품산업 정책의 수립 · 시행
(2015.6.22 본장제목개정)

제1절 농업 · 농촌 및 식품산업 발전계획의 수립 · 시행
(2015.6.22 본절제목개정)

제14조【농업 · 농촌 및 식품산업 발전계획의 수립】 ① 농업의 지속가능한 발전과 농촌의 균형 있는 개발 · 보전 및 식품산업을 포함한 농업 관련 산업의 육성을 위하여 5년마다 농림축산식품부장관은 농업 · 농촌 및 식품산업 발전계획을 세워야 한다.(2015.6.22 본항개정)
② 제1항에 따른 농업 · 농촌 및 식품산업 발전계획(이하 "기본계획"이라 한다)에는 다음 각 호의 사항이 포함되어야 한다.(2015.6.22 본문개정)
1. 농업 · 농촌 및 식품산업의 발전 목표와 정책의 기본방향(2015.6.22 본호개정)
2. 식량 및 주요 식품의 적정한 자급목표, 그 추진계획(적정 생산기반의 확보방안 및 재원의 조달방안 등을 포함한다) 및 기존 추진계획의 평가 · 개선에 관한 사항. 이 경우 자급목표는 정책여건 등을 고려하되 자급률을 제고하는 방향으로 설정되도록 노력하여야 한다.
(2022.1.4 본호개정)
2의2. 쌀 소비 확대를 위한 시책(2011.7.25 본호신설)
3. 농업 · 농촌 및 식품산업에 관하여 정부가 추진하여야 할 시책(2015.6.22 본호개정)
4. 농업 · 농촌 및 식품산업에 관한 시책을 추진하기 위한 재원의 조달방안(2015.6.22 본호개정)
5. 정보통신기술 융복합 기반 농업 · 농촌 및 식품산업의 발전에 필요한 사항(2019.1.15 본호신설)
6. 농업경영비 절감 등 그 밖에 농업 · 농촌 및 식품산업의 종합적 · 계획적 발전을 추진하기 위하여 필요한 사항
(2017.3.21 본호개정)

③ 농림축산식품부장관은 제2항제2호에 따른 식량 및 주요 식품의 적정한 자급목표를 세울 때에는 다음 각 호의 사항을 5년마다 설정·고시하고 이를 달성하기 위하여 노력하여야 하며, 농업·농촌 및 식품산업에 관한 중장기 정책의 지표로 활용한다.(2022.1.4 본문개정)
1. 전체 식량(식용 곡물에 한정한다)자급률 및 주요 곡물의 식량자급률(2022.1.4 본호개정)
2. 전체 곡물자급률 및 주요 곡물의 곡물자급률(2022.1.4 본호개정)
3. 쇠고기, 돼지고기, 닭고기, 우유의 자급률
3의2. 조사료(粗飼料)의 자급률(2014.3.18 본호신설)
4. (2015.6.22 삭제)
5. 열량 자급률(국민이 섭취하는 전체 식품의 열량 중 국내산 식품으로 충당되는 열량의 비율을 말한다)
(2013.8.13 본호신설)
④ 농림축산식품부장관은 제1항에 따라 기본계획을 세운 때에는 지체 없이 국회에 제출하고 국회 소관 상임위원회에 보고하여야 한다.(2022.1.4 본항개정)
⑤ 광역시장·특별자치시장·도지사 및 특별자치도지사(이하 "시·도지사"라 한다)는 기본계획과 그 관할 지역의 특성을 고려하여 광역시·특별자치시·도·특별자치도 농업·농촌 및 식품산업 발전계획(이하 "시·도계획"이라 한다)을 세우고 시행하여야 한다.(2015.6.22 본항개정)
⑥ 시장·군수 및 자치구(특별시의 자치구는 제외한다. 이하 같다)의 구청장은 시·도계획과 그 관할 지역의 특성을 고려하여 시·군 및 자치구의 농업·농촌 및 식품산업 발전계획(이하 "시·군·구계획"이라 한다)을 세우고 시행하여야 한다.(2015.6.22 본항개정)
⑦ 기본계획, 시·도계획 및 시·군·구계획을 세우고 시행하는 데에 필요한 사항은 대통령령으로 정한다.
(2015.6.22 본조제목개정)

제15조【정책심의회】 ① 농림축산식품부에 중앙 농업·농촌및식품산업정책심의회를 두고, 시·도에 시·도 농업·농촌및식품산업정책심의회를 두며, 시·군 및 자치구에 시·군·구 농업·농촌및식품산업정책심의회를 둔다.
② 제1항에 따른 각급 농업·농촌및식품산업정책심의회는 기본계획, 시·도계획 및 시·군·구계획, 그 밖에 농업·농촌 및 식품산업의 발전에 관한 다음 각 호의 사항을 심의한다.
1. 농업·농촌 및 식품산업 발전계획의 수립 및 변경에 관한 사항
2. 제17조에 따른 농업·농촌 및 식품산업에 관한 연차보고서
3. 그 밖에 농업·농촌 및 식품산업 정책 등에 관하여 위원장이 심의에 부치는 사항
③ 제1항에 따른 각급 농업·농촌및식품산업정책심의회의 구성·운영 등에 필요한 사항은 대통령령으로 정한다.
(2015.6.22 본조개정)

제16조【기본계획의 추진】 ① 국가와 지방자치단체는 제14조와 제15조에 따라 확정된 기본계획, 시·도계획 및 시·군·구계획의 효율적 추진을 위하여 매년 예산에 기본계획, 시·도계획 및 시·군·구계획의 시행에 필요한 사업비가 우선적으로 반영될 수 있도록 노력하여야 한다.
② 농림축산식품부장관은 각 시·도계획 및 시·군·구계획에 대하여 기본계획과의 연계성, 추진실적 및 성과 등을 평가하여 그 결과에 따라 예산을 차등 지원할 수 있다.(2015.6.22 본항개정)
(2013.3.23 본조제목개정)

제17조【농업·농촌 및 식품산업에 관한 연차보고서 등】 ① 정부는 매년 농업·농촌 및 식품산업의 현황과 정책동향, 제14조제2항에 따른 식량 및 주요 식품의 자급목표 달성을 위한 정책의 추진현황 등에 관한 보고서를 작성하여 국회에 제출하고 국회 소관 상임위원회에 보고하여야 한다.(2022.1.4 본항개정)
② 시·도지사와 시장·군수·자치구의 구청장은 매년 그 지역의 농업·농촌 및 식품산업의 현황과 정책동향 등에 관한 보고서를 작성하여 해당 지방의회에 제출하여야 한다.
③ 제1항과 제2항에 따른 보고서에는 농업·농촌 및 식품산업정책 등에 대한 평가와 이에 따른 보완계획이 포함되어야 한다.
(2022.1.4 본조제목개정)
(2015.6.22 본조개정)

제18조【관련 행정조직의 정비】 국가와 지방자치단체는 농업·농촌 및 식품산업에 관한 정책의 효율적 추진에 필요한 행정조직의 개선과 정비를 위하여 노력하여야 한다.(2015.6.22 본조개정)

제2절 안전한 농산물과 품질 좋은 식품의 안정적 공급 등
(2017.3.21 본절제목개정)

제19조【생산단계의 농산물 안전성 관리】 국가와 지방자치단체는 식품 원료로 공급되는 농산물이 안전하고 건전하게 생산되도록 농산물 이력 추적, 농산물 우수관리 인증, 축산물의 위해요소 중점관리 등 필요한 정책을 세우고 시행하여야 한다.(2015.6.22 본조개정)

제20조【농산물과 식품의 품질관리 등】 ① 국가와 지방자치단체는 농산물과 식품의 품질을 높이고 소비자를 보호하기 위하여 농산물 생산 이후의 관리기술 및 원산지표시와 품질관리 등을 위한 정책을 세우고 시행하여야 한다.
② 국가와 지방자치단체는 동식물에 대한 병해충 및 질병의 예방과 축산물에 대한 위생시책 등을 세우고 시행하여야 한다.
③ 정부는 국민의 건강과 농업 환경을 보호하기 위하여 수출입 농산물 및 동식물에 대한 검역과 축산물에 대한 위생검사 등에 필요한 정책을 세우고 시행하여야 한다.
(2015.6.22 본조개정)

제21조【식품산업의 육성】 국가와 지방자치단체는 농산물의 부가가치를 높이고 국민에게 품질 좋은 식품을 공급하기 위하여 농산물 가공식품 및 전통식품 등 식품의 연구개발, 식품산업의 시설 설치 및 확충과 마케팅 등에 관한 지원시책을 세우고 시행하여야 한다.
(2015.6.22 본조개정)

제22조【전통 식생활문화의 계승·발전】 국가와 지방자치단체는 국민의 기호와 체질에 맞는 전통 식생활문화를 계승·발전시키기 위하여 필요한 정책을 세우고 시행하여야 한다.

제23조【식량과 주요 식품의 안정적 공급】 ① 정부는 식량과 주요 식품의 공급 및 가격이 국제적으로 불안정하거나 자연재해 등으로 안정적인 공급이 어려운 위기상황에 대비하기 위하여 식량 및 주요 식품을 국내에서 적정하게 생산하여 비축(備蓄)하거나 해외에서 확보하여 적정하게 공급하기 위한 정책을 세우고 시행하여야 한다.
② 정부는 식량과 주요 식품의 안정적 공급을 위하여 농지의 효율적 이용에 필요한 정책을 세우고 시행하여야 한다.(2011.3.9 본항신설)
③ 정부는 내우외환, 천재지변 또는 중대한 재정상·경제상의 위기 등 예측하기 어려운 요인에 의하여 식량과 주요 식품의 수급위기가 발생한 경우에도 필요한 최소한의 식량과 주요 식품을 안정적으로 공급할 수 있도록 식량증산, 유통제한 및 그 밖에 필요한 시책을 강구하여야 한다.
(2013.8.13 본항신설)

제23조의2【취약계층 등에 대한 식품 지원】 국가와 지방자치단체는 취약계층 등 모든 국민에게 식품을 안정적으로 공급하기 위하여 식품 지원 정책을 세우고 시행하여야 한다.(2022.1.4 본조신설)

제23조의3【지역먹거리계획의 수립·시행】 ① 지방자치단체의 장은 지역 주민의 먹거리를 보장하고 먹거리의 지속가능성을 제고하기 위하여 다음 각 호의 사항을 포함하는 지역먹거리계획을 수립하여 시행할 수 있다.
1. 지속가능한 먹거리 보장을 위한 정책목표 및 기본방향
2. 지역먹거리 관련 생산·소비·유통·폐기 현황 및 분석
3. 지역에서 생산한 먹거리의 지역 내 우선 공급에 관한 사항
4. 안전하고 친환경적인 먹거리의 생산에 관한 사항
5. 지역 중소농 조직화 및 식품가공 역량 강화에 관한 사항
6. 취약계층에 대한 먹거리 보장에 관한 사항
7. 도농상생에 관한 사항
8. 식생활교육에 관한 사항
9. 그 밖에 지방자치단체의 장이 필요하다고 인정하는 사항
② 지방자치단체의 장은 제1항에 따른 지역먹거리계획의 수립·추진에 관한 중요한 사항을 심의하기 위하여 지역먹거리위원회를 둘 수 있다.
③ 지방자치단체의 장은 제1항의 지역먹거리계획에 따른 사업을 효율적으로 추진하기 위하여 다음 각 호의 업무를 수행하는 먹거리통합지원센터를 설치·운영할 수 있다.
1. 공공급식에 지역농산물을 안정적으로 공급하기 위한 지역농산물 생산·가공·유통의 체계적 관리
2. 농산물 생산자 조직화 및 안전성 관리
3. 먹거리 관련 교육 및 홍보 지원
4. 먹거리 관련 거버넌스 운영·지원
5. 그 밖에 지역먹거리계획 수립·시행을 위하여 필요한 업무
④ 제2항에 따른 지역먹거리위원회의 구성·운영 및 제3항에 따른 먹거리통합지원센터의 설치·운영에 관하여 필요한 사항은 해당 지방자치단체의 조례로 정한다.
⑤ 국가는 지역먹거리계획의 효과를 높이기 위하여 해당 지방자치단체의 장에게 의견을 제시할 수 있다.
⑥ 국가는 지방자치단체의 장이 제1항에 따라 지역먹거리계획을 수립·추진하는 데에 필요한 지원을 할 수 있다.
(2022.1.4 본조신설)

제23조의4【농산물 및 식품에 대한 올바른 정보 제공 등】 ① 정부는 농업인의 안정적인 농산물 생산환경 보장 및 소비자의 알권리 충족을 위하여 농산물 및 식품에 관한 올바른 정보가 소비자에게 제공될 수 있도록 노력하여야 한다.
② 정부는 농산물 및 식품에 관한 진실하지 아니한 정보가 언론 매체 등을 통하여 공개되는 경우 진실한 정보의 제공을 위하여 노력하여야 한다.
(2017.3.21 본조신설)

제3절 농업인력의 육성 등
(2015.6.22 본절개정)

제24조【가족농가의 경영안정과 농업 종사자의 육성】 ① 국가와 지방자치단체는 지역공동체의 유지 및 농촌사회의 안정을 위하여 가족노동력을 중심으로 하는 가족농가(家族農家)의 생산성 향상 및 경영안정과 농가의 특성에 맞는 규모화, 전문화 및 협동화 등에 필요한 정책을 세우고 시행하여야 한다.
② 국가와 지방자치단체는 농업 종사자를 적정하게 확보하고 전문 인력으로 육성하기 위하여 필요한 정책을 세우고 시행하여야 한다.

제25조【후계농업경영인의 육성】 농림축산식품부장관은 미래의 농업인력을 지속적으로 확보하기 위하여 후계농업경영인(後繼農業經營人)을 지원하는 등 필요한 시책을 세우고 시행하여야 한다.

제26조【전업농업인의 육성】 ① 국가와 지방자치단체는 전문농업기술 및 경영능력을 갖추고 농업 발전에 중추적이고 선도적인 역할을 할 수 있는 농업인(이하 "전업농업인"이라 한다)을 육성하는 정책을 세우고 시행하여야 한다.
② 시·도지사 또는 시장·군수 및 자치구의 구청장은 농림축산식품부령으로 정하는 바에 따라 전업농업인을 선정하고 필요한 지원을 할 수 있다.

제27조【여성농업인의 육성】 ① 국가와 지방자치단체는 농업정책을 세우고 시행할 때에 여성농업인의 참여를 확대하는 등 여성농업인의 지위향상과 전문인력화를 위하여 필요한 정책을 세우고 시행하여야 한다.
② 정부는 여성농업인이 농업경영 등에 참여하거나 기여한 정도에 상응하는 사회·경제적 지위를 인정받을 수 있도록 필요한 정책을 세우고 시행하여야 한다.

제28조【농업 관련 조합법인 및 회사법인의 육성】 국가와 지방자치단체는 농업의 생산성 향상과 농산물의 출하·유통·가공·판매·수출 등의 효율화를 위하여 협업적 또는 기업적 농업경영을 수행하는 영농조합법인(營農組合法人) 및 농업회사법인(農業會社法人)의 육성에 필요한 정책을 수립·시행하여야 한다.

제29조【벤처농업 등의 육성】 국가와 지방자치단체는 농업의 부가가치를 높이기 위하여 농업 분야의 첨단과학기술 및 영농·경영기법의 개발과 벤처농업 등을 지원·육성하는 정책을 세우고 시행한다.

제29조의2【귀농업인의 육성】 국가와 지방자치단체는 귀농업인(농촌 이외의 지역에 거주하는 농업인이 아닌 사람이 농업인이 되기 위하여 농촌으로 이주한 사람을 말한다)의 성공적인 정착과 경영기반 조성을 위하여 교육·정보 제공, 창업 지원 등 필요한 정책을 세우고 시행하여야 한다.

제4절 농지의 이용 및 보전
(2015.6.22 본절제목개정)

제30조【농지에 관한 기본이념】 농지는 미래세대를 포함하는 국민에 대한 식량과 주요 식품의 안정적인 공급 및 환경보전을 위한 기반이며 농업과 국민경제의 조화로운 발전에 기여하는 귀중한 자원으로서 소중히 이용·보전되어야 한다.(2015.6.22 본조개정)

제31조【농지의 소유 및 이용】 ① 국가와 지방자치단체는 「헌법」상 경자유전(耕者有田)의 원칙이 달성될 수 있도록 농지의 소유 등에 관한 정책을 세우고 시행하여야 한다.
② (2015.6.22 삭제)
③ 국가와 지방자치단체는 농지가 농업과 국민경제의 균형 있는 발전을 위하여 효율적으로 이용될 수 있도록 농지의 이용 증진에 필요한 정책을 세우고 시행하여야 한다.
(2015.6.22 본항개정)
(2015.6.22 본조제목개정)

제32조【농지의 보전】 ① 국가와 지방자치단체는 농지가 적절한 규모로 유지될 수 있도록 농지의 보전에 필요한 정책을 세우고 시행하여야 한다.
② 국가와 지방자치단체는 제1항에 따른 정책을 세우고 시행할 때에 농업생산기반이 정비되어 있거나 집단화되어 있는 우량농지가 우선적으로 보전될 수 있도록 하여야 한다.
③ (2015.6.22 삭제)
(2015.6.22 본조제목개정)

제5절 농업생산구조의 고도화
(2015.6.22 본절제목개정)

제33조【농업 생산기반의 정비】 ① 국가와 지방자치단체는 친환경농업의 발전을 도모하고 농업 생산력이 안정적으로 확보될 수 있도록 농업 생산기반의 정비, 보강, 보전을 위하여 필요한 정책을 세우고 시행하여야 한다.
(2015.6.22 본항개정)
② 농림축산식품부장관은 농촌 용수구역단위, 농업생산기반시설 등을 고려하여 제1항에 따른 정책을 세워야 하며, 이를 기본계획에 반영하여야 한다.(2015.6.22 본항개정)

③ 국가와 지방자치단체는 농업용수 수질의 체계적인 관리를 통하여 안전한 농산물의 생산과 친환경농업의 발전을 촉진하여야 한다.(2011.3.9 본항신설)
(2015.6.22 본조제목개정)
제34조【농업투입재 산업의 육성 및 기계화·시설현대화 촉진】 ① 국가와 지방자치단체는 농업 경영비용을 절감하고 농업의 생산성을 높일 수 있도록 농업기계, 농업자재, 농업시설 및 농약·비료·사료·동물약품 등 농업투입재(農業投入材) 산업의 육성에 필요한 정책을 세우고 시행하여야 한다.
② 국가와 지방자치단체는 농업 경영비용을 절감하고 농업의 생산성을 높이는 데 필요한 기계화, 시설현대화 등을 촉진하기 위한 정책을 세우고 시행하여야 한다.
③ 시·도지사는 농업기계·자재·장비의 효율적인 이용, 관리, 점검 및 정비와 농업인에 대한 농업기계 등의 수리기술 지도를 위하여 농림축산식품부령으로 정하는 바에 따라 기계화영농사(機械化營農士)를 선정하고 이들의 육성에 필요한 지원을 할 수 있다.
(2015.6.22 본조개정)
제35조【농업 및 식품 관련 기술·연구 등의 진흥】 ① 국가와 지방자치단체는 농업 및 식품 관련 산업의 생산성 및 경쟁력 향상을 위하여 농업 생산기술, 농업 생산기반 정비기술, 농산물 생산 이후의 관리기술, 농업 경영기법, 농업인 안전작업기술, 농산물 유통기술, 농산물 가공·식품 제조기술 및 음식물 조리법 등에 관한 연구·개발·보급과 농업 및 식품산업 현장연구, 산학연 공동연구 및 연구평가 관리체제의 확립 등에 관한 종합적인 계획을 세우고 시행하여야 한다.(2015.6.22 본항개정)
② 제1항에 따른 계획을 세우고 시행하는 데 필요한 사항은 대통령령으로 정한다.
(2015.6.22 본조제목개정)
제36조【농업 및 식품 관련 산업의 기술개발 추진】 ① 국가와 지방자치단체는 농업 및 식품 관련 산업의 기술 등을 신속하게 개발·보급하기 위하여 관련 연구기관 또는 단체 등에 농업 및 식품 관련 산업의 기술개발 연구를 수행하게 할 수 있다.
② 국가와 지방자치단체는 제1항에 따라 농업 및 식품 관련 산업의 기술개발 연구를 수행하는 관련 연구기관 또는 단체 등에 대하여 필요한 자금을 지원할 수 있다.
(2015.6.22 본조개정)
제36조의2【정보통신기술 융복합 기반의 농업·농촌 및 식품산업 육성】 ① 국가와 지방자치단체는 정보통신기술 융복합에 기반한 농업·농촌 및 식품산업의 육성과 발전을 위하여 필요한 정책을 세우고 시행하여야 한다.
② 정부는 농업·농촌 및 식품산업 분야의 육성·발전을 위하여 정보통신기술 표준화 및 융복합에 관한 다음 각 호의 업무를 추진할 수 있다.
1. 국내외 정보통신기술 표준·융복합의 실태조사, 연구, 개발 및 보급·확산
2. 그 밖에 정보통신기술의 표준화 및 융복합에 필요한 사업
(2022.1.4 본항개정)
③ 제2항제1호에 따른 정보통신기술 융복합 실태조사의 내용, 범위, 방법 및 그 밖에 필요한 사항은 대통령령으로 정한다.(2022.1.4 본항신설)
(2019.1.15 본조신설)
제37조【지식재산권 등의 보호】 ① 정부는 농업 유전자원, 영농기술, 전통 농법, 전통 식품의 생산방법, 상표, 지리적표시, 동식물 신품종, 생명공학기술 등 농업·농촌 및 식품산업 관련 지식재산권을 보호하기 위하여 필요한 정책을 세우고 시행하여야 한다.
② 국가와 지방자치단체는 농업·농촌 및 식품산업과 관련된 향토산업·농촌지역 특화산업 등의 보호·육성에 필요한 정책을 세우고 시행하여야 한다.
(2015.6.22 본조개정)
제38조【친환경농업 등의 촉진】 국가와 지방자치단체는 농업과 농촌의 환경보전 기능을 증대시키고 안전한 농산물과 품질 좋은 식품의 생산 및 소비를 촉진하기 위하여 친환경농업 등의 생산기반 구축, 생산기술·생산방법의 개발, 친환경 농산물 등의 인증 및 가축분뇨의 자원화 등에 필요한 정책을 세우고 시행하여야 한다.
(2015.6.22 본조개정)
제39조【농업경영체의 경영안정 및 구조개선 등의 지원】 ① 국가와 지방자치단체는 농업경영체가 지속적인 경영 혁신을 통하여 소득을 높일 수 있도록 농업 경영의 상담, 교육훈련 및 정보 제공 등에 필요한 정책을 세우고 시행하여야 한다.(2015.6.22 본항개정)
② 국가와 지방자치단체는 농업경영체에 대하여 그 사업계획, 기술수준 및 경영능력 등을 고려하여 자금을 지원할 수 있다.(2015.6.22 본항개정)
③ 국가와 지방자치단체는 농업경영체의 소득·경영안정 및 농업의 경영구조 개선 등을 위하여 필요하다고 인정되면 다음 각 호의 지원을 한다.
1. 토양 등 환경의 보전과 지구온실가스 감축을 위한 지원
2. 농업 재해 및 농업 활동에 따른 인적 재해 등에 대한 지원
3. 농업 경영의 규모화, 고령 농업인의 농업 경영 이양 및 농업 생산자원의 폐기·감축 등을 위한 지원
4. 농업 여건이 낙후된 지역에 대한 지원
5. 농업 생산과 직접 연계되지 아니하는 소득 보조 및 농업투입재의 비용절감을 위한 지원
6. 특정 품목과 직접 연계되지 아니하는 농가 단위 소득 보조
(2015.6.22 본항개정)
④ 국가와 지방자치단체는 다른 산업으로 직업을 전환하거나 재취업(농업에 다시 종사하는 것을 말한다. 다만, 제3항제3호에 따라 농업 경영 규모화 및 고령 농업인의 농업 경영 이양에 대한 지원을 받은 자는 제외한다. 이하 같다)을 하려는 농업인 중 일정한 요건에 해당하는 농업인에 대하여 직업전환이나 재취업이 안정적으로 이루어지도록 적절한 지원을 할 수 있다.(2020.2.11 본항개정)
⑤ 제4항에 따른 직업전환이나 재취업의 지원은 다음 각 호와 같다.(2020.2.11 본문개정)
1. 직업훈련의 실시 및 취업의 알선
2. 직업전환 및 재취업 장려금의 지원(2020.2.11 본호개정)
3. 실직농업인의 생활안정지원(2015.6.22 본호개정)
4. 그 밖에 대통령령으로 정하는 사항
⑥ 제4항 및 제5항에 따른 일정한 요건과 직업전환 및 재취업의 지원에 관한 사항은 농림축산식품부령으로 정한다.(2020.2.11 본항개정)
(2015.6.22 본조제목개정)
제40조【농업경영체의 경영정보 등록】 정부는 농업·농촌과 관련된 융자·보조금 등을 지원받거나 받으려는 농업경영체에 대하여 농지, 축산, 임야, 원예시설 등 생산수단, 생산 농산물, 생산방법, 가축사육 마릿수 등에 관한 농업경영 관련 정보를 등록하도록 하고, 이를 활용하는 데에 필요한 정책을 세우고 시행하여야 한다.(2018.2.21 본조개정)
제41조【농업 재해 등에 대한 시책】 국가와 지방자치단체는 자연재해로부터 안정적인 농업 경영을 도모하기 위하여 한해(旱害), 수해, 풍해, 냉해, 폭염, 기후변화 등 농업재해에 대한 예방, 응급대책, 복구와 농업 재해보험의 운영 등에 필요한 시책을 마련하여야 한다.(2019.1.15 본조개정)
제42조【농산물과 식품의 수급 및 가격의 안정】 ① 국가와 지방자치단체는 농산물과 식품의 원활한 수급 및 가격의 안정을 위하여 농업·식품산업의 관측, 생산 조정, 수매 비축 및 생산자단체의 자조금(自助金)의 조성 지원 등에 필요한 정책을 세우고 시행할 수 있다.
② 국가와 지방자치단체는 제1항에 따른 정책을 효율적으로 시행하기 위하여 농업경영체, 생산자단체, 농산물 유통업 및 식품산업을 업(業)으로 하는 자 등에게 필요한 지원을 할 수 있다.
(2015.6.22 본조개정)
제43조【농산물과 식품의 유통개선】 ① 국가와 지방자치단체는 농산물과 식품의 생산지 및 소비지에 도매시장, 공판장, 종합유통센터, 산지유통센터, 집하장, 가축시장 등의 유통시설과 도축장, 육가공 시설 등의 확충과 그 운영 개선 등에 필요한 정책을 세우고 시행하여야 한다.
② 국가와 지방자치단체는 농산물과 식품의 표준화 촉진과 다양한 유통정보의 수집, 제공 등을 위하여 필요한 정책을 세우고 시행하여야 한다.
③ 국가와 지방자치단체는 농업경영체, 생산자단체, 농촌진흥기관, 「고등교육법」 제2조에 따른 학교 등이 공동으로 또는 연합하여 농산물과 식품의 생산, 유통, 판매 등을 조직적·체계적으로 수행하는 공동 브랜드화에 필요한 정책을 세우고 시행하여야 한다.
(2015.6.22 본조개정)
제43조의2【치유농업의 진흥】 정부는 농업, 농촌의 자원 또는 이와 관련한 활동 및 산출물을 활용한 치유서비스를 통하여 국민의 심리적·사회적·신체적 건강을 도모하기 위한 정책을 세우고 시행하여야 한다.(2018.9.18 본조신설)

제6절 농업·농촌의 공익기능 증진
(2015.6.22 본절제목개정)

제44조【농촌의 자연환경 및 경관 보전】 국가와 지방자치단체는 농촌의 자연환경을 보전하고 농촌 경관 및 농업 생태계 보전 등에 필요한 정책을 세우고 시행하여야 한다.(2015.6.22 본조개정)
제45조【전통 농경 문화의 계승 등】 국가와 지방자치단체는 전통 농경 문화, 농경 유물, 전통 농법, 재래종의 가축·농작물 및 농촌 공동체를 유지·계승시켜 나가고 그와 관련한 농업 박물관·관람 시설물 등의 전시, 교육, 홍보 등에 필요한 정책을 세우고 시행하여야 한다.
(2015.6.22 본조개정)
제46조【농업·농촌의 공익기능 연구·홍보 등】 ① 국가와 지방자치단체는 농업·농촌의 공익기능을 최대한 증진하고 국민들이 이를 누릴 수 있도록 하기 위한 연구, 조사, 교육 및 홍보 등에 필요한 정책을 세우고 시행하여야 한다.(2015.6.22 본항개정)
② 국가와 지방자치단체는 농업·농촌의 공익기능을 증진하기 위하여 농업인·농업 관련 단체 등을 지원하는 정책을 세우고 시행할 수 있다.(2015.6.22 본항개정)
③ 국가와 지방자치단체는 제1항 및 제45조에 따른 정책을 효율적으로 시행하기 위하여 필요한 사무를 대통령령으로 정하는 자에게 위탁하고 필요한 지원을 할 수 있다.
(2015.6.22 본조제목개정)
제47조【지구온난화 방지 등】 ① 국가와 지방자치단체는 농업·농촌이 지구온난화 방지 및 기후변화 완화 등의 공익기능을 수행할 수 있도록 지구온실가스 감축 등에 필요한 정책을 세우고 시행하여야 한다.
② 국가와 지방자치단체는 바이오에너지에 이용되는 농작물 및 산림자원을 생산·공급하기 위하여 필요한 정책을 세우고 시행하여야 한다.
(2015.6.22 본조개정)
제47조의2【기후변화에 따른 농업·농촌 영향 및 취약성 평가】 ① 농림축산식품부장관은 농업·농촌의 지속가능한 발전을 위하여 지구온난화 등 기후변화가 농업·농촌에 미치는 영향과 기후변화에 따른 취약성을 5년마다 조사·평가(이하 "기후영향평가등"이라 한다)하여 그 결과를 공표하고 정책수립의 기초자료로 활용하여야 한다.
② 농림축산식품부장관은 기후영향평가등에 필요한 기초자료 확보 및 통계의 작성을 위하여 실태조사를 실시할 수 있다.
③ 농림축산식품부장관은 관계 중앙행정기관의 장, 지방자치단체의 장 및 농업·농촌 관련 기관이나 단체의 장에게 기후영향평가등에 필요한 자료의 제공 또는 제2항에 따른 실태조사의 협조를 요청할 수 있다. 이 경우 자료제공 또는 실태조사 협조를 요청받은 관계 중앙행정기관의 장 등은 특별한 사유가 없으면 이에 협조하여야 한다.
④ 기후영향평가등과 실태조사의 구체적인 내용 및 방법 등에 필요한 사항은 농림축산식품부령으로 정한다.
⑤ 농림축산식품부장관은 제1항부터 제3항까지에 따른 정책을 효율적으로 추진하기 위하여 기후영향평가등 관련 사항에 관한 권한 또는 업무를 대통령령으로 정하는 자에게 위임 또는 위탁할 수 있다.(2015.6.22 본항신설)
(2015.6.22 본조개정)

제7절 농촌지역의 발전 및 삶의 질 향상
(2015.6.22 본절제목개정)

제48조【농촌지역 발전시책의 수립】 ① 국가와 지방자치단체는 농촌주민의 삶의 질 향상과 국토의 균형발전 및 보전을 위하여 각 지역의 특수성을 고려한 종합적인 농촌지역 발전시책을 세우고 시행하여야 한다.
② 국가와 지방자치단체는 제1항에 따른 농촌지역 발전시책을 세우는 경우에는 농업·농촌의 공익기능과 농업생산여건, 농촌 생활여건 등이 불리한 지역을 우선적으로 고려하고, 개발과 보전이 조화되도록 노력하여야 한다.
(2015.6.22 본조개정)
제49조【지역 간의 소득 균형】 국가와 지방자치단체는 도시와 농촌 간의 소득 격차의 해소 등 도시와 농촌의 균형발전을 위하여 농촌주민의 소득 증대 및 삶의 질 향상 등에 필요한 정책을 세우고 시행하여야 한다.
(2015.6.22 본조개정)
제49조의2【조건불리지역의 지원】 국가와 지방자치단체는 지리적 조건으로 인하여 농업생산 여건이 열악한 지역에 대하여는 새로운 작물의 도입, 지역 특산물의 생산 및 판매, 주거환경의 개선 등에 필요한 정책을 세우고 시행하여야 한다.(2015.6.22 본조개정)
제50조【농촌지역산업의 진흥 및 개발】 ① 국가와 지방자치단체는 농촌주민의 소득 증대와 농촌 경제의 활성화를 위하여 농촌 산업단지의 조성 및 지역특산품 생산단지의 육성과 농산물 가공업, 전통식품산업, 전통놀이산업을 비롯한 농업 관련 산업의 육성 등에 필요한 정책을 세우고 시행하여야 한다.
② 국가와 지방자치단체는 농촌의 지속가능한 발전과 농촌주민의 소득을 높이기 위하여 지역개발에 참여하는 주민, 지방자치단체 공무원, 지역개발 전문가 등에 대한 교육, 훈련, 컨설팅 등에 필요한 정책을 세우고 시행하여야 한다.
(2015.6.22 본조개정)
제51조【도시와 농촌 간의 교류 활성화 등】 ① 국가와 지방자치단체는 농촌의 사회·경제적 활력을 증진하고 도시민의 농촌생활에 대한 체험과 휴양 수요를 충족시킴으로써 도시와 농촌의 균형발전과 농촌주민의 소득 증대 및 삶의 질 향상을 위하여 지역의 특색을 살린 농촌 관광, 농촌 체험, 농업 관련 자연학습 및 휴양자원의 개발 등 도시와 농촌의 교류를 활성화하기 위한 정책을 세우고 시행하여야 한다.(2015.6.22 본항개정)
② 국가와 지방자치단체는 제1항에 따른 정책을 추진하기 위하여 지역문화시설 등의 설치·운영과 지역의 문화 행사 개최 등에 필요한 지원을 할 수 있다.
(2015.6.22 본조제목개정)
제52조【농업 및 농촌지역의 정보화 촉진】 ① 국가와 지방자치단체는 농업 및 농촌지역에 대한 정보화의 촉진에 필요한 정책을 세우고 시행하여야 한다.
② 국가와 지방자치단체는 제1항에 따른 정책을 효과적으로 추진하기 위하여 농업 및 농촌지역 관련 정보를 제공하는 자 등에게 대통령령으로 정하는 바에 따라 필요한 지원을 할 수 있다.
③ 국가와 지방자치단체는 농업 및 농촌지역의 정보화를 촉진하기 위한 정보통신매체, 프로그램 등을 개발·운영하는 정책을 세우고 시행하여야 한다.
(2015.6.22 본조개정)

제53조【농촌지역 교육여건의 개선】 국가와 지방자치단체는 농촌지역 학생의 학습기회 확대, 농촌주민의 교육비 부담 경감 및 농촌지역 교육환경의 개선 등에 필요한 정책을 세우고 시행하여야 한다.(2015.6.22 본조개정)

제54조【농촌주민의 복지증진】 국가와 지방자치단체는 농촌주민의 주거환경 개선, 의료서비스 확충, 문화생활의 증진, 영세 농업인 등에 대한 소득 안정화, 다문화(多文化) 가족의 정착, 고령 농업인의 영농 활동 및 복지증진 등에 필요한 정책을 세우고 시행하여야 한다.
(2015.6.22 본조개정)

제54조의2【양성평등한 농촌사회의 조성】 국가와 지방자치단체는 농업·농촌의 성별격차 해소를 통한 양성평등 증진에 필요한 정책을 세우고 시행하여야 한다.
(2023.10.24 본조신설)

제8절 통일 대비 농업·농촌 및 식품산업 정책과 국제협력
(2015.6.22 본절개정)

제55조【북한의 농업 생산체제의 조사·연구 등】 ① 정부는 통일에 대비하여 북한의 농업 생산체제, 농지제도, 농산물유통제도, 농업 생산기반, 농업 과학기술, 농업 경영지도, 농업인 교육 및 농업 통계 등에 관한 조사·연구를 하여야 한다.
② 정부는 남북한의 농업·농촌 및 식품산업이 상호 보완적으로 발전하는 데에 필요한 정책을 세우고 시행하여야 한다.

제56조【농업·농촌 및 식품산업의 통상정책 및 보완대책】 ① 정부는 우리나라의 권리와 이익을 확보할 수 있도록 농업·농촌 및 식품산업에 대한 종합적인 통상정책을 세우고 시행하며, 주요 통상여건의 변화에 따라 농업·농촌의 공익기능이 약화될 경우 보완대책을 세우고 시행하여야 한다.
② 정부는 제1항에 따라 농업 부문의 통상정책을 세우고 시행하거나 보완대책을 세우는 경우 민간 전문가나 관련 단체 등이 참여할 수 있도록 하고, 농업인 등 이해관계인의 의견을 수렴하도록 하여야 한다.

제57조【농업·농촌 및 식품산업 분야의 국제협력】 ① 정부는 농업·농촌 및 식품산업 분야의 국제협력을 증진시키기 위하여 농업·농촌 및 식품산업 정책에 관한 정보의 교류, 농업 및 식품산업 인력·기술의 교류, 농업 관련 국제기구 활동 참여 등에 필요한 정책을 세우고 시행하여야 한다.
② 정부는 수입 의존도가 높은 식량 및 식품과 사료 원료를 안정적으로 확보하기 위한 기반을 확대하고, 세계의 농업·농촌이 균형적으로 발전할 수 있도록 하기 위하여 개발도상국가에 대한 농업·농촌 및 식품산업 부문의 인적·물적·기술적 지원에 필요한 정책을 세우고 시행하여야 한다.

제58조【농업 부문의 해외투자 지원】 정부는 농업 및 농업 관련 산업의 해외투자에 관한 조사·연구와 농업경영체 등의 해외투자를 지원하는 데에 필요한 정책을 세우고 시행하여야 한다.

제59조【농산물 및 식품의 수출 진흥】 ① 국가와 지방자치단체는 농산물 및 식품의 수출 진흥과 우리나라 식생활 문화의 전파 등을 위하여 해외시장 개척, 무역정보의 수집·제공 등에 필요한 정책을 세우고 시행하여야 한다.
② 국가와 지방자치단체는 제1항에 따른 정책을 효과적으로 추진하기 위하여 농업경영체, 생산자단체, 식품산업을 업으로 하는 자와 농산물과 식품을 수출하는 자 등에게 필요한 지원을 할 수 있다.

제60조【농산물 및 식품의 수입 관리】 정부는 농산물 및 식품의 수입 증가로 인하여 국내의 농업·농촌 및 식품산업 등 발전에 미치는 영향이 크다고 인정되는 경우에는 「대외무역법」 등 관계 법률에 따른 수입의 제한 등 필요한 조치를 마련하여야 한다.

제4장 보 칙

제61조【준농촌에 대한 지원】 농촌 외의 지역으로서 「농지법」 제28조에 따른 농업진흥지역과 「개발제한구역의 지정 및 관리에 관한 특별조치법」 제3조에 따른 개발제한구역에 대하여는 대통령령으로 정하는 바에 따라 이를 농촌으로 보고 필요한 지원을 할 수 있다.(2015.6.22 본조개정)

제62조【조세의 감면】 국가나 지방자치단체는 농업·농촌 및 식품산업의 발전을 위한 사업을 효율적으로 추진하기 위하여 「조세특례제한법」과 「지방세특례제한법」에서 정하는 바에 따라 조세를 감면할 수 있다.
(2015.6.22 본조개정)

제63조【농업 정책자금의 지원·관리】 ① 정부는 농업의 경쟁력을 높이기 위하여 농업을 주업(主業)으로 하는 농업인 등에 대한 정부의 융자금·보조금 지원 등 농업 정책자금의 운영·지원에 필요한 시책을 세우고 시행하여야 한다.
② 농림축산식품부장관은 농업인 등에게 지원하는 융자금·보조금 등 농업 정책자금의 운용·관리 및 감독업무 등을 효율적으로 추진하기 위한 시책을 세우고 필요한 사업을 시행하여야 한다.
③~④ (2015.6.22 삭제)
(2015.6.22 본조개정)

제63조의2【농업정책보험금융원의 설립】 ① 농림축산식품부장관은 제63조제2항에 따른 농업인 등에게 지원하는 융자금·보조금 등 농업 정책자금의 운용·관리 및 감독업무 등을 효율적으로 추진하기 위하여 농업정책보험금융원(이하 "농금원"이라 한다)을 설립한다.
② 농금원은 법인으로 한다.
③ 농금원은 주된 사무소가 있는 곳에서 설립등기를 함으로써 성립한다.
④ 농금원은 다음 각 호의 사업을 한다.
1. 제63조제2항에 따른 농업 정책자금의 운용·관리 및 감독업무 등
2. 농어촌구조개선 특별회계 융자금의 운용·관리 업무
3. 농어업재해재보험기금 및 재보험사업의 관리
4. 농업재해보험사업의 관리 및 손해평가사 제도의 운영
5. 농림수산식품투자모태조합 투자관리전문기관의 업무
6. 제2호부터 제5호까지의 사업과 관련하여 관계 법령에서 정하는 바에 따라 위탁받은 업무
7. 그 밖에 농림축산식품부장관이 고시로 정하는 사업
(2015.6.22 본호개정)
⑤ (2015.6.22 삭제)
⑥ 정부는 예산의 범위에서 농금원의 설립·운영 등에 필요한 경비의 전부 또는 일부를 출연하거나 보조할 수 있다.
⑦ 농금원에 관하여 이 법 또는 「공공기관의 운영에 관한 법률」에서 정한 사항 외에는 「민법」 중 재단법인에 관한 규정을 준용한다.
(2015.6.22 본조신설)

제64조【벌칙 적용에서 공무원 의제】 농림축산식품부장관이 제47조의2제5항에 따라 위탁한 업무에 종사하는 기관 또는 단체의 임직원은 그 업무에 관하여 「형법」 제129조부터 제132조까지의 규정을 적용할 때에는 공무원으로 본다.(2015.6.22 본조신설)

부 칙

제1조【시행일】 이 법은 공포 후 6개월이 경과한 날부터 시행한다. 다만, 제39조제4항 및 제5항의 개정규정은 공포 후 3개월이 경과한 날부터 시행한다.

제2조【다른 법률의 폐지】 農漁村發展特別措置法은 폐지한다.

제3조【전업농업인에 관한 경과조치】 이 법 시행 당시 종전의 「농업·농촌 및 식품산업 기본법」에 따라 전업농업인으로 선정된 자는 제26조의 개정규정에 따라 전업농업인으로 선정된 것으로 본다.

제4조【전업어업인에 관한 경과조치】 이 법 시행 당시 종전의 「농어촌발전 특별조치법」에 따른 전업어업인은 제26조의 개정규정에 따라 전업어업인으로 선정된 것으로 본다.

제5조【종전의 법률에 따른 고시 등의 행위에 관한 경과조치】 이 법 시행 전에 종전의 「농업·농촌 및 식품산업 기본법」, 종전의 「농어촌발전 특별조치법」 및 종전의 「해양수산발전 기본법」에 따라 행한 고시·처분·명령·지정, 그 밖의 행정기관의 행위 또는 각종 신청·신고, 그 밖의 행정기관에 대한 행위는 그에 해당하는 이 법에 따른 행정기관의 행위 또는 행정기관에 대한 행위로 본다.

제6조【다른 법률의 개정】 ①~⑰ ※(해당 법령에 가제정리 하였음)

제7조【다른 법령과의 관계】 이 법 시행 당시 다른 법령(이 법 시행 전에 공포되었으나 시행일이 도래하지 아니한 법령을 포함한다)에서 종전의 「농업·농촌 및 식품산업 기본법」, 종전의 「농어촌발전 특별조치법」, 종전의 「해양수산발전 기본법」 또는 그 규정을 인용한 경우에 이 법 가운데 그에 해당하는 규정이 있으면 종전의 규정을 갈음하여 이 법 또는 이 법의 해당 조항을 인용한 것으로 본다.

부 칙 (2011.11.22)

제1조【시행일】 이 법은 공포 후 6개월이 경과한 날부터 시행한다. 다만, 제4조의2의 개정규정은 공포한 날부터 시행하고, 제14조제5항의 개정규정은 2012년 7월 1일부터 시행한다.

제2조【농정원 설립준비】 ① 농림수산식품부장관은 농정원의 설립에 관한 사무를 처리하기 위하여 이 법 공포일부터 30일 이내에 7명의 설립위원을 위촉하여 농림수산식품교육문화정보원 설립위원회(이하 "설립위원회"라 한다)를 설치한다.
② 설립위원회는 농정원의 정관을 작성하여 기명날인하거나 서명하여 농림수산식품부장관의 인가를 받아야 한다.
③ 설립위원회는 제2항에 따른 인가를 받은 때에는 지체 없이 연명으로 농정원의 설립등기를 하여야 한다.
④ 「민법」 제32조에 따라 설립된 한국농림수산정보센터(부설 농업인재개발원을 포함하며, 이하 "한국농림수산정보센터"라 한다)는 「민법」 중 법인의 해산 및 청산에 관한 규정에도 불구하고 농정원이 제3항에 따라 설립등기를 마친 때에 해산된 것으로 본다.
⑤ 설립위원회는 농정원의 원장이 임명되면 지체 없이 그 사무를 원장에게 인계하여야 한다.
⑥ 설립위원회 및 설립위원은 제5항에 따른 사무인계가 끝난 때에는 해산되거나 해촉된 것으로 본다.

제3조【농정원 설립에 따른 경과조치】 ① 이 법 시행 당시 「정부출연연구기관 등의 설립·운영 및 육성에 관한 법률」에 따라 설립된 한국농촌경제연구원 부설 농촌정보문화센터(이하 "농촌정보문화센터"라 한다)와 한국농림수산정보센터가 관리하고 있는 재산과 권리·의무는 농정원이 그 설립등기일에 승계한다.
② 이 법 시행 당시 농촌정보문화센터와 한국농림수산정보센터의 소속 직원은 농정원의 설립등기일에 농정원의 직원으로 채용된 것으로 본다.

부 칙 (2015.6.22 법13356호)

제1조【시행일】 이 법은 공포한 날부터 시행한다. 다만, 제47조의2제5항 및 제64조의 개정규정은 공포 후 6개월이 경과한 날부터 시행한다.

제2조【재단법인 농업정책보험금융원에 대한 경과조치】
① 이 법 시행당시 「민법」에 따라 설립된 재단법인 농업정책보험금융원(이하 "재단법인"이라 한다)은 이 법 시행 후 2개월 이내에 이 법에 따른 농업정책보험금융원(이하 "농금원"이라 한다)의 정관을 작성하여 농림축산식품부장관의 허가를 받아야 한다.
② 재단법인은 제1항에 따른 허가를 받은 때에는 지체없이 이 법에 따른 농금원의 설립등기를 하여야 한다.
③ 재단법인은 농금원의 설립등기를 완료한 경우에는 「민법」 중 법인의 해산 및 청산에 관한 규정에도 불구하고 해산된 것으로 본다.
④ 이 법 시행 당시 재단법인이 관리하고 있는 재산과 권리·의무는 농금원의 설립등기일에 농금원이 포괄 승계한다.
⑤ 제4항에 따라 승계된 재산과 권리·의무에 관한 등기부나 그 밖의 공부상에 표시된 재단법인의 명의는 농금원의 명의로 본다.
⑥ 제4항에 따라 승계한 재산과 관련하여 농금원 설립 전에 재단법인이 행한 행위와 재단법인에 대하여 행하여진 행위는 농금원이 행하거나 농금원에 대하여 행하여진 행위로 본다.
⑦ 농금원이 설립된 때에는 그 설립 당시의 재단법인의 임직원은 농금원의 임직원으로 선임 또는 임명된 것으로 본다. 이 경우 임원의 임기는 종전의 재단법인 정관에 따른 임기의 잔여기간으로 한다.

부 칙 (2022.1.4)

제1조【시행일】 이 법은 공포 후 6개월이 경과한 날부터 시행한다.

제2조【기본계획에 관한 적용례】 제14조의 개정규정은 이 법 시행 이후 기본계획을 수립하는 경우부터 적용한다.

제3조【농업·농촌 및 식품산업 연차보고서에 관한 적용례】 제17조의 개정규정은 이 법 시행 이후 보고서를 작성하는 경우부터 적용한다.

부 칙 (2023.10.24)

이 법은 공포 후 3개월이 경과한 날부터 시행한다. 다만, 제52조의2의 개정규정은 공포 후 1년이 경과한 날부터 시행한다.

농촌진흥법

(2013년 8월 13일
전부개정법률 제12050호)

개정
2015. 3.27법13253호 2017. 1.17법14527호
2019. 8.20법16472호 2020. 3.24법17093호
2020. 5.26법17316호
2021. 1.12법17893호(지방자치)
2021.11.30법18531호
2024. 1. 2법19878호→2024년 4월 3일 및 2024년 7월 3일 시행

제1장 총 칙

제1조【목적】 이 법은 국가의 기본 산업인 농업의 발전과 농업인의 복지 향상 및 농촌자원의 효율적 활용을 도모하기 위하여 농업·농업인·농촌과 관련된 과학기술의 연구개발·보급, 농촌지도, 교육훈련 및 국제협력에 관한 사항을 규정함으로써 농촌지역의 진흥과 국가발전에 기여함을 목적으로 한다.

제2조【정의】 이 법에서 사용하는 용어의 뜻은 다음과 같다.
1. "농촌진흥사업"이란 농촌진흥청장과 지방자치단체의 장이 수행하는 농업·농업인·농촌과 관련된 과학기술의 연구개발, 농촌지도, 교육훈련 및 국제협력사업을 말한다.
2. "연구개발사업"이란 농업·농업인·농촌과 관련된 과학기술을 연구·개발하여 새로운 이론과 지식 등 성과를 창출하는 사업으로서 다음 각 목의 업무를 수행하는 사업을 말한다.
 가. 식량자원의 안정적 확보를 위한 조사·연구
 나. 품종개발 및 농업유전자원의 수집·보존·활용과 이에 관련된 조사·연구
 다. 농축산물·농식품의 생산성 향상, 안전성, 수확 후 관리, 가공·이용, 부가가치 제고 등에 관한 조사·연구
 라. 농업 및 농업환경의 유지·보전에 관한 조사·연구
 마. 농업·농촌 생활환경, 문화의 보존 및 여성 농업인의 실태에 관한 조사·연구
 바. 농업생물자원의 활용을 위한 첨단기술 연구개발
 사. 농기계·농약·비료 등 농자재의 표준규격 설정 및 품질관리에 관한 조사·연구
 아. 그 밖에 연구개발에 관하여 대통령령으로 정하는 업무
3. "농촌지도사업"이란 연구개발 성과의 보급과 농업경영체의 경영혁신을 통하여 농업의 경쟁력을 높이고 농촌자원을 효율적으로 활용하는 사업으로서 다음 각 목의 업무를 수행하는 사업을 말한다.
 가. 연구개발 성과의 보급
 나. 농업경영체의 경영 진단 및 지원
 다. 농촌자원의 소득화 및 생활 개선 지원
 라. 농업후계인력, 농촌지도자 및 농업인 조직의 육성
 마. 농작물 병해충의 과학적인 예찰, 방제정보의 확산 및 기상재해에 대비한 기술 지도
 바. 가축질병 예방을 위한 방역 기술 지도
 사. 그 밖에 농촌지도에 관하여 대통령령으로 정하는 업무
4. "교육훈련사업"이란 농촌진흥사업에 종사하는 공무원과 농업인 등의 역량개발을 지원하여 경쟁력 있는 전문인력으로 양성하는 사업으로서 다음 각 목의 업무를 수행하는 사업을 말한다.
 가. 농촌진흥사업에 종사하는 공무원 등에 대한 교육훈련
 나. 농업인, 청소년 및 이와 관련된 단체의 구성원에 대한 교육훈련
 다. 농업관련 학교의 교원 및 학생에 대한 교육훈련
 라. 그 밖에 교육훈련에 관하여 대통령령으로 정하는 업무
5. "국제협력사업"이란 농업·농업인·농촌과 관련된 과학기술을 국제적으로 교류하고 확산하기 위하여 국제기구, 국제연구기관 및 외국 등과 협력하는 사업으로서 다음 각 목의 업무를 수행하는 사업을 말한다.
 가. 국제기구 및 국제연구기관 등과의 농업기술에 관한 공동연구개발·보급사업
 나. 외국의 정부, 대학, 민간기구 등과의 농업기술에 관한 공동연구개발·보급사업
 다. 그 밖에 국제협력에 관하여 대통령령으로 정하는 업무
6. "지방농촌진흥기관"이란 지방자치단체의 직속기관으로서 다음 각 목의 어느 하나에 해당하는 기관을 말한다.
 가. 도, 특별자치도 : 농업기술원
 나. 특별시, 광역시, 특별자치시, 시, 군 : 농업기술센터

(2024.1.2 본호신설)

제3조【지방농촌진흥기관】 지방자치단체는 해당 지역의 농촌진흥사업을 수행하기 위하여 「지방자치법」 제126조에 따른 직속기관으로 지방농촌진흥기관을 둘 수 있다.
(2021.1.12 본조개정)

제4조【다른 법률과의 관계】 농촌진흥사업에 관하여 다른 법률에 특별한 규정이 있는 경우를 제외하고는 이 법에서 정하는 바에 따른다.

제2장 농촌진흥사업

제1절 농촌진흥사업 기본계획 수립 등

제5조【농촌진흥사업 기본계획 등】 ① 농촌진흥청장은 농촌진흥사업의 체계적인 수행을 위하여 제6조에 따른 농촌진흥사업심의위원회의 심의를 거쳐 5년 단위의 농촌진흥사업 기본계획(이하 "기본계획"이라 한다)과 연도별 시행계획(이하 "시행계획"이라 한다)을 수립하고 추진하여야 한다.
② 기본계획에는 다음 각 호의 사항이 포함되어야 한다.
1. 농촌진흥사업의 기본 방향과 중장기 목표
2. 농촌진흥사업별 중점 추진전략
3. 농촌진흥사업의 기반 조성과 재원 조달방안
4. 그 밖에 농촌진흥청장이 필요하다고 인정하는 사항
③ 농촌진흥청장은 기본계획과 시행계획이 확정되면 관계 중앙행정기관의 장과 지방자치단체의 장에게 알려주어야 한다.
④ 지방자치단체의 장은 제3항에 따른 기본계획과 시행계획을 통보받은 때에는 지역여건에 맞는 농촌진흥사업 실시계획을 수립하고 추진하여야 한다.
⑤ 농촌진흥청장은 기본계획 및 시행계획을 수립한 때에는 지체 없이, 추진 실적 등에 관한 연차보고서는 매년 정기국회 개회 전까지 국회 소관 상임위원회에 보고하거나 제출하여야 한다.(2020.5.26 본항신설)
⑥ 제5항에 따른 연차보고서에는 다음 각 호의 내용이 포함되어야 한다.
1. 기본계획의 주요 내용
2. 해당 연도 시행계획의 주요 내용
3. 전년도 시행계획에 따른 추진 실적 및 그 평가 결과
4. 그 밖에 농촌진흥사업에 관한 중요 사항

(2020.5.26 본항신설)

⑦ 기본계획과 시행계획의 수립 등에 필요한 사항은 대통령령으로 정한다.

제6조【농촌진흥사업심의위원회】 ① 농촌진흥사업에 관한 다음 각 호의 사항을 심의하기 위하여 농촌진흥청에 농촌진흥사업심의위원회를 둔다.
1. 기본계획과 시행계획에 관한 사항
2. 농촌진흥사업 육성을 위한 주요 정책 수립과 조정에 관한 사항
3. 농촌진흥사업의 평가와 성과관리에 관한 사항
4. 그 밖에 위원장이 필요하다고 인정하여 회의에 부치는 사항
② 농촌진흥사업심의위원회의 구성과 운영에 필요한 사항은 대통령령으로 정한다.

제2절 연구개발사업

제7조【연구개발사업의 실시】 ① 농촌진흥청장은 연구개발사업을 효율적으로 추진하기 위하여 고유연구사업 이외에 공동연구사업 등을 실시할 수 있다.
② 제1항에 따른 공동연구사업은 분야별 연구개발과제를 선정하여 「국가연구개발혁신법」 제2조제3호에 따른 연구개발기관과 협약을 맺어 실시한다.(2024.1.2 본항개정)
③ 농촌진흥청장은 공동연구사업 추진에 필요한 비용의 전부 또는 일부를 지원하기 위하여 제2항의 연구개발기관에 출연할 수 있다.(2024.1.2 본항개정)

제8조【부정행위 등에 대한 제재처분】 연구개발사업에 참여한 연구개발기관, 연구책임자, 연구원 또는 연구개발기관 소속 임직원의 부정행위 등에 대한 제재처분에 관하여는 「국가연구개발혁신법」 제31조부터 제34조까지를 준용한다.(2024.1.2 본조개정)

제9조【현장 수요조사】 농촌진흥청장은 현장에 필요한 농업과학기술을 발굴하고 이를 개발·보급하기 위하여 현장 수요조사를 할 수 있다.(2020.3.24 본조개정)

제10조【연구개발사업의 심의·조정】 농촌진흥청장은 연구개발사업의 중복을 방지하고 효율성을 높이기 위하여 필요한 때에는 소속 기관 및 지방농촌진흥기관이 수행하는 다음 각 호의 업무를 심의·조정할 수 있다.
1. 연구개발기관의 지원과 육성에 관한 사항
2. 연구개발과제의 선정과 연구수행에 관한 사항
3. 연구 인력의 양성·확보에 관한 사항
4. 그 밖에 농촌진흥청장이 필요하다고 인정하는 사항

제11조【연구개발사업의 평가】 농촌진흥청장은 연구개발사업을 효과적으로 추진하기 위하여 이에 대한 평가와 성과관리를 실시하고 그 결과를 기본계획 또는 시행계획에 반영하여야 한다.

제12조【연구개발 성과의 확산】 ① 농촌진흥청장은 매년도 연구개발 성과 중 농업인 등에게 기술보급과 지원 등이 필요한 사항에 대하여는 농촌지도사업에 반영하고 관계 중앙행정기관의 장에게 정책을 건의하여야 한다.
② 지방자치단체의 장은 자체적으로 실시한 연구개발사업의 성과를 농촌지도사업에 반영할 필요가 있는 경우에는 농촌진흥청장에게 반영하여 줄 것을 요청할 수 있으며, 농촌진흥청장의 의견을 들어 관계 중앙행정기관의 장에게 기술보급과 지원에 관한 정책을 건의할 수 있다.
③ 제1항과 제2항에 따라 정책 건의를 받은 중앙행정기관의 장은 이에 대한 정책을 마련하여 개발된 기술 등이 신속히 보급되도록 조치하여야 한다.

제13조【연구개발 성과의 이전】 ① 농촌진흥청장은 연구개발 성과를 소유한 연구개발기관(이하 "연구개발성과소유기관"이라 한다)이 연구개발성과 실시계약을 통하여 기술료를 징수하거나 소유하고 있는 연구개발 성과를 직접 실시하여 수익이 발생한 경우 기술료의 일부 또는 수익의 일부에 대하여 납부를 요청하여야 한다. 다만, 농업인단체가 연구개발성과소유기관인 경우 등 대통령령으로 정하는 경우에는 납부액의 전부 또는 일부를 감면할 수 있다.(2024.1.2 본항개정)
② 제1항에 따른 기술료 또는 수익의 납부대상, 납부방법 및 절차 등에 필요한 사항은 대통령령으로 정한다.
(2024.1.2 본항개정)
③ 농촌진흥청장은 소속 공무원이 직무와 관련하여 연구개발한 기술을 특허(실용신안을 포함한다) 출원하는 경우 특허 등록 전이라도 그 기술을 조기에 산업화하는 것이 공익 증진에 기여할 수 있다고 판단할 때에는 특허청장과 협의하여 특허 등록 전까지 이를 산업화하려는 자에게 그 기술을 산업화하게 할 수 있다.

제14조【북한 농업 연구개발사업 등】 농촌진흥청장은 관계 중앙행정기관의 장과 협의를 거쳐 북한 농업을 지원하거나 남·북한 농업과학기술의 발전을 위한 연구개발사업 등을 추진할 수 있다.

제3절 농촌지도사업

제15조【농촌지도사업의 조정】 ① 농촌진흥청장은 지역농업의 균형적인 발전을 도모하고 효율적인 농촌지도사업을 추진하기 위하여 지방자치단체가 실시하는 농촌지도사업을 조정할 수 있으며, 지방자치단체의 장은 지역특성에 맞는 농촌지도사업을 개발하여 추진하여야 한다.
② 농촌진흥청장은 특정 지방자치단체가 개발한 농업과학기술을 전국이나 다른 지방자치단체의 관할지역으로 확산하는 것이 국가 전체의 이익을 위하여 필요한 경우 그 개발기술의 사용을 요청할 수 있다.

제16조【시범사업의 실시】 농촌진흥청장과 지방자치단체의 장은 농촌지도사업을 효율적으로 시행하기 위하여 시범사업을 실시하고 이에 참여하는 농업인 또는 단체 등에 대하여 재정적·기술적 지원을 할 수 있다.

제17조【농촌지도사업의 평가】 농촌진흥청장은 농촌지도사업을 효과적으로 추진하기 위하여 이에 대한 평가를 실시하고 그 결과를 기본계획 또는 시행계획에 반영하여야 한다.

제18조【농업인 조직의 육성】 농촌진흥청장 및 지방자치단체의 장은 농촌지도사업과 교육훈련사업을 촉진하기 위하여 농업인, 청소년 및 이와 관련된 단체를 육성할 수 있다.(2024.1.2 본조개정)

제4절 교육훈련사업

제19조【교육훈련사업의 실시】 ① 농촌진흥청장 및 지방자치단체의 장은 교육훈련사업을 지속적으로 실시하여야 한다.
② 지방자치단체의 장은 제2조제4호가목의 농촌진흥사업에 종사하는 소속 공무원에 대한 교육훈련을 「공무원 인재개발법」 제4조제1항에 따라 농촌진흥청장 소속으로 설치한 전문교육훈련기관에 위탁할 수 있다.(2024.1.2 본항신설)
(2015.3.27 본조개정)

제20조【교육훈련과정 등 연구·개선】 농촌진흥청장 및 지방자치단체의 장은 교육훈련의 성과를 높일 수 있도록 교육담당 공무원의 전문능력향상을 위하여 노력하여야 하며, 교과내용 및 교육방법이 농업인 등의 역량개발에 적합하도록 연구·개선하여야 한다.

제21조【평생교육진흥사업 지원】 농촌진흥청장은 농업인 등에게 평생교육 기회를 부여하기 위하여 지방농촌진흥기관에서 실시하는 평생교육진흥사업을 지원할 수 있다.

제5절 국제협력사업

제22조【국제기구 등과의 협력】 ① 농촌진흥청장은 농업과학기술을 향상시키고 국제사회에 기여하기 위하여 국제기구나 국제연구기관 등과 협력사업을 추진하여야 한다.
② 제1항에 따른 협력사업의 범위와 내용 등에 필요한 사항은 농림축산식품부령으로 정한다.

제23조【외국 등과의 협력】 ① 농촌진흥청장은 농업·농촌의 발전과 농업과학기술의 향상을 위하여 선진농업기술의 도입 등 외국과의 협력사업을 추진하고, 개발도상국의 농업생산성 향상 등을 위한 협력사업에 대하여 필요한 재정적·기술적 지원을 할 수 있다.
② 농촌진흥청장은 개발도상국의 농업생산성 향상 등을 위한 협력사업을 효율적으로 추진하기 위하여 협력 상대국에 협력 상대국과 공동으로 해외농업기술센터를 운영할 수 있다.(2024.1.2 본항신설)

③ 농촌진흥청장은 다수 국가와의 협력사업의 효율적 추진과 상호이익을 도모하기 위하여 해당 국가들과 협의하여 국제협력협의체를 구성할 수 있다.
④ 제1항부터 제3항까지에 따른 사업의 추진방법과 운영 등에 필요한 사항은 농림축산식품부령으로 정한다.
(2024.1.2 본항개정)
제24조【농업기술 연수 등】 ① 농촌진흥청장은 외국과의 협력사업을 촉진하고 농업기술을 보급하기 위하여 해당 국가의 농업 관련자에 대하여 농업기술 연수를 제공할 수 있다.
② 농촌진흥청장은 국제협력사업을 지원하기 위하여 전문가로서의 능력을 갖춘 농업 관련자를 선발하여 교육하여야 한다.

제6절 농촌진흥사업 지원

제25조【정부의 재정적 지원】 ① 정부는 농촌진흥사업을 위하여 설립된 비영리법인, 학교, 단체 또는 개인에 대하여 보조금 지급 등 재정적 지원을 할 수 있다.
② 정부는 해당 지역의 농촌진흥사업을 하는 지방자치단체에 대하여 그 사업비의 전부 또는 일부를 보조할 수 있다.
제26조【농촌진흥사업 연구·조사】 ① 농촌진흥청장은 농촌진흥사업의 실시를 위하여 필요하다고 인정하는 경우에는 지방자치단체의 장으로 하여금 연구 또는 조사 업무를 하게 할 수 있다.
② 지방자치단체의 장은 제1항에 따른 연구 또는 조사와 관련하여 농촌진흥청장으로부터 필요한 자료의 제출 등을 요청받은 경우 특별한 사유가 없으면 이에 따라야 한다.
제27조【농촌진흥사업 협조】 ① 다른 법률에 따라 농촌진흥사업을 할 수 있는 공공단체는 농촌진흥청 및 지방 농촌진흥기관과 긴밀히 협조하여야 한다.
② 지방자치단체의 장은 지역농업의 균형적인 발전을 도모하기 위하여 농촌진흥사업의 실시에 필요한 행정적·재정적 조치를 하여야 한다.
제28조【학술교류 활동 지원】 농촌진흥청장은 농촌진흥사업 종사 공무원이 농촌진흥사업과 관련된 국내외 연구자, 대학, 국제기구 및 국제연구기관 등과의 다양한 학술 교류와 협력 활동을 할 수 있도록 이를 촉진하고 장려하여야 한다.
제29조【시상】 농촌진흥청장은 농촌진흥사업에 관한 업적이 탁월하거나 기여한 공로가 뚜렷한 개인 및 단체 등을 선정하여 시상할 수 있다.
제30조【농업 산·학협동사업의 추진 및 지원】 ① 농촌진흥청장은 농촌진흥사업을 촉진하기 위하여 농업 관련 산업계·학계·관계 및 연구기관과의 협동사업(이하 "농업 산·학협동사업"이라 한다)을 추진할 수 있다.
② 정부는 농업 산·학협동사업을 원활하게 추진하기 위하여 매년 예산에서 지방농촌진흥기관, 농업관련 학교, 농업단체, 연구기관, 기업, 농업인에게 농업 산·학협동사업을 수행하는 데에 필요한 재정적 지원을 할 수 있다.

제3장 농촌진흥사업 종사 공무원

제31조【연구직·지도직 공무원 등】 ① 농촌진흥사업에 종사하게 하기 위하여 연구직공무원과 지도직공무원을 둔다.
② (2015.3.27 삭제)
③ 농촌진흥청장은 퇴직한 연구직·지도직 공무원으로서 그 재직 중 업적이 우수한 사람이 경험과 전문성을 활용하여 농촌진흥사업에 기여할 수 있도록 관련 제도를 마련할 수 있다.(2024.1.2 본항개정)
④ 제3항에 따라 마련한 퇴직한 연구직·지도직 공무원 활용제도의 수립·운영 등에 필요한 사항은 대통령령으로 정한다.(2024.1.2 본항개정)
(2015.3.27 본조제목개정)
제32조【연구직·지도직 공무원의 복무】 연구직 공무원과 지도직 공무원은 이 법에서 정한 사업 외의 사무에 관여하지 못한다.

제4장 한국농업기술진흥원
(2021.11.30 본장제목개정)

제33조【한국농업기술진흥원의 설립·운영】 ① 농촌진흥청장은 정부, 정부출연 연구기관과 민간 등의 농업과학기술 분야 연구개발 성과의 산업적 진흥을 위하여 한국농업기술진흥원(이하 "진흥원"이라 한다)을 설립한다.
(2021.11.30 본항개정)
② 진흥원은 법인으로 한다.(2021.11.30 본항개정)
③ 진흥원은 다음 각 호의 사업을 수행한다.(2021.11.30 본문개정)
1. 연구개발 성과의 실용화를 위한 중개와 알선
2. 연구개발 성과의 실용화를 위한 조사와 연구
3. 영농 현장에서의 연구개발 성과 활용 지원
4. 연구개발 성과의 사업화
5. 특허 등 지식재산권의 위탁관리 업무
6. 농가와 농업생산자 단체 등의 연구개발 성과 사업화 지원
7. 농식품 벤처·창업 활성화 지원(2019.8.20 본호신설)
8. 농식품 온실가스 감축 관련 정책·사업 지원(2024.1.2 본호신설)
9. 연구개발 성과의 실용화 촉진을 위하여 국가 또는 지방자치단체가 위탁하거나 대행하게 하는 사업
10. 그 밖에 연구개발 성과의 실용화를 위하여 대통령령으로 정하는 사업
(2021.11.30 본조제목개정)
제34조【진흥원에 대한 예산 지원 등】 ① 다음 각 호의 어느 하나에 해당하는 자는 진흥원의 설립·운영에 사용되는 경비의 일부를 출연하거나 지원할 수 있다.
(2021.11.30 본문개정)
1. 정부
2. 「공공기관의 운영에 관한 법률」 제4조에 따른 공공기관 중 대통령령으로 정하는 기관
3. 「민법」에 따라 설립된 비영리법인
4. 사업자단체
5. 농업·식품 관련 법인 또는 단체로서 대통령령으로 정하는 자
② 진흥원은 제33조제1항의 설립목적 달성에 필요한 경비를 조달하기 위하여 대통령령으로 정하는 바에 따라 수익사업을 할 수 있다.(2021.11.30 본항개정)
③ 국가와 지방자치단체는 제33조제3항 각 호의 사업을 진흥원에 위탁하여 추진하려는 경우에는 그 사업에 사용되는 비용의 전부 또는 일부를 지원할 수 있다.
(2021.11.30 본항개정)
④ 국가와 지방자치단체는 진흥원의 설립·운영을 위하여 필요하다고 인정하는 때에는 「국유재산법」, 「물품관리법」, 「공유재산 및 물품 관리법」에도 불구하고 국유·공유 재산 및 물품을 진흥원에 무상으로 양여 또는 대부하거나 사용·수익하게 할 수 있다.(2021.11.30 본항개정)
⑤ 제1항 및 제3항에 따른 출연 또는 지원에 관한 사항과 제4항에 따른 양여, 대부 및 사용·수익의 내용·조건 및 절차에 관한 사항은 대통령령으로 정한다.
(2021.11.30 본조제목개정)
제35조【진흥원 업무의 지도·감독 등】 ① 농촌진흥청장은 다음 각 호의 사항에 대하여 진흥원을 지도·감독하고, 필요하다고 인정하는 때에는 그 업무·회계 및 재산에 관한 사항을 보고하게 하거나 소속 공무원으로 하여금 진흥원의 장부·서류·시설과 그 밖의 물건을 검사하게 할 수 있다.(2021.11.30 본문개정)
1. 제33조제3항 각 호와 관련하여 농촌진흥청장이 위탁한 사업이나 농촌진흥청 소관 업무와 직접 관련되는 사업의 적정한 수행에 관한 사항
2. 「공공기관의 운영에 관한 법률」 제50조에 따른 경영지침 이행에 관한 사항
3. 각 회계연도의 사업계획 수립·집행 및 예산편성·결산에 관한 사항
4. 그 밖에 농촌진흥청장이 필요하다고 인정하는 사항
② 진흥원은 제33조에 따른 목적을 달성하기 위하여 특히 필요한 경우에는 농촌진흥청장과 협의하여 국가기관 및 지방자치단체 소속 공무원의 파견을 요청할 수 있다. 이 경우 파견 요청을 받은 기관의 장은 그 소속 직원을 진흥원에 파견할 수 있다.(2021.11.30 본항개정)
③ 진흥원에 관하여 이 법에서 규정하지 아니한 사항은 「민법」 중 재단법인에 관한 규정을 준용한다.(2021.11.30 본항개정)
(2021.11.30 본조제목개정)

제5장 보 칙

제36조【권한 등의 위임·위탁】 ① 농촌진흥청장은 대통령령으로 정하는 바에 따라 이 법에 따른 권한의 일부를 소속 기관의 장 및 특별시장·광역시장·특별자치시장·도지사·특별자치도지사에게 위임할 수 있다.
② 제13조제3항에 따른 연구개발 성과의 이전, 제19조에 따른 교육훈련사업 등에 관한 농촌진흥청장의 업무는 대통령령으로 정하는 바에 따라 전문기관 또는 관련 단체에 위탁할 수 있다. 이 경우 수탁 기관 또는 단체에 대한 지원에 필요한 사항은 대통령령으로 정한다.(2015.3.27 본항개정)
제37조【벌칙 적용 시의 공무원 의제】 제33조제3항 각 호의 사업을 수행하는 진흥원의 임직원은 「형법」 제127조 및 제129조부터 제132조까지의 벌칙을 적용할 때에는 공무원으로 본다.(2021.11.30 본조개정)

부 칙

제1조【시행일】 이 법은 공포 후 6개월이 경과한 날부터 시행한다.
제2조【농촌진흥사업 기본계획 등 수립에 따른 경과조치】 이 법 시행 당시 수립·시행 중인 농업과학기술개발 기본계획, 농촌지도사업 기본계획 및 실시계획, 교육훈련 기본계획은 이 법에 따른 농촌진흥사업 기본계획 또는 시행계획으로 본다.
제3조【다른 법률의 개정】 ①~④ ※(해당 법령에 가제정리 하였음)
제4조【다른 법령과의 관계】 이 법 시행 당시 다른 법령에서 종전의 규정을 인용한 경우에 이 법 가운데 그에 해당하는 규정이 있을 때에는 종전의 규정을 갈음하여 이 법의 해당 규정을 인용한 것으로 본다.

부 칙 (2017.1.17)

제1조【시행일】 이 법은 공포 후 3개월이 경과한 날부터 시행한다.
제2조【참여제한 등에 관한 적용례】 제8조의 개정규정은 이 법 시행 후 최초로 협약이 체결된 국가연구개발사업부터 적용한다.

부 칙 (2020.5.26)

제1조【시행일】 이 법은 공포한 날부터 시행한다.
제2조【국회 보고·제출에 관한 적용례】 제5조제5항 및 제6항의 개정규정은 이 법 시행 이후 농촌진흥청장이 기본계획 및 시행계획을 수립하거나 연차보고서를 작성하는 경우부터 적용한다.

부 칙 (2021.1.12)

제1조【시행일】 이 법은 공포 후 1년이 경과한 날부터 시행한다.(이하 생략)

부 칙 (2021.11.30)

제1조【시행일】 이 법은 공포 후 3개월이 경과한 날부터 시행한다. 다만, 부칙 제3조 중 법률 제18256호 농약관리법 일부개정법률 제31조제2항, 제4항, 제5항 및 제31조의2 제3호의 개정규정에 관한 사항은 2023년 1월 1일부터 시행한다.
제2조【농업기술실용화재단의 명칭변경에 따른 경과조치】 이 법 시행 당시 농업기술실용화재단은 이 법에 따른 한국농업기술진흥원으로 본다.
제3조【다른 법률의 개정】 ※(해당 법령에 가제정리 하였음)
제4조【다른 법령과의 관계】 이 법 시행 당시 다른 법령에서 이 법에 따라 명칭이 변경되는 "농업기술실용화재단"을 인용한 경우에는 이 법에 따른 "한국농업기술진흥원"을 인용한 것으로 본다.

부 칙 (2024.1.2)

제1조【시행일】 이 법은 공포 후 3개월이 경과한 날부터 시행한다. 다만, 제23조제2항의 개정규정은 공포 후 6개월이 경과한 날부터 시행한다.
제2조【부정행위 등에 대한 제재처분에 관한 적용례】 제8조의 개정규정은 이 법 시행 이후 부정행위 등이 발생한 경우부터 적용한다.
제3조【기술료 또는 수익의 납부에 관한 적용례】 제13조제1항 및 제2항의 개정규정은 이 법 시행 이후 기술료 또는 수익의 납부를 요청하는 경우부터 적용한다.
제4조【협약에 관한 경과조치】 이 법 시행 전에 종전의 제7조제2항에 따라 맺은 협약은 제7조제2항의 개정규정에 따른 협약으로 본다.

농어촌정비법

(2009년 6월 9일 전부개정법률 제9758호)

개정
2009. 6. 9법 9763호(산림보호법) <중략>
2012. 2.17법11319호
2012. 2.22법11352호(산지관리법)
2012.10.22법11501호
2013. 3.23법11690호(정부조직)
2013. 3.23법11694호(농어업・농어촌및식품산업기본법)
2014. 1.14법12248호(도로법)
2014. 1.21법12329호(청소년활동진흥법)
2014. 3.18법12428호
2014. 3.24법12516호(가축분뇨의관리및이용에관한법)
2014. 6. 3법12738호(공간정보구축관리)
2014.10.15법12811호 2015. 1. 6법12963호
2015. 6.22법13383호(수산업・어촌발전기본법)
2015. 8.28법13499호(민간임대주택에관한특별법)
2016. 1.19법13805호(주택법)
2016.12. 2법14297호 2016.12.27법14480호
2017. 1.17법14532호(물환경보전법)
2018. 2.21법15386호 2018.12.24법16070호
2019. 1.15법16228호 2019. 8.27법16542호
2019. 8.27법16568호(양식산업발전법)
2019.12.10법16783호 2020. 2.11법16972호
2020. 3.31법17171호(전기안전관리법)
2021. 4.13법18019호
2021. 4.13법18027호(가축분뇨의관리및이용에관한법)
2021. 5.18법18167호
2021. 7.20법18310호(공간정보구축관리)
2021.11.30법18522호(소방시설설치및관리에관한법)
2021.11.30법18530호
2022. 1.11법18755호(수산)
2022.12.27법19117호(산림자원조성관리)
2023. 3.21법19251호(자연유산의보존및활용에관한법)
2023. 3.28법19285호
2023. 7.25법19571호(행정법제혁신을위한일부개정법령등)
2023. 8. 8법19590호(문화유산)
2023.10.24법19749호
2024. 1. 2법19876호→2024년 7월 3일 시행

제1장 총 칙

제1조【목적】 이 법은 농업생산기반, 농어촌 생활환경, 농어촌 관광휴양자원 및 한계농지 등을 종합적・체계적으로 정비・개발하여 농수산업의 경쟁력을 높이고 농어촌 생활환경 개선을 촉진함으로써 환경친화적이고 현대적인 농어촌 건설과 국가의 균형발전에 이바지하는 것을 목적으로 한다.(2019.12.10 본조개정)

제2조【정의】 이 법에서 사용하는 용어의 뜻은 다음과 같다.
1. "농어촌"이란 「농업・농촌 및 식품산업 기본법」 제3조제5호에 따른 농촌과 「수산업・어촌 발전 기본법」 제3조제6호에 따른 어촌을 말한다.(2015.6.22 본호개정)
2. "준농어촌"이란 광역시 관할 구역의 지방자치단체인 구(이하 "광역시 자치구"라 한다)의 구역 중 농어촌 외의 지역으로서 「농지법」에 따른 농업진흥지역과 「개발제한구역의 지정 및 관리에 관한 특별조치법」에 따른 개발제한구역을 말한다.
3. "농어촌용수"란 농어촌지역에 필요한 생활용수, 농업용수, 공업용수, 수산용수와 환경오염을 방지하기 위한 용수를 말한다.
4. "농어촌정비사업"이란 다음 각 목의 사업을 말한다.
가. 농업생산기반을 조성・확충하기 위한 농업생산기반 정비사업
나. 생활환경을 개선하기 위한 농어촌 생활환경 정비사업
다. 농어촌산업 육성사업
라. 농어촌 관광휴양자원 개발사업
마. 한계농지등의 정비사업
5. "농업생산기반 정비사업"이란 다음 각 목의 사업을 말한다.
가. 농어촌용수 개발사업
나. 경지 정리, 배수(排水) 개선, 농업생산기반시설의 개수・보수와 준설(浚渫) 등 농업생산기반 개량사업
다. 농수산업을 주목적으로 간척, 매립, 개간 등을 하는 농지확대 개발사업
라. 농업 주 생산단지의 조성과 영농시설 확충사업(2020.2.11 본목개정)
마. 저수지〔농어촌용수를 확보할 목적으로 하천, 하천구역 또는 연안구역 등에 물을 가두어 두거나 관리하기 위한 시설과 홍수위(洪水位 : 하천의 최고 수위) 이하의 수면 및 토지를 말한다. 이하 같다〕, 담수호 등 호수와 늪의 수질오염 방지사업과 수질개선 사업
바. 농지의 토양개선사업
사. 그 밖에 농지를 개발하거나 이용하는 데에 필요한 사업
6. "농업생산기반시설"이란 농업생산기반 정비사업으로 설치되거나 그 밖에 농지 보전이나 농업 생산에 이용되는 저수지, 양수장(揚水場), 관정(管井 : 우물) 등 지하수 이용시설, 배수장, 취입보(取入洑 : 하천에서 관개용수를 수로에 끌어 들이기 위하여 만든 저수시설), 용수로, 배수로, 유지(溜池 : 웅덩이), 도로(「농어촌도로 정비법」 제4조에 따른 농도(農道) 등 농로를 포함한다. 이하 같다), 방조제, 제방(堤防 : 둑) 등의 시설물 및 그 부대시설과 농수산물의 생산・가공・저장・유통시설 등 영농시설을 말한다.(2020.2.11 본호개정)
7. "안전점검"이란 경험과 기술을 갖춘 자가 육안이나 점검기구 등으로 농업생산기반시설의 결함 등을 조사하는 행위를 말한다.
8. "정밀안전진단"이란 안전점검을 한 결과 농업생산기반시설의 물리적・기능적 결함을 발견하고, 그에 대한 조치를 신속하고 적절하게 하기 위하여 시설의 구조적 안정성 및 결함의 원인 등을 조사, 측정 및 평가하여 보수, 보강 등의 방안을 제시하는 것을 말한다.
9. "안전관리"란 농업생산기반시설의 안전을 위한 안전점검, 정밀안전진단, 유지・개수・보수, 사용 제한, 철거 등 모든 행위를 말한다.
10. "생활환경정비사업"이란 농어촌지역과 준농어촌지역의 생활환경, 생활기반 및 편익시설・복지시설 등을 종합적으로 정비하고 확충하며 농어업인 등의 복지를 향상하기 위한 다음 각 목의 사업을 말한다.
가. 집단화된 농어촌 주택, 공동이용시설 등을 갖춘 새로운 농어촌마을 건설사업
나. 기존 마을의 토지와 주택 등을 합리적으로 재배치하기 위한 농어촌마을 재개발사업
다. 분산된 마을의 정비사업
라. 간이 상수도, 마을하수도(「하수도법」 제2조제4호에 따른 공공하수도 중 농어촌지역에 마을 단위로 설치하는 공공하수도를 말한다) 및 오수・폐수 정화시설의 설치 등 농어촌 수질오염 방지를 위한 사업
마. 주민생활의 거점이 되는 지역을 중점적으로 개발하는 정주생활권(定住生活圈) 개발사업
바. 빈집의 정비(빈집의 철거・개량・활용 및 효율적 관리를 위한 사업 등을 말한다)(2020.2.11 본목개정)
사. 농어촌 임대주택의 공급 및 관리를 위한 사업
아. 치산녹화(治山綠化) 등 국토보전시설의 정비・확충
자. 농어촌 주택의 개량(신축・증축・개축 및 대수선을 말한다. 이하 같다)사업
차. 슬레이트(석면이 포함된 슬레이트를 말한다. 이하 같다)가 사용된 농어촌 주택・공동이용시설 등 시설물에 대한 슬레이트의 해체・제거 및 처리 사업(2020.2.11 본목개정)
카. 그 밖에 농어촌지역과 준농어촌지역의 생활환경을 개선하기 위하여 필요한 사업(2012.2.17 본목신설)
11. "농어촌 주택"이란 농어촌지역과 준농어촌지역에 위치하고 장기간 독립된 주거생활을 할 수 있는 구조로 된 건축물(이에 부속되는 건축물 및 토지를 포함한다)을 말한다.
12. "빈집"이란 시장(특별자치시의 경우에는 특별자치시장을 말하고, 특별자치도의 경우에는 특별자치도지사를 말한다. 이하 같다)・군수・구청장(광역시 자치구의 구청장을 말한다. 이하 같다)이 거주 또는 사용 여부를 확인한 날부터 1년 이상 아무도 거주하지 아니하거나 사용하지 아니하는 농어촌 주택이나 건축물을 말한다.(2019.1.15 본호개정)
12의2. "빈집우선정비구역"이란 빈집이 증가하고 있거나 빈집 비율이 높은 지역을 관리하기 위하여 제64조의7에 따라 지정된 구역을 말한다.(2024.1.2 본호신설)
13. "마을정비구역"이란 농어촌지역 또는 준농어촌지역에서 농어촌정비사업을 종합적・계획적으로 시행하기 위하여 제101조에 따라 지정・고시된 구역을 말한다.
14. "환지(換地)"란 농어촌정비사업의 시행으로 종전의 토지를 대신하여 새로 정비된 토지를 지정하는 것을 말한다.
15. "농어촌산업"이란 농어촌의 특산물・전통문화・경관 등 유형・무형의 자원을 활용한 식품가공 등 제조업, 문화관광 등 서비스업 및 이와 관련된 산업을 말한다.
16. "농어촌 관광휴양사업"이란 다음 각 목의 사업을 말한다.
가. 농어촌 관광휴양단지사업 : 농어촌의 쾌적한 자연환경과 농어촌 특산물 등을 활용하여 전시관, 학습관, 지역 특산물 판매시설, 체육시설, 청소년 수련시설, 휴양시설 등을 갖추고 이용하게 하거나 휴양 콘도미니엄 등 숙박시설과 음식 등을 제공하는 사업
나. 관광농원사업 : 농어촌의 자연자원과 농림수산 생산기반을 이용하여 지역특산물 판매시설, 영농 체험시설, 체육시설, 휴양시설, 숙박시설, 음식 또는 용역을 제공하거나 그 밖에 이에 딸린 시설을 갖추어 이용하게 하는 사업
다. 주말농원사업 : 주말영농과 체험영농을 하려는 이용객에게 농지를 임대하거나 용역을 제공하고 그 밖에 이에 딸린 시설을 갖추어 이용하게 하는 사업
라. 농어촌민박사업 : 농어촌지역 또는 준농어촌지역의 주민이 소유 및 거주하고 있는 주택을 이용하여 농어촌 소득을 늘릴 목적으로 투숙객에게 숙박・취사시설・조식 등을 제공하는 사업(2020.2.11 본목개정)
17. "한계농지"란 「농지법」 제28조에 따른 농업진흥지역 밖의 농지 중에서 영농 조건이 불리하여 생산성이 낮은 농지로서 대통령령으로 정하는 기준에 해당하는 농지를 말한다.
18. "한계농지등의 정비사업"이란 농어촌지역의 한계농지와 그 주변산지 등 토지(이하 "한계농지등"이라 한다)를 활용하여 농림수산업적 이용, 농어촌 관광휴양자원 이용, 다목적 이용 등의 형태로 개발하는 사업을 말한다.

제2장 농어촌 정비를 위한 자원의 조사와 활용

제3조【자원 조사】 ① 농림축산식품부장관 또는 해양수산부장관은 농어촌 정비를 위하여 토지・마을 및 연안해수면의 이용과 개발에 필요한 자원 조사를 할 수 있다.(2020.2.11 본항개정)
② 농어촌 정비를 위한 자원 조사는 농어촌지역을 대상으로 한다.
③ 자원 조사의 대상 항목, 연안해수면의 범위, 그 밖에 필요한 사항은 대통령령으로 정한다.(2020.2.11 본항개정)

제4조【농어촌 정비 종합계획 등】 ① 농림축산식품부장관 또는 해양수산부장관은 제3조에 따른 자원 조사 결과를 바탕으로 농업생산기반, 농어촌 생활환경, 농어촌산업, 농어촌 관광휴양자원, 한계농지등을 개발하고 정비하기 위하여 관계 부처의 장과 협의(協議)하여 농어촌 정비 종합계획을 세워야 한다.(2013.3.23 본항개정)
② 제1항에 따른 농어촌 정비 종합계획은 「농업・농촌 및 식품산업 기본법」 제14조에 따른 농업・농촌 및 식품산업 발전계획 및 「수산업・어촌 발전 기본법」 제7조에 따른 수산업・어촌 발전 기본계획에 따라 세우되, 다음 각 호의 내용이 포함되어야 한다.(2015.6.22 본문개정)
1. 농어촌정비사업의 목표와 정책의 기본 방향
2. 대상 지역의 현황
3. 주요 농어촌정비사업 내용
4. 추정사업비
③ 지방자치단체의 장은 지역 개발계획을 세우거나 보완・발전시키려면 제3조의 자원 조사 결과를 활용하여야 한다.

제5조【농어촌경관의 보전관리】 ① 농림축산식품부장관 또는 해양수산부장관은 농어촌지역 특성을 고려한 농어촌정비사업의 시행을 위하여 경관의 보전・형성・관리(이하 "농어촌경관관리"라 한다)를 위한 기본방침을 세워 추진할 수 있다.(2013.3.23 본항개정)
② 농어촌정비사업 시행자는 대통령령으로 정하는 바에 따라 농어촌정비사업 대상지역의 농어촌경관관리를 위한 계획(이하 "농어촌경관관리계획"이라 한다)을 세우고 시행할 수 있다.
③ 농어촌 지역주민 또는 이해관계자는 농어촌정비사업 시행자에게 농어촌경관관리계획의 수립을 제안할 수 있으며, 그 수립을 제안받은 자는 그 처리 결과를 제안자에게 알려야 한다.
④ 제3항에 규정된 사항 외에 농어촌경관관리계획의 제안, 제안서의 처리 등에 필요한 사항은 대통령령으로 정한다.

제3장 농업생산기반 정비

제1절 농업생산기반 정비사업의 시행

제6조【농업생산기반 정비사업의 원칙】 농업생산기반 정비사업은 농지, 농어촌용수 등의 자원을 효율적으로 이용하여 농업의 생산성을 높일 수 있도록 다음 각 호의 사항 등을 고려하여 종합적이고 체계적으로 시행함을 원칙으로 한다.
1. 사업 시행지역의 토질, 토양, 경사도, 기후, 재해방지(2019.12.10 본호개정)
2. 재배작물의 종류(2020.2.11 본호개정)
3. 경제성 및 농어촌경관
4. 제9조제3항에 따른 토지에 대한 권리를 가지고 있는 자의 동의
5. 환경친화적 농업생산기반시설 구축(2019.12.10 본호신설)

제7조【농업생산기반 정비계획과 예정지 조사】 ① 농림축산식품부장관은 제3조에 따른 자원 조사 결과와 제4조에 따른 농어촌 정비 종합계획을 기초로 논농사, 밭농사, 시설농업 등 지역별・유형별 농업생산기반 정비계획을 10년마다 세우고 추진하되, 5년마다 타당성을 검토하여 이를 반영하여야 한다.

② 농림축산식품부장관 또는 광역시장·특별자치시장·도지사 또는 특별자치도지사(이하 "시·도지사"라 한다)는 농업생산기반 정비사업을 하려는 자가 신청하거나 농림축산식품부장관 또는 시·도지사가 농업생산기반 정비사업의 필요성을 인정하는 경우 제1항에 따른 농업생산기반 정비계획에 따라 해당 지역에 대한 예정지 조사를 하여야 한다. 이 경우 사업별 예정지 조사의 실시 주체는 다음 각 호의 구분과 같다.
1. 다음 각 목의 요건을 모두 충족하는 농업생산기반 정비사업인 경우 : 농림축산식품부장관
  가. 수혜면적(受惠面積)이 3천만제곱미터 이상일 것
  나. 다음의 농업생산기반 정비사업 중 둘 이상으로 구성된 사업일 것
    1) 농어촌용수 개발사업
    2) 경지 정리사업
    3) 배수 개선사업
    4) 간척사업
    5) 매립사업
2. 제1호 외의 농업생산기반 정비사업인 경우 : 시·도지사
(2023.3.28 본조개정)

제8조【농업생산기반 정비사업 기본계획의 수립】 ① 농림축산식품부장관은 제7조제2항에 따른 예정지 조사 결과 농업생산기반 정비사업 중 타당성이 있다고 인정되는 사업은 그 지역에 대한 기본조사를 하고 농업생산기반 정비사업 기본계획을 세워야 한다. 다만, 제2조제5호나목의 경지 정리, 농업생산기반시설의 개수·보수 및 준설 사업과 그 밖에 수혜면적이 50만제곱미터 미만인 농업생산기반 정비사업은 다음 각 호의 자가 기본조사를 하고 농업생산기반 정비사업 기본계획을 세워야 한다.(2023.3.28 단서개정)
1. 사업지역이 1개 광역시·특별자치시·도 또는 특별자치도(이하 "시·도"라 한다)인 경우 : 관할 시·도지사 (2023.3.28 본호개정)
2. 사업지역이 2개 이상의 시·도에 걸쳐 있는 경우 : 농림축산식품부장관이 관할 시·도지사와 협의하여 지정하는 시·도지사(2013.3.23 본호개정)
② 제1항에도 불구하고 제7조제2항에 따른 예정지 조사 결과 타당성이 있다고 인정된 농업생산기반 정비사업 중 일정 규모 미만의 사업 등 대통령령으로 정하는 사업은 기본조사를 생략할 수 있다.

제9조【농업생산기반 정비사업 시행계획의 수립 등】 ① 농림축산식품부장관 또는 시·도지사는 제8조에 따른 농업생산기반 정비사업 기본계획 중 타당성이 있는 농업생산기반 정비사업에 대하여는 농업생산기반 정비사업 시행자를 지정하여야 한다.(2013.3.23 본항개정)
② 농업생산기반 정비사업 시행자는 농업생산기반 정비사업 기본계획에 따라 사업을 하려면 해당 지역에 대한 세부 설계를 하고, 농업생산기반 정비사업 시행계획을 세워야 한다.
③ 농업생산기반 정비사업 시행자는 농업생산기반 정비사업(저수지의 개수·보수 등 농림축산식품부령으로 정하는 농업생산기반 개량사업은 제외한다) 시행계획을 공고하고, 제11조에 따른 토지에 대한 권리를 가지고 있는 자에게 열람하도록 한 후 3분의 2 이상의 동의를 받아야 한다.(2013.3.23 본항개정)
④ 농업생산기반 정비사업 시행자는 농림축산식품부령으로 정하는 특수한 사유로 인하여 제3항에 따른 동의를 받을 수 없는 경우에는 그 지역 수혜면적의 3분의 2 이상에 해당하는 토지 소유자의 동의를 받아야 한다.(2013.3.28 본항개정)
⑤ 토지 등에 대한 권리를 가지고 있는 자는 제3항에 따라 공고된 농업생산기반 정비사업 시행계획에 이의가 있으면 공고일부터 30일 이내에 농업생산기반 정비사업 시행자에게 이의신청을 할 수 있다. 이 경우 농업생산기반 정비사업 시행자는 이의신청일부터 30일 이내에 이의신청에 대한 검토의견을 이의신청인에게 알려야 하고, 이의신청 내용이 타당하면 농업생산기반 정비사업 시행계획에 그 내용을 반영하여야 한다.
⑥ 농업생산기반 정비사업 시행자가 농업생산기반 정비사업 시행계획을 수립하면 농림축산식품부령으로 정하는 서류를 첨부하여 농림축산식품부장관에게 승인을 신청하여야 한다. 다만, 제8조제1항 각 호 외의 부분 단서에 따른 사업의 경우에는 시·도지사에게 승인을 신청하여야 한다.(2023.3.28 단서개정)
⑦ 농림축산식품부장관 또는 시·도지사는 농업생산기반 정비사업 시행계획을 승인한 경우에는 그 내용을 고시하여야 한다.(2013.3.23 본항개정)
⑧ 농업생산기반 정비사업 시행자는 승인받은 농업생산기반 정비사업 시행계획을 변경하려는 경우에는 농림축산식품부장관 또는 시·도지사의 승인을 받아야 한다.(2013.3.23 본항개정)
⑨ 농림축산식품부장관 또는 시·도지사는 제8항에 따라 농업생산기반 정비사업 시행계획 변경을 승인한 경우에는 그 내용을 고시하여야 한다. 다만, 대통령령으로 정하는 경미한 사항은 그러하지 아니하다.(2013.3.23 본문개정)

제10조【농업생산기반 정비사업 시행자】 농업생산기반 정비사업은 국가, 지방자치단체, 「한국농어촌공사 및 농지관리기금법」에 따른 한국농어촌공사(이하 "한국농어촌공사"라 한다) 또는 토지 소유자가 시행한다. 다만, 제2조제5호라목의 농업 주 생산단지의 조성과 영농시설 확충사업은 「농업협동조합법」 제2조에 따른 조합도 시행할 수 있다.(2020.2.11 단서개정)

제11조【토지에 대한 권리를 가지고 있는 자】 제9조제3항에 따라 동의를 받아야 하는 자는 그 사업 시행지역의 토지에 대한 다음 각 호의 어느 하나에 해당하는 권리를 가지고 있는 자(이하 "토지등 소유자"라 한다)로 한다.
1. 농업의 목적으로 사용·수익하는 토지의 소유자
2. 농업의 목적으로 사용·수익하기 위하여 토지에 소유권 외의 물권(등기된 임차권을 포함한다. 이하 같다)을 가지고 있는 자
3. 농업 외의 목적으로 사용·수익하는 토지의 소유자
4. 농업 외의 목적으로 사용·수익하기 위하여 토지에 소유권 외의 물권을 가지고 있는 자
5. 그 밖에 대통령령으로 정하는 자

제12조【농지의 규모 확대 및 집단화 추진】 ① 농업생산기반 정비사업 시행자는 농업경영을 합리화하기 위하여 농지 규모를 확대하고 농지를 집단화할 수 있도록 농업생산기반 정비사업을 시행하고, 농지가 세분화되는 것을 막을 수 있도록 사업을 추진하여야 한다.
② 농업생산기반 정비사업 시행자는 특정 용도의 용지 등을 확보하기 위하여 필요한 경우에는 제34조에 따라 창설환지(創設換地)를 정할 수 있다.

제13조【매립, 간척 또는 개간의 효율적 시행】 ① 농업이나 수산업을 주목적으로 매립사업이나 간척사업을 하는 자는 농지, 초지, 농어촌용수시설, 농어촌도로, 농어촌마을, 영농편의시설, 농공단지 및 하수·배수·퇴적토(堆積土) 처리시설 등 종합적인 토지 이용계획을 세워야 한다.
② 농업이나 수산업을 주목적으로 하는 매립사업이나 간척사업으로 조성하는 농지는 기계화 영농이나 영농 규모 확대에 적합하도록 개발하여야 한다.
③ 농업이나 수산업을 주목적으로 하는 매립사업이나 간척사업의 면허·인가 및 고시 등에 관하여는 「공유수면 관리 및 매립에 관한 법률」을 적용한다.(2010.4.15 본항개정)
④ 국가는 농지를 늘리기 위하여 필요하면 개간 대상 지역의 조사·결정 및 고시 등 농지 개발과 관련된 조치를 할 수 있다.

제14조【농업생산기반 정비사업 시행으로 조성된 재산의 관리와 처분】 ① 농업생산기반 정비사업 시행으로 조성된 재산 중 농업생산기반시설에 제공되지 아니하는 매립지·간척지·개간지·취토장(取土場 : 쓸 흙을 파내는 곳) 등 토지와 그 밖의 물건 등(이하 "매립지등"이라 한다)은 대통령령으로 정하는 바에 따라 농업생산기반 정비사업 시행자가 각 호의 어느 하나에 해당하는 방법으로 관리·처분한다.
1. 임대
2. 매각
3. 직접 사용
4. 일시 사용
② 농업생산기반 정비사업 시행자가 제1항에 따라 매립지등을 관리·처분하려면 농림축산식품부장관[제8조제1항 각 호 외의 부분 단서에 따른 사업(「한국농어촌공사 및 농지관리기금법」 제31조에 따른 농지관리기금이 투입된 사업은 제외한다) 시행으로 조성된 재산의 경우에는 시·도지사를 말한다]의 승인을 받아야 하며, 이에 필요한 다음 각 호의 사항은 대통령령으로 정한다.(2023.3.28 본문개정)
1. 임대기간, 임대료 산정 기준, 임대 절차 및 방법, 임대료 감면 대상
2. 매각 대상 자격자, 매각 절차, 매각방법
3. 임대·매각 특례, 직접사용 및 일시사용 자격 등 그 밖에 필요한 사항
(2019.1.15 1호~3호신설)
③ 제1항에 따라 매립지등을 처분한 경우에 그 매각 대금은 다음 각 호의 용도로 사용하여야 한다.
1. 대통령령으로 정하는 채무 상환 및 농업생산기반시설의 유지관리사업 등을 위한 재원 조성
2. 농어촌정비사업의 시행
3. 다른 법령, 정관 또는 규약으로 정하는 용도
4. 그 밖에 농림축산식품부령으로 정하는 용도(2013.3.23 본호개정)
④ 국가가 시행한 농업생산기반 정비사업(「한국농어촌공사 및 농지관리기금법」 제34조에 따른 농지관리기금이 투입된 사업을 포함한다. 이하 이 조에서 같다)으로 조성된 매립지등을 처분한 경우에는 제3항에도 불구하고 그 매각 대금을 「한국농어촌공사 및 농지관리기금법」 제31조에 따른 농지관리기금에 내야 한다.
⑤ 한국농어촌공사가 국가나 지방자치단체의 예산 지원 없이 관리하는 농업생산기반시설의 준설사업으로 조성한 자갈, 모래 등의 부산물에 대하여는 제1항부터 제3항까지의 규정을 적용하지 아니한다.

제14조의2【간척지 조성 중인 토지의 임시 사용】 농업생산기반 정비사업 시행자는 농업생산기반 정비사업의 방조제 공사 완료로 노출된 토지에 대하여 매립공사 이전까지 공사에 지장이 없는 범위에서 대통령령으로 정하는 바에 따라 임시로 사용하거나 농어업인 등에게 사용하게 할 수 있다.(2018.2.21 본조신설)

제15조【농어촌용수 이용 합리화계획 등】 ① 농림축산식품부장관은 농어촌용수의 효율적인 개발·이용 및 보전 등을 위하여 농어촌용수 이용 합리화계획을 세우고 추진하여야 한다.(2013.3.23 본항개정)
② 농림축산식품부장관은 농어촌용수를 체계적으로 개발하고, 합리적으로 이용하며, 수질을 관리·보전하기 위하여 농어촌용수구역을 설정하여 운용할 수 있다.
(2013.3.23 본항개정)
③ 농림축산식품부장관은 제2항에 따라 농어촌용수구역을 설정하면 그 사실을 시·도지사에게 통보하여 고시하도록 하여야 한다. 다만, 2개 이상의 시·도 관할 구역이 포함되는 농어촌용수구역은 농림축산식품부장관이 고시한다.(2013.3.23 본항개정)
④ 제1항에 따른 농어촌용수 이용 합리화계획의 수립·추진과 제2항에 따른 농어촌용수구역의 설정·운용 등에 필요한 사항은 대통령령으로 정한다.
⑤ 농림축산식품부장관은 농어촌용수 이용 합리화계획을 변경하려는 경우에는 제3항을 준용한다.(2013.3.23 본항개정)

제15조의2【도서지역 등의 농어촌용수 실태조사 등】 ① 농림축산식품부장관은 농어촌용수의 공급 부족 등으로 인하여 가뭄 피해의 우려가 큰 지역[도서(島嶼)지역을 포함한다]에 대하여 매년 농어촌용수의 공급 현황에 관한 실태조사를 실시하여야 한다.
② 농림축산식품부장관은 제1항에 따른 조사 결과 농어촌용수의 공급이 현저하게 부족한 지역에 대하여는 공급향상을 위하여 필요한 조치 및 예산의 범위에서 특별한 지원을 할 수 있다.
③ 농림축산식품부장관은 제1항에 따른 실태조사를 위하여 필요한 경우에는 관계 행정기관의 장, 지방자치단체의 장 등에게 자료 제출이나 의견 제시 등을 요청할 수 있다. 이 경우 요청을 받은 자는 특별한 사유가 없으면 그 요청에 따라야 한다.
④ 제1항에 따른 실태조사의 범위와 방법 및 그 밖에 필요한 사항은 농림축산식품부령으로 정한다.
(2020.2.11 본조신설)

제2절 농업생산기반시설의 관리

제16조【국가 등이 시행한 농업생산기반시설의 관리와 이관】 ① 농업생산기반 정비사업 시행자는 농업생산기반 정비사업이 끝나면 그 사업으로 설치된 농업생산기반시설을 관리한다.
② 농림축산식품부장관은 제1항에도 불구하고 다음 각 호의 어느 하나에 해당하는 농업생산기반시설을 한국농어촌공사가 인수하여 관리하도록 결정할 수 있다. 이 경우 농림축산식품부장관은 미리 한국농어촌공사의 의견을 들어야 한다.(2013.3.23 본문개정)
1. 국가가 시행한 농업생산기반 정비사업으로 설치된 농업생산기반시설
2. 지방자치단체나 토지 소유자가 관리하는 농업생산기반시설 중 그 지방자치단체 또는 토지 소유자가 농림축산식품부장관에게 한국농어촌공사가 인수하여 관리하게 하여 줄 것을 요청하는 농업생산기반시설
(2013.3.23 본호개정)
③ 제2항에 따라 농업생산기반시설을 인수한 한국농어촌공사는 그 농업생산기반시설에 관하여 발생한 국가·지방자치단체 또는 토지 소유자의 권리·의무를 포괄적으로 승계한다.
④ 농림축산식품부장관은 다음 각 호의 어느 하나에 해당할 때에는 제1항에도 불구하고 농업생산기반 정비사업으로 설치되는 농업생산기반시설을 한국농어촌공사가 인수하여 관리하도록 미리 결정할 수 있다. 이 경우 농림축산식품부장관은 결정에 앞서 한국농어촌공사의 의견을 들어야 하고, 한국농어촌공사는 그 농업생산기반시설을 설치하기 위하여 국가·지방자치단체 또는 토지 소유자가 매수한 용지를 미리 한국농어촌공사의 소유로 등기할 수 있다.(2013.3.23 본문개정)
1. 국가가 농업생산기반 정비사업을 시행할 때
2. 지방자치단체나 토지 소유자가 농업생산기반 정비사업을 시행하는 경우로서 그 지방자치단체나 토지 소유자가 요청할 때
⑤ 제4항의 결정에 따라 농업생산기반시설을 인수한 한국농어촌공사의 권리·의무 승계에 관하여는 제3항을 준용한다.

제17조【농업생산기반시설의 등록】 제16조에 따라 농업생산기반시설을 관리하는 자(이하 "농업생산기반시설관리자"라 한다)는 대통령령으로 정하는 바에 따라 그가 관리하는 농업생산기반시설을 다음 각 호의 구분에 따라 시·도지사 또는 시장·군수·구청장에게 등록하여야 한다.(2012.2.17 본문개정)
1. 시·도지사 : 다음 각 목의 농업생산기반시설
  가. 농업생산기반시설 중 저수지, 양수장, 배수장, 방조제 및 제방
  나. 2개 이상의 시, 군, 광역시 자치구에 걸쳐 있는 농업생산기반시설
2. 시장·군수·구청장 : 제1호의 농업생산기반시설을 제외한 농업생산기반시설
(2012.2.17 1호~2호신설)

農林

제18조【농업생산기반시설의 관리】 ① 농업생산기반시설관리자는 농업생산기반시설에 대하여 항상 선량한 관리를 하여야 하며, 대통령령으로 정하는 바에 따라 농업생산기반시설의 안전관리계획을 수립하여야 한다.
② 농업생산기반시설관리자는 농업생산기반시설의 정비, 시설물의 개수·보수 등의 조치를 하여야 하고, 제1항의 안전관리계획에 따라 안전점검과 정밀안전진단을 하여야 한다. 다만, 농업생산기반시설 중 총저수용량 5만세제곱미터 이상인 저수지에 대해서는 대통령령으로 정하는 기간마다 정밀안전진단을 실시하여야 한다.(2023.3.28 단서신설)
③ 누구든지 자연재해로 인한 피해의 방지 및 인명 구조를 위하여 긴급한 조치가 필요한 경우 등 대통령령으로 정하는 정당한 사유 없이 다음 각 호의 어느 하나에 해당하는 행위를 하여서는 아니 된다.
1. 농업생산기반시설의 구조상 주요 부분을 손괴(損壞)하여 그 본래의 목적 또는 사용에 지장을 주는 행위
2. 농업생산기반시설관리자의 허락 없이 수문을 조작하거나 용수를 인수함으로써 농어촌용수의 이용·관리에 지장을 주는 행위
3. 농업생산기반시설을 불법으로 점용하거나 사용하는 행위

제18조의2【농업생산기반시설의 구조·시설 기준 등】 농업생산기반시설의 구조·시설, 유지·보수 및 안전관리의 기준은 농림축산식품부령으로 정하되, 농업생산기반 정비사업에 따르는 자연생태계의 훼손 및 인근 주민 등의 환경피해를 최소화하고, 시설물의 안전을 확보할 수 있도록 정하여야 한다.(2019.1.15 본조신설)

제18조의3【농업생산기반시설정보체계 구축·운영】 ① 농림축산식품부장관은 농업생산기반시설에 대한 정보를 체계적으로 관리하고 효율적으로 활용하기 위하여 농업생산기반시설정보체계를 구축·운영하여야 한다.
② 농림축산식품부장관은 농업생산기반시설관리자에게 제1항에 따른 농업생산기반시설정보체계의 구축과 운영에 필요한 자료 또는 정보의 제공을 요청할 수 있다. 이 경우 자료 또는 정보의 제공을 요청받은 농업생산기반시설관리자는 특별한 사유가 없으면 그 요청에 따라야 한다.
③ 농업생산기반시설관리자는 제1항에 따른 농업생산기반시설정보체계에 등록하는 정보를 조사하고 데이터화하여 등록된 정보를 매년 최신으로 유지하여야 한다.
④ 제1항부터 제3항까지의 규정에 따른 농업생산기반시설정보체계의 구축범위 및 운영절차, 그 밖에 필요한 사항은 대통령령으로 정한다.
(2021.11.30 본조신설)

제19조【안전관리 교육】 농림축산식품부장관과 시·도지사는 농업생산기반시설의 안전관리에 종사하는 자의 능력향상을 위하여 교육·훈련계획을 세우고 시행하여야 한다.(2023.3.28 본조개정)

제20조【농업생산기반시설에 대한 비상대처계획의 수립 등】 ① 저수지 축조 등 대통령령으로 정하는 농업생산기반시설을 설치하려는 자는 농업생산기반시설을 착공한 후 1년 이내에 농업생산기반시설 붕괴 등의 비상상황으로 발생할 수 있는 국민의 생명·재산의 피해를 예방하고 줄이는 데에 필요한 종합적인 대처계획(이하 "비상대처계획"이라 한다)을 세워야 한다. 이 경우 미리 관계 행정기관의 장과 협의하여야 한다.
② 비상대처계획을 세운 자는 지체 없이 관계 행정기관의 장에게 수립된 비상대처계획을 알려야 한다. 이 경우 통지를 받은 관계 행정기관의 장은 비상대처계획의 실행에 필요한 조치를 하여야 한다.
③ 비상대처계획을 세운 자는 농업생산기반시설의 착공 또는 준공 후에 농업생산기반시설과 관련한 중대한 변화가 있으면 그 내용을 반영하여 비상대처계획을 변경하여야 한다. 비상대처계획의 변경에 관하여는 제1항 후단과 제2항을 준용한다.
④ 비상대처계획에 포함되어야 할 사항과 비상대처계획의 수립·변경에 관한 세부적인 사항은 대통령령으로 정한다.

제21조【농어촌용수 오염 방지와 수질 개선 등】 ① 농림축산식품부장관이나 농업생산기반시설관리자는 오염물질이 흘러들어 농어촌용수가 오염되어 영농과 농어촌 생활환경에 지장을 줄 우려가 있다고 인정되면 환경부장관이나 지방자치단체의 장에게 다음 각 호에서 규정하고 있는 명령과 조치 등을 하도록 요구할 수 있다.
(2013.3.23 본문개정)
1. 「물환경보전법」 제12조 및 제39조부터 제44조까지의 규정(2017.1.17 본호개정)
2. 「하수도법」 제25조제2항, 제33조, 제40조제1항·제2항 및 제41조제1항
3. 「가축분뇨의 관리 및 이용에 관한 법률」 제10조제2항, 제17조제5항 및 제25조제10항(2021.4.13 본호개정)
4. 「지하수법」 제16조 및 제16조의3
② 환경부장관 또는 시·도지사는 제1항의 요구를 정당한 사유 없이 거부하여서는 아니 된다.
③ 농림축산식품부장관은 다음 각 호의 어느 하나에 해당하는 농어촌용수 오염으로 영농과 농어촌 생활환경에 지장을 줄 것이 우려되면 농어촌용수의 수질개선 대책을 수립·시행할 수 있다.(2013.3.23 본문개정)
1. 저수지 및 담수호 등 호수와 늪의 수질오염
2. 농경지에서 발생하거나 배출되는 오염물질로 인한 농어촌용수의 오염
3. 「지하수법」 제16조의2에 따른 지하수오염유발시설로 인한 농어촌용수의 오염
④ 농림축산식품부장관은 농어촌용수 오염 방지 및 수질개선 대책 수립을 위하여 환경부장관과 협의하여 전국적인 농어촌용수 수질측정망을 구축·운영하여야 한다. 이 경우 농림축산식품부장관은 농어촌용수 수질측정망 구축·운영 계획을 환경부장관에게 통보하여야 하며, 환경부장관은 「물환경보전법」 제9조의2에 따른 측정망 설치계획의 결정·고시에 이를 포함하여야 한다.(2017.1.17 후단개정)
⑤ 농림축산식품부장관은 제4항에 따른 농어촌용수 수질측정망 운영 결과를 환경부장관에게 제공하여야 한다.
(2015.1.6 본항신설)

제22조【저수지 상류지역에서의 공장 설립 제한】 ① 농어촌용수의 수질 보전을 위하여 저수지 상류지역 중 대통령령으로 정하는 지역에서는 「산업집적활성화 및 공장설립에 관한 법률」 제2조제1호에 따른 공장(이하 이 조에서 "공장"이라 한다) 및 「산업입지 및 개발에 관한 법률」 제2조제8호에 따른 산업단지(이하 이 조에서 "산업단지"라 한다)를 설립할 수 없다.(2011.8.4 본항개정)
② 시장·군수·구청장은 제1항에도 불구하고 공장 및 산업단지 설립이 제한되는 지역 중 저수지 수질에 미치는 영향 등을 고려하여 대통령령으로 정하는 지역에는 다음 각 호의 어느 하나에 해당하는 공장 및 산업단지 설립을 승인할 수 있다.(2018.12.24 본문개정)
1. 「물환경보전법」 제2조제10호에 따른 폐수배출시설(이하 "폐수배출시설"이라 한다)이 설치되지 아니하는 공장 및 산업단지로서 저수지 수질에 미치는 영향을 최소화하기 위하여 대통령령으로 정하는 요건을 충족하는 공장 및 산업단지(2018.12.24 본호신설)
2. 폐수배출시설이 설치되는 공장 및 산업단지로서 저수지 수질에 미치는 영향이 없도록 수질오염 방지를 위한 시설을 설치하는 등 대통령령으로 정하는 요건을 충족하는 공장 및 산업단지(2018.12.24 본호신설)
③ 시장·군수·구청장은 저수지 상류지역에서의 공장 설립과 관련하여 저수지가 다른 시장·군수·구청장의 관할에 속하는 경우에는 해당 시장·군수·구청장과 미리 협의하여야 한다.

제23조【농업생산기반시설의 사용허가】 ① 농업생산기반시설관리자가 농업생산기반시설이나 용수를 본래 목적 외의 목적에 사용하려 하거나 타인(他人)에게 사용하게 할 때에는 시장·군수·구청장의 사용허가를 받아야 한다. 다만, 농업생산기반시설관리자가 한국농어촌공사인 경우와 농업생산기반시설의 유지·관리에 지장이 없는 범위에서 대통령령으로 정하는 경미한 사항인 경우에는 그러하지 아니하다.
② 제1항에 따른 사용허가는 그 본래의 목적 또는 사용에 방해가 되지 아니하는 범위에서 하여야 한다. 이 경우 농업생산기반시설관리자는 미리 관계 주민의 의견을 들어야 한다.(2021.5.18 후단신설)
③ 농업생산기반시설관리자는 농업생산기반시설이나 용수를 사용허가 받아 사용하는 사용자로부터 농업생산기반시설을 유지하거나 보수하는 데에 필요한 경비의 전부 또는 일부를 사용료로 징수할 수 있다. 다만, 농업생산기반시설을 공공목적으로 사용하는 경우에는 대통령령으로 정하는 바에 따라 사용료의 전부 또는 일부를 면제할 수 있다.(2021.5.18 단서신설)
④ 제3항에 따라 사용자로부터 사용료를 징수하는 경우에는 지방세 체납처분의 예에 따라 징수할 수 있다.
⑤ 사용허가에 관한 절차·기간 및 범위, 사용료 징수 범위와 징수된 사용료의 사용 범위, 관계 주민의 의견 청취 절차, 그 밖에 필요한 사항은 대통령령으로 정한다.
(2021.5.18 본항개정)
(2016.12.27 본조개정)

제24조【농업생산기반시설의 폐지】 ① 농업생산기반시설관리자는 다음 각 호의 어느 하나에 해당하는 사유가 있으면 시·도지사 또는 시장·군수·구청장의 승인을 받아 제17조에 따라 등록된 농업생산기반시설의 전부 또는 일부를 폐지할 수 있다.(2012.2.17 본문개정)
1. 폐지하려는 농업생산기반시설에서 이익을 얻고 있는 농경지 등이 다른 목적으로 전용(轉用)된 경우
2. 폐지하려는 농업생산기반시설을 대체할 시설이 완비된 경우
3. 천재지변이나 그 밖의 불가항력의 사유로 시설이 손괴(損壞)되어 농업생산기반시설 보수의 경제성이 없을 경우
② 시·도지사 또는 시장·군수·구청장은 농업생산기반시설관리자가 제1항 각 호에 따른 사유가 발생하였음에도 농업생산기반시설의 폐지를 신청하지 아니한 경우에는 필요한 경우 해당 농업생산기반시설의 폐지를 요구할 수 있다.(2021.4.13 본항신설)
③ 제2항에 따라 폐지를 요구받은 농업생산기반시설관리자는 폐지를 요구받은 날부터 6개월 이내에 농업생산기반시설의 폐지를 신청하거나 폐지 불가 의견을 제출하여야 한다. 이 경우 폐지의 범위, 청문 절차, 관계 주민의 의견 청취, 그 밖에 필요한 사항은 대통령령으로 정한다.
(2021.4.13 본항신설)
④ 제1항 및 제3항에 따라 폐지하는 농업생산기반시설의 매각 대금은 제14조제3항의 예에 따라 사용하여야 한다.
(2021.4.13 본항개정)

제3절 환지 및 교환·분할·합병 등

제25조【환지계획】 ① 농업생산기반 정비사업 시행자는 농업생산기반 정비사업 시행을 위하여 필요하면 사업 시행 전의 토지를 대신하여 사업 시행 후의 토지를 정하고, 이로 인하여 생긴 이해관계의 불균형을 금전으로 청산하게 하기 위한 환지계획을 세워야 한다.
② 환지계획에서 환지는 종전의 토지와 상응하여야 하되, 농업생산기반 정비사업 시행에 따른 환지는 농업경영의 합리화에 기여할 수 있도록 집단 지정하여야 한다.
③ 환지를 받을 수 있는 자는 토지등기부상의 토지 소유자여야 한다.
④ 환지계획에는 농림축산식품부령으로 정하는 바에 따라 다음 각 호의 사항이 포함되어야 한다.(2013.3.23 본문개정)
1. 토지 소유자별 환지계획 및 청산금 내용
2. 종전 토지 및 시행 후 토지의 필지별 내용
3. 환지를 지정하지 아니하는 토지 및 그 밖에 특별한 취급을 하는 토지의 내용
4. 그 밖에 농림축산식품부령으로 정하는 사항(2013.3.23 본호개정)
⑤ 농업생산기반 정비사업 시행에 따른 환지는 농경지로 지정함을 원칙으로 한다. 다만, 생활환경정비사업 병행 시 토지 소유자가 신청하거나 동의할 경우에는 비농경지로 지정할 수 있다.
⑥ 환지로 지정되는 면적은 대통령령으로 정하는 바에 따라 산정한 면적과 비교하여 토지 소유자별로 증감 폭이 100분의 20 이내가 되도록 하여야 한다. 다만, 그 산정한 면적의 100분의 20에 해당하는 면적이 1천제곱미터 미만이면 1천제곱미터까지 늘리거나 줄일 수 있다.
⑦ 국공유지나 한국농어촌공사 소유가 아닌 토지 중 지목이 구거(溝渠 : 도랑), 도로, 하천, 제방(둑) 또는 유지(웅덩이)인 토지로서 실제 경작하지 아니한 경우와 환지계획구역에 1천제곱미터 이하의 토지 소유자가 있는 경우에는 환지를 지정하지 아니하고 금전으로 청산한다. 다만, 제40조에 따른 수혜자총회의 의결(대의원회의 의결로 수혜자총회의 의결을 갈음하는 경우를 포함한다)이 있을 경우에는 1천제곱미터 이하의 토지 소유자에게도 환지를 지정할 수 있다.
⑧ 농업생산기반 정비사업 시행자는 제1항에 따라 환지계획을 수립할 때에 종전 토지의 전부 또는 일부에 소유권 외의 권리 또는 처분 제한이 있는 경우 종전 토지와 교환될 토지에 그 소유권 외의 권리 또는 처분 제한의 목적이 되는 부분을 지정하여야 한다.

제26조【환지계획의 인가】 ① 농업생산기반 정비사업 시행자는 농업생산기반 정비사업의 공사를 준공한 후 그 사업의 성질상 필요한 경우에는 지체 없이 그 농업생산기반 정비사업을 시행하는 지역에 대한 환지계획을 세워 시·도지사의 인가를 받아야 한다. 다만, 수혜면적이 3천만제곱미터 이상인 사업은 농림축산식품부장관의 인가를 받아야 한다.(2013.3.23 단서개정)
② 농업생산기반 정비사업 시행자가 제1항에 따른 인가를 받으려면 환지계획의 개요와 그 밖에 필요한 사항을 14일 이상 공고하고 그 구역의 토지등 소유자에게 개별 통지하여야 하며, 토지등 소유자의 3분의 2 이상의 동의를 받아야 한다.
③ 제2항에 따라 공고된 환지계획에 이해관계가 있는 자가 그 환지계획에 대하여 이의가 있을 때에는 그 공고가 끝난 날부터 15일 이내에 농업생산기반 정비사업 시행자에게 이의신청을 할 수 있다.
④ 농업생산기반 정비사업 시행자가 제3항에 따른 이의신청을 받으면 이의신청기간이 끝나는 날부터 15일 이내에 그 적합성에 관한 의견을 첨부하여 시·도지사에게 재정(裁定)을 신청하여야 한다. 다만, 국가 또는 시·도지사가 시행하거나 제1항 단서에 따라 농림축산식품부장관이 인가하는 농업생산기반 정비사업은 농림축산식품부장관에게 신청하여야 한다.(2013.3.23 단서개정)
⑤ 농업생산기반 정비사업 시행자는 제3항에 따른 이의신청이 없거나 제4항에 따라 재정을 한 경우에는 농림축산식품부령으로 정하는 필요한 서류를 첨부하여 농림축산식품부장관 또는 시·도지사에게 환지계획 인가 신청을 하여야 한다.(2013.3.23 본항개정)
⑥ 농림축산식품부장관 또는 시·도지사는 제5항에 따른 인가를 한 경우에는 지체 없이 그 사실을 고시하고 시장·군수·구청장과 등기소에 알려야 한다.(2013.3.23 본항개정)
⑦ 농업생산기반 정비사업 시행자가 인가받은 환지계획을 정정하거나 변경하려는 경우에는 제1항부터 제6항까지의 규정을 준용한다. 다만, 다음 각 호의 어느 하나에 해당하는 사항은 사업 시행자가 정정하거나 변경하고 그 사실을 인가권자에게 알려야 한다.
1. 타인의 이해관계에 영향을 미치지 아니하는 주소·성명·지번(地番) 및 지목(地目) 등 단순한 기재 사항의 착오 및 누락

2. 타인의 이해관계에 영향을 미치지 아니하는 종전 토지의 소유권 변경, 소유권 외의 권리 및 처분 제한의 변경 또는 설정

⑧ 농림축산식품부장관 또는 시·도지사가 제7항 단서에 따라 농업생산기반 정비사업 시행자로부터 환지계획의 정정 또는 변경을 통지받은 경우에는 지체 없이 그 내용을 고시하고, 사업 시행자, 시장·군수·구청장 및 등기소에 알려야 한다.(2013.3.23 본항개정)

제27조 【환지 업무의 대행】 농업생산기반 정비사업 시행자가 환지계획을 수립하려는 경우에는 환지 업무를 공정하게 하기 위하여 다음 각 호의 법인이 환지 업무를 대행하게 할 수 있다.

1. 한국농어촌공사
2. 3명 이상의 환지사(換地士)를 상시 고용하고 있는 법인

제28조 【환지사의 자격】 ① 제27조제2호에 따른 환지사는 농림축산식품부장관이 실시하는 환지사 시험에 합격하여 환지사 자격이 있는 사람으로 한다.(2013.3.23 본항개정)

② 제1항의 환지사 시험에 필요한 사항은 대통령령으로 정한다.

③ 환지사는 다른 사람에게 그 명의를 사용하게 하거나 다른 사람에게 그 자격증을 대여해서는 아니 된다.(2019.12.10 본항신설)

④ 누구든지 환지사의 자격을 취득하지 아니하고 그 명의를 사용하거나 자격증을 대여받아서는 아니 되며, 명의의 사용이나 자격증의 대여를 알선해서도 아니 된다.(2019.12.10 본항신설)

제29조 【환지사의 결격사유】 다음 각 호의 어느 하나에 해당하는 사람은 환지사가 될 수 없다.

1. 피성년후견인 또는 피한정후견인(2014.3.18 본호개정)
2. 환지 업무와 관련하여 금고 이상의 실형을 선고받고 그 집행이 종료(집행이 종료된 것으로 보는 경우를 포함한다)되지 아니하였거나 집행이 면제되지 아니한 사람
3. 환지 업무와 관련하여 금고 이상의 집행유예를 선고받고 그 유예기간 중에 있는 사람

제30조 【환지사 자격의 취소 등】 ① 농림축산식품부장관은 제28조에 따라 환지사 자격을 취득한 사람이 다음 각 호의 어느 하나에 해당하는 경우 그 자격을 취소하거나 3년의 범위에서 그 자격을 정지할 수 있다. 다만, 제1호부터 제3호까지의 규정 중 어느 하나에 해당하는 경우에는 그 자격을 취소하여야 한다.(2019.12.10 본문개정)

1. 거짓이나 그 밖의 부정한 방법으로 자격을 취득한 경우
2. 자격정지기간에 업무를 수행한 경우
3. 제28조제3항을 위반하여 다른 사람에게 환지사의 명의를 사용하게 하거나 그 자격증을 대여한 경우
4. 제28조제4항을 위반하여 환지사 명의의 사용이나 자격증의 대여를 알선한 경우

(2019.12.10 1호~4호신설)

② 환지사가 제29조 각 호의 어느 하나에 해당하게 된 경우에는 자격을 상실한다.(2019.12.10 본항신설)

③ 제1항에 따른 자격의 취소 또는 정지에 관한 기준은 그 처분의 사유와 위반 정도 등을 고려하여 농림축산식품부령으로 정한다.(2019.12.10 본항신설)

제31조 【환지 업무 대행법인의 등록】 제27조제2호에 따라 환지 업무를 대행하려는 법인은 농림축산식품부령으로 정하는 바에 따라 농림축산식품부장관에게 환지 업무 대행법인으로 등록하여야 한다.(2013.3.23 본조개정)

제32조 【환지 업무 대행법인의 등록 취소 등】 ① 농림축산식품부장관은 환지 업무 대행법인으로 등록한 법인이 다음 각 호의 어느 하나에 해당하면 등록을 취소하거나 3년 이내의 기간을 정하여 업무정지를 명할 수 있다. 다만, 제1호 또는 제2호에 해당하는 경우에는 등록을 취소하여야 한다.(2013.3.23 본문개정)

1. 거짓이나 그 밖의 부정한 방법으로 제31조에 따른 등록을 한 경우
2. 업무정지기간 중에 환지 업무를 수행한 경우
3. 제27조제2호에 따라 상시 고용하여야 하는 환지사의 수에 못 미치게 된 날부터 3개월 안에 부족한 환지사를 보충하지 아니한 경우

② 제1항에 따른 등록 취소와 업무정지의 세부 기준은 그 처분의 사유와 위반의 정도 등을 고려하여 농림축산식품부령으로 정한다.(2013.3.23 본항개정)

제33조 【권리 변동의 신고】 제26조제1항에 따른 인가 전에 이미 농업생산기반 정비사업 시행지역에 있는 토지에 대하여 권리의 이전, 설정, 변경, 소멸 또는 처분에 제한이 있었으면 그 당사자는 그 농업생산기반 정비사업 시행자에게 그 사실을 신고하여야 한다.

제34조 【특정 용도의 창설환지 등】 ① 농업생산기반 정비사업 시행자는 그 사업계획에서 정하여진 다음 각 호의 용도에 필요한 토지를 환지로 지정할 수 있다.

1. 그 사업시행상 필요하여 새로 조성된 농업생산기반시설의 용지
2. 미곡종합처리장, 공동집하장 등 농업경영을 합리화하고 농업의 구조를 개선하기 위한 시설의 용지
3. 그 밖에 농어촌 발전과 농어민 복지 향상을 위한 시설로서 대통령령으로 정하는 시설의 용지

② 제1항에 따라 환지를 지정하는 경우에는 국가, 지방자치단체, 농업생산기반 정비사업 시행자 및 농림축산식품부령으로 정하는 자 중에서 사전에 동의한 자에게 환지를 지정한다. 다만, 농업생산기반 정비사업 시행자에게 농업생산기반시설 용지를 환지로 지정하는 경우에는 별도의 동의가 필요하지 아니하다.(2013.3.23 본문개정)

③ 제1항에 따라 환지를 지정하는 경우에는 농림축산식품부령으로 정하는 것 외에는 금전으로 청산을 하되, 그 금액을 지급하고 징수하는 방법 및 시기를 그 환지계획에서 정하여야 한다.(2013.3.23 본항개정)

④ 제2항에 따라 취득한 환지는 농림축산식품부령으로 정하는 바에 따라 관리·처분한다.(2013.3.23 본항개정)

⑤ 환지계획 구역에 농경지 외의 특정 용도로 이용하는 종전의 토지가 있는 경우에는 그 사업계획에서 정하여진 농경지 외의 특정 용도 구역에 그 용도가 보장될 수 있도록 지정하여야 한다. 다만, 토지 소유자가 동의한 경우에는 그러하지 아니하다.

⑥ 농업생산기반 정비사업 시행자는 토지 소유자가 신청하거나 동의할 경우에는 종전 토지를 대신하여 사업 시행으로 조성된 부지를 포함하는 건축물의 전부 또는 일부를 환지로 지정할 수 있다.

제35조 【환지 부지정 등에 대한 특례】 ① 환지계획을 정할 때 종전 토지 소유자가 신청하거나 동의하는 경우에는 그 신청하거나 동의한 종전 토지에 대하여는 제25조제6항에 따른 범위를 초과하여 환지를 지정하거나 환지를 지정하지 아니하고 금전으로 청산할 수 있다. 이 경우 금액을 지급하고 징수하는 방법 및 시기를 그 환지계획에서 정하여야 한다.

② 제1항에 따라 환지를 지정하지 아니하는 종전 토지에 지상권·임차권 및 사용대차(使用貸借)에 따른 권리 또는 그 밖에 사용 수익을 목적으로 하는 권리를 가진 자가 있으면 그 권리자의 동의를 받아야 한다.

③ 제1항에 따라 환지를 지정하지 아니하는 토지는 다음 각 호의 순서에 따라 처리할 수 있다.

1. 제34조에 따른 환지 지정
2. 농림축산식품부령으로 정하는 자 중에서 영농 규모 확대를 희망하는 자가 동의할 경우의 환지 지정. 다만, 이 경우에는 제25조제6항에도 불구하고 환지를 더 늘릴 수 있다.(2013.3.23 본문개정)

제36조 【국·공유지 외의 공공시설 부지 기능 교환】 한국농어촌공사 소유 토지로서 농업생산기반시설 등 공공용으로 이용되어 온 시설이 폐지되거나 변경되어 그 용도를 대신하여 새로운 시설이 건설되는 경우에 필요한 토지는 그 폐지된 시설의 토지와 교환하며, 환지계획에서 정하는 바에 따라 청산 절차를 거쳐야 한다.

제37조 【환지 처분의 효과와 청산금】 ① 환지 처분의 고시가 있는 경우에는 환지계획에 따라 교부될 환지는 환지계획을 고시한 다음 날부터 종전 토지로 보며, 그 환지계획에 따라 환지를 지정하지 아니할 종전 토지에 존재하는 권리는 그 고시가 있는 날에 소멸된 것으로 본다.

② 제34조에 따라 해당 환지계획에서 정하여진 환지는 제26조제6항에 따라 고시한 다음 날에 환지를 교부받은 자가 취득한 것으로 본다.

③ 제36조에 따라 교환된 토지는 해당 환지계획에 따라 교부된 환지로 본다. 이 경우 제1항을 준용한다.

④ 제1항은 행정상 또는 재판상의 원분에 의하여 종전의 토지에 전속(專屬)하는 권리에는 영향을 미치지 아니한다.

⑤ 제26조제6항에 따른 고시가 있으면 농업생산기반 정비사업 시행자는 그 고시된 환지계획에 의하여 청산금을 지급하거나 징수하여야 한다. 이 경우에 그 청산금은 환지 인가가 있는 날부터 90일 이내에 청산하여야 한다.

⑥ 환지 처분에 따른 청산금을 납부기한까지 내지 아니하는 자에게는 제40조에 따른 수혜자총회의 의결(대의원회의 의결로 수혜자총회의 의결을 갈음하는 경우를 포함한다)에 따라 청산금의 100분의 5의 범위에서 가산금을 부과할 수 있다.

⑦ 환지 처분에 따른 청산금을 납부기한까지 내지 아니하면 지방세 체납처분의 예에 따라 청산금과 가산금을 징수할 수 있다. 이 경우 직접 체납처분을 하는 한국농어촌공사 임직원은 공무원으로 본다.

제38조 【일시 이용지의 지정】 ① 농업생산기반 정비사업 시행자는 사업의 공사가 준공되기 전이라도 필요하면 농림축산식품부령으로 정하는 바에 따라 해당 사업 시행지역의 토지에 대하여 종전의 토지를 대신할 일시 이용지를 지정할 수 있다. 이 경우 제25조에 따라 환지계획에서 정할 사항을 고려하여야 한다.(2013.3.23 전단개정)

② 농업생산기반 정비사업 시행자는 제1항에 따른 일시 이용지를 지정하면 일시 이용지와 종전의 토지에 대하여 소유권·지상권·임차권 또는 사용대차에 의한 권리를 가진 자에게 일시 이용지, 종전의 토지 및 사용 개시일 등을 알려야 한다.

③ 제1항에 따라 일시 이용지가 지정된 경우 종전의 토지에 대하여 제2항의 권리를 가진 자는 일시 이용지의 전부 또는 일부를 그 통지된 사용 개시일부터 제26조제6항에 따른 고시가 있을 때까지 법률이나 계약으로 정한 해당 권리의 내용에 따라 종전의 토지와 같은 조건으로 사용·수익할 수 있다.

④ 제1항의 경우에는 종전의 토지에 대하여 제2항의 권리를 가진 자는 종전의 토지를 사용하거나 종전의 토지에서 수익하지 못한다.

⑤ 제1항에 따라 일시 이용지가 지정된 경우에는 그 일시 이용지에 대하여 제2항의 권리를 가진 자는 제2항에 따른 사용 개시일부터 제26조제6항에 따른 고시가 있을 때까지 그 일시 이용지를 사용하거나 일시 이용지에서 수익하지 못한다.

⑥ 농업생산기반 정비사업 시행자는 제1항에 따른 일시 이용지를 지정함으로써 일반적으로 생길 수 있는 손실을 보상하여야 한다.(2020.2.11 본항개정)

⑦ 농업생산기반 정비사업 시행자는 제1항에 따른 일시 이용지의 지정으로 이익을 얻는 자에게 그 이익에 상당하는 금액을 징수할 수 있다.

⑧ 제7항에 따른 수익금의 징수에 관하여는 제37조제7항을 준용한다. 다만, 토지 소유자가 농업생산기반 정비사업을 하는 경우에는 그러하지 아니하다.

제39조 【토지가격의 평정】 종전 토지의 가격 평정(評定)은 공사 시작 전에, 환지로 교부할 토지의 가격 평정은 공사 완료 후에 조사하여 결정한다.(2020.2.11 본조개정)

제40조 【수혜자총회】 ① 종전의 토지 및 사업시행 후 토지의 평정 가격, 등급 결정, 환지 구역 분할 등과 이 법에 규정되지 아니한 그 밖의 중요한 사항의 결정은 해당 농업생산기반 정비사업을 시행하는 지역의 수혜자총회의 의결을 거쳐야 한다. 다만, 그 지역의 수혜자 총수가 100명을 초과할 경우에는 제2항에 따른 대의원회의 의결로 수혜자총회의 의결을 갈음할 수 있다.

② 대의원회는 수혜자총회에서 선출하는 대의원으로 구성하고, 대의원의 수는 최소 30명으로 하되, 100명을 초과하는 수혜자 20명마다 1명을 추가하여야 한다.

③ 수혜자총회 및 대의원회의 구성·운영에 관한 사항은 대통령령으로 정한다.

제41조 【환지심의위원회】 ① 농업생산기반 정비사업 시행자는 환지에 따른 민원이나 이해관계자 간의 분쟁을 효과적으로 조정하기 위하여 환지심의위원회를 구성하여 운영하여야 한다.

② 환지심의위원회의 구성과 운영에 관한 사항은 대통령령으로 정한다.

제42조 【환지 처분에 따른 등기】 ① 농업생산기반 정비사업 시행자는 제26조제1항에 따른 인가를 받은 때에는 지체 없이 해당 환지 처분과 관련된 토지 및 건물의 등기를 촉탁(囑託)하여야 한다.

② 농업생산기반 정비사업 시행자는 환지등기를 촉탁하기 위하여 이미 등기된 토지의 표시를 변경할 필요가 있을 때에는 토지 소유자를 갈음하여 변경등기를 촉탁하여야 한다. 이 경우의 등기는 농업생산기반 정비사업으로 인한 등기로 본다.

③ 환지 처분에 따른 등기에 관하여 필요한 사항은 대법원규칙으로 정한다.

제43조 【교환·분할·합병의 시행】 ① 시장·군수·구청장 또는 한국농어촌공사는 농지 소유자 2명 이상이 신청하거나 농지 소유자가 신청하지 아니하더라도 토지 소유자가 동의를 한 경우에는 농지에 관한 권리, 그 농지의 이용에 필요한 토지에 관한 권리 및 농업생산기반시설과 농어촌용수의 사용에 관한 권리의 교환·분할·합병(이하 "교환·분할·합병"이라 한다)을 시행할 수 있다.

② 시장·군수·구청장 또는 한국농어촌공사가 제1항에 따라 교환·분할·합병을 시행하는 때에는 교환·분할·합병계획을 세워 시·도지사의 인가를 받아 그 개요를 고시하고 시장·군수·구청장과 등기소에 알려야 한다.

③ 시·도지사가 제2항에 따른 교환·분할·합병계획의 인가를 하려는 경우에는 제9조를 준용한다.

④ 2명 이상의 토지 소유자는 농지의 집단화를 위하여 필요한 경우 상호 협의에 의하여 교환·분할·합병을 시행할 수 있다.

제44조 【교환·분할·합병의 결정 방법】 ① 제43조에 따라 교환·분할·합병계획을 작성할 경우에 농지 소유자가 새로 취득할 농지의 면적 및 가격은 그가 상실한 농지의 면적 및 가격에 비하여 큰 차이가 나지 아니하도록 하여야 한다.

② 처분에 제한이 있는 농지로서 농림축산식품부령으로 정하는 것과 지상권 또는 임차권이 설정된 농지로서 그 권리가 압류·가압류 또는 가처분의 목적으로 되어 있는 것에 대하여는 교환·분할·합병계획을 정하지 못한다.(2013.3.23 본항개정)

③ 농지 소유권의 교환·분할·합병계획에는 교환·분할·합병으로 소유권자가 취득할 농지와 상실할 농지 및 소유권의 이전 시기를 정하여야 한다.

④ 제1항부터 제3항까지에서 규정한 사항 외에 교환·분할·합병계획의 결정방법이나 그 밖에 필요한 사항은 대통령령으로 정한다.

제45조 【교환·분할·합병의 효과】 제43조제2항에 따른 고시가 있으면 그 고시된 교환·분할·합병계획에 따라 소유권은 이전되고 저당권·지상권·임차권 또는 사용차권이 설정되며 이에 대응하는 종전의 권리는 소멸되고, 지역권(地役權)은 설정되거나 소멸된다.

제46조 【소유권 외의 권리에 관한 교환·분할·합병】 농지에 관한 지상권·임차권 또는 사용차권에 대한 교환·분할·합병을 할 때에는 제44조와 제45조를 준용한다.

제47조 【교환·분할·합병의 청산금 등】 ① 시장·군수·구청장 또는 한국농어촌공사는 제43조제2항에 따른

고시가 있으면 그 고시된 교환 · 분할 · 합병계획에 따라 청산금을 지급하거나 징수하여야 한다.
② 제1항에 따라 청산금을 징수하는 경우에는 제37조제7항을 준용한다.
③ 시장 · 군수 · 구청장 또는 한국농어촌공사는 제43조제2항에 따른 인가를 받으면 해당 교환 · 분할 · 합병계획에 관한 등기를 촉탁하여야 한다.
제48조【지료 등의 감액 · 반환 또는 증액 청구】 ① 농업생산기반 정비사업 시행으로 지상권 · 지역권 또는 임차권의 목적이 되는 토지의 이용이 침해당하였을 경우에는 그 토지에 대한 지상권자 · 지역권자 또는 임차인은 지료(地料), 지역(地役 : 타인의 토지를 자기의 토지에 이익이 되도록 사용하는 일)의 대가 또는 임대료의 감액(減額)을 청구하거나 선불한 지료, 지역의 대가 또는 임대료의 반환을 청구할 수 있다.(2020.2.11 본항개정)
② 농업생산기반 정비사업의 시행으로 지상권 · 지역권 또는 임차권의 목적이 되는 토지의 이용가치가 증가할 경우에는 소유자나 임대인은 지료, 지역의 대가 또는 임대료의 증액(增額)을 청구할 수 있다.
③ 제2항에 따른 청구를 받은 때에는 지상권자, 지역권자 또는 임차인은 그 권리를 포기하거나 계약을 해지하고 그 의무를 면할 수 있다.
제49조【권리의 포기나 계약해지】 ① 농업생산기반 정비사업 시행으로 지상권이나 지역권을 설정한 목적을 달성하지 못하거나 임대차 또는 사용대차를 한 목적을 달성하지 못하게 된 경우에는 지상권자, 지역권자, 임차인 또는 사용대차의 차용인은 그 권리를 포기하거나 계약을 해지할 수 있다.(2019.12.10 본항개정)
② 제1항에 따라 권리를 포기하거나 계약을 해지하는 경우에 그 권리자는 해당 농업생산기반 정비사업 시행자에게 권리의 포기나 계약의 해지로 인하여 생길 손실의 보상을 청구할 수 있다.
③ 제2항에 따라 손실을 보상한 경우에는 농업생산기반 정비사업 시행자는 대통령령으로 정하는 바에 따라 토지 소유자에게 구상(求償)할 수 있다.
제50조【지역권의 효력】 ① 환지계획이 정하여진 토지 위에 존재하는 지역권은 제26조제6항에 따른 고시가 있은 후에도 그 토지 위에 그대로 존재한다.
② 농업생산기반 정비사업 시행으로 인하여 지역권자가 그 권리를 행사하는 이익을 받을 필요가 없게 된 때에는 그 지역권은 소멸된다.
③ 농업생산기반 정비사업 시행으로 종전과 같은 이익을 받지 못하게 된 지역권자는 그 이익을 보존하는 범위에서 지역권의 설정을 청구할 수 있다. 다만, 제48조에 따른 청구를 하여 지역(地役)의 대가가 감액된 경우에는 예외로 한다.
제51조【지료 등의 청구 기한】 환지계획 또는 교환 · 분할 · 합병계획의 인가를 고시한 날부터 30일이 지나면 제50조제2항의 경우 외에는 제48조부터 제50조까지의 규정에 따른 지료 등의 감액 · 반환 또는 증액의 청구, 권리의 포기 또는 계약의 해지 청구를 할 수 없고, 지역권의 효력을 주장할 수 없다.

제4장 농어촌 생활환경 정비

제52조【농어촌 생활환경 정비 원칙】 농림축산식품부장관은 생활환경정비사업을 시행할 때 지역개발 여건과 소득원 확충 등을 고려하여 필요하다고 인정하면 생활환경정비사업과 농업생산기반 정비사업, 농어촌 관광휴양자원 개발, 한계농지등의 정비사업을 병행하여야 한다.(2013.3.23 본조개정)
제53조【농어촌 생활환경 정비 기본방침】 ① 농림축산식품부장관은 생활환경정비사업의 방향 및 정책 시행의 지침이 되는 농어촌 생활환경 정비 기본방침을 세워야 한다.(2013.3.23 본항개정)
② 농어촌 생활환경 정비 기본방침은 「국토기본법」에 따른 국토종합계획, 「국토의 계획 및 이용에 관한 법률」에 따른 도시 · 군기본계획, 「환경정책기본법」에 따른 국가환경종합계획, 그 밖의 법률에 따른 계획과 조화를 이루어야 한다.(2011.4.14 본항개정)
제54조【생활환경정비계획의 수립】 ① 시장 · 군수 · 구청장은 생활환경정비사업을 시행할 필요가 있으면 5년마다 생활환경정비계획을 세워 「농업 · 농촌 및 식품산업 기본법」 제15조에 따른 시 · 군 · 구 농업 · 농촌및식품산업정책심의회의 심의를 거쳐 시 · 도지사의 승인을 받아야 한다.(2015.6.22 본항개정)
② 시장 · 군수 · 구청장은 제1항에 따라 시 · 도지사로부터 생활환경정비계획의 승인을 받은 경우에는 대통령령으로 정하는 사항을 고시하고 일반인에게 열람하도록 하여야 한다.
③ 시 · 도지사는 제1항에 따라 생활환경정비계획을 승인한 경우에는 농림축산식품부장관에게 보고하여야 한다.(2013.3.23 본항개정)
④ 시장 · 군수 · 구청장은 제1항에 따른 생활환경정비계획을 변경하려면 제1항부터 제3항까지의 규정에 따라야 한다. 다만, 대통령령으로 정하는 경미한 사항을 변경할 경우에는 시 · 군 · 구 농업 · 농촌및식품산업정책심의회의 심의 및 시 · 도지사의 승인을 생략할 수 있다.(2013.3.23 단서개정)
⑤ 시장 · 군수 · 구청장은 생활환경정비계획 수립 또는 제101조에 따른 농어촌마을정비계획 수립의 전 과정을 총괄 진행 · 조정하게 하기 위하여 농어촌계획 및 농어촌지역개발 분야의 전문가를 생활환경정비 총괄계획가로 위촉할 수 있다.
⑥ 제5항에 따른 생활환경정비 총괄계획가의 자격 요건, 업무 범위, 운영 등에 관한 사항은 대통령령으로 정한다.
제55조【생활환경정비계획의 내용】 생활환경정비계획에는 다음 각 호의 사항이 포함되어야 한다.
1. 생활환경정비사업의 목적과 기본방향
2. 성과 목표 및 지표
3. 농어촌마을의 건설 · 재개발 · 정비 등 개발에 관한 사항
4. 빈집 정비에 관한 사항
5. 치산녹화 등 국토보전시설의 정비 · 확충에 관한 사항
6. 농어촌 주택의 개량에 관한 사항(제2조제10호차목에 따른 슬레이트의 해체 · 제거 및 처리 사업을 포함한다)(2012.2.17 본호개정)
7. 도로, 상 · 하수도, 오 · 폐수처리시설 등 생활환경기반시설의 정비 · 확충에 관한 사항
8. 교육 · 문화 · 복지 시설의 정비 · 확충에 관한 사항
9. 농어촌 관광휴양자원 개발, 농공단지 등 농어촌산업 육성 및 다른 지역개발사업과 연계한 생활환경의 정비 · 확충에 관한 사항
10. 농어촌 용수 및 배수 시설의 정비 · 개발
11. 농어촌마을 경관 및 자연환경의 보전에 관한 사항
12. 그 밖에 대통령령으로 정하는 사업
제56조【생활환경정비사업 시행자】 ① 생활환경정비사업은 시장 · 군수 · 구청장이 시행한다. 다만, 시장 · 군수 · 구청장은 생활환경정비사업을 효율적으로 추진하기 위하여 사업의 전부 또는 일부에 대하여 다음 각 호의 자를 사업시행자로 지정할 수 있다.
1. 한국농어촌공사
1의2. 「지방공기업법」에 따른 지방공기업(제2조제10호가목, 나목 및 사목에 해당하는 사업으로서 「지방공기업법」 제2조의 적용 범위에 해당하는 사업에만 해당한다)(2012.2.17 본호신설)
2. 제57조제1항에 따라 설립된 마을정비조합(제2조제10호가목 및 나목에 해당하는 사업에만 해당한다)
3. 시장 · 군수 · 구청장, 한국농어촌공사, 「지방공기업법」에 따른 지방공기업(이하 "지방공기업"이라 한다) 또는 마을정비조합이 「한국토지주택공사법」에 따른 한국토지주택공사(이하 "한국토지주택공사"라 한다) 또는 「주택법」 제4조에 따라 등록한 주택건설 사업자(이하 "주택건설 사업자"라 한다)와 공동으로 출자하여 설립한 법인(제2조제10호가목 및 나목에 해당하는 사업에만 해당한다)(2016.1.19 본호개정)
4. 농어촌 주택의 소유자(제2조제10호바목, 자목 및 차목에 해당하는 사업에만 해당한다)(2012.2.17 본호개정)
② 시 · 도지사 또는 시장 · 군수 · 구청장은 사업시행자를 지정할 때 제103조에 따른 마을정비구역 지정 제안자를 우선적으로 사업시행자로 지정할 수 있다.
③ 시장 · 군수 · 구청장은 제2조제10호가목 및 나목에 해당하는 생활환경정비사업을 효율적으로 추진하기 위하여 필요하면 한국농어촌공사, 한국토지주택공사, 지방공기업 및 주택건설 사업자에게 사업의 전부 또는 일부를 위탁하여 시행하게 할 수 있다.(2012.2.17 본항개정)
④ 시 · 도지사 또는 시장 · 군수 · 구청장은 제1항에 따라 지정된 사업시행자가 다음 각 호의 어느 하나에 해당하는 경우에는 사업시행자를 변경할 수 있다.
1. 제116조제1항에 따라 인가 · 허가 · 승인 또는 지정이 취소된 경우
2. 사업시행자의 부도 · 파산, 그 밖에 이와 유사한 사유로 생활환경정비사업의 목적을 달성하기 어렵다고 인정되는 경우
제57조【마을정비조합의 설립 및 추진위원회의 구성】 ① 마을정비구역에서 제2조제10호가목 및 나목의 사업을 하려는 자는 관할 시장 · 군수 · 구청장의 인가를 받아 마을정비조합을 설립할 수 있다. 인가받은 내용을 변경하거나 마을정비조합을 해산하는 경우에도 또한 같다.
② 제1항에 따라 마을정비조합을 설립하려면 마을정비구역에 있는 토지 및 건축물 소유자와 지상권자 총수의 3분의 2 이상의 동의를 받아 농림축산식품부령으로 정하는 바에 따라 마을정비조합 설립 추진위원회(이하 "추진위원회"라 한다)를 구성하여 시장 · 군수 · 구청장의 승인을 받아야 한다.(2013.3.23 본항개정)
③ 마을정비조합의 설립방법 및 설립절차, 구성원의 자격 기준과 운영 및 관리, 추진위원회 등에 필요한 사항은 대통령령으로 정한다.
④ 시장 · 군수 · 구청장은 마을정비조합의 건전한 운영을 위하여 지도 · 감독을 할 수 있다.
제58조【생활환경정비사업 기본계획의 수립】 ① 시장 · 군수 · 구청장은 생활환경정비계획에 포함된 사항을 추진하기 위하여 필요한 경우 세부 사업별로 생활환경정비사업 기본계획을 수립할 수 있다.
② 시장 · 군수 · 구청장은 제1항에 따른 생활환경정비사업 기본계획을 수립하거나 변경하려는 경우에는 미리 해당 사업지역 주민의 의견을 듣고 시 · 도지사 및 관계 기관과 협의하여야 한다. 다만, 농림축산식품부령으로 정하는 경미한 사항을 변경하려는 경우에는 그러하지 아니하다.(2013.3.23 단서개정)
③ 시장 · 군수 · 구청장은 제1항에 따른 생활환경정비사업 기본계획을 수립하거나 변경한 경우에는 이를 고시하여야 한다.
제59조【생활환경정비사업 시행계획의 수립】 ① 생활환경정비사업 시행자가 생활환경정비사업을 추진하려면 제54조에 따른 생활환경정비계획, 제58조에 따른 생활환경정비사업 기본계획, 제101조에 따른 농어촌마을정비계획에 따라 생활환경정비사업 시행계획을 수립하여야 한다. 다만, 생활환경정비사업 시행계획을 세울 때 「국토의 계획 및 이용에 관한 법률」에 따른 도시 · 군관리계획이 수립되어 있는 지역에 대하여는 해당 도시 · 군관리계획에 따라 생활환경정비사업 시행계획을 수립할 수 있다.(2011.4.14 단서개정)
② 생활환경정비사업 시행자가 시장 · 군수 · 구청장인 경우 제1항에 따른 생활환경정비사업 시행계획을 세워 사업을 시행하고, 시장 · 군수 · 구청장 이외의 생활환경정비사업 시행자는 생활환경정비사업 시행계획을 세워 시장 · 군수 · 구청장에게 승인을 받아야 한다.
③ 제2항에도 불구하고 생활환경정비사업 시행자는 제2조제10호가목 및 나목의 사업 중 대통령령으로 정하는 요건에 해당하는 경우에는 시 · 도지사의 승인을 받아야 한다.
④ 시장 · 군수 · 구청장은 생활환경정비사업 시행계획을 세우거나 이를 승인하는 경우 또는 시 · 도지사의 승인을 받은 경우에는 대통령령으로 정하는 바에 따라 고시하고 일반인에게 열람하도록 하여야 한다.
⑤ 지방자치단체의 장은 제2항 또는 제3항에 따라 생활환경정비사업 시행계획을 승인한 경우에는 그 사실을 시 · 도지사 또는 농림축산식품부장관에게 보고하여야 한다.(2013.3.23 본항개정)
제60조【생활환경정비사업 시행계획의 내용】 생활환경정비사업 시행계획에는 다음 각 호의 사항이 포함되어야 한다.
1. 사업의 명칭
2. 사업목적
3. 주요 사업내용
4. 사업비의 명세
5. 재원조달계획 및 연차별 투자계획
6. 사업시행 기간
7. 사업시행자
8. 사업 효과
9. 세부 설계도서
10. 기반시설 · 공동이용시설의 내용, 유지관리 및 처분계획서
11. 수용 또는 사용할 토지 등의 명세서(필요한 경우에만 포함한다)
12. 그 밖에 대통령령으로 정하는 사항
제61조【생활환경정비사업 시행계획의 변경】 생활환경정비사업 시행자는 여건의 변경 등으로 인하여 생활환경정비사업 시행계획의 내용을 변경하려면 제59조에 따른 절차를 따라야 한다. 다만, 농림축산식품부령으로 정하는 경미한 사항은 시장 · 군수 · 구청장에게 보고하고 변경할 수 있다.(2013.3.23 단서개정)
제62조【생활환경정비사업의 환지】 생활환경정비사업 시행자가 제2조제10호가목 및 나목의 사업을 시행하기 위하여 환지를 하려면 「도시개발법」 제28조부터 제49조까지의 규정에 따른 환지 규정을 준용한다.
제63조【사업시행자 지정 특례】 한국농어촌공사 또는 지방공기업이 제56조에 따른 생활환경정비사업 시행자나 위탁 시행자로 지정되면 「주택법」 제2조제10호에 따른 사업주체로 보고, 다음 각 호의 사업자 등록을 받거나 업무신고를 한 것으로 본다.(2016.1.19 본문개정)
1. 「민간임대주택에 관한 특별법」 제5조에 따른 임대사업자의 등록(2015.8.28 본호개정)
2. 「건축사법」 제23조에 따른 건축사업무신고
제64조【빈집정비계획의 수립 등】 ① 시장 · 군수 · 구청장은 빈집의 효율적 정비를 위하여 다음 각 호의 사항을 포함하는 5년 단위의 빈집정비에 관한 계획(이하 "빈집정비계획"이라 한다)을 수립 · 시행하여야 한다.(2021.4.13 본문개정)
1. 빈집의 정비 및 활용의 기본방향
2. 빈집의 현황 및 실태
3. 빈집의 철거 · 개축 · 수리 · 활용 등 빈집정비사업의 추진계획 및 시행방법
4. 빈집의 정비 및 활용을 위한 재원조달계획
5. 빈집의 매입 및 활용에 관한 사항
6. 빈집우선정비구역의 지정에 관한 사항(관할 구역 내에 제64조의7에 따른 빈집우선정비구역 지정 요건을 충족하는 지역이 있는 경우에 한정한다)(2024.1.2 본호신설)
7. 그 밖에 빈집의 정비를 위하여 필요한 사항으로서 대통령령으로 정하는 사항
② 시장 · 군수 · 구청장은 빈집정비계획을 수립하거나 변경하려는 경우에는 미리 해당 지역 주민의 의견을 듣고 「농업 · 농촌 및 식품산업 기본법」 제15조에 따른 시 · 군 · 구 농업 · 농촌및식품산업정책심의회 또는 「수산업 · 어촌 발전 기본법」 제8조에 따른 시 · 군 · 구 수산업 · 어촌정책심의회(특별자치시 · 특별자치도의 경우에는 시 · 도 농업 · 농촌및식품산업정책심의회 또는 시 ·

도 수산업·어촌정책심의회를 말한다)의 심의를 거쳐야 한다. 다만, 대통령령으로 정하는 경미한 사항을 변경하는 경우에는 그러하지 아니하다.
③ 시장·군수·구청장은 빈집정비계획을 수립하거나 변경한 경우에는 지체 없이 해당 지방자치단체의 공보에 고시하고 시·도지사를 거쳐 다음 각 호의 구분에 따른 사람에게 보고하여야 한다.(2023.10.24 본문개정)
1. 「농업·농촌 및 식품산업 기본법」 제3조제5호에 따른 농촌만을 관할 구역으로 하는 시장·군수·구청장의 경우 : 농림축산식품부장관(2023.10.24 본호신설)
2. 「수산업·어촌 발전 기본법」 제3조제6호에 따른 어촌만을 관할 구역으로 하는 시장·군수·구청장의 경우 : 해양수산부장관(2023.10.24 본호신설)
3. 제1호에 따른 농촌과 제2호에 따른 어촌 모두를 관할 구역으로 하는 시장·군수·구청장의 경우 : 농림축산식품부장관과 해양수산부장관(2023.10.24 본호신설)
④ 시장·군수·구청장은 빈집정비계획의 원활한 이행을 위하여 매년 빈집정비 이행계획(이하 "이행계획"이라 한다)을 수립·시행하여야 한다.(2021.4.13 본항신설)
⑤ 빈집정비계획의 수립 기준·절차 및 방법 등에 필요한 사항은 대통령령으로 정한다.
(2020.2.11 본조개정)

제64조의2【빈집실태조사】 ① 시장·군수·구청장은 빈집정비계획 및 이행계획의 수립·시행, 빈집의 관리·정비를 위하여 다음 각 호의 사항에 관한 실태조사(이하 "빈집실태조사"라 한다)를 실시하여야 한다.(2021.4.13 본문개정)
1. 빈집의 소재 현황
2. 빈집의 관리 상황 및 방치기간
3. 빈집의 소유자 및 권리관계
4. 빈집 및 그 대지에 설치된 시설 또는 인공구조물 등의 현황
5. 그 밖에 빈집 발생 사유 등 대통령령으로 정하는 사항
② 시장·군수·구청장은 대통령령으로 정하는 전문기관을 지정하여 빈집실태조사를 대행하게 할 수 있다.
③ 빈집실태조사의 방법·절차 등에 필요한 사항은 대통령령으로 정한다.
(2020.2.11 본조신설)

제64조의3【빈집에의 출입】 ① 시장·군수·구청장 또는 제64조의2제2항에 따른 전문기관의 장은 빈집실태조사를 위하여 필요한 경우에는 소속 공무원 또는 직원으로 하여금 빈집 및 그 대지에 출입하게 할 수 있다.
② 제1항에 따라 빈집 및 그 대지에 출입하려는 사람은 출입하는 날의 7일 전까지 빈집의 소유자·점유자 또는 관리인(이하 "소유자등"이라 한다)에게 출입하려는 사람의 인적사항 등 농림축산식품부령 또는 해양수산부령으로 정하는 사항을 알려야 한다. 다만, 소유자등의 부재나 주소불명 등으로 알릴 수 없는 경우에는 지방자치단체의 공보 및 홈페이지에 공고하여야 한다.
③ 제1항에 따라 빈집 및 그 대지에 출입하는 사람은 농림축산식품부령 또는 해양수산부령으로 정하는 바에 따라 그 권한을 표시하는 증표를 지니고 이를 관계인에게 내보여야 한다.
(2020.2.11 본조신설)

제64조의4【빈집에의 출입에 따른 손실보상】 ① 시장·군수·구청장은 제64조의3제1항에 따른 출입으로 손실을 입은 자가 있으면 그 손실을 보상하여야 한다.
② 시장·군수·구청장은 제1항에 따른 손실보상에 관하여 손실을 입은 자와 협의하여야 한다.
③ 시장·군수·구청장 또는 제1항에 따른 손실을 입은 자는 제2항에 따른 협의가 성립되지 아니하거나 협의를 할 수 없는 경우에는 「공익사업을 위한 토지 등의 취득 및 보상에 관한 법률」 제49조에 따른 관할 토지수용위원회에 재결을 신청할 수 있다.
④ 제3항에 따른 관할 토지수용위원회의 재결에 관하여는 「공익사업을 위한 토지 등의 취득 및 보상에 관한 법률」 제83조부터 제87조까지를 준용한다.
(2020.2.11 본조신설)

제64조의5【빈집에 관한 자료 또는 정보의 이용 및 요청】 ① 시장·군수·구청장 또는 제64조의2제2항에 따른 전문기관의 장은 빈집실태조사를 위하여 필요하다고 인정하는 경우에는 주민등록 전산정보(주민등록번호·외국인등록번호 등 고유식별번호를 포함한다), 국세, 지방세, 수도·전기 요금 등의 자료 또는 정보를 수집·이용할 수 있다.
② 시장·군수·구청장은 제1항의 목적을 달성하기 위하여 필요한 경우 관계 행정기관의 장 또는 공공기관의 장에게 자료 또는 정보의 제공을 요청할 수 있다. 이 경우 요청을 받은 관계 기관의 장은 정당한 사유가 없으면 이에 따라야 한다.
③ 제1항 및 제2항에 따른 자료 또는 정보의 수집·이용 및 요청·제공은 「개인정보 보호법」에 따른다.
④ 제1항 및 제2항에 따른 업무에 종사하거나 종사하였던 자는 업무를 수행하면서 취득한 자료 또는 정보를 이 법에서 정한 목적 외의 다른 용도로 사용하거나 다른 사람 또는 기관에게 제공하거나 누설하여서는 아니 된다.
(2020.2.11 본조신설)

제64조의6【빈집정보시스템의 구축·운영】 ① 시장·군수·구청장은 빈집에 관련된 정보를 종합적으로 관리하고 빈집의 정비에 필요한 정보를 제공하기 위한 정보시스템(이하 "빈집정보시스템"이라 한다)을 구축·운영할 수 있다.
② 빈집정보시스템은 「건축법」 제32조에 따른 전자정보처리 시스템과 연계할 수 있다.
③ 시장·군수·구청장은 빈집정보시스템의 구축·운영을 위하여 필요한 경우 관계 중앙행정기관의 장, 지방자치단체의 장 또는 공공기관의 장에게 자료 또는 정보의 제공을 요청할 수 있다. 이 경우 요청을 받은 기관의 장은 정당한 사유가 없으면 이에 따라야 한다.
④ 시장·군수·구청장은 빈집정보시스템을 대통령령으로 정하는 전문기관이 구축·운영하게 할 수 있다.
⑤ 시장·군수·구청장은 안전사고나 범죄발생 등을 예방하기 위하여 필요한 경우 빈집정보시스템으로 처리한 빈집정보를 관계 행정기관의 장 또는 공공기관의 장에게 제공할 수 있다. 이 경우 빈집우선정비구역에 관련된 정보로서 대통령령으로 정하는 정보는 관할 경찰서장에게 지체 없이 제공하여야 한다.(2024.1.2 후단신설)
⑥ 시장·군수·구청장은 빈집을 활용하기 위한 목적의 범위에서 빈집의 소유자가 동의한 경우에는 빈집정보시스템으로 처리한 빈집정보를 인터넷과 그 밖의 방법을 병행하여 공개할 수 있다.
⑦ 그 밖에 빈집정보시스템의 구축·운영에 필요한 사항은 대통령령으로 정한다.
(2020.2.11 본조신설)

제64조의7【빈집우선정비구역】 ① 시장·군수·구청장은 다음 각 호의 요건을 모두 충족하는 지역을 빈집우선정비구역으로 지정할 수 있다.
1. 빈집이 증가하고 있거나 빈집 비율이 높은 지역
2. 다른 법령에 따른 정비사업을 추진하고 있지 아니한 지역
② 제1항에 따른 빈집우선정비구역 지정 요건의 세부기준은 대통령령으로 정한다.
③ 관할 시·도경찰청장 및 시·도 소방본부장은 제1항에 따라 지정된 빈집우선정비구역에서의 안전사고 및 범죄 등의 발생을 방지하기 위하여 노력하여야 한다.
(2024.1.2 본조신설)

제64조의8【빈집우선정비구역 내 정비사업에 대한 특례】 제56조에 따른 생활환경정비사업 시행자(제2조제10호바목에 따른 빈집의 정비를 시행하는 자를 말한다)가 빈집우선정비구역 내 빈집을 개축 또는 용도변경하는 경우 해당 빈집이 법령의 제정·개정이나 그 밖에 대통령령으로 정하는 사유로 대지나 건축물이 법령에 맞지 아니하더라도 다음 각 호의 기준에 대하여 기존 빈집의 범위에서 「건축법」 제4조에 따른 건축위원회(시장·군수·구청장이 설치하는 건축위원회를 말하며, 이하 "지방건축위원회"라 한다)의 심의를 거쳐 그 기준을 완화받을 수 있다.
1. 「건축법」 제42조에 따른 대지의 조경기준
2. 「건축법」 제46조에 따른 건축선의 지정
3. 「건축법」 제55조에 따른 건폐율의 산정기준
4. 「건축법」 제56조에 따른 용적률의 산정기준
5. 「건축법」 제58조에 따른 대지 안의 공지기준
6. 「건축법」 제60조 및 제61조에 따른 건축물의 높이 제한
7. 「민법」 제242조에 따른 건축물과 경계선 간의 거리
(2024.1.2 본조신설)

제65조【빈집에 대한 소유자등의 책무】 빈집의 소유자등은 주변 생활환경에 악영향을 끼치지 아니하도록 빈집에 대한 적절한 관리 및 정비를 하여야 한다.(2020.2.11 본조개정)

제65조의2【빈집에 대한 시장·군수·구청장의 책무】 시장·군수·구청장은 빈집정비계획 수립 및 실시 등 빈집에 대하여 필요한 조치를 강구하여야 한다.(2020.2.11 본조신설)

제65조의3【특정빈집에 대한 신고 및 확인·조사】 ① 누구든지 빈집을 다음 각 호의 어느 하나 이상에 해당되는 빈집(이하 "특정빈집"이라 한다)으로 인식한 경우 이를 해당 빈집이 소재한 지역의 관할 시장·군수·구청장에게 신고할 수 있다. 이 경우 신고의 절차나 방법 등은 「공익신고자 보호법」을 따른다.
1. 붕괴·화재 등 안전사고나 범죄발생의 우려가 있는 경우
2. 위생상 유해 우려가 있는 경우
3. 관리가 적절히 되지 아니하여 현저히 경관을 훼손하고 있는 경우
4. 주변 생활환경 보전을 위하여 방치하기에는 부적절한 경우
② 시장·군수·구청장이 제1항에 따른 빈집에 대한 신고를 접수한 때에는 대통령령으로 정하는 바에 따라서 현장조사를 실시하여야 한다.
(2020.2.11 본조신설)

제65조의4【특정빈집에 대한 행정지도】 ① 시장·군수·구청장은 특정빈집의 소유자등에 대하여 해당 특정빈집의 위해요소 제거, 정비, 벌목 등 주변 생활환경 보전에 필요한 조치를 농림축산식품부령 또는 해양수산부령으로 정하는 바에 따라서 지도하여야 한다.
② 그 밖에 행정지도의 방법 등 필요한 사항은 「행정절차법」 제48조부터 제51조까지의 규정을 따른다.
(2020.2.11 본조신설)

제65조의5【특정빈집에 대한 조치 등】 ① 시장·군수·구청장은 빈집이 특정빈집에 해당하면 지방건축위원회의 심의를 거쳐 해당 특정빈집의 소유자에게 철거·개축·수리 등 필요한 조치를 명할 수 있으며, 해당 특정빈집의 소유자는 정당한 사유가 없으면 60일 이내에 조치를 이행하여야 한다. 다만, 천재지변, 그 밖의 기술적인 곤란 등 부득이한 사유로 60일 이내에 필요한 조치를 취하는 것이 현저히 곤란한 경우에는 한 차례만 60일의 범위에서 정비기간을 연장할 수 있다.(2024.1.2 본문개정)
② 시장·군수·구청장은 제1항에 따른 조치 명령(개축·수리는 제외한다)을 받은 자가 정당한 사유 없이 그 명령을 이행하지 아니할 때에는 대통령령으로 정하는 바에 따라 직권으로 그 빈집에 대하여 철거 등 필요한 조치를 할 수 있다. 이 경우 조치명령을 받은 자에게 대통령령으로 정하는 바에 따라 철거 등 필요한 조치에 소요된 비용을 징수할 수 있다.(2024.1.2 본항개정)
③ 시장·군수·구청장은 제2항에 따라 철거할 특정빈집의 소유자의 소재를 알 수 없는 경우에는 그 빈집에 대한 철거명령과 이를 이행하지 아니하면 직권으로 철거한다는 내용을 일간신문 및 홈페이지에 1회 이상 공고하고, 일간신문 및 홈페이지에 공고한 날부터 60일 이내에 빈집의 소유자가 빈집을 철거하지 아니하면 직권으로 철거할 수 있다.
④ 시장·군수·구청장은 제2항 또는 제3항에 따라 특정빈집을 철거하는 경우에는 대통령령으로 정하는 바에 따라 정당한 보상비를 빈집의 소유자에게 지급하여야 한다. 이 경우 시장·군수·구청장은 보상비에서 철거에 소요된 비용을 빼고 지급할 수 있으며, 철거에 소요된 비용이 보상비보다 많을 때에는 대통령령으로 정하는 바에 따라 그 차액을 추가로 징수할 수 있다.(2024.1.2 후단개정)
⑤ 제4항에도 불구하고 빈집 소유자가 보상비의 수령을 거부하거나 빈집 소유자의 소재불명으로 보상비를 지급할 수 없을 때에는 보상액에 해당하는 금액을 공탁하여야 한다.(2024.1.2 본항신설)
⑥ 시장·군수·구청장은 제2항 또는 제3항에 따라 특정빈집을 철거하였을 때에는 지체 없이 건축물대장을 정리하여야 하며, 건축물대장을 정리한 경우에는 지체 없이 관할 등기소에 해당 빈집이 이 법에 따라 철거되었다는 취지의 통지를 하고 말소등기를 촉탁하여야 한다.
(2020.2.11 본조신설)

제65조의6【빈집의 매입 및 활용】 ① 시·도지사나 시장·군수·구청장 또는 대통령령으로 정하는 기관(이하 이 조에서 "시·도지사등"이라 한다)은 빈집정비계획에 따라 빈집(이에 부속되는 토지를 포함한다)을 매입하여 다음 각 호와 같이 활용할 수 있다.(2023.3.28 본문개정)
1. 생활기반시설·공동이용시설 또는 임대주택 등 공익적 목적으로 활용
2. 농어업 분야 내국인근로자, 「외국인근로자의 고용 등에 관한 법률」 제2조에 따른 농어업 분야 외국인근로자 또는 「출입국관리법」 제18조에 따라 체류자격을 취득한 농어업 분야 외국인근로자가 거주하는 용도로 활용
(2023.3.28 1호~2호신설)
② 시·도지사등은 제1항제2호에 따른 내외국인근로자의 사용자가 빈집을 임차하여 내외국인근로자가 거주하는 용도로 활용하고자 요청하는 경우 해당 빈집을 우선적으로 매입할 수 있다.(2023.3.28 본항신설)
③ 빈집의 매입 방법·절차 등에 관한 사항은 대통령령으로 정한다.
④ 제1항 또는 제2항에 따라 매입한 빈집의 활용 및 임대료 등에 필요한 사항은 해당 지방자치단체의 조례로 정한다.(2023.3.28 본항신설)
(2023.3.28 본조제목개정)
(2020.2.11 본조신설)

제66조【자진 철거자에 대한 지원】 제65조의5제1항에 따라 시장·군수·구청장의 철거명령을 자진하여 이행한 빈집의 소유자가 영농(營農)을 목적으로 주택 개량을 희망할 때에는 제67조에 따른 농어촌주택개량자금을 우선적으로 지원할 수 있다.(2020.2.11 본조개정)

제67조【농어촌주택개량자금의 조성 등】 ① 정부와 지방자치단체는 제2조제10호바목, 자목 및 차목에 따른 빈집 정비와 농어촌 주택 개량을 효율적으로 시행하기 위하여 대통령령으로 정하는 바에 따라 필요한 자금(이하 "농어촌주택개량자금"이라 한다)을 조성하여야 한다.
(2012.2.17 본항개정)
② 농어촌주택개량자금의 운용 등에 관한 계획은 농림축산식품부장관이 기획재정부장관 및 국토교통부장관과 협의하여 수립한다.(2013.3.23 본항개정)
③ 농어촌주택개량자금은 다음 각 호의 어느 하나에 해당하는 용도로만 사용하여야 한다.
1. 제2조제10호자목 및 차목의 농어촌 주택 개량사업을 시행하는 자에 대한 보조 또는 융자(2012.2.17 본호개정)
2. 농어촌 주택의 개량을 희망하는 자에 대한 보조 또는 융자
3. 농어촌 주택의 품질관리에 드는 경비
4. 제65조의5에 따른 빈집 철거 비용 및 보상비(2020.2.11 본호개정)
5. 농어촌주택개량자금의 운용 및 관리에 드는 경비

제68조【농어촌 주택 등의 분양 등】 ① 생활환경정비사업 시행자는 생활환경정비사업 시행에 따른 조성 용지

(이하 "조성용지"라 한다), 농어촌 주택, 그 밖의 시설물을 환지하거나 분양 또는 임대할 수 있다.
② 조성용지, 농어촌 주택, 그 밖의 시설물의 공급가격 결정과 공급 방법 및 절차에 관한 사항은 대통령령으로 정한다.
제69조【조성용지의 용도】 조성용지를 공급받은 자(국가와 지방자치단체는 제외한다. 이하 같다)는 제59조에 따라 승인을 받은 용도에 따라 농어촌 주택 등을 건설하여야 한다.
제70조【조성용지의 전매행위 제한 등】 ① 조성용지를 공급받은 자는 그 용지를 공급받은 용도대로 농어촌 주택이나 그 밖의 시설물을 건축하여 소유권 이전등기를 완료하기 전까지는 이를 전매(명의변경, 매매 또는 그 밖에 권리의 변동을 수반하는 모든 행위를 포함하되, 상속의 경우는 제외한다. 이하 같다)할 수 없다. 다만, 조성용지를 공급받은 자의 생업상의 사정 등 대통령령으로 정하는 경우에는 그러하지 아니하다.(2020.2.11 본문개정)
② 제1항을 위반하여 조성용지를 전매하는 경우 해당 법률행위는 무효로 하며, 사업시행자는 조성용지의 공급 당시 가액과 「은행법」에 따른 은행의 1년 만기 정기예금 평균이자율을 합산한 금액을 지급하고 그 조성용지를 환매할 수 있다.(2010.5.17 본항개정)
제70조의2【간선시설의 설치】 생활환경정비사업 시행에 따른 간선시설(幹線施設)(「주택법」 제2조제17호에 따른 간선시설을 말한다)의 설치에 관하여는 「주택법」 제28조를 준용한다.(2016.1.19 본조개정)
제71조【기술지원 등】 ① 농림축산식품부장관은 생활환경정비사업의 생활환경정비계획, 생활환경정비사업 기본계획, 농어촌마을정비계획 및 생활환경정비사업 시행계획의 수립과 조사·설계 등 사업의 원활한 추진과 생활환경정비사업으로 조성되는 시설물의 품질관리를 위하여 기획·기술지원을 하여야 하며, 이에 필요한 경비를 예산의 범위에서 지원할 수 있다.
② 농림축산식품부장관은 제1항에 따라 생활환경정비계획, 생활환경정비사업 기본계획, 농어촌마을정비계획 및 생활환경정비사업 시행계획을 세우는 데에 필요한 설계 및 집행상의 기술지원을 하기 위하여 대통령령으로 정하는 바에 따라 기획기술지원단을 설치하여 운영할 수 있다.
(2013.3.23 본조개정)

제5장 농어촌산업의 육성

제1절 농어촌산업 육성계획의 수립·시행 등

제72조【농어촌산업 육성·지원】 국가와 지방자치단체는 농어촌산업을 육성하기 위하여 필요한 종합적인 지원 시책을 마련하고 시행하여야 한다.
제73조【농어촌산업 육성 기본계획의 수립】 ① 농림축산식품부장관 또는 해양수산부장관은 관계 중앙행정기관의 장과 협의하여 농어촌산업 육성계획을 세우는 데에 필요한 지침을 정할 수 있다.(2013.3.23 본항개정)
② 제72조에 따라 농어촌산업 육성을 위한 시책을 시행하려는 시장·군수·구청장은 3년을 단위로 하는 농어촌산업 육성 기본계획을 세우고, 시·도지사를 거쳐 농림축산식품부장관 또는 해양수산부장관에게 제출하여야 한다.
(2013.3.23 본항개정)
③ 농어촌산업 육성 기본계획에는 다음 각 호의 사항이 포함되어야 한다.
1. 농어촌산업 발전 목표 및 기본방향
2. 농어촌산업 발전에 필요한 인력 육성 및 산업계·학계·연구기관 간 협력 체계 등에 관한 사항
3. 농어촌산업 발전을 위한 기업 육성 및 투자 환경조성과 관련한 사항
4. 제78조에 따른 농공단지의 조성 및 운영 활성화와 관련한 사항
5. 연차별 투자 계획 및 조달에 관한 사항
6. 그 밖에 농어촌산업 육성을 위하여 필요한 사항
④ 시장·군수·구청장은 농어촌산업 육성 기본계획을 세우려면 미리 관할 지역의 민간단체·주민 등의 의견을 수렴하여야 한다.
⑤ 농어촌산업 육성 기본계획의 수립 및 확정 절차 등에 필요한 사항은 대통령령으로 정한다.
제74조【농어촌산업 육성 시행계획의 수립】 ① 시장·군수·구청장은 제73조에 따라 수립된 농어촌산업 육성 기본계획을 효율적으로 추진하기 위하여 매년 농어촌산업 육성 시행계획을 세우고, 시·도지사를 거쳐 농림축산식품부장관 또는 해양수산부장관에게 제출하여야 한다.
(2013.3.23 본항개정)
② 농어촌산업 육성 시행계획의 수립 및 변경, 제출 절차 등에 필요한 사항은 대통령령으로 정한다.
제75조【농어촌산업 육성 지원기구의 지정】 ① 농림축산식품부장관 또는 해양수산부장관은 농어촌산업 육성 정책 및 관련 계획에 관한 조사·연구 및 평가, 컨설팅 등의 업무를 지원하기 위하여 필요한 인력 및 조직 등을 갖춘 기관 등을 농어촌산업 육성 지원기구로 지정할 수 있다.(2013.3.23 본항개정)
② 농림축산식품부장관·해양수산부장관 또는 지방자치단체의 장은 제1항에 따라 지정된 농어촌산업 육성 지원기구에 대하여 지원업무 수행에 필요한 비용을 예산의 범위에서 지원할 수 있다.(2013.3.23 본항개정)
③ 제1항에 따른 지원기구의 지정요건 및 지정절차, 지원 업무 등에 필요한 사항은 대통령령으로 정한다.
④ 농림축산식품부장관 또는 해양수산부장관은 제1항에 따라 지정된 농어촌산업 육성 지원기구가 농어촌산업 육성 지원업무를 수행할 능력이 없다고 인정되거나 제3항의 지정요건에 맞지 아니하게 된 경우에는 2개월 이내의 기간을 정하여 시정을 명할 수 있다.(2013.3.23 본항개정)
⑤ 농림축산식품부장관 또는 해양수산부장관은 농어촌산업 육성 지원기구가 다음 각 호의 어느 하나에 해당하는 경우에는 대통령령으로 정하는 바에 따라 그 지정을 취소할 수 있다. 다만, 제1호에 해당하는 경우에는 그 지정을 취소하여야 한다.(2013.3.23 본문개정)
1. 거짓이나 그 밖의 부정한 방법으로 지정을 받은 경우
2. 정당한 사유 없이 1년 이상 농어촌산업 육성 관련 지원 활동을 하지 아니한 경우
3. 제4항에 따른 시정명령을 받고 시정을 하지 아니한 경우
제76조【평가】 ① 농림축산식품부장관 또는 해양수산부장관은 다음 각 호의 사항에 대한 평가를 하여야 한다.
(2013.3.23 본문개정)
1. 시장·군수·구청장의 농어촌산업 육성 기본계획 및 연도별 시행계획 추진 실적
2. 그 밖에 농어촌산업 육성계획의 이행과 관련하여 평가가 필요한 사항
② 제1항에 따른 평가에 관련된 기준 및 절차에 관한 사항은 대통령령으로 정한다.
③ 국가는 제1항에 따른 평가 결과가 우수한 지방자치단체에 대하여 예산의 범위에서 재정상 인센티브를 줄 수 있다.

제2절 농공단지의 개발

제77조【농공단지 개발 지원에 관한 기본방침】 농림축산식품부장관 또는 해양수산부장관은 「농업·농촌 및 식품산업 기본법」 제50조제1항과 「수산업·어촌 발전 기본법」 제39조제1항에 따른 농어촌 산업단지 조성사업을 육성하기 위하여 농공단지 개발 지원에 관한 기본방침을 세워야 한다.(2015.6.22 본조개정)
제78조【농공단지 개발의 지원】 ① 시장·군수·구청장은 관할 농어촌지역의 산업을 진흥하기 위하여 「산업입지 및 개발에 관한 법률」에서 정하는 바에 따라 시·도지사의 승인을 받아 농공단지를 지정하고 개발한다.
② 농림축산식품부장관·해양수산부장관 또는 시·도지사는 매년 예산의 범위에서 시장·군수·구청장에게 농공단지 개발에 필요한 자금을 지원할 수 있다.(2013.3.23 본항개정)
③ 시·도지사는 제1항에 따른 농공단지의 지정·승인을 하였을 때에는 농림축산식품부장관 또는 해양수산부장관에게 보고하여야 한다.(2013.3.23 본항개정)
제79조【생산제품의 판매 지원】 국가와 지방자치단체는 농공단지에서 생산된 제품의 판매를 촉진하기 위하여 수출을 지원하고 계열화를 촉진하는 등 필요한 조치를 할 수 있으며, 국가, 지방자치단체, 공공단체 및 공공기관은 제품 생산자와 생산 제품 구매에 관한 수의계약(隨意契約)을 체결할 수 있다.
제80조【농어촌 환경보전을 위한 지원】 국가와 지방자치단체는 농공단지에 입주한 업체가 「환경정책기본법」 제29조에 따른 환경보전시설을 설치·관리하는 경우 필요한 자금을 지원할 수 있다.(2011.7.21 본조개정)

제6장 농어촌 관광휴양자원 개발과 한계농지등의 정비

제1절 농어촌 관광휴양자원 개발

제81조【농어촌 관광휴양의 지원·육성】 ① 농림축산식품부장관·해양수산부장관, 시·도지사 또는 시장·군수·구청장은 농어촌 관광휴양을 지원·육성하여 농어촌지역과 준농어촌지역의 자연경관을 보존하고 농어촌의 소득을 늘리기 위하여 다음 각 호의 시책을 추진할 수 있다.(2013.3.23 본문개정)
1. 농어촌의 자연환경, 영농활동, 전통문화 등을 활용한 관광휴양자원 개발
2. 농어촌 관광휴양사업의 육성
3. 농어촌 관광휴양을 활성화하기 위한 조사·연구 및 홍보
② 농어촌 관광휴양사업의 규모 및 시설 기준은 농림축산식품부령 또는 해양수산부령으로 정한다.(2013.3.23 본항개정)
제82조【농어촌 관광휴양단지의 개발】 ① 시장·군수·구청장은 농어촌지역에서 대통령령으로 정하는 바에 따라 농어촌 관광휴양단지를 지정하여 직접 개발하거나 제2항에 따라 사업계획의 승인을 받은 자에게 개발하게 할 수 있다.
② 시장·군수·구청장 외의 자가 제1항에 따라 지정된 농어촌 관광휴양단지를 개발하려면 사업계획을 세워 대통령령으로 정하는 바에 따라 시장·군수·구청장의 승인을 받아야 한다. 승인을 받은 사항 중 대통령령으로 정하는 중요한 사항을 변경하려는 때에도 또한 같다.
③ 시장·군수·구청장이 농어촌 관광휴양단지를 지정하거나 해제한 경우 또는 농어촌 관광휴양단지의 사업계획을 승인하거나 취소한 경우에는 대통령령으로 정하는 바에 따라 그 사실을 고시하여야 한다.(2015.1.6 본항개정)
제83조【관광농원의 개발】 ① 관광농원은 「농업·농촌 및 식품산업 기본법」 제3조제2호에 따른 농업인(이하 "농업인"이라 한다), 「수산업·어촌 발전 기본법」 제3조제3호에 따른 어업인(이하 "어업인"이라 한다), 한국농어촌공사, 그 밖에 대통령령으로 정하는 농업인 및 어업인 단체가 개발할 수 있다.(2015.6.22 본항개정)
② 관광농원을 개발하려는 자는 사업계획을 세워 대통령령으로 정하는 바에 따라 시장·군수·구청장의 승인을 받아야 한다. 승인을 받은 사항 중 대통령령으로 정하는 중요한 사항을 변경하려는 때에도 또한 같다.
제84조【토지 및 시설의 분양】 농어촌 관광휴양단지 또는 관광농원(이하 "농어촌관광휴양지"라 한다)의 개발사업 시행자가 제114조에 따른 준공검사를 받은 때에는 토지와 시설을 분양하거나 임대할 수 있다.(2018.12.24 본조개정)
제85조【농어촌관광휴양지사업자의 신고 등】 ① 농어촌 관광휴양단지사업은 시장·군수·구청장 또는 시장·군수·구청장에게 신고한 자가 경영할 수 있고, 관광농원사업은 제83조제1항에 따른 자 중에서 시장·군수·구청장에게 신고한 자가 경영할 수 있다.
② 시장·군수·구청장 외의 자가 농어촌관광휴양지사업을 경영하려면 농림축산식품부령 또는 해양수산부령으로 정하는 바에 따라 운영계획서를 작성하여 시장·군수·구청장에게 농어촌관광휴양지사업자 신고를 하여야 한다. 신고내용을 변경하거나 폐업하려는 경우에도 또한 같다.(2013.3.23 전단개정)
③ 시장·군수·구청장은 제2항 전단에 따른 신고나 같은 항 후단에 따른 변경신고를 받은 경우 그 내용을 검토하여 이 법에 적합하면 신고를 수리하여야 한다.
(2018.12.24 본항신설)
④ 시장·군수·구청장은 제3항에 따라 농어촌관광휴양지사업자 신고를 수리한 때에는 농림축산식품부령 또는 해양수산부령으로 정하는 바에 따라 신고확인증을 신고인에게 내주어야 하며, 신고 대장(臺帳)을 작성·관리하여야 한다.(2020.2.11 본항개정)
⑤ 제3항에 따라 농어촌관광휴양지사업자 신고가 수리된 자(이하 "농어촌관광휴양지사업자"라 한다)가 그 농어촌관광휴양지사업 대상 농지를 임대차하는 경우에는 「농지법」 제23조부터 제26조까지의 규정을 적용하지 아니한다.
(2018.12.24 본항개정)
⑥ 제2항에 따른 신고의 방법 및 절차 등에 필요한 사항은 농림축산식품부령 또는 해양수산부령으로 정한다.
(2018.12.24 본항개정)
제86조【농어촌민박사업자의 신고】 ① 농어촌민박사업을 경영하려는 자는 농림축산식품부령 또는 해양수산부령으로 정하는 바에 따라 시장·군수·구청장에게 농어촌민박사업자 신고를 하여야 한다. 신고내용을 변경하거나 폐업할 때에도 또한 같다.(2013.3.23 전단개정)
② 농어촌민박사업을 경영하려는 자는 다음 각 호의 요건을 모두 갖추어야 한다.
1. 농어촌지역 또는 준농어촌지역의 주민일 것
2. 농어촌지역 또는 준농어촌지역의 관할 시·군·구에 6개월 이상 계속하여 거주하고 있을 것(농어촌민박사업에 이용되고 있는 주택을 상속받은 자는 제외한다)
3. 신고자가 거주하는 「건축법」 제2조제2항제1호에 따른 단독주택(같은 법 시행령 별표1에 따른 단독주택과 다가구주택을 말한다. 이하 같다)
4. 신고자가 직접 소유하고 있는 단독주택
(2020.2.11 본항신설)
③ 제2항에도 불구하고 다음 각 호의 어느 하나에 해당하는 자는 제2항제4호의 요건을 갖추지 아니하여도 농어촌민박사업을 신고할 수 있다.
1. 관할 시·군·구에 3년 이상 거주하면서, 임차하여 농어촌민박을 2년 이상 계속해서 운영하였고, 제89조에 따른 사업장 폐쇄 또는 1개월 이상의 영업정지처분을 받은 적이 없는 자
2. 농어촌민박을 신고하고자 하는 관할 시·군·구에 3년 이상 계속하여 거주하였으며, 임차하여 2년 이상 계속하여 농어촌민박을 운영하고자 하는 자
(2020.2.11 본항신설)
④ 시장·군수·구청장은 제1항 전단에 따른 신고 또는 같은 항 후단에 따른 변경신고를 받은 날부터 10일 이내에 신고수리 여부를 신고인에게 통지하여야 한다.
(2019.1.15 본항신설)
⑤ 시장·군수·구청장이 제2항에서 정한 기간 내에 신고수리 여부 또는 민원 처리 관련 법령에 따른 처리기간의 연장을 신고인에게 통지하지 아니하면 그 기간(민원 처리 관련 법령에 따라 처리기간이 연장 또는 재연장된 경우에는 해당 처리기간을 말한다)이 끝난 날의 다음 날에 신고를 수리한 것으로 본다.(2019.1.15 본항신설)
⑥ 시장·군수·구청장은 농어촌민박사업자가 「부가가치세법」 제8조에 따라 관할 세무서장에게 폐업신고를 하거나 관할 세무서장이 사업자등록을 말소한 경우에는 신고 사항을 직권으로 말소할 수 있다.(2020.2.11 본항신설)

⑦ 시장·군수·구청장은 제6항에 따른 직권말소를 위하여 필요한 경우 관할 세무서장에게 농어촌민박사업자의 폐업 여부에 대한 정보 제공을 요청할 수 있다. 이 경우 요청을 받은 관할 세무서장은 「전자정부법」 제36조제1항에 따라 농어촌민박사업자의 폐업 여부에 대한 정보를 제공하여야 한다.(2020.2.11 본항신설)
⑧ 제1항에 따른 신고의 방법 및 절차 등에 필요한 사항은 농림축산식품부령 또는 해양수산부령으로 정한다.(2013.3.23 본항개정)
⑨ 시장·군수·구청장은 제8항에 따라 신고를 받은 경우에는 그 신고내용을 확인한 후 농림축산식품부령 또는 해양수산부령으로 정하는 바에 따라 신고확인증을 신고인에게 내주어야 한다.(2020.2.11 본항개정)
제86조의2 【농어촌민박사업자의 준수사항】 농어촌민박사업자는 다음 각 호에 따른 사항을 준수하여야 한다.
1. 농어촌민박사업자는 제86조제9항에 따른 신고확인증 및 요금표를 민박주택의 잘 보이는 곳에 게시하여야 한다.(2020.2.11 본호개정)
2. 농어촌민박사업자는 서비스·안전 수준의 제고를 위하여 농림축산식품부령 또는 해양수산부령으로 정하는 서비스·안전기준을 준수하여야 한다.(2021.4.13 본호개정)
3. 농어촌민박사업자는 시장·군수·구청장이나 전국적인 조직을 갖추고 농림축산식품부장관 또는 해양수산부장관으로부터 허가받은 농어촌민박사업자 단체가 농림축산식품부령 또는 해양수산부령으로 정하는 바에 따라 서비스·위생·소방안전 등 수준 제고를 위하여 실시하는 교육을 받아야 한다.(2021.4.13 본호신설)
4. 농어촌민박사업자는 투숙객을 대상으로 조식을 제공할 수 있으며, 그 비용을 민박요금에 포함하여야 한다.
5. 농어촌민박사업자는 매년 1회 「전기사업법」 제66조 및 「액화석유가스의 안전관리 및 사업법」 제30조에 따라 안전점검을 받은 후 확인서를 발급받아 보관하고, 그 사본을 시장·군수·구청장에게 제출하여야 한다.
6. 농어촌민박사업자는 민박주택의 출입문 및 인터넷 홈페이지(홈페이지가 있는 경우만 해당한다)에 농림축산식품부령 또는 해양수산부령으로 정하는 바에 따라 농어촌민박사업장임을 나타내는 표시를 하여야 한다.
(2020.2.11 5호~6호신설)
(2015.1.6 본조신설)
제86조의3 【농어촌민박사업 표시의 제한】 농어촌민박사업자로 신고하지 아니한 자는 제86조의2제6호에 따른 농어촌민박사업장임을 나타내는 표시 또는 이와 유사한 표시를 하여서는 아니 된다.(2021.4.13 본조신설)
제86조의4 【농어촌민박사업자의 불법카메라 설치 금지】 농어촌민박사업자는 사업장에 「성폭력범죄의 처벌 등에 관한 특례법」 제14조제1항에 위반되는 행위에 이용되는 카메라나 그 밖에 이와 유사한 기능을 갖춘 기계장치를 설치하여서는 아니 된다.(2021.4.13 본조신설)
제87조 【농어촌관광휴양지사업의 승계】 ① 다음 각 호의 어느 하나에 해당하는 자는 종전의 농어촌관광휴양지사업자의 지위를 승계한다.(2018.12.24 본문개정)
1. 농어촌관광휴양지사업자가 그 사업을 양도한 경우 그 양수인(2018.12.24 본호개정)
2. 농어촌관광휴양지사업자가 사망한 경우 그 상속인(2018.12.24 본호개정)
3. 법인이 합병한 경우 합병 후 존속하는 법인이나 합병으로 설립되는 법인
② 다음 각 호의 어느 하나에 해당하는 절차에 따라 사업시설·설비의 전부를 인수한 자는 이 법에 따른 종전의 농어촌관광휴양지사업자의 지위를 승계한다.(2018.12.24 본문개정)
1. 「민사집행법」에 따른 경매
2. 「채무자 회생 및 파산에 관한 법률」에 따른 경매
3. 「국세징수법」, 「관세법」 또는 「지방세징수법」에 따른 압류재산의 매각(2018.12.24 본호개정)
4. 그 밖에 제1호부터 제3호까지의 규정에 준하는 절차
③ 제1항 또는 제2항에도 불구하고 관광농원은 제83조제1항에 따른 자만 종전의 농어촌관광휴양지사업자의 지위를 승계한다.(2018.12.24 본항개정)
④ 제1항 또는 제2항에 따라 종전의 농어촌관광휴양지사업자의 지위를 승계한 자는 1개월 이내에 농림축산식품부령 또는 해양수산부령으로 정하는 바에 따라 시장·군수·구청장에게 신고하여야 한다.(2018.12.24 본항개정)
제88조 【지도·감독 등】 시장·군수·구청장은 농어촌관광휴양지사업자나 농어촌민박사업자를 지도·감독할 수 있으며, 필요하다고 인정하면 농어촌관광휴양지사업자나 농어촌민박사업자에게 그 시설 및 운영의 개선을 명할 수 있다.(2015.1.6 본조개정)
제89조 【사업장 폐쇄 등】 ① 시장·군수·구청장은 농어촌관광휴양지사업자나 농어촌민박사업자가 다음 각 호(제8호는 농어촌민박사업자만 해당한다)의 어느 하나에 해당하면 사업장의 폐쇄를 명하거나 6개월 이내의 기간을 정하여 그 사업의 전부 또는 일부의 정지를 명할 수 있다. 다만, 제7호 또는 제9호에 해당하는 경우에는 사업장의 폐쇄명령을 하여야 한다.(2020.2.11 단서개정)
1. 정당한 사유 없이 1년 이상 사업을 하지 아니한 경우
2. 관광농원과 주말농원에 재배작물을 1년 이상 경작하지 아니한 경우(2020.2.11 본호개정)
3. 제81조제2항에 따른 규모나 시설 기준을 위반한 경우
4. 제83조제2항에 따른 승인이나 변경승인을 받지 아니하고 관광농원을 개발한 경우
4의2. 제86조의4를 위반하여 카메라나 그 밖에 이와 유사한 기능을 갖춘 기계장치를 설치한 경우(2021.4.13 본호신설)
5. 제87조제1항 및 제3항을 위반하여 관광농원사업을 양도·양수한 경우
6. 제88조에 따른 시설 및 운영 개선명령을 이행하지 아니한 경우
7. 사업정지기간에 사업을 한 경우
8. 「성폭력범죄의 처벌 등에 관한 특례법」, 「성매매알선 등 행위의 처벌에 관한 법률」 또는 「아동·청소년의 성보호에 관한 법률」을 위반하여 관계 행정기관의 장으로부터 그 사실을 통보받은 경우(2019.12.10 본호신설)
9. 농어촌민박사업자가 「부가가치세법」 제8조에 따라 관할 세무서장에게 폐업신고를 하거나 관할 세무서장이 사업자등록을 말소한 경우(2020.2.11 본호신설)
② 제1항 각 호를 위반하여 사업장 폐쇄명령을 받은 후 6개월(제4호의2 또는 제8호의 경우에는 1년)이 지나지 아니한 경우에는 그 폐쇄명령이 이루어진 장소에서 해당 농어촌관광휴양지사업이나 농어촌민박사업을 할 수 없다.(2021.4.13 본항개정)
③ 제1항제4호의2 또는 제8호를 위반하여 사업장 폐쇄명령을 받은 자는 그 폐쇄명령을 받은 후 2년이 경과하지 아니한 때에는 농어촌민박사업을 할 수 없다.(2021.4.13 본항개정)
④ 제1항에 따른 사업장 폐쇄명령 및 사업정지의 세부 기준은 그 처분 사유와 위반 정도 등을 고려하여 농림축산식품부령 또는 해양수산부령으로 정한다.(2013.3.23 본항개정)
⑤ 시장·군수·구청장은 농어촌관광휴양지사업자 및 농어촌민박사업자가 제1항에 따라 사업장 폐쇄명령을 받고도 계속하여 사업장을 운영하는 경우에는 관계 공무원에게 해당 사업장을 폐쇄하기 위하여 다음 각 호의 조치를 하게 할 수 있다.
1. 해당 사업장의 간판, 그 밖의 사업 표지물의 제거
2. 해당 사업장이 위법한 사업장임을 알리는 게시물 등의 부착
3. 사업장 운영을 위하여 필수불가결한 기구 또는 시설물을 사용할 수 없게 하는 봉인
⑥ 시장·군수·구청장은 제5항제3호에 따른 봉인을 한 후 봉인을 계속할 필요가 없다고 인정되는 경우, 사업자 또는 대리인이 해당 사업장을 폐쇄할 것을 약속하는 경우 및 정당한 사유를 들어 봉인의 해제를 요청하는 경우에는 그 봉인을 해제할 수 있다. 제5항제2호에 따른 게시물 등의 제거를 요청하는 경우에도 또한 같다.(2019.12.10 본항개정)
제90조 【행정제재처분 효과의 승계】 ① 다음 각 호의 어느 하나에 해당하는 농어촌관광휴양지사업자 또는 농어촌민박사업자는 종전의 농어촌관광휴양지사업자 또는 농어촌민박사업자에 대하여 제89조제1항 각 호의 위반을 사유로 한 행정제재처분의 효과를 승계한다.
1. 제85조제2항 후단 또는 제86조제1항 후단에 따른 폐업신고 후 다시 농어촌관광휴양지사업이나 농어촌민박사업의 신고를 한 자
2. 제87조제1항에 따라 농어촌관광휴양지사업을 양수한 자
② 제1항 각 호의 어느 하나에 해당하는 자에 대하여는 제89조제1항에 따라 진행 중인 행정처분의 절차를 계속 이어서 할 수 있다.
③ 제1항 및 제2항에도 불구하고 종전의 농어촌관광휴양지사업자 또는 농어촌민박사업자에 대한 행정제재처분 또는 종전의 농어촌관광휴양지사업자 또는 농어촌민박사업자의 위반 사실을 알지 못하였음을 증명하는 때에는 그러하지 아니하다.

제2절 한계농지등의 정비

제91조 【한계농지등의 정비 기본방침】 농림축산식품부장관은 한계농지등을 효율적으로 관리·이용 및 개발하기 위하여 한계농지등의 정비에 관한 기본방침을 세울 수 있다.(2013.3.23 본조개정)
제92조 【한계농지등 정비의 종류】 제94조에 따라 한계농지등 정비지구로 지정·고시한 지역에서는 지역 여건을 고려하여 다음 각 호와 같이 정비할 수 있다.
1. 과수, 원예, 특용작물, 축산단지, 양어장 등 농림수산업을 위한 농지의 조성 및 시설의 설치
2. 농어촌 관광휴양단지, 관광농원, 관광숙박시설 등 농어촌 관광휴양자원을 개발하고 이용하기 위한 시설의 설치
3. 주택·택지 및 부속 농지, 공업시설, 전시장·박물관 등 문화예술 관련 시설, 체육시설, 청소년 수련시설, 의료시설, 교육연수시설, 노인복지시설의 설치
4. 그 밖에 농어촌지역의 개발을 촉진하기 위하여 필요한 시설로서 농림축산식품부령으로 정하는 시설의 설치(2013.3.23 본호개정)
제93조 【한계농지의 조사 및 고시】 ① 시장·군수·구청장은 농어촌지역의 한계농지를 조사할 수 있다.
② 시장·군수·구청장은 제1항에 따른 조사를 하였을 때에는 그 결과를 고시하고 일반인이 열람할 수 있도록 하여야 한다.
③ 제1항과 제2항에 따른 한계농지의 조사와 고시에 필요한 사항은 농림축산식품부령으로 정한다.(2013.3.23 본항개정)
제94조 【한계농지등 정비지구의 지정 및 고시】 ① 시장·군수·구청장은 한계농지등에서 정비가 필요한 지역을 한계농지등 정비지구로 지정할 수 있다.
② 시장·군수·구청장이 한계농지등 정비지구를 지정하려면 미리 관계 행정기관의 장과 협의한 후 고시하여야 한다. 이를 변경하거나 해제하려는 때에도 또한 같다.
③ 한계농지등 정비지구의 지정 요건과 그 밖에 필요한 사항은 대통령령으로 정한다.
제95조 【신청에 의한 한계농지등 정비지구의 지정】 ① 제94조에 따라 고시된 한계농지등 정비지구가 아닌 지역에 있는 한계농지등을 정비하려는 자는 농림축산식품부령으로 정하는 바에 따라 시장·군수·구청장에게 한계농지등 정비지구의 지정을 신청할 수 있다.(2013.3.23 본항개정)
② 제1항에 따라 신청을 받은 시장·군수·구청장은 제94조에 따라 한계농지등 정비지구로 지정·고시할 수 있다.
제96조 【한계농지등의 정비사업의 시행】 ① 한계농지등의 정비사업은 시장·군수·구청장이나 제2항에 따라 한계농지등의 정비사업계획을 승인받은 자가 시행할 수 있다.
② 시장·군수·구청장 외의 자가 한계농지등 정비지구의 전부 또는 일부에 대하여 한계농지등의 정비사업을 시행하려면 대통령령으로 정하는 바에 따라 한계농지등의 정비사업계획을 세워 시장·군수·구청장의 승인을 받아야 한다. 승인을 받은 한계농지등의 정비사업계획 중 농림축산식품부령으로 정하는 사항을 변경하려는 경우에도 또한 같다.(2013.3.23 후단개정)
제97조 【관련 규정의 준용】 제92조에 따른 한계농지등의 정비사업으로 환지, 교환·분할·합병이 필요한 경우에는 제3장제3절(제25조부터 제51조까지)을 준용한다.
제98조 【토지와 시설의 분양】 ① 한계농지등의 정비사업 시행자가 제114조에 따라 준공검사를 받은 때에는 그 토지와 시설을 분양하거나 임대할 수 있다.
② 한계농지등의 정비사업으로 조성된 농지를 분양받을 경우에는 「농지법」 제8조를 적용하지 아니하며, 임대할 경우에는 같은 법 제23조부터 제26조까지의 규정을 적용하지 아니한다.
③ 농업인 및 어업인이 아닌 자가 제2항에 따라 취득할 수 있는 농지의 규모는 1천500제곱미터 미만으로 한다.(2015.6.22 본항개정)
제99조 【투자】 국가와 지방자치단체는 한계농지등의 효율적 보전·이용 및 정비를 위하여 농지관리기금, 지방비 등을 투자할 수 있다.
제100조 【한계농지등의 매매 등】 ① 제96조에 따라 지정된 한계농지등의 정비사업 시행자가 한계농지등 정비지구의 농지를 매입할 경우에는 「농지법」 제8조를 적용하지 아니한다.
② 한국농어촌공사는 한계농지등과 그 밖에 필요한 토지를 매입·매도하거나 제96조에 따라 개발하여 매도할 수 있다.
③ 제2항에 따라 매도할 때에는 「한국농어촌공사 및 농지관리기금법」 제18조에 따라 전업농 육성 대상자 및 농업법인을 지원할 수 있다.

제7장 마을정비구역

제101조 【마을정비계획 수립 및 마을정비구역의 지정】 ① 시·도지사는 농어촌정비사업을 종합적·계획적으로 시행하기 위하여 시장·군수·구청장의 요청을 받아 마을정비구역을 지정할 수 있다.
② 시장·군수·구청장은 제1항에 따라 마을정비구역의 지정을 요청하려면 농어촌마을정비계획(이하 "마을정비계획"이라 한다)을 수립하여 「농업·농촌 및 식품산업 기본법」 제15조에 따른 시·군·구 농업·농촌및식품산업정책심의회의 심의를 거쳐 시·도지사에게 제출하여야 한다.(2015.6.22 본항개정)
③ 마을정비계획에는 다음 각 호의 사항이 포함되어야 한다. 다만, 제10호부터 제14호까지의 사항은 필요한 경우에만 해당한다.
1. 마을정비구역의 명칭·위치와 면적
2. 마을정비구역을 둘 이상의 사업시행지구로 나누어 개발사업을 시행할 때에는 그 지구 분할에 관한 사항
3. 토지이용계획에 관한 사항
4. 제2조제10호가목 및 나목에 따른 새로운 농어촌마을의 건설 또는 기존 농어촌마을의 재개발에 관한 사항
5. 도로, 상·하수도 등 주요 기반시설의 설치에 관한 사항
6. 농어촌 주택 개량에 관한 사항
7. 농어촌경관관리에 관한 사항
8. 환경보전 계획 및 오염방지에 관한 사항
9. 마을 공동체 형성에 관한 사항
10. 농업생산기반 정비에 관한 사항
11. 농어촌 관광휴양자원 개발에 관한 사항
12. 농어촌산업 육성 및 개발에 관한 사항

13. 보건의료·교육·복지 시설의 설치에 관한 사항
14. 지역특화발전에 관한 사항
15. 사업비의 재원조달에 관한 사항
16. 사업의 시행 예정 기간
17. 사업의 시행 예정자 및 개발사업의 시행방식에 관한 사항
18. 수용 또는 사용할 토지·물권·권리의 명세서
19. 그 밖에 대통령령으로 정하는 사항
④ 시·도지사는 제1항에 따라 마을정비구역의 지정을 요청받았을 때에는 관계 행정기관의 장과 협의한 후 마을정비구역을 지정할 수 있다. 다만, 지정하려는 마을정비구역이 대통령령으로 정하는 요건에 해당하는 경우에는 농림축산식품부장관과 미리 협의하여야 한다.(2019.8.27 단서개정)
⑤ 시·도지사는 제4항에 따라 마을정비구역을 지정할 때 제3항에 따른 마을정비계획에 계획관리지역으로의 용도지역 지정 또는 변경계획이 포함되어 있을 경우에는 「국토의 계획 및 이용에 관한 법률」 제113조에 따른 지방도시계획위원회의 심의를 거쳐 마을정비구역을 지정하여야 한다.
⑥ 시·도지사는 제4항 단서에 따라 농림축산식품부장관과 마을정비구역 지정에 관하여 협의하려면 「국토의 계획 및 이용에 관한 법률」 제113조에 따른 지방도시계획위원회의 심의를 거쳐야 한다.(2019.8.27 본항개정)
⑦ 시·도지사는 마을정비구역이 지정되면 대통령령으로 정하는 사항을 고시하고, 관계 행정기관의 장 및 해당 마을정비구역을 관할하는 시장·군수·구청장에게 관계 서류의 사본을 보내야 하며 관계 서류를 받은 시장·군수·구청장은 이를 일반인이 열람하게 하여야 한다.
⑧ 마을정비구역이 지정·고시된 경우 제8조에 따른 농업생산기반 정비사업 기본계획의 수립, 제54조에 따른 생활환경정비계획의 수립, 제94조에 따른 한계농지등 정비지구의 지정·고시 등에 관하여 미리 관계 행정기관의 장과 협의한 사항은 제7항에 따라 고시된 정비계획의 내용에 따라 그 지정·수립·승인 등이 있는 것으로 본다.

제102조【마을정비구역 지정 및 마을정비계획의 변경】 마을정비계획 및 마을정비구역 지정의 변경은 제101조의 절차에 따라야 한다. 다만, 대통령령으로 정하는 경미한 사항을 변경할 때에는 제101조제2항에 따른 시·군·구 농업·농촌및식품산업정책심의회의 심의를 생략할 수 있다.(2013.3.23 단서개정)

제103조【마을정비구역 지정의 제안】 ① 제56조제1항 각 호의 어느 하나에 해당하는 자로서 마을정비구역에서 농어촌정비사업을 시행하려는 자는 마을정비계획서와 농림축산식품부령으로 정하는 마을정비사업 제안서를 작성하여 시장·군수·구청장에게 마을정비구역 지정을 제안할 수 있다.(2013.3.23 본항개정)
② 시장·군수·구청장은 제1항에 따른 제안 내용이 타당하여 마을정비계획을 수립할 때에는 제101조의 절차를 따라야 한다.
③ 시장·군수·구청장은 마을정비구역 지정의 제안자에게 마을정비계획 수립 및 마을정비구역 지정에 필요한 비용의 전부 또는 일부를 부담시킬 수 있다.

제8장 보 칙

제104조【주민 등의 의견 청취】 ① 제82조에 따른 농어촌 관광휴양단지, 제94조 또는 제95조에 따른 한계농지등 정비지구, 제101조에 따른 마을정비구역을 지정하려는 경우에는 대통령령으로 정하는 바에 따라 주민의 의견을 청취하여야 한다.
② 농어촌정비사업의 시행자는 제3장부터 제7장까지의 규정에 따라 농어촌정비사업의 계획을 세우려면 주민과 관계 전문가 등의 의견을 들어야 하고, 그 의견이 타당하다고 인정하면 농어촌정비사업의 계획에 반영하여야 한다. 다만, 국방상의 기밀사항이나 대통령령으로 정하는 경미한 사항은 의견을 듣지 아니할 수 있다.

제105조【사업지역·지구의 고시 등】 제9조에 따른 농업생산기반 정비사업 시행계획이 승인된 지역, 제82조에 따른 농어촌 관광휴양단지, 제94조 또는 제95조에 따른 한계농지등 정비지구, 제101조에 따른 마을정비구역을 지정하는 경우 그 지역·구역·단지·지구(이하 "지역·지구등"이라 한다)의 지형도면 고시, 주민 의견 청취 등에 관하여는 「토지이용규제 기본법」 제8조에 따른다.

제106조【다른 법률에 따른 지정 등의 의제】 ① 제101조에 따라 마을정비구역이 지정·고시된 경우 다음 각 호의 지정·결정·확정 등에 관하여 미리 관계 행정기관의 장과 협의한 사항은 제101조제8항에 따라 고시된 마을정비계획의 내용에 따라 그 지정·결정·확정 등이 있는 것으로 본다.
1. 「관광진흥법」 제52조에 따른 관광지와 관광단지의 지정
2. 「국토의 계획 및 이용에 관한 법률」 제36조에 따른 용도지역 중 도시지역이 아닌 지역의 계획관리지역 지정 또는 변경과 같은 법 제37조에 따른 용도지구 중 취락지구를 지정 또는 변경하는 같은 법 제30조의 도시·군관리계획 결정(계획관리지역 지정 또는 변경의 경우 같은 법 제51조제3항에 따른 요건에 해당하는 경우만 해당한다)(2011.4.14 본호개정)
3. 「국토의 계획 및 이용에 관한 법률」 제40조에 따라 수산자원보호구역을 변경하여 해제하는 같은 법 제30조에 따른 도시·군관리계획의 결정(2011.4.14 본호개정)
4. 「국토의 계획 및 이용에 관한 법률」 제51조에 따른 지구단위계획구역으로 지정하는 같은 법 제30조의 도시·군관리계획 결정(2011.4.14 본호개정)
5. 「도서개발 촉진법」 제6조에 따른 사업계획의 수립 및 같은 법 제7조에 따른 사업계획의 확정
6. 「물류시설의 개발 및 운영에 관한 법률」 제22조에 따른 물류단지의 지정
7. 「산업입지 및 개발에 관한 법률」 제8조에 따른 농공단지의 지정
② 제9조, 제58조, 제59조, 제82조, 제83조 또는 제96조에 따라 농어촌정비사업의 시행자가 농어촌정비사업의 계획 승인을 받은 경우 제4항에 따른 협의를 거친 사항은 다음 각 호의 허가, 인가, 협의, 동의, 면허, 해제, 신고 또는 승인 등(이하 "인·허가등"이라 한다)을 받은 것으로 보며, 농어촌정비사업의 계획을 고시하였을 때에는 관계 법률에 따른 인·허가등의 고시 또는 공고를 한 것으로 본다.
1. 「건축법」 제11조에 따른 건축허가, 같은 법 제14조에 따른 건축신고 및 같은 법 제20조에 따른 가설건축물 건축허가 또는 신고
2. 「골재채취법」 제22조에 따른 골재채취의 허가 및 같은 법 제32조에 따른 골재의 선별·세척 등의 신고
3. 「공유수면 관리 및 매립에 관한 법률」 제8조에 따른 공유수면의 점용·사용허가, 같은 법 제17조에 따른 점용·사용 실시계획의 승인 또는 신고, 같은 법 제28조에 따른 공유수면의 매립면허, 같은 법 제33조에 따른 매립면허의 고시, 같은 법 제35조에 따른 국가 등이 시행하는 매립의 협의 또는 승인 및 같은 법 제38조에 따른 공유수면매립실시계획의 승인·고시(2010.4.15 본호개정)
4. (2010.4.15 삭제)
5. 「공유재산 및 물품 관리법」 제20조에 따른 사용·수익의 허가
6. 「관광진흥법」 제15조에 따른 휴양 콘도미니엄 사업계획의 승인
7. 「국유재산법」 제30조에 따른 사용허가
8. 「국토의 계획 및 이용에 관한 법률」 제30조에 따른 도시·군관리계획의 결정(용도지역, 용도지구 및 용도구역의 결정 및 변경은 제외한다), 같은 법 제43조에 따른 도시·군계획시설의 설치에 관한 도시·군관리계획의 결정, 같은 법 제56조에 따른 개발행위의 허가, 같은 법 제86조에 따른 도시·군계획시설사업시행자의 지정 및 같은 법 제88조에 따른 실시계획의 인가(2011.4.14 본호개정)
9. 「농지법」 제34조제1항에 따른 농지전용의 허가 및 같은 법 제35조에 따른 농지전용의 신고
10. 「도로법」 제36조에 따른 도로관리청이 아닌 자에 대한 도로공사 시행의 허가, 같은 법 제40조에 따른 접도구역(接道區域)에서의 행위에 대한 허가, 같은 법 제61조에 따른 도로의 점용 허가 및 같은 법 제107조에 따른 도로관리청과의 협의 또는 승인(2014.1.14 본호개정)
11. 「도시개발법」 제11조에 따른 도시개발사업 시행자 지정 및 같은 법 제17조에 따른 도시개발사업실시계획의 인가
12. 「문화유산의 보존 및 활용에 관한 법률」 제35조제1항제1호·제2호에 따른 허가 및 같은 법 제66조 단서(「자연유산의 보존 및 활용에 관한 법률」 제63조에 따라 준용하는 경우를 포함한다)에 따른 국유지 사용허가와 「자연유산의 보존 및 활용에 관한 법률」 제17조제1항제1호·제2호·제4호 및 제5호에 따른 허가(2023.8.8 본호개정)
13. 「사도법」 제4조에 따른 사도(私道)의 개설 허가
14. 「사방사업법」 제14조에 따른 벌채 등의 허가 및 같은 법 제20조에 따른 사방지(砂防地) 지정의 해제
15. 「산림자원의 조성 및 관리에 관한 법률」 제36조제1항·제5항에 따른 입목벌채등의 허가·신고 및 「산림보호법」 제9조제1항 및 제2항제1호·제2호에 따른 산림보호구역(산림유전자원보호구역은 제외한다)에서의 행위의 허가·신고(2022.12.27 본호개정)
16. 「산업입지 및 개발에 관한 법률」 제12조에 따른 산업단지에서의 토지형질변경 등의 허가
17. 「산지관리법」 제6조에 따른 보전산지의 변경·해제, 같은 법 제11조에 따른 산지전용·일시사용제한지역 지정의 해제, 같은 법 제14조에 따른 산지전용허가, 같은 법 제15조에 따른 산지전용신고, 같은 법 제15조의2에 따른 산지일시사용허가·신고 및 같은 법 제25조에 따른 토석채취허가(2012.2.22 본호개정)
18. 「소방시설 설치 및 관리에 관한 법률」 제6조에 따른 건축허가등의 동의(2021.11.30 본호개정)
19. 「소하천정비법」 제10조에 따른 소하천공사의 시행허가 및 같은 법 제14조에 따른 소하천점용 등의 허가
20. 「수도법」 제17조에 따른 일반수도사업의 인가 및 같은 법 제52조에 따른 전용수도사업의 인가
21. 「수산자원관리법」 제47조제2항에 따른 보호수면구역에서의 공사 시행의 승인(2012.2.17 본호개정)
22. 「자연공원법」 제23조에 따른 공원구역에서의 행위허가
22의2. 「자연유산의 보존 및 활용에 관한 법률」 제17조제1항에 따른 허가(2023.3.21 본호신설)
23. 「장사 등에 관한 법률」 제27조에 따른 무연분묘(無緣墳墓)의 개장(改葬) 허가
24. 「전기사업법」 제61조에 따른 전기사업용전기설비의 공사계획 인가 또는 신고 및 「전기안전관리법」 제8조에 따른 자가용전기설비의 공사계획 인가 또는 신고(2020.3.31 본호개정)
25. 「주택법」 제15조에 따른 사업계획의 승인(2016.1.19 본호개정)
26. 「청소년활동 진흥법」 제11조에 따른 청소년 수련시설의 설치·운영의 허가(2014.1.21 본호개정)
27. 「체육시설의 설치·이용에 관한 법률」 제12조에 따른 사업계획의 승인
28. 「초지법」 제21조의2에 따른 토지의 형질변경 등의 허가와 같은 법 제23조에 따른 초지전용 허가·신고 또는 협의
29. 「공간정보의 구축 및 관리 등에 관한 법률」 제15조제4항에 따른 지도등의 간행 심사 및 같은 법 제86조제1항에 따른 사업의 시작·변경 또는 완료의 신고(2021.7.20 본호개정)
30. 「폐기물관리법」 제29조에 따른 폐기물처리시설의 설치 승인 또는 신고
31. 「하수도법」 제6조·제11조·제16조·제24조·제27조 및 제34조에 따른 하수도정비기본계획의 협의·승인, 공공하수도 설치인가, 공사시행 허가, 점용허가, 배수설비의 설치신고 및 개인하수처리시설의 설치신고
32. 「하천법」 제6조에 따른 하천관리청과의 협의 또는 승인, 같은 법 제30조에 따른 하천공사 시행의 허가, 같은 법 제33조에 따른 하천의 점용허가, 같은 법 제38조에 따른 홍수관리구역에서의 행위허가, 같은 법 제50조에 따른 하천수의 사용허가 및 같은 법 제85조에 따른 폐천부지등의 양여
③ 제85조제1항에 따라 농어촌관광휴양지사업을 경영하려는 자가 시장·군수·구청장에게 농어촌관광휴양지사업자 신고를 한 경우 제4항에 따른 협의를 거친 사항은 다음 각 호의 신고를 한 것으로 본다.(2023.7.25 본문개정)
1. 「체육시설의 설치·이용에 관한 법률」에 따른 신고 체육시설업으로서 대통령령으로 정하는 영업의 신고
2. 「공중위생관리법」에 따른 숙박업이나 목욕장업의 신고
3. 「식품위생법」에 따른 식품접객업 중 대통령령으로 정하는 영업의 신고
④ 농림축산식품부장관·해양수산부장관이나 지방자치단체의 장이 농어촌정비사업의 시행계획을 세우거나 승인할 경우 또는 시장·군수·구청장이 농어촌관광휴양지사업자 신고를 수리할 경우에 제1항 각 호, 제2항 각 호 또는 제3항 각 호에 해당하는 내용이 포함되어 있으면 관계 행정기관의 장과 미리 협의하여야 한다.(2018.12.24 본항개정)
⑤ 관계 행정기관의 장은 제4항에 따른 협의를 요청받은 날부터 30일 이내에 의견을 제출하여야 한다. 다만, 부득이한 사유가 있는 경우에는 그 기간을 10일의 범위에서 연장할 수 있다.(2018.12.24 본항신설)
⑥ 제1항부터 제5항까지에서 규정한 사항 외에 이 조에 따른 의제의 기준 및 효과 등에 관하여는 「행정기본법」 제24조부터 제26조까지를 준용한다.(2023.7.25 본항신설)
(2023.7.25 본조제목개정)

제107조【다른 법령의 적용 특례】 이 법에 따른 농어촌정비사업을 시행할 경우에는 다음 각 호의 사항은 적용하지 아니한다.
1. 「농어촌도로 정비법」 제5조부터 제7조까지의 규정에 따른 도로의 정비, 도로기본계획의 수립 및 도로정비계획의 수립
2. 「하천법」 제37조 및 제50조에 따른 점용료등의 징수
3. 「도로법」 제66조에 따른 점용료의 징수(2014.1.14 본호개정)

제108조【자금지원】 ① 관계 중앙행정기관의 장과 지방자치단체의 장은 농어촌정비사업을 효율적으로 추진할 수 있도록 하기 위하여 필요한 사업비를 예산에 계상(計上)하여야 한다.
② 국가와 지방자치단체는 이 법에 따른 농어촌정비사업에 필요한 자금의 전부 또는 일부를 보조하거나 융자할 수 있다.(2023.3.28 본항개정)
③ 농어촌정비사업의 시행자는 사업 시행을 위탁한 경우 필요하다고 인정하면 제2항에 따라 지원받은 자금의 전부 또는 일부를 사업을 끝내기 전이라도 위탁 사업자에게 줄 수 있다.
④ 국가와 지방자치단체는 제56조제1항제2호 및 제3호의 사업시행자가 제2조제10호가목 및 나목에 따른 새로운 농어촌마을을 건설사업 또는 기존 농어촌마을의 재개발사업을 시행하는 데 필요한 자금의 전부 또는 일부를 보조할 경우, 사업 시행기간 내에 보조 대상 사업을 완료하지 못할 특별한 사유가 있거나 사업 목적 달성을 위하여 필요한 경우에는, 사업시행자와 계약을 체결하여 보조 대상 사업을 사업시행자 부담으로 시행하고, 그 비용을 사후에 상환할 수 있다.
⑤ 제4항에 따른 보조 대상 사업 비용의 상환방법과 절차 등에 필요한 사항은 대통령령으로 정한다.

제109조【권한의 위임과 위탁】 ① 이 법에 따른 농림축산식품부장관 또는 해양수산부장관의 권한은 대통령령으로 정하는 바에 따라 그 일부를 시·도지사에게 위임

하거나 한국농어촌공사 등 농림수산 관련 단체 및 자격검정 등을 목적으로 설립된 법인에 위탁할 수 있다.
② 시·도지사는 제1항에 따라 위임받은 권한의 일부를 농림축산식품부장관 또는 해양수산부장관의 승인을 받아 시장·군수·구청장에게 재위임할 수 있다.
(2013.3.23 본조개정)

제110조【토지 등의 수용】 ① 농어촌정비사업에 필요한 토지, 건축물과 부속토지는 협의매수하는 것을 원칙으로 한다.
② 농어촌정비사업의 시행자(사업시행자가 제10조에 따른 토지 소유자와 제56조에 따른 마을정비조합이나 주택의 소유자 등 민간인 경우는 제외한다)는 농어촌정비사업을 시행하기 위하여 필요하면 사업시행 지역에 있는 토지나 물건을 수용·사용 또는 제거하거나 변경할 수 있다.
③ 농어촌정비사업을 위하여 토지의 일부가 수용되거나 사용됨으로 인하여 잔여지(殘餘地 : 남은 자투리땅)를 종래의 목적에 사용할 수 없을 경우 그 토지의 소유자는 농어촌정비사업의 시행자에게 잔여지를 수용하거나 사용할 것을 청구할 수 있다.
④ 수용의 대상이 되는 토지 등의 세목을 포함하는 농어촌정비사업의 기본계획 또는 시행계획을 고시한 경우에는 「공익사업을 위한 토지 등의 취득 및 보상에 관한 법률」 제20조제1항 및 같은 법 제22조에 따른 사업인정 및 사업인정의 고시가 있은 것으로 보며, 재결(裁決)의 신청은 같은 법 제23조제1항 및 제28조제1항에도 불구하고 사업 시행기간에 하여야 한다.
⑤ 농어촌정비사업의 시행자는 제2항에 따라 토지나 물건을 제거하거나 변경한 경우에 그 행위로 인하여 손실을 본 자가 있으면 정당한 보상을 하여야 한다.
⑥ 제2항과 제3항에 따른 수용·사용·제거 또는 변경에 관하여는 이 법에 특별한 규정이 있는 경우를 제외하고는 「공익사업을 위한 토지 등의 취득 및 보상에 관한 법률」을 준용한다.(2016.12.27 본항개정)
⑦ 농어촌정비사업에 필요한 연안해수면에 대하여는 제1항·제2항 및 제5항을 준용한다. 다만, 제1항 중 "협의매수"는 "보상"으로 본다.(2020.2.11 본문개정)

제110조의2【저수지 축조 등에 따른 피해주민 지원】
① 농업생산기반 정비사업 시행자는 수몰이주민(저수지 축조·개수 또는 보수의 농업생산기반 정비사업 시행으로 생활의 근거를 상실하게 되는 자로서 「공익사업을 위한 토지 등의 취득 및 보상에 관한 법률」 제78조제1항에 따른 이주대책대상자를 말한다) 중 이주정착지에 이주하지 아니하는 자와 그 밖에 대통령령으로 정하는 자에게 이주정착지원금 및 생활안정지원금을 지급할 수 있다.
② 제1항에 따른 지원금의 산정기준, 신청절차 및 지급방법에 필요한 사항은 대통령령으로 정한다.
(2011.11.14 본조신설)

제110조의3【구분지상권의 설정등기 등】 ① 농업생산기반 정비사업 시행자는 사업시행지역 내의 토지 등 소유자로부터 해당 토지의 지상 또는 지하 공간의 사용에 관하여 구분지상권을 설정받거나 이전받는 내용으로 협의할 수 있고, 이에 기초하여 구분지상권을 설정받거나 이전받을 수 있다.
② 농업생산기반 정비사업 시행자는 「공익사업을 위한 토지 등의 취득 및 보상에 관한 법률」에 따라 구분지상권을 설정받거나 이전받는 내용으로 수용 또는 사용의 재결을 받은 경우에는 「부동산등기법」 제99조를 준용하여 단독으로 그 구분지상권의 설정등기 또는 이전등기를 신청할 수 있다.
③ 토지의 지상 또는 지하 공간 사용에 따른 구분지상권의 등기절차에 관하여 필요한 사항은 대법원규칙으로 정한다.
④ 제1항과 제2항에 따른 구분지상권의 존속기간은 「민법」 제280조 및 제281조에도 불구하고 농업생산기반시설이 존속하는 날까지로 한다.
(2016.12.27 본조신설)

제111조【마을정비구역 등에서의 행위 등의 제한】 ① 지역·지구등에서 건축물의 건축, 인공구조물의 설치, 토지의 형질변경, 토석의 채취, 토지분할, 물건을 쌓아 놓는 행위 등 대통령령으로 정하는 행위를 하려는 자는 시장·군수·구청장의 허가를 받아야 한다. 허가받은 사항을 변경하려는 때에도 또한 같다.(2020.2.11 전단개정)
② 다음 각 호의 어느 하나에 해당하는 행위는 제1항에도 불구하고 허가를 받지 아니하고 할 수 있다.
1. 재해복구 또는 재난수습에 필요한 응급조치를 위하여 하는 행위
2. 그 밖에 대통령령으로 정하는 행위
③ 제1항에 따라 허가를 받아야 하는 행위로서 지역·지구등 지정 및 고시 당시 이미 관계 법령에 따라 행위허가를 받았거나 허가를 받을 필요가 없는 행위에 관하여 공사 또는 사업을 시작한 자는 대통령령으로 정하는 바에 따라 시장·군수·구청장에게 신고한 후 그 공사 또는 사업을 계속 할 수 있다.(2020.2.11 본항개정)
④ 시장·군수·구청장은 제1항을 위반한 자에 대하여 원상회복을 명할 수 있다. 이 경우 명령을 받은 자가 그 의무를 이행하지 아니하면 시장·군수·구청장은 「행정대집행법」에 따라 이를 대집행할 수 있다.
⑤ 제1항에 따른 허가에 관하여 이 법에서 규정한 것을 제외하고는 「국토의 계획 및 이용에 관한 법률」 제57조부터 제60조까지 및 제62조를 준용한다.(2020.2.11 본항개정)
⑥ 제1항에 따라 허가를 받은 경우에는 「국토의 계획 및 이용에 관한 법률」 제56조에 따라 허가를 받은 것으로 본다.

제112조【국공유지의 양여 등】 ① 농림축산식품부장관 또는 해양수산부장관은 농어촌정비사업을 시행하기 위하여 국공유(國公有)의 도로, 관개용수로(灌漑用水路), 배수로, 제방(둑), 구거(도랑), 저수지 및 하천부지의 전부 또는 일부를 폐지할 필요가 있다고 인정하면 「국유재산법」, 「공유재산 및 물품 관리법」, 「도로법」 및 「하천법」에도 불구하고 대통령령으로 정하는 바에 따라 그 국공유지를 농어촌정비사업 지역의 토지 소유자나 사업시행자에게 무상으로 양여할 수 있다.(2013.3.23 본항개정)
② 농어촌정비사업 지역의 토지 소유자나 사업 시행자는 농어촌정비사업 시행으로 인하여 제1항에 따라 무상으로 양여받은 국공유지의 용도를 대신할 새로운 시설의 토지〔새로 건설된 도로, 관개용수로, 배수로, 제방(둑), 구거(도랑), 저수지, 하천부지 등을 의미한다〕를 무상으로 국가나 지방자치단체에 증여할 수 있다.
③ 농어촌정비사업 지역의 국유인 일반재산 및 공유인 일반재산은 「국유재산법」, 「공유재산 및 물품 관리법」 및 「국유림의 경영 및 관리에 관한 법률」에도 불구하고 농어촌정비사업 시행자에게 수의계약으로 매각할 수 있다.

제113조【선수금】 농어촌정비사업 시행자는 그가 개발하는 토지나 시설물을 분양하거나 이용하려는 자에게 대통령령으로 정하는 바에 따라 대금의 전부 또는 일부를 미리 받을 수 있다.

제114조【준공검사 및 준공인가】 ① 농어촌정비사업 시행자가 농어촌정비사업을 마친 경우에는 지체 없이 대통령령으로 정하는 바에 따라 농어촌정비사업의 시행·사업계획 승인권자에게 준공인가를 신청하여야 한다. 다만, 농어촌정비사업을 효율적으로 추진하기 위하여 필요한 경우에는 그 농어촌정비사업이 전부 끝나기 전이라도 완공된 부분만 준공인가를 신청할 수 있다.(2016.12.27 본항개정)
② 제1항에 따라 준공인가 신청을 받은 농어촌정비사업의 시행·사업계획 승인권자는 지체 없이 준공검사를 하여야 한다.(2016.12.27 본항신설)
③ 농어촌정비사업의 시행·사업계획 승인권자는 제2항에 따른 준공검사를 한 후 그 공사가 시행·사업계획의 승인된 내용대로 시행되었다고 인정하는 경우에는 지체 없이 준공인가를 하고 이를 고시한 후 농어촌정비사업의 시행자에게 알려야 하며, 시행·사업계획의 승인된 내용대로 완료되지 아니한 경우에는 지체 없이 보완 시공 등 필요한 조치를 명하여야 한다.(2016.12.27 본항개정)
④ 농어촌정비사업의 시행자가 제3항에 따른 준공인가를 받은 때에는 제106조제1항 각 호와 제2항 각 호에 따라 농어촌정비사업의 계획 승인으로 의제되는 인·허가 등에 따른 해당 사업의 준공검사 또는 준공인가 등을 받은 것으로 본다. 이 경우 의제되는 인·허가 등에 따른 해당 사업의 관계 행정기관의 장은 농어촌정비사업의 시행·사업계획 승인권자에게 해당 준공검사에 참여시켜 줄 것을 요청할 수 있다.(2016.12.27 본항신설)
⑤ 농어촌정비사업의 시행자는 농어촌정비사업의 시행으로 새로 설치하는 공공시설에 대하여 농어촌정비사업의 준공검사 전에 그 종류와 세부 목록을 해당 공공시설을 관리할 관리청에 각각 통지하여야 하며, 해당 공공시설은 그 사업이 준공되어 관리청에 준공인가 통지를 한 때에 해당 공공시설을 관리할 국가 또는 지방자치단체에 귀속된 것으로 본다.(2016.12.27 본항신설)
⑥ 농어촌정비사업의 시행·사업계획 승인권자는 준공검사 업무를 효율적으로 수행하기 위하여 필요하면 대통령령으로 정하는 바에 따라 제1항에 따른 준공검사 업무의 전부 또는 일부를 지방자치단체의 장에게 위임하거나 대통령령으로 정하는 전문 검사기술을 가진 자에게 위탁할 수 있다.
(2016.12.27 본조제목개정)

제115조【측량·설계·공사감리 등의 위탁】 ① 농어촌정비사업의 시행자는 농어촌정비사업을 시행하기 위하여 필요하면 측량·설계 및 공사감리를 한국농어촌공사 등 농어촌 정비업무와 관련 있는 자 중에서 대통령령으로 정하는 자에게 위탁할 수 있다.
② 농업생산기반시설관리자는 안전관리를 시행하기 위하여 안전점검 및 정밀안전진단을 한국농어촌공사 등 대통령령으로 정하는 자에게 위탁할 수 있다.
③ 농어촌정비사업의 시행자와 농업생산기반시설관리자는 필요하면 제1항과 제2항에 따른 측량·설계·공사감리·안전점검 및 정밀안전진단을 위탁한 자에게 필요한 보고를 하게 하거나 자료 제출을 요구할 수 있다.
④ 제1항과 제2항에 따른 위탁의 요율(料率) 및 대가기준은 사업의 종류와 공사의 내용을 고려하여 농림축산식품부령 또는 해양수산부령으로 정한다.(2013.3.23 본항개정)

제116조【허가 취소 등】 ① 농림축산식품부장관 또는 해양수산부장관과 지방자치단체의 장은 이 법에 따른 농어촌정비사업의 시행자가 다음 각 호의 어느 하나에 해당하면 농림축산식품부령 또는 해양수산부령으로 정하는 바에 따라 이 법에 따른 인가·허가·승인 또는 지정을 취소하거나 공사의 중지, 물건의 개축·변경·이전·제거·원상회복의 조치를 명하거나 그 밖에 필요한 처분을 할 수 있다. 다만, 제1호 또는 제2호에 해당하는 경우에는 인가·허가·승인 또는 지정을 취소하여야 한다.
(2013.3.23 본문개정)
1. 거짓이나 그 밖의 부정한 방법으로 다음 각 목의 어느 하나에 해당하는 인가·허가·승인 또는 지정을 받은 경우
가. 제26조제1항·제43조제2항·제57조제1항에 따른 인가
나. 제23조제1항·제111조제1항에 따른 허가
(2016.12.27 본목개정)
다. 제9조제7항·제14조제2항·제24조제1항·제54조제1항·제57조제2항·제59조제2항·제78조제1항·제82조제2항·제83조제2항 또는 제96조제2항에 따른 승인(2016.12.27 본목개정)
라. 제95조제2항·제101조제4항에 따른 지정
2. 사정이 바뀌어 농어촌정비사업을 계속 시행하기가 불가능하거나 현저히 공익을 해칠 우려가 있다고 인정하는 경우
3. 제9조제8항·제61조·제82조제2항·제83조제2항 또는 제96조제2항에 따른 승인을 받지 아니하고 시행계획이나 사업계획을 변경한 경우
② 농림축산식품부장관 또는 해양수산부장관과 지방자치단체의 장은 제1항에 따라 조치를 명하거나 처분을 한 경우에는 대통령령으로 정하는 바에 따라 고시하고, 지방자치단체의 장은 중요 사항을 농림축산식품부장관 또는 해양수산부장관에게 보고하여야 한다.(2013.3.23 본항개정)
③ 제1항에 따른 허가 취소 등에 관한 세부 기준은 그 처분의 사유와 위반의 정도 등을 고려하여 농림축산식품부령 또는 해양수산부령으로 정한다.(2013.3.23 본항개정)

제117조【지정 해제】 ① 지역·지구등은 다음 각 호의 어느 하나에 해당하는 날의 다음 날에 해제된 것으로 본다.
1. 제101조에 따른 마을정비구역이 지정·고시된 날부터 1년이 되는 날까지 제59조에 따른 생활환경정비사업 시행계획 승인을 신청하지 아니하는 경우에는 1년이 되는 날
2. 제82조에 따른 농어촌 관광휴양단지와 제94조에 따른 한계농지등 정비지구의 고시가 있는 날부터 2년이 되는 날까지 사업 시행을 하지 아니하는 경우에는 2년이 되는 날
3. 지역·지구등에서의 해당 사업이 완료된 날
② 제1항제1호에 따라 마을정비구역의 지정이 해제된 경우로서 제106조제1항 각 호에 따른 지정·결정·확정 등이 있으면 해당 마을정비구역 지정 전의 상태로 환원 또는 폐지된 것으로 본다.
③ 지역·지구등의 지정권자는 제1항에 따라 지역·지구등의 지정이 해제되면 대통령령으로 정하는 바에 따라 이를 고시하고 관계 행정기관의 장에게 통보하여야 하며, 시장·군수·구청장은 관계 서류를 일반인에게 열람하도록 하여야 한다. 이 경우 해제에 따른 지형도면 고시, 주민 의견 청취 등에 관하여는 「토지이용규제 기본법」 제8조에 따른다.

제118조【청문】 농림축산식품부장관·해양수산부장관과 지방자치단체의 장은 다음 각 호의 어느 하나에 해당하는 처분을 하려면 청문을 하여야 한다.(2013.3.23 본문개정)
1. 제30조제1항에 따른 환지사 자격의 취소 및 3년 이내의 업무 정지(2019.12.10 본호개정)
2. 제32조에 따른 환지 업무 대행법인의 등록 취소 및 3년 이내의 업무정지(2012.2.17 본호개정)
3. 제57조제1항에 따른 마을정비조합의 설립인가의 취소
4. 제65조의5제1항에 따른 특정빈집 소유자에 대한 철거 명령(2020.2.11 본호개정)
5. 제75조제5항에 따른 농어촌산업 육성 지원기구의 지정취소
6. 제89조에 따른 농어촌관광휴양지사업이나 농어촌민박사업의 사업장 폐쇄명령 및 6개월 이내의 사업정지
(2012.2.17 본호개정)
7. 제116조에 따른 인가·허가·승인 또는 지정의 취소, 공사의 중지, 물건의 개축·변경·이전·제거·원상회복 조치(2012.2.17 본호개정)

제119조【보고 및 출입·검사】 ① 지방자치단체의 장은 농어촌정비사업 추진 상황을 정기적으로 농림축산식품부장관 또는 해양수산부장관에게 보고하여야 한다.
(2013.3.23 본항개정)
② 농림축산식품부장관 또는 해양수산부장관과 지방자치단체의 장은 이 법 시행에 필요하면 농어촌정비사업의 시행자에게 필요한 보고를 하게 하거나 자료를 제출하도록 명할 수 있으며, 소속 공무원에게 사업에 관한 업무를 검사하게 할 수 있다.(2013.3.23 본항개정)
③ 시장·군수·구청장은 농어촌민박사업자의 사업장에 제86조의4에 따라 설치가 금지되는 카메라나 그 밖에 이와 유사한 기능을 갖춘 기계장치가 설치되었는지를 검사할 수 있다. 이 경우 농어촌민박사업자는 특별한 사정이 없으면 검사에 따라야 한다.(2021.4.13 본항신설)
④ 제3항의 경우에 시장·군수·구청장은 관할 경찰관서의 장에게 협조를 요청할 수 있다.(2021.4.13 본항신설)
⑤ 제3항의 경우에 시장·군수·구청장은 사업장에 대하여 검사 결과에 대한 확인증을 발급할 수 있다.(2021.4.13 본항신설)

⑥ 제2항 및 제3항에 따라 검사를 하는 공무원은 그 권한을 표시하는 증표를 지니고 이를 관계인에게 보여 주어야 한다.(2021.4.13 본항개정)
(2021.4.13 본조제목개정)

제120조【측량·검사 또는 서류 등 열람】 ① 다음 각 호에 해당하는 자가 농어촌정비사업에 관하여 토지 등을 조사하기 위하여 필요한 경우에는 타인의 토지 등에 들어가서 측량하거나 검사할 수 있다. 다만, 토지와 연안해수면의 점유자(「수산업법」 제7조제1항 또는 「양식산업발전법」 제10조제1항에 따른 면허를 받은 자를 포함한다)에게 미리 알려야 한다.(2022.1.11 단서개정)
1. 국가·지방자치단체 공무원
2. 한국농어촌공사의 임직원
3. 「수산업협동조합법」에 따른 조합, 중앙회 및 어촌계의 임직원이나 그 위탁을 받은 자
4. 환지 업무를 수행하는 자임을 증명하는 자

② 제1항에 따른 통지를 할 수 없는 경우에는 농림축산식품부령 또는 해양수산부령으로 정하는 바에 따라 그 사실을 공고하여야 한다.(2013.3.23 본항개정)
③ 제1항에 따른 행위로 손실이 생겼을 때에는 농어촌정비사업의 시행자는 일반적으로 생길 손실을 보상하여야 한다.(2020.2.11 본항개정)
④ 제1항 각 호에 해당하는 자는 해당 사업에 관한 토지 및 연안해수면을 관할하는 등기소, 세무관서 또는 시·군·구·읍·면·동의 사무소에서 필요한 서류, 장부 또는 도면을 무료로 열람 또는 복사하거나 등본·등기사항증명서를 발급하여 줄 것을 청구할 수 있다.(2020.2.11 본항개정)
⑤ 제4항에 따라 도서의 열람이나 복사 또는 등본·등기사항증명서의 발급 청구를 받은 때에는 해당 관서는 지체 없이 이에 따라야 한다.(2020.2.11 본항개정)

제121조【토지 이동의 신청 특례】 ① 환지 처분에 뒤따라 생기는 토지 이동(異動) 등에 관하여는 「공간정보의 구축 및 관리 등에 관한 법률」 제78조부터 제81조까지의 규정을 적용하지 아니한다. 다만, 농어촌정비사업의 시행자는 환지 처분이 뒤따르는 농어촌정비사업에 관한 공사를 시행하는 경우에는 그 공사 준공 후 지체 없이 확정측량을 하고 분할 절차를 밟아야 하며, 토지분할에 관하여는 「공간정보의 구축 및 관리 등에 관한 법률」 제26조를 적용한다.(2014.6.3 본항개정)
② 농어촌정비사업의 시행으로 토지의 이동이 있는 때에는 그 정비사업의 시행자가 시장·군수에게 신고하여야 한다.(2016.12.2 본항개정)

제122조【다른 등기의 정지】 농림축산식품부장관·해양수산부장관 또는 시·도지사가 농어촌정비사업에 관한 환지계획, 교환·분할·합병계획을 인가하여 고시한 후에는 사업시행지역 토지와 연안해수면은 농어촌정비사업에 따른 등기 또는 등록을 한 후가 아니면 다른 등기나 등록을 하지 못한다. 다만, 등기나 등록을 한 신청인이 확정일부(確定日附)가 있는 서류로써 환지계획, 교환·분할·합병계획 인가고시 전에 등기 또는 등록 원인이 발생한 사실을 증명하였을 경우에는 예외로 한다.
(2020.2.11 본문개정)

제123조【농어촌정비사업의 심의】 농어촌 정비 종합계획 및 그 밖의 농어촌정비에 관한 중요한 사항은 「농업·농촌 및 식품산업 기본법」 제15조에 따른 중앙 농업·농촌및식품산업정책심의회 또는 「수산업·어촌 발전 기본법」 제8조에 따른 중앙 수산업·어촌정책심의회의 심의를 거쳐야 한다.(2015.6.22 본조개정)

제124조【부처 간 협조체제 유지】 ① 중앙행정기관의 장과 지방자치단체의 장은 농어촌정비사업 시행계획 중 소관 업무와 관련되는 사업에 대하여 우선적으로 시행될 수 있도록 지원한다.
② 농림축산식품부장관 또는 해양수산부장관은 농어촌 구조개선을 위한 각종 사업이 마을정비구역에 우선적으로 연계 투자될 수 있도록 지원한다.(2013.3.23 본항개정)

제125조【농어촌 정비협약】 ① 농림축산식품부장관·해양수산부장관, 관계 중앙행정기관의 장 및 지방자치단체의 장은 상호 간에 농어촌정비사업이 농어촌지역에서의 교육·의료·교통·문화 및 환경 등 개발업무와 연계 추진될 수 있도록 농어촌 정비에 관한 협약을 체결할 수 있다.(2013.3.23 본항개정)
② 국가 및 지방자치단체는 농어촌 정비협약에 따른 사업을 추진하기 위하여 필요한 예산 지원을 위하여 노력하여야 한다.

제126조【수리계】 ① 시장·군수·구청장은 「한국농어촌공사 및 농지관리기금법」 제11조에 따른 공사관리지역 밖의 농업생산기반시설의 유지·관리를 위하여 필요하다고 인정하면 그 농업생산기반시설의 이용자를 계원으로 하는 수리계를 조직·운영하고 농업생산기반시설의 유지·관리업무를 위탁할 수 있다.
② 수리계의 조직과 운영에 필요한 사항은 농림축산식품부령으로 정하는 기준에 따라 시·군 또는 광역시 자치구의 조례로 정한다.(2013.3.23 본항개정)
③ 수리계는 시장·군수·구청장의 인가를 받아 계원으로부터 농업생산기반시설의 유지·관리를 위한 경비를 징수할 수 있다.
④ 수리계는 제3항에 따른 경비를 체납한 자가 있으면 대통령령으로 정하는 바에 따라 관할 시장·군수·구청장에게 징수를 의뢰할 수 있다. 이 경우 수리계는 대통령령으로 정하는 수수료를 해당 시장·군수·구청장에게 내야 한다.
⑤ 시장·군수·구청장은 제4항에 따라 경비 징수를 의뢰받으면 지방세 체납처분의 예에 따라 징수할 수 있다.
⑥ 국가나 지방자치단체는 예산의 범위에서 농업생산기반시설의 유지·관리 등 수리계의 운영에 필요한 비용의 전부 또는 일부를 수리계에 보조할 수 있다.

제127조【무단점용료의 징수】 ① 농업생산기반시설관리자는 농업생산기반시설의 사용허가를 받지 아니하고 농업생산기반시설을 점유하거나 사용한 자(사용허가기간이 끝난 후 다시 사용허가를 받지 아니하고 농업생산기반시설을 계속 점유하거나 사용한 자를 포함한다)에 대하여는 대통령령으로 정하는 바에 따라 무단점용료를 징수한다.(2016.12.27 본항개정)
② 제1항에 따른 무단점용료를 기한까지 납부하지 아니하면 대통령령으로 정하는 바에 따라 연체료를 징수할 수 있다.
③ 제1항과 제2항에 따른 무단점용료나 연체료는 농업생산기반시설관리자에게 귀속하며, 그 대금의 사용범위는 대통령령으로 정한다.
④ 제1항의 무단점용료는 대통령령으로 정하는 바에 따라 분할납부하게 할 수 있다.
⑤ 제1항과 제2항에 따른 무단점용료나 연체료를 기한까지 납부하지 아니하면 농업생산기반시설관리자가 직접 또는 지방자치단체의 장에게 요청하여 지방세 체납처분의 예에 따라 징수할 수 있다.

제128조【불법시설물의 철거】 ① 농업생산기반시설관리자는 직접 또는 지방자치단체의 장에게 요청하여 농업생산기반시설을 정당한 사유 없이 점유하거나 설치한 시설물에 대하여 원상회복을 명령할 수 있다.
② 국가 또는 지방자치단체의 장은 제1항에 따른 명령을 받은 자가 그 명령을 이행하지 아니할 때에는 「행정대집행법」에 따라 대집행을 할 수 있다.

제129조【벌칙 적용에서 공무원 의제】 제109조제1항, 제114조제6항, 제115조제1항 및 제2항에 따라 위탁받은 업무에 종사하는 관련기관 및 단체 등의 임직원은 「형법」 제129조부터 제132조까지의 규정에 따른 벌칙을 적용할 때에는 공무원으로 본다.(2020.2.11 본조개정)

제9장 벌 칙

제130조【벌칙】 ① 다음 각 호의 어느 하나에 해당하는 자는 5년 이하의 징역 또는 5천만원 이하의 벌금에 처한다.
(2014.10.15 본문개정)
1. 제18조제3항제1호를 위반하여 농업생산기반시설의 구조상 주요 부분을 손괴하여 그 본래의 목적 또는 사용에 지장을 준 자
2. 제18조제3항제2호를 위반하여 농업생산기반시설관리자의 허락 없이 수문을 조작하거나 용수를 인수함으로써 농어촌용수의 이용·관리에 지장을 준 자
3. 제64조의5제4항을 위반하여 자료 또는 정보를 사용·제공 또는 누설한 자(2020.2.11 본호신설)

② 제70조를 위반하여 조성용지를 전매한 자는 3년 이하의 징역 또는 1억원 이하의 벌금에 처한다.
③ 제18조제3항제3호를 위반하여 농업생산기반시설을 불법으로 점용하거나 사용한 자는 2년 이하의 징역 또는 2천만원 이하의 벌금에 처한다.(2014.10.15 본항개정)
④ 다음 각 호의 어느 하나에 해당하는 자는 1년 이하의 징역 또는 1천만원 이하의 벌금에 처한다.
1. 제28조제3항을 위반하여 다른 사람에게 환지사의 명의를 사용하게 하거나 그 자격증을 대여한 자(2019.12.10 본호신설)
2. 제28조제4항을 위반하여 환지사의 명의를 사용하거나 그 자격증을 대여받은 자 또는 명의의 사용이나 자격증의 대여를 알선한 자(2019.12.10 본호신설)
3. 제85조제2항 전단에 따른 신고를 하지 아니하고 농어촌관광휴양지사업을 한 자
4. 거짓이나 그 밖의 부정한 방법으로 제85조제2항 전단 또는 제86조제1항 전단에 따른 신고를 하고 농어촌관광휴양지사업을 하거나 농어촌민박사업을 한 자
(2019.1.15 본호개정)
5. 제86조제3항제2호에 따라 임차한 주택에서 농어촌민박을 적법하게 신고하고 2년 이상 계속해서 농어촌민박사업을 운영하지 아니한 자(2020.2.11 본호신설)
6. 제86조의3을 위반하여 농어촌민박사업장임을 나타내는 표시 또는 이와 유사한 표시를 한 자(2021.4.13 본호신설)
7. 제87조에 따른 농어촌관광휴양지사업을 양도·양수 후 신고를 하지 아니한 자
8. 제89조제1항에 따른 사업정지명령을 받고도 그 기간 중에 사업을 하거나 사업장 폐쇄명령을 받고도 계속하여 사업을 한 자
9. 제89조제5항에 따라 관계 공무원이 붙인 게시물·봉인 등을 정당한 사유 없이 제거하거나 손상한 자
(2020.2.11 본호개정)
10. 허가나 변경허가를 받지 아니하고 제111조제1항에 해당하는 행위를 한 자

제131조【양벌규정】 법인의 대표자나 법인 또는 개인의 대리인, 사용인, 그 밖의 종업원이 그 법인 또는 개인의 업무에 관하여 제130조의 위반행위를 하면 그 행위자를 벌하는 외에 그 법인 또는 개인에게도 해당 조문의 벌금형을 과(科)한다. 다만, 법인 또는 개인이 그 위반행위를 방지하기 위하여 해당 업무에 관하여 상당한 주의와 감독을 게을리하지 아니한 경우에는 그러하지 아니하다.

제132조【과태료】 ① 다음 각 호의 어느 하나에 해당하는 자에게는 100만원 이하의 과태료를 부과한다.
1. 제85조제2항 후단 또는 제86조제1항 후단을 위반하여 변경신고를 하지 아니하고 농어촌관광휴양지사업을 하거나 농어촌민박사업을 한 자(2019.1.15 본호개정)
2. 거짓이나 그 밖의 부정한 방법으로 제85조제2항 후단 또는 제86조제1항 후단에 따른 변경신고를 하고 농어촌관광휴양지사업을 하거나 농어촌민박사업을 한 자
(2019.1.15 본호개정)
2의2. 제86조의2에 따른 준수사항을 따르지 아니하고 농어촌민박사업을 한 자(2015.1.6 본호신설)
3. 제88조에 따른 개선명령에 따르지 아니한 자
4. 제89조제5항에 따른 조치를 방해한 자(2019.12.10 본호개정)
5. 제110조제2항에 따른 토지나 물건의 제거 또는 변경을 거부하거나 방해한 자
6. 제115조제3항에 따른 보고 또는 자료 제출을 하지 아니하거나 거짓으로 보고를 한 자 또는 거짓으로 자료를 제출한 자
7. 제119조제2항에 따른 보고 또는 자료 제출을 하지 아니하거나 거짓으로 보고를 한 자 또는 검사를 거부·방해하거나 거짓으로 자료를 제출한 자
8. 제120조에 따른 측량이나 검사를 거부하거나 방해한 자

② 제1항에 따른 과태료는 대통령령으로 정하는 바에 따라 농림축산식품부장관·해양수산부장관 또는 지방자치단체의 장이 부과·징수한다.(2013.3.23 본항개정)

제133조【이행강제금】 ① 시장·군수·구청장은 제65조의5제1항에 따른 조치 명령을 받은 후 그 정한 기간 내에 그 조치 명령을 이행하지 아니한 소유자에게 500만원 이하의 범위에서 조치 명령 이행에 소요되는 비용 등을 고려하여 대통령령으로 정하는 금액으로 이행강제금을 부과한다.
② 시장·군수·구청장은 최초의 조치 명령이 있었던 날을 기준으로 하여 1년에 2회 이내의 범위에서 그 조치 명령이 이행될 때까지 반복하여 제1항에 따른 이행강제금을 부과·징수할 수 있다.
③ 제1항 및 제2항에서 규정한 사항 외에 이행강제금의 부과·징수에 관한 사항은 「행정기본법」 제31조제2항부터 제6항까지에 따른다.
(2024.1.2 본조신설)

부 칙

제1조【시행일】 이 법은 공포 후 6개월이 경과한 날부터 시행한다. 다만, 부칙 제22조제29항은 2010년 3월 26일부터 시행하고, 제127조 및 제128조의 개정규정은 공포 후 1년이 경과한 날부터 시행한다.

제2조【농업생산기반 정비사업 시행계획 등에 관한 적용례】 제9조의 개정규정은 이 법 시행 이후 최초로 수립 또는 변경하는 농업생산기반 정비사업 시행계획부터 적용한다.

제3조【환지계획 등의 통지에 관한 적용례】 제26조제2항의 개정규정은 이 법 시행 이후 최초로 수립 또는 변경하는 환지계획부터 적용한다.

제4조【생활환경정비사업 시행계획에 관한 적용례】 제59조의 개정규정은 이 법 시행 이후 최초로 수립 또는 변경하는 생활환경정비사업 시행계획부터 적용한다.

제5조【생활환경정비사업 시행자 지정 특례에 관한 적용례】 제63조의 개정규정은 이 법 시행 이후 최초로 생활환경정비사업 시행자로 지정된 사업부터 적용한다.

제6조【조성용지의 전매행위 제한에 관한 적용례】 제70조의 개정규정은 이 법 시행 이후 최초로 공급받을 자를 모집하는 조성용지부터 적용한다.

제7조【농어촌관광휴양지사업 등의 신고에 관한 적용례】 제85조부터 제87조까지의 개정규정은 이 법 시행 이후 최초로 농어촌관광휴양지사업 및 농어촌민박사업을 신고·변경·폐업하거나 농어촌관광휴양지사업을 양도·양수하는 분부터 적용한다.

제8조【관계 행정기관과의 협의기간에 관한 적용례】 제106조제4항의 개정규정은 이 법 시행 이후 최초로 관계 행정기관과 협의하는 사항부터 적용한다.

제9조【농어촌 관광휴양자원 개발 등에 관한 경과조치】 법률 제4823호 농어촌정비법 시행일인 1995년 6월 23일 당시 종전의 「농어촌소득원개발촉진법」 및 「농어촌발전특별조치법」에 따라 지정을 받은 농어촌휴양지는 이 법에 따른 농어촌관광휴양지로 본다.

제10조【「농지확대개발촉진법」 폐지에 따른 경과조치】 법률 제4823호 농어촌정비법 시행일인 1995년 6월 23일 당시 종전의 「농지확대개발촉진법」에 따라 시행 중인 농지개발사업과 같은 법 제32조·제33조·제35조·제36조·제45조 및 부칙 제3항 단서에 따른 사항에 관하여는 종전의 규정에 따른다.

제11조【「농촌근대화촉진법」 개정에 따른 경과조치】 법률 제4823호 농어촌정비법 시행일인 1995년 6월 23일 당시 「농촌근대화촉진법」에 따른 농지개량사업 및 농지개량시설은 이 법에 따른 농업생산기반 정비사업 및 농업생산기반시설로 본다.

제12조【농어촌용수이용합리화계획 등에 관한 경과조치】 법률 제6221호 농어촌정비법중개정법률 시행일인 2000년 7월 29일 당시 종전의 「농어촌발전특별조치법」에 따라 수립된 농어촌용수이용합리화계획과 같은 법에 따라 설정·고시된 농어촌용수구역은 이 법에 따른 농어촌용수 이용 합리화계획과 농어촌용수구역으로 보며, 같은 법 제34조에 따른 정주생활권개발계획 및 같은 계획에 따라 시행하였거나 시행 중인 정주생활권개발사업은 이 법에 따른 생활환경정비계획 및 같은 계획에 따라 시행하였거나 시행 중인 생활환경정비사업으로 본다.

제13조【수리계에 관한 경과조치】 법률 제6819호 농어촌정비법중개정법률 시행일인 2003년 1월 1일 당시 종전의 「농업기반공사 및 농지관리기금법」에 따른 수리계는 이 법에 따른 수리계로 본다.

제14조【농업생산기반시설의 비상대처계획에 관한 경과조치】 법률 제7680호 농어촌정비법중개정법률 시행일인 2005년 11월 5일 당시 종전의 규정에 따라 농업생산기반시설을 설치·운영하고 있는 자는 같은 법 시행일 후 10년을 넘지 아니하는 범위에서 대통령령으로 정하는 기간에 비상대처계획의 수립을 완료하여야 한다.

제15조【「오지개발촉진법」 폐지에 따른 경과조치】 법률 제9008호 농어촌정비법 일부개정법률 시행일인 2008년 3월 28일 당시 종전의 「오지개발촉진법」에 따라 확정된 개발계획과 연도별 사업계획은 이 법에 따른 생활환경정비계획과 생활환경정비사업 시행계획으로 본다.

제16조【농업생산기반 정비사업에 관한 경과조치】 이 법 시행 당시 종전의 규정에 따라 농업생산기반 정비사업 시행계획을 수립한 농업생산기반 정비사업에 대하여는 종전의 제10조 및 제12조에 따른다.

제17조【생활환경정비계획에 관한 경과조치】 이 법 시행 당시 종전의 규정에 따라 수립한 생활환경정비사업계발계획은 제54조의 개정규정에 따라 생활환경정비계획을 수립한 것으로 본다.

제18조【농어촌관광휴양지사업자 및 농어촌민박사업자 신고에 관한 경과조치】 이 법 시행 당시 종전의 규정에 따른 농어촌관광휴양지사업자 및 농어촌민박사업자 지정을 받은 자는 제85조 및 제86조의 개정규정에 따라 농어촌관광휴양지사업자 및 농어촌민박사업자로 신고한 것으로 본다.

제19조【마을정비구역에 관한 경과조치】 이 법 시행 당시 종전의 규정에 따라 지정·고시된 마을정비구역은 제101조의 개정규정에 따른 마을정비구역으로 본다.

제20조【처분 등에 관한 일반적 경과조치】 이 법 시행 당시 종전의 규정에 따른 행정기관의 행위나 행정기관에 대한 행위는 그에 해당하는 이 법에 따른 행정기관의 행위나 행정기관에 대한 행위로 본다.

제21조【벌칙 및 과태료에 관한 경과조치】 이 법 시행 전의 행위에 대하여 벌칙이나 과태료 규정을 적용할 때에는 종전의 규정에 따른다.

제22조【다른 법률의 개정】 ①~㊸ ※(해당 법령에 가제정리 하였음)

제23조【다른 법령과의 관계】 이 법 시행 당시 다른 법령(이 법 시행 전에 공포되었으나 시행일이 도래하지 아니한 법령을 포함한다)에서 종전의 「농어촌정비법」의 규정을 인용한 경우에 이 법 가운데 그에 해당하는 규정이 있으면 종전의 규정을 갈음하여 이 법의 해당 규정을 인용한 것으로 본다.

부　칙 (2016.12.27)

제1조【시행일】 이 법은 공포한 날부터 시행한다. 다만, 제23조 및 제116조제1항의 개정규정은 공포 후 6개월이 경과한 날부터 시행한다.

제2조【구분지상권의 설정등기 등에 관한 적용례】 제110조의3의 개정규정은 이 법 시행 후 토지의 지상 또는 지하 공간의 사용에 관하여 협의하거나 재결을 신청하는 경우부터 적용한다.

제3조【농어촌정비사업의 시행자가 준공인가를 받은 경우의 관련 인·허가 의제에 관한 적용례】 제114조제4항의 개정규정은 이 법 시행 전에 준공검사를 받은 경우로서 농어촌정비사업의 시행·사업계획 승인권자가 같은 조 제3항의 개정규정에 따른 준공검사에 관하여 이 법 시행 후 관계 행정기관의 장과 협의한 경우에도 적용한다.

제4조【농업생산기반시설의 사용허가에 관한 경과조치】 제23조제1항의 개정규정 시행 당시 종전의 제23조제1항에 따라 목적 외 사용의 승인을 신청하거나 그 승인을 받은 목적 외 사용은 제23조제1항의 개정규정에 따라 신청하거나 사용허가를 받은 것으로 본다.

제5조【준공검사에 관한 경과조치】 ① 이 법 시행 당시 종전의 제114조에 따라 받은 준공검사는 제114조의 개정규정에 따라 준공인가를 받은 것으로 본다.
② 이 법 시행 당시 종전의 제114조제1항에 따라 준공검사를 받기 위하여 한 신청은 제114조제1항의 개정규정에 따라 준공인가 신청을 한 것으로 본다.

제6조【새로 설치하는 공공시설 관련 관리청 통지에 관한 경과조치】 이 법 시행 전에 농어촌정비사업의 시행자가 농어촌정비사업을 준공한 경우에는 제114조제5항의 개정규정에도 불구하고 농어촌정비사업의 시행으로 새로 설치하는 공공시설과 관련하여 그 종류와 세부 목록은 이 법 시행 후 6개월 이내에 통지할 수 있다.

제7조【다른 법률의 개정】 ①~㊿ ※(해당 법령에 가제정리 하였음)

부　칙 (2018.12.24)

제1조【시행일】 이 법은 공포한 날부터 시행한다. 다만, 제22조제2항의 개정규정은 공포 후 4개월이 경과한 날부터 시행한다.

제2조【폐수배출시설에 관한 경과조치】 부칙 제1조 단서에 따른 시행일 당시 종전의 제22조제2항에 따라 설립의 승인을 받은 폐수배출시설이 아닌 공장 및 산업단지는 제22조제2항의 개정규정에 따라 승인을 받은 것으로 본다.

부　칙 (2019.1.15)

제1조【시행일】 이 법은 공포 후 1개월이 경과한 날부터 시행한다. 다만, 제14조제2항, 제18조의2, 제130조제4항제2호 및 제132조제1항제1호·제2호의 개정규정은 공포 후 6개월이 경과한 날부터 시행한다.

제2조【농어촌민박사업자의 신고에 관한 적용례】 제86조제2항 및 제3항의 개정규정은 이 법 시행 이후 신고를 하는 경우부터 적용한다.

부　칙 (2019.12.10)

제1조【시행일】 이 법은 공포 후 6개월이 경과한 날부터 시행한다.

제2조【사업장 폐쇄 등에 관한 적용례】 제89조제1항제8호의 개정규정은 이 법 시행 이후 최초로 위반사실을 통보받은 경우부터 적용한다.

제3조【같은 종류의 사업 금지에 관한 경과조치】 이 법 시행 당시 종전의 규정에 따라 사업장 폐쇄명령을 받은 사람 또는 사업장소에서의 사업자 신고의 제한은 제89조제2항 또는 제3항의 개정규정에도 불구하고 종전의 규정에 따른다.

부　칙 (2020.2.11)

제1조【시행일】 이 법은 공포 후 6개월이 경과한 날부터 시행한다. 다만, 제86조제2항제4호의 개정규정은 공포 후 3개월이 경과한 날부터 시행하고, 제89조제1항 각 호 외의 부분 단서 및 같은 항 제9호의 개정규정은 공포한 날부터 시행한다.

제2조【농어촌민박사업자의 신고에 관한 적용례】 제86조제2항의 개정규정은 이 법 시행 후 최초로 신고를 하는 경우부터 적용한다.

제3조【농어촌민박사업자의 신고에 관한 특례】 2006년 이전 적법하게 신고하여 운영하고 있던 농어촌민박사업장의 경우 면적제한에도 불구하고 제86조제2항의 개정규정에 따른 요건을 갖추면 새로 신고할 수 있다. 다만, 「건축법」 제2조제1항제8호에 따른 재축과 같은 항 제9호에 따른 대수선 외의 건축행위를 한 경우에는 그러하지 아니하다.

제4조【농어촌민박사업자의 신고에 관한 경과조치】 이 법 시행 당시 종전의 규정에 따라 농어촌민박사업자로 신고한 자는 제86조제2항의 개정규정에 따라 농어촌민박사업자로 신고한 것으로 본다.

부　칙 (2021.4.13 법18019호)

이 법은 공포 후 6개월이 경과한 날부터 시행한다. 다만, 제86조의2, 제86조의3 및 제130조제4항의 개정규정은 공포한 날부터 시행한다.

부　칙 (2021.4.13 법18027호)

제1조【시행일】 이 법은 공포 후 6개월이 경과한 날부터 시행한다.(이하 생략)

부　칙 (2021.5.18)

제1조【시행일】 이 법은 공포 후 6개월이 경과한 날부터 시행한다. 다만, 제23조제3항 단서의 개정규정은 공포 후 1년이 경과한 날부터 시행한다.

제2조【농업생산기반시설의 사용료 면제에 관한 적용례】 제23조제3항 단서의 개정규정은 같은 개정규정 시행 이후 사용허가를 하는 경우부터 적용한다.

부　칙 (2021.7.20)
(2021.11.30 법18522호)

제1조【시행일】 이 법은 공포 후 1년이 경과한 날부터 시행한다.(이하 생략)

부　칙 (2021.11.30 법18530호)

이 법은 공포 후 6개월이 경과한 날부터 시행한다.

부　칙 (2022.1.11)

제1조【시행일】 이 법은 공포 후 1년이 경과한 날부터 시행한다.(이하 생략)

부　칙 (2022.12.27)

제1조【시행일】 이 법은 공포 후 6개월이 경과한 날부터 시행한다.(이하 생략)

부　칙 (2023.3.21)

제1조【시행일】 이 법은 공포 후 1년이 경과한 날부터 시행한다.(이하 생략)

부　칙 (2023.3.28)

이 법은 공포 후 1년이 경과한 날부터 시행한다. 다만, 제7조제1항 및 제18조제2항 단서의 개정규정은 공포 후 3개월이 경과한 날부터 시행하고, 제65조의6제1항의 개정규정은 공포 후 6개월이 경과한 날부터 시행한다.

부　칙 (2023.7.25)

제1조【시행일】 이 법은 공포한 날부터 시행한다.

제2조【이의신청에 관한 일반적 적용례】 이의신청에 관한 개정규정은 이 법 시행 이후 하는 처분부터 적용한다.

제3조 생략

제4조【「농어촌정비법」의 개정에 관한 적용례】 다른 법률에 따른 지정 등의 의제를 위한 행정청 간 협의 간주에 관한 부분은 이 법 시행 이후 해당 의제에 관한 협의를 요청하는 경우부터 적용한다.

제5조부터 **제10조**까지 생략

부　칙 (2023.8.8)

제1조【시행일】 이 법은 2024년 5월 17일부터 시행한다.(이하 생략)

부　칙 (2023.10.24)

이 법은 공포한 날부터 시행한다.

부　칙 (2024.1.2)

제1조【시행일】 이 법은 공포 후 6개월이 경과한 날부터 시행한다.

제2조【빈집우선정비구역 내 정비사업에 대한 특례에 관한 적용례】 제64조의8의 개정규정은 이 법 시행 이후 제59조에 따라 시장·군수·구청장이 생활환경정비사업 시행계획을 수립·고시하거나, 시장·군수·구청장 외의 자가 생활환경정비사업 시행계획을 승인 신청하는 경우부터 적용한다.

제3조【특정빈집에 대한 조치 등 및 이행강제금에 관한 적용례】 제65조의5 및 제133조의 개정규정은 이 법 시행 이후 제65조의5제1항에 따른 조치 명령을 하는 경우부터 적용한다.

농지법

(2007년 4월 11일
전부개정법률 제8352호)

개정
2007. 5.17법 8466호(수질수생태계보전) <중략>
2012. 1.17법11171호
2012.12.18법11599호(한국토지주택공사법)
2013. 3.23법11690호(정부조직)
2013. 3.23법11694호(농어업・농어촌및식품산업기본법)
2013. 8. 6법11998호(지방세외수입금의징수등에관한법)
2014.10.15법12812호 2015. 1.20법13022호
2015. 6.22법13383호(수산업・어촌발전기본법)
2015. 7.20법13405호
2016. 1.19법13782호(감정평가감정평가사)
2016. 1.19법13796호(부동산가격공시에관한법)
2016. 5.29법14209호
2016. 5.29법14242호(수협)
2017. 1.17법14532호(물환경보전법)
2017.10.31법14985호 2018.12.24법16073호
2019.11.26법16652호(자산관리)
2020. 2.11법16975호
2020. 3.24법17091호(지방행정제재・부과금의징수등에관한법)
2020. 4. 7법17219호(감정평가감정평가사)
2021. 4.13법18021호 2021. 8.17법18401호
2023. 5.16법19409호(국가유산기본법)
2023. 8. 8법19587호(매장유산보호및조사에관한법)
2023. 8.16법19639호
2024. 1. 2법19877호→시행일 부칙 참조. 2025년 1월 3일 시행하는 부분은「法典 別冊」보유편 수록
2024. 1.23법20083호→2025년 1월 24일 시행이므로「法典 別冊」보유편 수록

제1장 총 칙

제1조【목적】 이 법은 농지의 소유・이용 및 보전 등에 필요한 사항을 정함으로써 농지를 효율적으로 이용하고 관리하여 농업인의 경영 안정과 농업 생산성 향상을 바탕으로 농업 경쟁력 강화와 국민경제의 균형 있는 발전 및 국토 환경 보전에 이바지하는 것을 목적으로 한다.

제2조【정의】 이 법에서 사용하는 용어의 뜻은 다음과 같다.
1. "농지"란 다음 각 목의 어느 하나에 해당하는 토지를 말한다.
 가. 전・답, 과수원, 그 밖에 법적 지목(地目)을 불문하고 실제로 농작물 경작지 또는 대통령령으로 정하는 다년생식물 재배지로 이용되는 토지. 다만, 「초지법」에 따라 조성된 초지 등 대통령령으로 정하는 토지는 제외한다.(2018.12.24 본문개정)
 나. 가목의 토지의 개량시설과 가목의 토지에 설치하는 농축산물 생산시설로서 대통령령으로 정하는 시설의 부지
2. "농업인"이란 농업에 종사하는 개인으로서 대통령령으로 정하는 자를 말한다.
3. "농업법인"이란 「농어업경영체 육성 및 지원에 관한 법률」 제16조에 따라 설립된 영농조합법인과 같은 법 제19조에 따라 설립되고 업무집행권을 가진 자 중 3분의 1 이상이 농업인인 농업회사법인을 말한다.
(2009.5.27 본문개정)
 가.～나. (2009.5.27 삭제)
4. "농업경영"이란 농업인이나 농업법인이 자기의 계산과 책임으로 농업을 영위하는 것을 말한다.
5. "자경(自耕)"이란 농업인이 그 소유 농지에서 농작물 경작 또는 다년생식물 재배에 상시 종사하거나 농작업(農作業)의 2분의 1 이상을 자기의 노동력으로 경작 또는 재배하는 것과 농업법인이 그 소유 농지에서 농작물을 경작하거나 다년생식물을 재배하는 것을 말한다.
6. "위탁경영"이란 농지 소유자가 타인에게 일정한 보수를 지급하기로 약정하고 농작업의 전부 또는 일부를 위탁하여 행하는 농업경영을 말한다.
7. "농지의 전용"이란 농지를 농작물의 경작이나 다년생식물의 재배 등 농업생산 또는 대통령령으로 정하는 농지개량 외의 용도로 사용하는 것을 말한다. 다만, 제1호나목에서 정한 용도로 사용하는 경우에는 전용(轉用)으로 보지 아니한다.(2018.12.24 본문개정)
8. "주말・체험영농"이란 농업인이 아닌 개인이 주말 등을 이용하여 취미생활이나 여가활동으로 농작물을 경작하거나 다년생식물을 재배하는 것을 말한다.
(2021.8.17 본호개정)

제3조【농지에 관한 기본 이념】 ① 농지는 국민에게 식량을 공급하고 국토 환경을 보전(保全)하는 데에 필요한 기반이며 농업과 국민경제의 조화로운 발전에 영향을 미치는 한정된 귀중한 자원이므로 소중히 보전되어야 하고 공공복리에 적합하게 관리되어야 하며, 농지에 관한 권리의 행사에는 필요한 제한과 의무가 따른다.
② 농지는 농업 생산성을 높이는 방향으로 소유・이용되어야 하며, 투기의 대상이 되어서는 아니 된다.

제4조【국가 등의 의무】 ① 국가와 지방자치단체는 농지에 관한 기본 이념이 구현되도록 농지에 관한 시책을 수립하고 시행하여야 한다.
② 국가와 지방자치단체는 농지에 관한 시책을 수립할 때 필요한 규제와 조정을 통하여 농지를 보전하고 합리적으로 이용할 수 있도록 함으로써 농업을 육성하고 국민경제를 균형 있게 발전시키는 데에 이바지하도록 하여야 한다.

제5조【국민의 의무】 모든 국민은 농지에 관한 기본 이념을 존중하여야 하며, 국가와 지방자치단체가 시행하는 농지에 관한 시책에 협력하여야 한다.

제2장 농지의 소유

제6조【농지 소유 제한】 ① 농지는 자기의 농업경영에 이용하거나 이용할 자가 아니면 소유하지 못한다.
② 제1항에도 불구하고 다음 각 호의 어느 하나에 해당하는 경우에는 농지를 소유할 수 있다. 다만, 소유 농지는 농업경영에 이용되도록 하여야 한다(제2호 및 제3호는 제외한다).(2021.4.13 단서신설)
1. 국가나 지방자치단체가 농지를 소유하는 경우
2. 「초・중등교육법」 및 「고등교육법」에 따른 학교, 농림축산식품부령으로 정하는 공공단체・농업연구기관・농업생산자단체 또는 종묘나 그 밖의 농업 기자재 생산자가 그 목적사업을 수행하기 위하여 필요한 시험지・연구지・실습지・종묘생산지 또는 과수 인공수분용 꽃가루 생산지로 쓰기 위하여 농림축산식품부령으로 정하는 바에 따라 농지를 취득하여 소유하는 경우
(2016.5.29 본호개정)
3. 주말・체험영농을 하려고 제28조에 따른 농업진흥지역 외의 농지를 소유하는 경우(2021.8.17 본호개정)
4. 상속〔상속인에게 한 유증(遺贈)을 포함한다. 이하 같다〕으로 농지를 취득하여 소유하는 경우
5. 대통령령으로 정하는 기간 이상 농업경영을 하던 사람이 이농(離農)한 후에도 이농 당시 소유하고 있던 농지를 계속 소유하는 경우(2020.2.11 본호개정)
6. 제13조제1항에 따라 담보농지를 취득하여 소유하는 경우(「자산유동화에 관한 법률」 제3조에 따른 유동화전문회사등이 제13조제1항제1호부터 제4호까지에 규정된 저당권자로부터 농지를 취득하는 경우를 포함한다)
7. 제34조제1항에 따른 농지전용허가〔다른 법률에 따라 농지전용허가가 의제(擬制)되는 인가・허가・승인 등을 포함한다〕를 받거나 제35조 또는 제43조에 따른 농지전용신고를 한 자가 그 농지를 소유하는 경우
8. 제34조제2항에 따른 농지전용협의를 마친 농지를 소유하는 경우
9. 「한국농어촌공사 및 농지관리기금법」 제24조제2항에 따른 농지의 개발사업지구에 있는 농지로서 대통령령으로 정하는 1천500제곱미터 미만의 농지나 「농어촌정비법」 제98조제3항에 따른 농지를 취득하여 소유하는 경우(2009.6.9 본호개정)
9의2. 제28조에 따른 농업진흥지역 밖의 농지 중 최상단부부터 최하단부까지의 평균경사율이 15퍼센트 이상인 농지로서 대통령령으로 정하는 농지를 소유하는 경우
(2012.1.17 본호개정)
10. 다음 각 목의 어느 하나에 해당하는 경우
 가. 「한국농어촌공사 및 농지관리기금법」에 따라 한국농어촌공사가 농지를 취득하여 소유하는 경우
 (2008.12.29 본목개정)
 나. 「농어촌정비법」 제16조・제25조・제43조・제82조 또는 제100조에 따라 농지를 취득하여 소유하는 경우
 (2009.6.9 본목개정)
 다. 「공유수면 관리 및 매립에 관한 법률」에 따라 매립농지를 취득하여 소유하는 경우(2017.10.31 본목개정)
 라. 토지수용으로 농지를 취득하여 소유하는 경우
 마. 농림축산식품부장관과 협의를 마치고 「공익사업을 위한 토지 등의 취득 및 보상에 관한 법률」에 따라 농지를 취득하여 소유하는 경우(2013.3.23 본목개정)
 바. 「공공토지의 비축에 관한 법률」 제2조제1호가목에 해당하는 토지 중 같은 법 제7조제1항에 따른 공공토지비축심의위원회가 비축이 필요하다고 인정하는 토지로서 「국토의 계획 및 이용에 관한 법률」 제36조에 따른 계획관리지역과 자연녹지지역 안의 농지를 한국토지주택공사가 취득하여 소유하는 경우. 이 경우 그 취득한 농지를 전용하기 전까지는 한국농어촌공사에 지체 없이 위탁하여 임대하거나 무상사용하게 하여야 한다.(2020.2.11 후단개정)
③ 제23조제1항제1호부터 제6호까지의 규정에 따라 농지를 임대하거나 무상사용하게 하는 경우에는 제1항 또는 제2항에도 불구하고 임대하거나 무상사용하게 하는 기간 동안 농지를 계속 소유할 수 있다.(2021.4.13 본항개정)
④ 이 법에서 허용된 경우 외에는 농지 소유에 관한 특례를 정할 수 없다.

제7조【농지 소유 상한】 ① 상속으로 농지를 취득한 사람으로서 농업경영을 하지 아니하는 사람은 그 상속 농지 중에서 총 1만제곱미터까지만 소유할 수 있다.
② 대통령령으로 정하는 기간 이상 농업경영을 한 후 이농한 사람은 이농 당시 소유 농지 중에서 총 1만제곱미터까지만 소유할 수 있다.
③ 주말・체험영농을 하려는 사람은 총 1천제곱미터 미만의 농지를 소유할 수 있다. 이 경우 면적 계산은 그 세대원 전부가 소유하는 총 면적으로 한다.
④ 제23조제1항제7호에 따라 농지를 임대하거나 무상사용하게 하는 경우에는 제1항 또는 제2항에도 불구하고 임대하거나 무상사용하게 하는 기간 동안 소유 상한을 초과하는 농지를 계속 소유할 수 있다.
(2020.2.11 본조개정)

제7조의2【금지 행위】 누구든지 다음 각 호의 어느 하나에 해당하는 행위를 하여서는 아니 된다.
1. 제6조에 따른 농지 소유 제한이나 제7조에 따른 농지 소유 상한에 대한 위반 사실을 알고도 농지를 소유하도록 권유하거나 중개하는 행위
2. 제9조에 따른 농지의 위탁경영 제한에 대한 위반 사실을 알고도 농지를 위탁경영하도록 권유하거나 중개하는 행위
3. 제23조에 따른 농지의 임대차 또는 사용대차 제한에 대한 위반 사실을 알고도 농지 임대차나 사용대차하도록 권유하거나 중개하는 행위
4. 제1호부터 제3호까지의 행위와 그 행위가 행하여지는 업소에 대한 광고 행위
(2021.8.17 본조신설)

제8조【농지취득자격증명의 발급】 ① 농지를 취득하려는 자는 농지 소재지를 관할하는 시장(구를 두지 아니한 시의 시장을 말하며, 도농 복합 형태의 시는 농지 소재지가 동지역인 경우만을 말한다), 구청장(도농 복합 형태의 시의 구에서는 농지 소재지가 동지역인 경우만을 말한다), 읍장 또는 면장(이하 "시・구・읍・면의 장"이라 한다)에게서 농지취득자격증명을 발급받아야 한다. 다만, 다음 각 호의 어느 하나에 해당하면 농지취득자격증명을 발급받지 아니하고 농지를 취득할 수 있다.
1. 제6조제2항제1호・제4호・제6호・제8호 또는 제10호(같은 호 바목은 제외한다)에 따라 농지를 취득하는 경우
(2009.5.27 본호개정)
2. 농업법인의 합병으로 농지를 취득하는 경우
3. 공유 농지의 분할이나 그 밖에 대통령령으로 정하는 원인으로 농지를 취득하는 경우
② 제1항에 따른 농지취득자격증명을 발급받으려는 자는 다음 각 호의 사항이 모두 포함된 농업경영계획서 또는 주말・체험영농계획서를 작성하고 농림축산식품부령으로 정하는 서류를 첨부하여 농지 소재지를 관할하는 시・구・읍・면의 장에게 발급신청을 하여야 한다. 다만, 제6조제2항제2호・제7호・제9호・제9호의2 또는 제10호 바목에 따라 농지를 취득하는 자는 농업경영계획서 또는 주말・체험영농계획서를 작성하지 아니하고 농림축산식품부령으로 정하는 서류를 첨부하지 아니하여도 발급신청을 할 수 있다.(2023.8.16 단서개정)
1. 취득 대상 농지의 면적(공유로 취득하려는 경우 공유 지분의 비율 및 각자가 취득하려는 농지의 위치도 함께 표시한다)(2021.8.17 본호개정)
2. 취득 대상 농지에서 농업경영을 하는 데에 필요한 노동력 및 농업 기계・장비・시설의 확보 방안
3. 소유 농지의 이용 실태(농지 소유자에게만 해당한다)
4. 농지취득자격증명을 발급받으려는 자의 직업・영농경력・영농거리(2021.8.17 본호신설)
③ 시・구・읍・면의 장은 농지 투기가 성행하거나 성행할 우려가 있는 지역의 농지를 취득하려는 자 등 농림축산식품부령으로 정하는 자가 농지취득자격증명 발급을 신청한 경우 제44조에 따른 농지위원회의 심의를 거쳐야 한다.(2021.8.17 본항신설)
④ 시・구・읍・면의 장은 제1항에 따른 농지취득자격증명의 발급 신청을 받은 때에는 그 신청을 받은 날부터 7일(제2항 단서에 따라 농업경영계획서 또는 주말・체험영농계획서를 작성하지 아니하고 농지취득자격증명의 발급신청을 할 수 있는 경우에는 4일, 제3항에 따른 농지위원회의 심의 대상의 경우에는 14일) 이내에 신청인에게 농지취득자격증명을 발급하여야 한다.(2023.8.16 본항개정)
⑤ 제1항 본문과 제2항에 따른 신청 및 발급 절차 등에 필요한 사항은 대통령령으로 정한다.
⑥ 제1항 본문과 제2항에 따라 농지취득자격증명을 발급받아 농지를 취득하는 자가 그 소유권에 관한 등기를 신청할 때에는 농지취득자격증명을 첨부하여야 한다.
⑦ 농지취득자격증명의 발급에 관한 민원의 처리에 관하여 이 조에서 규정한 사항을 제외하고 「민원 처리에 관한 법률」이 정하는 바에 따른다.(2021.8.17 본항신설)

제8조의2【농업경영계획서 등의 보존기간】 ① 시・구・읍・면의 장은 제8조제2항에 따라 제출되는 농업경영계획서 또는 주말・체험영농계획서를 10년간 보존하여야 한다.
② 농업경영계획서 또는 주말・체험영농계획서 외의 농지취득자격증명 신청서류의 보존기간은 대통령령으로 정한다.
(2023.8.16 본조개정)

제8조의3【농지취득자격증명의 발급제한】 ① 시·구·읍·면의 장은 농지취득자격증명을 발급받으려는 자가 제8조제2항에 따라 농업경영계획서 또는 주말·체험영농계획서에 포함하여야 할 사항을 기재하지 아니하거나 첨부하여야 할 서류를 제출하지 아니한 경우 농지취득자격증명을 발급하여서는 아니 된다.
② 시·구·읍·면의 장은 1필지를 공유로 취득하려는 자가 제22조제3항에 따른 시·군·구의 조례로 정한 수를 초과한 경우에는 농지취득자격증명을 발급하지 아니할 수 있다.
③ 시·구·읍·면의 장은 「농어업경영체 육성 및 지원에 관한 법률」 제20조의2에 따른 실태조사 등에 따라 영농조합법인 또는 농업회사법인이 같은 법 제20조의3제2항에 따른 해산명령 청구 요건에 해당하는 것으로 인정하는 경우에는 농지취득자격증명을 발급하지 아니할 수 있다.
(2021.8.17 본조신설)

제9조【농지의 위탁경영】 농지 소유자는 다음 각 호의 어느 하나에 해당하는 경우 외에는 소유 농지를 위탁경영할 수 없다.
1. 「병역법」에 따라 징집 또는 소집된 경우
2. 3개월 이상 국외 여행 중인 경우
3. 농업법인이 청산 중인 경우
4. 질병, 취학, 선거에 따른 공직 취임, 그 밖에 대통령령으로 정하는 사유로 자경할 수 없는 경우
5. 제17조에 따른 농지이용증진사업 시행계획에 따라 위탁경영하는 경우
6. 농업인이 자기 노동력이 부족하여 농작업의 일부를 위탁하는 경우

제10조【농업경영에 이용하지 아니하는 농지 등의 처분】
① 농지 소유자는 다음 각 호의 어느 하나에 해당하게 되면 그 사유가 발생한 날부터 1년 이내에 해당 농지(제6호의 경우에는 농지 소유 상한을 초과하는 면적에 해당하는 농지를 말한다)를 그 사유가 발생한 날 당시 세대를 같이하는 세대원이 아닌 자, 그 밖에 농림축산식품부령으로 정하는 자에게 처분하여야 한다.(2023.8.16 본문개정)
1. 소유 농지를 자연재해·농지개량·질병 등 대통령령으로 정하는 정당한 사유 없이 자기의 농업경영에 이용하지 아니하거나 이용하지 아니하게 되었다고 시장(구를 두지 아니한 시의 시장을 말한다. 이하 이 조에서 같다)·군수 또는 구청장이 인정한 경우
2. 농지를 소유하고 있는 농업회사법인이 제2조제3호의 요건에 맞지 아니하게 된 후 3개월이 지난 경우
(2009.5.27 본호개정)
3. 제6조제2항제2호에 따라 농지를 취득한 자가 그 농지를 해당 목적사업에 이용하지 아니하게 되었다고 시장·군수 또는 구청장이 인정한 경우
4. 제6조제2항제3호에 따라 농지를 취득한 자가 자연재해·농지개량·질병 등 대통령령으로 정하는 정당한 사유 없이 그 농지를 주말·체험영농에 이용하지 아니하게 되었다고 시장·군수 또는 구청장이 인정한 경우
4의2. 제6조제2항제4호에 따라 농지를 취득하여 소유한 자가 농지를 제23조제1항제1호에 따라 임대하거나 제23조제1항제6호에 따라 한국농어촌공사에 위탁하여 임대하는 등 대통령령으로 정하는 정당한 사유 없이 자기의 농업경영에 이용하지 아니하거나 이용하지 아니하게 되었다고 시장·군수 또는 구청장이 인정한 경우
4의3. 제6조제2항제5호에 따라 농지를 소유한 자가 농지를 제23조제1항제1호에 따라 임대하거나 제23조제1항제6호에 따라 한국농어촌공사에 위탁하여 임대하는 등 대통령령으로 정하는 정당한 사유 없이 자기의 농업경영에 이용하지 아니하거나, 이용하지 아니하게 되었다고 시장·군수 또는 구청장이 인정한 경우
(2021.8.17 4호의2~4호의3신설)
5. 제6조제2항제7호에 따라 농지를 취득한 자가 취득한 날부터 2년 이내에 그 목적사업에 착수하지 아니한 경우
5의2. 제6조제2항제10호마목에 따른 농림축산식품부장관과의 협의를 마치지 아니하고 농지를 소유한 경우
(2013.3.23 본호개정)
5의3. 제6조제2항제10호바목에 따라 소유한 농지를 한국농어촌공사에 지체 없이 위탁하지 아니한 경우
(2009.5.27 본호신설)
6. 제7조에 따른 농지 소유 상한을 초과하여 농지를 소유한 것이 판명된 경우
7. 자연재해·농지개량·질병 등 대통령령으로 정하는 정당한 사유 없이 제8조제2항에 따른 농업경영계획서 또는 주말·체험영농계획서 내용을 이행하지 아니하였다고 시장·군수 또는 구청장이 인정한 경우(2023.8.16 본호개정)
② 시장·군수 또는 구청장은 제1항에 따라 농지의 처분의무가 생긴 농지의 소유자에게 농림축산식품부령으로 정하는 바에 따라 처분 대상 농지, 처분의무 기간 등을 구체적으로 밝혀 그 농지를 처분하여야 함을 알려야 한다.
(2013.3.23 본항개정)

제11조【처분명령과 매수 청구】 ① 시장(구를 두지 아니한 시의 시장을 말한다)·군수 또는 구청장은 다음 각 호의 어느 하나에 해당하는 농지소유자에게 6개월 이내에 그 농지를 처분할 것을 명할 수 있다.(2021.8.17 본문개정)
1. 거짓이나 그 밖의 부정한 방법으로 제8조제1항에 따른 농지취득자격증명을 발급받아 농지를 소유한 것으로 시장·군수 또는 구청장이 인정한 경우
2. 제10조에 따른 처분의무 기간에 처분 대상 농지를 처분하지 아니한 경우
3. 농업법인이 「농어업경영체 육성 및 지원에 관한 법률」 제19조의5를 위반하여 부동산업을 영위한 것으로 시장·군수 또는 구청장이 인정한 경우
(2021.8.17 1호~3호신설)
② 농지 소유자는 제1항에 따른 처분명령을 받으면 「한국농어촌공사 및 농지관리기금법」에 따른 한국농어촌공사에 그 농지의 매수를 청구할 수 있다.(2008.12.29 본항개정)
③ 한국농어촌공사는 제2항에 따른 매수 청구를 받으면 「부동산 가격공시에 관한 법률」에 따른 공시지가(해당 토지의 공시지가가 없으면 같은 법 제8조에 따라 산정한 개별 토지 가격을 말한다. 이하 같다)를 기준으로 해당 농지를 매수할 수 있다. 이 경우 인근 지역의 실제 거래 가격이 공시지가보다 낮으면 실제 거래 가격을 기준으로 매수할 수 있다.(2016.1.19 전단개정)
④ 한국농어촌공사가 제3항에 따라 농지를 매수하는 데에 필요한 자금은 「한국농어촌공사 및 농지관리기금법」 제35조제1항에 따른 농지관리기금에서 융자한다.
(2008.12.29 본항개정)

제12조【처분명령의 유예】 ① 시장(구를 두지 아니한 시의 시장을 말한다. 이하 이 조에서 같다)·군수 또는 구청장은 제10조제1항에 따른 처분의무 기간에 처분 대상 농지를 처분하지 아니한 농지 소유자가 다음 각 호의 어느 하나에 해당하면 처분의무 기간이 지난 날부터 3년간 제11조제1항에 따른 처분명령을 직권으로 유예할 수 있다.
1. 해당 농지를 자기의 농업경영에 이용하는 경우
2. 한국농어촌공사나 그 밖에 대통령령으로 정하는 자와 해당 농지의 매도위탁계약을 체결한 경우(2008.12.29 본호개정)
② 시장·군수 또는 구청장은 제1항에 따라 처분명령을 유예 받은 농지 소유자가 처분명령 유예 기간에 제1항 각 호의 어느 하나에도 해당하지 아니하게 되면 지체 없이 그 유예한 처분명령을 하여야 한다.
③ 농지 소유자가 처분명령을 유예 받은 후 제2항에 따른 처분명령을 받지 아니하고 그 유예 기간이 지난 경우에는 제10조제1항에 따른 처분의무에 대하여 처분명령이 유예된 농지의 그 처분의무만 없어진 것으로 본다.

제13조【담보 농지의 취득】 ① 농지의 저당권자로서 다음 각 호의 어느 하나에 해당하는 자는 농지 저당권 실행을 위한 경매기일을 2회 이상 진행하여도 경락인(競落人)이 없으면 그 후의 경매에 참가하여 그 담보 농지를 취득할 수 있다.
1. 「농업협동조합법」에 따른 지역농업협동조합, 지역축산업협동조합, 품목별·업종별협동조합 및 그 중앙회와 농협은행, 「수산업협동조합법」에 따른 지구별 수산업협동조합, 업종별 수산업협동조합, 수산물가공 수산업협동조합 및 그 중앙회와 수협은행, 「산림조합법」에 따른 지역산림조합, 품목별·업종별산림조합 및 그 중앙회(2016.5.29 본호개정)
2. 한국농어촌공사(2008.12.29 본호개정)
3. 「은행법」에 따라 설립된 은행이나 그 밖에 대통령령으로 정하는 금융기관(2010.5.17 본호개정)
4. 「한국자산관리공사 설립 등에 관한 법률」에 따라 설립된 한국자산관리공사(2019.11.26 본호개정)
5. 「자산유동화에 관한 법률」 제3조에 따른 유동화전문회사등
6. 「농업협동조합의 구조개선에 관한 법률」에 따라 설립된 농업협동조합자산관리회사
② 제1항제1호 및 제3호에 따른 농지 저당권자는 제1항에 따라 취득한 농지의 처분을 한국농어촌공사에 위임할 수 있다.(2008.12.29 본항개정)

제3장 농지의 이용

제1절 농지의 이용 증진 등

제14조【농지이용계획의 수립】 ① 시장·군수 또는 자치구구청장(그 관할 구역의 농지가 대통령령으로 정하는 면적 이하인 시의 시장 또는 자치구의 구청장은 제외한다)은 농지를 효율적으로 이용하기 위하여 대통령령으로 정하는 바에 따라 지역 주민의 의견을 들은 후, 「농업·농촌 및 식품산업 기본법」 제15조에 따른 시·군·구 농업·농촌및식품산업정책심의회(이하 "시·군·구 농업·농촌및식품산업정책심의회"라 한다)의 심의를 거쳐 관할 구역의 농지를 종합적으로 이용하기 위한 계획(이하 "농지이용계획"이라 한다)을 수립하여야 한다. 수립한 계획을 변경하려고 할 때에도 또한 같다.(2015.6.22 전단개정)
② 농지이용계획에는 다음 각 호의 사항이 포함되어야 한다.
1. 농지의 지대(地帶)별·용도별 이용계획
2. 농지를 효율적으로 이용하고 농업경영을 개선하기 위한 경영 규모 확대계획
3. 농지를 농업 외의 용도로 활용하는 계획
③ 시장·군수 또는 자치구구청장은 제1항에 따라 농지이용계획을 수립(변경한 경우를 포함한다. 이하 이 조에서 같다)하면 관할 특별시장·광역시장 또는 도지사(이하 "시·도지사"라 한다)의 승인을 받아 그 내용을 확정하고 고시하여야 하며, 일반인이 열람할 수 있도록 하여야 한다.
④ 시·도지사, 시장·군수 또는 자치구구청장은 농지이용계획이 확정되면 농지이용계획대로 농지가 적정하게 이용되고 개발되도록 노력하여야 하고, 필요한 투자와 지원을 하여야 한다.
⑤ 농지이용계획 수립에 필요한 사항은 농림축산식품부령으로 정한다.(2013.3.23 본항개정)

제15조【농지이용증진사업의 시행】 시장·군수·자치구구청장, 한국농어촌공사, 그 밖에 대통령령으로 정하는 자(이하 "사업시행자"라 한다)는 농지이용계획에 따라 농지 이용을 증진하기 위하여 다음 각 호의 어느 하나에 해당하는 사업(이하 "농지이용증진사업"이라 한다)을 시행할 수 있다.(2008.12.29 본문개정)
1. 농지의 매매·교환·분합 등에 의한 농지 소유권 이전을 촉진하는 사업
2. 농지의 장기 임대차, 장기 사용대차에 따른 농지 임차권(사용대차에 따른 권리를 포함한다. 이하 같다) 설정을 촉진하는 사업
3. 위탁경영을 촉진하는 사업
4. 농업인이나 농업법인이 농지를 공동으로 이용하거나 집단으로 이용하여 농업경영을 개선하는 농업 경영체 육성사업

제16조【농지이용증진사업의 요건】 농지이용증진사업은 다음 각 호의 모든 요건을 갖추어야 한다.
1. 농업경영을 목적으로 농지를 이용할 것
2. 농지 임차권 설정, 농지 소유권 이전, 농업경영의 수탁·위탁이 농업인 또는 농업법인의 경영규모를 확대하거나 농지이용을 집단화하는 데에 기여할 것
3. 기계화·시설자동화 등으로 농산물 생산 비용과 유통 비용을 포함한 농업경영 비용을 절감하는 등 농업경영 효율화에 기여할 것

제17조【농지이용증진사업 시행계획의 수립】 ① 시장·군수 또는 자치구구청장이 농지이용증진사업을 시행하려고 할 때에는 농림축산식품부령으로 정하는 바에 따라 농지이용증진사업 시행계획을 수립하여 시·군·구 농업·농촌및식품산업정책심의회의 심의를 거쳐 확정하여야 한다. 수립한 계획을 변경하려고 할 때에도 또한 같다.(2013.3.23 전단개정)
② 시장·군수 또는 자치구구청장 외의 사업시행자가 농지이용증진사업을 시행하려고 할 때에는 농림축산식품부령으로 정하는 바에 따라 농지이용증진사업 시행계획을 수립하여 시장·군수 또는 자치구구청장에게 제출하여야 한다.(2013.3.23 본항개정)
③ 시장·군수 또는 자치구구청장은 제2항에 따라 제출받은 농지이용증진사업 시행계획이 보완될 필요가 있다고 인정하면 그 사유와 기간을 구체적으로 밝혀 사업시행자에게 그 계획을 보완하도록 요구할 수 있다.
④ 농지이용증진사업 시행계획에는 다음 각 호의 사항이 포함되어야 한다.
1. 농지이용증진사업의 시행 구역
2. 농지 소유권이나 임차권을 가진 자, 임차권을 설정받을 자, 소유권을 이전받을 자 또는 농업경영을 위탁하거나 수탁할 자에 관한 사항
3. 임차권이 설정되는 농지, 소유권이 이전되는 농지 또는 농업경영을 위탁하거나 수탁하는 농지에 관한 사항
4. 설정하는 임차권의 내용, 농업경영 수탁·위탁의 내용 등에 관한 사항
5. 소유권 이전 시기, 이전 대가, 이전 대가 지급 방법, 그 밖에 농림축산식품부령으로 정하는 사항(2021.4.13 본호개정)

제18조【농지이용증진사업 시행계획의 고시와 효력】
① 시장·군수 또는 자치구구청장이 제17조제1항에 따라 농지이용증진사업 시행계획을 확정하거나 같은 조 제2항에 따라 그 계획을 제출받은 경우(같은 조 제3항에 따라 보완을 요구한 경우에는 그 보완이 끝난 때)에는 농림축산식품부령으로 정하는 바에 따라 지체 없이 이를 고시하고 관계인에게 열람하게 하여야 한다.(2013.3.23 본항개정)
② 사업시행자는 제1항에 따라 농지이용증진사업 시행계획이 고시되면 대통령령으로 정하는 바에 따라 농지이용증진사업 시행계획에 포함된 제17조제4항제2호에 규정된 자의 동의를 얻어 해당 농지에 관한 등기를 촉탁하여야 한다.
③ 사업시행자가 제2항에 따라 등기를 촉탁하는 경우에는 제17조제1항에 따른 농지이용증진사업 시행계획을 확정한 문서 또는 제1항에 따른 농지이용증진사업 시행계획이 고시된 문서와 제2항에 따른 동의서를 「부동산등기법」에 따른 등기원인을 증명하는 서면으로 본다.
(2011.4.12 본항개정)
④ 농지이용증진사업 시행계획에 따른 등기의 촉탁에 대하여는 「부동산등기 특별조치법」 제3조를 적용하지 아니한다.

제19조【농지이용증진사업에 대한 지원】 국가와 지방자치단체는 농지이용증진사업을 원활히 실시하기 위하여 필요한 지도와 주선을 하며, 예산의 범위에서 사업에 드는 자금의 일부를 지원할 수 있다.

제20조【대리경작자의 지정 등】 ① 시장(구를 두지 아니한 시의 시장을 말한다. 이하 이 조에서 같다)·군수 또는 구청장은 유휴농지(농작물 경작이나 다년생식물 재배에 이용되지 아니하는 농지로서 대통령령으로 정하는 농지를 말한다. 이하 같다)에 대하여 대통령령으로 정하는 바에 따라 그 농지의 소유권자나 임차권자를 대신하여 농작물을 경작할 자(이하 "대리경작자"라 한다)를 직권으로 지정하거나 농림축산식품부령으로 정하는 바에 따라 유휴농지를 경작하려는 자의 신청을 받아 대리경작자를 지정할 수 있다.(2013.3.23 본항개정)
② 시장·군수 또는 구청장은 제1항에 따라 대리경작자를 지정하려면 농림축산식품부령으로 정하는 바에 따라 그 농지의 소유권자 또는 임차권자에게 예고하여야 하며, 대리경작자를 지정하면 그 농지의 대리경작자와 소유권자 또는 임차권자에게 지정통지서를 보내야 한다.
(2013.3.23 본항개정)
③ 대리경작 기간은 따로 정하지 아니하면 3년으로 한다.
(2012.1.17 본항개정)
④ 대리경작자는 수확량의 100분의 10을 농림축산식품부령으로 정하는 바에 따라 그 농지의 소유권자나 임차권자에게 토지사용료로 지급하여야 한다. 이 경우 수령을 거부하거나 지급이 곤란한 경우에는 토지사용료를 공탁할 수 있다.(2013.3.23 전단개정)
⑤ 대리경작 농지의 소유권자 또는 임차권자가 그 농지를 스스로 경작하려면 제3항의 대리경작 기간이 끝나기 3개월 전까지, 그 대리경작 기간이 끝난 후에는 대리경작자 지정을 중지할 것을 농림축산식품부령으로 정하는 바에 따라 시장·군수 또는 구청장에게 신청하여야 하며, 신청을 받은 시장·군수 또는 구청장은 신청을 받은 날부터 1개월 이내에 대리경작자 지정 중지를 그 대리경작자와 그 농지의 소유권자 또는 임차권자에게 알려야 한다.
(2013.3.23 본항개정)
⑥ 시장·군수 또는 구청장은 다음 각 호의 어느 하나에 해당하면 대리경작 기간이 끝나기 전이라도 대리경작자 지정을 해지할 수 있다.
1. 대리경작 농지의 소유권자나 임차권자가 정당한 사유를 밝히고 지정 해지신청을 하는 경우
2. 대리경작자가 경작을 게을리하는 경우
3. 그 밖에 대통령령으로 정하는 사유가 있는 경우

제21조【토양의 개량·보전】 ① 국가와 지방자치단체는 농업인이나 농업법인이 환경보전적인 농업경영을 지속적으로 할 수 있도록 토양의 개량·보전에 관한 사업을 시행하여야 하고 토양의 개량·보전에 관한 시험·연구·조사 등에 관한 시책을 마련하여야 한다.
② 국가는 제1항의 목적을 달성하기 위하여 토양을 개량·보전하는 사업 등을 시행하는 지방자치단체, 농림축산식품부령으로 정하는 농업생산자단체, 농업인 또는 농업법인에 대하여 예산의 범위에서 필요한 자금의 일부를 지원할 수 있다.(2013.3.23 본항개정)

제22조【농지 소유의 세분화 방지】 ① 국가와 지방자치단체는 농업인이나 농업법인의 농지 소유가 세분화되는 것을 막기 위하여 농지를 어느 한 농업인 또는 하나의 농업법인이 일괄적으로 상속·증여 또는 양도받도록 필요한 지원을 할 수 있다.
② 「농어촌정비법」에 따른 농업생산기반정비사업이 시행된 농지는 다음 각 호의 어느 하나에 해당하는 경우 외에는 분할할 수 없다.
1. 「국토의 계획 및 이용에 관한 법률」에 따른 도시지역의 주거지역·상업지역·공업지역 또는 도시·군계획시설부지에 포함되어 있는 농지를 분할하는 경우
(2011.4.14 본호개정)
2. 제34조제1항에 따라 농지전용허가(다른 법률에 따라 농지전용허가가 의제되는 인가·허가·승인 등을 포함한다)를 받거나 제35조나 제43조에 따른 농지전용신고를 하고 전용한 농지를 분할하는 경우(2009.5.27 본호개정)
3. 분할 후의 각 필지의 면적이 2천제곱미터를 넘도록 분할하는 경우
4. 농지의 개량, 농지의 교환·분합 등 대통령령으로 정하는 사유로 분할하는 경우
③ 시장·군수 또는 구청장은 농지를 효율적으로 이용하고 농업생산성을 높이기 위하여 통상적인 영농 관행 등을 감안하여 농지 1필지를 공유로 소유(제6조제2항제4호의 경우는 제외한다)하려는 자의 최대인원수를 7인 이하의 범위에서 시·군·구의 조례로 정하는 바에 따라 제한할 수 있다.(2021.8.17 본항신설)

제2절 농지의 임대차 등

제23조【농지의 임대차 또는 사용대차】 ① 다음 각 호의 어느 하나에 해당하는 경우 외에는 농지를 임대하거나 무상사용하게 할 수 없다.
1. 제6조제2항제1호·제4호부터 제9호까지·제9호의2 및 제10호의 규정에 해당하는 농지를 임대하거나 무상사용하게 하는 경우
2. 제17조에 따른 농지이용증진사업 시행계획에 따라 농지를 임대하거나 무상사용하게 하는 경우
3. 질병, 징집, 취학, 선거에 따른 공직취임, 그 밖에 대통령령으로 정하는 부득이한 사유로 인하여 일시적으로 농업경영에 종사하지 아니하게 된 자가 소유하고 있는 농지를 임대하거나 무상사용하게 하는 경우
4. 60세 이상인 사람으로서 대통령령으로 정하는 사람이 소유하고 있는 농지 중에서 자기의 농업경영에 이용한 기간이 5년이 넘은 농지를 임대하거나 무상사용하게 하는 경우
5. 제6조제1항에 따라 개인이 소유하고 있는 농지 중 3년 이상 소유한 농지를 주말·체험영농을 하려는 자에게 임대하거나 무상사용하게 하는 경우, 또는 주말·체험영농을 하려는 자에게 임대하는 것을 업(業)으로 하는 자에게 임대하거나 무상사용하게 하는 경우(2023.8.16 본호개정)
5의2. 제6조제1항에 따라 농업법인이 소유하고 있는 농지를 주말·체험영농을 하려는 자에게 임대하거나 무상사용하게 하는 경우(2023.8.16 본호신설)
6. 제6조제1항에 따라 개인이 소유하고 있는 농지 중 3년 이상 소유한 농지를 한국농어촌공사나 그 밖에 대통령령으로 정하는 자에게 위탁하여 임대하거나 무상사용하게 하는 경우(2023.8.16 본호개정)
7. 다음 각 목의 어느 하나에 해당하는 농지를 한국농어촌공사나 그 밖에 대통령령으로 정하는 자에게 위탁하여 임대하거나 무상사용하게 하는 경우
가. 상속으로 농지를 취득한 사람으로서 농업경영을 하지 아니하는 사람이 제7조제1항에서 규정한 소유 상한을 초과하여 소유하고 있는 농지
나. 대통령령으로 정하는 기간 이상 농업경영을 한 후 이농한 사람이 제7조제2항에서 규정한 소유 상한을 초과하여 소유하고 있는 농지
8. 자경 농지를 농림축산식품부장관이 정하는 이모작을 위하여 8개월 이내로 임대하거나 무상사용하게 하는 경우
9. 대통령령으로 정하는 농지 규모화, 농작물 수급 안정 등을 목적으로 한 사업을 추진하기 위하여 필요한 자경 농지를 임대하거나 무상사용하게 하는 경우(2020.2.11 본호신설)
(2020.2.11 본항개정)
② 제1항에도 불구하고 농지를 임차하거나 사용대차한 임차인 또는 사용대차인이 그 농지를 정당한 사유 없이 농업경영에 사용하지 아니할 때에는 시장·군수·구청장이 농림축산식품부령으로 정하는 바에 따라 임대차 또는 사용대차의 종료를 명할 수 있다.(2015.7.20 본항신설)

제24조【임대차·사용대차 계약 방법과 확인】 ① 임대차계약(농업경영을 하려는 자에게 임대하는 경우만 해당한다. 이하 이 절에서 같다)과 사용대차계약(농업경영을 하려는 자에게 무상사용하게 하는 경우만 해당한다)은 서면계약을 원칙으로 한다.(2020.2.11 본항개정)
② 제1항에 따른 임대차계약은 그 등기가 없는 경우에도 임차인이 농지소재지를 관할하는 시·구·읍·면의 장의 확인을 받고, 해당 농지를 인도(引渡)받은 경우에는 그 다음 날부터 제삼자에 대하여 효력이 생긴다.
③ 시·구·읍·면의 장은 농지임대차계약 확인대장을 갖추어 두고, 임대차계약증서를 소지한 임대인 또는 임차인의 확인 신청이 있는 때에는 농림축산식품부령으로 정하는 바에 따라 임대차계약을 확인한 후 대장에 그 내용을 기록하여야 한다.(2013.3.23 본항개정)
(2012.1.17 본조개정)

제24조의2【임대차 기간】 ① 제23조제1항 각 호(제8호는 제외한다)의 임대차 기간은 3년 이상으로 하여야 한다. 다만, 다년생식물 재배지 등 대통령령으로 정하는 농지의 경우에는 5년 이상으로 하여야 한다.
② 임대차 기간을 정하지 아니하거나 제1항에 따른 기간 미만으로 정한 경우에는 제1항에 따른 기간으로 약정된 것으로 본다. 다만, 임차인은 제1항에 따른 기간 미만으로 정한 임대차 기간이 유효함을 주장할 수 있다.
③ 임대인은 제1항 및 제2항에도 불구하고 질병, 징집 등 대통령령으로 정하는 불가피한 사유가 있는 경우에는 임대차 기간을 제1항에 따른 기간 미만으로 정할 수 있다.
④ 제1항부터 제3항까지의 규정에 따른 임대차 기간은 임대차계약을 연장 또는 갱신하거나 재계약을 체결하는 경우에도 동일하게 적용한다.
(2020.2.11 본조개정)

제24조의3【임대차계약에 관한 조정 등】 ① 임대차계약의 당사자는 임대차 기간, 임차료 등 임대차계약에 관하여 서로 협의가 이루어지지 아니한 경우에는 농지소재지를 관할하는 시장·군수 또는 자치구구청장에게 조정을 신청할 수 있다.
② 시장·군수 또는 자치구구청장은 제1항에 따라 조정의 신청이 있으면 지체 없이 농지임대차조정위원회를 구성하여 조정절차를 개시하여야 한다.
③ 제2항에 따른 농지임대차조정위원회에서 작성한 조정안을 임대차계약 당사자가 수락한 때에는 이를 해당 임대차의 당사자 간에 체결된 계약의 내용으로 본다.
④ 제2항에 따른 농지임대차조정위원회는 위원장 1명을 포함한 3명의 위원으로 구성하며, 위원장은 부시장·부군수 또는 자치구의 부구청장이 되고, 위원은 「농업·농촌 및 식품산업 기본법」 제15조에 따른 시·군·구 농업·농촌및식품산업정책심의회의 위원으로서 조정의 이해당사자와 관련이 없는 사람 중에서 시장·군수·자치구구청장이 위촉한다.(2015.6.22 본항개정)
⑤ 제2항에 따른 농지임대차조정위원회의 구성·운영 등에 필요한 사항은 대통령령으로 정한다.
(2012.1.17 본조신설)

제25조【묵시의 갱신】 임대인이 임대차 기간이 끝나기 3개월 전까지 임차인에게 임대차계약을 갱신하지 아니한다는 뜻이나 임대차계약 조건을 변경한다는 뜻을 통지하지 아니하면 그 임대차 기간이 끝난 때에 이전의 임대차계약과 같은 조건으로 다시 임대차계약을 한 것으로 본다.
(2012.1.17 본조개정)

제26조【임대인의 지위 승계】 임대 농지의 양수인(讓受人)은 이 법에 따른 임대인의 지위를 승계한 것으로 본다.

제26조의2【강행규정】 이 법에 위반된 약정으로서 임차인에게 불리한 것은 그 효력이 없다.(2012.1.17 본조신설)

제27조【국유농지와 공유농지의 임대차 특례】 「국유재산법」과 「공유재산 및 물품 관리법」에 따른 국유재산과 공유재산인 농지에 대하여는 제24조, 제24조의2, 제24조의3, 제25조, 제26조 및 제26조의2를 적용하지 아니한다.
(2012.1.17 본조개정)

제4장 농지의 보전 등

제1절 농업진흥지역의 지정과 운용

제28조【농업진흥지역의 지정】 ① 시·도지사는 농지를 효율적으로 이용하고 보전하기 위하여 농업진흥지역을 지정한다.
② 제1항에 따른 농업진흥지역은 다음 각 호의 용도구역으로 구분하여 지정할 수 있다.
1. 농업진흥구역 : 농업의 진흥을 도모하여야 하는 다음 각 목의 어느 하나에 해당하는 지역으로서 농림축산식품부장관이 정하는 규모로 농지가 집단화되어 농업 목적으로 이용할 필요가 있는 지역(2013.3.23 본문개정)
가. 농지조성사업 또는 농업기반정비사업이 시행되었거나 시행 중인 지역으로서 농업용으로 이용하고 있거나 이용할 토지가 집단화되어 있는 지역
나. 가목에 해당하는 지역 외의 지역으로서 농업용으로 이용하고 있는 토지가 집단화되어 있는 지역
2. 농업보호구역 : 농업진흥구역의 용수원 확보, 수질 보전 등 농업 환경을 보호하기 위하여 필요한 지역

제29조【농업진흥지역의 지정 대상】 제28조에 따른 농업진흥지역 지정은 「국토의 계획 및 이용에 관한 법률」에 따른 녹지지역·관리지역·농림지역 및 자연환경보전지역을 대상으로 한다. 다만, 특별시의 녹지지역은 제외한다.

제30조【농업진흥지역의 지정 절차】 ① 시·도지사는 「농업·농촌 및 식품산업 기본법」 제15조에 따른 시·도 농업·농촌및식품산업정책심의회(이하 "시·도 농업·농촌및식품산업정책심의회"라 한다)의 심의를 거쳐 농림축산식품부장관의 승인을 받아 농업진흥지역을 지정한다.(2015.6.22 본항개정)
② 시·도지사는 제1항에 따라 농업진흥지역을 지정하면 지체 없이 이 사실을 고시하고 관계 기관에 통보하여야 하며, 시장·군수 또는 자치구구청장으로 하여금 일반인에게 열람하게 하여야 한다.
③ 농림축산식품부장관은 「국토의 계획 및 이용에 관한 법률」에 따른 녹지지역이나 계획관리지역이 농업진흥지역에 포함되면 제1항에 따른 농업진흥지역 지정을 승인하기 전에 국토교통부장관과 협의하여야 한다.(2013.3.23 본항개정)
④ 농업진흥지역의 지정 절차나 그 밖에 지정에 필요한 사항은 대통령령으로 정한다.

제31조【농업진흥지역 등의 변경과 해제】 ① 시·도지사는 대통령령으로 정하는 사유가 있으면 농업진흥지역 또는 용도구역을 변경하거나 해제할 수 있다. 다만, 그 사유가 없어진 경우에는 원래의 농업진흥지역 또는 용도구역으로 환원하여야 한다.
② 제1항에 따른 농업진흥지역 또는 용도구역의 변경 절차, 해제 절차 또는 환원 절차 등에 관하여는 제30조를 준용한다. 다만, 제1항 단서에 따라 원래의 농업진흥지역 또는 용도구역으로 환원하거나 농업보호구역을 농업진흥구역으로 변경하는 경우 등 대통령령으로 정하는 사항의 변경은 대통령령으로 정하는 바에 따라 시·도 농업·농촌및식품산업정책심의회의 심의나 농림축산식품부장관의 승인 없이 할 수 있다.
(2018.12.24 본조개정)

제31조의2【주민의견청취】 시·도지사는 제30조 및 제31조에 따라 농업진흥지역을 지정·변경 및 해제하려는 때에는 대통령령으로 정하는 바에 따라 미리 해당 토지의 소유자에게 그 내용을 개별통지하고 해당 지역주민의 의견을 청취하여야 한다. 다만, 다음 각 호의 어느 하나에 해당하는 경우에는 그러하지 아니하다.
1. 다른 법률에 따라 토지소유자에게 개별 통지한 경우
2. 통지를 받을 자를 알 수 없거나 그 주소·거소, 그 밖에 통지할 장소를 알 수 없는 경우
(2012.1.17 본조신설)

제31조의3【실태조사】 ① 농림축산식품부장관은 효율적인 농지 관리를 위하여 매년 다음 각 호의 조사를 하여야 한다.
1. 제20조제1항에 따른 유휴농지 조사
2. 제28조에 따른 농업진흥지역의 실태조사
3. 제54조의2제3항에 따른 정보시스템에 등록된 농지의 현황에 대한 조사
4. 그 밖의 농림축산식품부령으로 정하는 사항에 대한 조사
(2021.8.17 본항개정)

② 농림축산식품부장관이 제1항제2호에 따른 농업진흥지역 실태조사 결과 제31조제1항에 따른 농업진흥지역 등의 변경 및 해제 사유가 발생했다고 인정하는 경우 시·도지사는 해당 농업진흥지역 또는 용도구역을 변경하거나 해제할 수 있다.(2021.8.17 본항개정)
③ 그 밖에 제1항에 따른 실태조사의 범위와 방법 등에 필요한 사항은 대통령령으로 정한다.
(2018.12.24 본조신설)

제32조【용도구역에서의 행위 제한】 ① 농업진흥구역에서는 농업 생산 또는 농지 개량과 직접적으로 관련된 행위로서 대통령령으로 정하는 행위 외의 토지이용행위를 할 수 없다. 다만, 다음 각 호의 토지이용행위는 그러하지 아니하다.(2020.2.11 본문개정)
1. 대통령령으로 정하는 농수산물(농산물·임산물·축산물·수산물을 말한다. 이하 같다)의 가공·처리 시설의 설치 및 농수산업(농업·임업·축산업·수산업을 말한다. 이하 같다) 관련 시험·연구 시설의 설치
2. 어린이놀이터, 마을회관, 그 밖에 대통령령으로 정하는 농업인의 공동생활에 필요한 편의 시설 및 이용 시설의 설치
3. 대통령령으로 정하는 농업인 주택, 어업인 주택, 농업용 시설, 축산업용 시설 또는 어업용 시설의 설치 (2018.12.24 본호개정)
4. 국방·군사 시설의 설치
5. 하천, 제방, 그 밖에 이에 준하는 국토 보존 시설의 설치
6. 「국가유산기본법」 제3조에 따른 국가유산의 보수·복원·이전, 매장유산의 발굴, 비석이나 기념탑, 그 밖에 이와 비슷한 공작물의 설치(2023.8.8 본호개정)
7. 도로, 철도, 그 밖에 대통령령으로 정하는 공공시설의 설치(2009.5.27 본호개정)
8. 지하자원 개발을 위한 탐사 또는 지하광물 채광(採鑛)과 광석의 선별 및 적치(積置)를 위한 장소로 사용하는 행위
9. 농어촌 소득원 개발 등 농어촌 발전에 필요한 시설로서 대통령령으로 정하는 시설의 설치
② 농업보호구역에서는 다음 각 호 외의 토지이용행위를 할 수 없다.
1. 제1항에 따라 허용되는 토지이용행위(2020.2.11 본호개정)
2. 농업인 소득 증대에 필요한 시설로서 대통령령으로 정하는 건축물·공작물, 그 밖의 시설의 설치
3. 농업인의 생활 여건을 개선하기 위하여 필요한 시설로서 대통령령으로 정하는 건축물·공작물, 그 밖의 시설의 설치
③ 농업진흥지역 지정 당시 관계 법령에 따라 인가·허가 또는 승인 등을 받거나 신고하고 설치한 기존의 건축물·공작물과 그 밖의 시설에 대하여는 제1항과 제2항의 행위 제한 규정을 적용하지 아니한다.
④ 농업진흥지역 지정 당시 관계 법령에 따라 다음 각 호의 행위에 대하여 인가·허가·승인 등을 받거나 신고하고 공사 또는 사업을 시행 중인 자(관계 법령에 따라 인가·허가·승인 등을 받거나 신고할 필요가 없는 경우에는 시행 중인 공사 또는 사업에 착수한 자를 말한다)는 그 공사 또는 사업에 대하여만 제1항과 제2항의 행위 제한 규정을 적용하지 아니한다.
1. 건축물의 건축
2. 공작물이나 그 밖의 시설의 설치
3. 토지의 형질변경
4. 그 밖에 제1호부터 제3호까지의 행위에 준하는 행위

제33조【농업진흥지역에 대한 개발투자 확대 및 우선 지원】 ① 국가와 지방자치단체는 농업진흥지역에 대하여 대통령령으로 정하는 바에 따라 농지 및 농업시설의 개량·정비, 농어촌도로·농산물유통시설의 확충, 그 밖에 농업 발전을 위한 사업에 우선적으로 투자하여야 한다.
② 국가와 지방자치단체는 농업진흥지역의 농지에 농작물을 경작하거나 다년생식물을 재배하는 농업인 또는 농업법인에게 자금 지원이나 「조세특례제한법」에 따른 조세 경감 등 필요한 지원을 우선 실시하여야 한다.

제33조의2【농업진흥지역의 농지매수 청구】 ① 농업진흥지역의 농지를 소유하고 있는 농업인 또는 농업법인은 「한국농어촌공사 및 농지관리기금법」에 따른 한국농어촌공사(이하 "한국농어촌공사"라 한다)에 그 농지의 매수를 청구할 수 있다.
② 한국농어촌공사는 제1항에 따른 매수 청구를 받으면 「감정평가 및 감정평가사에 관한 법률」에 따른 감정평가법인등이 평가한 금액을 기준으로 해당 농지를 매수할 수 있다.(2020.4.7 본항개정)
③ 한국농어촌공사가 제2항에 따라 농지를 매수하는 데에 필요한 자금은 농지관리기금에서 융자한다.
(2012.1.17 본조신설)

제2절 농지의 전용

제34조【농지의 전용허가·협의】 ① 농지를 전용하려는 자는 다음 각 호의 어느 하나에 해당하는 경우 외에는 대통령령으로 정하는 바에 따라 농림축산식품부장관의 허가(다른 법률에 따라 농지전용허가가 의제되는 협의를 포함한다. 이하 같다)를 받아야 한다. 허가받은 농지의 면적 또는 경계 등 대통령령으로 정하는 중요 사항을 변경하려는 경우에도 또한 같다.(2023.8.16 전단개정)
1. (2023.8.16 삭제)
2. 「국토의 계획 및 이용에 관한 법률」에 따른 도시지역 또는 계획관리지역에 있는 농지로서 제2항에 따른 협의를 거친 농지나 제2항제1호 단서에 따라 협의 대상에서 제외되는 농지를 전용하는 경우(2009.5.27 본호개정)
3. 제35조에 따라 농지전용신고를 하고 농지를 전용하는 경우
4. 「산지관리법」 제14조에 따른 산지전용허가를 받지 아니하거나 같은 법 제15조에 따른 산지전용신고를 하지 아니하고 불법으로 개간한 농지를 산림으로 복구하는 경우
5. (2024.1.2 삭제)
② 주무부장관이나 지방자치단체의 장은 다음 각 호의 어느 하나에 해당하면 대통령령으로 정하는 바에 따라 농림축산식품부장관과 미리 농지전용에 관한 협의를 하여야 한다.(2013.3.23 본문개정)
1. 「국토의 계획 및 이용에 관한 법률」에 따른 도시지역에 주거지역·상업지역·공업지역을 지정하거나 같은 법에 따른 도시지역에 도시·군계획시설을 결정할 때에 해당 지역 예정지 또는 시설 예정지에 농지가 포함되어 있는 경우. 다만, 이미 지정된 주거지역·상업지역·공업지역을 다른 지역으로 변경하거나 이미 지정된 주거지역·상업지역·공업지역에 도시·군계획시설을 결정하는 경우는 제외한다.(2024.1.2 본문개정)
1의2. 「국토의 계획 및 이용에 관한 법률」에 따른 계획관리지역에 지구단위계획구역을 지정할 때에 해당 구역 예정지에 농지가 포함되어 있는 경우(2011.4.14 본호개정)
2. 「국토의 계획 및 이용에 관한 법률」에 따른 도시지역의 녹지지역 및 개발제한구역의 농지에 대하여 같은 법 제56조에 따라 개발행위를 허가하거나 「개발제한구역의 지정 및 관리에 관한 특별조치법」 제12조제1항 각 호 외의 부분 단서에 따라 토지의 형질변경허가를 하는 경우

제35조【농지전용신고】 ① 농지를 다음 각 호의 어느 하나에 해당하는 시설의 부지로 전용하려는 자는 대통령령으로 정하는 바에 따라 시장·군수 또는 자치구구청장에게 신고하여야 한다. 신고한 사항을 변경하려는 경우에도 또한 같다.(2009.5.27 전단개정)
1. 농업인 주택, 어업인 주택, 농축산업용 시설(제2조제1호나목에 따른 개량시설과 농축산물 생산시설은 제외한다), 농수산물 유통·가공 시설(2012.1.17 본호개정)
2. 어린이놀이터·마을회관 등 농업인의 공동생활 편의 시설
3. 농수산 관련 연구 시설과 양어장·양식장 등 어업용 시설
② 시장·군수 또는 자치구구청장은 제1항에 따른 신고를 받은 경우 그 내용을 검토하여 이 법에 적합하면 신고를 수리하여야 한다.(2020.2.11 본항신설)
③ 제1항에 따른 신고 대상 시설의 범위와 규모, 농업진흥지역에서의 설치 제한, 설치자의 범위 등에 관한 사항은 대통령령으로 정한다.

제36조【농지의 타용도 일시사용허가 등】 ① 농지를 다음 각 호의 어느 하나에 해당하는 용도로 일시 사용하려는 자는 대통령령으로 정하는 바에 따라 일정 기간 사용한 후 농지로 복구한다는 조건으로 시장·군수 또는 자치구구청장의 허가를 받아야 한다. 허가받은 사항을 변경하려는 경우에도 또한 같다. 다만, 국가나 지방자치단체의 경우에는 시장·군수 또는 자치구구청장과 협의하여야 한다.
1. 「건축법」에 따른 건축허가 또는 건축신고 대상시설이 아닌 간이 농수축산업용 시설(제2조제1호나목에 따른 개량시설과 농축산물 생산시설은 제외한다)과 농수산물의 간이 처리 시설을 설치하는 경우
2. 주(主)목적사업(해당 농지에서 허용되는 사업만 해당한다)을 위하여 현장 사무소나 부대시설, 그 밖에 이에 준하는 시설을 설치하거나 물건을 적치(積置)하거나 매설(埋設)하는 경우
3. 대통령령으로 정하는 토석과 광물을 채굴하는 경우
4. 「전기사업법」 제2조제1호의 전기사업을 영위하기 위한 목적으로 설치하는 「신에너지 및 재생에너지 개발·이용·보급 촉진법」 제2조제2호가목에 따른 태양에너지 발전설비(이하 "태양에너지 발전설비"라 한다)로서 다음 각 목의 요건을 모두 갖춘 경우
가. 「공유수면 관리 및 매립에 관한 법률」 제2조에 따른 공유수면매립을 통하여 조성한 토지 중 토양 염도가 일정 수준 이상인 지역 등 농림축산식품부령으로 정하는 지역에 설치하는 시설일 것
나. 설치 규모, 염도 측정방법 등 농림축산식품부장관이 별도로 정한 요건에 적합하게 설치하는 시설일 것
(2018.12.24 본호신설)
5. 「건축법」에 따른 건축허가 또는 건축신고 대상시설이 아닌 작물재배사(고정식온실·버섯재배사 및 비닐하우스는 제외한다) 중 농업생산성 제고를 위하여 정보통신기술을 결합한 시설로서 대통령령으로 정하는 요건을 모두 갖춘 시설을 설치하는 경우(2024.1.2 본호신설)
② 시장·군수 또는 자치구구청장은 주무부장관이나 지방자치단체의 장이 다른 법률에 따른 사업 또는 사업계획 등의 인가·허가 또는 승인 등과 관련하여 농지의 타용도 일시사용 협의를 요청하면, 그 인가·허가 또는 승인 등을 할 때에 해당 사업을 시행하려는 자에게 일정 기간 그 농지를 사용한 후 농지로 복구한다는 조건을 붙일 것을 전제로 협의할 수 있다.
③ 시장·군수 또는 자치구구청장은 제1항에 따른 허가를 하거나 제2항에 따른 협의를 할 때에는 대통령령으로 정하는 바에 따라 사업을 시행하려는 자에게 농지로의 복구계획을 제출하게 하고 복구비용을 예치하게 할 수 있다. 이 경우 예치된 복구비용은 사업시행자가 사업이 종료된 후 농지로의 복구계획을 이행하지 않는 경우 복구대행비로 사용할 수 있다.(2018.12.24 후단신설)
④ 시장·군수·자치구구청장은 제1항 및 제2항에 따라 최초 농지의 타용도 일시사용 후 목적사업을 완료하지 못하여 그 기간을 연장하려는 경우에는 대통령령으로 정하는 바에 따라 복구비용을 재산정하여 제3항에 따라 예치한 복구비용이 재산정한 복구비용보다 적은 경우에는 그 차액을 추가로 예치하게 하여야 한다.(2018.12.24 본항신설)
⑤ 제3항 및 제4항에 따른 복구비용의 산출 기준, 납부 시기, 납부 절차, 그 밖에 필요한 사항은 대통령령으로 정한다.(2018.12.24 본항개정)

제36조의2【농지의 타용도 일시사용신고 등】 ① 농지를 다음 각 호의 어느 하나에 해당하는 용도로 일시사용하려는 자는 대통령령으로 정하는 바에 따라 지력을 훼손하지 아니하는 범위에서 일정 기간 사용한 후 농지로 원상복구한다는 조건으로 시장·군수 또는 자치구구청장에게 신고하여야 한다. 신고한 사항을 변경하려는 경우에도 또한 같다. 다만, 국가나 지방자치단체의 경우에는 시장·군수 또는 자치구구청장과 협의하여야 한다.
1. 썰매장, 지역축제장 등으로 일시적으로 사용하는 경우
2. 제36조제1항제1호 또는 제2호에 해당하는 시설을 일시적으로 설치하는 경우
② 시장·군수 또는 자치구구청장은 주무부장관이나 지방자치단체의 장이 다른 법률에 따른 사업 또는 사업계획 등의 인가·허가 또는 승인 등과 관련하여 농지의 타용도 일시사용 협의를 요청하면, 그 인가·허가 또는 승인 등을 할 때에 해당 사업을 시행하려는 자에게 일정 기간 그 농지를 사용한 후 농지로 복구한다는 조건을 붙일 것을 전제로 협의할 수 있다.
③ 시장·군수 또는 자치구구청장은 제1항에 따른 신고를 수리하거나 제2항에 따른 협의를 할 때에는 대통령령으로 정하는 바에 따라 사업을 시행하려는 자에게 농지로의 복구계획을 제출하게 하고 복구비용을 예치하게 할 수 있다. 이 경우 예치된 복구비용은 사업시행자가 사업이 종료된 후 농지로의 복구계획을 이행하지 않는 경우 복구대행비로 사용할 수 있다.(2018.12.24 후단신설)
④ 시장·군수 또는 자치구구청장은 제1항에 따른 신고를 받은 날부터 10일 이내에 신고수리 여부를 신고인에게 통지하여야 한다.
⑤ 시장·군수 또는 자치구구청장이 제4항에서 정한 기간 내에 신고수리 여부 또는 민원 처리 관련 법령에 따른 처리기간의 연장을 신고인에게 통지하지 아니하면 그 기간(민원 처리 관련 법령에 따라 처리기간이 연장 또는 재연장된 경우에는 해당 처리기간을 말한다)이 끝난 날의 다음 날에 신고를 수리한 것으로 본다.
⑥ 제1항에 따른 신고 대상 농지의 범위와 규모, 일시사용 기간, 제3항에 따른 복구비용의 산출 기준, 복구비용 납부 시기와 절차, 그 밖에 필요한 사항은 대통령령으로 정한다.
(2017.10.31 본조신설)

제37조【농지전용허가 등의 제한】 ① 농림축산식품부장관은 제34조제1항에 따른 농지전용허가를 결정할 경우 다음 각 호의 어느 하나에 해당하는 시설의 부지로 사용하려는 농지는 전용을 허가할 수 없다. 다만, 「국토의 계획 및 이용에 관한 법률」에 따른 도시지역·계획관리지역 및 개발진흥지구에 있는 농지는 다음 각 호의 어느 하나에 해당하는 시설의 부지로 사용하더라도 전용을 허가할 수 있다.(2013.3.23 본문개정)
1. 「대기환경보전법」 제2조제11호에 따른 대기오염물질배출시설로서 대통령령으로 정하는 시설(2024.1.2 본호개정)
2. 「물환경보전법」 제2조제10호에 따른 폐수배출시설로서 대통령령으로 정하는 시설(2017.1.17 본호개정)
3. 농업의 진흥이나 농지의 보전을 해칠 우려가 있는 시설로서 대통령령으로 정하는 시설
② 농림축산식품부장관, 시장·군수 또는 자치구구청장은 제34조제1항에 따른 농지전용허가 및 같은 조 제2항에 따른 협의를 하거나 제36조에 따른 농지의 타용도 일시사용허가 및 협의를 할 때 그 농지가 다음 각 호의 어느 하나에 해당하면 전용을 제한하거나 타용도 일시사용을 제한할 수 있다.(2023.8.16 본문개정)
1. 전용하려는 농지가 농업생산기반이 정비되어 있거나 농업생산기반 정비사업 시행예정 지역으로 편입되어 우량농지로 보전할 필요가 있는 경우
2. 해당 농지를 전용하거나 다른 용도로 일시사용하면 일조·통풍·통작(通作)에 매우 크게 지장을 주거나 농지개량시설의 폐지를 수반하여 인근 농지의 농업경영에 매우 큰 영향을 미치는 경우
3. 해당 농지를 전용하거나 타용도로 일시 사용하면 토사가 유출되는 등 인근 농지 또는 농지개량시설을 훼손할 우려가 있는 경우

4. 전용 목적을 실현하기 위한 사업계획 및 자금 조달계획이 불확실한 경우
5. 전용하려는 농지의 면적이 전용 목적 실현에 필요한 면적보다 지나치게 넓은 경우

제37조의2【둘 이상의 용도지역·용도지구에 걸치는 농지에 대한 전용허가 시 적용기준】 한 필지의 농지에 「국토의 계획 및 이용에 관한 법률」에 따른 도시지역·계획관리지역 및 개발진흥지구와 그 외의 용도지역 또는 용도지구(「국토의 계획 및 이용에 관한 법률」 제36조제1항 또는 제37조제1항에 따른 용도지역 또는 용도지구를 말한다. 이하 이 조에서 같다)가 걸치는 경우로서 해당 농지 면적에서 차지하는 비율이 가장 작은 용도지역 또는 용도지구가 대통령령으로 정하는 면적 이하인 경우에는 해당 농지 면적에서 차지하는 비율이 가장 큰 용도지역 또는 용도지구를 기준으로 제37조제1항을 적용한다.
(2020.2.11 본조신설)

제37조의3【농지관리위원회의 설치·운영】 ① 농림축산식품부장관의 다음 각 호의 사항에 대한 자문에 응하게 하기 위하여 농림축산식품부에 농지관리위원회(이하 "위원회"라 한다)를 둔다.
1. 농지의 이용, 보전 등의 정책 수립에 관한 사항
2. 제34조에 따른 농지전용허가 및 협의 또는 제35조에 따른 농지전용신고 사항 중 대통령령으로 정하는 규모 이상의 농지전용에 관한 사항
3. 그 밖에 농림축산식품부장관이 필요하다고 인정하여 위원회에 부치는 사항
② 위원회는 위원장 1명을 포함한 20명 이내의 위원으로 구성한다.
③ 위원회의 위원은 관계 행정기관의 공무원, 농업·농촌·토지이용·공간정보·환경 등과 관련된 분야에 관한 학식과 경험이 풍부한 사람 중에서 농림축산식품부장관이 위촉하며, 위원장은 위원 중에서 호선한다.
④ 위원장 및 위원의 임기는 2년으로 한다.
⑤ 위원회의 구성·운영에 관하여 필요한 사항은 대통령령으로 정한다.
(2021.8.17 본조신설)

제38조【농지보전부담금】 ① 다음 각 호의 어느 하나에 해당하는 자는 농지의 보전·관리 및 조성을 위한 부담금(이하 "농지보전부담금"이라 한다)을 농지관리기금을 운용·관리하는 자에게 내야 한다.
1. 제34조제1항에 따라 농지전용허가를 받는 자
2. 제34조제2항제1호에 따라 농지전용협의를 거친 지역 예정지 또는 시설 예정지에 있는 농지(같은 호 단서에 따라 협의 대상에서 제외되는 농지를 포함한다)를 전용하려는 자
2의2. 제34조제2항제1호의2에 따라 농지전용에 관한 협의를 거친 구역 예정지에 있는 농지를 전용하려는 자(2009.5.27 본호신설)
3. 제34조제2항제2호에 따라 농지전용협의를 거친 농지를 전용하려는 자
4. (2023.8.16 삭제)
5. 제35조나 제43조에 따라 농지전용신고를 하고 농지를 전용하려는 자(2009.5.27 본호개정)
② 농림축산식품부장관은 다음 각 호의 어느 하나에 해당하는 사유로 농지보전부담금을 한꺼번에 내기 어렵다고 인정되는 경우에는 대통령령으로 정하는 바에 따라 농지보전부담금을 나누어 내게 할 수 있다.(2015.1.20 본문개정)
1. 「공공기관의 운영에 관한 법률」에 따른 공공기관과 「지방공기업법」에 따른 지방공기업이 산업단지의 시설용지로 농지를 전용하는 경우 등 대통령령으로 정하는 농지의 전용(2015.1.20 본호신설)
2. 농지보전부담금이 농림축산식품부령으로 정하는 금액 이상인 경우(2015.1.20 본호신설)
③ 농림축산식품부장관은 제2항에 따라 농지보전부담금을 나누어 내게 하려면 대통령령으로 정하는 바에 따라 농지보전부담금을 나누어 내려는 자에게 나누어 낼 농지보전부담금에 대한 납입보증보험증서 등을 미리 예치하게 하여야 한다. 다만, 농지보전부담금을 나누어 내려는 자가 국가나 지방자치단체, 그 밖에 대통령령으로 정하는 자인 경우에는 그러하지 아니하다.(2013.3.23 본문개정)
④ 농지를 전용하려는 자는 제1항 또는 제2항에 따른 농지보전부담금의 전부 또는 일부를 농지전용허가·농지전용신고(다른 법률에 따라 농지전용허가 또는 농지전용신고가 의제되는 인가·허가·승인 등을 포함한다) 전까지 납부하여야 한다.(2015.1.20 본항신설)
⑤ 농지관리기금을 운용·관리하는 자는 다음 각 호의 어느 하나에 해당하는 경우 대통령령으로 정하는 바에 따라 그에 해당하는 농지보전부담금을 환급하여야 한다.
1. 농지보전부담금을 낸 자의 허가가 제39조에 따라 취소된 경우
2. 농지보전부담금을 낸 자의 사업계획이 변경된 경우
2의2. 제4항에 따라 농지보전부담금을 납부하고 허가를 받지 못한 경우(2015.1.20 본호신설)
3. 그 밖에 이에 준하는 사유로 전용하려는 농지의 면적이 당초보다 줄어든 경우
⑥ 농림축산식품부장관은 다음 각 호의 어느 하나에 해당하면 대통령령으로 정하는 바에 따라 농지보전부담금을 감면할 수 있다.(2013.3.23 본문개정)
1. 국가나 지방자치단체가 공용 목적이나 공공용 목적으로 농지를 전용하는 경우
2. 대통령령으로 정하는 중요 산업 시설을 설치하기 위하여 농지를 전용하는 경우
3. 제35조제1항 각 호에 따른 시설이나 그 밖에 대통령령으로 정하는 시설을 설치하기 위하여 농지를 전용하는 경우
⑦ 농지보전부담금은 「부동산 가격공시에 관한 법률」에 따른 해당 농지의 개별공시지가의 범위에서 대통령령으로 정하는 부과기준을 적용하여 산정한 금액으로 하되, 농업진흥지역과 농업진흥지역 밖의 농지를 차등하여 부과기준을 적용할 수 있으며, 부과기준일은 다음 각 호의 구분에 따른다.(2018.12.24 본문개정)
1. 제34조제1항에 따라 농지전용허가를 받는 경우 : 허가를 신청한 날
2. 제34조제2항에 따라 농지를 전용하려는 경우 : 대통령령으로 정하는 날
3. 다른 법률에 따라 농지전용허가가 의제되는 협의를 거친 농지를 전용하려는 경우 : 대통령령으로 정하는 날
4. 제35조나 제43조에 따라 농지전용신고를 하고 농지를 전용하려는 경우 : 신고를 접수한 날
(2018.12.24 1호~4호신설)
⑧ 농림축산식품부장관은 농지보전부담금을 내야 하는 자가 납부기한까지 내지 아니하면 납부기한이 지난 후 10일 이내에 납부기한으로부터 30일 이내의 기간을 정한 독촉장을 발급하여야 한다.(2018.12.24 본항개정)
⑨ 농림축산식품부장관은 농지보전부담금을 내야 하는 자가 납부기한까지 부담금을 내지 아니한 경우에는 납부기한이 지난 날부터 체납된 농지보전부담금의 100분의 3에 상당하는 금액을 가산금으로 부과한다.(2018.12.24 본문개정)
1.~2. (2015.1.20 삭제)
⑩ 농림축산식품부장관은 농지보전부담금을 체납한 자가 체납된 농지보전부담금을 납부하지 아니한 때에는 납부기한이 지난 날부터 1개월이 지날 때마다 체납된 농지보전부담금의 1천분의 12에 상당하는 가산금(이하 "중가산금"이라 한다)을 제9항에 따른 가산금에 더하여 부과하되, 체납된 농지보전부담금의 금액이 100만원 미만인 경우는 중가산금을 부과하지 아니한다. 이 경우 중가산금을 가산하여 징수하는 기간은 60개월을 초과하지 못한다.
(2015.1.20 본항신설)
⑪ 농림축산식품부장관은 농지보전부담금을 내야 하는 자가 독촉장을 받고 지정된 기한까지 부담금과 가산금 및 중가산금을 내지 아니하면 국세 또는 지방세 체납처분의 예에 따라 징수할 수 있다.(2015.1.20 본항개정)
⑫ 농림축산식품부장관은 다음 각 호의 어느 하나에 해당하는 사유가 있으면 해당 농지보전부담금에 관하여 결손처분을 할 수 있다. 다만, 제1호·제3호 및 제4호의 경우 결손처분을 한 후에 압류할 수 있는 재산을 발견하면 지체 없이 결손처분을 취소하고 체납처분을 하여야 한다.
(2013.3.23 본문개정)
1. 체납처분이 종결되고 체납액에 충당된 배분금액이 그 체납액에 미치지 못한 경우
2. 농지보전부담금을 받을 권리에 대한 소멸시효가 완성된 경우
3. 체납처분의 목적물인 총재산의 추산가액(推算價額)이 체납처분비에 충당하고 남을 여지가 없는 경우
4. 체납자가 사망하거나 행방불명되는 등 대통령령으로 정하는 사유로 인하여 징수할 가능성이 없다고 인정되는 경우
⑬ 농림축산식품부장관은 제51조에 따라 권한을 위임받은 자 또는 「한국농어촌공사 및 농지관리기금법」 제35조제2항에 따라 농지관리기금 운용·관리 업무를 위탁받은 자에게 농지보전부담금 부과·수납에 관한 업무를 취급하게 하는 경우 대통령령으로 정하는 바에 따라 수수료를 지급하여야 한다.(2013.3.23 본항개정)
⑭ 농지관리기금을 운용·관리하는 자는 제1항에 따라 수납하는 농지보전부담금 중 제13항에 따른 수수료를 뺀 금액을 농지관리기금에 납입하여야 한다.(2015.1.20 본항개정)
⑮ 농지보전부담금의 납부기한, 납부 절차, 그 밖에 필요한 사항은 대통령령으로 정한다.

제39조【전용허가의 취소 등】 ① 농림축산식품부장관, 시장·군수 또는 자치구구청장은 제34조제1항에 따른 농지전용허가 또는 제36조에 따른 농지의 타용도 일시사용허가를 받았거나 제35조 또는 제43조에 따른 농지전용신고 또는 제36조의2에 따른 농지의 타용도 일시사용신고를 한 자가 다음 각 호의 어느 하나에 해당하면 농림축산식품부령으로 정하는 바에 따라 허가를 취소하거나 관계 공사의 중지, 조업의 정지, 사업규모의 축소 또는 사업계획의 변경, 그 밖에 필요한 조치를 명할 수 있다. 다만, 제7호에 해당하면 그 허가를 취소하여야 한다.
(2017.10.31 본문개정)
1. 거짓이나 그 밖의 부정한 방법으로 허가를 받거나 신고한 것이 판명된 경우
2. 허가 목적이나 허가 조건을 위반하는 경우
3. 허가를 받지 아니하거나 신고하지 아니하고 사업계획 또는 사업 규모를 변경하는 경우
4. 허가를 받거나 신고를 한 후 농지전용 목적사업과 관련된 사업계획의 변경 등 대통령령으로 정하는 정당한 사유 없이 최초로 허가를 받거나 신고를 한 날부터 2년 이상 대지의 조성, 시설물의 설치 등 농지전용 목적사업에 착수하지 아니하거나 농지전용 목적사업에 착수한 후 1년 이상 공사를 중단한 경우(2024.1.2 본호개정)
5. 농지보전부담금을 내지 아니한 경우
6. 허가를 받은 자나 신고를 한 자가 허가취소를 신청하거나 신고를 철회하는 경우
7. 허가를 받은 자가 관계 공사의 중지 등 이 조 본문에 따른 조치명령을 위반한 경우
② 농림축산식품부장관은 다른 법률에 따라 농지의 전용이 의제되는 협의를 거쳐 농지를 전용하려는 자가 농지보전부담금 부과 후 농지보전부담금을 납부하지 아니하고 2년 이내에 농지전용의 원인이 된 목적사업에 착수하지 아니하는 경우 관계 기관의 장에게 그 목적사업에 관련된 승인·허가 등의 취소를 요청할 수 있다. 이 경우 취소를 요청받은 관계 기관의 장은 특별한 사유가 없으면 이에 따라야 한다.(2015.1.20 본항신설)

제40조【용도변경의 승인】 ① 다음 각 호의 어느 하나에 해당하는 절차를 거쳐 농지전용 목적사업에 사용되고 있거나 사용된 토지를 대통령령으로 정하는 기간 이내에 다른 목적으로 사용하려는 경우에는 농림축산식품부령으로 정하는 바에 따라 시장·군수 또는 자치구구청장의 승인을 받아야 한다.(2018.12.24 본문개정)
1. 제34조제1항에 따른 농지전용허가
2. 제34조제2항제2호에 따른 농지전용협의
3. 제35조 또는 제43조에 따른 농지전용신고
② 제1항에 따라 승인을 받아야 하는 자 중 농지보전부담금이 감면되는 시설의 부지로 전용된 토지를 농지보전부담금 감면 비율이 다른 시설의 부지로 사용하려는 자는 대통령령으로 정하는 바에 따라 그에 해당하는 농지보전부담금을 내야 한다.

제41조【농지의 지목 변경 제한】 다음 각 호의 어느 하나에 해당하는 경우 외에는 농지를 전·답·과수원 외의 지목으로 변경하지 못한다.
1. 제34조제1항에 따라 농지전용허가를 받거나 같은 조 제2항에 따라 농지를 전용한 경우(2023.8.16 본호개정)
2. 제34조제1항제4호에 규정된 목적으로 농지를 전용한 경우(2024.1.2 본호개정)
3. 제35조 또는 제43조에 따라 농지전용신고를 하고 농지를 전용한 경우
4. 「농어촌정비법」 제2조제5호가목 또는 나목에 따른 농어촌용수의 개발사업이나 농업생산기반 개량사업의 시행으로 이 법 제2조제1호나목에 따른 토지의 개량 시설의 부지로 변경되는 경우
5. 시장·군수 또는 자치구구청장이 천재지변이나 그 밖의 불가항력(不可抗力)의 사유로 그 농지의 형질이 현저히 달라져 원상회복이 거의 불가능하다고 인정하는 경우

제42조【원상회복 등】 ① 농림축산식품부장관, 시장·군수 또는 자치구구청장은 다음 각 호의 어느 하나에 해당하면 그 행위를 한 자에게 기간을 정하여 원상회복을 명할 수 있다.(2013.3.23 본문개정)
1. 제34조제1항에 따른 농지전용허가 또는 제36조에 따른 농지의 타용도 일시사용허가를 받지 아니하고 농지를 전용하거나 다른 용도로 사용한 경우
2. 제35조 또는 제43조에 따른 농지전용신고 또는 제36조의2에 따른 농지의 타용도 일시사용신고를 하지 아니하고 농지를 전용하거나 다른 용도로 사용한 경우
(2017.10.31 본호개정)
3. 제39조에 따라 허가가 취소된 경우
4. 농지전용신고를 한 자가 제39조에 따른 조치명령을 위반한 경우
② 농림축산식품부장관, 시장·군수 또는 자치구구청장은 제1항에 따른 원상회복명령을 위반하여 원상회복을 하지 아니하면 대집행(代執行)으로 원상회복을 할 수 있다.(2013.3.23 본항개정)
③ 제2항에 따른 대집행의 절차에 관하여는 「행정대집행법」을 적용한다.

제43조【농지전용허가의 특례】 제34조제1항에 따른 농지전용허가를 받아야 하는 자가 제6조제2항제9호의2에 해당하는 농지를 전용하려면 제34조제1항 또는 제37조제1항에도 불구하고 대통령령으로 정하는 바에 따라 시장·군수 또는 자치구구청장에게 신고하고 농지를 전용할 수 있다.(2009.5.27 본조개정)

제3절 농지위원회
(2021.8.17 본절제목개정)

제44조【농지위원회의 설치】 농지의 취득 및 이용의 효율적인 관리를 위해 시·구·읍·면에 각각 농지위원회를 둔다. 다만, 해당 지역 내의 농지가 농림축산식품부령으로 정하는 면적 이하이거나, 농지위원회의 효율적 운영을 위하여 필요한 경우 시·군의 조례로 정하는 바에 따라 그 행정구역 안에 권역별로 설치할 수 있다.
(2021.8.17 본조신설)

제45조【농지위원회의 구성】 ① 농지위원회는 위원장 1명을 포함한 10명 이상 20명 이하의 위원으로 구성하며 위원장은 위원 중에서 호선한다.

② 농지위원회의 위원은 다음 각 호의 어느 하나에 해당하는 사람으로 구성한다.
1. 해당 지역에서 농업경영을 하고 있는 사람
2. 해당 지역에 소재하는 농업 관련 기관 또는 단체의 추천을 받은 사람
3. 「비영리민간단체 지원법」 제2조에 따른 비영리민간단체의 추천을 받은 사람
4. 농업 및 농지정책에 대하여 학식과 경험이 풍부한 사람
③ 농지위원회의 효율적 운영을 위하여 필요한 경우에는 각 10명 이내의 위원으로 구성되는 분과위원회를 둘 수 있다.
④ 분과위원회의 심의는 농지위원회의 심의로 본다.
⑤ 위원의 임기·선임·해임 등 농지위원회 및 분과위원회의 운영에 필요한 사항은 대통령령으로 정한다.
(2021.8.17 본조신설)

제46조【농지위원회의 기능】 농지위원회는 다음 각 호의 기능을 수행한다.
1. 제8조제3항에 따른 농지취득자격증명 심사에 관한 사항
2. 제34조제1항에 따른 농지전용허가를 받은 농지의 목적사업 추진상황에 관한 확인
3. 제54조제1항에 따른 농지의 소유 등에 관한 조사 참여
4. 그 밖에 농지 관리에 관하여 농림축산식품부령으로 정하는 사항
(2021.8.17 본조신설)

제47조～제48조 (2009.5.27 삭제)

제4절 농지대장
(2021.8.17 본절제목삽입)

제49조【농지대장의 작성과 비치】 ① 시·구·읍·면의 장은 농지 소유 실태와 농지 이용 실태를 파악하여 이를 효율적으로 이용하고 관리하기 위하여 대통령령으로 정하는 바에 따라 농지대장(農地臺帳)을 작성하여 갖추어 두어야 한다.
② 제1항에 따른 농지대장에는 농지의 소재지·지번·지목·면적·소유자·임대차 정보·농업진흥지역 여부 등을 포함한다.(2021.8.17 본항신설)
③ 시·구·읍·면의 장은 제1항에 따른 농지대장을 작성·정리하거나 농지 이용 실태를 파악하기 위하여 필요하면 해당 농지 소유자에게 필요한 사항을 보고하게 하거나 관계 공무원에게 그 상황을 조사하게 할 수 있다.
④ 시·구·읍·면의 장은 농지대장의 내용에 변동사항이 생기면 그 변동사항을 지체 없이 정리하여야 한다.
⑤ 제1항의 농지대장에 적을 사항을 전산정보처리조직으로 처리하는 경우 그 농지대장 파일(자기디스크나 자기테이프, 그 밖에 이와 비슷한 방법으로 기록하여 보관하는 농지대장을 말한다)은 제1항에 따른 농지대장으로 본다.
⑥ 농지대장의 서식·작성·관리와 전산정보처리조직 등에 필요한 사항은 농림축산식품부령으로 정한다.
(2021.8.17 본조개정)

제49조의2【농지이용 정보 등 변경신청】 농지소유자 또는 임차인은 다음 각 호의 사유가 발생하는 경우 그 변경사유가 발생한 날부터 60일 이내에 시·구·읍·면의 장에게 농지대장의 변경을 신청하여야 한다.
1. 농지의 임대차계약과 사용대차계약이 체결·변경 또는 해제되는 경우
2. 제2조제1호나목에 따른 토지에 농축산물 생산시설을 설치하는 경우(2024.1.2 본호개정)
3. 그 밖에 농림축산식품부령으로 정하는 사유에 해당하는 경우
(2021.8.17 본조신설)

제50조【농지대장의 열람 또는 등본 등의 교부】 ① 시·구·읍·면의 장은 농지대장의 열람신청 또는 등본 교부신청을 받으면 농림축산식품부령으로 정하는 바에 따라 농지대장을 열람하게 하거나 그 등본을 내주어야 한다.
(2021.8.17 본항개정)
② 시·구·읍·면의 장은 자경(自耕)하고 있는 농업인 또는 농업법인이 신청하면 농림축산식품부령으로 정하는 바에 따라 자경증명을 발급하여야 한다.
(2021.8.17 본조제목개정)
(2013.3.23 본조개정)

제5장 보 칙

제51조【권한의 위임과 위탁 등】 ① 이 법에 따른 농림축산식품부장관의 권한은 대통령령으로 정하는 바에 따라 그 일부를 소속기관의 장, 시·도지사 또는 시장·군수·자치구구청장에게 위임할 수 있다.(2021.8.17 본항개정)
② 농림축산식품부장관은 이 법에 따른 업무의 일부를 대통령령으로 정하는 바에 따라 그 일부를 한국농어촌공사, 농업 관련 기관 또는 농업 관련 단체에 위탁할 수 있다.
③ 농림축산식품부장관은 대통령령으로 정하는 바에 따라 「한국농어촌공사 및 농지관리기금법」 제35조에 따라 농지관리기금의 운용·관리업무를 위탁받은 자에게 제38조제1항 및 제40조제2항에 따른 농지보전부담금 수납 업무를 대행하게 할 수 있다.
(2013.3.23 본조개정)

제51조의2【벌칙 적용에서 공무원 의제】 위원회 및 제44조에 따른 농지위원회의 위원 중 공무원이 아닌 사람은 「형법」 제127조 및 제129조부터 제132조까지의 규정을 적용할 때에는 공무원으로 본다.(2021.8.17 본조신설)

제52조【포상금】 농림축산식품부장관은 다음 각 호의 어느 하나에 해당하는 자를 주무관청이나 수사기관에 신고하거나 고발한 자에게 대통령령으로 정하는 바에 따라 포상금을 지급할 수 있다.(2013.3.23 본문개정)
1. 제6조에 따른 농지 소유 제한이나 제7조에 따른 농지 소유 상한을 위반하여 농지를 소유할 목적으로 거짓이나 그 밖의 부정한 방법으로 제8조제1항에 따른 농지취득자격증명을 발급받은 자
2. 제32조제1항 또는 제2항을 위반한 자
3. 제34조제1항에 따른 농지전용허가를 받지 아니하고 농지를 전용한 자 또는 거짓이나 그 밖의 부정한 방법으로 제34조제1항에 따른 농지전용허가를 받은 자
4. 제35조 또는 제43조에 따른 신고를 하지 아니하고 농지를 전용한 자
5. 제36조제1항에 따른 농지의 타용도 일시사용허가를 받지 아니하고 농지를 다른 용도로 사용한 자
6. 제36조의2제1항에 따른 농지의 타용도 일시사용신고를 하지 아니하고 농지를 다른 용도로 사용한 자
(2017.10.31 본호신설)
7. 제40조제1항을 위반하여 전용된 토지를 승인 없이 다른 목적으로 사용한 자

제53조【농업진흥구역과 농업보호구역에 걸치는 한 필지의 토지 등에 대한 행위 제한의 특례】 ① 한 필지의 토지가 농업진흥구역과 농업보호구역에 걸쳐 있으면서 농업진흥구역에 속하는 토지 부분이 대통령령으로 정하는 규모 이하이면 그 토지 부분에 대하여는 제32조에 따른 행위 제한을 적용할 때 농업보호구역에 관한 규정을 적용한다.
② 한 필지의 토지 일부가 농업진흥지역에 걸쳐 있으면서 농업진흥지역에 속하는 토지 부분의 면적이 대통령령으로 정하는 규모 이하이면 그 토지 부분에 대하여는 제32조제1항 및 제2항을 적용하지 아니한다.

제54조【농지의 소유 등에 관한 조사】 ① 농림축산식품부장관, 시장·군수 또는 자치구구청장은 농지의 소유·거래·이용 또는 전용 등에 관한 사실을 확인하기 위하여 소속 공무원에게 그 실태를 정기적으로 조사하게 하여야 한다.(2021.8.17 본문개정)
1.～6. (2021.8.17 삭제)
② 농림축산식품부장관, 시장·군수 또는 자치구구청장은 제1항에 따라 농지의 소유·거래·이용 또는 전용 등에 관한 사실을 확인하기 위하여 농지 소유자, 임차인 또는 사용대차인에게 필요한 자료의 제출 또는 의견의 진술을 요청할 수 있다. 이 경우 자료의 제출이나 의견의 진술을 요청받은 농지 소유자, 임차인 또는 사용대차인은 특별한 사유가 없으면 이에 협조하여야 한다.(2023.8.16 본항신설)
③ 제1항에 따른 조사는 일정기간 내에 제8조에 따른 농지취득자격증명이 발급된 농지 등 농림축산식품부령으로 정하는 농지에 대하여 매년 1회 이상 실시하여야 한다.
(2021.8.17 본항신설)
④ 시장·군수 또는 자치구구청장은 제1항에 따른 조사를 실시하고 그 결과를 다음연도 3월 31일까지 시·도지사를 거쳐 농림축산식품부장관에게 보고하여야 한다.
(2021.8.17 본항신설)
⑤ 농림축산식품부장관은 제4항에 따른 조사 결과를 농림축산식품부령으로 정하는 바에 따라 공개할 수 있다.
(2023.8.16 본항개정)
⑥ 제1항에 따라 검사 또는 조사를 하는 공무원은 그 권한을 표시하는 증표를 지니고 이를 관계인에게 내보여야 한다.
⑦ 제1항과 제3항에 따른 검사·조사 및 증표에 관하여 필요한 사항은 농림축산식품부령으로 정한다.(2023.8.16 본항개정)
⑧ 농림축산식품부장관은 시장·군수 또는 자치구구청장이 제1항에 따른 조사를 실시하는 데 필요한 경비를 예산의 범위에서 지원할 수 있다.(2021.8.17 본항신설)

제54조의2【농지정보의 관리 및 운영】 ① 농림축산식품부장관과 시장·군수·구청장 등은 농지 관련 정책 수립, 농지대장 작성 등에 활용하기 위하여 주민등록전산자료, 부동산등기전산자료 등 대통령령으로 정하는 자료에 대하여 해당 자료를 관리하는 기관의 장에게 그 자료의 제공을 요청할 수 있으며, 요청을 받은 관리기관의 장은 특별한 사정이 없으면 이에 따라야 한다.(2021.8.17 본항개정)
② 농림축산식품부장관은 「농어업경영체 육성 및 지원에 관한 법률」 제4조에 따라 등록된 농업경영체의 농업경영정보와 이 법에 따른 농지 관련 자료를 통합적으로 관리할 수 있다.
③ 농림축산식품부장관은 농지업무에 필요한 각종 정보의 효율적 처리와 기록·관리 업무의 전자화를 위하여 정보시스템을 구축·운영할 수 있다.
(2021.4.13 본조개정)

제54조의3【농지정보의 제공】 시장·군수 또는 자치구구청장은 다른 법률에 따라 제10조제2항의 농지 처분통지, 제11조제1항에 따른 농지 처분명령, 제63조에 따른 이행강제금 부과 등에 관한 정보를 「은행법」에 따른 은행이나 그 밖에 대통령령으로 정하는 금융기관이 요청하는 경우 이를 제공할 수 있다.(2021.8.17 본조신설)

제54조의4【토지등에의 출입】 ① 농림축산식품부장관, 시장·군수·자치구구청장 또는 시·구·읍·면의 장은 다음 각 호의 조사를 위하여 필요한 경우에는 소속 공무원(제51조제2항에 따라 농림축산식품부장관이 다음 각 호의 업무를 한국농어촌공사, 농업 관련 기관 또는 농업 관련 단체에 위탁한 경우에는 그 기관 등의 임직원을 포함한다)으로 하여금 다른 사람의 토지 또는 건물 등(이하 이 조에서 "토지등"이라 한다)에 출입하게 할 수 있다.
1. 제31조의3제1항에 따른 실태조사
2. 제49조제3항에 따른 농지대장 작성·정리 또는 농지 이용 실태 파악을 위한 조사
3. 제54조제1항에 따른 농지의 소유·거래·이용 또는 전용 등에 관한 사실 확인을 위한 조사
② 제1항에 따라 다른 사람의 토지등에 출입하려는 사람은 해당 토지등의 소유자·점유자 또는 관리인(이하 이 조에서 "이해관계인"이라 한다)에게 그 일시와 장소를 우편, 전화, 전자메일 또는 문자전송 등을 통하여 통지하여야 한다. 다만, 이해관계인을 알 수 없는 때에는 그러하지 아니하다.
③ 해 뜨기 전이나 해가 진 후에는 이해관계인의 승낙 없이 택지나 담장 또는 울타리로 둘러싸인 해당 토지등에 출입할 수 없다.
④ 이해관계인은 정당한 사유 없이 제1항에 따른 출입을 거부하거나 방해하지 못한다.
⑤ 제1항에 따라 다른 사람의 토지등에 출입하려는 사람은 권한을 표시하는 증표를 지니고 이를 이해관계인에게 내보여야 한다.
⑥ 제5항에 따른 증표에 관하여 필요한 사항은 농림축산식품부령으로 정한다.
(2023.8.16 본조신설)

제55조【청문】 농림축산식품부장관, 시장·군수 또는 자치구구청장은 다음 각 호의 어느 하나에 해당하는 행위를 하려면 청문을 하여야 한다.(2013.3.23 본문개정)
1. 제10조제2항에 따른 농업경영에 이용하지 아니하는 농지 등의 처분의무 발생의 통지
2. 제39조에 따른 농지전용허가의 취소

제56조【수수료】 다음 각 호의 어느 하나에 해당하는 자는 대통령령으로 정하는 바에 따라 수수료를 내야 한다.
1. 제8조에 따라 농지취득자격증명 발급을 신청하는 자
2. 제34조나 제36조에 따른 허가를 신청하는 자
3. 제35조나 제43조에 따라 농지전용을 신고하는 자
4. 제40조에 따라 용도변경의 승인을 신청하는 자
5. 제50조에 따라 농지대장 등본 교부를 신청하거나 자경증명 발급을 신청하는 자(2021.8.17 본호개정)

제6장 벌 칙

제57조【벌칙】 제6조에 따른 농지 소유 제한이나 제7조에 따른 농지 소유 상한을 위반하여 농지를 소유할 목적으로 거짓이나 그 밖의 부정한 방법으로 제8조제1항에 따른 농지취득자격증명을 발급받은 자는 5년 이하의 징역 또는 해당 토지의 개별공시지가에 따른 토지가액(土地價額)[이하 "토지가액"이라 한다]에 해당하는 금액 이하의 벌금에 처한다.(2021.8.17 본조개정)

제58조【벌칙】 ① 농업진흥지역의 농지를 제34조제1항에 따른 농지전용허가를 받지 아니하고 전용하거나 거짓이나 그 밖의 부정한 방법으로 농지전용허가를 받은 자는 5년 이하의 징역 또는 해당 토지의 개별공시지가에 따른 토지가액에 해당하는 금액 이하의 벌금에 처한다.
(2021.8.17 본항개정)
② 농업진흥지역 밖의 농지를 제34조제1항에 따른 농지전용허가를 받지 아니하고 전용하거나 거짓이나 그 밖의 부정한 방법으로 농지전용허가를 받은 자는 3년 이하의 징역 또는 해당 토지가액의 100분의 50에 해당하는 금액 이하의 벌금에 처한다.(2021.8.17 본항신설)
③ 제1항 및 제2항의 징역형과 벌금형은 병과(倂科)할 수 있다.(2021.8.17 본항신설)

제59조【벌칙】 다음 각 호의 어느 하나에 해당하는 자는 5년 이하의 징역 또는 5천만원 이하의 벌금에 처한다.
1. 제32조제1항 또는 제2항을 위반한 자
2. 제36조제1항에 따른 농지의 타용도 일시사용허가를 받지 아니하고 농지를 다른 용도로 사용한 자
3. 제40조제1항을 위반하여 전용된 토지를 승인 없이 다른 목적으로 사용한 자(2021.8.17 본호신설)
(2021.8.17 본조개정)

제60조【벌칙】 다음 각 호의 어느 하나에 해당하는 자는 3년 이하의 징역 또는 3천만원 이하의 벌금에 처한다.
1. 제7조의2에 따른 금지 행위를 위반한 자
2. 제35조 또는 제43조에 따른 신고를 하지 아니하고 농지를 전용(轉用)한 자
3. 제36조의2제1항에 따른 농지의 타용도 일시사용신고를 하지 아니하고 농지를 다른 용도로 사용한 자
(2021.8.17 본조신설)

제61조【벌칙】 다음 각 호의 어느 하나에 해당하는 자는 2천만원 이하의 벌금에 처한다.(2021.8.17 본문개정)
1. 제9조를 위반하여 소유 농지를 위탁경영한 자

2. 제23조제1항을 위반하여 소유 농지를 임대하거나 무상 사용하게 한 자(2020.2.11 본호개정)
3. 제23조제2항에 따른 임대차 또는 사용대차의 종료 명령을 따르지 아니한 자(2015.7.20 본호신설)

제62조【양벌규정】 법인의 대표자나 법인 또는 개인의 대리인, 사용인, 그 밖의 종업원이 그 법인 또는 개인의 업무에 관하여 제57조부터 제61조까지의 어느 하나에 해당하는 위반행위를 하면 그 행위자를 벌하는 외에 그 법인 또는 개인에게도 해당 조문의 벌금형을 과(科)한다. 다만, 법인 또는 개인이 그 위반행위를 방지하기 위하여 해당 업무에 관하여 상당한 주의와 감독을 게을리하지 아니한 경우에는 그러하지 아니하다.(2021.8.17 본조개정)

제63조【이행강제금】 ① 시장(구를 두지 아니한 시의 시장을 말한다. 이하 이 조에서 같다)·군수 또는 구청장은 다음 각 호의 어느 하나에 해당하는 자에게 해당 농지의 「감정평가 및 감정평가사에 관한 법률」에 따른 감정평가법인등이 감정평가한 감정가격 또는 「부동산 가격공시에 관한 법률」 제10조에 따른 개별공시지가(해당 토지의 개별공시지가가 없는 경우에는 같은 법 제8조에 따른 표준지공시지가를 기준으로 산정한 금액을 말한다) 중 더 높은 가액의 100분의 25에 해당하는 이행강제금을 부과한다.(2023.8.16 본문개정)
1. 제11조제1항(제12조제2항에 따른 경우를 포함한다)에 따라 처분명령을 받은 후 제11조제2항에 따라 매수를 청구하여 협의 중인 경우 등 대통령령으로 정하는 정당한 사유 없이 지정기간까지 그 처분명령을 이행하지 아니한 자
2. 제42조에 따른 원상회복 명령을 받은 후 그 기간 내에 원상회복 명령을 이행하지 아니하여 시장·군수·구청장이 그 원상회복 명령의 이행에 필요한 상당한 기간을 정하였음에도 그 기한까지 원상회복을 아니한 자

(2021.8.17 본항개정)
② 시장·군수 또는 구청장은 제1항에 따른 이행강제금을 부과하기 전에 이행강제금을 부과·징수한다는 뜻을 미리 문서로 알려야 한다.
③ 시장·군수 또는 구청장은 제1항에 따른 이행강제금을 부과하는 경우 이행강제금의 금액, 부과사유, 납부기한, 수납기관, 이의제기 방법, 이의제기 기관 등을 명시한 문서로 하여야 한다.
④ 시장·군수 또는 구청장은 처분명령 또는 원상회복 명령 이행기간이 만료한 다음 날을 기준으로 하여 그 처분명령 또는 원상회복 명령이 이행될 때까지 제1항에 따른 이행강제금을 매년 1회 부과·징수할 수 있다.
(2023.8.16 본항개정)
⑤ 시장·군수 또는 구청장은 제11조제1항(제12조제2항에 따른 경우를 포함한다)에 따른 처분명령 또는 제42조에 따른 원상회복 명령을 받은 자가 처분명령 또는 원상회복 명령을 이행하면 새로운 이행강제금의 부과는 즉시 중지하되, 이미 부과된 이행강제금은 징수하여야 한다.
(2023.8.16 본항개정)
⑥ 제1항에 따른 이행강제금 부과처분에 불복하는 자는 그 처분을 고지받은 날부터 30일 이내에 시장·군수 또는 구청장에게 이의를 제기할 수 있다.
⑦ 제1항에 따른 이행강제금 부과처분을 받은 자가 제6항에 따른 이의를 제기하면 시장·군수 또는 구청장은 지체 없이 관할 법원에 그 사실을 통보하여야 하며, 그 통보를 받은 관할 법원은 「비송사건절차법」에 따른 과태료 재판에 준하여 재판을 한다.
⑧ 제6항에 따른 기간에 이의를 제기하지 아니하고 제1항에 따른 이행강제금을 납부기한까지 내지 아니하면 「지방행정제재·부과금의 징수 등에 관한 법률」에 따라 징수한다.(2020.3.24 본항개정)

제64조【과태료】 ① 다음 각 호의 어느 하나에 해당하는 자에게는 500만원 이하의 과태료를 부과한다.
1. 제8조제2항에 따른 증명 서류 제출을 거짓 또는 부정으로 한 자
2. 제49조의2에 따른 신청을 거짓으로 한 자

② 다음 각 호의 어느 하나에 해당하는 자에게는 300만원 이하의 과태료를 부과한다.(2023.8.16 본문개정)
1. 제49조의2에 따른 신청을 하지 아니한 자
2. 제54조제1항에 따른 조사를 거부, 기피 또는 방해한 자
3. 제54조제2항 후단을 위반하여 특별한 사유 없이 자료의 제출 또는 의견의 진술을 거부하거나 거짓으로 제출 또는 진술한 자
4. 제54조의4제4항을 위반하여 정당한 사유 없이 출입을 방해하거나 거부한 자

(2023.8.16 1호~4호신설)
③ 제1항 및 제2항에 따른 과태료는 대통령령으로 정하는 바에 따라 행정관청이 부과·징수한다.
(2021.8.17 본조신설)

부 칙

제1조【시행일】 이 법은 공포한 날부터 시행한다. 다만, 제2조제1호나목, 제2조제7호, 제8조제2항제2호, 제35조제1항제1호, 제36조제1항제1호, 부칙 제15조제28항·제35항 및 제66항의 개정규정은 2007년 7월 4일부터 시행한다.

제2조【시행일에 관한 경과조치】 부칙 제1조 단서에 따라 제2조제1호나목, 제2조제7호, 제8조제2항제2호, 제35조제1항제1호 및 제36조제1항제1호의 개정규정이 시행되기 전까지는 그에 해당하는 종전의 제2조제1호나목, 제2조제9호, 제8조제2항제2호, 제37조제1항제1호 및 제38조제1항제1호를 적용한다.

제3조【농업생산에 필요한 시설의 부지에 관한 경과조치】 법률 제4817호 농지법 시행일인 1996년 1월 1일 당시 종전의 「농지의 보존 및 이용에 관한 법률」 및 「농지확대개발촉진법」에 따라 농지전용허가를 받거나 「농어촌발전 특별조치법」에 따라 농지전용신고를 하고 설치한 제2조제1호나목에 따른 농업생산에 필요한 시설의 부지에 대하여는 종전의 규정에 따른다.

제4조【기존 농지소유자에 관한 경과조치】 ① 법률 제4817호 농지법 시행일인 1996년 1월 1일 당시 농지를 소유하고 있는 자에 대하여는 제6조제1항·제10조·제11조·제23조 및 제62조는 당해 농지 소유에 관하여 이를 적용하지 아니하되, 종전의 「농어촌발전 특별조치법」 제43조의3제2항에 따라 농지를 처분하여야 하는 자가 처분하지 아니한 처분대상 농지에 대한 처분기한 및 협의매수 등에 관하여는 종전의 「농어촌발전 특별조치법」 제43조의3에 따른다.
② 법률 제4817호 농지법 시행일인 1996년 1월 1일 당시 제7조에 따른 농지의 소유상한을 초과하여 농지를 소유하고 있는 자는 같은 조의 규정에도 불구하고 그 농지를 계속 소유할 수 있다.

제5조【농촌진흥지역의 지정에 관한 경과조치】 이 법 시행 당시 종전의 「농어촌발전 특별조치법」에 따라 지정된 농업진흥지역은 이 법에 따라 지정된 것으로 본다.

제6조【농지전용허가 등에 관한 경과조치】 ① 법률 제4817호 농지법 시행일인 1996년 1월 1일 당시 종전의 「농지의 보존 및 이용에 관한 법률」, 「농어촌발전특별조치법」, 「농지확대개발촉진법」에 따라 농지전용신고를 받은 자와 농지전용신고를 한 자는 이 법에 따라 농지전용허가 또는 농지의 타용도 일시사용허가를 받거나 농지전용신고를 한 것으로 본다.
② 법률 제4817호 농지법 시행일인 1996년 1월 1일 당시 종전의 「농지의 보존 및 이용에 관한 법률」에 따라 농지전용에 관한 협의를 거치거나 동의·승인을 받은 농지는 이 법에 따라 농지전용에 관한 협의를 거친 것으로 본다.
③ 법률 제4817호 농지법 시행일인 1996년 1월 1일 당시 종전의 「도시계획법」 제17조제1항에 따른 주거지역·상업지역·공업지역으로 지정된 지역 안의 농지 및 도시계획시설의 예정지로 결정된 농지로서 종전의 「농지의 보존 및 이용에 관한 법률」에 따라 농지전용에 관한 협의를 거치지 아니한 농지는 이 법 제34조제2항제1호에 따라 농지전용에 관한 협의를 거친 것으로 본다.

제7조【농지조성비 등에 관한 경과조치】 ① 법률 제4817호 농지법 시행일인 1996년 1월 1일 당시 종전의 「농지의 보전 및 이용에 관한 법률」 제4조제4항에 따른 농지의 조성에 드는 비용과 종전의 「농지확대개발촉진법」 제53조제3항에 따라 농지를 새로 개발하는 데에 필요한 금액을 낸 자는 이 법에 따라 농지보전부담금을 낸 것으로 본다.
② 법률 제4817호 농지법 시행일인 1996년 1월 1일 당시 종전의 「농지의 보전 및 이용에 관한 법률」 제4조제4항에 따른 농지의 조성에 드는 비용과 종전의 「농지확대개발촉진법」 제53조제3항에 따라 농지를 새로 개발하는 데에 필요한 금액의 납입고지를 받은 자는 이 법에 따라 농지보전부담금의 납입고지를 받은 것으로 본다.
③ 법률 제4817호 농지법 시행일인 1996년 1월 1일 당시 종전의 「농지의 보전 및 이용에 관한 법률」 제4조제5항에 따라 결정·고시된 농지의 조성에 드는 비용의 농지별 단위당 금액은 이 법에 따라 결정·고시된 것으로 본다.
④ 법률 제4817호 농지법 시행일인 1996년 1월 1일 이후 「농지의 보전 및 이용에 관한 법률」 제4조제2항에 따라 1981년 7월 29일 이전에 협의를 거쳐 주거지역·상업지역·공업지역으로 지정된 지역 안의 농지를 전용하는 경우에는 제38조제1항제2호는 이를 적용하지 아니한다.

제8조【농지매매증명에 관한 경과조치】 법률 제4817호 농지법 시행일인 1996년 1월 1일 당시 종전의 「농지개혁법」 제19조제2항 및 「농지임대차관리법」 제19조에 따라 농지매매증명을 발급받은 자는 이 법에 따라 농지취득자격증명을 발급받은 것으로 본다.

제9조【농지원부에 관한 경과조치】 이 법 시행 당시 종전의 「농지의 보전 및 이용에 관한 법률」 제14조에 따른 농지원부는 이 법에 따른 농지원부로 본다.

제10조【농지분할제한에 따른 경과조치】 법률 제6793호 농지법중개정법률 시행일인 2003년 1월 1일 당시 농지분할을 신청하였거나 관계 법령에 따라 농지분할을 수반하는 인·허가를 신청한 경우의 농지분할에 대하여는 제22조제2항의 개정규정을 적용하지 아니한다.

제11조【농업보호구역 안에서의 행위제한에 관한 경과조치】 법률 제7604호 농지법중개정법률 시행일인 2006년 1월 22일 당시 농업보호구역 안에서 제32조제2항의 개정규정에 따라 설치가 제한되는 건축물·공작물, 그 밖의 시설의 설치에 관하여 관계 법령의 규정에 따라 인가·허가 또는 승인 등을 받거나 신고한 자와 그 인가·허가 또는 승인 등의 신청을 한 자의 행위제한에 대하여는 종전의 규정에 따른다.

제12조【농지의 정의에서 농축산물 생산시설에 관한 경과조치】 법률 제8179호 농지법 일부개정법률의 시행일인 2007년 7월 4일 당시 종전의 규정에 따라 농지전용허가를 받거나 농지전용신고가 수리된 농축산물 생산시설의 부지에 대하여는 제2조제1호나목 및 같은 조 제7호의 개정규정에도 불구하고 종전의 규정에 따른다.

제13조【처분 등에 관한 일반적 경과조치】 이 법 시행 당시 종전의 규정에 따른 행정기관의 행위나 행정기관에 대한 행위는 그에 해당하는 이 법에 따른 행정기관의 행위나 행정기관에 대한 행위로 본다.

제14조【벌칙에 관한 경과조치】 이 법 시행 전의 행위에 대하여 벌칙 규정을 적용할 때에는 종전의 규정에 따른다.

제15조【다른 법률의 개정】 ①~⑦⑦ ※(해당 법령에 가제정리 하였음)

제16조【다른 법령과의 관계】 이 법 시행 당시 다른 법령에서 종전의 「농지법」 또는 그 규정을 인용한 경우에 이 법 가운데 그에 해당하는 규정이 있으면 종전의 규정을 갈음하여 이 법 또는 이 법의 해당 규정을 인용한 것으로 본다.

부 칙 (2017.10.31)

제1조【시행일】 이 법은 공포 후 6개월이 경과한 날부터 시행한다.

제2조【농지의 타용도 일시사용신고에 관한 적용례】 제36조의2의 개정규정은 이 법 시행 후 최초로 농지의 타용도 일시사용신고를 하는 경우부터 적용한다.

부 칙 (2018.12.24)

제1조【시행일】 이 법은 2019년 7월 1일부터 시행한다.

제2조【타용도 일시사용허가 대상에 관한 적용례】 제36조제1항제4호의 개정규정은 이 법 시행 이후 최초로 농지의 타용도 일시사용허가(제36조제2항에 따른 농지의 타용도 일시사용 협의의 경우를 포함한다)를 신청한 경우부터 적용한다.

제3조【농지보전부담금 부과기준에 관한 적용례】 제38조제7항 각 호 외의 부분의 개정규정은 이 법 시행 이후 최초로 농지전용허가(다른 법률의 규정에 따라 농지전용허가가 의제된 경우를 포함한다)를 신청하거나 농지전용신고(다른 법률의 규정에 따라 농지전용신고가 의제된 경우를 포함한다)를 하는 경우부터 적용한다.

제4조【농지전용부담금 독촉장 발급에 관한 적용례】 제38조제8항의 개정규정은 이 법 시행 이후 최초로 농지보전부담금의 납부기한이 경과하여 독촉장을 발급하는 경우부터 적용한다.

부 칙 (2020.2.11)

제1조【시행일】 이 법은 공포 후 6개월이 경과한 날부터 시행한다. 다만, 제35조제2항의 개정규정은 공포한 날부터 시행한다.

제2조【농지 임대차 기간에 관한 적용례】 제24조의2의 개정규정은 이 법 시행 이후 체결되는 임대차계약(임대차 기간을 연장·갱신하거나 재계약을 체결하는 경우를 포함한다)부터 적용한다.

제3조【둘 이상의 용도지역·용도지구에 걸치는 농지의 전용허가 시 적용기준에 관한 적용례】 제37조의2의 개정규정은 이 법 시행 전에 제34조제1항에 따른 농지전용허가를 신청(다른 법률에 따른 농지전용허가가 의제를 위한 협의를 포함한다)한 경우에 대하여도 적용한다.

제4조【농지 등의 처분에 관한 경과조치】 이 법 시행 전에 종전의 제10조제1항에 따라 농지 소유자가 농지를 처분하여야 할 사유가 발생한 경우에는 제10조제1항의 개정규정에도 불구하고 종전의 규정에 따른다.

부 칙 (2021.4.13)

이 법은 공포 후 6개월이 경과한 날부터 시행한다.

부 칙 (2021.8.17)

제1조【시행일】 이 법은 공포한 날부터 시행한다. 다만, 다음 각 호의 사항은 각 호의 구분에 의한 날부터 시행한다.
1. 제8조제2항, 제8조제4항, 제8조의3제1항, 제8조의3제2항, 제10조제1항제4호의2, 제10조제1항제4호의3, 제22조제3항, 제31조의3, 제37조의3, 제51조의2, 제54조, 제54조의3, 제64조제1항제1호, 제64조제3항의 개정규정은 이 법 공포 후 9개월이 경과한 날부터 시행한다.
2. 제8조제3항, 제44조, 제45조, 제46조, 제49조, 제49조의2, 제50조, 법률 제18021호 농지법 일부개정법률 제54조의2제1항, 제56조, 제64조제1항제2호, 제64조제2항의 개정규정은 이 법 공포 후 1년이 경과한 날부터 시행한다.

제2조【주말·체험영농 목적의 농지 소유 제한에 관한 경과조치】 이 법 시행 당시 종전의 규정에 따라 주말·체험영농 목적으로 제28조에 따른 농업진흥지역 내의 농지를 소유한 경우에는 제6조제2항제3호의 개정규정에도 불구하고 종전의 규정에 따른다.
제3조【농지취득자격증명 발급에 관한 경과조치】 이 법 시행 전에 신청하여 접수된 농지취득자격증명의 발급은 제8조 및 제8조의3의 개정규정에도 불구하고 종전의 규정에 따른다.
제4조【농업경영에 이용하지 아니하는 농지 등의 처분에 관한 경과조치】 이 법 시행 전에 거짓이나 그 밖의 부정한 방법으로 농지취득자격증명을 발급받아 농지를 소유한 경우 제11조제1항제1호의 개정규정에도 불구하고 종전의 규정에 따른다.
제5조【이행강제금에 관한 경과조치】 이 법 시행 전 종전의 규정에 따라 부과되고 있는 이행강제금에 대하여는 제63조제1항제1호의 개정규정에도 불구하고 종전의 규정에 따른다.
제6조【원상회복명령의 불이행에 따른 이행강제금에 관한 적용례】 제63조제1항제2호의 개정규정은 이 법 시행 이후 농림축산식품부장관, 시장·군수 또는 자치구구청장이 제42조에 따른 원상회복명령을 한 경우부터 적용한다.

부　칙 (2023.5.16)

제1조【시행일】 이 법은 공포한 후 1년이 경과한 날부터 시행한다.(이하 생략)

부　칙 (2023.8.8)

제1조【시행일】 이 법은 2024년 5월 17일부터 시행한다.(이하 생략)

부　칙 (2023.8.16)

제1조【시행일】 이 법은 공포한 날부터 시행한다. 다만, 제10조제1항, 제54조의4 및 제64조제2항의 개정규정은 공포 후 6개월이 경과한 날부터 시행한다.
제2조【농지의 임대차 또는 사용대차에 관한 적용례】 제23조제1항의 개정규정은 이 법 시행 이후 임대차 또는 사용대차 계약을 체결하는 경우부터 적용한다.
제3조【원상회복명령의 불이행에 따른 이행강제금에 관한 적용례】 제63조제4항의 개정규정은 이 법 시행 이후 농림축산식품부장관, 시장·군수 또는 자치구구청장이 제42조에 따른 원상회복명령을 한 경우부터 적용한다.
제4조【농업경영에 이용하지 아니하는 농지 등의 처분에 관한 경과조치】 제10조제1항의 개정규정 시행 전에 종전의 제10조제1항에 따라 농지 소유자가 농지를 처분하여야 할 사유가 발생한 경우에는 같은 개정규정에도 불구하고 종전의 규정에 따른다.

부　칙 (2024.1.2)

이 법은 공포한 날부터 시행한다. 다만, 제36조제1항의 개정규정은 공포 후 6개월이 경과한 날부터 시행하고, 제2조, 제39조제1항 각 호 외의 부분 본문, 제41조제2항, 제41조의2, 제41조의3, 제42조, 제42조의2, 제43조의2, 제60조, 제63조 및 법률 제19639호 농지법 일부개정법률 제64조의 개정규정은 공포 후 1년이 경과한 날부터 시행한다.

농지법 시행령

(2007년 6월 29일 전부개정대통령령 제20136호)

개정
2007. 9. 6영20244호(폐기물관리법시) <중략>
2015. 6. 1영26302호(공간정보구축관리시)
2015.12.22영26754호(수산업·어촌발전기본법시)
2016. 1. 6영26861호(규제기한설정)
2016. 1.19영26903호
2016. 1.22영26922호(제주자치법시)
2016. 3.29영27062호(대기환경시)
2016. 6.28영27285호(물류시설의개발및운영에관한법시)
2016. 6.30영27299호(행정규제정비일부개정령)
2016. 8.31영27471호(부동산가격공시에관한법시)
2016. 8.31영27472호(감정평가감정평가사시)
2016.11.29영27628호
2016.12.30영27751호(규제기한설정)
2018. 1.16영28583호(물환경보전법시)
2018. 2.13영28653호
2018. 2.27영28686호(혁신도시조성및발전에관한특별법시)
2018. 4.30영28838호
2018.12.24영29421호(규제기한설정)
2019. 6.25영29906호
2019. 7. 2영29950호(어려운용어정비)
2020. 8.11영30925호
2020.11.24영31176호(법정공고방식확대)
2020.12.29영31337호(사법경찰관수사종결)
2021. 1. 5영31380호(법령용어정비)
2021.10.14영32045호
2022. 1.21영32352호(감정평가감정평가사시)
2022. 5. 9영32635호
2022. 6.14영32697호(댐건설·관리및주변지역지원등에관한법시)
2022. 6.28영32733호(중소기업창업시)
2023. 3. 7영33321호(규제기한정비)
2023.10.24영33831호 2024. 2. 6영34185호

제1장 총 칙

제1조【목적】 이 영은 「농지법」에서 위임된 사항과 그 시행에 필요한 사항을 규정하는 것을 목적으로 한다.
제2조【농지의 범위】 ① 「농지법」(이하 "법"이라 한다) 제2조제1호가목 본문에서 "대통령령으로 정하는 다년생식물 재배지"란 다음 각 호의 어느 하나에 해당하는 식물의 재배지를 말한다.(2019.6.25 본문개정)
1. 목초·종묘·인삼·약초·잔디 및 조림용 묘목
2. 과수·뽕나무·유실수 그 밖의 생육기간이 2년 이상인 식물(2009.11.26 본호개정)
3. 조경 또는 관상용 수목과 그 묘목(조경목적으로 식재한 것을 제외한다)
② 법 제2조제1호가목 단서에서 "「초지법」에 따라 조성된 토지 등 대통령령으로 정하는 토지"란 다음 각 호의 토지를 말한다.
1. 「공간정보의 구축 및 관리 등에 관한 법률」에 따른 지목이 전·답, 과수원이 아닌 토지(지목이 임야인 토지는 제외한다)로서 농작물 경작지 또는 제1항 각 호에 따른 다년생식물 재배지로 계속하여 이용되는 기간이 3년 미만인 토지
2. 「공간정보의 구축 및 관리 등에 관한 법률」에 따른 지목이 임야인 토지로서 「산지관리법」에 따른 산지전용허가(다른 법률에 따라 산지전용허가가 의제되는 인가·허가·승인 등을 포함한다)를 거치지 아니하고 농작물의 경작 또는 다년생식물의 재배에 이용되는 토지(2016.1.19 1호~2호개정)
3. 「초지법」에 따라 조성된 초지
③ 법 제2조제1호나목에서 "대통령령으로 정하는 시설"이란 다음 각 호의 구분에 따른 시설을 말한다.
1. 법 제2조제1호가목의 토지의 개량시설로서 다음 각 목의 어느 하나에 해당하는 시설
가. 유지(溜池 : 웅덩이), 양·배수시설, 수로, 농로, 제방(2019.7.2 본목개정)
나. 그 밖에 농지의 보전이나 이용에 필요한 시설로서 농림축산식품부령으로 정하는 시설(2013.3.23 본목개정)
2. 법 제2조제1호가목의 토지에 설치하는 농축산물 생산시설로서 농작물 경작지 또는 제1항 각 호의 다년생식물의 재배지에 설치한 다음 각 목의 어느 하나에 해당하는 시설
가. 고정식온실·버섯재배사 및 비닐하우스와 농림축산식품부령으로 정하는 그 부속시설(2014.12.30 본목개정)
나. 축사·곤충사육사와 농림축산식품부령으로 정하는 그 부속시설(2013.3.23 본목개정)
다. 간이퇴비장(2013.12.30 본목개정)
라. 농막·간이저온저장고 및 간이액비저장조 중 농림축산식품부령으로 정하는 시설(2013.12.30 본목신설)
제3조【농업인의 범위】 법 제2조제2호에서 "대통령령으로 정하는 자"란 다음 각 호의 어느 하나에 해당하는 자를 말한다.
1. 1천제곱미터 이상의 농지에서 농작물 또는 다년생식물을 경작 또는 재배하거나 1년 중 90일 이상 농업에 종사하는 자
2. 농지에 330제곱미터 이상의 고정식온실·버섯재배사·비닐하우스, 그 밖의 농림축산식품부령으로 정하는 농업생산에 필요한 시설을 설치하여 농작물 또는 다년생식물을 경작 또는 재배하는 자(2013.3.23 본호개정)
3. 대가축 2두, 중가축 10두, 소가축 100두, 가금(家禽 : 집에서 기르는 날짐승) 1천수 또는 꿀벌 10군 이상을 사육하거나 1년 중 120일 이상 축산업에 종사하는 자(2019.7.2 본호개정)
4. 농업경영을 통한 농산물의 연간 판매액이 120만원 이상인 자(2009.11.26 본호개정)
제3조의2【농지개량의 범위】 법 제2조제7호 본문에서 "대통령령으로 정하는 농지개량"이란 농지의 생산성을 높이기 위하여 농지의 형질을 변경하는 다음 각 호의 어느 하나에 해당하는 행위로서 인근 농지의 관개·배수·통풍 및 농작업에 영향을 미치지 않는 것을 말한다.(2019.6.25 본문개정)
1. 농지의 이용가치를 높이기 위하여 농지의 구획을 정리하거나 개량시설을 설치하는 행위
2. 해당 농지의 토양개량이나 관개·배수·농업기계이용의 개선을 위하여 농지에서 농림축산식품부령으로 정하는 기준에 따라 객토·성토·절토하거나 암석을 채굴하는 행위(2013.3.23 본호개정)
(2009.11.26 본조신설)

제2장 농지의 소유

제4조【이농당시의 소유농지를 계속하여 소유할 수 있는 자의 농업경영기간】 법 제6조제2항제5호·법 제7조제2항 및 법 제23조제1항제7호나목에서 "대통령령으로 정하는 기간"이란 8년을 말한다.(2016.1.19 본조개정)
제5조【농지의 개발사업지구 안에 있는 농지의 범위】 ① 법 제6조제2항제9호에서 "대통령령으로 정하는 1천500제곱미터 미만의 농지"란 「한국농어촌공사 및 농지관리기금법」 제24조제2항에 따라 한국농어촌공사가 개발하여 매도하는 다음 각 호의 어느 하나에 해당하는 농지를 말한다.(2009.6.26 본문개정)
1. 도·농간의 교류촉진을 위한 1천500제곱미터 미만의 농원부지
2. 농어촌관광휴양지에 포함된 1천500제곱미터 미만의 농지
② 개인이 제1항 각 호에 따른 농지를 소유하는 경우 그 면적의 계산은 세대원 전부가 소유하는 총면적으로 한다.
제5조의2【평균경사율이 15퍼센트 이상인 영농 여건이 불리한 농지의 범위】 ① 법 제6조제2항제9호의2에서 "대통령령으로 정하는 농지"란 다음 각 호의 요건을 모두 갖춘 농지로서 시장·군수가 조사하여 고시한 농지(이하 "영농여건불리농지"라 한다)를 말한다.
1. 「지방자치법」 제2조제1항제2호에 따른 시·군의 읍·면 지역의 농지일 것
2. 집단화된 농지의 규모가 2만제곱미터 미만인 농지일 것
3. 시장·군수가 다음 각 목의 사항을 고려하여 영농 여건이 불리하고 생산성이 낮다고 인정하는 농지일 것
가. 농업용수·농로 등 농업생산기반의 정비 정도
나. 농기계의 이용 및 접근 가능성
다. 통상적인 영농 관행
② 시장·군수는 제1항에 따라 영농여건불리농지를 고시한 때에는 그 내용을 관할 광역시장 또는 도지사를 거쳐 농림축산식품부장관에게 보고하여야 한다.(2013.3.23 본항개정)
③ 영농여건불리농지의 조사와 고시에 필요한 사항은 농림축산식품부령으로 정한다.(2013.3.23 본항개정)
(2009.11.26 본조신설)
제6조【농지취득자격증명발급대상의 예외】 법 제8조제1항제3호에서 "그 밖에 대통령령으로 정하는 원인"이란 다음 각 호의 어느 하나에 해당하는 경우를 말한다.
1. 시효의 완성으로 농지를 취득하는 경우
2. 「징발재산정리에 관한 특별조치법」 제20조, 「공익사업을 위한 토지 등의 취득 및 보상에 관한 법률」 제91조에 따른 환매권자가 환매권에 따라 농지를 취득하는 경우
3. 「국가보위에 관한 특별조치법 제5조제4항에 따른 동원대상지역 내의 토지의 수용·사용에 관한 특별조치령에 따라 수용·사용된 토지의 정리에 관한 특별조치법」 제2조 및 같은 법 제3조에 따른 환매권자 등이 환매권 등에 따라 농지를 취득하는 경우
4. 법 제17조에 따른 농지이용증진사업 시행계획에 따라 농지를 취득하는 경우
제7조【농지취득자격증명의 발급】 ① 법 제8조제2항에 따라 농지취득자격증명을 발급받으려는 자는 농지취득자격증명신청서류를 농지의 소재지를 관할하는 시장(구를 두지 아니한 시의 시장을 말하며, 도농복합형태의 시에 있어서는 농지의 소재지가 동지역인 경우만을 말한

다)·구청장(도농복합형태의 시의 구에 있어서는 농지의 소재지가 동지역인 경우만을 말한다)·읍장 또는 면장(이하 "시·구·읍·면의 장"이라 한다)에게 제출하여야 한다. 이 경우 농림축산식품부장관이 정하는 전자적인 방법을 활용하여 제출할 수 있다.(2016.1.19 후단신설)
② 시·구·읍·면의 장은 제1항에 따른 농지취득자격증명의 발급신청을 받은 때에는 다음 각 호의 요건에 적합한지의 여부를 확인하여 이에 적합한 경우에는 신청인에게 농지취득자격증명을 발급해야 한다.(2022.5.9 본문개정)
1. 법 제6조제1항이나 같은 조 제2항제2호·제3호·제7호·제9호·제9호의2 또는 같은 항 제10호바목에 따른 취득요건에 적합할 것(2022.5.9 본호개정)
2. 농업인이 아닌 개인이 주말·체험영농에 이용하고자 농지를 취득하는 경우에는 신청 당시 소유하고 있는 농지의 면적에 취득하려는 농지의 면적을 합한 면적이 법 제7조제3항에 따른 농지의 소유상한 이내일 것
3. 법 제8조제2항 각 호 외의 부분 본문에 따라 농업경영계획서 또는 주말·체험영농계획서를 제출해야 하는 경우에는 그 계획서에 같은 항 각 호의 사항이 포함되어야 하고, 그 내용이 신청인의 농업경영능력 등을 참작할 때 실현가능하다고 인정될 것(2022.5.9 본호개정)
4. 신청인이 소유농지의 전부를 타인에게 임대 또는 무상사용하게 하거나 농작업의 전부를 위탁하여 경영하고 있지 않을 것. 다만, 법 제6조제2항제9호에 따라 농지를 취득하는 경우는 제외한다.(2022.5.9 본호개정)
5. 신청당시 농업경영을 하지 아니하는 자가 자기의 농업경영에 이용하고자 하여 농지를 취득하는 경우에는 해당 농지의 취득 후 농업경영에 이용하려는 농지의 총면적이 다음 각 목의 어느 하나에 해당할 것
가. 고정식온실·버섯재배사·비닐하우스·축사 그 밖의 농업생산에 필요한 시설로서 농림축산식품부령으로 정하는 시설이 설치되어 있거나 설치하려는 농지의 경우 : 330제곱미터 이상(2013.3.23 본목개정)
나. 곤충사육사가 설치되어 있거나 곤충사육사를 설치하려는 농지의 경우 : 165제곱미터 이상(2013.12.30 본목신설)
다. 가목 및 나목 외의 농지의 경우 : 1천제곱미터 이상(2013.12.30 본목개정)
③ 제2항제3호에 따른 농지취득자격의 확인기준 등에 관한 세부사항은 농림축산식품부령으로 정한다.(2013.3.23 본항개정)
제7조의2【농지취득자격증명 신청서류의 보존기간】 법 제8조의2제2항에 따른 농업경영계획서 또는 주말·체험영농계획서 외의 농지취득자격증명 신청서류의 보존기간은 10년으로 한다.(2024.2.6 본조개정)
제8조【농지의 위탁경영】 ① 법 제9조제4호에서 "그 밖에 대통령령으로 정하는 사유"란 다음 각 호의 어느 하나에 해당하는 사유를 말한다.
1. 부상으로 3월 이상의 치료가 필요한 경우
2. 교도소·구치소 또는 보호감호시설에 수용 중인 경우
3. 임신 중이거나 분만 후 6개월 미만인 경우
(2020.8.11 본호신설)
② 법 제9조제6호에 따른 자기노동력이 부족한 경우는 다음 각 호의 어느 하나에 해당하는 경우로서 통상적인 농업경영관행에 따라 농업경영을 함에 있어서 자기 또는 세대원의 노동력으로는 해당 농지의 농업경영에 관련된 농작업의 전부를 행할 수 없는 경우로 한다.
1. 다음 각 목의 어느 하나에 해당하는 재배작물의 종류별 주요 농작업의 3분의 1 이상을 자기 또는 세대원의 노동력에 의하는 경우(2019.7.2 본문개정)
가. 벼 : 이식 또는 파종, 재배관리 및 수확
나. 과수 : 가지치기 또는 열매솎기, 재배관리 및 수확
다. 가목 및 나목 외의 농작물 또는 다년생식물 : 파종 또는 육묘, 이식, 재배관리 및 수확
2. 자기의 농업경영에 관련된 제1호 각 목의 어느 하나에 해당하는 농작업에 1년 중 30일 이상 직접 종사하는 경우
제9조【농지처분의무가 면제되는 정당한 사유】 ① 법 제10조제1항제1호 및 제4호에서 "자연재해·농지개량·질병 등 대통령령으로 정하는 정당한 사유"란 각각 다음 각 호의 어느 하나에 해당하는 경우를 말한다.(2009.11.26 본문개정)
1. 법 제23조제1항에 따라 소유농지를 임대 또는 무상사용하게 하는 경우(2020.8.11 본호개정)
2. 법 제26조에 따라 임대인의 지위를 승계한 양수인이 그 임대차 잔여기간 동안 계속하여 임대하는 경우
3. 다음 각 목의 어느 하나에 해당하는 경우
가. 자연재해 등으로 인하여 영농이 불가능하게 되어 휴경(休耕)하는 경우
나. 농지개량 또는 영농준비를 위하여 휴경하는 경우
다. 「병역법」에 따라 징집 또는 소집되어 휴경하는 경우
라. 질병 또는 취학으로 인하여 휴경하는 경우
마. 선거에 따른 공직취임으로 휴경하는 경우
바. 제24조제1항 각 호의 어느 하나에 해당하는 사유로 휴경하는 경우
사. 농산물의 생산조정 또는 출하조절을 위하여 휴경하는 경우
아. 연작으로 인한 피해가 예상되는 재배작물의 경작이나 재배 전후에 피해예방을 위하여 필요한 기간 동안 휴경하는 경우(2019.7.2 본목개정)
자. 「가축전염병예방법」 제19조에 따라 가축사육시설이 폐쇄되거나 가축의 사육이 제한되어 해당 축사에서 가축을 사육하지 못하게 된 경우(2009.11.26 본목신설)
차. 「곤충산업의 육성 및 지원에 관한 법률」 제10조제2항에 따라 곤충의 사육 및 유통이 제한되거나 폐기명령을 받은 경우(2012.7.10 본목신설)
카. 소유농지가 「자연공원법」 제18조제1항제1호에 따른 공원자연보존지구로 지정된 경우(2013.12.30 본목신설)
② 법 제10조제1항제4호의2 및 제4호의3에서 "농지를 제23조제1항제1호에 따라 임대하거나 제23조제1항제6호에 따라 한국농어촌공사에 위탁하여 임대하는 등 대통령령으로 정하는 정당한 사유"란 각각 제1항 각 호의 어느 하나에 해당하는 경우를 말한다.(2022.5.9 본항신설)
③ 법 제10조제1항제7호에서 "자연재해·농지개량·질병 등 대통령령으로 정하는 정당한 사유"란 다음 각 호의 어느 하나에 해당하는 경우를 말한다.(2022.5.9 본문개정)
1. 제1항 각 호의 어느 하나에 해당하는 경우
2. 법 제9조에 따라 위탁경영하는 경우
제10조【처분명령과 농지매수 청구】 법 제11조제2항에 따라 농지의 매수를 청구하려는 자는 다음 각 호의 사항을 기재한 농지매수청구서에 농림축산식품부령으로 정하는 서류를 첨부하여 「한국농어촌공사 및 농지관리기금법」에 따른 한국농어촌공사(이하 "한국농어촌공사"라 한다)에 제출하여야 한다.(2013.3.23 본문개정)
1. 농지소유자의 성명(법인인 경우에는 그 명칭 및 대표자의 성명) 및 주소
2. 농지의 표시 및 이용현황
3. 해당 농지에 소유권 외의 권리가 설정된 때에는 그 종류·내용과 권리자의 성명(법인인 경우에는 그 명칭 및 대표자의 성명) 및 주소
4. 농지에 설치한 농업용시설 등에 관한 사항
(2012.7.10 본조제목개정)
제11조【담보농지를 취득할 수 있는 그 밖의 금융기관】 법 제13조제1항제3호에서 "그 밖에 대통령령으로 정하는 금융기관"이란 다음 각 호의 금융기관을 말한다.
1. 「상호저축은행법」에 따른 상호저축은행
2. 「신용협동조합법」에 따른 신용협동조합
3. 「새마을금고법」에 따른 새마을금고 및 그 중앙회
(2012.7.10 본호개정)
4. 「한국농수산식품유통공사법」에 따른 한국농수산식품유통공사(2012.1.25 본호개정)
(2012.7.10 본조제목개정)
제12조【농지의 처분위임 등】 ① 법 제13조제1항에 따라 담보농지를 취득한 같은 항 제1호 또는 제3호에 따른 농지의 저당권자가 법 제13조제2항에 따라 농지의 처분을 위임하려는 경우에는 농지처분위임증서에 농림축산식품부령으로 정하는 서류를 첨부하여 한국농어촌공사에 제출하여야 한다.(2013.3.23 본항개정)
② 한국농어촌공사는 제1항에 따라 농지의 처분을 위임받은 경우에는 해당 농지를 공매의 방법으로 처분하여야 한다.(2009.6.26 본항개정)
③ 한국농어촌공사는 제2항에 따라 농지를 처분하려는 때에는 「감정평가 및 감정평가사에 관한 법률」에 따라 감정평가법인등이 감정평가한 가액을 기준으로 한 최초공매예정가격과 수회차(數回次)의 최저공매가격 등 처분조건을 일괄하여 농지의 처분을 위임한 자와 협의하여야 한다.(2022.1.21 본항개정)
④ 제2항에 따른 농지의 처분에 필요한 비용 및 수수료는 농림축산식품부령으로 정하는 바에 따라 그 처분을 위임한 자가 이를 부담한다.(2013.3.23 본항개정)

제3장 농지의 이용

제1절 농지의 이용증진 등

제13조【농지이용계획수립 대상에서 제외되는 시·자치구】 법 제14조제1항에 따라 농지이용계획수립대상에서 제외되는 시 또는 자치구는 관할구역 안의 농지의 면적이 3천만제곱미터 이하인 시 또는 자치구로 한다. 다만, 관할구역 안의 농지면적이 3천만제곱미터 이하인 시 또는 자치구로서 시장 또는 자치구구청장이 해당 지역의 여건을 고려하여 법 제14조제1항에 따른 농지이용계획을 수립할 필요가 있다고 인정하는 경우를 제외한다.
(2021.1.5 단서개정)
제14조【공청회를 통한 주민의 의견청취】 ① 시장·군수 또는 자치구구청장은 법 제14조제1항에 따라 농지이용계획의 수립에 관한 지역주민의 의견을 듣기 위하여 공청회를 개최하여야 하며, 공청회 개최예정일 14일전까지 다음 각 호의 사항을 공고하고 일반인이 이를 열람할 수 있도록 하여야 한다.
1. 공청회의 개최목적
2. 공청회의 개최예정일시 및 장소
3. 농지이용계획안의 개요
4. 그 밖에 공청회의 개최에 필요한 사항
② 제1항에 따른 공청회는 농지이용계획의 대상이 되는 행정구역단위로 이를 개최하되, 시장·군수 또는 자치구구청장이 필요하다고 인정할 때에는 수개의 지역으로 구분하여 개최할 수 있다.
③ 공청회에 출석하여 의견을 진술하려는 자는 공청회 개최 전에 시장·군수 또는 자치구구청장에게 서면(전자문서를 포함한다)으로 의견의 요지를 제출할 수 있다.
④ 시장·군수 또는 자치구구청장은 제3항에 따라 제출된 의견의 요지 중 비슷한 내용의 것에 대해서는 이를 일괄하여 공청회에서 진술할 대표자를 선정할 수 있으며, 필요하다고 인정할 때에는 의견을 진술할 전문가를 선정할 수 있다.
제15조【농지이용계획의 고시】 ① 법 제14조제3항에 따른 농지이용계획의 고시에 포함되어야 할 사항은 다음 각 호와 같다.
1. 농지이용계획의 목적
2. 농지이용계획의 내용
3. 농지이용계획의 내용이 표시된 축척 2만5천분의 1 이상의 지형도
4. 그 밖에 농림축산식품부장관이 정하는 사항(2013.3.23 본호개정)
② 시장·군수 또는 자치구구청장은 농지이용계획을 고시한 때에는 지체 없이 그 결과를 관할 특별시장·광역시장 또는 도지사(이하 "시·도지사"라 한다)에게 보고하여야 하며, 고시된 농지이용계획과 이에 관련되는 농림축산식품부장관이 정하는 서식에 따른 도표 등을 관계 행정기관에 송부하고 일반인이 이를 열람할 수 있도록 하여야 한다.(2013.3.23 본항개정)
제16조【농지이용증진사업의 시행자】 법 제15조에서 "그 밖에 대통령령으로 정하는 자"란 다음 각 호의 자를 말한다.
1. 「농업협동조합법」에 따른 조합
2. 「엽연초생산협동조합법」에 따른 엽연초생산협동조합
3. 농지의 공동이용 또는 집단이용을 목적으로 구성된 단체로서 농지의 공동이용 또는 집단이용에 관한 사항이 규약으로 정하여 지고 그 구성원인 농업인 또는 농업법인의 수가 10 이상인 단체
제17조【등기의 촉탁】 법 제15조에 따른 사업시행자는 법 제18조제2항에 따라 등기를 촉탁하려는 경우에는 동의서 그 밖에 농림축산식품부령으로 정하는 서류를 첨부하여야 한다.(2013.3.23 본조개정)
제18조【유휴농지의 범위】 법 제20조제1항에서 "대통령령으로 정하는 농지"란 다음 각 호의 어느 하나에 해당하지 아니하는 농지를 말한다.
1. 지력의 증진이나 토양의 개량·보전을 위하여 필요한 기간 동안 휴경하는 농지
2. 연작으로 인하여 피해가 예상되는 재배작물의 경작 또는 재배 전후에 지력의 증진 또는 회복을 위하여 필요한 기간 동안 휴경하는 농지(2019.7.2 본호개정)
3. 법 제34조제1항에 따른 농지전용허가를 받거나 같은 조 제2항에 따른 농지전용협의(다른 법률에 따라 농지전용허가가 의제되는 협의를 포함한다)를 거친 농지
4. 법 제35조 또는 법 제43조에 따른 농지전용신고를 한 농지
5. 법 제36조에 따른 농지의 타용도 일시사용허가를 받거나 협의를 거친 농지
6. 법 제36조의2에 따른 농지의 타용도 일시사용신고를 하거나 협의를 거친 농지(2018.4.30 본호신설)
7. 그 밖에 농림축산식품부장관이 정하는 제1호부터 제6호까지의 농지에 준하는 농지(2018.4.30 본호개정)
제19조【대리경작자의 지정요건】 ① 시장(구를 두지 아니한 시의 시장을 말한다. 이하 이 조에서 같다)·군수 또는 구청장은 법 제20조제1항에 따라 대리경작자를 직권으로 지정하려는 경우에는 다음 각 호의 어느 하나에 해당하지 않는 농업인 또는 농업법인으로서 대리경작을 하려는 자 중에서 지정해야 한다.(2022.5.9 본문개정)
1. 법 제10조제2항에 따라 농지 처분의무를 통지받고 그 처분 대상 농지를 처분하지 아니한 자(법 제12조제3항에 따라 처분의무가 없어진 자는 제외한다)
2. 법 제11조제1항 또는 법 제12조제2항에 따라 처분명령을 받고 그 처분명령 대상 농지를 처분하지 아니한 자
3. 법 제57조부터 제60조까지의 규정에 따라 징역형의 실형을 선고받고 그 집행이 끝나거나 집행이 면제된 날부터 1년이 지나지 않은 자(2024.2.6 본호개정)
4. 법 제57조부터 제60조까지의 규정에 따라 징역형의 집행유예를 선고받고 그 유예기간 중에 있는 자
5. 법 제57조부터 제60조까지의 규정에 따라 징역형의 선고유예를 받고 그 유예기간 중에 있는 자
6. 법 제57조부터 제61조까지의 규정에 따라 벌금형을 선고받고 1년이 지나지 않은 자
(2022.5.9 4호～6호개정)
② 시장·군수 또는 구청장은 제1항에 따라 대리경작자를 지정하기가 곤란한 경우에는 「농업·농촌 및 식품산업 기본법」 제3조제4호에 따른 생산자단체(이하 "농업생산자단체"라 한다)·「초·중등교육법」 및 「고등교육법」에 따른 학교나 그 밖의 해당 농지를 경작하려는 자를 대리경작자로 지정할 수 있다.(2015.12.22 본항개정)
(2013.12.30 본조개정)
제20조【대리경작자 지정예고에 대한 이의】 ① 법 제20조제2항에 따른 대리경작자의 지정예고에 대하여 이의가 있는 농지의 소유권자나 임차권자는 지정예고를 받은 날

부터 10일 이내에 시장(구를 두지 아니한 시의 시장을 말한다. 이하 이 조에서 같다)·군수 또는 구청장에게 이의를 신청할 수 있다.
② 시장·군수 또는 구청장은 제1항에 따른 이의신청을 받은 날부터 7일 이내에 이를 심사하여 그 결과를 신청인에게 알려야 한다.

제21조【대리경작자의 지정해지사유】 법 제20조제6항제3호에서 "그 밖에 대통령령으로 정하는 사유가 있는 경우"란 다음 각 호의 어느 하나에 해당하는 경우를 말한다.
1. 대리경작자로 지정된 자가 법 제20조제4항에 따른 토지사용료를 지급 또는 공탁하지 아니하는 경우
2. 대리경작자로 지정된 자가 대리경작자의 지정해지를 신청하는 경우

제22조【토양의 개량·보전을 위한 사업의 시행】 ① 법 제21조제1항에 따른 토양을 개량·보전하는 사업은 다음 각 호와 같다.
1. 객토(客土), 깊이갈이 및 경사지토양보전
2. 농림축산식품부장관이 정하는 퇴비 또는 토양개량제의 사용(2013.3.23 본호개정)
3. 화학비료의 합리적인 사용
4. 중금속등으로 오염된 농지의 토양개량
5. 유기농법 등을 이용한 환경보전적인 농업경영 그 밖에 농림축산식품부장관이 정하는 토양의 개량·보전 (2013.3.23 본호개정)
② 시장·군수 또는 자치구구청장은 토양을 개량·보전하는 사업을 시행할 필요가 있다고 인정할 때에는 다음 각 호의 기준에 적합한 지역을 토양개량·보전사업시행지역으로 지정할 수 있다.
1. 해당 지역에 대한 토양의 개량·보전사업의 시행이 기술적으로 가능하고 경제성이 있을 것
2. 농림축산식품부장관이 정하는 규모 이상으로 토양의 이화학적(理化學的) 성질이 불량한 농지가 집단화되어 있을 것(2013.3.23 본호개정)
3. 농지의 토양이 중금속 등으로 오염되어 개량이 필요하다고 인정될 것
4. 유기농법 등 환경보전적인 농업경영의 육성이 필요하다고 인정될 것
③ 시장·군수 또는 자치구구청장은 제2항에 따라 토양개량·보전사업시행지역을 지정한 때에는 해당 지역에 적합한 토양개량·보전사업시행계획을 수립·시행하여야 한다.

제23조【농지를 분할할 수 있는 사유】 법 제22조제2항제4호에서 "대통령령으로 정하는 사유"란 다음 각 호의 어느 하나에 해당하는 경우를 말한다.
1. 농지를 개량하는 경우
2. 인접 농지와 분합(分合)하는 경우
3. 농지의 효율적인 이용을 저해하는 인접 토지와의 불합리한 경계를 시정하는 경우
4. 「농어촌정비법」에 따른 농업생산기반 정비사업을 시행하는 경우(2009.12.15 본호개정)
5. 「농어촌정비법」 제43조에 따른 농지의 교환·분합을 시행하는 경우(2009.12.15 본호개정)
6. 법 제15조에 따른 농지이용증진사업을 시행하는 경우

제2절 농지의 임대차 등

제24조【농지의 임대차 또는 사용대차】 ① 법 제23조제1항제3호에서 "그 밖에 대통령령으로 정하는 부득이한 사유"란 다음 각 호의 어느 하나에 해당하는 경우를 말한다.(2016.1.19 본문개정)
1. 부상으로 3월 이상의 치료가 필요한 경우
2. 교도소·구치소 또는 보호감호시설에 수용 중인 경우
3. 3월 이상 국외여행을 하는 경우
4. 농업법인이 청산 중인 경우
5. 임신 중이거나 분만 후 6개월 미만인 경우(2020.8.11 본호신설)
② 법 제23조제1항제4호에서 "대통령령으로 정하는 사람이 소유하고 있는 농지"란 다음 각 호의 어느 하나에 해당하는 사람이 거주하는 시(특별시 및 광역시를 포함한다. 이하 이 항에서 같다)·군 또는 이에 연접한 시·군에 있는 소유 농지를 말한다.(2020.8.11 본문개정)
1. 농업경영에 더 이상 종사하지 않게 된 사람
2. 농업인
(2020.8.11 1호~2호신설)
③ 법 제23조제1항제9호에서 "대통령령으로 정하는 농지 규모화, 농작물 수급 안정 등을 목적으로 한 사업"이란 농산물(「농업·농촌 및 식품산업 기본법」 제3조제6호가목에 따른 농산물을 말한다)의 생산·가공·유통 및 수출 시설 단지를 조성·지원하는 사업으로서 농림축산식품부장관이 정하여 고시하는 사업을 말한다.(2020.8.11 본항신설)

제24조의2【농지임대차 기간】 ① 법 제24조의2제1항 단서에서 "다년생식물 재배지 등 대통령령으로 정하는 농지"란 다음 각 호의 어느 하나에 해당하는 농지를 말한다.
1. 농지의 임차인이 제2조제1항 각 호의 어느 하나에 해당하는 다년생식물의 재배지로 이용하는 농지
2. 농지의 임차인이 농작물의 재배시설로서 고정식온실 또는 비닐하우스를 설치한 농지
(2020.8.11 본항신설)
② 법 제24조의2제3항에서 "질병, 징집 등 대통령령으로 정하는 불가피한 사유"란 다음 각 호의 어느 하나에 해당하는 경우를 말한다.
1. 질병, 징집, 취학의 경우
2. 선거에 의한 공직(公職)에 취임하는 경우
3. 부상으로 3개월 이상의 치료가 필요한 경우
4. 교도소·구치소 또는 보호감호시설에 수용 중인 경우
5. 농업법인이 청산 중인 경우
6. 농지전용허가(다른 법률에 따라 농지전용허가가 의제되는 인가·허가·승인 등을 포함한다)를 받았거나 농지전용신고를 하였으나 농지전용목적사업에 착수하지 않은 경우
(2020.8.11 본조제목개정)
(2012.7.10 본조신설)

제24조의3【농지임대차조정위원회의 운영 등】 ① 법 제24조의3제2항에 따른 농지임대차조정위원회(이하 "농지임대차조정위원회"라 한다)가 임대차계약에 관한 조정을 하는 경우에는 신청자 등 임대차계약의 당사자 및 이해관계인의 의견을 들어야 한다.
② 제1항에 따라 농지임대차조정위원회가 의견을 들은 경우에는 조정안을 작성하여 임대차계약의 당사자에게 제시하고 2일 이상의 기간을 정하여 그 수락을 권고하여야 한다.
③ 임대차계약 당사자가 농지임대차조정위원회가 제시한 조정안을 수락한 경우에는 농지임대차조정위원회는 조정서를 작성하여야 한다.
④ 농지임대차조정위원회의 위원장 및 위원 전원과 임대차계약의 당사자는 제3항에 따라 작성된 조정서에 서명 또는 날인하여야 한다.
⑤ 농지임대차조정위원회는 임대차계약의 당사자가 수락을 거부하여 더 이상 임대차계약에 관한 조정이 이루어질 여지가 없다고 판단되는 경우에는 임대차계약에 관한 조정의 종료를 결정하고 이를 임대차계약의 당사자에게 통보하여야 한다.
⑥ 농지임대차조정위원회는 법 제24조의3제1항에 따라 임대차계약에 관한 조정의 신청이 있은 날부터 10일 이내에 임대차계약에 관한 조정을 종료하여야 한다. 다만, 사실 확인이 필요한 경우 등 불가피한 사유가 있는 경우에는 10일의 범위에서 그 기간을 연장할 수 있다.
⑦ 농지임대차조정위원회의 위원에게는 예산의 범위에서 수당과 여비를 지급할 수 있다. 다만, 공무원인 위원이 그 소관업무와 직접 관련되어 농지임대차조정위원회에 출석하는 경우에는 그러하지 아니하다.
(2012.7.10 본조신설)

제4장 농지의 보전 등

제1절 농업진흥지역의 지정·운용

제25조【농업진흥지역지정계획안의 작성 등】 ① 시·도지사는 법 제30조에 따라 농업진흥지역을 지정하려는 때에는 시장·군수 또는 자치구구청장으로 하여금 미리 관할구역의 농지를 조사하여 농업진흥지역지정계획안과 이를 보조하는 농업진흥지역지정계획도를 작성하도록 하여야 한다.
② (2012.7.10 삭제)
③ 시장·군수 또는 자치구구청장은 제28조의2에 따라 작성한 농업진흥지역지정계획안과 이를 보조하는 농업진흥지역지정계획도에 농림축산식품부령으로 정하는 서류를 첨부하여 시·도지사에게 보내야 한다.(2013.3.23 본항개정)
④ 제3항에 따라 농업진흥지역지정계획안을 송부 받은 시·도지사는 이를 바탕으로 법 제30조에 따른 절차에 따라 농업진흥지역을 지정하여야 한다.

제26조【농업진흥지역의 지정승인 요청】 시·도지사는 법 제30조제1항에 따라 농림축산식품부장관에게 농업진흥지역의 지정승인을 요청하려는 경우에는 다음 각 호의 서류를 제출하여야 한다.(2013.3.23 본문개정)
1. 농업진흥지역지정계획서
2. 농업진흥지역의 용도구역별 토지의 지번·지목 및 면적을 표시한 토지조서
3. 지적이 표시된 지형도에 농업진흥지역의 용도구역을 표시한 도면(전자도면을 포함한다. 이하 같다) (2019.6.25 본호개정)
4. 그 밖에 농림축산식품부장관이 정하는 농업진흥지역 지정승인에 참고가 될 사항을 기재한 서류(2013.3.23 본호개정)

제27조【농업진흥지역 등의 고시】 ① 법 제30조(법 제31조제2항에 따라 준용하는 경우를 포함한다)에 따른 농업진흥지역 또는 용도구역의 지정 또는 변경고시에 포함되어야 할 사항은 다음 각 호와 같다.
1. 지정 또는 변경 연월일
2. 광역시·도 및 시·군·자치구별 농업진흥지역 또는 용도구역의 면적
3. 지적이 표시된 지형도에 농업진흥지역 또는 용도구역을 표시한 도면
② 시·도지사는 농업진흥지역 또는 용도구역의 지정 또는 변경고시를 한 때에는 지체 없이 그 결과를 농림축산식품부장관에게 보고하고, 해당 지역을 관할하는 시장·군수 또는 자치구구청장에게 통지하여야 한다. (2013.3.23 본항개정)
③ 시장·군수 또는 자치구구청장은 제2항에 따른 통지가 있는 때에는 읍·면·동별로 용도구역별 토지조서와 함께 고시내용을 일반인이 열람할 수 있게 하여야 한다.

제28조【농업진흥지역 등의 변경·해제】 ① 법 제31조제1항 본문에 따라 시·도지사가 농업진흥지역 또는 용도구역을 변경 또는 해제할 수 있는 경우는 다음 각 호와 같다.(2019.6.25 본문개정)
1. 다음 각 목의 어느 하나에 해당하는 경우로서 농업진흥지역을 해제하는 경우
가. 「국토의 계획 및 이용에 관한 법률」 제6조에 따른 용도지역을 변경하는 경우(농지의 전용을 수반하는 경우에 한한다)
나. 법 제34조제2항제1호에 해당하는 경우로서 미리 농지의 전용에 관한 협의를 하는 경우
다. 해당 지역의 여건변화로 농업진흥지역의 지정요건에 적합하지 않게 된 경우. 이 경우 그 농업진흥지역 안의 토지의 면적이 3만제곱미터 이하인 경우로 한정한다. (2022.5.9 후단개정)
2. 해당 지역의 여건변화로 농업진흥지역 밖의 지역을 농업진흥지역으로 편입하는 경우
3. 다음 각 목의 어느 하나에 해당하는 경우로서 용도구역을 변경하는 경우
가. 해당 지역의 여건변화로 농업보호구역의 전부 또는 일부를 농업진흥구역으로 변경하는 경우
나. 해당 지역의 여건변화로 농업진흥구역 안의 3만제곱미터 이하의 토지를 농업보호구역으로 변경하는 경우
다. 다음의 어느 하나에 해당하는 농업진흥구역 안의 토지를 농업보호구역으로 변경하는 경우
1) 저수지의 계획홍수위선(計劃洪水位線)으로부터 상류 반경 500미터 이내의 지역으로서 「농어촌정비법」에 따른 농업생산기반 정비사업이 시행되지 않은 지역(2021.10.14 개정)
2) 저수지 부지
(2019.6.25 본호개정)
② 시·도지사는 농림축산식품부장관이 해당 지역의 여건변화로 농업진흥지역을 해제하거나 농업진흥구역을 농업보호구역으로 변경할 특별한 필요가 있다고 인정하여 농업진흥지역의 해제 또는 변경 기간을 고시한 경우에는 제1항제1호다목 후단 또는 제3호에도 불구하고 면적 제한을 적용하지 아니하고 농업진흥지역을 해제하거나 농업진흥구역을 농업보호구역으로 변경할 수 있다. (2016.1.19 본항신설)
③ 법 제31조제2항 단서에 따라 「농업·농촌 및 식품산업 기본법」 제15조에 따른 시·도 농업·농촌및식품산업정책심의회의 심의 또는 농림축산식품부장관의 승인 없이 농업진흥지역 또는 용도구역을 변경할 수 있는 경우는 다음 각 호와 같다.(2015.12.22 본문개정)
1. 시·도 농업·농촌및식품산업정책심의회의 심의 없이 할 수 있는 경우 : 제1항제3호에 따라 농업보호구역을 농업진흥구역으로 변경하거나 농업진흥구역 안의 3만제곱미터 이하의 토지를 농업보호구역으로 변경하는 경우(2013.3.23 본호개정)
2. 농림축산식품부장관의 승인 없이 할 수 있는 경우 (2013.3.23 본문개정)
가. 제1항제1호에 따라 1만 제곱미터 이하의 농업진흥지역을 해제하는 경우. 다만, 제1항제1호가목에 따라 농업진흥지역을 해제하는 경우로서 농림축산식품부장관과의 협의를 거쳐 지정되거나 결정된 별표3에 따른 지역·지구·구역·단지·특구 등 안에서 농업진흥지역을 해제하는 경우와 제1항제1호나목에 따라 농업진흥지역을 해제하는 경우로서 미리 농림축산식품부장관과 전용협의를 거친 지역에서 농업진흥지역을 해제하는 경우에는 면적에 제한이 없는 것으로 한다. (2023.10.24 단서개정)
나. 제1항제3호에 따라 농업보호구역을 농업진흥구역으로 변경하거나 농업진흥구역 안의 1만 제곱미터 이하의 토지를 농업보호구역으로 변경하는 경우
(2008.6.5 본호개정)
④ 시·도지사는 제3항에 따라 농림축산식품부장관의 승인 없이 농업진흥지역 또는 용도구역을 변경한 경우에는 그 결과를 농림축산식품부장관에게 보고하여야 한다. (2013.3.23 본항개정)
⑤ 제1항부터 제4항까지에서 규정한 사항 외에 농업진흥지역의 지정·변경·해제에 필요한 세부 기준 및 절차 등은 농림축산식품부장관이 정하여 고시한다.(2019.6.25 본항개정)

제28조의2【주민의견청취】 ① 시·도지사는 농업진흥지역을 지정·변경 또는 해제하려는 경우에는 법 제31조의2 각 호 외의 부분 본문에 따라 시장·군수 또는 자치구구청장에게 다음 각 호의 구분에 따른 방법 및 절차에 적합하게 미리 해당 토지의 소유자와 해당 지역주민의 의견을 듣도록 해야 한다.(2020.11.24 본문개정)
1. 해당 토지의 소유자에 대한 의견청취
가. 시장·군수 또는 자치구구청장은 농업진흥지역의 지정·변경 또는 해제 계획안의 주요내용을 서면으로 해당 토지의 소유자에게 개별통지하여야 한다.

나. 가목에 따라 개별통지한 내용에 대하여 의견이 있는 해당 토지의 소유자는 서면으로 통보를 받은 날부터 14일 이내에 시장·군수 또는 자치구구청장에게 의견서를 제출하여야 한다.
다. 시장·군수 또는 자치구구청장은 나목에 따라 제출된 의견을 검토하여 그 결과를 해당 의견을 받은 날부터 60일 이내에 의견을 제출한 토지의 소유자에게 서면으로 통보하여야 한다.
2. 해당 지역주민에 대한 의견 청취
가. 시장·군수 또는 자치구구청장은 농업진흥지역의 지정·변경 또는 해제 계획안의 주요내용을 해당 시·군 또는 자치구를 주된 보급지역으로 하는 둘 이상의 일반일간신문 및 해당 시·군 또는 자치구의 인터넷 홈페이지에 각각 공고하고, 그 계획안을 14일 이상 열람할 수 있도록 해야 한다.(2020.11.24 본목개정)
나. 가목에 따라 공고된 농업진흥지역의 지정·변경 또는 해제 계획안에 대하여 의견이 있는 자는 열람기간 내에 시장·군수 또는 자치구구청장에게 의견서를 제출하여야 한다.
다. 시장·군수 또는 자치구구청장은 나목에 따라 제출된 의견을 농업진흥지역의 지정·변경 또는 해제 계획안에 반영할 것인지를 검토하여 그 결과를 열람기간이 종료된 날부터 60일 이내에 해당 의견을 제출한 자에게 서면으로 통보하여야 한다.
② 시장·군수 또는 자치구구청장은 제1항에 따라 해당 토지의 소유자와 지역주민이 제출한 의견이 타당하다고 인정되는 때에는 이를 농업진흥지역의 지정·변경 또는 해제 계획안에 반영하여야 한다.
(2012.7.10 본조신설)

제28조의3【실태조사의 범위 및 방법】 ① 법 제31조의3제1항 각 호의 조사(이하 "실태조사"라 한다)에는 다음 각 호의 사항이 포함되어야 한다.
1. 법 제31조의3제1항제1호의 조사 : 유휴농지의 지역별·유형별 현황에 관한 사항
2. 법 제31조의3제1항제2호의 조사 : 다음 각 목의 사항
가. 지목, 농업생산기반의 정비 여부 등 농업진흥지역의 현황에 관한 사항
나. 법 제31조제1항 본문에 따른 농업진흥지역의 변경 및 해제 사유가 발생한 농업진흥지역의 현황에 관한 사항
다. 농업진흥지역의 지정, 변경 및 해제 기준 마련을 위한 조사에 관한 사항
3. 법 제31조의3제1항제3호의 조사 : 농지의 소유 및 이용 현황 등에 관한 사항
4. 법 제31조의3제1항제4호의 조사 : 농림축산식품부령으로 정하는 사항
(2022.5.9 본항개정)
② 농림축산식품부장관은 실태조사를 실시하기 위하여 조사기간, 방법 및 대상 등을 포함한 실태조사 계획을 수립해야 한다.
③ 실태조사의 방법은 서면 또는 도면 조사를 원칙으로 하되, 서면 또는 도면과 현장의 일치 여부 등을 확인하기 위하여 현장 조사를 병행할 수 있다.(2022.5.9 본항개정)
④ (2022.5.9 삭제)
(2022.5.9 본조제목개정)
(2019.6.25 본조신설)

제29조【농업진흥구역에서 할 수 있는 행위】 ① 법 제32조제1항 각 호 외의 부분 본문에서 "대통령령으로 정하는 행위"란 다음 각 호의 어느 하나에 해당하는 행위를 말한다.(2020.8.11 본문개정)
1. 농작물의 경작
2. 다년생식물의 재배
3. 고정식온실·버섯재배사 및 비닐하우스와 농림축산식품부령으로 정하는 그 부속시설의 설치(2014.12.30 본호개정)
4. 축사·곤충사육사와 농림축산식품부령으로 정하는 그 부속시설의 설치(2013.3.23 본호개정)
5. 간이퇴비장의 설치(2013.12.30 본호개정)
6. 농지개량사업 또는 농업용수개발사업의 시행
7. 농막·간이저온저장고 및 간이액비 저장조 중에서 농림축산식품부령으로 정하는 시설의 설치(2013.12.30 본호신설)
② 법 제32조제1항제1호에서 "대통령령으로 정하는 농수산물(농산물·임산물·축산물·수산물을 말한다. 이하 같다)의 가공·처리 시설 및 농수산업(농업·임업·축산업·수산업을 말한다. 이하 같다) 관련 시험·연구 시설"이란 다음 각 호의 시설을 말한다.(2014.12.30 본문개정)
1. 다음 각 목의 요건을 모두 갖춘 농수산물의 가공·처리 시설(「건축법 시행령」 별표1 제4호너목에 따른 제조업소 또는 같은 표 제17호에 따른 공장에 해당하는 시설을 말하며, 그 시설에서 생산된 제품을 판매하는 시설을 포함한다)
가. 국내에서 생산된 농수산물(「농업·농촌 및 식품산업 기본법 시행령」 제5조제1항 및 제2항에 따른 농수산물을 말하며, 임산물 중 목재와 그 가공품 및 토석은 제외한다. 이하 이 조에서 같다) 및 농림축산식품부장관이 정하여 고시하는 농수산가공품을 주된 원료로 하여 가공하거나 건조·절단 등 처리를 거쳐 식품을 생산하기 위한 시설일 것(2016.11.29 본목개정)
나. 농업진흥구역 안의 부지 면적이 1만5천제곱미터〔미곡의 건조·선별·보관 및 가공시설(이하 "미곡종합처리장"이라 한다)의 경우에는 3만제곱미터〕 미만인 시설(판매시설이 포함된 시설의 경우에는 그 판매시설의 면적이 전체 시설 면적의 100분의 20 미만인 시설에 한정한다)일 것
(2016.1.19 본호개정)
2. 「양곡관리법」 제2조제5호에 따른 양곡가공업자가 농림축산식품부장관 또는 지방자치단체의 장과 계약을 체결해 같은 법 제2조제2호에 따른 정부관리양곡을 가공·처리하는 시설로서 그 부지 면적이 1만5천제곱미터 미만인 시설(2022.5.9 본호개정)
3. 농수산업 관련 시험·연구 시설 : 육종연구를 위한 농수산업에 관한 시험·연구 시설로서 그 부지의 총면적이 3천제곱미터 미만인 시설(2014.12.30 본호개정)
③ 법 제32조제1항제2호에서 "그 밖에 대통령령으로 정하는 농업인의 공동생활에 필요한 편의 시설 및 이용 시설"이란 다음 각 호의 시설을 말한다.
1. 농업인이 공동으로 운영하고 사용하는 창고·작업장·농기계수리시설·퇴비장
2. 경로당, 어린이집, 유치원, 정자, 보건지소, 보건진료소, 「응급의료에 관한 법률」 제2조제6호에 따른 응급의료 목적에 이용되는 항공기의 이착륙장 및 「민방위기본법」 제15조제1항제1호에 따른 비상대피시설(2016.11.29 본호개정)
3. 농업인이 공동으로 운영하고 사용하는 일반목욕장·화장실·구판장·운동시설·마을공동주차장 및 마을공동취수장(2016.11.29 본호개정)
4. 국가·지방자치단체 또는 농업생산자단체가 농업인으로 하여금 사용하게 할 목적으로 설치하는 일반목욕장, 화장실, 운동시설, 구판장, 농기계 보관시설 및 농업인 복지회관(2014.12.30 본호개정)
④ 법 제32조제1항제3호에서 "대통령령으로 정하는 농업인 주택, 어업인 주택"이란 다음 각 호의 요건을 모두 갖춘 건축물 및 시설물을 말한다. 다만, 제2호에 따른 부지면적을 적용함에 있어서 농지를 전용하여 농업인 주택 및 어업인 주택(이하 이 항에서 "농어업인 주택"이라 한다)을 설치하는 경우에는 그 전용하려는 면적에 해당 세대주가 그 전용허가신청일 또는 협의신청일 이전 5년간 농어업인 주택의 설치를 위하여 부지로 전용한 농지면적을 합산한 면적(공공사업으로 인하여 철거된 농어업인 주택의 설치를 위하여 전용하였거나 전용하려는 농지면적을 제외한다)을 해당 농어업인 주택의 부지면적으로 본다.(2019.6.25 본문개정)
1. 농업인 또는 어업인(「수산업·어촌 발전 기본법」 제3조제3호에 따른 어업인을 말한다. 이하 같다) 1명 이상으로 구성되는 농업·임업·축산업 또는 어업을 영위하는 세대로서 다음 각 목의 어느 하나에 해당하는 세대의 세대주가 설치하는 것일 것(2016.11.29 본문개정)
가. 해당 세대의 농업·임업·축산업 또는 어업에 따른 수입액이 연간 총수입액의 2분의 1을 초과하는 세대
나. 해당 세대원의 노동력의 2분의 1 이상으로 농업·임업·축산업 또는 어업을 영위하는 세대
2. 제1호 각 목의 어느 하나에 해당하는 세대의 세대원이 장기간 독립된 주거생활을 영위할 수 있는 구조로 된 건축물(「지방세법 시행령」 제28조에 따른 별장 또는 고급주택을 제외한다) 및 해당 건축물에 부속한 창고·축사 등 농업·임업·축산업 또는 어업을 영위하는데 필요한 시설로서 그 부지의 총면적이 1세대 당 660제곱미터 이하일 것
3. 제1호 각 목의 어느 하나에 해당하는 세대의 농업·임업·축산업 또는 어업의 경영의 근거가 되는 농지·산림·축사 또는 어장 등이 있는 시(구를 두지 아니한 시를 말하며, 도농복합형태의 시에 있어서는 동지역에 한한다)·구(도농복합형태의 시의 구에 있어서는 동지역에 한한다)·읍·면(이하 "시·구·읍·면"이라 한다) 또는 이에 연접한 시·구·읍·면 지역에 설치하는 것일 것
(2012.7.10 본항개정)
⑤ 법 제32조제1항제3호에서 "대통령령으로 정하는 농업용 시설, 축산업용 시설 또는 어업용 시설"이란 다음 각 호의 시설을 말한다. 다만, 제1호 및 제4호의 시설은 자기의 농업 또는 축산업의 경영의 근거가 되는 농지·축사 등이 있는 시·구·읍·면 또는 이에 연접한 시·구·읍·면 지역에 설치하는 경우로 한정한다.(2019.6.25 본문개정)
1. 농업인 또는 농업법인이 자기가 생산한 농산물을 건조·보관하기 위하여 설치하는 시설
2. 야생동물의 인공사육시설. 다만, 다음 각 목의 어느 하나에 해당하는 야생동물의 인공사육시설은 제외한다.
가. 「야생생물 보호 및 관리에 관한 법률」 제14조제1항 각 호 외의 부분 본문에 따라 포획 등이 금지된 야생동물(같은 항 각 호 외의 부분 단서에 따라 허가를 받은 경우는 제외한다)
나. 「야생생물 보호 및 관리에 관한 법률」 제19조제1항 각 호 외의 부분 본문에 따라 포획이 금지된 야생동물(같은 항 각 호 외의 부분 단서에 따라 허가를 받은 경우는 제외한다)
다. 「생물다양성 보전 및 이용에 관한 법률」 제24조제1항 각 호 외의 부분 본문에 따라 수입등이 금지된 생태계교란 생물(같은 항 각 호 외의 부분 단서에 따라 허가를 받은 경우는 제외한다)
(2013.12.30 본호개정)
3. 「건축법」에 따른 건축허가 또는 건축신고의 대상 시설이 아닌 간이양축시설
4. 농업인 또는 농업법인이 농업 또는 축산업을 영위하거나 자기가 생산한 농산물을 처리하는데 필요한 농업용 또는 축산업용시설로서 농림축산식품부령으로 정하는 시설(2013.3.23 본호개정)
5. 부지의 총면적이 3만제곱미터 미만인 양어장·양식장, 그 밖에 농림축산식품부령으로 정하는 어업용 시설
(2016.11.29 본호개정)
6. 「가축분뇨의 관리 및 이용에 관한 법률」 제2조제8호의 처리시설(2013.12.30 본호신설)
7. 시·도지사, 시장·군수·구청장 또는 「농업협동조합법」 제2조제1호에 따른 조합이 설치하는 가축 방역을 위한 소독시설(2016.11.29 본호신설)
⑥ 법 제32조제1항제7호에서 "대통령령으로 정하는 공공시설"이란 다음 각 호의 시설을 말한다.(2009.11.26 본문개정)
1. 상하수도(하수종말처리시설 및 정수시설을 포함한다), 운하, 공동구(共同溝), 가스공급설비, 전주(유·무선송신탑을 포함한다), 통신선로, 전선로(電線路), 변전소, 소수력(小水力)·풍력발전설비, 송유설비, 방수설비, 유수지(遊水池)시설, 하천부속물 및 기상관측을 위한 무인(無人)의 관측시설(2012.7.10 본호개정)
2. 「사도법」 제4조에 따른 사도(私道)
⑦ 법 제32조제1항제9호에서 "농어촌 발전에 필요한 시설로서 대통령령으로 정하는 시설"이란 다음 각 호의 시설을 말한다.
1. (2012.7.10 삭제)
2. 국내에서 생산되는 농수산물을 집하·예냉(豫冷)·저장·선별 또는 포장하는 산지유통시설(농수산물을 저장만 하는 시설은 제외한다)로서 그 부지의 총면적이 3만제곱미터 미만인 시설(2016.11.29 본호개정)
3. 부지의 총면적이 3천제곱미터 미만인 농업기계수리시설
4. 부지의 총면적이 3천제곱미터(지방자치단체 또는 농업생산자단체가 설치하는 경우에는 1만제곱미터) 미만인 남은 음식물이나 농수산물의 부산물을 이용한 유기질비료 제조시설(2014.12.30 본호개정)
4의2. 부지의 총면적이 3천제곱미터(지방자치단체 또는 농업생산자단체가 설치하는 경우에는 3만제곱미터) 미만인 사료 제조시설(해당 시설에서 생산된 제품을 유통·판매하는 시설로서 그 유통·판매시설의 면적이 전체 시설 면적의 100분의 20 미만인 시설을 포함한다)
(2022.5.9 본호개정)
5. 법 제36조 및 법 제36조의2에 따른 농지의 타용도 일시사용 및 이에 필요한 시설(2018.4.30 본호개정)
6. 국내에서 생산된 농수산물과 제2항제1호에 해당하는 시설에서 생산한 농수산물의 가공품을 판매하는 시설(공산품 판매시설 및 「건축법 시행령」 별표1 제3호자목에 따른 금융업소를 포함하며, 공산품 판매시설 및 금융업소가 포함된 시설의 경우에는 공산품 판매시설 및 금융업소의 면적이 전체 시설 면적의 100분의 30 미만인 시설에 한정한다)로서 농업생산자단체 또는 「수산업·어촌 발전 기본법」 제3조제5호에 따른 생산자단체가 설치하여 운영하는 시설 중 그 부지의 총면적이 1만제곱미터 미만인 시설(2016.11.29 본호개정)
7. 「전기사업법」 제2조제1호의 전기사업을 영위하기 위한 목적으로 설치하는 「신에너지 및 재생에너지 개발·이용·보급 촉진법」 제2조제2호가목에 따른 태양에너지를 이용하는 발전설비(이하 "태양에너지 발전설비"라 한다)로서 다음 각 목의 어느 하나에 해당하는 발전설비(2016.1.19 본문개정)
가. 건축물(「건축법」 제11조 또는 같은 법 제14조에 따라 건축허가를 받거나 건축신고를 한 건축물만 해당한다) 지붕에 설치하는 태양에너지 발전설비(해당 설비에서 생산한 전기를 처리하기 위하여 인근 부지에 설치하는 부속설비를 포함한다. 이하 같다)
(2018.4.30 본목개정)
나. 국가, 지방자치단체 또는 「공공기관의 운영에 관한 법률」 제4조에 따른 공공기관이 소유한 건축물 지붕 또는 시설물에 설치하는 태양에너지 발전설비
(2016.11.29 본목개정)
다. (2016.1.19 삭제)
8. 다음 각 목의 어느 하나에 해당하는 농산어촌 체험시설
가. 「도시와 농어촌 간의 교류촉진에 관한 법률」 제2조제5호에 따른 농어촌체험·휴양마을사업의 시설로서 다음 요건에 모두 적합하고 그 부지의 총면적이 1만제곱미터 미만인 시설
1) 숙박서비스시설을 운영하는 경우에는 「도시와 농어촌 간의 교류촉진에 관한 법률」 제8조에 따른 규모 이하일 것
2) 승마장을 운영하는 경우에는 「도시와 농어촌 간의 교류촉진에 관한 법률」 제9조에 따른 규모 이하일 것
3) 음식을 제공하거나 즉석식품을 제조·판매·가공하는 경우에는 「도시와 농어촌 간의 교류촉진에 관한 법률」 제10조에 따른 영업시설기준을 준수한 시설일 것

나. 농업인·어업인 또는 농업법인·어업법인(「농어업경영체 육성 및 지원에 관한 법률」 제2조제5호에 따른 어업법인을 말한다)이 자기가 경영하는 농지·산림·축사·어장 또는 농수산물 가공·처리시설을 체험하려는 자를 대상으로 설치하는 교육·홍보시설 또는 자기가 생산한 농수산물과 그 가공품을 판매하는 시설로서 그 부지의 총면적이 1천제곱미터 미만인 시설
(2016.11.29 본호신설)
9. 농기자재(농기구, 농기계, 농기계 부품, 농약, 미생물제제, 비료, 사료, 비닐 및 파이프 등 농업생산에 필요한 기자재를 말한다) 제조시설로서 다음 각 목의 어느 하나에 해당하지 아니하는 시설(2006년 6월 30일 이전에 지목이 공장용지로 변경된 부지에 설치하는 경우에 한정한다)
가. 제44조제1항 각 호의 시설
나. 제44조제2항 각 호의 시설
(2016.11.29 본호신설)
10. 제1항제1호부터 제4호까지의 토지이용행위와 정보통신기술을 결합한 농업을 육성하기 위한 시설로서 다음 각 목의 요건을 모두 갖춘 시설
가. 농림축산식품부장관이 고시한 지역에 설치하는 시설일 것
나. 시·도지사가 농림축산식품부장관과 협의한 사업계획에 따라 설치하는 시설일 것
다. 제44조제3항제1호에 해당하는 시설(「건축법 시행령」 별표1 제10호다목 및 제14호에 해당하는 시설은 제외한다)이 아닐 것
(2019.6.25 본호신설)

제30조【농업보호구역에서 할 수 있는 행위】 ① 법 제32조제2항제2호에서 "농업인 소득 증대에 필요한 시설로서 대통령령으로 정하는 건축물·공작물, 그 밖의 시설"이란 다음 각 호의 시설을 말한다.
1. 「농어촌정비법」 제2조제16호나목에 따른 관광농원사업으로 설치하는 시설로서 농업보호구역 안의 부지 면적이 2만제곱미터 미만인 것(2016.1.19 본호개정)
2. 「농어촌정비법」 제2조제16호다목에 따른 주말농원사업으로 설치하는 시설로서 농업보호구역 안의 부지 면적이 3천제곱미터 미만인 것(2016.1.19 본호개정)
3. 태양에너지 발전설비로서 농업보호구역 안의 부지 면적이 1만제곱미터 미만인 것(2018.4.30 본호개정)
4. 그 밖에 농촌지역 경제활성화를 통하여 농업인 소득증대에 기여하는 농수산업 관련 시설로서 농림축산식품부령으로 정하는 시설(2016.11.29 본호신설)
② 법 제32조제2항제3호에서 "대통령령으로 정하는 건축물·공작물, 그 밖의 시설"이란 다음 각 호의 시설을 말한다.(2009.11.26 본문개정)
1. 다음 각 목에 해당하는 시설로서 농업보호구역 안의 부지 면적이 1천제곱미터 미만인 것(2016.1.19 본문개정)
가. 「건축법 시행령」 별표1 제1호가목에 해당하는 시설
나. 「건축법 시행령」 별표1 제3호가목, 라목부터 바목까지 및 사목(공중화장실 및 대피소는 제외한다)에 해당하는 시설(2014.3.24 본목개정)
다. 「건축법 시행령」 별표1 제4호가목, 나목, 라목부터 사목까지, 차목부터 타목까지, 파목(골프연습장은 제외한다) 및 하목에 해당하는 시설(2014.3.24 본목개정)
2. 「건축법 시행령」 별표1 제3호사목(공중화장실, 대피소, 그 밖에 이와 비슷한 것만 해당한다) 및 아목(변전소 및 도시가스배관시설은 제외한다)에 해당하는 시설로서 농업보호구역 안의 부지 면적이 3천제곱미터 미만인 것(2016.1.19 본호개정)

제31조【농업진흥지역에 대한 우선적 투자】 국가와 지방자치단체가 법 제33조에 따라 농업진흥지역 및 해당 지역의 농업인 등에 대하여 우선적으로 투자 및 자금지원 등 필요한 지원을 하여야 하는 사업은 다음 각 호와 같다.
1. 농지 및 농업시설을 개량·정비하기 위한 사업
2. 농업용수를 개발하기 위한 사업
3. 농어촌도로를 확충하기 위한 사업
4. 농업기계화를 촉진하는 사업
5. 농업인 또는 농업법인의 경영규모 확대를 지원하는 사업
6. 「농어업경영체 육성 및 지원에 관한 법률」에 따른 후계농업경영인과 「농업·농촌 및 식품산업 기본법」에 따른 전업농업인을 육성하는 사업(2009.10.8 본호개정)
7. 농산물의 집하장·선과장(選果場), 그 밖의 농산물유통시설을 확충하기 위한 사업
8. 농업인의 생활환경을 개선하기 위한 사업

제31조의2【농업진흥지역의 농지매수 청구】 법 제33조의2제1항에 따라 농지의 매수를 청구하려는 자는 다음 각 호의 사항을 기재한 농지매수청구서에 농림축산식품부령으로 정하는 서류를 첨부하여 한국농어촌공사에 제출하여야 한다.(2013.3.23 본문개정)
1. 농지소유자의 성명(법인인 경우에는 그 명칭 및 대표자의 성명) 및 주소
2. 농지의 표시 및 이용현황
3. 해당 농지에 소유권 외의 권리가 설정된 때에는 그 종류·내용과 권리자의 성명(법인인 경우에는 그 명칭 및 대표자의 성명) 및 주소
4. 농지에 설치한 농업용시설 등에 관한 사항
(2012.7.10 본조신설)

제2절 농지의 전용

제32조【농지전용허가의 신청】 ① 법 제34조제1항에 따라 농지전용의 허가 또는 변경허가를 받으려는 자는 농지전용허가신청서에 농림축산식품부령으로 정하는 서류를 첨부하여 해당 농지의 소재지를 관할하는 시장·군수 또는 자치구구청장에게 제출하여야 한다.(2013.3.23 본항개정)
②~④ (2009.11.26 삭제)
⑤ 법 제34조제1항 후단에서 "대통령령으로 정하는 중요 사항"이란 다음 각 호와 같다.
1. 전용허가를 받은 농지의 면적 또는 경계
2. 전용허가를 받은 농지의 위치(동일 필지 안에서 위치를 변경하는 경우에 한한다)
3. 전용허가를 받은 자의 명의
4. (2008.6.5 삭제)
5. 설치하려는 시설의 용도 또는 전용목적사업(제59조제3항제1호부터 제3호까지의 규정에 해당하는 경우에 한한다)

제33조【농지전용허가의 심사】 ① 시장·군수 또는 자치구구청장은 제32조제1항에 따라 농지전용허가신청서 등을 제출받은 때에는 다음 각 호의 심사기준에 따라 심사한 후 농림축산식품부령으로 정하는 서류를 첨부하여 그 제출받은 날(제3항에 따라 신청서류의 보완 또는 보정을 요구한 경우에는 그 보완 또는 보정이 완료된 날을 말한다)부터 10일 이내에 시·도지사에게 보내야 하며, 시·도지사는 10일 이내에 이에 대한 종합적인 심사의견서를 첨부하여 농림축산식품부장관에게 제출해야 한다.(2022.5.9 본문개정)
1. 법 제32조(농업진흥지역의 농지인 경우에 한한다) 및 법 제37조에 위배되지 아니할 것
2. 다음 각 목의 사항 등을 참작할 때 전용하려는 농지가 전용목적사업에 적합하게 이용될 수 있을 것으로 인정될 것
가. 시설의 규모 및 용도의 적정성
나. 건축물의 건축에 해당하는 경우에는 도로·수도 및 하수도의 설치 등 해당 지역의 여건
3. 다음 각 목의 사항 등을 참작할 때 전용하려는 농지의 면적이 전용목적사업의 실현을 위하여 적정한 면적일 것
가. 「건축법」의 적용을 받는 건축물의 건축 또는 공작물의 설치에 해당하는 경우에는 건폐율 등 「건축법」의 규정
나. 건축물 또는 공작물의 기능·용도 및 배치계획
4. 다음 각 목의 사항 등을 참작할 때 전용하려는 농지를 계속하여 보전할 필요성이 크지 아니할 것
가. 경지정리 및 수리시설 등 농업생산기반정비사업 시행 여부
나. 해당 농지가 포함된 지역농지의 집단화 정도
다. 해당 농지의 전용으로 인하여 인근 농지의 연쇄적인 전용 등 농지잠식 우려가 있는지의 여부
라. 해당 농지의 전용으로 인근농지의 농업경영 환경을 저해할 우려가 있는지의 여부
마. 해당 농지의 전용으로 인하여 농지축(農地築)이 절단되거나 배수가 변경되어 물의 흐름에 지장을 주는지의 여부
5. 해당 농지의 전용이 인근 농지의 농업경영과 농어촌생활환경의 유지에 피해가 없을 것. 다만, 그 피해가 예상되는 경우에는 다음 각 목의 사항 등을 고려할 때 그 피해방지계획이 타당하게 수립되어 있을 것
가. 해당 농지의 전용이 농지개량시설 또는 도로의 폐지·변경을 수반하는 경우 예상되는 피해 및 피해방지계획의 적절성
나. 해당 농지의 전용이 토사의 유출, 폐수의 배출, 악취·소음의 발생을 수반하는 경우 예상되는 피해 및 피해방지계획의 적절성
다. 해당 농지의 전용이 인근 농지의 일조·통풍·통작(通作)에 현저한 지장을 초래하는 경우 그 피해방지계획의 적절성
(2009.11.26 본호개정)
6. 해당 농지의 전용이 용수의 취수를 수반하는 경우 그 시기·방법·수량 등이 농수산업 또는 농어촌생활환경 유지에 피해가 없을 것. 다만, 그 피해가 예상되는 경우에는 그 피해방지계획이 타당하게 수립되어 있을 것
(2009.11.26 본호신설)
7. 사업계획 및 자금조달계획이 전용목적사업의 실현에 적합하도록 수립되어 있을 것
8. 농지를 전용하려는 자가 그 전용목적사업을 수행하는 것이 「농어업경영체 육성 및 지원에 관한 법률」 등 관련 법령에 저촉되지 않을 것(2022.5.9 본호개정)
9. 농지를 전용하려는 자가 농지 소유자로부터 사용권을 제공받은 경우에는 그 사용권 제공이 「농어업경영체 육성 및 지원에 관한 법률」 등 관련 법령에 저촉되지 않을 것(2022.5.9 본호신설)
② 농림축산식품부장관은 제1항에 따른 심사기준에 적합하지 아니한 경우에는 농지의 전용허가를 하여서는 아니된다.(2013.3.23 본항개정)
③ 시·도지사 및 시장·군수 또는 자치구구청장이 제2항에 따라 심사하는 경우 신청인이 제출한 서류에 흠이 있으면 지체 없이 보완 또는 보정에 필요한 상당한 기간을 정하여 신청인에게 보완 또는 보정을 요구하여야 한다. 이 경우 보완 또는 보정의 요구는 문서·구술·전화 또는 팩스로 하되, 신청인이 특별히 요청하는 때에는 문서로 하여야 한다.(2019.7.2 후단개정)
④ 시·도지사 및 시장·군수 또는 자치구구청장은 신청인이 제3항에 따른 보완 또는 보정을 요구한 기간에 이를 보완 또는 보정하지 아니하는 때에는 신청서류를 반려할 수 있다.(2009.11.26 본항신설)

제34조【농지의 전용에 관한 협의 등】 ① 주무부장관 또는 지방자치단체의 장이 법 제34조제2항에 따라 농지의 전용에 관하여 협의(다른 법률에 따라 농지전용허가가 의제되는 협의를 포함한다)하려는 경우에는 농지전용협의요청서에 농림축산식품부령으로 정하는 서류를 첨부하여 농림축산식품부장관에게 제출하여야 한다.
② 농림축산식품부장관은 제1항에 따른 농지의 전용에 관한 협의요청이 있으면 제33조제1항 각 호의 사항에 대한 심사를 한 후 그 동의 여부를 결정하여야 한다.
1.~7. (2009.11.26 삭제)
③ 농림축산식품부장관은 제33조제1항 각 호의 심사기준에 적합하지 아니한 경우에는 동의를 하여서는 아니 된다.
(2013.3.23 본조개정)

제35조【농지의 전용신고】 ① 법 제35조제1항에 따라 농지전용의 신고 또는 변경신고를 하려는 자는 농지전용신고서에 농림축산식품부령으로 정하는 서류를 첨부하여 해당 농지의 소재지를 관할하는 시장·군수 또는 자치구구청장에게 제출하여야 한다.(2013.3.23 본항개정)
② (2009.11.26 삭제)
③ 시장·군수 또는 자치구구청장이 신고내용을 검토하는 경우 신고인이 제출한 서류의 흠의 보완 또는 보정이나 반려에 관하여는 제33조제3항 및 제4항을 준용한다.
④ 시장·군수 또는 자치구구청장은 제1항에 따라 농지전용신고서 등을 제출받은 때에는 신고내용이 법 제35조 및 이 영 제33조제1항제5호·제6호 및 제36조에 적합한지의 여부를 검토하여 적합하다고 인정하는 경우에는 농림축산식품부령으로 정하는 바에 따라 농지전용신고증을 신고인에게 내주어야 하며, 적합하지 아니하다고 인정하는 경우에는 그 사유를 구체적으로 밝혀 제출받은 서류를 반려하여야 한다.(2013.3.23 본항개정)
(2009.11.26 본조개정)

제36조【신고에 따른 농지전용의 범위】 법 제35조제3항에 따른 농지전용신고 대상 시설의 범위·규모·농업진흥지역에서의 설치제한 또는 설치자의 범위 등은 별표1과 같다.(2020.8.11 본조개정)

제37조【농지의 타용도 일시사용허가】 ① 법 제36조제1항에 따라 농지의 타용도 일시사용허가 또는 변경허가를 받으려는 자는 농지의 타용도 일시사용허가신청서에 농림축산식품부령으로 정하는 서류를 첨부하여 해당 농지의 소재지를 관할하는 시장·군수 또는 자치구구청장에게 제출하여야 한다.(2013.3.23 본항개정)
② 시장·군수 또는 자치구구청장은 제1항에 따른 신청서류를 제출받은 때에는 다음 각 호의 심사기준에 따라 심사한 후 신청 받은 날(제3항에 따라 신청 서류의 보완 또는 보정을 요구한 경우에는 그 보완 또는 보정이 완료된 날을 말한다)부터 10일 이내에 그 결과를 신청인에게 문서로 알려야 한다.
1. 법 제37조제2항제2호·제3호에 해당하는지의 여부
2. 설치하려는 시설이나 농지를 일시사용하려는 사업의 규모·종류·지역여건 등을 참작할 때 타용도로 일시사용하려는 농지가 해당 목적사업에 적합하게 이용될 수 있는지의 여부
3. 타용도로 일시사용하려는 농지의 면적 또는 사용기간이 해당 목적사업의 실현을 위하여 적정한 면적 또는 기간인지의 여부
4. 타용도로 일시사용하려는 농지가 경지정리·수리시설 등 농업생산기반이 정비되어 있어 농지로서의 보전가치가 있는지의 여부(법 제36조제1항제2호 및 제3호의 경우에만 해당한다)(2009.11.26 본호개정)
5. 해당 농지의 타용도 일시사용이 농지개량시설 또는 도로의 폐지 및 변경이나 토사의 유출, 폐수의 배출, 악취의 발생 등을 수반하여 인근 농지의 농업경영이나 농어촌생활환경의 유지에 피해가 예상되는 경우에는 그 피해방지계획이 타당하게 수립되어 있는지의 여부
6. 복구계획서 및 복구비용명세서의 내용이 타당한지의 여부
7. 농지를 타용도로 일시사용하려는 자가 그 일시사용 목적사업을 수행하는 것이 「농어업경영체 육성 및 지원에 관한 법률」 등 관련 법령에 저촉되는지 여부(2022.5.9 본호신설)
8. 농지를 타용도로 일시사용하려는 자가 농지 소유자로부터 사용권을 제공받은 경우에는 그 사용권 제공이 「농어업경영체 육성 및 지원에 관한 법률」 등 관련 법령에 저촉되는지 여부(2022.5.9 본호신설)
③ 시장·군수 또는 자치구구청장이 제2항에 따라 심사를 하는 경우 신청인이 제출한 서류의 흠의 보완·보정 또는 반려에 관하여는 제33조제3항 및 제4항을 준용한다.
(2009.11.26 본항개정)
④ 시장·군수 또는 자치구구청장은 제2항 각 호의 심사기준에 적합하지 아니한 경우에는 농지의 타용도일시사용허가를 하여서는 아니 된다.

제37조의2【농지의 타용도 일시사용신고】 ① 법 제36조의2제1항에 따라 농지의 타용도 일시사용신고 또는 변경신고를 하려는 자는 농지의 타용도 일시사용신고서에 농림축산식품부령으로 정하는 서류를 첨부하여 해당 농지의 소재지를 관할하는 시장·군수 또는 자치구구청장에게 제출하여야 한다.
② 시장·군수 또는 자치구구청장은 제1항에 따른 신고서 및 서류를 제출받은 경우에는 신고 내용이 다음 각 호의 기준에 적합한지 여부를 검토하여야 한다.
1. 제37조제2항제1호·제5호 및 제6호에 따른 기준
2. 제37조의3에 따른 농지의 타용도 일시사용신고 대상 농지의 범위 및 규모 기준
③ 시장·군수 또는 자치구구청장이 제2항에 따른 검토를 하는 경우 신고인이 제출한 서류의 보완, 보정 또는 반려에 대해서는 제33조제3항 및 제4항을 준용한다.
④ 시장·군수 또는 자치구구청장은 제2항에 따른 검토 결과 농지의 타용도 일시사용신고가 제2항 각 호의 기준에 적합하다고 인정하는 경우에는 농림축산식품부령으로 정하는 바에 따라 농지의 타용도 일시사용신고증을 신고인에게 내주어야 하며, 적합하지 아니하다고 인정하는 경우에는 그 사유를 구체적으로 밝혀 제출받은 서류를 반려하여야 한다.
(2018.4.30 본조신설)

제37조의3【신고에 따른 농지의 타용도 일시사용의 범위 등】 법 제36조의2제6항에 따른 농지의 타용도 일시사용신고 대상 농지의 범위와 규모는 별표1의2와 같다.
(2018.4.30 본조신설)

제38조【농지의 타용도 일시사용허가·신고의 기간 등】
① 법 제36조제1항에 따른 허가·협의, 같은 조 제2항에 따른 협의, 법 제36조의2제1항에 따른 신고·협의 및 같은 조 제2항에 따른 협의의 경우 농지의 타용도 일시사용 기간은 다음 각 호와 같다.(2018.4.30 본문개정)
1. 법 제36조제1항에 따른 허가·협의
가. 법 제36조제1항제1호의 용도로 일시사용하는 경우 : 7년 이내
나. 법 제36조제1항제2호의 용도로 일시사용하는 경우 : 그 주목적 사업의 시행에 필요한 기간 이내
다. 가목 및 나목 외의 경우 : 5년 이내
2. 법 제36조제2항에 따른 협의
가. 법 제36조제1항제2호의 용도로 일시사용하는 경우 : 그 주목적 사업의 시행에 필요한 기간 이내
나. 가목 외의 경우 : 5년 이내
3. 법 제36조의2제1항에 따른 신고·협의 및 같은 조 제2항에 따른 협의 : 6개월 이내
(2019.6.25 1호~3호개정)
4. (2019.6.25 삭제)
② 시장·군수 또는 자치구구청장은 제1항(같은 항 제3호의 경우는 제외한다)에 따른 농지의 타용도 일시사용 기간이 만료되기 전에 다음 각 호의 기간을 초과하지 않는 범위에서 연장할 수 있다.
1. 법 제36조제1항에 따른 허가·협의
가. 법 제36조제1항제1호의 용도로 일시사용하는 경우 : 5년
나. 법 제36조제1항제4호의 용도로 일시사용하는 경우 : 18년. 이 경우 1회 연장기간은 3년을 초과할 수 없다.(2021.10.14 전단개정)
다. 가목 및 나목 외의 경우 : 3년
2. 법 제36조제2항에 따른 협의
가. 법 제36조제1항제4호의 용도로 일시사용하는 경우 : 18년. 이 경우 1회 연장기간은 3년을 초과할 수 없다.(2021.10.14 전단개정)
나. 가목 외의 경우 : 3년
3. 「국토의 계획 및 이용에 관한 법률」 제2조제7호에 따른 도시·군계획시설(이하 "도시·군계획시설"이라 한다)의 설치예정지 안의 농지에 대하여 타용도 일시사용허가를 한 경우 : 그 도시·군계획시설의 설치시기 등을 고려하여 필요한 기간
(2019.6.25 본항개정)
③ 법 제36조제1항제3호에서 "대통령령으로 정하는 토석과 광물"이란 다음 각 호의 것을 말한다.
1. 「골재채취법」 제2조제1호에 따른 골재
2. 「광업법」 제3조제1호에 따른 광물(2007.9.10 본호개정)
3. 적조방제·농지개량 또는 토목공사용으로 사용하거나 공업용 원료로 사용하기 위한 토석
(2018.4.30 본조제목개정)

제39조【농지의 타용도 일시사용협의】 ① 주무부장관 또는 지방자치단체의 장은 법 제36조제1항 각 호 외의 부분 단서, 같은 조 제2항, 법 제36조의2제1항 각 호 외의 부분 단서 및 같은 조 제2항에 따라 농지의 타용도 일시사용협의를 요청하는 경우에는 농지의 타용도 일시사용협의요청서에 농림축산식품부령으로 정하는 서류를 첨부하여 시장·군수 또는 자치구구청장에게 제출하여야 한다.
② 시장·군수 또는 자치구구청장은 제1항에 따라 농지의 타용도 일시사용에 관한 협의요청이 있으면 제37조제2항 각 호 또는 제37조의2제2항 각 호의 심사기준에 따라 심사를 한 후 그 동의 여부를 결정하여야 한다.
③ 시장·군수 또는 자치구구청장은 농지의 타용도 일시사용협의요청내용이 제37조제2항 각 호 또는 제37조의2제2항 각 호의 심사기준에 적합하지 아니하면 동의를 하여서는 아니 된다.
(2018.4.30 본조개정)

제40조【복구계획 및 복구비용명세서의 제출】 ① 시장·군수 또는 자치구구청장은 법 제36조제1항에 따라 농지의 타용도 일시사용허가 또는 변경허가를 하거나 법 제36조의2제1항에 따라 농지의 타용도 일시사용신고 또는 변경신고를 수리하려는 경우에는 법 제36조제3항 또는 법 제36조의2제3항에 따라 해당 사업을 시행하려는 자에게 농지로의 복구계획과 복구비용명세서(변경허가 또는 변경신고의 경우에는 이미 제출한 복구계획과 복구비용명세서의 변경이 필요한 경우에 한정한다)를 제출하게 하여야 한다. 다만, 법 제36조제1항제1호에 해당하는 경우에는 그러하지 아니하다.(2018.4.30 본문개정)
② 시장·군수 또는 자치구구청장은 법 제36조제2항 또는 법 제36조의2제2항에 따라 농지의 타용도 일시사용에 관한 협의를 하고자 할 때에는 복구계획 및 복구비용명세서를 제출하게 하고 복구비용을 예치하게 하는 조건으로 주무부장관 또는 지방자치단체의 장과 협의하여야 한다.
(2018.4.30 본항개정)
③ 시장·군수 또는 자치구구청장이나 주무부장관 또는 지방자치단체의 장(이하 "시장·군수등"이라 한다)은 제1항 또는 제2항에 따라 제출된 복구계획 및 복구비용명세서의 내용이 적절하지 아니하거나 흠이 있는 경우에는 상당한 기간을 정하여 이를 보완 또는 보정하게 하여야 한다.

제41조【복구비용의 산출기준·납부시기·납부절차 등】
① 법 제36조제3항·제4항 또는 법 제36조의2제3항에 따른 농지의 타용도 일시사용에 따른 복구비용 산출기준은 「지방자치단체를 당사자로 하는 계약에 관한 법률 시행령」 제10조제1항의 기준에 따른다.(2019.6.25 본항개정)
② 시장·군수등은 법 제36조제3항·제4항 또는 법 제36조의2제3항에 따라 복구비용을 예치하게 하는 경우에는 제1항의 산출기준에 따라 복구비용을 결정하고 20일 이상의 납부기간을 정하여 이를 예치하게 해야 한다.
(2019.6.25 본항개정)
③ 제2항에 따른 복구비용은 세입세출외현금출납공무원계좌에 현금(체신관서 또는 「은행법」의 적용을 받는 은행이 발행하는 자기앞수표를 포함한다. 이하 같다)으로 예치하거나 현금을 갈음하여 「지방자치단체를 당사자로 하는 계약에 관한 법률 시행령」 제37조제2항 각 호에 따른 보증서 등(이하 "보증서등"이라 한다)을 시장·군수등을 수취인으로 하여 예치하여야 한다. 이 경우 보증서등의 보증기간은 농지의 타용도 일시사용기간과 복구에 필요한 기간에 2개월을 가산한 기간을 기준으로 한다.
(2018.4.30 본조개정)

제42조【복구비용예치금 등의 사용】 ① 시장·군수등은 법 제36조제1항에 따른 농지의 타용도 일시사용허가를 받거나 법 제36조의2제1항에 따른 농지의 타용도 일시사용신고를 한 자(법 제36조제2항 또는 법 제36조의2제2항에 따른 농지의 타용도 일시사용에 관한 협의를 거친 다른 법률에 따른 사업 또는 사업계획 등의 인가·허가 또는 승인 등을 받은 자를 포함한다. 이하 이 조에서 "복구의무자"라 한다)가 복구계획에 따라 농지로 복구하지 아니하면 복구의무자를 대신하여 해당 토지를 농지로 복구하거나 복구의무자로 하여금 복구하게 할 수 있다.
(2018.4.30 본항개정)
② 시장·군수등은 제41조제3항에 따라 예치된 복구비용을 복구대행비로 충당하고, 잔액이 있는 경우에는 다음 각 호의 구분에 따라 이를 반환하여야 한다. 이 경우 예치금의 직접사용 등에 관하여는 「지방자치단체를 당사자로 하는 계약에 관한 법률 시행령」 제72조를 준용한다.
1. 현금·정기예금증서·수익증권으로 예치된 경우 : 복구비를 예치한 자에게 반환
2. 제1호 외의 경우 : 보증보험증권발행자나 그 밖의 지급보증서 등의 발행자에게 반환

제43조【복구비용예치금 등의 반환】 ① 시장·군수등은 제41조제3항에 따라 복구비용을 예치한 자가 복구계획에 따라 농지로의 복구를 모두 이행한 때에는 현금으로 예치한 경우에는 복구비용과 이자를, 보증서등으로 예치한 경우에는 그 보증서등을 해당 복구비용을 예치한 자에게 반환하여야 한다.
② 제1항에 따른 복구비용을 반환받으려는 자는 복구비용반환청구서에 농림축산식품부령으로 정하는 서류를 첨부하여 시장·군수등에게 제출하여야 한다.(2013.3.23 본항개정)
③ 시장·군수등은 제2항에 따른 반환청구가 있으면 지체 없이 이를 청구인에게 반환하여야 한다.

제44조【농지전용허가의 제한대상시설】 ① 법 제37조제1항제1호에서 "대통령령으로 정하는 시설"이란 다음 각 호의 시설을 말한다.
1. 「대기환경보전법 시행령」 별표1의3에 따른 1종사업장부터 4종사업장까지의 사업장에 해당하는 시설. 다만, 미곡종합처리장의 경우에는 3종사업장 또는 4종사업장에 해당하는 시설을 제외한다.(2016.3.29 본문개정)
2. 「대기환경보전법 시행령」 별표1의3에 따른 5종사업장에 해당하는 시설 중 「대기환경보전법」 제2조제9호에 따른 특정대기유해물질을 배출하는 시설. 다만, 「자원의 절약과 재활용촉진에 관한 법률」 제2조제10호에 따른 재활용시설, 「폐기물관리법」 제2조제8호에 따른 폐기물처리시설 및 「의료법」 제16조에 따른 세탁물의 처리시설을 제외한다.(2019.6.25 단서개정)
② 법 제37조제1항제2호에서 "대통령령으로 정하는 시설"이란 다음 각 호의 시설을 말한다.
1. 「물환경보전법 시행령」 별표13에 따른 1종사업장부터 4종사업장까지의 사업장에 해당하는 시설(2018.1.16 본호개정)
2. 「물환경보전법 시행령」 별표13에 따른 5종사업장에 해당하는 시설 중 농림축산식품부령으로 정하는 시설. 다만, 「자원의 절약과 재활용촉진에 관한 법률」 제2조제6호에 따른 재활용시설, 「폐기물관리법」 제2조제8호에 따른 폐기물처리시설 및 「농수산물유통 및 가격안정에 관한 법률」 제2조제5호에 따른 농수산물공판장 중 축산물공판장을 제외한다.(2018.1.16 본문개정)
③ 법 제37조제1항제3호에서 "대통령령으로 정하는 시설"이란 다음 각 호의 시설을 말한다.
1. 「건축법 시행령」 별표1 제2호가목, 제3호나목, 제4호아목·자목·너목(이 영 제29조제2항제1호 및 제29조제7항제3호·제4호·제4호의2·제9호의 시설은 제외한다)·더목, 제5호, 제8호, 제10호다목·라목·바목, 제14호, 제15호(「제주특별자치도 설치 및 국제자유도시 조성을 위한 특별법」 제251조제1항에 따른 1천제곱미터 이하의 휴양펜션업 시설을 제외한다)·제16호, 제20호나목부터 바목까지 및 제27호에 해당하는 시설
(2016.11.29 본호개정)
2. 「건축법 시행령」 별표1 제1호, 제3호가목, 다목부터 마목까지 및 사목(지역아동센터만 해당한다), 제4호가목부터 사목까지, 차목부터 거목까지 및 러목, 제19호, 제20호가목·사목·아목 및 제26호에 해당하는 시설로서 그 부지로 사용하려는 농지의 면적이 1천제곱미터를 초과하는 것(2018.4.30 본호개정)
3. 「건축법 시행령」 별표1 제3호바목, 제6호, 제11호, 제12호 및 제29호에 해당하는 시설로서 그 부지로 사용하려는 농지의 면적이 3천제곱미터를 초과하는 것
(2018.4.30 본호개정)
4. 「건축법 시행령」 별표1 제13호에 해당하는 시설로서 그 부지로 사용하려는 농지의 면적이 5천제곱미터를 초과하는 것(2016.11.29 본호신설)
5. 「건축법 시행령」 별표1 제2호나목부터 라목까지 및 제7호다목에 해당하는 시설로서 그 부지로 사용하려는 농지의 면적이 1만 5천제곱미터를 초과하는 것
(2018.4.30 본호개정)
6. 「건축법 시행령」 별표1 제7호가목·나목, 제10호가목, 제17호, 제18호에 해당하는 시설, 「농어촌정비법」 제2조제16호나목에 따른 관광농원사업의 시설 및 태양에너지 발전설비로서 그 부지로 사용하려는 농지의 면적이 3만제곱미터를 초과하는 것(2018.4.30 본호개정)
7. 제29조제7항제8호가목에 따른 농어촌체험·휴양마을사업의 시설과 제30조제1항제4호에 따른 농수산업 관련 시설로서 그 부지로 사용하려는 농지의 면적이 해당 조항에서 허용하는 면적을 초과하는 것(2016.11.29 본호신설)
8. 제1호부터 제7호까지의 규정에 해당하지 아니하는 시설로서 그 부지로 전용하려는 농지의 면적이 1만제곱미터를 초과하는 것. 다만, 그 시설이 법 제32조제1항제3호부터 제8호까지의 규정에 따라 농업진흥구역에 설치할 수 있는 시설, 도시·군계획시설, 「농어촌정비법」 제101조에 따른 마을정비구역으로 지정된 구역에 설치하는 시설, 「도로법」 제2조제2호에 따른 도로부속물 중 고속국도관리청이 설치하는 고속국도의 도로부속물 시설, 「자연공원법」 제2조제10호에 따른 공원시설 및 「체육시설의 설치·이용에 관한 법률」 제3조에 따른 골프장에 해당되는 경우를 제외한다.(2016.11.29 본호개정)
9. 그 밖에 해당 지역의 농지규모·농지보전상황 등 농업여건을 고려하여 시(특별시 및 광역시를 포함한다)·군의 조례로 정하는 농업의 진흥이나 농지의 보전을 저해하는 시설(2021.1.5 본호개정)
④ 같은 부지 안에 제3항제2호부터 제8호까지의 규정에 해당하는 시설을 함께 설치하는 경우 그 면적은 가장 넓은 면적을 적용한다.(2016.11.29 본항개정)
⑤ 제3항 각 호 및 제4항에 따른 전용제한면적을 적용함에 있어서 해당 시설을 설치하는 자가 동시 또는 수차에 걸쳐 그 시설이나 그 시설과 같은 종류의 시설의 부지로 사용하기 위하여 연접하여 농지를 전용하는 경우에는 그 전용하려는 농지의 면적과 그 농지전용허가신청일 이전 5년간 연접하여 전용한 농지면적을 합산한 면적을 해당 시설의 부지면적으로 본다.
⑥ 법 제34조제1항 후단에 따른 변경허가(농지전용면적이 증가하지 아니하는 경우에 한한다) 또는 법 제40조에 따른 용도변경의 승인을 함에 있어서 1996년 12월 31일 이전에 농지전용허가(다른 법률에 따라 농지전용허가가 의제되는 협의를 포함한다)를 받거나 농지전용신고를 한 농지에 대하여는 제3항부터 제5항까지의 규정에도 불구하고 1996년 12월 31일 당시에 적용되던 제한기준을 적용한다.

제44조의2【둘 이상의 용도지역·용도지구에 걸치는 농지에 대한 전용허가 시 적용기준】 법 제37조의2에서 "대통령령으로 정하는 면적"이란 330제곱미터를 말한다.
(2020.8.11 본조신설)

제44조의3【농지관리위원회 자문 대상 농지전용의 규모】 ① 법 제37조의3제1항제2호에서 "대통령령으로 정

하는 규모 이상의 농지전용"이란 다음 각 호의 농지전용을 말한다.
1. 100만제곱미터(농업진흥지역의 경우 30만제곱미터) 이상의 농지전용
2. 제1호에 해당하여 법 제37조의3제1항 각 호 외의 부분에 따른 농지관리위원회(이하 "농지관리위원회"라 한다)의 자문을 거친 후 추가적으로 농지전용 면적을 증가시키려는 경우에는 그 증가되는 면적이 50만제곱미터(농업진흥지역의 경우 15만제곱미터) 이상인 농지전용
② 제1항제1호를 적용할 때 농지전용 면적은 전용하려는 농지의 면적과 그 농지전용허가·협의를 신청하거나 농지전용신고를 한 날 이전 5년간 해당 부지에 시설을 설치하는 자가 동시 또는 여러 차례에 걸쳐 그 시설이나 그 시설과 같은 종류의 시설의 부지로 사용하기 위하여 연접한 농지를 전용한 농지면적을 합산하여 계산한다.
③ 제1항제2호를 적용할 때 증가되는 농지전용 면적은 전용하려는 농지의 면적과 해당 부지에 시설을 설치하는 자가 동시 또는 여러 차례에 걸쳐 그 시설이나 그 시설과 같은 종류의 시설의 부지로 사용하기 위하여 연접한 농지를 전용한 농지면적을 합산하여 계산한다.
(2022.5.9 본조신설)

제44조의4【농지관리위원회의 운영】 ① 농지관리위원회의 위원장은 위원회를 대표하고, 위원회의 업무를 총괄한다.
② 농지관리위원회의 위원장이 부득이한 사유로 직무를 수행할 수 없을 때에는 위원장이 미리 지명한 위원이 그 직무를 대행한다.
③ 농지관리위원회의 회의는 농림축산식품부장관이 요청하거나 농지관리위원회 위원장이 필요하다고 인정할 때 농지관리위원회 위원장이 소집한다.
④ 농지관리위원회의 회의는 재적위원 과반수의 출석으로 개의(開議)하고, 출석위원 과반수의 찬성으로 의결한다.
⑤ 농지관리위원회의 사무를 처리하기 위하여 농지관리위원회에 간사와 서기 각 1명을 두며, 간사와 서기는 농림축산식품부장관이 소속 공무원 중에서 지명한다.
⑥ 제1항부터 제5항까지에서 규정한 사항 외에 농지관리위원회의 운영에 필요한 사항은 농림축산식품부장관이 정한다.
(2022.5.9 본조신설)

제44조의5【농지관리위원회 위원의 제척·기피·회피】
① 농지관리위원회 위원이 다음 각 호의 어느 하나에 해당하는 경우에는 농지관리위원회의 심의·의결에서 제척(除斥)된다.
1. 위원 또는 그 배우자나 배우자였던 사람이 해당 안건의 당사자(당사자가 법인·단체인 경우에는 그 임원을 포함한다. 이하 이 항에서 같다)가 되거나 그 안건의 당사자와 공동권리자 또는 공동의무자인 경우
2. 위원이 해당 안건의 당사자와 「민법」 제777조에 따른 친족이거나 친족이었던 경우
3. 위원이 해당 안건에 관하여 증언, 진술, 자문, 연구, 용역, 조사 또는 감정(鑑定)을 한 경우
4. 위원이 최근 3년 이내에 해당 안건의 당사자가 속한 법인·단체 등에 재직한 경우
5. 위원이나 위원이 속한 법인·단체 등이 해당 안건의 당사자의 대리인이거나 대리인이었던 경우
② 당사자는 제1항 각 호의 제척사유가 있거나 위원에게 공정한 심의·의결을 기대하기 어려운 사정이 있는 경우에는 농지관리위원회에 기피 신청을 할 수 있고, 농지관리위원회는 의결로 기피 여부를 결정한다. 이 경우 기피 신청의 대상인 위원은 그 의결에 참여하지 못한다.
③ 위원은 제1항 각 호 또는 제2항의 사유에 해당하는 경우에는 스스로 해당 안건의 심의·의결에서 회피(回避)해야 한다.
(2022.5.9 본조신설)

제44조의6【농지관리위원회 위원의 해촉】 농림축산식품부장관은 법 제37조의3제3항에 따라 위촉된 위원이 다음 각 호의 어느 하나에 해당하는 경우에는 해당 위원을 해촉(解囑)할 수 있다.
1. 자격정지 이상의 형을 선고받은 경우
2. 심신장애로 직무를 수행할 수 없게 된 경우
3. 직무와 관련된 비위사실이 있는 경우
4. 직무태만, 품위손상이나 그 밖의 사유로 위원으로 적합하지 않다고 인정되는 경우
5. 제44조의5제1항 각 호의 어느 하나에 해당하는데도 불구하고 회피하지 않은 경우
6. 위원 스스로 직무를 수행하기 어렵다는 의사를 밝히는 경우
(2022.5.9 본조신설)

제45조【전용허가 등과 농지보전부담금의 납부】 ① 농림축산식품부장관이나 시장·군수 또는 자치구구청장은 법 제34조·법 제35조 및 법 제43조에 따라 농지전용의 허가 또는 농지전용의 신고수리를 하려는 때에는 법 제38조제1항에 따른 농지보전부담금(이하 "농지보전부담금"이라 한다)의 전부 또는 일부를 미리 납부하게 하여야 한다.
② 법 제38조제1항제2호부터 제4호까지의 규정에 따른 농지보전부담금의 납부대상이 되는 농지의 전용이 수반되는 인가·허가·승인·신고 수리 등(이하 이 항 및 제46조제1항에서 "인가등"이라 한다)을 하려는 관계 행정기관의 장은 농지보전부담금이 납부되었는지 확인한 후 인가등을 하여야 한다.
(2016.1.19 본조개정)

제46조【농지전용허가 등의 통지】 ① 제45조제2항에 따라 인가등을 하려는 관계 행정기관의 장은 인가등의 신청이 있은 때에는 지체 없이 그 사실을 농림축산식품부장관(제71조제1항제5호 및 같은 조 제2항제4호에 따라 농지보전부담금의 부과·징수 등에 관한 권한을 위임받은 자를 포함한다) 및 해당 농지의 관할 시장·군수 또는 자치구구청장에게 통보하여야 한다.(2016.1.19 본항개정)
② 시장·군수 또는 자치구구청장은 제45조제1항에 따라 농지보전부담금의 전부 또는 일부를 미리 납부하게 하려는 경우 또는 제1항에 따른 통보를 받은 경우에는 농지의 면적, 농지보전부담금의 제곱미터당 금액 및 제52조에 따른 감면비율 등 농지보전부담금의 부과에 필요한 사항을 기재한 부과명세서에 농림축산식품부령으로 정하는 서류를 첨부하여 농림축산식품부장관 또는 시·도지사에게 통지하여야 한다.(2016.1.19 본항개정)
③ 시장·군수 또는 자치구구청장이나 관계 행정기관의 장은 제1항 또는 제2항에 따라 통보 또는 통지한 내용이 변경되거나 누락 또는 흠이 있으면 지체 없이 그 사실을 농림축산식품부장관, 시·도지사나 시장·군수 또는 자치구구청장에게 통지 또는 통보하여야 한다.
(2014.12.30 본조개정)

제47조【농지보전부담금의 부과결정】 ① 농림축산식품부장관은 제45조제1항에 따라 농지보전부담금의 전부 또는 일부를 미리 납부하게 하거나 제46조에 따른 통보 또는 통지를 받은 때에는 농지보전부담금의 부과에 관한 다음 각 호의 사항을 결정하여야 한다.(2016.1.19 본문개정)
1. 농지보전부담금의 부과금액
2. 농지보전부담금이 감면되는 시설인 경우에는 그 감면비율
3. 그 밖에 농지보전부담금의 징수에 필요한 사항
② 제1항제1호에 따른 농지보전부담금의 부과금액은 법 제38조제7항 각 호의 농지보전부담금의 부과기준일 현재의 법 제38조제7항 및 이 영 제53조에 따라 산정된 제곱미터당 금액에 전용하는 농지의 면적을 곱하여 산출한 금액(법 제38조제6항에 따른 감면대상인 경우에는 그 금액에 제52조 및 별표2에 따른 감면비율을 적용한 금액을 말한다)으로 한다.(2019.6.25 본항개정)

제48조【농지보전부담금 수납업무의 대행 등】 ① 농림축산식품부장관은 법 제51조제3항에 따라 법 제38조제1항 및 법 제40조제2항에 따른 농지보전부담금의 수납업무를 한국농어촌공사로 하여금 대행하게 한다.
② 농림축산식품부장관은 농림축산식품부령으로 정하는 바에 따라 제47조제1항 각 호의 사항을 기재한 농지보전부담금부과결정서에 관련 서류를 첨부하여 한국농어촌공사에 통보하여야 한다.
(2013.3.23 본조개정)

제49조【농지보전부담금의 납부통지 등】 ① 한국농어촌공사는 농림축산식품부장관으로부터 제48조제2항에 따른 통보를 받으면 그 통보받은 내용에 따라 농지보전부담금을 내야 하는 자(이하 "납입의무자"라 한다)에게 농림축산식품부령으로 정하는 바에 따라 농지보전부담금의 납입을 통지하여야 한다.(2013.3.23 본항개정)
② 한국농어촌공사가 제1항에 따라 농지보전부담금의 납입을 통지하는 때에는 납입금액 및 그 산출근거, 납입기한과 납입장소를 구체적으로 밝혀야 한다.(2009.6.26 본항개정)
③ 제2항에 따른 농지보전부담금의 납부기한은 납부통지서 발행일부터 농지전용허가 또는 농지전용신고(다른 법률에 따라 농지전용허가 또는 농지전용신고가 의제되는 인가·허가·승인 등을 포함한다) 전까지로 한다.
(2016.1.19 본항개정)
④~⑥ (2016.1.19 삭제)
⑦ 한국농어촌공사는 제1항에 따라 농지보전부담금의 납입을 통지한 후에 그 통지내용에 누락 또는 흠이 있는 것이 발견된 때에는 지체 없이 농지보전부담금의 납입을 다시 통지하여야 한다.(2009.6.26 본항개정)
(2016.1.19 본조제목개정)

제49조의2【신용카드 등에 의한 납부】 ① 농지보전부담금은 신용카드, 직불카드 등(이하 이 조에서 "신용카드등"이라 한다)으로 납부할 수 있다.
② 신용카드등에 의한 납부에 필요한 세부사항은 농림축산식품부령으로 정한다.
(2016.1.19 본조신설)

제50조【농지보전부담금의 분할납부】 ① 법 제38조제2항제1호에서 "대통령령으로 정하는 농지의 전용"이란 다음 각 호의 어느 하나에 해당하는 농지의 전용을 말한다.
(2016.1.19 본문개정)
1. 「공공기관의 운영에 관한 법률」에 따른 공공기관과 「지방공기업법」에 따른 지방공기업이 「산업입지 및 개발에 관한 법률」 제2조제8호에 따른 산업단지의 시설용지로 농지를 전용하는 경우(2016.1.19 본호개정)
2. 「도시개발법」 제11조제1항에 따른 사업시행자(국가와 지방자치단체를 제외한다)가 같은 법 제2조제1항제2호에 따른 도시개발사업(환지방식으로 시행하는 경우에 한한다)의 부지로 농지를 전용하는 경우
3. 「관광진흥법」 제55조에 따른 개발사업시행자(지방자치단체는 제외한다)가 같은 법 제2조제6호에 따른 관광지 또는 같은 법 제2조제7호에 따른 관광단지의 시설용지로 농지를 전용하는 경우(2008.6.5 본호개정)
4. 「중소기업기본법」 제2조에 따른 중소기업을 영위하려는 자가 중소기업의 공장용지로 농지를 전용하는 경우
5. 「산업집적 활성화 및 공장설립에 관한 법률」 제13조제1항부터 제3항까지의 규정에 따라 공장설립 등의 승인을 받으려는 자가 공장용지로 농지를 전용하는 경우
(2012.7.10 본호신설)
② 농지를 전용하려는 자는 법 제38조제2항에 따라 농지보전부담금을 분할납부하려는 경우에는 납부하여야 할 농지보전부담금의 100분의 30을 해당 농지전용허가 또는 농지전용신고(다른 법률에 따라 농지전용허가 또는 농지전용신고가 의제되는 인가·허가·승인 등을 포함한다) 전에 납부하고, 그 잔액은 4년의 범위에서 농림축산식품부령으로 정하는 바에 따라 분할하여 납부하되, 최종납부일은 해당 목적사업의 준공일 이전이어야 한다. 다만, 농림축산식품부장관은 국가 또는 지방자치단체가 농지를 전용하는 경우로서 농지보전부담금 분할 잔액을 납부기한에 납부하기 어려운 사유가 있다고 인정되면 해당 목적사업의 준공일까지의 범위에서 그 납부기한을 연장할 수 있다.(2016.1.19 본항개정)
③ 한국농어촌공사는 납부의무자가 농지보전부담금 분할 잔액을 분할 납부기한까지 내지 않은 경우에는 분할 납부기한이 지난 후 10일 이내에 분할 납부기한으로부터 의 20일 이내의 기간을 정한 독촉장을 발급하고 그 사실을 농림축산식품부장관에게 보고해야 한다.(2019.6.25 본항개정)
④ 농림축산식품부장관은 법 제38조제3항 본문에 따라 납입보증보험증서 등을 예치하게 하는 경우에는 분할 납부할 농지보전부담금에 대하여 제48조제1항에 따라 농지보전부담금의 수납업무를 대행하는 한국농어촌공사를 수취인으로 하여 발행한 제41조제3항에 따른 보증서등을 농림축산식품부령으로 정하는 바에 따라 예치하게 하여야 한다. 이 경우 보증서등의 보증기간은 분할 납부하는 농지보전부담금의 각각의 납부기한에 30일을 가산한 기간을 기준으로 하며, 보증금액은 해당 농지보전부담금의 100분의 110 이상의 금액으로 한다.(2016.1.19 본항개정)
⑤ 한국농어촌공사는 법 제38조제3항 본문에 따라 납입보증보험증서 등을 예치한 자가 납부기한까지 농지보전부담금을 납부하지 않는 경우에는 보증서등을 발행한 금융기관 또는 보증기관에게 대지급금 등을 제3항에 따른 독촉장에서 정한 납부기한으로부터 10일 이내에 청구하여 지급받은 대지급금 등을 농지보전부담금과 체납된 가산금으로 충당하고 그 사실을 농림축산식품부장관 및 보증서등을 예치한 자에게 각각 통보해야 한다.(2019.6.25 본항개정)
⑥ 법 제38조제3항 단서에서 "그 밖에 대통령령으로 정하는 자"란 「공공기관의 운영에 관한 법률」에 따른 공공기관을 말한다.(2016.1.19 본항개정)

제51조【농지보전부담금의 환급】 ① 농림축산식품부장관은 납부의무자가 농지보전부담금으로 납부한 금액 중 과오납입한 금액이 있거나 법 제38조제5항에 따라 환급하여야 할 금액이 있으면 지체 없이 그 과오납액 또는 환급금액을 농지보전부담금환급금으로 결정하고 이를 농지보전부담금납부자와 한국농어촌공사에 각각 통지하여야 한다. 다만, 법 제42조제1항제3호 또는 제4호에 따라 농지의 원상회복을 명한 경우에는 농지의 원상회복 여부를 확인한 후에 통지하여야 한다.(2016.1.19 본문개정)
② 농림축산식품부장관은 제1항에 따라 농지보전부담금환급금을 통지하는 때에는 농지보전부담금환급금에 다음 각 호의 어느 하나에 해당하는 날의 다음 날부터 환급결정을 하는 날까지의 기간과 「국세기본법 시행령」 제43조의3제2항에 따른 국세환급가산금의 이율에 따라 계산한 금액을 환급가산금으로 결정하고 이를 농지보전부담금환급금과 함께 통지하여야 한다.(2013.12.30 본문개정)
1. 착오납입·이중납입 또는 납입 후의 그 부과의 취소·정정으로 인한 농지보전부담금환급금에 있어서는 그 납입일. 다만, 그 농지보전부담금이 2회 이상 분할납입된 것인 때에는 그 최후의 납입일로 하되, 농지보전부담금환급금이 최후에 납입된 금액을 초과하는 경우에는 그 금액에 달할 때까지의 납입일의 순서로 소급하여 계산한 농지보전부담금환급금의 각 납입일로 한다.
2. 납입자에게 책임이 있는 사유로 인하여 농지전용허가가 취소된 경우의 농지보전부담금환급금에 있어서는 그 취소일. 다만, 법 제42조제1항제3호에 따라 농지의 원상회복을 명한 경우에는 농지의 원상회복일로 한다.
2의2. 농지보전부담금을 납부하고 농지전용허가 또는 농지전용신고(다른 법률에 따라 농지전용허가 또는 농지전용신고가 의제되는 인가·허가·승인 등을 포함한다) 등이 되지 아니한 경우의 농지보전부담금환급금에 있어서는 농지보전부담금의 납부일(2016.1.19 본호신설)
3. 납입자의 사업계획의 변경 그 밖에 이에 준하는 사유로 인한 농지보전부담금환급금에 있어서는 그 변경허가일 또는 이에 준하는 행정처분의 결정일. 다만, 법 제42조제1항제4호에 따라 농지의 원상회복을 명한 경우에는 농지의 원상회복일로 한다.

③ 제1항에 따른 농지보전부담금환급금과 제2항에 따른 환급가산금은 「한국농어촌공사 및 농지관리기금법」에 따른 농지관리기금에서 이를 지급한다.(2009.6.26 본항개정)

제52조【농지보전부담금의 감면】 법 제38조제6항에 따른 농지보전부담금의 감면대상 및 감면비율은 별표2와 같다.(2016.1.19 본조개정)

제53조【부과기준 및 부과기준일】 ① 법 제38조제7항에 따른 농지보전부담금의 제곱미터당 금액은 법 제38조제7항 각 호의 부과기준일 현재 가장 최근에 공시된 「부동산 가격공시에 관한 법률」에 따른 해당 농지의 개별공시지가의 100분의 30으로 한다.(2019.6.25 본항개정)

② 제1항에 따라 산정한 농지보전부담금의 제곱미터당 금액이 농림축산식품부령으로 정하는 금액을 초과하는 경우에는 농림축산식품부령으로 정하는 금액을 농지보전부담금의 제곱미터당 금액으로 한다.(2013.12.30 본항개정)

③ 법 제38조제7항제2호에서 "대통령령으로 정하는 날"이란 다음 각 호의 구분에 따른 날을 말한다.

1. 법 제34조제2항제1호에 따른 농지전용협의를 거친 지역 예정지 또는 시설 예정지 안의 농지(같은 호 단서에 따라 협의대상에서 제외되는 농지를 포함한다)를 전용하는 경우 또는 같은 항 제1호의2에 따른 농지전용협의를 거친 구역 예정지 안의 농지를 전용하는 경우에는 다음 각 목의 어느 하나에 해당하는 날
   가. 「국토의 계획 및 이용에 관한 법률」 제56조제1항 본문에 따른 개발행위허가(이하 이 조에서 "개발행위허가"라 한다)나 같은 법 제88조제2항 본문에 따른 도시·군계획시설사업 실시계획의 인가(이하 이 조에서 "실시계획인가"라 한다) 또는 「개발제한구역의 지정 및 관리에 관한 특별조치법」 제12조제1항 각 호 외의 부분 단서에 따라 허가를 신청한 날
   나. 개발행위허가 또는 실시계획인가가 의제되는 「건축법」에 따른 건축허가를 신청한 날, 건축신고를 한 날, 그 밖에 다른 법률에 따라 해당 농지의 형질변경을 수반하는 인가·허가·사업승인·실시계획승인 등을 신청한 날 또는 신고를 한 날
   다. 개발행위허가나 실시계획인가를 받지 않고 토지의 형질변경이 허용되는 경우에는 토지의 형질변경을 신청한 날
2. 법 제34조제2항제2호에 따라 농지전용협의를 거친 농지를 전용하려는 경우에는 개발행위허가나 실시계획인가 또는 「개발제한구역의 지정 및 관리에 관한 특별조치법」 제12조제1항 각 호 외의 부분 단서에 따라 허가를 신청한 날

(2019.6.25 본항신설)

④ 법 제38조제7항제3호에서 "대통령령으로 정하는 날"이란 다음 각 호의 어느 하나에 해당하는 날을 말한다.

1. 다른 법률에 따른 인가·허가·실시계획승인·조성계획승인 등을 신청한 날 또는 신고를 한 날
2. 제1호에 해당하지 않는 경우에는 다른 법률에 따른 사업시행자·사업시행기간 또는 사업대상토지 등이 포함된 사업시행계획에 대한 농지전용허가가 의제되는 협의를 요청한 날

(2019.6.25 본항신설)

(2019.6.25 본조제목개정)

제54조【결손처분 등】 ① 법 제38조제12항제4호에서 "체납자가 사망하거나 행방불명되는 등 대통령령으로 정하는 사유"란 다음 각 호의 어느 하나에 해당하는 경우를 말한다.(2016.1.19 본문개정)

1. 체납자가 사망한 경우
2. 체납자가 「민법」 제27조에 따른 실종선고를 받은 경우
3. 농림축산식품부장관이 체납자와 관계가 있다고 인정되는 행정기관 및 금융기관 등에 조회하여 확인한 결과 체납자의 행방이 불명하거나 재산이 없다는 것이 판명된 경우(2013.3.23 본호개정)
4. 「채무자 회생 및 파산에 관한 법률」 제251조에 따라 체납자가 납부책임을 면하게 된 경우(2016.1.19 본호신설)

② 농림축산식품부장관은 법 제38조제12항 본문에 따라 농지보전부담금을 결손처분하거나 법 제38조제12항 단서에 따라 결손처분을 취소한 때에는 지체 없이 한국농어촌공사에 결손처분사실 또는 그 취소사실을 알려야 한다.(2016.1.19 본항개정)

제55조【부과·수납업무수수료 등】 ① 법 제38조제13항에 따라 농지보전부담금의 부과·수납에 관한 업무를 취급하는 시·도지사, 시장·군수·자치구구청장 및 한국농어촌공사에 대해 지급하는 수수료는 다음 각 호의 금액 이내에서 농림축산식품부장관이 정한다.

1. 시·도지사 또는 시장·군수·자치구구청장의 농지보전부담금 부과결정 등에 관한 업무 : 농지보전부담금 수납액의 100분의 12
2. 한국농어촌공사의 농지보전부담금 수납업무 : 농지보전부담금 수납액의 100분의 2

(2021.10.14 본항개정)

② 시·도지사 및 시장·군수·자치구구청장은 제1항에 따라 수수료를 지급받은 때에는 그 수수료를 농지보전부담금 부과결정 등에 따른 현지확인을 위한 출장여비 및 농지의 보전·관리와 관련된 업무비용으로 우선 사용하여야 한다.

제56조【농지보전부담금의 수납상황 보고】 ① 한국농어촌공사는 농지보전부담금을 수납한 때에는 매월 그 수납상황을 농림축산식품부령으로 정하는 바에 따라 농림축산식품부장관에게 보고하고, 해당 전용농지의 소재지를 관할하는 시·도지사와 시장·군수 또는 자치구구청장에게 이를 통보하여야 한다.

② 한국농어촌공사는 제50조에 따라 농지보전부담금을 분할납부하여야 할 자가 납부기한까지 이를 납부하지 아니하면 그 사실과 체납사유 등을 조사하여 농림축산식품부장관과 해당 농지보전부담금의 부과결정을 한 행정청에 지체 없이 통보하여야 한다.(2016.1.19 본항개정)

③ 농림축산식품부장관은 법 제38조제11항에 따라 체납처분을 하거나 체납처분을 취소한 때에는 지체 없이 한국농어촌공사에 체납처분 사실 또는 그 취소사실을 통지하여야 한다.(2016.1.19 본항신설)

(2013.3.23 본조개정)

제57조【농지전용 목적사업의 지연 등에 대한 정당한 사유】 법 제39조제1항제4호에서 "농지전용 목적사업과 관련된 사업계획의 변경 등 대통령령으로 정하는 정당한 사유"란 다음 각 호의 어느 하나에 해당하는 경우를 말한다.(2016.1.19 본문개정)

1. 농지전용 목적사업과 관련된 사업계획의 변경에 따른 행정기관의 허가 또는 인가를 얻기 위하여 농지전용 목적사업이 지연되는 경우
2. 공공사업으로서 정부의 재정여건으로 인하여 농지전용 목적사업이 지연되는 경우
3. 장비의 수입 또는 제작이 지체되어 농지전용 목적사업이 지연되는 경우
4. 천재지변·화재, 그 밖의 재해로 인하여 농지전용 목적사업이 지연되는 경우

제58조【불법전용농지 등의 조사】 ① 농림축산식품부장관이나 시장·군수 또는 자치구구청장은 관계 공무원으로 하여금 다음 각 호의 사항을 조사하게 하여야 한다.

1. 관할구역 안의 농지가 불법으로 전용되었는지 여부
2. 법 제34조제1항에 따른 농지전용허가 또는 법 제36조에 따른 농지의 타용도 일시사용허가를 받았거나 법 제35조·법 제43조에 따른 농지전용신고 또는 법 제36조의2에 따른 농지의 타용도 일시사용신고를 한 자가 법 제39조제1항 각 호의 어느 하나에 따른 허가취소 등의 사유에 해당하는지 여부

(2018.4.30 본항개정)

② 시장·군수 또는 자치구구청장은 법 제39조제1항에 따라 허가의 취소 또는 필요한 조치명령을 하거나 법 제42조제1항에 따라 원상회복을 명한 때에는 지체 없이 이를 농림축산식품부장관에게 보고하여야 한다.

(2016.1.19 본조개정)

제59조【용도변경의 승인】 ① 법 제40조제1항에서 "대통령령으로 정하는 기간"이란 5년을 말한다.

② 제1항에 따른 기간은 해당 시설물의 준공검사필증을 교부한 날 또는 건축물대장에 등재된 날, 그 밖의 농지의 전용목적이 완료된 날부터 기산한다.

③ 법 제40조제1항에서 "다른 목적으로 사용하려는 경우"란 해당 시설의 용도를 변경하거나 농지전용목적사업의 업종을 변경하는 경우로서 다음 각 호의 어느 하나에 해당하는 경우를 말한다. 다만, 「국토의 계획 및 이용에 관한 법률」에 따른 도시지역·계획관리지역 및 개발진흥지구에 있는 토지는 제3호의 경우에 한정한다.

(2014.12.30 단서신설)

1. 「대기환경보전법 시행령」 별표1의3 또는 「물환경보전법 시행령」 별표13에 따른 사업장의 규모별 구분을 달리하는 정도로 시설을 변경하려는 경우(2018.1.16 본호개정)
2. 제44조제3항 각 호의 구분을 달리하는 종류의 시설로 변경하려는 경우
3. 농지보전부담금 또는 전용부담금이 감면되는 시설에서 농지보전부담금 또는 전용부담금이 감면되지 아니하거나 감면비율이 낮은 시설로 변경하려는 경우

④ 법 제40조제2항에 따라 농지보전부담금이 감면되는 시설의 부지로 전용된 토지를 농지보전부담금의 감면비율이 다른 시설의 부지로 사용하려는 자가 내야 하는 농지보전부담금은 감면비율이 다른 시설의 부지로 사용하려는 면적에 대하여 전용된 해당 토지에 대한 제47조제2항에 따른 농지보전부담금 부과기준일 당시의 농지보전부담금의 단위당 금액과 용도변경승인 당시의 해당 감면비율을 적용하여 산출한 금액에서 이미 납입한 해당 농지보전부담금을 뺀 금액으로 한다.

⑤ 제4항에 따른 농지보전부담금의 부과결정·납부통지 및 납부절차 등에 관하여는 제45조부터 제49조까지의 규정을 준용한다.(2016.1.19 본항개정)

제60조【농지전용허가의 특례】 ① 법 제43조에 따라 농지전용을 신고하려는 자는 농지전용신고서에 농림축산식품부령으로 정하는 서류를 첨부하여 해당 농지의 소재지를 관할하는 시장·군수 또는 자치구구청장에게 제출하여야 한다.(2013.3.23 본항개정)

② 시장·군수 또는 자치구구청장이 신고내용을 검토하는 경우 신고인이 제출한 서류의 흠의 보완 또는 보정이나 반려에 관하여는 제33조제3항 및 제4항을 준용한다.

③ 시장·군수 또는 자치구구청장은 제1항에 따라 농지전용신고서 등을 제출받은 때에는 신고내용이 다음 각 호의 사항을 검토하여 농지전용에 적합하다고 인정하는 경우에는 농림축산식품부령으로 정하는 바에 따라 농지전용신고증을 신고인에게 내주어야 하며, 적합하지 아니하다고 인정하는 경우에는 그 사유를 구체적으로 밝혀 제출받은 서류를 반려하여야 한다.(2013.3.23 본문개정)

1. 영농여건불리농지인지의 여부
2. 제33조제1항제5호 및 제6호에 적합한지의 여부
3. 「국토의 계획 및 이용에 관한 법률」 제76조에 따른 용도지역 및 용도지구에서 허용되는 토지이용행위에 적합한지의 여부

(2009.11.26 본조개정)

제3절 농지위원회

(2022.5.9 본절제목개정)

제61조【농지위원회의 위원 선임 등】 ① 법 제44조에 따른 농지위원회(이하 "농지위원회"라 한다)의 위원은 법 제45조제2항 각 호의 사람 중에서 시장(구를 두지 않은 시의 시장을 말한다. 이하 이 조 및 제62조에서 같다)·군수 또는 구청장이 임명하거나 위촉한다.

② 제1항에 따라 위촉되는 위원의 임기는 2년으로 한다.

③ 시장·군수 또는 구청장이 제1항에 따라 농지위원회 위원을 임명하거나 위촉할 때에는 법 제45조제2항 각 호의 사람을 각각 1명 이상 임명하거나 위촉하되, 해당 호의 위원 수가 각각 전체 위원 수의 35퍼센트를 초과해서는 안 된다.

④ 법 제45조제2항에 따라 같은 항 제1호의 위원으로 위촉될 수 있는 사람은 위촉일 현재 3년 이상 계속하여 해당 시·군·구에서 농업경영을 하고 있는 사람으로 한다.

⑤ 법 제45조제2항에 따라 같은 항 제4호의 위원으로 임명되거나 위촉될 수 있는 사람은 다음 각 호와 같다.

1. 「고등교육법」 제2조에 따른 학교에서 농업·농촌 또는 행정·법 관련 학문 분야를 연구하거나 가르치는 조교수 이상의 직에 3년 이상 재직한 경력이 있는 사람
2. 농업·농촌 또는 행정·법 관련 분야의 박사학위를 취득한 사람으로서 공공기관(「공공기관의 정보공개에 관한 법률」에 따른 공공기관을 말한다)이나 연구기관에서 3년 이상 재직한 경력(박사학위 취득 전의 재직 경력을 포함한다)이 있는 사람
3. 국가 또는 지방자치단체에서 공무원으로 3년 이상 농업 및 농지정책 관련 업무를 담당한 경력이 있는 사람
4. 다음 각 목의 사람
   가. 변호사
   나. 공인회계사
   다. 세무사
   라. 감정평가사

⑥ 시장·군수 또는 구청장은 제1항에 따라 위촉된 위원이 다음 각 호의 어느 하나에 해당하는 경우에는 해당 위원을 해촉할 수 있다.

1. 제44조의6제1호부터 제4호까지 또는 제6호의 어느 하나에 해당하는 경우
2. 제64조제1항에 따라 준용되는 제44조의5제1항 각 호의 어느 하나에 해당하는데도 불구하고 회피하지 않은 경우

(2022.5.9 본조신설)

제62조【농지위원회의 운영】 ① 농지위원회의 위원장은 농지위원회를 대표하고, 농지위원회의 업무를 총괄한다.

② 농지위원회의 위원장이 부득이한 사유로 직무를 수행할 수 없을 때에는 위원장이 미리 지명한 위원이 그 직무를 대행한다.

③ 농지위원회의 위원장은 농지위원회의 회의를 소집하고 그 의장이 된다.

④ 농지위원회의 회의는 재적위원 과반수의 출석으로 개의하고, 출석위원 과반수의 찬성으로 의결한다.

⑤ 농지위원회는 위원이 출석하는 회의(화상회의를 포함한다)로 개최한다. 다만, 천재지변이나 그 밖의 부득이한 사유로 위원의 출석에 의한 의사정족수를 채우기 어려운 경우 등 농지위원회의 위원장이 특별히 필요하다고 인정하는 경우에는 서면회의로 개최할 수 있다.

⑥ 농지위원회의 위원장은 안건 심의를 위하여 필요한 경우에는 관계인을 회의에 출석하게 하여 의견을 들을 수 있다.

⑦ 농지위원회의 사무를 처리하기 위하여 농지위원회에 간사 1명을 두며, 간사는 시장·군수 또는 구청장이 소속 공무원 중에서 지명한다.

⑧ 회의에 출석하는 위원에게는 예산의 범위에서 수당과 여비를 지급할 수 있다. 다만, 공무원인 위원이 그 소관 업무와 직접적으로 관련되어 출석하는 경우에는 그렇지 않다.

(2022.5.9 본조신설)

제63조【분과위원회의 위원 선임 등】 ① 법 제45조제3항에 따라 농지위원회에 두는 분과위원회(이하 "분과위원회"라 한다)는 위원장 1명을 포함하여 6명 이상 10명 이내의 위원으로 구성한다.

② 분과위원회 위원은 농지위원회 위원 중에서 농지위원회의 위원장이 지명한다. 이 경우 한 명의 위원을 2개 이상의 분과위원회 위원으로 지명할 수 없다.

③ 농지위원회의 위원장은 제2항에 따라 분과위원회 위원을 지명할 때 법 제45조제2항 각 호의 위원이 균형 있게 배치될 수 있도록 노력해야 한다.

④ 분과위원회의 위원장은 분과위원회 위원 중에서 호선한다.
(2022.5.9 본조신설)
제64조 【준용】 ① 농지위원회 및 분과위원회 위원의 제척·기피·회피에 관하여는 제44조의5를 준용한다.
② 분과위원회 운영에 관하여는 제62조를 준용한다.
(2022.5.9 본조신설)
제65조～제69조 (2009.11.26 삭제)

제4절 농지대장
(2022.5.9 본절제목신설)

제70조 【농지대장의 작성】 법 제49조제1항에 따른 농지대장(農地臺帳)은 모든 농지에 대해 필지별로 작성한다.(2022.5.9 본조개정)

제5장 보 칙

제71조 【권한·업무의 위임·위탁】 ① 농림축산식품부장관은 법 제51조제1항에 따라 다음 각 호의 권한을 시·도지사에게 위임한다. 다만, 대상농지가 둘 이상의 특별시·광역시 또는 도에 걸치는 경우는 제외한다.
(2013.3.23 본문개정)
1. 법 제34조제1항 각 호 외의 부분에 따른 농지전용에 대한 허가(다른 법률에 따라 농지전용허가가 의제되는 협의를 포함한다. 이하 이 호에서 같다)·변경허가 및 법 제34조제2항제2호에 따른 협의에 관한 권한 중 다음 각 목에 해당하는 권한(2023.10.24 본문개정)
가. 농업진흥지역 안의 3천제곱미터 이상 3만제곱미터 미만의 농지의 전용(제2항제1호다목에 해당하는 경우를 제외한다)
나. 농업진흥지역 밖의 3만제곱미터 이상 30만제곱미터 미만의 농지의 전용(제2항제1호다목에 해당하는 경우를 제외한다). 다만, 「국토의 계획 및 이용에 관한 법률」 제36조에 따른 계획관리지역과 같은 법 시행령 제30조에 따른 자연녹지지역 안에서의 농지의 전용의 경우에는 3만 제곱미터 이상으로 한다.(2018.4.30 본문개정)
다. 농림축산식품부장관(그 권한을 위임받은 자를 포함한다)과의 협의를 거쳐 지정되거나 결정된 별표3에 따른 지역·지구·구역·단지·특구 등의 안에서 10만제곱미터 이상의 농지의 전용(2023.10.24 본목개정)
라. 제32조제5항제1호에 따른 농지전용의 변경. 다만, 다음의 어느 하나에 해당하는 경우에는 제외한다.
(2012.7.10 단서개정)
1) 전용하려는 농지의 총 증가면적이 3만제곱미터 이상인 경우(2018.4.30 개정)
2) 전용하려는 농지의 총 증가면적이 3만제곱미터 미만이거나 그 농지의 면적이 감소하는 경우로서 전용하려는 농지 중 농업진흥지역 안의 농지의 증가면적이 1만제곱미터 이상인 경우(2018.4.30 개정)
2. 법 제34조제2항제1호에 따른 10만제곱미터 미만의 농지의 전용 관련 협의에 관한 권한(제2항제1호의2에 해당하는 권한은 제외한다)(2019.6.25 본호개정)
2의2. 법 제34조제2항제1호의2에 따른 농지의 전용 관련 협의에 관한 권한(2012.7.10 본호신설)
3. 법 제39조에 따른 농지전용허가의 취소, 관계 공사의 중단, 조업의 정지, 사업규모의 축소 또는 사업계획의 변경이나 그 밖의 필요한 조치에 관한 권한, 법 제55조제2호에 따른 청문에 관한 권한과 제58조에 따른 불법전용농지 등의 조사에 관한 권한. 다만, 제1호·제2호 및 제2항 단서에 따라 시·도지사에게 권한이 위임된 경우에만 한다.
4. 법 제42조에 따른 원상회복명령 및 대집행에 관한 권한. 다만, 제1호·제2호·제3호 및 제2항 단서에 따라 시·도지사에게 권한이 위임된 경우에 한한다.
5. 다음 각 목의 어느 하나에 해당하는 경우의 법 제38조에 따른 농지보전부담금의 부과·징수 등에 관한 권한
가. 제1호·제2호 및 제2항 단서에 따라 시·도지사에게 권한이 위임된 경우
나. 법 제38조제1항제4호에 따른 다른 법률에 따라 농지전용허가가 의제되는 협의를 거친 농지를 전용하려는 자 중 가목에 따른 농지전용면적규모에 해당하는 농지를 전용하려는 자의 경우
6. 법 제54조제1항에 따른 검사 및 조사에 관한 권한
② 농림축산식품부장관은 법 제51조제1항에 따라 다음 각 호의 권한을 시장·군수 또는 자치구구청장에게 위임한다. 다만, 대상농지가 동일 특별시·광역시 또는 도의 관할구역 안의 둘 이상의 시·군 또는 자치구에 걸치는 경우에는 제1호의 권한은 이를 시·도지사에게 위임한다.(2019.6.25 단서개정)
1. 법 제34조제1항 각 호 외의 부분에 따른 농지전용에 대한 허가(다른 법률에 따라 농지전용허가가 의제되는 협의를 포함한다. 이하 이 호에서 같다)·변경허가 및 법 제34조제2항제2호에 따른 협의에 관한 권한 중 다음 각 목에 해당하는 권한(2023.10.24 본문개정)
가. 농업진흥지역 안의 3천제곱미터 미만의 농지의 전용
나. 농업진흥지역 밖의 3만제곱미터 미만의 농지의 전용
다. 농림축산식품부장관(그 권한을 위임받은 자를 포함한다)과의 협의를 거쳐 지정되거나 결정된 별표3에 따른 지역·지구·구역·단지·특구 등의 안에서 10만제곱미터 미만의 농지의 전용(2023.10.24 본목개정)
1의2. 법 제34조제2항제1호에 따른 농지의 전용 관련 협의에 관한 권한(같은 호에 따른 농지전용협의를 거친 도시·군계획시설 예정지 안의 농업진흥지역 밖의 농지의 면적을 3천제곱미터 미만 이내의 범위에서 변경하는 경우에 한정한다)(2019.6.25 본호신설)
2. 법 제39조에 따른 농지전용허가의 취소, 관계 공사의 중단, 조업의 정지, 사업규모의 축소 또는 사업계획의 변경이나 그 밖의 필요한 조치에 관한 권한, 법 제55조제2호에 따른 청문에 관한 권한과 제58조에 따른 불법전용농지 등의 조사에 관한 권한. 다만, 제1호에 따라 권한이 위임된 경우에 한한다.
3. 법 제42조에 따른 원상회복명령 및 대집행에 관한 권한. 다만, 제1호 및 제2호에 따라 권한이 위임된 경우에 한한다.
4. 다음 각 목의 어느 하나에 해당하는 경우의 법 제38조에 따른 농지보전부담금의 부과·징수 등에 관한 권한
가. 제1호에 따라 시장·군수 또는 자치구구청장에게 권한이 위임된 경우
나. 법 제38조제1항제2호·제2호의2·제5호에 따른 자의 경우(2012.7.10 본목개정)
다. 법 제38조제1항제4호에 따른 다른 법률에 따라 농지전용허가가 의제되는 협의를 거친 농지를 전용하려는 자 중 가목에 따른 농지전용면적규모에 해당하는 농지를 전용하려는 자의 경우
③ 시·도지사는 제1항 및 제2항 각 호 외의 부분 단서에 따라 그 권한을 행사하였거나 제4항에 따라 시장·군수 또는 자치구구청장으로부터 그 권한행사의 내용을 보고받은 때에는 농림축산식품부령으로 정하는 바에 따라 농림축산식품부장관에게 보고하여야 한다.(2013.3.23 본항개정)
④ 시장·군수 또는 자치구구청장은 제2항에 따라 그 권한을 행사한 때에는 농림축산식품부령으로 정하는 바에 따라 그 내용을 시·도지사에게 보고하여야 한다.
(2013.3.23 본항개정)
⑤ 농림축산식품부장관은 법 제51조제2항에 따라 다음 각 호의 업무를 한국농어촌공사에 위탁한다.
1. 법 제31조의3제1항에 따른 실태조사(제28조의3제2항에 따른 실태조사의 계획 수립 업무는 제외한다)
2. 법 제54조의2제3항에 따른 정보시스템의 구축·운영
(2022.5.9 본호개정)
(2019.6.25 본항신설)
(2019.6.25 본조제목개정)
제72조 【포상금의 지급】 ① 법 제52조에 따른 포상금은 별표4의 포상금 지급기준에 따라 예산의 범위에서 지급해야 한다. 이 경우 포상금의 1명당 연간(포상금 지급 결정일이 속하는 해의 1월 1일부터 12월 31일까지를 말한다) 지급상한은 150만원으로 한다.(2021.10.14 본항개정)
② 제1항에 따른 포상금은 법 제52조 각 호에 해당하는 자가 행정기관에 의하여 발각되기 전에 주무관청이나 수사기관에 고발 또는 신고한 자에 대하여 해당 고발 또는 신고사건에 대하여 검사가 공소제기·기소중지 또는 기소유예를 하거나 사법경찰관이 수사중지(피의자중지로 한정한다)를 한 경우에 한정하여 지급한다.(2020.12.29 본항개정)
③ 제1항 및 제2항에도 불구하고 주무관청이나 수사기관에 신고하거나 고발한 자가 다음 각 호의 어느 하나에 해당하면 포상금을 지급하지 않는다.
1. 농지 취득, 농지 전용·사용의 허가·신고 및 감독 등 관련 업무에 종사하는 경우
2. 제1호에 따른 관련 업무에 종사하는 자의 배우자, 직계존속·비속 또는 직계비속의 배우자인 경우
3. 익명이나 정확한 인적사항을 기재하지 않아 신분을 확인할 수 없는 경우
(2020.8.11 본항신설)
④ 제1항에 따른 포상금을 2인 이상의 자가 함께 받게 되는 경우의 배분방법 그 밖에 포상금의 지급방법 및 절차 등에 관하여 필요한 사항은 농림축산식품부령으로 정한다.
(2013.3.23 본항개정)
제73조 【농업진흥구역과 농업보호구역에 걸치는 1필지의 토지 등의 최소면적】 법 제53조제1항 및 제2항에서 "대통령령으로 정하는 규모"란 330제곱미터를 말한다.
제73조의2 【농지정보의 제공】 법 제54조의3에서 "대통령령으로 정하는 금융기관"이란 다음 각 호의 금융기관을 말한다.
1. 「농업협동조합법」에 따른 조합, 중앙회 및 농협은행
2. 「산림조합법」에 따른 조합 및 중앙회
3. 「수산업협동조합법」에 따른 조합, 중앙회 및 수협은행
4. 「신용협동조합법」에 따른 신용협동조합 및 신용협동조합중앙회
5. 「새마을금고법」에 따른 금고 및 중앙회
6. 「우체국예금·보험에 관한 법률」에 따른 체신관서
7. 「상호저축은행법」에 따른 상호저축은행 및 상호저축은행중앙회
8. 「중소기업은행법」에 따른 중소기업은행
9. 「한국산업은행법」에 따른 한국산업은행
(2022.5.9 본조신설)
제74조 【수수료】 ① 법 제56조에 따른 수수료는 다음 각 호와 같다.
1. 법 제8조에 따른 농지취득자격증명의 신청 : 1천원
2. 법 제34조에 따른 농지전용허가의 신청 및 법 제43조에 따른 농지전용의 신고 : 다음 각 목의 구분에 따른 금액
가. 허가신청농지의 면적이 3천500제곱미터 이하인 경우에는 2만원
나. 허가신청농지의 면적이 3천500제곱미터를 초과할 경우에는 2만원에 그 초과면적 350제곱미터마다 2천원을 가산한 금액
3. 법 제36조에 따른 농지의 타용도일시사용허가의 신청 : 다음 각 목의 구분에 따른 금액
가. 허가신청농지의 면적이 3천500제곱미터 이하인 경우에는 1만원
나. 허가신청농지의 면적이 3천500제곱미터를 초과하는 경우에는 1만원에 그 초과면적 350제곱미터마다 1천원을 가산한 금액
4. 법 제35조에 따른 농지전용의 신고 : 5천원
5. 법 제40조에 따른 용도변경의 승인 : 5천원
6. 법 제50조에 따른 농지대장 등본 및 자경증명의 발급신청 : 500원. 다만, 전자민원창구 또는 통합전자민원창구를 통하여 발급받는 경우에는 수수료를 면제한다.
(2022.5.9 본문개정)
② 제1항의 수수료는 해당 농지의 소재지를 관할하거나 해당 농지대장을 작성비치하고 있는 시(특별시 및 광역시를 제외한다. 이하 이 항에서 같다)·군 또는 자치구의 수입증지로 납부해야 한다. 다만, 시장·군수 또는 자치구구청장은 정보통신망을 이용하여 전자화폐·전자결제 등의 방법으로 이를 납부하게 할 수 있다.(2022.5.9 본문개정)
제75조 【이행강제금의 부과】 ① 시장(구를 두지 않은 시의 시장을 말한다)·군수 또는 구청장은 법 제63조제1항에 따라 이행강제금을 부과하는 때에는 10일 이상의 기간을 정하여 이행강제금 처분대상자에게 의견제출의 기회를 주어야 한다.(2022.5.9 본항개정)
② 이행강제금의 징수절차는 농림축산식품부령으로 정한다.(2013.3.23 본항개정)
③ 법 제63조제1항제1호에서 "대통령령으로 정하는 정당한 사유"란 다음 각 호의 어느 하나에 해당하는 경우를 말한다.(2022.5.9 본문개정)
1. 법 제11조제2항에 따라 한국농어촌공사에 매수를 청구하여 협의 중인 경우(2009.6.26 본호개정)
2. 법률 또는 법원의 판결 등에 따라 처분이 제한되는 경우
제76조 【보고서 등의 작성과 제출】 ① 시장·군수 또는 자치구구청장은 다음 각 호의 사항에 관한 현황을 농림축산식품부장관이 정하는 서식에 의하여 시·도지사에게 제출해야 한다.(2022.5.9 본문개정)
1. 법 제10조·제11조에 따른 농지의 처분통지·처분명령
2. 법 제20조에 따른 대리경작자의 지정
2의2. 법 제34조에 따른 농지전용허가·협의
2의3. 법 제35조 및 제43조에 따른 농지전용신고
(2012.7.10 2호의2～2호의3신설)
3. 법 제57조부터 제62조까지의 규정을 위반한 자에 대한 고발 및 처분(2022.5.9 본호개정)
4. 법 제63조에 따른 이행강제금의 부과·징수
(2022.5.9 본호개정)
② 시·구·읍·면의 장은 법 제8조에 따른 농지취득자격증명의 발급현황을 농림축산식품부장관이 정하는 바에 따라 시·도지사에게 제출하여야 한다. 자치구가 아닌 구의 구청장 및 읍장·면장의 경우에는 관할 시장·군수를 거쳐야 한다.(2013.3.23 전단개정)
③ 시·도지사는 제1항 및 제2항에 따라 제출된 자료를 종합하여 농림축산식품부장관에게 제출하여야 한다.
(2013.3.23 본항개정)
④ 한국농어촌공사는 법 제11조제2항에 따른 매수청구 및 매수에 관한 분기별 상황을 농림축산식품부장관이 정하는 서식에 의하여 분기별로 농림축산식품부장관에게 제출하여야 한다.(2013.3.23 본항개정)
⑤ 농림축산식품부장관은 제1항, 제2항 및 다음 각 호의 사항에 관한 관련 자료를 시·도지사, 시장·군수·자치구구청장 또는 관련 행정기관의 장으로부터 정보시스템의 연계 등을 통하여 전자적 방법으로 제공받을 수 있다.
(2016.1.19 본문개정)
1. 법 제36조에 따른 농지의 타용도 일시사용허가 및 협의
1의2. 법 제36조의2에 따른 농지의 타용도 일시사용신고 및 협의(2018.4.30 본호신설)
2. 법 제39조에 따른 농지전용허가·신고 및 타용도 일시사용허가·신고의 취소(2018.4.30 본호개정)
3. 법 제40조에 따른 용도변경 승인
4. 법 제49조에 따른 농지대장(2022.5.9 본호개정)
5. 법 제50조에 따른 농지대장 등본 및 자경증명 발급
(2022.5.9 본호개정)
(2012.7.10 본항신설)
⑥ 시·도지사, 시장·군수·자치구구청장, 시·구·읍·면의 장은 제1항부터 제3항까지 및 제5항에서 정하는 관련 자료를 제출하는 경우에는 특별한 사정이 없는 한 정보시스템의 연계를 통한 전자적 방법을 사용하여야 한다.
(2016.1.19 본항신설)
제77조 【규제의 재검토】 농림축산식품부장관은 다음 각 호의 사항에 대하여 다음 각 호의 기준일을 기준으로 3년마다(매 3년이 되는 해의 기준일과 같은 날 전까지를 말한다) 그 타당성을 검토하여 개선 등의 조치를 해야 한다.

1. 제24조에 따른 농지의 임대차 또는 사용대차 가능 사유 : 2023년 1월 1일
2. 제28조에 따른 농업진흥지역 등의 변경·해제 요건 및 절차 : 2023년 1월 1일
3. 제36조 및 별표1에 따른 농지전용신고대상시설의 범위·규모 등 : 2023년 1월 1일
4. 제44조에 따른 농지전용허가의 제한대상시설 : 2023년 1월 1일
5. 제52조 및 별표2에 따른 농지보전부담금의 감면대상 및 감면비율 : 2023년 1월 1일
6. 제59조에 따른 용도변경의 승인 요건 : 2023년 1월 1일
(2023.3.7 본조개정)

제78조【고유식별정보의 처리】 ① 중앙행정기관의 장 또는 시·도지사(해당 권한이 위임·위탁된 경우에는 그 권한을 위임·위탁받은 자를 포함한다)는 법 제6조제2항제2호에 따른 시험지·연구지·실습지·종묘생산지 또는 과수 인공수분용 꽃가루 생산지로 쓰일 농지의 취득에 관한 사무를 수행하기 위하여 불가피한 경우 「개인정보 보호법 시행령」 제19조제1호에 따른 주민등록번호가 포함된 자료를 처리할 수 있다.(2016.11.29 본항개정)
② 농림축산식품부장관, 시·도지사 또는 시장·군수·자치구구청장(해당 권한이 위임·위탁된 경우에는 그 권한을 위임·위탁받은 자를 포함한다)은 다음 각 호의 사무를 수행하기 위하여 불가피한 경우 「개인정보 보호법 시행령」 제19조제1호 또는 제4호에 따른 주민등록번호 또는 외국인등록번호가 포함된 자료를 처리할 수 있다.
(2013.3.23 본문개정)
1. 법 제21조에 따른 토양의 개량·보전에 관한 사무
(2012.7.10 본호신설)
1의2. 법 제34조에 따른 농지전용허가·협의 사무
2. 법 제35조 및 제43조에 따른 농지전용신고 사무
3. 법 제36조에 따른 농지의 타용도 일시사용허가 등에 관한 사무
3의2. 법 제36조의2에 따른 농지의 타용도 일시사용신고 등에 관한 사무(2018.4.30 본호신설)
4. 법 제39조에 따른 농지전용허가 취소 등에 관한 사무
5. 법 제40조에 따른 용도변경 승인 사무
6. 법 제52조에 따른 포상금 지급 사무
7. 제43조에 따른 복구비용예치금 등 반환 사무
③ 시·구·읍·면의 장은 다음 각 호의 사무를 수행하기 위하여 불가피한 경우 「개인정보 보호법 시행령」 제19조제1호 또는 제4호에 따른 주민등록번호 또는 외국인등록번호가 포함된 자료를 처리할 수 있다.
1. 법 제8조에 따른 농지취득자격증명 발급 사무
1의2. 법 제24조제3항에 따른 농지임대차계약의 확인 및 농지임대차계약 확인대장의 기록에 관한 사무
(2020.8.11 본호신설)
2. 법 제49조에 따른 농지대장 작성·비치 등에 관한 사무
(2022.5.9 본호개정)
2의2. 법 제49조의2에 따른 농지대장의 변경신청에 관한 사무(2022.5.9 본호신설)
3. 법 제50조에 따른 농지대장 등본 및 자경증명 발급 등에 관한 사무(2022.5.9 본호개정)
④ 한국농어촌공사는 다음 각 호의 사무를 수행하기 위하여 불가피한 경우 「개인정보 보호법 시행령」 제19조제1호 또는 제4호에 따른 주민등록번호 또는 외국인등록번호가 포함된 자료를 처리할 수 있다.(2012.7.10 본문개정)
1. 법 제11조에 따라 처분명령을 받은 농지매수 사무
2. 법 제33조의2에 따른 농업진흥지역의 농지매수 사무
3. 제48조제1항 및 제51조제1항에 따른 농지보전부담금의 수납·환급 사무
(2012.7.10 1호~3호신설)

제79조【자료의 제공 요청】 법 제54조의2제1항에서 "주민등록전산자료, 부동산등기전산자료 등 대통령령으로 정하는 자료"란 다음 각 호의 자료를 말한다.
1. 「부동산등기법」 제2조제1호에 따른 등기부
2. 「공간정보의 구축 및 관리에 관한 법률」 제2조제19호에 따른 지적공부
3. 「주민등록법」 제30조제1항에 따른 주민등록전산정보자료
4. 「가족관계의 등록 등에 관한 법률」 제9조제1항에 따른 가족관계등록부
5. 「건축법」 제20조제6항에 따른 가설건축물대장 및 같은 법 제38조에 따른 건축물대장
6. 「농업·농촌 공익기능 증진 직접지불제도 운영에 관한 법률」 제37조에 따른 공익직접지불제도 관련 자료
7. 「출입국관리법」 제31조 및 제32조에 따른 외국인등록에 관한 자료
8. 「재외동포의 출입국과 법적 지위에 관한 법률」 제6조에 따른 국내거소신고에 관한 자료
9. 「부동산 거래신고 등에 관한 법률」 제3조에 따른 부동산 거래의 신고 자료
10. 「한국농어촌공사 및 농지관리기금법」 제18조부터 제24조까지 및 제24조의2부터 제24조의5까지의 규정에 따른 농지은행사업에 관한 자료
11. 그 밖에 법 제54조의2제1항에 따른 농지 관련 정책 수립, 농지대장 작성 등에 활용하기 위해 필요하다고 농림축산식품부장관이 인정하는 자료(2022.5.9 본호개정)
(2021.10.14 본조신설)

제6장 벌 칙

(2022.5.9 본장신설)

제80조【과태료의 부과기준】 법 제64조제1항 및 제2항에 따른 과태료의 부과기준은 별표5와 같다.

부 칙

제1조【시행일】 이 영은 공포한 날부터 시행한다. 다만, 제2조의 개정규정은 2007년 7월 4일부터 시행한다.
제2조【유효기간】 ① 별표2 제25호의 개정규정은 2008년 12월 31일까지 효력을 가진다. 이 경우 2008년 12월 31일까지 농지전용허가(변경허가의 경우와 다른 법률에 의하여 농지전용허가 또는 그 변경허가가 의제되는 인가 또는 허가 등의 경우를 포함한다. 이하 같다)를 신청하거나 농지전용신고(변경신고를 포함한다. 이하 같다)를 하는 것에 대하여 이를 적용한다.
② 별표2 제26호의 개정규정은 2011년 12월 31일까지 효력을 가진다.
③ 별표2 제37호의 개정규정은 2007년 12월 31일까지 효력을 가진다. 이 경우 2007년 12월 31일까지 농지전용허가를 신청하거나 농지전용신고를 하는 것에 대하여 이를 적용한다.
④ 별표2 제39호의 개정규정은 2008년 12월 31일까지 효력을 가진다. 이 경우 2008년 12월 31일까지 농지전용허가를 신청하거나 농지전용신고를 하는 것에 대하여 이를 적용한다.
⑤ 별표2 제41호나목의 개정규정은 2008년 12월 31일까지 효력을 가진다. 이 경우 2008년 12월 31일까지 농지전용허가를 신청하거나 농지전용신고를 하는 것에 대하여 이를 적용한다.
⑥ 별표2 제45호의 개정규정은 2007년 12월 31일까지 효력을 가진다. 이 경우 2007년 12월 31일까지 농지전용허가를 신청하거나 농지전용신고를 하는 것에 대하여 이를 적용한다.
⑦ 별표2 제46호부터 제48호까지의 개정규정은 2008년 12월 31일까지 효력을 가진다. 이 경우 2008년 12월 31일까지 농지전용허가를 신청하거나 농지전용신고를 하는 것에 대하여 이를 적용한다.
⑧ 별표2 제56호의 개정규정은 2011년 12월 31일까지 효력을 가진다.
⑨ 별표2 제58호의 개정규정은 2008년 12월 31일까지 효력을 가진다. 이 경우 2008년 12월 31일까지 농지전용허가를 신청하거나 농지전용신고를 하는 것에 대하여 이를 적용한다.
⑩ 별표2 제59호의 개정규정은 2010년 12월 31일까지 효력을 가진다. 이 경우 2010년 12월 31일까지 농지전용허가를 신청하거나 농지전용신고를 하는 것에 대하여 이를 적용한다.
제3조【농업진흥지역 해제에 관한 적용례】 제28조제3항제2호의 개정규정은 이 영 시행 후 최초로 농업진흥지역 해제신청을 하는 것부터 적용한다.
제4조【농지전용허가의 제한대상시설에 관한 적용례】 제44조제3항의 개정규정은 이 영 시행 후에 최초로 농지전용허가가 신청된 것부터 적용한다.
제5조【허가·협의권한의 위임 등에 관한 적용례】 별표3 제1호의 개정규정은 이 영 시행 후 최초로 농지전용허가 또는 협의가 신청되거나 접수된 것부터 적용한다.
제6조【농지의 범위에서 농축산물 생산시설에 관한 경과조치】 제2조제4항의 개정규정은 이 영 시행 당시 종전의 규정에 따라 농지전용허가를 받거나 농지전용신고가 수리된 농축산물 생산시설의 부지에 대하여는 종전의 규정에 따른다.
제7조【농업보호구역 안에서의 행위제한에 관한 경과조치】 대통령령 제19281호 농지법 시행령 일부개정령의 시행일인 2006년 1월 22일 전에 관계 법령에 따라 농업보호구역 안에서 같은 법 시행령 일부개정령 제35조의 개정규정에 따라 설치가 금지되는 건축물·공작물 기타 시설의 설치에 관한 인가·허가 또는 승인 등을 받거나 인가·허가 또는 승인 등의 신청을 한 자에 대한 행위제한은 같은 법 시행령 일부개정령 제35조의 개정규정에 불구하고 종전의 규정에 따른다.
제8조【농업진흥지역 안에서의 행위제한에 관한 경과조치】 대통령령 제16254호 농지법시행령중일부개정령의 시행일인 1999년 4월 19일 전에 관계 법령에 따라 농업진흥지역 안에서 같은 법 시행령 일부개정령 제34조제4항·제5항 또는 제35조제3호의 개정규정에 따라 설치가 제한되는 건축물·공작물 기타 시설의 설치에 관한 인가·허가 또는 승인 등을 받거나 인가·허가 또는 승인 등의 신청을 한 자에 대한 행위제한의 기준에 관하여는 같은 법 시행령 일부개정령 제34조제4항·제5항 또는 제35조제3호의 개정규정에 불구하고 종전의 규정에 따른다.
제9조【농지보전부담금의 감면에 관한 경과조치】 이 영 시행 전에 농지전용허가(다른 법률에 따라 농지전용허가가 의제되는 인가 또는 허가 등을 포함한다)를 받거나 농지전용신고를 한 것에 관한 농지보전부담금의 감면은 별표2의 개정규정에 불구하고 종전의 규정에 따른다.
제10조【농지관리위원회의 운영 등에 관한 조례에 관한 경과조치】 이 영 시행 당시 종전의 「농지임대차관리법 시행령」에 따른 농지관리위원회의 운영 등에 관한 시(특별시 및 광역시를 포함한다)·군의 조례는 이 영에 따른 해당 지방자치단체의 조례로 본다.
제11조【다른 법령의 개정】 ①~③ ※(해당 법령에 가제정리 하였음)
제12조【다른 법령과의 관계】 이 영 시행 당시 다른 법령에서 종전의 「농지법 시행령」 또는 그 규정을 인용한 경우 이 영 가운데 그에 해당하는 규정이 있으면 종전의 규정을 갈음하여 이 영 또는 이 영의 해당 규정을 인용한 것으로 본다.

부 칙 (2008.6.5)

제1조【시행일】 이 영은 공포한 날부터 시행한다.
제2조【유효기간】 별표2 제45호란·제45호의2란 및 제61호란의 개정규정은 2011년 12월 31일까지 효력을 가진다. 이 경우 2011년 12월 31일까지 농지전용허가(변경허가의 경우와 다른 법률에 의하여 농지전용허가 또는 그 변경허가가 의제되는 인가 또는 허가 등의 경우를 포함한다)를 신청하거나 농지전용신고(변경신고를 포함한다)를 하는 것에 대하여 이를 적용한다.
제3조【농업진흥지역 등의 변경·해제에 관한 적용례】 제28조제3항제2호의 개정규정은 이 영 시행 후 최초로 농업진흥지역 변경신청 또는 해제신청을 하는 것부터 적용한다.
제4조【농지보전부담금 감면에 관한 적용례】 별표2 제17호란, 제41호란, 제42호란, 제45호란, 제45호의2란, 제52호란, 제54호란, 제57호란, 제58호란 및 제61호란의 개정규정은 이 영 시행 후 최초로 농지전용허가(변경허가나 다른 법률의 규정에 의하여 농지전용허가가 의제되는 인가 또는 허가 등을 포함한다)를 신청하거나 농지전용신고를 하는 것부터 적용한다.
제5조【농업진흥지역 해제에 대한 특례】 제28조제1항제1호다목(농업보호구역을 해제하는 경우에 한한다)의 규정을 적용함에 있어서 이 영 시행일부터 2008년 12월 31일까지는 같은 규정 중 후단을 적용하지 아니한다.
제6조【허가 또는 협의 권한의 위임에 관한 경과조치 등】 ① 이 영 시행 당시 농지전용허가 또는 협의가 신청되어 그 절차가 진행 중인 것에 대하여는 제71조제1항제1호의 개정규정에도 불구하고 종전의 규정에 따른다.
② 별표3 제12호란의 개정규정은 이 영 시행 후 최초로 농지전용허가 또는 협의가 신청되거나 접수된 것부터 적용한다.
제7조【다른 법령의 개정】 ※(해당 법령에 가제정리 하였음)

부 칙 (2009.11.26 영21848호)

제1조【시행일】 이 영은 2009년 11월 28일부터 시행한다. 다만, 제72조제1항 후단 및 별표2 제10호란의 개정규정은 2010년 1월 1일부터 시행한다.
제2조 (2012.11.12 삭제)
제3조【영농여건불리농지의 최초 고시 기한】 시장·군수는 제5조의2의 개정규정에 따른 최초 고시는 2011년 12월 31일까지 하여야 한다.
제4조【농지보전부담금 감면에 관한 적용례】 ① 별표2 제10호가목의 개정규정은 부칙 제1조 단서에 따른 별표2 제10호란의 개정규정의 시행 후 최초로 농지전용허가를 신청하거나 농지전용신고를 하는 것부터 적용한다.
② 별표2 제10호나목의 개정규정은 부칙 제1조 단서에 따른 별표2 제10호란의 개정규정의 시행 후 최초로 농지전용허가를 신청하거나 농지전용신고를 하는 것부터 적용하고, 2011년 12월 31일까지 농지전용허가를 신청하거나 농지전용신고를 하는 것에 대해서도 적용한다.
③ 별표2 제15호란의 개정규정은 이 영 시행 후 최초로 농지전용허가를 신청하거나 농지전용신고를 하는 것부터 적용한다.
제5조【농지의 범위에서 간이저온저장고에 관한 경과조치】 이 영 시행 당시 종전의 규정에 따라 농지전용허가를 받거나 농지전용신고가 수리된 간이저온저장고의 부지에 대해서는 제2조제3항제2호다목의 개정규정에도 불구하고 종전의 규정에 따른다.
제6조【농지의 타용도 일시사용허가에 관한 경과조치】 이 영 시행 당시 종전의 규정에 따라 타용도 일시사용허가를 받거나 허가를 신청한 자에 대해서는 제37조제2항제4호 및 제38조제1항·제2항의 개정규정에도 불구하고 종전의 규정에 따른다.
제7조【다른 법령의 개정】 ※(해당 법령에 가제정리 하였음)

부 칙 (2014.12.30)

제1조【시행일】 이 영은 2015년 1월 1일부터 시행한다.
제2조【농지의 타용도 일시사용허가에 관한 적용례】 제38조제1항제1호부터 제3호까지의 개정규정은 2015년 1월 1일 이후 농지의 타용도 일시사용을 위한 허가를 신청하

거나 협의를 요청하는 것부터 적용한다. 다만, 「옥외광고물 등 관리법」에 따라 설립된 한국옥외광고센터가 주요 국제행사의 준비 및 운영에 필요한 재원을 마련하기 위하여 설치한 국제행사와 관련된 「옥외광고물 등 관리법」에 따른 옥외광고물 시설에 대해서는 2015년 1월 1일 전에 농지의 타용도 일시사용을 위한 허가를 받았거나 협의가 된 경우에도 제38조제1항제2호의 개정규정을 적용한다.(2016.1.19 본조개정)

제3조【용도변경 승인의 예외에 관한 적용례】 제59조제3항 단서의 개정규정은 이 영 시행 이후 해당 시설의 용도를 변경하거나 농지전용목적사업의 업종을 변경하는 것부터 적용한다.

제4조【농지보전부담금의 감면에 관한 경과조치】 이 영 시행 전에 농지전용허가(다른 법률에 따라 농지전용허가가 의제된 경우를 포함한다)를 신청하였거나 농지전용신고(다른 법률에 따라 농지전용신고가 의제된 경우를 포함한다)를 한 것에 대한 농지보전부담금의 감면은 별표2의 개정규정에도 불구하고 종전의 규정에 따른다.

부 칙 (2016.1.19)

제1조【시행일】 이 영은 2016년 1월 21일부터 시행한다. 다만, 제49조의2의 개정규정은 2017년 1월 1일부터 시행한다.

제2조【농지의 범위에 관한 경과조치】 다음 각 호의 어느 하나에 해당하는 토지에 대해서는 제2조제2항제1호 및 제2호의 개정규정에도 불구하고 종전의 규정에 따른다.

1. 이 영 시행 당시 「공간정보의 구축 및 관리 등에 관한 법률」에 따른 지목이 전·답, 과수원이 아닌 토지로서 농작물 경작지 또는 제2조제1항제1호에 따른 다년생식물의 재배에 이용되고 있는 토지
2. 이 영 시행 당시 「공간정보의 구축 및 관리 등에 관한 법률」에 따른 지목이 임야인 토지로서 토지 형질을 변경하고 제2조제1항제2호 또는 제3호에 따른 다년생식물의 재배에 이용되고 있는 토지

제3조【농지보전부담금 부과에 관한 경과조치】 제45조부터 제47조까지, 제49조, 제50조 및 제51조의 개정규정에도 불구하고 이 영 시행 전에 농지전용허가(다른 법률에 따라 농지전용허가가 의제된 경우를 포함한다)를 신청하였거나 농지전용신고(다른 법률에 따라 농지전용신고가 의제된 경우를 포함한다)를 한 농지에 대한 농지보전부담금의 부과는 종전의 규정에 따른다.

제4조【농지보전부담금 감면에 관한 경과조치】 별표2 제3호소목의 개정규정에도 불구하고 이 영 시행 전에 농지전용허가(다른 법률에 따라 농지전용허가가 의제된 경우를 포함한다)를 신청하였거나 농지전용신고(다른 법률에 따라 농지전용신고가 의제된 경우를 포함한다)를 한 것에 대한 농지보전부담금의 감면은 종전의 규정에 따른다.

부 칙 (2018.2.13)

제1조【시행일】 이 영은 2018년 2월 13일부터 시행한다.

제2조【농지보전부담금 감면에 관한 적용례】 별표2 제3호어목의 개정규정은 이 영 시행 이후 농지전용허가(다른 법률에 따라 농지전용허가가 의제되는 경우를 포함한다)를 신청하거나 농지전용신고(다른 법률에 따라 농지전용신고가 의제되는 경우를 포함한다)를 하는 경우부터 적용한다.

제3조【농지보전부담금의 감면에 관한 경과조치】 별표2 제2호라목 및 같은 표 제3호소목·구목·우목·주목의 개정규정에도 불구하고 2018년 1월 1일 전에 농지전용허가(다른 법률에 따라 농지전용허가가 의제되는 경우를 포함한다)를 신청하였거나 농지전용신고(다른 법률에 따라 농지전용신고가 의제되는 경우를 포함한다)를 한 농지에 대한 농지보전부담금의 감면은 종전의 규정에 따른다.

부 칙 (2018.4.30)

제1조【시행일】 이 영은 2018년 5월 1일부터 시행한다.

제2조【농지전용허가 또는 협의 권한의 위임에 관한 경과조치】 이 영 시행 당시 농지전용에 대한 허가(변경허가를 포함한다) 또는 협의가 진행 중인 경우에는 제71조제1항제1호나목 본문 및 같은 호 라목1)·2)의 개정규정에도 불구하고 종전의 규정에 따른다.

부 칙 (2019.6.25)

제1조【시행일】 이 영은 2019년 7월 1일부터 시행한다.

제2조【농지보전부담금 독촉장 발급에 관한 경과조치】 이 영 시행 전에 농지보전부담금의 분할 잔액을 분할 납부기한까지 내지 않아 독촉장이 발급된 경우에는 제50조제3항의 개정규정에도 불구하고 종전의 규정에 따른다.

제3조【농지전용협의 권한의 위임에 관한 경과조치】 이 영 시행 당시 농지전용에 대한 협의가 진행 중인 경우에는 제71조제1항제2호 및 같은 조 제2항제1호의2의 개정규정에도 불구하고 종전의 규정에 따른다.

부 칙 (2020.8.11)

제1조【시행일】 이 영은 2020년 8월 12일부터 시행한다. 다만, 제8조제1항제3호, 제24조제1항제5호, 제36조, 제72조제3항, 제78조제3항제1호의2 및 별표2의 개정규정은 공포한 날부터 시행한다.

제2조【포상금의 지급에 관한 적용례】 제72조제3항의 개정규정은 이 영 시행 이후 주무관청이나 수사기관에 신고하거나 고발하는 경우부터 적용한다.

부 칙 (2020.11.24)

제1조【시행일】 이 영은 공포한 날부터 시행한다.

제2조【공고 등의 방법에 관한 일반적 적용례】 이 영은 이 영 시행 이후 실시하는 공고, 공표, 공시 또는 고시부터 적용한다.

부 칙 (2020.12.29)

제1조【시행일】 이 영은 2021년 1월 1일부터 시행한다.

제2조【일반적 적용례】 이 영은 이 영 시행 당시 사법경찰관이 수사 중인 사건에 대해서도 적용한다.

부 칙 (2021.1.5)

이 영은 공포한 날부터 시행한다.(이하 생략)

부 칙 (2021.10.14)

이 영은 2021년 10월 14일부터 시행한다. 다만, 제70조의 개정규정은 공포 후 6개월이 경과한 날부터 시행한다.

부 칙 (2022.1.21)

제1조【시행일】 이 영은 2022년 1월 21일부터 시행한다.(이하 생략)

부 칙 (2022.5.9)

제1조【시행일】 이 영은 2022년 5월 18일부터 시행한다. 다만, 제4장제3절(제61조부터 제64조까지), 제4장제4절(제70조), 제74조, 제76조제5항, 제78조제3항 및 제79조제11호의 개정규정, 제80조의 개정규정 중 "및 제2항"을 개정하는 부분 및 부칙 제4조는 2022년 8월 18일부터 시행하고, 별표2 제3호쿠목11) 본문의 개정규정은 2022년 6월 29일부터 시행한다.

제2조【과태료의 부과기준에 관한 적용례】 별표5 제2호나목·다목의 개정규정은 2022년 8월 18일 이후 위반행위를 하는 경우부터 적용한다.

제3조【농지취득자격증명 발급에 관한 경과조치】 이 영 시행 전에 시·구·읍·면의 장이 농지취득자격증명의 발급신청을 받은 경우 그 발급 요건에 관하여는 제7조제2항제4호의 개정규정에도 불구하고 종전의 규정에 따른다.

제4조【다른 법령의 개정】 ①~⑩ ※(해당 법령에 가제정리 하였음)

부 칙 (2022.6.14)

제1조【시행일】 이 영은 2022년 6월 16일부터 시행한다.(이하 생략)

부 칙 (2022.6.28)

제1조【시행일】 이 영은 2022년 6월 29일부터 시행한다.(이하 생략)

부 칙 (2023.3.7)

이 영은 공포한 날부터 시행한다.

부 칙 (2023.10.24)

제1조【시행일】 이 영은 2023년 11월 1일부터 시행한다.

제2조【농지전용허가 권한을 위임하는 지역 등의 범위에 관한 적용례】 별표3 제13호 및 제14호의 개정규정은 이 영 시행 이후 농림축산식품부장관(그 권한을 위임받은 자를 포함한다)과의 협의를 거쳐 지정된 지역특화발전특구 또는 연구개발특구 안에서 법 제34조제1항에 따른 농지전용허가 또는 변경허가가 신청되거나 다른 법률에 따라 농지전용허가가 의제되는 협의가 요청된 경우부터 적용한다.

부 칙 (2024.2.6)

이 영은 2024년 2월 17일부터 시행한다.

〔별표〕 ➡ 「法典 別册」 別表編 참조

(舊 : 친환경농업육성법)

친환경농어업 육성 및 유기식품 등의 관리·지원에 관한 법률(약칭 : 친환경농어업법)

(2012년 6월 1일 전부개정법률 제11459호)

개정
2013. 3.23법11705호
2014. 3.24법12515호
2015. 3.27법13258호
2015. 6.22법13383호(수산업·어촌발전기본법)
2016.12. 2법14305호
2019. 8.27법16551호
2020. 2.11법16991호
2020. 2.18법17037호(수산식품산업의육성및지원에관한법)
2020. 3.24법17099호(축산법)
2021. 4.13법18026호
2021. 8.17법18445호(식품등의표시·광고에관한법)

제1장 총 칙

제1조【목적】 이 법은 농어업의 환경보전기능을 증대시키고 농어업으로 인한 환경오염을 줄이며, 친환경농어업을 실천하는 농어업인을 육성하여 지속가능한 친환경농어업을 추구하고 이와 관련된 친환경농수산물과 유기식품 등을 관리하여 생산자와 소비자를 함께 보호하는 것을 목적으로 한다.

제2조【정의】 이 법에서 사용하는 용어의 뜻은 다음과 같다.

1. "친환경농어업"이란 생물의 다양성을 증진하고, 토양에서의 생물적 순환과 활동을 촉진하며, 농어업생태계를 건강하게 보전하기 위하여 합성농약, 화학비료, 항생제 및 항균제 등 화학자재를 사용하지 아니하거나 사용을 최소화한 건강한 환경에서 농산물·수산물·축산물·임산물(이하 "농수산물"이라 한다)을 생산하는 산업을 말한다.(2019.8.27 본호개정)
2. "친환경농수산물"이란 친환경농어업을 통하여 얻는 것으로 다음 각 목의 어느 하나에 해당하는 것을 말한다.
   가. 유기농수산물
   나. 무농약농산물(2019.8.27 본목개정)
   다. 무항생제수산물 및 활성처리제 비사용 수산물(이하 "무항생제수산물등"이라 한다)(2020.3.24 본목개정)
3. "유기"(Organic)란 생물의 다양성을 증진하고, 토양의 비옥도를 유지하여 환경을 건강하게 보전하기 위하여 허용물질을 최소한으로 사용하고, 제19조제2항의 인증기준에 따라 유기식품 및 비식용유기가공품(이하 "유기식품등"이라 한다)을 생산, 제조·가공 또는 취급하는 일련의 활동과 그 과정을 말한다.(2019.8.27 본호개정)
4. "유기식품"이란 「농업·농촌 및 식품산업 기본법」 제3조제7호의 식품과 「수산식품산업의 육성 및 지원에 관한 법률」 제2조제3호의 수산식품 중에서 유기적인 방법으로 생산된 유기농수산물과 유기가공식품(유기농수산물을 원료 또는 재료로 하여 제조·가공·유통되는 식품 및 수산식품을 말한다. 이하 같다)을 말한다.(2020.2.18 본호개정)
5. "비식용유기가공품"이란 사람이 직접 섭취하지 아니하는 방법으로 사용하거나 소비하기 위하여 유기농수산물을 원료 또는 재료로 사용하여 유기적인 방법으로 생산, 제조·가공 또는 취급되는 가공품을 말한다. 다만, 「식품위생법」에 따른 기구, 용기·포장, 「약사법」에 따른 의약외품 및 「화장품법」에 따른 화장품은 제외한다.

5의2. "무농약원료가공식품"이란 무농약농산물을 원료 또는 재료로 하거나 유기식품과 무농약농산물을 혼합하여 제조·가공·유통되는 식품을 말한다.(2019.8.27 본호신설)

6. "유기농어업자재"란 유기농수산물을 생산, 제조·가공 또는 취급하는 과정에서 사용할 수 있는 허용물질을 원료 또는 재료로 하여 만든 제품을 말한다.
7. "허용물질"이란 유기식품등, 무농약농산물·무농약원료가공식품 및 무항생제수산물등 또는 유기농어업자재를 생산, 제조·가공 또는 취급하는 모든 과정에서 사용 가능한 것으로서 농림축산식품부령 또는 해양수산부령으로 정하는 물질을 말한다.(2020.3.24 본호개정)
8. "취급"이란 농수산물, 식품, 비식용가공품 또는 농어업용자재를 저장, 포장〔소분(小分) 및 재포장을 포함한다. 이하 같다〕, 운송, 수입 또는 판매하는 활동을 말한다.
9. "사업자"란 친환경농수산물, 유기식품등·무농약원료가공식품 또는 유기농어업자재를 생산, 제조·가공하거나 취급하는 것을 업(業)으로 하는 개인 또는 법인을 말한다.(2019.8.27 본호개정)

제3조【국가와 지방자치단체의 책무】 ① 국가는 친환경농어업 및 유기식품등에 관한 기본계획과 정책을 세우고 지방자치단체 및 농어업인 등의 자발적 참여를 촉진하는 등 친환경농어업·유기식품등·무농약농산물·무농약원료가공식품 및 무항생제수산물등을 진흥시키기 위한 종합적인 시책을 추진하여야 한다.
② 지방자치단체는 관할구역의 지역적 특성을 고려하여 친환경농어업·유기식품등·무농약농산물·무농약원료가공식품 및 무항생제수산물등에 관한 육성정책을 세우고 적극적으로 추진하여야 한다.
(2020.3.24 본조개정)

제4조【사업자의 책무】 사업자는 화학적으로 합성된 자재를 사용하지 아니하거나 그 사용을 최소화하는 등 환경친화적인 생산, 제조·가공 또는 취급 활동을 통하여 환경오염을 최소화하면서 환경보전과 지속가능한 농어업의 경영이 가능하도록 노력하고, 다양한 친환경농수산물, 유기식품등, 무농약원료가공식품 또는 유기농어업자재를 생산·공급할 수 있도록 노력하여야 한다.
(2019.8.27 본조개정)

제5조【민간단체의 역할】 친환경농어업 관련 기술연구와 친환경농수산물, 유기식품등, 무농약원료가공식품 또는 유기농어업자재 등의 생산·유통·소비를 촉진하기 위하여 구성된 민간단체(이하 "민간단체"라 한다)는 국가와 지방자치단체의 친환경농어업·유기식품등·무농약농산물·무농약원료가공식품 및 무항생제수산물등에 관한 육성시책에 협조하고 그 회원들과 사업자 등에게 필요한 교육·훈련·기술개발·경영지도 등을 함으로써 친환경농어업·유기식품등·무농약농산물·무농약원료가공식품 및 무항생제수산물등의 발전을 위하여 노력하여야 한다.(2020.3.24 본조개정)

제5조의2【흙의 날】 ① 농업의 근간이 되는 흙의 소중함을 국민에게 알리기 위하여 매년 3월 11일을 흙의 날로 정한다.
② 국가와 지방자치단체는 제1항에 따른 흙의 날에 적합한 행사 등 사업을 실시하도록 노력하여야 한다.
(2015.3.27 본조신설)

제6조【다른 법률과의 관계】 이 법에서 정한 친환경농수산물, 유기식품등, 무농약원료가공식품 및 유기농어업자재의 표시와 관리에 관한 사항은 다른 법률에 우선하여 적용한다.(2019.8.27 본조개정)

제2장 친환경농어업·유기식품등·무농약농산물·무농약원료가공식품 및 무항생제수산물등의 육성·지원
(2020.3.24 본장제목개정)

제7조【친환경농어업 육성계획】 ① 농림축산식품부장관 또는 해양수산부장관은 관계 중앙행정기관의 장과 협의하여 5년마다 친환경농어업 발전을 위한 친환경농업 육성계획 또는 친환경어업 육성계획(이하 "육성계획"이라 한다)을 세워야 한다. 이 경우 민간단체나 전문가 등의 의견을 수렴하여야 한다.(2019.8.27 후단신설)
② 육성계획에는 다음 각 호의 사항이 포함되어야 한다.
1. 농어업 분야의 환경보전을 위한 정책목표 및 기본방향
2. 농어업의 환경오염 실태 및 개선대책
3. 합성농약, 화학비료 및 항생제·항균제 등 화학자재 사용량 감축 방안
3의2. 친환경 약제와 병충해 방제 대책(2016.12.2 본호신설)
4. 친환경농어업 발전을 위한 각종 기술 등의 개발·보급·교육 및 지도 방안
5. 친환경농어업의 시범단지 육성 방안
6. 친환경농수산물과 그 가공품, 유기식품등 및 무농약원료가공식품의 생산·유통·수출 활성화와 연계강화 및 소비 촉진 방안(2019.8.27 본호개정)
7. 친환경농어업의 공익적 기능 증대 방안
8. 친환경농어업 발전을 위한 국제협력 강화 방안
9. 육성계획 추진 재원의 조달 방안
10. 제26조 및 제35조에 따른 인증기관의 육성 방안
11. 그 밖에 친환경농어업의 발전을 위하여 농림축산식품부령 또는 해양수산부령으로 정하는 사항(2013.3.23 본호개정)
③ 농림축산식품부장관 또는 해양수산부장관은 제1항에 따라 세운 육성계획을 특별시장·광역시장·특별자치시장·도지사 또는 특별자치도지사(이하 "시·도지사"라 한다)에게 알려야 한다.(2013.3.23 본항개정)

제8조【친환경농어업 실천계획】 ① 시·도지사는 육성계획에 따라 친환경농어업을 발전시키기 위한 특별시·광역시·특별자치시·도 또는 특별자치도(이하 "시·도"라 한다) 친환경농어업 실천계획(이하 "실천계획"이라 한다)을 세우고 시행하여야 한다. 이 경우 민간단체나 전문가 등의 의견을 수렴하여야 한다.(2019.8.27 후단신설)
② 시·도지사는 제1항에 따라 시·도 실천계획을 세웠을 때에는 농림축산식품부장관 또는 해양수산부장관에게 제출하고, 시장·군수 또는 자치구의 구청장(이하 "시장·군수·구청장"이라 한다)에게 알려야 한다.
(2013.3.23 본항개정)
③ 시장·군수·구청장은 시·도 실천계획에 따라 친환경농어업을 발전시키기 위한 시·군·자치구 실천계획을 세워 시·도지사에게 제출하고 적극적으로 추진하여야 한다.

제9조【농어업으로 인한 환경오염 방지】 국가와 지방자치단체는 농약, 비료, 가축분뇨, 폐농어업자재 및 폐수 등 농어업으로 인하여 발생하는 환경오염을 방지하기 위하여 농약의 안전사용기준 및 잔류허용기준 준수, 비료의 작물별 살포기준량 준수, 가축분뇨의 방류수 수질기준 준수, 폐농어업자재의 투기(投棄) 방지 및 폐수의 무단 방류 방지 등의 시책을 적극적으로 추진하여야 한다.

제10조【농어업 자원 보전 및 환경 개선】 ① 국가와 지방자치단체는 농지, 농어업 용수, 대기 등 농어업 자원을 보전하고 토양 개량, 수질 개선 등 농어업 환경을 개선하기 위하여 농경지 개량, 농어업 용수 오염 방지, 온실가스 발생 최소화 등의 시책을 적극적으로 추진하여야 한다.
② 제1항에 따른 시책을 추진할 때 「토양환경보전법」 제4조의2와 제16조 및 「환경정책기본법」 제12조에 따른 기준을 적용한다.

제11조【농어업 자원·환경 및 친환경농어업 등에 관한 실태조사·평가】 ① 농림축산식품부장관·해양수산부장관 또는 지방자치단체의 장은 농어업 자원 보전과 농어업 환경 개선을 위하여 농림축산식품부령 또는 해양수산부령으로 정하는 바에 따라 다음 각 호의 사항을 주기적으로 조사·평가하여야 한다.(2013.3.23 본문개정)
1. 농경지의 비옥도(肥沃度), 중금속, 농약성분, 토양미생물 등의 변동사항
2. 농어업 용수로 이용되는 지표수와 지하수의 수질
3. 농약·비료·항생제 등 농어업투입재의 사용 실태
4. 수자원 함양(涵養), 토양 보전 등 농어업의 공익적 기능 실태
5. 축산분뇨 퇴비화 등 해당 농어업 지역에서의 자체 자원 순환사용 실태
5의2. 친환경농어업 및 친환경농수산물의 유통·소비 등에 관한 실태(2016.12.2 본호신설)
6. 그 밖에 농어업 자원 보전 및 농어업 환경 개선을 위하여 필요한 사항
② 농림축산식품부장관 또는 해양수산부장관은 농림축산식품부 또는 해양수산부 소속 기관의 장 또는 그 밖에 농림축산식품부령 또는 해양수산부령으로 정하는 자에게 제1항 각 호의 사항을 조사·평가하게 할 수 있다.
(2013.3.23 본항개정)
③ 농림축산식품부장관 및 해양수산부장관은 제1항에 따른 조사·평가를 실시한 후 그 결과를 지체 없이 국회 소관 상임위원회에 보고하여야 한다.(2019.8.27 본항신설)
(2016.12.2 본조제목개정)

제12조【사업장에 대한 조사】 ① 농림축산식품부장관·해양수산부장관 또는 지방자치단체의 장은 제11조에 따른 농어업 자원과 농어업 환경의 실태조사를 위하여 필요하면 관계 공무원에게 해당 지역 또는 그 지역에 잇닿은 다른 사업자의 사업장에 출입하게 하거나 조사 및 평가에 필요한 최소량의 조사 시료(試料)를 채취하게 할 수 있다.(2013.3.23 본항개정)
② 조사 대상 사업장의 소유자·점유자 또는 관리인은 정당한 사유 없이 제1항에 따른 조사행위를 거부·방해하거나 기피하여서는 아니 된다.
③ 제1항에 따라 다른 사업자의 사업장에 출입하려는 사람은 그 권한을 표시하는 증표를 지니고 이를 관계인에게 보여주어야 한다.

제13조【친환경농어업 기술 등의 개발 및 보급】 ① 농림축산식품부장관·해양수산부장관 또는 지방자치단체의 장은 친환경농어업을 발전시키기 위하여 친환경농어업에 필요한 기술과 자재 등의 연구·개발과 보급 및 교육·지도에 필요한 시책을 마련하여야 한다.
② 농림축산식품부장관·해양수산부장관 또는 지방자치단체의 장은 친환경농어업에 필요한 기술 및 자재를 연구·개발·보급하거나 교육·지도하는 자에게 필요한 비용을 지원할 수 있다.
③ 농림축산식품부장관·해양수산부장관 또는 지방자치단체의 장은 친환경농어업에 필요한 자재를 사용하는 농어업인에게 비용을 지원할 수 있다.(2021.4.13 본항신설)
(2013.3.23 본조개정)

제14조【친환경농어업에 관한 교육·훈련】 ① 농림축산식품부장관·해양수산부장관 또는 지방자치단체의 장은 친환경농어업 발전을 위하여 농어업인, 친환경농수산물 소비자 및 관계 공무원에 대하여 교육·훈련을 할 수 있다.
② 농림축산식품부장관 또는 해양수산부장관은 제1항에 따른 교육·훈련을 위하여 필요한 시설 및 인력 등을 갖춘 친환경농어업 관련 기관 또는 단체를 교육훈련기관으로 지정할 수 있다.(2019.8.27 본항신설)
③ 농림축산식품부장관 또는 해양수산부장관은 제2항에 따라 지정된 교육훈련기관(이하 "교육훈련기관"이라 한다)에 대하여 예산의 범위에서 교육·훈련에 필요한 비용의 전부 또는 일부를 지원할 수 있다.(2019.8.27 본항신설)
④ 교육훈련기관의 지정 요건 및 절차, 그 밖에 필요한 사항은 농림축산식품부령 또는 해양수산부령으로 정한다.
(2019.8.27 본항신설)
(2013.3.23 본조개정)

제14조의2【교육훈련기관의 지정취소 등】 ① 농림축산식품부장관 또는 해양수산부장관은 교육훈련기관이 다음 각 호의 어느 하나에 해당하는 경우에는 그 지정을 취소하거나 6개월 이내의 기간을 정하여 그 업무의 전부 또는 일부의 정지를 명할 수 있다. 다만, 제1호에 해당하는 경우에는 그 지정을 취소하여야 한다.
1. 거짓이나 그 밖의 부정한 방법으로 지정을 받은 경우
2. 정당한 사유 없이 1년 이상 계속하여 교육·훈련을 하지 아니한 경우
3. 제14조제3항에 따른 지원 비용을 용도 외로 사용한 경우
4. 제14조제4항에 따른 지정요건에 적합하지 아니하게 된 경우
② 제1항에 따른 행정처분의 세부기준은 농림축산식품부령 또는 해양수산부령으로 정한다.
(2019.8.27 본조신설)

제15조【친환경농어업의 기술교류 및 홍보 등】 ① 국가, 지방자치단체, 민간단체 및 사업자는 친환경농어업의 기술을 서로 교류함으로써 친환경농어업 발전을 위하여 노력하여야 한다.
② 농림축산식품부장관·해양수산부장관 또는 지방자치단체의 장은 친환경농어업 육성을 효율적으로 추진하기 위하여 우수 사례를 발굴·홍보하여야 한다.(2013.3.23 본항개정)

제16조【친환경농수산물 등의 생산·유통·수출 지원】 ① 농림축산식품부장관·해양수산부장관 또는 지방자치단체의 장은 예산의 범위에서 다음 각 호의 물품의 생산자, 생산자단체, 유통업자, 수출업자 및 인증기관에 대하여 필요한 시설의 설치자금 등을 친환경농어업에 대한 기여도 및 제32조의2제1항에 따른 평가 등급에 따라 차등하여 지원할 수 있다.(2016.12.2 본문개정)
1. 이 법에 따라 인증을 받은 유기식품등, 무농약원료가공식품 또는 친환경농수산물(2019.8.27 본호개정)
2. 이 법에 따라 공시를 받은 유기농어업자재(2016.12.2 본호개정)
② 제1항에 따른 친환경농어업에 대한 기여도 평가에 필요한 사항은 대통령령으로 정한다.(2019.8.27 본항신설)

제17조【국제협력】 국가와 지방자치단체는 친환경농어업의 지속가능한 발전을 위하여 환경 관련 국제기구 및 관련 국가와의 국제협력을 통하여 친환경농어업 관련 정보 및 기술을 교환하고 인력교류, 공동조사, 연구·개발 등에서 서로 협력하며, 환경을 위해(危害)하는 농어업 활동이나 자재 교역을 억제하는 등 친환경농어업 발전을 위한 국제적 노력에 적극적으로 참여하여야 한다.

제18조【국내 친환경농어업의 기준 및 목표 수립】 국가와 지방자치단체는 국제 여건, 국내 자원, 환경 및 경제 여건 등을 고려하여 효과적인 국내 친환경농어업의 기준 및 목표를 세워야 한다.

제3장 유기식품등의 인증 및 관리

제1절 유기식품등의 인증 및 인증절차 등

제19조【유기식품등의 인증】 ① 농림축산식품부장관 또는 해양수산부장관은 유기식품등의 산업 육성과 소비자 보호를 위하여 대통령령으로 정하는 바에 따라 유기식품등에 대한 인증을 할 수 있다.(2016.12.2 본항개정)
② 제1항에 따른 인증을 하기 위한 유기식품등의 인증대상과 유기식품등의 생산, 제조·가공 또는 취급에 필요한 인증기준 등은 농림축산식품부령 또는 해양수산부령으로 정한다.
(2013.3.23 본조개정)

제20조【유기식품등의 인증 신청 및 심사 등】 ① 유기식품등을 생산, 제조·가공 또는 취급하는 자는 유기식품등의 인증을 받으려면 해양수산부장관 또는 제26조제1항에 따라 지정받은 인증기관(이하 이 장에서 "인증기관"이라 한다)에 농림축산식품부령 또는 해양수산부령으로 정하는 서류를 갖추어 신청하여야 한다. 다만, 인증을 받은 유기식품등을 다시 포장하지 아니하고 그대로 저장, 운송, 수입 또는 판매하는 자는 인증을 신청하지 아니할 수 있다.(2016.12.2 본문개정)
② 다음 각 호의 어느 하나에 해당하는 자는 제1항에 따른 인증을 신청할 수 없다.
1. 제24조제1항(같은 항 제4호는 제외한다)에 따라 인증이 취소된 날부터 1년이 지나지 아니한 자. 다만, 최근 10년 동안 인증이 2회 취소된 경우에는 마지막으로 인증이 취소된 날부터 2년, 최근 10년 동안 인증이 3회 이상 취소된 경우에는 마지막으로 인증이 취소된 날부터 5년이 지나지 아니한 자로 한다.(2019.8.27 본호개정)
1의2. 고의 또는 중대한 과실로 유기식품등에서 「식품위생법」 제7조제1항에 따라 식품의약품안전처장이 고시한 농약 잔류허용기준을 초과한 합성농약이 검출되어 제24조제1항제2호에 따라 인증이 취소된 자로서 그 인증이 취소된 날부터 5년이 지나지 아니한 자(2019.8.27 본호신설)
2. 제24조제1항에 따른 인증표시의 제거·정지 또는 시정조치 명령이나 제31조제7항제2호 또는 제3호에 따른 명령을 받아서 그 처분기간 중에 있는 자(2019.8.27 본호개정)
3. 제60조에 따라 벌금 이상의 형을 선고받고 형이 확정된 날부터 1년이 지나지 아니한 자
③ 해양수산부장관 또는 인증기관은 제1항에 따른 신청을 받은 경우 제19조제2항에 따른 유기식품등의 인증기준에 맞는지를 심사한 후 그 결과를 신청인에게 알려주고 그 기준에 맞는 경우에는 인증을 해 주어야 한다. 이 경우 인증심사를 위하여 신청인의 사업장에 출입하는 사람은 그 권한을 표시하는 증표를 지니고 이를 신청인에게 보여주어야 한다.(2019.8.27 후단개정)
④ 제3항에 따라 유기식품등의 인증을 받은 사업자(이하 "인증사업자"라 한다)는 동일한 인증기관으로부터 연속하여 2회를 초과하여 인증(제21조제2항에 따른 갱신을 포함한다. 이하 이 항에서 같다)을 받을 수 없다. 다만, 제32조의2에 따라 실시한 인증기관 평가에서 농림축산식품부령 또는 해양수산부령으로 정하는 기준 이상을 받은

인증기관으로부터 인증을 받으려는 경우에는 그러하지 아니하다.(2019.8.27 본항신설)
⑤ 제3항에 따른 인증심사 결과에 대하여 이의가 있는 자는 인증심사를 한 해양수산부장관 또는 인증기관에 재심사를 신청할 수 있다.(2016.12.2 본항개정)
⑥ 제5항에 따른 재심사 신청을 받은 해양수산부장관 또는 인증기관은 농림축산식품부령 또는 해양수산부령으로 정하는 바에 따라 재심사 여부를 결정하여 해당 신청인에게 통보하여야 한다.(2019.8.27 본항신설)
⑦ 해양수산부장관 또는 인증기관은 제5항에 따른 재심사를 하기로 결정하였을 때에는 지체 없이 재심사를 하고 해당 신청인에게 그 재심사 결과를 통보하여야 한다.(2019.8.27 본항신설)
⑧ 인증사업자는 인증받은 내용을 변경할 때에는 그 인증을 한 해양수산부장관 또는 인증기관으로부터 농림축산식품부령 또는 해양수산부령으로 정하는 바에 따라 인증 변경승인을 받아야 한다.(2019.8.27 본항개정)
⑨ 그 밖에 인증의 신청, 제한, 심사, 재심사 및 인증 변경승인 등에 필요한 구체적인 절차와 방법 등은 농림축산식품부령 또는 해양수산부령으로 정한다.(2013.3.23 본항개정)

제21조【인증의 유효기간 등】 ① 제20조에 따른 인증의 유효기간은 인증을 받은 날부터 1년으로 한다.
② 인증사업자가 인증의 유효기간이 끝난 후에도 계속하여 제20조제3항에 따라 인증을 받은 유기식품등(이하 "인증품"이라 한다)의 인증을 유지하려면 그 유효기간이 끝나기 전까지 인증을 한 해양수산부장관 또는 인증기관에 갱신신청을 하여 그 인증을 갱신하여야 한다. 다만, 인증을 한 인증기관이 폐업, 업무정지 또는 그 밖의 부득이한 사유로 갱신신청이 불가능하게 된 경우에는 해양수산부장관 또는 다른 인증기관에 신청할 수 있다.(2016.12.2 본항개정)
③ 제2항에 따른 인증 갱신을 하지 아니하려는 인증사업자가 인증의 유효기간 내에 출하를 종료하지 아니한 인증품이 있는 경우에는 해양수산부장관 또는 해당 인증기관의 승인을 받아 출하를 종료하지 아니한 인증품에 대하여만 그 유효기간을 1년의 범위에서 연장할 수 있다. 다만, 인증의 유효기간이 끝나기 전에 출하된 인증품은 그 제품의 소비기한이 끝날 때까지 그 인증표시를 유지할 수 있다.(2021.8.17 단서개정)
④ 제2항에 따른 인증 갱신 및 제3항에 따른 유효기간 연장에 대한 심사결과에 이의가 있는 자는 그 심사를 한 해양수산부장관 또는 인증기관에 재심사를 신청할 수 있다.(2019.8.27 본항개정)
⑤ 제4항에 따른 재심사 신청을 받은 해양수산부장관 또는 인증기관은 농림축산식품부령 또는 해양수산부령으로 정하는 바에 따라 재심사 여부를 결정하여 해당 인증사업자에게 통보하여야 한다.(2019.8.27 본항신설)
⑥ 해양수산부장관 또는 인증기관은 제4항에 따른 재심사를 하기로 결정하였을 때에는 지체 없이 재심사를 하고 해당 인증사업자에게 그 재심사 결과를 통보하여야 한다.(2019.8.27 본항신설)
⑦ 제2항부터 제6항까지의 규정에 따른 인증 갱신, 유효기간 연장 및 재심사에 필요한 구체적인 절차·방법 등은 농림축산식품부령 또는 해양수산부령으로 정한다.(2019.8.27 본항신설)

제22조【인증사업자의 준수사항】 ① 인증사업자는 인증품을 생산, 제조·가공 또는 취급하여 판매한 실적을 농림축산식품부령 또는 해양수산부령으로 정하는 바에 따라 정기적으로 해양수산부장관 또는 해당 인증기관에 알려야 한다.(2019.8.27 본항개정)
② 인증사업자는 농림축산식품부령 또는 해양수산부령으로 정하는 바에 따라 인증심사와 관련된 서류 등을 보관하여야 한다.
(2013.3.23 본조개정)

제23조【유기식품등의 표시 등】 ① 인증사업자는 생산, 제조·가공 또는 취급하는 인증품에 직접 또는 인증품의 포장, 용기, 납품서, 거래명세서, 보증서 등(이하 "포장등"이라 한다)에 유기 또는 이와 같은 의미의 도형이나 글자의 표시(이하 "유기표시"라 한다)를 할 수 있다. 이 경우 포장을 하지 아니한 상태로 판매하거나 낱개로 판매하는 때에는 표시판 또는 푯말에 유기표시를 할 수 있다.
② 농림축산식품부장관 또는 해양수산부장관은 인증사업자에게 인증품의 생산방법과 사용자재 등에 관한 정보를 소비자가 쉽게 알아볼 수 있도록 표시할 것을 권고할 수 있다.(2013.3.23 본항개정)
③ 농림축산식품부장관 또는 해양수산부장관은 유기농수산물을 원료 또는 재료로 사용하면서 제20조제3항에 따른 인증을 받지 아니한 식품 및 비식용가공품에 대하여는 사용한 유기농수산물의 함량에 따라 제한적으로 유기표시를 허용할 수 있다.(2013.3.23 본항개정)
④ 제1항 및 제3항에도 불구하고 다음 각 호에 해당하는 유기식품등에 대해서는 외국의 유기표시 규정 또는 외국구매자의 표시 요구사항에 따라 유기표시를 할 수 있다.
1. 「대외무역법」 제16조에 따라 외화획득용 원료 또는 재료로 수입한 유기식품등
2. 외국으로 수출하는 유기식품등
(2016.12.2 본항신설)
⑤ 제1항 및 제3항에 따른 유기표시에 필요한 도형이나 글자, 세부 표시사항 및 표시방법에 필요한 구체적인 사항은 농림축산식품부령 또는 해양수산부령으로 정한다.
(2013.3.23 본항개정)

제23조의2【수입 유기식품등의 신고】 ① 제23조에 따라 유기표시가 된 인증품 또는 제25조에 따라 동등성이 인정된 인증을 받은 유기가공식품을 판매나 영업에 사용할 목적으로 수입하려는 자는 해당 제품의 통관절차가 끝나기 전에 농림축산식품부령 또는 해양수산부령으로 정하는 바에 따라 수입 품목, 수량 등을 농림축산식품부장관 또는 해양수산부장관에게 신고하여야 한다.
② 농림축산식품부장관 또는 해양수산부장관은 제1항에 따라 신고된 제품에 대하여 통관절차가 끝나기 전에 관계 공무원으로 하여금 유기식품등의 인증 및 표시 기준 적합성을 조사하게 하여야 한다.
③ 농림축산식품부장관 또는 해양수산부장관은 제1항에 따라 신고된 제품이 다음 각 호의 어느 하나에 해당하는 경우에는 제2항에도 불구하고 조사의 전부 또는 일부를 생략할 수 있다.
1. 제25조에 따라 동등성이 인정된 인증을 시행하고 있는 외국의 정부 또는 인증기관이 발행한 인증서가 제출된 경우
2. 제26조에 따라 지정된 인증기관이 발행한 인증서가 제출된 경우
3. 그 밖에 제1호 또는 제2호에 준하는 경우로서 농림축산식품부령 또는 해양수산부령으로 정하는 경우
④ 농림축산식품부장관 또는 해양수산부장관은 제1항에 따른 신고를 받은 경우 그 내용을 검토하여 이 법에 적합하면 신고를 수리하여야 한다.(2019.8.27 본항신설)
⑤ 제1항 및 제2항에 따른 신고의 수리 및 조사의 절차와 방법, 그 밖에 필요한 사항은 농림축산식품부령 또는 해양수산부령으로 정한다.
(2014.3.24 본조신설)

제24조【인증의 취소 등】 ① 농림축산식품부장관·해양수산부장관 또는 인증기관은 인증사업자가 다음 각 호의 어느 하나에 해당하는 경우에는 그 인증을 취소하거나 인증표시의 제거·정지 또는 시정조치를 명할 수 있다. 다만, 제1호에 해당할 때에는 인증을 취소하여야 한다.(2019.8.27 본문개정)
1. 거짓이나 그 밖의 부정한 방법으로 인증을 받은 경우
2. 제19조제2항에 따른 인증기준에 맞지 아니한 경우
3. 정당한 사유 없이 제31조제7항에 따른 명령에 따르지 아니한 경우(2019.8.27 본호개정)
4. 전업(轉業), 폐업 등의 사유로 인증품을 생산하기 어렵다고 인정하는 경우
② 농림축산식품부장관·해양수산부장관 또는 인증기관은 제1항에 따라 인증을 취소한 경우 지체 없이 인증사업자에게 그 사실을 알려야 하고, 인증기관은 농림축산식품부장관 또는 해양수산부장관에게도 그 사실을 알려야 한다.(2013.3.23 본항개정)
③ 제1항에 따른 처분에 필요한 구체적인 절차와 세부기준 등은 농림축산식품부령 또는 해양수산부령으로 정한다.(2019.8.27 본항개정)

제24조의2【과징금】 ① 농림축산식품부장관 또는 해양수산부장관은 최근 3년 동안 2회 이상 다음 각 호의 어느 하나에 해당하는 위반행위를 한 자에게 해당 위반행위에 따른 판매금액의 100분의 50 이내의 범위에서 과징금을 부과할 수 있다.
1. 거짓이나 그 밖의 부정한 방법으로 인증을 받은 경우
2. 고의 또는 중대한 과실로 유기식품등에서 「식품위생법」 제7조제1항에 따라 식품의약품안전처장이 고시한 농약 잔류허용기준을 초과한 합성농약이 검출된 경우
② 농림축산식품부장관 또는 해양수산부장관은 제1항에 따른 과징금을 내야 할 자가 그 납부기한까지 내지 아니하면 국세 체납처분의 예에 따라 징수한다.
③ 제1항에 따른 위반행위의 내용과 위반정도에 따른 과징금의 금액, 판매금액 산정의 세부기준 및 그 밖에 필요한 사항은 대통령령으로 정한다.
(2019.8.27 본조신설)

제25조【동등성 인정】 ① 농림축산식품부장관 또는 해양수산부장관은 유기식품에 대한 인증을 시행하고 있는 외국의 정부 또는 인증기관이 우리나라와 같은 수준의 적합성을 보증할 수 있는 원칙과 기준을 적용함으로써 이 법에 따른 인증과 동등하거나 그 이상의 인증제도를 운영하고 있다고 인정하는 경우에는 그에 대한 검증을 거친 후 유기가공식품 인증에 대하여 우리나라의 유기가공식품 인증과 동등성을 인정할 수 있다. 이 경우 상호주의 원칙이 적용되어야 한다.
② 농림축산식품부장관 또는 해양수산부장관은 제1항에 따라 동등성을 인정할 때에는 그 사실을 지체 없이 농림축산식품부 또는 해양수산부의 인터넷 홈페이지에 게시하여야 한다.
③ 제1항에 따른 동등성 인정에 필요한 기준과 절차, 동등성을 인정할 수 있는 유기가공식품의 품목 범위, 동등성을 인정한 국가 또는 인증기관의 의무와 사후관리 방법, 유기가공식품의 표시방법, 그 밖에 필요한 사항은 농림축산식품부령 또는 해양수산부령으로 정한다.
(2013.3.23 본조개정)

제2절 유기식품등의 인증기관

제26조【인증기관의 지정 등】 ① 농림축산식품부장관 또는 해양수산부장관은 유기식품등의 인증과 관련하여 제26조의2에 따른 인증심사원 등 필요한 인력·조직·시설 및 인증업무규정을 갖춘 기관 또는 단체를 인증기관으로 지정하여 유기식품등의 인증을 하게 할 수 있다.
(2019.8.27 본항개정)
② 제1항에 따라 인증기관으로 지정받으려는 기관 또는 단체는 농림축산식품부령 또는 해양수산부령으로 정하는 바에 따라 농림축산식품부장관 또는 해양수산부장관에게 인증기관의 지정을 신청하여야 한다.(2014.3.24 본항개정)
③ 제1항에 따른 인증기관 지정의 유효기간은 지정을 받은 날부터 5년으로 하고, 유효기간이 끝난 후에도 유기식품등의 인증업무를 계속하려는 인증기관은 유효기간이 끝나기 전에 그 지정을 갱신하여야 한다.
④ 농림축산식품부장관 또는 해양수산부장관은 제1항에 따른 인증기관 지정업무와 제3항에 따른 지정갱신업무의 효율적인 운영을 위하여 인증기관 지정 및 갱신 관련 평가업무를 대통령령으로 정하는 기관 또는 단체에 위임하거나 위탁할 수 있다.(2013.3.23 본항개정)
⑤ 인증기관은 지정받은 내용이 변경된 경우에는 농림축산식품부장관 또는 해양수산부장관에게 변경신고를 하여야 한다. 다만, 농림축산식품부령 또는 해양수산부령으로 정하는 중요 사항을 변경할 때에는 농림축산식품부장관 또는 해양수산부장관으로부터 승인을 받아야 한다.
(2013.3.23 본항개정)
⑥ 제1항부터 제5항까지의 인증기관의 지정기준, 인증업무의 범위, 인증기관의 지정 및 갱신 관련 절차, 인증기관의 지정 및 갱신 관련 평가업무의 위탁과 인증기관의 변경신고에 필요한 구체적인 사항은 농림축산식품부령 또는 해양수산부령으로 정한다.(2013.3.23 본항개정)

제26조의2【인증심사원】 ① 농림축산식품부장관 또는 해양수산부장관은 농림축산식품부령 또는 해양수산부령으로 정하는 기준에 적합한 자에게 제20조에 따른 인증심사, 재심사 및 인증 변경승인, 제21조에 따른 인증 갱신, 유효기간 연장 및 재심사, 제31조에 따른 인증사업자에 대한 조사 업무(이하 "인증심사업무"라 한다)를 수행하는 심사원(이하 "인증심사원"이라 한다)의 자격을 부여할 수 있다.(2019.8.27 본항개정)
② 제1항에 따라 인증심사원의 자격을 부여받으려는 자는 농림축산식품부령 또는 해양수산부령으로 정하는 바에 따라 농림축산식품부장관 또는 해양수산부장관이 실시하는 교육을 받은 후 농림축산식품부장관 또는 해양수산부장관에게 이를 신청하여야 한다.
③ 농림축산식품부장관 또는 해양수산부장관은 인증심사원이 다음 각 호의 어느 하나에 해당하는 때에는 그 자격을 취소하거나 6개월 이내의 기간을 정하여 자격을 정지하거나 시정조치를 명할 수 있다. 다만, 제1호부터 제3호까지에 해당하는 경우에는 그 자격을 취소하여야 한다.(2019.8.27 본문개정)
1. 거짓이나 그 밖의 부정한 방법으로 인증심사원의 자격을 부여받은 경우
2. 거짓이나 그 밖의 부정한 방법으로 인증심사 업무를 수행한 경우
3. 고의 또는 중대한 과실로 제19조제2항에 따른 인증기준에 맞지 아니한 유기식품등을 인증한 경우
3의2. 경미한 과실로 제19조제2항에 따른 인증기준에 맞지 아니한 유기식품등을 인증한 경우(2019.8.27 본호신설)
4. 제1항에 따른 인증심사원의 자격 기준에 적합하지 아니하게 된 경우
5. 인증심사 업무와 관련하여 다른 사람에게 자기의 성명을 사용하게 하거나 인증심사원증을 빌려 준 경우
6. 제26조의4제1항에 따른 교육을 받지 아니한 경우
(2016.12.2 본호신설)
7. 제27조제2항 각 호에 따른 준수사항을 지키지 아니한 경우(2019.8.27 본호신설)
8. 정당한 사유 없이 제31조제1항에 따른 조사를 실시하기 위한 지시에 따르지 아니한 경우(2019.8.27 본호신설)
④ 제3항에 따라 인증심사원 자격이 취소된 자는 취소된 날부터 3년이 지나지 아니하면 인증심사원 자격을 부여받을 수 없다.(2016.12.2 본항개정)
⑤ 인증심사원의 자격 부여 절차 및 자격 취소·정지 기준, 그 밖에 필요한 사항은 농림축산식품부령 또는 해양수산부령으로 정한다.
(2014.3.24 본조신설)

제26조의3【인증기관 임직원의 결격사유】 다음 각 호의 어느 하나에 해당하는 사람은 인증기관의 임원 또는 직원(인증심사업무를 담당하는 직원에 한정한다)이 될 수 없다.(2019.8.27 본문개정)
1. 제26조의2제3항제1호·제2호·제3호 및 제7호(제27조제2항제2호를 위반한 경우로 한정한다)에 따라 자격취소를 받은 날부터 3년이 지나지 아니한 사람
(2019.8.27 본호신설)
2. 제29조제1항에 따라 지정이 취소된 인증기관의 대표로서 인증기관의 지정이 취소된 날부터 3년이 지나지 아니한 사람

3. 제60조제1항, 같은 조 제2항제1호·제2호·제3호·제4호·제4호의2·제4호의3 및 같은 조 제3항제2호의 죄(인증심사업무와 관련된 죄로 한정한다)를 범하여 100만원 이상의 벌금형 또는 금고 이상의 형을 선고받아 형이 확정된 날부터 3년이 지나지 아니한 사람
(2019.8.27 본호개정)
(2016.12.2 본조신설)

제26조의4【인증심사원의 교육】 ① 농림축산식품부령 또는 해양수산부령으로 정하는 인증심사원은 업무능력 및 직업윤리의식 제고를 위하여 필요한 교육을 받아야 한다.
② 제1항에 따른 교육의 내용, 방법 및 실시기관 등 교육에 필요한 사항은 농림축산식품부령 또는 해양수산부령으로 정한다.
(2016.12.2 본조신설)

제27조【인증기관 등의 준수사항】 ① 해양수산부장관 또는 인증기관은 다음 각 호의 사항을 준수하여야 한다.
(2016.12.2 본문개정)
1. 인증과정에서 얻은 정보와 자료를 인증 신청인의 서면동의 없이 공개하거나 제공하지 아니할 것. 다만, 이 법 또는 다른 법률에 따라 공개하거나 제공하는 경우는 제외한다.
2. 인증기관은 농림축산식품부장관 또는 해양수산부장관(제26조제4항에 따라 인증기관 지정 및 갱신 관련 평가 업무를 위임받거나 위탁받은 기관 또는 단체를 포함한다)이 요청하는 경우에는 인증기관의 사무소 및 시설에 대한 접근을 허용하거나 필요한 정보 및 자료를 제공할 것(2019.8.27 본호개정)
3. 인증 신청, 인증심사 및 인증사업자에 관한 자료를 농림축산식품부령 또는 해양수산부령으로 정하는 바에 따라 보관할 것
4. 인증기관은 농림축산식품부령 또는 해양수산부령으로 정하는 바에 따라 인증 결과 및 사후관리 결과 등을 농림축산식품부장관 또는 해양수산부장관에게 보고할 것
5. 인증사업자가 인증기준을 준수하도록 관리하기 위하여 농림축산식품부령 또는 해양수산부령으로 정하는 바에 따라 인증사업자에 대하여 불시(不時) 심사를 하고 그 결과를 기록·관리할 것
(2013.3.23 3호~5호개정)
② 인증기관의 임직원은 다음 각 호의 사항을 준수하여야 한다.
1. 인증과정에서 얻은 정보와 자료를 인증 신청인의 서면동의 없이 공개하거나 제공하지 아니할 것. 다만, 이 법 또는 다른 법률에 따라 공개하거나 제공하는 경우는 제외한다.
2. 인증기관의 임원은 인증심사업무를 하지 아니할 것
3. 인증기관의 직원은 인증심사업무를 한 경우 그 결과를 기록할 것
(2019.8.27 본항신설)

제28조【인증업무의 휴업·폐업】 인증기관이 인증업무의 전부 또는 일부를 휴업하거나 폐업하려는 경우에는 농림축산식품부령 또는 해양수산부령으로 정하는 바에 따라 미리 농림축산식품부장관 또는 해양수산부장관에게 신고하고, 그 인증기관의 인증 유효기간이 끝나지 아니한 인증사업자에게 그 취지를 알려야 한다.(2013.3.23 본조개정)

제29조【인증기관의 지정취소 등】 ① 농림축산식품부장관 또는 해양수산부장관은 인증기관이 다음 각 호의 어느 하나에 해당하는 경우에는 지정을 취소하거나 6개월 이내의 기간을 정하여 그 업무의 전부 또는 일부의 정지 또는 시정조치를 명할 수 있다. 다만, 제1호, 제1호의2, 제2호부터 제5호까지 및 제11호의 경우에는 그 지정을 취소하여야 한다.(2019.8.27 본문개정)
1. 거짓이나 그 밖의 부정한 방법으로 지정을 받은 경우
1의2. 인증기관의 장이 제60조제1항, 같은 조 제2항제1호·제2호·제3호·제4호·제4호의2·제4호의3 및 같은 조 제3항제2호의 죄(인증심사업무와 관련된 죄로 한정한다)를 범하여 100만원 이상의 벌금형 또는 금고 이상의 형을 선고받아 그 형이 확정된 경우(2019.8.27 본호개정)
2. 인증기관이 파산 또는 폐업 등으로 인하여 인증업무를 수행할 수 없는 경우
3. 업무정지 명령을 위반하여 정지기간 중 인증을 한 경우
4. 정당한 사유 없이 1년 이상 계속하여 인증을 하지 아니한 경우
5. 고의 또는 중대한 과실로 제19조제2항에 따른 인증기준에 맞지 아니한 유기식품등을 인증한 경우
6. 고의 또는 중대한 과실로 제20조에 따른 인증심사 및 재심사의 처리 절차·방법 또는 제21조에 따른 인증 갱신 및 인증품의 유효기간 연장의 절차·방법 등을 지키지 아니한 경우
7. 정당한 사유 없이 제24조제1항에 따른 처분, 제31조제7항제2호·제3호에 따른 명령 또는 같은 조 제9항에 따른 공표를 하지 아니한 경우(2019.8.27 본호개정)
8. 제26조제1항에 따른 지정기준에 맞지 아니하게 된 경우
(2019.8.27 본호개정)
9. 제27조제1항에 따른 인증기관의 준수사항을 위반한 경우(2019.8.27 본호개정)
10. 제32조제2항에 따른 시정조치 명령이나 처분에 따르지 아니한 경우
11. 정당한 사유 없이 제32조제3항을 위반하여 소속 공무원의 조사를 거부·방해하거나 기피하는 경우
12. 제32조의2에 따라 실시한 인증기관 평가에서 최하위 등급을 연속하여 3회 받은 경우
(2019.8.27 10호~12호신설)
② 농림축산식품부장관 또는 해양수산부장관은 제1항에 따라 지정취소 또는 업무정지 처분을 한 경우에는 그 사실을 농림축산식품부 또는 해양수산부의 인터넷 홈페이지에 게시하여야 한다.(2013.3.23 본항개정)
③ 제1항에 따라 인증기관의 지정이 취소된 자는 취소된 날부터 3년이 지나지 아니하면 다시 인증기관으로 지정받을 수 없다. 다만, 제1항제2호에 해당하는 사유로 지정이 취소된 경우는 제외한다.(2016.12.2 본문개정)
④ 제1항에 따른 행정처분의 세부적인 기준은 위반행위의 유형 및 위반 정도 등을 고려하여 농림축산식품부령 또는 해양수산부령으로 정한다.(2013.3.23 본항개정)

제3절 유기식품등, 인증사업자 및 인증기관의 사후관리

제30조【인증 등에 관한 부정행위의 금지】 ① 누구든지 다음 각 호의 어느 하나에 해당하는 행위를 하여서는 아니 된다.
1. 거짓이나 그 밖의 부정한 방법으로 제20조에 따른 인증심사, 재심사 및 인증 변경승인, 제21조에 따른 인증 갱신, 유효기간 연장 및 재심사 또는 제26조제1항 및 제3항에 따른 인증기관의 지정·갱신을 받는 행위
(2019.8.27 본호개정)
1의2. 거짓이나 그 밖의 부정한 방법으로 제20조에 따른 인증심사, 재심사 및 인증 변경승인, 제21조에 따른 인증 갱신, 유효기간 연장 및 재심사를 하거나 받을 수 있도록 도와주는 행위(2019.8.27 본호개정)
1의3. 거짓이나 그 밖의 부정한 방법으로 인증심사원의 자격을 부여받는 행위(2014.3.24 본호신설)
2. 인증을 받지 아니한 제품과 제품을 판매하는 진열대에 유기표시, 무농약표시, 친환경 문구 표시 및 이와 유사한 표시(인증품으로 잘못 인식할 우려가 있는 표시 및 이와 관련된 외국어 또는 외래어 표시를 포함한다)를 하는 행위(2019.8.27 본호개정)
3. 인증품에 인증받은 내용과 다르게 표시하는 행위
4. 제20조제1항에 따른 인증 또는 제21조제2항에 따른 인증 갱신을 신청하는 데 필요한 서류를 거짓으로 발급하여 주는 행위(2019.8.27 본호개정)
5. 인증품에 인증을 받지 아니한 제품 등을 섞어서 판매하거나 섞어서 판매할 목적으로 보관, 운반 또는 진열하는 행위
6. 제2호 또는 제3호의 행위에 따른 제품임을 알고도 인증품으로 판매하거나 판매할 목적으로 보관, 운반 또는 진열하는 행위
7. 인증이 취소된 제품임을 알고도 인증품으로 판매하거나 판매할 목적으로 보관·운반 또는 진열하는 행위
(2019.8.27 본호개정)
8. 인증을 받지 아니한 제품을 인증품으로 광고하거나 인증품으로 잘못 인식할 수 있도록 광고(유기, 무농약, 친환경 문구 또는 이와 같은 의미의 문구를 사용한 광고를 포함한다)하는 행위 또는 인증품을 인증받은 내용과 다르게 광고하는 행위(2019.8.27 본호개정)
② 제1항제2호에 따른 친환경 문구와 유사한 표시의 세부기준은 농림축산식품부령 또는 해양수산부령으로 정한다.(2019.8.27 본항신설)

제31조【인증품등 및 인증사업자등의 사후관리】 ① 농림축산식품부장관 또는 해양수산부장관은 농림축산식품부령 또는 해양수산부령으로 정하는 바에 따라 소속 공무원 또는 인증기관으로 하여금 매년 다음 각 호의 조사(인증기관은 인증을 한 인증사업자에 대한 제2호의 조사에 한정한다)를 하게 하여야 한다. 이 경우 시료를 무상으로 제공받아 검사하거나 자료 제출 등을 요구할 수 있다.
(2019.8.27 전단개정)
1. 판매·유통 중인 인증품 및 제23조제3항에 따라 제한적으로 유기표시를 허용한 식품 및 비식용가공품(이하 "인증품등"이라 한다)에 대한 조사(2019.8.27 본호개정)
2. 인증사업자의 사업장에서 인증품의 생산, 제조·가공 또는 취급 과정이 제19조제2항에 따른 인증기준에 맞는지 여부 조사
(2016.12.2 본항개정)
② 제1항에 따라 조사를 할 때에는 미리 조사의 일시, 목적, 대상 등을 관계인에게 알려야 한다. 다만, 긴급한 경우나 미리 알리면 그 목적을 달성할 수 없다고 인정되는 경우에는 그러하지 아니하다.
③ 제1항에 따라 조사를 하거나 자료 제출을 요구하는 경우 인증사업자, 인증품을 판매·유통하는 사업자 또는 제23조제3항에 따라 제한적으로 유기표시를 허용한 식품 및 비식용가공품을 생산, 제조·가공, 취급 또는 판매·유통하는 사업자(이하 "인증사업자등"이라 한다)는 정당한 사유 없이 이를 거부·방해하거나 기피하여서는 아니된다. 이 경우 제1항에 따른 조사를 위하여 사업장에 출입하는 자는 그 권한을 표시하는 증표를 지니고 이를 관계인에게 보여주어야 한다.(2019.8.27 전단개정)
④ 농림축산식품부장관·해양수산부장관 또는 인증기관은 제1항에 따른 조사를 한 경우에는 인증사업자등에게 조사 결과를 통지하여야 한다. 이 경우 조사 결과 중 제1항 각 호 외의 부분 후단에 따라 제공한 시료의 검사 결과에 이의가 있는 인증사업자등은 시료의 재검사를 요청할 수 있다.(2019.8.27 본항신설)
⑤ 제4항에 따른 재검사 요청을 받은 농림축산식품부장관·해양수산부장관 또는 인증기관은 농림축산식품부령 또는 해양수산부령으로 정하는 바에 따라 재검사 여부를 결정하여 해당 인증사업자등에게 통보하여야 한다.
(2019.8.27 본항신설)
⑥ 농림축산식품부장관·해양수산부장관 또는 인증기관은 제4항에 따른 재검사를 하기로 결정하였을 때에는 지체 없이 재검사를 하고 해당 인증사업자등에게 그 재검사 결과를 통보하여야 한다.(2019.8.27 본항신설)
⑦ 농림축산식품부장관·해양수산부장관 또는 인증기관은 제1항에 따른 조사를 한 결과 제19조제2항에 따른 인증기준 또는 제23조에 따른 유기식품등의 표시사항 등을 위반하였다고 판단한 때에는 인증사업자등에게 다음 각 호의 조치를 명할 수 있다.(2019.8.27 본문개정)
1. 제24조제1항에 따른 인증취소, 인증표시의 제거·정지 또는 시정조치
2. 인증품등의 판매금지·판매정지·회수·폐기
3. 세부 표시사항 변경
(2019.8.27 1호~3호신설)
⑧ 농림축산식품부장관 또는 해양수산부장관은 인증사업자등이 제7항제2호에 따른 인증품등의 회수·폐기 명령을 이행하지 아니하는 경우에는 관계 공무원에게 해당 인증품등을 압류하게 할 수 있다. 이 경우 관계 공무원은 그 권한을 표시하는 증표를 지니고 이를 관계인에게 보여주어야 한다.(2019.8.27 본항신설)
⑨ 농림축산식품부장관·해양수산부장관 또는 인증기관은 제7항 각 호에 따른 조치명령의 내용을 공표하여야 한다.(2019.8.27 본항신설)
⑩ 제4항에 따른 조사 결과 통지 및 제6항에 따른 시료의 재검사 절차와 방법, 제7항 각 호에 따른 조치명령의 세부기준, 제8항에 따른 압류 및 제9항에 따른 공표에 필요한 사항은 농림축산식품부령 또는 해양수산부령으로 정한다.
(2019.8.27 본항개정)
(2019.8.27 본조제목개정)

제32조【인증기관에 대한 사후관리】 ① 농림축산식품부장관 또는 해양수산부장관은 소속 공무원으로 하여금 인증기관이 제20조 및 제21조에 따라 인증업무를 적절하게 수행하는지, 제26조제1항에 따른 인증기관의 지정기준에 맞는지, 제27조제1항에 따른 인증기관의 준수사항을 지키는지를 조사하게 할 수 있다.
② 농림축산식품부장관 또는 해양수산부장관은 제1항에 따른 조사 결과 인증기관이 다음 각 호의 어느 하나에 해당하는 경우에는 제29조제1항에 따른 지정취소·업무정지 또는 시정조치 명령을 할 수 있다.
1. 제20조 또는 제21조에 따른 인증업무를 적절하게 수행하지 아니하는 경우
2. 제26조제1항에 따른 지정기준에 맞지 아니하는 경우
3. 제27조제1항에 따른 인증기관 준수사항을 지키지 아니하는 경우
③ 제1항에 따라 조사를 하는 경우 인증기관의 임직원은 정당한 사유 없이 이를 거부·방해하거나 기피해서는 아니 된다.(2019.8.27 본항신설)
(2019.8.27 본조개정)

제32조의2【인증기관의 평가 및 등급결정】 ① 농림축산식품부장관 또는 해양수산부장관은 인증업무의 수준을 향상시키고 우수한 인증기관을 육성하기 위하여 인증기관의 운영 및 업무수행 실태 등을 평가하여 등급을 결정하고 그 결과를 공표할 수 있다.
② 농림축산식품부장관 또는 해양수산부장관은 제1항에 따른 평가 및 등급결정 결과를 인증기관의 관리·지원·육성 등에 반영할 수 있다.
③ 제1항에 따른 인증기관의 평가와 등급결정의 기준·방법·절차 및 결과 공표 등에 필요한 사항은 농림축산식품부령 또는 해양수산부령으로 정한다.
(2016.12.2 본조신설)

제33조【인증기관 등의 승계】 ① 다음 각 호의 어느 하나에 해당하는 자는 인증사업자 또는 인증기관의 지위를 승계한다.
1. 인증사업자가 사망한 경우 그 제품 등을 계속하여 생산, 제조·가공 또는 취급하려는 상속인
2. 인증사업자나 인증기관이 그 사업을 양도한 경우 그 양수인
3. 인증사업자나 인증기관이 합병한 경우 합병 후 존속하는 법인이나 합병으로 설립되는 법인
② 제1항에 따라 인증사업자의 지위를 승계한 자는 인증심사를 한 해양수산부장관 또는 인증기관(그 인증기관의 지정이 취소된 경우에는 해양수산부장관 또는 다른 인증기관을 말한다)에 그 사실을 신고하여야 하고, 인증기관의 지위를 승계한 자는 농림축산식품부장관 또는 해양수산부장관에게 그 사실을 신고하여야 한다.(2019.8.27 본항개정)
③ 농림축산식품부장관·해양수산부장관 또는 인증기관은 제2항에 따른 신고를 받은 날부터 1개월 이내에 신고

수리 여부를 신고인에게 통지하여야 한다.(2019.8.27 본항신설)
④ 농림축산식품부장관·해양수산부장관 또는 인증기관이 제3항에서 정한 기간 내에 신고수리 여부 또는 민원 처리 관련 법령에 따른 처리기간의 연장을 신고인에게 통지하지 아니하면 그 기간(민원 처리 관련 법령에 따라 처리기간이 연장 또는 재연장된 경우에는 해당 처리기간을 말한다)이 끝난 날의 다음 날에 신고를 수리한 것으로 본다.(2019.8.27 본항신설)
⑤ 제1항에 따른 지위의 승계가 있을 때에는 종전의 인증사업자 또는 인증기관에 한 제24조제1항, 제29조제1항 또는 제31조제7항 각 호에 따른 행정처분의 효과는 그 지위를 승계한 자에게 승계되며, 행정처분의 절차가 진행 중일 때에는 그 지위를 승계한 자에 대하여 그 절차를 계속 진행할 수 있다.(2019.8.27 본항개정)
⑥ 제2항에 따른 신고에 필요한 사항은 농림축산식품부령 또는 해양수산부령으로 정한다.(2013.3.23 본항개정)

제4장 무농약농산물·무농약원료가공식품 및 무항생제수산물등의 인증
(2020.3.24 본장제목개정)

제34조【무농약농산물·무농약원료가공식품 및 무항생제수산물등의 인증 등】 ① 농림축산식품부장관 또는 해양수산부장관은 무농약농산물·무농약원료가공식품 및 무항생제수산물등에 대한 인증을 할 수 있다.
② 제1항에 따른 인증을 하기 위한 무농약농산물·무농약원료가공식품 및 무항생제수산물등의 인증대상과 무농약농산물·무농약원료가공식품 및 무항생제수산물등의 생산, 제조·가공 또는 취급에 필요한 인증기준 등은 농림축산식품부령 또는 해양수산부령으로 정한다.
③ 무농약농산물·무농약원료가공식품 또는 무항생제수산물등을 생산, 제조·가공 또는 취급하는 자는 무농약농산물·무농약원료가공식품 또는 무항생제수산물등의 인증을 받으려면 해양수산부장관 또는 제35조제1항에 따라 지정받은 인증기관(이하 이 장에서 "인증기관"이라 한다)에 인증을 신청하여야 한다. 다만, 인증을 받은 무농약농산물·무농약원료가공식품 또는 무항생제수산물등을 다시 포장하지 아니하고 그대로 저장, 운송 또는 판매하는 자는 인증을 신청하지 아니할 수 있다.
④ 제3항에 따른 인증의 신청, 제한, 심사 및 재심사, 인증 변경승인, 인증의 유효기간, 인증의 갱신 및 유효기간의 연장, 인증사업자의 준수사항, 인증의 취소, 인증표시의 제거·정지 및 과징금 부과 등에 관하여는 제20조부터 제22조까지, 제24조 및 제24조의2를 준용한다. 이 경우 "유기식품등"은 "무농약농산물·무농약원료가공식품 또는 무항생제수산물등"으로 본다.
⑤ 무농약농산물·무농약원료가공식품 및 무항생제수산물등의 인증 등에 관한 부정행위의 금지, 인증품 및 인증사업자에 대한 사후관리, 인증기관의 사후관리, 인증사업자 또는 인증기관의 지위 승계 등에 관하여는 제30조부터 제33조까지의 규정을 준용한다. 이 경우 "유기식품등"은 "무농약농산물·무농약원료가공식품 또는 무항생제수산물등"으로, "제한적으로 유기표시를 허용한 식품"은 "제한적으로 무농약표시를 허용한 식품"으로 본다.
(2020.3.24 본조개정)

제35조【무농약농산물·무농약원료가공식품 및 무항생제수산물등의 인증기관 지정 등】 ① 농림축산식품부장관 또는 해양수산부장관은 무농약농산물·무농약원료가공식품 또는 무항생제수산물등의 인증과 관련하여 인증심사원 등 필요한 인력과 시설을 갖춘 자를 인증기관으로 지정하여 무농약농산물·무농약원료가공식품 또는 무항생제수산물등의 인증을 하게 할 수 있다.
② 제1항에 따른 인증기관의 지정·유효기간·갱신·지정변경, 인증기관 등의 준수사항, 인증업무의 휴업·폐업 및 인증기관의 지정취소 등에 관하여는 제26조, 제26조의2부터 제26조의4까지 및 제27조부터 제29조까지의 규정을 준용한다. 이 경우 "유기식품등"은 "무농약농산물·무농약원료가공식품 또는 무항생제수산물등"으로 본다.
(2020.3.24 본조개정)

제36조【무농약농산물·무농약원료가공식품 및 무항생제수산물등의 표시기준 등】 ① 제34조제3항에 따라 인증을 받은 자는 생산, 제조·가공 또는 취급하는 무농약농산물·무농약원료가공식품 및 무항생제수산물등에 직접 또는 그 포장등에 무농약, 무항생제(축산물 또는 수산물만 해당한다), 활성처리제 비사용(해조류만 해당한다) 또는 이와 같은 의미의 도형이나 글자를 표시(이하 "무농약농산물·무농약원료가공식품 및 무항생제수산물등 표시"라 한다)할 수 있다. 이 경우 포장을 하지 아니하고 판매하거나 낱개로 판매하는 때에는 표시판 또는 푯말에 표시할 수 있다.(2020.3.24 전단개정)
② 농림축산식품부장관은 무농약농산물을 원료 또는 재료로 사용하면서 제34조제1항에 따른 인증을 받지 아니한 식품에 대해서는 사용한 무농약농산물의 함량에 따라 제한적으로 무농약 표시를 허용할 수 있다.(2019.8.27 본항신설)
③ 무농약농산물·무농약원료가공식품 및 무항생제수산물등의 생산방법 등에 관한 정보의 표시, 그 밖에 표시사항 등에 관한 구체적인 사항에 관하여는 제23조제2항 및 제5항을 준용한다. 이 경우 "유기표시"는 "무농약농산물·무농약원료가공식품 및 무항생제수산물등 표시"로 본다.(2020.3.24 본항개정)
(2020.3.24 본조제목개정)

제5장 유기농어업자재의 공시
(2016.12.2 본장제목개정)

제37조【유기농어업자재의 공시】 ① 농림축산식품부장관 또는 해양수산부장관은 유기농어업자재가 허용물질을 사용하여 생산된 자재인지를 확인하여 그 자재의 명칭, 주성분명, 함량 및 사용방법 등에 관한 정보를 공시할 수 있다.(2013.3.23 본항개정)
② (2016.12.2 삭제)
③ 제1항에 따른 공시(이하 "공시"라 한다)를 할 때에는 제4항에 따른 공시기준에 따라야 한다.(2016.12.2 본항개정)
④ 제1항에 따른 공시를 하기 위한 공시의 대상 및 공시에 필요한 기준 등은 농림축산식품부령 또는 해양수산부령으로 정한다.(2016.12.2 본항개정)
(2016.12.2 본조제목개정)

제38조【유기농어업자재 공시의 신청 및 심사 등】 ① 유기농어업자재를 생산하거나 수입하여 판매하려는 자가 공시를 받으려는 경우에는 제44조제1항에 따라 지정된 공시기관(이하 "공시기관"이라 한다)에 제41조제1항에 따라 시험연구기관으로 지정된 기관이 발급한 시험성적서 등 농림축산식품부령 또는 해양수산부령으로 정하는 서류를 갖추어 신청하여야 한다. 다만, 다음 각 호의 어느 하나에 해당하는 자는 공시를 신청할 수 없다.(2016.12.2 본문개정)
1. 제43조제1항(같은 항 제4호는 제외한다)에 따라 공시가 취소된 날부터 1년이 지나지 아니한 자(2019.8.27 본호개정)
2. 제43조제1항에 따른 판매금지 또는 시정조치 명령이나 제49조제7항제2호 또는 제3호에 따른 명령을 받아서 그 처분기간 중에 있는 자(2019.8.27 본호개정)
3. 제60조에 따라 벌금 이상의 형을 선고받고 그 형이 확정된 날부터 1년이 지나지 아니한 자
② 공시기관은 제1항에 따른 신청을 받은 경우 제37조제4항에 따른 공시기준에 맞는지를 심사한 후 그 결과를 신청인에게 알려 주고 기준에 맞는 경우에는 공시를 해 주어야 한다.(2016.12.2 본항개정)
③ 제2항에 따른 공시심사 결과에 대하여 이의가 있는 자는 그 공시심사를 한 공시기관에 재심사를 신청할 수 있다.(2016.12.2 본항개정)
④ 제2항에 따라 공시를 받은 자(이하 "공시사업자"라 한다)가 공시를 받은 내용을 변경할 때에는 그 공시심사를 한 공시기관에 농림축산식품부령 또는 해양수산부령으로 정하는 바에 따라 공시 변경승인을 받아야 한다.(2019.8.27 본항개정)
⑤ 그 밖에 공시의 신청, 제한, 심사, 재심사 및 공시 변경승인 등에 필요한 구체적인 절차와 방법 등은 농림축산식품부령 또는 해양수산부령으로 정한다.(2016.12.2 본항개정)
(2016.12.2 본조제목개정)

제39조【공시의 유효기간 등】 ① 공시의 유효기간은 공시를 받은 날부터 3년으로 한다.
② 공시사업자가 공시의 유효기간이 끝난 후에도 계속하여 공시를 유지하려는 경우에는 그 유효기간이 끝나기 전까지 공시를 한 공시기관에 갱신신청을 하여 그 공시를 갱신하여야 한다. 다만, 공시를 한 공시기관이 폐업, 업무정지 또는 그 밖의 부득이한 사유로 갱신신청이 불가능하게 된 경우에는 다른 공시기관에 신청할 수 있다.
③ 제2항에 따른 공시의 갱신에 필요한 구체적인 절차와 방법 등은 농림축산식품부령 또는 해양수산부령으로 정한다.
(2016.12.2 본조개정)

제40조【공시사업자의 준수사항】 ① 공시사업자는 공시를 받은 제품을 생산하거나 수입하여 판매한 실적을 농림축산식품부령 또는 해양수산부령으로 정하는 바에 따라 정기적으로 그 공시심사를 한 공시기관에 알려야 한다.(2019.8.27 본항개정)
② 공시사업자는 농림축산식품부령 또는 해양수산부령으로 정하는 바에 따라 공시심사와 관련된 서류 등을 보관하여야 한다.
(2016.12.2 본조개정)

제41조【유기농어업자재 시험연구기관의 지정】 ① 농림축산식품부장관 또는 해양수산부장관은 대학 및 민간연구소 등을 유기농어업자재에 대한 시험을 수행할 수 있는 시험연구기관으로 지정할 수 있다.(2013.3.23 본항개정)
② 제1항에 따라 시험연구기관으로 지정받으려는 자는 농림축산식품부령 또는 해양수산부령으로 정하는 인력·시설·장비 및 시험관리규정을 갖추어 농림축산식품부장관 또는 해양수산부장관에게 신청하여야 한다.(2019.8.27 본항개정)
③ 제1항에 따른 시험연구기관 지정의 유효기간은 지정을 받은 날부터 4년으로 하고, 유효기간이 끝난 후에도 유기농어업자재에 대한 시험업무를 계속하려는 자는 유효기간이 끝나기 전에 그 지정을 갱신하여야 한다.(2016.12.2 본항신설)
④ 제1항에 따른 시험연구기관으로 지정된 자가 농림축산식품부령 또는 해양수산부령으로 정하는 중요한 사항을 변경하려는 경우에는 농림축산식품부장관 또는 해양수산부장관에게 지정변경을 신청하여야 한다.(2016.12.2 본항신설)
⑤ 농림축산식품부장관 또는 해양수산부장관은 제1항에 따라 지정된 시험연구기관(이하 이 조, 제41조의2 및 제41조의3에서 "시험연구기관"이라 한다)이 다음 각 호의 어느 하나에 해당하는 경우에는 시험연구기관의 지정을 취소하거나 6개월 이내의 기간을 정하여 그 업무의 전부 또는 일부의 정지를 명할 수 있다. 다만, 제1호의 경우에는 그 지정을 취소하여야 한다.(2019.8.27 본문개정)
1. 거짓이나 그 밖의 부정한 방법으로 지정을 받은 경우
2. 고의 또는 중대한 과실로 다음 각 목의 어느 하나에 해당하는 서류를 사실과 다르게 발급한 경우
가. 시험성적서
나. 원제(原劑)의 이화학적(理化學的) 분석 및 독성 시험성적을 적은 서류
다. 농약활용기자재의 이화학적 분석 등을 적은 서류
라. 중금속 및 이화학적 분석 결과를 적은 서류
마. 그 밖에 유기농어업자재에 대한 시험·분석과 관련된 서류
3. 시험연구기관의 지정기준에 맞지 아니하게 된 경우
4. 시험연구기관으로 지정받은 후 정당한 사유 없이 1년 이내에 지정받은 시험항목에 대한 시험업무를 시작하지 아니하거나 계속하여 2년 이상 업무 실적이 없는 경우
5. 업무정지 명령을 위반하여 업무를 한 경우
6. 제41조의2에 따른 시험연구기관의 준수사항을 지키지 아니한 경우(2019.8.27 본호신설)
⑥ 그 밖에 시험연구기관의 지정, 지정취소 및 업무정지 등에 관하여 필요한 사항은 농림축산식품부령 또는 해양수산부령으로 정한다.(2013.3.23 본항개정)

제41조의2【유기농어업자재 시험연구기관의 준수사항】 시험연구기관은 다음 각 호의 사항을 준수하여야 한다.
1. 시험수행과정에서 얻은 정보와 자료를 신청인의 서면동의 없이 공개하거나 제공하지 아니할 것. 다만, 이 법 또는 다른 법률에 따라 공개하거나 제공하는 경우는 제외한다.
2. 농림축산식품부장관 또는 해양수산부장관이 요청하는 경우에는 시험연구기관의 사무소 및 시설에 대한 접근을 허용하거나 필요한 정보와 자료를 제공할 것
3. 시험의 신청 및 수행에 관한 자료를 농림축산식품부령 또는 해양수산부령으로 정하는 바에 따라 보관할 것
(2019.8.27 본조신설)

제41조의3【유기농어업자재 시험연구기관의 사후관리】 ① 농림축산식품부장관 또는 해양수산부장관은 소속 공무원으로 하여금 시험연구기관이 제41조제2항에 따른 시험연구기관 지정기준을 갖추었는지 여부 및 제41조의2에 따른 시험연구기관의 준수사항을 지키는지 여부를 조사하게 할 수 있다.
② 제1항에 따라 조사를 하는 경우 시험연구기관의 임직원은 정당한 사유 없이 이를 거부·방해하거나 기피해서는 아니 된다.
(2019.8.27 본조신설)

제42조【공시의 표시 등】 공시사업자는 공시를 받은 유기농어업자재의 포장등에 농림축산식품부령 또는 해양수산부령으로 정하는 바에 따라 유기농어업자재 공시를 나타내는 도형 또는 글자를 표시할 수 있다. 이 경우 공시의 번호, 유기농어업자재의 명칭 및 사용방법 등의 관련 정보를 함께 표시하여야 하며, 제37조제4항의 공시기준에 따라 해당자재의 효능·효과를 표시할 수 있다.
(2016.12.2 본조개정)

제43조【공시의 취소 등】 ① 농림축산식품부장관·해양수산부장관 또는 공시기관은 공시사업자가 다음 각 호의 어느 하나에 해당하는 경우에는 그 공시를 취소하거나 판매금지 또는 시정조치를 명할 수 있다. 다만, 제1호의 경우에는 그 공시를 취소하여야 한다.(2019.8.27 본문개정)
1. 거짓이나 그 밖의 부정한 방법으로 공시를 받은 경우
2. 제37조제4항에 따른 공시기준에 맞지 아니한 경우
(2016.12.2 1호~2호개정)
3. 정당한 사유 없이 제49조제7항 따른 명령에 따르지 아니한 경우(2019.8.27 본호개정)
4. 전업·폐업 등으로 인하여 유기농어업자재를 생산하기 어렵다고 인정되는 경우
5. 제3항에 따른 품질관리 지도 결과 공시의 제품으로 부적절하다고 인정되는 경우(2016.12.2 본호개정)
② 농림축산식품부장관·해양수산부장관 또는 공시기관은 제1항에 따라 공시를 취소한 경우 지체 없이 해당 공시사업자에게 그 사실을 알려야 하고, 공시기관은 농림축산식품부장관 또는 해양수산부장관에게도 그 사실을 알려야 한다.(2016.12.2 본항개정)
③ 공시기관은 직접 공시를 한 제품에 대하여 품질관리 지도를 실시하여야 한다.(2019.8.27 본항개정)
④ 제1항에 따른 공시의 취소 등에 필요한 구체적인 절차 및 처분의 기준, 제3항에 따른 품질관리에 관한 사항 등은 농림축산식품부령 또는 해양수산부령으로 정한다.
(2016.12.2 본항개정)
(2016.12.2 본조제목개정)

제44조【공시기관의 지정 등】 ① 농림축산식품부장관 또는 해양수산부장관은 공시에 필요한 인력과 시설을 갖

춘 자를 공시기관으로 지정하여 유기농어업자재의 공시를 하게 할 수 있다.
② 제1항에 따라 공시기관으로 지정을 받으려는 자는 농림축산식품부장관 또는 해양수산부장관에게 공시기관의 지정을 신청하여야 한다.
③ 제1항에 따른 공시기관 지정의 유효기간은 지정을 받은 날부터 5년으로 하고, 유효기간이 끝난 후에도 유기농어업자재의 공시업무를 계속하려는 공시기관은 유효기간이 끝나기 전에 그 지정을 갱신하여야 한다.
④ 공시기관은 지정받은 내용이 변경된 경우에는 농림축산식품부장관 또는 해양수산부장관에게 변경신고를 하여야 한다. 다만, 농림축산식품부령 또는 해양수산부령으로 정하는 중요 사항을 변경할 때에는 농림축산식품부장관 또는 해양수산부장관으로부터 승인을 받아야 한다.
⑤ 공시기관의 지정기준, 지정신청, 지정갱신 및 변경신고 등에 필요한 사항은 농림축산식품부령 또는 해양수산부령으로 정한다.
(2016.12.2 본조개정)

제45조【공시기관의 준수사항】 공시기관은 다음 각 호의 사항을 준수하여야 한다.
1. 공시 과정에서 얻은 정보와 자료를 공시의 신청인의 서면동의 없이 공개하거나 제공하지 아니할 것. 다만, 이 법률 또는 다른 법률에 따라 공개하거나 제공하는 경우는 제외한다.
2. 농림축산식품부장관 또는 해양수산부장관이 요청하는 경우에는 공시기관의 사무소 및 시설에 대한 접근을 허용하거나 필요한 정보 및 자료를 제공할 것(2019.8.27 본호개정)
3. 공시의 신청·심사, 공시의 취소, 판매금지 처분, 품질관리 지도 및 유기농어업자재의 거래에 관한 자료를 농림축산식품부령 또는 해양수산부령으로 정하는 바에 따라 보관할 것(2019.8.27 본호개정)
4. 농림축산식품부령 또는 해양수산부령으로 정하는 바에 따라 공시 결과 및 사후관리 결과 등을 농림축산식품부장관 또는 해양수산부장관에게 보고할 것
5. 공시사업자가 제37조제4항에 따른 공시기준을 준수하도록 관리하기 위하여 농림축산식품부령 또는 해양수산부령으로 정하는 바에 따라 공시사업자에 대하여 불시 심사를 하고 그 결과를 기록·관리할 것
(2016.12.2 본조개정)

제46조【공시업무의 휴업·폐업】 공시기관은 공시업무의 전부 또는 일부를 휴업하거나 폐업하려는 경우에는 농림축산식품부령 또는 해양수산부령으로 정하는 바에 따라 미리 농림축산식품부장관 또는 해양수산부장관에게 신고하고, 그 공시기관이 공시를 하여 유효기간이 끝나지 아니한 공시사업자에게는 그 취지를 알려야 한다.
(2016.12.2 본조개정)

제47조【공시기관의 지정취소 등】 ① 농림축산식품부장관 또는 해양수산부장관은 공시기관이 다음 각 호의 어느 하나에 해당하는 경우에는 지정을 취소하거나 6개월 이내의 기간을 정하여 그 업무의 전부 또는 일부의 정지 또는 시정조치를 명할 수 있다. 다만, 제1호부터 제3호까지의 경우에는 그 지정을 취소하여야 한다.
(2019.8.27 본문개정)
1. 거짓이나 그 밖의 부정한 방법으로 지정을 받은 경우
2. 공시기관이 파산, 폐업 등으로 인하여 공시업무를 수행할 수 없는 경우(2016.12.2 본호개정)
3. 업무정지 명령을 위반하여 정지기간 중에 공시업무를 한 경우(2016.12.2 본호개정)
4. 정당한 사유 없이 1년 이상 계속하여 공시업무를 하지 아니한 경우(2016.12.2 본호개정)
5. 고의 또는 중대한 과실로 제37조제4항에 따른 공시기준에 맞지 아니한 제품에 공시를 한 경우(2016.12.2 본호개정)
6. 고의 또는 중대한 과실로 제38조에 따른 공시심사 및 재심사의 처리 절차·방법 또는 제39조에 따른 공시 갱신의 절차·방법 등을 지키지 아니한 경우(2016.12.2 본호개정)
7. 정당한 사유 없이 제43조제1항에 따른 처분, 제49조제7항제2호 또는 제3호에 따른 명령 및 같은 조 제9항에 따른 공표를 하지 아니한 경우(2019.8.27 본호개정)
8. 제44조제5항에 따른 공시기관의 지정기준에 맞지 아니하게 된 경우(2016.12.2 본호개정)
9. 제45조에 따른 공시기관의 준수사항을 지키지 아니한 경우(2019.8.27 본호개정)
10. 제50조제2항에 따른 시정조치 명령이나 처분에 따르지 아니한 경우(2019.8.27 본호신설)
11. 정당한 사유 없이 제50조제3항을 위반하여 소속 공무원의 조사를 거부·방해하거나 기피하는 경우
(2019.8.27 본호신설)
② 농림축산식품부장관 또는 해양수산부장관은 제1항에 따라 지정취소 또는 업무정지 등의 처분을 한 경우에는 그 사실을 농림축산식품부 또는 해양수산부의 인터넷 홈페이지에 게시하여야 한다.(2013.3.23 본항개정)
③ 제1항에 따라 공시기관의 지정이 취소된 자는 취소된 날부터 2년이 지나지 아니하면 다시 공시기관으로 지정받을 수 없다. 다만, 제1항제2호의 사유에 해당하여 지정이 취소된 경우에는 제외한다.(2016.12.2 본문개정)
④ 제1항에 따른 행정처분의 세부적인 기준은 위반행위의 유형 및 위반 정도 등을 고려하여 농림축산식품부령 또는 해양수산부령으로 정한다.(2013.3.23 본항개정)
(2016.12.2 본조제목개정)

제48조【공시에 관한 부정행위의 금지】 누구든지 다음 각 호의 어느 하나에 해당하는 행위를 하여서는 아니 된다.
1. 거짓이나 그 밖의 부정한 방법으로 제38조에 따른 공시, 재심사 및 공시 변경승인, 제39조제2항에 따른 공시 갱신 또는 제44조제1항·제3항에 따른 공시기관의 지정·갱신을 받는 행위(2019.8.27 본호개정)
2. 공시를 받지 아니한 자재에 제42조에 따른 유기농어업자재 공시를 나타내는 표시 또는 이와 유사한 표시(공시를 받은 유기농어업자재로 잘못 인식할 우려가 있는 표시 및 이와 관련된 외국어 또는 외래어 표시를 포함한다)를 하는 행위(2016.12.2 본호개정)
3. 공시를 받은 유기농어업자재에 공시를 받은 내용과 다르게 표시하는 행위(2016.12.2 본호개정)
4. 제38조제1항에 따른 공시 또는 제39조제2항에 따른 공시 갱신의 신청에 필요한 서류를 거짓으로 발급하여 주는 행위(2019.8.27 본호개정)
5. 제2호 또는 제3호의 행위에 따른 자재임을 알고도 그 자재를 판매하는 행위 또는 판매할 목적으로 보관·운반하거나 진열하는 행위
6. 공시가 취소된 자재임을 알고도 공시를 받은 유기농어업자재로 판매하거나 판매할 목적으로 보관·운반 또는 진열하는 행위(2019.8.27 본호개정)
7. 공시를 받지 아니한 자재를 공시를 받은 유기농어업자재로 광고하거나 공시를 받은 유기농어업자재로 잘못 인식할 수 있도록 광고하는 행위 또는 공시를 받은 유기농어업자재를 공시를 받은 내용과 다르게 광고하는 행위
(2016.12.2 본호개정)
8. 허용물질이 아닌 물질 또는 제37조제4항에 따른 공시기준에서 허용하지 아니한 물질 등을 유기농어업자재에 섞어 넣는 행위(2016.12.2 본호개정)
(2016.12.2 본조제목개정)

제49조【유기농어업자재 및 공시사업자등의 사후관리】 ① 농림축산식품부장관 또는 해양수산부장관은 농림축산식품부령 또는 해양수산부령으로 정하는 바에 따라 소속 공무원 또는 공시기관으로 하여금 매년 다음 각 호의 조사(공시기관은 공시를 한 공시사업자에 대한 제2호의 조사에 한정한다)를 하게 하여야 한다. 이 경우 시료를 무상으로 제공받아 검사하거나 자료 제출 등을 요구할 수 있다.
1. 판매·유통 중인 공시 받은 유기농어업자재에 대한 조사
2. 공시사업자의 사업장에서 유기농어업자재의 생산 과정을 확인하여 제37조제4항에 따른 공시기준에 맞는지 여부 조사
(2019.8.27 본항개정)
② 제1항에 따라 조사를 할 때에는 미리 조사의 일시, 목적, 대상 등을 관계인에게 알려야 한다. 다만, 긴급한 경우나 미리 알리면 그 목적을 달성할 수 없다고 인정되는 경우에는 그러하지 아니하다.
③ 제1항에 따라 조사를 하거나 자료 제출을 요구하는 경우 공시사업자 또는 공시 받은 유기농어업자재를 판매·유통하는 사업자(이하 "공시사업자등"이라 한다)는 정당한 사유 없이 거부·방해하거나 기피하여서는 아니 된다. 이 경우 제1항에 따른 조사를 위하여 사업장에 출입하는 자는 그 권한을 표시하는 증표를 지니고 이를 관계인에게 보여주어야 한다.(2019.8.27 전단개정)
④ 농림축산식품부장관·해양수산부장관 또는 공시기관은 제1항에 따른 조사를 한 경우에는 공시사업자등에게 조사 결과를 통지하여야 한다. 이 경우 조사 결과 중 제1항 각 호 외의 부분 후단에 따라 제공한 시료의 검사 결과에 이의가 있는 공시사업자등은 시료의 재검사를 요청할 수 있다.(2019.8.27 본항신설)
⑤ 제4항에 따른 재검사 요청을 받은 농림축산식품부장관·해양수산부장관 또는 공시기관은 농림축산식품부령 또는 해양수산부령으로 정하는 바에 따라 재검사 여부를 결정하여 해당 공시사업자등에게 통보하여야 한다.
(2019.8.27 본항신설)
⑥ 농림축산식품부장관·해양수산부장관 또는 공시기관은 제4항에 따른 재검사를 하기로 결정하였을 때에는 지체 없이 재검사를 하고 해당 공시사업자등에게 그 재검사 결과를 통보하여야 한다.(2019.8.27 본항신설)
⑦ 농림축산식품부장관·해양수산부장관 또는 공시기관은 제1항에 따른 조사를 한 결과 제37조제4항에 따른 공시기준 또는 제42조에 따른 공시의 표시사항 등을 위반하였다고 판단한 때에는 공시사업자등에게 다음 각 호의 조치를 명할 수 있다.
1. 제43조제1항에 따른 공시취소, 판매금지 또는 시정조치
2. 유기농어업자재의 회수·폐기
3. 공시표시의 제거·정지 또는 세부 표시사항 변경
(2019.8.27 본항개정)
⑧ 농림축산식품부장관 또는 해양수산부장관은 공시사업자등이 제7항제2호에 따른 회수·폐기 명령을 이행하지 아니하는 경우에는 관계 공무원에게 해당 유기농어업자재를 압류하게 할 수 있다. 이 경우 관계 공무원은 그 권한을 표시하는 증표를 지니고 이를 관계인에게 보여주어야 한다.(2019.8.27 본항신설)
⑨ 농림축산식품부장관·해양수산부장관 또는 공시기관은 제7항 각 호에 따른 조치명령의 내용을 공표하여야 한다.(2019.8.27 본항신설)
⑩ 제4항에 따른 조사 결과 통지 및 제6항에 따른 시료의 재검사 절차와 방법, 제7항 각 호에 따른 조치명령의 세부기준, 제8항에 따른 압류 및 제9항에 따른 공표에 필요한 사항은 농림축산식품부령 또는 해양수산부령으로 정한다.(2019.8.27 본항개정)
(2019.8.27 본조제목개정)

제50조【공시기관의 사후관리】 ① 농림축산식품부장관 또는 해양수산부장관은 소속 공무원으로 하여금 공시기관이 제38조 및 제39조에 따라 공시업무를 적절하게 수행하는지, 제44조제5항에 따른 공시기관의 지정기준에 맞는지, 제45조에 따른 공시기관의 준수사항을 지키는지를 조사하게 할 수 있다.(2019.8.27 본항개정)
② 농림축산식품부장관 또는 해양수산부장관은 제1항에 따른 조사결과 공시기관이 다음 각 호의 어느 하나에 해당하는 경우에는 제47조제1항에 따른 지정취소·업무정지 또는 시정조치 명령을 할 수 있다.(2019.8.27 본문개정)
1. 제38조 또는 제39조에 따라 공시업무를 적절하게 수행하지 아니하는 경우(2019.8.27 본호개정)
2. 제44조제5항에 따른 지정기준에 맞지 아니하는 경우
3. 제45조에 따른 공시기관의 준수사항을 지키지 아니하는 경우(2016.12.2 본호개정)
③ 제1항에 따라 조사를 하는 경우 공시기관의 임직원은 정당한 사유 없이 이를 거부·방해하거나 기피해서는 아니 된다.(2019.8.27 본항신설)
(2016.12.2 본조제목개정)

제51조【공시기관 등의 승계】 ① 다음 각 호의 어느 하나에 해당하는 자는 공시사업자 또는 공시기관의 지위를 승계한다.
1. 공시사업자가 사망한 경우 그 유기농어업자재를 계속하여 생산하거나 수입하여 판매하려는 상속인
2. 공시사업자나 공시기관이 사업을 양도한 경우 그 양수인
3. 공시사업자나 공시기관이 합병한 경우 합병 후 존속하는 법인이나 합병으로 설립되는 법인
(2016.12.2 본항개정)
② 제1항에 따라 공시사업자의 지위를 승계한 자는 공시심사를 한 공시기관(그 공시기관의 지정이 취소된 경우에는 해양수산부장관 또는 다른 공시기관을 말한다)에 그 사실을 신고하여야 하고, 공시기관의 지위를 승계한 자는 농림축산식품부장관 또는 해양수산부장관에게 그 사실을 신고하여야 한다.(2019.8.27 본항개정)
③ 농림축산식품부장관·해양수산부장관 또는 공시기관은 제2항에 따른 신고를 받은 날부터 1개월 이내에 신고수리 여부를 신고인에게 통지하여야 한다.(2019.8.27 본항신설)
④ 농림축산식품부장관·해양수산부장관 또는 공시기관이 제3항에서 정한 기간 내에 신고수리 여부 또는 민원처리 관련 법령에 따른 처리기간의 연장을 신고인에게 통지하지 아니하면 그 기간(민원 처리 관련 법령에 따라 처리기간이 연장 또는 재연장된 경우에는 해당 처리기간을 말한다)이 끝난 날의 다음 날에 신고를 수리한 것으로 본다.(2019.8.27 본항신설)
⑤ 제1항에 따른 지위의 승계가 있을 때에는 종전의 공시기관 또는 공시사업자에게 한 제43조제1항 또는 제47조제1항에 따른 행정처분의 효과는 그 처분기간 내에 그 지위를 승계한 자에게 승계되며, 행정처분의 절차가 진행 중일 때에는 그 지위를 승계한 자에 대하여 그 절차를 계속 진행할 수 있다.(2016.12.2 본항개정)
⑥ 제2항에 따른 신고에 필요한 사항은 농림축산식품부령 또는 해양수산부령으로 정한다.(2013.3.23 본항개정)
(2016.12.2 본조제목개정)

제52조【「농약관리법」 등의 적용 배제】 ① 공시를 받은 유기농어업자재에 대하여는 「농약관리법」 제8조 및 제17조, 「비료관리법」 제11조 및 제12조에도 불구하고 「농약관리법」에 따른 농약이나 「비료관리법」에 따른 비료로 등록하거나 신고하지 아니할 수 있다.
② 유기농어업자재를 생산하거나 수입하여 판매하려는 자가 공시를 받았을 때에는 「농약관리법」 제3조에 따른 등록을 하지 아니할 수 있다.
(2016.12.2 본조개정)

제6장 보 칙

제53조【친환경 인증관리 정보시스템의 구축·운영】 ① 농림축산식품부장관 또는 해양수산부장관은 다음 각 호의 업무를 수행하기 위하여 친환경 인증관리 정보시스템을 구축·운영할 수 있다.(2016.12.2 본문개정)
1. 인증기관 지정·등록, 인증 현황, 수입증명서 관리 등에 관한 업무
2. 인증품 등에 관한 정보의 수집·분석 및 관리 업무
3. 인증품 등의 사업자 목록 및 생산, 제조·가공 또는 취급 관련 정보 제공
4. 인증받은 자의 성명, 연락처 등 소비자에게 인증품 등의 신뢰도를 높이기 위하여 필요한 정보 제공
5. 인증기준 위반품의 유통 차단을 위한 인증취소 등의 정보 공표

② 제1항에 따른 친환경 인증관리 정보시스템의 구축·운영에 필요한 사항은 농림축산식품부령 또는 해양수산부령으로 정한다.(2016.12.2 본항개정)
(2016.12.2 본조제목개정)

제53조의2【유기농어업자재 정보시스템의 구축·운영】 ① 농림축산식품부장관 또는 해양수산부장관은 다음 각 호의 업무를 수행하기 위하여 유기농어업자재 정보시스템을 구축·운영할 수 있다.
1. 공시기관 지정 현황, 공시 현황, 시험연구기관의 지정 현황 등의 관리에 관한 업무
2. 공시에 관한 정보의 수집·분석 및 관리 업무
3. 공시사업자 목록 및 공시를 받은 제품의 생산, 제조, 수입 또는 취급 관련 정보 제공 업무
4. 공시사업자의 성명, 연락처 등 소비자에게 공시의 신뢰도를 높이기 위하여 필요한 정보 제공 업무
5. 공시기준 위반품의 유통 차단을 위한 공시의 취소 등 정보 공표 업무

② 제1항에 따른 유기농어업자재 정보시스템의 구축·운영에 필요한 사항은 농림축산식품부령 또는 해양수산부령으로 정한다.
(2016.12.2 본조신설)

제54조【인증제도 활성화 지원】 ① 농림축산식품부장관 또는 해양수산부장관은 인증제도 활성화를 위하여 다음 각 호의 사항을 추진하여야 한다.(2013.3.23 본문개정)
1. 이 법에 따른 인증제도의 홍보에 관한 사항
2. 인증제도 운영에 필요한 교육·훈련에 관한 사항
3. 이 법에 따른 인증품의 생산, 제조·가공 또는 취급 계획서의 견본문서 개발 및 보급에 관한 사항

② 농림축산식품부장관 또는 해양수산부장관은 다음 각 호의 하나에 해당하는 자에게 예산의 범위에서 품질관리체제 구축 또는 기술지원 및 교육·훈련 사업 등에 필요한 자금을 지원할 수 있다.(2013.3.23 본문개정)
1. 농어업인 또는 민간단체
2. 제품 등의 인증사업자, 공시사업자, 인증기관 또는 공시기관(2016.12.2 본호개정)
3. 인증제도 관련 교육과정 운영자
4. 인증품 등의 생산, 제조·가공 또는 취급 관련 표준모델 개발 및 기술지원 사업자

제54조의2【명예감시원】 ① 농림축산식품부장관 또는 해양수산부장관은 「농수산물 품질관리법」 제104조에 따른 농수산물 명예감시원에게 친환경농수산물, 유기식품등, 무농약원료가공식품 또는 유기농어업자재의 생산·유통에 대한 감시·지도·홍보를 하게 할 수 있다.
(2019.8.27 본항개정)
② 농림축산식품부장관 또는 해양수산부장관은 제1항에 따른 농수산물 명예감시원에게 예산의 범위에서 그 활동에 필요한 경비를 지급할 수 있다.
(2016.12.2 본조신설)

제55조【우선구매】 ① 국가와 지방자치단체는 농어업의 환경보전기능 증대와 친환경농어업의 지속가능한 발전을 위하여 친환경농수산물·무농약원료가공식품 또는 유기식품을 우선적으로 구매하도록 노력하여야 한다.
(2020.2.11 본항개정)
② 농림축산식품부장관·해양수산부장관 또는 지방자치단체의 장은 이 법에 따른 인증품의 구매를 촉진하기 위하여 다음 각 호의 어느 하나에 해당하는 기관 및 단체의 장에게 인증품의 우선구매 등 필요한 조치를 요청할 수 있다.
1. 「중소기업제품 구매촉진 및 판로지원에 관한 법률」 제2조제2호에 따른 공공기관
2. 「국군조직법」에 따라 설치된 각군 부대와 기관
3. 「영유아보육법」에 따른 어린이집, 「유아교육법」에 따른 유치원, 「초·중등교육법」 또는 「고등교육법」에 따른 학교
4. 농어업 관련 단체 등
(2020.2.11 본항신설)
③ 국가 또는 지방자치단체는 이 법에 따른 인증품의 소비촉진을 위하여 제2항에 따라 우선구매를 하는 기관 및 단체 등에 예산의 범위에서 재정지원을 하는 등 필요한 지원을 할 수 있다.(2020.2.11 본항개정)

제56조【수수료】 ① 다음 각 호의 어느 하나에 해당하는 자는 수수료를 해양수산부장관이나 해당 인증기관 또는 공시기관에 납부하여야 한다.(2016.12.2 본문개정)
1. 제20조제1항 또는 제34조제3항에 따라 인증을 받으려는 자
1의2. 제20조제8항(제34조제4항에서 준용하는 경우를 포함한다)에 따라 인증 변경승인을 받으려는 자
(2019.8.27 본호신설)
2. 제21조제2항(제34조제4항에서 준용하는 경우를 포함한다)에 따라 인증을 갱신하려는 자
2의2. (2019.8.27 삭제)
3. 제21조제3항(제34조제4항에서 준용하는 경우를 포함한다)에 따라 인증의 유효기간을 연장받으려는 자
4. 제38조제1항에 따라 공시를 받으려는 자
5. 제39조제2항에 따라 공시를 갱신하려는 자
(2016.12.2 4호~5호개정)
② 다음 각 호의 어느 하나에 해당하는 자는 수수료를 농림축산식품부장관 또는 해양수산부장관에게 납부하여야 한다.(2013.3.23 본문개정)
1. 제25조에 따라 동등성을 인정받으려는 외국의 정부 또는 인증기관
2. 제26조 또는 제35조에 따라 인증기관으로 지정받거나 인증기관 지정을 갱신하려는 자
2의2. 제41조에 따라 시험연구기관으로 지정받거나 시험연구기관 지정을 갱신하려는 자(2019.8.27 본호신설)
3. 제44조에 따라 공시기관으로 지정받거나 공시기관 지정을 갱신하려는 자(2016.12.2 본호개정)

③ 제1항 및 제2항에 따른 수수료의 금액, 납부방법 및 납부기간 등에 필요한 사항은 농림축산식품부령 또는 해양수산부령으로 정한다.(2013.3.23 본항개정)

제57조【청문 등】 ① 농림축산식품부장관 또는 해양수산부장관은 다음 각 호의 어느 하나에 해당하는 경우에는 청문을 하여야 한다.
1. 제14조의2제1항에 따라 교육훈련기관의 지정을 취소하는 경우
2. 제26조의2제3항(제35조제2항에서 준용하는 경우를 포함한다)에 따라 인증심사원의 자격을 취소하는 경우
3. 제29조제1항(제35조제2항에서 준용하는 경우를 포함한다) 또는 제47조제1항에 따라 인증기관 또는 공시기관의 지정을 취소하는 경우

② 인증기관 또는 공시기관이 제24조제1항(제34조제4항에서 준용하는 경우를 포함한다) 또는 제43조제1항에 따라 인증이나 공시를 취소하려는 경우에는 해당 사업자에게 의견제출의 기회를 주어야 한다. 다만, 해당 사업자가 청문을 신청하는 경우에는 청문을 하여야 한다.
③ 제2항에 따른 의견제출 및 청문에 관하여는 「행정절차법」 제22조제4항부터 제6항까지 및 같은 법 제2장제2절의 규정을 준용한다. 이 경우 "행정청"은 "인증기관" 또는 "공시기관"으로 본다.
(2019.8.27 본조개정)

제58조【권한의 위임 또는 위탁】 ① 이 법에 따른 농림축산식품부장관 또는 해양수산부장관의 권한 또는 업무는 그 일부를 대통령령으로 정하는 바에 따라 농촌진흥청장, 산림청장, 시·도지사 또는 농림축산식품부 또는 해양수산부 소속 기관의 장에게 위임하거나, 식품의약품안전처장, 「과학기술분야 정부출연연구기관 등의 설립·운영 및 육성에 관한 법률」에 따라 설립된 한국식품연구원의 원장 또는 민간단체의 장이나 「고등교육법」 제2조에 따른 학교의 장에게 위탁할 수 있다.
② 제1항에 따라 위임 또는 위탁을 받은 농림축산식품부 또는 해양수산부 소속 기관의 장 또는 식품의약품안전처장, 농촌진흥청장은 그 위임 또는 위탁받은 권한의 일부 또는 전부를 소속 기관의 장에게 재위임하거나 민간단체에 재위탁할 수 있다.
(2016.12.2 본조개정)

제59조【벌칙 적용 시의 공무원 의제 등】 다음 각 호의 어느 하나에 해당하는 사람은 「형법」 제129조부터 제132조까지의 규정에 따른 벌칙을 적용할 때에는 공무원으로 본다.
1. 제26조제1항 또는 제35조제1항에 따라 인증업무에 종사하는 인증기관의 임직원
1의2. 제41조제1항에 따라 지정된 시험연구기관에서 유기농어업자재의 시험업무에 종사하는 임직원
(2016.12.2 본호신설)
2. 제44조제1항에 따라 공시업무에 종사하는 공시기관의 임직원(2016.12.2 본호개정)
3. 제26조제4항 또는 제58조에 따라 위탁받은 업무에 종사하는 기관, 단체, 법인 또는 「고등교육법」 제2조에 따른 학교의 임직원

제7장 벌칙 등

제60조【벌칙】 ① 제27조제1항제1호, 같은 조 제2항제1호, 제41조의2제1호 또는 제45조제1호를 위반하여 인증과정, 시험수행과정 또는 공시 과정에서 얻은 정보와 자료를 신청인의 서면동의 없이 공개하거나 제공한 자는 5년 이하의 징역 또는 5천만원 이하의 벌금에 처한다.(2019.8.27 본항신설)
② 다음 각 호의 어느 하나에 해당하는 자는 3년 이하의 징역 또는 3천만원 이하의 벌금에 처한다.
1. 제26조제1항 또는 제35조제1항에 따라 인증기관의 지정을 받지 아니하고 인증업무를 하거나 제44조제1항에 따라 공시기관의 지정을 받지 아니하고 공시업무를 한 자
2. 제26조제3항(제35조제2항에서 준용하는 경우를 포함한다)에 따라 인증기관 지정의 유효기간이 지났음에도 인증업무를 하였거나 제44조제3항에 따라 공시기관 지정의 유효기간이 지났음에도 공시업무를 한 자
3. 제29조제1항(제35조제2항에서 준용하는 경우를 포함한다)에 따라 인증기관의 지정취소 처분을 받았음에도 인증업무를 하거나 제47조제1항에 따라 공시기관의 지정취소 처분을 받았음에도 공시업무를 한 자
(2016.12.2 1호~3호개정)
4. 제30조제1항제1호(제34조제5항에서 준용하는 경우를 포함한다)를 위반하여 거짓이나 그 밖의 부정한 방법으로 제20조에 따른 인증심사, 재심사 및 인증 변경승인, 제21조에 따른 인증 갱신, 유효기간 연장 및 재심사 또는 제26조제1항 및 제3항에 따른 인증기관의 지정·갱신을 받은 자
4의2. 제30조제1항제1호의2(제34조제5항에서 준용하는 경우를 포함한다)를 위반하여 거짓이나 그 밖의 부정한 방법으로 제20조에 따른 인증심사, 재심사 및 인증 변경승인, 제21조에 따른 인증 갱신, 유효기간 연장 및 재심사를 하거나 받을 수 있도록 도와준 자
4의3. 제30조제1항제1호의3(제34조제5항에서 준용하는 경우를 포함한다)을 위반하여 거짓이나 그 밖의 부정한 방법으로 인증심사원의 자격을 부여받은 자
5. 제30조제1항제2호(제34조제5항에서 준용하는 경우를 포함한다)를 위반하여 인증을 받지 아니한 제품과 제품을 판매하는 진열대에 유기표시, 무농약표시, 친환경 문구 표시 및 이와 유사한 표시(인증품으로 잘못 인식할 우려가 있는 표시 및 이와 관련된 외국어 또는 외래어 표시를 포함한다)를 한 자
6. 제30조제1항제3호(제34조제5항에서 준용하는 경우를 포함한다) 또는 제48조제3호를 위반하여 인증품 또는 공시를 받은 유기농어업자재에 인증 또는 공시를 받은 내용과 다르게 표시를 한 자
7. 제30조제1항제4호(제34조제5항에서 준용하는 경우를 포함한다) 또는 제48조제4호를 위반하여 인증, 인증 갱신 또는 공시, 공시 갱신의 신청에 필요한 서류를 거짓으로 발급한 자
8. 제30조제1항제5호(제34조제5항에서 준용하는 경우를 포함한다)를 위반하여 인증품에 인증을 받지 아니한 제품 등을 섞어서 판매하거나 섞어서 판매할 목적으로 보관, 운반 또는 진열한 자
9. 제30조제1항제6호(제34조제5항에서 준용하는 경우를 포함한다)를 위반하여 인증을 받지 아니한 제품에 인증표시나 이와 유사한 표시를 한 것임을 알거나 인증품에 인증을 받은 내용과 다르게 표시한 것임을 알고도 인증품으로 판매하거나 판매할 목적으로 보관, 운반 또는 진열한 자
10. 제30조제1항제7호(제34조제5항에서 준용하는 경우를 포함한다) 또는 제48조제6호를 위반하여 인증이 취소된 제품 또는 공시가 취소된 자재임을 알고도 인증품 또는 공시를 받은 유기농어업자재로 판매하거나 판매할 목적으로 보관·운반 또는 진열한 자
11. 제30조제1항제8호(제34조제5항에서 준용하는 경우를 포함한다)를 위반하여 인증을 받지 아니한 제품을 인증품으로 광고하거나 인증품으로 잘못 인식할 수 있도록 광고(유기, 무농약, 친환경 문구 또는 이와 같은 의미의 문구를 사용한 광고를 포함한다)하거나 인증품을 인증받은 내용과 다르게 광고한 자
(2019.8.27 제4호~제11호개정)
11의2. 제48조제1호를 위반하여 거짓이나 그 밖의 부정한 방법으로 제38조에 따른 공시, 재심사 및 공시 변경승인, 제39조제2항에 따른 공시 갱신 또는 제44조제1항·제3항에 따른 공시기관의 지정·갱신을 받은 자
(2019.8.27 본호신설)
12. 제48조제2호를 위반하여 공시를 받지 아니한 자재에 공시의 표시 또는 이와 유사한 표시를 하거나 공시를 받은 유기농어업자재로 잘못 인식할 우려가 있는 표시 및 이와 관련된 외국어 또는 외래어 표시 등을 한 자
(2016.12.2 본호개정)
13. 제48조제5호를 위반하여 공시를 받지 아니한 자재에 공시의 표시나 이와 유사한 표시를 한 것임을 알거나 공시를 받은 유기농어업자재에 공시를 받은 내용과 다르게 표시한 것임을 알고도 공시를 받은 유기농어업자재로 판매하거나 판매할 목적으로 보관, 운반 또는 진열한 자(2016.12.2 본호개정)
14. 제48조제7호를 위반하여 공시를 받지 아니한 자재를 공시를 받은 유기농어업자재로 광고하거나 공시를 받은 유기농어업자재로 잘못 인식할 수 있도록 광고하거나 공시를 받은 자재를 공시 받은 내용과 다르게 광고한 자(2019.8.27 본호개정)
15. 제48조제8호를 위반하여 허용물질이 아닌 물질이나 제37조제4항에 따른 공시기준에서 허용하지 아니하는 물질 등을 유기농어업자재에 섞어 넣은 자(2016.12.2 본호개정)

③ 다음 각 호의 어느 하나에 해당하는 자는 1년 이하의 징역 또는 1천만원 이하의 벌금에 처한다.
1. 제23조의2제1항을 위반하여 수입한 제품(제23조에 따라 유기표시가 된 인증품 또는 제25조에 따라 동등성이 인정된 인증을 받은 유기가공식품을 말한다)을 신고하지 아니하고 판매하거나 영업에 사용한 자(2014.3.24 본호신설)
2. 제29조(제35조제2항에서 준용하는 경우를 포함한다) 또는 제47조에 따른 인증심사업무 또는 공시업무의 정지기간 중에 인증심사업무 또는 공시업무를 한 자
(2019.8.27 본호개정)
3. 제31조제7항 각 호(제34조제5항에서 준용하는 경우를 포함한다) 또는 제49조제7항 각 호의 명령에 따르지 아니한 자(2019.8.27 본호개정)

제60조의2【벌금형의 분리 선고】 「형법」 제38조에도 불구하고 제60조제1항, 같은 조 제2항제1호·제2호·제3호·제4호·제4호의2·제4호의3 및 같은 조 제3항제2호의 죄(인증심사업무와 관련된 죄로 한정한다)와 다른 죄의 경합범(競合犯)에 대하여 벌금형을 선고하는 경우에는 이를 분리하여 선고하여야 한다.(2019.8.27 본조신설)

제61조【양벌규정】 법인의 대표자나 법인 또는 개인의 대리인, 사용인, 그 밖의 종업원이 그 법인 또는 개인의 업무에 관하여 제60조제1항, 같은 조 제2항 각 호 또는 같은 조 제3항 각 호에 따른 위반행위를 하면 그 행위자를 벌하는 외에 그 법인 또는 개인에게도 해당 조문의 벌금형을 과(科)한다. 다만, 법인 또는 개인이 그 위반행위를 방지하기 위하여 해당 업무에 관하여 상당한 주의와 감독을 게을리하지 아니한 경우에는 그러하지 아니한다.(2019.8.27 본문개정)

제62조【과태료】 ① 정당한 사유 없이 제32조제1항(제34조제5항에서 준용하는 경우를 포함한다), 제41조의3제1항 또는 제50조제1항에 따른 조사를 거부·방해하거나 기피한 자에게는 1천만원 이하의 과태료를 부과한다.
② 다음 각 호의 어느 하나에 해당하는 자에게는 500만원 이하의 과태료를 부과한다.
1. 인증을 받지 아니한 사업자가 인증품의 포장을 해체하여 재포장한 후 제23조제1항 또는 제36조제1항에 따른 표시를 한 자
2. 제23조제3항 또는 제36조제2항에 따른 제한적 표시 기준을 위반한 자
3. 제27조제1항제3호·제5호(제35조제2항에서 준용하는 경우를 포함한다), 제41조의2제3호, 제45조제3호 또는 제5호를 위반하여 관련 서류·자료 등을 기록·관리하지 아니하거나 보관하지 아니한 자
4. 제27조제1항제4호(제35조제2항에서 준용하는 경우를 포함한다) 또는 제45조제4호를 위반하여 인증 결과 또는 공시 결과 및 사후관리 결과 등을 거짓으로 보고한 자
5. 제27조제2항제2호(제35조제2항에서 준용하는 경우를 포함한다)를 위반하여 인증심사업무를 한 자
6. 제27조제2항제3호(제35조제2항에서 준용하는 경우를 포함한다)를 위반하여 인증심사업무 결과를 기록하지 아니한 자
7. 제28조(제35조제2항에서 준용하는 경우를 포함한다) 또는 제46조를 위반하여 신고하지 아니하고 인증업무 또는 공시업무의 전부 또는 일부를 휴업하거나 폐업한 자
8. 정당한 사유 없이 제31조제1항(제34조제5항에서 준용하는 경우를 포함한다) 또는 제49조제1항에 따른 조사를 거부·방해하거나 기피한 자
9. 제33조(제34조제5항에서 준용하는 경우를 포함한다) 또는 제51조를 위반하여 인증기관 또는 공시기관의 지위를 승계하고도 그 사실을 신고하지 아니한 자
③ 다음 각 호의 어느 하나에 해당하는 자에게는 300만원 이하의 과태료를 부과한다.
1. 제20조제8항(제34조제4항에서 준용하는 경우를 포함한다) 또는 제38조제4항을 위반하여 해당 인증기관 또는 공시기관으로부터 승인을 받지 아니하고 인증받은 내용 또는 공시를 받은 내용을 변경한 자
2. 제26조제5항 단서(제35조제2항에서 준용하는 경우를 포함한다) 또는 제44조제4항 단서를 위반하여 중요 사항을 승인받지 아니하고 변경한 자
3. 제27조제1항제4호(제35조제2항에서 준용하는 경우를 포함한다) 또는 제45조제4호를 위반하여 인증 결과 또는 공시 결과 및 사후관리 결과 등을 보고하지 아니한 자
4. 제33조(제34조제5항에서 준용하는 경우를 포함한다) 또는 제51조를 위반하여 인증사업자 또는 공시사업자의 지위를 승계하고도 그 사실을 신고하지 아니한 자
5. 제42조에 따른 표시기준을 위반한 자
④ 다음 각 호의 어느 하나에 해당하는 자에게는 100만원 이하의 과태료를 부과한다.
1. 제22조제1항(제34조제4항에서 준용하는 경우를 포함한다) 또는 제40조제1항을 위반하여 인증품 또는 공시를 받은 유기농어업자재의 생산, 제조·가공 또는 취급 실적을 농림축산식품부장관 또는 해양수산부장관, 해당 인증기관 또는 공시기관에 알리지 아니한 자
2. 제22조제2항(제34조제4항에서 준용하는 경우를 포함한다) 또는 제40조제2항을 위반하여 관련 서류 등을 보관하지 아니한 자
3. 제23조제1항 또는 제36조제1항에 따른 표시기준을 위반한 자
4. 제26조제5항 본문(제35조제2항에서 준용하는 경우를 포함한다) 또는 제44조제4항 본문을 위반하여 변경사항을 신고하지 아니한 자
⑤ 제1항부터 제4항까지의 규정에 따른 과태료는 대통령령으로 정하는 바에 따라 농림축산식품부장관 또는 해양수산부장관이 부과·징수한다.
(2020.2.11 본조개정)

부　칙

제1조【시행일】 이 법은 공포 후 1년이 경과한 날부터 시행한다. 다만, 제25조의 개정규정은 2014년 1월 1일부터 시행한다.

제2조【저농약농산물의 유효기간 등에 관한 경과조치】 ① 이 법 시행 당시 종전의 「친환경농업육성법」(법률 제9623호 친환경농업육성법 일부개정법률에 따라 개정되기 전의 법률을 말한다. 이하 이 조에서 같다) 제17조에 따라 인증을 받은 저농약농산물에 대하여는 종전의 「친환경농업육성법」 제17조의4에 따라 인증의 유효기간을 연장할 수 있다. 다만, 인증의 유효기간을 계속 연장하더라도 그 유효기간은 2015년 12월 31일까지로 한다.
② 제1항에 따라 인증의 유효기간을 연장한 저농약농산물에 대한 인증의 표시, 승계, 보고, 벌칙 등은 종전 법률의 규정에 따른다.

제3조【인증사업자 및 인증기관 등에 관한 경과조치】 ① 이 법 시행 당시 종전의 규정, 종전의 「식품산업진흥법」(이 법 부칙 제6조제1항에 따라 개정되기 전의 것을 말한다. 이하 같다) 또는 종전의 「농수산물 품질관리법」(이 법 부칙 제6조제2항에 따라 개정되기 전의 것을 말한다. 이하 같다)에 따라 인증 또는 공시등을 받은 사업자는 제20조, 제34조 또는 제37조에 따라 인증 또는 공시등을 받은 사업자로 본다. 이 경우 인증 또는 공시등의 유효기간은 이 법의 개정규정에도 불구하고 종전의 규정, 종전의 「식품산업진흥법」 또는 종전의 「농수산물 품질관리법」에 따라 부여된 유효기간으로 한다.
② 이 법 시행 당시 종전의 규정 또는 종전의 「식품산업진흥법」에 따라 지정받은 인증기관 또는 공시등기관은 제26조제1항, 제35조제1항 또는 제44조제1항에 따라 지정받은 인증기관 또는 공시등기관으로 본다. 다만, 해당 인증기관 또는 공시등기관의 인증업무 또는 공시등업무의 범위는 당초 지정받은 범위로 한정하되, 그 유효기간은 이 법의 개정규정에도 불구하고 종전의 규정 또는 종전의 「식품산업진흥법」에 따라 부여된 유효기간으로 한다.
③ 이 법 시행 당시 종전의 규정에 따라 유기농어업자재 공시등의 유효기간 연장을 신청한 것에 대하여는 종전의 규정에 따른다.
④ 종전의 제17조 또는 종전의 「식품산업진흥법」 제23조 또는 종전의 「농수산물 품질관리법」 제21조에 따른 친환경농산물, 유기가공식품 또는 친환경수산물의 인증기준은 제19조제2항 및 제34조제2항에 따른 인증기준 또는 제37조제4항에 따른 공시등 기준으로 본다.

제4조【처분 등에 관한 일반적 경과조치】 이 법 시행 전에 종전의 규정 또는 종전의 「식품산업진흥법」에 따라 행한 처분·절차나 그 밖의 행정기관의 행위와 행정기관에 대한 행위는 그에 해당하는 이 법에 따른 처분·절차나 행정기관의 행위 또는 행정기관에 대한 행위로 본다.

제5조【행정처분 및 벌칙 등에 관한 경과조치】 이 법 시행 전의 행위에 대하여 행정처분 또는 벌칙이나 과태료를 적용할 때에는 종전의 규정 또는 종전의 「식품산업진흥법」에 따른다.

제6조【다른 법률의 개정】 ①~⑨ ※(해당 법령에 가제정리 하였음)

제7조【다른 법령과의 관계】 이 법 시행 당시 다른 법령에서 종전의 「친환경농업육성법」 또는 그 규정을 인용한 경우에 이 법 가운데 그에 해당하는 규정이 있으면 종전의 규정을 갈음하여 이 법 또는 이 법의 해당 규정을 인용한 것으로 본다.

부　칙 (2016.12.2)

제1조【시행일】 이 법은 공포 후 6개월이 경과한 날부터 시행한다.

제2조【인증기관 임직원의 결격사유에 관한 적용례】 제26조의3의 개정규정은 이 법 시행 후에 한 위반행위로 인하여 지정이 취소된 인증기관의 대표 또는 벌금 이상의 형을 선고받은 사람부터 적용한다.

제3조【유기식품등의 인증 신청 제한에 관한 경과조치】 이 법 시행 전의 위반행위로 인한 인증의 취소처분은 제20조제2항제1호의 개정규정에 따른 횟수의 산정에 포함하지 아니한다.

제4조【유기식품등 및 무농약농수산물등의 인증에 관한 경과조치】 이 법 시행 전에 종전의 제20조제3항(제34조제4항에서 준용하는 경우를 포함한다. 이하 같다)에 따라 농림축산식품부장관으로부터 인증을 받은 유기식품등 및 무농약농수산물등은 제20조제3항의 개정규정에 따라 인증기관으로부터 인증을 받은 유기식품등 및 무농약농수산물등으로 본다.

제5조【인증심사원의 자격 제한에 관한 경과조치】 이 법 시행 전의 위반행위로 인하여 자격이 취소된 자에 대해서는 제26조의2제4항의 개정규정에도 불구하고 종전의 규정에 따른다.

제6조【인증기관의 지정취소에 관한 경과조치】 이 법 시행 전의 위반행위로 인하여 인증기관의 지정이 취소된 자에 대해서는 제29조제3항의 개정규정에도 불구하고 종전의 규정에 따른다.

제7조【품질인증 제도 폐지에 관한 경과조치】 ① 이 법 시행 당시 종전의 제37조제2항에 따라 품질인증을 받은 유기농어업자재에 대해서는 종전의 품질인증 관련 규정에 따른다. 다만, 품질인증의 유효기간을 연장하는 경우에도 그 기한은 2019년 12월 31일까지로 한다.
② 제1항에 따른 품질인증 관련 업무는 제44조제1항의 개정규정에 따라 지정받은 공시기관(부칙 제9조에 따라 공시기관으로 보는 공시등기관을 포함한다)에서 수행한다.

제8조【유기농어업자재 시험연구기관 지정의 유효기간에 관한 경과조치】 이 법 시행 전에 제41조제1항에 따라 유기농어업자재 시험연구기관으로 지정된 자에 대해서는 같은 조 제3항의 개정규정에도 불구하고 그 지정의 유효기간을 지정을 받은 날부터 이 법 시행 후 4년이 되는 날까지로 한다.

제9조【공시등기관에 대한 경과조치】 이 법 시행 전에 종전의 제44조제1항에 따라 지정받은 공시등기관은 제44조제1항의 개정규정에 따라 지정받은 공시기관으로 본다.

부　칙 (2019.8.27)

제1조【시행일】 이 법은 공포 후 1년이 경과한 날부터 시행한다.

제2조【국회 보고에 관한 적용례】 제11조제3항의 개정규정은 이 법 시행 후 농어업 자원·환경 및 친환경농어업 등에 관한 실태조사·평가를 실시하는 경우부터 적용한다.

제3조【유기식품등의 인증 제한에 관한 적용례】 제20조제2항제1호의2의 개정규정은 이 법 시행 이후 해당 위반행위를 하여 인증이 취소된 자부터 적용한다.

제4조【유기식품등의 인증·갱신 신청 횟수 제한에 관한 적용례】 ① 제20조제4항의 개정규정은 이 법 시행 이후 인증 또는 갱신을 신청하는 경우부터 적용한다.
② 이 법 시행 전에 한 인증 또는 갱신 신청은 제20조제4항의 개정규정에 따른 횟수 산정에 포함하지 아니한다.

제5조【과징금에 관한 적용례】 ① 제24조의2의 개정규정(제34조제4항의 개정규정에 따라 준용하는 경우를 포함한다)은 이 법 시행 이후 제24조의2제1항 각 호의 개정규정에 따른 위반행위를 하여 적발된 경우부터 적용한다.
② 이 법 시행 전에 제24조의2제1항 각 호의 개정규정에 따른 위반행위를 하여 적발된 경우는 제24조의2제1항 각 호 외의 부분의 개정규정에 따른 횟수 산정에 포함하지 아니한다.

제6조【인증기관 임직원의 결격사유에 관한 적용례】 제26조의3제1호의 개정규정은 이 법 시행 이후 자격이 취소된 사람부터 적용한다.

제7조【인증기관의 평가결과에 따른 지정취소에 관한 적용례】 ① 제29조제1항제12호의 개정규정은 이 법 시행 이후 실시하는 인증기관 평가에서 최하위 등급 결정을 받은 경우부터 적용한다.
② 이 법 시행 전에 받은 최하위 등급 결정은 제29조제1항제12호의 개정규정에 따른 횟수 산정에 포함하지 아니한다.

제8조【인증사업자 또는 인증기관의 승계신고 등에 관한 적용례】 ① 제33조제3항 및 제4항의 개정규정은 이 법 시행 이후 인증사업자 또는 인증기관의 승계신고를 하는 경우부터 적용한다.
② 제51조제3항 및 제4항의 개정규정은 이 법 시행 이후 공시사업자 또는 공시기관의 승계신고를 하는 경우부터 적용한다.

제9조【유기식품등의 인증 제한에 관한 경과조치】 ① 이 법 시행 전의 위반행위로 인증취소 처분을 받은 경우에는 제20조제2항제1호 단서의 개정규정에도 불구하고 종전의 규정에 따른다.
② 이 법 시행 전의 위반행위로 받은 인증취소 처분은 제20조제2항제1호 단서의 개정규정에 따른 인증취소 처분의 횟수 산정에 포함한다.

제10조【인증심사원, 인증기관, 시험연구기관 및 공시기관의 행정처분에 관한 경과조치】 이 법 시행 전의 위반행위에 대한 제26조의2제3항, 제29조제1항, 제41조제5항 및 제47조제1항의 개정규정에 따른 인증심사원, 인증기관, 시험연구기관 및 공시기관의 행정처분에 관하여는 종전의 규정에 따른다.

제11조【다른 법률의 개정】 ①~③ ※(해당 법령에 가제정리 하였음)

부　칙 (2020.2.11)

이 법은 공포 후 3개월이 경과한 날부터 시행한다. 다만, 제55조제1항의 개정규정 중 무농약원료가공식품 관련 부분 및 제62조의 개정규정은 2020년 8월 28일부터 시행한다.

부　칙 (2021.4.13)

이 법은 공포 후 6개월이 경과한 날부터 시행한다.

부　칙 (2021.8.17)

제1조【시행일】 이 법은 2023년 1월 1일부터 시행한다.
(이하 생략)

스마트농업 육성 및 지원에 관한 법률(약칭 : 스마트농업법)

(2023년 7월 25일 법률 제19570호)

제1장 총 칙

제1조【목적】 이 법은 농업과 첨단 정보통신기술 등의 융합을 통하여 농업의 자동화·정밀화·무인화 등을 촉진함으로써 농업인의 소득증대와 농업·농촌의 성장·발전에 이바지함을 목적으로 한다.

제2조【정의】 이 법에서 사용하는 용어의 뜻은 다음과 같다.

1. "스마트농업"이란 농업(「농업·농촌 및 식품산업 기본법」에 따른 농업을 말한다. 이하 같다)의 생산성·품질 향상과 경영비·노동비 절감 등을 위하여 농업 분야에 정보통신기술 등 첨단기술을 접목한 농업을 말한다.
2. "스마트농업데이터"란 스마트농업을 경영하는 과정에서 생산되거나 활용되는 생육환경 및 생육상태 등에 관한 정보로서 수치·문자·영상 등의 형태로 표시된 것을 말한다.

제3조【국가 및 지방자치단체의 책무】 국가 및 지방자치단체는 스마트농업 및 연관 산업의 육성과 지속적인 발전을 위하여 필요한 정책을 수립·시행하여야 한다.

제2장 스마트농업 육성 및 지원 체계

제4조【스마트농업 육성을 위한 기본계획의 수립 등】 ① 농림축산식품부장관은 스마트농업과 연관 산업을 전략적·체계적으로 육성하기 위하여 5년마다 스마트농업 육성을 위한 기본계획(이하 "기본계획"이라 한다)을 수립하여야 한다.

② 기본계획에는 다음 각 호의 사항이 포함되어야 한다.

1. 스마트농업의 육성 목표 및 기본방향
2. 스마트농업의 기반 조성에 관한 사항
3. 스마트농업을 위한 인력 양성 및 교육·홍보에 관한 사항
4. 스마트농업 관련 기술의 연구·개발·보급에 관한 사항
5. 스마트농업 관련 기자재 및 서비스 산업의 육성·지원에 관한 사항
6. 스마트농업 관련 표준화 지원에 관한 사항
7. 스마트농업데이터의 수집·분석·활용에 관한 사항
8. 스마트농업 육성 및 지원을 위한 중·장기 투자계획
9. 그 밖에 스마트농업의 육성을 위하여 농림축산식품부장관이 필요하다고 인정하는 사항

③ 농림축산식품부장관은 기본계획에 따라 매년 스마트농업 육성을 위한 시행계획(이하 "시행계획"이라 한다)을 수립·시행하여야 한다.

④ 농림축산식품부장관은 기본계획 및 시행계획을 수립하거나 변경할 때에는 미리 관계 중앙행정기관의 장 및 특별시장·광역시장·특별자치시장·도지사·특별자치도지사(이하 "시·도지사"라 한다)와 협의하여야 한다.

⑤ 농림축산식품부장관은 기본계획 및 시행계획을 수립하거나 변경하였을 때에는 이를 관계 중앙행정기관의 장 및 시·도지사에게 통보하고, 농림축산식품부령으로 정하는 바에 따라 공표하여야 한다.

⑥ 제1항부터 제5항까지에서 규정한 사항 외에 기본계획 및 시행계획의 수립·시행에 필요한 사항은 대통령령으로 정한다.

제5조【시·도 스마트농업 육성을 위한 계획의 수립 등】 ① 시·도지사는 기본계획 및 시행계획에 따라 매년 특별시·광역시·특별자치시·도 및 특별자치도(이하 "시·도"라 한다)의 스마트농업 육성을 위한 계획(이하 "시·도계획"이라 한다)을 수립·시행하여야 한다.

② 시·도계획에는 다음 각 호의 사항이 포함되어야 한다.

1. 지역의 스마트농업 육성 목표 및 전략
2. 지역의 스마트농업 현황과 전망
3. 지역의 스마트농업 기반 조성에 관한 사항
4. 지역의 스마트농업 보급 및 확산에 관한 사항
5. 지역의 스마트농업 육성을 위한 재원 배분 및 투자에 관한 사항
6. 그 밖에 지역의 스마트농업 육성을 위하여 시·도지사가 필요하다고 인정하는 사항

③ 시·도지사는 시·도계획을 수립하거나 변경할 때에는 미리 농림축산식품부장관과 협의하여야 하며, 특별시장, 광역시장 및 도지사는 시·도계획을 수립하거나 변경할 때에는 미리 관할 시장·군수·구청장(자치구의 구청장을 말한다. 이하 같다)과 협의하여야 한다.

④ 시·도지사는 시·도계획을 수립하거나 변경하였을 때에는 이를 농림축산식품부장관 및 시장·군수·구청장에게 통보하고, 해당 지방자치단체의 조례로 정하는 바에 따라 공표하여야 한다.

⑤ 농림축산식품부장관은 시·도계획에 대하여 기본계획·시행계획과의 연계성 및 추진실적 등을 평가하여 필요한 지원을 할 수 있다.

⑥ 제1항부터 제5항까지에서 규정한 사항 외에 시·도계획의 수립·시행에 필요한 사항은 대통령령으로 정한다.

제6조【스마트농업 지원센터의 지정 등】 ① 농림축산식품부장관은 「공공기관의 운영에 관한 법률」 제4조에 따른 공공기관(이하 "공공기관"이라 한다) 중 스마트농업 분야에 전문성을 갖춘 공공기관을 스마트농업 지원센터로 지정하여 스마트농업의 육성 및 지원에 필요한 업무를 수행하게 할 수 있다.

② 농림축산식품부장관은 제1항에 따라 지정된 스마트농업 지원센터의 운영에 필요한 지원을 할 수 있다.

③ 제1항에 따른 스마트농업의 육성 및 지원에 필요한 업무의 범위, 그 밖에 스마트농업 지원센터의 지정 및 운영 등에 필요한 사항은 대통령령으로 정한다.

제7조【실태조사】 ① 농림축산식품부장관은 스마트농업에 관한 정책을 효율적으로 수립·추진하기 위하여 매년 스마트농업에 관한 실태조사를 실시하고 그 결과를 공표하여야 한다.

② 제1항에 따른 실태조사의 내용 및 방법 등에 관하여 필요한 사항은 대통령령으로 정한다.

제3장 스마트농업을 위한 기반 조성

제8조【스마트농업 전문인력 교육기관의 지정 등】 ① 농림축산식품부장관은 스마트농업 관련 전문인력 양성에 필요한 인력과 시설 등 농림축산식품부령으로 정하는 요건을 갖춘 자를 스마트농업 전문인력 교육기관으로 지정하여 전문인력 양성에 필요한 교육을 하게 할 수 있다.

② 제1항에 따라 스마트농업 전문인력 교육기관으로 지정받으려는 자는 농림축산식품부령으로 정하는 바에 따라 농림축산식품부장관에게 신청하여야 한다.

③ 농림축산식품부장관은 제1항에 따라 지정한 스마트농업 전문인력 교육기관의 운영에 필요한 지원을 할 수 있다.

④ 농림축산식품부장관은 제1항에 따라 지정한 스마트농업 전문인력 교육기관이 전문인력 양성 교육을 수행할 능력이 없다고 인정되거나 제1항의 지정요건에 맞지 아니하게 된 경우에는 2개월 이내의 기간을 정하여 시정을 명할 수 있다.

⑤ 농림축산식품부장관은 스마트농업 전문인력 교육기관이 다음 각 호의 어느 하나에 해당하는 경우에는 그 지정을 취소할 수 있다. 다만, 제1호에 해당하는 경우에는 그 지정을 취소하여야 한다.

1. 거짓이나 그 밖의 부정한 방법으로 지정을 받은 경우
2. 제4항에 따른 시정명령을 받고 시정을 하지 아니한 경우
3. 정당한 사유 없이 1년 이상 계속하여 업무를 수행하지 아니한 경우

⑥ 스마트농업 전문인력 교육기관의 지정 절차 및 방법 등에 관하여 필요한 사항은 농림축산식품부령으로 정한다.

제9조【스마트농업관리사】 ① 스마트농업관리사가 되려는 사람은 다음 각 호의 어느 하나에 해당하는 자격을 갖추어야 한다.

1. 농림축산식품부장관이 실시하는 스마트농업관리사 자격시험에 합격할 것
2. 다음 각 목의 요건을 모두 갖출 것
   가. 대통령령으로 정하는 스마트농업 관련 국가기술자격을 취득할 것
   나. 농림축산식품부령으로 정하는 스마트농업 관련 교육과정을 이수할 것

② 농림축산식품부장관은 제1항에 따른 스마트농업관리사의 자격을 갖춘 사람에게 자격증을 발급하여야 한다.

③ 스마트농업관리사는 스마트농업에 관한 교육, 지도, 기술보급, 정보제공 및 상담 등의 업무를 수행한다.

④ 스마트농업관리사는 다른 사람에게 그 명의를 사용하게 하거나 다른 사람에게 그 자격증을 대여하여서는 아니 된다.

⑤ 누구든지 스마트농업관리사의 자격을 취득하지 아니하고 그 명의를 사용하거나 자격증을 대여받아서는 아니 되며, 명의의 사용이나 자격증의 대여를 알선하여서도 아니 된다.

⑥ 제1항에 따른 스마트농업관리사 자격시험의 시험과목 및 시험방법, 제2항에 따른 자격증 발급 등에 필요한 사항은 농림축산식품부령으로 정한다.

제10조【스마트농업관리사의 자격 취소 및 정지】 ① 농림축산식품부장관은 스마트농업관리사가 다음 각 호의 어느 하나에 해당하는 경우에는 그 자격을 취소하거나 3년 이내의 기간을 정하여 그 자격을 정지시킬 수 있다. 다만, 제1호 또는 제2호에 해당하는 경우에는 그 자격을 취소하여야 한다.

1. 거짓이나 그 밖의 부정한 방법으로 스마트농업관리사의 자격을 취득한 경우
2. 자격정지 기간에 업무를 수행한 경우
3. 제9조제4항을 위반하여 다른 사람에게 스마트농업관리사의 명의를 사용하게 하거나 스마트농업관리사 자격증을 대여한 경우
4. 제9조제5항을 위반하여 스마트농업관리사 명의의 사용이나 자격증의 대여를 알선한 경우

② 제1항에 따라 스마트농업관리사의 자격이 취소된 사람은 취소된 날부터 3년이 지나지 아니하면 다시 스마트농업관리사의 자격을 취득할 수 없다.

③ 제1항에 따른 행정처분의 세부 기준은 농림축산식품부령으로 정한다.

제11조【스마트농업 관련 기술개발 등】 ① 농림축산식품부장관은 스마트농업 관련 기술 및 기자재의 개발을 촉진하기 위한 시책을 마련하여야 한다.

② 농림축산식품부장관, 시·도지사 또는 시장·군수·구청장은 스마트농업 관련 기술 및 기자재의 상용화를 촉진하기 위하여 해당 기술 및 기자재를 보유한 자의 기술 실증 및 기자재 검정을 지원할 수 있다.

③ 농림축산식품부장관, 시·도지사 또는 시장·군수·구청장은 스마트농업 관련 기자재 등을 제조하거나 판매하는 자가 해당 기자재 등의 사용방법에 관한 교육 등 사후관리를 원활하게 할 수 있도록 필요한 지원을 할 수 있다.

제12조【표준화 사업의 추진】 ① 정부는 스마트농업의 보급을 촉진하기 위하여 스마트농업 관련 기자재 및 스마트농업데이터 등에 관한 표준화 사업을 추진할 수 있다.

② 제1항에 따른 표준화 사업의 구체적 내용은 대통령령으로 정한다.

제13조【스마트농업데이터 플랫폼의 구축 및 운영】 ① 농림축산식품부장관은 스마트농업데이터를 효율적으로 수집·활용하기 위하여 스마트농업데이터 플랫폼(이하 "데이터플랫폼"이라 한다)을 구축·운영할 수 있다.

② 농림축산식품부장관은 데이터플랫폼을 중앙행정기관, 지방자치단체, 공공기관 또는 관련 기관·법인·단체에서 운영하는 스마트농업 관련 정보시스템과 연계하여 운영할 수 있다.

③ 제1항 및 제2항에서 규정한 사항 외에 데이터플랫폼의 구축 및 운영에 필요한 사항은 대통령령으로 정한다.

제14조【스마트농업 지원 거점단지의 지정 등】 ① 농림축산식품부장관은 스마트농업에 특화된 농업인을 육성하고, 스마트농업 관련 기술 실증 및 스마트농업데이터의 활용 등을 종합적으로 지원하기 위하여 시·도지사의 신청에 따라 스마트농업 지원 거점단지(이하 "거점단지"라 한다)를 지정할 수 있다.

② 농림축산식품부장관이 제1항에 따라 거점단지를 지정할 때에는 미리 관계 중앙행정기관의 장과 협의하여야 한다.

③ 제1항에 따라 거점단지로 지정되려면 다음 각 호의 요건을 모두 갖추어야 한다.

1. 스마트농업 관련 전문인력 양성을 위한 교육 실습용 온실, 축사 또는 노지(露地) 재배단지를 갖출 것
2. 「농어업경영체 육성 및 지원에 관한 법률」에 따른 농업경영체가 스마트농업을 시험적으로 경영하기 위한 임대용 온실, 축사 또는 노지 재배단지를 갖출 것
3. 스마트농업 관련 기술 실증을 위한 온실, 축사 또는 노지 재배단지를 갖출 것
4. 스마트농업데이터의 수집·활용을 위한 전산 장비·시설을 갖출 것

④ 시·도지사가 제1항에 따라 거점단지의 지정을 신청할 때에는 다음 각 호의 사항이 포함된 거점단지 육성계획을 농림축산식품부장관에게 제출하여야 한다.

1. 거점단지의 위치 및 면적
2. 거점단지의 목표와 중장기 발전방향
3. 거점단지의 기반시설 구축 현황 및 계획
4. 거점단지에서 수행할 사업에 대한 계획, 연차별 투자계획 및 재원 확보방안
5. 그 밖에 거점단지의 육성을 위하여 농림축산식품부장관이 필요하다고 인정하는 사항

⑤ 특별시장, 광역시장 및 도지사가 제4항에 따른 거점단지 육성계획을 수립할 때에는 미리 해당 거점단지를 관할하는 시장·군수·구청장과 협의하여야 한다.

⑥ 농림축산식품부장관은 제1항에 따라 거점단지를 지정할 때에는 제4항에 따른 거점단지 육성계획의 타당성 및 이행 가능성 등을 종합적으로 고려하여야 한다.

⑦ 농림축산식품부장관은 제1항에 따라 거점단지를 지정하였을 때에는 거점단지의 명칭·위치·면적 등을 관보에 고시하고, 해당 시·도지사에게 통보하여야 한다.

⑧ 농림축산식품부장관은 제1항에 따라 지정된 거점단지의 육성을 위하여 필요한 지원을 할 수 있다.

⑨ 농림축산식품부장관은 다음 각 호의 어느 하나에 해당하는 경우에는 거점단지의 지정을 해제할 수 있다. 다만, 제1호에 해당하는 경우에는 그 지정을 해제하여야 한다.

1. 거짓이나 그 밖의 부정한 방법으로 지정을 받은 경우
2. 제3항에 따른 지정요건에 맞지 아니하게 된 경우
3. 그 밖에 거점단지의 지정을 유지할 수 없는 경우로서 대통령령으로 정하는 사유가 있는 경우

⑩ 거점단지의 지정 절차 및 방법 등에 관하여 필요한 사항은 대통령령으로 정한다.

제4장 스마트농업의 보급 및 확산

제15조【스마트농업 육성지구의 지정 등】 ① 농림축산식품부장관은 스마트농업 및 관련 산업을 집적화하고, 지

역 단위로 확산시키기 위하여 시·도지사의 신청에 따라 스마트농업 육성지구(이하 "육성지구"라 한다)를 지정할 수 있다.
② 농림축산식품부장관이 제1항에 따라 육성지구를 지정할 때에는 미리 관계 중앙행정기관의 장과 협의하여야 한다.
③ 시·도지사가 제1항에 따라 육성지구의 지정을 신청할 때에는 다음 각 호의 사항이 포함된 육성지구 조성계획을 농림축산식품부장관에게 제출하여야 한다.
1. 육성지구의 조성 목적
2. 육성지구의 위치 및 면적 등 입지에 관한 사항
3. 육성지구의 기반조성에 관한 사항
4. 육성지구의 구체적 조성 방안 및 재원 확보방안
5. 육성지구의 활성화 방안
6. 그 밖에 육성지구의 조성을 위하여 농림축산식품부장관이 필요하다고 인정하는 사항
④ 특별시장, 광역시장 및 도지사가 제3항에 따른 육성지구 조성계획을 수립할 때에는 미리 해당 육성지구를 관할하는 시장·군수·구청장과 협의하여야 한다.
⑤ 농림축산식품부장관은 제1항에 따라 육성지구를 지정할 때에는 제3항에 따른 육성지구 조성계획의 타당성 및 이행 가능성 등을 종합적으로 고려하여야 한다.
⑥ 농림축산식품부장관은 제1항에 따라 육성지구를 지정하였을 때에는 육성지구의 명칭·위치·면적 등을 관보에 고시하고, 해당 시·도지사에게 통보하여야 한다.
⑦ 농림축산식품부장관은 제1항에 따라 지정된 육성지구의 조성을 위하여 필요한 지원을 할 수 있다.
⑧ 농림축산식품부장관은 다음 각 호의 어느 하나에 해당하는 경우에는 육성지구의 지정을 해제할 수 있다. 다만, 제1호에 해당하는 경우에는 그 지정을 해제하여야 한다.
1. 거짓이나 그 밖의 부정한 방법으로 지정을 받은 경우
2. 육성지구의 지정일부터 1년이 되는 날까지 제17조제1항에 따른 지구조성사업 실시계획의 승인 신청이 없는 경우
3. 그 밖에 육성지구의 지정을 유지할 수 없는 경우로서 대통령령으로 정하는 사유가 있는 경우
⑨ 육성지구의 지정 절차 및 방법 등에 관하여 필요한 사항은 대통령령으로 정한다.

제16조【지구조성사업 시행자】 ① 육성지구를 조성하는 사업(이하 "지구조성사업"이라 한다)은 육성지구를 관할하는 특별자치시장, 특별자치도지사 또는 시장·군수·구청장이 시행한다. 다만, 특별자치시장, 특별자치도지사 또는 시장·군수·구청장은 지구조성사업을 효율적으로 추진하기 위하여 필요한 경우에는 다음 각 호의 어느 하나에 해당하는 자를 지구조성사업 시행자로 지정하여 지구조성사업의 전부 또는 일부를 시행하게 할 수 있다.
1. 「농업·농촌 및 식품산업 기본법」 제11조의2에 따른 농림수산식품교육문화정보원
2. 「농촌진흥법」 제33조에 따른 한국농업기술진흥원
3. 「한국농수산식품유통공사법」에 따른 한국농수산식품유통공사
4. 「한국농어촌공사 및 농지관리기금법」에 따른 한국농어촌공사
5. 「지방자치단체 출자·출연 기관의 운영에 관한 법률」에 따른 출자·출연 기관 중 대통령령으로 정하는 기관
② 특별자치시장, 특별자치도지사 및 시장·군수·구청장은 다음 각 호의 어느 하나에 해당하는 경우에는 제1항에 따라 지구조성사업 시행자로 지정받은 자의 지정을 취소할 수 있다. 다만, 제1호에 해당하는 경우에는 그 지정을 취소하여야 한다.
1. 거짓이나 그 밖의 부정한 방법으로 지정을 받은 경우
2. 제17조제1항에 따라 지구조성사업 실시계획의 승인을 받은 날부터 3개월이 되는 날까지 지구조성사업에 착수하지 아니한 경우
3. 지구조성사업 시행자의 부도·파산, 그 밖에 이와 유사한 사유로 지구조성사업을 수행하기 어렵다고 인정되는 경우
③ 제1항에 따른 지구조성사업 시행자의 지정에 필요한 사항은 대통령령으로 정한다.

제17조【지구조성사업 실시계획의 수립 등】 ① 특별자치시장, 특별자치도지사 및 시장·군수·구청장이나 제16조제1항에 따라 지구조성사업 시행자로 지정받은 자(이하 "사업시행자"라 한다)는 지구조성사업 실시계획(이하 "실시계획"이라 한다)을 수립하여 농림축산식품부장관의 승인을 받아야 한다. 승인받은 내용 중 대통령령으로 정하는 중요 사항을 변경하는 경우에도 또한 같다.
② 실시계획에는 다음 각 호의 사항이 포함되어야 한다.
1. 사업의 목적
2. 사업의 명칭·위치 및 면적
3. 사업시행자의 명칭
4. 주요 사업내용
5. 재원 조달계획 및 연차별 투자계획
6. 사업 시행기간
7. 그 밖에 육성지구 조성계획에 따라 실시계획에 포함될 필요가 있다고 농림축산식품부장관이 인정하는 사항
③ 농림축산식품부장관은 제1항에 따라 실시계획을 승인하거나 변경승인하였을 때에는 그 내용을 관보에 고시하고, 사업시행자 및 관할 시·도지사에게 통보하여야 한다.
④ 실시계획의 승인 절차·방법 등에 관하여 필요한 사항은 대통령령으로 정한다.

제18조【인·허가등의 의제】 ① 사업시행자가 제17조제1항에 따라 실시계획의 승인 또는 변경승인을 받은 경우 다음 각 호의 허가·인가·지정·승인·협의 및 신고 등(이하 "인·허가등"이라 한다)에 관하여 농림축산식품부장관이 인·허가등의 관계 행정기관의 장과 미리 협의한 사항에 대해서는 해당 인·허가등을 받거나 한 것으로 보며, 같은 조 제3항에 따라 실시계획의 승인 또는 변경승인이 고시되었을 때에는 다음 각 호의 법률에 따른 인·허가등의 고시 또는 공고가 된 것으로 본다.
1. 「건축법」 제11조에 따른 건축허가, 같은 법 제14조에 따른 건축신고 및 같은 법 제20조에 따른 가설건축물의 허가·신고
2. 「국유재산법」 제30조에 따른 국유재산의 사용허가
3. 「국토의 계획 및 이용에 관한 법률」 제30조에 따른 도시·군관리계획의 결정(용도지역, 용도지구 및 용도구역의 결정 및 변경은 제외한다), 같은 법 제43조에 따른 도시·군계획시설의 설치에 관한 도시·군관리계획의 결정, 같은 법 제56조에 따른 개발행위의 허가, 같은 법 제86조에 따른 도시·군계획시설사업 시행자의 지정 및 같은 법 제88조에 따른 도시·군계획시설사업에 관한 실시계획의 인가
4. 「농지법」 제34조에 따른 농지전용의 허가·협의, 같은 법 제35조에 따른 농지전용신고 및 같은 법 제36조에 따른 농지의 타용도 일시사용의 허가·협의
5. 「도로법」 제36조에 따른 도로관리청이 아닌 자에 대한 도로공사 시행의 허가, 같은 법 제40조에 따른 접도구역의 지정, 같은 법 제61조에 따른 도로의 점용 허가 및 같은 법 제107조에 따른 도로관리청과의 협의·승인
6. 「사도법」 제4조에 따른 사도의 개설허가
7. 「사방사업법」 제14조에 따른 벌채 등의 허가 및 같은 법 제20조에 따른 사방지의 지정해제
8. 「산림보호법」 제11조제1항제1호에 따른 산림보호구역의 지정해제
9. 「산림자원의 조성 및 관리에 관한 법률」 제36조제1항·제5항에 따른 입목벌채등의 허가·신고
10. 「산지관리법」 제14조에 따른 산지전용허가, 같은 법 제15조에 따른 산지전용신고, 같은 법 제15조의2에 따른 산지일시사용허가·산지일시사용신고 및 같은 법 제25조에 따른 토석채취허가·토석채취신고·토사채취신고
11. 「소하천정비법」 제10조에 따른 소하천등 정비 허가 및 같은 법 제14조에 따른 소하천등의 점용·사용 허가
12. 「자연공원법」 제23조에 따른 공원구역에서의 행위허가
13. 「장사 등에 관한 법률」 제27조에 따른 분묘의 개장허가
14. 「초지법」 제21조의2에 따른 토지의 형질변경 등의 허가 및 같은 법 제23조에 따른 초지 전용의 허가·신고·협의
15. 「폐기물관리법」 제29조에 따른 폐기물처리시설의 설치 승인 또는 신고
16. 「하수도법」 제6조에 따른 하수도정비기본계획의 승인·협의, 같은 법 제11조에 따른 공공하수도 설치인가, 같은 법 제16조에 따른 공사시행 허가 및 같은 법 제24조에 따른 점용허가
17. 「하천법」 제6조에 따른 하천관리청과의 협의 또는 승인, 같은 법 제30조에 따른 하천공사 시행의 허가, 같은 법 제33조에 따른 하천의 점용허가, 같은 법 제38조에 따른 홍수관리구역에서의 행위허가 및 같은 법 제85조에 따른 폐천부지등의 양여
② 제1항에 따라 다른 법률에 따른 인·허가등을 받거나 한 것으로 보는 경우에는 그 법률에 따라 부과되는 수수료를 면제한다.
③ 제1항 및 제2항에서 규정한 사항 외에 인·허가등 의제의 기준 및 효과 등에 관하여는 「행정기본법」 제24조부터 제26조까지를 준용한다.

제19조【스마트농업 관련 서비스 산업 육성】 농림축산식품부장관은 스마트농업데이터 등을 활용하여 농작물이나 가축의 생육 및 질병 관리 등을 지원하는 스마트농업 관련 서비스 산업을 육성하는 시책을 마련하여야 한다.

제20조【국제협력 추진 및 수출 지원】 ① 농림축산식품부장관, 시·도지사 또는 시장·군수·구청장은 국제기구 또는 외국의 정부·대학·연구소 등과 스마트농업에 관한 정보·인력 교류, 기술협력, 공동 조사·연구 등의 국제협력을 추진할 수 있다.
② 농림축산식품부장관, 시·도지사 또는 시장·군수·구청장은 스마트농업 관련 기자재·설비 등의 수출을 촉진하기 위하여 필요한 지원을 할 수 있다.

제5장 보 칙

제21조【자료제출의 요청】 ① 농림축산식품부장관은 제4조제1항·제3항에 따른 기본계획·시행계획의 수립, 제7조제1항에 따른 실태조사 및 제13조제1항에 따른 데이터플랫폼의 구축을 위하여 필요한 경우에는 관계 중앙행정기관의 장, 시·도지사, 시장·군수·구청장, 공공기관의 장 및 관련 기관·법인·단체의 장에게 필요한 자료의 제출을 요청할 수 있다. 이 경우 요청을 받은 자는 정당한 사유가 없으면 이에 따라야 한다.
② 시·도지사는 제5조제1항에 따른 시·도계획의 수립을 위하여 필요한 경우에는 관계 중앙행정기관의 장, 시장·군수·구청장, 공공기관의 장 및 관련 기관·법인·단체의 장에게 필요한 자료의 제출을 요청할 수 있다. 이 경우 요청을 받은 자는 정당한 사유가 없으면 이에 따라야 한다.

제22조【「공유재산 및 물품 관리법」에 관한 특례】 ① 시·도지사 또는 시장·군수·구청장은 제14조제4항에 따른 거점단지 육성계획 또는 제15조제3항에 따른 육성지구 조성계획의 목적 달성을 위하여 필요하다고 인정하는 경우 「공유재산 및 물품 관리법」 제20조제2항, 제27조제2항 및 제29조제1항에도 불구하고 거점단지 및 육성지구의 시설 및 부지에 대하여 수의(隨意)의 방법으로 사용허가를 하거나 수의계약으로 관리위탁 또는 대부할 수 있다.
② 제1항에 따른 사용허가, 관리위탁 또는 대부의 기간은 「공유재산 및 물품 관리법」 제21조, 제27조제8항제2호 및 제31조에도 불구하고 10년 이내로 하며, 시·도지사 또는 시장·군수·구청장이 필요하다고 인정하는 경우에는 매회 10년 이내의 기간에서 갱신할 수 있다.
③ 시·도지사 또는 시장·군수·구청장은 제1항에 따라 사용허가를 하거나 관리위탁 또는 대부하는 경우에는 「공유재산 및 물품 관리법」 제13조에도 불구하고 영구시설물을 축조하게 할 수 있다. 이 경우 그 시설물의 종류 등을 고려하여 그 사용허가, 관리위탁 또는 대부의 기간이 끝날 때에 시·도 또는 시·군·자치구에 기부하거나 원상으로 회복하여 반환하는 조건을 붙일 수 있다.
④ 시·도지사 또는 시장·군수·구청장은 제1항에 따라 사용허가를 하거나 관리위탁 또는 대부하는 경우에는 「공유재산 및 물품 관리법」 제24조 및 제34조에도 불구하고 사용료 또는 대부료를 100분의 50의 범위에서 해당 지방자치단체의 조례로 정하는 바에 따라 감경할 수 있다.

제23조【청문】 농림축산식품부장관 또는 특별자치시장·특별자치도지사·시장·군수·구청장은 다음 각 호의 어느 하나에 해당하는 처분을 하려면 청문을 하여야 한다.
1. 제8조제5항에 따른 스마트농업 전문인력 교육기관의 지정취소
2. 제16조제2항에 따른 사업시행자의 지정취소

제24조【권한 또는 업무의 위임·위탁】 ① 이 법에 따른 농림축산식품부장관의 권한은 대통령령으로 정하는 바에 따라 그 일부를 소속기관의 장 또는 시·도지사에게 위임할 수 있다.
② 이 법에 따른 농림축산식품부장관의 업무는 대통령령으로 정하는 바에 그 일부를 공공기관이나 관련 기관·법인 또는 단체에 위탁할 수 있다.

제6장 벌 칙

제25조【벌칙】 다음 각 호의 어느 하나에 해당하는 사람은 1년 이하의 징역이나 1천만원 이하의 벌금에 처한다.
1. 제9조제4항을 위반하여 다른 사람에게 스마트농업관리사의 명의를 사용하게 하거나 그 자격증을 대여한 사람
2. 제9조제5항을 위반하여 스마트농업관리사의 명의를 사용하거나 그 자격증을 대여받은 사람 또는 명의의 사용이나 자격증의 대여를 알선한 사람
3. 거짓이나 그 밖의 부정한 방법으로 스마트농업관리사의 자격을 취득한 사람

부 칙

제1조【시행일】 이 법은 공포 후 1년이 경과한 날부터 시행한다.

제2조【스마트팜 혁신밸리 선정에 관한 경과조치】 이 법 시행 전에 시·도지사의 신청에 따라 농림축산식품부장관이 선정한 스마트팜 혁신밸리는 제14조제1항에 따라 농림축산식품부장관이 지정한 거점단지로 보아 같은 조 제7항부터 제9항까지를 적용한다.

한국농어촌공사 및 농지관리기금법(약칭 : 농어촌공사법)

(1999년 2월 5일 법 률 제5759호)

개정
1999.12.31법 6075호(국채법)
2002. 1.14법 6598호
2002.12.26법 6819호(농어촌정비)
2002.12.30법 6836호(국고금관리법)
2005. 7.21법 7604호(농지)
2005.12.29법 7775호
2006.12.30법 8135호(공공자금관리기금법)
2007. 4.11법 8351호(농어촌정비)
2007. 4.11법 8352호(농지)
2007. 8. 3법 8635호(자본시장금융투자업)
2007.12.21법 8759호
2008. 2.29법 8852호(정부조직)
2008.12.29법 9276호
2009. 5.27법 9721호(농지)
2009. 6. 9법 9758호(농어촌정비)
2010. 5.17법 10303호(은행법)
2011. 3.31법 10522호(농협)
2011. 4.12법 10580호(부등)
2011. 7.14법 10843호(해외농업개발협력법)
2011. 7.25법 10950호
2013. 3.23법 11690호(정부조직)
2013. 8.13법 12057호 2014. 3.11법 12418호
2014. 6. 3법 12737호(지역개발및지원에관한법)
2015. 1.20법 13032호(해외농업·산림자원개발협력법)
2016.12.27법 14484호 2017. 3.21법 14655호
2017.12.26법 15309호(혁신도시조성및발전에관한특별법)
2018. 3.20법 15515호(새만금사업추진및지원에관한특별법)
2019. 8.27법 16552호 2019.12.10법 16792호
2020. 2.11법 16994호 2021. 8.17법 18403호

제1장 총 칙
(2008.12.29 본장개정)

제1조【목적】 이 법은 한국농어촌공사를 설립하고 농지관리기금을 설치하여 농어촌정비사업과 농지은행사업을 시행하고 농업기반시설을 종합관리하며 농업인의 영농규모적정화를 촉진함으로써 농업생산성의 증대 및 농어촌의 경제·사회적 발전에 이바지함을 목적으로 한다.
제2조【정의】 이 법에서 사용하는 용어의 뜻은 다음과 같다.
1. "농업기반시설"이란 「농어촌정비법」 제2조제6호에 따른 농업생산기반시설을 말한다.
2. "공사관리지역"이란 한국농어촌공사가 관리하는 농업기반시설의 부지와 농업기반시설로부터 농업용수를 공급받는 지역을 말한다.
3. "농지"란 「농지법」 제2조제1호에 따른 농지를 말한다.
4. "농업인"이란 「농지법」 제2조제2호에 따른 농업인을 말한다.
5. "농업법인"이란 「농지법」 제2조제3호에 따른 농업법인을 말한다.
6. "전업농업인(專業農業人)"이란 농업발전에 중추적이고 선도적인 역할을 할 수 있는 농업인으로서 농림축산식품부령으로 정하는 규모 이상의 농지와 농업노동력을 보유한 농업인을 말한다.(2013.3.23 본호개정)
7. "농업기반시설 관리권"이란 농업기반시설을 유지·관리하고, 그 시설을 이용하거나 그 시설로부터 용수를 공급받는 자에게 사용료를 징수하는 권리를 말한다.
8. "장기채"란 「농어촌정비법」에 따른 농업생산기반정비사업 시행자가 농업생산기반정비사업을 위하여 정부 일반회계, 「공공자금관리기금법」에 따른 공공자금관리기금의 융자계정에서 지급된 자금을 금융기관으로부터 융자받아 생긴 채무와 국제금융기구(외국 정부 기금을 포함한다)로부터 차관을 받아 생긴 채무를 말한다.
9. "해외농업개발"이란 국외에서 농·축산물을 「해외농업·산림자원 개발협력법」 제3조에 따른 방법으로 개발(개발을 위한 조사 및 개발에 따른 사업을 포함한다)하는 것을 말한다.(2015.1.20 본호개정)

제2장 한국농어촌공사
(2008.12.29 본장개정)

제1절 설 립

제3조【설립】 제1조의 목적을 달성하기 위하여 한국농어촌공사(이하 "공사"라 한다)를 설립한다.
제4조【법인격】 공사는 법인으로 한다.
제5조【사무소 등】 ① 공사의 주된 사무소의 소재지는 정관으로 정한다.
② 공사는 업무의 수행을 위하여 필요하면 이사회의 의결을 거쳐 필요한 곳에 분사무소를 둘 수 있다.
③ 공사는 분사무소에 지역농어업인의 대표로 구성되는 운영대의원회를 두며, 주사무소에 운영대의원회의 대표로 구성되는 자문기구를 둔다. 운영대의원회의 구성과 운영에 관한 사항은 공사의 정관으로 정한다.
제5조의2【농지은행관리원】 ① 공사는 다음 각 호의 업무를 효율적으로 수행하기 위하여 공사에 농지은행관리원(이하 "관리원"이라 한다)을 둔다.
1. 영농규모의 적정화, 농지의 효율적 이용, 농업구조개선 및 농지시장과 농업인의 소득 안정 등을 위한 다음 각 목의 사업(이하 "농지은행사업"이라 한다)
가. 농지의 매매·임대차·교환·분리·합병에 관한 사업
나. 농지의 가격, 거래동향 등에 관한 정보의 제공
다. 경영회생 지원을 위한 농지 매입사업
라. 농지의 임대 등의 수탁사업
마. 농지를 담보로 한 농업인의 노후생활안정 지원사업
2. 「농지법」 제51조제2항에 따라 농림축산식품부장관이 위탁하는 업무
3. 그 밖에 관리원의 목적달성을 위하여 필요하다고 농림축산식품부장관이 인정하는 업무
② 사장은 관리원의 전문성을 높이기 위한 방안을 강구·시행하여야 한다.
③ 관리원의 조직 및 운영 등에 필요한 사항은 공사의 정관으로 정한다.
(2021.8.17 본조신설)
제6조【자본금 및 출자】 ① 공사의 자본금은 5조원으로 하고, 전액을 국가가 출자(出資)한다.
② 국가는 공사의 사업에 필요한 동산 또는 부동산을 공사에 현물로 출자할 수 있다.
③ 국가는 대통령령으로 정하는 바에 따라 국가가 조성한 토지 또는 농업기반시설 관리권을 공사에 출자할 수 있다.
제7조【등기】 ① 공사는 주된 사무소의 소재지에서 설립등기를 함으로써 성립한다.
② 제1항에 따른 설립등기와 분사무소의 설치·이전·변경 등 공사의 등기에 필요한 사항은 대통령령으로 정한다.
③ 공사는 등기가 필요한 사항에 관하여는 등기한 후가 아니면 제3자에게 대항하지 못한다.
제8조 (2008.12.29 삭제)
제9조【대리인의 선임】 사장은 정관으로 정하는 바에 따라 공사의 직원 중에서 공사의 업무에 관한 재판상 또는 재판 외의 모든 행위를 할 수 있는 권한을 가지는 대리인을 선임할 수 있다.

제2절 사 업

제10조【사업】 ① 공사는 다음 각 호의 사업을 한다.
1. 「농어촌정비법」에 따른 농어촌정비사업(농업생산기반정비사업 지구에서의 하천 정비사업을 포함한다)
2. 농업기반시설의 유지·관리 및 이용에 관한 사업
3. 농어촌용수 및 지하수자원의 개발·이용 및 보전(保全)·관리에 관한 사업
4. 농지의 조성 및 이용증진 사업과 농지 등의 재개발 사업
5. 제5조의2제1항제1호에 따른 농지은행사업(2021.8.17 본호개정)
6. 농어촌 도로의 개발 및 정비, 「지역 개발 및 지원에 관한 법률」에 따른 지역개발사업, 「산업입지 및 개발에 관한 법률」에 따른 농공단지의 개발 등 농어촌지역개발사업(2014.6.3 본호개정)
7. 농어촌의 환경보전·복원에 관한 다음 각 목 시설의 설치 및 지원사업
가. 수질오염방지시설
나. 하수도시설
다. 오수·폐수처리시설
다. 가축분뇨처리시설
(2016.12.27 본호개정)
8. 토양오염에 관한 조사·평가 및 오염토양 개선사업
9. 제1호부터 제8호까지의 사업을 위한 시험·연구·기술개발·조사·측량·환지·설계·공사감리, 시설물안전진단 및 인력양성·교육에 관한 사업(2014.3.11 본호개정)
10. 해외농업개발 및 기술용역사업
11. 도시와 농어촌 간의 교류촉진에 관한 다음 각 목의 사업
가. 「도시와 농어촌 간의 교류촉진에 관한 법률」 제13조에 따른 농어촌관광사업에 대한 평가 및 등급결정(2016.12.27 본목개정)
나. 농어촌 정주 지원 및 농어촌지역 투자 활성화
다. 도농교류 교육프로그램의 개발·보급
라. 농어촌체험지도사 및 농어촌마을해설가의 선발·활용
마. 농어업·농어촌과 관련된 홍보사업 및 조사·연구사업
12. 농업기반시설과 그 주변지역의 개발 및 이용에 관한 사업
13. 수산업과 어촌의 지속 가능한 발전을 위한 다음 각 목의 사업
가. 어촌종합개발에 관한 사업
나. 어촌지역산업의 진흥 및 개발에 관한 사업
다. 양식어업기반 조성사업
라. 내수면 수산자원 조성 및 유어기반(遊漁基盤) 정비사업
(2016.12.27 본호신설)
14. 국가·지방자치단체 또는 그 밖의 자로부터 위탁받은 사업
15. 다른 법령에 따라 공사가 시행할 수 있는 사업
16. 그 밖에 공사의 설립목적을 달성하기 위하여 필요한 사업
② 공사는 제1항 각 호(제10호는 제외한다)의 사업을 국외에서 시행할 수 있다.(2020.2.11 본항신설)
③ 공사는 이사회의 의결을 거쳐 제1항 및 제2항에 따른 사업 또는 이와 유사한 사업을 하는 법인에 출자할 수 있다.(2020.2.11 본항개정)
제11조【공사관리지역의 설정·관리】 ① 공사는 공사관리지역을 설정하여 관리하여야 한다.
② 공사는 제1항에 따라 공사관리지역을 설정하려면 농림축산식품부령으로 정하는 바에 따라 공사관리예정지역을 20일 이상 공고하고 이해관계인이 열람할 수 있도록 하여야 한다.(2013.3.23 본항개정)
③ 공사는 제1항에 따라 공사관리지역을 설정하려면 그 공사관리지역을 관할하는 특별시장·광역시장·도지사 또는 특별자치도지사(이하 "시·도지사"라 한다)의 의견을 들어야 한다.
④ 공사는 제1항에 따라 공사관리지역을 설정하였을 때에는 농림축산식품부령으로 정하는 바에 따라 지체 없이 그 사실을 공고하고 이해관계인이 열람할 수 있도록 하여야 한다.(2013.3.23 본항개정)
제12조【공사관리지역의 변경】 ① 공사는 새로운 농업기반시설을 관리·운영하는 등 대통령령으로 정하는 사유가 있는 경우에는 공사관리지역 외의 지역을 공사관리지역으로 편입할 수 있다.
② 제1항에 따른 공사관리지역 편입에 관하여는 제11조제2항부터 제4항까지의 규정을 준용한다.
③ 공사는 공사관리지역에 있는 토지가 대통령령으로 정하는 사유로 농업기반시설로부터 농업용수의 공급을 받을 수 없게 되었을 경우에는 그 토지의 이해관계인의 신청이나 농림축산식품부장관의 승인을 받아 직권으로 공사관리지역에서 제외할 수 있다.(2013.3.23 본항개정)
④ 공사가 제3항에 따라 공사관리지역에서 제외하는 경우에는 농림축산식품부령으로 정하는 바에 따라 공사관리지역에서 제외하는 토지를 공고하여야 한다.
(2013.3.23 본항개정)
제13조【농업용수 이용자】 ① 공사관리지역에서 농업용수를 공급받는 자(이하 "농업용수 이용자"라 한다)는 다음 각 호의 자로 한다.
1. 공사관리지역의 토지를 사용·수익하는 토지소유자
2. 공사관리지역의 토지를 사용·수익하기 위하여 그 토지에 대하여 소유권 외의 물권(등기된 임차권을 포함한다. 이하 같다)을 가진 자
3. 그 밖에 대통령령으로 정하는 자
② 공사는 농림축산식품부령으로 정하는 바에 따라 농업용수 이용자의 명부를 작성·관리하여야 한다.(2013.3.23 본항개정)
제14조【농업용수의 공급의무 및 이용료의 징수】 ① 공사는 농업용수 이용자에게 농업용수를 성실하게 공급하여야 한다.
② 공사는 농업기반시설의 관리·운영을 위하여 필요한 경우에는 대통령령으로 정하는 바에 따라 농업용수 이용자에게 농업용수 이용료(이하 "이용료"라 한다)를 징수할 수 있다.
③ 공사는 이용료의 징수절차, 농업용수 공급조건 및 운영 등에 관한 규정을 정하여 농림축산식품부장관의 승인을 받아야 한다. 승인받은 사항을 변경할 때에도 또한 같다.(2013.3.23 전단개정)
제15조【이용료의 체납처분】 ① 공사는 이용료를 체납한 자가 있으면 대통령령으로 정하는 바에 따라 그 관할 특별자치도지사·시장·군수 또는 자치구의 구청장(이하 "시장·군수"라 한다)에게 징수를 의뢰할 수 있다. 이 경우 공사는 대통령령으로 정하는 수수료를 해당 시장·군수에게 지급하여야 한다.
② 시장·군수는 제1항에 따라 이용료의 징수를 의뢰받으면 지방세 체납처분의 예에 따라 징수할 수 있다.
제16조【이의신청】 ① 제11조 및 제12조에 따른 공사관리지역의 설정·편입 또는 제외에 관하여 이의가 있는 자는 공고한 날부터 20일 이내에 공사에 이의를 신청할 수 있다.
② 이용료에 관하여 이의가 있는 농업용수 이용자는 납부통지를 받은 날부터 20일 이내에 대통령령으로 정하는 바에 따라 공사에 이의를 신청할 수 있다.
③ 공사는 제1항 및 제2항에 따른 이의신청을 받았을 때에는 신청을 받은 날부터 20일 이내에 이의신청의 적합 여부를 결정하여야 한다.
④ 제3항에 따른 공사의 결정에 불복하는 자는 그 결정서를 받은 날부터 14일 이내에 농림축산식품부장관에게 재결(裁決)을 신청할 수 있다.(2013.3.23 본항개정)
⑤ 농림축산식품부장관은 제4항에 따른 재결신청을 받았을 때에는 신청을 받은 날부터 20일 이내에 재결을 하고 그 사실을 공사와 신청인에게 알려주어야 한다.
(2013.3.23 본항개정)
제17조【농업용수 이용자의 자율관리】 ① 공사는 공사관리지역 중에서 농업용수 이용자가 농업기반시설 및 농업용수를 자율적으로 관리·운영하는 것이 효과적이라고 인정되는 지역에 대하여는 그 지역의 농업용수 이용자와 협의하여 관리·운영에 관한 업무를 위탁할 수 있다.

② 공사는 제1항에 따라 농업용수 이용자에게 농업기반시설 및 농업용수의 관리·운영에 관한 업무를 위탁한 경우에는 이용료의 감면 등 필요한 지원을 할 수 있다.
제18조【농지매매사업 등】 ① 공사는 전업농업인의 육성과 농업인이 아닌 자의 농지소유를 억제하기 위하여 농업인이 아니거나 직업전환 또는 은퇴하려는 농업인 등의 농지에 대하여 다음 각 호의 사업을 할 수 있다.
(2020.2.11 본문개정)
1. 해당 농지를 매입하여 전업농업인으로 육성하려는 대상자(이하 "전업농 육성 대상자"라 한다) 및 농업법인에게 우선적으로 매도하는 사업
2. 전업농 육성 대상자 및 농업법인에게 해당 농지의 매입을 우선적으로 알선하는 사업
3. 제1호 및 제2호의 전업농 육성 대상자 및 농업법인이 해당 농지를 매입하는데 필요한 자금의 지원
② 공사는 전업농 육성 대상자 및 농업법인에게 농지구입에 필요한 자금을 우선적으로 지원할 수 있다.
③ 제1항 및 제2항에 따른 전업농 육성 대상자 및 농업법인의 선정기준 및 농지매매·알선사업자금의 지원 등에 필요한 사항은 농림축산식품부령으로 정한다.(2013.3.23 본항개정)
제19조【농지의 장기임대차사업】 ① 공사는 직업을 전환하거나 은퇴하려는 농업인의 농지나 그 밖에 농림축산식품부령으로 정하는 농지를 임차할 수 있다.
(2020.2.11 본항개정)
② 공사가 제1항에 따라 농지를 임차하는 경우에는 임차기간 중의 임차료의 전부 또는 일부를 미리 지급할 수 있다.
③ 공사는 제1항에 따른 임차농지를 전업농업인, 전업농육성 대상자 또는 농업법인에게 임대할 수 있다.
④ 공사는 장기임대차사업의 활성화를 위하여 그 사업에 참여하는 자에게 농림축산식품부장관이 정하는 바에 따라 장려금을 지급할 수 있다.(2013.3.23 본항개정)
⑤ 제1항부터 제3항까지의 규정에 따른 임대차대상자의 선정과 임대차의 요율(料率), 그 밖에 임대차에 필요한 사항은 농림축산식품부령으로 정한다.(2013.3.23 본항개정)
제20조【장기임대차 간척농지 등의 매입·매도사업】
① 공사는 장기간 임대차되고 있는 간척농지 및 개간농지를 매입하여 경작농업인에게 매도하거나 그 농지 구입에 필요한 자금을 경작농업인에게 지원할 수 있다.
② 제1항에 따른 공사의 농지 매입은 당사자 간의 협의에 따르되, 협의가 성립되지 아니하면 시장·군수에게 매매협의 조정을 요청할 수 있다. 이 경우 농지의 소유자는 특별한 사유가 없으면 시장·군수의 매매협의 조정에 따라야 한다.
제21조【직업을 전환한 농업인의 영농복귀 지원】 ① 제19조에 따라 농지를 임대하고 직업을 전환한 농업인이 직업전환 후 2년 이내에 공사로부터 받은 임대료를 반환하고 영농(營農)에 복귀하려는 경우에는 임대차 계약기간과 관계없이 계약 해지를 요청할 수 있다. 공사는 해당 농지가 제3자에게 임대되지 아니한 경우에는 그 요청에 따라야 한다.(2020.2.11 전단개정)
② 공사는 농지를 매도하고 직업을 전환한 농업인이 직업전환 후 2년 이내에 영농에 복귀하려는 경우에는 농지매매사업자금 등을 우선적으로 지원한다.(2020.2.11 본항개정)
③ 제1항 및 제2항에 따른 영농복귀 희망자 지원에 필요한 사항은 농림축산식품부령으로 정한다.(2013.3.23 본항개정)
(2020.2.11 본조제목개정)
제22조【농지의 교환 또는 분리·합병 등】 ① 공사는 영농의 능률화를 촉진하기 위하여 농지의 교환 또는 분리·합병을 시행하거나 알선하고, 필요한 기술과 자금을 지원할 수 있다.
② 제1항에 따른 농지의 교환 또는 분리·합병에 관하여는 「농어촌정비법」 제43조부터 제47조까지의 규정을 준용한다.(2009.6.9 본항개정)
제23조【농지매매사업자금의 융자 등】 ① 농림축산식품부장관은 제18조·제19조·제22조·제24조의2·제24조의3 및 제24조의5에 따른 농지매매사업, 농지의 장기임대차사업, 농지의 교환 또는 분리·합병사업, 농지의 매입사업, 경영회생 지원을 위한 농지매입사업, 농지를 담보로 한 농업인의 노후생활안정 지원사업에 드는 자금을 제31조에 따른 농지관리기금에서 융자할 수 있다.
(2013.3.23 본항개정)
② 농림축산식품부장관은 제18조에 따른 농지매매사업의 자금지원을 위하여 3년마다 농지가격 변동분을 고려하여 자금지원규모를 정하여야 한다.(2013.3.23 본항개정)
③ 공사는 다음 각 호의 사업에 따른 수입과 지출에 대하여는 공사의 일반회계와 구분하여 각 호의 사업별로 회계처리하여야 한다.
1. 제18조에 따른 농지매매사업
2. 제19조에 따른 농지의 장기임대차사업
3. 제22조에 따른 농지의 교환 또는 분리·합병사업
4. 제24조의2에 따른 농지의 매입·매도·임대사업
5. 제24조의3에 따른 경영회생 지원을 위한 농지매입사업
6. 제24조의5에 따른 농지를 담보로 한 농업인의 노후생활안정 지원사업
④ 제1항에 따른 융자를 받아 제18조·제19조·제22조·제24조의2·제24조의3 및 제24조의5에 따른 사업을 시행한 경우 그 결과 발생하는 손익은 제31조에 따른 농지관리기금에 귀속되며, 이익금의 납입과 손실금의 보전(補塡)에 필요한 사항은 대통령령으로 정한다.
제24조【농지 등의 재개발】 ① 공사는 농지의 생산성 향상을 위하여 대통령령으로 정하는 바에 따라 농지를 재개발하거나 지방자치단체 또는 농지소유자의 농지재개발사업에 필요한 기술과 자금을 지원할 수 있다.
② 공사는 취득·소유하는 재산 중 「농어촌정비법」에 따른 한계농지, 간척지, 임야 등 부동산 및 같은 법 제24조에 따라 폐지된 농업기반시설을 다음 각 호의 용도로 개발하여 이용하거나 임대 또는 매도할 수 있다. 이 경우 사업시행으로 생긴 수익금은 농어촌정비사업, 농업기반시설 유지·관리 및 농어촌지역개발사업에 사용하여야 한다.
(2009.6.9 본문개정)
1. 농지·초지(草地) 및 주택 등 농어촌 취락용지
2. 농어촌의 소득증대를 위한 상공업 용지
3. 도시와 농어촌 간의 교류촉진을 위한 농원
4. 농어촌 휴양지
5. 그 밖에 농림축산식품부령으로 정하는 용도(2013.3.23 본호개정)
③ 공사가 제2항에 따른 사업을 하려는 경우에는 대통령령으로 정하는 바에 따라 사업계획을 수립하여 농림축산식품부장관의 승인을 받아야 한다.(2013.3.23 본항개정)
제24조의2【농지의 매입·매도 등】 ① 공사는 농지의 가격 및 거래 등에 관한 정보를 수집하여 적절한 보존과 신속한 검색이 이루어지도록 정보관리체계를 정비하고, 정보통신망을 활용한 정보공개시스템 등을 구축하여야 한다.
② 공사는 농지시장 안정과 농업구조 개선을 위하여 농지를 매입하여 소유(「농어촌정비법」에 따른 농업생산기반 정비사업 시행자가 조성한 간척농지를 농업생산기반 정비사업 시행자로부터 인수하여 소유하는 것을 포함한다)하거나 농지 활용을 위하여 「혁신도시 조성 및 발전에 관한 특별법」 제2조제2호에 따른 이전공공기관이 소유하고 있는 농지를 이전공공기관으로부터 매입하여 소유할 수 있으며, 소유하고 있는 농지를 매도 또는 임대할 수 있다.(2017.12.26 본항개정)
③ 제2항에 따른 농지의 매입·매도 또는 임대에 필요한 사항은 대통령령으로 정한다.
제24조의3【경영회생 지원을 위한 농지 매입 등】 ① 공사는 자연재해, 병충해, 부채의 증가 또는 그 밖의 사유로 일시적으로 경영위기에 처한 농업인 또는 농업법인의 경영회생을 지원하기 위하여 그 농업인 또는 농업법인이 소유한 농지 및 농지에 딸린 농업용시설(이하 이 조에서 "농지등"이라 한다)을 매입하여 그 농업인 또는 농업법인에게 임대할 수 있다.
② 공사는 제1항에 따라 매입한 농지등을 임대하는 경우 임대기간 중에는 그 농지등을 제3자에게 매도하여서는 아니 된다.
③ 제1항에 따라 농지등을 공사에 매도하고 다시 임차한 그 농지등의 전 소유자 또는 포괄승계인은 임차기간이 끝나기 전에 대통령령으로 정하는 바에 따라 공사에 대하여 그 농지등의 환매(還買)를 요구할 수 있고, 공사는 그 농지등이 공익사업에 필요하여 수용되는 등 특별한 사유가 없으면 요구에 따라야 한다.
④ 제1항부터 제3항까지의 규정에 따른 농지등의 매입가격·환매가격 및 지급방법, 임대기간·임대료 등에 필요한 사항은 대통령령으로 정한다.
제24조의4【농지 임대 등의 수탁】 ① 공사는 국가·지방자치단체, 「공공기관의 운영에 관한 법률」 제4조에 따른 공공기관, 그 밖의 법인 또는 개인이 소유하는 농지를 임대·사용대(使用貸) 또는 매도하려는 경우에는 그 임대·사용대 또는 매도를 수탁(受託)할 수 있다.
② 제1항에 따른 수탁의 기준, 수탁수수료의 요율기준(料率基準) 등에 관한 사항은 대통령령으로 정한다.
제24조의5【농지를 담보로 한 농업인의 노후생활안정 지원사업 등】 ① 공사는 농업인의 생활안정 지원을 위하여 농업인이 소유한 농지를 담보로 노후생활안정자금(이하 "농지연금"이라 한다)을 지원할 수 있다.(2019.12.10 본항개정)
② 제1항에 따른 지원기준·방법, 지원대상자의 권리보호, 농지의 저당권설정 등의 제한 및 자금의 회수방법, 가입비와 위험부담금의 징수방법, 그 밖에 필요한 사항은 대통령령으로 정한다.
(2008.12.29 본조신설)
제24조의6【농지연금수급전용계좌】 ① 공사는 농지연금 수급자의 신청이 있는 경우에는 대통령령으로 정하는 금액 이하의 농지연금을 수급자 명의의 지정된 계좌(이하 "농지연금수급전용계좌"라 한다)로 입금하여야 한다. 다만, 정보통신장애나 그 밖에 대통령령으로 정하는 불가피한 사유로 농지연금수급전용계좌로 이체할 수 없을 때에는 현금 지급 등 대통령령으로 정하는 바에 따라 농지연금을 지급할 수 있다.
② 농지연금수급전용계좌가 개설된 금융기관은 농지연금만이 농지연금수급전용계좌에 입금되도록 관리하여야 한다.
③ 제1항에 따른 신청 방법·절차와 제2항에 따른 농지연금수급전용계좌의 관리에 필요한 사항은 대통령령으로 정한다.
(2019.12.10 본조신설)
제24조의7【수급권의 보호】 ① 제24조의5제1항에 따른 농지연금을 지원받을 권리는 다른 자에게 양도하거나 담보로 제공할 수 없으며, 다른 자는 이를 압류할 수 없다.
② 제24조의6제1항에 따른 농지연금수급전용계좌의 예금에 관한 채권은 압류할 수 없다.
(2019.12.10 본조신설)

제3절 재 무

제25조【자금조달】 공사는 제10조에 따른 사업(이하 이 절에서 "사업"이라 한다)을 하기 위하여 필요한 자금을 다음 각 호의 재원으로 조달한다.
1. 자본금과 적립금
2. 제26조에 따른 차입금
3. 제27조에 따른 사채(社債)의 발행으로 조성되는 자금
4. 자산운용 수입금
5. 그 밖의 수입금
제26조【차입금】 공사는 이사회의 의결을 거쳐 사업에 필요한 자금을 차입(외국으로부터의 차관을 포함한다)할 수 있다.
제27조【사채의 발행】 ① 공사는 이사회의 의결을 거쳐 사채를 발행할 수 있다.
② 사채의 발행액은 공사의 자본금과 적립금을 합친 금액의 2배를 초과하지 못한다.
③ 정부는 공사가 발행하는 사채의 원리금 상환을 보증할 수 있다.
④ 제1항에 따른 사채 발행에 필요한 사항은 대통령령으로 정한다.
제28조【손익금의 처리】 ① 공사는 매 회계연도 결산 결과 이익이 생겼을 때에는 다음 각 호의 순으로 처리한다.
1. 이월손실금의 보전(補塡)
2. 자본금의 2분의 1이 될 때까지 이익금의 100분의 20 이상을 이익준비금으로 적립
3. 자본금과 동일한 금액이 될 때까지 이익금의 100분의 20 이상을 사업확장적립금으로 적립
4. 국고 납입
② 공사는 매 회계연도 결산 결과 손실이 생겼을 때에는 제1항제3호에 따른 사업확장적립금으로 보전하고, 그 적립금으로도 부족하면 같은 항 제2호에 따른 이익준비금으로 보전하되, 그 후에도 남은 손실은 다음 회계연도로 이월한다.
③ 제1항제2호 및 제3호에 따른 이익준비금과 사업확장적립금은 대통령령으로 정하는 바에 따라 자본금으로 전입(轉入)할 수 있다.
제29조【보조금】 국가는 예산의 범위에서 농업기반시설의 유지·관리 등 공사의 사업과 운영에 필요한 비용의 전부 또는 일부를 공사에 보조할 수 있다.
제30조【공사의 회계 특례】 ① 공사는 제10조제1항제2호에 따른 농업기반시설의 유지·관리에 관한 사업의 회계는 따로 계정을 설치하고 구분하여 회계처리하여야 한다.
② 공사는 농업기반시설의 유지·관리에 관한 사업에 필요한 자금의 조성·운용을 위하여 제1항에 따라 설치된 계정에 농업기반시설 유지관리 적립금(이하 "적립금"이라 한다)을 설치·운용할 수 있다.
③ 적립금은 다음 각 호의 수입금으로 조성한다.
1. 공사가 소유하는 재산 중 「농어촌정비법」에 따른 농업생산기반정비사업으로 조성된 시설 및 토지로서 농업기반시설로 제공되지 아니하는 부동산의 매각대금
2. 법률 제5759호 농업기반공사및농지관리기금법 부칙 제9조에 따라 종전의 「농지개량조합법」에 따른 농지개량조합 및 농지개량조합연합회로부터 공사가 승계 받은 재산 중 농업기반시설로 제공되지 아니하는 재산의 장부상 가액(價額)에 해당되는 금액
(2020.2.11 1호~2호개정)
3. 적립금의 운용수익금 중 제4항에 따른 용도로 사용하고 남은 금액
④ 적립금의 운용수익금은 다음 각 호의 용도로 사용할 수 있다.
1. 공사관리지역의 농업기반시설 유지·관리비용
2. 농업기반시설의 유지·관리에 필요한 부대시설이 있는 토지 등의 부동산 취득
⑤ 적립금은 다음 각 호의 방법으로 운용한다.
1. 「은행법」에 따른 은행에 예치(2010.5.17 본호개정)
2. 「자본시장과 금융투자업에 관한 법률」 제4조에 따른 증권의 매입. 다만, 주권, 신주인수권 및 외국법인 등이 발행한 증권은 제외한다.
3. 제3항제1호 및 제2호의 재산에 대한 재개발투자
4. 그 밖에 농림축산식품부령으로 정하는 방법(2013.3.23 본호개정)
⑥ 공사가 소유하는 농업기반시설의 감가상각에 필요한 사항은 대통령령으로 정한다.

제3장 농지관리기금
(2008.12.29 본장개정)

제31조【농지관리기금의 설치】 정부는 영농규모의 적정화, 농지의 집단화, 농지의 조성 및 효율적 관리와 해외농업개발에 필요한 자금을 조달·공급하기 위하여 농지관리기금(이하 "기금"이라 한다)을 설치한다.

제32조【기금의 조성】 기금은 다음 각 호의 재원으로 조성한다.
1. 정부출연금
2. 제33조에 따른 차입금
3. 「공공자금관리기금법」에 따른 공공자금관리기금으로부터의 예수금(預受金)
4. 「농지법」 제38조에 따른 농지보전부담금 납입금
5. 다른 기금으로부터의 출연금
6. 「농어촌정비법」 제14조제4항에 따라 조성된 재산의 매각 대금, 임대료 및 일시사용료(2009.6.9 본호개정)
7. 기금운용수익금
8. 기금을 투입하여 발생한 해외농업개발 수익금
9. 「새만금사업 추진 및 지원에 관한 특별법」 제36조의5 제2항에 따른 상환금(조성토지 또는 매립면허권을 포함한다)(2018.3.20 본호신설)

제33조【자금의 차입】 농림축산식품부장관은 기금 운용에 필요한 경우에는 기금의 부담으로 「국가재정법」 제4조제3항에 따른 특별회계, 금융기관 또는 다른 기금으로부터 자금을 차입할 수 있다.(2013.3.23 본조개정)

제34조【기금의 용도】 ① 기금은 다음 각 호에 해당하는 용도로 운용한다.
1. 제18조에 따른 농지매매사업 등에 필요한 자금의 융자
2. 제19조에 따른 농지의 장기임대차사업에 필요한 자금의 융자 및 장려금의 지급
3. 제22조에 따른 농지의 교환 또는 분리·합병사업과 「농어촌정비법」에 따른 농업생산기반정비사업 시행자가 시행·알선하는 농지의 교환 또는 분리·합병 및 집단환지사업의 청산금 융자 및 필요한 경비의 지출
4. 제24조제1항에 따른 농지의 재개발사업에 필요한 자금의 융자 및 투자
5. 제24조의2에 따른 농지의 매입사업에 필요한 자금의 융자
5의2. 다음 각 목의 농지 및 농업기반시설의 관리, 보수 및 보강에 필요한 자금의 보조 및 투자
가. 제24조의2제2항에 따라 공사가 농업생산기반정비 사업 시행자로부터 인수하여 임대한 간척농지
나. 가목에 따른 간척농지의 농업생산에 이용되는 방조제, 양수장, 배수장 등 대통령령으로 정하는 농업기반시설
(2011.7.25 본호신설)
6. 제24조의3에 따른 경영회생 지원을 위한 농지매입사업에 필요한 자금의 융자
7. 제24조의5에 따른 농지를 담보로 한 농업인의 노후생활안정 지원사업에 필요한 자금의 보조 및 융자
8. 「농어촌정비법」에 따른 한계농지 등의 정비사업의 보조·융자 및 투자
9. 농지조성사업에 필요한 자금의 융자 및 투자
9의2. 대단위농업개발사업(「농어촌정비법」 제2조제5호 가목부터 다목까지 및 마목의 사업을 종합적으로 시행하는 것을 말한다)에 필요한 자금의 보조 및 투자
(2019.8.27 본호신설)
10. 「농지법」 제38조에 따른 농지보전부담금의 환급 및 같은 법 제52조에 따른 포상금의 지급
11. 해외농업개발 사업에 필요한 자금의 보조, 융자 및 투자
12. 기금운용관리에 필요한 경비의 지출
13. 그 밖에 기금설치 목적 달성을 위하여 대통령령으로 정하는 사업에 필요한 자금의 지출

② 제1항 각 호의 사업을 위하여 필요하면 대통령령으로 정하는 바에 따라 기금에서 보조금을 지급할 수 있으며, 사업의 결과 발생한 결손금(缺損金)은 기금의 부담으로 손비(損費)처리할 수 있다.

③ 기금의 여유자금은 다음 각 호의 방법으로 운용할 수 있다.
1. 다른 기금으로 예탁
2. 「자본시장과 금융투자업에 관한 법률」 제4조에 따른 증권의 매입
3. 금융기관에 예치

제35조【기금의 운용·관리】 ① 기금은 농림축산식품부장관이 운용·관리한다.(2013.3.23 본항개정)

② 농림축산식품부장관은 대통령령으로 정하는 바에 따라 기금의 운용·관리에 관한 업무의 일부를 공사에 위탁할 수 있다. 다만, 기금을 농업인에 대한 대출금으로 운용하려는 경우에는 「농업협동조합법」에 따른 조합 및 농협은행과 「은행법」에 따른 은행을 통하여 융자할 수 있다.(2013.3.23 본문개정)

③ 기금은 「국가회계법」에 따라 회계처리하여야 한다.(2021.8.17 본항개정)

제36조 (2005.12.29 삭제)

제37조【기금의 회계기관】 ① 농림축산식품부장관은 소속 공무원 중에서 기금의 수입과 지출에 관한 업무를 수행할 기금수입징수관, 기금재무관, 기금지출관 및 기금출납공무원을 임명하여야 한다.

② 농림축산식품부장관은 제35조제2항에 따라 기금의 운용·관리에 관한 업무의 일부를 공사에 위탁하는 경우에는 공사의 임원 중에서 기금수입 담당임원과 기금지출원인행위 담당임원을, 공사의 직원 중에서 기금지출원과 기금출납원을 임명할 수 있다. 이 경우 기금수입담당임원은 기금수입징수관의 직무를, 기금지출원인행위 담당임원은 기금재무관의 직무를, 기금지출원은 기금지출관의 직무를, 기금출납원은 기금출납 공무원의 직무를 수행한다.
(2013.3.23 본조개정)

제38조【융자금의 회수】 농림축산식품부장관은 기금을 융자받은 자가 융자조건을 위반한 경우에는 농림축산식품부령으로 정하는 바에 따라 상환기일 전이라도 융자금의 전부 또는 일부를 회수할 수 있다.(2013.3.23 본조개정)

제39조【기금의 결산】 농림축산식품부장관은 회계연도마다 기금운용 결산보고서를 작성하여 다음 연도 2월말일까지 기획재정부장관에게 제출하여야 한다.(2013.3.23 본조개정)

제4장 보칙 및 벌칙
(2008.12.29 본장개정)

제40조【「공공기관의 운영에 관한 법률」과의 관계】 공사의 조직 및 운영 등에 관하여 이 법에 규정된 것을 제외하고는 「공공기관의 운영에 관한 법률」에서 정하는 바에 따른다.

제41조【등기촉탁의 대위】 공사가 제10조제1항제14호에 따라 국가 또는 지방자치단체로부터 위탁받아 시행하는 사업과 관련하여 국가 또는 지방자치단체가 취득한 부동산에 관한 권리를 「부동산등기법」 제98조에 따라 등기하여야 하는 경우 공사는 국가 또는 지방자치단체를 대위(代位)하여 등기를 촉탁할 수 있다.(2016.12.27 본조개정)

제42조【다른 법률의 적용배제】 공사가 제18조·제19조·제24조·제24조의2·제24조의3에 따른 사업을 할 경우에 「농지법」 제9조 및 제25조는 적용하지 아니한다.

제43조 (2002.12.26 삭제)

제44조【조성토지의 처분 특례】 국가는 「농어촌정비법」 제14조제1항에 따라 국가가 시행한 농업생산기반정비사업으로 조성된 재산 중 농업기반시설로 제공되지 아니하는 재산은 공사에 무상으로 양여(讓與)할 수 있다.
(2020.2.11 본조개정)

제45조【농업기반시설 관리권의 설정 및 등록】 ① 농림축산식품부장관은 공사에 대하여 농업기반시설 관리권을 설정할 수 있다.(2013.3.23 본항개정)

② 공사는 농업기반시설 관리권의 설정을 받았을 때에는 대통령령으로 정하는 바에 따라 농림축산식품부에 갖추어 두는 농업기반시설 관리권 등록부에 등록하여야 한다.
(2013.3.23 본항개정)

③ 제2항에 따른 등록은 등기의 효력을 가지는 것으로 본다.

제46조【농업기반시설 관리권의 성질】 농업기반시설 관리권은 물권으로 보며, 이 법에 특별한 규정이 있는 경우를 제외하고는 「민법」 중 부동산에 관한 규정을 준용한다.

제47조【자료제공 등의 요청】 ① 공사는 대법원 등 국가기관, 지방자치단체, 「공공기관의 운영에 관한 법률」에 따른 공공기관, 그 밖의 공공단체 또는 농업인 등에 대하여 제10조제1항에 따른 업무 수행에 필요한 자료 및 정보의 제공을 요청할 수 있다. 이 경우 그 제공 기관과 자료 및 정보의 범위는 대통령령으로 정한다.

② 공사는 다음 각 호의 사항을 적은 문서로 관할 세무관서의 장 또는 지방자치단체의 장에게 대통령령으로 정하는 과세정보(국세 및 지방세 과세자료에 한정한다. 이하 이 조에서 같다)의 제공을 요청할 수 있다. 이 경우 과세정보 제공 요청은 제10조제1항제5호에 따른 사업에서 발생한 채권의 회수를 위하여 필요한 최소한의 범위에서 하여야 하며, 다른 목적을 위하여 남용하여서는 아니 된다.
1. 납세자의 인적사항
2. 사용목적
(2021.8.17 본항신설)

③ 제1항 및 제2항에 따른 자료 및 정보의 제공을 요청받은 자는 특별한 사유가 없으면 그 요청을 따라야 한다.
(2021.8.17 본항신설)

④ 제1항 및 제2항에 따라 공사에 제공되는 자료 및 정보에 대하여는 사용료, 수수료 등을 면제한다.(2021.8.17 본항신설)
(2021.8.17 본조개정)

제48조【관계 서류의 열람 등】 ① 공사는 제10조의 사업을 할 때 필요하면 등기소와 그 밖의 관계 행정기관에 서류의 열람·복사 또는 등·초본의 발급을 요청할 수 있다. 다만, 제10조제1항제4호 및 제5호의 사업에 필요한 경우에는 무료로 요청할 수 있다.

② 공사는 농지관리업무 및 농지은행사업의 수행을 위하여 필요하면 관계 행정기관에 토지의 전산자료 조회·검색 또는 복사를 요청할 수 있다.

제49조【감독】 농림축산식품부장관은 공사의 경영목표 달성 및 경영효율화 등을 위하여 필요한 다음 각 호의 사항과 관련되는 업무에 대하여 지도·감독한다.
(2013.3.23 본문개정)
1. 제10조제1항제1호부터 제16호까지의 사업(2016.12.27 본호개정)
2. 법령에 따라 농림축산식품부장관이 위탁 또는 대행하도록 한 사업(2013.3.23 본호개정)
3. 경영지침 이행에 관한 사항
4. 그 밖에 관계 법령에서 정하는 사항

제50조 (2009.5.27 삭제)

제50조의2【유사명칭의 사용금지】 공사가 아닌 자는 한국농어촌공사 또는 이와 유사한 명칭을 사용할 수 없다.

제50조의3【비밀누설금지 등】 공사의 임직원이거나 임직원이었던 사람은 직무상 알게 된 비밀을 누설하거나 도용하여서는 아니 된다.

제51조【벌칙】 ① 거짓이나 그 밖의 부정한 방법으로 제18조제2항, 제20조제1항, 제21조제2항 또는 제22조제1항에 따른 자금을 지원받거나 제19조제2항에 따른 임차료를 받은 사람은 지원금액 또는 받은 임차료의 100분의 20에 상당하는 금액 이하의 벌금에 처한다.

② 제50조의3을 위반하여 직무상 알게 된 비밀을 누설하거나 도용한 사람은 2년 이하의 징역 또는 2천만원 이하의 벌금에 처한다.(2017.3.21 본항개정)

제52조【과태료】 ① 제50조의2를 위반한 자에게는 200만원 이하의 과태료를 부과한다.

② 제1항에 따른 과태료는 대통령령으로 정하는 바에 따라 농림축산식품부장관이 부과·징수한다.(2013.3.23 본항개정)

부 칙 (2008.12.29)

제1조【시행일】 이 법은 공포 후 6개월이 경과한 날부터 시행한다. 다만, 공사의 명칭 변경과 관련된 제명, 제1조, 제2조제2호·제9호, 제2장의 제목, 제31조, 제32조, 제34조, 제50조의2, 법률 제5759호 농업기반공사및농지관리기금법 부칙 제12조제1항 및 제4항의 개정규정과 부칙 제4조는 공포한 날부터 시행한다.

제2조【준비행위】 이 법의 시행에 필요한 한국농촌공사 정관의 변경, 그 밖에 이 법의 시행에 필요한 준비행위는 이 법 시행 전에 할 수 있다.

제3조【명칭 변경에 따른 경과조치】 ① 이 법 시행 당시의 한국농촌공사는 이 법에 따른 한국농어촌공사로 본다.

② 이 법 시행 당시 한국농촌공사의 명의로 행한 행위, 그 밖의 법률관계에 있어서는 한국농어촌공사의 명의로 행한 것으로 본다.

③ 이 법 시행 당시 등기부, 그 밖의 공부상에 표시된 한국농촌공사의 명의는 이를 한국농어촌공사의 명의로 본다.

제4조【다른 법률의 개정】 ①~⑮ ※(해당 법령에 가제정리 하였음)

제5조【다른 법률과의 관계】 ① 이 법 시행 당시 다른 법령에서 종전의 「한국농촌공사 및 농지관리기금법」 또는 그 규정을 인용하고 있는 경우에 이 법 가운데 그에 해당하는 규정이 있으면 종전의 규정에 갈음하여 이 법 또는 이 법의 해당 조항을 인용한 것으로 본다.

② 이 법 시행 당시 다른 법령에서 한국농촌공사를 인용하고 있는 경우에는 그에 갈음하여 이 법에 따른 한국농어촌공사를 인용한 것으로 본다.

부 칙 (2019.8.27)

이 법은 공포 후 6개월이 경과한 날부터 시행한다.

부 칙 (2019.12.10)

이 법은 2020년 7월 1일부터 시행한다.

부 칙 (2020.2.11)

이 법은 공포 후 3개월이 경과한 날부터 시행한다.

부 칙 (2021.8.17)

이 법은 공포 후 6개월이 경과한 날부터 시행한다.

자유무역협정 체결에 따른 농어업인 등의 지원에 관한 특별법(약칭 : 자유무역협정(FTA)농어업법)

(2011년 7월 21일 전부개정법률 제10890호)

개정
2012. 1.17법11172호 2012.10.22법11505호
2013. 3.23법11703호
2013. 5.28법11821호(국가재정법)
2013. 8.13법12063호
2014. 3.11법12412호(농어촌구조개선특별회계법)
2015. 6.22법13383호(수산업 · 어촌발전기본법)
2017. 1.17법14528호 2019. 8.27법16548호
2019. 8.27법16568호(양식산업발전법)
2020. 2.18법17037호(수산식품산업의육성및지원에관한법)
2020.12.29법17799호(독점)
2022. 1.11법18755호(수산)

제1조【목적】 이 법은 자유무역협정을 이행할 때에 농어업등의 경쟁력을 높이고 피해를 입거나 입을 우려가 있는 농어업인등에 대한 효과적인 지원대책을 마련함으로써 농어업인등의 경영 및 생활의 안정에 기여하는 것을 목적으로 한다.

제2조【정의】 이 법에서 사용하는 용어의 뜻은 다음과 같다.
1. "자유무역협정"이란 무역자유화를 내용으로 하여 대한민국이 다른 나라나 지역무역연합체와 체결한 국제협정으로서 농산물 또는 수산물 등에 대한 관세의 감축 및 철폐, 시장접근의 확대 등에 관한 사항을 포함하는 협정을 말한다.
2. "농업등"이란 「농업 · 농촌 및 식품산업 기본법」 제3조제1호에 따른 농업과 같은 법 제3조제8호에 따른 식품산업을 말한다.(2015.6.22 본호개정)
3. "어업등"이란 「수산업법」 제2조제1호에 따른 수산업과 「수산식품산업의 육성 및 지원에 관한 법률」 제2조제4호에 따른 수산식품산업을 말한다.(2020.2.18 본호개정)
4. "농어업등"이란 농업등과 어업등을 말한다.
5. "농업인등"이란 「농업 · 농촌 및 식품산업 기본법」 제3조제2호에 따른 농업인과 「농어업경영체 육성 및 지원에 관한 법률」 제2조제2호에 따른 농업법인을 말한다. (2015.6.22 본호개정)
6. "어업인등"이란 「수산업법」 제2조제11호에 따른 어업자 및 「양식산업발전법」 제2조제12호에 따른 양식업자와 「농어업경영체 육성 및 지원에 관한 법률」 제2조제5호에 따른 어업법인을 말한다.(2022.1.11 본호개정)
7. "농어업인등"이란 농업인등과 어업인등을 말한다.
8. "생산자단체"란 「농업 · 농촌 및 식품산업 기본법」 제3조제4호 및 「수산업 · 어촌 발전 기본법」 제3조제5호에 따른 생산자단체를 말한다.(2015.6.22 본호개정)
9. "농산물"이란 「세계무역기구 설립을 위한 마라케쉬협정」 부속서 1.가.의 「농업에 관한 협정」 제2조에 따른 품목으로서 제10호의 수산물이 아닌 것을 말한다.
10. "수산물"이란 「수산물품질관리법」 제2조제1호의 수산물 및 같은 법 제2조제4호의 수산가공품을 말한다.
11. "농촌"이란 「농업 · 농촌 및 식품산업기본법」 제3조제5호에 따른 농촌을 말한다.
12. "어촌"이란 「수산업 · 어촌 발전 기본법」 제3조제6호에 따른 어촌을 말한다.
13. "농어촌"이란 농촌과 어촌을 말한다.
14. "민간기업"이란 「상법」 제169조의 회사로서 같은 법 제172조에 따라 설립한 회사(「상법」 제614조에 따른 외국회사를 포함한다) 및 「협동조합 기본법」에 따라 설립된 협동조합으로서 국내에 소재하는 법인을 말한다.
15. "공기업"이란 「공공기관의 운영에 관한 법률」 제5조제3항제1호에 따라 지정된 공기업을 말한다.
16. "농업협동조합중앙회"란 「농업협동조합법」 제2조제4호에 따른 중앙회를 말한다.
17. "수산업협동조합중앙회"란 「수산업협동조합법」 제2조제5호에 따른 중앙회를 말한다.
18. "민간기업등"이란 민간기업, 공기업, 농업협동조합중앙회, 수산업협동조합중앙회 등을 말한다.
19. "상생협력"이란 민간기업등과 농어촌 · 농어업인등이 기술, 인력, 생산, 유통, 구매, 판로 등의 부문에서 서로 이익을 증진하기 위하여 하는 공동의 활동과 민간기업등이 농어촌 발전과 농어업인의 삶의 질 향상을 위해 농어촌 · 농어업인등을 대상으로 수행하는 지원 활동을 말한다.

(2017.1.17 11호~19호신설)

제3조【농어업인등 지원의 기본원칙】 정부는 자유무역협정(이하 "협정"이라 한다)의 이행으로 발생하는 농어업인등의 피해를 최소화하기 위하여 농어업등의 경쟁력을 높이고 원활한 구조조정과 경영안정을 도모하는 등 「세계무역기구 설립을 위한 마라케쉬협정」이 허용하는 범위에서 필요한 조치를 하여야 한다.

제4조【농어업인지원 종합대책의 수립】 ① 정부는 협정의 이행으로 피해를 입거나 입을 우려가 있는 농어업인등을 효과적으로 지원하기 위하여 자유무역협정 이행에 따른 농어업인등 지원에 관한 종합대책(이하 "농어업인지원 종합대책"이라 한다)을 수립하여야 한다.

② 농어업인지원 종합대책에는 다음 각 호의 사항이 포함되어야 한다.
1. 농어업인등의 피해에 대한 보전 대책
2. 농어업인등의 지원을 위한 관련 제도의 개선 방안
3. 그 밖에 농어업인지원 종합대책을 추진하기 위하여 필요한 사항

③ 정부는 농어업인지원 종합대책을 수립하거나 변경하는 경우에는 제19조에 따른 농업인등 지원위원회 또는 어업인등 지원위원회의 심의를 거쳐 국회 소관 상임위원회에 보고하여야 한다.(2013.3.23 본항개정)

④ 정부는 농어업인지원 종합대책을 수립할 때에는 협정의 이행이 농어업 생산감소 및 농어가 소득감소 등 농어업분야에 미치는 영향을 미리 조사 · 분석하여 그 결과를 충분히 반영하여야 한다.

⑤ 농어업인지원 종합대책의 수립 및 변경의 기준 · 절차 등과 제4항에 따른 조사 · 분석의 구체적인 시기 및 방법 등에 필요한 사항은 대통령령으로 정한다.

제5조【농어업등의 경쟁력 향상을 위한 지원】 ① 정부는 협정의 이행으로 피해를 입거나 입을 우려가 있는 농어업등의 경쟁력을 높이기 위하여 다음 각 호의 사항에 대하여 보조 또는 융자로 특별 지원할 수 있다. 다만, 「독점규제 및 공정거래에 관한 법률」 제31조제1항에 따라 상호출자제한기업집단등으로 지정된 기업집단에 속하는 농업법인 또는 어업법인에 대하여는 특별 지원할 수 없다. (2020.12.29 단서개정)
1. 농지의 구입 · 임차 등 농업경영 · 어업경영 규모의 확대
2. 용수 공급 및 배수로, 경작로 등 생산기반시설의 정비
3. 우량종자 · 우량종축의 공급 및 농자재 지원 등을 통한 고품질 농산물 또는 수산물의 생산 촉진
4. 친환경 농산물 또는 수산물의 생산 · 유통 촉진
5. 농산물 또는 수산물 가공 · 유통 시설의 설치 및 운영
6. 농산물 또는 수산물의 품종 개발, 품질 향상, 가공 촉진 등을 위한 연구 · 개발 및 보급
7. 농어업등의 생산시설 현대화 및 규모확대 촉진
8. 농어업등의 경영 · 기획 · 유통 · 광고 · 회계 · 기술개발 · 작목전환 등을 위한 상담 및 기법개발 촉진
9. 그 밖에 농어업등의 경쟁력을 높이기 위하여 농림축산식품부장관 또는 해양수산부장관이 필요하다고 인정하는 사업(2013.3.23 본호개정)

② 농어업등의 피해산정 기준과 방식, 보조 또는 융자의 구체적인 기준과 기간 및 절차 등에 필요한 사항은 대통령령으로 정한다.

제6조【자유무역협정의 이행에 따른 피해보전】 ① 정부는 협정의 이행으로 수입량이 급격히 증가하여 가격 하락의 피해를 입은 품목에 대하여 해당 협정의 발효일 이전부터 해당 품목을 생산한 농어업인등에게 협정의 이행에 따른 피해보전직접지불금(이하 "피해보전직접지불금"이라 한다)을 지원하는 시책을 「대한민국 정부와 중화인민공화국 정부 간의 자유무역협정」의 발효일부터 10년간 시행한다.(2017.1.17 본항개정)

② 제1항에 따른 대상품목의 선정기준, 피해보전직접지불금의 지급절차 등에 필요한 사항은 대통령령으로 정한다.

제7조【피해보전직접지불금의 지급기준】 ① 농림축산식품부장관 또는 해양수산부장관은 피해보전직접지불금 지원대상품목이 다음 각 호 모두에 해당하는 경우에는 「세계무역기구 설립을 위한 마라케쉬협정」에서 허용하는 범위에서 피해보전직접지불금을 매년 지급한다.
(2013.3.23 본문개정)
1. 협정의 이행에 따라 피해보전직접지불금 지원대상품목의 해당 연도 평균가격이 기준가격(해당 연도 직전 5년간의 평균가격 중 최고치와 최저치를 제외한 3년간의 평균가격에 100분의 90을 곱하여 산출한 가격을 말한다. 이하 같다) 미만으로 하락한 경우. 다만, 협정의 발효연도의 경우에는 협정의 발효일부터 해당 연도 말일까지 피해보전직접지불금 지원대상품목의 평균가격이 기준가격 미만으로 하락한 경우(2012.1.17 본문개정)
2. 협정의 이행에 따라 피해보전직접지불금 지원대상품목의 해당 연도 총수입량이 기준총수입량(해당 연도 직전 5년간의 연간 총수입량 중 최고치와 최저치를 제외한 3년간의 평균총수입량을 말한다. 이하 같다)을 초과하고 협정상대국으로부터의 해당 연도 수입량이 기준수입량을 초과하는 경우. 다만, 협정의 발효연도의 경우 해당 연도 총수입량과 협정상대국으로부터의 해당 연도 수입량은 협정의 발효일부터 해당 연도 말일까지의 기간 동안 수입된 물량으로 산출하고 기준총수입량과 기준수입량은 연간 기준총수입량과 기준수입량에 협정의 발효일부터 해당 연도 말일까지의 일수를 1년으로 나눈 비율을 곱하여 산출한다.

② 농림축산식품부장관 또는 해양수산부장관은 제1항 각 호에서 정한 요건을 충족하였는지의 여부를 판단할 때에 제20조에 따라 지정된 자유무역협정 이행에 따른 농업인등 지원센터 또는 어업인등 지원센터의 조사 · 분석과 제19조에 따른 농업인등 지원위원회 또는 어업인등 지원위원회의 심의를 거쳐야 한다.(2013.3.23 본항개정)

③ 제1항에 따른 지원대상품목의 평균가격 조사 방법과 총수입량, 기준총수입량, 협정상대국으로부터의 해당 연도 수입량, 기준수입량 등의 산출방법은 농림축산식품부령 또는 해양수산부령으로 정한다.(2013.3.23 본항개정)

제8조【피해보전직접지불금의 산출방법】 ① 피해보전직접지불금은 다음 각 호의 산식에 따라 산출한다. 다만, 농림축산식품부장관 또는 해양수산부장관은 축산업 등 생산면적 또는 생산량을 기준으로 피해보전직접지불금을 산출하는 것이 적절하지 아니하다고 인정되는 경우에는 제19조에 따른 농업인등 지원위원회 또는 어업인등 지원위원회의 심의를 거쳐 품목별 산출방법을 달리 정할 수 있다.(2013.3.23 단서개정)
1. 농업등 : 지원대상품목의 생산면적 × 단위면적당 전국평균생산량 × 피해보전직접지불금의 지급단가(이하 "지급단가"라 한다) × 조정계수
2. 어업등 : 지원대상품목의 생산량 × 지급단가 × 조정계수

② 제1항 각 호에 따른 지급단가는 기준가격과 해당 연도 평균가격의 차액에 100분의 95를 곱하여 산출한다. 다만, 협정의 발효연도의 경우 지급단가는 기준가격과 협정의 발효일부터 해당 연도 말일까지 평균가격의 차액에 100분의 95를 곱하여 산출한다.(2017.1.17 본항개정)

③ 제1항 각 호에 따른 조정계수는 「세계무역기구 설립을 위한 마라케쉬협정」에서 허용하는 범위에서 피해보전직접지불금이 지급될 수 있도록 제19조에 따른 농업인등 지원위원회 또는 어업인등 지원위원회의 심의를 거쳐 농림축산식품부장관 또는 해양수산부장관이 정한다.
(2013.3.23 본항개정)

④ 제1항에도 불구하고 피해보전직접지불금의 품목별 상한액은 「농어업경영체 육성 및 지원에 관한 법률」 제2조제2호에 따른 농업법인과 같은 조 제5호에 따른 어업법인은 5천만원, 「농업 · 농촌 및 식품산업 기본법」 제3조제2호에 따른 농업인과 「수산업법」 제2조제11호에 따른 어업자는 3천500만원의 범위에서 대통령령으로 정한다. (2022.1.11 본항개정)

⑤ 제1항 및 제2항에 따른 지원대상품목의 생산면적, 농업등 분야의 단위면적당 전국평균생산량, 어업등 분야의 지원대상품목의 생산량의 산출방법은 농림축산식품부령 또는 해양수산부령으로 정한다.(2013.3.23 본항개정)

제9조【폐업 지원】 ① 정부는 협정의 이행으로 과수 · 시설원예 · 축산 · 수산 등의 품목을 재배 · 사육 또는 포획 · 채취 · 양식하는 사업을 계속하는 것이 곤란하다고 인정되는 품목에 대하여 농어업인등이 폐업하는 경우에는 폐업지원금을 지급하는 시책을 일정 기간 시행할 수 있다.

② 제1항에 따른 대상 품목의 선정기준, 폐업지원금의 지급기준 · 산출방법 · 지급절차 및 시행기간 등에 필요한 사항은 대통령령으로 정한다.

제10조【생산자단체에 대한 지원】 정부는 협정의 이행으로 수입량이 급격히 증가하여 가격 하락, 생산액 감소 등의 피해를 입거나 입을 우려가 있는 농산물 또는 수산물에 대하여 생산자단체의 수매 · 비축 및 가공을 지원할 수 있다.

제11조【농산물 또는 수산물 가공업에 대한 지원】 정부는 농산물 또는 수산물의 가공업이 협정의 이행으로 매출이 급격히 감소하는 등 피해를 입는 경우에는 경영정상화에 필요한 자금을 지원할 수 있다.

제12조【지방자치단체의 지원】 지방자치단체는 협정의 이행으로 수입량이 급격히 증가하여 관할구역에 생산이 집중되어 있는 농산물 또는 수산물의 가격이 하락하거나 생산액이 감소하는 등 피해가 발생하여 지역경제의 안정을 해칠 우려가 있다고 판단하는 경우에는 해당품목에 대한 지원계획을 수립하여 제5조, 제6조, 제9조부터 제11조까지에 따른 지원을 할 수 있다.

제12조의2【농어업인지원 투자 · 융자계획 및 성과분석보고서의 국회 제출】 ① 정부는 농어업인지원 종합대책에 따른 재정지원의 다음 회계연도 계획 금액을 기능별 · 성질별로 분석한 보고서(이하 "농어업인지원 투자 · 융자계획"이라 한다)를 작성하여 매 회계연도 개시 120일 전까지 국회 소관 상임위원회에 제출하여야 한다. 이 경우 농어업인지원 투자 · 융자계획에는 성과목표, 기대효과, 재원조달계획 및 연차별 재정지원계획 등이 포함되어야 한다.(2013.5.28 전단개정)

② 정부는 농어업인지원 종합대책에 따른 재정지원의 직전 회계연도 집행실적, 성과 및 효과를 분석하여 정부의 재정지원이 농어업등의 경쟁력을 높이고 농어업인등의 경영 및 생활안정에 기여하였는지를 평가하는 보고서(이하 "농어업인지원 성과분석보고서"라 한다)를 작성하여 매년 5월 31일까지 국회 소관 상임위원회에 제출하여야 한다.

③ 농어업인지원 투자 · 융자계획과 농어업인지원 성과분석보고서의 구체적인 작성방법 및 제출에 필요한 사항은 대통령령으로 정한다.
(2012.10.22 본조신설)

제13조【자유무역협정 이행지원기금의 설치】 ① 정부는 협정의 이행으로 피해를 입거나 입을 우려가 있는 농어업인등에 대한 지원대책에 필요한 재원을 확보하기 위하여 자유무역협정 이행지원기금(이하 "기금"이라 한다)을 설치한다.

② 농림축산식품부장관은 제1항에 따른 기금의 수입과 지출을 명확히 하기 위하여 한국은행에 기금계정을 설치하여야 한다.(2013.3.23 본항개정)

제14조【기금의 조성】 ① 정부는 「대한민국 정부와 칠레공화국 정부간의 자유무역협정」의 발효일부터 시작하여 7년간 총 1조 2천억원의 기금지원계획을 수립하여야 하며, 계획의 시행에 필요한 기금을 조성하여야 한다.

② 정부는 새로운 협정의 이행으로 제4조에 따라 농어업인지원 종합대책을 수립한 경우에는 제1항에 따라 수립

된 기금지원계획을 포함하는 새로운 기금지원계획을 수립하여야 한다.
③ 기금은 다음 각 호의 재원으로 조성한다.
1. 정부의 출연금
2. 정부 외의 자의 출연금 또는 기부금
3. 「한국마사회법」 제42조제4항에 따른 특별적립금으로부터의 출연금
4. 제4항에 따른 차입금
5. 제22조제1항에 따른 공매납입금 또는 수입이익금
6. 기금의 운용수익금
7. 「농어촌구조개선 특별회계법」 제4조제2항제5호에 따른 전입금(2014.3.11 본호개정)
④ 농림축산식품부장관은 기금 운용에 필요하다고 인정하는 경우에는 기금의 부담으로 한국은행, 「농림수산업자 신용보증법」 제2조제2항에 따른 금융기관, 다른 기금 또는 다른 회계로부터 자금을 차입할 수 있다.(2013.3.23 본항개정)
제15조【기금의 용도】 기금은 다음 각 호의 용도에 사용한다.
1. 제5조에 따른 농어업등의 경쟁력 향상 지원
2. 제6조부터 제8조까지에 따른 농어업인등의 피해보전
3. 제9조에 따른 농어업인등의 폐업 지원
4. 제10조에 따른 생산자단체에 대한 지원
5. 제11조에 따른 농산물 또는 수산물 가공업의 지원
6. 제14조에 따른 차입금의 원리금 상환
7. 제22조에 따른 농산물 수입이익금 등의 부과·징수에 필요한 지출
8. 기금의 관리·운용에 필요한 경비의 지출
9. 그 밖에 협정의 이행에 따른 농어업인등에 대한 지원을 위하여 필요한 사업으로서 농림축산식품부장관이 정하는 사업(2013.3.23 본호개정)
제16조【기금의 운용·관리】 ① 기금은 농림축산식품부장관이 운용·관리한다.(2013.3.23 본항개정)
② 농림축산식품부장관은 기금의 운용·관리에 관한 사무를 대통령령으로 정하는 자에게 위탁할 수 있다.
(2013.3.23 본항개정)
③ 그 밖에 기금의 운용·관리 및 그 사무의 위탁에 필요한 사항은 대통령령으로 정한다.
제17조【기금운용계획안】 농림축산식품부장관은 기금에 대하여 회계연도마다 「국가재정법」 제66조에 따라 기금운용계획안을 수립하여야 한다.(2013.3.23 본조개정)
제18조【기금의 회계기관】 ① 농림축산식품부장관은 기금의 수입과 지출에 관한 사무를 수행하기 위하여 소속 공무원 중에서 기금수입징수관·기금재무관·기금지출관 및 기금출납공무원을 임명한다.
② 농림축산식품부장관은 제16조제2항에 따라 기금의 운용·관리에 관한 사무를 위탁한 경우에는 위탁받은 기관의 임원 중에서 기금수입 담당 임원과 기금지출원인행위 담당 임원을 임명하고, 그 직원 중에서 기금지출원과 기금출납원을 임명하여야 한다. 이 경우 기금수입 담당 임원은 기금수입징수관의 업무를, 기금지출원인행위 담당 임원은 기금재무관의 업무를, 기금지출원은 기금지출관의 업무를, 기금출납원은 기금출납공무원의 업무를 한다.
(2013.3.23 본조개정)
제18조의2【농어촌상생협력기금의 설치 등】 ① 협정의 이행으로 피해를 입거나 입을 우려가 있는 농어업등·농어촌의 지속가능한 발전 및 민간기업등과 농어촌·농어업인등 간의 상생협력 촉진을 위한 사업 등을 체계적으로 지원하기 위하여 농어촌상생협력기금(이하 "상생기금"이라 한다)을 설치한다.
② 상생기금은 「대·중소기업 상생협력 촉진에 관한 법률」 제20조제1항에 따른 대·중소기업·농어업협력재단(이하 "재단"이라 한다) 내에 상생기금 운영위원회와 상생기금 운영본부를 설치하여 별도 회계로 관리·운용하여야 한다.
③ 상생기금은 정부 외의 자가 출연하는 현금이나 물품, 그 밖의 재산 등으로 조성한다.(2019.8.27 본항개정)
④ 상생기금의 조성액 목표는 매년 1천억원으로 하고, 상생기금 조성액이 부족한 경우 정부는 그 부족분을 충당하기 위하여 필요한 조치를 하여 그 결과를 국회 농림축산식품해양수산위원회에 보고하여야 한다.
<2027.1.16까지 유효>
⑤ 제3항에 따라 출연하는 자는 그 용도와 사업을 지정하여 출연할 수 있다. 이 경우 재단은 그 지정된 용도와 사업에 정부 외의 자가 출연하는 현금이나 물품, 그 밖의 재산 등을 사용하여야 한다.(2019.8.27 후단개정)
⑥ 상생기금은 다음 각 호의 용도에 사용하되, 재단은 상생기금이 지역 간 형평을 고려하여 사용되도록 노력하여야 한다.
1. 농어업인 자녀를 대상으로 하는 교육·장학사업
1의2. 「초·중등교육법」 제23조제2항에 따라 교육부장관이 정하는 교육과정 중 농림·해양·수산에 관한 과목을 편성·운영하는 학교, 「고등교육법」 제2조 각 호의 학교 중 농학·수의학·수산학 등 농어업 관련 학위과정을 운영하는 학교 및 농어촌 지역 학교와 학생을 대상으로 하는 교육·장학사업(2019.8.27 본호신설)
2. 의료서비스 확충, 문화생활의 증진 등 농어촌주민의 복지 증진에 관한 사업
3. 정주 여건의 개선, 마을공동체 활성화, 경관 개선 등 농어촌 지역 개발 및 활성화 사업
4. 농수산물 생산, 유통, 판매 등의 분야에서 민간기업등과 농어촌·농어업인등 간 서로 이익을 증진하기 위하여 하는 공동 협력 사업
5. 농업협동조합중앙회 및 수산업협동조합중앙회에서 발행하는 상품권 사업
6. 상생기금의 조성·운용 및 관리를 위한 경비
7. 그 밖에 민간기업등과 농어촌·농어업인등 간 상생협력 증진에 필요한 것으로서 대통령령으로 정하는 사업
(2017.1.17 본조신설)
제19조【농업인등 지원위원회·어업인등 지원위원회】
① 협정의 이행으로 인한 농어업등의 경쟁력을 높이고 피해를 최소화하는 데에 필요한 사항 등을 심의하기 위하여 농림축산식품부장관과 해양수산부장관 소속으로 각각 자유무역협정 이행에 따른 농업인등 지원위원회(이하 "농업인등 지원위원회"라 한다)와 자유무역협정 이행에 따른 어업인등 지원위원회(이하 "어업인등 지원위원회"라 한다)를 둔다.(2013.3.23 본항개정)
② 농업인등 지원위원회와 어업인등 지원위원회의 위원장은 각각 농림축산식품부장관과 해양수산부장관으로 한다.(2013.3.23 본항개정)
③ 농업인등 지원위원회와 어업인등 지원위원회는 각각 위원장 1명을 포함하여 기획재정부차관, 산업통상자원부차관, 관련 분야에 관하여 학식과 경험이 풍부한 사람으로서 국회 소관 상임위원회에서 추천하여 위원장이 위촉한 사람과 다음 각 호에 해당하는 사람 등 20명 이내의 위원으로 구성한다.
1. 농업인등 지원위원회 : 농림축산식품부차관, 농림축산식품부장관이 위촉하는 농업인단체 및 소비자단체의 대표, 감정평가사, 학계전문가, 관련 분야에 관하여 학식과 경험이 풍부한 사람
2. 어업인등 지원위원회 : 해양수산부차관, 해양수산부장관이 위촉하는 어업인단체 및 소비자단체의 대표, 감정평가사, 학계전문가, 관련 분야에 관하여 학식과 경험이 풍부한 사람
(2013.3.23 본항개정)
④ 농업인등 지원위원회와 어업인등 지원위원회는 다음 각 호의 사항 중 각각 농업등에 관련된 사항과 어업등에 관련된 사항을 심의한다.(2013.3.23 본문개정)
1. 농어업인등의 지원에 대한 기본방침
2. 제4조에 따른 농어업인지원 종합대책
3. 농어업인등의 지원을 위한 재원마련대책
4. 농어업등 분야 협정 이행 상황의 점검에 관한 사항
5. 제5조에 따른 농어업등의 경쟁력 향상 지원에 관한 사항
6. 제6조부터 제8조까지에 따른 농어업인등의 피해보전에 관한 사항
7. 제9조에 따른 농어업인등의 폐업 지원에 관한 사항
8. 제10조에 따른 생산자단체에 대한 지원에 관한 사항
9. 제11조에 따른 농산물 또는 수산물 가공업의 지원에 관한 사항
⑤ 제1항부터 제4항까지 외에 농업인등 지원위원회와 어업인등 지원위원회의 조직 및 운영에 필요한 사항은 대통령령으로 정한다.(2013.3.23 본항개정)
(2013.3.23 본조제목개정)
제20조【농업인등 지원센터·어업인등 지원센터】 ① 농림축산식품부장관 또는 해양수산부장관은 협정의 이행이 농산물 또는 수산물의 수입량과 가격에 미치는 영향 등을 조사·분석하고 협정과 관련된 상담·안내 등 농어업인등에 대한 지원 업무를 효율적으로 수행하도록 하기 위하여 농업인등 지원위원회 또는 어업인등 지원위원회의 심의를 거쳐 농어업등에 관련된 연구기관 또는 단체를 자유무역협정 이행에 따른 농업인등 지원센터 또는 어업인등 지원센터(이하 "지원센터"라 한다)로 지정하여야 한다.(2013.3.23 본항개정)
② 농림축산식품부장관 또는 해양수산부장관은 지원센터의 운영에 소요되는 경비를 충당하기 위하여 예산의 범위에서 지원센터에 출연금 또는 보조금을 교부할 수 있다.(2013.3.23 본항개정)
③ 지원센터의 지정·운영 및 감독 등에 필요한 사항은 대통령령으로 정한다.
(2013.3.23 본조제목개정)
제21조【지원금의 환수】 ① 농림축산식품부장관, 해양수산부장관 또는 지방자치단체의 장은 제5조, 제6조, 제9조부터 제12조까지에 따른 지원금을 받은 자가 다음 각 호의 어느 하나에 해당하는 경우에는 그가 받은 지원금의 전부 또는 일부를 환수할 수 있다.(2013.3.23 본문개정)
1. 거짓이나 그 밖의 부정한 방법으로 지급을 받은 경우
2. 과오지급된 경우
3. 폐업을 한 농어업인등이 제9조에 따른 폐업 지원 대상 품목을 다시 재배·사육·포획·채취 또는 양식하는 경우로서 대통령령으로 정하는 경우
② 농림축산식품부장관, 해양수산부장관 또는 지방자치단체의 장은 제1항에 따라 지원금을 환수하는 경우에는 국세 징수 또는 지방세 징수의 예에 따른다.(2013.3.23 본항개정)
제22조【공매납입금 등의 징수】 ① 농림축산식품부장관 또는 해양수산부장관은 협정에 따른 관세할당물량이 적용되는 농산물 또는 수산물을 협정에서 정한 양허관세로 수입하는 자(이하 "수입자"라 한다)에 대하여 농림축산식품부장관 또는 해양수산부장관이 정하는 바에 따라 공매납입금을 납부하게 하거나 국내가격과 수입가격 간의 차액의 범위에서 수입이익금을 부과할 수 있다.
② 제1항에 따른 공매납입금 또는 수입이익금은 농림축산식품부장관 또는 해양수산부장관이 정하는 바에 따라 기금 또는 「수산업·어촌 발전 기본법」 제46조에 따른 수산발전기금에 납입하여야 하며, 정하여진 날까지 이를 납부하지 아니한 때에는 국세 체납처분의 예에 따라 징수할 수 있다.(2015.6.22 본항개정)
③ 제1항에 따른 농산물 또는 수산물의 품목별 수입자 결정 등 수입 관리에 필요한 사항은 협정 및 「관세법」 등 관계 법령에서 정하는 바에 따라 농림축산식품부장관 또는 해양수산부장관이 각각 정하여 고시한다.
(2013.3.23 본조개정)
제23조【권한의 위임 등】 ① 농림축산식품부장관 또는 해양수산부장관은 제5조, 제6조, 제9조부터 제11조까지에 따른 농어업인등 및 생산자단체에 대한 지원과 제21조제1항에 따른 지원금 환수에 관한 권한 또는 업무의 일부를 대통령령으로 정하는 바에 따라 특별시장·광역시장·도지사·특별자치도지사, 시장·군수 또는 구청장(자치구의 구청장을 말한다)에게 위임할 수 있다.
② 농림축산식품부장관 또는 해양수산부장관은 대통령령으로 정하는 바에 따라 제22조에 따른 공매납입금 등의 징수에 관한 수납 업무를 대통령령으로 정하는 자에게 대행하게 할 수 있다.
③ 농림축산식품부장관 또는 해양수산부장관은 제2항에 따라 공매납입금 등의 징수에 관한 수납업무를 대행하게 한 경우에는 그에 드는 경비를 기금 또는 「수산업·어촌 발전 기본법」 제46조에 따른 수산발전기금에서 지급하여야 한다.(2022.1.11 본항개정)
(2013.3.23 본조개정)
제24조【벌칙 적용에서 공무원 의제】 농업인등 지원위원회와 어업인등 지원위원회의 위원 중 공무원이 아닌 위원은 「형법」 제127조, 제129조부터 제132조까지의 규정을 적용할 때에는 공무원으로 본다.(2019.8.27 본조신설)

부 칙

제1조【시행일】 이 법은 공포 후 3개월이 경과한 날부터 시행한다.
제2조【소급적용】 제6조부터 제9조까지의 개정규정은 「대한민국과 유럽연합 및 그 회원국 간의 자유무역협정」의 발효일부터 소급하여 적용한다.<2011.7.1 발효>
제3조【경과조치】 이 법 시행 당시 종전의 「자유무역협정 체결에 따른 농어업인 등의 지원에 관한 특별법」에 따른 처분이나 절차, 그 밖의 행위는 이 법에 따른 처분이나 절차, 그 밖의 행위로 본다.
제4조【다른 법률의 개정】 ①~③ ※(해당 법령에 가제정리 하였음)
제5조【다른 법령과의 관계】 이 법 시행 당시 다른 법령에서 종전의 「자유무역협정 체결에 따른 농어업인 등의 지원에 관한 특별법」 또는 그 규정을 인용하고 있는 경우 이 법 가운데 그에 해당하는 규정이 있으면 종전의 「자유무역협정 체결에 따른 농어업인 등의 지원에 관한 특별법」 또는 그 규정을 갈음하여 이 법 또는 이 법의 해당 규정을 인용한 것으로 본다.

부 칙 (2012.1.17)

제1조【시행일】 이 법은 공포 후 3개월이 경과한 날부터 시행한다.
제2조【소급적용】 제7조제1항제1호 및 제8조제4항의 개정규정은 「대한민국과 유럽연합 및 그 회원국 간의 자유무역협정」의 발효일부터 소급하여 적용한다.<2011.7.1 발효>

부 칙 (2017.1.17)

제1조【시행일】 이 법은 공포한 날부터 시행한다.
제2조【유효기간】 제18조의2제4항은 이 법 시행 후 10년간 효력을 가진다.
제3조【지급단가 산출에 관한 적용례】 제8조제2항의 개정규정은 2016년에 지급하는 피해보전직접지불금의 지급단가를 산출하는 경우부터 적용한다.
제4조【피해보전직접지불금 지급기간 변경에 관한 경과조치】 이 법 시행 전에 종전의 제6조에 따라 지급된 피해보전직접지불금을 이 법 시행 이후에 환수하는 경우에는 제6조의 개정규정에도 불구하고 제21조를 적용한다.

부 칙 (2019.8.27 법16548호)

이 법은 공포 후 3개월이 경과한 날부터 시행한다.

부 칙 (2019.8.27 법16568호)
(2020.2.18)
(2020.12.29)
(2022.1.11)

제1조【시행일】 이 법은 공포 후 1년이 경과한 날부터 시행한다.(이하 생략)

(舊 : 농산물품질관리법)

농수산물 품질관리법

(약칭 : 농수산물품질법)

(2011년 7월 21일
전부개정법률 제10885호)

개정
2011.11.22법11101호(소금산업진흥법)
2012. 6. 1법11458호(종자산업법)
2012. 6. 1법11459호(친환경농어업육성및유기식품등의관리 · 지원에관한법)
2013. 3.23법11690호(정부조직)
2013. 8.13법12064호 2014. 3.24법12510호
2014. 5.20법12604호
2014. 6.11법12753호(특허)
2015. 3.27법13268호(수산물유통의관리및지원에관한법)
2015. 6.22법13383호(수산업 · 어촌발전기본법)
2016. 2.29법14033호(상표)
2016. 2.29법14035호(특허)
2016.12. 2법14293호
2016.12.27법14483호(종자산업법)
2017. 4.18법14771호 2017.11.28법15068호
2018. 2.21법15384호 2018. 6.12법15707호
2019. 1.15법16277호 2019. 8.27법16540호
2019. 8.27법16568호(양식산업발전법)
2019.12.10법16781호 2020. 2.18법17024호
2020. 2.18법17037호(수산식품산업의육성및지원에관한법)
2020.12. 8법17618호(양식산업발전법)
2021.12.21법18599호 2022. 2. 3법18809호
2022. 6.10법18878호 2023. 8.16법19637호

제1장 총 칙

제1조【목적】 이 법은 농수산물의 적절한 품질관리를 통하여 농수산물의 안전성을 확보하고 상품성을 향상하며 공정하고 투명한 거래를 유도함으로써 농어업인의 소득 증대와 소비자 보호에 이바지하는 것을 목적으로 한다.

제2조【정의】 ① 이 법에서 사용하는 용어의 뜻은 다음과 같다.
1. "농수산물"이란 다음 각 목의 농산물과 수산물을 말한다.
가. 농산물 : 「농업 · 농촌 및 식품산업 기본법」 제3조제6호가목의 농산물(2015.6.22 본목개정)
나. 수산물 : 「수산업 · 어촌 발전 기본법」 제3조제1호가목에 따른 어업활동 및 같은 호 마목에 따른 양식업활동으로부터 생산되는 산물(「소금산업 진흥법」 제2조제1호에 따른 소금은 제외한다)(2020.12.8 본목개정)
2. "생산자단체"란 「농업 · 농촌 및 식품산업 기본법」 제3조제4호, 「수산업 · 어촌 발전 기본법」 제3조제5호의 생산자단체와 그 밖에 농림축산식품부령 또는 해양수산부령으로 정하는 단체를 말한다.(2015.6.22 본호개정)
3. "물류표준화"란 농수산물의 운송 · 보관 · 하역 · 포장 등 물류의 각 단계에서 사용되는 기기 · 용기 · 설비 · 정보 등을 규격화하여 호환성과 연계성을 원활히 하는 것을 말한다.
4. "농산물우수관리"란 농산물(축산물은 제외한다. 이하 이 호에서 같다)의 안전성을 확보하고 농업환경을 보전하기 위하여 농산물의 생산, 수확 후 관리(농산물의 저장 · 세척 · 건조 · 선별 · 박피 · 절단 · 조제 · 포장 등을 포함한다) 및 유통의 각 단계에서 작물이 재배되는 농경지 및 농업용수 등의 농업환경과 농산물에 잔류할 수 있는 농약, 중금속, 잔류성 유기오염물질 또는 유해생물 등의 위해요소를 적절하게 관리하는 것을 말한다.
(2016.12.2 본호개정)
5.~6. (2012.6.1 삭제)
7. "이력추적관리"란 농수산물(축산물은 제외한다. 이하 이 호에서 같다)의 안전성 등에 문제가 발생할 경우 해당 농수산물을 추적하여 원인을 규명하고 필요한 조치를 할 수 있도록 농수산물의 생산단계부터 판매단계까지 각 단계별로 정보를 기록 · 관리하는 것을 말한다.
8. "지리적표시"란 농수산물 또는 제13호에 따른 농수산가공품의 명성 · 품질, 그 밖의 특징이 본질적으로 특정 지역의 지리적 특성에 기인하는 경우 해당 농수산물 또는 농수산가공품에 표시하는 다음 각 목의 것을 말한다.
(2023.8.16 본문개정)
가. 농수산물의 경우 해당 농수산물이 그 특정 지역에서 생산되었음을 나타내는 표시
나. 농수산가공품의 경우 다음의 구분에 따른 사실을 나타내는 표시
1) 「수산업법」 제40조에 따라 어업허가를 받은 자가 어획한 어류를 원료로 하는 수산가공품 : 그 특정 지역에서 제조 및 가공된 사실
2) 그 외의 농수산가공품 : 그 특정 지역에서 생산된 농수산물로 제조 및 가공된 사실
(2023.8.16 가목~나목신설)
9. "동음이의어 지리적표시"란 동일한 품목에 대하여 지리적표시를 할 때 타인의 지리적표시와 발음은 같지만 해당 지역이 다른 지리적표시를 말한다.(2020.2.18 본호개정)
10. "지리적표시권"이란 이 법에 따라 등록된 지리적표시(동음이의어 지리적표시를 포함한다. 이하 같다)를 배타적으로 사용할 수 있는 지식재산권을 말한다.
11. "유전자변형농수산물"이란 인공적으로 유전자를 분리하거나 재조합하여 의도한 특성을 갖도록 한 농수산물을 말한다.
12. "유해물질"이란 농약, 중금속, 항생물질, 잔류성 유기오염물질, 병원성 미생물, 곰팡이 독소, 방사성물질, 유독성 물질 등 식품에 잔류하거나 오염되어 사람의 건강에 해를 끼칠 수 있는 물질로서 총리령으로 정하는 것을 말한다.(2013.3.23 본호개정)
13. "농수산가공품"이란 다음 각 목의 것을 말한다.
가. 농산가공품 : 농산물을 원료 또는 재료로 하여 가공한 제품
나. 수산가공품 : 수산물을 대통령령으로 정하는 원료 또는 재료의 사용비율 또는 성분함량 등의 기준에 따라 가공한 제품
14. (2017.11.28 삭제)
② 이 법에서 따로 정의되지 아니한 용어는 「농업 · 농촌 및 식품산업 기본법」과 「수산업 · 어촌 발전 기본법」에서 정하는 바에 따른다.(2015.6.22 본항개정)

제3조【농수산물품질관리심의회의 설치】 ① 이 법에 따른 농수산물 및 수산가공품의 품질관리 등에 관한 사항을 심의하기 위하여 농림축산식품부장관 또는 해양수산부장관 소속으로 농수산물품질관리심의회(이하 "심의회"라 한다)를 둔다.(2013.3.23 본항개정)
② 심의회는 위원장 및 부위원장 각 1명을 포함한 60명 이내의 위원으로 구성한다.
③ 위원장은 위원 중에서 호선(互選)하고 부위원장은 위원장이 위원 중에서 지명하는 사람으로 한다.
④ 위원은 다음 각 호의 사람으로 한다.
1. 교육부, 산업통상자원부, 보건복지부, 환경부, 식품의약품안전처, 농촌진흥청, 산림청, 특허청, 공정거래위원회 소속 공무원 중 소속 기관의 장이 지명한 사람과 농림축산식품부 소속 공무원 중 농림축산식품부장관이 지명한 사람 또는 해양수산부 소속 공무원 중 해양수산부장관이 지명한 사람(2013.3.23 본호개정)
2. 다음 각 목의 단체 및 기관의 장이 소속 임원 · 직원 중에서 지명한 사람
가. 「농업협동조합법」에 따른 농업협동조합중앙회
나. 「산림조합법」에 따른 산림조합중앙회
다. 「수산업협동조합법」에 따른 수산업협동조합중앙회
라. 「한국농수산식품유통공사법」에 따른 한국농수산식품유통공사
마. 「식품위생법」에 따른 한국식품산업협회
바. 「정부출연연구기관 등의 설립 · 운영 및 육성에 관한 법률」에 따른 한국농촌경제연구원
사. 「정부출연연구기관 등의 설립 · 운영 및 육성에 관한 법률」에 따른 한국해양수산개발원
아. 「과학기술분야 정부출연연구기관 등의 설립 · 운영 및 육성에 관한 법률」에 따른 한국식품연구원
자. 「한국보건산업진흥원법」에 따른 한국보건산업진흥원
차. 「소비자기본법」에 따른 한국소비자원
3. 시민단체(「비영리민간단체 지원법」 제2조에 따른 비영리민간단체를 말한다)에서 추천한 사람 중에서 농림축산식품부장관 또는 해양수산부장관이 위촉한 사람
4. 농수산물의 생산 · 가공 · 유통 또는 소비 분야에 전문적인 지식이나 경험이 풍부한 사람 중에서 농림축산식품부장관 또는 해양수산부장관이 위촉한 사람
(2013.3.23 3호~4호개정)
⑤ 제4항제3호 및 제4호에 따른 위원의 임기는 3년으로 한다.
⑥ 심의회에 농수산물 및 농수산가공품의 지리적표시 등록심의를 위한 지리적표시 등록심의 분과위원회를 둔다.
⑦ 심의회의 업무 중 특정한 분야의 사항을 효율적으로 심의하기 위하여 대통령령으로 정하는 분야별 분과위원회를 둘 수 있다.
⑧ 제6항에 따른 지리적표시 등록심의 분과위원회 및 제7항에 따른 분야별 분과위원회에서 심의한 사항은 심의회에서 심의된 것으로 본다.
⑨ 농수산물 품질관리 등의 국제 동향을 조사 · 연구하게 하기 위하여 심의회에 연구위원을 둘 수 있다.(2017.4.18 본항신설)
⑩ 제1항부터 제9항까지에서 규정한 사항 외에 심의회 및 분과위원회의 구성과 운영 등에 필요한 사항은 대통령령으로 정한다.(2017.4.18 본항개정)

제4조【심의회의 직무】 심의회는 다음 각 호의 사항을 심의한다.
1. 표준규격 및 물류표준화에 관한 사항
2. 농산물우수관리 · 수산물품질인증 및 이력추적관리에 관한 사항(2012.6.1 본호개정)
3. 지리적표시에 관한 사항
4. 유전자변형농수산물의 표시에 관한 사항
5. 농수산물(축산물은 제외한다)의 안전성조사 및 그 결과에 대한 조치에 관한 사항
6. 농수산물(축산물은 제외한다) 및 수산가공품의 검사에 관한 사항
7. 농수산물의 안전 및 품질관리에 관한 정보의 제공에 관하여 총리령, 농림축산식품부령 또는 해양수산부령으로 정하는 사항(2013.3.23 본호개정)
8. 제69조에 따른 수산물의 생산 · 가공시설 및 해역(海域)의 위생관리기준에 관한 사항(2020.2.18 본호개정)
9. 수산물 및 수산가공품의 제70조에 따른 위해요소중점관리기준에 관한 사항
10. 지정해역의 지정에 관한 사항
11. 다른 법령에서 심의회의 심의사항으로 정하고 있는 사항
12. 그 밖에 농수산물 및 수산가공품의 품질관리 등에 관하여 위원장이 심의에 부치는 사항

제2장 농수산물의 표준규격 및 품질관리

제1절 농수산물의 표준규격

제5조【표준규격】 ① 농림축산식품부장관 또는 해양수산부장관은 농수산물(축산물은 제외한다. 이하 이 조에서 같다)의 상품성을 높이고 유통 능률을 향상시키며 공정한 거래를 실현하기 위하여 농수산물의 포장규격과 등급규격(이하 "표준규격"이라 한다)을 정할 수 있다.
(2013.3.23 본항개정)
② 표준규격에 맞는 농수산물(이하 "표준규격품"이라 한다)을 출하하는 자는 포장 겉면에 표준규격품의 표시를 할 수 있다.
③ 표준규격의 제정기준, 제정절차 및 표시방법 등에 필요한 사항은 농림축산식품부령 또는 해양수산부령으로 정한다.(2013.3.23 본항개정)

제5조의2【권장품질표시】 ① 농림축산식품부장관은 포장재 또는 용기로 포장된 농산물(축산물은 제외한다. 이하 이 조에서 같다)의 상품성을 높이고 공정한 거래를 실현하기 위하여 제5조에 따른 표준규격품의 표시를 하지 아니한 농산물의 포장 겉면에 등급 · 당도 등 품질을 표시(이하 "권장품질표시"라 한다)하는 기준을 따로 정할 수 있다.
② 농산물을 유통 · 판매하는 자는 제5조에 따른 표준규격품의 표시를 하지 아니한 경우 포장 겉면에 권장품질표시를 할 수 있다.
③ 권장품질표시의 기준 및 방법 등에 필요한 사항은 농림축산식품부령으로 정한다.
(2018.2.21 본조신설)

제2절 농산물우수관리

제6조【농산물우수관리의 인증】 ① 농림축산식품부장관은 농산물우수관리의 기준(이하 "우수관리기준"이라 한다)을 정하여 고시하여야 한다.(2013.3.23 본항개정)
② 우수관리기준에 따라 농산물(축산물은 제외한다. 이하 이 절에서 같다)을 생산 · 관리하는 자 또는 우수관리기준에 따라 생산 · 관리된 농산물을 포장하여 유통하는 자는 제9조에 따라 지정된 농산물우수관리인증기관(이하 "우수관리인증기관"이라 한다)으로부터 농산물우수관리의 인증(이하 "우수관리인증"이라 한다)을 받을 수 있다.
③ 우수관리인증을 받으려는 자는 우수관리인증기관에 우수관리인증의 신청을 하여야 한다. 다만, 다음 각 호의 어느 하나에 해당하는 자는 우수관리인증을 신청할 수 없다.
1. 제8조제1항에 따라 우수관리인증이 취소된 후 1년이 지나지 아니한 자
2. 제119조 또는 제120조를 위반하여 벌금 이상의 형이 확정된 후 1년이 지나지 아니한 자
④ 우수관리인증기관은 제3항에 따라 우수관리인증 신청을 받은 경우 제7항에 따른 우수관리인증의 기준에 맞는지를 심사하여 그 결과를 알려야 한다.
⑤ 우수관리인증기관은 제4항에 따라 우수관리인증을 한 경우 우수관리인증을 받은 자가 우수관리기준을 지키는지 조사 · 점검하여야 하며, 필요한 경우에는 자료제출 요청 등을 할 수 있다.
⑥ 우수관리인증을 받은 자는 우수관리기준에 따라 생산 · 관리한 농산물(이하 "우수관리인증농산물"이라 한다)의 포장 · 용기 · 송장(送狀) · 거래명세표 · 간판 · 차량 등에 우수관리인증의 표시를 할 수 있다.
⑦ 우수관리인증의 기준 · 대상품목 · 절차 및 표시방법 등 우수관리인증에 필요한 세부사항은 농림축산식품부령으로 정한다.(2013.3.23 본항개정)

제7조【우수관리인증의 유효기간 등】 ① 우수관리인증의 유효기간은 우수관리인증을 받은 날부터 2년으로 한다. 다만, 품목의 특성에 따라 달리 적용할 필요가 있는 경우에는 10년의 범위에서 농림축산식품부령으로 유효기간을 달리 정할 수 있다.(2013.3.23 단서개정)
② 우수관리인증을 받은 자가 유효기간이 끝난 후에도 계속하여 우수관리인증을 유지하려는 경우에는 그 유효기간이 끝나기 전에 해당 우수관리인증기관의 심사를 받아 우수관리인증을 갱신하여야 한다.
③ 우수관리인증을 받은 자는 제1항의 유효기간 내에 해당 품목의 출하가 종료되지 아니할 경우에는 해당 우수관리인증기관의 심사를 받아 우수관리인증의 유효기간을 연장할 수 있다.
④ 제1항에 따른 우수관리인증의 유효기간이 끝나기 전에 생산계획 등 농림축산식품부령으로 정하는 중요 사항을 변경하려는 자는 미리 우수관리인증의 변경을 신청하여 해당 우수관리인증기관의 승인을 받아야 한다.
(2013.3.23 본항개정)
⑤ 우수관리인증의 갱신절차 및 유효기간 연장의 절차 등에 필요한 세부적인 사항은 농림축산식품부령으로 정한다.(2013.3.23 본항개정)

제8조【우수관리인증의 취소 등】 ① 우수관리인증기관은 우수관리인증을 한 후 제6조제5항에 따른 조사, 점검, 자료제출 요청 등의 과정에서 다음 각 호의 사항이 확인되면 우수관리인증을 취소하거나 3개월 이내의 기간을 정하여 그 우수관리인증의 표시정지를 명하거나 시정명령을 할 수 있다. 다만, 제1호 또는 제3호의 경우에는 우수관리인증을 취소하여야 한다.(2016.12.2 본문개정)
1. 거짓이나 그 밖의 부정한 방법으로 우수관리인증을 받은 경우
2. 우수관리기준을 지키지 아니한 경우
3. 업종전환·폐업 등으로 우수관리인증농산물을 생산하기 어렵다고 판단되는 경우(2020.2.18 본호개정)
4. 우수관리인증을 받은 자가 정당한 사유 없이 제6조제5항에 따른 조사·점검 또는 자료제출 요청에 따르지 아니한 경우(2020.2.18 본호개정)
4의2. 우수관리인증을 받은 자가 제6조제7항에 따른 우수관리인증의 표시방법을 위반한 경우(2016.12.2 본호신설)
5. 제7조제4항에 따른 우수관리인증의 변경승인을 받지 아니하고 중요 사항을 변경한 경우
6. 우수관리인증의 표시정지기간 중에 우수관리인증의 표시를 한 경우

② 우수관리인증기관은 제1항에 따라 우수관리인증을 취소하거나 그 표시를 정지한 경우 지체 없이 우수관리인증을 받은 자와 농림축산식품부장관에게 그 사실을 알려야 한다.(2013.3.23 본항개정)
③ 우수관리인증 취소 등의 기준·절차 및 방법 등에 필요한 세부사항은 농림축산식품부령으로 정한다.
(2013.3.23 본항개정)

제9조【우수관리인증기관의 지정 등】 ① 농림축산식품부장관은 우수관리인증에 필요한 인력과 시설 등을 갖춘 자를 우수관리인증기관으로 지정하여 다음 각 호의 업무의 전부 또는 일부를 하도록 할 수 있다. 다만, 외국에서 수입되는 농산물에 대한 우수관리인증의 경우에는 농림축산식품부장관이 정한 기준을 갖춘 외국의 기관도 우수관리인증기관으로 지정할 수 있다.(2017.4.18 본문개정)
1. 우수관리인증(2017.4.18 본호신설)
2. 제11조에 따른 농산물우수관리시설(이하 "우수관리시설"이라 한다)의 지정(2017.4.18 본호신설)

② 우수관리인증기관으로 지정을 받으려는 자는 농림축산식품부장관에게 인증기관 지정 신청을 하여야 하며, 우수관리인증기관으로 지정받은 후 농림축산식품부령으로 정하는 중요사항이 변경되었을 때에는 변경신고를 하여야 한다. 다만, 제10조에 따라 우수관리인증기관 지정이 취소된 후 2년이 지나지 아니한 경우에는 신청을 할 수 없다.(2013.3.23 본문개정)
③ 농림축산식품부장관은 제2항 본문에 따른 변경신고를 받은 날부터 10일 이내에 신고수리 여부를 신고인에게 통지하여야 한다.(2019.8.27 본항신설)
④ 농림축산식품부장관이 제3항에서 정한 기간 내에 신고수리 여부 또는 민원 처리 관련 법령에 따른 처리기간의 연장을 신고인에게 통지하지 아니하면 그 기간(민원 처리 관련 법령에 따라 처리기간이 연장 또는 재연장된 경우에는 해당 처리기간을 말한다)이 끝난 날의 다음 날에 신고를 수리한 것으로 본다.(2019.8.27 본항신설)
⑤ 우수관리인증기관 지정의 유효기간은 지정을 받은 날부터 5년으로 하고, 계속 우수관리인증 또는 우수관리시설의 지정 업무를 수행하려면 유효기간이 끝나기 전에 그 지정을 갱신하여야 한다.(2017.4.18 본항개정)
⑥ 농림축산식품부장관은 제10조에 따라 지정이 취소된 우수관리인증기관으로부터 우수관리인증 또는 우수관리시설의 지정을 받은 자에게 다른 우수관리인증기관으로부터 제7조에 따른 갱신, 유효기간 연장 또는 변경을 할 수 있도록 취소된 사항을 알려야 한다.(2017.4.18 본항개정)
⑦ 우수관리인증기관의 지정기준, 지정절차 및 지정방법 등에 필요한 세부사항은 농림축산식품부령으로 정한다.
(2013.3.23 본항개정)

제9조의2【우수관리인증기관의 준수사항】 우수관리인증기관은 다음 각 호의 사항을 준수하여야 한다.
1. 우수관리인증 또는 우수관리시설의 지정 과정에서 얻은 정보와 자료를 우수관리인증 또는 우수관리시설의 지정 신청인의 서면동의 없이 공개하거나 제공하지 아니할 것. 다만, 이 법 또는 다른 법령에 따라 공개하거나 제공하는 경우는 제외한다.(2017.4.18 본문개정)
2. 우수관리인증 또는 우수관리시설의 지정의 신청, 심사 및 사후관리에 관한 자료를 농림축산식품부령으로 정하는 바에 따라 보관할 것(2017.4.18 본호개정)
3. 우수관리인증 또는 우수관리시설의 지정 결과 및 사후관리 결과를 농림축산식품부령으로 정하는 바에 따라 농림축산식품부장관에게 보고할 것(2017.4.18 본호개정)

(2016.12.2 본조신설)

제10조【우수관리인증기관의 지정 취소 등】 ① 농림축산식품부장관은 우수관리인증기관이 다음 각 호의 어느 하나에 해당하면 우수관리인증기관의 지정을 취소하거나 6개월 이내의 기간을 정하여 우수관리인증 및 우수관리시설의 지정 업무의 정지를 명할 수 있다. 다만, 제1호부터 제3호까지의 규정 중 어느 하나에 해당하면 우수관리인증기관의 지정을 취소하여야 한다.(2017.4.18 본문개정)
1. 거짓이나 그 밖의 부정한 방법으로 지정을 받은 경우
2. 업무정지 기간 중에 우수관리인증 또는 우수관리시설의 지정 업무를 한 경우(2017.4.18 본호개정)
3. 우수관리인증기관의 해산·부도로 인하여 우수관리인증 또는 우수관리시설의 지정 업무를 할 수 없는 경우(2017.4.18 본호개정)
4. 제9조제2항 본문에 따른 중요 사항에 대한 변경신고를 하지 아니하고 우수관리인증 또는 우수관리시설의 지정 업무를 계속한 경우(2017.4.18 본호개정)
5. 우수관리인증 또는 우수관리시설의 지정 업무와 관련하여 우수관리인증기관의 장 등 임원·직원에 대하여 벌금 이상의 형이 확정된 경우(2017.4.18 본호개정)
6. 제9조제7항에 따른 지정기준을 갖추지 아니한 경우(2019.8.27 본호개정)
6의2. 제9조의2에 따른 준수사항을 지키지 아니한 경우(2016.12.2 본호신설)
7. 우수관리인증 또는 우수관리시설 지정의 기준을 잘못 적용하는 등 우수관리인증 또는 우수관리시설의 지정 업무를 잘못한 경우(2017.4.18 본호개정)
8. 정당한 사유 없이 1년 이상 우수관리인증 및 우수관리시설의 지정 실적이 없는 경우(2017.4.18 본호개정)
9. 제13조의2제2항 또는 제31조제3항을 위반하여 농림축산식품부장관의 요구를 정당한 이유 없이 따르지 아니한 경우(2017.4.18 본호개정)
10. (2019.8.27 삭제)

② 제1항에 따른 지정 취소 등의 세부 기준은 농림축산식품부령으로 정한다.(2013.3.23 본항개정)

제11조【농산물우수관리시설의 지정 등】 ① 농림축산식품부장관은 농산물의 수확 후 위생·안전 관리를 위하여 우수관리인증기관으로 하여금 다음 각 호의 시설 중 인력 및 설비 등이 농림축산식품부령으로 정하는 기준에 맞는 시설을 농산물우수관리시설로 지정하도록 할 수 있다.
(2017.4.18 본문개정)
1. 「양곡관리법」 제22조에 따른 미곡종합처리장
2. 「농수산물 유통 및 가격안정에 관한 법률」 제51조에 따른 농수산물산지유통센터
3. 그 밖에 농산물의 수확 후 관리를 하는 시설로서 농림축산식품부장관이 정하여 고시하는 시설(2013.3.23 본호개정)

② 제1항에 따라 우수관리시설로 지정받으려는 자는 관리하려는 농산물의 품목 등을 정하여 우수관리인증기관에 신청하여야 하며, 우수관리시설로 지정받은 후 농림축산식품부령으로 정하는 중요 사항이 변경되었을 때에는 해당 우수관리인증기관에 변경신고를 하여야 한다. 다만, 제12조에 따라 우수관리시설 지정이 취소된 후 1년이 지나지 아니한 경우 지정 신청을 할 수 없다.(2017.4.18 본문개정)
③ 우수관리인증기관은 제2항 본문에 따른 우수관리시설의 지정 신청 또는 변경신고를 받은 경우 제1항에 따른 우수관리시설의 지정 기준에 맞는지를 심사하여 지정결과 또는 변경신고의 수리여부를 통지하여야 한다. 이 경우 변경신고의 수리여부는 변경신고를 받은 날부터 10일 이내에 통지하여야 한다.(2019.8.27 본항개정)
④ 우수관리인증기관이 제3항 후단에서 정한 기간 내에 신고수리 여부 또는 민원 처리 관련 법령에 따른 처리기간의 연장을 신고인에게 통지하지 아니하면 그 기간(민원 처리 관련 법령에 따라 처리기간이 연장 또는 재연장된 경우에는 해당 처리기간을 말한다)이 끝난 날의 다음 날에 신고를 수리한 것으로 본다.(2019.8.27 본항신설)
⑤ 우수관리인증기관은 제1항에 따라 우수관리시설의 지정을 한 경우 우수관리시설의 지정을 받은 자가 우수관리시설의 지정 기준을 지키는지 조사·점검하여야 하며, 필요한 경우에는 자료제출 요청 등을 할 수 있다.
(2017.4.18 본항신설)
⑥ 우수관리시설을 운영하는 자는 우수관리인증 대상 농산물 또는 우수관리인증농산물을 우수관리기준에 따라 관리하여야 한다.
⑦ 우수관리시설의 지정 유효기간은 5년으로 하되, 우수관리시설 지정의 효력을 유지하기 위하여는 유효기간이 끝나기 전에 그 지정을 갱신하여야 한다.
⑧ 우수관리시설의 지정 기준 및 절차 등에 필요한 세부사항은 농림축산식품부령으로 정한다.(2013.3.23 본항개정)

제12조【우수관리시설의 지정 취소 등】 ① 우수관리인증기관은 우수관리시설이 다음 각 호의 어느 하나에 해당하면 그 지정을 취소하거나 6개월 이내의 기간을 정하여 우수관리인증 대상 농산물에 대한 농산물우수관리 업무의 정지를 명하거나 시정명령을 할 수 있다. 다만, 제1호부터 제3호까지의 규정 중 어느 하나에 해당하면 지정을 취소하여야 한다.(2017.4.18 본문개정)
1. 거짓이나 그 밖의 부정한 방법으로 지정을 받은 경우
2. 업무정지 기간 중에 농산물우수관리 업무를 한 경우
3. 우수관리시설을 운영하는 자가 해산·부도로 인하여 농산물우수관리 업무를 할 수 없는 경우
4. 제11조제1항에 따른 지정기준을 갖추지 못하게 된 경우
5. 제11조제2항 본문에 따른 중요 사항에 대한 변경신고를 하지 아니하고 우수관리인증 대상 농산물을 취급(세척 등 단순가공·포장·저장·거래·판매를 포함한다)한 경우(2017.4.18 본호개정)
6. 농산물우수관리 업무와 관련하여 시설의 대표자 등 임원·직원에 대하여 벌금 이상의 형이 확정된 경우
7. 우수관리시설의 지정을 받은 자가 정당한 사유 없이 제11조제5항에 따른 조사·점검 또는 자료제출 요청을 따르지 아니한 경우(2020.2.18 본호개정)
8. 제11조제6항을 위반하여 우수관리인증 대상 농산물 또는 우수관리인증농산물을 우수관리기준에 따라 관리하지 아니한 경우(2019.8.27 본호개정)
9. (2019.8.27 삭제)

② 제1항에 따른 지정 취소 및 업무정지의 기준·절차 등 세부적인 사항은 농림축산식품부령으로 정한다.
(2013.3.23 본항개정)

제12조의2【농산물우수관리 관련 교육·홍보 등】 농림축산식품부장관은 농산물우수관리를 활성화하기 위하여 소비자, 우수관리인증을 받았거나 받으려는 자, 우수관리인증기관 등에게 교육·홍보, 컨설팅 지원 등의 사업을 수행할 수 있다.(2014.3.24 본조신설)

제13조【농산물우수관리 관련 보고 및 점검 등】 ① 농림축산식품부장관은 농산물우수관리를 위하여 필요하다고 인정하면 우수관리인증기관, 우수관리시설을 운영하는 자 또는 우수관리인증을 받은 자로 하여금 그 업무에 관한 사항을 보고(「정보통신망 이용촉진 및 정보보호 등에 관한 법률」에 따른 정보통신망을 이용하여 보고하는 경우를 포함한다. 이하 같다)하게 하거나 자료를 제출(「정보통신망 이용촉진 및 정보보호 등에 관한 법률」에 따른 정보통신망을 이용하여 제출하는 경우를 포함한다. 이하 같다)하게 할 수 있으며, 관계 공무원에게 사무소 등을 출입하여 시설·장비 등을 점검하고 관계 장부나 서류를 조사하게 할 수 있다.(2013.3.23 본항개정)
② 제1항에 따라 보고·자료제출·점검 또는 조사를 할 때 우수관리인증기관, 우수관리시설을 운영하는 자 및 우수관리인증을 받은 자는 정당한 사유 없이 이를 거부·방해하거나 기피하여서는 아니 된다.
③ 제1항에 따라 점검이나 조사를 할 때에는 미리 점검이나 조사의 일시, 목적, 대상 등을 점검 또는 조사 대상자에게 알려야 한다. 다만, 긴급한 경우나 미리 알리면 그 목적을 달성할 수 없다고 인정되는 경우에는 알리지 아니할 수 있다.
④ 제1항에 따라 점검이나 조사를 하는 관계 공무원은 그 권한을 표시하는 증표를 지니고 이를 관계인에게 보여주어야 하며, 성명·출입시간·출입목적 등이 표시된 문서를 관계인에게 내주어야 한다.

제13조의2【우수관리시설 점검·조사 등의 결과에 따른 조치 등】 ① 농림축산식품부장관은 제13조제1항에 따른 점검·조사 등의 결과 우수관리시설이 제12조제1항 각 호의 어느 하나에 해당하면 해당 우수관리인증기관에 농림축산식품부령으로 정하는 바에 따라 우수관리시설의 지정을 취소하거나 우수관리인증 대상 농산물에 대한 농산물우수관리 업무의 정지 또는 시정을 명하도록 요구하여야 한다.
② 우수관리인증기관은 제1항에 따른 요구가 있는 경우 지체 없이 이에 따라야 하며, 처분 후 그 내용을 농림축산식품부장관에게 보고하여야 한다.
③ 제1항의 경우 제10조에 따라 우수관리인증기관의 지정이 취소된 후 새로운 우수관리인증기관이 지정되지 아니하거나 해당 우수관리인증기관이 업무정지 중인 경우에는 농림축산식품부장관이 우수관리시설의 지정을 취소하거나 6개월 이내의 기간을 정하여 우수관리인증 대상 농산물에 대한 농산물우수관리 업무의 정지를 명하거나 시정명령을 할 수 있다.
(2017.4.18 본조신설)

제3절 수산물에 대한 품질인증
(2017.11.28 본절제목개정)

제14조【수산물의 품질인증】 ① 해양수산부장관은 수산물의 품질을 향상시키고 소비자를 보호하기 위하여 품질인증제도를 실시한다.(2017.11.28 본항개정)
② 제1항에 따른 품질인증(이하 "품질인증"이라 한다)을 받으려는 자는 해양수산부령으로 정하는 바에 따라 해양수산부장관에게 신청하여야 한다. 다만, 다음 각 호의 어느 하나에 해당하는 자는 품질인증을 신청할 수 없다.
(2020.2.18 단서신설)
1. 제16조에 따라 품질인증이 취소된 후 1년이 지나지 아니한 자(2020.2.18 본호신설)
2. 제119조 또는 제120조를 위반하여 벌금 이상의 형이 확정된 후 1년이 지나지 아니한 자(2020.2.18 본호신설)

③ 품질인증을 받은 자는 품질인증을 받은 수산물(이하 "품질인증품"이라 한다)의 포장·용기 등에 해양수산부령으로 정하는 바에 따라 품질인증품임을 표시할 수 있다.
(2017.11.28 본항개정)
④ 품질인증의 기준·절차·표시방법 및 대상품목의 선정 등에 필요한 사항은 해양수산부령으로 정한다.
(2017.11.28 본조제목개정)
(2013.3.23 본조개정)

제15조【품질인증의 유효기간 등】 ① 품질인증의 유효기간은 품질인증을 받은 날부터 2년으로 한다. 다만, 품목의 특성상 달리 적용할 필요가 있는 경우에는 4년의 범위에서 해양수산부령으로 유효기간을 달리 정할 수 있다.

② 품질인증의 유효기간을 연장받으려는 자는 유효기간이 끝나기 전에 해양수산부령으로 정하는 바에 따라 해양수산부장관에게 연장신청을 하여야 한다.
③ 해양수산부장관은 제2항에 따른 신청을 받은 경우 제14조제4항에 따른 품질인증의 기준에 맞다고 인정되면 제1항에 따른 유효기간의 범위에서 유효기간을 연장할 수 있다.
(2013.3.23 본조개정)
제16조【품질인증의 취소】 해양수산부장관은 품질인증을 받은 자가 다음 각 호의 어느 하나에 해당하면 품질인증을 취소할 수 있다. 다만, 제1호에 해당하면 품질인증을 취소하여야 한다.(2013.3.23 본문개정)
1. 거짓이나 그 밖의 부정한 방법으로 인증을 받은 경우
2. 제14조제4항에 따른 품질인증의 기준에 현저하게 맞지 아니한 경우
3. 정당한 사유 없이 제31조제1항에 따른 품질인증품 표시의 시정명령, 해당 품목의 판매금지 또는 표시정지 조치에 따르지 아니한 경우
4. 업종전환·폐업 등으로 인하여 품질인증품을 생산하기 어렵다고 판단되는 경우(2020.2.18 본호개정)
제17조【품질인증기관의 지정 등】 ① 해양수산부장관은 수산물의 생산조건, 품질 및 안전성에 대한 심사·인증을 업무로 하는 법인 또는 단체로서 해양수산부장관의 지정을 받은 자(이하 "품질인증기관"이라 한다)로 하여금 제14조부터 제16조까지의 규정에 따른 품질인증에 관한 업무를 대행하게 할 수 있다.(2013.3.23 본항개정)
② 해양수산부장관, 특별시장·광역시장·도지사·특별자치도지사(이하 "시·도지사"라 한다) 또는 시장·군수·구청장(자치구의 구청장을 말한다. 이하 같다)은 어업인 스스로 수산물의 품질을 향상시키고 체계적으로 품질관리를 할 수 있도록 하기 위하여 제1항에 따라 품질인증기관으로 지정받은 다음 각 호의 단체 등에 대하여 자금을 지원할 수 있다.(2013.3.23 본문개정)
1. 수산물 생산자단체(어업인 단체만을 말한다)
2. 수산가공품을 생산하는 사업과 관련된 법인(「민법」 제32조에 따른 법인만을 말한다)
③ 품질인증기관으로 지정을 받으려는 자는 품질인증 업무에 필요한 시설과 인력을 갖추어 해양수산부장관에게 신청하여야 하며, 품질인증기관으로 지정받은 후 해양수산부령으로 정하는 중요 사항이 변경되었을 때에는 변경신고를 하여야 한다. 다만, 제18조에 따라 품질인증기관의 지정이 취소된 후 2년이 지나지 아니한 경우에는 신청할 수 없다.(2013.3.23 본문개정)
④ 해양수산부장관은 제3항 본문에 따른 변경신고를 받은 날부터 10일 이내에 신고수리 여부를 신고인에게 통지하여야 한다.(2020.2.18 본항신설)
⑤ 해양수산부장관이 제4항에서 정한 기간 내에 신고수리 여부 또는 민원 처리 관련 법령에 따른 처리기간의 연장을 신고인에게 통지하지 아니하면 그 기간(민원 처리 관련 법령에 따라 처리기간이 연장 또는 재연장된 경우에는 해당 처리기간을 말한다)이 끝난 날의 다음 날에 신고를 수리한 것으로 본다.(2020.2.18 본항신설)
⑥ 품질인증기관의 지정 기준, 절차 및 품질인증 업무의 범위 등에 필요한 사항은 해양수산부령으로 정한다.
(2013.3.23 본항개정)
제18조【품질인증기관의 지정 취소 등】 ① 해양수산부장관은 품질인증기관이 다음 각 호의 어느 하나에 해당하면 그 지정을 취소하거나 6개월 이내의 기간을 정하여 품질인증 업무의 전부 또는 일부의 정지를 명할 수 있다. 다만, 제1호부터 제4호까지 및 제6호 중 어느 하나에 해당하면 품질인증기관의 지정을 취소하여야 한다.(2013.3.23 본문개정)
1. 거짓이나 그 밖의 부정한 방법으로 품질인증기관으로 지정받은 경우
2. 업무정지 기간 중 품질인증 업무를 한 경우
3. 최근 3년간 2회 이상 업무정지처분을 받은 경우
4. 품질인증기관의 폐업이나 해산·부도로 인하여 품질인증 업무를 할 수 없는 경우
5. 제17조제3항 본문에 따른 변경신고를 하지 아니하고 품질인증 업무를 계속한 경우
6. 제17조제6항의 지정기준에 미치지 못하여 시정을 명하였으나 그 명령을 받은 날부터 1개월 이내에 이행하지 아니한 경우(2020.2.18 본호개정)
7. 제17조제6항의 업무범위를 위반하여 품질인증 업무를 한 경우(2020.2.18 본호개정)
8. 다른 사람에게 자기의 성명이나 상호를 사용하여 품질인증 업무를 하게 하거나 품질인증기관지정서를 빌려 준 경우
9. 품질인증 업무를 성실하게 수행하지 아니하여 공중에 위해를 끼치거나 품질인증을 위한 조사 결과를 조작한 경우
10. 정당한 사유 없이 1년 이상 품질인증 실적이 없는 경우
② 제1항에 따른 지정 취소 및 업무정지의 세부 기준은 해양수산부령으로 정한다.(2013.3.23 본항개정)
제19조【품질인증 관련 보고 및 점검 등】 ① 해양수산부장관은 품질인증을 위하여 필요하다고 인정하면 품질인증기관 또는 품질인증을 받은 자에 대하여 그 업무에 관한 사항을 보고하게 하거나 자료를 제출하게 할 수 있으며 관계 공무원에게 사무소 등에 출입하여 시설·장비 등을 점검하고 관계 장부나 서류를 조사하게 할 수 있다.
(2013.3.23 본항개정)
② 제1항에 따른 점검이나 조사에 관하여는 제13조제2항 및 제3항을 준용한다.
③ 제1항에 따라 점검이나 조사를 하는 관계 공무원에 관하여는 제13조제4항을 준용한다.

제4절 친환경농수산물의 인증

제20조~제23조 (2012.6.1 삭제)

제5절 이력추적관리

제24조【이력추적관리】 ① 다음 각 호의 어느 하나에 해당하는 자 중 이력추적관리를 하려는 자는 농림축산식품부장관에게 등록하여야 한다.
1. 농산물(축산물은 제외한다. 이하 이 절에서 같다)을 생산하는 자
2. 농산물을 유통 또는 판매하는 자(표시·포장을 변경하지 아니한 유통·판매자는 제외한다. 이하 같다)
② 제1항에도 불구하고 대통령령으로 정하는 농산물을 생산하거나 유통 또는 판매하는 자는 농림축산식품부장관에게 이력추적관리의 등록을 하여야 한다.
③ 제1항 또는 제2항에 따라 이력추적관리의 등록을 한 자는 농림축산식품부령으로 정하는 등록사항이 변경된 경우 변경 사유가 발생한 날부터 1개월 이내에 농림축산식품부장관에게 신고하여야 한다.
④ 농림축산식품부장관은 제3항에 따른 변경신고를 받은 날부터 10일 이내에 신고수리 여부를 신고인에게 통지하여야 한다.(2019.8.27 본항신설)
⑤ 농림축산식품부장관이 제4항에서 정한 기간 내에 신고수리 여부 또는 민원 처리 관련 법령에 따른 처리기간의 연장을 신고인에게 통지하지 아니하면 그 기간(민원 처리 관련 법령에 따라 처리기간이 연장 또는 재연장된 경우에는 해당 처리기간을 말한다)이 끝난 날의 다음 날에 신고를 수리한 것으로 본다.(2019.8.27 본항신설)
⑥ 제1항에 따라 이력추적관리의 등록을 한 자는 해당 농산물에 농림축산식품부령으로 정하는 바에 따라 이력추적관리의 표시를 할 수 있으며, 제2항에 따라 이력추적관리의 등록을 한 자는 해당 농산물에 이력추적관리의 표시를 하여야 한다.
⑦ 제1항에 따라 등록된 농산물 및 제2항에 따른 농산물(이하 "이력추적관리농산물"이라 한다)을 생산하거나 유통 또는 판매하는 자는 이력추적관리에 필요한 입고·출고 및 관리 내용을 기록하여 보관하는 등 농림축산식품부장관이 정하여 고시하는 기준(이하 "이력추적관리기준"이라 한다)을 지켜야 한다. 다만, 이력추적관리농산물을 유통 또는 판매하는 자 중 행상·노점상 등 대통령령으로 정하는 자는 예외로 한다.
⑧ 농림축산식품부장관은 제1항 또는 제2항에 따라 이력추적관리의 등록을 한 자에 대하여 이력추적관리에 필요한 비용의 전부 또는 일부를 지원할 수 있다.
⑨ 농림축산식품부장관은 제1항 또는 제2항에 따라 이력추적관리를 등록한 자의 농산물 이력정보를 공개할 수 있다. 이 경우 휴대전화기를 이용하는 등 소비자가 이력정보에 쉽게 접근할 수 있도록 하여야 한다.(2022.6.10 본항신설)
⑩ 이력추적관리의 대상품목, 등록절차, 등록사항, 그 밖에 등록에 필요한 세부적인 사항과 제9항에 따른 이력정보 공개에 필요한 사항은 농림축산식품부령으로 정한다.
(2022.6.10 본항개정)
(2015.3.27 본조개정)
제25조【이력추적관리 등록의 유효기간 등】 ① 제24조제1항 및 제2항에 따른 이력추적관리 등록의 유효기간은 등록한 날부터 3년으로 한다. 다만, 품목의 특성상 달리 적용할 필요가 있는 경우에는 10년의 범위에서 농림축산식품부령으로 유효기간을 달리 정할 수 있다.
(2015.3.27 단서개정)
② 다음 각 호의 어느 하나에 해당하는 자는 이력추적관리 등록의 유효기간이 끝나기 전에 이력추적관리의 등록을 갱신하여야 한다.
1. 제24조제1항에 따라 이력추적관리의 등록을 한 자로서 그 유효기간이 끝난 후에도 계속하여 해당 농산물에 대하여 이력추적관리를 하려는 자(2015.3.27 본호개정)
2. 제24조제2항에 따라 이력추적관리의 등록을 한 자로서 그 유효기간이 끝난 후에도 계속하여 해당 농산물을 생산하거나 유통 또는 판매하려는 자(2015.3.27 본호개정)
③ 제24조제1항 및 제2항에 따라 이력추적관리의 등록을 한 자가 제1항의 유효기간 내에 해당 품목의 출하를 종료하지 못할 경우에는 농림축산식품부장관의 심사를 받아 이력추적관리 등록의 유효기간을 연장할 수 있다.
(2015.3.27 본항개정)
④ 이력추적관리 등록의 갱신 및 유효기간 연장의 절차 등에 필요한 세부적인 사항은 농림축산식품부령으로 정한다.(2015.3.27 본항개정)
제26조【이력추적관리 자료의 제출 등】 ① 농림축산식품부장관은 이력추적관리농산물을 생산하거나 유통 또는 판매하는 자에게 농산물의 생산, 입고·출고와 그 밖에 이력추적관리에 필요한 자료제출을 요구할 수 있다.
② 이력추적관리농산물을 생산하거나 유통 또는 판매하는 자는 제1항에 따른 자료제출을 요구받은 경우에는 정당한 사유가 없으면 이에 따라야 한다.
③ 제1항에 따른 자료제출의 범위, 방법, 절차 등에 필요한 사항은 농림축산식품부령으로 정한다.
(2015.3.27 본조개정)
제27조【이력추적관리 등록의 취소 등】 ① 농림축산식품부장관은 제24조에 따라 등록한 자가 다음 각 호의 어느 하나에 해당하면 그 등록을 취소하거나 6개월 이내의 기간을 정하여 이력추적관리 표시정지를 명하거나 시정명령을 할 수 있다. 다만, 제1호, 제2호 또는 제7호에 해당하면 등록을 취소하여야 한다.(2016.12.2 본문개정)
1. 거짓이나 그 밖의 부정한 방법으로 등록을 받은 경우
2. 이력추적관리 표시정지 명령을 위반하여 계속 표시한 경우(2016.12.2 본호개정)
3. 제24조제3항에 따른 이력추적관리 등록변경신고를 하지 아니한 경우
4. 제24조제6항에 따른 표시방법을 위반한 경우
(2019.8.27 본호개정)
5. 이력추적관리기준을 지키지 아니한 경우
6. 제26조제2항을 위반하여 정당한 사유 없이 자료제출 요구를 거부한 경우
7. 업종전환·폐업 등으로 이력추적관리농산물을 생산, 유통 또는 판매하기 어렵다고 판단되는 경우(2020.2.18 본호개정)
② 제1항에 따른 등록취소, 표시정지 및 시정명령의 기준, 절차 등 세부적인 사항은 농림축산식품부령으로 정한다.
(2016.12.2 본항개정)

제6절 사후관리 등

제28조【지위의 승계 등】 ① 다음 각 호의 어느 하나에 해당하는 사유로 발생한 권리·의무를 가진 자가 사망하거나 그 권리·의무를 양도하는 경우 또는 법인이 합병한 경우에는 상속인, 양수인 또는 합병 후 존속하는 법인이나 합병으로 설립되는 법인이 그 지위를 승계할 수 있다.
1. 제9조에 따른 우수관리인증기관의 지정
2. 제11조에 따른 우수관리시설의 지정
3. 제17조에 따른 품질인증기관의 지정
② 제1항에 따라 지위를 승계하려는 자는 승계의 사유가 발생한 날부터 1개월 이내에 농림축산식품부령 또는 해양수산부령으로 정하는 바에 따라 각각 지정을 받은 기관에 신고하여야 한다.(2013.3.23 본항개정)
제28조의2【행정제재처분 효과의 승계】 제28조에 따라 지위를 승계한 경우 종전의 우수관리인증기관, 우수관리시설 또는 품질인증기관에 행한 행정제재처분의 효과는 그 처분이 있은 날부터 1년간 그 지위를 승계한 자에게 승계되며, 행정제재처분의 절차가 진행 중인 때에는 그 지위를 승계한 자에 대하여 그 절차를 계속 진행할 수 있다. 다만, 지위를 승계한 자가 그 지위의 승계 시에 그 처분 또는 위반사실을 알지 못하였음을 증명하는 때에는 그러하지 아니하다.(2019.8.27 본조신설)
제29조【거짓표시 등의 금지】 ① 누구든지 다음 각 호의 표시·광고 행위를 하여서는 아니 된다.
1. 표준규격품, 우수관리인증농산물, 품질인증품, 이력추적관리농산물(이하 "우수표시품"이라 한다)이 아닌 농수산물(우수관리인증농산물이 아닌 농산물의 경우에는 제7조제4항에 따른 승인을 받지 아니한 농산물을 포함한다) 또는 농수산가공품에 우수표시품의 표시를 하거나 이와 비슷한 표시를 하는 행위(2015.3.27 본호개정)
2. 우수표시품이 아닌 농수산물(우수관리인증농산물이 아닌 농산물의 경우에는 제7조제4항에 따른 승인을 받지 아니한 농산물을 포함한다) 또는 농수산가공품을 우수표시품으로 광고하거나 우수표시품으로 잘못 인식할 수 있도록 광고하는 행위
(2014.3.24 본항개정)
② 누구든지 다음 각 호의 행위를 하여서는 아니 된다.
1. 제5조제2항에 따라 표준규격품의 표시를 한 농수산물에 표준규격품이 아닌 농수산물 또는 농수산가공품을 혼합하여 판매하거나 혼합하여 판매할 목적으로 보관하거나 진열하는 행위
2. 제6조제6항에 따라 우수관리인증의 표시를 한 농산물에 우수관리인증농산물이 아닌 농산물(제7조제4항에 따른 승인을 받지 아니한 농산물을 포함한다) 또는 농산가공품을 혼합하여 판매하거나 혼합하여 판매할 목적으로 보관하거나 진열하는 행위(2014.3.24 본호개정)
3. 제14조제3항에 따라 품질인증품의 표시를 한 수산물에 품질인증품이 아닌 수산물을 혼합하여 판매하거나 혼합하여 판매할 목적으로 보관 또는 진열하는 행위
(2017.11.28 본호개정)
4. (2012.6.1 삭제)
5. 제24조제6항에 따라 이력추적관리의 표시를 한 농산물에 이력추적관리의 등록을 하지 아니한 농산물 또는 농산가공품을 혼합하여 판매하거나 혼합하여 판매할 목적으로 보관하거나 진열하는 행위(2019.8.27 본호개정)

제30조【우수표시품의 사후관리】 ① 농림축산식품부장관 또는 해양수산부장관은 우수표시품의 품질수준 유지와 소비자 보호를 위하여 필요한 경우에는 관계 공무원에게 다음 각 호의 조사 등을 하게 할 수 있다.
(2014.3.24 본문개정)
1. 우수표시품의 해당 표시에 대한 규격·품질 또는 인증·등록 기준에의 적합성 등의 조사
2. 해당 표시를 한 자의 관계 장부 또는 서류의 열람
3. 우수표시품의 시료(試料) 수거
② 제1항에 따른 조사·열람 또는 시료 수거에 관하여는 제13조제2항 및 제3항을 준용한다.
③ 제1항에 따라 조사·열람 또는 시료 수거를 하는 관계 공무원에 관하여는 제13조제4항을 준용한다.
(2014.3.24 본조제목개정)

제30조의2【권장품질표시의 사후관리】 ① 농림축산식품부장관은 권장품질표시의 정착과 건전한 유통질서 확립을 위하여 필요한 경우에는 관계 공무원에게 다음 각 호의 조사를 하게 할 수 있다.
1. 권장품질표시를 한 농산물의 권장품질표시 기준에의 적합성의 조사
2. 권장품질표시를 한 농산물의 시료 수거
② 제1항에 따른 조사 또는 시료 수거에 관하여는 제13조제3항 및 제4항을 준용한다.
③ 농림축산식품부장관은 제1항에 따른 조사 결과 권장품질표시를 한 농산물이 권장품질표시 기준에 적합하지 아니한 경우 그 시정을 권고할 수 있다.
④ 농림축산식품부장관은 권장품질표시를 장려하기 위하여 이에 필요한 지원을 할 수 있다.
(2018.2.21 본조신설)

제31조【우수표시품에 대한 시정조치】 ① 농림축산식품부장관 또는 해양수산부장관은 표준규격품 또는 품질인증품이 다음 각 호의 어느 하나에 해당하면 대통령령으로 정하는 바에 따라 그 시정을 명하거나 해당 품목의 판매금지 또는 표시정지의 조치를 할 수 있다.(2016.12.2 본문개정)
1. 표시된 규격 또는 해당 인증·등록 기준에 미치지 못하는 경우
2. 업종전환·폐업 등으로 해당 품목을 생산하기 어렵다고 판단되는 경우(2020.2.18 본호개정)
3. 해당 표시방법을 위반한 경우
② 농림축산식품부장관은 제30조에 따른 조사 등의 결과 우수관리인증농산물이 우수관리기준에 미치지 못하거나 제6조제7항에 따른 표시방법을 위반한 경우에는 대통령령으로 정하는 바에 따라 우수관리인증농산물의 유통업자에게 해당 품목의 우수관리인증 표시의 제거·변경 또는 판매금지 조치를 명할 수 있고, 제8조제1항 각 호의 어느 하나에 해당하면 해당 우수관리인증기관에 제8조에 따라 다음 각 호의 어느 하나에 해당하는 처분을 하도록 요구하여야 한다.(2019.8.27 본문개정)
1. 우수관리인증의 취소(2016.12.2 본호신설)
2. 우수관리인증의 표시정지(2016.12.2 본호신설)
3. 시정명령(2016.12.2 본호신설)
③ 우수관리인증기관은 제2항에 따른 요구가 있는 경우 이에 따라야 하고, 처분 후 지체 없이 농림축산식품부장관에게 보고하여야 한다.(2013.3.23 본항개정)
④ 제2항의 경우 제10조에 따라 우수관리인증기관의 지정이 취소된 후 제9조제1항에 따라 새로운 우수관리인증기관이 지정되지 아니하거나 해당 우수관리인증기관이 업무정지 중인 경우에는 농림축산식품부장관이 제2항 각 호의 어느 하나에 해당하는 처분을 할 수 있다.(2019.8.27 본항개정)
(2014.3.24 본조제목개정)

제3장 지리적표시

제1절 등 록

제32조【지리적표시의 등록】 ① 농림축산식품부장관 또는 해양수산부장관은 지리적 특성을 가진 농수산물 또는 농수산가공품의 품질 향상과 지역특화산업 육성 및 소비자 보호를 위하여 지리적표시의 등록 제도를 실시한다.
(2013.3.23 본항개정)
② 제1항에 따른 지리적표시의 등록은 특정지역에서 지리적 특성을 가진 농수산물 또는 농수산가공품을 생산하거나 제조·가공하는 자로 구성된 법인만 신청할 수 있다. 다만, 지리적 특성을 가진 농수산물 또는 농수산가공품의 생산자 또는 가공업자가 1인인 경우에는 법인이 아니라도 등록신청을 할 수 있다.
③ 제2항에 해당하는 자로서 제1항에 따른 지리적표시의 등록을 받으려는 자는 농림축산식품부령 또는 해양수산부령으로 정하는 등록 신청서류 및 그 부속서류를 농림축산식품부령 또는 해양수산부령으로 정하는 바에 따라 농림축산식품부장관 또는 해양수산부장관에게 제출하여야 한다. 등록한 사항 중 농림축산식품부령 또는 해양수산부령으로 정하는 중요 사항을 변경하려는 때에도 같다.
(2013.3.23 본항개정)
④ 농림축산식품부장관 또는 해양수산부장관은 제3항에 따라 등록 신청을 받으면 제3조제6항에 따른 지리적표시 등록심의 분과위원회의 심의를 거쳐 제9항에 따른 등록거절 사유가 없는 경우 지리적표시 등록 신청 공고결정(이하 "공고결정"이라 한다)을 하여야 한다. 이 경우 농림축산식품부장관 또는 해양수산부장관은 신청된 지리적표시가 「상표법」에 따른 타인의 상표(지리적 표시 단체표장을 포함한다. 이하 같다)에 저촉되는지에 대하여 미리 특허청장의 의견을 들어야 한다.(2013.3.23 본항개정)
⑤ 농림축산식품부장관 또는 해양수산부장관은 공고결정을 할 때에는 그 결정 내용을 관보와 인터넷 홈페이지에 공고하고, 공고일부터 2개월간 지리적표시 등록 신청서류 및 그 부속서류를 일반인이 열람할 수 있도록 하여야 한다.(2013.3.23 본항개정)
⑥ 누구든지 제5항에 따른 공고일부터 2개월 이내에 이의 사유를 적은 서류와 증거를 첨부하여 농림축산식품부장관 또는 해양수산부장관에게 이의신청을 할 수 있다.
(2013.3.23 본항개정)
⑦ 농림축산식품부장관 또는 해양수산부장관은 다음 각 호의 경우에는 지리적표시의 등록을 결정하여 신청자에게 알려야 한다.(2013.3.23 본문개정)
1. 제6항에 따른 이의신청을 받았을 때에는 제3조제6항에 따른 지리적표시 등록심의 분과위원회의 심의를 거쳐 등록을 거절할 정당한 사유가 없다고 판단되는 경우
2. 제6항에 따른 기간에 이의신청이 없는 경우
⑧ 농림축산식품부장관 또는 해양수산부장관이 지리적표시의 등록을 한 때에는 지리적표시권자에게 지리적표시등록증을 교부하여야 한다.(2013.3.23 본항개정)
⑨ 농림축산식품부장관 또는 해양수산부장관은 제3항에 따라 등록 신청된 지리적표시가 다음 각 호의 어느 하나에 해당하면 등록의 거절을 결정하여 신청자에게 알려야 한다.(2013.3.23 본문개정)
1. 제3항에 따라 먼저 등록 신청되었거나, 제7항에 따라 등록된 타인의 지리적표시와 같거나 비슷한 경우
2. 「상표법」에 따라 먼저 출원되었거나 등록된 타인의 상표와 같거나 비슷한 경우
3. 국내에서 널리 알려진 타인의 상표 또는 지리적표시와 같거나 비슷한 경우
4. 일반명칭〔농수산물 또는 농수산가공품의 명칭이 기원적(起原的)으로 생산지나 판매장소와 관련이 있지만 오래 사용되어 보통명사화된 명칭을 말한다〕에 해당되는 경우
5. 제2조제1항제8호에 따른 지리적표시 또는 같은 항 제9호에 따른 동음이의어 지리적표시의 정의에 맞지 아니하는 경우
6. 지리적표시의 등록을 신청한 자가 그 지리적표시를 사용할 수 있는 농수산물 또는 농수산가공품을 생산·제조 또는 가공하는 것을 업(業)으로 하는 자에 대하여 단체의 가입을 금지하거나 가입조건을 어렵게 정하여 실질적으로 허용하지 아니한 경우
⑩ 제1항부터 제9항까지에 따른 지리적표시 등록 대상품목, 대상지역, 신청자격, 심의·공고의 절차, 이의신청 절차 및 등록거절 사유의 세부기준 등에 필요한 사항은 대통령령으로 정한다.

제33조【지리적표시 원부】 ① 농림축산식품부장관 또는 해양수산부장관은 지리적표시 원부(原簿)에 지리적표시권의 설정·이전·변경·소멸·회복에 대한 사항을 등록·보관한다.(2013.3.23 본항개정)
② 제1항에 따른 지리적표시 원부는 그 전부 또는 일부를 전자적으로 생산·관리할 수 있다.
③ 제1항 및 제2항에 따른 지리적표시 원부의 등록·보관 및 생산·관리에 필요한 세부사항은 농림축산식품부령 또는 해양수산부령으로 정한다.(2013.3.23 본항개정)

제34조【지리적표시권】 ① 제32조제7항에 따라 지리적표시 등록을 받은 자(이하 "지리적표시권자"라 한다)는 등록한 품목에 대하여 지리적표시권을 갖는다.
② 지리적표시권은 다음 각 호의 어느 하나에 해당하면 각 호의 이해당사자 상호간에 대하여는 그 효력이 미치지 아니한다.
1. 동음이의어 지리적표시. 다만, 해당 지리적표시가 특정지역의 상품을 표시하는 것이라고 수요자들이 뚜렷하게 인식하고 있어 해당 상품의 원산지와 다른 지역을 원산지인 것으로 혼동하게 하는 경우는 제외한다.
2. 지리적표시 등록신청서 제출 전에 「상표법」에 따라 등록된 상표 또는 출원심사 중인 상표
3. 지리적표시 등록신청서 제출 전에 「종자산업법」 및 「식물신품종 보호법」에 따라 등록된 품종 명칭 또는 출원심사 중인 품종 명칭(2012.6.1 본호개정)
4. 제32조제7항에 따라 지리적표시 등록을 받은 농수산물 또는 농수산가공품(이하 "지리적표시품"이라 한다)과 동일한 품목에 사용하는 지리적 명칭으로서 등록 대상지역에서 생산되는 농수산물 또는 농수산가공품에 사용하는 지리적 명칭
③ 지리적표시권자는 지리적표시품에 농림축산식품부령 또는 해양수산부령으로 정하는 바에 따라 지리적표시를 할 수 있다. 다만, 지리적표시품 중 「인삼산업법」에 따른 인삼류의 경우에는 농림축산식품부령으로 정하는 표시방법 외에 인삼류와 그 용기·포장 등에 "고려인삼", "고려수삼", "고려홍삼", "고려태극삼" 또는 "고려백삼" 등 "고려"가 들어가는 용어를 사용하여 지리적표시를 할 수 있다.(2013.3.23 본항개정)

제35조【지리적표시권의 이전 및 승계】 지리적표시권은 타인에게 이전하거나 승계할 수 없다. 다만, 다음 각 호의 어느 하나에 해당하면 농림축산식품부장관 또는 해양수산부장관의 사전 승인을 받아 이전하거나 승계할 수 있다.(2013.3.23 단서개정)
1. 법인 자격으로 등록한 지리적표시권자가 법인명을 개정하거나 합병하는 경우
2. 개인 자격으로 등록한 지리적표시권자가 사망한 경우

제36조【권리침해의 금지 청구권 등】 ① 지리적표시권자는 자신의 권리를 침해한 자 또는 침해할 우려가 있는 자에게 그 침해의 금지 또는 예방을 청구할 수 있다.
② 다음 각 호의 어느 하나에 해당하는 행위는 지리적표시권을 침해하는 것으로 본다.
1. 지리적표시권이 없는 자가 등록된 지리적표시와 같거나 비슷한 표시(동음이의어 지리적표시의 경우에는 해당 지리적표시가 특정 지역의 상품을 표시하는 것이라고 수요자들이 뚜렷하게 인식하고 있어 해당 상품의 원산지와 다른 지역을 원산지인 것으로 수요자로 하여금 혼동하게 하는 지리적표시만 해당한다)를 등록품목과 같거나 비슷한 품목의 제품·포장·용기·선전물 또는 관련 서류에 사용하는 행위
2. 등록된 지리적표시를 위조하거나 모조하는 행위
3. 등록된 지리적표시를 위조하거나 모조할 목적으로 교부·판매·소지하는 행위
4. 그 밖에 지리적표시의 명성을 침해하면서 등록된 지리적표시품과 같거나 비슷한 품목에 직접 또는 간접적인 방법으로 상업적으로 이용하는 행위

제37조【손해배상청구권 등】 ① 지리적표시권자는 고의 또는 과실로 자신의 지리적표시에 관한 권리를 침해한 자에게 손해배상을 청구할 수 있다. 이 경우 지리적표시권자의 지리적표시권을 침해한 자에 대하여는 그 침해행위에 대하여 그 지리적표시가 이미 등록된 사실을 알았던 것으로 추정한다.
② 제1항에 따른 손해액의 추정 등에 관하여는 「상표법」 제110조 및 제114조를 준용한다.(2016.2.29 본항개정)

제38조【거짓표시 등의 금지】 ① 누구든지 지리적표시품이 아닌 농수산물 또는 농수산가공품의 포장·용기·선전물 및 관련 서류에 지리적표시나 이와 비슷한 표시를 하여서는 아니 된다.
② 누구든지 지리적표시품에 지리적표시품이 아닌 농수산물 또는 농수산가공품을 혼합하여 판매하거나 혼합하여 판매할 목적으로 보관 또는 진열하여서는 아니 된다.

제39조【지리적표시품의 사후관리】 ① 농림축산식품부장관 또는 해양수산부장관은 지리적표시품의 품질수준 유지와 소비자 보호를 위하여 관계 공무원에게 다음 각 호의 사항을 지시할 수 있다.(2013.3.23 본문개정)
1. 지리적표시품의 등록기준에의 적합성 조사
2. 지리적표시품의 소유자·점유자 또는 관리인 등의 관계 장부 또는 서류의 열람
3. 지리적표시품의 시료를 수거하여 조사하거나 전문시험기관 등에 시험 의뢰
② 제1항에 따른 조사·열람 또는 수거에 관하여는 제13조제2항 및 제3항을 준용한다.
③ 제1항에 따라 조사·열람 또는 수거를 하는 관계 공무원에 관하여는 제13조제4항을 준용한다.
④ 농림축산식품부장관 또는 해양수산부장관은 지리적표시의 등록 제도의 활성화를 위하여 다음 각 호의 사업을 할 수 있다.
1. 지리적표시의 등록 제도의 홍보 및 지리적표시품의 판로지원에 관한 사항
2. 지리적표시의 등록 제도의 운영에 필요한 교육·훈련에 관한 사항
3. 지리적표시 관련 실태조사에 관한 사항
(2016.12.2 본항신설)

제40조【지리적표시품의 표시 시정 등】 농림축산식품부장관 또는 해양수산부장관은 지리적표시품이 다음 각 호의 어느 하나에 해당하면 대통령령으로 정하는 바에 따라 시정을 명하거나 판매의 금지, 표시의 정지 또는 등록의 취소를 할 수 있다.(2013.3.23 본문개정)
1. 제32조에 따른 등록기준에 미치지 못하게 된 경우
2. 제34조제3항에 따른 표시방법을 위반한 경우
3. 해당 지리적표시품 생산량의 급감 등 지리적표시품 생산계획의 이행이 곤란하다고 인정되는 경우

제41조【「특허법」의 준용】 ① 지리적표시에 관하여는 「특허법」 제3조부터 제5조까지, 제6조〔제1호(특허출원의 포기는 제외한다), 제5호, 제7호 및 제8호에 한정한다〕, 제7조, 제7조의2, 제8조, 제9조, 제10조(제3항은 제외한다), 제11조(제1항제1호부터 제3호까지, 제5호 및 제6호는 제외한다), 제12조부터 제15조까지, 제16조(제1항 단서는 제외한다), 제17조부터 제26조까지, 제28조(제2항 단서는 제외한다), 제28조의2부터 제28조의5까지 및 제46조를 준용한다.(2014.6.11 본항개정)
② 제1항의 경우 「특허법」 제6조제7호 및 제15조제1항 중 "제132조의17"은 "「농수산물 품질관리법」 제45조"로 보고, 「특허법」 제17조제1호 중 "제132조의17"은 "「농수산물 품질관리법」 제45조"로, 같은 조 제2호 중 "제180조제1항"은 "「농수산물 품질관리법」 제55조에 따라 준용되는 「특허법」 제180조제1항"으로 보며, 「특허법」 제46조제3호 중 "제82조"는 "「농수산물 품질관리법」 제113조제8호 및 제9호"로 본다.(2016.2.29 본항개정)

③ 제1항의 경우 "특허"는 "지리적표시"로, "출원"은 "등록신청"으로, "특허권"은 "지리적표시권"으로, "특허청"·"특허청장" 및 "심사관"은 "농림축산식품부장관 또는 해양수산부장관"으로, "특허심판원"은 "지리적표시심판위원회"로, "심판장"은 "지리적표시심판위원회 위원장"으로, "심판관"은 "심판위원"으로, "산업통상자원부령"은 "농림축산식품부령 또는 해양수산부령"으로 본다.
(2013.3.23 본항개정)

제2절 지리적표시의 심판

제42조【지리적표시심판위원회】 ① 농림축산식품부장관 또는 해양수산부장관은 다음 각 호의 사항을 심판하기 위하여 농림축산식품부장관 또는 해양수산부장관 소속으로 지리적표시심판위원회(이하 "심판위원회"라 한다)를 둔다.(2013.3.23 본문개정)
1. 지리적표시에 관한 심판 및 재심
2. 제32조제9항에 따른 지리적표시 등록거절 또는 제40조에 따른 등록 취소에 대한 심판 및 재심
3. 그 밖에 지리적표시에 관한 사항 중 대통령령으로 정하는 사항
② 심판위원회는 위원장 1명을 포함한 10명 이내의 심판위원(이하 "심판위원"이라 한다)으로 구성한다.
③ 심판위원회의 위원장은 심판위원 중에서 농림축산식품부장관 또는 해양수산부장관이 정한다.(2013.3.23 본항개정)
④ 심판위원은 관계 공무원과 지식재산권 분야나 지리적표시 분야의 학식과 경험이 풍부한 사람 중에서 농림축산식품부장관 또는 해양수산부장관이 위촉한다.
(2013.3.23 본항개정)
⑤ 심판위원의 임기는 3년으로 하며, 한 차례만 연임할 수 있다.
⑥ 심판위원회의 구성·운영에 관한 사항과 그 밖에 필요한 사항은 대통령령으로 정한다.
제43조【지리적표시의 무효심판】 ① 지리적표시에 관한 이해관계인 또는 제3조제6항에 따른 지리적표시 등록심의 분과위원회는 지리적표시가 다음 각 호의 어느 하나에 해당하면 무효심판을 청구할 수 있다.
1. 제32조제9항에 따른 등록거절 사유에 해당하는 경우에도 등록된 경우(2020.2.18 본호개정)
2. 제32조에 따라 지리적표시 등록이 된 후에 그 지리적표시가 원산지 국가에서 보호가 중단되거나 사용되지 아니하게 된 경우
② 제1항에 따른 심판은 청구의 이익이 있으면 언제든지 청구할 수 있다.
③ 제1항제1호에 따라 지리적표시를 무효로 한다는 심결이 확정되면 그 지리적표시권은 처음부터 없었던 것으로 보고, 제1항제2호에 따라 지리적표시를 무효로 한다는 심결이 확정되면 그 지리적표시권은 그 지리적표시가 제1항제2호에 해당하게 된 때부터 없었던 것으로 본다.
④ 심판위원회의 위원장은 제1항의 심판이 청구되면 그 취지를 해당 지리적표시권자에게 알려야 한다.
제44조【지리적표시의 취소심판】 ① 지리적표시가 다음 각 호의 어느 하나에 해당하면 그 지리적표시의 취소심판을 청구할 수 있다.
1. 지리적표시 등록을 한 후 지리적표시의 등록을 한 자가 그 지리적표시를 사용할 수 있는 농수산물 또는 농수산가공품을 생산 또는 제조·가공하는 것을 업으로 하는 자에 대하여 단체의 가입을 금지하거나 어려운 가입조건을 규정하는 등 단체의 가입을 실질적으로 허용하지 아니한 경우 또는 그 지리적표시를 사용할 수 없는 자에 대하여 등록 단체의 가입을 허용한 경우
2. 지리적표시 등록 단체 또는 그 소속 단체원이 지리적표시를 잘못 사용함으로써 수요자로 하여금 상품의 품질에 대하여 오인하게 하거나 지리적 출처에 대하여 혼동하게 한 경우
② 제1항에 따른 취소심판은 취소 사유에 해당하는 사실이 없어진 날부터 3년이 지난 후에는 청구할 수 없다.
③ 제1항에 따라 취소심판을 청구한 경우에는 청구 후 그 심판청구 사유에 해당하는 사실이 없어진 경우에도 취소 사유에 영향을 미치지 아니한다.
④ 제1항에 따른 취소심판은 누구든지 청구할 수 있다.
⑤ 지리적표시 등록을 취소한다는 심결이 확정된 때에는 그 지리적표시권은 그때부터 소멸된다.
⑥ 제1항의 심판의 청구에 관하여는 제43조제4항을 준용한다.
제45조【등록거절 등에 대한 심판】 제32조제9항에 따라 지리적표시 등록의 거절을 통보받은 자 또는 제40조에 따라 등록이 취소된 자는 이의가 있으면 등록거절 또는 등록취소를 통보받은 날부터 30일 이내에 심판을 청구할 수 있다.
제46조【심판청구 방식】 ① 지리적표시의 무효심판·취소심판 또는 지리적표시 등록의 취소에 대한 심판을 청구하려는 자는 다음 각 호의 사항을 적은 심판청구서에 신청자료를 첨부하여 심판위원회의 위원장에게 제출하여야 한다.
1. 당사자의 성명과 주소(법인인 경우에는 그 명칭, 대표자의 성명 및 영업소 소재지)
2. 대리인이 있는 경우에는 그 대리인의 성명 및 주소나 영업소 소재지(대리인이 법인인 경우에는 그 명칭, 대표자의 성명 및 영업소 소재지)
3. 지리적표시 명칭
4. 지리적표시 등록일 및 등록번호
5. 등록취소 결정일(등록의 취소에 대한 심판청구만 해당한다)
6. 청구의 취지 및 그 이유
② 지리적표시 등록거절에 대한 심판을 청구하려는 자는 다음 각 호의 사항을 적은 심판청구서에 신청 자료를 첨부하여 심판위원회의 위원장에게 제출하여야 한다.
1. 당사자의 성명과 주소(법인인 경우에는 그 명칭, 대표자의 성명 및 영업소 소재지)
2. 대리인이 있는 경우에는 그 대리인의 성명 및 주소나 영업소 소재지(대리인이 법인인 경우에는 그 명칭, 대표자의 성명 및 영업소 소재지)
3. 등록신청 날짜
4. 등록거절 결정일
5. 청구의 취지 및 그 이유
③ 제1항과 제2항에 따라 제출된 심판청구서를 보정(補正)하는 경우에는 그 요지를 변경할 수 없다. 다만, 제1항제6호와 제2항제5호의 청구의 이유는 변경할 수 있다.
④ 심판위원회의 위원장은 제1항 또는 제2항에 따라 청구된 심판에 제32조제6항에 따른 지리적표시 이의신청에 관한 사항이 포함되어 있으면 그 취지를 지리적표시의 이의신청자에게 알려야 한다.
제47조【심판의 방법 등】 ① 심판위원회의 위원장은 제46조제1항 또는 제2항에 따른 심판이 청구되면 제49조에 따라 심판하게 한다.
② 심판위원은 직무상 독립하여 심판한다.
제48조【심판위원의 지정 등】 ① 심판위원회의 위원장은 심판의 청구 건별로 제49조에 따른 합의체를 구성할 심판위원을 지정하여 심판하게 한다.
② 심판위원회의 위원장은 제1항의 심판위원 중 심판의 공정성을 해칠 우려가 있는 사람이 있으면 다른 심판위원에게 심판하게 할 수 있다.
③ 심판위원회의 위원장은 제1항에 따라 지정된 심판위원 중에서 1명을 심판장으로 지정하여야 한다.
④ 제3항에 따라 지정된 심판장은 심판위원회의 위원장으로부터 지정받은 심판사건에 관한 사무를 총괄한다.
제49조【심판의 합의체】 ① 심판은 3명의 심판위원으로 구성되는 합의체가 한다.
② 제1항의 합의체의 합의는 과반수의 찬성으로 결정한다.
③ 심판의 합의는 공개하지 아니한다.
제50조【「특허법」의 준용】 ① 심판에 관하여는 「특허법」 제139조, 제141조(제1항제2호가목은 이 법에서 준용되는 사항에 한정한다. 이하 같다), 제142조, 제147조부터 제153조까지, 제153조의2, 제154조부터 제166조까지, 제171조, 제172조 및 제176조를 준용한다.
② 제1항의 경우 「특허법」 제139조제1항 중 "제133조제1항, 제134조제1항·제2항 또는 제137조제1항의 무효심판이나 제135조제1항·제2항의 권리범위확인심판"은 "「농수산물 품질관리법」 제43조제1항의 무효심판, 같은 법 제44조제1항의 취소심판 및 같은 법 제45조의 등록거절 등에 대한 심판"으로 보고, 「특허법」 제141조제1항제1호 중 "제140조제1항 및 제3항부터 제5항까지 또는 제140조의2제1항"은 "「농수산물 품질관리법」 제46조제1항 또는 제2항"으로 보며, 「특허법」 제141조제1항제2호나목 중 "제82조"는 "「농수산물 품질관리법」 제113조"로 보고, 「특허법」 제161조제2항 중 "제133조제1항의 무효심판 또는 제135조의 권리범위확인심판"은 "「농수산물 품질관리법」 제43조제1항의 무효심판"으로 보며, 「특허법」 제165조제1항 중 "제133조제1항, 제134조제1항·제2항, 제135조 및 제137조제1항"은 "「농수산물 품질관리법」 제43조제1항 및 제44조제1항"으로 보고, 「특허법」 제165조제3항 중 "제132조의17, 제136조 또는 제138조"는 "「농수산물 품질관리법」 제45조"로 보며, 「특허법」 제176조제1항 중 "제132조의17"은 "「농수산물 품질관리법」 제45조"로 본다.(2020.2.18 본항개정)
③ 제1항의 경우 용어는 제41조제3항에 따르고, "특허심판원장"은 "지리적표시심판위원회 위원장"으로, "변리사"는 "대리인"으로 본다.

제3절 재심 및 소송

제51조【재심의 청구】 ① 심판의 당사자는 심판위원회에서 확정된 심결에 대하여 이의가 있으면 재심을 청구할 수 있다.
② 제1항의 재심청구에 관하여는 「민사소송법」 제451조 및 제453조제1항을 준용한다.
제52조【사해심결에 대한 불복청구】 ① 심판의 당사자가 공모하여 제3자의 권리 또는 이익을 침해할 목적으로 심결을 하게 한 경우에 그 제3자는 그 확정된 심결에 대하여 재심을 청구할 수 있다.
② 제1항에 따른 재심청구의 경우에는 심판의 당사자를 공동피청구인으로 한다.
제53조【재심에 의하여 회복된 지리적표시권의 효력제한】 다음 각 호의 어느 하나에 해당하는 경우 지리적표시권의 효력은 해당 심결이 확정된 후 재심청구의 등록 전에 선의로 한 행위에는 미치지 아니한다.
1. 지리적표시권이 무효로 된 후 재심에 의하여 그 효력이 회복된 경우
2. 등록거절에 대한 심판청구가 받아들여지지 아니한다는 심결이 있었던 지리적표시 등록에 대하여 재심에 의하여 지리적표시권의 설정등록이 있는 경우
제54조【심결 등에 대한 소송】 ① 심결에 대한 소송은 특허법원의 전속관할로 한다.
② 제1항에 따른 소송은 당사자, 참가인 또는 해당 심판이나 재심에 참가신청을 하였으나 그 신청이 거부된 자만 제기할 수 있다.
③ 제1항에 따른 소송은 심결 또는 결정의 등본을 송달받은 날부터 60일 이내에 제기하여야 한다.
④ 제3항의 기간은 불변기간으로 한다.
⑤ 심판을 청구할 수 있는 사항에 관한 소송은 심결에 대한 것이 아니면 제기할 수 없다.
⑥ 특허법원의 판결에 대하여는 대법원에 상고할 수 있다.
제55조【「특허법」 등의 준용】 ① 지리적표시에 관한 재심의 절차 및 재심의 청구에 관하여는 「특허법」 제180조, 제184조 및 「민사소송법」 제459조제1항을 준용한다.
② 지리적표시에 관한 소송에 관하여는 「특허법」 제187조·제188조 및 제189조를 준용한다. 이 경우 용어는 제41조제3항 및 제50조제3항에 따르고, 「특허법」 제187조 본문 중 "제186조제1항에 따라 소를 제기하는 경우에는"은 "「농수산물 품질관리법」 제54조에 따라 소송을 제기하는 경우에는"으로 보고, 「특허법」 제187조 단서 중 "제133조제1항, 제134조제1항·제2항, 제135조제1항·제2항, 제137조제1항 또는 제138조제1항·제3항"은 "「농수산물 품질관리법」 제43조제1항 또는 제44조제1항"으로 보며, 「특허법」 제189조제1항 중 "제186조제1항"은 "「농수산물 품질관리법」 제54조제1항"으로 본다.(2016.2.29 후단개정)

제4장 유전자변형농수산물의 표시

제56조【유전자변형농수산물의 표시】 ① 유전자변형농수산물을 생산하여 출하하는 자, 판매하는 자, 또는 판매할 목적으로 보관·진열하는 자는 대통령령으로 정하는 바에 따라 해당 농수산물에 유전자변형농수산물임을 표시하여야 한다.
② 제1항에 따른 유전자변형농수산물의 표시대상품목, 표시기준 및 표시방법 등에 필요한 사항은 대통령령으로 정한다.
제57조【거짓표시 등의 금지】 제56조제1항에 따라 유전자변형농수산물의 표시를 하여야 하는 자(이하 "유전자변형농수산물 표시의무자"라 한다)는 다음 각 호의 행위를 하여서는 아니 된다.
1. 유전자변형농수산물의 표시를 거짓으로 하거나 이를 혼동하게 할 우려가 있는 표시를 하는 행위
2. 유전자변형농수산물의 표시를 혼동하게 할 목적으로 그 표시를 손상·변경하는 행위
3. 유전자변형농수산물의 표시를 한 농수산물에 다른 농수산물을 혼합하여 판매하거나 혼합하여 판매할 목적으로 보관 또는 진열하는 행위
제58조【유전자변형농수산물 표시의 조사】 ① 식품의약품안전처장은 제56조 및 제57조에 따른 유전자변형농수산물의 표시 여부, 표시사항 및 표시방법 등의 적정성과 그 위반 여부를 확인하기 위하여 대통령령으로 정하는 바에 따라 관계 공무원에게 유전자변형표시 대상 농수산물을 수거하거나 조사하게 하여야 한다. 다만, 농수산물의 유통량이 현저하게 증가하는 시기 등 필요할 때에는 수시로 수거하거나 조사하게 할 수 있다.(2013.3.23 본문개정)
② 제1항에 따른 수거 또는 조사에 관하여는 제13조제2항 및 제3항을 준용한다.
③ 제1항에 따라 수거 또는 조사를 하는 관계 공무원에 관하여는 제13조제4항을 준용한다.
제59조【유전자변형농수산물의 표시 위반에 대한 처분】
① 식품의약품안전처장은 제56조 또는 제57조를 위반한 자에 대하여 다음 각 호의 어느 하나에 해당하는 처분을 할 수 있다.(2013.3.23 본문개정)
1. 유전자변형농수산물 표시의 이행·변경·삭제 등 시정명령
2. 유전자변형 표시를 위반한 농수산물의 판매 등 거래행위의 금지
② 식품의약품안전처장은 제57조를 위반한 자에게 제1항에 따른 처분을 한 경우에는 처분을 받은 자에게 해당 처분을 받았다는 사실을 공표할 것을 명할 수 있다.
(2013.3.23 본항개정)
③ 식품의약품안전처장은 유전자변형농수산물 표시의무자가 제57조를 위반하여 제1항에 따른 처분이 확정된 경우 처분내용, 해당 영업소와 농수산물의 명칭 등 처분과 관련된 사항을 대통령령으로 정하는 바에 따라 인터넷 홈페이지에 공표하여야 한다.(2013.3.23 본항개정)
④ 제1항에 따른 처분과 제2항에 따른 공표명령 및 제3항에 따른 인터넷 홈페이지 공표의 기준·방법 등에 필요한 사항은 대통령령으로 정한다.

제5장 농수산물의 안전성조사 등

제60조【안전관리계획】 ① 식품의약품안전처장은 농수산물(축산물은 제외한다. 이하 이 장에서 같다)의 품질 향상과 안전한 농수산물의 생산·공급을 위한 안전관리계획을 매년 수립·시행하여야 한다.(2013.3.23 본항개정)
② 시·도지사 및 시장·군수·구청장은 관할 지역에서 생산·유통되는 농수산물의 안전성을 확보하기 위한 세부추진계획을 수립·시행하여야 한다.
③ 제1항에 따른 안전관리계획 및 제2항에 따른 세부추진계획에는 제61조에 따른 안전성조사, 제68조에 따른 위험평가 및 잔류조사, 농어업인에 대한 교육, 그 밖에 총리령으로 정하는 사항을 포함하여야 한다.(2013.3.23 본항개정)
④ (2013.3.23 삭제)
⑤ 식품의약품안전처장은 시·도지사 및 시장·군수·구청장에게 제2항에 따른 세부추진계획 및 그 시행 결과를 보고하게 할 수 있다.(2013.3.23 본항개정)

제61조【안전성조사】 ① 식품의약품안전처장이나 시·도지사는 농수산물의 안전관리를 위하여 농수산물 또는 농수산물의 생산에 이용·사용하는 농지·어장·용수(用水)·자재 등에 대하여 다음 각 호의 조사(이하 "안전성조사"라 한다)를 하여야 한다.(2013.3.23 본문개정)
1. 농산물
  가. 생산단계 : 총리령으로 정하는 안전기준에의 적합 여부(2013.3.23 본목개정)
  나. 유통·판매 단계 : 「식품위생법」 등 관계 법령에 따른 유해물질의 잔류허용기준 등의 초과 여부
2. 수산물
  가. 생산단계 : 총리령으로 정하는 안전기준에의 적합 여부(2013.3.23 본목개정)
  나. 저장단계 및 출하되어 거래되기 이전 단계 : 「식품위생법」 등 관계 법령에 따른 잔류허용기준 등의 초과 여부
② 식품의약품안전처장은 제1항제1호가목 및 제2호가목에 따른 생산단계 안전기준을 정할 때에는 관계 중앙행정기관의 장과 협의하여야 한다.(2013.3.23 본항개정)
③ 안전성조사의 대상품목 선정, 대상지역 및 절차 등에 필요한 세부적인 사항은 총리령으로 정한다.
(2013.3.23 본항개정)

제62조【출입·수거·조사 등】 ① 식품의약품안전처장이나 시·도지사는 안전성조사, 제68조제1항에 따른 위험평가 또는 같은 조 제3항에 따른 잔류조사를 위하여 필요하면 관계 공무원에게 농수산물 생산시설(생산·저장소, 생산에 이용·사용되는 자재창고, 사무소, 판매소, 그 밖에 이와 유사한 장소를 말한다)에 출입하여 다음 각 호의 시료 수거 및 조사 등을 하게 할 수 있다. 이 경우 무상으로 시료 수거를 하게 할 수 있다.(2022.2.3 전단개정)
1. 농수산물과 농수산물의 생산에 이용·사용되는 토양·용수·자재 등의 시료 수거 및 조사
2. 해당 농수산물을 생산, 저장, 운반 또는 판매(농산물만 해당한다)하는 자의 관계 장부나 서류의 열람
② 제1항에 따른 출입·수거·조사 또는 열람을 하고자 할 때는 미리 조사 등의 목적, 기간과 장소, 관계 공무원 성명과 직위, 범위와 내용 등을 조사 등의 대상자에게 알려야 한다. 다만, 긴급한 경우 또는 미리 알리면 증거인멸 등으로 조사 등의 목적을 달성할 수 없다고 판단되는 경우에는 현장에서 본문의 사항 등이 기재된 서류를 조사 등의 대상자에게 제시하여야 한다.(2022.2.3 본항개정)
③ 제1항에 따라 출입·수거·조사 또는 열람을 하는 관계 공무원은 그 권한을 나타내는 증표를 지니고 이를 조사 등의 대상자에게 내보여야 한다.(2022.2.3 본항개정)
④ 농수산물을 생산, 저장, 운반 또는 판매하는 자는 제1항에 따른 출입·수거·조사 또는 열람을 거부·방해하거나 기피하여서는 아니 된다.(2022.2.3 본항신설)
(2022.2.3 본조제목개정)

제63조【안전성조사 결과에 따른 조치】 ① 식품의약품안전처장이나 시·도지사는 생산과정에 있는 농수산물 또는 농수산물의 생산을 위하여 이용·사용하는 농지·어장·용수·자재 등에 대하여 안전성조사를 한 결과 생산단계 안전기준을 위반하였거나 유해물질에 오염되어 인체의 건강을 해칠 우려가 있는 경우에는 해당 농수산물을 생산한 자 또는 소유한 자에게 다음 각 호의 조치를 하게 할 수 있다.(2022.2.3 본문개정)
1. 해당 농수산물의 폐기, 용도 전환, 출하 연기 등의 처리
2. 해당 농수산물의 생산에 이용·사용한 농지·어장·용수·자재 등의 개량 또는 이용·사용의 금지
2의2. 해당 양식장의 수산물에 대한 일시적 출하 정지 등의 처리(2022.2.3 본호신설)
3. 그 밖에 총리령으로 정하는 조치(2013.3.23 본호개정)
② 식품의약품안전처장이나 시·도지사는 제1항제1호에 해당하여 폐기 조치를 이행하여야 하는 생산자 또는 소유자가 그 조치를 이행하지 아니하는 경우에는 「행정대집행법」에 따라 대집행을 하고 그 비용을 생산자 또는 소유자로부터 징수할 수 있다.(2022.2.3 본항신설)
③ 제1항에도 불구하고 식품의약품안전처장이나 시·도지사가 「광산피해의 방지 및 복구에 관한 법률」 제2조제1호에 따른 광산피해로 인하여 불가항력적으로 제1항의 생산단계 안전기준을 위반하게 된 것으로 인정하는 경우에는 시·도지사 또는 시장·군수·구청장이 해당 농수산물을 수매하여 폐기할 수 있다.(2021.12.21 본항신설)
④ 식품의약품안전처장이나 시·도지사는 유통 또는 판매 중인 농산물 및 저장 중이거나 출하되어 거래되기 전의 수산물에 대하여 안전성조사를 한 결과 「식품위생법」 등에 따른 유해물질의 잔류허용기준 등을 위반한 사실이 확인될 경우 해당 행정기관에 그 사실을 알려 적절한 조치를 할 수 있도록 하여야 한다.(2013.3.23 본항개정)

제64조【안전성검사기관의 지정 등】 ① 식품의약품안전처장은 안전성조사 업무의 일부와 시험분석 업무를 전문적·효율적으로 수행하기 위하여 안전성검사기관을 지정하고 안전성조사와 시험분석 업무를 대행하게 할 수 있다.
② 제1항에 따라 안전성검사기관으로 지정받으려는 자는 안전성조사와 시험분석에 필요한 시설과 인력을 갖추어 식품의약품안전처장에게 신청하여야 한다. 다만, 제65조에 따라 안전성검사기관 지정이 취소된 후 2년이 지나지 아니하면 안전성검사기관 지정을 신청할 수 없다.
③ 제1항에 따라 지정을 받은 안전성검사기관은 지정받은 사항 중 업무 범위의 변경 등 총리령으로 정하는 중요한 사항을 변경하고자 하는 때에는 미리 식품의약품안전처장의 승인을 받아야 한다. 다만, 총리령으로 정하는 경미한 사항을 변경할 때에는 변경사항 발생일부터 1개월 이내에 식품의약품안전처장에게 신고하여야 한다.
(2018.6.12 본항신설)
④ 제1항에 따른 안전성검사기관 지정의 유효기간은 지정받은 날부터 3년으로 한다. 다만, 식품의약품안전처장은 1년을 초과하지 아니하는 범위에서 한 차례만 유효기간을 연장할 수 있다.(2018.6.12 본항신설)
⑤ 제4항 단서에 따라 지정의 유효기간을 연장받으려는 자는 총리령으로 정하는 바에 따라 식품의약품안전처장에게 연장 신청을 하여야 한다.(2018.6.12 본항신설)
⑥ 제4항 및 제5항에 따른 지정의 유효기간이 만료된 후에도 계속하여 해당 업무를 하려는 자는 유효기간이 만료되기 전까지 다시 제1항에 따른 지정을 받아야 한다.
(2018.6.12 본항신설)
⑦ 제1항 및 제2항에 따른 안전성검사기관의 지정 기준·절차, 업무 범위, 제3항에 따른 변경의 절차 및 제6항에 따른 재지정 기준·절차 등에 필요한 사항은 총리령으로 정한다.(2018.6.12 본항개정)
(2018.6.12 본조제목개정)
(2013.3.23 본조개정)

제65조【안전성검사기관의 지정 취소 등】 ① 식품의약품안전처장은 제64조제1항에 따른 안전성검사기관이 다음 각 호의 어느 하나에 해당하면 지정을 취소하거나 6개월 이내의 기간을 정하여 업무의 정지를 명할 수 있다. 다만, 제1호 또는 제2호에 해당하면 지정을 취소하여야 한다.(2013.3.23 본문개정)
1. 거짓이나 그 밖의 부정한 방법으로 지정을 받은 경우
2. 업무의 정지명령을 위반하여 계속 안전성조사 및 시험분석 업무를 한 경우
3. 검사성적서를 거짓으로 내준 경우
4. 그 밖에 총리령으로 정하는 안전성검사에 관한 규정을 위반한 경우(2013.3.23 본호개정)
② 제1항에 따른 지정 취소 등의 세부 기준은 총리령으로 정한다.(2013.3.23 본항개정)

제66조【농수산물안전에 관한 교육 등】 ① 식품의약품안전처장이나 시·도지사 또는 시장·군수·구청장은 안전한 농수산물의 생산과 건전한 소비활동을 위하여 필요한 사항을 생산자, 유통종사자, 소비자 및 관계 공무원 등에게 교육·홍보하여야 한다.(2022.2.3 본항개정)
② 식품의약품안전처장은 생산자·유통종사자·소비자에 대한 교육·홍보를 제3조제4항제2호에 따른 단체·기관 및 같은 항 제3호에 따른 시민단체(안전한 농수산물의 생산과 건전한 소비활동과 관련된 시민단체로 한정한다)에 위탁할 수 있다. 이 경우 교육·홍보에 필요한 경비를 예산의 범위에서 지원할 수 있다.
(2013.3.23 본조개정)

제67조【분석방법 등 기술의 연구개발 및 보급】 식품의약품안전처장이나 시·도지사는 농수산물의 안전관리를 향상시키고 국내외에서 농수산물에 함유된 것으로 알려진 유해물질의 신속한 안전성조사를 위하여 안전성 분석방법 등 기술의 연구개발과 보급에 관한 시책을 마련하여야 한다.(2013.3.23 본조개정)

제68조【농수산물의 위험평가 등】 ① 식품의약품안전처장은 농수산물의 효율적인 안전관리를 위하여 다음 각 호의 식품안전 관련 기관에 농수산물 또는 농수산물의 생산에 이용·사용하는 농지·어장·용수·자재 등에 잔류하는 유해물질에 의한 위험을 평가하여 줄 것을 요청할 수 있다.(2018.6.12 본문개정)
1. 농촌진흥청
2. 산림청
3. 국립수산과학원(2018.6.12 본호신설)
4. 「과학기술분야 정부출연연구기관 등의 설립·운영 및 육성에 관한 법률」에 따른 한국식품연구원
5. 「한국보건산업진흥원법」에 따른 한국보건산업진흥원
6. 대학의 연구기관
7. 그 밖에 식품의약품안전처장이 필요하다고 인정하는 연구기관(2013.3.23 본호개정)
② 식품의약품안전처장은 제1항에 따른 위험평가의 요청 사실과 평가 결과를 공표하여야 한다.(2013.3.23 본항개정)
③ 식품의약품안전처장은 농수산물의 과학적인 안전관리를 위하여 농수산물에 잔류하는 유해물질의 실태를 조사(이하 "잔류조사"라 한다) 할 수 있다.(2018.6.12 본항개정)
④ 제2항에 따른 위험평가의 요청과 결과의 공표에 관한 사항은 대통령령으로 정하고, 잔류조사의 방법 및 절차 등 잔류조사에 관한 세부사항은 총리령으로 정한다.
(2013.3.23 본항개정)
(2018.6.12 본조제목개정)

제6장 지정해역의 지정 및 생산·가공시설의 등록·관리

제69조【위생관리기준】 ① 해양수산부장관은 외국과의 협약을 이행하거나 외국의 일정한 위생관리기준을 지키도록 하기 위하여 수출을 목적으로 하는 수산물의 생산·가공시설 및 수산물을 생산하는 해역의 위생관리기준을 정하여 고시한다.(2020.2.18 본항개정)
② 해양수산부장관은 국내에서 생산되어 소비되는 수산물의 품질 향상과 안전성 확보를 위하여 수산물의 생산·가공시설(「식품위생법」 또는 「식품산업진흥법」에 따라 허가받거나 신고 또는 등록하여야 하는 시설은 제외한다) 및 수산물을 생산하는 해역의 위생관리기준을 정하여 고시한다.(2020.2.18 본항신설)
③ 해양수산부장관, 시·도지사 및 시장·군수·구청장은 수산물의 생산·가공시설을 운영하는 자 등에게 제2항에 따른 위생관리기준의 준수를 권장할 수 있다.
(2020.2.18 본항신설)

제70조【위해요소중점관리기준】 ① 해양수산부장관은 외국과의 협약에 규정되어 있거나 수출 상대국에서 정하여 요청하는 경우에는 수출을 목적으로 하는 수산물 및 수산가공품에 유해물질이 섞여 들어오거나 남아 있는 것 또는 수산물 및 수산가공품이 오염되는 것을 방지하기 위하여 생산·가공 등 각 단계를 중점적으로 관리하는 위해요소중점관리기준을 정하여 고시한다.
② 해양수산부장관은 국내에서 생산되는 수산물의 품질 향상과 안전한 생산·공급을 위하여 생산단계, 저장단계(생산자가 저장하는 경우만 해당한다. 이하 같다) 및 출하되어 거래되기 이전 단계의 과정에서 유해물질이 섞여 들어오거나 남아 있는 것 또는 수산물이 오염되는 것을 방지하는 것을 목적으로 하는 위해요소중점관리기준을 정하여 고시한다.
③ 해양수산부장관은 제74조제1항에 따라 등록한 생산·가공시설등을 운영하는 자에게 제1항 및 제2항에 따른 위해요소중점관리기준을 준수하도록 할 수 있다.
④ 해양수산부장관은 제1항 및 제2항에 따른 위해요소중점관리기준을 이행하는 자에게 해양수산부령으로 정하는 바에 따라 그 이행 사실을 증명하는 서류를 발급할 수 있다.
⑤ 해양수산부장관은 제1항 및 제2항에 따른 위해요소중점관리기준이 효과적으로 준수되도록 하기 위하여 제74조제1항에 따라 등록을 한 자(그 종업원을 포함한다)와 같은 항에 따라 등록을 하려는 자(그 종업원을 포함한다)에게 위해요소중점관리기준의 이행에 필요한 기술·정보를 제공하거나 교육훈련을 실시할 수 있다.
(2013.3.23 본조개정)

제71조【지정해역의 지정】 ① 해양수산부장관은 제69조제1항에 따른 위생관리기준(이하 "위생관리기준"이라 한다)에 맞는 해역을 지정해역으로 지정하여 고시할 수 있다.(2020.2.18 본항개정)
② 제1항에 따른 지정해역(이하 "지정해역"이라 한다)의 지정절차 등에 필요한 사항은 해양수산부령으로 정한다.
(2013.3.23 본조개정)

제72조【지정해역 위생관리종합대책】 ① 해양수산부장관은 지정해역의 보존·관리를 위한 지정해역 위생관리종합대책(이하 "종합대책"이라 한다)을 수립·시행하여야 한다.(2013.3.23 본항개정)
② 종합대책에는 다음 각 호의 사항이 포함되어야 한다.
1. 지정해역의 보존 및 관리(오염 방지에 관한 사항을 포함한다. 이하 이 조에서 같다)에 관한 기본방향
2. 지정해역의 보존 및 관리를 위한 구체적인 추진 대책
3. 그 밖에 해양수산부장관이 지정해역의 보존 및 관리에 필요하다고 인정하는 사항(2013.3.23 본호개정)
③ 해양수산부장관은 종합대책을 수립하기 위하여 필요하면 다음 각 호의 자(이하 "관계 기관의 장"이라 한다)의 의견을 들을 수 있다. 이 경우 해양수산부장관은 관계 기관의 장에게 필요한 자료의 제출을 요청할 수 있다.
(2013.3.23 본항개정)
1. 해양수산부 소속 기관의 장(2013.3.23 본호개정)
2. 지정해역을 관할하는 지방자치단체의 장
3. 「수산업협동조합법」에 따른 조합 및 중앙회의 장
④ 해양수산부장관은 종합대책이 수립되면 관계 기관의 장에게 통보하여야 한다.(2013.3.23 본항개정)
⑤ 해양수산부장관은 제4항에 따라 통보한 종합대책을 시행하기 위하여 필요하다고 인정하면 관계 기관의 장에게 필요한 조치를 요청할 수 있다. 이 경우 관계 기관의 장은 특별한 사유가 없으면 그 요청에 따라야 한다.
(2013.3.23 전단개정)

제73조【지정해역 및 주변해역에서의 제한 또는 금지】 ① 누구든지 지정해역 및 지정해역으로부터 1킬로미터 이내에 있는 해역(이하 "주변해역"이라 한다)에서 다음 각 호의 어느 하나에 해당하는 행위를 하여서는 아니 된다.
1. 「해양환경관리법」 제22조제1항제1호부터 제3호까지 및 같은 조 제2항에도 불구하고 같은 법 제2조제11호에 따른 오염물질을 배출하는 행위
2. 「양식산업발전법」 제10조제1항제3호에 따른 어류등양식업(이하 "양식업"이라 한다)을 하기 위하여 설치한 양식어장의 시설(이하 "양식시설"이라 한다)에서 「해양환경관리법」 제2조제11호에 따른 오염물질을 배출하는 행위(2019.8.27 본호개정)
3. 양식업을 하기 위하여 설치한 양식시설에서 「가축분뇨의 관리 및 이용에 관한 법률」 제2조제1호에 따른 가축(개와 고양이를 포함한다. 이하 같다)을 사육(가축을 내버려두는 경우를 포함한다. 이하 같다)하는 행위
(2020.2.18 본호개정)
② 해양수산부장관은 지정해역에서 생산되는 수산물의 오염을 방지하기 위하여 양식업의 양식업권자(「양식산업발전법」 제30조에 따라 인가를 받아 양식업권의 이전·분할 또는 변경을 받은 자와 양식시설의 관리를 책임지고 있는 자를 포함한다)가 지정해역 및 주변해역 안의 해당 양식시설에서 「약사법」 제85조에 따른 동물용 의약품을 사용하는 행위를 제한하거나 금지할 수 있다. 다만, 지정해역 및 주변해역에서 수산물의 질병 또는 전염병이 발생한 경우로서 「수산생물질병 관리법」 제2조제13호에 따른 수산질병관리사나 「수의사법」 제2조제1호에 따른 수의사의 진료에 따라 동물용 의약품을 사용하는 경우에는 예외로 한다.(2019.8.27 본문개정)
③ 해양수산부장관은 제2항에 따라 동물용 의약품을 사용하는 행위를 제한하거나 금지하려면 지정해역에서 생산되는 수산물의 출하가 집중적으로 이루어지는 시기를 고려하여 3개월을 넘지 아니하는 범위에서 그 기간을 지정해역(주변해역을 포함한다)별로 정하여 고시하여야 한다.
(2013.3.23 본항개정)

제74조【생산·가공시설등의 등록 등】 ① 위생관리기준에 맞는 수산물의 생산·가공시설과 제70조제1항 또는 제2항에 따른 위해요소중점관리기준을 이행하는 시설(이하 "생산·가공시설등"이라 한다)을 운영하는 자는 생산·가공시설등을 해양수산부장관에게 등록할 수 있다.
(2013.3.23 본항개정)
② 제1항에 따라 등록을 한 자(이하 "생산·가공업자등"이라 한다)는 그 생산·가공시설등에서 생산·가공·출하하는 수산물·수산물가공품이나 그 포장에 위생관리기준에 맞는다는 사실 또는 제70조제1항 및 제2항에 따른 위해요소중점관리기준을 이행한다는 사실을 표시하거나 그 사실을 광고할 수 있다.
③ 생산·가공업자등은 대통령령으로 정하는 사항을 변경하려면 해양수산부장관에게 신고하여야 한다.
(2013.3.23 본항개정)
④ 제3항에 따른 신고가 신고서의 기재사항 및 첨부서류에 흠이 없고, 법령 등에 규정된 형식상의 요건을 충족하는 경우에는 신고서가 접수기관에 도달된 때에 신고 의무가 이행된 것으로 본다.(2019.1.15 본항신설)
⑤ 생산·가공시설등의 등록절차, 등록방법, 변경신고절차 등에 필요한 사항은 해양수산부령으로 정한다.
(2013.3.23 본항개정)

제75조【위생관리에 관한 사항 등의 보고】 ① 해양수산부장관은 생산·가공업자등으로 하여금 생산·가공시설등의 위생관리에 관한 사항을 보고하게 할 수 있다.
② 해양수산부장관은 제115조에 따라 권한을 위임받거나 위탁받은 기관의 장으로 하여금 지정해역의 위생조사에 관한 사항과 검사의 실시에 관한 사항을 보고하게 할 수 있다.
③ 제1항 및 제2항에 따른 보고의 절차 등에 필요한 사항은 해양수산부령으로 정한다.
(2013.3.23 본조개정)

제76조【조사·점검】 ① 해양수산부장관은 지정해역으로 지정하기 위한 해역과 지정해역으로 지정된 해역이 위생관리기준에 맞는지를 조사·점검하여야 한다.
(2013.3.23 본항개정)
② 해양수산부장관은 생산·가공시설등이 위생관리기준과 제70조제1항 또는 제2항에 따른 위해요소중점관리기준에 맞는지를 조사·점검하여야 한다. 이 경우 그 조사·점검의 주기는 대통령령으로 정한다.(2013.3.23 전단개정)
③ 해양수산부장관은 생산·가공업자등이 「부가가치세법」 제8조에 따라 관할 세무서장에게 휴업 또는 폐업 신고를 한 경우 제2항에 따른 조사·점검 대상에서 제외한다. 이 경우 해양수산부장관은 관할 세무서장에게 생산·가공업자등의 휴업 또는 폐업 여부에 관한 정보의 제공을 요청할 수 있으며, 요청을 받은 관할 세무서장은 「전자정부법」 제36조제1항에 따라 생산·가공업자등의 휴업 또는 폐업 여부에 관한 정보를 제공하여야 한다.
(2019.1.15 본항신설)
④ 해양수산부장관은 다음 각 호의 어느 하나에 해당하는 사항을 위하여 필요한 경우에는 관계 공무원에게 해당 영업장소, 사무소, 창고, 선박, 양식시설 등에 출입하여 관계 장부 또는 서류의 열람, 시설·장비 등에 대한 점검을 하거나 필요한 최소량의 시료를 수거하게 할 수 있다.
(2013.3.23 본문개정)
1. 제1항 및 제2항에 따른 조사·점검
2. 제73조에 따른 오염물질의 배출, 가축의 사육행위 및 동물용 의약품의 사용 여부의 확인·조사
⑤ 제4항에 따른 열람·점검 또는 수거에 관하여는 제13조제2항 및 제3항을 준용한다.(2019.1.15 본항개정)
⑥ 제4항에 따라 열람·점검 또는 수거를 하는 관계 공무원에 관하여는 제13조제4항을 준용한다.(2019.1.15 본항개정)
⑦ 해양수산부장관은 생산·가공시설등이 다음 각 호의 요건을 모두 갖춘 경우 생산·가공업자등의 요청에 따라 해당 관계 행정기관의 장에게 공동으로 조사·점검할 것을 요청할 수 있다.(2013.3.23 본문개정)
1. 「식품위생법」 및 「축산물위생관리법」 등 식품 관련 법령의 조사·점검 대상이 되는 경우
2. 유사한 목적으로 6개월 이내에 2회 이상 조사·점검의 대상이 되는 경우. 다만, 외국과의 협약사항 또는 시정조치의 이행 여부를 조사·점검하는 경우와 위법사항에 대한 신고·제보를 받거나 그에 대한 정보를 입수하여 조사·점검하는 경우는 제외한다.
⑧ 제4항부터 제6항까지에서 규정된 사항 외에 제1항과 제2항에 따른 조사·점검의 절차와 방법 등에 필요한 사항은 해양수산부령으로 정하고, 제7항에 따른 공동 조사·점검의 요청방법 등에 필요한 사항은 대통령령으로 정한다.(2019.1.15 본항개정)

제77조【지정해역에서의 생산제한 및 지정해제】 해양수산부장관은 지정해역이 위생관리기준에 맞지 아니하게 되면 대통령령으로 정하는 바에 따라 지정해역에서의 수산물 생산을 제한하거나 지정해역의 지정을 해제할 수 있다.(2013.3.23 본조개정)

제78조【생산·가공의 중지 등】 ① 해양수산부장관은 생산·가공시설등이나 생산·가공업자등이 다음 각 호의 어느 하나에 해당하면 대통령령으로 정하는 바에 따라 생산·가공·출하·운반의 시정·제한·중지 명령, 생산·가공시설등의 개선·보수 명령 또는 등록취소를 할 수 있다. 다만, 제1호에 해당하면 그 등록을 취소하여야 한다.(2013.3.23 본문개정)
1. 거짓이나 그 밖의 부정한 방법으로 제74조에 따른 등록을 한 경우
2. 위생관리기준에 맞지 아니한 경우
3. 제70조제1항 및 제2항에 따른 위해요소중점관리기준을 이행하지 아니하거나 불성실하게 이행하는 경우
4. 제76조제2항 및 제4항제1호(제2항에 해당하는 부분에 한정한다)에 따른 조사·점검 등을 거부·방해 또는 기피하는 경우(2019.1.15 본호개정)
5. 생산·가공시설등에서 생산된 수산물 및 수산가공품에서 유해물질이 검출된 경우
6. 생산·가공·출하·운반의 시정·제한·중지 명령이나 생산·가공시설등의 개선·보수 명령을 받고 그 명령에 따르지 아니하는 경우
7. 생산·가공업자등이 「부가가치세법」 제8조에 따라 관할 세무서장에게 폐업신고를 하거나 관할 세무서장이 사업자등록을 말소한 경우(2019.1.15 본호신설)
② 해양수산부장관은 제1항에 따른 등록취소를 위하여 필요한 경우 관할 세무서장에게 생산·가공업자등의 폐업 또는 사업자등록 말소 여부에 대한 정보 제공을 요청할 수 있다. 이 경우 요청을 받은 관할 세무서장은 「전자정부법」 제36조제1항에 따라 생산·가공업자등의 폐업 또는 사업자등록 말소 여부에 대한 정보를 제공하여야 한다.(2019.1.15 본항신설)

제7장 농수산물 등의 검사 및 검정

제1절 농산물의 검사

제79조【농산물의 검사】 ① 정부가 수매하거나 수출 또는 수입하는 농산물 등 대통령령으로 정하는 농산물(축산물은 제외한다. 이하 이 절에서 같다)은 공정한 유통질서를 확립하고 소비자를 보호하기 위하여 농림축산식품부장관이 정하는 기준에 맞는지 등에 관하여 농림축산식품부장관의 검사를 받아야 한다. 다만, 누에씨 및 누에고치의 경우에는 시·도지사의 검사를 받아야 한다.
② 제1항에 따라 검사를 받은 농산물의 포장·용기나 내용물을 바꾸려면 다시 농림축산식품부장관의 검사를 받아야 한다.
③ 제1항 및 제2항에 따른 농산물 검사의 항목·기준·방법 및 신청절차 등에 필요한 사항은 농림축산식품부령으로 정한다.
(2013.3.23 본조개정)

제80조【농산물검사기관의 지정 등】 ① 농림축산식품부장관은 농산물의 생산자단체나 「공공기관의 운영에 관한 법률」 제4조에 따른 공공기관(이하 "공공기관"이라 한다) 또는 농업 관련 법인 등을 농산물검사기관으로 지정하여 제79조제1항에 따른 검사를 대행하게 할 수 있다.
② 제1항에 따른 농산물검사기관으로 지정받으려는 자는 검사에 필요한 시설과 인력을 갖추어 농림축산식품부장관에게 신청하여야 한다.
③ 제1항에 따른 농산물검사기관의 지정기준, 지정절차 및 검사 업무의 범위 등에 필요한 사항은 농림축산식품부령으로 정한다.
(2013.3.23 본조개정)

제81조【농산물검사기관의 지정 취소 등】 ① 농림축산식품부장관은 제80조에 따른 농산물검사기관이 다음 각 호의 어느 하나에 해당하면 그 지정을 취소하거나 6개월 이내의 기간을 정하여 검사 업무의 전부 또는 일부의 정지를 명할 수 있다. 다만, 제1호 또는 제2호에 해당하면 그 지정을 취소하여야 한다.(2013.3.23 본문개정)
1. 거짓이나 그 밖의 부정한 방법으로 지정을 받은 경우
2. 업무정지 기간 중에 검사 업무를 한 경우
3. 제80조제3항에 따른 지정기준에 맞지 아니하게 된 경우
4. 검사를 거짓으로 하거나 성실하게 하지 아니한 경우
5. 정당한 사유 없이 지정된 검사를 하지 아니한 경우
② 제1항에 따른 지정 취소 등의 세부 기준은 그 위반행위의 유형 및 위반 정도 등을 고려하여 농림축산식품부령으로 정한다.(2013.3.23 본항개정)

제82조【농산물검사관의 자격 등】 ① 제79조에 따른 검사나 제85조에 따른 재검사(이의신청에 따른 재검사를 포함한다. 이하 같다) 업무를 담당하는 사람(이하 "농산물검사관"이라 한다)은 다음 각 호의 어느 하나에 해당하는 사람으로서 국립농산물품질관리원장(누에씨 및 누에고치 농산물검사관의 경우에는 시·도지사를 말한다. 이하 이 조, 제83조제1항 및 제114조제2항에서 같다)이 실시하는 전형시험에 합격한 사람으로 한다. 다만, 대통령령으로 정하는 농산물 검사 관련 자격 또는 학위를 갖고 있는 사람에 대하여는 대통령령으로 정하는 바에 따라 전형시험의 전부 또는 일부를 면제할 수 있다.
1. 농산물 검사 관련 업무에 6개월 이상 종사한 공무원
2. 농산물 검사 관련 업무에 1년 이상 종사한 사람
3. 제105조에 따른 농산물품질관리사 자격을 취득한 사람으로서 해당 자격을 취득한 후 1년 이상 농산물품질관리사의 직무를 수행한 사람(2019.8.27 본호신설)
② 농산물검사관의 자격은 곡류, 특작(特作)·서류(薯類), 과실·채소류, 잠사류(蠶絲類) 등의 구분에 따라 부여한다.(2014.3.24 본항개정)
③ 제83조에 따라 농산물검사관의 자격이 취소된 사람은 자격이 취소된 날부터 1년이 지나지 아니하면 제1항에 따른 전형시험에 응시하거나 농산물검사관의 자격을 취득할 수 없다.
④ 국립농산물품질관리원장은 농산물검사관의 검사기술과 자질을 향상시키기 위하여 교육을 실시할 수 있다.
⑤ 국립농산물품질관리원장은 제1항에 따른 전형시험의 출제 및 채점 등을 위하여 시험위원을 임명·위촉할 수 있다. 이 경우 시험위원에게는 예산의 범위에서 수당을 지급할 수 있다.
⑥ 제1항부터 제4항까지의 규정에 따른 농산물검사관의 전형시험의 구분·방법, 합격자의 결정, 농산물검사관의 교육 등에 필요한 세부사항은 농림축산식품부령으로 정한다.(2013.3.23 본항개정)
⑦ 농산물검사관은 다른 사람에게 그 명의를 사용하게 하거나 다른 사람에게 그 자격증을 대여해서는 아니 된다.
(2019.12.10 본항신설)
⑧ 누구든지 농산물검사관의 자격을 취득하지 아니하고 그 명의를 사용하거나 자격증을 대여받아서는 아니 되며, 명의의 사용이나 자격증의 대여를 알선해서도 아니 된다.
(2019.12.10 본항신설)

제83조【농산물검사관의 자격취소 등】 ① 국립농산물품질관리원장은 농산물검사관에게 다음 각 호의 어느 하나에 해당하는 사유가 발생하면 그 자격을 취소하거나 6개월 이내의 기간을 정하여 자격의 정지를 명할 수 있다. 다만, 제3호 및 제4호의 경우에는 자격을 취소하여야 한다.(2019.12.10 단서신설)
1. 거짓이나 그 밖의 부정한 방법으로 검사나 재검사를 한 경우
2. 이 법 또는 이 법에 따른 명령을 위반하여 현저히 부적격한 검사 또는 재검사를 하여 정부나 농산물검사기관의 공신력을 크게 떨어뜨린 경우
3. 제82조제7항을 위반하여 다른 사람에게 그 명의를 사용하게 하거나 자격증을 대여한 경우(2019.12.10 본호신설)
4. 제82조제8항을 위반하여 명의의 사용이나 자격증의 대여를 알선한 경우(2019.12.10 본호신설)
② 제1항에 따른 자격 취소 및 정지에 필요한 세부사항은 농림축산식품부령으로 정한다.(2013.3.23 본항개정)

제84조【검사증명서의 발급 등】 농산물검사관이 제79조제1항에 따른 검사를 하였을 때에는 농림축산식품부령으로 정하는 바에 따라 해당 농산물의 포장·용기 등이나 꼬리표에 검사날짜, 등급 등의 검사 결과를 표시하거나 검사를 받은 자에게 검사증명서를 발급하여야 한다.
(2013.3.23 본조개정)

제85조【재검사 등】 ① 제79조제1항에 따른 농산물의 검사 결과에 대하여 이의가 있는 자는 검사현장에서 검사를 실시한 농산물검사관에게 재검사를 요구할 수 있다. 이 경우 농산물검사관은 즉시 재검사를 하고 그 결과를 알려 주어야 한다.
② 제1항에 따른 재검사의 결과에 이의가 있는 자는 재검사일부터 7일 이내에 농산물검사관이 소속된 농산물검사

기관의 장에게 이의신청을 할 수 있으며, 이의신청을 받은 기관의 장은 그 신청을 받은 날부터 5일 이내에 다시 검사하여 그 결과를 이의신청자에게 알려야 한다.
③ 제1항 또는 제2항에 따른 재검사 결과가 제79조제1항에 따른 검사 결과와 다른 경우에는 제84조를 준용하여 해당 검사결과의 표시를 교체하거나 검사증명서를 새로 발급하여야 한다.
제86조【검사판정의 실효】 제79조제1항에 따라 검사를 받은 농산물이 다음 각 호의 어느 하나에 해당하면 검사판정의 효력이 상실된다.
1. 농림축산식품부령으로 정하는 검사 유효기간이 지난 경우(2013.3.23 본호개정)
2. 제84조에 따른 검사 결과의 표시가 없어지거나 명확하지 아니하게 된 경우
제87조【검사판정의 취소】 농림축산식품부장관은 제79조에 따른 검사나 제85조에 따른 재검사를 받은 농산물이 다음 각 호의 어느 하나에 해당하면 검사판정을 취소할 수 있다. 다만, 제1호에 해당하면 검사판정을 취소하여야 한다.(2013.3.23 본문개정)
1. 거짓이나 그 밖의 부정한 방법으로 검사를 받은 사실이 확인된 경우
2. 검사 또는 재검사 결과의 표시 또는 검사증명서를 위조하거나 변조한 사실이 확인된 경우
3. 검사 또는 재검사를 받은 농산물의 포장이나 내용물을 바꾼 사실이 확인된 경우

제2절 수산물 및 수산가공품의 검사

제88조【수산물 등에 대한 검사】 ① 다음 각 호의 어느 하나에 해당하는 수산물 및 수산가공품은 품질 및 규격이 맞는지와 유해물질이 섞여 들어오는지 등에 관하여 해양수산부장관의 검사를 받아야 한다.(2013.3.23 본문개정)
1. 정부에서 수매·비축하는 수산물 및 수산가공품
2. 외국과의 협약이나 수출 상대국의 요청에 따라 검사가 필요한 경우로서 해양수산부장관이 정하여 고시하는 수산물 및 수산가공품(2013.3.23 본호개정)
② 해양수산부장관은 제1항 외의 수산물 및 수산가공품에 대한 검사 신청이 있는 경우 검사를 하여야 한다. 다만, 검사기준이 없는 경우 등 해양수산부령으로 정하는 경우에는 그러하지 아니하다.(2013.3.23 본항개정)
③ 제1항이나 제2항에 따라 검사를 받은 수산물 또는 수산가공품의 포장·용기나 내용물을 바꾸려면 다시 해양수산부장관의 검사를 받아야 한다.(2013.3.23 본항개정)
④ 해양수산부장관은 제1항부터 제3항까지의 규정에도 불구하고 다음 각 호의 어느 하나에 해당하는 경우에는 검사의 일부를 생략할 수 있다.(2013.3.23 본문개정)
1. 지정해역에서 위생관리기준에 맞게 생산·가공된 수산물 및 수산가공품
2. 제74조제1항에 따라 등록한 생산·가공시설등에서 위생관리기준 또는 위해요소중점관리기준에 맞게 생산·가공된 수산물 및 수산가공품
3. 다음 각 목의 어느 하나에 해당하는 어선으로 해외수역에서 포획하거나 채취하여 현지에서 직접 수출하는 수산물 및 수산가공품(외국과의 협약을 이행하여야 하거나 외국의 일정한 위생관리기준·위해요소중점관리기준을 준수하여야 하는 경우는 제외한다)
가. 「원양산업발전법」 제6조제1항에 따른 원양어업허가를 받은 어선
나. 「수산식품산업의 육성 및 지원에 관한 법률」 제16조에 따라 수산물가공업(대통령령으로 정하는 업종에 한정한다)을 신고한 자가 직접 운영하는 어선
(2020.2.18 본목개정)
4. 검사의 일부를 생략하여도 검사목적을 달성할 수 있는 경우로서 대통령령으로 정하는 경우
⑤ 제1항부터 제3항까지의 규정에 따른 검사의 종류와 대상, 검사의 기준·절차 및 방법, 제4항에 따라 검사의 일부를 생략하는 경우 그 절차 및 방법 등은 해양수산부령으로 정한다.(2013.3.23 본항개정)
제89조【수산물검사기관의 지정 등】 ① 해양수산부장관은 제88조에 따른 검사 업무나 제96조에 따른 재검사 업무를 수행할 수 있는 생산자단체 또는 「과학기술분야 정부출연연구기관 등의 설립·운영 및 육성에 관한 법률」에 따라 설립된 식품위생 관련 기관을 수산물검사기관으로 지정하여 검사 또는 재검사 업무를 대행하게 할 수 있다.
② 제1항에 따른 수산물검사기관으로 지정받으려는 자는 검사에 필요한 시설과 인력을 갖추어 해양수산부장관에게 신청하여야 한다.
③ 제1항에 따른 수산물검사기관의 지정기준, 지정절차 및 검사 업무의 범위 등에 필요한 사항은 해양수산부령으로 정한다.
(2013.3.23 본조개정)
제90조【수산물검사기관의 지정 취소 등】 ① 해양수산부장관은 제89조에 따른 수산물검사기관이 다음 각 호의 어느 하나에 해당하면 그 지정을 취소하거나 6개월 이내의 기간을 정하여 검사 업무의 전부 또는 일부의 정지를 명할 수 있다. 다만, 제1호 또는 제2호에 해당하면 그 지정을 취소하여야 한다.(2013.3.23 본문개정)
1. 거짓이나 그 밖의 부정한 방법으로 지정받은 경우
2. 업무정지 기간 중에 검사 업무를 한 경우
3. 제89조제3항에 따른 지정기준에 미치지 못하게 된 경우
4. 검사를 거짓으로 하거나 성실하지 아니하게 한 경우
5. 정당한 사유 없이 지정된 검사를 하지 아니하는 경우
② 제1항에 따른 지정 취소 등의 세부 기준은 그 위반행위의 유형 및 위반 정도 등을 고려하여 해양수산부령으로 정한다.(2013.3.23 본항개정)
제91조【수산물검사관의 자격 등】 ① 제88조에 따른 수산물검사업무나 제96조에 따른 재검사 업무를 담당하는 사람(이하 "수산물검사관"이라 한다)은 다음 각 호의 어느 하나에 해당하는 사람으로서 대통령령으로 정하는 국가검역·검사기관(이하 "국가검역·검사기관"으로 한다)의 장이 실시하는 전형시험에 합격한 사람으로 한다. 다만, 대통령령으로 정하는 수산물 검사 관련 자격 또는 학위를 갖고 있는 사람에 대하여는 대통령령으로 정하는 바에 따라 전형시험의 전부 또는 일부를 면제할 수 있다.
(2013.3.23 본문개정)
1. 국가검역·검사기관에서 수산물 검사 관련 업무에 6개월 이상 종사한 공무원(2013.3.23 본호개정)
2. 수산물 검사 관련 업무에 1년 이상 종사한 사람
② 제92조에 따라 수산물검사관의 자격이 취소된 사람은 자격이 취소된 날부터 1년이 지나지 아니하면 제1항에 따른 전형시험에 응시하거나 수산물검사관의 자격을 취득할 수 없다.
③ 국가검역·검사기관의 장은 수산물검사관의 검사기술과 자질을 향상시키기 위하여 교육을 실시할 수 있다.
(2013.3.23 본항개정)
④ 국가검역·검사기관의 장은 제1항에 따른 전형시험의 출제 및 채점 등을 위하여 시험위원을 임명·위촉할 수 있다. 이 경우 시험위원에게는 예산의 범위에서 수당을 지급할 수 있다.(2013.3.23 전단개정)
⑤ 제1항부터 제3항까지의 규정에 따른 수산물검사관의 전형시험의 구분·방법, 합격자의 결정, 수산물검사관의 교육 등에 필요한 세부사항은 해양수산부령으로 정한다.
(2013.3.23 본항개정)
제92조【수산물검사관의 자격취소 등】 ① 국가검역·검사기관의 장은 수산물검사관에게 다음 각 호의 어느 하나에 해당하는 사유가 발생하면 그 자격을 취소하거나 6개월 이내의 기간을 정하여 자격의 정지를 명할 수 있다.
(2013.3.23 본문개정)
1. 거짓이나 그 밖의 부정한 방법으로 검사나 재검사를 한 경우
2. 이 법 또는 이 법에 따른 명령을 위반하여 현저히 부적격한 검사 또는 재검사를 하여 정부나 수산물검사기관의 공신력을 크게 떨어뜨린 경우
② 제1항에 따른 자격 취소 및 정지에 필요한 세부사항은 해양수산부령으로 정한다.(2013.3.23 본항개정)
제93조【검사 결과의 표시】 수산물검사관은 제88조에 따라 검사한 결과나 제96조에 따라 재검사한 결과 다음 각 호의 어느 하나에 해당하면 그 수산물 및 수산가공품에 검사 결과를 표시하여야 한다. 다만, 살아 있는 수산물 등 성질상 표시를 할 수 없는 경우에는 그러하지 아니하다.
1. 검사를 신청한 자(이하 "검사신청인"이라 한다)가 요청하는 경우
2. 정부에서 수매·비축하는 수산물 및 수산가공품인 경우
3. 해양수산부장관이 검사 결과를 표시할 필요가 있다고 인정하는 경우(2013.3.23 본호개정)
4. 검사에 불합격된 수산물 및 수산가공품으로서 제95조제2항에 따라 관계 기관에 폐기 또는 판매금지 등의 처분을 요청하여야 하는 경우
제94조【검사증명서의 발급】 해양수산부장관은 제88조에 따른 검사 결과나 제96조에 따른 재검사 결과 검사기준에 맞는 수산물 및 수산가공품과 제88조제4항에 해당하는 수산물 및 수산가공품의 검사신청인에게 해양수산부령으로 정하는 바에 따라 그 사실을 증명하는 검사증명서를 발급할 수 있다.(2013.3.23 본조개정)
제95조【폐기 또는 판매금지 등】 ① 해양수산부장관은 제88조에 따른 검사나 제96조에 따른 재검사에서 부적합 판정을 받은 수산물 및 수산가공품의 검사신청인에게 그 사실을 알려주어야 한다.
② 해양수산부장관은 「식품위생법」에서 정하는 바에 따라 관할 특별자치도지사·시장·군수·구청장에게 제1항에 따라 부적합 판정을 받은 수산물 및 수산가공품으로서 유해물질이 검출되어 인체에 해를 끼칠 수 있다고 인정되는 수산물 및 수산가공품에 대하여 폐기하거나 판매금지 등을 하도록 요청하여야 한다.
(2013.3.23 본조개정)
제96조【재검사】 ① 제88조에 따라 검사한 결과에 불복하는 자는 그 결과를 통지받은 날부터 14일 이내에 해양수산부장관에게 재검사를 신청할 수 있다.(2013.3.23 본항개정)
② 제1항에 따른 재검사는 다음 각 호의 어느 하나에 해당하는 경우에만 할 수 있다. 이 경우 수산물검사관의 부족 등 부득이한 경우 외에는 처음에 검사한 수산물검사관이 아닌 다른 수산물검사관이 검사하게 하여야 한다.
1. 수산물검사기관이 검사를 위한 시료 채취나 검사방법이 잘못되었다는 것을 인정하는 경우
2. 전문기관(해양수산부장관이 정하여 고시한 식품위생 관련 전문기관을 말한다)이 검사하여 수산물검사기관의 검사 결과와 다른 검사 결과를 제출하는 경우
(2013.3.23 본호개정)
③ 제1항에 따른 재검사의 결과에 대하여는 같은 사유로 다시 재검사를 신청할 수 없다.
제97조【검사판정의 취소】 해양수산부장관은 제88조에 따른 검사나 제96조에 따른 재검사를 받은 수산물 또는 수산가공품이 다음 각 호의 어느 하나에 해당하면 검사판정을 취소할 수 있다. 다만, 제1호에 해당하면 검사판정을 취소하여야 한다.(2013.3.23 본문개정)
1. 거짓이나 그 밖의 부정한 방법으로 검사를 받은 사실이 확인된 경우
2. 검사 또는 재검사 결과의 표시 또는 검사증명서를 위조하거나 변조한 사실이 확인된 경우
3. 검사 또는 재검사를 받은 수산물 또는 수산가공품의 포장이나 내용물을 바꾼 사실이 확인된 경우

제3절 검 정

제98조【검정】 ① 농림축산식품부장관 또는 해양수산부장관은 농수산물 및 농산가공품의 거래 및 수출·수입을 원활히 하기 위하여 다음 각 호의 검정을 실시할 수 있다. 다만, 「종자산업법」 제2조제1호에 따른 종자에 대한 검정은 제외한다.(2016.12.27 단서신설)
1. 농산물 및 농산가공품의 품위·품종·성분 및 유해물질 등(2019.8.27 본호개정)
2. 수산물의 품질·규격·성분·잔류물질 등
3. 농수산물의 생산에 이용·사용하는 농지·어장·용수·자재 등의 품위·성분 및 유해물질 등
② 농림축산식품부장관 또는 해양수산부장관은 검정신청을 받은 때에는 검정 인력이나 검정 장비의 부족 등 검정을 실시하기 곤란한 사유가 없으면 검정을 실시하고 신청인에게 그 결과를 통보하여야 한다.(2013.3.23 본항개정)
③ 제1항에 따른 검정의 항목·신청절차 및 방법 등 필요한 사항은 농림축산식품부령 또는 해양수산부령으로 정한다.(2013.3.23 본항개정)
제98조의2【검정결과에 따른 조치】 ① 농림축산식품부장관 또는 해양수산부장관은 제98조제1항제1호 및 제2호에 따른 검정을 실시한 결과 유해물질이 검출되어 인체에 해를 끼칠 수 있다고 인정되는 농수산물 및 농산가공품에 대하여 생산자 또는 소유자에게 폐기하거나 판매금지 등을 하도록 하여야 한다.
② 농림축산식품부장관 또는 해양수산부장관은 생산자 또는 소유자가 제1항의 명령을 이행하지 아니하거나 농수산물 및 농산가공품의 위생에 위해가 발생한 경우 농림축산식품부령 또는 해양수산부령으로 정하는 바에 따라 검정결과를 공개하여야 한다.
(2013.8.13 본조신설)
제99조【검정기관의 지정 등】 ① 농림축산식품부장관 또는 해양수산부장관은 검정에 필요한 인력과 시설을 갖춘 기관(이하 "검정기관"이라 한다)을 지정하여 제98조에 따른 검정을 대행하게 할 수 있다.(2013.3.23 본항개정)
② 검정기관으로 지정을 받으려는 자는 검정에 필요한 인력과 시설을 갖추어 농림축산식품부장관 또는 해양수산부장관에게 신청하여야 한다. 검정기관으로 지정받은 후 농림축산식품부령 또는 해양수산부령으로 정하는 중요 사항이 변경되었을 때에는 농림축산식품부령 또는 해양수산부령으로 정하는 바에 따라 변경신고를 하여야 한다.
(2013.3.23 본항개정)
③ 농림축산식품부장관 또는 해양수산부장관은 제2항 후단에 따른 변경신고를 받은 날부터 20일 이내에 신고수리 여부를 신고인에게 통지하여야 한다.(2019.8.27 본항신설)
④ 농림축산식품부장관 또는 해양수산부장관이 제3항에서 정한 기간 내에 신고수리 여부 또는 민원 처리 관련 법령에 따른 처리기간의 연장을 신고인에게 통지하지 아니하면 그 기간(민원 처리 관련 법령에 따라 처리기간이 연장 또는 재연장된 경우에는 해당 처리기간을 말한다)이 끝난 날의 다음 날에 신고를 수리한 것으로 본다.
(2019.8.27 본항신설)
⑤ 검정기관 지정의 유효기간은 지정을 받은 날부터 4년으로 하고, 유효기간이 만료된 후에도 계속하여 검정 업무를 하려는 자는 유효기간이 끝나기 3개월 전까지 농림축산식품부장관 또는 해양수산부장관에게 갱신을 신청하여야 한다.(2019.12.10 본항신설)
⑥ 제100조에 따라 검정기관 지정이 취소된 후 1년이 지나지 아니하면 검정기관 지정을 신청할 수 없다.
⑦ 제1항·제2항 및 제5항에 따른 검정기관의 지정·갱신 기준 및 절차와 업무 범위 등에 필요한 사항은 농림축산식품부령 또는 해양수산부령으로 정한다.(2019.12.10 본항개정)
제100조【검정기관의 지정 취소 등】 ① 농림축산식품부장관 또는 해양수산부장관은 검정기관이 다음 각 호의 어느 하나에 해당하면 지정을 취소하거나 6개월 이내의 기간을 정하여 해당 검정 업무의 정지를 명할 수 있다. 다만, 제1호 또는 제2호에 해당하면 지정을 취소하여야 한다.(2013.3.23 본문개정)

1. 거짓이나 그 밖의 부정한 방법으로 지정을 받은 경우
2. 업무정지 기간 중에 검정 업무를 한 경우
3. 검정 결과를 거짓으로 내준 경우
4. 제99조제2항 후단의 변경신고를 하지 아니하고 검정 업무를 계속한 경우
5. 제99조제7항에 따른 지정기준에 맞지 아니하게 된 경우 (2019.12.10 본호개정)
6. 그 밖에 농림축산식품부령 또는 해양수산부령으로 정하는 검정에 관한 규정을 위반한 경우(2013.3.23 본호개정)

② 제1항에 따른 지정 취소 및 정지에 관한 세부 기준은 농림축산식품부령 또는 해양수산부령으로 정한다.
(2013.3.23 본항개정)

제4절 금지행위 및 확인·조사·점검 등

제101조【부정행위의 금지 등】 누구든지 제79조, 제85조, 제88조, 제96조 및 제98조에 따른 검사, 재검사 및 검정과 관련하여 다음 각 호의 행위를 하여서는 아니 된다.
1. 거짓이나 그 밖의 부정한 방법으로 검사·재검사 또는 검정을 받는 행위
2. 제79조 또는 제88조에 따라 검사를 받아야 하는 농수산물 및 수산가공품에 대하여 검사를 받지 아니하는 행위
3. 검사 및 검정 결과의 표시, 검사증명서 및 검정증명서를 위조하거나 변조하는 행위
4. 제79조제2항 또는 제88조제3항을 위반하여 검사를 받지 아니하고 포장·용기나 내용물을 바꾸어 해당 농수산물이나 수산가공품을 판매·수출하거나 판매·수출을 목적으로 보관 또는 진열하는 행위
5. 검정 결과에 대하여 거짓광고나 과대광고를 하는 행위

제102조【확인·조사·점검 등】 ① 농림축산식품부장관 또는 해양수산부장관은 정부가 수매하거나 수입한 농수산물 및 수산가공품 등 대통령령으로 정하는 농수산물 및 수산가공품의 보관창고, 가공시설, 항공기, 선박, 그 밖에 필요한 장소에 관계 공무원을 출입하게 하여 확인·조사·점검 등에 필요한 최소한의 시료를 무상으로 수거하거나 관련 장부 또는 서류를 열람하게 할 수 있다.
(2013.3.23 본항개정)
② 제1항에 따른 시료 수거 또는 열람에 관하여는 제13조제2항 및 제3항을 준용한다.
③ 제1항에 따라 출입 등을 하는 관계 공무원에 관하여는 제13조제4항을 준용한다.

제8장 보 칙

제103조【정보제공 등】 ① 농림축산식품부장관, 해양수산부장관 또는 식품의약품안전처장은 농수산물의 안전성조사 등 농수산물의 안전과 품질에 관련된 정보 중 국민이 알아야 할 필요가 있다고 인정되는 정보는 「공공기관의 정보공개에 관한 법률」에서 허용하는 범위에서 국민에게 제공하여야 한다.
② 농림축산식품부장관, 해양수산부장관 또는 식품의약품안전처장은 제1항에 따라 국민에게 정보를 제공하려는 경우 농수산물의 안전과 품질에 관련된 정보의 수집 및 관리를 위한 정보시스템(이하 "농수산물안전정보시스템"이라 한다)을 구축·운영하여야 한다.
③ 농수산물안전정보시스템의 구축과 운영 및 정보제공 등에 필요한 사항은 총리령, 농림축산식품부령 또는 해양수산부령으로 정한다.
(2013.3.23 본조개정)

제104조【농수산물 명예감시원】 ① 농림축산식품부장관 또는 해양수산부장관이나 시·도지사는 농수산물의 공정한 유통질서를 확립하기 위하여 소비자단체 또는 생산자단체의 회원·직원 등을 농수산물 명예감시원으로 위촉하여 농수산물의 유통질서에 대한 감시·지도·계몽을 하게 할 수 있다.
② 농림축산식품부장관 또는 해양수산부장관이나 시·도지사는 농수산물 명예감시원에게 예산의 범위에서 감시활동에 필요한 경비를 지급할 수 있다.
③ 제1항에 따른 농수산물 명예감시원의 자격, 위촉방법, 임무 등에 필요한 사항은 농림축산식품부령 또는 해양수산부령으로 정한다.
(2013.3.23 본조개정)

제105조【농산물품질관리사 및 수산물품질관리사】 농림축산식품부장관 또는 해양수산부장관은 농산물 및 수산물의 품질 향상과 유통의 효율화를 촉진하기 위하여 농산물품질관리사 및 수산물품질관리사 제도를 운영한다.
(2013.8.13 본조개정)

제106조【농산물품질관리사 또는 수산물품질관리사의 직무】 ① 농산물품질관리사는 다음 각 호의 직무를 수행한다.
1. 농산물의 등급 판정
2. 농산물의 생산 및 수확 후 품질관리기술 지도
3. 농산물의 출하 시기 조절, 품질관리기술에 관한 조언
4. 그 밖에 농산물의 품질 향상과 유통 효율화에 필요한 업무로서 농림축산식품부령으로 정하는 업무 (2013.3.23 본호개정)

② 수산물품질관리사는 다음 각 호의 직무를 수행한다.
1. 수산물의 등급 판정
2. 수산물의 생산 및 수확 후 품질관리기술 지도
3. 수산물의 출하 시기 조절, 품질관리기술에 관한 조언
4. 그 밖에 수산물의 품질 향상과 유통 효율화에 필요한 업무로서 해양수산부령으로 정하는 업무
(2013.8.13 본항신설)
(2013.8.13 본조제목개정)

제107조【농산물품질관리사 또는 수산물품질관리사의 시험·자격부여 등】 ① 농산물품질관리사 또는 수산물품질관리사가 되려는 사람은 농림축산식품부장관 또는 해양수산부장관이 실시하는 농산물품질관리사 또는 수산물품질관리사 자격시험에 합격하여야 한다.
② 농림축산식품부장관 또는 해양수산부장관은 농산물품질관리사 또는 수산물품질관리사 자격시험에서 다음 각 호의 어느 하나에 해당하는 사람에 대해서는 해당 시험을 정지 또는 무효로 하거나 합격 결정을 취소하여야 한다.
1. 부정한 방법으로 시험에 응시한 사람
2. 시험에서 부정한 행위를 한 사람
(2019.8.27 본항개정)
③ 다음 각 호의 어느 하나에 해당하는 사람은 그 처분이 있은 날부터 2년 동안 농산물품질관리사 또는 수산물품질관리사 자격시험에 응시하지 못한다.
1. 제2항에 따라 시험의 정지·무효 또는 합격취소 처분을 받은 사람
2. 제109조에 따라 농산물품질관리사 또는 수산물품질관리사의 자격이 취소된 사람
(2019.8.27 본항신설)
④ 농산물품질관리사 또는 수산물품질관리사 자격시험의 실시계획, 응시자격, 시험과목, 시험방법, 합격기준 및 자격증 발급 등에 필요한 사항은 대통령령으로 정한다.
(2013.8.13 본조개정)

제107조의2【농산물품질관리사 또는 수산물품질관리사의 교육】 ① 농림축산식품부령 또는 해양수산부령으로 정하는 농산물품질관리사 또는 수산물품질관리사는 업무 능력 및 자질의 향상을 위하여 필요한 교육을 받아야 한다.
② 제1항에 따른 교육의 방법 및 실시기관 등에 필요한 사항은 농림축산식품부령 또는 해양수산부령으로 정한다.
(2013.8.13 본조신설)

제108조【농산물품질관리사 또는 수산물품질관리사의 준수사항】 ① 농산물품질관리사 또는 수산물품질관리사는 농수산물의 품질 향상과 유통의 효율화를 촉진하여 생산자와 소비자 모두에게 이익이 될 수 있도록 신의와 성실로써 그 직무를 수행하여야 한다.
② 농산물품질관리사 또는 수산물품질관리사는 다른 사람에게 그 명의를 사용하게 하거나 그 자격증을 빌려주어서는 아니 된다.
③ 누구든지 농산물품질관리사 또는 수산물품질관리사의 자격을 취득하지 아니하고 그 명의를 사용하거나 자격증을 대여받아서는 아니 되며, 명의의 사용이나 자격증의 대여를 알선해서도 아니 된다.(2019.12.10 본항신설)
(2013.8.13 본조개정)

제109조【농산물품질관리사 또는 수산물품질관리사의 자격 취소】 농림축산식품부장관 또는 해양수산부장관은 다음 각 호의 어느 하나에 해당하는 사람에 대하여 농산물품질관리사 또는 수산물품질관리사 자격을 취소하여야 한다.
1. 농산물품질관리사 또는 수산물품질관리사의 자격을 거짓 또는 부정한 방법으로 취득한 사람
2. 제108조제2항을 위반하여 다른 사람에게 농산물품질관리사 또는 수산물품질관리사의 명의를 사용하게 하거나 자격증을 빌려준 사람
3. 제108조제3항을 위반하여 명의의 사용이나 자격증의 대여를 알선한 사람(2019.12.10 본호신설)
(2013.8.13 본조개정)

제110조【자금 지원】 정부는 농수산물의 품질 향상 또는 농수산물의 표준규격화 및 물류표준화의 촉진 등을 위하여 다음 각 호의 어느 하나에 해당하는 자에게 예산의 범위에서 포장자재, 시설 및 자동화장비 등의 매입 및 농산물품질관리사 또는 수산물품질관리사 운용 등에 필요한 자금을 지원할 수 있다.(2013.8.13 본문개정)
1. 농어업인
2. 생산자단체
3. 우수관리인증을 받은 자, 우수관리인증기관, 농산물 수확 후 위생·안전 관리를 위한 시설의 사업자 또는 우수관리인증 교육을 실시하는 기관·단체
4. 이력추적관리 또는 지리적표시의 등록을 한 자
5. 농산물품질관리사 또는 수산물품질관리사를 고용하는 등 농수산물의 품질 향상을 위하여 노력하는 산지·소비지 유통시설의 사업자(2013.8.13 본호개정)
6. 제64조에 따른 안전성검사기관 또는 제68조에 따른 위험평가 수행기관
7. 제80조, 제89조 및 제99조에 따른 농수산물 검사 및 검정 기관
8. 그 밖에 농림축산식품부령 또는 해양수산부령으로 정하는 농수산물 유통 관련 사업자 또는 단체(2013.3.23 본호개정)

제111조【우선구매】 ① 농림축산식품부장관 또는 해양수산부장관은 농수산물 및 수산가공품의 유통을 원활히 하고 품질 향상을 촉진하기 위하여 필요하면 우수표시품, 지리적표시품 등을 「농수산물 유통 및 가격안정에 관한 법률」에 따른 농수산물도매시장이나 농수산물공판장에서 우선적으로 상장(上場)하거나 거래하게 할 수 있다.
(2013.3.23 본항개정)
② 국가·지방자치단체나 공공기관은 농수산물 또는 농수산가공품을 구매할 때에는 우수표시품, 지리적표시품 등을 우선적으로 구매할 수 있다.

제112조【포상금】 식품의약품안전처장은 제56조 또는 제57조를 위반한 자를 주무관청 또는 수사기관에 신고하거나 고발한 자 등에게는 대통령령으로 정하는 바에 따라 예산의 범위에서 포상금을 지급할 수 있다.(2013.3.23 본조개정)

제113조【수수료】 다음 각 호의 어느 하나에 해당하는 자는 총리령, 농림축산식품부령 또는 해양수산부령으로 정하는 바에 따라 수수료를 내야 한다. 다만, 정부가 수매하거나 수출 또는 수입하는 농수산물 등에 대하여는 총리령, 농림축산식품부령 또는 해양수산부령으로 정하는 바에 따라 수수료를 감면할 수 있다.(2013.3.23 본문개정)
1. 제6조제3항에 따라 우수관리인증을 신청하거나 제7조제2항에 따른 우수관리인증의 갱신심사, 같은 조 제3항에 따른 유효기간연장을 위한 심사 또는 같은 조 제4항에 따른 우수관리인증의 변경을 신청하는 자
2. 제9조제2항에 따라 우수관리인증기관의 지정을 신청하거나 같은 조 제5항에 따라 갱신하려는 자
3. 제11조제2항에 따라 우수관리시설의 지정을 신청하거나 같은 조 제7항에 따른 갱신을 신청하는 자
(2019.8.27 2호~3호개정)
4. 제14조제2항에 따라 품질인증을 신청하거나 제15조제2항에 따라 품질인증의 유효기간 연장신청을 하는 자
5. 제17조제3항에 따라 품질인증기관의 지정을 신청하는 자
6. (2012.6.1 삭제)
7. 제41조에 따라 준용되는 「특허법」 제15조에 따른 기간연장신청 또는 같은 법 제22조에 따른 수계신청을 하는 자(2016.12.2 본호개정)
8. 제43조제1항에 따른 지리적표시의 무효심판, 제44조제1항에 따른 지리적표시의 취소심판, 제45조에 따른 지리적표시의 등록 거절·취소에 대한 심판 또는 제51조제1항에 따른 재심을 청구하는 자
9. 제46조제3항에 따라 보정을 하거나 제50조에 따라 준용되는 「특허법」 제151조에 따른 제척·기피신청, 같은 법 제156조에 따른 참가신청, 같은 법 제165조에 따른 비용액결정의 청구, 같은 법 제166조에 따른 집행력 있는 정본의 청구를 하는 자. 이 경우 제55조제1항에 따라 준용되는 「특허법」 제184조에 따른 재심에서의 신청·청구 등을 포함한다.
10. 제64조제2항에 따라 안전성검사기관의 지정을 신청(같은 조 제6항에 따라 유효기간이 만료되기 전에 다시 지정을 신청하는 경우를 포함한다)하거나 같은 조 제3항에 따라 변경승인을 신청하는 자(2021.12.21 본호개정)
11. 제74조제1항에 따라 생산·가공시설등의 등록을 신청하는 자
12. 제79조에 따른 농산물의 검사 또는 제85조에 따른 재검사를 신청하는 자
13. 제80조제2항에 따라 농산물검사기관의 지정을 신청하는 자
14. 제88조제1항부터 제3항까지의 규정에 따른 수산물 또는 수산가공품의 검사나 제96조제1항에 따라 재검사를 신청하는 자
15. 제89조제2항에 따라 수산물검사기관의 지정을 신청하는 자
16. 제98조제1항에 따른 검정을 신청하는 자
17. 제99조제2항 전단에 따라 검정기관의 지정을 신청하거나 같은 조 제5항에 따라 갱신을 신청하는 자
(2019.12.10 본호개정)
18. 제107조제1항에 따른 농산물품질관리사 또는 수산물품질관리사 자격시험에 응시하려는 사람(2019.8.27 본호신설)

제114조【청문 등】 ① 농림축산식품부장관, 해양수산부장관 또는 식품의약품안전처장은 다음 각 호의 어느 하나에 해당하는 처분을 하려면 청문을 하여야 한다.
(2013.3.23 본문개정)
1. 제10조에 따른 우수관리인증기관의 지정 취소
2. 제13조의2제3항에 따른 우수관리시설의 지정 취소 (2017.4.18 본호개정)
3. 제16조에 따른 품질인증의 취소
4. 제18조에 따른 품질인증기관의 지정 취소 또는 품질인증 업무의 정지
5. (2012.6.1 삭제)
6. 제27조에 따른 이력추적관리 등록의 취소
7. 제31조제1항에 따른 표준규격품 또는 품질인증품의 판매금지나 표시정지, 같은 조 제2항에 따른 우수관리인증농산물의 판매금지 또는 같은 조 제4항에 따른 우수관리인증의 취소나 표시정지(2016.12.2 본호개정)
8. 제40조에 따른 지리적표시품에 대한 판매의 금지, 표시의 정지 또는 등록의 취소
9. 제65조에 따른 안전성검사기관의 지정 취소
10. 제78조에 따른 생산·가공시설등이나 생산·가공업자등에 대한 생산·가공·출하·운반의 시정·제한·

중지 명령, 생산·가공시설등의 개선·보수 명령 또는 등록의 취소
11. 제81조에 따른 농산물검사기관의 지정 취소
12. 제87조에 따른 검사판정의 취소
13. 제90조에 따른 수산물검사기관의 지정 취소 또는 검사업무의 정지
14. 제97조에 따른 검사판정의 취소
15. 제100조에 따른 검정기관의 지정 취소
16. 제109조에 따른 농산물품질관리사 또는 수산물품질관리사 자격의 취소(2013.8.13 본호개정)
② 국립농산물품질관리원장은 제83조에 따라 농산물검사관 자격의 취소를 하려면 청문을 하여야 한다.
③ 국가검역·검사기관의 장은 제92조에 따라 수산물검사관 자격의 취소를 하려면 청문을 하여야 한다. (2013.3.23 본항개정)
④ 우수관리인증기관은 제8조제1항에 따라 우수관리인증을 취소하려면 우수관리인증을 받은 자에게 의견 제출의 기회를 주어야 한다.
⑤ 우수관리인증기관은 제12조제1항에 따라 우수관리시설의 지정을 취소하려면 우수관리시설의 지정을 받은 자에게 의견 제출의 기회를 주어야 한다.(2017.4.18 본항신설)
⑥ 품질인증기관은 제16조에 따라 품질인증의 취소를 하려면 품질인증을 받은 자에게 의견 제출의 기회를 주어야 한다.
⑦ 제4항부터 제6항까지에 따른 의견 제출에 관하여는 「행정절차법」 제22조제4항부터 제6항까지 및 제27조를 준용한다. 이 경우 "행정청" 및 "관할행정청"은 각각 "우수관리인증기관" 또는 "품질인증기관"으로 본다. (2017.4.18 전단개정)

제115조【권한의 위임·위탁 등】 ① 이 법에 따른 농림축산식품부장관, 해양수산부장관 또는 식품의약품안전처장의 권한은 그 일부를 대통령령으로 정하는 바에 따라 소속 기관의 장, 농촌진흥청장, 산림청장, 시·도지사 또는 시장·군수·구청장에게 위임할 수 있다.(2013.3.23 본항개정)
② 이 법에 따른 농림축산식품부장관, 해양수산부장관 또는 식품의약품안전처장의 업무는 그 일부를 대통령령으로 정하는 바에 따라 다음 각 호의 자에게 위탁할 수 있다. (2013.3.23 본문개정)
1. 생산자단체
2. 「공공기관의 운영에 관한 법률」에 따른 공공기관
3. 「정부출연연구기관 등의 설립·운영 및 육성에 관한 법률」에 따른 정부출연연구기관 또는 「과학기술분야 정부출연연구기관 등의 설립·운영 및 육성에 관한 법률」에 따른 과학기술분야 정부출연연구기관
4. 「농어업경영체 육성 및 지원에 관한 법률」 제16조에 따라 설립된 영농조합법인 및 영어조합법인 등 농림 또는 수산 관련 법인이나 단체

제116조【벌칙 적용 시의 공무원 의제】 다음 각 호의 어느 하나에 해당하는 사람은 「형법」 제127조 및 제129조부터 제132조까지의 규정에 따른 벌칙을 적용할 때에는 공무원으로 본다.(2019.8.27 본문개정)
1. 제3조에 따른 심의회의 위원 중 공무원이 아닌 위원
2. 제9조에 따라 우수관리인증 또는 우수관리시설의 지정 업무에 종사하는 우수관리인증기관의 임원·직원 (2017.4.18 본호개정)
3. 제17조제1항에 따라 품질인증 업무에 종사하는 품질인증기관의 임원·직원
4. 제42조에 따른 심판위원 중 공무원이 아닌 심판위원
5. 제64조에 따라 안전성조사와 시험분석 업무에 종사하는 안전성검사기관의 임원·직원
6. 제80조 및 제85조에 따라 농산물 검사, 재검사 및 이의신청 업무에 종사하는 농산물검사기관의 임원·직원
7. 제89조 및 제96조에 따라 검사 및 재검사 업무에 종사하는 수산물검사기관의 임원·직원
8. 제99조에 따라 검정 업무에 종사하는 검정기관의 임원·직원
9. 제115조제2항에 따라 위탁받은 업무에 종사하는 생산자단체 등의 임원·직원

제9장 벌 칙

제117조【벌칙】 다음 각 호의 어느 하나에 해당하는 자는 7년 이하의 징역 또는 1억원 이하의 벌금에 처한다. 이 경우 징역과 벌금은 병과(倂科)할 수 있다.
1. 제57조제1호를 위반하여 유전자변형농수산물의 표시를 거짓으로 하거나 이를 혼동하게 할 우려가 있는 표시를 한 유전자변형농수산물 표시의무자
2. 제57조제2호를 위반하여 유전자변형농수산물의 표시를 혼동하게 할 목적으로 그 표시를 손상·변경한 유전자변형농수산물 표시의무자
3. 제57조제3호를 위반하여 유전자변형농수산물의 표시를 한 농수산물에 다른 농수산물을 혼합하여 판매하거나 혼합하여 판매할 목적으로 보관 또는 진열한 유전자변형농수산물 표시의무자

제118조【벌칙】 제73조제1항제1호 또는 제2호를 위반하여 「해양환경관리법」 제2조제5호에 따른 기름을 배출한 자는 5년 이하의 징역 또는 5천만원 이하의 벌금에 처한다.

제119조【벌칙】 다음 각 호의 어느 하나에 해당하는 자는 3년 이하의 징역 또는 3천만원 이하의 벌금에 처한다.
1. 제29조제1항제1호를 위반하여 우수표시품이 아닌 농수산물(우수관리인증농산물이 아닌 농산물의 경우에는 제7조제4항에 따른 승인을 받지 아니한 농산물을 포함한다) 또는 농수산가공품에 우수표시품의 표시를 하거나 이와 비슷한 표시를 한 자(2014.3.24 본호개정)
1의2. 제29조제1항제2호를 위반하여 우수표시품이 아닌 농수산물(우수관리인증농산물이 아닌 농산물의 경우에는 제7조제4항에 따른 승인을 받지 아니한 농산물을 포함한다) 또는 농수산가공품을 우수표시품으로 광고하거나 우수표시품으로 잘못 인식할 수 있도록 광고한 자(2014.3.24 본호신설)
2. 제29조제2항을 위반하여 다음 각 목의 어느 하나에 해당하는 행위를 한 자
가. 제5조제2항에 따라 표준규격품의 표시를 한 농수산물에 표준규격품이 아닌 농수산물 또는 농수산가공품을 혼합하여 판매하거나 혼합하여 판매할 목적으로 보관하거나 진열하는 행위
나. 제6조제6항에 따라 우수관리인증의 표시를 한 농산물에 우수관리인증농산물이 아닌 농산물(제7조제4항에 따른 승인을 받지 아니한 농산물을 포함한다) 또는 농산가공품을 혼합하여 판매하거나 혼합하여 판매할 목적으로 보관하거나 진열하는 행위(2014.3.24 본목개정)
다. 제14조제3항에 따라 품질인증품의 표시를 한 수산물에 품질인증품이 아닌 수산물을 혼합하여 판매하거나 혼합하여 판매할 목적으로 보관 또는 진열하는 행위 (2017.11.28 본목개정)
라. (2012.6.1 삭제)
마. 제24조제6항에 따라 이력추적관리의 표시를 한 농산물에 이력추적관리의 등록을 하지 아니한 농산물 또는 농산가공품을 혼합하여 판매하거나 혼합하여 판매할 목적으로 보관하거나 진열하는 행위(2019.8.27 본목개정)
3. 제38조제1항을 위반하여 지리적표시품이 아닌 농수산물 또는 농수산가공품의 포장·용기·선전물 및 관련 서류에 지리적표시나 이와 비슷한 표시를 한 자
4. 제38조제2항을 위반하여 지리적표시품에 지리적표시품이 아닌 농수산물 또는 농수산가공품을 혼합하여 판매하거나 혼합하여 판매할 목적으로 보관 또는 진열한 자
5. 제73조제1항제1호 또는 제2호를 위반하여 「해양환경관리법」 제2조제4호에 따른 폐기물, 같은 조 제7호에 따른 유해액체물질 또는 같은 조 제8호에 따른 포장유해물질을 배출한 자
6. 제101조제1호를 위반하여 거짓이나 그 밖의 부정한 방법으로 제79조에 따른 농산물의 검사, 제85조에 따른 농산물의 재검사, 제88조에 따른 수산물 및 수산가공품의 검사, 제96조에 따른 수산물 및 수산가공품의 재검사 및 제98조에 따른 검정을 받은 자
7. 제101조제2호를 위반하여 검사를 받아야 하는 수산물 및 수산가공품에 대하여 검사를 받지 아니한 자
8. 제101조제3호를 위반하여 검사 및 검정 결과의 표시, 검사증명서 및 검정증명서를 위조하거나 변조한 자
9. 제101조제5호를 위반하여 검정 결과에 대하여 거짓광고나 과대광고를 한 자

제120조【벌칙】 다음 각 호의 어느 하나에 해당하는 자는 1년 이하의 징역 또는 1천만원 이하의 벌금에 처한다.
1. 제24조제2항을 위반하여 이력추적관리의 등록을 하지 아니한 자
2. 제31조제1항 또는 제40조에 따른 시정명령(제31조제1항제3호 또는 제40조제2호에 따른 표시방법에 대한 시정명령은 제외한다), 판매금지 또는 표시정지 처분에 따르지 아니한 자
3. 제31조제2항에 따른 판매금지 조치에 따르지 아니한 자(2016.12.2 본호개정)
4. 제59조제1항에 따른 처분을 이행하지 아니한 자
5. 제59조제2항에 따른 공표명령을 이행하지 아니한 자
6. 제63조제1항에 따른 조치를 이행하지 아니한 자
7. 제73조제2항에 따른 동물용 의약품을 사용하는 행위를 제한하거나 금지하는 조치에 따르지 아니한 자
8. 제77조에 따른 지정해역에서 수산물의 생산제한 조치에 따르지 아니한 자
9. 제78조에 따른 생산·가공·출하 및 운반의 시정·제한·중지 명령을 위반하거나 생산·가공시설등의 개선·보수 명령을 이행하지 아니한 자
9의2. 제98조의2제1항에 따른 조치를 이행하지 아니한 자 (2013.8.13 본호신설)
10. 제101조제2호를 위반하여 검사를 받아야 하는 농산물에 대하여 검사를 받지 아니한 자
11. 제101조제4호를 위반하여 검사를 받지 아니하고 해당 농수산물이나 수산가공품을 판매·수출하거나 판매·수출을 목적으로 보관 또는 진열한 자
12. 제82조제7항 또는 제108조제2항을 위반하여 다른 사람에게 농산물검사관, 농산물품질관리사 또는 수산물품질관리사의 명의를 사용하게 하거나 그 자격증을 빌려준 자(2019.12.10 본호개정)
13. 제82조제8항 또는 제108조제3항을 위반하여 농산물검사관, 농산물품질관리사 또는 수산물품질관리사의 명의를 사용하거나 그 자격증을 대여받은 자 또는 명의의 사용이나 자격증의 대여를 알선한 자(2019.12.10 본호신설)

제121조【과실범】 과실로 제118조의 죄를 저지른 자는 3년 이하의 징역 또는 3천만원 이하의 벌금에 처한다. (2020.2.18 본조개정)

제122조【양벌규정】 법인의 대표자나 법인 또는 개인의 대리인, 사용인, 그 밖의 종업원이 그 법인 또는 개인의 업무에 관하여 제117조부터 제121조까지의 어느 하나에 해당하는 위반행위를 하면 그 행위자를 벌하는 외에 그 법인 또는 개인에게도 해당 조문의 벌금형을 과(科)한다. 다만, 법인 또는 개인이 그 위반행위를 방지하기 위하여 해당 업무에 관하여 상당한 주의와 감독을 게을리하지 아니한 경우에는 그러하지 아니하다.

제123조【과태료】 ① 다음 각 호의 어느 하나에 해당하는 자에게는 1천만원 이하의 과태료를 부과한다.
1. 제13조제1항, 제19조제1항, 제30조제1항, 제39조제1항, 제58조제1항, 제62조제1항, 제76조제4항 및 제102조제1항에 따른 출입·수거·조사·열람 등을 거부·방해 또는 기피한 자(2022.2.3 본호개정)
2. 제24조제2항에 따라 등록한 자로서 같은 조 제3항을 위반하여 변경신고를 하지 아니한 자
3. 제24조제2항에 따라 등록한 자로서 같은 조 제6항을 위반하여 이력추적관리의 표시를 하지 아니한 자
4. 제24조제2항에 따라 등록한 자로서 같은 조 제7항을 위반하여 이력추적관리기준을 지키지 아니한 자 (2019.8.27 2호~3호개정)
5. 제31조제1항제3호 또는 제40조제2호에 따른 표시방법에 대한 시정명령에 따르지 아니한 자(2016.12.2 본호개정)
6. 제56조제1항을 위반하여 유전자변형농수산물의 표시를 하지 아니한 자
7. 제56조제2항에 따른 유전자변형농수산물의 표시방법을 위반한 자
② 다음 각 호의 어느 하나에 해당하는 자에게는 100만원 이하의 과태료를 부과한다.
1. 제73조제1항제3호를 위반하여 양식시설에서 가축을 사육한 자
2. 제75조제1항에 따른 보고를 하지 아니하거나 거짓으로 보고한 생산·가공업자등
③ 제1항 및 제2항에 따른 과태료는 대통령령으로 정하는 바에 따라 농림축산식품부장관, 해양수산부장관, 식품의약품안전처장 또는 시·도지사가 부과·징수한다. (2013.3.23 본항개정)

부 칙

제1조【시행일】 이 법은 공포 후 1년이 경과한 날부터 시행한다.

제2조【다른 법률의 폐지】 수산물품질관리법은 폐지한다.

제3조【품질인증기관의 지정신청 제한에 관한 적용례】 제17조제3항 단서의 개정규정을 적용하는 경우 제18조제1항 각 호의 개정규정의 사유는 이 법 시행 후 최초로 발생한 사유부터 적용한다.

제4조【지리적표시 원부의 작성 등에 관한 특례】 ① 부칙 제11조제2항에도 불구하고 농림수산식품부장관은 이 법 시행 전에 종전의 「농산물품질관리법」(이하 "종전의 법률"이라 한다) 또는 부칙 제2조에 따라 폐지되기 전의 「수산물품질관리법」(이하 "종전의 「수산물품질관리법」"이라 한다)에 따라 작성·관리한 지리적표시 원부(이하 "종전의 지리적표시 원부"라 한다)의 등록사항에 관하여 제33조제1항의 개정규정에 따른 사유가 발생한 때에는 제33조의 개정규정에 따라 종전의 등록사항을 옮겨 적어 지리적표시 원부를 새로 작성할 수 있다.
② 농림수산식품부장관은 제1항에 따라 지리적표시 원부를 새로 작성한 경우에는 종전의 지리적표시 원부를 폐쇄하여 제33조의 개정규정에 따른 지리적표시권 소멸 시의 지리적표시 원부의 관리 방법 및 절차에 준하여 별도로 관리하여야 한다.

제5조【처분 등에 관한 일반적 경과조치】 이 법 시행 전에 종전의 법률 및 종전의 「수산물품질관리법」에 따라 행한 처분·절차나 그 밖의 행정기관의 행위와 행정기관에 대한 행위는 이 법 중 그에 해당하는 규정에 따른 처분·절차나 행정기관의 행위 또는 행정기관에 대한 행위로 본다.

제6조【표준규격에 관한 경과조치】 이 법 시행 당시 종전의 법률에 따른 표준규격 및 종전의 「수산물품질관리법」에 따른 표준규격은 제5조의 개정규정에 따른 표준규격으로 본다.

제7조【농산물우수관리인증 등에 관한 경과조치】 ① 이 법 시행 당시 종전의 법률에 따라 농산물우수관리의 인증을 받은 자는 제6조의 개정규정에 따라 우수관리인증을 받은 것으로 본다. 이 경우 그 유효기간은 제7조제1항의 개정규정에도 불구하고 종전의 법률에 따라 부여된 유효기간으로 한다.
② 이 법 시행 당시 종전의 법률에 따라 지정받은 농산물우수관리인증기관 및 농산물우수관리시설은 각각 제9조

의 개정규정에 따라 지정받은 우수관리인증기관 및 제11조의 개정규정에 따라 지정받은 우수관리시설로 본다.
③ 이 법 시행 당시 법률 제9759호 농산물품질관리법 일부개정법률 부칙 제4조제2항에 따른 인증기관은 같은 항에 규정된 기간 동안 제9조의 개정규정에 따라 우수관리인증기관의 지정을 받은 것으로 본다.
④ 이 법 시행 당시 법률 제9759호 농산물품질관리법 일부개정법률 부칙 제4조제3항에 따른 농산물우수관리시설은 같은 항에 규정된 기간 동안 제11조의 개정규정에 따라 우수관리시설의 지정을 받은 것으로 본다.
제8조【수산물 등의 품질인증에 관한 경과조치】 이 법 시행 당시 종전의 「수산물품질관리법」에 따라 품질인증을 받은 수산물 및 수산특산물은 제14조의 개정규정에 따라 품질인증을 받은 것으로 본다. 이 경우 그 유효기간은 제15조제1항의 개정규정에도 불구하고 종전의 「수산물품질관리법」에 따라 부여된 유효기간으로 한다.
제9조【친환경수산물인증에 관한 경과조치】 이 법 시행 당시 종전의 「수산물품질관리법」에 따라 친환경수산물 인증을 받은 친환경수산물은 제21조의 개정규정에 따라 친환경수산물의 인증을 받은 것으로 본다. 이 경우 그 유효기간은 제22조제1항의 개정규정에도 불구하고 종전의 「수산물품질관리법」에 따라 부여된 유효기간으로 한다.
제10조【이력추적관리에 관한 경과조치】 이 법 시행 당시 종전의 법률에 따라 이력추적관리의 등록을 한 농산물과 종전의 「수산물품질관리법」에 따라 수산물이력추적등록을 한 수산물은 제24조의 개정규정에 따라 이력추적관리의 등록을 한 것으로 본다. 이 경우 그 유효기간은 제25조제1항의 개정규정에도 불구하고 종전의 법률 및 종전의 「수산물품질관리법」에 따라 부여된 유효기간으로 한다.
제11조【지리적표시에 관한 경과조치】 ① 이 법 시행 당시 종전의 법률 또는 종전의 「수산물품질관리법」에 따라 지리적표시의 등록을 받은 자는 제32조의 개정규정에 따른 지리적표시의 등록을 받은 것으로 본다. 다만, 등록된 지리적표시가 제32조제9항의 개정규정에 따른 등록거절 사유에 해당되면 제36조의 개정규정에 따른 권리침해의 금지 청구권 및 제37조의 개정규정에 따른 손해배상청구권이 발생하지 아니한다.
② 종전의 지리적표시 원부는 제33조의 개정규정에 따른 지리적표시 원부로 본다.
③ 지리적표시에 관한 제32조에서 제55조까지의 개정규정은 이 법 또는 다른 법률에 특별한 규정이 없으면 이 법 시행 전에 청구되어 계속 중인 사건에도 적용한다. 다만, 종전의 법률에 따라 이미 효력이 발생한 사항에는 영향을 미치지 아니한다.
제12조【안전성검사기관에 관한 경과조치】 이 법 시행 당시 종전의 법률에 따라 지정받은 안전성검사기관은 제64조의 개정규정에 따라 지정받은 안전성검사기관으로 본다.
제13조【지정해역 등에 관한 경과조치】 ① 이 법 시행 당시 종전의 「수산물품질관리법」에 따라 고시된 위생관리기준 및 위해요소중점관리기준은 각각 제69조 및 제70조에 따라 고시된 것으로 본다.
② 이 법 시행 당시 종전의 「수산물품질관리법」에 따라 지정·고시된 지정해역은 제71조의 개정규정에 따라 지정·고시된 것으로 본다.
제14조【생산·가공시설등에 관한 경과조치】 이 법 시행 당시 종전의 「수산물품질관리법」에 따라 등록한 생산·가공시설등은 제74조의 개정규정에 따라 등록한 생산·가공시설등으로 본다.
제15조【검사 등에 관한 경과조치】 ① 이 법 시행 당시 종전의 법률에 따라 검사 또는 재검사를 받은 농산물은 각각 제79조의 개정규정에 따른 검사 또는 제85조제1항의 개정규정에 따른 재검사를 받은 것으로 보고, 종전의 법률에 따라 이의신청을 한 경우에는 제85조제2항의 개정규정에 따라 이의신청을 한 것으로 본다.
② 이 법 시행 당시 종전의 「수산물품질관리법」에 따라 검사 또는 재검사를 받은 수산물 및 수산가공품은 제88조의 개정규정에 따른 검사 또는 제96조의 개정규정에 따른 재검사를 받은 것으로 본다.
③ 이 법 시행 당시 종전의 법률 및 종전의 「수산물품질관리법」에 따른 검사결과의 표시 및 검사증명서는 각각 제84조·제93조 및 제94조의 개정규정에 따른 검사 결과의 표시 및 검사증명서로 본다.
제16조【검사기관 및 검정기관에 관한 경과조치】 ① 이 법 시행 당시 종전의 법률에 따라 지정된 검사기관은 제80조의 개정규정에 따라 지정된 농산물검사기관으로 본다.
② 이 법 시행 당시 종전의 「수산물품질관리법」에 따라 지정된 검사기관(안전성조사 업무를 수행하기 위하여 지정된 검사기관은 제외한다)은 제89조의 개정규정에 따라 지정된 수산물검사기관으로 본다.
③ 이 법 시행 당시 종전의 「수산물품질관리법」에 따라 지정된 검사기관 중 안전성조사 업무를 수행하기 위하여 지정된 검사기관은 제64조의 개정규정에 따라 지정된 안전성검사기관으로 본다.
④ 이 법 시행 당시 종전의 법률 또는 종전의 「수산물품질관리법」에 따라 지정된 검정기관은 제99조의 개정규정에 따라 지정된 검정기관으로 본다.
제17조【농산물검사관 및 수산물검사관에 관한 경과조치】 ① 이 법 시행 당시 종전의 법률에 따른 검사원은 제82조의 개정규정에 따른 농산물검사관으로 본다.
② 이 법 시행 당시 종전의 「수산물품질관리법」에 따른 검사관은 제91조의 개정규정에 따른 수산물검사관으로 본다.
③ 이 법 시행 전에 발생한 사유로 인하여 농산물검사관 및 수산물검사관의 자격이 취소(이 법 시행 전에 종전의 법률에 따라 검사원의 자격이 취소된 경우 및 종전의 「수산물품질관리법」에 따라 검사관의 자격이 취소된 경우를 포함한다)된 사람에 대한 농산물검사관 또는 수산물검사관 전형시험의 응시 또는 자격 취득 제한에 관하여는 각각 종전의 법률 및 종전의 「수산물품질관리법」에 따른다.
제18조【행정처분 및 벌칙 등에 관한 경과조치】 이 법 시행 전의 행위에 대하여 행정처분 또는 벌칙이나 과태료를 적용할 때에는 종전의 법률 및 종전의 「수산물품질관리법」에 따른다.
제19조【다른 법률의 개정】 ①~⑬ ※(해당 법령에 가제정리 하였음)
제20조【다른 법령과의 관계】 이 법 시행 당시 다른 법령에서 종전의 법률, 종전의 「수산물품질관리법」 또는 그 규정을 인용한 경우 이 법 가운데 그에 해당하는 규정이 있으면 종전의 법률, 종전의 「수산물품질관리법」 또는 그 규정을 갈음하여 이 법 또는 이 법의 해당 규정을 인용한 것으로 본다.

부　칙 (2017.4.18)

제1조【시행일】 이 법은 공포 후 1년이 경과한 날부터 시행한다.
제2조【우수관리시설의 지정에 관한 경과조치】 이 법 시행 당시 종전의 규정에 따라 농림축산식품부장관이 지정한 우수관리시설은 제11조의 개정규정에 따라 우수관리인증기관이 지정한 우수관리시설로 본다.
제3조【우수관리시설의 지정 취소 등에 관한 경과조치】 ① 이 법 시행 당시 종전의 제12조제1항에 따라 우수관리시설의 지정 취소 또는 업무의 정지가 진행 중인 경우에는 제12조제1항의 개정규정에도 불구하고 종전의 규정에 따른다.
② 이 법 시행 당시 종전의 제114조제1항제2호에 따라 청문이 진행 중인 경우에는 제114조제1항제2호의 개정규정에도 불구하고 종전의 규정에 따른다.

부　칙 (2017.11.28)

제1조【시행일】 이 법은 공포 후 6개월이 경과한 날부터 시행한다.
제2조【수산특산물에 대한 품질인증제도 폐지에 관한 경과조치】 ① 이 법 시행 당시 종전의 제14조제1항에 따라 품질인증을 받은 수산특산물에 대해서는 제15조제2항 및 제3항에 따라 품질인증의 유효기간을 연장할 수 있다. 다만, 품질인증의 유효기간을 연장하는 경우에도 그 기한은 2020년 12월 31일로 한다.
② 이 법 시행 당시 종전의 제14조제1항에 따라 품질인증을 받은 수산특산물 및 제1항에 따라 품질인증의 유효기간을 연장한 수산특산물에 대해서는 종전의 품질인증 관련 규정(벌칙 및 과태료에 관한 규정을 포함한다)에 따른다.
제3조【다른 법률의 개정】 ※(해당 법령에 가제정리 하였음)

부　칙 (2018.2.21)

이 법은 공포 후 6개월이 경과한 날부터 시행한다.

부　칙 (2018.6.12)

제1조【시행일】 이 법은 공포 후 6개월이 경과한 날부터 시행한다.
제2조【안전성검사기관 지정의 유효기간에 관한 경과조치】 이 법 시행 전에 제64조제1항에 따라 지정을 받은 안전성검사기관의 지정 유효기간은 이 법 시행일부터 기산한다.

부　칙 (2019.1.15)

제1조【시행일】 이 법은 공포한 날부터 시행한다.
제2조【다른 법률의 개정】 ※(해당 법령에 가제정리 하였음)

부　칙 (2019.8.27 법16540호)

제1조【시행일】 이 법은 공포 후 6개월이 경과한 날부터 시행한다. 다만, 제107조의 개정규정은 공포한 날부터 시행한다.
제2조【우수관리인증기관 변경신고 등에 관한 적용례】 제9조제3항·제4항, 제11조제3항·제4항, 제24조제4항·제5항 및 제99조제3항·제4항의 개정규정은 이 법 시행 이후 신고를 하는 경우부터 적용한다.
제3조【행정제재처분 효과의 승계에 관한 적용례】 제28조의2의 개정규정은 이 법 시행 이후 최초로 하는 행정제재처분부터 적용한다.
제4조【농산물품질관리사 또는 수산물품질관리사 자격시험의 부정행위자 제재조치에 관한 적용례】 제107조제2항 및 같은 조 제3항제1호의 개정규정은 부칙 제1조 단서에 따른 시행일 이후 실시하는 농산물품질관리사 또는 수산물품질관리사 자격시험부터 적용한다.

부　칙 (2019.8.27 법16568호)

제1조【시행일】 이 법은 공포 후 1년이 경과한 날부터 시행한다.(이하 생략)

부　칙 (2019.12.10)

제1조【시행일】 이 법은 공포 후 6개월이 경과한 날부터 시행한다.
제2조【검정기관 지정의 유효기간에 관한 경과조치】 이 법 시행 당시 종전의 규정에 따라 지정을 받은 검정기관의 지정 유효기간은 이 법 시행일부터 기산한다.

부　칙 (2020.2.18 법17024호)

제1조【시행일】 이 법은 공포한 날부터 시행한다. 다만, 제17조 및 제18조의 개정규정은 공포 후 1개월이 경과한 날부터 시행하고, 제4조제8호, 제14조제2항 단서, 제69조 및 제71조제1항의 개정규정은 공포 후 6개월이 경과한 날부터 시행한다.
제2조【품질인증 신청 제한에 관한 적용례】 제14조제2항의 개정규정은 같은 개정규정 시행 이후 최초로 수산물의 품질인증이 취소되거나 제119조 또는 제120조를 위반하여 벌금 이상의 형을 받고 그 형이 확정된 경우부터 적용한다.
제3조【품질인증기관 지정내용 변경신고에 관한 적용례】 제17조제4항 및 제5항의 개정규정은 같은 개정규정 시행 이후 품질인증기관 지정내용 변경신고를 하는 경우부터 적용한다.

부　칙 (2020.2.18 법17037호)

제1조【시행일】 이 법은 공포 후 1년이 경과한 날부터 시행한다.(이하 생략)

부　칙 (2020.12.8)

제1조【시행일】 이 법률은 공포한 날부터 시행한다.(이하 생략)

부　칙 (2021.12.21)

제1조【시행일】 이 법은 공포한 날부터 시행한다. 다만, 제113조제10호의 개정규정은 공포 후 6개월이 경과한 날부터 시행한다.
제2조【수수료에 관한 적용례】 제113조제10호의 개정규정은 같은 개정규정 시행일 이후 이 법에 따라 다시 지정을 신청하거나 변경승인을 신청하는 경우부터 적용한다.

부　칙 (2022.2.3)

제1조【시행일】 이 법은 공포한 날부터 시행한다.
제2조【대집행에 대한 적용례】 제63조제2항의 개정규정은 이 법 시행 후 적발되어 제63조제1항제1호의 조치 대상이 되는 경우부터 적용한다.

부　칙 (2022.6.10)

이 법은 공포 후 1년이 경과한 날부터 시행한다.

부　칙 (2023.8.16)

이 법은 공포한 날부터 시행한다.

(舊 : 농수산물의 원산지 표시에 관한 법률)

농수산물의 원산지 표시 등에 관한 법률(약칭 : 원산지표시법)

(2010년 2월 4일 법 률 제10022호)

개정
2011. 7.21법10885호(농수산물품질관리법)
2011. 7.25법10933호 2011.11.22법11092호
2013. 3.23법11690호(정부조직)
2013. 7.30법11958호(대외무역)
2013. 8.13법12060호
2013.12.27법12119호(가축및축산물이력관리에관한법)
2014. 6. 3법12728호 2015. 6.22법13355호
2015. 6.22법13383호(수산업 · 어촌발전기본법)
2016. 5.29법14207호 2016.12. 2법14291호
2017.10.13법14902호 2018.12.31법16119호
2020. 2.18법17037호(수산식품산업의육성및지원에관한법)
2020. 5.26법17314호
2020.12. 8법17618호(양식산업발전법)
2021. 4.13법18057호 2021.11.30법18525호

제1장 총 칙

제1조【목적】 이 법은 농산물 · 수산물과 그 가공품 등에 대하여 적정하고 합리적인 원산지 표시와 유통이력 관리를 하도록 함으로써 공정한 거래를 유도하고 소비자의 알권리를 보장하여 생산자와 소비자를 보호하는 것을 목적으로 한다.(2021.11.30 본조개정)

제2조【정의】 이 법에서 사용하는 용어의 뜻은 다음과 같다.
1. "농산물"이란 「농업 · 농촌 및 식품산업 기본법」 제3조제6호가목에 따른 농산물을 말한다.(2015.6.22 본호개정)
2. "수산물"이란 「수산업 · 어촌 발전 기본법」 제3조제1호가목에 따른 어업활동 및 같은 호 마목에 따른 양식활동으로부터 생산되는 산물을 말한다.(2020.12.8 본호개정)
3. "농수산물"이란 농산물과 수산물을 말한다.
4. "원산지"란 농산물이나 수산물이 생산 · 채취 · 포획된 국가 · 지역이나 해역을 말한다.
4의2. "유통이력"이란 수입 농산물 및 농산물 가공품에 대한 수입 이후부터 소비자 판매 이전까지의 유통단계별 거래명세를 말하며, 그 구체적인 범위는 농림축산식품부령으로 정한다.(2021.11.30 본호신설)
5. "식품접객업"이란 「식품위생법」 제36조제1항제3호에 따른 식품접객업을 말한다.
6. "집단급식소"란 「식품위생법」 제2조제12호에 따른 집단급식소를 말한다.
7. "통신판매"란 「전자상거래 등에서의 소비자보호에 관한 법률」 제2조제2호에 따른 통신판매(같은 법 제2조제1호의 전자상거래로 판매되는 경우를 포함한다. 이하 같다) 중 대통령령으로 정하는 판매를 말한다.
8. 이 법에서 사용하는 용어의 뜻은 이 법에 특별한 규정이 있는 것을 제외하고는 「농수산물 품질관리법」, 「식품위생법」, 「대외무역법」이나 「축산물 위생관리법」에서 정하는 바에 따른다.(2016.12.2 본호개정)

제3조【다른 법률과의 관계】 이 법은 농수산물 또는 그 가공품의 원산지 표시와 수입 농산물 및 농산물 가공품의 유통이력 관리에 대하여 다른 법률에 우선하여 적용한다.(2021.11.30 본조개정)

제4조【농수산물의 원산지 표시의 심의】 이 법에 따른 농산물 · 수산물 및 그 가공품 또는 조리하여 판매하는 쌀 · 김치류, 축산물(「축산물 위생관리법」 제2조제2호에 따른 축산물을 말한다. 이하 같다) 및 수산물 등의 원산지 표시 등에 관한 사항은 「농수산물 품질관리법」 제3조에 따른 농수산물품질관리심의회(이하 "심의회"라 한다)에서 심의한다.(2016.12.2 본조개정)

제2장 농수산물 및 농수산물 가공품의 원산지 표시 등

(2021.11.30 본장제목개정)

제5조【원산지 표시】 ① 대통령령으로 정하는 농수산물 또는 그 가공품을 수입하는 자, 생산 · 가공하여 출하하거나 판매(통신판매를 포함한다. 이하 같다)하는 자 또는 판매할 목적으로 보관 · 진열하는 자는 다음 각 호에 대하여 원산지를 표시하여야 한다.(2016.12.2 본문개정)
1. 농수산물
2. 농수산물 가공품(국내에서 가공한 가공품은 제외한다)(2016.12.2 본호개정)
3. 농수산물 가공품(국내에서 가공한 가공품에 한정한다)의 원료(2016.12.2 본호신설)

② 다음 각 호의 어느 하나에 해당하는 때에는 제1항에 따라 원산지를 표시한 것으로 본다.
1. 「농수산물 품질관리법」 제5조 또는 「소금산업 진흥법」 제33조에 따른 표준규격품의 표시를 한 경우
2. 「농수산물 품질관리법」 제6조에 따른 우수관리인증의 표시, 같은 법 제14조에 따른 품질인증품의 표시 또는 「소금산업 진흥법」 제39조에 따른 우수천일염인증의 표시를 한 경우
(2011.11.22 1호~2호개정)
2의2. 「소금산업 진흥법」 제40조에 따른 천일염생산방식인증의 표시를 한 경우(2011.11.22 본호신설)
3. 「소금산업 진흥법」 제41조에 따른 친환경천일염인증의 표시를 한 경우(2016.12.2 본호개정)
4. 「농수산물 품질관리법」 제24조에 따른 이력추적관리의 표시를 한 경우(2011.7.21 본호개정)
5. 「농수산물 품질관리법」 제34조 또는 「소금산업 진흥법」 제38조에 따른 지리적표시를 한 경우(2011.11.22 본호개정)
5의2. 「식품산업진흥법」 제22조의2 또는 「수산식품산업의 육성 및 지원에 관한 법률」 제30조에 따른 원산지인증의 표시를 한 경우(2020.2.18 본호개정)
5의3. 「대외무역법」 제33조에 따라 수출입 농수산물이나 수출입 농수산물 가공품의 원산지를 표시한 경우(2016.12.2 본호신설)
6. 다른 법률에 따라 농수산물의 원산지 또는 농수산물 가공품의 원료의 원산지를 표시한 경우(2016.12.2 본호개정)

③ 식품접객업 및 집단급식소 중 대통령령으로 정하는 영업소나 집단급식소를 설치 · 운영하는 자는 다음 각 호의 어느 하나에 해당하는 경우에 그 농수산물이나 그 가공품의 원료에 대하여 원산지(쇠고기는 식육의 종류를 포함한다. 이하 같다)를 표시하여야 한다. 다만, 「식품산업진흥법」 제22조의2 또는 「수산식품산업의 육성 및 지원에 관한 법률」 제30조에 따른 원산지인증의 표시를 한 경우에는 원산지를 표시한 것으로 보며, 쇠고기의 경우에는 식육의 종류를 별도로 표시하여야 한다.(2021.4.13 본문개정)
1. 대통령령으로 정하는 농수산물이나 그 가공품을 조리하여 판매 · 제공(배달을 통한 판매 · 제공을 포함한다)하는 경우
2. 제1호에 따른 농수산물이나 그 가공품을 조리하여 판매 · 제공할 목적으로 보관하거나 진열하는 경우
(2021.4.13 1호~2호신설)

④ 제1항이나 제3항에 따른 표시대상, 표시를 하여야 할 자, 표시기준은 대통령령으로 정하고, 표시방법과 그 밖에 필요한 사항은 농림축산식품부와 해양수산부의 공동 부령으로 정한다.(2013.3.23 본항개정)

제6조【거짓 표시 등의 금지】 ① 누구든지 다음 각 호의 행위를 하여서는 아니 된다.
1. 원산지 표시를 거짓으로 하거나 이를 혼동하게 할 우려가 있는 표시를 하는 행위
2. 원산지 표시를 혼동하게 할 목적으로 그 표시를 손상 · 변경하는 행위
3. 원산지를 위장하여 판매하거나, 원산지 표시를 한 농수산물이나 그 가공품에 다른 농수산물이나 가공품을 혼합하여 판매하거나 판매할 목적으로 보관이나 진열하는 행위

② 농수산물이나 그 가공품을 조리하여 판매 · 제공하는 자는 다음 각 호의 행위를 하여서는 아니 된다.
1. 원산지 표시를 허위로 하거나 이를 혼동하게 할 우려가 있는 표시를 하는 행위
2. 원산지를 위장하여 조리 · 판매 · 제공하거나, 조리하여 판매 · 제공할 목적으로 농수산물이나 그 가공품의 원산지 표시를 손상 · 변경하여 보관 · 진열하는 행위
3. 원산지 표시를 한 농수산물이나 그 가공품에 원산지가 다른 동일 농수산물이나 그 가공품을 혼합하여 조리 · 판매 · 제공하는 행위

③ 제1항이나 제2항을 위반하여 원산지를 혼동하게 할 우려가 있는 표시 및 위장판매의 범위 등 필요한 사항은 농림축산식품부와 해양수산부의 공동 부령으로 정한다.(2013.3.23 본항개정)

④ 「유통산업발전법」 제2조제3호에 따른 대규모점포를 개설한 자는 임대의 형태로 운영되는 점포(이하 "임대점포"라 한다)의 임차인 등 운영자가 제1항 각 호 또는 제2항 각 호의 어느 하나에 해당하는 행위를 하도록 방치하여서는 아니 된다.(2011.7.25 본항신설)

⑤ 「방송법」 제9조제5항에 따른 승인을 받고 상품소개와 판매에 관한 전문편성을 행하는 방송채널사용사업자는 해당 방송채널 등에 물건 판매중개를 의뢰하는 자가 제1항 각 호 또는 제2항 각 호의 어느 하나에 해당하는 행위를 하도록 방치하여서는 아니 된다.(2016.12.2 본항신설)

제6조의2【과징금】 ① 농림축산식품부장관, 해양수산부장관, 관세청장, 특별시장 · 광역시장 · 특별자치시장 · 도지사 · 특별자치도지사(이하 "시 · 도지사"라 한다) 또는 시장 · 군수 · 구청장(자치구의 구청장을 말한다. 이하 같다)은 제6조제1항 또는 제2항을 2년 이내에 2회 이상 위반한 자에게 그 위반금액의 5배 이하에 해당하는 금액을 과징금으로 부과 · 징수할 수 있다. 이 경우 제6조제1항을 위반한 횟수와 같은 조 제2항을 위반한 횟수는 합산한다.(2020.5.26 전단개정)

② 제1항에 따른 위반금액은 제6조제1항 또는 제2항을 위반한 농수산물이나 그 가공품의 판매금액으로서 각 위반행위별 판매금액을 모두 더한 금액을 말한다. 다만, 통관단계의 위반금액은 제6조제1항을 위반한 농수산물이나 그 가공품의 수입 신고 금액으로서 각 위반행위별 수입 신고 금액을 모두 더한 금액을 말한다.(2017.10.13 단서신설)

③ 제1항에 따른 과징금 부과 · 징수의 세부기준, 절차, 그 밖에 필요한 사항은 대통령령으로 정한다.

④ 농림축산식품부장관, 해양수산부장관, 관세청장, 시 · 도지사 또는 시장 · 군수 · 구청장은 제1항에 따른 과징금을 내야 하는 자가 납부기한까지 내지 아니하면 국세 또는 지방세 체납처분의 예에 따라 징수한다.(2020.5.26 본항개정)
(2014.6.3 본조신설)

제7조【원산지 표시 등의 조사】 ① 농림축산식품부장관, 해양수산부장관, 관세청장, 시 · 도지사 또는 시장 · 군수 · 구청장은 제5조에 따른 원산지의 표시 여부 · 표시사항과 표시방법 등의 적정성을 확인하기 위하여 대통령령으로 정하는 바에 따라 관계 공무원으로 하여금 원산지 표시대상 농수산물이나 그 가공품을 수거하거나 조사하게 하여야 한다. 이 경우 관세청장의 수거 또는 조사 업무는 제5조제1항의 원산지 표시 대상 중 수입하는 농수산물이나 농수산물 가공품(국내에서 가공한 가공품은 제외한다)에 한정한다.(2020.5.26 전단개정)

② 제1항에 따른 조사 시 필요한 경우 해당 영업장, 보관창고, 사무실 등에 출입하여 농수산물이나 그 가공품 등에 대하여 확인 · 조사 등을 할 수 있으며 영업과 관련된 장부나 서류의 열람을 할 수 있다.

③ 제1항이나 제2항에 따른 수거 · 조사 · 열람을 하는 때에는 원산지의 표시대상 농수산물이나 그 가공품을 판매하거나 가공하는 자 또는 조리하여 판매 · 제공하는 자는 정당한 사유 없이 이를 거부 · 방해하거나 기피하여서는 아니 된다.

④ 제1항이나 제2항에 따른 수거 또는 조사를 하는 관계 공무원은 그 권한을 표시하는 증표를 지니고 이를 관계인에게 내보여야 하며, 출입 시 성명 · 출입시간 · 출입목적 등이 표시된 문서를 관계인에게 교부하여야 한다.

⑤ 농림축산식품부장관, 해양수산부장관, 관세청장이나 시 · 도지사는 제1항에 따른 수거 · 조사를 하는 경우 업종, 규모, 거래 품목 및 거래 형태 등을 고려하여 매년 인력 · 재원 운영계획을 포함한 자체 계획(이하 이 조에서 "자체 계획"이라 한다)을 수립한 후 그에 따라 실시하여야 한다.(2018.12.31 본항신설)

⑥ 농림축산식품부장관, 해양수산부장관, 관세청장이나 시 · 도지사는 제1항에 따른 수거 · 조사를 실시한 경우 다음 각 호의 사항에 대하여 평가를 실시하여야 하며 그 결과를 자체 계획에 반영하여야 한다.
1. 자체 계획에 따른 추진 실적
2. 그 밖에 원산지 표시 등의 조사와 관련하여 평가가 필요한 사항
(2018.12.31 본항신설)

⑦ 제6항에 따른 평가와 관련된 기준 및 절차에 관한 사항은 대통령령으로 정한다.(2018.12.31 본항신설)

제8조【영수증 등의 비치】 제5조제3항에 따라 원산지를 표시하여야 하는 자는 「축산물 위생관리법」 제31조나 「가축 및 축산물 이력관리에 관한 법률」 제18조 등 다른 법률에 따라 발급받은 원산지 등이 기재된 영수증이나 거래명세서 등을 매입일부터 6개월간 비치 · 보관하여야 한다.(2016.12.2 본조개정)

제9조【원산지 표시 등의 위반에 대한 처분 등】 ① 농림축산식품부장관, 해양수산부장관, 관세청장, 시 · 도지사 또는 시장 · 군수 · 구청장은 제5조나 제6조를 위반한 자에 대하여 다음 각 호의 처분을 할 수 있다. 다만, 제5조제3항을 위반한 자에 대한 처분은 제1호에 한정한다.
(2020.5.26 본문개정)
1. 표시의 이행 · 변경 · 삭제 등 시정명령
2. 위반 농수산물이나 그 가공품의 판매 등 거래행위 금지

② 농림축산식품부장관, 해양수산부장관, 관세청장, 시 · 도지사 또는 시장 · 군수 · 구청장은 다음 각 호의 자가 제5조를 위반하여 2년 이내에 2회 이상 원산지를 표시하지 아니하거나, 제6조를 위반함에 따라 제1항에 따른 처분이 확정된 경우 처분과 관련된 사항을 공표하여야 한다. 다만, 농림축산식품부장관이나 해양수산부장관이 심의회의 심의를 거쳐 공표의 실효성이 없다고 인정하는 경우에는 처분과 관련된 사항을 공표하지 아니할 수 있다.(2020.5.26 본문개정)
1. 제5조제1항에 따라 원산지의 표시를 하도록 한 농수산물이나 그 가공품을 생산 · 가공하여 출하하거나 판매 또는 판매할 목적으로 가공하는 자
2. 제5조제3항에 따라 음식물을 조리하여 판매 · 제공하는 자

③ 제2항에 따라 공표를 하여야 하는 사항은 다음 각 호와 같다.
1. 제1항에 따른 처분 내용
2. 해당 영업소의 명칭
3. 농수산물의 명칭
4. 제1항에 따른 처분을 받은 자가 입점하여 판매한 「방송법」 제9조제5항에 따른 방송채널사용사업자 또는 「전자상거래 등에서의 소비자보호에 관한 법률」 제20조에 따른 통신판매중개업자의 명칭

5. 그 밖에 처분과 관련된 사항으로서 대통령령으로 정하는 사항
(2016.5.29 본항개정)
④ 제2항의 공표는 다음 각 호의 자의 홈페이지에 공표한다.
1. 농림축산식품부
2. 해양수산부
2의2. 관세청(2017.10.13 본호신설)
3. 국립농산물품질관리원
4. 대통령령으로 정하는 국가검역·검사기관
5. 특별시·광역시·특별자치시·도·특별자치도, 시·군·구(자치구를 말한다)
6. 한국소비자원
7. 그 밖에 대통령령으로 정하는 주요 인터넷 정보제공 사업자
(2016.5.29 본항신설)
⑤ 제1항에 따른 처분과 제2항에 따른 공표의 기준·방법 등에 관하여 필요한 사항은 대통령령으로 정한다.
(2016.5.29 본항신설)

제9조의2【원산지 표시 위반에 대한 교육】 ① 농림축산식품부장관, 해양수산부장관, 관세청장, 시·도지사 또는 시장·군수·구청장은 제9조제2항 각 호의 자가 제5조 또는 제6조를 위반하여 제9조제1항에 따른 처분이 확정된 경우에는 농수산물 원산지 표시제도 교육을 이수하도록 명하여야 한다.(2020.5.26 본항개정)
② 제1항에 따른 이수명령의 이행기간은 교육 이수명령을 통지받은 날부터 최대 4개월 이내로 정한다.(2020.5.26 본항개정)
③ 농림축산식품부장관과 해양수산부장관은 제1항 및 제2항에 따른 농수산물 원산지 표시제도 교육을 위하여 교육시행지침을 마련하여 시행하여야 한다.
④ 제1항부터 제3항까지의 규정에 따른 교육내용, 교육대상, 교육기관, 교육기간 및 교육시행지침 등 필요한 사항은 대통령령으로 정한다.
(2016.5.29 본조신설)

제10조【농수산물의 원산지 표시에 관한 정보제공】 ① 농림축산식품부장관 또는 해양수산부장관은 농수산물의 원산지 표시와 관련된 정보 중 방사성물질이 유출된 국가 또는 지역 등 국민이 알아야 할 필요가 있다고 인정되는 정보에 대하여는 「공공기관의 정보공개에 관한 법률」에서 허용하는 범위에서 이를 국민에게 제공하도록 노력하여야 한다.(2013.8.13 본항개정)
② 제1항에 따라 정보를 제공하는 경우 제4조에 따른 심의회의 심의를 거칠 수 있다.
③ 농림축산식품부장관 또는 해양수산부장관은 제1항에 따라 국민에게 정보를 제공하고자 하는 경우 「농수산물 품질관리법」 제103조에 따른 농수산물안전정보시스템을 이용할 수 있다.(2013.3.23 본항개정)

제2장의2 수입 농산물 및 농산물 가공품의 유통이력 관리
(2021.11.30 본장신설)

제10조의2【수입 농산물 등의 유통이력 관리】 ① 농산물 및 농산물 가공품(이하 "농산물등"이라 한다)을 수입하는 자와 수입 농산물등을 거래하는 자(소비자에 대한 판매를 주된 영업으로 하는 사업자는 제외한다)는 공정거래 또는 국민보건을 해칠 우려가 있는 것으로서 농림축산식품부장관이 지정하여 고시하는 농산물등(이하 "유통이력관리수입농산물등"이라 한다)에 대한 유통이력을 농림축산식품부장관에게 신고하여야 한다.
② 제1항에 따른 유통이력 신고의무가 있는 자(이하 "유통이력신고의무자"라 한다)는 유통이력을 장부에 기록(전자적 기록방식을 포함한다)하고, 그 자료를 거래일부터 1년간 보관하여야 한다.
③ 유통이력신고의무자가 유통이력관리수입농산물등을 양도하는 경우에는 이를 양수하는 자에게 제1항에 따른 유통이력 신고의무가 있음을 농림축산식품부령으로 정하는 바에 따라 알려주어야 한다.
④ 농림축산식품부장관은 유통이력관리수입농산물등을 지정하거나 유통이력의 범위 등을 정하는 경우에는 수입 농산물등을 국내 농산물등에 비하여 부당하게 차별하여서는 아니 되며, 이를 이행하는 유통이력신고의무자의 부담이 최소화되도록 하여야 한다.
⑤ 제1항부터 제4항까지에서 규정한 사항 외에 유통이력 신고의 절차 등에 관하여 필요한 사항은 농림축산식품부령으로 정한다.

제10조의3【유통이력관리수입농산물등의 사후관리】 ① 농림축산식품부장관은 제10조의2에 따른 유통이력 신고의무의 이행 여부를 확인하기 위하여 필요한 경우에는 관계 공무원으로 하여금 유통이력신고의무자의 사업장 등에 출입하여 유통이력관리수입농산물등을 수거 또는 조사하거나 영업과 관련된 장부나 서류를 열람하게 할 수 있다.
② 유통이력신고의무자는 정당한 사유 없이 제1항에 따른 수거·조사 또는 열람을 거부·방해 또는 기피하여서는 아니 된다.
③ 제1항에 따라 수거·조사 또는 열람을 하는 관계 공무원은 그 권한을 표시하는 증표를 지니고 이를 관계인에게 내보여야 하며, 출입할 때에는 성명, 출입시간, 출입목적 등이 표시된 문서를 관계인에게 내주어야 한다.
④ 제1항부터 제3항까지에서 규정한 사항 외에 유통이력관리수입농산물등의 수거·조사 또는 열람 등에 필요한 사항은 대통령령으로 정한다.

제3장 보 칙

제11조【명예감시원】 ① 농림축산식품부장관, 해양수산부장관, 시·도지사 또는 시장·군수·구청장은 「농수산물 품질관리법」 제104조의 농수산물 명예감시원에게 농수산물이나 그 가공품의 원산지 표시를 지도·홍보·계몽하거나 위반사항을 신고하게 할 수 있다.
② 농림축산식품부장관, 해양수산부장관, 시·도지사 또는 시장·군수·구청장은 제1항에 따른 활동에 필요한 경비를 지급할 수 있다.
(2020.5.26 본조개정)

제12조【포상금 지급 등】 ① 농림축산식품부장관, 해양수산부장관, 관세청장, 시·도지사 또는 시장·군수·구청장은 제5조 및 제6조를 위반한 자를 주무관청이나 수사기관에 신고하거나 고발한 자에 대하여 대통령령으로 정하는 바에 따라 예산의 범위에서 포상금을 지급할 수 있다.(2020.5.26 본항개정)
② 농림축산식품부장관 또는 해양수산부장관은 농수산물 원산지 표시의 활성화를 모범적으로 시행하고 있는 지방자치단체, 개인, 기업 또는 단체에 대하여 우수사례로 발굴하거나 시상할 수 있다.(2016.12.2 본항신설)
③ 제2항에 따른 시상의 내용 및 방법 등에 필요한 사항은 농림축산식품부와 해양수산부의 공동 부령으로 정한다.
(2016.12.2 본항신설)
(2016.12.2 본조제목개정)

제13조【권한의 위임 및 위탁】 이 법에 따른 농림축산식품부장관, 해양수산부장관 또는 관세청장의 권한은 그 일부를 대통령령으로 정하는 바에 따라 소속 기관의 장, 관계 행정기관의 장에게 위임 또는 위탁할 수 있다.
(2020.5.26 본조개정)

제13조의2【행정기관 등의 업무협조】 ① 국가 또는 지방자치단체, 그 밖에 법령 또는 조례에 따라 행정권한을 가지고 있거나 위임 또는 위탁받은 공공단체나 그 기관 또는 사인은 원산지 표시와 유통이력 관리제도의 효율적인 운영을 위하여 서로 협조하여야 한다.(2021.11.30 본항개정)
② 농림축산식품부장관, 해양수산부장관 또는 관세청장은 원산지 표시와 유통이력 관리제도의 효율적인 운영을 위하여 필요한 경우 국가 또는 지방자치단체의 전자정보처리 체계의 정보 이용 등에 대한 협조를 관계 중앙행정기관의 장, 시·도지사 또는 시장·군수·구청장에게 요청할 수 있다. 이 경우 협조를 요청받은 관계 중앙행정기관의 장, 시·도지사 또는 시장·군수·구청장은 특별한 사유가 없으면 이에 따라야 한다.(2021.11.30 전단개정)
③ 제1항 및 제2항에 따른 협조의 절차 등은 대통령령으로 정한다.
(2011.7.25 본조신설)

제4장 벌 칙

제14조【벌칙】 ① 제6조제1항 또는 제2항을 위반한 자는 7년 이하의 징역이나 1억원 이하의 벌금에 처하거나 이를 병과(倂科)할 수 있다.(2016.12.2 본항개정)
② 제1항의 죄로 형을 선고받고 그 형이 확정된 후 5년 이내에 다시 제6조제1항 또는 제2항을 위반한 자는 1년 이상 10년 이하의 징역 또는 500만원 이상 1억5천만원 이하의 벌금에 처하거나 이를 병과할 수 있다.(2016.12.2 본항신설)

제15조 (2016.12.2 삭제)

제16조【벌칙】 제9조제1항에 따른 처분을 이행하지 아니한 자는 1년 이하의 징역이나 1천만원 이하의 벌금에 처한다.

제16조의2【자수자에 대한 특례】 제6조제1항 또는 제2항을 위반한 자가 자신의 위반사실을 자수한 때에는 그 형을 감경하거나 면제한다. 이 경우 제7조에 따라 조사권한을 가진 자 또는 수사기관에 자신의 위반사실을 스스로 신고한 때를 자수한 때로 본다.(2020.5.26 본조신설)

제17조【양벌규정】 법인의 대표자나 법인 또는 개인의 대리인, 사용인, 그 밖의 종업원이 그 법인 또는 개인의 업무에 관하여 제14조 또는 제16조에 해당하는 위반행위를 하면 그 행위자를 벌하는 외에 그 법인이나 개인에게도 해당 조문의 벌금형을 과(科)한다. 다만, 법인 또는 개인이 그 위반행위를 방지하기 위하여 해당 업무에 관하여 상당한 주의와 감독을 게을리하지 아니한 경우에는 그러하지 아니하다.(2020.5.26 본문개정)

제18조【과태료】 ① 다음 각 호의 어느 하나에 해당하는 자에게는 1천만원 이하의 과태료를 부과한다.
1. 제5조제1항·제3항을 위반하여 원산지 표시를 하지 아니한 자
2. 제5조제4항에 따른 원산지의 표시방법을 위반한 자
3. 제6조제4항을 위반하여 임대점포의 임차인 등 운영자가 같은 조 제1항 각 호 또는 제2항 각 호의 어느 하나에 해당하는 행위를 하는 것을 알았거나 알 수 있었음에도 방치한 자(2011.7.25 본호신설)
3의2. 제6조제5항을 위반하여 해당 방송채널 등에 물건 판매중개를 의뢰한 자가 같은 조 제1항 각 호 또는 제2항 각 호의 어느 하나에 해당하는 행위를 하는 것을 알았거나 알 수 있었음에도 방치한 자(2016.12.2 본호신설)
4. 제7조제3항을 위반하여 수거·조사·열람을 거부·방해하거나 기피한 자
5. 제8조를 위반하여 영수증이나 거래명세서 등을 비치·보관하지 아니한 자
② 다음 각 호의 어느 하나에 해당하는 자에게는 500만원 이하의 과태료를 부과한다.
1. 제9조의2제1항에 따른 교육 이수명령을 이행하지 아니한 자
2. 제10조의2제1항을 위반하여 유통이력을 신고하지 아니하거나 거짓으로 신고한 자
3. 제10조의2제2항을 위반하여 유통이력을 장부에 기록하지 아니하거나 보관하지 아니한 자
4. 제10조의2제3항을 위반하여 같은 조 제1항에 따른 유통이력 신고의무가 있음을 알리지 아니한 자
5. 제10조의3제2항을 위반하여 수거·조사 또는 열람을 거부·방해 또는 기피한 자
(2021.11.30 본항개정)
③ 제1항 및 제2항에 따른 과태료는 대통령령으로 정하는 바에 따라 다음 각 호의 자가 각각 부과·징수한다.
1. 제1항 및 제2항제1호의 과태료 : 농림축산식품부장관, 해양수산부장관, 관세청장, 시·도지사 또는 시장·군수·구청장
2. 제2항제2호부터 제5호까지의 과태료 : 농림축산식품부장관
(2021.11.30 본항개정)

부 칙

제1조【시행일】 이 법은 공포 후 6개월이 경과한 날부터 시행한다.

제2조【일반적 경과조치】 이 법 시행 당시 종전의 「농산물품질관리법」, 「수산물품질관리법」이나 「식품위생법」에 따라 행하여진 처분·절차, 그 밖의 행위로서 이 법에 그에 해당하는 규정이 있는 때에는 이 법에 따라 행하여진 것으로 본다.

제3조【벌칙 및 과태료에 관한 경과조치】 이 법 시행 전의 행위에 대한 벌칙과 과태료의 적용에 있어서는 종전의 「농산물품질관리법」, 「수산물품질관리법」이나 「식품위생법」의 규정에 따른다.

제4조【다른 법률의 개정】 ①~③ ※(해당 법령에 가제정리 하였음)

제5조【다른 법령과의 관계】 이 법 시행 당시 다른 법령에서 「농산물품질관리법」과 「수산물품질관리법」 및 「식품위생법」의 원산지 규정을 인용하고 있는 경우 이 법에 그에 해당하는 규정이 있을 때에는 그를 갈음하여 이 법이나 이 법의 해당 규정을 인용한 것으로 본다.

부 칙 (2011.7.25)

① **【시행일】** 이 법은 공포 후 6개월이 경과한 날부터 시행한다.
② **【벌칙 및 과태료에 관한 경과조치】** 이 법 시행 전의 행위에 대한 벌칙 및 과태료의 적용은 종전의 규정에 따른다.

부 칙 (2015.6.22 법13355호)

이 법은 공포 후 6개월이 경과한 날부터 시행한다.

부 칙 (2016.5.29)

이 법은 공포 후 6개월이 경과한 날부터 시행한다. 다만, 제9조의2 및 제18조의 개정규정은 공포 후 1년이 경과한 날부터 시행한다.

부 칙 (2016.12.2)

제1조【시행일】 이 법은 공포 후 6개월이 경과한 날부터 시행한다. 다만, 제6조 및 제18조의 개정규정은 공포 후 1년이 경과한 날부터 시행한다.

제2조【시정조치 등에 관한 경과조치】 이 법 시행 전에 「대외무역법」 제33조를 위반한 행위에 대한 같은 법 제33조의2에 따른 시정조치 및 과징금의 부과와 같은 법 제59조에 따른 과태료의 부과에 관하여는 종전의 규정에 따른다.

제3조【벌칙에 관한 경과조치】 이 법 시행 전의 행위에 대한 벌칙의 적용에 있어서는 종전의 규정에 따른다.

부　칙 (2017.10.13)

제1조【시행일】 이 법은 공포한 날부터 시행한다.
제2조【과징금에 관한 적용례】 제6조의2의 개정규정에 따른 관세청장의 과징금 부과는 이 법 시행 후 최초로 제6조제1항 또는 제2항을 2년간 2회 이상 위반한 자부터 적용한다.

부　칙 (2018.12.31)

이 법은 공포 후 6개월이 경과한 날부터 시행한다.

부　칙 (2020.2.18)

제1조【시행일】 이 법은 공포 후 1년이 경과한 날부터 시행한다.(이하 생략)

부　칙 (2020.5.26)

제1조【시행일】 이 법은 공포한 날부터 시행한다.
제2조【처분 관련 사항의 공표에 관한 적용례】 제9조제2항의 개정규정(공표의 대상 부분으로 한정한다)은 이 법 시행 이후 같은 조 제1항에 따른 처분이 확정되는 경우부터 적용한다.
제3조【자수자의 특례에 관한 적용례】 제16조의2의 개정규정은 이 법 시행 이후 제7조에 따라 조사권한을 가진 자 또는 수사기관에 자신의 위반사실을 스스로 신고한 경우부터 적용한다.
제4조【원산지 표시 위반자 교육 이행기간에 관한 경과조치】 이 법 시행 전에 종전의 제9조의2제1항에 따라 교육 이수명령을 받은 자에 대해서는 같은 조 제2항의 개정규정에도 불구하고 종전의 규정에 따른다.

부　칙 (2020.12.8)

제1조【시행일】 이 법률은 공포한 날부터 시행한다.(이하 생략)

부　칙 (2021.4.13)

이 법은 공포 후 6개월이 경과한 날부터 시행한다.

부　칙 (2021.11.30)

제1조【시행일】 이 법은 2022년 1월 1일부터 시행한다.
제2조【유통이력 신고에 관한 적용례】 제10조의2의 개정규정에 따른 유통이력 신고는 이 법 시행 이후 수입신고를 하는 분부터 적용한다.
제3조【유통이력 신고 등에 관한 경과조치】 이 법 시행 전에 「관세법」에 따라 관세청장이 행한 유통이력 신고물품의 지정 및 그 밖의 행위와 관세청장에 대하여 행한 유통이력 신고 및 그 밖의 행위는 그에 해당하는 이 법에 따라 행한 농림축산식품부장관의 행위 또는 농림축산식품부장관에 대한 행위로 본다.
제4조【다른 법률의 개정】 ①~⑨ ※(해당 법령에 가제정리 하였음)
제5조【다른 법령과의 관계】 이 법 시행 당시 다른 법령에서 종전의 「농수산물의 원산지 표시에 관한 법률」 또는 그 규정을 인용한 경우 이 법 중 그에 해당하는 규정이 있는 때에는 종전의 「농수산물의 원산지 표시에 관한 법률」 또는 그 규정을 갈음하여 이 법 또는 이 법의 해당 규정을 인용한 것으로 본다.

농수산물 유통 및 가격안정에 관한 법률

(2000년　1월　28일
전부개정법률 제6223호)

개정
2002. 5.13법 6699호(축산법)
2002.12.30법 6836호(국고금관리법)
2004.12.31법 7275호
2004.12.31법 7311호(수협)
2006.10. 4법 8050호(국가재정법)
2006.12.28법 8107호(축산자조금의조성및운용에관한법)
2006.12.30법 8135호(공공자금관리기금법)
2007. 1. 3법 8178호
2007. 4.11법 8354호(축산법)
2008. 2.29법 8852호(정부조직)
2008.12.26법 9178호
2009. 6. 9법 9759호(농산물품질관리법)
2010. 1.25법 9954호
2010. 5.17법10303호(은행법)
2011. 3.31법10522호(농협)
2011. 7.21법10885호(농수산물품질관리법)
2011. 7.21법10886호
2011. 7.25법10932호(한국농수산식품유통공사법)
2012. 2.22법11349호
2012. 2.22법11350호(농수산자조금의조성및운용에관한법)
2012. 6. 1법11458호(종자산업법)
2012. 6. 1법11461호(전자문서및전자거래기본법)
2013. 3.23법11690호(정부조직)
2013. 8.13법12059호　2013.12.30법12138호
2014. 3.24법12509호
2014.12.31법12950호(농협)
2015. 2. 3법13131호
2015. 3.27법13268호(수산물유통의관리및지원에관한법)
2015. 6.22법13354호
2015. 6.22법13383호(수산업・어촌발전기본법)
2015. 6.22법13385호(수산종자산업육성법)
2016.12. 2법14290호　2017. 3.21법14643호
2018.12.31법16118호　2019. 8.27법16539호
2020. 3.24법17091호(지방행정제재・부과금의징수등에관한법)
2021.11.30법18525호(농수산물의원산지표시등에관한법)
2024. 1.23법20080호→2024년 7월 24일 시행

제1장　총　칙
(2011.7.21 본장개정)

제1조【목적】 이 법은 농수산물의 유통을 원활하게 하고 적정한 가격을 유지하게 함으로써 생산자와 소비자의 이익을 보호하고 국민생활의 안정에 이바지함을 목적으로 한다.
제2조【정의】 이 법에서 사용하는 용어의 뜻은 다음과 같다.
1. "농수산물"이란 농산물・축산물・수산물 및 임산물 중 농림축산식품부령 또는 해양수산부령으로 정하는 것을 말한다.(2013.3.23 본호개정)
2. "농수산물도매시장"이란 특별시・광역시・특별자치시・특별자치도 또는 시가 양곡류・청과류・화훼류・조수육류(鳥獸肉類)・어류・조개류・갑각류・해조류 및 임산물 등 대통령령으로 정하는 품목의 전부 또는 일부를 도매하게 하기 위하여 제17조에 따라 관할구역에 개설하는 시장을 말한다.(2012.2.22 본호개정)
3. "중앙도매시장"이란 특별시・광역시・특별자치시 또는 특별자치도가 개설한 농수산물도매시장 중 해당 관할구역 및 그 인접지역에서 도매의 중심이 되는 농수산물도매시장으로서 농림축산식품부령 또는 해양수산부령으로 정하는 것을 말한다.(2013.3.23 본호개정)
4. "지방도매시장"이란 중앙도매시장 외의 농수산물도매시장을 말한다.
5. "농수산물공판장"이란 지역농업협동조합, 지역축산업협동조합, 품목별・업종별협동조합, 조합공동사업법인, 품목조합연합회, 산림조합 및 수산업협동조합과 그 중앙회(농협경제지주회사 및 그 자회사를 포함한다. 이하 "농림수협등"이라 한다), 그 밖에 대통령령으로 정하는 생산자 관련 단체와 공익상 필요하다고 인정되는 법인으로서 대통령령으로 정하는 법인(이하 "공익법인"이라 한다)이 농수산물을 도매하기 위하여 제43조에 따라 특별시장・광역시장・특별자치시장・도지사 또는 특별자치도지사(이하 "시・도지사"라 한다)의 승인을 받아 개설・운영하는 사업장을 말한다.
(2014.12.31 본호개정)
6. "민영농수산물도매시장"이란 국가, 지방자치단체 및 제5호에 따른 농수산물공판장을 개설할 수 있는 자 외의 자(이하 "민간인등"이라 한다)가 농수산물을 도매하기 위하여 제47조에 따라 시・도지사의 허가를 받아 특별시・광역시・특별자치시・특별자치도 또는 시 지역에 개설하는 시장을 말한다.(2012.2.22 본호개정)
7. "도매시장법인"이란 제23조에 따라 농수산물도매시장의 개설자로부터 지정을 받고 농수산물을 위탁받아 상장(上場)하여 도매하거나 이를 매수(買受)하여 도매하는 법인(제24조에 따라 도매시장법인의 지정을 받은 것으로 보는 공공출자법인을 포함한다)을 말한다.
8. "시장도매인"이란 제36조 또는 제48조에 따라 농수산물도매시장 또는 민영농수산물도매시장의 개설자로부터 지정을 받고 농수산물을 매수 또는 위탁받아 도매하거나 매매를 중개하는 영업을 하는 법인을 말한다.
9. "중도매인"(仲都賣人)이란 제25조, 제44조, 제46조 또는 제48조에 따라 농수산물도매시장・농수산물공판장 또는 민영농수산물도매시장의 개설자의 허가 또는 지정을 받아 다음 각 목의 영업을 하는 자를 말한다.
가. 농수산물도매시장・농수산물공판장 또는 민영농수산물도매시장에 상장된 농수산물을 매수하여 도매하거나 매매를 중개하는 영업
나. 농수산물도매시장・농수산물공판장 또는 민영농수산물도매시장의 개설자로부터 허가를 받은 비상장(非上場) 농수산물을 매수 또는 위탁받아 도매하거나 매매를 중개하는 영업
10. "매매참가인"이란 제25조의3에 따라 농수산물도매시장・농수산물공판장 또는 민영농수산물도매시장의 개설자에게 신고를 하고, 농수산물도매시장・농수산물공판장 또는 민영농수산물도매시장에 상장된 농수산물을 직접 매수하는 자로서 중도매인이 아닌 가공업자・소매업자・수출업자 및 소비자단체 등 농수산물의 수요자를 말한다.
11. "산지유통인"(産地流通人)이란 제29조, 제44조, 제46조 또는 제48조에 따라 농수산물도매시장・농수산물공판장 또는 민영농수산물도매시장의 개설자에게 등록하고, 농수산물을 수집하여 농수산물도매시장・농수산물공판장 또는 민영농수산물도매시장에 출하(出荷)하는 영업을 하는 자(법인을 포함한다. 이하 같다)를 말한다.
(2013.8.13 본호개정)
12. "농수산물종합유통센터"란 제69조에 따라 국가 또는 지방자치단체가 설치하거나 국가 또는 지방자치단체의 지원을 받아 설치된 것으로서 농수산물의 출하 경로를 다원화하고 물류비용을 절감하기 위하여 농수산물의 수집・포장・가공・보관・수송・판매 및 그 정보처리 등 농수산물의 물류활동에 필요한 시설과 이와 관련된 업무시설을 갖춘 사업장을 말한다.(2012.2.22 본호개정)
13. "경매사"(競賣士)란 제27조, 제44조, 제46조 또는 제48조에 따라 도매시장법인의 임명을 받거나 농수산물공판장・민영농수산물도매시장 개설자의 임명을 받아, 상장된 농수산물의 가격 평가 및 경락자 결정 등의 업무를 수행하는 자를 말한다.
14. "농수산물 전자거래"란 농수산물의 유통단계를 단축하고 유통비용을 절감하기 위하여 「전자문서 및 전자거래 기본법」 제2조제5호에 따른 전자거래의 방식으로 농수산물을 거래하는 것을 말한다.(2012.6.1 본호개정)
제3조【다른 법률의 적용 배제】 이 법에 따른 농수산물도매시장(이하 "도매시장"이라 한다), 농수산물공판장(이하 "공판장"이라 한다), 민영농수산물도매시장(이하 "민영도매시장"이라 한다) 및 농수산물종합유통센터(이하 "종합유통센터"라 한다)에 대하여는 「유통산업발전법」의 규정을 적용하지 아니한다.

제2장　농수산물의 생산조정 및 출하조절
(2011.7.21 본장개정)

제4조【주산지의 지정 및 해제 등】 ① 시・도지사는 농수산물의 경쟁력 제고 또는 수급(需給)을 조절하기 위하여 생산 및 출하를 촉진 또는 조절할 필요가 있다고 인정할 때에는 주요 농수산물의 생산지역이나 생산수면(이하 "주산지"라 한다)을 지정하고 그 주산지에서 주요 농수산물을 생산하는 자에 대하여 생산자금의 융자 및 기술지도 등 필요한 지원을 할 수 있다.(2017.3.21 본항개정)
② 제1항에 따른 주요 농수산물은 국내 농수산물의 생산에서 차지하는 비중이 크거나 생산・출하의 조절이 필요한 것으로서 농림축산식품부장관 또는 해양수산부장관이 지정하는 품목으로 한다.(2017.3.21 본항개정)
③ 주산지는 다음 각 호의 요건을 갖춘 지역 또는 수면(水面) 중에서 구역을 정하여 지정한다.
1. 주요 농수산물의 재배면적 또는 양식면적이 농림축산식품부장관 또는 해양수산부장관이 고시하는 면적 이상일 것
2. 주요 농수산물의 출하량이 농림축산식품부장관 또는 해양수산부장관이 고시하는 수량 이상일 것
(2013.3.23 1호～2호개정)
④ 시・도지사는 제1항에 따라 지정된 주산지가 제3항에 따른 지정요건에 적합하지 아니하게 되었을 때에는 그 지정을 변경하거나 해제할 수 있다.
⑤ 제1항에 따른 주산지의 지정, 제2항에 따른 주요 농수산물 품목의 지정 및 제4항에 따른 주산지의 변경・해제에 필요한 사항은 대통령령으로 정한다.
제4조의2【주산지협의체의 구성 등】 ① 제4조제1항에 따라 지정된 주산지의 시・도지사는 주산지의 지정목적 달성 및 주요 농수산물 경영체 육성을 위하여 생산자 등으로 구성된 주산지협의체(이하 "협의체"라 한다)를 설치할 수 있다.
② 협의체는 주산지 간 정보 교환 및 농수산물 수급조절 과정에의 참여 등을 위하여 공동으로 품목별 중앙주산지 협의회(이하 "중앙협의회"라 한다)를 구성・운영할 수 있다.
③ 협의체의 설치 및 중앙협의회의 구성・운영 등에 관하여 필요한 사항은 대통령령으로 정한다.

④ 국가 또는 지방자치단체는 협의체 및 중앙협의회의 원활한 운영을 위하여 필요한 경비의 일부를 지원할 수 있다.
(2017.3.21 본조신설)
제5조【농림업관측】 ① 농림축산식품부장관은 농산물의 수급안정을 위하여 가격의 등락 폭이 큰 주요 농산물에 대하여 매년 기상정보, 생산면적, 작황, 재고물량, 소비동향, 해외시장 정보 등을 조사하여 이를 분석하는 농림업관측을 실시하고 그 결과를 공표하여야 한다.
(2015.3.27 본항개정)
② 제1항에 따른 농림업관측에도 불구하고 농림축산식품부장관은 주요 곡물의 수급안정을 위하여 농림축산식품부장관이 정하는 주요 곡물에 대한 상시 관측체계의 구축과 국제 곡물수급모형의 개발을 통하여 매년 주요 곡물 생산 및 수출 국가들의 작황 및 수급 상황 등을 조사·분석하는 국제곡물관측을 별도로 실시하고 그 결과를 공표하여야 한다.
③ 농림축산식품부장관은 효율적인 농림업관측 또는 국제곡물관측을 위하여 필요하다고 인정하는 경우에는 품목을 지정하여 지역농업협동조합, 지역축산업협동조합, 품목별·업종별협동조합, 산림조합, 그 밖에 농림축산식품부령으로 정하는 자로 하여금 농림업관측 또는 국제곡물관측을 실시하게 할 수 있다.(2015.3.27 본항개정)
④ 농림축산식품부장관은 제1항 또는 제2항에 따른 농림업관측업무 또는 국제곡물관측업무를 효율적으로 실시하기 위하여 농림업 관련 연구기관 또는 단체를 농림업관측 전담기관(국제곡물관측업무를 포함한다)으로 지정하고, 그 운영에 필요한 경비를 충당하기 위하여 예산의 범위에서 출연금(出捐金) 또는 보조금을 지급할 수 있다.
(2015.3.27 본항개정)
⑤ 제4항에 따른 농림업관측 전담기관의 지정 및 운영에 필요한 사항은 농림축산식품부령으로 정한다.
(2015.3.27 본항개정)
(2015.3.27 본조제목개정)
(2013.12.30 본조개정)
제5조의2【농수산물 유통 관련 통계작성 등】 ① 농림축산식품부장관 또는 해양수산부장관은 농수산물의 수급안정을 위하여 가격의 등락 폭이 큰 주요 농수산물의 유통에 관한 통계를 작성·관리하고 공표하되, 필요한 경우 통계청장과 협의할 수 있다.
② 농림축산식품부장관 또는 해양수산부장관은 제1항에 따른 통계 작성을 위하여 필요한 경우 관계 중앙행정기관의 장 또는 지방자치단체의 장 등에게 자료의 제공을 요청할 수 있다. 이 경우 자료제공을 요청받은 관계 중앙행정기관의 장 또는 지방자치단체의 장 등은 특별한 사유가 없으면 자료를 제공하여야 한다.
③ 제1항 및 제2항에서 규정한 사항 외에 농수산물의 유통에 관한 통계 작성·관리 및 공표 등에 필요한 사항은 대통령령으로 정한다.
(2016.12.2 본조신설)
제5조의3【종합정보시스템의 구축·운영】 ① 농림축산식품부장관 및 해양수산부장관은 농수산물의 원활한 수급과 적정한 가격 유지를 위하여 농수산물유통 종합정보시스템을 구축하여 운영할 수 있다.
② 농림축산식품부장관 및 해양수산부장관은 농수산물유통 종합정보시스템의 구축·운영을 대통령령으로 정하는 전문기관에 위탁할 수 있다.
③ 제1항 및 제2항에서 규정한 사항 외에 농수산물유통 종합정보시스템의 구축·운영 등에 필요한 사항은 대통령령으로 정한다.
(2016.12.2 본조신설)
제6조【계약생산】 ① 농림축산식품부장관은 주요 농산물의 원활한 수급과 적정한 가격 유지를 위하여 지역농업협동조합, 지역축산업협동조합, 품목별·업종별협동조합, 조합공동사업법인, 품목조합연합회, 산림조합과 그 중앙회(농협경제지주회사를 포함한다)나 그 밖에 대통령령으로 정하는 생산자 관련 단체(이하 "생산자단체"라 한다) 또는 농산물 수요자와 생산자 간에 계약생산 또는 계약출하를 하도록 장려할 수 있다.
② 농림축산식품부장관은 제1항에 따라 생산계약 또는 출하계약을 체결하는 생산자단체 또는 농산물 수요자에 대하여 제54조에 따른 농산물가격안정기금으로 계약금의 대출 등 필요한 지원을 할 수 있다.(2015.6.22 본항개정)
(2015.3.27 본조개정)
제7조 (2012.2.22 삭제)
제8조【가격 예시】 ① 농림축산식품부장관 또는 해양수산부장관은 농림축산식품부령 또는 해양수산부령으로 정하는 주요 농수산물의 수급조절과 가격안정을 위하여 필요하다고 인정할 때에는 해당 농산물의 파종기 또는 수산물의 종자입식 시기 이전에 생산자를 보호하기 위한 하한가격[이하 "예시가격"(豫示價格)이라 한다]을 예시할 수 있다.(2015.6.22 본항개정)
② 농림축산식품부장관 또는 해양수산부장관은 제1항에 따라 예시가격을 결정할 때에는 해당 농산물의 농림업관측, 주요 곡물의 국제곡물관측 또는 「수산물 유통의 관리 및 지원에 관한 법률」 제38조에 따른 수산업관측(이하 이 조에서 "수산업관측"이라 한다)결과, 예상 경영비, 지역별 예상 생산량 및 예상 수급상황 등을 고려하여야 한다.
(2015.3.27 본항개정)
③ 농림축산식품부장관 또는 해양수산부장관은 제1항에 따라 예시가격을 결정할 때에는 미리 기획재정부장관과 협의하여야 한다.
④ 농림축산식품부장관 또는 해양수산부장관은 제1항에 따라 가격을 예시한 경우에는 예시가격을 지지(支持)하기 위하여 다음 각 호의 사항 등을 연계하여 적절한 시책을 추진하여야 한다.
1. 제5조에 따른 농림업관측·국제곡물관측 또는 수산업관측의 지속적 실시
2. 제6조 또는 「수산물 유통의 관리 및 지원에 관한 법률」 제39조에 따른 계약생산 또는 계약출하의 장려
3. 제9조 또는 「수산물 유통의 관리 및 지원에 관한 법률」 제40조에 따른 수매 및 처분
4. 제10조에 따른 유통협약 및 유통조절명령
5. 제13조 또는 「수산물 유통의 관리 및 지원에 관한 법률」 제41조에 따른 비축사업
(2015.3.27 본항개정)
(2013.3.23 본조개정)
제9조【과잉생산 시의 생산자 보호】 ① 농림축산식품부장관은 채소류 등 저장성이 없는 농산물의 가격안정을 위하여 필요하다고 인정할 때에는 그 생산자 또는 생산자단체로부터 제54조에 따른 농산물가격안정기금으로 해당 농산물을 수매할 수 있다. 다만, 가격안정을 위하여 특히 필요하다고 인정할 때에는 도매시장 또는 공판장에서 해당 농산물을 수매할 수 있다.(2015.3.27 본항개정)
② 제1항에 따라 수매한 농산물은 판매 또는 수출하거나 사회복지단체에 기증하거나 그 밖에 필요한 처분을 할 수 있다.(2015.3.27 본항개정)
③ 농림축산식품부장관은 제1항과 제2항에 따른 수매 및 처분에 관한 업무를 농업협동조합중앙회·산림조합중앙회(이하 "농림협중앙회"라 한다) 또는 「한국농수산식품유통공사법」에 따른 한국농수산식품유통공사(이하 "한국농수산식품유통공사"라 한다)에 위탁할 수 있다.
(2015.3.27 본항개정)
④ 농림축산식품부장관은 채소류 등의 수급 안정을 위하여 생산·출하 안정 등 필요한 사업을 추진할 수 있다.
(2016.12.2 본항신설)
⑤ 제1항부터 제3항까지의 규정에 따른 수매·처분 등에 필요한 사항은 대통령령으로 정한다.
제9조의2【몰수농산물등의 이관】 ① 농림축산식품부장관은 국내 농산물 시장의 수급안정 및 거래질서 확립을 위하여 「관세법」 제326조 및 「검찰청법」 제11조에 따라 몰수되거나 국고에 귀속된 농산물(이하 "몰수농산물등"이라 한다)을 이관받을 수 있다.(2013.3.23 본항개정)
② 농림축산식품부장관은 제1항에 따라 이관받은 몰수농산물등을 매각·공매·기부 또는 소각하거나 그 밖의 방법으로 처분할 수 있다.(2013.3.23 본항개정)
③ 제2항에 따른 몰수농산물등의 처분으로 발생하는 비용 또는 매각·공매 대금은 제54조에 따른 농산물가격안정기금으로 지출 또는 납입하여야 한다.
④ 농림축산식품부장관은 제2항에 따른 몰수농산물등의 처분업무를 제9조제3항의 농업협동조합중앙회 또는 한국농수산식품유통공사 중에서 지정하여 대행하게 할 수 있다.(2013.3.23 본항개정)
⑤ 몰수농산물등의 처분절차 등에 관하여 필요한 사항은 농림축산식품부령으로 정한다.(2013.3.23 본항개정)
제10조【유통협약 및 유통조절명령】 ① 주요 농수산물의 생산자, 산지유통인, 저장업자, 도매업자·소매업자 및 소비자 등(이하 "생산자등"이라 한다)의 대표는 해당 농수산물의 자율적인 수급조절과 품질향상을 위하여 생산조정 또는 출하조절을 위한 협약(이하 "유통협약"이라 한다)을 체결할 수 있다.
② 농림축산식품부장관 또는 해양수산부장관은 부패하거나 변질되기 쉬운 농수산물로서 농림축산식품부령 또는 해양수산부령으로 정하는 농수산물에 대하여 현저한 수급 불안정을 해소하기 위하여 특히 필요하다고 인정되고 농림축산식품부령 또는 해양수산부령으로 정하는 생산자등 또는 생산자단체가 요청할 때에는 공정거래위원회와 협의를 거쳐 일정 기간 동안 일정 지역의 해당 농수산물의 생산자등에게 생산조정 또는 출하조절을 하도록 하는 유통조절명령(이하 "유통명령"이라 한다)을 할 수 있다.(2013.3.23 본항개정)
③ 유통명령에는 유통명령을 하는 이유, 대상 품목, 대상자, 유통조절방법 등 대통령령으로 정하는 사항이 포함되어야 한다.
④ 제2항에 따라 생산자등 또는 생산자단체가 유통명령을 요청하려는 경우에는 제3항에 따른 내용이 포함된 요청서를 작성하여 이해관계인·유통전문가의 의견수렴 절차를 거치고 해당 농수산물의 생산자등의 대표나 해당 생산자단체의 재적회원 3분의 2 이상의 찬성을 받아야 한다.
⑤ 제2항에 따른 유통명령을 하기 위한 기준과 구체적 절차, 유통명령을 요청할 수 있는 생산자등의 조직과 구성 및 운영방법 등에 관하여 필요한 사항은 농림축산식품부령 또는 해양수산부령으로 정한다.(2013.3.23 본항개정)
제11조【유통명령의 집행】 ① 농림축산식품부장관 또는 해양수산부장관은 유통명령이 이행될 수 있도록 유통명령의 내용에 관한 홍보, 유통명령 위반자에 대한 제재 등 필요한 조치를 하여야 한다.
② 농림축산식품부장관 또는 해양수산부장관은 필요하다고 인정하는 경우에는 지방자치단체의 장, 해당 농수산물의 생산자등의 조직 또는 생산자단체로 하여금 제1항에 따른 유통명령 집행업무의 일부를 수행하게 할 수 있다.
(2013.3.23 본조개정)
제12조【유통명령 이행자에 대한 지원 등】 ① 농림축산식품부장관 또는 해양수산부장관은 유통협약 또는 유통명령을 이행한 생산자등이 그 유통협약이나 유통명령을 이행함에 따라 발생하는 손실에 대하여는 제54조에 따른 농산물가격안정기금 또는 「수산업·어촌 발전 기본법」 제46조에 따른 수산발전기금으로 그 손실을 보전(補塡)하게 할 수 있다.(2015.6.22 본항개정)
② 농림축산식품부장관 또는 해양수산부장관은 제11조제2항에 따라 유통명령 집행업무의 일부를 수행하는 생산자등의 조직이나 생산자단체에 필요한 지원을 할 수 있다.(2013.3.23 본항개정)
③ 제1항에 따른 유통명령 이행으로 인한 손실 보전 및 제2항에 따른 유통명령 집행업무의 지원에 필요한 사항은 대통령령으로 정한다.
제13조【비축사업 등】 ① 농림축산식품부장관은 농산물(쌀과 보리는 제외한다. 이하 이 조에서 같다)의 수급조절과 가격안정을 위하여 필요하다고 인정할 때에는 제54조에 따른 농산물가격안정기금으로 농산물을 비축하거나 농산물의 출하를 약정하는 생산자에게 그 대금의 일부를 미리 지급하여 출하를 조절할 수 있다.
② 제1항에 따른 비축용 농산물은 생산자 및 생산자단체로부터 수매하여야 한다. 다만, 가격안정을 위하여 특히 필요하다고 인정할 때에는 도매시장 또는 공판장에서 수매하거나 수입할 수 있다.
③ 농림축산식품부장관은 제2항 단서에 따라 비축용 농산물을 수입하는 경우 국제가격의 급격한 변동에 대비하여야 할 필요가 있다고 인정할 때에는 선물거래(先物去來)를 할 수 있다.
④ 농림축산식품부장관은 제1항에 따른 사업을 농림협중앙회 또는 한국농수산식품유통공사에 위탁할 수 있다.
⑤ 제1항부터 제4항까지의 규정에 따른 비축용 농산물의 수매·수입·관리 및 판매 등에 필요한 사항은 대통령령으로 정한다.
(2015.3.27 본조개정)
제14조【과잉생산 시의 생산자 보호 등 사업의 손실처리】 농림축산식품부장관은 제9조에 따른 수매와 제13조에 따른 비축사업의 시행에 따라 생기는 감모(減耗), 가격하락, 판매·수출·기증과 그 밖의 처분으로 인한 원가손실 및 수송·포장·방제(防除) 등 사업실시에 필요한 관리비를 대통령령으로 정하는 바에 따라 그 사업의 비용으로 처리한다.(2015.3.27 본조개정)
제15조【농산물의 수입 추천 등】 ① 「세계무역기구 설립을 위한 마라케쉬협정」에 따른 대한민국 양허표(讓許表)상의 시장접근물량에 적용되는 양허세율(讓許稅率)로 수입하는 농산물 중 다른 법률에서 달리 정하지 아니한 농산물을 수입하려는 자는 농림축산식품부장관의 추천을 받아야 한다.
② 농림축산식품부장관은 제1항에 따른 농산물의 수입에 대한 추천업무를 농림축산식품부장관이 지정하는 비영리법인으로 하여금 대행하게 할 수 있다. 이 경우 품목별 추천물량 및 추천기준과 그 밖에 필요한 사항은 농림축산식품부장관이 정한다.
③ 제1항에 따라 농산물을 수입하려는 자는 사용용도와 그 밖에 농림축산식품부령으로 정하는 사항을 적어 수입 추천신청을 하여야 한다.
④ 농림축산식품부장관은 필요하다고 인정할 때에는 제1항에 따른 추천 대상 농산물 중 농림축산식품부령으로 정하는 품목의 농산물을 제13조제2항 단서에 따라 비축용 농산물로 수입하거나 생산자단체를 지정하여 수입하여 판매하게 할 수 있다.
(2013.3.23 본조개정)
제16조【수입이익금의 징수 등】 ① 농림축산식품부장관은 제15조제1항에 따른 추천을 받아 농산물을 수입하는 자 중 농림축산식품부령으로 정하는 품목의 농산물을 수입하는 자에 대하여 농림축산식품부령으로 정하는 바에 따라 국내가격과 수입가격 간의 차액의 범위에서 수입이익금을 부과·징수할 수 있다.(2013.3.23 본항개정)
② 제1항에 따른 수입이익금은 농림축산식품부령으로 정하는 바에 따라 제54조에 따른 농산물가격안정기금에 납입하여야 한다.(2013.3.23 본항개정)
③ 제1항에 따른 수입이익금을 정하여진 기한까지 내지 아니하면 국세 체납처분의 예에 따라 징수할 수 있다.
④ 농림축산식품부장관은 제1항에 따라 징수한 수입이익금이 과오납되는 등의 사유로 환급이 필요한 경우에는 농림축산식품부령으로 정하는 바에 따라 환급하여야 한다.
(2018.12.31 본항신설)

제3장 농수산물도매시장
(2011.7.21 본장개정)

제17조【도매시장의 개설 등】 ① 도매시장은 대통령령으로 정하는 바에 따라 부류(部類)별로 또는 둘 이상의 부류를 종합하여 중앙도매시장의 경우에는 특별시·광역시·특별자치시 또는 특별자치도가 개설하고, 지방도매시장의 경우에는 특별시·광역시·특별자치시·특별

자치도 또는 시가 개설한다. 다만, 시가 지방도매시장을 개설하려면 도지사의 허가를 받아야 한다.
② (2012.2.22 삭제)
③ 시가 제1항 단서에 따라 지방도매시장의 개설허가를 받으려면 농림축산식품부령 또는 해양수산부령으로 정하는 바에 따라 지방도매시장 개설허가 신청서에 업무규정과 운영관리계획서를 첨부하여 도지사에게 제출하여야 한다.(2013.3.23 본항개정)
④ 특별시·광역시·특별자치시 또는 특별자치도가 제1항에 따라 도매시장을 개설하려면 미리 업무규정과 운영관리계획서를 작성하여야 하며, 중앙도매시장의 업무규정은 농림축산식품부장관 또는 해양수산부장관의 승인을 받아야 한다.(2013.3.23 본항개정)
⑤ 중앙도매시장의 개설자가 업무규정을 변경하는 때에는 농림축산식품부장관 또는 해양수산부장관의 승인을 받아야 하며, 지방도매시장의 개설자(시가 개설자인 경우만 해당한다)가 업무규정을 변경하는 때에는 도지사의 승인을 받아야 한다.(2013.3.23 본항개정)
⑥ 시가 지방도매시장을 폐쇄하려면 그 3개월 전에 도지사의 허가를 받아야 한다. 다만, 특별시·광역시·특별자치시 및 특별자치도가 도매시장을 폐쇄하는 경우에는 그 3개월 전에 이를 공고하여야 한다.
⑦ 제3항 및 제4항에 따른 업무규정으로 정하여야 할 사항과 운영관리계획서의 작성 및 제출에 필요한 사항은 농림축산식품부령 또는 해양수산부령으로 정한다.
(2013.3.23 본항개정)
(2012.2.22 본조개정)

제18조【개설구역】 ① 도매시장의 개설구역은 도매시장이 개설되는 특별시·광역시·특별자치시·특별자치도 또는 시의 관할구역으로 한다.
② 농림축산식품부장관 또는 해양수산부장관은 해당 지역에서의 농수산물의 원활한 유통을 위하여 필요하다고 인정할 때에는 도매시장의 개설구역에 인접한 일정 구역을 그 도매시장의 개설구역으로 편입하게 할 수 있다. 다만, 시가 개설하는 지방도매시장의 개설구역에 인접한 구역으로서 그 지방도매시장이 속한 도의 일정 구역에 대하여는 해당 도지사가 그 지방도매시장의 개설구역으로 편입하게 할 수 있다.(2013.3.23 본문개정)
(2012.2.22 본조개정)

제19조【허가기준 등】 ① 도지사는 제17조제3항에 따른 허가신청의 내용이 다음 각 호의 요건을 갖춘 경우에는 이를 허가한다.(2012.2.22 본문개정)
1. 도매시장을 개설하려는 장소가 농수산물 거래의 중심지로서 적절한 위치에 있을 것
2. 제67조제2항에 따른 기준에 적합한 시설을 갖추고 있을 것
3. 운영관리계획서의 내용이 충실하고 그 실현이 확실하다고 인정되는 것일 것
② 도지사는 제1항제2호에 따라 요구되는 시설이 갖추어지지 아니한 경우에는 일정한 기간 내에 해당 시설을 갖출 것을 조건으로 개설허가를 할 수 있다.(2012.2.22 본항개정)
③ 특별시·광역시·특별자치시 또는 특별자치도가 도매시장을 개설하려면 제1항 각 호의 요건을 모두 갖추어 개설하여야 한다.(2012.2.22 본항신설)
(2012.2.22 본조제목개정)

제20조【도매시장 개설자의 의무】 ① 도매시장 개설자는 거래 관계자의 편익과 소비자 보호를 위하여 다음 각 호의 사항을 이행하여야 한다.
1. 도매시장 시설의 정비·개선과 합리적인 관리
2. 경쟁 촉진과 공정한 거래질서의 확립 및 환경 개선
3. 상품성 향상을 위한 규격화, 포장 개선 및 선도(鮮度) 유지의 촉진
② 도매시장 개설자는 제1항 각 호의 사항을 효과적으로 이행하기 위하여 이에 대한 투자계획 및 거래제도 개선 방안 등을 포함한 대책을 수립·시행하여야 한다.

제21조【도매시장의 관리】 ① 도매시장 개설자는 소속 공무원으로 구성된 도매시장 관리사무소(이하 "관리사무소"라 한다)를 두거나 「지방공기업법」에 따른 지방공사(이하 "관리공사"라 한다), 제24조의 공공출자법인 또는 한국농수산식품유통공사 중에서 시장관리자를 지정할 수 있다.(2011.7.25 본항개정)
② 도매시장 개설자는 관리사무소 또는 시장관리자로 하여금 시설물관리, 거래질서 유지, 유통 종사자에 대한 지도·감독 등에 관한 업무 범위를 정하여 해당 도매시장 또는 그 개설구역에 있는 도매시장의 관리업무를 수행하게 할 수 있다.

제22조【도매시장의 운영 등】 도매시장 개설자는 도매시장에 그 시설규모·거래액 등을 고려하여 적정 수의 도매시장법인·시장도매인 또는 중도매인을 두어 이를 운영하게 하여야 한다. 다만, 중앙도매시장의 개설자는 농림축산식품부령 또는 해양수산부령으로 정하는 부류에 대하여는 도매시장법인을 두어야 한다.(2013.3.23 단서개정)

제23조【도매시장법인의 지정】 ① 도매시장법인은 도매시장 개설자가 부류별로 지정하되, 중앙도매시장에 두는 도매시장법인의 경우에는 농림축산식품부장관 또는 해양수산부장관과 협의하여 지정한다. 이 경우 5년 이상 10년 이하의 범위에서 지정 유효기간을 설정할 수 있다.
(2013.3.23 전단개정)
② 도매시장법인의 주주 및 임직원은 해당 도매시장법인의 업무와 경합되는 도매업 또는 중도매업(仲都賣業)을 하여서는 아니 된다. 다만, 제23조의2에 따라 도매시장법인이 다른 도매시장법인의 주식 또는 지분을 과반수 이상 양수(이하 "인수"라 한다)하고 양수법인의 주주 또는 임직원이 양도법인의 주주 또는 임직원의 지위를 겸하게 된 경우에는 그러하지 아니하다.
③ 제1항에 따른 도매시장법인이 될 수 있는 자는 다음 각 호의 요건을 갖춘 법인이어야 한다.
1. 해당 부류의 도매업무를 효과적으로 수행할 수 있는 지식과 도매시장 또는 공판장 업무에 2년 이상 종사한 경험이 있는 업무집행 담당 임원이 2명 이상 있을 것
2. 임원 중 이 법을 위반하여 금고 이상의 실형을 선고받고 그 형의 집행이 끝나거나(집행이 끝난 것으로 보는 경우를 포함한다) 집행이 면제된 후 2년이 지나지 아니한 사람이 없을 것(2015.2.3 본호개정)
3. 임원 중 파산선고를 받고 복권되지 아니한 사람이나 피성년후견인 또는 피한정후견인이 없을 것(2014.3.24 본호개정)
4. 임원 중 제82조제2항에 따른 도매시장법인의 지정취소처분의 원인이 되는 사항에 관련된 사람이 없을 것
5. 거래규모, 순자산액 비율 및 거래보증금 등 도매시장 개설자가 업무규정으로 정하는 일정 요건을 갖출 것
④ 도매시장법인이 지정된 후 제3항제1호의 요건을 갖추지 아니하게 되었을 때에는 3개월 이내에 해당 요건을 갖추어야 한다.
⑤ 도매시장법인은 해당 임원이 제3항제2호부터 제4호까지의 어느 하나에 해당하는 요건을 갖추지 아니하게 되었을 때에는 그 임원을 지체 없이 해임하여야 한다.
⑥ 도매시장법인의 지정절차와 그 밖에 지정에 필요한 사항은 대통령령으로 정한다.

제23조의2【도매시장법인의 인수·합병】 ① 도매시장법인이 다른 도매시장법인을 인수하거나 합병하는 경우에는 해당 도매시장 개설자의 승인을 받아야 한다.
② 도매시장 개설자는 다음 각 호의 어느 하나에 해당하는 경우를 제외하고는 제1항에 따라 인수 또는 합병을 승인하여야 한다.
1. 인수 또는 합병의 당사자인 도매시장법인이 제23조제3항 각 호의 요건을 갖추지 못한 경우
2. 그 밖에 이 법 또는 다른 법령에 따른 제한에 위반되는 경우
(2012.2.22 본항신설)
③ 제1항에 따라 합병을 승인하는 경우 합병을 하는 도매시장법인은 합병이 되는 도매시장법인의 지위를 승계한다.
④ 도매시장법인의 인수·합병승인절차 등에 관하여 필요한 사항은 농림축산식품부령 또는 해양수산부령으로 정한다.(2013.3.23 본항개정)

제24조【공공출자법인】 ① 도매시장 개설자는 도매시장을 효율적으로 관리·운영하기 위하여 필요하다고 인정하는 경우에는 제22조에 따른 도매시장법인을 갈음하여 그 업무를 수행하게 할 법인(이하 "공공출자법인"이라 한다)을 설립할 수 있다.
② 공공출자법인에 대한 출자는 다음 각 호의 어느 하나에 해당하는 자로 한정한다. 이 경우 제1호부터 제3호까지에 해당하는 자에 의한 출자액의 합계가 총출자액의 100분의 50을 초과하여야 한다.
1. 지방자치단체
2. 관리공사
3. 농림수협등
4. 해당 도매시장 또는 그 도매시장으로 이전되는 시장에서 농수산물을 거래하는 상인과 그 상인단체
5. 도매시장법인
6. 그 밖에 도매시장 개설자가 도매시장의 관리·운영을 위하여 특히 필요하다고 인정하는 자
③ 공공출자법인에 관하여 이 법에서 규정한 사항을 제외하고는 「상법」의 주식회사에 관한 규정을 적용한다.
④ 공공출자법인은 「상법」 제317조에 따른 설립등기를 한 날에 제23조에 따른 도매시장법인의 지정을 받은 것으로 본다.

제25조【중도매업의 허가】 ① 중도매인의 업무를 하려는 자는 부류별로 해당 도매시장 개설자의 허가를 받아야 한다.
② 도매시장 개설자는 다음 각 호의 어느 하나에 해당하는 경우를 제외하고는 제1항에 따른 허가 및 제7항에 따른 갱신허가를 하여야 한다.(2017.3.21 본문개정)
1. 제3항 각 호의 어느 하나에 해당하는 경우
2. 그 밖에 이 법 또는 다른 법령에 따른 제한에 위반되는 경우
(2012.2.22 본항신설)
③ 다음 각 호의 어느 하나에 해당하는 자는 중도매업의 허가를 받을 수 없다.
1. 파산선고를 받고 복권되지 아니한 사람이나 피성년후견인(2014.3.24 본호개정)
2. 이 법을 위반하여 금고 이상의 실형을 선고받고 그 형의 집행이 끝나거나(집행이 끝난 것으로 보는 경우를 포함한다) 면제되지 아니한 사람(2015.2.3 본호개정)
3. 제82조제5항에 따라 중도매업의 허가가 취소(제25조제3항제1호에 해당하여 취소된 경우는 제외한다)된 날부터 2년이 지나지 아니한 자(2015.2.3 본호개정)
4. 도매시장법인의 주주 및 임직원으로서 해당 도매시장법인의 업무와 경합되는 중도매업을 하려는 자
5. 임원 중에 제1호부터 제4호까지의 어느 하나에 해당하는 사람이 있는 법인
6. 최저거래금액 및 거래대금의 지급보증을 위한 보증금 등 도매시장 개설자가 업무규정으로 정한 허가조건을 갖추지 못한 자
④ 법인인 중도매인은 임원이 제3항제5호에 해당하게 되었을 때에는 그 임원을 지체 없이 해임하여야 한다.
(2012.2.22 본항개정)
⑤ 중도매인은 다음 각 호의 행위를 하여서는 아니 된다.
1. 다른 중도매인 또는 매매참가인의 거래 참가를 방해하는 행위를 하거나 집단적으로 농수산물의 경매 또는 입찰에 불참하는 행위
2. 다른 사람에게 자기의 성명이나 상호를 사용하여 중도매업을 하게 하거나 그 허가증을 빌려 주는 행위
(2014.3.24 본항개정)
⑥ 도매시장 개설자는 제1항에 따라 중도매업의 허가를 하는 경우 5년 이상 10년 이하의 범위에서 허가 유효기간을 설정할 수 있다. 다만, 법인이 아닌 중도매인은 3년 이상 10년 이하의 범위에서 허가 유효기간을 설정할 수 있다.
⑦ 제6항에 따른 허가 유효기간이 만료된 후 계속하여 중도매업을 하려는 자는 농림축산식품부령 또는 해양수산부령으로 정하는 바에 따라 갱신허가를 받아야 한다.
(2017.3.21 본항신설)

제25조의2【법인인 중도매인의 인수·합병】 법인인 중도매인의 인수·합병에 대하여는 제23조의2를 준용한다. 이 경우 "도매시장법인"은 "법인인 중도매인"으로 본다.

제25조의3【매매참가인의 신고】 매매참가인의 업무를 하려는 자는 농림축산식품부령 또는 해양수산부령으로 정하는 바에 따라 도매시장·공판장 또는 민영도매시장의 개설자에게 매매참가인으로 신고하여야 한다.
(2013.3.23 본조개정)

제26조【중도매인의 업무 범위 등의 특례】 제25조에 따라 허가를 받은 중도매인은 도매시장에 설치된 공판장(이하 "도매시장공판장"이라 한다)에서도 그 업무를 할 수 있다.

제27조【경매사의 임면】 ① 도매시장법인은 도매시장에서의 공정하고 신속한 거래를 위하여 농림축산식품부령 또는 해양수산부령으로 정하는 바에 따라 일정 수 이상의 경매사를 두어야 한다.(2013.3.23 본항개정)
② 경매사는 경매사 자격시험에 합격한 사람으로서 다음 각 호의 어느 하나에 해당하지 아니한 사람 중에서 임명하여야 한다.
1. 피성년후견인 또는 피한정후견인(2014.3.24 본호개정)
2. 이 법 또는 「형법」 제129조부터 제132조까지의 죄 중 어느 하나에 해당하는 죄를 범하여 금고 이상의 실형을 선고받고 그 형의 집행이 끝나거나(집행이 끝난 것으로 보는 경우를 포함한다) 집행이 면제된 후 2년이 지나지 아니한 사람(2015.2.3 본호개정)
3. 이 법 또는 「형법」 제129조부터 제132조까지의 죄 중 어느 하나에 해당하는 죄를 범하여 금고 이상의 형의 집행유예를 선고받거나 선고유예를 받고 그 유예기간 중에 있는 사람(2015.2.3 본호개정)
4. 해당 도매시장의 시장도매인, 중도매인, 산지유통인 또는 그 임직원
5. 제82조제4항에 따라 면직된 후 2년이 지나지 아니한 사람
6. 제82조제4항에 따른 업무정지기간 중에 있는 사람
③ 도매시장법인은 경매사가 제2항제1호부터 제4호까지의 어느 하나에 해당하는 경우에는 그 경매사를 면직하여야 한다.
④ 도매시장법인이 경매사를 임면(任免)하였을 때에는 농림축산식품부령 또는 해양수산부령으로 정하는 바에 따라 그 내용을 도매시장 개설자에게 신고하여야 하며, 도매시장 개설자는 농림축산식품부장관 또는 해양수산부장관이 지정하여 고시한 인터넷 홈페이지에 그 내용을 게시하여야 한다.(2013.3.23 본항개정)

제27조의2【경매사 자격시험】 ① 경매사 자격시험은 농림축산식품부장관 또는 해양수산부장관이 실시하되, 필기시험과 실기시험으로 구분하여 실시한다.(2013.3.23 본항개정)
② 농림축산식품부장관 또는 해양수산부장관은 제1항에 따른 경매사 자격시험에서 부정행위를 한 사람에 대하여 해당 시험의 정지·무효 또는 합격 취소 처분을 한다. 이 경우 처분을 받은 사람에 대해서는 처분이 있은 날부터 3년간 경매사 자격시험의 응시자격을 정지한다.
(2015.6.22 본항신설)
③ 농림축산식품부장관 또는 해양수산부장관은 제2항 전단에 따른 처분(시험의 정지는 제외한다)을 하려는 때에는 미리 그 처분 내용과 사유를 당사자에게 통지하여 소명할 기회를 주어야 한다.(2015.6.22 본항신설)
④ 농림축산식품부장관 또는 해양수산부장관은 제1항에 따른 경매사 자격시험의 관리(제2항에 따른 시험의 정지를 포함한다)에 관한 업무를 대통령령으로 정하는 바에 따라 시험관리 능력이 있다고 인정하는 관계 전문기관에 위탁할 수 있다.(2015.6.22 본항개정)
⑤ 제1항에 따른 경매사 자격시험의 응시자격, 시험과목,

시험의 일부 면제, 시험방법, 자격증 발급, 시험 응시 수수료, 자격증 발급 수수료, 그 밖에 시험에 관하여 필요한 사항은 대통령령으로 정한다.(2015.6.22 본항개정)

제28조【경매사의 업무 등】 ① 경매사는 다음 각 호의 업무를 수행한다.
1. 도매시장법인이 상장한 농수산물에 대한 경매 우선순위의 결정
2. 도매시장법인이 상장한 농수산물에 대한 가격평가
3. 도매시장법인이 상장한 농수산물에 대한 경락자의 결정
4. 도매시장법인이 상장한 농수산물의 정가매매·수의매매(隨意賣買)에 대한 협상 및 중재(2024.1.23 본호신설)

② 경매사는 「형법」 제129조부터 제132조까지의 규정을 적용할 때에는 공무원으로 본다.

제29조【산지유통인의 등록】 ① 농수산물을 수집하여 도매시장에 출하하려는 자는 농림축산식품부령 또는 해양수산부령으로 정하는 바에 따라 부류별로 도매시장 개설자에게 등록하여야 한다. 다만, 다음 각 호의 어느 하나에 해당하는 경우에는 그러하지 아니하다.(2013.3.23 본문개정)
1. 생산자단체가 구성원의 생산물을 출하하는 경우
2. 도매시장법인이 제31조제1항 단서에 따라 매수한 농수산물을 상장하는 경우
3. 중도매인이 제31조제2항 단서에 따라 비상장 농수산물을 매매하는 경우
4. 시장도매인이 제37조에 따라 매매하는 경우
5. 그 밖에 농림축산식품부령 또는 해양수산부령으로 정하는 경우(2013.3.23 본호개정)

② 도매시장법인, 중도매인 및 이들의 주주 또는 임직원은 해당 도매시장에서 산지유통인의 업무를 하여서는 아니 된다.

③ 도매시장 개설자는 이 법 또는 다른 법령에 따른 제한에 위반되는 경우를 제외하고는 제1항에 따라 등록을 하여주어야 한다.(2012.2.22 본항개정)

④ 산지유통인은 등록된 도매시장에서 농수산물의 출하업무 외의 판매·매수 또는 중개업무를 하여서는 아니된다.

⑤ 도매시장 개설자는 제1항에 따라 등록을 하여야 하는 자가 등록을 하지 아니하고 산지유통인의 업무를 하는 경우에는 도매시장에의 출입을 금지·제한하거나 그 밖에 필요한 조치를 할 수 있다.

⑥ 국가나 지방자치단체는 산지유통인의 공정한 거래를 촉진하기 위하여 필요한 지원을 할 수 있다.

제30조【출하자 신고】 ① 도매시장에 농수산물을 출하하려는 생산자 및 생산자단체 등은 농수산물의 거래질서 확립과 수급안정을 위하여 농림축산식품부령 또는 해양수산부령으로 정하는 바에 따라 해당 도매시장의 개설자에게 신고하여야 한다.(2013.3.23 본항개정)

② 도매시장 개설자, 도매시장법인 또는 시장도매인은 제1항에 따라 신고한 출하자가 출하 예약을 하고 농수산물을 출하하는 경우에는 위탁수수료의 인하 및 경매의 우선 실시 등 우대조치를 할 수 있다.

제31조【수탁판매의 원칙】 ① 도매시장에서 도매시장법인이 하는 도매는 출하자로부터 위탁을 받아 하여야 한다. 다만, 농림축산식품부령 또는 해양수산부령으로 정하는 특별한 사유가 있는 경우에는 매수하여 도매할 수 있다.(2013.3.23 단서개정)

② 중도매인은 도매시장법인이 상장한 농수산물 외의 농수산물은 거래할 수 없다. 다만, 농림축산식품부령 또는 해양수산부령으로 정하는 도매시장법인이 상장하기에 적합하지 아니한 농수산물과 그 밖에 이에 준하는 농수산물로서 그 품목과 기간을 정하여 도매시장 개설자로부터 허가를 받은 농수산물의 경우에는 그러하지 아니하다.(2013.3.23 단서개정)

③ 제2항 단서에 따른 중도매인의 거래에 관하여는 제35조제1항, 제38조, 제39조, 제40조제2항·제4항, 제41조(제2항 단서는 제외한다), 제42조제1항제1호·제3호 및 제81조를 준용한다.

④ 중도매인이 제2항 단서에 해당하는 물품을 제70조의2제1항제1호에 따른 농수산물 전자거래소에서 거래하는 경우에는 그 물품을 도매시장으로 반입하지 아니할 수 있다.

⑤ 중도매인은 도매시장법인이 상장한 농수산물을 농림축산식품부령 또는 해양수산부령으로 정하는 연간 거래액의 범위에서 해당 도매시장의 다른 중도매인과 거래하는 경우를 제외하고는 다른 중도매인과 농수산물을 거래할 수 없다.(2014.3.24 본항신설)

⑥ 제5항에 따른 중도매인 간 거래액은 제25조제3항제6호의 최저거래금액 산정 시 포함하지 아니한다.
(2014.3.24 본항신설)

⑦ 제5항에 따라 다른 중도매인과 농수산물을 거래한 중도매인은 농림축산식품부령 또는 해양수산부령으로 정하는 바에 따라 그 거래 내역을 도매시장 개설자에게 통보하여야 한다.(2014.3.24 본항신설)

제32조【매매방법】 도매시장법인은 도매시장에서 농수산물을 경매·입찰·정가매매 또는 수의매매의 방법으로 매매하여야 한다. 다만, 출하자가 매매방법을 지정하여 요청하는 경우 등 농림축산식품부령 또는 해양수산부령으로 매매방법을 정한 경우에는 그에 따라 매매할 수 있다.(2024.1.23 본문개정)

제33조【경매 또는 입찰의 방법】 ① 도매시장법인은 도매시장에 상장한 농수산물을 수탁된 순위에 따라 경매 또는 입찰의 방법으로 판매하는 경우에는 최고가격 제시자에게 판매하여야 한다. 다만, 출하자가 서면으로 거래 성립 최저가격을 제시한 경우에는 그 가격 미만으로 판매하여서는 아니 된다.(2012.2.22 본항개정)

② 도매시장 개설자는 효율적인 유통을 위하여 필요한 경우에는 농림축산식품부령 또는 해양수산부령으로 정하는 바에 따라 대량 입하품, 표준규격품, 예약 출하품 등을 우선적으로 판매하게 할 수 있다.(2013.3.23 본항개정)

③ 제1항에 따른 경매 또는 입찰의 방법은 전자식(電子式)을 원칙으로 하되 필요한 경우 농림축산식품부령 또는 해양수산부령으로 정하는 바에 따라 거수수지식(擧手手指式), 기록식, 서면입찰식 등의 방법으로 할 수 있다. 이 경우 공개경매를 실현하기 위하여 필요한 경우 농림축산식품부장관, 해양수산부장관 또는 도매시장 개설자는 품목별·도매시장별로 경매방식을 제한할 수 있다.(2013.3.23 본항개정)

제34조【거래의 특례】 도매시장 개설자는 입하량이 현저히 많아 정상적인 거래가 어려운 경우 등 농림축산식품부령 또는 해양수산부령으로 정하는 특별한 사유가 있는 경우에는 그 사유가 발생한 날에 한정하여 도매시장법인의 경우에는 중도매인·매매참가인 외의 자에게, 시장도매인의 경우에는 도매시장법인·중도매인에게 판매할 수 있도록 할 수 있다.(2013.3.23 본조개정)

제35조【도매시장법인의 영업제한】 ① 도매시장법인은 도매시장 외의 장소에서 농수산물의 판매업무를 하지 못한다.

② 제1항에도 불구하고 도매시장법인은 다음 각 호의 어느 하나에 해당하는 경우에는 해당 거래물품을 도매시장으로 반입하지 아니할 수 있다.
1. 도매시장 개설자의 사전승인을 받아 「전자문서 및 전자거래 기본법」에 따른 전자거래 방식으로 하는 경우(온라인에서 경매 방식으로 거래하는 경우를 포함한다)(2019.8.27 본호개정)
2. 농림축산식품부령 또는 해양수산부령으로 정하는 일정 기준 이상의 시설에 보관·저장 중인 거래 대상 농수산물의 견본을 도매시장에 반입하여 거래하는 것에 대하여 도매시장 개설자가 승인한 경우(2013.3.23 본호개정)

③ 제2항에 따른 전자거래 및 견본거래 방식 등에 관하여 필요한 사항은 농림축산식품부령 또는 해양수산부령으로 정한다.(2013.3.23 본항개정)

④ 도매시장법인은 농수산물 판매업무 외의 사업을 겸영(兼營)하지 못한다. 다만, 농수산물의 선별·포장·가공·제빙(製氷)·보관·후숙(後熟)·저장·수출입 등의 사업은 농림축산식품부령 또는 해양수산부령으로 정하는 바에 따라 겸영할 수 있다.(2013.3.23 단서개정)

⑤ 도매시장 개설자는 산지(産地) 출하자와의 업무 경합 또는 과도한 겸영사업으로 인하여 도매시장법인의 도매업무가 약화될 우려가 있는 경우에는 대통령령으로 정하는 바에 따라 제4항 단서에 따른 겸영사업을 1년 이내의 범위에서 제한할 수 있다.

제35조의2【도매시장법인 등의 공시】 ① 도매시장법인 또는 시장도매인은 출하자와 소비자의 권익보호를 위하여 거래물량, 가격정보 및 재무상황 등을 공시(公示)하여야 한다.

② 제1항에 따른 공시내용, 공시방법 및 공시절차 등에 관하여 필요한 사항은 농림축산식품부령 또는 해양수산부령으로 정한다.(2013.3.23 본항개정)

제36조【시장도매인의 지정】 ① 시장도매인은 도매시장 개설자가 부류별로 지정한다. 이 경우 5년 이상 10년 이하의 범위에서 지정 유효기간을 설정할 수 있다.

② 제1항에 따른 시장도매인이 될 수 있는 자는 다음 각 호의 요건을 갖춘 법인이어야 한다.
1. 임원 중 이 법을 위반하여 금고 이상의 실형을 선고받고 그 형의 집행이 끝나거나(집행이 끝난 것으로 보는 경우를 포함한다) 집행이 면제된 후 2년이 지나지 아니한 사람이 없을 것(2015.2.3 본호개정)
2. 임원 중 해당 도매시장에서 시장도매인의 업무와 경합되는 도매업 또는 중도매업을 하는 사람이 없을 것
3. 임원 중 파산선고를 받고 복권되지 아니한 사람이나 피성년후견인 또는 피한정후견인이 없을 것(2014.3.24 본호개정)
4. 임원 중 제82조제2항에 따라 시장도매인의 지정취소처분의 원인이 되는 사항에 관련된 사람이 없을 것
5. 거래규모, 순자산액 비율 및 거래보증금 등 도매시장 개설자가 업무규정으로 정하는 일정 요건을 갖출 것

③ 시장도매인은 해당 임원이 제2항제1호부터 제4호까지의 어느 하나에 해당하는 요건을 갖추지 아니하게 되었을 때에는 그 임원을 지체 없이 해임하여야 한다.

④ 시장도매인의 지정절차와 그 밖에 지정에 필요한 사항은 대통령령으로 정한다.

제36조의2【시장도매인의 인수·합병】 시장도매인의 인수·합병에 대하여는 제23조의2를 준용한다. 이 경우 "도매시장법인"은 "시장도매인"으로 본다.

제37조【시장도매인의 영업】 ① 시장도매인은 도매시장에서 농수산물을 매수 또는 위탁받아 도매하거나 매매를 중개할 수 있다. 다만, 도매시장 개설자는 거래질서의 유지를 위하여 필요하다고 인정하는 경우 등 농림축산식품부령 또는 해양수산부령으로 정하는 경우에는 품목과 기간을 정하여 시장도매인이 농수산물을 위탁받아 도매하는 것을 제한 또는 금지할 수 있다.(2013.3.23 단서개정)

② 시장도매인은 해당 도매시장의 도매시장법인·중도매인에게 농수산물을 판매하지 못한다.

제38조【수탁의 거부금지 등】 도매시장법인 또는 시장도매인은 그 업무를 수행할 때에 다음 각 호의 어느 하나에 해당하는 경우를 제외하고는 입하된 농수산물의 수탁을 거부·기피하거나 위탁받은 농수산물의 판매를 거부·기피하거나, 거래 관계인에게 부당한 차별대우를 하여서는 아니 된다.
1. 제10조제2항에 따른 유통명령을 위반하여 출하하는 경우
2. 제30조에 따른 출하자 신고를 하지 아니하고 출하하는 경우
3. 제38조의2에 따른 안전성 검사 결과 그 기준에 미달되는 경우
4. 도매시장 개설자가 업무규정으로 정하는 최소출하량의 기준에 미달되는 경우
5. 그 밖에 환경 개선 및 규격출하 촉진 등을 위하여 대통령령으로 정하는 경우

제38조의2【출하 농수산물의 안전성 검사】 ① 도매시장 개설자는 해당 도매시장에 반입되는 농수산물에 대하여 「농수산물 품질관리법」 제61조에 따른 유해물질의 잔류허용기준 등의 초과 여부에 관한 안전성 검사를 하여야 한다. 이 경우 도매시장 개설자 중 시는 제17조제1항 단서에 따라 해당 도매시장의 개설을 허가한 도지사 소속의 검사기관에 안전성 검사를 의뢰할 수 있다.
(2014.3.24 후단신설)

② 도매시장 개설자는 제1항에 따른 안전성 검사 결과 그 기준에 못 미치는 농수산물을 출하하는 자에 대하여 1년 이내의 범위에서 해당 농수산물과 같은 품목의 농수산물을 해당 도매시장에 출하하는 것을 제한할 수 있다. 이 경우 다른 도매시장 개설자로부터 안전성 검사 결과 출하 제한을 받은 자에 대해서도 또한 같다.(2018.12.31 본항개정)

③ 제1항에 따른 안전성 검사의 실시 기준 및 방법과 제2항에 따른 출하제한의 기준 및 절차 등에 관하여 필요한 사항은 농림축산식품부령 또는 해양수산부령으로 정한다.(2013.3.23 본항개정)

제39조【매매 농수산물의 인수 등】 ① 도매시장법인 또는 시장도매인으로부터 농수산물을 매수한 자는 매매가 성립한 즉시 그 농수산물을 인수하여야 한다.

② 도매시장법인 또는 시장도매인은 제1항에 따른 매수인이 정당한 사유 없이 매수한 농수산물의 인수를 거부하거나 게을리하였을 때에는 그 매수인의 부담으로 해당 농수산물을 일정 기간 보관하거나, 그 이행을 최고(催告)하지 아니하고 그 매매를 해제하여 다시 매매할 수 있다.

③ 제2항의 경우 차손금(差損金)이 생겼을 때에는 당초의 매수인이 부담한다.

제40조【하역업무】 ① 도매시장 개설자는 도매시장에서 하는 하역업무의 효율화를 위하여 하역체제의 개선 및 하역의 기계화 촉진에 노력하여야 하며, 하역비의 절감으로 출하자의 이익을 보호하기 위하여 필요한 시책을 수립·시행하여야 한다.

② 도매시장 개설자가 업무규정으로 정하는 규격출하품에 대한 표준하역비(도매시장 안에서 규격출하품을 판매하기 위하여 필수적으로 드는 하역비를 말한다)는 도매시장법인 또는 시장도매인이 부담한다.

③ 농림축산식품부장관 또는 해양수산부장관은 제1항에 따른 하역체제의 개선 및 하역의 기계화와 제2항에 따른 규격출하의 촉진을 위하여 도매시장 개설자에게 필요한 조치를 명할 수 있다.(2013.3.23 본항개정)

④ 도매시장법인 또는 시장도매인은 도매시장에서 하는 하역업무에 대하여 하역 전문업체 등과 용역계약을 체결할 수 있다.

제41조【출하자에 대한 대금결제】 ① 도매시장법인 또는 시장도매인은 매수하거나 위탁받은 농수산물이 매매되었을 때에는 그 대금의 전부를 출하자에게 즉시 결제하여야 한다. 다만, 대금의 지급방법에 관하여 도매시장법인 또는 시장도매인과 출하자 사이에 특약이 있는 경우에는 그 특약에 따른다.(2012.2.22 본문개정)

② 도매시장법인 또는 시장도매인은 제1항에 따라 출하자에게 대금을 결제하는 경우에는 표준송품장(標準送品狀, 전자문서 형태의 것을 포함한다. 이하 같다)과 판매원표(販賣元標)를 확인하여 작성한 표준정산서를 출하자와 정산 조직(제41조의2에 따른 대금정산조직 또는 그 밖에 대금정산을 위한 조직 등을 말한다. 이하 이 조에서 같다)에 각각 발급하고, 정산 조직에 대금결제를 의뢰하여 정산 조직에서 출하자에게 대금을 지급하는 방법으로 하여야 한다. 다만, 도매시장 개설자가 농림축산식품부령 또는 해양수산부령으로 정하는 바에 따라 인정하는 도매시장법인의 경우에는 출하자에게 대금을 직접 결제할 수 있다.(2024.1.23 본문개정)

③ 제2항에 따른 표준송품장, 판매원표, 표준정산서, 대금결제의 방법 및 절차 등에 관하여 필요한 사항은 농림축산식품부령 또는 해양수산부령으로 정한다.(2013.3.23 본항개정)

제41조의2【대금정산조직 설립의 지원】 농림축산식품부장관, 해양수산부장관 및 도매시장 개설자는 도매시장법인·시장도매인·중도매인 등이 다음 각 호의 대금의 정산을 위한 조합, 회사 등(이하 "대금정산조직"이라 한다)을 설립하는 경우 그에 대한 지원을 할 수 있다.
(2024.1.23 본문개정)
1. 출하대금
2. 도매시장법인과 중도매인 또는 매매참가인 간의 농수산물 거래에 따른 판매대금
(2012.2.22 본조신설)

제42조【수수료 등의 징수제한】 ① 도매시장 개설자, 도매시장법인, 시장도매인, 중도매인 또는 대금정산조직은 해당 업무와 관련하여 징수 대상자에게 다음 각 호의 금액 외에는 어떠한 명목으로도 금전을 징수하여서는 아니 된다.(2012.2.22 본문개정)
1. 도매시장 개설자가 도매시장법인 또는 시장도매인으로부터 도매시장의 유지·관리에 필요한 최소한의 비용으로 징수하는 도매시장의 사용료
2. 도매시장 개설자가 도매시장의 시설 중 농림축산식품부령 또는 해양수산부령으로 정하는 시설에 대하여 사용자로부터 징수하는 시설 사용료(2013.3.23 본호개정)
3. 도매시장법인이나 시장도매인이 농수산물의 판매를 위탁한 출하자로부터 징수하는 거래액의 일정 비율 또는 일정액에 해당하는 위탁수수료
4. 시장도매인 또는 중도매인이 농수산물의 매매를 중개한 경우에 이를 매매한 자로부터 징수하는 거래액의 일정 비율에 해당하는 중개수수료
5. 거래대금을 정산하는 경우에 도매시장법인·시장도매인·중도매인·매매참가인 등이 대금정산조직에 납부하는 정산수수료(2012.2.22 본호개정)
② 제1항제1호부터 제5호까지의 규정에 따른 사용료 및 수수료의 요율은 농림축산식품부령 또는 해양수산부령으로 정한다.(2013.3.23 본항개정)
③ (2012.2.22 삭제)

제42조의2【지방도매시장의 운영 등에 관한 특례】 ① 지방도매시장의 개설자는 해당 도매시장의 규모 및 거래물량 등에 비추어 필요하다고 인정하는 경우 제31조제1항 단서 및 제2항 단서에 따라 농림축산식품부령 또는 해양수산부령으로 정하는 사유와 다른 내용의 특례를 업무규정으로 정할 수 있다.(2013.3.23 본항개정)
② (2012.2.22 삭제)

제42조의3【과밀부담금의 면제】 도매시장의 시설현대화 사업으로 건축하는 건축물에 대해서는 「수도권정비계획법」 제12조에도 불구하고 그 과밀부담금을 부과하지 아니한다.(2015.6.22 본조신설)

제4장 농수산물공판장 및 민영농수산물도매시장 등
(2011.7.21 본장개정)

제43조【공판장의 개설】 ① 농림수협등, 생산자단체 또는 공익법인이 공판장을 개설하려면 시·도지사의 승인을 받아야 한다.
② 농림수협등, 생산자단체 또는 공익법인이 제1항에 따라 공판장의 개설승인을 받으려면 농림축산식품부령 또는 해양수산부령으로 정하는 바에 따라 공판장 개설승인 신청서에 업무규정과 운영관리계획서 등 승인에 필요한 서류를 첨부하여 시·도지사에게 제출하여야 한다.
③ 제2항에 따른 공판장의 업무규정 및 운영관리계획서에 정할 사항에 관하여는 제17조제5항 및 제7항을 준용한다.
(2018.12.31 본항신설)
④ 시·도지사는 제2항에 따른 신청이 다음 각 호의 어느 하나에 해당하는 경우를 제외하고는 승인을 하여야 한다.
1. 공판장을 개설하려는 장소가 교통체증을 유발할 수 있는 위치에 있는 경우
2. 공판장의 시설이 제67조제2항에 따른 기준에 적합하지 아니한 경우
3. 제2항에 따른 운영관리계획서의 내용이 실현 가능하지 아니한 경우
4. 그 밖에 이 법 또는 다른 법령에 따른 제한에 위반되는 경우
(2018.12.31 본항신설)
(2018.12.31 본조개정)

제44조【공판장의 거래 관계자】 ① 공판장에는 중도매인, 매매참가인, 산지유통인 및 경매사를 둘 수 있다.
② 공판장의 중도매인은 공판장의 개설자가 지정한다. 이 경우 중도매인의 지정 등에 관하여는 제25조제3항 및 제4항을 준용한다.(2012.2.22 후단개정)
③ 농수산물을 수집하여 공판장에 출하하려는 자는 공판장의 개설자에게 산지유통인으로 등록하여야 한다. 이 경우 산지유통인의 등록 등에 관하여는 제29조제1항 단서 및 같은 조 제3항부터 제6항까지의 규정을 준용한다.
④ 공판장의 경매사는 공판장의 개설자가 임면한다. 이 경우 경매사의 자격기준 및 업무 등에 관하여는 제27조제2항부터 제4항까지 및 제28조를 준용한다.

제45조【공판장의 운영 등】 공판장의 운영 및 거래방법 등에 관하여는 제31조부터 제34조까지, 제38조, 제39조, 제40조, 제41조제1항 및 제42조를 준용한다. 다만, 공판장의 규모·거래물량 등에 비추어 이를 준용하는 것이 적합하지 아니한 공판장의 경우에는 개설자가 합리적이라고 인정되는 범위에서 업무규정으로 정하는 바에 따라 운영 및 거래방법 등을 달리 정할 수 있다.

제46조【도매시장공판장의 운영 등에 관한 특례】 ① 도매시장공판장의 운영 및 거래방법 등에 관하여는 제30조제2항, 제31조제1항, 제32조부터 제34조까지, 제35조제2항부터 제5항까지, 제35조의2, 제38조, 제39조부터 제41조까지, 제41조의2 및 제42조를 준용한다.(2012.2.22 본항개정)
② 도매시장공판장의 중도매인에 관하여는 제25조, 제31조제2항부터 제7항까지, 제42조 및 제75조를 준용한다.
(2014.3.24 본항개정)
③ 도매시장공판장의 산지유통인에 관하여는 제29조를 준용한다.
④ 도매시장공판장의 경매사에 관하여는 제27조 및 제28조를 준용한다.
⑤ 도매시장공판장은 제70조에 따른 농림수협등의 유통자회사(流通子會社)로 하여금 운영하게 할 수 있다.

제47조【민영도매시장의 개설】 ① 민간인등이 특별시·광역시·특별자치시·특별자치도 또는 시 지역에 민영도매시장을 개설하려면 시·도지사의 허가를 받아야 한다.
(2012.2.22 본항개정)
② 민간인등이 제1항에 따라 민영도매시장의 개설허가를 받으려면 농림축산식품부령 또는 해양수산부령으로 정하는 바에 따라 민영도매시장 개설허가 신청서에 업무규정과 운영관리계획서를 첨부하여 시·도지사에게 제출하여야 한다.(2013.3.23 본항개정)
③ 제2항에 따른 업무규정 및 운영관리계획서에 관하여는 제17조제5항 및 제7항을 준용한다.
④ 시·도지사는 다음 각 호의 어느 하나에 해당하는 경우를 제외하고는 제1항에 따라 허가하여야 한다.
1. 민영도매시장을 개설하려는 장소가 교통체증을 유발할 수 있는 위치에 있는 경우
2. 민영도매시장의 시설이 제67조제2항에 따른 기준에 적합하지 아니한 경우
3. 운영관리계획서의 내용이 실현 가능하지 아니한 경우
4. 그 밖에 이 법 또는 다른 법령에 따른 제한에 위반되는 경우
(2012.2.22 본항개정)
⑤ 시·도지사는 제2항에 따른 민영도매시장 개설허가의 신청을 받은 경우 신청서를 받은 날부터 30일 이내(이하 "허가 처리기간"이라 한다)에 허가 여부 또는 허가처리 지연 사유를 신청인에게 통보하여야 한다. 이 경우 허가 처리기간에 허가 여부 또는 허가처리 지연 사유를 통보하지 아니하면 허가 처리기간의 마지막 날의 다음 날에 허가를 한 것으로 본다.(2017.3.21 본항신설)
⑥ 시·도지사는 제5항에 따라 허가처리 지연 사유를 통보하는 경우에는 허가 처리기간을 10일 범위에서 한 번만 연장할 수 있다.(2017.3.21 본항신설)

제48조【민영도매시장의 운영 등】 ① 민영도매시장의 개설자는 중도매인, 매매참가인, 산지유통인 및 경매사를 두어 직접 운영하거나 시장도매인을 두어 이를 운영하게 할 수 있다.
② 민영도매시장의 중도매인은 민영도매시장의 개설자가 지정한다. 이 경우 중도매인의 지정 등에 관하여는 제25조제3항 및 제4항을 준용한다.(2012.2.22 후단개정)
③ 농수산물을 수집하여 민영도매시장에 출하하려는 자는 민영도매시장의 개설자에게 산지유통인으로 등록하여야 한다. 이 경우 산지유통인의 등록 등에 관하여는 제29조제1항 단서 및 같은 조 제3항부터 제6항까지의 규정을 준용한다.
④ 민영도매시장의 경매사는 민영도매시장의 개설자가 임면한다. 이 경우 경매사의 자격기준 및 업무 등에 관하여는 제27조제2항부터 제4항까지 및 제28조를 준용한다.
⑤ 민영도매시장의 시장도매인은 민영도매시장의 개설자가 지정한다. 이 경우 시장도매인의 지정 및 영업 등에 관하여는 제36조제2항부터 제4항까지, 제37조, 제38조, 제39조, 제41조 및 제42조를 준용한다.(2012.2.22 후단개정)
⑥ 민영도매시장의 개설자가 중도매인, 매매참가인, 산지유통인 및 경매사를 두어 직접 운영하는 경우 그 운영 및 거래방법 등에 관하여는 제31조부터 제34조까지, 제38조, 제39조부터 제41조까지 및 제42조를 준용한다. 다만, 민영도매시장의 규모·거래물량 등에 비추어 해당 규정을 준용하는 것이 적합하지 아니한 민영도매시장의 경우에는 그 개설자가 합리적이라고 인정되는 범위에서 업무규정으로 정하는 바에 따라 그 운영 및 거래방법 등을 달리 정할 수 있다.(2012.2.22 본문개정)

제49조【산지판매제도의 확립】 ① 농림수협등 또는 공익법인은 생산지에서 출하되는 주요 품목의 농수산물에 대하여 산지경매제를 실시하거나 계통출하(系統出荷)를 확대하는 등 생산자 보호를 위한 판매대책 및 선별·포장·저장 시설의 확충 등 산지 유통대책을 수립·시행하여야 한다.
② 농림수협등 또는 공익법인은 제33조에 따른 경매 또는 입찰의 방법으로 창고경매, 포전경매(圃田競賣) 또는 선상경매(船上競賣) 등을 할 수 있다.

제50조【농수산물집하장의 설치·운영】 ① 생산자단체 또는 공익법인은 농수산물을 대량 소비지에 직접 출하할 수 있는 유통체제를 확립하기 위하여 필요한 경우에는 농수산물집하장을 설치·운영할 수 있다.
② 국가와 지방자치단체는 농수산물집하장의 효과적인 운영과 생산자의 출하편의를 도모할 수 있도록 그 입지 선정과 도로망의 개설에 협조하여야 한다.
③ 생산자단체 또는 공익법인은 제1항에 따라 운영하고 있는 농수산물집하장 중 제67조제2항에 따른 공판장의 시설기준을 갖춘 집하장을 시·도지사의 승인을 받아 공판장으로 운영할 수 있다.

제51조【농수산물산지유통센터의 설치·운영 등】 ① 국가나 지방자치단체는 농수산물의 선별·포장·규격출하·가공·판매 등을 촉진하기 위하여 농수산물산지유통센터를 설치하여 운영하거나 이를 설치하려는 자에게 부지 확보 또는 시설물 설치 등에 필요한 지원을 할 수 있다.
② 국가나 지방자치단체는 농수산물산지유통센터의 운영을 생산자단체 또는 전문유통업체에 위탁할 수 있다.
③ 농수산물산지유통센터의 운영 등에 필요한 사항은 농림축산식품부령 또는 해양수산부령으로 정한다.
(2013.3.23 본항개정)

제52조【농수산물 유통시설의 편의제공】 국가나 지방자치단체는 그가 설치한 농수산물 유통시설에 대하여 생산자단체, 농업협동조합중앙회, 산림조합중앙회, 수산업협동조합중앙회 또는 공익법인으로부터 이용 요청을 받으면 해당 시설의 이용, 면적 배정 등에서 우선적으로 편의를 제공하여야 한다.(2015.3.27 본조개정)

제53조【포전매매의 계약】 ① 농림축산식품부장관이 정하는 채소류 등 저장성이 없는 농산물의 포전매매(생산자가 수확하기 이전의 경작상태에서 면적단위 또는 수량단위로 매매하는 것을 말한다. 이하 이 조에서 같다)의 계약은 서면에 의한 방식으로 하여야 한다.(2013.3.23 본항개정)
② 제1항에 따른 농산물의 포전매매의 계약은 특약이 없으면 매수인이 그 농산물을 계약서에 적힌 반출 약정일부터 10일 이내에 반출하지 아니한 경우에는 그 기간이 지난 날에 계약이 해제된 것으로 본다. 다만, 매수인이 반출 약정일이 지나기 전에 반출 지연 사유와 반출 예정일을 서면으로 통지한 경우에는 그러하지 아니하다.
③ 농림축산식품부장관은 제1항에 따른 포전매매의 계약에 필요한 표준계약서를 정하여 보급하고 그 사용을 권장할 수 있으며, 계약당사자는 표준계약서에 준하여 계약하여야 한다.(2013.3.23 본항개정)
④ 농림축산식품부장관과 지방자치단체의 장은 생산자 및 소비자의 보호나 농산물의 가격 및 수급의 안정을 위하여 특히 필요하다고 인정할 때에는 대상 품목, 대상 지역 및 신고기간 등을 정하여 계약 당사자에게 포전매매 계약의 내용을 신고하도록 할 수 있다.(2013.3.23 본항개정)

제5장 농산물가격안정기금
(2011.7.21 본장개정)

제54조【기금의 설치】 정부는 농산물(축산물 및 임산물을 포함한다. 이하 이 장에서 같다)의 원활한 수급과 가격안정을 도모하고 유통구조의 개선을 촉진하기 위한 재원을 확보하기 위하여 농산물가격안정기금(이하 "기금"이라 한다)을 설치한다.

제55조【기금의 조성】 ① 기금은 다음 각 호의 재원으로 조성한다.
1. 정부의 출연금
2. 기금 운용에 따른 수익금
3. 제9조의2제3항, 제16조제2항 및 다른 법률의 규정에 따라 납입되는 금액
4. 다른 기금으로부터의 출연금
② 농림축산식품부장관은 기금의 운영에 필요하다고 인정할 때에는 기금의 부담으로 한국은행 또는 다른 기금으로부터 자금을 차입(借入)할 수 있다.(2013.3.23 본항개정)

제56조【기금의 운용·관리】 ① 기금은 국가회계원칙에 따라 농림축산식품부장관이 운용·관리한다.
(2013.3.23 본항개정)
② (2004.12.31 삭제)
③ 기금의 운용·관리에 관한 농림축산식품부장관의 업무는 대통령령으로 정하는 바에 따라 그 일부를 국립종자원장과 한국농수산식품유통공사의 장에게 위임 또는 위탁할 수 있다.(2013.3.23 본항개정)
④ 기금의 운용·관리에 관하여 이 법에서 규정한 사항 외에 필요한 사항은 대통령령으로 정한다.

제57조【기금의 용도】 ① 기금은 다음 각 호의 사업을 위하여 필요한 경우에 융자 또는 대출할 수 있다.
1. 농산물의 가격조절과 생산·출하의 장려 또는 조절
2. 농산물의 수출 촉진
3. 농산물의 보관·관리 및 가공
4. 도매시장, 공판장, 민영도매시장 및 경매식 집하장(제50조에 따른 농수산물집하장 중 제33조에 따른 경매 또는 입찰의 방법으로 농수산물을 판매하는 집하장을 말한다)의 출하촉진·거래대금정산·운영 및 시설설치
(2012.2.22 본호개정)
5. 농산물의 상품성 향상
6. 그 밖에 농림축산식품부장관이 농산물의 유통구조 개선, 가격안정 및 종자산업의 진흥을 위하여 필요하다고 인정하는 사업(2013.3.23 본호개정)
② 기금은 다음 각 호의 사업을 위하여 지출한다.
1. 「농수산자조금의 조성 및 운용에 관한 법률」 제5조에

따른 농수산자조금에 대한 출연 및 지원(2018.12.31 본호개정)
2. 제9조, 제9조의2, 제13조 및 「종자산업법」 제22조에 따른 사업 및 그 사업의 관리(2012.6.1 본호개정)
2의2. 제12조에 따른 유통명령 이행자에 대한 지원(2018.12.31 본호신설)
3. 기금이 관리하는 유통시설의 설치·취득 및 운영
4. 도매시장 시설현대화 사업 지원
5. 그 밖에 대통령령으로 정하는 농산물의 유통구조 개선 및 가격안정과 종자산업의 진흥을 위하여 필요한 사업
③ 제1항에 따른 기금의 융자를 받을 수 있는 자는 농업협동조합중앙회(농협경제지주회사 및 그 자회사를 포함한다), 산림조합중앙회 및 한국농수산식품유통공사로 하고, 대출을 받을 수 있는 자는 농림축산식품부장관이 제1항 각 호에 따른 사업을 효율적으로 시행할 수 있다고 인정하는 자로 한다.(2014.12.31 본항개정)
④ 기금의 대출에 관한 농림축산식품부장관의 업무는 제3항에 따라 기금의 융자를 받을 수 있는 자에게 위탁할 수 있다.(2015.6.22 본항신설)
⑤ 기금을 융자받거나 대출받은 자는 융자 또는 대출을 할 때에 지정한 목적 외의 목적에 그 융자금 또는 대출금을 사용할 수 없다.
제58조【기금의 회계기관】 ① 농림축산식품부장관은 기금의 수입과 지출에 관한 사무를 수행하게 하기 위하여 소속 공무원 중에서 기금수입징수관·기금재무관·기금지출관 및 기금출납공무원을 임명한다.
② 농림축산식품부장관은 제56조제3항에 따라 기금의 운용·관리에 관한 업무의 일부를 위임 또는 위탁한 경우, 위임 또는 위탁받은 기관의 소속 공무원 또는 임직원 중에서 위임 또는 위탁받은 업무를 수행하기 위한 기금수입징수관 또는 기금수입담당임원, 기금재무관 또는 기금지출원인행위담당임원, 기금지출관 또는 기금지출원 및 기금출납공무원 또는 기금출납원을 임명하여야 한다. 이 경우 기금수입담당임원은 기금수입징수관의 직무를, 기금지출원인행위담당임원은 기금재무관의 직무를, 기금지출원은 기금지출관의 직무를, 기금출납원은 기금출납공무원의 직무를 수행한다.
③ 농림축산식품부장관은 제1항 및 제2항에 따라 기금수입징수관·기금재무관·기금지출관 및 기금출납공무원, 기금수입담당임원·기금지출원인행위담당임원·기금지출원 및 기금출납원을 임명하였을 때에는 감사원, 기획재정부장관 및 한국은행총재에게 그 사실을 통지하여야 한다.(2013.3.23 본조개정)
제59조【기금의 손비처리】 농림축산식품부장관은 다음 각 호의 어느 하나에 해당하는 비용이 생기면 이를 기금에서 손비(損費)로 처리하여야 한다.(2013.3.23 본문개정)
1. 제9조, 제13조 및 「종자산업법」 제22조에 따른 사업을 실시한 결과 생긴 결손금(2012.6.1 본호개정)
2. 차입금의 이자 및 기금의 운용에 필요한 경비
제60조【기금의 운용계획】 ① 농림축산식품부장관은 회계연도마다 「국가재정법」 제66조에 따라 기금운용계획을 수립하여야 한다.(2013.3.23 본항개정)
② 제1항의 기금운용계획에는 다음 각 호의 사항이 포함되어야 한다.
1. 기금의 수입·지출에 관한 사항
2. 융자 또는 대출의 목적, 대상자, 금리 및 기간에 관한 사항
3. 그 밖에 기금의 운용에 필요한 사항
③ 제2항제2호의 융자기간은 1년 이내로 하여야 한다. 다만, 시설자금의 융자 등 자금의 사용 목적상 1년 이내로 하는 것이 적당하지 아니하다고 인정되는 경우에는 그러하지 아니하다.
제60조의2【여유자금의 운용】 농림축산식품부장관은 기금의 여유자금을 다음 각 호의 방법으로 운용할 수 있다.(2013.3.23 본문개정)
1. 「은행법」에 따른 은행에 예치
2. 국채·공채, 그 밖에 「자본시장과 금융투자업에 관한 법률」 제4조에 따른 증권의 매입
제61조【결산보고】 농림축산식품부장관은 회계연도마다 기금의 결산보고서를 작성하여 다음 연도 2월 말일까지 기획재정부장관에게 제출하여야 한다.(2013.3.23 본조개정)

제6장 농수산물 유통기구의 정비 등
(2011.7.21 본장개정)

제62조【정비 기본방침 등】 농림축산식품부장관 또는 해양수산부장관은 농수산물의 원활한 수급과 유통질서를 확립하기 위하여 필요한 경우에는 다음 각 호의 사항을 포함한 농수산물 유통기구 정비기본방침(이하 "기본방침"이라 한다)을 수립하여 고시할 수 있다.(2013.3.23 본문개정)
1. 제67조제2항에 따른 시설기준에 미달하거나 거래물량에 비하여 시설이 부족하다고 인정되는 도매시장·공판장 및 민영도매시장의 시설 정비에 관한 사항
2. 도매시장·공판장 및 민영도매시장 시설의 바꿈 및 이전에 관한 사항
3. 중도매인 및 경매사의 가격조작 방지에 관한 사항
4. 생산자와 소비자 보호를 위한 유통기구의 봉사(奉仕) 경쟁체제의 확립과 유통 경로의 단축에 관한 사항
5. 운영 실적이 부진하거나 휴업 중인 도매시장의 정비 및 도매시장법인이나 시장도매인의 교체에 관한 사항
6. 소매상의 시설 개선에 관한 사항
제63조【지역별 정비계획】 ① 시·도지사는 기본방침이 고시되었을 때에는 그 기본방침에 따라 지역별 정비계획을 수립하고 농림축산식품부장관 또는 해양수산부장관의 승인을 받아 그 계획을 시행하여야 한다.
② 농림축산식품부장관 또는 해양수산부장관은 제1항에 따른 지역별 정비계획의 내용이 기본방침에 부합되지 아니하거나 사정의 변경 등으로 실효성이 없다고 인정하는 경우에는 그 일부를 수정 또는 보완하여 승인할 수 있다.(2013.3.23 본조개정)
제64조【유사 도매시장의 정비】 ① 시·도지사는 농수산물의 공정거래질서 확립을 위하여 필요한 경우에는 농수산물도매시장과 유사(類似)한 형태의 시장을 정비하기 위하여 유사 도매시장구역을 지정하고, 농림축산식품부령 또는 해양수산부령으로 정하는 바에 따라 그 구역의 농수산물도매업자의 거래방법 개선, 시설 개선, 이전대책 등에 관한 정비계획을 수립·시행할 수 있다.(2013.3.23 본항개정)
② 특별시·광역시·특별자치시·특별자치도 또는 시는 제1항에 따른 정비계획에 따라 유사 도매시장구역에 도매시장을 개설하고, 그 구역의 농수산물도매업자를 도매시장법인 또는 시장도매인으로 지정하여 운영하게 할 수 있다.(2012.2.22 본항개정)
③ 농림축산식품부장관 또는 해양수산부장관은 시·도지사로 하여금 제1항에 따른 정비계획의 내용을 수정 또는 보완하게 할 수 있으며, 정비계획의 추진에 필요한 지원을 할 수 있다.(2013.3.23 본항개정)
제65조【시장의 개설·정비 명령】 ① 농림축산식품부장관 또는 해양수산부장관은 기본방침을 효과적으로 수행하기 위하여 필요하다고 인정할 때에는 도매시장·공판장 및 민영도매시장의 개설자에 대하여 대통령령으로 정하는 바에 따라 도매시장·공판장 및 민영도매시장의 통합·이전 또는 폐쇄를 명할 수 있다.(2013.3.23 본항개정)
② 농림축산식품부장관 또는 해양수산부장관은 농수산물을 원활하게 수급하기 위하여 특정한 지역에 도매시장이나 공판장을 개설하거나 제한할 필요가 있다고 인정할 때에는 그 지역을 관할하는 특별시·광역시·특별자치시·특별자치도 또는 시나 농림수협등 또는 공익법인에 대하여 도매시장이나 공판장을 개설하거나 제한하도록 권고할 수 있다.(2013.3.23 본항개정)
③ 정부는 제1항에 따른 명령으로 인하여 발생한 도매시장·공판장 및 민영도매시장의 개설자 또는 도매시장법인의 손실에 관하여는 대통령령으로 정하는 바에 따라 정당한 보상을 하여야 한다.
제66조【도매시장법인의 대행】 ① 도매시장 개설자는 도매시장법인이 판매업무를 할 수 없게 되었다고 인정되는 경우에는 기간을 정하여 그 업무를 대행하거나 관리공사, 다른 도매시장법인 또는 도매시장공판장의 개설자로 하여금 대행하게 할 수 있다.(2018.12.31 본항개정)
② 제1항에 따라 도매시장법인의 업무를 대행하는 자에 대한 업무처리기준과 그 밖에 대행에 관하여 필요한 사항은 도매시장 개설자가 정한다.
제67조【유통시설의 개선 등】 ① 농림축산식품부장관 또는 해양수산부장관은 농수산물의 원활한 유통을 위하여 도매시장·공판장 및 민영도매시장의 개설자나 도매시장법인에 대하여 농수산물의 판매·수송·보관·저장 시설의 개선 및 정비를 명할 수 있다.
② 도매시장·공판장 및 민영도매시장이 보유하여야 하는 시설의 기준은 부류별로 그 지역의 인구 및 거래물량 등을 고려하여 농림축산식품부령 또는 해양수산부령으로 정한다.
(2013.3.23 본조개정)
제68조【농수산물 소매유통의 개선】 ① 농림축산식품부장관, 해양수산부장관 또는 지방자치단체의 장은 생산자와 소비자를 보호하고 상거래질서를 확립하기 위한 농수산물 소매단계의 합리적 유통 개선에 대한 시책을 수립·시행할 수 있다.
② 농림축산식품부장관 또는 해양수산부장관은 제1항에 따른 시책을 달성하기 위하여 농수산물의 중도매업·소매업, 생산자와 소비자의 직거래사업, 생산자단체 및 대통령령으로 정하는 단체가 운영하는 농수산물직판장, 소매시설의 현대화 등을 농림축산식품부령 또는 해양수산부령으로 정하는 바에 따라 지원·육성한다.
③ 농림축산식품부장관, 해양수산부장관 또는 지방자치단체의 장은 제2항에 따른 농수산물소매업자 등이 농수산물의 유통 개선과 공동이익의 증진 등을 위하여 협동조합을 설립하는 경우에는 도매시장 또는 공판장의 이용편의 등을 지원할 수 있다.
(2013.3.23 본조개정)
제69조【종합유통센터의 설치】 ① 국가나 지방자치단체는 종합유통센터를 설치하여 생산자단체 또는 전문유통업체에 그 운영을 위탁할 수 있다.
② 국가나 지방자치단체는 종합유통센터를 설치하려는 자에게 부지 확보 또는 시설물 설치 등에 필요한 지원을 할 수 있다.
③ 농림축산식품부장관, 해양수산부장관 또는 지방자치단체의 장은 종합유통센터가 효율적으로 그 기능을 수행할 수 있도록 종합유통센터를 운영하는 자 또는 이를 이용하는 자에게 그 운영방법 및 출하 농어가에 대한 서비스의 개선 또는 이용방법의 준수 등 필요한 권고를 할 수 있다.(2013.3.23 본항개정)
④ 농림축산식품부장관, 해양수산부장관 또는 지방자치단체의 장은 제1항에 따라 종합유통센터를 운영하는 자 및 제2항에 따른 지원을 받아 종합유통센터를 운영하는 자가 제3항에 따른 권고를 이행하지 아니하는 경우에는 일정한 기간을 정하여 운영방법 및 출하 농어가에 대한 서비스의 개선 등 필요한 조치를 할 것을 명할 수 있다.(2013.3.23 본항개정)
⑤ 종합유통센터의 설치, 시설 및 운영에 관하여 필요한 사항은 농림축산식품부령 또는 해양수산부령으로 정한다.(2013.3.23 본항개정)
제70조【유통자회사의 설립】 ① 농림수협등은 농수산물 유통의 효율화를 도모하기 위하여 필요한 경우에는 종합유통센터·도매시장공판장을 운영하거나 그 밖의 유통사업을 수행하는 별도의 법인(이하 "유통자회사"라 한다)을 설립·운영할 수 있다.
② 제1항에 따른 유통자회사는 「상법」상의 회사이어야 한다.
③ 국가나 지방자치단체는 유통자회사의 원활한 운영을 위하여 필요한 지원을 할 수 있다.
제70조의2【농수산물 전자거래의 촉진 등】 ① 농림축산식품부장관 또는 해양수산부장관은 농수산물 전자거래를 촉진하기 위하여 한국농수산식품유통공사 및 농수산물 거래와 관련된 업무경험 및 전문성을 갖춘 기관으로서 대통령령으로 정하는 기관에 다음 각 호의 업무를 수행하게 할 수 있다.(2014.3.24 본문개정)
1. 농수산물 전자거래소(농수산물 전자거래장치와 그에 수반되는 물류센터 등의 부대시설을 포함한다)의 설치 및 운영·관리
2. 농수산물 전자거래 참여 판매자 및 구매자의 등록·심사 및 관리
3. 제70조의3에 따른 농수산물 전자거래 분쟁조정위원회에 대한 운영 지원
4. 대금결제 지원을 위한 정산소(精算所)의 운영·관리
5. 농수산물 전자거래에 관한 유통정보 서비스 제공
6. 그 밖에 농수산물 전자거래에 필요한 업무
② 농림축산식품부장관 또는 해양수산부장관은 농수산물 전자거래를 활성화하기 위하여 예산의 범위에서 필요한 지원을 할 수 있다.(2013.3.23 본항개정)
③ 제1항과 제2항에서 규정한 사항 외에 거래품목, 거래수수료 및 결제방법 등 농수산물 전자거래에 필요한 사항은 농림축산식품부령 또는 해양수산부령으로 정한다.(2013.3.23 본항개정)
제70조의3【농수산물 전자거래 분쟁조정위원회의 설치】 ① 제70조의2제1항에 따른 농수산물 전자거래에 관한 분쟁을 조정하기 위하여 한국농수산식품유통공사와 같은 항 각 호 외의 부분에 따른 기관에 농수산물 전자거래 분쟁조정위원회(이하 이 조에서 "분쟁조정위원회"라 한다)를 둔다.(2014.3.24 본항개정)
② 분쟁조정위원회는 위원장 1명을 포함하여 9명 이내의 위원으로 구성하고, 위원은 농림축산식품부장관 또는 해양수산부장관이 임명하거나 위촉하며, 위원장은 위원 중에서 호선(互選)한다.(2013.3.23 본항개정)
③ 제1항과 제2항에서 규정한 사항 외에 위원의 자격 및 임기, 위원의 제척(除斥)·기피·회피 등 분쟁조정위원회의 구성·운영에 필요한 사항은 대통령령으로 정한다.
제71조 (2007.1.3 삭제)
제72조【유통 정보화의 촉진】 ① 농림축산식품부장관 또는 해양수산부장관은 유통 정보의 원활한 수집·처리 및 전파를 통하여 농수산물의 유통효율 향상에 이바지할 수 있도록 농수산물 유통 정보화와 관련한 사업을 지원하여야 한다.
② 농림축산식품부장관 또는 해양수산부장관은 제1항에 따른 정보화사업을 추진하기 위하여 정보기반의 정비, 정보화를 위한 교육 및 홍보사업을 직접 수행하거나 이에 필요한 지원을 할 수 있다.
(2013.3.23 본조개정)
제73조【재정 지원】 정부는 농수산물 유통구조 개선과 유통기구의 육성을 위하여 도매시장·공판장 및 민영도매시장의 개설자에 대하여 예산의 범위에서 융자하거나 보조금을 지급할 수 있다.
제74조【거래질서의 유지】 ① 누구든지 도매시장에서의 정상적인 거래와 도매시장 개설자가 정하여 고시하는 시설물의 사용기준을 위반하거나 적절한 위생·환경의 유지를 저해하여서는 아니 된다. 이 경우 도매시장 개설자는 도매시장에서의 거래질서가 유지되도록 필요한 조치를 하여야 한다.
② 농림축산식품부장관, 해양수산부장관, 도지사 또는 도매시장 개설자는 대통령령으로 정하는 바에 따라 소속 공무원으로 하여금 이 법을 위반하는 자를 단속하게 할 수 있다.(2013.3.23 본항개정)
③ 제2항에 따라 단속을 하는 공무원은 그 권한을 표시하는 증표를 관계인에게 보여주어야 한다.
제75조【교육훈련 등】 ① 농림축산식품부장관 또는 해양수산부장관은 농수산물의 유통 개선을 촉진하기 위하여 경매사, 중도매인 등 농림축산식품부령 또는 해양수산

부령으로 정하는 유통 종사자에 대하여 교육훈련을 실시할 수 있다.
② 도매시장법인 또는 공판장의 개설자가 임명한 경매사는 농림축산식품부장관 또는 해양수산부장관이 실시하는 교육훈련을 이수하여야 한다.(2018.12.31 본항신설)
③ 농림축산식품부장관 또는 해양수산부장관은 제1항 및 제2항에 따른 교육훈련을 농림축산식품부령 또는 해양수산부령으로 정하는 기관에 위탁하여 실시할 수 있다. (2018.12.31 본항개정)
④ 제1항 및 제2항에 따른 교육훈련의 내용, 절차 및 그 밖의 세부사항은 농림축산식품부령 또는 해양수산부령으로 정한다.(2018.12.31 본항신설)
(2013.3.23 본조개정)

제76조【실태조사 등】 ① 농림축산식품부장관 또는 해양수산부장관은 도매시장을 효율적으로 운영·관리하기 위하여 필요하다고 인정할 때에는 농림축산식품부령 또는 해양수산부령으로 정하는 법인 등으로 하여금 도매시장에 대한 실태조사를 하게 하거나 운영·관리의 지도를 하게 할 수 있다.
② 도매시장 개설자는 도매시장의 경매에서 낙찰되지 아니하거나 판매원표가 정정되는 현황에 대하여 분기별로 실태조사를 실시하고 농림축산식품부장관 또는 해양수산부장관에게 보고하여야 한다.(2024.1.23 본항신설)
③ 제2항의 실태조사 운영 및 실태조사 결과에 따른 도매시장법인, 시장도매인, 중도매인 등에 대한 개선사항은 도매시장 개설자가 업무규정으로 정한다.(2024.1.23 본항신설)
(2013.3.23 본조개정)

제77조【평가의 실시】 ① 농림축산식품부장관 또는 해양수산부장관은 도매시장 개설자의 의견을 수렴하여 도매시장의 거래제도 및 물류체계 개선 등 운영·관리와 도매시장법인·도매시장공판장·시장도매인의 거래 실적, 재무 건전성 등 경영관리에 관한 평가를 실시하여야 한다. 이 경우 도매시장 개설자는 평가에 필요한 자료를 농림축산식품부장관 또는 해양수산부장관에게 제출하여야 한다.(2014.3.24 본항개정)
② 도매시장 개설자는 중도매인의 거래 실적, 재무 건전성 등 경영관리에 관한 평가를 실시할 수 있다.(2014.3.24 본항개정)
③ 도매시장 개설자는 제1항 및 제2항에 따른 평가 결과와 시설규모, 거래액 등을 고려하여 도매시장법인, 시장도매인, 도매시장공판장의 개설자, 중도매인에 대하여 시설 사용면적의 조정, 차등 지원 등의 조치를 할 수 있다. (2018.12.31 본항개정)
④ 농림축산식품부장관 또는 해양수산부장관은 제1항에 따른 평가 결과에 따라 도매시장 개설자에게 다음 각 호의 명령이나 권고를 할 수 있다.(2014.3.24 본문개정)
1. 부진한 사항에 대한 시정 명령
2. 부진한 도매시장의 관리를 관리공사 또는 한국농수산식품유통공사에 위탁 권고
3. 도매시장법인, 시장도매인 또는 도매시장공판장에 대한 시설 사용면적의 조정, 차등 지원 등의 조치 명령
(2012.2.22 본항개정)
⑤ 제1항 및 제2항에 따른 평가 및 자료 제출에 관한 사항은 농림축산식품부령 또는 해양수산부령으로 정한다.
(2014.3.24 본항개정)

제78조【시장관리운영위원회의 설치】 ① 도매시장의 효율적인 운영·관리를 위하여 도매시장 개설자 소속으로 시장관리운영위원회(이하 "위원회"라 한다)를 둔다.
② (2008.12.26 삭제)
③ 위원회는 다음 각 호의 사항을 심의한다.
1. 도매시장의 거래제도 및 거래방법의 선택에 관한 사항
2. 수수료, 시장 사용료, 하역비 등 각종 비용의 결정에 관한 사항
3. 도매시장 출하품의 안전성 향상 및 규격화의 촉진에 관한 사항
4. 도매시장의 거래질서 확립에 관한 사항
5. 정가매매·수의매매 등 거래 농수산물의 매매방법 운용기준에 관한 사항
6. 최소출하량 기준의 결정에 관한 사항
7. 그 밖에 도매시장 개설자가 특히 필요하다고 인정하는 사항
④ 위원회의 구성·운영 등에 필요한 사항은 농림축산식품부령 또는 해양수산부령으로 정한다.(2013.3.23 본항개정)

제78조의2【도매시장거래 분쟁조정위원회의 설치 등】
① 도매시장 내 농수산물의 거래 당사자 간의 분쟁에 관한 사항을 조정하기 위하여 도매시장 개설자 소속으로 도매시장거래 분쟁조정위원회(이하 "조정위원회"라 한다)를 두어야 한다.(2024.1.23 본항개정)
② 조정위원회는 당사자의 한쪽 또는 양쪽의 신청에 의하여 다음 각 호의 분쟁을 심의·조정한다.
1. 낙찰자 결정에 관한 분쟁
2. 낙찰가격에 관한 분쟁
3. 거래대금의 지급에 관한 분쟁
4. 그 밖에 도매시장 개설자가 특히 필요하다고 인정하는 분쟁
③ 중앙도매시장 개설자 소속 조정위원회 위원 중 3분의 1 이상은 농림축산식품부장관 또는 해양수산부장관이 추천하는 위원이어야 한다.(2024.1.23 본항개정)
④ 조정위원회는 분쟁에 대한 심의·조정 전 책임 소재의 판단, 손실지원의 수준 권고·제시 등을 위하여 분쟁조정관을 둘 수 있다.(2024.1.23 본항신설)
⑤ 도매시장 개설자는 조정위원회(분쟁조정관을 포함한다)의 차년도 운영계획, 전년도 개최실적, 전년도 분쟁 조정 사항 등을 농림축산식품부장관 또는 해양수산부장관에게 매년 보고하여야 한다.(2024.1.23 본항신설)
⑥ 조정위원회의 구성·운영 및 제4항에 따른 분쟁조정관의 임명·위촉자격·운영에 필요한 사항은 대통령령으로 정한다.(2024.1.23 본항신설)

제7장 보 칙
(2011.7.21 본장개정)

제79조【보고】 ① 농림축산식품부장관, 해양수산부장관 또는 시·도지사는 도매시장·공판장 및 민영도매시장의 개설자로 하여금 그 재산 및 업무집행 상황을 보고하게 할 수 있으며, 농수산물의 가격 및 수급 안정을 위하여 특히 필요하다고 인정할 때에는 도매시장법인·시장도매인 또는 도매시장공판장의 개설자(이하 "도매시장법인등"이라 한다)로 하여금 그 재산 및 업무집행 상황을 보고하게 할 수 있다.
② 도매시장·공판장 및 민영도매시장의 개설자는 도매시장법인등으로 하여금 기장사항(記帳事項), 거래명세 등을 보고하게 할 수 있으며, 농수산물의 가격 및 수급 안정을 위하여 특히 필요하다고 인정할 때에는 중도매인 또는 산지유통인으로 하여금 업무집행 상황을 보고하게 할 수 있다.
(2018.12.31 본조개정)

제80조【검사】 ① 농림축산식품부장관, 해양수산부장관, 도지사 또는 도매시장 개설자는 농림축산식품부령 또는 해양수산부령으로 정하는 바에 따라 소속 공무원으로 하여금 도매시장·공판장·민영도매시장·도매시장법인·시장도매인 및 중도매인의 업무와 이에 관련된 장부 및 재산상태를 검사하게 할 수 있다.(2018.12.31 본항개정)
② 도매시장 개설자는 필요하다고 인정하는 경우에는 시장관리자의 소속 직원으로 하여금 도매시장법인, 시장도매인, 도매시장공판장의 개설자 및 중도매인이 갖추어 두고 있는 장부를 검사하게 할 수 있다.(2018.12.31 본항개정)
③ 제1항에 따라 검사를 하는 공무원과 제2항에 따라 검사를 하는 직원에 관하여는 제74조제3항을 준용한다.

제81조【명령】 ① 농림축산식품부장관, 해양수산부장관 또는 시·도지사는 도매시장·공판장 및 민영도매시장의 적정한 운영을 위하여 필요하다고 인정할 때에는 도매시장·공판장 및 민영도매시장의 개설자에 대하여 업무규정의 변경, 업무처리의 개선, 그 밖에 필요한 조치를 명할 수 있다.
② 농림축산식품부장관, 해양수산부장관 또는 도매시장 개설자는 도매시장법인·시장도매인 및 도매시장공판장의 개설자에 대하여 업무처리의 개선 및 시장질서 유지를 위하여 필요한 조치를 명할 수 있다.(2018.12.31 본항개정)
③ 농림축산식품부장관은 기금에서 융자 또는 대출받은 자에 대하여 감독상 필요한 조치를 명할 수 있다.
(2013.3.23 본조개정)

제82조【허가 취소 등】 ① 시·도지사는 지방도매시장 개설자(시가 개설자인 경우만 해당한다)나 민영도매시장 개설자가 다음 각 호의 어느 하나에 해당하는 경우에는 개설허가를 취소하거나 해당 시설을 폐쇄하거나 그 밖에 필요한 조치를 할 수 있다.(2012.2.22 본문개정)
1. 제17조제1항 단서 및 같은 조 제5항, 제47조제1항 및 제3항에 따른 허가나 승인 없이 지방도매시장 또는 민영도매시장을 개설하였거나 업무규정을 변경한 경우 (2012.2.22 본호개정)
2. 제17조제3항, 제47조제2항에 따라 제출된 업무규정 및 운영관리계획서와 다르게 지방도매시장 또는 민영도매시장을 운영한 경우(2012.2.22 본호개정)
3. 제40조제3항 또는 제81조제1항에 따른 명령을 위반한 경우
② 농림축산식품부장관, 해양수산부장관, 시·도지사 또는 도매시장 개설자는 도매시장법인등이 다음 각 호의 어느 하나에 해당하면 6개월 이내의 기간을 정하여 해당 업무의 정지를 명하거나 그 지정 또는 승인을 취소할 수 있다. 다만, 제26호에 해당하는 경우에는 그 지정 또는 승인을 취소하여야 한다.(2018.12.31 본문개정)
1. 지정조건 또는 승인조건을 위반하였을 때
2. 「축산법」 제35조제4항을 위반하여 등급판정을 받지 아니한 축산물을 상장하였을 때
2의2. 「농수산물의 원산지 표시 등에 관한 법률」 제6조제1항을 위반하였을 때(2021.11.30 본호개정)
3. 제23조제2항을 위반하여 경합되는 도매업 또는 중도매업을 하였을 때
4. 제23조제3항제5호 또는 같은 조 제4항을 위반하여 지정요건을 갖추지 못하거나 같은 조 제5항을 위반하여 해당 임원을 해임하지 아니하였을 때
5. 제27조제1항을 위반하여 일정 수 이상의 경매사를 두지 아니하거나 경매사가 아닌 사람으로 하여금 경매를 하도록 하였을 때
6. 제27조제3항을 위반하여 해당 경매사를 면직하지 아니하였을 때
7. 제29조제2항을 위반하여 산지유통인의 업무를 하였을 때
8. 제31조제1항을 위반하여 매수하여 도매를 하였을 때
9. (2014.3.24 삭제)
10. 제33조제1항을 위반하여 경매 또는 입찰을 하였을 때
11. 제34조를 위반하여 지정된 자 외의 자에게 판매하였을 때
12. 제35조를 위반하여 도매시장 외의 장소에서 판매를 하거나 농수산물 판매업무 외의 사업을 겸영하였을 때
13. 제35조의2를 위반하여 공시하지 아니하거나 거짓된 사실을 공시하였을 때
14. 제36조제2항제5호를 위반하여 지정요건을 갖추지 못하거나 같은 조 제3항을 위반하여 해당 임원을 해임하지 아니하였을 때
15. 제37조제1항 단서에 따라 제한 또는 금지된 행위를 하였을 때
16. 제37조제2항을 위반하여 해당 도매시장의 도매시장법인·중도매인에게 판매를 하였을 때
17. 제38조를 위반하여 수탁 또는 판매를 거부·기피하거나 부당한 차별대우를 하였을 때
18. 제40조제2항에 따른 표준하역비의 부담을 이행하지 아니하였을 때
19. 제41조제1항을 위반하여 대금의 전부를 즉시 결제하지 아니하였을 때
20. 제41조제2항에 따른 대금결제 방법을 위반하였을 때
21. 제42조를 위반하여 수수료 등을 징수하였을 때
22. 제74조제1항을 위반하여 시설물의 사용기준을 위반하거나 개설자가 조치하는 사항을 이행하지 아니하였을 때
23. 정당한 사유 없이 제80조에 따른 검사에 응하지 아니하거나 이를 방해하였을 때
24. 제81조제2항에 따른 도매시장 개설자의 조치명령을 이행하지 아니하였을 때
25. 제4항에 따른 농림축산식품부장관, 해양수산부장관 또는 도매시장 개설자의 명령을 위반하였을 때
(2013.3.23 본호개정)
26. 제1호부터 제25호까지의 어느 하나에 해당하여 업무의 정지 처분을 받고 그 업무의 정지 기간 중에 업무를 하였을 때(2018.12.31 본호신설)
③ 제77조에 따른 평가 결과 운영 실적이 농림축산식품부령 또는 해양수산부령으로 정하는 기준 이하로 부진하여 출하자 보호에 심각한 지장을 초래할 우려가 있는 경우 도매시장 개설자는 도매시장법인 또는 시장도매인의 지정을 취소할 수 있으며, 시·도지사는 도매시장공판장의 승인을 취소할 수 있다.(2013.3.23 본항개정)
④ 농림축산식품부장관·해양수산부장관 또는 도매시장 개설자는 경매사가 다음 각 호의 어느 하나에 해당하는 경우에는 도매시장법인 또는 도매시장공판장의 개설자로 하여금 해당 경매사에 대하여 6개월 이내의 업무정지 또는 면직을 명하게 할 수 있다.(2015.6.22 본문개정)
1. 상장한 농수산물에 대한 경매 우선순위를 고의 또는 중대한 과실로 잘못 결정한 경우
2. 상장한 농수산물에 대한 가격평가를 고의 또는 중대한 과실로 잘못한 경우
3. 상장한 농수산물에 대한 경락자를 고의 또는 중대한 과실로 잘못 결정한 경우
(2015.6.22 1호~3호신설)
4. 정가매매·수의매매의 방법 및 절차 등을 고의 또는 중대한 과실로 위반한 경우(2024.1.23 본호신설)
⑤ 도매시장 개설자는 중도매인(제25조 및 제46조에 따른 중도매인만 해당한다. 이하 같다) 또는 산지유통인이 다음 각 호의 어느 하나에 해당하면 6개월 이내의 기간을 정하여 해당 업무의 정지를 명하거나 중도매업의 허가 또는 산지유통인의 등록을 취소할 수 있다. 다만, 제11호에 해당하는 경우에는 그 허가 또는 등록을 취소하여야 한다.(2018.12.31 단서신설)
1. 제25조제3항제1호부터 제4호까지 또는 제6호를 위반하여 허가조건을 갖추지 못하거나 같은 조 제4항을 위반하여 해당 임원을 해임하지 아니하였을 때(제46조제2항에 따라 준용되는 경우를 포함한다)
2. 제25조제5항제1호(제46조제2항에 따라 준용되는 경우를 포함한다)를 위반하여 다른 중도매인 또는 매매참가인의 거래 참가를 방해하거나 정당한 사유 없이 집단적으로 경매 또는 입찰에 불참하였을 때
(2014.3.24 1호~2호개정)
2의2. 제25조제5항제2호(제46조제2항에 따라 준용되는 경우를 포함한다)를 위반하여 다른 사람에게 자기의 성명이나 상호를 사용하여 중도매업을 하게 하거나 그 허가증을 빌려 주었을 때(2014.3.24 본호신설)
3. 제29조제2항을 위반하여 해당 도매시장에서 산지유통인의 업무를 하였을 때
4. 제29조제4항을 위반하여 판매·매수 또는 중개 업무를 하였을 때
5. 제31조제2항(제46조제2항에 따라 준용되는 경우를 포함한다)을 위반하여 허가 없이 상장된 농수산물 외의 농수산물을 거래하였을 때
6. 제31조제3항(제46조제2항에 따라 준용되는 경우를 포

함한다)을 위반하여 중도매인이 도매시장 외의 장소에서 농수산물을 판매하는 등의 행위를 하였을 때
(2014.3.24 5호~6호개정)
6의2. 제31조제5항(제46조제2항에 따라 준용되는 경우를 포함한다)을 위반하여 다른 중도매인과 농수산물을 거래하였을 때(2014.3.24 본호신설)
7. 제42조(제46조제2항에 따라 준용되는 경우를 포함한다)를 위반하여 수수료 등을 징수하였을 때(2014.3.24 본호개정)
8. 제74조제1항을 위반하여 시설물의 사용기준을 위반하거나 개설자가 조치하는 사항을 이행하지 아니하였을 때
9. 제80조에 따른 검사에 정당한 사유 없이 응하지 아니하거나 이를 방해하였을 때
10. 「농수산물의 원산지 표시 등에 관한 법률」 제6조제1항을 위반하였을 때(2021.11.30 본호개정)
11. 제1호부터 제10호까지의 어느 하나에 해당하여 업무의 정지 처분을 받고 그 업무의 정지 기간 중에 업무를 하였을 때(2018.12.31 본호신설)
⑥ 제1항부터 제5항까지의 규정에 따른 위반행위별 처분기준은 농림축산식품부령 또는 해양수산부령으로 정한다.
(2013.3.23 본항개정)
⑦ 도매시장 개설자가 제5항에 따라 중도매업의 허가를 취소한 경우에는 농림축산식품부장관 또는 해양수산부장관이 지정하여 고시한 인터넷 홈페이지에 그 내용을 게시하여야 한다.(2013.3.23 본항개정)

제83조【과징금】 ① 농림축산식품부장관, 해양수산부장관, 시·도지사 또는 도매시장 개설자는 도매시장법인등이 제82조제2항에 해당하거나 중도매인이 제82조제5항에 해당하여 업무정지를 명하려는 경우, 그 업무의 정지가 해당 업무의 이용자 등에게 심한 불편을 주거나 공익을 해칠 우려가 있을 때에는 업무의 정지를 갈음하여 도매시장법인등에는 1억원 이하, 중도매인에게는 1천만원 이하의 과징금을 부과할 수 있다.(2013.3.23 본항개정)
② 제1항에 따라 과징금을 부과하는 경우에는 다음 각 호의 사항을 고려하여야 한다.
1. 위반행위의 내용 및 정도
2. 위반행위의 기간 및 횟수
3. 위반행위로 취득한 이익의 규모
③ 제1항에 따른 과징금의 부과기준은 대통령령으로 정한다.
④ 농림축산식품부장관, 해양수산부장관, 시·도지사 또는 도매시장 개설자는 제1항에 따른 과징금을 내야 할 자가 납부기한까지 내지 아니하면 납부기한이 지난 후 15일 이내에 10일 이상 15일 이내의 납부기한을 정하여 독촉장을 발부하여야 한다.(2015.6.22 본항개정)
⑤ 농림축산식품부장관, 해양수산부장관, 시·도지사 또는 도매시장 개설자는 제4항에 따른 독촉을 받은 자가 그 납부기한까지 과징금을 내지 아니하면 제1항에 따른 과징금 부과처분을 취소하고 제82조제2항 또는 제5항에 따른 업무정지처분을 하거나 국세 체납처분의 예 또는 「지방행정제재·부과금의 징수 등에 관한 법률」에 따라 과징금을 징수한다.(2020.3.24 본항개정)

제84조【청문】 농림축산식품부장관, 해양수산부장관, 시·도지사 또는 도매시장 개설자는 다음 각 호의 어느 하나에 해당하는 처분을 하려면 청문을 하여야 한다.
(2013.3.23 본문개정)
1. 제82조제2항 및 제3항에 따른 도매시장법인등의 지정취소 또는 승인취소
2. 제82조제5항에 따른 중도매업의 허가취소 또는 산지유통인의 등록취소

제85조【권한의 위임 등】 ① 이 법에 따른 농림축산식품부장관 또는 해양수산부장관의 권한은 대통령령으로 정하는 바에 따라 그 일부를 산림청장, 시·도지사 또는 소속 기관의 장에게 위임할 수 있다.(2013.12.30 본항개정)
② 다음 각 호에 따른 도매시장 개설자의 권한은 대통령령으로 정하는 바에 따라 시장관리자에게 위탁할 수 있다.
1. 제29조(제46조제3항에 따라 준용되는 경우를 포함한다)에 따른 산지유통인의 등록과 도매시장에의 출입의 금지·제한 또는 그 밖에 필요한 조치
2. 제79조제2항에 따른 도매시장법인·시장도매인·중도매인 또는 산지유통인에 대한 보고명령

제8장 벌 칙
(2011.7.21 본장제목개정)

제86조【벌칙】 다음 각 호의 어느 하나에 해당하는 자는 2년 이하의 징역 또는 2천만원 이하의 벌금에 처한다.
1. 제15조제3항에 따라 수입 추천신청을 할 때에 정한 용도 외의 용도로 수입농산물을 사용한 자(2017.3.21 본호신설)
1의2. 도매시장의 개설구역이나 공판장 또는 민영도매시장이 개설된 특별시·광역시·특별자치시·특별자치도 또는 시의 관할구역에서 제17조 또는 제47조에 따른 허가를 받지 아니하고 농수산물의 도매를 목적으로 지방도매시장 또는 민영도매시장을 개설한 자(2012.2.22 본호개정)
2. 제23조제1항에 따른 지정을 받지 아니하거나 지정 유효기간이 지난 후 도매시장법인의 업무를 한 자
3. 제25조제1항에 따른 허가 또는 같은 조 제7항에 따른 갱신허가(제46조제2항에 따라 준용되는 허가 또는 갱신허가를 포함한다)를 받지 아니하고 중도매인의 업무를 한 자(2017.3.21 본호개정)
4. 제29조제1항(제46조제3항에 따라 준용되는 경우를 포함한다)에 따른 등록을 하지 아니하고 산지유통인의 업무를 한 자
5. 제35조제1항을 위반하여 도매시장 외의 장소에서 농수산물의 판매업무를 하거나 같은 조 제4항을 위반하여 농수산물 판매업무 외의 사업을 겸영한 자
6. 제36조제1항에 따른 지정을 받지 아니하거나 지정 유효기간이 지난 후 도매시장 안에서 시장도매인의 업무를 한 자
7. 제43조제1항에 따른 승인을 받지 아니하고 공판장을 개설한 자
8. 제82조제2항 또는 제5항에 따른 업무정지처분을 받고도 그 업(業)을 계속한 자
(2011.7.21 본조개정)

제87조 (2017.3.21 삭제)

제88조【벌칙】 다음 각 호의 어느 하나에 해당하는 자는 1년 이하의 징역 또는 1천만원 이하의 벌금에 처한다.
1. (2012.2.22 삭제)
2. 제23조의2제1항(제25조의2, 제36조의2에 따라 준용되는 경우를 포함한다)을 위반하여 인수·합병을 한 자
3. 제25조제5항제1호(제46조제2항에 따라 준용되는 경우를 포함한다)를 위반하여 다른 중도매인 또는 매매참가인의 거래 참가를 방해하거나 정당한 사유 없이 집단적으로 경매 또는 입찰에 불참한 자(2014.3.24 본호개정)
3의2. 제25조제5항제2호(제46조제2항에 따라 준용되는 경우를 포함한다)를 위반하여 다른 사람에게 자기의 성명이나 상호를 사용하여 중도매업을 하게 하거나 그 허가증을 빌려 준 자(2014.3.24 본호신설)
4. 제27조제2항 및 제3항을 위반하여 경매사를 임면한 자
5. 제29조제2항(제46조제3항에 따라 준용되는 경우를 포함한다)을 위반하여 산지유통인의 업무를 한 자
6. 제29조제4항(제46조제3항에 따라 준용되는 경우를 포함한다)을 위반하여 출하업무 외의 판매·매수 또는 중개 업무를 한 자
7. 제31조제1항을 위반하여 매수하거나 거짓으로 위탁받은 자 또는 제31조제2항을 위반하여 상장된 농수산물 외의 농수산물을 거래한 자(제46조제1항 또는 제2항에 따라 준용되는 경우를 포함한다)
7의2. 제31조제5항(제46조제2항에 따라 준용되는 경우를 포함한다)을 위반하여 다른 중도매인과 농수산물을 거래한 자(2014.3.24 본호신설)
8. 제37조제1항 단서에 따른 제한 또는 금지를 위반하여 농수산물을 위탁받아 거래한 자
9. 제37조제2항을 위반하여 해당 도매시장의 도매시장법인 또는 중도매인에게 농수산물을 판매한 자
9의2. 제40조제2항에 따른 표준하역비의 부담을 이행하지 아니한 자(2018.12.31 본호신설)
10. 제42조제1항(제31조제3항, 제45조 본문, 제46조제1항·제2항, 제48조제5항 또는 같은 조 제6항 본문에 따라 준용되는 경우를 포함한다)을 위반하여 수수료 등 비용을 징수한 자
11. 제69조제4항에 따른 조치명령을 위반한 자
(2011.7.21 본조개정)

제89조【양벌규정】 법인의 대표자나 법인 또는 개인의 대리인, 사용인, 그 밖의 종업원이 그 법인 또는 개인의 업무에 관하여 제86조 및 제88조의 어느 하나에 해당하는 위반행위를 하면 그 행위자를 벌하는 외에 그 법인 또는 개인에게도 해당 조문의 벌금형을 과(科)한다. 다만, 법인 또는 개인이 그 위반행위를 방지하기 위하여 해당 업무에 관하여 상당한 주의와 감독을 게을리하지 아니한 경우에는 그러하지 아니하다.(2017.3.21 본조개정)

판례 중도매인은 자신의 명의로 독자적으로 중도매업의 허가를 받아 별도의 사업자로서 도매시장법인과는 독립적인 영업을 하고 있다고 볼 수 있고, 또한 도매시장법인을 중도매인이 수행하고 있는 업무의 주체라고 볼 수도 없으므로, 도매시장법인에 소속된 중도매인이 양벌규정인 동조에 정한 법인의 대리인·사용인 기타 종업원에 해당한다고 보기 어렵다.(대판 2005.6.24, 2005도2651)

제90조【과태료】 ① 다음 각 호의 어느 하나에 해당하는 자에게는 1천만원 이하의 과태료를 부과한다.
1. 제10조제2항에 따른 유통명령을 위반한 자
2. 제53조제3항의 표준계약서와 다른 계약서를 사용하면서 표준계약서로 거짓 표시하거나 농림축산식품부 또는 그 표식을 사용한 매수인(2013.3.23 본호개정)
(2012.2.22 본항개정)
② 다음 각 호의 어느 하나에 해당하는 자에게는 500만원 이하의 과태료를 부과한다.
1. 제53조제1항을 위반하여 포전매매의 계약을 서면에 의한 방식으로 하지 아니한 매수인(2012.2.22 본호신설)
2. 제74조제2항에 따른 단속을 기피한 자(2012.2.22 본호개정)
3. 제79조제1항에 따른 보고를 하지 아니하거나 거짓된 보고를 한 자
③ 다음 각 호의 어느 하나에 해당하는 자에게는 100만원 이하의 과태료를 부과한다.
1. 제27조제4항을 위반하여 경매사 임면 신고를 하지 아니한 자
2. 제29조제5항(제46조제3항에 따라 준용되는 경우를 포함한다)에 따른 도매시장 또는 도매시장공판장의 출입제한 등의 조치를 거부하거나 방해한 자
3. 제38조의2제2항에 따른 출하 제한을 위반하여 출하(타인명의로 출하하는 경우를 포함한다)한 자
3의2. 제53조제1항을 위반하여 포전매매의 계약을 서면에 의한 방식으로 하지 아니한 매도인(2012.2.22 본호신설)
4. 제74조제1항 전단을 위반하여 도매시장에서의 정상적인 거래와 시설물의 사용기준을 위반하거나 적절한 위생·환경의 유지를 저해한 자(도매시장법인, 시장도매인, 도매시장공판장의 개설자 및 중도매인은 제외한다)
(2012.2.22 본호개정)
4의2. 제75조제2항을 위반하여 교육훈련을 이수하지 아니한 도매시장법인 또는 공판장의 개설자가 임명한 경매사(2018.12.31 본호신설)
5. 제79조제2항에 따른 보고(공판장 및 민영도매시장의 개설자에 대한 보고는 제외한다)를 하지 아니하거나 거짓된 보고를 한 자
6. 제81조제3항에 따른 명령을 위반한 자(2012.2.22 본호개정)
④ 제1항부터 제3항까지의 규정에 따른 과태료는 대통령령으로 정하는 바에 따라 농림축산식품부장관, 해양수산부장관, 시·도지사 또는 시장이 부과·징수한다.
(2013.3.23 본항개정)
(2011.7.21 본조개정)

제91조 (2008.12.26 삭제)

부 칙 (2015.6.22 법13354호)

제1조【시행일】 이 법은 공포 후 6개월이 경과한 날부터 시행한다. 다만, 제42조의3의 개정규정은 공포한 날부터 시행한다.

제2조【농수산물도매시장의 시설현대화 사업으로 건축하는 건축물에 대한 과밀부담금 면제에 관한 적용례】 제42조의3의 개정규정에 따른 과밀부담금의 면제는 같은 개정규정 시행 전에 시설현대화 사업으로 건축하는 건축물의 경우에도 적용한다. 다만, 이미 납부한 과밀부담금에 대하여는 그러하지 아니하다.

제3조【과징금 징수에 관한 경과조치】 이 법 시행 전에 종전의 규정에 따라 부과한 과징금의 징수에 대해서는 제83조제4항 및 제5항의 개정규정에도 불구하고 종전의 규정에 따른다.

부 칙 (2017.3.21)

제1조【시행일】 이 법은 공포 후 6개월이 경과한 날부터 시행한다. 다만, 제47조제5항 및 제6항의 개정규정은 공포한 날부터 시행하고, 제25조제2항·제7항 및 제86조제3호의 개정규정은 공포 후 3개월이 경과한 날부터 시행한다.

제2조【민영도매시장 개설의 허가 처리기간에 관한 적용례】 제47조제5항 및 제6항의 개정규정은 같은 개정규정 시행 후 최초로 신청한 민영도매시장의 개설허가부터 적용한다.

부 칙 (2018.12.31)
(2019.8.27)

이 법은 공포 후 6개월이 경과한 날부터 시행한다.

부 칙 (2020.3.24)

제1조【시행일】 이 법은 공포한 날부터 시행한다.(이하 생략)

부 칙 (2021.11.30)

제1조【시행일】 이 법은 2022년 1월 1일부터 시행한다.
(이하 생략)

부 칙 (2024.1.23)

이 법은 공포 후 6개월이 경과한 날부터 시행한다.

종자산업법

(2012년 6월 1일
전부개정법률 제11458호)

개정
2013. 3.23법11704호
2015. 6.22법13383호(수산업·어촌발전기본법)
2015. 6.22법13385호(수산종자산업육성법)
2016.12.27법14483호 2019.12.10법16789호
2021. 6.15법18265호 2022.12.27법19119호

제1장 총 칙

제1조【목적】 이 법은 종자와 묘의 생산·보증 및 유통, 종자산업의 육성 및 지원 등에 관한 사항을 규정함으로써 종자산업의 발전을 도모하고 농업 및 임업 생산의 안정에 이바지함을 목적으로 한다.(2016.12.27 본조개정)

제2조【정의】 이 법에서 사용하는 용어의 뜻은 다음과 같다.
1. "종자"란 증식용 또는 재배용으로 쓰이는 씨앗, 버섯 종균(種菌), 묘목(苗木), 포자(胞子) 또는 영양체(營養體)인 잎·줄기·뿌리 등을 말한다.(2015.6.22 본호개정)
1의2. "묘"(苗)란 재배용으로 쓰이는 씨앗을 뿌려 발아시킨 어린식물체와 그 어린식물체를 서로 접목(接木)시킨 어린식물체를 말한다.(2016.12.27 본호신설)
2. "종자산업"이란 종자와 묘를 연구개발·육성·증식·생산·가공·유통·수출·수입 또는 전시 등을 하거나 이와 관련된 산업을 말한다.(2016.12.27 본호개정)
3. "작물"이란 농산물 또는 임산물의 생산을 위하여 재배되는 모든 식물을 말한다.(2015.6.22 본호개정)
4. "품종"이란 「식물신품종 보호법」 제2조제2호의 품종을 말한다.
5. "품종성능"이란 품종이 이 법에서 정하는 일정 수준 이상의 재배 및 이용상의 가치를 생산하는 능력을 말한다. (2015.6.22 본호개정)
6. "보증종자"란 이 법에 따라 해당 품종의 진위성(眞僞性)과 해당 품종 종자의 품질이 보증된 채종(採種) 단계별 종자를 말한다.
7. "종자관리사"란 제27조에 따라 등록한 사람으로서 종자업자가 생산하여 판매·수출하거나 수입하려는 종자를 보증하는 사람을 말한다.(2022.12.27 본호개정)
8. "종자업"이란 종자를 생산·가공 또는 다시 포장(包裝)하여 판매하는 행위를 업(業)으로 하는 것을 말한다.
8의2. "육묘업"이란 묘를 생산하여 판매하는 행위를 업으로 하는 것을 말한다.(2016.12.27 본호신설)
9. "종자업자"란 이 법에 따라 종자업을 경영하는 자를 말한다.
10. "육묘업자"란 이 법에 따라 육묘업을 경영하는 자를 말한다.(2016.12.27 본호신설)

제3조【종합계획 등】 ① 농림축산식품부장관은 종자산업의 육성 및 지원을 위하여 5년마다 농림종자산업의 육성 및 지원에 관한 종합계획(이하 "종합계획"이라 한다)을 수립·시행하여야 한다.(2015.6.22 본항개정)
② 종합계획에는 다음 각 호의 사항이 포함되어야 한다.
1. 종자산업의 현황과 전망
2. 종자산업의 지원 방향 및 목표
3. 종자산업의 육성 및 지원을 위한 중기·장기 투자계획
4. 종자산업 관련 기술의 교육 및 전문인력의 육성방안
5. 종자 및 묘 관련 농가(農家)의 안정적인 소득증대를 위한 연구개발 사업(2016.12.27 본호개정)
6. 민간의 육종연구(育種研究)를 지원하기 위한 기반구축 사업
7. 수출 확대 등 대외시장 진출 촉진방안
8. 종자 및 묘에 대한 교육 및 이해 증진방안(2016.12.27 본호개정)
9. 지방자치단체의 종자 및 묘 관련 산업 지원방안 (2016.12.27 본호개정)
10. 그 밖에 종자산업의 육성 및 지원을 위하여 대통령령으로 정하는 사항
③ 농림축산식품부장관은 종합계획을 수립하거나 변경하려는 경우에는 관계 중앙행정기관의 장과 미리 협의하여야 한다. 다만, 대통령령으로 정하는 경미한 사항을 변경하려는 경우에는 그러하지 아니하다.(2015.6.22 본문개정)
④ 농림축산식품부장관은 확정된 종합계획을 관계 중앙행정기관의 장에게 통보하여야 한다.(2015.6.22 본항개정)
⑤ 농림축산식품부장관은 종합계획의 추진을 위하여 대통령령으로 정하는 바에 따라 관계 중앙행정기관의 장의 의견을 들어 해마다 시행계획(이하 "시행계획"이라 한다)을 수립·시행하여야 한다.(2015.6.22 본항개정)
⑥ 농림축산식품부장관은 종합계획 및 시행계획을 수립하기 위하여 필요한 경우에는 관계 중앙행정기관의 장, 지방자치단체의 장, 관련 기관 및 단체 등의 장에게 자료 제출을 요청할 수 있다. 이 경우 자료의 제출을 요청받은 자는 특별한 사정이 없으면 요청에 따라야 한다. (2015.6.22 전단개정)

제4조【통계 작성 및 실태조사】 ① 농림축산식품부장관은 종합계획 및 시행계획을 효율적으로 수립·추진하는 등 종자산업 육성 정책에 필요한 기초자료를 확보하기 위하여 종자산업에 관한 통계를 작성하거나 실태조사를 실시할 수 있다. 이 경우 종자산업에 관한 통계를 작성할 때에는 「통계법」을 준용한다.
② 농림축산식품부장관은 통계 작성을 위하여 관계 중앙행정기관의 장, 지방자치단체의 장, 「공공기관의 운영에 관한 법률」에 따른 공공기관의 장, 종자업자 및 육묘업자, 관련 기관 및 단체 등에 자료 제출을 요청할 수 있다. 이 경우 자료 제출을 요청받은 자는 특별한 사유가 없으면 요청에 따라야 한다.(2016.12.27 전단개정)
(2015.6.22 본조개정)

제5조【다른 법률과의 관계】 종자 또는 묘와 종자산업에 관하여는 다른 법률에 특별한 규정이 있는 경우를 제외하고는 이 법에서 정하는 바에 따른다.(2016.12.27 본조개정)

제2장 종자산업의 기반 조성

제6조【전문인력의 양성】 ① 국가와 지방자치단체는 종자산업의 육성 및 지원에 필요한 전문인력을 양성하여야 한다.
② 국가와 지방자치단체는 제1항에 따라 전문인력을 양성하기 위하여 「고등교육법」 제2조제1호부터 제6호까지에 따른 대학, 종자산업에 관한 연구·활동 등을 목적으로 설립된 연구소·단체 또는 종자산업을 하는 업체 등 적정한 시설과 인력을 갖춘 기관을 전문인력 양성기관으로 지정하여 필요한 교육·훈련을 실시하게 할 수 있다.
③ 국가와 지방자치단체는 제2항에 따라 지정된 전문인력 양성기관에 대하여 대통령령으로 정하는 바에 따라 교육·훈련 등 운영에 필요한 비용의 전부 또는 일부를 지원할 수 있다.
④ 국가와 지방자치단체는 제2항에 따라 지정된 전문인력 양성기관이 다음 각 호의 어느 하나에 해당하는 경우에는 대통령령으로 정하는 바에 따라 그 지정을 취소하거나 3개월 이내의 기간을 정하여 업무의 전부 또는 일부 정지를 명할 수 있다. 다만, 제1호에 해당하는 경우에는 그 지정을 취소하여야 한다.
1. 거짓이나 그 밖의 부정한 방법으로 지정받은 경우
2. 전문인력 양성기관의 지정기준에 적합하지 아니하게 된 경우
3. 정당한 사유 없이 전문인력 양성을 거부하거나 지연한 경우
4. 정당한 사유 없이 1년 이상 계속하여 전문인력 양성업무를 하지 아니한 경우
⑤ 제2항에 따른 전문인력 양성기관의 지정 기준 및 방법 등에 관하여 필요한 사항은 대통령령으로 정한다.

제7조【종자산업 관련 기술 개발의 촉진】 ① 국가와 지방자치단체는 종자산업 관련 기술의 개발을 촉진하기 위하여 다음 각 호의 사항을 추진하여야 한다.
1. 종자산업 관련 기술의 동향 및 수요 조사
2. 종자산업 관련 기술에 관한 연구개발
3. 개발된 종자산업 관련 기술의 실용화
4. 종자산업 관련 기술의 교류
5. 그 밖에 종자산업 관련 기술 개발을 촉진하는 데 필요한 사항
② 농림축산식품부장관은 제1항에 따른 종자산업 관련 기술의 개발을 촉진하기 위하여 종자산업 관련 기술을 연구개발하거나 이를 산업화하는 자에게 필요한 경비를 지원할 수 있다.(2015.6.22 본항개정)

제8조【국제협력 및 대외시장 진출의 촉진】 ① 국가와 지방자치단체는 종자산업의 국제적인 동향을 파악하고 국제협력을 촉진하여야 한다.
② 국가와 지방자치단체는 종자산업의 국제협력 및 대외시장의 진출을 촉진하기 위하여 종자산업 관련 기술과 인력의 국제교류 및 국제공동연구 등의 사업을 실시할 수 있다.
③ 국가 또는 지방자치단체는 종자산업과 관련하여 국제협력을 추진하거나 대외시장에 진출하는 자에 대하여 대통령령으로 정하는 바에 따라 필요한 지원을 할 수 있다.

제9조【지방자치단체의 종자산업 사업수행】 ① 농림축산식품부장관은 종자산업의 안정적인 정착에 필요한 기술보급을 위하여 지방자치단체의 장에게 다음 각 호의 사업을 수행하게 할 수 있다.(2015.6.22 본문개정)
1. 종자 또는 묘 생산과 관련된 기술의 보급에 필요한 정보 수집 및 교육(2016.12.27 본호개정)
2. 지역특화 농산물 품목 육성을 위한 품종개발 (2015.6.22 본호개정)
3. 지역특화 육종연구단지의 조성 및 지원
4. 종자생산 농가에 대한 채종 관련 기반시설의 지원
5. 그 밖에 농림축산식품부장관이 필요하다고 인정하는 사업
(2015.6.22 4호~5호개정)
② 농림축산식품부장관은 제1항 각 호의 사업을 효율적으로 수행하기 위하여 예산의 범위에서 필요한 비용을 지원할 수 있다.(2015.6.22 본항개정)

제10조【재정 및 금융 지원 등】 ① 농림축산식품부장관은 종자산업의 기반 조성과 기술혁신을 위하여 다음 각 호의 사업에 대하여 재정 및 금융 지원을 할 수 있다. (2015.6.22 본문개정)
1. 종자 또는 묘 생산 농가, 종자산업을 하는 업체, 종자업자 또는 육묘업자의 종자 또는 묘 개발·생산·보급·가공·유통과 채종에 필요한 기자재 및 시설의 설치 (2016.12.27 본호개정)
2. 종자 및 묘와 관련된 공익적 사업의 수행(2016.12.27 본호개정)
3. 우수한 종자와 묘의 개발 및 보급에 공로가 뚜렷한 개인, 단체 및 기업 등에 대한 시상 및 포상(2016.12.27 본호신설)
② 제1항에 따른 지원을 받으려는 종자 또는 묘 생산 농가는 「농업·농촌 및 식품산업 기본법」 제40조에 따른 농업경영 관련 정보를 등록하여야 한다.(2016.12.27 본항개정)

제11조【중소 종자업자 및 중소 육묘업자에 대한 지원】 농림축산식품부장관은 종자산업의 육성 및 지원에 필요한 시책을 마련할 때에는 중소 종자업자 및 중소 육묘업자에 대한 행정적·재정적 지원책을 마련하여야 한다. (2016.12.27 본조개정)

제12조【종자산업진흥센터의 지정 등】 ① 농림축산식품부장관은 종자산업의 효율적인 육성 및 지원을 위하여 종자산업 관련 기관·단체 또는 법인 등 적정한 인력과 시설을 갖춘 기관을 종자산업진흥센터(이하 "진흥센터"라 한다)로 지정할 수 있다.(2015.6.22 본항개정)
② 진흥센터는 다음 각 호의 업무를 수행한다.
1. 종자산업의 활성화를 위한 지원시설의 설치 등 기반조성에 관한 사업
2. 종자산업과 관련된 전문인력의 지원에 관한 사업
3. 종자산업의 창업 및 경영 지원, 정보의 수집·공유·활용에 관한 사업
4. 종자산업 발전을 위한 유통활성화와 국제협력 및 대외시장의 진출 지원
5. 종자산업 발전을 위한 종자업자에 대한 지원
6. 그 밖에 종자산업의 발전에 필요한 사업
③ 농림축산식품부장관은 진흥센터로 지정한 기관에 대하여 제2항의 업무를 수행하는 데 필요한 경비를 예산의 범위에서 지원할 수 있다.(2015.6.22 본항개정)
④ 농림축산식품부장관은 진흥센터가 다음 각 호의 어느 하나에 해당하는 경우에는 대통령령으로 정하는 바에 따라 그 지정을 취소하거나 3개월 이내의 기간을 정하여 업무의 정지를 명할 수 있다. 다만, 제1호에 해당하는 경우에는 그 지정을 취소하여야 한다.(2015.6.22 본문개정)
1. 거짓이나 그 밖의 부정한 방법으로 지정받은 경우
2. 진흥센터 지정기준에 적합하지 아니하게 된 경우
3. 정당한 사유 없이 제2항에 따른 업무를 거부하거나 지연한 경우
4. 정당한 사유 없이 1년 이상 계속하여 제2항에 따른 업무를 하지 아니한 경우
⑤ 제1항에 따른 진흥센터의 지정 기준 및 방법 등에 필요한 사항은 대통령령으로 정한다.

제13조【종자기술연구단지의 조성 등】 ① 농림축산식품부장관은 종자산업 관련 산업계 및 연구계가 일정한 지역에서 유기적으로 연계함으로써 종자산업 관련 기술 연구개발의 효율을 높이고, 종자산업의 발전을 도모할 수 있도록 종자기술연구단지를 조성하거나 그 조성을 지원할 수 있다.(2015.6.22 본항개정)
② 제1항에 따른 종자기술연구단지의 조성과 지원에 필요한 사항은 대통령령으로 정한다.

제14조【단체의 설립】 ① 종자산업을 하는 자는 종자산업의 건전한 발전과 종자 및 묘 관련 산업계의 공동이익 등을 도모하기 위하여 농림축산식품부장관의 인가를 받아 단체를 설립할 수 있다.(2016.12.27 본항개정)
② 제1항에 따른 단체는 법인으로 한다.
③ 제1항에 따라 설립된 단체는 종자 및 묘의 생산 및 유통질서가 건전하게 유지될 수 있도록 노력하여야 한다. (2016.12.27 본항개정)
④ 농림축산식품부장관은 제1항에 따라 설립된 단체의 종자산업 관련 업무수행에 필요한 경비를 예산의 범위에서 지원할 수 있다.(2021.6.15 본항신설)
⑤ 제1항에 따른 단체에 관하여 이 법에서 정한 사항을 제외하고는 「민법」 중 사단법인에 관한 규정을 준용한다.

제3장 국가품종목록의 등재 등

제15조【국가품종목록의 등재 대상】 ① 농림축산식품부장관은 농업 및 임업 생산의 안정상 중요한 작물의 종자에 대한 품종성능을 관리하기 위하여 해당 작물의 품종을 농림축산식품부령으로 정하는 국가품종목록(이하 "품종목록"이라 한다)에 등재할 수 있다.(2015.6.22 본항개정)
② 제1항에 따라 품종목록에 등재할 수 있는 대상작물은 벼, 보리, 콩, 옥수수, 감자와 그 밖에 대통령령으로 정하는 작물로 한다. 다만, 사료용은 제외한다.

제16조【품종목록의 등재신청】 ① 제15조제2항에 따른 품종목록에 등재할 수 있는 대상작물(이하 "품종목록 등재대상작물"이라 한다)의 품종을 품종목록에 등재하여 줄 것을 신청하는 자(이하 "품종목록 등재신청인"이라 한다)는 농림축산식품부령으로 정하는 품종목록 등재신청서에 해당 품종의 종자시료(種子試料)를 첨부하여 농림축산식품부장관에게 신청하여야 한다. 이 경우 종자시료가 영양체인 경우에는 그 제출 시기·방법 등은 농림축산식품부령으로 정한다.(2015.6.22 본항개정)
② 제1항에 따라 품종목록에 등재신청하는 품종은 1개의 고유한 품종명칭을 가져야 한다.
③ 제2항에 따른 품종명칭의 출원, 등록, 이의신청, 명칭사용 및 취소 등에 관하여는 「식물신품종 보호법」 제106조부터 제117조까지의 규정을 준용한다.

제17조【품종목록 등재신청 품종의 심사 등】 ① 농림축산식품부장관은 제16조제1항에 따라 품종목록 등재신청을 한 품종에 대하여는 농림축산식품부령으로 정하는 품종성능의 심사기준에 따라 심사하여야 한다.
② 농림축산식품부장관은 품종목록 등재신청을 한 품종이 제1항에 따른 품종성능의 심사기준에 미치지 못할 경우에는 그 품종목록 등재신청을 거절하여야 한다.
③ 농림축산식품부장관은 제2항에 따라 품종목록 등재신청을 거절하려는 경우에는 품종목록 등재신청인에게 그 이유를 알리고 기간을 정하여 의견서를 제출할 기회를 주어야 한다.
④ 농림축산식품부장관은 제1항에 따른 심사 결과 품종목록 등재신청을 한 품종이 품종성능의 심사기준에 맞는 경우에는 지체 없이 그 사실을 해당 품종목록 등재신청인에게 알리고 해당 품종목록 등재신청 품종을 품종목록에 등재하여야 한다.
(2015.6.22 본조개정)

제18조【품종목록 등재품종의 공고】 농림축산식품부장관은 제17조제4항에 따라 품종목록에 등재한 경우에는 해당 품종이 속하는 작물의 종류, 품종명칭, 제19조에 따른 품종목록 등재의 유효기간 등을 농림축산식품부령으로 정하는 바에 따라 공고하여야 한다. 제19조제2항에 따라 등재의 유효기간이 연장된 경우에도 또한 같다.
(2015.6.22 전단개정)

제19조【품종목록 등재의 유효기간】 ① 제17조제4항에 따른 품종목록 등재의 유효기간은 등재한 날이 속한 해의 다음 해부터 10년까지로 한다.
② 제1항에 따른 품종목록 등재의 유효기간은 유효기간 연장신청에 의하여 계속 연장될 수 있다.
③ 제2항에 따른 품종목록 등재의 유효기간 연장신청은 그 품종목록 등재의 유효기간이 끝나기 전 1년 이내에 신청하여야 한다.
④ 농림축산식품부장관은 제2항에 따른 품종목록 등재의 유효기간 연장신청을 받은 경우 그 유효기간 연장신청을 한 품종이 품종목록 등재 당시의 품종성능을 유지하고 있을 때에는 그 연장신청을 거부할 수 없다.(2015.6.22 본항개정)
⑤ 농림축산식품부장관은 품종목록 등재의 유효기간이 끝나는 날의 1년 전까지 품종목록 등재신청인에게 연장절차와 제3항에 따른 기간 내에 연장신청을 하지 아니하면 연장을 받을 수 없다는 사실을 미리 통지하여야 한다.
(2015.6.22 본항개정)
⑥ 제5항에 따른 통지는 휴대전화에 의한 문자전송, 전자메일, 팩스, 전화, 문서 등으로 할 수 있다.

제20조【품종목록 등재의 취소】 ① 농림축산식품부장관은 다음 각 호의 어느 하나에 해당하는 경우에는 해당 품종의 품종목록 등재를 취소할 수 있다. 다만, 제4호와 제5호의 경우에는 그 품종목록 등재를 취소하여야 한다.
(2015.6.22 본문개정)
1. 품종성능이 제17조제1항에 따른 품종성능의 심사기준에 미치지 못하게 될 경우
2. 해당 품종의 재배로 인하여 환경에 위해(危害)가 발생하였거나 발생할 염려가 있을 경우
3. 「식물신품종 보호법」 제117조제1항 각 호의 어느 하나에 해당하여 등록된 품종명칭이 취소된 경우
4. 거짓이나 그 밖의 부정한 방법으로 품종목록 등재를 받은 경우
5. 같은 품종이 둘 이상의 품종명칭으로 중복하여 등재된 경우(가장 먼저 등재된 품종은 제외한다)
② 농림축산식품부장관은 제1항에 따라 취소결정을 하려는 경우에는 미리 그 품종목록 등재신청인에게 그 이유를 알리고 기간을 정하여 의견서를 제출할 기회를 주어야 한다.(2015.6.22 본항개정)
③ 농림축산식품부장관은 제1항에 따른 취소결정을 하면 그 취소결정의 등본을 품종목록 등재신청인에게 송달하고 그 취소결정에 관하여 농림축산식품부령으로 정하는 바에 따라 공고하여야 한다.(2015.6.22 본항개정)

제21조【품종목록 등재서류의 보존】 농림축산식품부장관은 품종목록에 등재한 각 품종과 관련된 서류를 제19조에 따른 해당 품종의 품종목록 등재 유효기간 동안 보존하여야 한다.(2015.6.22 본조개정)

제22조【품종목록 등재품종 등의 종자생산】 농림축산식품부장관이 제17조제4항에 따라 품종목록에 등재한 품종의 종자 또는 농산물의 안정적인 생산에 필요하여 고시한 품종의 종자를 생산할 경우에는 다음 각 호의 어느 하나에 해당하는 자에게 그 생산을 대행하게 할 수 있다. 이 경우 농림축산식품부장관은 종자생산을 대행하는 자에 대하여 종자의 생산·보급에 필요한 경비의 전부 또는 일부를 보조할 수 있다.(2015.6.22 본문개정)
1. 농촌진흥청장 또는 산림청장
2. 특별시장·광역시장·특별자치시장·도지사 또는 특별자치도지사(이하 "시·도지사"라 한다)
3. 특별자치시장·특별자치도지사·시장·군수 또는 자치구의 구청장(이하 "시장·군수·구청장"이라 한다)
4. 대통령령으로 정하는 농업단체 또는 임업단체(이하 "농업단체등"이라 한다)(2015.6.22 본호개정)
5. 농림축산식품부령으로 정하는 종자업자 또는 「농어업경영체 육성 및 지원에 관한 법률」 제2조제3호에 따른 농업경영체(2016.12.27 본호개정)

제23조【종자결함으로 인한 피해 보상】 ① 농림축산식품부장관은 제22조에 따라 생산·보급한 종자의 결함으로 인하여 피해를 입은 농업인에게 예산의 범위에서 피해액의 전부 또는 일부를 보상할 수 있다.(2015.6.22 본항개정)
② 농림축산식품부장관은 제1항에 따른 피해의 현황을 현지에서 조사하고, 피해의 확산을 방지하기 위하여 종자피해조사반을 구성하여 운영할 수 있다.(2015.6.22 본항개정)
③ 농림축산식품부장관은 제2항에 따른 조사를 원활히 수행하기 위하여 필요하면 관계 행정기관의 장이나 관련 단체의 장에게 협조를 요청할 수 있다. 이 경우 협조를 요청받은 자는 특별한 사정이 없으면 이에 협조하여야 한다.(2015.6.22 전단개정)
④ 제1항 및 제2항에 따른 피해 보상의 범위와 기준 및 절차, 종자피해조사반의 구성과 운영에 필요한 사항은 대통령령으로 정한다.

제4장 종자의 보증

제24조【종자의 보증】 ① 고품질 종자 유통·보급을 통한 농림업의 생산성 향상 등을 위하여 농림축산식품부장관과 종자관리사는 종자의 보증을 할 수 있다.
② 제1항에 따른 종자의 보증은 농림축산식품부장관이 하는 보증(이하 "국가보증"이라 한다)과 종자관리사가 하는 보증(이하 "자체보증"이라 한다)으로 구분한다.
(2015.6.22 본조개정)

제25조【국가보증의 대상】 ① 다음 각 호의 어느 하나에 해당하는 경우에는 국가보증의 대상으로 한다.
1. 농림축산식품부장관이 종자를 생산하거나 제22조에 따라 그 업무를 대행하게 한 경우(2015.6.22 본호개정)
2. 시·도지사, 시장·군수·구청장, 농업단체등 또는 종자업자가 품종목록 등재대상작물의 종자를 생산하거나 수출하기 위하여 국가보증을 받으려는 경우
② 농림축산식품부장관은 대통령령으로 정하는 국제종자검정기관이 보증한 종자에 대하여는 국가보증을 받은 것으로 인정할 수 있다.(2015.6.22 본항개정)

제26조【자체보증의 대상】 다음 각 호의 어느 하나에 해당하는 경우에는 자체보증의 대상으로 한다.
1. 시·도지사, 시장·군수·구청장, 농업단체등 또는 종자업자가 품종목록 등재대상작물의 종자를 생산하는 경우
2. 시·도지사, 시장·군수·구청장, 농업단체등 또는 종자업자가 품종목록 등재대상작물 외의 작물의 종자를 생산·판매하기 위하여 자체보증을 받으려는 경우

제27조【종자관리사의 자격기준 등】 ① 종자관리사의 자격기준은 대통령령으로 정한다.
② 종자관리사가 되려는 사람은 제1항에 따른 자격기준을 갖춘 사람으로서 농림축산식품부령으로 정하는 바에 따라 농림축산식품부장관에게 등록하여야 한다.
(2015.6.22 본항개정)
③ 종자관리사는 대통령령으로 정하는 전문인력 양성기관에서 대통령령으로 정하는 바에 따라 정기적으로 교육을 받아야 한다.(2022.12.27 본항신설)
④ 농림축산식품부장관은 종자관리사가 이 법에서 정하는 직무를 게을리하거나 중대한 과오(過誤)를 저질렀을 때에는 그 등록을 취소하거나 1년 이내의 기간을 정하여 그 업무를 정지시킬 수 있다.(2015.6.22 본항개정)
⑤ 제4항에 따라 등록이 취소된 사람은 등록이 취소된 날부터 2년이 지나지 아니하면 종자관리사로 다시 등록할 수 없다.(2022.12.27 본항개정)
⑥ 제4항에 따른 행정처분의 세부적인 기준은 그 위반행위의 유형과 위반 정도 등을 고려하여 농림축산식품부령으로 정한다.(2022.12.27 본항개정)

제28조【포장검사】 ① 국가보증이나 자체보증을 받은 종자를 생산하려는 자는 농림축산식품부장관 또는 종자관리사로부터 채종 단계별로 1회 이상 포장(圃場)검사를 받아야 한다.
② 제1항에 따른 채종 단계별 포장검사의 기준, 방법, 절차 등에 관한 사항은 농림축산식품부령으로 정한다.
(2015.6.22 본조개정)

제29조【종자생산의 포장 조건】 국가보증이나 자체보증 종자를 생산하려는 자는 다른 품종 또는 다른 계통의 작물과 교잡(交雜)되는 것을 방지하기 위하여 교잡 위험이 있는 품종이나 작물의 재배지역으로부터 일정한 거리를 두거나 격리시설을 갖추는 등 농림축산식품부령으로 정하는 포장 조건을 준수하여야 한다.(2015.6.22 본조개정)

제30조【종자검사 등】 ① 국가보증이나 자체보증 종자를 생산하려는 자는 제28조제2항에 따른 포장검사의 기준에 합격한 포장에서 생산된 종자에 대하여는 농림축산식품부장관 또는 종자관리사로부터 채종 단계별 종자검사를 받아야 한다.
② 제1항에 따른 종자검사의 결과에 대하여 이의가 있는 자는 그 종자검사를 한 농림축산식품부장관 또는 종자관리사에게 재검사를 신청할 수 있다.
③ 제1항 또는 제2항에 따른 채종 단계별 종자검사 또는 재검사의 기준, 방법, 절차 등에 관한 사항은 농림축산식품부령으로 정한다.
(2015.6.22 본조개정)

제31조【보증표시 등】 ① 제28조에 따른 포장검사에 합격하여 제30조에 따른 종자검사를 받은 보증종자를 판매하거나 보급하려는 자는 해당 보증종자에 대하여 보증표시를 하여야 한다.
② 제1항에 따라 보증종자를 판매하거나 보급하려는 자는 종자의 보증과 관련된 검사서류를 작성일부터 3년(묘목에 관련된 검사서류는 5년) 동안 보관하여야 한다.
③ 제1항에 따른 보증표시 및 작물별 보증의 유효기간 등에 관한 사항은 농림축산식품부령으로 정한다.
(2015.6.22 본항개정)

제32조【보증서의 발급】 농림축산식품부장관 또는 종자관리사는 제31조제1항에 따라 보증표시를 한 보증종자에 대하여 검사를 받은 자가 보증서 발급을 요구하면 농림축산식품부령으로 정하는 보증서를 발급하여야 한다.
(2015.6.22 본조개정)

제33조【사후관리시험】 ① 농림축산식품부장관은 품종목록 등재대상작물의 보증종자에 대하여 사후관리시험을 하여야 한다.
② 제1항에 따른 사후관리시험의 기준 및 방법은 농림축산식품부령으로 정한다.
(2015.6.22 본조개정)

제34조【보증의 실효】 보증종자가 다음 각 호의 어느 하나에 해당할 때에는 종자의 보증 효력을 잃은 것으로 본다.
1. 제31조제1항에 따른 보증표시를 하지 아니하거나 보증표시를 위조 또는 변조하였을 때
2. 제31조제3항에 따른 보증의 유효기간이 지났을 때
3. 포장한 보증종자의 포장을 뜯거나 열었을 때. 다만, 해당 종자를 보증한 보증기관이나 종자관리사의 감독에 따라 분포장(分包裝)하는 경우는 제외한다.
4. 거짓이나 그 밖의 부정한 방법으로 보증을 받았을 때

제35조【분포장 종자의 보증표시】 제34조제3호 단서에 따라 분포장한 종자의 보증표시는 분포장하기 전에 표시되었던 해당 품종의 보증표시와 같은 내용으로 하여야 한다.

제36조【보증종자의 판매 등】 ① 품종목록 등재대상작물의 종자 또는 제22조 각 호 외의 부분 전단에 따라 농림축산식품부장관이 고시한 품종의 종자를 판매하거나 보급하려는 자는 제24조에 따라 종자의 보증을 받아야 한다. 다만, 종자가 다음 각 호의 어느 하나에 해당하는 경우에는 그러하지 아니하다.(2015.6.22 본문개정)
1. 1대 잡종의 친(親) 또는 합성품종의 친으로만 쓰이는 경우
2. 증식 목적으로 판매하여 생산된 종자를 판매자가 다시 전량 매입하는 경우
3. 시험이나 연구 목적으로 쓰이는 경우
4. 생산된 종자를 전량 수출하는 경우
5. 직무상 육성한 품종의 종자를 증식용으로 사용하도록 하기 위하여 육성자가 직접 분양하거나 양도하는 경우
6. 그 밖에 종자용 외의 목적으로 사용하는 경우
② 제1항에도 불구하고 농림축산식품부장관은 유통상 필요하다고 인정할 때에는 제20조제1항에 따라 품종목록 등재가 취소된 품종이라 하더라도 취소일 전에 생산되었거나 생산 중인 해당 품종의 종자는 취소일이 속한 해의 다음 해 말까지 판매하거나 보급하게 할 수 있다. 이 경우 판매 또는 보급 대상지역 및 기간을 공고하여야 한다.
(2015.6.22 전단개정)

제4장의2 종자의 무병화(無病化)인증
(2022.12.27 본장신설)

제36조의2【무병화인증】 ① 농림축산식품부장관은 종자업자가 사과·배 등 대통령령으로 정하는 작물의 종자를 생산하는 과정에서 바이러스 및 바이로이드에 감염되지 아니하도록 관리하였음을 인증할 수 있다.
② 제1항에 따른 인증(이하 "무병화인증"이라 한다)을 받으려는 종자업자는 농림축산식품부령으로 정하는 바에 따라 농림축산식품부장관에게 신청하여야 한다.
③ 다음 각 호의 자는 무병화인증을 신청할 수 없다.
1. 이 법을 위반하여 징역형의 실형을 선고받고 그 집행이 끝나거나(집행이 끝난 것으로 보는 경우를 포함한다) 집행이 면제된 날부터 1년이 지나지 아니한 자
2. 이 법을 위반하여 징역형의 집행유예를 선고받고 그 유예기간 중에 있는 자
3. 이 법을 위반하여 벌금형을 선고받고 1년이 지나지 아니한 자
4. 제36조의4제1항에 따라 무병화인증이 취소된 후 1년이 지나지 아니한 자
④ 무병화인증을 받은 종자업자는 무병화인증을 받은 종자의 용기나 포장에 무병화인증의 표시를 할 수 있다.
⑤ 무병화인증의 기준, 절차 및 표시방법 등에 필요한 사항은 농림축산식품부령으로 정한다.

제36조의3【무병화인증의 유효기간 등】 ① 무병화인증의 유효기간은 무병화인증을 받은 날부터 1년으로 한다.
② 무병화인증을 받은 종자업자가 무병화인증의 유효기간이 끝난 후에도 계속하여 무병화인증을 유지하려면 그 유효기간이 끝나기 전에 무병화인증을 갱신하여야 한다.
③ 무병화인증 갱신의 절차 및 방법 등에 필요한 사항은 농림축산식품부령으로 정한다.

제36조의4【무병화인증의 취소 등】 ① 농림축산식품부장관은 무병화인증이 다음 각 호의 어느 하나에 해당하는 경우에는 해당 무병화인증을 취소하거나 무병화인증을 받은 종자업자 또는 무병화인증을 받은 종자를 판매·보급하는 자에게 무병화인증 표시의 제거·사용정지 또는 시정조치를 명하거나 무병화인증을 받은 종자의 판매·보급의 정지·금지 또는 회수·폐기를 명할 수 있다. 다만, 제1호에 해당하는 경우에는 무병화인증을 취소하여야 한다.
1. 거짓이나 그 밖의 부정한 방법으로 무병화인증을 받거나 갱신한 경우
2. 제36조의2제5항에 따른 무병화인증의 기준에 맞지 아니하게 된 경우
3. 제36조의2제5항에 따른 무병화인증의 표시방법을 위반한 경우
4. 업종전환·폐업 등으로 무병화인증을 받은 종자를 생산하기 어렵다고 판단되는 경우
② 제1항에 따른 행정처분의 세부 기준은 농림축산식품부령으로 정한다.

제36조의5【무병화인증기관의 지정 등】 ① 농림축산식품부장관은 무병화인증에 필요한 인력과 시설 등을 갖춘 자를 무병화인증기관으로 지정하여 무병화인증에 관한 업무를 위탁할 수 있다.
② 제1항에 따라 무병화인증기관으로 지정받으려는 자는 농림축산식품부령으로 정하는 바에 따라 무병화인증에 필요한 인력과 시설 등을 갖추어 농림축산식품부장관에게 신청하여야 한다.
③ 제1항에 따른 무병화인증기관 지정의 유효기간은 지정을 받은 날부터 5년으로 한다.
④ 제1항에 따라 지정된 무병화인증기관(이하 "무병화인증기관"이라 한다)이 그 지정의 유효기간이 끝난 후에도 계속하여 무병화인증에 관한 업무를 하려면 그 유효기간이 끝나기 전에 그 지정을 갱신하여야 한다.
⑤ 무병화인증기관은 제2항에 따라 신청한 사항 중 농림축산식품부령으로 정하는 중요 사항이 변경된 경우에는 농림축산식품부장관에게 신고하여야 한다.
⑥ 농림축산식품부장관은 제5항에 따른 신고를 받은 날부터 10일 이내에 신고수리 여부를 신고인에게 통지하여야 한다.
⑦ 농림축산식품부장관이 제6항에서 정한 기간 내에 신고수리 여부 또는 민원 처리 관련 법령에 따른 처리기간의 연장을 신고인에게 통지하지 아니하면 그 기간(민원 처리 관련 법령에 따라 처리기간이 연장 또는 재연장된 경우에는 해당 처리기간을 말한다)이 끝난 날의 다음 날에 신고를 수리한 것으로 본다.
⑧ 무병화인증기관은 다음 각 호의 사항을 준수하여야 한다.
1. 무병화인증 과정에서 얻은 정보와 자료를 무병화인증 신청인의 서면동의 없이 공개하거나 제공하지 아니할 것. 다만, 다른 법률에 따라 공개하거나 제공하는 경우는 제외한다.
2. 무병화인증 신청 및 심사에 관한 자료를 농림축산식품부령으로 정하는 바에 따라 보관할 것
3. 무병화인증 심사결과를 농림축산식품부령으로 정하는 바에 따라 농림축산식품부장관에게 보고할 것
⑨ 무병화인증기관의 지정 기준·절차·방법, 지정 갱신의 절차·방법 및 변경신고의 절차·방법 등에 필요한 사항은 농림축산식품부령으로 정한다.

제36조의6【무병화인증기관의 지정취소 등】 ① 농림축산식품부장관은 무병화인증기관이 다음 각 호의 어느 하나에 해당하는 경우에는 그 지정을 취소하거나 6개월 이내의 기간을 정하여 업무정지를 명하거나 시정조치를 명할 수 있다. 다만, 제1호 또는 제2호에 해당하는 경우에는 그 지정을 취소하여야 한다.
1. 거짓이나 그 밖의 부정한 방법으로 무병화인증기관의 지정을 받거나 갱신한 경우
2. 업무정지 기간에 무병화인증 업무를 한 경우
3. 제36조의2제5항에 따른 무병화인증의 기준을 위반하여 무병화인증을 한 경우
4. 제36조의5제8항 각 호의 사항을 준수하지 아니한 경우
5. 제36조의5제9항에 따른 무병화인증기관의 지정 기준에 맞지 아니하게 된 경우
6. 정당한 사유 없이 1년 이상 계속하여 무병화인증 업무를 하지 아니한 경우
② 농림축산식품부장관은 제1항에 따라 지정취소 또는 업무정지 처분을 한 경우에는 그 사실을 농림축산식품부의 인터넷 홈페이지에 게시하여야 한다.
③ 제1항에 따라 무병화인증기관의 지정이 취소된 자는 취소된 날부터 2년이 지나지 아니하면 다시 무병화인증기관으로 지정받을 수 없다.
④ 제1항에 따른 행정처분의 세부 기준은 농림축산식품부령으로 정한다.

제36조의7【무병화인증 관련 부정행위의 금지】 누구든지 무병화인증과 관련하여 다음 각 호의 행위를 하여서는 아니 된다.
1. 거짓이나 그 밖의 부정한 방법으로 무병화인증을 받거나 갱신하는 행위
2. 거짓이나 그 밖의 부정한 방법으로 무병화인증기관의 지정을 받거나 갱신하는 행위
3. 무병화인증을 받지 아니한 종자의 용기나 포장에 무병화인증의 표시 또는 이와 유사한 표시를 하는 행위
4. 무병화인증을 받은 종자의 용기나 포장에 무병화인증을 받은 내용과 다르게 표시하는 행위
5. 무병화인증을 받지 아니한 종자를 무병화인증을 받은 종자로 광고하거나 무병화인증을 받은 종자로 오인할 수 있도록 광고하는 행위
6. 무병화인증을 받은 종자를 무병화인증을 받은 내용과 다르게 광고하는 행위

제36조의8【무병화인증 관련 점검·조사 등】 ① 농림축산식품부장관은 농림축산식품부령으로 정하는 바에 따라 무병화인증을 받은 종자업자, 무병화인증을 받은 종자를 판매·보급하는 자 또는 무병화인증기관이 무병화인증의 기준, 무병화인증의 표시방법 등을 준수하는지 점검·조사하여야 한다.
② 농림축산식품부장관은 제1항에 따른 점검·조사를 위하여 무병화인증을 받은 종자업자, 무병화인증을 받은 종자를 판매·보급하는 자 또는 무병화인증기관에 대하여 그 업무에 관한 사항을 보고하게 하거나 자료를 제출하게 할 수 있으며, 관계 공무원으로 하여금 사무소 등에 출입하여 시설·장비 등을 점검하고 관계 장부나 서류를 조사하게 할 수 있다.
③ 무병화인증을 받은 종자업자, 무병화인증을 받은 종자를 판매·보급하는 자 또는 무병화인증기관은 정당한 사유 없이 제2항에 따른 보고·자료제출·점검 또는 조사를 거부·방해하거나 기피하여서는 아니 된다.
④ 제2항에 따라 점검이나 조사를 할 때에는 미리 점검이나 조사의 일시, 목적 및 대상 등을 점검 또는 조사 대상자에게 통지하여야 한다. 다만, 긴급한 경우나 미리 알리면 그 목적을 달성할 수 없다고 인정되는 경우에는 통지하지 아니할 수 있다.
⑤ 제2항에 따라 점검이나 조사를 하는 관계 공무원은 그 권한을 표시하는 증표를 지니고 이를 관계인에게 보여주어야 하며, 성명·출입시간·출입목적 등이 표시된 문서를 관계인에게 내보여야 한다.

제5장 종자 및 묘의 유통 관리
(2016.12.27 본장제목개정)

제37조【종자업의 등록 등】 ① 종자업을 하려는 자는 대통령령으로 정하는 시설을 갖추어 시장·군수·구청장에게 등록하여야 한다. 이 경우 제39조의3제1항에 따라 종자의 생산 이력을 기록·보관하여야 하는 자의 등록사항에는 종자의 생산장소(과수 묘목의 경우 접수 및 대목의 생산장소를 포함한다. 이하 같다)가 포함되어야 한다.(2022.12.27 후단신설)
② 종자업을 하려는 자는 종자관리사를 1명 이상 두어야 한다. 다만, 대통령령으로 정하는 작물의 종자를 생산·판매하려는 자의 경우에는 그러하지 아니하다.
③ 농림축산식품부장관, 농촌진흥청장, 산림청장, 시·도지사, 시장·군수·구청장 또는 농업단체등이 종자의 증식·생산·판매·보급·수출 또는 수입을 하는 경우에는 제1항과 제2항을 적용하지 아니한다.(2015.6.22 본항개정)
④ 제1항에 따른 종자업의 등록 및 등록 사항의 변경 절차 등에 필요한 사항은 대통령령으로 정한다.(2016.12.27 본항신설)
(2016.12.27 본조제목개정)

제37조의2【육묘업의 등록 등】 ① 육묘업을 하려는 자는 대통령령으로 정하는 시설을 갖추어 시장·군수·구청장에게 등록하여야 한다.
② 육묘업을 하려는 자는 대통령령으로 정하는 전문인력 양성기관에서 대통령령으로 정하는 바에 따라 관련 교육을 이수하여야 한다.
③ 농림축산식품부장관, 농촌진흥청장, 산림청장, 시·도지사, 시장·군수·구청장 또는 농업단체등이 묘의 생산·판매·보급·수출 또는 수입을 하는 경우에는 제1항과 제2항을 적용하지 아니한다.
④ 제1항에 따른 육묘업의 등록 및 등록 사항의 변경 절차 등에 필요한 사항은 대통령령으로 정한다.
(2016.12.27 본조신설)

제38조【품종의 생산·수입 판매 신고】 ① 다음 각 호의 어느 하나에 해당하는 품종 외의 품종의 종자를 생산하거나 수입하여 판매하려는 자는 농림축산식품부장관에게 해당 종자를 정당하게 취득하였음을 입증하는 자료(농림축산식품부령으로 정하는 작물에 한정한다)와 종자시료를 첨부하여 신고하여야 한다. 이 경우 자료의 범위와 종자시료가 묘목 또는 영양체인 경우 종자시료의 제출 시기·방법 등은 농림축산식품부령으로 정한다.(2019.12.10 본문개정)
1. 「식물신품종 보호법」 제37조제1항에 따라 출원공개된 품종
2. 제17조제4항에 따라 품종목록에 등재된 품종
② 제1항에 따라 신고한 사항 중 농림축산식품부령으로 정하는 주요 사항이 변경된 경우에는 이를 지체 없이 농림축산식품부장관에게 신고하여야 한다.(2015.6.22 본항개정)
③ 제1항에 따라 종자를 생산하거나 수입하여 판매하기 위하여 신고하는 품종은 1개의 고유한 품종명칭을 가져야 한다.
④ 제3항에 따른 품종명칭의 출원, 등록 등에 관하여는 「식물신품종 보호법」 제106조부터 제117조까지의 규정을 준용한다.
⑤ 농림축산식품부장관은 제1항에 따른 신고를 받은 날부터 20일 이내에, 제2항에 따른 변경신고를 받은 날부터 7일 이내에 신고수리 여부를 신고인에게 통지하여야 한다.(2022.12.27 본항신설)
⑥ 농림축산식품부장관이 제5항에서 정한 기간 내에 신고수리 여부나 민원 처리 관련 법령에 따른 처리기간의 연장을 신고인에게 통지하지 아니하면 그 기간(민원 처리 관련 법령에 따라 처리기간이 연장 또는 재연장된 경우에는 해당 처리기간을 말한다)이 끝난 날의 다음 날에 신고를 수리한 것으로 본다.(2022.12.27 본항신설)
⑦ 제1항과 제2항에 따른 신고 방법 및 절차 등은 농림축산식품부령으로 정한다.(2015.6.22 본항개정)

제39조【종자업 등록의 취소 등】 ① 시장·군수·구청장은 종자업자가 다음 각 호의 어느 하나에 해당하는 경우에는 종자업 등록을 취소하거나 6개월 이내의 기간을 정하여 영업의 전부 또는 일부의 정지를 명할 수 있다. 다만, 제1호에 해당하는 경우에는 그 등록을 취소하여야 한다.
1. 거짓이나 그 밖의 부정한 방법으로 종자업 등록을 한 경우
2. 종자업 등록을 한 날부터 1년 이내에 사업을 시작하지 아니하거나 정당한 사유 없이 1년 이상 계속하여 휴업한 경우
3. 「식물신품종 보호법」 제81조에 따른 보호품종의 실시 여부 등에 관한 보고 명령에 따르지 아니한 경우
4. 제36조제1항을 위반하여 종자의 보증을 받지 아니한 품종목록 등재대상작물의 종자를 판매하거나 보급한 경우
5. 종자업자가 종자업 등록을 한 후 제37조제1항에 따른 시설기준에 미치지 못하게 된 경우
6. 종자업자가 제37조제2항 본문을 위반하여 종자관리사를 두지 아니한 경우
7. 제38조를 위반하여 신고하지 아니한 종자를 생산하거나 수입하여 판매한 경우 또는 거짓으로 신고한 경우
(2022.12.27 본호개정)
8. 제40조에 따라 수출·수입이 제한된 종자를 수출·수입하거나, 수입되어 국내 유통이 제한된 종자를 국내에 유통한 경우
9. 제41조제1항을 위반하여 수입적응성시험을 받지 아니한 외국산 종자를 판매하거나 보급한 경우
10. 제43조제1항을 위반하여 품질표시를 하지 아니하거나 거짓으로 표시한 종자를 판매하거나 보급한 경우
(2022.12.27 본호개정)
11. 제45조제1항에 따른 종자 등의 조사나 종자의 수거를 거부·방해 또는 기피한 경우
12. 제45조제2항에 따른 생산이나 판매를 중지하게 한 종자를 생산하거나 판매한 경우
② 시장·군수·구청장은 종자업자가 제1항에 따른 영업정지명령을 위반하여 정지기간 중 계속 영업을 할 때에는 그 영업의 등록을 취소할 수 있다.
③ 제1항이나 제2항에 따라 종자업 등록이 취소된 자는 취소된 날부터 2년이 지나지 아니하면 종자업을 다시 등록할 수 없다.
④ 제1항에 따른 행정처분의 세부적인 기준은 그 위반행위의 유형과 위반 정도 등을 고려하여 농림축산식품부령으로 정한다.(2015.6.22 본항개정)

제39조의2【육묘업 등록의 취소 등】 ① 시장·군수·구청장은 육묘업자가 다음 각 호의 어느 하나에 해당하는 경우에는 육묘업 등록을 취소하거나 6개월 이내의 기간을 정하여 영업의 전부 또는 일부의 정지를 명할 수 있다. 다만, 제1호에 해당하는 경우에는 그 등록을 취소하여야 한다.
1. 거짓이나 그 밖의 부정한 방법으로 육묘업 등록을 한 경우
2. 육묘업 등록을 한 날부터 1년 이내에 사업을 시작하지 아니하거나 정당한 사유 없이 1년 이상 계속하여 휴업한 경우
3. 육묘업자가 육묘업 등록을 한 후 제37조의2제1항에 따른 시설기준에 미치지 못하게 된 경우
4. 제43조제2항을 위반하여 품질표시를 하지 아니하거나 거짓으로 표시한 묘를 판매하거나 보급한 경우
(2022.12.27 본호개정)
5. 제45조제1항에 따른 묘 등의 조사나 묘의 수거를 거부·방해 또는 기피한 경우
6. 제45조제2항에 따라 생산이나 판매가 중지된 묘를 생산하거나 판매한 경우
② 시장·군수·구청장은 육묘업자가 제1항에 따른 영업정지명령을 위반하여 정지기간 중 계속 영업을 할 때에는 그 영업의 등록을 취소할 수 있다.
③ 제1항이나 제2항에 따라 육묘업 등록이 취소된 자는 취소된 날부터 2년이 지나지 아니하면 육묘업을 다시 등록할 수 없다.
④ 제1항에 따른 행정처분의 세부적인 기준은 그 위반행위의 유형과 위반 정도 등을 고려하여 농림축산식품부령으로 정한다.
(2016.12.27 본조신설)

제39조의3【종자의 생산 또는 판매 이력의 기록·보관 등】 ① 농산물 또는 임산물에 중대한 피해를 끼치거나 끼칠 우려가 있는 병해충을 효율적으로 방역하기 위하여 농림축산식품부령으로 정하는 작물의 종자업자 및 종자를 판매하는 자(종자업자 외에 종자를 판매하는 자를 말한다. 이하 "종자판매자"라 한다)는 종자의 생산 또는 판매 이력(이하 "종자이력"이라 한다)을 기록하여 보관하여야 한다.
② 제1항에 따라 종자업자가 기록·보관하여야 하는 종자의 생산 이력에는 다음 각 호의 사항이 포함되어야 한다.
1. 종자의 생산·증식을 위하여 사용한 종자(과수 묘목의 경우 접수 및 대목을 포함한다)의 출처
2. 종자의 생산장소
3. 그 밖에 농림축산식품부령으로 정하는 사항
③ 제1항에 따라 종자업자 및 종자판매자가 기록·보관하여야 하는 종자의 판매 이력(종자를 생산, 가공, 포장 또는 구매하여 판매하기까지의 이력을 말한다. 이하 같다)에는 다음 각 호의 사항이 포함되어야 한다.
1. 종자 구매자의 이름, 주소 및 연락처
2. 종자의 품종명 및 수량
3. 그 밖에 농림축산식품부령으로 정하는 사항
④ 농림축산식품부장관 또는 지방자치단체의 장은 종자업자 및 종자판매자가 종자이력을 기록·보관하는 데 필요한 경비의 전부 또는 일부를 지원할 수 있다.
⑤ 종자업자 및 종자판매자는 종자의 판매 이력의 기록·보관을 위하여 종자의 구매자에게 제3항제1호의 개인정보를 요구할 수 있다.
⑥ 그 밖에 종자이력의 기록·보관에 필요한 사항은 농림축산식품부령으로 정한다.
(2022.12.27 본조신설)

제39조의4【이력관리시스템의 구축 등】 ① 농림축산식품부장관은 종자이력의 효율적인 관리를 위하여 이력정보의 기록 및 관리 등에 관한 전자정보처리시스템(이하 "이력관리시스템"이라 한다)을 구축·운영하고 관련 프로그램의 개발 및 보급에 노력하여야 한다.
② 이력관리시스템의 구축 및 운영에 필요한 사항은 농림축산식품부령으로 정한다.
(2022.12.27 본조신설)

제39조의5【종자이력 관리】 ① 농림축산식품부장관, 시·도지사 및 시장·군수·구청장은 종자이력을 관리하기 위하여 종자업자 및 종자판매자에게 필요한 자료의 제출을 요구할 수 있다.
② 종자업자 및 종자판매자는 제1항에 따른 자료제출을 요구받은 경우에는 정당한 사유가 없으면 이에 따라야 한다.
③ 제1항에 따른 자료제출의 범위 및 절차에 필요한 사항은 농림축산식품부령으로 정한다.
(2022.12.27 본조신설)

제40조【종자의 수출·수입 및 유통 제한】 농림축산식품부장관은 국내 생태계 보호 및 자원 보존에 심각한 지장을 줄 우려가 있다고 인정하는 경우에는 대통령령으로 정하는 바에 따라 종자의 수출·수입을 제한하거나 수입된 종자의 국내 유통을 제한할 수 있다.(2015.6.22 본조개정)

제40조의2【종자의 수입신고】 ① 농림축산식품부령으로 정하는 작물의 종자를 수입하려는 자는 그 작물의 품종 명칭 및 종자의 수량 등 농림축산식품부령으로 정하는 사항을 농림축산식품부장관에게 신고하여야 한다.
② 제1항에 따른 신고의 절차 및 방법 등에 필요한 사항은 농림축산식품부령으로 정한다.
(2022.12.27 본조신설)

제41조【수입적응성시험】 ① 농림축산식품부장관이 정하여 고시하는 작물의 종자로서 국내에 처음으로 수입되는 품종의 종자를 판매하거나 보급하기 위하여 수입하려는 자는 그 품종의 종자에 대하여 농림축산식품부장관이 실시하는 수입적응성시험을 받아야 한다.
② 농림축산식품부장관은 제1항에 따라 실시한 수입적응성시험 결과가 농림축산식품부령으로 정하는 심사기준에 미치지 못할 때에는 해당 품종 종자의 국내 유통을 제한할 수 있다.
③ 제2항에 따른 심사의 방법 및 절차 등은 농림축산식품부령으로 정한다.
(2015.6.22 본조개정)

제42조【종자의 수입 추천】 ① 「세계무역기구 설립을 위한 마라케쉬 협정」에 따른 대한민국 양허표(讓許表)상의 시장접근물량에 적용되는 양허세율로 종자를 수입하려는 자는 농림축산식품부장관으로부터 종자의 수입 추천을 받아야 한다.
② 농림축산식품부장관은 제1항에 따른 종자의 수입 추천업무를 농림축산식품부장관이 지정하여 고시하는 관련 기관 또는 단체로 하여금 대행하게 할 수 있다. 이 경우 품목별 추천 물량 및 추천 기준과 그 밖에 필요한 사항은 농림축산식품부령으로 정한다.
(2015.6.22 본조개정)

제42조의2【종자의 검정】 ① 농림축산식품부장관은 종자의 거래 및 수출·수입을 원활히 하기 위하여 종자의 검정을 실시할 수 있다.
② 제1항에 따른 검정을 받으려는 자는 농림축산식품부령으로 정하는 바에 따라 농림축산식품부장관에게 검정을 신청하여야 한다.
③ 제1항에 따른 검정의 항목·방법, 그 밖에 검정의 실시에 필요한 사항은 농림축산식품부령으로 정한다.
(2016.12.27 본조신설)

제42조의3【부정행위의 금지】 누구든지 제42조의2에 따른 검정과 관련하여 다음 각 호의 행위를 하여서는 아니 된다.
1. 거짓이나 그 밖에 부정한 방법으로 검정을 받는 행위
2. 검정결과에 대하여 거짓광고나 과대광고를 하는 행위
(2016.12.27 본조신설)

제43조【유통 종자 및 묘의 품질표시】 ① 국가보증 대상이 아닌 종자나 자체보증을 받지 아니한 종자 또는 무병화인증을 받지 아니한 종자를 판매하거나 보급하려는 자는 종자의 용기나 포장에 다음 각 호의 사항이 모두 포함된 품질표시를 하여야 한다.(2022.12.27 본문개정)
1. 종자(묘목은 제외한다)의 생산 연도 또는 포장 연월
(2022.12.27 본호개정)
2. 종자의 발아(發芽) 보증시한(발아율을 표시할 수 없는 종자는 제외한다)(2016.12.27 본호개정)
3. 제37조제1항 및 제38조에 따른 등록 및 신고에 관한 사항 등 그 밖에 농림축산식품부령으로 정하는 사항
(2015.6.22 본호개정)
② 묘를 판매하거나 보급하려는 자는 묘의 용기나 포장에 다음 각 호의 사항이 모두 포함된 품질표시를 하여야 한다.
1. 묘의 품종명, 파종일
2. 제37조의2제1항에 따른 등록에 관한 사항 등 농림축산식품부령으로 정하는 사항
(2016.12.27 본항신설)
(2016.12.27 본조제목개정)

제44조【유통 종자 및 묘의 진열·보관의 금지】 누구든지 다음 각 호에 해당하는 종자 또는 묘를 판매하거나 판매를 목적으로 진열·보관하여서는 아니 된다. 다만, 제24조에 따른 보증을 받은 종자 또는 무병화인증을 받은 종자는 제외한다.(2022.12.27 단서개정)
1. 제43조제1항 또는 제2항에 따른 품질표시를 하지 아니한 종자 또는 묘
2. 제43조제1항에 따른 발아 보증시한이 지난 종자
3. 그 밖에 이 법을 위반하여 그 유통을 금지할 필요가 있다고 인정되는 종자 또는 묘
(2016.12.27 본조개정)

제45조【종자 및 묘의 유통 조사 등】 ① 농림축산식품부장관 또는 시·도지사는 우량 종자 및 묘의 생산과 원활한 유통을 위하여 필요하다고 인정하면 관계 공무원으로 하여금 종자업자 또는 육묘업자나 종자 또는 묘를 매매하는 자의 영업장소·사무소 등에 출입하여 그 시설, 관계 서류나 장부, 종자 또는 묘 등을 조사하거나 품질검사를 하게 할 수 있으며 조사·검사에 필요한 최소량의 종자 또는 묘를 수거하게 할 수 있다.(2016.12.27 본항개정)
② 농림축산식품부장관 또는 시·도지사는 이 법을 위반하여 생산되거나 판매되고 있는 종자 또는 묘의 생산 또는 판매 중지를 명하거나 관계 공무원으로 하여금 수거하게 할 수 있다. 이 경우 종자 또는 묘를 수거한 관계 공무원은 수거한 종자 또는 묘의 목록을 작성하여 수거 당시 그 종자 또는 묘를 소유하거나 지니고 있던 자에게 작성한 목록을 내주어야 한다.(2016.12.27 본항개정)
③ 농림축산식품부장관 또는 시·도지사는 관계 공무원으로 하여금 제2항에 따라 수거한 종자를 1년간 보관하게 하여야 한다. 다만, 보관하기 곤란한 종자로서 농림축산식품부장관이 정하여 고시하는 종자는 조사를 마친 후 제4항을 준용하여 반환하거나 폐기할 수 있다.
(2015.6.22 본항개정)
④ 농림축산식품부장관 또는 시·도지사는 관계 공무원으로 하여금 제3항 본문에 따른 보관기간이 지난 종자를 종자로서 사용할 수 없도록 하여 수거 당시 그 종자를 소유하거나 지니고 있던 자에게 반환하게 하여야 한다. 다만, 수거 당시 그 종자를 소유하거나 지니고 있던 자의 주소가 분명하지 아니하거나 그가 인수를 거절하는 등의 이유로 반환할 수 없을 때에는 폐기할 수 있다.
(2015.6.22 본문개정)
⑤ 제1항 또는 제2항에 따라 관계 공무원이 그 직무를 수행할 때에는 그 권한을 나타내는 증표를 지니고 이를 관계인에게 보여주어야 하며, 조사 목적·시간 및 조사자 신분 등의 사항을 서면에 적어 내주어야 한다.
⑥ 종자 또는 묘의 유통 조사를 위하여 시장·군수·구청장은 종자업 또는 육묘업을 등록하거나 변경 또는 취소한 경우에는 농림축산식품부령으로 정하는 바에 따라 농림축산식품부장관에게 보고하여야 한다.(2016.12.27 본항신설)
⑦ 제1항에 따른 품질검사의 기준, 방법, 절차 등에 관한 사항은 농림축산식품부령으로 정한다.(2015.6.22 본항개정)
⑧ 제3항에 따른 종자 보관에 필요한 사항은 농림축산식품부령으로 정한다.(2015.6.22 본항개정)
(2016.12.27 본조제목개정)

제46조【종자시료의 보관】 ① 농림축산식품부장관은 다음 각 호의 어느 하나에 해당하는 종자는 일정량의 시료를 보관·관리하여야 한다. 이 경우 종자시료가 영양체인 경우에는 그 제출 시기·방법 등은 농림축산식품부령으로 정한다.(2015.6.22 본문개정)
1. 제17조제4항에 따라 품종목록에 등재된 품종의 종자
2. 제38조에 따라 신고한 품종의 종자
② 제1항에 따른 종자시료의 보관에 필요한 사항은 농림축산식품부령으로 정한다.(2015.6.22 본항개정)

제47조【분쟁대상 종자 및 묘의 시험·분석 등】 ① 종자 또는 묘에 관하여 분쟁이 발생한 경우에는 그 분쟁당사자는 농림축산식품부장관에게 해당 분쟁대상 종자 또는 묘에 대하여 필요한 시험·분석을 신청할 수 있다.
(2016.12.27 본항개정)
② 분쟁당사자가 제1항에 따라 시험·분석을 신청할 때에는 분쟁당사자가 공동으로 분쟁대상 종자의 시료 또는 묘의 시료를 채취하여 확인한 후 그 종자의 시료 또는 묘의 시료를 밀봉하여 농림축산식품부장관에게 제출하여야 한다.(2016.12.27 본항개정)
③ 분쟁당사자는 제2항에 따른 공동 시료채취가 분쟁당사자 어느 한쪽의 비협조 등 대통령령으로 정하는 사유로 이루어지지 아니할 경우에는 농림축산식품부장관에게 그 시료의 채취를 신청할 수 있다. 이 경우 제1항에 따른 시험·분석의 신청이 있는 것으로 본다.
④ 농림축산식품부장관은 제3항에 따른 시료채취의 신청을 받은 경우 7일 이내에 관계 공무원으로 하여금 그 시료를 채취하게 하여야 한다. 이 경우 분쟁당사자는 시료채취에 협조하여야 한다.
⑤ 농림축산식품부장관은 제1항 또는 제3항 후단에 따른 시험·분석의 신청을 받은 경우에는 시험·분석을 한 후 지체 없이 그 결과를 분쟁당사자에게 알려야 한다.
⑥ 농림축산식품부장관은 제1항에 따른 분쟁당사자에게 제5항에 따른 시험·분석에 필요한 자료를 제출하게 할 수 있다.
⑦ 분쟁대상 종자 또는 묘와 관련한 피해가 종자 또는 묘의 결함으로 인하여 발생한 경우에는 피해자는 종자업자 또는 육묘업자에게 농림축산식품부령으로 정하는 바에 따라 그 보상을 청구할 수 있다.(2016.12.27 본항개정)
⑧ 육묘업자는 분쟁이 발생한 경우 그 원인 규명이 가능하도록 구입한 종자에 대한 정보와 투입된 자재의 사용명세, 자재구입 증명자료 등을 보관하여야 한다.
(2016.12.27 본항신설)
⑨ 제8항에 따른 보관 대상 항목과 보관 기간, 절차 및 방법 등에 필요한 사항은 농림축산식품부령으로 정한다.
(2016.12.27 본항신설)
(2016.12.27 본조제목개정)
(2015.6.22 본조개정)

제48조【분쟁의 조정】 ① 제47조제7항에 따른 보상에 관하여 분쟁당사자는 농림축산식품부장관에게 분쟁조정을 신청할 수 있다.
② 제1항에 따른 분쟁조정에 관한 사항을 심의하기 위하여 농림축산식품부령으로 정하는 기관에 분쟁조정협의회를 둔다.(2016.12.27 본항신설)
③ 그 밖에 제1항에 따른 분쟁조정 신청 및 조정절차, 제2항에 따른 분쟁조정협의회의 구성 및 운영 등에 필요한 사항은 농림축산식품부령으로 정한다.(2016.12.27 본항개정)
(2015.6.22 본조개정)

제6장 보 칙

제49조【사용문자】 이 법에 따른 모든 서류는 한글로 작성하여야 하며, 한자 및 외국문자로 적어야 할 경우에는 괄호 안에 표기하여야 한다. 다만, 농림축산식품부령으로 정하는 경우에는 그러하지 아니하다.(2015.6.22 단서개정)

제50조【청문】 ① 국가와 지방자치단체는 제6조제4항에 따라 전문인력 양성기관의 지정을 취소하려면 청문을 하여야 한다.
② 농림축산식품부장관 또는 시장·군수·구청장은 다음 각 호의 처분을 하려면 청문을 하여야 한다.
(2022.12.27 본문개정)
1. 제12조제4항에 따른 진흥센터의 지정 취소
2. 제27조제4항에 따른 종자관리사의 등록 취소
(2022.12.27 본호개정)
2의2. 제36조의4제1항에 따른 무병화인증의 취소
(2022.12.27 본호신설)
2의3. 제36조의6제1항에 따른 무병화인증기관의 지정취소(2022.12.27 본호신설)
3. 제39조제1항 또는 제2항, 제39조의2제1항 또는 제2항에 따른 종자업 또는 육묘업 등록의 취소(2016.12.27 본호개정)

제51조【수수료】 ① 다음 각 호의 자는 수수료를 내야 한다.(2022.12.27 본문개정)
1. 제16조제1항에 따라 품종목록의 등재신청을 하려는 자
2. 제19조제2항에 따라 품종목록 등재의 유효기간 연장을 신청하려는 자
3. 제25조제1항제2호에 따라 국가보증을 받으려는 자
4. 제32조에 따른 보증서를 발급받으려는 자
4의2. 제36조의2제2항에 따라 무병화인증을 신청하려는 자(2022.12.27 본호신설)
4의3. 제36조의3제2항에 따라 무병화인증을 갱신하려는 자(2022.12.27 본호신설)
4의4. 제36조의5제2항에 따라 무병화인증기관의 지정을 신청하려는 자(2022.12.27 본호신설)

4의5. 제36조의5제4항에 따라 무병화인증기관의 지정을 갱신하려는 자(2022.12.27 본호신설)
4의6. 제36조의5제5항에 따라 무병화인증기관의 변경신고를 하려는 자(2022.12.27 본호신설)
5. 제38조제1항에 따라 생산하거나 수입하여 판매하려는 종자를 신고하려는 자
6. 제41조제1항에 따라 수입적응성시험을 받으려는 자
6의2. 제42조의2제2항에 따라 종자의 검정을 신청하는 자(2016.12.27 본호신설)
7. 제47조제1항에 따라 시험·분석을 신청하는 자
8. 제48조제1항에 따라 분쟁조정을 신청하는 자
9. 이 법에 따른 각종 서류의 등본, 초본, 사본 또는 증명을 신청하려는 자
② 제1항에 따른 수수료의 금액, 납부방법 및 납부기간 등은 농림축산식품부령으로 정한다.(2015.6.22 본항개정)
제52조【수수료의 면제 및 반환】 ① 국가, 지방자치단체, 「국민기초생활 보장법」 제12조의3에 따른 의료급여 수급권자 및 농림축산식품부령으로 정하는 자에 대하여는 제51조에도 불구하고 수수료를 면제한다.(2016.12.27 본항개정)
② 제1항에 따라 수수료를 면제받으려는 자는 농림축산식품부령으로 정하는 서류를 농림축산식품부장관에게 제출하여야 한다.(2015.6.22 본항개정)
③ 납부된 수수료는 반환하지 아니한다. 다만, 잘못 납부된 수수료는 납부한 자의 청구에 의하여 이를 반환한다.
④ 농림축산식품부장관은 잘못 납부된 수수료가 있는 경우에는 그 사실을 안 즉시 이를 납부한 자에게 통지하여야 한다.(2015.6.22 본항개정)
⑤ 제3항 단서에 따른 수수료의 반환청구는 납부한 날부터 3년 이내에 하여야 한다.
제53조【권한의 위임·위탁】 ① 이 법에 따른 농림축산식품부장관의 권한은 대통령령으로 정하는 바에 따라 그 일부를 농촌진흥청장, 산림청장, 시·도지사, 시장·군수·구청장 또는 소속 기관의 장에게 위임할 수 있다.
② 이 법에 따른 농림축산식품부장관의 권한은 대통령령으로 정하는 바에 따라 그 일부를 농림축산식품부령으로 정하는 농림업 관련 법인 또는 단체에 위탁할 수 있다.(2015.6.22 본조개정)
제53조의2【벌칙 적용에서 공무원 의제】 다음 각 호의 사람은 「형법」 제129조부터 제132조까지를 적용할 때에는 공무원으로 본다.
1. 제36조의5제1항에 따라 무병화인증 업무에 종사하는 무병화인증기관의 임직원
2. 제48조제2항에 따른 분쟁조정협의회의 위원 중 공무원이 아닌 사람
3. 제53조제2항에 따라 위탁받은 업무에 종사하는 법인 또는 단체의 임직원
(2022.12.27 본조신설)

제7장 벌 칙

제54조【벌칙】 ① 제36조의5제8항제1호를 위반하여 무병화인증 과정에서 얻은 정보와 자료를 신청인의 서면동의 없이 공개하거나 제공한 자는 5년 이하의 징역 또는 5천만원 이하의 벌금에 처한다.(2022.12.27 본항신설)
② 다음 각 호의 자는 2년 이하의 징역 또는 2천만원 이하의 벌금에 처한다.
1. 「식물신품종 보호법」에 따른 보호품종 외의 품종에 대하여 제16조제2항에 따라 등재되거나 제38조제3항에 따라 신고된 품종명칭을 도용하여 종자를 판매·보급·수출하거나 수입한 자
2. 제16조제2항 또는 제38조제3항을 위반하여 고유한 품종명칭 외의 다른 명칭을 사용하여서 등재 또는 신고되지 아니한 품종명칭을 사용하여 종자를 판매·보급·수출하거나 수입한 자
3. 제37조제1항을 위반하여 등록하지 아니하고 종자업을 한 자
4. 제38조제1항을 위반하여 신고하지 아니하고 종자를 생산하거나 수입하여 판매한 자 또는 거짓으로 신고한 자
5. 제38조제3항을 위반하여 고유한 품종명칭 외의 다른 명칭을 사용하여 제38조제1항에 따른 신고를 한 자
(2022.12.27 본항신설)
③ 다음 각 호의 자는 1년 이하의 징역 또는 1천만원 이하의 벌금에 처한다.(2022.12.27 본문개정)
1. (2022.12.27 삭제)
2. 제27조제2항에 따른 등록을 하지 아니하고 종자관리사 업무를 수행한 자
3. 제32조에 따른 보증서를 거짓으로 발급한 종자관리사
4. 제36조제1항을 위반하여 보증을 받지 아니하고 종자를 판매하거나 보급한 자
4의2. 제36조의4제1항에 따른 명령에 따르지 아니한 자
4의3. 제36조의5제1항 또는 제4항에 따른 무병화인증기관의 지정을 받거나 그 지정의 갱신을 하지 아니하고 무병화인증 업무를 한 자
4의4. 제36조의6제1항에 따른 무병화인증기관의 지정취소 또는 업무정지 처분을 받고도 무병화인증 업무를 한 자
4의5. 제36조의7제1호를 위반하여 거짓이나 그 밖의 부정한 방법으로 무병화인증을 받거나 갱신한 자
4의6. 제36조의7제2호를 위반하여 거짓이나 그 밖의 부정한 방법으로 무병화인증기관의 지정을 받거나 갱신한 자
4의7. 제36조의7제3호를 위반하여 무병화인증을 받지 아니한 종자의 용기나 포장에 무병화인증의 표시 또는 이와 유사한 표시를 한 자
4의8. 제36조의7제4호를 위반하여 무병화인증을 받은 종자의 용기나 포장에 무병화인증을 받은 내용과 다르게 표시한 자
4의9. 제36조의7제5호를 위반하여 무병화인증을 받지 아니한 종자를 무병화인증을 받은 종자로 광고하거나 무병화인증을 받은 종자로 오인할 수 있도록 광고한 자
4의10. 제36조의7제6호를 위반하여 무병화인증을 받은 종자를 무병화인증을 받은 내용과 다르게 광고한 자
(2022.12.27 4호의2～4호의10신설)
5. 제37조의2제1항을 위반하여 등록하지 아니하고 육묘업을 한 자(2022.12.27 본호개정)
6. (2022.12.27 삭제)
7. 제39조제1항 또는 제39조의2제1항을 위반하여 등록이 취소된 종자업 또는 육묘업을 계속 하거나 영업정지를 받고도 종자업 또는 육묘업을 계속 한 자(2016.12.27 본호개정)
8. 제40조를 위반하여 종자를 수출 또는 수입하거나 수입된 종자를 유통시킨 자
9. 제41조제1항을 위반하여 수입적응성시험을 받지 아니하고 종자를 수입한 자
9의2. 제42조의3제1호를 위반하여 거짓이나 그 밖에 부정한 방법으로 제42조의2에 따른 검정을 받은 자(2016.12.27 본호신설)
9의3. 제42조의3제2호를 위반하여 검정결과에 대하여 거짓광고나 과대광고를 한 자(2016.12.27 본호신설)
10. 제45조제2항을 위반하여 생산 또는 판매 중지를 명한 종자 또는 묘를 생산하거나 판매한 자(2016.12.27 본호개정)
11. 제47조제4항 후단을 위반하여 시료채취를 거부·방해 또는 기피한 자
제55조【양벌규정】 법인의 대표자나 법인 또는 개인의 대리인, 사용인, 그 밖의 종업원이 그 법인 또는 개인의 업무에 관하여 제54조의 위반행위를 하면 그 행위자를 벌하는 외에 그 법인 또는 개인에게도 해당 조문의 벌금형을 과(科)한다. 다만, 법인 또는 개인이 그 위반행위를 방지하기 위하여 해당 업무에 관하여 상당한 주의와 감독을 게을리하지 아니한 경우에는 그러하지 아니하다.
제56조【과태료】 ① 다음 각 호의 자에게는 1천만원 이하의 과태료를 부과한다.(2022.12.27 본문개정)
1. (2022.12.27 삭제)
2. 제31조제2항을 위반하여 종자의 보증과 관련된 검사서류를 보관하지 아니한 자
2의2. 제36조의8제3항을 위반하여 정당한 사유 없이 같은 조 제2항에 따른 보고·자료제출·점검 또는 조사를 거부·방해하거나 기피한 자
2의3. 제39조의3제1항을 위반하여 종자의 생산 이력을 기록·보관하지 아니하거나 거짓으로 기록한 자
2의4. 제39조의3제1항을 위반하여 종자의 판매 이력을 기록·보관하지 아니하거나 거짓으로 기록한 종자업자
2의5. 제39조의5제2항을 위반하여 정당한 사유 없이 자료제출을 거부하거나 방해한 자
(2022.12.27 2호의2～2호의5신설)
3. 제43조를 위반하여 유통 종자 또는 묘의 품질표시를 하지 아니하거나 거짓으로 표시하여 종자 또는 묘를 판매하거나 보급한 자(2016.12.27 본호개정)
4. 제45조제1항에 따른 출입, 조사·검사 또는 수거를 거부·방해 또는 기피한 자
5. 제47조제8항을 위반하여 구입한 종자에 대한 정보와 투입된 자재의 사용 명세, 자재구입 증명자료 등을 보관하지 아니한 자(2016.12.27 본호신설)
② 다음 각 호의 자에게는 500만원 이하의 과태료를 부과한다.
1. 제36조의5제8항제2호를 위반하여 무병화인증 신청 및 심사에 관한 자료를 보관하지 아니한 자
2. 제39조의3제1항을 위반하여 종자의 판매 이력을 기록·보관하지 아니하거나 거짓으로 기록한 종자판매자
(2022.12.27 본항신설)
③ 다음 각 호의 자에게는 300만원 이하의 과태료를 부과한다.
1. 제36조의5제5항을 위반하여 변경신고를 하지 아니한 자
2. 제36조의5제8항제3호를 위반하여 무병화인증 심사결과를 농림축산식품부장관에게 보고하지 아니한 자
(2022.12.27 본항신설)
④ 다음 각 호의 자에게는 200만원 이하의 과태료를 부과한다.
1. 제27조제3항을 위반하여 교육을 받지 아니한 자
2. 제40조의2제1항을 위반하여 종자의 수입신고를 하지 아니하거나 거짓으로 신고한 자
3. 제44조를 위반하여 같은 조 각 호의 종자 또는 묘를 진열·보관한 자
(2022.12.27 본항개정)
⑤ 제1항부터 제4항까지에 따른 과태료는 대통령령으로 정하는 바에 따라 농림축산식품부장관 또는 시·도지사가 부과·징수한다.(2022.12.27 본항개정)

부 칙

제1조【시행일】 이 법은 공포 후 1년이 경과한 날부터 시행한다.
제2조【처분 등에 관한 일반적 경과조치】 이 법 시행 전에 종전의 규정에 따라 행한 처분·절차나 그 밖의 행정기관의 행위와 행정기관에 대한 행위는 그에 해당하는 이 법에 따른 처분·절차나 행정기관의 행위 또는 행정기관에 대한 행위로 본다.
제3조【종자업 등록에 관한 경과조치】 이 법 시행 당시 종자를 가공하여 판매하거나 종자를 다시 포장(包裝)하여 판매하는 자는 제37조제1항에 따른 종자업 등록을 한 것으로 본다. 이 경우 이 법 시행일부터 3개월 이내에 제37조제1항 및 제2항에 따른 시설과 인력을 갖추어야 한다.
제4조【과태료에 관한 경과조치】 이 법 시행 전의 행위에 대하여 과태료 규정을 적용할 때에는 종전의 규정에 따른다.
제5조【다른 법률의 개정】 ①～⑦ ※(해당 법령에 가제정리 하였음)
제6조【다른 법령과의 관계】 이 법 시행 당시 다른 법령에서 종전의 규정을 인용한 경우에 이 법 가운데 그에 해당하는 규정이 있으면 종전의 규정을 갈음하여 이 법의 해당 규정을 인용한 것으로 본다.

부 칙 (2016.12.27)

제1조【시행일】 이 법은 공포 후 1년이 경과한 날부터 시행한다. 다만, 제10조제1항제3호, 제22조제5호, 제42조의2, 제42조의3, 제51조제1항제6호의2, 제52조제1항, 제54조제9호의2 및 제9호의3의 개정규정 및 부칙 제3조부터 제6조까지의 규정은 공포 후 6개월이 경과한 날부터 시행한다.
제2조【종합계획의 수립에 관한 적용례】 제3조의 개정규정은 이 법 시행 이후 종합계획을 수립하는 경우부터 적용한다.
제3조【종자의 검정에 관한 적용례】 제42조의2의 개정규정은 같은 개정규정 시행 이후 신청하는 종자의 검정부터 적용한다.
제4조【종자의 검정에 관한 경과조치】 제42조의2의 개정규정 시행 전에 종전의 「농수산물 품질관리법」 제98조에 따라 검정을 받은 종자와 부칙 제6조제1항에 따라 검정을 받은 종자는 같은 개정규정에 따라 검정을 받은 것으로 본다.
제5조【다른 법률의 개정】 ※(해당 법령에 가제정리 하였음)
제6조【다른 법률의 개정에 관한 경과조치】 ① 제42조의2의 개정규정 시행 전에 신청한 종자의 검정에 관하여는 부칙 제5조에 따른 「농수산물 품질관리법」 제98조제1항의 개정규정에도 불구하고 종전의 규정에 따른다.
② 제42조의2의 개정규정 시행 전에 종자의 검정과 관련하여 「농수산물 품질관리법」 제101조제1호, 제3호 또는 제5호에 해당하는 행위를 한 자에 대하여 벌칙을 적용할 때에는 부칙 제5조에 따른 「농수산물 품질관리법」 제98조제1항의 개정규정에도 불구하고 종전의 규정에 따른다.

부 칙 (2019.12.10)
(2021.6.15)

이 법은 공포 후 6개월이 경과한 날부터 시행한다.

부 칙 (2022.12.27)

제1조【시행일】 이 법은 공포 후 1년이 경과한 날부터 시행한다. 다만, 제39조의3제1항의 개정규정 중 생산 이력의 기록·보관에 관한 부분과 같은 조 제2항, 제56조제1항제2호의3의 개정규정은 공포 후 1년 6개월이 경과한 날부터 시행한다.
제2조【종자의 수입신고에 관한 적용례】 제40조의2제1항의 개정규정은 이 법 시행 이후 선적(수입을 위하여 선박이나 그 밖의 운송수단에 싣는 것을 말한다)되는 작물의 종자부터 적용한다.
제3조【생산장소 등록에 관한 경과조치】 이 법 시행 당시 종전의 규정에 따라 등록한 종자업자는 이 법 시행일부터 6개월 이내에 제37조제1항 후단의 개정규정에 따라 종자의 생산장소를 등록하여야 한다.
제4조【과태료의 벌칙 전환에 관한 경과조치】 이 법 시행 전의 위반행위에 대해서는 제54조제2항제2호 및 제56조제1항제1호의 개정규정에도 불구하고 종전의 규정에 따른다.

농업협동조합법

(1999년 9월 7일
법 률 제6018호)

개정
2000. 1.21법 6177호(은행법) <중략>
2010. 5.17법10303호(은행법)
2011. 3.31법10522호
2011. 5.19법10684호(기업구조조정촉진법)
2011. 5.19법10693호(주택저당채권유동화회사법)
2011. 5.19법10694호(특정금융거래정보의보고및이용등에관한법)
2011. 7.14법10854호(금융실명)
2011. 8. 4법10983호(사회기반시설민간투자)
2012. 2.10법11304호(특정경제범죄)
2012. 6. 1법11454호 2012.12.11법11532호
2013. 3.23법11690호(정부조직)
2014. 5.20법12592호(상업등기법)
2014. 6.11법12755호(공공단체등위탁선거에관한법)
2014.12.31법12950호
2015. 7.24법13448호(자본시장금융투자업)
2015. 7.31법13453호(금융회사의지배구조에관한법)
2016.12.27법14481호 2017.10.31법14984호
2017.12.30법15337호
2020. 2.18법17007호(권한지방이양)
2020. 6. 9법17348호(소프트웨어진흥법)
2020.12. 8법17596호
2020.12.29법17799호(독점)
2021. 4.13법18020호→시행일 부칙 참조
2022.10.18법18996호 2022.12.13법19085호
2024. 1.23법20082호

제1장 총 칙
(2009.6.9 본장개정)

제1조【목적】 이 법은 농업인의 자주적인 협동조직을 바탕으로 농업인의 경제적·사회적·문화적 지위를 향상시키고, 농업의 경쟁력 강화를 통하여 농업인의 삶의 질을 높이며, 국민경제의 균형 있는 발전에 이바지함을 목적으로 한다.

제2조【정의】 이 법에서 사용하는 용어의 뜻은 다음과 같다.
1. "조합"이란 지역조합과 품목조합을 말한다.
2. "지역조합"이란 이 법에 따라 설립된 지역농업협동조합과 지역축산업협동조합을 말한다.
3. "품목조합"이란 이 법에 따라 설립된 품목별·업종별 협동조합을 말한다.
4. "중앙회"란 이 법에 따라 설립된 농업협동조합중앙회를 말한다.

제3조【명칭】 ① 지역조합은 지역명을 붙이거나 지역의 특성을 나타내는 농업협동조합 또는 축산업협동조합의 명칭을, 품목조합은 지역명과 품목명 또는 업종명을 붙인 협동조합의 명칭을, 중앙회는 농업협동조합중앙회의 명칭을 각각 사용하여야 한다.
② 이 법에 따라 설립된 조합과 중앙회가 아니면 제1항에 따른 명칭이나 이와 유사한 명칭을 사용하지 못한다. 다만, 다음 각 호의 어느 하나에 해당하는 법인이 조합 또는 중앙회의 정관으로 정하는 바에 따라 승인을 받은 경우에는 사용할 수 있다.(2011.3.31 단서신설)
1. 조합 또는 중앙회가 출자하거나 출연한 법인
2. 그 밖에 중앙회가 필요하다고 인정하는 법인
(2011.3.31 1호~2호신설)

제4조【법인격 등】 ① 이 법에 따라 설립되는 조합과 중앙회는 각각 법인으로 한다.
② 조합과 중앙회의 주소는 그 주된 사무소의 소재지로 한다.

제5조【최대 봉사의 원칙】 ① 조합과 중앙회는 그 사업 수행 시 조합원이나 회원을 위하여 최대한 봉사하여야 한다.(2016.12.27 본항개정)
② 조합과 중앙회는 일부 조합원이나 일부 회원의 이익에 편중되는 업무를 하여서는 아니 된다.
③ 조합과 중앙회는 설립취지에 반하여 영리나 투기를 목적으로 하는 업무를 하여서는 아니 된다.

제6조 (2016.12.27 삭제)

제7조【공직선거 관여 금지】 ① 조합, 제112조의3에 따른 조합공동사업법인, 제138조에 따른 품목조합연합회(이하 "조합등"이라 한다) 및 중앙회는 공직선거에서 특정 정당을 지지하거나 특정인을 당선되도록 하거나 당선되지 아니하도록 하는 행위를 하여서는 아니 된다.
② 누구든지 조합등과 중앙회를 이용하여 제1항에 따른 행위를 하여서는 아니 된다.

제8조【부과금의 면제】 조합등, 중앙회 및 이 법에 따라 설립된 농협경제지주회사·농협금융지주회사·농협은행·농협생명보험·농협손해보험(이하 "농협경제지주회사등"이라 한다)의 업무와 재산에 대하여는 국가와 지방자치단체의 조세 외의 부과금을 면제한다.(2011.3.31 본조개정)

제9조【국가 및 공공단체의 협력 등】 ① 국가와 공공단체는 조합등과 중앙회의 자율성을 침해하여서는 아니 된다.
② 국가와 공공단체는 조합등과 중앙회의 사업에 대하여 적극적으로 협력하여야 한다. 이 경우 국가나 공공단체는 필요한 경비를 보조하거나 융자할 수 있다.
③ 중앙회의 회장(이하 "회장"이라 한다)은 조합등과 중앙회의 발전을 위하여 필요한 사항에 관하여 국가와 공공단체에 의견을 제출할 수 있다. 이 경우 국가와 공공단체는 그 의견이 반영되도록 최대한 노력하여야 한다.
(2011.3.31 본항개정)

제10조【다른 협동조합 등과의 협력】 조합등, 중앙회, 제161조의2에 따른 농협경제지주회사(이하 "농협경제지주회사"라 한다) 및 그 자회사는 다른 조합, 제112조의3에 따른 조합공동사업법인, 제138조에 따른 품목조합연합회, 다른 법률에 따른 협동조합 및 외국의 협동조합과의 상호협력, 이해증진 및 공동사업 개발 등을 위하여 노력하여야 한다.(2016.12.27 본조개정)

제11조 (2011.3.31 삭제)

제12조【다른 법률의 적용 배제 및 준용】 ① 조합과 중앙회의 사업에 대하여는 「양곡관리법」 제19조, 「여객자동차 운수사업법」 제4조·제8조 및 제81조, 「화물자동차 운수사업법」 제56조 및 「공인중개사법」 제9조를 적용하지 아니한다.(2016.12.27 본항개정)
② 제112조의3에 따른 조합공동사업법인 및 제138조에 따른 품목조합연합회의 사업에 대하여는 「양곡관리법」 제19조 및 「화물자동차 운수사업법」 제56조를 적용하지 아니한다.
③ 중앙회가 「조세특례제한법」 제106조의2에 따라 조세를 면제받거나 그 세액을 감액받는 농업용 석유류를 조합에 공급하는 사업에 대하여는 「석유 및 석유대체연료 사업법」 제10조를 적용하지 아니한다.
④ 조합의 보관사업에 대하여는 「상법」 제155조부터 제168조까지의 규정을 준용한다.(2011.3.31 본항신설)
⑤ 제161조의10에 따른 농협금융지주회사(이하 "농협금융지주회사"라 한다) 및 그 자회사(손자회사·증손회사·증손회사 이하의 단계로 수직적으로 출자하여 다른 회사를 지배하는 경우를 포함한다. 이하 이 조에서 같다)에 대하여는 「독점규제 및 공정거래에 관한 법률」 제25조 제1항을 적용하지 아니한다. 다만, 농협금융지주회사 및 그 자회사가 아닌 중앙회 계열회사의 주식을 보유하는 경우 그 주식에 대하여는 그러하지 아니하다.(2020.12.29 본문개정)
⑥ 농협금융지주회사 및 그 자회사에 대하여는 「독점규제 및 공정거래에 관한 법률」 제26조를 적용하지 아니한다.(2020.12.29 본항개정)
⑦ 중앙회 계열회사가 「독점규제 및 공정거래에 관한 법률」 외의 다른 법률에서 「독점규제 및 공정거래에 관한 법률」 제31조에 따라 상호출자제한기업집단으로 지정됨에 따른 제한을 받는 경우 중앙회 계열회사는 상호출자제한기업집단에 포함되지 아니하는 것으로 본다. 다만, 다음 각 호의 어느 하나에 해당하는 법률에서는 중앙회 계열회사(제4호의 경우에는 농협금융지주회사 및 그 자회사를 제외한 중앙회 계열회사로 한정한다)도 상호출자제한기업집단에 속하는 것으로 본다.(2020.12.29 본문개정)
1. 「방송법」
2. 「소프트웨어 진흥법」(2020.6.9 본호개정)
3. 「상속세 및 증여세법」
4. 「자본시장과 금융투자업에 관한 법률」
(2012.12.11 본항신설)
⑧ 농협경제지주회사 및 그 자회사(손자회사를 포함한다. 이하 이 조에서 같다)가 중앙회, 조합등(조합의 조합원을 포함한다. 이하 이 조에서 같다)과 제161조의4제2항에서 정하는 사업을 수행하는 경우 그 목적 달성을 위하여 필요한 행위에 대하여는 「독점규제 및 공정거래에 관한 법률」 제40조제1항을 적용하지 아니한다. 다만, 그 행위의 당사자에 농협경제지주회사 및 그 자회사, 중앙회, 조합등 외의 자가 포함된 경우와 해당 행위가 일정한 거래분야의 경쟁을 실질적으로 제한하여 소비자의 이익을 침해하는 경우에는 그러하지 아니하다.(2020.12.29 본문개정)
⑨ 농협경제지주회사 및 그 자회사가 농업인의 권익향상을 위하여 사전에 공개한 합리적 기준에 따라 조합등에 대하여 수행하는 다음 각 호의 행위에 대하여는 「독점규제 및 공정거래에 관한 법률」 제45조제1항제9호를 적용하지 아니한다. 다만, 해당 행위가 일정한 거래분야의 경쟁을 실질적으로 제한하여 소비자의 이익을 침해하는 경우에는 그러하지 아니하다.(2020.12.29 본문개정)
1. 조합등의 경제사업의 조성, 지원 및 지도
2. 조합등에 대한 자금지원
(2014.12.31 본항신설)
(2011.3.31 본조제목개정)

제12조의2【「근로복지기본법」과의 관계】 ① 중앙회와 농협경제지주회사등은 「근로복지기본법」의 적용에 있어서 동일한 사업 또는 사업장으로 보고 사내근로복지기금을 통합하여 운용할 수 있다.
② 그 밖에 사내근로복지기금의 통합·운용을 위하여 필요한 사항은 사내근로복지기금 법인의 정관으로 정한다.
(2012.12.11 본조신설 : 2017.3.1까지 유효)

제12조의3【「중소기업제품 구매촉진 및 판로지원에 관한 법률」과의 관계】 조합등이 공공기관(「중소기업제품 구매촉진 및 판로지원에 관한 법률」 제2조제2호에 따른 공공기관을 말한다)에 직접 생산하는 물품을 공급하는 경우에는 조합등을 「중소기업제품 구매촉진 및 판로지원에 관한 법률」 제33조제1항 각 호 외의 부분에 따른 국가와 수의계약의 방법으로 납품계약을 체결할 수 있는 자로 본다.(2017.12.30 본조신설 : 2027.12.29까지 유효)

제2장 지역농업협동조합
(2009.6.9 본장개정)

제1절 목적과 구역

제13조【목적】 지역농업협동조합(이하 이 장에서 "지역농협"이라 한다)은 조합원의 농업생산성을 높이고 조합원이 생산한 농산물의 판로 확대 및 유통 원활화를 도모하며, 조합원이 필요로 하는 기술, 자금 및 정보 등을 제공하여 조합원의 경제적·사회적·문화적 지위 향상을 증대시키는 것을 목적으로 한다.

제14조【구역과 지사무소】 ① 지역농협의 구역은 「지방자치법」 제2조제1항제2호에 따른 하나의 시(「제주특별자치도 설치 및 국제자유도시 조성을 위한 특별법」 제10조제2항에 따른 행정시를 포함한다. 이하 같다)·군·구에서 정관으로 정한다. 다만, 생활권·경제권 등을 고려하여 하나의 시·군·구를 구역으로 하는 것이 부적당한 경우로서 농림축산식품부장관의 인가를 받은 경우에는 둘 이상의 시·군·구에서 정관으로 정할 수 있다.
(2022.12.13 본문개정)
② 지역농협은 정관으로 정하는 기준과 절차에 따라 지사무소(支事務所)를 둘 수 있다.

제2절 설 립

제15조【설립인가 등】 ① 지역농협을 설립하려면 그 구역에서 20인 이상의 조합원 자격을 가진 자가 발기인(發起人)이 되어 정관을 작성하고 창립총회의 의결을 거친 후 농림축산식품부장관의 인가를 받아야 한다. 이 경우 조합원 수, 출자금 등 인가에 필요한 기준 및 절차는 대통령령으로 정한다.(2013.3.23 전단개정)
② 창립총회의 의사(議事)는 개의(開議) 전까지 발기인에게 설립동의서를 제출한 자 과반수의 찬성으로 의결한다.
③ 발기인 중 제1항에 따른 설립인가의 신청을 할 때 이를 거부하는 자가 있으면 나머지 발기인이 신청서에 그 사유서를 첨부하여 신청할 수 있다.
④ 농림축산식품부장관은 제1항에 따라 지역농협의 설립인가 신청을 받으면 다음 각 호의 경우 외에는 인가하여야 한다.(2017.10.31 본문개정)
1. 설립인가 구비서류가 미비된 경우
2. 설립의 절차, 정관 및 사업계획서의 내용이 법령을 위반한 경우
3. 그 밖에 설립인가 기준에 미치지 못하는 경우
⑤ 농림축산식품부장관은 제1항에 따른 인가의 신청을 받은 날부터 60일 이내에 인가 여부를 신청인에게 통지하여야 한다.(2017.10.31 본항신설)
⑥ 농림축산식품부장관이 제5항에서 정한 기간 내에 인가 여부 또는 민원 처리 관련 법령에 따른 처리기간의 연장을 신청인에게 통지하지 아니하면 그 기간(민원 처리 관련 법령에 따라 처리기간이 연장 또는 재연장된 경우에는 해당 처리기간을 말한다)이 끝난 날의 다음 날에 인가를 한 것으로 본다.(2017.10.31 본항신설)

제16조【정관기재사항】 지역농협의 정관에는 다음 각 호의 사항이 포함되어야 한다.
1. 목적
2. 명칭
3. 구역
4. 주된 사무소의 소재지
5. 조합원의 자격과 가입, 탈퇴 및 제명(除名)에 관한 사항
6. 출자(出資) 1좌(座)의 금액과 조합원의 출자좌수 한도 및 납입 방법과 지분 계산에 관한 사항

7. 우선출자에 관한 사항
8. 경비 부과와 과태금(過怠金)의 징수에 관한 사항
9. 적립금의 종류와 적립 방법에 관한 사항
10. 잉여금의 처분과 손실금의 처리 방법에 관한 사항
11. 회계연도와 회계에 관한 사항
12. 사업의 종류와 그 집행에 관한 사항
13. 총회나 그 밖의 의결기관과 임원의 정수, 선출 및 해임에 관한 사항
14. 간부직원의 임면에 관한 사항
15. 공고의 방법에 관한 사항
16. 존립 시기 또는 해산의 사유를 정한 경우에는 그 시기 또는 사유
17. 설립 후 현물출자를 약정한 경우에는 그 출자 재산의 명칭, 수량, 가격, 출자자의 성명·주소와 현금출자 전환 및 환매특약 조건
18. 설립 후 양수를 약정한 재산이 있는 경우에는 그 재산의 명칭, 수량, 가격과 양도인의 성명·주소
19. 그 밖에 이 법에서 정관으로 정하도록 한 사항

제17조【설립사무의 인계와 출자납입】 ① 발기인은 제15조제1항에 따라 설립인가를 받으면 지체 없이 그 사무를 조합장에게 인계하여야 한다.
② 제1항에 따라 조합장이 그 사무를 인수하면 기일을 정하여 조합원이 되려는 자에게 출자금을 납입하게 하여야 한다.
③ 현물출자자는 제2항에 따른 납입기일 안에 출자 목적인 재산을 인도하고 등기·등록, 그 밖의 권리의 이전에 필요한 서류를 구비하여 지역농협에 제출하여야 한다.

제18조【지역농협의 성립】 ① 지역농협은 주된 사무소의 소재지에서 제90조에 따른 설립등기를 함으로써 성립한다.
② 지역농협의 설립 무효에 관하여는 「상법」 제328조를 준용한다.

제3절 조합원

제19조【조합원의 자격】 ① 조합원은 지역농협의 구역에 주소, 거소(居所)나 사업장이 있는 농업인이어야 하며, 둘 이상의 지역농협에 가입할 수 없다.
② 「농어업경영체 육성 및 지원에 관한 법률」 제16조 및 제19조에 따른 영농조합법인과 농업회사법인으로서 그 주된 사무소를 지역농협의 구역에 두고 농업을 경영하는 법인은 지역농협의 조합원이 될 수 있다.
③ 특별시 또는 광역시의 자치구를 구역의 전부 또는 일부로 하는 품목조합은 해당 자치구를 구역으로 하는 지역농협의 조합원이 될 수 있다.
④ 제1항에 따른 농업인의 범위는 대통령령으로 정한다.
⑤ 지역농협이 정관으로 구역을 변경하는 경우 기존의 조합원은 변경된 구역에 주소, 거소나 사업장, 주된 사무소가 없더라도 조합원의 자격을 계속하여 유지한다. 다만, 정관으로 구역을 변경하기 이전의 구역 외로 주소, 거소나 사업장, 주된 사무소가 이전된 경우에는 그러하지 아니하다.(2024.1.23 본항신설)

제20조【준조합원】 ① 지역농협은 정관으로 정하는 바에 따라 지역농협의 구역에 주소나 거소를 둔 자로서 그 지역농협의 사업을 이용함이 적당하다고 인정되는 자를 준조합원으로 할 수 있다.
② 지역농협은 준조합원에 대하여 정관으로 정하는 바에 따라 가입금과 경비를 부담하게 할 수 있다.
③ 준조합원은 정관으로 정하는 바에 따라 지역농협의 사업을 이용할 권리를 가진다.
④ 지역농협이 정관으로 구역을 변경하는 경우 기존의 준조합원은 변경된 구역에 주소나 거소가 없더라도 준조합원의 자격을 계속하여 유지한다. 다만, 정관으로 구역을 변경하기 이전의 구역 외로 주소나 거소가 이전된 경우에는 그러하지 아니하다.(2024.1.23 본항신설)

제21조【출자】 ① 조합원은 정관으로 정하는 좌수 이상을 출자하여야 한다.
② 출자 1좌의 금액은 균일하게 정하여야 한다.
③ 출자 1좌의 금액은 정관으로 정한다.
④ 조합원의 출자액은 질권(質權)의 목적이 될 수 없다.
⑤ 조합원은 출자의 납입 시 지역농협에 대한 채권과 상계(相計)할 수 없다.

제21조의2【우선출자】 지역농협의 우선출자에 관하여는 제147조를 준용한다. 이 경우 "중앙회"는 "지역농협"으로 보고, 제147조제2항 및 제4항 중 "제117조"는 "제21조"로 본다.(2016.12.27 본조개정)

제21조의3【출자배당금의 출자전환】 지역농협은 정관으로 정하는 바에 따라 조합원의 출자액에 대한 배당 금액의 전부 또는 일부를 그 조합원으로 하여금 출자하게 할 수 있다. 이 경우 그 조합원은 배당받을 금액을 지역농협에 대한 채무와 상계할 수 없다.(2009.6.9 본조신설)

제22조【회전출자】 지역농협은 제21조에 따른 출자 외에 정관으로 정하는 바에 따라 그 사업의 이용 실적에 따라 조합원에게 배당할 금액의 전부 또는 일부를 그 조합원으로 하여금 출자하게 할 수 있다. 이 경우 제21조의3 후단을 준용한다.

제23조【지분의 양도·양수와 공유금지】 ① 조합원은 지역농협의 승인 없이 그 지분을 양도(讓渡)할 수 없다.
② 조합원이 아닌 자가 지분(持分)을 양수하려면 가입신청, 자격심사 등 가입의 예에 따른다.
③ 지분양수인은 그 지분에 관하여 양도인의 권리의무를 승계한다.
④ 조합원의 지분은 공유할 수 없다.

제24조【조합원의 책임】 ① 조합원의 책임은 그 출자액을 한도로 한다.
② 조합원은 지역농협의 운영과정에 성실히 참여하여야 하며, 생산한 농산물을 지역농협을 통하여 출하(出荷)하는 등 그 사업을 성실히 이용하여야 한다.

제24조의2【조합원의 우대】 ① 지역농협은 농산물 출하 등 경제사업에 대하여 이용계약을 체결하고 이를 성실히 이행하는 조합원(이하 이 조에서 "약정조합원"이라 한다)에게 사업이용·배당 등을 우대할 수 있다.
② 약정조합원의 범위, 교육, 책임, 계약의 체결·이행의 확인 및 우대 내용 등에 관한 세부사항은 정관으로 정한다.(2016.12.27 본항개정)
③ 제57조제1항제2호에 따른 경제사업 규모 또는 그 경제사업을 이용하는 조합원의 비율이 대통령령으로 정하는 기준 이상에 해당하는 지역농협은 약정조합원 육성계획을 매년 수립하여 시행하여야 한다.(2016.12.27 본항신설)
(2009.6.9 본조신설)

제25조【경비와 과태금의 부과】 ① 지역농협은 정관으로 정하는 바에 따라 조합원에게 경비와 과태금을 부과할 수 있다.
② 조합원은 제1항에 따른 경비와 과태금을 납부할 때 지역농협에 대한 채권과 상계할 수 없다.

제26조【의결권 및 선거권】 조합원은 출자액의 많고 적음에 관계없이 평등한 의결권 및 선거권을 가진다. 이 경우 선거권은 임원 또는 대의원의 임기만료일(보궐선거 등의 경우 그 선거의 실시사유가 확정된 날) 전 180일까지 해당 조합의 조합원으로 가입한 자만 행사할 수 있다.

제27조【의결권의 대리】 ① 조합원은 대리인에게 의결권을 행사하게 할 수 있다. 이 경우 그 조합원은 출석한 것으로 본다.
② 대리인은 다른 조합원 또는 본인과 동거하는 가족(제19조제2항·제3항에 따른 법인 또는 조합의 경우에는 조합원·사원 등 그 구성원을 말한다)이어야 하며, 대리인이 대리할 수 있는 조합원의 수는 1인으로 한정한다.
③ 대리인은 대리권(代理權)을 증명하는 서면(書面)을 지역농협에 제출하여야 한다.

제28조【가입】 ① 지역농협은 정당한 사유 없이 조합원 자격을 갖추고 있는 자의 가입을 거절하거나 다른 조합원보다 불리한 가입 조건을 달 수 없다. 다만, 제30조제1항 각 호의 어느 하나에 해당되어 제명된 후 2년이 지나지 아니한 자에 대하여는 가입을 거절할 수 있다.
② 제19조제1항에 따른 조합원은 해당 지역농협에 가입한 지 1년 6개월 이내에는 같은 구역에 설립된 다른 지역농협에 가입할 수 없다.
③ 새로 조합원이 되려는 자는 정관으로 정하는 바에 따라 출자하여야 한다.
④ 지역농협은 조합원 수(數)를 제한할 수 없다.
⑤ 사망으로 인하여 탈퇴하게 된 조합원의 상속인(공동상속인 경우에는 공동상속인이 선정한 1명의 상속인을 말한다)이 제19조제1항에 따른 조합원 자격이 있는 경우에는 피상속인의 출자를 승계하여 조합원이 될 수 있다.
⑥ 제5항에 따라 출자를 승계한 상속인에 관하여는 제1항을 준용한다.

제29조【탈퇴】 ① 조합원은 지역농협에 탈퇴 의사를 알리고 탈퇴할 수 있다.
② 조합원이 다음 각 호의 어느 하나에 해당하면 당연히 탈퇴된다.
1. 조합원의 자격이 없는 경우
2. 사망한 경우
3. 파산한 경우
4. 성년후견개시의 심판을 받은 경우(2016.12.27 본호개정)
5. 조합원인 법인이 해산한 경우
③ 제43조에 따른 이사회는 조합원의 전부 또는 일부를 대상으로 제2항 각 호의 어느 하나에 해당하는지를 확인하여야 한다.

제30조【제명】 ① 지역농협은 조합원이 다음 각 호의 어느 하나에 해당하면 총회의 의결을 거쳐 제명할 수 있다.
1. 1년 이상 지역농협의 사업을 이용하지 아니한 경우
1의2. 2년 이상 제57조제1항제2호의 경제사업을 이용하지 아니한 경우. 다만, 정관에서 정하는 정당한 사유가 있는 경우는 제외한다.(2016.12.27 본호신설)
2. 출자 및 경비의 납입, 그 밖의 지역농협에 대한 의무를 이행하지 아니한 경우
3. 정관으로 금지한 행위를 한 경우(2011.3.31 본호개정)
② 지역농협은 조합원이 제1항 각 호의 어느 하나에 해당하면 총회 개회 10일 전까지 그 조합원에게 제명의 사유를 알리고 총회에서 의견을 진술할 기회를 주어야 한다.

제31조【지분환급청구권과 환급정지】 ① 탈퇴 조합원(제명된 조합원을 포함한다. 이하 이 조와 제32조에서 같다)은 탈퇴(제명을 포함한다. 이하 이 조와 제32조에서 같다) 당시의 회계연도의 다음 회계연도부터 정관으로 정하는 바에 따라 그 지분의 환급(還給)을 청구할 수 있다.
② 제1항에 따른 청구권은 2년간 행사하지 아니하면 소멸된다.
③ 지역농협은 탈퇴 조합원이 지역농협에 대한 채무를 다 갚을 때까지는 제1항에 따른 지분의 환급을 정지할 수 있다.

제32조【탈퇴 조합원의 손실액 부담】 지역농협은 지역농협의 재산으로 그 채무를 다 갚을 수 없는 경우에는 제31조에 따른 환급분을 계산할 때 정관으로 정하는 바에 따라 탈퇴 조합원이 부담하여야 할 손실액의 납입을 청구할 수 있다. 이 경우 제31조제1항 및 제2항을 준용한다.

제33조【의결 취소의 청구 등】 ① 조합원은 총회(창립총회를 포함한다)의 소집 절차, 의결 방법, 의결 내용 또는 임원의 선거가 법령, 법령에 따른 행정처분 또는 정관을 위반한 것을 사유로 하여 그 의결이나 선거에 따른 당선의 취소 또는 무효 확인을 농림축산식품부장관에게 청구하거나 이를 청구하는 소(訴)를 제기할 수 있다. 다만, 농림축산식품부장관은 조합원의 청구와 같은 내용의 소가 법원에 제기된 사실을 알았을 때에는 제2항 후단에 따른 조치를 하지 아니한다.(2013.3.23 본항개정)
② 제1항에 따라 농림축산식품부장관에게 청구하는 경우에는 의결일이나 선거일부터 1개월 이내에 조합원 300인 또는 100분의 5 이상의 동의를 받아 청구하여야 한다. 이 경우 농림축산식품부장관은 그 청구서를 받은 날부터 3개월 이내에 이에 대한 조치 결과를 청구인에게 알려야 한다.(2013.3.23 본항개정)
③ 제1항에 따른 소에 관하여는 「상법」 제376조부터 제381조까지의 규정을 준용한다.
④ 제1항에 따른 의결 취소의 청구 등에 필요한 사항은 농림축산식품부령으로 정한다.(2013.3.23 본항개정)

제4절 기 관

제34조【총회】 ① 지역농협에 총회를 둔다.
② 총회는 조합원으로 구성한다.
③ 정기총회는 매년 1회 정관으로 정하는 시기에 소집하고, 임시총회는 필요할 때에 수시로 소집한다.

제35조【총회의결사항 등】 ① 다음 각 호의 사항은 총회의 의결을 거쳐야 한다.
1. 정관의 변경
2. 해산·분할 또는 품목조합으로의 조직변경
3. 조합원의 제명
4. 합병
5. 임원의 선출 및 해임
6. 규약의 제정·개정 및 폐지
7. 사업 계획의 수립, 수지 예산의 편성과 사업 계획 및 수지 예산 중 정관으로 정하는 중요한 사항의 변경
8. 사업보고서, 재무상태표, 손익계산서, 잉여금 처분안과 손실금 처리안(2011.3.31 본호개정)
9. 중앙회의 설립 발기인이 되거나 이에 가입 또는 탈퇴하는 것
10. 임원의 보수 및 실비변상
11. 그 밖에 조합장이나 이사회가 필요하다고 인정하는 사항
② 제1항제1호·제2호 및 제4호의 사항은 농림축산식품부장관의 인가를 받지 아니하면 효력을 발생하지 아니한다. 다만, 제1항제1호의 사항을 농림축산식품부장관이 정하여 고시한 정관례에 따라 변경하는 경우에는 그러하지 아니하다.(2013.3.23 본항개정)

제36조【총회의 소집청구】 ① 조합원은 조합원 300인이나 100분의 10 이상의 동의를 받아 소집의 목적과 이유를 서면에 적어 조합장에게 제출하고 총회의 소집을 청구할 수 있다.
② 조합장은 제1항에 따른 청구를 받으면 2주일 이내에 총회소집통지서를 발송하여야 한다.
③ 총회를 소집할 사람이 없거나 제2항에 따른 기간 이내에 정당한 사유 없이 조합장이 총회소집통지서를 발송하지 아니할 때에는 감사가 5일 이내에 총회소집통지서를 발송하여야 한다.
④ 감사가 제3항에 따른 기간 이내에 총회소집통지서를 발송하지 아니할 때에는 제1항에 따라 소집을 청구한 조합원의 대표가 총회를 소집한다. 이 경우 조합원이 의장의 직무를 수행한다.

제37조【조합원에 대한 통지와 최고】 ① 지역농협이 조합원에게 통지나 최고(催告)를 할 때에는 조합원명부에 적힌 조합원의 주소나 거소로 하여야 한다.
② 총회를 소집하려면 총회 개회 7일 전까지 회의 목적 등을 적은 총회소집통지서를 조합원에게 발송하여야 한다. 다만, 같은 목적으로 총회를 다시 소집할 때에는 개회 전날까지 알린다.

제38조【총회의 개의와 의결】 ① 총회는 이 법에 다른 규정이 있는 경우를 제외하고는 조합원 과반수의 출석으로 개의(開議)하고 출석조합원 과반수의 찬성으로 의결한다. 다만, 제35조제1항제1호부터 제3호까지의 사항은 조합원 과반수의 출석과 출석조합원 3분의 2 이상의 찬성으로 의결한다.
② 제1항 단서에도 불구하고 합병 후 존속하는 조합의 경우 그 합병으로 인한 정관 변경에 관한 의결은 조합원 과반수의 출석으로 개의하고, 출석조합원 과반수의 찬성으로 의결한다.(2024.1.23 본항신설)

제39조【의결권의 제한 등】 ① 총회에서는 제37조제2항에 따라 통지한 사항에 대하여만 의결할 수 있다. 다만,

제35조제1항제1호부터 제5호까지의 사항을 제외한 긴급한 사항으로서 조합원 과반수의 출석과 출석조합원 3분의 2 이상의 찬성이 있을 때에는 그러하지 아니하다.
② 지역농협과 조합원의 이해가 상반되는 의사(議事)를 의결할 때에는 해당 조합원은 그 의결에 참여할 수 없다.
③ 조합원은 조합원 100인이나 100분의 3 이상의 동의를 받아 총회 개회 30일 전까지 조합장에게 서면으로 일정한 사항을 총회의 목적 사항으로 할 것을 제안(이하 "조합원제안"이라 한다)할 수 있다. 이 경우 조합원제안의 내용이 법령이나 정관을 위반하는 경우를 제외하고는 이를 총회의 목적 사항으로 하여야 하고, 조합원제안을 한 자가 청구하면 총회에서 그 제안을 설명할 기회를 주어야 한다.
제40조【총회의 의사록】 ① 총회의 의사에 관하여는 의사록(議事錄)을 작성하여야 한다.
② 의사록에는 의사의 진행 상황과 그 결과를 적고 의장과 총회에서 선출한 조합원 5인 이상이 기명날인(記名捺印)하거나 서명하여야 한다.
제41조【총회 의결의 특례】 ① 다음 각 호의 사항에 대하여는 제35조제1항에도 불구하고 조합원의 투표로 총회의 의결을 갈음할 수 있다. 이 경우 조합원 투표의 통지·방법, 그 밖에 투표에 필요한 사항은 정관으로 정한다.
1. 해산, 분할 또는 품목조합으로의 조직변경
2. 제45조제5항제1호에 따른 조합장의 선출(2016.12.27 본호개정)
3. 제54조제1항에 따른 임원의 해임
4. 합병
② 제1항 각 호의 사항에 대한 의결이나 선출은 다음 각 호의 방법에 따른다.
1. 제1항제1호의 사항은 조합원 과반수의 투표와 투표한 조합원 3분의 2 이상의 찬성으로 의결
2. 제1항제2호의 사항은 유효 투표의 최다득표자를 선출. 다만, 최다득표자가 2명 이상이면 연장자를 당선인으로 결정한다.
3. 제1항제3호의 사항은 조합원 과반수의 투표와 투표한 조합원 3분의 2 이상의 찬성으로 의결
4. 제1항제4호의 사항은 조합원 과반수의 투표와 투표한 조합원 과반수의 찬성으로 의결
제42조【대의원회】 ① 지역농협은 정관으로 정하는 바에 따라 제41조제1항 각 호에 규정된 사항 외의 사항에 대한 총회의 의결에 관하여 총회를 갈음하는 대의원회를 둘 수 있다.
② 대의원은 조합원이어야 한다.
③ 대의원의 정수, 임기 및 선출 방법은 정관으로 정한다. 다만, 임기만료연도 결산기의 마지막 달부터 그 결산기에 관한 정기총회 전에 임기가 끝난 경우에는 정기총회가 끝날 때까지 그 임기가 연장된다.
④ 대의원은 해당 지역농협의 조합장을 제외한 임직원과 다른 조합의 임직원을 겸직하여서는 아니 된다.
⑤ 대의원회에 대하여는 총회에 관한 규정을 준용한다. 다만, 대의원의 의결권은 대리인이 행사할 수 없다.
제43조【이사회】 ① 지역농협에 이사회를 둔다.
② 이사회는 조합장을 포함한 이사로 구성하되, 조합장이 소집한다.
③ 이사회는 다음 각 호의 사항을 의결한다.
1. 조합원의 자격 심사 및 가입 승낙
2. 법정 적립금의 사용
3. 차입금의 최고 한도
4. 경비의 부과와 징수 방법
5. 사업 계획 및 수지예산(收支豫算) 중 제35조제1항제7호에서 정한 사항 외의 경미한 사항의 변경
6. 간부직원의 임면
7. 정관으로 정하는 금액 이상의 업무용 부동산의 취득과 처분(2014.12.31 본호개정)
8. 업무 규정의 제정·개정 및 폐지와 사업 집행 방침의 결정
9. 총회로부터 위임된 사항
10. 법령 또는 정관에 규정된 사항
11. 상임이사의 해임 요구에 관한 사항
12. 상임이사 소관 업무의 성과평가에 관한 사항
13. 그 밖에 조합장, 상임이사 또는 이사의 3분의 1 이상이 필요하다고 인정하는 사항
④ 이사회는 제3항에 따라 의결된 사항에 대하여 조합장이나 상임이사의 업무집행상황을 감독한다.
⑤ 이사회는 구성원 과반수의 출석으로 개의하고 출석자 과반수의 찬성으로 의결한다.
⑥ 간부직원은 이사회에 출석하여 의견을 진술할 수 있다.
⑦ 제3항제12호에 따른 성과평가에 필요한 사항과 이사회의 운영에 필요한 사항은 정관으로 정한다.
제44조【운영평가자문회의의 구성·운영】 ① 지역농협은 지역농협의 건전한 발전을 도모하기 위하여 조합원 및 외부 전문가 15명 이내로 운영평가자문회의를 구성·운영할 수 있다.
② 제1항에 따라 운영되는 운영평가자문회의는 지역농협의 운영상황을 평가하였으면 그 결과를 이사회에 보고하여야 한다.
③ 이사회는 운영평가자문회의의 평가결과를 총회에 보고하여야 한다.
④ 조합장은 운영평가자문회의의 평가결과를 지역농협의 운영에 적극 반영하여야 한다.
⑤ 제1항의 운영평가자문회의의 구성과 운영에 필요한 사항은 정관으로 정한다.
제45조【임원의 정수 및 선출】 ① 지역농협에 임원으로서 조합장 1명을 포함한 7명 이상 25명 이하의 이사와 2명의 감사를 두되, 그 정수는 정관으로 정한다. 이 경우 이사의 3분의 2 이상은 조합원이어야 하며, 자산 등 지역농협의 사업규모가 대통령령으로 정하는 기준 이상에 해당하는 경우에는 조합원이 아닌 이사를 1명 이상 두어야 한다.
② 지역농협은 정관으로 정하는 바에 따라 제1항에 따른 조합장을 포함한 이사 중 2명 이내를 상임(常任)으로 할 수 있다. 다만, 조합장을 비상임으로 운영하는 지역농협과 자산 등 사업규모가 대통령령으로 정하는 기준 이상에 해당하는 지역농협에는 조합원이 아닌 이사 중 1명 이상을 상임이사로 두어야 한다.(2016.12.27 본문개정)
③ 지역농협은 정관으로 정하는 바에 따라 감사 중 1명을 상임으로 할 수 있다. 다만, 자산 등 사업규모가 대통령령으로 정하는 기준 이상에 해당하는 지역농협에는 조합원이 아닌 상임감사 1명을 두어야 한다.(2016.12.27 본항신설)
④ 제2항 본문에도 불구하고 자산 등 지역농협의 사업규모가 대통령령으로 정하는 기준 이상에 해당하는 경우에는 조합장을 비상임으로 한다.
⑤ 조합장은 조합원 중에서 정관으로 정하는 바에 따라 다음 각 호의 어느 하나의 방법으로 선출한다.
1. 조합원이 총회 또는 총회 외에서 투표로 직접 선출
2. 대의원회가 선출
3. 이사회가 이사 중에서 선출
⑥ 조합장 외의 임원은 총회에서 선출한다. 다만, 상임이사 및 상임감사는 조합 업무에 대한 전문지식과 경험이 풍부한 사람으로서 대통령령으로 정하는 요건에 맞는 사람 중에서 인사추천위원회에서 추천된 사람을 총회에서 선출한다.(2016.12.27 단서개정)
⑦ 상임인 임원을 제외한 지역농협의 임원은 명예직으로 한다.
⑧ 지역농협은 이사 정수의 5분의 1 이상을 여성조합원과 품목을 대표할 수 있는 조합원에게 배분되도록 노력하여야 한다. 다만, 여성조합원이 전체 조합원의 100분의 30 이상인 지역농협은 이사 중 1명 이상을 여성조합원 중에서 선출하여야 한다.(2014.12.31 단서신설)
⑨ 지역농협의 조합장 선거에 입후보하기 위하여 임기 중 그 직을 그만 둔 지역농협의 이사 및 감사는 그 사직으로 인하여 실시사유가 확정된 보궐선거의 후보자가 될 수 없다.(2011.3.31 본항신설)
⑩ 임원의 선출과 추천, 제6항에 따른 인사추천위원회 구성과 운영에 관하여 이 법에서 정한 사항 외에 필요한 사항은 정관으로 정한다.(2016.12.27 본항개정)
제46조【임원의 직무】 ① 조합장은 지역농협을 대표하며 업무를 집행한다.
② 제1항에도 불구하고 조합장이 상임인 경우로서 상임이사를 두는 경우에는 조합장은 정관으로 정하는 바에 따라 업무의 일부를 상임이사에게 위임·전결처리하도록 하여야 하며, 조합장이 비상임인 경우에는 상임이사가 업무를 집행한다. 다만, 제45조제4항에 따른 비상임 조합장은 정관으로 정하는 바에 따라 제57조제1항의 사업(같은 항 제3호의 신용사업과 이와 관련되는 부대사업은 제외한다) 중 전부 또는 일부를 집행할 수 있다.(2016.12.27 단서개정)
③ 조합장은 총회와 이사회의 의장이 된다.
④ 조합장 또는 상임이사가 다음 각 호의 어느 하나의 사유(상임이사의 경우 제5호는 제외한다)로 그 직무를 수행할 수 없을 때에는 이사회가 정하는 순서에 따라 이사(조합장의 경우에는 조합원이 아닌 이사는 제외한다)가 그 직무를 대행한다.
1. 궐위(闕位)된 경우
2. 공소 제기된 후 구금상태에 있는 경우
3. (2014.12.31 삭제)
4. 「의료법」에 따른 의료기관에 60일 이상 계속하여 입원한 경우(2014.12.31 본호개정)
5. 제54조제2항제3호에 따라 조합장의 해임을 대의원회에서 의결한 경우
6. 그 밖에 부득이한 사유로 직무를 수행할 수 없는 경우
⑤ 조합장이 그 직을 가지고 해당 지역농협의 조합장 선거에 입후보하면 후보자로 등록한 날부터 선거일까지 제4항에 따라 이사회가 정하는 순서에 따른 이사가 그 조합장의 직무를 대행한다.
⑥ 감사는 지역농협의 재산과 업무집행상황을 감사하며, 전문적인 회계감사가 필요하다고 인정되면 중앙회에 회계감사를 의뢰할 수 있다.
⑦ 감사는 지역농협의 재산 상황이나 업무 집행에 부정한 사실이 있는 것을 발견하면 총회에 보고하여야 하고, 그 내용을 총회에 신속히 보고하여야 할 필요가 있으면 정관으로 정하는 바에 따라 조합장에게 총회의 소집을 요구하거나 총회를 소집할 수 있다.
⑧ 감사는 총회나 이사회에 출석하여 의견을 진술할 수 있다.
⑨ 감사의 직무에 관하여는 「상법」 제412조의5·제413조 및 제413조의2를 준용한다.(2016.12.27 본항개정)
제47조【감사의 대표권】 ① 지역농협이 조합장이나 이사와 계약을 할 때에는 감사가 지역농협을 대표한다.
② 지역농협과 조합장 또는 이사 간의 소송에 관하여는 제1항을 준용한다.
제48조【임원의 임기】 ① 조합장과 이사의 임기는 다음 각 호와 같고, 감사의 임기는 3년으로 하며, 조합장(상임인 경우에만 해당한다)은 2차에 한하여 연임할 수 있다. 다만, 설립 당시의 조합장, 조합원인 이사 및 감사의 임기는 정관으로 정하되, 2년을 초과할 수 없다.
1. 조합장과 조합원인 이사 : 4년
2. 제1호의 이사를 제외한 이사 : 2년
② 제1항에 따른 임원의 임기가 끝나는 경우에는 제42조제3항 단서를 준용한다.
제49조【임원의 결격사유】 ① 다음 각 호의 어느 하나에 해당하는 사람은 지역농협의 임원이 될 수 없다. 다만, 제10호와 제12호는 조합원인 임원에게만 적용한다.
1. 대한민국 국민이 아닌 사람
2. 미성년자·피성년후견인 또는 피한정후견인(2016.12.27 본호개정)
3. 파산선고를 받고 복권되지 아니한 사람
4. 법원의 판결이나 다른 법률에 따라 자격이 상실되거나 정지된 사람
5. 금고 이상의 실형을 선고받고 그 집행이 끝나거나(집행이 끝난 것으로 보는 경우를 포함한다) 집행이 면제된 날부터 3년이 지나지 아니한 사람
6. 제164조제1항이나 「신용협동조합법」 제84조에 규정된 개선(改選) 또는 징계면직의 처분을 받은 날부터 5년이 지나지 아니한 사람
7. 형의 집행유예선고를 받고 그 유예기간 중에 있는 사람
8. 제172조 또는 「공공단체등 위탁선거에 관한 법률」 제58조(매수 및 이해유도죄)·제59조(기부행위의 금지·제한 등 위반죄)·제61조(허위사실 공표죄)부터 제66조(각종 제한규정 위반죄)까지에 규정된 죄를 범하여 벌금 100만원 이상의 형을 선고받고 4년이 지나지 아니한 사람(2014.6.11 본호개정)
9. 이 법에 따른 임원 선거에서 당선되었으나 제173조제1항제1호 또는 「공공단체등 위탁선거에 관한 법률」 제70조(위탁선거범죄로 인한 당선무효)제1호에 따라 당선이 무효로 된 사람으로서 그 무효가 확정된 날부터 5년이 지나지 아니한 사람(2014.6.11 본호개정)
10. 선거일 공고일 현재 해당 지역농협의 정관으로 정하는 출자좌수(出資座數) 이상의 납입 출자분을 2년 이상 계속 보유하고 있지 아니한 사람. 다만, 설립이나 합병 후 2년이 지나지 아니한 지역농협의 경우에는 그러하지 아니하다.
11. 선거일 공고일 현재 해당 지역농협, 중앙회 또는 다음 각 목의 어느 하나에 해당하는 금융기관에 대하여 정관으로 정하는 금액과 기간을 초과하여 채무 상환을 연체하고 있는 사람
가. 「은행법」에 따라 설립된 은행
나. 「한국산업은행법」에 따른 한국산업은행
다. 「중소기업은행법」에 따른 중소기업은행
라. 그 밖에 대통령령으로 정하는 금융기관
(2012.6.1 본호개정)
12. 선거일 공고일 현재 제57조제1항의 사업 중 대통령령으로 정하는 사업에 대하여 해당 지역농협의 정관으로 정하는 일정 규모 이상의 사업 이용실적이 없는 사람(2016.12.27 본호개정)
② 제1항의 사유가 발생하면 해당 임원은 당연히 퇴직된다.
③ 제2항에 따라 퇴직한 임원이 퇴직 전에 관여한 행위는 그 효력을 상실하지 아니한다.
제49조의2【형의 분리 선고】 ① 「형법」 제38조에도 불구하고 제49조제1항제8호에 규정된 죄와 다른 죄의 경합범에 대해서는 이를 분리 선고하여야 한다.
② 임원 선거 후보자의 직계 존속·비속이나 배우자가 범한 제172조제1항제2호(제50조제11항을 위반한 경우는 제외한다)·제3호 또는 「공공단체등 위탁선거에 관한 법률」 제58조·제59조에 규정된 죄와 다른 죄의 경합범으로 징역형 또는 300만원 이상의 벌금형을 선고하는 경우에는 이를 분리 선고하여야 한다.
(2016.12.27 본조신설)
제50조【선거운동의 제한】 ① 누구든지 자기 또는 특정인을 지역농협의 임원이나 대의원으로 당선되게 하거나 당선되지 못하게 할 목적으로 다음 각 호의 어느 하나에 해당하는 행위를 할 수 없다.
1. 조합원(조합에 가입신청을 한 자를 포함한다. 이하 이 조에서 같다)이나 그 가족(조합원의 배우자, 조합원 또는 그 배우자의 직계 존속·비속과 형제자매, 조합원의 직계 존속·비속 및 형제자매의 배우자를 말한다. 이하 같다) 또는 조합원이나 그 가족이 설립·운영하고 있는 기관·단체·시설에 대한 다음 각 목의 어느 하나에 해당하는 행위
가. 금전·물품·향응이나 그 밖의 재산상의 이익을 제공하는 행위
나. 공사(公私)의 직(職)을 제공하는 행위
다. 금전·물품·향응, 그 밖의 재산상의 이익이나 공사의 직을 제공하겠다는 의사표시 또는 그 제공을 약속하는 행위
2. 후보자가 되지 못하도록 하거나 후보자를 사퇴하게 할 목적으로 후보자가 되려는 사람이나 후보자에게 제1호 각 목에 규정된 행위를 하는 행위

3. 제1호나 제2호에 규정된 이익이나 직을 제공받거나 그 제공의 의사표시를 승낙하는 행위 또는 그 제공을 요구하거나 알선하는 행위

② 임원이 되려는 사람은 임기만료일 전 90일(보궐선거 등에 있어서는 그 선거의 실시사유가 확정된 날)부터 선거일까지 선거운동을 위하여 조합원을 호별(戶別)로 방문하거나 특정 장소에 모이게 할 수 없다.(2020.12.8 본항개정)

③ 누구든지 지역농협의 임원 또는 대의원선거와 관련하여 연설·벽보, 그 밖의 방법으로 거짓의 사실을 공표하거나 공연히 사실을 적시(摘示)하여 후보자(후보자가 되려는 사람을 포함한다. 이하 같다)를 비방할 수 없다.(2011.3.31 본항개정)

④ 누구든지 임원 선거와 관련하여 다음 각 호의 방법(이사 및 감사 선거의 경우에는 제2호 또는 제4호에 한정한다) 외의 선거운동을 할 수 없다.(2017.10.31 본문개정)

1. 선전 벽보의 부착
2. 선거 공보의 배부
3. 합동 연설회 또는 공개 토론회의 개최
4. 전화(문자메시지를 포함한다)·컴퓨터통신(전자우편을 포함한다)을 이용한 지지 호소
5. 도로·시장 등 농림축산식품부령으로 정하는 다수인이 왕래하거나 집합하는 공개된 장소에서의 지지 호소 및 명함 배부(2013.3.23 본호개정)

(2011.3.31 본항개정)

⑤ 제4항에 따른 선거운동방법에 관한 세부적인 사항은 농림축산식품부령으로 정한다.(2013.3.23 본항개정)

⑥ 제4항에도 불구하고 다음 각 호의 어느 하나에 해당하는 경우에는 선거운동을 할 수 없다.

1. 조합장을 이사회가 이사 중에서 선출하는 경우
2. 상임이사 및 상임감사 선출의 경우(2016.12.27 본호개정)
3. 조합원이 아닌 이사 선출의 경우

(2011.3.31 본항신설)

⑦ 제4항에 따른 선거운동은 후보자등록마감일의 다음 날부터 선거일 전일까지만 할 수 있다.(2011.3.31 본항신설)

⑧ 누구든지 특정 임원의 선거에 투표하거나 하게 할 목적으로 거짓이나 그 밖의 부정한 방법으로 선거인명부에 오르게 할 수 없다.(2024.1.23 본항개정)

⑨ 누구든지 임원 또는 대의원 선거와 관련하여 자기 또는 특정인을 당선되게 하거나 당선되지 못하게 할 목적으로 후보자등록시작일부터 선거일까지 다수의 조합원(조합원의 가족 또는 조합원이나 그 가족이 설립·운영하고 있는 기관·단체·시설을 포함한다)에게 배부하도록 구분된 형태로 되어 있는 포장된 선물 또는 돈봉투 등 금품을 운반하지 못한다.(2011.3.31 본항신설)

⑩ 누구든지 제51조제1항에 따른 조합선거관리위원회의 위원·직원, 그 밖에 선거사무에 종사하는 자를 폭행·협박·유인 또는 체포·감금하거나 폭행이나 협박을 가하여 투표소·개표소 또는 선거관리위원회 사무소를 소요·교란하거나, 투표용지·투표지·투표보조용구·전산조직 등 선거관리 및 단속사무와 관련한 시설·설비·장비·서류·인장 또는 선거인명부를 은닉·손괴·훼손 또는 탈취하지 못한다.(2014.6.11 본항개정)

⑪ 지역농협의 임직원은 다음 각호의 어느 하나에 해당하는 행위를 할 수 없다.(2011.3.31 본문개정)

1. 그 지위를 이용하여 선거운동을 하는 행위
2. 선거운동의 기획에 참여하거나 그 기획의 실시에 관여하는 행위
3. 후보자에 대한 조합원의 지지도를 조사하거나 발표하는 행위(2011.3.31 본호개정)

판례 농업협동조합법상의 호별방문죄는 연속적으로 두 집 이상을 방문함으로써 성립하는 범죄로서 선거운동을 위하여 다수의 조합원을 호별로 방문한 때에는 포괄일죄로 보아야 한다.(대판 2007.7.12, 2007도2191)

제50조의2【기부행위의 제한】 ① 지역농협의 임원 선거 후보자, 그 배우자 및 후보자가 속한 기관·단체·시설은 임원의 임기만료일 전 180일(보궐선거 등의 경우에는 그 선거의 실시 사유가 확정된 날)부터 그 선거일까지 조합원(조합에 가입 신청을 한 사람을 포함한다. 이하 이 조에서 같다)이나 그 가족 또는 조합원이나 그 가족이 설립·운영하고 있는 기관·단체·시설에 대하여 금전·물품이나 그 밖의 재산상 이익의 제공, 이익 제공의 의사표시 또는 그 제공을 약속하는 행위(이하 "기부행위"라 한다)를 할 수 없다.

② 제1항에도 불구하고 다음 각호의 어느 하나에 해당하는 행위는 기부행위로 보지 아니한다.

1. 직무상의 행위
 가. 후보자가 소속된 기관·단체·시설(나목에 따른 조합은 제외한다)의 자체 사업 계획과 예산으로 하는 의례적인 금전·물품을 그 기관·단체·시설의 명의로 제공하는 행위(포상 및 화환·화분 제공 행위를 포함한다)(2016.12.27 본목개정)
 나. 법령과 정관에 따른 조합의 사업 계획 및 수지예산에 따라 집행하는 금전·물품을 그 기관·단체·시설의 명의로 제공하는 행위(포상 및 화환·화분 제공 행위를 포함한다)(2016.12.27 본목개정)
 다. 물품 구매, 공사, 역무(役務)의 제공 등에 대한 대가의 제공 또는 부담금의 납부 등 채무를 이행하는 행위
 라. 가목부터 다목까지의 규정에 해당하는 행위 외에 법령의 규정에 따라 물품 등을 찬조·출연 또는 제공하는 행위
2. 의례적 행위
 가. 「민법」 제777조에 따른 친족의 관혼상제 의식이나 그 밖의 경조사에 축의·부의금품을 제공하는 행위
 나. 후보자가 「민법」 제777조에 따른 친족 외의 자의 관혼상제 의식에 통상적인 범위에서 축의·부의금품(화환·화분을 포함한다)을 제공하거나 주례를 서는 행위(2016.12.27 본목개정)
 다. 후보자의 관혼상제 의식이나 그 밖의 경조사에 참석한 하객이나 조객(弔客) 등에게 통상적인 범위에서 음식물이나 답례품을 제공하는 행위
 라. 후보자가 그 소속 기관·단체·시설(후보자가 임원이 되려는 해당 조합은 제외한다)의 유급(有給) 사무직원 또는 「민법」 제777조에 따른 친족에게 연말·설 또는 추석에 의례적인 선물을 제공하는 행위
 마. 친목회·향우회·종친회·동창회 등 각종 사교·친목단체 및 사회단체의 구성원으로서 해당 단체의 정관·규약 또는 운영관례상의 의무에 기초하여 종전의 범위에서 회비를 내는 행위
 바. 후보자가 평소 자신이 다니는 교회·성당·사찰 등에 통상적으로 헌금(물품의 제공을 포함한다)하는 행위
3. 「공직선거법」 제112조제2항제3호에 따른 구호적·자선적 행위에 준하는 행위
4. 제1호부터 제3호까지의 규정에 준하는 행위로서 농림축산식품부령으로 정하는 행위(2014.6.11 단서삭제)

③ 제2항에 따라 통상적인 범위에서 1명에게 제공할 수 있는 축의·부의금품, 음식물, 답례품 및 의례적인 선물의 금액 범위는 별표와 같다.

④ 누구든지 제1항의 행위를 약속·지시·권유·알선 또는 요구할 수 없다.

⑤ 누구든지 해당 선거에 관하여 후보자를 위하여 제1항의 행위를 하거나 하게 할 수 없다. 이 경우 후보자의 명의를 밝혀 기부행위를 하거나 후보자가 기부하는 것으로 추정할 수 있는 방법으로 기부행위를 하는 것은 해당 선거에 관하여 후보자를 위한 기부행위로 본다.(2011.3.31 후단신설)

⑥ 조합장은 재임 중 제1항에 따른 기부행위를 할 수 없다. 다만, 제2항에 따라 기부행위로 보지 아니하는 행위는 그러하지 아니하다.

제50조의3【조합장의 축의·부의금품 제공 제한】 ① 지역농협의 경비로 관혼상제 의식이나 그 밖의 경조사에 축의·부의금품을 제공할 때에는 지역농협의 명의로 하여야 하며, 해당 지역농협의 경비임을 명확하게 기록하여야 한다.(2022.12.13 본항개정)

② 제1항에 따라 축의·부의금품을 제공할 경우 해당 지역농협의 조합장의 직명 또는 성명을 밝히거나 그가 하는 것으로 추정할 수 있는 방법으로 하는 행위는 제50조의2제6항 단서에도 불구하고 기부행위로 본다.

(2011.3.31 본조신설)

제51조【조합선거관리위원회의 구성·운영 등】 ① 지역농협은 임원 선거를 공정하게 관리하기 위하여 조합선거관리위원회를 구성·운영한다.

② 조합선거관리위원회는 이사회가 조합원(임직원은 제외한다)과 선거의 경험이 풍부한 자 중에서 위촉하는 7명 이상의 위원으로 구성한다.

③ 조합선거관리위원회의 기능과 운영에 필요한 사항은 정관으로 정한다.

④ 지역농협은 제45조제5항제1호 및 제2호에 따라 선출하는 조합장 선거의 관리에 대하여는 정관으로 정하는 바에 따라 그 주된 사무소의 소재지를 관할하는 「선거관리위원회법」에 따른 구·시·군선거관리위원회(이하 "구·시·군선거관리위원회"라 한다)에 위탁하여야 한다.(2016.12.27 본항개정)

⑤~⑥ (2014.6.11 삭제)

⑦ 제4항에 따라 지역농협의 조합장 선거를 수탁·관리하는 구·시·군선거관리위원회는 해당 지역농협의 주된 사무소의 소재지를 관할하는 검찰청의 장에게 조합장 선거 후보자의 벌금 100만원 이상의 형의 범죄경력(실효된 형을 포함하며, 이하 이 조에서 "전과기록"이라 한다)을 조회할 수 있으며, 해당 검찰청의 장은 지체 없이 그 전과기록을 회보하여야 한다.(2011.3.31 본항신설)

⑧ 제7항에 따른 조합장 선거를 제외한 임원 선거의 후보자가 되고자 하는 자는 전과기록을 본인의 주소지를 관할하는 국가경찰관서의 장에게 조회할 수 있으며, 해당 국가경찰관서의 장은 지체 없이 그 전과기록을 회보하여야 한다. 이 경우 회보받은 전과기록은 후보자등록 시 함께 제출하여야 한다.(2011.3.31 본항신설)

제52조【임직원의 겸직 금지 등】 ① 조합장과 이사는 그 지역농협의 감사를 겸직할 수 없다.

② 지역농협의 임원은 그 지역농협의 직원을 겸직할 수 없다.

③ 지역농협의 임원은 다른 조합의 임원이나 직원을 겸직할 수 없다.

④ 지역농협의 사업과 실질적으로 경쟁관계에 있는 사업을 경영하거나 이에 종사하는 사람은 지역농협의 임직원 및 대의원이 될 수 없다.

⑤ 제4항에 따른 실질적인 경쟁관계에 있는 사업의 범위는 대통령령으로 정한다.

⑥ 조합장과 이사는 이사회의 승인을 받지 아니하고는 자기 또는 제3자의 계산으로 해당 지역농협과 정관으로 정하는 규모 이상의 거래를 할 수 없다.

제53조【임원의 의무와 책임】 ① 지역농협의 임원은 이 법과 이 법에 따른 명령 및 정관의 규정을 지켜 충실히 그 직무를 수행하여야 한다.

② 임원이 그 직무를 수행할 때 법령이나 정관을 위반한 행위를 하거나 그 임무를 게을리하여 지역농협에 끼친 손해에 대하여는 연대하여 손해배상의 책임을 진다.

③ 임원이 그 직무를 수행할 때 고의나 중대한 과실로 제3자에게 끼친 손해에 대하여는 연대하여 손해배상의 책임을 진다.

④ 제2항과 제3항의 행위가 이사회의 의결에 따른 것이면 그 의결에 찬성한 이사도 연대하여 손해배상의 책임을 진다. 이 경우 의결에 참가한 이사 중 이의를 제기한 사실이 의사록에 적혀 있지 아니한 이사는 그 의결에 찬성한 것으로 추정한다.

⑤ 임원이 거짓으로 결산보고·등기 또는 공고를 하여 지역농협이나 제3자에게 끼친 손해에 대하여도 제2항 및 제3항과 같다.

제54조【임원의 해임】 ① 조합원은 조합원 5분의 1 이상의 동의를 받아 총회에 임원의 해임을 요구할 수 있다. 이 경우 총회는 조합원 과반수의 출석과 출석조합원 3분의 2 이상의 찬성으로 의결한다.

② 조합원은 제45조에 따른 선출 방법에 따라 다음 각 호의 어느 하나의 방법으로 임원을 해임할 수 있다.

1. 대의원회에서 선출된 임원 : 대의원 3분의 1 이상의 요구로 대의원 과반수의 출석과 출석대의원 3분의 2 이상의 찬성으로 해임 의결
2. 이사회에서 선출된 조합장 : 이사회의 해임 요구에 따라 총회에서 해임 의결. 이 경우 이사회의 해임 요구와 총회의 해임 의결은 제1호에 따른 의결 정족수를 준용한다.
3. 조합원이 직접 선출한 조합장 : 대의원회의 의결을 거쳐 조합원 투표로 해임 결정. 이 경우 대의원회의 의결은 제1호에 따른 의결 정족수를 준용하며, 조합원 투표에 의한 해임 결정은 조합원 과반수의 투표와 투표 조합원 과반수의 찬성으로 한다.

③ 제43조제3항제11호에 따라 이사회의 요구로 상임이사를 해임하려면 대의원 과반수의 출석과 출석대의원 3분의 2 이상의 찬성으로 의결한다.

④ 해임을 의결하려면 해당 임원에게 해임의 이유를 알려 총회나 대의원회에서 의견을 진술할 기회를 주어야 한다.

제55조【「민법」·「상법」의 준용】 지역농협의 임원에 관하여는 「민법」 제35조, 제63조와 「상법」 제382조제2항, 제385조제2항·제3항, 제386조제1항, 제402조부터 제408조까지의 규정을 준용한다. 이 경우 「상법」 제385조제2항 중 "발행주식의 총수의 100분의 3 이상에 해당하는 주식을 가진 주주"는 "조합원 100인 또는 100분의 3 이상의 동의를 받은 조합원"으로 보고, 같은 법 제402조 및 제403조제1항 중 "발행주식의 총수의 100분의 1 이상에 해당하는 주식을 가진 주주"는 각각 "조합원 100인 또는 100분의 1 이상의 동의를 받은 조합원"으로 본다.

제56조【직원의 임면】 ① 지역농협의 직원은 정관으로 정하는 바에 따라 조합장이 임면한다. 다만, 상임이사를 두는 지역농협의 경우에는 상임이사의 제청에 의하여 조합장이 임면한다.

② 지역농협에는 정관으로 정하는 바에 따라 간부직원을 두어야 하며, 간부직원은 회장이 실시하는 전형 시험에 합격한 자 중에서 조합장이 이사회의 의결을 거쳐 임면한다.(2011.3.31 본항개정)

③ 간부직원에 관하여는 「상법」 제11조제1항·제3항, 제12조, 제13조 및 제17조와 「상업등기법」 제23조제1항, 제50조 및 제51조를 준용한다.(2014.5.20 본항개정)

제5절 사 업

제57조【사업】 ① 지역농협은 그 목적을 달성하기 위하여 다음 각 호의 사업의 전부 또는 일부를 수행한다.

1. 교육·지원 사업
 가. 조합원이 생산한 농산물의 공동출하와 판매를 위한 교육·지원(2011.3.31 본목신설)
 나. 농업 생산의 증진과 경영능력의 향상을 위한 상담 및 교육훈련
 다. 농업 및 농촌생활 관련 정보의 수집 및 제공
 라. 주거 및 생활환경 개선과 문화 향상을 위한 교육·지원
 마. 도시와의 교류 촉진을 위한 사업
 바. 신품종의 개발, 보급 및 농업기술의 확산을 위한 시범포(示範圃), 육묘장(育苗場), 연구소의 운영
 사. 농촌 및 농업인의 정보화 지원
 아. 귀농인·귀촌인의 농업경영 및 농촌생활 정착을 위한 교육·지원(2014.12.31 본목신설)
 자. 그 밖에 사업 수행과 관련한 교육 및 홍보
2. 경제사업
 가. 조합원이 생산하는 농산물의 제조·가공·판매·수출 등의 사업(2011.3.31 본목개정)

나. 조합원이 생산한 농산물의 유통 조절 및 비축사업(2011.3.31 본목개정)
다. 조합원의 사업과 생활에 필요한 물자의 구입·제조·가공·공급 등의 사업(2011.3.31 본목개정)
라. 조합원의 사업이나 생활에 필요한 공동이용시설의 운영 및 기자재의 임대사업
마. 조합원의 노동력이나 농촌의 부존자원(賦存資源)을 활용한 가공사업·관광사업 등 농외소득(農外所得) 증대사업
바. 농지의 매매·임대차·교환의 중개
사. 위탁영농사업
아. 농업 노동력의 알선 및 제공
자. 농촌형 주택 보급 등 농촌주택사업
차. 보관사업
카. 조합원과 출자법인의 경제사업의 조성, 지원 및 지도
3. 신용사업
가. 조합원의 예금과 적금의 수입(受入)
나. 조합원에게 필요한 자금의 대출
다. 내국환
라. 어음할인
마. 국가·공공단체 및 금융기관의 업무 대리
바. 조합원을 위한 유가증권·귀금속·중요물품의 보관 등 보호예수(保護預受) 업무
사. 공과금, 관리비 등의 수납 및 지급대행
아. 수입인지, 복권, 상품권의 판매대행
(2011.3.31 사목~아목신설)
4. (2011.3.31 삭제)
5. 복지후생사업
가. 복지시설의 설치 및 관리
나. 장제(葬祭)사업
다. 의료지원사업
6. 다른 경제단체·사회단체 및 문화단체와의 교류·협력
7. 국가, 공공단체, 중앙회, 농협경제지주회사 및 그 자회사, 제161조의11에 따른 농협은행(이하 "농협은행"이라 한다) 또는 다른 조합이 위탁하는 사업(2016.12.27 본호개정)
8. 다른 법령에서 지역농협의 사업으로 규정하는 사업
9. 제1호부터 제8호까지의 사업과 관련되는 부대사업
10. 그 밖에 설립 목적의 달성에 필요한 사업으로서 농림축산식품부장관의 승인을 받은 사업(2013.3.23 본호개정)
② 지역농협은 제1항의 사업목적을 달성하기 위하여 국가, 공공단체, 중앙회, 농협경제지주회사 및 그 자회사(해당 사업 관련 자회사에 한정한다), 농협은행 또는 농협생명보험으로부터 자금을 차입할 수 있다.(2014.12.31 본항개정)
③ 제1항제3호에 따른 신용사업의 한도와 방법 및 제2항에 따라 지역농협이 중앙회, 농협경제지주회사 및 그 자회사(해당 사업 관련 자회사에 한정한다), 농협은행 또는 농협생명보험으로부터 차입할 수 있는 자금의 한도는 대통령령으로 정한다.(2014.12.31 본항개정)
④ 국가나 공공단체가 지역농협에 제1항제7호의 사업을 위탁하려는 경우에는 그 기관은 대통령령으로 정하는 바에 따라 지역농협과 위탁 계약을 체결하여야 한다.
⑤ 지역농협은 제1항의 사업을 수행하기 위하여 필요하면 제67조제2항에 따른 자기자본의 범위에서 다른 법인에 출자할 수 있다. 이 경우 같은 법인에 대한 출자는 다음 각 호의 경우 외에는 자기자본의 100분의 20을 초과할 수 없다.
1. 중앙회에 출자하는 경우
2. 제1항제2호에 따른 경제사업을 수행하기 위하여 지역농협이 보유하고 있는 부동산 및 시설물을 출자하는 경우
⑥ 지역농협은 제1항의 사업을 안정적으로 수행하기 위하여 정관으로 정하는 바에 따라 사업손실보전자금(事業損失補塡資金) 및 대손보전자금(貸損補塡資金)을 조성·운용할 수 있다.
⑦ 국가·지방자치단체 및 중앙회는 예산의 범위에서 제6항에 따른 사업손실보전자금 및 대손보전자금의 조성을 지원할 수 있다.
제57조의2【농산물 판매활성화】 ① 지역농협은 조합원이 생산한 농산물의 효율적인 판매를 위하여 다음 각 호의 사항을 추진하여야 한다.
1. 다른 조합, 중앙회, 농협경제지주회사 및 그 자회사와의 공동사업(2016.12.27 본호개정)
2. 농산물의 계약재배 및 판매 등에 관한 규정의 제정 및 개정
3. 그 밖에 거래처 확보 등 농산물의 판매활성화 사업에 필요한 사항
② 지역농협은 제1항에 따른 사업수행에 필요한 경우 농협경제지주회사 및 그 자회사에 농산물의 판매위탁을 요청할 수 있다. 이 경우 농협경제지주회사 및 그 자회사는 특별한 사유가 없으면 지역농협의 요청을 거부하여서는 아니 된다.(2016.12.27 본항개정)
③ 제2항에 따른 판매위탁사업의 조건과 절차 등에 관한 세부사항은 농협경제지주회사 및 그 자회사의 대표이사가 각각 정한다.(2016.12.27 본항개정)
④ 중앙회, 농협경제지주회사 및 그 자회사는 제1항 및 제2항에 따른 사업실적 등을 고려하여 정관으로 정하는 바에 따라 지역농협에게 자금지원 등 우대조치를 할 수 있다.(2016.12.27 본항개정)
(2011.3.31 본조신설)
제58조【비조합원의 사업 이용】 ① 지역농협은 조합원이 이용하는 데에 지장이 없는 범위에서 조합원이 아닌 자에게 그 사업을 이용하게 할 수 있다. 다만, 제57조제1항제2호가목(농업인이 아닌 자의 판매사업은 제외한다)·바목·사목·차목, 제3호마목·사목·아목, 제5호가목·나목, 제7호 및 제10호의 사업 외의 사업에 대하여는 정관으로 정하는 바에 따라 비조합원의 이용을 제한할 수 있다.(2011.3.31 단서개정)
② 조합원과 동일한 세대(世帶)에 속하는 사람, 다른 조합 또는 다른 조합의 조합원이 지역농협의 사업을 이용하는 경우에는 그 지역농협의 조합원이 이용한 것으로 본다.
③ 지역농협은 품목조합의 조합원이 지역농협의 신용사업을 이용하려는 경우 최대의 편의를 제공하여야 한다.
제59조【유통지원자금의 조성·운용】 ① 지역농협은 조합원이나 제112조의2에 따른 조합공동사업법인이 생산한 농산물 및 그 가공품 등의 유통을 지원하기 위하여 유통지원자금을 조성·운용할 수 있다.
② 제1항에 따른 유통지원자금은 다음 각 호의 사업에 운용한다.
1. 농산물의 계약재배사업
2. 농산물 및 그 가공품의 출하조절사업
3. 농산물의 공동규격 출하촉진사업
4. 매취(買取) 사업
5. 그 밖에 지역농협이 필요하다고 인정하는 유통 관련 사업
③ 국가·지방자치단체 및 중앙회는 예산의 범위에서 제1항에 따른 유통지원자금의 조성을 지원할 수 있다.
제60조【조합원 교육】 ① 지역농협은 조합원에게 협동조합의 운영원칙과 방법에 관한 교육을 하여야 한다.
② 지역농협은 조합원의 권익이 증진될 수 있도록 조합원에 대하여 적극적으로 품목별 전문기술교육과 경영상담 등을 하여야 한다.
③ 지역농협은 제2항에 따른 교육과 상담을 효율적으로 수행하기 위하여 주요 품목별로 전문 상담원을 둘 수 있다.
제61조 (2011.3.31 삭제)

제6절 회　계

제62조【회계연도】 지역농협의 회계연도는 정관으로 정한다.
제63조【회계의 구분 등】 ① 지역농협의 회계는 일반회계와 특별회계로 구분한다.
② 일반회계는 종합회계로 하되, 신용사업 부문과 신용사업 외의 사업 부문으로 구분하여야 한다.
③ 특별회계는 특정 사업을 운영할 때, 특정 자금을 보유하여 운영할 때, 그 밖에 일반회계와 구분할 필요가 있을 때에 정관으로 정하는 바에 따라 설치한다.
④ 일반회계와 특별회계 간, 신용사업 부문과 신용사업 외의 사업 부문 간의 재무관계 및 조합과 조합원 간의 재무관계에 관한 재무 기준은 농림축산식품부장관이 정하여 고시한다. 이 경우 농림축산식품부장관이 신용사업 부문과 신용사업 외의 사업 부문 간의 재무관계에 관한 재무 기준을 정할 때에는 금융위원회와 협의하여야 한다.(2013.3.23 본항개정)
⑤ 조합의 회계 처리 기준에 관하여 필요한 사항은 회장이 정한다. 다만, 신용사업의 회계 처리 기준에 필요한 사항은 금융위원회가 따로 정할 수 있다.(2011.3.31 본문개정)
제64조【사업 계획과 수지 예산】 ① 지역농협은 매 회계연도의 사업계획서와 수지예산서(收支豫算書)를 작성하여 그 회계연도가 시작되기 1개월 전에 이사회의 심의와 총회의 의결을 거쳐야 한다.
② 사업 계획과 수지 예산을 변경하려면 이사회의 의결을 거쳐야 한다. 다만, 제35조제1항제7호에 따른 중요한 사항을 변경하려면 총회의 의결을 거쳐야 한다.
제65조【운영의 공개】 ① 조합장은 정관으로 정하는 바에 따라 사업보고서를 작성하여 그 운영 상황을 공개하여야 한다.
② 조합장은 정관, 총회의 의사록 및 조합원 명부를 주된 사무소에 갖추어 두어야 한다.
③ 조합원과 지역농협의 채권자는 영업시간 내에 언제든지 이사회 의사록(조합원의 경우에만 해당한다)과 제2항에 따른 서류를 열람하거나 그 서류의 사본 발급을 청구할 수 있다. 이 경우 지역농협이 정한 비용을 지급하여야 한다.
④ 조합원은 조합원 100인이나 100분의 3 이상의 동의를 받아 지역농협의 회계장부 및 서류의 열람이나 사본의 발급을 청구할 수 있다.
⑤ 지역농협은 제4항의 청구에 대하여 특별한 사유가 없으면 발급을 거부할 수 없으며, 거부하려면 그 사유를 서면으로 알려야 한다.
⑥ 조합원은 지역농협의 업무 집행에 관하여 부정행위 또는 법령이나 정관을 위반한 중대한 사실이 있다고 의심이 되는 사유가 있으면 조합원 100인이나 100분의 3 이상의 동의를 받아 지역농협의 업무와 재산 상태를 조사하게 하기 위하여 법원에 검사인의 선임을 청구할 수 있다. 이 경우 「상법」 제467조를 준용한다.
제65조의2【외부감사인에 의한 회계 감사】 ① 조합장의 임기 개시일 직전 회계연도 말의 자산 등 사업 규모가 대통령령으로 정하는 기준 이상인 지역농협은 그 조합장의 임기 개시일부터 2년이 지난 날이 속하는 회계연도에 대하여 「주식회사 등의 외부감사에 관한 법률」 제2조제7호에 따른 감사인(이하 이 조에서 "감사인"이라 한다)의 회계감사를 받아야 한다.(2021.4.13 본항개정)
② 제1항의 대통령령으로 정하는 기준에 미달되는 지역농협의 경우 조합장 임기 중 1회에 한하여 대의원 3분의 1 이상의 청구가 있으면 청구한 날이 속하는 해의 직전 회계연도에 대하여 감사인의 회계감사를 받아야 한다.
③ 감사인은 제1항과 제2항에 따른 회계감사를 하였으면 회계감사보고서를 작성하여 농림축산식품부령으로 정하는 기간 이내에 해당 지역농협의 조합장, 감사 및 회장에게 제출하여야 한다.(2013.3.23 본항개정)
제66조【여유자금의 운용】 ① 지역농협의 업무상 여유자금은 다음 각 호의 방법으로 운용할 수 있다.
1. 중앙회에의 예치(2011.3.31 본호개정)
2. 농협은행 또는 대통령령으로 정하는 금융기관에의 예치(2011.3.31 본호신설)
3. 국채·공채 또는 대통령령으로 정하는 유가증권의 매입
② 제1항제1호에 따른 예치를 할 때 그 하한 비율 또는 금액은 여유자금의 건전한 운용을 해치지 아니하는 범위에서 중앙회의 이사회가 정한다.
제67조【법정적립금, 이월금 및 임의적립금】 ① 지역농협은 매 회계연도의 손실 보전과 재산에 대한 감가상각에 충당하고도 남으면 자기자본의 3배가 될 때까지 잉여금의 100분의 10 이상을 적립(이하 "법정적립금"이라 한다)하여야 한다.
② 제1항에 따른 자기자본은 납입출자금, 회전출자금, 우선출자금(누적되지 아니하는 것만 해당한다), 가입금, 각종 적립금 및 미처분 이익잉여금의 합계액(이월결손금이 있으면 그 금액을 공제한다)으로 한다.
③ 지역농협은 제57조제1항제1호의 사업비용에 충당하기 위하여 잉여금의 100분의 20 이상을 다음 회계연도에 이월(移越)하여야 한다.
④ 지역농협은 정관으로 정하는 바에 따라 사업준비금 등을 적립(이하 "임의적립금"이라 한다)할 수 있다.
제67조의2 (2011.3.31 삭제)
제68조【손실의 보전과 잉여금의 배당】 ① 지역농협은 매 회계연도의 결산 결과 손실금(당기손실금을 말한다)이 발생하면 미처분이월금·임의적립금·법정적립금·자본적립금·회전출자금의 순으로 보전하며, 보전 후에도 부족할 때에는 이를 다음 회계연도에 이월한다.
② 지역농협은 손실을 보전하고 제67조에 따른 법정적립금, 이월금 및 임의적립금을 공제한 후가 아니면 잉여금 배당을 하지 못한다.
③ 잉여금은 정관으로 정하는 바에 따라 다음 각 호의 순서대로 배당한다.
1. 조합원의 사업이용실적에 대한 배당
2. 정관으로 정하는 비율의 한도 이내에서 납입출자액에 대한 배당
3. 준조합원의 사업이용실적에 대한 배당
제69조【이익금의 적립】 지역농협은 다음 각 호에 따라 발생하는 금액을 자본적립금으로 적립하여야 한다.
1. 감자(減資)에 따른 차익
2. 자산 재평가 차익
3. 합병 차익
제70조【법정적립금의 사용 금지】 법정적립금은 다음 각 호의 어느 하나의 경우 외에는 사용하지 못한다.
1. 지역농협의 손실금을 보전하는 경우
2. 지역농협의 구역이 다른 조합의 구역으로 된 경우에 그 재산의 일부를 다른 조합에 양여(讓與)하는 경우
제71조【결산보고서의 제출, 비치와 총회 승인】 ① 조합장은 정기총회일 1주일 전까지 결산보고서(사업보고서, 재무상태표, 손익계산서, 잉여금 처분안 또는 손실금 처리안 등을 말한다)를 감사에게 제출하고 이를 주된 사무소에 갖추어 두어야 한다.(2011.3.31 본항개정)
② 조합원과 채권자는 제1항에 따른 서류를 열람하거나 그 사본의 발급을 청구할 수 있다. 이 경우 지역농협이 정한 비용을 지급하여야 한다.(2011.3.31 전단개정)
③ 조합장은 제1항에 따른 서류와 감사의 의견서를 정기총회에 제출하여 그 승인을 받아야 한다.
④ 제3항에 따른 승인을 받은 경우 임원의 책임 해제에 관하여는 「상법」 제450조를 준용한다.
제72조【출자감소의 의결】 ① 지역농협은 출자 1좌의 금액 또는 출자좌수의 감소(이하 "출자감소"라 한다)를 의결한 경우에는 그 의결을 한 날부터 2주일 이내에 재무상태표를 작성하여야 한다.(2011.3.31 본항개정)
② 제1항의 경우 이의가 있는 채권자는 일정한 기일 내에 이를 진술하라는 취지를 정관으로 정하는 바에 따라 1개월 이상 공고하고, 이미 알고 있는 채권자에게는 따로 최고(催告)하여야 한다.
③ 제2항에 따른 공고나 최고는 제1항에 따른 의결을 한 날부터 2주일 이내에 하여야 한다.
제73조【출자감소에 대한 채권자의 이의】 ① 채권자가 제72조제2항에 따른 기일 내에 지역농협의 출자감소에 관한 의결에 대하여 이의를 진술하지 아니하면 이를 승인한 것으로 본다.

② 채권자가 이의를 진술한 경우에는 지역농협이 이를 변제하거나 상당한 담보를 제공하지 아니하면 그 의결은 효력을 발생하지 아니한다.
제74조【조합의 지분 취득 등의 금지】 지역농협은 조합원의 지분을 취득하거나 이에 대하여 질권(質權)을 설정하지 못한다.

제7절 합병 · 분할 · 조직변경 · 해산 및 청산

제75조【합병】 ① 지역농협이 다른 조합과 합병하려면 합병계약서를 작성하고 각 총회의 의결을 거쳐야 한다.
② 합병은 농림축산식품부장관의 인가를 받아야 한다.(2013.3.23 본항개정)
③ 합병으로 지역농협을 설립할 때에는 각 총회에서 설립위원을 선출하여야 한다.
④ 설립위원의 정수(定數)는 20명 이상으로 하고 합병하려는 각 조합의 조합원 중에서 같은 수를 선임한다.
⑤ 설립위원은 설립위원회를 개최하여 정관을 작성하고 임원을 선임하여 제15조제1항에 따른 인가를 받아야 한다.
⑥ 설립위원회에서 임원을 선출하려면 설립위원이 추천한 사람 중 설립위원 과반수의 출석과 출석위원 과반수의 찬성이 있어야 한다.
⑦ 제3항부터 제6항까지의 규정에 따른 지역농협의 설립에 관하여는 합병 설립의 성질에 반하지 아니하면 이 장 제2절의 설립에 관한 규정을 준용한다.
⑧ 조합의 합병 무효에 관하여는 「상법」 제529조를 준용한다.
제75조의2【합병에 따른 임원 임기에 관한 특례】 ① 합병으로 설립되는 지역농협의 설립 당시 조합장 · 이사 및 감사의 임기는 제48조제1항 각 호 외의 부분 단서에도 불구하고 설립등기일부터 2년으로 한다. 다만, 합병으로 소멸되는 지역농협의 조합장이 합병으로 설립되는 지역농협의 조합장으로 선출되는 경우 설립등기일 현재 조합장의 종전 임기 중 남은 임기가 2년을 초과하면 그 조합장의 임기는 그 남은 임기로 한다.
② 합병 후 존속하는 지역농협의 변경등기 당시 재임 중인 조합장, 조합원인 이사 및 감사의 남은 임기가 변경등기일 현재 2년 미만이면 제48조제1항에도 불구하고 그 임기를 변경등기일부터 2년으로 한다.
제76조【합병 지원】 국가와 중앙회는 지역농협의 합병을 촉진하기 위하여 필요하다고 인정되면 예산의 범위에서 자금을 지원할 수 있다.
제77조【분할】 ① 지역농협이 분할할 때에는 분할 설립되는 조합이 승계하여야 하는 권리 · 의무의 범위를 총회에서 의결하여야 한다.
② 제1항에 따른 조합의 설립에 관하여는 분할 설립의 성질에 반하지 아니하면 이 장 제2절의 설립에 관한 규정을 준용한다.
제78조【조직변경】 ① 지역농협이 품목조합으로 조직변경을 하려면 정관을 작성하여 총회의 의결을 거쳐 농림축산식품부장관의 인가를 받아야 한다.(2013.3.23 본항개정)
② 제1항에 따른 지역농협의 조직변경에 관하여는 그 성질에 반하지 아니하면 이 장 제2절의 설립에 관한 규정을 준용한다.
③ 조직변경으로 인한 권리의무의 승계에 관하여는 합병에 관한 규정을 준용한다.
④ 신용사업을 하고 있는 지역농협이 품목조합으로 조직변경을 한 경우에는 조직변경 당시 하고 있는 신용사업의 범위에서 그 사업을 계속하여 할 수 있다.
제79조【합병으로 인한 권리 · 의무의 승계】 ① 합병 후 존속하거나 설립되는 지역농협은 소멸되는 지역농협의 권리 · 의무를 승계한다.
② 지역농협의 합병 후 등기부나 그 밖의 공부(公簿)에 표시된 소멸된 지역농협의 명의(名義)는 존속하거나 설립된 합병 지역농협의 명의로 본다.
제80조【합병 · 분할 또는 조직변경의 공고, 최고 등】 지역농협의 합병 · 분할 또는 조직변경의 경우에는 제72조와 제73조를 준용한다.
제81조【합병등기의 효력】 지역농협의 합병은 합병 후 존속하거나 설립되는 지역농협이 그 주된 사무소의 소재지에서 제95조에 따른 등기를 함으로써 그 효력을 가진다.
제82조【해산 사유】 지역농협은 다음 각 호의 어느 하나에 해당하는 사유로 해산한다.
1. 정관으로 정한 해산 사유의 발생
2. 총회의 의결
3. 합병, 분할
4. 설립인가의 취소
제83조【파산선고】 지역농협이 그 채무를 다 갚을 수 없게 되면 법원은 조합장이나 채권자의 청구에 의하여 또는 직권으로 파산을 선고할 수 있다.
제84조【청산인】 ① 지역농협이 해산하면 파산으로 인한 경우 외에는 조합장이 청산인(淸算人)이 된다. 다만, 총회에서 다른 사람을 청산인으로 선임하였을 때에는 그러하지 아니하다.
② 청산인은 직무의 범위에서 조합장과 동일한 권리 · 의무를 가진다.
③ 농림축산식품부장관은 지역농협의 청산 사무를 감독한다.(2013.3.23 본항개정)
제85조【청산인의 직무】 ① 청산인은 취임 후 지체 없이 재산 상황을 조사하고 재무상태표를 작성하여 재산 처분의 방법을 정한 후 이를 총회에 제출하여 승인을 받아야 한다.(2011.3.31 본항개정)
② 제1항의 승인을 받기 위하여 2회 이상 총회를 소집하여도 총회가 개의(開議)되지 아니하여 총회의 승인을 받을 수 없으면 농림축산식품부장관의 승인으로 총회의 승인을 갈음할 수 있다.(2013.3.23 본항개정)
제86조【청산 잔여재산】 해산한 지역농협의 청산 잔여재산은 따로 법률로 정하는 것 외에는 정관으로 정하는 바에 따라 처분한다.
제87조【청산인의 재산 분배 제한】 청산인은 채무를 변제하거나 변제에 필요한 금액을 공탁한 후가 아니면 그 재산을 분배할 수 없다.
제88조【결산보고서】 청산 사무가 끝나면 청산인은 지체 없이 결산보고서를 작성하고 총회에 제출하여 승인을 받아야 한다. 이 경우 제85조제2항을 준용한다.
제89조【「민법」 등의 준용】 지역농협의 해산과 청산에 관하여는 「민법」 제79조, 제81조, 제87조, 제88조제1항 · 제2항, 제89조부터 제92조까지, 제93조제1항 · 제2항과 「비송사건절차법」 제121조를 준용한다.

제8절 등 기

제90조【설립등기】 ① 지역농협은 출자금의 납입이 끝난 날부터 2주일 이내에 주된 사무소의 소재지에서 설립등기를 하여야 한다.
② 설립등기신청서에는 다음 각 호의 사항을 적어야 한다.
1. 제16조제1호부터 제4호까지 및 제16호부터 제18호까지의 사항
2. 출자 총좌수와 납입한 출자금의 총액
3. 설립인가 연월일
4. 임원의 성명 · 주민등록번호 및 주소
③ 설립등기를 할 때에는 조합장이 신청인이 된다.
④ 제2항의 설립등기신청서에는 설립인가서, 창립총회의 사록 및 정관의 사본을 첨부하여야 한다.
⑤ 합병이나 분할로 인한 지역농협의 설립등기신청서에는 다음 각 호의 서류를 모두 첨부하여야 한다.
1. 제4항에 따른 서류
2. 제80조에 따라 공고하거나 최고한 사실을 증명하는 서류
3. 제80조에 따라 이의를 진술한 채권자에게 변제나 담보를 제공한 사실을 증명하는 서류
제91조【지사무소의 설치등기】 지역농협의 지사무소를 설치하였으면 주된 사무소의 소재지에서는 3주일 이내에, 지사무소의 소재지에서는 4주일 이내에 등기하여야 한다.
제92조【사무소의 이전등기】 ① 지역농협이 사무소를 이전하였으면 전소재지와 현소재지에서 각각 3주일 이내에 이전등기를 하여야 한다.
② 제1항에 따른 등기를 할 때에는 조합장이 신청인이 된다.
제93조【변경등기】 ① 제90조제2항 각 호의 사항이 변경되면 주된 사무소 및 해당 지사무소의 소재지에서 각각 3주일 이내에 변경등기를 하여야 한다.
② 제90조제2항제2호의 사항에 관한 변경등기는 제1항에도 불구하고 회계연도 말을 기준으로 그 회계연도가 끝난 후 1개월 이내에 등기하여야 한다.
③ 제1항과 제2항에 따른 변경등기를 할 때에는 조합장이 신청인이 된다.
④ 제3항에 따른 등기신청서에는 등기 사항의 변경을 증명하는 서류를 첨부하여야 한다.
⑤ 출자감소, 합병 또는 분할로 인한 변경등기신청서에는 다음 각 호의 서류를 모두 첨부하여야 한다.
1. 제4항에 따른 서류
2. 제72조에 따라 공고하거나 최고한 사실을 증명하는 서류
3. 제73조에 따라 이의를 진술한 채권자에게 변제나 담보를 제공한 사실을 증명하는 서류
제94조【행정구역의 지명 변경과 등기】 ① 행정구역의 지명이 변경되면 등기부 및 정관에 적힌 그 지역농협 사무소의 소재지와 구역에 관한 지명은 변경된 것으로 본다.
② 제1항에 따른 변경이 있으면 지역농협은 지체 없이 등기소에 알려야 한다.
③ 제2항에 따른 통지가 있으면 등기소는 등기부의 기재내용을 변경하여야 한다.
제95조【합병등기 등】 ① 지역농협이 합병한 경우에는 합병인가를 받은 날부터 2주일 이내에 그 사무소의 소재지에서 합병 후 존속하는 지역농협은 변경등기를, 합병으로 소멸되는 지역농협은 해산등기를, 합병으로 설립되는 지역농협은 제90조에 따른 설립등기를 각 사무소의 소재지에서 하여야 한다.
② 제1항에 따른 해산등기를 할 때에는 합병으로 소멸되는 지역농협의 조합장이 신청인이 된다.
③ 제2항의 경우에는 해산 사유를 증명하는 서류를 첨부하여야 한다.
제96조【조직변경등기】 지역농협이 품목조합으로 변경되면 2주일 이내에 그 사무소의 소재지에서 지역농협에 관하여는 해산등기를, 품목조합에 관하여는 설립등기를 하여야 한다. 이 경우 해산등기에 관하여는 제97조제3항을, 설립등기에 관하여는 제90조를 준용한다.
제97조【해산등기】 ① 지역농협이 해산한 경우에는 합병과 파산의 경우 외에는 주된 사무소의 소재지에서는 2주일 이내에, 지사무소의 소재지에서는 3주일 이내에 해산등기를 하여야 한다.
② 제1항에 따른 해산등기를 할 때에는 제4항의 경우 외에는 청산인이 신청인이 된다.
③ 해산등기신청서에는 해산 사유를 증명하는 서류를 첨부하여야 한다.
④ 농림축산식품부장관은 설립인가의 취소로 인한 해산등기를 촉탁(囑託)하여야 한다.(2013.3.23 본항개정)
제98조【청산인등기】 ① 청산인은 그 취임일부터 2주일 이내에 주된 사무소의 소재지에서 그 성명 · 주민등록번호 및 주소를 등기하여야 한다.
② 제1항에 따른 등기를 할 때 조합장이 청산인이 아닌 경우에는 신청인의 자격을 증명하는 서류를 첨부하여야 한다.
제99조【청산종결등기】 ① 청산이 끝나면 청산인은 주된 사무소의 소재지에서는 2주일 이내에, 지사무소의 소재지에서는 3주일 이내에 청산종결의 등기를 하여야 한다.
② 제1항에 따른 등기신청서에는 제88조에 따른 결산보고서의 승인을 증명하는 서류를 첨부하여야 한다.
제100조【등기일의 기산일】 등기 사항으로서 농림축산식품부장관의 인가 · 승인 등이 필요한 것은 그 인가 등의 문서가 도달한 날부터 등기 기간을 계산한다.(2013.3.23 본조개정)
제101조【등기부】 등기소는 지역농협등기부를 갖추어 두어야 한다.
제102조【「비송사건절차법」 등의 준용】 지역농협의 등기에 관하여 이 법에서 정한 사항 외에는 「비송사건절차법」 및 「상업등기법」 중 등기에 관한 규정을 준용한다.

제3장 지역축산업협동조합

(2009.6.9 본장개정)

제103조【목적】 지역축산업협동조합(이하 이 장에서 "지역축협"이라 한다)은 조합원의 축산업 생산성을 높이고 조합원이 생산한 축산물의 판로 확대 및 유통 원활화를 도모하며, 조합원이 필요로 하는 기술, 자금 및 정보 등을 제공함으로써 조합원의 경제적 · 사회적 · 문화적 지위향상을 증대하는 것을 목적으로 한다.
제104조【구역】 지역축협의 구역은 행정구역이나 경제권 등을 중심으로 하여 정관으로 정한다. 다만, 같은 구역에서는 둘 이상의 지역축협을 설립할 수 없다.
제105조【조합원의 자격】 ① 조합원은 지역축협의 구역에 주소나 거소 또는 사업장이 있는 자로서 축산업을 경영하는 농업인이어야 하며, 조합원은 둘 이상의 지역축협에 가입할 수 없다.
② 제1항에 따른 축산업을 경영하는 농업인의 범위는 대통령령으로 정한다.
제106조【사업】 지역축협은 그 목적을 달성하기 위하여 다음 각 호의 사업의 전부 또는 일부를 수행한다.
1. 교육 · 지원사업
가. 조합원이 생산한 축산물의 공동출하, 판매를 위한 교육 · 지원(2011.3.31 본목신설)
나. 축산업 생산 및 경영능력의 향상을 위한 상담 및 교육훈련
다. 축산업 및 농촌생활 관련 정보의 수집 및 제공
라. 농촌생활 개선 및 문화향상을 위한 교육 · 지원
마. 도시와의 교류 촉진을 위한 사업
바. 축산 관련 자조(自助) 조직의 육성 및 지원
사. 신품종의 개발, 보급 및 축산기술의 확산을 위한 사육장, 연구소의 운영
아. 가축의 개량 · 증식 · 방역(防疫) 및 진료사업
자. 축산물의 안전성에 관한 교육 및 홍보
차. 농촌 및 농업인의 정보화 지원
카. 귀농인 · 귀촌인의 농업경영 및 농촌생활 정착을 위한 교육 · 지원(2014.12.31 본목신설)
타. 그 밖에 사업 수행과 관련한 교육 및 홍보
2. 경제사업
가. 조합원이 생산한 축산물의 제조 · 가공 · 판매 · 수출 등의 사업(2011.3.31 본목개정)
나. 조합원이 생산한 축산물의 유통 조절 및 비축사업(2011.3.31 본목개정)
다. 조합원의 사업과 생활에 필요한 물자의 구입 · 제조 · 가공 · 공급 등의 사업(2011.3.31 본목개정)
라. 조합원의 사업이나 생활에 필요한 공동이용시설의 운영 및 기자재의 임대사업
마. 조합원의 노동력이나 농촌의 부존자원(賦存資源)을 활용한 가공사업 · 관광사업 등 농외소득 증대사업
바. 위탁 양축사업(養畜事業)
사. 축산업 노동력의 알선 및 제공
아. 보관사업
자. 조합원과 출자법인의 경제사업의 조성, 지원 및 지도
3. 신용사업
가. 조합원의 예금과 적금의 수입
나. 조합원에게 필요한 자금의 대출
다. 내국환
라. 어음할인
마. 국가 · 공공단체 및 금융기관의 업무의 대리

바. 조합원을 위한 유가증권·귀금속·중요물품의 보관 등 보호예수 업무
사. 공과금, 관리비 등의 수납 및 지급대행
아. 수입인지, 복권, 상품권의 판매대행
(2011.3.31 사목～아목신설)
4. (2011.3.31 삭제)
5. 조합원을 위한 의료지원 사업 및 복지시설의 운영
6. 다른 경제단체·사회단체 및 문화단체와의 교류·협력
7. 국가, 공공단체, 중앙회, 농협경제지주회사 및 그 자회사, 농협은행 또는 다른 조합이 위탁하는 사업
(2016.12.27 본호개정)
8. 다른 법령이 지역축협의 사업으로 규정하는 사업
9. 제1호부터 제8호까지의 사업과 관련되는 부대사업
10. 그 밖에 설립 목적의 달성에 필요한 사업으로서 농림축산식품부장관의 승인을 받은 사업(2013.3.23 본호개정)

제107조【준용규정】 ① 지역축협에 관하여는 제14조제2항, 제15조부터 제18조까지, 제19조제2항·제3항·제5항, 제20조, 제21조, 제21조의3, 제22조부터 제24조까지, 제24조의2, 제25조부터 제28조(같은 조 제2항은 제외한다)까지, 제29조부터 제49조까지, 제49조의2, 제50조, 제50조의2, 제50조의3, 제51조부터 제56조까지, 제57조제2항부터 제7항까지, 제57조의2, 제58조부터 제60조까지, 제62조부터 제65조까지, 제65조의2, 제66조부터 제75조까지, 제75조의2 및 제76조부터 제102조까지의 규정을 준용한다. 이 경우 "지역농협"은 "지역축협"으로, "농산물"은 "축산물"로 보고, 제24조의2제3항 중 "제57조제1항제2호"는 "제106조제2호"로, 제28조제5항 중 "제19조제1항"은 "제105조제1항"으로, 제30조제1항제1호의2 중 "제57조제1항제2호"는 "제106조제2호"로, "제49조제1항제12호 중 "제57조제1항"은 "제106조"로, 제57조제2항 중 "제1항"은 "제106조"로, 제57조제3항 중 "제1항제3호"는 "제106조제3호"로, 제57조제4항 중 "제1항제7호"는 "제106조제7호"로, 제57조제5항 각 호 외의 부분 전단 중 "제1항"은 "제106조"로, 제57조제5항제2호 중 "제1항제2호"는 "제106조제2호"로, 제57조제6항 중 "제1항"은 "제106조"로, 제58조제1항 단서 중 "제57조제1항제2호가목(농업인이 아닌 자의 판매사업은 제외한다)·바목·사목·차목, 제3호마목·사목·아목, 제5호가목·나목, 제7호 및 제10호"는 "제106조제2호가목(농업인이 아닌 자의 판매사업은 제외한다)·바목·아목, 제3호마목·사목·아목, 제5호(복지시설의 운영에만 해당한다), 제7호 및 제10호"로, 제59조제2항제1호 중 "계약재배사업"은 "계약출하사업"으로, 제67조제3항 중 "제57조제1항제1호"는 "제106조제1호"로 본다.(2024.1.23 전단개정)
② 지역축협의 우선출자에 관하여는 제147조를 준용한다. 이 경우 "중앙회"는 "지역축협"으로 보고, 제147조제2항 및 제4항 중 "제117조"는 "제107조제1항에 따라 준용되는 제21조"로 본다.
(2016.12.27 본조개정)

제4장 품목별·업종별협동조합
(2009.6.9 본장개정)

제108조【목적】 품목조합은 정관으로 정하는 품목이나 업종의 농업 또는 정관으로 정하는 한우사육업, 낙농업, 양돈업, 양계업, 그 밖에 대통령령으로 정하는 가축사육업의 축산업을 경영하는 조합원에게 필요한 기술·자금 및 정보 등을 제공하고, 조합원이 생산한 농축산물의 판로 확대 및 유통 원활화를 도모하여 조합원의 경제적·사회적·문화적 지위향상을 증대시키는 것을 목적으로 한다.

제109조【구역】 품목조합의 구역은 정관으로 정한다.

제110조【조합원의 자격 등】 ① 품목조합의 조합원은 그 구역에 주소나 거소 또는 사업장이 있는 농업인으로서 정관으로 정하는 자격을 갖춘 자로 한다.
② 조합원은 같은 품목이나 업종을 대상으로 하는 둘 이상의 품목조합에 가입할 수 없다. 다만, 연작(連作)에 따른 피해로 인하여 사업장을 품목조합의 구역 외로 이전하는 경우에는 그러하지 아니하다.

제111조【사업】 품목조합은 그 목적을 달성하기 위하여 다음 각 호의 사업의 전부 또는 일부를 수행한다.
1. 교육·지원사업
가. 조합원이 생산한 농산물이나 축산물의 공동출하, 판매를 위한 교육·지원(2011.3.31 본목신설)
나. 생산력의 증진과 경영능력의 향상을 위한 상담 및 교육훈련
다. 조합원이 필요로 하는 정보의 수집 및 제공
라. 신품종의 개발, 보급 및 기술확산 등을 위한 시범포, 육묘장, 사육장 및 연구소의 운영
마. 가축의 증식, 방역 및 진료와 축산물의 안전성에 관한 교육 및 홍보(축산업의 품목조합에만 해당한다)
바. 농촌 및 농업인의 정보화 지원
사. 귀농인·귀촌인의 농업경영 및 농촌생활 정착을 위한 교육·지원(2014.12.31 본목신설)
아. 그 밖에 사업 수행과 관련한 교육 및 홍보
2. 경제사업
가. 조합원이 생산하는 농산물이나 축산물의 제조·가공·판매·수출 등의 사업(2011.3.31 본목개정)
나. 조합원이 생산한 농산물이나 축산물의 유통 조절 및 비축사업(2011.3.31 본목개정)
다. 조합원의 사업과 생활에 필요한 물자의 구입·제조·가공·공급 등의 사업(2011.3.31 본목개정)
라. 조합원의 사업이나 생활에 필요한 공동이용시설의 운영 및 기자재의 임대사업
마. 위탁영농이나 위탁양축사업
바. 노동력의 알선 및 제공
사. 보관사업
아. 조합원과 출자법인의 경제사업의 조성, 지원 및 지도
3. (2011.3.31 삭제)
4. 조합원을 위한 의료지원사업 및 복지시설의 운영
5. 다른 경제단체·사회단체 및 문화단체와의 교류·협력
6. 국가, 공공단체, 중앙회, 농협경제지주회사 및 그 자회사, 농협은행 또는 다른 조합이 위탁하는 사업
(2016.12.27 본호개정)
7. 다른 법령에서 품목조합의 사업으로 정하는 사업
8. 제1호부터 제7호까지의 사업과 관련되는 부대사업
9. 그 밖에 설립 목적의 달성에 필요한 사업으로서 농림축산식품부장관의 승인을 받은 사업(2013.3.23 본호개정)

제112조【준용규정】 ① 품목조합에 관하여는 제14조제2항, 제15조부터 제18조까지, 제19조제2항·제5항, 제20조, 제21조, 제21조의3, 제22조부터 제24조까지, 제24조의2, 제25조부터 제28조(같은 조 제2항은 제외한다)까지, 제29조부터 제49조까지, 제49조의2, 제50조, 제50조의2, 제50조의3, 제51조부터 제56조까지, 제57조제2항부터 제7항까지, 제57조의2, 제58조부터 제60조까지, 제62조부터 제65조까지, 제65조의2, 제66조부터 제75조까지, 제75조의2, 제76조, 제77조, 제79조부터 제95조까지 및 제97조부터 제102조까지의 규정을 준용한다. 이 경우 "지역농협"은 "품목조합"으로, "농산물"은 "농산물 또는 축산물"로 보고, 제24조의2제3항 중 "제57조제1항제2호"는 "제111조제2호"로, 제28조제5항 중 "제19조제1항"은 "제110조제1항"으로, 제30조제1항제1호의2 중 "제57조제1항제2호"는 "제111조제2호"로, "제49조제1항제12호 중 "제57조제1항"은 "제111조"로, 제57조제2항 중 "제1항"은 "제111조"로, 제57조제3항 중 "제1항제3호"는 "제78조제4항(제107조제1항에서 준용하는 경우를 포함한다)"으로, 제57조제4항 중 "제1항제7호"는 "제111조제6호"로, 제57조제5항 각 호 외의 부분 전단 중 "제1항"은 "제111조"로, 제57조제5항제2호 중 "제1항제2호"는 "제111조제2호"로, 제57조제6항 중 "제1항"은 "제111조"로, 제58조제1항 단서 중 "제57조제1항제2호가목(농업인이 아닌 자의 판매사업은 제외한다)·바목·사목·차목, 제3호마목·사목·아목, 제5호가목·나목, 제7호 및 제10호"는 "제111조제2호가목(농업인이 아닌 자의 판매사업은 제외한다)·마목·사목, 제4호(복지시설의 운영에만 해당한다), 제6호 및 제9호"로, 제59조제2항제1호 중 "계약재배사업"은 "계약재배사업 또는 계약출하사업"으로, 제67조제3항 중 "제57조제1항제1호"는 "제111조제1호"로, 제80조 중 "합병·분할 또는 조직변경"은 "합병 또는 분할"로 본다.(2024.1.23 전단개정)
② 품목조합의 우선출자에 관하여는 제147조를 준용한다. 이 경우 "중앙회"는 "품목조합"으로 보고, 제147조제2항 및 제4항 중 "제117조"는 "제112조제1항에 따라 준용되는 제21조"로 본다.
(2016.12.27 본조개정)

제4장의2 조합공동사업법인
(2009.6.9 본장개정)

제112조의2【목적】 조합공동사업법인은 사업의 공동수행을 통하여 농산물이나 축산물의 판매·유통 등과 관련된 사업을 활성화함으로써 농업의 경쟁력 강화와 농업인의 이익 증진에 기여하는 것을 목적으로 한다.

제112조의3【법인격 및 명칭】 ① 이 법에 따라 설립되는 조합공동사업법인은 법인으로 한다.
② 조합공동사업법인은 그 명칭 중에 지역명이나 사업명을 붙인 조합공동사업법인의 명칭을 사용하여야 한다.
③ 이 법에 따라 설립된 조합공동사업법인이 아니면 제2항에 따른 명칭 또는 이와 유사한 명칭을 사용하지 못한다.

제112조의4【회원의 자격 등】 ① 조합공동사업법인의 회원은 조합, 중앙회, 농협경제지주회사 및 그 자회사(해당 사업 관련 자회사에 한정한다. 이하 이 장에서 같다), 「농어업경영체 육성 및 지원에 관한 법률」 제16조에 따른 영농조합법인, 같은 법 제19조에 따른 농업회사법인으로 하며, 다른 조합공동사업법인을 준회원으로 한다.
(2014.12.31 본항개정)
② 조합공동사업법인의 회원이 되려는 자는 정관으로 정하는 바에 따라 출자하여야 하며, 조합공동사업법인은 준회원에 대하여 정관으로 정하는 바에 따라 가입금 및 경비를 부담하게 할 수 있다. 다만, 조합이 아닌 회원이 출자한 총액은 조합공동사업법인 출자 총액의 100분의 50(중앙회와 농협경제지주회사 및 그 자회사는 합산하여 100분의 30) 미만으로 한다.(2014.12.31 단서개정)
③ 회원은 출자액에 비례하여 의결권을 가진다.

제112조의5【설립인가 등】 ① 조합공동사업법인을 설립하려면 둘 이상의 조합이 발기인이 되어 정관을 작성하고 창립총회의 의결을 거친 후 농림축산식품부장관의 인가를 받아야 한다.(2013.3.23 본항개정)
② 출자금 등 제1항에 따른 인가에 필요한 기준과 절차는 대통령령으로 정한다.
③ 조합공동사업법인의 설립인가에 관하여는 제15조제2항부터 제6항까지의 규정을 준용한다.(2017.10.31 본항개정)

제112조의6【정관기재사항】 ① 조합공동사업법인의 정관에는 다음 각 호의 사항이 포함되어야 한다.
1. 목적
2. 명칭
3. 주된 사무소의 소재지
4. 회원의 자격과 가입·탈퇴 및 제명에 관한 사항
5. 출자 및 가입금과 경비에 관한 사항
6. 회원의 권리와 의무
7. 임원의 선임 및 해임에 관한 사항
8. 사업의 종류와 집행에 관한 사항
9. 적립금의 종류와 적립방법에 관한 사항
10. 잉여금의 처분과 손실금의 처리 방법에 관한 사항
11. 그 밖에 이 법에서 정관으로 정하도록 규정한 사항
② 조합공동사업법인이 정관을 변경하려면 농림축산식품부장관의 인가를 받아야 한다. 다만, 농림축산식품부장관이 정하여 고시한 정관례에 따라 정관을 변경하는 경우에는 농림축산식품부장관의 인가를 받지 아니하여도 된다.(2013.3.23 본항개정)

제112조의7【임원】 조합공동사업법인에는 임원으로 대표이사 1명을 포함한 2명 이상의 이사와 1명 이상의 감사를 두되, 그 정수(定數)와 임기는 정관으로 정한다.

제112조의8【사업】 조합공동사업법인은 그 목적을 달성하기 위하여 다음 각 호의 사업의 전부 또는 일부를 수행한다.
1. 회원을 위한 물자의 공동구매 및 상품의 공동판매와 이에 수반되는 운반·보관 및 가공사업
2. 회원을 위한 상품의 생산·유통 조절 및 기술의 개발·보급
3. 회원을 위한 자금 대출의 알선과 공동사업을 위한 국가·공공단체, 중앙회, 농협경제지주회사 및 그 자회사 또는 농협은행으로부터의 자금 차입(2014.12.31 본호개정)
4. 국가·공공단체·조합·중앙회·농협경제지주회사 및 그 자회사 또는 다른 조합공동사업법인이 위탁하는 사업(2016.12.27 본호개정)
5. 그 밖에 회원의 공동이익 증진을 위하여 정관으로 정하는 사업

제112조의9【조합공동사업법인의 합병에 관한 특례】 ① 조합공동사업법인은 경제사업의 활성화를 위하여 중앙회의 자회사 또는 농협경제지주회사의 자회사와 합병할 수 있다.
② 제1항의 경우 조합공동사업법인에 관하여는 「상법」 제522조제1항, 제522조의2, 제522조의3제1항, 제527조의5제1항 및 제3항, 제528조부터 제530조까지를 준용한다. 이 경우 제522조제1항 및 제527조의5제1항 중 "회사"는 "조합공동사업법인"으로, "주주총회"는 "총회"로, "주주"는 "회원"으로 보고, 제522조의2제1항제3호 중 "각 회사"는 "각 조합공동사업법인과 회사"로, 제522조의3제1항 중 "주식의 매수를 청구할 수 있다"를 "지분의 환급을 청구할 수 있다"로 보며, 제528조 중 "본점소재지"는 "주된 사무소 소재지"로, "지점소재지"는 "지사무소 소재지"로, "합병으로 인하여 소멸하는 회사"는 "합병으로 인하여 소멸하는 조합공동사업법인"으로 보고, 제529조 중 "각 회사"는 "조합공동사업법인"으로 "주주"는 "회원"으로 본다.
(2014.12.31 본조신설)

제112조의10【회계처리기준】 조합공동사업법인의 회계처리기준은 농림축산식품부장관이 정하여 고시한다.
(2013.3.23 본조개정)

제112조의11【준용규정】 ① 조합공동사업법인에 관하여는 제14조제2항, 제17조, 제18조, 제21조, 제22조부터 제24조까지, 제25조, 제27조, 제29조, 제30조(제1항제1호의2는 제외한다), 제31조부터 제40조까지, 제43조(같은 조 제3항제11호 및 제12호는 제외한다), 제47조, 제52조, 제53조, 제55조, 제62조, 제65조, 제67조제1항·제2항·제4항, 제68조제1항·제2항, 제69조, 제70조(제2호는 제외한다), 제71조부터 제74조까지, 제82조부터 제94조까지 및 제97조부터 제102조까지의 규정을 준용한다. 이 경우 "지역농협"은 "조합공동사업법인"으로, "조합장"은 "대표이사"로, "조합원"은 "회원"으로 보고, 제17조제1항 중 "제15조제1항"은 "제112조의5제1항"으로, 제27조제2항 중 "조합원 또는 본인과 동거하는 가족(제19조제2항·제3항에 따른 법인 또는 조합의 경우에는 조합원·사원 등 그 구성원을 말한다)이어야 하며, 대리인이 대리할 수 있는 조합원의 수는 1인으로 한정한다"는 "회원이어야 하며, 대리인은 회원의 의결권 수에 따라 대리할 수 있다"로, 제35조제1항제2호 중 "해산·분할 또는 품목조합으로의 조직 변경"은 "해산"으로, 제38조제1항 본문 중 "조합원 과반수의 출석으로 개의하고 출석조합원 과반수의 찬성"은 "의결권 총수의 과반수에 해당하는 회원의 출석으로 개의하고 출석한 회원의 의결권 과반수의 찬성"으로, 제38조제1항 단서 중 "조합원 과반수의 출석과 출석조합원 3분의 2 이상의 찬성"은 "의결권 총수의 과반수에 해당하는 회원의 출석과 출석한 회원의 의결권 3분의 2 이상의 찬성"으로, 제39조제1항 단서 중 "조합원 과반

수의 출석과 출석조합원 3분의 2 이상의 찬성"은 "의결권 총수의 과반수에 해당하는 회원의 출석과 출석한 회원의 의결권 3분의 2 이상의 찬성"으로, 제40조제2항 중 "5인"은 "2인"으로, 제52조제3항 중 "다른 조합"은 "다른 조합공동사업법인"으로, 제68조제2항 중 "법정적립금, 이월금"은 "법정적립금"으로 본다.(2024.1.23 후단개정)
② 조합공동사업법인의 우선출자에 관하여는 제147조를 준용한다. 이 경우 "중앙회"는 "조합공동사업법인"으로 보고, 제147조제2항 및 제4항 중 "제117조"는 "제112조의11 제1항에 따라 준용되는 제21조"로 본다.
(2016.12.27 본조개정)

제5장 농업협동조합중앙회
(2009.6.9 본장개정)

제1절 통 칙

제113조【목적】 중앙회는 회원의 공동이익의 증진과 그 건전한 발전을 도모하는 것을 목적으로 한다.
제114조【사무소와 구역】 ① 중앙회는 서울특별시에 주된 사무소를 두고, 정관으로 정하는 기준과 절차에 따라 지사무소를 둘 수 있다.
② 중앙회는 전국을 구역으로 하되, 둘 이상의 중앙회를 설립할 수 없다.
제115조【회원】 ① 중앙회는 지역조합, 품목조합 및 제138조에 따른 품목조합연합회를 회원으로 한다.
② 중앙회는 농림축산식품부장관의 인가를 받아 설립된 조합 또는 제138조에 따른 품목조합연합회가 회원가입 신청을 하면 그 신청일부터 60일 이내에 가입을 승낙하여야 한다. 다만, 다음 각 호의 어느 하나에 해당할 때에는 승낙을 하지 아니할 수 있다.(2013.3.23 본문개정)
1. 「농업협동조합의 구조개선에 관한 법률」 제2조제3호에 따른 부실조합 및 같은 조 제4호에 따른 부실우려조합의 기준에 해당하는 조합
2. 조합 또는 제138조에 따른 품목조합연합회가 제123조제2호에 따라 제명된 후 2년이 지나지 아니한 경우
3. 그 밖에 대통령령으로 정하는 기준에 해당되어 중앙회 및 그 회원의 발전을 해칠 만한 현저한 이유가 있는 조합. 이 경우 농림축산식품부장관의 동의를 받아야 한다.
(2013.3.23 후단개정)
제116조【준회원】 중앙회는 정관으로 정하는 바에 따라 제112조의3에 따른 조합공동사업법인 및 농업 또는 농촌 관련 단체와 법인을 준회원으로 할 수 있다.
제117조【출자】 ① 회원은 정관으로 정하는 좌수 이상의 출자를 하여야 한다.
② 출자 1좌의 금액은 정관으로 정한다.
제118조【당연 탈퇴】 회원이 해산하거나 파산하면 그 회원은 당연히 탈퇴된다.
제119조【회원의 책임】 중앙회 회원의 책임은 그 출자액을 한도로 한다.
제120조【정관기재사항】 ① 중앙회의 정관에는 다음 각 호의 사항이 포함되어야 한다.
1. 목적, 명칭과 구역
2. 주된 사무소의 소재지
3. 출자에 관한 사항
4. 우선출자에 관한 사항
5. 회원의 가입과 탈퇴에 관한 사항
6. 회원의 권리·의무에 관한 사항
7. 총회와 이사회에 관한 사항
8. 임원, 집행간부 및 집행간부 외의 간부직원(이하 "일반간부직원"이라 한다)에 관한 사항
9. 사업의 종류 및 업무집행에 관한 사항
10. 회계와 손익의 구분 등 독립사업부제의 운영에 관한 사항(2011.3.31 본호신설)
11. 경비 부과와 과태금 징수에 관한 사항
12. 농업금융채권의 발행에 관한 사항
13. 회계에 관한 사항
14. 공고의 방법에 관한 사항
② 중앙회의 정관 변경은 총회의 의결을 거쳐 농림축산식품부장관의 인가를 받아야 한다.(2013.3.23 본항개정)
제121조【설립·해산】 ① 중앙회를 설립하려면 15개 이상의 조합이 발기인이 되어 정관을 작성하고 창립총회의 의결을 거쳐 농림축산식품부장관의 인가를 받아야 한다.(2013.3.23 본항개정)
② 제1항에 따른 인가를 받으면 제17조에 준하여 조합으로 하여금 출자금을 납입하도록 하여야 한다.
③ 중앙회의 해산에 관하여는 따로 법률로 정한다.

제2절 기 관

제122조【총회】 ① 중앙회에 총회를 둔다.
② 총회는 회장과 회원으로 구성하고, 회장이 소집한다.
③ 회장은 총회의 의장이 된다.
④ 정기총회는 매년 1회 정관으로 정한 시기에 소집하고 임시총회는 필요할 때에 수시로 소집한다.
⑤ 중앙회의 회원은 해당 조합의 조합원 수 등 대통령령으로 정하는 기준에 따라 정관으로 정하는 바에 따라 총회에서 한 표에서 세 표까지의 의결권을 행사한다.
제123조【총회의 의결 사항】 다음 각 호의 사항은 총회의 의결이 있어야 한다.
1. 정관의 변경
2. 회원의 제명
3. 임원 및 조합감사위원장의 선출과 해임
4. 사업 계획, 수지 예산 및 결산의 승인
5. 그 밖에 이사회나 회장이 필요하다고 인정하는 사항
제123조의2【총회의 개의와 의결】 ① 중앙회의 총회는 이 법에 다른 규정이 있는 경우 외에는 의결권 총수의 과반수에 해당하는 회원의 출석으로 개의하고, 출석한 회원의 의결권 과반수의 찬성으로 의결한다.
② 제123조제1호 및 제2호의 사항은 의결권 총수의 과반수에 해당하는 회원의 출석으로 개의하고, 출석한 회원의 의결권 3분의 2 이상의 찬성으로 의결한다.
제124조【대의원회】 ① 중앙회에 총회를 갈음하는 대의원회를 둔다. 다만, 제130조제1항에 따른 회장의 선출을 위한 총회 및 제54조제1항을 준용하는 제161조에 따른 임원의 해임을 위한 총회의 경우에는 그러하지 아니하다.
(2021.4.13 단서개정)
② 대의원의 수는 회원의 3분의 1의 범위에서 조합원수 및 경제 사업규모 등을 고려하여 정관으로 정하되, 회원인 지역조합과 품목조합의 대표성이 보장될 수 있도록 하여야 한다.
③ 대의원의 임기는 정관으로 정한다.
④ 대의원은 정관으로 정하는 바에 따라 회원의 직접투표로 선출하되, 대의원을 선출하기 위한 회원별 투표권의 수는 제122조제5항에 따른 의결권의 수와 같다.
⑤ 대의원은 대의원회에서 한 표의 의결권을 행사하며, 대의원회의 운영 등에 관한 세부 사항은 정관으로 정한다.
⑥ 대의원회의 개의와 의결에 관하여는 제123조의2를 준용한다.
제125조【이사회】 ① 중앙회에 이사회를 둔다.
② 이사회는 다음 각 호의 사람을 포함한 이사로 구성하되, 이사회 구성원의 2분의 1 이상은 회원인 조합의 조합장(이하 "회원조합장"이라 한다)이어야 한다.
1. 회장
2.~3. (2016.12.27 삭제)
4. 상호금융대표이사(2011.3.31 본호개정)
5. 전무이사
③ 제2항의 회원조합장인 이사의 3분의 1 이상은 품목조합의 조합장으로 한다.
④ 이사회는 다음 각 호의 사항을 의결한다.
1. 중앙회의 경영목표의 설정
2. 중앙회의 사업계획 및 자금계획의 종합조정
3. 중앙회의 조직·경영 및 임원에 관한 규정의 제정·개정 및 폐지(2016.12.27 본호개정)
4. 조합에서 중앙회에 예치하는 여유자금의 하한 비율 또는 금액
5. 상호금융대표이사 및 전무이사(이하 "사업전담대표이사등"이라 한다)의 해임건의에 관한 사항(2016.12.27 본호개정)
6. 제125조의5에 따른 인사추천위원회 구성에 관한 사항
7. 제125조의6에 따른 교육위원회 구성에 관한 사항
8. 중앙회의 중요한 자산의 취득 및 처분에 관한 사항
(2016.12.27 본호개정)
9. 중앙회 업무의 위험관리에 관한 사항
10. 제125조의5제1항에 따라 추천된 후보자(감사위원후보자는 제외한다) 선임에 관한 사항
11. 사업전담대표이사등의 소관사업에 대한 성과평가에 관한 사항
11의2. 회원의 발전계획 수립에 관한 사항(2016.12.27 본호신설)
12. 총회로부터 위임된 사항
13. 그 밖에 회장 또는 이사 3분의 1 이상이 필요하다고 인정하는 사항
⑤ 이사회는 제4항에 따라 의결된 사항에 대하여 회장 및 사업전담대표이사등의 업무집행상황을 감독한다.
⑥ 집행간부는 이사회에 출석하여 의견을 진술할 수 있다.
⑦ 이사회의 운영에 필요한 사항은 정관으로 정한다.
제125조의2【상호금융 소이사회】 ① 이사회 운영의 전문성과 효율성을 도모하기 위하여 상호금융대표이사의 소관사업부문에 소이사회를 둔다.(2016.12.27 본항개정)
② 소이사회는 상호금융대표이사와 이사로 구성하고, 상호금융대표이사는 소이사회의 의장이 되며, 구성원의 4분의 1 이상은 회원조합장이 아닌 이사이어야 한다.
(2016.12.27 본항개정)
③ 소이사회는 다음 각 호의 사항 중 이사회가 위임한 사항을 의결한다.
1. 소관 업무의 경영목표의 설정에 관한 사항
2. 소관 업무의 사업계획 및 자금계획에 관한 사항
3. 소관 업무에 관련된 조직 및 그 업무의 운영에 관한 사항
4. 소관 업무와 관련된 중요한 자산의 취득 및 처분에 관한 사항
5. 소관 업무의 위험관리에 관한 사항
④ 소이사회는 구성원 과반수의 출석으로 개의하고, 출석구성원 과반수의 찬성으로 의결한다.
⑤ 소이사회는 의결된 사항을 제125조제2항에 따른 이사에게 각각 통지하여야 한다. 이 경우 이를 통지받은 각 이사는 이사회의 소집을 요구할 수 있으며, 이사회는 소이사회가 의결한 사항에 대하여 다시 의결할 수 있다.
⑥ 소이사회는 제3항에 따라 의결된 사항(제5항 후단에 따라 이사회에서 다시 의결된 사항은 제외한다)에 대하여 상호금융대표이사의 업무집행상황을 감독한다.
(2016.12.27 본항개정)
⑦ 집행간부는 소이사회에 출석하여 의견을 진술할 수 있다.
⑧ 소이사회의 운영에 관하여 필요한 사항은 정관으로 정한다.
(2016.12.27 본조제목개정)
제125조의3 (2009.6.9 삭제)
제125조의4【내부통제기준 등】 ① 중앙회는 법령과 정관을 준수하고 중앙회의 이용자를 보호하기 위하여 중앙회의 임직원이 그 직무를 수행할 때 따라야 할 기본적인 절차와 기준(이하 "내부통제기준"이라 한다)을 정하여야 한다.
② 중앙회는 내부통제기준의 준수여부를 점검하고 내부통제기준을 위반하면 이를 조사하여 감사위원회에 보고하는 사람(이하 "준법감시인"이라 한다)을 1명 이상 두어야 한다.
③ 준법감시인은 대통령령으로 정하는 자격요건에 적합한 사람 중에서 이사회의 의결을 거쳐 회장이 임면한다.
④ 내부통제기준과 준법감시인에 관한 세부사항은 대통령령으로 정한다.
제125조의5【인사추천위원회】 ① 다음 각 호의 사람을 추천하기 위하여 이사회에 인사추천위원회를 둔다.
1. 제130조제2항에 따라 선출되는 사업전담대표이사등
2. 제130조제4항에 따라 선출되는 이사
3. 제129조제3항에 따라 선출되는 감사위원
4. 제144조제1항에 따라 선출되는 조합감사위원장
② 인사추천위원회는 다음과 같이 구성하고, 위원장은 위원 중에서 호선한다.
1. 이사회가 위촉하는 회원조합장 4명
2. 농업인단체 및 학계 등이 추천하는 학식과 경험이 풍부한 외부전문가(공무원은 제외한다) 중에서 이사회가 위촉하는 3명

② 인사추천위원회는 다음과 같이 구성하고, 위원장은 제2호에 따른 위원 중에서 호선한다.
1. 이사회가 위촉하는 회원조합장 3명
2. 농업인단체 및 학계 등이 추천하는 학식과 경험이 풍부한 외부전문가(공무원은 제외한다) 중에서 이사회가 위촉하는 4명
(2021.4.13 본항개정 : 이 법 시행 후 최초로 선출되는 중앙회장의 임기개시일부터 시행)

③ 농업인단체는 학식과 경험이 풍부한 외부전문가 중에서 제1항제2호에 따른 이사 후보자를 인사추천위원회에 추천할 수 있다.
④ 그 밖에 인사추천위원회 구성과 운영에 필요한 사항은 정관으로 정한다.
(2009.6.9 본조신설)
제125조의6【교육위원회】 ① 제134조제1항제1호나목에 따른 교육업무의 계획을 수립하고 운영하기 위하여 이사회 소속으로 교육위원회를 둔다.(2016.12.27 본항개정)
② 교육위원회는 위원장을 포함한 7명 이내의 위원으로 구성하되, 농업인단체·학계의 대표를 포함하여야 한다.
③ 교육위원회는 제1항에 따른 교육계획의 수립 및 운영현황 등을 이사회에 보고하고 이사회 의결에 따른 조치를 하여야 한다.(2016.12.27 본항개정)
④ 그 밖의 교육위원회의 구성·운영 등에 필요한 사항은 정관으로 정한다.
(2009.6.9 본조신설)

제3절 임원과 직원

제126조【임원】 ① 중앙회에 임원으로 회장 1명, 상호금융대표이사 1명 및 전무이사 1명을 포함한 이사 28명 이내와 감사위원 5명을 둔다.
② 제1항의 임원 중 상호금융대표이사 1명, 전무이사 1명과 감사위원장은 상임으로 한다.
(2016.12.27 본조개정)
제127조【회장 등의 직무】 ① 회장은 중앙회를 대표한다. 다만, 제3항 및 제4항에 따라 사업전담대표이사등이 대표하는 업무에 대하여는 그러하지 아니하다.
(2016.12.27 단서개정)

① 회장은 중앙회를 대표한다. 다만, 제3항 및 제4항에 따라 사업전담대표이사등이 대표하거나 제6항에 따라 조합감사위원회의 위원장이 대표하는 업무에 대하여는 그러하지 아니하다.(2021.4.13 단서개정 : 이 법 시행 후 최초로 선출되는 중앙회장의 임기개시일부터 시행)

② 회장은 다음 각 호의 업무를 처리하되, 정관으로 정하는 바에 따라 제2호의 업무는 제143조에 따른 조합감사위원회의 위원장에게, 제3호부터 제6호까지의 업무는 전무이사에게 위임·전결처리하게 하여야 한다.(2016.12.27 본문개정)
1. 회원과 그 조합원의 권익 증진을 위한 대외 활동
2. 제134조제1항제1호사목에 따른 회원에 대한 감사
3. 제134조제1항제1호아목 및 자목에 따른 사업 및 이와 관련되는 사업(2011.3.31 본호개정)
4. 제3호의 소관 업무에 관한 사업계획 및 자금계획의 수립

5. 제125조제4항제2호에 따른 이사회의 의결 사항 중 사업전담대표이사등에게 공통으로 관련되는 업무에 관한 협의 및 조정
6. 그 밖에 사업전담대표이사등의 업무에 속하지 아니하는 업무(2016.12.27 본호개정)

② 회장은 회원과 그 조합원의 권익 증진을 위한 대외활동 업무를 처리한다.(2021.4.13 본항개정 : 이 법 시행 후 최초로 선출되는 중앙회장의 임기개시일부터 시행)

③ 상호금융대표이사는 다음 각 호의 업무를 전담하여 처리하며, 그 업무에 관하여 중앙회를 대표한다.
1. 제134조제1항제4호의 사업과 같은 항 제5호부터 제9호까지의 사업 중 상호금융과 관련된 사업 및 그 부대사업
2. 제1호의 소관 업무에 관한 다음 각 목의 업무
가. 경영 목표의 설정
나. 사업계획 및 자금계획의 수립
다. 교육 및 자금지원 계획의 수립
(2016.12.27 본항신설)

④ 전무이사는 다음 각 호의 업무를 전담하여 처리하며, 그 업무에 관하여 중앙회를 대표한다.
1. 제134조제1항제1호가목부터 바목까지 · 차목 및 카목의 사업과 같은 항 제5호부터 제9호까지의 사업 중 교육 · 지원과 관련되는 사업 및 그 부대사업

1. 제134조제1항제1호가목부터 바목까지 및 아목부터 카목까지의 사업과 같은 항 제5호부터 제9호까지의 사업 중 교육 · 지원과 관련되는 사업 및 그 부대사업(2021.4.13 본호개정 : 이 법 시행 후 최초로 선출되는 중앙회장의 임기개시일부터 시행)

2. 제1호의 소관 업무에 관한 다음 각 목의 업무
가. 사업 목표의 설정
나. 사업계획 및 자금계획의 수립

3. 제125조제4항제2호에 따른 이사회의 의결 사항 중 사업전담대표이사등에게 공통으로 관련되는 업무에 관한 협의 및 조정
4. 그 밖에 회장, 사업전담대표이사등 및 조합감사위원회의 위원장의 업무에 속하지 아니하는 업무
(2021.4.13 3호~4호신설 : 이 법 시행 후 최초로 선출되는 중앙회장의 임기개시일부터 시행)

(2016.12.27 본항신설)

⑤ 제3항 및 제4항에 따른 사업전담대표이사등의 소관업무는 정관으로 정하는 바에 따라 독립사업부제로 운영하여야 한다.(2016.12.27 본항신설)

⑥ 조합감사위원회의 위원장은 제134조제1항제1호사목에 따른 회원에 대한 감사업무와 같은 항 제5호부터 제9호까지의 사업 중 회원에 대한 감사와 관련되는 사업 및 그 부대사업을 처리하며, 그 업무에 관하여는 중앙회를 대표한다.(2021.4.13 본항신설 : 이 법 시행 후 최초로 선출되는 중앙회장의 임기개시일부터 시행)

⑦ 회장 또는 사업전담대표이사등이 제46조제4항제1호, 제2호, 제4호 및 제6호의 사유로 이 조 제1항부터 제4항까지의 규정에 따른 직무를 수행할 수 없을 때에는 정관으로 정하는 이사가 그 직무를 대행한다.(2016.12.27 본항개정)
(2016.12.27 본조제목개정)

제128조 (2016.12.27 삭제)

제129조 【감사위원회】 ① 중앙회는 재산과 업무집행상황을 감사하기 위하여 감사위원회를 둔다.
② 감사위원회는 감사위원장을 포함한 5명의 감사위원으로 구성하되 그 임기는 3년으로 하며, 감사위원 중 3명은 대통령령으로 정하는 요건에 적합한 외부전문가 중에서 선출하여야 한다.

② 감사위원회는 감사위원장을 포함한 5명의 감사위원으로 구성하되 그 임기는 3년으로 하며, 감사위원 중 3명은 대통령령으로 정하는 요건에 적합한 외부전문가 중에서 선출하여야 한다. 다만, 외부전문가는 조합, 중앙회 및 그 자회사(손자회사를 포함한다)에서 최근 3년 이내에 중앙회 감사위원 이외의 임직원으로 근무한 사람은 제외한다.(2021.4.13 단서신설 : 이 법 시행 후 최초로 선출되는 중앙회장의 임기개시일부터 시행)

③ 감사위원은 인사추천위원회가 추천한 자를 대상으로 총회에서 선출한다.
④ 감사위원장은 외부전문가인 감사위원 중에서 호선한다.(2016.12.27 본항개정)
⑤ 감사위원회에 관하여는 제46조제7항부터 제9항까지 및 제47조를 준용한다. 이 경우 제46조제7항 중 "감사"는 "감사위원회"로, "조합장"은 "회장"으로, 제46조제8항 중 "감사"는 "감사위원"으로, "이사회"는 "이사회 또는 소이사회"로, 제46조제9항 중 "감사"는 "감사위원회"로, 제47조제1항 중 "조합장 또는 이사"는 "이사"로, "감사"는 "감사위원회"로, 제47조제2항 중 "조합장 또는 이사"는 "이사"로 본다.
⑥ 감사위원회의 운영 등에 필요한 사항은 정관으로 정한다.
(2009.6.9 본조신설)

제130조 【임원의 선출과 임기 등】 ① 회장은 총회에서 선출하되, 회원인 조합의 조합원이어야 한다. 이 경우 회원은 제122조제5항에도 불구하고 조합원 수 등 대통령령으로 정하는 기준에 따라 투표권을 차등하여 두 표까지 행사한다.(2021.4.13 후단신설)
② 사업전담대표이사등은 제127조제3항 및 제4항에 따른 전담사업에 관하여 전문지식과 경험이 풍부한 사람으로서 대통령령으로 정하는 요건에 맞는 사람 중에서 인사추천위원회에서 추천된 사람을 이사회의 의결을 거쳐 총회에서 선출한다.(2016.12.27 본항개정)
③ 회원조합장인 이사는 정관으로 정하는 절차에 따라 선출된 시 · 도 단위 지역농협의 대표와 지역축협과 품목조합의 조합장 중에서 정관으로 정하는 추천절차에 따라 추천된 사람을 총회에서 선출한다.
④ 제1항부터 제3항까지의 이사를 제외한 이사는 대통령령으로 정하는 요건에 맞는 사람 중 인사추천위원회에서 추천된 사람을 이사회의 의결을 거쳐 총회에서 선출한다.(2016.12.27 본항개정)
⑤ 회장의 임기는 4년으로 하며, 중임할 수 없다.
⑥ 회원조합장인 이사의 임기는 4년으로 하고, 사업전담대표이사등의 임기는 3년 이내로 하며, 그 밖의 임원(감사위원은 제외한다)의 임기는 2년으로 한다.(2016.12.27 본항개정)
⑦ 회원조합장이 제126조제2항에 따른 상임인 임원으로 선출되면 취임 전에 그 직(職)을 사임하여야 한다.
⑧ 중앙회는 제1항에 따른 회장 선출에 대한 선거관리를 정관으로 정하는 바에 따라 「선거관리위원회법」에 따른 중앙선거관리위원회에 위탁하여야 한다.
⑨~⑩ (2014.6.11 삭제)
⑪ 누구든지 회장 외의 임원 선거의 경우에는 선거운동을 할 수 없다.(2014.6.11 본항개정)

제131조 【집행간부 및 직원의 임면 등】 ① 중앙회에 사업전담대표이사등의 업무를 보좌하기 위하여 집행간부를 두되, 그 명칭 · 직무 등에 관한 사항은 정관으로 정한다.
② 집행간부의 임기는 2년으로 한다.
③ 제127조제3항 및 제4항에 규정된 업무를 보좌하기 위한 집행간부는 소관사업부문별로 사업전담대표이사등이 각각 임면한다.(2016.12.27 본항개정)
④ 직원은 회장이 임면하되, 제127조제3항 및 제4항에 따른 사업전담대표이사등에게 소속된 직원의 승진 및 전보는 정관으로 정하는 바에 따라 각 사업전담대표이사등이 수행한다.(2016.12.27 본항개정)

④ 직원은 회장이 임면하되, 제127조제3항 및 제4항에 따른 사업전담대표이사등과 같은 조 제6항에 따른 조합감사위원회의 위원장에게 소속된 직원의 승진 · 전보 및 인사 교류에 관한 사항은 정관으로 정하는 바에 따라 각 사업전담대표이사등과 조합감사위원회의 위원장이 수행한다.(2021.4.13 본항개정 : 이 법 시행 후 최초로 선출되는 중앙회장의 임기개시일부터 시행)

⑤ 제127조제3항 및 제4항에 따른 사업전담대표이사등에게 소속된 직원 간의 인사 교류에 관한 사항은 정관으로 정한다.(2016.12.27 본항개정)
⑥ 집행간부와 일반간부직원에 관하여는 「상법」 제11조제1항 · 제3항, 제12조, 제13조 및 제17조와 「상업등기법」 제23조제1항, 제50조 및 제51조를 준용한다.(2014.5.20 본항개정)
⑦ 회장, 사업전담대표이사등 및 농협경제지주회사등의 대표자는 각각 이사, 집행간부 또는 직원 중에서 중앙회 또는 농협경제지주회사등의 업무에 관한 일체의 재판상 또는 재판 외의 행위를 할 권한 있는 대리인을 선임할 수 있다.(2011.3.31 본항개정)

⑤ 집행간부와 일반간부직원에 관하여는 「상법」 제11조제1항 · 제3항, 제12조, 제13조 및 제17조와 「상업등기법」 제23조제1항, 제50조 및 제51조를 준용한다.
(2014.5.20 본항개정)
⑥ 회장, 사업전담대표이사등, 조합감사위원회의 위원장 및 농협경제지주회사등의 대표자는 각각 이사, 집행간부 또는 직원 중에서 중앙회 또는 농협경제지주회사등의 업무에 관한 일체의 재판상 또는 재판 외의 행위를 할 권한 있는 대리인을 선임할 수 있다.(2021.4.13 본항개정 : 이 법 시행 후 최초로 선출되는 중앙회장의 임기개시일부터 시행)

제132조 (2016.12.27 삭제)

제133조 【다른 직업 종사의 제한】 상임인 임원과 집행간부 및 일반간부직원은 직무와 관련되는 영리를 목적으로 하는 업무에 종사할 수 없으며, 이사회가 승인하는 경우를 제외하고는 다른 직업에 종사할 수 없다.

제4절 사 업

제134조 【사업】 ① 중앙회는 다음 각 호의 사업의 전부 또는 일부를 수행한다. 다만, 제2호 및 제3호의 사업과 제5호부터 제9호까지의 사업 중 경제사업과 관련된 사업은 농협경제지주회사 및 그 자회사가 수행하고, 제4호의2의 사업과 제5호부터 제9호까지의 사업 중 금융사업과 관련된 사업은 농협금융지주회사 및 그 자회사가 수행한다.
(2016.12.27 본문개정)
1. 교육 · 지원 사업
가. 회원의 조직 및 경영의 지도
나. 회원의 조합원과 직원에 대한 교육 · 훈련 및 농업 · 축산업 등 관련 정보의 제공
다. 회원과 그 조합원의 사업에 관한 조사 · 연구 및 홍보
라. 회원과 그 조합원의 사업 및 생활의 개선을 위한 정보망의 구축, 정보화 교육 및 보급 등을 위한 사업
마. 회원과 그 조합원 및 직원에 대한 자금지원
바. 농업 · 축산업 관련 신기술 및 신품종의 연구 · 개발 등을 위한 연구소와 시범농장의 운영
사. 회원에 대한 감사
아. 회원과 그 조합원의 권익증진을 위한 사업
자. 의료지원사업
차. 회원과 출자법인에 대한 지원 및 지도
카. 제159조의2에 따른 명칭 사용의 관리 및 운영
2. 농업경제사업
가. 회원을 위한 구매 · 판매 · 제조 · 가공 등의 사업
나. 회원과 출자법인의 경제사업의 조성, 지원 및 지도
다. 인삼 경작의 지도, 인삼류 제조 및 검사
라. 산지 유통의 활성화 및 구조개선 사업
3. 축산경제사업
가. 회원을 위한 구매 · 판매 · 제조 · 가공 등의 사업
나. 회원과 출자법인의 경제사업의 조성, 지원 및 지도
다. 가축의 개량 · 증식 · 방역 및 진료에 관한 사업
라. 산지 유통의 활성화 및 구조개선 사업
4. 상호금융사업
가. 대통령령으로 정하는 바에 따른 회원의 상환준비금과 여유자금의 운용 · 관리
나. 회원의 신용사업 지도
다. 회원의 예금 · 적금의 수납 · 운용
라. 회원에 대한 자금 대출
마. 국가 · 공공단체 또는 금융기관(「은행법」에 따른 은행과 그 외에 금융 업무를 취급하는 금융기관을 포함한다. 이하 같다)의 업무의 대리
바. 회원 및 조합원을 위한 내국환 및 외국환 업무
사. 회원에 대한 지급보증 및 회원에 대한 어음할인
아. 「자본시장과 금융투자업에 관한 법률」 제4조제3항에 따른 국채증권 및 지방채증권의 인수 · 매출
자. 「전자금융거래법」에서 정하는 직불전자지급수단의 발행 · 관리 및 대금의 결제
차. 「전자금융거래법」에서 정하는 선불전자지급수단의 발행 · 관리 및 대금의 결제
4의2. 「금융지주회사법」 제2조제1항제1호에 따른 금융업 및 금융업의 영위와 밀접한 관련이 있는 회사의 사업
(2016.12.27 본호신설)
5. 국가나 공공단체가 위탁하거나 보조하는 사업
6. 다른 법령에서 중앙회의 사업으로 정하는 사업
7. 제1호부터 제6호까지의 사업과 관련되는 대외 무역
8. 제1호부터 제7호까지의 사업과 관련되는 부대사업
9. 제1호부터 제8호까지에서 규정한 사항 외에 중앙회의 설립 목적의 달성에 필요한 사업으로서 농림축산식품부장관의 승인을 받은 사업(2013.3.23 본호개정)
(2011.3.31 본항개정)
② 중앙회는 제1항에 따른 목적을 달성하기 위하여 국가 · 공공단체 또는 금융기관으로부터 자금을 차입(借入)하거나 금융기관에 예치(預置) 등의 방법으로 자금을 운용할 수 있다.(2011.3.31 본항개정)
③ 중앙회는 제1항에 따른 목적을 달성하기 위하여 국제기구 · 외국 또는 외국인으로부터 자금을 차입하거나 물자와 기술을 도입할 수 있다.
④ 중앙회는 상호금융대표이사의 소관 업무에 대하여는 독립 회계를 설치하여 회계와 손익을 구분 관리하여야 한다. 이 경우 회계에 자본계정을 설치할 수 있다.
(2016.12.27 본문개정)
1.~3. (2016.12.27 삭제)
⑤ 중앙회는 제1항에 따른 사업을 수행하기 위하여 필요하면 정관으로 정하는 바에 따라 사업손실보전자금, 대손보전자금, 조합상호지원자금 및 조합합병지원자금을 조성 · 운용할 수 있다. 이 경우 경제사업과 관련된 자금의 운용은 농협경제지주회사가 수립한 계획에 따른다.
(2016.12.27 후단신설)

⑥ 중앙회는 제5항에 따른 조합상호지원자금과 그 밖에 이자지원 등의 형태로 회원을 지원하는 자금에 대해서는 정관으로 정하는 바에 따라 매년 회원조합지원자금 조성 · 운용 계획을 수립하여야 한다.(2021.4.13 본항신설 : 이 법 시행 후 최초로 선출되는 중앙회장의 임기개시일부터 시행)

제134조의2~제134조의5 (2016.12.27 삭제)

제135조 【비회원의 사업 이용】 ① 중앙회는 회원이 이용하는 데에 지장이 없는 범위에서 회원이 아닌 자에게 그 사업을 이용하게 할 수 있다. 다만, 제134조제1항제1호부터 제3호까지의 사업 중 판매사업(농업인이 아닌 자의 판매사업은 제외한다), 같은 항 제1호자목, 제4호, 제4호의2, 제5호, 제6호 및 제9호의 사업 외의 사업에 대한 비회원의 이용은 정관으로 정하는 바에 따라 제한할 수 있다.(2016.12.27 단서개정)
② 회원의 조합원의 사업 이용은 회원의 이용으로 본다.

제135조의2~제135조의3 (2016.12.27 삭제)

제136조 【유통지원자금의 조성 · 운용】 ① 중앙회는 회원의 조합원, 제112조의3에 따른 조합공동사업법인이 생산한 농산물 · 축산물 및 그 가공품(이하 "농산물등"이라 한다)의 원활한 유통을 지원하기 위하여 유통지원자금을 조성 · 운용할 수 있다.(2016.12.27 본항개정)
② 제1항에 따른 유통지원자금은 농협경제지주회사가 수립한 계획에 따라 다음 각 호의 사업에 운용한다.
(2016.12.27 본문개정)

1. 농산물등의 계약재배사업
2. 농산물등의 출하조절사업
3. 농산물등의 공동규격 출하촉진사업
(2011.3.31 1호~3호개정)
4. 매취(買取)사업
5. 그 밖에 농업경제지주회사가 필요하다고 인정하는 판매·유통·가공 관련 사업(2016.12.27 본호개정)
③ 제1항에 따른 유통지원자금은 제134조제5항에 따른 조합상호지원자금 및 제159조의2에 따른 농업지원사업비 등으로 조성한다.(2016.12.27 본항개정)
④ 국가는 예산의 범위에서 제1항에 따른 유통지원자금의 조성을 지원할 수 있다.(2011.3.31 본항신설)
⑤ 제1항에 따른 유통지원자금의 조성 및 운용에 관한 세부사항은 농림축산식품부장관이 정하는 바에 따른다.(2013.3.23 본항개정)

제137조【다른 법인에 대한 출자의 제한 등】 ① 중앙회는 다른 법인이 발행한 의결권 있는 주식(출자지분을 포함한다. 이하 이 조에서 같다)의 100분의 15를 초과하는 주식을 취득할 수 없다. 다만, 다음 각 호의 경우에는 그러하지 아니하다.
1. 제134조제1항에 따른 사업 수행을 위하여 필요한 경우
2. 주식배당이나 무상증자에 따라 주식을 취득하게 되는 경우
3. 기업의 구조조정 등으로 인하여 대출금을 출자로 전환함에 따라 주식을 취득하게 되는 경우
4. 담보권의 실행으로 인하여 주식을 취득하게 되는 경우
5. 기존 소유지분의 범위에서 유상증자에 참여함에 따라 주식을 취득하게 되는 경우
6. 신주인수권부사채 등 주식관련 채권을 주식으로 전환함에 따라 주식을 취득하게 되는 경우
7. 농협경제지주회사의 주식을 취득하는 경우
8. 농협금융지주회사의 주식을 취득하는 경우
(2016.12.27 7호~8호개정)
② 중앙회가 제1항제1호에 따라 제134조제1항에 따른 사업 수행을 위하여 다른 법인에 출자한 경우 그 금액의 총합계액은 납입출자금, 우선출자금 등 대통령령으로 정하는 바에 따라 산정한 자기자본(이하 "자기자본"이라 한다) 이내로 한다. 다만, 같은 법인에 대한 출자한도는 자기자본의 100분의 20 이내에서 정관으로 정한다.
(2011.3.31 본항개정)
③ 제2항에도 불구하고 중앙회가 제1항제7호 및 제8호에 따라 출자하는 경우에는 자기자본을 초과하여 출자할 수 있다. 이 경우 중앙회는 회계연도 경과 후 3개월 이내에 출자의 목적 및 현황, 출자대상 지주회사 및 그 자회사의 경영현황 등을 총회에 보고하여야 한다.(2011.3.31 본항신설)
④ 중앙회는 제134조제1항제2호 및 제3호에 따른 사업을 수행하기 위하여 다른 법인에 출자하려면 회원과 공동으로 출자하여 운영함을 원칙으로 한다.

제138조【품목조합연합회】 ① 품목조합은 그 권익 증진을 도모하고 공동사업의 개발을 위하여 3개 이상의 품목조합을 회원으로 하는 품목조합연합회(이하 "연합회"라 한다)를 설립할 수 있다. 이 경우 연합회는 정관으로 정하는 바에 따라 지역조합을 회원으로 할 수 있으며, 전국을 구역으로 하는 경우에는 전국의 품목조합의 2분의 1 이상을 그 회원으로 하여야 한다.
② 제1항에 따라 연합회의 회원이 될 수 있는 지역조합의 기준과 가입절차 등에 대하여는 정관으로 정한다.
③ 연합회는 다음 각 호의 전부 또는 일부의 사업을 수행한다.
1. 회원을 위한 생산·유통조절 및 시장 개척
2. 회원을 위한 물자의 공동구매 및 제품의 공동판매와 이에 수반되는 운반, 보관 및 가공사업
3. 제품 홍보, 기술 보급 및 회원 간의 정보 교환
4. 회원을 위한 자금의 알선과 연합회의 사업을 위한 국가·공공단체·중앙회·농협경제지주회사와 그 자회사 및 농협은행으로부터의 자금 차입(2016.12.27 본호개정)
5. 그 밖에 회원의 공동이익 증진을 위하여 정관으로 정하는 사업
④ 제1항에 따라 설립되는 연합회는 법인으로 한다. 이 경우 다음 각 호의 사항을 적은 정관을 작성하여 농림축산식품부장관의 인가를 받아야 하며, 이를 변경하려 할 때에도 또한 같다.(2013.3.23 후단개정)
1. 목적, 명칭, 구역 및 주된 사무소의 소재지
2. 회원의 자격·가입 및 탈퇴
3. 출자 및 경비에 관한 사항
4. 임원의 정수와 선임
5. 회원의 권리와 의무에 관한 사항
6. 사업의 종류와 그 집행에 관한 사항
⑤ 연합회에 관하여 이 법에 규정되지 아니한 사항은 「민법」 중 사단법인에 관한 규정을 준용한다.
⑥ 연합회는 그 명칭 중에 품목명이나 업종명을 붙인 연합회라는 명칭을 사용하여야 하며, 이 법에 따라 설립된 자가 아니면 품목명이나 업종명을 붙인 연합회의 명칭이나 이와 유사한 명칭을 사용하지 못한다.

제139조【국가 보조 또는 융자금 사용 내용 등의 공시】
① 중앙회(중앙회의 자회사 및 손자회사를 포함한다)는 국가로부터 자금(국가가 관리하는 자금을 포함한다. 이하 이 조에서 같다)이나 사업비의 전부 또는 일부를 보조 또는 융자받아 시행한 직전 연도 사업에 관련된 자금 사용내용 등 대통령령으로 정하는 정보를 매년 4월 30일까지 공시하여야 한다.
② 중앙회는 제1항에 따른 정보를 공시하기 위하여 필요한 경우에는 정부로부터 보조 또는 융자받은 금액을 배분받거나 위탁받은 정부 사업을 수행하는 조합에 대하여 자료 제출을 요청할 수 있다. 이 경우 요청을 받은 조합은 특별한 사유가 없으면 이에 협조하여야 한다.
③ 제1항에 따른 정보 공시의 절차, 방법 및 그 밖에 필요한 사항은 농림축산식품부령으로 정한다.
(2014.12.31 본조신설)

제140조【자금의 관리】 ① (2014.12.31 삭제)
② 중앙회 또는 농협경제지주회사가 국가로부터 차입한 자금 중 회원 또는 농업인에 대한 여신자금(조합이 중앙회 또는 농협경제지주회사로부터 차입한 자금을 포함한다)은 압류의 대상이 될 수 없다.(2016.12.27 본항개정)
(2011.3.31 본조제목개정)

제141조 (2001.9.12 삭제)

제5절 중앙회의 지도·감사

제142조【중앙회의 지도】 ① 회장은 이 법에서 정하는 바에 따라 회원을 지도하며 이에 필요한 규정이나 지침 등을 정할 수 있다.
② 회장은 회원의 경영 상태 및 회원의 정관으로 정하는 경제사업 기준에 대하여 그 이행 현황을 평가하고, 그 결과에 따라 그 회원에게 경영 개선 요구, 합병 권고 등의 필요한 조치를 하여야 한다. 이 경우 조합장은 그 사실을 지체 없이 공고하고 서면으로 조합원에게 알려야 하며, 조치 결과를 조합의 이사회 및 총회에 보고하여야 한다.
(2016.12.27 전단개정)
③ 회장은 회원의 건전한 업무수행과 조합원이나 제3자의 보호를 위하여 필요하다고 인정하면 해당 업무에 관하여 다음 각 호의 처분을 농림축산식품부장관에게 요청할 수 있다.(2013.3.23 본문개정)
1. 정관의 변경(2011.3.31 본호개정)
2. 업무의 전부 또는 일부의 정지
3. 재산의 공탁·처분의 금지
4. 그 밖에 필요한 처분

제142조의2【중앙회의 자회사에 대한 감독】 ① 중앙회는 중앙회의 자회사(농협경제지주회사 및 농협금융지주회사의 자회사를 포함한다. 이하 같다)가 그 업무수행 시 중앙회의 회원 및 회원의 조합원의 이익에 기여할 수 있도록 정관으로 정하는 바에 따라 지도·감독하여야 한다.
② 중앙회는 제1항에 따른 지도·감독 결과에 따라 해당 자회사에 대하여 경영개선 등 필요한 조치를 요구할 수 있다.
(2011.3.31 본조신설)

제143조【조합감사위원회】 ① 회원의 건전한 발전을 도모하기 위하여 회장 소속으로 회원의 업무를 지도·감사할 수 있는 조합감사위원회를 둔다.

① 회원의 건전한 발전을 도모하기 위하여 중앙회에 회원의 업무를 지도·감사할 수 있는 조합감사위원회를 둔다.(2021.4.13 본항개정 : 이 법 시행 후 최초로 선출되는 중앙회장의 임기개시일부터 시행)

② 조합감사위원회는 위원장을 포함한 5명의 위원으로 구성하되, 위원장은 상임으로 한다.
③ 조합감사위원회의 감사 사무를 처리하기 위하여 정관으로 정하는 바에 따라 위원회에 필요한 기구를 둔다.

제144조【위원의 선임 등】 ① 조합감사위원회의 위원장은 인사추천위원회에서 추천된 사람을 이사회의 의결을 거쳐 총회에서 선출한다.

① 조합감사위원회의 위원장은 인사추천위원회에서 추천된 사람을 이사회의 의결을 거쳐 총회에서 선출한다. 다만, 조합, 중앙회 및 그 자회사(손자회사를 포함한다)에서 최근 3년 이내에 조합감사위원회의 위원 이외의 임직원으로 근무한 사람은 제외한다.(2021.4.13 본항개정 : 이 법 시행 후 최초로 선출되는 중앙회장의 임기개시일부터 시행)

② 위원은 위원장이 제청(提請)한 사람 중에서 이사회의 의결을 거쳐 위원장이 임명한다.

② 위원은 위원장이 제청(提請)한 사람 중에서 이사회의 의결을 거쳐 위원장이 임명한다. 다만, 회원의 조합장은 위원이 될 수 없다.(2021.4.13 단서신설 : 이 법 시행 후 최초로 선출되는 중앙회장의 임기개시일부터 시행)

③ 제1항과 제2항에 따른 위원장과 위원은 감사, 회계 또는 농정(農政)에 관한 전문지식과 경험이 풍부한 사람으로서 대통령령으로 정하는 요건에 맞는 사람 중에서 선임한다.
④ 위원장과 위원의 임기는 3년으로 한다.

제145조【의결 사항】 조합감사위원회는 다음 각 호의 사항을 의결한다.
1. 회원에 대한 감사 방향 및 그 계획에 관한 사항
2. 감사 결과에 따른 회원의 임직원에 대한 징계 및 문책의 요구 등에 관한 사항
3. 감사 결과에 따른 변상 책임의 판정에 관한 사항
4. 회원에 대한 시정 및 개선 요구 등에 관한 사항
5. 감사 규정의 제정·개정 및 폐지에 관한 사항
6. 회장이 요청하는 사항
7. 그 밖에 위원장이 필요하다고 인정하는 사항

제146조【회원에 대한 감사 등】 ① 조합감사위원회는 회원의 재산 및 업무집행상황에 대하여 2년(상임감사를 두는 조합의 경우에는 3년)마다 1회 이상 회원을 감사하여야 한다.(2014.12.31 본항개정)
② 조합감사위원회는 회원의 건전한 발전을 도모하기 위하여 필요하다고 인정하면 회원의 부담으로 회계법인에 회계감사를 요청할 수 있다.
③ 회장은 제1항과 제2항에 따른 감사 결과를 해당 회원의 조합장과 감사에게 알려야 하며 감사 결과에 따라 그 회원에게 시정 또는 업무의 정지, 관련 임직원에 대한 다음 각 호의 조치를 할 것을 요구할 수 있다.

③ 조합감사위원회의 위원장은 제1항과 제2항에 따른 감사 결과를 해당 회원의 조합장과 감사에게 알려야 하며 감사 결과에 따라 그 회원에게 시정 또는 업무의 정지, 관련 임직원에 대한 다음 각 호의 조치를 할 것을 요구할 수 있다.(2021.4.13 본문개정 : 이 법 시행 후 최초로 선출되는 중앙회장의 임기개시일부터 시행)

1. 임원에 대하여는 개선(改選), 직무의 정지, 견책(譴責) 또는 변상
2. 직원에 대하여는 징계면직, 정직, 감봉, 견책 또는 변상
④ 회원이 제3항에 따라 소속 임직원에 대한 조치 요구를 받으면 2개월 이내에 필요한 조치를 하고 그 결과를 조합감사위원회에 알려야 한다.
⑤ 회장은 회원이 제4항의 기간에 필요한 조치를 하지 아니하면 1개월 이내에 제3항의 조치를 할 것을 다시 요구하고, 그 기간에도 이를 이행하지 아니하면 필요한 조치를 하여 줄 것을 농림축산식품부장관에게 요청할 수 있다.(2013.3.23 본항개정)

⑤ 조합감사위원회의 위원장은 회원이 제4항의 기간에 필요한 조치를 하지 아니하면 1개월 이내에 제3항의 조치를 할 것을 다시 요구하고, 그 기간에도 이를 이행하지 아니하면 필요한 조치를 하여 줄 것을 농림축산식품부장관에게 요청할 수 있다.(2021.4.13 본항개정 : 이 법 시행 후 최초로 선출되는 중앙회장의 임기개시일부터 시행)

제6절 우선출자

제147조【우선출자】 ① 중앙회는 자기자본의 확충을 통한 경영의 건전성을 도모하기 위하여 정관으로 정하는 바에 따라 잉여금 배당에서 우선적 지위를 가지는 우선출자를 발행할 수 있다.
② 제1항에 따른 우선출자 1좌의 금액은 제117조에 따른 출자 1좌의 금액과 같아야 하며, 우선출자의 총액은 자기자본의 2분의 1을 초과할 수 없다.
③ 우선출자에 대하여는 의결권과 선거권을 인정하지 아니한다.
④ 우선출자에 대한 배당은 제117조에 따른 출자에 대한 배당보다 우선하여 실시하되, 그 배당률은 정관으로 정하는 최저 배당률과 최고 배당률 사이에서 정기총회에서 정한다.
⑤ 제1항부터 제4항까지에서 규정한 사항 외에 우선출자증권의 발행, 우선출자자의 책임, 우선출자의 양도, 우선출자자 총회 및 우선출자에 관한 그 밖의 사항은 대통령령으로 정한다.(2016.12.27 본항신설)

제148조~제152조(2016.12.27 삭제)

제7절 농업금융채권

제153조【농업금융채권의 발행】 ① 중앙회, 농협은행은 각각 농업금융채권을 발행할 수 있다.(2011.3.31 본항개정)
② 중앙회, 농협은행은 각각 자기자본의 5배를 초과하여 농업금융채권을 발행할 수 없다. 다만, 법률로 따로 정하는 경우에는 그러하지 아니하다.(2011.3.31 본문개정)
③ 농업금융채권의 차환(借換)을 위하여 발행하는 농업금융채권은 제2항에 따른 발행 한도에 산입(算入)하지 아니한다.
④ 농업금융채권을 그 차환을 위하여 발행한 경우에는 발행 후 1개월 이내에 상환(償還) 시기가 도래하거나 이에 상당하는 사유가 있는 농업금융채권에 대하여 그 발행 액면금액(額面金額)에 해당하는 농업금융채권을 상환하여야 한다.
⑤ 농업금융채권은 할인하여 발행할 수 있다.
⑥ 중앙회, 농협은행이 농업금융채권을 발행하면 매회 그 금액·조건·발행 및 상환의 방법을 정하여 농림축산식품부장관에게 신고하여야 한다.(2013.3.23 본항개정)

제154조【채권의 명의변경 요건】 기명식(記名式) 채권의 명의변경은 취득자의 성명과 주소를 채권 원부(原簿)에 적고 그 성명을 증권에 적지 아니하면 중앙회, 농협은행, 그 밖의 제3자에게 대항하지 못한다.(2011.3.31 본조개정)

제155조【채권의 질권 설정】 기명식 채권을 질권의 목적으로 하는 경우에는 질권자의 성명 및 주소를 채권 원부에 등록하지 아니하면 중앙회, 농협은행, 그 밖의 제3자에게 대항하지 못한다.(2011.3.31 본조개정)

제156조【상환에 대한 국가 보증】 농업금융채권은 그 원리금 상환을 국가가 전액 보증할 수 있다.
제157조【소멸시효】 농업금융채권의 소멸시효는 원금은 5년, 이자는 2년으로 한다.
제158조【농업금융채권에 관한 그 밖의 사항】 이 법에서 규정하는 사항 외에 농업금융채권의 발행·모집 등에 필요한 사항은 대통령령으로 정한다.

제8절 회 계

제159조【사업 계획 및 수지 예산】 중앙회는 매 회계연도의 사업계획서 및 수지예산서를 작성하여 그 회계연도 개시 1개월 전에 총회의 의결을 거쳐야 한다. 이를 변경하려는 경우에도 또한 같다.
제159조의2【농업지원사업비】 ① 중앙회는 산지유통 활성화 등 회원과 조합원에 대한 지원 및 지도 사업의 수행에 필요한 재원을 안정적으로 조달하기 위하여 농업협동조합의 명칭(영문 명칭 및 한글·영문 약칭 등 정관으로 정하는 문자 또는 표식을 포함한다)을 사용하는 법인(영리법인에 한정한다)에 대하여 영업수익 또는 매출액의 1천분의 25 범위에서 총회에서 정하는 부과율로 명칭사용에 대한 대가인 농업지원사업비를 부과할 수 있다. 다만, 조합만이 출자한 법인 또는 조합공동사업법인에 대하여는 부과하지 아니한다.
② 제1항에 따른 농업지원사원비는 다른 수입과 구분하여 관리하여야 하며, 그 수입과 지출 내역은 총회의 승인을 받아야 한다.
(2016.12.27 본조개정)
제160조【결산】 ① 중앙회는 매 회계연도 경과 후 3개월 이내에 그 사업연도의 결산을 끝내고 그 결산보고서(사업보고서, 재무상태표, 손익계산서, 잉여금 처분안 또는 손실금 처리안)에 관하여 총회의 승인을 받아야 한다.
(2011.3.31 본항개정)
② 중앙회는 제1항에 따라 결산보고서의 승인을 받으면 지체 없이 재무상태표를 공고하여야 한다.(2011.3.31 본항개정)
③ 중앙회의 결산보고서에는 회계법인의 회계감사를 받은 의견서를 첨부하여야 한다.
④ 중앙회는 매 회계연도 경과 후 3개월 이내에 그 결산보고서를 농림축산식품부장관에게 제출하여야 한다.
(2013.3.23 본항개정)

제9절 준용규정

제161조【준용규정】 중앙회에 관하여는 제15조제2항·제3항, 제17조, 제18조, 제20조제2항·제3항, 제21조제4항·제5항, 제21조의3, 제22조, 제23조, 제24조제2항, 제25조, 제28조제1항(같은 항 단서는 제외한다)·제3항·제4항, 제29조제1항, 제30조(제1항제1호의2는 제외한다), 제31조부터 제33조까지, 제36조, 제37조, 제39조, 제40조, 제42조제3항 단서·제4항·제5항, 제43조제5항, 제45조제9항·제10항, 제48조제2항, 제49조(같은 조 제1항 각 호 외의 부분 단서, 같은 항 제10호 및 제12호는 제외한다), 제49조의2, 제50조(제4항부터 제7항까지는 제외한다), 제50조의2(제6항은 제외한다), 제51조제1항부터 제3항까지, 제52조, 제53조, 제54조제1항·제2항제1호·제4항, 제55조, 제57조제4항, 제62조, 제63조제1항·제3항·제4항 전단, 제65조, 제67조제1항·제3항·제4항, 제68조, 제69조, 제70조제1호, 제71조부터 제74조까지, 제90조제1항부터 제4항까지, 제91조부터 제94조까지 및 제100조부터 제102조까지의 규정을 준용한다. 이 경우 "지역농협"은 "중앙회"로, "조합장"은 "회장"으로, "조합원"은 "회원"으로 보고, 제15조제3항 중 "제1항"은 "제121조제1항"으로, 제17조제1항 중 "제15조제1항"은 "제121조제1항"으로, 제20조제2항 및 제3항 중 "준조합원"은 "준회원"으로, 제22조 전단 중 "제21조"는 "제117조"로, 제36조제3항 및 제4항 중 "감사"는 "감사위원회"로, 제37조제2항 중 "7일 전"은 "10일 전"으로, 제39조제1항 단서 중 "제35조제1항제1호부터 제5호까지"는 "제123조제1호부터 제3호까지"로, "조합원 과반수의 출석과 출석조합원 3분의 2 이상의 찬성"은 "의결권 총수의 과반수에 해당하는 회원의 출석과 출석한 회원의 의결권 3분의 2 이상의 찬성"으로, 제45조제9항 중 "이사"는 "이사·사업전담대표이사등"으로, "감사"는 "감사위원"으로, 제48조제2항 중 "제1항"은 "제126조제1항"으로, 제50조제1항 중 "조합"은 "중앙회"로, 제50조제10항 중 "조합선거관리위원회"는 "중앙회선거관리위원회"로, 제50조의2제1항 및 제2항 중 "조합"은 "중앙회"로, 제51조제1항부터 제3항까지 중 "조합선거관리위원회"는 "중앙회선거관리위원회"로, 제52조제3항 중 "임원(회원조합장인 이사·감사위원은 제외한다)"으로, 제52조제1항 및 제6항 중 "조합장"은 "회장·사업전담대표이사등"으로, "감사"는 "감사위원"으로, 제54조제1항 전단 중 "조합원 5분의 1 이상의 동의"는 "의결권 총수의 5분의 1 이상에 해당하는 회원의 동의"로, 제54조제1항 후단 중 "조합원 과반수의 출석과 출석조합원 3분의 2 이상의 찬성"은 "의결권 총수의 과반수에 해당하는 회원의 출석과 출석한 회원의 의결권 3분의 2 이상의 찬성"으로, 제54조제2항제1호 및 같은 조 제4항 중 "임원"은 각각 "임원(조합감사위원장을 포함한다)"으로, 제57조제4항 중 "제1항제7호"는 "제134조제1항제5호"로, 제63조제4항 전단 중 "일반회계와 특별회계 간, 신용사업 부문과 신용사업 외의 사업 부문 간"은 "일반회계와 특별회계 간"으로, "조합"은 "중앙회"로, 제65조제1항 중 "조합장"은 "회장 또는 사업전담대표이사등"으로, 제67조제3항 중 "제57조제1항제1호"는 "제134조제1항제1호"로, 제68조제3항제3호 중 "준조합원"은 "준회원"으로, 제71조제1항 및 제3항 중 "감사"는 "감사위원회"로, 제71조제4항에 따라 준용되는 「상법」 제450조 중 "감사"는 "감사위원"으로, 제90조제2항제1호 중 "제16조제1호부터 제4호까지 및 제16조부터 제18호까지"는 "제120조제1항제1호 및 제2호"로 본다.(2016.12.27 본조개정)

제5장의2 지주회사 및 그 자회사
(2016.12.27 본장신설)

제161조의2【농협경제지주회사】 ① 중앙회는 제134조제1항제2호 및 제3호의 사업과 같은 항 제5호부터 제9호까지의 사업 중 농업경제와 축산경제에 관련된 사업 및 그 부대사업을 분리하여 농협경제지주회사를 설립한다. 이 경우 사업의 분리는 「상법」 제530조의12에 따른 회사의 분할로 보고, 사업의 분리 절차는 같은 법 제530조의3 제1항, 제2항 및 제4항, 제530조의4부터 제530조의7까지, 제530조의9부터 제530조의11까지의 규정을 준용하되, 같은 법 제530조의3에 따라 준용되는 같은 법 제434조 중 "출석한 주주의 의결권의 3분의 2 이상의 수와 발행주식 총수의 3분의 1 이상의 수"는 "대의원 과반수의 출석과 출석한 대의원 3분의 2 이상의 찬성"으로 본다.
② 농협경제지주회사는 농업경제와 축산경제와 관련된 사업 및 그 부대사업을 전문적이고 효율적으로 수행함으로써 시장 경쟁력을 제고하고, 농업인과 조합의 경제활동을 지원함으로써 그 경제적 지위의 향상을 촉진하며, 농업인과 조합원의 이익에 기여하여야 한다.
③ 이 법에 특별한 규정이 없으면 농협경제지주회사에 대해서는 「상법」 및 「독점규제 및 공정거래에 관한 법률」을 적용한다.
제161조의3【농협경제지주회사의 임원】 ① 농협경제지주회사의 이사는 농업경제대표이사 및 축산경제대표이사를 포함하여 3명 이상으로 하며, 이사 총수의 4분의 1 이상은 사외이사이어야 한다.
② 농업경제대표이사 또는 축산경제대표이사는 제134조제1항제2호의 농업경제사업 또는 같은 항 제3호의 축산경제사업에 대하여 전문지식과 경험이 풍부한 사람으로서 대통령령으로 정하는 요건에 맞는 사람이어야 하고, 대통령령으로 정하는 외부전문가가 포함된 임원추천위원회에서 추천된 사람을 선임한다. 다만, 축산경제대표이사를 추천하기 위한 임원추천위원회는 지역축협 및 축산업 품목조합의 전체 조합장회의에서 추천한 조합장으로 구성한다. 이 경우 축산경제대표이사를 추천하기 위한 임원추천위원회 위원 정수(定數)는 지역축협 및 축산업 품목조합 전체 조합장 수의 5분의 1 이내의 범위에서 정한다.
③ 농협경제지주회사는 이사 총수의 2분의 1 이내에서 중앙회의 회원조합장인 이사를 농협경제지주회사의 이사로 선임할 수 있다.
④ 임원의 선임, 임기 및 임원추천위원회의 구성과 운영 등 임원과 관련하여 필요한 사항은 농협경제지주회사의 정관으로 정한다.
제161조의4【농협경제지주회사의 사업】 ① 농협경제지주회사 및 그 자회사는 다음 각 호의 업무를 수행한다.
1. 제134조제1항제2호 및 제3호의 사업
2. 제134조제1항제5호부터 제9호까지의 사업 중 경제사업과 관련된 사업 및 그 부대사업
3. 해당 자회사의 경영관리에 관한 업무
4. 국가, 공공단체, 조합 및 중앙회가 위탁하거나 보조하는 사업
5. 국가, 공공단체, 중앙회 및 금융기관으로부터의 자금 차입
6. 조합등의 경제사업 활성화에 필요한 자금지원
7. 다른 법령에서 농협경제지주회사 및 그 자회사의 사업으로 정하는 사업
8. 그 밖에 경제사업 활성화를 위하여 농협경제지주회사 및 그 자회사의 정관으로 정하는 사업
② 농협경제지주회사 및 그 자회사가 제1항제1호 및 제2호의 사업 중 대통령령으로 정하는 사업을 수행하는 경우에는 농협경제지주회사 및 그 자회사를 중앙회로 본다.
제161조의5【농협경제지주회사와 중앙회 회원의 협력의무】 ① 농협경제지주회사 및 그 자회사는 회원 또는 회원의 조합원으로부터 수집하거나 판매위탁을 받은 농산물등의 판매, 가공 및 유통을 우선적인 사업목표로 설정하고 이를 적극적으로 이행하여야 한다.
② 농협경제지주회사 및 그 자회사는 회원의 사업을 위축시켜서는 아니 되며, 회원과 공동출자하는 등의 방식으로 회원의 공동의 이익을 위한 사업을 우선 수행하여야 한다.
③ 회원은 회원의 조합원으로부터 수집하거나 판매위탁을 받은 농산물등을 농협경제지주회사 및 그 자회사를 통하여 출하하는 등 그 판매·구매 등의 경제사업을 성실히 이용하여야 한다.
④ 농협경제지주회사는 제3항에 따라 농협경제지주회사 및 그 자회사의 사업을 성실히 이용하는 회원에 대하여 제134조제5항 후단 또는 제136조제2항에 따라 자금 운용계획을 수립하거나 자금을 운용할 때 우대할 수 있다.
제161조의6【농산물등 판매활성화】 ① 농협경제지주회사는 회원 또는 회원의 조합원으로부터 수집하거나 판매위탁을 받은 농산물등을 효율적으로 판매하기 위하여 매년 다음 각 호의 사항이 포함된 실행계획을 수립하고 그에 따른 사업을 추진하여야 한다.
1. 산지 및 소비지의 시설·장비 확보에 관한 사항
2. 판매조직의 확보에 관한 사항
3. 그 밖에 농산물등의 판매활성화 사업에 필요한 사항
② 농협경제지주회사는 회원의 조합원이 생산한 농산물 및 축산물의 가격 안정 및 회원의 조합원의 소득 안정을 위하여 계약재배 등 수급조절에 필요한 조치를 회원과 공동으로 추진할 수 있다.
제161조의7【농산물등 판매활성화 사업 평가】 ① 농림축산식품부장관은 제161조의6제1항에 따라 농협경제지주회사가 수행하는 농산물등의 판매활성화 사업을 연 1회 이상 평가·점검하여야 한다.
② 농림축산식품부장관은 다음 각 호의 사항에 대한 자문을 위하여 농협 경제사업 평가협의회(이하 "협의회"라 한다)를 둔다. 이 경우 농림축산식품부장관은 협의회의 자문 내용을 고려하여 농협경제지주회사의 임직원에게 경영지도, 자료 제출요구 등 필요한 조치를 할 수 있다.
1. 농협경제지주회사가 수행하는 농산물등의 판매활성화 사업 평가 및 점검에 관한 사항
2. 그 밖에 농림축산식품부장관이 필요하다고 인정하는 사항
③ 협의회는 다음 각 호의 위원을 포함한 15명 이내로 구성한다.
1. 농림축산식품부장관이 위촉하는 농업인단체 대표 2명
2. 농림축산식품부장관이 위촉하는 농산물등 유통 및 농업 관련 전문가 3명
3. 정관으로 정하는 농협경제지주회사 대표이사(이하 이 조에서 "농협경제지주회사 대표이사"라 한다)가 소속 임직원 및 조합장 중에서 지정 또는 위촉하는 5명
4. 농림축산식품부장관이 소속 공무원 중에서 지정하는 1명
5. 농업·축산업과 관련된 국가기관, 연구기관, 교육기관 또는 기업에서 종사한 경력이 있는 사람으로서 농림축산식품부장관이 위촉하는 3명
6. 그 밖에 농림축산식품부장관이 필요하다고 인정하여 위촉하는 위원 1명
④ 농림축산식품부장관 또는 농협경제지주회사 대표이사는 위원이 다음 각 호의 어느 하나에 해당하는 경우에는 해당 위원을 지정 철회 또는 해촉(解囑)할 수 있다.
1. 심신장애로 직무를 수행할 수 없게 된 경우
2. 직무와 관련된 비위사실이 있는 경우
3. 직무태만, 품위손상이나 그 밖의 사유로 위원으로 적합하지 아니하다고 인정되는 경우
4. 위원 스스로 직무를 수행하는 것이 곤란하다고 의사를 밝히는 경우
⑤ 제2항부터 제4항까지 규정한 사항 외에 협의회 구성 및 운영 등에 관한 세부사항은 농림축산식품부장관이 정한다.
⑥ 농협경제지주회사의 이사회는 제1항에 따른 평가 및 점검 결과를 농협경제지주회사 및 관련 자회사의 대표이사의 성과평가에 반영하여야 한다.
제161조의8【농협경제지주회사의 자회사에 대한 감독】 ① 농협경제지주회사는 농협경제지주회사의 자회사가 업무수행 시 경영을 건전하게 하고, 회원 및 회원의 조합원의 이익에 기여할 수 있도록 정관으로 정하는 바에 따라 농협경제지주회사의 자회사의 경영상태를 지도·감독할 수 있다.
② 자회사의 지도·감독 기준에 관하여 필요한 사항은 대통령령으로 정한다.
제161조의9【축산경제사업의 자율성 등 보장】 ① 농협경제지주회사는 조직 및 인력을 운영하거나 사업계획을 수립하고 사업을 시행하는 경우에는 축산경제사업의 자율성과 전문성을 보장하여야 한다.
② 농협경제지주회사가 임원의 선임, 재산의 관리 및 인력의 조정 등과 관련된 사항을 정관으로 정할 때에는 농업협동조합중앙회와 축산업협동조합중앙회의 통합 당시 축산경제사업의 특례의 취지와 그 통합 목적을 고려하여야 한다.
제161조의10【농협금융지주회사】 ① 중앙회는 금융업을 전문적이고 효율적으로 수행함으로써 회원 및 그 조합원의 이익에 기여하기 위하여 신용사업, 공제사업 등 금융사업을 분리하여 농협금융지주회사를 설립한다. 이 경우 그 사업의 분리는 「상법」 제530조의12에 따른 회사의 분할로 보며, 사업의 분리절차는 같은 법 제530조의3 제1항, 제2항 및 제4항, 제530조의4부터 제530조의7까지, 제530조의9부터 제530조의11까지의 규정을 준용하되, 같은 법 제530조의3에 따라 준용되는 같은 법 제434조 중 "출석한 주주의 의결권의 3분의 2 이상의 수와 발행주식 총수의 3분의 1 이상의 수"는 "대의원 과반수의 출석과 출석한 대의원 3분의 2 이상의 찬성"으로 본다.

② 제1항에 따라 농협금융지주회사가 설립되는 경우 「금융지주회사법」 제3조에 따른 인가를 받은 것으로 본다.
③ 제1항에 따라 설립되는 농협금융지주회사는 「금융지주회사법」 제2조제1항제5호에 따른 은행지주회사로 본다.
④ 이 법에 특별한 규정이 없으면 농협금융지주회사에 대해서는 「상법」, 「금융지주회사법」 및 「금융회사의 지배구조에 관한 법률」을 적용한다. 다만, 다음 각 호의 어느 하나에 해당하는 경우에는 「금융지주회사법」 제8조, 제8조의2, 제8조의3, 제10조 및 제10조의2를 적용하지 아니한다.
1. 중앙회가 농협금융지주회사의 주식을 보유하는 경우
2. 농협금융지주회사가 「금융지주회사법」 제2조제1항제1호에 따른 금융지주회사의 주식을 보유하는 경우
⑤ 제1항에 따라 설립되는 농협금융지주회사가 「은행법」 제2조제1항제2호에 따른 은행의 주식을 보유하는 경우에는 같은 법 제15조의3, 제16조의2 및 제16조의4를 적용하지 아니한다.
⑥ 농협금융지주회사(「금융지주회사법」 제4조제1항제2호에 따른 자회사등을 포함한다)가 중앙회(농협경제지주회사 및 그 자회사를 포함한다)의 국가 위탁사업 수행을 위하여 신용공여하는 경우에는 「금융지주회사법」 제45조 및 제45조의2를 적용하지 아니한다.(2022.10.18 본항신설)

제161조의11【농협은행】 ① 중앙회는 농업인과 조합에 필요한 금융을 제공함으로써 농업인과 조합의 자율적인 경제활동을 지원하고 그 경제적 지위의 향상을 촉진하기 위하여 신용사업을 분리하여 농협은행을 설립한다. 이 경우 그 사업의 분리는 「상법」 제530조의12에 따른 회사의 분할로 보며, 사업의 분리절차는 같은 법 제530조의3제1항, 제2항 및 제4항, 제530조의4부터 제530조의7까지, 제530조의9부터 제530조의11까지의 규정을 준용하되, 같은 법 제530조의3에 따라 준용되는 같은 법 제434조 중 "출석한 주주의 의결권의 3분의 2 이상의 수와 발행주식 총수의 3분의 1 이상의 수"는 "대의원 과반수의 출석과 출석한 대의원 3분의 2 이상의 찬성"으로 본다.
② 농협은행은 다음 각 호의 업무를 수행한다.
1. 농어촌자금 등 농업인 및 조합에게 필요한 자금의 대출
2. 조합 및 중앙회의 사업자금의 대출
3. 국가나 공공단체의 업무의 대리
4. 국가, 공공단체, 중앙회 및 조합, 농협경제지주회사 및 그 자회사가 위탁하거나 보조하는 사업
5. 「은행법」 제27조에 따른 은행업무, 같은 법 제27조의2에 따른 부수업무 및 같은 법 제28조에 따른 겸영업무
③ 농협은행은 조합, 중앙회 또는 농협경제지주회사 및 그 자회사의 사업 수행에 필요한 자금이 다음 각 호의 어느 하나에 해당하는 경우에는 우선적으로 자금을 지원할 수 있다.
1. 농산물 및 축산물의 생산·유통·판매를 위하여 농업인이 필요로 하는 자금
2. 조합, 농협경제지주회사 및 그 자회사의 경제사업 활성화에 필요한 자금
④ 농협은행은 제3항에 따라 자금을 지원하는 경우에는 농림축산식품부령으로 정하는 바에 따라 우대조치를 할 수 있다.
⑤ 농협은행은 제2항 각 호의 업무를 수행하기 위하여 필요한 경우에는 국가·공공단체 또는 금융기관으로부터 자금을 차입하거나 금융기관에 예치하는 등의 방법으로 자금을 운용할 수 있다.
⑥ 농협은행에 대하여 금융위원회가 「은행법」 제34조제2항에 따른 경영지도기준을 정할 때에는 국제결제은행이 권고하는 금융기관의 건전성 감독에 관한 원칙과 이 조 제2항제1호 및 제3항의 사업수행에 따른 농협은행의 특수성을 고려하여야 한다.
⑦ 농림축산식품부장관은 이 법에서 정하는 바에 따라 농협은행을 감독하고 대통령령으로 정하는 바에 따라 감독에 필요한 명령이나 조치를 할 수 있다.
⑧ 농협은행에 대해서는 이 법에 특별한 규정이 없으면 「상법」 중 주식회사에 관한 규정, 「은행법」 및 「금융회사의 지배구조에 관한 법률」을 적용한다. 다만, 「은행법」 제8조, 제53조제2항제1호·제2호, 제56조 및 제66조제2항은 적용하지 아니하며, 금융위원회가 같은 법 제53조제2항제3호부터 제6호까지의 규정에 따라 제재를 하거나 같은 법 제55조제1항에 따라 인가를 하려는 경우에는 농림축산식품부장관과 미리 협의를 하여야 한다.
⑨ 농협은행이 중앙회(농협경제지주회사 및 그 자회사를 포함한다)의 국가 위탁사업 수행을 위하여 신용공여하는 경우에는 「은행법」 제35조 및 제35조의2를 적용하지 아니한다.(2022.10.18 본항신설)

제161조의12【농협생명보험 및 농협손해보험】 ① 중앙회는 공제사업을 전문적이고 효율적으로 수행하기 위하여 공제사업을 분리하여 생명보험업을 영위하는 법인(이하 "농협생명보험"이라 한다)과 손해보험업을 영위하는 법인(이하 "농협손해보험"이라 한다)을 각각 설립한다. 이 경우 그 사업의 분리는 「상법」 제530조의12에 따른 회사의 분할로 보며, 사업의 분리절차는 같은 법 제530조의3제1항, 제2항 및 제4항, 제530조의4부터 제530조의7까지, 제530조의9부터 제530조의11까지의 규정을 준용하되, 같은 법 제530조의3에 따라 준용되는 같은 법 제434조 중 "출석한 주주의 의결권의 3분의 2 이상의 수와 발행주식 총수의 3분의 1 이상의 수"는 "대의원 과반수의 출석과 출석한 대의원 3분의 2 이상의 찬성"으로 본다.
② 이 법에 특별한 규정이 없으면 농협생명보험 및 농협손해보험에 대해서는 「보험업법」 및 「금융회사의 지배구조에 관한 법률」을 적용한다.

제6장 감 독
(2009.6.9 본장개정)

제162조【감독】 ① 농림축산식품부장관은 이 법에서 정하는 바에 따라 조합등과 중앙회를 감독하며 대통령령으로 정하는 바에 따라 감독상 필요한 명령과 조치를 할 수 있다. 다만, 조합의 신용사업에 대하여는 금융위원회와 협의하여 감독한다.(2013.3.23 본문개정)
② 농림축산식품부장관은 제1항에 따른 직무를 수행하기 위하여 필요하다고 인정하면 금융위원회에 조합이나 중앙회에 대한 검사를 요청할 수 있다.(2013.3.23 본항개정)
③ 농림축산식품부장관은 이 법에 따른 조합등에 관한 감독권의 일부를 대통령령으로 정하는 바에 따라 회장에게 위탁할 수 있다.(2020.2.18 단서삭제)
④ 지방자치단체의 장은 제1항에도 불구하고 대통령령으로 정하는 바에 따라 지방자치단체가 보조한 사업과 관련된 업무에 대하여 조합등을 감독하여 필요한 조치를 할 수 있다.(2020.2.18 본항신설)
⑤ 금융위원회는 제1항 및 제161조의11제7항에도 불구하고 대통령령으로 정하는 바에 따라 조합의 신용사업과 농협은행에 대하여 그 경영의 건전성 확보를 위한 감독을 하고, 그 감독에 필요한 명령을 할 수 있다.(2016.12.27 본항개정)
⑥ 금융감독원장은 「신용협동조합법」 제95조에 따라 조합에 적용되는 같은 법 제83조에 따른 조합에 관한 검사권의 일부를 회장에게 위탁할 수 있다.(2011.3.31 본항개정)

제163조【위법 또는 부당 의결사항의 취소 또는 집행정지】 농림축산식품부장관은 조합등과 중앙회의 총회나 이사회가 의결한 사항이 위법 또는 부당하다고 인정하면 그 전부 또는 일부를 취소하거나 집행을 정지하게 할 수 있다.(2013.3.23 본조개정)

제164조【위법행위에 대한 행정처분】 ① 농림축산식품부장관은 조합등이나 중앙회의 업무와 회계가 법령, 법령에 따른 행정처분 또는 정관에 위반된다고 인정하면 그 조합등이나 중앙회에 대하여 기간을 정하여 그 시정을 명하고 관련 임직원에게 다음 각 호의 조치를 하게 할 수 있다.(2013.3.23 본문개정)
1. 임원에 대하여는 개선, 직무의 정지 또는 변상
2. 직원에 대하여는 징계면직, 정직, 감봉 또는 변상
3. 임직원에 대한 주의·경고(2016.12.27 본호신설)
② 농림축산식품부장관은 조합등이나 중앙회가 제1항에 따른 시정명령 또는 임직원에 대한 조치를 이행하지 아니하면 6개월 이내의 기간을 정하여 그 업무의 전부 또는 일부를 정지시킬 수 있다.(2013.3.23 본항개정)
③ 제1항 및 제146조제3항제1호 및 제2호에 따라 개선이나 징계면직의 조치를 요구받은 해당 임직원은 그 날부터 그 조치가 확정되는 날까지 직무가 정지된다.

제165조 (2011.3.31 삭제)

제166조【경영지도】 ① 농림축산식품부장관은 조합등이 다음 각 호의 어느 하나에 해당되어 조합원 보호에 지장을 줄 우려가 있다고 인정되면 그 조합등에 대하여 경영지도를 한다.(2013.3.23 본문개정)
1. 조합에 대한 감사 결과 조합의 부실 대출 합계액이 자기자본의 2배를 초과하는 경우로서 단기간 내에 통상적인 방법으로는 회수하기가 곤란하여 자기자본의 전부가 잠식될 우려가 있다고 인정되는 경우
2. 조합등의 임직원의 위법·부당한 행위로 인하여 조합등에 재산상의 손실이 발생하여 자력(自力)으로 경영정상화를 추진하는 것이 어렵다고 인정되는 경우
3. 조합의 파산위험이 현저하거나 임직원의 위법·부당한 행위로 인하여 조합의 예금 및 적금의 인출이 쇄도하거나 조합이 예금 및 적금을 지급할 수 없는 상태에 이른 경우
4. 제142조제2항 및 제146조에 따른 경영평가 또는 감사의 결과 경영지도가 필요하다고 인정하여 회장이 건의하는 경우(2011.3.31 본호개정)
5. 「신용협동조합법」 제95조에 따라 조합에 적용되는 같은 법 제83조에 따른 검사의 결과 경영지도가 필요하다고 인정하여 금융감독원장이 건의하는 경우
② 제1항에서 "경영지도"란 다음 각 호의 사항에 대하여 지도하는 것을 말한다.
1. 불법·부실 대출의 회수 및 채권의 확보
2. 자금의 수급(需給) 및 여신·수신(與信·受信)에 관한 업무
3. 그 밖에 조합등의 경영에 관하여 대통령령으로 정하는 사항
③ 농림축산식품부장관은 제1항에 따른 경영지도가 시작된 경우에는 6개월의 범위에서 채무의 지급을 정지하거나 임원의 직무를 정지할 수 있다. 이 경우 회장에게 지체 없이 조합등의 재산상황을 조사(이하 "재산실사"라 한다)하게 하거나 금융감독원장에게 재산실사(財産實査)를 요청할 수 있다.(2013.3.23 전단개정)
④ 회장이나 금융감독원장은 제3항 후단에 따른 재산실사의 결과 위법·부당한 행위로 인하여 조합등에 손실을 끼친 임직원에게 재산 조회(照會) 및 가압류 신청 등 손실금 보전을 위하여 필요한 조치를 하여야 한다.(2011.3.31 본항개정)
⑤ 농림축산식품부장관은 제4항에 따른 조치에 필요한 자료를 중앙행정기관의 장에게 요청할 수 있다. 이 경우 요청을 받은 중앙행정기관의 장은 특별한 사유가 없으면 그 요청에 따라야 한다.(2013.3.23 전단개정)
⑥ 농림축산식품부장관은 재산실사의 결과 해당 조합등의 경영정상화가 가능한 경우 등 특별한 사유가 있다고 인정되면 제3항 본문에 따른 정지의 전부 또는 일부를 철회하여야 한다.(2013.3.23 본항개정)
⑦ 농림축산식품부장관은 제1항에 따른 경영지도에 관한 업무를 회장에게 위탁할 수 있다.(2013.3.23 본항개정)
⑧ 제1항부터 제3항까지의 규정에 따른 경영지도, 채무의 지급정지 또는 임원의 직무정지의 방법, 기간 및 절차 등에 필요한 사항은 대통령령으로 정한다.

제167조【설립인가의 취소 등】 ① 농림축산식품부장관은 조합등이 다음 각 호의 어느 하나에 해당하게 되면 회장 및 사업전담대표이사등의 의견을 들어 설립인가를 취소하거나 합병을 명할 수 있다. 다만, 제4호와 제7호에 해당하면 설립인가를 취소하여야 한다.(2013.3.23 본문개정)
1. 설립인가일부터 90일을 지나도 설립등기를 하지 아니한 경우
2. 정당한 사유 없이 1년 이상 사업을 실시하지 아니한 경우
3. 2회 이상 제164조제1항에 따른 처분을 받고도 시정하지 아니한 경우
4. 제164조제2항에 따른 업무정지 기간에 해당 업무를 계속한 경우
5. 조합등의 설립인가기준에 미치지 못하는 경우
6. 조합등에 대한 감사나 경영평가의 결과 경영이 부실하여 자본을 잠식한 조합등으로서 제142조제2항, 제146조 또는 제166조의 조치에 따르지 아니하여 조합원(제112조의3에 따른 조합공동사업법인 및 연합회의 경우에는 회원을 말한다) 및 제3자에게 중대한 손실을 끼칠 우려가 있는 경우
7. 거짓이나 그 밖의 부정한 방법으로 조합등의 설립인가를 받은 경우
② 농림축산식품부장관은 제1항에 따라 조합등의 설립인가를 취소하면 즉시 그 사실을 공고하여야 한다.(2013.3.23 본항개정)

제168조【조합원이나 회원의 검사 청구】 ① 농림축산식품부장관은 조합원이 조합원 300인 이상이나 조합원 또는 대의원 100분의 10 이상의 동의를 받아 소속 조합의 업무집행상황이 법령이나 정관에 위반된다는 사유로 검사를 청구하면 회장으로 하여금 그 조합의 업무 상황을 검사하게 할 수 있다.
② 농림축산식품부장관은 중앙회의 회원이 회원 100분의 10 이상의 동의를 받아 중앙회의 업무집행상황이 법령이나 정관에 위반된다는 사유로 검사를 청구하면 금융감독원장에게 중앙회에 대한 검사를 요청할 수 있다.(2013.3.23 본조개정)

제169조【청문】 농림축산식품부장관은 제167조에 따라 설립인가를 취소하려면 청문을 하여야 한다.(2013.3.23 본조개정)

제169조의2【규제의 재검토】 농림축산식품부장관은 제166조의 경영지도에 대하여 2015년 1월 1일부터 3년마다 그 타당성을 재검토하여야 한다.(2014.12.31 본조신설)

제7장 벌칙 등
(2009.6.9 본장개정)

제170조【벌칙】 ① 조합등의 임원 또는 중앙회의 임원이나 집행간부가 다음 각 호의 어느 하나에 해당하는 행위로 조합등 또는 중앙회에 손실을 끼치면 10년 이하의 징역 또는 1억원 이하의 벌금에 처한다.(2016.12.27 본문개정)
1. 조합등 또는 중앙회의 사업목적 외에 자금의 사용 또는 대출
2. 투기의 목적으로 조합등 또는 중앙회의 재산의 처분 또는 이용
② 제1항의 징역형과 벌금형은 병과(併科)할 수 있다.

제171조【벌칙】 조합등과 중앙회의 임원, 조합의 간부직원, 중앙회의 집행간부·일반간부직원, 파산관재인 또는 청산인이 다음 각 호의 어느 하나에 해당하면 3년 이하의 징역 또는 3천만원 이하의 벌금에 처한다.(2016.12.27 본문개정)
1. 제15조제1항(제77조제2항, 제107조 또는 제112조에 따라 준용되는 경우를 포함한다), 제35조제2항(제107조 또는 제112조에 따라 준용되는 경우를 포함한다), 제75조제2항(제107조 또는 제112조에 따라 준용되는 경우를 포함한다), 제75조제5항(제107조 또는 제112조에 따라 준용되는 경우를 포함한다), 제78조제1항(제107조에 따라 준용되는 경우를 포함한다), 제112조의5제1항, 제112조의6제2항, 제120조제2항 또는 제121조제1항에 따른 인가를 받아야 할 사항에 관하여 인가를 받지 아니한 경우(2011.3.31 본호개정)

2. 제15조제1항(제77조제2항, 제107조 또는 제112조에 따라 준용되는 경우를 포함한다), 제30조제1항(제107조·제112조·제112조의11 또는 제161조에 따라 준용되는 경우를 포함한다), 제35조제1항(제107조·제112조 또는 제112조의11에 따라 준용되는 경우를 포함한다), 제43조제3항(제107조·제112조 또는 제112조의11에 따라 준용되는 경우를 포함한다), 제54조제1항부터 제3항까지(제107조·제112조 또는 제161조에 따라 준용되는 경우를 포함한다), 제64조(제107조 또는 제112조에 따라 준용되는 경우를 포함한다), 제75조제1항(제107조 또는 제112조에 따라 준용되는 경우를 포함한다), 제77조제1항(제107조 또는 제112조에 따라 준용되는 경우를 포함한다), 제82조제2호(제107조·제112조 또는 제112조의11에 따라 준용되는 경우를 포함한다), 제123조, 제125조제4항, 제125조의2제3항 또는 제159조에 따라 총회·대의원회 또는 이사회(소이사회를 포함한다)의 의결을 필요로 하는 사항에 대하여 의결을 거치지 아니하고 집행한 경우(2014.12.31 본호개정)
3. 제46조제7항(제107조·제112조 또는 제129조제5항에 따라 준용되는 경우를 포함한다) 또는 제142조제2항에 따른 총회나 이사회에 대한 보고를 하지 아니하거나 거짓으로 한 경우
4. 제57조제1항제10호·제106조제10호·제111조제9호 또는 제134조제1항제9호에 따른 승인을 받지 아니하고 사업을 한 경우(2011.3.31 본호개정)
5. 제66조(제107조 또는 제112조에 따라 준용되는 경우를 포함한다)를 위반하여 조합의 여유자금을 사용한 경우
6. 제67조제1항(제107조·제112조·제112조의11 또는 제161조에 따라 준용되는 경우를 포함한다)을 위반하여 잉여금의 100분의 10 이상을 적립하지 아니한 경우(2014.12.31 본호개정)
7. 제67조제3항(제107조·제112조 또는 제161조에 따라 준용되는 경우를 포함한다)을 위반하여 잉여금의 100분의 20 이상을 다음 회계연도로 이월하지 아니한 경우
8. 제68조(제107조·제112조·제112조의11 또는 제161조에 따라 준용되는 경우를 포함한다)를 위반하여 손실을 보전 또는 이월하거나 잉여금을 배당한 경우
9. 제69조(제107조·제112조·제112조의11 또는 제161조에 따라 준용되는 경우를 포함한다)를 위반하여 자본적립금을 적립하지 아니한 경우
10. 제70조(제107조·제112조·제112조의11 또는 제161조에 따라 준용되는 경우를 포함한다)를 위반하여 법정적립금을 사용한 경우
11. 제71조제1항·제3항(제107조·제112조·제112조의11 또는 제161조에 따라 준용되는 경우를 포함한다)을 위반하여 결산보고서를 제출하지 아니하거나 갖추지 아니한 경우
12. 제72조제1항(제107조·제112조·제112조의11 또는 제161조에 따라 준용되는 경우를 포함한다) 또는 제80조에 따라 준용되는 제72조제1항(제107조 또는 제112조에 따라 준용되는 경우를 포함한다)을 위반하여 재무상태표를 작성하지 아니한 경우
13. 제85조(제107조·제112조 또는 제112조의11에 따라 준용되는 경우를 포함한다)를 위반하여 총회나 농림축산식품부장관의 승인을 받지 아니하고 재산을 처분한 경우
14. 제87조(제107조·제112조 또는 제112조의11에 따라 준용되는 경우를 포함한다)를 위반하여 재산을 분배한 경우
15. 제88조(제107조·제112조 또는 제112조의11에 따라 준용되는 경우를 포함한다)를 위반하여 결산보고서를 작성하지 아니하거나 총회에 제출하지 아니한 경우
16. 제90조(제107조·제112조·제112조의11 또는 제161조에 따라 준용되는 경우를 포함한다), 제91조부터 제93조까지(제107조·제112조·제112조의11 또는 제161조에 따라 준용되는 경우를 포함한다), 제95조부터 제99조까지(제107조·제112조 또는 제112조의11에 따라 준용되는 경우를 포함한다) 또는 제102조(제107조·제112조·제112조의11 또는 제161조에 따라 준용되는 경우를 포함한다)에 따른 등기를 부정하게 한 경우(2014.12.31 8호~16호개정)
17. 제146조에 따른 중앙회의 감사나 제162조에 따른 감독기관의 감독·검사를 거부·방해 또는 기피한 경우

제172조 【벌칙】 ① 다음 각 호의 어느 하나에 해당하는 자는 2년 이하의 징역 또는 2천만원 이하의 벌금에 처한다.
1. 제7조제2항을 위반하여 공직선거에 관여한 자
2. 제50조제1항 또는 제11항(제107조·제112조 또는 제161조에 따라 준용되는 경우를 포함한다)을 위반하여 선거운동을 한 자(2011.3.31 본호개정)
3. 제50조의2(제107조·제112조 또는 제161조에 따라 준용하는 경우를 포함한다)를 위반한 자
4. 제50조의3(제107조 또는 제112조에 따라 준용되는 경우를 포함한다)을 위반하여 축의·부의금품을 제공한 자(2014.6.11 본호개정)

② 다음 각 호의 어느 하나에 해당하는 자는 1년 이하의 징역 또는 1천만원 이하의 벌금에 처한다.
1. 제50조제2항(제107조·제112조 또는 제161조에 따라 준용되는 경우를 포함한다)을 위반하여 호별(戶別) 방문을 하거나 특정 장소에 모이게 한 자
2. 제50조제4항·제6항·제7항(제107조·제112조에 따라 준용되는 경우를 포함한다) 또는 제130조제11항을 위반하여 선거운동을 한 자(2014.6.11 본호개정)
3. 제50조제8항부터 제10항까지(제107조·제112조 또는 제161조에 따라 준용되는 경우를 포함한다)를 위반한 자(2014.6.11 본호개정)
4. (2014.6.11 삭제)

③ 제50조제3항(제107조·제112조 또는 제161조에 따라 준용되는 경우를 포함한다)을 위반하여 거짓사실을 공표하거나 후보자를 비방한 자는 500만원 이상 3천만원 이하의 벌금에 처한다.(2011.3.31 본항개정)

④ 제1항부터 제3항까지의 규정에 따른 죄의 공소시효는 해당 선거일 후 6개월(선거일 후에 이루어진 범죄는 그 행위를 한 날부터 6개월)을 경과함으로써 완성된다. 다만, 범인이 도피하거나 범인이 공범 또는 증명에 필요한 참고인을 도피시킨 경우에는 그 기간을 3년으로 한다.

제173조 【선거 범죄로 인한 당선 무효 등】 ① 조합이나 중앙회의 임원 선거와 관련하여 다음 각 호의 어느 하나에 해당하는 경우에는 해당 선거의 당선을 무효로 한다.
1. 당선인이 해당 선거에서 제172조에 해당하는 죄를 범하여 징역형 또는 100만원 이상의 벌금형을 선고받은 때
2. 당선인의 직계 존속·비속이나 배우자가 해당 선거에서 제50조제1항이나 제50조의2를 위반하여 징역형 또는 300만원 이상의 벌금형을 선고받은 때. 다만, 다른 사람의 유도 또는 도발에 의하여 해당 당선인의 당선을 무효로 되게 하기 위하여 죄를 범한 때에는 그러하지 아니하다.

② 다음 각 호의 어느 하나에 해당하는 사람은 당선인의 당선 무효로 실시사유가 확정된 재선거(당선인이 그 기소 후 확정판결 전에 사직함으로 인하여 실시사유가 확정된 보궐선거를 포함한다)의 후보자가 될 수 없다.
1. 제1항제2호 또는 「공공단체등 위탁선거에 관한 법률」 제70조(위탁선거범죄로 인한 당선무효)제2호에 따라 당선이 무효로 된 사람(그 기소 후 확정판결 전에 사직한 사람을 포함한다)(2014.6.11 본호개정)
2. 당선되지 아니한 사람(후보자가 되려던 사람을 포함한다)으로서 제1항제2호 또는 「공공단체등 위탁선거에 관한 법률」 제70조(위탁선거범죄로 인한 당선무효)제2호에 따른 직계 존속·비속이나 배우자의 죄로 당선 무효에 해당하는 형이 확정된 사람(2014.6.11 본호개정)
(2012.6.1 본항신설)
(2012.6.1 본조제목개정)
(2011.3.31 본조개정)

제174조 【과태료】 ① 제3조제2항·제112조의3제3항 또는 제138조제6항을 위반하여 명칭을 사용한 자에게는 200만원 이하의 과태료를 부과한다.

② 조합등 또는 중앙회의 임원, 조합의 간부직원, 중앙회의 집행간부·일반간부직원, 파산관재인 또는 청산인이 공고하거나 최고(催告)하여야 할 사항에 대하여 공고나 최고를 게을리하거나 부정한 공고나 최고를 하면 200만원 이하의 과태료를 부과한다.

③ (2014.6.11 삭제)

④ 제50조의2제1항 및 제5항(제107조·제112조 또는 제161조에 따라 준용하는 경우를 포함한다)을 위반하여 금전·물품, 그 밖의 재산상의 이익을 제공받은 자에게는 그 제공받은 금액이나 가액(價額)의 10배 이상 50배 이하에 상당하는 금액의 과태료를 부과하되, 그 상한액은 3천만원으로 한다.(2011.3.31 본항개정)

⑤ 제1항부터 제4항까지의 규정에 따른 과태료는 대통령령으로 정하는 바에 따라 농림축산식품부장관이 부과·징수한다.(2014.6.11 본항개정)

제175조 【선거범죄신고자 등의 보호】 제172조에 따른 죄(제174조제4항의 과태료에 해당하는 죄를 포함한다)의 신고자 등의 보호에 관하여는 「공직선거법」 제262조의2를 준용한다.

제176조 【선거범죄신고자에 대한 포상금 지급】 ① 조합 또는 중앙회는 제172조에 따른 죄(제174조제4항의 과태료에 해당하는 죄를 포함한다)에 대하여 그 조합·중앙회 또는 조합선거관리위원회가 인지(認知)하기 전에 그 범죄 행위를 신고한 자에게 포상금을 지급할 수 있다.(2014.6.11 본항개정)

② 제1항에 따른 포상금의 상한액·지급기준 및 포상 방법은 농림축산식품부령으로 정한다.(2013.3.23 본항개정)

제177조 【자수자에 대한 특례】 ① 제50조(제107조·제112조 또는 제161조에 따라 준용되는 경우를 포함한다) 또는 제50조의2(제107조·제112조 또는 제161조에 따라 준용되는 경우를 포함한다)를 위반하여 금전·물품·향응, 그 밖의 재산상의 이익 또는 공사의 직을 제공받거나 받기로 승낙한 자가 자수한 때에는 그 형 또는 과태료를 감경 또는 면제한다.

② 제1항에 규정된 자가 이 법에 따른 선거관리위원회에 자신의 선거범죄사실을 신고하여 선거관리위원회가 관계 수사기관에 이를 통보한 때에는 선거관리위원회에 신고한 때를 자수한 때로 본다.(2014.6.11 본항개정)
(2011.3.31 본조신설)

부　칙 (2004.12.31)

제1조 【시행일】 이 법은 공포후 6월이 경과한 날부터 시행한다. 다만, 제35조·제41조 및 제75조의2의 개정규정, 제107조·제112조의 개정규정중 제35조·제41조·제75조의2에 관한 부분 및 법률 제6018호 농업협동조합법 부칙 제14조제2항의 개정규정은 공포한 날부터 시행하고, 제122조제5항·제123조의2 및 제124조제5항·제6항의 개정규정과 제161조의 개정규정중 중앙회의 총회·대의원회의 개의 및 의결에 관한 부분은 2006년 1월 1일부터 시행한다.

제2조 【임원의 선출 등에 관한 적용례】 ① 제45조제3항 및 제46조제1항 단서(각각 제107조 및 제112조의 개정규정에 따라 준용되는 경우를 포함한다)의 개정규정은 이 법 시행후 최초로 조합장이 선출되는 조합부터 적용한다.

② 제48조제1항·제2항(각각 제107조 및 제112조의 개정규정에 따라 준용되는 경우를 포함한다) 및 제130조제5항의 개정규정은 이 법 시행후 최초로 선출되는 임원부터 적용한다.

제3조 【공제규정의 인가에 관한 적용례】 제61조의 개정규정(제107조·제112조 및 제161조의 개정규정에 따라 준용되는 경우를 포함한다)은 이 법 시행후 최초로 공제규정을 정하거나 변경하는 경우부터 적용한다.

제4조 【회계감사에 관한 적용례】 제65조의2의 개정규정(제107조 및 제112조의 개정규정에 따라 준용되는 경우를 포함한다)은 이 법 시행후 조합장이 새로이 선출되는 조합부터 적용한다.

제5조 【중앙회의 준비행위 등에 관한 특례】 ① 이 법을 시행하기 위하여 필요한 정관의 작성, 변경과 중앙회 전무이사의 총회 동의 및 감사위원회의 구성 그 밖에 이 법의 시행을 위한 준비는 이 법 시행전에 할 수 있다.

② 중앙회는 제124조제4항의 개정규정에 따라 2005년 12월 31일까지 대의원을 새로이 선출하여야 한다. 이 경우 종전의 제124조제3항의 규정에 따라 선출된 대의원의 임기는 그 임기가 종료된 것으로 본다.

제6조 【결격사유에 관한 경과조치】 이 법 시행 당시 조합 및 중앙회의 임원인 자가 이 법 시행전에 발생한 사유로 인하여 제49조제1항 내지 제3항의 개정규정(제107조·제112조 및 제161조의 개정규정에 따라 준용되는 경우를 포함한다)에 의한 결격사유에 해당하게 된 경우에는 동 개정규정에 불구하고 종전의 규정에 의한다.

제7조 【중앙회 총회 및 대의원회의 의결에 관한 경과조치】 이 법 시행후 2005년 12월 31일까지 개최되는 중앙회의 총회 및 대의원회의 개의 및 의결에 관하여는 제161조의 개정규정에 불구하고 종전의 규정에 의한다.

제8조 【중앙회 회장의 직위에 관한 경과조치】 이 법 시행 당시 종전의 규정에 의하여 선출된 중앙회의 회장은 제126조의 개정규정에 따른 상임이 아닌 회장으로 본다.

제9조 【중앙회 감사위원회 설치에 따른 감사의 경과조치】 ① 이 법 시행 당시 종전의 규정에 의하여 선출된 감사는 그 임기가 만료되는 때까지 제125조제2항의 규정에 의한 이사 및 제125조의3제2항의 개정규정에 의한 감사위원으로 본다.

② 이 법 시행 당시 종전의 규정에 의하여 선출된 상임감사는 제125조의3제4항의 개정규정에 의하여 선출된 감사위원회의 위원장으로 보며, 그 임기만료일까지는 상임으로 한다.

제10조 【중앙회의 집행간부 임면에 관한 경과조치】 이 법 시행 당시 중앙회의 회장이 임면한 집행간부는 제131조제4항의 개정규정에 따라 소관사업부문별로 사업전담대표이사 등이 각각 임면한 것으로 본다.

제11조 【벌칙 및 과태료에 관한 경과조치】 이 법 시행전의 행위에 대한 벌칙 및 과태료의 적용에 있어서는 종전의 규정에 의한다.

제12조 【중앙회의 신용사업 및 경제사업 분리 추진】 ① 중앙회는 법률 제6018호 농업협동조합법 부칙 제16조제3항의 규정에 의한 연구 결과에 따라 중앙회의 신용사업 및 경제사업(농업경제사업 및 축산경제사업을 말한다. 이하 이 조에서 같다)을 효율적으로 분리하기 위하여 다음 각호의 사항을 포함하는 세부추진계획을 이 법 시행일부터 1년 이내에 마련하여 농림부장관에게 제출하여야 한다.
1. 신용사업과 경제사업의 분리를 위한 중앙회의 자본금 확충 및 운영개선방안
2. 신용사업과 경제사업을 전문적으로 수행하기 위한 법인의 설립방안 및 설립기한에 관한 사항
3. 신용사업과 경제사업의 분리에 따른 교육·지원사업의 사업비 조달방안

② 농림부장관은 제1항의 규정에 의한 세부추진계획을 제출받은 때에는 농업 또는 금융전문가, 농업인대표 등의 의견을 수렴하여 이를 확정한다.

부　칙 (2009.6.9)

제1조 【시행일】 이 법은 공포 후 6개월이 경과한 날부터 시행한다. 다만, 제14조제1항 및 제28조제2항의 개정규정은 공포 후 1년 6개월이 경과한 날부터 시행하며, 제129조의 개정규정은 2010년 7월 1일부터 시행한다.

제2조【출자배당금의 출자전환에 관한 적용례】 제21조의3의 개정규정(제107조·제112조 및 제161조의 개정규정에 따라 준용되는 경우를 포함한다)은 이 법 시행 후 최초로 실시하는 출자배당부터 적용한다.
제3조【제명조합원의 재가입에 관한 적용례】 제28조제1항 단서의 개정규정은 이 법 시행 후 제명된 조합원부터 적용한다.
제4조【대의원 겸직금지에 관한 적용례】 제42조제4항의 개정규정(제107조·제112조 및 제161조의 개정규정에 따라 준용되는 경우를 포함한다)은 이 법 시행 후 새로 선출되는 대의원부터 적용한다.
제5조【운영상황 평가보고에 관한 적용례】 제44조제2항 및 제3항의 개정규정(제107조 및 제112조의 개정규정에 따라 준용되는 경우를 포함한다)은 이 법 시행 후 최초로 조합의 운영상황을 평가하는 분부터 적용한다.
제6조【임원의 선출에 관한 적용례】 ① 제45조제1항 후단의 개정규정(제107조 및 제112조의 개정규정에 따라 준용되는 경우를 포함한다)은 이 법 시행 후 최초로 선출되는 조합장의 임기개시일부터 적용한다.
② 제45조제3항의 개정규정(제107조 및 제112조의 개정규정에 따라 준용되는 경우를 포함한다)은 이 법 시행 후 최초로 선출되는 조합장부터 적용한다.
③ 제43조제3항제11호, 제45조제2항 단서, 같은 조 제5항 단서 및 제48조제1항의 개정규정(제107조 및 제112조의 개정규정에 따라 준용되는 경우를 포함한다)은 이 법 시행 후 최초로 선출하는 상임이사부터 적용한다.
제7조【조합 및 중앙회 임원의 직무대행에 관한 적용례】 제46조제4항·제5항(제107조·제112조 및 제161조의 개정규정에 따라 준용되는 경우를 포함한다), 제127조제3항 및 제128조제5항의 개정규정은 이 법 시행 후 최초로 임원의 직무를 대행할 사유가 발생하는 경우부터 적용한다.
제8조【중앙회장 임기에 관한 적용례】 제130조제5항의 개정규정은 이 법 시행 후 최초로 선출되는 중앙회장부터 적용한다.
제9조【사무소 등의 이전·설치에 관한 특례】 ① 부칙 제1조 단서에 따른 제14조제1항의 개정규정의 시행 당시 지역농협이 제14조제1항의 개정규정에 따라 구역을 변경하여 그 변경된 구역으로 주된 사무소를 이전하려면 중앙회장의 승인을 받아야 한다.
② 부칙 제1조 단서에 따른 제14조제1항의 개정규정의 시행 당시 지역농협이 제14조제1항의 개정규정에 따라 구역을 변경하여 그 변경된 구역에 지사무소를 이전하거나 설치하려면 중앙회장의 승인을 받은 후 제14조제2항에 따라야 한다.
제10조【지역농협 설립에 관한 특례】 같은 구역에서는 제15조의 개정규정에도 불구하고 제75조의 개정규정에 따라 합병으로 지역농협을 설립하는 경우 외에는 지역농협을 새로 설립할 수 없다.
제11조【설립인가기준에 미달하는 지역농협에 관한 특례】 제14조 및 제28조제2항의 개정규정에 따라 조합원이 같은 구역의 다른 지역농협에 가입하여 설립인가 기준에 미달한 지역농협에 대하여는 그 사유가 발생한 날부터 2년간 제167조제1항제5호의 개정규정을 적용하지 아니한다.
제12조【지역농협의 구역에 관한 경과조치】 부칙 제1조 단서에 따른 제14조제1항의 개정규정의 시행 당시 둘 이상의 시·군·구를 구역으로 하고 있는 지역농협은 제14조제1항 단서의 개정규정에 따라 인가를 받아 정관으로 구역을 정한 것으로 본다.
제13조【조합 이사 정수에 관한 경과조치】 제45조제1항 후단의 개정규정(제107조 및 제112조의 개정규정에 따라 준용되는 경우를 포함한다)에 따라 조합원이 아닌 이사를 두게 되는 경우에는 이사 정수가 25명을 초과하거나 조합원인 이사가 3분의 2 이상에 미달하더라도 제45조제1항의 개정규정에 따른 요건을 충족하는 것으로 보되, 이 법 시행 이후 25명인 이사 정수를 초과하는 이사(조합장 및 상임이사는 제외한다)에 결원이 생긴 경우 그 이사를 대신하는 새로운 이사를 선출할 수 없다.
제14조【결격사유에 관한 경과조치】 ① 이 법 시행 당시 조합 및 중앙회의 임원에 대하여는 제49조제1항제11호의 개정규정(제107조, 제112조 및 제161조의 개정규정에 따라 준용되는 경우를 포함한다)에도 불구하고 해당 임원의 임기가 만료될 때까지는 종전의 규정에 따른다.
② 이 법 시행 당시 조합의 임원에 대하여는 제49조제1항제12호의 개정규정(제107조 및 제112조의 개정규정에 따라 준용되는 경우를 포함한다)에도 불구하고 해당 임원의 임기가 만료될 때까지는 종전의 규정에 따른다.
제15조【겸업자의 임직원 및 대의원의 선출 등에 관한 경과조치】 이 법 시행 당시 재임 중인 임직원 및 대의원은 제52조제4항 및 제5항의 개정규정(제107조·제112조 및 제161조의 개정규정에 따라 준용되는 경우를 포함한다)에도 불구하고 해당 임원 또는 대의원의 임기가 만료될 때와 해당 직원이 퇴직할 때까지는 종전의 규정에 따른다.
제16조【중앙회 이사의 정수 및 구성 등에 관한 경과조치】 이 법 시행 당시 재임 중인 중앙회 이사는 제126조의 개정규정에 따른 이사로 보되, 중앙회 이사의 수가 30명 이내가 될 때까지는 총회에서 이사(중앙회 회장, 사업전담대표이사등의 권원이 있는 경우 및 정관으로 정하는 이사배분 기준에 미달하는 경우는 제외한다)를 선출하여서는 아니 된다.
제17조【중앙회 회장 및 이사의 선출에 관한 경과조치】 이 법 시행 당시 재임 중인 중앙회의 회장 및 이사는 제130조제1항부터 제4항까지 및 제132조제1항에 따라 선출된 것으로 보되, 그 임기는 종전 임기의 남은 기간으로 한다.
제18조【중앙회의 감사위원 임기 및 겸직금지에 관한 경과조치】 ① 종전의 규정에 따라 선출된 감사위원은 제129조의 개정규정의 시행과 동시에 그 임기가 종료된 것으로 본다.
② 종전의 규정에 따라 선출된 감사위원은 제52조제1항을 준용하는 제161조에도 불구하고 이사를 겸직할 수 있다.
제19조【조합감사위원장 등의 선출에 관한 경과조치】 이 법 시행 당시 재임 중인 조합감사위원회 위원장 및 위원은 제144조의 개정규정에 따른 위원장 및 위원으로 보되, 그 임기는 종전 임기의 남은 기간으로 한다.
제20조【벌칙 및 과태료에 관한 경과조치】 이 법 시행 전의 행위에 대한 벌칙 및 과태료를 적용할 때에는 종전의 규정에 따른다.

부　칙 (2011.3.31)

제1조【시행일】 이 법은 2012년 3월 2일부터 시행한다. 다만, 제45조제8항(제107조·제112조 또는 제161조에 따라 준용되는 경우를 포함한다), 제51조제4항(제107조 또는 제112조에 따라 준용되는 경우를 포함한다)의 개정규정과 부칙 제11조는 공포한 날부터 시행하고, 부칙 제19조는 공포 후 6개월이 경과한 날부터 시행한다.
제2조【농협경제지주회사등의 설립 등에 관한 준비행위】 ① 중앙회는 이 법 공포 후 지체 없이 농협경제지주회사등의 설립 등에 필요한 절차에 착수하여야 한다.
② 중앙회는 제1항에 따른 농협경제지주회사등의 설립 등에 관한 자문과 의견수렴을 위하여 농업인단체, 학계, 중앙회, 조합 및 관계 중앙행정기관 등이 참여하는 사업구조개편준비위원회를 설치하여야 한다.
③ 제2항에 따른 사업구조개편준비위원회의 구성 및 운영에 필요한 사항은 회장이 정한다.
④ 중앙회는 이 법을 시행하기 위하여 필요한 중앙회 및 농협경제지주회사등의 정관의 작성·변경, 중앙회의 자산실사와 그 밖에 이 법 시행을 위하여 필요한 준비행위를 이 법 시행 전에 할 수 있다.
제3조【중앙회의 사업분리에 대한 지원】 ① 정부는 이 법 공포 후 지체 없이 관계 기관 협의체를 구성하여 중앙회의 자체자본조달계획과 중앙회의 의견을 토대로 중앙회의 사업구조 개편에 필요한 자본지원 계획서를 마련하여 2012년도 예산안의 국회 제출 전에 국회 소관 상임위원회에 보고하고 심의를 받아야 한다.
② 정부는 제1항에 따른 지원을 하는 경우에 중앙회의 자율성을 침해하지 아니하여야 한다.
제4조【경제사업부문 자본배분】 중앙회는 이 법 공포 후 최초의 보유자본 배분에서 경제사업활성화에 필요한 자본을 경제사업부문에 우선 배분하여야 한다.
제5조【경제사업활성화 계획 수립·추진 및 출자 특례】
① 중앙회는 전문기관의 연구를 거쳐 부칙 제3조제1항에 따른 자체자본조달계획 수립 이전에 다음 각 호의 사항을 포함하는 경제사업활성화 계획을 수립하고 추진하여야 한다. 다만, 2017년 1월 1일 이후에는 본문에 따른 경제사업활성화 계획을 농협경제지주회사가 추진한다.
(2016.12.27 단서신설)
1. 조합의 경제사업활성화 방안
2. 중앙회의 경제사업활성화 방안 및 투자계획
3. 자회사 설립계획 및 농협경제지주회사로의 편입 방안
4. 그 밖에 경제사업활성화에 필요한 사항
② 농협경제지주회사에 다음 각 호의 사항을 수행하기 위하여 정부, 협동조합관계자, 농업인단체 대표 및 학계 전문가 등을 포함한 15명 이내의 위원으로 구성하는 경제사업활성화위원회를 둔다.(2016.12.27 본문개정)
1. 제1항에 따른 경제사업활성화 계획 관련 자문
(2016.12.27 본호개정)
2. 경제사업활성화 계획의 이행상황 점검 및 평가
③ 농협경제지주회사는 경제사업활성화 계획의 추진상황을 매 회계연도 종료 후 3개월 이내에 농림축산식품부장관에게 보고하여야 한다.(2016.12.27 본항개정)
④ 그 밖에 경제사업활성화위원회의 구성 및 운영에 필요한 사항은 농협경제지주회사 정관으로 정한다.
(2016.12.27 본항개정)
⑤ 중앙회는 경제사업의 활성화를 위하여 제1항에 따른 경제사업활성화 계획의 범위에서 조합의 자회사나 제112조의3에 따른 조합공동사업법인 등 다른 법인에 출자하는 경우에는 제137조제2항 본문의 개정규정에도 불구하고 자기자본을 초과하여 출자할 수 있다. 이 경우 중앙회는 회계연도 경과 후 3개월 이내에 출자의 목적 및 현황, 출자대상 법인의 경영현황 등을 총회에 보고하여야 한다.
(2014.12.31 본항신설)
⑥ 제5항은 중앙회가 부칙 제6조제1항 또는 제2항에 따라 해당 경제사업을 농협경제지주회사에 이관하기 전까지 유효하다.(2014.12.31 본항신설)
(2014.12.31 본조제목개정)
제6조【경제사업의 이관 및 자회사 설립에 따른 출자 특례】 ① 중앙회는 이 법 시행일부터 3년 이내에 판매·유통 관련 경제사업을 농협경제지주회사에 이관한다.
② 중앙회는 이 법 시행일부터 3년이 경과한 날부터 2년 이내에 제1항에 따라 이관된 사업의 성과를 부칙 제5조제2항에 따른 경제사업활성화위원회의 의견을 들어 평가하고 제1항에 따라 이관된 사업을 제외한 경제사업을 이관한다.
③ 중앙회는 제1항 또는 제2항에 따른 이관을 하기 전에 그 이관을 위하여 필요한 경우에는 미리 중앙회로부터 경제사업을 분리하여 경제사업활성화 계획에 따른 자회사를 설립할 수 있다. 이 경우 그 사업의 분리는 「상법」 제530조의12에 따른 회사의 분할로 보고, 사업의 분리 절차는 같은 법 제530조의3제1항·제2항·제4항, 제530조의4부터 제530조의11까지의 규정을 준용하되, 같은 법 제530조의3에 따라 준용되는 같은 법 제434조 중 "출석한 주주의 의결권의 3분의 2 이상의 수와 발행주식 총수의 3분의 1 이상의 수"는 "대의원 과반수의 출석과 출석한 대의원 3분의 2 이상의 찬성"으로 본다.(2014.12.31 본항신설)
④ 중앙회가 제3항에 따라 자회사를 설립하기 위하여 출자하는 경우에는 제137조제2항 본문의 개정규정에도 불구하고 자기자본을 초과하여 자회사에 출자할 수 있다. 이 경우 중앙회는 회계연도 경과 후 3개월 이내에 출자의 목적 및 현황, 출자대상 자회사의 경영현황 등을 총회에 보고하여야 한다.(2014.12.31 본항신설)
(2014.12.31 본조제목개정)
제7조【임원의 선출 등에 관한 적용례】 제45조제8항(제107조·제112조 또는 제161조에 따라 준용되는 경우를 포함한다), 제50조제3항부터 제11항까지, 제50조의2제5항 후단, 제50조의3(제107조·제112조 또는 제161조에 따라 준용되는 경우를 포함한다) 및 제51조제4항·제7항·제8항(제107조 또는 제112조에 따라 준용되는 경우를 포함한다)의 개정규정은 해당 개정규정 시행 후 최초로 선거일이 공고된 선거부터 적용한다.
제8조【벌칙 및 과태료에 관한 적용례 등】 이 법 시행 전의 행위에 대한 벌칙 및 과태료의 적용에 있어서는 종전의 규정에 따른다. 다만, 제174조제4항의 개정규정 중 과태료 금액에 관한 부분은 이 법 시행 전의 행위에 대하여 과태료를 부과할 때에도 적용한다.
제9조【당선무효에 관한 적용례】 제173조의 개정규정은 이 법 시행 후 최초로 선거일이 공고된 선거부터 적용한다.
제10조【자수자의 특례에 관한 적용례】 제177조의 개정규정은 이 법 시행 전의 자수자에 대하여도 적용한다.
제11조【조합장 임기 및 선출 등에 관한 특례】 ① 2009년 3월 22일부터 2013년 3월 21일까지의 기간 동안 조합장의 임기가 개시되었거나 개시되는 경우에는 제48조제1항(제107조 또는 제112조에 따라 준용되는 경우를 포함한다)에도 불구하고 해당 조합장의 임기를 2015년 3월 20일까지로 한다.
② 제1항에 따라 임기가 2015년 3월 20일에 만료되는 조합장 선거는 2015년 3월의 두 번째 수요일에 동시 실시하고, 이후 임기만료에 따른 조합장 선거는 임기가 만료되는 해당 연도 3월의 두 번째 수요일에 동시 실시한다.
③ 2013년 3월 22일부터 재선거 또는 보궐선거로 선출되는 조합장의 임기는 전임자 임기의 남은 기간으로 한다. 다만, 그 실시사유가 발생한 날부터 임기만료일까지의 기간이 1년 미만인 경우에는 재선거 또는 보궐선거를 실시하지 아니한다.
④ 제3항 단서에 따라 재선거 또는 보궐선거를 실시하지 아니하는 경우 및 제7항 후단에 따라 조합장을 선출하지 아니한 경우 조합장의 직무는 제3항 단서의 경우에는 그 재선거 또는 보궐선거 실시사유가 발생한 날부터 전임 조합장 임기만료일까지, 제7항 후단의 경우에는 제2항의 조합장선거를 실시하지 아니하여 선출하지 못한 조합장의 임기만료일까지 제46조제4항(제107조 또는 제112조에서 준용되는 경우를 포함한다)에 따른 직무대행자가 대행한다.(2014.12.31 본항개정)
⑤ 제1항에 따라 상임인 조합장의 임기가 단축되는 경우에는 제48조제1항 본문(제107조 또는 제112조에 따라 준용되는 경우를 포함한다)에 따른 연임제한 횟수에 포함하지 아니한다.
⑥ 제1항 및 제2항에도 불구하고 다음 각 호의 어느 하나에 해당하는 경우에는 해당 조합은 이사회 의결에 따라 제2항에 따른 조합장 동시선거를 실시하지 아니할 수 있다.
1. 이 법 시행 당시 제75조제1항(제107조 또는 제112조에 따라 준용되는 경우를 포함한다)에 따른 합병의결이 완료되었으나 합병등기를 하지 아니한 조합
2. 제75조제1항(제107조 또는 제112조에 따라 준용되는 경우를 포함한다)에 따른 합병의결이 있는 때
3. 다음 각 목의 어느 하나에 해당되어 농림축산식품부장관 또는 중앙회장이 선거를 실시하지 아니하도록 권고한 때
가. 이 법 또는 「농업협동조합의 구조개선에 관한 법률」에 따라 합병권고·요구 또는 명령을 받은 경우
나. 거액의 금융사고, 천재지변 등으로 선거를 실시하기 곤란한 경우
(2014.12.31 본항신설)
⑦ 제6항에 따라 조합장 동시선거를 실시하지 아니하였으나 같은 항 각 호에 해당되지 아니하게 된 때에는 지체 없이 이사회 의결로 선거일을 지정하여 30일 이내에 조합장 선

거를 실시하여야 한다. 이 경우 조합장의 임기는 제2항의 조합장선거를 실시하지 아니하여 선출하지 못한 조합장 임기의 남은 기간으로 하며, 그 기간이 1년 미만인 경우에는 해당 조합장 선거를 실시하지 아니하고 제2항에 따라 조합장 선거를 동시에 실시한다.(2014.12.31 본항신설)

⑧ 다음 각 호에 해당하는 조합에서 임기만료, 재선거 또는 보궐선거로 선출되는 조합장의 임기는 그 임기개시일부터 최초 도래하는 제1항에 따른 임기만료일(이후 매 4년마다 도래하는 임기만료일을 포함하며, 이하 이 조에서 "동시선거임기만료일"이라 한다)까지의 기간이 2년 이상인 경우 해당 동시선거임기만료일까지로 하고, 그 임기개시일부터 최초 도래하는 동시선거임기만료일까지의 기간이 2년 미만인 경우 차기 동시선거임기만료일까지로 한다. 이 경우 제2항부터 제5항까지를 준용한다.

1. 제15조(제107조 또는 제112조에 따라 준용되는 경우를 포함한다)에 따라 새로 설립하는 조합
2. 제75조의2(제107조 또는 제112조에 따라 준용되는 경우를 포함한다)에 따라 임원 임기에 관한 특례의 적용을 받는 합병조합
3. 그 밖에 조합장의 임기만료일이 동시선거임기만료일과 일치하지 아니한 조합

(2014.12.31 본항신설)

제12조【중앙회의 상호금융대표이사 선출에 관한 특례】 이 법 시행 후 최초로 선출될 중앙회의 상호금융대표이사는 이 법 시행 전에 중앙회의 인사추천위원회의 추천과 이사회의 의결을 거쳐 총회에서 선출할 수 있다.

제13조【「금융지주회사법」 적용에 관한 특례】 ① 제134조의3제1항의 개정규정에 따른 농협금융지주회사에 대하여는 설립된 날부터 5년까지 「금융지주회사법」 제45조 및 제45조의2를 적용하지 아니한다.

② 제134조의3제1항의 개정규정에 따른 농협금융지주회사가 제134조의4의 개정규정에 따른 농협은행, 제134조의5의 개정규정에 따른 농협생명보험 및 농협손해보험을 자회사로 편입하는 경우 「금융지주회사법」 제16조 및 제18조를 적용하지 아니한다.

제14조【「은행법」 적용에 관한 특례】 제134조의4제1항의 개정규정에 따른 농협은행에 대하여는 설립된 날부터 5년까지 「은행법」 제35조 및 제35조의2를 적용하지 아니한다.

제15조【「보험업법」 적용에 관한 특례】 ① 제134조의5제1항의 개정규정에 따른 농협생명보험과 농협손해보험은 설립된 날부터 2027년 3월 1일까지 「근로자퇴직급여 보장법」 제16조제2항에 따른 보험계약을 내용으로 하는 보험상품을 판매할 수 없다.(2021.4.13 본항개정)

② 조합과 농협은행은 「보험업법」 제87조제2항제5호에도 불구하고 농협생명보험 또는 농협손해보험이 설립된 날부터 「보험업법」 제91조제1항에 따른 금융기관보험대리점으로 등록된 것으로 본다.

③ 조합은 농협생명보험 또는 농협손해보험을 위하여 보험계약 체결을 대리하는 경우에 한정하여 농협생명보험 또는 농협손해보험이 설립된 날부터 2027년 3월 1일까지 「보험업법」 제91조제2항·제3항 및 제100조제1항제4호를 적용하지 아니한다. 다만, 최근 사업연도 말 현재 자산총액이 2조원 이상인 조합이 모집할 수 있는 1개 농협생명보험 또는 농협손해보험 상품의 모집액은 각각 해당 조합이 신규로 모집하는 생명보험회사 상품의 모집총액 또는 손해보험회사 상품의 모집총액 중 다음 각 호의 비율을 초과할 수 없다.(2021.4.13 본문개정)

1. 농협생명보험 또는 농협손해보험이 설립된 날부터 1년까지 : 100분의 100
2. 농협생명보험 또는 농협손해보험이 설립된 날부터 1년이 지난 날부터 2년까지 : 100분의 85
3. 농협생명보험 또는 농협손해보험이 설립된 날부터 2년이 지난 날부터 3년까지 : 100분의 70
4. 농협생명보험 또는 농협손해보험이 설립된 날부터 3년이 지난 날부터 4년까지 : 100분의 55
5. 농협생명보험 또는 농협손해보험이 설립된 날부터 4년이 지난 날부터 5년까지 : 100분의 40
6. 농협생명보험 또는 농협손해보험이 설립된 날부터 5년이 지난 날부터 15년까지 : 100분의 25(2021.4.13 본호개정)

④ 이 법 시행 전의 조합과 중앙회의 공제모집자격자(중앙회가 2009년 10월 28일까지 실시한 공제교육을 마친 자를 말한다)는 「보험업법」 제83조제1항에도 불구하고 농협생명보험 또는 농협손해보험이 설립된 날부터 2년까지 보험모집을 할 수 있는 자로 본다.

⑤ 이 법 시행 전의 조합과 중앙회의 공제계약에 대하여는 농협생명보험 또는 농협손해보험이 설립된 날부터 「보험업법」에 따른 보험계약으로 보고 농협생명보험이 생명보험계약 전부를, 농협손해보험이 손해보험계약 전부를 각각 인수한 것으로 본다.

⑥ 이 법 시행 전의 조합과 중앙회의 공제계약에 대하여는 「보험업법」 제108조에도 불구하고 특별계정을 설정하여 운용할 수 있고, 특별계정에 속하는 자산의 운용방법 및 비율, 자산의 평가, 이익의 분배, 자산운용실적의 비교·공시, 운용전문인력의 확보, 의결권 행사의 제한 등 보험계약자의 보호에 관하여 필요한 사항은 금융위원회가 농림수산식품부장관과 협의하여 정한다.

⑦ 농협생명보험 또는 농협손해보험이 이 법 시행 전에 조합과 중앙회가 판매한 공제상품과 같은 내용의 보험상품을 신규로 판매하기 위하여는 「보험업법」 제127조에 따른 신고 또는 제출을 하여야 한다.

⑧ 농협생명보험 또는 농협손해보험이 설립되는 경우 2009년 10월 28일 현재 조합과 중앙회가 판매하는 공제상품에 관하여는 이에 상응하는 보험종목으로 「보험업법」 제4조에 따른 허가를 받은 것으로 본다. 다만, 다음 각 호의 보험상품에 관하여는 다음 각 호의 구분에 따른 조건으로 허가를 받은 것으로 본다.

1. 보증과 관련한 보험상품 : 다음 각 목의 보험상품만을 판매하는 조건
 가. 조합의 조합원, 조합·중앙회·농협경제지주회사·농협금융지주회사 및 그 자회사의 임원·직원을 대상으로 하는 신원보증보험
 나. 「복권 및 복권기금법」 제2조제1호마목에 따른 온라인복권(이하 "온라인복권"이라 한다)의 이행(지급)보증보험
 다. 조합·중앙회·농협경제지주회사·농협금융지주회사 및 그 자회사의 임원·직원을 대상으로 하는 채무이행보증보험(2014.12.31 본목개정)
2. 농기계종합보험상품 : 동일한 위험을 보장하는 보험상품을 판매하는 조건

⑨ 농협손해보험이 자동차보험 종목 중 농기계종합보험 상품을 제외한 나머지 보험상품을 판매하기 위하여는 새로 「보험업법」 제4조에 따른 허가를 받아야 한다.

⑩ 농협생명보험과 농협손해보험은 「보험업법」 제111조제4항에도 불구하고 2017년 3월 1일까지 해당 보험회사의 대주주에 대하여 같은 조 제2항에서 정하는 금액 미만의 신용공여를 하는 경우에는 해당 사항을 금융위원회에 보고하거나 인터넷 홈페이지 등을 이용하여 공시하지 아니할 수 있다.(2014.12.31 본항신설)

제16조【농협금융지주회사등의 전산시스템 운영 업무 위탁 및 전환계획 이행에 관한 특례】 ① 농협금융지주회사 및 그 자회사(「금융지주회사법」 제2조제1항제3호 및 제3의2호를 포함하며, "농협금융지주회사등"이라 한다. 이하 이 조에서 같다)는 금융업의 영위와 관련된 전산시스템 운영을 농협금융지주회사 또는 농협은행이 설립된 날부터 3년까지 중앙회에 위탁할 수 있다. 이 경우 농협금융지주회사등과 중앙회 사이의 업무위탁에 대하여는 「금융지주회사법」 제47조를 준용한다.

② 금융위원회와 금융감독원장은 제1항에 따른 농협금융지주회사등의 전산시스템 운영 위탁과 관련하여 금융 관계 법령 및 규정에 따라 중앙회를 감독하거나 검사할 수 있다. 이 경우 「금융지주회사법」 제49조 및 제51조를 준용하며 같은 조의 "금융지주회사 및 그 자회사등"은 "중앙회 및 농협금융지주회사등"으로 본다.

③ 농협금융지주회사등은 설립된 날부터 1개월 이내에 제1항에 따른 위탁기간 종료 후 전산시스템을 전환하기 위한 계획(이하 "전환계획"이라 한다)을 수립하여 농림수산식품부장관과 금융위원회에 제출하여야 한다.

④ 금융위원회는 제3항에 따른 전환계획의 이행상황을 매 반기마다 점검하고, 점검결과 농협금융지주회사등이 전환계획을 적절히 이행하지 아니하고 있다고 인정하는 경우에는 6개월 이내의 기간을 정하여 그 이행을 명할 수 있다.

⑤ 농협금융지주회사등은 제1항에도 불구하고 경제환경의 변화 등으로 인하여 전환계획 이행이 곤란한 경우에는 금융위원회에 전산시스템 위탁운영 기한 연장을 신청할 수 있다.

⑥ 금융위원회는 금융시스템의 안정 등을 위하여 전산시스템 위탁기간 연장이 필요하다고 판단하는 경우에는 농림수산식품부장관과 협의하여 2년의 범위에서 제1항에 따른 위탁기간을 연장할 수 있다.

⑦ 중앙회의 임직원은 제1항의 업무와 관련하여 직무상 알게 된 정보로서 외부에 공개되지 아니한 정보를 정당한 사유 없이 자기 또는 제3자의 이익을 위하여 이용하여서는 아니 되며, 「금융실명거래 및 비밀보장에 관한 법률」 제4조는 제1항의 업무를 위탁받은 자가 그 위탁받은 업무를 영위하는 경우에 준용한다.

⑧ 금융위원회는 제2항부터 제4항까지의 업무를 금융감독원장에게 위탁할 수 있다.

⑨ 중앙회가 전환계획에 따라 전산시스템 운영을 농협금융지주회사의 자회사가 하게 하기 위하여 전산시스템 관련 설비, 토지 및 건물 등을 농협금융지주회사의 자회사에 출자하는 경우에는 제137조제2항 본문의 개정규정에도 불구하고 자기자본을 초과하여 출자할 수 있다. 이 경우 중앙회는 회계연도 경과 후 3개월 이내에 출자의 목적 및 현황, 출자대상 자회사의 경영현황 등을 총회에 보고하여야 한다.(2014.12.31 본항신설)

(2014.12.31 본조제목개정)

제17조【농협은행에 대한 출자 특례】 제137조의 개정규정에도 불구하고 중앙회는 농협은행 설립 시에 한정하여 농협은행에 자기자본 이내까지 출자할 수 있다.

제18조【등기명의 등 승계】 이 법 시행 당시 중앙회의 재산 중 농협경제지주회사·농협금융지주회사 및 그 자회사로 이관되는 재산에 관한 등기부와 그 밖의 공부에 표시된 중앙회의 명의는 각각 해당 재산을 이관받는 농협경제지주회사·농협금융지주회사 및 그 자회사의 명의로 본다.

제19조【품목조합의 신용사업 수행에 관한 특례】 ① 이 법 시행 당시 신용사업을 실시하지 못하는 품목조합 중 농림수산식품부장관이 정하는 기준에 해당하는 품목조합은 법률 제6018호 농업협동조합법 부칙 제14조제1항 및 제2항에 따라 신용사업을 수행하고 있는 다른 품목조합과 동일한 범위에서 신용사업을 실시할 수 있다.

② 제1항에 따라 품목조합이 신용사업을 수행하는 데 필요한 지사무소 설치기준은 회장이 정한다.

제20조【농협명칭 사용승인에 관한 경과조치】 이 법 시행 당시 조합 또는 중앙회가 출자 또는 출연한 법인과 이 법에 따라 설립되는 농협경제지주회사등은 제3조제2항 단서의 개정규정에 따른 사용승인을 받은 것으로 본다.

제21조【중앙회의 임직원에 관한 경과조치】 이 법 시행 당시 종전 규정에 따라 선출된 중앙회의 신용대표이사는 이 법 시행과 동시에 그 임기가 종료된 것으로 본다.

제22조【중앙회의 다른 법인에 대한 출자에 관한 경과조치】 이 법 시행전 중앙회가 다른 법인에 출자한 금액의 총합계액은 제137조제2항의 개정규정에 따른 자기자본 범위 내에 있는 것으로 본다.

제23조【중앙회의 장기대출에 관한 경과조치】 이 법 시행 당시 중앙회가 장기대출한 것은 농협은행이 장기대출한 것으로 본다.

제24조【농업금융채권에 관한 경과조치】 이 법 시행 당시 중앙회가 발행한 농업금융채권은 제153조의 개정규정에 따라 중앙회 또는 농협은행이 발행한 농업금융채권 또는 농협생명보험이 발행한 농업금융채권으로 본다. 이 경우 농협생명보험이 발행한 것으로 보는 농업금융채권에 대하여는 상환될 때까지 제154조부터 제158조까지를 적용한다.

제25조【처분 등에 관한 일반적 경과조치】 이 법 시행 전 중앙회의 사업과 관련하여 관계 법령에 따라 중앙회에 대하여 행한 처분·절차, 그 밖의 행위(이하 "처분등"이라 한다)는 관계 법령에 따른 처분등의 주된 원인과 관련된 사업을 영위하는 중앙회·농협경제지주회사·농협금융지주회사 및 그 자회사에 대하여 행한 처분등으로 본다.

제26조【중앙회의 상호금융사업 발전계획 수립·추진】 ① 회장은 이 법 시행 후 1년 이내에 제134조제1항제4호의 개정규정에 따라 중앙회가 수행하는 상호금융사업의 발전계획에 관한 연구를 전문연구기관에 의뢰하여야 한다.

② 회장은 제1항에 따른 연구결과 등을 검토하여 중앙회의 상호금융사업 발전계획을 세워 농림수산식품부장관에게 제출하여야 한다.

③ 농림수산식품부장관은 제2항에 따라 중앙회로부터 상호금융사업 발전계획을 제출받은 때에는 정부, 협동조합 관계자, 농업인대표 및 금융전문가 등의 의견을 들어 확정하고 추진하여야 한다.

제27조【다른 법률의 개정】 ①~⑲ ※(해당 법령에 가제정리 하였음)

⑳ (2012.2.10 삭제)

㉑~㉕ ※(해당 법령에 가제정리 하였음)

제28조【다른 법령과의 관계】 이 법 시행 당시 금융 관계 법령에서 「농업협동조합법」에 따른 농업협동조합중앙회 또는 「은행법」 제5조에 따른 농업협동조합중앙회의 신용사업 부문을 인용한 경우에는 이 법에 따라 설립된 농협은행을 인용한 것으로 본다.

부 칙 (2012.6.1)

제1조【시행일】 이 법은 공포 후 6개월이 경과한 날부터 시행한다.

제2조【경과조치】 ① 이 법 시행 당시 조합 및 중앙회의 임원인 사람이 이 법 시행 전에 발생한 사유로 인하여 제49조제1항제9호의 개정규정(제107조, 제112조 및 제161조에 따라 준용되는 경우를 포함한다)에 따른 결격사유에 해당하게 되는 경우에는 종전의 규정에 따른다.

② 이 법 시행 당시 조합 및 중앙회의 임원에 대하여는 제49조제1항제11호의 개정규정(제107조, 제112조 및 제161조에 따라 준용되는 경우를 포함한다)에도 불구하고 해당 임원의 임기가 만료될 때까지는 종전의 규정에 따른다.

③ 이 법 시행 전의 위반행위로 제173조제2항의 개정규정에 해당하게 되는 사람의 재선거 제한에 관하여는 종전의 규정에 따른다.

부 칙 (2012.12.11)

제1조【시행일】 이 법은 공포한 날부터 시행한다. 다만, 제12조제7항제2호의 개정규정은 2013년 1월 1일부터 시행한다.

제2조【유효기간】 제12조의2의 개정규정은 2017년 3월 1일까지 효력을 가진다.

부 칙 (2014.12.31)

제1조【시행일】 이 법은 공포한 날부터 시행한다. 다만, 제43조제3항, 제45조제5항·제7항, 제139조 및 제146조의 개정규정은 공포 후 6개월이 경과한 날부터 시행한다.

제2조【상임이사·이사의 선출에 관한 적용례】 제45조제5항 및 제45조제7항 단서의 개정규정(제107조 및 제

112조에 따라 준용되는 경우를 포함한다)은 같은 개정규정 시행 후 최초로 선출하는 상임이사 및 이사부터 적용한다.
제3조【다른 법률의 개정】 ①~④ ※(해당 법령에 가제정리 하였음)

부 칙 (2016.12.27)

제1조【시행일】 이 법은 2017년 1월 1일부터 시행한다. 다만, 제21조의2 전단, 제24조의2제2항 및 제3항(제107조제1항 및 제112조제1항에 따라 준용되는 경우를 포함한다), 제30조제1항제1호의2(제107조제1항 및 제112조제1항에 따라 준용되는 경우를 포함한다), 제45조제3항 단서 및 같은 조 제6항(제107조제1항 및 제112조제1항에 따라 준용되는 경우를 포함한다), 제49조제1항제12호(제107조제1항 및 제112조제1항에 따라 준용되는 경우를 포함한다), 제107조제2항 전단, 제112조제2항 전단, 제112조의11제2항 전단, 제130조제4항, 제142조제2항, 제147조부터 제152조까지 및 제161조의8제2항의 개정규정은 공포 후 1년이 경과한 날부터 시행한다.
제2조【사업이용기간에 관한 적용례】 제30조제1항제1호의2(제107조제1항 및 제112조제1항에 따라 준용되는 경우를 포함한다)의 개정규정 시행 당시 지역농협 조합원에 대한 같은 개정규정에 따른 2년 이상의 기간은 같은 개정규정에 따른 시행일부터 기산한다.
제3조【상임감사의 선출에 관한 적용례】 ① 제45조제3항 단서 및 같은 조 제6항(제107조제1항 및 제112조제1항에 따라 준용되는 경우를 포함한다)의 개정규정은 같은 개정규정 시행 이후 감사를 선출하는 경우부터 적용한다.
② 제50조제6항제2호(제107조제1항 및 제112조제1항에 따라 준용되는 경우를 포함한다)의 개정규정은 이 법 시행 이후 감사를 선출하는 경우부터 적용한다.
제4조【형의 분리 선고에 관한 적용례】 제49조의2(제107조제1항, 제112조제1항 및 제161조에 따라 준용되는 경우를 포함한다)의 개정규정은 이 법 시행 이후 발생한 범죄행위로 형벌을 받는 사람부터 적용한다.
제5조【감사위원장의 선출에 관한 적용례】 제129조제4항의 개정규정은 이 법 시행 이후 감사위원장을 선출하는 경우부터 적용한다.
제6조【중앙회 임원의 선출 등에 관한 적용례】 제130조제4항의 개정규정은 같은 개정규정 시행일 이후 임원을 선출하는 경우부터 적용한다.
제7조【농협경제지주회사의 임원의 선임에 관한 적용례】 제161조의3의 개정규정은 이 법 시행 이후 임원을 선임하는 경우부터 적용한다.
제8조【임원의 결격사유에 관한 경과조치】 제49조제1항제12호(제107조제1항 및 제112조제1항에 따라 준용되는 경우를 포함한다)의 개정규정 시행 당시 임원의 결격사유에 대해서는 그 임기 동안 같은 개정규정에도 불구하고 종전의 규정에 따른다.
제9조【금치산자 등에 대한 경과조치】 제49조제1항제2호의 개정규정에 따른 피성년후견인 또는 피한정후견인에는 법률 제10429호 민법 일부개정법률 부칙 제2조에 따라 금치산 또는 한정치산 선고의 효력이 유지되는 자를 포함하는 것으로 본다.
제10조【기부행위의 제한에 관한 경과조치】 이 법 시행 전에 화환·화분을 제공한 행위에 대해서는 제50조의2제2항제1호가목·나목 또는 같은 항 제2호나목의 개정규정에도 불구하고 종전의 규정에 따른다.
제11조【사업전담대표이사등의 임기에 관한 경과조치】 이 법 시행 당시 사업전담대표이사등에 대해서는 제130조제6항의 개정규정에도 불구하고 해당 임원의 임기가 만료될 때까지는 종전의 규정에 따른다.
제12조【다른 법률의 개정】 ①~⑧ ※(해당 법령에 가제정리 하였음)

부 칙 (2017.10.31)

제1조【시행일】 이 법은 공포한 날부터 시행한다.
제2조【지역농협 설립인가 등에 관한 적용례】 제15조제4항부터 제6항까지의 개정규정(제107조제1항·제112조제1항 및 제112조의5제3항에서 준용하는 경우를 포함한다)은 이 법 시행 후 최초로 지역농협, 지역축협, 품목조합 또는 조합공동사업법인의 설립인가를 신청하는 경우부터 적용한다.

부 칙 (2017.12.30)

제1조【시행일】 이 법은 공포한 날부터 시행한다.
제2조【유효기간】 제12조의3의 개정규정은 이 법 시행일부터 10년간 효력을 가진다.(2022.12.13 본조개정)

부 칙 (2020.2.18)

제1조【시행일】 이 법은 2021년 1월 1일부터 시행한다. <단서 생략>
제2조【사무이양을 위한 사전조치】 ① 관계 중앙행정기관의 장은 이 법에 따른 중앙행정권한 및 사무의 지방일괄 이양에 필요한 인력 및 재정 소요 사항을 지원하기 위하여 필요한 조치를 마련하여 이 법에 따른 시행일 3개월 전까지 국회 소관 상임위원회에 보고하여야 한다.
② 「지방자치분권 및 지방행정체제개편에 관한 특별법」 제44조에 따른 자치분권위원회는 제1항에 따른 인력 및 재정 소요 사항을 사전에 전문적으로 조사·평가할 수 있다.
제3조【행정처분 등에 관한 일반적 경과조치】 이 법 시행 당시 종전의 규정에 따라 행정기관이 행한 처분 또는 그 밖의 행위는 이 법의 규정에 따라 행정기관이 행한 처분 또는 그 밖의 행위로 보고, 종전의 규정에 따라 행정기관에 대하여 행한 신청·신고, 그 밖의 행위는 이 법의 규정에 따라 행정기관에 대하여 행한 신청·신고, 그 밖의 행위로 본다.
제4조 (생략)

부 칙 (2020.6.9)

제1조【시행일】 이 법은 공포 후 6개월이 경과한 날부터 시행한다.(이하 생략)

부 칙 (2020.12.8)

이 법은 공포한 날부터 시행한다.

부 칙 (2020.12.29)

제1조【시행일】 이 법은 공포 후 1년이 경과한 날부터 시행한다.(이하 생략)

부 칙 (2021.4.13)

제1조【시행일】 이 법은 공포 후 1년이 경과한 날부터 시행한다. 다만, 제125조의5, 제127조, 제129조, 제131조, 제134조, 제143조, 제144조 및 제146조의 개정규정은 이 법 시행 후 최초로 선출되는 중앙회장의 임기개시일부터 시행하고, 법률 제10522호 농업협동조합법 일부개정법률 부칙 제15조의 개정규정은 2022년 3월 2일부터 시행한다.
제2조【법 시행을 위한 준비행위】 이 법을 시행하기 위하여 필요한 정관의 작성, 변경, 그 밖에 이 법의 시행을 위한 준비는 이 법 시행 전에 할 수 있다.
제3조【중앙회 감사위원 등에 관한 경과조치】 ① 이 법 시행 당시 중앙회 감사위원에 대하여는 제129조제2항의 개정규정에도 불구하고 해당 감사위원의 임기가 만료될 때까지는 종전의 규정에 따른다.
② 이 법 시행 당시 조합감사위원회 위원장 및 위원에 대하여는 제144조제1항 및 제2항의 개정규정에도 불구하고 해당 위원장 및 위원의 임기가 만료될 때까지는 종전의 규정에 따른다.

부 칙 (2022.10.18)
(2022.12.13)

이 법은 공포한 날부터 시행한다.

부 칙 (2024.1.23)

제1조【시행일】 이 법은 공포 후 3개월이 경과한 날부터 시행한다.
제2조【합병의결 후 존속하는 지역농협의 정관 변경 의결정족수에 관한 적용례】 제38조제2항(제107조 또는 제112조에서 준용하는 경우를 포함한다)의 개정규정은 이 법 시행 전에 합병의결 후 존속하고 있는 지역농협, 지역축협 또는 품목조합의 경우에도 적용한다.

〔별표〕 ➡ 「法典 別册」 別表編 참조

농어업재해보험법

(2009년 3월 5일
전부개정법률 제9477호)

개정
2011. 3.31법10522호(농협)
2011. 7.25법10937호
2012.12.18법11564호
2013. 3.23법11698호
2014. 6. 3법12729호
2014.11.19법12844호(정부조직)
2015. 8.11법13464호
2016. 5.29법14242호(수협)
2016.12. 2법14295호
2016.12. 2법14296호(농어촌구조개선특별회계법)
2017. 3.14법14586호
2017. 7.26법14839호(정부조직)
2017.11.28법15070호
2020. 2.11법16969호
2020. 3.24법17112호(금융소비자보호에관한법)
2020. 5.26법17328호
2020.12. 8법17595호
2021.11.30법18529호
2023. 3.28법19284호
2023.10.31법19807호(행정기관소속위원회정비를위한일부개정법률)
2024. 2.13법20276호(풍수해·지진재해보험법)

제1장 총 칙

제1조【목적】 이 법은 농어업재해로 인하여 발생하는 농작물, 임산물, 양식수산물, 가축과 농어업용 시설물의 피해에 따른 손해를 보상하기 위한 농어업재해보험에 관한 사항을 규정함으로써 농어업 경영의 안정과 생산성 향상에 이바지하고 국민경제의 균형 있는 발전에 기여함을 목적으로 한다.(2011.7.25 본조개정)
제2조【정의】 이 법에서 사용하는 용어의 뜻은 다음과 같다.
1. "농어업재해"란 농작물·임산물·가축 및 농업용 시설물에 발생하는 자연재해·병충해·조수해(鳥獸害)·질병 또는 화재(이하 "농업재해"라 한다)와 양식수산물 및 어업용 시설물에 발생하는 자연재해·질병 또는 화재(이하 "어업재해"라 한다)를 말한다.(2013.3.23 본호개정)
2. "농어업재해보험"이란 농어업재해로 발생하는 재산 피해에 따른 손해를 보상하기 위한 보험을 말한다.
3. "보험가입금액"이란 보험가입자의 재산 피해에 따른 손해가 발생한 경우 보험에서 최대로 보상할 수 있는 한도액으로서 보험가입자와 보험사업자 간에 약정한 금액을 말한다.
4. "보험료"란 보험가입자와 보험사업자 간의 약정에 따라 보험가입자가 보험사업자에게 내야 하는 금액을 말한다.
5. "보험금"이란 보험가입자에게 재해로 인한 재산 피해에 따른 손해가 발생한 경우 보험가입자와 보험사업자 간의 약정에 따라 보험사업자가 보험가입자에게 지급하는 금액을 말한다.
6. "시범사업"이란 농어업재해보험사업(이하 "재해보험사업"이라 한다)을 전국적으로 실시하기 전에 보험의 효용성 및 보험 실시 가능성 등을 검증하기 위하여 일정 기간 제한된 지역에서 실시하는 보험사업을 말한다.
제2조의2【기본계획 및 시행계획의 수립·시행】 ① 농림축산식품부장관과 해양수산부장관은 농어업재해보험(이하 "재해보험"이라 한다)의 활성화를 위하여 제3조에 따른 농업재해보험심의회 또는 「수산업·어촌 발전 기본법」 제8조제1항에 따른 중앙 수산업·어촌정책심의회의 심의를 거쳐 재해보험 발전 기본계획(이하 "기본계획"이라 한다)을 5년마다 수립·시행하여야 한다.(2023.10.31 본항개정)
② 기본계획에는 다음 각 호의 사항이 포함되어야 한다.
1. 재해보험사업의 발전 방향 및 목표
2. 재해보험의 종류별 가입률 제고 방안에 관한 사항
3. 재해보험의 대상 품목 및 대상 지역에 관한 사항
4. 재해보험사업에 대한 지원 및 평가에 관한 사항
5. 그 밖에 재해보험 활성화를 위하여 농림축산식품부장관 또는 해양수산부장관이 필요하다고 인정하는 사항
③ 농림축산식품부장관과 해양수산부장관은 기본계획에 따라 매년 재해보험 발전 시행계획(이하 "시행계획"이라 한다)을 수립·시행하여야 한다.
④ 농림축산식품부장관과 해양수산부장관은 기본계획 및 시행계획을 수립하고자 할 경우 제26조에 따른 통계자료를 반영하여야 한다.
⑤ 농림축산식품부장관 또는 해양수산부장관은 기본계획 및 시행계획의 수립·시행을 위하여 필요한 경우에는 관계 중앙행정기관의 장, 지방자치단체의 장, 관련 기관·단체의 장에게 관련 자료 및 정보의 제공을 요청할 수 있다. 이 경우 자료 및 정보의 제공을 요청받은 자는 특별한 사유가 없으면 그 요청에 따라야 한다.
⑥ 그 밖에 기본계획 및 시행계획의 수립·시행에 필요한 사항은 대통령령으로 정한다.
(2021.11.30 본조신설)
제2조의3【재해보험 등의 심의】 재해보험 및 농어업재해재보험(이하 "재보험"이라 한다)에 관한 다음 각 호의 사항은 제3조에 따른 농업재해보험심의회 또는 「수산업·어촌 발전 기본법」 제8조제1항에 따른 중앙 수산업·어촌정책심의회의 심의를 거쳐야 한다.
1. 재해보험에서 보상하는 재해의 범위에 관한 사항
2. 재해보험사업에 대한 재정지원에 관한 사항
3. 손해평가의 방법과 절차에 관한 사항
4. 농어업재해재보험사업(이하 "재보험사업"이라 한다)에 대한 정부의 책임범위에 관한 사항

5. 재보험사업 관련 자금의 수입과 지출의 적정성에 관한 사항
6. 그 밖에 제3조에 따른 농업재해보험심의회의 위원장 또는 「수산업·어촌 발전 기본법」 제8조제1항에 따른 중앙 수산업·어촌정책심의회의 위원장이 재해보험 및 재보험에 관하여 회의에 부치는 사항
(2023.10.31 본조신설)

제3조【농업재해보험심의회】 ① 농업재해보험 및 농업재해재보험에 관한 다음 각 호의 사항을 심의하기 위하여 농림축산식품부장관 소속으로 농업재해보험심의회(이하 이 조에서 "심의회"라 한다)를 둔다.
1. 제2조의3 각 호의 사항
2. 재해보험 목적물의 선정에 관한 사항
3. 기본계획의 수립·시행에 관한 사항
4. 다른 법령에서 심의회의 심의사항으로 정하고 있는 사항
(2023.10.31 본항개정)
② 심의회는 위원장 및 부위원장 각 1명을 포함한 21명 이내의 위원으로 구성한다.
③ 심의회의 위원장은 농림축산식품부차관으로 하고, 부위원장은 위원 중에서 호선(互選)한다.(2023.10.31 본항개정)
④ 심의회의 위원은 다음 각 호의 어느 하나에 해당하는 사람 중에서 농림축산식품부장관이 임명하거나 위촉하는 사람으로 한다. 이 경우 다음 각 호에 해당하는 사람이 각각 1명 이상 포함되어야 한다.
1. 농림축산식품부장관이 재해보험이나 농업에 관한 학식과 경험이 풍부하다고 인정하는 사람
2. 농림축산식품부의 재해보험을 담당하는 3급 공무원 또는 고위공무원단에 속하는 공무원
3. 자연재해 또는 보험 관련 업무를 담당하는 기획재정부·행정안전부·해양수산부·금융위원회·산림청의 3급 공무원 또는 고위공무원단에 속하는 공무원
4. 농림축산업인단체의 대표
5. (2023.10.31 삭제)
(2023.10.31 본항개정)
⑤ 제4항제1호의 위원의 임기는 3년으로 한다.
⑥ 심의회는 그 심의 사항을 검토·조정하고, 심의회의 심의를 보조하게 하기 위하여 심의회에 다음 각 호의 분과위원회를 둔다.(2023.3.28 본문개정)
1. 농작물재해보험분과위원회
2. 임산물재해보험분과위원회
3. 가축재해보험분과위원회
(2023.3.28 1호~3호신설)
4. (2023.10.31 삭제)
5. 그 밖에 대통령령으로 정하는 바에 따라 두는 분과위원회(2023.3.28 본호신설)
⑦ 심의회는 제1항 각 호의 사항을 심의하기 위하여 필요한 경우에는 농업재해보험에 관하여 전문지식이 있는 자, 농업인 또는 이해관계자의 의견을 들을 수 있다.
(2023.10.31 본항개정)
⑧ 제1항부터 제7항까지에서 규정한 사항 외에 심의회 및 분과위원회의 구성과 운영 등에 필요한 사항은 대통령령으로 정한다.(2020.12.8 본항개정)
(2023.10.31 본조제목개정)

제2장 재해보험사업

제4조【재해보험의 종류 등】 재해보험의 종류는 농작물재해보험, 임산물재해보험, 가축재해보험 및 양식수산물재해보험으로 한다. 이 중 농작물재해보험, 임산물재해보험 및 가축재해보험과 관련된 사항은 농림축산식품부장관이, 양식수산물재해보험과 관련된 사항은 해양수산부장관이 각각 관장한다.(2013.3.23 본조개정)

제5조【보험목적물】 ① 보험목적물은 다음 각 호의 구분에 따르되, 그 구체적인 범위는 보험의 효용성 및 보험 실시 가능성 등을 종합적으로 고려하여 제3조에 따른 농업재해보험심의회 또는 「수산업·어촌 발전 기본법」 제8조제1항에 따른 중앙 수산업·어촌정책심의회를 거쳐 농림축산식품부장관 또는 해양수산부장관이 고시한다.
(2023.10.31 본문개정)
1. 농작물재해보험 : 농작물 및 농업용 시설물(2011.7.25 본호개정)
1의2. 임산물재해보험 : 임산물 및 임업용 시설물
(2011.7.25 본호신설)
2. 가축재해보험 : 가축 및 축산시설물
3. 양식수산물재해보험 : 양식수산물 및 양식시설물
② 정부는 보험목적물의 범위를 확대하기 위하여 노력하여야 한다.(2023.3.28 본항신설)

제6조【보상의 범위 등】 ① 재해보험에서 보상하는 재해의 범위는 해당 재해의 발생 빈도, 피해 정도 및 객관적인 손해평가방법 등을 고려하여 재해보험의 종류별로 대통령령으로 정한다.
② 정부는 재해보험에서 보상하는 재해의 범위를 확대하기 위하여 노력하여야 한다.(2016.12.2 본항신설)
(2016.12.2 본조제목개정)

제7조【보험가입자】 재해보험에 가입할 수 있는 자는 농림업, 축산업, 양식수산업에 종사하는 개인 또는 법인으로 하고, 구체적인 보험가입자의 기준은 대통령령으로 정한다.

제8조【보험사업자】 ① 재해보험사업을 할 수 있는 자는 다음 각 호와 같다.
1. (2011.3.31 삭제)
2. 「수산업협동조합법」에 따른 수산업협동조합중앙회(이하 "수협중앙회"라 한다)
2의2. 「산림조합법」에 따른 산림조합중앙회(2011.7.25 본호신설)
3. 「보험업법」에 따른 보험회사
② 제1항에 따라 재해보험사업을 하려는 자는 농림축산식품부장관 또는 해양수산부장관과 재해보험사업의 약정을 체결하여야 한다.(2013.3.23 본항개정)
③ 제2항에 따른 약정을 체결하려는 자는 다음 각 호의 서류를 농림축산식품부장관 또는 해양수산부장관에게 제출하여야 한다.(2013.3.23 본문개정)
1. 사업방법서, 보험약관, 보험료 및 책임준비금산출방법서
2. 그 밖에 대통령령으로 정하는 서류
④ 제2항에 따른 재해보험사업의 약정을 체결하는 데 필요한 사항은 대통령령으로 정한다.

제9조【보험료율의 산정】 ① 제8조제2항에 따라 농림축산식품부장관 또는 해양수산부장관과 재해보험사업의 약정을 체결한 자(이하 "재해보험사업자"라 한다)는 재해보험의 보험료율을 객관적이고 합리적인 통계자료를 기초로 하여 보험목적물별 또는 보상방식별로 산정하되, 다음 각 호의 구분에 따른 단위로 산정하여야 한다.
1. 행정구역 단위 : 특별시·광역시·도·특별자치도 또는 시(특별자치시와 「제주특별자치도 설치 및 국제자유도시 조성을 위한 특별법」 제10조제2항에 따라 설치된 행정시를 포함한다)·군·자치구. 다만, 「보험업법」 제129조에 따른 보험료율 산출의 원칙에 부합하는 경우에는 자치구가 아닌 구·읍·면·동 단위로도 보험료율을 산정할 수 있다.(2021.11.30 본호신설)
2. 권역 단위 : 농림축산식품부장관 또는 해양수산부장관이 행정구역 단위와는 따로 구분하여 고시하는 지역 단위(2021.11.30 본호신설)
② 재해보험사업자는 보험약관안과 보험료율안에 대통령령으로 정하는 변경이 예정된 경우 이를 공고하고 필요한 경우 이해관계자의 의견을 수렴하여야 한다.
(2023.3.28 본항신설)
(2021.11.30 본조개정)

제10조【보험모집】 ① 재해보험을 모집할 수 있는 자는 다음 각 호와 같다.
1. 산림조합중앙회와 그 회원조합의 임직원, 수협중앙회와 그 회원조합 및 「수산업협동조합법」에 따라 설립된 수협은행의 임직원(2016.5.29 본호개정)
2. 「수산업협동조합법」 제60조(제108조, 제113조 및 제168조에 따라 준용되는 경우를 포함한다)의 공제규약에 따른 공제모집인으로서 수협중앙회장 또는 그 회원조합장이 인정하는 자(2011.3.31 본호개정)
2의2. 「산림조합법」 제48조(제122조에 따라 준용되는 경우를 포함한다)의 공제규정에 따른 공제모집인으로서 산림조합중앙회장이나 그 회원조합장이 인정하는 자
(2011.7.25 본호신설)
3. 「보험업법」 제83조제1항에 따라 보험을 모집할 수 있는 자
② 제1항에 따라 재해보험의 모집 업무에 종사하는 자가 사용하는 재해보험 안내자료 및 금지행위에 관하여는 「보험업법」 제95조·제97조, 제98조 및 「금융소비자 보호에 관한 법률」 제21조를 준용한다. 다만, 재해보험사업자가 수협중앙회, 산림조합중앙회인 경우에는 「보험업법」 제95조제1항제5호를 준용하지 아니하며, 「농업협동조합법」, 「수산업협동조합법」, 「산림조합법」에 따른 조합이 그 조합원에게 이 법에 따른 보험상품의 보험료 일부를 지원하는 경우에는 「보험업법」 제98조에도 불구하고 해당 보험계약의 체결 또는 모집과 관련한 특별이익의 제공으로 보지 아니한다.(2020.3.24 본문개정)

제10조의2【사고예방의무 등】 ① 보험가입자는 재해로 인한 사고의 예방을 위하여 노력하여야 한다.
② 재해보험사업자는 사고 예방을 위하여 보험가입자가 납입한 보험료의 일부를 되돌려줄 수 있다.(2020.2.11 본항개정)
(2016.12.2 본조신설)

제11조【손해평가 등】 ① 재해보험사업자는 보험목적물에 관한 지식과 경험을 갖춘 사람 또는 그 밖의 관계 전문가를 손해평가인으로 위촉하여 손해평가를 담당하게 하거나 제11조의2에 따른 손해평가사(이하 "손해평가사"라 한다) 또는 「보험업법」 제186조에 따른 손해사정사에게 손해평가를 담당하게 할 수 있다.(2020.2.11 본항개정)
② 제1항에 따른 손해평가인과 손해평가사 및 「보험업법」 제186조에 따른 손해사정사는 농림축산식품부장관 또는 해양수산부장관이 정하여 고시하는 손해평가 요령에 따라 손해평가를 하여야 한다. 이 경우 공정하고 객관적으로 손해평가를 하여야 하며, 고의로 진실을 숨기거나 거짓으로 손해평가를 하여서는 아니 된다.(2016.12.2 후단개정)
③ 재해보험사업자는 공정하고 객관적인 손해평가를 위하여 동일 시·군·구(자치구를 말한다) 내에서 교차손해평가(손해평가인 상호간에 담당지역을 교차하여 평가하는 것을 말한다. 이하 같다)를 수행할 수 있다. 이 경우 교차손해평가의 절차·방법 등에 필요한 사항은 농림축산식품부장관 또는 해양수산부장관이 정한다.(2016.12.2 본항신설)
④ 농림축산식품부장관 또는 해양수산부장관은 제2항에 따른 손해평가 요령을 고시하려면 미리 금융위원회와 협의하여야 한다.(2013.3.23 본항개정)
⑤ 농림축산식품부장관 또는 해양수산부장관은 제1항에 따른 손해평가인이 공정하고 객관적인 손해평가를 수행할 수 있도록 연 1회 이상 정기교육을 실시하여야 한다.
(2016.12.2 본항신설)
⑥ 농림축산식품부장관 또는 해양수산부장관은 손해평가인 간의 손해평가에 관한 기술·정보의 교환을 지원할 수 있다.(2016.12.2 본항신설)
⑦ 제1항에 따라 손해평가인으로 위촉될 수 있는 사람의 자격 요건, 제5항에 따른 정기교육, 제6항에 따른 기술·정보의 교환 지원 및 손해평가 실무교육 등에 필요한 사항은 대통령령으로 정한다.(2020.2.11 본항개정)
(2016.12.2 본조제목개정)

제11조의2【손해평가사】 농림축산식품부장관은 공정하고 객관적인 손해평가를 촉진하기 위하여 손해평가사 제도를 운영한다.(2014.6.3 본조신설)

제11조의3【손해평가사의 업무】 손해평가사는 농작물재해보험 및 가축재해보험에 관하여 다음 각 호의 업무를 수행한다.
1. 피해사실의 확인
2. 보험가액 및 손해액의 평가
3. 그 밖의 손해평가에 필요한 사항
(2014.6.3 본조신설)

제11조의4【손해평가사의 시험 등】 ① 손해평가사가 되려는 사람은 농림축산식품부장관이 실시하는 손해평가사 자격시험에 합격하여야 한다.
② 보험목적물 또는 관련 분야에 관한 전문 지식과 경험을 갖추었다고 인정되는 대통령령으로 정하는 기준에 해당하는 사람에게는 손해평가사 자격시험 과목의 일부를 면제할 수 있다.
③ 농림축산식품부장관은 다음 각 호의 어느 하나에 해당하는 사람에 대하여는 그 시험을 정지시키거나 무효로 하고 그 처분 사실을 지체 없이 알려야 한다.
1. 부정한 방법으로 시험에 응시한 사람
2. 시험에서 부정한 행위를 한 사람
(2015.8.11 본항신설)
④ 다음 각 호에 해당하는 사람은 그 처분이 있은 날부터 2년이 지나지 아니한 경우 제1항에 따른 손해평가사 자격시험에 응시하지 못한다.
1. 제3항에 따라 정지·무효 처분을 받은 사람
2. 제11조의5에 따라 손해평가사 자격이 취소된 사람
(2015.8.11 본항개정)
⑤ 제1항 및 제2항에 따른 손해평가사 자격시험의 실시, 응시수수료, 시험과목, 시험과목의 면제, 시험방법, 합격기준 및 자격증 발급 등에 필요한 사항은 대통령령으로 정한다.(2015.8.11 본항개정)
⑥ 손해평가사는 다른 사람에게 그 명의를 사용하게 하거나 다른 사람에게 그 자격증을 대여해서는 아니 된다.
(2020.2.11 본항신설)
⑦ 누구든지 손해평가사의 자격을 취득하지 아니하고 그 명의를 사용하거나 자격증을 대여받아서는 아니 되며, 명의의 사용이나 자격증의 대여를 알선해서도 아니 된다.
(2020.2.11 본항신설)
(2014.6.3 본조신설)

제11조의5【손해평가사의 자격 취소】 ① 농림축산식품부장관은 다음 각 호의 어느 하나에 해당하는 사람에 대하여 손해평가사 자격을 취소할 수 있다. 다만, 제1호 및 제5호에 해당하는 경우에는 자격을 취소하여야 한다.
(2020.2.11 단서신설)
1. 손해평가사의 자격을 거짓 또는 부정한 방법으로 취득한 사람
2. 거짓으로 손해평가를 한 사람
3. 제11조의4제6항을 위반하여 다른 사람에게 손해평가사의 명의를 사용하게 하거나 그 자격증을 대여한 사람
(2020.2.11 본호개정)
4. 제11조의4제7항을 위반하여 손해평가사 명의의 사용이나 자격증의 대여를 알선한 사람
5. 업무정지 기간 중에 손해평가 업무를 수행한 사람
(2020.2.11 4호~5호신설)
② 제1항에 따른 자격 취소 처분의 세부기준은 대통령령으로 정한다.(2020.2.11 본항신설)
(2014.6.3 본조신설)

제11조의6【손해평가사의 감독】 ① 농림축산식품부장관은 손해평가사가 그 직무를 게을리하거나 직무를 수행하면서 부적절한 행위를 하였다고 인정하면 1년 이내의 기간을 정하여 업무의 정지를 명할 수 있다.
② 제1항에 따른 업무 정지 처분의 세부기준은 대통령령으로 정한다.(2020.2.11 본항신설)
(2014.6.3 본조신설)

제11조의7【보험금수급전용계좌】 ① 재해보험사업자는 수급권자의 신청이 있는 경우에는 보험금을 수급권자 명의의 지정된 계좌(이하 "보험금수급전용계좌"라 한다)로 입금하여야 한다. 다만, 정보통신장애나 그 밖에 대통령령으로 정하는 불가피한 사유로 보험금을 보험금수급계

좌로 이체할 수 없을 때에는 현금 지급 등 대통령령으로 정하는 바에 따라 보험금을 지급할 수 있다.
② 보험금수급전용계좌의 해당 금융기관은 이 법에 따른 보험금만이 보험금수급전용계좌에 입금되도록 관리하여야 한다.
③ 제1항에 따른 신청의 방법·절차와 제2항에 따른 보험금수급전용계좌의 관리에 필요한 사항은 대통령령으로 정한다.
(2020.2.11 본조신설)
제11조의8【손해평가에 대한 이의신청】 ① 제11조제2항에 따른 손해평가 결과에 이의가 있는 보험가입자는 재해보험사업자에게 재평가를 요청할 수 있으며, 재해보험사업자는 특별한 사정이 없으면 재평가 요청에 따라야 한다.
② 제1항의 재평가를 수행하였음에도 이의가 해결되지 아니하는 경우 보험가입자는 농림축산식품부장관 또는 해양수산부장관이 정하는 기관에 이의신청을 할 수 있다.
③ 신청요건, 절차, 방법 등 이의신청 처리에 관한 구체적인 사항은 농림축산식품부장관 또는 해양수산부장관이 정하여 고시한다.
(2023.3.28 본조신설)
제12조【수급권의 보호】 ① 재해보험의 보험금을 지급받을 권리는 압류할 수 없다. 다만, 보험목적물이 담보로 제공된 경우에는 그러하지 아니하다.
② 제11조의7제1항에 따라 지정된 보험금수급전용계좌의 예금 중 대통령령으로 정하는 액수 이하의 금액에 관한 채권은 압류할 수 없다.(2020.2.11 본항신설)
제13조【보험목적물의 양도에 따른 권리 및 의무의 승계】 재해보험가입자가 재해보험에 가입된 보험목적물을 양도하는 경우 그 양수인은 재해보험계약에 관한 양도인의 권리 및 의무를 승계한 것으로 추정한다.
제14조【업무 위탁】 재해보험사업자는 재해보험사업을 원활히 수행하기 위하여 필요한 경우에는 보험모집 및 손해평가 등 재해보험 업무의 일부를 대통령령으로 정하는 자에게 위탁할 수 있다.
제15조【회계 구분】 재해보험사업자는 재해보험사업의 회계를 다른 회계와 구분하여 회계처리함으로써 손익관계를 명확히 하여야 한다.
제16조 (2015.8.11 삭제)
제17조【분쟁조정】 재해보험과 관련된 분쟁의 조정(調停)은 「금융소비자 보호에 관한 법률」 제33조부터 제43조까지의 규정에 따른다.(2020.3.24 본조개정)
제18조【「보험업법」 등의 적용】 ① 이 법에 따른 재해보험사업에 대하여는 「보험업법」 제104조부터 제107조까지, 제118조제1항, 제119조, 제120조, 제124조, 제127조, 제128조, 제131조부터 제133조까지, 제134조제1항, 제136조, 제162조, 제176조 및 제181조제1항을 적용한다. 이 경우 "보험회사"는 "보험사업자"로 본다.
② 이 법에 따른 재해보험사업에 대해서는 「금융소비자 보호에 관한 법률」 제45조를 적용한다. 이 경우 "금융상품직접판매업자"는 "보험사업자"로 본다.(2020.3.24 본항신설)
(2020.3.24 본조개정)
제19조【재정지원】 ① 정부는 예산의 범위에서 재해보험가입자가 부담하는 보험료의 일부와 재해보험사업자의 재해보험의 운영 및 관리에 필요한 비용(이하 "운영비"라 한다)의 전부 또는 일부를 지원할 수 있다. 이 경우 지방자치단체는 예산의 범위에서 재해보험가입자가 부담하는 보험료의 일부를 추가로 지원할 수 있다.
(2011.7.25 후단신설)
② 농림축산식품부장관·해양수산부장관 및 지방자치단체의 장은 제1항에 따른 지원 금액을 재해보험사업자에게 지급하여야 한다.(2013.3.23 본항개정)
③ 「풍수해·지진재해보험법」에 따른 풍수해·지진재해보험에 가입한 자가 동일한 보험목적물을 대상으로 재해보험에 가입할 경우에는 제1항에도 불구하고 정부가 재정지원을 하지 아니한다.(2024.2.13 본항개정)
④ 제1항에 따른 보험료와 운영비의 지원 방법 및 지원 절차 등에 필요한 사항은 대통령령으로 정한다.

제3장 재보험사업 및 농어업재해재보험기금

제20조【재보험사업】 ① 정부는 재해보험에 관한 재보험사업을 할 수 있다.
② 농림축산식품부장관 또는 해양수산부장관은 재보험에 가입하려는 재해보험사업자와 다음 각 호의 사항이 포함된 재보험 약정을 체결하여야 한다.(2013.3.23 본문개정)
1. 재해보험사업자가 정부에 내야 할 보험료(이하 "재보험료"라 한다)에 관한 사항
2. 정부가 지급하여야 할 보험금(이하 "재보험금"이라 한다)에 관한 사항
3. 그 밖에 재보험수수료 등 재보험 약정에 관한 것으로서 대통령령으로 정하는 사항
③ 농림축산식품부장관은 해양수산부장관과 협의를 거쳐 재보험사업에 관한 업무의 일부를 「농업·농촌 및 식품산업 기본법」 제63조의2제1항에 따라 설립된 농업정책보험금융원(이하 "농업정책보험금융원"이라 한다)에 위탁할 수 있다.(2017.3.14 본항개정)
제21조【기금의 설치】 농림축산식품부장관은 해양수산부장관과 협의하여 공동으로 재보험사업에 필요한 재원에 충당하기 위하여 농어업재해재보험기금(이하 "기금"이라 한다)을 설치한다.(2013.3.23 본조개정)
제22조【기금의 조성】 ① 기금은 다음 각 호의 재원으로 조성한다.
1. 제20조제2항제1호에 따라 받은 재보험료
2. 정부, 정부 외의 자 및 다른 기금으로부터 받은 출연금
3. 재보험금의 회수 자금
4. 기금의 운용수익금과 그 밖의 수입금
5. 제2항에 따른 차입금
6. 「농어촌구조개선 특별회계법」 제5조제2항제7호에 따라 농어촌구조개선 특별회계의 농어촌특별세사업계정으로부터 받은 전입금(2016.12.2 본호신설)
② 농림축산식품부장관은 기금의 운용에 필요하다고 인정되는 경우에는 해양수산부장관과 협의하여 기금의 부담으로 금융기관, 다른 기금 또는 다른 회계로부터 자금을 차입할 수 있다.(2013.3.23 본항개정)
제23조【기금의 용도】 기금은 다음 각 호에 해당하는 용도에 사용한다.
1. 제20조제2항제2호에 따른 재보험금의 지급
2. 제22조제2항에 따른 차입금의 원리금 상환
3. 기금의 관리·운용에 필요한 경비(위탁경비를 포함한다)의 지출
4. 그 밖에 농림축산식품부장관이 해양수산부장관과 협의하여 재보험사업을 유지·개선하는 데에 필요하다고 인정하는 경비의 지출(2013.3.23 본호개정)
제24조【기금의 관리·운용】 ① 기금은 농림축산식품부장관이 해양수산부장관과 협의하여 관리·운용한다.
(2013.3.23 본항개정)
② 농림축산식품부장관은 해양수산부장관과 협의를 거쳐 기금의 관리·운용에 관한 사무의 일부를 농업정책보험금융원에 위탁할 수 있다.(2017.3.14 본항개정)
③ 제1항 및 제2항에서 규정한 사항 외에 기금의 관리·운용에 필요한 사항은 대통령령으로 정한다.
제25조【기금의 회계기관】 ① 농림축산식품부장관은 해양수산부장관과 협의하여 기금의 수입과 지출에 관한 사무를 수행하게 하기 위하여 소속 공무원 중에서 기금수입징수관, 기금재무관, 기금지출관 및 기금출납공무원을 임명한다.
② 농림축산식품부장관은 제24조제2항에 따라 기금의 관리·운용에 관한 사무를 위탁한 경우에는 해양수산부장관과 협의하여 농업정책보험금융원의 임원 중에서 기금수입담당임원과 기금지출원인행위담당임원을, 그 직원 중에서 기금지출원과 기금출납원을 각각 임명하여야 한다. 이 경우 기금수입담당임원은 기금수입징수관의 업무를, 기금지출원인행위담당임원은 기금재무관의 업무를, 기금지출원은 기금지출관의 업무를, 기금출납원은 기금출납공무원의 업무를 수행한다.(2017.3.14 전단개정)
(2013.3.23 본조개정)

제4장 보험사업의 관리

제25조의2【농어업재해보험사업의 관리】 ① 농림축산식품부장관 또는 해양수산부장관은 재해보험사업을 효율적으로 추진하기 위하여 다음 각 호의 업무를 수행한다.
(2020.5.26 본문개정)
1. 재해보험사업의 관리·감독
2. 재해보험 상품의 연구 및 보급
3. 재해 관련 통계 생산 및 데이터베이스 구축·분석
4. 손해평가인력의 육성
5. 손해평가기법의 연구·개발 및 보급
② 농림축산식품부장관 또는 해양수산부장관은 다음 각 호의 업무를 농업정책보험금융원에 위탁할 수 있다.
(2020.5.26 본문개정)
1. 제1항제1호부터 제5호까지의 업무
2. 제8조제2항에 따른 재해보험사업의 약정 체결 관련 업무
3. 제11조의2에 따른 손해평가사 제도 운용 관련 업무
4. 그 밖에 재해보험사업과 관련하여 농림축산식품부장관 또는 해양수산부장관이 위탁하는 업무(2020.5.26 본호개정)
③ 농림축산식품부장관은 제11조의4에 따른 손해평가사 자격시험의 실시 및 관리에 관한 업무를 「한국산업인력공단법」에 따른 한국산업인력공단에 위탁할 수 있다.
(2017.3.14 본항신설)
(2020.5.26 본조제목개정)
(2014.6.3 본조신설)
제26조【통계의 수집·관리 등】 ① 농림축산식품부장관 또는 해양수산부장관은 보험상품의 운영 및 개발에 필요한 다음 각 호의 지역별, 재해별 통계자료를 수집·관리하여야 하며, 이를 위하여 관계 중앙행정기관 및 지방자치단체의 장에게 필요한 자료를 요청할 수 있다.
(2023.3.28 본문개정)
1. 보험대상의 현황(2023.3.28 본호신설)
2. 보험확대 예비품목(제3조제1항제2호에 따라 선정한 보험목적물 도입예정 품목을 말한다)의 현황
(2023.10.31 본호개정)
3. 피해 원인 및 규모
4. 품목별 재배 또는 양식 면적과 생산량 및 가격
5. 그 밖에 농림축산식품부장관 또는 해양수산부장관이 필요하다고 인정하는 통계자료
(2023.3.28 3호~5호신설)
② 제1항에 따라 자료를 요청받은 경우 관계 중앙행정기관 및 지방자치단체의 장은 특별한 사유가 없으면 요청에 따라야 한다.
③ 농림축산식품부장관 또는 해양수산부장관은 재해보험사업의 건전한 운영을 위하여 재해보험 제도 및 상품 개발 등을 위한 조사·연구, 관련 기술의 개발 및 전문인력 양성 등의 진흥 시책을 마련하여야 한다.(2013.3.23 본항개정)
④ 농림축산식품부장관 및 해양수산부장관은 제1항 및 제3항에 따른 통계의 수집·관리, 조사·연구 등에 관한 업무를 대통령령으로 정하는 자에게 위탁할 수 있다.
(2013.3.23 본항개정)
제27조【시범사업】 ① 재해보험사업자는 신규 보험상품을 도입하려는 경우 등 필요한 경우에는 농림축산식품부장관 또는 해양수산부장관과 협의하여 시범사업을 할 수 있다.(2013.3.23 본항개정)
② 정부는 시범사업의 원활한 운영을 위하여 필요한 지원을 할 수 있다.
③ 제1항 및 제2항에 따른 시범사업 실시에 관한 구체적인 사항은 대통령령으로 정한다.
제28조【보험가입의 촉진 등】 정부는 농어업인의 재해대비의식을 고양하고 재해보험의 가입을 촉진하기 위하여 교육·홍보 및 보험가입자에 대한 정책자금 지원, 신용보증 지원 등을 할 수 있다.(2016.12.2 본조개정)
제28조의2【보험가입촉진계획의 수립】 ① 재해보험사업자는 농어업재해보험 가입 촉진을 위하여 보험가입촉진계획을 매년 수립하여 농림축산식품부장관 또는 해양수산부장관에게 제출하여야 한다.
② 보험가입촉진계획의 내용 및 그 밖에 필요한 사항은 대통령령으로 정한다.
(2016.12.2 본조신설)
제29조【보고 등】 농림축산식품부장관 또는 해양수산부장관은 재해보험의 건전한 운영과 재해보험가입자의 보호를 위하여 필요하다고 인정되는 경우에는 재해보험사업자에게 재해보험사업에 관한 업무 처리 상황을 보고하게 하거나 관계 서류의 제출을 요구할 수 있다.
(2013.3.23 본조개정)
제29조의2【청문】 농림축산식품부장관은 다음 각 호의 어느 하나에 해당하는 처분을 하려면 청문을 하여야 한다.
1. 제11조의5에 따른 손해평가사의 자격 취소
2. 제11조의6에 따른 손해평가사의 업무 정지
(2014.6.3 본조신설)

제5장 벌 칙

제30조【벌칙】 ① 제10조제2항에서 준용하는 「보험업법」 제98조에 따른 금품 등을 제공(같은 조 제3호의 경우에는 보험금 지급의 약속을 말한다)한 자 또는 이를 요구하여 받은 보험가입자는 3년 이하의 징역 또는 3천만원 이하의 벌금에 처한다.(2017.11.28 본항개정)
② 다음 각 호의 어느 하나에 해당하는 자는 1년 이하의 징역 또는 1천만원 이하의 벌금에 처한다.
1. 제10조제1항을 위반하여 모집을 한 자
2. 제11조제2항 후단을 위반하여 고의로 진실을 숨기거나 거짓으로 손해평가를 한 자
3. 제11조의4제6항을 위반하여 다른 사람에게 손해평가사의 명의를 사용하게 하거나 그 자격증을 대여한 자
4. 제11조의4제7항을 위반하여 손해평가사의 명의를 사용하거나 그 자격증을 대여받은 자 또는 명의의 사용이나 자격증의 대여를 알선한 자
(2020.2.11 3호~4호신설)
③ 제15조를 위반하여 회계를 처리한 자는 500만원 이하의 벌금에 처한다.
제31조【양벌규정】 법인의 대표자나 법인 또는 개인의 대리인, 사용인, 그 밖의 종업원이 그 법인 또는 개인의 업무에 관하여 제30조의 위반행위를 하면 그 행위자를 벌하는 외에 그 법인 또는 개인에게도 해당 조문의 벌금형을 과(科)한다. 다만, 법인 또는 개인이 그 위반행위를 방지하기 위하여 해당 업무에 관하여 상당한 주의와 감독을 게을리하지 아니한 경우에는 그러하지 아니하다.
제32조【과태료】 ① 재해보험사업자가 제10조제2항에서 준용하는 「보험업법」 제95조를 위반하여 보험안내를 한 경우에는 1천만원 이하의 과태료를 부과한다.
② 재해보험사업자의 발기인, 설립위원, 임원, 집행간부, 일반간부직원, 파산관재인 및 청산인이 다음 각 호의 어느 하나에 해당하면 500만원 이하의 과태료를 부과한다.
1. 제18조제1항에서 적용하는 「보험업법」 제120조에 따른 책임준비금과 비상위험준비금을 계상하지 아니하거나 이를 따로 작성한 장부에 각각 기재하지 아니한 경우
2. 제18조제1항에서 적용하는 「보험업법」 제131조제1항·제2항 및 제4항에 따른 명령을 위반한 경우
3. 제18조제1항에서 적용하는 「보험업법」 제133조에 따른 검사를 거부·방해 또는 기피한 경우
(2020.3.24 1호~3호개정)
③ 다음 각 호의 어느 하나에 해당하는 자에게는 500만원 이하의 과태료를 부과한다.
1. 제10조제2항에서 준용하는 「보험업법」 제95조를 위반하여 보험안내를 한 자로서 재해보험사업자가 아닌 자
2. 제10조제2항에서 준용하는 「보험업법」 제97조제1항 또는 「금융소비자 보호에 관한 법률」 제21조를 위반하

여 보험계약의 체결 또는 모집에 관한 금지행위를 한 자(2020.3.24 본호개정)
3. 제29조에 따른 보고 또는 관계 서류 제출을 하지 아니하거나 보고 또는 관계 서류 제출을 거짓으로 한 자
④ 제1항, 제2항제1호 및 제3항에 따른 과태료는 농림축산식품부장관 또는 해양수산부장관이, 제2항제2호 및 제3호에 따른 과태료는 금융위원회가 대통령령으로 정하는 바에 따라 각각 부과·징수한다.(2013.3.23 본항개정)

부 칙

제1조【시행일】 이 법은 2010년 1월 1일부터 시행한다.
제2조【다른 법률의 폐지】 양식수산물재해보험법은 폐지한다.
제3조【「농작물재해보험법」의 개정에 따른 경과조치】 이 법 시행 전에 책임기간이 시작된 농작물재해보험 및 농작물재해재보험에 대하여는 종전의 「농작물재해보험법」에 따른다.
제4조【「양식수산물재해보험법」의 폐지에 따른 경과조치】 이 법 시행 전에 책임기간이 시작된 양식수산물재해보험 및 양식수산물재해재보험에 대하여는 종전의 「양식수산물재해보험법」에 따른다.
제5조【농작물재해재보험기금 및 양식수산물재해재보험기금에 관한 경과조치】 ① 이 법 시행 당시 종전의 「농작물재해보험법」 제14조의3에 따른 농작물재해재보험기금은 이 법에 따른 농어업재해재보험기금으로 본다.
② 이 법 시행으로 폐지되는 「양식수산물재해보험법」에 따른 양식수산물재해재보험기금에 속하는 자산과 채권·채무 및 그 밖의 권리·의무는 이 법에 따른 농어업재해재보험기금이 승계한다.
제6조【처분 등에 관한 경과조치】 이 법 시행 당시 종전의 「농작물재해보험법」 및 종전의 「양식수산물재해보험법」에 따라 한 처분·조치, 그 밖의 행정기관의 행위 및 행정기관에 대한 행위는 이 법에 따른 처분·조치, 행정기관의 행위 및 행정기관에 대한 행위로 본다.
제7조【벌칙 등에 관한 경과조치】 이 법 시행 전의 행위에 대하여 벌칙이나 과태료를 적용할 때에는 종전의 「농작물재해보험법」 및 「양식수산물재해보험법」에 따른다.
제8조【다른 법률의 개정】 ※(해당 법령에 가제정리 하였음)
제9조【다른 법령과의 관계】 이 법 시행 당시 다른 법령에서 종전의 「농작물재해보험법」 및 종전의 「양식수산물재해보험법」 또는 그 규정을 인용한 경우에 이 법 가운데 그에 해당하는 규정이 있으면 종전의 「농작물재해보험법」 및 「양식수산물재해보험법」 또는 그 규정을 갈음하여 이 법 또는 이 법의 해당 조항을 인용한 것으로 본다.

부 칙 (2020.2.11)

이 법은 공포 후 6개월이 경과한 날부터 시행한다.

부 칙 (2020.3.24)

제1조【시행일】 이 법은 공포 후 1년이 경과한 날부터 시행한다.(이하 생략)

부 칙 (2020.5.26)
(2020.12.8)

이 법은 공포 후 3개월이 경과한 날부터 시행한다.

부 칙 (2021.11.30)

제1조【시행일】 이 법은 공포 후 6개월이 경과한 날부터 시행한다. 다만, 제9조의 개정규정은 2022년 1월 1일부터 시행한다.
제2조【보험료율 산정의 행정구역·권역 단위에 관한 적용례】 제9조의 개정규정은 같은 개정규정 시행 이후 보험료율을 산정하는 경우부터 적용한다.

부 칙 (2023.3.28)

이 법은 공포 후 6개월이 경과한 날부터 시행한다.

부 칙 (2023.10.31)

제1조【시행일】 이 법은 공포 후 6개월이 경과한 날부터 시행한다.
제2조【「농어업재해보험법」의 개정에 관한 경과조치】 이 법 시행 당시 종전의 「농어업재해보험법」 제2조의2제1항, 제3조 및 제5조에 따라 어업재해보험심의회에 심의 요청된 사항은 같은 법 제2조의2제1항, 제2조의3 및 제5조의 개정규정에 따라 「수산업·어촌 발전 기본법」에 따른 중앙 수산업·어촌정책심의회에 심의 요청된 것으로 본다.(이하 생략)

부 칙 (2024.2.13)

제1조【시행일】 이 법은 공포 후 3개월이 경과한 날부터 시행한다.(이하 생략)

축산법

(2007년 4월 11일 전부개정법률 제8354호)

개정
2007. 8. 3법 8598호
2008. 2.29법 8852호(정부조직)
2009. 5. 8법 9666호
2009. 5.27법 9717호(농어업·농어촌및식품산업기본법)
2010. 1.25법 9952호
2010. 5.25법10310호(축산물위생관리법)
2011. 8. 4법11005호(의료법)
2012. 2.22법11359호
2013. 3.23법11690호(정부조직)
2014. 3.18법12436호
2015. 2. 3법13145호
2015. 6.22법13383호(수산업·어촌발전기본법)
2016.12. 2법14304호
2016.12.27법14481호(농협)
2017. 3.21법14654호
2018.12.31법16126호
2019. 8.27법16550호
2020. 3.24법17091호(지방행정제재·부과금의징수등에관한법)
2020. 3.24법17099호
2020. 5.26법17324호
2021. 6.15법18266호
2021. 8.17법18445호(식품등의표시·광고에관한법)
2021.11.30법18536호

제1장 총 칙

제1조【목적】 이 법은 가축의 개량·증식, 축산환경 개선, 축산업의 구조개선, 가축과 축산물의 수급조절·가격안정 및 유통개선 등에 관한 사항을 규정하여 축산업을 발전시키고 축산농가의 소득을 증대시키며 축산물을 안정적으로 공급하는 데 이바지하는 것을 목적으로 한다.(2018.12.31 본조개정)
제2조【정의】 이 법에서 사용하는 용어의 뜻은 다음과 같다.
1. "가축"이란 사육하는 소·말·면양·염소〔유산양(乳山羊：젖을 생산하기 위해 사육하는 염소)을 포함한다. 이하 같다〕·돼지·사슴·닭·오리·거위·칠면조·메추리·타조·꿩, 그 밖에 대통령령으로 정하는 동물(動物) 등을 말한다.(2020.3.24 본호개정)
1의2. "토종가축"이란 제1호의 가축 중 한우, 토종닭 등 예로부터 우리나라 고유의 유전특성과 순수혈통을 유지하며 사육되어 외래종과 분명히 구분되는 특징을 지니는 것으로 농림축산식품부령으로 정하는 바에 따라 인정된 품종의 가축을 말한다.(2013.3.23 본호개정)
2. "종축"이란 가축개량 및 번식에 활용되는 가축으로서 농림축산식품부령으로 정하는 기준에 해당하는 가축을 말한다.(2018.12.31 본호개정)
3. "축산물"이란 가축에서 생산된 고기·젖·알·꿀과 이들의 가공품·원피〔가공 전의 가죽을 말하며, 원모피(原毛皮)를 포함한다〕·원모, 뼈·뿔·내장 등 가축의 부산물, 로얄제리·화분·봉독·프로폴리스·밀랍 및 수벌의 번데기를 말한다.(2020.3.24 본호개정)
4. "축산업"이란 종축업·부화업·정액등처리업 및 가축사육업을 말한다.(2012.2.22 본호개정)
5. "종축업"이란 종축을 사육하고, 그 종축에서 농림축산식품부령으로 정하는 번식용 가축 또는 씨알을 생산하여 판매(다른 사람에게 사육을 위탁하는 것을 포함한다)하는 업을 말한다.(2013.3.23 본호개정)
6. "부화업"이란 닭, 오리 또는 메추리의 알을 인공부화 시설로 부화시켜 판매(다른 사람에게 사육을 위탁하는 것을 포함한다)하는 업을 말한다.(2018.12.31 본호개정)
7. "정액등처리업"이란 종축에서 정액·난자 또는 수정란을 채취·처리하여 판매하는 업을 말한다.(2012.2.22 본호신설)
8. "가축사육업"이란 판매할 목적으로 가축을 사육하거나 젖·알·꿀을 생산하는 업을 말한다.(2018.12.31 본호개정)
8의2. "축사"란 가축을 사육하기 위한 우사·돈사·계사 등의 시설과 그 부속시설로서 대통령령으로 정하는 것을 말한다.(2018.12.31 본호신설)
9. "가축거래상인"이란 소·돼지·닭·오리·염소, 그 밖에 대통령령으로 정하는 가축을 구매하거나 그 가축의 거래를 위탁받아 제3자에게 알선·판매 또는 양도하는 행위(이하 "가축거래"라 한다)를 업(業)으로 하는 자로서 제34조의2에 따라 등록한 자를 말한다.(2018.12.31 본호개정)
10. "국가축산클러스터"란 국가가 축산농가·축산업과 관련되어 있는 기업·연구소·대학 및 지원시설을 일정 지역에 집중시켜 상호연계를 통한 상승효과를 만들어 내기 위하여 형성한 집합체를 말한다.(2012.2.22 본호신설)
10의2. "축산환경"이란 축산업으로 인해 사람과 가축에 영향을 미치는 환경이나 상태를 말한다.(2018.12.31 본호신설)
제3조【축산발전시책의 강구】 ① 농림축산식품부장관은 가축의 개량·증식, 토종가축의 보존·육성, 축산환경 개선, 축산업의 구조개선, 가축과 축산물의 수급조절·가격안정·유통개선·이용촉진, 사료의 안정적 수급, 축산 분뇨의 처리 및 자원화, 가축 위생 등 축산 발전에 필요한 계획과 시책을 종합적으로 수립·시행하여야 한다.(2018.12.31 본항개정)
② 국가 또는 지방자치단체는 제1항에 따른 시책을 수행하기 위하여 필요한 사업비의 전부나 일부를 예산의 범위에서 지원할 수 있다.
제4조【축산발전심의위원회】 ① 제3조에 따른 축산발전시책에 관한 사항을 심의하기 위하여 농림축산식품부장관 소속으로 축산발전심의위원회(이하 "위원회"라 한다)를 둔다.(2013.3.23 본항개정)
② 위원회는 다음 각 호의 자로 구성한다.(2012.2.22 본문개정)
1. 관계 공무원
2. 생산자·생산자단체의 대표
3. 학계 및 축산 관련 업계의 전문가 등
③ 위원회의 업무를 효율적으로 추진하기 위하여 필요한 경우 분과위원회를 설치·운영할 수 있다.(2012.2.22 본항신설)
④ 그 밖에 위원회 및 분과위원회의 구성·운영 등에 관하여 필요한 사항은 농림축산식품부령으로 정한다.(2013.3.23 본항개정)

제2장 가축 개량 및 인공수정 등

제5조【개량목표의 설정】 ① 농림축산식품부장관은 대통령령으로 정하는 바에 따라 개량 대상 가축별로 기간을 정하여 가축의 개량목표를 설정하고 고시하여야 한다.(2013.3.23 본항개정)
② 특별시장·광역시장·특별자치시장·도지사·특별자치도지사(이하 "시·도지사"라 한다)는 제1항에 따른 개량목표를 달성하기 위하여 해당 특별시·광역시·특별자치시·도·특별자치도의 가축개량추진계획을 수립·시행하여야 한다.(2018.12.31 본항개정)
③ 농림축산식품부장관은 제1항에 따른 개량목표를 달성하고 가축개량업무를 효율적으로 추진하기 위하여 축산 관련 기관 및 단체 중에서 가축개량총괄기관과 가축개량기관을 지정하여야 한다.(2013.3.23 본항개정)
④ 농림축산식품부장관은 제2항에 따른 가축개량추진계획의 시행과 제3항에 따라 지정받은 기관의 가축개량업무 추진에 필요한 우량종축 및 사업비 등을 지원할 수 있다.(2013.3.23 본항개정)
⑤ 제3항에 따른 가축개량총괄기관과 가축개량기관의 지정 기준과 지정 절차 등에 관하여 필요한 사항은 대통령령으로 정한다.
제5조의2【가축개량센터의 설치·운영】 시·도지사는 가축개량업무를 수행하는 가축개량센터를 설치·운영할 수 있다.(2018.12.31 본조신설)
제6조【가축의 등록】 ① 농림축산식품부장관은 제5조제1항에 따른 개량목표를 달성하기 위하여 필요한 경우에 축산 관련 기관 및 단체 중에서 등록기관을 지정하여 가축의 혈통·능력·체형 등 필요한 사항을 심사하여 등록하게 할 수 있다.
② 제1항에 따른 등록기관의 지정 기준과 지정 절차, 등록대상 가축, 심사·등록의 절차 및 기준 등에 필요한 사항은 농림축산식품부령으로 정한다.
(2013.3.23 본조개정)
제7조【가축의 검정】 ① 농림축산식품부장관은 가축의 능력 개량 정도를 확인·평가하기 위하여 필요한 경우에는 축산 관련 기관 및 단체 중에서 검정기관을 지정하여 다음 각 호의 가축을 검정하게 할 수 있다.(2013.3.23 본문개정)
1. 제6조에 따라 등록한 가축
2. 농림축산식품부령으로 정하는 씨알을 생산하기 위한 목적으로 사육하는 가축(2013.3.23 본호개정)
② 제1항에 따른 검정기관의 지정 기준과 지정 절차, 검정의 신청절차, 검정의 종류 및 기준 등에 필요한 사항은 농림축산식품부령으로 정한다.(2013.3.23 본항개정)
제8조【보호가축의 지정 등】 ① 특별자치시장, 특별자치도지사, 시장, 군수 또는 자치구의 구청장(이하 "시장·군수 또는 구청장"이라 한다)은 가축을 개량하고 보호하기 위하여 필요한 경우에는 가축의 보호지역 및 그 보호지역 안에서 보호할 가축을 지정하여 고시할 수 있다.
② 농림축산식품부장관, 시·도지사 및 시장·군수 또는 구청장은 제1항에 따른 보호지역 안의 가축을 개량하고 보호하기 위하여 보호지원금을 지급하거나 그 밖에 필요한 조치를 할 수 있다.(2018.12.31 본항개정)
(2012.2.22 본조개정)
제9조【동물 유전자원 보존 및 관리 등】 농림축산식품부장관은 동물 유전자원의 다양성을 확보하기 위하여 동물 유전자원의 수집·평가·보존 및 관리 등에 관한 사항을 정하여 고시할 수 있다.(2013.3.23 본조개정)

제10조【종축의 대여 및 교환】 농림축산식품부장관 또는 시·도지사는 가축의 개량·증식과 사육을 장려하기 위하여 필요하다고 인정하면 농림축산식품부령 또는 조례로 정하는 바에 따라 국가 또는 지방자치단체가 소유하는 종축을 타인에게 무상으로 대여하거나 타인이 소유한 종축과 교환할 수 있다.(2013.3.23 본조개정)

제11조【가축의 인공수정 등】 ① 가축 인공수정사(이하 "수정사"라 한다) 또는 수의사가 아니면 정액·난자 또는 수정란을 채취·처리하거나 암가축에 주입하여서는 아니 된다. 다만, 살아있는 암가축에서 수정란을 채취하기 위하여 암가축에 성호르몬 및 마취제를 주사하는 행위는 수의사가 아니면 이를 하여서는 아니 된다.
② 다음 각 호의 어느 하나에 해당하는 경우에는 제1항을 적용하지 아니한다.
1. 학술시험용으로 필요한 경우
2. 자가사육가축(自家飼育家畜)을 인공수정하거나 이식하는 데에 필요한 경우

제12조【수정사의 면허】 ① 다음 각 호의 어느 하나에 해당하는 자는 농림축산식품부령으로 정하는 바에 따라 시·도지사의 면허를 받아 수정사가 될 수 있다.
(2013.3.23 본문개정)
1. 「국가기술자격법」에 따른 기술자격 중 대통령령으로 정하는 축산 분야 산업기사 이상의 자격을 취득한 자
2. 시·도지사가 시행하는 수정사 시험에 합격한 자
3. 농촌진흥청장이 수정사 인력의 적정 수급을 위하여 농림축산식품부령으로 정하는 바에 따라 시행하는 수정사 시험에 합격한 자(2017.3.21 본호신설)
② 다음 각 호의 어느 하나에 해당하는 자는 수정사가 될 수 없다.
1. 피성년후견인 또는 피한정후견인(2014.3.18 본호개정)
2. 「정신보건법」 제3조제1호에 따른 정신질환자. 다만, 정신건강의학과전문의가 수정사로서 업무를 수행할 수 있다고 인정하는 사람은 그러하지 아니하다.(2011.8.4 단서개정)
3. 「마약류관리에 관한 법률」 제40조에 따른 마약류중독자. 다만, 정신건강의학과전문의가 수정사로서 업무를 수행할 수 있다고 인정하는 사람은 그러하지 아니하다.
(2011.8.4 단서개정)
③ 제1항제2호에 따른 수정사 시험의 과목, 시험의 일부 면제 및 합격 기준 등 수정사 시험에 필요한 사항은 농림축산식품부령으로 정한다.(2013.3.23 본항개정)
④ 수정사는 다른 사람에게 그 명의를 사용하게 하거나 다른 사람에게 그 면허를 대여해서는 아니 된다.
(2020.3.24 본항신설)
⑤ 누구든지 수정사의 면허를 취득하지 아니하고 그 명의를 사용하거나 면허를 대여받아서는 아니 되며, 명의의 사용이나 면허의 대여를 알선해서도 아니 된다.
(2020.3.24 본항신설)

제13조【수정사의 교육】 ① 농림축산식품부장관 및 시·도지사는 수정사의 자질을 높이기 위한 교육을 실시할 수 있다.(2018.12.31 본항개정)
② 국가 또는 지방자치단체는 제1항에 따른 교육에 필요한 경비를 지원할 수 있다.
③ 제1항에 따른 교육대상, 교육내용 등 교육에 필요한 사항은 농림축산식품부령으로 정한다.(2018.12.31 본항신설)

제14조【수정사의 면허취소 등】 ① 시·도지사는 수정사가 다음 각 호의 어느 하나에 해당하는 때에는 그 면허를 취소하거나 6개월 이내의 기간을 정하여 면허를 정지할 수 있다. 다만, 제1호나 제2호에 해당하는 경우에는 면허를 취소하여야 한다.(2017.3.21 본문개정)
1. 거짓이나 그 밖의 부정한 방법으로 면허를 받은 때
2. 제12조제2항 각 호의 어느 하나에 해당하게 된 때
3. 고의 또는 중대한 과실로 제18조제2항의 증명서를 사실과 다르게 발급한 경우(2017.3.21 본호신설)
4. 제12조제4항을 위반하여 다른 사람에게 면허증을 사용하게 하거나 다른 사람에게 그 면허를 대여한 경우
(2020.3.24 본호개정)
5. 제12조제5항을 위반하여 수정사의 명의의 사용이나 면허의 대여를 알선한 경우(2020.3.24 본호신설)
6. 면허정지 기간 중에 수정사의 업무를 한 경우
(2017.3.21 본호신설)
② 제1항에 따른 면허취소 등 처분의 세부기준은 농림축산식품부령으로 정한다.(2017.3.21 본항신설)
(2017.3.21 본조제목개정)

제15조~제16조 (2012.2.22 삭제)

제17조【수정소의 개설신고 등】 ① 정액 또는 수정란을 암가축에 주입 또는 이식하는 업을 영위하기 위하여 가축 인공수정소[(家畜 人工授精所), 이하 "수정소"라 한다]를 개설하려는 자는 그에 필요한 시설 및 인력을 갖추어 시장·군수 또는 구청장에게 신고하여야 한다.
② 시장·군수 또는 구청장은 제1항에 따른 신고를 받은 경우 그 내용을 검토하여 이 법에 적합하면 신고를 수리하여야 한다.(2019.8.27 본항신설)
③ 제1항에 따른 수정소의 시설 및 인력에 관한 기준과 그 밖에 신고에 필요한 사항은 농림축산식품부령으로 정한다.(2013.3.23 본항개정)
④ 제1항에 따라 수정소의 개설을 신고한 자(이하 "수정소개설자"라 한다)가 다음 각 호의 어느 하나에 해당하면 그 사유가 발생한 날부터 30일 이내에 시장·군수 또는 구청장에게 신고하여야 한다.
1. 영업을 휴업한 경우
2. 영업을 폐업한 경우
3. 휴업한 영업을 재개한 경우
4. 신고사항 중 농림축산식품부령으로 정하는 사항을 변경한 경우(2013.3.23 본호개정)

제18조【정액증명서 등】 ① 정액등처리업을 경영하는 자는 그가 처리한 정자·난자 또는 수정란에 대하여 농림축산식품부령으로 정하는 바에 따라 제6조에 따른 등록기관의 확인을 받아 정액증명서·난자증명서 또는 수정란증명서를 발급하여야 한다.
② 수정사 또는 수의사가 가축인공수정을 하거나 수정란을 이식하면 농림축산식품부령으로 정하는 바에 따라 가축인공수정 증명서 또는 수정란이식 증명서를 발급하여야 한다.
(2013.3.23 본조개정)

제19조【정액 등의 사용제한】 다음 각 호의 어느 하나에 해당하는 정액·난자 또는 수정란은 가축 인공수정용으로 공급·주입하거나 암가축에 이식하여서는 아니 된다. 다만, 학술시험용이나 자가사육가축에 대한 인공수정용 또는 이식용으로 사용하는 경우에는 그러하지 아니하다.
1. 제18조제1항에 따른 정액증명서·난자증명서 또는 수정란증명서가 없는 정액·난자 또는 수정란
2. 농림축산식품부령으로 정하는 기준에 미달하는 정액·난자 또는 수정란(2013.3.23 본호개정)

제20조【수정소개설자에 대한 감독】 ① 시·도지사, 시장·군수 또는 구청장, 가축개량총괄기관의 장은 농림축산식품부령으로 정하는 바에 따라 수정소개설자에게 가축의 개량을 위하여 필요한 사항을 명하거나 소속 공무원 또는 제6조에 따른 등록기관에게 해당 시설과 장부·서류, 그 밖의 물건을 검사하게 할 수 있다.(2013.3.23 본항개정)
② 제1항에 따라 검사를 하는 공무원 등은 그 권한을 표시하는 증표를 지니고 이를 관계인에게 내보여야 한다.
(2012.2.22 본조제목개정)

제21조【우수 정액등처리업체 등의 인증】 ① 농림축산식품부장관은 정액등처리업과 종축업의 위생관리 수준을 높이고 가축을 개량하기 위하여 우수업체를 인증할 수 있다.
② 농림축산식품부장관은 농림축산식품부령으로 정하는 바에 따라 제1항에 따른 우수업체를 인증할 인증기관을 지정할 수 있다.
③ 제1항에 따라 우수업체 인증을 받으려는 자는 농림축산식품부령으로 정하는 바에 따라 제2항에 따른 인증기관에 신청하여야 한다.
④ 농림축산식품부장관은 제1항에 따라 우수업체 인증을 받은 자가 다음 각 호의 어느 하나에 해당하는 경우에는 그 인증을 취소할 수 있다. 다만, 제1호에 해당하는 경우에는 그 인증을 취소하여야 한다.
1. 거짓이나 그 밖의 부정한 방법으로 인증을 받은 경우
2. 제5항에 따른 인증기준에 적합하지 아니하게 된 경우
(2021.11.30 본항개정)
⑤ 제1항 및 제4항에 따른 우수업체 인증의 기준·절차 및 취소 등에 필요한 사항은 농림축산식품부령으로 정한다.(2021.11.30 본항신설)
(2013.3.23 본조개정)

제3장 축산물의 수급 등

제22조【축산업의 허가 등】 ① 다음 각 호의 어느 하나에 해당하는 축산업을 경영하려는 자는 대통령령으로 정하는 바에 따라 해당 영업장을 관할하는 시장·군수 또는 구청장에게 허가를 받아야 한다. 허가받은 사항 중 가축의 종류 등 농림축산식품부령으로 정하는 중요한 사항을 변경할 때에도 또한 같다.(2018.12.31 전단개정)
1. 종축업
2. 부화업
3. 정액등처리업
4. 가축 종류 및 사육시설 면적이 대통령령으로 정하는 기준에 해당하는 가축사육업
② 제1항의 허가를 받으려는 자는 다음 각 호의 요건을 갖추어야 한다.(2018.12.31 본문개정)
1. 「가축분뇨의 관리 및 이용에 관한 법률」 제11조에 따라 배출시설의 허가 또는 신고가 필요한 경우 해당 허가를 받거나 신고를 하고, 같은 법 제12조에 따른 처리시설을 설치할 것(2018.12.31 본호개정)
2. 대통령령으로 정하는 바에 따라 가축전염병 발생으로 인한 살처분·소각 및 매몰 등에 필요한 매몰지를 확보할 것. 다만, 토지임대계약, 소각 등 가축처리계획을 수립하여 제출하는 경우에는 그러하지 아니하다.
(2018.12.31 본호신설)
3. 대통령령으로 정하는 축사, 악취저감 장비·시설 등을 갖출 것(2021.6.15 본호개정)
4. 가축사육규모가 대통령령으로 정하는 단위면적당 적정사육기준에 부합할 것
5. 닭 또는 오리에 관한 종축업·가축사육업의 경우 축사가 「가축전염병 예방법」 제2조제7호에 따른 가축전염병 특정매개체로 인해 고병원성 조류인플루엔자 발생 위험이 높은 지역으로서 대통령령으로 정하는 지역에 위치하지 아니할 것
6. 닭 또는 오리에 관한 종축업·가축사육업의 경우 축사가 기존에 닭 또는 오리에 관한 가축사육업의 허가를 받은 자의 축사로부터 500미터 이내의 지역에 위치하지 아니할 것
7. 그 밖에 축사가 축산업의 허가 제한이 필요한 지역으로서 대통령령으로 정하는 지역에 위치하지 아니할 것
(2018.12.31 4호~7호신설)
③ 제1항제4호에 해당하지 아니하는 가축사육업을 경영하려는 자는 대통령령으로 정하는 바에 따라 해당 영업장을 관할하는 시장·군수 또는 구청장에게 등록하여야 한다.(2018.12.31 본항개정)
④ 제3항의 등록을 하려는 자는 다음 각 호의 요건을 갖추어야 한다.
1. 「가축분뇨의 관리 및 이용에 관한 법률」 제11조에 따라 배출시설의 허가 또는 신고가 필요한 경우 해당 허가를 받거나 신고를 하고, 같은 법 제12조에 따른 처리시설을 설치할 것
2. 대통령령으로 정하는 바에 따라 가축전염병 발생으로 인한 살처분·소각 및 매몰 등에 필요한 매몰지를 확보할 것. 다만, 토지임대계약, 소각 등 가축처리계획을 수립하여 제출하는 경우에는 그러하지 아니하다.
3. 대통령령으로 정하는 축사, 악취저감 장비·시설 등을 갖출 것(2021.6.15 본호개정)
4. 가축사육규모가 대통령령으로 정하는 단위면적당 적정사육기준에 부합할 것
5. 닭, 오리, 그 밖에 대통령령으로 정하는 가축에 관한 가축사육업의 경우 축사가 기존에 닭 또는 오리에 관한 가축사육업의 허가를 받은 자의 축사로부터 500미터 이내의 지역에 위치하지 아니할 것(2018.12.31 본항신설)
(2018.12.31 본항개정)
⑤ 제3항에도 불구하고 가축의 종류 및 사육시설 면적이 대통령령으로 정하는 기준에 해당하는 가축사육업을 경영하려는 자는 등록하지 아니할 수 있다.(2018.12.31 본항개정)
⑥ 제1항에 따라 축산업의 허가를 받거나 제3항에 따라 가축사육업의 등록을 한 자가 다음 각 호의 어느 하나에 해당하면 그 사유가 발생한 날부터 30일 이내에 시장·군수 또는 구청장에게 신고하여야 한다.
1. 3개월 이상 휴업한 경우
2. 폐업(3년 이상 휴업한 경우를 포함한다)한 경우
3. 3개월 이상 휴업하였다가 다시 개업한 경우
4. 등록한 사항 중 가축의 종류 등 농림축산식품부령으로 정하는 중요한 사항을 변경한 경우(가축사육업을 등록한 자에게만 적용한다)
(2018.12.31 본항신설)
⑦ 국가나 지방자치단체는 제1항 및 제3항에 따라 축산업을 허가받거나 가축사육업을 등록하려는 자에 대하여 축사·장비 등을 갖추는 데 필요한 비용의 일부를 대통령령으로 정하는 바에 따라 지원할 수 있다.(2018.12.31 본항신설)
⑧ 국가 또는 지방자치단체는 다음 각 호의 어느 하나에 해당하는 자가 대통령령으로 정하는 바에 따라 축사·장비 등과 사육방법 등을 개선하는 경우 이에 필요한 비용의 일부를 예산의 범위에서 지원할 수 있다.
1. 제1항에 따라 축산업의 허가를 받은 자
2. 제3항에 따라 가축사육업의 등록을 한 자
(2018.12.31 본항신설)
(2012.2.22 본조개정)

제22조의2【축산업의 허가 등에 관한 정보의 통합 활용】 ① 농림축산식품부장관은 제22조제1항·제3항에 따라 시장·군수·구청장이 허가 또는 등록한 정보를 효율적으로 통합·활용하기 위하여 관계 중앙행정기관의 장 및 지방자치단체의 장에게 정보의 제공을 요청할 수 있다.
② 제1항의 요청을 받은 관계 중앙행정기관의 장 및 지방자치단체의 장은 특별한 사유가 없으면 이에 따라야 한다.
③ 제1항에 따른 대상 정보의 범위 등 그 밖에 정보의 통합·활용을 위해 필요한 사항은 대통령령으로 정한다.
(2018.12.31 본조신설)

제23조【축산업 허가 등의 결격사유】 ① 다음 각 호의 어느 하나에 해당하는 자는 제22조제1항에 따른 축산업 허가를 받을 수 없다.
1. 제25조제1항에 따라 허가가 취소된 후 2년이 지나지 아니한 자
2. 제53조제1호 또는 제3호에 따라 징역의 실형을 선고받고 그 집행이 끝나거나(집행이 끝난 것으로 보는 경우를 포함한다) 집행이 면제된 날부터 2년이 지나지 아니한 자(2018.12.31 본호개정)
3. 제53조제1호 또는 제3호에 따라 징역형의 집행유예를 선고받고 그 유예기간 중에 있는 자
4. 대표자가 제1호부터 제3호까지의 규정 중 어느 하나에 해당하는 법인

② 제25조제2항에 따라 등록이 취소된 후 1년이 지나지 아니한 자는 제22조제3항에 따른 가축사육업의 등록을 할 수 없다.(2018.12.31 본항개정)
(2012.2.22 본조개정)

제24조【영업의 승계】 ① 제22조제1항에 따라 축산업의 허가를 받거나 같은 조 제3항에 따라 가축사육업의 등록을 한 자가 사망하거나 영업을 양도한 때 또는 법인의 합병이 있는 때에는 그 상속인, 양수인 또는 합병 후에 존속하는 법인이나 합병에 의하여 설립된 법인은 그 영업자의 지위를 승계한다.(2018.12.31 본항개정)
② 제1항에 따라 그 영업자의 지위를 승계한 자는 농림축산식품부령으로 정하는 바에 따라 승계한 날부터 30일 이내에 시장·군수 또는 구청장에게 신고하여야 한다.
(2013.3.23 본항개정)
③ 제1항에 따른 승계에 관하여는 제23조를 준용한다.

제25조【축산업의 허가취소 등】 ① 시장·군수 또는 구청장은 제22조제1항에 따라 축산업의 허가를 받은 자가 다음 각 호의 어느 하나에 해당하면 대통령령으로 정하는 바에 따라 그 허가를 취소하거나 1년 이내의 기간을 정하여 영업의 전부 또는 일부의 정지를 명할 수 있다. 다만, 제1호 또는 제4호에 해당하면 그 허가를 취소하여야 한다.
(2018.12.31 단서개정)
1. 거짓이나 그 밖의 부정한 방법으로 제22조제1항에 따른 허가를 받은 경우
2. 정당한 사유 없이 제22조제1항에 따라 허가받은 날부터 1년 이내에 영업을 시작하지 아니하거나 같은 조 제6항에 따라 신고하지 아니하고 1년 이상 계속하여 휴업한 경우(2018.12.31 본호개정)
3. 다른 사람에게 그 허가 명의를 사용하게 한 경우
4. 제22조제2항제3호에 따른 축사·장비 등 중 대통령령으로 정하는 중요한 축사·장비 등을 갖추지 아니한 경우(2018.12.31 본호개정)
5. 「가축전염병예방법」 제5조제3항의 외국인 근로자 고용신고·교육·소독 등 조치 또는 같은 조 제6항에 따른 입국 시 국립가축방역기관장의 조치를 위반하여 가축전염병을 발생하게 하였거나 다른 지역으로 퍼지게 한 경우
6. 「가축전염병예방법」 제20조제1항(「가축전염병예방법」 제28조에서 준용하는 경우를 포함한다)에 따른 살처분(殺處分) 명령을 위반한 경우
7. 「가축분뇨의 관리 및 이용에 관한 법률」 제17조제1항을 위반하여 같은 법 제18조에 따라 배출시설의 설치허가취소 또는 변경허가취소 처분을 받은 경우
8. 「약사법」 제85조제3항을 위반하여 같은 법 제98조제1항제10호에 따른 처분을 받은 경우
9. 제22조제2항제3호에 따른 축사·장비 등에 관한 규정 또는 「가축전염병 예방법」 제17조에 따른 소독설비 및 실시 등에 관한 규정을 위반하여 가축전염병을 발생하게 하였거나 다른 지역으로 퍼지게 한 경우(2018.12.31 본호신설)
10. 「농약관리법」 제2조에 따른 농약을 가축에 사용하여 그 축산물이 「축산물 위생관리법」 제12조에 따른 검사결과 불합격 판정을 받은 경우(2019.8.27 본호신설)
② 시장·군수 또는 구청장은 제22조제3항에 따라 가축사육업의 등록을 한 자가 다음 각 호의 어느 하나에 해당하면 대통령령으로 정하는 바에 따라 그 등록을 취소하거나 6개월 이내의 기간을 정하여 영업의 전부 또는 일부의 정지를 명할 수 있다. 다만, 제1호 또는 제5호에 해당하면 그 등록을 취소하여야 한다.(2018.12.31 본문개정)
1. 거짓이나 그 밖의 부정한 방법으로 제22조제3항에 따른 등록을 한 경우(2018.12.31 본호개정)
2. 정당한 사유 없이 제22조제3항에 따른 등록을 한 날부터 2년 이내에 영업을 시작하지 아니하거나 같은 조 제6항에 따라 신고하지 아니하고 1년 이상 계속하여 휴업한 경우(2018.12.31 본호개정)
3. 다른 사람에게 그 등록 명의를 사용하게 한 경우
4. 마지막 영업정지 처분을 받은 날부터 최근 1년 이내에 세 번 이상 영업정지 처분을 받은 경우
5. 제22조제4항제3호에 따른 축사·장비 등 중 대통령령으로 정하는 중요한 축사·장비 등을 갖추지 아니한 경우(2018.12.31 본호신설)
③ 제1항에 따른 허가취소 처분을 받은 자는 6개월 이내에 가축을 처분하여야 한다.
④ 시장·군수 또는 구청장은 제22조제1항에 따라 축산업의 허가를 받거나 같은 조 제3항에 따라 가축사육업의 등록을 한 자가 같은 조 제2항제3호 또는 제4항제3호에 따른 축사·장비 등을 갖추지 아니한 경우에는 대통령령으로 정하는 바에 따라 필요한 시정을 명할 수 있다.
(2018.12.31 본항개정)
⑤ 제1항 및 제2항에 따른 허가 및 등록의 취소, 영업정지 처분, 제4항에 따른 시정명령의 구체적인 기준은 대통령령으로 정한다.
(2012.2.22 본조개정)

제25조의2【과징금 처분】 ① 시장·군수 또는 구청장은 제25조제1항제3호부터 제10호까지에 따라 영업정지를 명하여야 하는 경우로서 그 영업정지가 가축처분의 곤란, 그 밖에 공익에 현저한 지장을 줄 우려가 있다고 인정되는 경우에는 영업정지처분을 갈음하여 1억원 이하의 과징금을 부과할 수 있다.
② 시장·군수 또는 구청장은 제1항에 따른 과징금을 부과받은 자가 납부기한까지 과징금을 내지 아니하면 「지방행정제재·부과금의 징수 등에 관한 법률」에 따라 징수한다.(2020.3.24 본항개정)
③ 시장·군수 또는 구청장은 제1항에 따라 징수한 과징금을 축산업 발전사업의 용도로만 사용하여야 한다.
④ 제1항에 따른 과징금을 부과하는 대상 및 사육규모·매출액 등에 따른 과징금의 금액, 그 밖에 필요한 사항은 대통령령으로 정한다.
(2019.8.27 본조신설)

제26조【축산업 허가를 받은 자 등의 준수사항】 ① 제22조제1항에 따라 축산업의 허가를 받거나 같은 조 제3항에 따라 가축사육업의 등록을 한 자는 가축의 개량, 가축질병의 예방, 축산물의 위생수준 향상과 가축분뇨처리 및 악취저감을 위하여 농림축산식품부령으로 정하는 사항을 지켜야 한다.(2021.6.15 본항개정)
② 제22조제1항제1호에 따른 종축업의 허가를 받은 자는 종축이 아닌 오리로부터 번식용 알을 생산하여서는 아니된다.(2018.12.31 본항신설)

제27조 (2010.1.25 삭제)

제28조【축산업 허가를 받은 자 등에 대한 정기점검 등】 ① 시장·군수 또는 구청장은 가축의 개량, 가축질병의 예방, 축산물의 위생수준 향상 및 「가축분뇨의 관리 및 이용에 관한 법률」에 따른 가축분뇨의 적정한 처리를 확인하기 위하여 소속 공무원으로 하여금 제22조제1항에 따라 축산업 허가를 받은 자에 대하여 1년에 1회 이상 정기점검을 하도록 하고, 같은 조 제3항에 따라 가축사육업의 등록을 한 자에 대하여는 필요한 경우 점검하게 할 수 있다.(2018.12.31 본항개정)
② 시장·군수 또는 구청장은 제1항에 따라 정기점검 등을 실시한 때에는 농림축산식품부령으로 정하는 바에 따라 그 시설의 개선과 업무에 필요한 사항을 명할 수 있다.
(2013.3.23 본항개정)
③ 시장·군수 또는 구청장은 제1항에 따라 정기점검 등을 실시한 때에는 30일 이내에 농림축산식품부장관 및 시·도지사에게 정기점검 결과 및 허가·등록 현황을 보고하여야 한다.(2013.3.23 본항개정)
④ 농림축산식품부장관 및 시·도지사는 필요한 경우 제22조제1항에 따라 축산업 허가를 받은 자와 같은 조 제3항에 따라 가축사육업의 등록을 한 자에 대하여 점검할 수 있으며, 점검결과에 따라 해당 시·군·구에 처분을 요구할 수 있다.(2018.12.31 본항개정)
⑤ 제1항 및 제4항에 따라 점검을 하는 관계 공무원(제51조에 따라 위탁받은 업무에 종사하는 축산 관련 법인 및 단체의 임직원을 포함한다)은 그 권한을 표시하는 증표를 지니고 이를 관계인에게 내보여야 한다.(2018.12.31 본항개정)

제29조【종축 등의 수출입 신고】 ① 농림축산식품부령으로 정하는 종축, 종축으로 사용하려는 가축 및 가축의 정액·난자·수정란을 수출입하려는 자는 농림축산식품부장관에게 신고하여야 한다.
② 농림축산식품부장관은 제1항에 따른 신고를 받은 경우 그 내용을 검토하여 이 법에 적합하면 신고를 수리하여야 한다.(2019.8.27 본항신설)
③ 농림축산식품부장관은 제1항에 따른 수출입 신고의 대상이 되는 종축 등의 생산능력·규격 등 필요한 기준을 정하여 고시하여야 한다.
(2013.3.23 본조개정)

제30조【축산물 등의 수입 추천 등】 ① 「세계무역기구 설립을 위한 마라케쉬 협정」에 따른 대한민국 양허표(讓許表)의 시장접근물량에 적용되는 양허세율로 축산물 및 제29조에 따른 종축 등을 수입하려는 자는 농림축산식품부장관의 추천을 받아야 한다.
② 농림축산식품부장관은 제1항에 따른 축산물 및 종축 등의 수입 추천 업무를 시·도지사에게 위임하거나 농림축산식품부장관이 지정하는 비영리법인이 대행하도록 할 수 있다. 이 경우 품목별 추천 물량·추천 기준, 그 밖에 필요한 사항은 농림축산식품부장관이 정한다.
(2013.3.23 본조개정)

제31조【수입 축산물의 관리】 농림축산식품부장관은 수입 축산물의 관리·부정유통 방지, 그 밖에 소비자보호를 위하여 특히 필요하다고 인정하면 제30조에 따른 추천을 받은 자, 「관세법」 제71조에 따른 할당관세의 적용을 받아 축산물을 수입하는 자 또는 수입된 해당 축산물을 판매 또는 가공하는 자에게 농림축산식품부령으로 정하는 바에 따라 다음 각 호의 사항을 명하거나 이에 관한 사항을 정하여 고시할 수 있다.(2013.3.23 본문개정)
1. 수입 축산물의 판매가격·방법 및 시기
2. 수입 축산물의 용도 제한
3. 수입 축산물의 사용량 및 재고량에 관한 보고

제32조【송아지생산안정사업】 ① 농림축산식품부장관은 송아지를 안정적으로 생산·공급하고 소 사육농가의 생산기반을 유지하기 위하여 송아지의 가격이 제4조에 따른 축산발전심의위원회의 심의를 거쳐 결정된 기준가격 미만으로 하락할 경우 송아지 생산농가에 송아지생산안정자금을 지급하는 송아지생산안정사업을 실시한다. 이 경우 송아지생산안정사업의 대상이 되는 소의 범위는 농림축산식품부령으로 정한다.(2013.3.23 본항개정)
② 제1항에 따라 송아지생산안정자금을 지급받으려는 송아지 생산농가는 제3항에 따른 업무규정으로 정하는 바에 따라 송아지생산안정사업에 참여하여야 한다.
③ 농림축산식품부장관이 제1항에 따라 송아지생산안정사업을 실시하는 때에는 다음 각 호의 사항이 포함된 업무규정을 정하여 고시하여야 한다.(2013.3.23 본문개정)
1. 참여 자격
2. 참여기간·참여방법 및 참여절차
3. 송아지생산안정자금의 지급조건·지급금액 및 지급절차
4. 송아지생산안정사업의 자금조성 및 관리
5. 그 밖에 송아지생산안정사업의 실시에 필요한 사항
④ 농림축산식품부장관은 제3항제4호에 따른 송아지생산안정사업 자금을 조성하기 위하여 송아지생산안정사업에 참여하는 송아지 생산 농가에게 송아지생산안정자금 지급한도액의 100분의 5 범위에서 농림축산식품부장관이 정하는 금액을 부담하게 할 수 있다.(2013.3.23 본항개정)
⑤ 국가 또는 지방자치단체는 송아지생산안정사업을 원활하게 추진하기 위하여 해당 사업 운영에 필요한 자금의 전부 또는 일부를 지원할 수 있다.
⑥ 송아지생산안정자금의 총 지급금액이 다음 각 호의 어느 하나를 초과하여 송아지생산안정자금이 지급되지 아니하거나 적게 지급될 때에는 그 지급되지 아니하거나 적게 지급된 금액을 다음 연도에 지급할 수 있다.
1. 해당 연도의 송아지생산안정사업 예산액
2. 「세계무역기구 설립을 위한 마라케쉬 협정」에 따른 해당 연도의 보조금 최소 허용한도액
(2020.3.24 1호~2호개정)

제32조의2【국가축산클러스터의 지원·육성】 ① 농림축산식품부장관은 국가축산클러스터의 지원과 육성에 관한 종합계획(이하 이 조에서 "종합계획"이라 한다)을 수립하여야 한다.(2013.3.23 본항개정)
② 종합계획에는 다음 각 호의 사항이 포함되어야 한다.
1. 국가축산클러스터 지원·육성의 기본방향에 관한 사항
2. 국가축산클러스터의 추진을 위한 축산단지의 조성 및 지원에 관한 사항
3. 환경친화적인 국가축산클러스터 조성에 관한 사항
4. 가축전염병 예방을 위한 방역 시설·장비의 설치 및 운영에 관한 사항
5. 국가축산클러스터 참여 업체 및 기관들의 역량 강화에 관한 사항
6. 국가축산클러스터 참여 업체 및 기관들의 상호 연계 활동의 지원에 관한 사항
7. 국가축산클러스터 지원기관의 설립 및 운영에 관한 사항
8. 국내 축산 관련 산업과의 연계 강화를 위한 사항
9. 국내외 다른 지역 및 다른 산업들과의 연계 강화를 위한 사항
10. 국가축산클러스터의 국내외 투자유치와 축산물의 수출 촉진에 관한 사항
11. 국가축산클러스터에 대한 투자와 재원조달에 관한 사항
12. 그 밖에 국가축산클러스터의 육성을 위한 사항
③ 농림축산식품부장관이 종합계획을 수립하기 위하여는 위원회의 심의를 거쳐야 한다.(2013.3.23 본항개정)
④ 농림축산식품부장관은 종합계획을 수립하거나 변경하려는 경우에는 관할 지방자치단체의 장의 의견을 듣고 관계 중앙행정기관의 장과 협의하여야 한다. 다만, 대통령령으로 정하는 경미한 사항을 변경하는 경우에는 그러하지 아니하다.(2013.3.23 본항개정)
⑤ 농림축산식품부장관은 국가축산클러스터가 조성되는 지역을 관할하는 지방자치단체에 재정지원을 할 수 있다.
(2013.3.23 본항개정)
⑥ 국가 또는 지방자치단체는 국가축산클러스터를 조성하는 경우 가축전염병 발생으로 인한 살처분·소각 및 매몰 등에 필요한 매몰지, 소각장 및 소각시설을 국가축산클러스터 내에 갖추어야 한다.
⑦ 국가 또는 지방자치단체는 국가축산클러스터의 활성화를 위하여 국가 또는 지방자치단체의 재정지원을 통하여 이루어지는 여러 가지 사업을 추진할 때에 국가축산클러스터에 참여하는 업체와 기관들을 우선 지원할 수 있다.
⑧ 국가축산클러스터의 조성 절차·방법 및 육성·지원 등에 필요한 사항은 대통령령으로 정한다.
(2012.2.22 본조신설)

제32조의3【국가축산클러스터지원센터의 설립 등】 ① 농림축산식품부장관은 국가축산클러스터의 육성·관리와 참여 업체 및 기관들의 활동 지원을 위하여 국가축산클러스터지원센터(이하 이 조에서 "지원센터"라 한다)를 설립한다.(2013.3.23 본항개정)
② 지원센터는 법인으로 하고, 주된 사무소의 소재지에서 설립등기를 함으로써 성립한다.
③ 지원센터는 다음 각 호의 사업을 수행한다.
1. 국가축산클러스터와 축산업집적에 관한 정책개발 및 연구
2. 축산단지의 조성 및 관리에 관한 사업
3. 국가축산클러스터 참여 업체 및 기관들에 대한 지원 사업

4. 국가축산클러스터 참여 업체 및 기관들 간의 상호 연계 활동 촉진 사업
5. 국가축산클러스터 활성화를 위한 연구, 대외협력, 홍보 사업
6. 그 밖에 농림축산식품부장관이 위탁하는 사업 (2013.3.23 본호개정)
④ 제3항 각 호의 사업을 수행하기 위하여 지원센터에 농림축산식품부령으로 정하는 부설기관을 설치할 수 있다. (2013.3.23 본항개정)
⑤ 국가 또는 지방자치단체는 지원센터의 설립 및 운영에 사용되는 경비의 전부 또는 일부를 예산의 범위에서 지원할 수 있다.
⑥ 농림축산식품부장관은 지원센터에 대하여 제3항 각 호의 사업을 지도·감독하며, 필요하다고 인정할 때에는 사업에 관한 지시 또는 명령을 할 수 있다.(2013.3.23 본항개정)
⑦ 지원센터에 관하여 이 법에서 정한 것을 제외하고는 「민법」 중 재단법인에 관한 규정을 준용한다.
(2012.2.22 본조신설)

제32조의4【축산물수급조절협의회의 설치 및 기능 등】 ① 가축 및 축산물(「낙농진흥법」 제2조제2호 및 제3호에 따른 원유 및 유제품은 제외한다. 이하 이 조에서 같다)의 수급조절 및 가격안정과 관련된 중요 사항에 대한 자문(諮問)에 응하기 위하여 농림축산식품부장관 소속으로 축산물수급조절협의회(이하 "수급조절협의회"라 한다)를 둔다.
② 수급조절협의회는 다음 각 호의 사항에 대하여 자문에 응한다.
1. 축산물의 품목별 수급상황 조사·분석 및 판단에 관한 사항
2. 축산물 수급조절 및 가격안정에 관한 제도 및 사업의 운영·개선 등에 관한 사항
3. 축종별 수급안정을 위한 대책의 수립 및 추진에 관한 사항
4. 그 밖에 가축과 축산물의 수급조절 및 가격안정에 관한 사항으로서 농림축산식품부장관이 자문하는 사항
③ 수급조절협의회는 위원장 1명을 포함한 15명 이내의 위원으로 구성하며, 위원은 가축 및 축산물의 수급조절 및 가격안정에 관한 학식과 경험이 풍부한 사람과 관계 공무원 중에서 농림축산식품부장관이 임명 또는 위촉한다.
④ 이 법에서 규정한 사항 외에 수급조절협의회의 구성·운영에 관한 세부사항과 축종별 소위원회 및 그 밖에 필요한 사항은 대통령령으로 정한다.
(2020.3.24 본조신설)

제33조【축산자조금의 지원】 ① 농림축산식품부장관은 「축산자조금의 조성 및 운용에 관한 법률」에 따른 축산단체가 축산물의 판로 확대 등을 위하여 축산자조금을 설치·운영하는 경우에는 제43조에 따른 축산발전기금의 일부를 그 축산단체에 보조금으로 지급할 수 있다.
(2013.3.23 본항개정)
② 제1항에 따른 보조금의 지급기준, 그 밖에 필요한 사항은 대통령령으로 정한다.

제33조의2【축산업 허가자 등의 교육 의무】 ① 다음 각 호의 어느 하나에 해당하는 자는 제33조의3제1항에 따라 지정된 교육운영기관에서 농림축산식품부령으로 정하는 교육과정을 이수하여야 한다.(2013.3.23 본문개정)
1. 제22조제1항에 따른 축산업의 허가를 받으려는 자
2. 제22조제3항에 따른 가축사육업의 등록을 하려는 자 (2018.12.31 본호개정)
3. 제34조의2제1항에 따라 가축거래상인으로 등록을 하려는 자
② 제1항의 교육과정 이수 대상자 중 농림축산식품부령으로 정하는 축산 또는 수의(獸醫) 관련 교육과정을 이수한 자에 대하여는 교육의 일부를 면제할 수 있다.
(2013.3.23 본항개정)
③ 제22조제1항에 따른 축산업의 허가를 받은 자는 1년에 1회 이상, 제22조제3항 또는 제34조의2제1항에 따라 가축사육업 또는 가축거래상인의 등록을 한 자는 2년에 1회 이상 농림축산식품부령으로 정하는 바에 따라 제33조의3제1항에 따라 지정된 교육운영기관에서 실시하는 보수교육을 받아야 한다.(2018.12.31 본항개정)
④ 제3항에 따른 보수교육 이수 대상자 중 질병·휴업·사고 등으로 보수교육을 받기에 적당하지 아니한 경우 등 농림축산식품부령으로 정하는 사유에 해당하는 자에 대하여는 3개월의 범위에서 그 기한을 연장할 수 있다.
(2018.12.31 본항신설)
(2012.2.22 본조신설)

제33조의3【교육기관등의 지정 및 취소】 ① 농림축산식품부장관은 제33조의2제1항 각 호에 해당하는 자 등의 교육을 위하여 교육총괄기관 및 교육운영기관(이하 이 조에서 "교육기관등"이라 한다)을 지정·고시할 수 있다.
(2013.3.23 본항개정)
② 교육운영기관은 제33조의2제1항 각 호에 해당하는 자들의 교육신청에 따른 교육을 하여야 하며, 교육총괄기관에 교육 계획 및 실적 등을 매년 1월 31일까지 보고하여야 한다.
③ 교육총괄기관은 교육교재 및 교육과정을 개발하고 교육대상자 관리 업무를 수행하며, 제2항에 따라 보고받은 교육 계획 또는 실적 등을 종합하여 농림축산식품부장관에게 매년 2월 말까지 보고하여야 한다.(2013.3.23 본항개정)
④ 제3항에 따라 교육 계획 및 실적 등을 보고받은 농림축산식품부장관은 보고받은 내용을 확인·점검한 결과 필요한 경우에는 교육기관등에 시정을 명할 수 있다.
(2013.3.23 본항개정)
⑤ 농림축산식품부장관은 교육기관등이 다음 각 호의 어느 하나에 해당하는 경우에는 그 지정을 취소할 수 있다. 다만, 제1호의 경우에는 그 지정을 취소하여야 한다.
(2013.3.23 본문개정)
1. 거짓이나 그 밖의 부정한 방법으로 지정을 받은 경우
2. 교육실적을 거짓으로 보고한 경우
3. 제4항에 따른 시정명령을 이행하지 아니한 경우
4. 교육운영기관 지정일부터 2년 이상 교육실적이 없는 경우
5. 교육기관등으로서의 업무를 수행하기가 어렵다고 판단되는 경우
⑥ 교육기관등의 지정기준, 지정절차 및 교육내용 등 교육기관등의 지정·운영에 필요한 사항은 농림축산식품부령으로 정한다.(2013.3.23 본항개정)
(2012.2.22 본조신설)

제4장 가축시장 및 축산물의 품질향상 등
(2020.3.24 본장제목개정)

제34조【가축시장의 개설 등】 ① 다음 각 호의 어느 하나에 해당하는 자로서 가축시장을 개설하려는 자는 농림축산식품부령으로 정하는 시설을 갖추어 시장·군수 또는 구청장에게 등록하여야 한다.
1. 「농업협동조합법」 제2조에 따른 지역축산업협동조합 또는 축산업의 품목조합
2. 「민법」 제32조에 따라 설립된 비영리법인으로서 축산을 주된 목적으로 하는 법인(비영리법인의 지부를 포함한다)
(2020.5.26 본항개정)
② 시장·군수 또는 구청장은 농림축산식품부령으로 정하는 바에 따라 가축시장을 개설한 자에게 가축시장 관리에 필요한 시설의 개선 및 정비, 그 밖에 필요한 사항을 명하거나 소속 공무원에게 해당 시설과 장부·서류, 그 밖의 물건을 검사하게 할 수 있다.(2020.5.26 본항개정)
③ 제2항에 따라 검사를 하는 공무원은 그 권한을 표시하는 증표를 지니고 이를 관계인에게 내보여야 한다.

제34조의2【가축거래상인의 등록】 ① 가축거래상인이 되려는 자는 제33조의2에 따른 교육을 이수하고 농림축산식품부령으로 정하는 바에 따라 주소지를 관할하는 시장·군수 또는 구청장에게 등록하여야 한다.(2013.3.23 본항개정)
② 가축거래상인이 다음 각 호의 어느 하나에 해당하면 그 사유가 발생한 날부터 30일 이내에 농림축산식품부령으로 정하는 바에 따라 시장·군수 또는 구청장에게 신고하여야 한다.(2013.3.23 본문개정)
1. 3개월 이상 휴업한 경우
2. 폐업한 경우
3. 3개월 이상 휴업하였다가 다시 개업한 경우
4. 등록한 사항 중 농림축산식품부령으로 정하는 중요한 사항을 변경한 경우(2013.3.23 본호개정)
(2012.2.22 본조신설)

제34조의3【가축거래상인 등록의 결격사유】 다음 각 호의 어느 하나에 해당하는 자는 제34조의2제1항에 따른 가축거래상인의 등록을 할 수 없다.
1. 피성년후견인 또는 피한정후견인(2014.3.18 본호개정)
2. 제34조의4에 따라 등록이 취소(제34조의3제1호에 해당하여 등록이 취소된 경우는 제외한다)된 날부터 1년이 지나지 아니한 자(2015.2.3 본호개정)
3. 「가축전염병예방법」 제11조제1항 또는 제20조제1항(「가축전염병예방법」 제28조에서 준용하는 경우를 포함한다)을 위반하여 징역의 실형을 선고받고 그 집행이 끝나거나(집행이 끝난 것으로 보는 경우를 포함한다) 집행이 면제된 날부터 1년이 지나지 아니한 자
4. 「가축전염병예방법」 제11조제1항 또는 제20조제1항을 위반하여 징역형의 집행유예를 선고받고 그 유예기간 중에 있는 자
(2012.2.22 본조신설)

제34조의4【가축거래상인의 등록취소 등】 시장·군수 또는 구청장은 가축거래상인이 다음 각 호의 어느 하나에 해당하면 대통령령으로 정하는 바에 따라 그 등록을 취소하거나 6개월 이내의 기간을 정하여 영업의 전부 또는 일부의 정지를 명할 수 있다. 다만, 제1호 또는 제2호, 제6호 또는 제7호에 해당하면 그 등록을 취소하여야 한다.
1. 거짓이나 그 밖의 부정한 방법으로 제34조의2제1항에 따른 등록을 한 경우
2. 제34조의3 각 호의 어느 하나에 해당하는 경우
3. 제34조의5에 따른 가축거래상인의 준수사항을 따르지 아니한 경우
4. 다른 사람에게 그 등록 명의를 사용하게 한 경우
5. 영업정지기간 중 영업을 한 경우
6. 마지막 영업정지 처분을 받은 날부터 최근 1년 이내에 세 번 이상 영업정지 처분을 받은 경우
7. 정당한 사유 없이 등록을 한 날부터 2년 이내에 영업을 시작하지 아니하거나 2년 이상 계속하여 휴업한 경우
(2012.2.22 본조신설)

제34조의5【가축거래상인의 준수사항】 가축거래상인은 가축질병의 예방을 위하여 농림축산식품부령으로 정하는 사항을 지켜야 한다.(2013.3.23 본조개정)

제34조의6【가축거래상인에 대한 감독】 가축거래상인으로 등록한 자에 대한 감독에 관하여는 제28조를 준용한다. 이 경우 "가축사육업"은 "가축거래상인"으로 본다.
(2012.2.22 본조신설)

제35조【축산물의 등급판정】 ① 농림축산식품부장관은 축산물의 품질을 높이고 유통을 원활하게 하며 가축 개량을 촉진하기 위하여 농림축산식품부령으로 정하는 축산물에 대하여는 그 품질에 관한 등급을 판정(이하 "등급판정"이라 한다)받게 할 수 있다.(2013.3.23 본항개정)
② 제1항에 따른 등급판정의 방법·기준 및 적용조건, 그 밖에 등급판정에 필요한 사항은 농림축산식품부령으로 정한다.(2013.3.23 본항개정)
③ 농림축산식품부장관은 제1항에 따라 등급판정을 받은 축산물 중 농림축산식품부령으로 정하는 축산물에 대하여는 그 거래 지역 및 시행 시기 등을 정하여 고시하여야 한다.(2013.3.23 본항개정)
④ 제3항에 따라 거래 지역으로 고시된 지역(이하 "고시지역"이라 한다) 안에서 「농수산물유통 및 가격안정에 관한 법률」 제22조에 따른 농수산물도매시장의 축산부류 도매시장법인(이하 "도매시장법인"이라 한다) 또는 같은 법 제43조에 따른 축산물공판장(이하 "공판장"이라 한다)을 개설한 자는 등급판정을 받지 아니한 축산물을 상장하여서는 아니 된다.
⑤ 고시지역 안에서 「축산물위생관리법」 제2조제11호에 따른 도축장(이하 "도축장"이라 한다)을 경영하는 자는 그 도축장에서 처리한 축산물로서 등급판정을 받지 아니한 축산물을 반출하여서는 아니 된다. 다만, 학술연구용·자가소비용 등 농림축산식품부령으로 정하는 축산물은 그러하지 아니하다.(2013.3.23 단서개정)

제36조【축산물품질평가원】 ① 축산물 등급판정·품질평가 및 유통 업무를 효율적으로 수행하기 위하여 축산물품질평가원(이하 "품질평가원"이라 한다)를 설립한다.(2018.12.31 본항개정)
② 품질평가원은 법인으로 한다.(2010.1.25 본항개정)
③ 품질평가원은 그 주된 사무소의 소재지에서 설립등기를 함으로써 성립한다.(2010.1.25 본항개정)
④ 품질평가원은 다음 각 호의 사업을 한다.(2010.1.25 본문개정)
1. 축산물 등급판정
2. 축산물 등급에 관한 교육 및 홍보
3. 축산물 등급판정 기술의 개발
4. 제37조제1항에 따른 축산물품질평가사의 양성 (2010.1.25 본호개정)
5. 축산물 등급판정·품질평가 및 유통에 관한 조사·연구·교육·홍보사업(2018.12.31 본호개정)
6. 「가축 및 축산물 이력관리에 관한 법률」에 따른 가축 및 축산물 이력제에 관한 업무(2018.12.31 본호신설)
7. 제1호부터 제6호까지의 규정과 관련한 국제협력사업 및 국가·지방자치단체, 그 밖의 자에게서 위탁 또는 대행받은 사업 및 그 부대사업(2018.12.31 본호개정)
⑤ 농림축산식품부장관은 제4항 각 호의 사업에 드는 경비를 지원할 수 있다.(2018.12.31 본항개정)
⑥ 농림축산식품부장관은 농림축산식품부령으로 정하는 바에 따라 품질평가원에 제4항 각 호의 사업 수행에 필요한 명령이나 보고를 하게 하거나, 소속 공무원에게 해당 시설과 장부·서류, 그 밖의 물건을 검사하게 할 수 있다.
(2018.12.31 본항개정)
⑦ 제6항에 따라 검사를 하는 공무원은 그 권한을 표시하는 증표를 지니고 이를 관계인에게 내보여야 한다.
⑧ 품질평가원에 관하여 이 법에 규정된 것 외에는 「민법」 중 재단법인에 관한 규정을 준용한다.(2010.1.25 본항개정)
(2010.1.25 본조제목개정)

제37조【축산물품질평가사】 ① 품질평가원에 등급판정 업무를 담당할 축산물품질평가사(이하 "품질평가사"라 한다)를 둔다.(2010.1.25 본항개정)
② 품질평가사는 다음 각 호의 어느 하나에 해당하는 자로서 품질평가원이 시행하는 품질평가사시험(이하 "품질평가사시험"이라 한다)에 합격하고 농림축산식품부령으로 정하는 품질평가사 양성교육을 이수한 자로 한다.
(2013.3.23 본문개정)
1. 전문대학 이상의 축산 관련 학과를 졸업하거나 이와 같은 수준의 학력이 있다고 인정된 자(2020.3.24 본호개정)
2. 품질평가원에서 등급판정과 관련된 업무에 3년 이상 종사한 경험이 있는 자(2010.1.25 본호개정)
③ 품질평가사시험, 품질평가사의 임면 등에 필요한 사항은 농림축산식품부장관의 승인을 받아 품질평가원이 정한다.(2013.3.23 본항개정)
(2010.1.25 본조제목개정)

제38조【품질평가사의 업무】 ① 품질평가사의 업무는 다음 각 호와 같다.(2010.1.25 본문개정)
1. 등급판정 및 그 결과의 기록·보관
2. 등급판정인(等級判定印)의 사용 및 관리
3. 등급판정 관련 설비의 점검·관리
4. 그 밖에 등급판정 업무의 수행에 필요한 사항
② 품질평가사가 등급판정을 하는 때에는 품질평가사의 신분을 표시하는 증표를 지니고 이를 관계인에게 내보여야 한다.(2010.1.25 본항개정)
③ 누구든지 품질평가사가 제35조에 따라 등급판정을 받아야 하는 축산물에 등급판정하는 것을 거부·방해 또는 기피하여서는 아니 된다.(2010.1.25 본항개정)
(2010.1.25 본조제목개정)

제39조【도축장 경영자의 준수사항】 고시지역 안에서 도축장을 경영하는 자는 등급판정이 원활하게 이루어질 수 있도록 등급판정에 필요한 시설·공간을 확보하는 등 농림축산식품부령으로 정하는 사항을 준수하여야 한다.
(2013.3.23 본조개정)

제40조【등급의 표시 등】 ① 품질평가사는 등급판정을 한 축산물에 등급을 표시하고 그 신청인 또는 해당 축산물의 매수인에게 등급판정확인서를 내주어야 한다.
(2010.1.25 본항개정)
② 도매시장법인 및 공판장을 개설한 자는 등급판정을 받은 축산물을 상장하는 때에는 그 등급을 공표하여야 한다.
③ 제1항 및 제2항에 따른 등급의 표시·등급판정확인서 및 등급의 공표 등에 필요한 사항은 농림축산식품부령으로 정한다.(2013.3.23 본항개정)

제40조의2【전자민원창구의 설치·운영】 ① 농림축산식품부장관은 제40조제1항에 따른 등급판정확인서와 가축과 축산물 관련 서류의 열람, 발급신청 및 발급에 관한 서비스를 제공하기 위하여 전자민원창구를 설치·운영할 수 있다.
② 농림축산식품부장관은 민원인에게 제1항에 따른 서비스를 제공하기 위하여 중앙행정기관과 그 소속 기관, 지방자치단체 및 공공기관(이하 "중앙행정기관등"이라 한다)의 장과 협의하여 제1항에 따른 전자민원창구와 다른 중앙행정기관등의 정보시스템을 연계할 수 있다. 이 경우 연계된 정보를 결합하여 새로운 서비스를 개발·제공할 수 있다.
③ 제1항에 따른 전자민원창구의 설치·운영에 필요한 사항은 농림축산식품부령으로 정한다.
(2019.8.27 본조신설)

제41조【영업정지 처분 등의 요청】 ① 농림축산식품부장관 또는 시·도지사는 다음 각 호의 어느 하나에 해당하는 자에게 일정 기간의 영업정지(영업정지를 갈음하는 과징금의 부과를 포함한다) 처분을 하거나 그 밖에 필요한 조치를 하여 줄 것을 그 영업에 관한 처분권한을 가진 관계 행정기관의 장에게 요청할 수 있다.(2020.3.24 본문개정)
1. 제35조제4항을 위반하여 등급판정을 받지 아니한 축산물을 상장한 도매시장법인 또는 공판장의 개설자
2. 제35조제5항을 위반하여 등급판정을 받지 아니한 축산물을 반출한 도축장의 경영자
3. 제38조제3항을 위반하여 등급판정 업무를 거부·방해 또는 기피한 도축장의 경영자
② 제1항에 따른 요청을 받은 관계 행정기관의 장은 그 조치결과를 농림축산식품부장관 또는 시·도지사에게 알려야 한다.(2013.3.23 본항개정)

제42조【도매시장법인 등에 대한 감독】 ① 농림축산식품부장관 또는 시·도지사는 등급판정 업무를 원활하게 추진하기 위하여 농림축산식품부령으로 정하는 바에 따라 도매시장법인 또는 공판장의 개설자나 도축장의 경영자에게 시설의 개선 등 필요한 사항을 명하거나 소속 공무원에게 해당 시설과 장부·서류, 그 밖의 물건을 검사하게 할 수 있다.(2013.3.23 본항개정)
② 제1항에 따라 검사를 하는 공무원은 그 권한을 표시하는 증표를 지니고 이를 관계인에게 내보여야 한다.

제42조의2【무항생제축산물의 인증】 ① 농림축산식품부장관은 무항생제축산물의 산업 육성과 소비자 보호를 위하여 무항생제축산물에 대한 인증을 할 수 있다.
② 농림축산식품부장관은 제42조의8제1항에 따라 지정받은 인증기관(이하 "인증기관"이라 한다)으로 하여금 제1항에 따른 무항생제축산물에 대한 인증을 하게 할 수 있다.
③ 무항생제축산물 인증의 대상과 무항생제축산물의 생산 또는 취급(축산물의 저장, 포장(소분 및 재포장을 포함한다), 운송 또는 판매 활동을 말한다. 이하 같다)에 필요한 인증기준 등은 농림축산식품부령으로 정한다.
(2020.3.24 본조신설)

제42조의3【무항생제축산물의 인증 신청 및 심사 등】
① 무항생제축산물을 생산 또는 취급하는 자는 무항생제축산물의 인증을 받으려면 농림축산식품부령으로 정하는 서류를 갖추어 인증기관에 인증을 신청하여야 한다.
② 다음 각 호의 어느 하나에 해당하는 자는 제1항에 따른 인증을 신청할 수 없다.
1. 제42조의7제1항(같은 항 제4호는 제외한다)에 따라 인증이 취소된 날부터 1년이 지나지 아니한 자. 다만, 최근 10년 동안 인증이 2회 취소된 경우에는 마지막으로 인증이 취소된 날부터 2년, 최근 10년 동안 인증이 3회 이상 취소된 경우에는 마지막으로 인증이 취소된 날부터 5년이 지나지 아니한 자로 한다.
2. 제42조의7제1항에 따른 인증표시의 제거·사용정지 또는 시정조치 명령이나 제42조의10제8항제2호 또는 제3호에 따른 명령을 받아서 그 처분기간 중에 있는 자
3. 제53조제9호부터 제21호까지 또는 제54조제9호에 따라 벌금 이상의 형을 선고받고 형이 확정된 날부터 1년이 지나지 아니한 자
③ 인증기관은 제1항에 따른 신청을 받은 경우 제42조의2제3항에 따른 무항생제축산물의 인증기준에 맞는지를 농림축산식품부령으로 정하는 바에 따라 심사한 후 그 결과를 신청인에게 알려주고 그 기준에 맞는 경우에는 인증을 해 주어야 한다. 이 경우 인증심사를 위하여 신청인의 사업장에 출입하는 자는 그 권한을 표시하는 증표를 지니고 이를 신청인에게 보여주어야 한다.
④ 제3항에 따라 무항생제축산물의 인증을 받은 사업자(이하 "인증사업자"라 한다)는 동일한 인증기관으로부터 연속하여 2회를 초과하여 인증(제42조의4제2항에 따른 갱신을 포함한다. 이하 이 항에서 같다)을 받을 수 없다. 다만, 제42조의12에 따라 준용되는 「친환경농어업 육성 및 유기식품 등의 관리·지원에 관한 법률」 제32조의2에 따라 실시한 인증기관 평가에서 농림축산식품부령으로 정하는 기준 이상을 받은 인증기관으로부터 인증을 받으려는 경우에는 그러하지 아니하다.
⑤ 제3항에 따른 인증심사 결과에 이의가 있는 자는 인증심사를 한 인증기관에 재심사를 신청할 수 있다.
⑥ 제5항에 따른 재심사 신청을 받은 인증기관은 농림축산식품부령으로 정하는 바에 따라 재심사 여부를 결정하여 해당 신청인에게 통보하여야 한다.
⑦ 인증기관은 제5항에 따른 재심사를 하기로 결정하였을 때에는 지체 없이 재심사를 하고 해당 신청인에게 그 재심사 결과를 통보하여야 한다.
⑧ 인증사업자가 인증받은 내용을 변경하려는 경우에는 그 인증을 한 인증기관으로부터 농림축산식품부령으로 정하는 바에 따라 미리 인증 변경승인을 받아야 한다.
⑨ 제1항부터 제8항까지에서 규정한 사항 외에 인증의 신청, 심사, 재심사 및 인증 변경승인 등에 필요한 구체적인 절차와 방법 등은 농림축산식품부령으로 정한다.
(2020.3.24 본조신설)

제42조의4【인증의 유효기간 등】 ① 제42조의3에 따른 인증의 유효기간은 인증을 받은 날부터 1년으로 한다.
② 인증사업자가 인증의 유효기간이 끝난 후에도 계속하여 제42조의3제3항에 따라 인증을 받은 무항생제축산물(이하 "인증품"이라 한다)의 인증을 유지하려면 그 유효기간이 끝나기 2개월 전까지 인증을 한 인증기관에 갱신신청을 하여 그 인증을 갱신하여야 한다. 다만, 인증을 한 인증기관의 지정이 취소되거나 업무가 정지된 경우, 인증기관이 파산 또는 폐업 등으로 인증 갱신업무를 수행할 수 없는 경우에는 다른 인증기관에 갱신 신청을 할 수 있다.
③ 제2항에 따른 인증 갱신을 하지 아니하려는 인증사업자가 인증의 유효기간 내에 생산한 인증품의 출하를 유효기간 내에 종료하지 못한 경우에는 인증을 한 인증기관에 출하를 종료하지 못한 인증품에 대해서만 1년의 범위에서 그 유효기간의 연장을 신청할 수 있다. 다만, 인증의 유효기간이 끝나기 전에 출하된 인증품은 그 제품의 소비기한이 끝날 때까지 제42조의6제1항에 따른 인증표시를 유지할 수 있다.(2021.8.17 단서개정)
④ 제2항에 따른 인증 갱신 및 제3항에 따른 유효기간 연장에 대한 심사결과에 이의가 있는 자는 심사를 한 인증기관에 재심사를 신청할 수 있다.
⑤ 제4항에 따른 재심사 신청을 받은 인증기관은 농림축산식품부령으로 정하는 바에 따라 재심사 여부를 결정하여 해당 인증사업자에게 통보하여야 한다.
⑥ 인증기관은 제4항에 따른 재심사를 하기로 결정하였을 때에는 지체 없이 재심사를 하고 해당 인증사업자에게 그 재심사 결과를 통보하여야 한다.
⑦ 제2항부터 제6항까지의 규정에 따른 인증 갱신, 유효기간 연장 및 재심사에 필요한 구체적인 절차와 방법 등은 농림축산식품부령으로 정한다.
(2020.3.24 본조신설)

제42조의5【인증사업자의 준수사항】 ① 인증사업자는 인증품의 생산·취급 또는 판매 실적을 농림축산식품부령으로 정하는 바에 따라 정기적으로 인증을 한 인증기관에 알려야 한다.
② 인증사업자는 농림축산식품부령으로 정하는 바에 따라 인증심사와 관련된 서류 등을 보관하여야 한다.
(2020.3.24 본조신설)

제42조의6【무항생제축산물의 표시 등】 ① 인증사업자는 생산하거나 취급하는 인증품에 직접 또는 인증품의 포장, 용기, 납품서, 거래명세서, 보증서 등에 인증표시(무항생제 또는 이와 같은 의미의 도형이나 글자의 표시를 말한다. 이하 같다)를 할 수 있다. 이 경우 포장을 하지 아니한 상태로 판매하거나 낱개로 판매하는 때에는 표시판 또는 푯말에 인증표시를 할 수 있다.
② 농림축산식품부장관은 인증사업자에게 인증품의 생산방법과 사용자재 등에 관한 정보를 소비자가 쉽게 알아볼 수 있도록 표시할 것을 권고할 수 있다.
③ 제42조의2에 따른 인증을 받지 아니한 사업자는 인증품의 포장을 해체하여 재포장한 후 인증표시를 하여 이를 저장, 운송 또는 판매할 수 없다.
④ 제1항에 따른 인증표시에 필요한 도형이나 글자, 세부 표시사항 등 표시방법에 관하여 필요한 사항은 농림축산식품부령으로 정한다.
(2020.3.24 본조신설)

제42조의7【인증의 취소 등】 ① 농림축산식품부장관 또는 인증기관은 인증사업자가 다음 각 호의 어느 하나에 해당하는 경우에는 그 인증을 취소하거나 인증표시의 제거·사용정지 또는 시정조치를 명할 수 있다. 다만, 제1호에 해당하는 경우에는 인증을 취소하여야 한다.
1. 거짓이나 그 밖의 부정한 방법으로 인증을 받은 경우
2. 제42조의2제3항에 따른 인증기준에 맞지 아니하게 된 경우
3. 정당한 사유 없이 제42조의10제8항에 따른 명령에 따르지 아니한 경우
4. 전업(轉業), 폐업 등의 사유로 인증품을 생산하지 못한다고 인정하는 경우
② 농림축산식품부장관 또는 인증기관은 제1항에 따라 인증을 취소한 경우 지체 없이 인증사업자에게 그 사실을 알려야 하고, 인증기관은 농림축산식품부장관에게도 그 사실을 알려야 한다.
③ 제1항 및 제2항에서 규정한 사항 외에 인증의 취소, 인증표시의 제거 및 사용정지 등에 필요한 절차와 처분의 기준 등은 농림축산식품부령으로 정한다.
(2020.3.24 본조신설)

제42조의8【인증기관의 지정 등】 ① 농림축산식품부장관은 무항생제축산물 인증과 관련하여 필요한 인력·시설 및 인증업무규정을 갖춘 기관 또는 단체를 무항생제축산물 인증업무를 수행하는 인증기관으로 지정할 수 있다.
② 제1항에 따라 인증기관으로 지정받으려는 기관 또는 단체는 농림축산식품부령으로 정하는 바에 따라 농림축산식품부장관에게 인증기관의 지정을 신청하여야 한다.
③ 제1항에 따른 인증기관 지정의 유효기간은 지정을 받은 날부터 5년으로 하고, 유효기간이 끝난 후에도 무항생제축산물의 인증업무를 계속하려는 인증기관은 유효기간이 끝나기 3개월 전까지 농림축산식품부장관에게 갱신신청을 하여 그 지정을 갱신하여야 한다.
④ 농림축산식품부장관은 제1항에 따른 인증기관 지정업무와 제3항에 따른 지정갱신업무의 효율적인 운영을 위하여 인증기관 지정 및 지정갱신을 위한 평가업무를 대통령령으로 정하는 법인, 기관 또는 단체에 위임하거나 위탁할 수 있다.
⑤ 인증기관은 지정받은 내용이 변경된 경우에는 농림축산식품부장관에게 변경신고를 하여야 한다. 다만, 농림축산식품부령으로 정하는 중요 사항을 변경하려는 경우에는 농림축산식품부장관으로부터 승인을 받아야 한다.
⑥ 제1항부터 제5항까지에서 규정한 사항 외에 인증기관의 지정기준, 인증업무의 범위, 인증기관의 지정과 지정갱신 관련 절차 및 인증기관의 변경신고 등에 필요한 사항은 농림축산식품부령으로 정한다.
(2020.3.24 본조신설)

제42조의9【인증 등에 관한 부정행위의 금지】 ① 누구든지 다음 각 호의 어느 하나에 해당하는 행위를 해서는 아니 된다.
1. 거짓이나 그 밖의 부정한 방법으로 제42조의3에 따른 인증심사, 재심사 및 인증 변경승인, 제42조의4에 따른 인증 갱신, 유효기간 연장 및 재심사 또는 제42조의8제1항 및 제3항에 따른 인증기관의 지정·갱신을 받는 행위
2. 거짓이나 그 밖의 부정한 방법으로 제42조의3에 따른 인증심사, 재심사 및 인증 변경승인, 제42조의4에 따른 인증 갱신, 유효기간 연장 및 재심사를 하거나 받을 수 있도록 도와주는 행위
3. 거짓이나 그 밖의 부정한 방법으로 제42조의12에 따라 준용되는 「친환경농어업 육성 및 유기식품 등의 관리·지원에 관한 법률」 제26조의2에 따른 인증심사원의 자격을 부여받는 행위
4. 인증을 받지 아니한 제품과 제품을 판매하는 진열대에 인증표시나 이와 유사한 표시(인증품으로 잘못 인식할 우려가 있는 표시 및 이와 관련된 외국어 또는 외래어 표시를 포함한다)를 하는 행위
5. 인증품에 인증받은 내용과 다르게 표시하는 행위
6. 제42조의3제1항에 따른 인증 또는 제42조의4제2항에 따른 인증 갱신을 신청하는 데 필요한 서류를 거짓으로 발급하여 주는 행위
7. 인증품에 인증을 받지 아니한 제품 등을 섞어서 판매하거나 섞어서 판매할 목적으로 저장, 운송 또는 진열하는 행위
8. 제4호 또는 제5호의 행위에 따른 제품임을 알고도 인증품으로 판매하거나 판매할 목적으로 저장, 운송 또는 진열하는 행위
9. 제42조의7제1항에 따라 인증이 취소된 제품임을 알고도 인증품으로 판매하거나 판매할 목적으로 저장, 운송 또는 진열하는 행위

10. 인증을 받지 아니한 제품을 인증품으로 광고하거나 인증품으로 잘못 인식할 수 있도록 광고(무항생제 또는 이와 같은 의미의 문구를 사용한 광고를 포함한다)하는 행위 또는 인증받은 내용과 다르게 광고하는 행위
② 제1항제4호에 따른 인증표시와 유사한 표시의 세부기준은 농림축산식품부령으로 정한다.
(2020.3.24 본조신설)

제42조의10【인증품 및 인증사업자의 사후관리】 ① 농림축산식품부장관은 농림축산식품부령으로 정하는 바에 따라 소속 공무원 또는 인증기관으로 하여금 매년 다음 각 호의 조사(인증기관은 인증을 한 인증사업자에 대한 제2호의 조사에 한정한다)를 하게 하여야 한다. 이 경우 조사 대상자로부터 시료를 무상으로 제공받아 검사하거나 조사 대상자에게 자료 제출 등을 요구할 수 있다.
1. 판매·유통 중인 인증품에 대한 조사
2. 인증사업자의 사업장에서 인증품의 생산 또는 취급 과정이 제42조의2제3항에 따른 인증기준에 맞는지 여부에 대한 조사
② 제1항에 따라 조사를 하려는 경우에는 미리 조사의 일시, 목적 및 대상 등을 조사 대상자에게 알려야 한다. 다만, 긴급한 경우나 미리 알리면 그 목적을 달성할 수 없다고 인정되는 경우에는 그러하지 아니하다.
③ 제1항에 따라 조사를 하거나 자료 제출을 요구하는 경우 인증사업자 또는 인증품의 유통업자는 정당한 사유 없이 이를 거부·방해하거나 기피해서는 아니 된다.
④ 제1항에 따른 조사를 위하여 인증사업자 또는 인증품의 유통업자의 사업장에 출입하는 자는 그 권한을 표시하는 증표를 지니고 이를 관계인에게 보여주어야 한다.
⑤ 농림축산식품부장관 또는 인증기관은 제1항에 따른 조사를 한 경우에는 인증사업자 또는 인증품의 유통업자에게 조사 결과를 통지하여야 한다. 이 경우 조사 결과 중 제1항 후단에 따라 제공한 시료의 검사 결과에 이의가 있는 인증사업자 또는 인증품의 유통업자는 시료의 재검사를 요청할 수 있다.
⑥ 제5항에 따른 재검사 요청을 받은 농림축산식품부장관 또는 인증기관은 농림축산식품부령으로 정하는 바에 따라 재검사 여부를 결정하여 해당 인증사업자 또는 인증품의 유통업자에게 통보하여야 한다.
⑦ 농림축산식품부장관 또는 인증기관은 제6항에 따른 재검사를 하기로 결정하였을 때에는 지체 없이 재검사를 하고 해당 인증사업자 또는 인증품의 유통업자에게 그 재검사 결과를 통보하여야 한다.
⑧ 농림축산식품부장관 또는 인증기관은 제1항에 따른 조사를 한 결과 제42조의2제3항에 따른 인증기준 또는 제42조의6에 따른 무항생제축산물의 표시방법을 위반하였다고 판단한 때에는 인증사업자 또는 인증품의 유통업자에게 다음 각 호의 조치를 명할 수 있다.
1. 제42조의7제1항에 따른 인증취소, 인증표시의 제거·사용정지 또는 시정조치
2. 인증품의 판매금지·판매정지·회수·폐기
3. 세부 표시사항 변경
⑨ 농림축산식품부장관은 제8항에 따른 조치명령을 받은 인증품의 인증기관에 필요한 조치를 하도록 요청할 수 있다. 이 경우 요청을 받은 인증기관은 특별한 사정이 없으면 이에 따라야 한다.
⑩ 농림축산식품부장관은 인증사업자 또는 인증품의 유통업자가 제8항제2호에 따른 인증품의 회수·폐기 명령을 이행하지 아니하는 경우에는 관계 공무원에게 해당 인증품을 압류하게 할 수 있다. 이 경우 관계 공무원은 그 권한을 표시하는 증표를 지니고 이를 관계인에게 보여주어야 한다.
⑪ 농림축산식품부장관은 제8항 각 호에 따른 조치명령의 내용을 공표하여야 한다.
⑫ 제5항에 따른 조사 결과 통지 및 제7항에 따른 시료의 재검사 절차와 방법, 제8항 각 호에 따른 조치명령의 세부기준, 제10항에 따른 압류 및 제11항에 따른 공표에 필요한 사항은 농림축산식품부령으로 정한다.
(2020.3.24 본조신설)

제42조의11【인증사업자 등의 승계】 ① 다음 각 호의 어느 하나에 해당하는 자는 인증사업자 또는 인증기관의 지위를 승계한다.
1. 인증사업자가 사망한 경우 : 그 인증품을 계속하여 생산 또는 취급하려는 상속인
2. 인증사업자나 인증기관이 그 사업을 양도한 경우 : 그 양수인
3. 인증사업자나 인증기관이 합병한 경우 : 합병 후 존속하는 법인이나 합병으로 설립되는 법인
② 제1항에 따라 인증사업자의 지위를 승계한 자는 인증심사를 한 인증기관(그 인증기관의 지정이 취소되거나 업무가 정지된 경우, 인증기관이 파산 또는 폐업 등으로 인하여 인증업무를 수행할 수 없는 경우에는 다른 인증기관을 말한다)에 그 사실을 신고하여야 하고, 인증기관의 지위를 승계한 자는 농림축산식품부장관에게 그 사실을 신고하여야 한다.
③ 농림축산식품부장관 또는 인증기관은 제2항에 따른 신고를 받은 날부터 1개월 이내에 신고수리 여부를 신고인에게 통지하여야 한다.
④ 농림축산식품부장관 또는 인증기관이 제3항에서 정한 기간 내에 신고수리 여부 또는 민원 처리 관련 법령에 따른 처리기간의 연장을 신고인에게 통지하지 아니하면 그 기간(민원 처리 관련 법령에 따라 처리기간이 연장 또는 재연장된 경우에는 해당 처리기간을 말한다)이 끝난 날의 다음 날에 신고를 수리한 것으로 본다.
⑤ 제1항에 따른 지위의 승계가 있는 때에는 종전의 인증사업자 또는 인증기관에게 한 제42조의7제1항, 제42조의10제8항 각 호, 제42조의12에 따라 준용되는 「친환경농어업 육성 및 유기식품 등의 관리·지원에 관한 법률」 제29조제1항에 따른 행정처분의 효과는 그 지위를 승계한 자에게 승계되며, 행정처분의 절차가 진행 중일 때에는 그 지위를 승계한 자에 대하여 그 절차를 계속 진행할 수 있다.
⑥ 제2항에 따른 신고에 필요한 사항은 농림축산식품부령으로 정한다.
(2020.3.24 본조신설)

제42조의12【준용규정】 인증기관에 관하여 이 법에서 규정한 것 외에는 「친환경농어업 육성 및 유기식품 등의 관리·지원에 관한 법률」 제26조의2부터 제26조의4까지, 제27조부터 제29조까지, 제32조, 제32조의2 및 제57조를 준용한다.(2020.3.24 본조신설)

제42조의13【축산환경 개선계획 수립】 ① 농림축산식품부장관은 축산환경 개선을 위해 5년마다 축산환경 개선 기본계획을 세우고 시행하여야 한다.
② 시·도지사는 제1항의 기본계획에 따라 5년마다 시·도 축산환경 개선계획을 세우고 시행하여야 하며, 농림축산식품부장관에게 보고하여야 한다.
③ 시장·군수·구청장은 축산환경 개선 기본계획 및 시·도 축산환경 개선계획에 따라 1년마다 시·군·구 축산환경 개선 실행계획을 세우고 시행하여야 하며, 시·도지사에게 보고하여야 한다.
④ 제1항부터 제3항까지의 계획에 포함되어야 할 사항은 다음 각 호와 같다.
1. 축사의 설치·운영 현황과 개선에 관한 사항
2. 축산악취, 분뇨처리 등 축산환경에 관한 현황과 개선에 관한 사항
3. 그 밖에 축산환경 개선을 위하여 농림축산식품부령으로 정하는 사항
(2018.12.31 본조신설)

제42조의14【축산환경 개선 전담기관 지정】 ① 농림축산식품부장관은 축산환경 개선 업무를 효율적으로 수행하기 위하여 「가축분뇨의 관리 및 이용에 관한 법률」 제38조의2제1항에 따른 축산환경관리원 등 축산환경 관련 기관을 축산환경 개선 전담기관으로 지정할 수 있다.
② 축산환경 개선 전담기관은 다음 각 호의 업무를 수행한다.
1. 축산환경 지도·점검
2. 축산환경 조사
3. 축산환경 개선을 위한 종사자 교육 및 컨설팅
4. 축산환경 개선기술 개발·보급
5. 축산환경 개선 전문인력 양성
6. 그 밖에 축산환경 개선을 위하여 농림축산식품부장관이 정하는 업무
(2018.12.31 본조신설)

제5장 축산발전기금

제43조【축산발전기금의 설치】 ① 정부는 축산업을 발전시키고 축산물 수급을 원활하게 하며 가격을 안정시키는 데에 필요한 재원을 확보하기 위하여 축산발전기금(이하 "기금"이라 한다)을 설치한다.
② 정부는 예산의 범위에서 기금에 보조 또는 출연할 수 있다.

제44조【기금의 재원】 ① 기금은 다음 각 호의 재원으로 조성한다.
1. 제43조제2항에 따른 정부의 보조금 또는 출연금
2. 제2항에 따른 한국마사회의 납입금
3. 제45조에 따른 축산물의 수입이익금
4. 제46조에 따른 차입금
5. 「초지법」 제23조제6항에 따른 대체초지조성비
6. 기금운용 수익금
7. 「전통소싸움경기에 관한 법률」 제15조제1항제1호에 따른 결산상 이익금
② 한국마사회장은 한국마사회의 특별적립금 중 「한국마사회법」 제42조제4항에 따른 금액을 기금에 내야 한다.
③ 「농업협동조합법」 제161조의2에 따른 농협경제지주회사는 법률 제10522호 농업협동조합법 일부개정법률 부칙 제6조에 따른 경제사업의 이관에 따라 농업협동조합중앙회로부터 인수한 축산부문 고정자산을 계속 소유하지 아니하고 다른 자에게 양도하는 경우에는 해당 양도가액을 기금에 납입하여야 한다. 다만, 농림축산식품부장관의 승인을 얻어 해당 축산부문 고정자산을 이전하거나 다른 축산부문 고정자산과 교환하는 경우에는 그러하지 아니하다.(2018.12.31 본항신설)

제45조【수입이익금의 징수 등】 ① 농림축산식품부장관은 제30조제1항에 따른 추천을 받아 축산물을 수입하는 자 중 농림축산식품부령으로 정하는 품목을 수입하는 자에게 농림축산식품부령으로 정하는 바에 따라 국내가격과 수입가격의 차액의 범위에서 수입이익금을 부과·징수할 수 있다.(2013.3.23 본항개정)
② 제1항에 따른 수입이익금은 농림축산식품부령으로 정하는 바에 따라 기금에 내야 한다.(2013.3.23 본항개정)
③ 제1항에 따른 수입이익금을 소정의 기한 내에 내지 아니하면 국세 체납처분의 예에 따라 징수할 수 있다.

제46조【자금의 차입】 농림축산식품부장관은 기금운용을 위하여 필요하면 기금의 부담으로 금융기관, 다른 기금 또는 다른 회계에서 자금을 차입할 수 있다.
(2013.3.23 본조개정)

제47조【기금의 용도】 ① 기금은 다음 각 호의 사업에 사용한다.
1. 축산업의 구조개선 및 생산성 향상
2. 가축과 축산물의 수급 및 가격 안정
3. 가축과 축산물의 유통 개선
3의2. 「낙농진흥법」 제3조제1항에 따른 낙농진흥계획의 추진(2009.5.8 본호신설)
4. 사료의 수급 및 사료 자원의 개발
5. 가축 위생 및 방역
6. 축산 분뇨의 자원화·처리 및 이용
7. 대통령령으로 정하는 기금사업에 대한 사업비 및 경비의 지원
8. 「축산자조금의 조성 및 운용에 관한 법률」에 따른 축산자조금에 관한 지원
9. 말의 생산·사육·조련·유통·이용 등 말산업 발전에 관한 사업(2018.12.31 본호신설)
10. 그 밖에 축산 발전에 필요한 사업으로서 농림축산식품부령으로 정하는 사업(2013.3.23 본호개정)
② 제1항 각 호의 사업을 수행하기 위하여 필요한 경우에는 기금에서 보조금을 지급할 수 있다.
③ 제2항에 따른 보조금의 신청 방법 및 교부 절차 등에 필요한 사항은 대통령령으로 정한다.

제48조【기금의 운용·관리】 ① 기금은 농림축산식품부장관이 운용·관리한다.(2013.3.23 본항개정)
② 농림축산식품부장관은 대통령령으로 정하는 바에 따라 기금의 운용 및 관리 사무를 「농업협동조합법」에 따른 농업협동조합중앙회(농협경제지주회사를 포함한다. 이하 "농업협동조합중앙회"라 한다)에 위탁할 수 있다.
(2016.12.27 본항개정)
③ 농림축산식품부장관은 담보능력이 부족한 가축사육인 등에게 기금 지원을 쉽게 하는 등 제47조제1항 각 호의 사업을 원활하게 추진하기 위하여 필요한 때에는 기금대손보전에 관한 계정을 설치·운영할 수 있다.
(2020.3.24 본항개정)
④ 기금의 운용·관리에 필요한 사항은 대통령령으로 정한다.

제6장 보 칙

제49조【수수료】 ① 다음 각 호의 어느 하나에 해당하는 자는 농림축산식품부령으로 정하는 수수료를 내야 한다.
(2013.3.23 본문개정)
1. 제12조제1항에 따른 면허를 받으려는 자
2. 제42조의3에 따라 인증 또는 인증 변경승인을 받거나 제42조의4제2항·제3항에 따라 인증의 갱신 또는 유효기간 연장을 받으려는 자(2020.3.24 본호신설)
3. 제42조의8에 따라 인증기관으로 지정받거나 인증기관 지정을 갱신하려는 자(2020.3.24 본호신설)
② 품질평가원은 제35조제1항에 따른 등급판정을 받으려는 자에게서 농림축산식품부령으로 정하는 등급판정 수수료를 받을 수 있다. 이 경우 징수한 수수료를 등급판정 업무에 드는 경비 외의 용도로 사용하여서는 아니 된다.
(2013.3.23 전단개정)
③ 제2항에 따른 등급판정 수수료는 농림축산식품부령으로 정하는 바에 따라 「축산물위생관리법」 제2조제11호에 따른 작업장의 경영자 및 같은 법 제24조에 따른 축산물판매업의 신고를 한 자 중 대통령령으로 정하는 자가 징수하여 품질평가원에 내야 한다. 이 경우 품질평가원은 농림축산식품부령으로 정하는 바에 따라 「축산물위생관리법」 제2조제11호에 따른 작업장의 경영자 및 같은 법 제24조에 따른 축산물판매업의 신고를 한 자 중 대통령령으로 정하는 자에게 수수료의 징수에 필요한 경비를 지급하여야 한다.(2013.3.23 본항개정)

제50조【청문】 시·도지사 또는 시장·군수 또는 구청장은 다음 각 호의 어느 하나에 해당하는 처분을 하려면 청문을 하여야 한다.
1. 제14조에 따른 수정사의 면허취소
2. 제25조제1항에 따른 축산업의 허가취소
3. 제25조제2항에 따른 가축사육업의 등록취소
(2012.2.22 2호~3호개정)
4. 제34조의4에 따른 가축거래상인의 등록취소(2012.2.22 본호신설)

제51조【권한의 위임·위탁】 ① 이 법에 따른 농림축산식품부장관의 권한은 그 일부를 대통령령으로 정하는 바에 따라 시·도지사 또는 소속 기관의 장에게 위임할 수 있다.(2020.3.24 본항개정)

② 이 법에 따른 시·도지사의 권한은 그 일부를 대통령령으로 정하는 바에 따라 시장·군수 또는 구청장에게 위임할 수 있다.
③ 시·도지사는 대통령령으로 정하는 바에 따라 제13조제1항에 따른 수정사에 대한 교육을 축산 관련 법인 및 단체에 위탁하여 실시할 수 있다.
④ 농림축산식품부장관 또는 시장·군수·구청장은 대통령령으로 정하는 바에 따라 제28조에 따른 정기점검 등의 업무 중 일부를 축산 관련 법인 및 단체 중 대통령령으로 정하는 축산 관련 법인 및 단체에 위탁할 수 있다.
(2018.12.31 본항개정)
⑤ 농림축산식품부장관은 대통령령으로 정하는 바에 따라 제29조제1항에 따른 종축 등의 수출입 신고 업무를 축산 관련 법인 및 단체에 위탁할 수 있다.(2013.3.23 본항개정)
⑥ 농림축산식품부장관은 제32조제1항에 따른 송아지생산안정사업 업무를 「농업·농촌 및 식품산업 기본법」 제3조제4호에 따른 생산자단체 중 대통령령으로 정하는 생산자단체에게 위탁할 수 있다.(2015.6.22 본항개정)
⑦ 농림축산식품부장관은 대통령령으로 정하는 바에 따라 제40조의2에 따른 전자민원창구의 설치·운영에 관한 업무를 축산 관련 법인 및 단체에 위탁할 수 있다.
(2019.8.27 본항신설)

제52조【벌칙 적용에서의 공무원 의제】 다음 각 호의 어느 하나에 해당하는 사람은 「형법」 제129조부터 제132조까지의 규정을 적용할 때 공무원으로 본다.(2020.3.24 본문개정)
1. 제37조제1항에 따라 등급판정 업무에 종사하는 품질평가사
2. 제42조의8제1항에 따라 인증업무에 종사하는 인증기관의 임직원
3. 제42조의8제4항에 따라 위탁받은 업무에 종사하는 법인·기관·단체의 임직원
(2020.3.24 1호~3호신설)

제7장 벌 칙

제53조【벌칙】 다음 각 호의 어느 하나에 해당하는 자는 3년 이하의 징역 또는 3천만원 이하의 벌금에 처한다.
(2012.2.22 본문개정)
1. 제22조제1항에 따른 허가를 받지 아니하고 축산업을 경영한 자(2012.2.22 본호개정)
2. (2010.1.25 삭제)
3. 거짓이나 그 밖의 부정한 방법으로 제22조제1항에 따른 축산업의 허가를 받은 자(2012.2.22 본호개정)
4. 제25조제1항에 따른 허가취소 처분을 받은 후 같은 조 제3항에도 불구하고 6개월 후에도 계속 가축을 사육하는 자(2012.2.22 본호개정)
5. 제31조에 따른 명령을 위반한 자
6. 제34조의2제1항에 따른 등록을 하지 아니하고 가축거래를 업으로 한 자(2018.12.31 본호신설)
7. 제35조제4항을 위반하여 등급판정을 받지 아니한 축산물을 농수산물도매시장 또는 공판장에 상장한 자
8. 제35조제5항을 위반하여 등급판정을 받지 아니한 축산물을 도축장에서 반출한 자
9. 제42조의8제1항에 따른 인증기관의 지정을 받지 아니하고 인증업무를 한 자
10. 제42조의8제3항에 따른 인증기관 지정의 유효기간이 지났음에도 인증업무를 한 자
11. 제42조의9제1항제1호를 위반하여 거짓이나 그 밖의 부정한 방법으로 제42조의3에 따른 인증심사, 재심사 및 인증 변경승인, 제42조의4에 따른 인증 갱신, 유효기간 연장 및 재심사 또는 제42조의8제1항 및 제3항에 따른 인증기관의 지정·갱신을 받은 자
12. 제42조의9제1항제2호를 위반하여 거짓이나 그 밖의 부정한 방법으로 제42조의3에 따른 인증심사, 재심사 및 인증 변경승인, 제42조의4에 따른 인증 갱신, 유효기간 연장 및 재심사를 하거나 인증을 받을 수 있도록 도와준 자
13. 제42조의9제1항제3호를 위반하여 거짓이나 그 밖의 부정한 방법으로 인증심사원의 자격을 부여받은 자
14. 제42조의9제1항제4호를 위반하여 인증을 받지 아니한 제품과 제품을 판매하는 진열대에 인증표시나 이와 유사한 표시(인증품으로 잘못 인식할 우려가 있는 표시 및 이와 관련된 외국어 또는 외래어 표시를 포함한다)를 한 자
15. 제42조의9제1항제5호를 위반하여 인증품에 인증받은 내용과 다르게 표시를 한 자
16. 제42조의9제1항제6호를 위반하여 인증 또는 인증 갱신을 신청하는 데 필요한 서류를 거짓으로 발급한 자
17. 제42조의9제1항제7호를 위반하여 인증품에 인증을 받지 아니한 제품 등을 섞어서 판매하거나 섞어서 판매할 목적으로 저장, 운송 또는 진열한 자
18. 제42조의9제1항제8호를 위반하여 인증을 받지 아니한 제품에 인증표시나 이와 유사한 표시를 한 것임을 알거나 인증품에 인증받은 내용과 다르게 표시한 것임을 알고도 인증품으로 판매하거나 판매할 목적으로 저장, 운송 또는 진열한 자
19. 제42조의9제1항제9호를 위반하여 인증이 취소된 제품임을 알고도 인증품으로 판매하거나 판매할 목적으로 저장·운송 또는 진열한 자
20. 제42조의9제1항제10호를 위반하여 인증을 받지 아니한 제품을 인증품으로 광고하거나 인증품으로 잘못 인식할 수 있도록 광고(무항생제 또는 이와 같은 의미의 문구를 사용한 광고를 포함한다)하거나 인증받은 내용과 다르게 광고한 자
21. 제42조의12에 따라 준용되는 「친환경농어업 육성 및 유기식품 등의 관리·지원에 관한 법률」 제29조제1항에 따라 인증기관의 지정취소 처분을 받았음에도 인증업무를 한 자
(2020.3.24 9호~21호신설)

제54조【벌칙】 다음 각 호의 어느 하나에 해당하는 자는 1년 이하의 징역 또는 1천만원 이하의 벌금에 처한다.
(2015.2.3 본문개정)
1. 제11조제1항을 위반한 자
1의2. 제12조제4항을 위반하여 다른 사람에게 수정사의 명의를 사용하게 하거나 그 면허를 대여한 자
1의3. 제12조제5항을 위반하여 수정사의 면허를 취득하지 아니하고 그 명의를 사용하거나 면허를 대여받은 자 또는 이를 알선한 자
(2020.3.24 1호의2~1호의3신설)
2. 제19조를 위반하여 정액·난자 또는 수정란을 가축 인공수정용으로 공급·주입하거나 이를 암가축에 이식한 자
2의2. 제26조제2항을 위반하여 종축이 아닌 오리로부터 번식용 알을 생산한 자(2018.12.31 본호신설)
3. 제34조제1항을 위반하여 시장·군수 또는 구청장에게 등록하지 아니하고 가축시장을 개설한 자(2020.5.26 본호개정)
4. (2018.12.31 삭제)
4의2. 거짓이나 그 밖의 부정한 방법으로 제34조의2제1항에 따른 가축거래상인으로 등록한 자(2012.2.22 본호신설)
5. 제35조제3항에 따라 거래 지역이 고시된 등급판정 대상 축산물을 등급판정을 받지 아니하고 고시지역 안에서 판매하거나 영업을 목적으로 가공·진열·보관 또는 운반한 자
6. 제38조제3항을 위반하여 품질평가사가 하는 등급판정을 거부·방해 또는 기피한 자(2010.1.25 본호개정)
7. 제39조에 따른 준수사항을 위반한 자
8. 제42조제1항에 따른 명령을 위반하거나 검사를 거부·방해 또는 기피한 자
9. 제42조의10제8항에 따른 인증품의 인증표시 제거·사용정지 또는 시정조치, 인증품의 판매금지·판매정지·회수·폐기나 세부 표시사항의 변경 등의 명령에 따르지 아니한 자(2020.3.24 본호신설)

제55조【양벌규정】 법인의 대표자나 법인 또는 개인의 대리인, 사용인, 그 밖의 종업원이 그 법인 또는 개인의 업무에 관하여 제53조 또는 제54조의 위반행위를 하면 그 행위자를 벌하는 외에 그 법인 또는 개인에게도 해당 조문의 벌금형을 과(科)한다. 다만, 법인 또는 개인이 그 위반행위를 방지하기 위하여 해당 업무에 관하여 상당한 주의와 감독을 게을리하지 아니한 경우에는 그러하지 아니하다.(2010.1.25 본조개정)

제56조【과태료】 ① 다음 각 호의 어느 하나에 해당하는 자에게는 1천만원 이하의 과태료를 부과한다.
1. 제22조제1항 후단을 위반하여 변경허가를 받지 아니한 자
2. 제22조제6항에 따른 신고를 하지 아니한 자
3. 제24조제2항에 따른 신고를 하지 아니한 자
4. 제25조제1항 및 제2항에 따른 명령을 위반한 자
5. 제25조제4항에 따른 시정명령을 이행하지 아니한 자
6. 제26조제1항에 따른 준수사항을 위반한 자
7. 제28조제1항 및 제2항에 따른 정기점검 등을 거부·방해 또는 기피하거나 명령을 위반한 자(제34조의6에서 준용하는 경우를 포함한다)
② 다음 각 호의 어느 하나에 해당하는 자에게는 500만원 이하의 과태료를 부과한다.
1. 제17조제1항 및 제4항에 따른 신고를 하지 아니한 자
2. 제22조제3항에 따른 등록을 하지 아니하고 가축사육업을 경영한 자
3. 거짓이나 그 밖의 부정한 방법으로 제22조제3항에 따른 가축사육업을 등록한 자
4. 제33조의2제3항에 따른 교육을 받지 아니한 자
5. 제34조제2항에 따른 명령을 위반하거나 검사를 거부·방해 또는 기피한 자
6. 제34조의2제2항에 따른 신고를 하지 아니한 자
7. 제34조의4에 따른 등록취소 또는 영업정지 명령을 위반하여 계속 영업한 자
8. 제34조의5에 따른 가축거래상인의 준수사항을 위반한 자
9. 제42조의3제8항을 위반하여 해당 인증기관의 장으로부터 승인을 받지 아니하고 인증받은 내용을 변경한 자
10. 제42조의5제1항을 위반하여 인증품의 생산·취급 또는 판매 실적을 정기적으로 인증기관의 장에게 알리지 아니한 자
11. 제42조의5제2항을 위반하여 인증심사와 관련된 서류를 보관하지 아니한 자
12. 제42조의6제1항에 따른 표시방법을 위반한 자
13. 인증을 받지 아니한 사업자로서 제42조의6제3항을 위반하여 인증품의 포장을 해체하여 재포장한 후 인증표시를 한 자
14. 제42조의8제5항 본문을 위반하여 변경사항을 신고하지 아니하거나 같은 항 단서를 위반하여 중요 사항을 승인받지 아니하고 변경한 자
15. 정당한 사유 없이 제42조의10제1항 또는 제42조의12에 따라 준용되는 「친환경농어업 육성 및 유기식품 등의 관리·지원에 관한 법률」 제32조제1항에 따른 조사를 거부·방해하거나 기피한 자
16. 제42조의11을 위반하여 인증기관이나 인증사업자의 지위를 승계한 사실을 신고하지 아니한 자
17. 제42조의12에 따라 준용되는 「친환경농어업 육성 및 유기식품 등의 관리·지원에 관한 법률」 제27조제1항 제4호를 위반하여 인증 결과 및 사후관리 결과 등을 보고하지 아니하거나 거짓으로 보고한 자
18. 제42조의12에 따라 준용되는 「친환경농어업 육성 및 유기식품 등의 관리·지원에 관한 법률」 제28조를 위반하여 신고하지 아니하고 인증업무의 전부 또는 일부를 휴업하거나 폐업한 자
③ 제1항 및 제2항에 따른 과태료는 대통령령으로 정하는 바에 따라 농림축산식품부장관, 시·도지사나 시장·군수 또는 구청장(이하 "부과권자"라 한다)이 부과·징수한다.
(2020.3.24 본조개정)

부 칙

제1조【시행일】 이 법은 공포한 날부터 시행한다. 다만, 제33조와 제47조제1항제8호의 개정규정은 2007년 6월 29일부터 시행하고, 부칙 제8조제1항의 개정규정은 2007년 9월 28일부터 시행한다.

제2조【시행일에 관한 경과조치】 부칙 제1조 단서에 따라 제33조, 제44조제1항제5호 및 제47조 제1항제8호의 개정규정이 시행되기 전까지는 그에 해당하는 종전의 제26조의3, 제36조제1항제5호 및 제39조제1항제7호의2를 적용한다.

제3조【등급판정사의 자격에 관한 경과조치】 ① 법률 제6381호 축산법중개정법률 시행일인 2001년 4월 27일 당시 종전의 규정에 따라 등급판정사의 자격을 갖춘 자는 제37조의 개정규정에 따른 등급판정사의 자격을 갖춘 것으로 본다.
② 법률 제6381호 축산법중개정법률 시행일인 2001년 4월 27일 당시 종전의 규정에 따라 등급판정사시험에 합격하였거나 그 시험에 합격하고 등급판정사 양성교육을 이수 중인 자는 제37조의 개정규정에 따른 등급판정사 시험에 합격하였거나 그 시험에 합격하고 등급판정사 양성교육을 이수 중인 자로 본다.

제4조【기금의 관리주체변경에 따른 경과조치】 ① 법률 제6381호 축산법중일부개정법률 시행일인 2001년 4월 27일 당시 종전의 규정에 따라 기금의 운용·관리를 위하여 농업협동조합중앙회가 행한 행위는 농림부장관이 행한 것으로 본다.
② 법률 제6381호 축산법중일부개정법률 시행일인 2001년 4월 27일 당시 기금의 재산에 관하여 등기부나 그 밖의 공부에 표시된 축산업협동조합중앙회의 명의는 법률 제6018호 농업협동조합법 부칙 제7조에도 불구하고 국가의 명의로 본다.

제5조【보호가축의 지정에 관한 경과조치】 법률 제8182호 축산법 일부개정법률의 시행일인 2007년 1월 3일 당시 종전의 제8조에 따라 보호가축으로 지정된 것은 제8조의 개정규정에 따라 보호가축으로 지정된 것으로 본다.

제6조【처분 등에 관한 일반적 경과조치】 이 법 시행 당시 종전의 규정에 따른 행정기관의 행위나 행정기관에 대한 행위는 그에 해당하는 이 법에 따른 행정기관의 행위나 행정기관에 대한 행위로 본다.

제7조【벌칙이나 과태료에 관한 경과조치】 이 법 시행 전의 행위에 대하여 벌칙이나 과태료 규정을 적용할 때에는 종전의 규정에 따른다.

제8조【다른 법률의 개정】 ①~⑧ ※(해당 법령에 가제정리 하였음)

제9조【다른 법령과의 관계】 이 법 시행 당시 다른 법령에서 종전의 「축산법」 또는 그 규정을 인용한 경우에 이 법 가운데 그에 해당하는 규정이 있으면 종전의 규정을 갈음하여 이 법의 해당 규정을 인용한 것으로 본다.

부 칙 (2010.1.25)

제1조【시행일】 이 법은 공포한 날부터 시행한다.

제2조【명칭 변경에 따른 경과조치】 ① 이 법 시행 당시 종전의 규정에 따른 축산물등급판정소 및 축산물등급판정사는 이 법에 따른 축산물품질평가원 및 축산물품질평가사로 본다.
② 이 법 시행 당시 축산물등급판정소 또는 축산물등급

판정사 명의로 행한 행위, 그 밖의 법률관계에 있어서는 축산물품질평가원 또는 축산물품질평가사의 명의로 행한 것으로 본다.
③ 이 법 시행 당시 등기부, 그 밖의 공부상에 표시된 축산물등급판정소의 명의는 축산물품질평가원의 명의로 본다.
제3조【다른 법률의 개정】※(해당 법령에 가제정리 하였음)

부 칙 (2012.2.22)

제1조【시행일】 이 법은 공포 후 1년이 경과한 날부터 시행한다.
제2조【이 법 시행을 위한 준비행위】 국가 또는 지방자치단체는 이 법 시행 전에 제32조의2의 개정규정에 따른 국가축산클러스터의 지원·육성과 제32조의3의 개정규정에 따른 국가축산클러스터지원센터의 설립에 필요한 준비행위를 할 수 있다.
제3조【축산업 허가 요건 중 위치에 관한 사항에 관한 적용례】 제22조제1항의 개정규정 중 위치에 관한 사항은 이 법 시행 후 최초로 축산업 허가를 받는 자부터 적용한다.
제4조【축산업 등록을 한 자 등의 교육에 관한 특례】 제33조의2의 개정규정에도 불구하고 부칙 제5조제1항에 해당하는 자는 이 법 시행일부터 1년 이내에, 부칙 제5조제2항에 해당하는 자는 이 법 시행일부터 2년 이내에 각각 제33조의2의 개정규정에 따른 교육을 받아야 한다.
제5조【축산업 등록 등에 관한 경과조치】 ① 이 법 시행 당시 종전의 규정에 따라 축산업 등록을 한 자로서 제22조제1항 각 호의 어느 하나에 해당하는 축산업을 경영하는 자는 제22조제1항의 개정규정에 따라 축산업 허가를 받은 것으로 본다. 이 경우 제22조제1항의 개정규정에 따른 축산업 허가의 요건 중 대통령령으로 정하는 시설·장비 및 단위면적당 적정사육두수를 갖추지 못한 자는 이 법 시행일부터 1년 이내에 그 요건을 갖추어야 한다.
② 이 법 시행 당시 종전의 규정에 따라 가축사육업 등록을 한 자로서 제22조제1항제4호의 개정규정에 해당하지 아니한 자는 제22조제2항의 개정규정에 따라 가축사육업 등록을 한 것으로 본다.
제6조【축산업 등록취소 등에 관한 경과조치】 이 법 시행 당시 종전의 규정에 따라 축산업 등록이 취소되었거나 영업정지 중인 경우에는 제25조의 개정규정에 따라 축산업 또는 가축사육업의 허가 또는 등록이 취소되었거나 영업정지 중인 것으로 본다.
제7조【벌칙 및 과태료에 관한 경과조치】 이 법 시행 전의 행위에 대하여 벌칙이나 과태료 규정을 적용할 때에는 종전의 규정에 따른다.
제8조【다른 법령과의 관계】 이 법 시행 당시 다른 법령에서 종전의 「축산법」 또는 그 규정을 인용한 경우 이 법 가운데 그에 해당하는 규정이 있는 때에는 종전의 규정을 갈음하여 이 법의 해당 규정을 인용한 것으로 본다.

부 칙 (2014.3.18)

제1조【시행일】 이 법은 공포한 날부터 시행한다.
제2조【금치산자 등에 대한 경과조치】 제12조제2항제1호 및 제34조의3제1호의 개정규정에 따른 피성년후견인 또는 피한정후견인에는 법률 제10429호 민법 일부개정법률 부칙 제2조에 따라 금치산 또는 한정치산 선고의 효력이 유지되는 사람을 포함하는 것으로 본다.

부 칙 (2017.3.21)

제1조【시행일】 이 법은 공포 후 6개월이 경과한 날부터 시행한다.
제2조【행정처분에 관한 경과조치】 이 법 시행 전의 위반행위에 대한 행정처분에 관하여는 종전의 규정에 따른다.

부 칙 (2018.12.31)

제1조【시행일】 이 법은 공포 후 1년이 경과한 날부터 시행한다.
제2조【축산업 허가 또는 가축사육업 등록 요건 등에 관한 적용례】 제22조의 개정규정은 이 법 시행 이후 최초로 축산업의 허가를 받거나 가축사육업을 등록하는 경우부터 적용한다.
제3조【메추리 부화업 허가에 관한 경과조치】 이 법 시행 당시 종전의 규정에 따라 부화업 허가를 받지 아니하고 메추리 부화업을 경영하는 자는 이 법 시행일부터 6개월까지는 제2조제6호의 개정규정에도 불구하고 허가를 받지 아니하고 영업을 할 수 있다.
제4조【가축시장 개설 등록에 관한 경과조치】 이 법 시행 당시 종전의 규정에 따라 가축시장 등록을 하지 아니하고 가축시장을 개설·관리하는 축산업협동조합은 이 법 시행일부터 6개월까지는 제34조제1항의 개정규정에도 불구하고 등록을 하지 아니하고 가축시장을 개설·관리할 수 있다.
제5조【벌칙 및 과태료에 관한 경과조치】 이 법 시행 전의 행위에 대하여 벌칙이나 과태료 규정을 적용할 때에는 종전의 규정에 따른다.

부 칙 (2019.8.27)

제1조【시행일】 이 법은 공포 후 6개월이 경과한 날부터 시행한다. 다만, 제17조와 제29조의 개정규정은 공포한 날부터 시행한다.
제2조【농약 사용에 따른 허가취소 등에 관한 적용례】 법률 제16126호 축산법 일부개정법률 제25조제1항제10호의 개정규정은 이 법 시행 후 최초로 「농약관리법」 제2조에 따른 농약을 가축에 사용하여 「축산물 위생관리법」에 따른 검사 결과 불합격 판정을 받은 경우부터 적용한다.
제3조【과징금 부과에 관한 적용례】 법률 제16126호 축산법 일부개정법률 제25조의2의 개정규정은 이 법 시행 이후의 위반행위부터 적용한다.

부 칙 (2020.3.24 법17099호)

제1조【시행일】 이 법은 2020년 8월 28일부터 시행한다. 다만, 제2조제1호·제3호, 제32조제6항, 제37조제2항제1호, 제41조제1항, 제48조제3항의 개정규정은 공포한 날부터 시행하고, 제12조제4항·제5항, 제14조제1항제4호부터 제6호까지, 제54조제1호의2·제1호의3의 개정규정은 공포 후 3개월이 경과한 날부터 시행하며, 제32조의4의 개정규정은 공포 후 1년이 경과한 날부터 시행한다.
제2조【과태료에 대한 적용례】 제56조의 개정규정(부칙 제5조에 해당하는 부분은 제외한다)은 이 법 시행 후 최초로 과태료를 부과하는 경우부터 적용한다.
제3조【처분 등에 관한 일반적 경과조치】 이 법 시행 전에 종전의 「친환경농어업 육성 및 유기식품 등의 관리·지원에 관한 법률」에 따라 행한 처분·절차나 그 밖의 행정기관의 행위와 행정기관에 대한 행위(무항생제축산물에 관한 것으로 한정한다)는 그에 해당하는 이 법에 따른 처분·절차나 행정기관의 행위 또는 행정기관에 대한 행위로 본다.
제4조【무항생제축산물 인증 및 인증기관 지정에 관한 경과조치】 ① 이 법 시행 당시 종전의 「친환경농어업 육성 및 유기식품 등의 관리·지원에 관한 법률」 제34조에 따라 인증받은 무항생제축산물과 같은 법 제26조에 따라 지정 받은 인증기관은 그 유효기간이 만료될 때까지는 제42조의2 또는 제42조의8의 개정규정에 따라 인증 또는 지정을 받은 것으로 본다.
② 이 법 시행 당시 종전의 「친환경농어업 육성 및 유기식품 등의 관리·지원에 관한 법률」 제34조에 따라 무항생제축산물에 대한 인증을 신청한 경우와 같은 법 제26조에 따라 인증기관의 지정을 신청한 경우에는 제42조의3제1항 또는 제42조의8제2항의 개정규정에 따라 인증 또는 지정을 신청한 것으로 본다.
제5조【행정처분 및 벌칙 등에 관한 경과조치】 ① 이 법 시행 전의 수정사 면허와 관련된 위반행위에 대하여 행정처분을 하거나 벌칙 또는 과태료를 적용할 때에는 종전의 규정에 따른다.
② 이 법 시행 전의 무항생제축산물 인증과 관련된 위반행위에 대하여 행정처분을 하거나 벌칙 또는 과태료를 적용할 때에는 종전의 「친환경농어업 육성 및 유기식품 등의 관리·지원에 관한 법률」에 따른다.
제6조【다른 법률의 개정】※(해당 법령에 가제정리 하였음)
제7조【다른 법령과의 관계】 이 법 시행 당시 다른 법령에서 종전의 「친환경농어업 육성 및 유기식품 등의 관리·지원에 관한 법률」 또는 그 규정(무항생제축산물에 관한 것으로 한정한다)을 인용한 경우에 이 법 중 그에 해당하는 규정이 있을 때에는 종전의 규정에 갈음하여 이 법 또는 이 법의 해당 규정을 인용한 것으로 본다.

부 칙 (2020.5.26)

제1조【시행일】 이 법은 공포 후 6개월이 경과한 날부터 시행한다.
제2조【다른 법률의 개정】※(해당 법령에 가제정리 하였음)

부 칙 (2021.6.15)

이 법은 공포 후 1년이 경과한 날부터 시행한다.

부 칙 (2021.8.17)

제1조【시행일】 이 법은 2023년 1월 1일부터 시행한다. (이하 생략)

부 칙 (2021.11.30)

이 법은 공포 후 6개월이 경과한 날부터 시행한다.

축산물 위생관리법

(1997년 12월 13일 전부개정법률 제5443호)

개정
1998. 2.28법 5529호(정부조직)
1999. 1.29법 5720호(축산법)
1999. 2. 5법 5765호
1999. 5.24법 5982호(정부조직)
2000. 1.21법 6192호 2001.12.31법 6571호
2002. 1.26법 6627호(민집)
2004. 1.29법 7134호
2005. 3.31법 7428호(채무자회생파산)
2006. 3.24법 7915호
2007. 4.11법 8354호(축산법)
2007.12.21법 8757호
2008. 2.29법 8852호(정부조직)
2009. 5. 8법 9665호
2010. 3.31법10219호(지방세기본법)
2010. 5.25법10310호 2011.11.22법11100호
2012. 2.22법11358호
2013. 3.23법11690호(정부조직)
2013. 4. 5법11738호
2013. 7.30법11985호(식품·의약품분야시험·검사등에관한법)
2013. 7.30법11989호
2013. 8. 6법11998호(지방세외수입금의징수등에관한법)
2014. 5.21법12672호
2015. 2. 3법13201호(수입식품안전관리특별법)
2016. 2. 3법14025호
2016. 2. 3법14026호(한국식품안전관리인증원의설립및운영에관한법)
2017.10.24법14957호 2018. 3.13법15487호
2018.12.11법15946호 2019. 4.30법16434호
2020. 3.24법17091호(지방행정제재·부과금의징수등에관한법)
2020. 4. 7법17249호
2020.12.29법17811호→시행일 부칙 참조
2021. 7.27법18366호
2021. 8.17법18445호(식품등의표시·광고에관한법)
2021.12.21법18632호
2024. 1. 2법19921호→2024년 7월 3일 시행

제1장 총 칙
(2010.5.25 본장개정)

제1조【목적】 이 법은 축산물의 위생적인 관리와 그 품질의 향상을 도모하기 위하여 가축의 사육·도살·처리와 축산물의 가공·유통 및 검사에 필요한 사항을 정함으로써 축산업의 건전한 발전과 공중위생의 향상에 이바지함을 목적으로 한다.
제2조【정의】 이 법에서 사용하는 용어의 뜻은 다음과 같다.
1. "가축"이란 소, 말, 양(염소 등 산양을 포함한다. 이하 같다), 돼지(사육하는 멧돼지를 포함한다. 이하 같다), 닭, 오리, 그 밖에 식용(食用)을 목적으로 하는 동물로서 대통령령으로 정하는 동물을 말한다.
2. "축산물"이란 식육·포장육·원유(原乳)·식용란(食用卵)·식육가공품·유가공품·알가공품을 말한다.
3. "식육(食肉)"이란 식용을 목적으로 하는 가축의 지육(枝肉), 정육(精肉), 내장, 그 밖의 부분을 말한다.
4. "포장육"이란 판매(불특정다수인에게 무료로 제공하는 경우를 포함한다. 이하 같다)를 목적으로 식육을 절단〔세절(細切) 또는 분쇄(粉碎)를 포함한다〕하여 포장한 상태로 냉장하거나 냉동한 것으로서 화학적 합성품 등의 첨가물이나 다른 식품을 첨가하지 아니한 것을 말한다.
5. "원유"란 판매 또는 판매를 위한 처리·가공을 목적으로 하는 착유(搾乳) 상태의 우유와 양유(羊乳)를 말한다.
6. "식용란"이란 식용을 목적으로 하는 가축의 알로서 총리령으로 정하는 것을 말한다.(2013.3.23 본호개정)
7. "집유(集乳)"란 원유를 수집, 여과, 냉각 또는 저장하는 것을 말한다.
8. "식육가공품"이란 판매를 목적으로 하는 햄류, 소시지류, 베이컨류, 건조저장육류, 양념육류, 그 밖에 식육을 원료로 하여 가공한 것으로서 대통령령으로 정하는 것을 말한다.
9. "유가공품"이란 판매를 목적으로 하는 우유류, 저지방우유류, 분유류, 조제유류(調製乳類), 발효유류, 버터류, 치즈류, 그 밖에 원유 등을 원료로 하여 가공한 것으로서 대통령령으로 정하는 것을 말한다.(2016.2.3 본호개정)
10. "알가공품"이란 판매를 목적으로 하는 난황액(卵黃液), 난백액(卵白液), 전란분(全卵粉), 그 밖에 알을 원료로 하여 가공한 것으로서 대통령령으로 정하는 것을 말한다.
11. "작업장"이란 도축장, 집유장, 축산물가공장, 식용란선별포장장, 식육포장처리장 또는 축산물보관장을 말한다.(2017.10.24 본호개정)
12. "기립불능(起立不能)"이란 일어서거나 걷지 못하는 증상을 말한다.

13. "축산물가공품이력추적관리"란 축산물가공품(식육가공품, 유가공품 및 알가공품을 말한다. 이하 같다)을 가공단계부터 판매단계까지 단계별로 정보를 기록·관리하여 그 축산물가공품의 안전성 등에 문제가 발생할 경우 그 축산물가공품의 이력을 추적하여 원인을 규명하고 필요한 조치를 할 수 있도록 관리하는 것을 말한다. (2016.2.3 본호신설)

제3조【다른 법률과의 관계】 축산물에 관하여 이 법에 규정이 있는 경우를 제외하고는 「식품위생법」에 따른다.

제2장 축산물 등의 기준·규격
(2018.3.13 본장제목개정)

제3조의2【축산물위생심의위원회의 설치 등】 ① 식품의약품안전처장의 자문에 응하여 축산물 위생에 관한 주요 사항 등을 조사·심의하기 위하여 식품의약품안전처에 축산물위생심의위원회(이하 "위원회"라 한다)를 둔다. (2018.12.11 본항개정)

② 위원회는 다음 각 호의 사항을 조사·심의한다.
1. 축산물의 병원성미생물(病原性微生物) 검사기준 및 오염 방지에 관한 사항
2. 축산물의 항생물질, 농약 등 유해성 물질의 잔류 방지를 위한 기술지도 및 교육에 관한 사항
3. 축산물의 가공·포장·보존·유통의 기준 및 성분의 규격에 관한 사항
4. 제9조제1항에 따른 안전관리인증기준에 관한 사항 (2013.7.30 본호개정)
5. 제15조의2제1항 또는 제33조의2제2항에 따른 축산물의 수입·판매 등의 금지 조치에 관한 사항
6. 그 밖에 식품의약품안전처장이 중요하다고 인정하여 심의에 부치는 사항(2013.3.23 본호개정)

③ 위원회는 위원장과 부위원장 각 1명을 포함한 30명 이상 50명 이하의 위원으로 구성한다. 이 경우 공무원이 아닌 위원이 전체 위원의 과반수가 되도록 하여야 한다. (2019.4.30 본항신설)

④ 위원장은 위원 중에서 호선하고 부위원장은 위원장이 지명하는 위원이 된다.(2019.4.30 본항신설)

⑤ 위원회의 위원은 다음 각 호의 어느 하나에 해당하는 사람 중에서 식품의약품안전처장이 위촉하거나 임명한다. 이 경우 제1호 또는 제2호에 해당하는 사람 중에서 위촉할 때에는 관련 학회 또는 전문가 단체 등의 추천을 받을 수 있다.
1. 축산물 위생 또는 소비자 보호에 관한 학식과 경험이 풍부한 사람
2. 축산물에 관한 영업에 종사하는 사람
3. 축산물 위생관리, 가축 방역 또는 축산물 생산·유통 관련 업무를 담당하는 공무원
(2019.4.30 본항신설)

⑥ 위원의 임기는 2년으로 한다. 다만, 공무원인 위원의 임기는 해당 직(職)에 재직하는 기간으로 한다.(2019.4.30 본항신설)

⑦ 위원회의 효율적인 운영을 위하여 위원회에 전문 분야별로 분과위원회를 둘 수 있다.(2019.4.30 본항신설)

⑧ 축산물의 국제기준 및 규격 등을 조사·연구하게 하기 위하여 위원회에 연구위원을 둘 수 있다.

⑨ 제1항부터 제8항까지에서 규정한 사항 외에 위원회 및 분과위원회의 구성과 운영에 필요한 사항은 대통령령으로 정한다.(2019.4.30 본항개정)

제4조【축산물의 기준 및 규격】 ① 가축의 도살·처리 및 집유의 기준은 총리령으로 정한다.(2013.3.23 본항개정)

② 식품의약품안전처장은 공중위생상 필요한 경우 다음 각 호의 사항을 정하여 고시할 수 있다.(2013.3.23 본문개정)
1. 축산물의 가공·포장·보존 및 유통의 방법에 관한 기준(이하 "가공기준"이라 한다)
2. 축산물의 성분에 관한 규격(이하 "성분규격"이라 한다)
3. 축산물의 위생등급에 관한 기준

③ 식품의약품안전처장은 가공기준 및 성분규격이 정하여지지 아니한 축산물에 대하여는 그 축산물가공업의 영업자로 하여금 가공기준 및 성분규격을 제출하도록 하여 「식품·의약품분야 시험·검사 등에 관한 법률」 제6조제2항제2호에 따른 축산물 시험·검사기관의 검토를 거쳐 그 가공기준 및 성분규격을 제2항에 따른 고시 전까지 한시적으로 인정할 수 있다.(2013.7.30 본항개정)

④ 식품의약품안전처장은 축산물가공업의 영업자가 거짓이나 그 밖의 부정한 방법으로 제3항에 따른 가공기준 및 성분규격의 인정을 받은 경우 이를 취소하여야 한다. (2021.12.21 본항신설)

⑤ 수출을 목적으로 하는 축산물의 기준, 가공기준 및 성분규격은 제1항 및 제2항에도 불구하고 수입자가 요구하는 기준, 가공기준 및 성분규격에 따를 수 있다.

⑥ 가축의 도살·처리, 집유와 축산물의 가공·포장·보존·유통은 제1항부터 제3항까지의 규정에 따른 기준, 가공기준 및 성분규격에 따라야 한다. 판매를 목적으로 수입하는 축산물의 경우에도 같다.

⑦ 제1항부터 제3항까지의 규정에 따른 기준, 가공기준 및 성분규격에 맞지 아니하는 축산물은 판매하거나 판매할 목적으로 보관·운반 또는 진열하여서는 아니 된다.

제5조【용기등의 규격 등】 ① 식품의약품안전처장은 축산물의 위생적 처리를 위하여 필요하다고 인정하면 축산물에 사용하는 용기, 기구, 포장 또는 검인용·인쇄용 색소(이하 "용기등"이라 한다)에 관한 규격 등 필요한 사항을 정하여 고시할 수 있다.(2013.3.23 본항개정)

② 제1항에 따라 규격 등이 정하여진 경우에는 그 규격 등에 적합한 용기등을 사용하여야 한다.

제6조 (2018.3.13 삭제)

제3장 축산물의 위생관리
(2010.5.25 본장개정)

제7조【가축의 도살 등】 ① 가축의 도살·처리, 집유, 축산물의 가공·포장 및 보관은 제22조제1항에 따라 허가를 받은 작업장에서 하여야 한다. 다만, 다음 각 호의 어느 하나에 해당하는 경우에는 그러하지 아니하다.
1. 학술연구용으로 사용하기 위하여 도살·처리하는 경우
2. 특별시장·광역시장·특별자치시장·도지사 또는 특별자치도지사(이하 "시·도지사"라 한다)가 소와 말을 제외한 가축의 종류별로 정하여 고시하는 지역에서 그 가축을 자가소비(自家消費)하기 위하여 도살·처리하는 경우(2011.11.22 본호개정)
3. 시·도지사가 소·말·돼지 및 양을 제외한 가축의 종류별로 정하여 고시하는 지역에서 그 가축을 소유자가 해당 장소에서 소비자에게 직접 조리하여 판매(이하 "자가 조리·판매"라 한다)하기 위하여 도살·처리하는 경우(2016.2.3 본호개정)

② 제1항제1호에 따라 가축을 도살·처리한 자는 총리령으로 정하는 바에 따라 시·도지사에게 신고하여야 한다. (2013.3.23 본항개정)

③ 제1항제1호에 따라 도살·처리한 가축의 식육은 총리령으로 정하는 바에 따라 식용으로 사용하거나 판매할 수 있다.(2013.3.23 본항개정)

④ 제1항제3호에 따라 소·말·돼지 및 양을 제외한 가축을 도살·처리하는 자는 식품의약품안전처장이 정하여 고시하는 바에 따라 위생적으로 도살·처리하여야 한다. (2013.3.23 본항개정)

⑤ 제1항 각 호 외의 부분 본문에도 불구하고 부상 등 대통령령으로 정하는 경우를 제외한 기립불능 가축은 도살·처리하여 식용으로 사용하거나 판매하여서는 아니 된다.

⑥ 국가 및 지방자치단체는 제5항에 따른 기립불능 가축에 대하여 질병검사를 실시한 후 적절한 방법으로 폐기처리하여야 하고, 이에 따라 발생한 가축소유자의 손실에 대하여는 정당한 보상을 하여야 한다.

⑦ 제5항의 적용 대상 가축 및 제6항에 따른 가축별 질병검사 항목 및 검사방법, 보상 기준·절차와 보상가격 산정 및 폐기 방식 등에 필요한 사항은 대통령령으로 정한다.

⑧ 소·말·돼지 및 양을 제외한 가축 중에서 총리령으로 정하는 가축을 제1항제2호에 따른 자가소비 또는 자가 조리·판매를 하기 위하여 도살·처리하려는 자는 시·도지사 또는 시장·군수·구청장(자치구의 구청장을 말한다. 이하 같다)에게 도살·처리하는 가축이나 도살 후 처리하는 식육에 대하여 검사를 요청할 수 있다. 이 경우 요청을 받은 시·도지사 또는 시장·군수·구청장은 특별한 사정이 없으면 제13조제1항에 따라 시·도지사가 임명·위촉한 검사관에게 그 검사를 하게 하여야 한다. (2016.2.3 본항신설)

⑨ 제8항에 따라 식육에 대한 검사를 한 검사관은 검사에 합격한 식육에 제16조에 따른 합격표시를 하여야 한다. 다만, 검사를 요청한 자가 합격표시를 원하지 아니하는 경우에는 그러하지 아니하다.(2016.2.3 본항신설)

⑩ 제8항에 따른 검사의 항목·방법·기준·절차 등에 관하여 필요한 사항은 총리령으로 정한다.(2016.2.3 본항신설)

제8조【위생관리기준】 ① 제22조에 따라 허가를 받거나 제24조에 따라 신고를 한 자(이하 "영업자"라 한다) 및 그 종업원이 작업장 또는 업소에서 지켜야 할 위생관리기준(이하 "위생관리기준"이라 한다)은 총리령으로 정한다. (2013.3.23 본항개정)

② 다음 각 호에 해당하는 영업자는 위생관리기준에 따라 해당 작업장 또는 업소에서 영업자 및 종업원이 지켜야 할 자체위생관리기준을 작성·운영하여야 한다. 다만, 제9조제4항 또는 제5항 후단에 따라 안전관리인증작업장 또는 안전관리인증업소로 인증을 받거나 받은 것으로 보는 경우에는 그러하지 아니하다.(2020.4.7 단서신설)
1. 제21조제1항제1호에 따른 도축업의 영업자
2. 제21조제1항제3호에 따른 축산물가공업의 영업자
3. 제21조제1항제4호에 따른 식육포장처리업의 영업자
4. 그 밖에 자체위생관리기준을 작성·운영하여야 한다고 인정되어 총리령으로 정하는 영업자(2013.3.23 본호개정)

③ 제2항에 따른 자체위생관리기준의 작성·운영 등에 필요한 사항은 총리령으로 정한다.(2013.3.23 본항개정)

제9조【안전관리인증기준】 ① 식품의약품안전처장은 가축의 사육부터 축산물의 원료관리·처리·가공·포장·유통 및 판매까지의 모든 과정에서 인체에 위해(危害)를 끼치는 물질이 축산물에 혼입되거나 그 물질로부터 축산물이 오염되는 것을 방지하기 위하여 총리령으로 정하는 바에 따라 각 과정별로 안전관리인증기준(이하 "안전관리인증기준"이라 한다) 및 그 적용에 관한 사항을 정하여 고시한다.

② 제21조제1항제1호에 따른 도축업의 영업자와 같은 항 제2호에 따른 집유업의 영업자는 안전관리인증기준에 따라 해당 작업장에 적용할 자체안전관리인증기준(이하 "자체안전관리인증기준"이라 한다)을 작성·운용하여야 한다. 다만, 총리령으로 정하는 섬 지역에 있는 영업자인 경우에는 그러하지 아니하다.(2020.4.7 본문개정)

③ 제21조제1항제3호에 따른 축산물가공업의 영업자 중 총리령으로 정하는 영업자와 같은 항 제3호의2에 따른 식용란선별포장업의 영업자는 제1항에 따라 식품의약품안전처장이 고시한 안전관리인증기준을 지켜야 한다. (2020.4.7 본항신설)

③ 제21조제1항제3호에 따른 축산물가공업의 영업자 중 총리령으로 정하는 영업자, 같은 항 제3호의2에 따른 식용란선별포장업의 영업자 및 같은 항 제4호에 따른 식육포장처리업의 영업자는 제1항에 따라 식품의약품안전처장이 고시한 안전관리인증기준을 지켜야 한다. (2020.12.29 본항개정 : 시행일 부칙 참조)

④ 식품의약품안전처장은 제3항에 따라 안전관리인증기준을 지켜야 하는 영업자와 안전관리인증기준을 준수하고 있음을 인증받기를 원하는 자(제2항 본문에 따른 영업자는 제외한다)가 있는 경우에는 그 준수 여부를 심사하여 해당 작업장·업소 또는 농장을 안전관리인증작업장·안전관리인증업소 또는 안전관리인증농장으로 인증할 수 있다.(2020.4.7 본항개정)

⑤ 「농업협동조합법」에 따른 축산업협동조합 등 총리령으로 정하는 자가 가축의 사육, 축산물의 처리·가공·유통 및 판매 등 모든 단계에서 안전관리인증기준을 준수하고 있음을 통합하여 인증받고자 신청하는 경우에는 식품의약품안전처장은 그 신청자와 가축의 출하 또는 원료공급 등의 계약을 체결한 작업장·업소 또는 농장의 안전관리인증기준 준수 여부 등 인증요건을 심사하여 해당 신청자를 안전관리통합인증업체로 인증할 수 있다. 이 경우 해당 작업장·업소 또는 농장은 제4항에 따른 안전관리인증작업장·안전관리인증업소 또는 안전관리인증농장으로 각각 인증받은 것으로 본다.(2020.4.7 후단개정)

⑥ 제4항 또는 제5항 후단에 따라 안전관리인증작업장·안전관리인증업소 또는 안전관리인증농장으로 인증을 받거나 받은 것으로 보는 자, 제5항 전단에 따른 안전관리통합인증업체로 인증을 받은 자가 그 인증받은 사항 중 총리령으로 정하는 사항을 변경하려는 경우에는 식품의약품안전처장의 변경 인증을 받아야 한다.(2020.4.7 본항개정)

⑦ 식품의약품안전처장은 제4항 또는 제5항 후단에 따라 안전관리인증작업장·안전관리인증업소 또는 안전관리인증농장으로 인증을 받거나 받은 것으로 보는 자, 제5항 전단에 따른 안전관리통합인증업체로 인증을 받은 자 및 제6항에 따라 변경 인증을 받은 자에게 그 인증 또는 변경 인증 사실을 증명하는 서류를 발급하여야 한다. (2020.4.7 본항개정)

⑧ 자체안전관리인증기준을 작성·운용하지 아니하는 자는 자체안전관리인증기준을 작성·운용하고 있다는 내용의 표시·광고를 하여서는 아니 된다.(2020.4.7 본항신설)

⑨ 제7항에 따른 인증 또는 변경 인증 사실 증명서류를 발급받지 아니한 자는 안전관리인증작업장·안전관리인증업소·안전관리인증농장 또는 안전관리통합인증업체(이하 "안전관리인증작업장등"이라 한다)라는 명칭을 사용하지 못한다.(2020.4.7 본항개정)

⑩ 식품의약품안전처장, 시·도지사 또는 시장·군수·구청장은 안전관리인증기준을 효율적으로 운용하기 위하여 다음 각 호의 어느 하나에 해당하는 자에게 안전관리인증기준 준수에 필요한 기술·정보를 제공하거나 교육훈련을 실시할 수 있다.(2016.2.3 본문개정)
1. 자체안전관리인증기준을 작성·운용하여야 하는 영업자(종업원을 포함한다)
2. 제4항 또는 제5항에 따라 안전관리인증작업장등의 인증을 받으려는 자 및 인증을 받은 자(종업원을 포함한다) (2020.4.7 본호개정)

⑪ 식품의약품안전처장, 시·도지사 또는 시장·군수·구청장은 안전관리인증작업장등으로 인증받은 자에게 시설 개선을 위한 융자사업 등의 우선지원을 할 수 있다.

⑫ 다음 각 호의 사항은 총리령으로 정한다.
1. 제4항 및 제5항에 따른 안전관리인증작업장등의 인증요건 및 절차
2. 제6항에 따른 변경 인증의 절차
3. 제7항에 따른 증명서류의 발급
(2020.4.7 1호~3호개정)
4. (2018.12.11 삭제)
(2013.7.30 본조개정)

제9조의2【인증 유효기간】 ① 제9조제4항 또는 제5항에 따른 인증의 유효기간은 인증을 받은 날부터 3년으로 하며, 같은 조 제6항에 따른 변경 인증의 유효기간은 당초 인증 유효기간의 남은 기간으로 한다.(2020.4.7 본항개정)

② 제1항에 따른 인증 유효기간을 연장하려는 자는 총리령으로 정하는 바에 따라 식품의약품안전처장에게 연장신청을 하여야 한다.

③ 식품의약품안전처장은 제2항에 따른 연장신청을 받았을 때에는 안전관리인증기준에 적합하다고 인정하는 경우 그 기간을 연장할 수 있다. 이 경우 1회의 연장기간은 3년을 초과할 수 없다.
(2013.7.30 본조개정)

제9조의3【안전관리인증기준의 준수 여부 평가 등】 ① 식품의약품안전처장은 안전관리인증작업장등에 대하여 안전관리인증기준의 준수 여부를 연 1회 이상 조사·평가하여야 한다.
② 식품의약품안전처장은 자체안전관리인증기준을 운용하는 영업자에 대하여 자체안전관리인증기준 및 그 운용의 적정성을 연 1회 이상 조사·평가하여야 한다.
③ 식품의약품안전처장은 제1항에 따른 평가 결과가 총리령으로 정하는 기준 이상인 안전관리인증작업장등에 대하여 제1항에 따른 조사·평가를 면제하는 등 행정적·재정적 지원을 할 수 있다. 다만, 안전관리인증작업장등이 제9조의2제1항에 따른 인증 유효기간 내에 이 법을 위반하여 영업의 정지, 허가 취소 등 행정처분을 받은 경우에는 제1항에 따른 조사·평가를 면제해서는 아니 된다.(2020.4.7 본항신설)
④ 식품의약품안전처장은 제2항에 따른 평가 결과 그 결과가 우수한 영업자에 대하여 우선적으로 행정적·재정적 지원을 할 수 있다.
⑤ 식품의약품안전처장은 안전관리인증기준의 적정성 검증을 통하여 안전관리인증제도의 정착과 지속적 발전을 위하여 노력하여야 한다.
⑥ 식품의약품안전처장은 제5항에 따른 검증을 하기 위하여 관계 공무원이 관련 작업장·업소 또는 농장에 출입하여 조사하게 할 수 있다. 이 경우 관계 공무원은 그 권한을 표시하는 증표를 지니고 이를 관계인에게 보여주어야 한다.(2020.4.7 전단개정)
⑦ 안전관리인증작업장등의 인증을 받은 자(종업원을 포함한다)와 자체안전관리인증기준을 운용하는 영업자(종업원을 포함한다)는 제1항, 제2항 및 제6항에 따른 출입·조사를 거부·방해하거나 기피하여서는 아니 된다.
(2020.4.7 본항개정)
⑧ 식품의약품안전처장은 제2항에 따른 조사·평가 과정에서 자체안전관리인증기준을 위반한 사실을 알게 되었을 때에는 시·도지사로 하여금 해당 작업장의 영업자에 대하여 제27조제1항에 따른 조치를 하게 할 수 있다.
⑨ 다음 각 호의 사항은 총리령으로 정한다.
1. 제1항 및 제2항에 따른 조사·평가의 방법 및 절차
2. 제5항에 따른 적정성 검증의 방법 등(2020.4.7 본호개정)
(2013.7.30 본조개정)

제9조의4【인증의 취소 등】 식품의약품안전처장은 안전관리인증작업장등이 다음 각 호의 어느 하나에 해당하면 총리령으로 정하는 바에 따라 시정을 명하거나 그 인증을 취소할 수 있다. 다만, 제1호 또는 제5호에 해당하는 경우에는 그 인증을 취소하여야 한다.
1. 거짓이나 그 밖의 부정한 방법으로 인증을 받은 경우
2. 안전관리인증기준을 지키지 아니한 경우
3. 제9조제6항에 따른 변경 인증을 받지 아니하고 인증사항을 변경한 경우(2020.4.7 본호개정)
4. 제4조제6항·제7항, 제5조제2항, 제12조제2항부터 제4항까지, 제18조 또는 제33조제1항을 위반하거나 제36조제1항 또는 제2항에 따른 명령을 위반하여 제27조에 따라 2개월 이상의 영업정지(영업의 일부정지는 제외한다) 명령을 받거나 그를 갈음하여 과징금 부과 처분을 받은 경우(2021.12.21 본호개정)
5. 총리령으로 정하는 바에 따라 1회 또는 2회 이상의 시정명령을 받고도 이를 이행하지 아니한 경우(2016.2.3 본호개정)
6. 제9조의3제1항·제6항에 따른 출입·조사·평가를 거부·방해 또는 기피한 경우(2020.4.7 본호개정)
7. 「식품 등의 표시·광고에 관한 법률」 제8조제1항을 위반하여 같은 법 제16조제1항 또는 제3항에 따라 2개월 이상의 영업정지(영업의 일부정지는 제외한다) 명령을 받거나 그를 갈음하여 과징금 부과 처분을 받은 경우
(2018.3.13 본호신설)
8. 그 밖에 제2호·제4호에 준하는 경우로서 총리령으로 정하는 경우
(2013.7.30 본조신설)

제9조의5【안전관리인증기준의 교육훈련기관 지정 등】
① 식품의약품안전처장은 제9조제10항에 따른 교육훈련을 전문적으로 수행하기 위하여 안전관리인증기준 교육훈련기관(이하 "교육훈련기관"이라 한다)을 지정하여 교육훈련의 실시를 위탁할 수 있다.(2020.4.7 본항개정)
② 제1항에 따라 교육훈련기관으로 지정받으려는 자는 총리령으로 정하는 지정기준을 갖추어 식품의약품안전처장에게 신청하여야 한다.
③ 제1항에 따라 교육훈련기관으로 지정받은 자는 지정된 내용 중 총리령으로 정하는 사항이 변경된 경우 변경사유가 발생한 날부터 1개월 이내에 식품의약품안전처장에게 신고하여야 한다.
④ 교육훈련기관은 제9조제10항에 따른 교육훈련을 수료한 사람에게 교육훈련수료증을 발급하여야 한다.
(2020.4.7 본항개정)
⑤ 교육훈련기관은 교육훈련에 관한 자료의 보관 등 총리령으로 정하는 교육훈련기관의 준수사항을 준수하여야 한다.
⑥ 식품의약품안전처장은 지정된 교육훈련기관의 인력·시설·설비 보유현황 및 활용도, 교육·훈련과정 운영실태 및 교육서비스의 적절성·충실성 등을 평가하여 그 평가 내용을 공표할 수 있다.
⑦ 식품의약품안전처장은 제6항에 따른 평가를 위하여 필요한 경우에는 교육훈련기관에 관련 자료의 제출을 요구할 수 있다.
⑧ 식품의약품안전처장은 교육훈련기관이 다음 각 호의 어느 하나에 해당하는 경우에는 기간을 정하여 시정을 명할 수 있다.
1. 제3항에 따른 변경신고를 하지 아니한 경우
2. 제5항에 따른 교육훈련기관의 준수사항을 위반한 경우
⑨ 제1항부터 제8항까지에서 규정한 사항 외에 교육훈련기관의 지정 절차, 교육 내용·시기·방법, 실시 비용 등에 필요한 사항은 총리령으로 정한다.
(2018.12.11 본조신설)

제9조의6【교육훈련기관의 지정취소 등】 ① 식품의약품안전처장은 교육훈련기관이 다음 각 호의 어느 하나에 해당하는 경우에는 그 지정을 취소하거나 1년 이내의 범위에서 기간을 정하여 업무의 전부 또는 일부를 정지할 수 있다. 다만, 제1호의 경우에는 그 지정을 취소하여야 한다.
1. 거짓 또는 그 밖의 부정한 방법으로 교육훈련기관의 지정을 받은 경우
2. 정당한 사유 없이 1년 이상 계속하여 교육·훈련과정을 운영하지 아니한 경우
3. 제9조의5제2항에 따른 지정기준에 적합하지 아니하게 된 경우
4. 제9조의5제4항에 따른 교육훈련수료증을 거짓 또는 그 밖의 부정한 방법으로 발급한 경우
5. 제9조의5제6항에 따른 평가를 실시한 결과 교육훈련실적 및 교육훈련내용이 매우 부실하여 지정 목적을 달성할 수 없다고 인정되는 경우
6. 제9조의5제8항에 따른 시정명령을 받고도 정당한 사유 없이 정하여진 기간 내에 이를 시정하지 아니한 경우
② 식품의약품안전처장은 제1항에 따라 교육훈련기관의 지정이 취소된 자(법인인 경우 그 대표자를 포함한다)에 대하여는 지정이 취소된 날부터 3년 이내에 교육훈련기관으로 지정하여서는 아니 된다.
③ 제1항에 따른 지정취소 및 업무정지 처분의 세부기준은 그 위반 행위의 유형과 위반 정도 등을 고려하여 총리령으로 정한다.
(2018.12.11 본조신설)

제10조【부정행위의 금지】 누구든지 가축에게 강제로 물을 먹이거나 식육에 물을 주입하는 등 부정한 방법으로 중량 또는 용량을 늘리는 행위를 하여서는 아니 된다.

제10조의2【축산물의 포장 등】 ① 식품의약품안전처장은 축산물의 안전관리를 위하여 영업자에게 축산물을 포장하여 보관·운반·진열 및 판매하게 할 수 있다.
(2013.3.23 본항개정)
② 제1항에 따른 포장대상 축산물의 종류 및 영업자 등에 관하여 필요한 사항은 대통령령으로 정한다.

제4장 검 사
(2010.5.25 본장개정)

제11조【가축의 검사】 ① 제21조제1항에 따른 도축업의 영업자는 작업장에서 도살·처리하는 가축에 대하여 제13조제1항에 따라 임명·위촉된 검사관(이하 "검사관"이라 한다)의 검사를 받아야 한다.(2013.7.30 단서삭제)
② 시·도지사는 검사관에게 착유하는 소 또는 양에 대하여 검사하게 할 수 있다.
③ 착유하는 소 또는 양의 소유자나 관리자는 제2항에 따른 검사를 거부·방해하거나 기피하여서는 아니 된다.
④ 제1항 및 제2항에 따른 검사의 항목·방법·기준·절차 등은 총리령으로 정한다.(2013.3.23 본항개정)

제12조【축산물의 검사】 ① 제21조제1항에 따른 도축업의 영업자는 작업장에서 처리하는 식육에 대하여 검사관의 검사를 받아야 한다.(2013.7.30 단서삭제)
② 제21조제1항에 따른 집유업의 영업자는 집유하는 원유에 대하여 검사관 또는 제13조제3항에 따라 지정된 책임수의사(이하 "책임수의사"라 한다)의 검사를 받아야 한다.
(2013.7.30 본항개정)
③ 제21조제1항에 따른 축산물가공업, 식육포장처리업 및 식육즉석판매가공업의 영업자는 총리령으로 정하는 바에 따라 그가 가공한 축산물이 가공기준 및 성분규격에 적합한지 여부를 검사하여야 한다.(2020.12.29 본항개정)
④ 제21조제1항에 따른 축산물판매업의 영업자 중 대통령령으로 정하는 영업자는 그가 판매한 식용란이 성분규격에 적합한지 여부를 검사하여야 한다. 다만, 해당 식용란에 대하여 「식품·의약품분야 시험·검사 등에 관한 법률」 제6조에 따라 지정을 받은 시험·검사기관이 검사한 경우에는 검사하지 아니할 수 있다.(2020.4.7 단서신설)
⑤ 식품의약품안전처장 또는 시·도지사는 제9조제4항 또는 제5항에 따른 안전관리인증작업장등이 다음 각 호의 어느 하나에 해당하는 경우에는 제3항 또는 제4항에도 불구하고 총리령으로 정하는 바에 따라 검사를 면제할 수 있다.
1. 제3항 또는 제4항에 따른 검사 항목이 포함된 안전관리인증기준을 준수하는 경우
2. 제9조의3제1항에 따른 조사·평가 결과가 총리령으로 정하는 기준 이상인 경우
(2020.4.7 본항신설)
⑥ 시·도지사 또는 시장·군수·구청장은 장비·시설의 부족 등으로 인하여 작업장에서 제2항부터 제4항까지에 따른 검사를 해당 영업을 하는 자가 직접 실시하는 것이 부적합한 경우에는 「식품·의약품분야 시험·검사 등에 관한 법률」 제6조제2항제2호에 따른 축산물 시험·검사기관에 검사를 위탁하게 할 수 있다.(2020.4.7 본항개정)
⑦ 제3항 또는 제4항에 따라 검사하거나 제6항에 따라 검사를 위탁한 영업자는 검사 결과 해당 축산물이 제4조제6항·제7항 및 제33조를 위반한 경우에는 지체 없이 식품의약품안전처장에게 보고하여야 한다.(2021.12.21 본항개정)
⑧ 식품의약품안전처장 또는 시·도지사는 검사관이 식용란에 대하여 검사하게 할 수 있다.(2013.3.23 본항개정)
⑨ 제1항부터 제4항까지 및 제8항에 따른 검사의 항목, 방법, 기준, 그 밖에 필요한 사항은 총리령으로 정한다.
(2020.4.7 본항개정)

제12조의2【가축 등의 출하 전 준수사항】 ① 다음 각 호의 어느 하나에 해당하는 자는 출하 전 절식(絶食), 약물투여 금지기간 등 총리령으로 정하는 사항을 준수하여야 한다.
1. 가축을 사육하는 자
2. 가축을 도축장에 출하하려는 자
3. 원유, 식용란 등 총리령으로 정하는 축산물을 작업장 또는 축산물판매업의 영업장으로 출하하려는 자
(2017.10.24 본호개정)
② 「축산법」 제2조제8호에 따른 가축사육업을 경영하는 자가 식용란을 출하하는 때에는 총리령으로 정하는 바에 따라 산란일 등을 포함한 거래명세서를 발급하여야 한다.
(2017.10.24 본항신설)
③ 식품의약품안전처장, 시·도지사 또는 시장·군수·구청장은 제11조 또는 제12조에 따른 검사 결과 다음 각 호의 어느 하나의 경우에는 해당자에게 가축의 사육방법 및 위생적인 출하 등 개선에 필요한 지도를 하거나 시정을 명할 수 있다.
1. 제1항 각 호의 자가 출하한 가축 또는 축산물이 제11조제4항 또는 제12조제9항에 따라 총리령으로 정한 검사기준에 적합하지 아니한 경우(2020.4.7 본호개정)
2. 제1항 각 호의 자가 제1항에 따른 준수사항을 지키지 아니한 것으로 판단되는 경우
(2013.7.30 본조개정)

제12조의3【축산물의 재검사】 ① 식품의약품안전처장 또는 시·도지사는 제12조, 제19조, 「수입식품안전관리 특별법」 제21조 또는 제25조에 따라 축산물을 검사한 결과 가공기준 및 성분규격에 적합하지 아니한 경우로서 적절한 검사를 위하여 필요한 경우에는 미리 해당 영업자 또는 가축사육업자에게 그 검사 결과를 통보하여야 한다.
(2020.4.7 본항개정)
② 제1항에 따른 통보를 받은 영업자 또는 가축사육업자가 그 검사 결과에 이의가 있으면 식품의약품안전처장이 인정하는 국내외 검사기관에서 발급한 검사성적서 또는 검사증명서를 첨부하여 식품의약품안전처장 또는 시·도지사에게 재검사를 요청할 수 있다.(2020.4.7 본항개정)
③ 제2항에 따른 재검사 요청을 받은 식품의약품안전처장 또는 시·도지사는 대통령령으로 정하는 바에 따라 재검사 여부를 결정하여 해당 영업자 또는 가축사육업자에게 통보하여야 한다.(2020.4.7 본항개정)
④ 식품의약품안전처장 또는 시·도지사는 제3항에 따른 재검사를 하기로 결정하였을 때에는 지체 없이 재검사를 하고 해당 영업자 또는 가축사육업자에게 그 재검사 결과를 통보하여야 한다.(2020.4.7 본항개정)
⑤ 제1항·제3항 및 제4항에 따른 통보 내용 및 통보기한 등은 대통령령으로 정한다.
(2012.2.22 본조제목개정)

제13조【검사관과 책임수의사】 ① 식품의약품안전처장 또는 시·도지사는 이 법에 따른 검사 등을 하게 하기 위하여 대통령령으로 정하는 바에 따라 수의사 자격을 가진 사람 중에서 검사관을 임명하거나 위촉한다.
(2013.3.23 본항개정)
② 제11조제1항 및 제12조제1항에 따른 검사를 실시하는 검사관은 제33조제1항제1호부터 제4호까지에 해당하는 경우로서 필요한 조치를 함으로써 그 위해요소를 해소할 수 있다고 판단할 때에는 도축업의 영업자에게 위해요소의 즉시 제거 등 필요한 조치를 하게 하거나 작업중지를 명할 수 있으며, 영업자는 정당한 사유가 없으면 이에 따라야 한다. 이 경우 영업자의 조치 결과 위해요소가 해소된 것으로 인정되면 검사관은 지체 없이 작업중지 명령을 해제하거나 그 밖에 필요한 조치를 통하여 작업이 계속될 수 있게 하여야 한다.(2013.7.30 본항신설)
③ 제12조제2항의 경우 해당 영업자는 이 법에 따른 검사 등을 하게 하기 위하여 총리령으로 정하는 바에 따라 시·도지사의 승인을 받아 소속 수의사 중에서 책임수의사를 지정하여야 한다.(2013.7.30 본항개정)

④ 제3항에 따라 책임수의사를 지정한 영업자는 책임수의사의 업무를 방해하여서는 아니 되며, 그로부터 업무수행에 필요한 요청을 받은 경우 정당한 사유가 없으면 그 요청을 거부하여서는 아니 된다.(2013.7.30 본항개정)
⑤ 식품의약품안전처장 또는 시·도지사는 대통령령으로 정하는 검사관의 기준 업무량을 고려하여 그 적정 인원을 해당 작업장에 배치하도록 노력하여야 하며, 제3항에 따라 책임수의사를 지정하는 영업자는 대통령령으로 정하는 책임수의사의 기준 업무량을 고려하여 그 적정 인원을 해당 작업장에 배치하여야 한다.(2013.7.30 본항개정)
⑥ 검사관 및 책임수의사의 자격·임무, 기준 업무량 등은 대통령령으로 정한다.(2012.2.22 본항개정)
제14조【검사원】 ① 식품의약품안전처장은 제13조제1항에 따른 검사관의 검사 업무를 보조하게 하기 위하여 검사원을 채용하여 배치하여야 한다. 다만, 도서·벽지에 있는 작업장 등 대통령령으로 정하는 작업장에는 배치하지 아니할 수 있다.(2018.12.11 본항개정)
② 제22조제1항에 따라 허가를 받은 자 중 대통령령으로 정하는 작업장의 허가를 받은 자는 책임수의사의 검사 업무를 보조하게 하기 위하여 대통령령으로 정하는 바에 따라 검사원을 두어야 한다.
③ 제1항 및 제2항에 따른 검사원의 자격, 임무 및 교육, 그 밖에 필요한 사항은 대통령령으로 정한다.
제15조 (2015.2.3 삭제)
제15조의2【수입·판매 금지 등】 ① 식품의약품안전처장은 특정 국가 또는 지역에서 도축·처리·가공·포장·유통·판매된 축산물이 위해한 것으로 밝혀졌거나 위해의 우려가 있다고 인정되는 경우에는 그 축산물을 수입·판매하거나 판매할 목적으로 가공·포장·보관·운반 또는 진열하는 것을 금지할 수 있다.(2013.3.23 본항개정)
② 식품의약품안전처장은 제1항에 따른 금지를 하려면 미리 관계 중앙행정기관의 장의 의견을 듣고 위원회의 심의·의결을 거쳐야 한다. 다만, 국민건강을 급박하게 위해할 우려가 있어 신속히 금지하여야 할 필요가 있는 경우에는 먼저 금지할 수 있다. 이 경우 사후에 위원회의 심의·의결을 거쳐야 한다.(2013.3.23 본문개정)
③ 제2항에 따라 위원회가 심의하는 경우 대통령령으로 정하는 이해관계인은 위원회에 출석하여 의견을 진술하거나 문서로 의견을 제출할 수 있다.
④ 식품의약품안전처장은 제1항에 따라 수입·판매 등이 금지된 해당 축산물에 위해가 없는 것으로 인정되거나 그 축산물에 대하여 이해관계가 있는 국가 또는 수입한 영업자가 원인을 규명하거나 개선사항을 제시하면 제1항에 따른 금지의 전부 또는 일부를 해제할 수 있다.
(2013.3.23 본항개정)
⑤ 식품의약품안전처장은 제4항에 따른 금지의 해제 여부를 결정하기 위하여 필요한 때에는 위원회의 심의·의결을 거칠 수 있다.(2013.3.23 본항개정)
⑥ 식품의약품안전처장은 제1항 또는 제4항에 따른 금지나 해제 여부를 결정하기 위하여 필요한 때에는 관계 공무원 등에게 현지조사를 하게 할 수 있다.(2013.3.23 본항개정)
(2010.5.25 본조신설)
제16조【합격표시】 검사관·책임수의사 또는 영업자는 제12조에 따라 검사한 결과 검사에 합격한 축산물(원유는 제외한다)에 대하여는 총리령으로 정하는 바에 따라 합격표시를 하여야 한다.(2013.3.23 본조개정)
제17조【미검사품의 반출금지】 영업자는 제12조에 따른 검사를 받지 아니한 축산물(이하 "미검사품"이라 한다)을 작업장 밖으로 반출하여서는 아니 된다.
제18조【검사 불합격품의 처리】 영업자는 제11조 또는 제12조에 따른 검사에 불합격한 가축 또는 축산물을 대통령령으로 정하는 바에 따라 처리하여야 한다.
(2015.2.3 본조개정)
제19조【출입·검사·수거】 ① 식품의약품안전처장, 시·도지사 또는 시장·군수·구청장은 필요한 경우 영업자에게 축산물의 검사 결과 및 수출입 실적 등 필요한 보고를 하게 하거나 검사관 또는 관계 공무원이 영업장 또는 가축사육시설에 출입하여 축산물, 시설, 서류 또는 작업 상황 등을 검사하게 할 수 있으며, 검사에 필요한 최소량의 축산물을 무상으로 수거하게 할 수 있다.
(2020.4.7 본항개정)
② 식품의약품안전처장, 시·도지사 또는 시장·군수·구청장은 미검사품 및 제33조제1항 각 호에 해당하는 축산물을 조사하기 위하여 필요한 경우 검사관 또는 관계 공무원이 「식품위생법」에 따른 식품제조·가공업소, 식품접객업소 또는 집단급식소에 출입하여 미검사품의 처리·가공·사용·보관·운반·진열 또는 판매 상황 등을 검사하게 할 수 있으며, 검사에 필요한 최소량의 축산물을 무상으로 수거하게 할 수 있다.(2013.3.23 본항개정)
③ 제1항에도 불구하고 제21조제1항제1호부터 제3호까지, 제3호의2 및 제4호에 따른 영업자의 영업장에 대해서는 시·도지사 또는 시장·군수·구청장이 연 1회 이상 검사를 하여야 한다. 다만, 제9조의3제1항 또는 제2항에 따라 조사·평가한 결과가 총리령으로 정하는 기준 이상인 영업장에 대해서는 검사 주기를 2년의 범위에서 늘릴 수 있다.(2020.4.7 본항신설)
④ 제1항부터 제3항까지의 규정에 따라 출입·검사·수거를 하는 검사관 또는 관계 공무원은 그 권한을 표시하는 증표를 관계인에게 보여 주어야 한다.(2020.4.7 본항개정)
⑤ 제1항부터 제3항까지의 규정에 따른 영업장, 가축사육시설, 식품제조·가공업소, 식품접객업소 및 집단급식소의 소유자 또는 관리자는 제1항부터 제3항까지의 규정에 따른 출입·검사·수거를 거부·방해하거나 기피하여서는 아니 된다.(2020.4.7 본항개정)
제19조의2【소비자 등의 위생검사등 요청】 ① 식품의약품안전처장, 시·도지사 또는 시장·군수·구청장은 대통령령으로 정하는 일정 수 이상의 소비자, 소비자단체 또는 「식품·의약품분야 시험·검사 등에 관한 법률」 제6조에 따른 시험·검사기관 중 총리령으로 정하는 시험·검사기관(이하 이 조에서 "시험·검사기관"이라 한다)이 축산물 또는 영업장 등에 대하여 제19조제1항 및 제2항에 따른 출입·검사·수거 등(이하 이 조에서 "위생검사등"이라 한다)을 요청하는 경우에는 이에 따라야 한다. 다만, 다음 각 호의 어느 하나에 해당하는 경우에는 그러하지 아니하다.
1. 같은 소비자, 소비자단체 또는 시험·검사기관이 특정 영업자의 영업을 방해할 목적으로 같은 내용의 위생검사등을 반복적으로 요청하는 경우
2. 식품의약품안전처장, 시·도지사 또는 시장·군수·구청장이 기술, 시설 또는 재원(財源) 등의 사유로 위생검사등을 할 수 없다고 인정하는 경우
② 식품의약품안전처장, 시·도지사 또는 시장·군수·구청장은 제1항에 따라 위생검사등의 요청에 따르는 경우 14일 이내에 위생검사등을 하고 그 결과를 대통령령으로 정하는 바에 따라 위생검사등을 요청한 소비자, 소비자단체 또는 시험·검사기관에 알리고 인터넷 홈페이지에 게시하여야 한다.
③ 제1항에 따른 위생검사등의 요청 요건 및 절차 등에 필요한 사항은 대통령령으로 정한다.
(2014.5.21 본조신설)
제20조 (2013.7.30 삭제)
제20조의2【축산물위생감시원】 ① 제19조제1항부터 제4항까지의 규정에 따른 관계 공무원의 직무나 그 밖의 축산물 위생에 관한 지도 등을 하게 하기 위하여 식품의약품안전처(대통령령으로 정하는 그 소속 기관을 포함한다), 특별시·광역시·특별자치시·도·특별자치도 또는 시·군·자치구에 축산물위생감시원을 둔다.(2020.4.7 본항개정)
② 제1항에 따른 축산물위생감시원의 자격·임명·직무범위는 대통령령으로 정한다.
제20조의3【명예축산물위생감시원】 ① 식품의약품안전처장, 시·도지사 또는 시장·군수·구청장은 축산물의 위생을 관리하기 위한 지도, 계몽 등을 하게 하기 위하여 명예축산물위생감시원(이하 "명예감시원"이라 한다)을 둘 수 있다.(2013.3.23 본항개정)
② 명예감시원의 위촉·해촉·업무 범위와 수당의 지급에 관하여는 대통령령으로 정한다.

제5장 영업의 허가 및 신고 등
(2010.5.25 본장개정)

제21조【영업의 종류 및 시설기준】 ① 다음 각 호의 어느 하나에 해당하는 영업을 하려는 자는 총리령으로 정하는 기준에 적합한 시설을 갖추어야 한다.(2013.3.23 본문개정)
1. 도축업
2. 집유업
3. 축산물가공업
3의2. 식용란선별포장업(2017.10.24 본호신설)
4. 식육포장처리업
5. 축산물보관업
6. 축산물운반업
7. 축산물판매업
7의2. 식육즉석판매가공업(2016.2.3 본호신설)
8. 그 밖에 대통령령으로 정하는 영업
② 제1항에 따른 영업의 세부 종류와 그 범위는 대통령령으로 정한다.
제22조【영업의 허가】 ① 제21조제1항제1호부터 제3호까지 및 제3호의2에 따른 도축업·집유업·축산물가공업 또는 식용란선별포장업의 영업을 하려는 자는 총리령으로 정하는 바에 따라 작업장별로 시·도지사의 허가를 받아야 하고, 같은 항 제4호에 따른 식육포장처리업 또는 같은 항 제5호에 따른 축산물보관업의 영업을 하려는 자는 총리령으로 정하는 바에 따라 작업장별로 특별자치시장·특별자치도지사·시장·군수·구청장의 허가를 받아야 한다.(2017.10.24 본항개정)
② 제1항에 따른 영업의 허가를 받은 자가 다음 각 호의 어느 하나에 해당하는 사항을 변경하려면 총리령으로 정하는 바에 따라 작업장별로 시·도지사 또는 시장·군수·구청장의 허가를 받아야 한다.(2013.3.23 본문개정)
1. 영업장 소재지를 변경하는 경우
2. 제21조제1항제1호의 도축업을 하는 자가 다음 각 목의 어느 하나에 해당하는 경우
가. 같은 작업장에서 도살·처리하는 가축의 종류를 변경하는 경우
나. 같은 작업장에서 다른 종류의 가축을 도살·처리하기 위하여 설치된 시설을 변경하는 경우
3. 그 밖에 대통령령으로 정하는 중요한 사항을 변경하는 경우
③ 시·도지사 또는 시장·군수·구청장은 다음 각 호의 어느 하나에 해당하는 경우를 제외하고는 제1항 또는 제2항에 따라 허가나 변경허가를 하여야 한다.(2012.2.22 본문개정)
1. 해당 시설이 제21조제1항에 따른 기준에 적합하지 아니한 경우
2. 제27조제1항·제2항 또는 「식품 등의 표시·광고에 관한 법률」 제16조제1항·제2항에 따라 허가가 취소된 후 1년이 지나지 아니한 경우에 같은 장소에서 취소된 허가와 같은 종류의 허가를 받으려는 경우. 다만, 제2항에 따른 변경허가를 받지 아니하고 영업시설 전부를 철거하여 영업허가가 취소된 경우는 제외한다.(2018.3.13 본문개정)
3. 제27조제1항·제2항 또는 「식품 등의 표시·광고에 관한 법률」 제16조제1항·제2항에 따라 허가가 취소된 후 2년이 지나지 아니한 자(법인인 경우에는 그 대표자를 포함한다)가 취소된 허가와 같은 종류의 허가를 받으려는 경우(2018.3.13 본호개정)
4. 허가를 받으려는 자가 피성년후견인이거나 파산선고를 받고 복권되지 아니한 자인 경우(2014.5.21 본호개정)
5. 허가를 받으려는 자가 이 법을 위반하여 징역형을 선고받고 그 집행이 끝나지 아니하거나 집행을 받지 아니하기로 확정되지 아니한 자인 경우
6. 「도축장 구조조정법」 제10조제1항에 따른 도축장구조조정자금을 지급받고 폐업한 도축장이 소재한 같은 장소(제21조제1항제1호에 따른 도축업의 허가를 받은 부지를 말한다)에서 폐업한 날부터 10년이 지나기 전에 도축업의 영업을 하려는 경우
7. 제27조제1항 또는 「식품 등의 표시·광고에 관한 법률」 제16조제1항에 따라 영업정지처분을 받은 후 그 정지기간이 지나기 전에 같은 장소에서 같은 종류의 영업을 하려는 경우(2018.3.13 본호개정)
8. 제27조제1항 또는 「식품 등의 표시·광고에 관한 법률」 제16조제1항에 따라 영업정지처분을 받은 후 그 정지기간이 지나지 아니한 자(법인인 경우에 그 대표자를 포함한다)가 같은 종류의 영업을 하려는 경우(2018.3.13 본호개정)
9. 제33조의2제5항에 따라 식품의약품안전처장으로부터 허가 보류 요청을 받은 경우(2013.3.23 본호개정)
10. 그 밖에 이 법 또는 다른 법령에 따른 제한에 위반되는 경우(2012.2.22 본호신설)
④ 제1항에 따라 시·도지사 또는 시장·군수·구청장이 허가를 할 때에는 축산물의 위생적인 관리와 그 품질의 향상을 도모하기 위하여 필요한 조건을 붙일 수 있다.
⑤ 제1항에 따라 허가를 받은 자가 그 영업을 휴업, 재개업 또는 폐업하거나 허가받은 사항 중 제2항 각 호에서 정하는 사항 외의 경미한 사항을 변경하려는 경우에는 총리령으로 정하는 바에 따라 시·도지사 또는 시장·군수·구청장에게 신고하여야 한다.(2013.3.23 본항개정)
⑥ 제5항에 따라 폐업하고자 하는 자는 제36조에 따른 행정 제재처분기간과 제27조 및 제36조에 따른 영업정지 등 행정 제재처분을 위한 절차가 진행 중인 기간(「행정절차법」 제21조에 따른 처분의 사전 통지 시점부터 처분이 확정되어 효력이 발생하기 전까지의 기간을 말한다) 중에는 폐업신고를 할 수 없다. 다만, 제36조에 따른 행정제재처분을 이행한 경우 등에는 그러하지 아니하다.
(2021.12.21 본항신설)
⑦ 시·도지사 또는 시장·군수·구청장은 제1항에 따른 허가 신청을 받은 날부터 8일 이내에, 제2항에 따른 변경허가의 신청을 받은 날부터 7일 이내에 허가 여부를 신청인에게 통지하여야 한다.(2018.12.11 본항신설)
⑧ 시·도지사 또는 시장·군수·구청장이 제7항에서 정한 기간 내에 허가 여부나 민원 처리 관련 법령에 따른 처리기간의 연장을 신청인에게 통지하지 아니하면 그 기간(민원 처리 관련 법령에 따라 처리기간이 연장 또는 재연장된 경우에는 해당 처리기간을 말한다)이 끝난 날의 다음 날에 허가한 것으로 본다.(2021.12.21 본항개정)
제23조 (2007.12.21 삭제)
제24조【영업의 신고】 ① 제21조제1항제6호, 제7호, 제7호의2, 제8호에 따른 영업을 하려는 자는 총리령으로 정하는 바에 따라 제21조제1항에 따른 시설을 갖추고 특별자치시장·특별자치도지사·시장·군수·구청장에게 신고하여야 한다.(2017.10.24 본항개정)
② 제1항에 따라 신고를 한 자가 그 영업을 휴업, 재개업 또는 폐업하거나 신고한 내용을 변경하려는 경우에는 총리령으로 정하는 바에 따라 특별자치시장·특별자치도지사·시장·군수·구청장에게 신고하여야 한다.
(2017.10.24 본항개정)
③ 다음 각 호의 어느 하나에 해당하는 경우에는 제1항에 따른 영업신고를 할 수 없다.
1. 제27조제1항·제2항 또는 「식품 등의 표시·광고에 관한 법률」 제16조제3항·제4항에 따른 영업소 폐쇄명령을 받고 6개월이 지나기 전에 같은 장소에서 같은 종류의 영업을 하려는 경우. 다만, 제2항에 따른 변경신고를 하지 아니하고 영업시설 전부를 철거하여 영업소 폐쇄명령을 받은 경우는 제외한다.

2. 제27조제1항·제2항 또는 「식품 등의 표시·광고에 관한 법률」 제16조제3항·제4항에 따른 영업소 폐쇄명령을 받고 2년이 지나기 전에 같은 자(법인인 경우에는 그 대표자를 포함한다)가 폐쇄명령을 받은 영업과 같은 종류의 영업을 하려는 경우
3. 제27조제1항 또는 「식품 등의 표시·광고에 관한 법률」 제16조제3항에 따라 영업정지처분을 받고 그 정지 기간이 지나기 전에 같은 장소에서 같은 종류의 영업을 하려는 경우
4. 제27조제1항 또는 「식품 등의 표시·광고에 관한 법률」 제16조제3항에 따라 영업정지처분을 받고 그 정지 기간이 지나지 아니한 자(법인인 경우에는 그 대표자를 포함한다)가 정지된 영업과 같은 종류의 영업을 하려는 경우
(2018.3.13 1호~4호개정)
④ 특별자치시장·특별자치도지사·시장·군수·구청장은 제1항에 따른 신고 또는 제2항에 따른 변경신고를 받은 날부터 3일 이내에 신고수리 여부를 신고인에게 통지하여야 한다.(2018.12.11 본항신설)
⑤ 특별자치시장·특별자치도지사·시장·군수·구청장이 제4항에서 정한 기간 내에 신고수리 여부 또는 민원 처리 관련 법령에 따른 처리기간의 연장을 신고인에게 통지하지 아니하면 그 기간(민원 처리 관련 법령에 따라 처리기간이 연장 또는 재연장된 경우에는 해당 처리기간을 말한다)이 끝난 날의 다음 날에 신고를 수리한 것으로 본다.(2018.12.11 본항신설)
⑥ 제2항에 따라 폐업하고자 하는 자는 제36조에 따른 행정 제재처분기간과 제27조 및 제36조에 따른 영업정지 등 행정 제재처분을 위한 절차가 진행 중인 기간(「행정절차법」 제21조에 따른 처분의 사전 통지 시점부터 처분이 확정되어 효력이 발생하기 전까지의 기간을 말한다) 중에는 폐업신고를 할 수 없다. 다만, 제36조에 따른 행정 제재처분을 이행한 경우 등에는 그러하지 아니하다.
(2021.12.21 본항신설)
⑦ 특별자치시장·특별자치도지사·시장·군수·구청장은 영업자(제1항에 따라 영업신고를 한 자만 해당한다)가 「부가가치세법」 제8조에 따라 관할 세무서장에게 폐업신고를 하거나 관할 세무서장이 사업자등록을 말소한 경우에는 신고 사항을 직권으로 말소할 수 있다.(2017.10.24 본항개정)
⑧ 특별자치시장·특별자치도지사 또는 시장·군수·구청장은 제7항에 따른 직권말소를 위하여 필요한 경우 관할 세무서장에게 영업자의 폐업여부에 대한 정보 제공을 요청할 수 있다. 이 경우 요청을 받은 관할 세무서장은 「전자정부법」 제36조제1항에 따라 영업자의 폐업여부에 대한 정보를 제공하여야 한다.(2021.12.21 전단개정)

제25조【품목 제조의 보고】 제22조제1항에 따라 축산물가공업의 허가를 받은 자가 축산물을 가공하거나 식육포장처리업의 허가를 받은 자가 식육을 포장처리하는 경우에는 그 품목의 제조방법설명서 등 총리령으로 정하는 사항을 시·도지사 또는 시장·군수·구청장에게 보고하여야 한다. 보고한 사항 중 총리령으로 정하는 중요한 사항을 변경하는 경우에도 같다.(2013.3.23 본조개정)

제26조【영업의 승계】 ① 영업자가 사망하거나 그 영업을 양도하거나 법인인 영업자가 합병하였을 때에는 그 상속인이나 영업 양수인이나 합병 후 존속하는 법인 또는 합병으로 설립되는 법인(이하 "양수인등"이라 한다)은 그 영업자의 지위를 승계한다.
② 다음 각 호의 어느 하나에 해당하는 절차에 따라 영업용 시설의 전부를 인수한 자는 그 영업자의 지위를 승계한다.
1. 「민사집행법」에 따른 경매
2. 「채무자 회생 및 파산에 관한 법률」에 따른 환가(換價)
3. 「국세징수법」·「관세법」 또는 「지방세법」에 따른 압류재산의 매각
4. 그 밖에 제1호부터 제3호까지의 규정에 준하는 절차
③ 제1항 또는 제2항에 따라 그 영업자의 지위를 승계한 자는 총리령으로 정하는 바에 따라 승계한 날부터 30일 이내에 그 사실을 시·도지사 또는 시장·군수·구청장에게 신고하여야 한다.(2017.10.24 본항개정)
④ 제1항 및 제2항에 따른 승계에 관하여는 제22조제3항 및 제24조제3항을 준용한다.

제27조【허가의 취소 등】 ① 시·도지사 또는 시장·군수·구청장은 영업자가 다음 각 호의 어느 하나에 해당하면 대통령령으로 정하는 바에 따라 그 허가를 취소하거나, 6개월 이내의 기간을 정하여 그 영업의 전부 또는 일부의 정지를 명하거나, 영업소 폐쇄(제24조에 따라 신고한 영업만 해당한다. 이하 이 조에서 같다)를 명할 수 있다. 다만, 제3호에 해당하는 경우에는 그 허가를 취소하거나 영업소 폐쇄를 명하여야 한다.(2017.10.24 본문개정)
1. 제4조제6항·제7항, 제5조제2항, 제8조제2항, 제9조제2항·제3항, 제9조의3제7항, 제10조, 제11조제1항, 제12조제1항부터 제4항까지 및 제7항, 제13조제2항부터 제5항까지, 제14조제2항, 제16조, 제17조, 제18조, 제19조제5항, 제21조, 제22조제5항, 제24조제2항, 제25조, 제29조제2항·제3항, 제30조제5항·제6항, 제31조, 제31조의2제1항·제2항, 제31조의3제1항 각 호 외의 부분 단서, 제31조의4제1항 후단·제2항 단서, 제33조제1항 또는 제34조를 위반한 경우(2021.12.21 본호개정)
2. 제22조제2항을 위반하여 변경허가를 받지 아니하거나 같은 조 제4항에 따른 조건을 위반한 경우
3. 제22조제3항 또는 제24조제3항 각 호의 어느 하나에 해당하게 된 경우
4. 제35조, 제36조제1항·제2항, 제37조제1항 또는 제42조제1항에 따른 명령을 위반한 경우(2020.4.7 본호개정)
5. 「축산법」 제35조제5항을 위반하여 등급판정을 받지 아니한 축산물을 도축장에서 반출한 경우(도축장의 경영자만 해당한다)
6. 「축산법」 제38조제3항을 위반하여 등급판정업무를 거부·방해하거나 기피한 경우(도축장의 경영자만 해당한다)
② 시·도지사 또는 시장·군수·구청장은 영업자가 제1항에 따른 영업정지 명령을 위반하여 영업을 계속하면 영업허가를 취소하거나 영업소 폐쇄를 명할 수 있다.
(2017.10.24 본항개정)
③ 시·도지사 또는 시장·군수·구청장은 다음 각 호의 어느 하나에 해당하면 영업허가를 취소하거나 영업소 폐쇄를 명할 수 있다.(2017.10.24 본문개정)
1. 영업자가 정당한 사유 없이 6개월 이상 계속 휴업하는 경우
2. 영업자(제22조제1항에 따라 영업허가를 받은 자만 해당한다)가 「부가가치세법」 제8조에 따라 관할 세무서장에게 폐업신고를 하거나 사실상 폐업하여 관할 세무서장이 사업자등록을 말소한 경우(2017.10.24 본호개정)
④ 시·도지사 또는 시장·군수·구청장은 제3항제2호에 따른 영업허가 취소를 위하여 필요한 경우 관할 세무서장에게 영업자의 폐업여부에 대한 정보 제공을 요청할 수 있다. 이 경우 요청을 받은 관할 세무서장은 「전자정부법」 제36조제1항에 따라 영업자의 폐업여부에 대한 정보를 제공하여야 한다.(2017.10.24 본항신설)
⑤ 제1항부터 제3항까지의 규정에 따른 처분의 효과는 그 처분기간이 끝난 날부터 1년간 양수인등에게 승계되며, 처분의 절차가 진행 중인 때에는 양수인등에 대하여 처분의 절차를 행할 수 있다. 다만, 양수인등이 양수, 상속 또는 합병 시에 그 처분 또는 위반사실을 알지 못하였음을 증명하는 경우에는 그러하지 아니하다.
⑥ 제1항에 따른 처분의 세부적인 기준은 그 위반행위의 유형과 위반의 정도 등을 고려하여 총리령으로 정한다.
(2013.3.23 본항개정)

제28조【영업정지 등의 처분을 갈음하여 부과하는 과징금 처분】 ① 시·도지사 또는 시장·군수·구청장은 제27조제1항 각 호의 어느 하나에 해당하는 경우로서 그 영업정지가 그 이용자에게 심한 불편을 주거나 그 밖에 공익을 해칠 우려가 있을 때에는 영업정지처분을 갈음하여 10억원 이하의 과징금을 부과할 수 있다. 다만, 제4조제6항·제7항, 제8조제2항, 제9조제2항, 제17조 또는 제33조제1항을 위반하는 경우로서 총리령으로 정하는 경우에는 그러하지 아니하다.(2021.12.21 단서개정)
② 제1항에 따른 과징금을 부과하는 위반행위의 종류·정도 등에 따른 과징금의 금액과 그 밖에 필요한 사항은 대통령령으로 정한다.
③ 시·도지사 또는 시장·군수·구청장은 과징금을 부과하기 위하여 필요한 경우에는 다음 각 호의 사항을 적은 문서로 관할 세무관서의 장에게 과세 정보 제공을 요청할 수 있다.(2017.10.24 본문개정)
1. 납세자의 인적 사항
2. 과세 정보의 사용 목적
3. 과징금 부과기준이 되는 매출금액
④ 시·도지사 또는 시장·군수·구청장은 제1항에 따른 과징금을 내야 할 자가 과징금을 납부기한까지 내지 아니하면 대통령령으로 정하는 바에 따라 제1항에 따른 과징금 부과처분을 취소하고 제27조제1항에 따른 영업의 전부 또는 일부 정지처분을 하거나 국세 체납처분의 예 또는 「지방행정제재·부과금의 징수 등에 관한 법률」에 따라 징수한다. 다만, 제22조제5항, 제24조제2항에 따른 폐업 등으로 제27조제1항에 따른 영업의 전부 또는 일부 정지처분을 할 수 없는 경우에는 국세 체납처분의 예 또는 「지방행정제재·부과금의 징수 등에 관한 법률」에 따라 징수한다.(2020.3.24 본항개정)
⑤ 시·도지사 또는 시장·군수·구청장은 제4항에 따라 체납된 과징금의 징수를 위하여 다음 각 호의 어느 하나에 해당하는 자료 또는 정보를 해당 각 호의 자에게 각각 요청할 수 있다. 이 경우 요청을 받은 자는 정당한 사유가 없으면 요청에 따라야 한다.(2017.10.24 전단개정)
1. 「건축법」 제38조에 따른 건축물대장 등본 : 국토교통부장관
2. 「공간정보의 구축 및 관리 등에 관한 법률」 제71조에 따른 토지대장 등본 : 국토교통부장관
3. 「자동차관리법」 제7조에 따른 자동차등록원부 등본 : 시·도지사
(2016.2.3 본항신설)
(2014.5.21 본조제목개정)

제28조의2【위해 축산물 판매 등에 따른 과징금 부과 등】 ① 시·도지사 또는 시장·군수·구청장은 다음 각 호의 어느 하나에 해당하는 자에 대하여 그가 해당 축산물을 판매한 금액의 2배 이하의 범위에서 과징금을 부과할 수 있다.(2024.1.2 본문개정)
1. (2018.3.13 삭제)
2. 제33조제1항제2호·제3호·제5호·제7호·제9호를 위반하여 제27조에 따라 영업정지 2개월 이상의 처분, 영업허가의 취소처분 또는 영업소의 폐쇄명령을 받은 자
② 시·도지사 또는 시장·군수·구청장은 제1항에 따른 과징금을 부과하는 경우 다음 각 호의 사항을 고려하여야 한다.
1. 위반행위의 내용 및 정도
2. 위반행위의 기간 및 횟수
3. 위반행위로 인하여 취득한 이익의 규모
(2024.1.2 본항신설)
③ 제1항 및 제2항에 따른 과징금의 산출금액은 대통령령으로 정하는 바에 따라 결정하여 부과한다.(2024.1.2 본항개정)
④ 제3항에 따라 부과된 과징금을 기한 내에 납부하지 아니하는 경우 또는 제22조제5항, 제24조제2항에 따라 폐업한 경우에는 국세 체납처분의 예 또는 「지방행정제재·부과금의 징수 등에 관한 법률」에 따라 징수한다.
(2024.1.2 본항개정)
⑤ 제1항에 따른 과징금의 부과·징수를 위하여 필요한 정보·자료의 제공 요청에 관하여는 제28조제3항 및 제5항을 준용한다.(2016.2.3 본항개정)
(2014.5.21 본조신설)

제29조【건강진단】 ① 총리령으로 정하는 영업자 및 종업원은 건강진단을 받아야 한다. 다만, 다른 법령에 따라 같은 내용의 건강진단을 받은 경우에는 이 법에 따른 건강진단을 받은 것으로 본다.(2013.3.23 본문개정)
② 제1항에 따라 건강진단을 받아야 하는 영업자로서 건강진단을 받지 아니하였거나 건강진단 결과 다른 사람에게 위해를 끼칠 우려가 있는 질병이 있는 사람은 그 영업을 하여서는 아니 된다.
③ 영업자는 제1항에 따라 건강진단을 받아야 하는 종업원으로서 건강진단을 받지 아니하였거나 건강진단 결과 다른 사람에게 위해를 끼칠 우려가 있는 질병이 있는 사람을 그 영업에 종사하게 하여서는 아니 된다.
④ 제1항에 따른 건강진단의 실시방법과 제2항 또는 제3항에 따른 질병의 종류, 그 밖에 필요한 사항은 총리령으로 정한다.(2013.3.23 본항개정)

제30조【위생교육】 ① 다음 각 호의 검사관은 총리령으로 정하는 바에 따라 매년 도축검사에 관한 교육을 받아야 한다.(2016.2.3 본문개정)
1. 제7조제8항에 따라 자가소비 또는 자가 조리·판매를 위한 검사를 하는 검사관
2. 제11조제1항 또는 제12조제1항에 따라 도축장에서 검사를 하는 검사관
(2016.2.3 1호~2호신설)
② 제21조제1항 각 호에 따른 영업을 하려는 자와 제27조·제28조 또는 「식품 등의 표시·광고에 관한 법률」 제16조·제19조에 따른 처분을 받은 영업자(영업허가가 취소되거나 영업소 폐쇄 명령을 받은 영업자는 제외한다)는 축산물 위생에 관한 교육을 받아야 한다.
(2018.3.13 본항개정)
③ 제12조제2항에 따라 검사를 하는 책임수의사와 총리령으로 정하는 영업자·종업원은 매년 축산물 위생에 관한 교육을 받아야 한다.(2013.3.23 본항개정)
④ 제2항 또는 제3항에 따라 교육을 받아야 하는 자가 영업에 직접 종사하지 아니하거나 두 곳 이상의 장소에서 영업을 하는 경우에는 종업원 중에서 위생에 관한 책임자를 지정하여 영업자 대신 교육을 받게 할 수 있다.
⑤ 제2항 또는 제3항에 따라 교육을 받아야 하는 영업자로서 교육을 받지 아니한 영업자는 그 영업을 하여서는 아니 된다.
⑥ 영업자는 제3항에 따라 교육을 받아야 하는 책임수의사 또는 종업원으로서 교육을 받지 아니한 자를 그 검사 업무 또는 영업에 종사하게 하여서는 아니 된다.
(2013.7.30 본항개정)
⑦ 부득이한 사유로 제1항부터 제3항까지의 규정에 따라 교육을 받을 수 없는 경우에는 제5항 또는 제6항에도 불구하고 총리령으로 정하는 바에 따라 영업을 한 후 또는 검사 업무나 영업에 종사한 후 그 교육을 받을 수 있다.
(2013.3.23 본항개정)
⑧ (2018.12.11 삭제)
(2018.12.11 본조제목개정)

제30조의2【위생교육에 관한 교육기관의 지정 등】 ① 식품의약품안전처장은 제30조제1항부터 제3항까지에 따른 도축검사, 축산물 위생 등에 관한 교육을 실시하는 기관(이하 "위생교육기관"이라 한다)을 지정하여 교육의 실시를 위탁할 수 있다.
② 제1항에 따라 위생교육기관으로 지정받으려는 자는 총리령으로 정하는 지정기준을 갖추어 식품의약품안전처장에게 신청하여야 한다.
③ 제1항에 따라 위생교육기관으로 지정받은 자는 지정된 내용 중 총리령으로 정하는 사항이 변경된 경우 변경사유가 발생한 날부터 1개월 이내에 식품의약품안전처장에게 신고하여야 한다.
④ 위생교육기관은 총리령으로 정하는 교육시간을 준수하여야 하고, 해당 교육을 수료한 사람에게 교육수료증을 발급하여야 한다.
⑤ 위생교육기관은 교육에 관한 자료의 보관 등 총리령으로 정하는 위생교육기관의 준수사항을 준수하여야 한다.

⑥ 식품의약품안전처장은 지정된 위생교육기관의 인력ㆍ시설ㆍ설비 보유현황 및 활용도, 교육과정 운영실태 및 교육서비스의 적절성ㆍ충실성 등을 평가하여 그 평가 내용을 공표할 수 있다.
⑦ 식품의약품안전처장은 제6항에 따른 평가를 위하여 필요한 경우에는 위생교육기관에 관련 자료의 제출을 요구할 수 있다.
⑧ 식품의약품안전처장은 위생교육기관이 다음 각 호의 어느 하나에 해당하는 경우에는 기간을 정하여 시정을 명할 수 있다.
1. 제3항에 따른 변경신고를 하지 아니한 경우
2. 제4항에 따른 교육시간을 위반하여 교육한 경우
3. 제5항에 따른 위생교육기관의 준수사항을 위반한 경우
⑨ 제1항부터 제8항까지에서 규정한 사항 외에 위생교육기관의 지정 절차, 교육 내용ㆍ시기ㆍ방법(교육의 생략, 교육시간의 단축 등을 포함한다), 실시 비용 등에 필요한 사항은 총리령으로 정한다.
(2018.12.11 본조신설)

제30조의3【위생교육기관의 지정취소 등】 ① 식품의약품안전처장은 위생교육기관이 다음 각 호의 어느 하나에 해당하는 경우에는 그 지정을 취소하거나 1년 이내의 범위에서 기간을 정하여 업무의 전부 또는 일부를 정지할 수 있다. 다만, 제1호의 경우에는 그 지정을 취소하여야 한다.
1. 거짓 또는 그 밖의 부정한 방법으로 위생교육기관으로 지정받은 경우
2. 정당한 사유 없이 1년 이상 계속하여 교육과정을 운영하지 아니한 경우
3. 제30조의2제2항에 따른 지정기준에 적합하지 아니하게 된 경우
4. 제30조의2제4항에 따른 교육수료증을 거짓 또는 그 밖의 부정한 방법으로 발급한 경우
5. 제30조의2제6항에 따른 평가를 실시한 결과 교육실적 및 교육내용이 매우 부실하여 지정 목적을 달성할 수 없다고 인정되는 경우
6. 제30조의2제8항에 따른 시정명령을 받고도 정당한 사유 없이 정하여진 기간 내에 이를 시정하지 아니한 경우
② 제1항에 따른 지정취소 및 업무정지 처분의 세부기준은 그 위반 행위의 유형과 위반 정도 등을 고려하여 총리령으로 정한다.
(2018.12.11 본조신설)

제31조【영업자 등의 준수사항】 ① 제21조제1항제1호 또는 제2호에 따른 도축업 또는 집유업의 영업자는 정당한 사유 없이 가축의 도살ㆍ처리 또는 집유의 요구를 거부하여서는 아니 된다.
② 영업자 및 그 종업원은 영업을 할 때 위생적 관리와 거래질서 유지를 위하여 다음 각 호에 관하여 총리령으로 정하는 사항을 준수하여야 한다.(2013.3.23 본문개정)
1. 가축의 도살ㆍ처리 및 집유에 관한 사항
2. 가축과 축산물의 검사 및 위생관리에 관한 사항
3. 작업장의 시설 및 위생관리에 관한 사항
4. 축산물의 위생적인 가공ㆍ포장ㆍ보관ㆍ운반ㆍ유통ㆍ진열ㆍ판매 등에 관한 사항
5. 축산물에 대한 거래명세서의 발급(식용란의 경우 제12조의2제2항에 따라 발급된 거래명세서의 수취ㆍ보관에 관한 사항을 포함한다)과 거래내역서의 작성ㆍ보관에 관한 사항(2017.10.24 본호개정)
5의2. 냉장축산물의 냉동전환 및 그 보고 등에 관한 사항(2016.2.3 본호신설)
5의3. 식용란의 용도에 따른 유통ㆍ판매의 구분에 관한 사항(2017.10.24 본호신설)
6. 그 밖에 영업자 및 그 종업원이 가축 및 축산물의 위생적 관리와 거래질서 유지를 위하여 준수하여야 할 사항

제31조의2【위해 축산물의 회수 및 폐기 등】 ① 영업자(「수입식품안전관리 특별법」 제15조에 따라 등록한 수입식품등 수입ㆍ판매업자를 포함한다. 이하 이 조에서 같다) 또는 영업에 사용할 목적으로 축산물을 수입하는 자는 해당 축산물이 제4조ㆍ제5조 또는 제33조에 위반된 사실(축산물의 위해와 관련이 없는 위반사항은 제외한다)을 알게 된 경우에는 지체 없이 유통 중인 해당 축산물을 회수하여 폐기(회수한 축산물을 총리령으로 정하는 바에 따라 다른 용도로 활용하는 경우에는 폐기하지 아니할 수 있다. 이하 이 조에서 같다)하는 등 필요한 조치를 하여야 한다.
② 제1항에 따라 축산물을 회수하여 폐기하는 등 필요한 조치를 하여야 하는 자는 회수ㆍ폐기 계획을 식품의약품안전처장, 시ㆍ도지사 또는 시장ㆍ군수ㆍ구청장에게 미리 보고하여야 하며, 그 회수ㆍ폐기 계획에 따른 회수ㆍ폐기 결과를 보고받은 시ㆍ도지사 또는 시장ㆍ군수ㆍ구청장은 이를 지체 없이 식품의약품안전처장에게 보고하여야 한다. 다만, 해당 축산물이 「수입식품안전관리 특별법」에 따라 수입한 축산물이고, 보고의무자가 해당 축산물을 수입한 자인 경우에는 식품의약품안전처장에게 보고하여야 한다.
③ 식품의약품안전처장, 시ㆍ도지사 또는 시장ㆍ군수ㆍ구청장은 제1항에 따른 회수 또는 폐기 등에 필요한 조치를 성실히 이행한 영업자에 대하여 해당 축산물 등으로 인하여 받게 되는 제27조에 따른 행정처분을 대통령령으로 정하는 바에 따라 감면할 수 있다.
④ 제1항 및 제2항에 따른 회수ㆍ폐기의 대상 축산물, 회수ㆍ폐기의 계획, 회수ㆍ폐기의 절차 및 회수ㆍ폐기의 결과 보고 등은 총리령으로 정한다.
(2016.2.3 본조개정)

제31조의3【축산물가공품이력추적관리의 등록 등】 ① 축산물가공품을 가공 또는 판매하는 자 중 축산물가공품이력추적관리를 하려는 자는 총리령으로 정하는 등록기준을 갖추고 해당 축산물가공품을 축산물가공품이력추적관리 대상으로 식품의약품안전처장에게 등록할 수 있다. 다만, 다음 각 호의 어느 하나에 해당하는 자는 해당 조제유류를 축산물가공품이력추적관리 대상으로 식품의약품안전처장에게 등록하여야 한다.
1. 조제유류를 가공하는 자로서 매출액이 총리령으로 정하는 기준에 해당하는 자
2. 조제유류를 판매하는 자로서 매장면적이 총리령으로 정하는 기준에 해당하는 자
② 제1항에 따라 등록을 한 자(이하 "등록자"라 한다)는 등록사항이 변경된 경우 변경사유가 발생한 날부터 1개월 이내에 식품의약품안전처장에게 신고하여야 한다.
③ 식품의약품안전처장은 등록자에게 예산의 범위에서 축산물가공품이력추적관리에 필요한 자금을 지원할 수 있다. 이 경우 식품의약품안전처장은 등록자가 지원금을 지원 목적 외의 용도로 사용하였을 때에는 그 지원금을 회수할 수 있다.
④ 식품의약품안전처장은 등록자가 제31조의4제1항 후단의 보관의무를 위반하거나 같은 조 제5항에 따른 기준을 준수하지 아니한 경우에는 등록을 취소하거나 시정을 명할 수 있다.
⑤ 축산물가공품이력추적관리의 등록절차, 등록사항, 변경신고절차, 지원기준, 지원금 회수절차ㆍ방법, 등록취소 등의 기준 및 그 밖에 필요한 사항은 총리령으로 정한다.
(2016.2.3 본조신설)

제31조의4【축산물가공품이력추적관리 정보의 기록 등】 ① 등록자는 축산물가공품이력추적관리에 필요한 정보로서 총리령으로 정하는 정보(이하 "이력추적관리정보"라 한다)를 전산기록장치에 기록ㆍ보관 및 관리하여야 한다. 이 경우 보관기간은 해당 축산물가공품의 소비기한 등 총리령으로 정하는 날이 경과한 날부터 2년 이상으로 한다.(2021.8.17 후단개정)
② 등록자는 식품의약품안전처장이 정하여 고시하는 바에 따라 축산물가공품에 축산물가공품이력추적관리의 표시를 할 수 있다. 다만, 제31조의3제1항 각 호 외의 부분 단서에 따른 조제유류 등록자는 축산물가공품이력추적관리의 표시를 하여야 한다.
③ 누구든지 제2항에 따른 축산물가공품이력추적관리의 표시를 고의로 제거하거나 훼손하여 총리령으로 정하는 이력추적관리번호를 알아볼 수 없게 하여서는 아니 된다.
④ 등록자는 이력추적관리정보가 제31조의5제1항에 따른 축산물가공품이력추적관리시스템에 연계되도록 협조하여야 한다.
⑤ 등록자는 이력추적관리정보의 기록ㆍ보관 및 관리 방법 등에 관하여 식품의약품안전처장이 정하여 고시하는 기준을 준수하여야 한다.
⑥ 식품의약품안전처장은 총리령으로 정하는 바에 따라 등록자에 대하여 제5항에 따른 기준의 준수 여부 등을 3년마다 조사ㆍ평가하여야 한다. 다만, 제31조의3제1항 각 호 외의 부분 단서에 따른 조제유류 등록자에 대하여는 2년마다 조사ㆍ평가하여야 한다.
(2016.2.3 본조신설)

제31조의5【축산물가공품이력추적관리시스템의 운영 등】 ① 식품의약품안전처장은 「식품위생법」 제49조의3에 따른 식품이력추적관리시스템을 이용하여 축산물가공품이력추적관리를 위한 정보시스템(이하 "축산물가공품이력추적관리시스템"이라 한다)을 운영하여야 한다.
② 식품의약품안전처장은 이력추적관리정보가 축산물가공품이력추적관리시스템에 연계되도록 하여야 한다.
③ 식품의약품안전처장은 제2항에 따라 연계된 이력추적관리정보 중 총리령으로 정하는 정보를 소비자 등이 쉽게 확인할 수 있도록 해당 축산물가공품의 소비기한 등 총리령으로 정하는 날이 경과한 날부터 1년 이상 인터넷 홈페이지에 게시하여야 한다.(2021.8.17 본항개정)
④ 누구든지 제2항에 따라 연계된 이력추적관리정보를 축산물가공품이력추적관리 목적 외의 용도로 사용하여서는 아니 된다.
(2016.2.3 본조신설)

제31조의6【축산물의 이물 발견보고 등】 ① 대통령령으로 정하는 영업자(「수입식품안전관리 특별법」 제15조에 따라 등록한 수입식품등 수입ㆍ판매업자를 포함한다. 이하 이 조에서 같다)는 소비자로부터 판매제품에서 축산물의 가공ㆍ포장ㆍ유통 과정에서 정상적으로 사용된 원료 또는 재료가 아닌 것으로서 섭취할 때 위생상 위해가 발생할 우려가 있거나 섭취하기에 부적합한 물질〔이하 "이물(異物)"이라 한다〕을 발견한 사실을 신고받은 경우에는 지체 없이 이를 식품의약품안전처장, 시ㆍ도지사 또는 시장ㆍ군수ㆍ구청장에게 보고하여야 한다.
② 「소비자기본법」에 따른 한국소비자원 및 소비자단체는 소비자로부터 이물 발견의 신고를 접수하는 경우에는 지체 없이 이를 식품의약품안전처장에게 통보하여야 한다.
③ 시ㆍ도지사 또는 시장ㆍ군수ㆍ구청장은 소비자로부터 이물 발견의 신고를 접수하는 경우에는 이를 식품의약품안전처장에게 통보하여야 한다.
④ 식품의약품안전처장은 제1항부터 제3항까지의 규정에 따라 이물 발견의 신고를 통보받은 경우에는 이물혼입 원인 조사를 위하여 필요한 조치를 취하여야 한다.
⑤ 제1항에 따른 이물 보고의 기준ㆍ대상 및 절차 등에 필요한 사항은 총리령으로 정한다.
(2018.12.11 본조신설)

제32조 (2018.3.13 삭제)

제33조【판매 등의 금지】 ① 다음 각 호의 어느 하나에 해당하는 축산물은 판매하거나 판매할 목적으로 처리ㆍ가공ㆍ포장ㆍ사용ㆍ수입ㆍ보관ㆍ운반 또는 진열하지 못한다. 다만, 식품의약품안전처장이 정하는 기준에 적합한 경우에는 그러하지 아니하다.(2013.3.23 단서개정)
1. 썩었거나 상한 것으로서 인체의 건강을 해칠 우려가 있는 것
2. 유독ㆍ유해물질이 들어 있거나 묻어 있는 것 또는 그 우려가 있는 것
3. 병원성미생물에 의하여 오염되었거나 그 우려가 있는 것
4. 불결하거나 다른 물질이 혼입 또는 첨가되었거나 그 밖의 사유로 인체의 건강을 해칠 우려가 있는 것
5. 수입이 금지된 것을 수입하거나 「수입식품안전관리 특별법」 제20조제1항에 따라 수입신고를 하여야 하는 경우에 신고하지 아니하고 수입한 것(2015.2.3 본호개정)
6. 제16조에 따른 합격표시가 되어 있지 아니한 것
7. 제22조제1항 및 제2항에 따라 허가를 받아야 하는 경우 또는 제24조제1항에 따라 신고를 하여야 하는 경우에 허가를 받지 아니하거나 신고하지 아니한 자가 처리ㆍ가공 또는 제조한 것
8. 해당 축산물에 표시된 소비기한이 지난 축산물(2021.8.17 본호개정)
9. 제33조의2제2항에 따라 판매 등이 금지된 것
② 식품의약품안전처장, 시ㆍ도지사 또는 시장ㆍ군수ㆍ구청장은 「식품위생법」에 따른 식품제조ㆍ가공업, 식품접객업 또는 집단급식소의 영업자가 제12조제1항에 따른 검사를 받지 아니한 식육 또는 제4조제6항ㆍ제7항 또는 이 조 제1항에 위반된 축산물을 판매하거나 판매할 목적으로 가공ㆍ사용ㆍ보관ㆍ운반 또는 진열한 경우에는 해당 영업의 허가관청 또는 신고관청에 그 영업허가의 취소, 영업정지나 그 밖에 필요한 시정조치를 할 것을 요청할 수 있으며, 허가관청 또는 신고관청은 정당한 사유가 없으면 그 요청을 거부하여서는 아니 된다.(2021.12.12 본항개정)

제33조의2【위해 평가】 ① 식품의약품안전처장은 국내외에서 위해성이 확실히 판명되지 않았으나 위해성이 의심될 수 있는 물질이 함유된 것으로 알려지는 등 위해의 우려가 제기되는 축산물이 제33조제1항 각 호의 어느 하나에 해당하는 축산물로 의심되는 경우에는 해당 축산물의 위해요소를 신속히 평가하여 그 위해 여부를 결정하여야 한다.(2013.3.23 본항개정)
② 식품의약품안전처장은 제1항에 따른 위해 평가가 끝나기 전까지 국민건강을 위하여 신속한 예방조치가 필요한 축산물에 대하여는 그 축산물을 판매하거나, 그 축산물을 판매하기 위하여 처리ㆍ가공ㆍ포장ㆍ사용ㆍ수입ㆍ보관ㆍ운반 또는 진열하는 것을 일시적으로 금지할 수 있다.
(2013.3.23 본항개정)
③ 식품의약품안전처장은 제2항에 따른 일시금지 조치를 하려는 경우에는 미리 위원회의 심의를 거쳐야 한다. 다만, 국민건강에 중대한 위해가 발생할 우려가 있어 신속한 금지조치가 필요한 경우에는 사후에 위원회의 심의를 거칠 수 있다.(2013.3.23 본문개정)
④ 위원회는 제3항에 따라 심의를 하는 경우 대통령령으로 정하는 이해관계인의 의견을 들어야 한다.
⑤ 식품의약품안전처장은 제2항에 따라 일시금지 조치를 한 때에는 제22조제1항에 따른 허가권자에게 도축업, 집유업, 축산물가공업, 식육포장처리업 또는 축산물보관업의 허가를 해당 금지조치가 해제될 때까지 보류하도록 요청할 수 있다.(2013.3.23 본항개정)
⑥ 식품의약품안전처장은 제1항에 따른 위해 평가 결과 위해가 없는 것으로 인정되거나, 제3항 단서에 따른 심의 결과 일시금지 조치가 필요 없는 것으로 판단된 축산물에 대하여는 지체 없이 제2항에 따른 일시금지 조치를 해제하여야 한다. 이 경우 식품의약품안전처장은 제5항에 따른 허가 보류 요청을 한 때에는 일시금지 조치 해제사실을 제22조제1항에 따른 허가권자에게 알려주어야 한다.
(2013.3.23 본항개정)
⑦ 제1항에 따른 위해 평가의 대상, 방법 및 절차 등에 관하여 필요한 사항은 대통령령으로 정한다.

제6장 감독 등
(2010.5.25 본장개정)

제34조【생산실적 등의 보고】 제22조제1항에 따라 도축업, 집유업, 축산물가공업 또는 식육포장처리업의 영업허가를 받은 자는 총리령으로 정하는 바에 따라 도축실적, 집유실적, 축산물가공품 또는 포장육의 생산실적을 시ㆍ도지사 또는 시장ㆍ군수ㆍ구청장에게 보고하여야 하고, 시ㆍ도지사 또는 시장ㆍ군수ㆍ구청장은 이를 식품의약품

안전처장에게 보고하여야 한다. 이 경우 시장·군수·구청장은 시·도지사를 거쳐야 한다.(2013.3.23 전단개정)

제35조【시설 개선】 식품의약품안전처장, 시·도지사 또는 시장·군수·구청장은 영업시설이 제21조제1항에 따른 기준에 적합하지 아니한 경우에는 영업자에게 기간을 정하여 시설의 개선을 명할 수 있다.(2013.3.23 본조개정)

제36조【압류·폐기 또는 회수】 ① 식품의약품안전처장, 시·도지사 또는 시장·군수·구청장은 다음 각 호의 어느 하나에 해당하는 경우에는 검사관 또는 제20조의2에 따라 임명된 축산물위생감시원(이하 "축산물위생감시원"이라 한다)에게 이를 압류 또는 폐기하게 하거나 그 축산물의 소유자 또는 관리자에게 공중위생상 위해가 발생하지 아니하도록 용도, 처리방법 등을 정하여 필요한 조치를 할 것을 명할 수 있다.(2013.3.23 본문개정)
1. 제4조제6항 또는 제7항을 위반한 축산물(2021.12.21 본호개정)
2. 제5조제2항을 위반한 축산물
3. (2018.3.13 삭제)
4. (2015.2.3 삭제)
5. 제22조제1항 및 제2항에 따른 허가를 받지 아니하고 도살·처리, 집유, 가공·포장 또는 보관한 축산물
6. 제24조에 따른 신고를 하지 아니하고 운반하거나 판매한 축산물
7. (2018.3.13 삭제)
8. 제33조제1항 각 호의 어느 하나에 해당하는 축산물

② 식품의약품안전처장, 시·도지사 또는 시장·군수·구청장은 공중위생상 위해가 발생하였거나 발생할 우려가 있다고 인정되는 경우에는 영업자(「수입식품안전관리 특별법」 제15조에 따라 등록한 수입식품등 수입·판매업자를 포함한다)에게 유통 중인 해당 축산물을 회수 또는 폐기하게 하거나 해당 축산물의 원료, 제조방법, 성분 또는 그 배합비율을 변경할 것을 명할 수 있다.(2016.2.3 본항개정)

③ 제1항에 따라 압류 또는 폐기를 하는 검사관 또는 축산물위생감시원은 그 권한을 표시하는 증표를 관계인에게 보여 주어야 한다.

④ 식품의약품안전처장, 시·도지사 또는 시장·군수·구청장은 제1항제1호·제2호·제3호·제7호 또는 제8호에 해당하여 폐기처분 명령을 받은 축산물의 소유자 또는 관리자가 그 명령을 이행하지 아니하는 경우에는 「행정대집행법」에 따라 대집행을 하고 그 비용을 명령위반자로부터 징수할 수 있다.(2013.3.23 본항개정)

⑤ 제1항 또는 제2항에 따른 압류·회수·폐기에 필요한 사항은 총리령으로 정한다.(2013.3.23 본항개정)

제37조【공표】 ① 식품의약품안전처장, 시·도지사 또는 시장·군수·구청장은 다음 각 호의 어느 하나에 해당하는 경우에 해당 영업자(「수입식품안전관리 특별법」 제15조에 따라 등록한 수입식품등 수입·판매업자를 포함한다. 이하 이 조에서 같다) 등에게 그 사실의 공표를 명할 수 있다.(2016.2.3 본문개정)
1. 제31조의2제2항에 따라 회수 및 폐기 계획을 보고받은 경우(2016.2.3 본호개정)
2. 제36조제2항에 따라 회수를 명령한 경우

② 식품의약품안전처장, 시·도지사 또는 시장·군수·구청장은 영업자 또는 가축사육업자가 제4조제6항·제7항, 제5조제2항 또는 제33조제1항을 위반한 것으로 판명된 경우에 해당 축산물과 영업자 또는 가축사육업자에 대한 정보를 공표할 수 있다. 다만, 축산물 위생에 관한 위해가 발생한 경우에는 공표하여야 한다.(2021.12.21 본항개정)

③ 식품의약품안전처장은 제33조의2제1항의 위해 평가에 따라 해당 축산물이 위해하다고 결정되는 경우에는 해당 축산물과 영업자 또는 가축사육업자에 대한 정보를 공표하여야 한다.(2020.4.7 본항개정)

④ 식품의약품안전처장, 시·도지사 또는 시장·군수·구청장은 제27조·제28조·제36조 또는 제38조에 따라 행정처분이 확정된 영업자에 대한 처분내용, 해당 영업소와 축산물의 명칭 등 처분과 관련한 세부 정보를 공표하여야 한다.(2013.3.23 본항개정)

⑤ 제1항부터 제4항까지에서 규정한 사항 외에 공표방법·절차 등은 대통령령으로 정한다.

제37조의2【정보시스템의 구축·운영】 ① 식품의약품안전처장은 축산물의 검사·조사, 폐기·회수 및 공표 등에 관련된 정보의 효율적인 관리를 위하여 정보시스템을 구축·운영하여야 한다.

② 식품의약품안전처장은 제1항의 정보시스템의 구축·운영을 위하여 필요한 경우에는 시·도지사 및 시장·군수·구청장에게 필요한 자료의 입력 또는 제출을 요청할 수 있으며, 시·도지사 및 시장·군수·구청장은 특별한 사유가 없는 한 이에 협조하여야 한다.

③ 제1항 및 제2항에 따른 정보시스템의 구축·운영 및 자료의 제출 등은 총리령으로 정한다.
(2013.3.23 본조개정)

제38조【폐쇄조치】 ① 식품의약품안전처장, 시·도지사 또는 시장·군수·구청장은 다음 각 호의 어느 하나에 해당하는 자에 대하여 관계 공무원에게 해당 영업소를 폐쇄하도록 할 수 있다.(2013.3.23 본문개정)
1. 제22조제1항 및 제2항을 위반하여 허가를 받지 아니하거나 제24조제1항을 위반하여 신고를 하지 아니하고 영업을 하는 자
2. 제27조제1항부터 제3항까지의 규정에 따라 허가가 취소되거나 영업소 폐쇄명령을 받은 후에도 계속하여 영업을 하는 자

② 식품의약품안전처장, 시·도지사 또는 시장·군수·구청장은 제1항의 폐쇄조치를 위하여 관계 공무원에게 다음 각 호의 조치를 하게 할 수 있다.(2013.3.23 본문개정)
1. 해당 영업소의 간판 등 영업 표지물의 제거나 삭제
2. 해당 영업소가 적법한 영업소가 아님을 알리는 게시문 등의 부착
3. 해당 영업소의 시설물과 영업에 사용하는 기구 등을 사용할 수 없게 하는 봉인(封印)

③ 식품의약품안전처장, 시·도지사 또는 시장·군수·구청장은 제2항제3호에 따라 봉인한 후 봉인을 계속할 필요가 없거나 해당 영업자 또는 그 대리인이 해당 영업소 폐쇄를 약속하거나 그 밖의 정당한 사유를 들어 봉인의 해제를 요청하는 경우에는 봉인을 해제할 수 있다. 제2항제2호에 따른 게시문 등의 경우에도 같다.(2013.3.23 전단개정)

④ 식품의약품안전처장, 시·도지사 또는 시장·군수·구청장은 제1항에 따라 영업소를 폐쇄하려면 미리 이를 해당 영업자 또는 그 대리인에게 서면으로 알려 주어야 한다. 다만, 대통령령으로 정하는 급박한 사유가 있는 경우에는 그러하지 아니하다.(2013.3.23 본문개정)

⑤ 제2항에 따른 조치는 그 영업을 할 수 없게 하는 데에 필요한 최소한의 범위에 그쳐야 한다.

⑥ 제1항 및 제2항에 따라 영업소를 폐쇄하는 관계 공무원은 그 권한을 표시하는 증표를 관계인에게 보여 주어야 한다.

제38조의2 (2013.7.30 삭제)

제7장 보 칙
(2010.5.25 본장개정)

제39조【포상금】 ① 식품의약품안전처장은 제4조제6항·제7항, 제7조제1항·제5항, 제10조, 제22조제1항, 제24조제1항 또는 제33조제1항을 위반하거나 제12조제1항에 따른 검사를 받지 아니한 식육을 가공, 포장, 사용, 보관, 운반, 진열 또는 판매한 자를 관계 행정기관 또는 수사기관에 신고 또는 고발하거나 검거에 협조한 사람에게 포상금을 지급할 수 있다. 다만, 공무원이 그 직무와 관련하여 신고 또는 고발하거나 검거에 협조한 경우에는 포상금을 지급하지 아니한다.(2021.12.21 본문개정)

② 제1항에 따른 포상금의 지급 대상·기준·방법 및 절차 등에 필요한 사항은 대통령령으로 정한다.(2017.10.24 본항신설)

제40조【보조금】 ① 국가 또는 지방자치단체는 예산의 범위에서 축산물의 위생적인 처리, 가공, 포장 및 유통을 위하여 필요한 비용의 전부 또는 일부를 영업자에게 보조할 수 있다.

② 국가는 예산의 범위에서 지방자치단체 또는 위생교육기관에 대하여 다음 각 호의 비용의 전부 또는 일부를 보조할 수 있다.(2018.12.11 본문개정)
1. 축산물의 수거에 드는 비용
2. (2013.7.30 삭제)
3. 축산물위생감시원 및 명예감시원의 운영에 드는 비용
4. 제30조에 따른 교육에 드는 비용
5. 제36조에 따른 압류, 폐기 또는 회수에 드는 비용

제40조의2【가축 외의 동물 등의 검사】 ① 가축 외의 동물 중 총리령으로 정하는 동물을 식용의 목적으로 도축·처리하는 자는 해당 동물과 그 지육, 정육, 내장, 그 밖의 부분에 대하여 검사관에게 검사를 의뢰할 수 있다.(2013.3.23 본항개정)

② 검사관은 제1항의 검사를 하였을 때에는 그 의뢰인에게 총리령으로 정하는 바에 따라 검사증명서를 발급하여야 한다.(2013.3.23 본항개정)

③ 검사관은 제2항에 따른 검사에 불합격한 동물 또는 그 지육, 정육, 내장, 그 밖의 부분에 대하여 의뢰자에게 소각·매몰 등의 방법에 의한 폐기 등 총리령으로 정하는 방법으로 처리하도록 하여야 한다.(2013.3.23 본항개정)

④ 의뢰자는 제2항에 따른 검사에 불합격한 동물 또는 그 지육, 정육, 내장, 그 밖의 부분에 대하여는 제3항에 따라 검사관이 지시하는 바에 따라 처리하여야 한다.

⑤ 제1항에 따른 검사의 신청절차, 신청요건, 검사의 방법·기준 및 검사 결과의 표시방법 등에 관하여 필요한 사항은 총리령으로 정한다.(2013.3.23 본항개정)

제40조의3【국제협력】 식품의약품안전처장은 축산물의 안전과 위생관리 등을 위하여 국제적인 동향을 파악하고 국제협력에 노력하여야 한다.(2017.10.24 본조신설)

제41조【수수료】 다음 각 호의 어느 하나에 해당하는 자는 총리령으로 정하는 바에 따라 수수료를 내야 한다.(2013.3.23 본문개정)
1. 제7조제8항에 따라 검사를 받는 자(2016.2.3 본호신설)
1의2. 제9조제4항 및 같은 조 제5항 전단에 따른 인증 또는 제9조제6항에 따른 변경 인증을 신청하는 자(2020.4.7 본호개정)
2. 제9조제10항에 따라 기술·정보를 제공받거나 교육훈련을 받는 자(2020.4.7 본호개정)
3. 제9조의2에 따른 인증의 유효기간 연장을 신청하는 자
4. 제11조제1항 및 제12조제1항에 따른 검사를 받는 자(2013.7.30 3호~4호개정)
5. 제11조제2항에 따른 검사를 받는 자
6. 제12조제2항에 따라 검사관의 검사를 받는 자
7. 제12조제6항에 따른 검사를 받는 자(2020.4.7 본호개정)
8. 제12조의3제4항에 따른 재검사를 받는 자
9.~10. (2015.2.3 삭제)
11. (2013.7.30 삭제)
12. 제22조제1항 및 제2항에 따른 허가를 받는 자
13. 제22조제5항에 따른 변경신고를 하는 자
14. 제24조에 따른 신고를 하는 자
15. 제26조에 따른 영업승계 신고를 하는 자
15의2. 제31조의3제1항에 따라 축산물가공품을 축산물가공품이력추적관리 대상으로 등록하는 자(2016.2.3 본호신설)
16. 제40조의2에 따른 검사를 받는 자

제42조【공중위생상 위해 시의 조치】 ① 식품의약품안전처장은 공중위생상 위해가 발생할 우려가 있다고 인정되는 경우에는 영업자, 가축사육업자 또는 가축을 도축장으로 출하하려는 자에게 위해 방지에 필요한 조치를 하게 하거나 가축 또는 축산물의 출하·판매 일시중지를 명할 수 있다.

② 식품의약품안전처장은 제1항에 따른 출하·판매 일시중지를 명하려는 경우 미리 위원회의 심의를 거쳐야 한다.(2020.4.7 본항신설)

③ 제2항에도 불구하고 식품의약품안전처장은 국민건강에 중대한 위해가 발생할 우려가 있어 신속한 조치가 필요한 경우에는 먼저 출하·판매 일시중지를 명할 수 있다. 이 경우 사후에 위원회의 심의를 거쳐야 한다.(2020.4.7 본항신설)

④ 식품의약품안전처장은 제1항에 따른 출하·판매 일시중지의 사유가 해소된 경우 즉시 출하·판매 일시중지를 해제하여야 한다.(2020.4.7 본항신설)
(2020.4.7 본조개정)

제43조【청문】 식품의약품안전처장, 시·도지사 또는 시장·군수·구청장은 다음 각 호의 어느 하나에 해당하는 처분을 하려면 청문을 하여야 한다.(2013.3.23 본문개정)
1. 제9조의4에 따른 안전관리인증작업장등의 인증취소(2013.7.30 본호개정)
2. 제9조의6제1항에 따른 교육훈련기관의 지정취소(2018.12.11 본호신설)
3. 제27조제1항부터 제3항까지의 규정에 따른 영업허가의 취소나 영업소의 폐쇄명령
4. 제30조의3제1항에 따른 위생교육기관의 지정취소(2018.12.11 본호신설)

제44조【권한의 위임 및 위탁】 ① 이 법에 따른 식품의약품안전처장의 권한은 대통령령으로 정하는 바에 따라 그 일부를 그 소속 기관의 장 또는 시·도지사에게 위임할 수 있다.(2016.2.3 본항개정)

② 식품의약품안전처장은 제9조, 제9조의2 및 제9조의3에 따른 안전관리인증작업장등의 인증 등에 관한 업무와 제31조의3, 제31조의4 및 제31조의5에 따른 축산물가공품이력추적관리를 위한 정보시스템의 운영 등에 관한 업무를 대통령령으로 정하는 법인 또는 단체에 위탁할 수 있다. 다만, 농장, 도축장 및 집유장의 위생, 질병, 품질관리, 검사 및 안전관리인증기준 운영에 관한 사항은 대통령령으로 정하는 바에 따라 농림축산식품부장관에게 위탁한다.(2016.2.3 본항신설)

③ 이 법에 따른 시·도지사의 권한은 대통령령으로 정하는 바에 따라 그 일부를 시장·군수·구청장에게 위임할 수 있으며, 이 법에 따른 업무는 그 일부를 대통령령으로 정하는 법인 또는 단체에 위탁할 수 있다.

제44조의2【벌칙 적용 시의 공무원 의제】 다음 각 호의 어느 하나에 해당하는 사람은 「형법」 제127조 및 제129조부터 제132조까지의 규정에 따른 벌칙을 적용할 때에는 공무원으로 본다.(2019.4.30 본문개정)
1. (2016.2.3 삭제)
2. 책임수의사
3. 제44조제2항 본문에 따라 위탁받은 업무에 종사하는 법인 또는 단체의 임직원(2016.2.3 본호신설)
(2013.7.30 본조제목개정)
(2010.5.25 본조신설)

제8장 벌 칙
(2010.5.25 본장개정)

제45조【벌칙】 ① 다음 각 호의 어느 하나에 해당하는 자는 10년 이하의 징역 또는 1억원 이하의 벌금에 처한다.(2014.5.21 본문개정)
1. 제7조제1항을 위반하여 허가받은 작업장이 아닌 곳에서 가축을 도살·처리한 자
2. 제7조제5항을 위반하여 가축을 도살·처리하여 식용으로 사용하거나 판매한 자
3. 제10조를 위반하여 가축 또는 식육에 대한 부정행위를 한 자
4. 제11조제1항을 위반하여 가축에 대한 검사관의 검사를 받지 아니한 자
5. 제15조의2제1항에 따른 금지 조치를 위반하여 축산물을 수입·판매하거나 판매할 목적으로 가공·포장·보관·운반 또는 진열한 자

6. 제22조제1항을 위반하여 영업허가를 받지 아니하거나 제22조제2항을 위반하여 변경허가를 받지 아니하고 영업을 한 자
6의2. (2018.3.13 삭제)
7. 제33조제1항을 위반하여 축산물을 판매하거나 판매할 목적으로 처리·가공·포장·사용·수입·보관·운반 또는 진열한 자
② 제1항제6호의2, 제7호의 죄로 금고 이상의 형을 선고받고 그 형이 확정된 후 5년 이내에 다시 제1항제6호의2, 제7호의 죄를 범한 자는 1년 이상 10년 이하의 징역에 처한다. 이 경우 그 해당 축산물을 판매한 때에는 그 판매금액의 4배 이상 10배 이하에 해당하는 벌금을 병과한다.
(2018.12.11 후단개정)
③ 다음 각 호의 어느 하나에 해당하는 자는 5년 이하의 징역 또는 5천만원 이하의 벌금에 처한다.(2016.2.3 본문개정)
1. 제31조의2제1항을 위반하여 회수 또는 회수에 필요한 조치를 하지 아니한 자(2016.2.3 본호신설)
2. (2018.3.13 삭제)
④ 다음 각 호의 어느 하나에 해당하는 자는 3년 이하의 징역 또는 3천만원 이하의 벌금에 처한다.(2020.4.7 본문개정)
1. 거짓이나 그 밖의 부정한 방법으로 제4조제3항에 따른 인정을 받은 자(2021.12.21 본호신설)
1의2. 제4조제6항을 위반하여 가축의 도살·처리, 집유, 축산물의 가공·포장·보존 또는 유통을 한 자
(2021.12.21 본호개정)
2. 제4조제7항을 위반하여 축산물을 판매하거나 판매할 목적으로 보관·운반 또는 진열한 자(2021.12.21 본호개정)
3. 제5조제2항을 위반하여 그 규격 등에 적합하지 아니한 용기등을 사용한 자
4. 제7조제1항을 위반하여 허가받은 작업장이 아닌 곳에서 집유하거나 축산물을 가공, 포장 또는 보관한 자
4의2. 제9조제3항을 위반하여 안전관리인증기준을 지키지 아니한 자(2020.4.7 본호신설)
5. 제12조제1항 또는 제2항을 위반하여 식육에 대한 검사관의 검사를 받지 아니하거나 집유하는 원유에 대하여 검사관 또는 책임수의사의 검사를 받지 아니한 자
5의2. 제12조제7항을 위반하여 보고를 하지 아니한 자
(2020.4.7 본호개정)
6.~6의2. (2015.2.3 삭제)
7. 제17조를 위반하여 미검사품을 작업장 밖으로 반출한 자
8. 제18조를 위반하여 검사에 불합격한 가축 또는 축산물을 처리한 자
9. (2013.7.30 삭제)
10. 제27조제1항부터 제3항까지의 규정에 따른 명령을 위반한 자
11. 제31조제2항제1호부터 제4호까지, 제5호의2, 제5호의3 또는 제6호를 위반하여 영업자 및 그 종업원이 준수하여야 할 사항을 준수하지 아니한 자. 다만, 총리령으로 정하는 경미한 사항을 준수하지 아니한 자는 제외한다.
(2017.10.24 본문개정)
12. 제31조제2항제5호를 위반하여 거래명세서를 발급하지 아니하거나 거짓으로 발급한 자
13. 제31조제2항제5호를 위반하여 거래내역서를 작성·보관하지 아니하거나 거짓으로 작성한 자
14. 제31조의3제1항 각 호 외의 부분 단서를 위반하여 등록하지 아니한 자(2016.2.3 본호신설)
15. 제36조제1항·제2항 또는 제37조제1항에 따른 명령을 위반한 자
16. 제40조의2제4항을 위반하여 검사에 불합격한 동물 등을 처리한 자
⑤ 다음 각 호의 어느 하나에 해당하는 자는 2년 이하의 징역 또는 3천만원 이하의 벌금에 처한다.
1. 제7조제9항을 위반하여 거짓으로 합격표시를 한 자
(2016.2.3 본호신설)
1의2. 제13조제3항을 위반하여 책임수의사를 지정하지 아니한 자(2013.7.30 본호개정)
2. 제13조제4항을 위반하여 책임수의사의 업무를 방해하거나 정당한 사유 없이 책임수의사의 요청을 거부한 자
(2013.7.30 본호개정)
3. 제16조를 위반하여 축산물의 합격표시를 하지 아니하거나 거짓으로 합격표시를 한 자
4. 제38조제2항에 따른 게시문 또는 봉인을 제거하거나 손상한 자
⑥ 다음 각 호의 어느 하나에 해당하는 자는 1년 이하의 징역 또는 1천만원 이하의 벌금에 처한다.(2017.10.24 본문개정)
1.~2. (2018.3.13 삭제)
3. 제11조제3항을 위반하여 검사를 거부·방해하거나 기피한 자
4. 제12조제3항 또는 제4항을 위반하여 검사를 하지 아니하거나 거짓으로 검사를 한 자(2017.10.24 본호개정)
4의2. 제12조의2제2항을 위반하여 거래명세서를 발급하지 아니하거나 거짓으로 발급한 자(2017.10.24 본호신설)
5. 제19조제1항·제2항 또는 제36조제1항에 따른 검사·출입·수거·압류·폐기 조치를 거부·방해하거나 기피한 자(2015.2.3 본호개정)
6. 제19조제1항을 위반하여 보고를 하지 아니하거나 거짓으로 보고를 한 자
7. 제21조제1항에 따른 기준 또는 제22조제4항에 따른 조건을 위반한 자
8. 제22조제5항을 위반하여 신고를 하지 아니한 자
9. 제24조제1항을 위반하여 신고를 하지 아니한 자
10. 제26조제3항을 위반하여 신고를 하지 아니한 자
11. 제31조의6제1항을 위반하여 소비자로부터 이물 발견의 신고를 받고 이를 거짓으로 보고한 자
11의2. 이물의 발견을 거짓으로 신고한 자
(2018.12.11 11호~11호의2신설)
12. 제38조제1항에 따른 영업소의 폐쇄조치를 거부·방해하거나 기피한 자
⑦ 제1항부터 제5항까지의 경우 징역과 벌금을 병과(併科)할 수 있다.(2014.5.21 본항개정)

제46조【양벌규정】 법인의 대표자나 법인 또는 개인의 대리인, 사용인, 그 밖의 종업원이 그 법인 또는 개인의 업무에 관하여 제45조의 위반행위를 하면 그 행위자를 벌하는 외에 그 법인 또는 개인에게도 해당 조문의 벌금형을 과(科)한다. 다만, 법인 또는 개인이 그 위반행위를 방지하기 위하여 해당 업무에 관하여 상당한 주의와 감독을 게을리하지 아니한 경우에는 그러하지 아니하다.

제47조【과태료】 ① 다음 각 호의 어느 하나에 해당하는 자에게는 1천만원 이하의 과태료를 부과한다.
1. (2018.3.13 삭제)
2. 제7조제2항을 위반하여 신고를 하지 아니한 자
3. 제7조제4항을 위반하여 도살·처리한 자
4. 제8조제2항을 위반하여 자체위생관리기준을 작성 또는 운용하지 아니한 자
5. 제9조제2항을 위반하여 자체안전관리인증기준을 작성 또는 운용하지 아니한 자(2013.7.30 본호개정)
② 다음 각 호의 어느 하나에 해당하는 자에게는 500만원 이하의 과태료를 부과한다.
1. 제9조제8항을 위반하여 자체안전관리인증기준을 작성·운용하고 있다는 내용의 표시·광고를 한 자
(2020.4.7 본호신설)
1의2. 제9조제9항을 위반하여 안전관리인증작업장등의 명칭을 사용한 자(2020.4.7 본호신설)
1의3. 제12조의2제3항에 따른 시정명령을 이행하지 아니한 자(2021.7.27 본호신설)
2. 제10조의2를 위반하여 포장을 하지 아니하고 보관·운반·진열 또는 판매한 자
3. 제24조제2항을 위반하여 신고를 하지 아니한 자
4. 제25조를 위반하여 보고를 하지 아니하거나 거짓으로 보고를 한 자(2021.7.27 본호개정)
5. (2021.7.27 삭제)
6. 제29조제1항 및 제3항을 위반하여 건강진단을 받지 아니하였거나 건강진단 결과 다른 사람에게 위해를 끼칠 우려가 있는 질병이 있는 종업원을 영업에 종사하게 한 자
7.~8. (2021.7.27 삭제)
9. 제31조제1항을 위반하여 가축의 도살·처리 또는 집유의 요구를 거부한 자
10. 제31조의2제2항을 위반하여 보고를 하지 아니하거나 거짓으로 보고를 한 자
10의2. 제31조의4제2항 단서를 위반하여 축산물가공품이력추적관리의 표시를 하지 아니한 자
10의3. 제31조의4제3항을 위반하여 축산물가공품이력추적관리의 표시를 고의로 제거하거나 훼손하여 이력추적관리번호를 알아볼 수 없게 한 자
(2016.2.3 10호의2~10호의3신설)
10의4. 제31조의6제1항을 위반하여 소비자로부터 이물 발견의 신고를 받고 보고하지 아니한 자(2021.7.27 본호신설)
11. 제35조에 따른 시설 개선명령을 위반한 자
③ 다음 각 호의 어느 하나에 해당하는 자에게는 300만원 이하의 과태료를 부과한다.
1. (2021.7.27 삭제)
1의2. 제29조제1항 및 제2항을 위반하여 건강진단을 받지 아니하였거나 건강진단 결과 다른 사람에게 위해를 끼칠 우려가 있는 질병이 있는 영업자로서 그 영업을 한 자(2021.7.27 본호신설)
2. 제31조제2항제1호부터 제4호까지 또는 제6호에 따라 영업자 및 그 종업원이 준수해야 할 사항 중 총리령으로 정하는 경미한 사항을 준수하지 아니한 자(2013.3.23 본호개정)
2의2. 제31조의3제2항을 위반하여 축산물가공품이력추적관리 등록사항이 변경된 경우 변경사유가 발생한 날부터 1개월 이내에 변경신고를 하지 아니한 자
2의3. 제31조의5제4항을 위반하여 이력추적관리정보를 축산물가공품이력추적관리 목적 외의 용도로 사용한 자
(2016.2.3 2호의2~2호의3신설)
2의4. (2021.7.27 삭제)
3. 제41조를 위반하여 수수료를 받은 자
④ 다음 각 호의 어느 하나에 해당하는 자에게는 100만원 이하의 과태료를 부과한다.
1. 제30조제1항·제3항 및 제6항을 위반하여 교육을 받지 아니한 책임수의사 또는 종업원을 그 검사업무 또는 영업에 종사하게 한 자
2. 제30조제2항·제3항 및 제5항을 위반하여 위생교육을 받지 아니한 영업자로서 그 영업을 한 자
3. 제34조를 위반하여 보고를 하지 아니하거나 거짓으로 보고를 한 자
(2021.7.27 본항개정)
⑤ 제1항부터 제4항까지의 규정에 따른 과태료는 대통령령으로 정하는 바에 따라 식품의약품안전처장, 시·도지사 또는 시장·군수·구청장이 부과·징수한다.
(2021.7.27 본항신설)

부 칙 (2007.12.21)

제1조【시행일】 이 법은 공포 후 6개월이 경과한 날부터 시행한다.

제2조【사단법인 축산물에이취에이씨씨피기준원에 대한 경과조치】 ① 이 법 시행 당시 「민법」 제32조에 따라 농림부장관의 허가를 받아 설립된 사단법인 축산물에이취에이씨씨피기준원(이하 "사단법인"이라 한다)은 정관으로 정하는 바에 따라 총회의 결의로서 그의 모든 재산과 권리·의무를 기준원이 승계할 수 있도록 농림부장관에게 승인을 신청할 수 있다.
② 제1항에 따라 승인을 받은 사단법인은 이 법에 따른 기준원의 설립과 동시에 「민법」 중 법인의 해산 및 청산에 관한 규정에도 불구하고 해산된 것으로 본다.
③ 제2항에 따라 해산되는 사단법인의 모든 재산과 권리·의무는 기준원이 이를 포괄 승계하며, 그 재산과 권리·의무에 관한 등기부, 그 밖의 공부에 표시된 사단법인의 명의는 기준원의 명의로 본다.
④ 제3항에 따라 기준원이 포괄 승계하는 재산의 가액은 승계 당시의 장부가액으로 한다.

제3조【지정의 유효기간에 관한 경과조치】 이 법 시행 당시 종전의 규정에 따라 지정받은 위해요소중점관리기준적용작업장등의 유효기간은 제9조의3의 개정규정에도 불구하고 이 법 시행일부터 역산하여 지정일이 3년 이상이 경과된 경우 4년, 2년 이상이 경과된 경우 5년, 2년 미만이 경과된 경우 6년으로 본다.

부 칙 (2009.5.8)

① **【시행일】** 이 법은 공포 후 6개월이 경과한 날부터 시행한다.
② **【기립불능 가축의 도살·처리 금지에 관한 적용례】** 제7조제5항부터 제7항까지의 개정규정은 이 법 시행 후 최초로 기립불능 가축으로 판명되는 가축부터 적용한다.
③ **【벌칙에 관한 경과조치】** 이 법 시행 전의 행위에 대하여 벌칙을 적용하는 경우에는 종전의 규정에 따른다.

부 칙 (2010.5.25)

제1조【시행일】 이 법은 공포 후 6개월이 경과한 날부터 시행한다. 다만, 제9조, 제9조의2제4항, 제20조제5항, 제30조, 제41조, 제43조제1호 및 제47조제2항제2호의 개정규정은 2011년 1월 1일부터 시행한다.

제2조【시행일에 관한 경과조치】 제30조의 개정규정이 시행되기 전에는 제27조제1항제1호의 개정규정 중 "제30조제5항·제6항"은 "제30조제2항·제3항"으로 보고, 제47조제2항제7호의 개정규정 중 "제30조제1항·제3항 및 제6항"은 "제30조제1항 및 제3항"으로 보며, 제47조제2항제8호의 개정규정 중 "제30조제2항·제3항 및 제5항"은 "제30조제1항 및 제2항"으로 본다.

제3조【축산물위생검사기관의 지정제한에 관한 적용례】 제20조제7항의 개정규정은 이 법 시행 후 최초로 축산물위생검사기관의 지정이 취소된 경우부터 적용한다.

제4조【허가의 취소 등에 관한 적용례】 제27조제1항의 개정규정은 이 법 시행 후 최초로 같은 항 각 호의 어느 하나에 해당하는 경우부터 적용한다.

제5조【과징금처분에 관한 적용례】 제28조제1항의 개정규정은 이 법 시행 후 최초로 영업자가 제27조제1항 각 호의 어느 하나에 해당하는 경우부터 적용한다.

제6조【위해 축산물의 회수 등에 관한 적용례】 제31조의2의 개정규정은 이 법 시행 후 최초로 해당 축산물이 위반된 사실을 알게 된 경우부터 적용한다.

제7조【압류·폐기 또는 회수에 관한 적용례】 제36조의 개정규정은 이 법 시행 후 최초로 같은 조 제1항 각 호의 어느 하나에 해당하는 경우부터 적용한다.

제8조【공표에 관한 적용례】 제37조의 개정규정은 이 법 시행 후 최초로 해당되는 사유가 발생한 경우부터 적용한다.

제9조【폐쇄조치에 관한 적용례】 제38조의 개정규정은 이 법 시행 후 최초로 폐쇄조치 사유가 발생한 경우부터 적용한다.

제10조【위해요소중점관리기준적용작업장등에 관한 경과조치】 종전의 제9조제4항에 따라 2010년 12월 31일까지 정기심사를 받아야 하는 위해요소중점관리기준적용작업장등은 종전의 규정에 따라 정기심사를 받아야 하며, 그 정기심사와 관련한 취소 또는 시정명령에 관하여는 종전의 제9조제8항에 따른다.

제11조【자체검사원과 검사보조원의 명칭 변경에 관한 경과조치】 ① 이 법 시행 당시 종전의 제13조제2항에 따라 지정된 자체검사원은 제13조제2항의 개정규정에 따라 지정된 책임수의사로 본다.
② 이 법 시행 당시 종전의 제14조제1항 또는 제2항에 따라 배치되거나 두어진 검사보조원은 제14조제1항 또는 제2항의 개정규정에 따라 배치되거나 두어진 검사원으로 본다.
제12조【축산물위생검사기관에 관한 경과조치】 이 법 시행 당시 종전의 제20조제1항에 따라 지정된 축산물위생검사기관은 제20조제1항제1호 및 제2호의 개정규정에 따라 정하여지거나 지정된 축산물위생검사기관으로 보되, 제20조제1항제2호의 개정규정에 따라 지정된 축산물위생검사기관으로 보는 경우의 지정 유효기간은 이 법이 시행된 날부터 3년으로 한다.
제13조【다른 법률의 개정】 ①~㉘ ※(해당 법령에 가제정리 하였음)
제14조【다른 법령과의 관계】 이 법 시행 당시 다른 법령에서 종전의 「축산물가공처리법」 또는 그 규정을 인용한 경우 이 법 중 그에 해당하는 규정이 있으면 종전의 「축산물가공처리법」 또는 그 규정을 갈음하여 이 법 또는 이 법의 해당 규정을 인용한 것으로 본다.

부　칙 (2013.7.30 법11989호)

제1조【시행일】 ① 이 법은 공포 후 6개월이 경과한 날부터 시행한다.
② 제1항에도 불구하고 다음 각 호의 구분에 따른 집유장의 영업자에 대한 제9조제2항 및 제9조의3제2항의 개정규정은 다음 각 호에서 정한 날부터 시행한다. 이 경우 1일 평균 집유량은 제1항의 시행일을 기준으로 해당 작업장의 전년도 총집유량을 실제 집유한 일수로 나눈 값으로 한다.
1. 1일 평균 집유량이 150톤 이상인 집유장 : 2014년 7월 1일
2. 1일 평균 집유량이 75톤 이상 150톤 미만인 집유장 : 2015년 1월 1일
3. 1일 평균 집유량이 75톤 미만인 집유장 : 2016년 1월 1일
③ 제1항에도 불구하고 다음 각 호의 구분에 따른 업소의 축산물가공업의 영업자에 대한 제9조제2항 및 제9조의3제2항의 개정규정은 다음 각 호에서 정한 날부터 시행한다. 이 경우 연매출액은 제1항의 시행일을 기준으로 해당 영업장의 전년도 1년간의 총매출액으로 하고, 종업원 수는 제1항의 시행일을 기준으로 「근로기준법」에 따른 상시근로자 수로 한다. 다만, 신규사업·휴업 등으로 전년도 1년간의 총매출액을 산출할 수 없을 경우에는 전년도 실제 운영기간 동안의 총매출액을 1년 단위로 환산하여 산출한다.
1. 연매출액이 20억원 이상이면서 종업원 수가 51명 이상인 업소 : 2015년 1월 1일
2. 연매출액이 5억원 이상이면서 종업원 수가 21명 이상인 업소 : 2016년 1월 1일
3. 연매출액이 1억원 이상이면서 종업원 수가 6명 이상인 업소 : 2017년 1월 1일
4. 연매출액이 1억원 미만이거나 종업원 수가 5명 이하인 업소 : 2018년 1월 1일
④ 제1항에도 불구하고 다음 각 호의 구분에 따른 도축장에 대한 제11조제1항, 제12조제1항, 제13조제3항 및 제30조제1항·제6항의 개정규정은 다음 각 호에서 정한 날부터 시행한다. 이 경우 가축의 1일 평균 도축수는 제1항의 시행일을 기준으로 해당 도축장의 전년도 1일 평균 도축수로 한다.
1. 가축의 1일 평균 도축수가 8만 마리 초과인 도축장 : 2014년 7월 1일
2. 가축의 1일 평균 도축수가 5만 마리 이상 8만 마리 이하인 도축장 : 2015년 1월 1일
3. 가축의 1일 평균 도축수가 5만 마리 미만인 도축장 : 2016년 1월 1일
제2조【위해요소중점관리기준 등에 관한 경과조치】 ① 이 법 시행 당시 종전의 규정에 따른 위해요소중점관리기준은 제9조의 개정규정에 따른 안전관리인증기준으로 본다.
② 이 법 시행 당시 종전의 규정에 따른 위해요소중점관리기준적용작업장등은 제9조의 개정규정에 따른 안전관리인증작업장등으로 본다.
제3조【축산물위해요소중점관리기준원에 관한 경과조치】 ① 이 법 시행 당시의 축산물위해요소중점관리기준원은 제9조의5의 개정규정에 따른 인증원으로 본다.
② 이 법 시행 당시 축산물위해요소중점관리기준원의 명의로 한 행위나 그 밖의 법률관계에 있어서 축산물위해요소중점관리기준원의 명의는 인증원의 명의로 본다.
③ 이 법 시행 당시 등기부, 그 밖의 공부(公簿)상에 표시된 축산물위해요소중점관리기준원의 명의는 인증원의 명의로 본다.
제4조【행정처분기준에 관한 경과조치】 이 법 시행 전의 위반행위에 대한 행정처분(과징금 부과처분을 포함한다)에 관하여는 종전의 규정에 따른다.
제5조【다른 법률의 개정】 ①~② ※(해당 법령에 가제정리 하였음)
제6조【다른 법령과의 관계】 이 법 시행 당시 다른 법령에서 종전의 규정에 따른 "위해요소중점관리기준"을 인용하고 있는 경우에는 이 법에 따른 "안전관리인증기준"을 인용한 것으로 본다.

부　칙 (2016.2.3 법14025호)

제1조【시행일】 이 법은 공포 후 6개월이 경과한 날부터 시행한다. 다만, 제31조의2제1항, 제36조제2항 및 제37조제1항의 개정규정 중 영업자에 관한 규정은 2016년 2월 4일부터 시행한다.
제2조【축산물안전관리인증 취소에 관한 적용례】 제9조의4제5호의 개정규정은 이 법 시행 후 시정명령을 받은 경우부터 적용한다.
제3조【체납 과징금 징수를 위한 자료 요청에 관한 적용례】 제28조제5항 및 제28조의2제4항의 개정규정은 이 법 시행 전에 체납된 과징금의 징수를 위한 자료 요청의 경우에도 적용한다.
제4조【과징금 부과기준에 관한 경과조치】 이 법 시행 전의 위반행위에 대한 과징금의 부과기준에 관하여는 제28조제1항의 개정규정에도 불구하고 종전의 규정에 따른다.
제5조【벌칙이나 과태료에 관한 경과조치】 이 법 시행 전의 위반행위에 대하여 벌칙이나 과태료를 적용할 때에는 종전의 규정에 따른다.

부　칙 (2017.10.24)

제1조【시행일】 이 법은 공포 후 6개월이 경과한 날부터 시행한다.
제2조【식용란선별포장업의 자체안전관리인증기준 작성·운용에 관한 경과조치】 이 법 시행 당시 식용란선별포장 영업을 하고 있는 자는 제9조제2항의 개정규정에 따른 자체안전관리인증기준을 작성·운용하고 있는 것으로 본다. 다만, 이 법 시행 후 6개월 이내에 제9조제2항의 개정규정에 따라 자체안전관리인증기준을 작성·운용하여야 한다.
제3조【식용란선별포장업 허가에 관한 경과조치】 이 법 시행 당시 식용란선별포장 영업을 하고 있는 자는 제22조의 개정규정에 따른 허가를 받은 것으로 본다. 다만, 이 법 시행 후 6개월 이내에 제22조의 개정규정에 따라 허가를 받아야 한다.

부　칙 (2018.3.13)

제1조【시행일】 이 법은 공포 후 1년이 경과한 날부터 시행한다.
제2조【축산물의 표시에 관한 경과조치】 이 법 시행일부터 2년 이내에 처리·가공·포장 또는 수입하는 축산물에 대하여는 제6조의 개정규정 및 「식품 등의 표시·광고에 관한 법률」에도 불구하고 종전의 제6조에 따른 축산물의 표시기준에 따라 표시할 수 있다. 이 경우 해당 축산물은 그 유통기한까지 판매하거나 판매할 목적으로 진열 또는 운반하거나 영업에 사용할 수 있다.
제3조【행정처분 및 과징금의 부과·징수에 관한 경과조치】 이 법 시행 전의 축산물의 표시 또는 광고와 관련된 위반행위에 대한 행정처분 및 과징금의 부과·징수에 관하여는 종전의 규정에 따른다.
제4조【벌칙 및 과태료에 관한 경과조치】 이 법 시행 전의 축산물의 표시 또는 광고와 관련된 행위에 대한 벌칙 및 과태료의 적용에 관하여는 종전의 규정에 따른다.

부　칙 (2018.12.11)

제1조【시행일】 이 법은 공포 후 6개월이 경과한 날부터 시행한다. 다만, 제22조제6항·제7항, 제24조제4항부터 제7항까지의 개정규정은 공포한 날부터 시행한다.
제2조【영업의 허가·변경허가 및 영업의 신고·변경신고에 관한 적용례】 ① 제22조제6항 및 제7항의 개정규정은 같은 개정규정 시행 후 최초로 영업의 허가 또는 변경허가를 신청하는 경우부터 적용한다.
② 제24조제4항 및 제5항의 개정규정은 같은 개정규정 시행 후 최초로 영업의 신고 또는 변경신고를 하는 경우부터 적용한다.
제3조【교육훈련기관 또는 위생교육기관의 청문에 관한 적용례】 제43조제2호 및 제4호의 개정규정은 이 법 시행 후 교육훈련기관 또는 위생교육기관에 대하여 지정취소 처분을 하는 경우부터 적용한다.
제4조【교육훈련기관 및 위생교육기관의 지정에 관한 경과조치】 이 법 시행 당시 종전의 규정에 따라 제9조제8항에 따른 교육훈련 또는 제30조제1항부터 제3항까지에 따른 교육을 실시하는 기관은 각각 제9조의5제1항 및 제30조의2제1항의 개정규정에 따라 교육훈련기관 또는 위생교육기관으로 지정받은 것으로 본다.

부　칙 (2019.4.30)

제1조【시행일】 이 법은 공포 후 6개월이 경과한 날부터 시행한다. 다만, 제44조의2의 개정규정은 공포한 날부터 시행한다.
제2조【위원회의 위원 구성에 관한 경과조치】 ① 이 법 시행 후 위원을 위촉 또는 임명할 당시 제3조의2제3항 후단의 개정규정을 충족하지 못하는 경우에는 해당 개정규정의 요건이 충족될 때까지는 공무원이 아닌 위원을 위촉하여야 한다.
② 위원회의 위원 구성에 관하여는 제1항에 따라 제3조의2제3항 후단의 개정규정을 충족할 때까지는 종전의 규정에 따른다.

부　칙 (2020.4.7)

제1조【시행일】 이 법은 공포 후 6개월이 경과한 날부터 시행한다.
제2조【공표에 관한 적용례】 제37조의 개정규정은 이 법 시행 후 최초로 해당되는 사유가 발생한 경우부터 적용한다.
제3조【안전관리인증작업장 인증 및 인증 유효기간에 관한 경과조치】 ① 이 법 시행 당시 자체안전관리인증기준을 작성·운용하고 있는 축산물가공업 및 식용란선별포장업의 작업장은 제9조제4항의 개정규정에 따른 안전관리인증작업장으로 인증받은 것으로 본다. 다만, 이 법 시행 후 1년 이내에 요건을 갖추어 제9조제4항의 개정규정에 따라 안전관리인증작업장으로 인증을 받아야 한다.
② 제1항에 따른 축산물가공업 및 식용란선별포장업의 안전관리인증작업장 인증의 유효기간은 제9조의2의 개정규정에도 불구하고 이 법 시행일부터 역산하여 자체안전관리인증기준을 작성·운용하고 있는 날이 3년 이상이 경과된 경우에는 4년, 2년 이상 3년 미만이 경과된 경우에는 5년, 2년 미만이 경과된 경우에는 6년으로 본다.

부　칙 (2020.12.29)

이 법은 공포 후 6개월이 경과한 날부터 시행한다. 다만, 다음 각 호의 구분에 따른 업소의 식육포장처리업의 영업자에 대한 제9조제3항의 개정규정은 다음 각 호에서 정한 날부터 시행한다. 이 경우 연매출액은 부칙 본문의 시행일을 기준으로 해당 영업장의 전년도 1년간의 총매출액으로 하고, 신규사업·휴업 등으로 전년도 1년간의 총매출액을 산출할 수 없을 경우에는 전년도 실제 운영기간 동안의 총매출액을 1년 단위로 환산하여 산출한다.
1. 연매출액이 20억원 이상인 업소 : 2023년 1월 1일
2. 연매출액이 5억원 이상인 업소 : 2025년 1월 1일
3. 연매출액이 1억원 이상인 업소 : 2027년 1월 1일
4. 제1호부터 제3호까지의 어느 하나에 해당하지 아니하는 업소 : 2029년 1월 1일

부　칙 (2021.7.27)

제1조【시행일】 이 법은 공포한 날부터 시행한다.
제2조【과태료에 관한 경과조치】 이 법 시행 전의 위반행위에 대하여 과태료를 부과할 때에는 종전의 규정에 따른다.

부　칙 (2021.8.17)

제1조【시행일】 이 법은 2023년 1월 1일부터 시행한다. (이하 생략)

부　칙 (2021.12.21)

제1조【시행일】 이 법은 공포한 날부터 시행한다.
제2조【인정취소에 관한 적용례】 제4조제4항의 개정규정은 이 법 시행 전에 거짓이나 그 밖의 부정한 방법으로 가공기준 및 성분규격의 인정을 받은 경우에 대해서도 적용한다.

부　칙 (2024.1.2)

제1조【시행일】 이 법은 공포 후 6개월이 경과한 날부터 시행한다.
제2조【위해 축산물 판매 등에 따른 과징금 부과에 관한 경과조치】 이 법 시행 전의 위반행위에 대하여 위해 축산물 판매등에 따른 과징금을 부과할 때에는 제28조의2의 개정규정에도 불구하고 종전의 규정에 따른다.

수의사법

(1974년 12월 26일 전개법률 제2739호)

개정
1981. 4.13법 3441호(인허가등의정비를위한행정서사법등의일부개정법)
1994. 3.24법 4747호
1996. 8. 8법 5153호(정부조직)
1997.12.13법 5453호(행정절차)
1997.12.13법 5454호(정부부처명)
1999. 2. 5법 5815호(독점적외)
1999. 3.31법 5953호　　2001.12.31법 6570호
2002. 1.14법 6611호(기르는어업육성법)
2005. 5.31법 7546호　　2007. 1. 3법 8181호
2008. 2.29법 8852호(정부조직)
2009.12.29법 9847호(감염병)
2010. 1.25법 9950호
2010. 5.25법 10310호(축산물위생관리법)
2011. 7.21법 10888호(수산생물질병관리법)
2011. 7.25법 10945호
2011. 8. 4법 11005호(의료법)
2012. 2.22법 11354호
2013. 3.23법 11690호(정부조직)
2013. 7.30법 11957호　　2014. 3.18법 12432호
2015. 1.20법 13028호　　2016.12.27법 14482호
2019. 8.27법 16546호　　2020. 2.11법 16982호
2020. 3.24법 17091호(지방행정제재・부과금의징수등에관한법)
2020. 5.19법 17274호
2020. 8.11법 17472호(정부조직)
2022. 1. 4법 18691호
2022.12.13법 19086호(동물원및수족관의관리에관한법)
2023.10.24법 19753호
2024. 1. 2법 19883호→2024년 7월 3일 시행
2024. 1.23법 20087호→2024년 7월 24일 시행
2024. 1.30법 20168호

제1장 총 칙
(2010.1.25 본장개정)

제1조【목적】 이 법은 수의사(獸醫師)의 기능과 수의(獸醫)업무에 관하여 필요한 사항을 규정함으로써 동물의 건강 및 복지 증진, 축산업의 발전과 공중위생의 향상에 기여함을 목적으로 한다.(2024.1.2 본조개정)

제2조【정의】 이 법에서 사용하는 용어의 뜻은 다음과 같다.
1. "수의사"란 수의업무를 담당하는 사람으로서 농림축산식품부장관의 면허를 받은 사람을 말한다.(2013.3.23 본호개정)
2. "동물"이란 소, 말, 돼지, 양, 개, 토끼, 고양이, 조류(鳥類), 꿀벌, 수생동물(水生動物), 그 밖에 대통령령으로 정하는 동물을 말한다.
3. "동물진료업"이란 동물을 진료〔동물의 사체 검안(檢案)을 포함한다. 이하 같다〕하거나 동물의 질병을 예방하는 업(業)을 말한다.
3의2. "동물보건사"란 동물병원 내에서 수의사의 지도 아래 동물의 간호 또는 진료 보조 업무에 종사하는 사람으로서 농림축산식품부장관의 자격인정을 받은 사람을 말한다.(2019.8.27 본호신설)
4. "동물병원"이란 동물진료업을 하는 장소로서 제17조에 따른 신고를 한 진료기관을 말한다.

제3조【직무】 수의사는 동물의 진료 및 보건과 축산물의 위생 검사에 종사하는 것을 그 직무로 한다.

제3조의2【동물의료 육성・발전 종합계획의 수립 등】 ① 농림축산식품부장관은 동물의료의 육성・발전 등에 관한 종합계획(이하 "종합계획"이라 한다)을 5년마다 수립・시행하여야 한다.
② 종합계획에는 다음 각 호의 사항이 포함되어야 한다.
1. 동물의료의 육성・발전을 위한 정책목표 및 추진방향
2. 동물의료 정책의 추진을 위한 지원체계의 구축 및 개선에 관한 사항
3. 동물의료 전문인력의 양성 및 활용 방안
4. 동물의료기술의 발전을 위한 연구 및 지원 방안
5. 그 밖에 동물의료의 육성・발전에 관한 사항
③ 농림축산식품부장관은 종합계획에 따라 매년 세부 시행계획(이하 "시행계획"이라 한다)을 수립・시행하여야 한다.
④ 그 밖에 종합계획 및 시행계획의 수립・시행 등에 필요한 사항은 대통령령으로 정한다.
(2023.10.24 본조신설)

제2장 수의사
(2010.1.25 본장개정)

제4조【면허】 수의사가 되려는 사람은 제8조에 따른 수의사 국가시험에 합격한 후 농림축산식품부령으로 정하는 바에 따라 농림축산식품부장관의 면허를 받아야 한다.(2013.3.23 본조개정)

제5조【결격사유】 다음 각 호의 어느 하나에 해당하는 사람은 수의사가 될 수 없다.
1. 「정신건강증진 및 정신질환자 복지서비스 지원에 관한 법률」 제3조제1호에 따른 정신질환자. 다만, 정신건강의학과전문의가 수의사로서 직무를 수행할 수 있다고 인정하는 사람은 그러하지 아니하다.(2019.8.27 본호개정)
2. 피성년후견인 또는 피한정후견인(2014.3.18 본호개정)
3. 마약, 대마(大麻), 그 밖의 향정신성의약품(向精神性醫藥品) 중독자. 다만 정신건강의학과전문의가 수의사로서 직무를 수행할 수 있다고 인정하는 사람은 그러하지 아니하다.(2011.8.4 본호개정)
4. 이 법, 「가축전염병예방법」, 「축산물위생관리법」, 「동물보호법」, 「의료법」, 「약사법」, 「식품위생법」 또는 「마약류관리에 관한 법률」을 위반하여 금고 이상의 실형을 선고받고 그 집행이 끝나지(집행이 끝난 것으로 보는 경우를 포함한다) 아니하거나 면제되지 아니한 사람(2010.5.25 본호개정)

제6조【면허의 등록】 ① 농림축산식품부장관은 제4조에 따라 면허를 내줄 때에는 면허에 관한 사항을 면허대장에 등록하고 그 면허증을 발급하여야 한다.(2013.3.23 본항개정)
② 제1항에 따른 면허증은 다른 사람에게 빌려주거나 빌려서는 아니 되며, 이를 알선하여서도 아니 된다.(2020.2.11 본항개정)
③ 면허의 등록과 면허증 발급에 필요한 사항은 농림축산식품부령으로 정한다.(2013.3.23 본항개정)

제7조 (1994.3.24 삭제)

제8조【수의사 국가시험】 ① 수의사 국가시험은 매년 농림축산식품부장관이 시행한다.(2013.3.23 본항개정)
② 수의사 국가시험은 동물의 진료에 필요한 수의학과 수의사로서 갖추어야 할 공중위생에 관한 지식 및 기능에 대하여 실시한다.
③ 농림축산식품부장관은 제1항에 따른 수의사 국가시험의 관리를 대통령령으로 정하는 바에 따라 시험 관리 능력이 있다고 인정되는 관계 전문기관에 맡길 수 있다.(2013.3.23 본항개정)
④ 수의사 국가시험 실시에 필요한 사항은 대통령령으로 정한다.

제9조【응시자격】 ① 수의사 국가시험에 응시할 수 있는 사람은 제5조 각 호의 어느 하나에 해당되지 아니하는 사람으로서 다음 각 호의 어느 하나에 해당하는 사람으로 한다.
1. 수의학을 전공하는 대학(수의학과가 설치된 대학의 수의학과를 포함한다)을 졸업하고 수의학사 학위를 받은 사람. 이 경우 6개월 이내에 졸업하여 수의학사 학위를 받을 사람을 포함한다.
2. 외국에서 제1호 전단에 해당하는 학교(농림축산식품부장관이 정하여 고시하는 인정기준에 해당하는 학교를 말한다)를 졸업하고 그 국가의 수의사 면허를 받은 사람(2013.3.23 본호개정)
② 제1항제1호 후단에 해당하는 사람이 해당 기간에 수의학사 학위를 받지 못하면 처음부터 응시자격이 없는 것으로 본다.

제9조의2【수험자의 부정행위】 ① 부정한 방법으로 제8조에 따른 수의사 국가시험에 응시한 사람 또는 수의사 국가시험에서 부정행위를 한 사람에 대하여는 그 시험을 정지시키거나 그 합격을 무효로 한다.
② 제1항에 따라 시험이 정지되거나 합격이 무효가 된 사람은 그 후 두 번까지는 제8조에 따른 수의사 국가시험에 응시할 수 없다.

제10조【무면허 진료행위의 금지】 수의사가 아니면 동물을 진료할 수 없다. 다만, 「수산생물질병 관리법」 제37조의2에 따라 수산질병관리사 면허를 받은 사람이 같은 법에 따라 수산생물을 진료하는 경우와 그 밖에 대통령령으로 정하는 진료는 예외로 한다.(2011.7.21 본조개정)

제11조【진료의 거부 금지】 동물진료업을 하는 수의사가 동물의 진료를 요구받았을 때에는 정당한 사유 없이 거부하여서는 아니 된다.

제12조【진단서 등】 ① 수의사는 자기가 직접 진료하거나 검안하지 아니하고는 진단서, 검안서, 증명서 또는 처방전(「전자서명법」에 따른 전자서명이 기재된 전자문서 형태로 작성한 처방전을 포함한다. 이하 같다)을 발급하지 못하며, 「약사법」 제85조제6항에 따른 동물용 의약품(이하 "처방대상 동물용 의약품"이라 한다)을 처방・투약하지 못한다. 다만, 직접 진료하거나 검안한 수의사가 부득이한 사유로 진단서, 검안서 또는 증명서를 발급할 수 없을 때에는 같은 동물병원에 종사하는 다른 수의사가 진료부 등에 의하여 발급할 수 있다.(2019.8.27 본문개정)
② 제1항에 따른 진료 중 폐사(斃死)한 경우에 발급하는 폐사 진단서는 다른 수의사에게서 발급받을 수 있다.
③ 수의사는 직접 진료하거나 검안한 동물에 대한 진단서, 검안서, 증명서 또는 처방전의 발급을 요구받았을 때에는 정당한 사유 없이 이를 거부하여서는 아니 된다.(2012.2.22 본항개정)
④ 제1항부터 제3항까지의 규정에 따른 진단서, 검안서, 증명서 또는 처방전의 서식, 기재사항, 그 밖에 필요한 사항은 농림축산식품부령으로 정한다.(2013.3.23 본항개정)
⑤ 제1항에도 불구하고 농림축산식품부장관에게 신고한 축산농장에 상시고용된 수의사와 「동물원 및 수족관의 관리에 관한 법률」 제8조에 따라 허가받은 동물원 또는 수족관에 상시고용된 수의사는 해당 농장, 동물원 또는 수족관의 동물에게 투여할 목적으로 처방대상 동물용 의약품에 대한 처방전을 발급할 수 있다. 이 경우 상시고용된 수의사의 범위, 신고방법, 처방전 발급 및 보존 방법, 진료부 작성 및 보고, 교육, 준수사항 등 그 밖에 필요한 사항은 농림축산식품부령으로 정한다.(2022.12.13 전단개정)

제12조의2【처방대상 동물용 의약품에 대한 처방전의 발급 등】 ① 수의사(제12조제5항에 따른 축산농장, 동물원 또는 수족관에 상시고용된 수의사를 포함한다. 이하 제2항에서 같다)는 동물에게 처방대상 동물용 의약품을 투약할 필요가 있을 때에는 처방전을 발급하여야 한다.(2020.5.19 본항개정)
② 수의사는 제1항에 따라 처방전을 발급할 때에는 제12조의3제1항에 따른 수의사처방관리시스템(이하 "수의사처방관리시스템"이라 한다)을 통하여 처방전을 발급하여야 한다. 다만, 전산장애, 출장 진료 그 밖에 대통령령으로 정하는 부득이한 사유로 수의사처방관리시스템을 통하여 처방전을 발급하지 못할 때에는 농림축산식품부령으로 정하는 방법에 따라 처방전을 발급하고 부득이한 사유가 종료된 날부터 3일 이내에 처방전을 수의사처방관리시스템에 등록하여야 한다.(2019.8.27 본항신설)
③ 제1항에도 불구하고 수의사는 본인이 직접 처방대상 동물용 의약품을 처방・조제・투약하는 경우에는 제1항에 따른 처방전을 발급하지 아니할 수 있다. 이 경우 해당 수의사는 수의사처방관리시스템에 처방대상 동물용 의약품의 명칭, 용법 및 용량 등 농림축산식품부령으로 정하는 사항을 입력하여야 한다.(2019.8.27 본항개정)
④ 제1항에 따른 처방전의 서식, 기재사항, 그 밖에 필요한 사항은 농림축산식품부령으로 정한다.(2013.3.23 본항개정)
⑤ 제1항에 따라 처방전을 발급한 수의사는 처방대상 동물용 의약품을 조제하여 판매하는 자가 처방전에 표시된 명칭・용법 및 용량 등에 대하여 문의한 때에는 즉시 이에 응답하여야 한다. 다만, 다음 각 호의 어느 하나에 해당하는 경우에는 그러하지 아니하다.(2019.8.27 본문개정)
1. 응급한 동물을 진료 중인 경우(2020.2.11 본호개정)
2. 동물을 수술 또는 처치 중인 경우
3. 그 밖에 문의에 응답할 수 없는 정당한 사유가 있는 경우
(2019.8.27 본조제목개정)
(2012.2.22 본조신설)

제12조의3【수의사처방관리시스템의 구축・운영】 ① 농림축산식품부장관은 처방대상 동물용 의약품을 효율적으로 관리하기 위하여 수의사처방관리시스템을 구축하여 운영하여야 한다.
② 수의사처방관리시스템의 구축・운영에 필요한 사항은 농림축산식품부령으로 정한다.
(2019.8.27 본조신설)

제13조【진료부 및 검안부】 ① 수의사는 진료부나 검안부를 갖추어 두고 진료하거나 검안한 사항을 기록하고 서명하여야 한다.
② 제1항에 따른 진료부 또는 검안부의 기재사항, 보존기간 및 보존방법, 그 밖에 필요한 사항은 농림축산식품부령으로 정한다.(2013.3.23 본항개정)
③ 제1항에 따른 진료부 또는 검안부는 「전자서명법」에 따른 전자서명이 기재된 전자문서로 작성・보관할 수 있다.

제13조의2【수술등중대진료에 관한 설명】 ① 수의사는 동물의 생명 또는 신체에 중대한 위해를 발생하게 할 우려가 있는 수술, 수혈 등 농림축산식품부령으로 정하는 진료(이하 "수술등중대진료"라 한다)를 하는 경우에는 수술등중대진료 전에 동물의 소유자 또는 관리자(이하 "동물소유자등"이라 한다)에게 제2항 각 호의 사항을 설명하고, 서면(전자문서를 포함한다)으로 동의를 받아야 한다. 다만, 설명 및 동의 절차로 수술등중대진료가 지체되면 동물의 생명이 위험해지거나 동물의 신체에 중대한 장애를 가져올 우려가 있는 경우에는 수술등중대진료 이후에 설명하고 동의를 받을 수 있다.
② 수의사가 제1항에 따라 동물소유자등에게 설명하고 동의를 받아야 할 사항은 다음 각 호와 같다.
1. 동물에게 발생하거나 발생 가능한 증상의 진단명
2. 수술등중대진료의 필요성, 방법 및 내용
3. 수술등중대진료에 따라 전형적으로 발생이 예상되는 후유증 또는 부작용
4. 수술등중대진료 전후에 동물소유자등이 준수하여야 할 사항
③ 제1항 및 제2항에 따른 설명 및 동의의 방법・절차 등에 관하여 필요한 사항은 농림축산식품부령으로 정한다.
(2022.1.4 본조신설)

제14조【신고】 수의사는 농림축산식품부령으로 정하는 바에 따라 최초로 면허를 받은 후부터 3년마다 그 실태와 취업상황(근무지가 변경된 경우를 포함한다) 등을 제23조에 따라 설립된 대한수의사회에 신고하여야 한다.(2024.1.2 본조개정)

제15조【진료기술의 보호】 수의사의 진료행위에 대하여는 이 법 또는 다른 법령에 규정된 것을 제외하고는 누구든지 간섭하여서는 아니 된다.

제16조【기구 등의 우선 공급】 수의사는 진료행위에 필요한 기구, 약품, 그 밖의 시설 및 재료를 우선적으로 공급받을 권리를 가진다.

제2장의2 동물보건사
(2019.8.27 본장신설)

제16조의2【동물보건사의 자격】 ① 동물보건사가 되려는 사람은 다음 각 호의 어느 하나에 해당하는 사람으로서 동물보건사 자격시험에 합격한 후 농림축산식품부령

으로 정하는 바에 따라 농림축산식품부장관의 자격인정을 받아야 한다.
1. 농림축산식품부장관의 평가인증(제16조의4제1항에 따른 평가인증을 말한다. 이하 이 조에서 같다)을 받은 「고등교육법」 제2조제4호에 따른 전문대학 또는 이와 같은 수준 이상의 학교의 동물 간호 관련 학과를 졸업한 사람(동물보건사 자격시험 응시일부터 6개월 이내에 졸업이 예정된 사람을 포함한다)
2. 「초·중등교육법」 제2조에 따른 고등학교 졸업자 또는 초·중등교육법령에 따라 같은 수준의 학력이 있다고 인정되는 사람(이하 "고등학교 졸업학력 인정자"라 한다)으로서 농림축산식품부장관의 평가인증을 받은 「평생교육법」 제2조제2호에 따른 평생교육기관의 고등학교 교과 과정에 상응하는 동물 간호에 관한 교육과정을 이수한 후 농림축산식품부령으로 정하는 동물 간호 관련 업무에 1년 이상 종사한 사람
3. 농림축산식품부장관이 인정하는 외국의 동물 간호 관련 면허나 자격을 가진 사람
② 제1항에도 불구하고 입학 당시 평가인증을 받은 학교에 입학한 사람으로서 농림축산식품부장관이 정하여 고시하는 동물 간호 관련 교과목과 학점을 이수하고 졸업한 사람은 같은 항 제1호에 해당하는 사람으로 본다.
(2024.1.30 본항신설)

제16조의3【동물보건사의 자격시험】 ① 동물보건사 자격시험은 매년 농림축산식품부장관이 시행한다.
② 농림축산식품부장관은 제1항에 따른 동물보건사 자격시험의 관리를 대통령령으로 정하는 바에 따라 시험 관리 능력이 있다고 인정되는 관계 전문기관에 위탁할 수 있다.
③ 농림축산식품부장관은 제2항에 따라 자격시험의 관리를 위탁한 때에는 그 관리에 필요한 예산을 보조할 수 있다.
④ 제1항부터 제3항까지에서 규정한 사항 외에 동물보건사 자격시험의 실시 등에 필요한 사항은 농림축산식품부령으로 정한다.

제16조의4【양성기관의 평가인증】 ① 동물보건사 양성과정을 운영하려는 학교 또는 교육기관(이하 "양성기관"이라 한다)은 농림축산식품부령으로 정하는 기준과 절차에 따라 농림축산식품부장관의 평가인증을 받을 수 있다.
② 농림축산식품부장관은 제1항에 따라 평가인증을 받은 양성기관이 다음 각 호의 어느 하나에 해당하는 경우에는 농림축산식품부령으로 정하는 바에 따라 평가인증을 취소할 수 있다. 다만, 제1호에 해당하는 경우에는 평가인증을 취소하여야 한다.
1. 거짓이나 그 밖의 부정한 방법으로 평가인증을 받은 경우
2. 제1항에 따른 양성기관 평가인증 기준에 미치지 못하게 된 경우

제16조의5【동물보건사의 업무】 ① 동물보건사는 제10조에도 불구하고 동물병원 내에서 수의사의 지도 아래 동물의 간호 또는 진료 보조 업무를 수행할 수 있다.
② 제1항에 따른 구체적인 업무의 범위와 한계 등에 관한 사항은 농림축산식품부령으로 정한다.

제16조의6【준용규정】 동물보건사에 대해서는 제5조, 제6조, 제9조의2, 제14조, 제32조제1항제1호·제3호, 같은 조 제3항, 제34조, 제36조제3호를 준용한다. 이 경우 "수의사"는 "동물보건사"로, "면허"는 "자격"으로, "면허증"은 "자격증"으로 본다.

제3장 동물병원
(2010.1.25 본장개정)

제17조【개설】 ① 수의사는 이 법에 따른 동물병원을 개설하지 아니하고는 동물진료업을 할 수 없다.
② 동물병원은 다음 각 호의 어느 하나에 해당되는 자가 아니면 개설할 수 없다.
1. 수의사
2. 국가 또는 지방자치단체
3. 동물진료업을 목적으로 설립된 법인(이하 "동물진료법인"이라 한다)(2013.7.30 본호개정)
4. 수의학을 전공하는 대학(수의학과가 설치된 대학을 포함한다)
5. 「민법」이나 특별법에 따라 설립된 비영리법인
③ 제2항제1호부터 제5호까지의 규정에 해당하는 자가 동물병원을 개설하려면 농림축산식품부령으로 정하는 바에 따라 특별자치도지사·특별자치시장·시장·군수 또는 자치구의 구청장(이하 "시장·군수"라 한다)에게 신고하여야 한다. 신고 사항 중 농림축산식품부령으로 정하는 중요 사항을 변경하려는 경우에도 같다.(2013.3.23 본항개정)
④ 시장·군수는 제3항에 따른 신고를 받은 경우 그 내용을 검토하여 이 법에 적합하면 신고를 수리하여야 한다.
(2019.8.27 본항신설)
⑤ 동물병원의 시설기준은 대통령령으로 정한다.

제17조의2【동물병원의 관리의무】 동물병원 개설자는 자신이 그 동물병원을 관리하여야 한다. 다만, 동물병원 개설자가 부득이한 사유로 그 동물병원을 관리할 수 없을 때에는 그 동물병원에 종사하는 수의사 중에서 관리자를 지정하여 관리하게 할 수 있다.

제17조의3【동물 진단용 방사선발생장치의 설치·운영】 ① 동물을 진단하기 위하여 방사선발생장치(이하 "동물 진단용 방사선발생장치"라 한다)를 설치·운영하려는 동물병원 개설자는 농림축산식품부령으로 정하는 바에 따라 시장·군수에게 신고하여야 한다. 이 경우 시장·군수는 그 내용을 검토하여 이 법에 적합하면 신고를 수리하여야 한다.(2019.8.27 후단신설)
② 동물병원 개설자는 동물 진단용 방사선발생장치를 설치·운영하는 경우에는 다음 각 호의 사항을 준수하여야 한다.(2015.1.20 본문개정)
1. 농림축산식품부령으로 정하는 바에 따라 안전관리 책임자를 선임할 것
2. 제1호에 따른 안전관리 책임자가 그 직무수행에 필요한 사항을 요청하면 동물병원 개설자는 정당한 사유가 없으면 지체 없이 조치할 것
3. 안전관리 책임자가 안전관리업무를 성실히 수행하지 아니하면 지체 없이 그 직으로부터 해임하고 다른 직원을 안전관리 책임자로 선임할 것
4. 그 밖에 안전관리에 필요한 사항으로서 농림축산식품부령으로 정하는 사항
(2015.1.20 1호~4호신설)
③ 동물병원 개설자는 동물 진단용 방사선발생장치를 설치한 경우에는 제17조의5제1항에 따라 농림축산식품부장관이 지정하는 검사기관 또는 측정기관으로부터 정기적으로 검사와 측정을 받아야 하며, 방사선 관계 종사자에 대한 피폭(被曝)관리를 하여야 한다.(2015.1.20 본항개정)
④ 제1항과 제3항에 따른 동물 진단용 방사선발생장치의 범위, 신고, 검사, 측정 및 피폭관리 등에 필요한 사항은 농림축산식품부령으로 정한다.
(2013.3.23 본조개정)

제17조의4【동물 진단용 특수의료장비의 설치·운영】 ① 동물을 진단하기 위하여 농림축산식품부장관이 고시하는 의료장비(이하 "동물 진단용 특수의료장비"라 한다)를 설치·운영하려는 동물병원 개설자는 농림축산식품부령으로 정하는 바에 따라 그 장비를 농림축산식품부장관에게 등록하여야 한다.(2013.3.23 본항개정)
② 동물병원 개설자는 동물 진단용 특수의료장비를 농림축산식품부령으로 정하는 설치 인정기준에 맞게 설치·운영하여야 한다.(2013.3.23 본항개정)
③ 동물병원 개설자는 동물 진단용 특수의료장비를 설치한 후에는 농림축산식품부령으로 정하는 바에 따라 농림축산식품부장관이 실시하는 정기적인 품질관리검사를 받아야 한다.(2013.3.23 본항개정)
④ 동물병원 개설자는 제3항에 따른 품질관리검사 결과 부적합 판정을 받은 동물 진단용 특수의료장비를 사용하여서는 아니 된다.
(2010.1.25 본조신설)

제17조의5【검사·측정기관의 지정 등】 ① 농림축산식품부장관은 검사용 장비를 갖추는 등 농림축산식품부령으로 정하는 일정한 요건을 갖춘 기관을 동물 진단용 방사선발생장치의 검사기관 또는 측정기관(이하 "검사·측정기관"이라 한다)으로 지정할 수 있다.
② 농림축산식품부장관은 제1항에 따른 검사·측정기관이 다음 각 호의 어느 하나에 해당하는 경우에는 지정을 취소하거나 6개월 이내의 기간을 정하여 업무의 정지를 명할 수 있다. 다만, 제1호부터 제3호까지의 어느 하나에 해당하는 경우에는 그 지정을 취소하여야 한다.
1. 거짓이나 그 밖의 부정한 방법으로 지정을 받은 경우
2. 고의 또는 중대한 과실로 거짓의 동물 진단용 방사선발생장치 등의 검사에 관한 성적서를 발급한 경우
3. 업무의 정지 기간에 검사·측정업무를 한 경우
4. 농림축산식품부령으로 정하는 검사·측정기관의 지정기준에 미치지 못하게 된 경우
5. 그 밖에 농림축산식품부장관이 고시하는 검사·측정 업무에 관한 규정을 위반한 경우
③ 제1항에 따른 검사·측정기관의 지정절차 및 제2항에 따른 지정 취소, 업무 정지에 필요한 사항은 농림축산식품부령으로 정한다.
④ 검사·측정기관의 장은 검사·측정업무를 휴업하거나 폐업하려는 경우에는 농림축산식품부령으로 정하는 바에 따라 농림축산식품부장관에게 신고하여야 한다.
(2019.8.27 본항신설)
(2015.1.20 본조신설)

제18조【휴업·폐업의 신고】 동물병원 개설자가 동물진료업을 휴업하거나 폐업한 경우에는 지체 없이 관할 시장·군수에게 신고하여야 한다. 다만, 30일 이내의 휴업인 경우에는 그러하지 아니하다.

제19조【수술 등의 진료비용 고지】 ① 동물병원 개설자는 수술등중대진료 전에 수술등중대진료에 대한 예상 진료비용을 동물소유자등에게 고지하여야 한다. 다만, 수술등중대진료가 지체되면 동물의 생명 또는 신체에 중대한 장애를 가져올 우려가 있거나 수술등중대진료 과정에서 진료비용이 추가되는 경우에는 수술등중대진료 이후에 진료비용을 고지하거나 변경하여 고지할 수 있다.
② 제1항에 따른 고지 방법 등에 관하여 필요한 사항은 농림축산식품부령으로 정한다.
(2022.1.4 본조신설)

제20조【진찰 등의 진료비용 게시】 ① 동물병원 개설자는 진찰, 입원, 예방접종, 검사 등 농림축산식품부령으로 정하는 동물진료업의 행위에 대한 진료비용을 동물소유자등이 쉽게 알 수 있도록 농림축산식품부령으로 정하는 방법으로 게시하여야 한다.
② 동물병원 개설자는 제1항에 따라 게시한 금액을 초과하여 진료비용을 받아서는 아니 된다.
(2022.1.4 본조신설)

제20조의2【발급수수료】 ① 제12조 및 제12조의2에 따른 진단서 등 발급수수료 상한액은 농림축산식품부령으로 정한다.(2013.3.23 본항개정)
② 동물병원 개설자는 의료기관이 동물소유자등으로부터 징수하는 진단서 등 발급수수료를 농림축산식품부령으로 정하는 바에 따라 고지·게시하여야 한다.(2022.1.4 본항개정)
③ 동물병원 개설자는 제2항에서 고지·게시한 금액을 초과하여 징수할 수 없다.
(2012.2.22 본조신설)

제20조의3【동물 진료의 분류체계 표준화】 농림축산식품부장관은 동물 진료의 체계적인 발전을 위하여 동물의 질병명, 진료항목 등 동물 진료에 관한 표준화된 분류체계를 작성하여 고시하여야 한다.(2022.1.4 본조신설)

제20조의4【진료비용 등에 관한 현황의 조사·분석 등】 ① 농림축산식품부장관은 동물병원에 대하여 제20조제1항에 따라 동물병원 개설자가 게시한 진료비용 및 그 산정기준 등에 관한 현황을 조사·분석하여 그 결과를 공개할 수 있다.
② 농림축산식품부장관은 제1항에 따른 조사·분석을 위하여 필요한 때에는 동물병원 개설자에게 관련 자료의 제출을 요구할 수 있다. 이 경우 자료의 제출을 요구받은 동물병원 개설자는 정당한 사유가 없으면 이에 따라야 한다.
③ 제1항에 따른 조사·분석 및 결과 공개의 범위·방법·절차에 관하여 필요한 사항은 농림축산식품부령으로 정한다.
(2022.1.4 본조신설)

제21조【공수의】 ① 시장·군수는 동물진료 업무의 적정을 도모하기 위하여 동물병원을 개설하고 있는 수의사, 동물병원에서 근무하는 수의사 또는 농림축산식품부령으로 정하는 축산 관련 비영리법인에서 근무하는 수의사에게 다음 각 호의 업무를 위촉할 수 있다. 다만, 농림축산식품부령으로 정하는 축산 관련 비영리법인에서 근무하는 수의사에게는 제3호와 제6호의 업무만 위촉할 수 있다.(2020.2.11 본문개정)
1. 동물의 진료
2. 동물 질병의 조사·연구
3. 동물 전염병의 예찰 및 예방
4. 동물의 건강진단
5. 동물의 건강증진과 환경위생 관리
6. 그 밖에 동물의 진료에 관하여 시장·군수가 지시하는 사항
② 제1항에 따라 동물진료 업무를 위촉받은 수의사〔이하 "공수의(公獸醫)"라 한다〕는 시장·군수의 지휘·감독을 받아 위촉받은 업무를 수행한다.

제22조【공수의의 수당 및 여비】 ① 시장·군수는 공수의에게 수당과 여비를 지급한다.
② 특별시장·광역시장·도지사 또는 특별자치도지사·특별자치시장(이하 "시·도지사"라 한다)은 제1항에 따른 수당과 여비의 일부를 부담할 수 있다.(2011.7.25 본항개정)

제3장의2 동물진료법인
(2013.7.30 본장신설)

제22조의2【동물진료법인의 설립 허가 등】 ① 제17조제2항에 따른 동물진료법인을 설립하려는 자는 대통령령으로 정하는 바에 따라 정관과 그 밖의 서류를 갖추어 그 법인의 주된 사무소의 소재지를 관할하는 시·도지사의 허가를 받아야 한다.
② 동물진료법인은 그 법인이 개설하는 동물병원에 필요한 시설이나 시설을 갖추는 데에 필요한 자금을 보유하여야 한다.
③ 동물진료법인이 재산을 처분하거나 정관을 변경하려면 시·도지사의 허가를 받아야 한다.
④ 이 법에 따른 동물진료법인이 아니면 동물진료법인이나 이와 비슷한 명칭을 사용할 수 없다.

제22조의3【동물진료법인의 부대사업】 ① 동물진료법인은 그 법인이 개설하는 동물병원에서 동물진료업무 외에 다음 각 호의 부대사업을 할 수 있다. 이 경우 부대사업으로 얻은 수익에 관한 회계는 동물진료법인의 다른 회계와 구분하여 처리하여야 한다.
1. 동물진료나 수의학에 관한 조사·연구
2. 「주차장법」 제19조제1항에 따른 부설주차장의 설치·운영
3. 동물진료업 수행에 수반되는 동물진료정보시스템 개발·운영 사업 중 대통령령으로 정하는 사업
② 제1항제2호의 부대사업을 하려는 동물진료법인은 타인에게 임대 또는 위탁하여 운영할 수 있다.
③ 제1항 및 제2항에 따라 부대사업을 하려는 동물진료법인은 농림축산식품부령으로 정하는 바에 따라 미리 동물병원의 소재지를 관할하는 시·도지사에게 신고하여야 한다. 신고사항을 변경하려는 경우에도 또한 같다.

④ 시·도지사는 제3항에 따른 신고를 받은 경우 그 내용을 검토하여 이 법에 적합하면 신고를 수리하여야 한다.
(2019.8.27 본항신설)
제22조의4【「민법」의 준용】 동물진료법인에 대하여 이 법에 규정된 것 외에는 「민법」 중 재단법인에 관한 규정을 준용한다.
제22조의5【동물진료법인의 설립 허가 취소】 농림축산식품부장관 또는 시·도지사는 동물진료법인이 다음 각 호의 어느 하나에 해당하면 그 설립 허가를 취소할 수 있다.
1. 정관으로 정하지 아니한 사업을 한 때
2. 설립된 날부터 2년 내에 동물병원을 개설하지 아니한 때
3. 동물진료법인이 개설한 동물병원을 폐업하고 2년 내에 동물병원을 개설하지 아니한 때
4. 농림축산식품부장관 또는 시·도지사가 감독을 위하여 내린 명령을 위반한 때
5. 제22조의3제1항에 따른 부대사업 외의 사업을 한 때

제4장 대한수의사회
(2011.7.25 본장제목개정)

제23조【설립】 ① 수의사는 수의업무의 적정한 수행과 수의학술의 연구·보급 및 수의사의 윤리 확립을 위하여 대통령령으로 정하는 바에 따라 대한수의사회(이하 "수의사회"라 한다)를 설립하여야 한다.(2011.7.25 본항개정)
② 수의사회는 법인으로 한다.
③ 수의사는 제1항에 따라 수의사회가 설립된 때에는 당연히 수의사회의 회원이 된다.(2011.7.25 본항신설)
(2010.1.25 본조개정)
제24조【설립인가】 수의사회를 설립하려는 경우 그 대표자는 대통령령으로 정하는 바에 따라 정관과 그 밖에 필요한 서류를 농림축산식품부장관에게 제출하여 그 설립인가를 받아야 한다.(2013.3.23 본조개정)
제25조【지부】 수의사회는 대통령령으로 정하는 바에 따라 특별시·광역시·도 또는 특별자치도·특별자치시에 지부(支部)를 설치할 수 있다.(2011.7.25 본조개정)
제25조의2【윤리위원회 설치 등】 ① 수의사회는 제32조의2에 따른 면허효력 정지처분 요구에 관한 사항 등을 심의·의결하기 위하여 윤리위원회를 둔다.
② 윤리위원회의 구성 및 운영 등에 필요한 사항은 대통령령으로 정한다.
(2024.1.23 본조신설)
제26조【「민법」의 준용】 수의사회에 관하여 이 법에 규정되지 아니한 사항은 「민법」 중 사단법인에 관한 규정을 준용한다.(2010.1.25 본조개정)
제27조 (2010.1.25 삭제)
제28조 (1999.3.31 삭제)
제29조【경비 보조】 국가나 지방자치단체는 동물의 건강증진 및 공중위생을 위하여 필요하다고 인정하는 경우 또는 제37조제3항에 따라 업무를 위탁한 경우에는 수의사회의 운영 또는 업무 수행에 필요한 경비의 전부 또는 일부를 보조할 수 있다.(2010.1.25 본조개정)

제5장 감 독
(2010.1.25 본장개정)

제30조【지도와 명령】 ① 농림축산식품부장관, 시·도지사 또는 시장·군수는 동물진료 시책을 위하여 필요하다고 인정할 때 또는 공중위생상 중대한 위해가 발생하거나 발생할 우려가 있다고 인정할 때에는 대통령령으로 정하는 바에 따라 수의사 또는 동물병원에 대하여 필요한 지도와 명령을 할 수 있다. 이 경우 수의사 또는 동물병원의 시설·장비 등이 필요한 때에는 농림축산식품부령으로 정하는 바에 따라 그 비용을 지급하여야 한다.
② 농림축산식품부장관 또는 시장·군수는 동물병원이 제17조의3제1항부터 제3항까지 및 제17조의4제1항부터 제3항까지의 규정을 위반하였을 때에는 농림축산식품부령으로 정하는 바에 따라 기간을 정하여 그 시설·장비 등의 전부 또는 일부의 사용을 제한 또는 금지하거나 위반한 사항을 시정하도록 명할 수 있다.
③ 농림축산식품부장관 또는 시장·군수는 동물병원이 정당한 사유 없이 제20조제1항 또는 제2항을 위반하였을 때에는 농림축산식품부령으로 정하는 바에 따라 기간을 정하여 위반한 사항을 시정하도록 명할 수 있다.
(2022.1.4 본항신설)
④ 농림축산식품부장관은 인수공통감염병의 방역(防疫)과 진료를 위하여 질병관리청장이 협조를 요청하면 특별한 사정이 없으면 이에 따라야 한다.(2020.8.11 본항개정)
(2013.3.23 본조개정)
제31조【보고 및 업무 감독】 ① 농림축산식품부장관은 수의사회로 하여금 회원의 실태와 취업상황 등 농림축산식품부령으로 정하는 사항에 대하여 보고를 하게 하거나 소속 공무원에게 업무 상황과 그 밖의 관계 서류를 검사하게 할 수 있다.(2013.3.23 본항개정)
② 시·도지사 또는 시장·군수는 수의사 또는 동물병원에 대하여 질병 진료 상황과 가축 방역 및 수의업무에 관한 보고를 하게 하거나 소속 공무원에게 그 업무 상황, 시설 또는 진료부 및 검안부를 검사하게 할 수 있다.
③ 제1항이나 제2항에 따라 검사를 하는 공무원은 그 권한을 표시하는 증표를 지니고 이를 관계인에게 보여 주어야 한다.
제32조【면허의 취소 및 면허효력의 정지】 ① 농림축산식품부장관은 수의사가 다음 각 호의 어느 하나에 해당하면 그 면허를 취소할 수 있다. 다만, 제1호에 해당하면 그 면허를 취소하여야 한다.(2013.3.23 본문개정)
1. 제5조 각 호의 어느 하나에 해당하게 되었을 때
2. 제2항에 따른 면허효력 정지기간에 수의업무를 하거나 농림축산식품부령으로 정하는 기간에 3회 이상 면허효력 정지처분을 받았을 때(2013.3.23 본호개정)
3. 제6조제2항을 위반하여 면허증을 다른 사람에게 대여하였을 때
② 농림축산식품부장관은 수의사가 다음 각 호의 어느 하나에 해당하면 1년 이내의 기간을 정하여 농림축산식품부령으로 정하는 바에 따라 면허의 효력을 정지시킬 수 있다. 이 경우 진료기술상의 판단이 필요한 사항에 관하여는 관계 전문가의 의견을 들어 결정하여야 한다.
(2013.3.23 전단개정)
1. 거짓이나 그 밖의 부정한 방법으로 진단서, 검안서, 증명서 또는 처방전을 발급하였을 때
2. 관련 서류를 위조하거나 변조하는 등 부정한 방법으로 진료비를 청구하였을 때
3. 정당한 사유 없이 제30조제1항에 따른 명령을 위반하였을 때
4. 임상수의학적(臨床獸醫學的)으로 인정되지 아니하는 진료행위를 하였을 때
5. 학위 수여 사실을 거짓으로 공표하였을 때
6. 과잉진료행위나 그 밖에 동물병원 운영과 관련된 행위로서 대통령령으로 정하는 행위를 하였을 때
7. 수의사로서의 품위를 손상시키는 행위로서 대통령령으로 정하는 행위를 하였을 때(2024.1.23 본호신설)
③ 농림축산식품부장관은 제1항에 따라 면허가 취소된 사람이 다음 각 호의 어느 하나에 해당하면 그 면허를 다시 내줄 수 있다.(2013.3.23 본문개정)
1. 제1항제1호의 사유로 면허가 취소된 경우에는 그 취소의 원인이 된 사유가 소멸되었을 때
2. 제1항제2호 및 제3호의 사유로 면허가 취소된 경우에는 면허가 취소된 후 2년이 지났을 때
④ 동물병원은 해당 동물병원 개설자가 제2항제1호 또는 제2호에 따라 면허효력 정지처분을 받았을 때에는 그 면허효력 정지기간에 동물진료업을 할 수 없다.
제32조의2【수의사회의 면허효력 정지처분 요구】 수의사회의 장은 수의사가 제32조제2항제7호에 해당하는 경우에는 제25조의2에 따른 윤리위원회의 심의·의결을 거쳐 농림축산식품부장관에게 면허효력 정지처분을 요구할 수 있다.(2024.1.23 본조신설)
제33조【동물진료업의 정지】 시장·군수는 동물병원이 다음 각 호의 어느 하나에 해당하면 농림축산식품부령으로 정하는 바에 따라 1년 이내의 기간을 정하여 그 동물진료업의 정지를 명할 수 있다.(2013.3.23 본문개정)
1. 개설신고를 한 날부터 3개월 이내에 정당한 사유 없이 업무를 시작하지 아니할 때
2. 무자격자에게 진료행위를 하도록 한 사실이 있을 때
3. 제17조제3항 후단에 따른 변경신고 또는 제18조 본문에 따른 휴업의 신고를 하지 아니하였을 때
4. 시설기준에 맞지 아니할 때
5. 제17조의2를 위반하여 동물병원 개설자 자신이 그 동물병원을 관리하지 아니하거나 관리자를 지정하지 아니하였을 때
6. 동물병원이 제30조제1항에 따른 명령을 위반하였을 때
7. 동물병원이 제30조제2항에 따른 사용 제한 또는 금지 명령을 위반하거나 시정 명령을 이행하지 아니하였을 때
7의2. 동물병원이 제30조제3항에 따른 시정 명령을 이행하지 아니하였을 때(2022.1.4 본호신설)
8. 동물병원이 제31조제2항에 따른 관계 공무원의 검사를 거부·방해 또는 기피하였을 때
제33조의2【과징금 처분】 ① 시장·군수는 동물병원이 제33조 각 호의 어느 하나에 해당하는 때에는 대통령령으로 정하는 바에 따라 동물진료업 정지 처분을 갈음하여 5천만원 이하의 과징금을 부과할 수 있다.
② 제1항에 따른 과징금을 부과하는 위반행위의 종류와 위반정도 등에 따른 과징금의 금액과 그 밖에 필요한 사항은 대통령령으로 정한다.
③ 시장·군수는 제1항에 따른 과징금을 부과받은 자가 기한 안에 과징금을 내지 아니한 때에는 「지방행정제재·부과금의 징수 등에 관한 법률」에 따라 징수한다.
(2020.3.24 본항개정)
(2020.2.11 본조신설)

제6장 보 칙
(2010.1.25 본장개정)

제34조【연수교육】 ① 농림축산식품부장관은 수의사에게 자질 향상을 위하여 필요한 연수교육을 받게 할 수 있다.(2013.3.23 본항개정)
② 국가나 지방자치단체는 제1항에 따른 연수교육에 필요한 경비를 부담할 수 있다.
③ 제1항에 따른 연수교육에 필요한 사항은 농림축산식품부령으로 정한다.(2013.3.23 본항개정)
제35조 (1999.3.31 삭제)
제36조【청문】 농림축산식품부장관 또는 시장·군수는 다음 각 호의 어느 하나에 해당하는 처분을 하려면 청문을 실시하여야 한다.(2013.3.23 본문개정)
1. 제17조의5제2항에 따른 검사·측정기관의 지정취소
(2015.1.20 본호신설)
2. 제30조제2항에 따른 시설·장비 등의 사용금지 명령
3. 제32조제1항에 따른 수의사 면허의 취소
제37조【권한의 위임 및 위탁】 ① 이 법에 따른 농림축산식품부장관의 권한은 대통령령으로 정하는 바에 따라 그 일부를 시·도지사에게 위임할 수 있다.
② 농림축산식품부장관은 대통령령으로 정하는 바에 따라 제17조의4제1항에 따른 등록 업무, 제17조의4제3항에 따른 품질관리검사 업무, 제17조의5제1항에 따른 검사·측정기관의 지정 업무, 제17조의5제2항에 따른 지정 취소 업무 및 제17조의5제4항에 따른 휴업 또는 폐업 신고에 관한 업무를 수의업무를 전문적으로 수행하는 행정기관에 위임할 수 있다.(2019.8.27 본항개정)
③ 농림축산식품부장관 및 시·도지사는 대통령령으로 정하는 바에 따라 수의(동물의 간호 또는 진료 보조를 포함한다) 및 공중위생에 관한 업무의 일부를 제23조에 따라 설립된 수의사회에 위탁할 수 있다.(2019.8.27 본항개정)
④ 농림축산식품부장관은 대통령령으로 정하는 바에 따라 제20조의3에 따른 동물 진료의 분류체계 표준화 및 제20조의4제1항에 따른 진료비용 등의 현황에 관한 조사·분석 업무의 일부를 관계 전문기관 또는 단체에 위탁할 수 있다.(2022.1.4 본항신설)
(2013.3.23 본조개정)
제38조【수수료】 다음 각 호의 어느 하나에 해당하는 자는 농림축산식품부령으로 정하는 바에 따라 수수료를 내야 한다.(2013.3.23 본문개정)
1. 제6조(제16조의6에서 준용하는 경우를 포함한다)에 따른 수의사 면허증 또는 동물보건사 자격증을 재발급받으려는 사람(2019.8.27 본호개정)
2. 제8조에 따른 수의사 국가시험에 응시하려는 사람
2의2. 제16조의3에 따른 동물보건사 자격시험에 응시하려는 사람(2019.8.27 본호신설)
3. 제17조제3항에 따라 동물병원 개설의 신고를 하려는 자
4. 제32조제3항(제16조의6에서 준용하는 경우를 포함한다)에 따라 수의사 면허 또는 동물보건사 자격을 다시 부여받으려는 사람(2019.8.27 본호개정)
(2010.1.25 본조신설)
제38조의2【벌칙 적용에서 공무원 의제】 ① 제8조제3항 및 제16조의3제2항에 따라 위탁받은 업무에 종사하는 관계 전문기관의 임직원은 「형법」 제127조 및 제129조부터 제132조까지를 적용할 때에는 공무원으로 본다.
② 다음 각 호의 어느 하나에 해당하는 사람은 「형법」 제129조부터 제132조까지를 적용할 때에는 공무원으로 본다.
1. 제17조의5제1항에 따라 지정된 검사·측정기관의 임직원
2. 제37조제3항에 따라 위탁받은 업무에 종사하는 수의사회의 임직원
3. 제37조제4항에 따라 위탁받은 업무에 종사하는 관계 전문기관 또는 단체의 임직원
(2023.10.24 본조신설)

제7장 벌 칙
(2010.1.25 본장개정)

제39조【벌칙】 ① 다음 각 호의 어느 하나에 해당하는 사람은 2년 이하의 징역 또는 2천만원 이하의 벌금에 처하거나 이를 병과(倂科)할 수 있다.(2016.12.27 본문개정)
1. 제6조제2항(제16조의6에 따라 준용되는 경우를 포함한다)을 위반하여 수의사 면허증 또는 동물보건사 자격증을 다른 사람에게 빌려주거나 빌린 사람 또는 이를 알선한 사람(2020.2.11 본호개정)
2. 제10조를 위반하여 동물을 진료한 사람
3. 제17조제2항을 위반하여 동물병원을 개설한 자
(2019.8.27 본호신설)
② 다음 각 호의 어느 하나에 해당하는 자는 300만원 이하의 벌금에 처한다.
1. 제22조의2제3항을 위반하여 허가를 받지 아니하고 재산을 처분하거나 정관을 변경한 동물진료법인
2. 제22조의2제4항을 위반하여 동물진료법인이나 이와 비슷한 명칭을 사용한 자
(2013.7.30 본항신설)
제40조 (1999.3.31 삭제)
제41조【과태료】 ① 다음 각 호의 어느 하나에 해당하는 자에게는 500만원 이하의 과태료를 부과한다.
1. 제11조를 위반하여 정당한 사유 없이 동물의 진료 요구를 거부한 사람
2. 제17조제1항을 위반하여 동물병원을 개설하지 아니하고 동물진료업을 한 자

3. 제17조의4제4항을 위반하여 부적합 판정을 받은 동물 진단용 특수의료장비를 사용한 자
② 다음 각 호의 어느 하나에 해당하는 자에게는 100만원 이하의 과태료를 부과한다.
1. 제12조제1항을 위반하여 거짓이나 그 밖의 부정한 방법으로 진단서, 검안서, 증명서 또는 처방전을 발급한 사람(2012.2.22 본호개정)
1의2. 제12조제1항을 위반하여 처방대상 동물용 의약품을 직접 진료하지 아니하고 처방·투약한 자 (2019.8.27 본호개정)
1의3. 제12조제3항을 위반하여 정당한 사유 없이 진단서, 검안서, 증명서 또는 처방전의 발급을 거부한 자 (2012.2.22 본호신설)
1의4. 제12조제5항을 위반하여 신고하지 아니하고 처방전을 발급한 수의사(2012.2.22 본호신설)
1의5. 제12조의2제1항을 위반하여 처방전을 발급하지 아니한 자(2019.8.27 본호개정)
1의6. 제12조의2제2항 본문을 위반하여 수의사처방관리시스템을 통하지 아니하고 처방전을 발급한 자 (2019.8.27 본호신설)
1의7. 제12조의2제2항 단서를 위반하여 부득이한 사유가 종료된 후 3일 이내에 처방전을 수의사처방관리시스템에 등록하지 아니한 자(2019.8.27 본호신설)
1의8. 제12조의2제3항 후단을 위반하여 처방대상 동물용 의약품의 명칭, 용법 및 용량 등 수의사처방관리시스템에 입력하여야 하는 사항을 입력하지 아니하거나 거짓으로 입력한 자(2019.8.27 본호신설)
2. 제13조를 위반하여 진료부 또는 검안부를 갖추어 두지 아니하거나 진료 또는 검안한 사항을 기록하지 아니하거나 거짓으로 기록한 사람
2의2. 제13조의2를 위반하여 동물소유자등에게 설명을 하지 아니하거나 서면으로 동의를 받지 아니한 자 (2022.1.4 본호신설)
2의3. 제14조(제16조의6에 따라 준용되는 경우를 포함한다)에 따른 신고를 하지 아니한 자(2019.8.27 본호개정)
3. 제17조의2를 위반하여 동물병원 개설자 자신이 그 동물병원을 관리하지 아니하거나 관리자를 지정하지 아니한 자
4. 제17조의3제1항 전단에 따른 신고를 하지 아니하고 동물 진단용 방사선발생장치를 설치·운영한 자 (2019.8.27 본호개정)
4의2. 제17조의3제2항에 따른 준수사항을 위반한 자 (2015.1.20 본호신설)
5. 제17조의3제3항에 따라 정기적으로 검사와 측정을 받지 아니하거나 방사선 관계 종사자에 대한 피폭관리를 하지 아니한 자(2015.1.20 본호개정)
6. 제18조를 위반하여 동물병원의 휴업·폐업의 신고를 하지 아니한 자
6의2. 제19조를 위반하여 수술등중대진료에 대한 예상 진료비용 등을 고지하지 아니한 자(2022.1.4 본호신설)
6의3. 제20조의2제3항을 위반하여 고지·게시한 금액을 초과하여 징수한 자(2012.2.22 본호신설)
6의4. 제20조의4제2항에 따른 자료제출 요구에 정당한 사유 없이 따르지 아니하거나 거짓으로 자료를 제출한 자 (2022.1.4 본호신설)
6의5. 제22조의3제3항을 위반하여 신고하지 아니한 자 (2013.7.30 본호신설)
7. 제30조제2항에 따른 사용 제한 또는 금지 명령을 위반하거나 시정 명령을 이행하지 아니한 자
7의2. 제30조제3항에 따른 시정 명령을 이행하지 아니한 자(2022.1.4 본호신설)
8. 제31조제2항에 따른 보고를 하지 아니하거나 거짓 보고를 한 자 또는 관계 공무원의 검사를 거부·방해 또는 기피한 자
9. 정당한 사유 없이 제34조(제16조의6에 따라 준용되는 경우를 포함한다)에 따른 연수교육을 받지 아니한 사람 (2019.8.27 본호개정)
③ 제1항이나 제2항에 따른 과태료는 대통령령으로 정하는 바에 따라 농림축산식품부장관, 시·도지사 또는 시장·군수가 부과·징수한다.(2013.3.23 본항개정)

부 칙 (1999.3.31)

① 【시행일】 이 법은 공포 후 3월이 경과한 날부터 시행한다. 다만, 제9조의 개정규정은 2002년 1월 1일부터 시행한다.
② 【개설허가를 받은 자에 관한 경과조치】 이 법 시행 당시 종전의 규정에 의하여 도지사의 허가를 받아 동물병원을 개설한 비영리법인은 제17조제3항의 개정규정에 의하여 도지사에게 신고를 한 것으로 본다.
③ 【수의사회에 관한 경과조치】 이 법 시행 당시 종전의 규정에 의하여 설립된 수의사회는 이 법에 의한 수의사회로 본다.
④ 【수의사국가시험의 응시자격에 관한 경과조치】 종전의 제9조제2호에 따라 농림부장관이 인정한 외국의 대학에서 2001년 12월 31일 이전에 수의학 학사학위를 받은 사람 또는 2001년 12월 31일 당시 해당 대학에서 수의학을 전공으로 재적(在籍) 중인 사람에 대한 수의사 국가시험 응시자격은 종전의 규정에 따른다.(2019.8.27 본항개정)

부 칙 (2010.1.25)

① 【시행일】 이 법은 공포 후 1년이 경과한 날부터 시행한다.
② 【동물 진단용 방사선발생장치 및 특수의료장비의 신고 또는 등록에 관한 경과조치】 이 법 시행 당시 제17조의3의 개정규정에 따른 동물 진단용 방사선발생장치 또는 제17조의4의 개정규정에 따른 동물 진단용 특수의료장비를 설치·운영하고 있는 동물병원 개설자는 이 법 시행일부터 3개월 이내에 제17조의3제1항의 개정규정에 따라 신고를 하거나 제17조의4제1항의 개정규정에 따라 등록을 하여야 한다.
③ 【행정처분기준에 관한 경과조치】 이 법 시행 전의 위반행위에 대한 행정처분에 관하여는 종전의 규정에 따른다.
④ 【다른 법률의 개정】 ※(해당 법령에 가제정리 하였음)

부 칙 (2011.7.25)

① 【시행일】 이 법은 공포한 날부터 시행한다. 다만, 제14조, 제30조제1항 후단, 제31조제1항 및 제41조제2항제2호의2의 개정규정은 공포 후 6개월이 경과한 날부터 시행하고, 제17조제3항, 제22조제2항 및 제25조의 개정규정은 2012년 7월 1일부터 시행한다.
② 【수의사회에 대한 경과조치】 이 법 시행 당시 종전의 규정에 따라 설립된 수의사회는 이 법에 따른 대한수의사회로 본다.

부 칙 (2013.7.30)

제1조 【시행일】 이 법은 공포한 날부터 시행한다.
제2조 【동물진료업을 목적으로 설립한 법인에 대한 경과조치】 이 법 시행 당시 종전의 규정에 따라 동물진료업을 목적으로 설립한 법인이 이 법 시행일부터 10년 이내에 그 재산을 출연하여 제22조의2부터 제22조의4까지의 규정에 부합하는 동물진료법인을 설립하는 경우 그 동물병원은 이 법에 따른 동물병원으로 본다. 다만, 이 기간 내에 동물진료법인을 설립하지 아니한 경우에는 기존의 동물병원에 대한 개설신고를 취소한다.

부 칙 (2014.3.18)

제1조 【시행일】 이 법은 공포한 날부터 시행한다.
제2조 【금치산자 등에 대한 경과조치】 제5조제2호의 개정규정에 따른 피성년후견인 또는 피한정후견인에는 법률 제10429호 민법 일부개정법률 부칙 제2조에 따라 금치산 또는 한정치산 선고의 효력이 유지되는 사람을 포함하는 것으로 본다.

부 칙 (2015.1.20)

이 법은 공포 후 3개월이 경과한 날부터 시행한다.

부 칙 (2016.12.27)

이 법은 공포 후 6개월이 경과한 날부터 시행한다.

부 칙 (2019.8.27)

제1조 【시행일】 이 법은 공포 후 6개월이 경과한 날부터 시행한다. 다만, 제5조, 제17조, 제17조의3, 제20조의2, 제22조의3, 법률 제5953호 수의사법중개정법률 부칙 제4항의 개정규정은 공포한 날부터 시행하고, 제2조제3호의2, 제16조의2부터 제16조의6까지, 제38조 및 제39조제1항제1호의 개정규정은 공포 후 2년이 경과한 날부터 시행한다.
제2조 【동물보건사 자격시험 응시에 관한 특례】 부칙 제1조 단서에 따른 제16조의2의 개정규정 시행 당시 다음 각 호의 어느 하나에 해당하는 사람이 제16조의4제1항의 개정규정에 따라 평가인증을 받은 양성기관에서 농림축산식품부령으로 정하는 실습교육을 이수하는 경우에는 제16조의2의 개정규정에도 불구하고 동물보건사 자격시험에 응시할 수 있다.
1. 「고등교육법」 제2조제4호에 따른 전문대학 또는 이와 같은 수준 이상의 학교에서 동물 간호에 관한 교육과정을 이수하고 졸업한 사람
2. 「고등교육법」 제2조제4호에 따른 전문대학 또는 이와 같은 수준 이상의 학교를 졸업(이와 동등 수준 이상의 학력이 있다고 인정되는 것을 포함한다)한 후 동물병원에서 동물 간호 관련 업무에 1년 이상 종사한 사람(「근로기준법」에 따른 근로계약 또는 「국민연금법」에 따른 국민연금 사업장가입자 자격취득을 통하여 업무 종사 사실을 증명할 수 있는 사람에 한정한다)
3. 고등학교 졸업학력 인정자 중 동물병원에서 동물 간호 관련 업무에 3년 이상 종사한 사람(「근로기준법」에 따른 근로계약 또는 「국민연금법」에 따른 국민연금 사업장가입자 자격취득을 통하여 업무 종사 사실을 증명할 수 있는 사람에 한정한다)
제3조 【동물보건사 양성기관 평가인증을 위한 준비행위】 농림축산식품부장관은 이 법 시행을 위하여 필요하다고 인정하는 경우에는 부칙 제1조 단서에 따른 제16조의4의 개정규정의 시행일 전에 같은 조 제1항의 개정규정에 따라 양성기관에 대한 평가인증을 할 수 있다. 이 경우 평가인증의 효과는 부칙 제1조 단서에 따른 제16조의4의 개정규정의 시행일부터 발생한다.

부 칙 (2020.2.11)

제1조 【시행일】 이 법은 공포 후 6개월이 경과한 날부터 시행한다. 다만, 법률 제16546호 수의사법 일부개정법률 제12조의2제5항제1호의 개정규정은 2020년 2월 28일부터 시행하고, 제21조제1항의 개정규정은 공포한 날부터 시행한다.
제2조 【과징금에 관한 적용례】 제33조의2의 개정규정은 이 법 시행 후 최초로 동물진료업의 정지를 명하여야 하는 경우부터 적용한다.
제3조 【벌칙에 관한 경과조치】 이 법 시행 전의 행위에 대하여 벌칙을 적용할 때에는 종전의 규정에 따른다.

부 칙 (2020.3.24)

제1조 【시행일】 이 법은 공포한 날부터 시행한다.(이하 생략)

부 칙 (2020.5.19)

이 법은 공포 후 6개월이 경과한 날부터 시행한다.

부 칙 (2020.8.11)

제1조 【시행일】 이 법은 공포 후 1개월이 경과한 날부터 시행한다.(이하 생략)

부 칙 (2022.1.4)

제1조 【시행일】 이 법은 공포 후 6개월이 경과한 날부터 시행한다. 다만, 다음 각 호의 개정규정은 각 호의 구분에 따른 날부터 시행한다.
1. 제19조, 제20조, 제20조의4, 제30조제3항, 제33조제7호의2, 제41조제2항제6호의4 및 제7호의2의 개정규정 : 공포 후 1년이 경과한 날
2. 제20조의3 및 제41조제2항제6호의2의 개정규정 : 공포 후 2년이 경과한 날
제2조 【수술등중대진료에 관한 설명 및 진료비용 고지에 대한 적용례】 제13조의2 및 제19조의 개정규정은 각각의 개정규정 시행일 이후 수술등중대진료를 하는 경우부터 적용한다.
제3조 【진찰 등의 진료비용 게시에 대한 특례】 부칙 제1조제1호에도 불구하고 그 시행일 당시 1명의 수의사가 동물 진료를 하는 동물병원에 대하여는 같은 호의 시행일 이후 1년이 경과한 날(1년이 경과하기 전에 수의사의 수가 1명에서 2명 이상으로 변경된 경우 변경된 날)부터 제20조, 제30조제3항, 제33조제7호의2 및 제41조제2항제7호의2의 개정규정을 적용한다.

부 칙 (2022.12.13)

제1조 【시행일】 이 법은 공포 후 1년이 경과한 날부터 시행한다.(이하 생략)

부 칙 (2023.10.24)

이 법은 공포한 날부터 시행한다. 다만, 제3조의2의 개정규정은 공포 후 6개월이 경과한 날부터 시행한다.

부 칙 (2024.1.2)
(2024.1.23)

이 법은 공포 후 6개월이 경과한 날부터 시행한다.

부 칙 (2024.1.30)

제1조 【시행일】 이 법은 공포한 날부터 시행한다.
제2조 【동물보건사 시험 응시 자격에 관한 적용례】 제16조의2제2항의 개정규정은 이 법 시행 전에 동물보건사 양성기관 평가인증을 받은 학교에 입학한 사람에 대하여도 적용한다.

가축전염병 예방법

(2002년 12월 26일 전부개정법률 제6817호)

개정
2005. 3.31법 7434호　2007. 8. 3법 8587호
2008. 2.29법 8852호(정부조직)
2008. 9.11법 9130호　2010. 1.25법 9959호
2010. 4.12법10244호
2010. 5.25법10310호(축산물위생관리법)
2011. 1.24법10427호　2011. 7.25법10930호
2012. 2.22법11348호
2013. 3.23법11690호(정부조직)
2013. 8.13법12048호
2013.12.27법12119호(가축및축산물이력관리에관한법)
2014.10.15법12806호　2015. 6.22법13353호
2016. 3.29법14113호(공항시설법)
2016.12. 2법14288호　2017. 3.21법14641호
2017.10.31법14977호　2018.12.31법16115호
2019. 1.15법16226호　2019. 8.27법16537호
2019.12.10법16780호　2020. 2. 4법16934호
2020. 3.24법17091호(지방행정제재 · 부과금의징수등에관한법)
2020. 8.11법17472호(정부조직)
2020.12.22법17653호(부가세)
2021. 4.13법18017호　2021.11.30법18524호
2023. 9.14법19706호→2024년 3월 15일 및 2024년 9월 15일 시행

제1장 총 칙

(2010.4.12 본장개정)

제1조【목적】 이 법은 가축의 전염성 질병이 발생하거나 퍼지는 것을 막음으로써 축산업의 발전, 가축의 건강 유지 및 공중위생의 향상에 이바지함을 목적으로 한다.
(2023.9.14 본조개정)

제2조【정의】 이 법에서 사용하는 용어의 뜻은 다음과 같다.

1. "가축"이란 소, 말, 당나귀, 노새, 면양 · 염소[유산양(乳山羊 : 젖을 생산하기 위해 사육하는 염소)을 포함한다], 사슴, 돼지, 닭, 오리, 칠면조, 거위, 개, 토끼, 꿀벌 및 그 밖에 대통령령으로 정하는 동물을 말한다.
(2020.2.4 본호개정)
2. "가축전염병"이란 다음의 제1종 가축전염병, 제2종 가축전염병 및 제3종 가축전염병을 말한다.
가. 제1종 가축전염병 : 우역(牛疫), 우폐역(牛肺疫), 구제역(口蹄疫), 가성우역(假性牛疫), 블루텅병, 리프트계곡열, 럼피스킨병, 양두(羊痘), 수포성구내염(水疱性口內炎), 아프리카마역(馬疫), 아프리카돼지열병, 돼지열병, 돼지수포병(水疱病), 뉴캣슬병, 고병원성 조류(鳥類)인플루엔자 및 그 밖에 이에 준하는 질병으로서 농림축산식품부령으로 정하는 가축의 전염성 질병
(2015.6.22 본목개정)
나. 제2종 가축전염병 : 탄저(炭疽), 기종저(氣腫疽), 브루셀라병, 결핵병(結核病), 요네병, 소해면상뇌증(海綿狀腦症), 큐열, 돼지오제스키병, 돼지일본뇌염, 돼지테센병, 스크래피(양해면상뇌증), 비저(鼻疽), 말전염성빈혈, 말바이러스성동맥염(動脈炎), 구역(媾疫), 말전염성자궁염(傳染性子宮炎), 동부말뇌염(腦炎), 서부말뇌염, 베네수엘라말뇌염, 추백리(雛白痢 : 병아리흰설사병), 가금(家禽)티푸스, 가금콜레라, 광견병(狂犬病), 사슴만성소모성질병(慢性消耗性疾病) 및 그 밖에 이에 준하는 질병으로서 농림축산식품부령으로 정하는 가축의 전염성 질병(2020.2.4 본목개정)
다. 제3종 가축전염병 : 소유행열, 소아카바네병, 닭마이코플라스마병, 저병원성 조류인플루엔자, 부저병(腐蛆病) 및 그 밖에 이에 준하는 질병으로서 농림축산식품부령으로 정하는 가축의 전염성 질병(2013.3.23 본목개정)
3. "검역시행장"이란 제31조에 따른 지정검역물에 대하여 검역을 하는 장소를 말한다.
4. "면역요법"이란 특정 가축전염병을 예방하거나 치료할 목적으로 농장의 가축으로부터 채취한 혈액, 장기(臟器), 똥 등을 가공하여 그 농장의 가축에 투여하는 행위를 말한다.
5. "병성감정"(病性鑑定)이란 죽은 가축이나 질병이 의심되는 가축에 대하여 임상검사, 병리검사, 혈청검사 등의 방법으로 가축전염병 감염 여부를 확인하는 것을 말한다.
6. "특정위험물질"이란 소해면상뇌증 발생 국가산 소의 조직 중 다음 각 목의 것을 말한다.
가. 모든 월령(月齡)의 소에서 나온 편도(扁桃)와 회장원위부(回腸遠位部)
나. 30개월령 이상의 소에서 나온 뇌, 눈, 척수, 머리뼈, 척주
다. 농림축산식품부장관이 소해면상뇌증 발생 국가별 상황과 국민의 식생활 습관 등을 고려하여 따로 지정 · 고시하는 물질(2013.3.23 본목개정)
7. "가축전염병 특정매개체"란 전염병을 전파시키거나 전파시킬 우려가 큰 매개체 중 야생조류 또는 야생멧돼지와 그 밖에 농림축산식품부령으로 정하는 것을 말한다.
(2020.2.4 본호개정)
8. "가축방역위생관리업"이란 가축전염병 예방을 위한 소독을 하거나 안전한 축산물 생산을 위한 방제를 하는 업을 말한다.(2018.12.31 본호신설)

제3조【국가와 지방자치단체의 책무】 ① 농림축산식품부장관, 특별시장 · 광역시장 · 도지사 · 특별자치도지사(이하 "시 · 도지사"라 한다) 및 특별자치시장 · 시장(특별자치도의 행정시장을 포함한다) · 군수 · 구청장(구청장은 자치구의 구청장을 말하며, 이하 "시장 · 군수 · 구청장"이라 한다)은 가축전염병을 예방하고 그 확산을 방지하기 위하여 다음 각 호의 사업을 포함하는 가축전염병 예방 및 관리대책(이하 "가축전염병 예방 및 관리대책"이라 한다)을 3년마다 수립하여 시행하여야 한다.
(2017.10.31 본문개정)
1. 가축전염병의 예방 및 조기 발견 · 신고 체계 구축
2. 가축전염병별 긴급방역대책의 수립 · 시행
3. 가축전염병 예방 · 관리에 관한 사업계획 및 추진체계
(2016.12.2 본호신설)
4. 가축방역을 위한 관계 기관과의 협조대책
5. 가축방역에 대한 교육 및 홍보
6. 가축방역에 관한 정보의 수집 · 분석 및 조사 · 연구
(2016.12.2 본호개정)
7. 가축방역 전문인력 육성
8. 살처분 · 소각 · 매몰 · 화학적 처리 등 가축방역에 따른 주변환경의 오염방지 및 사후관리 대책(2020.2.4 본호개정)
9. 가축의 살처분 및 소각 · 매몰 · 화학적 처리에 직접 관여한 사람 등에 대한 사후관리 대책(심리적 · 정신적 안정을 위한 치료를 포함한다)(2020.2.4 본호개정)
10. 가축전염병 비상대응 매뉴얼의 개발 및 보급
(2019.1.15 본호신설)
11. 가축전염병 발생에 대한 감시 · 예측 능력 향상을 위한 조사 · 연구, 기술의 개발 · 보급 및 민관 협조체계 구축(2023.9.14 본호신설)
12. 그 밖에 가축방역시책에 관한 사항
② 시장 · 군수 · 구청장은 제22조제2항 본문, 제23조제1항 및 제3항에 따른 가축의 사체 또는 물건의 매몰에 대비하여 농림축산식품부령으로 정하는 기준에 적합한 매몰 후보지를 미리 선정하여 관리하여야 한다.
(2015.6.22 본항개정)
③ 농림축산식품부장관은 특별시 · 광역시 · 특별자치시 · 도 · 특별자치도에 소속되어 가축방역업무를 수행하는 기관(이하 "시 · 도 가축방역기관"이라 한다)의 인력 · 장비 · 기술 등의 보강을 위한 지원을 강화하여야 한다.
(2015.6.22 본항개정)
④ 농림축산식품부장관, 시 · 도지사 및 시장 · 군수 · 구청장은 제1항에 따라 가축전염병 예방 및 관리대책을 수립할 때 기존 계획의 타당성을 검토하여 그 결과를 반영하여야 한다.(2017.10.31 본항개정)
⑤ 농림축산식품부장관은 가축전염병 예방 및 관리대책을 효과적으로 추진하기 위하여 필요한 경우 가축전염병 방역 요령 및 세부 방역기준을 따로 정하여 고시할 수 있다.(2016.12.2 본항개정)

제3조의2【가축전염병 발생 현황에 대한 정보공개】 ① 농림축산식품부장관, 시 · 도지사 및 특별자치시장은 가축전염병을 예방하고 그 확산을 방지하기 위하여 농장에 대한 가축전염병의 발생 일시 및 장소 등 대통령령으로 정하는 정보를 공개하여야 한다.(2015.6.22 본항개정)
② (2011.7.25 삭제)
③ 농림축산식품부장관, 시 · 도지사 및 시장 · 군수 · 구청장은 외국에서 가축전염병이 발생하는 경우 국내 유입을 예방하기 위하여 가축전염병의 종류, 발생 국가 · 일시 · 지역 및 여행객의 유의사항 등을 공개하여야 한다.
(2015.6.22 본항개정)
④ 농림축산식품부장관, 관계 행정기관의 장, 시 · 도지사 또는 시장 · 군수 · 구청장은 가축전염병 특정매개체를 통하여 가축전염병이 확산되고 있는 경우에는 가축전염병 특정매개체의 검사 결과 및 이동 경로 등을 공개하여야 한다.(2017.10.31 본항신설)
⑤ 제1항에 따른 정보공개의 대상 농장 및 가축전염병, 정보공개의 절차 및 방법 등은 대통령령으로 정하며, 제3항 및 제4항에 따른 공개의 구체적인 내용, 범위, 절차 및 방법 등은 농림축산식품부령으로 정한다.(2017.10.31 본항개정)

제3조의3【국가가축방역통합정보시스템의 구축 · 운영】 ① 농림축산식품부장관은 가축전염병을 예방하고 가축방역 상황을 효율적으로 관리하기 위하여 전자정보시스템(이하 "국가가축방역통합정보시스템"이라 한다)을 구축하여 운영할 수 있다.
② 국가가축방역통합정보시스템의 구축 · 운영 등에 필요한 사항은 농림축산식품부령으로 정한다.
③ 농림축산식품부장관은 가축전염병의 확산을 방지하기 위하여 필요하다고 인정하면 시장 · 군수 · 구청장에게 농림축산식품부령으로 정하는 바에 따라 축산관계자 주소, 축산 관련 시설의 소재지 및 가축과 그 생산물의 이동 현황 등에 대하여 국가가축방역통합정보시스템에 입력을 명할 수 있다.(2018.12.31 본항신설)
(2013.8.13 본조신설)

제3조의4【중점방역관리지구】 ① 농림축산식품부장관은 제1종 가축전염병이 자주 발생하였거나 발생할 우려가 높은 지역을 중점방역관리지구로 지정할 수 있다.
② 농림축산식품부장관, 시 · 도지사 및 시장 · 군수 · 구청장은 가축전염병을 예방하거나 그 확산을 방지하기 위하여 필요하다고 인정되는 경우 제1항에 따라 지정된 중점방역관리지구(이하 "중점방역관리지구"라 한다)에 대하여 가축 또는 가축전염병 특정매개체 등에 대한 검사 · 예찰(豫察) · 점검 등의 조치를 할 수 있다.
③ 중점방역관리지구에서 가축 사육이나 축산 관련 영업을 하는 자(제17조제1항 각 호의 어느 하나에 해당하는 자만 해당한다)는 농림축산식품부령으로 정하는 바에 따라 신발 · 손 소독 등을 위한 전실(前室) 등 소독설비 및 울타리 · 담장 등 방역시설을 갖추고 연 1회 이상 방역교육을 이수하여야 한다.(2023.9.14 본항개정)
④ 제3항에도 불구하고 농림축산식품부장관은 제17조제1항 각 호의 어느 하나에 해당하는 자가 중점방역관리지구로 지정되기 전부터 그 지역에서 가축 사육이나 해당 영업 등을 하고 있었던 경우에는 중점방역관리지구로 지정된 날부터 1년 이내에(가축전염병이 발생하거나 퍼지는 것을 막기 위하여 긴급한 경우에는 농림축산식품부장관이 정하는 기간까지) 제3항에 따른 소독설비 및 방역시설을 갖추도록 할 수 있으며, 그 소요비용의 일부를 지원할 수 있다.(2023.9.14 본항개정)
⑤ 시장 · 군수 · 구청장은 가축전염병의 확산을 막기 위하여 농림축산식품부령으로 정하는 바에 따라 중점방역관리지구 내에서 해당 가축의 사육제한을 명할 수 있다.
(2017.10.31 본항신설)
⑥ 농림축산식품부장관은 중점방역관리지구로 지정된 지역의 가축전염병 발생 상황, 가축 사육 현황 등을 고려하여 가축전염병의 발생 위험도가 낮다고 인정되는 경우에는 그 지정을 해제하여야 한다.
⑦ 중점방역관리지구의 지정 기준 · 절차, 제2항에 따른 조치의 내용 · 실시시기 · 방법, 제6항에 따른 지정 해제의 기준 · 절차 등에 필요한 사항은 농림축산식품부령으로 정한다.(2017.10.31 본항개정)
(2015.6.22 본조신설)

제4조【가축방역심의회】 ① 가축방역과 관련된 주요 정책을 심의하기 위하여 농림축산식품부장관 소속으로 중앙가축방역심의회를 두고, 시 · 도지사 및 특별자치시장 소속으로 지방가축방역심의회를 둔다.
② 중앙가축방역심의회는 다음 각 호의 사항을 심의한다.
(2023.9.14 본문개정)
1. 가축전염병 예방 및 관리대책의 수립 및 시행
(2016.12.2 본호개정)
2. 가축전염병에 관한 조사 및 연구
3. 가축전염병별 긴급방역대책의 수립 및 시행
4. 가축방역을 위한 관계 기관과의 협조대책
5. 수출 또는 수입하는 동물과 그 생산물의 검역대책 수립 및 검역제도의 개선에 관한 사항
6. 그 밖에 가축전염병의 관리 및 방역에 관하여 농림축산식품부장관 또는 위원장이 필요하다고 인정하여 심의회의 심의에 부치는 사항(2020.2.4 본호개정)
(2015.6.22 본항신설)
③ 지방가축방역심의회는 다음 각 호의 사항을 심의한다. 다만, 지방가축방역심의회의 심의 결과가 중앙가축방역심의회의 심의 결과와 다른 경우에는 중앙가축방역심의회의 심의 결과에 따른다.
1. 관할 구역 내 가축전염병 예방 및 관리대책의 수립 및 시행
2. 관할 구역 내 가축전염병에 관한 조사 및 연구
3. 관할 구역 내 가축전염병별 긴급방역대책의 수립 및 시행
4. 관할 구역 내 가축방역을 위한 관계 기관과의 협조대책
5. 그 밖에 가축전염병의 관리 및 방역에 관하여 시 · 도지사 및 특별자치시장 또는 위원장이 필요하다고 인정하여 심의회의 심의에 부치는 사항
(2023.9.14 본항신설)
④ 중앙가축방역심의회와 지방가축방역심의회에는 수의(獸醫) · 축산 · 의료 · 환경 등 관련 분야에 전문지식을 가진 사람을 참여하게 하여야 한다.
⑤ 중앙가축방역심의회에 가축전염병의 관리 및 방역에 관한 국제동향 및 질병별 방역요령을 조사 · 연구할 연구위원을 둘 수 있다.(2017.10.31 본항신설)
⑥ 제5항에 따른 연구위원의 임무는 다음 각 호와 같다.
(2023.9.14 본문개정)
1. 세계동물보건기구에서 제시한 가축전염병 방역기준 및 요령의 조사 · 연구
2. 국제동물위생 규약의 조사 · 연구에 필요한 외국정부, 관련 생산자 · 소비자 단체 및 국제기구와의 상호협력
3. 외국의 가축방역기준 · 질병별 대응요령에 관한 정보 및 자료 등의 조사 · 연구
4. 질병별 발생원인 · 전파확산 요인 · 차단방역 · 소독방법 · 진단요령 · 백신접종 방법 및 근절방안 등에 관한 조사 · 연구
5. 그 밖에 농림축산식품부령으로 정하는 사항
(2017.10.31 본항신설)
⑦ 중앙가축방역심의회의 구성 및 운영 등에 필요한 사항은 농림축산식품부령으로 정하고, 지방가축방역심의회의 구성 및 운영 등에 필요한 사항은 해당 지방자치단체의 조례로 정한다.
(2015.6.22 본조개정)

제5조【가축의 소유자등의 방역 및 검역 의무】 ① 가축의 소유자 또는 관리자(이하 "소유자등"이라 한다)는 축사와 그 주변을 청결히 하고 주기적으로 소독하여 가축전염병이 발생하는 것을 예방하여야 하며, 국가와 지방자치단체의 가축방역대책에 적극 협조하여야 한다.
② 국가는 가축전염병이 국내로 유입되는 것을 예방하기 위하여 「항만법」 제2조제2호에 따른 무역항, 「공항시설법」 제2조제3호에 따른 공항(국제항공노선이 있는 경우에 한정한다), 「남북교류협력에 관한 법률」 제2조제1호에 따른 출입장소 등의 지역에 대통령령으로 정하는 바에 따라 검역 및 방역에 필요한 시설을 설치하고 운영하여야 한다.(2020.2.4 본항개정)
③ 가축의 소유자등은 외국인 근로자를 고용한 경우 시장·군수·구청장에게 외국인 근로자 고용신고를 하여야 하며, 외국인 근로자에 대한 가축전염병 예방 교육 및 소독 등 가축전염병의 발생을 예방하기 위하여 필요한 조치를 하여야 한다.(2015.6.22 본항개정)
④ 가축 방역·검역 업무를 수행하는 대통령령으로 정하는 국가기관의 장(이하 "국립가축방역기관장"이라 한다)은 제3조의2제3항에 따라 공개된 가축전염병 발생 국가(이하 "가축전염병 발생 국가"라 한다)에 체류하거나 해당 국가를 거쳐 입국하는 사람에게 해당 국가에서의 체류 등에 관한 서류를 제출하고 필요한 경우 신체·의류·휴대품 및 수하물에 대하여 질문·검사·소독 등 필요한 조치를 받아야 함을 고지하여야 한다.(2020.2.4 본항개정)
⑤ 가축전염병 발생 국가에서 입국하는 사람은 대통령령으로 정하는 바에 따라 해당 국가에서의 체류 등에 관한 사항을 기재한 서류를 국립가축방역기관장에게 제출하여야 한다. 이 경우 국립가축방역기관장은 축산농가를 방문하는 등 가축전염병을 옮길 위험이 상당하다고 판단하면 신체·의류·휴대품 및 수하물에 대하여 질문·검사·소독 등 필요한 조치를 할 수 있다.(2020.2.4 전단개정)
⑥ 제5항에도 불구하고 다음 각 호의 사람은 가축전염병 발생 국가에 체류하거나 해당 국가를 거쳐 입국하는 경우 도착하는 항구나 공항의 국립가축방역기관장에게 입국 사실 등을 신고하여야 하고, 신체·의류·휴대품 및 수하물에 대하여 도착하는 항구나 공항에서 국립가축방역기관장의 질문·검사·소독 등 필요한 조치에 따라야 하며, 가축전염병 발생 국가를 방문하려는 경우에는 출국하는 항구나 공항의 국립가축방역기관장에게 출국 사실 등을 신고하여야 한다.(2020.2.4 본문개정)
1. 가축의 소유자등과 그 동거 가족
2. 가축의 소유자등에게 고용된 사람과 그 동거 가족
3. 수의사, 가축인공수정사 중 수의·축산 관련 업무에 종사하는 사람으로서 농림축산식품부령으로 정하는 사람(2020.2.4 본호개정)
3의2. 가축방역사(2015.6.22 본호신설)
4. 동물약품 및 사료를 판매하는 사람(2020.2.4 본호개정)
5. 가축분뇨를 수집·운반하는 사람(2020.2.4 본호개정)
6. 「축산법」 제34조에 따른 가축시장의 종사자
7. 「축산물위생관리법」 제2조제5호의 원유를 수집·운반하는 사람(2020.2.4 본호개정)
7의2. 도축장의 종사자(2015.6.22 본호신설)
8. 그 밖에 가축전염병 예방을 위하여 질문·검사·소독 등 조치가 필요한 사람으로서 농림축산식품부령으로 정하는 사람(2020.2.4 본호개정)
(2011.7.25 본항개정)
⑦ 국립가축방역기관장은 제5항 및 제6항에 따라 질문·검사·소독 등 필요한 조치를 받은 사람의 입국신고 내용을 해당 시장·군수·구청장에게 통보하여야 한다.(2020.2.4 본항개정)
⑧ 국립가축방역기관장 또는 제7항에 따라 통보를 받은 시장·군수·구청장은 가축전염병의 예방 등을 위하여 필요한 경우 가축의 소유자등에게 해당 가축사육시설에 대하여 소독을 실시할 것을 명하거나 직접 소독을 실시할 수 있다.(2015.6.22 본항개정)
⑨ 농림축산식품부장관은 가축전염병의 국내 유입을 차단하고, 방역·검역 조치 및 사후관리 대책을 효율적으로 시행하기 위하여 제6항에 규정된 사람에게 가축전염병 예방과 검역에 필요한 자료 또는 정보의 제공을 요청할 수 있다. 이 경우 자료 또는 정보의 제공을 요청받은 사람은 특별한 사유가 없으면 이에 따라야 한다.(2020.2.4 본항개정)
⑩ 제3항부터 제6항까지에 따른 외국인 근로자에 대한 고용신고·교육·소독, 입국하는 사람에 대한 고지의 방법, 질문·검사·소독 등의 필요한 조치에 따르거나 입국·출국 사실을 신고하여야 하는 사람의 구체적인 범위, 가축의 소유자등의 입국·출국 신고 및 국립가축방역기관장의 조치의 구체적인 기준·절차·방법 등에 필요한 사항은 농림축산식품부령으로 정한다.(2020.2.4 본항개정)
(2011.1.24 본조개정)

제5조의2【방역관리 책임자】 ① 농림축산식품부령으로 정하는 규모 이상의 가축의 소유자등은 가축전염병의 발생을 예방하고 가축전염병의 확산을 방지하기 위하여 농림축산식품부령으로 정하는 바에 따라 수의학 또는 축산학에 관한 전문지식을 갖춘 사람을 방역관리 책임자로 선임하여야 한다. 다만, 가축의 소유자등이 농림축산식품부령으로 정하는 바에 따라 시장·군수·구청장의 인가를 받아 방역업체 및 방역전문가와 계약을 통하여 정기적으로 방역관리를 하는 경우에는 그러하지 아니하다.(2020.2.4 본문개정)
② 방역관리 책임자는 다음 각 호의 업무를 수행한다.
1. 가축전염병 방역관리를 위한 교육
2. 가축전염병 예방을 위한 소독 및 교육
3. 가축의 예방접종
4. 그 밖에 가축방역과 관련하여 농림축산식품부령으로 정하는 업무
③ 방역관리 책임자는 농림축산식품부령으로 정하는 바에 따라 방역교육을 이수하여야 한다.
④ 가축의 소유자등은 제1항에 따라 방역관리 책임자를 선임 또는 해임하는 경우에는 30일 이내에 이를 시장·군수·구청장에게 신고하여야 한다.
⑤ 가축의 소유자등은 방역관리 책임자를 해임한 경우 30일 이내에 다른 방역관리 책임자를 선임하여야 한다. 다만, 그 기간 내에 선임할 수 없으면 시장·군수·구청장의 승인을 받아 그 기간을 연장할 수 있다.
⑥ 제1항에 따른 방역관리 책임자의 자격조건 및 그 밖에 필요한 사항은 농림축산식품부령으로 정한다.
(2017.10.31 본조신설)

제5조의3【가축방역위생관리업의 신고 등】 ① 가축방역위생관리업을 하려는 자는 농림축산식품부령으로 정하는 시설·장비 및 인력을 갖추어 시장·군수·구청장에게 신고하여야 한다. 신고한 사항을 변경하려는 경우에도 또한 같다.
② 제1항에 따라 가축방역위생관리업의 신고를 한 자(이하 "방역위생관리업자"라 한다)가 그 영업을 30일 이상 휴업하거나 폐업 또는 재개업하려면 농림축산식품부령으로 정하는 바에 따라 시장·군수·구청장에게 신고하여야 한다.
③ 시장·군수·구청장은 방역위생관리업자가 다음 각 호의 어느 하나에 해당하면 가축방역위생관리업 신고가 취소된 것으로 본다.
1. 「부가가치세법」 제8조제8항에 따라 관할 세무서장에게 폐업 신고를 한 경우(2020.12.22 본호개정)
2. 「부가가치세법」 제8조제9항에 따라 관할 세무서장이 사업자등록을 말소한 경우(2020.12.22 본호개정)
3. 제2항에 따른 휴업이나 폐업 신고를 하지 아니하고 가축방역위생관리업에 필요한 시설 등이 없어진 상태가 6개월 이상 계속된 경우
④ 방역위생관리업자는 농림축산식품부령으로 정하는 기준과 방법에 따라 소독 또는 방제를 하여야 하며, 방역위생관리업자가 소독 또는 방제를 하였을 때에는 농림축산식품부령으로 정하는 바에 따라 그 소독 또는 방제에 관한 사항을 기록·보존하여야 한다.
⑤ 시장·군수·구청장은 방역위생관리업자가 다음 각 호의 어느 하나에 해당하면 영업소의 폐쇄를 명하거나 6개월 이내의 기간을 정하여 영업의 정지를 명할 수 있다. 다만, 제5호에 해당하는 경우에는 영업소의 폐쇄를 명하여야 한다.
1. 제1항에 따른 변경신고를 하지 아니하거나 제2항에 따른 휴업, 폐업 또는 재개업 신고를 하지 아니한 경우
2. 제1항에 따른 시설·장비 및 인력 기준을 갖추지 못한 경우
3. 제4항에 따른 소독 및 방제의 기준에 따르지 아니하고 소독 및 방제를 실시하거나 소독 및 방제 실시 사항을 기록·보존하지 아니한 경우
4. 제17조제7항제5호에 따른 관계 서류의 제출 요구에 따르지 아니하거나 소속 공무원의 검사 및 질문을 거부·방해 또는 기피한 경우
5. 영업정지기간 중에 가축방역위생관리업을 한 경우
⑥ 제5항에 따른 행정처분의 기준은 그 위반행위의 종류와 위반 정도 등을 고려하여 농림축산식품부령으로 정한다.(2020.2.4 본항신설)
(2018.12.31 본조신설)

제5조의4【방역위생관리업자에 대한 교육 등】 ① 국가와 지방자치단체는 방역위생관리업자(법인인 경우에는 그 대표자를 말한다. 이하 이 조에서 같다) 및 방역위생관리업자에게 고용된 소독 및 방제업무 종사자(이하 "소독 및 방제업무 종사자"라 한다)에게 농림축산식품부령으로 정하는 바에 따라 소독 및 방제에 관한 교육을 실시하여야 한다.
② 방역위생관리업자, 소독 및 방제업무 종사자는 제1항에 따른 교육을 연 1회 이상 이수하여야 한다.
③ 방역위생관리업자는 제1항 및 제2항에 따른 교육을 받지 아니한 종사자를 소독 및 방제업무에 종사하게 하여서는 아니된다.
④ 국가 및 지방자치단체는 필요한 경우 제1항에 따른 교육을 농림축산식품부령으로 정하는 소독 및 방제업무 전문기관 또는 단체에 위탁할 수 있다.
(2018.12.31 본조신설)

제6조【가축방역교육】 ① 국가와 지방자치단체는 농림축산식품부령으로 정하는 가축의 소유자와 그에게 고용된 사람에게 가축방역에 관한 교육을 하여야 한다.
② 국가 및 지방자치단체는 필요한 경우 제1항에 따른 교육을 「농업협동조합법」에 따른 농업협동조합중앙회 등 농림축산식품부령으로 정하는 축산 관련 단체(이하 "축산관련단체"라 한다)에 위탁할 수 있다.
③ 제1항에 따른 가축방역교육에 필요한 사항은 농림축산식품부령으로 정한다.
(2013.3.23 본조개정)

제6조의2【계약사육농가에 대한 방역교육 등】 ① 「축산계열화사업에 관한 법률」 제2조제5호에 따른 축산계열화사업자(이하 "축산계열화사업자"라 한다)는 같은 법 제2조제6호에 따른 계약사육농가(이하 "계약사육농가"라 한다)에 대하여 농림축산식품부령으로 정하는 바에 따라 방역교육을 실시하여야 한다.
② 축산계열화사업자(계약사육농가와 사육계약을 체결하고, 가축·사료 등 사육자재의 전부 또는 일부를 무상공급하는 축산계열화사업자만 해당한다)는 계약사육농가에 대하여 농림축산식품부령으로 정하는 바에 따라 제17조의6제1항에 따른 방역기준 준수에 관한 사항 및 「축산법」 제22조에 따른 축산업 허가기준 준수 여부를 점검하여야 한다.(2018.12.31 본항개정)
③ 제1항에 따라 방역교육을 실시하거나 제2항에 따라 방역기준 준수에 관한 사항 및 축산업 허가기준 준수 여부를 점검한 축산계열화사업자는 그 교육실시 및 점검결과를 농림축산식품부령으로 정하는 바에 따라 계약사육농가의 소재지를 관할하는 시장·군수·구청장에게 통지하여야 한다.(2018.12.31 본항개정)
④ 제3항에 따른 통지를 받은 시장·군수·구청장(특별자치시장은 제외한다)은 통지받은 내용을 시·도지사에게 보고하고, 시·도지사 또는 특별자치시장은 통지 또는 보고받은 내용을 농림축산식품부장관과 국립가축방역기관장에게 보고하거나 통보하여야 한다.
(2015.6.22 본조신설)

제7조【가축방역관】 ① 국가, 지방자치단체 및 대통령령으로 정하는 행정기관에 가축방역에 관한 사무를 처리하기 위하여 대통령령으로 정하는 바에 따라 가축방역관을 둔다.
② 제1항에 따른 가축방역관은 수의사여야 한다.
③ 가축방역관은 가축전염병에 의하여 오염되었거나 오염되었다고 믿을 만한 역학조사, 정밀검사 결과나 임상증상이 있으면 다음 각 호의 장소에 들어가 가축이나 그 밖의 물건을 검사하거나 관계자에게 질문할 수 있으며 가축질병의 예찰에 필요한 최소한의 시료(試料)를 무상으로 채취할 수 있다.
1. 가축시장·축산진흥대회장·경마장 등 가축이 모이는 장소
2. 축사·부화장(孵化場)·종축장(種畜場) 등 가축사육시설
3. 도축장·집유장(集乳場) 등 작업장
4. 보관창고, 운송차량 등
④ 가축방역관이 제3항에 따라 질병예방을 위한 검사 및 예찰을 할 때에는 누구든지 정당한 사유 없이 거부·방해 또는 회피하여서는 아니 된다.
⑤ 농림축산식품부장관, 시·도지사 또는 특별자치시장은 제1항에 따른 지방자치단체 및 행정기관의 가축방역관 인력에 대한 지원을 강화하여야 하며, 검사, 예찰 및 사체 등의 처분 등 가축방역에 관하여 농림축산식품부령으로 정하는 바에 따라 정기적으로 교육을 실시하여야 한다.(2017.10.31 본항개정)
⑥ 제1항에 따라 가축방역관을 두는 자는 대통령령으로 정하는 가축방역관의 기준 업무량을 고려하여 그 적정 인원을 배치하도록 노력하여야 한다.(2015.6.22 본항신설)

제8조【가축방역사】 ① 농림축산식품부장관 또는 지방자치단체의 장은 농림축산식품부령으로 정하는 교육과정을 마친 사람을 가축방역사로 위촉하여 가축방역관의 업무를 보조하게 할 수 있다.(2013.3.23 본항개정)
② 가축방역사는 가축방역관의 지도·감독을 받아 제7조제3항의 업무를 농림축산식품부령으로 정하는 범위에서 수행할 수 있다.(2013.3.23 본항개정)
③ 가축방역사의 질병예방을 위한 검사 및 예찰에 관하여는 제7조제4항을 준용한다.
④ 가축방역사의 자격과 수당 등에 필요한 사항은 농림축산식품부령으로 정한다.(2013.3.23 본항개정)

제9조【가축위생방역 지원본부】 ① 가축방역 및 축산물위생관리에 관한 업무를 효율적으로 수행하기 위하여 가축위생방역 지원본부(이하 "방역본부"라 한다)를 설립한다.
② 방역본부는 법인으로 한다.
③ 방역본부는 그 주된 사무소의 소재지에서 설립등기를 함으로써 성립한다.
④ 방역본부의 정관에는 다음 각 호의 사항이 포함되어야 한다.
1. 목적
2. 명칭
3. 주된 사무소가 있는 곳
4. 자산에 관한 사항
5. 임원 및 직원에 관한 사항
6. 이사회의 운영
7. 사업범위 및 내용과 그 집행
8. 회계
9. 공고의 방법
10. 정관의 변경
11. 그 밖에 방역본부의 운영에 관한 중요 사항
(2019.1.15 본항신설)

⑤ 방역본부가 정관의 기재사항을 변경하려는 경우에는 농림축산식품부장관의 인가를 받아야 한다.(2019.1.15 본항신설)
⑥ 방역본부는 다음 각 호의 사업을 한다.
1. 가축의 예방접종, 약물목욕, 임상검사 및 검사시료 채취
2. 축산물의 위생검사
3. 가축전염병 예방을 위한 소독 및 교육·홍보
3의2. 제3조의3제1항에 따른 국가가축방역통합정보시스템의 운영에 필요한 가축사육시설 관련 정보의 수집·제공(2015.6.22 본호신설)
4. 제8조에 따른 가축방역사 및 「축산물위생관리법」 제14조에 따른 검사원의 교육 및 양성(2010.5.25 본호개정)
5. 제42조에 따른 검역시행장의 관리수의사 업무
6. 제1호부터 제5호까지의 사업과 관련하여 국가와 지방자치단체로부터 위탁받은 사업 및 그 부대사업
⑦ 방역본부는 제6항제1호에 따른 검사시료를 채취하거나 같은 항 제3호의2에 따른 가축사육시설 관련 정보를 수집할 때에는 구두 또는 서면으로 미리 가축의 소유자등의 동의를 받아야 한다.(2019.1.15 본항개정)
⑧ 국가와 지방자치단체는 제6항의 사업 수행에 필요한 경비의 전부 또는 일부를 지원할 수 있다.(2019.1.15 본항개정)
⑨ 농림축산식품부장관, 시·도지사 또는 특별자치시장은 방역본부에 대하여 농림축산식품부령으로 정하는 바에 따라 제6항 각 호의 사업에 관한 보고를 하게 하거나 감독을 할 수 있다.(2019.1.15 본항개정)
⑩ 방역본부에 관하여는 이 법에 규정된 것을 제외하고는 「민법」 중 사단법인에 관한 규정을 준용한다.
⑪ 방역본부의 임원 및 직원은 「형법」 제129조부터 제132조까지의 규정을 적용할 때에는 공무원으로 본다.
(2015.6.22 본항신설)

제9조의2 【가축전염병기동방역기구의 설치 등】 ① 가축전염병의 확산방지 및 방역지도 등 신속한 대응을 위하여 농림축산식품부장관 소속으로 가축전염병기동방역기구를 둘 수 있다.(2013.3.23 본항개정)
② 가축전염병기동방역기구의 구성 및 운영 등에 필요한 사항은 대통령령으로 정한다.
(2011.1.24 본조신설)

제10조 【수의과학기술 개발계획 등】 ① 농림축산식품부장관은 가축의 전염성 질병의 예방, 진단, 예방약 개발 및 공중위생 향상에 관한 기술 개발 등을 포함하는 종합적인 수의과학기술 개발계획을 수립하여 시행하여야 한다.(2013.3.23 본항개정)
② 제1항에 따른 수의과학기술 계발계획의 수립 및 시행에 필요한 사항은 대통령령으로 정한다.
③ 농림축산식품부장관은 지방자치단체, 축산관련단체 및 축산 관련 기업 등의 의뢰를 받아 수의과학기술에 관한 시험 또는 분석을 할 수 있다. 이 경우 시험 또는 분석의 기준, 방법 등에 필요한 사항은 농림축산식품부령으로 정한다.(2013.3.23 본항개정)

제2장 가축의 방역

제11조 【죽거나 병든 가축의 신고】 ① 다음 각 호의 어느 하나에 해당하는 가축(이하 "신고대상 가축"이라 한다)의 소유자등, 신고대상 가축에 대하여 사육계약을 체결한 축산계열화사업자, 신고대상 가축을 진단하거나 검안(檢案)한 수의사, 신고대상 가축을 조사하거나 연구한 대학·연구소 등의 연구책임자 또는 신고대상 가축의 소유자등의 농장을 방문한 동물약품 또는 사료 판매자는 신고대상 가축을 발견하였을 때에는 농림축산식품부령으로 정하는 바에 따라 지체 없이 국립가축방역기관장, 신고대상 가축의 소재지를 관할하는 시장·군수·구청장 또는 시·도 가축방역기관의 장(이하 "시·도 가축방역기관장"이라 한다)에게 신고하여야 한다. 다만, 수의사 또는 제12조제6항에 따른 가축병성감정 실시기관(이하 "수의사등"이라 한다)에 그 신고대상 가축의 진단이나 검안을 의뢰한 가축의 소유자등과 그 의뢰사실을 알았거나 알 수 있었을 동물약품 또는 사료 판매자는 그러하지 아니하다.(2020.2.4 본문개정)
1. 병명이 분명하지 아니한 질병으로 죽은 가축
2. 가축의 전염성 질병에 걸렸거나 걸렸다고 믿을 만한 역학조사·정밀검사·간이진단키트검사 결과나 임상증상이 있는 가축(2020.2.4 본호개정)
(2010.4.12 본항개정)
② 신고대상 가축의 진단이나 검안을 의뢰받은 수의사등은 검사 결과를 지체 없이 당사자에게 통보하여야 하고 검사 결과 가축전염병으로 확인된 경우에는 수의사등과 그 신고대상 가축의 소유자등은 지체 없이 국립가축방역기관장, 신고대상 가축의 소재지를 관할하는 시장·군수·구청장 또는 시·도 가축방역기관장에게 신고하여야 한다.(2015.6.22 본항개정)
③ 철도, 선박, 자동차, 항공기 등 교통수단으로 가축을 운송하는 자(이하 "가축운송업자"라 한다)는 운송 중의 가축이 신고대상 가축에 해당하면 지체 없이 그 가축의 출발지 또는 도착지를 관할하는 시장·군수·구청장에게 신고하여야 한다.(2015.6.22 본항개정)
④ 제1항부터 제3항까지의 신고를 받은 행정기관의 장은 지체 없이 시·도지사 또는 특별자치시장에게 보고하거나 통보하여야 하며, 시·도지사 또는 특별자치시장은 그 내용을 국립가축방역기관장, 시장·군수·구청장 또는 시·도 가축방역기관장에게 통보하여야 한다.(2015.6.22 본항개정)
⑤ 제1항제2호에 따라 신고를 받은 행정기관의 장은 「감염병의 예방 및 관리에 관한 법률」 제14조제1항 각 호에 해당하는 인수공통감염병인 경우에는 즉시 질병관리청장에게 통보하여야 한다.(2020.8.11 본항개정)
⑥ 제1항부터 제5항까지의 규정에 따라 신고·보고 또는 통보를 받은 행정기관의 장은 신고자의 요청이 있는 때에는 신고자의 신원을 외부에 공개하여서는 아니 된다.(2010.1.25 본항신설)

제12조 【병성감정 등】 ① 제11조제1항 본문 또는 제2항부터 제4항까지의 규정에 따라 신고한 자 또는 신고·통보를 받은 시장·군수·구청장은 관할 시·도 가축방역기관장 또는 국립가축방역기관장에게 해당 가축의 질병진단 등 병성감정을 의뢰할 수 있다.(2015.6.22 본항개정)
② 제1항에 따라 의뢰받은 병성감정을 한 결과 가축전염병으로 확인된 경우에는 시·도 가축방역기관장은 관할 시·도지사 또는 특별자치시장에게 이를 보고하여야 하고, 국립가축방역기관장은 농림축산식품부장관에게 이를 보고하고 해당 시·도지사 또는 특별자치시장에게 통보하여야 하며, 인수공통전염병(人獸共通傳染病)의 경우에는 국립가축방역기관장은 질병관리청장에게 통보하여야 한다.(2020.8.11 본항개정)
③ 국립가축방역기관장 또는 시·도 가축방역기관장은 가축의 소유자등의 신청을 받은 경우 또는 가축전염병의 국내 발생상황, 예방주사에 따른 면역 형성 여부 등을 파악하기 위하여 필요하다고 인정하는 경우에는 전국 또는 지역을 지정하여 가축 또는 가축전염병 특정매개체에 대하여 혈청검사를 할 수 있다.(2015.6.22 본항개정)
④ 국립가축방역기관장 또는 시·도 가축방역기관장은 제3항에 따른 혈청검사 중 가축전염병 감염이 우려되는 동물 및 이를 사육하는 축산시설에 대하여 지속적으로 점검하여야 한다. 다만, 검사 대상 가축전염병, 검사 물량 및 시기 등에 관한 사항은 농림축산식품부장관이 별도로 정할 수 있다.(2013.3.23 단서개정)
⑤ 병성감정 요령, 병성감정을 위한 시료의 안전한 포장, 운송 및 취급처리 등에 필요한 사항은 국립가축방역기관장이 정하여 고시한다.
⑥ 국립가축방역기관장은 가축 소유자등의 편의를 도모하기 위하여 가축의 질병진단 등 병성감정을 할 수 있는 시설과 능력을 갖춘 대학, 민간 연구소 등을 가축병성감정 실시기관으로 지정할 수 있다.
⑦ 제6항에 따른 가축병성감정 실시기관의 지정기준 등에 필요한 사항은 농림축산식품부령으로 정한다.
(2013.3.23 본항개정)
(2010.4.12 본조개정)

제12조의2 【지정취소 등】 ① 국립가축방역기관장은 가축병성감정 실시기관이 다음 각 호의 어느 하나에 해당하면 그 지정을 취소하거나 6개월 이내의 기간을 정하여 업무의 정지를 명할 수 있다. 다만, 제1호 및 제5호에 해당하는 경우에는 그 지정을 취소하여야 한다.
1. 거짓이나 그 밖의 부정한 방법으로 가축병성감정 실시기관으로 지정받은 경우
2. 가축전염병에 걸린 가축을 검안하거나 진단한 후 신고하지 아니한 경우
3. 제12조제5항에 따른 병성감정 요령 등을 따르지 아니한 경우(2011.7.25 본호개정)
4. 제12조제7항에 따른 지정기준을 충족하지 못하게 된 경우(2011.7.25 본호개정)
5. 업무정지 기간에 병성감정을 한 경우
② 제1항에 따른 가축병성감정 실시기관의 지정취소 또는 업무정지 처분의 구체적인 기준은 농림축산식품부령으로 정한다.(2017.3.21 본항신설)
(2010.4.12 본조개정)

제13조 【역학조사】 ① 국립가축방역기관장, 시·도지사 및 시·도 가축방역기관장은 농림축산식품부령으로 정하는 가축전염병이 발생하였거나 발생할 우려가 있다고 인정할 때에는 지체 없이 역학조사(疫學調査)를 하여야 한다.(2020.2.4 본항개정)
② 제1항에 따른 역학조사를 하기 위하여 국립가축방역기관장, 시·도지사 및 시·도 가축방역기관장 소속으로 각각 역학조사반을 둔다. 이 경우 제3항에 따른 역학조사관을 포함하여 구성하여야 한다.(2020.2.4 본항개정)
③ 제1항에 따른 역학조사를 효율적으로 추진하기 위하여 국립가축방역기관장, 시·도지사 및 시·도 가축방역기관장은 다음 각 호의 어느 하나에 해당하는 사람을 미리 역학조사관으로 지정하여야 한다.
1. 가축방역 또는 역학조사에 관한 업무를 담당하는 소속 공무원
2. 「수의사법」 제2조제1호에 따른 수의사
3. 그 밖에 「의료법」 제2조제1항에 따른 의료인 등 전염병 또는 역학 관련 분야의 전문가
(2020.2.4 본항신설)
④ 국립가축방역기관장은 제3항에 따라 지정된 역학조사관에 대하여 정기적으로 역학조사에 관한 교육·훈련을 실시하여야 한다.(2020.2.4 본항신설)
⑤ 국립가축방역기관장, 시·도지사 및 시·도 가축방역기관장은 제3항에 따라 지정된 역학조사관에게 예산의 범위에서 직무 수행에 필요한 비용을 지원할 수 있다. 다만, 공무원인 역학조사관이 그 소관 업무와 직접적으로 관련되는 직무를 수행하는 경우에는 그러하지 아니하다.(2020.2.4 본항신설)
⑥ 국립가축방역기관장, 시·도지사 및 시·도 가축방역기관장이 제1항에 따른 역학조사를 할 때에는 누구든지 다음 각 호의 행위를 해서는 아니 된다.(2020.2.4 본문개정)
1. 정당한 사유 없이 역학조사를 거부·방해 또는 회피하는 행위
2. 거짓으로 진술하거나 거짓 자료를 제출하는 행위
3. 고의적으로 사실을 누락·은폐하는 행위
(2017.3.21 1호~3호신설)
⑦ 국립가축방역기관장, 시·도지사 및 시·도 가축방역기관장은 제1항에 따른 역학조사를 위하여 필요한 경우에는 관계 기관의 장에게 관련 자료의 제출을 요청할 수 있다. 이 경우 자료의 제출을 요청받은 관계 기관의 장은 특별한 사유가 없으면 이에 따라야 한다.(2020.2.4 전단개정)
⑧ 농림축산식품부령으로 정하는 시·도의 경우 제2항에 따른 역학조사반과 제3항에 따른 역학조사관을 두지 아니할 수 있다.(2020.2.4 본항신설)
⑨ 제1항부터 제5항까지의 규정에 따른 역학조사의 시기·내용, 역학조사반의 구성·임무·권한, 역학조사관의 지정, 교육·훈련 및 비용지원 등에 필요한 사항은 농림축산식품부령으로 정한다.(2020.2.4 본항개정)

제14조 【가축전염병 병원체 분리신고 및 보존·관리】 ① 시·도 가축방역기관장 또는 제12조제6항에 따른 가축병성감정 실시기관의 장은 가축전염병 병원체를 분리한 경우에는 국립가축방역기관장에게 보고하거나 신고하여야 한다.(2015.6.22 본항개정)
② 가축전염병을 연구·검사하는 기관의 장은 제1종 가축전염병의 병원체를 분리한 경우에는 국립가축방역기관장에게 보고하거나 신고하여야 한다.(2015.6.22 본항신설)
③ 가축전염병 병원체를 분리한 경우 그 신고 절차 및 병원체의 보존·관리 등에 필요한 사항은 국립가축방역기관장이 정하여 고시한다.
(2010.4.12 본조개정)

제15조 【검사·주사·약물목욕·면역요법 또는 투약 등】 ① 농림축산식품부장관, 시·도지사 또는 시장·군수·구청장은 가축전염병이 발생하거나 퍼지는 것을 막기 위하여 필요하다고 인정하면 예방접종 방법 등 농림축산식품부령으로 정하는 바에 따라 가축의 소유자등에게 가축에 대하여 다음 각 호의 어느 하나에 해당하는 조치를 받을 것을 명할 수 있다.(2021.4.13 본문개정)
1. 검사·주사·약물목욕·면역요법 또는 투약
2. 주사·면역요법을 실시한 경우에는 그 주사·면역요법을 실시하였음을 확인할 수 있는 표시(이하 "주사·면역표시"라 한다)
3. 주사·면역요법 또는 투약의 금지
② 농림축산식품부장관, 시·도지사 또는 시장·군수·구청장은 제1항에 따른 명령에 따라 검사, 주사, 주사·면역표시, 약물목욕, 면역요법 또는 투약을 한 가축의 소유자등의 청구를 받으면 농림축산식품부령으로 정하는 바에 따라 검사, 주사, 주사·면역표시, 약물목욕, 면역요법 또는 투약을 한 사실의 증명서를 발급하여야 한다.
(2015.6.22 본항개정)
③ 농림축산식품부장관, 시·도지사 또는 시장·군수·구청장은 가축방역을 효율적으로 추진하기 위하여 필요하다고 인정하면 가축의 소유자등 또는 축산관련단체로 하여금 제1항에 따른 검사, 주사, 주사·면역표시, 약물목욕, 면역요법, 투약 등의 가축방역업무를 농림축산식품부령으로 정하는 바에 따라 공동으로 하게 할 수 있다.
(2015.6.22 본항개정)
④ 제1항에 따른 조치 명령을 받은 가축의 소유자등은 농림축산식품부장관이 정하여 고시한 가축의 종류별 항체양성률 이상 항체양성률이 유지되도록 해당 조치 명령을 이행하여야 한다.(2021.4.13 본항신설)
⑤ 시장·군수·구청장은 제1항 또는 제4항을 위반하여 과태료 처분을 받은 자로 하여금 시장·군수·구청장이 지정한 수의사에 의하여 예방접종이 실시되도록 하거나 예방접종 과정을 확인하도록 명하여야 한다. 이 경우 예방접종 및 혈청검사 등에 드는 비용은 해당 가축의 소유자등이 부담한다.(2021.4.13 본항신설)
(2010.4.12 본조개정)

제15조의2 【가축의 입식 사전 신고】 ① 닭, 오리 등 농림축산식품부령으로 정하는 가축의 소유자등은 해당 가축을 농장에 입식(入殖 : 가축 사육시설에 새로운 가축을 들여놓는 행위)하기 전에 가축의 종류, 입식 규모, 가축의 출하 부화장 또는 농장 등 농림축산식품부령으로 정하는 사항을 시장·군수·구청장에게 신고하여야 한다.
(2020.2.4 본항개정)
② 제1항에 따른 신고 방법과 기간 및 절차 등에 관한 사항은 농림축산식품부령으로 정한다.
(2019.8.27 본조신설)

제16조 【가축 등의 출입 및 거래 기록의 작성·보존 등】 ① 농림축산식품부장관은 가축전염병이 퍼지는 것을 방지하기 위하여 필요하다고 인정하면 다음 각 호의 어느

하나에 해당하는 자에게 해당 가축 또는 가축의 알의 출입 또는 거래 기록을 작성·보존하게 할 수 있다.
(2017.3.21 본문개정)
1. 가축의 소유자등(2015.6.22 본호신설)
2. 식용란(「축산물 위생관리법」 제2조제6호에 따른 식용란을 말한다. 이하 같다)의 수집판매업자(2015.6.22 본호신설)
3. 부화장의 소유자 또는 운영자(2017.3.21 본호신설)
4. 가축거래상인(「축산법」 제2조제9호에 따른 가축거래상인을 말한다. 이하 "가축거래상인"이라 한다)
(2018.12.31 본호신설)
② 농림축산식품부장관은 제1항에 따라 출입 또는 거래 기록을 작성·보존하게 할 때에는 대상 지역, 대상 가축 또는 가축의 알의 종류, 기록의 서식 및 보존기간 등을 정하여 고시하여야 한다.(2017.3.21 본항개정)
③ 가축의 소유자등, 식용란의 수집판매업자, 부화장의 소유자 또는 운영자 및 가축거래상인은 제1항에 따라 출입 또는 거래 기록을 작성·보존할 때 농림축산식품부령으로 정하는 바에 따라 국가가축방역통합정보시스템에 입력하는 방법으로 할 수 있다.(2018.12.31 본항개정)
④ 시·도지사 또는 시장·군수·구청장은 소속 공무원 또는 가축방역관에게 가축 또는 가축의 알의 출입 또는 거래 기록을 열람하게 하거나 점검하게 할 수 있다.
(2017.3.21 본항개정)
⑤ 농림축산식품부장관, 시·도지사 또는 시장·군수·구청장은 가축전염병이 퍼지는 것을 방지하기 위하여 필요하다고 인정하면 가축의 소유자등과 가축운송업자에게 가축을 이동할 때에 검사증명서, 예방접종증명서 또는 제19조제1항 각 호 외의 부분 단서 및 제19조의2제4항에 따라 이동 승인을 받았음을 증명하는 서류를 지니게 하거나 예방접종을 하였음을 가축에 표시하도록 명할 수 있다.
⑥ 제5항에 따른 검사증명서 및 예방접종증명서의 발급·표시 등에 필요한 사항은 농림축산식품부령으로 정한다.
(2015.6.22 본조개정)

제17조【소독설비·방역시설 구비 및 소독 실시 등】 ① 가축전염병이 발생하거나 퍼지는 것을 막기 위하여 다음 각 호의 어느 하나에 해당하는 자는 농림축산식품부령으로 정하는 바에 따라 소독설비 및 방역시설을 갖추어야 한다.(2017.10.31 본문개정)
1. 가축사육시설(50제곱미터 이하는 제외한다)을 갖추고 있는 가축의 소유자등. 다만, 50제곱미터 이하의 가축사육시설을 갖추고 있는 가축의 소유자등은 분무용 소독장비, 신발소독조 등의 소독설비 및 울타리, 방조망 등 방역시설을 갖추어야 한다.(2023.9.14 단서개정)
2. 「축산물 위생관리법」에 따른 도축장 및 집유장의 영업자(2019.8.27 본호개정)
2의2. 「축산물 위생관리법」에 따른 식용란선별포장업자 및 식용란의 수집판매업자(2019.8.27 본호개정)
3. 「사료관리법」에 따른 사료제조업자
4. 「축산법」에 따른 가축시장·가축검정기관·종축장 등 가축이 모이는 시설 또는 부화장의 운영자 및 정액등처리업자(2018.12.31 본호개정)
5. 가축분뇨를 주원료로 하는 비료제조업자
6. 「가축분뇨의 관리 및 이용에 관한 법률」 제28조제1항제2호에 따른 가축분뇨처리업의 허가를 받은 자
(2015.6.22 본호신설)
② 제1항 각 호의 자(50제곱미터 이하 가축사육시설의 소유자등을 포함한다)는 해당 시설 및 가축, 출입자, 출입차량 등 오염원을 소독하고 쥐, 곤충을 없애야 한다. 이 경우 다음 각 호의 자는 농림축산식품부령으로 정하는 바에 따라 방역위생관리업자를 통한 소독 및 방제를 하여야 한다.(2018.12.31 후단신설)
1. 농림축산식품부령으로 정하는 일정 규모 이상의 농가
(2018.12.31 본호신설)
2. 소독 및 방제 미흡으로 「축산물 위생관리법」에 따른 식용란 검사에 불합격한 농가(2018.12.31 본호신설)
3. 그 밖에 전문적인 소독과 방제가 필요하다고 농림축산식품부령으로 정하는 자(2018.12.31 본호신설)
③ 가축, 원유, 동물약품, 사료, 가축분뇨 등을 운반하는 자, 제1항 각 호의 어느 하나에 해당하는 자가 운영하는 해당 시설에 출입하는 수의사·가축인공수정사, 그 밖에 농림축산식품부령으로 정하는 자는 그 차량과 탑승자에 대하여 소독을 하여야 한다.(2013.3.23 본항개정)
④ 제3항에 따른 소독의 경우 농림축산식품부령으로 정하는 제1종 가축전염병이 퍼질 우려가 있는 지역에 출입하는 때에는 탑승자를 포함한 모든 출입자가 소독 후 방제복을 착용하여야 한다.(2013.3.23 본항개정)
⑤ 제2항 및 제3항에 따른 소독의 방법 및 실시기준은 농림축산식품부령으로 정한다. 다만, 가축방역을 위하여 긴급히 소독하여야 하는 경우에는 농림축산식품부장관이 이를 따로 정하여 고시할 수 있다.(2013.3.23 본항개정)
⑥ 시장·군수·구청장은 제2항 및 제3항에 따라 소독을 하여야 하는 자에게 농림축산식품부령으로 정하는 바에 따라 소독실시기록부를 갖추어 두고 소독에 관한 사항을 기록하게 할 수 있다.(2015.6.22 본항개정)
⑦ 농림축산식품부장관, 시·도지사 또는 시장·군수·구청장은 소속 공무원, 가축방역관 또는 가축방역사에게 다음 각 호의 사항을 수시로 확인하게 할 수 있다.
(2015.6.22 본문개정)
1. 제1항에 따라 소독설비 및 방역시설을 갖추어야 하는 자가 소독설비 및 방역시설을 갖추었는지 여부
(2023.9.14 본호개정)
2. 제2항 및 제3항에 따라 소독을 하여야 하는 자가 소독을 하였는지 여부
3. 제2항에 따라 쥐·곤충을 없애야 하는 자가 쥐·곤충을 없앴는지 여부
4. 제2항 또는 제3항에 따라 소독을 하여야 하는 자가 제6항에 따른 소독실시기록부를 갖추어 두고 기록하였는지 여부
5. 제5조의3제4항에 따라 방역위생관리업자가 소독 또는 방제에 관한 사항을 기록·보존하였는지 여부
(2018.12.31 본호신설)
(2013.8.13 본항신설)
⑧ 시·도지사 및 시장·군수·구청장은 소속 공무원, 가축방역관 또는 가축방역사로 하여금 제1항에 따라 소독설비 및 방역시설을 갖추어야 하는 자에 대해서는 연 1회 이상 정기점검을 하도록 하여야 한다.(2020.2.4 본항신설)
⑨ 제1항 각 호의 자는 제1항에 따른 소독설비 및 방역시설이 훼손되거나 정상적으로 작동하지 아니하는 경우에는 즉시 필요한 조치를 하여야 한다.(2020.2.4 본항신설)
⑩ 농림축산식품부장관, 시·도지사 또는 시장·군수·구청장은 제7항 및 제8항에 따른 확인 또는 점검 결과 제1항에 따른 소독설비 및 방역시설이 훼손되거나 정상적으로 작동하지 아니한 것이 발견된 경우에는 제1항 각 호의 자에게 그 소독설비 및 방역시설의 정비·보수 등을 명할 수 있다.(2020.2.4 본항신설)
⑪ 제7항 및 제8항에 따라 확인 또는 점검을 하는 공무원, 가축방역관 또는 가축방역사는 그 권한을 표시하는 증표를 지니고 이를 관계인에게 내보여야 한다.(2020.2.4 본항신설)
⑫ 가축운송업자는 농림축산식품부령으로 정하는 바에 따라 가축의 분뇨가 차량 외부로 유출되지 아니하도록 관리하여야 하며, 외부로 유출되는 경우 즉시 필요한 조치를 취하여야 한다.
(2023.9.14 본항신설 : 2024.9.15 시행)
(2023.9.14 본조제목개정)
(2010.4.12 본조개정)

제17조의2【출입기록의 작성·보존 등】 ① 제17조제1항 각 호에 해당하는 자는 농림축산식품부령으로 정하는 바에 따라 해당 시설을 출입하는 자 및 차량에 대한 출입기록을 작성하고 보존하여야 한다. 이 경우 출입기록의 보존기간은 기록한 날부터 1년으로 한다.
② 농림축산식품부장관 및 지방자치단체의 장은 가축전염병의 예방을 위하여 필요한 경우 소속 공무원, 가축방역관 또는 가축방역사에게 제1항에 따른 출입기록의 내용을 수시로 확인하게 할 수 있다.(2015.6.22 본항개정)
③ 제1항에 따른 출입기록의 작성방법 및 기록보존에 필요한 사항은 농림축산식품부령으로 정한다.
(2013.3.23 본조개정)

제17조의3【차량의 등록 및 출입정보 관리 등】 ① 다음 각 호의 어느 하나에 해당하는 목적으로 제17조제1항 각 호의 어느 하나에 해당하는 자가 운영하는 시설(제17조제1항제1호의 경우에는 50제곱미터 이하의 가축사육시설을 포함하며, 이하 "축산관계시설"이라 한다)에 출입하는 차량으로서 농림축산식품부령으로 정하는 차량(이하 "시설출입차량"이라 한다)의 소유자는 그 차량의 「자동차관리법」에 따른 등록지 또는 차량 소유자의 사업장 소재지를 관할하는 시장·군수·구청장에게 농림축산식품부령으로 정하는 바에 따라 해당 차량을 등록하여야 한다.
(2017.10.31 본문개정)
1. 가축·원유·알·동물약품·사료·조사료·가축분뇨·퇴비·왕겨·쌀겨·톱밥·깔짚·난좌(卵座: 가축의 알을 운반·판매 등의 목적으로 담아두거나 포장하는 용기)·가금부산물 운반(2020.2.4 본호개정)
2. 진료·예방접종·인공수정·컨설팅·시료채취·방역·기계수리
3. 가금 출하·상하차 등을 위한 인력운송
4. 가축사육시설의 운영·관리(제17조제1항제1호에 해당하는 자가 소유하는 차량의 경우에 한정한다)
5. 그 밖에 농림축산식품부령으로 정하는 사유
(2017.10.31 2호~5호신설)
② 제1항에 따라 등록된 차량의 소유자는 농림축산식품부령으로 정하는 바에 따라 해당 차량의 축산관계시설에 대한 출입정보(이하 "차량출입정보"라 한다)를 무선으로 인식하는 장치(이하 "차량무선인식장치"라 한다)를 장착하여야 하며, 운전자는 운행을 하거나 축산관계시설, 제19조제1항제1호에 따른 조치 대상 지역 또는 농림축산식품부장관이 환경부장관과 협의한 후 정하여 고시하는 철새 군집지역을 출입하는 경우 차량무선인식장치의 전원을 끄거나 훼손·제거하여서는 아니 된다.(2015.6.22 본항개정)
③ 시설출입차량의 소유자 및 운전자는 차량무선인식장치가 정상적으로 작동하는지 여부를 항상 점검 및 관리하여야 하며, 정상적으로 작동되지 아니하는 경우에는 즉시 필요한 조치를 취하여야 한다.
④ 제17조제1항 각 호의 어느 하나에 해당하는 자는 해당 시설에 출입하는 차량의 등록 여부를 확인하여야 한다.
(2015.6.22 본항신설)
⑤ 시설출입차량의 소유자 및 운전자는 농림축산식품부령으로 정하는 바에 따라 가축방역 등에 관한 교육을 받아야 한다.(2013.3.23 본항개정)
⑥ 차량무선인식장치는 「전파법」에 따른 무선설비로서의 성능과 기준에 적합하여야 하며, 농림축산식품부령으로 정하는 기능을 갖추어야 한다.(2013.3.23 본항개정)
⑦ 국가와 지방자치단체는 제1항 및 제2항에 따른 시설출입차량의 등록 및 차량무선인식장치의 장착과 정보수집에 필요한 비용의 전부 또는 일부를 지원할 수 있다.
⑧ 제1항에 따라 등록된 차량의 소유자는 해당 차량의 운전자가 변경되는 등 등록사항이 변경된 경우에는 변경등록을 하여야 한다.(2015.6.22 본항개정)
⑨ 제1항에 따라 등록된 차량의 소유자는 해당 차량이 더 이상 축산관계시설에 출입하지 아니하는 경우에는 말소등록을 하여야 한다. 다만, 시장·군수·구청장은 다음 각 호의 어느 하나에 해당하는 경우에는 직권으로 등록을 말소할 수 있다.(2017.10.31 단서신설)
1. 「자동차관리법」 제13조에 따라 말소등록한 경우
2. 「자동차관리법」 제26조에 따라 자동차를 폐차한 경우
3. 축산관계시설에 출입하지 아니하게 되었으나 말소등록을 하지 아니한 경우
4. 거짓이나 그 밖의 부정한 방법으로 등록한 경우
(2017.10.31 1호~4호신설)
⑩ 시설출입차량의 등록 기준과 절차, 변경등록·말소등록의 기준과 절차, 차량무선인식장치의 장착 등에 필요한 사항은 농림축산식품부령으로 정한다.(2015.6.22 본항개정)
⑪ 제1항에 따라 등록된 차량의 소유자는 농림축산식품부령으로 정하는 바에 따라 시설출입차량 표지를 차량외부에서 확인할 수 있도록 붙여야 한다.(2020.2.4 본항개정)
⑫ 국가 또는 지방자치단체는 제17조제1항 각 호의 어느 하나에 해당하는 자가 운영하는 시설에 제1항에 따른 출입차량을 자동으로 인식하는 장치를 설치하고 차량출입정보(영상정보를 포함한다)를 수집할 수 있다.
(2017.10.31 본항신설)
(2012.2.22 본조신설)

제17조의4【차량출입정보의 수집 및 열람】 ① 농림축산식품부장관은 차량출입정보를 목적에 필요한 최소한의 범위에서 수집하여야 하며, 차량출입정보를 수집, 관리·운영하는 자는 차량출입정보를 목적 외의 용도로 사용하여서는 아니 된다.
② 농림축산식품부장관은 차량출입정보를 수집 및 유지·관리하기 위한 차량출입정보 관리체계를 구축·운영하여야 한다.(2013.8.13 본항개정)
③ 시·도지사 또는 시장·군수·구청장은 가축전염병이 퍼지는 것을 방지하기 위하여 필요하다고 인정되면 농림축산식품부장관에게 차량출입정보의 열람을 청구할 수 있다.
(2013.3.23 본조개정)

제17조의5【시설출입차량에 대한 조사 등】 ① 농림축산식품부장관, 시·도지사 또는 시장·군수·구청장은 소속 공무원으로 하여금 시설출입차량 또는 시설출입차량 소유자의 사업장에 출입하여 시설출입차량의 등록 여부와 차량무선인식장치의 장착·작동 여부를 조사하게 할 수 있다.
② 시설출입차량의 소유자등은 정당한 사유 없이 제1항에 따른 출입 또는 조사를 거부·방해 또는 기피하여서는 아니 된다.
③ 제1항에 따라 출입 또는 조사를 하는 공무원은 그 권한을 표시하는 증표를 지니고 이를 관계인에게 보여주어야 한다.
(2013.8.13 본조신설)

제17조의6【방역기준의 준수】 ① 제17조제1항제1호에 따른 가축의 소유자등은 가축전염병이 발생하거나 퍼지는 것을 예방하기 위하여 다음 각 호의 사항에 대해 농림축산식품부령으로 정하는 방역기준을 준수하여야 한다.
1. 죽거나 병든 가축의 발견 및 임상관찰 요령
2. 축산관계시설을 출입하는 사람 및 차량 등에 대한 방역조치 방법
3. 야생동물의 농장 내 유입을 차단하기 위한 조치 요령
4. 가축의 신규 입식 및 거래 시에 방역 관련 준수사항
(2019.8.27 본호개정)
5. 그 밖에 가축전염병 예방을 위하여 필요한 방역조치 방법 및 요령
② 농림축산식품부장관, 시·도지사 또는 시장·군수·구청장은 가축방역관에게 제1항에 따른 방역기준의 준수 여부를 확인하게 할 수 있다.
(2015.6.22 본조신설)

제18조【질병관리등급의 부여】 ① 농림축산식품부장관, 시·도지사 또는 시장·군수·구청장은 농장 또는 마을 단위로 가축질병 방역 및 사육환경 등 위생관리 실태를 평가하여 가축질병 관리수준의 등급을 부여할 수 있다.
(2023.9.14 본항개정)
② 제1항에 따른 질병관리 등급기준 등에 필요한 사항은 농림축산식품부령으로 정한다.(2013.3.23 본항개정)

③ 국가나 지방자치단체는 농가의 자율방역의식을 높이기 위하여 질병관리 수준이 우수한 농가 또는 마을에 소독 등 가축질병 관리에 필요한 경비의 일부를 지원할 수 있다.
(2010.4.12 본조개정)

제19조【격리와 가축사육시설의 폐쇄명령 등】 ① 시장·군수·구청장은 가축전염병이 발생하거나 퍼지는 것을 막기 위하여 농림축산식품부령으로 정하는 바에 따라 다음 각 호의 조치를 명할 수 있다. 다만, 제4호 또는 제6호에 따라 이동이 제한된 사람과 차량 등의 소유자는 부득이하게 이동이 필요한 경우에는 농림축산식품부령으로 정하는 바에 따라 시·도 가축방역기관장에게 신청을 하여 승인을 받아야 하며, 이동 승인신청을 받은 시·도 가축방역기관장은 농림축산식품부령으로 정하는 바에 따라 이동을 승인할 수 있다.(2021.4.13 본문개정)

1. 제1종 가축전염병에 걸렸거나 걸렸다고 믿을 만한 역학조사·정밀검사 결과나 임상증상이 있는 가축의 소유자등이나 제1종 가축전염병이 발생한 가축사육시설과 가까워 가축전염병이 퍼질 우려가 있는 지역에서 사육되는 가축의 소유자등에 대하여 해당 가축 또는 해당 가축의 사육장소에 함께 있어서 가축전염병의 병원체에 오염될 우려가 있는 물품으로서 농림축산식품부령으로 정하는 물품(이하 "오염우려물품"이라 한다)을 격리·억류하거나 해당 가축사육시설 밖으로의 이동을 제한하는 조치(2015.6.22 본호개정)
2. 제1종 가축전염병에 걸렸거나 걸렸다고 믿을 만한 역학조사·정밀검사 결과나 임상증상이 있는 가축의 소유자등과 그 동거 가족, 해당 가축의 소유자에게 고용된 사람 등에 대하여 해당 가축사육시설 밖으로의 이동을 제한하거나 소독을 하는 조치(2015.6.22 본호개정)
3. 제1종 가축전염병에 걸렸거나 걸렸다고 믿을 만한 역학조사·정밀검사 결과나 임상증상이 있는 가축 또는 가축전염병 특정매개체가 있거나 있었던 장소를 중심으로 일정한 범위의 지역으로 들어오는 다른 지역의 사람, 가축 또는 차량에 대하여 교통차단, 출입통제 또는 소독을 하는 조치(2017.10.31 본호개정)
4. 제13조에 따른 역학조사 결과 가축전염병을 전파시킬 우려가 있다고 판단되는 사람, 차량 및 오염우려물품 등에 대하여 해당 가축전염병을 전파시킬 우려가 있는 축산관계시설로의 이동을 제한하는 조치(2015.6.22 본호개정)
5. 가축전염병 특정매개체로 인하여 가축전염병이 확산될 우려가 있는 경우 가축사육시설을 가축전염병 특정매개체로부터 차단하기 위한 조치(2017.10.31 본호신설)
6. 가축전염병 특정매개체로 인하여 가축전염병이 발생할 우려가 높은 시기에 농림축산식품부장관이 정하는 기간 동안 가축전염병 특정매개체가 있거나 있었던 장소를 중심으로 농림축산식품부장관이 정하는 일정한 범위의 지역에 들어오는 사람, 가축 또는 시설출입차량에 대하여 교통차단, 출입통제 또는 소독을 하는 조치
(2021.4.13 본호신설)

② 농림축산식품부장관 또는 시·도지사는 제1종 가축전염병이 발생하여 전파·확산이 우려되는 경우 해당 가축전염병의 병원체를 전파·확산시킬 우려가 있는 가축 또는 오염우려물품의 소유자등에게 대하여 해당 가축 또는 오염우려물품을 해당 시(특별자치시를 포함한다)·도(특별자치도를 포함한다) 또는 시(특별자치도의 행정시를 포함한다)·군·구 밖으로 반출하지 못하도록 명할 수 있다.(2015.6.22 본항신설)
③ 농림축산식품부장관 또는 시·도지사는 제1종 가축전염병이 발생하여 전파·확산이 우려되는 경우 해당 가축전염병에 감염될 수 있는 가축의 소유자등에 대하여 일정 기간 동안 가축의 방목을 제한할 수 있다. 다만, 제1종 가축전염병을 차단할 수 있는 시설 또는 장비로서 농림축산식품부령으로 정하는 시설 또는 장비를 갖춘 경우에는 가축을 방목하도록 할 수 있다.(2015.6.22 본항신설)
④ 시장·군수·구청장은 다음 각 호의 어느 하나에 해당하는 가축의 소유자등에 대하여 해당 가축사육시설의 폐쇄를 명하거나 6개월 이내의 기간을 정하여 가축사육의 제한을 명할 수 있다.(2011.1.24 본문개정)

1. 제1항제1호에 따른 가축 또는 오염우려물품의 격리·억류·이동제한 명령을 위반한 자(2015.6.22 본호개정)
2. 제5조제3항에 따른 외국인 근로자에 대한 고용신고·교육·소독 등을 하지 아니하여 가축전염병을 발생하게 하였거나 다른 지역으로 퍼지게 한 자
3. 제5조제5항에 따른 입국신고를 하지 아니하여 가축전염병을 발생하게 하였거나 다른 지역으로 퍼지게 한 자
4. 제5조제6항에 따른 국립가축방역기관장의 질문에 대하여 거짓으로 답변하거나 국립가축방역기관장의 검사·소독 등의 조치를 거부·방해 또는 기피하여 가축전염병을 발생하게 하였거나 다른 지역으로 퍼지게 한 자
5. 제11조제1항에 따른 신고를 지연한 자
(2011.1.24 2호~5호신설)
5의2. 제15조제1항에 따른 명령을 3회 이상 위반한 자
(2015.6.22 본호신설)
6. 제17조에 따른 소독설비·방역시설의 구비 및 소독 실시 등을 위반한 자(2023.9.14 본호개정)

⑤ 시장·군수·구청장은 가축의 소유자등이 제4항에 따른 폐쇄명령 또는 사육제한 명령을 받고도 이행하지 아니하였을 때에는 관계 공무원에게 해당 가축사육시설을 폐쇄하고 다음 각 호의 조치를 하게 할 수 있다.
(2015.6.22 본문개정)

1. 해당 가축사육시설이 명령을 위반한 시설임을 알리는 게시물 등의 부착
2. 해당 가축사육시설을 사용할 수 없게 하는 봉인

⑥ 제4항에 따라 시장·군수·구청장이 폐쇄명령 또는 사육제한 명령을 하려면 청문을 하여야 한다.
(2015.6.22 본항개정)
⑦ 제4항 및 제5항에 따른 가축사육시설의 폐쇄명령, 가축사육제한 명령 및 가축사육시설의 폐쇄조치에 관한 절차·기준 등에 필요한 사항은 대통령령으로 정한다.
(2015.6.22 본항개정)
⑧ 시장·군수·구청장은 제1항제1호에 따른 격리·억류·이동제한 명령에 대한 가축 소유자등의 위반행위에 적극적으로 협조한 가축운송업자, 도축업 영업자에 대하여 6개월 이내의 기간을 정하여 그 업무의 전부 또는 일부의 정지를 명할 수 있다. 이 경우 청문을 하여야 한다.
⑨ 제8항에 따른 업무정지 명령에 관한 절차 및 기준 등에 필요한 사항은 대통령령으로 정한다.(2015.6.22 본항개정)
(2010.4.12 본조개정)

제19조의2【가축 등에 대한 일시 이동중지 명령】 ① 농림축산식품부장관, 시·도지사 또는 특별자치시장은 구제역 등 농림축산식품부령으로 정하는 가축전염병으로 인하여 다음 각 호의 상황이 발생한 경우 해당 가축전염병의 전국적 확산을 방지하기 위하여 해당 가축전염병의 전파가능성이 있는 가축, 시설출입차량, 수의사·가축방역사·가축인공수정사 등 축산 관련 종사자(이하 이 조에서 "종사자"라 한다)에 대하여 일시적으로 이동을 중지하도록 명할 수 있다.

1. 가축전염병의 임상검사 또는 간이진단키트검사를 실시한 결과 등에 따라 가축이 가축전염병에 걸렸다고 가축방역관이 판단하는 경우
2. 가축전염병이 발생한 경우
3. 가축전염병이 전국적으로 확산되어 국가경제에 심각한 피해가 발생할 것으로 판단되는 경우

(2019.8.27 본항개정)
② 제1항의 명령에 따른 일시 이동중지는 48시간을 초과할 수 없다. 다만, 농림축산식품부장관, 시·도지사 또는 특별자치시장은 가축전염병의 급속한 확산 방지를 위한 조치를 완료하기 위하여 일시 이동중지 기간의 연장이 필요한 경우 1회 48시간의 범위에서 그 기간을 연장할 수 있다.(2017.10.31 단서개정)
③ 제1항에 따른 명령을 받은 일시 이동중지 대상 가축의 소유자 등은 해당 가축을 현재 가축이 사육되는 장소 외의 장소로 이동시켜서는 아니 되며, 일시 이동중지 대상 시설출입차량 및 종사자는 가축사육시설이나 축산 관련 시설을 방문하는 등 이동을 하여서는 아니 된다. 다만, 부득이하게 이동이 필요한 경우에는 시·도 가축방역기관장에게 신청하여 승인을 받아야 한다.
④ 제3항 단서에 따른 이동승인 신청을 받은 시·도 가축방역기관장은 해당 차량 등의 이동이 부득이하게 필요하다고 판단하는 경우 소독 등 필요한 방역조치를 한 후 이동을 승인할 수 있다.
⑤ 농림축산식품부장관, 시·도지사 및 시장·군수·구청장은 일시 이동중지 명령이 차질 없이 이행될 수 있도록 농림축산식품부령으로 정하는 바에 따라 명령의 공표, 대상자에 대한 고지 등 필요한 조치를 하고, 일시 이동중지 기간 동안 해당 가축전염병의 확산을 방지하기 위하여 필요한 조치를 하여야 한다.(2013.3.23 본항개정)
⑥ 제3항 단서에 따른 이동승인 신청의 절차 및 방법과 제4항에 따른 이동승인의 기준 및 절차 등에 관하여 필요한 사항은 농림축산식품부령으로 정한다.(2013.3.23 본항개정)
(2012.2.22 본조신설)

제20조【살처분 명령】 ① 시장·군수·구청장은 농림축산식품부령으로 정하는 제1종 가축전염병이 퍼지는 것을 막기 위하여 필요하다고 인정하면 농림축산식품부령으로 정하는 바에 따라 가축전염병에 걸렸거나 걸렸다고 믿을 만한 역학조사·정밀검사 결과나 임상증상이 있는 가축의 소유자에게 그 가축의 살처분(殺處分)을 명하여야 한다. 다만, 우역, 우폐역, 구제역, 돼지열병, 아프리카돼지열병 또는 고병원성 조류인플루엔자에 걸렸거나 걸렸다고 믿을 만한 역학조사·정밀검사 결과나 임상증상이 있는 가축 또는 가축전염병 특정매개체의 경우(가축전염병 특정매개체는 역학조사 결과 가축전염병 특정매개체와 가축이 직접 접촉하였거나 접촉하였다고 의심되는 경우 등 농림축산식품부령으로 정하는 경우에 한정한다)에는 그 가축 또는 가축전염병 특정매개체가 있거나 있었던 장소를 중심으로 그 가축전염병이 퍼지거나 퍼질 것으로 우려되는 지역에 있는 가축의 소유자에게 지체 없이 살처분을 명할 수 있다.(2020.2.4 단서개정)
② 시장·군수·구청장은 다음 각 호의 어느 하나에 해당하는 경우에는 가축방역관에게 지체 없이 해당 가축을 살처분하게 하여야 한다. 다만, 병성감정이 필요한 경우에는 농림축산식품부령으로 정하는 기간의 범위에서 살처분을 유예하고 농림축산식품부령으로 정하는 장소에 격리하게 할 수 있다.(2013.3.23 단서개정)

1. 가축의 소유자가 제1항에 따른 명령을 이행하지 아니하는 경우
2. 가축의 소유자를 알지 못하거나 소유자가 있는 곳을 알지 못하여 제1항에 따른 명령을 할 수 없는 경우
3. 가축전염병이 퍼지는 것을 막기 위하여 긴급히 살처분하여야 하는 경우로서 농림축산식품부령으로 정하는 경우(2013.3.23 본호개정)

③ 시장·군수·구청장은 광견병 예방주사를 맞지 아니한 개, 고양이 등이 건물 밖에서 배회하는 것을 발견하였을 때에는 농림축산식품부령으로 정하는 바에 따라 소유자의 부담으로 억류하거나 살처분 또는 그 밖에 필요한 조치를 할 수 있다.(2013.3.23 본항개정)
(2010.4.12 본조개정)

제21조【도태의 권고 및 명령】 ① 시장·군수·구청장은 농림축산식품부령으로 정하는 제1종 가축전염병이 다시 발생하거나 퍼지는 것을 막기 위하여 필요하다고 인정할 때에는 제20조에 따라 살처분된 가축과 함께 사육된 가축으로서 제19조제1항제1호에 따라 격리·억류·이동제한된 가축에 대하여 그 가축의 소유자등에게 도태(淘汰)를 목적으로 도축장 등에 출하(出荷)할 것을 권고할 수 있다. 이 경우 그 가축에 농림축산식품부령으로 정하는 표시를 할 수 있다.
② 시장·군수·구청장은 우역, 우폐역, 구제역, 돼지열병, 아프리카돼지열병 또는 고병원성 조류인플루엔자가 발생하거나 퍼지는 것을 막기 위하여 긴급한 조치가 필요한 때에는 가축의 소유자등에게 도태를 목적으로 도축장 등에 출하할 것을 명령할 수 있다.(2020.2.4 본항신설)
③ 제1항에 따른 도태 권고와 제2항에 따른 도태 명령 대상 가축의 범위, 기준, 출하 절차 및 도태 방법에 필요한 사항은 농림축산식품부령으로 정한다.(2020.2.4 본항개정)
(2020.2.4 본조제목개정)
(2013.3.23 본조개정)

제22조【사체의 처분제한】 ① 제11조제1항제1호에 따른 가축 사체의 소유자등은 가축방역관의 지시 없이는 가축의 사체를 이동·해체·매몰·화학적 처리 또는 소각하여서는 아니 된다. 다만, 수의사의 검안 결과 가축전염병으로 인하여 죽은 것이 아닌 가축의 사체로 확인된 경우에는 그러하지 아니하다.(2020.2.4 본문개정)
② 가축전염병에 걸리거나 걸렸다고 믿을 만한 역학조사·정밀검사 결과나 임상증상이 있는 가축 사체의 소유자등이나 제20조제2항에 따라 가축을 살처분한 가축방역관은 농림축산식품부령으로 정하는 바에 따라 지체 없이 해당 사체를 소각하거나 매몰 또는 화학적 처리를 하여야 한다. 다만, 병성감정 또는 학술연구 등 다른 법률에서 정하는 바에 따라 허가를 받거나 신고한 경우와 대통령령으로 정하는 바에 따라 재활용하기 위하여 처리하는 경우에는 그러하지 아니하다.(2020.2.4 본문개정)
③ 제2항에 따라 사체를 소각·매몰·화학적 처리 또는 재활용하려는 자 및 시장·군수·구청장은 농림축산식품부령으로 정하는 바에 따라 주변 환경의 오염방지를 위하여 필요한 조치를 제24조제1항에서 정하는 기간 동안 하여야 한다. 다만, 시장·군수·구청장은 매몰지의 규모나 주변 환경 여건 등을 고려하여 그 기간을 연장 또는 단축할 수 있다.(2020.2.4 본문개정)
④ 제2항에 따라 소각·매몰·화학적 처리 또는 재활용하여야 할 가축의 사체는 가축방역관의 지시 없이는 다른 장소로 옮기거나 손상 또는 해체하지 못한다.
(2020.2.4 본항개정)
⑤ 시장·군수·구청장은 제2항에 따라 가축의 사체를 매몰한 토지 등에 대한 관리실태를 농림축산식품부령으로 정하는 바에 따라 매년 농림축산식품부장관에게 보고하여야 한다.(2013.3.23 본항개정)
⑥ 농림축산식품부장관 및 환경부장관은 제3항에 따른 조치에 필요한 지원을 할 수 있다.(2017.10.31 본항신설)

제23조【오염물건의 소각 등】 ① 가축전염병의 병원체에 의하여 오염되었거나 오염되었다고 믿을 만한 역학조사·정밀검사 결과나 임상증상이 있는 물건의 소유자등은 농림축산식품부령으로 정하는 바에 따라 가축방역관의 지시에 따라 그 물건을 소각·매몰·화학적 처리 또는 소독하여야 한다.(2020.2.4 본항개정)
② 제1항의 물건의 소유자등은 가축방역관의 지시 없이는 그 물건을 다른 장소로 옮기거나 세척하지 못한다.
③ 가축방역관은 가축전염병이 퍼지는 것을 막기 위하여 긴급한 경우 또는 소유자등이 제1항의 지시에 따르지 아니할 경우에는 제1항의 물건을 직접 소각·매몰·화학적 처리 또는 소독할 수 있다.(2020.2.4 본항개정)
(2010.4.12 본조개정)

제23조의2【사체 등의 처분에 필요한 장비 등의 구비】 시장·군수·구청장은 대통령령으로 정하는 바에 따라 제22조제2항 본문, 제23조제1항 및 제3항에 따른 사체 및 물건의 위생적 처분에 필요한 장비, 자재 및 약품 등의 확보에 관한 대책을 미리 수립하여야 한다.(2012.2.22 본조신설)

제24조【매몰한 토지의 발굴 금지 및 관리】 ① 누구든지 제22조제2항 본문, 제23조제1항 및 제3항에 따른 가축의 사체 또는 물건을 매몰한 토지는 3년(탄저·기종저의 경우에는 20년을 말한다) 이내에는 발굴하지 못하며, 매몰 목적 이외의 가축사육시설 설치 등 다른 용도로 사용하여서는 아니 된다. 다만, 시장·군수·구청장이 농림축산식품부장관 및 환경부장관과 미리 협의하여 허가하는 경우에는 그러하지 아니하다.

② 시장·군수·구청장은 제1항에도 불구하고 주변환경에 미칠 영향 등을 고려하여 농림축산식품부장관이 환경부장관과 협의하여 고시하는 사유에 해당하는 경우에는 농림축산식품부령으로 정하는 방법에 따라 2년의 범위에서 그 기간을 연장할 수 있다. 이 경우 시장·군수·구청장은 농림축산식품부장관 및 환경부장관에게 이를 보고하여야 한다.(2017.10.31 전단개정)
③ 시장·군수·구청장은 제1항에 따라 매몰한 토지에 농림축산식품부령으로 정하는 표지판을 설치하여야 한다.(2013.3.23 본조개정)

제24조의2【주변 환경조사 등】 ① 시장·군수·구청장은 제22조제2항에 따른 매몰지로 인한 환경오염 피해 예방 및 사후관리 대책을 수립하기 위하여 환경부장관이 정하는 바에 따라 매몰지 주변 환경조사를 실시하여야 한다.
② 시장·군수·구청장은 제1항에 따른 매몰지 주변 환경조사 결과가 환경부장관이 정한 기준을 초과한 경우에는 환경부장관이 정하는 바에 따라 정밀조사 및 정화 조치 등을 실시하여야 한다. 다만, 환경부장관은 긴급한 경우 직접 정밀조사 및 정화 조치를 실시할 수 있다.(2020.2.4 단서개정)
③ 시장·군수·구청장은 제1항 및 제2항에 따른 매몰지 주변 환경조사, 정밀조사 및 정화 조치 등의 결과를 농림축산식품부장관과 환경부장관에게 제출하여야 한다.
④ 환경부장관은 시장·군수·구청장이 실시하는 제1항 및 제2항의 매몰지 주변 환경조사 및 정화 조치 등에 대하여 적정 여부를 확인하고, 이에 따른 조치에 필요한 지원을 할 수 있다.(2018.12.31 본조신설)

제25조【축사 등의 소독】 ① 가축전염병에 걸렸거나 걸렸다고 믿을 만한 역학조사·정밀검사 결과나 임상증상이 있는 가축 또는 그 사체가 있던 축사, 선박, 자동차, 항공기 등의 소유자등은 농림축산식품부령으로 정하는 바에 따라 소독하여야 한다.(2013.3.23 본항개정)
② 시장·군수·구청장은 가축전염병이 퍼지는 것을 막기 위하여 필요하다고 인정할 때에는 소속 공무원, 가축방역관 또는 가축방역사에게 제1항의 소독을 하게 할 수 있다.(2015.6.22 본항개정)

제26조【항해 중인 선박에서의 특례】 항해 중인 선박에서 가축전염병에 걸렸거나 걸렸다고 믿을 만한 역학조사·정밀검사 결과나 임상증상이 있는 가축이 죽거나 물건 또는 그 밖의 시설이 가축전염병의 병원체에 의하여 오염되었거나 오염되었다고 믿을 만한 역학조사 또는 정밀검사 결과가 있을 때에는 제22조·제23조 및 제25조에도 불구하고 선장이 농림축산식품부령으로 정하는 바에 따라 소독이나 그 밖에 필요한 조치를 하여야 한다.(2013.3.23 본조개정)

제27조【가축집합시설의 사용정지 등】 시장·군수·구청장은 가축전염병이 퍼지는 것을 막기 위하여 필요하다고 인정하면 농림축산식품부령으로 정하는 바에 따라 경마장, 축산진흥대회장, 가축시장, 도축장, 그 밖에 가축이 모이는 시설의 소유자등에게 그 시설의 사용정지 또는 사용제한을 명할 수 있다.(2013.3.23 본조개정)

제28조【제2종 가축전염병에 대한 조치】 제2종 가축전염병에 대하여는 제19조제1항제1호·제3호, 같은 조 제2항부터 제4항까지 및 제8항, 제20조제1항 본문 및 제2항, 제21조를 준용한다.(2015.6.22 본조개정)

제28조의2【제3종 가축전염병에 대한 조치】 제3종 가축전염병에 대하여는 제19조제1항제1호 및 같은 조 제2항부터 제4항까지 및 제8항을 준용한다. 다만, 가축방역관의 지도에 따라 가축전염병의 전파 방지를 위한 세척·소독 등 방역조치를 한 후 도축장으로 출하하거나 계약사육농가로 이동하려는 경우 이동제한에 관하여는 제19조제1항제1호를 준용하지 아니한다.(2015.6.22 본조개정)

제29조【명예가축방역감시원】 ① 농림축산식품부장관, 국립가축방역기관장, 시·도지사, 시장·군수·구청장은 신고대상 가축이 있는 경우에는 이를 신속하게 신고하게 하고, 가축 전염성 질병에 관한 예찰 및 방역관리에 관한 지도·감시를 효율적으로 수행하게 하기 위하여 가축의 소유자등, 사료 판매업자, 동물약품 판매업자 또는 「축산물 위생관리법」에 따른 검사원 및 그 밖에 농림축산식품부령으로 정하는 자를 명예가축방역감시원으로 위촉할 수 있다.(2017.3.21 본항개정)
② 제1항에 따른 명예가축방역감시원의 위촉 절차, 임무 및 수당 지급 등에 필요한 사항은 농림축산식품부령으로 정한다.(2013.3.23 본항개정)

제3장 수출입의 검역
(2010.4.12 본장개정)

제30조【동물검역관의 자격 및 권한】 ① 이 법에서 규정한 동물검역업무에 종사하도록 하기 위하여 대통령령으로 정하는 행정기관(이하 "동물검역기관"이라 한다)에 동물검역관(이하 "검역관"이라 한다)을 둔다.
② 검역관은 수의사여야 한다.
③ 검역관은 이 법에 규정된 직무를 수행하기 위하여 필요하다고 인정하면 제31조에 따른 지정검역물을 실은 선박, 항공기, 자동차, 열차, 보세구역 또는 그 밖에 필요한 장소에 출입할 수 있으며 소독 등 필요한 조치를 할 수 있다.
④ 검역관은 제31조에 따른 지정검역물과 그 용기, 포장 및 그 밖의 여행자 휴대품 등 검역에 필요하다고 인정되는 물건을 검사하거나 관계자에게 질문을 할 수 있으며, 검사에 필요한 최소량의 물건이나 용기, 포장 등을 무상으로 수거할 수 있다. 이 경우 필요하다고 인정하면 제31조에 따른 지정검역물에 대하여 소독 등 필요한 조치를 할 수 있다.(2011.1.24 후단신설)

제31조【지정검역물】 수출입 검역 대상 물건은 다음 각 호의 어느 하나에 해당하는 물건으로서 농림축산식품부령으로 정하는 물건(이하 "지정검역물"이라 한다)으로 한다.(2013.3.23 본문개정)
1. 동물과 그 사체
2. 뼈·살·가죽·알·털·발굽·뿔 등 동물의 생산물과 그 용기 또는 포장
3. 그 밖에 가축 전염성 질병의 병원체를 퍼뜨릴 우려가 있는 사료, 사료원료, 기구, 건초, 깔짚, 그 밖에 이에 준하는 물건(2011.1.24 본호개정)

제32조【수입금지】 ① 다음 각 호의 어느 하나에 해당하는 물건은 수입하지 못한다.(2013.8.13 단서삭제)
1. 농림축산식품부장관이 지정·고시하는 수입금지지역에서 생산 또는 발송되었거나 그 지역을 거친 지정검역물(2020.2.4 본호개정)
2. 동물의 전염성 질병의 병원체
3. 소해면상뇌증이 발생한 날부터 5년이 지나지 아니한 국가산 30개월령 이상 쇠고기 및 쇠고기 제품
4. 특정위험물질
② 제1항에도 불구하고 다음 각 호의 어느 하나에 해당하는 물건은 수입할 수 있다.
1. 시험 연구 또는 예방약 제조에 사용하기 위하여 농림축산식품부장관의 허가를 받은 물건
2. 항공기·선박의 단순기항 또는 밀봉된 컨테이너로 차량·열차에 싣고 제1항제1호의 수입금지지역을 거친 지정검역물(2020.2.4 본호개정)
3. 동물원 관람 목적으로 수입되는 동물(농림축산식품부장관이 수입위생조건을 별도로 정한 경우에 한정한다)(2013.8.13 본항신설)
③ 농림축산식품부장관은 제2항에 따라 수입을 허가할 때에는 수입 방법, 수입된 지정검역물 등의 사후관리 또는 그 밖에 필요한 조건을 붙일 수 있다.(2015.6.22 본항개정)
④ 제2항제2호의 단순기항에 해당되는 기항에 관하여는 농림축산식품부령으로 정한다.(2015.6.22 본항개정)
⑤ 농림축산식품부장관은 수출국의 정부기관의 요청에 따라 제1항제1호에 따른 지정검역물의 수입금지지역을 해제하거나 같은 항 제3호에 따른 수입금지를 해제하려는 경우 각 지정검역물의 수입으로 인한 동물의 전염성 질병 유입 가능성에 대한 수입위험 분석을 하여야 한다.(2017.3.21 본항개정)
⑥ 농림축산식품부장관은 제1항제1호에 따른 지정검역물의 수입금지지역을 해제한 이후 또는 같은 항 제3호에 따른 수입금지를 해제한 이후에도 국제기준의 변경, 수출국의 가축위생 제도의 변경 등으로 필요하다고 인정되는 경우에는 수입위험 분석을 다시 실시할 수 있다.(2017.3.21 본항신설)
⑦ 제5항 및 제6항에 따른 수입위험 분석의 방법 및 절차에 필요한 사항은 농림축산식품부장관이 정하여 고시한다.(2017.3.21 본항개정)

제32조의2【소해면상뇌증이 발생한 수출국에 대한 쇠고기 수입 중단 조치】 ① 농림축산식품부장관은 제34조제2항에 따라 위생조건이 이미 고시되어 있는 수출국에서 소해면상뇌증이 추가로 발생하여 그 위험으로부터 국민의 건강과 안전을 보호하기 위하여 긴급한 조치가 필요한 경우 쇠고기 또는 쇠고기 제품에 대한 일시적 수입 중단 조치 등을 할 수 있다.
② 농림축산식품부장관은 제1항에 따라 수입을 중단하거나 재개하려는 경우 제4조제1항에 따른 중앙가축방역심의회의 심의를 거쳐야 한다.(2015.6.22 본항개정)(2013.3.23 본조개정)

제33조【수입금지 물건 등에 대한 조치】 ① 검역관은 수입된 지정검역물이 다음 각 호의 어느 하나에 해당하는 경우 그 화물주(대리인을 포함한다. 이하 같다)에게 반송(제3국으로의 반출을 포함한다. 이하 같다)을 명할 수 있으며, 반송하는 것이 가축방역에 지장을 주거나 반송이 불가능하다고 인정하는 경우에는 소각, 매몰 또는 농림축산식품부장관이 정하여 고시하는 가축방역상 안전한 방법(이하 "소각·매몰등"이라 한다)으로 처리할 것을 명할 수 있다.(2020.2.4 본문개정)
1. 제32조제1항에 따라 수입이 금지된 물건
2. 제34조제1항 본문에 따라 수출국의 정부기관이 발행한 검역증명서를 첨부하지 아니한 경우
3. 부패·변질되었거나 부패·변질될 우려가 있다고 판단되는 경우
4. 그 밖에 지정검역물을 수입하면 국내에서 가축방역상 또는 공중위생상 중대한 위해가 발생할 우려가 있다고 판단되는 경우로서 농림축산식품부장관의 승인을 받은 경우(2013.3.23 본호개정)
② 제1항에 따른 명령을 받은 화물주는 그 지정검역물을 반송하거나 소각·매몰등을 하여야 하며, 농림축산식품부령으로 정하는 기한까지 명령을 이행하지 아니할 때에는 검역관이 직접 소각·매몰등을 할 수 있다.(2020.2.4 본항개정)
③ 검역관은 제1항에도 불구하고 해당 지정검역물의 화물주가 분명하지 아니하거나 화물주가 있는 곳을 알지 못하여 제1항에 따른 명령을 할 수 없는 경우에는 해당 지정검역물을 직접 소각·매몰등을 할 수 있다.(2020.2.4 본항개정)
④ 검역관은 제2항 및 제3항에 따라 지정검역물에 대한 조치를 하였을 때에는 그 사실을 해당 지정검역물의 통관 업무를 관장하는 기관의 장에게 통보하여야 한다.
⑤ 제2항 및 제3항에 따라 반송하거나 소각·매몰등을 하여야 할 지정검역물은 검역관의 지시 없이는 다른 장소로 옮기지 못한다.
⑥ 제2항 및 제3항에 따라 처리되는 지정검역물에 대한 보관료, 사육관리비 및 반송, 소각·매몰등 또는 운반 등에 드는 각종 비용은 화물주가 부담한다. 다만, 화물주가 분명하지 아니하거나 있는 곳을 알 수 없는 경우 또는 수입 물건이 소량인 경우로서 검역관이 부득이하게 처리하는 경우에는 그 반송, 소각·매몰등 또는 운반 등에 드는 각종 비용은 국고에서 부담한다.(2020.2.4 본항개정)

제34조【수입을 위한 검역증명서의 첨부】 ① 지정검역물을 수입하는 자는 다음 각 호의 구분에 따라 검역증명서를 첨부하여야 한다. 다만, 동물검역에 관한 정부기관이 없는 국가로부터의 수입 등 농림축산식품부령으로 정하는 경우와 동물검역기관의 장이 인정하는 수출국가의 정부기관으로부터 통신망을 통하여 전송된 전자문서 형태의 검역증이 동물검역기관의 주전산기에 저장된 경우에는 그러하지 아니하다.(2017.3.21 본문개정)
1. 제2항에 따라 위생조건이 정해진 경우 : 수출국의 정부기관이 동물검역기관의 장과 협의한 서식에 따라 발급한 검역증명서(2017.3.21 본호신설)
2. 제2항에 따라 위생조건이 정해지지 아니한 경우 : 수출국의 정부기관이 가축전염병의 병원체를 퍼뜨릴 우려가 없다고 증명한 검역증명서(2017.3.21 본호신설)
② 농림축산식품부장관은 가축방역 또는 공중위생을 위하여 필요하다고 인정하는 경우에는 검역증명서의 내용에 관련된 수출국의 검역 내용, 위생 상황 및 검역시설의 등록·관리 절차 등을 규정한 위생조건을 정하여 고시할 수 있다.(2020.2.4 본항개정)
③ 제2항에도 불구하고 최초로 소해면상뇌증 발생 국가산 쇠고기 또는 쇠고기 제품을 수입하려거나 제32조의2에 따라 수입이 중단된 쇠고기 또는 쇠고기 제품의 수입을 재개하려는 경우 해당 국가의 쇠고기 및 쇠고기 제품의 수입과 관련된 위생조건에 대하여 국회의 심의를 받아야 한다.

제35조【동물수입에 대한 사전 신고】 ① 지정검역물 중 농림축산식품부령으로 정하는 동물을 수입하려는 자는 수입 예정 항구·공항 또는 그 밖의 장소를 관할하는 동물검역기관의 장에게 동물의 종류, 수량, 수입 시기 및 장소 등을 미리 신고하여야 한다.(2013.3.23 본항개정)
② 동물검역기관의 장은 제1항에 따라 신고를 받았을 때에는 신고된 검역 물량, 다른 검역업무 및 처리 우선순위 등을 고려하여 수입의 수량·시기 또는 장소를 변경하게 할 수 있다.
③ 제1항 및 제2항에 따른 사전 신고의 절차·방법 등에 필요한 사항은 농림축산식품부령으로 정한다.(2013.3.23 본항개정)

제36조【수입 검역】 ① 지정검역물을 수입한 자는 지체 없이 농림축산식품부령으로 정하는 바에 따라 동물검역기관의 장에게 검역을 신청하고 검역관의 검역을 받아야 한다. 다만, 여행자 휴대품으로 지정검역물을 수입하는 자는 입국 즉시 농림축산식품부령으로 정하는 바에 따라 출입공항·항만 등에 있는 동물검역기관의 장에게 신고하고 검역관의 검역을 받아야 한다.(2013.3.23 본항개정)
② 검역관은 지정검역물 외의 물건이 가축 전염성 질병의 병원체에 의하여 오염되었다고 믿을 만한 역학조사 또는 정밀검사 결과가 있을 때에는 지체 없이 그 물건을 검역하여야 한다.
③ 검역관은 검역업무를 수행하기 위하여 필요하다고 인정하는 경우에는 제1항에 따른 신청, 신고 또는 「관세법」 제154조에 따른 보세구역 화물관리자의 요청이 없어도 보세구역에 장치(藏置)된 지정검역물을 검역할 수 있다.

제37조【수입 장소의 제한】 지정검역물은 농림축산식품부령으로 정하는 항구, 공항 또는 그 밖의 장소를 통하여 수입하여야 한다. 다만, 동물검역기관의 장이 지정검역물을 수입하는 자의 요청에 따라 항구, 공항 또는 그 밖의 장소를 따로 지정하는 경우에는 그러하지 아니하다.(2017.3.21 단서개정)

제38조【화물 목록의 제출】 ① 동물검역기관의 장은 수입화물을 수송하는 선박회사, 항공사 및 육상운송회사로 하여금 지정검역물을 실은 선박, 항공기, 열차 또는 화물자동차가 도착하기 전 또는 도착 즉시 화물 목록을 제출하게 할 수 있다.
② 동물검역기관의 장은 제1항에 따른 화물 목록을 받았을 때에는 검역관에게 지정검역물의 적재 여부 확인 등 농림축산식품부령으로 정하는 바에 따라 선박, 항공기, 열차 또는 화물자동차에서 검사를 하게 할 수 있다.(2013.3.23 본항개정)
③ 검역관은 제2항에 따른 검사의 결과 불합격한 지정검역물에 대하여는 하역을 금지하고, 화물주에게 반송을 명할 수 있으며 반송하면 가축방역에 지장을 주거나 반송

이 불가능하다고 인정하는 경우에는 소각·매몰등을 명할 수 있다.(2020.2.4 본항개정)
④ 제3항에 따른 불합격한 지정검역물의 반송 또는 소각·매몰등의 처리에 관하여는 제33조제2항부터 제6항까지의 규정을 준용한다.
제39조【우편물 또는 탁송품으로서의 수입】 ① 지정검역물을 우편물 또는 탁송품으로 수입하는 자는 그 우편물 또는 탁송품을 받으면 지체 없이 그 우편물 또는 탁송품을 첨부하여 그 사실을 동물검역기관의 장에게 신고하고, 농림축산식품부령으로 정하는 바에 따라 검역관의 검역을 받아야 한다. 다만, 제3항에 따라 검역을 받은 우편물 또는 탁송품의 경우에는 그러하지 아니하다.
② 우체국장 또는 「관세법」 제222조제1항제6호에 따라 등록한 탁송품 운송업자(이하 "탁송업자"라 한다)는 검역을 받지 아니한 지정검역물을 넣은 수입 우편물 또는 탁송품의 국내 송부를 위탁받았을 때에는 지체 없이 그 사실을 동물검역기관의 장에게 통보하여야 한다.
③ 제2항에 따른 통보를 받은 동물검역기관의 장은 해당 우편물 또는 탁송품을 지체 없이 검역하여야 한다.
④ 제3항에 따른 검역은 해당 우편물 또는 탁송품의 수취인이 참여한 가운데 실시하여야 한다. 다만, 해당 우편물 또는 탁송품의 수취인이 검역을 거부하거나 정당한 사유 없이 참여하지 아니한 경우에는 우체국 직원 또는 탁송업자의 직원이 참여한 가운데 검역을 할 수 있다.
(2017.3.21 본조개정)
제40조【검역증명서의 발급 등】 검역관은 제36조 또는 제39조에 따른 검역에서 그 물건이 가축 전염성 질병의 병원체를 퍼뜨릴 우려가 없다고 인정할 때에는 농림축산식품부령으로 정하는 바에 따라 검역증명서를 발급하거나 지정검역물에 낙인이나 그 밖의 표지를 하여야 한다. 다만, 제36조제2항에 따라 검역한 경우에는 신청을 받았을 때에만 검역증명서를 발급하거나 표지를 한다.
(2013.3.23 본문개정)
제41조【수출 검역 등】 ① 지정검역물을 수출하려는 자는 농림축산식품부령으로 정하는 바에 따라 검역관의 검역을 받아야 한다. 다만, 수입 상대국에서 검역을 요구하지 아니한 지정검역물을 수출하는 경우에는 그러하지 아니하다.(2013.3.23 본문개정)
② 지정검역물 외의 동물 및 그 생산물 등의 수출 검역을 받으려는 자는 신청을 하여 검역관의 검역을 받을 수 있다.
③ 제1항 및 제2항의 수출 검역은 상대국의 정부기관이 요구하는 기준과 방법 등에 따른다. 다만, 상대국의 정부기관이 요구하는 기준과 방법 등이 없는 경우에는 수입자가 요구하는 기준과 방법 등에 따를 수 있다.
(2015.6.22 본항개정)
④ 동물검역기관의 장은 수출검역과 관련하여 필요하다고 인정하면 지방자치단체의 장에게 그 소속 가축방역관 또는 「축산물위생관리법」에 따른 검사관이 가축 및 축산물에 대하여 검사, 투약, 예방접종한 것 등에 관한 자료제출을 요청할 수 있다. 이 경우 지방자치단체의 장은 정당한 사유가 없으면 요청을 거부하여서는 아니 된다.
(2010.5.25 전단개정)
⑤ 검역관은 제1항부터 제3항까지의 규정에 따른 검역에서 그 물건에 가축 전염성 질병의 병원체가 없다고 인정할 때에는 농림축산식품부령으로 정하는 바에 따라 검역증명서를 발급하여야 한다.(2013.3.23 본항개정)
제42조【검역시행장】 ① 제36조제1항 및 제41조제1항 본문에 따른 지정검역물의 검역은 동물검역기관의 검역시행장에서 하여야 한다. 다만, 다음 각 호의 어느 하나에 해당할 때에는 동물검역기관의 장이 지정하는 검역시행장에서도 검역을 할 수 있다.
1. 제36조제1항에 따른 수입검역물 중 동물검역기관의 검역시행장에서 검역하는 것이 불가능하거나 부적당하다고 인정되는 것이 있을 때
2. 제41조제1항 및 제2항에 따른 수출검역물이 시설·장비 등 검역 요건이 갖추어진 가공제품공장·집하장에 있을 때
3. 국내 가축방역 상황에 비추어 가축전염병의 병원체가 퍼질 우려가 없다고 인정할 때
② 제1항 단서에 따른 검역시행장의 지정을 받으려는 자는 검역에 필요한 인력과 시설을 갖추어야 하며, 검역시행장의 지정 대상·기간, 시설기준, 운영, 그 밖에 필요한 사항은 농림축산식품부령으로 정한다.(2013.3.23 본항개정)
③ 검역시행장의 지정을 받은 자는 농림축산식품부령으로 정하는 검역시행장의 관리기준을 준수하여야 한다.
(2013.3.23 본항개정)
④ 제1항 단서에 따른 검역시행장에는 농림축산식품부령으로 정하는 바에 따라 방역본부 소속의 관리수의사를 근무하게 하거나 관리수의사를 두게 할 수 있다. 다만, 수입 원피(原皮 : 가공 전의 가죽) 가공장 등 농림축산식품부령으로 정하는 검역시행장에는 검역관리인을 두게 할 수 있다.(2020.2.4 단서개정)
⑤ 제4항 단서에 따른 검역관리인의 자격과 임무 등에 필요한 사항은 대통령령으로 정한다.
⑥ 동물검역기관의 장은 다음 각 호의 어느 하나에 해당할 때에는 검역시행장의 지정을 받은 자에게 시정을 명할 수 있다.
1. 제2항에 따른 검역시행장의 지정 요건을 충족하지 못하게 되었을 때
2. 제3항에 따른 관리기준을 준수하지 아니하였을 때
⑦ 동물검역기관의 장은 다음 각 호의 어느 하나에 해당하는 검역시행장에 대하여는 지정을 취소하거나 6개월 이내의 기간을 정하여 업무의 정지를 명할 수 있다. 다만, 제1호에 해당할 때에는 그 지정을 취소하여야 한다.
(2017.3.21 본문개정)
1. 거짓이나 그 밖의 부정한 방법으로 검역시행장의 지정을 받았을 때
2. 제6항에 따른 시정명령을 이행하지 아니하였을 때
⑧ 동물검역기관의 장은 제7항에 따라 검역시행장의 지정을 취소하려면 청문을 하여야 한다.(2017.3.21 본항신설)
⑨ 제7항에 따른 행정처분의 기준 및 절차, 그 밖에 필요한 사항은 농림축산식품부령으로 정한다.(2017.3.21 본항신설)
제43조【검역물의 관리인 지정 등】 ① 동물검역기관의 장은 검역시행장의 질서유지와 지정검역물의 안전관리를 위하여 필요하다고 인정할 때에는 농림축산식품부령으로 정하는 바에 따라 지정검역물의 운송·입출고조작(入出庫操作) 또는 사육 및 보관 관리에 필요한 기준을 정할 수 있으며, 사육관리인, 보관관리인, 운송차량을 지정할 수 있다.(2013.3.23 본항개정)
② 다음 각 호의 어느 하나에 해당하는 사람은 사육관리인 또는 보관관리인이 될 수 없다.
1. 「국가공무원법」 제33조 각 호의 어느 하나에 해당하는 사람
2. 사육관리인 또는 보관관리인의 지정취소를 받은 날부터 3년이 지나지 아니한 사람
③ 동물검역기관의 장은 제1항에 따라 지정된 사육관리인 또는 보관관리인이 다음 각 호의 어느 하나에 해당하면 그 지정을 취소할 수 있다. 다만, 제1호 및 제3호에 해당할 때에는 그 지정을 취소하여야 한다.
1. 부정한 방법으로 사육관리인 또는 보관관리인 지정을 받았을 때
2. 제1항에 따른 사육 및 보관 관리기준을 위반하였을 때
3. 제5항을 위반하여 지정검역물의 관리에 필요한 비용을 징수하였을 때
④ 동물검역기관의 장은 제1항에 따라 지정검역물의 운송차량으로 지정된 운송차량이 다음 각 호의 어느 하나에 해당하면 그 지정을 취소할 수 있다. 다만, 제1호부터 제3호까지에 해당할 때에는 그 지정을 취소하여야 한다.
1. 해당 운송차량의 소유자에 대하여 「화물자동차 운수사업법」에 따른 화물자동차 운수사업의 허가가 취소되었을 때
2. 해당 운송차량의 소유자에 대하여 「관세법」에 따른 보세운송업자의 등록이 취소되었을 때
3. 「자동차관리법」 제13조에 따라 자동차등록이 말소되었을 때
4. 제1항에 따른 지정검역물 운송차량 설비조건을 갖추지 아니하였을 때
5. 제6항에 따른 운송차량 소독 등의 명령을 위반하였을 때
⑤ 검역시행장의 사육관리인 또는 보관관리인은 지정검역물을 관리하는 데 필요한 비용을 화물주로부터 징수할 수 있다. 이 경우 그 금액은 동물검역기관의 장의 승인을 받아야 한다.(2020.2.4 전단개정)
⑥ 동물검역기관의 장은 검역을 위하여 필요하다고 인정할 경우에는 지정검역물의 화물주나 운송업자에게 지정검역물이나 운송차량에 대하여 지정검역물 화물주의 부담으로 농림축산식품부령으로 정하는 바에 따라 소독을 명하거나 쥐·곤충을 없앨 것을 명할 수 있다.(2020.2.4 본항개정)
⑦ 동물검역기관의 장은 제3항 또는 제4항에 따라 지정을 취소하려면 청문을 하여야 한다.(2021.11.30 본항신설)
제44조【불합격품 등의 처분】 ① 검역관은 제36조, 제39조, 제41조제1항 본문 및 제2항에 따라 검역을 하는 중에 다음 각 호의 어느 하나에 해당하는 지정검역물을 발견하였을 때에는 화물주에게 소각·매몰등의 방법으로 처리할 것을 명하거나 폐기할 수 있다.(2020.2.4 본문개정)
1. 제34조제2항에 따른 위생조건을 준수하지 아니한 것
2. 가축전염병의 병원체에 의하여 오염되었거나 오염되었을 것으로 인정되는 것
3. 유독·유해물질이 들어 있거나 들어 있을 것으로 인정되는 것
4. 썩었거나 상한 것으로서 공중위생상 위해가 발생할 것으로 인정되는 것
5. 다른 물질이 섞여 들어갔거나 첨가되었거나 그 밖의 사유로 공중위생상 위해가 발생할 것으로 인정되는 것
② 동물검역기관의 장은 제1항에 따라 수입 지정검역물을 처리하게 하거나 폐기하였을 때에는 그 사실을 그 지정검역물의 통관 업무를 관장하는 기관의 장에게 알려야 한다.
③ 제1항 각 호의 어느 하나에 해당하는 지정검역물을 처리하는 데 드는 비용에 관하여는 제33조제6항을 준용한다.
제45조【선박·항공기 안의 음식물 확인 등】 ① 검역관은 외국으로부터 우리나라에 들어온 선박 또는 항공기에 출입하여 남아 있는 음식물의 처리 상황을 확인할 수 있으며, 가축방역을 위하여 필요한 경우에는 관계 행정기관의 장에게 관계 법령에 따라 그 처리에 필요한 조치를 하여줄 것을 요청할 수 있다.(2020.2.4 본항개정)
② 검역관은 외국으로부터 우리나라에 들어온 선박 또는 항공기 안에 남아 있는 음식물을 처리하는 업체에 출입하여 그 처리 상황을 검사하거나 필요한 자료 제출을 요구할 수 있다.

제4장 보 칙

(2010.4.12 본장개정)

제46조【수수료】 ① 다음 각 호의 어느 하나에 해당하는 자는 농림축산식품부령으로 정하는 수수료를 내야 한다.(2013.3.23 본문개정)
1. 제12조제1항에 따른 병성감정 의뢰자
2. 제12조제3항에 따른 혈청검사 신청자
3. 제36조제1항, 제39조제1항 본문 또는 제41조제1항 본문 및 제2항에 따라 검역을 받으려는 자
4. 제42조에 따라 검역시행장으로 지정받은 자로서 방역본부 소속의 관리수의사로부터 현물검사를 받으려는 자
② 제10조제3항에 따라 시험·분석을 의뢰하는 자는 농림축산식품부령으로 정하는 수수료를 내야 한다.
(2013.3.23 본항개정)
제47조【승계인에 대한 처분의 효력】 ① 이 법 또는 이 법에 따른 명령이나 처분은 그 명령이나 처분의 목적이 된 가축 또는 물건의 소유자로부터 권리를 승계한 자 또는 새로운 권리의 설정에 의하여 관리자가 된 자에 대하여도 효력이 있다.
② 제1항에 따라 이 법 또는 이 법에 따른 명령이나 처분의 목적이 된 가축 또는 물건을 다른 자에게 양도하거나 관리하게 한 자는 명령이나 처분을 받은 사실과 그 내용을 새로운 권리의 취득자에게 알려야 한다.
제48조【보상금 등】 ① 국가나 지방자치단체는 다음 각 호의 어느 하나에 해당하는 자에게는 대통령령으로 정하는 바에 따라 보상금을 지급하여야 한다.
1. 제3조의4제5항에 따른 사육제한 명령에 의하여 폐업 등 손실을 입은 자(2020.2.4 본호개정)
2. 제15조제1항에 따른 검사, 주사, 주사·면역표시, 약물목욕, 면역요법, 투약으로 인하여 죽거나 부상당한 가축(사산되거나 유산된 가축의 태아를 포함한다)의 소유자
3. 제20조제1항 및 제2항 본문(제28조에서 준용하는 경우를 포함한다)에 따라 살처분한 가축의 소유자. 다만, 가축의 소유자가 축산계열화사업자인 경우에는 계약사육농가의 수급권 보호를 위하여 계약사육농가에 지급하여야 한다.(2018.12.31 단서신설)
3의2. 제21조제2항에 따라 도태한 가축의 소유자. 다만, 가축의 소유자가 축산계열화사업자인 경우에는 계약사육농가의 수급권 보호를 위하여 계약사육농가에 지급하여야 한다.(2021.4.13 본호신설)
4. 제23조제1항 및 제3항에 따라 소각하거나 매몰 또는 화학적 처리를 한 물건의 소유자(2020.2.4 본호개정)
5. 제11조제1항에 따라 병명이 불분명한 질병으로 죽은 가축이나 가축전염병에 걸렸다고 믿을 만한 임상증상이 있는 가축을 신고한 자 중에서 병성감정 실시 결과 가축전염병으로 확인되어 이동이 제한된 자
6. 제27조에 따라 사용정지 또는 사용제한의 명령을 받은 도축장의 소유자
(2011.1.24 본항개정)
② 제21조제1항(제28조에서 준용하는 경우를 포함한다)에 따라 도태를 목적으로 도축장 등에 출하된 가축의 소유자에게는 예산의 범위에서 장려금을 지급할 수 있다.
③ 국가나 지방자치단체는 제1항에 따라 보상금을 지급할 때 다음 각 호의 어느 하나에 해당하는 자에게는 대통령령으로 정하는 바에 따라 제1항의 보상금의 전부 또는 일부를 감액할 수 있다.
1. 제5조제3항·제6항, 제6조의2, 제11조제1항 각 호 외의 부분 본문 및 같은 조 제2항, 제13조제6항, 제17조제1항·제2항, 제17조의3제1항·제2항·제5항 또는 제17조의6제1항을 위반한 자(2020.2.4 본호개정)
2. 제3조의4제5항, 제15조제1항, 제19조제1항(제28조에서 준용하는 경우를 포함한다), 제19조의2제1항, 제20조제1항(제28조에서 준용하는 경우를 포함한다) 또는 제23조제1항·제2항에 따른 명령을 위반한 자
(2017.10.31 본호개정)
3. 구제역 등 대통령령으로 정하는 가축전염병에 감염된 것으로 확인된 가축의 소유자등
4. 동일한 가축사육시설에서 동일한 가축전염병(제3호에 따른 가축전염병만 해당한다)이 2회 이상 발생한 가축의 소유자등
5. 「축산법」 제22조를 위반하여 등록·허가를 받지 아니한 자 또는 단위면적당 적정사육두수를 초과하여 사육한 가축의 소유자등
(2015.6.22 본항개정)
④ 제3항에도 불구하고 제18조제1항 또는 제2항에 따른 질병관리등급이 우수한 자 등 대통령령으로 정하는 자에 대해서는 대통령령으로 정하는 바에 따라 보상금 감액의 일부를 경감할 수 있다. 이 경우 경감한 후 최종적으로 지급하는 보상금은 제1항에 따른 보상금의 100분의 80을 넘어서는 아니 된다.(2015.6.22 본항신설)
⑤ 시장·군수·구청장은 제1항제1호에 따라 보상금을 지급받은 자가 제3조의4제5항에 따른 사육제한 명령을 위반한 경우에는 그 보상금을 환수하여야 한다.
(2020.2.4 본항신설)

⑥ 제5항에 따라 보상금을 반환하여야 하는 자가 보상금을 반환하지 아니하는 때에는 「지방행정제재·부과금의 징수 등에 관한 법률」에 따라 환수금을 징수한다.
(2020.3.24 본항개정)
⑦ 제5항에 따른 보상금의 환수에 필요한 사항은 대통령령으로 정한다.(2020.2.4 본항신설)

제48조의2【폐업 등의 지원】 ① 농림축산식품부장관, 시·도지사 및 시장·군수·구청장은 중점방역관리지구로 지정되기 전부터 「축산법」 제22조제1항 또는 제3항에 따른 축산업 허가를 받거나 등록을 하고 축산업을 영위하던 자가 중점방역관리지구에서 제3조의4제5항에 따른 사육제한 명령을 받지 아니하였으나 경영악화 등 대통령령으로 정하는 사유로 「축산법」 제22조제6항제2호에 따라 폐업신고를 한 경우에는 폐업에 따른 지원금 지급 등 필요한 지원시책을 시행할 수 있다.
② 제1항에 따른 폐업지원금 지급대상 가축의 종류, 지급기준, 산출방법, 지급절차 및 시행기간 등 필요한 사항은 대통령령으로 정한다.
(2020.2.4 본조신설)

제48조의3【가축전염병피해보상협의회 구성 등】 ① 가축전염병으로 피해를 입은 가축 소유자 또는 시설 등에 대한 신속하고 합리적인 보상 및 지원을 위하여 시·도지사 소속으로 가축전염병피해보상협의회(이하 "협의회"라 한다)를 둔다.
② 협의회는 가축전염병 피해자 등의 피해 보상요구가 있으면 지체없이 보상여부를 결정하여 그 결과를 신청자에게 통보하여야 한다. 이 경우 협의회는 피해 보상에 대하여 신청자와 사전에 협의하여야 한다.
③ 제1항에 따른 협의회의 구성 및 운영 등에 필요한 사항은 해당 지방자치단체의 조례로 정한다.
④ 제2항에 따른 보상금 지급 신청절차와 방법, 영업손실의 범위 및 대상, 협의 절차 등에 관하여 필요한 사항은 대통령령으로 정한다.
(2020.2.4 본조신설)

제49조【생계안정 등 지원】 ① 국가 또는 지방자치단체는 제20조제1항에 따른 살처분 명령 또는 제21조제2항에 따른 도태 명령을 이행한 가축의 소유자(가축을 위탁 사육한 경우에는 위탁받아 실제 사육한 자)에게 예산의 범위에서 생계안정을 위한 비용을 지원할 수 있다.(2020.2.4 본항개정)
② 국가 또는 지방자치단체는 제19조제1항에 따른 이동제한 조치 명령 또는 같은 조 제2항에 따른 반출금지 명령을 이행한 가축의 소유자(가축을 위탁 사육한 경우에는 위탁받아 실제 사육한 자를 말한다)에게 예산의 범위에서 소득안정을 위한 비용을 지원할 수 있다.(2023.9.14 본항신설)
③ 제1항 및 제2항에 따른 생계안정 및 소득안정 비용의 지원 범위·기준 및 절차 등에 필요한 사항은 대통령령으로 정한다.(2023.9.14 본항개정)
(2023.9.14 본조제목개정)

제49조의2【심리적·정신적 치료】 ① 국가 또는 지방자치단체는 국립·공립 병원, 보건소 또는 민간의료시설을 다음 각 호의 어느 하나에 해당하는 사람의 심리적 안정과 정신적 회복을 위한 전담의료기관으로 지정할 수 있다.
1. 제20조제1항(제28조에서 준용하는 경우를 포함한다)에 따른 살처분 명령을 이행한 가축의 소유자등과 그 동거 가족 및 가축의 소유자등에게 고용된 사람과 그 동거 가족
2. 제20조제2항 본문(제28조에서 준용하는 경우를 포함한다)에 따라 가축을 살처분한 가축방역관, 가축방역사 및 관계 공무원
3. 제22조제2항에 따라 가축 사체를 소각하거나 매몰 또는 화학적 처리를 한 가축의 소유자등과 그 동거 가족, 가축의 소유자등에게 고용된 사람과 그 동거 가족, 가축방역관, 가축방역사 및 관계 공무원(2020.2.4 본호개정)
4. 그 밖에 자원봉사자 등 대통령령으로 정하는 사람
② 국가 또는 지방자치단체는 가축의 살처분 및 소각·매몰·화학적 처리(이하 "살처분등"이라 한다)를 하기 전에 제1항 각 호의 사람 중 살처분등에 참여하는 자에게 살처분등의 작업환경, 스트레스 관리 및 심리적 안정과 정신적 회복을 위한 치료지원에 관한 사항을 설명하여야 한다.(2020.2.4 본항개정)
③ 국가 또는 지방자치단체는 가축의 살처분등을 시행한 날부터 90일 이내에 제1항 각 호의 사람(심리검사에 동의한 자에 한정한다)에게 가축의 살처분등 후 심리적·정신적 변화 및 증상에 관한 심리검사를 실시하고, 심리상담 또는 치료가 필요한 사람에게 심리상담 또는 치료를 받도록 권고하여야 한다.(2020.2.4 본항신설)
④ 제1항 각 호의 사람 가운데 심리적 안정과 정신적 회복을 위한 치료를 받으려는 사람은 시장·군수·구청장에게 신청하여야 하고, 시장·군수·구청장은 제1항에 따라 지정된 전담의료기관에 치료를 요청하여야 하며, 요청을 받은 전담의료기관은 치료를 하여야 한다.
(2020.2.4 본항개정)
⑤ 국가 또는 지방자치단체는 제4항에 따른 치료를 위한 비용의 전부 또는 일부를 지원할 수 있다.(2019.1.15 본항개정)
⑥ 전담의료기관의 지정, 심리 검사, 치료 신청의 절차 및 방법, 치료 요청의 절차 및 방법, 비용 지원의 구체적인 범위·기준 및 절차 등에 필요한 사항은 대통령령으로 정한다.(2020.2.4 본항개정)
(2011.1.24 본조신설)

제50조【비용의 지원 등】 ① 국가나 지방자치단체는 제3조의4, 제13조, 제15조제1항 및 제3항, 제17조, 제17조의3, 제19조, 제20조, 제21조제2항, 제22조제2항 및 제3항, 제23조제1항 및 제3항, 제24조, 제24조의2, 제25조제2항 또는 제48조의2에 따라 강화된 소독설비 및 방역시설의 구비, 투약, 소독, 역학조사, 이동제한, 살처분, 도태 등을 하는 데 드는 비용이나 가축의 사체 또는 물건의 소각·매몰·화학적 처리, 매몰지의 관리, 매몰지 주변 환경조사, 정밀조사 및 정화 조치 등에 드는 비용, 주민 교육·홍보 등 지방자치단체의 방역활동에 필요한 비용 및 폐업지원에 드는 비용의 전부 또는 일부를 대통령령으로 정하는 바에 따라 지원할 수 있다.(2023.9.14 본항개정)
② 국가는 구제역 등 가축전염병이 확산되는 것을 막기 위하여 소요되는 비용을 대통령령으로 정하는 바에 따라 발생지역 및 미발생지역의 지방자치단체에 추가로 지원하여야 한다.(2011.1.24 본항신설)
③ 제15조제3항에 따라 축산관련단체가 공동으로 가축방역을 하는 경우에 그 축산관련단체는 대통령령으로 정하는 바에 따라 해당 가축의 소유자등으로부터 수수료를 받을 수 있다.

제51조【보고】 ① 농림축산식품부장관, 시·도지사 또는 특별자치시장은 가축 전염성 질병을 예방하기 위하여 필요하다고 인정할 때에는 농림축산식품부령으로 정하는 바에 따라 다음 각 호의 어느 하나에 해당하는 자로 하여금 필요한 사항에 관하여 보고를 하게 할 수 있다.
(2015.6.22 본문개정)
1. 동물의 소유자등
2. 가축 전염성 질병 병원체의 소유자등
3. 경마장, 축산진흥대회장, 가축시장, 도축장, 그 밖에 가축이 모이는 시설의 소유자 등
4. 축산관련단체(2015.6.22 본호신설)
② 시·도지사 또는 특별자치시장은 이 법에 따라 가축전염병이 발생하거나 퍼지는 것을 막기 위한 조치를 하였을 때에는 농림축산식품부령으로 정하는 바에 따라 농림축산식품부장관에게 보고하고 국립가축방역기관장, 관계 시·도지사 및 특별자치시장에게 알려야 한다.
(2015.6.22 본항개정)

제51조의2【가축전염병 관리대책의 평가】 ① 농림축산식품부장관은 가축전염병의 발생을 예방하고 그 확산을 방지하기 위하여 매년 지방자치단체를 대상으로 제3조제1항에 따른 가축전염병 예방 및 관리대책의 수립·시행 등에 관한 사항을 평가하고, 평가결과가 우수한 지방자치단체에 대해서는 예산의 범위에서 포상할 수 있다.
② 제1항에 따른 가축전염병 예방 및 관리대책의 평가 및 포상의 구체적인 방법·절차 등은 농림축산식품부장관이 정하여 고시한다.
(2016.12.2 본조개정)

제51조의3【신고포상금 등】 ① 농림축산식품부장관은 다음 각 호의 어느 하나에 해당하는 자에 대해서는 예산의 범위에서 포상금을 지급할 수 있다.
1. 신고대상 가축을 신고한 자(제11조제1항 본문, 같은 조 제2항 및 제3항에 따른 신고 의무자는 제외한다)
2. 제17조의3제1항 또는 제2항을 위반한 자를 신고 또는 고발한 자(2017.10.31 본호신설)
3. 제36조제1항 또는 제39조제1항을 위반한 자를 신고 또는 고발한 자
② 제1항에 따른 포상금의 지급 대상·기준·방법 및 절차 등에 관한 구체적인 사항은 농림축산식품부장관이 정하여 고시한다.
(2015.6.22 본조신설)

제52조【농림축산식품부장관 등의 지시】 ① 농림축산식품부장관 또는 국립가축방역기관장은 가축전염병 중 농림축산식품부령으로 정하는 가축전염병 또는 가축전염병 외의 가축 전염성 질병이 발생하거나 퍼짐으로써 가축의 생산 또는 건강의 유지에 중대한 영향을 미칠 우려가 있고 긴급한 조치를 할 필요가 있을 때에는 지방자치단체의 장에게 제3조의4제2항·제5항, 제15조제1항, 제16조, 제17조, 제19조, 제20조, 제21조, 제27조 또는 제28조에 따른 조치를 할 것을 지시할 수 있다. 이 경우 국립가축방역기관장이 지방자치단체의 장에게 필요한 조치를 지시한 때에는 지체 없이 그 지시의 내용 및 사유를 농림축산식품부장관에게 보고하여야 한다.(2020.2.4 전단개정)
② 농림축산식품부장관은 가축 전염성 질병의 국내 유입을 방지하기 위하여 동물검역기관의 장에게 검역 중단, 검역시행장 등에 보관 중인 지정검역물의 출고 중지 등 수입 검역에 관하여 필요한 조치를 지시할 수 있다.
(2013.3.23 본항개정)
③ 제2항에 따라 동물검역기관의 장이 취할 조치에 관하여는 제44조를 준용한다.
④ 농림축산식품부장관은 지방자치단체의 장이 제1항에 따른 농림축산식품부장관 또는 국립가축방역기관장의 지시(제20조에 따른 조치에 관한 지시만 해당한다)를 이행하지 아니한 경우에는 제48조제1항에 따른 보상금과 제50조제1항·제2항에 따른 지원금 중 국가가 부담하는 금액의 전부 또는 일부를 대통령령으로 정하는 바에 따라 감액할 수 있다.(2017.3.21 본항개정)
(2017.3.21 본조제목개정)

제52조의2【행정기관 간의 업무협조】 ① 국가 또는 지방자치단체(법령 또는 자치법규에 따라 행정권한을 가지고 있거나 위임 또는 위탁받은 공공단체나 기관 또는 사인을 포함한다)는 가축전염병의 발생 및 확산을 방지하고 방역·검역 조치 및 사후관리 대책을 효율적으로 집행하기 위하여 서로 협조하여야 한다.
② 농림축산식품부장관은 관계 행정기관의 장, 시·도지사 또는 시장·군수·구청장 등에게 가축전염병의 발생 및 확산을 방지하고 방역·검역 조치 및 사후관리 대책을 효율적으로 집행하기 위하여 다음 각 호의 정보를 요청할 수 있다. 이 경우 협조를 요청받은 관계 행정기관의 장, 시·도지사 또는 시장·군수·구청장 등은 특별한 사유가 없으면 협조하여야 한다.(2017.10.31 전단개정)
1. 제3조의3에 따른 국가가축방역통합정보시스템의 구축·운영에 필요한 가축전염병의 발생 현황, 예방 및 방역조치, 사후관리 등에 관한 정보(2017.10.31 본호신설)
2. 제5조제5항 및 제6항에 따라 가축전염병 발생 국가에서 입국하거나 가축전염병 발생 국가로 출국할 때 신고서를 제출하여야 하는 사람 등의 여권발급 정보, 출국 및 입국 정보, 주민등록번호, 주소 및 항공권 예약번호
(2020.2.4 본호개정)
3. 제17조제7항 및 제8항에 따른 확인·점검 결과
(2020.2.4 본호신설)
4. 그 밖에 가축전염병의 국내 유입 차단과 확산 방지를 위한 조치에 필요한 정보(2017.10.31 본호신설)
③ 제2항에 따라 관계 행정기관의 장, 시·도지사 또는 시장·군수·구청장 등에게 정보를 요청하는 경우에는 문서 또는 전자문서 등의 방법으로 요청하되, 긴급한 경우에는 구두로 요청할 수 있다.(2017.10.31 본항개정)
④ 농림축산식품부장관은 제2항 각 호의 정보를 그 목적에 필요한 최소한의 범위에서 수집하여야 하며, 목적 외에 다른 용도로 사용하여서는 아니 된다.(2017.10.31 본항신설)
(2011.1.24 본조신설)

제52조의3【정보 제공 요청 등】 ① 농림축산식품부장관 또는 국립가축방역기관장은 가축전염병 예방 및 전파 차단을 위하여 필요한 경우 농림축산식품부령으로 정하는 제1종 가축전염병이 발생한 농장의 농장소유주(관리인을 포함한다)에 대하여 「개인정보 보호법」 제2조에 따른 개인정보 중 개인차량의 고속도로 통행정보를 「위치정보의 보호 및 이용 등에 관한 법률」 제15조 및 「개인정보 보호법」 제18조에도 불구하고 「위치정보의 보호 및 이용 등에 관한 법률」 제5조제7항에 따른 위치정보사업자, 「유료도로법」 제10조에 따른 유료도로관리권자에게 요청할 수 있다.
② 농림축산식품부장관 또는 국립가축방역기관장으로부터 제1항의 요청을 받은 자는 정당한 사유가 없으면 이에 따라야 한다.
③ 농림축산식품부장관 또는 국립가축방역기관장은 제1항 및 제2항에 따라 수집한 정보를 중앙행정기관의 장, 지방자치단체의 장, 가축전염병 방역관련 업무를 수행 중인 단체 등에게 제공할 수 있다. 다만, 정보를 제공하는 경우 가축전염병 예방 및 확산 방지를 위하여 해당 기관의 업무에 관련된 정보로 한정한다.
④ 제3항에 따라 정보를 제공받은 자는 이 법에 따른 가축전염병 방역관련 업무 이외의 목적으로 정보를 사용할 수 없으며, 업무 종료 시 지체 없이 파기하고 농림축산식품부장관에게 통보하여야 한다.
⑤ 농림축산식품부장관 또는 국립가축방역기관장은 제1항 및 제2항에 따라 수집된 정보의 주체에게 다음 각 호의 사실을 통보하여야 한다.
1. 가축전염병 예방 및 확산 방지를 위하여 필요한 정보가 수집되었다는 사실
2. 제1호의 정보가 다른 기관에 제공되었을 경우 그 사실
3. 제2호의 경우에도 이 법에 따른 가축전염병 방역관련 업무 이외의 목적으로 정보를 사용할 수 없으며, 업무 종료 시 지체 없이 파기된다는 사실
⑥ 제3항에 따라 정보를 제공받은 자는 이 법에서 규정된 것을 제외하고는 「개인정보 보호법」에 따른다.
⑦ 제3항에 따른 정보 제공의 대상·범위 및 제5항에 따른 통지의 방법 등에 관하여 필요한 사항은 농림축산식품부령으로 정한다.
(2018.12.31 본조신설)

제52조의4【가축전염병 안내·교육】 ① 제5조제2항에 따른 무역항과 공항 등의 시설관리자는 농림축산식품부령으로 정하는 바에 따라 가축전염병 발생 현황 정보, 가축전염병 발생 국가 등을 방문하는 자가 유의하여야 하는 사항, 여행자휴대품 신고의무 등(이하 "가축전염병 정보"라 한다)을 시설을 이용하는 자에게 안내하여야 한다.
② 동물검역기관의 장은 필요한 경우 선박 또는 항공기 등의 운송수단을 운영하는 자(이하 이 조에서 "운송인"이라 한다)에게 승무원 및 승객을 대상으로 가축전염병 정보에 관한 안내 및 교육을 실시하도록 요청할 수 있다. 이 경우 동물검역기관의 장은 가축전염병 정보에 관한 안내 및 교육 자료를 운송인에게 제공하여야 하며, 요청을 받은 운송인은 정당한 사유가 없으면 이에 따라야 한다.
(2019.12.10 본조신설)

제53조【가축방역기관장 등의 방역조치 요구】 국립가축방역기관장, 시·도지사 또는 시·도 가축방역기관장은 제12조 및 제13조에 따른 병성감정, 혈청검사 또는 역

학조사 결과 방역조치를 할 필요가 있다고 인정하는 경우에는 해당 시·도지사, 시장·군수·구청장에게 제15조제1항, 제17조, 제19조, 제20조, 제21조, 제23조, 제25조, 제27조 또는 제28조에 따른 방역조치를 요구할 수 있다.(2020.2.4 본조개정)

제54조【가축방역관 등의 증표】 이 법에 따라 직무를 수행하는 가축방역관, 검역관 및 가축방역사는 농림축산식품부령으로 정하는 바에 따라 그 신분을 표시하는 증표를 지니고 이를 관계인에게 보여 주어야 한다.(2013.3.23 본조개정)

제55조【권한의 위임·위탁】 ① 이 법에 따른 농림축산식품부장관의 권한은 그 일부를 대통령령으로 정하는 바에 따라 시·도지사 또는 소속 기관의 장에게 위임할 수 있으며, 이 법에 따른 시·도지사의 권한은 그 일부를 대통령령으로 정하는 바에 따라 시장·군수·구청장에게 위임할 수 있다.

② 농림축산식품부장관, 시·도지사 또는 시장·군수·구청장은 대통령령으로 정하는 바에 따라 제7조제3항의 검사 업무 중 시료 채취에 관한 업무를 축산관련단체에 위탁할 수 있다.(2015.6.22 본항개정)

③ 농림축산식품부장관은 대통령령으로 정하는 바에 따라 제18조제1항 및 제2항에 따른 질병관리등급의 부여·조정에 관한 업무를 방역본부 또는 축산관련단체에 위탁할 수 있다.(2015.6.22 본항개정)

④ 농림축산식품부장관, 시·도지사 또는 시장·군수·구청장은 제2항 및 제3항에 따른 위탁관리에 드는 경비의 전부 또는 일부를 지원할 수 있다.(2015.6.22 본항개정)

(2013.3.23 본조개정)

제5장 벌 칙

(2010.4.12 본장개정)

제55조의2【벌칙】 다음 각 호의 어느 하나에 해당하는 자는 5년 이하의 징역 또는 5천만원 이하의 벌금에 처한다.(2018.12.31 본문개정)

1. 제11조제1항 본문 또는 제2항을 위반하여 신고를 하지 아니한 가축의 소유자등, 해당 가축에 대하여 사육계약을 체결한 축산계열화사업자, 수의사 또는 대학·연구소 등의 연구책임자(2020.2.4 본호개정)
2. 제17조의4제1항을 위반하여 차량출입정보를 목적 외 용도로 사용한 자(2018.12.31 본호신설)
3. 제52조의3제4항을 위반하여 가축전염병 방역관련 업무 이외의 목적으로 정보를 사용한 자(2018.12.31 본호신설)

제56조【벌칙】 다음 각 호의 어느 하나에 해당하는 자는 3년 이하의 징역 또는 3천만원 이하의 벌금에 처한다.(2014.10.15 본문개정)

1. 제20조제1항(제28조에서 준용하는 경우를 포함한다)에 따른 명령을 위반한 자
2. 제32조제1항, 제33조제1항·제5항(제38조제4항에서 준용하는 경우를 포함한다), 제34조제1항 본문 또는 제37조 본문을 위반한 자
3. 제36조제1항 본문에 따른 검역을 받지 아니하거나 검역과 관련하여 부정행위를 한 자
4. 제38조제3항을 위반하여 불합격한 지정검역물을 하역하거나 반송 등의 명령을 위반한 자

제57조【벌칙】 다음 각 호의 어느 하나에 해당하는 자는 1년 이하의 징역 또는 1천만원 이하의 벌금에 처한다.(2014.10.15 본문개정)

1. 제3조의4제5항에 따른 가축의 사육제한 명령을 위반한 자(2017.10.31 본호신설)

1의2. 제5조제6항에 따른 국립가축방역기관장의 질문에 대하여 거짓으로 답변하거나 국립가축방역기관장의 검사·소독 등의 조치를 거부·방해 또는 기피한 자(2011.1.24 본호신설)

2. 제11조제1항 본문 또는 같은 조 제3항을 위반하여 신고하지 아니한 동물약품 및 사료의 판매자 또는 가축운송업자(2015.6.22 본호개정)
3. 거짓이나 그 밖의 부정한 방법으로 가축병성감정 실시기관으로 지정을 받은 자

3의2. 제17조의3제1항을 위반하여 등록을 하지 아니한 자

3의3. 제17조의3제2항을 위반하여 차량무선인식장치를 장착하지 아니한 소유자 및 차량무선인식장치의 전원을 끄거나 훼손·제거한 운전자

(2012.2.22 3호의2~3호의3신설)

4. 제19조제1항(제28조에서 준용하는 경우를 포함한다)제1호부터 제5호까지, 같은 조 제2항부터 제4항까지 또는 제27조에 따른 명령을 위반한 자(2021.4.13 본호개정)
5. 제19조제8항에 따른 가축의 소유자등의 위반행위에 적극 협조한 가축운송업자 또는 도축업 영업자(2015.6.22 본호개정)

5의2. 제19조의2제3항 본문을 위반한 자(2012.2.22 본호신설)

5의3. 제21조제2항에 따른 명령을 위반한 자(2020.2.4 본호신설)

6. 제22조제2항 본문(가축방역관은 제외한다)·제4항 또는 제47조제2항을 위반한 자
7. 거짓이나 그 밖의 부정한 방법으로 검역시행장의 지정을 받은 자
8. 부정한 방법으로 사육관리인 또는 보관관리인으로 지정을 받은 사람
9. 제52조의3제2항을 위반하여 정보 제공 요청을 거부한 자(2018.12.31 본호신설)

제58조【벌칙】 다음 각 호의 어느 하나에 해당하는 자는 300만원 이하의 벌금에 처한다.

1. 제5조의3제1항에 따른 가축방역위생관리업 신고를 하지 아니하거나 거짓 또는 그 밖의 부정한 방법으로 신고하고 가축방역위생관리업을 영위한 자(2018.12.31 본호신설)
2. 제13조제6항 각 호의 어느 하나에 해당하는 행위를 한 자(2020.2.4 본호개정)
3. 제14조제1항, 제22조제1항 본문·제3항, 제23조제1항·제2항, 제24조제1항 본문 또는 제35조제1항을 위반한 자
4. 제39조제1항 본문에 따른 검역을 받지 아니하거나 검역과 관련하여 부정행위를 한 자
5. 제44조제1항에 따른 명령을 위반한 자

제58조의2【벌칙 적용에서 공무원 의제】 농림축산식품부장관이 제55조제2항 또는 제3항에 따라 위탁한 업무에 종사하는 단체의 임직원은 「형법」 제129조부터 제132조까지의 규정을 적용할 때에는 공무원으로 본다.(2017.10.31 본조신설)

제59조【양벌규정】 법인의 대표자나 법인 또는 개인의 대리인, 사용인, 그 밖의 종업원이 그 법인 또는 개인의 업무에 관하여 제56조부터 제58조까지의 어느 하나에 해당하는 위반행위를 하면 그 행위자를 벌하는 외에 그 법인 또는 개인에게도 해당 조문의 벌금형을 과(科)한다. 다만, 법인 또는 개인이 그 위반행위를 방지하기 위하여 해당 업무에 관하여 상당한 주의와 감독을 게을리하지 아니한 경우에는 그러하지 아니하다.

제60조【과태료】 ① 다음 각 호의 어느 하나에 해당하는 자에게는 1천만원 이하의 과태료를 부과한다.(2015.6.22 본문개정)

1. 제3조의4제3항 또는 제4항을 위반하여 방역교육을 이수하지 아니하거나 소독설비 또는 방역시설을 갖추지 아니한 자(2023.9.14 본호개정)

1의2. 제5조제3항을 위반하여 외국인 근로자에 대한 고용신고·교육·소독을 하지 아니한 자(2011.1.24 본호신설)

2. 제5조제5항에 따른 서류의 제출을 거부·방해 또는 기피하거나 거짓 서류를 제출한 자(2011.1.24 본호신설)
3. 제5조제5항에 따른 국립가축방역기관장의 질문에 대하여 거짓으로 답변하거나 국립가축방역기관장의 검사·소독 등의 조치를 거부·방해 또는 기피한 자(2011.1.24 본호신설)

3의2. 제5조제6항에 따른 신고를 하지 아니하거나 거짓으로 신고한 자(2016.12.2 본호신설)

3의3. 제5조의2제1항에 따른 방역관리 책임자를 두지 아니한 가축의 소유자등(2017.10.31 본호신설)

3의4. 제5조의2제3항에 따른 방역교육을 이수하지 아니한 방역관리 책임자(2020.2.4 본호신설)

3의5. 제5조의4제2항을 위반하여 소독 및 방제에 관한 교육을 연 1회 이상 받지 아니한 방역위생관리업자(2018.12.31 본호신설)

3의6. 제5조의4제3항을 위반하여 소독 및 방제에 관한 교육을 연 1회 이상 받지 아니한 종사자를 소독 및 방제업무에 종사하게 한 방역위생관리업자(2018.12.31 본호신설)

3의7. 제6조의2제1항부터 제3항까지의 규정을 위반하여 방역교육 및 점검을 실시하지 아니하거나 그 결과를 거짓으로 통지하거나 통지하지 아니한 축산계열화사업자(2020.2.4 본호개정)

3의8. 제7조제4항(제8조제3항에서 준용하는 경우를 포함한다)에 따른 가축방역관 및 가축방역사의 검사, 예찰을 거부·방해 또는 회피한 자(2015.6.22 본호신설)

4. 제15조제1항·제4항·제5항, 제16조제5항 또는 제43조제6항에 따른 명령을 위반한 자(2021.4.13 본호개정)

4의2. 제15조의2제1항에 따른 입식 사전 신고를 하지 아니하고 가축을 입식한 자(2019.8.27 본호신설)

4의3. 제16조제1항을 위반하여 가축 또는 가축의 알의 출입 또는 거래기록을 작성·보존하지 아니하거나 거짓으로 기록한 자(2017.3.21 본호개정)

5. 제17조제1항에 따른 소독설비 또는 방역시설을 갖추지 아니한 자(2017.10.31 본호개정)

5의2. 제17조제9항을 위반하여 필요한 조치를 취하지 아니한 자(2020.2.4 본호신설)

5의3. 제17조제10항을 위반하여 소독설비 및 방역시설의 정비·보수 등의 명령을 이행하지 아니한 자(2020.2.4 본호신설)

5의4. 제17조제12항을 위반하여 차량 외부로 유출된 가축의 분뇨에 대하여 필요한 조치를 취하지 아니한 가축운송업자(2023.9.14 본호신설 : 2024.9.15 시행)

5의5. 제17조의3제3항을 위반하여 필요한 조치를 취하지 아니한 소유자 및 운전자(2012.2.22 본호신설)

5의6. 제17조의3제5항을 위반하여 가축방역 등에 관한 교육을 받지 아니한 소유자 및 운전자(2015.6.22 본호개정)

5의7. 제17조의3제8항을 위반하여 변경사유가 발생한 날부터 1개월 이내에 변경등록을 신청하지 아니한 소유자

5의8. 제17조의3제9항을 위반하여 말소사유가 발생한 날부터 1개월 이내에 말소등록을 신청하지 아니한 소유자

(2017.10.31 5호의7~5호의8신설)

5의9. 제17조의3제11항을 위반하여 시설출입차량 표지를 차량외부에서 확인할 수 있도록 붙이지 아니한 소유자(2020.2.4 본호개정)

5의10. 제17조의6제1항을 위반하여 방역기준을 준수하지 아니한 자(2015.6.22 본호신설)

5의11. 제19조제1항제6호에 따른 명령을 위반한 자(2021.4.13 본호신설)

6. 제36조제1항 단서를 위반하여 신고하지 아니한 자

② 다음 각 호의 어느 하나에 해당하는 자에게는 300만원 이하의 과태료를 부과한다.

1. 제5조제6항에 따른 출국 사실을 신고를 하지 아니하거나 거짓으로 신고한 자(2016.12.2 본호신설)
2. (2015.6.22 삭제)
3. 제17조제2항 전단 또는 제3항을 위반하여 소독을 하지 아니한 자(2018.12.31 본호개정)

3의2. 제17조제2항 후단을 위반하여 방역위생관리업자를 통한 소독 및 방제를 하지 않은 자(2018.12.31 본호신설)

4. 제17조제6항을 위반하여 소독실시기록부를 갖추어 두지 아니하거나 거짓으로 기재한 자(2011.1.24 본호개정)

4의2. 제17조의2제1항 전단을 위반하여 출입기록을 하지 아니하거나 거짓으로 출입기록을 한 자

4의3. 제17조의2제1항 후단을 위반하여 보존기한까지 출입기록을 보관하지 아니한 자

4의4. 제17조의2제2항에 따른 가축방역관 또는 가축방역사의 확인을 거부·방해 또는 회피한 자

(2011.7.25 4호의2~4호의4신설)

4의5. 제17조의5제2항을 위반하여 관계 공무원의 출입 또는 조사를 거부·방해 또는 기피한 자(2013.8.13 본호신설)

5. 제25조제1항 또는 제26조를 위반한 자(2017.3.21 본호개정)
6. 제30조제3항 및 제4항에 따른 검역관의 출입·검사 또는 물건 등의 무상 수거를 거부·방해 또는 기피한 자
7. 제36조제2항에 따른 검역을 거부·방해 또는 기피한 자
8. 제38조제1항을 위반하여 화물 목록을 제출하지 아니한 자

8의2. 제39조제2항을 위반하여 지정검역물을 넣은 탁송품을 동물검역기관의 장에게 통보하지 아니한 탁송업자(2017.3.21 본호신설)

9. 제41조제1항 본문에 따른 검역을 받지 아니하고 지정검역물을 수출한 자
10. 제45조제2항에 따른 검역관의 음식물 처리 검사를 거부·방해 또는 기피한 자
11. 제45조제2항에 따른 검역관의 자료 제출 요구를 따르지 아니하거나 거짓 자료를 제출한 자(2020.2.4 본호개정)
12. 제51조제1항에 따라 보고하여야 하는 자가 보고를 하지 아니하거나 거짓으로 보고한 자
13. 제52조의4제2항을 위반하여 정당한 사유 없이 요청에 따르지 아니한 자(2019.12.10 본호신설)

③ 제1항 및 제2항에 따른 과태료는 대통령령으로 정하는 바에 따라 농림축산식품부장관, 동물검역기관의 장, 시·도지사, 시장·군수·구청장이 부과한다.(2015.6.22 본항개정)

제6장 법칙행위에 관한 처리의 특례

제61조~제64조 (2007.8.3 삭제)

부 칙 (2008.9.11)

제1조【시행일】 이 법은 공포한 날부터 시행한다. 다만, 제9조제4항제4호의2, 제42조제4항 및 제46조제1항의 개정규정은 공포 후 6개월이 경과한 날부터 시행한다.

제2조【쇠고기 및 쇠고기 제품 위생조건에 관한 경과조치】 ① 이 법 시행 당시 제34조제2항에 따라 농림수산식품부장관이 고시한 쇠고기 및 쇠고기 제품에 관한 위생조건은 종전의 규정에 따른다. 다만, 농림수산식품부 고시 제2008-15호 부칙 제7항에 따라 소비자들의 신뢰가 회복되었다고 판단되어 30개월령 이상 쇠고기 또는 쇠고기 제품을 반입하고자 하는 경우에는 국회의 심의를 받아야 한다.

② 종전의 위생조건이 적용되는 수출국에서 소해면상뇌증이 추가로 발생한 경우에는 제32조의2의 개정규정을 적용하고 종전의 위생조건이 적용되는 수출국에서 중단된 쇠고기 및 쇠고기 제품의 수입을 재개할 경우에는 제34조제3항의 개정규정을 적용한다.

부 칙 (2015.6.22)

제1조【시행일】 이 법은 공포 후 6개월이 경과한 날부터 시행한다. 다만, 제17조제1항제1호·제2호의2·제4호·제6호 및 같은 조 제2항의 개정규정은 2016년 2월 23일부터 시행한다.

제2조【가축전염병 병원체 분리 신고에 관한 적용례】 제14조제2항의 개정규정은 이 법 시행 후 가축전염병을 연구·검사하는 기관의 장이 가축전염병 병원체를 분리하는 경우부터 적용한다.

제3조【농림축산식품부장관의 지시에 관한 적용례】 제52조제4항의 개정규정은 이 법 시행 후 지급사유가 발생하는 보상금과 지원사유가 발생하는 비용부터 적용한다.
제4조【가축방역협의회에 대한 경과조치】 이 법 시행 당시 종전의 제4조에 따라 구성·운영되는 가축방역협의회는 제4조의 개정규정에 따른 가축방역심의회로 본다.
제5조【소독설비기준 적용대상 확대에 관한 경과조치】 부칙 제1조 단서에 따른 시행일 당시 제17조제1항제1호·제2호의2·제4호·제6호의 개정규정에 따라 소독설비를 갖추어야 하는 자는 부칙 제1조 단서에 따른 시행일 이후 1년 이내에 소독설비를 갖추어야 한다.
제6조【차량등록 대상 확대에 관한 경과조치】 제17조의3 제1항의 개정규정에 따른 시설출입차량의 소유자는 이 법 시행 후 3개월 이내에 시설출입차량으로 등록하고, 제17조의3제2항에 따라 차량무선인식장치를 장착하여야 한다.
제7조【방역기준에 관한 경과조치】 ① 이 법 시행 당시 제17조제1항제1호의 개정규정에 해당하는 자(300제곱미터를 초과하는 가축사육시설을 갖추고 있는 가축의 소유자등만 해당한다)는 이 법 시행 후 1년 이내에 제17조의6 제1항의 개정규정에 따른 방역기준을 갖추어야 한다.
② 이 법 시행 당시 제17조제1항제1호의 개정규정에 해당하는 자(50제곱미터 초과 300제곱미터 이하의 가축사육시설을 갖추고 있는 가축의 소유자등만 해당한다)는 부칙 제1조 단서에 따른 시행일 이후 1년 이내에 제17조의6 제1항의 개정규정에 따른 방역기준을 갖추어야 한다.
제8조【보상금 감액에 관한 경과조치】 이 법 시행 전에 지급사유가 발생한 보상금에 대해서는 제48조제3항 및 제4항의 개정규정에도 불구하고 종전의 규정에 따른다.
제9조【벌칙 및 과태료에 관한 경과조치】 이 법 시행 전의 행위에 대하여 벌칙 및 과태료를 적용할 때에는 종전의 규정에 따른다.

부 칙 (2017.3.21)

제1조【시행일】 이 법은 공포 후 6개월이 경과한 날부터 시행한다.
제2조【탁송품 검역에 관한 적용례】 제39조의 개정규정은 이 법 시행 이후 탁송업자가 국내 송부를 위탁받은 탁송품부터 적용한다.
제3조【행정처분기준에 관한 경과조치】 이 법 시행 전의 위반행위에 대한 행정처분에 관하여는 종전의 규정에 따른다.

부 칙 (2018.12.31)

제1조【시행일】 이 법은 공포 후 6개월이 경과한 날부터 시행한다. 다만, 제17조제2항제1호와 제3호의 개정규정은 2021년 1월 1일부터 시행한다.
제2조【적용례】 제17조제2항제2호의 개정규정은 이 법 시행 이후 최초로 식용란 검사에 불합격한 농가부터 적용한다.

부 칙 (2020.2.4)

제1조【시행일】 이 법은 공포 후 3개월이 경과한 날부터 시행한다.
제2조【벌칙이나 과태료에 관한 경과조치】 이 법 시행 전의 위반행위에 대하여 벌칙이나 과태료를 적용할 때에는 종전의 규정에 따른다.

부 칙 (2021.4.13)

이 법은 공포 후 6개월이 경과한 날부터 시행한다.

부 칙 (2021.11.30)

이 법은 공포한 날부터 시행한다.

부 칙 (2023.9.14)

제1조【시행일】 이 법은 공포 후 6개월이 경과한 날부터 시행한다. 다만, 제17조제12항 및 제60조제1항제5호의4의 개정규정은 공포 후 1년이 경과한 날부터 시행한다.
제2조【이동제한 조치 명령 등에 따른 소득안정 비용 지원에 관한 적용례】 제49조제2항의 개정규정은 이 법 시행 이후 가축의 소유자가 제19조제1항에 따른 이동제한 조치 명령 또는 같은 조 제2항에 따른 반출금지 명령을 이행한 경우부터 적용한다.

동물보호법

(2022년 4월 26일 전부개정법률 제18853호)

개정
2023. 3.14법19234호(개인정보보호법)
2023. 6.20법19486호
2024. 1. 2법19880호→2025년 1월 3일 시행

제1장 총 칙

제1조【목적】 이 법은 동물의 생명보호, 안전 보장 및 복지 증진을 꾀하고 건전하고 책임 있는 사육문화를 조성함으로써, 생명 존중의 국민 정서를 기르고 사람과 동물의 조화로운 공존에 이바지함을 목적으로 한다.
제2조【정의】 이 법에서 사용하는 용어의 뜻은 다음과 같다.
1. "동물"이란 고통을 느낄 수 있는 신경체계가 발달한 척추동물로서 다음 각 목의 어느 하나에 해당하는 동물을 말한다.
 가. 포유류
 나. 조류
 다. 파충류·양서류·어류 중 농림축산식품부장관이 관계 중앙행정기관의 장과의 협의를 거쳐 대통령령으로 정하는 동물
2. "소유자등"이란 동물의 소유자와 일시적 또는 영구적으로 동물을 사육·관리 또는 보호하는 사람을 말한다.
3. "유실·유기동물"이란 도로·공원 등의 공공장소에서 소유자등이 없이 배회하거나 내버려진 동물을 말한다.
4. "피학대동물"이란 제10조제2항 및 같은 조 제4항제2호에 따른 학대를 받은 동물을 말한다.
5. "맹견"이란 다음 각 목의 어느 하나에 해당하는 개를 말한다.
 가. 도사견, 핏불테리어, 로트와일러 등 사람의 생명이나 신체 또는 동물에 위해를 가할 우려가 있는 개로서 농림축산식품부령으로 정하는 개
 나. 사람의 생명이나 신체 또는 동물에 위해를 가할 우려가 있어 제24조제3항에 따라 시·도지사가 맹견으로 지정한 개
6. "봉사동물"이란 「장애인복지법」 제40조에 따른 장애인 보조견 등 사람이나 국가를 위하여 봉사하고 있거나 봉사한 동물로서 대통령령으로 정하는 동물을 말한다.
7. "반려동물"이란 반려(伴侶)의 목적으로 기르는 개, 고양이 등 농림축산식품부령으로 정하는 동물을 말한다.
8. "등록대상동물"이란 동물의 보호, 유실·유기(遺棄) 방지, 질병의 관리, 공중위생상의 위해 방지 등을 위하여 등록이 필요하다고 인정하여 대통령령으로 정하는 동물을 말한다.
9. "동물학대"란 동물을 대상으로 정당한 사유 없이 불필요하거나 피할 수 있는 고통과 스트레스를 주는 행위 및 굶주림, 질병 등에 대하여 적절한 조치를 게을리하거나 방치하는 행위를 말한다.
10. "기질평가"란 동물의 건강상태, 행동양태 및 소유자 등의 통제능력 등을 종합적으로 분석하여 평가 대상 동물의 공격성을 판단하는 것을 말한다.
11. "반려동물행동지도사"란 반려동물의 행동분석·평가 및 훈련 등에 전문지식과 기술을 가진 사람으로서 제31조제1항에 따른 자격시험에 합격한 사람을 말한다.
12. "동물실험"이란 「실험동물에 관한 법률」 제2조제1호에 따른 동물실험을 말한다.
13. "동물실험시행기관"이란 동물실험을 실시하는 법인·단체 또는 기관으로서 대통령령으로 정하는 법인·단체 또는 기관을 말한다.
제3조【동물보호의 기본원칙】 누구든지 동물을 사육·관리 또는 보호할 때에는 다음 각 호의 원칙을 준수하여야 한다.
1. 동물이 본래의 습성과 몸의 원형을 유지하면서 정상적으로 살 수 있도록 할 것
2. 동물이 갈증 및 굶주림을 겪거나 영양이 결핍되지 아니하도록 할 것
3. 동물이 정상적인 행동을 표현할 수 있고 불편함을 겪지 아니하도록 할 것
4. 동물이 고통·상해 및 질병으로부터 자유롭도록 할 것
5. 동물이 공포와 스트레스를 받지 아니하도록 할 것
제4조【국가·지방자치단체 및 국민의 책무】 ① 국가와 지방자치단체는 동물학대 방지 등 동물을 적정하게 보호·관리하기 위하여 필요한 시책을 수립·시행하여야 한다.
② 국가와 지방자치단체는 제1항에 따른 책무를 다하기 위하여 필요한 인력·예산 등을 확보하도록 노력하여야 하며, 국가는 동물의 적정한 보호·관리, 복지업무 추진을 위하여 지방자치단체에 필요한 사업비의 전부 또는 일부를 예산의 범위에서 지원할 수 있다.
③ 국가와 지방자치단체는 대통령령으로 정하는 민간단체에 동물보호운동이나 그 밖에 이와 관련된 활동을 권장하거나 필요한 지원을 할 수 있으며, 국민에게 동물의 적정한 보호·관리의 방법 등을 알리기 위하여 노력하여야 한다.
④ 국가와 지방자치단체는 「초·중등교육법」 제2조에 따른 학교에 재학 중인 학생이 동물의 보호·복지 등에 관한 사항을 교육받을 수 있도록 동물보호교육을 활성화하기 위하여 노력하여야 한다.(2023.6.20 본항신설)
⑤ 국가와 지방자치단체는 제4항에 따른 교육을 활성화하기 위하여 예산의 범위에서 지원할 수 있다.(2023.6.20 본항신설)
⑥ 모든 국민은 동물을 보호하기 위한 국가와 지방자치단체의 시책에 적극 협조하는 등 동물의 보호를 위하여 노력하여야 한다.
⑦ 소유자등은 동물의 보호·복지에 관한 교육을 이수하는 등 동물의 적정한 보호·관리와 동물학대 방지를 위하여 노력하여야 한다.

제4조의2【동물보호의 날】 ① 동물의 생명보호 및 복지 증진의 가치를 널리 알리고 사람과 동물이 조화롭게 공존하는 문화를 조성하기 위하여 매년 10월 4일을 동물보호의 날로 한다.
② 국가와 지방자치단체는 동물보호의 날의 취지에 맞는 행사와 교육 및 홍보를 실시할 수 있다.
(2024.1.2 본조신설 : 2025.1.3 시행)

제5조【다른 법률과의 관계】 동물의 보호 및 이용·관리 등에 대하여 다른 법률에 특별한 규정이 있는 경우를 제외하고는 이 법에서 정하는 바에 따른다.

제2장 동물복지종합계획의 수립 등

제6조【동물복지종합계획】 ① 농림축산식품부장관은 동물의 적정한 보호·관리를 위하여 5년마다 다음 각 호의 사항이 포함된 동물복지종합계획(이하 "종합계획"이라 한다)을 수립·시행하여야 한다.
1. 동물복지에 관한 기본방향
2. 동물의 보호·복지 및 관리에 관한 사항
3. 동물을 보호하는 시설에 대한 지원 및 관리에 관한 사항
4. 반려동물 관련 영업에 관한 사항
5. 동물의 질병 예방 및 치료 등 보건 증진에 관한 사항
6. 동물의 보호·복지 관련 대국민 교육 및 홍보에 관한 사항
7. 종합계획 추진 재원의 조달방안
8. 그 밖에 동물의 보호·복지를 위하여 필요한 사항
② 농림축산식품부장관은 종합계획을 수립할 때 관계 중앙행정기관의 장 및 특별시장·광역시장·특별자치시장·도지사·특별자치도지사(이하 "시·도지사"라 한다)의 의견을 수렴하고, 제7조에 따른 동물복지위원회의 심의를 거쳐 확정한다.
③ 시·도지사는 종합계획에 따라 5년마다 특별시·광역시·특별자치시·도·특별자치도(이하 "시·도"라 한다) 단위의 동물복지계획을 수립하여야 하고, 이를 농림축산식품부장관에게 통보하여야 한다.
제7조【동물복지위원회】 ① 농림축산식품부장관의 다음 각 호의 자문에 응하도록 하기 위하여 농림축산식품부에 동물복지위원회(이하 이 조에서 "위원회"라 한다)를 둔다. 다만, 제1호는 심의사항으로 한다.
1. 종합계획의 수립에 관한 사항
2. 동물복지정책의 수립, 집행, 조정 및 평가 등에 관한 사항
3. 다른 중앙행정기관의 업무 중 동물의 보호·복지와 관련된 사항
4. 그 밖에 동물의 보호·복지에 관한 사항
② 위원회는 공동위원장 2명을 포함하여 20명 이내의 위원으로 구성한다.
③ 공동위원장은 농림축산식품부차관과 호선(互選)된 민간위원으로 하며, 위원은 관계 중앙행정기관의 소속 공무원 또는 다음 각 호에 해당하는 사람 중에서 농림축산식품부장관이 임명 또는 위촉한다.
1. 수의사로서 동물의 보호·복지에 대한 학식과 경험이 풍부한 사람
2. 동물복지정책에 관한 학식과 경험이 풍부한 사람으로서 제4조제3항에 따른 민간단체의 추천을 받은 사람
3. 그 밖에 동물복지정책에 관한 전문지식을 가진 사람으로서 농림축산식품부령으로 정하는 자격기준에 맞는 사람
④ 위원회는 위원회의 업무를 효율적으로 수행하기 위하여 위원회에 분과위원회를 둘 수 있다.
⑤ 제1항부터 제4항까지의 규정에 따른 사항 외에 위원회 및 분과위원회의 구성·운영 등에 관한 사항은 대통령령으로 정한다.
제8조【시·도 동물복지위원회】 ① 시·도지사는 제6조제3항에 따른 시·도 단위의 동물복지계획의 수립, 동물의 적정한 보호·관리 및 동물복지에 관한 정책을 종합·조정하기 위하여 시·도 동물복지위원회를 설치·운영할 수 있다. 다만, 시·도에 동물복지위원회와 성격 및 기능이 유사한 위원회가 설치되어 있는 경우 해당 시·도의 조례로 정하는 바에 따라 그 위원회가 동물복지위원회의 기능을 대신할 수 있다.
② 시·도 동물복지위원회의 구성·운영 등에 관한 사항은 각 시·도의 조례로 정한다.

제3장 동물의 보호 및 관리

제1절 동물의 보호 등

제9조【적정한 사육·관리】 ① 소유자등은 동물에게 적합한 사료와 물을 공급하고, 운동·휴식 및 수면이 보장되도록 노력하여야 한다.
② 소유자등은 동물이 질병에 걸리거나 부상당한 경우에는 신속하게 치료하거나 그 밖에 필요한 조치를 하도록 노력하여야 한다.
③ 소유자등은 동물을 관리하거나 다른 장소로 옮긴 경우에는 그 동물이 새로운 환경에 적응하는 데에 필요한 조치를 하도록 노력하여야 한다.
④ 소유자등은 재난 시 동물이 안전하게 대피할 수 있도록 노력하여야 한다.
⑤ 제1항부터 제3항까지에서 규정한 사항 외에 동물의 적절한 사육·관리 방법 등에 관한 사항은 농림축산식품부령으로 정한다.

제10조【동물학대 등의 금지】 ① 누구든지 동물을 죽이거나 죽음에 이르게 하는 다음 각 호의 행위를 하여서는 아니 된다.
1. 목을 매다는 등의 잔인한 방법으로 죽음에 이르게 하는 행위
2. 노상 등 공개된 장소에서 죽이거나 같은 종류의 다른 동물이 보는 앞에서 죽음에 이르게 하는 행위
3. 동물의 습성 및 생태환경 등 부득이한 사유가 없음에도 불구하고 해당 동물을 다른 동물의 먹이로 사용하는 행위
4. 그 밖에 사람의 생명·신체에 대한 직접적인 위협이나 재산상의 피해 방지 등 농림축산식품부령으로 정하는 정당한 사유 없이 동물을 죽음에 이르게 하는 행위

② 누구든지 동물에 대하여 다음 각 호의 행위를 하여서는 아니 된다.
1. 도구·약물 등 물리적·화학적 방법을 사용하여 상해를 입히는 행위. 다만, 해당 동물의 질병 예방이나 치료 등 농림축산식품부령으로 정하는 경우는 제외한다.
2. 살아있는 상태에서 동물의 몸을 손상하거나 체액을 채취하거나 체액을 채취하기 위한 장치를 설치하는 행위. 다만, 해당 동물의 질병 예방 및 동물실험 등 농림축산식품부령으로 정하는 경우는 제외한다.
3. 도박·광고·오락·유흥 등의 목적으로 동물에게 상해를 입히는 행위. 다만, 민속경기 등 농림축산식품부령으로 정하는 경우는 제외한다.
4. 동물의 몸에 고통을 주거나 상해를 입히는 다음 각 목에 해당하는 행위
   가. 사람의 생명·신체에 대한 직접적 위협이나 재산상의 피해를 방지하기 위하여 다른 방법이 있음에도 불구하고 동물에게 고통을 주거나 상해를 입히는 행위
   나. 동물의 습성 또는 사육환경 등의 부득이한 사유가 없음에도 불구하고 동물을 혹서·혹한 등의 환경에 방치하여 고통을 주거나 상해를 입히는 행위
   다. 갈증이나 굶주림의 해소 또는 질병의 예방이나 치료 등의 목적 없이 동물에게 물이나 음식을 강제로 먹여 고통을 주거나 상해를 입히는 행위
   라. 동물의 사육·훈련 등을 위하여 필요한 방식이 아님에도 불구하고 다른 동물과 싸우게 하거나 도구를 사용하는 등 잔인한 방식으로 고통을 주거나 상해를 입히는 행위

③ 누구든지 소유자등이 없이 배회하거나 내버려진 동물 또는 피학대동물 중 소유자등을 알 수 없는 동물에 대하여 다음 각 호의 어느 하나에 해당하는 행위를 하여서는 아니 된다.
1. 포획하여 판매하는 행위
2. 포획하여 죽이는 행위
3. 판매하거나 죽일 목적으로 포획하는 행위
4. 소유자등이 없이 배회하거나 내버려진 동물 또는 피학대동물 중 소유자등을 알 수 없는 동물임을 알면서 알선·구매하는 행위

④ 소유자등은 다음 각 호의 행위를 하여서는 아니 된다.
1. 동물을 유기하는 행위
2. 반려동물에게 최소한의 사육공간 및 먹이 제공, 적정한 길이의 목줄, 위생·건강 관리를 위한 사항 등 농림축산식품부령으로 정하는 사육·관리 또는 보호의무를 위반하여 상해를 입히거나 질병을 유발하는 행위
3. 제2호의 행위로 인하여 반려동물을 죽음에 이르게 하는 행위

⑤ 누구든지 다음 각 호의 행위를 하여서는 아니 된다.
1. 제1항부터 제4항까지(제4항제1호는 제외한다)의 규정에 해당하는 행위를 촬영한 사진 또는 영상물을 판매·전시·전달·상영하거나 인터넷에 게재하는 행위. 다만, 동물보호 의식을 고양하기 위한 목적이 표시된 홍보 활동 등 농림축산식품부령으로 정하는 경우에는 그러하지 아니하다.
2. 도박을 목적으로 동물을 이용하는 행위 또는 동물을 이용하는 도박을 행할 목적으로 광고·선전하는 행위. 다만, 「사행산업통합감독위원회법」 제2조제1호에 따른 사행산업은 제외한다.
3. 도박·시합·복권·오락·유흥·광고 등의 상이나 경품으로 동물을 제공하는 행위
4. 영리를 목적으로 동물을 대여하는 행위. 다만, 「장애인복지법」 제40조에 따른 장애인 보조견의 대여 등 농림축산식품부령으로 정하는 경우는 제외한다.

제11조【동물의 운송】 ① 동물을 운송하는 자 중 농림축산식품부령으로 정하는 자는 다음 각 호의 사항을 준수하여야 한다.
1. 운송 중인 동물에게 적합한 사료와 물을 공급하고, 급격한 출발·제동 등으로 충격과 상해를 입지 아니하도록 할 것
2. 동물을 운송하는 차량은 동물이 운송 중에 상해를 입지 아니하고, 급격한 체온 변화, 호흡곤란 등으로 인한 고통을 최소화할 수 있는 구조로 되어 있을 것
3. 병든 동물, 어린 동물 또는 임신 중이거나 포유 중인 새끼가 딸린 동물을 운송할 때에는 함께 운송 중인 다른 동물에 의하여 상해를 입지 아니하도록 칸막이의 설치 등 필요한 조치를 할 것
4. 동물을 싣고 내리는 과정에서 동물 또는 동물이 들어있는 운송용 우리를 던지거나 떨어뜨려서 동물을 다치게 하는 행위를 하지 아니할 것
5. 운송을 위하여 전기(電氣) 몰이도구를 사용하지 아니할 것

② 농림축산식품부장관은 제1항제2호에 따른 동물 운송 차량의 구조 및 설비기준을 정하고 이에 맞는 차량을 사용하도록 권장할 수 있다.
③ 농림축산식품부장관은 제1항 및 제2항에서 규정한 사항 외에 동물 운송에 관하여 필요한 사항을 정하여 권장할 수 있다.

제12조【반려동물의 전달방법】 반려동물을 다른 사람에게 전달하려는 자는 직접 전달하거나 제73조제1항에 따라 동물운송업의 등록을 한 자를 통하여 전달하여야 한다.

제13조【동물의 도살방법】 ① 누구든지 혐오감을 주거나 잔인한 방법으로 동물을 도살하여서는 아니 되며, 도살과정에서 불필요한 고통이나 공포, 스트레스를 주어서는 아니 된다.
② 「축산물 위생관리법」 또는 「가축전염병 예방법」에 따라 동물을 죽이는 경우에는 가스법·전살법(電殺法) 등 농림축산식품부령으로 정하는 방법을 이용하여 고통을 최소화하여야 하며, 반드시 의식이 없는 상태에서 다음 도살 단계로 넘어가야 한다. 매몰을 하는 경우에도 또한 같다.
③ 제1항 및 제2항의 경우 외에도 동물을 불가피하게 죽여야 하는 경우에는 고통을 최소화할 수 있는 방법에 따라야 한다.

제14조【동물의 수술】 거세, 뿔 없애기, 꼬리 자르기 등 동물에 대한 외과적 수술을 하는 사람은 수의학적 방법에 따라야 한다.

제15조【등록대상동물의 등록 등】 ① 등록대상동물의 소유자는 동물의 보호와 유실·유기 방지 및 공중위생상의 위해 방지 등을 위하여 특별자치시장·특별자치도지사·시장·군수·구청장에게 등록대상동물을 등록하여야 한다. 다만, 등록대상동물이 맹견이 아닌 경우로서 농림축산식품부령으로 정하는 바에 따라 시·도의 조례로 정하는 지역에서는 그러하지 아니하다.
② 제1항에 따라 등록된 등록대상동물(이하 "등록동물"이라 한다)의 소유자는 다음 각 호의 어느 하나에 해당하는 경우에는 해당 각 호의 구분에 따른 기간에 특별자치시장·특별자치도지사·시장·군수·구청장에게 신고하여야 한다.
1. 등록동물을 잃어버린 경우 : 등록동물을 잃어버린 날부터 10일 이내
2. 등록동물에 대하여 대통령령으로 정하는 사항이 변경된 경우 : 변경사유 발생일부터 30일 이내

③ 등록동물의 소유권을 이전받은 자 중 제1항 본문에 따른 등록을 실시하는 지역에 거주하는 자는 그 사실을 소유권을 이전받은 날부터 30일 이내에 자신의 주소지를 관할하는 특별자치시장·특별자치도지사·시장·군수·구청장에게 신고하여야 한다.
④ 특별자치시장·특별자치도지사·시장·군수·구청장은 대통령령으로 정하는 자(이하 이 조에서 "동물등록대행자"라 한다)로 하여금 제1항부터 제3항까지의 규정에 따른 업무를 대행하게 할 수 있으며 이에 필요한 비용을 지급할 수 있다.
⑤ 특별자치시장·특별자치도지사·시장·군수·구청장은 다음 각 호의 어느 하나에 해당하는 경우 등록을 말소할 수 있다.
1. 거짓이나 그 밖의 부정한 방법으로 등록대상동물을 등록하거나 변경신고한 경우
2. 등록동물 소유자의 주민등록이나 외국인등록사항이 말소된 경우
3. 등록동물의 소유자인 법인이 해산한 경우

⑥ 국가와 지방자치단체는 제1항에 따른 등록에 필요한 비용의 일부 또는 전부를 지원할 수 있다.
⑦ 등록대상동물의 등록 사항 및 방법·절차, 변경신고 절차, 등록 말소 절차, 동물등록대행자 준수사항 등에 관한 사항은 대통령령으로 정하며, 그 밖에 등록에 필요한 사항은 시·도의 조례로 정한다.

제16조【등록대상동물의 관리 등】 ① 등록대상동물의 소유자등은 소유자등이 없이 등록대상동물을 기르는 곳에서 벗어나지 아니하도록 관리하여야 한다.
② 등록대상동물의 소유자등은 등록대상동물을 동반하고 외출할 때에는 다음 각 호의 사항을 준수하여야 한다.
1. 농림축산식품부령으로 정하는 기준에 맞는 목줄 착용 등 사람 또는 동물에 대한 위해를 예방하기 위한 안전조치를 할 것
2. 등록대상동물의 이름, 소유자의 연락처, 그 밖에 농림축산식품부령으로 정하는 사항을 표시한 인식표를 등록대상동물에게 부착할 것
3. 배설물(소변의 경우에는 공동주택의 엘리베이터·계단 등 건물 내부의 공용공간 및 평상·의자 등 사람이 눕거나 앉을 수 있는 기구 위의 것으로 한정한다)이 생겼을 때에는 즉시 수거할 것

③ 시·도지사는 등록대상동물의 유실·유기 또는 공중위생상의 위해 방지를 위하여 필요할 때에는 시·도의 조례로 정하는 바에 따라 소유자등으로 하여금 등록대상동물에 대하여 예방접종을 하게 하거나 특정 지역 또는 장소에서의 사육 또는 출입을 제한하게 하는 등 필요한 조치를 할 수 있다.

제2절 맹견의 관리 등

제17조【맹견수입신고】 ① 제2조제5호가목에 따른 맹견을 수입하려는 자는 대통령령으로 정하는 바에 따라 농림축산식품부장관에게 신고하여야 한다.
② 제1항에 따라 맹견수입신고를 하려는 자는 맹견의 품종, 수입 목적, 사육 장소 등 대통령령으로 정하는 사항을 신고서에 기재하여 농림축산식품부장관에게 제출하여야 한다.

제18조【맹견사육허가 등】 ① 등록대상동물인 맹견을 사육하려는 사람은 다음 각 호의 요건을 갖추어 시·도지사에게 맹견사육허가를 받아야 한다.
1. 제15조에 따른 등록을 할 것
2. 제23조에 따른 보험에 가입할 것
3. 중성화(中性化) 수술을 할 것. 다만, 맹견의 월령이 8개월 미만인 경우로서 발육상태 등으로 인하여 중성화 수술이 어려운 경우에는 대통령령으로 정하는 기간 내에 중성화 수술을 한 후 그 증명서류를 시·도지사에게 제출하여야 한다.

② 공동으로 맹견을 사육·관리 또는 보호하는 사람이 있는 경우에는 제1항에 따른 맹견사육허가를 공동으로 신청할 수 있다.
③ 시·도지사는 맹견사육허가를 하기 전에 제26조에 따른 기질평가위원회가 시행하는 기질평가를 거쳐야 한다.
④ 시·도지사는 맹견의 사육으로 인하여 공공의 안전에 위험이 발생할 우려가 크다고 판단하는 경우에는 맹견사육허가를 거부하여야 한다. 이 경우 기질평가위원회의 심의를 거쳐 해당 맹견에 대하여 인도적인 방법으로 처리할 것을 명할 수 있다.
⑤ 제4항에 따른 맹견의 인도적인 처리는 제46조제1항 및 제2항 전단을 준용한다.
⑥ 시·도지사는 맹견사육허가를 받은 자(제2항에 따라 공동으로 맹견사육허가를 신청한 경우 공동 신청한 자를 포함한다)에게 농림축산식품부령으로 정하는 바에 따라 교육이수 또는 허가대상 맹견의 훈련을 명할 수 있다.
⑦ 제1항부터 제6항까지의 규정에 따른 사항 외에 맹견사육허가의 절차 등에 관한 사항은 대통령령으로 정한다.

제19조【맹견사육허가의 결격사유】 다음 각 호의 어느 하나에 해당하는 사람은 제18조에 따른 맹견사육허가를 받을 수 없다.
1. 미성년자(19세 미만의 사람을 말한다. 이하 같다)
2. 피성년후견인 또는 피한정후견인
3. 「정신건강증진 및 정신질환자 복지서비스 지원에 관한 법률」 제3조제1호에 따른 정신질환자 또는 「마약류 관리에 관한 법률」 제2조제1호에 따른 마약류의 중독자. 다만, 정신건강의학과 전문의가 맹견을 사육하는 것에 지장이 없다고 인정하는 사람은 그러하지 아니하다.
4. 제10조·제16조·제21조를 위반하여 벌금 이상의 실형을 선고받고 그 집행이 종료(집행이 종료된 것으로 보는 경우를 포함한다)되거나 집행이 면제된 날부터 3년이 지나지 아니한 사람
5. 제10조·제16조·제21조를 위반하여 벌금 이상의 형의 집행유예를 선고받고 그 유예기간 중에 있는 사람

제20조【맹견사육허가의 철회 등】 ① 시·도지사는 다음 각 호의 어느 하나에 해당하는 경우에 맹견사육허가를 철회할 수 있다.
1. 제18조에 따라 맹견사육허가를 받은 사람의 맹견이 사람 또는 동물을 공격하여 다치게 하거나 죽게 한 경우
2. 정당한 사유 없이 제18조제1항제3호 단서에서 규정한 기간이 지나도록 중성화 수술을 이행하지 아니한 경우
3. 제18조제6항에 따른 교육이수명령 또는 허가대상 맹견의 훈련 명령에 따르지 아니한 경우

② 시·도지사는 제1항제1호에 따라 맹견사육허가를 철회하는 경우 기질평가위원회의 심의를 거쳐 해당 맹견에 대하여 인도적인 방법으로 처리할 것을 명할 수 있다. 이 경우 제46조제1항 및 제2항 전단을 준용한다.

제21조【맹견의 관리】 ① 맹견의 소유자등은 다음 각 호의 사항을 준수하여야 한다.
1. 소유자등이 없이 맹견을 기르는 곳에서 벗어나지 아니하게 할 것. 다만, 제18조에 따라 맹견사육허가를 받은 사람의 맹견은 맹견사육허가를 받은 사람 또는 대통령령으로 정하는 맹견사육에 대한 전문지식을 가진 사람 없이 맹견을 기르는 곳에서 벗어나지 아니하게 할 것
2. 월령이 3개월 이상인 맹견을 동반하고 외출할 때에는 농림축산식품부령으로 정하는 바에 따라 목줄 및 입마개 등 안전장치를 하거나 맹견의 탈출을 방지할 수 있는 적정한 이동장치를 할 것
3. 그 밖에 맹견이 사람 또는 동물에게 위해를 가하지 못하도록 하기 위하여 농림축산식품부령으로 정하는 사항을 따를 것
② 시·도지사와 시장·군수·구청장은 맹견이 사람에게 신체적 피해를 주는 경우 농림축산식품부령으로 정하는 바에 따라 소유자등의 동의 없이 맹견에 대하여 격리조치 등 필요한 조치를 취할 수 있다.
③ 제18조제1항 및 제2항에 따라 맹견사육허가를 받은 사람은 맹견의 안전한 사육·관리 또는 보호에 관하여 농림축산식품부령으로 정하는 바에 따라 정기적으로 교육을 받아야 한다.

제22조【맹견의 출입금지 등】 맹견의 소유자등은 다음 각 호의 어느 하나에 해당하는 장소에 맹견이 출입하지 아니하도록 하여야 한다.
1. 「영유아보육법」 제2조제3호에 따른 어린이집
2. 「유아교육법」 제2조제2호에 따른 유치원
3. 「초·중등교육법」 제2조제1호 및 제4호에 따른 초등학교 및 특수학교
4. 「노인복지법」 제31조에 따른 노인복지시설
5. 「장애인복지법」 제58조에 따른 장애인복지시설
6. 「도시공원 및 녹지 등에 관한 법률」 제15조제1항제2호나목에 따른 어린이공원
7. 「어린이놀이시설 안전관리법」 제2조제2호에 따른 어린이놀이시설
8. 그 밖에 불특정 다수인이 이용하는 장소로서 시·도의 조례로 정하는 장소

제23조【보험의 가입 등】 ① 맹견의 소유자는 자신의 맹견이 다른 사람 또는 동물을 다치게 하거나 죽게 한 경우 발생한 피해를 보상하기 위하여 보험에 가입하여야 한다.
② 제1항에 따른 보험에 가입하여야 할 맹견의 범위, 보험의 종류, 보상한도액 및 그 밖에 필요한 사항은 대통령령으로 정한다.
③ 농림축산식품부장관은 제1항에 따른 보험의 가입관리 업무를 위하여 필요한 경우 대통령령으로 정하는 바에 따라 관계 중앙행정기관의 장 또는 지방자치단체의 장에게 행정적 조치를 하도록 요청하거나 관계 기관, 보험회사 및 보험 관련 단체에 보험의 가입관리 업무에 필요한 자료를 요청할 수 있다. 이 경우 요청을 받은 자는 정당한 사유가 없으면 이에 따라야 한다.

제24조【맹견 아닌 개의 기질평가】 ① 시·도지사는 제2조제5호가목에 따른 맹견이 아닌 개가 사람 또는 동물에게 위해를 가한 경우 그 개의 소유자에게 해당 동물에 대한 기질평가를 받을 것을 명할 수 있다.
② 맹견이 아닌 개의 소유자는 해당 개의 공격성이 분쟁의 대상이 된 경우 시·도지사에게 해당 개에 대한 기질평가를 신청할 수 있다.
③ 시·도지사는 제1항에 따른 명령을 하거나 제2항에 따른 신청을 받은 경우 기질평가를 거쳐 해당 개의 공격성이 높은 경우 맹견으로 지정하여야 한다.
④ 시·도지사는 제3항에 따라 맹견 지정을 하는 경우에는 해당 개의 소유자의 신청이 있으면 제18조에 따른 맹견사육허가 여부를 함께 결정할 수 있다.
⑤ 시·도지사는 제3항에 따라 맹견 지정을 하지 아니하는 경우에도 해당 개의 소유자에게 대통령령으로 정하는 바에 따라 교육이수 또는 개의 훈련을 명할 수 있다.

제25조【비용부담 등】 ① 기질평가에 소요되는 비용은 소유자의 부담으로 하며, 그 비용의 징수는 「지방행정제재·부과금의 징수 등에 관한 법률」의 예에 따른다.
② 제1항에 따른 기질평가비용의 기준, 지급 범위 등과 관련하여 필요한 사항은 농림축산식품부령으로 정한다.

제26조【기질평가위원회】 ① 시·도지사는 다음 각 호의 업무를 수행하기 위하여 시·도에 기질평가위원회를 둔다.
1. 제2조제5호가목에 따른 맹견 종(種)의 판정
2. 제18조제3항에 따른 맹견의 기질평가
3. 제18조제4항에 따른 인도적인 처리에 대한 심의
4. 제24조제3항에 따른 맹견이 아닌 개에 대한 기질평가
5. 그 밖에 시·도지사가 요청하는 사항
② 기질평가위원회는 위원장 1명을 포함하여 3명 이상의 위원으로 구성한다.
③ 위원은 다음 각 호의 어느 하나에 해당하는 사람 중에서 시·도지사가 위촉하며, 위원장은 위원 중에서 호선한다.
1. 수의사로서 동물의 행동과 발달 과정에 대한 학식과 경험이 풍부한 사람
2. 반려동물행동지도사
3. 동물복지정책에 대한 학식과 경험이 풍부하다고 시·도지사가 인정하는 사람
④ 제1항부터 제3항까지의 규정에 따른 사항 외에 기질평가위원회의 구성·운영 등에 관한 사항은 대통령령으로 정한다.

제27조【기질평가위원회의 권한 등】 ① 기질평가위원회는 기질평가를 위하여 필요하다고 인정하는 경우 평가대상동물의 소유자등에 대하여 출석하여 진술하게 하거나 의견서 또는 자료의 제출을 요청할 수 있다.
② 기질평가위원회는 평가에 필요한 경우 소유자의 거주지, 그 밖에 사건과 관련된 장소에서 기질평가와 관련된 조사를 할 수 있다.
③ 제2항에 따라 조사를 하는 경우 농림축산식품부령으로 정하는 증표를 지니고 이를 소유자에게 보여주어야 한다.
④ 평가대상동물의 소유자등은 정당한 사유 없이 제1항 및 제2항에 따른 출석, 자료제출요구 또는 기질평가와 관련한 조사를 거부하여서는 아니 된다.

제28조【기질평가에 필요한 정보의 요청 등】 ① 시·도지사 또는 기질평가위원회는 기질평가를 위하여 필요하다고 인정하는 경우 동물이 사람 또는 동물에게 위해를 가한 사건에 대하여 관계 기관에 영상정보처리기기의 기록 등 필요한 정보를 요청할 수 있다.
② 제1항에 따른 요청을 받은 관계 기관의 장은 정당한 사유 없이 이를 거부하여서는 아니 된다.
③ 제1항의 정보의 보호 및 관리에 관한 사항은 이 법에서 규정된 것을 제외하고는 「개인정보 보호법」을 따른다.

제29조【비밀엄수의 의무 등】 ① 기질평가위원회의 위원이나 위원이었던 사람은 업무상 알게 된 비밀을 누설하여서는 아니 된다.
② 기질평가위원회의 위원 중 공무원이 아닌 사람은 「형법」 제129조부터 제132조까지의 규정을 적용할 때에 공무원으로 본다.

제3절 반려동물행동지도사

제30조【반려동물행동지도사의 업무】 ① 반려동물행동지도사는 다음 각 호의 업무를 수행한다.
1. 반려동물에 대한 행동분석 및 평가
2. 반려동물에 대한 훈련
3. 반려동물 소유자등에 대한 교육
4. 그 밖에 반려동물행동지도에 필요한 사항으로 농림축산식품부령으로 정하는 업무
② 농림축산식품부장관은 반려동물행동지도사의 업무능력 및 전문성 향상을 위하여 농림축산식품부령으로 정하는 바에 따라 보수교육을 실시할 수 있다.

제31조【반려동물행동지도사 자격시험】 ① 반려동물행동지도사가 되려는 사람은 농림축산식품부장관이 시행하는 자격시험에 합격하여야 한다.
② 반려동물의 행동분석·평가 및 훈련 등에 전문지식과 기술을 갖추었다고 인정되는 대통령령으로 정하는 기준에 해당하는 사람에게는 제1항에 따른 자격시험 과목의 일부를 면제할 수 있다.
③ 농림축산식품부장관은 다음 각 호의 어느 하나에 해당하는 사람에 대해서는 해당 시험을 무효로 하거나 합격 결정을 취소하여야 한다.
1. 거짓이나 그 밖에 부정한 방법으로 시험에 응시한 사람
2. 시험에서 부정한 행위를 한 사람
④ 다음 각 호의 어느 하나에 해당하는 사람은 그 처분이 있은 날부터 3년간 반려동물행동지도사 자격시험에 응시하지 못한다.
1. 제3항에 따라 시험의 무효 또는 합격 결정의 취소를 받은 사람
2. 제32조제2항에 따라 반려동물행동지도사의 자격이 취소된 사람
⑤ 농림축산식품부장관은 제1항에 따른 자격시험의 시행 등에 관한 사항을 대통령령으로 정하는 바에 따라 관계 전문기관에 위탁할 수 있다.
⑥ 반려동물행동지도사 자격시험의 시험과목, 시험방법, 합격기준 및 자격증 발급 등에 관한 사항은 대통령령으로 정한다.

제32조【반려동물행동지도사의 결격사유 및 자격취소 등】 ① 다음 각 호의 어느 하나에 해당하는 사람은 반려동물행동지도사가 될 수 없다.
1. 피성년후견인
2. 「정신건강증진 및 정신질환자 복지서비스 지원에 관한 법률」 제3조제1호에 따른 정신질환자 또는 「마약류 관리에 관한 법률」 제2조제1호에 따른 마약류의 중독자. 다만, 정신건강의학과 전문의가 반려동물행동지도사 업무를 수행할 수 있다고 인정하는 사람은 그러하지 아니하다.
3. 이 법을 위반하여 벌금 이상의 실형을 선고받고 그 집행이 종료(집행이 종료된 것으로 보는 경우를 포함한다)되거나 집행이 면제된 날부터 3년이 지나지 아니한 경우
4. 이 법을 위반하여 벌금 이상의 형의 집행유예를 선고받고 그 유예기간 중에 있는 경우
② 농림축산식품부장관은 반려동물행동지도사가 다음 각 호의 어느 하나에 해당하면 그 자격을 취소하거나 2년 이내의 기간을 정하여 그 자격을 정지시킬 수 있다. 다만, 제1호부터 제4호까지 중 어느 하나에 해당하는 경우에는 그 자격을 취소하여야 한다.
1. 제1항 각 호의 어느 하나에 해당하게 된 경우
2. 거짓이나 그 밖의 부정한 방법으로 자격을 취득한 경우
3. 다른 사람에게 명의를 사용하게 하거나 자격증을 대여한 경우
4. 자격정지기간에 업무를 수행한 경우
5. 이 법을 위반하여 벌금 이상의 형을 선고받고 그 형이 확정된 경우
6. 영리를 목적으로 반려동물의 소유자등에게 불필요한 서비스를 선택하도록 알선·유인하거나 강요한 경우
③ 제2항에 따른 자격의 취소 및 정지에 관한 기준은 그 처분의 사유와 위반 정도 등을 고려하여 농림축산식품부령으로 정한다.

제33조【명의대여 금지 등】 ① 제31조에 따른 자격시험에 합격한 자가 아니면 반려동물행동지도사의 명칭을 사용하지 못한다.
② 반려동물행동지도사는 다른 사람에게 자기의 명의를 사용하여 제30조제1항에 따른 업무를 수행하게 하거나 그 자격증을 대여하여서는 아니 된다.
③ 누구든지 제1항이나 제2항에서 금지된 행위를 알선하여서는 아니 된다.

제4절 동물의 구조 등

제34조【동물의 구조·보호】 ① 시·도지사와 시장·군수·구청장은 다음 각 호의 어느 하나에 해당하는 동물을 발견한 때에는 그 동물을 구조하여 제9조에 따라 치료·보호에 필요한 조치(이하 "보호조치"라 한다)를 하여야 하며, 제2호 및 제3호에 해당하는 동물은 학대 재발 방지를 위하여 학대행위자로부터 격리하여야 한다. 다만, 제1호에 해당하는 동물 중 농림축산식품부령으로 정하는 동물은 구조·보호조치의 대상에서 제외한다.
1. 유실·유기동물
2. 피학대동물 중 소유자를 알 수 없는 동물
3. 소유자등으로부터 제10조제2항 및 같은 조 제4항제2호에 따른 학대를 받아 적정하게 치료·보호받을 수 없다고 판단되는 동물
② 시·도지사와 시장·군수·구청장이 제1항제1호 및 제2호에 해당하는 동물에 대하여 보호조치 중인 경우에는 그 동물의 등록 여부를 확인하여야 하고, 등록된 동물인 경우에는 지체 없이 동물의 소유자에게 보호조치 중인 사실을 통보하여야 한다.
③ 시·도지사와 시장·군수·구청장이 제1항제3호에 따른 동물을 보호할 때에는 농림축산식품부령으로 정하는 바에 따라 기간을 정하여 해당 동물에 대한 보호조치를 하여야 한다.
③ 시·도지사와 시장·군수·구청장이 제1항제3호에 따른 동물을 보호할 때에는 농림축산식품부령으로 정하는 바에 따라 수의사의 진단과 제35조제1항 및 제36조제1항에 따른 동물보호센터의 장 등 관계자의 의견 청취를 거쳐 기간을 정하여 해당 동물에 대한 보호조치를 하여야 한다.(2024.1.2 본항개정 : 2025.1.3 시행)
④ 시·도지사와 시장·군수·구청장은 제1항 각 호 외의 부분 단서에 해당하는 동물에 대하여도 보호·관리를 위하여 필요한 조치를 할 수 있다.

제35조【동물보호센터의 설치 등】 ① 시·도지사와 시장·군수·구청장은 제34조에 따른 동물의 구조·보호 등을 위하여 농림축산식품부령으로 정하는 시설 및 인력 기준에 맞는 동물보호센터를 설치·운영할 수 있다.
② 시·도지사와 시장·군수·구청장은 제1항에 따른 동물보호센터를 직접 설치·운영하도록 노력하여야 한다.
③ 제1항에 따라 설치한 동물보호센터의 업무는 다음 각 호와 같다.
1. 제34조에 따른 동물의 구조·보호조치
2. 제41조에 따른 동물의 반환 등
3. 제44조에 따른 사육포기 동물의 인수 등
4. 제45조에 따른 동물의 기증·분양
5. 제46조에 따른 동물의 인도적인 처리 등
6. 반려동물사육에 대한 교육
7. 유실·유기동물 발생 예방 교육
8. 동물학대행위 근절을 위한 동물보호 홍보
9. 그 밖에 동물의 구조·보호 등을 위하여 농림축산식품부령으로 정하는 업무
④ 농림축산식품부장관은 제1항에 따라 시·도지사 또는 시장·군수·구청장이 설치·운영하는 동물보호센터의 설치·운영에 드는 비용의 전부 또는 일부를 지원할 수 있다.
⑤ 제1항에 따라 설치된 동물보호센터의 장 및 그 종사자는 농림축산식품부령으로 정하는 바에 따라 정기적으로 동물의 보호 및 공중위생상의 위해 방지 등에 관한 교육을 받아야 한다.

⑥ 동물보호센터 운영의 공정성과 투명성을 확보하기 위하여 농림축산식품부령으로 정하는 일정 규모 이상의 동물보호센터는 농림축산식품부령으로 정하는 바에 따라 운영위원회를 구성·운영하여야 한다. 다만, 시·도 또는 시·군·구에 운영위원회와 성격 및 기능이 유사한 위원회가 설치되어 있는 경우 해당 시·도 또는 시·군·구의 조례로 정하는 바에 따라 그 위원회가 운영위원회의 기능을 대신할 수 있다.
⑦ 제1항에 따른 동물보호센터의 준수사항 등에 관한 사항은 농림축산식품부령으로 정하고, 보호조치의 구체적인 내용 등 그 밖에 필요한 사항은 시·도의 조례로 정한다.

제36조【동물보호센터의 지정 등】 ① 시·도지사 또는 시장·군수·구청장은 농림축산식품부령으로 정하는 시설 및 인력 기준에 맞는 기관이나 단체 등을 동물보호센터로 지정하여 제35조제3항에 따른 업무를 위탁할 수 있다. 이 경우 동물보호센터로 지정받은 기관이나 단체 등은 동물의 보호조치를 제3자에게 위탁하여서는 아니 된다.
② 제1항에 따른 동물보호센터로 지정받으려는 자는 농림축산식품부령으로 정하는 바에 따라 시·도지사 또는 시장·군수·구청장에게 신청하여야 한다.
③ 시·도지사 또는 시장·군수·구청장은 제1항에 따른 동물보호센터에 동물의 구조·보호조치 등에 드는 비용(이하 "보호비용"이라 한다)의 전부 또는 일부를 지원할 수 있으며, 보호비용의 지급절차와 그 밖에 필요한 사항은 농림축산식품부령으로 정한다.
④ 시·도지사 또는 시장·군수·구청장은 제1항에 따라 지정된 동물보호센터가 다음 각 호의 어느 하나에 해당하는 경우에는 그 지정을 취소할 수 있다. 다만, 제1호 및 제4호에 해당하는 경우에는 그 지정을 취소하여야 한다.
1. 거짓이나 그 밖의 부정한 방법으로 지정을 받은 경우
2. 제1항에 따른 지정기준에 맞지 아니하게 된 경우
3. 보호비용을 거짓으로 청구한 경우
4. 제10조제1항부터 제4항까지의 규정을 위반한 경우
5. 제46조를 위반한 경우
6. 제86조제1항제3호의 시정명령을 위반한 경우
7. 특별한 사유 없이 유실·유기동물 및 피학대동물에 대한 보호조치를 3회 이상 거부한 경우
8. 보호 중인 동물을 영리를 목적으로 분양한 경우
⑤ 시·도지사 또는 시장·군수·구청장은 제4항에 따라 지정이 취소된 기관이나 단체 등을 지정이 취소된 날부터 1년 이내에는 다시 동물보호센터로 지정하여서는 아니 된다. 다만, 제4항제4호에 따라 지정이 취소된 기관이나 단체는 지정이 취소된 날부터 5년 이내에는 다시 동물보호센터로 지정하여서는 아니 된다.
⑥ 제1항에 따른 동물보호센터 지정절차의 구체적인 내용은 시·도의 조례로 정하고, 지정된 동물보호센터에 대하여는 제35조제5항부터 제7항까지의 규정을 준용한다.

제37조【민간동물보호시설의 신고 등】 ① 영리를 목적으로 하지 아니하고 유실·유기동물 및 피학대동물을 기증받거나 인수 등을 하여 임시로 보호하기 위하여 대통령령으로 정하는 규모 이상의 민간동물보호시설(이하 "보호시설"이라 한다)을 운영하려는 자는 농림축산식품부령으로 정하는 바에 따라 시설 명칭, 주소, 규모 등을 특별자치시장·특별자치도지사·시장·군수·구청장에게 신고하여야 한다.
② 제1항에 따라 신고한 사항 중 대통령령으로 정하는 중요한 사항을 변경할 때에는 특별자치시장·특별자치도지사·시장·군수·구청장에게 신고하여야 한다.
③ 특별자치시장·특별자치도지사·시장·군수·구청장은 제1항에 따른 신고 또는 제2항에 따른 변경신고를 받은 경우 그 내용을 검토하여 이 법에 적합하면 신고를 수리하여야 한다.
④ 제3항에 따라 신고가 수리된 보호시설의 운영자(이하 "보호시설운영자"라 한다)는 농림축산식품부령으로 정하는 시설 및 운영 기준 등을 준수하여야 하며 동물보호를 위하여 시설정비 등의 사후관리를 하여야 한다.
⑤ 보호시설운영자가 보호시설의 운영을 일시적으로 중단하거나 영구적으로 폐쇄 또는 그 운영을 재개하려는 경우에는 농림축산식품부령으로 정하는 바에 따라 보호하고 있는 동물에 대한 관리 또는 처리 방안 등을 마련하여 특별자치시장·특별자치도지사·시장·군수·구청장에게 신고하여야 한다. 이 경우 제3항을 준용한다.
⑥ 제74조제1호·제2호·제6호·제7호에 해당하는 자는 보호시설운영자가 되거나 보호시설 종사자로 채용될 수 없다.
⑦ 농림축산식품부장관 또는 특별자치시장·특별자치도지사·시장·군수·구청장은 보호시설의 환경개선 및 운영에 드는 비용의 일부를 지원할 수 있다.
⑧ 제1항부터 제6항까지의 규정에 따른 보호시설의 시설 및 운영 등에 관한 사항은 대통령령으로 정한다.

제38조【시정명령 및 시설폐쇄 등】 ① 특별자치시장·특별자치도지사·시장·군수·구청장은 제37조제4항을 위반한 보호시설운영자에게 해당 위반행위의 중지나 시정을 위하여 필요한 조치를 명할 수 있다.
② 특별자치시장·특별자치도지사·시장·군수·구청장은 보호시설운영자가 다음 각 호의 어느 하나에 해당하는 경우에는 보호시설의 폐쇄를 명할 수 있다. 다만, 제1호 및 제2호에 해당하는 경우에는 보호시설의 폐쇄를 명하여야 한다.
1. 거짓이나 그 밖의 부정한 방법으로 보호시설의 신고 또는 변경신고를 한 경우
2. 제10조제1항부터 제4항까지의 규정을 위반하여 벌금 이상의 형을 선고받은 경우
3. 제1항에 따른 중지명령이나 시정명령을 최근 2년 이내에 3회 이상 반복하여 이행하지 아니한 경우
4. 제37조제1항에 따른 신고를 하지 아니하고 보호시설을 운영한 경우
5. 제37조제2항에 따른 변경신고를 하지 아니하고 보호시설을 운영한 경우

제39조【신고 등】 ① 누구든지 다음 각 호의 어느 하나에 해당하는 동물을 발견한 때에는 관할 지방자치단체 또는 동물보호센터에 신고할 수 있다.
1. 제10조에서 금지한 학대를 받는 동물
2. 유실·유기동물
② 다음 각 호의 어느 하나에 해당하는 자가 그 직무상 제1항에 따른 동물을 발견한 때에는 지체 없이 관할 지방자치단체 또는 동물보호센터에 신고하여야 한다.
1. 제4조제3항에 따른 민간단체의 임원 및 회원
2. 제35조제1항에 따라 설치되거나 제36조제1항에 따라 지정된 동물보호센터의 장 및 그 종사자
3. 제37조에 따른 보호시설운영자 및 보호시설의 종사자
4. 제51조제1항에 따라 동물실험윤리위원회를 설치한 동물실험시행기관의 장 및 그 종사자
5. 제53조제2항에 따른 동물실험윤리위원회의 위원
6. 제59조제1항에 따라 동물복지축산농장 인증을 받은 자
7. 제69조제1항에 따른 영업의 허가를 받은 자 또는 제73조제1항에 따라 영업의 등록을 한 자 및 그 종사자
8. 제88조제1항에 따른 동물보호관(2023.6.20 본호신설)
9. 수의사, 동물병원의 장 및 그 종사자
③ 신고인의 신분은 보장되어야 하며 그 의사에 반하여 신원이 노출되어서는 아니 된다.
④ 제1항 또는 제2항에 따라 신고한 자 또는 신고·통보를 받은 관할 특별자치시장·특별자치도지사·시장·군수·구청장은 관할 시·도 가축방역기관장 또는 국립가축방역기관장에게 해당 동물의 학대 여부 판단 등을 위한 동물검사를 의뢰할 수 있다.

제40조【공고】 시·도지사와 시장·군수·구청장은 제34조제1항제1호 및 제2호에 따른 동물을 보호하고 있는 경우에는 소유자등이 보호조치 사실을 알 수 있도록 대통령령으로 정하는 바에 따라 지체 없이 7일 이상 그 사실을 공고하여야 한다.

제41조【동물의 반환 등】 ① 시·도지사와 시장·군수·구청장은 다음 각 호의 어느 하나에 해당하는 사유가 발생한 경우에는 제34조에 해당하는 동물을 그 동물의 소유자에게 반환하여야 한다.
1. 제34조제1항제1호 및 제2호에 해당하는 동물이 보호조치 중에 있고, 소유자가 그 동물에 대하여 반환을 요구하는 경우
2. 제34조제3항에 따른 보호기간이 지난 후, 보호조치 중인 같은 조 제1항제3호의 동물에 대하여 소유자가 제2항에 따른 사육계획서를 제출한 후 제42조제2항에 따라 보호비용을 부담하고 반환을 요구하는 경우
② 시·도지사와 시장·군수·구청장이 보호조치 중인 제34조제1항제3호의 동물을 반환받으려는 소유자는 농림축산식품부령으로 정하는 바에 따라 학대행위의 재발 방지 등 동물을 적정하게 보호·관리하기 위한 사육계획서를 제출하여야 한다.
③ 시·도지사와 시장·군수·구청장은 제1항제2호에 해당하는 동물의 반환과 관련하여 동물의 소유자에게 보호기간, 보호비용 납부기한 및 면제 등에 관한 사항을 알려야 한다.
④ 시·도지사와 시장·군수·구청장은 제1항제2호에 따라 동물을 반환받은 소유자가 제2항에 따라 제출한 사육계획서의 내용을 이행하고 있는지를 제88조제1항에 따른 동물보호관에게 점검하게 할 수 있다.

제42조【보호비용의 부담】 ① 시·도지사와 시장·군수·구청장은 제34조제1항제1호 및 제2호에 해당하는 동물의 보호비용을 소유자 또는 제45조제1항에 따라 분양을 받는 자에게 청구할 수 있다.
② 제34조제1항제3호에 해당하는 동물의 보호비용은 농림축산식품부령으로 정하는 바에 따라 납부기한까지 그 동물의 소유자가 내야 한다. 이 경우 시·도지사와 시장·군수·구청장은 동물의 소유자가 제43조제2호에 따라 그 동물의 소유권을 포기한 경우에는 보호비용의 전부 또는 일부를 면제할 수 있다.
③ 제1항 및 제2항에 따른 보호비용의 징수에 관한 사항은 대통령령으로 정하고, 보호비용의 산정 기준에 관한 사항은 농림축산식품부령으로 정하는 범위에서 해당 시·도의 조례로 정한다.

제43조【동물의 소유권 취득】 시·도 및 시·군·구가 동물의 소유권을 취득할 수 있는 경우는 다음 각 호와 같다.
1. 「유실물법」 제12조 및 「민법」 제253조에도 불구하고 제40조에 따라 공고한 날부터 10일이 지나도 동물의 소유자등을 알 수 없는 경우
2. 제34조제1항제3호에 해당하는 동물의 소유자가 그 동물의 소유권을 포기한 경우
3. 제34조제1항제3호에 해당하는 동물의 소유자가 제42조제2항에 따른 보호비용의 납부기한이 종료된 날부터 10일이 지나도 보호비용을 납부하지 아니하거나 제41조제2항에 따른 사육계획서를 제출하지 아니한 경우
4. 동물의 소유자를 확인한 날부터 10일이 지나도 정당한 사유 없이 동물의 소유자와 연락이 되지 아니하거나 소유자가 반환받을 의사를 표시하지 아니한 경우

제44조【사육포기 동물의 인수 등】 ① 소유자등은 시·도지사와 시장·군수·구청장에게 자신이 소유하거나 사육·관리 또는 보호하는 동물의 인수를 신청할 수 있다.
② 시·도지사와 시장·군수·구청장이 제1항에 따른 인수신청을 승인하는 경우에 해당 동물의 소유권은 시·도 및 시·군·구에 귀속된다.
③ 시·도지사와 시장·군수·구청장은 제1항에 따라 동물의 인수를 신청하는 자에 대하여 농림축산식품부령으로 정하는 바에 따라 해당 동물에 대한 보호비용 등을 청구할 수 있다.
④ 시·도지사와 시장·군수·구청장은 장기입원 또는 요양, 「병역법」에 따른 병역 복무 등 농림축산식품부령으로 정하는 불가피한 사유가 없음에도 불구하고 동물의 인수를 신청하는 자에 대하여는 제1항에 따른 동물인수 신청을 거부할 수 있다.

제45조【동물의 기증·분양】 ① 시·도지사와 시장·군수·구청장은 제43조 또는 제44조에 따라 소유권을 취득한 동물이 적정하게 사육·관리될 수 있도록 시·도의 조례로 정하는 바에 따라 동물원, 동물을 애호하는 자(시·도의 조례로 정하는 자격요건을 갖춘 자로 한정한다)나 대통령령으로 정하는 민간단체 등에 기증하거나 분양할 수 있다.
② 시·도지사와 시장·군수·구청장은 제1항에 따라 기증하거나 분양하는 동물이 등록대상동물인 경우 등록 여부를 확인하여 등록이 되어 있지 아니한 때에는 등록한 후 기증하거나 분양하여야 한다.
③ 시·도지사와 시장·군수·구청장은 제43조 또는 제44조에 따라 소유권을 취득한 동물에 대하여는 제1항에 따라 분양될 수 있도록 공고할 수 있다.
④ 제1항에 따른 기증·분양의 요건 및 절차 등 그 밖에 필요한 사항은 시·도의 조례로 정한다.

제46조【동물의 인도적인 처리 등】 ① 제35조제1항 및 제36조제1항에 따른 동물보호센터의 장은 제34조제1항에 따라 보호조치 중인 동물에게 질병 등 농림축산식품부령으로 정하는 사유가 있는 경우에는 농림축산식품부장관이 정하는 바에 따라 마취 등을 통하여 동물의 고통을 최소화하는 인도적인 방법으로 처리하여야 한다.
② 제1항에 따라 시행하는 동물의 인도적인 처리는 수의사가 하여야 한다. 이 경우 사용된 약제 관련 사용기록의 작성·보관 등에 관한 사항은 농림축산식품부령으로 정하는 바에 따른다.
③ 동물보호센터의 장은 제1항에 따라 동물의 사체가 발생한 경우 「폐기물관리법」에 따라 처리하거나 제69조제1항제4호에 따른 동물장묘업의 허가를 받은 자가 설치·운영하는 동물장묘시설 및 제71조제1항에 따른 공설동물장묘시설에서 처리하여야 한다.

제4장 동물실험의 관리 등

제47조【동물실험의 원칙】 ① 동물실험은 인류의 복지 증진과 동물 생명의 존엄성을 고려하여 실시되어야 한다.
② 동물실험을 하려는 경우에는 이를 대체할 수 있는 방법을 우선적으로 고려하여야 한다.
③ 동물실험은 실험동물의 윤리적 취급과 과학적 사용에 관한 지식과 경험을 보유한 자가 시행하여야 하며 필요한 최소한의 동물을 사용하여야 한다.
④ 실험동물의 고통이 수반되는 실험을 하려는 경우에는 감각능력이 낮은 동물을 사용하고 진통제·진정제·마취제의 사용 등 수의학적 방법에 따라 고통을 덜어주기 위한 적절한 조치를 하여야 한다.
⑤ 동물실험을 한 자는 그 실험이 끝난 후 지체 없이 해당 동물을 검사하여야 하며, 검사 결과 정상적으로 회복한 동물은 기증하거나 분양할 수 있다.
⑥ 제5항에 따른 검사 결과 해당 동물이 회복할 수 없거나 지속적으로 고통을 받으며 살아야 할 것으로 인정되는 경우에는 신속하게 고통을 주지 아니하는 방법으로 처리하여야 한다.
⑦ 제1항부터 제6항까지에서 규정한 사항 외에 동물실험의 원칙과 이에 따른 기준 및 방법에 관한 사항은 농림축산식품부장관이 정하여 고시한다.

제48조【전임수의사】 ① 대통령령으로 정하는 기준 이상의 실험동물을 보유한 동물실험시행기관의 장은 그 실험동물의 건강 및 복지 증진을 위하여 실험동물을 전담하는 수의사(이하 "전임수의사"라 한다)를 두어야 한다.

② 전임수의사의 자격 및 업무 범위 등에 필요한 사항은 대통령령으로 정한다.

제49조【동물실험의 금지 등】 누구든지 다음 각 호의 동물실험을 하여서는 아니 된다. 다만, 인수공통전염병 등 질병의 확산으로 인간 및 동물의 건강과 안전에 심각한 위해가 발생될 것이 우려되는 경우 또는 봉사동물의 선발·훈련방식에 관한 연구를 하는 경우로서 제52조에 따른 공용동물실험윤리위원회의 실험 심의 및 승인을 받은 때에는 그러하지 아니하다.
1. 유실·유기동물(보호조치 중인 동물을 포함한다)을 대상으로 하는 실험
2. 봉사동물을 대상으로 하는 실험

제50조【미성년자 동물 해부실습의 금지】 누구든지 미성년자에게 체험·교육·시험·연구 등의 목적으로 동물(사체를 포함한다) 해부실습을 하게 하여서는 아니 된다. 다만, 「초·중등교육법」 제2조에 따른 학교 또는 동물실험시행기관 등이 시행하는 경우 등 농림축산식품부령으로 정하는 경우에는 그러하지 아니하다.

제51조【동물실험윤리위원회의 설치 등】 ① 동물실험시행기관의 장은 실험동물의 보호와 윤리적인 취급을 위하여 제53조에 따라 동물실험윤리위원회(이하 "윤리위원회"라 한다)를 설치·운영하여야 한다.
② 제1항에도 불구하고 다음 각 호의 어느 하나에 해당하는 경우에는 윤리위원회를 설치한 것으로 본다.
1. 농림축산식품부령으로 정하는 일정 기준 이하의 동물실험시행기관이 제54조에 따른 윤리위원회의 기능을 제52조에 따른 공용동물실험윤리위원회에 위탁하는 협약을 맺은 경우
2. 동물실험시행기관에 「실험동물에 관한 법률」 제7조에 따른 실험동물운영위원회가 설치되어 있고, 그 위원회의 구성이 제53조제2항부터 제4항까지에 규정된 요건을 충족할 경우
③ 동물실험시행기관의 장은 동물실험을 하려면 윤리위원회의 심의를 거쳐야 한다.
④ 동물실험시행기관의 장은 제3항에 따른 심의를 거친 내용 중 농림축산식품부령으로 정하는 중요사항에 변경이 있는 경우에는 해당 변경사유의 발생 즉시 윤리위원회에 변경심의를 요청하여야 한다. 다만, 농림축산식품부령으로 정하는 경미한 변경이 있는 경우에는 제56조제1항에 따라 지정된 전문위원의 검토를 거친 후 제53조제1항의 위원장의 승인을 받아야 한다.
⑤ 농림축산식품부장관은 윤리위원회의 운영에 관한 표준지침을 위원회(IACUC)표준운영가이드라인으로 고시하여야 한다.

제52조【공용동물실험윤리위원회의 지정 등】 ① 농림축산식품부장관은 동물실험시행기관 또는 연구자가 공동으로 이용할 수 있는 공용동물실험윤리위원회(이하 "공용윤리위원회"라 한다)를 지정 또는 설치할 수 있다.
② 공용윤리위원회는 다음 각 호의 실험에 대한 심의 및 지도·감독을 수행한다.
1. 제51조제2항제1호에 따라 공용윤리위원회와 협약을 맺은 기관이 위탁한 실험
2. 제49조 각 호 외의 부분 단서에 따라 공용윤리위원회의 실험 심의 및 승인을 받도록 규정한 같은 조 각 호의 동물실험
3. 제50조에 따라 「초·중등교육법」 제2조에 따른 학교 등이 신청한 동물해부실습
4. 둘 이상의 동물실험시행기관이 공동으로 수행하는 실험으로 각각의 윤리위원회에서 해당 실험을 심의 및 지도·감독하는 것이 적절하지 아니하다고 판단되어 해당 동물실험시행기관의 장들이 공용윤리위원회를 이용하기로 합의한 실험
5. 그 밖에 농림축산식품부령으로 정하는 실험
③ 제2항에 따른 공용윤리위원회의 심의 및 지도·감독에 대해서는 제51조제4항, 제54조제2항·제3항, 제55조의 규정을 준용한다.
④ 제1항 및 제2항에 따른 공용윤리위원회의 지정 및 설치, 기능, 운영 등에 필요한 사항은 농림축산식품부령으로 정한다.

제53조【윤리위원회의 구성】 ① 윤리위원회는 위원장 1명을 포함하여 3명 이상의 위원으로 구성한다.
② 위원은 다음 각 호에 해당하는 사람 중에서 동물실험시행기관의 장이 위촉하며, 위원장은 위원 중에서 호선한다.
1. 수의사로서 농림축산식품부령으로 정하는 자격기준에 맞는 사람
2. 제4조제3항에 따른 민간단체가 추천하는 동물보호에 관한 학식과 경험이 풍부한 사람으로서 농림축산식품부령으로 정하는 자격기준에 맞는 사람
3. 그 밖에 실험동물의 보호와 윤리적인 취급을 도모하기 위하여 필요한 사람으로서 농림축산식품부령으로 정하는 사람
③ 윤리위원회에는 제2항제1호 및 제2호에 해당하는 위원을 각각 1명 이상 포함하여야 한다.
④ 윤리위원회를 구성하는 위원의 3분의 1 이상은 해당 동물실험시행기관과 이해관계가 없는 사람이어야 한다.
⑤ 위원의 임기는 2년으로 한다.
⑥ 동물실험시행기관의 장은 제2항에 따른 위원의 추천 및 선정 과정을 투명하고 공정하게 관리하여야 한다.
⑦ 그 밖에 윤리위원회의 구성 및 이해관계의 범위 등에 관한 사항은 농림축산식품부령으로 정한다.

제54조【윤리위원회의 기능 등】 ① 윤리위원회는 다음 각 호의 기능을 수행한다.
1. 동물실험에 대한 심의(변경심의를 포함한다. 이하 같다)
2. 제1호에 따라 심의한 실험의 진행·종료에 대한 확인 및 평가
3. 동물실험이 제47조의 원칙에 맞게 시행되도록 지도·감독
4. 동물실험시행기관의 장에게 실험동물의 보호와 윤리적인 취급을 위하여 필요한 조치 요구
② 윤리위원회의 심의대상인 동물실험에 관여하고 있는 위원은 해당 동물실험에 관한 심의에 참여하여서는 아니 된다.
③ 윤리위원회의 위원 또는 그 직에 있었던 자는 그 직무를 수행하면서 알게 된 비밀을 누설하거나 도용하여서는 아니 된다.
④ 제1항에 따른 심의·확인·평가 및 지도·감독의 방법과 그 밖에 윤리위원회의 운영 등에 관한 사항은 대통령령으로 정한다.

제55조【심의 후 감독】 ① 동물실험시행기관의 장은 제53조제1항의 위원장에게 대통령령으로 정하는 바에 따라 동물실험이 심의된 내용대로 진행되고 있는지 감독하도록 요청하여야 한다.
② 위원장은 윤리위원회의 심의를 받지 아니한 실험이 진행되고 있는 경우 즉시 실험의 중지를 요구하여야 한다. 다만, 실험의 중지로 해당 실험동물의 복지에 중대한 침해가 발생할 것으로 우려되는 경우 등 대통령령으로 정하는 경우에는 실험의 중지를 요구하지 아니할 수 있다.
③ 제2항 본문에 따라 실험 중지 요구를 받은 동물실험시행기관의 장은 해당 동물실험을 중지하여야 한다.
④ 동물실험시행기관의 장은 제2항 본문에 따라 실험 중지 요구를 받은 경우 제51조제3항 또는 제4항에 따른 심의를 받은 후에 동물실험을 재개할 수 있다.
⑤ 동물실험시행기관의 장은 제1항에 따른 감독 결과 위법사항이 발견되었을 경우에는 지체 없이 농림축산식품부장관에게 통보하여야 한다.

제56조【전문위원의 지정 및 검토】 ① 윤리위원회의 위원장은 윤리위원회의 위원 중 해당 분야에 대한 전문성을 가지고 실험을 심의할 수 있는 자를 전문위원으로 지정할 수 있다.
② 위원장은 제1항에 따라 지정한 전문위원에게 다음 각 호의 사항에 대한 검토를 요청할 수 있다.
1. 제51조제4항 단서에 따른 경미한 변경에 관한 사항
2. 제54조제1항제2호에 따른 확인 및 평가

제57조【윤리위원회 위원 및 기관 종사자에 대한 교육】 ① 윤리위원회의 위원은 동물의 보호·복지에 관한 사항과 동물실험의 심의에 관하여 농림축산식품부령으로 정하는 바에 따라 정기적으로 교육을 이수하여야 한다.
② 동물실험시행기관의 장은 위원과 기관 종사자를 위하여 동물의 보호·복지와 동물실험 심의에 관한 교육의 기회를 제공할 수 있다.

제58조【윤리위원회의 구성 등에 대한 지도·감독】 ① 농림축산식품부장관은 제51조제1항 및 제2항에 따라 윤리위원회를 설치한 동물실험시행기관의 장에게 제53조부터 제57조까지의 규정에 따른 윤리위원회의 구성·운영 등에 관하여 지도·감독을 할 수 있다.
② 농림축산식품부장관은 윤리위원회가 제53조부터 제57조까지의 규정에 따라 구성·운영되지 아니할 때에는 해당 동물실험시행기관의 장에게 대통령령으로 정하는 바에 따라 기간을 정하여 해당 윤리위원회의 구성·운영 등에 대한 개선명령을 할 수 있다.

제5장 동물복지축산농장의 인증

제59조【동물복지축산농장의 인증】 ① 농림축산식품부장관은 동물복지 증진에 이바지하기 위하여 「축산물 위생관리법」 제2조제1호에 따른 가축으로서 농림축산식품부령으로 정하는 동물(이하 "농장동물"이라 한다)이 본래의 습성 등을 유지하면서 정상적으로 살 수 있도록 관리하는 축산농장을 동물복지축산농장으로 인증할 수 있다.
② 제1항에 따른 인증을 받으려는 자는 제60조제1항에 따라 지정된 인증기관(이하 "인증기관"이라 한다)에 농림축산식품부령으로 정하는 서류를 갖추어 인증을 신청하여야 한다.
③ 인증기관은 인증 신청을 받은 경우 농림축산식품부령으로 정하는 인증기준에 따라 심사한 후 그 기준에 맞는 경우에는 인증하여 주어야 한다.
④ 제3항에 따른 인증의 유효기간은 인증을 받은 날부터 3년으로 한다.
⑤ 제3항에 따라 인증을 받은 동물복지축산농장(이하 "인증농장"이라 한다)의 경영자는 그 인증을 유지하려면 제4항에 따른 유효기간이 끝나기 2개월 전까지 인증기관에 갱신 신청을 하여야 한다.
⑥ 제3항에 따른 인증 또는 제5항에 따른 인증갱신에 대한 심사결과에 이의가 있는 자는 인증기관에 재심사를 요청할 수 있다.
⑦ 제6항에 따른 재심사 신청을 받은 인증기관은 농림축산식품부령으로 정하는 바에 따라 재심사 여부 및 그 결과를 신청자에게 통보하여야 한다.
⑧ 인증농장의 인증 절차 및 인증의 갱신, 재심사 등에 관한 사항은 농림축산식품부령으로 정한다.

제60조【인증기관의 지정 등】 ① 농림축산식품부장관은 대통령령으로 정하는 공공기관 또는 법인을 인증기관으로 지정하여 인증농장의 인증과 관련한 업무 및 인증농장에 대한 사후관리업무를 수행하게 할 수 있다.
② 제1항에 따라 지정된 인증기관은 인증농장의 인증에 필요한 인력·조직·시설 및 인증업무 규정 등을 갖추어야 한다.
③ 농림축산식품부장관은 제1항에 따라 지정한 인증기관에서 인증심사업무를 수행하는 자에 대한 교육을 실시하여야 한다.
④ 제1항부터 제3항까지의 규정에 따른 인증기관의 지정, 인증업무의 범위, 인증심사업무를 수행하는 자에 대한 교육, 인증농장에 대한 사후관리 등에 필요한 구체적인 사항은 농림축산식품부령으로 정한다.

제61조【인증기관의 지정취소 등】 ① 농림축산식품부장관은 인증기관이 다음 각 호의 어느 하나에 해당하면 그 지정을 취소하거나 6개월 이내의 기간을 정하여 인증업무의 전부 또는 일부의 정지를 명할 수 있다. 다만, 제1호 또는 제2호에 해당하면 그 지정을 취소하여야 한다.
1. 거짓이나 그 밖의 부정한 방법으로 지정을 받은 경우
2. 업무정지 명령을 위반하여 정지기간 중 인증을 한 경우
3. 제60조제2항에 따른 지정기준에 맞지 아니하게 된 경우
4. 고의 또는 중대한 과실로 제59조제3항에 따른 인증기준에 맞지 아니한 축산농장을 인증한 경우
5. 정당한 사유 없이 지정된 인증업무를 하지 아니하는 경우
② 제1항에 따른 지정취소 및 업무정지의 기준 등에 관한 사항은 농림축산식품부령으로 정한다.

제62조【인증농장의 표시】 ① 인증농장은 농림축산식품부령으로 정하는 바에 따라 인증농장 표시를 할 수 있다.
② 제1항에 따른 인증농장의 표시에 관한 기준 및 방법 등은 농림축산식품부령으로 정한다.

제63조【동물복지축산물의 표시】 ① 인증농장에서 생산한 축산물에는 다음 각 호의 구분에 따라 그 포장·용기 등에 동물복지축산물 표시를 할 수 있다.
1. 「축산물 위생관리법」 제2조제3호 및 제4호의 축산물 : 다음 각 목의 요건을 모두 충족하여야 한다.
  가. 인증농장에서 생산할 것
  나. 농장동물을 운송할 때에는 농림축산식품부령으로 정하는 운송차량을 이용하여 운송할 것
  다. 농장동물을 도축할 때에는 농림축산식품부령으로 정하는 도축장에서 도축할 것
2. 「축산물 위생관리법」 제2조제5호 및 제6호의 축산물 : 인증농장에서 생산하여야 한다.
3. 「축산물 위생관리법」 제2조제8호의 축산물 : 제1호의 요건을 모두 충족한 원료의 함량에 따라 동물복지축산물 표시를 할 수 있다.
4. 「축산물 위생관리법」 제2조제9호 및 제10호의 축산물 : 인증농장에서 생산한 축산물의 함량에 따라 동물복지축산물 표시를 할 수 있다.
② 제1항에 따른 동물복지축산물을 포장하지 아니한 상태로 판매하거나 낱개로 판매하는 때에는 표지판 또는 푯말에 동물복지축산물 표시를 할 수 있다.
③ 제1항 및 제2항에 따른 동물복지축산물 표시에 관한 기준 및 방법 등에 관한 사항은 농림축산식품부령으로 정한다.

제64조【인증농장에 대한 지원 등】 ① 농림축산식품부장관은 인증농장에 대하여 다음 각 호의 지원을 할 수 있다.
1. 동물의 보호·복지 증진을 위하여 축사시설 개선에 필요한 비용
2. 인증농장의 환경개선 및 경영에 관한 지도·상담 및 교육
3. 인증농장에서 생산한 축산물의 판로개척을 위한 상담·자문 및 판촉
4. 인증농장에서 생산한 축산물의 해외시장의 진출·확대를 위한 정보제공, 홍보활동 및 투자유치
5. 그 밖에 인증농장의 경영안정을 위하여 필요한 사항
(2023.6.20 3호~5호신설)
② 농림축산식품부장관, 시·도지사, 시장·군수·구청장, 제4조제3항에 따른 민간단체 및 「축산자조금의 조성 및 운용에 관한 법률」 제2조제3호에 따른 축산단체는 인증농장의 운영사례를 교육·홍보에 적극 활용하여야 한다.

제65조【인증취소 등】 ① 농림축산식품부장관 또는 인증기관은 인증 받은 자가 거짓이나 그 밖의 부정한 방법으로 인증을 받은 경우 그 인증을 취소하여야 하며, 제59조제3항에 따른 인증기준에 맞지 아니하게 된 경우 그 인증을 취소할 수 있다.

② 제1항에 따라 인증이 취소된 자(법인인 경우에는 그 대표자를 포함한다)는 그 인증이 취소된 날부터 1년 이내에는 인증농장 인증을 신청할 수 없다.
제66조【사후관리】 ① 농림축산식품부장관은 인증기관으로 하여금 매년 인증농장이 제59조제3항에 따른 인증기준에 맞는지 여부를 조사하게 하여야 한다.
② 제1항에 따른 조사를 위하여 인증농장에 출입하는 자는 농림축산식품부령으로 정하는 증표를 지니고 이를 관계인에게 보여 주어야 한다.
③ 제1항에 따른 조사의 요구를 받은 자는 정당한 사유 없이 이를 거부·방해하거나 기피하여서는 아니 된다.
제67조【부정행위의 금지】 ① 누구든지 다음 각 호에 해당하는 행위를 하여서는 아니 된다.
1. 거짓이나 그 밖의 부정한 방법으로 인증농장 인증을 받는 행위
2. 제59조제3항에 따른 인증을 받지 아니한 축산농장을 인증농장으로 표시하는 행위
3. 거짓이나 그 밖의 부정한 방법으로 제59조제3항, 제5항 및 제6항에 따른 인증심사, 인증갱신에 대한 심사 및 재심사를 하거나 받을 수 있도록 도와주는 행위
4. 제63조제1항부터 제3항까지의 규정을 위반하여 동물복지축산물 표시를 하는 다음 각 목의 행위(동물복지축산물로 잘못 인식할 우려가 있는 유사한 표시를 하는 행위를 포함한다)
   가. 제63조제1항제1호가목 및 같은 항 제2호를 위반하여 인증농장에서 생산되지 아니한 축산물에 동물복지축산물 표시를 하는 행위
   나. 제63조제1항제1호나목 및 다목을 따르지 아니한 축산물에 동물복지축산물 표시를 하는 행위
   다. 제63조제3항에 따른 동물복지축산물 표시 기준 및 방법을 위반하여 동물복지축산물 표시를 하는 행위
② 제1항제4호에 따른 동물복지축산물로 잘못 인식할 우려가 있는 유사한 표시의 세부기준은 농림축산식품부령으로 정한다.
제68조【인증의 승계】 ① 다음 각 호의 어느 하나에 해당하는 자는 인증농장 인증을 받은 자의 지위를 승계한다.
1. 인증농장 인증을 받은 사람이 사망한 경우 그 농장을 계속하여 운영하려는 상속인
2. 인증농장 인증을 받은 자가 그 사업을 양도한 경우 그 양수인
3. 인증농장 인증을 받은 법인이 합병한 경우 합병 후 존속하는 법인이나 합병으로 설립되는 법인
② 제1항에 따라 인증농장 인증을 받은 자의 지위를 승계한 자는 그 사실을 30일 이내에 인증기관에 신고하여야 한다.
③ 제2항에 따른 신고에 필요한 사항은 농림축산식품부령으로 정한다.

제6장 반려동물 영업

제69조【영업의 허가】 ① 반려동물(이하 이 장에서 "동물"이라 한다. 다만, 동물장묘업 및 제71조제1항에 따른 공설동물장묘시설의 경우에는 제2조제1호에 따른 동물로 한다)과 관련된 다음 각 호의 영업을 하려는 자는 농림축산식품부령으로 정하는 바에 따라 특별자치시장·특별자치도지사·시장·군수·구청장의 허가를 받아야 한다.
1. 동물생산업
2. 동물수입업
3. 동물판매업
4. 동물장묘업
② 제1항 각 호에 따른 영업의 세부 범위는 농림축산식품부령으로 정한다.
③ 제1항에 따른 허가를 받으려는 자는 영업장의 시설 및 인력 등 농림축산식품부령으로 정하는 기준을 갖추어야 한다.
④ 제1항에 따라 영업의 허가를 받은 자가 허가받은 사항을 변경하려는 경우에는 변경허가를 받아야 한다. 다만, 농림축산식품부령으로 정하는 경미한 사항을 변경하는 경우에는 특별자치시장·특별자치도지사·시장·군수·구청장에게 신고하여야 한다.
제70조【맹견취급영업의 특례】 ① 제2조제5호가목에 따른 맹견을 생산·수입 또는 판매(이하 "취급"이라 한다)하는 영업을 하려는 자는 제69조제1항에 따른 동물생산업, 동물수입업 또는 동물판매업의 허가 외에 대통령령으로 정하는 바에 따라 맹견 취급에 대하여 시·도지사의 허가(이하 "맹견취급허가"라 한다)를 받아야 한다. 허가받은 사항을 변경하려는 때에도 또한 같다.
② 맹견취급허가를 받으려는 자의 결격사유에 대하여는 제19조를 준용한다.
③ 맹견취급허가를 받은 자는 다음 각 호의 어느 하나에 해당하는 경우 농림축산식품부령으로 정하는 바에 따라 시·도지사에게 신고하여야 한다.
1. 맹견을 번식시킨 경우
2. 맹견을 수입한 경우
3. 맹견을 양도하거나 양수한 경우
4. 보유하고 있는 맹견이 죽은 경우
④ 맹견 취급을 위한 동물생산업, 동물수입업 또는 동물판매업의 시설 및 인력 기준은 제69조제3항에 따른 기준 외에 별도로 농림축산식품부령으로 정한다.
제71조【공설동물장묘시설의 특례】 ① 지방자치단체의 장은 동물을 위한 장묘시설(이하 "공설동물장묘시설"이라 한다)을 설치·운영할 수 있다. 이 경우 시설 및 인력 등 농림축산식품부령으로 정하는 기준을 갖추어야 한다.
② 농림축산식품부장관은 제1항에 따라 공설동물장묘시설을 설치·운영하는 지방자치단체에 대해서는 예산의 범위에서 시설의 설치에 필요한 경비를 지원할 수 있다.
③ 지방자치단체의 장이 공설동물장묘시설을 사용하는 자에게 부과하는 사용료 또는 관리비의 금액과 부과방법 및 용도, 그 밖에 필요한 사항은 해당 지방자치단체의 조례로 정한다.
제72조【동물장묘시설의 설치 제한】 다음 각 호의 어느 하나에 해당하는 지역에는 제69조제1항제4호의 동물장묘업을 영위하기 위한 동물장묘시설 및 공설동물장묘시설을 설치할 수 없다.
1. 「장사 등에 관한 법률」 제17조에 해당하는 지역
2. 20호 이상의 인가밀집지역, 학교, 그 밖에 공중이 수시로 집합하는 시설 또는 장소로부터 300미터 이내. 다만, 해당 지역의 위치 또는 지형 등의 상황을 고려하여 해당 시설의 기능이나 이용 등에 지장이 없는 경우로서 특별자치시장·특별자치도지사·시장·군수·구청장이 인정하는 경우에는 적용을 제외한다.
제72조의2【장묘정보시스템의 구축·운영 등】 ① 농림축산식품부장관은 동물장묘 등에 관한 정보의 제공과 동물장묘시설 이용·관리의 업무 등을 전자적으로 처리할 수 있는 정보시스템(이하 "장묘정보시스템"이라 한다)을 구축·운영할 수 있다.
② 장묘정보시스템의 기능에는 다음 각 호의 사항이 포함되어야 한다.
1. 동물장묘시설의 현황 및 가격 정보 제공
2. 동물장묘절차 등에 관한 정보 제공
3. 그 밖에 농림축산식품부장관이 필요하다고 인정하는 사항
③ 장묘정보시스템의 구축·운영 등에 필요한 사항은 농림축산식품부장관이 정한다.
(2023.6.20 본조신설)
제73조【영업의 등록】 ① 동물과 관련된 다음 각 호의 영업을 하려는 자는 농림축산식품부령으로 정하는 바에 따라 특별자치시장·특별자치도지사·시장·군수·구청장에게 등록하여야 한다.
1. 동물전시업
2. 동물위탁관리업
3. 동물미용업
4. 동물운송업
② 제1항 각 호에 따른 영업의 세부 범위는 농림축산식품부령으로 정한다.
③ 제1항에 따른 영업의 등록을 신청하려는 자는 영업장의 시설 및 인력 등 농림축산식품부령으로 정하는 기준을 갖추어야 한다.
④ 제1항에 따라 영업을 등록한 자가 등록사항을 변경하는 경우에는 변경등록을 하여야 한다. 다만, 농림축산식품부령으로 정하는 경미한 사항을 변경하는 경우에는 특별자치시장·특별자치도지사·시장·군수·구청장에게 신고하여야 한다.
제74조【허가 또는 등록의 결격사유】 다음 각 호의 어느 하나에 해당하는 사람은 제69조제1항에 따른 영업의 허가를 받거나 제73조제1항에 따른 영업의 등록을 할 수 없다.
1. 미성년자
2. 피성년후견인
3. 파산선고를 받은 자로서 복권되지 아니한 사람
4. 제82조제1항에 따른 교육을 이수하지 아니한 사람
5. 제83조제1항에 따라 허가 또는 등록이 취소된 후 1년이 지나지 아니한 상태에서 취소된 업종과 같은 업종의 허가를 받거나 등록을 하려는 사람(법인인 경우에는 그 대표자를 포함한다)
6. 이 법을 위반하여 벌금 이상의 실형을 선고받고 그 집행이 종료(집행이 종료된 것으로 보는 경우를 포함한다)되거나 집행이 면제된 날부터 3년(제10조를 위반한 경우에는 5년으로 한다)이 지나지 아니한 사람
7. 이 법을 위반하여 벌금 이상의 형의 집행유예를 선고받고 그 유예기간 중에 있는 사람
제75조【영업승계】 ① 제69조제1항에 따른 영업의 허가를 받거나 제73조제1항에 따라 영업의 등록을 한 자(이하 "영업자"라 한다)가 그 영업을 양도하거나 사망한 경우 또는 법인이 합병한 경우에는 그 양수인·상속인 또는 합병 후 존속하는 법인이나 합병으로 설립되는 법인(이하 "양수인등"이라 한다)은 그 영업자의 지위를 승계한다.
② 다음 각 호의 어느 하나에 해당하는 절차에 따라 영업 시설의 전부를 인수한 자는 그 영업자의 지위를 승계한다.
1. 「민사집행법」에 따른 경매
2. 「채무자 회생 및 파산에 관한 법률」에 따른 환가(換價)
3. 「국세징수법」·「관세법」 또는 「지방세법」에 따른 압류재산의 매각
4. 그 밖에 제1호부터 제3호까지의 어느 하나에 준하는 절차
③ 제1항 또는 제2항에 따라 영업자의 지위를 승계한 자는 그 지위를 승계한 날부터 30일 이내에 농림축산식품부령으로 정하는 바에 따라 특별자치시장·특별자치도지사·시장·군수·구청장에게 신고하여야 한다.
④ 제1항 및 제2항에 따른 승계에 관하여는 제74조에 따른 결격사유 규정을 준용한다. 다만, 상속인이 제74조제1호 및 제2호에 해당하는 경우에는 상속을 받은 날부터 3개월 동안은 그러하지 아니하다.
제76조【휴업·폐업 등의 신고】 ① 영업자가 휴업, 폐업 또는 그 영업을 재개하려는 경우에는 농림축산식품부령으로 정하는 바에 따라 특별자치시장·특별자치도지사·시장·군수·구청장에게 신고하여야 한다.
② 영업자(동물장묘업자는 제외한다. 이하 이 조에서 같다)는 제1항에 따라 휴업 또는 폐업의 신고를 하려는 경우에는 농림축산식품부령으로 정하는 바에 따라 특별자치시장·특별자치도지사·시장·군수·구청장에게 휴업 또는 폐업 30일 전에 보유하고 있는 동물의 적절한 사육 및 처리를 위한 계획서(이하 "동물처리계획서"라 한다)를 제출하여야 한다.
③ 영업자는 동물처리계획서에 따라 동물을 처리한 후 그 결과를 특별자치시장·특별자치도지사·시장·군수·구청장에게 보고하여야 하며, 보고를 받은 특별자치시장·특별자치도지사·시장·군수·구청장은 동물처리계획서의 이행 여부를 확인하여야 한다.
④ 제2항 및 제3항에 따른 동물처리계획서의 제출 및 보고에 관한 사항은 농림축산식품부령으로 정한다.
제77조【직권말소】 ① 특별자치시장·특별자치도지사·시장·군수·구청장은 영업자가 제76조제1항에 따른 폐업신고를 하지 아니한 경우에는 농림축산식품부령으로 정하는 바에 따라 폐업 사실을 확인한 후 허가 또는 등록사항을 직권으로 말소할 수 있다.
② 특별자치시장·특별자치도지사·시장·군수·구청장은 영업자가 영업을 폐업하였는지를 확인하기 위하여 필요한 경우 관할 세무서장에게 영업자의 폐업 여부에 대한 정보 제공을 요청할 수 있다. 이 경우 요청을 받은 관할 세무서장은 정당한 사유 없이 이를 거부하여서는 아니 된다.
제78조【영업자 등의 준수사항】 ① 영업자(법인인 경우에는 그 대표자를 포함한다)와 그 종사자는 다음 각 호의 사항을 준수하여야 한다.
1. 동물을 안전하고 위생적으로 사육·관리 또는 보호할 것
2. 동물의 건강과 안전을 위하여 동물병원과의 적절한 연계를 확보할 것
3. 노화나 질병이 있는 동물을 유기하거나 폐기할 목적으로 거래하지 아니할 것
4. 동물의 번식, 반입·반출 등의 기록 및 관리를 하고 이를 보관할 것
5. 동물에 관한 사항을 표시·광고하는 경우 이 법에 따른 영업허가번호 또는 영업등록번호와 거래금액을 함께 표시할 것
6. 동물의 분뇨, 사체 등은 관계 법령에 따라 적정하게 처리할 것
7. 농림축산식품부령으로 정하는 영업장의 시설 및 인력 기준을 준수할 것
8. 제82조제2항에 따른 정기교육을 이수하고 그 종사자에게 교육을 실시할 것
9. 농림축산식품부령으로 정하는 바에 따라 동물의 취급 등에 관한 영업실적을 보고할 것
10. 등록대상동물의 등록 및 변경신고의무(등록·변경신고방법 및 위반 시 처벌에 관한 사항 등을 포함한다)를 고지할 것
11. 다른 사람의 영업명의를 도용하거나 대여받지 아니하고, 다른 사람에게 자기의 영업명의 또는 상호를 사용하도록 하지 아니할 것
② 동물생산업자는 제1항에서 규정한 사항 외에 다음 각 호의 사항을 준수하여야 한다.
1. 월령이 12개월 미만인 개·고양이는 교배 또는 출산시키지 아니할 것
2. 약품 등을 사용하여 인위적으로 동물의 발정을 유도하는 행위를 하지 아니할 것
3. 동물의 특성에 따라 정기적으로 예방접종 및 건강관리를 실시하고 기록할 것
③ 동물수입업자는 제1항에서 규정한 사항 외에 다음 각 호의 사항을 준수하여야 한다.
1. 동물을 수입하는 경우 농림축산식품부장관에게 수입의 내역을 신고할 것
2. 수입의 목적으로 신고한 사항과 다른 용도로 동물을 사용하지 아니할 것
④ 동물판매업자(동물생산업자 및 동물수입업자가 동물을 판매하는 경우를 포함한다)는 제1항에서 규정한 사항 외에 다음 각 호의 사항을 준수하여야 한다.
1. 월령이 2개월 미만인 개·고양이를 판매(알선 또는 중개를 포함한다)하지 아니할 것
2. 동물을 판매 또는 전달을 하는 경우 직접 전달하거나 동물운송업자를 통하여 전달할 것
⑤ 동물장묘업자는 제1항에서 규정한 사항 외에 다음 각 호의 사항을 준수하여야 한다.

1. 살아있는 동물을 처리(마취 등을 통하여 동물의 고통을 최소화하는 인도적인 방법으로 처리하는 것을 포함한다)하지 아니할 것
2. 등록대상동물의 사체를 처리한 경우 농림축산식품부령으로 정하는 바에 따라 특별자치시장·특별자치도지사·시장·군수·구청장에게 신고할 것
3. 자신의 영업장에 있는 동물장묘시설을 다른 자에게 대여하지 아니할 것(2023.6.20 본호신설)

⑥ 제1항부터 제5항까지의 규정에 따른 영업자의 준수사항에 관한 구체적인 사항 및 그 밖에 동물의 보호와 공중위생상의 위해 방지를 위하여 영업자가 준수하여야 할 사항은 농림축산식품부령으로 정한다.

제79조【등록대상동물의 판매에 따른 등록신청】 ① 동물생산업자, 동물수입업자 및 동물판매업자는 등록대상동물을 판매하는 경우에 구매자(영업자를 제외한다)에게 동물등록의 방법을 설명하고 구매자의 명의로 특별자치시장·특별자치도지사·시장·군수·구청장에게 동물등록을 신청한 후 판매하여야 한다.

② 제1항에 따른 등록대상동물의 등록신청에 대해서는 제15조를 준용한다.

제80조【거래내역의 신고】 ① 동물생산업자, 동물수입업자 및 동물판매업자가 등록대상동물을 취급하는 경우에는 그 거래내역을 농림축산식품부령으로 정하는 바에 따라 특별자치시장·특별자치도지사·시장·군수·구청장에게 신고하여야 한다.

② 농림축산식품부장관은 제1항에 따른 등록대상동물의 거래내역을 제95조제2항에 따른 국가동물보호정보시스템으로 신고하게 할 수 있다.

제81조【표준계약서의 제정·보급】 ① 농림축산식품부장관은 동물보호 및 동물영업의 건전한 거래질서 확립을 위하여 공정거래위원회와 협의하여 표준계약서를 제정 또는 개정하고 영업자에게 이를 사용하도록 권고할 수 있다.

② 농림축산식품부장관은 제1항에 따른 표준계약서에 관한 업무를 대통령령으로 정하는 기관에 위탁할 수 있다.

③ 제1항에 따른 표준계약서의 구체적인 사항은 농림축산식품부령으로 정한다.

제82조【교육】 ① 제69조제1항에 따른 허가를 받거나 제73조제1항에 따른 등록을 하려는 자는 허가를 받거나 등록을 하기 전에 동물의 보호 및 공중위생상의 위해 방지 등에 관한 교육을 받아야 한다.

② 영업자는 정기적으로 제1항에 따른 교육을 받아야 한다.

③ 제83조제1항에 따른 영업정지처분을 받은 영업자는 제2항의 정기 교육 외에 동물의 보호 및 영업자 준수사항 등에 관한 추가교육을 받아야 한다.

④ 제1항부터 제3항까지의 규정에 따라 교육을 받아야 하는 영업자로서 교육을 받지 아니한 자는 그 영업을 하여서는 아니 된다.

⑤ 제1항 또는 제2항에 따라 교육을 받아야 하는 영업자가 영업에 직접 종사하지 아니하거나 두 곳 이상의 장소에서 영업을 하는 경우에는 종사자 중에서 책임자를 지정하여 영업자 대신 교육을 받게 할 수 있다.

⑥ 제1항부터 제3항까지의 규정에 따른 교육의 종류, 내용, 시기, 이수방법 등에 관하여는 농림축산식품부령으로 정한다.

제83조【허가 또는 등록의 취소 등】 ① 특별자치시장·특별자치도지사·시장·군수·구청장은 영업자가 다음 각 호의 어느 하나에 해당하는 경우에는 농림축산식품부령으로 정하는 바에 따라 그 허가 또는 등록을 취소하거나 6개월 이내의 기간을 정하여 그 영업의 전부 또는 일부의 정지를 명할 수 있다. 다만, 제1호, 제7호 또는 제8호에 해당하는 경우에는 허가 또는 등록을 취소하여야 한다.

1. 거짓이나 그 밖의 부정한 방법으로 허가를 받거나 등록을 한 것이 판명된 경우
2. 제10조제1항부터 제4항까지의 규정을 위반한 경우
3. 허가를 받은 날 또는 등록을 한 날부터 1년이 지나도록 영업을 개시하지 아니한 경우
4. 제69조제1항 또는 제73조제1항에 따른 허가 또는 등록 사항과 다른 방식으로 영업을 한 경우
5. 제69조제4항 또는 제73조제4항에 따른 변경허가를 받거나 변경등록을 하지 아니한 경우
6. 제69조제3항 또는 제73조제3항에 따른 시설 및 인력 기준에 미달하게 된 경우
7. 제72조에 따라 설치가 금지된 곳에 동물장묘시설을 설치한 경우
8. 제74조 각 호의 어느 하나에 해당하게 된 경우
9. 제78조에 따른 준수사항을 지키지 아니한 경우

② 특별자치시장·특별자치도지사·시장·군수·구청장은 제1항에 따라 영업의 허가 또는 등록을 취소하거나 영업의 전부 또는 일부를 정지하는 경우에는 해당 영업자에게 보유하고 있는 동물을 양도하게 하는 등 적절한 사육·관리 또는 보호를 위하여 필요한 조치를 명하여야 한다.

③ 제1항에 따른 처분의 효과는 그 처분기간이 만료된 날부터 1년간 양수인등에게 승계되며, 처분의 절차가 진행 중일 때에는 양수인등에 대하여 처분의 절차를 행할 수 있다. 다만, 양수인등이 양수·상속 또는 합병 시에 그 처분 또는 위반사실을 알지 못하였음을 증명하는 경우에는 그러하지 아니하다.

제84조【과징금의 부과】 ① 특별자치시장·특별자치도지사·시장·군수·구청장은 영업자가 제83조제1항제4호부터 제6호까지 또는 제9호의 어느 하나에 해당하여 영업정지처분을 하여야 하는 경우로서 그 영업정지처분이 해당 영업의 동물 또는 이용자에게 곤란을 주거나 공익에 현저한 지장을 줄 우려가 있다고 인정되는 경우에는 영업정지처분에 갈음하여 1억원 이하의 과징금을 부과할 수 있다.

② 특별자치시장·특별자치도지사·시장·군수·구청장은 제1항에 따른 과징금을 부과받은 자가 납부기한까지 과징금을 내지 아니하면 「지방행정제재·부과금의 징수 등에 관한 법률」에 따라 징수한다.

③ 특별자치시장·특별자치도지사·시장·군수·구청장은 제1항에 따른 과징금을 부과하기 위하여 필요한 경우에는 다음 각 호의 사항을 적은 문서로 관할 세무서장에게 과세 정보의 제공을 요청할 수 있다.

1. 납세자의 인적 사항
2. 과세 정보의 사용 목적
3. 과징금 부과기준이 되는 매출금액

④ 제1항에 따른 과징금을 부과하는 위반행위의 종류, 영업의 규모, 위반횟수 등에 따른 과징금의 금액, 그 밖에 필요한 사항은 대통령령으로 정한다.

제85조【영업장의 폐쇄】 ① 특별자치시장·특별자치도지사·시장·군수·구청장은 제69조 또는 제73조에 따른 영업이 다음 각 호의 어느 하나에 해당하는 때에는 관계 공무원으로 하여금 농림축산식품부령으로 정하는 바에 따라 해당 영업장을 폐쇄하게 할 수 있다.

1. 제69조제1항에 따른 허가를 받지 아니하거나 제73조제1항에 따른 등록을 하지 아니한 때
2. 제83조에 따른 허가 또는 등록이 취소되거나 영업정지 명령을 받았음에도 불구하고 계속하여 영업을 한 때

② 특별자치시장·특별자치도지사·시장·군수·구청장은 제1항에 따라 영업장을 폐쇄하기 위하여 관계 공무원에게 다음 각 호의 조치를 하게 할 수 있다.

1. 해당 영업장의 간판이나 그 밖의 영업표지물의 제거 또는 삭제
2. 해당 영업장이 적법한 영업장이 아니라는 것을 알리는 게시문 등의 부착
3. 영업을 위하여 꼭 필요한 시설물 또는 기구 등을 사용할 수 없게 하는 봉인(封印)

③ 특별자치시장·특별자치도지사·시장·군수·구청장은 제1항 및 제2항에 따른 폐쇄조치를 하려는 때에는 폐쇄조치의 일시·장소 및 관계 공무원의 성명 등을 미리 해당 영업을 하는 영업자 또는 그 대리인에게 서면으로 알려주어야 한다.

④ 특별자치시장·특별자치도지사·시장·군수·구청장은 제1항에 따라 해당 영업장을 폐쇄하는 경우 해당 영업자에게 보유하고 있는 동물을 양도하게 하는 등 적절한 사육·관리 또는 보호를 위하여 필요한 조치를 명하여야 한다.

⑤ 제1항에 따른 영업장 폐쇄의 세부적인 기준과 절차는 그 위반행위의 유형과 위반 정도 등을 고려하여 농림축산식품부령으로 정한다.

제7장 보　칙

제86조【출입·검사 등】 ① 농림축산식품부장관, 시·도지사 또는 시장·군수·구청장은 동물의 보호 및 공중위생상의 위해 방지 등을 위하여 필요하면 동물의 소유자등에 대하여 다음 각 호의 조치를 할 수 있다.

1. 동물 현황 및 관리실태 등 필요한 자료제출의 요구
2. 동물이 있는 장소에 대한 출입·검사
3. 동물에 대한 위해 방지 조치의 이행 등 농림축산식품부령으로 정하는 시정명령

② 농림축산식품부장관, 시·도지사 또는 시장·군수·구청장은 동물보호 등과 관련하여 필요한 때에는 다음 각 호의 어느 하나에 해당하는 자에게 필요한 보고를 하도록 명하거나 자료를 제출하게 할 수 있으며, 관계 공무원으로 하여금 해당 시설 등에 출입하여 운영실태를 조사하게 하거나 관계 서류를 검사하게 할 수 있다.

1. 제35조제1항 및 제36조제1항에 따른 동물보호센터의 장
2. 제37조에 따른 보호시설운영자
3. 제51조제1항 및 제2항에 따라 윤리위원회를 설치한 동물실험시행기관의 장
4. 제59조제3항에 따른 동물복지축산농장의 인증을 받은 자
5. 제60조에 따라 지정된 인증기관의 장
6. 제63조제1항에 따라 동물복지축산물의 표시를 한 자
7. 제69조제1항에 따른 영업의 허가를 받은 자 또는 제73조제1항에 따라 영업의 등록을 한 자

③ 특별자치시장·특별자치도지사·시장·군수·구청장은 소속 공무원으로 하여금 제2항제2호에 따른 보호시설운영자에 대하여 제37조제4항에 따른 시설기준·운영기준 등의 사항 및 동물보호를 위한 시설정비 등의 사후관리와 관련한 사항을 1년에 1회 이상 정기적으로 점검하도록 하고, 필요한 경우 수시로 점검하게 할 수 있다.

④ 시·도지사와 시장·군수·구청장은 소속 공무원으로 하여금 제2항제7호에 따른 영업자에 대하여 다음 각 호의 구분에 따라 1년에 1회 이상 정기적으로 점검하도록 하고, 필요한 경우 수시로 점검하게 할 수 있다.

1. 시·도지사 : 제70조제4항에 따른 시설 및 인력 기준의 준수 여부
2. 특별자치시장·특별자치도지사·시장·군수·구청장 : 제69조제3항 및 제73조제3항에 따른 시설 및 인력 기준의 준수 여부와 제78조에 따른 준수사항의 이행 여부

⑤ 시·도지사는 제3항 및 제4항에 따른 점검 결과(관할 시·군·구의 점검 결과를 포함한다)를 다음 연도 1월 31일까지 농림축산식품부장관에게 보고하여야 한다.

⑥ 농림축산식품부장관, 시·도지사 또는 시장·군수·구청장이 제1항제2호 및 제2항 각 호에 따른 출입·검사 또는 제3항 및 제4항에 따른 점검(이하 "출입·검사등"이라 한다)을 할 때에는 출입·검사등의 시작 7일 전까지 대상자에게 다음 각 호의 사항이 포함된 출입·검사등 계획을 통지하여야 한다. 다만, 출입·검사등 계획을 미리 통지할 경우 그 목적을 달성할 수 없다고 인정하는 경우에는 출입·검사등을 착수할 때에 통지할 수 있다.

1. 출입·검사등의 목적
2. 출입·검사등의 기간 및 장소
3. 관계 공무원의 성명과 직위
4. 출입·검사등의 범위 및 내용
5. 제출할 자료

⑦ 농림축산식품부장관, 시·도지사 또는 시장·군수·구청장은 제2항부터 제4항까지의 규정에 따른 출입·검사등의 결과에 따라 필요한 시정을 명하는 등의 조치를 할 수 있다.

제87조【고정형 영상정보처리기기의 설치 등】 ① 다음 각 호의 어느 하나에 해당하는 자는 동물학대 방지 등을 위하여 「개인정보 보호법」 제2조제7호에 따른 고정형 영상정보처리기기를 설치하여야 한다.(2023.3.14 본문개정)

1. 제35조제1항 또는 제36조제1항에 따른 동물보호센터의 장
2. 제37조에 따른 보호시설운영자
3. 제63조제1항제1호다목에 따른 도축장 운영자
4. 제69조제1항에 따른 영업의 허가를 받은 자 또는 제73조제1항에 따라 영업의 등록을 한 자

② 제1항에 따른 고정형 영상정보처리기기의 설치 대상, 장소 및 기준 등에 필요한 사항은 대통령령으로 정한다.(2023.3.14 본항개정)

③ 제1항에 따라 고정형 영상정보처리기기를 설치·관리하는 자는 동물보호센터·보호시설·영업장의 종사자, 이용자 등 정보주체의 인권이 침해되지 아니하도록 다음 각 호의 사항을 준수하여야 한다.(2023.3.14 본문개정)

1. 설치 목적과 다른 목적으로 고정형 영상정보처리기기를 임의로 조작하거나 다른 곳을 비추지 아니할 것(2023.3.14 본호개정)
2. 녹음기능을 사용하지 아니할 것

④ 제1항에 따라 고정형 영상정보처리기기를 설치·관리하는 자는 다음 각 호의 어느 하나에 해당하는 경우 외에는 고정형 영상정보처리기기로 촬영한 영상기록을 다른 사람에게 제공하여서는 아니 된다.(2023.3.14 본문개정)

1. 소유자등이 자기 동물의 안전을 확인하기 위하여 요청하는 경우
2. 「개인정보 보호법」 제2조제6호가목에 따른 공공기관이 제86조 등 법령에서 정하는 동물보호 업무 수행을 위하여 요청하는 경우
3. 범죄의 수사와 공소의 제기 및 유지, 법원의 재판업무 수행을 위하여 필요한 경우

⑤ 이 법에서 정하는 사항 외에 고정형 영상정보처리기기의 설치, 운영 및 관리 등에 관한 사항은 「개인정보 보호법」에 따른다.(2023.3.14 본항개정)

(2023.3.14 본조제목개정)

제88조【동물보호관】 ① 농림축산식품부장관(대통령령으로 정하는 소속 기관의 장을 포함한다), 시·도지사 및 시장·군수·구청장은 동물의 학대 방지 등 동물보호에 관한 사무를 처리하기 위하여 소속 공무원 중에서 동물보호관을 지정하여야 한다.

② 제1항에 따른 동물보호관(이하 "동물보호관"이라 한다)의 자격, 임명, 직무 범위 등에 관한 사항은 대통령령으로 정한다.

③ 동물보호관이 제2항에 따른 직무를 수행할 때에는 농림축산식품부령으로 정하는 증표를 지니고 이를 관계인에게 보여주어야 한다.

④ 누구든지 동물의 특성에 따른 출산, 질병 치료 등 부득이한 사유가 있는 경우를 제외하고는 제2항에 따른 동물보호관의 직무 수행을 거부·방해 또는 기피하여서는 아니 된다.

제89조【학대행위자에 대한 상담·교육 등의 권고】 동물보호관은 학대행위자에 대하여 상담·교육 또는 심리치료 등 필요한 지원을 받을 것을 권고할 수 있다.

제90조【명예동물보호관】 ① 농림축산식품부장관, 시·도지사 및 시장·군수·구청장은 동물의 학대 방지 등 동물보호를 위한 지도·계몽 등을 위하여 명예동물보호관을 위촉할 수 있다.

② 제10조를 위반하여 제97조에 따라 형을 선고받고 그 형이 확정된 사람은 제1항에 따른 명예동물보호관(이하 "명예동물보호관"이라 한다)이 될 수 없다.
③ 명예동물보호관의 자격, 위촉, 해촉, 직무, 활동 범위와 수당의 지급 등에 관한 사항은 대통령령으로 정한다.
④ 명예동물보호관은 제3항에 따른 직무를 수행할 때에는 부정한 행위를 하거나 권한을 남용하여서는 아니 된다.
⑤ 명예동물보호관이 그 직무를 수행하는 경우에는 신분을 표시하는 증표를 지니고 이를 관계인에게 보여주어야 한다.

제91조【수수료】 다음 각 호의 어느 하나에 해당하는 자는 농림축산식품부령으로 정하는 바에 따라 수수료를 내야 한다. 다만, 제1호에 해당하는 자에 대하여는 시·도의 조례로 정하는 바에 따라 수수료를 감면할 수 있다.
1. 제15조제1항에 따라 등록대상동물을 등록하려는 자
2. 제31조에 따른 자격시험에 응시하려는 자 또는 자격증의 재발급 등을 받으려는 자
3. 제59조제3항, 제5항 또는 제6항에 따라 동물복지축산농장 인증을 받거나 갱신 및 재심사를 받으려는 자
4. 제69조, 제70조 및 제73조에 따라 영업의 허가 또는 변경허가를 받거나, 영업의 등록 또는 변경등록을 하거나, 변경신고를 하려는 자

제92조【청문】 농림축산식품부장관, 시·도지사 또는 시장·군수·구청장은 다음 각 호의 어느 하나에 해당하는 처분을 하려면 청문을 하여야 한다.
1. 제20조제1항에 따른 맹견사육허가의 철회
2. 제32조제2항에 따른 반려동물행동지도사의 자격취소
3. 제36조제4항에 따른 동물보호센터의 지정취소
4. 제38조제2항에 따른 보호시설의 시설폐쇄
5. 제61조제1항에 따른 인증기관의 지정취소
6. 제65조제1항에 따른 동물복지축산농장의 인증취소
7. 제83조제1항에 따른 영업허가 또는 영업등록의 취소

제93조【권한의 위임·위탁】 ① 농림축산식품부장관은 대통령령으로 정하는 바에 따라 이 법에 따른 권한의 일부를 소속기관의 장 또는 시·도지사에게 위임할 수 있다.
② 농림축산식품부장관은 대통령령으로 정하는 바에 따라 이 법에 따른 업무 및 동물복지 진흥에 관한 업무의 일부를 농림축산 또는 동물보호 관련 업무를 수행하는 기관·법인·단체의 장에게 위탁할 수 있다.
③ 농림축산식품부장관은 제1항에 따라 위임한 업무 및 제2항에 따라 위탁한 업무에 관하여 필요하다고 인정하면 업무처리지침을 정하여 통보하거나 그 업무처리를 지도·감독할 수 있다.
④ 제2항에 따라 위탁받은 이 법에 따른 업무를 수행하는 기관·법인·단체의 임원 및 직원은 「형법」 제129조부터 제132조까지의 규정을 적용할 때에는 공무원으로 본다.
⑤ 농림축산식품부장관은 제2항에 따라 업무를 위탁한 기관에 필요한 비용의 전부 또는 일부를 예산의 범위에서 출연 또는 보조할 수 있다.

제94조【실태조사 및 정보의 공개】 ① 농림축산식품부장관은 다음 각 호의 정보와 자료를 수집·조사·분석하고 그 결과를 해마다 정기적으로 공표하여야 한다. 다만, 제2호에 해당하는 사항에 관하여는 해당 동물을 관리하는 중앙행정기관의 장 및 관련 기관의 장과 협의하여 결과공표 여부를 정할 수 있다.
1. 제6조제1항의 동물복지종합계획 수립을 위한 동물의 보호·복지 실태에 관한 사항
2. 제2조제6호에 따른 봉사동물 중 국가소유 봉사동물의 마릿수 및 해당 봉사동물의 관리 등에 관한 사항
3. 제15조에 따른 등록대상동물의 등록에 관한 사항
4. 제34조부터 제36조까지 및 제39조부터 제46조까지의 규정에 따른 동물보호센터와 유실·유기동물 등의 치료·보호 등에 관한 사항
5. 제37조에 따른 보호시설의 운영실태에 관한 사항
5의2. 제47조제5항에 따른 동물의 기증 및 분양 현황 등 실험동물의 사후관리 실태에 관한 사항(2024.1.2 본호신설 : 2025.1.3 시행)
6. 제51조부터 제56조까지, 제58조의 규정에 따른 윤리위원회의 운영 및 동물실험 실태, 지도·감독 등에 관한 사항
7. 제59조에 따른 동물복지축산농장 인증현황 등에 관한 사항
8. 제69조 및 제73조에 따른 영업의 허가 및 등록과 운영실태에 관한 사항
9. 제86조제4항에 따른 영업자에 대한 정기점검에 관한 사항
10. 그 밖에 동물의 보호·복지 실태와 관련된 사항
② 농림축산식품부장관은 제1항 각 호에 따른 업무를 효율적으로 추진하기 위하여 실태조사를 실시할 수 있으며, 실태조사를 위하여 필요한 경우 관계 중앙행정기관의 장, 지방자치단체의 장, 공공기관(「공공기관의 운영에 관한 법률」 제4조에 따른 공공기관을 말한다. 이하 같다)의 장, 관련 기관 및 단체, 동물의 소유자등에게 필요한 자료 및 정보의 제공을 요청할 수 있다. 이 경우 자료 및 정보의 제공을 요청받은 자는 정당한 사유가 없는 한 자료 및 정보를 제공하여야 한다.
③ 제2항에 따른 실태조사(현장조사를 포함한다)의 범위, 방법, 그 밖에 필요한 사항은 대통령령으로 정한다.
④ 시·도지사, 시장·군수·구청장, 동물실험시행기관의 장 또는 인증기관은 제1항 각 호의 실적을 다음 연도 1월 31일까지 농림축산식품부장관(대통령령으로 정하는 그 소속기관의 장을 포함한다)에게 보고하여야 한다.

제95조【동물보호정보의 수집 및 활용】 ① 농림축산식품부장관은 동물의 생명보호, 안전 보장 및 복지 증진과 건전하고 책임 있는 사육문화를 조성하기 위하여 다음 각 호의 정보(이하 "동물보호정보"라 한다)를 수집하여 체계적으로 관리하여야 한다.
1. 제17조에 따라 맹견수입신고를 한 자 및 신고한 자가 소유한 맹견에 대한 정보
2. 제18조 및 제20조에 따라 맹견사육허가·허가철회를 받은 사람 및 허가받은 사람이 소유한 맹견에 대한 정보
3. 제18조제3항 및 제24조에 따라 기질평가를 받은 동물과 그 소유자에 대한 정보
4. 제69조 및 제70조에 따른 영업의 허가 및 제73조에 따른 영업의 등록에 관한 사항(영업의 허가 및 등록 번호, 업체명, 전화번호, 소재지 등을 포함한다)
5. 제94조제1항 각 호의 정보
6. 그 밖에 동물보호에 관한 정보로서 농림축산식품부장관이 수집·관리할 필요가 있다고 인정하는 정보
② 농림축산식품부장관은 동물보호정보를 체계적으로 관리하고 통합적으로 분석하기 위하여 국가동물보호정보시스템을 구축·운영하여야 한다.
③ 농림축산식품부장관은 동물보호정보의 수집을 위하여 관계 중앙행정기관의 장, 시·도지사 또는 시장·군수·구청장, 경찰관서의 장 등에게 필요한 자료를 요청할 수 있다. 이 경우 관계 중앙행정기관의 장, 시·도지사 또는 시장·군수·구청장, 경찰관서의 장 등은 정당한 사유가 없으면 요청에 응하여야 한다.
④ 시·도지사 및 시장·군수·구청장은 동물의 보호 또는 동물학대 발생 방지를 위하여 필요한 경우 국가동물보호정보시스템에 등록된 관련 정보를 농림축산식품부장관에게 요청할 수 있다. 이 경우 정보활용의 목적과 필요한 정보의 범위를 구체적으로 기재하여 요청하여야 한다.
⑤ 제4항에 따른 정보를 취득한 사람은 같은 항 후단의 요청 목적 외로 해당 정보를 사용하거나 다른 사람에게 정보를 제공 또는 누설하여서는 아니 된다.
⑥ 농림축산식품부장관은 대통령령으로 정하는 바에 따라 제1항제4호의 정보 중 영업의 허가 및 등록 번호, 업체명, 전화번호, 소재지 등을 공개하여야 한다.
⑦ 제1항부터 제6항까지에서 규정한 사항 외에 동물보호정보 등의 수집·관리·공개 및 정보의 요청 방법, 국가동물보호정보시스템의 구축·활용 등에 필요한 사항은 대통령령으로 정한다.

제96조【위반사실의 공표】 ① 시·도지사 또는 시장·군수·구청장은 제36조제4항 또는 제38조에 따라 행정처분이 확정된 동물보호센터 또는 보호시설에 대하여 위반행위, 해당 기관·단체 또는 시설의 명칭, 대표자 성명 등 대통령령으로 정하는 사항을 공표할 수 있다.
② 특별자치시장·특별자치도지사·시장·군수·구청장은 제83조부터 제85조까지의 규정에 따라 행정처분이 확정된 영업자에 대하여 위반행위, 해당 영업장의 명칭, 대표자 성명 등 대통령령으로 정하는 사항을 공표할 수 있다.
③ 제1항 및 제2항에 따른 공표 여부를 결정할 때에는 위반행위의 동기, 정도, 횟수 및 결과 등을 고려하여야 한다.
④ 시·도지사 또는 시장·군수·구청장은 제1항 및 제2항에 따른 공표를 실시하기 전에 공표대상자에게 그 사실을 통지하여 소명자료를 제출하거나 출석하여 의견진술을 할 수 있는 기회를 부여하여야 한다.
⑤ 제1항 및 제2항에 따른 공표의 절차·방법, 그 밖에 필요한 사항은 대통령령으로 정한다.

제8장 벌 칙

제97조【벌칙】 ① 다음 각 호의 어느 하나에 해당하는 자는 3년 이하의 징역 또는 3천만원 이하의 벌금에 처한다.
1. 제10조제1항 각 호의 어느 하나를 위반한 자
2. 제10조제3항제2호 또는 같은 조 제4항제3호를 위반한 자
3. 제16조제1항 또는 같은 조 제2항제1호를 위반하여 사람을 사망에 이르게 한 자
4. 제21조제1항 각 호를 위반하여 사람을 사망에 이르게 한 자
② 다음 각 호의 어느 하나에 해당하는 자는 2년 이하의 징역 또는 2천만원 이하의 벌금에 처한다.
1. 제10조제2항 또는 같은 조 제3항제1호·제3호·제4호의 어느 하나를 위반한 자
2. 제10조제4항제1호를 위반하여 맹견을 유기한 소유자등
3. 제10조제4항제2호를 위반한 소유자등
4. 제16조제1항 또는 같은 조 제2항제1호를 위반하여 사람의 신체를 상해에 이르게 한 자
5. 제21조제1항 각 호의 어느 하나를 위반하여 사람의 신체를 상해에 이르게 한 자
6. 제67조제1항제1호를 위반하여 거짓이나 그 밖의 부정한 방법으로 인증농장 인증을 받은 자
7. 제67조제1항제2호를 위반하여 인증을 받지 아니한 축산농장을 인증농장으로 표시한 자
8. 제67조제1항제3호를 위반하여 거짓이나 그 밖의 부정한 방법으로 인증심사·재심사 및 인증갱신을 하거나 받을 수 있도록 도와주는 행위를 한 자
9. 제69조제1항 또는 같은 조 제4항을 위반하여 허가 또는 변경허가를 받지 아니하고 영업을 한 자
10. 거짓이나 그 밖의 부정한 방법으로 제69조제1항에 따른 허가 또는 같은 조 제4항에 따른 변경허가를 받은 자
11. 제70조제1항을 위반하여 맹견취급허가 또는 변경허가를 받지 아니하고 맹견을 취급하는 영업을 한 자
12. 거짓이나 그 밖의 부정한 방법으로 제70조제1항에 따른 맹견취급허가 또는 변경허가를 받은 자
13. 제72조를 위반하여 설치가 금지된 곳에 동물장묘시설을 설치한 자
14. 제85조제1항에 따른 영업장 폐쇄조치를 위반하여 영업을 계속한 자
③ 다음 각 호의 어느 하나에 해당하는 자는 1년 이하의 징역 또는 1천만원 이하의 벌금에 처한다.
1. 제18조제1항을 위반하여 맹견사육허가를 받지 아니한 자
2. 제33조제1항을 위반하여 반려동물행동지도사의 명칭을 사용한 자
3. 제33조제2항을 위반하여 다른 사람에게 반려동물행동지도사의 명의를 사용하게 하거나 그 자격증을 대여한 자 또는 반려동물행동지도사의 명의를 사용하거나 그 자격증을 대여받은 자
4. 제33조제3항을 위반한 자
5. 제73조제1항 또는 같은 조 제4항을 위반하여 등록 또는 변경등록을 하지 아니하고 영업을 한 자
6. 거짓이나 그 밖의 부정한 방법으로 제73조제1항에 따른 등록 또는 같은 조 제4항에 따른 변경등록을 한 자
7. 제78조제1항제11호를 위반하여 다른 사람의 영업명의를 도용하거나 대여받은 자 또는 다른 사람에게 자기의 영업명의나 상호를 사용하게 한 영업자
7의2. 제78조제5항제3호를 위반하여 자신의 영업장에 있는 동물장묘시설을 다른 자에게 대여한 영업자(2023.6.20 본호신설)
8. 제83조를 위반하여 영업정지 기간에 영업을 한 자
9. 제87조제3항을 위반하여 설치 목적과 다른 목적으로 고정형 영상정보처리기기를 임의로 조작하거나 다른 곳을 비춘 자 또는 녹음기능을 사용한 자(2023.3.14 본호개정)
10. 제87조제4항을 위반하여 영상기록을 목적 외의 용도로 다른 사람에게 제공한 자
④ 다음 각 호의 어느 하나에 해당하는 자는 500만원 이하의 벌금에 처한다.
1. 제29조제1항을 위반하여 업무상 알게 된 비밀을 누설한 기질평가위원회의 위원 또는 위원이었던 자
2. 제37조제1항에 따른 신고를 하지 아니하고 보호시설을 운영한 자
3. 제38조제2항에 따른 폐쇄명령에 따르지 아니한 자
4. 제54조제3항을 위반하여 비밀을 누설하거나 도용한 윤리위원회의 위원 또는 위원이었던 자(제52조제3항에서 준용하는 경우를 포함한다)
5. 제78조제2항제1호를 위반하여 월령이 12개월 미만인 개·고양이를 교배 또는 출산시킨 영업자
6. 제78조제2항제2호를 위반하여 동물의 발정을 유도한 영업자
7. 제78조제5항제1호를 위반하여 살아있는 동물을 처리한 영업자
8. 제95조제5항을 위반하여 요청 목적 외로 정보를 사용하거나 다른 사람에게 정보를 제공 또는 누설한 자
⑤ 다음 각 호의 어느 하나에 해당하는 자는 300만원 이하의 벌금에 처한다.
1. 제10조제4항제1호를 위반하여 동물을 유기한 소유자등(맹견을 유기한 경우는 제외한다)
2. 제10조제5항제1호를 위반하여 사진 또는 영상물을 판매·전시·전달·상영하거나 인터넷에 게재한 자
3. 제10조제5항제2호를 위반하여 도박을 목적으로 동물을 이용한 자 또는 동물을 이용하는 도박을 행할 목적으로 광고·선전한 자
4. 제10조제5항제3호를 위반하여 도박·시합·복권·오락·유흥·광고 등의 상이나 경품으로 동물을 제공한 자
5. 제10조제5항제4호를 위반하여 영리를 목적으로 동물을 대여한 자
6. 제18조제4항 후단에 따른 인도적인 방법에 의한 처리 명령에 따르지 아니한 맹견의 소유자
7. 제20조제2항에 따른 인도적인 방법에 의한 처리 명령에 따르지 아니한 맹견의 소유자
8. 제24조제1항에 따른 기질평가 명령에 따르지 아니한 맹견 아닌 개의 소유자
9. 제46조제2항을 위반하여 수의사에 의하지 아니하고 동물의 인도적인 처리를 한 자
10. 제49조를 위반하여 동물실험을 한 자

11. 제78조제4항제1호를 위반하여 월령이 2개월 미만인 개·고양이를 판매(알선 또는 중개를 포함한다)한 영업자
12. 제85조제2항에 따른 게시문 등 또는 봉인을 제거하거나 손상시킨 자
⑥ 상습적으로 제1항부터 제5항까지의 죄를 지은 자는 그 죄에 정한 형의 2분의 1까지 가중한다.

제98조【벌칙】 제100조제1항에 따라 이수명령을 부과받은 사람이 보호관찰소의 장 또는 교정시설의 장의 이수명령 이행에 관한 지시에 따르지 아니하여 「보호관찰 등에 관한 법률」 또는 「형의 집행 및 수용자의 처우에 관한 법률」에 따른 경고를 받은 후 재차 정당한 사유 없이 이수명령 이행에 관한 지시를 따르지 아니한 경우에는 다음 각 호에 따른다.
1. 벌금형과 병과된 경우에는 500만원 이하의 벌금에 처한다.
2. 징역형 이상의 실형과 병과된 경우에는 1년 이하의 징역 또는 1천만원 이하의 벌금에 처한다.

제99조【양벌규정】 법인의 대표자나 법인 또는 개인의 대리인, 사용인, 그 밖의 종업원이 그 법인 또는 개인의 업무에 관하여 제97조에 따른 위반행위를 하면 그 행위자를 벌하는 외에 그 법인 또는 개인에게도 해당 조문의 벌금형을 과한다. 다만, 법인 또는 개인이 그 위반행위를 방지하기 위하여 해당 업무에 관하여 상당한 주의와 감독을 게을리하지 아니한 경우에는 그러하지 아니하다.

제100조【형벌과 수강명령 등의 병과】 ① 법원은 제97조제1항제1호부터 제4호까지 및 같은 조 제2항제1호부터 제5호까지의 죄를 지은 자(이하 이 조에서 "동물학대행위자등"이라 한다)에게 유죄판결(선고유예는 제외한다)을 선고하면서 200시간의 범위에서 재범예방에 필요한 수강명령(「보호관찰 등에 관한 법률」에 따른 수강명령을 말한다. 이하 같다) 또는 치료프로그램의 이수명령(이하 "이수명령"이라 한다)을 병과할 수 있다.(2023.6.20 본항개정)
② 동물학대행위자등에게 부과하는 수강명령은 형의 집행을 유예할 경우에는 그 집행유예기간 내에서 병과하고, 이수명령은 벌금형 또는 징역형의 실형을 선고할 경우에 병과한다.(2023.6.20 본항개정)
③ 법원이 동물학대행위자등에 대하여 형의 집행을 유예하는 경우에는 제1항에 따른 수강명령 외에 그 집행유예기간 내에서 보호관찰 또는 사회봉사 중 하나 이상의 처분을 병과할 수 있다.(2023.6.20 본항개정)
④ 제1항에 따른 수강명령 또는 이수명령은 형의 집행을 유예할 경우에는 그 집행유예기간 내에, 벌금형을 선고할 경우에는 형 확정일부터 6개월 이내에, 징역형의 실형을 선고할 경우에는 형기 내에 각각 집행한다.
⑤ 제1항에 따른 수강명령 또는 이수명령이 벌금형 또는 형의 집행유예와 병과된 경우에는 보호관찰소의 장이 집행하고, 징역형의 실형과 병과된 경우에는 교정시설의 장이 집행한다. 다만, 징역형의 실형과 병과된 이수명령을 모두 이행하기 전에 석방 또는 가석방되거나 미결구금일수 산입 등의 사유로 형을 집행할 수 없게 된 경우에는 보호관찰소의 장이 남은 이수명령을 집행한다.
⑥ 제1항에 따른 수강명령 또는 이수명령의 내용은 다음 각 호의 구분에 따른다.
1. 제97조제1항제1호·제2호 및 같은 조 제2항제1호부터 제3호까지의 죄를 지은 자
  가. 동물학대 행동의 진단·상담
  나. 소유자등으로서의 기본 소양을 갖추게 하기 위한 교육
  다. 그 밖에 동물학대행위자의 재범 예방을 위하여 필요한 사항
2. 제97조제1항제3호·제4호 및 같은 조 제2항제4호·제5호의 죄를 지은 자
  가. 등록대상동물, 맹견 등의 안전한 사육 및 관리에 관한 사항
  나. 그 밖에 개물림 관련 재범 예방을 위하여 필요한 사항
3. (2023.6.20 삭제)
(2023.6.20 본항개정)
⑦ 형벌과 병과하는 수강명령 및 이수명령에 관하여 이 법에서 규정한 사항 외에는 「보호관찰 등에 관한 법률」을 준용한다.

제101조【과태료】 ① 다음 각 호의 어느 하나에 해당하는 자에게는 500만원 이하의 과태료를 부과한다.
1. 제51조제1항을 위반하여 윤리위원회를 설치·운영하지 아니한 동물실험시행기관의 장
2. 제51조제3항을 위반하여 윤리위원회의 심의를 거치지 아니하고 동물실험을 한 동물실험시행기관의 장
3. 제51조제4항을 위반하여 윤리위원회의 변경심의를 거치지 아니하고 동물실험을 한 동물실험시행기관의 장(제52조제3항에서 준용하는 경우를 포함한다)
4. 제55조제1항을 위반하여 심의 후 감독을 요청하지 아니한 경우 해당 동물실험시행기관의 장(제52조제3항에서 준용하는 경우를 포함한다)
5. 제55조제3항을 위반하여 정당한 사유 없이 실험 중지 요구를 따르지 아니하고 동물실험을 한 동물실험시행기관의 장(제52조제3항에서 준용하는 경우를 포함한다)
6. 제55조제4항을 위반하여 윤리위원회의 심의 또는 변경심의를 받지 아니하고 동물실험을 재개한 동물실험시행기관의 장(제52조제3항에서 준용하는 경우를 포함한다)
7. 제58조제2항을 위반하여 개선명령을 이행하지 아니한 동물실험시행기관의 장
8. 제67조제1항제4호가목을 위반하여 동물복지축산물 표시를 한 자
9. 제78조제1항제7호를 위반하여 영업별 시설 및 인력 기준을 준수하지 아니한 영업자
② 다음 각 호의 어느 하나에 해당하는 자에게는 300만원 이하의 과태료를 부과한다.
1. 제17조제1항을 위반하여 맹견수입신고를 하지 아니한 자
2. 제21조제1항 각 호를 위반한 맹견의 소유자등
3. 제21조제3항을 위반하여 맹견의 안전한 사육 및 관리에 관한 교육을 받지 아니한 자
4. 제22조를 위반하여 맹견을 출입하게 한 소유자등
5. 제23조제1항을 위반하여 보험에 가입하지 아니한 소유자
6. 제24조제5항에 따른 교육이수명령 또는 개의 훈련 명령에 따르지 아니한 소유자
7. 제37조제4항을 위반하여 시설 및 운영 기준 등을 준수하지 아니하거나 시설정비 등의 사후관리를 하지 아니한 자
8. 제37조제5항에 따른 신고를 하지 아니하고 보호시설의 운영을 중단하거나 보호시설을 폐쇄한 자
9. 제38조제1항에 따른 중지명령이나 시정명령을 3회 이상 반복하여 이행하지 아니한 자
10. 제48조제1항을 위반하여 전임수의사를 두지 아니한 동물실험시행기관의 장
11. 제67조제1항제4호나목 또는 다목을 위반하여 동물복지축산물 표시를 한 자
12. 제70조제3항을 위반하여 맹견 취급의 사실을 신고하지 아니한 영업자
13. 제76조제1항을 위반하여 휴업·폐업 또는 재개업의 신고를 하지 아니한 영업자
14. 제76조제2항을 위반하여 동물처리계획서를 제출하지 아니하거나 같은 조 제3항에 따른 처리결과를 보고하지 아니한 영업자
15. 제78조제1항제3호를 위반하여 노화나 질병이 있는 동물을 유기하거나 폐기할 목적으로 거래한 영업자
16. 제78조제1항제4호를 위반하여 동물의 번식, 반입·반출 등의 기록, 관리 및 보관을 하지 아니한 영업자
17. 제78조제1항제5호를 위반하여 영업허가번호 또는 영업등록번호를 명시하지 아니하고 거래금액을 표시한 영업자
18. 제78조제3항제1호를 위반하여 수입신고를 하지 아니하거나 거짓이나 그 밖의 부정한 방법으로 수입신고를 한 영업자
③ 다음 각 호의 어느 하나에 해당하는 자에게는 100만원 이하의 과태료를 부과한다.
1. 제11조제1항제4호 또는 제5호를 위반하여 동물을 운송한 자
2. 제11조제1항을 위반하여 제69조제1항의 동물을 운송한 자
3. 제12조를 위반하여 반려동물을 전달한 자
4. 제15조제1항을 위반하여 등록대상동물을 등록하지 아니한 소유자
5. 제27조제4항을 위반하여 정당한 사유 없이 출석, 자료제출요구 또는 기질평가와 관련한 조사를 거부한 자
6. 제36조제6항에 따라 준용되는 제35조제5항을 위반하여 교육을 받지 아니한 동물보호센터의 장 및 그 종사자
7. 제37조제2항에 따른 변경신고를 하지 아니하거나 같은 조 제5항에 따른 운영재개신고를 하지 아니한 자
8. 제50조를 위반하여 미성년자에게 동물 해부실습을 하게 한 자
9. 제57조제1항을 위반하여 교육을 이수하지 아니한 윤리위원회의 위원
10. 정당한 사유 없이 제66조제3항에 따른 조사를 거부·방해하거나 기피한 자
11. 제68조제2항을 위반하여 인증을 받은 자의 지위를 승계하고 그 사실을 신고하지 아니한 자
12. 제69조제4항 단서 또는 제73조제4항 단서를 위반하여 경미한 사항의 변경을 신고하지 아니한 영업자
13. 제75조제3항을 위반하여 영업자의 지위를 승계하고 그 사실을 신고하지 아니한 자
14. 제78조제1항제8호를 위반하여 종사자에게 교육을 실시하지 아니한 영업자
15. 제78조제1항제9호를 위반하여 영업실적을 보고하지 아니한 영업자
16. 제78조제1항제10호를 위반하여 등록대상동물의 등록 및 변경신고의무를 고지하지 아니한 영업자
17. 제78조제3항제2호를 위반하여 신고한 사항과 다른 용도로 동물을 사용한 영업자
18. 제78조제5항제2호를 위반하여 등록대상동물의 사체를 처리한 후 신고하지 아니한 영업자
19. 제78조제6항에 따라 동물의 보호와 공중위생상의 위해 방지를 위하여 농림축산식품부령으로 정하는 준수사항을 지키지 아니한 영업자
20. 제79조를 위반하여 등록대상동물의 등록을 신청하지 아니하고 판매한 영업자
21. 제82조제2항 또는 제3항을 위반하여 교육을 받지 아니하고 영업을 한 영업자
22. 제86조제1항제1호에 따른 자료제출 요구에 응하지 아니하거나 거짓 자료를 제출한 동물의 소유자등
23. 제86조제1항제2호에 따른 출입·검사를 거부·방해 또는 기피한 동물의 소유자등
24. 제86조제2항에 따른 보고·자료제출을 하지 아니하거나 거짓으로 보고·자료제출을 한 자 또는 같은 항에 따른 출입·조사·검사를 거부·방해·기피한 자
25. 제86조제1항제3호 또는 같은 조 제7항에 따른 시정명령 등의 조치에 따르지 아니한 자
26. 제88조제4항을 위반하여 동물보호관의 직무 수행을 거부·방해 또는 기피한 자
④ 다음 각 호의 어느 하나에 해당하는 자에게는 50만원 이하의 과태료를 부과한다.
1. 제15조제2항을 위반하여 정해진 기간 내에 신고를 하지 아니한 소유자
2. 제15조제3항을 위반하여 소유권을 이전받은 날부터 30일 이내에 신고를 하지 아니한 자
3. 제16조제1항을 위반하여 소유자등 없이 등록대상동물을 기르는 곳에서 벗어나게 한 소유자등
4. 제16조제2항제1호에 따른 안전조치를 하지 아니한 소유자등
5. 제16조제2항제2호를 위반하여 인식표를 부착하지 아니한 소유자등
6. 제16조제2항제3호를 위반하여 배설물을 수거하지 아니한 소유자등
7. 제94조제2항을 위반하여 정당한 사유 없이 자료 및 정보의 제공을 하지 아니한 자
⑤ 제1항부터 제4항까지의 과태료는 대통령령으로 정하는 바에 따라 농림축산식품부장관, 시·도지사 또는 시장·군수·구청장이 부과·징수한다.

부 칙

제1조【시행일】 이 법은 공포 후 1년이 경과한 날부터 시행한다. 다만, 제17조부터 제21조까지, 제24조부터 제33조까지, 제52조, 제59조부터 제68조까지 및 제70조의 개정규정은 공포 후 2년이 경과한 날부터 시행한다.

제2조【맹견수입신고에 관한 적용례】 제17조의 개정규정은 부칙 제1조 단서에 따른 시행일 이후 수입하는 맹견부터 적용한다.

제3조【사육계획서의 제출에 관한 적용례】 동물을 적정하게 보호·관리하기 위한 사육계획서의 제출에 관한 제41조제1항제2호 및 같은 조 제2항의 개정규정은 이 법 시행 이후 동물의 반환을 요구하는 사례부터 적용한다.

제4조【윤리위원회 변경심의, 심의 후 감독 및 전문위원 검토에 관한 적용례】 제51조제4항, 제55조 및 제56조의 개정규정은 이 법 시행 당시 진행 중인 동물실험에 대해서도 적용한다.

제5조【결격사유의 적용례】 ① 제74조제3호의 개정규정은 이 법 시행 이후 파산선고를 받은 경우부터 적용한다.
② 이 법 시행 전의 행위로 종전의 규정에 따라 허가 또는 등록이 취소되거나 벌금 이상의 형의 집행유예를 선고받은 경우에 대해서도 제74조제5호부터 제7호까지의 개정규정을 적용한다. 부칙 제18조에 따라 종전의 규정에 따른 등록업이 개정규정에 따른 허가업으로 간주된 경우에도 같다.

제6조【동물처리계획서에 관한 적용례】 제76조제2항부터 제4항까지의 개정규정은 이 법 시행 이후 휴업 또는 폐업의 신고를 하는 경우부터 적용한다.

제7조【동물생산업자, 동물수입업자의 동물등록에 관한 적용례】 제79조의 개정규정은 이 법 시행 이후 동물생산업자, 동물수입업자가 등록대상동물을 판매하는 경우부터 적용한다.

제8조【거래내역의 신고에 관한 적용례】 제80조의 개정규정은 이 법 시행 이후 동물생산업자, 동물수입업자, 동물판매업자가 취급하는 등록대상동물에 관한 거래내역부터 적용한다.

제9조【동물복지종합계획 및 동물복지계획에 관한 경과조치】 이 법 시행 당시 종전의 제4조에 따라 수립한 동물복지종합계획 및 동물복지계획은 제6조의 개정규정에 따라 수립한 동물복지종합계획 및 동물복지계획으로 본다.

제10조【동물복지위원회에 대한 경과조치】 이 법 시행 당시 종전의 제5조에 따라 설치된 동물복지위원회(위원장 및 위원을 포함한다)는 이 법 시행일 이후 제7조의 개정규정에 따라 동물복지위원회가 새로 구성될 때까지 존속한다.

제11조【맹견사육허가에 관한 경과조치】 이 법 시행 당시 맹견을 사육하고 있는 자는 부칙 제1조 단서에 따른 시행일 이후 6개월 이내에 맹견사육허가를 받아야 한다.

제12조【맹견의 관리에 관한 경과조치】 맹견의 관리에 관하여는 부칙 제1조 단서에 따라 제21조의 개정규정이 시행되기 전까지는 종전의 제13조의2를 적용한다.

제13조【동물보호센터 등에 관한 경과조치】 ① 이 법 시행 당시 종전의 제15조에 따라 설치되거나 지정된 동물보호센터와 운영위원회는 제35조 및 제36조의 개정규정에 따라 설치되거나 지정된 동물보호센터와 운영위원회로 본다.
② 이 법 시행 전의 행위에 대하여 동물보호센터 지정취소나 지정의 결격기간을 적용할 때에는 종전의 규정을 따른다.
제14조【보호비용의 부담에 관한 경과조치】 이 법 시행 당시 종전의 제19조에 따라 발생한 동물의 보호비용은 제42조의 개정규정에 따라 처리할 수 있다.
제15조【동물의 소유권 취득에 관한 경과조치】 이 법 시행 당시 종전의 제20조에 따라 시 · 도와 시 · 군 · 구가 취득한 동물의 소유권은 제43조의 개정규정에 따라 취득한 것으로 본다.
제16조【윤리위원회에 관한 경과조치】 ① 이 법 시행 당시 종전의 제25조제1항에 따라 설치 · 운영하는 윤리위원회는 제51조제1항의 개정규정에 따라 설치된 윤리위원회로 본다.
② 종전의 제25조제2항에 따라 동물실험시행기관이 다른 동물실험시행기관과 공동으로 설치 · 운영하는 윤리위원회는 부칙 제1조 단서에 따른 시행일 이후 제52조제1항의 개정규정에 따라 공용윤리위원회가 지정 또는 설치될 때까지 존속한다.
③ 이 법 시행 당시 종전의 제27조에 따라 호선 또는 위촉된 윤리위원회의 위원장 및 위원은 제53조의 개정규정에 따라 호선 또는 위촉된 것으로 본다. 이 경우 위원장 및 위원의 임기는 원래의 임기 개시일부터 기산한다.
제17조【동물복지축산농장의 인증에 관한 경과조치】
① 동물복지축산농장의 인증에 관하여는 제59조부터 제68조까지의 개정규정이 시행되기 전까지는 종전의 제29조부터 제31조까지의 규정을 적용한다. 이 경우 제64조제1항의 개정규정이 시행되기 전까지는 제29조제3항은 다음과 같이 규정된 것으로 본다.
③ 농림축산식품부장관은 동물복지축산농장으로 인증된 축산농장에 대하여 다음 각 호의 지원을 할 수 있다.
1. 동물의 보호 및 복지 증진을 위하여 축사시설 개선에 필요한 비용
2. 동물복지축산농장의 환경개선 및 경영에 관한 지도 · 상담 및 교육
3. 동물복지축산농장에서 생산한 축산물의 판로개척을 위한 상담 · 자문 및 판촉
4. 동물복지축산농장에서 생산한 축산물의 해외시장의 진출 · 확대를 위한 정보제공, 홍보활동 및 투자유치
5. 그 밖에 동물복지축산농장의 경영안정을 위하여 필요한 사항
(2023.6.20 후단신설)
② 이 법 시행 당시 종전의 제29조제2항에 따라 농림축산식품부장관(종전의 제44조에 따라 인증업무를 위임받은 소속기관의 장을 포함한다. 이하 같다)에게 인증을 신청하였으나 부칙 제1조 단서의 시행일 전날까지 인증을 받지 못한 경우에는 제59조의 개정규정에 따라 인증기관에 인증 신청을 다시 하여야 한다. 이 경우 농림축산식품부장관은 신청인의 요청에 따라 심사 중인 자료를 인증기관에 이관할 수 있고, 이관한 경우에는 그 사실을 신청인에게 알려주어야 한다.
③ 부칙 제1조 단서에 따른 시행일 당시 종전의 제29조에 따라 받은 동물복지축산농장의 인증은 제59조의 개정규정에 따른 동물복지축산농장 인증으로 본다. 이 경우 인증의 유효기간은 제59조제4항의 개정규정에도 불구하고 다음 각 호에서 정하는 날까지로 한다.
1. 부칙 제1조 단서에 따른 시행일 당시 인증일로부터 2년 미만의 기간이 경과한 축산농장 : 부칙 제1조 단서에 따른 시행일로부터 4년
2. 부칙 제1조 단서에 따른 시행일 당시 인증일로부터 2년 이상 5년 미만의 기간이 경과한 축산농장 : 부칙 제1조 단서에 따른 시행일로부터 3년
3. 부칙 제1조 단서에 따른 시행일 당시 인증일로부터 5년 이상의 기간이 경과한 축산농장 : 부칙 제1조 단서에 따른 시행일로부터 2년
④ 이 법 시행 전의 행위에 대하여 동물복지축산농장의 인증취소, 인증 결격기간을 적용할 때에는 종전의 규정에 따른다.
제18조【영업의 허가 또는 등록에 관한 경과조치】 ① 이 법 시행 당시 종전의 제34조에 따라 동물생산업의 허가를 받은 자는 제69조의 개정규정에 따른 동물생산업의 허가를 받은 것으로 본다.
② 이 법 시행 당시 종전의 제33조에 따라 동물장묘업, 동물판매업, 동물수입업의 등록을 한 자는 제69조제1항의 개정규정에 따른 동물장묘업, 동물판매업, 동물수입업의 허가를 받은 것으로 본다. 이 경우 이 법 시행일부터 1년 이내에 제69조제3항의 개정규정에 따른 동물장묘업, 동물판매업, 동물수입업의 시설 및 인력 기준을 갖추어야 하며, 기간 내에 갖추지 못한 경우에는 특별자치시장 · 특별자치도지사 · 시장 · 군수 · 구청장은 허가를 취소할 수 있다.
③ 이 법 시행 당시 종전의 제33조에 따라 동물전시업, 동물위탁관리업, 동물미용업, 동물운송업의 등록을 한 자는 제73조제1항의 개정규정에 따른 동물전시업, 동물위탁관리업, 동물미용업, 동물운송업의 등록을 한 것으로 본다.
④ 이 법 시행 전에 반려동물영업에 관하여 종전의 규정에 따라 허가사항 또는 등록사항의 변경에 관한 신고를 한 경우에는 제69조제4항의 개정규정에 따른 변경허가 또는 변경신고나 제73조제4항의 개정규정에 따른 변경등록 또는 변경신고를 한 것으로 본다.
제19조【교육이수에 관한 규정의 경과조치】 부칙 제18조제2항에 따라 동물장묘업의 허가를 받은 것으로 보는 자는 이 법 시행일 이후 1년 이내에 제82조제1항의 개정규정에 따른 교육을 받아야 한다.
제20조【허가 또는 등록의 취소 등에 관한 경과조치】 이 법 시행 전의 행위에 대한 허가 또는 등록의 취소, 영업정지와 처분의 효과 승계에 대하여는 제83조의 개정규정에도 불구하고 종전의 제35조 및 제38조를 적용한다.
제21조【동물보호관 등에 관한 경과조치】 이 법 시행 전에 종전의 제40조에 따라 지정된 동물보호감시원은 제88조의 개정규정에 따라 지정된 동물보호관으로, 종전의 제41조에 따라 위촉된 동물보호명예감시원은 제90조의 개정규정에 따라 위촉된 명예동물보호관으로 본다.
제22조【벌칙 및 과태료에 관한 경과조치】 이 법 시행 전의 행위에 대하여 벌칙이나 과태료의 규정을 적용할 때에는 종전의 규정을 따른다.
제23조【종전 부칙의 적용범위에 관한 경과조치】 종전의 「동물보호법」의 개정에 따라 규정하였던 종전의 부칙은 이 법 시행 전에 이미 효력이 상실된 경우를 제외하고는 이 법의 규정에 위배되지 아니하는 범위에서 이 법 시행 이후에도 계속하여 적용한다.
제24조【동물학대로 벌금형 이상의 형을 선고받은 자에 관한 적용례】 제74조제6호의 개정규정은 2019년 3월 25일 이후 종전의 제8조를 위반하여 벌금형 이상의 형을 선고받고, 그 형이 확정된 경우부터 적용한다.
제25조【조례의 효력에 관한 경과조치】 이 법 시행 당시 종전의 제12조제1항 단서 및 같은 조 제5항, 제13조제3항, 제13조의3제4호, 제15조제10항, 제19조제3항, 제21조제1항 · 제3항, 제33조의3 전단, 제42조 각 호 외의 부분 단서에 따른 조례는 제15조제1항 단서 및 같은 조 제7항, 제16조제3항, 제22조제8호, 제35조제7항(제36조제6항에서 준용하는 경우를 포함한다), 제42조제3항, 제45조제1항 · 제4항, 제71조제3항, 제91조 각 호 외의 부분 단서의 개정규정에 따른 조례로 본다.
제26조【다른 법률의 개정】 ①~⑥ ※(해당 법령에 가제정리 하였음)
제27조【다른 법령과의 관계】 이 법 시행 당시 다른 법령(조례를 포함한다)에서 종전의 「동물보호법」 또는 그 규정을 인용하고 있는 경우에 이 법 가운데 그에 해당하는 규정이 있으면 종전의 규정을 갈음하여 이 법 또는 이 법의 해당 규정을 인용한 것으로 본다.

부 칙 (2023.3.14)

제1조【시행일】 이 법은 공포 후 6개월이 경과한 날부터 시행한다.(이하 생략)

부 칙 (2023.6.20)

이 법은 공포한 날부터 시행한다. 다만, 법률 제18853호 동물보호법 전부개정법률 제64조제1항제3호부터 제5호까지의 개정규정은 2024년 4월 27일부터 시행한다.

부 칙 (2024.1.2)

제1조【시행일】 이 법은 공포 후 1년이 경과한 날부터 시행한다.
제2조【적용례】 제34조제3항의 개정규정은 이 법 시행 이후 제34조제1항제3호에 따른 동물을 구조하는 경우부터 적용한다.

한국마사회법

(1990년 8월 1일
법 률 제4251호)

개정
1990.12.27법 4268호(정부조직)
1993. 3. 6법 4541호(정부조직)
1999.12.31법 6091호
2001. 1.29법 6400호(정부조직)
2001.12.31법 6572호
2004. 3.22법 7207호(자유무역협정체결에따른농어업인등의지원에관한특별법)
2005. 3.31법 7428호(채무자회생파산)
2005. 5.31법 7547호
2007. 4.11법 8354호(축산법)
2008. 2.29법 8852호(정부조직)
2009. 5.27법 9720호
2010. 5.17법 10303호(은행법)
2011. 3. 9법 10456호　2011. 7.21법 10891호
2012. 6. 1법 11460호
2013. 3.23법 11690호(정부조직)
2014. 3.18법 12437호　2015. 1.20법 13031호
2015. 2. 3법 13146호　2016.12. 2법 14306호
2018. 9.18법 15775호　2020. 3.24법 17101호
2020. 5.26법 17325호　2020.12.22법 17724호
2022.12.27법 19121호　2023. 6.20법 19492호
2023.10.24법 19755호

제1장 총 칙
(2009.5.27 본장개정)

제1조【목적】 이 법은 한국마사회를 설립하여 경마(競馬)의 공정한 시행과 말산업의 육성에 관한 사업을 효율적으로 수행하게 함으로써 축산의 발전에 이바지하고 국민의 복지 증진과 여가선용을 도모함을 목적으로 한다.
(2015.1.20 본조개정)
제2조【정의】 이 법에서 사용하는 용어의 뜻은 다음과 같다.
1. "경마"란 기수가 타고 있는 말의 경주에 대하여 승마투표권(勝馬投票券)을 발매(發賣)하고, 승마투표 적중자에게 환급금을 지급하는 행위를 말한다.(2020.3.24 본호개정)
2. "경주마"란 경주에 출전시킬 목적으로 제18조에 따라 설립된 한국마사회(이하 "마사회"라 한다)에 등록한 말을 말한다.(2020.3.24 본호개정)
3. "마주"란 경주마(競走馬)를 소유하거나 소유할 목적으로 마사회에 등록한 자를 말한다.
4. "조교사"란 마사회의 면허를 받아 경주마를 관리하고 조련하는 자를 말한다.
5. "기수"란 마사회의 면허를 받아 경마시행 시 경주마에 타는 자를 말한다.(2020.3.24 본호개정)
6. "승마투표권"이란 경마시행 시 승마(勝馬)를 적중시켜 환급금을 받으려는 자의 청구에 따라 마사회가 발매[「정보통신망 이용촉진 및 정보보호 등에 관한 법률」 제2조제1항제1호에 따른 정보통신망(이하 "정보통신망"이라 한다)을 이용한 발매를 포함한다. 이하 같다]하는 승마투표방법 · 마번(馬番) 및 금액 등이 적힌 표(전자적 형태를 포함한다)를 말한다.(2023.6.20 본호개정)
7. "환급금"이란 경주에 출전한 말의 도착순위가 확정되었을 때 마사회가 승마투표권발매 금액 중에서 발매수득금 및 각종 세금을 뺀 후 승마투표 적중자 또는 승마투표권 구매자에게 지급하는 금액을 말한다.(2020.3.24 본호개정)
8. "단위투표금액"이란 승마투표권 발매의 기본단위로서 최저발매금액을 말한다.
9. "구매권"이란 승마투표권과 교환할 수 있도록 금액 · 고유번호 및 소멸시효 등을 기재하여 마사회가 발행한 표를 말한다.
제2조의2【다른 법률과의 관계】 승마투표권(이하 "마권"이라 한다)의 발매에 관하여는 「사행행위 등 규제 및 처벌특례법」을 적용하지 아니한다.

제2장 경마의 시행
(2009.5.27 본장개정)

제3조【경마의 개최】 ① 경마는 마사회가 개최한다.
② 마사회가 개최하는 경마의 경마장별 개최 범위, 경주의 종류 및 경주마의 출전기준 등에 관한 사항은 대통령령으로 정한다.(2020.3.24 본항개정)
제4조【경마장】 ① 마사회는 경마장을 설치하려면 대통령령으로 정하는 요건을 갖추어 농림축산식품부장관의 허가를 받아야 한다.
② 농림축산식품부장관은 경마장의 설비가 부적합하여 경마장의 질서를 유지할 수 없거나 경마의 공정을 확보할 수 없다고 인정할 때에는 마사회에 대하여 설비변경이나 그 밖에 필요한 조치를 하게 할 수 있다.
(2013.3.23 본조개정)
제5조【입장료】 ① 마사회는 경마를 개최할 때에는 경마장 및 제6조제2항에 따른 장외발매소 입장자로부터 입장료를 받을 수 있다.(2011.7.21 본항개정)
② 제1항의 입장료 징수 대상과 징수 방법 및 금액 등에 필요한 사항은 농림축산식품부령으로 정한다.(2013.3.23 본항개정)

제6조【마권의 발매 등】 ① 마사회는 경마를 개최할 때에는 마권을 발매할 수 있다.(2023.6.20 본항개정)
② 마사회는 경마장 외의 장소에 마권의 발매 등을 처리하기 위한 시설(이하 "장외발매소"라 한다)을 설치·이전 또는 변경(관람시설의 바닥면적을 확대하는 경우에 한정한다)하려면 농림축산식품부장관의 승인을 받아야 한다.(2013.3.23 본항개정)
③ 제1항에 따른 마권의 단위투표금액(單位投票金額)·발매방법 및 제2항에 따른 장외발매소의 시설기준, 처리사무 등에 필요한 사항은 대통령령으로 정한다.

제6조의2【정보통신망을 이용한 마권의 발매 등】 ① 마사회는 경마장 및 장외발매소 이외의 장소에서 정보통신망을 이용하여 전자적 형태의 마권(이하 "전자마권"이라 한다)을 발매할 수 있다.
② 마사회는 전자마권을 발매하려면 매년 다음 각 호의 사항을 포함한 전자마권 발매 운영계획을 수립하여 농림축산식품부장관의 승인을 받아 시행하여야 한다. 승인을 받은 전자마권 발매 운영계획의 주요 내용을 변경하고자 할 때에도 또한 같다.
1. 전자마권 발매 시스템 운영에 관한 사항
2. 이용 단계별 이용자 검증에 관한 사항
3. 중독 및 과몰입 예방조치 등 이용자 보호에 관한 사항
4. 개인정보의 수집·이용·보유·처리·책임자지정 등 관리에 관한 사항
5. 제6조의5에 따른 전자마권 발매 건전화방안 수립에 관한 사항
6. 그 밖에 전자마권 발매 운영을 위하여 농림축산식품부장관이 정하는 사항
(2023.6.20 본조신설)

제6조의3【시정명령 등】 ① 농림축산식품부장관은 마사회가 제6조의2제2항에 따른 전자마권 발매 운영계획을 이행하지 아니하면 시정을 명할 수 있다.
② 농림축산식품부장관은 마사회가 제1항에 따른 시정명령을 정당한 사유 없이 이행하지 아니하면 전자마권 발매 규모 축소, 전자마권 발매 중단 등 필요한 조치를 할 수 있다.
③ 마사회는 제2항에 따라 중단된 전자마권 발매를 재개하려면 농림축산식품부장관의 승인을 받아야 한다.
(2023.6.20 본조신설)

제6조의4【등록 등】 ① 전자마권을 구매하려는 사람은 마사회에 본인 명의의 및 기기, 계좌 등을 등록하여야 한다.
② 다음 각 호의 어느 하나에 해당하는 사람은 제1항에 따른 등록을 할 수 없다.
1. 21세 미만인 사람
2. 마사회의 감독기관 소속 공무원으로서 마사회 관련 업무를 담당하는 사람
3. 마사회의 임직원
4. 조교사·기수·말관리사(조교사를 보조하여 경주마의 관리 등의 업무를 하는 사람을 말한다. 이하 같다)
5. 경마개최 업무에 종사하는 자(마사회와의 계약에 따라 경마개최 업무에 종사하는 사람을 포함한다. 이하 같다)
6. 제3항에 따라 등록이 취소된 후 1년이 지나지 아니한 사람
③ 마사회는 제1항에 따라 등록한 사람이 다음 각 호의 어느 하나에 해당하는 경우에는 그 등록을 취소하여야 한다.
1. 거짓이나 그 밖의 부정한 방법으로 등록을 한 경우
2. 본인 명의로 등록한 기기를 전자마권을 구매하게 할 목적으로 타인에게 빌려준 경우
3. 타인 명의로 등록된 기기를 전자마권을 구매할 목적으로 빌린 경우
4. 그 밖에 전자마권 발매의 건전한 운영을 크게 해치는 행위로서 농림축산식품부령으로 정한 행위를 한 경우
④ 제1항에 따른 등록장소, 기기, 계좌 개설, 검사절차 및 환급금 지급 등에 필요한 사항은 농림축산식품부령으로 정한다.
(2023.6.20 본조신설)

제6조의5【전자마권 발매 건전화방안 수립】 마사회는 전자마권 발매의 건전한 운영을 위하여 다음 각 호의 사항을 포함한 전자마권 발매 건전화방안을 수립하여야 한다.
1. 전자마권 발매 규모에 관한 사항
2. 전자마권 발매 구매상한, 판매 기준에 관한 사항
3. 「사행산업통합감독위원회법」 제5조에 따라 사행산업통합감독위원회가 조정·권고한 매출액 규모 등의 총량 준수에 관한 사항
4. 전자마권 발매의 매출 추이와 연계한 장외발매소 규모 조정에 관한 사항
5. 그 밖에 전자마권 발매의 건전한 운영을 위하여 농림축산식품부장관이 정하는 사항
(2023.6.20 본조신설)

제6조의6【중독 및 과몰입 예방 조치】 마사회는 전자마권의 지나친 구매행위를 방지하기 위하여 다음 각 호에 따른 중독 및 과몰입 예방을 위한 조치를 하여야 한다.
1. 전자마권을 구매하려는 사람의 실명·연령 및 본인 여부에 대한 확인
2. 제6조의10에 따른 경고문구의 게시
3. 전자마권 발매 이용화면에 이용시간 경과 내역 표시
4. 중독 및 과몰입 예방교육 등 이용자 보호교육
5. 그 밖에 중독 및 과몰입 예방을 위하여 필요한 사항
(2023.6.20 본조신설)

제6조의7【불법이용 방지】 마사회는 전자마권의 불법적인 이용을 차단하기 위하여 다음 각 호의 조치를 하여야 한다.
1. 전자마권 발매 시스템상에서 온라인 경주영상의 복제·개작·전송을 예방·방지하는 조치
2. 전자마권 발매 유사 시스템의 설계·제작·유통·이용을 방지하기 위한 조치
(2023.6.20 본조신설)

제6조의8【운영실적 점검】 ① 농림축산식품부장관은 전자마권 발매 운영실적에 대한 점검 및 평가를 실시할 수 있다.
② 제1항에 따른 전자마권 발매 운영실적 점검 및 평가항목, 실시주기 등에 필요한 사항은 농림축산식품부령으로 정한다.
(2023.6.20 본조신설)

제6조의9【구매권】 ① 마사회는 마권을 구매하려는 자가 요청하는 경우에 구매권을 발매할 수 있다.
② 구매권은 마권교환 외의 목적에 사용할 수 없다.
③ 구매권을 가진 자가 구매권의 환매(還賣)를 요구하는 경우에는 마사회는 이에 따라야 한다.
④ 구매권을 마권으로 교환하거나 제3항에 따라 환매할 수 있는 권리는 1년간 행사하지 아니하면 시효로 인하여 소멸한다.

제6조의10【경고문구의 표기】 ① 마사회는 마권과 구매권 및 대통령령으로 정하는 광고에 마권의 지나친 구매행위가 가져올 수 있는 개인적·사회적 폐해 등에 관한 경고문구를 표기하여야 한다.
② 제1항에 따른 경고문구의 표시내용 및 방법 등에 필요한 사항은 농림축산식품부령으로 정한다.(2013.3.23 본항개정)

제7조【승마투표방법】 ① 승마투표방법은 단승식(單勝式)·복승식(複勝式)·쌍승식(雙勝式)·연승식(連勝式)·복연승식(複連勝式)·삼복승식(三複勝式)·삼쌍승식(三雙勝式) 및 특별승마식(特別勝馬式)의 8종으로 한다.
② 제1항에 따른 각 승마투표방법에서 승마의 결정·실시방법 등에 필요한 사항은 농림축산식품부령으로 정한다.(2013.3.23 본항개정)

제8조【환급금】 ① 마사회는 승마투표 적중자에게 대통령령으로 정하는 바에 따라 해당 경주의 마권 발매 금액 중에서 환급금을 지급한다.
② 승마투표 적중자가 없는 경우의 발매금은 대통령령으로 정하는 바에 따라 마권을 구매한 자에게 환급하여야 한다. 다만, 승마가 둘 이상인 승마투표방법에서 일부 승마에 대한 승마투표 적중자가 없는 경우에는 해당 승마에 대한 환급금은 나머지 승마투표 적중자에게 똑같이 나누어 지급하여야 한다.
③ 제1항과 제2항에 따른 환급금의 채권은 1년간 행사하지 아니하면 시효로 인하여 소멸한다.(2016.12.2 본항개정)

제9조【발매 수득금 등】 ① 마사회의 수입은 발매 수득금(收得金)과 농림축산식품부령으로 정하는 그 밖의 수입으로 한다.(2015.1.20 본항개정)
② 제1항에 따른 발매 수득금은 마사회가 마권의 발매금액에 대하여 농림축산식품부장관이 정하는 비율에 따라 거두어들이는 금액으로 한다. 이 경우 발매 수득금은 발매금액의 100분의 20을 초과할 수 없다.(2013.3.23 전단개정)
③ 제1항 및 제2항에 따른 발매 수득금과 그 밖의 수입은 마사회의 사업계획에 따른 운영경비 및 이익금 등으로 사용할 수 있다.(2015.1.20 본항개정)

제10조【투표의 무효】 ① 마권을 발매한 후 다음 각 호의 어느 하나에 해당하는 사유가 발생한 경우에는 해당 경주에 대한 투표는 무효로 한다.
1. 출전한 말이 한 마리이거나 한 마리도 없을 경우
(2020.3.24 본호개정)
2. 경주가 성립되지 아니한 경우
3. 출전한 말이 마권을 발매한 당시 출전이 확정된 말과 다른 경우(2022.12.27 본호신설)
② 다음 각 호의 어느 하나에 해당하는 경우에는 해당 승마투표방법에 따른 투표는 무효로 한다.
1. 마권 발매를 시작한 후 출발 이전에 출발제외 등의 사유로 해당 승마투표방법을 실시할 수 없게 된 경우
(2015.1.20 본호개정)
2. 해당 승마투표방법에 따른 경주에 승마가 없는 경우
③ 발매된 마권에 표시된 번호의 말이 출전하지 아니한 경우에는 그 말에 대한 투표는 무효로 한다.(2020.3.24 본항개정)
④ 제3항에 따라 투표가 무효로 되는 말의 범위는 각 승마투표방법별로 농림축산식품부령으로 정한다.
(2013.3.23 본항개정)
⑤ 제1항부터 제3항까지의 규정에 따라 무효로 된 마권을 가진 자는 마사회에 구매금 반환을 청구할 수 있다.
⑥ 제5항의 청구권은 마권이 무효가 된 날부터 1년간 행사하지 아니하면 시효로 인하여 소멸한다.(2020.5.26 본항개정)
⑦ 제1항제3호에 따라 투표가 무효로 된 경우에도 도착순위가 확정된 이후 제1항제3호의 사유가 확인되었을 때에는 제8조제1항에 따라 지급하는 환급금에는 영향을 주지 아니한다.(2022.12.27 본항신설)

제11조【마주의 등록 등】 ① 말을 경주에 출전시키려는 자는 마사회에 등록하여야 한다.(2020.3.24 본항개정)
② 다음 각 호의 어느 하나에 해당하는 자는 제1항의 등록을 할 수 없다.
1. 피성년후견인 또는 피한정후견인(2014.3.18 본호개정)
2. 파산선고를 받고 복권되지 아니한 자
3. 이 법을 위반하여 벌금 이상의 형을 선고받은 자
4. 금고 이상의 형을 선고받고 그 집행이 끝나거나(집행이 끝난 것으로 보는 경우를 포함한다) 집행을 받지 아니하기로 확정된 후 5년이 지나지 아니한 자
5. 금고 이상의 형을 선고받고 그 집행유예의 기간이 끝난 날부터 2년이 지나지 아니한 자
6. 마사회의 임직원 또는 농림축산식품부령으로 정하는 경마사무에 종사하는 자(2013.3.23 본호개정)
7. 조교사, 기수 및 말관리사(2023.6.20 본호개정)
8. 제3항제3호·제5호, 제4항제3호부터 제5호까지·제7호·제8호의 어느 하나에 해당되어 마주등록이 취소된 날부터 5년이 지나지 아니한 자
9. 임원(임원과 유사한 지위에 있는 자를 포함한다. 이하 같다) 중에 제1호부터 제8호까지의 어느 하나에 해당하는 자가 있는 법인
③ 마사회는 마주가 다음 각 호의 어느 하나에 해당하는 경우에는 제1항에 따른 등록을 취소하여야 한다.
1. 사망(법인인 경우에는 해산)한 경우
2. 등록취소를 신청한 경우
3. 거짓이나 그 밖의 부정한 방법으로 등록한 경우
4. 제2항제1호부터 제3호까지·제6호·제7호 또는 제9호의 어느 하나에 해당하게 된 경우
5. 금고 이상의 형을 선고받은 경우
6. 법인으로 그 임원 중에 제2항제1호부터 제7호까지의 어느 하나에 해당하는 자가 있는 경우
④ 마사회는 마주가 다음 각 호의 어느 하나에 해당하는 경우에는 제1항에 따른 등록을 취소하거나 6개월의 범위에서 기간을 정하여 그 활동의 정지를 명할 수 있다.
1. 주민등록 사항(법인의 경우 명칭, 주소, 대표자 및 정관)이 변경되었을 때에 14일 이내에 마사회에 변경신고를 하지 아니한 경우
2. 정당한 사유 없이 계속하여 6개월 이상 경주마를 소유하지 아니한 경우
3. 조교사·기수 또는 말관리사에게 경주의 공정성을 해치는 행위를 요구한 경우(2015.1.20 본호개정)
4. 경마의 공정성을 해치거나 경마에 관한 정보의 제공을 조건으로 타인에게 재물 및 재산상의 이익을 얻거나 요구 또는 약속한 경우
5. 자기 소유의 말을 다른 마주 명의로 등록하여 경주에 출전시키거나 자기 소유가 아닌 말을 자기 명의로 등록하여 경주에 출전시킨 경우(2020.3.24 본호개정)
6. 마주로서 직무상 준수의무를 위반하거나 품위를 손상하는 행위를 한 경우
7. 마주활동 정지명령을 이행하지 아니하거나 두 번 이상 그 명령을 받은 경우
8. 그 밖에 경마의 공정성을 크게 해치는 행위로서 농림축산식품부령으로 정한 행위를 한 경우(2013.3.23 본호개정)
⑤ 제1항에 따른 등록의 기준 및 절차 등에 필요한 사항은 마사회가 정한다.

제12조【경주마의 등록 등】 ① 마사회에 경주마로 등록된 말이 아니면 경주에 출전시킬 수 없다.
② 제1항에 따른 경주마의 등록 사항은 다음 각 호와 같다.
1. 마명
2. 말의 품종·성별·털색·특징·생년월일·혈통
3. 마주의 성명
4. 등록번호 및 등록연월일
5. 생산국 및 생산자의 성명
6. 그 밖에 농림축산식품부령으로 정하는 사항
(2023.10.24 본항신설)
③ 마사회는 다음 각 호의 어느 하나에 해당하는 경우에는 제1항의 등록을 취소하여야 한다.
1. 마주가 등록 취소를 신청한 경우
2. 말이 폐사하였을 경우
3. 말이 경마 이외의 용도로 전용 또는 처분된 경우
4. 거짓이나 그 밖의 부정한 방법으로 등록한 경우
5. 그 밖에 농림축산식품부령으로 정하는 사유가 발생한 경우
(2023.10.24 본항신설)
④ 경주마의 등록 방법·절차, 그 밖에 필요한 사항은 마사회가 정한다.(2023.10.24 본항신설)
(2023.10.24 본조제목개정)
(2020.3.24 본조개정)

제12조의2【개체식별시스템의 구축·운영 등】 ① 마사회는 마권 발매 시 출전 등록된 경주마의 제12조제2항에 따른 등록 사항(이하 이 조에서 "등록정보"라 한다)과 경주 출전 전(前) 해당 경주마의 등록정보가 일치하는지 여부를 확인하기 위한 개체식별시스템을 구축·운영하는 등 기술적·관리적 조치를 하여야 한다.
② 제1항에 따른 개체식별시스템의 구축·운영 등 기술적·관리적 조치에 필요한 사항은 마사회가 정한다.
(2023.10.24 본조신설)

제13조【복색의 등록】 ① 경마시행 시 기수가 입는 의복의 색상과 무늬는 마사회에 등록된 것으로 한정한다.

② 제1항에 따른 의복의 색상과 무늬의 등록에 필요한 사항은 농림축산식품부령으로 정한다.(2013.3.23 본항개정)

제14조【조교사·기수의 면허 등】 ① 경주마를 관리하고 조련하려는 자는 조교사 면허를, 경주마에 타려고 하는 자는 기수 면허를 마사회로부터 받아야 한다.
(2020.3.24 본항개정)
② 경주마의 장제(裝蹄)를 하려는 자는 마사회에 등록하여야 한다.
③ 제1항 또는 제2항에 따른 면허 또는 등록의 요건·취소 등에 필요한 사항은 마사회가 정한다.

제15조 (2009.5.27 삭제)

제16조【특별등록료】 ① 마사회는 특정 경주에 말을 출전시키려는 마주로부터 특별등록료를 받을 수 있다.
(2020.3.24 본항개정)
② 제1항에 따른 특별등록료는 전액을 해당 경주의 상금에 포함시켜야 한다.
(2015.1.20 본조개정)

제17조【개최운영위원】 마사회는 경마를 개최하려면 대통령령으로 정하는 바에 따라 그 경마에 관한 사무를 집행할 개최운영위원을 두어야 한다.

제3장 한국마사회
(2009.5.27 본장개정)

제1절 설 립

제18조【설립】 제1조의 목적을 달성하기 위한 사업을 효율적으로 수행하기 위하여 한국마사회를 설립한다.

제19조【법인격】 마사회는 법인으로 한다.

제20조【사무소와 주소】 ① 마사회의 주사무소(主事務所)의 소재지는 정관으로 정한다.
② 마사회는 업무 수행을 위하여 필요한 경우에는 지사무소(支事務所)를 둘 수 있다.
③ 마사회의 주소는 주사무소의 소재지로 한다.

제21조【등기】 ① 마사회는 주사무소의 소재지에서 다음 각 호의 사항을 등기함으로써 성립한다.
1. 설립 목적
2. 명칭
3. 주사무소 및 지사무소의 소재지
4. 설립 연월일
5. 자산의 총액
6. 임원의 주소·성명

② 제1항 각 호의 사항을 변경하거나 지사무소를 설치할 때에는 주사무소 소재지 및 지사무소 소재지에서 등기하여야 한다.
③ 제2항에 따라 등기하여야 할 사항은 등기한 후가 아니면 제3자에게 대항하지 못한다.
④ 제1항부터 제3항까지에서 규정한 사항 외에 등기에 필요한 사항은 대통령령으로 정한다.

제22조【유사명칭의 사용금지】 ① 이 법에 따른 마사회가 아닌 자는 한국마사회 또는 이와 유사한 명칭을 사용하지 못한다.
② 이 법에 따른 마사회가 아닌 자는 마사회, 경마장 또는 경마의 명칭을 경마와 유사한 사행행위를 하는 장소의 광고물에 사용하여서는 아니 된다.

제23조【정관】 ① 마사회의 정관에는 다음 각 호의 사항을 기재하여야 한다.
1. 설립 목적
2. 명칭
3. 주사무소 및 지사무소의 소재지에 관한 사항
4. 임직원에 관한 사항
5. 사업 및 그 집행에 관한 사항
6. 자금의 차입, 자산 및 회계에 관한 사항
7. 이사회에 관한 사항
8. 정관변경에 관한 사항
9. 공고의 방법

② 마사회가 정관을 변경하려면 농림축산식품부장관의 인가를 받아야 한다.(2013.3.23 본항개정)

제24조【규정】 ① 마사회는 법령과 정관의 범위에서 다음 각 호의 사항을 규정할 수 있다.
1. 경마시행에 관한 사항
2. 회계에 관한 사항
3. 임원의 보수, 직원의 정수(定數)·임면(任免) 및 급여에 관한 사항

② 마사회는 제1항제1호의 사항에 관하여 규정하거나 변경하려면 농림축산식품부장관의 승인을 받아야 한다.
(2013.3.23 본항개정)

제2절 임직원

제25조【임원】 마사회에 다음 각 호의 임원을 둔다.
1. 회장 1명
2. 부회장 1명
3. 상임이사 5명 이내
4. 비상임이사 8명 이내
5. 상임감사 1명

제26조【임원의 직무】 ① 회장은 마사회를 대표하고 마사회의 업무를 총괄하며, 임기 중 경영성과에 대하여 책임을 진다.
② 부회장과 상임이사는 회장을 보좌하고, 정관으로 정하는 바에 따라 마사회 업무를 집행한다.
③ 회장이 궐위(闕位)되거나 부득이한 사유로 직무를 수행할 수 없을 때에는 부회장, 정관으로 정하는 상임이사의 순서로 그 직무를 대행한다.
④ 비상임이사는 이사회의 회의에 부쳐진 의안을 심의하고 의결에 참여한다.
⑤ 상임감사는 마사회의 업무와 회계에 관한 집행상황을 감사한다.

제27조【임원의 임명】 임원의 임명은 「공공기관의 운영에 관한 법률」에 따른다.

제28조【임원의 임기】 임원의 임기는 「공공기관의 운영에 관한 법률」에 따른다.

제29조【임원의 결격사유】 ① 다음 각 호의 어느 하나에 해당하는 자는 마사회의 임원이 될 수 없다.
1. 대한민국 국민이 아닌 자
2. 「국가공무원법」 제33조 각 호의 어느 하나에 해당하는 자
3. 「공공기관의 운영에 관한 법률」 제22조제1항, 제31조제6항, 제35조제2항·제3항, 제36조제2항 및 제48조제8항에 따라 해임된 날부터 3년이 지나지 아니한 자
4. 마사회에 등록된 마주

② 임원이 제1항 각 호의 어느 하나에 해당하거나 임명 당시 그에 해당하였음이 판명되었을 경우에는 당연히 퇴직한다.
③ 제2항에 따라 퇴직한 임원이 퇴직하기 전에 관여한 행위는 효력을 잃지 아니한다.

제30조【임직원의 겸직제한】 임직원의 겸직제한은 「공공기관의 운영에 관한 법률」에 따른다.

제31조【대표권의 제한】 ① 마사회와 회장·부회장·상임이사 또는 비상임이사의 이익이 상반되는 사항에 관하여는 상임감사가 마사회를 대표한다.
② 마사회와 회장·부회장·상임이사 또는 비상임이사와의 소송에 관하여는 제1항을 준용한다.

제32조【이사회】 ① 이사회는 회장·부회장을 포함한 15명 이내의 이사로 구성하되, 비상임이사가 이사회 구성원의 100분의 50 이상이 되도록 한다.
② 이사회는 회장이 필요하다고 인정할 때 또는 이사회 구성원의 3분의 1 이상이 요구할 때 회장이 소집하며, 회장은 그 의장이 된다.
③ 다음 각 호의 사항은 이사회의 의결을 얻어야 한다.
1. 경영목표와 예산 및 운영계획
2. 결산
3. 정관의 변경
4. 부동산의 취득과 처분
5. 중요 내규의 제정과 변경
6. 장기차입금의 차입 및 사채의 발행과 그 상환 계획
7. 예비비의 사용과 예산의 이월
8. 경마장 및 장외발매소 입장료(2011.7.21 본호개정)
9. 잉여금의 처분
10. 다른 기업체 등에 대한 출자·출연
11. 다른 기업체 등에 대한 채무보증
12. 임원의 보수
13. 회장이 필요하다고 인정하여 이사회의 심의·의결을 요청하는 사항
14. 그 밖에 이사회가 특히 필요하다고 인정하는 사항

④ 이사회는 구성원 과반수의 찬성으로 의결한다.
⑤ 이사회의 안건과 특별한 이해관계가 있는 회장·부회장 및 이사는 그 안건의 의결에 참여할 수 없다. 이 경우 의결에 참여하지 못하는 회장·부회장 및 이사는 제4항에 따른 구성원의 수에 포함되지 아니한다.
⑥ 제24조제1항제3호에 따른 임원의 보수기준을 정하는 이사회에 이해관계가 있는 임원은 의결에 참여할 수 없다.
⑦ 비상임이사는 업무수행에 필요한 자료를 회장에게 요구할 수 있다. 이 경우 회장은 특별한 사유가 없으면 요구에 따라야 한다.
⑧ 상임감사는 이사회에 출석하여 의견을 진술할 수 있다.

제32조의2【말산업발전위원회】 ① 경마 및 말산업의 발전에 관한 자문(諮問)에 응하기 위하여 마사회에 말산업발전위원회를 둔다.
② 말산업발전위원회는 위원장을 포함한 15명 이내의 위원으로 구성하되, 위원장은 위원 중에서 선출한다.
③ 말산업발전위원회의 위원은 다음 각 호의 자 중에서 회장이 위촉한다.
1. 경마 및 말산업과 관련이 있는 정부부처의 관계 공무원
2. 「말산업 육성법」 제10조에 따라 지정된 전문인력 양성기관의 대표자
3. 마사회에 등록된 마주 및 조교사·기수의 대표자
4. 말 생산자의 대표자
5. 그 밖에 경마 및 말산업에 관한 전문성과 경험이 풍부한 자

④ 말산업발전위원회의 운영 등에 필요한 사항은 마사회가 정한다.
(2015.1.20 본조개정)

제33조【직원의 임면】 마사회의 직원은 회장이 임면한다.

제34조【대리인의 선임】 회장은 임직원 중에서 마사회의 업무에 관하여 재판상 또는 재판 외의 모든 행위를 하는 권한이 있는 대리인을 선임(選任)할 수 있다.

제35조【「민법」의 준용】 마사회에 관하여는 「민법」 제35조와 제65조를 준용한다.

제3절 사업 및 회계

제36조【사업의 범위】 마사회는 제1조에 따른 목적을 달성하기 위하여 다음 각 호의 사업을 한다.
1. 경마의 시행에 관한 사업
 가. 경마의 개최
 나. 말·마주 및 복색의 등록
 다. 조교사·기수의 면허 및 장제를 하려는 자의 등록
 라. 기수의 양성과 훈련
2. 말산업의 발전에 관한 사업(2011.3.9 본문개정)
 가. 말의 생산·개량증식·육성 및 그 기술개발과 보급
 나. 말의 이용 촉진 및 지도·장려
 다. 말의 방역 및 보건·위생
 (2015.1.20 가목~다목개정)
 라. 승마의 보급
 마. 말산업의 국제 교류 및 해외시장개척(2015.1.20 본목개정)
 바. 말의 모형·형상·영상 등을 이용하는 콘텐츠 또는 이를 제공하는 서비스의 제작·유통·이용
 사. 말산업과 관련한 전시회·국제회의 등의 개최
 (2015.1.20 바목~사목신설)
 아. 「말산업 육성법」 제10조에 따라 지정된 말산업 전문인력 양성기관에 대한 지원(2015.2.3 본목신설)
3. 「축산법」 제43조에 따른 축산발전기금에 출연
4. 경마장 내 놀이·운동·휴양·공연·전시시설의 설치·운영(2015.1.20 본호개정)
5. 가축의 경주를 이용한 경마와 유사한 사업
6. 농어업인 자녀를 위한 장학관 운영 등 농어업인 자녀 장학사업과 그 밖에 농어촌사회복지증진을 위한 사업
 (2020.3.24 본호개정)
7. 경마장과 장외발매소 인근지역 주민의 생활편익과 복지증진을 위한 사업
8. 제1호 및 제2호의 사업과 관련된 장비 및 말의 임대·판매·수송과 전문기술을 이용한 용역 등에 관한 국내외에서의 사업(2015.1.20 본호개정)
9. 제1호부터 제8호까지의 사업과 관련이 있는 사업을 수행하는 법인에 대한 투자·출연 및 보조
10. 제1호가목·라목, 제2호 및 제7호의 사업을 위한 부동산의 취득과 관리(임대를 포함한다)
11. 다른 법령에 따라 마사회가 할 수 있는 사업
12. 정부·지방자치단체 또는 「공공기관의 운영에 관한 법률」 제4조에 따른 공공기관으로부터 위탁받은 사업
 (2015.1.20 11호~12호신설)
13. 유휴공간을 활용한 농축산물 및 수산물 판매·유통지원 및 놀이·운동·휴양·공연·전시시설의 설치·운영(2020.12.22 본호개정)
14. 퇴역 경주마의 관리 및 복지를 위한 사업(2022.12.27 본호신설)
15. 제1호부터 제14호까지의 사업과 관련된 교육·홍보 및 조사·연구에 관한 사업(2022.12.27 본호개정)
16. 제1호부터 제15호까지의 사업에 딸린 사업
 (2022.12.27 본호개정)

제36조의2【사업계획의 수립】 ① 마사회는 제36조제4호 및 제6호의 사업계획을 매년 수립·시행하여야 한다. 이 경우 농림축산식품부령으로 정하는 지역의 사업에 관하여는 해당 지방자치단체의 장과 미리 협의하여야 한다.
(2013.3.23 후단개정)
② 마사회는 제1항에 따른 사업계획 및 그 실적을 인터넷 홈페이지 등을 통하여 공표하여야 한다.
(2012.6.1 본조신설)

제37조【예산의 편성】 예산의 편성은 「공공기관의 운영에 관한 법률」에 따른다.

제38조【사업연도】 마사회의 사업연도는 정부의 회계연도에 따른다.

제39조【차입금】 마사회는 필요한 경우 정관으로 정하는 바에 따라 자금을 차입할 수 있다.

제40조【자금의 운용】 마사회는 다음 각 호의 방법으로 자금을 운용하지 아니할 때에는 농림축산식품부장관의 승인을 받아야 한다.(2013.3.23 본문개정)
1. 「은행법」에 따른 은행에 예치(2010.5.17 본호개정)
2. 국·공채(國·公債)와 그 밖에 농림축산식품부령으로 정하는 유가증권의 취득(2013.3.23 본호개정)

제41조【재산처분의 제한】 마사회는 소유부동산을 양여(讓與)·교환 또는 담보로 제공하거나 권리를 포기하려면 농림축산식품부장관의 승인을 받아야 한다.
(2013.3.23 본조개정)

제42조【손익금의 처리】 ① 마사회는 매 사업연도 결산 결과 이익이 생긴 경우에는 다음 각 호의 순으로 처리하여야 한다.
1. 이월손실금의 보전(補塡)
2. 자본금의 100분의 50이 될 때까지 이익금의 100분의 10을 이익준비금으로 적립
3. 자본금과 같은 액수가 될 때까지 이익금의 100분의 20을 사업확장적립금으로 적립(2015.1.20 본호개정)
4. 특별적립금으로 적립

② 마사회는 매 사업연도의 결산 결과 손실이 생겼을 때에는 제1항제4호의 특별적립금으로 보전하고, 그 적립금

으로도 부족할 때에는 제1항제3호의 사업확장적립금, 제1항제2호의 이익준비금의 순으로 보전하여야 한다.
(2015.1.20 본항개정)
③ 제1항제2호에 따른 이익준비금과 같은 항 제3호에 따른 사업확장적립금은 자본금으로 전입(轉入)할 수 있다.
(2015.1.20 본항개정)
④ 제1항제4호의 특별적립금은 대통령령으로 정하는 바에 따라 말산업 및 축산 발전사업, 농어업인자녀와 농어업인후계인력 장학사업, 농업·농촌에 대한 이해증진과 농축산물 소비촉진사업, 자유무역협정의 이행에 따른 농어업인 등에 대한 지원, 그 밖에 농어촌사회 복지증진을 위하여 필요한 경비에 충당한다.(2011.3.9 본항개정)
⑤ 마사회는 제2항과 제3항에 따라 적립금을 사용하려면 농림축산식품부장관의 승인을 받아야 한다.(2013.3.23 본항개정)
⑥ 농림축산식품부장관은 제4항에 따른 특별적립금(축산발전기금에 출연된 금액은 제외한다. 이하 이 항에서 같다)의 전년도 집행실적을 특별적립금 회계연도 종료 후 3개월 이내에 국회 소관 상임위원회에 보고하고, 특별적립금의 다음 연도 집행계획을 그 계획이 확정되는 즉시 국회 소관 상임위원회에 보고하여야 한다.(2013.3.23 본항개정)
제43조【결산서의 제출】 결산서의 제출은 「공공기관의 운영에 관한 법률」에 따른다.

제4절 감 독

제44조【지도·감독】 ① 농림축산식품부장관은 마사회의 업무 중 다음 각 호의 어느 하나에 해당하는 사항과 관련되는 업무에 대하여 지도·감독한다.(2013.3.23 본문개정)
1. 경마의 시행과 말산업의 발전에 관한 사항(2011.3.9 본호개정)
2. 경마장과 장외발매소 운영에 관한 사항
3. 특별적립금의 사용에 관한 사항
② 농림축산식품부장관은 필요하다고 인정할 때에는 마사회로 하여금 보고하게 하거나 소속 공무원으로 하여금 마사회의 사무소·경마장의 업무상황, 장부·서류, 그 밖에 필요한 물건의 검사를 하게 할 수 있다.(2013.3.23 본항개정)
③ 제2항에 따라 검사를 하는 공무원은 그 권한을 표시하는 증표를 지니고 이를 관계인에게 내보여야 한다.
제44조의2【경마감독위원회 설치 및 운영】 ① 경마 시행과 관련된 다음 각 호의 사항을 심의하기 위하여 농림축산식품부장관 소속으로 경마감독위원회를 둔다.
1. 제4조제1항에 따른 경마장의 설치에 관한 사항
2. 제6조제2항에 따른 장외발매소의 설치·이전 또는 변경에 관한 사항
3. 그 밖에 농림축산식품부장관이 심의가 필요하다고 인정하는 사항
② 제1항에 따른 경마감독위원회(이하 "경마감독위원회"라 한다)는 위원장 1명을 포함하여 7명 이내의 위원으로 구성한다.
③ 경마감독위원회의 위원은 다음 각 호의 어느 하나에 해당하는 사람 중에서 농림축산식품부장관이 임명하거나 위촉한다.
1. 「사행산업통합감독위원회법」 제2조제1호에 따른 사행산업(이하 "사행산업"이라 한다) 또는 말산업 관련 분야에 전문적인 지식이나 경험이 풍부한 사람
2. 사행산업 또는 말산업 관련 업무를 담당하는 고위공무원단에 속하는 일반직공무원
④ 경마감독위원회의 위원장은 공무원이 아닌 위원 중에서 농림축산식품부장관이 위촉한다.
⑤ 위촉위원의 임기는 2년으로 하며, 한 차례만 연임할 수 있다.
⑥ 제1항부터 제5항까지에서 규정한 사항 외에 경마감독위원회의 구성 및 운영 등에 필요한 사항은 대통령령으로 정한다.
(2020.5.26 본조신설)
제44조의3【영향평가 및 개선명령 등】 ① 농림축산식품부장관은 장외발매소가 주거환경이나 교육환경 등 지역사회에 미치는 영향에 대하여 평가(이하 "장외발매소 영향평가"라 한다)를 실시할 수 있다.
② 장외발매소 영향평가의 시기 및 방법 등에 관하여 필요한 사항은 농림축산식품부령으로 정한다.
③ 농림축산식품부장관은 장외발매소 영향평가 결과 장외발매소 운영에 따른 부작용 예방 및 시정을 위하여 필요하다고 판단되는 경우에는 마사회에 경고를 하거나 개선에 필요한 조치를 명할 수 있다.
④ 마사회는 제3항에 따른 개선명령을 이행하고, 그 결과를 지체 없이 농림축산식품부장관에게 보고하여야 한다.
(2020.5.26 본조신설)
제45조【이사회 출석】 농림축산식품부장관이 지정하는 공무원은 마사회의 이사회에 출석하여 의견을 진술할 수 있다.(2013.3.23 본조개정)
제46조【임원의 해임】 임원의 해임은 「공공기관의 운영에 관한 법률」에 따른다.

제4장 보 칙
(2009.5.27 본장개정)

제47조【경마장 및 장외발매소의 단속】 ① 마사회는 경마장과 장외발매소의 질서유지와 경마의 공정성 확보를 위하여 필요한 조치를 하여야 한다.(2015.1.20 본항개정)
② 제1항에 따른 조치에 필요한 사항은 대통령령으로 정한다.
(2015.1.20 본조제목개정)
제48조【유사행위의 금지 등】 ① 마사회가 아닌 자는 다음 각 호의 어느 하나에 해당하는 행위를 하여서는 아니 된다.
1. 경마를 시행하는 행위
2. 마사회가 시행하는 경주에 관하여 승마투표와 비슷한 행위를 하게 하여 적중자에게 재물 또는 재산상의 이익을 지급하는 행위
② 누구든지 다음 각 호의 어느 하나에 해당하는 행위를 하여서는 아니 된다.
1. 외국에서 개최되는 말의 경주에 전자적 방법으로 국내에서 승마투표나 이와 비슷한 행위를 하게 하여 적중자에게 재물 또는 재산상의 이익을 지급하는 행위
2. 영리 목적으로 마권 또는 이와 비슷한 것의 구매를 대행 또는 알선하거나 마권을 양도하는 행위
③ 누구든지 다음 각 호의 어느 하나에 해당하는 행위를 하여서는 아니 된다.
1. 제1항 또는 제2항의 행위를 위하여 마사회가 제공하는 경주의 배당률, 경주화면 및 음성, 컴퓨터 프로그램 저작물(경마정보에 관한 전자문서를 포함한다) 등을 복제·개작 또는 전송하는 행위
2. 제1항 또는 제2항의 행위를 위하여 정보통신망을 이용하여 마권이나 이와 비슷한 것을 발행하는 시스템을 설계·제작·유통하거나 공중이 이용할 수 있도록 제공하는 행위(2023.6.20 본호개정)
3. 제1항 또는 제2항의 행위를 홍보하는 행위
(2015.2.3 본조개정)
제49조【마권의 구매제한 등】 ① 마사회는 미성년자(전자마권의 경우에는 21세 미만인 사람으로 본다. 이하 이 조에서 같다)에게 마권을 발매하여서는 아니 된다.
(2023.6.20 본항개정)
② 다음 각 호의 어느 하나에 해당하는 자는 마권을 구매·알선 또는 양수(讓受)하여서는 아니 된다.
1. 마사회의 감독기관 소속 공무원으로서 마사회 관련 업무를 담당하는 자
2. 마사회의 임직원
3. 조교사·기수·말관리사(2015.1.20 본호개정)
4. 미성년자
5. 경마개최 업무에 종사하는 자(2023.6.20 본호개정)
제49조의2【포상금 지급】 마사회장은 제50조제1항, 제51조제1호·제2호·제8호·제9호 및 제53조제1호에 따른 벌칙에 해당하는 행위를 한 자를 주무관청, 마사회 또는 수사기관에 신고하거나 고발한 자에게는 농림축산식품부령으로 정하는 바에 따라 포상금을 지급할 수 있다.
(2020.5.26 본조개정)
제49조의3【벌칙 적용에서 공무원 의제】 경마감독위원회의 위원 중 공무원이 아닌 위원은 「형법」 제127조 및 제129조부터 제132조까지의 규정을 적용할 때에는 공무원으로 본다.(2020.5.26 본조신설)

제5장 벌 칙
(2009.5.27 본장개정)

제50조【벌칙】 ① 다음 각 호의 어느 하나에 해당하는 자는 7년 이하의 징역 또는 7천만원 이하의 벌금에 처한다.(2015.2.3 본문개정)
1. 제48조제1항, 제2항 또는 같은 조 제3항제1호를 위반한 자(2015.2.3 본호개정)
2. 마사회가 시행하는 경주를 이용하여 도박을 하거나 이를 방조한 자
3. 제49조제2항 각 호(같은 항 제4호는 제외한다)에 해당하는 자로서 제2호에 따른 행위의 상대가 된 자
4. 출전할 말의 경주능력을 일시적으로 높이거나 줄이는 약물, 약제, 그 밖의 물질을 사용한 자(2020.3.24 본호개정)
5. 경마에 관하여 재물 또는 재산상의 이익을 얻거나 타인으로 하여금 얻게 할 목적으로 경주에서 말의 전능력(全能力)을 발휘시키지 아니한 기수(2015.2.3 본호신설)
6. 제51조제1호 또는 제2호의 죄를 범하여 부정한 행위를 한 자(2015.2.3 본호신설)
② 제1항제1호부터 제5호까지의 미수범은 처벌한다.
(2015.2.3 본항신설)
③ 제1항제1호부터 제5호까지는 징역과 벌금을 함께 부과할 수 있다.(2015.2.3 본항신설)
제51조【벌칙】 다음 각 호의 어느 하나에 해당하는 자는 5년 이하의 징역 또는 5천만원 이하의 벌금에 처한다. 다만, 제8호 및 제9호의 경우에는 징역형과 벌금형을 병과(倂科)할 수 있다.(2023.6.20 단서신설)
1. 조교사·기수 및 말관리사가 그 업무와 관련하여 부정한 청탁을 받고 재물 또는 재산상의 이익을 수수·요구 또는 약속한 자
2. 조교사·기수 및 말관리사가 그 업무와 관련하여 부정한 청탁을 받고 제3자에게 재물 또는 재산상의 이익을 공여(供與)하게 하거나 공여를 요구 또는 약속한 자
3. 제1호나 제2호에 따른 재물 또는 재산상의 이익을 약속·공여하거나 공여할 의사를 표시한 자
4. 위계(僞計)나 위력을 사용하여 경마의 공정을 해치거나 경마 시행을 방해한 자
5. 경주로, 예시장(경주 전 출전마의 상태를 관객이 확인할 수 있는 장소를 말한다), 말의 이동통로 등에 무단 진입하거나 이물질을 던져 경주 시행을 방해한 자 또는 기수·개최운영위원 등 경마운영종사자의 안전을 위협하여 경마 시행을 방해한 자(2020.3.24 본호개정)
6. 제11조제1항에 따른 마주등록을 하지 아니하고 자기 소유의 말을 마주 명의로 등록하여 경주에 출전시킨 자(2020.3.24 본호개정)
7. 제11조제4항제5호에 해당하는 행위를 한 자
8. 제48조제1항 또는 제2항의 행위의 상대가 된 자
9. 제48조제3항제2호를 위반한 자
10. 제49조제2항을 위반한 자
(2015.2.3 본조개정)
제52조 (2015.2.3 삭제)
제53조【벌칙】 다음 각 호의 어느 하나에 해당하는 자는 3년 이하의 징역 또는 3천만원 이하의 벌금에 처한다. 다만, 제1호의 경우에는 징역형과 벌금형을 병과할 수 있다.(2023.6.20 단서신설)
1. 제48조제3항제3호를 위반한 자
2. 제49조제1항을 위반한 자
(2015.2.3 본조개정)
제54조~제55조 (2015.2.3 삭제)
제56조【몰수·추징】 제50조제1항제1호부터 제3호까지 및 제6호와 제51조제1호부터 제3호까지 및 제8호의 재물은 몰수한다. 다만, 재물을 몰수할 수 없거나 재산상의 이익을 취득하였을 때에는 그 가액(價額)을 추징(追徵)한다.(2015.2.3 본문개정)
제57조【자격정지의 병과】 제50조제1항제6호 및 제51조제1호부터 제3호까지의 죄에 대하여는 10년 이하의 자격정지를 병과할 수 있다.(2023.6.20 본조개정)
제58조~제60조 (2015.2.3 삭제)
제61조【과태료】 ① 다음 각 호의 어느 하나에 해당하는 자에게는 100만원 이하의 과태료를 부과한다. 다만, 제1호, 제2호 및 제4호부터 제7호까지의 규정은 마사회의 임원 또는 제17조에 따른 개최운영위원인 경우에만 해당한다.(2020.5.26 단서개정)
1. 제4조제1항에 따른 허가를 받지 아니하고 경마장을 설치한 자
2. 제4조제2항에 따른 명령을 위반한 자
3. 제22조를 위반하여 한국마사회 또는 이와 유사한 명칭을 사용한 자
4. 제6조의2제2항·제6조의3제3항·제40조·제41조 및 제42조제5항에 따라 농림축산식품부장관의 승인을 받아야 할 사항에 대하여 승인을 받지 아니한 자
(2023.6.20 본호개정)
5. 제42조제1항부터 제4항까지를 위반한 자
6. 제44조제2항에 따른 보고를 하지 아니하거나 거짓으로 보고한 자 또는 같은 항에 따른 검사를 거부·방해·기피한 자
7. 제44조의3제3항에 따른 개선명령을 따르지 아니한 자
(2020.5.26 본호신설)
② 제1항에 따른 과태료는 대통령령으로 정하는 바에 따라 농림축산식품부장관이 부과·징수한다.(2013.3.23 본항개정)

부 칙 (2020.5.26)

제1조【시행일】 이 법은 공포 후 6개월이 경과한 날부터 시행한다.
제2조【소멸시효에 관한 적용례】 제10조제6항의 개정규정은 이 법 시행 당시 소멸시효가 완성되지 아니한 마사회에 구매금 반환을 청구할 수 있는 권리에 대해서도 적용한다.

부 칙 (2022.12.27)

제1조【시행일】 이 법은 공포 후 3개월이 경과한 날부터 시행한다.
제2조【투표의 무효에 관한 적용례】 제10조제1항제3호 및 같은 조 제7항의 개정규정은 이 법 시행 이후에 개최된 경마부터 적용한다.

부 칙 (2023.6.20)

제1조【시행일】 이 법은 공포 후 1년이 경과한 날부터 시행한다.
제2조【시범운영】 ① 마사회는 이 법 시행 전에 제2조제6호, 제6조제1항, 제6조의2, 제6조의4부터 제6조의7까지 및 제49조의 개정규정에 따라 전자마권 발매를 시범운영할 수 있다.
② 마사회는 제1항에 따른 시범운영을 하려면 농림축산식품부장관에게 시범운영계획을 승인받아야 한다.

부 칙 (2023.10.24)

이 법은 공포 후 6개월이 경과한 날부터 시행한다.

산림자원의 조성 및 관리에 관한 법률(약칭 : 산림자원법)

(2005년 8월 4일
법 률 제7678호)

개정
2007. 1.26법 8283호(산지관리법)
2007. 4.11법 8346호(문화재)
2007.12.21법 8753호
2008. 2.29법 8852호(정부조직)
2008.12.31법 9313호(자연공원법)
2009. 5.27법 9716호
2009. 6. 9법 9763호(산림보호법)
2010. 1.25법 9961호
2010. 4.12법10250호(엔지니어링산업진흥법)
2010. 5.31법10331호(산지관리법)
2011. 3.29법10481호
2012. 5.23법11429호(목재의지속가능한이용에관한법)
2012. 6. 1법11456호
2013. 3.23법11690호(정부조직)
2014. 1.14법12248호(도로법)
2014. 3.11법12412호(농어촌구조개선특별회계법)
2014. 3.11법12415호
2015. 3.27법13255호(산림복지진흥에관한법)
2016. 1.28법13931호(보조금관리에관한법)
2016. 5.29법14269호 2016.12. 2법14360호
2017.10.31법14987호
2017.11.28법15080호(산림기술진흥및관리에관한법)
2019. 1. 8법16198호 2020. 2.18법17015호
2020. 3.24법17091호(지방행정제재·부과금의징수등에관한법)
2020. 5.26법17320호
2020. 6. 9법17420호(도시숲등의조성및관리에관한법)
2022. 6.10법18882호 2022.12.27법19117호
2023. 5.16법19409호(국가유산기본법)
2023. 6.20법19488호 2023.10.31법19805호
2024. 1. 2법19882호(수목원·정원의 조성및진흥에관한법)→2024년 7월 3일 시행
2024. 1.23법20086호(목재의지속가능한이용에관한법)→2024년 7월 24일 시행

제1장 총 칙
(2007.12.21 본장개정)

제1조【목적】 이 법은 산림자원의 조성과 관리를 통하여 산림의 다양한 기능을 발휘하게 하고 산림의 지속가능한 보전(保全)과 이용을 도모함으로써 국토의 보전, 국가경제의 발전 및 국민의 삶의 질 향상에 이바지함을 목적으로 한다.

제1조의2【산림 경영·관리의 기본이념】 산림은 국토의 많은 부분을 이루는 귀중한 자산이므로 국민의 행복한 삶을 위하여 사회·경제·문화 등 다양한 분야에서 그 기능이 가장 조화롭고 알맞게 발휘될 수 있도록 경영·관리되어야 한다.(2014.3.11 본조신설)

제2조【정의】 이 법에서 사용하는 용어의 뜻은 다음과 같다.
1. "산림"이란 다음 각 목의 어느 하나에 해당하는 것을 말한다. 다만, 농지, 초지(草地), 주택지, 도로, 그 밖의 대통령령으로 정하는 토지에 있는 입목(立木)·대나무와 그 토지는 제외한다.(2020.2.18 단서개정)
  가. 집단적으로 자라고 있는 입목·대나무와 그 토지(2020.2.18 본목개정)
  나. 집단적으로 자라고 있던 입목·대나무가 일시적으로 없어지게 된 토지(2020.2.18 본목개정)
  다. 입목·대나무를 집단적으로 키우는 데에 사용하게 된 토지(2020.2.18 본목개정)
  라. 산림의 경영 및 관리를 위하여 설치한 도로〔이하 "임도(林道)"라 한다〕
  마. 가목부터 다목까지의 토지에 있는 암석지(巖石地)와 소택지(沼澤地 : 늪과 연못으로 둘러싸인 습한 땅)
2. "산림자원"이란 다음 각 목의 자원으로서 국가경제와 국민생활에 유용한 것을 말한다.
  가. 산림에 있거나 산림에서 서식하고 있는 수목, 초본류(草本類), 이끼류, 버섯류 및 곤충류 등의 생물자원(2012.6.1 본목개정)
  나. 산림에 있는 토석(土石)·물 등의 무생물자원
  다. 산림 휴양 및 경관 자원
3. "산림사업"이란 산림의 조성·육성·이용·재해예방·복구·복원 등 산림의 기능을 유지·발전 또는 회복시키기 위하여 산림에서 이루어지는 사업과 도시숲·생활숲·가로수·수목원의 조성·관리 등 산림의 조성·육성 또는 관리를 위하여 필요한 사업으로서 대통령령으로 정하는 사업을 말한다.(2020.6.9 본호개정)
4.~6. (2020.6.9 삭제)
7. "임산물(林産物)"이란 목재, 수목, 낙엽, 토석 등 산림에서 생산되는 산물(産物), 그 밖의 조경수(造景樹), 분재수(盆栽樹) 등 대통령령으로 정하는 것을 말한다.
8. "산림용 종자"란 산림 또는 제2호가목에 따른 산림자원으로부터 유래된 자원의 씨앗, 증식용 영양체, 종균, 포자 등을 말한다.(2012.6.1 본호신설)
9. (2024.1.23 삭제)
10. "산림복원"이란 자연적·인위적으로 훼손된 산림의 생태계 및 생물다양성이 원래의 상태에 가깝게 유지·증진될 수 있도록 그 구조와 기능을 회복시키는 것을 말한다.(2019.1.8 본호신설)

제2조의2【산림의 경영·관리에 관한 국가 등의 책무 등】 ① 국가와 지방자치단체는 제1조의2에 따른 기본이념이 구현되도록 산림의 경영·관리에 관한 시책을 수립·시행하여야 한다.
② 산림소유자는 소유하고 있는 산림을 제1조의2에 따른 기본이념을 존중하여 경영·관리하고, 국가와 지방자치단체가 시행하는 산림의 경영·관리에 관한 시책에 협력하여야 한다.
(2014.3.11 본조신설)

제3조【적용 범위】 이 법은 산림이 아닌 토지에 대하여도 다음 규정의 전부 또는 일부를 적용한다.
1. 채종림(採種林 : 종자 생산을 목적으로 하는 산림), 수형목(우량나무), 시험림에 관한 규정(2020.2.18 본호개정)
2. 임산물의 사용제한에 관한 규정
3. 입목의 벌채(伐採) 또는 굴취(掘取)의 허가에 관한 규정. 다만, 대통령령으로 정하는 토지 안의 입목으로서 국토의 보전과 입목의 보호를 위하여 특별자치시장·특별자치도지사·시장·군수·구청장(자치구의 구청장을 말한다. 이하 같다)이 필요하다고 인정하여 지정·고시하는 입목으로 한정한다.(2017.10.31 단서개정)

제4조【산림의 구분】 산림은 그 소유자에 따라 다음과 같이 구분한다.
1. 국유림(國有林) : 국가가 소유하는 산림
2. 공유림(公有林) : 지방자치단체나 그 밖의 공공단체가 소유하는 산림
3. 사유림(私有林) : 제1호와 제2호 외의 산림

제5조【산림의 관할 행정청】 산림별 관할 행정청은 다음과 같다.
1. 산림청 소관 국유림 : 산림청장 또는 그 소속 기관의 장
2. 제1호 외의 국유림·공유림 및 사유림 : 산림 소재지의 특별시장·광역시장·특별자치시장·도지사·특별자치도지사(이하 "시·도지사"라 한다) 또는 시장·군수·구청장(2012.6.1 본호개정)

제2장 산림자원의 조성과 육성
(2007.12.21 본장개정)

제1절 지속가능한 산림경영

제6조【지속가능한 산림경영】 산림소유자는 「산림기본법」 제13조에 따른 지속가능한 산림경영의 평가기준 및 평가지표에 맞게 산림을 관리하도록 노력하여야 한다.

제6조의2【산림조림계획의 수립·시행 등】 ① 산림청장은 산림조림계획을 관계 중앙행정기관의 장과 협의하여 10년마다 수립·시행하여야 한다.
② 산림조림계획에는 다음 각 호의 내용이 포함되어야 한다.
1. 산림조림계획 기본목표 및 추진방향
2. 산림조림실적 및 전망에 관한 사항
3. 연차별 조림계획에 관한 사항
4. 그 밖에 산림조림계획에 관하여 대통령령으로 정하는 사항
③ 산림청장은 산림조림계획의 시행 성과 및 사회적·경제적·지역적 여건 변화 등을 고려하여 필요한 경우에는 산림조림계획을 변경할 수 있다.
④ 산림청장은 산림조림계획을 수립하거나 이를 변경하기 위한 기초자료로 사용하기 위하여 조림 등의 실태를 조사하여 그 현황을 유지·관리하여야 한다.
⑤ 제1항 및 제3항에 따른 산림조림계획의 수립 및 변경 등에 필요한 사항은 대통령령으로 정한다.
⑥ 산림청장은 산림조림계획의 시행에 필요한 재원을 확보하기 위하여 노력하여야 한다.
⑦ 산림청장은 산림조림계획을 수립하거나 변경한 때에는 관계 중앙행정기관의 장 및 시·도지사에게 통보하고 국회 소관 상임위원회에 제출하여야 한다.
⑧ 산림청장은 산림조림계획을 수립하거나 변경한 때에는 농림축산식품부령으로 정하는 바에 따라 이를 공표하여야 한다.
⑨ 산림청장은 산림조림계획을 수립하거나 변경하기 위하여 필요한 경우에는 관계 중앙행정기관의 장 또는 시·도지사에게 관련 자료의 제출을 요청할 수 있다. 이 경우 자료의 제출을 요청받은 관계 중앙행정기관의 장 또는 시·도지사는 정당한 사유가 없으면 이에 따라야 한다.
(2022.6.10 본조신설)

제7조【산림지속성지수의 개발 등】 ① 국가는 산림의 생태적·물리적·사회적·경제적 요소 등을 고려하여 대통령령으로 정하는 바에 따라 산림의 지속가능한 정도를 나타내는 산림지속성지수(山林持續性指數)를 개발하고 공표(公表)할 수 있다.
② 국가와 지방자치단체는 산림의 종류와 특성에 따라 산림지속성지수를 유지하고 증진하기 위한 계획을 수립·시행하여야 하며, 산림지속성지수가 현저히 떨어지거나 떨어질 우려가 있다고 인정되면 산림의 지속성 회복을 위한 대책을 강구하여야 한다.

제7조의2【산림인증】 산림청장은 지속가능한 산림경영을 촉진하고 지속가능하게 경영된 산림으로부터 생산된 임산물 및 그 가공품의 사용을 확대하기 위하여 산림경영 및 임산물의 생산·유통에 관한 인증제도 관련 시책을 수립하고 시행하여야 한다.(2017.10.31 본조신설)

제8조【산림의 기능별 구분·관리】 ① 산림청장은 국가 전체적 차원에서의 산림자원의 효율적 조성과 육성을 도모하기 위하여 산림의 위치, 입지조건, 이용방향 및 사회·경제적 여건 등을 고려하여 전국의 산림을 관계 중앙행정기관의 장과 협의하여 다음 각 호의 기능별로 구분하고 그에 따라 도면(이하 "기능구분도"라 한다)을 작성하여야 한다.(2014.3.11 본문개정)
1. 수원(水源)의 함양(涵養)
2. 산림재해방지
3. 자연환경 보전
4. 목재 생산
5. 산림 휴양
6. 생활환경 보전
② 산림청장은 산림의 기능을 구분할 때에는 기능구분도 초안을 14일 이상 인터넷 홈페이지 등에 게시하여 지방자치단체의 장 및 산림소유자 등의 의견을 들어야 한다.(2014.3.11 본항신설)
③ 국가, 지방자치단체 및 산림소유자는 소유하고 있는 산림을 제1항에 따른 기능구분에 맞게 경영·관리하도록 노력하여야 한다.(2014.3.11 본항신설)
④ 산림의 기능별 구분·관리 및 기능구분도의 작성 주기·방법 등에 관한 세부 사항은 농림축산식품부령으로 정한다.(2014.3.11 본항개정)

제8조의2【임상도의 작성】 ① 산림청장은 산림의 효율적인 경영·관리에 활용하기 위하여 전국의 산림에 대하여 수목의 종류·지름·나이 등 산림의 현황을 종합적으로 표시한 도면(이하 "임상도"라 한다)을 작성하여야 한다.
② 산림청장은 관계 중앙행정기관의 장 또는 지방자치단체의 장에게 임상도 작성에 필요한 자료의 제출을 요구할 수 있다. 이 경우 자료의 제출을 요구받은 기관의 장은 정당한 사유가 없으면 이에 따라야 한다.
③ 임상도의 작성 방법·시기, 그 밖에 필요한 사항은 농림축산식품부령으로 정한다.
(2014.3.11 본조신설)

제9조【산림관리기반시설의 설치 등】 ① 산림청장, 시·도지사 또는 시장·군수·구청장은 산림의 생산기반 확립과 공익적 기능 증진을 위하여 필요하다고 인정하면 산림소유자의 동의를 받아 임도와 산불예방·진화시설 등 산림의 기능을 유지하고 보호하기 위한 시설(이하 "산림관리기반시설"이라 한다)을 설치할 수 있다.(2012.6.1 본항개정)
② 산림청장, 시·도지사 또는 시장·군수·구청장은 산림관리기반시설을 설치하려는 경우에는 농림축산식품부령으로 정하는 바에 따라 해당 시설의 필요성, 적합성, 환경성 등을 종합적으로 고려하여 설치의 타당성을 평가하여야 한다.(2013.3.23 본항개정)
③ 산림청장, 시·도지사 또는 시장·군수·구청장은 제2항에 따른 평가를 효과적으로 실시하기 위하여 필요하면 농림축산식품부령으로 정하는 바에 따라 평가위원회를 구성하여 평가하게 할 수 있다.(2013.3.23 본항개정)
④ 산림청장, 시·도지사 또는 시장·군수·구청장은 산림관리기반시설을 설치할 때에는 농림축산식품부령으로 정하는 기준에 따라 설계를 한 후 이에 따라 설치하여야 한다.(2013.3.23 본항개정)
⑤ 산림관리기반시설의 범위, 설치 절차, 관리 방법, 그 밖에 필요한 사항은 농림축산식품부령으로 정한다.
(2013.3.23 본항개정)

제10조【벌채지 등에서의 산림 조성】 ① 벌채를 하거나 조림지(造林地)를 훼손한 자는 벌채지나 훼손지에 조림(造林)을 하여야 한다. 다만, 자연적으로 산림이 조성되는 경우로서 대통령령으로 정하는 경우에는 그러하지 아니하다.
② 특별자치시장·특별자치도지사·시장·군수·구청장은 다음 각 호의 어느 하나에 해당하는 자에게 기간을 정하여 조림을 명할 수 있다.(2017.10.31 본문개정)
1. 벌채를 하거나 조림지를 훼손한 자로서 제1항에 따른 조림을 하지 아니한 자
2. 산불이나 산림병해충 등으로 입목이 말라죽은 산림의 소유자
3. 산사태나 토사유출(土砂流出) 등 산림재해가 발생하였거나 발생할 우려가 있는 산림의 소유자
③ 특별자치시장·특별자치도지사·시장·군수·구청장은 제2항에 따른 조림명령을 받은 자가 그 명령을 이행하지 아니하면 산림소유자의 동의 없이 조림을 할 수 있다. 이 경우 조림비용은 제2항에 따른 조림명령을 받은 자가 부담한다.(2017.10.31 전단개정)

④ 제1항에 따른 조림을 하여야 하는 기간, 조림의 방법, 그 밖에 필요한 사항은 농림축산식품부령으로 정한다.(2013.3.23 본항개정)

제11조【산림의 육성지원】 국가와 지방자치단체는 산림소유자가 임목(林木)의 성장단계에 따라 적절한 시기에 소유 산림에 대하여 숲가꾸기를 하도록 그 비용을 지원할 수 있다.

제12조【유휴토지의 산림으로의 전환】 ① 산림청장, 시·도지사 또는 시장·군수·구청장은 유휴토지(遊休土地)를 산림으로 전환하려는 자에 대하여 그 토지의 용도와 지리적 여건 등을 고려하여 산림으로 전환하는 것이 타당하다고 판단되면 산림으로의 전환에 드는 비용의 전부 또는 일부를 지원할 수 있다.(2012.6.1 본항개정)

② 국가나 지방자치단체는 국민의 조림의욕을 북돋우기 위하여 필요하면 나무심기를 희망하는 자에게 묘목이나 비료 등을 지원할 수 있다.

③ 제1항에 따른 유휴토지의 범위와 비용지원의 방법 등에 관하여 필요한 사항은 대통령령으로 정한다.

제2절 산림경영계획

제13조【산림경영계획의 수립 및 인가】 ① 지방자치단체의 장은 대통령령으로 정하는 바에 따라 소유하고 있는 공유림별로 산림경영계획을 10년 단위로 수립하고, 그 계획에 따라 산림을 경영하여야 한다.

② 지방자치단체의 장 외의 공유림 소유자나 사유림 소유자[정당한 권원(權原)에 의하여 사용하거나 수익(收益)할 수 있는 자를 포함한다. 이하 같다]는 농림축산식품부령으로 정하는 바에 따라 향후 10년간의 경영계획이 포함된 산림경영계획서를 작성하여 특별자치시장·특별자치도지사·시장·군수·구청장에게 인가(認可)를 신청할 수 있다.(2017.10.31 본항개정)

③ 제2항에 따른 산림경영계획서는 산림소유자가 직접 작성하거나 「산림기술 진흥 및 관리에 관한 법률」 제8조에 따른 산림기술자 중 대통령령으로 정하는 기술자가 작성하여야 한다. 이 경우 산림기술자는 산림경영계획서를 작성하고 농림축산식품부령으로 정하는 금액의 범위에서 그에 대한 대가를 받을 수 있다.(2017.11.28 전단개정)

④ 특별자치시장·특별자치도지사·시장·군수·구청장은 제2항에 따라 인가 신청된 산림경영계획이 해당 산림의 효율적인 조성·관리에 적합하다고 인정되면 농림축산식품부령으로 정하는 바에 따라 인가하여야 한다. 이 경우 제8조제1항제3호의 자연환경 보전 기능으로 구분된 산림을 대상으로 하는 산림경영계획은 해당 산림의 지속가능한 보전에 적합한 내용이어야 한다.(2017.10.31 본항개정)

⑤ 산림소유자는 제4항에 따라 인가받은 산림경영계획 중 농림축산식품부령으로 정하는 중요 사항을 변경하려면 농림축산식품부령으로 정하는 바에 따라 변경인가를 받아야 한다.(2013.3.23 본항개정)

⑥ 국가나 지방자치단체는 산림경영계획을 인가받은 산림소유자에게 비용·경영지도 등의 지원과 세제(稅制)·금리상의 우대조치를 할 수 있다.

⑦ 제2항에 따른 산림경영계획서의 작성기준과 그 밖에 필요한 사항은 대통령령으로 정한다.

제14조【산림경영계획의 실행】 ① 제13조제4항에 따라 산림경영계획을 인가받은 산림소유자는 그 산림경영계획을 실행하여야 한다.

② 특별자치시장·특별자치도지사·시장·군수·구청장은 산림경영계획을 인가받은 산림이 농림축산식품부령으로 정하는 규모 이하이거나 그 밖의 사유로 효율적인 경영이 필요하다고 인정되면 산림소유자에게 「산림조합법」에 따른 산림조합 등 산림 전문단체가 대리하여 경영(이하 "대리경영"이라 한다)하도록 권장할 수 있으며, 이에 따라 대리경영을 하는 산림에는 그 사업비를 우선적으로 지원할 수 있다.(2017.10.31 본항개정)

③ 산림소유자나 제2항에 따라 대리경영을 하는 자는 산림경영계획을 실행할 때 제36조에 따른 입목벌채등의 행위가 수반되면 농림축산식품부령으로 정하는 바에 따라 미리 특별자치시장·특별자치도지사·시장·군수·구청장에게 신고하여야 한다. 이 경우 제36조에 따른 입목벌채등의 허가를 받거나 신고를 한 것으로 본다.(2017.10.31 전단개정)

④ 특별자치시장·특별자치도지사·시장·군수·구청장은 제3항 전단에 따른 신고를 받은 날부터 5일 이내에 신고수리 여부를 신고인에게 통지하여야 한다.
(2017.10.31 본항신설)

⑤ 특별자치시장·특별자치도지사·시장·군수·구청장이 제4항에서 정한 기간에 신고수리 여부 또는 민원 처리 관련 법령에 따른 처리기간의 연장을 신고인에게 통지하지 아니하면 그 기간(민원 처리 관련 법령에 따라 처리기간이 연장 또는 재연장된 경우에는 해당 처리기간을 말한다)이 끝난 날의 다음 날에 신고를 수리한 것으로 본다.
(2017.10.31 본항신설)

제15조【산림경영계획 인가의 취소 등】 특별자치시장·특별자치도지사·시장·군수·구청장은 제13조제4항에 따라 산림경영계획을 인가받은 자가 다음 각 호의 어느 하나에 해당하면 산림경영계획의 인가를 취소하거나 그 산림경영계획에 따른 산림사업을 중지시킬 수 있다. 다만, 제1호에 해당하는 경우에는 그 인가를 취소하여야 한다.
(2017.10.31 본문개정)

1. 거짓이나 그 밖의 부정한 방법으로 인가를 받은 경우
2. 산림소유자가 정당한 사유 없이 인가받은 산림경영계획의 내용대로 산림사업을 하지 아니하는 경우. 다만, 제23조제2항에 따라 산림사업을 대행시키는 경우에는 그러하지 아니하다.
3. 산림경영계획에 따른 산림사업실적이 대통령령으로 정하는 기준 이하인 경우. 다만, 산불 등 산림재해로 산림사업을 하지 못한 경우 등 대통령령으로 정하는 경우에는 그러하지 아니하다.

제3절 산림용 종묘(種苗) 생산 등

제16조【종묘생산업자의 등록】 ① 산림청장이 정하여 고시하는 산림용 종자와 산림용 묘목을 판매할 목적으로 생산하려는 자는 대통령령으로 정하는 기준을 갖추어 특별자치시장·특별자치도지사·시장·군수·구청장에게 등록하여야 한다. 등록한 사항 중 대통령령으로 정하는 중요 사항을 변경하려는 경우에도 또한 같다.(2017.10.31 전단개정)

② 제1항에 따라 등록한 자(이하 "종묘생산업자"라 한다)는 산림용 종자나 산림용 묘목을 출하(出荷)하려는 경우에는 농림축산식품부령으로 정하는 바에 따라 해당 종자나 묘목의 생산지 및 규격 등의 품질표시를 하여야 한다.
(2013.3.23 본항개정)

③ 특별자치시장·특별자치도지사·시장·군수·구청장은 종묘생산업자가 다음 각 호의 어느 하나에 해당하면 그 등록을 취소하거나 2년 이내의 기간을 정하여 업무정지를 명할 수 있다. 다만, 제1호나 제2호에 해당하면 그 등록을 취소하여야 한다.(2017.10.31 본문개정)

1. 거짓이나 그 밖의 부정한 방법으로 등록한 경우
2. 업무정지명령을 받은 기간 중에 종묘생산업을 한 경우
3. 정당한 사유 없이 등록을 한 날부터 1년 이내에 사업을 시작하지 아니하거나 1년 이상 계속하여 휴업한 경우
4. 제1항에 따른 등록기준을 갖추지 못한 경우
5. 제2항을 위반하여 품질표시를 하지 아니한 경우
6. 제67조제3항에 따른 출하금지명령 또는 소독·폐기 등의 명령을 이행하지 아니한 경우(2019.1.8 본호개정)

④ 제3항에 따라 등록이 취소된 후 3년이 지나지 아니한 자는 제1항에 따른 등록을 할 수 없다.

⑤ 제3항에 따른 행정처분의 세부적인 기준은 위반행위의 종류와 위반 정도 등을 고려하여 농림축산식품부령으로 정한다.(2013.3.23 본항개정)

제16조의2【과징금의 처분】 ① 특별자치시장·특별자치도지사·시장·군수·구청장은 제16조제3항에 따라 업무정지를 명하여야 하는 경우에는 그 업무정지를 갈음하여 5천만원 이하의 과징금을 부과할 수 있다.

② 특별자치시장·특별자치도지사·시장·군수·구청장은 제1항에 따라 과징금을 내야 할 자가 납부기한까지 이를 내지 아니하는 때에는 「지방행정제재·부과금의 징수 등에 관한 법률」에 따라 징수한다.

③ 제1항에 따라 과징금을 부과하는 위반행위의 내용 등에 따른 과징금의 금액, 그 밖에 필요한 사항은 대통령령으로 정한다.
(2022.12.27 본조신설)

제17조【묘목생산사업의 대행 등】 ① 국가나 지방자치단체는 종묘생산업자 중 대통령령으로 정하는 자격기준을 갖춘 자에게 묘목생산사업을 대행하게 할 수 있다.

② 국가나 지방자치단체는 제1항에 따라 묘목생산사업을 대행하는 자가 가뭄해·수해(水害) 등 천재지변으로 피해를 입은 경우에는 대통령령으로 정하는 바에 따라 보상할 수 있다.(2020.2.18 본항개정)

제18조【산림용 종자의 개발·등록】 ① 산림용 종자를 개발한 자는 산림청장에게 품종보호를 출원하여 산림청장의 품종심사를 거쳐 산림청장에게 품종보호권 설정등록(이하 "품종등록"이라 한다)을 하여야 한다. 다만, 공무원이 직무상 개발한 품종은 그 공무원이 소속한 기관의 장의 명의로 등록하여야 한다.(2012.6.1 본문개정)

② 산림청장은 제1항에 따라 품종보호 출원을 받은 때에는 30일 이상 품종보호 출원을 공개하고, 품종등록을 한 때에는 품종등록을 공고하여야 한다.(2012.6.1 본항개정)

③~⑤ (2012.6.1 삭제)

⑥ 품종보호 출원 및 품종등록 절차, 그 밖에 필요한 사항은 농림축산식품부령으로 정한다.(2013.3.23 본항개정)

제19조【채종림등의 지정·관리 등】 ① 산림청장이나 시·도지사는 관할 국유림 또는 공유림 중에서 조림용 우량 종자를 채취할 수 있는 산림이나 수목을 채종림(採種林)이나 수형목(이하 "채종림등"이라 한다)으로 지정하여 보호·관리할 수 있으며, 산림자원 조성에 필요한 종자를 공급하기 위하여 채종원(採種園 : 종자채취를 목적으로 하는 수목원)이나 채수포(採穗圃 : 꺾꽂이·접목 등 영양번식을 위한 유전자의 채집을 목적으로 하는 수목원)를 조성할 수 있다.

② 시·도지사는 조림용 우량 종자를 채취할 수 있는 사유림이나 사유(私有)의 수목에 대하여도 그 소유자가 신청을 하면 채종림등으로 지정하여 보호·관리할 수 있다.

③ 산림청장이나 시·도지사는 다음 각 호의 어느 하나에 해당하는 사유가 발생한 경우에는 채종림등의 전부 또는 일부의 지정을 해제할 수 있다.

1. 지정목적을 달성하여 채종림등으로 그대로 둘 필요성이 없다고 인정하는 경우
2. 천재지변 등으로 인한 피해로 지정목적이 상실되었다고 인정하는 경우
3. 학교시설, 산업시설, 군사시설 등 대통령령으로 정하는 공용·공공용 시설의 용지로 사용하기 위하여 지정해제가 불가피하다고 인정하는 경우

④ 산림청장이나 시·도지사는 제1항부터 제3항까지의 규정에 따라 채종림등을 지정하거나 지정해제한 경우에는 이를 고시하고, 산림소유자에게 알려야 한다.

⑤ 채종림등에서는 다음 각 호의 행위를 하지 못한다. 다만, 숲 가꾸기를 위한 벌채 및 임산물의 굴취·채취는 채종림등의 지정목적에 어긋나지 아니하는 범위에서 농림축산식품부령으로 정하는 바에 따라 산림청장이나 특별자치시장·특별자치도지사·시장·군수·구청장에게 신고하고 할 수 있다.(2017.10.31 단서개정)

1. 입목·대나무의 벌채(2020.2.18 본호개정)
2. 임산물의 굴취·채취
3. 가축의 방목(放牧)
4. 그 밖에 토지의 형질을 변경하는 행위

⑥ 산림청장 또는 특별자치시장·특별자치도지사·시장·군수·구청장은 제5항 단서에 따른 신고를 받은 날부터 7일 이내에 신고수리 여부를 신고인에게 통지하여야 한다.(2017.10.31 본항신설)

⑦ 산림청장 또는 특별자치시장·특별자치도지사·시장·군수·구청장이 제6항에서 정한 기간에 신고수리 여부 또는 민원 처리 관련 법령에 따른 처리기간의 연장을 신고인에게 통지하지 아니하면 그 기간(민원 처리 관련 법령에 따라 처리기간이 연장 또는 재연장된 경우에는 해당 처리기간을 말한다)이 끝난 날의 다음 날에 신고를 수리한 것으로 본다.(2017.10.31 본항신설)

⑧ 채종림등의 지정·관리 등에 필요한 사항은 농림축산식품부령으로 정한다.(2013.3.23 본항개정)

제4절 도시림(都市林) 등의 조성·관리

제19조의2~제21조 (2020.6.9 삭제)

제5절 산림사업의 시행 등

제22조【산림사업의 시행】 ① 산림사업은 산림소유자가 시행하되, 국가나 지방자치단체가 산림경영을 위하여 필요하다고 인정하면 산림소유자의 동의를 받아 시행할 수 있다. 다만, 산불 피해로 인하여 산사태 등 안전사고의 우려가 높아 피해 입목의 제거 등 긴급히 산림사업의 실행이 필요하다고 인정되는 경우로서 국가나 지방자치단체가 제2항에 따른 개인정보로 산림소유자에게 연락을 취하였으나 산림소유자의 주소불명, 우편물 반송 등의 사유로 산림소유자의 동의를 받기 어려울 때에는 특별자치시·특별자치도·시·군·자치구의 게시판 및 인터넷 홈페이지에 30일 이상 피해목 벌채 계획 등 산림사업 내용을 공고하는 것으로 산림소유자의 동의를 갈음할 수 있다.(2023.6.20 단서신설)

② 국가나 지방자치단체는 제1항에 따른 산림소유자의 동의를 받기 위하여 불가피한 경우에는 과세 등의 목적을 위하여 수집·보유하고 있는 다음 각 호의 어느 하나에 해당하는 산림소유자의 개인정보를 이용할 수 있다. 이 경우 국가나 지방자치단체는 「전자정부법」 제36조제1항에 따라 행정정보를 공동이용할 수 있다.(2023.6.20 본문개정)

1. 성명(법인인 경우에는 상호·명칭 또는 대표자의 성명을 말한다. 이하 같다)
2. 주소(거소지를 포함한다)
3. 전화번호(휴대전화번호를 포함한다)
4. 주민등록번호(외국인, 법인, 법인 아닌 사단이나 재단인 경우에는 「부동산등기법」 제49조에 따라 부여된 등록번호를 말한다. 이하 같다). 다만, 제1호부터 제3호까지의 개인정보를 이용하여 산림소유자의 동의를 받을 수 있는 때에는 이를 이용할 수 없다.

(2023.6.20 1호~4호신설)

③ 관계 행정기관의 장은 제2항에 따른 개인정보 이용을 위하여 필요한 요청을 받은 경우 특별한 사정이 없으면 이에 따라야 한다.(2020.2.18 본항개정)

④ 국가나 지방자치단체는 산불, 산사태 등에 따른 2차 피해를 예방하기 위한 산림사업을 추진하려는 경우로서 제2항 각 호의 개인정보를 이용하여 산림소유자의 동의를 받을 수 없을 때에는 해당 산림소유자의 전화번호(휴대전화번호를 포함한다)를 대통령령으로 정하는 바에 따라 「전기통신사업법」 제6조에 따른 기간통신사업자(이하 이 조에서 "기간통신사업자"라 한다)에게 요청할 수 있다. 이 경우 정보제공을 요청받은 기간통신사업자는 정당한 사유가 없으면 이에 따라야 한다.(2023.6.20 본항신설)

제23조【산림사업의 대행 등】 ① 국가 또는 지방자치단체는 다음 각 호의 산림사업을 산림조합 또는 산림조합중앙회에 대행하게 하거나 위탁하여 시행할 수 있다.

1. 산림병해충·산사태·산불 등 재해의 예방·방제 및 복구사업
2. 산림자원의 조성·육성·관리를 위하여 「산림기술 진흥 및 관리에 관한 법률」 제15조제3항에 따른 설계·감리를 실시하여야 하는 사업(2017.11.28 본호개정)

3. 국가 또는 지방자치단체의 산림시책 수행을 위하여 필요한 사업으로서 대통령령으로 정하는 사업
(2010.1.25 본항개정)
② 특별자치시장·특별자치도지사·시장·군수·구청장은 제13조제4항에 따라 산림경영계획을 인가받은 자가 정당한 사유 없이 인가받은 내용대로 산림사업을 하지 아니하면 산림소유자의 동의를 받아 다음 각 호의 어느 하나에 해당하는 자에게 산림사업을 대행하도록 할 수 있다. 다만, 숲가꾸기(풀베기, 어린나무가꾸기, 솎아베기 등) 사업의 경우 주소불명, 우편물 반송 등의 사유로 산림소유자의 동의를 받기 어려울 때에는 특별자치시·특별자치도·시·군·자치구의 게시판 및 인터넷 홈페이지에 30일 이상 대행 사유 및 대행자 등을 공고하는 것으로 산림소유자의 동의를 갈음할 수 있다.(2017.10.31 본문개정)
1. 산림조합 또는 산림조합중앙회
2.「임업 및 산촌 진흥촉진에 관한 법률」제17조에 따른 임업후계자 또는 독림가(篤林家 : 모범 임업경영인) 등 산림경영능력이 있다고 인정되는 자로서 대통령령으로 정하는 기준에 해당하는 자
③ 특별자치시장·특별자치도지사·시장·군수·구청장은 제13조제4항에 따른 산림경영계획을 인가받지 아니하였거나 산림소유자가 산림사업을 소홀히 하여 대기(大氣) 정화나 수원(水源) 함양 등 공익적 기능이 현저히 떨어지는 산림으로서 지속가능한 산림보전 및 이용을 위하여 산림사업의 실행이 필요하다고 인정되는 산림에 대하여는 해당 산림소유자의 동의를 받아 산림사업을 직접 시행하거나 제2항 각 호의 어느 하나에 해당하는 자에게 대행하게 할 수 있다. 다만, 숲가꾸기(풀베기, 어린나무가꾸기, 솎아베기 등) 사업의 경우 주소불명, 우편물 반송 등의 사유로 산림소유자의 동의를 받기 어려울 때에는 특별자치시·특별자치도·시·군·자치구의 게시판 및 인터넷 홈페이지에 30일 이상 대행 사유 및 대행자 등을 공고하는 것으로 산림소유자의 동의를 갈음할 수 있다.
(2017.10.31 본항개정)
④ 특별자치시장·특별자치도지사·시장·군수·구청장은 다음 각 호의 어느 하나에 해당하는 경우로서 산림소유자의 동의를 받을 시간적 여유가 없는 경우에는 산림소유자의 동의 없이 산림사업을 할 수 있다. 이 경우 특별자치시장·특별자치도지사·시장·군수·구청장은 그 사실을 산림소유자에게 지체 없이 알려야 한다.
(2017.10.31 본문개정)
1. 병해충방제 등을 위하여 긴급히 산림사업을 하여야 하는 경우(2020.2.18 본호개정)
2. 산사태, 바람, 비, 눈 등의 자연현상으로 인한 피해가 예상되어 피해발생을 예방하거나 피해가 발생하여 긴급히 복구하여야 하는 경우(2012.6.1 본호개정)
3. 산불진화 및 산불확산 방지를 위하여 필요하거나 산불 피해지에서 산사태 등 2차 피해가 우려되어 긴급히 산림사업을 하여야 하는 경우(2023.6.20 본호신설)
4. 그 밖에 긴급히 산림보호를 하여야 할 필요가 있는 경우로서 대통령령으로 정하는 경우
⑤ 제2항과 제3항에 따른 산림사업 비용은 산림소유자가 부담하되, 제4항에 따른 산림사업 비용은 국가나 지방자치단체가 부담한다.
⑥ 제2항부터 제4항까지의 규정에 따른 산림사업의 시행 및 대행 절차와 그 밖에 필요한 사항은 농림축산식품부령으로 정한다.(2013.3.23 본항개정)

제23조의2【국유림영림단의 운영】 ① 산림청장은 국유림에 대한 산림사업을 효율적으로 추진하기 위하여「임업 및 산촌 진흥촉진에 관한 법률」제18조에 따른 임업기능인에게 국유림영림단(國有林營林團)을 조직하여 다음 각 호의 사업을 하게 할 수 있다.
1. 조림 사업
2. 숲가꾸기 사업
3. 산림병해충 방제사업(2019.1.8 본호개정)
4. 산림용 종묘 생산 등에 관한 사업(2014.3.11 본호개정)
5. 입목의 벌채·굴취 또는 이식 사업
② 산림청장은 국유림의 산림사업 중 제1항제1호, 제2호 및 제5호의 사업을 국유림영림단에 대행하게 하거나 위탁하여 시행할 수 있다.
③ 국유림영림단을 조직하려는 사람은 인력요건 등 대통령령으로 정하는 등록요건을 갖추어 산림청장에게 등록을 신청하여야 한다. 등록한 사항을 변경하려는 경우도 또한 같다.
④ 산림청장은 제3항에 따라 등록을 신청한 사람이 등록요건을 갖추었으면 농림축산식품부령으로 정하는 바에 따라 국유림영림단으로 등록하고 등록증을 발급하여야 한다. 이 경우 국유림영림단은 등록증을 다른 자에게 빌려주어서는 아니 된다.(2013.3.23 전단개정)
⑤ 산림청장은 국유림영림단이 다음 각 호의 어느 하나에 해당하면 6개월 이내의 기간을 정하여 영업정지를 명하거나 등록을 취소할 수 있다. 다만, 제1호부터 제3호까지의 규정에 해당하는 경우에는 등록을 취소하여야 한다.
1. 거짓이나 그 밖의 부정한 방법으로 등록 또는 변경등록을 한 경우
2. 영업정지기간에 산림사업을 하거나 3회 이상 영업정지 명령을 받은 경우
3. 제4항 후단을 위반하여 다른 자에게 등록증을 빌려준 경우
4. 국유림영림단을 해체한 경우
5. 제3항 전단에 따른 등록요건을 갖추지 못한 경우
⑥ 제5항제1호부터 제3호까지의 규정에 해당하는 사유로 등록이 취소된 후 3년이 지나지 아니한 자는 제3항에 따른 등록을 할 수 없다.(2020.2.18 본항개정)
⑦ 국유림영림단의 구성, 등록·변경등록·등록취소, 영업정지, 그 밖에 필요한 사항은 농림축산식품부령으로 정한다.(2013.3.23 본항개정)
(2012.6.1 본조신설)

제23조의3【국유림영림단의 지원 및 육성】 산림청장은 제23조의2에 따른 국유림영림단의 건전한 육성을 위하여 필요한 시책을 수립·시행하여야 하며, 그 운영에 소요되는 경비의 일부를 예산의 범위에서 지원할 수 있다.
(2012.6.1 본조신설)

제23조의4【산림사업의 관리업무대행】 ① 특별자치시장·특별자치도지사·시장·군수·구청장은 공유림 또는 사유림의 산림사업을 효율적으로 시행하기 위하여 대통령령으로 정하는 산림사업에 대하여는 산림조합 등 대통령령으로 정하는 기관 또는 단체를 지정하여 산림사업 시행을 위한 산림소유자의 동의 및 협의 등 관리업무를 대행(이하 "관리업무대행"이라 한다)하게 할 수 있다.
② 특별자치시장·특별자치도지사·시장·군수·구청장은 제1항에 따라 산림사업의 관리업무를 대행하는 자(이하 "관리대행자"라 한다)가 다음 각 호의 어느 하나에 해당하는 경우에는 그 지정을 취소하거나 6개월 이내의 기간을 정하여 그 관리업무대행의 전부 또는 일부의 정지를 명할 수 있다. 다만, 제1호에 해당하는 경우에는 그 지정을 취소하여야 한다.
1. 거짓이나 그 밖의 부정한 방법으로 관리업무대행 지정을 받은 경우
2. 제3항에 따른 특별자치시장·특별자치도지사·시장·군수·구청장의 지도·감독에 따르지 아니한 경우
3. 제67조제1항에 따른 보고 또는 자료제출을 하지 아니하거나 거짓으로 한 경우 또는 조사·검사를 방해·거부한 경우
4. 거짓이나 그 밖의 부정한 방법으로 관리업무대행에 필요한 비용(이하 이 조에서 "수수료"라 한다)을 현저히 증가시켜 청구한 경우
5. 제2호부터 제4호까지에 준하는 사유로서 대통령령으로 정하는 경우
③ 특별자치시장·특별자치도지사·시장·군수·구청장은 관리대행자를 지도·감독하여야 한다.
④ 특별자치시장·특별자치도지사·시장·군수·구청장은 제1항에 따라 관리업무를 대행하게 한 경우 농림축산식품부령으로 정하는 범위에서 관리대행자에게 해당 지방자치단체의 조례로 정하는 수수료를 지급하여야 한다.
⑤ 제1항에 따른 관리대행자의 자격기준, 지정절차, 업무범위 및 제4항에 따른 수수료 지급 등에 필요한 사항은 농림축산식품부령으로 정한다.
(2022.12.27 본조신설)

제24조【산림사업법인의 등록】 ① 산림사업을 하려는 자는 다음 각 호의 요건을 모두 갖추어 대통령령으로 정하는 산림사업의 종류별로 시·도지사에게 등록을 신청하여야 한다. 등록한 사항 중 대통령령으로 정하는 중요 사항을 변경한 경우에는 농림축산식품부령으로 정하는 기간 안에 변경등록을 신청하여야 한다.(2019.1.8 전단개정)
1.「민법」에 따른 법인 또는「협동조합 기본법」제2조에 따른 협동조합 및 협동조합연합회(2014.3.11 본호개정)
2. 기술수준과 자본금 등 대통령령으로 정하는 요건
② 시·도지사는 제1항에 따라 등록을 신청한 자가 등록요건을 모두 갖추었으면 농림축산식품부령으로 정하는 바에 따라 산림사업을 시행하는 법인(이하 "산림사업법인"이라 한다)으로 등록하고 등록증을 발급하여야 한다.
(2013.3.23 본항개정)
③ 시·도지사는 제2항에 따라 산림사업법인을 등록한 때에는 그 사실을 고시하여야 한다.(2011.3.29 본항개정)
④ 산림사업법인은 등록증을 다른 사람에게 빌려주어서는 아니 된다.
⑤ 산림사업법인의 등록 또는 변경등록의 절차, 그 밖에 필요한 사항은 농림축산식품부령으로 정한다.(2013.3.23 본항개정)
⑥ 산림청장은 제2항에 따라 등록한 산림사업법인의 건전한 육성을 위하여 필요한 시책을 수립·시행할 수 있다.(2011.3.29 본항신설)
⑦ 제1항에도 불구하고 다음 각 호의 어느 하나에 해당하는 자는 산림사업법인의 등록을 하지 아니하고 산림사업을 할 수 있다.
1. 국가 또는 지방자치단체
2. 산림소유자
3. 산림조합 또는 산림조합중앙회
4. 제23조의2에 따른 국유림영림단
5.「목재의 지속가능한 이용에 관한 법률」제24조에 따른 목재생산업자 중 대통령령으로 정하는 자(목재생산을 위한 입목의 벌채 사업을 하는 경우로 한정하며, 숲가꾸기 및 병해충 방제를 위한 입목의 벌채 사업을 하는 경우는 제외한다)
6.「산림보호법」제21조의9에 따라 나무병원의 등록을 한 자(수목을 대상으로 하는 산림병해충 방제사업을 하는 경우에 한정한다)(2019.1.8 본호신설)
(2014.3.11 본항신설)

제24조의2【산림사업 도급계약의 원칙】 ① 산림사업 도급계약 당사자는 각기 대등한 입장에서 합의에 따라 공정하게 계약을 체결하고, 신의에 따라 성실하게 계약을 이행하여야 한다.
② 산림사업 도급계약 당사자는 그 계약을 체결할 때 도급금액, 사업기간, 그 밖에 대통령령으로 정하는 사항을 계약서에 명시하여야 하며, 서명·날인한 계약서를 서로 주고받아 보관하여야 한다.
(2020.5.26 본조신설)

제25조【산림사업법인의 등록취소 등】 ① 시·도지사는 산림사업법인이 다음 각 호의 어느 하나에 해당하면 기간을 정하여 그 시정을 명할 수 있다.(2011.3.29 본문개정)
1. 정당한 사유 없이 사업공정예정표대로 발주받은 산림사업을 시작하지 아니한 경우(2020.2.18 본호개정)
2. 발주기관이 확인한 결과 산림사업을 성실하게 하지 아니하여 부실시공의 우려가 있다고 인정한 경우
(2010.1.25 본호개정)
2의2. 제24조제1항 각 호 외의 부분 후단에 따라 산림사업법인의 중요 사항의 변경등록을 농림축산식품부령으로 정하는 기간 안에 신청하지 아니한 경우(2013.3.23 본호개정)
3. 제67조제1항에 따른 보고 또는 자료제출을 이행하지 아니하거나 조사·검사를 거부한 경우
② 시·도지사는 산림사업법인이 다음 각 호의 어느 하나에 해당하면 6개월 이내의 기간을 정하여 영업정지를 명하거나 영업정지를 갈음하여 5천만원 이하의 과징금을 부과할 수 있다.(2011.3.29 본문개정)
1. 제24조제1항에 따른 등록요건을 갖추지 못한 경우
2. 제1항에 따른 시정명령을 받고 이행하지 아니한 경우
③ 시·도지사는 산림사업법인이 다음 각 호의 어느 하나에 해당하면 그 등록을 취소하고 이를 고시하여야 한다. 다만, 제4호의 경우 제1호부터 제3호까지의 어느 하나에 해당하는 사유에 따른 처분절차가 진행 중인 산림사업법인이 그 처분절차가 끝나기 전에 폐업을 하였을 때에는 그 처분절차가 끝날 때까지 등록을 취소하지 아니한다.(2012.6.1 단서신설)
1. 거짓이나 그 밖의 부정한 방법으로 등록을 한 경우
2. 제24조제4항을 위반하여 다른 자에게 등록증을 빌려준 경우
3. 영업정지기간에 산림사업을 하거나 3회 이상 영업정지 명령을 받은 경우
4. 폐업한 경우
④ 제3항제1호부터 제3호까지의 규정에 해당하는 사유로 등록이 취소된 후 3년이 지나지 아니한 자는 제24조제1항에 따른 등록을 할 수 없다.
⑤ 시·도지사는 제2항에 따른 과징금을 부과받은 자가 납부기한까지 과징금을 내지 아니하면「지방행정제재·부과금의 징수 등에 관한 법률」에 따라 징수한다.
(2020.3.24 본항개정)
⑥ 제1항부터 제3항까지의 규정에 따른 행정처분의 세부적인 기준은 위반행위의 종류와 위반 정도 등을 고려하여 농림축산식품부령으로 정한다.(2013.3.23 본항개정)

제26조【영업정지처분 등을 받은 후의 산림사업 시행】
① 제25조제2항 및 제3항에 따른 영업정지처분 또는 등록취소처분을 받은 산림사업법인이라도 그 처분을 받기 전에 도급계약을 체결한 산림사업은 계속하여 시행할 수 있다.
② 시·도지사는 제25조제2항 및 제3항에 따른 영업정지처분 또는 등록취소처분을 한 경우에는 그 처분의 내용을 인터넷 홈페이지 등에 게시하여야 하고, 지체 없이 해당 산림사업의 발주자(發注者)에게 알려야 한다.
(2011.3.29 본항개정)
③ 산림사업의 발주자는 해당 산림사업법인으로부터 제2항에 따른 통지를 받거나 그 법인의 영업정지처분 또는 등록취소처분 사실을 안 날부터 30일 이내까지만 도급계약을 해지할 수 있다.
④ 등록이 취소된 산림사업법인이 제1항에 따라 산림사업을 계속하는 경우 해당 산림사업을 완성할 때까지는 산림사업법인으로 본다.

제27조 (2017.11.28 삭제)

제28조【특수산림사업지구의 지정 등】 ① 산림의 조성·육성사업을 장기간에 걸쳐 대규모로 하려는 산림소유자(이하 "특수산림사업자"라 한다)는 특수산림사업지구 경영계획서(이하 "특수산림사업계획서"라 한다)를 작성하여 산림청장 또는 시·도지사에게 해당 지역을 특수산림사업지구로 지정하여 줄 것을 신청할 수 있다.
(2012.6.1 본항개정)
② 산림청장 또는 시·도지사는 제1항에 따라 신청된 산림이 다음 각 호에 해당하고 특수산림사업계획서의 내용이 타당하다고 인정되면 환경부장관과의 협의를 거쳐 해당 지역을 특수산림사업지구로 지정할 수 있다.(2012.6.1 본문개정)
1. 산림의 면적이 대통령령으로 정하는 규모 이상일 것
2. 산림사업 대상 면적과 산림경영이 가능한 지역이 대통령령으로 정하는 기준 이상일 것
③ 산림청장 또는 시·도지사는 제2항에 따라 특수산림사업지구를 지정한 경우에는 해당 산림의 소재지와 산림소유자의 성명 등 농림축산식품부령으로 정하는 사항을 고시하고, 산림소유자에게 알려야 한다.(2013.3.23 본항개정)

④ 특수산림사업자는 특수산림사업지구의 경영 효율성 증진을 위하여 필요한 경우에는 다음 각 호의 어느 하나에 해당하는 산림사업을 함께 시행할 수 있다.
1. 자연휴양림이나 수목원 조성사업
2. 청소년수련사업
3. 임업기술의 시험 · 연구 및 개발 · 보급사업
4. 농촌 · 산촌 주민의 정주(定住) 기반 또는 산림 소득원 조성사업
5. 조경수 및 분재수 재배사업
6. 「장사 등에 관한 법률」 제2조제14호에 따른 수목장림(樹木葬林)의 조성 · 관리사업(2019.1.8 본호신설)
⑤ 특수산림사업지구로 지정된 산림에 대하여 제13조제4항에 따라 인가받은 산림경영계획이나 「국유림의 경영 및 관리에 관한 법률」 제8조에 따라 수립된 국유림경영계획은 특수산림사업지구로 지정된 날부터 효력을 상실한다.
⑥ 특수산림사업자가 특수산림사업계획서의 내용을 변경하려는 경우에는 산림청장 또는 시 · 도지사의 승인을 받아야 한다.(2012.6.1 본항개정)
⑦ 특수산림사업자가 제2항에 따라 지정을 받은 특수산림사업지구에서 특수산림사업계획서에 따라 산림사업을 시행하는 경우에는 제36조에 따른 입목벌채등의 허가를 받았거나 신고를 한 것으로 본다.
⑧ 산림청장 또는 시 · 도지사는 특수산림사업자가 특수산림사업계획서에 따라 산림사업을 시행하려는 경우에는 사업비의 전부 또는 일부를 융자하거나 보조할 수 있다.(2012.6.1 본항개정)
⑨ 특수산림사업계획서의 작성기준과 그 밖에 필요한 사항은 대통령령으로 정한다.

제29조【특수산림사업지구의 지정해제】 ① 산림청장 또는 시 · 도지사는 다음 각 호의 어느 하나에 해당하는 경우에는 해당 특수산림사업지구의 전부 또는 일부에 대하여 그 지정을 해제할 수 있다. 다만, 제1호에 해당하는 경우에는 그 지정을 해제하여야 한다.(2012.6.1 본문개정)
1. 특수산림사업자가 거짓이나 그 밖의 부정한 방법으로 특수산림사업지구의 지정을 받은 경우
2. 특수산림사업지구의 지정목적이 달성되었거나 천재지변 등으로 지정목적을 달성할 수 없게 된 경우
3. 산업시설이나 군사시설 등 대통령령으로 정하는 공용 · 공공용 시설의 용지로 사용하기 위하여 지정해제가 불가피하다고 인정하는 경우
4. 특수산림사업자가 정당한 사유 없이 특수산림사업계획서의 내용대로 산림사업을 하지 아니하는 경우
② 제1항에 따라 특수산림사업지구의 지정을 해제한 경우에는 그 사실을 고시하고, 산림소유자에게 알려야 한다.

제6절 산림경영지도원
(2017.11.28 본절제목개정)

제30조 (2017.11.28 삭제)

제31조【산림경영지도원】 ① 산림청장은 사유림의 경영 활성화와 산림 · 임산물 관련 기술의 지도 · 보급을 위하여 대통령령으로 정하는 바에 따라 산림조합중앙회장이 요청하면 산림조합이나 산림조합중앙회에 산림경영지도원을 배치할 수 있다.(2016.12.2 본항개정)
② 제1항에 따른 산림경영지도원은 사유림 소유자에 대한 산림경영지도 업무와 산림 · 임산물 관련 기술의 조사 · 연구 · 지도 및 보급 업무를 수행한다.(2016.12.2 본항개정)
③ 산림청장은 제1항에 따라 산림경영지도원을 배치한 경우 그에 필요한 경비의 전부 또는 일부를 보조할 수 있다.
④ 산림경영지도원의 자격기준은 대통령령으로 정한다.

제7절 산림자원의 조사 및 기술개발

제32조【산림자원의 조사】 ① 산림청장은 농림축산식품부령으로 정하는 바에 따라 산림자원을 정기적으로 조사하여야 한다.(2014.3.11 본항개정)
② 산림청장은 제1항에 따른 조사의 결과를 공표하여야 한다.
③ 제1항에 따른 조사를 하는 자는 조사에 필요한 경우에는 타인의 산림이나 토지에 출입할 수 있다. 이 경우 타인의 산림이나 토지에 출입하려는 자는 그 권한을 표시하는 증표를 지니고 이를 해당 산림이나 토지의 소유자 또는 점유자에게 내보여야 한다.(2014.3.11 후단개정)
④ 제3항에 따라 타인의 산림이나 토지에 출입하려는 경우에는 출입할 날의 3일 전까지 그 뜻을 해당 산림이나 토지의 소유자 또는 점유자에게 통지하여야 한다.(2014.3.11 본항신설)
⑤ 산림청장은 제1항에 따른 조사의 정확도와 효율성을 높이기 위하여 산림의 소유자 또는 점유자의 동의를 받아 산림에 필요한 표지(標識)를 설치할 수 있다.(2014.3.11 본항개정)

제33조【산림자원의 정보화】 ① 산림청장은 제32조에 따른 산림자원의 조사자료와 그 밖의 산림관리에 필요한 자료의 효율적인 활용을 위하여 산림자원정보체계를 구축하여 운영할 수 있다.
② 산림청장은 제1항에 따른 산림자원정보체계를 구축하기 위하여 관계 중앙행정기관, 지방자치단체, 「공공기관의 운영에 관한 법률」 제4조에 따른 공공기관 또는 정부출연기관 등 관계 기관의 장에게 필요한 자료의 제출을 요청할 수 있다. 이 경우 자료제출을 요청받은 관계 기관의 장은 특별한 사유가 없으면 요청에 따라야 한다.
③ 제1항에 따른 산림자원정보체계의 구축 대상, 운영 절차, 그 밖에 필요한 사항은 농림축산식품부령으로 정한다.(2013.3.23 본항개정)

제33조의2【산림위성 관측망의 구축 · 운영 등】 ① 산림청장은 산림자원의 효율적 관리, 산불 · 산사태 · 산림병해충의 예방 · 방제 및 복구, 기후변화에 따른 산림 영향 파악을 위하여 산림위성 관측망을 구축 · 운영하고, 관측된 정보를 수집 · 활용할 수 있다.
② 제1항에 따른 산림위성 관측망의 구축 · 운영 및 정보수집 · 활용에 필요한 사항은 대통령령으로 정한다.(2022.12.27 본조신설)

제34조【산림과학기술 기본계획의 수립 등】 ① 산림청장은 산림자원의 조성 · 육성, 산림자원의 이용, 산림자원의 공익기능 증진 등과 관련된 산림과학기술의 연구개발을 촉진하기 위하여 대통령령으로 정하는 바에 따라 산림과학기술 기본계획을 10년 단위로 수립 · 시행하여야 한다.
② 산림청장은 제1항에 따른 산림과학기술 기본계획에 따라 산림과학기술 연구개발사업을 관리 · 평가하고 그 성과를 활용하여야 한다.(2016.12.2 본항신설)
③ 산림청장은 제1항에 따른 산림과학기술의 연구개발을 위하여 국공립 연구기관, 대학, 산업체, 지방자치단체 또는 정부출연연구기관 등으로 하여금 공동연구를 수행하게 할 수 있다.(2017.10.31 본항개정)
④ 산림청장은 제3항에 따른 공동연구를 수행하는 데에 필요한 자금을 국공립 연구기관, 대학, 산업체, 지방자치단체 또는 정부출연연구기관 등에 출연하거나 보조할 수 있다.(2017.10.31 본항개정)
⑤ 제3항에 따른 공동연구의 대상 사업이나 그 밖의 공동연구의 수행에 필요한 사항은 대통령령으로 정한다.(2016.12.2 본항개정)
⑥ 산림청장은 산림과학기술 연구개발사업을 효율적으로 추진하기 위하여 필요하다고 인정하는 경우에는 「임업 및 산촌 진흥촉진에 관한 법률」 제29조의2에 따른 한국임업진흥원(이하 "한국임업진흥원"이라 한다)으로 하여금 제2항에 따른 산림과학기술 연구개발사업의 관리 · 평가 및 성과 활용에 관한 업무를 대행하게 할 수 있다.(2016.12.2 본항신설)
⑦ 제6항에 따라 업무를 대행하는 자는 그 결과를 매년 농림축산식품부령으로 정하는 바에 따라 산림청장에게 보고하여야 한다.(2016.12.2 본항신설)

제35조【연구개발 성과의 이전】 ① 산림청장은 제34조제3항에 따라 소속 연구기관과 산업체가 공동연구를 수행하여 개발한 성과를 공동연구에 참여한 산업체가 사용하는 경우에는 대통령령으로 정하는 바에 따라 기술사용료를 징수하거나 기술사용료 징수를 면제할 수 있다.(2016.12.2 본항개정)
② 산림청장은 제1항에 따라 징수한 기술사용료의 범위에서 대통령령으로 정하는 바에 따라 해당 연구개발에 참여한 공무원에게 보상금을 지급할 수 있다.
③ 산림청장은 소속 공무원이 직무와 관련하여 연구개발한 기술을 특허[실용신안(實用新案)을 포함한다. 이하 이 조에서 같다]출원(出願)하는 경우 특허등록 전에 그 기술을 미리 사용하거나 산업화하는 것이 공익 증진에 이바지한다고 판단하면 특허청장과 협의하여 특허등록 전까지 그 기술을 사용하거나 산업화하려는 자에게 이를 사용하거나 산업화하게 할 수 있다.

제8절 무궁화의 보급 및 관리
(2016.12.2 본절신설)

제35조의2【무궁화진흥계획의 수립 · 시행 등】 ① 산림청장은 역사적 · 문화적 가치가 있는 무궁화를 체계적으로 보급 · 관리하기 위하여 무궁화진흥계획을 5년마다 수립 · 시행하여야 한다.
② 무궁화진흥계획에는 다음 각 호의 사항이 포함되어야 한다.
1. 무궁화 보급 · 관리에 관한 기본목표 및 추진방향
2. 무궁화 보급 · 관리 현황 및 계획
3. 무궁화 품종 보존 · 연구 및 개발
4. 무궁화 생산기반
5. 무궁화 관련 상품 및 콘텐츠 개발 등 이용촉진
6. 그 밖에 무궁화 보급 · 관리에 관하여 대통령령으로 정하는 사항
③ 산림청장은 무궁화진흥계획을 수립하거나 변경하려는 경우에는 미리 관계 중앙행정기관의 장 및 시 · 도지사의 의견을 들어야 한다.
④ 산림청장은 무궁화진흥계획을 수립하거나 변경한 경우에는 이를 관계 중앙행정기관의 장 및 시 · 도지사에게 통보하여야 하며, 시 · 도지사는 통보받은 무궁화진흥계획을 시장 · 군수 · 구청장에게 통보하여야 한다.
⑤ 그 밖에 무궁화진흥계획의 수립 등에 필요한 사항은 산림청장이 정하여 고시한다.

제35조의3【연차별 시행계획의 수립 · 시행 등】 ① 산림청장은 무궁화진흥계획을 시행하기 위한 연차별 시행계획을 매년 수립 · 시행하여야 한다.
② 시 · 도지사는 무궁화진흥계획에 따라 그 관할 지역을 대상으로 무궁화 보급 · 관리에 관한 연차별 시행계획을 수립 · 시행할 수 있다.
③ 산림청장은 제2항에 따라 무궁화 보급 · 관리에 관한 연차별 시행계획을 수립 · 시행하는 시 · 도지사에게 무궁화 보급 · 관리에 필요한 비용의 전부 또는 일부를 지원할 수 있다.
④ 제1항 및 제2항에 따른 연차별 시행계획의 수립 방법 · 절차 · 내용 및 그 밖에 필요한 사항은 대통령령으로 정한다.

제35조의4【무궁화에 관한 실태조사】 ① 산림청장은 무궁화진흥계획을 효율적으로 수립 · 시행하기 위하여 무궁화 보급 및 관리 현황 등에 대한 실태조사를 할 수 있다.
② 산림청장은 실태조사를 위하여 필요한 경우에는 관계 중앙행정기관의 장, 지방자치단체의 장, 공공기관의 장, 관계 기관 및 단체의 장 등에게 필요한 자료 또는 정보의 제공을 요구할 수 있다. 이 경우 자료나 정보의 제공을 요구받은 관계 중앙행정기관의 장 등은 정당한 사유가 없으면 이에 협조하여야 한다.
③ 제1항에 따른 실태조사의 범위 · 방법, 그 밖에 필요한 사항은 대통령령으로 정한다.

제35조의5【국가기관 등의 무궁화 식재 · 관리】 ① 국가기관의 장, 지방자치단체의 장, 공공기관의 장, 각급 학교의 장은 무궁화에 대한 애호정신과 국민적 자긍심을 높이기 위하여 그 소관에 속하는 토지에 무궁화를 확대 식재하고 이를 관리하도록 노력하여야 한다.
② 국가 및 지방자치단체는 무궁화를 식재하는 경우에 농림축산식품부령으로 정하는 품종 또는 계통을 우선적으로 식재하여야 한다.

제35조의6【민간단체 등의 활동 지원】 국가 또는 지방자치단체는 무궁화의 보급 · 관리 · 연구 · 개발을 활성화하기 위하여 대통령령으로 정하는 법인 또는 단체에 대하여 그 운영에 필요한 경비를 지원할 수 있다.

제3장 산림자원의 이용
(2007.12.21 본장개정)

제36조【입목벌채등의 허가 및 신고 등】 ① 산림(제19조에 따른 채종림등과 「산림보호법」 제7조에 따른 산림보호구역은 제외한다. 이하 이 조에서 같다) 안에서 입목의 벌채, 임산물(「산지관리법」 제2조제4호 · 제5호에 따른 석재 및 토사는 제외한다. 이하 이 조에서 같다)의 굴취 · 채취(이하 "입목벌채등"이라 한다. 이하 같다)를 하려는 자는 농림축산식품부령으로 정하는 바에 따라 특별자치시장 · 특별자치도지사 · 시장 · 군수 · 구청장이나 지방산림청장의 허가를 받아야 한다. 허가받은 사항 중 대통령령으로 정하는 중요 사항을 변경하려는 경우에도 또한 같다.(2017.10.31 전단개정)
② 특별자치시장 · 특별자치도지사 · 시장 · 군수 · 구청장이나 지방산림청장은 국토와 자연의 보전, 「국가유산기본법」 제3조에 따른 국가유산과 국가 중요 시설의 보호, 그 밖의 공익을 위하여 산림의 보호가 필요한 지역으로서 대통령령으로 정하는 지역에서는 제1항에 따른 입목벌채등의 허가를 하여서는 아니 된다. 다만, 병해충의 예방 · 방제 등 대통령령으로 정하는 사유로 입목벌채등을 하려는 경우에는 이를 허가할 수 있다.(2023.5.16 본문개정)
③ 특별자치시장 · 특별자치도지사 · 시장 · 군수 · 구청장이나 지방산림청장은 제1항에 따른 입목벌채등의 허가신청을 받은 경우 벌채 목적과 벌채 대상의 적정성 등 농림축산식품부령으로 정하는 사항을 고려하여 그 타당성이 인정되면 입목벌채등을 허가하여야 한다.(2017.10.31 본항개정)
④ 특별자치시장 · 특별자치도지사 · 시장 · 군수 · 구청장이나 지방산림청장은 제3항에 따라 허가를 받고 생태 · 경관 · 재해위험을 최소화하여 벌채한 경우 벌채구역 내 남겨진 입목의 판매를 전제로 예상되는 수익금의 일부를 대통령령으로 정하는 바에 따라 예산의 범위에서 지원할 수 있다.(2022.12.27 본항신설)
⑤ 병해충 · 산불 등 자연재해를 입은 임목(林木)의 제거 등 대통령령으로 정하는 사유로 입목벌채등을 하려는 자는 제1항 및 제2항 단서에도 불구하고 농림축산식품부령으로 정하는 바에 따라 특별자치시장 · 특별자치도지사 · 시장 · 군수 · 구청장이나 지방산림청장에게 신고하고 할 수 있다.(2017.10.31 본항개정)
⑥ 특별자치시장 · 특별자치도지사 · 시장 · 군수 · 구청장 또는 지방산림청장은 제1항 및 제2항 단서에 따른 허가의 신청을 받은 경우와 제5항에 따른 신고를 받은 경우에는 신청 또는 신고를 받은 날부터 30일 이내에 허가 또는 신고수리 여부를 신청인에게 통지하여야 한다. 이 경우 제36조의4제2항에 따른 사전타당성조사 결과를 받은 때에는 그 결과를 받은 날부터 7일 이내에 허가 여부를 신청인에게 통지하여야 한다.(2022.12.27 본항개정)
⑦ 특별자치시장 · 특별자치도지사 · 시장 · 군수 · 구청장 또는 지방산림청장이 제6항에서 정한 기간에 허가 또는 신고수리 여부나 민원 처리 관련 법령에 따른 처리기간의 연장을 신청인에게 통지하지 아니하면 그 기간(민원 처리 관련 법령에 따라 처리기간이 연장 또는 재연장된 경우에는 해당 처리기간을 말한다)이 끝난 날의 다음 날에 허가 또는 신고수리를 한 것으로 본다.(2023.10.31 본항개정)

⑧ 제1항, 제2항 단서 및 제5항에도 불구하고 풀베기, 가지치기 또는 어린나무 가꾸기를 위한 벌채 등 대통령령으로 정하는 입목벌채등은 허가나 신고 없이 할 수 있다.(2023.10.31 본항개정)
⑨ 제1항, 제2항 단서 및 제5항에 따라 입목벌채등의 허가를 받거나 신고를 한 경우에는 입목벌채등에 필요한 임산물 운반로 및 작업로(作業路) 설치에 관하여 「산지관리법」 제15조의2에 따른 산지일시사용신고를 한 것으로 본다.(2023.10.31 본항개정)
⑩ 특별자치시장·특별자치도지사·시장·군수·구청장이나 지방산림청장은 제1항, 제2항 단서 및 제5항에 따른 입목벌채등이 허가를 받거나 신고를 한 내용대로 적정하게 실시되고 있는지와 제9항에 따른 임산물 운반로 및 작업로가 적정하게 복구되었는지에 관하여 확인·점검하여야 한다.(2023.10.31 본항개정)
⑪ 특별자치시장·특별자치도지사·시장·군수·구청장이나 지방산림청장은 제10항에 따른 확인·점검 업무를 다음 각 호의 어느 하나에 해당하는 자에게 대행하게 할 수 있다.(2023.10.31 본문개정)
1. 산림조합 또는 산림조합중앙회
2. 「기술사법」에 따른 산림분야 기술사사무소
(2017.11.28 본호개정)
2의2. 「엔지니어링산업 진흥법」에 따른 산림전문분야 엔지니어링사업자(2017.11.28 본호신설)
3. 한국임업진흥원(2016.12.2 본호개정)
4. 「민법」 제32조에 따른 산림자원 조성·육성 관련 비영리법인
(2014.3.11 본항신설)

판례 임산물인 수목의 굴취가 성립하기 위해서는 당해 수목이 사회통념상 토지로부터 분리된 상태에 이르러야 한다. 소나무 주변의 흙을 파낸 후 이른바 '분뜨기' 작업을 하여 소나무의 뿌리 부분 중 약 3/4만이 토지와 분리되었을 뿐 나머지 1/4은 여전히 토지와 분리되지 않은 상태로 남아있는 경우, 이를 굴취하였다고 볼 수 없다.(대판 2012.5.10, 2011도113)

제36조의2【벌칙 적용에서의 공무원 의제】 다음 각 호의 어느 하나에 해당하는 사람은 「형법」 제129조부터 제132조까지의 규정에 따른 벌칙을 적용할 때에는 공무원으로 본다.(2022.12.27 본문개정)
1. 제23조의4제1항에 따른 관리업무대행 기관·단체의 임직원
2. 제34조제6항에 따라 관리·평가 및 성과 활용에 관한 업무를 대행하는 한국임업진흥원의 임직원
3. 제36조제11항에 따라 확인·점검 업무를 대행하는 기관·단체의 임직원
4. 제36조의5에 따라 입목벌채등의 허가에 관한 사항을 심의하는 입목벌채등의 심의위원회 위원 중 공무원이 아닌 사람
(2022.12.27 1호~4호신설)

제36조의3【입목벌채등의 허가취소 등】 특별자치시장·특별자치도지사·시장·군수·구청장이나 지방산림청장은 제36조제1항, 같은 조 제2항 단서 및 같은 조 제5항에 따라 입목벌채등의 허가를 받거나 신고를 한 자가 다음 각 호의 어느 하나에 해당하는 경우에는 농림축산식품부령으로 정하는 바에 따라 입목벌채등의 허가를 취소하거나 입목벌채등의 중지 또는 그 밖에 필요한 조치를 명할 수 있다. 다만, 제1호에 해당하는 경우에는 입목벌채등의 허가를 취소하거나 입목벌채등의 중지 또는 그 밖에 필요한 조치를 명하여야 한다.(2022.12.27 본문개정)
1. 거짓이나 그 밖의 부정한 방법으로 허가를 받거나 신고를 한 경우
2. 정당한 사유 없이 허가를 받거나 신고를 한 내용대로 입목벌채등을 하지 아니한 경우
3. 허가를 받거나 신고를 한 입목벌채등이 산림재해 등으로 불가능하게 된 경우
(2014.3.11 본조신설)

제36조의4【입목벌채등의 사전타당성조사 등】 ① 특별자치시장·특별자치도지사·시장·군수·구청장이나 지방산림청장은 대통령령으로 정하는 규모 이상의 입목벌채등에 대하여 제36조에 따른 허가 이전에 미리 대통령령으로 정하는 전문기관을 통해 입목벌채등의 타당성을 종합적으로 검토하기 위한 사전타당성조사를 하여야 한다. 다만, 산불, 산림병해충, 산사태와 같은 산림재해 발생에 따른 입목벌채등 대통령령으로 정하는 경우에는 그러하지 아니하다.
② 제1항에 따라 사전타당성조사를 실시한 전문기관은 그 결과를 특별자치시장·특별자치도지사·시장·군수·구청장이나 지방산림청장에게 지체 없이 보고하여야 한다.
③ 특별자치시장·특별자치도지사·시장·군수·구청장이나 지방산림청장은 제2항에 따라 보고받은 결과를 입목벌채등이 완료된 후 3년동안 보관하여야 한다. 이 경우 보관할 서류 등에 대해서는 대통령령으로 정한다.
④ 제1항부터 제3항까지에 따른 사전타당성조사의 절차·기준·방법, 전문기관에 대한 감독 등에 관한 사항은 대통령령으로 정한다.
(2022.12.27 본조신설)

제36조의5【입목벌채등의 심의위원회】 ① 입목벌채등의 허가 사항을 심의하기 위하여 특별자치시장·특별자치도지사·시장·군수·구청장이나 지방산림청장은 입목벌채등의 심의위원회를 둘 수 있다.
② 제1항에 따른 심의위원회의 구성, 위원의 임면(任免), 그 밖에 심의위원회의 운영에 필요한 사항은 대통령령으로 정한다.
(2022.12.27 본조신설)

제37조【목재의 이용 증진 등】 ① 산림청장은 임산물의 이용 증진과 목재산업의 발전을 위한 시책을 수립하여 추진할 수 있다.
② 산림청장은 목재의 안정적인 수요·공급과 우량 목재의 증식(增殖)을 위하여 지속적인 관리가 필요하다고 인정되는 산림을 경제림육성단지로 지정하여 관리할 수 있다.
③ 산림청장은 산림경영을 선도하기 위하여 필요한 경우에는 제2항에 따른 경제림육성단지 중 경영 여건이 우수한 단지를 선도 산림경영단지로 선정하여 육성할 수 있다.
(2014.3.11 본항신설)
④ (2024.1.23 삭제)

제38조【기업경영림의 경영】 ① 임산물을 이용하거나 가공하는 자로서 대통령령으로 정하는 사업을 하는 자는 원활한 원자재 수급을 위하여 기업경영림을 경영할 수 있다.
② 기업경영림을 경영하려는 자는 기업경영림 경영계획서를 작성하여 대통령령으로 정하는 지역에 대하여 농림축산식품부령으로 정하는 바에 따라 시·도지사에게 기업경영림 경영계획구의 지정을 받아야 한다.(2013.3.23 본항개정)
③ 제2항에 따른 지정을 받기 위하여 지정 신청이 있는 경우 시·도지사는 신청된 지역의 산림이 다음 각 호의 어느 하나에 해당하는 경우를 제외하고는 해당 지역을 기업경영림 경영계획구로 지정하여야 한다. 이 경우 기업경영림 경영계획구에 국유림이 포함된 경우에는 해당 지방산림청장과 협의하여야 한다.
1. 산림의 면적이 3만제곱미터 미만인 경우
2. 해당 산림에 대하여 소유권이나 산림경영계획 기간 이상의 사용권·수익권을 확보하지 못한 경우(국유림의 경우에는 대부·사용허가를 받지 못한 경우를 말한다)
3. 기업경영림 경영계획서의 내용이 해당 산림의 효율적인 조성·관리에 부적합하다고 인정되는 경우
4. 그 밖에 이 법 또는 다른 법령의 제한에 위반되는 경우
④ 시·도지사는 제3항에 따라 기업경영림 경영계획구를 지정한 경우에는 산림 소재지와 기업경영림 소유자의 성명 등 농림축산식품부령으로 정하는 사항을 고시하고 산림소유자에게 알려야 한다.(2013.3.23 본항개정)
⑤ 제3항에 따라 기업경영림 경영계획구로 지정된 지역의 산림에서의 나무 종류별 적정 벌채시기 및 벌채·굴취 기준은 농림축산식품부령으로 정한다.(2017.10.31 본항개정)
⑥ 기업경영림 경영계획구로 지정된 지역의 산림은 제13조제4항에 따른 산림경영계획의 인가 또는 「국유림의 경영 및 관리에 관한 법률」 제9조제2항에 따른 국유림경영계획의 승인을 받은 것으로 본다.
⑦ 기업경영림 경영계획구에서 입목벌채등이 수반되는 사업을 하려는 경우에는 특별자치시장·특별자치도지사·시장·군수·구청장 또는 지방산림청장에게 신고하여야 한다. 이 경우 입목벌채등의 허가를 받거나 신고를 한 것으로 본다.(2017.10.31 전단개정)
⑧ 특별자치시장·특별자치도지사·시장·군수·구청장 또는 지방산림청장은 제7항 전단에 따른 신고를 받은 날부터 7일 이내에 신고수리 여부를 신고인에게 통지하여야 한다.(2017.10.31 본항신설)
⑨ 특별자치시장·특별자치도지사·시장·군수·구청장 또는 지방산림청장이 제8항에서 정한 기간에 신고수리 여부 또는 민원 처리 관련 법령에 따른 처리기간의 연장을 신고인에게 통지하지 아니하면 그 기간(민원 처리 관련 법령에 따라 처리기간이 연장 또는 재연장된 경우에는 해당 처리기간을 말한다)이 끝난 날의 다음 날에 신고를 수리한 것으로 본다.(2017.10.31 본항신설)
⑩ 기업경영림을 경영하는 자가 기업경영림 경영계획서를 변경하려면 시·도지사의 승인을 받아야 한다.
⑪ 제2항에 따른 기업경영림 경영계획서의 작성에 관하여는 제13조제3항을 준용한다.
(2012.6.1 본조개정)

제38조의2【기업경영림 경영계획구의 해제】 ① 시·도지사는 다음 각 호의 어느 하나에 해당하는 경우에는 해당 기업경영림 경영계획구의 전부 또는 일부에 대하여 그 지정을 해제할 수 있다. 다만, 제1호의 경우에는 그 지정을 전부 해제하여야 한다.
1. 기업경영림 소유자가 거짓이나 그 밖의 부정한 방법으로 기업경영림 경영계획구의 지정을 받은 경우
2. 기업경영림 경영계획구의 지정목적이 달성되었거나 천재지변 등으로 지정목적을 달성할 수 없게 된 경우
3. 산업시설이나 군사시설 등 대통령령으로 정하는 공용·공공용 시설의 용지로 사용하기 위하여 지정해제가 필요하다고 인정되는 경우
4. 기업경영림 소유자가 정당한 사유 없이 기업경영림 경영계획서의 내용대로 산림사업을 하지 아니한 경우
② 제1항에 따라 기업경영림 경영계획구의 지정을 해제한 경우에는 제38조제4항에 따른 사항을 고시하고, 산림소유자에게 알려야 한다.
(2012.6.1 본조신설)

제39조 (2012.5.23 삭제)

제40조【임산물의 유통 제한 등】 ① 산림청장은 임산물의 수급 조절, 유통 질서 확립 및 안전성 확보를 위하여 필요하다고 인정하는 경우에는 대통령령으로 정하는 임산물의 유통이나 생산 또는 사용을 제한할 수 있다. 이 경우 미리 제한 사유와 그 내용을 고시하여야 한다.
② (2012.5.23 삭제)

제41조【임산물의 수입 추천 등】 ① 「세계무역기구 설립을 위한 마라케쉬협정」에 따른 대한민국 양허표(讓許表)상의 시장접근물량에 적용되는 양허세율(讓許稅率)로 임산물을 수입하려는 자는 농림축산식품부령으로 정하는 바에 따라 수입할 품목에 대하여 산림청장의 추천을 받아야 한다. 이 경우 품목별 추천 물량, 추천 기준과 그 밖의 추천에 관하여 필요한 사항은 산림청장이 정하여 고시한다.(2013.3.23 전단개정)
② 산림청장은 제1항에 따른 임산물의 수입에 대한 추천 업무를 산림조합중앙회 등 산림 관련 전문단체나 유통 관련 단체로 하여금 대행하게 할 수 있다.
③ 산림청장은 제1항에 따른 임산물 중 농림축산식품부령으로 정하는 임산물을 수입하는 자에 대하여 농림축산식품부령으로 정하는 바에 따라 국내 판매가격과 수입가격과의 차액(差額)의 범위에서 수입이익금(輸入利益金)을 부과·징수할 수 있다.(2013.3.23 본항개정)
④ 제3항에 따른 수입이익금은 농림축산식품부령으로 정하는 바에 따라 「농어촌구조개선 특별회계법」에 따른 농어촌구조개선 특별회계에 납입하여야 한다.(2014.3.11 본항개정)
⑤ 제3항에 따른 수입이익금을 납부기한까지 내지 아니하면 국세 체납처분의 예에 따라 징수할 수 있다.

제4장 산림의 공익기능 증진
(2007.12.21 본장개정)

제1절 산림의 보전 등

제42조【산림생물다양성의 보전】 ① 산림청장은 산림생물다양성의 보전 및 지속가능한 이용 등을 위하여 산림생물다양성 기본계획을 수립·시행하여야 한다.
② 산림청장과 지방자치단체의 장은 관할 지역 산림의 산림생물다양성의 보전·관리를 위하여 생태숲·수목원 조성 등 대통령령으로 정하는 사업을 하도록 노력하여야 한다.

제42조의2【산림복원의 기본원칙】 산림복원은 다음 각 호의 기본원칙에 따라야 한다.
1. 산림생태계가 모든 국민의 자산으로서 공익에 적합하게 보전·관리되고 지속가능한 이용이 이루어지도록 한다.
2. 산림내 생물이 생태적으로 보호되고 산림생물다양성이 유지·증진될 수 있도록 한다.
3. 산림내 서식공간 및 기능이 확보되도록 지형·입지에 적합한 자생식물·자연재료를 사용하여 식생을 복원한다.
4. 산림내 생태계 균형이 파괴되거나 그 가치가 낮아지지 않도록 한다.(2020.2.18 본호개정)
5. 산림복원 시 계획, 모니터링, 평가의 유기적 연계를 강화한다.
(2019.1.8 본조신설)

제42조의3【산림복원 기본계획의 수립 등】 ① 산림청장은 산림복원을 효율적으로 추진하기 위하여 산림복원 기본계획(이하 "기본계획"이라 한다)을 10년마다 수립·시행하여야 한다.
② 제1항에 따른 기본계획에는 다음 각 호의 사항이 포함되어야 한다.
1. 산림복원의 기본목표 및 추진방향
2. 산림복원의 촉진을 위한 시책
3. 산림복원 대상지(제4조에 따른 산림을 말한다), 산림복원사업 및 사후관리에 관한 사항
4. 산림복원에 관한 정보관리에 관한 사항
5. 산림복원 기술인력의 육성에 관한 사항
6. 산림복원 기술의 국제교류에 관한 사항
7. 그 밖에 산림복원의 증진에 관한 사항
③ 산림청장은 산림복원의 여건 및 경제사정 등의 현저한 변경이 있는 경우에는 제1항에 따른 기본계획을 변경할 수 있다.
④ 산림청장은 제1항 및 제3항에 따라 기본계획을 수립하거나 변경하려면 미리 관계 중앙행정기관의 장과 지방자치단체의 장의 의견을 들어야 한다.
⑤ 산림청장은 기본계획에 따른 연도별 시행계획(이하 "시행계획"이라 한다)을 수립·시행하고 이에 필요한 재원을 확보하기 위하여 노력하여야 한다.
⑥ 산림청장은 기본계획 및 시행계획을 수립하거나 변경한 때에는 관계 중앙행정기관의 장 및 지방자치단체의 장에게 통보하고 국회 소관 상임위원회에 제출하여야 한다.
⑦ 산림청장은 기본계획 및 시행계획을 수립하거나 변경한 때에는 대통령령으로 정하는 바에 따라 이를 공표하여야 한다.
⑧ 산림청장은 기본계획 및 시행계획을 수립하기 위하여 필요한 경우에는 관계 중앙행정기관의 장 또는 지방자치단체의 장에게 관련 자료의 제출을 요청할 수 있다. 이 경우 자료의 제출을 요구받은 관계 기관의 장은 정당한 사유가 없으면 이에 따라야 한다.

⑨ 지방자치단체의 장과 지방산림청장은 제5항에 따른 시행계획에 따라 그 관할지역을 대상으로 산림복원에 관한 연도별 지역계획(이하 "지역계획"이라 한다)을 수립·시행하여야 한다.
⑩ 기본계획, 시행계획 및 지역계획의 수립·시행·변경 등에 관하여 필요한 사항은 대통령령으로 정한다.
(2019.1.8 본조신설)
제42조의4【산림복원 기본계획 등의 심의】 산림복원에 관한 다음 각 호의 사항은 「산지관리법」 제22조제1항에 따른 중앙산지관리위원회의 심의를 받아야 한다.
1. 기본계획(변경계획을 포함한다)의 수립에 관한 사항
2. 시행계획의 수립에 관한 사항
3. 대규모 훼손지 및 대형산불피해지 복원계획에 관한 사항
4. 그 밖에 산림복원과 관련하여 산림청장이 필요하다고 인정하여 중앙산지관리위원회의 심의에 부치는 사항 (2020.2.18 본호개정)
(2019.1.8 본조신설)
제42조의5【산림복원 대상지의 실태조사】 ① 지방자치단체의 장 및 지방산림청장은 훼손된 산림을 복원하기 위하여 매년 훼손된 산림의 실태를 조사하여야 한다.
② 지방자치단체의 장 및 지방산림청장은 제1항에 따라 조사한 훼손된 산림의 실태를 산림청장에게 보고하여야 하며, 산림청장으로부터 자료의 제출을 요청받은 경우에는 특별한 사유가 없으면 이에 협조하여야 한다.
(2020.2.18 본항개정)
③ 제1항에 따른 실태조사의 내용과 방법, 절차 등 그 밖에 필요한 사항은 대통령령으로 정한다.
(2019.1.8 본조신설)
제42조의6【산림복원사업의 타당성 평가】 ① 지방자치단체의 장 및 지방산림청장은 산림복원사업을 시행하기 전에 산림복원의 필요성·적합성·환경성 등 타당성을 종합적으로 평가하여야 한다.
② 제1항에 따른 타당성 평가의 기준, 방법, 절차, 그 밖에 필요한 사항은 대통령령으로 정한다.
(2019.1.8 본조신설)
제42조의7【산림복원사업의 계획·시행 등】 ① 산림복원사업은 국가 또는 지방자치단체의 사업으로 한다.
② 산림복원사업을 하려는 자(이하 "산림복원사업자"라 한다)는 대통령령으로 정하는 바에 따라 산림복원사업의 시행에 관한 계획서(이하 "산림복원사업계획서"라 한다)를 작성하여야 한다.
③ 제2항에 따른 산림복원사업계획서에는 다음 각 호의 사항이 포함되어야 한다.
1. 사업의 필요성과 목표
2. 사업대상지역의 위치, 현황, 사업기간, 총 사업비
3. 주요 사용공법 및 전문가 활용계획
4. 사후 모니터링 및 평가계획
5. 그 밖에 사업시행에 필요하다고 인정되는 사항
④ 산림복원사업의 시공은 제24조에 따라 등록한 산림사업법인 중 산림토목 분야의 산림사업법인(시행령 별표1 제4호)과 「산림기술 진흥 및 관리에 관한 법률」 제2조제7호에 따른 산림조합 또는 산림조합중앙회가 할 수 있다.
⑤ 제1항에 따른 산림복원사업의 비용은 국유림은 국가가 부담하되, 공·사유림은 국가가 그 비용의 전부 또는 일부를 지원할 수 있다. 다만, 원인자가 있는 경우 원인자가 그 비용을 부담한다.
(2019.1.8 본조신설)
제42조의8【산림복원지의 사후 모니터링】 ① 산림청장 및 지방자치단체의 장은 산림복원사업을 종료한 후 복원목표의 달성도, 식생 회복력 등에 대하여 10년 이상 모니터링을 실시하여야 한다. 다만, 대통령령으로 정하는 규모 이하의 산림복원지는 제외한다.
② 산림청장은 제1항의 사후 모니터링을 위하여 다음 각 호의 기관 또는 단체를 모니터링 기관으로 지정할 수 있다.
1. 「수목원·정원의 조성 및 진흥에 관한 법률」 제18조의19에 따른 한국수목원정원관리원(2024.1.2 본호개정)
2. 「산지관리법」 제18조의2제1항에 따른 산지전문기관
3. 그 밖에 사후 모니터링 업무 수행에 필요한 전문인력 및 전담조직 등 대통령령으로 정하는 기준을 갖추었다고 산림청장이 인정하는 기관 또는 단체
(2023.10.31 2호~3호개정)
③ 제1항의 사후 모니터링을 위한 기준과 절차, 방법과 내용 등에 필요한 사항은 대통령령으로 정한다.
④ 산림청장은 2년마다 제2항에 따라 지정된 모니터링 기관의 운영실적을 평가하여야 한다.(2023.10.31 본항신설)
⑤ 산림청장은 제2항에 따라 지정된 모니터링 기관이 다음 각 호의 어느 하나에 해당하는 경우에는 농림축산식품부령으로 정하는 바에 따라 시정을 명하거나 그 지정을 취소할 수 있다. 다만, 제1호에 해당하면 그 지정을 취소하여야 한다.
1. 거짓이나 그 밖의 부정한 방법으로 지정받거나 운영한 경우
2. 제3항에 따른 기준과 절차, 방법과 내용 등을 위반한 경우
3. 산림청장이 제4항에 따라 모니터링 기관의 운영실적을 평가한 결과 모니터링 기관을 계속 유지하는 것이 부적절하다고 인정되는 경우
4. 그 밖에 모니터링 기관을 계속 유지할 필요가 없다고 산림청장이 인정하는 경우
(2023.10.31 본항신설)
⑥ 산림청장은 제5항에 따라 지정이 취소된 기관 또는 단체에 대하여는 그 지정이 취소된 날부터 1년 이내에 모니터링 기관으로 지정해서는 아니 된다. 다만, 제5항제1호의 사유로 지정이 취소된 경우에는 그 지정이 취소된 날부터 3년 이내에 모니터링 기관으로 지정해서는 아니 된다.(2023.10.31 본항신설)
⑦ 제4항에 따른 모니터링 기관에 대한 운영실적 평가의 기준, 절차 및 방법 등에 필요한 사항은 대통령령으로 정한다.(2023.10.31 본항신설)
(2019.1.8 본조신설)
제42조의9【산림복원의 재료 등】 ① 산림청장 및 지방자치단체의 장은 산림복원사업 시행 시 자생식물과 흙·돌·나무 등 자연재료를 사용하여야 한다.
② 산림청장은 제1항에 따른 산림복원 관련 자생식물과 자연재료의 원활한 수급을 위하여 노력하고 관련 산업을 육성하기 위한 지원시책을 수립·추진하여야 한다.
③ 제1항에 따른 자생식물 및 자연재료의 공급 등에 관한 세부적인 기준은 대통령령으로 정한다.
(2019.1.8 본조신설)
제42조의10【산림복원 전문 인력의 양성】 ① 산림청장은 산림복원 관련 전문 인력을 양성하기 위한 시책을 수립·추진할 수 있다.
② 산림청장은 제1항에 따른 전문 인력의 양성을 위하여 「산림기술 진흥 및 관리에 관한 법률」 제7조제4항에 따라 지정된 기관 또는 단체를 교육기관으로 지정할 수 있다.
③ 제42조의7제4항에 따라 산림복원사업을 시공하려는 자는 업무 수행에 필요한 소양과 지식을 습득하기 위하여 「산림기술 진흥 및 관리에 관한 법률」 제7조제2항에 따른 교육·훈련을 받아야 한다.
④ 산림청장은 제2항에 따라 지정된 교육기관에 대하여 전문 인력 양성에 필요한 비용의 전부 또는 일부를 지원할 수 있다.
(2019.1.8 본조신설)
제42조의11【산림복원지원센터의 지정 등】 ① 산림청장은 산림복원 정책의 개발·지원 등을 위하여 다음 각 호의 기관 또는 단체를 산림복원지원센터(이하 "지원센터"라 한다)로 지정할 수 있다.
1. 제42조의8제2항에 따른 기관 또는 단체
2. 「공공기관의 운영에 관한 법률」 제4조에 따른 공공기관으로서 산림청장이 필요하다고 인정하여 대통령령으로 정하는 기관
② 산림청장은 다음 각 호의 업무를 지원센터에 위탁할 수 있다.(2023.10.31 본문개정)
1. 산림복원 정책의 개발·지원
2. 훼손지 조사·분석·관리 및 정보 구축·운영
3. 산림복원 관련 기술의 표준화, 매뉴얼 개발 등 연구개발 및 지원
4. 산림복원사업의 현장 컨설팅 및 모니터링
5. 산림복원 관련 교류 협력 및 해외시장 진출에 관한 사항
6. 그 밖에 산림복원사업 지원을 위해서 산림청장이 필요하다고 인정하는 사항
③ 산림청장은 다음 각 호의 어느 하나에 해당하는 경우에는 제1항에 따른 지원센터의 지정을 취소하여야 한다.
1. 거짓이나 그 밖의 부정한 방법으로 지정받거나 운영한 경우
2. 지정 목적을 달성하기 어렵거나 운영실적을 평가한 결과 지원센터를 계속 유지하는 것이 부적절하다고 인정되는 경우
3. 그 밖에 지원센터를 계속 유지할 필요가 없다고 산림청장이 인정하는 경우
④ (2023.10.31 삭제)
⑤ 산림청장은 지원센터에 대하여 업무 수행에 필요한 비용을 지원할 수 있다.
⑥ 지원센터의 지정 및 취소 절차, 운영실적 평가 등에 필요한 사항은 대통령령으로 정한다.
(2019.1.8 본조신설)
제42조의12【자생식물 종자 공급센터 지정 등】 ① 산림청장은 제42조의9제2항에 따른 산림복원 관련 자생식물(같은 조 제1항에 따른 자생식물을 말한다. 이하 같다)의 원활한 공급을 위하여 대통령령으로 정하는 요건을 갖춘 기관을 자생식물 종자 공급센터(이하 "공급센터"라 한다)로 지정할 수 있다.
② 산림청장은 다음 각 호의 업무를 공급센터에 위탁할 수 있다.
1. 자생식물 종자의 수집·증식·저장 및 생산
2. 제42조의14제3항에 따른 자생식물 종자의 인증표시
3. 제42조의16에 따른 자생식물 종자의 이력관리
4. 자생식물 종자의 생산·공급을 위한 지역협의체의 구성과 운영 및 관리
5. 자생식물 종자의 생산을 위한 기술지원 및 교육프로그램의 개발
6. 그 밖에 자생식물 종자의 생산·공급을 위하여 산림청장이 필요하다고 인정하는 사항
③ 제2항제4호에 따른 지역협의체의 구성과 운영 및 관리 등에 필요한 사항은 농림축산식품부령으로 정한다.
④ 산림청장은 공급센터에 대하여 업무 수행에 필요한 비용을 예산의 범위에서 지원할 수 있다.
⑤ 산림청장은 2년마다 공급센터의 운영실적을 평가하여야 한다.
⑥ 산림청장은 공급센터가 다음 각 호의 어느 하나에 해당하는 경우에는 농림축산식품부령으로 정하는 바에 따라 시정을 명하거나 그 지정을 취소할 수 있다. 다만, 제1호에 해당하면 그 지정을 취소하여야 한다.
1. 거짓이나 그 밖의 부정한 방법으로 지정받거나 운영한 경우
2. 제2항제2호 및 제3호에 따른 인증표시 및 이력관리를 위반한 경우
3. 산림청장이 제5항에 따라 공급센터의 운영실적을 평가한 결과 공급센터를 계속 유지하는 것이 부적절하다고 인정되는 경우
4. 그 밖에 공급센터를 계속 유지할 필요가 없다고 산림청장이 인정하는 경우
⑦ 산림청장은 제6항에 따라 지정이 취소된 공급센터에 대하여는 그 지정이 취소된 날부터 1년 이내에 공급센터로 지정해서는 아니 된다. 다만, 제6항제1호의 사유로 지정이 취소된 경우에는 그 지정이 취소된 날부터 3년 이내에 공급센터로 지정해서는 아니 된다.
⑧ 제5항에 따른 공급센터에 대한 운영실적 평가의 기준, 절차 및 방법 등에 필요한 사항은 대통령령으로 정한다.
(2023.10.31 본조신설)
제42조의13【자생식물 종자의 생산대행 및 피해보상】
① 공급센터는 자생식물 종자를 대량으로 공급하기 위하여 다음 각 호의 어느 하나에 해당하는 자에게 대행하게 하여 자생식물 종자를 생산할 수 있다.
1. 「수목원·정원의 조성 및 진흥에 관한 법률」 제4조제1항제3호에 따른 사립수목원
2. 대통령령으로 정하는 요건을 갖춘 종묘생산업자
② 공급센터는 제1항에 따라 자생식물 종자를 대행하여 생산하는 자가 가뭄해·수해 등 천재지변으로 피해를 입은 경우에는 대통령령으로 정하는 바에 따라 그 손실을 보상할 수 있다.
(2023.10.31 본조신설)
제42조의14【자생식물 종자의 인증 및 인증표시 등】
① 산림청장은 자생식물 종자의 품질 확보 및 원활한 생산·공급을 위하여 자생식물 종자에 대한 품질인증(이하 "인증"이라 한다)을 실시할 수 있다.
② 제42조의12제1항 및 제42조의13제1항에 따라 자생식물 종자를 공급하거나 대행하여 생산하는 자는 산림청장에게 인증을 받아야 한다.
③ 제2항에 따라 인증을 받은 자는 해당 자생식물 종자에 대하여 농림축산식품부령으로 정하는 바에 따라 인증표시를 하여야 한다.
④ 인증을 받지 아니한 자는 제3항의 인증표시를 하거나 이와 유사한 표시를 하여서는 아니 된다.
⑤ 제1항에 따른 인증의 기준·절차·유효기간 및 그 밖에 인증에 필요한 사항은 농림축산식품부령으로 정한다.
(2023.10.31 본조신설)
제42조의15【자생식물 종자의 인증취소】 산림청장은 인증을 받은 자가 다음 각 호의 어느 하나에 해당하는 경우에는 그 인증을 취소할 수 있다. 다만, 제1호에 해당하는 경우에는 그 인증을 취소하여야 한다.
1. 거짓이나 그 밖의 부정한 방법으로 인증을 받은 경우
2. 제42조의14제3항에 따른 인증표시와 다르게 인증표시를 한 경우
3. 제42조의14제5항에 따른 인증의 기준에 적합하지 아니하게 된 경우
(2023.10.31 본조신설)
제42조의16【자생식물 종자의 이력관리】 산림청장은 제42조의14제1항에 따른 인증을 받은 자생식물 종자에 대하여 농림축산식품부령으로 정하는 바에 따라 채집·생산·공급·유통 등 이력을 체계적으로 관리하여야 한다.(2023.10.31 본조신설)
제43조~제46조 (2009.6.9 삭제)
제47조【시험림의 지정 등】 ① 산림청장 또는 시·도지사는 산림과학기술개발이나 시험·연구를 위한 용도로 활용하기에 적합한 산림을 시험림으로 지정할 수 있다.
(2014.3.11 본항개정)
② 산림청장 또는 시·도지사는 시험림을 지정한 경우에는 그 지정목적대로 산림을 보호·관리하도록 노력하여야 하며, 시험림의 관리를 위하여 필요하다고 인정하면 관리인을 지정하여 관리하게 할 수 있다.(2014.3.11 본항개정)
③ 산림청장 또는 시·도지사는 시험림의 소유자나 관리인에게 그 보호와 관리 등에 필요한 사항을 명할 수 있으며, 보호와 관리에 필요한 비용을 대통령령으로 정하는 바에 따라 지원할 수 있다.(2014.3.11 본항개정)
④ 산림청장 또는 시·도지사는 다음 각 호의 어느 하나에 해당하는 경우에는 시험림의 전부나 일부에 대하여 그 지정을 해제할 수 있다.(2014.3.11 본문개정)
1. 지정목적을 달성하여 시험림으로 그대로 둘 필요성이 없다고 인정하는 경우
2. 천재지변 등으로 인한 피해, 그 밖에 대통령령으로 정하는 사유로 지정목적이 상실되었다고 인정하는 경우
3. 군사시설이나 그 밖의 대통령령으로 정하는 공용·공공용 시설의 용지로 사용하거나 공익을 위하여 지정해제가 불가피하다고 인정하는 경우
⑤ 산림청장 또는 시·도지사는 제1항과 제4항에 따라 시험림을 지정하거나 지정해제한 경우에는 그 사실을 고시하고, 그 소유자와 관리인에게 알려야 한다.(2014.3.11 본항개정)

⑥ 시험림의 지정·관리 및 지정해제의 절차와 그 밖에 필요한 사항은 농림축산식품부령으로 정한다.(2013.3.23 본항개정)
⑦ 시험림의 관리와 손실보상 등에 관하여는 제19조제5항과 「산림보호법」 제10조제3항 및 제12조를 준용한다.(2009.6.9 본조개정)
제48조 (2016.12.2 삭제)
제49조~제50조 (2009.6.9 삭제)
제51조【수목등의 보전·관리계획의 수립·시행】 ① 산림청장 또는 시·도지사는 기후, 대기오염, 산성비 또는 병해충 등에 의한 피해로부터 생태와 경관 등을 보호하기 위하여 특별히 보호할 필요가 있다고 인정하는 수목이나 산림(이하 "수목등"이라 한다)에 대하여는 농림축산식품부령으로 정하는 바에 따라 보전·관리계획을 수립·시행할 수 있다.(2013.3.23 본항개정)
② 산림청장 또는 시·도지사가 수목등의 보전·관리계획을 수립하려는 경우에는 미리 관계 행정기관의 장과 협의하여야 한다.
(2012.6.1 본조개정)
제51조의2【금강소나무림 등 특별수종육성권역의 지정·관리】 ① 산림청장은 역사적·문화적·자원적 가치가 있는 금강소나무림 등 집중적인 보호·육성이 필요한 수종에 대하여 특별수종육성권역을 지정·관리할 수 있다.
② 산림청장은 제1항에 따른 특별수종육성권역을 지정하려는 경우 관할 시·도지사 및 산림 전문가의 의견을 들은 후 지정하여야 한다.(2016.12.2 본항개정)
③ 제1항에 따른 특별수종육성권역 지정요건 및 지정절차, 그 밖에 필요한 사항은 대통령령으로 정한다.
(2016.12.2 본항개정)
(2012.6.1 본조신설)
제51조의3【특별수종육성권역의 지정 변경 또는 해제】 산림청장은 제51조의2제1항에 따라 지정된 특별수종육성권역이 다음 각 호의 어느 하나에 해당하는 경우 그 지정을 변경하거나 해제할 수 있다.
1. 지정목적이 달성되었거나 천재지변 등 부득이한 사유로 지정목적을 달성할 수 없다고 인정되는 경우
2. 산업시설이나 군사시설 등 대통령령으로 정하는 공용·공공용 시설의 용지로 사용하기 위하여 불가피한 경우
3. 지역사회 개발 및 산업발전을 위하여 시·도지사의 요청에 따라 해제할 필요가 있는 경우
(2012.6.1 본조신설)
제51조의4【특별수종육성권역의 지원】 ① 산림청장, 시·도지사 또는 시장·군수·구청장은 산림사업의 자금을 지원할 때 특별수종육성권역의 산림사업에 대하여는 우선적으로 지원할 수 있다.
② 산림청장은 특별수종육성권역의 수종을 지속적으로 보전·육성하기 위하여 필요한 전문 연구인력 등을 배치하여 운영할 수 있다.
(2012.6.1 본조신설)
제51조의5【기후변화에 따른 산림 영향 및 취약성 조사·평가】 ① 산림청장은 산림의 지속가능한 보전과 이용을 위하여 지구온난화 등 기후변화가 산림에 미치는 영향과 그에 따른 산림의 취약성을 5년마다 조사·평가(이하 이 조에서 "기후영향조사·평가"라 한다)하여 그 결과를 공표하고 정책수립의 기초자료로 활용하여야 한다.
② 산림청장은 기후영향조사·평가에 필요한 기초자료 확보 및 통계의 작성을 위하여 실태조사를 실시할 수 있다.
③ 산림청장은 관계 중앙행정기관의 장, 지방자치단체의 장 및 산림 관련 기관이나 단체의 장에게 기후영향조사·평가에 필요한 자료의 제공 또는 제2항에 따른 실태조사의 협조를 요청할 수 있다. 이 경우 요청을 받은 관계 중앙행정기관의 장 등은 특별한 사유가 없으면 이에 따라야 한다.
④ 기후영향조사·평가와 제2항에 따른 실태조사의 구체적인 내용 및 방법 등에 필요한 사항은 농림축산식품부령으로 정한다.
(2019.1.8 본조신설)
제52조 (2009.6.9 삭제)

제2절 산불의 예방 등

제53조~제57조 (2009.6.9 삭제)

제3절 산림환경기능증진자금

제58조【녹색자금】 ① 산림청장은 산림환경을 보호하고 산림의 기능을 증진하며 해외산림자원을 조성하는 데에 드는 경비 및 사업비를 지원하기 위하여 산림환경기능증진자금(이하 "녹색자금"이라 한다)을 설치한다.
② 녹색자금은 산림청장이 운용·관리한다.
③ 녹색자금은 다음 각 호의 재원(財源)으로 조성한다.
1. 정부 외의 자의 출연금(出捐金)
2. 「복권 및 복권기금법」 제23조제1항에 따라 배분된 복권수익금
3. 녹색자금의 운용으로 생기는 수익금
4. 그 밖에 대통령령으로 정하는 수익금
④ 녹색자금은 산림의 환경기능증진 및 해외산림자원의 조성에 관한 다음 각 호의 사업에 사용할 수 있다.
1. 맑은 물 공급을 위한 산림환경 개선사업
2. 공해(公害) 방지와 경관 보전을 위한 산림 및 도시숲 조성사업(2020.6.9 본호개정)
3. 청소년 등을 위한 산림체험활동시설의 설치·운영 및 교육·홍보사업
4. 수목원·휴양림·수목장림의 조성·운영사업
(2019.1.8 본호개정)
5. 산림환경기능증진과 관련한 임업인의 교육 및 복지증진사업
6. 해외산림 환경기능증진 사업
7. 해외에서 산림자원을 확보하기 위한 사업
8. 산림복지 진흥을 위한 사업(2015.3.27 본호신설)
9. 그 밖에 산림의 환경기능증진을 위하여 대통령령으로 정하는 사업
⑤ 대통령령으로 정하는 기관이나 단체가 제4항 각 호의 사업을 수행하는 경우에는 그에 필요한 경비를 녹색자금에서 우선하여 지원할 수 있다.
⑥ 녹색자금의 운용·관리에 필요한 그 밖의 사항은 대통령령으로 정한다.
제59조【녹색자금운용계획의 수립 등】 ① 산림청장은 회계연도마다 다음 각 호의 사항을 포함한 녹색자금운용계획을 수립하여야 한다.
1. 녹색자금의 수입과 지출에 관한 사항
2. 녹색자금의 사용계획에 관한 사항
3. 그 밖에 산림청장이 녹색자금의 운용을 위하여 필요하다고 인정하는 사항
② 산림청장은 다른 예산과의 중복성, 공익성 등을 고려하여 녹색자금운용계획을 세워야 하고, 투명하고 효율적으로 녹색자금을 관리하여야 한다.(2010.1.25 본항신설)
③ 제2항에 따른 녹색자금운용계획 수립 시 고려사항과 녹색자금의 관리에 필요한 사항은 대통령령으로 정한다.
(2010.1.25 본항신설)
(2010.1.25 본조제목개정)
제59조의2【녹색자금결산서의 국회 보고】 산림청장은 회계연도마다 녹색자금의 결산서를 작성하여 해당 회계연도 종료 후 2개월 이내에 다음 각 호의 서류를 첨부하여 국회 소관 상임위원회에 보고하여야 한다.
1. 녹색자금결산의 개황과 분석에 관한 서류
2. 녹색자금 결산명세서
3. 전년도 녹색자금사업의 추진현황 및 실적에 관한 사항
4. 그 밖에 녹색자금결산의 내용을 명확히 하는 데 필요한 서류
(2010.1.25 본조신설)
제60조【녹색자금의 위탁 관리】 ① 산림청장은 녹색자금의 운용·관리에 관한 업무의 전부 또는 일부를 대통령령으로 정하는 바에 따라 「산림복지 진흥에 관한 법률」 제49조에 따른 한국산림복지진흥원(이하 "한국산림복지진흥원"이라 한다)에 위탁할 수 있다.(2016.5.29 본항개정)
② 산림청장은 제1항에 따라 녹색자금의 운용·관리에 관한 업무를 위탁한 경우에는 산림청장이 정하는 바에 따라 취급수수료나 그 밖의 필요한 경비를 지급할 수 있다.
③ 산림청장은 제1항에 따라 녹색자금의 운용·관리에 관한 사무를 위탁한 경우 위탁받은 법인의 임직원 중에서 그 사무를 수행할 회계관계직원을 임명할 수 있다.
④ 제3항에 따라 임명된 회계관계직원에 대하여는 「회계관계직원 등의 책임에 관한 법률」을 준용한다.
제61조【녹색자금운용심의회의 구성 및 운영】 ① 녹색자금의 운용·관리에 관하여 다음 각 호의 사항을 심의하기 위하여 산림청에 녹색자금운용심의회(이하 "심의회"라 한다)를 둔다.
1. 녹색자금운용계획의 수립 및 결산보고서의 작성에 관한 사항
2. 녹색자금운용계획의 변경에 관한 사항
3. 제58조제4항에 따른 녹색자금의 사용에 관한 사항
4. 그 밖에 산림청장이 녹색자금의 운용·관리에 관하여 중요하다고 인정하여 회의에 부치는 사항
② 심의회의 위원장은 산림청차장으로 하고, 심의회의 위원은 위원장 1명을 포함한 10명 이내의 위원으로 구성한다.(2010.1.25 본항개정)
③ 심의회의 구성과 운영 등에 필요한 사항은 대통령령으로 정한다.
제62조 (2016.5.29 삭제)
제63조【한국산림복지진흥원 등에 대한 지원】 국가나 지방자치단체는 녹색자금조성의 지원 또는 녹색자금사업의 원활한 추진을 위하여 한국산림복지진흥원 또는 제58조제5항에 따른 기관이나 단체에 국유 또는 공유의 시설, 물품, 그 밖의 재산을 그 용도나 목적에 지장을 주지 아니하는 범위에서 무상으로 사용·수익하게 하거나 대부할 수 있다.(2016.5.29 본조개정)

제5장 보 칙
(2007.12.21 본장개정)

제64조【자금지원】 ① 국가나 지방자치단체는 대통령령으로 정하는 바에 따라 산림사업에 대하여 그 사업비의 전부 또는 일부를 융자하거나 보조할 수 있다.
② 제1항에 따라 자금을 융자할 때에는 해당 임야와 입목을 담보로 할 수 있다. 이 경우 아직 수확기에 이르지 아니한 입목은 그 가격을 미리 평가하여 담보로 할 수 있다.
제65조【산림사업보조금의 반환】 ① 다음 각 호의 어느 하나에 해당하는 산림을 보조사업의 원래 목적 외의 목적으로 사용하려는 자는 대통령령으로 정하는 바에 따라 보조받거나 지원받은 금액(이하 "산림사업보조금"이라 한다)에 이자를 더한 금액을 산림청장, 시·도지사 또는 시장·군수·구청장에게 반환하여야 한다. 다만, 산림의 조성 또는 산림관리기반시설의 설치를 끝낸 때부터 대통령령으로 정하는 기간이 지난 경우에는 반환하지 아니한다.
(2014.3.11 본문개정)
1. 제9조제1항에 따라 산림관리기반시설을 설치한 산림
2. 제13조제6항, 제28조제8항 또는 제64조제1항에 따라 국가나 지방자치단체의 보조 또는 지원을 받아 조성한 산림
② 산림청장, 시·도지사 또는 시장·군수·구청장은 제1항에 따른 반환 의무를 이행하지 아니한 자에게 대통령령으로 정하는 바에 따라 산림사업보조금에 이자를 더한 금액의 반환을 명하여야 한다.(2014.3.11 본항신설)
제65조의2【자금지원의 제한】 산림청장, 시·도지사 또는 시장·군수·구청장은 다음 각 호의 어느 하나에 해당하는 자의 산림사업에 대해서는 제64조에 따른 자금지원의 대상에서 제외할 수 있다.
1. 제65조제2항에 따라 산림사업보조금의 반환명령을 받은 자
2. 「보조금 관리에 관한 법률」 제33조에 따라 산림사업보조금의 반환명령을 받은 자(2016.1.28 본호개정)
(2014.3.11 본조신설)
제66조【포상금의 지급】 산림청장은 제19조제5항 및 제36조제1항·제5항을 위반한 자를 산림행정관서나 수사기관에 신고하거나 고발한 자에게 농림축산식품부령으로 정하는 바에 따라 포상금(褒賞金)을 지급할 수 있다.
(2022.12.27 본조개정)
제67조【보고·검사 등】 ① 산림청장, 시·도지사, 시장·군수·구청장 및 지방산림청장은 산림자원의 조성과 관리를 위하여 필요한 경우 다음 각 호의 어느 하나에 해당되는 자에게 업무에 관하여 보고를 명하거나 관련 자료를 제출하게 할 수 있으며, 소속 공무원으로 하여금 사업장·사무소 등에 출입하여 장부·서류나 그 밖의 물건을 조사·검사하거나 관계인에게 질문하게 할 수 있다.
(2019.1.8 본문개정)
1. 종묘생산업자
2. 산림조합 또는 산림조합중앙회
3. 산림사업법인
3의2. 제23조의2에 따른 국유림영림단(2012.6.1 본호신설)
3의3. 제23조의4에 따른 관리대행자(2022.12.27 본호신설)
4. (2017.11.28 삭제)
5. (2012.5.23 삭제)
6. 제41조제1항에 따라 산림청장의 추천을 받아 임산물을 수입하는 자
7. 한국산림복지진흥원(2016.5.29 본호개정)
② 산림청장, 시·도지사, 시장·군수·구청장 및 지방산림청장은 제1항에 따라 출입·조사·검사 또는 질문을 하려는 경우에는 출입·조사·검사 또는 질문을 하기 7일 전까지 출입·조사·검사 또는 질문의 일시·이유 및 내용 등을 포함한 계획을 조사대상자에게 통지하여야 한다. 다만, 긴급하거나 사전에 통지하면 증거인멸 등으로 출입·조사·검사 또는 질문의 목적을 달성할 수 없다고 인정되는 경우에는 그러하지 아니하다.(2019.1.8 본항신설)
③ 특별자치시장·특별자치도지사·시장·군수·구청장은 제1항에 따라 종묘생산업자가 생산한 산림용 종자와 산림용 묘목을 조사·검사한 결과 그 품질이 불량하다고 인정하면 산림용 종자와 산림용 묘목의 출하를 금지하거나 소독·폐기 등 필요한 조치를 명할 수 있다.
(2017.10.31 본항개정)
④ 제1항에 따라 조사하거나 검사 또는 질문을 하는 공무원은 그 신분을 표시하는 증표를 지니고 이를 관계인에게 내보여야 한다.
⑤ 산림청장 또는 시·도지사는 제23조의2제4항에 따라 등록한 국유림영림단 또는 제24조제2항에 따라 등록한 산림사업법인의 등록요건을 확인·조사하기 위하여 필요한 경우에는 국유림영림단 구성인원 또는 산림사업법인 기술자의 국민건강보험, 국민연금, 고용보험 및 산업재해보상보험 등의 가입 자료의 제공을 관계 기관의 장에게 요청할 수 있다. 이 경우 관계 기관의 장은 정당한 사유가 없으면 그 요청에 따라야 한다.(2017.10.31 본항신설)
제68조【청문】 산림청장, 지방자치단체의 장 또는 지방산림청장은 다음 각 호의 어느 하나에 해당하는 처분을 하려는 경우에는 청문을 하여야 한다.(2014.3.11 본문개정)
1. 제15조에 따라 산림경영계획 인가를 취소하려는 경우
2. 제16조제3항에 따라 종묘생산업자의 등록을 취소하거나 업무정지를 명하려는 경우(2012.6.1 본호개정)
2의2. 제23조의2제5항 각 호 외의 부분 단서에 따라 국유림영림단의 등록을 취소하려는 경우(2012.6.1 본호신설)
2의3. 제23조의4제2항에 따라 관리업무대행 지정을 취소하려는 경우(2022.12.27 본호신설)
3. 제25조제3항에 따라 산림사업법인의 등록을 취소하려는 경우
4. 제29조제1항에 따라 특수산림사업지구의 지정을 해제하려는 경우
5. (2017.11.28 삭제)

5의2. 제36조의3에 따라 입목벌채등의 허가를 취소하려는 경우(2014.3.11 본호신설)
6. 제38조의2제1항에 따라 기업경영림 경영계획구의 지정을 해제하려는 경우(2012.6.1 본호신설)
7. 제42조의8제5항에 따라 모니터링 기관의 지정을 취소하려는 경우(2023.10.31 본호신설)
8. 제42조의11제3항에 따라 지원센터의 지정을 취소하려는 경우(2023.10.31 본호신설)
9. 제42조의12제6항에 따라 공급센터의 지정을 취소하려는 경우(2023.10.31 본호신설)
10. 제42조의15에 따라 자생식물 종자의 인증을 취소하려는 경우(2023.10.31 본호신설)

제69조【권리·의무 등의 승계】 ① 이 법이나 이 법에 따른 명령에 따라 산림소유자, 산림 외의 토지소유자 등에 대하여 한 처분은 그 승계인에 대하여도 효력이 있다.
② 이 법이나 이 법에 따른 명령에 따라 산림소유자나 산림 외의 토지소유자 등이 한 신청, 신고, 그 밖의 행위는 그 승계인에 대하여도 효력이 있다.

제70조【권한의 위임·위탁】 ① 이 법에 따른 산림청장의 권한은 대통령령으로 정하는 바에 따라 그 일부를 시·도지사나 소속 기관의 장에게 위임할 수 있으며, 위임받은 시·도지사나 소속 기관의 장은 산림청장의 승인을 받아 위임받은 권한의 일부를 시장·군수·구청장이나 2차 소속 기관의 장에게 재위임할 수 있다.
② 이 법에 따른 시·도지사의 권한은 대통령령으로 정하는 바에 따라 그 일부를 시장·군수·구청장에게 위임할 수 있다.
③ 이 법에 따른 지방산림청장의 권한은 대통령령으로 정하는 바에 따라 그 일부를 지방산림청국유림관리소장에게 위임할 수 있다.
④ 이 법에 따른 산림청장, 지방자치단체의 장 또는 지방산림청장의 업무는 대통령령으로 정하는 바에 따라 그 일부를 관련 기관 또는 단체에 위탁할 수 있다.

제6장 벌 칙
(2007.12.21 본장개정)

제71조【벌칙】 ① 채종림·수형목·시험림에 방화(放火)한 사람은 7년 이상 15년 이하의 징역에 처한다.
(2017.10.31 본항개정)
② 제1항의 미수범은 처벌한다.

제72조 (2009.6.9 삭제)

제73조【벌칙】 ① 산림에서 그 산물(조림된 묘목을 포함한다. 이하 이 조에서 같다)을 절취한 자는 5년 이하의 징역 또는 5천만원 이하의 벌금에 처한다.(2017.10.31 본항개정)
② 제1항의 미수범은 처벌한다.
③ 제1항의 죄를 저지른 자가 다음 각 호의 어느 하나에 해당한 경우에는 1년 이상 10년 이하의 징역에 처한다.
(2020.2.18 본문개정)
1. 채종림이나 시험림에서 그 산물을 절취하거나 수형목을 절취한 경우(2009.6.9 본호개정)
2. 원뿌리를 채취한 경우
3. 장물(臟物)을 운반하기 위하여 차량이나 선박을 사용하거나 운반·조재(벌채한 나무를 마름질하여 재목을 만듦)의 설비를 한 경우(2020.2.18 본호개정)
4. 입목이나 대나무를 벌채하거나 산림의 산물을 굴취 또는 채취하는 권리를 행사하는 기회를 이용하여 절취한 경우(2020.2.18 본호개정)
5. 야간에 절취한 경우
6. 상습으로 제1항의 죄를 저지른 경우(2020.2.18 본호개정)

제74조【벌칙】 ① 제19조제5항을 위반하여 채종림등에서 입목·대나무의 벌채, 임산물의 굴취·채취, 가축의 방목, 그 밖의 토지의 형질을 변경하는 행위를 한 자는 5년 이하의 징역 또는 5천만원 이하의 벌금에 처한다.
(2020.2.18 본문개정)
1.~3. (2017.10.31 삭제)
4. (2009.6.9 삭제)
5.~8. (2017.10.31 삭제)
② 다음 각 호의 어느 하나에 해당하는 자는 3년 이하의 징역 또는 3천만원 이하의 벌금에 처한다.
1. (2020.6.9 삭제)
2. 제36조제1항을 위반하여 특별자치시장·특별자치도지사·시장·군수·구청장이나 지방산림청장의 허가 없이 또는 거짓이나 그 밖의 부정한 방법으로 허가를 받아 입목벌채등을 한 자
3. 정당한 사유 없이 산림 안에서 입목·대나무를 손상하거나 말라죽게 한 자(2020.2.18 본호개정)
4. (2020.6.9 삭제)
5. 입목·대나무, 목재 또는 원뿌리에 표시한 기호나 도장을 변경하거나 지운 자(2020.2.18 본호개정)
6. 정당한 사유 없이 타인의 산림에 인공구조물을 설치한 자(2020.2.18 본호개정)
(2017.10.31 본항개정)
③ (2020.6.9 삭제)
④ 상습적으로 제1항 또는 제2항의 죄를 저지른 자는 각 죄에 정한 형의 2분의 1까지 가중한다.(2020.2.18 본항개정)

제75조【몰수와 추징】 ① 제73조와 제74조제1항·제2항 제2호의 범죄에 관련된 임산물은 몰수(沒收)한다. 다만, 제73조의 범죄로 인한 임산물은 대통령령으로 정하는 바에 따라 그 피해자에게 돌려주거나 이를 처분하여 그 가액(價額)을 내주어야 한다.(2017.10.31 본문개정)
② 제1항의 물건을 몰수할 수 없는 경우에는 그 가액을 추징(追徵)한다.

제76조【벌칙】 제41조제1항에 따라 수입 추천을 받은 용도 외의 용도로 수입 임산물을 사용한 자는 2년 이하의 징역 또는 2천만원 이하의 벌금에 처한다.(2017.10.31 본조개정)

제77조【벌칙】 ① 다음 각 호의 어느 하나에 해당하는 자는 1천만원 이하의 벌금에 처한다.
1. 제16조제1항을 위반하여 종묘생산업자의 등록을 하지 아니하고 종묘생산업을 한 자
2. 제23조의2제4항에 따른 국유림영림단의 등록 또는 제24조제1항에 따른 산림사업법인의 등록을 하지 아니하고 산림사업을 한 자
3. 제23조의2제4항 후단을 위반하여 국유림영림단의 등록증을 다른 자에게 빌려준 자
4. 제24조제4항을 위반하여 산림사업법인의 등록증을 다른 자에게 빌려준 자
5.~6. (2017.11.28 삭제)
7. 제40조제1항에 따른 임산물의 유통, 생산 또는 사용의 제한을 위반한 자
8. 제42조의14제2항을 위반하여 인증을 받지 아니하고 자생식물 종자를 공급하거나 생산한 자(2023.10.31 본호신설)
9. 거짓이나 그 밖의 부정한 방법으로 제42조의14제2항에 따른 인증을 받은 자(2023.10.31 본호신설)
10. 제42조의14제4항을 위반하여 인증표시 또는 이와 유사한 표시를 한 자(2023.10.31 본호신설)
11. 제67조제3항에 따른 명령을 위반하여 품질이 불량한 산림용 종자와 산림용 묘목을 출하하거나 소독·폐기 등 필요한 조치를 하지 아니한 자(2019.1.8 본호개정)
(2017.10.31 본항신설)
② (2017.11.28 삭제)
③ (2017.10.31 삭제)

제78조【양벌규정】 법인의 대표자나 법인 또는 개인의 대리인, 사용인, 그 밖의 종업원이 그 법인 또는 개인의 업무에 관하여 제74조제1항·제2항·제3항, 제76조 또는 제77조의 위반행위를 하면 그 행위자를 벌하는 외에 그 법인 또는 개인에게도 해당 조문의 벌금 또는 과료의 형을 과(科)하고, 제74조제4항의 위반행위를 하면 그 행위자를 벌하는 외에 그 법인 또는 개인에게도 2천만원 이하의 벌금형을 과한다. 다만, 법인 또는 개인이 그 위반행위를 방지하기 위하여 해당 업무에 관하여 상당한 주의와 감독을 게을리하지 아니한 경우에는 그러하지 아니하다.
(2017.10.31 본문개정)

제79조【과태료】 ① 다음 각 호의 어느 하나에 해당하는 자에게는 500만원 이하의 과태료를 부과한다.
1. 제19조제5항 단서에 따른 신고를 하지 아니하고 숲 가꾸기를 위한 벌채 및 임산물의 굴취·채취를 한 자
2. 제36조제5항에 따른 신고를 하지 아니하거나 거짓 또는 그 밖의 부정한 방법으로 신고를 하고 입목벌채등을 한 자(2022.12.27 본호개정)
2의2. 제36조의3에 따른 입목벌채등의 중지 또는 그 밖에 필요한 조치 명령을 위반한 자(2014.3.11 본호신설)
3. 제38조제7항을 위반하여 신고를 하지 아니하고 기업경영림 경영계획구에서 입목벌채등이 수반되는 사업을 한 자(2012.6.1 본호신설)
4. 제42조의8제5항에 따른 시정명령을 따르지 아니한 자
5. 제42조의12제6항에 따른 시정명령을 따르지 아니한 자
(2023.10.31 4호~5호신설)
② 다음 각 호의 어느 하나에 해당하는 자에게는 100만원 이하의 과태료를 부과한다.
1. 제13조제3항에 따른 산림경영계획서 작성의 대가를 과다하게 청구한 자
2. (2012.5.23 삭제)
3.~4. (2009.6.9 삭제)
5. 제67조제1항에 따른 보고, 자료제출, 조사 또는 검사를 거부·기피하거나 방해한 자와 질문을 방해한 자
(2010.1.25 본호개정)
③~④ (2009.6.9 삭제)
⑤ 제10조제2항에 따른 조림을 하지 아니한 자에게는 해당 조림 비용의 전액에 해당하는 과태료를 부과한다.
⑥ 제1항부터 제5항까지의 규정에 따른 과태료는 대통령령으로 정하는 바에 따라 산림청장, 시·도지사, 시장·군수·구청장, 지방산림청장 또는 지방산림청 국유림관리소장이 부과·징수한다.(2010.1.25 본항개정)
⑦~⑨ (2010.1.25 삭제)

부 칙

제1조【시행일】 이 법은 공포 후 1년이 경과한 날부터 시행한다.

제2조【다른 법률의 폐지】 「山林法」은 이를 폐지한다.

제3조【산림사업의 설계·감리에 관한 적용례】 제27조의 규정에 의한 산림사업의 설계·감리는 이 법 시행 후 최초로 시행하는 산림사업부터 적용한다.

제4조【종전의 「산림법」에 의한 처분 등에 관한 경과조치】 이 법 시행 당시 종전의 「산림법」에 의하여 행하여진 다음 표의 왼쪽 칸의 처분 등은 이 법에 의한 오른쪽 칸의 처분 등으로 본다.

종전의 「산림법」에 의한 처분 등	이 법에 의한 처분 등
1. 제10조의5의 규정에 의한 임도의 타당성평가	1. 제9조제2항의 규정에 의한 산림관리기반시설의 타당성평가
2. 제41조의 규정에 의한 의무조림 대상자	2. 제10조제1항의 규정에 의한 조림대상자
3. 제8조의 규정에 의한 영림계획의 인가	3. 제13조의 규정에 의한 산림경영계획의 인가
4. 제45조의 규정에 의하여 등록한 종·묘생산업자 및 산림용종자	4. 제16조의 규정에 의하여 등록한 종·묘생산업자 및 산림용종자
5. 제49조의 규정에 의하여 지정한 채종림등	5. 제19조의 규정에 의하여 지정한 채종림등
6. 제21조의 규정에 의하여 지정된 특수개발지역	6. 제28조의 규정에 의하여 지정된 특수산림사업지구
7. 제8조제3항의 규정에 의한 영림기술자, 제10조의4제3항의 규정에 의한 산림토목기술자 및 제55조의2제2항의 규정에 의한 목구조기술자	7. 제30조의 규정에 의한 산림기술자
8. 제90조제1항의 규정에 의한 입목벌채 등의 허가 또는 신고	8. 제36조의 규정에 의한 입목벌채 등의 허가 또는 신고
9. 제42조의 규정에 의한 산업비림	9. 제38조의 규정에 의한 기업경영림
10. 제53조의 규정에 의한 임산물의 규격고시	10. 제39조의 규정에 의한 임산물의 규격고시
11. 제54조의 규정에 의한 임산물의 사용제한등의 고시	11. 제40조의 규정에 의한 임산물의 유통제한 등의 고시
12. 제36조의 규정에 의한 임산물의 수입추천	12. 제41조의 규정에 의한 임산물의 수입추천
13. 제56조의 규정에 의하여 지정된 보안림	13. 제43조의 규정에 의하여 지정된 보안림
14. 제67조의 규정에 의하여 지정된 산림유전자원보호림 등	14. 제47조의 규정에 의하여 지정된 산림유전자원보호림등
15. 제100조의3의 규정에 의하여 지정된 산지정화보호구역	15. 제49조의 규정에 의하여 지정된 산림정화보호구역
16. 제97조의 규정에 의하여 지정된 입산통제구역	16. 제57조의 규정에 의하여 지정된 입산통제구역
17. 제104조의 규정에 의한 녹색자금	17. 제58조의 규정에 의한 녹색자금

제5조【산림사업법인의 등록에 관한 경과조치】 이 법 시행 당시 종전의 「산림법」 제5조제4항 단서의 규정에 의하여 등록한 법인은 제24조제1항의 규정에 의하여 등록한 것으로 본다. 이 경우 이 법 시행 후 1년 이내에 제24조제1항의 규정에 의한 등록기준을 갖추어야 한다.

제6조【보안림의 지정에 관한 경과조치】 이 법 시행 당시 종전의 「산림법」 제56조제1항제6호의 규정에 의한 보안림은 이 법 제43조제1항제2호의 규정에 의한 보안림으로, 종전의 「산림법」 제56조제1항제8호의 규정에 의한 보안림은 이 법 제43조제1항제1호의 규정에 의한 보안림으로 지정된 것으로 본다.

제7조 (2010.1.25 삭제)

제8조【녹색자금관리단 설립준비】 ① 산림청장은 이 법 시행 전에 7인 이내의 설립위원을 위촉하여 녹색자금관리단 설립에 관한 사무를 담당하게 할 수 있다.
② 설립위원은 녹색자금관리단의 정관을 작성하여 산림청장의 인가를 받아야 한다.
③ 설립위원은 제2항의 규정에 의한 인가를 받은 때에는 지체 없이 연명으로 녹색자금관리단 설립등기를 한 후 녹색자금관리단장에게 사무를 인계하여야 한다.
④ 설립위원은 녹색자금관리단의 업무개시일에 해촉된 것으로 본다.
⑤ 녹색자금관리단의 설립에 필요한 출연금과 소요경비는 녹색자금으로 부담한다.

제9조【녹색자금에 대한 권리·의무승계에 관한 경과조치】 이 법 시행 당시 종전의 「산림법」 제104조의 규정에 의한 녹색자금의 운용·관리와 관련된 산림조합중앙회의 모든 권리·의무는 산림청장이 승계한다.

제10조【벌칙 및 과태료에 관한 경과조치】 이 법 시행 전의 행위에 대한 벌칙 및 과태료의 적용에 있어서는 종전의 「산림법」의 규정에 의한다.

제11조【다른 법률의 개정】 ①~87 ※(해당 법령에 가제정리 하였음)

제12조【다른 법률과의 관계】 이 법 시행 당시 다른 법률에서 종전의 「산림법」 및 그 규정을 인용하고 있는 경우 이 법 중 그에 해당하는 규정이 있는 때에는 종전의 규정에 갈음하여 이 법 또는 이 법의 해당 규정을 인용한 것으로 본다.

부 칙 (2010.1.25)

① **【시행일】** 이 법은 공포 후 6개월이 경과한 날부터 시행한다. 다만, 제78조의 개정규정과 법률 제7678호 산림자원의 조성 및 관리에 관한 법률 부칙 제7조의 개정규정은 공포한 날부터 시행하고, 제23조제1항의 개정규정은 공포 후 5년이 경과한 날부터 시행한다.

② 【산림사업의 대행과 위탁에 관한 경과조치】 제23조제1항의 개정규정 시행 전에 산림사업을 대행하게 하거나 위탁하는 계약을 체결한 경우에는 종전의 규정에 따른다.

부 칙 (2012.6.1)

제1조 【시행일】 이 법은 공포 후 6개월이 경과한 날부터 시행한다. 다만, 제23조제4항제2호의 개정규정은 공포한 날부터 시행한다.
제2조 【산림사업보조금의 반환에 관한 적용례】 제65조의 개정규정은 이 법 시행 후 최초로 산림관리기반시설의 설치를 개시하거나 국가나 지방자치단체의 보조 또는 지원을 받아 조성을 시작한 산림부터 적용한다.
제3조 【처분 등에 관한 일반적 경과조치】 이 법 시행 당시 종전의 규정에 따른 행정기관의 행위나 행정기관에 대한 행위는 그에 해당하는 이 법에 따른 행정기관의 행위나 행정기관에 대한 행위로 본다.
제4조 【품종등록 수수료에 관한 경과조치】 이 법 시행 당시 신청된 품종등록에 대하여는 제18조제5항의 개정규정에도 불구하고 종전의 규정에 따른다.
제5조 【국유림영림단에 대한 경과조치】 이 법 시행 당시 「임업 및 산촌 진흥촉진에 관한 법률」 및 관계 법령에 따라 조직된 기능인영림단으로서 산림청 소속 기관에 등록된 기능인영림단은 이 법에 따라 등록한 국유림영림단으로 본다. 다만, 제23조의2제3항의 개정규정에 따른 등록요건을 갖추지 못한 경우에는 이 법 시행일부터 1년 이내에 등록요건을 갖추어 다시 등록하여야 한다.
제6조 【기업경영림에 관한 경과조치】 이 법 시행 당시 종전의 규정에 따른 권장을 받아 기업경영림을 소유하여 경영하고 있는 자는 제38조제3항의 개정규정에 따라 해당 산림이 소재한 지역에 대하여 기업경영림 경영계획구 지정을 받은 것으로 본다.

부 칙 (2014.3.11 법12415호)

제1조 【시행일】 이 법은 공포 후 6개월이 경과한 날부터 시행한다.
제2조 【자금지원의 제한에 관한 적용례】 제65조의2의 개정규정은 이 법 시행 전에 종전의 제65조에 따라 산림사업보조금의 반환요청을 받은 자 또는 「보조금 관리에 관한 법률」 제33조의2제1항에 따라 산림사업보조금의 반환명령을 받은 자로서 이 법 시행 후 제64조에 따른 자금지원을 요청한 자에 대해서도 적용한다.
제3조 【종묘생산업자의 등록에 관한 경과조치】 이 법 시행 당시 종전의 규정에 따라 종묘생산업과 관련하여 시·도지사가 한 등록·행정처분 및 그 밖의 행위와 시·도지사에 대하여 한 신청·신고 및 그 밖의 행위는 제16조의 개정규정에 따라 시장·군수·구청장이 한 행위 또는 시장·군수·구청장에 대하여 한 행위로 본다.
제4조 【시험림의 지정에 관한 경과조치】 이 법 시행 당시 종전의 규정에 따라 지방산림청장이 지정한 시험림은 제47조제1항의 개정규정에 따라 산림청장이 지정한 것으로 본다.

부 칙 (2016.5.29)

제1조 【시행일】 이 법은 공포 후 2개월이 경과한 날부터 시행한다.
제2조 【이 법의 시행을 위한 준비행위】 녹색사업단은 녹색사업단의 모든 재산과 권리·의무를 한국산림복지진흥원과 「임업 및 산촌 진흥촉진에 관한 법률」에 따른 한국임업진흥원(이하 "한국임업진흥원"이라 한다)이 각각 승계할 수 있도록 이 법 시행 전에 녹색사업단 이사회의 의결을 거쳐 산림청장의 승인을 받아야 한다.
제3조 【녹색사업단에 대한 경과조치】 ① 부칙 제2조에 따라 산림청장의 승인을 받은 경우 녹색사업단은 이 법 시행과 동시에 「민법」 중 법인의 해산 및 청산에 관한 규정에도 불구하고 해산한 것으로 본다.
② 이 법 시행과 동시에 녹색사업단의 모든 재산과 권리·의무는 부칙 제2조에 따른 산림청장의 승인을 받은 이사회의 의결에 따라 각각 한국산림복지진흥원과 한국임업진흥원이 포괄 승계한다. 이 경우 한국산림복지진흥원 또는 한국임업진흥원이 승계하는 재산의 가액은 각각 승계 당시의 장부가액으로 한다.
③ 이 법 시행과 동시에 종전의 녹색사업단 소속 직원은 부칙 제2조에 따른 산림청장의 승인을 받은 이사회의 의결에 따라 각각 한국산림복지진흥원 또는 한국임업진흥원의 직원으로 보고, 종전의 녹색사업단 소속 임원은 이 법 시행일에 당연퇴직된 것으로 본다.
④ 이 법 시행과 동시에 등기부나 그 밖의 공부(公簿)에 표시된 녹색사업단의 명의는 부칙 제2조에 따른 산림청장의 승인을 받은 이사회의 의결에 따라 각각 한국산림복지진흥원 또는 한국임업진흥원의 명의로 본다.
⑤ 이 법 시행일 전에 녹색사업단이 행한 행위는 각각 한국산림복지진흥원 또는 한국임업진흥원이 행한 행위로, 녹색사업단에 대하여 행하여진 행위는 각각 한국산림복지진흥원 또는 한국임업진흥원에 대하여 행하여진 행위로 본다.
제4조 【다른 법률의 개정】 ①~② ※(해당 법령에 가제정리 하였음)

부 칙 (2017.10.31)

제1조 【시행일】 이 법은 공포 후 6개월이 경과한 날부터 시행한다. 다만, 제14조, 제19조, 제36조, 제36조의2 및 제38조의 개정규정은 공포 후 1개월이 경과한 날부터 시행한다.
제2조 【입목벌채등의 허가 및 신고 등에 관한 적용례】 ① 제14조제4항 및 제5항의 개정규정은 이 법 시행 후 산림경영계획에 따른 입목벌채등의 행위 신고를 하는 경우부터 적용한다.
② 제19조제6항 및 제7항의 개정규정은 이 법 시행 후 채종림등에서 숲 가꾸기를 위한 벌채 등의 신고를 하는 경우부터 적용한다.
③ 제36조제5항 및 제6항의 개정규정은 이 법 시행 후 산림(제19조에 따른 채종림등과 「산림보호법」 제7조에 따른 산림보호구역은 제외한다) 안에서 입목벌채등의 허가를 신청하거나 신고를 하는 경우부터 적용한다.
④ 제38조제8항 및 제9항의 개정규정은 이 법 시행 후 기업경영림 경영계획구에서 입목벌채등을 수반하는 사업 신고를 하는 경우부터 적용한다.

부 칙 (2020.2.18)

이 법은 공포한 날부터 시행한다. 다만, 제25조제5항의 개정규정은 공포 후 6개월이 경과한 날부터 시행한다.

부 칙 (2020.3.24)

제1조 【시행일】 이 법은 공포한 날부터 시행한다.(이하 생략)

부 칙 (2020.5.26)

이 법은 공포 후 6개월이 경과한 날부터 시행한다.

부 칙 (2020.6.9)

제1조 【시행일】 이 법은 공포 후 1년이 경과한 날부터 시행한다.(이하 생략)

부 칙 (2022.6.10)

제1조 【시행일】 이 법은 공포 후 1년이 경과한 날부터 시행한다.
제2조 【국회 보고에 관한 적용례】 제6조의2제7항의 개정규정은 이 법 시행 이후 수립한 산림조림계획부터 적용한다.

부 칙 (2022.12.27)

제1조 【시행일】 이 법은 공포 후 6개월이 경과한 날부터 시행한다.
제2조 【산림사업 관리업무대행에 관한 경과조치】 이 법 시행 당시 특별자치시장·특별자치도지사·시장·군수·구청장과 공유림 또는 사유림의 산림사업 관리 대행에 관한 업무협약을 맺고 산림사업 관리를 대행하는 업무를 수행하고 있는 기관 또는 단체에 대하여는 제23조의4의 개정규정에 따른 관리대행자로 본다.
제3조 【다른 법률의 개정】 ①~⑱ ※(해당 법령에 가제정리 하였음)

부 칙 (2023.5.16)

제1조 【시행일】 이 법은 공포 후 1년이 경과한 날부터 시행한다.(이하 생략)

부 칙 (2023.6.20)

이 법은 공포 후 6개월이 경과한 날부터 시행한다.

부 칙 (2023.10.31)

이 법은 공포 후 6개월이 경과한 날부터 시행한다. 다만, 제36조제7항부터 제11항까지의 개정규정은 공포한 날부터 시행한다.

부 칙 (2024.1.2)
(2024.1.23)

제1조 【시행일】 이 법은 공포 후 6개월이 경과한 날부터 시행한다.(이하 생략)

산지관리법

(2002년 12월 30일 법 률 제6841호)

개정
2004. 2. 9법 7167호(야생동·식물보호법) <중략>
2009. 1.30법 9401호(국유재산)
2009. 5.27법 9722호
2010. 1.27법 9982호(광업)
2010. 2. 4법10001호(매장문화재보호및조사에관한법)
2010. 5.31법10331호
2011. 7.28법10977호(야생생물보호및관리에관한법)
2012. 2.22법11352호
2013. 3.23법11690호(정부조직)
2013. 5.22법11794호(건설기술진흥법)
2013. 8. 6법11998호(지방세외수입금의징수등에관한법)
2014. 1.14법12248호(도로법)
2014. 3.11법12412호(농어촌구조개선특별회계법)
2014. 3.24법12513호
2014. 6. 3법12738호(공간정보구축관리)
2015. 3.27법13256호
2016. 1. 6법13729호(광산안전법)
2016. 1.19법13796호(부동산가격공시에관한법)
2016.12. 2법14357호(국유림의경영및관리에관한법)
2016.12. 2법14361호 2017. 4.18법14773호
2017.12.26법15309호(혁신도시조성및발전에관한특별법)
2018. 3.13법15460호(철도의건설및철도시설유지관리에관한법)
2018. 3.20법15504호 2019.12. 3법16710호
2020. 2.18법17017호
2020. 3.24법17091호(지방행정제재·부과금의징수등에관한법)
2020. 3.31법17170호(전기사업법)
2020. 5.26법17321호 2021. 6.15법18263호
2023. 5.16법19409호(국가유산기본법)
2023. 8. 8법19587호(매장유산보호및조사에관한법)
2023. 8. 8법19590호(문화유산)

제1장 총 칙
(2010.5.31 본장개정)

제1조 【목적】 이 법은 산지(山地)를 합리적으로 보전하고 이용하여 임업의 발전과 산림의 다양한 공익기능의 증진을 도모함으로써 국민경제의 건전한 발전과 국토환경의 보전에 이바지함을 목적으로 한다.
제2조 【정의】 이 법에서 사용하는 용어의 뜻은 다음과 같다.
1. "산지"란 다음 각 목의 어느 하나에 해당하는 토지를 말한다. 다만, 주택지〔주택지조성사업이 완료되어 지목이 대(垈)로 변경된 토지를 말한다〕 및 대통령령으로 정하는 농지, 초지(草地), 도로, 그 밖의 토지는 제외한다.(2016.12.2 단서개정)
가. 「공간정보의 구축 및 관리 등에 관한 법률」 제67조제1항에 따른 지목이 임야인 토지(2016.12.2 본목신설)
나. 입목(立木)·대나무가 집단적으로 생육(生育)하고 있는 토지(2020.2.18 본목개정)
다. 집단적으로 생육한 입목·대나무가 일시 상실된 토지(2020.2.18 본목개정)
라. 입목·대나무의 집단적 생육에 사용하게 된 토지(2020.2.18 본목개정)
마. 임도(林道), 작업로 등 산길
바. 나목부터 라목까지의 토지에 있는 암석지(巖石地) 및 소택지(沼澤地)(2016.12.2 본목개정)
2. "산지전용"(山地轉用)이란 산지를 다음 각 목의 어느 하나에 해당하는 용도 외로 사용하거나 이를 위하여 산지의 형질을 변경하는 것을 말한다.
가. 조림(造林), 숲 가꾸기, 입목의 벌채·굴취(2012.2.22 본목개정)
나. 토석 등 임산물의 채취
다. 대통령령으로 정하는 임산물의 재배〔성토(흙쌓기) 또는 절토(땅깎기) 등을 통하여 지표면으로부터 높이 또는 깊이 50센티미터 이상 형질변경을 수반하는 경우와 시설물의 설치를 수반하는 경우는 제외한다〕(2020.2.18 본목개정)
라. 산지일시사용
3. "산지일시사용"이란 다음 각 목의 어느 하나에 해당하는 것을 말한다.
가. 산지로 복구할 것을 조건으로 산지를 제2호가목부터 다목까지의 어느 하나에 해당하는 용도 외의 용도로 일정 기간 동안 사용하거나 이를 위하여 산지의 형질을 변경하는 것(2016.12.2 본목개정)
나. 산지를 임도, 작업로, 임산물 운반로, 등산로·탐방로 등 숲길, 그 밖에 이와 유사한 산길로 사용하기 위하여 산지의 형질을 변경하는 것(2012.2.22 본목개정)
4. "석재"란 산지의 토석 중 건축용, 공예용, 조경용, 쇄골재용(碎骨材用) 및 토목용으로 사용하기 위한 암석을 말한다.
5. "토사"란 산지의 토석 중 제4호에 따른 석재를 제외한 것을 말한다.
6. "산지경관"이란 산세 및 산줄기 등의 지형적 특징과 산지에 부속된 자연 및 인공 요소가 어우러져 심미적·생태적 가치를 지니며, 자연과 인공의 조화를 통하여 형성되는 경치를 말한다.(2018.3.20 본호신설)
제3조 【산지관리의 기본원칙】 산지는 임업의 생산성을 높이고 재해 방지, 수원(水源) 보호, 자연생태계 보전, 산지경관 보전, 국민보건휴양 증진 등 산림의 공익 기능을 높이는 방향으로 관리되어야 하며 산지전용은 자연친화적인 방법으로 하여야 한다.(2018.3.20 본조개정)

제2장 산지의 보전

제1절 산지관리기본계획 및 산지의 구분 등
(2010.5.31 본절제목개정)

제3조의2【산지관리기본계획의 수립 등】 ① 산림청장은 산지를 합리적으로 보전하고 이용하기 위하여 「산림기본법」 제11조에 따른 산림기본계획(이하 "산림기본계획"이라 한다)에 따라 전국의 산지에 대한 산지관리기본계획(이하 "기본계획"이라 한다)을 10년마다 수립하여야 한다.
② 산림청장은 「국토기본법」에 따른 국토종합계획의 수정, 산지 현황의 현저한 변경 또는 그 밖에 필요하다고 인정하는 경우에는 기본계획을 변경할 수 있다.
③ 산림청장이 기본계획을 수립하거나 변경할 때에는 미리 관계 중앙행정기관의 장과 협의하고 특별시장·광역시장·특별자치시장·도지사 또는 특별자치도지사(이하 "시·도지사"라 한다)의 의견을 들은 후 제22조제1항에 따른 중앙산지관리위원회(이하 "중앙산지관리위원회"라 한다)의 심의를 거쳐야 한다.(2012.2.22 본항개정)
④ 산림청장은 기본계획에 따른 연도별 시행계획(이하 이 조에서 "시행계획"이라 한다)을 수립·시행하고 이에 필요한 재원을 확보하기 위하여 노력하여야 한다.
(2019.12.3 본항신설)
⑤ 산림청장은 기본계획 및 시행계획을 수립하거나 변경한 때에는 지체 없이 국회 소관 상임위원회에 제출하여야 한다.(2019.12.3 본항신설)
⑥ 산림청장은 관계 중앙행정기관의 장과 지방자치단체의 장에게 기본계획의 수립 및 시행에 필요한 자료의 제출 또는 협조를 요청할 수 있다. 이 경우 관계 중앙행정기관의 장과 지방자치단체의 장은 특별한 사유가 없으면 그 요청을 따라야 한다.(2020.5.26 후단개정)
⑦ 산림청장이 기본계획을 수립하거나 변경하였을 때에는 대통령령으로 정하는 바에 따라 고시하고 관계 중앙행정기관의 장, 시·도지사 및 지방산림청장에게 통보하여야 하며, 시장(특별자치시장은 특별자치시의 경우는 특별자치도지사 또는 특별자치시장을 말한다. 이하 같다)·군수·구청장(자치구의 구청장을 말한다. 이하 같다) 또는 지방산림청 국유림관리소장(이하 "국유림관리소장"이라 한다)으로 하여금 일반에게 공람하게 하여야 한다.
(2019.12.3 본항개정)
⑧ 시·도지사 또는 지방산림청장은 제7항에 따라 산림청장으로부터 기본계획의 수립 또는 변경에 관한 통보를 받으면 기본계획의 내용을 반영하여 1년 이내에 관할 지역의 산지에 대한 산지관리지역계획(이하 "지역계획"이라 한다)을 수립하거나 변경하여야 한다.(2019.12.3 본항개정)
⑨ 시·도지사 또는 시장·군수·구청장이 다른 법률에 따른 환경·도시계획 등을 수립하려는 경우에는 제8항의 지역계획과 부합하도록 하여야 한다.(2019.12.3 본항개정)
⑩ 지역계획의 수립기간 및 수립절차 등에 관하여는 제1항, 제3항, 제6항 및 제7항을 준용한다. 이 경우 "시·도지사 및 지방산림청장"은 "시장·군수·구청장 또는 국유림관리소장"으로, "중앙산지관리위원회"는 "제22조제2항에 따른 지방산지관리위원회(이하 "지방산지관리위원회"라 한다)"로 본다.(2019.12.3 전단개정)
⑪ 제1항부터 제10항까지에서 규정한 사항 외에 기본계획 및 지역계획의 수립·시행 등에 필요한 사항은 산림청장이 정하여 고시한다.(2019.12.3 본항개정)
(2010.5.31 본조신설)

제3조의3【기본계획과 지역계획의 내용】 ① 기본계획과 지역계획에는 다음 각 호의 사항이 포함되어야 한다. 다만, 제3호 및 제5호는 기본계획에만 해당한다.
(2012.2.22 단서신설)
1. 산지관리의 목표와 기본방향
2. 산지의 보전 및 이용에 관한 사항
2의2. 산지경관 관리에 관한 사항(2018.3.20 본호신설)
3. 제3조의4제1항제2호에 따른 산지 구분의 타당성에 대한 조사에 관한 사항(2015.3.27 본호개정)
4. 환경보전, 국토개발 등에 관한 다른 법률에 따른 산지 이용계획에 관한 사항
5. 제3조의5에 따른 산지관리정보체계의 구축 및 운영에 관한 사항
6. 그 밖에 합리적인 산지의 보전 및 이용을 위하여 대통령령으로 정하는 사항
② (2012.2.22 삭제)
(2010.5.31 본조신설)

제3조의4【기본계획과 지역계획 수립을 위한 조사】 ① 산림청장은 기본계획을 수립하거나 변경하려는 경우에는 다음 각 호의 사항에 대한 조사(이하 "산지기본조사"라 한다)를 하고 이를 기본계획 및 제4조제1항에 따른 산지의 구분에 반영하여야 한다. 다만, 대통령령으로 정하는 경우에는 산지기본조사를 하지 아니할 수 있다.
(2015.3.27 본문개정)
1. 전국 산지의 현황 및 이용실태(2015.3.27 본호신설)
1의2. 전국 산지경관 특성 현황(2018.3.20 본호신설)
2. 제4조제1항에 따른 산지 구분의 타당성
3. 그 밖에 농림축산식품부령으로 정하는 사항
(2015.3.27 2호~3호신설)
② 시·도지사 또는 지방산림청장은 지역계획을 수립하거나 변경하려는 경우에는 관할지역 산지의 현황과 이용실태 등에 대한 조사(이하 "산지지역조사"라 한다)를 하고 이를 지역계획에 반영하여야 한다. 다만, 대통령령으로 정하는 경우에는 산지지역조사를 하지 아니할 수 있다.
③ 산림청장, 시·도지사 또는 지방산림청장은 효율적인 조사를 위하여 필요하면 제46조에 따른 한국산지보전협회와 그 밖에 대통령령으로 정하는 기관에 산지기본조사 또는 산지지역조사를 위탁할 수 있다.
④ 산지기본조사 및 산지지역조사의 방법, 기준, 절차 등에 관한 사항은 농림축산식품부령으로 정한다.
(2013.3.23 본항개정)
(2010.5.31 본조신설)

제3조의5【산지관리정보체계의 구축·운영 및 이용】
① 산림청장은 산지의 합리적인 보전과 이용에 관한 정보를 체계적으로 관리하기 위하여 대통령령으로 정하는 바에 따라 산지관리정보체계를 구축·운영하여야 한다.
② 산림청장은 산지전용·산지일시사용·토석채취 및 산지복구 등의 산지관리 업무를 효율적으로 처리하기 위하여 대통령령으로 정하는 바에 따라 전자정보처리시스템(이하 "산지전용통합정보시스템"이라 한다)을 구축·운영할 수 있다.(2021.6.15 본항신설)
③ 산림청장, 시·도지사 또는 시장·군수·구청장(이하 "산림청장등"이라 한다)은 산지전용통합정보시스템을 이용하여 농림축산식품부령으로 정하는 바에 따라 이 법에 따른 업무의 신청·신고 등을 하게 하거나, 신청이나 신고 등의 승인·허가·수리 등에 대한 교부 및 통지 등의 업무를 처리할 수 있다.(2021.6.15 본항신설)
④ 산림청장은 제1항에 따른 산지관리정보체계 및 산지전용통합정보시스템의 효율적 관리를 위하여 필요하다고 인정하는 경우에는 대통령령으로 정하는 산지전문기관에 산지관리정보체계의 구축·운영을 위탁할 수 있다.
(2021.6.15 본항개정)
(2021.6.15 본조제목개정)
(2010.5.31 본조신설)

제4조【산지의 구분】 ① 산지를 합리적으로 보전하고 이용하기 위하여 전국의 산지를 다음 각 호와 같이 구분한다.
1. 보전산지(保全山地)
 가. 임업용산지(林業用山地) : 산림자원의 조성과 임업경영기반의 구축 등 임업생산 기능의 증진을 위하여 필요한 산지로서 다음의 산지를 대상으로 산림청장이 지정하는 산지
  1) 「산림자원의 조성 및 관리에 관한 법률」에 따른 채종림(採種林) 및 시험림의 산지
  2) 「국유림의 경영 및 관리에 관한 법률」에 따른 보전국유림의 산지(2016.12.2 개정)
  3) 「임업 및 산촌 진흥촉진에 관한 법률」에 따른 임업진흥권역의 산지
  4) 그 밖에 임업생산 기능의 증진을 위하여 필요한 산지로서 대통령령으로 정하는 산지
 나. 공익용산지 : 임업생산과 함께 재해 방지, 수원 보호, 자연생태계 보전, 산지경관 보전, 국민보건휴양 증진 등의 공익 기능을 위하여 필요한 산지로서 다음의 산지를 대상으로 산림청장이 지정하는 산지
 (2018.3.20 본문개정)
  1) 「산림문화·휴양에 관한 법률」에 따른 자연휴양림의 산지
  2) 사찰림(寺刹林)의 산지
  3) 제9조에 따른 산지전용·일시사용제한지역
  4) 「야생생물 보호 및 관리에 관한 법률」 제27조에 따른 야생생물 특별보호구역 및 같은 법 제33조에 따른 야생생물 보호구역의 산지(2011.7.28 개정)
  5) 「자연공원법」에 따른 공원구역의 산지
  6) 「문화유산의 보존 및 활용에 관한 법률」에 따른 문화유산보호구역의 산지 또는 「자연유산의 보존 및 활용에 관한 법률」에 따른 자연유산보호구역의 산지(2023.8.8 개정)
  7) 「수도법」에 따른 상수원보호구역의 산지
  8) 「개발제한구역의 지정 및 관리에 관한 특별조치법」에 따른 개발제한구역의 산지
  9) 「국토의 계획 및 이용에 관한 법률」에 따른 녹지지역 중 대통령령으로 정하는 녹지지역의 산지
  10) 「자연환경보전법」에 따른 생태·경관보전지역의 산지
  11) 「습지보전법」에 따른 습지보호지역의 산지
  12) 「독도 등 도서지역의 생태계보전에 관한 특별법」에 따른 특정도서의 산지
  13) 「백두대간 보호에 관한 법률」에 따른 백두대간보호지역의 산지
  14) 「산림보호법」에 따른 산림보호구역의 산지
  15) 그 밖에 공익 기능을 증진하기 위하여 필요한 산지로서 대통령령으로 정하는 산지
2. 준보전산지 : 보전산지 외의 산지
② 산림청장은 제1항에 따른 산지의 구분에 따라 전국의 산지에 대하여 지형도면에 그 구분을 명시한 도면[이하 "산지구분도"(山地區分圖)라 한다]을 작성하여야 한다.
③ 산지구분도의 작성방법 및 절차 등에 관한 사항은 농림축산식품부령으로 정한다.(2013.3.23 본항개정)
(2010.5.31 본조개정)

제5조【보전산지의 지정절차】 ① 산림청장은 제4조제1항제1호에 따른 보전산지(이하 "보전산지"라 한다)를 지정하려면 그 산지가 표시된 산지구분도를 작성하여 농림축산식품부령으로 정하는 바에 따라 산지소유자의 의견을 듣고, 관계 행정기관의 장과 협의한 후 중앙산지관리위원회의 심의를 거쳐야 한다. 다만, 다른 법률에 따라 관계 행정기관의 장 간에 협의를 거쳐 산지가 보전산지의 지정대상으로 된 경우에는 중앙산지관리위원회의 심의를 거치지 아니한다.(2016.12.2 본문개정)
② 산림청장은 제1항에 따라 보전산지를 지정한 경우에는 대통령령으로 정하는 바에 따라 그 지정사실을 고시하고 관계 행정기관의 장에게 통보하여야 하며, 그 지정에 관한 관계 서류를 일반에게 공람하여야 한다.
(2012.2.22 본항개정)
③ 산림청장은 제2항에도 불구하고 시장·군수·구청장으로 하여금 보전산지의 지정에 관한 관계 서류를 일반에게 공람하게 할 수 있다.(2012.2.22 본항신설)

제6조【보전산지의 변경·해제】 ① 산림청장은 제5조제1항에 따라 지정된 보전산지 중 제4조제1항제1호가목에 따른 임업용산지(이하 "임업용산지"라 한다)가 제4조제1항제1호나목에 따른 공익용산지(이하 "공익용산지"라 한다)의 지정대상 산지에 해당하게 되는 경우에는 그 산지를 공익용산지로 변경·지정할 수 있다.
② 산림청장은 제5조제1항에 따라 지정된 보전산지 중 공익용산지가 공익용산지의 지정대상 산지에 해당되지 아니하고 임업용산지의 지정대상 산지에 해당하게 되는 경우에는 그 산지를 임업용산지로 변경·지정할 수 있다.
③ 산림청장은 다음 각 호의 어느 하나에 해당하는 경우에는 보전산지의 지정을 해제할 수 있다. 이 경우 산림청장은 제1호·제2호 또는 제4호에 해당하는지를 판단하기 위하여 필요하면 해당 산지의 입지여건, 산지경관 및 산림생태계 등 산지의 특성에 관한 평가(이하 "산지특성평가"라 한다)를 실시할 수 있다.(2018.3.20 후단개정)
1. 보전산지가 임업용산지 또는 공익용산지의 지정요건에 해당하지 아니하게 되는 경우
2. 제8조에 따른 협의를 한 경우로서 보전산지의 지정을 해제할 필요가 있는 경우
3. 제14조에 따른 산지전용허가 또는 제15조에 따른 산지전용신고(다른 법률에 따라 산지전용허가 또는 산지전용신고가 의제되거나 배제되는 행정처분을 포함한다)에 의하여 산지를 다른 용지로 변경하려는 경우로서 해당 산지전용의 목적사업을 완료한 후 제39조제3항에 따라 복구의무를 면제받거나 제42조에 따라 복구준공검사를 받은 경우(2015.3.27 본호개정)
4. 그 밖에 보전산지의 지정이 적합하지 아니하다고 인정되는 경우
④ 산림청장은 제1항부터 제3항까지의 규정에 따라 보전산지의 변경이나 지정해제를 하려면 그 산지가 표시된 산지구분도를 작성하여 관계 행정기관의 장과 협의한 후 중앙산지관리위원회의 심의를 거쳐 대통령령으로 정하는 바에 따라 이를 고시하여야 한다. 다만, 다음 각 호의 어느 하나에 해당하는 경우에는 관계 중앙행정기관의 장과의 협의 및 중앙산지관리위원회의 심의를 거치지 아니할 수 있다.(2016.12.2 본문개정)
1. 이 법 또는 다른 법률에 따라 관계 행정기관의 장과 협의를 거쳐 산지가 제1항 또는 제2항에 따른 보전산지의 변경대상이 되어 변경하는 경우
2. 이 법 또는 다른 법률에 따라 관계 행정기관의 장과 협의를 거쳐 산지가 제3항제1호 및 제2호에 따른 보전산지의 지정해제 대상이 되어 지정을 해제하는 경우
3. 제3항제3호 및 제4호에 따라 보전산지의 지정을 해제하는 경우
⑤ 제3항에 따른 보전산지의 지정해제 대상에 관한 세부사항 및 산지특성평가의 방법·절차 등에 관한 사항은 농림축산식품부령으로 정한다.(2015.3.27 본항신설)
(2010.5.31 본조개정)

제7조 (2010.5.31 삭제)

제8조【산지에서의 구역 등의 지정 등】 ① 관계 행정기관의 장은 다른 법률에 따라 산지를 특정 용도로 이용하기 위하여 지역·지구 및 구역 등으로 지정하거나 결정하려면 대통령령으로 정하는 산지의 종류 및 면적 등의 구분에 따라 산림청장등과 미리 협의하여야 한다. 협의한 사항(대통령령으로 정하는 경미한 사항은 제외한다)을 변경하려는 경우에도 같다.(2021.6.15 전단개정)
② 산림청장등은 제1항에 따라 협의하는 경우에는 미리 대통령령으로 정하는 바에 따라 중앙산지관리위원회 또는 지방산지관리위원회의 심의를 거쳐야 한다.(2012.2.22 본항신설)
③ 제1항에 따른 협의의 범위, 기준 및 절차 등에 관한 사항은 대통령령으로 정한다.
④ 국가나 지방자치단체는 불가피한 사유가 있는 경우가 아니면 산지를 산지의 보전과 관련되는 지역·지구·구역 등으로 중복하여 지정하거나 행위를 제한하여서는 아니 된다.
(2010.5.31 본조개정)

제2절 보전산지에서의 행위제한
(2010.5.31 본절개정)

제9조【산지전용·일시사용제한지역의 지정】 ① 산림청장은 다음 각 호의 어느 하나에 해당하는 산지로서 공

공의 이익증진을 위하여 보전이 특히 필요하다고 인정되는 산지를 산지전용 또는 산지일시사용이 제한되는 지역(이하 "산지전용·일시사용제한지역"이라 한다)으로 지정할 수 있다.
1. 대통령령으로 정하는 주요 산줄기의 능선부로서 산지경관 및 산림생태계의 보전을 위하여 필요하다고 인정되는 산지(2018.3.20 본호개정)
2. 명승지, 유적지, 그 밖에 역사적·문화적으로 보전할 가치가 있다고 인정되는 산지로서 대통령령으로 정하는 산지
3. 산사태 등 재해 발생이 특히 우려되는 산지로서 대통령령으로 정하는 산지
② 산림청장은 제1항에 따라 산지전용·일시사용제한지역을 지정하려면 대통령령으로 정하는 바에 따라 해당 산지소유자, 지역주민 및 지방자치단체의 장의 의견을 듣고 관계 행정기관의 장과 협의한 후 중앙산지관리위원회의 심의를 거쳐야 한다.(2016.12.2 본항개정)
③ 산림청장은 제1항에 따라 산지전용·일시사용제한지역을 지정한 경우에는 대통령령으로 정하는 바에 따라 그 지정사실을 고시하고 관계 행정기관의 장에게 통보하여야 하며, 그 지정에 관한 관계 서류를 일반에게 공람하여야 한다.(2012.2.22 본항개정)
④ 산림청장은 제3항에도 불구하고 시장·군수·구청장으로 하여금 산지전용·일시사용제한지역의 지정에 관한 관계 서류를 일반에게 공람하게 할 수 있다.(2012.2.22 본항신설)

제10조【산지전용·일시사용제한지역에서의 행위제한】 산지전용·일시사용제한지역에서는 다음 각 호의 어느 하나에 해당하는 행위를 하기 위하여 산지전용 또는 산지일시사용을 하는 경우를 제외하고는 산지전용 또는 산지일시사용을 할 수 없다.
1. 국방·군사시설의 설치
2. 사방시설, 하천, 제방, 저수지, 그 밖에 이에 준하는 국토보전시설의 설치
3. 도로, 철도, 석유 및 가스의 공급시설, 그 밖에 대통령령으로 정하는 공용·공공용 시설의 설치
4. 산림보호, 산림자원의 보전 및 증식을 위한 시설로서 대통령령으로 정하는 시설의 설치
5. 임업시험연구를 위한 시설로서 대통령령으로 정하는 시설의 설치
6. 매장유산의 발굴(지표조사를 포함한다), 「국가유산기본법」 제3조에 따른 국가유산과 전통사찰의 복원·보수·이전 및 그 보존관리를 위한 시설의 설치, 「국가유산기본법」 제3조에 따른 국가유산·전통사찰과 관련된 비석, 기념탑, 그 밖에 이와 유사한 시설의 설치(2023.8.8 본호개정)
7. 다음 각 목의 어느 하나에 해당하는 시설 중 대통령령으로 정하는 시설의 설치
가. 발전·송전시설 등 전력시설
나. 「신에너지 및 재생에너지 개발·이용·보급 촉진법」에 따른 신·재생에너지 설비. 다만, 태양에너지 설비는 제외한다.(2019.12.3 본호개정)
8. 「광업법」에 따른 광물의 탐사·시추시설의 설치 및 대통령령으로 정하는 갱내채굴
9. 「광산피해의 방지 및 복구에 관한 법률」에 따른 광해방지시설의 설치
9의2. 공공의 안전을 방해하는 위험시설이나 물건의 제거(2012.2.22 본호신설)
9의3. 「6·25 전사자유해의 발굴 등에 관한 법률」에 따른 전사자의 유해 등 대통령령으로 정하는 유해의 조사·발굴(2012.2.22 본호신설)
10. 제1호부터 제9호까지, 제9호의2 및 제9호의3에 따른 행위를 하기 위하여 대통령령으로 정하는 기간 동안 임시로 설치하는 다음 각 목의 어느 하나에 해당하는 부대시설의 설치(2012.2.22 본문개정)
가. 진입로
나. 현장사무소
다. 지질·토양의 조사·탐사시설
라. 그 밖에 주차장 등 농림축산식품부령으로 정하는 부대시설(2013.3.23 본목개정)
11. 제1호부터 제9호까지, 제9호의2 및 제9호의3에 따라 설치되는 시설 중 「건축법」에 따른 건축물과 도로(「건축법」 제2조제1항제11호의 도로를 말한다)를 연결하기 위한 대통령령으로 정하는 규모 이하의 진입로의 설치(2012.2.22 본호개정)

제11조【산지전용·일시사용제한지역 지정의 해제】 ① 산림청장은 산지전용·일시사용제한지역의 지정목적이 상실되었거나 산지전용·일시사용제한지역으로 계속 둘 필요가 없다고 인정되는 경우로서 다음 각 호의 어느 하나에 해당하는 경우에는 산지전용·일시사용제한지역의 지정을 해제할 수 있다.
1. 제10조 각 호에 해당하는 행위를 하기 위하여 산지전용허가를 받아 산지를 전용한 경우
2. 천재지변 등으로 인하여 산지전용·일시사용제한지역으로서의 가치를 상실한 경우
3. 재해방지시설을 설치하여 산사태 발생 위험이 없어지는 등 산지전용·일시사용제한지역의 지정목적이 상실된 경우(2020.5.26 본호개정)
4. 그 밖에 자연적·사회적·경제적·지역적 여건변화나 지역발전을 위한 사유 등 대통령령으로 정하는 경우
② 제1항에 따른 산지전용·일시사용제한지역 지정의 해제절차 등에 관하여는 제9조제2항 및 제3항을 준용한다. 다만, 다음 각 호의 어느 하나에 해당하는 경우에는 중앙산지관리위원회의 심의를 거치지 아니할 수 있다.
1. 제1항제1호 또는 제2호에 해당하는 경우
2. 제1항제3호 또는 제4호에 해당하는 경우로서 1만제곱미터 미만을 해제하는 경우

제12조【보전산지에서의 행위제한】 ① 임업용산지에서는 다음 각 호의 어느 하나에 해당하는 행위를 하기 위하여 산지전용 또는 산지일시사용을 하는 경우를 제외하고는 산지전용 또는 산지일시사용을 할 수 없다.
1. 제10조제1호부터 제9호까지, 제9호의2 및 제9호의3에 따른 시설의 설치 등(2012.2.22 본호개정)
2. 임도·산림경영관리사(山林經營管理舍) 등 산림경영과 관련된 시설 및 산촌산업개발시설 등 산촌개발사업과 관련된 시설로서 대통령령으로 정하는 시설의 설치
3. 수목원, 산림생태원, 자연휴양림, 수목장림(樹木葬林), 국가정원, 지방정원, 그 밖에 대통령령으로 정하는 산림공익시설의 설치(2021.6.15 본호개정)
4. 농림어업인의 주택 및 그 부대시설로서 대통령령으로 정하는 주택 및 시설의 설치
5. 농림어업용 생산·이용·가공시설 및 농어촌휴양시설로서 대통령령으로 정하는 시설의 설치
6. 광물, 지하수, 그 밖에 대통령령으로 정하는 지하자원 또는 석재의 탐사·시추 및 개발과 이를 위한 시설의 설치
7. 산사태 예방을 위한 지질·토양의 조사와 이에 따른 시설의 설치
8. 석유비축 및 저장시설·방송통신설비, 그 밖에 대통령령으로 정하는 공용·공공용 시설의 설치(2012.2.22 본호개정)
9. 「국립묘지의 설치 및 운영에 관한 법률」 제2조제12호에 따른 국립묘지시설 및 「장사 등에 관한 법률」에 따라 허가를 받거나 신고를 한 묘지·화장시설·봉안시설·자연장지 시설의 설치(2021.6.15 본호개정)
10. 대통령령으로 정하는 종교시설의 설치
11. 병원, 사회복지시설, 청소년수련시설, 근로자복지시설, 공공직업훈련시설 등 공익시설로서 대통령령으로 정하는 시설의 설치
12. 교육·연구 및 기술개발과 관련된 시설로서 대통령령으로 정하는 시설의 설치
13. 제1호부터 제12호까지의 시설을 제외한 시설로서 대통령령으로 정하는 지역사회개발 및 산업발전에 필요한 시설의 설치
14. 제1호부터 제13호까지의 규정에 따른 시설을 설치하기 위하여 대통령령으로 정하는 기간 동안 임시로 설치하는 다음 각 목의 어느 하나에 해당하는 부대시설의 설치
가. 진입로
나. 현장사무소
다. 지질·토양의 조사·탐사시설
라. 그 밖에 주차장 등 농림축산식품부령으로 정하는 부대시설(2013.3.23 본목개정)
15. 제1호부터 제13호까지의 시설 중 「건축법」에 따른 건축물과 도로(「건축법」 제2조제1항제11호의 도로를 말한다)를 연결하기 위한 대통령령으로 정하는 규모 이하의 진입로의 설치
16. 그 밖에 가축의 방목, 산나물·야생화·관상수의 재배(성토 또는 절토 등을 통하여 지표면으로부터의 높이 또는 깊이 50센티미터 이상 형질변경을 수반하는 경우에 한정한다), 물건의 적치(積置), 농도(農道)의 설치 등 임업용산지의 목적 달성에 지장을 주지 아니하는 범위에서 대통령령으로 정하는 행위(2016.12.2 본호개정)
② 공익용산지(산지전용·일시사용제한지역은 제외한다)에서는 다음 각 호의 어느 하나에 해당하는 행위를 하기 위하여 산지전용 또는 산지일시사용을 하는 경우를 제외하고는 산지전용 또는 산지일시사용을 할 수 없다.
1. 제10조제1호부터 제9호까지, 제9호의2 및 제9호의3에 따른 시설의 설치 등(2012.2.22 본호개정)
2. 제1항제2호, 제3호, 제6호 및 제7호의 시설의 설치
3. 제1항제12호의 시설 중 대통령령으로 정하는 시설의 설치
4. 대통령령으로 정하는 규모 미만으로서 다음 각 목의 어느 하나에 해당하는 행위(2012.2.22 본문개정)
가. 농림어업인 주택의 신축, 증축 또는 개축. 다만, 신축의 경우에는 대통령령으로 정하는 주택 및 시설에 한정한다.
나. 종교시설의 증축 또는 개축
다. 제4조제1항제1호나목2)에 해당하는 사유로 공익용산지로 지정된 사찰림의 산지에서의 사찰 신축, 제1항제9호의 시설 중 봉안시설 설치 또는 제1항제11호에 따른 시설 중 병원, 사회복지시설, 청소년수련시설의 설치(2016.12.2 본목개정)
5. 제1호부터 제4호까지의 시설을 제외한 시설로서 대통령령으로 정하는 공용·공공용 사업을 위하여 필요한 시설의 설치
6. 제1호부터 제5호까지에 따른 시설을 설치하기 위하여 대통령령으로 정하는 기간 동안 임시로 설치하는 다음 각 목의 어느 하나에 해당하는 부대시설의 설치
가. 진입로
나. 현장사무소
다. 지질·토양의 조사·탐사시설
라. 그 밖에 주차장 등 농림축산식품부령으로 정하는 부대시설(2013.3.23 본목개정)
7. 제1호부터 제5호까지의 시설 중 「건축법」에 따른 건축물과 도로(「건축법」 제2조제1항제11호의 도로를 말한다)를 연결하기 위한 대통령령으로 정하는 규모 이하의 진입로의 설치
8. 그 밖에 산나물·야생화·관상수의 재배(성토 또는 절토 등을 통하여 지표면으로부터의 높이 또는 깊이 50센티미터 이상 형질변경을 수반하는 경우에 한정한다), 농도의 설치 등 공익용산지의 목적 달성에 지장을 주지 아니하는 범위에서 대통령령으로 정하는 행위(2016.12.2 본호개정)
③ 제2항에도 불구하고 공익용산지(산지전용·일시사용제한지역은 제외한다) 중 다음 각 호의 어느 하나에 해당하는 산지에서의 행위제한에 대하여는 해당 법률을 각각 적용한다.
1. 제4조제1항제1호나목4)부터 14)까지의 산지
2. 「국토의 계획 및 이용에 관한 법률」에 따라 지역·지구 및 구역 등으로 지정된 산지로서 대통령령으로 정하는 산지(2012.2.22 본호개정)

제13조【산지전용·일시사용제한지역의 산지매수】 ① 국가나 지방자치단체는 산지전용·일시사용제한지역의 지정목적을 달성하기 위하여 필요하면 산지소유자와 협의하여 산지전용·일시사용제한지역의 산지를 매수할 수 있다.
② 제1항에 따른 산지의 매수가격은 「부동산 가격공시에 관한 법률」에 따른 공시지가(해당 토지의 공시지가가 없는 경우에는 같은 법 제8조에 따라 산정한 개별토지가격을 말한다)를 기준으로 결정한다. 이 경우 인근지역의 실제 거래가격이 공시지가보다 낮을 때에는 실제 거래가격을 기준으로 매수할 수 있다.(2016.1.19 전단개정)
③ 제1항에 따른 산지매수의 절차와 그 밖에 필요한 사항은 「국유재산법」 제9조 또는 「공유재산 및 물품 관리법」 제10조를 준용한다.
④ 제1항과 제2항에 따른 매수대상 산지의 범위, 매수가격의 산정시기 및 방법 등에 관한 사항은 대통령령으로 정한다.

제13조의2【산지의 매수 청구】 ① 제9조에 따라 산지전용·일시사용제한지역의 지정·고시가 있을 때에는 그 지역의 산지 소유자 중 다음 각 호의 어느 하나에 해당하는 자는 산림청장에게 그 산지의 매수를 청구할 수 있다.
1. 산지전용·일시사용제한지역 지정 전부터 해당 토지를 계속 소유한 자
2. 제1호의 자로부터 해당 산지를 상속받아 계속 소유한 자
② 제1항에 따른 산지의 매수 청구를 받은 산림청장은 예산의 범위에서 이를 매수하여야 한다.
③ 제2항에 따라 산지를 매수할 때에는 제13조제2항·제3항을 준용하며, 매수절차 등에 관한 사항은 대통령령으로 정한다.

제3절 산지전용허가 등

제14조【산지전용허가】 ① 산지전용을 하려는 자는 그 용도를 정하여 대통령령으로 정하는 산지의 종류 및 면적 등의 구분에 따라 산림청장등의 허가를 받아야 하며, 허가받은 사항을 변경하려는 경우에도 같다. 다만, 농림축산식품부령으로 정하는 사항으로서 경미한 사항을 변경하려는 경우에는 산림청장등에게 신고로 갈음할 수 있다.(2013.3.23 단서개정)
② 산림청장등은 제1항 단서에 따른 변경신고를 받은 날부터 25일 이내에 신고수리 여부를 신고인에게 통지하여야 한다.(2019.12.3 본항신설)
③ 산림청장등이 제2항에서 정한 기간 내에 신고수리 여부 또는 민원 처리 관련 법령에 따른 처리기간의 연장을 신고인에게 통지하지 아니하면 그 기간(민원 처리 관련 법령에 따라 처리기간이 연장 또는 재연장된 경우에는 해당 처리기간을 말한다)이 끝난 날의 다음 날에 신고를 수리한 것으로 본다.(2019.12.3 본항신설)
④ 관계 행정기관의 장이 다른 법률에 따라 산지전용허가가 의제되는 행정처분을 하기 위하여 산림청장등에게 협의를 요청하는 경우에는 대통령령으로 정하는 바에 따라 제18조에 따른 산지전용허가기준에 맞는지를 검토하는 데에 필요한 서류를 산림청장등에게 제출하여야 한다.
⑤ 관계 행정기관의 장은 제4항에 따른 협의를 한 후 산지전용허가가 의제되는 행정처분을 하였을 때에는 지체 없이 산림청장등에게 통보하여야 한다.(2019.12.3 본항개정)
(2012.2.22 본조개정)

제15조【산지전용신고】 ① 다음 각 호의 어느 하나에 해당하는 용도로 산지전용을 하려는 자는 제14조제1항에도 불구하고 국유림(「국유림의 경영 및 관리에 관한 법률」 제4조제1항에 따라 산림청장이 경영하고 관리하는 국유림을 말한다. 이하 같다)의 산지에 대하여는 산림청장에게, 국유림이 아닌 산림의 산지에 대하여는 시장·군수·구청장에게 신고하여야 한다. 신고한 사항 중 농림축산식품부령으로 정하는 사항을 변경하려는 경우에도 같다.(2016.12.2 전단개정)
1. 산림경영·산촌개발·임업시험연구를 위한 시설 및 수목원·산림생태원·자연휴양림·국가정원·지방정원

원 등 대통령령으로 정하는 산림공익시설과 그 부대시설의 설치(2021.6.15 본호개정)
2. 농림어업인의 주택시설과 그 부대시설의 설치
3. 「건축법」에 따른 건축허가 또는 건축신고 대상이 되는 농림수산물의 창고 · 집하장 · 가공시설 등 대통령령으로 정하는 시설의 설치
② 제1항에 따른 산지전용신고의 절차, 신고대상 시설 및 행위의 범위, 설치지역, 설치조건 등에 관한 사항은 대통령령으로 정한다.
③ 제1항에 따른 산지전용신고 또는 변경신고를 받은 산림청장 또는 시장 · 군수 · 구청장은 그 신고내용이 제2항에 따른 신고대상 시설 및 행위의 범위, 설치지역, 설치조건 등을 충족하는 경우에는 농림축산식품부령으로 정하는 바에 따라 제1항에 따른 산지전용신고 또는 변경신고를 받은 날부터 10일 이내에 신고를 수리하여야 한다.(2019.12.3 본항개정)
④ 산림청장 또는 시장 · 군수 · 구청장이 제3항에서 정한 기간 내에 신고수리 여부 또는 민원 처리 관련 법령에 따른 처리기간의 연장을 신고인에게 통지하지 아니하면 그 기간(민원 처리 관련 법령에 따라 처리기간이 연장 또는 재연장된 경우에는 해당 처리기간을 말한다)이 끝난 날의 다음 날에 신고를 수리한 것으로 본다.(2019.12.3 본항신설)
⑤ 관계 행정기관의 장이 다른 법률에 따라 산지전용신고가 의제되는 행정처분을 하기 위한 산림청장 또는 시장 · 군수 · 구청장과의 협의 및 그 처분의 통보에 관하여는 제14조제4항 및 제5항을 준용한다.(2019.12.3 본항개정)
(2010.5.31 본조개정)

제15조의2【산지일시사용허가 · 신고】 ① 「광업법」에 따른 광물의 채굴, 「광산피해의 방지 및 복구에 관한 법률」에 따른 광해방지사업, 「신에너지 및 재생에너지 개발 · 이용 · 보급 촉진법」 제2조제2호가목에 따른 태양에너지발전설비(이하 "산지태양광발전설비"라 한다)의 설치, 그 밖에 대통령령으로 정하는 용도로 산지일시사용을 하려는 자는 대통령령으로 정하는 산지의 종류 및 면적 등의 구분에 따라 산림청장등의 허가를 받아야 하며, 허가받은 사항을 변경하려는 경우에도 또한 같다. 다만, 농림축산식품부령으로 정하는 경미한 사항을 변경하려는 경우에는 산림청장등에게 신고로 갈음할 수 있다.
(2021.6.15 본문개정)
② 산림청장등은 제1항 단서에 따른 변경신고를 받은 날부터 25일 이내에 신고수리 여부를 신고인에게 통지하여야 한다.(2019.12.3 본항신설)
③ 산림청장등이 제2항에서 정한 기간 내에 신고수리 여부 또는 민원 처리 관련 법령에 따른 처리기간의 연장을 신고인에게 통지하지 아니하면 그 기간(민원 처리 관련 법령에 따라 처리기간이 연장 또는 재연장된 경우에는 해당 처리기간을 말한다)이 끝난 날의 다음 날에 신고를 수리한 것으로 본다.(2019.12.3 본항신설)
④ 다음 각 호의 어느 하나에 해당하는 용도로 산지일시사용을 하려는 자는 국유림의 산지에 대하여는 산림청장에게, 국유림이 아닌 산림의 산지에 대하여는 시장 · 군수 · 구청장에게 신고하여야 한다. 신고한 사항 중 농림축산식품부령으로 정하는 사항을 변경하려는 경우에도 같다.
(2013.3.23 후단개정)
1. 「건축법」에 따른 건축허가 또는 건축신고 대상이 아닌 간이 농림어업용 시설과 농림수산물 간이처리시설의 설치
2. 석재 · 지하자원의 탐사시설 또는 시추시설의 설치(지질조사를 위한 시설의 설치를 포함한다)
3. 제10조제10호, 제12조제1항제14호 및 제12조제2항제6호에 따른 부대시설의 설치 및 물건의 적치
4. 산나물, 약초, 약용수종, 조경수 · 야생화 등 관상산림식물의 재배(성토 또는 절토 등을 통하여 지표면으로부터 높이 또는 깊이 50센티미터 이상 형질변경을 수반하는 경우에 한정한다)(2016.12.2 본호개정)
5. 가축의 방목 및 해당 방목지에서 가축의 방목을 위하여 필요한 목초(牧草) 종자의 파종(2016.12.2 본호개정)
6. 「매장유산 보호 및 조사에 관한 법률」에 따른 매장유산 지표조사(2023.8.8 본호개정)
7. 임도, 작업로, 임산물 운반로, 등산로 · 탐방로 등 숲길, 그 밖에 이와 유사한 산길의 조성(2012.2.22 본호개정)
8. 「장사 등에 관한 법률」에 따른 수목장림의 설치
9. 「사방사업법」에 따른 사방시설의 설치
10. 산불의 예방 및 진화 등 대통령령으로 정하는 재해응급대책과 관련된 시설의 설치
11. 「전기통신사업법」 제2조제8호에 따른 전기통신사업자가 설치하는 대통령령으로 정하는 규모 이하의 무선전기통신 송수신시설(2012.2.22 본호신설)
12. 그 밖에 농림축산식품부령으로 정하는 경미한 시설의 설치(2013.3.23 본호개정)
⑤ 제1항 및 제4항에 따른 산지일시사용허가 · 신고의 절차, 기준, 조건, 기간 · 기간연장, 대상시설, 행위의 범위, 설치지역 및 설치조건 등에 필요한 사항은 대통령령으로 정한다.(2019.12.3 본항개정)
⑥ 제4항에 따른 산지일시사용신고 또는 변경신고를 받은 산림청장 또는 시장 · 군수 · 구청장은 그 신고내용이 제5항에 따른 산지일시사용신고의 기준, 조건, 대상시설, 행위의 범위, 설치지역 등을 충족하는 경우에는 농림축산식품부령으로 정하는 바에 따라 제4항에 따른 산지일시사용신고 또는 변경신고를 받은 날부터 10일 이내에 신고를 수리하여야 한다.(2019.12.3 본항개정)
⑦ 산림청장 또는 시장 · 군수 · 구청장이 제6항에서 정한 기간 내에 신고수리 여부 또는 민원 처리 관련 법령에 따른 처리기간의 연장을 신고인에게 통지하지 아니하면 그 기간(민원 처리 관련 법령에 따라 처리기간이 연장 또는 재연장된 경우에는 해당 처리기간을 말한다)이 끝난 날의 다음 날에 신고를 수리한 것으로 본다.(2019.12.3 본항신설)
⑧ 관계 행정기관의 장이 다른 법률에 따라 산지일시사용허가 · 신고가 의제되는 행정처분을 하기 위한 산림청장등의 협의 및 그 처분의 통보에 관하여는 제14조제4항 및 제5항을 준용한다.(2019.12.3 본항개정)
⑨ 산지태양광발전설비를 설치하기 위하여 제1항에 따른 산지일시사용허가를 받으려는 자는 산림청장등에게 사면(斜面)에 대한 안정성 검토 결과를 포함한 재해위험성 검토의견서를 제출하여야 한다. 이 경우 재해위험성 검토의견서의 작성 및 제출 등에 필요한 사항은 농림축산식품부령으로 정한다.(2021.6.15 본항신설)
(2010.5.31 본조신설)

제16조【산지전용허가 등의 효력】 ① 제14조제1항에 따른 산지전용허가, 제15조제3항에 따른 산지전용신고의 수리, 제15조의2제1항에 따른 산지일시사용허가 및 제15조의2제6항에 따른 산지일시사용신고의 수리의 효력은 다음 각 호의 요건을 모두 충족할 때까지 발생하지 아니한다.(2019.12.3 본문개정)
1. 해당 산지전용 또는 산지일시사용의 목적사업을 시행하기 위하여 다른 법률에 따른 인가 · 허가 · 승인 등의 행정처분이 필요한 경우에는 그 행정처분을 받을 것
2. 제19조에 따라 대체산림자원조성비를 미리 내야 하는 경우에는 대체산림자원조성비를 납부할 것
3. 제38조에 따른 복구비를 예치하여야 하는 경우에는 복구비를 예치할 것
(2016.12.2 1호~3호신설)
② 제1항에 따른 목적사업의 시행에 필요한 행정처분에 대한 거부처분이나 그 행정처분의 취소처분이 확정된 경우에는 제14조제1항에 따른 산지전용허가나 제15조의2제1항에 따른 산지일시사용허가는 취소된 것으로 보고, 제15조제1항에 따른 산지전용신고나 제15조의2제4항에 따른 산지일시사용신고는 수리되지 아니한 것으로 본다.
(2019.12.3 본항개정)

제17조【산지전용허가 등의 기간】 ① 제14조에 따른 산지전용허가 또는 제15조에 따른 산지전용신고에 의하여 대상 시설물을 설치하는 기간 등 산지전용기간은 다음 각 호와 같다. 다만, 산지전용허가를 받거나 산지전용신고를 하려는 자가 산지 소유자가 아닌 경우의 산지전용기간은 그 산지를 사용 · 수익할 수 있는 기간을 초과할 수 없다.
1. 산지전용허가의 경우 : 산지전용면적 및 전용을 하려는 목적사업을 고려하여 10년의 범위에서 농림축산식품부령으로 정하는 기준에 따라 산림청장등이 허가하는 기간. 다만, 다른 법령에서 목적사업의 시행에 필요한 기간을 정한 경우에는 그 기간을 허가기간으로 할 수 있다.(2013.3.23 본문개정)
2. 산지전용신고의 경우 : 산지전용면적 및 전용을 하려는 목적사업을 고려하여 10년의 범위에서 농림축산식품부령으로 정하는 기준에 따라 신고하는 기간. 다만, 다른 법령에서 목적사업의 시행에 필요한 기간을 정한 경우에는 그 기간을 산지전용기간으로 신고할 수 있다.
(2013.3.23 본문개정)
② 제14조에 따른 산지전용허가를 받거나 제15조에 따른 산지전용신고를 한 자가 제1항에 따른 산지전용기간 이내에 전용하려는 목적사업을 완료하지 못하여 그 기간을 연장할 필요가 있으면 대통령령으로 정하는 바에 따라 산림청장등으로부터 산지전용기간의 연장 허가를 받거나 산림청장등 또는 시장 · 군수 · 구청장에게 산지전용기간의 변경신고를 하여야 한다.(2012.2.22 본항개정)
③ 산림청장 또는 시장 · 군수 · 구청장은 제2항에 따른 변경신고를 받은 날부터 5일 이내에 신고수리 여부를 신고인에게 통지하여야 한다.(2019.12.3 본항신설)
④ 산림청장 또는 시장 · 군수 · 구청장이 제3항에서 정한 기간 내에 신고수리 여부 또는 민원 처리 관련 법령에 따른 처리기간의 연장을 신고인에게 통지하지 아니하면 그 기간(민원 처리 관련 법령에 따라 처리기간이 연장 또는 재연장된 경우에는 해당 처리기간을 말한다)이 끝난 날의 다음 날에 신고를 수리한 것으로 본다.(2019.12.3 본항신설)
(2010.5.31 본조개정)

제18조【산지전용허가기준 등】 ① 제14조에 따라 산지전용허가 신청을 받은 산림청장등은 그 신청내용이 다음 각 호의 기준에 맞는 경우에만 산지전용허가를 하여야 한다.(2012.2.22 본문개정)
1. 제10조와 제12조에 따른 행위제한사항에 해당하지 아니할 것
2. 인근 산림의 경영 · 관리에 큰 지장을 주지 아니할 것
3. 집단적인 조림 성공지 등 우량한 산림이 많이 포함되지 아니할 것
4. 희귀 야생 동 · 식물의 보전 등 산림의 자연생태적 기능유지에 현저한 장애가 발생하지 아니할 것
5. 토사의 유출 · 붕괴 등 재해가 발생할 우려가 없을 것
6. 산림의 수원 함양 및 수질보전 기능을 크게 해치지 아니할 것
7. 산지의 형태 및 임목(林木)의 구성 등의 특성으로 인하여 보호할 가치가 있는 산림에 해당되지 아니할 것
8. 사업계획 및 산지전용면적이 적정하고 산지전용방법이 산지경관 및 산림 훼손을 최소화하며 산지전용 후의 복구에 지장을 줄 우려가 없을 것(2018.3.20 본호개정)
② 제1항에도 불구하고 준보전산지의 경우 또는 다음 각 호의 요건을 모두 충족하는 경우에는 제1항제1호부터 제4호까지의 기준을 적용하지 아니한다.
1. 전용하려는 산지 중 임업용산지의 비율이 100분의 20 미만으로서 대통령령으로 정하는 비율 이내일 것
2. 전용하려는 산지에 대통령령으로 정하는 집단화된 임업용산지가 포함되지 아니할 것
3. 전용하려는 산지 중 제1호의 임업용산지를 제외한 나머지가 준보전산지일 것
③ 산림청장등은 제1항에 따라 산지전용허가를 할 때 산림기능의 유지, 재해 방지, 산지경관 보전 등을 위하여 필요할 때에는 재해방지시설의 설치 등 필요한 조건을 붙일 수 있다.(2018.3.20 본항개정)
④ 산림청장등은 제1항에 따른 산지전용허가 중 대통령령으로 정하는 면적 이상의 산지(보전산지가 대통령령으로 정하는 면적 이상으로 포함되는 경우로 한정한다)에 대한 산지전용허가를 할 때에는 미리 그 산지전용타당성에 관하여 중앙산지관리위원회 또는 지방산지관리위원회의 심의를 거쳐야 한다. 다만, 해당 산지에 대하여 제8조제2항에 따라 중앙산지관리위원회 또는 지방산지관리위원회의 심의를 거친 경우에는 그러하지 아니하다.
(2019.12.3 단서신설)
⑤ 제1항에 따른 산지전용허가기준의 적용 범위와 산지의 면적에 관한 허가기준, 그 밖의 사업별 · 규모별 세부 기준 등에 관한 사항은 대통령령으로 정한다. 다만, 지역여건상 산지의 이용 및 보전을 위하여 필요하다고 인정되면 대통령령으로 정하는 범위에서 산지의 면적에 관한 허가기준이나 그 밖의 사업별 · 규모별 세부 기준을 해당 지방자치단체의 조례로 정할 수 있다.(2014.3.24 단서개정)
(2010.5.31 본조개정)

제18조의2【산지전용타당성조사 등】 ① 대통령령으로 정하는 규모 이상으로 제8조제1항에 따른 협의 · 변경협의를 신청하거나 제14조 또는 제15조의2에 따른 산지전용허가 · 변경허가 또는 산지일시사용허가 · 변경허가(다른 법률에 따라 산지전용허가 · 변경허가 또는 산지일시사용허가 · 변경허가가 의제되는 행정처분을 포함한다)를 받으려는 자는 미리 대통령령으로 정하는 산지전문기관으로부터 산지전용 또는 산지일시사용의 필요성 · 적합성 · 환경성 등을 종합적으로 고려한 타당성에 관한 조사(이하 "산지전용타당성조사"라 한다)를 받아야 한다. 다만, 산지전용 또는 산지일시사용을 하려는 용도가 농림어업용인 경우 등 대통령령으로 정하는 경우에는 그러하지 아니하다.(2016.12.2 본문개정)
② 제1항에 따른 산지전용타당성조사에 필요한 수수료는 산지전용타당성조사를 신청한 자가 산지전문기관에 납부하여야 한다.
③ 제1항에 따른 산지전용타당성조사의 신청을 받은 산지전문기관은 산지전용타당성조사를 실시한 후 그 결과를 산림청장등과 산지전용타당성조사를 신청한 자에게 통보하여야 한다.(2012.2.22 본항개정)
④ 산지전용타당성조사를 실시한 산지전문기관은 산지전용타당성조사와 관련하여 작성한 대통령령으로 정하는 서류 및 그 밖의 자료를 3년의 범위에서 대통령령으로 정하는 기간 동안 보관하여야 한다.(2016.12.2 본항신설)
⑤ 제1항부터 제4항까지에 따른 산지전용타당성조사의 절차 · 기준 · 방법 등과 수수료의 산정 및 산지전문기관의 감독 등에 관한 사항은 대통령령으로 정한다.
(2016.12.2 본항개정)
(2010.5.31 본조신설)

제18조의3【산지전용타당성조사 결과 등의 공개】 ① 산지전용타당성조사의 결과 및 검토의견서는 「공공기관의 정보공개에 관한 법률」에 따른 정보공개의 대상이 된다.
② 제1항에 따른 산지전용타당성조사 결과 등의 공개 시기 및 방법 등에 관한 사항은 대통령령으로 정한다.
(2010.5.31 본조신설)

제18조의4【산지전용허가기준 등의 충족 여부 확인】
① 산림청장등은 대통령령으로 정하는 면적 이상의 산지에 대하여 다음 각 호의 사항을 확인할 필요가 있다고 인정하거나 이해관계인 등의 이의신청이 있을 때에는 관계 전문기관을 지정하거나 관계 전문가 등으로 구성된 조사협의체를 구성하여 이를 조사 · 검토하게 하고, 그 조사 · 검토 결과를 반영하여야 한다. 다만, 제18조의2에 따른 산지전용타당성조사를 거친 경우에는 그러하지 아니하다.(2012.2.22 본문개정)
1. 제8조에 따른 산지에서의 구역 등의 지정 협의 시 같은 조 제3항에 따른 협의기준의 충족 여부(2012.2.22 본호개정)
2. 제14조에 따른 산지전용허가 또는 협의 시 제18조제1항 또는 제2항에 따른 산지전용허가기준의 충족 여부
(2016.12.2 본호개정)
② 제1항에 따른 조사협의체의 구성 · 운영에 필요한 사항 및 관계 전문기관의 지정에 관한 사항은 농림축산식품부령으로 정한다.(2013.3.23 본항개정)

제18조의5【이해관계인 등의 범위 등】 ① 산림청장등 또는 관계 행정기관의 장은 제18조의4제1항에 해당하는 산지에 대하여 제8조에 따른 구역 등의 지정협의, 제14조 또는 제15조의2에 따른 산지전용허가·산지전용협의 또는 산지일시사용허가·산지일시사용협의(이하 이 조에서 "허가·협의"라 한다)를 한 때에는 이해관계인 등이 그 내용을 알 수 있도록 해당 기관의 게시판 또는 전자매체 등에 공고하고 이해관계인 등이 관계 서류를 14일 이상 열람할 수 있도록 하여야 한다.
② 제18조의4제1항에 따라 이의신청을 할 수 있는 이해관계인 등이란 허가·협의의 대상인 사업구역의 경계로부터 반지름 500미터 안에 소재하는 다음 각 호의 어느 하나에 해당하는 자를 말한다.(2020.5.26 본문개정)
1. 가옥의 소유자
2. 주민(실제로 거주하고 있는 「주민등록법」에 따른 세대주를 말한다)
3. 공장의 소유자·대표자
4. 종교시설의 대표자
③ 이해관계인 등이 제18조의4제1항에 따른 이의신청을 하려면 허가·협의사실이 공고된 날부터 30일 이내에 농림축산식품부령으로 정하는 이의신청서에 제2항 각 호에 해당하는 전체 인원의 과반수의 연대서명을 받은 연대서명부를 붙여 산림청장등에게 제출하여야 한다.(2013.3.23 본항개정)
④ 그 밖에 이해관계인 등의 이의신청 요건·절차 등에 필요한 사항은 농림축산식품부령으로 정한다.(2013.3.23 본항개정)
(2012.2.22 본조신설)

제19조【대체산림자원조성비】 ① 다음 각 호의 어느 하나에 해당하는 자는 산지전용과 산지일시사용에 따른 대체산림자원 조성에 드는 비용(이하 "대체산림자원조성비"라 한다)을 미리 내야 한다.
1. 제14조에 따라 산지전용허가를 받으려는 자
2. 제15조의2제1항에 따라 산지일시사용허가를 받으려는 자(「광산피해의 방지 및 복구에 관한 법률」에 따른 광해방지사업을 하려는 자는 제외한다)
3. 다른 법률에 따라 산지전용허가 또는 산지일시사용허가가 의제되거나 배제되는 행정처분을 받으려는 자
(2010.5.31 본항개정)
② 제1항에 따라 대체산림자원조성비를 내야 하는 자가 다음 각 호의 어느 하나에 해당하는 경우에는 제1항 각 호에 따른 산지전용허가, 산지일시사용허가 또는 행정처분을 받은 후에 대체산림자원조성비를 낼 수 있다. 다만, 제2호의 경우에는 제1항 각 호에 따른 산지전용허가, 산지일시사용허가 또는 행정처분을 받은 후 그 목적사업을 시작하기 전에 대체산림자원조성비의 100분의 50의 범위에서 농림축산식품부령으로 정하는 금액을 미리 내야 한다.(2020.5.26 단서개정)
1. 대통령령으로 정하는 납부금액의 구분에 따라 일정한 기한까지 대체산림자원조성비를 낼 것을 조건으로 하는 경우. 이 경우 대체산림자원조성비를 내지 아니하면 산지전용 또는 산지일시사용을 할 수 없다.(2015.3.27 전단개정)
2. 국가나 지방자치단체가 산지전용허가 등을 받는 경우, 대체산림자원조성비 총 납부금액이 일정 금액 이상인 경우 등 대통령령으로 정하는 경우에 해당하여 일정한 기한까지 대체산림자원조성비를 분할하여 납부할 것을 조건으로 하는 경우. 이 경우 분할 납부하려는 자는 농림축산식품부령으로 정하는 바에 따라 그 이행을 담보할 수 있는 이행보증금을 예치하여야 한다.(2015.3.27 전단개정)
③ 대체산림자원조성비는 산림청장등이 부과·징수하며, 그 징수금액은 「농어촌구조개선 특별회계법」에 따른 임업진흥사업계정의 세입으로 한다. 다만, 시·도지사 또는 시장·군수·구청장이 부과·징수하는 경우에는 그 징수금액의 10퍼센트를 해당 지방자치단체의 수입으로 한다.(2014.3.11 본문개정)
④ (2007.1.26 삭제)
⑤ 산림청장등은 다음 각 호의 어느 하나에 해당하는 경우에는 감면기간을 정하여 대체산림자원조성비를 감면할 수 있다.(2018.3.20 본문개정)
1. 국가나 지방자치단체가 공용 또는 공공용의 목적으로 산지전용 또는 산지일시사용을 하는 경우
2. 대통령령으로 정하는 중요 산업시설을 설치하기 위하여 산지전용 또는 산지일시사용을 하는 경우
3. 광물의 채굴 또는 그 밖에 대통령령으로 정하는 시설을 설치하거나 대통령령으로 정하는 용도로 사용하기 위하여 산지전용 또는 산지일시사용을 하는 경우
(2010.5.31 본항개정)
⑥ 산림청장등은 제5항에 따라 대체산림자원조성비를 감면(감면기간 연장을 포함한다)하려는 경우에는 감면의 타당성 등에 대하여 중앙산지관리위원회의 심의를 거쳐야 한다.(2018.3.20 본항신설)
⑦ 제5항에 따른 대체산림자원조성비의 감면 대상·비율 및 감면기간 등에 필요한 사항은 대통령령으로 정한다.(2018.3.20 본항신설)
⑧ 제1항에 따른 대체산림자원조성비는 산지전용 또는 산지일시사용되는 산지의 면적에 부과시점의 단위면적당 금액을 곱한 금액으로 하되, 단위면적당 금액은 산림청장이 결정·고시한다. 이 경우 산림청장은 제4조에 따라 구분된 산지별 또는 지역별로 단위면적당 금액을 달리할 수 있다.(2016.12.2 전단개정)
⑨ 대체산림자원조성비(제2항 각 호 외의 부분 단서에 따라 미리 내는 대체산림자원조성비는 제외한다)를 내야 하는 자가 납부기한까지 내지 아니하면 국세 체납처분의 예 또는 「지방행정제재·부과금의 징수 등에 관한 법률」에 따라 징수할 수 있다.(2020.3.24 본항개정)
⑩ 대체산림자원조성비의 납부 기한, 대체산림자원조성비의 단위면적당 금액의 세부 산정기준(「부동산 가격공시에 관한 법률」에 따른 해당 산지의 개별공시지가를 일부 포함한다) 등에 관한 사항은 대통령령으로 정한다.(2017.4.18 본항개정)
⑪ 대체산림자원조성비는 현금 또는 대통령령으로 정하는 납부대행기관을 통하여 신용카드·직불카드 등(이하 "신용카드등"이라 한다)으로 납부할 수 있다. 신용카드로 대체산림자원조성비를 납부하는 경우에는 대체산림자원조성비 납부대행기관의 승인일을 납부일로 본다.(2017.4.18 본항신설)
⑫ 대체산림자원조성비 납부대행기관의 지정, 납부대행수수료 등에 관하여 필요한 사항은 대통령령으로 정한다.(2017.4.18 본항신설)

제19조의2【대체산림자원조성비의 환급】 ① 산림청장등은 대체산림자원조성비를 낸 자가 다음 각 호의 어느 하나에 해당하는 경우에는 대통령령으로 정하는 바에 따라 대체산림자원조성비의 전부 또는 일부를 되돌려주어야 한다. 다만, 형질이 변경된 면적의 비율에 따라 대체산림자원조성비를 차감하여 되돌려줄 수 있으며, 제38조제1항에 따른 복구비를 예치하지 아니한 자의 경우에는 대통령령으로 정하는 바에 따라 산지 복구에 필요한 비용을 미리 상계(相計)한 후 되돌려줄 수 있다.(2020.5.26 본문개정)
1. 제14조에 따른 산지전용허가를 받지 못한 경우
2. 제15조의2제1항에 따른 산지일시사용허가를 받지 못한 경우
3. 제16조제2항에 따라 산지전용허가 또는 산지일시사용허가가 취소된 것으로 보게 되는 경우
4. 제15조의2제5항에 따른 산지일시사용기간 또는 제17조제1항 및 제2항에 따른 산지전용기간 이내에 목적사업을 완료하지 못하고 그 기간이 만료된 경우(2019.12.3 본호개정)
5. 제20조제1항에 따라 산지전용허가 또는 산지일시사용허가가 취소된 경우(2012.2.22 본호개정)
6. 다른 법률에 따라 제14조에 따른 산지전용허가, 제15조의2제1항에 따른 산지일시사용허가를 받지 아니한 것으로 보게 되는 경우
7. 사업계획의 변경이나 그 밖에 대통령령으로 정하는 사유로 대체산림자원조성비의 부과 대상 산지의 면적이 감소된 경우
8. 대체산림자원조성비를 낸 후 그 부과의 정정 등 대통령령으로 정하는 사유가 발생한 경우
② 제1항에도 불구하고 제42조에 따라 복구준공검사를 받은 경우에는 대체산림자원조성비를 되돌려주지 아니한다. 다만, 다음 각 호의 어느 하나에 해당하는 경우에는 그러하지 아니하다.(2020.5.26 본문개정)
1. 대체산림자원조성비를 잘못 산정하였거나 그 부과금액이 잘못 기재된 경우
2. 대체산림자원조성비의 부과대상이 아닌 것에 대하여 부과된 경우
(2018.3.20 본항신설)
(2010.5.31 본조개정)

제20조【산지전용허가의 취소 등】 ① 산림청장등은 제14조에 따른 산지전용허가 또는 제15조의2제1항에 따른 산지일시사용허가를 받거나 제15조에 따른 산지전용신고 또는 제15조의2제4항에 따른 산지일시사용신고를 한 자가 다음 각 호의 어느 하나에 해당하는 경우에는 농림축산식품부령으로 정하는 바에 따라 허가를 취소하거나 목적사업의 중지, 시설물의 철거, 산지로의 복구, 그 밖에 필요한 조치를 명할 수 있다. 다만, 제1호에 해당하는 경우에는 그 허가를 취소하거나 목적사업의 중지 등을 명하여야 한다.(2019.12.3 본문개정)
1. 거짓이나 그 밖의 부정한 방법으로 허가를 받거나 신고를 한 경우
2. 허가의 목적 또는 조건을 위반하거나 허가 또는 신고 없이 사업계획이나 사업규모를 변경하는 경우
3. 제19조에 따른 대체산림자원조성비를 내지 아니하였거나 제38조에 따른 복구비를 예치하지 아니한 경우(제37조제9항에 따른 줄어든 복구비 예치금을 다시 예치하지 아니한 경우를 포함한다)(2021.6.15 본호개정)
4. 제37조제7항 각 호의 어느 하나에 해당하는 필요한 조치 명령에 따른 재해 방지 또는 복구를 위한 명령을 이행하지 아니한 경우(2021.6.15 본호개정)
5. 허가를 받은 자가 각 호 외의 부분 본문·단서에 따른 목적사업의 중지 등의 조치명령을 위반한 경우
6. 허가를 받은 자가 허가취소를 요청하거나 신고를 한 자가 신고를 철회하는 경우
② 산림청장등은 다른 법률에 따라 산지전용허가·산지일시사용허가 또는 산지전용신고·산지일시사용신고가 의제되는 행정처분을 받은 자가 제1항 각 호의 어느 하나에 해당하는 경우에는 산지전용 또는 산지일시사용의 중지를 명할 수 있다.(2012.2.22 본항신설)
③ 산림청장등은 제2항에도 불구하고 다른 법률에 따라 산지전용허가·산지일시사용허가 또는 산지전용신고·산지일시사용신고가 의제되는 행정처분을 받은 자가 제1항제3호에 해당하는 경우에는 관계 행정기관의 장에게 그 목적사업에 관련된 승인·허가 등의 취소를 요청할 수 있다(2018.3.20 본항신설)
(2010.5.31 본조개정)

제21조【용도변경의 승인 등】 ① 제14조에 따른 산지전용허가 또는 제15조의2제1항에 따른 산지일시사용허가를 받거나 제15조에 따른 산지전용신고 또는 제15조의2제4항에 따른 산지일시사용신고를 한 자(다른 법률에 따라 해당 허가 또는 신고가 의제되는 행정처분을 받은 자를 포함한다)가 다음 각 호의 어느 하나에 해당되는 경우에는 농림축산식품부령으로 정하는 바에 따라 산림청장등의 승인을 받아야 한다. 다만, 준보전산지에 대한 산지전용허가 또는 산지일시사용허가를 받은 자(다른 법률에 따라 산지전용허가 또는 산지일시사용허가가 의제되거나 배제되는 행정처분을 받은 자를 포함한다)가 제19조제5항에 따라 대체산림자원조성비를 감면받지 아니하고 대체산림자원조성비를 모두 납부한 경우에는 그러하지 아니하다.(2019.12.3 본문개정)
1. 산지전용 또는 산지일시사용 목적사업에 사용되고 있거나 사용된 토지를 대통령령으로 정하는 기간 이내에 다른 목적으로 사용하려는 경우(대체산림자원조성비가 감면되는 용도에서 감면되지 아니하는 용도 또는 감면비율이 낮은 용도로 변경하려는 경우를 포함한다)(2018.3.20 본호개정)
2. 농림어업용 주택 또는 그 부대시설을 설치하기 위한 용도로 전용한 후 대통령령으로 정하는 기간 이내에 농림어업인이 아닌 자에게 명의를 변경하려는 경우
② 제1항에 따라 승인을 받으려는 자 중 대체산림자원조성비가 감면되는 시설의 부지로 산지전용 또는 산지일시사용을 한 토지를 대체산림자원조성비가 감면되지 아니하거나 감면비율이 보다 낮은 시설의 부지로 사용하려는 자는 대통령령으로 정하는 바에 따라 그에 상당하는 대체산림자원조성비를 내야 한다.
③ 제1항에 따른 승인기준 등에 관한 사항은 대통령령으로 정한다.
(2010.5.31 본조개정)

제21조의2【「국토의 계획 및 이용에 관한 법률」의 특례】 「국토의 계획 및 이용에 관한 법률」 제76조에도 불구하고 대통령령으로 정하는 기간 동안 제14조에 따른 산지전용허가 또는 제15조의2제1항에 따른 산지일시사용허가를 받거나 제15조에 따른 산지전용신고 또는 제15조의2제4항에 따른 산지일시사용신고(다른 법률에 따라 해당 허가 또는 신고가 의제되는 행정처분을 포함한다)를 하고 산지전용 또는 산지일시사용의 목적사업에 사용되고 있거나 사용된 토지에서의 건축물이나 그 밖의 시설의 용도·종류 및 규모 등의 제한에 대해서는 대통령령으로 그 기준을 달리 정할 수 있다.(2019.12.3 본조개정)

제21조의3【산지의 지목변경 제한】 다음 각 호의 경우를 제외하고는 산지를 임야 외의 지목으로 변경하지 못한다.
1. 제14조에 따른 산지전용허가 또는 제15조에 따른 산지전용신고(다른 법률에 따라 산지전용허가나 산지전용신고가 의제되는 행정처분을 받은 경우를 포함한다)의 목적사업을 완료한 후 제39조제3항에 따라 복구의무를 면제받거나 제42조에 따라 복구준공검사를 받은 경우
2. 「공간정보의 구축 및 관리 등에 관한 법률」 제86조에 따른 도시개발사업 등의 원활한 추진을 위하여 사업시행자가 토지의 합병을 신청하는 경우 등 대통령령으로 정하는 경우에는 제14조에 따른 산지전용허가를 받았거나 제15조에 따른 산지전용신고(다른 법률에 따라 산지전용허가나 산지전용신고가 의제되는 행정처분을 받은 경우를 포함한다)를 하였을 경우
(2015.3.27 본조개정)

제4절 산지관리위원회

제22조【산지관리위원회의 설치·운영】 ① 다음 각 호의 사항을 심의하기 위하여 산림청에 중앙산지관리위원회를 둔다.
1. 이 법 또는 다른 법률의 규정에 따라 중앙산지관리위원회의 심의대상에 해당하는 사항(2012.2.22 본호개정)
2. 산림청장의 권한에 속하는 사항 중 그 소속기관의 장에게 위임된 사항이 중앙산지관리위원회의 심의대상에 해당하는 사항
3. 그 밖에 산지의 보전 및 이용에 관한 사항 중 대통령령으로 정하는 사항
② 산지의 이용 및 보전에 관련된 다음 각 호의 사항을 심의하기 위하여 특별시·광역시·특별자치시·도·특별자치도(이하 "시·도"라 한다)에 지방산지관리위원회를 둔다.(2012.2.22 본문개정)
1. 이 법 또는 다른 법률의 규정에 따라 지방산지관리위원회의 심의대상에 해당하는 사항(2012.2.22 본호개정)
2. 그 밖에 산지의 보전 및 이용과 관련된 사항 중 대통령령으로 정하는 사항
③ 중앙산지관리위원회 또는 지방산지관리위원회는 그 심의사항을 효율적으로 처리하기 위하여 대통령령으로 정하는 바에 따라 분과위원회를 둘 수 있다. 이 경우 분

과위원회에서 심의하는 사항 중 중앙산지관리위원회 또는 지방산지관리위원회가 지정하는 사항은 분과위원회의 심의를 해당 산지관리위원회의 심의로 본다.
(2012.2.22 본항개정)
④ 제1항과 제2항에 따른 중앙산지관리위원회 및 지방산지관리위원회(이하 "산지관리위원회"라 한다)의 구성, 위원의 임면(任免), 그 밖에 위원회의 운영에 필요한 사항은 대통령령으로 정한다.
(2010.5.31 본조개정)
제23조【위원 등의 수당·여비 등】 산지관리위원회에 출석한 위원, 관계인 및 의견을 제출한 전문가에게는 예산의 범위에서 수당, 여비, 그 밖에 필요한 경비를 지급할 수 있다. 다만, 공무원인 위원 또는 공무원인 관계인이 그 소관 업무와 직접적으로 관련되어 출석한 경우에는 그러하지 아니하다.(2010.5.31 본조개정)
제24조 (2016.12.2 삭제)

제3장 토석채취 등
(2010.5.31 본장제목개정)

제1절 토석채취
(2010.5.31 본절개정)

제25조【토석채취허가 등】 ① 국유림이 아닌 산림의 산지에서 토석을 채취(가공하거나 산지 이외로 반출하는 경우를 포함한다)하려는 자는 대통령령으로 정하는 바에 따라 다음 각 호의 구분에 따라 시·도지사 또는 시장·군수·구청장에게 토석채취허가를 받아야 하며, 허가받은 사항을 변경하려는 경우에도 같다. 다만, 농림축산식품부령으로 정하는 경미한 사항을 변경하려는 경우에는 시·도지사 또는 시장·군수·구청장에게 신고하는 것으로 갈음할 수 있다.(2017.4.18 본문개정)
1. 토석채취 면적이 10만제곱미터 이상인 경우 : 시·도지사의 허가
2. 토석채취 면적이 10만제곱미터 미만인 경우 : 시장·군수·구청장의 허가
② 국유림이 아닌 산림의 산지에서 객토용(客土用)이나 그 밖에 대통령령으로 정하는 용도로 사용하기 위하여 대통령령으로 정하는 규모의 토사를 채취하려는 자는 제1항에도 불구하고 농림축산식품부령으로 정하는 바에 따라 시장·군수·구청장에게 토사채취신고를 하여야 한다. 신고한 사항 중 농림축산식품부령으로 정하는 사항을 변경하려는 경우에도 같다.(2013.3.23 본문개정)
1.~2. (2012.2.22 삭제)
③ 제1항에 따른 토석채취허가 또는 제2항에 따른 토사채취신고(다른 법률에 따라 토석채취허가 또는 토사채취신고가 의제되는 행정처분을 포함한다)에 따른 채취기간은 다음 각 호와 같다. 다만, 토석채취허가를 받거나 토사채취신고를 하려는 자가 해당 산지의 소유자가 아닌 경우의 채취기간은 그 산지를 사용·수익할 수 있는 기간을 초과할 수 없다.
1. 토석채취허가의 경우 : 토석채취량 및 토석채취면적 등을 고려하여 10년의 범위에서 농림축산식품부령으로 정하는 기준에 따라 시·도지사 또는 시장·군수·구청장이 허가하는 기간(2013.3.23 본호개정)
2. 토사채취신고의 경우 : 토사채취량 및 토사채취면적 등을 고려하여 10년의 범위에서 농림축산식품부령으로 정하는 기준에 따라 시장·군수·구청장에게 신고하는 기간(2013.3.23 본호개정)
(2012.2.22 본항개정)
④ 제1항에 따른 토석채취허가를 받거나 제2항에 따른 토사채취신고를 한 자(다른 법률에 따라 토석채취허가 또는 토사채취신고가 의제되는 행정처분을 받은 자를 포함한다)가 제3항에 따른 채취기간 이내에 허가받은 토석이나 신고한 토사를 모두 채취하지 못하여 그 기간연장이 필요한 경우에는 농림축산식품부령으로 정하는 바에 따라 시·도지사 또는 시장·군수·구청장으로부터 토석채취기간의 연장허가를 받거나 시장·군수·구청장에게 토사채취기간의 변경신고를 하여야 한다.(2013.3.23 본항개정)
⑤ 시·도지사 또는 시장·군수·구청장은 제1항 각 호 외의 부분 단서에 따른 변경신고, 제2항에 따른 토사채취신고·변경신고 또는 제4항에 따른 토사채취기간의 변경신고를 받은 날부터 15일 이내에 신고수리 여부를 신고인에게 통지하여야 한다.(2019.12.3 본항신설)
⑥ 시·도지사 또는 시장·군수·구청장이 제5항에서 정한 기간 내에 신고수리 여부 또는 민원 처리 관련 법령에 따른 처리기간의 연장을 신고인에게 통지하지 아니하면 그 기간(민원 처리 관련 법령에 따라 처리기간이 연장 또는 재연장된 경우에는 해당 처리기간을 말한다)이 끝난 날의 다음 날에 신고를 수리한 것으로 본다.(2019.12.3 본항신설)
⑦ 관계 행정기관의 장이 다른 법률에 따라 제1항 또는 제2항에 따른 토석채취허가 또는 토사채취신고가 의제되는 행정처분을 하기 위하여 시·도지사 또는 시장·군수·구청장에게 협의를 요청하는 경우에는 대통령령으로 정하는 바에 따라 그 허가 또는 신고의 검토에 필요한 서류를 제출하여야 한다.(2012.2.22 본항신설)
⑧ 관계 행정기관의 장은 제7항에 따른 협의를 한 후 제1항 또는 제2항에 따른 토석채취허가 또는 토사채취신고가 의제되는 행정처분을 한 경우에는 지체 없이 시·도지사 또는 시장·군수·구청장에게 통보하여야 한다.
(2019.12.3 본항개정)
판례 '채석허가'는 수허가자에 대하여 일반적·상대적 금지를 해제하여 줌으로써 채석행위를 자유롭게 할 수 있는 자유를 회복시켜 주는 것일 뿐 권리를 설정하는 것이 아니라 하더라도, 대물적 허가의 성질을 아울러 가지고 있는 점 등을 감안하여 보면, 수허가자가 사망한 경우 특별한 사정이 없는 한 수허가자의 상속인이 수허가자로서의 지위를 승계한다고 봄이 상당하다.
(대판 2005.8.19, 2003두9817,9824)
제25조의2【허가·신고 없이 할 수 있는 토석채취】 다음 각 호의 어느 하나에 해당하는 토석은 제25조제1항의 토석채취허가를 받지 아니하거나 같은 조 제2항의 토사채취신고를 하지 아니하고 채취할 수 있다. 다만, 대통령령으로 정하는 경우에는 허가를 받거나 신고하여야 한다.
1. 다음 각 목의 토석. 다만, 가목에 따라 채취한 석재의 경우에는 그 석재를 토목용으로 사용 또는 판매하거나 해당 산지전용지역 또는 산지일시사용지역 외의 지역에서 쇄골재용으로 가공하려는 경우로 한정한다.
(2012.2.22 단서개정)
가. 제14조에 따른 산지전용허가 또는 제15조의2제1항에 따른 산지일시사용허가를 받거나 제15조에 따른 산지전용신고 또는 제15조의2제4항에 따른 산지일시사용신고를 한 자가 산지전용 또는 산지일시사용을 하는 과정에서 부수적으로 나온 토석(2019.12.3 본호개정)
나. 도로·철도·궤도·운하 또는 수로를 설치하기 위하여 터널 또는 갱도를 파 들어가는 과정에서 부수적으로 나온 토석
2. 다음 각 목의 어느 하나에 해당하는 자가 허가를 받거나 신고한 토석을 채취하는 과정에서 부수적으로 나온 토석
가. 제25조제1항에 따른 토석채취허가를 받거나 토석채취신고를 한 자
나. 제25조제2항에 따른 토사채취신고를 한 자
다. 제30조제1항에 따른 채석(採石)신고를 한 자
3. (2012.2.22 삭제)
4. 제25조제2항의 용도로 사용하기 위하여 같은 항에 따른 규모 미만으로 채취한 토사
(2010.5.31 본조신설)
제25조의3【토석채취제한지역의 지정 등】 ① 공공의 이익증진을 위하여 보전이 특히 필요하다고 인정되는 다음 각 호의 산지는 토석채취가 제한되는 지역(이하 "토석채취제한지역"이라 한다)으로 한다.
1. 「정부조직법」 제2조 및 제3조에 따른 중앙행정기관 및 특별지방행정기관과 「도로법」 제10조에 따른 도로 등 대통령령으로 정하는 공공시설을 보호하기 위하여 그 행정기관 및 공공시설 경계로부터 대통령령으로 정하는 거리 이내의 산지(2014.1.14 본호개정)
2. 「철도산업발전 기본법」 제3조제1호에 따른 철도 등 대통령령으로 정하는 시설의 연변가시지역(沿邊可視地域)을 보호하기 위하여 그 시설의 경계로부터 대통령령으로 정하는 거리 이내의 산지
3. 「국유림의 경영 및 관리에 관한 법률」 제16조에 따른 보전국유림(준보전국유림 중 보전국유림으로 보는 경우를 포함한다)의 산지(2016.12.2 본호개정)
4. 제9조에 따른 산지전용·일시사용제한지역 및 그 밖에 대통령령으로 정하는 지역의 산지
5. 산림생태계의 보호, 산지경관의 보전 및 역사적·문화적 가치가 있어 보호할 필요가 있는 산지로서 산림청장이 지정하여 고시한 지역의 산지(2018.3.20 본호개정)
② 제1항제5호에 따른 토석채취제한지역의 지정절차에 관하여는 제9조제2항 및 제3항을 준용한다.
제25조의4【토석채취제한지역에서의 행위제한】 토석채취제한지역에서는 토석채취를 할 수 없다. 다만, 다음 각 호의 어느 하나에 해당하는 경우에는 토석채취를 할 수 있다.
1. 천재지변이나 그 밖에 이에 준하는 재해를 복구하기 위하여 토석채취가 필요한 경우
2. 도로의 설치 등 대통령령으로 정하는 사업을 위하여 터널이나 갱도를 파 들어가는 과정에서 부수적으로 토석을 채취하여 그 사업에 사용하는 경우
3. 공용·공공용 사업을 위하여 필요한 경우 등 대통령령으로 정하는 경우
4. 공공시설 등의 관리자 또는 소유자의 동의를 받은 경우 등 대통령령으로 정하는 경우
5. 제25조제2항에 따라 토사를 채취하는 경우
제25조의5【토석채취제한지역 지정의 해제】 ① 산림청장은 제25조의3제1항제5호에 따라 고시한 지역이 다음 각 호의 어느 하나에 해당하는 경우에는 토석채취제한지역의 지정을 해제할 수 있다.
1. 지정사유가 소멸된 경우(2012.2.22 본호개정)
2. 제8조제1항에 따라 지역·지구 및 구역 등이 지정된 경우로서 해당 목적사업수행을 위하여 불가피한 경우
② 제1항에 따른 토석채취제한지역의 지정해제 절차에 관하여는 제9조제2항 및 제3항을 준용한다.(2012.2.22 본항개정)
제26조【채석 경제성의 평가】 ① 제25조제1항에 따른 토석채취허가(석재만 해당한다)를 받으려는 자는 대통령령으로 정하는 전문조사기관으로부터 채석 경제성에 관한 평가를 받아 그 결과를 시·도지사 또는 시장·군수·구청장에게 제출하여야 한다. 다만, 토목용 석재를 채취하려는 경우 등 대통령령으로 정하는 경우에는 그러하지 아니하다.
② 제1항에 따른 전문조사기관의 채석 경제성에 관한 평가의 방법, 기준 등에 관한 사항은 대통령령으로 정한다.
제27조【광구에서의 토석채취 등】 ① 「광업법」 제3조제3호의2·제3호의3 및 제4호의 광구에서 제25조제1항에 따른 토석채취허가를 받거나 제30조제1항에 따른 채석단지에서 채석신고를 하려는 자는 광업권자나 조광권자(租鑛權者)의 동의를 받아야 한다. 다만, 대통령령으로 정하는 전문조사기관의 조사결과 다음 각 호의 어느 하나에 해당하는 경우에는 그러하지 아니하다.
1. 토석을 채취하려는 구역의 광물이 광물로서의 품위기준을 충족하지 못하는 경우
2. 채굴작업과 토석채취 작업이 작업상 서로 지장이 없다고 인정되는 경우(2010.1.27 본호개정)
② 「광업법」에 따른 광물을 채굴하기 위하여 채굴계획의 인가를 받은 채굴권자나 조광권자가 그 인가를 받은 광구에서 그 광물이 포함되어 있는 토석을 광업 외의 용도로 사용하거나 판매하기 위하여 채취하려는 경우에는 다음 각 호의 구분에 따라 매매계약을 체결하거나 토석채취허가를 받아야 한다. 다만, 광물 중 대리석용 석회석을 건축용 또는 공예용으로 채취하는 경우에는 그러하지 아니하다.(2020.5.26 본문개정)
1. 국유림의 산지 : 제35조제1항에 따른 산림청장과의 토석 매매계약
2. 제1호 외의 산지 : 제25조제1항에 따른 토석채취허가
③ 산림청장은 제2항제1호에 따른 매매계약을 체결할 때 그 토석에 포함된 광물에 해당하는 부분은 농림축산식품부령으로 정하는 바에 따라 매매대금에서 공제하여야 한다.(2020.5.26 본항개정)
제28조【토석채취허가의 기준】 ① 시·도지사 또는 시장·군수·구청장은 제25조제1항에 따른 토석채취허가를 할 때에는 그 허가의 신청내용이 다음 각 호(토사채취의 경우 제1호와 제2호만 해당한다)의 기준에 맞는 경우에만 허가하여야 한다.
1. 제25조의4에 따른 토석채취제한지역에서의 행위제한 사항에 적합할 것(2012.2.22 본호개정)
2. 산지의 형태, 임목의 구성, 토석채취면적 및 토석채취 방법 등이 대통령령으로 정하는 기준에 맞을 것
3. 제26조제1항에 따른 전문조사기관의 평가결과 채석의 경제성이 인정될 것
4. 토석채취로 인하여 생활환경 등에 영향을 받을 수 있는 지역으로서 대통령령으로 정하는 지역의 경우에는 재해를 방지하기 위한 시설의 설치 등 대통령령으로 정하는 기준을 충족할 것(2012.2.22 본호개정)
5. 토석채취에 필요한 장비 등을 대통령령으로 정하는 기준에 맞게 갖출 것. 다만, 제3항제1호 또는 제2호에 따라 자연석을 채취하려는 자의 경우에는 그러하지 아니하다.(2019.12.3 단서개정)
6. 토석채취허가를 받으려는 구역 외의 토석을 반입하지 아니할 것. 다만, 토석채취완료지 복구를 위한 토석 또는 제25조의2제1호에 해당하는 토석을 대통령령으로 정하는 거리 이내에서 대통령령으로 정하는 규모 이하로 반입하려는 경우에는 그러하지 아니하다.(2017.4.18 본호신설)
② 시·도지사 또는 시장·군수·구청장은 제25조제1항에 따른 토석채취허가를 할 때 다음 각 호의 어느 하나에 해당하는 경우에는 대통령령으로 정하는 바에 따라 제1항 각 호의 전부 또는 일부를 적용하지 아니할 수 있다.
1. 천재지변이나 그 밖에 이에 준하는 재해를 복구하기 위하여 토석채취가 필요한 경우
2. 도로 등 대통령령으로 정하는 사업을 위하여 터널이나 갱도를 파 들어가는 과정에서 부수적으로 토석을 채취하여 그 사업에 사용하는 경우
3. 공용·공공용 사업을 위하여 필요한 경우 등 대통령령으로 정하는 경우
③ 산지에 있는 인공적으로 절개되거나 파쇄되지 아니한 원형상태의 암석 중 대통령령으로 정하는 규모 이상의 암석(이하 "자연석"이라 한다)은 다음 각 호의 어느 하나에 해당하는 경우가 아니면 채취할 수 없다. 이 경우 제1호 및 제2호의 경우에는 제25조제1항에 따른 토석채취허가를 받아야 한다.
1. 국가나 지방자치단체가 공용·공공용 사업을 하기 위하여 필요한 경우
2. 제14조에 따른 산지전용허가 또는 제15조의2제1항에 따른 산지일시사용허가를 받거나 제15조에 따른 산지전용신고 또는 제15조의2제4항에 따른 산지일시사용신고를 한 자(다른 법률에 따라 해당 허가 또는 신고가 의제되는 행정처분을 받은 자를 포함한다)가 산지전용 또는 산지일시사용을 하는 과정에서 부수적으로 나온 자연석을 채취하는 경우(2019.12.3 본호개정)
3. 제25조제1항에 따라 토석채취허가를 받은 자(다른 법률에 따라 토석채취허가가 의제되는 행정처분을 받은 자를 포함한다)가 그 채석과정에서 부수적으로 나온 자연석을 채취하는 경우
4. 제30조제1항에 따라 채석신고를 한 자가 그 채석과정에서 부수적으로 나온 자연석을 채취하는 경우
(2012.2.22 본항개정)

④ 시·도지사 또는 시장·군수·구청장은 제1항에 따른 토석채취허가를 하는 경우 재해방지, 산지경관 보전 등을 위하여 재해방지시설의 설치 등 필요한 조건을 붙일 수 있다.(2018.3.20 본항개정)

제29조【채석단지의 지정·해제】 ① 산림청장 또는 시·도지사는 일정한 지역에 양질의 석재가 상당량 매장되어 있어 이를 집단적으로 채취하는 것이 국토와 자연환경의 보존을 위하여 유익하다고 인정하면 대통령령으로 정하는 바에 따라 직권으로 또는 신청에 의하여 채석단지를 지정하거나 변경지정할 수 있다. 이 경우 산림청장 또는 시·도지사는 관계 행정기관의 장과 협의하여야 한다.
(2014.3.24 본항개정)

② 제1항에 따른 채석단지의 지정(대통령령으로 정하는 면적 이상에 대한 변경지정을 포함한다)을 신청하려는 자는 제26조에 따라 채석 경제성에 관한 평가를 받아 그 결과를 산림청장 또는 시·도지사에게 제출하여야 한다.
(2014.3.24 본항개정)

③ 제1항에 따른 채석단지의 세부지정기준은 대통령령으로 정한다.

④ 산림청장 또는 시·도지사는 다음 각 호의 어느 하나에 해당하는 경우에는 제1항에 따라 지정한 채석단지의 전부 또는 일부에 대하여 그 지정을 해제할 수 있다. 다만, 제1호와 제3호의 경우에는 해제하여야 한다.
(2014.3.24 본문개정)

1. 거짓이나 그 밖의 부정한 방법으로 지정을 받은 경우
2. 채석이 완료되었거나 석재의 품질·매장량으로 보아 채석단지로 계속 둘 필요가 없다고 인정되는 경우
3. 주변산림과 주민생활을 보호하기 위하여 해제가 불가피하다고 인정되는 경우

⑤ 산림청장 또는 시·도지사는 제1항이나 제4항에 따라 채석단지를 지정하거나 해제할 때에는 농림축산식품부령으로 정하는 바에 따라 이를 고시하여야 한다.
(2014.3.24 본항개정)

제30조【채석단지에서의 채석신고】 ① 제29조제1항에 따라 지정된 채석단지에서 석재를 채취하려는 자는 제25조제1항에도 불구하고 농림축산식품부령으로 정하는 바에 따라 국유림의 산지에 대하여는 산림청장에게, 국유림이 아닌 산림의 산지에 대하여는 시장·군수·구청장에게 채석신고를 하여야 한다. 신고한 사항 중 농림축산식품부령으로 정하는 사항을 변경하려는 경우에도 같다.
(2013.3.23 본문개정)

1.~2. (2012.2.22 삭제)

② 제1항의 채석신고에 따른 채석기간은 10년의 범위에서 채석신고를 하려는 자가 신고한 기간으로 한다. 다만, 채석신고를 하려는 자가 그 산지의 소유자가 아닌 경우의 채석기간은 그 산지를 사용·수익할 수 있는 기간을 초과할 수 없다.

③ 제1항에 따라 채석신고를 한 자가 제2항에 따른 채석기간 이내에 신고한 석재의 수량을 모두 채취하지 못하여 채석기간의 연장이 필요할 때에는 농림축산식품부령으로 정하는 바에 따라 산림청장 또는 시장·군수·구청장에게 채석기간의 연장신고를 하여야 한다.
(2013.3.23 본항개정)

④ 제29조제4항제1호 및 제3호에 따라 채석단지의 전부 또는 일부지역이 지정해제된 경우 그 지역에서의 제2항 또는 제3항에 따른 채석기간은 그 지정해제 처분이 있는 날까지로 한다.

⑤ 제1항에 따라 채석신고를 하려는 자는 대통령령으로 정하는 기준에 맞게 석재의 채취에 필요한 장비 등을 갖추어야 한다. 다만, 제28조제3항제4호에 따라 자연석을 채취하려는 자의 경우에는 그러하지 아니하다.(2019.12.3 단서개정)

⑥ 산림청장 또는 시장·군수·구청장은 제1항에 따른 채석신고·변경신고를 받은 날부터 15일 이내에 또는 제3항에 따른 채석기간의 연장신고를 받은 날부터 10일 이내에 신고수리 여부를 신고인에게 통지하여야 한다.
(2019.12.3 본항신설)

⑦ 산림청장 또는 시장·군수·구청장이 제6항에서 정한 기간 내에 신고수리 여부 또는 민원 처리 관련 법령에 따른 처리기간의 연장을 신고인에게 통지하지 아니하면 그 기간(민원 처리 관련 법령에 따라 처리기간이 연장 또는 재연장된 경우에는 해당 처리기간을 말한다)이 끝난 날의 다음 날에 신고를 수리한 것으로 본다.(2019.12.3 본항신설)

제31조【토석채취허가의 취소 등】 ① 산림청장등은 제25조제1항에 따른 토석채취허가를 받았거나 제25조제2항에 따른 토사채취신고 또는 제30조제1항에 따른 채석신고를 한 자가 다음 각 호의 어느 하나에 해당하는 경우에는 허가를 취소하거나 토석채취 또는 채석의 중지, 그 밖에 필요한 조치를 명할 수 있다. 다만, 제1호에 해당하는 경우에는 허가를 취소하거나 토석채취 또는 채석의 중지를 명하여야 한다.(2016.12.2 본문개정)

1. 거짓이나 그 밖의 부정한 방법으로 허가를 받거나 신고를 한 경우
2. 정당한 사유 없이 허가를 받거나 신고를 한 날부터 6개월 이내에 토석채취를 시작하지 아니하거나 1년 이상 중단한 경우
3. 제28조제1항제5호 본문 또는 제30조제5항 본문에 따른 장비 등의 기준을 충족하지 못하게 된 경우
4. 허가를 받거나 신고를 한 자(사용인과 고용인을 포함한다)가 허가를 받거나 신고를 한 토석 외의 토석을 채취하거나 반입한 경우(2021.6.15 본호개정)
5. 제37조제7항 각 호의 어느 하나에 해당하는 필요한 조치 명령을 이행하지 아니한 경우(2021.6.15 본호개정)
6. 제38조에 따른 복구비를 예치하지 아니한 경우(제37조제9항에 따른 줄어든 복구비 예치금을 다시 예치하지 아니한 경우를 포함한다)(2021.6.15 본호개정)
7. 허가를 받은 자가 허가취소를 요청하거나 신고를 한 자가 신고를 철회하는 경우
8. 그 밖의 허가조건을 위반한 경우

② 제1항에 따른 허가의 취소, 토석채취 또는 채석의 중지, 그 밖에 필요한 조치의 세부기준은 대통령령으로 정한다.(2016.12.2 본항신설)

제2절 토사채취

제32조~제34조 (2007.1.26 삭제)

제3절 석재 및 토사의 매각

제35조【국유림의 산지 내의 토석의 매각 등】 ① 산림청장은 국유림의 산지에 있는 토석을 직권으로 또는 신청을 받아 매각하거나 무상양여할 수 있다. 다만, 무상양여는 다음 각 호의 어느 하나에 해당하는 경우로 한정한다.

1. 천재지변이나 그 밖의 재해가 있는 경우에 그 재해를 복구하기 위하여 필요한 경우
2. 다음 각 목의 어느 하나에 해당하는 경우로서 관계 행정기관의 장의 요청이 있고 그 요청이 타당하다고 산림청장이 인정하는 경우
   가. 「도로법」, 「철도의 건설 및 철도시설 유지관리에 관한 법률」 또는 「전원개발촉진법」에 따른 도로 또는 철도를 설치·개량하거나 전원개발사업을 하는 과정에서 부수적으로 채취한 토석을 그 공사용으로 사용하려는 경우(2018.3.13 본목개정)
   나. 광산개발에 따른 광해(광산피해)를 예방하거나 복구하기 위하여 광물의 생산과정에서 채취한 토석을 직접 사용하려는 경우(2020.2.18 본목개정)
   다. 국가, 지방자치단체 또는 정부투자기관 등이 공용·공공용 사업을 시행하는 과정에서 채취한 토석을 그 사업용으로 사용하려는 경우

② 산림청장은 제1항 각 호 외의 부분 본문에 따라 신청을 받아 토석을 매각하는 경우에는 「국가를 당사자로 하는 계약에 관한 법률」 제7조에 따른 수의계약에 의하여 매각할 수 있다.(2012.2.22 본항개정)

③ 제1항 각 호 외의 부분 본문에 따라 국유림의 산지에 있는 토석의 매입을 신청하거나 무상양여를 받으려는 자는 제26조에 따라 채석 경제성에 관한 평가를 받아 그 결과를 산림청장에게 제출하여야 한다.(2012.2.22 본항개정)

④ 제1항에도 불구하고 「광업법」에 따른 채굴계획의 인가를 받은 자가 국유림의 산지에서 채굴한 광물의 분쇄·제련과정에서 부수적으로 발생한 토석을 사용하거나 판매하려는 경우에는 산림청장으로부터 토석을 매입하거나 무상양여를 받지 아니하고 그 토석을 사용하거나 판매할 수 있다.(2010.1.27 본항개정)

⑤ 제1항 각 호 외의 부분 본문에 따라 국유림의 산지에 있는 토석을 매각하려는 경우 그 매각기준에 관하여는 제28조제1항 및 제2항을, 국유림의 산지에서의 자연석 채취에 관하여는 같은 조 제3항을 준용한다.(2012.2.22 본항개정)

⑥ 제1항에 따른 토석의 매각 또는 무상양여의 기간, 매입하거나 무상양여받은 토석의 반출, 매각계약의 방법, 매각대금의 결정, 매각대금의 납부기간 등에 관한 사항은 농림축산식품부령으로 정한다.(2013.3.23 본항개정)
(2010.5.31 본조개정)

제36조【계약의 해제 또는 무상양여의 취소】 ① 산림청장은 다음 각 호의 어느 하나에 해당하는 경우에는 제35조제1항에 따른 매각계약을 해제하거나 무상양여를 취소할 수 있으며, 토석채취의 중지, 시설물의 철거, 산지로의 복구, 그 밖에 필요한 조치를 명할 수 있다. 다만, 제6호의 경우에는 매각계약을 해제하거나 무상양여를 취소하여야 한다.

1. 토석을 매입한 자가 갖춘 장비 등이 제35조제5항에 따라 준용되는 제28조제1항제5호 본문에 따른 기준을 충족하지 못하게 된 경우
2. 토석을 매입하거나 무상양여를 받은 자(사용인과 고용인을 포함한다)가 그 토석 외의 토석을 채취한 경우
3. 토석을 매입한 자가 지정된 기간 이내에 그 대금을 내지 아니한 경우
4. 제37조제7항 각 호의 어느 하나에 해당하는 필요한 조치 명령을 이행하지 아니한 경우(2021.6.15 본호개정)
5. 제38조에 따른 복구비를 예치하지 아니한 경우(제37조제9항에 따른 줄어든 복구비 예치금을 다시 예치하지 아니한 경우를 포함한다)(2021.6.15 본호개정)
6. 거짓이나 그 밖의 부정한 방법으로 토석을 매입하거나 무상양여를 받은 경우
7. 정당한 사유 없이 토석을 매입하거나 무상양여를 받은 날부터 6개월 이내에 토석채취를 시작하지 아니하거나 1년 이상 중단한 경우
8. 그 밖에 매각조건 또는 무상양여조건을 위반한 경우

② 제1항에 따라 매각계약이 해제되었을 때에는 계약보증금, 이미 납입한 대금과 해당 산지의 매각된 토석은 국가에 귀속한다. 다만, 국가는 토석을 매입한 자가 토석채취를 하지 아니한 상태에서 그 매각계약을 해제하였을 때에는 이미 납입한 대금의 전부 또는 일부를 반환하여야 한다.
(2010.5.31 본조개정)

제36조의2【한국산림토석협회】 ① 토석자원의 이용 및 개발과 관리를 위하여 정책·제도의 조사·연구와 교육·홍보 등의 사업을 하기 위하여 한국산림토석협회(이하 이 조에서 "협회"라 한다)를 둔다.

② 협회는 법인으로 한다.

③ 협회는 다음 각 호의 사업을 한다.

1. 토석채취·복구에 관한 정책·제도·법령·기술 등의 조사·연구, 교육·홍보 및 국제협력
2. 토석채취지·복구지에 대한 평가 및 사후관리 지원
3. 회원의 이익을 위하여 실시하는 토석 구매·판매 등 공동사업과 경영지도
4. 산림청장 또는 지방자치단체의 장이 위탁한 사업
5. 그 밖에 협회의 설립목적을 달성하기 위하여 정관으로 정하는 사업

(2020.5.26 본항신설)

④ 협회의 사업에 소요되는 경비는 출자금, 사업수입금 등으로 충당하며, 국가 또는 지방자치단체는 소요경비의 일부를 예산의 범위에서 지원할 수 있다.

⑤ 협회의 조직·운영 등에 필요한 사항은 대통령령으로 정한다.

⑥ 협회에 관하여 이 법에 규정되지 아니한 사항은 「민법」 중 사단법인에 관한 규정을 준용한다.
(2012.2.22 본조신설)

제4장 재해 방지 및 복구 등
(2010.5.31 본장제목개정)

제37조【재해의 방지 등】 ① 산림청장등은 다음 각 호의 어느 하나에 해당하는 허가 등에 따라 산지전용, 산지일시사용, 토석채취 또는 복구를 하고 있는 산지에 대하여 대통령령으로 정하는 바에 따라 토사유출, 산사태 또는 인근지역의 피해 등 재해 방지나 산지경관 유지 등에 필요한 조사·점검·검사 등을 할 수 있다.(2018.3.20 본문개정)

1. 제14조에 따른 산지전용허가
2. 제15조에 따른 산지전용신고
3. 제15조의2에 따른 산지일시사용허가 및 산지일시사용신고
4. 제25조제1항에 따른 토석채취허가 또는 같은 조 제2항에 따른 토사채취신고
5. 제30조제1항에 따른 채석단지에서의 채석신고
6. 제35조제1항에 따른 토석의 매각계약 또는 무상양여 처분
7. 제39조 및 제44조에 따른 산지복구 명령
8. 다른 법률에 따라 제1호부터 제5호까지의 허가 또는 신고가 의제되거나 배제되는 행정처분

② 제1항에도 불구하고 「신에너지 및 재생에너지 개발·이용·보급 촉진법」에 따른 신·재생에너지 설비를 설치하기 위하여 제1항제1호 및 제3호(다른 법률에 따라 산지전용허가 또는 산지일시사용허가가 의제되거나 배제되는 행정처분을 포함한다)에 해당하는 허가를 받은 자는 대통령령으로 정하는 조사절차 및 방법에 따라 대통령령으로 정하는 점검기관에 의뢰하여 조사·점검·검사 등을 정기적으로 실시한 후 그 결과를 산림청장등에게 제출하여야 한다. 이 경우 산림청장은 관계 행정기관의 장에게 신·재생에너지 설비의 설치를 위하여 조사·점검·검사 등에 필요한 자료의 제출 또는 협조를 요청할 수 있으며, 요청을 받은 관계 행정기관의 장은 특별한 사유가 없으면 요청에 따라야 한다.(2020.2.18 후단신설)

③ 산림청장등은 제2항에 따라 제출된 결과를 활용하여 산지태양광발전설비에 대한 현황, 산림훼손 실태, 재해방지 조치 및 산지복구 대책을 내용으로 하는 산지태양광발전설비 관리계획을 매년 1월 말까지 수립·시행하여야 한다.(2021.6.15 본항개정)

④ 제3항에 따른 산지태양광발전설비 관리계획의 수립 및 시행에 필요한 사항은 대통령령으로 정한다.
(2020.2.18 본항신설)

⑤ 산림청장은 제3항에 따라 수립된 산지태양광발전설비 관리계획의 내용 및 시행결과를 취합하여 매년 국회 소관 상임위원회에 보고하여야 한다.(2020.2.18 본항신설)

⑥ 산림청장등은 제1항에 따른 조사·점검·검사 등에 관한 업무의 일부를 대통령령으로 정하는 산지전문기관에 위탁할 수 있다.(2021.6.15 본항신설)

⑦ 산림청장등은 제1항 및 제2항에 따른 조사·점검·검사 등을 한 결과에 따라 필요하다고 인정하면 대통령령으로 정하는 바에 따라 제1항 각 호의 어느 하나에 해당하는 허가 등의 처분을 받거나 신고 등을 한 자에게 다음 각 호 중 필요한 조치를 하도록 명령할 수 있다. 다만, 제1항제1호 또는 제8호에 따른 허가 또는 처분을 받은 자로서 「광업법」에 따라 광물의 채굴을 하는 자는 「광산안전법」에 따르고, 「국토의 계획 및 이용에 관한 법률」에

따라 도시지역 및 계획관리지역에서의 인가·허가 및 승인 등의 행정처분을 받은 자는 「국토의 계획 및 이용에 관한 법률」에 따른다.(2019.12.3 본문개정)
1. 산지전용, 산지일시사용, 토석채취 또는 복구의 일시 중단
2. 산지전용지, 산지일시사용지, 토석채취지, 복구지에 대한 녹화피복(綠化被覆) 등 토사유출 방지조치
3. 시설물 설치, 조림(造林), 사방(砂防) 등 재해의 방지에 필요한 조치
4. 그 밖에 산지경관 유지에 필요한 조치(2018.3.20 본호개정)
⑧ 산림청장등은 제6항에 따라 토사유출 방지, 산사태 또는 인근 지역의 피해 등 재해의 방지나 산지경관 유지 또는 복구에 필요한 조치를 하도록 명령을 받은 자가 이를 이행하지 아니하면 다음 각 호의 구분에 따른 조치를 할 수 있다.(2020.2.18 본문개정)
1. 제38조제1항 본문에 따라 복구비를 예치한 자 : 대행자를 지정하여 복구를 대행하게 하고 그 비용을 예치된 복구비로 충당하는 조치
2. 제38조제1항 단서에 해당하는 자 : 「행정대집행법」에 따른 대집행
⑨ 산림청장등은 제7항제1호에 따라 토사유출의 방지조치, 산사태 또는 인근 지역의 피해 등 재해의 방지나 산지경관 유지에 필요한 조치 또는 복구를 대행하게 하고 그 비용을 예치된 복구비로 충당한 경우 그 비용충당으로 줄어든 복구비 예치금을 대통령령으로 정하는 바에 따라 다시 예치하게 하여야 한다.(2020.2.18 본항개정)
(2010.5.31 본조개정)

제38조【복구비의 예치 등】 ① 제37조제1항 각 호의 어느 하나에 해당하는 허가 등의 처분을 받거나 신고 등을 하려는 자는 농림축산식품부령으로 정하는 바에 따라 미리 토사유출의 방지조치, 산사태 또는 인근 지역의 피해 등 재해의 방지나 산지경관 유지에 필요한 조치 또는 복구에 필요한 비용(이하 "복구비"라 한다)을 산림청장등에게 예치하여야 한다. 다만, 산지전용을 하려는 면적이 660제곱미터 미만인 경우 등 대통령령으로 정하는 경우에는 그러하지 아니하다.(2018.3.20 본문개정)
② 산림청장등은 제1항 본문에도 불구하고 제37조제1항 제8호에 따른 행정처분을 받으려는 자로 하여금 농림축산식품부령으로 정하는 바에 따라 그 처분을 받고 실제로 산지전용, 산지일시사용 또는 토석채취를 하려는 경우에 산림청장등에게 복구비를 예치하게 할 수 있다.
(2013.3.23 본항개정)
③ 산림청장등은 제1항이나 제2항에 따라 복구비를 예치하여야 하는 자의 산지전용, 산지일시사용 또는 토석채취의 기간이 1년 이상인 경우에는 대통령령으로 정하는 바에 따라 복구비를 재산정하여 제1항이나 제2항에 따라 예치한 복구비가 재산정한 복구비보다 적은 경우에는 그 차액을 추가로 예치하게 하여야 한다.(2012.2.22 본항개정)
④ 산림청장등은 산지전용, 산지일시사용 또는 토석채취의 기간 및 면적 등을 고려하여 대통령령으로 정하는 바에 따라 복구비를 분할하여 예치하게 할 수 있다.
(2012.2.22 본항개정)
⑤ 복구비의 산정기준, 산정방법, 예치 시기 및 절차 등에 관한 사항은 농림축산식품부령으로 정한다.(2013.3.23 본항개정)

제39조【산지전용지 등의 복구】 ① 제37조제1항 각 호의 어느 하나에 해당하는 허가 등의 처분을 받거나 신고 등을 한 자는 다음 각 호의 어느 하나에 해당하는 경우에 산지를 복구하여야 한다.
1. 제14조제1항에 따른 산지전용허가를 받았거나 제15조제1항에 따른 산지전용신고를 한 자가 산지의 형질을 변경한 경우(2016.12.2 본호개정)
2. 제25조제1항에 따른 토석채취허가를 받았거나 제30조제1항에 따른 채석단지에서의 채석신고(토석매각을 포함한다)를 한 자가 토석을 채취한 경우(2016.12.2 본호개정)
3. 제15조의2제1항에 따른 산지일시사용허가를 받았거나 같은 조 제4항에 따른 산지일시사용신고를 한 자가 산지의 형질을 변경한 경우(2019.12.3 본호개정)
4. 그 밖의 사유로 산지의 복구가 필요한 경우
② 산림청장등은 산지전용, 산지일시사용 또는 토석채취가 오랜 기간 동안 이루어지거나 산지경관 또는 산림재해의 복구 등이 필요한 경우에는 대통령령으로 정하는 바에 따라 중간복구를 명할 수 있다. 다만, 산림청장등은 다음 각 호의 어느 하나에 해당하는 자가 신청하는 경우에는 그 산지전용 또는 토석채취를 완료한 부분에 대하여 스스로 중간복구를 하려는 경우에는 중간복구를 하게 할 수 있다.(2018.3.20 본문개정)
1. 제14조에 따른 산지전용허가(대통령령으로 정하는 면적 이상의 산지전용허가로 한정한다)를 받은 자로서 다음 각 목의 준공검사 또는 준공인가 신청을 한 자
가. 「관광진흥법」 제58조의2에 따른 관광지등 조성사업의 준공검사
나. 「혁신도시 조성 및 발전에 관한 특별법」 제17조에 따른 혁신도시개발사업의 준공검사(2017.12.26 본목개정)
다. 「산업입지 및 개발에 관한 법률」 제37조에 따른 산업단지개발사업의 준공인가
(2014.3.24 본호신설)
2. 제25조제1항에 따른 토석채취허가를 받은 자
(2012.2.22 본호신설)
3. 제30조제1항에 따른 채석신고를 한 자(2012.2.22 본호신설)
4. 제35조제1항에 따른 토석의 매각계약을 체결하거나 무상양여를 받은 자(2012.2.22 본호신설)
③ 산림청장등은 제1항 또는 제2항에 따라 복구하여야 하는 산지(이하 "복구대상산지"라 한다)가 다음 각 호의 어느 하나에 해당하는 경우 제37조제1항 각 호의 어느 하나에 해당하는 허가 등의 처분을 받거나 신고 등을 한 자(복구대상산지에 대하여 새로 제37조제1항 각 호의 어느 하나에 해당하는 허가 등의 처분을 받거나 신고 등을 한 자가 있는 경우에는 종전에 허가 등의 처분을 받거나 신고 등을 한 자를 말한다)에 대하여 제1항 또는 제2항에 따른 복구의무의 전부 또는 일부를 면제할 수 있다.
1. 복구대상산지에 대하여 제42조제1항에 따른 복구준공검사 전에 새로 제37조제1항 각 호의 어느 하나에 해당하는 허가 등의 처분을 받거나 신고 등을 하려는 자가 복구비를 예치(제38조제1항 단서에 따라 복구비를 예치하지 아니하는 경우를 포함한다)한 경우
2. 그 밖에 복구할 토지가 없는 경우 등 대통령령으로 정하는 경우
(2016.12.2 본항개정)
④ 산지전용, 산지일시사용 또는 토석채취를 한 산지를 복구할 때에는 토석(「폐기물관리법」 제2조제1호에 따른 폐기물이 포함되지 아니한 토석을 말한다. 다만, 「폐기물관리법」에서 정하는 유해성기준과 「토양환경보전법」에서 정하는 임야지역 오염기준에 적합하고 「폐기물관리법」에 따른 재활용 용도 및 방법에 따라 채석지역 내 하부복구지·저지대 등의 채움재로 재활용이 가능한 경우에는 같은 법에 따라 재활용할 수 있다)으로 성토한 후 표면을 수목의 생육에 적합하도록 흙으로 덮어야 한다.
(2012.2.22 본항개정)
⑤ 제1항에 따른 산지복구의 범위와 제3항에 따른 복구의무면제의 신청절차 등에 관한 사항은 농림축산식품부령으로 정한다.(2013.3.23 본항개정)
(2010.5.31 본조개정)

제40조【복구설계서의 승인 등】 ① 제39조제1항 또는 제2항에 따라 산지를 복구하여야 하는 자(이하 "복구의무자"라 한다)는 대통령령으로 정하는 기간 이내에 산림청장등에게 산지복구기간 등이 포함된 산지복구설계서(이하 "복구설계서"라 한다)를 제출하여 승인을 받아야 한다. 승인받은 복구설계서를 변경하려는 경우에도 같다.
(2016.12.2 전단개정)
② 제1항에도 불구하고 제14조에 따른 산지전용허가, 제15조의2제1항에 따른 산지일시사용허가를 받으려는 자 또는 제15조에 따른 산지전용신고, 제15조의2제4항에 따른 산지일시사용신고를 하려는 자는 해당 허가를 신청하거나 신고를 할 때에 복구설계서를 산림청장등에게 제출할 수 있다. 이 경우 산림청장등이 산지전용허가·산지일시사용허가를 하거나 산지전용신고·산지일시사용신고를 수리한 경우에는 해당 복구설계서는 제1항에 따라 산림청장등의 승인을 받은 것으로 본다.(2019.12.3 전단개정)
③ 산림청장등은 복구의무자가 제1항에 따른 기간 이내에 복구설계서를 제출할 수 없는 불가피한 사유가 있다고 인정하면 농림축산식품부령으로 정하는 바에 따라 그 기간을 연장할 수 있다.(2013.3.23 본항개정)
④ 복구설계서의 작성기준, 승인신청 절차, 승인기준 등에 관한 사항은 농림축산식품부령으로 정한다.
(2013.3.23 본항개정)

제40조의2【산지복구공사의 감리 등】 ① 복구의무자(제41조에 따른 대행자 또는 대집행을 하는 자를 포함한다. 이하 이 조에서 같다)는 대통령령으로 정하는 면적 이상의 산지를 복구하는 공사에 대하여 다음 각 호의 어느 하나에 해당하는 자의 감리를 받아야 한다. 다만, 다른 법률에 따라 산지복구공사 감리를 하는 경우에는 그러하지 아니하다.(2017.4.18 단서개정)
1. 「기술사법」에 따른 산림분야의 기술사사무소
2. 「엔지니어링산업 진흥법」에 따른 산림전문분야 엔지니어링사업자
3. 「산림조합법」 또는 「건설기술 진흥법」에 따라 산지복구공사의 감리를 할 수 있는 자(2013.5.22 본호개정)
② 제1항에 따라 산지복구공사를 감리하는 자(이하 "감리자"라 한다)는 산지복구공사의 감리를 할 때 이 법 또는 그 밖의 관계 법령에 위반된 사항을 발견하거나 제40조에 따라 승인된 복구설계서대로 공사가 되지 아니하면 지체 없이 복구의무자에게 시정할 것을 통지하고 7일 이내에 산림청장등에게 그 내용을 보고하여야 한다.
(2012.2.22 본항개정)
③ 복구의무자는 제2항에 따른 시정통지를 받으면 즉시 위반사항을 시정한 후 감리자의 확인을 받아야 한다.
④ 복구의무자는 제2항에 따른 감리자의 시정통지에 이의가 있으면 공사를 중지하고 산림청장등에게 이의신청을 할 수 있다.(2012.2.22 본항개정)
⑤ 산지복구공사의 감리 기준과 절차, 감리자의 선정기준 및 감리자에 대한 관리·감독, 그 밖에 필요한 사항은 농림축산식품부령으로 정한다.(2013.3.23 본항개정)
(2010.5.31 본조신설)

제41조【복구의 대집행 등】 산림청장등은 복구의무자가 제40조제1항에 따른 기간까지 복구설계서를 산림청장등에게 제출하지 아니하거나 같은 조 제1항 또는 제2항에 따라 승인받은 복구설계서의 복구기간 이내에 복구를 완료하지 아니하면 다음 각 호의 구분에 따른 조치를 할 수 있다.(2016.12.2 본문개정)
1. 제38조제1항 본문에 따라 복구비를 예치한 자 : 대행자를 지정하여 복구를 대행하게 하고 그 비용을 예치된 복구비로 충당하는 조치
2. 제38조제1항 단서에 해당하는 자 : 「행정대집행법」에 따른 대집행
(2010.5.31 본조개정)

제41조의2【재생에너지 발전사업자에 대한 조치】 ① 「신에너지 및 재생에너지 개발·이용·보급 촉진법」 제2조제2호가목 및 나목에 해당하는 재생에너지 설비를 산지에 설치하여 「전기사업법」 제31조에 따른 전력거래를 하려는 발전사업자는 제39조제2항에 따른 중간복구명령(이에 따른 복구준공검사를 포함한다)이 있는 경우에 전력거래 전에 이를 완료하여야 한다.
② 산림청장등은 제1항에 따른 발전사업자가 중간복구(이에 따른 복구준공검사를 포함한다)를 완료하지 아니하고 전력거래를 하는 경우에는 산업통상자원부장관에게 「전기사업법」 제31조의2제2항에 따른 사업정지를 명하도록 요청할 수 있다.(2020.3.31 본항개정)
(2019.12.3 본조신설)

제42조【복구준공검사】 ① 산림청장등은 복구의무자가 복구를 완료하거나 제41조에 따른 대행 또는 대집행에 의하여 복구가 완료되면 복구준공검사를 하여야 한다.
(2012.2.22 본항개정)
② 산림청장등은 제1항에 따른 복구준공검사를 받으려는 자로 하여금 복구준공검사 후에 발생하는 하자를 보수하도록 하기 위하여 농림축산식품부령으로 정하는 바에 따라 하자보수보증금을 미리 예치하게 하여야 한다. 다만, 제38조제1항 단서에 따라 복구비를 예치하지 아니하는 경우와 그 밖에 대통령령으로 정하는 경우에는 하자보수보증금의 예치를 면제할 수 있다.(2013.3.23 본문개정)
③ 제1항에 따른 복구준공검사의 신청절차 등과 제2항에 따른 하자보수보증금의 금액, 예치방법, 예치기간 등에 관한 사항은 농림축산식품부령으로 한다.(2013.3.23 본항개정)

제43조【복구비의 반환】 ① 산림청장등은 다음 각 호의 어느 하나에 해당할 때에는 복구면적을 기준으로 예치된 복구비의 전부 또는 일부를 그 예치자에게 반환하여야 한다.(2012.2.22 본문개정)
1. 제39조제3항에 따른 복구의무면제가 확정되었을 때
2. 제42조에 따른 복구준공검사가 완료되었을 때
3. 제44조제1항에 따른 시설물 철거 명령이나 산지복구의 명령(같은 항 제3호부터 제5호까지의 경우만 해당한다)을 이행하거나 같은 조 제2항에 따른 대집행이 완료되었을 때
4. 산지전용허가 등의 처분을 받은 자가 목적사업을 시작하지 아니한 채 산지전용허가 등의 효력이 소멸되었을 때
② 산림청장등은 제1항에 따라 예치된 복구비를 반환할 때 제41조제1호 또는 제44조제2항 후단에 따라 대행 비용이나 대집행 비용을 예치된 복구비에서 충당한 경우에는 그 충당한 비용을 공제한 후 반환하여야 한다.(2012.2.22 본항개정)
③ 제1항과 제2항에 따른 복구비의 반환에 필요한 사항은 농림축산식품부령으로 정한다.(2013.3.23 본항개정)
(2010.5.31 본조개정)

제44조【불법산지전용지의 복구 등】 ① 산림청장등은 다음 각 호의 어느 하나에 해당하는 경우에는 그 행위를 한 자에게 시설물을 철거하거나 형질변경한 산지를 복구하도록 명령할 수 있다.(2012.2.22 본문개정)
1. 제21조제1항에 따른 용도변경승인을 받지 아니하고 용도변경한 경우
2. 제37조제1항 각 호의 어느 하나에 해당하는 허가 등의 처분을 받지 아니하거나 신고 등을 하지 아니하고 산지전용 또는 산지일시사용을 하거나 토석을 채취한 경우
3. 제37조제1항 각 호의 어느 하나에 해당하는 허가나 매각계약 등이 제20조·제31조 또는 제36조제1항에 따라 취소되거나 해제된 경우
4. 제37조제1항 각 호의 어느 하나에 해당하는 신고를 한 자가 제20조·제31조 또는 제36조제1항에 따른 조치명령을 위반한 경우(2012.2.22 본호개정)
5. 제37조제1항제8호에 따른 행정처분이 취소된 경우
② 산림청장등은 제1항에 따른 명령을 받은 자가 이를 이행하지 아니하면 「행정대집행법」에 따라 대집행할 수 있다. 이 경우 제1항제3호부터 제5호까지의 경우 중 그 행위자가 제38조제1항 본문에 따라 복구비를 예치한 경우에는 그 복구비를 대집행 비용으로 충당할 수 있다.
(2012.2.22 전단개정)
③ 제1항에 따라 복구를 하는 경우 복구비의 예치에 관하여는 제38조를, 복구의무의 면제 및 면제신청에 관하여는 제39조제3항 및 제5항을, 복구 방식에 관하여는 제39조제4항을, 복구설계서의 승인 등에 관하여는 제40조를, 복구공사의 감리에 관하여는 제40조의2를, 복구공사의 준공검사와 하자보수보증금의 예치 및 면제에 관하여는 제42조를 각각 준용한다.(2017.4.18 본항개정)
(2010.5.31 본조개정)

제44조의2【불법전용산지 등의 조사】 ① 산림청장등은 다음 각 호의 사항을 조사하기 위하여 산지전용허가·산지일시사용허가를 받았거나 산지전용신고·산지일시사용신고를 한 자, 토석채취허가를 받았거나 토석채취신고 또는 채석신고를 한 자에게 업무에 관한 사항을 보고하게 하거나 관련 자료의 제출 및 현지조사를 요구할 수 있으며, 관계 공무원에게 그 허가를 받았거나 신고를 한 자의 사업장, 해당 산지, 그 밖의 필요한 장소에 출입하여 장부·서류나 그 밖의 물건을 검사하게 하거나 관계인에게 질문하게 할 수 있다.(2012.2.22 본문개정)

1. 산지가 불법으로 전용되었는지 여부
2. 제20조제1항 각 호의 어느 하나에 따른 허가취소 등의 사유에 해당하는지 여부(2012.2.22 본호개정)
3. 제31조제1항 각 호의 어느 하나에 따른 허가취소 등의 사유에 해당하는지 여부(2016.12.2 본호개정)

② 산림청장등은 제1항 각 호에 대하여 전국적인 일제조사가 필요하다고 인정하는 경우에는 기간을 정하여 대통령령으로 정하는 산지전문기관에게 이를 대행하게 하거나 위탁할 수 있다.(2012.2.22 본항개정)

③ 산림청장등은 제1항·제2항에 따른 조사 결과에 따라 제20조, 제31조 및 제44조 등의 필요한 조치를 할 수 있다.(2012.2.22 본항개정)

④ 제1항·제2항에 따라 출입·점검·조사를 하는 자는 그 권한을 표시하는 증표를 지니고 이를 관계인에게 내보여야 한다.

(2010.5.31 본조신설)

제45조【복구전문기관의 지정·육성】 ① 산림청장은 산지의 효율적인 복구를 위하여 다음 각 호의 어느 하나에 해당하는 업무를 수행하는 자를 산지복구전문기관 또는 단체(이하 "복구전문기관"이라 한다)로 지정하여 육성할 수 있다.

1. 형질변경된 산지의 복구 설계·감리
2. 형질변경된 산지의 자연생태계 복원 및 자연친화적인 복구 방법의 조사·연구 및 개발
3. 형질변경된 산지의 복구
4. 그 밖에 형질변경된 산지의 복구에 관하여 산림청장이 정하는 업무

② 복구전문기관은 「산림조합법」에 따른 산림조합중앙회 및 그 밖에 대통령령으로 정하는 요건·절차에 따라 지정된 법인(「상법」에 따른 법인은 제외한다)으로 한다.

③ 산림청장은 복구전문기관의 업무수행을 위하여 필요한 자금의 전부 또는 일부를 지원할 수 있다.

(2010.5.31 본조개정)

제46조【한국산지보전협회】 ① 산지의 보전 및 산림자원 육성을 위한 정책·제도의 조사·연구 및 교육·홍보 등의 사업을 하기 위하여 한국산지보전협회(이하 "협회"라 한다)를 둔다.

② 협회는 법인으로 한다.

③ 협회는 다음 각 호의 사업을 수행한다.

1. 산지의 보전 및 산림자원육성을 위한 정책·제도의 조사·연구
2. 제44조의2제1항에 따른 조사, 산지전용·토석채취 허가를 받거나 신고한 산지에 대한 사후관리 지원
3. 산지의 보전 및 산림자원육성에 관한 교육·홍보
4. 산지 개발·복구 등에 관한 자문
5. 산지의 훼손에 대한 감시활동
6. 국내외 산지보전 관련 단체와의 교류 및 협력
7. 산림청장 또는 지방자치단체의 장이 위탁하는 사업
8. 그 밖에 협회의 설립목적을 달성하기 위하여 정관으로 정하는 사업

(2012.2.22 본항신설)

④ 협회의 사업에 드는 경비는 회비나 사업수입금 등으로 충당하며, 국가나 지방자치단체는 경비의 일부를 예산의 범위에서 지원할 수 있다.

⑤ 협회의 사업·조직·운영 등에 필요한 사항은 농림축산식품부령으로 정한다.(2013.3.23 본항개정)

⑥ 협회에 관하여 이 법에 규정되지 아니한 사항은 「민법」 중 사단법인에 관한 규정을 준용한다.

(2010.5.31 본조개정)

제5장 보 칙

(2010.5.31 본장개정)

제46조의2【포상금】 산림청장(국유림의 산지만 해당한다) 또는 시장·군수·구청장(국유림이 아닌 산림의 산지만 해당한다)은 제14조제1항 본문, 제15조제1항 전단, 제15조의2제1항 본문(변경허가는 제외한다), 같은 조 제4항 전단 및 제25조제1항 본문(변경허가는 제외한다)을 위반한 자를 산림행정관서나 수사기관에 신고하거나 고발한 사람에게 대통령령으로 정하는 바에 따라 포상금을 지급할 수 있다.(2019.12.3 본조개정)

제46조의3【현장관리업무담당자의 지정 및 교육】 ① 다음 각 호의 어느 하나에 해당하는 자는 토석채취사업장의 안전 확보 및 산림피해 방지 등의 업무를 담당하는 사람(이하 "현장관리업무담당자"라 한다)을 지정하여야 하고, 이를 산림청장등에게 신고하여야 한다. 현장관리업무담당자를 변경하는 경우에도 또한 같다.

1. 제25조제1항에 따라 토석채취허가를 받은 자
2. 제30조제1항에 따라 채석신고를 한 자
3. 제35조제1항에 따라 토석을 매입하거나 무상양여 받은 자

② 현장관리업무담당자는 둘 이상의 토석채취사업장의 업무를 겸할 수 없다. 다만, 동일한 사업자가 연접하여 토석채취허가를 받는 등 대통령령으로 정하는 경우에는 그러하지 아니하다.(2017.4.18 본항신설)

③ 현장관리업무담당자는 대통령령으로 정하는 기관에서 토석채취사업장의 안전 확보 및 산림피해 방지 등의 업무 수행에 필요한 교육을 받아야 한다. 다만, 산림청장은 「광업법」 제42조제1항에 따른 채굴계획의 인가를 받은 자가 제27조제2항에 따라 매매계약을 체결하거나 토석채취허가를 받은 경우로서 「광산안전법」 제7조에 따라 교육을 이수한 경우 등 대통령령으로 정하는 경우에는 본문에 따른 교육의 전부 또는 일부를 면제할 수 있다.(2020.5.26 단서신설)

④ 제1항에 따른 현장관리업무담당자의 업무 지정기준, 지정 및 변경 신고기한, 신고방법 등과 제3항에 따른 교육의 기간·내용·비용 및 그 밖에 교육에 필요한 사항은 대통령령으로 정한다.(2017.4.18 본항개정)

(2015.3.27 본조신설)

제47조【타인 토지 출입 등】 ① 산림청장등은 소속 공무원으로 하여금 기본계획 및 지역계획의 수립을 위한 산지기본조사, 산지지역조사, 보전산지의 지정·변경 또는 지정해제, 산지전용·일시사용제한지역의 지정·해제 등 산지의 보전·이용 등에 관한 사항을 조사하게 하기 위하여 필요한 경우에는 타인의 토지에 출입하게 하거나 그 토지를 일시 사용하게 할 수 있으며, 부득이한 경우에는 입목·대나무 또는 그 밖의 장애물을 제거하거나 변경하게 할 수 있다.(2020.2.18 본항개정)

② 제1항에 따라 타인의 토지에 출입하려는 사람과 타인의 토지를 일시 사용하거나 장애물을 제거하거나 변경하려는 사람은 그 출입·사용 또는 제거하거나 변경하려는 날의 3일 전까지 그 토지의 소유자·점유자 또는 관리인에게 그 일시와 장소를 알려야 한다.

③ 일출 전이나 일몰 후에는 해당 토지 점유자의 승낙 없이는 택지나 담 또는 울타리로 둘러싸인 타인의 토지에 출입할 수 없다.

④ 제1항에 따라 조사를 하는 사람은 그 권한을 표시하는 증표를 지니고 이를 관계인에게 보여주어야 한다.

⑤ 제4항에 따른 증표에 관한 사항은 농림축산식품부령으로 정한다.(2013.3.23 본항개정)

제48조【토지 출입 등에 따른 손실보상】 ① 산림청장등은 제47조제1항에 따른 행위로 인하여 손실을 입은 자가 있으면 그 손실을 보상하여야 한다.

② 제1항에 따른 손실보상에 관하여는 산림청장등과 손실을 입은 자가 협의하여야 한다.

③ 산림청장등 또는 손실을 입은 자는 제2항에 따른 협의가 성립되지 아니하거나 협의를 할 수 없을 때에는 「공익사업을 위한 토지 등의 취득 및 보상에 관한 법률」 제49조에 따른 관할 토지수용위원회에 재결을 신청할 수 있다.

(2012.2.22 본조개정)

제49조【청문】 산림청장등은 다음 각 호의 어느 하나의 처분을 하려는 경우에는 청문을 하여야 한다.(2017.4.18 본문개정)

1. 제20조에 따라 산지전용허가 또는 산지일시사용허가를 취소하거나 목적사업의 중지를 명하려는 경우 (2012.2.22 본호개정)
2. 제29조제4항에 따라 채석단지의 지정을 해제하려는 경우
3. 제31조제1항에 따라 토석채취허가를 취소하거나 토석채취 또는 채석의 중지를 명하려는 경우(2016.12.2 본호개정)

제50조【수수료】 다음 각 호의 어느 하나에 해당하는 자는 대통령령으로 정하는 바에 따라 수수료를 내야 한다. 다만, 국가나 지방자치단체가 공용·공공용 시설을 설치하는 경우 등 대통령령으로 정하는 경우에는 그러하지 아니하다.(2012.2.22 단서개정)

1. 제14조에 따른 산지전용허가를 신청하는 자
2. 제15조에 따른 산지전용신고를 하는 자
3. 제15조의2에 따른 산지일시사용허가를 신청하거나 산지일시사용신고를 하는 자
4. 제21조에 따른 용도변경의 승인을 신청하는 자
5. 제25조제1항에 따른 토석채취허가를 신청하거나 같은 조 제2항에 따른 토사채취신고를 하는 자
6. 제29조제2항에 따른 채석단지의 지정을 신청하는 자

6의2. 제40조에 따른 복구설계서의 승인을 받으려는 자 (2012.2.22 본호신설)

7. 제42조에 따른 복구준공검사를 신청하는 자

제51조【권리·의무의 승계 등】 ① 다음 각 호의 어느 하나에 해당하는 자는 이 법에 따른 변경신고 등을 통하여 제37조제1항 각 호의 어느 하나에 해당하는 처분을 받거나 신고 등을 한 자의 권리·의무를 승계한다.

1. 산지의 소유자가 제37조제1항 각 호의 어느 하나에 해당하는 처분을 받거나 신고 등을 한 후 매매·양도·경매 등으로 그 소유권이 변경된 경우 : 그 산지의 매수인·양수인 등 변경된 산지소유자
2. 제1호 이외의 자가 제37조제1항 각 호의 어느 하나에 해당하는 처분을 받거나 신고 등을 한 후 사망하거나 그 권리·의무를 양도한 경우 : 그 상속인 또는 양수인

② 제1항 각 호에 해당하는 자가 사유발생일부터 60일 이내에 변경신고 등을 하지 아니한 경우 해당 허가 등이 취소 또는 철회된 것으로 본다.(2020.2.18 본항개정)

③ 제1항에 해당하지 아니하는 경우와 제2항에 따라 허가 등이 취소 또는 철회된 것으로 보는 경우에는 다음 각 호의 사항에 대하여 산지의 소유자, 정당한 권원(權原)에 의하여 산지를 사용·수익할 수 있는 자 및 산지의 소유자·점유자의 승계인에 대하여도 그 효력이 있다.

1. 제37조제7항에 따른 재해방지 조치 의무(2021.6.15 본호개정)
2. 제39조에 따른 복구의무
3. 제40조에 따른 복구설계서의 제출 의무
4. 제40조의2에 따른 복구공사의 감리 선임
5. 제44조에 따른 불법전용산지에 대한 복구의무

(2017.4.18 본조개정)

제52조【권한의 위임 등】 ① 이 법에 따른 산림청장의 권한은 대통령령으로 정하는 바에 따라 그 일부를 그 소속기관의 장, 시·도지사 또는 시장·군수·구청장에게 위임할 수 있다.

② 산림청장은 이 법에 따른 사업을 대통령령으로 정하는 바에 따라 「산림조합법」에 따른 산림조합중앙회, 산림조합 또는 협회로 하여금 대행하게 할 수 있다.(2016.12.2 본항개정)

제52조의2【벌칙 적용에서 공무원 의제】 ① 다음 각 호의 어느 하나에 해당하는 사람은 「형법」 제129조부터 제132조까지의 규정에 따른 벌칙을 적용할 때에는 공무원으로 본다.

1. 제3조의4제3항에 따라 산지기본조사를 위탁받아 산지기본조사(제3조의4제1항제2호에 관한 조사에 한정한다)를 수행하는 협회 등 기관의 임직원
2. 제3조의5제4항에 따라 산지관리정보체계의 구축·운영을 위탁받은 산지전문기관의 임직원(2021.6.15 본호개정)

② 산지관리위원회의 위원 중 공무원이 아닌 위원은 「형법」이나 그 밖의 법률에 따른 벌칙을 적용할 때에는 공무원으로 본다.

(2016.12.2 본조신설)

제52조의3【규제의 재검토】 정부는 제12조에 따른 보전산지에서의 행위제한에 대하여 2010년 12월 31일을 기준으로 하여 5년마다 그 타당성을 검토하여 제한행위의 폐지, 완화 또는 유지 등의 조치를 하여야 한다.

(2010.5.31 본조신설)

제6장 벌 칙

(2010.5.31 본장개정)

제53조【벌칙】 보전산지에 대하여 다음 각 호의 어느 하나에 해당하는 자는 5년 이하의 징역 또는 5천만원 이하의 벌금에 처하고, 보전산지 외의 산지에 대하여 다음 각 호의 어느 하나에 해당하는 자는 3년 이하의 징역 또는 3천만원 이하의 벌금에 처한다. 이 경우 징역형과 벌금형을 병과(倂科)할 수 있다.(2016.12.2 전단개정)

1. 제14조제1항 본문을 위반하여 산지전용허가를 받지 아니하고 산지전용을 하거나 거짓이나 그 밖의 부정한 방법으로 산지전용허가를 받아 산지전용을 한 자
2. 제15조의2제1항 본문을 위반하여 산지일시사용허가를 받지 아니하고 산지일시사용을 하거나 거짓이나 그 밖의 부정한 방법으로 산지일시사용허가를 받아 산지일시사용을 한 자(2012.2.22 본호개정)

2의2. 제16조제1항제1호를 위반하여 산지전용 또는 산지일시사용의 목적사업을 시행하기 위하여 다른 법률에 따른 인가·허가·승인 등의 행정처분이 필요한 경우 그 행정처분을 받지 아니하고 산지전용 또는 산지일시사용을 한 자(2016.12.2 본호신설)

3. 제25조제1항 본문을 위반하여 토석채취허가를 받지 아니하고 토석채취를 하거나 거짓이나 그 밖의 부정한 방법으로 토석채취허가를 받아 토석채취를 한 자 (2012.2.22 본호개정)
4. 제28조제3항을 위반하여 자연석을 채취한 자
5. 제35조제1항에 따라 매입하거나 무상양여받지 아니하고 국유림의 산지에서 토석채취를 한 자

제54조【벌칙】 보전산지에 대하여 다음 각 호의 어느 하나에 해당하는 자는 3년 이하의 징역 또는 3천만원 이하의 벌금에 처하고, 보전산지 외의 산지에 대하여 다음 각 호의 어느 하나에 해당하는 자는 2년 이하의 징역 또는 2천만원 이하의 벌금에 처한다.(2016.12.2 본문개정)

1. 제14조제1항 본문을 위반하여 변경허가를 받지 아니하고 산지전용을 하거나 거짓이나 그 밖의 부정한 방법으로 변경허가를 받아 산지전용을 한 자
2. 제15조의2제1항 본문을 위반하여 변경허가를 받지 아니하고 산지일시사용을 하거나 거짓이나 그 밖의 부정한 방법으로 변경허가를 받아 산지일시사용을 한 자 (2012.2.22 본호개정)
3. 제19조제2항제1호 후단을 위반하여 대체산림자원조성비를 내지 아니하고 산지전용을 하거나 산지일시사용을 한 자(2012.2.22 본호개정)

3의2. 제20조제2항에 따른 산지전용 또는 산지일시사용 중지명령을 위반한 자(2016.12.2 본호신설)

4. 제25조제1항 본문을 위반하여 변경허가를 받지 아니하고 토석채취를 하거나 거짓이나 그 밖의 부정한 방법

으로 변경허가를 받아 토석채취를 한 자(2012.2.22 본호개정)
5. 제25조제1항에 따른 허가를 받거나 신고를 한 자(사용인과 고용인을 포함한다) 중 허가를 받거나 신고를 한 토석 외의 토석을 반입한 자(2021.6.15 본호신설)
6. 제30조제1항에 따른 신고를 한 자(사용인과 고용인을 포함한다) 중 신고를 한 토석 외의 토석을 반입한 자(2021.6.15 본호신설)
7. 제31조제1항에 따른 토석채취 또는 채석의 중지명령을 위반한 자(2016.12.2 본호신설)
8. 제31조제1항에 따른 토석채취 또는 채석의 중지명령 기간 동안 토석을 반입한 자(2021.6.15 본호신설)

제55조【벌칙】 보전산지에 대하여 다음 각 호의 어느 하나에 해당하는 자는 2년 이하의 징역 또는 2천만원 이하의 벌금에 처하고, 보전산지 외의 산지에 대하여 다음 각 호의 어느 하나에 해당하는 자는 1년 이하의 징역 또는 1천만원 이하의 벌금에 처한다.(2016.12.2 본문개정)
1. 제15조제1항 전단에 따라 산지전용신고를 하지 아니하고 산지전용을 하거나 거짓이나 그 밖의 부정한 방법으로 산지전용신고를 하고 산지전용한 자
2. 제15조의2제4항 전단에 따라 산지일시사용신고를 하지 아니하고 산지일시사용을 하거나 거짓이나 그 밖의 부정한 방법으로 산지일시사용신고를 하고 산지일시사용을 한 자(2019.12.3 본호개정)
3. 거짓이나 그 밖의 부정한 방법으로 제18조의2제1항 또는 제3항에 따른 산지전용타당성조사를 한 자 또는 그 조사결과를 허위로 통보하거나 변조하여 제출한 자
4. 제21조제1항을 위반하여 승인을 받지 아니하고 산지전용된 토지를 다른 용도로 사용한 자
5. 제25조제2항 전단을 위반하여 토사채취신고를 하지 아니하고 토사를 채취하거나 거짓이나 그 밖의 부정한 방법으로 토사채취신고를 하고 토사채취를 한 자
6. 제30조제1항 전단을 위반하여 채석신고를 하지 아니하고 채석단지에서 채석을 하거나 거짓이나 그 밖의 부정한 방법으로 채석신고를 하고 채석단지 안에서 채석을 한 자
7. 제37조제7항 각 호에 따른 조치명령을 위반한 자(2021.6.15 본호개정)
8. 제39조제4항을 위반하여 폐기물이 포함된 토석 또는 폐기물로 산지를 복구한 자
9. 제40조의2제1항(제44조제3항에서 준용하는 경우를 포함한다)·제2항을 위반하여 감리를 받지 아니하거나 거짓으로 감리한 자
10. 제44조제1항에 따른 시설물의 철거명령이나 형질변경한 산지의 복구명령을 위반한 자

제56조【양벌규정】 법인의 대표자나 법인 또는 개인의 대리인, 사용인, 그 밖의 종업원이 그 법인 또는 개인의 업무에 관하여 제53조부터 제55조까지의 어느 하나에 해당하는 위반행위를 하면 그 행위자를 벌하는 외에 그 법인 또는 개인에게도 해당 조문의 벌금형을 과(科)한다. 다만, 법인 또는 개인이 그 위반행위를 방지하기 위하여 해당 업무에 관하여 상당한 주의와 감독을 게을리하지 아니한 경우에는 그러하지 아니하다.

제57조【과태료】 ① 제40조제1항 전단(제44조제3항에서 준용하는 경우를 포함한다)에 따른 기간 이내에 복구설계서를 산림청장등에게 제출하지 아니한 자에게는 1천만원 이하의 과태료를 부과한다.
② 다음 각 호의 어느 하나에 해당하는 자에게는 500만원 이하의 과태료를 부과한다.
1. 제14조제1항 단서, 제15조제1항 각 호 외의 부분 후단, 제15조의2제1항 단서 및 같은 조 제2항 각 호 외의 부분 후단, 제25조제1항 각 호 외의 부분 단서 및 같은 조 제2항 후단 또는 제30조제1항 후단을 위반하여 변경신고를 하지 아니한 자
2. 제18조의5제3항에 따른 연대서명부를 거짓으로 작성하여 이의신청을 한 자
3. 제40조의2제2항(제44조제3항에서 준용하는 경우를 포함한다)을 위반하여 시정통지의 내용을 보고하지 아니한 자
4. 제44조의2제1항·제2항을 위반하여 업무보고나 자료제출 및 현지조사를 거부·방해 또는 기피한 자
5. 제46조의3제1항을 위반한 자
6. 제46조의3제3항을 위반한 자
③ 제1항 및 제2항에 따른 과태료는 대통령령으로 정하는 바에 따라 산림청장등이 부과·징수한다.
(2020.2.18 본조개정)

부　칙

제1조【시행일】 이 법은 공포 후 9월이 경과한 날부터 시행한다.

제2조【보전임지 등에 관한 경과조치】 ① 이 법 시행 당시 종전의 산림법 제16조제1항 및 제17조제1항의 규정에 의하여 지정·고시된 보전임지중 생산임지는 제4조제1항제1호가목 및 제5조의 규정에 의하여 지정·고시된 임업용산지로, 공익임지는 제4조제1항제1호나목 및 제5조의 규정에 의하여 지정·고시된 공익용산지로 본다.
② 이 법 시행 당시 종전의 산림법 제16조의2제2항의 규정에 의하여 작성된 산림이용기본도는 제4조제2항의 규정에 의하여 산지이용구분도가 작성될 때까지는 이를 이 법에 의한 산지이용구분도로 본다.

제3조【허가 등의 신청에 관한 경과조치】 이 법 시행 당시 다음 각호의 1에 해당하는 허가·협의 등이 신청된 것에 대하여는 종전의 산림법에 의한다.
1. 종전의 산림법 제18조제1항 및 제2항의 규정에 의한 보전임지의 전용허가
2. 종전의 산림법 제18조제3항의 규정에 의한 지역·지구·구역 등의 지정 등에 관한 협의
3. 종전의 산림법 제87조제1항의 규정에 의한 토석의 매각 또는 무상양여 등
4. 종전의 산림법 제90조의 규정에 의한 산림의 형질변경허가 또는 형질변경신고
5. 종전의 산림법 제90조의2의 규정에 의한 채석허가
6. 종전의 산림법 제90조의5의 규정에 의한 채석단지안에서의 채석신고
7. 종전의 산림법 제90조의6의 규정에 의한 토사채취허가 또는 토사채취신고

제4조【처분 등에 관한 경과조치】 ① 이 법 시행 당시 종전의 산림법에 의하여 다음 표의 왼쪽 칸의 허가 등을 받거나 신고를 한 자와 이 법 시행일 이후 부칙 제3조의 규정에 의하여 다음 표의 왼쪽 칸의 허가 등을 받거나 신고를 한 자는 이 법에 의한 다음 표의 오른쪽 칸의 허가 등을 받거나 신고를 한 자로 본다.
② 이 법 시행 당시 종전의 산림법 제90조의2의 규정에 의하여 채석허가를 받은 자는 이 법 시행 후 1년 안에 제25조제2항의 규정에 의한 장비 등을 갖추어야 한다.

종전의 산림법에 의한 허가 등	이 법에 의한 허가 등
1. 종전의 산림법 제18조제1항 및 제2항의 규정에 의한 보전임지의 전용허가	1. 제14조 또는 제15조의 규정에 의한 산지전용허가 또는 산지전용신고
2. 종전의 산림법 제18조제3항의 규정에 의한 지역·지구·구역 등의 지정 등에 관한 협의	2. 제8조의 규정에 의한 지역·지구·구역 등의 지정 등에 관한 협의
3. 종전의 산림법 제18조의2의 규정에 의한 전용산림의 용도변경 승인	3. 제21조의 규정에 의한 용도변경 승인
4. 종전의 산림법 제87조제1항의 규정에 의한 토석의 매각 또는 무상양여 등	4. 제35조의 규정에 의한 석재 및 토사의 매각 또는 무상양여
5. 종전의 산림법 제90조의 규정에 의한 산림의 형질변경허가 또는 형질변경신고	5. 제14조·제15조 또는 제17조의 규정에 의한 산지전용허가 또는 산지전용신고
6. 종전의 산림법 제90조의2의 규정에 의한 채석허가	6. 제25조의 규정에 의한 채석허가
7. 종전의 산림법 제90조의3제1항의 규정에 의한 토석의 매매계약 및 채석허가	7. 제27조제2항의 규정에 의한 석재의 매매계약 및 채석허가
8. 종전의 산림법 제90조의5의 규정에 의한 채석단지안에서의 채석신고	8. 제30조의 규정에 의한 채석단지에서의 채석신고
9. 종전의 산림법 제90조의6의 규정에 의한 토사채취허가 또는 토사채취신고	9. 제32조의 규정에 의한 토사채취허가 또는 토사채취신고

제5조【대체조림비의 납입에 관한 경과조치】 ① 이 법 시행 당시 종전의 산림법 제20조의2제1항 및 제2항의 규정에 의하여 대체조림비를 납입한 자는 제19조제1항 및 제2항의 규정에 의하여 대체산림자원조성비를 납부한 자로 본다.
② 이 법 시행 당시 종전의 산림법 제20조의2제1항 및 제2항의 규정에 의하여 대체조림비를 납입하여야 하는 자는 제19조제1항 및 제2항의 규정에 의하여 대체산림자원조성비를 납부하여야 하는 자로 본다.
③ 이 법 시행 당시 종전의 산림법 제20조의2제3항의 규정에 의하여 대체조림비를 환급받을 수 있는 자는 제19조제4항의 규정에 의하여 대체산림자원조성비를 환급받을 수 있는 자로 본다.

제6조【산림형질변경제한지역 및 채석허가 등의 제한에 관한 경과조치】 ① 이 법 시행 당시 종전의 산림법 제90조제8항제1호의 규정에 의하여 산림의 형질변경을 하여서는 아니될 지역으로 시·도지사 또는 지방산림관리청장이 고시한 지역(이 법 제9조제1항제1호 및 제2호의 규정에 해당하는 지역에 한한다)은 제9조의 규정에 의하여 산림청장이 지정·고시한 산지전용제한지역으로 본다.
② 이 법 시행 당시 종전의 산림법 제90조의2제6항제1호의 규정에 의하여 채석허가를 하여서는 아니될 지역으로 시·도지사가 고시한 지역(이 법 제28조제1항제2호 및 제33조제1항제2호의 규정에 해당하는 지역에 한한다)은 제28조제1항제2호 및 제33조제1항제2호의 규정에 의하여 산림청장이 지정·고시한 지역으로 본다.

제7조【시설물의 철거 또는 원상회복을 위한 조치명령 등에 관한 경과조치】 ① 이 법 시행 당시 종전의 산림법 제90조제11항의 규정에 의한 시설물의 철거 또는 원상회복명령을 받은 자는 제44조의 규정에 의하여 시설물의 철거 또는 복구명령을 받은 자로 본다.
② 이 법 시행 당시 종전의 산림법 제87조제2항·제90조의4제1항·제90조의5제4항 및 제90조의6제4항의 규정에 의하여 재해방지 등을 위한 시설물의 설치, 채석의 중단 또는 토사채취의 중단 등의 조치명령을 받은 자는 제37조의 규정에 의하여 석재 및 토사의 굴취·채취의 중단 또는 재해방지나 복구에 필요한 조치명령을 받은 자로 본다.

제8조【복구비의 예치 등에 관한 경과조치】 ① 이 법 시행 당시 종전의 산림법 제91조제1항 및 제2항의 규정에 의하여 예치한 복구비용 또는 예치하여야 하는 복구비용은 제38조제1항 및 제2항의 규정에 의하여 예치한 복구비 또는 예치하여야 하는 복구비로 본다.
② 이 법 시행 당시 종전의 산림법 제91조제3항의 규정에 의하여 복구를 하여야 하는 자는 제39조의 규정에 의하여 복구를 하여야 하는 자로 본다.
③ 이 법 시행 당시 종전의 산림법 제91조제4항의 규정에 의하여 승인을 얻은 복구설계서는 제40조의 규정에 의하여 승인을 얻은 복구설계서로 본다.

제9조【하자보수보증금의 예치에 관한 경과조치】 이 법 시행 당시 종전의 산림법 제91조의2제2항의 규정에 의하여 예치한 하자보수보증금 또는 예치하여야 하는 하자보수보증금은 제42조제2항의 규정에 의하여 예치한 하자보수보증금 또는 예치하여야 하는 하자보수보증금으로 본다.

제10조【벌칙에 관한 경과조치】 이 법 시행전의 행위에 대한 벌칙의 적용에 있어서는 종전의 산림법의 규정에 의한다.

제11조【다른 법률의 개정】 ①~⑭ ※(해당 법령에 가제정리 하였음)

제12조【다른 법률과의 관계】 이 법 시행 당시 다른 법률에서 종전의 산림법 및 그 규정을 인용하고 있는 경우 이 법중 그에 해당하는 규정이 있는 때에는 종전의 규정에 갈음하여 이 법 또는 이 법의 해당 규정을 인용한 것으로 본다.

부　칙 (2007.1.26)

제1조【시행일】 이 법은 공포 후 6개월이 경과한 날부터 시행한다.

제2조【구역 등의 지정 등에 관한 적용례】 제8조의 개정규정은 이 법 시행 후 최초로 산림청장에게 협의를 신청하는 것부터 적용한다.

제3조【보전산지 안에서의 행위제한 및 적용특례에 관한 적용례】 제12조의 개정규정은 이 법 시행 후 최초로 산지전용을 신청하는 것부터 적용한다.

제4조【산지전용허가 및 산지전용신고에 관한 적용례】 제14조 및 제15조의 개정규정은 이 법 시행 후 최초로 산지전용허가를 신청하거나 산지전용을 신고하는 것부터 적용한다.

제5조【대체산림자원조성비의 환급에 관한 적용례】 제19조 및 제19조의2의 개정규정은 이 법 시행 후 최초로 제19조제1항 각 호에 따른 산지전용허가·신고 또는 행정처분을 신청하는 것부터 적용한다.

제6조【용도변경 승인 등에 관한 적용례】 제21조의 개정규정은 이 법 시행 후 최초로 산지전용허가를 신청하거나 산지전용을 신고하는 것부터 적용한다.

제7조【산지의 지목변경 제한에 관한 적용례】 제21조의2의 개정규정은 이 법 시행 후 최초로 산지전용허가를 신청하거나 산지전용을 신고하는 것부터 적용한다.

제8조【토석채취허가 등에 관한 적용례】 제25조, 제25조의2 내지 제25조의4, 제26조 내지 제29조, 제31조 내지 제34조의 개정규정은 이 법 시행 후 최초로 토석채취허가를 신청하거나 토사채취를 신고하는 것부터 적용한다.

제9조【국유림의 산지 안의 토석의 매각 등에 관한 적용례】 제35조의 개정규정은 이 법 시행 후 최초로 국유림의 산지 안의 토석매각 또는 무상양여를 신청하는 것부터 적용한다.

제10조【벌칙 및 과태료에 관한 경과조치】 이 법 시행 전의 행위에 대한 벌칙 및 과태료의 적용에서는 종전의 규정에 의한다.

제11조【다른 법률의 개정】 ①~⑯ ※(해당 법령에 가제정리 하였음)

제12조【다른 법령과의 관계】 이 법 시행 당시 다른 법령에서 종전의 규정에 따른 채석허가 또는 토사채취허가를 인용하고 있는 경우에는 그에 갈음하여 이 법의 규정에 의한 토석채취허가를 인용한 것으로 본다.

부　칙 (2010.5.31)

제1조【시행일】 이 법은 공포 후 6개월이 경과한 날부터 시행한다. 다만, 제18조의2, 제18조의4제1항 각 호 외의 부분 단서, 제40조의2, 제44조제3항(제40조의2와 관련된 부분에 한한다), 제55조제3호·제9호, 제56조(제55조제3호 및 제9호와 관련된 사항에 한한다), 제57조제1항제3호의 개정규정은 2011년 7월 1일부터 시행한다.

제2조【불법전용산지에 관한 임시특례】 ① 이 법 시행 당시 적법한 절차를 거치지 아니하고 산지를 5년 이상 계속하여 다음 각 호의 어느 하나에 해당하는 용도로 이용 또는 관리하고 있는 자는 그 사실을 이 법 시행일부터 1년 이내에 농림수산식품부령으로 정하는 바에 따라 시장·군수·구청장에게 신고하여야 한다.
1. 국방·군사시설
2. 대통령령으로 정하는 공용·공공용 시설 또는 농림어업용 시설(농림어업인이 주된 주거용으로 사용하고 있는 시설을 포함한다)
② 시장·군수·구청장은 제1항에 따라 신고된 산지가 이 법 또는 다른 법률에 따른 산지전용의 행위제한 및

허가기준이나 대통령령으로 정하는 기준에 적합한 산지인 경우에는 심사를 거쳐 산지전용허가 등 지목 변경에 필요한 처분을 할 수 있다.
③ 제2항에 따른 처분을 하는 경우에는 이 법을 적용한다. 다만, 산지를 전용한 시점의 규정이 신고자에게 유리한 경우에는 산지전용 시점의 규정을 적용한다.
④ 시장·군수·구청장은 제2항에 따른 산지전용허가 등을 하고자 하는 산지가 산지전용이 제한되는 산지이거나 다른 법률에 따른 인가·허가·승인 등의 행정처분이 필요한 산지인 경우에는 미리 관계 행정기관의 장과 협의를 하여야 한다.
⑤ 제2항에 따른 심사의 방법 및 처분절차 등에 관한 사항은 대통령령으로 정한다.
제3조【산지관리기본계획의 수립 등에 관한 적용례】 제3조의2의 개정규정에 따라 처음으로 수립하는 산지관리기본계획은 2012년 12월 31일까지 수립하여야 한다. 다만, 다른 법률에 따른 계획과 연계를 위하여 필요하면 그 계획기간을 조정할 수 있다.
제4조【산지전용타당성조사에 관한 적용례】 제18조의2의 개정규정은 그 개정규정 시행 후 최초로 산지전용허가나 산지일시사용허가를 신청하는 분부터 적용한다.
제5조【산지의 복구 시 성토 및 산지복구공사 감리 등에 관한 적용례】 ① 제39조제4항의 개정규정은 이 법 시행 후 최초로 복구설계서를 제출하는 분부터 적용한다.
② 제40조의2의 개정규정은 그 개정규정 시행 후 최초로 복구설계서를 제출하는 분부터 적용한다.
제6조【지방이양에 따른 경과조치】 이 법 시행 당시 종전의 제15조, 제17조, 제20조, 제21조, 제25조, 제26조, 제28조, 제30조, 제31조, 제37조부터 제40조까지, 제41조부터 제44조까지, 제47조부터 제49조까지 및 제57조에 따라 신청, 신고 등이 접수된 사항에 대하여는 종전의 규정에 따른다.
제7조【산지일시사용허가·신고에 관한 경과조치】 ① 이 법 시행 당시 종전의 제14조 및 제15조에 따라 산지전용허가를 받거나 산지전용신고가 수리된 사항이 제15조의2제1항 및 제2항의 개정규정에 해당되는 경우에는 산지일시사용허가를 받거나 산지일시사용신고가 수리된 것으로 본다.
② 이 법 시행 당시 종전의 제14조 및 제15조에 따라 산지전용신청 또는 신고가 접수된 사항이 제15조의2제1항 및 제2항의 개정규정에 해당되는 경우에는 산지일시사용신청 또는 신고가 접수된 것으로 본다.
제8조【산지전용·일시사용제한지역에 관한 경과조치】 이 법 시행 당시 종전의 제9조제1항에 따라 지정된 산지전용제한지역은 제9조제1항의 개정규정에 따라 산지전용·일시사용제한지역으로 지정된 것으로 본다.
제9조【산지의 지목변경 제한에 관한 경과조치】 이 법 시행 당시 종전의 규정에 따라 산지전용신고를 한 자의 지목변경 제한에 관하여는 제21조의2의 개정규정에도 불구하고 종전의 규정에 따른다.
제10조【「매장문화재 보호 및 조사에 관한 법률」에 따른 매장문화재 지표조사에 관한 경과조치】 제15조의2제2항 제6호의 개정규정 중 "「매장문화재 보호 및 조사에 관한 법률」에 따른 매장문화재 지표조사"는 2011년 2월 4일까지는 "「문화재보호법」에 따른 문화재 지표조사"로 본다.
제11조【「광업법」 제3조제3호의2·제3호의3에 관한 경과조치】 제27조제1항 각 호 외의 부분 본문 중 "「광업법」 제3조제3호의2·제3호의3"은 2011년 1월 27일까지는 "「광업법」 제3조제3호"로 본다.
제12조【다른 법률의 개정】 ①~⑱ ※(해당 법령에 가제정리 하였음)
제13조【다른 법령과의 관계】 이 법 시행 당시 다른 법령에서 종전의 규정을 인용하고 있는 경우 이 법 중 그에 해당하는 규정이 있는 때에는 종전의 규정을 갈음하여 이 법의 해당 규정을 인용한 것으로 본다.

부　칙 (2012.2.22)

제1조【시행일】 이 법은 공포 후 6개월이 경과한 날부터 시행한다. 다만, 제39조제4항의 개정규정은 공포한 날부터 시행한다.
제2조【산지전용기간에 관한 적용례】 제17조제1항제1호 단서 및 제2호 단서의 개정규정은 이 법 시행 후 최초로 산지전용허가 또는 산지전용신고를 신청하는 것부터 적용한다.
제3조【대체산림자원조성비의 분할납부 및 환급에 관한 적용례】 ① 제19조제2항 각 호 외의 부분 단서의 개정규정은 이 법 시행 후 최초로 산지전용허가 또는 산지일시사용허가를 신청하는 것부터 적용한다.
② 제19조의2제4호의 개정규정은 이 법 시행 후 최초로 목적사업을 완료하지 못하고 산지일시사용기간이 만료되는 것부터 적용한다.
제4조【산지전용·산지일시사용 중지명령에 관한 적용례】 제20조제2항의 개정규정은 이 법 시행 후 최초로 같은 조 제1항의 개정규정 각 호의 사유에 해당하는 행정처분부터 적용한다.
제5조【분과위원회의 심의에 관한 적용례】 제22조제3항 후단의 개정규정은 이 법 시행 후 최초로 분과위원회에서 심의하는 사항부터 적용한다.
제6조【복구비 예치에 관한 적용례】 제38조제3항의 개정규정은 이 법 시행 후 최초로 복구비를 재산정하는 것부터 적용한다.
제7조【불법산지전용지의 복구 등에 관한 적용례】 제44조제1항제4호의 개정규정은 이 법 시행 후 최초로 조치명령을 위반한 자부터 적용한다.
제8조【청문에 관한 적용례】 제49조제1호 및 제3호의 개정규정은 이 법 시행 후 최초로 목적사업의 중지 또는 채석의 중지를 명하는 것부터 적용한다.
제9조【수수료 납부에 관한 적용례】 제50조제6호의2의 개정규정은 이 법 시행 후 최초로 복구설계서의 승인을 신청하는 것부터 적용한다.
제10조【권한 변경에 관한 경과조치】 이 법 시행 당시 다음 각 호의 어느 하나에 해당하는 절차가 진행 중인 경우에는 권한 변경에 관한 해당 규정의 개정규정에도 불구하고 종전의 규정에 따른다.
1. 제18조의4의 개정규정에 따른 산지전용허가기준 등의 충족 여부 확인
2. 제19조 및 제19조의2의 개정규정에 따른 대체산림자원조성비의 부과·징수 및 환급
3. 제25조제2항·제4항 및 제5항의 개정규정에 따른 토사채취신고(변경신고를 포함한다), 토사채취기간의 변경신고 및 토사채취신고의 의제를 위한 협의 절차
4. 제30조의 개정규정에 따른 채석신고, 그 변경신고 및 채석기간의 연장신고
5. 제31조의 개정규정에 따른 허가의 취소, 채석의 중지 및 그 밖에 필요한 조치의 명령
제11조【산지일시사용의 변경허가 및 변경신고에 관한 경과조치】 ① 이 법 시행 당시 산지일시사용의 변경허가 절차가 진행 중인 경우에는 제15조의2제1항 단서의 개정규정에도 불구하고 종전의 규정에 따른다.
② 이 법 시행 당시 산지일시사용의 변경신고에 대한 절차가 진행 중인 경우에는 제15조의2제2항 각 호 외의 부분 후단의 개정규정에도 불구하고 종전의 규정에 따른다.
제12조【산지전용허가기준 등에 관한 경과조치】 이 법 시행 당시 산지전용허가절차가 진행 중인 경우에는 제18조제4항의 개정규정(보전산지가 산지전용허가대상 산지에 포함되는 부분만 해당한다)에도 불구하고 종전의 규정에 따른다.
제13조【벌칙에 관한 경과조치】 이 법 시행 전의 행위에 대하여 벌칙을 적용할 때에는 종전의 규정에 따른다.
제14조【다른 법률의 개정】 ①~⑦ ※(해당 법령에 가제정리 하였음)

부　칙 (2016.12.2 법14361호)

제1조【시행일】 이 법은 공포 후 6개월이 경과한 날부터 시행한다.
제2조【산지전용타당성조사의 범위 등에 관한 적용례】 ① 제18조의2제1항의 개정규정은 이 법 시행 이후 변경협의를 하거나 산지전용 변경허가 또는 산지일시사용 변경허가를 신청하는 경우부터 적용한다.
② 제18조의2제4항의 개정규정은 이 법 시행 당시 산지전문기관이 산지전용타당성조사를 수행하고 있는 경우부터 적용한다.
제3조【불법전용산지에 관한 임시특례】 ① 이 법 시행 당시 적법한 절차를 거치지 아니하고 산지(제2조제1호의 개정규정에 따른 산지로 한정한다)를 2016년 1월 21일 기준으로 3년 이상 계속하여 전(田), 답(畓), 과수원의 용도로 이용하였거나 관리하였던 자로서 제2항에 따른 산지전용허가 등 지목 변경에 필요한 처분을 받으려는 자는 그 사실을 이 법 시행일부터 1년 이내에 농림축산식품부령으로 정하는 바에 따라 시장·군수·구청장에게 신고하여야 한다.
② 시장·군수·구청장은 제1항에 따라 신고된 산지가 이 법 또는 다른 법률에 따른 산지전용의 행위제한, 허가기준 및 대통령령으로 정하는 기준에 적합한 경우에는 심사를 거쳐 산지전용허가 등 지목 변경에 필요한 처분을 할 수 있다. 이 경우 시장·군수·구청장은 해당 산지의 지목 변경을 위하여 다른 법률에 따른 인가·허가·승인 등의 행정처분이 필요한 경우에는 미리 관계 행정기관의 장과 협의하여야 한다.
③ 제2항에 따른 심사의 방법 및 처분 절차 등 필요한 사항은 농림축산식품부령으로 정한다.
제4조【산지전용허가 등의 효력에 관한 경과조치】 이 법 시행 전에 받은 제14조제1항에 따른 산지전용허가 또는 제15조의2제1항에 따른 산지일시사용허가와 이 법 시행 전에 한 제15조제1항에 따른 산지전용신고 또는 제15조의2제2항에 따른 산지일시사용신고의 효력에 대해서는 제16조제1항의 개정규정에도 불구하고 종전의 규정에 따른다.
제5조【산지전용지 등의 복구에 관한 경과조치】 이 법 시행 전에 제37조제1항 각 호의 어느 하나에 해당하는 허가 등의 처분을 받거나 신고 등을 한 경우 산지전용지 등의 복구에 관해서는 제39조제1항의 개정규정에도 불구하고 종전의 규정에 따른다.
제6조【벌칙에 관한 경과조치】 이 법 시행 전의 행위에 대하여 벌칙을 적용할 때에는 종전의 규정에 따른다.
제7조【다른 법률의 개정】 ①~② ※(해당 법령에 가제정리 하였음)

부　칙 (2017.4.18)

제1조【시행일】 이 법은 공포 후 6개월이 경과한 날부터 시행한다. 다만, 제40조의2제1항, 제44조제3항 및 제51조의 개정규정은 공포한 날부터 시행한다.
제2조【권리·의무의 승계 등에 관한 적용례】 제51조의 개정규정은 같은 개정규정 시행 이후 권리·의무의 승계 사유가 발생한 경우부터 적용한다.
제3조【다른 법률의 개정】 ※(해당 법령에 가제정리 하였음)

부　칙 (2019.12.3)

제1조【시행일】 이 법은 공포 후 6개월이 경과한 날부터 시행한다. 다만, 제10조제7호나목, 제41조의2의 개정규정은 공포한 날부터 시행한다.
제2조【산지전용·일시사용제한지역에서의 행위제한에 관한 적용례】 이 법 시행 전에 산림청장등에게 태양에너지 설비를 설치하기 위하여 다음 각 호의 어느 하나에 해당하는 협의·허가·신고를 신청한 경우에는 제10조제7호나목의 개정규정에도 불구하고 종전의 규정에 따른다.
1. 제8조에 따른 지역·지구·구역 등의 지정 등에 관한 협의
2. 제15조의2에 따른 산지일시사용허가, 변경허가 또는 변경신고
제3조【재생에너지 발전사업자에 대한 적용례】 제41조의2의 개정규정은 같은 개정규정의 시행 후 다음 각 호의 어느 하나에 해당하는 협의·허가·신고를 신청하는 경우부터 적용한다.
1. 제8조에 따른 지역·지구·구역 등의 지정 등에 관한 협의
2. 제15조의2에 따른 산지일시사용허가, 변경허가 또는 변경신고

부　칙 (2020.2.18)

이 법은 공포 후 6개월이 경과한 날부터 시행한다. 다만, 제2조제1호·제2호, 제35조제1항제2호나목, 제47조제1항, 제51조제2항, 제57조 및 법률 제16710호 산지관리법 일부개정법률 제57조의 개정규정은 공포한 날부터 시행한다.

부　칙 (2020.3.24)

제1조【시행일】 이 법은 공포한 날부터 시행한다.(이하 생략)

부　칙 (2020.3.31)

제1조【시행일】 이 법은 공포 후 6개월이 경과한 날부터 시행한다.(이하 생략)

부　칙 (2020.5.26)

이 법은 공포한 날부터 시행한다. 다만, 제46조의3제3항의 개정규정은 공포 후 6개월이 경과한 날부터 시행한다.

부　칙 (2021.6.15)

제1조【시행일】 이 법은 공포 후 6개월이 경과한 날부터 시행한다.
제2조【재해위험성 검토의견서 제출에 관한 적용례】 제15조의2제9항의 개정규정은 이 법 시행 이후 산지일시사용허가를 신청한 경우부터 적용한다.

부　칙 (2023.5.16)

제1조【시행일】 이 법은 공포 후 1년이 경과한 날부터 시행한다.(이하 생략)

부　칙 (2023.8.8 법19587호)

제1조【시행일】 이 법은 2024년 5월 17일부터 시행한다.(이하 생략)

부　칙 (2023.8.8 법19590호)

제1조【시행일】 이 법은 2024년 5월 17일부터 시행한다.(이하 생략)

산림조합법

(2000년 1월 21일 전개법률 제6187호)

개정
2000.12.29법 6316호(대외무역)
2001.12.31법 6573호(임업및산촌진흥촉진에관한법)
2002.12.18법 6794호
2004. 1.29법 7159호(복권및복권기금법)
2004.12.31법 7278호
2005. 7.21법 7606호
2005. 7.29법 7638호(공인중개사부동산거래신고)
2005. 8. 4법 7678호(산림자원조성관리)
2007. 8. 3법 8593호
2007. 8. 3법 8594호(산림조합의구조개선에관한법)
2008. 2.29법 8863호(금융위원회의설치등에관한법)
2008. 3.21법 8979호(화물자동차운수사업법)
2008. 3.21법 8980호(여객자동차운수사업법)
2011. 3.29법10482호
2011. 7.25법10941호
2012. 2. 1법11246호
2013. 3.23법11690호(정부조직)
2013. 4. 5법11740호
2014. 3.18법12431호
2014. 5.20법12592호(상업등기법)
2014. 6.11법12755호(공공단체등위탁선거에관한법)
2015. 2. 3법13139호
2016.12.27법14520호
2017.10.31법15022호(주식회사등의외부감사에관한법)
2018. 2.21법15396호
2018.12.11법15862호
2019. 1. 8법16199호
2020. 2.18법17007호(권한지방이양)
2020. 3.24법17096호
2021. 4.13법18024호
2023. 6.20법19489호
2023.12.31법19939호

제1장 총 칙

(2013.4.5 본장개정)

제1조【목적】 이 법은 산림소유자와 임업인의 자주적인 협동조직을 통하여 지속 가능한 산림경영을 촉진하고 산림생산력을 증진시키며 그 구성원의 경제적·사회적·문화적 지위향상을 도모함으로써 국민경제의 균형 있는 발전에 이바지함을 목적으로 한다.

제2조【정의】 이 법에서 사용하는 용어의 뜻은 다음과 같다.
1. "조합"이란 지역조합과 전문조합을 말한다.
2. "지역조합"이란 이 법에 따라 설립된 지역산림조합을 말한다.
3. "전문조합"이란 이 법에 따라 설립된 품목별·업종별 산림조합을 말한다.
4. "중앙회"란 이 법에 따라 설립된 산림조합중앙회를 말한다.
5. "산림"이란 「산림자원의 조성 및 관리에 관한 법률」 제2조제1호에 따른 산림을 말한다.
6. "임산물"이란 「산림자원의 조성 및 관리에 관한 법률」 제2조제7호에 따른 임산물을 말한다.
7. "산림소유자"란 정당한 권원에 의하여 산림을 소유하는 자를 말한다.
8. "특수산림사업지구"란 「산림자원의 조성 및 관리에 관한 법률」 제28조에 따른 특수산림사업지구를 말한다.
9. "임업"이란 「임업 및 산촌 진흥촉진에 관한 법률」 제2조제1호에 따른 임업과 산림용 종자·묘목 또는 균류(버섯종균을 포함한다. 이하 같다)의 생산업을 말한다.
10. "임업인"이란 임업에 종사하는 자로서 대통령령으로 정하는 자를 말한다.

제3조【명칭】 ① 지역조합은 지역명을 붙인 산림조합의 명칭을, 전문조합은 그 지역명과 품목명 또는 업종명을 붙인 산림조합의 명칭을, 중앙회는 산림조합중앙회의 명칭을 각각 사용하여야 한다.
② 이 법에 따라 설립된 조합과 중앙회가 아니면 산림조합·산림조합중앙회 또는 이와 유사한 명칭을 사용하지 못한다. 다만, 다음 각 호의 어느 하나에 해당하는 법인이 조합 또는 중앙회의 정관으로 정하는 바에 따라 승인을 받은 경우에는 이를 사용할 수 있다.(2020.3.24 단서신설)
1. 조합 또는 중앙회가 출자하거나 출연한 법인
2. 그 밖에 중앙회가 필요하다고 인정하는 법인
(2020.3.24 1호~2호신설)

제4조【법인격 등】 ① 이 법에 따라 설립되는 조합과 중앙회는 각각 법인으로 한다.
② 조합과 중앙회의 주소는 그 주된 사무소의 소재지로 한다.

제5조【최대봉사의 원칙】 ① 조합과 중앙회는 그 업무에 있어서 조합원 또는 회원을 위하여 최대로 봉사하여야 한다.
② 조합과 중앙회는 일부 조합원 또는 일부 회원의 이익에 편중되는 업무를 하여서는 아니 된다.
③ 조합과 중앙회는 영리 또는 투기를 목적으로 하는 업무를 하여서는 아니 된다.

제6조【중앙회의 책무】 ① 중앙회는 그 회원의 건전한 발전을 도모하기 위하여 적극 노력하여야 한다.
② 중앙회는 회원의 사업과 직접 경합(競合)되는 사업을 함으로써 회원의 사업을 위축시켜서는 아니 된다.

제7조【공직선거 관여 금지】 ① 조합 및 제86조의3에 따른 조합공동사업법인(이하 "조합등"이라 한다)과 중앙회는 공직선거에서 특정정당을 지지하거나 특정인을 당선되게 하거나 당선되지 아니하도록 하는 행위를 하여서는 아니 된다.
② 누구든지 조합등과 중앙회를 이용하여 제1항에 따른 행위를 하여서는 아니 된다.

제8조【부과금의 면제】 조합등과 중앙회의 업무 및 재산에 대하여는 국가 및 지방자치단체의 조세 및 「장애인고용촉진 및 직업재활법」 제33조에 따른 장애인 고용부담금 외의 부과금을 면제한다. 다만, 그 재산이 조합등과 중앙회의 사업(제46조제1항·제2항, 제86조의8, 제108조제1항에 따른 사업에 한정한다) 외의 목적으로 사용되는 경우에는 그러하지 아니하다.(2019.1.8 본조개정)

제9조【국가 및 공공단체의 협력 등】 ① 국가와 공공단체는 조합등과 중앙회의 자율성을 침해하여서는 아니 된다.
② 국가와 공공단체는 조합등과 중앙회의 사업에 적극적으로 협력하여야 한다. 이 경우 국가 또는 공공단체는 필요한 경비를 보조하거나 융자할 수 있다.
③ 중앙회의 회장(이하 "회장"이라 한다)은 조합등과 중앙회의 발전을 위하여 필요한 사항에 관하여 국가와 공공단체에 의견을 제출할 수 있다. 이 경우 국가와 공공단체는 그 의견이 반영되도록 최대한 노력하여야 한다.

제10조【다른 조합 등과의 협력】 조합등과 중앙회는 다른 조합, 제86조의3에 따른 조합공동사업법인, 다른 법률에 따른 협동조합 및 외국의 협동조합과의 상호협력, 이해증진 및 공동사업개발 등을 위하여 노력하여야 한다.

제11조【다른 법률과의 관계】 ① 조합등과 중앙회의 사업에 대하여는 「보험업법」, 「여객자동차 운수사업법」 제4조·제8조·제81조, 「화물자동차 운수사업법」 제56조 및 「공인중개사법」 제9조를 적용하지 아니한다.(2019.1.8 본항개정)
② 제86조의3에 따른 조합공동사업법인의 사업에 대하여는 「화물자동차 운수사업법」 제56조를 적용하지 아니한다.
③ 지역조합과 중앙회가 제46조 및 제108조에 따라 하는 조경사업과 「산림자원의 조성 및 관리에 관한 법률」 제2조제3호에 따른 산림사업 중 자연휴양림 등 조성사업에 수반되는 연면적 200제곱미터 이하의 건축사업은 「건설산업기본법」에 따른 건설업으로 한정하며, 그 업종과 갖추어야 할 요건 및 범위는 대통령령으로 정하되, 「건설산업기본법」 제8조 및 제10조에서 정한 업무범위와 등록기준에 상응하도록 하여야 한다. 이 경우 제4항에 따라 신고한 지역조합과 중앙회는 「건설산업기본법」 제2조제7호에 따른 건설사업자로 본다.(2023.6.20 본항개정)
④ 지역조합과 중앙회가 제3항에 따른 업종에 해당하고 그 요건을 갖추어 특별시장·광역시장·특별자치시장·도지사·특별자치도지사(이하 "시·도지사"라 한다)에게 신고한 경우에는 「건설산업기본법」에 따라 해당 건설업의 등록을 한 것으로 본다.
⑤ 조합등과 중앙회의 보관사업에 대하여는 「상법」 제155조부터 제168조까지의 규정을 준용한다.

제11조의2【「중소기업제품 구매촉진 및 판로지원에 관한 법률」과의 관계】 조합등과 중앙회가 공공기관(「중소기업제품 구매촉진 및 판로지원에 관한 법률」 제2조제2호에 따른 공공기관을 말한다)에 직접 생산하는 물품을 공급하는 경우에는 조합등 및 중앙회를 「중소기업제품 구매촉진 및 판로지원에 관한 법률」 제33조제1항 각 호 외의 부분에 따른 국가와 수의계약의 방법으로 납품계약을 체결할 수 있는 자로 본다.(2019.1.8 본조신설)
<2024.12.31까지 유효>

제2장 조 합

(2013.4.5 본장개정)

제1절 설 립

제12조【목적】 조합은 조합원에게 필요한 기술, 자금 및 정보 등을 원활히 제공하여 지속 가능한 산림경영을 촉진하고 산림의 생산력을 증진하며, 조합원이 생산한 임산물의 판로 확대 및 유통의 원활화를 통하여 조합원의 경제적·사회적·문화적 지위향상을 도모함을 목적으로 한다.(2020.3.24 본조개정)

제13조【구역과 사무소】 ① 지역조합의 구역은 특별자치시·특별자치도·시·군·구(구는 자치구를 말하며, 이하 "시·군·구"라 한다)의 구역으로 한다. 다만, 시·군·구의 구역으로 조직하는 것이 부적당한 경우에는 산림청장의 승인을 받아 따로 구역을 정할 수 있다.
② 전문조합의 구역은 경제권역 또는 주 생산단지를 중심으로 정관으로 정한다.(2020.3.24 본항개정)
③ 같은 구역에서는 지역조합을 둘 이상, 전문조합을 둘 이상 각각 설립할 수 없다.
④ 조합은 그 구역에 주된 사무소를 두며, 정관으로 정하는 기준과 절차에 따라 지사무소(支事務所)를 둘 수 있다.

제14조【설립인가 등】 ① 조합을 설립하려면 해당 구역의 30인 이상의 조합원 자격을 가진 자가 발기인이 되어 정관을 작성하고 창립총회의 의결을 받은 후 시·도지사(전문조합의 경우에는 주된 사무소 소재지의 시·도지사를 말한다. 이하 같다)의 인가를 받아야 한다. 이 경우 조합원의 수, 출자금 등 인가에 필요한 기준 및 절차는 대통령령으로 정한다.(2020.2.18 전단개정)
② 창립총회의 의사(議事)는 개의(開議) 전까지 발기인에게 설립동의서를 제출한 자 과반수의 찬성으로 의결한다.
③ 발기인 중 제1항에 따른 설립인가의 신청을 거부하는 자가 있을 때에는 나머지 발기인이 신청서에 그 사유서를 첨부하여 신청할 수 있다.
④ 시·도지사는 제1항에 따라 조합의 설립인가 신청을 받았을 때에는 다음 각 호의 경우를 제외하고는 인가하여야 한다.(2020.2.18 본문개정)
1. 설립인가기준에 미치지 못하였을 때
2. 설립절차, 정관 및 사업계획서의 내용이 법령을 위반하였을 때
3. 설립인가에 필요한 구비서류를 갖추지 못하였을 때
⑤ 시·도지사는 제1항에 따른 조합 설립인가의 신청을 받은 날부터 60일 이내에 인가 여부를 신청인에게 통지하여야 한다.(2020.2.18 본항개정)
⑥ 시·도지사가 제5항에서 정한 기간 내에 인가 여부 또는 민원 처리 관련 법령에 따른 처리기간의 연장을 신청인에게 통지하지 아니하면 그 기간(민원 처리 관련 법령에 따라 처리기간이 연장 또는 재연장된 경우에는 해당 처리기간을 말한다)이 끝난 날의 다음 날에 인가를 한 것으로 본다.(2020.2.18 본항개정)

제15조【정관기재사항】 ① 조합의 정관에는 다음 각 호의 사항이 포함되어야 한다.
1. 목적·명칭 및 구역
2. 주된 사무소의 소재지
3. 조합원의 자격과 가입·탈퇴 및 제명에 관한 사항
4. 출자 1계좌의 금액과 조합원의 출자계좌 수 한도, 납입 방법 및 지분계산에 관한 사항(2020.3.24 본호개정)
5. 우선출자에 관한 사항
6. 총회와 그 밖의 의결기관과 임원의 정수·선출 및 해임에 관한 사항
7. 간부직원의 임면(任免)에 관한 사항
8. 사업의 종류와 그 집행에 관한 사항
9. 회계연도와 회계에 관한 사항
10. 적립금의 종류와 적립방법에 관한 사항
11. 잉여금의 처분과 손실금의 처리방법에 관한 사항
12. 경비 및 과태금의 부과·징수와 사용료·수수료에 관한 사항
13. 공고의 방법에 관한 사항
14. 존립시기 또는 해산의 사유를 정하였을 때에는 그 시기 또는 사유
15. 설립 후 현물출자를 약정하였을 때에는 그 출자자산의 명칭·수량·가격, 출자자의 성명·주소와 현금출자로의 전환 및 환매특약조건
16. 설립 후 양수(讓受)를 약정한 재산이 있는 경우에는 그 재산의 명칭·수량·가격과 양도인의 성명·주소
17. 그 밖에 필요한 사항
② 조합의 정관을 변경하려면 시·도지사의 인가를 받아야 한다. 다만, 제16조에 따른 정관례에 따라 변경하는 경우에는 시·도지사의 인가를 받은 것으로 본다.
(2020.2.18 본항개정)

제16조【정관례】 산림청장은 조합의 정관례를 정할 수 있다. 이 경우 신용사업부문에 관하여는 금융위원회와 합의하여야 한다.

제17조【조합의 성립】 ① 조합은 주된 사무소의 소재지에서 제75조에 따른 설립등기를 함으로써 성립한다.
② 조합의 설립무효에 관하여는 「상법」 제328조를 준용한다.

제2절 조합원

제18조【조합원의 자격 등】 ① 지역조합은 다음 각 호의 어느 하나에 해당하는 자를 조합원으로 한다. 다만, 조합원은 둘 이상의 지역조합의 조합원이 될 수 없다.
1. 해당 구역에 주소 또는 산림이 있는 산림소유자
2. 해당 구역에 주소 또는 사업장이 있는 임업인
② 전문조합은 그 구역에 주소나 사업장이 있는 임업인으로서 정관으로 정하는 자격을 갖춘 자를 조합원으로 한다. 다만, 조합원은 같은 품목 또는 업종을 대상으로 하는 둘 이상의 전문조합에 가입할 수 없다.
③ 조합원이 될 수 있는 산림소유자의 최소 산림면적에 대해서는 300제곱미터부터 1천제곱미터까지의 범위에서 정관으로 정한다.(2021.4.13 본항신설)

제19조【준조합원】 ① 조합은 정관으로 정하는 바에 따라 그 조합의 사업을 이용함이 적당하다고 인정되는 자를 준조합원으로 할 수 있다.(2018.2.21 본항개정)
② 조합은 준조합원에 대하여 정관으로 정하는 바에 따라 가입금 및 경비를 부담하게 할 수 있다.
③ 준조합원은 정관으로 정하는 바에 따라 조합의 사업을 이용할 권리를 가진다.
제20조【조합원의 출자 및 책임】 ① 조합원은 정관으로 정하는 계좌 수 이상을 출자하여야 한다.(2020.3.24 본항개정)
② 출자 1계좌의 금액은 균일하게 정하여야 한다.(2020.3.24 본항개정)
③ 출자 1계좌의 금액은 정관으로 정한다.(2020.3.24 본항개정)
④ 조합원의 출자액은 질권(質權)의 목적이 될 수 없다.
⑤ 조합원은 출자액의 납입에 있어서 조합에 대한 채권과 상계(相計)할 수 없다.
⑥ 조합원의 책임은 그 출자액을 한도로 한다.
⑦ 조합원은 조합의 운영과정에 성실히 참여하여야 하며, 생산한 임산물을 조합을 통하여 출하하는 등 조합의 사업을 성실히 이용하여야 한다.
제21조【회전출자】 ① 조합은 제20조에 따른 출자 외에 정관으로 정하는 바에 따라 그 사업의 이용실적에 따라 조합원에게 배당할 금액의 전부 또는 일부를 해당 조합원으로 하여금 출자하게 할 수 있다.
② 제1항에 따른 출자에 관하여는 제20조제5항을 적용한다.
제22조【지분의 양도·양수와 공유 금지】 ① 조합원은 조합의 승인 없이 그 지분을 양도할 수 없다.
② 조합원이 아닌 자가 지분을 양수하려면 가입신청, 자격심사 등 가입의 예에 따른다.
③ 지분양수인은 그 지분에 관하여 양도인의 권리·의무를 승계한다.
④ 조합원의 지분은 공유할 수 없다.
제23조【경비와 과태금의 부과】 ① 조합은 정관으로 정하는 바에 따라 조합원에게 경비와 과태금을 부과할 수 있다.
② 조합원은 제1항에 따른 경비와 과태금의 납입에 있어서 조합에 대한 채권과 상계할 수 없다.
제24조【의결권 및 선거권】 조합원은 출자액의 다소(多少)에 관계없이 평등한 의결권 및 선거권을 가진다. 이 경우 선거권은 임원 또는 대의원의 임기만료일(보궐선거 등의 경우에는 그 선거의 실시 사유가 확정된 날) 전 180일까지 해당 조합의 조합원으로 가입한 자만 행사할 수 있다.
제25조【의결권의 대리】 ① 조합원은 대리인으로 하여금 의결권을 행사하게 할 수 있다. 이 경우 그 조합원은 출석한 것으로 본다.
② 대리인은 조합원 또는 본인과 동거하는 가족(법인의 경우에는 사원 등 그 구성원을 말한다)이어야 하며, 대리인이 대리할 수 있는 조합원의 수는 1명으로 한정한다.
③ 대리인은 대리권을 증명하는 서면을 조합에 제출하여야 한다.
제26조【가입 및 탈퇴】 ① 조합원의 자격이 있는 자는 누구든지 자유로이 조합에 가입하고 탈퇴할 수 있으며, 조합은 정당한 사유 없이 조합원 가입을 거절하거나 그 가입에 관하여 다른 조합원보다 불리한 조건을 붙일 수 없다.
② 조합원이 다음 각 호의 어느 하나에 해당될 때에는 당연히 탈퇴된다.
1. 조합원의 자격이 없을 때
2. 사망하였을 때
3. 파산하였을 때
4. 피성년후견인이 되었을 때(2016.12.27 본호개정)
5. 조합원인 법인이 해산하였을 때
③ 조합원의 가입 및 탈퇴에 필요한 사항은 정관으로 정한다.
제27조【제명】 ① 조합은 다음 각 호의 어느 하나에 해당하는 조합원을 총회의 의결을 받아 제명할 수 있다.
1. 1년 이상 조합의 사업을 이용하지 아니한 조합원
2. 출자 및 경비의 납입이나 그 밖에 조합에 대한 의무를 이행하지 아니한 조합원
3. 그 밖에 정관에 따라 금지된 행위를 한 조합원
② 제1항의 경우에 조합은 총회가 열리기 10일 전에 그 조합원에게 제명의 사유를 알리고 총회에서 의견을 진술할 기회를 주어야 한다.
제28조【지분환급청구권과 환급정지】 ① 탈퇴조합원은 탈퇴 당시 회계연도의 다음 회계연도부터 정관으로 정하는 바에 따라 그 지분의 환급을 청구할 수 있다.
② 제1항에 따른 청구권은 2년간 행사하지 아니하면 소멸된다.
③ 조합은 탈퇴조합원이 조합에 대한 채무를 완전 변제할 때까지는 제1항에 따른 환급을 정지할 수 있다.
제29조【탈퇴조합원의 손실액 부담】 ① 제28조에 따른 환급분을 계산하는 경우에 조합이 그 재산으로 조합의 채무를 완전 변제할 수 없을 때에는 조합은 정관으로 정하는 바에 따라 탈퇴조합원이 부담하여야 할 손실액의 납입을 청구할 수 있다.
② 제1항에 따른 손실액의 납입 청구에 관하여는 제28조 제1항 및 제2항을 준용한다.
제30조【의결취소의 청구 등】 ① 조합원은 총회(창립총회를 포함한다)의 소집절차, 의결방법, 의결내용 또는 임원선거가 법령, 법령에 따른 행정처분 또는 정관을 위반하였다는 것을 사유로 하여 그 의결이나 선거에 따른 당선의 취소 또는 무효 확인을 시·도지사에게 청구하거나 이를 청구하는 소(訴)를 제기할 수 있다.(2020.2.18 본항개정)
② 제1항에 따라 시·도지사에게 청구할 때에는 의결일 또는 선거일부터 1개월 이내에 조합원 300인 또는 100분의 5 이상의 동의를 받아 청구하여야 한다. 이 경우 시·도지사는 그 청구서를 받은 날부터 3개월 이내에 이에 대한 조치결과를 청구인에게 알려야 한다.(2020.2.18 본항개정)
③ 제1항에 따른 소에 관하여는 「상법」 제376조부터 제381조까지의 규정을 준용한다.

제3절 기 관

제31조【총회】 ① 조합에 총회를 둔다.
② 정기총회는 매년 한 차례 정관으로 정하는 시기에 소집하고, 임시총회는 필요할 때에 수시로 소집한다.
③ 총회는 조합원으로 구성하며 정관으로 정하는 바에 따라 조합장이 소집한다.
④ 총회는 이 법에 다른 규정이 있는 경우를 제외하고는 조합원 과반수의 출석으로 개의하고, 출석조합원 과반수의 찬성으로 의결한다. 다만, 제5항제1호·제2호 및 제4호의 사항은 조합원 과반수의 출석과 출석조합원 3분의 2 이상의 찬성으로 의결한다.
⑤ 다음 각 호의 사항은 총회의 의결을 거쳐야 한다.
1. 정관의 변경
2. 해산 또는 분할
3. 합병
4. 조합원의 제명
5. 임원의 선출 및 해임
6. 사업계획 및 수지예산
7. 중앙회의 설립발기인이 되거나 중앙회에 가입 또는 탈퇴
8. 임원의 보수 및 실비변상
9. 사업보고서·재무상태표·손익계산서·잉여금처분안 및 손실금처리안
10. 그 밖에 조합장 또는 이사회가 필요하다고 인정하는 사항
제31조의2【총회 의결의 특례】 ① 다음 각 호의 어느 하나에 해당하는 사항에 대하여는 조합원투표로써 제31조제5항에 따른 총회의 의결을 갈음할 수 있다. 이 경우 조합원투표의 통지·방법과 그 밖에 투표에 필요한 사항은 정관으로 정한다.
1. 해산 또는 분할
2. 합병
3. 제35조제4항제1호에 따른 총회 외에서의 조합장 선출(2020.3.24 본호개정)
② 제1항 각 호의 사항에 대한 의결 또는 선출은 다음 각 호의 방법에 따른다.
1. 제1항제1호의 사항은 조합원 과반수의 투표와 투표조합원 3분의 2 이상의 찬성으로 의결
2. 제1항제2호의 사항은 조합원 과반수의 투표와 투표조합원 과반수의 찬성으로 의결
3. 제1항제3호의 사항은 유효투표의 최다득표자를 선출. 다만, 최다득표자가 2명 이상인 경우에는 연장자를 당선인으로 결정한다.
제31조의3【총회의 소집청구】 ① 조합원은 조합원 300인 또는 100분의 10 이상의 동의를 받아 소집의 목적과 이유를 적은 서면을 제출하여 조합장에게 총회의 소집을 청구할 수 있다.
② 조합장은 제1항에 따른 청구를 받으면 2주 이내에 총회를 소집하여야 한다.
③ 조합장이 제2항에 따른 기간에 정당한 사유 없이 총회를 소집하지 아니하면 감사가 5일 이내에 소집하여야 한다. 이 경우 감사가 의장의 직무를 수행한다.
④ 감사가 제3항에 따른 기간에 총회를 소집하지 아니하면 제1항에 따라 소집을 청구한 조합원의 대표가 소집한다. 이 경우 조합원의 대표가 의장의 직무를 수행한다.
제31조의4【조합원에 대한 통지와 최고】 ① 조합이 조합원에게 통지 또는 최고를 할 때에는 조합원 명부에 적힌 조합원의 주소 또는 거소로 하여야 한다.
② 총회소집의 통지는 총회 개회 7일 전까지 회의목적 등을 적은 총회소집통지서의 발송에 의한다. 다만, 같은 목적으로 총회를 다시 소집하려는 경우에는 개회 전날까지 통지한다.
제31조의5【의결권의 제한 등】 ① 총회에서는 제31조의4제2항에 따라 통지한 사항만 의결할 수 있다. 다만, 제31조제5항제1호부터 제5호까지의 사항을 제외한 긴급한 사항으로서 조합원 과반수의 출석과 출석조합원 3분의 2 이상의 찬성이 있을 때에는 그러하지 아니하다.
② 조합과 조합원의 이해가 상반되는 의사에 관하여 해당 조합원은 그 의결에 참여할 수 없다.
③ 조합원은 조합원 100인 또는 100분의 3 이상의 동의를 받아 총회 개최 30일 전까지 조합장에 대하여 서면으로 일정한 사항을 총회의 목적사항으로 할 것을 제안(이하 이 항에서 "조합원제안"이라 한다)할 수 있다. 이 경우 조합원제안의 내용이 법령 또는 정관을 위반하는 경우를 제외하고는 총회의 목적사항으로 하여야 하고, 조합원제안을 한 자의 청구가 있을 때에는 총회에서 그 제안을 설명할 기회를 주어야 한다.
제31조의6【총회의 의사록】 ① 총회의 의사에 관하여는 의사록을 작성하여야 한다.
② 의사록에는 의사의 진행상황 및 그 결과를 적고 의장과 총회에서 선출한 3인 이상의 조합원이 기명날인하여야 한다.
제32조【대의원회】 ① 조합에는 정관으로 정하는 바에 따라 총회를 갈음하는 대의원회를 둘 수 있다.
② 대의원회는 조합장과 대의원으로 구성한다.
③ 대의원은 조합원(법인인 경우에는 그 대표자를 말한다)이어야 하며 대의원의 정수와 선출에 관하여는 정관으로 정한다.(2018.2.21 본항개정)
④ 대의원의 임기는 2년으로 하되, 보궐선거로 선출된 대의원의 임기는 전임자 임기의 남은 기간으로 한다. 다만, 임기가 만료되는 연도의 결산기 마지막 달 이후 그 결산기에 관한 정기총회 전에 임기가 만료될 때에는 그 정기총회가 끝나는 날까지 임기가 연장된다.
⑤ 대의원은 해당 조합의 조합장을 제외한 임직원과 다른 조합(다른 법률에 따른 협동조합을 포함한다)의 임직원을 겸직하여서는 아니 된다.(2018.2.21 본항개정)
⑥ 대의원회에는 총회에 관한 규정을 준용하되, 제25조에도 불구하고 그 의결권은 대리인으로 하여금 행사하게 할 수 없다.
제33조【이사회】 ① 조합에 이사회를 둔다.
② 이사회는 조합장과 이사로 구성하며, 조합장이 소집한다.
③ 이사회는 다음 각 호의 사항을 의결한다.
1. 조합원의 자격 심사 및 가입 승낙
2. 간부직원의 임면
3. 업무규정의 제정·변경 또는 폐지
4. 법정적립금의 사용
5. 차입금의 최고한도
6. 기본재산의 취득과 처분
7. 법령 또는 정관에 규정된 사항
8. 총회에서 위임한 사항 및 총회에 부칠 사항
9. 그 밖에 조합장 또는 이사 3분의 1 이상이 필요하다고 인정하는 사항
④ 이사회는 제3항에 따라 의결된 사항에 대하여 조합장 또는 상임이사의 업무집행상황을 감독한다.
⑤ 이사회는 구성원 과반수의 출석으로 개의하고, 출석구성원 과반수의 찬성으로 의결한다.
⑥ 이사회의 운영에 필요한 사항은 정관으로 정한다.
제34조【운영평가자문회의의 구성·운영】 ① 조합은 조합의 건전한 발전을 도모하기 위하여 조합원 및 외부전문가 15명 이내로 운영평가자문회의를 구성·운영할 수 있다.
② 제1항에 따라 운영되는 운영평가자문회의는 조합의 운영상황을 평가하고 그 개선사항을 조합장에게 건의할 수 있다.
③ 조합장은 운영평가자문회의의 건의사항을 이사회 및 총회에 보고하고, 조합 운영에 적극 반영하여야 한다.
제35조【임원의 정수 및 선출】 ① 조합에 임원으로서 조합장 1명을 포함한 7명 이상 15명 이하의 이사와 2명의 감사를 두되, 그 정수는 정관으로 정한다. 이 경우 이사 중 2분의 1 이상은 조합원이어야 한다.
② 조합은 정관으로 정하는 바에 따라 제1항에 따른 조합장을 포함한 이사 중 2명 이내를 상임(常任)으로 할 수 있다. 다만, 자산 등 조합의 사업규모가 대통령령으로 정하는 기준 미만인 경우에는 조합장을 상임으로 하며, 조합장을 비상임으로 운영하는 조합의 경우에는 상임이사를 두어야 한다.(2020.3.24 단서개정)
③ 제2항 본문에도 불구하고 자산 등 조합의 사업규모가 대통령령으로 정하는 기준 이상에 해당하는 경우에는 조합장을 비상임으로 한다.(2020.3.24 본항신설)
④ 조합장은 조합원 중에서 정관으로 정하는 바에 따라 다음 각 호의 어느 하나의 방법으로 선출한다.
1. 조합원이 총회 또는 총회 외에서 직접투표로 선출
2. 대의원회에서 선출
⑤ 조합장 외의 임원은 총회에서 선출한다. 다만, 상임이사는 조합업무에 대한 전문지식과 경험이 풍부한 사람으로서 대통령령으로 정하는 요건을 갖춘 사람 중에서 조합장이 이사회의 동의를 받아 추천한 사람을 총회에서 선출한다.
⑥ 상임인 임원을 제외한 조합의 임원은 명예직으로 한다.
⑦ 조합장 선거에 입후보하기 위하여 임기 중 그 직(職)을 그만둔 조합의 이사 및 감사는 그 사직으로 인하여 공석이 된 이사 또는 감사의 보궐선거의 후보자가 될 수 없다.
⑧ 지역조합은 이사 중 1명 이상을 여성조합원 중에서 선출하도록 노력하여야 한다. 다만, 여성조합원이 전체 조합원의 100분의 30 이상인 지역조합은 이사 중 1명 이상을 여성조합원 중에서 선출하여야 한다.(2014.3.18 본항신설)
⑨ 임원의 선출 및 추천에 관하여 이 법에서 정한 사항 외에 필요한 사항은 정관으로 정한다.

제36조【임원의 직무】 ① 조합장은 조합을 대표하며 업무를 집행한다. 다만, 조합장이 비상임인 경우에는 상임이사가 업무를 집행하고 그 업무에 관하여 조합을 대표한다.
② 조합장은 총회·대의원회 및 이사회의 의장이 된다.
③ 이사(조합원이 아닌 이사는 제외한다)는 조합장 또는 상임이사(조합장이 비상임인 조합만 해당한다)가 궐위(闕位)·구금되거나 「의료법」에 따른 의료기관에 60일 이상 계속하여 입원한 경우 등의 사유로 그 직무를 수행할 수 없을 때에는 이사회가 정하는 순서에 따라 그 직무를 대행한다.(2014.3.18 본항개정)
④ 감사는 조합의 재산과 업무집행상황을 감사하며, 전문적인 회계감사가 필요하다고 인정하는 경우에는 중앙회에 회계감사를 의뢰할 수 있다.
⑤ 감사는 조합의 재산상황 또는 업무집행에 관하여 부정한 사실이 있는 것을 발견하였을 때에는 총회에 보고하여야 하며, 그 내용을 총회에 신속히 보고하여야 할 필요가 있는 경우에는 정관으로 정하는 바에 따라 조합장에게 총회의 소집을 요구하거나 총회를 소집할 수 있다.
⑥ 감사는 총회·대의원회 및 이사회에 출석하여 그 의견을 진술할 수 있다.
⑦ 감사의 직무에 관하여는 「상법」 제412조의5, 제413조 및 제413조의2를 준용한다.(2020.3.24 본항개정)

제37조【감사의 대표권】 ① 조합이 조합장 또는 이사와 계약을 할 때에는 감사가 조합을 대표한다.
② 조합과 조합장 또는 이사 간의 소송에 관하여는 제1항을 적용한다.

제38조【임원의 임기】 ① 조합장과 이사의 임기는 다음 각 호와 같고, 감사의 임기는 3년으로 하며, 상임인 조합장은 두 번까지만 연임할 수 있다. 다만, 설립 당시의 조합장·이사 및 감사의 임기는 정관으로 정하되, 2년을 초과할 수 없다.(2020.3.24 본문개정)
1. 조합장과 조합원인 이사 : 4년
2. 상임이사 및 조합원이 아닌 이사 : 2년
(2020.3.24 1호~2호신설)
② 제1항에 따른 임원의 임기만료에 관하여는 제32조제4항 단서를 준용한다.

제39조【임원의 결격사유】 ① 다음 각 호의 어느 하나에 해당하는 사람은 조합의 임원이 될 수 없다. 다만, 제11호와 제13호는 조합원인 임원에게만 적용한다.(2018.2.21 단서개정)
1. 대한민국 국민이 아닌 사람
2. 미성년자·피성년후견인 또는 피한정후견인
(2016.12.27 본호개정)
3. 파산선고를 받고 복권되지 아니한 사람
4. 법원의 판결 또는 다른 법률에 따라 자격이 상실되거나 정지된 사람
5. 금고 이상의 실형을 선고받고 그 집행이 끝나거나(집행이 끝난 것으로 보는 경우를 포함한다) 집행이 면제된 날부터 3년이 지나지 아니한 사람(2019.1.8 본호개정)
5의2. 「형법」 제303조 또는 「성폭력범죄의 처벌 등에 관한 특례법」 제10조에 규정된 죄를 저지른 사람으로서 300만원 이상의 벌금형을 선고받고 그 형이 확정된 후 2년이 지나지 아니한 사람(2020.3.24 본호개정)
6. 제125조제1항 또는 「신용협동조합법」 제84조제1항에 따른 개선(改選) 또는 징계면직의 처분을 받은 날부터 5년이 지나지 아니한 사람
7. 금고 이상의 형의 집행유예를 선고받고 그 유예기간 중에 있는 사람(2019.1.8 본호개정)
8. (2020.3.24 삭제)
9. 제132조 또는 「공공단체등 위탁선거에 관한 법률」 제58조(매수 및 이해유도죄)·제59조(기부행위의 금지·제한 등 위반죄)·제61조(허위사실 공표죄)부터 제66조(각종 제한규정 위반죄)까지에 규정된 죄를 저질러 벌금 100만원 이상의 형을 선고받고 4년이 지나지 아니한 사람(2020.3.24 본호개정)
10. 이 법에 따른 임원선거에서 당선되었으나 제133조제1항제1호 또는 「공공단체등 위탁선거에 관한 법률」 제70조(위탁선거범죄로 인한 당선무효)제1호에 해당하게 되어 당선이 무효로 된 사람으로서 그 무효가 확정된 날부터 5년이 지나지 아니한 사람(2014.6.11 본호개정)
11. 선거일 공고일 현재 해당 조합의 정관으로 정하는 출자계좌 수 이상의 납입출자를 2년 이상 계속 보유하고 있지 아니한 사람. 다만, 설립 또는 합병 후 2년이 지나지 아니한 조합의 경우에는 그러하지 아니하다.
(2020.3.24 본문개정)
12. 선거일 공고일 현재 해당 조합, 중앙회 또는 다음 각 목의 어느 하나에 해당하는 금융기관에 대하여 정관으로 정하는 금액과 기간을 초과하여 채무상환을 연체하고 있는 사람(2018.2.21 본문개정)
가. 「은행법」에 따라 설립된 은행
나. 「한국산업은행법」에 따른 한국산업은행
다. 「중소기업은행법」에 따른 중소기업은행
라. 그 밖에 대통령령으로 정하는 금융기관
(2018.2.21 가목~라목신설)
13. 선거일 공고일 현재 해당 조합의 정관으로 정하는 일정 규모 이상의 사업 이용 실적이 없는 사람(2018.2.21 본호신설)
② 제1항의 사유가 발생하였을 때에는 해당 임원은 당연히 퇴직된다.
③ 제2항에 따라 퇴직한 임원이 퇴직 전에 관여한 행위는 그 효력을 상실하지 아니한다.

제39조의2【형의 분리 선고】 「형법」 제38조에도 불구하고 다음 각 호의 어느 하나에 해당하는 경우에는 형을 분리하여 선고하여야 한다.
1. 제39조제1항제5호의2 및 같은 항 제9호에 규정된 죄와 다른 죄의 경합범에 대하여 형을 선고하는 경우
(2019.1.8 본호개정)
2. 당선인의 직계존속·비속이나 배우자에게 제132조제1항제2호 또는 같은 항 제3호에 규정된 죄와 다른 죄의 경합범으로 형을 선고하는 경우
(2016.12.27 본조신설)

제40조【선거운동의 제한】 ① 누구든지 자기 또는 특정인을 조합의 임원 또는 대의원으로 당선되거나 당선되게 하거나 당선되지 못하게 할 목적으로 다음 각 호의 어느 하나의 행위를 할 수 없다.
1. 선거인(선거인 명부 작성 전에는 그 선거인 명부에 오를 자격이 있는 사람으로서 이미 조합에 가입한 사람 또는 조합에 가입신청을 한 사람을 포함한다. 이하 같다)이나 그 가족(선거인의 배우자, 선거인 또는 그 배우자의 직계 존속·비속과 형제자매, 선거인의 직계 존속·비속 및 형제자매의 배우자를 말한다. 이하 같다) 또는 선거인이나 그 가족이 설립·운영하고 있는 기관·단체·시설에 금전·물품·향응, 그 밖의 재산상 이익 또는 공사(公私)의 직의 제공, 제공의 의사표시 또는 그 제공을 약속하는 행위
2. 후보자가 되지 아니하도록 하거나 후보자가 된 사람을 사퇴하게 할 목적으로 후보자가 되려는 사람이나 후보자에게 제1호에 규정된 행위를 하는 행위
3. 제1호 또는 제2호에 규정된 이익이나 직을 제공받거나 그 제공의 의사표시를 승낙하는 행위
4. 제1호 또는 제2호에 규정된 이익이나 직의 제공을 요구하거나 알선하는 행위
② 임원 또는 대의원이 되려는 사람은 선거운동을 위하여 선거일 공고일부터 선거일까지 선거인을 호별로 방문하거나 특정 장소에 모이게 할 수 없다.
③ 누구든지 조합의 임원 또는 대의원 선거와 관련하여 연설·벽보 또는 그 밖의 방법으로 거짓의 사실을 공표하거나 공연히 사실을 적시(摘示)하여 후보자를 비방할 수 없다.
④ 누구든지 특정 임원의 선거에 투표할 목적으로 거짓된 방법으로 선거인 명부에 오르게 할 수 없다.
(2020.3.24 본항개정)
⑤ 누구든지 해당 후보자의 등록이 끝난 때부터 선거일 전일까지 외에 선거운동을 할 수 없다.
⑥ 누구든지 자기 또는 특정인을 당선되게 하거나 당선되지 못하게 할 목적으로 선거기간 중 포장된 선물 또는 돈 봉투 등 다수의 조합원(조합원의 가족 또는 조합원이나 그 가족이 설립·운영하고 있는 기관·단체 또는 시설을 포함한다)에게 배부하도록 구분된 형태로 되어 있는 금품을 운반하여서는 아니 된다.
⑦ 누구든지 조합선거관리위원회의 위원·직원, 그 밖에 선거사무에 종사하는 사람을 폭행·협박·유인 또는 체포·감금하거나 폭행이나 협박을 가하여 투표소 또는 선거관리위원회 사무소를 소요·교란하거나, 투표용지·투표지·투표보조용구·전산조직 등 선거관리 및 단속사무와 관련한 시설·설비·장비·서류·인장 또는 선거인 명부를 은닉·파손·훼손 또는 탈취하여서는 아니 된다.(2014.6.11 본항개정)
⑧ 누구든지 임원선거와 관련하여 다음 각 호의 행위 외의 선거운동을 할 수 없다.
1. 선전벽보의 부착
2. 선거공보의 배부
3. 도로·시장 등 농림축산식품부령으로 정하는 곳으로서 많은 사람이 왕래하거나 모이는 공개된 장소에서의 지지 호소 및 명함 배부(2013.3.23 본호개정)
4. 합동연설회 또는 공개토론회의 개최
5. 전화(문자메시지를 포함한다), 컴퓨터통신(전자우편을 포함한다)을 이용한 지지 호소
⑨ 조합의 임직원은 다음 각 호의 어느 하나에 해당하는 행위를 할 수 없다.
1. 지위를 이용하여 선거운동을 하는 행위
2. 선거운동의 기획에 참여하거나 그 기획의 실시에 관여하는 행위
3. 후보자(후보자가 되려는 사람을 포함한다. 이하 같다)에 대한 조합원의 지지도를 조사하거나 발표하는 행위
⑩ 제8항에 따른 선거운동의 방법과 기준 등 그 밖에 필요한 사항은 농림축산식품부령으로 정한다.(2023.6.20 본항개정)

제40조의2【기부행위의 제한】 ① 조합의 임원선거의 후보자, 그 배우자 및 후보자가 속한 기관·단체·시설은 임원의 임기만료일 전 180일(보궐선거 등의 경우에는 그 선거의 실시 사유가 확정된 날)부터 그 선거일까지 선거인이나 그 가족 또는 선거인이나 그 가족이 설립·운영하고 있는 기관·단체·시설에 대하여 금전·물품 또는 그 밖의 재산상 이익의 제공, 이익 제공의 의사표시 또는 그 제공을 약속하는 행위(이하 "기부행위"라 한다)를 할 수 없다.
② 제1항에도 불구하고 다음 각 호의 어느 하나에 해당하는 행위는 기부행위로 보지 아니한다.
1. 직무상의 행위
가. 후보자가 소속된 기관·단체·시설(나목에 따른 조합은 제외한다)의 자체사업계획과 예산으로 하는 의례적인 금전·물품을 그 기관·단체·시설의 명의로 제공하는 행위(포상 및 화환·화분 제공 행위를 포함한다)(2018.12.11 본목개정)
나. 법령과 정관에 따른 조합의 사업계획 및 수지예산에 따라 집행하는 금전·물품을 그 기관·단체·시설의 명의로 제공하는 행위(포상 및 화환·화분 제공 행위를 포함한다)(2018.12.11 본목개정)
다. 물품구매·공사·역무(役務)의 제공 등에 대한 대가 제공 또는 부담금의 납부 등 채무를 이행하는 행위
라. 가목부터 다목까지의 행위 외에 법령에 따라 물품 등을 찬조·출연 또는 제공하는 행위
2. 의례적 행위
가. 「민법」 제777조(친족의 범위)에 따른 친족의 관혼상제의식이나 그 밖의 경조사에 축의·부의금품을 제공하는 행위
나. 후보자가 「민법」 제777조(친족의 범위)에 따른 친족 외의 사람의 관혼상제의식에 일반적인 범위에서 축의·부의금품(화환·화분을 포함한다)을 제공하거나 주례를 서는 행위(2020.3.24 본목개정)
다. 후보자의 관혼상제의식이나 그 밖의 경조사에 참석한 하객이나 조객 등에게 일반적인 범위에서 음식물 또는 답례품을 제공하는 행위(2020.3.24 본목개정)
라. 후보자가 그 소속 기관·단체·시설(후보자가 임원이 되려는 해당 조합은 제외한다)의 유급사무직원 또는 「민법」 제777조에 따른 친족에게 연말·설 또는 추석에 의례적인 선물을 제공하는 행위
마. 친목회·향우회·종친회·동창회 등 각종 사교·친목단체 및 사회단체의 구성원으로서 해당 단체의 정관·규약 또는 운영관례상의 의무에 따라 종전의 범위에서 회비를 납부하는 행위(2020.3.24 본목개정)
바. 후보자가 평소 자신이 다니는 교회·성당·사찰 등에 일반적인 예에 따라 헌금(물품의 제공을 포함한다)하는 행위(2020.3.24 본목개정)
3. 「공직선거법」 제112조제2항제3호에서 규정하고 있는 구호적·자선적 행위에 준하는 행위
4. 제1호부터 제3호까지의 규정에 준하는 행위로서 농림축산식품부령으로 정하는 행위(2023.6.20 본호개정)
③ 제2항에 따라 일반적인 범위에서 1명에게 제공할 수 있는 축의·부의금품, 음식물, 답례품 및 의례적인 선물의 금액 범위는 별표와 같다.(2020.3.24 본항개정)
④ 누구든지 제1항의 행위를 약속·지시·권유·알선 또는 요구할 수 없다.
⑤ 누구든지 해당 선거에 관하여 후보자를 위하여 제1항의 행위를 하거나 하게 할 수 없다.

제40조의3【조합선거관리위원회의 구성·운영 등】 ① 조합은 임원선거를 공정하게 관리하기 위하여 대통령령으로 정하는 바에 따라 조합선거관리위원회를 구성·운영한다.
② 조합은 제35조제4항제1호 및 제2호에 따라 선출하는 조합장선거의 관리에 대하여는 정관으로 정하는 바에 따라 그 주된 사무소의 소재지를 관할하는 「선거관리위원회법」에 따른 구·시·군선거관리위원회(이하 "구·시·군선거관리위원회"라 한다)에 위탁하여야 한다.
(2020.3.24 본항개정)
③~④ (2014.6.11 삭제)

제41조【임직원의 겸직 금지 등】 ① 조합장과 이사는 그 조합의 감사를 겸직할 수 없다.
② 조합의 임원은 그 조합의 직원을 겸직할 수 없다.
③ 조합의 임원은 다른 조합의 임원 또는 직원을 겸직할 수 없다.
④ 조합의 사업과 실질적인 경쟁관계에 있는 사업을 경영하거나 이에 종사하는 사람은 조합의 임직원 및 대의원이 될 수 없다.(2018.2.21 본항개정)
⑤ 제4항에 따른 실질적인 경쟁관계에 있는 사업의 범위는 대통령령으로 정한다.(2018.2.21 본항신설)
⑥ 조합장 및 이사는 이사회의 승인을 받지 아니하고는 자기 또는 제3자의 계산으로 해당 조합과 정관으로 정하는 규모 이상의 거래를 할 수 없다.

제42조【임원의 의무와 책임】 ① 조합의 임원은 이 법과 이 법에 따른 명령 및 정관의 규정을 준수하여 충실히 그 직무를 수행하여야 한다.
② 임원이 그 직무를 수행할 때 법령 또는 정관을 위반한 행위를 하거나 그 임무를 게을리하여 조합에 끼친 손해에 대하여는 연대하여 손해배상의 책임을 진다.
③ 임원이 그 직무를 수행할 때 고의 또는 중대한 과실로 제3자에게 끼친 손해에 대하여는 연대하여 손해배상의 책임을 진다.
④ 제2항 및 제3항의 행위가 이사회의 의결에 따른 것일 때에는 그 의결에 찬성한 이사도 연대하여 손해배상의 책임을 진다. 이 경우 의결에 참가한 이사 중 이의를 제기한 사실이 의사록에 적혀 있지 아니한 사람은 그 의결에 찬성한 것으로 추정한다.
⑤ 임원이 거짓의 결산보고·등기 또는 공고를 하여 조합 또는 제3자에게 끼친 손해에 대하여도 제2항 및 제3항과 같다.

제43조【임원의 해임】 ① 조합원은 조합원 5분의 1 이상의 동의로 총회에 임원의 해임을 요구할 수 있다. 이 경우 총회는 조합원 과반수의 출석과 출석조합원 3분의 2 이상의 찬성으로 의결한다.
② 대의원회에서 선출된 임원은 대의원 3분의 1 이상의 요구로 대의원 과반수의 출석과 출석대의원 3분의 2 이상의 찬성으로 해임의결할 수 있다.
③ 총회 외에서 직접 선출된 조합장은 대의원 3분의 1 이상의 요구로 대의원회의 의결을 거쳐 조합원투표로 해임의결할 수 있다. 이 경우 대의원회의 의결은 제2항에 따른 의결정족수를 준용하며, 조합원투표에 의한 해임결정은 조합원 과반수의 투표와 투표조합원 과반수의 찬성으로 한다.
④ 해임의 의결을 하려는 경우에는 해당 임원에게 해임사유를 통지하고 총회 또는 대의원회에서 의견을 진술할 기회를 주어야 한다.
제44조【「민법」·「상법」의 준용】 조합의 임원에 관하여는 「민법」 제35조, 제63조와 「상법」 제382조제2항, 제385조제2항·제3항, 제386조제1항, 제402조부터 제408조까지의 규정을 준용한다. 이 경우 「상법」 제385조제2항 중 "발행주식의 총수의 100분의 3 이상에 해당하는 주식을 가진 주주" 또는 같은 법 제402조 및 제403조제1항 중 "발행주식의 총수의 100분의 1 이상에 해당하는 주식을 가진 주주"는 각각 "조합원 300인 또는 100분의 5 이상의 동의를 받은 조합원"으로 본다.
제45조【직원의 임면 등】 ① 조합의 직원은 정관으로 정하는 바에 따라 조합장이 임면한다. 다만, 상임이사를 두는 조합의 경우에는 상임이사의 제청으로 조합장이 임면한다.
② 조합에는 정관으로 정하는 바에 따라 간부직원을 두어야 하며, 간부직원은 회장이 실시하는 전형시험에 합격한 사람 중에서 회장이 배치하는 사람을 조합장이 이사회의 의결을 얻어 임면한다.
③ 간부직원은 총회 및 이사회에 참석하여 의견을 진술할 수 있다.
④ 간부직원에 관하여는 「상법」 제11조제1항·제3항, 제12조, 제13조 및 제17조와 「상업등기법」 제23조제1항, 제50조 및 제51조를 준용한다.(2014.5.20 본항개정)

제4절 사 업

제46조【사업】 ① 지역조합은 그 목적을 달성하기 위하여 다음 각 호의 사업의 전부 또는 일부를 한다.
1. 교육·지원 사업
 가. 임업생산 및 경영능력의 향상을 위한 상담 및 교육·훈련
 나. 임업생산 및 임산물 유통 관련 정보의 수집 및 제공
 다. 임업인·영림단(營林團) 등의 육성 및 지도
 라. 농촌·산촌 생활환경 개선과 문화향상을 위한 교육·지원
 마. 도시와의 교류촉진을 위한 사업
 바. 그 밖에 산림사업의 수행과 관련한 교육 및 홍보
2. 경제사업
 가. 조합원의 사업과 생활에 필요한 물자의 구입·제조·가공·공급 등의 사업
 나. 조합원이 생산하는 임산물의 제조·가공·판매·알선·수출 등의 사업
 다. 조합원의 사업 또는 생활에 필요한 공동이용시설의 설치·운영, 기자재의 임대사업
 라. 조합원이 생산한 임산물의 유통조절 및 비축사업
 마. 조합원의 노동력 또는 농촌·산촌의 부존자원을 활용한 가공사업·관광사업 등 산림 외 소득증대사업
 바. 임산물을 이용한 사료 및 비료의 생산·판매·알선
 사. 산림용 종묘(種苗) 등 임산물의 채취·보관·육성·판매·알선
 아. 가로수 식재(植栽) 및 조경사업
 자. 임목·임야의 매매·임대차·교환 등의 중개
 차. 임산물을 소재로 하는 건물이나 그 밖의 인공구조물의 건설 및 판매(2020.3.24 본목개정)
 카. 보관사업
 타. 조수(鳥獸) 보호사업
3. 산림경영사업
 가. 산림의 대리경영
 나. 산림경영계획의 작성과 양묘장조성, 조림, 숲가꾸기, 벌채 및 특수산림사업지구에서의 산림사업(2018.12.11 본목개정)
 다. 임도의 시설 및 보수, 사방(砂防), 산지복구나 그 밖의 산림토목공사의 시공 및 유지·관리
 라. 산림복지시설, 수목원, 생태숲, 도시림, 생활림, 학교숲, 숲속수련장, 산림박물관, 수렵장의 조성과 그 시설의 설치·관리(2018.12.11 본목개정)
 마. 산촌개발사업
 바. 산림시업(山林施業)의 공동화(共同化)와 임업노동력의 알선 및 제공 등 효율화사업
 사. 산림병해충·산사태·산불 등 재해의 예방·방제 및 복구 등 산림보호사업(2018.12.11 본목신설)
 아. 나목부터 마목까지 및 사목의 규정에 따른 사업의 설계·감리(2018.12.11 본목개정)
4. 조합원을 위한 신용사업
 가. 조합원의 예금과 적금의 수납
 나. 조합원에게 필요한 자금의 대출
 다. 내국환(內國換)
 라. 조합원의 유가증권, 귀금속, 중요 물품의 보관 등 보호예수업무(保護預受業務)
 마. 국가, 지방자치단체 등의 공공단체와 금융회사 등의 업무대행
5. 임업자금 등의 관리·운용과 자체자금 조성 및 운용
6. 공제사업
7. 복지후생사업
 가. 복지시설의 설치 및 관리
 나. 공원묘지·수목장림·봉안당(奉安堂)의 조성 및 관리, 사설묘지관리 등 장제사업(葬祭事業)
7의2. 「신에너지 및 재생에너지 개발·이용·보급 촉진법」 제2조제2호에 따른 재생에너지 발전사업 중 산림분야와 관련된 사업(2016.12.27 본호신설)
8. 다른 경제단체·사회단체 및 문화단체와의 교류·협력
9. 국가, 공공단체, 중앙회 또는 다른 조합에서 위탁하는 사업
10. 다른 법령에서 지역조합의 사업으로 규정하는 사업
11. 제1호부터 제7호까지, 제7호의2 및 제8호부터 제10호까지의 사업과 관련되는 부대사업(2016.12.27 본호개정)
12. 그 밖에 설립목적의 달성에 필요한 사업으로서 시·도지사의 승인을 받은 사업(2020.2.18 본호개정)
② 전문조합은 그 목적을 달성하기 위하여 다음 각 호의 사업의 전부 또는 일부를 한다.
1. 생산경영을 위한 기술지도
 가. 생산력의 증진과 경영능력의 향상을 위한 상담 및 교육·훈련
 나. 조합원에게 필요한 정보의 수집 및 제공(2020.3.24 본목개정)
 다. 신품종의 개발, 보급 및 기술확산 등을 위한 시범포(示範圃), 양묘장, 연구소의 운영(2020.3.24 본목개정)
 라. 그 밖의 사업수행과 관련한 교육 및 홍보
2. 경제사업
 가. 조합원의 사업과 생활에 필요한 물자의 구입·제조·가공·공급 등의 사업
 나. 조합원이 생산하는 임산물의 제조·가공·판매·수출 등의 사업
 다. 조합원이 생산한 임산물의 유통조절 및 비축사업
 라. 조합원의 사업 또는 생활에 필요한 공동이용시설의 설치·운영 및 기자재의 임대사업
 마. 노동력의 알선 및 제공
 바. 보관사업
3. 조합원을 위한 복지시설의 운영
4. 다른 경제단체·사회단체 및 문화단체와의 교류·협력
5. 국가, 공공단체, 중앙회, 다른 조합 또는 조합원이 위탁하는 사업
6. 다른 법령에서 전문조합의 사업으로 규정하는 사업
7. 제1호부터 제6호까지의 사업과 관련되는 부대사업
8. 그 밖에 설립목적의 달성에 필요한 사업으로서 시·도지사의 승인을 받은 사업(2020.2.18 본호개정)
③ 조합은 제1항 또는 제2항의 사업을 수행하기 위하여 정관으로 정하는 바에 따라 사업손실보전자금 및 대손보전자금(貸損補塡資金)을 조성·운용할 수 있다.
④ 조합은 제1항제9호 또는 제2항제5호에 따라 사업의 위탁을 받으려면 해당 기관과 위탁계약을 체결하여야 한다.
제47조【유통지원자금의 조성·운용】 ① 조합은 조합원이 생산한 임산물 및 그 가공품 등의 유통을 지원하기 위하여 유통지원자금을 조성·운용할 수 있다.
② 제1항에 따른 유통지원자금은 다음 각 호의 사업에 운용한다.
1. 임산물의 계약재배사업
2. 임산물 및 그 가공품의 출하조절사업
3. 임산물의 공동규격 출하촉진사업
4. 조합원이 생산한 임산물 등을 조합이 일괄 구매하여 직접 판매하는 사업(2020.3.24 본호개정)
5. 그 밖에 조합이 필요하다고 인정하는 유통 관련 사업
③ 국가·지방자치단체 및 중앙회는 예산의 범위에서 제1항에 따른 유통지원자금의 조성을 지원할 수 있다.
제48조【공제규정】 ① 조합이 제46조제1항제6호의 공제사업을 하려면 공제규정을 정하여 시·도지사의 인가를 받아야 한다. 공제규정을 변경하려는 경우에도 또한 같다.
② 제1항에 따른 공제규정에는 농림축산식품부령으로 정하는 바에 따라 공제사업 실시에 관한 사항, 공제계약 및 공제료에 관한 사항, 책임준비금이나 그 밖의 준비금 적립에 관한 사항 등이 포함되어야 한다.
(2020.2.18 본조개정)
제49조【차입금과 그 운영】 ① 조합은 제46조의 사업을 하기 위하여 국가, 공공단체 또는 중앙회로부터 필요한 자금을 차입할 수 있다.
② 지역조합이 중앙회로부터 차입한 자금 중 신용사업자금은 압류의 대상으로 할 수 없다.
제50조【수익분배계약】 ① 조합은 산림소유자와 수익을 분배할 것을 조건으로 산림의 보호·개발과 그 밖에 이와 관련되는 사업을 할 때에는 대통령령으로 정하는 바에 따라 계약을 체결하여야 한다.
② 제1항에 따른 계약이 체결된 산림의 경우에는 그 소유자가 조합에 대하여 지상권을 설정한 것으로 본다.
제51조【비조합원의 사업 이용】 ① 조합은 조합원의 이용에 지장이 없는 범위에서 조합원이 아닌 자에게 정관으로 정하는 바에 따라 제46조에 따른 사업을 이용하게 할 수 있다.
② 조합원과 동일한 세대에 속하는 사람, 다른 조합 또는 다른 조합의 조합원이 조합의 사업을 이용하는 경우에는 이를 해당 조합의 조합원이 이용한 것으로 본다.
제52조【다른 법인에의 출자】 조합은 제46조의 사업목적을 달성하기 위하여 필요할 때에는 자기자본의 범위에서 다른 법인에 출자할 수 있다. 이 경우 중앙회를 제외한 동일 법인에 대한 출자 한도는 자기자본의 100분의 20을 초과할 수 없다.

제5절 관 리

제53조【회계연도】 조합의 회계연도는 정관으로 정한다.
제54조【회계의 구분 등】 ① 조합의 회계는 일반회계와 특별회계로 구분한다.
② 지역조합의 일반회계는 신용사업부문과 신용사업 외의 사업부문으로 구분하여야 한다.
③ 특별회계는 특정사업을 운영할 때, 특정자금을 보유하여 운영할 때, 그 밖에 일반회계와 구분할 필요가 있을 때에 정관으로 정하는 바에 따라 설치한다.
④ 일반회계와 특별회계 간, 신용사업부문과 신용사업 외의 사업부문 간의 재무관계 및 조합과 조합원 간의 재무관계에 관한 재무기준은 산림청장이 정한다. 이 경우 산림청장이 신용사업부문과 신용사업 외의 사업부문 간의 재무관계에 관한 재무기준을 정할 때에는 금융위원회와 협의하여야 한다.
⑤ 조합의 회계처리기준에 관하여 필요한 사항은 회장이 정한다. 다만, 신용사업의 회계처리기준에 관하여 필요한 사항은 금융위원회가 따로 정할 수 있다.
제55조【사업계획과 수지예산】 조합은 매 회계연도의 사업계획서와 수지예산서를 작성하여 해당 회계연도가 시작되기 전에 이사회의 심의를 거쳐 총회의 의결을 얻어야 한다. 이를 변경할 때에도 또한 같다.
제55조의2【운영의 공개】 ① 조합장은 정관으로 정하는 바에 따라 사업보고서를 작성하여 그 운영상황을 공개하여야 한다.
② 조합장은 정관, 총회와 이사회의 의사록 및 조합원 명부를 주된 사무소에 갖추어 두어야 한다.
③ 조합원과 조합의 채권자는 제2항에 따른 서류를 열람하거나 그 서류의 사본 발급을 청구할 수 있다. 이 경우 조합이 정한 비용을 지급하여야 한다.
④ 조합원은 조합원 100인 또는 100분의 3 이상의 동의를 받아 조합의 회계장부 및 서류 등의 열람 또는 사본 발급을 청구할 수 있으며, 조합은 특별한 사유가 없으면 이를 거부할 수 없다.
⑤ 조합원은 조합의 업무집행에 관하여 부정행위 또는 법령이나 정관을 위반한 중대한 사실이 있다고 의심이 되는 사유가 있을 때에는 조합원 100인 또는 100분의 3 이상의 동의를 받아 조합의 업무와 재산상태를 조사하게 하기 위하여 법원에 검사인의 선임을 청구할 수 있다. 이 경우 「상법」 제467조를 준용한다.
제56조【여유자금의 운용】 ① 조합의 업무상 여유자금은 다음 각 호의 방법으로 운용하여야 한다.
1. 중앙회 또는 대통령령으로 정하는 금융회사 등에의 예치
2. 국채·공채 또는 대통령령으로 정하는 유가증권의 매입
② 제1항제1호에 따라 예치하는 경우 그 최저비율 또는 금액은 여유자금의 건전한 운용을 저해하지 아니하는 범위에서 중앙회의 이사회가 정한다.
제56조의2【법정적립금, 이월금 및 임의적립금】 ① 조합은 매 회계연도의 손실보전과 재산에 대한 감가상각에 충당하고 남는 금액이 있을 때에는 자기자본의 3배에 달할 때까지 잉여금의 100분의 10 이상을 적립(이하 "법정적립금"이라 한다)하여야 한다.
② 제1항에 따른 자기자본은 납입출자금, 회전출자금, 가입금, 각종 적립금 및 미처분이익잉여금의 합계액(이월결손금이 있으면 이를 공제한다)으로 한다.
③ 조합은 제46조제1항제1호의 사업비용에 충당하기 위하여 잉여금의 100분의 20 이상을 다음 회계연도에 이월하여야 한다.
④ 조합은 정관으로 정하는 바에 따라 사업준비금 등을 적립(이하 "임의적립금"이라 한다)할 수 있다.
제56조의3【손실의 보전과 잉여금의 배당】 ① 조합은 매 회계연도의 결산 결과 손실금(당기 손실금을 말한다)이 발생하였을 때에는 미처분이월금, 임의적립금, 법정적립금, 자본적립금, 회전출자금의 순서에 따라 보전하며, 보전 후에도 부족할 때에는 다음 회계연도에 이월한다.
② 조합은 손실을 보전하고 제56조의2에 따른 법정적립금, 이월금 및 임의적립금을 공제하기 전에는 잉여금의 배당을 하지 못한다.

③ 잉여금은 정관으로 정하는 바에 따라 다음 각 호의 순서에 따라 배당을 실시한다.
1. 조합원의 사업이용실적에 대한 배당
2. 정관으로 정하는 비율의 한도 이내에서 납입출자액에 대한 배당
3. 준조합원의 사업이용실적에 대한 배당
제56조의4【이익금의 적립】 조합은 다음 각 호의 사유에 따라 발생하는 금액을 자본적립금으로 적립하여야 한다.
1. 감자(減資)에 의한 차익
2. 자산재평가 차익
3. 합병 차익
제56조의5【법정적립금의 사용 금지】 법정적립금은 다음 각 호의 어느 하나에 해당하는 경우가 아니면 사용하지 못한다.
1. 조합의 손실금을 보전할 때
2. 조합의 구역이 다른 조합의 구역으로 된 경우에 그 재산의 일부를 다른 조합에 양여할 때
제57조【결산보고서의 제출·비치 등】 ① 조합장은 정기총회일 1주 전까지 결산보고서(사업보고서, 재무상태표, 손익계산서, 잉여금처분안 또는 손실금처리안 등을 말한다)를 감사에게 제출하고 이를 주된 사무소에 갖추어 두어야 한다.
② 조합원과 채권자는 제1항에 따른 결산보고서를 열람하거나 사본 발급을 청구할 수 있다. 이 경우 조합이 정한 비용을 지급하여야 한다.
③ 조합장은 제1항에 따른 결산보고서와 감사의 의견서를 정기총회에 제출하여 그 승인을 받아야 한다.
④ 제3항에 따른 승인을 받은 경우 임원의 책임해제에 관하여는 「상법」 제450조를 준용한다.
제58조【출자감소의 의결】 ① 조합은 출자 1계좌의 금액 또는 출자계좌 수의 감소(이하 "출자감소"라 한다)를 의결하였을 때에는 그 의결이 있은 날부터 2주 이내에 재무상태표를 작성하여야 한다.(2020.3.24 본항개정)
② 제1항의 경우 이의가 있는 채권자는 일정한 기일 내에 이를 진술하라는 취지를 정관으로 정하는 바에 따라 1개월 이상 공고하고, 이미 알고 있는 채권자에게는 따로 최고하여야 한다.
③ 제2항에 따른 공고 또는 최고는 제1항에 따라 의결이 있은 날부터 2주 이내에 하여야 한다.
제59조【출자감소에 대한 채권자의 이의】 ① 채권자가 제58조제2항에 따른 기일 내에 조합의 출자감소에 관한 의결에 대하여 이의를 진술하지 아니하면 이를 승인한 것으로 본다.
② 채권자가 이의를 진술하였을 때에는 조합이 변제하거나 상당한 담보를 제공하지 아니하면 그 의결은 효력을 발생하지 아니한다.
제60조【조합의 지분취득 등의 금지】 조합은 조합원의 지분을 취득하거나 그 지분에 대하여 질권을 설정하지 못한다.
제60조의2【우선출자】 ① 조합은 자기자본의 확충을 통한 경영의 건전성을 도모하기 위하여 정관으로 정하는 바에 따라 조합원 외의 자를 대상으로 잉여금 배당에서 우선적 지위를 가지는 우선출자를 하게 할 수 있다.
② 제1항에 따른 우선출자 1계좌의 금액은 제20조제3항에 따른 출자 1계좌의 금액과 동일하여야 하며, 우선출자의 총액은 자기자본의 2분의 1을 초과할 수 없다.(2020.3.24 본항개정)
③ 우선출자자는 의결권 및 선거권을 가지지 아니한다.
④ 우선출자에 대한 배당은 조합원에 대한 배당보다 우선하여 실시하되, 그 배당률은 정관으로 정하는 최저배당률과 최고배당률 사이에서 정기총회에서 정한다.
⑤ 우선출자자의 책임은 그가 가진 우선출자의 인수가액을 한도로 한다.
제60조의3【우선출자증권의 발행】 조합은 우선출자의 납입기일 후 지체 없이 우선출자증권을 발행하여야 한다.
제60조의4【우선출자의 양도】 ① 우선출자는 양도할 수 있다. 다만, 우선출자증권 발행 전의 양도는 조합에 대하여 효력이 없다.
② 우선출자를 양도할 때에는 우선출자증권을 내주어야 한다.
③ 우선출자증권의 점유자는 적법한 소지인으로 추정한다.
④ 우선출자증권의 명의 변경은 취득자의 성명 및 주소를 우선출자자 명부에 등록하고 그 성명을 증권에 적지 아니하면 조합과 그 밖의 제3자에게 대항하지 못한다.
⑤ 우선출자증권을 질권의 목적으로 할 때에는 질권자의 성명 및 주소를 우선출자자 명부에 등록하지 아니하면 조합과 그 밖의 제3자에게 대항하지 못한다.
제60조의5【우선출자자총회】 ① 조합은 정관의 변경에 의하여 우선출자자에게 손해를 미치게 될 때에는 우선출자자총회의 의결을 받아야 한다.
② 제1항에 따른 우선출자자총회의 의결은 발행한 우선출자 총 계좌 수의 과반수 출석과 출석한 출자계좌 수의 3분의 2 이상의 찬성이 있어야 한다.(2020.3.24 본항개정)
③ 제1항에 따른 우선출자자총회의 운영 등에 필요한 사항은 정관으로 정한다.
제60조의6【우선출자에 관한 그 밖의 사항】 이 법에서 규정하는 사항 외에 우선출자의 발행·모집 등 그 밖에 필요한 사항은 대통령령으로 정한다.

제6절 합병·분할·해산 및 청산

제61조【합병】 ① 조합이 다른 조합과 합병할 때에는 합병계약서를 작성하고 각 총회의 의결을 받아야 한다.
② 합병은 시·도지사의 인가를 받아야 한다.(2020.2.18 본항개정)
③ 합병으로 조합을 설립할 때에는 각 총회에서 설립위원을 선출하여야 한다.
④ 설립위원의 정수는 20명 이상으로 하고, 합병하려는 각 조합의 조합원 중에서 같은 수로 선임한다.
⑤ 설립위원은 설립위원회를 개최하여 정관을 작성하고 임원을 선임하여 제14조에 따른 인가를 받아야 한다.
⑥ 설립위원회에서 임원을 선출할 때에는 설립위원이 추천한 사람 중에서 설립위원 과반수의 출석과 출석위원 과반수의 찬성이 있어야 한다.
⑦ 제3항부터 제6항까지의 규정에 따른 조합의 설립에 관하여는 합병설립의 성질에 반하지 아니하는 범위에서 제14조부터 제17조까지의 규정을 준용한다.
⑧ 조합의 합병 무효에 관하여는 「상법」 제529조를 준용한다.
제61조의2【합병에 따른 임원 임기에 관한 특례】 ① 합병으로 설립되는 조합의 설립 당시 조합장·이사 및 감사의 임기는 제38조제1항에도 불구하고 설립등기일부터 2년으로 한다. 다만, 합병으로 소멸되는 조합의 조합장이 합병으로 설립되는 조합의 조합장으로 선출되는 경우 설립등기일 현재 조합장의 종전 임기 중 남은 임기가 2년을 초과하면 그 조합장의 임기는 그 남은 임기로 한다.
② 합병 후 존속하는 조합의 변경등기 당시 재임 중인 조합장, 이사 및 감사의 남은 임기가 변경등기일 현재 2년 미만이면 제38조제1항에도 불구하고 그 임기를 변경등기일부터 2년으로 한다.
(2015.2.3 본조신설)
제62조【합병지원】 국가와 중앙회는 조합의 합병을 촉진하기 위하여 필요하다고 인정하는 경우에는 예산의 범위에서 자금을 지원할 수 있다.
제63조【합병으로 인한 권리·의무의 승계】 ① 합병 후 존속하거나 합병으로 인하여 설립되는 조합은 소멸되는 조합의 권리·의무를 승계한다.
② 조합의 합병 후 등기부나 그 밖의 공적 장부에 표시된 소멸된 조합의 명의는 존속하거나 설립된 합병조합의 명의로 본다.(2020.3.24 본항개정)
제64조【합병등기의 효력】 조합의 합병은 합병 후 존속하거나 설립되는 조합이 그 주된 사무소의 소재지에서 제80조에 따른 등기를 함으로써 그 효력을 가진다.
제65조【합병 또는 분할의 공고·최고】 조합의 합병 또는 분할에 관하여는 제58조 및 제59조를 준용한다.
제66조【분할】 ① 조합이 분할하는 경우에는 분할설립되는 조합이 승계하여야 하는 권리·의무의 범위를 총회에서 의결하여야 한다.
② 분할에 의한 조합 설립에 관하여는 분할설립의 성질에 반하지 아니하는 범위에서 제14조부터 제17조까지의 규정을 준용한다.
제67조【해산 사유】 조합은 다음 각 호의 어느 하나에 해당하는 사유로 해산한다.
1. 정관으로 정한 해산 사유의 발생
2. 총회의 의결
3. 합병 또는 분할
4. 설립인가 취소
제68조【파산선고】 조합이 그 채무를 완전 변제할 수 없게 되었을 때에는 법원은 조합장이나 채권자의 청구에 의하여 또는 직권으로 파산을 선고할 수 있다.
제69조【청산인】 ① 조합이 해산하였을 때에는 파산으로 인한 경우를 제외하고는 조합장이 청산인이 된다. 다만, 총회에서 다른 사람을 청산인으로 선임하였을 때에는 그러하지 아니하다.
② 청산인은 그 직무의 범위에서 조합장과 동일한 권리·의무를 가진다.
③ 시·도지사는 조합의 청산사무를 감독한다.(2020.2.18 본항개정)
제70조【청산인의 직무】 ① 청산인은 취임 후 지체 없이 재산상황을 조사하고 재무상태표를 작성하여 재산처분의 방법을 정한 후 총회에 제출하여 승인을 받아야 한다.
② 제1항의 경우 승인을 받기 위하여 두 차례 이상 총회를 소집하여도 총회가 열리지 아니하여 총회의 승인을 받을 수 없을 때에는 시·도지사의 승인으로 갈음할 수 있다.(2020.2.18 본항개정)
제71조【청산잔여재산】 해산한 조합의 청산잔여재산은 따로 법률에서 정하는 것 외에는 정관으로 정하는 바에 따라 처분한다.
제72조【청산인의 재산분배 제한】 청산인은 채무를 변제하거나 변제에 필요한 금액을 공탁하기 전에는 그 재산을 분배하여서는 아니 된다.
제73조【결산보고서】 청산사무가 종결되었을 때에는 청산인은 지체 없이 결산보고서를 작성하고 총회에 제출하여 승인을 받아야 한다. 이 경우 제70조제2항을 준용한다.
제74조【「민법」 등의 준용】 조합의 해산과 청산에 관하여는 「민법」 제79조, 제81조, 제87조, 제88조제1항·제2항, 제89조부터 제92조까지 및 제93조제1항·제2항과 「비송사건절차법」 제121조를 준용한다.

제7절 등 기

제75조【설립등기】 ① 조합은 출자금의 납입이 완료된 날부터 2주 이내에 주된 사무소의 소재지에서 설립등기를 하여야 한다.
② 설립등기 신청서에는 다음 각 호의 사항을 적어야 한다.
1. 제15조제1항제1호·제2호 및 제14호부터 제16호까지의 사항
2. 총 출자계좌 수와 납입한 출자금의 총액(2020.3.24 본호개정)
3. 설립인가 연월일
4. 임원의 성명·주민등록번호 및 주소
③ 설립등기를 할 때에는 조합장이 신청인이 된다.
④ 제2항의 설립등기 신청서에는 설립인가서, 창립총회 의사록 및 정관의 사본을 첨부하여야 한다.
⑤ 합병 또는 분할로 인한 조합의 설립등기 신청서에는 제4항에 따른 서류 외에 제65조에 따른 공고 또는 최고를 한 사실과 이의를 진술한 채권자에게 변제나 담보를 제공한 사실을 각각 증명하는 서류를 첨부하여야 한다.
제76조【지사무소의 설치등기】 조합의 설립 후 지사무소를 설치하였을 때에는 주된 사무소의 소재지에서는 3주 이내에, 지사무소의 소재지에서는 4주 이내에 등기하여야 한다.
제77조【사무소의 이전등기】 ① 조합이 사무소를 이전하였을 때에는 이전 소재지와 현재 소재지에서 각각 3주 이내에 이전등기를 하여야 한다.
② 제1항에 따른 등기를 할 때에는 조합장이 신청인이 된다.
제78조【변경등기】 ① 제75조제2항 각 호의 사항이 변경되었을 때에는 주된 사무소 및 해당 지사무소의 소재지에서 각각 3주 이내에 변경등기를 하여야 한다.
② 제75조제2항제2호의 사항에 관한 변경등기는 제1항에도 불구하고 회계연도 말을 기준으로 그 회계연도 종료 후 3개월 이내에 등기하여야 한다.(2020.3.24 본항개정)
③ 제1항 및 제2항에 따른 변경등기를 할 때에는 조합장이 신청인이 된다.
④ 제3항에 따른 변경등기 신청서에는 등기사항의 변경을 증명하는 서류를 첨부하여야 한다.
⑤ 출자감소, 합병 또는 분할로 인한 변경등기 신청서에는 제4항에 따른 서류 외에 제58조 및 제59조에 따른 공고 또는 최고를 한 사실과 이의를 진술한 채권자에게 변제나 담보를 제공한 사실을 각각 증명하는 서류를 첨부하여야 한다.
제79조【행정구역의 명칭 변경과 등기】 ① 행정구역의 명칭이 변경되었을 때에는 등기부 및 정관에 적힌 해당 조합의 사무소 소재지와 구역에 관한 명칭은 변경된 것으로 본다.
② 제1항에 따라 명칭이 변경되었을 때에는 조합은 지체 없이 등기소에 통지하여야 한다.
③ 제2항에 따른 통지를 받은 등기소는 등기부의 기재를 변경하여야 한다.
제80조【합병등기 등】 ① 조합이 합병하였을 때에는 합병한 날부터 2주 이내에 그 사무소의 소재지에서 합병 후 존속하는 조합은 변경등기를, 합병으로 인하여 소멸되는 조합은 해산등기를, 합병으로 인하여 설립된 조합은 제75조에 따른 설립등기를 각 사무소의 소재지에서 하여야 한다.
② 제1항에 따른 해산등기를 할 때에는 합병으로 소멸하는 조합의 조합장이 신청인이 된다.
③ 제2항의 경우에는 해산사유를 증명하는 서류를 첨부하여야 한다.
제81조【해산등기】 ① 조합이 해산하였을 때에는 합병과 파산의 경우를 제외하고는 주된 사무소의 소재지에서는 2주 이내에, 지사무소의 소재지에서는 3주 이내에 해산등기를 하여야 한다.
② 제1항에 따른 해산등기를 할 때에는 제4항의 경우를 제외하고는 청산인이 신청인이 된다.
③ 해산등기 신청서에는 해산 사유를 증명하는 서류를 첨부하여야 한다.
④ 시·도지사는 설립인가의 취소로 인한 해산등기를 촉탁하여야 한다.(2020.2.18 본항개정)
제82조【청산인등기】 ① 청산인은 그 취임일부터 2주 이내에 주된 사무소의 소재지에서 그 성명·주민등록번호 및 주소를 등기하여야 한다.
② 제1항에 따른 등기를 할 때 조합장이 청산인이 아닌 경우에는 신청인의 자격을 증명하는 서류를 첨부하여야 한다.
제83조【청산종결등기】 ① 청산이 종결되었을 때에는 청산인은 주된 사무소의 소재지에서는 2주 이내에, 지사무소의 소재지에서는 3주 이내에 청산종결의 등기를 하여야 한다.
② 제1항에 따른 등기신청서에는 제73조에 따른 결산보고서의 승인을 증명하는 서류를 첨부하여야 한다.
제84조【등기기간의 기산일】 등기사항으로서 시·도지사의 인가·승인 등이 필요한 것은 그 인가·승인 등의 문서가 도달한 날부터 등기기간을 기산한다.(2020.3.24 본조개정)

제85조【등기부】 등기소는 조합의 등기부를 갖추어 두어야 한다.
제86조【「비송사건절차법」 등의 준용】 조합의 등기에 관하여 이 법에서 정한 사항을 제외하고는 「비송사건절차법」 및 「상업등기법」 중 등기에 관한 규정을 준용한다.

제2장의2 조합공동사업법인

(2012.2.1 본장신설)

제86조의2【목적】 조합공동사업법인은 사업의 공동수행을 통하여 임산물의 판매·유통 등과 관련된 사업을 활성화함으로써 임업의 경쟁력 강화와 임업인의 이익 증진에 이바지하는 것을 목적으로 한다.(2013.4.5 본조개정)
제86조의3【법인격 및 명칭】 ① 이 법에 따라 설립되는 조합공동사업법인은 법인으로 한다.
② 조합공동사업법인은 지역명이나 사업명을 붙인 조합공동사업법인의 명칭을 사용하여야 한다.
③ 이 법에 따라 설립된 조합공동사업법인이 아니면 제2항에 따른 명칭 또는 이와 유사한 명칭을 사용하지 못한다.
제86조의4【회원의 자격】 ① 조합공동사업법인의 회원은 조합 및 중앙회로 하고, 다른 조합공동사업법인은 준회원으로 한다.
② 조합공동사업법인의 회원이 되려는 자는 정관으로 정하는 바에 따라 출자하여야 하며, 조합공동사업법인은 준회원에 대하여 정관으로 정하는 바에 따라 가입금과 경비를 부담하게 할 수 있다. 다만, 조합이 아닌 회원이 출자한 총액은 조합공동사업법인의 출자 총액의 100분의 50 미만으로 한다.
③ 회원은 출자금에 비례하여 의결권을 가진다.
(2013.4.5 본조개정)
제86조의5【설립인가 등】 ① 조합공동사업법인을 설립하려면 회원의 자격을 가진 둘 이상의 조합이나 조합과 중앙회가 발기인이 되어 정관을 작성하고 창립총회의 의결을 거친 후 산림청장의 인가를 받아야 한다.
② 출자금 등 제1항에 따른 인가에 필요한 기준과 절차는 대통령령으로 정한다.
③ 조합공동사업법인의 설립인가에 관하여는 제14조제2항부터 제6항까지 규정을 준용한다. 이 경우 "시·도지사"는 "산림청장"으로 본다.(2020.2.18 후단신설)
(2013.4.5 본조개정)
제86조의6【정관기재사항】 ① 조합공동사업법인의 정관에는 다음 각 호의 사항이 포함되어야 한다.
1. 목적
2. 명칭
3. 주된 사무소의 소재지
4. 회원의 자격과 가입·탈퇴 및 제명에 관한 사항
5. 출자(현물출자를 포함한다) 및 가입금과 경비에 관한 사항
6. 회원의 권리와 의무
7. 임원의 선임 및 해임에 관한 사항
8. 사업의 종류와 집행에 관한 사항
9. 적립금의 종류와 적립방법에 관한 사항
10. 잉여금의 처분과 손실금의 처리방법에 관한 사항
11. 그 밖에 이 법에서 정관으로 정하도록 규정한 사항
② 조합공동사업법인이 정관을 변경하려면 산림청장의 인가를 받아야 한다. 다만, 산림청장이 정하여 고시한 정관례에 따라 변경하는 경우에는 산림청장의 인가를 받은 것으로 본다.
(2013.4.5 본조개정)
제86조의7【임원】 조합공동사업법인에는 임원으로 대표이사 1명을 포함한 2명 이상의 이사와 1명 이상의 감사를 두되, 그 정수 및 임기는 정관으로 정한다.
제86조의8【사업】 조합공동사업법인은 그 목적을 달성하기 위하여 다음 각 호의 사업의 전부 또는 일부를 수행한다.
1. 회원을 위한 물자의 공동구매 및 상품의 공동판매와 이에 수반되는 운반·보관 및 가공 사업
2. 회원을 위한 상품의 생산·유통 조절 및 기술의 개발·보급
3. 회원을 위한 자금대출 알선과 공동사업을 위한 국가·공공단체 및 중앙회로부터의 자금 차입
4. 국가·공공단체·조합·중앙회 또는 다른 조합공동사업법인이 위탁하는 사업
5. 그 밖에 회원의 공동이익 증진을 위하여 정관으로 정하는 사업
(2013.4.5 본조개정)
제86조의9【회계처리기준】 조합공동사업법인의 회계처리기준은 산림청장이 정하여 고시한다.
제86조의10【준용규정】 ① 조합공동사업법인에 관하여는 제13조제3항, 제17조, 제20조부터 제23조까지, 제25조부터 제31조까지, 제31조의2부터 제31조의6까지, 제33조, 제37조, 제41조부터 제43조까지, 제53조, 제55조의2, 제56조의2, 제56조의3제1항·제2항, 제56조의4, 제56조의5(제2호는 제외한다), 제57조부터 제60조까지, 제67조부터 제79조까지, 제81조부터 제86조까지의 규정을 준용한다. 이 경우 "조합"은 "조합공동사업법인"으로, "조합장"은 "대표이사"로, "조합원"은 "회원"으로, "시·도지사"는 "산림청장"으로 보고, 제25조제2항 중 "조합원 또는 본인과 동거하는 가족(법인의 경우에는 사원 등 그 구성원을 말한다)이어야 하며, 대리인이 대리할 수 있는 조합원의 수는 1명으로 한정한다"는 "회원이어야 하며, 대리인은 회원의 의결권 수에 따라 대리할 수 있다"로, 제31조제4항 본문 중 "조합원 과반수의 출석으로 개의하고 출석조합원 과반수의 찬성"은 "의결권 총수의 과반수에 해당하는 회원의 출석으로 개의하고 출석한 회원의 의결권 과반수의 찬성"으로 하고, 같은 항 단서 중 "조합원 과반수의 출석과 출석조합원 3분의 2 이상의 찬성"은 "의결권 총수의 과반수에 해당하는 회원의 출석과 출석한 회원의 의결권 3분의 2 이상의 찬성"으로, 제31조제5항제2호 및 제31조의2제1항제1호 중 "해산 또는 분할"은 "해산"으로, 제31조의5제1항 단서 중 "조합원 과반수의 출석과 출석조합원 3분의 2 이상의 찬성"은 "의결권 총수의 과반수에 해당하는 회원의 출석과 출석한 회원의 의결권 3분의 2 이상의 찬성"으로, 제31조의6제2항 중 "3인"은 "2인"으로, 제41조제3항 중 "다른 조합"은 "다른 조합공동사업법인"으로, 제56조의3제2항 중 "법정적립금, 이월금"은 "법정적립금"으로 본다.(2020.2.18 후단개정)
② 조합공동사업법인의 우선출자에 관하여는 제60조의2부터 제60조의6까지의 규정을 준용한다. 이 경우 "조합"은 "조합공동사업법인"으로, "조합원"은 "회원"으로 보고, 제60조의2제2항 중 "제20조제3항"은 "제86조의10제1항에 따라 준용되는 제20조제3항"으로 본다.
(2013.4.5 본조개정)

제3장 중앙회

(2013.4.5 본장개정)

제1절 통 칙

제87조【목적】 중앙회는 회원의 공동이익 증진과 그 건전한 발전을 도모함을 목적으로 한다.
제88조【사무소와 구역】 ① 중앙회는 정관으로 정하는 바에 따라 주된 사무소를 두고, 정관으로 정하는 기준과 절차에 따라 지사무소를 둘 수 있다.
② 중앙회는 전국을 그 구역으로 한다.
제89조【회원 등】 ① 중앙회는 지역조합과 전문조합을 회원으로 한다. 다만, 지역조합의 경우는 조합원 중 산림소유자의 비율 또는 조합원 소유 산림의 면적비율이 중앙회의 정관으로 정하는 기준 이상이어야 한다.
② 중앙회는 정관으로 정하는 바에 따라 임업과 관련되는 법인 또는 단체를 준회원으로 할 수 있다.
③ 중앙회는 조합이 회원가입신청을 하였을 때에는 다음 각 호의 어느 하나에 해당하는 경우를 제외하고는 그 신청일부터 60일 이내에 가입을 승낙하여야 한다.
1. 「산림조합의 구조개선에 관한 법률」에 따른 부실조합 또는 부실우려조합의 기준에 해당하는 조합
2. 제명된 후 2년이 지나지 아니한 조합
3. 그 밖에 대통령령으로 정하는 기준에 해당되어 중앙회 및 그 회원의 발전을 저해할만한 현저한 이유가 있는 조합. 이 경우 산림청장의 동의를 받아야 한다.
제90조【회원의 출자 및 책임】 ① 회원은 정관으로 정하는 바에 따라 출자하여야 한다.
② 출자 1계좌의 금액은 정관으로 정한다.(2020.3.24 본항개정)
③ 회원의 책임은 그 출자액을 한도로 한다.
제91조【당연탈퇴 등】 ① 회원이 해산하거나 파산하였을 때에는 당연히 탈퇴된다.
② 회장은 회원인 지역조합이 제89조제1항 단서에 따라 정관으로 정하는 기준에 미치지 못하였을 때에는 해당 조합에 대하여 상당한 기간을 정하여 시정을 요구하여야 하며, 그 기간 이내에 이행하지 아니하면 총회의 의결을 받아 제명할 수 있다. 이 경우 제27조제2항을 준용하되, "조합"은 "중앙회"로, "조합원"은 "회원"으로 본다.
제92조【정관기재사항】 ① 중앙회의 정관에는 다음 각 호의 사항이 포함되어야 한다.
1. 목적·명칭과 구역
2. 사무소의 소재지
3. 회원의 가입과 탈퇴에 관한 사항
4. 회원의 권리·의무에 관한 사항
5. 회원의 출자에 관한 사항
6. 우선출자에 관한 사항
7. 총회·대의원회 및 이사회에 관한 사항
8. 임원·집행간부 및 집행간부 외의 간부직원(이하 "일반간부직원"이라 한다)에 관한 사항
9. 재산과 감사에 관한 사항
10. 사업의 종류 및 업무집행에 관한 사항
11. 회계에 관한 사항
12. 적립금에 관한 사항
13. 잉여금의 처분과 손실금의 처리방법에 관한 사항
14. 경비 및 과태금의 부과·징수와 사용료·수수료에 관한 사항
15. 공고의 방법에 관한 사항
16. 정관의 변경에 관한 사항
17. 그 밖에 필요한 사항
② 정관의 변경은 산림청장의 인가를 받아야 한다. 이 경우 산림청장이 정관 변경의 인가를 할 때 신용사업에 관한 사항에 관하여는 금융위원회와 협의하여야 한다.
제93조【설립】 중앙회를 설립하려면 50개 이상의 조합이 발기인이 되어 정관을 작성하고 창립총회의 의결을 거쳐 산림청장의 인가를 받아야 한다.
제94조【중앙회의 해산】 중앙회의 해산에 관하여는 따로 법률에서 정한다.

제2절 기 관

제95조【총회】 ① 중앙회에 총회를 둔다.
② 총회는 회장과 회원으로 구성하고 정관으로 정하는 바에 따라 회장이 소집한다.
③ 정기총회는 매년 한 차례 정관으로 정한 시기에 소집하고 임시총회는 필요할 때에 수시로 소집한다.
④ 다음 사항은 총회의 의결을 받아야 한다.
1. 정관의 변경
2. 회원의 제명
3. 임원, 대의원 및 조합감사위원회 위원장의 선출과 해임(2020.3.24 본호개정)
4. 사업계획, 수지예산 및 결산의 승인
5. 그 밖에 이사회 및 회장이 필요하다고 인정하는 사항
제96조【대의원회】 ① 중앙회에 정관으로 정하는 사항에 대한 총회의 의결에 관하여 총회를 갈음하는 대의원회를 둔다. 다만, 제104조제1항에 따른 회장의 선출을 위한 총회의 경우에는 그러하지 아니하다.(2020.3.24 단서개정)
② 대의원회는 회장과 대의원으로 구성하며, 회장이 소집한다.
제97조【대의원의 정수 및 선출과 임기】 ① 대의원의 정수는 회원의 3분의 1의 범위에서 정관으로 정한다.
② 대의원은 총회에서 회원 중에서 선출하되, 회원인 지역조합 및 전문조합의 대표성이 보장될 수 있도록 하여야 한다.
③ 대의원의 임기는 2년으로 하되, 보궐선거로 선출된 대의원의 임기는 전임자 임기의 남은 기간으로 한다. 이 경우 대의원의 임기에 관하여는 제32조제4항 단서를 준용한다.(2020.3.24 본항개정)
제98조【이사회】 ① 중앙회에 이사회를 둔다.
② 이사회는 회장 및 사업대표이사를 포함한 이사로 구성하되, 회장 및 사업대표이사를 제외한 이사의 2분의 1 이상은 회원인 조합의 조합장(이하 "회원조합장"이라 한다)이어야 한다.(2020.3.24 본항개정)
③ 이사회는 다음 각 호의 사항을 의결한다.
1. 중앙회의 경영목표 설정
2. 중앙회의 사업계획 및 자금계획의 종합조정
3. 조직·경영 및 임원에 대한 규정의 제정·개정 및 폐지
4. 조합에서 중앙회에 예치하는 여유자금의 최저비율 또는 금액
5. 사업대표이사 소관 업무의 성과평가 및 해임건의에 관한 사항
6. 제98조의2에 따른 인사추천위원회의 구성에 관한 사항
7. 제119조제2항제1호에 따른 조합감사위원회 위원 선출
8. 중앙회의 중요한 자산 취득 및 처분에 관한 사항
9. 중앙회 업무의 위험관리에 관한 사항
(2020.3.24 5호~9호신설)
10. 총회로부터 위임된 사항
11. 그 밖에 회장 또는 이사 3분의 1 이상이 필요하다고 인정하는 사항
④ 이사회는 제3항에 따라 의결된 사항에 대하여 회장 및 사업대표이사의 업무집행상황을 감독한다.(2020.3.24 본항개정)
⑤ 감사 및 집행간부는 이사회에 출석하여 의견을 진술할 수 있다.
⑥ 이사회의 운영에 필요한 사항은 정관으로 정한다.
제98조의2【인사추천위원회】 ① 중앙회에 다음 각 호의 사람을 추천하기 위하여 인사추천위원회를 둔다.
1. 제103조제3항에 따라 선출되는 감사위원
2. 제104조제2항에 따라 선출되는 사업대표이사
3. 제104조제3항에 따라 선출되는 회원조합장이 아닌 이사
4. 제119조제1항에 따라 선출되는 조합감사위원장
5. 제119조제2항제1호에 따라 선출되는 조합감사위원
② 인사추천위원회는 다음 각 호의 위원으로 구성하고, 위원장은 위원 중에서 호선(互選)한다.
1. 이사회가 위촉하는 회원조합장 3명
2. 임업 관련 단체 또는 학계 등이 추천하는 학식과 경험이 풍부한 외부전문가(공무원은 제외한다) 중에서 이사회가 위촉하는 2명
③ 임업 관련 단체는 학식과 경험이 풍부한 외부전문가 중에서 제1항제3호에 따른 이사 후보자를 인사추천위원회에 추천할 수 있다.
④ 그 밖에 인사추천위원회의 구성과 운영에 필요한 사항은 정관으로 정한다.
(2020.3.24 본조신설)
제99조【운영에 관한 특례】 ① 회장은 전시·사변이나 그 밖에 이에 준하는 비상사태의 경우에 회원 및 중앙회를 위하여 긴급한 조치가 필요하고 총회·대의원회 및 이사회를 소집할 수 없을 때에는 총회·대의원회 및 이사회의 권한의 범위에서 필요한 조치를 할 수 있다.

② 회장은 제1항의 조치를 하였을 때에는 지체 없이 총회·대의원회 및 이사회를 소집하고 그 조치사항을 보고하여야 한다.
③ 총회·대의원회 및 이사회는 제1항의 조치를 수정하거나 정지하게 할 수 있다.
제100조【임원】 ① 중앙회에 임원으로서 회장 1명, 사업대표이사 1명을 포함한 18명 이내의 이사와 감사위원 3명을 둔다.
② 제1항의 임원 중 사업대표이사와 감사위원장은 상임으로 한다.
(2020.3.24 본조개정)
제101조【회장의 직무】 ① 회장은 중앙회를 대표한다. 다만, 제102조제1항에 따라 사업대표이사가 대표하는 업무에 대하여는 그러하지 아니하다.(2020.3.24 단서개정)
② 회장은 총회·대의원회 및 이사회의 의장이 된다.
③ 회장은 다음 각 호의 업무를 처리하되, 정관으로 정하는 바에 따라 제1호·제4호·제5호 및 제8호의 업무는 제100조에 따른 사업대표이사에게, 제2호 및 제6호의 업무는 제118조에 따른 조합감사위원회의 위원장에게 위임하여 전결처리하게 하여야 한다.
1. 제108조제1항제1호가목부터 사목, 차목 및 카목에 따른 사업과 그 부대사업
2. 제108조제1항제1호아목에 따른 회원에 대한 감사 및 그 부대사업
3. 제108조제1항제1호자목에 따른 사업과 대외활동
4. 제108조제1항제7호·제8호·제10호 및 같은 조 제2항의 사업 중 제1호에 관한 사업
5. 제1호 및 제4호의 업무에 관한 경영목표, 사업계획 및 자금계획의 수립
6. 제2호의 업무에 관한 경영목표, 사업계획 및 자금계획의 수립
7. 제3호의 업무에 관한 사업계획 및 자금계획의 수립
8. 제117조에 따른 중앙회의 지도
9. 총회 및 이사회에서 위임한 사항
10. 그 밖에 사업대표이사의 업무에 속하지 아니하는 업무
(2020.3.24 본항개정)
④ 회장이 궐위·구금되거나 「의료법」에 따른 의료기관에 30일 이상 계속하여 입원한 경우 등의 사유로 직무를 수행할 수 없을 때에는 사업대표이사가 회장의 직무를 대행한다.(2020.3.24 본항개정)
제102조【사업대표이사의 직무】 ① 사업대표이사는 다음 각 호의 업무를 전담하여 처리하며 그 업무에 관하여 중앙회를 대표한다.
1. 제108조제1항제2호부터 제6호까지, 제6호의2부터 제6호의4까지의 사업 및 그 부대사업
2. 제108조제1항제7호·제8호·제10호 및 같은 조 제2항의 사업 중 제1호에 관한 사업과 그 부대사업
3. 제1호 및 제2호의 업무에 관한 경영목표 설정
4. 제1호 및 제2호의 업무에 관한 사업계획 및 자금조달·운영계획 수립
5. 총회·이사회 및 회장이 위임한 사항
(2020.3.24 본항개정)
② 사업대표이사가 제101조제4항에 따른 사유로 그 직무를 수행할 수 없을 때에는 정관으로 정하는 순서에 따른 이사가 그 직무를 대행한다.(2020.3.24 본항개정)
③ 제1항에 따른 사업대표이사의 원활한 업무집행을 지원하기 위하여 조합장 대표로 구성되는 조합장대표자회의를 둘 수 있다.(2020.3.24 본항개정)
④ 제3항에 따른 조합장대표자회의의 구성 및 운영 등에 필요한 사항은 정관으로 정한다.
(2020.3.24 본조제목개정)
제103조【감사위원회】 ① 중앙회는 재산과 업무집행상황을 감사하기 위하여 감사위원회를 둔다.
② 감사위원회는 감사위원장을 포함한 3명의 감사위원으로 구성하되, 그 임기는 3년으로 하며, 감사위원 중 2명은 대통령령으로 정하는 요건에 적합한 외부전문가 중에서 선출하여야 한다.
③ 감사위원은 인사추천위원회가 추천한 자를 대상으로 총회에서 선출한다.
④ 감사위원장은 감사위원 중에서 호선한다.
⑤ 감사위원회에 관하여는 제36조제5항부터 제7항까지 및 제37조를 준용한다. 이 경우 제36조제5항부터 제7항까지 및 제37조제1항 중 "감사"는 "감사위원회"로, 제37조제1항 및 제2항 중 "조합"은 "중앙회"로, "조합장"은 "회장·사업대표이사"로 본다.
⑥ 감사위원회의 운영 등에 필요한 사항은 정관으로 정한다.
(2020.3.24 본조개정)
제104조【임원의 선출과 임기】 ① 회장은 총회에서 선출하되, 회원인 조합의 조합원이어야 한다.
② 사업대표이사는 해당 사업에 관한 전문지식과 경험이 풍부한 사람으로서 대통령령으로 정하는 요건을 갖춘 사람 중에서 인사추천위원회에서 추천된 사람을 총회에서 선출한다.
③ 회원조합장인 이사는 정관으로 정하는 바에 따라 추천된 사람을 총회에서 선출하고, 회원조합장이 아닌 이사는 인사추천위원회에서 추천된 사람을 총회에서 선출한다.
④ 회장의 임기는 4년으로 하며, 한 차례만 연임할 수 있다.
⑤ 회장을 제외한 사업대표이사 및 이사의 임기는 2년으로 한다.
⑥ 회원조합장이 제100조제2항에 따른 상임인 임원으로 선출된 경우에는 취임 전에 조합장의 직을 사임하여야 한다.
⑦ 중앙회는 제1항에 따른 회장 선출에 대한 선거관리를 정관으로 정하는 바에 따라 「선거관리위원회법」에 따른 중앙선거관리위원회에 위탁하여야 한다.
(2020.3.24 본조개정)
제104조의2【사업대표이사의 해임】 ① 이사회는 사업대표이사의 업무 성과를 평가한 결과 경영 실적이 부실하여 그 직무를 담당하기 곤란하다고 인정되거나, 이 법이나 이 법에 따른 명령 또는 정관을 위반하는 행위를 한 경우에는 총회에 사업대표이사의 해임을 건의할 수 있다. 이 경우 총회는 구성원 과반수의 출석과 출석구성원 3분의 2 이상의 찬성으로 해임을 의결한다.
② 제1항에 따라 해임 의결을 할 때에는 사업대표이사에게 해임 이유를 통지하여 총회에서 의견을 진술할 기회를 주어야 한다.
(2020.3.24 본조신설)
제105조【집행간부와 직원의 임면】 ① 중앙회에 사업대표이사의 업무를 보좌하기 위하여 집행간부를 두되, 그 명칭·직무 및 임기 등에 관한 사항은 정관으로 정한다.
② 제1항에 따른 집행간부는 사업대표이사가 임면한다.
③ 직원(집행간부는 제외한다)은 회장이 임면하되, 사업대표이사 소속 직원의 승진, 전보 등은 정관으로 정하는 바에 따라 사업대표이사가 수행한다.
④ 집행간부 및 일반간부직원에 관하여는 「상법」 제10조, 제11조제1항·제3항, 제12조, 제13조 및 제17조와 「상업등기법」 제23조제1항, 제50조 및 제51조를 준용한다.
(2020.3.24 본조개정)
제106조【다른 직업종사의 제한】 상임인 임원과 집행간부 및 일반간부 직원은 직무와 관련되는 영리를 목적으로 하는 업무에 종사할 수 없으며, 이사회가 승인하는 경우를 제외하고는 다른 직업에 종사할 수 없다.
제107조【대리인의 선임】 회장과 사업대표이사는 집행간부 또는 직원 중에서 중앙회의 업무에 관한 재판상 또는 재판 외의 모든 행위를 할 수 있는 대리인을 선임할 수 있다.(2020.3.24 본조개정)

제3절 사 업

제108조【사업】 ① 중앙회는 그 목적을 달성하기 위하여 다음 각 호의 사업을 수행한다.
1. 교육·지원 사업
가. 회원의 조직 및 경영 지도
나. 회원의 조합원과 직원에 관한 교육·훈련 및 정보의 제공
다. 회원과 그 조합원의 사업에 관한 조사·연구 및 홍보
라. 회원과 그 조합원의 사업 및 생활개선을 위한 정보망 구축, 정보화 교육 및 보급 등을 위한 사업
마. 회원과 그 조합원 및 직원에 대한 보조금 교부
바. 임업 관련 신기술 및 신품종의 연구·개발 등을 위한 연구소와 시범사업 운영
사. 회원 및 중앙회의 사업에 대한 계획·설계 및 감리
아. 회원에 대한 감사
자. 회원과 그 조합원의 권익증진을 위한 사업
차. 「평생교육법」에 따른 평생교육시설의 설치 및 운영(2016.12.27 본목신설)
카. 제114조의2에 따른 명칭사용료의 관리 및 운영(2020.3.24 본목신설)
2. 임업경제사업
가. 중앙회 및 회원과 그 조합원을 위한 구매·보관·이용·판매, 시설물 조성 및 공동사업과 그 업무대행(2018.12.11 본목개정)
나. 산림의 지하수를 이용한 먹는 물의 개발·공급
다. 임업용 각종 균류의 배양·개량 및 공급
라. 수목의 병리치료 및 외과수술, 조경사업
마. 임산물 또는 그 밖의 임업용 기자재의 수출·수입
바. 보관사업
사. 산림경영 구조개선사업
아. 임도, 사방, 산지복구나 그 밖의 산림토목사업 등의 관련 사업에 대한 조사·설계·감리
자. 산촌개발, 수목원, 산림복지시설, 산림환경 등의 관련 사업에 대한 조사·설계·감리
차. 조림, 숲가꾸기 및 병해충 방제 등 산림사업에 대한 조사·설계·감리
(2018.12.11 아목~차목개정)
카. 산림 분야 안전진단, 계측 및 유지관리
타. 산림자원조사, 산림공간정보체계 구축 및 활용 등을 위한 사업
(2018.12.11 카목~타목신설)
3. 회원을 위한 신용사업
가. 회원의 여신자금과 사업자금의 대출
나. 중앙회의 사업부문에 대한 자금 공급
다. 회원의 예탁금 수납
라. 내국환과 회원을 위한 보호예수업무
마. 국가, 지방자치단체 등의 공공단체와 금융회사 등의 업무 대행
4. 대통령령으로 정하는 바에 따른 회원의 상환준비금과 여유자금의 운용·관리(2016.12.27 본호개정)
5. 공제사업
6. 산림자원조성기금의 설치·운용(2020.3.24 본호개정)
6의2. 「신에너지 및 재생에너지 개발·이용·보급 촉진법」 제2조제2호에 따른 재생에너지 발전사업 중 산림분야와 관련된 사업(2016.12.27 본호신설)
6의3. 산림분야 정보기술 용역 및 시스템 구축사업(2016.12.27 본호신설)
6의4. 산림 분야 학술·연구용역(2018.12.11 본호신설)
7. 국가나 공공단체가 위탁하거나 보조하는 사업
8. 다른 법령에서 중앙회의 사업으로 정하는 사업
9. 제1호부터 제6호까지, 제6호의2부터 제6호의4까지, 제7호 및 제8호의 사업과 관련되는 부대사업(2020.3.24 본호개정)
10. 그 밖에 설립목적의 달성에 필요한 사업으로서 산림청장의 승인을 받은 사업
② 중앙회는 회원의 사업과 직접 경합되지 아니하는 범위에서 제46조제1항 각 호(제4호는 제외한다)의 사업을 할 수 있다. 이 경우 국가나 공공단체가 시행하는 사업은 회원의 사업과 경합하는 것으로 보지 아니한다.
③ 중앙회는 제1항에 따른 사업을 수행하기 위하여 다음 각 호의 행위를 할 수 있다.
1. 국가·공공단체·한국은행 또는 다른 금융회사 등으로부터 자금을 차입하거나 한국은행 또는 다른 금융회사 등에 예치하는 등의 방법으로 자금 운용
2. 대통령령으로 정하는 자로 하여금 중앙회의 사업에 대한 자금 및 물자의 기탁 또는 투자의 권고
3. 해외 임산자원의 개발, 국제기구·외국 또는 외국인으로부터의 자금 차입 또는 물자 및 기술의 도입
4. 정관으로 정하는 바에 따라 사업손실보전자금, 대손보전자금, 조합상호지원자금 및 조합합병지원자금의 조성·운용
제109조【비회원의 사업 이용】 ① 중앙회는 회원의 이용에 지장이 없는 범위에서 정관으로 정하는 바에 따라 회원이 아닌 자에게 제108조제1항에 따른 사업을 이용하게 할 수 있다.
② 회원의 구성원의 사업 이용은 회원의 이용으로 본다.
제110조【유통지원자금의 조성·운용】 ① 중앙회는 회원과 조합원이 생산한 임산물 및 가공품 등의 원활한 유통을 지원하기 위하여 유통지원자금을 조성·운용할 수 있다.
② 제1항에 따른 유통지원자금은 다음 각 호의 사업에 운용한다.
1. 임산물의 계약재배사업
2. 임산물 및 그 가공품의 출하조절사업
3. 임산물의 공동규격 출하촉진사업
4. 회원과 조합원이 생산한 임산물 등을 중앙회가 일괄구매하여 직접 판매하는 사업(2020.3.24 본호개정)
5. 그 밖에 중앙회가 필요하다고 인정하는 유통 관련 사업
③ 제1항에 따른 유통지원자금은 제114조의2에 따른 명칭사용료 등으로 조성한다.(2020.3.24 본항신설)
④ 국가는 예산의 범위에서 제1항에 따른 유통지원자금의 조성을 지원할 수 있다.
제111조【사업의 공동운영 등】 ① 중앙회는 제108조에 따른 사업을 수행할 때 회원과 공동으로 출자하여 운영할 수 있다.
② 중앙회는 제1항에 따라 회원과 공동으로 출자하여 사업을 운영하는 경우 해당 사업의 이익금 중 일부를 공동출자를 한 회원에게 우선적으로 배당하여야 한다.
③ 중앙회는 제108조에 따른 사업을 수행하기 위하여 자기자본의 범위에서 다른 법인에 출자할 수 있다. 다만, 동일 법인에 대한 출자한도는 자기자본의 100분의 20 이내에서 정관으로 정한다.
제112조【전문조합협의회】 ① 중앙회는 지역조합 및 전문조합의 공동사업개발과 전문조합의 권익 증진을 위하여 전문조합협의회(이하 이 조에서 "협의회"라 한다)를 둘 수 있다.
② 협의회는 회장에게 전문조합의 발전을 위하여 필요한 사항을 건의할 수 있다.
③ 회장은 협의회의 건의사항을 이사회에 부쳐 처리하되, 그 건의사항이 최대한 반영되도록 노력하여야 한다.
④ 협의회의 운영에 필요한 사항은 정관으로 정한다.

제4절 관 리

제113조【자금의 관리】 ① 중앙회는 그 공급하는 자금이 특정된 목적과 계획에 따라 사용되도록 관리하기 위하여 자금이용자 등에 대하여 감사 또는 그 밖의 조치를 할 수 있다.
② 중앙회가 국가로부터 차입한 자금 중 신용사업자금(조합이 중앙회로부터 차입한 자금을 포함한다)은 압류의 대상으로 할 수 없다.
제114조【사업계획 및 수지예산】 ① 중앙회는 매 회계연도의 사업계획서와 수지예산서를 작성하여 해당 회계연도가 시작되기 전에 총회의 의결을 받아야 한다. 의결 후 이를 변경할 때에도 또한 같다.
② 중앙회는 정부로부터 자금(정부가 관리하는 기금을 포함한다)이나 사업비의 전부 또는 일부를 보조받거나

융자받아 시행하는 사업의 경우에는 그 사업계획서에 대하여 산림청장의 승인을 받아야 한다.

제114조의2【명칭사용료】 ① 중앙회는 임산물 판매·유통 활성화와 회원과 조합원에 대한 교육·지원 사업 등의 수행에 필요한 재원을 안정적으로 조달하기 위하여 산림조합의 명칭(영문 명칭 및 한글·영문 약칭 등 정관으로 정하는 문자 또는 표식을 포함한다)을 사용하는 법인(영리법인에 한정한다)에 대하여 영업수익 또는 매출액의 1천분의 25의 범위에서 정관으로 정하는 기준에 따라 총회에서 정하는 부과율을 곱하여 산정하는 금액을 명칭사용료로 부과할 수 있다. 다만, 조합만이 출자한 법인 및 정관으로 정하는 법인에 대해서는 명칭사용료를 부과하지 아니한다.

② 제1항에 따른 명칭사용료는 다른 수입과 구분하여 관리하여야 하며, 그 수입과 지출은 총회의 승인을 받아야 한다.

(2020.3.24 본조신설)

제115조【결산】 중앙회는 매 회계연도 종료 후 2개월 이내에 해당 사업연도의 결산을 완료하고, 정관으로 정하는 바에 따라 결산보고서(사업보고서, 재무상태표, 손익계산서, 잉여금처분안 또는 손실금처리안 등을 말한다)를 작성하여 총회의 승인을 받은 후 재무상태표를 지체 없이 공고하여야 하며, 그 결산보고서를 산림청장에게 제출하여야 한다.

제116조 (2007.8.3 삭제)

제5절 회원에 대한 지도·감사

제117조【중앙회의 지도】 ① 회장은 이 법에서 정하는 바에 따라 회원을 지도하며, 이에 필요한 규정 또는 지침 등을 정할 수 있다.

② 회장은 회원의 경영상태를 평가하고 그 결과에 따라 그 회원에게 경영개선, 합병권고 등의 필요한 조치를 요구할 수 있다. 이 경우 조합장은 그 사실을 지체 없이 공고하고 서면으로 조합원에게 통지하여야 하며, 조치결과를 조합의 이사회 및 총회에 보고하여야 한다.

③ 회장은 회원에 대하여 그 업무의 건전한 운영과 조합원 또는 제3자의 보호를 위하여 필요하다고 인정할 때에는 해당 업무에 관하여 정관 또는 공제규정의 변경, 업무의 전부 또는 일부의 정지, 재산의 공탁·처분 금지 등 필요한 처분을 시·도지사에게 요청할 수 있다.

(2020.3.24 본항개정)

제118조【조합감사위원회】 ① 회원의 건전한 발전을 도모하기 위하여 회장 소속으로 회원의 업무를 지도·감사할 수 있는 조합감사위원회(이하 "위원회"라 한다)를 둔다.

② 위원회는 위원장 1명을 포함한 5명의 위원으로 구성하되, 위원장은 상임으로 한다.

③ 위원회의 감사사무를 처리하기 위하여 정관으로 정하는 바에 따라 위원회에 필요한 기구를 둔다.

제119조【위원의 선임 등】 ① 위원장은 인사추천위원회가 추천한 사람을 총회에서 선출한다.(2020.3.24 본항개정)

② 위원은 다음 각 호의 사람으로 구성한다.

1. 인사추천위원회가 추천하여 이사회에서 선출하는 사람 2명(2020.3.24 본호개정)
2. 산림청장이 위촉하는 사람 1명
3. 금융위원회의 위원장이 위촉하는 사람 1명

③ 제1항 및 제2항에 따른 위원장과 위원은 감사, 회계 또는 산림행정에 관한 전문지식과 경험이 풍부한 사람으로서 대통령령으로 정하는 요건을 갖춘 사람 중에서 선임한다. 다만, 회원조합장은 위원장 또는 위원이 될 수 없다.(2020.3.24 본문개정)

④ 위원장 및 위원의 임기는 3년으로 한다.

제120조【의결사항】 위원회는 다음 각 호의 사항을 의결한다.

1. 회원에 대한 감사방향 및 감사계획의 수립
2. 감사결과에 따른 회원의 임직원에 대한 징계 및 문책 요구 등 필요한 조치
3. 감사결과에 따른 변상책임의 판정
4. 회원에 대한 시정 및 개선 요구 등 필요한 조치
5. 감사규정의 제정·개정 및 폐지
6. 회장이 요청하는 사항
7. 그 밖에 위원장이 필요하다고 인정하는 사항

제121조【회원에 대한 감사 등】 ① 위원회는 회원의 재산 및 업무집행상황에 대하여 2년마다 한 번 이상 감사를 실시하여야 한다.

② 위원회는 회원의 건전한 발전을 도모하기 위하여 필요하다고 인정할 때에는 회원의 부담으로 회계법인에 회계감사를 요청할 수 있다.

③ 회장은 제1항 및 제2항에 따른 감사결과를 해당 회원의 조합장과 감사에게 통지하여야 하며 감사결과에 따라 해당 회원에게 시정 또는 업무 정지를 명하거나 관련 임직원에 대하여 다음 각 호의 조치를 할 것을 요구할 수 있다.

1. 임원에 대하여는 개선(改選), 직무 정지, 견책 또는 변상
2. 직원에 대하여는 징계면직, 정직, 감봉, 견책 또는 변상

④ 회원이 제3항에 따라 임직원에 대한 조치 요구를 받았을 때에는 2개월 이내에 필요한 조치를 하고 그 결과를 위원회에 통지하여야 한다.

⑤ 회장은 회원이 제4항의 기간 내에 필요한 조치를 하지 아니하는 경우에는 1개월 이내에 제3항에 따른 조치를 할 것을 다시 요구하고, 같은 기간 내에도 이를 이행하지 아니하는 경우에는 필요한 조치를 하여 줄 것을 산림청장에게 요청할 수 있다.

제121조의2【분쟁조정위원회의 설치·운영】 ① 회장은 조합과 조합, 조합과 중앙회 상호간의 업무구역, 사업영역 등에 대한 분쟁을 자율적으로 조정하기 위하여 중앙회에 분쟁조정위원회를 설치·운영할 수 있다.

② 제1항에 따른 분쟁조정위원회의 구성·운영 등에 필요한 사항은 대통령령으로 정한다.

제6절 준용규정

제122조【준용규정】 중앙회에 관하여는 제14조제2항·제3항, 제17조, 제19조제2항·제3항, 제20조제4항·제5항·제7항, 제21조부터 제24조까지, 제26조제1항·제3항, 제27조부터 제30조까지, 제31조제4항, 제31조의3부터 제31조의6까지, 제32조제4항 단서 및 같은 조 제5항·제6항, 제33조제5항, 제35조제7항·제9항, 제39조(제1항제11호는 회원의 조합원이어야 하는 임원에 대하여만 준용하고, 제13호는 제외한다), 제39조의2, 제40조, 제40조의2, 제40조의3제1항, 제41조, 제42조, 제43조제1항·제2항·제4항, 제44조, 제46조제4항, 제48조, 제53조, 제54조(제2항 및 제5항은 제외한다), 제55조의2, 제56조의2제1항·제3항·제4항, 제56조의3부터 제56조의5까지, 제57조부터 제60조까지, 제60조의2부터 제60조의6까지, 제75조부터 제79조까지 및 제84조부터 제86조까지의 규정을 준용한다. 이 경우 "조합"은 "중앙회"로, "조합장"은 "회장"으로, "조합원"은 "회원"으로, "시·도지사"는 "산림청장"으로 보고, 제14조제3항 중 "제1항"은 "제93조"로, 제19조제2항·제3항 중 "준조합원"은 "준회원"으로, 제21조제1항 중 "제20조"는 "제90조"로, 제31조제4항 중 "제5항제1호·제2호 및 제4호"는 "제95조제4항제1호·제2호"로, 제31조의3제1항 중 "조합원 300인 또는 100분의 10 이상"은 "회원 100분의 10 이상"으로, 제31조의3제3항 전단 중 "감사"는 "감사위원회"로, 같은 항 후단 중 "감사"는 "감사위원장"으로, 같은 조 제4항 중 "감사"는 "감사위원회"로, 제35조제7항 중 "이사"는 "이사·사업대표이사"로, "감사"는 "감사위원"으로, 제40조의3제1항 중 "조합선거관리위원회"는 "중앙회선거관리위원회"로, 제41조제1항 및 제6항 중 "이사"는 "이사·사업대표이사"로, "감사"는 "감사위원"으로, 제41조제3항 중 "임원"은 "임원(회원조합장인 이사·감사위원은 제외한다)"으로, 제43조제1항·제2항 및 제4항 중 "임원"은 "임원(사업대표이사는 제외한다)"으로, 제46조제4항 중 "제1항제9호 또는 제2항제5호"는 "제108조제1항제7호"로, 제48조제1항 중 "제46조제1항제6호"는 "제108조제1항제5호"로, 제56조의2제3항 중 "제46조제1항제1호"는 "제108조제1항제1호"로, 제57조제1항 및 제3항 중 "감사"는 "감사위원회"로, 제60조의2제2항 중 "제20조제3항"은 "제90조제2항"으로, 제75조제2항제1호 중 "제15조제1항제1호·제2호 및 제14호부터 제16호까지"는 "제92조제1항제1호 및 제2호"로 본다.(2020.3.24 본조개정)

제4장 감독 등

(2013.4.5 본장개정)

제123조【감독】 ① 산림청장 또는 시·도지사(시·도지사는 이 법에 따른 "조합"에 대해서만 해당 규정을 적용한다. 이하 같다)는 이 법에서 정하는 바에 따라 조합등과 중앙회를 감독하며, 대통령령으로 정하는 바에 따라 감독에 필요한 명령과 조치를 할 수 있다. 다만, 금융위원회는 대통령령으로 정하는 바에 따라 조합의 신용사업에 대하여 그 경영의 건전성 확보를 위한 감독을 하고, 이에 필요한 명령을 할 수 있다.

② 산림청장 또는 시·도지사는 이 법에 따른 조합등에 관한 감독권의 일부를 대통령령으로 정하는 바에 따라 회장에게 위탁할 수 있다. 다만, 지방자치단체가 보조한 사업과 관련된 업무에 대한 감독권의 일부는 지방자치단체의 장에게 위임할 수 있다.

③ 산림청장 또는 시·도지사는 제1항에 따른 직무를 수행하기 위하여 조합과 중앙회를 검사할 수 있으며, 필요하다고 인정할 때에는 금융감독원장에게 조합과 중앙회에 대한 검사를 요청할 수 있다.

④ 산림청장 또는 시·도지사는 중앙회 및 대통령령으로 정하는 기준에 해당하는 조합에 대하여 조합원 보호를 위하여 외부감사가 필요하다고 인정하는 경우에는 「주식회사 등의 외부감사에 관한 법률」 제2조제7호 및 제9조에 따른 감사인의 회계감사를 받게 할 수 있다.

(2020.2.18 본조개정)

제124조【위법 또는 부당한 의결사항의 취소 또는 집행정지】 산림청장 또는 시·도지사는 조합등과 중앙회의 총회 또는 이사회가 의결한 사항이 위법하거나 부당하다고 인정할 때에는 그 전부 또는 일부를 취소하거나 집행을 정지하게 할 수 있다.(2020.2.18 본조개정)

제125조【위법행위에 대한 행정처분】 ① 산림청장 또는 시·도지사는 조합등 또는 중앙회의 업무와 회계가 법령, 법령에 따른 행정처분 또는 정관을 위반한다고 인정할 때에는 그 조합 또는 중앙회에 대하여 기간을 정하여 시정을 명하고 관련 임직원에 대하여 다음 각 호의 조치를 할 것을 요구할 수 있다.(2020.2.18 본문개정)

1. 임원에 대하여는 개선 또는 직무의 정지
2. 직원에 대하여는 징계면직, 정직 또는 감봉

② 산림청장 또는 시·도지사는 조합등 또는 중앙회가 제1항에 따른 시정명령 또는 임직원에 대한 조치 요구를 이행하지 아니하였을 때에는 6개월 이내의 기간을 정하여 그 업무의 전부 또는 일부를 정지시킬 수 있다.

(2020.2.18 본항개정)

③ 제2항에 따른 업무정지의 세부기준 및 그 밖에 필요한 사항은 농림축산식품부령으로 정한다.(2014.3.18 본항신설)

제126조【경영지도】 ① 산림청장 또는 시·도지사는 조합등이 다음 각 호의 어느 하나에 해당되어 조합원 보호에 지장을 초래할 우려가 있다고 인정할 때에는 그 조합등에 대하여 경영지도를 한다.(2020.2.18 본문개정)

1. 조합에 대한 감사 결과 조합의 부실대출 합계액이 자기자본의 2배를 초과하는 경우로서 단기간 내에 일반적인 방법으로는 회수하기 곤란하여 자기자본 전부가 잠식될 우려가 있다고 인정되는 경우(2020.3.24 본호개정)
2. 조합등 임직원의 위법·부당한 행위로 인하여 조합에 재산상 손실이 발생하여 자력으로 경영정상화를 추진하는 것이 어렵다고 인정되는 경우
3. 조합의 파산위험이 현저하거나 임직원의 위법·부당한 행위로 인하여 조합의 예금 및 적금 인출이 쇄도하거나 조합이 예금 및 적금을 지급할 수 없는 상태에 이른 경우
4. 제117조제2항 및 제121조에 따른 경영평가 또는 감사의 결과 경영지도가 필요하다고 인정하여 회장이 건의하는 경우
5. 「신용협동조합법」 제95조에 따라 조합에 적용되는 같은 법 제83조에 따른 검사의 결과 경영지도가 필요하다고 인정하여 금융감독원장이 건의하는 경우

② 제1항의 경영지도란 다음 각 호의 사항에 대하여 지도하는 것을 말한다.

1. 불법·부실 대출의 회수 및 채권의 확보
2. 자금의 수급 및 여신·수신에 관한 업무
3. 그 밖에 조합등의 경영에 관하여 대통령령으로 정하는 사항

③ 산림청장 또는 시·도지사는 제1항에 따른 경영지도가 시작되었을 때에는 6개월의 범위에서 채무의 지급을 정지하거나 임원의 직무를 정지하게 할 수 있다. 이 경우 회장으로 하여금 지체 없이 조합등의 재산상황을 조사(이하 "재산실제조사"라 한다)하게 하거나 금융감독원장에게 재산실제조사를 요청할 수 있다.(2020.3.24 후단개정)

④ 회장이나 금융감독원장은 재산실제조사의 결과 위법·부당한 행위로 조합등에 손실을 끼친 임직원에 대하여는 재산 조회 및 가압류 신청 등 손실금 보전을 위하여 필요한 조치를 하여야 한다.(2020.3.24 본항개정)

⑤ 산림청장 또는 시·도지사는 제4항에 따른 조치에 필요한 자료를 중앙행정기관의 장에게 요청할 수 있다. 이 경우 요청을 받은 중앙행정기관의 장은 특별한 사유가 없으면 그 요청에 따라야 한다.(2020.2.18 전단개정)

⑥ 산림청장 또는 시·도지사는 재산실제조사의 결과 해당 조합등의 경영정상화가 가능한 경우 등 특별한 사유가 있을 때에는 제3항 전단에 따른 채무의 지급정지 또는 임원의 직무정지의 전부 또는 일부를 철회하여야 한다.

(2020.3.24 본항개정)

⑦ 산림청장 또는 시·도지사는 제1항에 따른 경영지도에 관한 업무를 회장에게 위탁할 수 있다.(2020.2.18 본항개정)

⑧ 제1항부터 제3항까지의 규정에 따른 경영지도, 채무의 지급정지 또는 임원의 직무정지의 방법, 기간 및 절차 등에 관하여 필요한 사항은 대통령령으로 정한다.

제127조【설립인가의 취소 등】 ① 산림청장 또는 시·도지사는 조합등이 다음 각 호의 어느 하나에 해당하게 되었을 때에는 회장의 의견을 들어 그 설립인가를 취소하거나 합병을 명할 수 있다.(2020.2.18 본문개정)

1. 설립인가일부터 90일이 지나도 설립등기를 하지 아니한 때
2. 정당한 사유 없이 1년 이상 사업을 실시하지 아니한 때
3. 두 차례 이상 제125조에 따른 처분을 받고도 시정하지 아니하였을 때
4. 조합등의 설립인가 기준에 미치지 못하게 되었을 때
5. 조합등에 대한 감사 또는 경영평가 결과 경영이 부실하여 자본을 잠식한 조합등으로서 제117조제2항, 제121조 또는 제126조의 조치에 따르지 아니하여 조합원(제86조의3에 따른 조합공동사업법인의 경우에는 회원을 말한다) 및 제3자에게 중대한 손실을 끼칠 우려가 있을 때

② 산림청장 또는 시·도지사는 제1항에 따라 조합등의 설립인가를 취소하였을 때에는 즉시 그 사실을 공고하여야 한다.(2020.2.18 본항개정)

제128조【청문】 산림청장 또는 시·도지사는 제127조에 따라 설립인가를 취소하려면 청문을 하여야 한다.

(2020.2.18 본조개정)

제129조【수수료 등】 ① 정부 또는 지방자치단체가 조합·중앙회에 사업을 지시할 때에는 필요한 실비 및 수수료를 지급할 수 있다.

② 조합 또는 중앙회가 구성원 또는 타인으로부터 사업을 위탁받거나 알선을 할 때에는 실비 및 수수료를 받을 수 있다.
③ 조합 또는 중앙회가 구성원(준조합원 및 준회원을 포함한다) 또는 타인에게 조합 또는 중앙회의 사업을 이용하게 하였을 때에는 사용료를 받을 수 있다.

제5장 벌칙 등

제130조【벌칙】 ① 조합등의 임원 또는 중앙회의 임원이나 집행간부가 조합등 또는 중앙회의 사업목적 외에 자금을 사용 또는 대출하거나 투기의 목적으로 조합등 또는 중앙회의 재산을 처분 또는 이용하였을 때에는 10년 이하의 징역 또는 1억원 이하의 벌금에 처한다. (2016.12.27 본항개정)
② 제1항의 징역형과 벌금형은 병과(倂科)할 수 있다.
제131조【벌칙】 조합등 또는 중앙회의 조합장, 회장, 간부직원, 상임이사, 이사, 감사, 집행간부, 일반간부직원, 파산관재인 또는 청산인이 다음 각 호의 어느 하나에 해당할 때에는 3년 이하의 징역 또는 3천만원 이하의 벌금에 처한다.(2016.12.27 본문개정)
1. 감독기관의 인가 또는 승인을 받아야 할 사항에 관하여 인가 또는 승인을 받지 아니하였을 때
2. 부정한 등기를 하였을 때
3. 감독기관·총회 또는 이사회에서 부실한 보고를 하거나 사실을 은폐하였을 때
4. 총회 또는 이사회의 의결이 필요한 사항에 대하여 의결을 받지 아니하고 집행하였을 때
5. 제56조, 제56조의2부터 제56조의5까지, 제57조(제86조의10 또는 제122조에 따라 준용되는 경우를 포함한다) 또는 제58조제1항(제65조, 제86조의10 및 제122조에 따라 준용되는 경우를 포함한다)을 위반하였을 때 (2023.12.31 본호개정)
6. 제70조(제86조의10에 따라 준용되는 경우를 포함한다), 제72조(제86조의10에 따라 준용되는 경우를 포함한다) 또는 제73조(제86조의10에 따라 준용되는 경우를 포함한다)를 위반하였을 때
7. 감독기관 또는 중앙회의 감사를 거부·방해 또는 기피하였을 때
제132조【벌칙】 ① 다음 각 호의 어느 하나에 해당하는 행위를 한 자는 2년 이하의 징역 또는 2천만원 이하의 벌금에 처한다.
1. 제7조제2항을 위반한 자
2. 제40조제1항(제122조에 따라 준용되는 경우를 포함한다)을 위반한 사람(2016.12.27 본호개정)
2의2. 제40조제9항(제122조에 따라 준용되는 경우를 포함한다)을 위반한 사람(2016.12.27 본호신설)
3. 제40조의2(제122조에 따라 준용되는 경우를 포함한다)를 위반한 자
② 다음 각 호의 어느 하나에 해당하는 자는 1년 이하의 징역 또는 1천만원 이하의 벌금에 처한다.
1. 제40조제2항 및 제4항부터 제8항까지(제122조에 따라 준용되는 경우를 포함한다)의 규정을 위반한 자
2. (2014.6.11 삭제)
③ 제40조제3항(제122조에 따라 준용되는 경우를 포함한다)을 위반한 자는 500만원 이상 3천만원 이하의 벌금에 처한다.
④ 제1항부터 제3항까지에 규정된 죄의 공소시효는 해당 선거일 후 6개월(선거일 후에 행하여진 범죄는 그 행위가 있는 날부터 6개월)이 지남으로써 완성된다. 다만, 범인이 도피하였거나 범인이 공범 또는 범죄의 증명에 필요한 참고인을 도피시켰을 때에는 그 기간을 3년으로 한다.
제133조【선거범죄로 인한 당선무효 등】 ① 조합 또는 중앙회의 임원 선거와 관련하여 다음 각 호의 어느 하나에 해당하는 경우에는 해당 선거의 당선을 무효로 한다.
1. 당선인이 해당 선거에서 제132조에 해당하는 죄를 저질러 징역형 또는 100만원 이상의 벌금형을 선고받았을 때(2020.3.24 본호개정)
2. 당선인의 직계 존속·비속이나 배우자가 해당 선거에서 제40조제1항이나 제40조의2를 위반하여 징역형 또는 300만원 이상의 벌금형을 선고받았을 때. 다만, 다른 사람의 유도 또는 도발에 의하여 해당 당선인의 당선을 무효로 되게 하기 위하여 죄를 저질렀을 때에는 그러하지 아니하다.(2020.3.24 본호개정)
② 다음 각 호의 어느 하나에 해당하는 사람은 당선인의 당선무효로 인하여 실시되는 재선거(당선인이 그 기소 후 확정판결 전에 사직하여 실시되는 보궐선거를 포함한다)의 후보자가 될 수 없다.
1. 제1항제2호 또는 「공공단체등 위탁선거에 관한 법률」 제70조(위탁선거범죄로 인한 당선무효)제2호에 따라 당선이 무효로 된 사람(그 기소 후 확정판결 전에 사직한 사람을 포함한다)(2014.6.11 본호개정)
2. 당선되지 아니한 사람(후보자가 되려던 사람을 포함한다)으로서 제1항제2호 또는 「공공단체등 위탁선거에 관한 법률」 제70조(위탁선거범죄로 인한 당선무효)제2호에 따른 직계 존속·비속이나 배우자의 죄로 당선무효에 해당하는 형이 확정된 사람(2014.6.11 본호개정)
제134조【과태료】 ① 제3조제2항 또는 제86조의3제3항을 위반한 자에게는 200만원 이하의 과태료를 부과한다.
② 조합등 또는 중앙회의 조합장, 회장, 간부직원, 상임이사, 이사, 감사, 집행간부, 일반간부직원, 파산관재인 또는 청산인이 공고 또는 최고하여야 할 사항에 대하여 공고 또는 최고를 하지 아니하거나 부정한 공고 또는 최고를 하였을 때에는 200만원 이하의 과태료를 부과한다.
③ (2014.6.11 삭제)
④ 제40조의2제1항(제122조에 따라 준용되는 경우를 포함한다)을 위반하여 금전·물품 또는 그 밖의 재산상 이익을 제공받은 자는 그 제공받은 금액 또는 가액(價額)의 10배 이상 50배 이하에 상당하는 금액의 과태료를 부과하되, 그 상한은 3천만원으로 한다.
⑤ 제1항부터 제4항까지의 규정에 따른 과태료는 대통령령으로 정하는 바에 따라 산림청장 또는 시·도지사가 부과·징수한다.(2020.2.18 본항개정)
제135조【선거범죄신고자 등의 보호】 제132조에 규정된 죄(제134조제4항의 과태료에 해당하는 죄를 포함한다)의 신고자 등의 보호에 관하여는 「공직선거법」 제262조의2를 준용한다.
제136조【선거범죄신고자에 대한 포상금 지급】 조합은 제132조에 규정된 죄(제134조제4항의 과태료에 해당하는 죄를 포함한다)에 대하여 해당 조합 또는 조합선거관리위원회가 인지하기 전에 그 범죄행위를 신고한 자에게 정관으로 정하는 바에 따라 포상금을 지급할 수 있다. (2014.6.11 본조개정)
제137조【자수자에 대한 특례】 ① 제40조(제122조에 따라 준용되는 경우를 포함한다) 및 제40조의2(제122조에 따라 준용되는 경우를 포함한다)를 위반하여 금전·물품·향응, 그 밖의 재산상 이익 또는 공사의 직을 제공받거나 받기로 승낙한 사람이 자수하였을 때에는 그 형벌이나 과태료를 감경하거나 면제한다.
② 제1항에 규정된 사람이 이 법에 따른 선거관리위원회에 자신의 선거범죄 사실을 신고하여 선거관리위원회가 관계 수사기관에 이를 통보하였을 때에는 선거관리위원회에 신고한 때를 자수한 때로 본다.(2014.6.11 본항개정)

부 칙 (2004.12.31)

제1조【시행일】 이 법은 2005년 5월 1일부터 시행한다. 다만, 제89조제1항 단서 및 제91조제2항의 개정규정은 2010년 5월 1일부터 시행한다.
제2조【조합대표권 및 연임제한에 관한 적용례】 ① 제36조제1항 단서의 개정규정은 이 법 시행 후 최초로 비상임인 조합장이 선출되는 조합의 상임이사부터 적용한다.
② 제38조제1항 본문 및 제104조제5항의 개정규정은 이 법 시행후 최초로 선출되는 조합장 및 회장부터 적용한다.
제3조【중앙회이사의 임기에 관한 특례】 제100조제1항의 개정규정에 의하여 추가로 선출되는 중앙회의 이사의 임기만료일은 제104조제5항의 규정에 불구하고 중앙회의 정관으로 정한다.
제4조【임원의 결격사유에 관한 경과조치】 이 법 시행 당시 조합 및 중앙회의 임원인 자가 이 법 시행 전에 발생한 사유로 인하여 제39조제1항(제122조의 규정에 의하여 준용되는 경우를 포함한다)의 개정규정에 의한 결격사유에 해당하게 된 경우에는 동 개정규정에 불구하고 종전의 규정에 의한다.
제5조【임원의 손해배상책임에 관한 경과조치】 조합 및 중앙회의 임원이 이 법 시행 전에 발생한 사유로 인하여 손해배상의 책임을 지는 경우에는 제42조제2항(제122조의 규정에 의하여 준용되는 경우를 포함한다)의 개정규정에 불구하고 종전의 규정에 의한다.
제6조【조합감사위원회의 위원장 및 위원에 관한 경과조치】 이 법 시행 당시 종전의 제119조제2항의 규정에 의하여 임명된 조합감사위원회의 위원장 및 위원은 잔여임기 동안 이 법에 의하여 임명된 것으로 본다.

부 칙 (2011.3.29)

제1조【시행일】 이 법은 공포 후 6개월이 경과한 날부터 시행한다.
제2조【자수자의 특례에 관한 적용례】 제137조의 개정규정은 이 법 시행 전의 자수자에 대하여도 적용한다.
제3조【선거운동 방법에 관한 경과조치】 이 법 시행 전에 선거일이 공고된 선거의 선거운동 방법은 제40조제8항의 개정규정에도 불구하고 종전의 규정에 따른다.
제4조【벌칙에 관한 경과조치】 이 법 시행 전의 행위에 대하여 벌칙을 적용할 때에는 종전의 규정에 따른다.

부 칙 (2012.2.1)

제1조【시행일】 이 법은 2012년 3월 2일부터 시행한다. 다만, 부칙 제4조는 공포한 날부터 시행한다.
제2조【임원의 선출에 관한 적용례】 제35조제6항(제122조에 따라 준용되는 경우를 포함한다)의 개정규정은 이 법 시행 후 최초로 실시하는 임원 선거부터 적용한다.
제3조【당선무효에 관한 적용례】 제133조제1항의 개정규정은 이 법 시행 후 최초로 선거일이 공고된 선거부터 적용한다.
제4조【조합장 임기 및 선출 등에 관한 특례】 ① 2009년 3월 22일부터 2013년 3월 21일까지의 기간 동안 조합장의 임기가 개시되었거나 개시되는 경우에는 제38조제1항에도 불구하고 해당 조합장의 임기를 2015년 3월 20일까지로 한다.
② 제1항에 따라 임기가 2015년 3월 20일에 만료되는 조합장 선거는 2015년 3월의 두 번째 수요일에 동시 실시하고, 이후 임기만료에 따른 조합장 선거는 임기가 만료되는 해당 연도 3월의 두 번째 수요일에 동시 실시한다.
③ 2013년 3월 22일부터 재선거 또는 보궐선거로 선출되는 조합장의 임기는 전임자 임기의 남은 기간으로 한다. 다만, 그 실시사유가 발생한 날부터 임기만료일까지의 기간이 1년 미만인 경우에는 재선거 또는 보궐선거를 실시하지 아니한다.
④ 제3항 단서에 따라 재선거 또는 보궐선거를 실시하지 아니하는 경우 조합장의 직무는 그 재선거 또는 보궐선거 실시사유가 발생한 날부터 전임 조합장 임기만료일까지 제36조제3항에 따른 직무대행자가 대행한다.
⑤ 제1항에 따라 상임인 조합장의 임기가 단축되는 경우에는 제38조제1항 본문에 따른 연임제한 횟수에 포함하지 아니한다.
제5조【조합의 조합장에 관한 경과조치】 ① 2011년 3월 21일부터 이 법 시행일 전에 새로이 선출된 조합장의 임기는 부칙 제4조제1항에도 불구하고 제38조제1항에 따른 임기만료일까지로 한다.
② 제1항에 따라 임기가 만료되는 조합장 다음에 새로이 임기가 개시되는 조합장의 경우에는 제38조제1항에도 불구하고 해당 조합장의 임기를 2019년 3월 20일까지로 한다.
제6조【임원의 결격사유에 관한 경과조치】 이 법 시행 당시 조합 및 중앙회의 임원인 사람이 이 법 시행 전에 발생한 사유로 인하여 제39조제1항제10호의 개정규정(제122조에 따라 준용되는 경우를 포함한다)에 따른 결격사유에 해당하게 되는 경우에는 종전의 규정에 따른다.
제7조【재선거 제한에 관한 경과조치】 이 법 시행 전의 위반행위로 제133조제2항의 개정규정에 해당하는 사람의 재선거 제한에 관하여는 종전의 규정에 따른다.

부 칙 (2014.3.18)

제1조【시행일】 이 법은 공포 후 6개월이 경과한 날부터 시행한다.
제2조【업무의 정지에 관한 적용례】 제125조제2항의 개정규정은 이 법 시행 전의 위반행위에 대하여 행정처분을 하는 경우에도 적용한다.

부 칙 (2015.2.3)

제1조【시행일】 이 법은 공포한 날부터 시행한다.
제2조【조합장 임기 및 선출 등에 관한 특례】 ① 다음 각 호에 해당하는 조합에서 임기만료, 재선거 또는 보궐선거로 선출되는 조합장의 임기는 그 임기개시일부터 최초 도래하는 법률 제11246호 산림조합법 일부개정법률 부칙 제4조제1항에 따른 임기만료일(이후 4년마다 도래하는 임기만료일을 포함하며, 이하 이 조에서 "동시선거임기만료일"이라 한다)까지의 기간이 2년 이상인 경우 해당 동시선거임기만료일까지로 하고, 그 임기개시일부터 최초 도래하는 동시선거임기만료일까지의 기간이 2년 미만인 경우 차기 동시선거임기만료일까지로 한다.
1. 이 법 시행 당시 재임 중인 조합장의 임기만료일이 동시선거임기만료일과 일치하지 아니하는 조합
2. 제14조에 따라 새로 설립하는 조합
3. 제61조의2의 개정규정에 따라 임원 임기에 관한 특례의 적용을 받는 합병조합
② 제1항에 따라 임기가 조정된 조합에 대하여는 법률 제11246호 산림조합법 일부개정법률 부칙 제4조제2항부터 제5항까지를 준용한다.

부 칙 (2016.12.27)

제1조【시행일】 이 법은 공포 후 3개월이 경과한 날부터 시행한다. 다만, 제46조 및 제108조의 개정규정은 공포한 날부터 시행한다.
제2조【금치산자 등에 대한 경과조치】 제26조제2항 및 제39조제1항의 개정규정에 따른 피성년후견인 및 피한정후견인에는 법률 제10429호 민법 일부개정법률 부칙 제2조에 따라 금치산 또는 한정치산 선고의 효력이 유지되는 사람을 포함하는 것으로 본다.
제3조【경합범 분리 선고에 관한 경과조치】 이 법 시행 전의 위반행위로 인한 경합범의 분리 선고에 관하여는 제39조의2의 개정규정에도 불구하고 종전의 규정에 따른다.

부 칙 (2018.2.21)

제1조【시행일】 이 법은 공포 후 6개월이 경과한 날부터 시행한다. 다만, 제19조제1항의 개정규정은 공포한 날부터 시행한다.
제2조【대의원 겸직 금지에 관한 적용례】 제32조제5항(제122조에 따라 준용되는 경우를 포함한다)의 개정규정은 이 법 시행 후 새로 선출되는 대의원부터 적용한다.

제3조【임원의 결격사유에 관한 경과조치】 이 법 시행 당시 조합의 임원에 대하여는 제39조제1항제12호(제122조에 따라 준용되는 경우를 포함한다) 및 제13호의 개정규정에도 불구하고 해당 임원의 임기가 만료될 때까지는 종전의 규정에 따른다.
제4조【임직원 및 대의원의 겸업 금지에 관한 경과조치】 이 법 시행 당시 재임 중인 임직원 및 대의원은 제41조제4항·제5항(제86조의10 및 제122조에 따라 준용되는 경우를 포함한다)의 개정규정에도 불구하고 해당 임원 또는 대의원의 임기가 만료될 때와 해당 직원이 퇴직할 때까지는 종전의 규정에 따른다.

부　칙 (2018.12.11)

제1조【시행일】 이 법은 공포한 날부터 시행한다. 다만, 제14조 및 제86조의5의 개정규정은 공포 후 1개월이 경과한 날부터 시행한다.
제2조【조합의 설립인가 등에 관한 적용례】 ① 제14조제5항 및 제6항의 개정규정(제61조제7항 및 제66조제2항에서 준용하는 경우를 포함한다)은 같은 개정규정 시행 이후 조합의 설립인가를 신청하는 경우부터 적용한다.
② 제86조의5제3항의 개정규정은 같은 개정규정 시행 이후 조합공동사업법인의 설립인가를 신청하는 경우부터 적용한다.
제3조【기부행위의 제한에 관한 경과조치】 이 법 시행 전에 화환·화분을 제공한 행위에 대해서는 제40조의2제2항제1호가목·나목 및 같은 항 제2호나목(제122조에 따라 준용되는 경우를 포함한다)의 개정규정에도 불구하고 종전의 규정에 따른다.

부　칙 (2019.1.8)

제1조【시행일】 이 법은 공포한 날부터 시행한다. 다만, 제8조 단서의 개정규정은 공포 후 3개월이 경과한 날부터 시행한다.
제2조【유효기간】 제11조의2의 개정규정은 이 법 시행일부터 2024년 12월 31일까지 효력을 가진다.(2023.12.31 본조개정)
제3조【임원의 결격사유에 관한 적용례】 제39조제1항 및 제39조의2제1호의 개정규정은 이 법 시행 후 최초로 발생한 범죄행위로 형벌을 받는 사람부터 적용한다.

부　칙 (2020.2.18)

제1조【시행일】 이 법은 2021년 1월 1일부터 시행한다.
<단서 생략>
제2조【사무이양을 위한 사전조치】 ① 관계 중앙행정기관의 장은 이 법에 따른 중앙행정권한 및 사무의 지방일괄 이양에 필요한 인력 및 재정 소요 사항을 지원하기 위하여 필요한 조치를 마련하여 이 법에 따른 시행일 3개월 전까지 국회 소관 상임위원회에 보고하여야 한다.
②「지방자치분권 및 지방행정체제개편에 관한 특별법」 제44조에 따른 자치분권위원회는 제1항에 따른 인력 및 재정 소요 사항을 사전에 전문적으로 조사·평가할 수 있다.
제3조【행정처분 등에 관한 일반적 경과조치】 이 법 시행 당시 종전의 규정에 따라 행정기관이 행한 처분 또는 그 밖의 행위는 이 법의 규정에 따라 행정기관이 행한 처분 또는 그 밖의 행위로 보고, 종전의 규정에 따라 행정기관에 대하여 행한 신청·신고, 그 밖의 행위는 이 법의 규정에 따라 행정기관에 대하여 행한 신청·신고, 그 밖의 행위로 본다.
제4조 (생략)

부　칙 (2020.3.24)

제1조【시행일】 이 법은 공포 후 6개월이 경과한 날부터 시행한다. 다만, 제3조제2항, 제12조, 제13조제2항, 제15조제1항, 제20조, 제39조제1항, 제40조제4항, 제40조의2제2항 및 제3항(이와 관련된 별표를 포함한다), 제46조제1항 및 제2항, 제47조제2항, 제58조제1항, 제60조의2제2항, 제60조의5제2항, 제63조제2항, 제75조제2항제2호, 제78조제2항, 제84조, 제90조제2항, 제97조제3항, 제108조제1항, 제110조, 제114조의2, 제119조제3항, 제126조제1항·제3항·제4항 및 제6항, 제133조제1항의 개정규정은 공포한 날부터 시행한다.
제2조【이 법 시행을 위한 준비행위】 이 법을 시행하기 위하여 필요한 감사위원회의 구성은 이 법 시행 전에 할 수 있다.
제3조【조합장 상임·비상임에 따른 적용례】 제35조제2항 및 제3항의 개정규정은 이 법 시행 후 최초로 선출되는 조합장부터 적용한다.
제4조【명칭 사용승인에 관한 경과조치】 이 법 시행 당시 조합 또는 중앙회가 출자 또는 출연한 법인은 제3조제2항 단서의 개정규정에 따른 명칭의 사용승인을 받은 것으로 본다.
제5조【임원의 선출에 관한 경과조치】 ① 이 법 시행 당시 종전의 규정에 따라 선출되어 재임 중인 부회장은 제104조제2항의 개정규정에 따라 선출된 사업대표이사로 본다.
② 이 법 시행 당시 종전의 규정에 따라 선출되어 재임 중인 중앙회의 회원조합장이 아닌 이사는 제104조제3항의 개정규정에 따라 선출된 중앙회의 이사로 본다.
제6조【임원의 임기에 관한 경과조치】 ① 이 법 시행 당시 재임 중인 조합의 상임이사 및 조합원이 아닌 이사의 임기는 제38조제1항제2호의 개정규정에도 불구하고 종전의 규정에 따른 남은 기간으로 한다.
② 이 법 시행 당시 재임 중인 중앙회의 사업대표이사(부칙 제5조에 따라 사업대표이사로 보는 부회장을 말한다) 및 이사의 임기는 제104조제5항의 개정규정에도 불구하고 종전의 규정에 따른 남은 기간으로 한다.
제7조【중앙회 회장의 직위에 관한 경과조치】 이 법 시행 당시 재임 중인 중앙회의 회장은 제100조제2항의 개정규정에 따른 상임이 아닌 회장으로 본다.
제8조【감사위원회 설치에 따른 감사에 대한 경과조치】 ① 이 법 시행 당시 종전의 규정에 따라 선출되어 재임 중인 상임감사는 제103조제2항부터 제4항까지의 개정규정에 따라 선출된 감사위원회의 위원장으로 본다.
② 이 법 시행 당시 종전의 규정에 따라 선출되어 재임 중인 비상임감사는 제103조제2항 및 제3항의 개정규정에 따라 선출된 감사위원으로 본다.
제9조【조합감사위원회 위원장 및 위원에 대한 경과조치】 이 법 시행 당시 종전의 규정에 따라 선임되어 재임 중인 조합감사위원회의 위원장 및 위원은 이 법에 따라 선임된 조합감사위원회의 위원장 및 위원으로 본다.
제10조【중앙회 집행간부 임명에 관한 경과조치】 이 법 시행 당시 종전의 규정에 따라 재직 중인 중앙회의 집행간부는 제105조제2항의 개정규정에 따라 사업대표이사가 각각 임명한 것으로 본다.
제11조【중앙회 이사회의 의결에 관한 경과조치】 제98조제3항제5호에 따른 사업대표이사 소관 업무의 성과평가에 대하여는 이 법 시행 당시 재임 중인 사업대표이사(부칙 제5조에 따라 사업대표이사로 보는 부회장을 말한다)에게는 적용하지 아니한다.

부　칙 (2021.4.13)

제1조【시행일】 이 법은 공포 후 6개월이 경과한 날부터 시행한다.
제2조【조합원 자격변경에 따른 경과조치】 제18조제3항의 개정규정에도 불구하고 이 법 시행 당시 종전의 규정에 따라 조합원으로 가입한 사람은 이 법에 따라 조합원으로 가입한 것으로 본다.

부　칙 (2023.6.20)

이 법은 공포 후 6개월이 경과한 날부터 시행한다.

부　칙 (2023.12.31)

이 법은 공포한 날부터 시행한다. 다만, 제131조제5호의 개정규정은 공포 후 1개월이 경과한 날부터 시행한다.

〔별표〕 ➡「法典 別冊」別表編 참조

야생생물 보호 및 관리에 관한 법률(약칭 : 야생생물법)

(2004년 2월 9일 법 률 제7167호)

개정
2004.12.31법 7297호(자연환경보전법)　　<중략>
2010. 2. 4법10000호(문화재)
2010. 7.23법10388호
2011. 7.21법10893호(환경정책)
2011. 7.28법10977호
2011. 9.16법11060호(도시공원녹지)
2012. 2. 1법11257호(생물다양성보전및이용에관한법)
2013. 3.22법11666호
2013. 3.23법11690호(정부조직)
2013. 6. 4법11862호(화학물질관리법)
2013. 7.16법11912호
2014. 1.14법12248호(도로법)
2014. 3.11법12412호(농어촌구조개선특별회계법)
2014. 3.24법12521호　　2015. 2. 3법13167호
2016. 1.27법13882호
2017. 1.17법14532호(물환경보전법)
2017.12.12법15196호　　2018.10.16법15835호
2019.11.26법16602호(생물자원관의설립및운영에관한법)
2019.11.26법16609호
2020. 5.26법17326호(법률용어정비)
2020. 8.11법17472호(정부조직)
2021. 5.18법18171호　　2022. 6.10법18908호
2022.12.13법19088호→시행일 부칙 참조. 2025년 12월 14일 시행하는 부분은「法典 別冊」보유편 수록
2023. 3.21법19251호(자연유산의보존및활용에관한법)
2023. 8. 8법19590호(문화유산)
2024 1. 23법20119호→2025년 1월 24일 및 2025년 12월 14일 시행이므로「法典 別冊」보유편 수록
2024. 2.13법20274호(정부조직)

제1장 총 칙
(2011.7.28 본장개정)

제1조【목적】 이 법은 야생생물과 그 서식환경을 체계적으로 보호·관리함으로써 야생생물의 멸종을 예방하고, 생물의 다양성을 증진시켜 생태계의 균형을 유지함과 아울러 사람과 야생생물이 공존하는 건전한 자연환경을 확보함을 목적으로 한다.
제2조【정의】 이 법에서 사용하는 용어의 뜻은 다음과 같다.
1. "야생생물"이란 산·들 또는 강 등 자연상태에서 서식하거나 자생(自生)하는 동물, 식물, 균류·지의류(地衣類), 원생생물 및 원핵생물의 종(種)을 말한다.
2. "멸종위기 야생생물"이란 다음 각 목의 어느 하나에 해당하는 생물의 종으로서 관계 중앙행정기관의 장과 협의하여 환경부령으로 정하는 종을 말한다.
가. 멸종위기 야생생물 Ⅰ급 : 자연적 또는 인위적 위협 요인으로 개체수가 크게 줄어들어 멸종위기에 처한 야생생물로서 대통령령으로 정하는 기준에 해당하는 종
나. 멸종위기 야생생물 Ⅱ급 : 자연적 또는 인위적 위협 요인으로 개체수가 크게 줄어들고 있어 현재의 위협 요인이 제거되거나 완화되지 아니할 경우 가까운 장래에 멸종위기에 처할 우려가 있는 야생생물로서 대통령령으로 정하는 기준에 해당하는 종
(2014.3.24 본호개정)
3. "국제적 멸종위기종"이란「멸종위기에 처한 야생동식물종의 국제거래에 관한 협약」(이하 "멸종위기종국제거래협약"이라 한다)에 따라 국제거래가 규제되는 다음 각 목의 어느 하나에 해당하는 생물로서 환경부장관이 고시하는 종을 말한다.
가. 멸종위기에 처한 종 중 국제거래로 영향을 받거나 받을 수 있는 종으로서 멸종위기종국제거래협약의 부속서Ⅰ에서 정한 것
나. 현재 멸종위기에 처하여 있지는 아니하나 국제거래를 엄격하게 규제하지 아니할 경우 멸종위기에 처할 수 있는 종과 멸종위기에 처한 종의 거래를 효과적으로 통제하기 위하여 규제를 하여야 하는 그 밖의 종으로서 멸종위기종국제거래협약의 부속서Ⅱ에서 정한 것
다. 멸종위기종국제거래협약의 당사국이 이용을 제한할 목적으로 자기 나라의 관할권에서 규제를 받아야 하는 것으로 확인하고 국제거래 규제를 위하여 다른 당사국의 협력이 필요하다고 판단한 종으로서 멸종위기종국제거래협약의 부속서Ⅲ에서 정한 것
4. (2012.2.1 삭제)
5. "유해야생동물"이란 사람의 생명이나 재산에 피해를 주는 야생동물로서 환경부령으로 정하는 종을 말한다.

6. “인공증식”이란 야생생물을 일정한 장소 또는 시설에서 사육·양식 또는 증식하는 것을 말한다.
7. “생물자원”이란 「생물다양성 보전 및 이용에 관한 법률」 제2조제3호에 따른 생물자원을 말한다.(2012.2.1 본호개정)
8. “야생동물 질병”이란 야생동물이 병원체에 감염되거나 그 밖의 원인으로 이상이 발생한 상태로서 환경부령으로 정하는 질병을 말한다.(2014.3.24 본호신설)
8의2. “야생동물 검역대상질병”이란 야생동물 질병의 유입을 방지하기 위하여 제34조의18에 따라 수입검역을 실시하는 야생동물 질병으로서 환경부령으로 정하는 것을 말한다. 이 경우 「가축전염병 예방법」 제2조제2호에 따른 가축전염병 및 「수산생물질병 관리법」 제2조제6호에 따른 수산동물전염병은 제외한다.(2021.5.18 본호신설)
9. “질병진단”이란 죽은 야생동물 또는 질병에 걸린 것으로 확인되거나 걸릴 우려가 있는 야생동물에 대하여 부검, 임상검사, 혈청검사, 그 밖의 실험 등을 통하여 야생동물 질병의 감염 여부를 확인하는 것을 말한다.
(2014.3.24 본호신설)

제3조【야생생물 보호 및 이용의 기본원칙】 ① 야생생물은 현세대와 미래세대의 공동자산임을 인식하고 현세대는 야생생물과 그 서식환경을 적극 보호하여 그 혜택이 미래세대에게 돌아갈 수 있도록 하여야 한다.
② 야생생물과 그 서식지를 효과적으로 보호하여 야생생물이 멸종되지 아니하고 생태계의 균형이 유지되도록 하여야 한다.
③ 국가, 지방자치단체 및 국민이 야생생물을 이용할 때에는 야생생물이 멸종되거나 생물다양성이 감소되지 아니하도록 하는 등 지속가능한 이용이 되도록 하여야 한다.

제4조【국가 등의 책무】 ① 국가는 야생생물의 서식실태 등을 파악하여 야생생물 보호에 관한 종합적인 시책을 수립·시행하고, 야생생물 보호와 관련되는 국제협약을 준수하여야 하며, 관련 국제기구와 협력하여 야생생물의 보호와 그 서식환경의 보전을 위하여 노력하여야 한다.
② 지방자치단체는 야생생물 보호를 위한 국가의 시책에 적극 협조하여야 하며, 지역적 특성에 따라 관할구역의 야생생물 보호와 그 서식환경 보전을 위한 대책을 수립·시행하여야 한다.
③ 모든 국민은 야생생물 보호를 위한 국가와 지방자치단체의 시책에 적극 협조하는 등 야생생물 보호를 위하여 노력하여야 한다.

제2장 야생생물의 보호
(2011.7.28 본장개정)

제1절 총 칙

제5조【야생생물 보호 기본계획의 수립 등】 ① 환경부장관은 야생생물 보호와 그 서식환경 보전을 위하여 5년마다 멸종위기 야생생물 등에 대한 야생생물 보호 기본계획(이하 “기본계획”이라 한다)을 수립하여야 한다.
② 환경부장관은 기본계획을 수립하거나 변경할 때에는 관계 중앙행정기관의 장과 미리 협의하여야 하고, 수립되거나 변경된 기본계획을 관계 중앙행정기관의 장과 특별시장·광역시장·특별자치시장·도지사·특별자치도지사(이하 “시·도지사”라 한다)에게 통보하여야 한다.
(2014.3.24 본항개정)
③ 환경부장관은 기본계획의 수립 또는 변경을 위하여 관계 중앙행정기관의 장과 시·도지사에게 그에 필요한 자료의 제출을 요청할 수 있다.
④ 시·도지사는 기본계획에 따라 관할구역의 야생생물 보호를 위한 세부계획(이하 “세부계획”이라 한다)을 수립하여야 한다.
⑤ 시·도지사가 세부계획을 수립하거나 변경할 때에는 미리 환경부장관의 의견을 들어야 한다.
⑥ 기본계획과 세부계획에 포함되어야 할 내용과 그 밖에 필요한 사항은 대통령령으로 정한다.

제5조의2 (2012.2.1 삭제)

제6조【야생생물 등의 서식실태 조사】 ① 환경부장관은 멸종위기 야생생물, 「생물다양성 보전 및 이용에 관한 법률」 제2조제8호에 따른 생태계교란 생물 등 특별히 보호하거나 관리할 필요가 있는 야생생물의 서식실태를 정밀하게 조사하여야 한다.(2012.2.1 본항개정)
② 환경부장관은 보호하거나 관리할 필요가 있는 야생생물 및 그 서식지 등이 자연적 또는 인위적 요인으로 인하여 훼손될 우려가 있는 경우에는 수시로 실태조사를 하거나 관찰종을 지정하여 조사할 수 있다.(2014.3.24 본항신설)
③ 제1항과 제2항에 따른 조사의 내용·방법 등 필요한 사항은 환경부령으로 정한다.(2014.3.24 본항개정)
(2014.3.24 본조제목개정)

제6조의2【정보제공의 요청】 환경부장관은 야생생물의 보호 및 관리를 위하여 야생동물 수입 실적 등 대통령령으로 정하는 정보를 관계 행정기관이나 지방자치단체의 장에게 요청할 수 있다. 이 경우 요청을 받은 기관의 장은 특별한 사유가 없으면 요청에 따라야 한다.
(2022.12.13 본조신설)

제6조의3【야생동물종합관리시스템】 ① 환경부장관은 야생동물의 수출·수입·반출·반입·양도·양수·보관·폐사 등에 관한 사항을 효율적으로 관리하기 위하여 전자정보시스템(이하 “야생동물종합관리시스템”이라 한다)을 구축하여 운영할 수 있다.
② 야생동물종합관리시스템의 구축·운영 등에 필요한 사항은 환경부령으로 정한다.
(2022.12.13 본조신설)

제7조【서식지외보전기관의 지정 등】 ① 환경부장관은 야생생물을 서식지에서 보전하기 어렵거나 종의 보존 등을 위하여 서식지 외에서 보전할 필요가 있는 경우에는 관계 중앙행정기관의 장의 의견을 들어 야생생물의 서식지 외 보전기관을 지정할 수 있다. 다만, 지정된 서식지외 보전기관(이하 “서식지외보전기관”이라 한다)에서 「자연유산의 보존 및 활용에 관한 법률」 제11조에 따른 천연기념물을 보전하게 하려는 경우에는 국가유산청장과 협의하여야 한다.(2024.2.13 단서개정)
② 환경부장관 및 지방자치단체의 장은 서식지외보전기관에서 멸종위기 야생생물을 보전하게 하기 위하여 필요하면 그 비용의 전부 또는 일부를 지원할 수 있다.
(2017.12.12 본항개정)
③ 서식지외보전기관의 지정에 필요한 사항은 대통령령으로 정하고, 그 기관의 운영 및 지정서 교부 등에 필요한 사항은 환경부령으로 정한다.

제7조의2【서식지외보전기관의 지정취소】 ① 환경부장관은 서식지외보전기관이 다음 각 호의 어느 하나에 해당하는 경우에는 그 지정을 취소할 수 있다. 다만, 제1호에 해당하는 경우에는 그 지정을 취소하여야 한다.
1. 거짓이나 그 밖의 부정한 방법으로 지정을 받은 경우
2. 제8조를 위반하여 야생동물을 학대한 경우
3. 제9조제1항을 위반하여 포획·수입 또는 반입한 야생동물, 이를 사용하여 만든 음식물 또는 가공품을 그 사실을 알면서 취득(환경부령으로 정하는 야생동물을 사용하여 만든 음식물 또는 추출가공식품을 먹는 행위는 제외한다)·양도·양수·운반·보관하거나 그러한 행위를 알선한 경우
4. 제14조제1항을 위반하여 멸종위기 야생생물을 포획·채취등을 한 경우
5. 제14조제2항을 위반하여 멸종위기 야생생물의 포획·채취등을 위하여 폭발물, 덫, 창애, 올무, 함정, 전류 및 그물을 설치 또는 사용하거나 유독물, 농약 및 이와 유사한 물질을 살포 또는 주입한 경우(2014.3.24 본호개정)
6. 제16조제1항을 위반하여 허가 없이 국제적 멸종위기종 및 그 가공품을 수출·수입·반출 또는 반입한 경우
7. 제16조제3항을 위반하여 국제적 멸종위기종 및 그 가공품을 수입 또는 반입 목적 외의 용도로 사용한 경우
8. 제16조제4항을 위반하여 국제적 멸종위기종 및 그 가공품을 포획·채취·구입하거나 양도·양수, 양도·양수의 알선·중개, 소유, 점유 또는 진열한 경우
(2013.7.16 본호개정)
9. (2013.7.16 삭제)
10. 제19조제1항을 위반하여 환경부령으로 정하는 종에 해당하는 야생생물을 포획·채취하거나 죽인 경우
11. 제19조제3항을 위반하여 야생생물을 포획·채취하거나 죽이기 위하여 폭발물, 덫, 창애, 올무, 함정, 전류 및 그물을 설치 또는 사용하거나 유독물, 농약 및 이와 유사한 물질을 살포하거나 주입한 경우
(2017.12.12 10호~11호개정)
12. 제21조제1항을 위반하여 환경부령으로 정하는 종에 해당하는 야생생물을 허가 없이 수출·수입·반출 또는 반입한 경우(2014.3.24 본호개정)
13. 정당한 사유 없이 계속하여 3년 이상 야생생물의 보전 실적이 없는 경우(2017.12.12 본호신설)
14. 제56조에 따른 보고 및 검사 등의 명령을 3회 이상 이행하지 않는 등 야생생물 보호·관리가 부실한 경우
(2017.12.12 본호신설)
② 제1항에 따라 지정이 취소된 자는 취소된 날부터 7일 이내에 지정서를 환경부장관에게 반납하여야 한다.
(2011.7.28 본조신설)

제8조【야생동물의 학대금지】 ① 누구든지 정당한 사유 없이 야생동물을 죽음에 이르게 하는 다음 각 호의 학대행위를 하여서는 아니 된다.(2017.12.12 본문개정)
1. 때리거나 산채로 태우는 등 다른 사람에게 혐오감을 주는 방법으로 죽이는 행위(2014.3.24 본호개정)
2. 목을 매달거나 독극물, 도구 등을 사용하여 잔인한 방법으로 죽이는 행위(2017.12.12 본호개정)
3. 그 밖에 제2항 각 호의 학대행위로 야생동물을 죽음에 이르게 하는 행위(2017.12.12 본호개정)
4. (2017.12.12 삭제)
② 누구든지 정당한 사유 없이 야생동물에게 고통을 주거나 상해를 입히는 다음 각 호의 학대행위를 하여서는 아니 된다.
1. 포획·감금하여 고통을 주거나 상처를 입히는 행위
2. 살아 있는 상태에서 혈액, 쓸개, 내장 또는 그 밖의 생체의 일부를 채취하거나 채취하는 장치 등을 설치하는 행위
3. 도구·약물을 사용하거나 물리적인 방법으로 고통을 주거나 상해를 입히는 행위
4. 도박·광고·오락·유흥 등의 목적으로 상해를 입히는 행위
5. 야생동물을 보관, 유통하는 경우 등에 고의로 먹이 또는 물을 제공하지 아니하거나, 질병 등에 대하여 적절한 조치를 취하지 아니하고 방치하는 행위
(2017.12.12 본항신설)

제8조의2【인공구조물로 인한 야생동물의 피해방지】 ① 국가기관, 지방자치단체 및 「공공기관의 운영에 관한 법률」 제4조에 따라 지정된 공공기관(이하 “공공기관등”이라 한다)은 건축물, 방음벽, 수로 등 인공구조물(이하 “인공구조물”이라 한다)로 인한 충돌·추락 등의 야생동물 피해가 최소화될 수 있도록 소관 인공구조물을 설치·관리하여야 한다.
② 환경부장관은 인공구조물로 인한 충돌·추락 등의 야생동물 피해에 관한 실태조사를 실시할 수 있다. 이 경우 환경부장관은 공공기관등의 장에게 실태조사에 필요한 자료의 제출 등 협조를 요청할 수 있으며, 요청을 받은 자는 특별한 사유가 없으면 이에 따라야 한다.
③ 환경부장관은 인공구조물로 인한 충돌·추락 등의 야생동물 피해가 심각하다고 인정하는 경우 공공기관등의 장에게 소관 인공구조물에 대하여 충돌방지제품의 사용 등 야생동물 피해를 방지하기 위한 조치를 하도록 요청할 수 있으며, 요청을 받은 자는 특별한 사유가 없으면 이에 따라야 한다.
④ 국가는 제3항에 따른 조치를 이행하는 데 필요한 비용의 전부 또는 일부를 지원할 수 있다.
⑤ 인공구조물의 범위 및 설치기준, 제2항에 따른 실태조사의 대상·주기 및 방법 등 그 밖에 필요한 사항은 환경부령으로 정한다.
(2022.6.10 본조신설)

제8조의3【야생동물 전시행위 금지】 ① 누구든지 「동물원 및 수족관의 관리에 관한 법률」 제8조에 따라 동물원 또는 수족관으로 허가받지 아니한 시설에서 살아 있는 야생동물을 전시하여서는 아니 된다. 다만, 다음 각 호의 어느 하나에 해당하는 경우에는 그러하지 아니하다.
1. 전시하려는 야생동물이 다음 각 목의 어느 하나에 해당하는 경우
  가. 포유류 외 분류군 중 인수공통질병 전파 우려 및 사람에게 위해를 가할 가능성이 낮은 야생동물로서 환경부령으로 정하는 종
  나. 「수산생물질병 관리법」 제2조제1호에 따른 수산생물
  다. 「해양생태계의 보전 및 관리에 관한 법률」 제2조제8호에 따른 해양생물
2. 학술 연구·교육 등 공익적 목적으로서 환경부령으로 정하는 경우
3. 제22조의5제1항제1호부터 제3호까지에 해당하는 영업으로서 시장·군수·구청장에게 영업 허가를 받은 경우
② 환경부장관은 제1항 단서에도 불구하고 전시하고 있는 야생동물에서 인수공통질병 전파 가능성이 추가로 발견되어 그 위험으로부터 국민의 건강과 안전을 보호하기 위하여 긴급한 조치가 필요한 경우 해당 야생동물에 대한 일시적 전시 중단 조치 등을 할 수 있다.
(2022.12.13 본조신설)

제8조의4【유기·방치 야생동물 보호시설의 설치】 ① 환경부장관은 제8조의3에 따른 전시행위 금지 등으로 인하여 유기 또는 방치될 우려가 있는 야생동물의 관리를 위하여 유기·방치 야생동물 보호시설을 설치·운영할 수 있다.
② 제1항에 따른 유기·방치 야생동물 보호시설의 설치·운영 기준 등에 관한 사항은 환경부령으로 정한다.
(2022.12.13 본조신설)

제9조【불법 포획한 야생동물의 취득 등 금지】 ① 누구든지 이 법을 위반하여 포획·수입 또는 반입한 야생동물, 이를 사용하여 만든 음식물 또는 가공품을 그 사실을 알면서 취득(환경부령으로 정하는 야생동물을 사용하여 만든 음식물 또는 추출가공식품을 먹는 행위를 포함한다)·양도·양수·운반·보관하거나 그러한 행위를 알선하지 못한다.
② 환경부장관이나 지방자치단체의 장은 이 법을 위반하여 포획·수입 또는 반입한 야생동물, 이를 사용하여 만든 음식물 또는 가공품을 압류하는 등 필요한 조치를 할 수 있다.

제10조【덫, 창애, 올무 등의 제작금지 등】 누구든지 덫, 창애, 올무 또는 그 밖에 야생동물을 포획할 수 있는 도구를 제작·판매·소지 또는 보관하여서는 아니 된다. 다만, 학술 연구, 관람·전시, 유해야생동물의 포획 등 환경부령으로 정하는 경우에는 그러하지 아니하다.

제11조【야생동물 운송 시의 준수사항】 ① 포유류·조류·파충류·양서류에 해당하는 살아있는 야생동물[파충류·양서류 중 식용(食用)을 목적으로 하는 것과 「수산업·어촌 발전 기본법」 제3조제1호에 따른 수산업 활동으로 포획·채취된 수산물은 제외한다]을 운송하려는 자 중 환경부령으로 정하는 자는 다음 각 호의 사항을 준수하여야 한다.
1. 운송하는 야생동물에게 적합한 먹이와 물을 공급하고, 운송 과정에서 충격과 상해를 입지 아니하도록 할 것
2. 야생동물을 운송하려는 차량이 운송 중에 야생동물에게 상해를 입히지 아니하고 야생동물의 생태를 고려한 온도와 습도를 유지하는 등 운송 중 고통을 최소화할 수 있는 구조로 되어 있을 것
3. 그 밖에 야생동물의 보호를 위하여 환경부령으로 정하는 것

② 제1항에도 불구하고 「동물보호법」 제11조를 준수하여야 하는 야생동물 운송자에 대하여는 「동물보호법」을 우선 적용한다.
(2022.12.13 본조신설)
제11조의2 (2014.3.24 삭제)
제12조【야생동물로 인한 피해의 예방 및 보상】 ① 국가와 지방자치단체는 야생동물로 인한 인명 피해(신체적으로 상해를 입거나 사망한 경우를 말한다. 이하 같다)나 농업·임업 및 어업의 피해를 예방하기 위하여 필요한 시설을 설치하는 자에게 그 설치비용의 전부 또는 일부를 지원할 수 있다.(2013.3.22 본항개정)
② 국가와 지방자치단체는 멸종위기 야생동물, 제19조제1항에 따라 포획이 금지된 야생동물 또는 제26조에 따른 시·도보호 야생동물에 의하여 인명 피해나 농업·임업 및 어업의 피해를 입은 자와 다음 각 호의 어느 하나에 해당하는 지역에서 야생동물에 의하여 인명 피해나 농업·임업 및 어업의 피해를 입은 자에게 예산의 범위에서 그 피해를 보상할 수 있다.(2013.3.22 본문개정)
1. 제27조에 따른 야생생물 특별보호구역
2. 제33조에 따른 야생생물 보호구역
3. 「자연환경보전법」 제12조에 따른 생태·경관보전지역
4. 「습지보전법」 제8조에 따른 습지보호지역
5. 「자연공원법」 제2조제1호에 따른 자연공원
6. 「도시공원 및 녹지 등에 관한 법률」 제2조제3호에 따른 도시공원
7. 그 밖에 야생동물을 보호하기 위하여 환경부령으로 정하는 지역
③ 제1항에 따른 피해 예방시설의 설치비용 지원 기준과 절차, 제2항에 따른 피해보상의 기준과 절차 등에 필요한 사항은 대통령령으로 정한다.

제2절 멸종위기 야생생물의 보호

제13조【멸종위기 야생생물에 대한 보전대책의 수립 등】
① 환경부장관은 대통령령으로 정하는 바에 따라 멸종위기 야생생물에 대한 중장기 보전대책을 5년마다 수립·시행하여야 한다.(2022.12.13 본항개정)
② 환경부장관은 멸종위기 야생생물의 서식지 등에 대한 보호조치를 마련하여야 하며, 자연상태에서 현재의 개체군으로는 지속적인 생존이 어렵다고 판단되는 종을 증식·복원하는 등 필요한 조치를 하여야 한다.
③ 환경부장관은 멸종위기 야생생물에 대한 중장기 보전대책의 시행과 멸종위기 야생생물의 증식·복원 등을 위하여 필요하면 관계 중앙행정기관의 장과 시·도지사에게 협조를 요청할 수 있다.
④ 환경부장관은 멸종위기 야생생물의 보호를 위하여 필요하면 토지의 소유자·점유자 또는 관리인에게 대통령령으로 정하는 바에 따라 해당 토지의 적절한 이용방법 등에 관한 권고를 할 수 있다.
제13조의2【멸종위기 야생생물의 지정 주기】 ① 환경부장관은 야생생물의 보호와 멸종 방지를 위하여 5년마다 멸종위기 야생생물을 다시 정하여야 한다. 다만, 특별히 필요하다고 인정할 때에는 수시로 다시 정할 수 있다.
② 환경부장관은 제1항에 따른 사항을 효율적으로 하기 위하여 관계 전문가의 의견을 들을 수 있다.
(2014.3.24 본조신설)
제14조【멸종위기 야생생물의 포획·채취등의 금지】
① 누구든지 멸종위기 야생생물을 포획·채취·방사(放飼)·이식(移植)·가공·유통·보관·수출·수입·반출·반입(가공·유통·보관·수출·수입·반출·반입하는 경우에는 죽은 것을 포함한다)·죽이거나 훼손(이하 "포획·채취등"이라 한다)해서는 아니 된다. 다만, 다음 각 호의 어느 하나에 해당하는 경우로서 환경부장관의 허가를 받은 경우에는 그러하지 아니하다.
(2017.12.12 본문개정)
1. 학술 연구 또는 멸종위기 야생생물의 보호·증식 및 복원의 목적으로 사용하려는 경우
2. 제35조에 따라 등록된 생물자원 보전시설이나 「생물자원관의 설립 및 운영에 관한 법률」 제2조제2호에 따른 생물자원관에서 전시용으로 사용하려는 경우
(2022.12.13 본호개정)
3. 「공익사업을 위한 토지 등의 취득 및 보상에 관한 법률」 제4조에 따른 공익사업의 시행 또는 다른 법령에 따른 인가·허가 등을 받은 사업의 시행을 위하여 멸종위기 야생생물을 이동시키거나 이식하여 보호하는 것이 불가피한 경우(2014.3.24 본호개정)
4. 사람이나 동물의 질병 진단·치료 또는 예방을 위하여 관계 중앙행정기관의 장이 환경부장관에게 요청하는 경우
5. 대통령령으로 정하는 바에 따라 인공증식한 것을 수출·수입·반출 또는 반입하는 경우
6. 그 밖에 멸종위기 야생생물의 보호에 지장을 주지 아니하는 범위에서 환경부령으로 정하는 경우
② 누구든지 멸종위기 야생생물의 포획·채취등을 위하여 다음 각 호의 어느 하나에 해당하는 행위를 하여서는 아니 된다. 다만, 제1항 각 호에 해당하는 경우로서 포획·채취등의 방법을 정하여 환경부장관의 허가를 받은 경우 등 환경부령으로 정하는 경우에는 그러하지 아니하다.(2014.3.24 본문개정)
1. 폭발물, 덫, 창애, 올무, 함정, 전류 및 그물의 설치 또는 사용
2. 유독물, 농약 및 이와 유사한 물질의 살포 또는 주입
③ 다음 각 호의 어느 하나에 해당하는 경우에는 제1항 본문을 적용하지 아니한다.
1. 인체에 급박한 위해를 끼칠 우려가 있어 포획하는 경우
2. 질병에 감염된 것으로 예상되거나 조난 또는 부상당한 야생동물의 구조·치료 등이 시급하여 포획하는 경우
3. 「자연유산의 보존 및 활용에 관한 법률」 제11조에 따른 천연기념물에 대하여 같은 법 제17조에 따라 허가를 받은 경우(2023.3.21 본호개정)
4. 서식지외보전기관이 관계 법령에 따라 포획·채취등의 인가·허가 등을 받은 경우
5. 제5항에 따라 보관 신고를 하고 보관하는 경우
6. 대통령령으로 정하는 바에 따라 인공증식한 것을 가공·유통 또는 보관하는 경우
④ 제1항 단서에 따라 허가를 받고 멸종위기 야생생물의 포획·채취등을 하려는 자는 허가증을 지녀야 하고, 포획·채취등을 하였을 때에는 환경부령으로 정하는 바에 따라 그 결과를 환경부장관에게 신고하여야 한다.
(2014.3.24 본항개정)
⑤ 야생생물이 멸종위기 야생생물로 정하여질 당시에 그 야생생물 또는 그 박제품을 보관하고 있는 자는 그 정하여진 날부터 1년 이내에 환경부령으로 정하는 바에 따라 환경부장관에게 그 사실을 신고하여야 한다. 다만, 「자연유산의 보존 및 활용에 관한 법률」 제21조에 따라 신고한 경우에는 그러하지 아니하다.(2023.3.21 단서개정)
⑥ 제16조제1항 본문에 따라 국제적 멸종위기종 및 그 가공품에 대한 수출·수입·반출·반입 허가를 받은 것과 같은 항 단서에 따라 수출·수입·반출·반입 허가를 면제받은 것에 대하여는 제1항(수출·수입·반출·반입의 허가만 해당한다)을 적용하지 아니한다.
⑦ 제1항 단서에 따른 허가의 기준·절차 및 허가증의 발급 등에 필요한 사항은 환경부령으로 정한다.
제15조【멸종위기 야생생물의 포획·채취등의 허가취소】 ① 환경부장관은 제14조제1항 단서에 따라 멸종위기 야생생물의 포획·채취등의 허가를 받은 자가 다음 각 호의 어느 하나에 해당하는 경우에는 그 허가를 취소할 수 있다. 다만, 제1호에 해당하는 경우에는 그 허가를 취소하여야 한다.
1. 거짓이나 그 밖의 부정한 방법으로 허가를 받은 경우
2. 멸종위기 야생생물의 포획·채취등을 할 때 허가조건을 위반한 경우
3. 멸종위기 야생생물을 제14조제1항제1호 또는 제2호에 따라 허가받은 목적이나 용도 외로 사용하는 경우
② 제1항에 따라 허가가 취소된 자는 취소된 날부터 7일 이내에 허가증을 환경부장관에게 반납하여야 한다.
제16조【국제적 멸종위기종의 국제거래 등의 규제】 ① 국제적 멸종위기종 및 그 가공품을 수출·수입·반출 또는 반입하려는 자는 다음 각 호의 허가기준에 따라 환경부장관의 허가를 받아야 한다. 다만, 국제적 멸종위기종을 이용한 가공품으로서 「약사법」에 따른 수출·수입 또는 반입 허가를 받은 의약품과 대통령령으로 정하는 국제적 멸종위기종 및 그 가공품의 경우에는 그러하지 아니하다.
1. 멸종위기종국제거래협약의 부속서(Ⅰ·Ⅱ·Ⅲ)에 포함되어 있는 종에 따른 거래의 규제에 적합할 것
2. 생물의 수출·수입·반출 또는 반입이 그 종의 생존에 위협을 주지 아니할 것
3. 그 밖에 대통령령으로 정하는 멸종위기종국제거래협약 부속서별 세부 허가조건을 충족할 것
② (2007.5.17 삭제)
③ 제1항 본문에 따라 허가를 받아 수입되거나 반입된 국제적 멸종위기종 및 그 가공품은 그 수입 또는 반입 목적 외의 용도로 사용할 수 없다. 다만, 용도변경이 불가피한 경우로서 환경부령으로 정하는 바에 따라 환경부장관의 승인을 받은 경우에는 그러하지 아니하다.
④ 누구든지 제1항 본문에 따른 허가를 받지 아니한 국제적 멸종위기종 및 그 가공품을 포획·채취·구입하거나 양도·양수, 양도·양수의 알선·중개, 소유, 점유 또는 진열하여서는 아니 된다.(2013.7.16 본항개정)
⑤ 제1항 본문에 따라 허가를 받아 수입되거나 반입된 국제적 멸종위기종으로부터 증식된 종은 제1항 본문에 따라 수입허가 또는 반입허가를 받은 것으로 보며, 처음에 수입되거나 반입된 국제적 멸종위기종의 용도와 같은 것으로 본다. 이 경우 제3항 단서에 따라 용도가 변경된 국제적 멸종위기종으로부터 증식된 종의 용도는 변경된 용도와 같은 것으로 본다.
⑥ 제1항 본문에 따라 허가를 받고 수입하거나 반입한 국제적 멸종위기종을 양도·양수(사육·재배 장소의 이동을 포함한다. 이하 같다)하려는 때에는 양도·양수 전까지, 해당 종이 죽거나 질병에 걸려 사육할 수 없게 되었을 때에는 지체 없이 환경부령으로 정하는 바에 따라 환경부장관에게 신고하여야 한다. 다만, 환경부장관이 국내에서 대량으로 증식되어 신고의 필요성이 낮다고 인정하여 고시하는 국제적 멸종위기종은 제외한다.(2017.12.12 본항개정)
⑦ 제1항 본문에 따라 허가를 받아 수입되거나 반입된 국제적 멸종위기종을 증식한 때에는 환경부령으로 정하는 바에 따라 국제적 멸종위기종 인공증식증명서를 발급받아야 한다. 다만, 대통령령으로 정하는 국제적 멸종위기종을 증식하려는 때에는 환경부령으로 정하는 바에 따라 미리 인공증식 허가를 받아야 한다.(2013.7.16 본항개정)
⑧ 국제적 멸종위기종 및 그 가공품을 포획·채취·구입하거나 양도·양수, 양도·양수의 알선·중개, 소유, 점유 또는 진열하려는 자는 환경부령으로 정한 적법한 입수경위 등을 증명하는 서류를 보관하여야 한다.
(2013.7.16 본항신설)
제16조의2【국제적 멸종위기종의 사육시설 등록 등】
① 국제적 멸종위기종의 보호와 건전한 사육환경 조성을 위하여 대통령령으로 정하는 국제적 멸종위기종을 사육하려는 자는 적정한 사육시설을 갖추어 환경부장관에게 등록하여야 한다.
② 제1항에 따라 국제적 멸종위기종 사육시설의 등록을 한 자(이하 "사육시설등록자"라 한다)는 등록한 사항 중 환경부령으로 정하는 사항을 변경하려면 환경부령으로 정하는 바에 따라 변경등록이나 변경신고를 하여야 한다.
③ 환경부장관은 제1항에 따라 등록을 하는 경우 해당 종의 적절한 관리를 위하여 필요한 조건을 붙일 수 있다.
④ 제1항에 따른 사육시설의 설치기준 및 등록 절차 등에 관한 사항은 환경부령으로 정한다.
⑤ 환경부장관은 제1항과 제4항에 따른 사육시설 설치기준의 적정성을 5년마다 재검토하여야 한다.(2017.12.12 본항신설)
⑥ 환경부장관은 제2항에 따른 변경신고를 받은 경우 그 내용을 검토하여 이 법에 적합하면 신고를 수리하여야 한다.(2019.11.26 본항신설)
(2013.7.16 본조신설)
제16조의3【사육시설등록자의 결격사유】 다음 각 호의 어느 하나에 해당하는 자는 사육시설등록자가 될 수 없다.
1. 피성년후견인
2. 파산선고를 받고 복권되지 아니한 자
3. 이 법을 위반하여 금고 이상의 실형을 선고받고 그 집행이 끝나거나(집행이 끝난 것으로 보는 경우를 포함한다) 집행을 받지 아니하기로 확정된 후 2년이 지나지 아니한 자
4. 제16조의8에 따라 등록이 취소(제1호 또는 제2호에 해당하여 등록이 취소된 경우는 제외한다)된 날부터 2년이 지나지 아니한 자(2017.12.12 본호개정)
(2013.7.16 본조신설)
제16조의4【국제적 멸종위기종 사육시설의 관리 등】
① 사육시설등록자 중 대통령령으로 정하는 사육시설을 운영하는 자는 환경부령으로 정하는 바에 따라 정기적으로 또는 수시로 환경부장관의 검사를 받아야 한다.
② 제1항에 따른 검사의 세부적인 방법 등에 필요한 사항은 환경부령으로 정한다.
(2013.7.16 본조신설)
제16조의5【개선명령】 환경부장관은 다음 각 호의 어느 하나에 해당하는 경우 환경부령으로 정하는 바에 따라 해당 사육시설등록자에게 기간을 정하여 개선을 명할 수 있다.
1. 사육시설이 제16조의2제4항에 따른 기준에 맞지 아니한 경우
2. 제16조의4제1항에 따른 정기 또는 수시 검사 결과 개선이 필요하다고 인정되는 경우
3. 제16조의6 각 호에 따른 사육동물의 관리기준을 지키지 아니한 경우
(2013.7.16 본조신설)
제16조의6【사육동물의 관리기준】 사육시설등록자는 다음 각 호의 사육동물 관리기준을 지켜야 한다.
1. 사육시설이 사육동물의 특성에 맞는 적절한 장치와 기능을 발휘할 수 있도록 유지·관리할 것
2. 사육동물의 사육과정에서 건강상·안전상의 위해가 발생하지 아니하도록 예방대책을 강구하고, 사고가 발생하면 응급조치를 할 수 있는 장비·약품 등을 갖출 것
3. 사육동물을 이송·운반하거나 사육하는 과정에서 탈출·폐사에 따른 안전사고나 생태계 교란 등이 없도록 대책을 강구할 것
4. 그 밖에 제1호부터 제3호까지의 규정에 준하는 사항으로서 사육동물의 보호 및 관리를 위하여 필요하다고 인정하여 환경부령으로 정하는 사항
(2013.7.16 본조신설)
제16조의7【폐쇄 등의 신고】 ① 사육시설등록자가 제16조의2에 따른 시설을 폐쇄하거나 운영을 중지하려면 환경부령으로 정하는 바에 따라 환경부장관에게 신고하여야 한다.
② 환경부장관은 제1항에 따른 신고를 받은 경우 그 내용을 검토하여 이 법에 적합하면 신고를 수리하여야 한다.
(2019.11.26 본항신설)
③ 환경부장관은 제1항에 따른 폐쇄신고의 내용을 검토한 결과 해당 사육시설등록자의 시설에 있는 사육동물의 건강·안전이 우려되거나 이로 인하여 생태계 교란 등의 우려가 있다고 인정되면 해당 사육시설등록자에게 폐쇄 전에 해당 사육동물의 양도 또는 보호시설 이관 등 필요한 조치를 취할 것을 명할 수 있다.
(2013.7.16 본조신설)
제16조의8【등록의 취소 등】 ① 환경부장관은 사육시설등록자가 다음 각 호의 어느 하나에 해당하면 그 등록을 취소하여야 한다.

1. 거짓이나 그 밖의 부정한 방법으로 제16조의2제1항에 따른 등록을 한 경우
2. 제16조의3제1호부터 제3호까지의 규정 중 어느 하나에 해당하게 된 경우(2017.12.12 본호개정)
② 환경부장관은 사육시설등록자가 다음 각 호의 어느 하나에 해당하면 그 등록을 취소하거나 6개월 이내의 기간을 정하여 사육시설의 전부 또는 일부의 폐쇄를 명할 수 있다.
1. 다른 사람에게 명의를 대여하여 등록증을 사용하게 한 경우
2. 1년에 3회 이상 시설 폐쇄명령을 받은 경우
3. 고의 또는 중대한 과실로 사육동물의 탈출, 폐사 또는 인명피해 등이 발생한 경우
4. 제16조의2제1항에 따른 등록을 한 후 2년 이내에 사육동물을 사육하지 아니하거나 정당한 사유 없이 계속하여 2년 이상 사육시설을 운영하지 아니한 경우
5. 제16조의2제2항을 위반하여 변경등록을 하지 아니한 경우
6. 제16조의2제2항을 위반하여 변경신고를 하지 아니한 경우
7. 제16조의2제3항에 따른 조건을 이행하지 아니한 경우
8. 제16조의4제1항에 따른 정기검사 또는 수시검사를 받지 아니한 경우
9. 제16조의5에 따른 개선명령을 이행하지 아니한 경우
10. 시설 폐쇄명령 기간 중 시설을 운영한 경우
11. 제16조의6에 따른 사육동물의 관리기준을 위반한 경우
(2013.7.16 본조신설)

제16조의9【권리·의무의 승계 등】 ① 사육시설등록자가 사망하거나 그 시설을 양도한 때에는 그 상속인 또는 양수인은 그에 따른 사육시설등록자의 권리·의무를 승계한다. 이 경우 그 상속인이 제16조의3제1호부터 제3호까지의 규정 중 어느 하나에 해당하는 경우에는 승계한 날부터 90일 이내에 그 시설을 다른 사람에게 양도하여야 한다.
② 제1항에 따라 사육시설등록자의 권리·의무를 승계한 자는 환경부령으로 정하는 바에 따라 승계한 날부터 30일 이내에 이를 환경부장관에게 신고하여야 한다.
(2013.7.16 본조신설)

제17조【국제적 멸종위기종의 수출·수입 허가의 취소 등】 ① 환경부장관은 제16조제1항 본문에 따라 국제적 멸종위기종 및 그 가공품의 수출·수입·반출 또는 반입 허가를 받은 자가 다음 각 호의 어느 하나에 해당하는 경우에는 그 허가를 취소할 수 있다. 다만, 제1호에 해당하는 경우에는 그 허가를 취소하여야 한다.
1. 거짓이나 그 밖의 부정한 방법으로 허가를 받은 경우
2. 국제적 멸종위기종 및 그 가공품을 수출·수입·반출 또는 반입할 때 허가조건을 위반한 경우
3. 제16조제3항을 위반하여 그 수입 또는 반입 목적 외의 용도로 사용한 경우
② 환경부장관이나 관계 행정기관의 장은 다음 각 호의 어느 하나에 해당하는 국제적 멸종위기종 중 살아 있는 생물의 생존을 위하여 긴급한 경우에는 즉시 필요한 보호조치를 할 수 있다.
1. 제16조제3항 본문을 위반하여 그 수입 또는 반입 목적 외의 용도로 사용되고 있는 것
2. 제16조제4항을 위반하여 포획·채취·구입, 양도·양수, 양도·양수의 알선·중개, 소유, 점유하거나 진열되고 있는 것(2013.7.16 본호개정)
③ 환경부장관이나 관계 행정기관의 장은 제2항에 따라 보호조치되거나 이 법을 위반하여 몰수된 국제적 멸종위기종을 수출국 또는 원산국과 협의하여 반송하거나 보호시설 또는 그 밖의 적절한 시설로 이송할 수 있다.

제18조【멸종위기 야생생물 등의 광고 제한】 누구든지 멸종위기 야생생물과 국제적 멸종위기종의 멸종 또는 감소를 촉진시키거나 학대를 유발(誘發)할 수 있는 광고를 하여서는 아니 된다. 다만, 다른 법률에 따라 인가·허가 등을 받은 경우에는 그러하지 아니하다.

제3절 멸종위기 야생생물 외의 야생생물 보호 등

제19조【야생생물의 포획·채취 금지 등】 ① 누구든지 멸종위기 야생생물에 해당하지 아니하는 야생생물 중 환경부령으로 정하는 종(해양만을 서식지로 하는 해양생물은 제외하고, 식물은 멸종위기 야생생물에서 해제된 종에 한정한다. 이하 이 조에서 같다)을 포획·채취하거나 죽여서는 아니 된다. 다만, 다음 각 호의 어느 하나에 해당하는 경우로서 특별자치시장·특별자치도지사·시장·군수·구청장(구청장은 자치구의 구청장을 말하며, 이하 "시장·군수·구청장"이라 한다)의 허가를 받은 경우에는 그러하지 아니하다.(2017.12.12 본문개정)
1. 학술 연구 또는 야생생물의 보호·증식 및 복원의 목적으로 사용하려는 경우(2014.3.24 본호개정)
2. 제35조에 따라 등록된 생물자원 보전시설이나 「생물자원관의 설립 및 운영에 관한 법률」 제2조제2호에 따른 생물자원관에서 전시용으로 사용하려는 경우
(2022.12.13 본호개정)
3. 「공익사업을 위한 토지 등의 취득 및 보상에 관한 법률」 제4조에 따른 공익사업의 시행 또는 다른 법령에 따른 인가·허가 등을 받은 사업의 시행을 위하여 야생생물을 이동시키거나 이식하여 보호하는 것이 불가피한 경우(2014.3.24 본호개정)
4. 사람이나 동물의 질병 진단·치료 또는 예방을 위하여 관계 중앙행정기관의 장이 시장·군수·구청장에게 요청하는 경우
5. 환경부령으로 정하는 야생생물을 환경부령으로 정하는 기준 및 방법 등에 따라 상업적 목적으로 인공증식하거나 재배하는 경우(2014.3.24 본호개정)
② 환경부장관은 내수면 수산자원을 제1항 본문에 따른 종으로 정하려는 경우에는 미리 해양수산부장관과 협의하여야 한다.(2014.3.24 본항신설)
③ 누구든지 제1항 본문에 따른 야생생물을 포획·채취하거나 죽이기 위하여 다음 각 호의 어느 하나에 해당하는 행위를 하여서는 아니 된다. 다만, 제1항 각 호에 해당하는 경우로서 포획·채취 또는 죽이는 방법을 정하여 허가를 받은 경우 등 환경부령으로 정하는 경우에는 그러하지 아니하다.(2017.12.12 본문개정)
1. 폭발물, 덫, 창애, 올무, 함정, 전류 및 그물의 설치 또는 사용
2. 유독물, 농약 및 이와 유사한 물질의 살포 또는 주입
④ 다음 각 호의 어느 하나에 해당하는 경우에는 제1항 본문을 적용하지 아니한다.
1. 인체에 급박한 위해를 끼칠 우려가 있어 포획하는 경우
2. 질병에 감염된 것으로 예상되거나 조난 또는 부상당한 야생동물의 구조·치료 등이 시급하여 포획하는 경우
3. 「자연유산의 보존 및 활용에 관한 법률」 제11조에 따른 천연기념물에 대하여 같은 법 제17조에 따라 허가를 받은 경우(2023.3.21 본호개정)
4. 서식지외보전기관이 관계 법령에 따라 포획·채취의 인가·허가 등을 받은 경우(2014.3.24 본호개정)
5. 제23조제1항에 따라 시장·군수·구청장으로부터 유해야생동물의 포획허가를 받은 경우
6. 제50조제1항에 따라 수렵장설정자로부터 수렵승인을 받은 경우
7. 어업활동으로 불가피하게 혼획(混獲)된 경우로서 해양수산부장관에게 3개월 이내에 신고한 경우(2014.3.24 본호신설)
8. 「해양생태계의 보전 및 관리에 관한 법률」 제2조제11호에 따른 해양보호생물에 대하여 같은 법 제20조에 따라 허가를 받은 경우(2022.12.13 본호신설)
⑤ 제1항 단서에 따라 야생생물을 포획·채취하거나 죽인 자는 환경부령으로 정하는 바에 따라 그 결과를 시장·군수·구청장에게 신고하여야 한다.(2017.12.12 본항개정)
⑥ 제1항 단서에 따른 허가의 기준·절차 및 허가증의 발급 등에 필요한 사항은 환경부령으로 정한다.
(2014.3.24 본조제목개정)

제20조【야생생물의 포획·채취 허가 취소 등】 ① 시장·군수·구청장은 제19조제1항 단서에 따라 야생생물의 포획·채취 또는 야생생물을 죽이는 허가를 받은 자가 다음 각 호의 어느 하나에 해당하는 경우에는 그 허가를 취소할 수 있다. 다만, 제1호에 해당하는 경우에는 그 허가를 취소하여야 한다.(2017.12.12 본문개정)
1. 거짓이나 그 밖의 부정한 방법으로 허가를 받은 경우
2. 야생생물을 포획·채취 또는 죽일 때 허가조건을 위반한 경우(2017.12.12 본호개정)
3. 제19조제1항제1호 또는 제2호에 따라 허가받은 목적 외의 용도로 사용한 경우
4. 제19조제1항제5호에 따라 허가받은 기준 또는 방법에 따라 인공증식하거나 재배하지 아니한 경우(2014.3.24 본호개정)
② 제1항에 따라 허가가 취소된 자는 취소된 날부터 7일 이내에 허가증을 시장·군수·구청장에게 반납하여야 한다.
(2014.3.24 본조제목개정)

제21조【야생생물의 수출·수입 등】 ① 멸종위기 야생생물에 해당하지 아니하는 야생생물 중 환경부령으로 정하는 종(가공품을 포함한다. 이하 같다)을 수출·수입·반출 또는 반입하려는 자는 다음 각 호의 구분에 따른 허가기준에 따라 시장·군수·구청장의 허가를 받아야 한다.(2014.3.24 본문개정)
1. 수출이나 반출의 경우
가. 야생생물의 수출이나 반출이 그 종의 생존을 어렵게 하지 아니할 것
나. 수출되거나 반출되는 야생생물이 야생생물 보호와 관련된 법령에 따라 적법하게 획득되었을 것
다. 살아 있는 야생생물을 이동시킬 때에는 상해를 입히거나 건강을 해칠 가능성 또는 학대받거나 훼손될 위험을 최소화할 것
(2014.3.24 가목~다목개정)
2. 수입이나 반입의 경우
가. 야생생물의 수입이나 반입이 그 종의 생존을 어렵게 하지 아니할 것(2014.3.24 본목개정)
나. 살아 있는 야생생물을 수령하기로 예정된 자가 그 야생생물을 수용하고 보호할 적절한 시설을 갖추고 있을 것(2014.3.24 본목개정)
다. 제2조제8호에 따른 야생동물 질병, 「감염병의 예방 및 관리에 관한 법률」 제2조제1호에 따른 감염병 또는 「가축전염병 예방법」 제2조제2호에 따른 가축전염병의 매개 및 전파의 우려가 없을 것(2022.12.13 본목신설)
라. 그 밖에 대통령령으로 정하는 용도별 수입 또는 반입 허용 세부기준을 충족할 것
② 다음 각 호의 어느 하나에 해당하는 경우에는 제1항을 적용하지 아니한다.
1. 「자연유산의 보존 및 활용에 관한 법률」 제11조에 따른 천연기념물에 대하여 같은 법 제20조에 따라 허가를 받은 경우(2023.3.21 본호개정)
2. 야생생물을 이용한 가공품으로서 「약사법」 제42조에 따른 수입허가를 받은 의약품(2014.3.24 본호개정)
3. 「생물다양성 보전 및 이용에 관한 법률」 제11조에 따라 환경부장관이 지정·고시하는 생물자원을 수출하거나 반출하려는 경우(2012.2.1 본호개정)
(2014.3.24 본조제목개정)

제22조【야생생물의 수출·수입 등 허가의 취소】 시장·군수·구청장은 제21조제1항에 따라 야생생물의 수출·수입·반출 또는 반입 허가를 받은 자가 다음 각 호의 어느 하나에 해당하는 경우에는 그 허가를 취소할 수 있다. 다만, 제1호에 해당하는 경우에는 그 허가를 취소하여야 한다.(2014.3.24 본문개정)
1. 거짓이나 그 밖의 부정한 방법으로 허가를 받은 경우
2. 야생생물 및 그 가공품을 수출·수입·반출 또는 반입할 때 허가조건을 위반한 경우(2014.3.24 본호개정)
3. 야생생물과 그 가공품을 수입 또는 반입 목적 외의 용도로 사용한 경우(2014.3.24 본호개정)
(2014.3.24 본조제목개정)

제23조【유해야생동물의 포획허가 및 관리 등】 ① 유해야생동물을 포획하려는 자는 환경부령으로 정하는 바에 따라 시장·군수·구청장의 허가를 받아야 한다.
② 시장·군수·구청장은 제1항에 따른 허가를 하려는 경우에는 유해야생동물로 인한 농작물 등의 피해 상황, 유해야생동물의 종류 및 수 등을 조사하여 과도한 포획으로 인하여 생태계가 교란되지 아니하도록 하여야 한다.
③ 시장·군수·구청장은 제1항에 따른 허가를 신청한 자의 요청이 있으면 제44조에 따른 수렵면허를 받고 제51조에 따른 수렵보험에 가입한 사람에게 포획을 대행하게 할 수 있다. 이 경우 포획을 대행하는 사람은 제1항에 따른 허가를 받은 것으로 본다.
④ 시장·군수·구청장은 제1항에 따른 허가를 하였을 때에는 지체 없이 산림청장 또는 그 밖의 관계 행정기관의 장에게 그 사실을 통보하여야 한다.
⑤ 환경부장관은 유해야생동물의 관리를 위하여 필요하면 관계 중앙행정기관의 장 또는 지방자치단체의 장에게 피해예방활동이나 질병예방활동, 수확기 피해방지단 또는 인접 시·군·구 공동 수확기 피해방지단 구성·운영 등 적절한 조치를 하도록 요청할 수 있다.(2019.11.26 본항개정)
⑥ 제1항 또는 제3항에 따라 유해야생동물을 포획한 자는 환경부령으로 정하는 바에 따라 유해야생동물의 포획 결과를 시장·군수·구청장에게 신고하여야 한다.
(2013.3.22 본항신설)
⑦ 제1항에 따른 허가의 기준, 안전수칙, 포획 방법 및 허가증의 발급 등에 필요한 사항은 환경부령으로 정한다.
⑧ 제1항 또는 제3항에 따라 포획한 유해야생동물의 처리 방법은 환경부령으로 정한다.(2019.11.26 본항신설)
⑨ 제5항에 따른 수확기 피해방지단의 구성방법, 운영시기, 대상동물 등에 필요한 사항은 환경부령으로 정한다.
(2014.3.24 본항신설)

제23조의2【유해야생동물의 포획허가 취소】 ① 시장·군수·구청장은 제23조제1항에 따라 유해야생동물의 포획허가를 받은 자가 다음 각 호의 어느 하나에 해당하는 경우에는 그 허가를 취소할 수 있다. 다만, 제1호에 해당하는 경우에는 그 허가를 취소하여야 한다.
1. 거짓이나 그 밖의 부정한 방법으로 허가를 받은 경우
2. 제23조제6항에 따른 신고를 하지 아니한 경우
(2013.3.22 본호신설)
3. 유해야생동물을 포획할 때 제23조제7항에 따라 환경부령으로 정하는 허가의 기준, 안전수칙, 포획 방법 등을 위반한 경우(2013.3.22 본호개정)
② 제1항에 따라 허가가 취소된 자는 취소된 날부터 7일 이내에 허가증을 시장·군수·구청장에게 반납하여야 한다.
(2011.7.28 본조신설)

제24조【야생화된 동물의 관리】 ① 환경부장관은 버려지거나 달아나 야생화(野生化)된 가축이나 반려동물로 인하여 야생동물의 질병 감염이나 생물다양성의 감소 등 생태계 교란이 발생하거나 발생할 우려가 있으면 관계 중앙행정기관의 장과 협의하여 그 가축이나 반려동물을 야생화된 동물로 지정·고시하고 필요한 조치를 할 수 있다.
(2021.5.18 본항개정)
② 환경부장관은 야생화된 동물로 인한 생태계의 교란을 방지하기 위하여 필요하면 관계 중앙행정기관의 장 또는 지방자치단체의 장에게 야생화된 동물의 포획 등 적절한 조치를 하도록 요청할 수 있다.

제25조~제25조의2 (2012.2.1 삭제)

제26조【시·도보호 야생생물의 지정】 ① 시·도지사는 관할구역에서 그 수가 감소하는 등 멸종위기 야생생물에 준하여 보호가 필요하다고 인정되는 야생생물을 해당 특별시·광역시·특별자치시·도·특별자치도(이하 "시·도"라 한다)의 조례로 정하는 바에 따라 시·도보호 야생생물로 지정·고시할 수 있다.(2014.3.24 본항개정)

② 시·도지사는 해당 시·도의 조례로 정하는 바에 따라 시·도보호 야생생물의 포획·채취 금지 등 야생생물의 보호를 위하여 필요한 조치를 할 수 있다.

제4절 야생생물 특별보호구역 등의 지정·관리

제27조【야생생물 특별보호구역의 지정】 ① 환경부장관은 멸종위기 야생생물의 보호 및 번식을 위하여 특별히 보전할 필요가 있는 지역을 토지소유자 등 이해관계인과 지방자치단체의 장의 의견을 듣고 관계 중앙행정기관의 장과 협의하여 야생생물 특별보호구역(이하 "특별보호구역"이라 한다)으로 지정할 수 있다.
② 환경부장관은 특별보호구역이 군사 목적상, 천재지변 또는 그 밖의 사유로 특별보호구역으로서의 가치를 상실하거나 보전할 필요가 없게 된 경우에는 그 지정을 변경하거나 해제하여야 한다. 이 경우 제1항의 절차를 준용한다.
③ 환경부장관은 특별보호구역을 지정·변경 또는 해제할 때에는 보호구역의 위치, 면적, 지정일시, 그 밖에 필요한 사항을 정하여 고시하여야 한다.
④ 제1항부터 제3항까지에서 규정한 사항 외에 특별보호구역의 지정기준·절차 등에 필요한 사항은 환경부령으로 정한다.

제28조【특별보호구역에서의 행위 제한】 ① 누구든지 특별보호구역에서는 다음 각 호의 어느 하나에 해당하는 훼손행위를 하여서는 아니 된다. 다만, 「문화유산의 보존 및 활용에 관한 법률」 제2조에 따른 문화유산(보호구역을 포함한다)과 「자연유산의 보존 및 활용에 관한 법률」 제2조에 따른 자연유산(보호구역을 포함한다)에 대하여는 그 법에서 정하는 바에 따른다.(2023.8.8 단서개정)
1. 건축물 또는 그 밖의 공작물의 신축·증축(기존 건축 연면적을 2배 이상 증축하는 경우만 해당한다) 및 토지의 형질변경
2. 하천, 호소 등의 구조를 변경하거나 수위 또는 수량에 변동을 가져오는 행위
3. 토석의 채취
4. 그 밖에 야생생물 보호에 유해하다고 인정되는 훼손행위로서 대통령령으로 정하는 행위

② 다음 각 호의 어느 하나에 해당하는 경우에는 제1항을 적용하지 아니한다.
1. 군사 목적을 위하여 필요한 경우(2020.5.26 본호개정)
2. 천재지변 또는 이에 준하는 대통령령으로 정하는 재해가 발생하여 긴급한 조치가 필요한 경우
3. 특별보호구역에서 기존에 하던 영농행위를 지속하기 위하여 필요한 행위 등 대통령령으로 정하는 행위를 하는 경우
4. 그 밖에 환경부장관이 야생생물의 보호에 지장이 없다고 인정하여 고시하는 행위를 하는 경우

③ 누구든지 특별보호구역에서 다음 각 호의 어느 하나에 해당하는 행위를 하여서는 아니 된다. 다만, 제2항제1호 및 제2호에 해당하는 경우에는 그러하지 아니하다.
1. 「물환경보전법」 제2조제8호에 따른 특정수질유해물질, 「폐기물관리법」 제2조제1호에 따른 폐기물 또는 「화학물질관리법」 제2조제2호에 따른 유독물질을 버리는 행위(2017.1.17 본호개정)
2. 환경부령으로 정하는 인화물질을 소지하거나 취사 또는 야영을 하는 행위
3. 야생생물의 보호에 관한 안내판 또는 그 밖의 표지물을 더럽히거나 훼손하거나 함부로 이전하는 행위
4. 그 밖에 야생생물의 보호를 위하여 금지하여야 할 행위로서 대통령령으로 정하는 행위

④ 환경부장관이나 시·도지사는 멸종위기 야생생물의 보호를 위하여 불가피한 경우에는 제2항제3호에 따른 행위를 제한할 수 있다.

제29조【출입 제한】 ① 환경부장관이나 시·도지사는 야생생물을 보호하고 멸종을 예방하기 위하여 필요하면 특별보호구역의 전부 또는 일부 지역에 대하여 일정한 기간 동안 출입을 제한하거나 금지할 수 있다. 다만, 다음 각 호의 어느 하나의 행위를 하기 위하여 출입하는 경우에는 그러하지 아니하며, 「문화유산의 보존 및 활용에 관한 법률」 제2조에 따른 문화유산(보호구역을 포함한다)과 「자연유산의 보존 및 활용에 관한 법률」 제2조에 따른 자연유산(보호구역을 포함한다)에 대하여는 국가유산청장과 협의하여야 한다.(2024.2.13 단서개정)
1. 야생생물의 보호를 위하여 필요한 행위로서 환경부령으로 정하는 행위
2. 군사 목적을 위하여 필요한 행위(2020.5.26 본호개정)
3. 천재지변 또는 이에 준하는 대통령령으로 정하는 재해가 발생하여 긴급한 조치를 하거나 원상 복구에 필요한 조치를 하는 행위
4. 특별보호구역에서 기존에 하던 영농행위를 지속하기 위하여 필요한 행위 등 대통령령으로 정하는 행위
5. 그 밖에 야생생물의 보호에 지장이 없는 것으로서 환경부령으로 정하는 행위

② 환경부장관이나 시·도지사는 제1항에 따라 출입을 제한하거나 금지하려면 해당 지역의 위치, 면적, 기간, 출입방법, 그 밖에 환경부령으로 정하는 사항을 고시하여야 한다.
③ 환경부장관이나 시·도지사는 제1항에 따라 출입을 제한하거나 금지하게 된 사유가 소멸(消滅)된 경우에는 지체 없이 출입의 제한 또는 금지를 해제하여야 하며, 그 사실을 고시하여야 한다.

제30조【중지명령 등】 환경부장관이나 시·도지사는 특별보호구역에서 제28조제1항을 위반하는 행위를 한 사람에게 그 행위의 중지를 명하거나 적절한 기간을 정하여 원상회복을 명할 수 있다. 다만, 원상회복이 곤란한 경우에는 이에 상응하는 조치를 하도록 명할 수 있다.

제31조【특별보호구역 토지 등의 매수】 ① 환경부장관은 효과적인 야생생물의 보호를 위하여 필요하면 특별보호구역, 특별보호구역으로 지정하려는 지역 또는 그 주변지역의 토지 등을 그 소유자와 협의하여 매수할 수 있다.
② 환경부장관은 특별보호구역의 지정으로 손실을 입은 자가 있으면 대통령령으로 정하는 바에 따라 예산의 범위에서 그 손실을 보상할 수 있다.
③ 제1항에 따른 토지 등의 매수가격은 「공익사업을 위한 토지 등의 취득 및 보상에 관한 법률」에 따라 산정(算定)한 가액에 따른다.

제32조【멸종위기종관리계약의 체결 등】 ① 환경부장관이나 시·도지사는 특별보호구역과 인접지역(특별보호구역에 수질오염 등의 영향을 직접 미칠 수 있는 지역을 말한다. 이하 이 조에서 같다)에서 멸종위기 야생생물의 보호를 위하여 필요하면 토지의 소유자·점유자 등과 경작방식의 변경, 화학물질의 사용 저감(低減) 등 토지의 관리방법 등을 내용으로 하는 계약(이하 "멸종위기종관리계약"이라 한다)을 체결하거나 관계 중앙행정기관의 장 또는 지방자치단체의 장에게 멸종위기종관리계약의 체결을 권고할 수 있다.
② 환경부장관, 관계 중앙행정기관의 장 또는 지방자치단체의 장이 멸종위기종관리계약을 체결하는 경우에는 그 계약의 이행으로 인하여 손실을 입은 자에게 보상을 하여야 한다.
③ 환경부장관은 인접지역에서 그 지역 주민이 주택 증축 등을 하는 경우에는 「하수도법」 제2조제13호에 따른 개인하수처리시설을 설치하는 비용의 전부 또는 일부를 지원할 수 있다.
④ 환경부장관은 특별보호구역과 인접지역에 대하여 우선적으로 오수, 폐수 및 축산 폐수를 처리하기 위한 지원 방안을 수립하여야 하고, 그 지원에 필요한 조치 및 환경친화적 농업·임업·어업의 육성을 위하여 필요한 조치를 하도록 관계 중앙행정기관의 장에게 요청할 수 있다.
⑤ 멸종위기종관리계약의 체결·보상·해지 및 인접지역에 대한 지원의 종류·절차·방법 등에 필요한 사항은 대통령령으로 정한다.

제33조【야생생물 보호구역의 지정 등】 ① 시·도지사나 시장·군수·구청장은 멸종위기 야생생물 등을 보호하기 위하여 특별보호구역에 준하여 보호할 필요가 있는 지역을 야생생물 보호구역(이하 "보호구역"이라 한다)으로 지정할 수 있다.
② 시·도지사나 시장·군수·구청장은 보호구역을 지정·변경 또는 해제할 때에는 「토지이용규제 기본법」 제8조에 따라 미리 주민의 의견을 들어야 하며, 관계 행정기관의 장과 협의하여야 한다.
③ 시·도지사나 시장·군수·구청장은 보호구역을 지정·변경 또는 해제할 때에는 환경부령으로 정하는 바에 따라 보호구역의 위치, 면적, 지정일시, 그 밖에 해당 지방자치단체의 조례로 정하는 사항을 고시하여야 한다.
④ 시·도지사나 시장·군수·구청장은 제28조부터 제32조까지의 규정에 준하여 해당 지방자치단체의 조례로 정하는 바에 따라 출입 제한 등 보호구역의 보전에 필요한 조치를 할 수 있다.
⑤ 환경부장관이 정하여 고시하는 야생동물의 번식기에 보호구역에 들어가려는 자는 환경부령으로 정하는 바에 따라 시·도지사나 시장·군수·구청장에게 신고하여야 한다. 다만, 다음 각 호의 어느 하나에 해당하는 경우에는 그러하지 아니하다.
1. 산불의 진화(鎭火) 및 「자연재해대책법」에 따른 재해의 예방·복구 등을 위한 경우
2. 군의 업무수행을 위한 경우
3. 그 밖에 자연환경조사 등 환경부령으로 정하는 경우

⑥ 시·도지사나 시장·군수·구청장은 제5항 본문에 따른 신고를 받은 경우 그 내용을 검토하여 이 법에 적합하면 신고를 수리하여야 한다.(2019.11.26 본항신설)

제34조【보호구역에서의 개발행위 등의 협의】 보호구역에서 다른 법령에 따라 국가나 지방자치단체가 이용·개발 등의 행위를 하거나 이용·개발 등에 관한 인가·허가 등을 하려면 소관 행정기관의 장은 보호구역을 관할하는 시·도지사 또는 시장·군수·구청장과 미리 협의하여야 한다.

제34조의2【보호구역의 관리실태 조사·평가】 환경부장관은 보호구역의 효율적 관리를 위하여 필요하면 보호구역의 지정, 변경 또는 해제의 적정성 등을 조사·평가하고, 해당 지방자치단체의 장에게 개선을 권고할 수 있다.(2011.7.28 본조신설)

제5절 야생동물 질병관리
(2014.3.24 본절신설)

제34조의3【야생동물 질병관리 기본계획의 수립 등】 ① 환경부장관은 야생동물(수산동물은 멸종위기 야생생물로 정한 종 또는 제19조제1항에 따라 포획·채취 금지 야생생물로 정한 종에 한정한다. 이하 이 절에서 같다) 질병의 예방과 확산 방지, 체계적인 관리를 위하여 5년마다 야생동물 질병관리 기본계획을 수립·시행하여야 한다. 이 경우 환경부장관은 계획 수립 이전에 관계 중앙행정기관의 장과 협의하여야 한다.
② 제1항에 따른 야생동물 질병관리 기본계획에는 다음 각 호의 사항이 포함되어야 한다.
1. 야생동물 질병의 예방 및 조기 발견을 위한 신고체계 구축
2. 야생동물 질병별 긴급대응 대책의 수립·시행
3. 야생동물 질병에 대응하기 위한 국내외의 협력
4. 야생동물 질병의 진단, 조사 및 연구
5. 야생동물 질병에 관한 정보 및 자료의 수집·분석
6. 야생동물 질병의 조사·연구를 위한 전문인력의 양성
7. 그 밖에 야생동물 질병의 방역 시책 등에 관한 사항

③ 환경부장관은 야생동물 질병관리 기본계획의 수립 또는 변경을 위하여 관계 중앙행정기관의 장과 시·도지사에게 그에 필요한 자료 제출을 요청할 수 있다.
④ 환경부장관은 제1항에 따라 수립된 야생동물 질병관리 기본계획을 시·도지사에게 통보하여야 하며, 시·도지사는 야생동물 질병관리 기본계획에 따라 관할구역의 야생동물 질병관리를 위한 세부계획을 수립하여야 한다.
⑤ 제1항부터 제4항까지에서 규정한 사항 외에 야생동물 질병관리 기본계획 및 세부계획의 수립 등에 필요한 사항은 대통령령으로 정한다.

제34조의4【야생동물의 질병연구 및 구조·치료 등】 ① 환경부장관과 시·도지사는 야생동물의 질병관리를 위하여 야생동물의 질병연구, 조난당하거나 부상당한 야생동물의 구조·치료, 야생동물 질병관리기술의 개발·보급 등 필요한 조치를 하여야 한다.(2019.11.26 본항개정)
② 환경부장관 및 시·도지사는 대통령령으로 정하는 바에 따라 야생동물의 질병연구 및 구조·치료시설(이하 "야생동물 치료기관"이라 한다)을 설치·운영하거나 환경부령으로 정하는 바에 따라 관련 기관 또는 단체를 야생동물 치료기관으로 지정할 수 있다.(2019.11.26 본항개정)
③ 환경부장관 및 시·도지사는 제2항에 따라 설치 또는 지정된 야생동물 치료기관에 야생동물의 질병연구 및 구조·치료 활동에 드는 비용의 전부 또는 일부를 지원할 수 있다.(2019.11.26 본항개정)
④ 제2항에 따른 야생동물 치료기관의 지정기준 및 지정서 발급 등에 관한 사항은 환경부령으로 정한다.
(2019.11.26 본조제목개정)

제34조의5【야생동물 치료기관의 지정취소】 ① 환경부장관과 시·도지사는 야생동물 치료기관이 다음 각 호의 어느 하나에 해당하는 경우에는 그 지정을 취소할 수 있다. 다만, 제1호에 해당하는 경우에는 지정을 취소하여야 한다.
1. 거짓이나 그 밖의 부정한 방법으로 지정을 받은 경우
2. 특별한 사유 없이 조난당하거나 부상당한 야생동물의 구조·치료를 3회 이상 거부한 경우
3. 제8조를 위반하여 야생동물을 학대한 경우
4. 제9조제1항을 위반하여 불법으로 포획·수입 또는 반입한 야생동물, 이를 사용하여 만든 음식물 또는 가공품을 그 사실을 알면서 취득(환경부령으로 정하는 야생동물을 사용하여 만든 음식물 또는 추출가공식품을 먹는 행위는 제외한다)·양도·양수·운반·보관하거나 그러한 행위를 알선한 경우
5. 제34조의6제1항을 위반하여 질병에 걸린 것으로 확인되거나 걸렸다고 의심할만한 정황이 있는 야생동물임을 알면서 신고하지 아니한 경우
6. 제34조의10제1항을 위반하여 야생동물 예방접종·격리·이동제한·출입제한 또는 살처분 명령을 이행하지 아니한 경우(2019.11.26 본호개정)
7. 제34조의10제3항을 위반하여 살처분한 야생동물의 사체를 소각하거나 매몰하지 아니한 경우(2019.11.26 본호개정)

② 제1항에 따라 지정이 취소된 자는 취소된 날부터 7일 이내에 지정서를 환경부장관 또는 시·도지사에게 반납하여야 한다.

제34조의6【죽거나 병든 야생동물의 신고】 ① 질병에 걸린 것으로 확인되거나 걸렸다고 의심할만한 정황이 있는 야생동물(죽은 야생동물을 포함한다)을 발견한 사람은 환경부령으로 정하는 바에 따라 지체 없이 야생동물 질병에 관한 업무를 수행하는 대통령령으로 정하는 행정기관의 장(이하 "국립야생동물질병관리기관장"이라 한다) 또는 관할 지방자치단체의 장에게 신고하여야 한다.
(2019.11.26 본항개정)
② 제1항에 따른 신고를 받은 행정기관의 장은 신고자가 요청한 경우에는 신고자의 신원을 외부에 공개해서는 아니 된다.

제34조의7【질병진단】 ① 국립야생동물질병관리기관장은 야생동물의 질병진단을 할 수 있는 시설과 인력을 갖춘 대학, 민간연구소, 야생동물 치료기관 등을 야생동물 질병진단기관으로 지정할 수 있다.(2019.11.26 본항개정)
② 제34조의6제1항에 따른 신고를 받은 관할 지방자치단체의 장은 국립야생동물질병관리기관장 또는 제1항에 따라 지정된 야생동물 질병진단기관(이하 "야생동물 질병진단기관"이라 한다)의 장에게 해당 야생동물의 질병진단을 의뢰할 수 있다.(2019.11.26 본항개정)

③ 국립야생동물질병관리기관장은 야생동물 질병의 발생 상황을 파악하기 위하여 다음 각 호의 업무를 수행한다.(2019.11.26 본문개정)
1. 전국 또는 일정한 지역에서 야생동물의 질병의 예찰(豫察)·진단 및 조사·연구(2019.11.26 본호신설)
2. 야생동물 치료기관 등 야생동물을 보호·관리하는 시설의 야생동물의 질병진단(2019.11.26 본호신설)
④ 야생동물 질병진단기관의 장은 제2항에 따른 질병진단 결과 야생동물 질병이 확인된 경우에는 국립야생동물질병관리기관장과 관할 지방자치단체의 장에게 알려야 한다.(2019.11.26 본항신설)
⑤ 국립야생동물질병관리기관장은 제2항 및 제3항에 따른 질병진단 및 조사·연구 결과 야생동물 질병이 확인되거나 제4항에 따른 통지를 받은 경우에는 환경부장관에게 이를 보고하고, 관할 지방자치단체의 장과 다음 각 호의 구분에 따른 관계 행정기관의 장에게 알려야 한다.
(2019.11.26 본문개정)
1. 야생동물 질병이 「가축전염병 예방법」 제2조제2호에 따른 가축전염병에 해당하는 경우 : 농림축산식품부장관
2. 야생동물 질병이 「수산생물질병 관리법」 제2조제6호에 따른 수산동물전염병에 해당하는 경우 : 해양수산부장관
3. 야생동물 질병이 「감염병의 예방 및 관리에 관한 법률」 제2조제11호에 따른 인수공통감염병에 해당하는 경우 : 질병관리청장(2020.8.11 본호개정)
⑥ 야생동물의 질병진단 요령, 야생동물 질병의 병원체 보존·관리, 시료(試料)의 포장·운송 및 취급처리 등에 필요한 사항은 국립야생동물질병관리기관장이 정하여 고시한다.(2019.11.26 본항개정)
⑦ 국립야생동물질병관리기관장은 야생동물 질병진단기관이 다음 각 호의 어느 하나에 해당하는 경우에는 그 지정을 취소할 수 있다. 다만, 제1호에 해당하는 경우에는 그 지정을 취소하여야 한다.
1. 거짓이나 그 밖의 부정한 방법으로 지정받은 경우
2. 제1항에 따른 지정기준을 충족하지 못하게 된 경우
3. 제4항을 위반하여 야생동물 질병이 확인된 사실을 알면서도 알리지 아니한 경우
4. 제6항에 따라 야생동물의 질병진단 요령 등에 필요한 사항으로서 국립야생동물질병관리기관장이 정하여 고시한 사항을 따르지 아니한 경우
(2019.11.26 본항신설)
⑧ 제1항에 따른 야생동물 질병진단기관의 지정기준, 지정절차 및 지정방법 등에 관한 사항은 환경부령으로 정한다.

제34조의8【야생동물 질병의 발생 현황 공개】 ① 환경부장관 및 시·도지사는 야생동물 질병을 예방하고 그 확산을 방지하기 위하여 야생동물 질병의 발생 현황을 공개하여야 한다.
② 제1항에 따른 공개의 대상, 내용, 절차 및 방법 등은 환경부령으로 정한다.

제34조의9【역학조사】 ① 국립야생동물질병관리기관장과 시·도지사는 다음 각 호의 어느 하나에 해당하는 경우 원인규명 등을 위한 역학조사(疫學調査)를 할 수 있다.
(2019.11.26 본문개정)
1. 야생동물 질병이 발생하였거나 발생할 우려가 있다고 인정한 경우
2. 야생동물에 질병 예방 접종을 한 후 이상반응 사례가 발생한 경우
3. 시·도지사(국립야생동물질병관리기관장에게 요청하는 경우에 한정한다) 또는 관계 중앙행정기관의 장이 요청하는 경우(2019.11.26 본호신설)
② 누구든지 국립야생동물질병관리기관장 또는 시·도지사가 제1항에 따른 역학조사를 하는 경우 정당한 사유 없이 이를 거부 또는 방해하거나 회피해서는 아니 된다.
(2019.11.26 본항개정)
③ 제1항에 따른 역학조사의 시기 및 방법 등에 관하여 필요한 사항은 환경부령으로 정한다.

제34조의10【예방접종·격리·출입제한·살처분 및 사체의 처분 제한 등】 ① 환경부장관과 시·도지사는 야생동물 질병이 확산되는 것을 방지하기 위하여 필요하다고 인정되는 경우에는 환경부령으로 정하는 바에 따라 야생동물 치료기관 등 야생동물을 보호·관리하는 기관 또는 단체에 다음 각 호의 일부 또는 전부의 조치를 명하여야 한다.
1. 야생동물에 대한 예방접종, 격리 또는 이동제한
2. 관람객 등 외부인의 출입제한
3. 야생동물의 살처분
(2019.11.26 1호~3호신설)
② 환경부장관과 시·도지사는 다음 각 호의 어느 하나에 해당하는 경우에는 환경부령으로 정하는 관계 공무원으로 하여금 지체 없이 해당 야생동물을 살처분하게 하여야 한다.
1. 야생동물 치료기관 등 야생동물을 보호·관리하는 기관 또는 단체가 제1항제3호에 따른 살처분 명령을 이행하지 아니하는 경우
2. 야생동물 질병이 확산되는 것을 방지하기 위하여 긴급히 살처분하여야 하는 경우로서 환경부령으로 정하는 경우
(2019.11.26 본항신설)
③ 제1항 및 제2항에 따라 살처분한 야생동물의 사체는 환경부령으로 정하는 바에 따라 지체 없이 소각하거나 매몰하여야 한다.
④ 제3항에 따라 야생동물을 소각하거나 매몰하려는 경우에는 환경부령으로 정하는 바에 따라 주변 환경의 오염방지를 위하여 필요한 조치를 이행하여야 한다.
⑤ 제3항에 따라 소각하거나 매몰한 야생동물을 다른 장소로 옮기려는 경우에는 환경부장관 또는 관할 시·도지사의 허가를 받아야 한다.
⑥ 제1항 및 제2항에 따른 살처분의 대상, 내용, 절차 및 방법 등에 관한 사항은 환경부령으로 정한다.
(2019.11.26 본조개정)

제34조의11【발굴의 금지】 ① 제34조의10제3항에 따라 야생동물의 사체를 매몰한 토지는 3년 이내에 발굴하여서는 아니 된다. 다만, 제34조의10제5항에 따라 환경부장관 또는 관할 시·도지사의 허가를 받은 경우에는 그러하지 아니하다.(2019.11.26 본항개정)
② 시·도지사는 제1항에 따라 발굴이 금지된 토지에 환경부령으로 정하는 표지판을 설치하여야 한다.

제34조의12【서식지의 야생동물 질병 관리】 ① 환경부장관과 시·도지사는 야생동물 질병이 확산되는 것을 방지하기 위하여 환경부령으로 정하는 바에 따라 야생동물 서식지 등을 대상으로 다음 각 호의 조치를 할 수 있다.
1. 야생동물 질병의 발생 여부, 확산정도를 파악하기 위한 예찰
2. 야생동물 질병의 발생지·이동경로 등에 대한 출입통제, 소독 등 확산 방지
3. 야생동물 질병에 감염되었거나 감염된 것으로 의심되는 야생동물의 포획 또는 살처분
4. 그 밖에 환경부장관이 야생동물 질병의 예방과 확산방지를 위하여 필요하다고 인정하는 조치
② 시·도지사는 제1항에 따른 조치를 하였을 때에는 환경부령으로 정하는 바에 따라 환경부장관에게 보고하고 국립야생동물질병관리기관장 및 관계 시·도지사에게 알려야 한다.
(2019.11.26 본조신설)

제6절 야생동물의 검역
(2021.5.18 본절신설)

제34조의13【야생동물검역관의 자격 및 권한】 ① 이 법에서 규정한 수입 야생동물(「수산생물질병 관리법」 제2조제2호에 따른 수산동물은 제외한다. 이하 이 절에서 같다)의 검역에 관한 사무를 수행하기 위하여 대통령령으로 정하는 국가기관(이하 "야생동물검역기관"이라 한다)에 야생동물검역관을 둔다.
② 제1항에 따른 야생동물검역관(이하 "야생동물검역관"이라 한다)은 수의사로서 환경부령으로 정하는 바에 따라 야생동물의 검역에 관한 교육을 받은 사람이어야 한다.
③ 야생동물검역기관의 장은 환경부령으로 정하는 교육과정을 마친 사람을 야생동물검역사로 위촉하여 야생동물검역관의 업무를 보조하게 할 수 있다. 이 경우 야생동물검역사의 자격과 수당 등에 관하여 필요한 사항은 환경부령으로 정한다.
④ 야생동물검역관은 검역을 위하여 필요하다고 인정되는 때에는 제34조의14에 따른 지정검역물을 적재한 선박·항공기·자동차·열차, 보세구역(「관세법」 제154조에 따른 보세구역을 말한다. 이하 같다) 및 그 밖의 필요한 장소에 출입하여 소독 등 필요한 조치를 할 수 있다.
⑤ 야생동물검역관은 제34조의14에 따른 지정검역물과 그 용기·포장 및 그 밖에 여행자 휴대품 등 검역에 필요하다고 인정되는 물건(이하 "지정검역물등"이라 한다)을 검사하거나 관계자에게 질문을 할 수 있으며, 검사에 필요한 최소량의 지정검역물등을 무상으로 수거할 수 있다. 이 경우 필요하다고 인정하면 지정검역물등에 대하여 소독 등 필요한 조치를 할 수 있다.
⑥ 야생동물검역관이 제4항 또는 제5항에 따라 출입, 검사, 질문, 수거 및 소독 등을 하는 경우 그 권한을 표시하는 증표를 지니고 이를 관계인에게 내보여야 한다.
⑦ 누구든지 정당한 사유 없이 제4항 또는 제5항에 따른 출입, 검사, 질문, 수거 및 소독 등 필요한 조치를 거부 또는 방해하거나 회피하여서는 아니 된다.

제34조의14【지정검역물】 제34조의18에 따른 수입검역 대상이 되는 야생동물 또는 물건은 다음 각 호의 어느 하나에 해당하는 것(「수산생물질병 관리법」 제23조에 따른 지정검역물은 제외한다)으로서 환경부령으로 정하는 것(이하 "지정검역물"이라 한다)으로 한다.
1. 야생동물과 그 사체
2. 뼈·살·가죽·알·털·혈액 등 야생동물의 생산물(가공되거나 멸균처리된 생산물은 제외한다)과 그 용기 또는 포장
3. 야생동물 검역대상질병의 병원체를 퍼뜨릴 우려가 있는 먹이, 기구, 그 밖에 이에 준하는 물건

제34조의15【수입금지】 ① 누구든지 다음 각 호의 어느 하나에 해당하는 야생동물 또는 물건을 수입하여서는 아니 된다. 다만, 시험·연구조사 또는 야생동물 질병의 진료와 예방을 위한 의약품의 제조에 사용하기 위하여 환경부장관의 허가를 받은 야생동물 또는 물건은 그러하지 아니하다.
1. 야생동물 질병의 병원체에 감염된 야생동물
2. 그 밖에 환경부장관이 야생동물 질병의 매개·전파 방지를 위하여 필요하다고 고시한 것
② 환경부장관은 제1항 단서에 따라 수입을 허가할 때에는 수입방법과 수입된 야생동물 또는 물건의 사후관리 및 그 밖에 필요한 조건을 붙일 수 있다.
③ 제2항의 허가절차에 필요한 사항은 환경부령으로 정한다.

제34조의16【수입금지물건 등에 대한 조치】 ① 야생동물검역관은 수입된 지정검역물등이 다음 각 호의 어느 하나에 해당하는 경우에는 그 화물주(대리인을 포함한다. 이하 같다)에게 반송을 명할 수 있으며, 반송하는 것이 야생동물 질병의 방역에 지장을 주거나 반송이 불가능하다고 인정되는 경우에는 소각·매몰 또는 환경부장관이 정하여 고시하는 방역상 안전한 방법(이하 "소각·매몰등"이라 한다)으로 처리할 것을 명할 수 있다.
1. 제34조의15제1항에 따라 수입이 금지된 야생동물 또는 물건인 경우
2. 제34조의17제1항 본문에 따른 검역증명서를 첨부하지 아니한 경우
3. 부패·변질되었거나 부패·변질될 우려가 있다고 판단되는 경우
4. 그 밖에 지정검역물등의 수입으로 인하여 국내 야생동물 질병의 방역에 중대한 위해가 발생할 우려가 있는 경우로서 환경부장관이 정하여 고시한 경우
② 제1항에 따른 명령을 받은 화물주는 그 지정검역물등을 반송 또는 소각·매몰등을 하여야 한다. 다만, 환경부령으로 정하는 기간까지 명령을 이행하지 아니하는 때에는 야생동물검역관이 직접 소각·매몰등을 할 수 있다.
③ 야생동물검역관은 제1항에도 불구하고 해당 지정검역물등의 화물주가 분명하지 아니하거나 화물주가 있는 곳을 알지 못하여 제1항에 따른 명령을 할 수 없는 경우에는 그 지정검역물등을 직접 소각·매몰등을 할 수 있다.
④ 야생동물검역관은 지정검역물등을 제1항에 따라 처리하게 명하거나 제2항 단서 또는 제3항에 따라 직접 소각·매몰등을 한 때에는 그 사실을 그 지정검역물등의 통관업무를 관장하는 기관의 장에게 통보하여야 한다. 이 경우 방역을 위한 조치가 필요하다고 인정되는 때에는 야생동물검역기관의 장에게도 보고하여야 한다.
⑤ 제2항 또는 제3항에 따라 반송 또는 소각·매몰등을 하여야 하는 지정검역물등은 야생동물검역관의 지시를 받지 아니하고는 다른 장소로 이동시킬 수 없다.
⑥ 제2항 또는 제3항에 따라 처리되는 지정검역물등에 대한 보관료와 반송, 소각·매몰등 또는 운반 등에 따른 비용은 화물주가 부담한다. 다만, 화물주가 분명하지 아니하거나 화물주가 있는 곳을 알 수 없는 경우 또는 해당 지정검역물등이 소량인 경우로서 야생동물검역관이 부득이하게 처리하는 경우에는 그 비용을 국고에서 부담한다.

제34조의17【수입을 위한 검역증명서의 첨부】 ① 지정검역물을 수입하려는 자는 수출국의 정부기관이 발행하는 서류로서 야생동물 검역대상질병을 확산시킬 우려가 없음을 증명하는 서류(이하 "검역증명서"라 한다)를 첨부하여야 한다. 다만, 야생동물 검역을 담당하는 정부기관이 없는 국가로부터 수입하는 등 환경부령으로 정하는 경우에는 그러하지 아니하다.
② 환경부장관은 야생동물 검역대상질병의 방역에 필요하다고 인정되는 경우에는 검역증명서의 내용에 포함되어야 하는 수출국의 검역내용 및 위생상황 등 위생조건을 따로 정하여 고시할 수 있다.

제34조의18【수입검역】 ① 지정검역물을 수입하려는 자는 환경부령으로 정하는 바에 따라 야생동물검역기관의 장에게 검역을 신청하고 야생동물검역관의 검역(이하 "수입검역"이라 한다)을 받아야 한다. 다만, 여행자 휴대품으로 지정검역물을 수입하는 자는 입국하는 즉시 환경부령으로 정하는 바에 따라 해당 공항·항만 등을 관할하는 야생동물검역기관의 장에게 신고하고 수입검역을 받아야 한다.
② 야생동물검역관은 지정검역물 외의 물건이 야생동물 검역대상질병의 병원체에 의하여 오염되었다고 믿을 만한 역학조사 또는 정밀검사 결과가 있는 때에는 지체 없이 수입검역을 하여야 한다.
③ 야생동물검역관은 수입검역을 효과적으로 수행하기 위하여 필요하다고 인정하는 경우에는 제1항에 따른 신청·신고 또는 보세구역의 화물관리자의 요청이 없는 때에도 보세구역에 장치된 지정검역물을 검역할 수 있다.

제34조의19【수입장소의 제한】 ① 지정검역물은 환경부령으로 정하는 항구, 공항 또는 그 밖의 장소를 통하여 수입하여야 한다. 다만, 야생동물검역기관의 장이 지정검역물을 수입하는 자의 요청에 따라 수입장소를 따로 지정하는 경우에는 그러하지 아니하다.
② 제1항 단서에 따른 별도의 수입장소의 지정요청 및 지정방법에 필요한 사항은 환경부령으로 정한다.

제34조의20【수입검역증명서의 발급 등】 야생동물검역관은 수입검역 결과 지정검역물이 야생동물 검역대상질병을 확산시킬 우려가 없다고 인정되는 때에는 환경부령으로 정하는 바에 따라 수입검역증명서를 발급하여야 한다. 다만, 제34조의18제2항 또는 제3항에 따라 검역한 경우에는 신청이 있는 때에 한정하여 수입검역증명서를 발급하여야 한다.

제34조의21【검역시행장】① 수입검역은 야생동물검역기관의 검역시행장에서 하여야 한다. 다만, 다음 각 호의 어느 하나에 해당하는 때에는 야생동물검역기관의 장이 지정하는 검역시행장(이하 "지정검역시행장"이라 한다)에서도 검역을 할 수 있다.
1. 수입검역 대상 야생동물 또는 물건을 야생동물검역기관의 검역시행장에서 검역하는 것이 불가능하거나 부적당하다고 인정된 때
2. 국내의 방역상황 등에 비추어 야생동물 질병의 병원체가 확산될 우려가 없다고 인정된 때
② 지정검역시행장의 지정 대상·절차, 시설·장비 등의 지정기준 및 관리기준 등에 필요한 사항은 환경부령으로 정한다.
③ 지정검역시행장의 지정을 받으려는 자는 환경부령으로 정하는 바에 따라 수의사를 별도의 관리인(이하 "검역관리인"이라 한다)으로 선임하여야 한다.
④ 검역관리인의 임무 등에 관하여 필요한 사항은 대통령령으로 정한다.
⑤ 야생동물검역기관의 장은 지정검역시행장이 다음 각 호의 어느 하나에 해당하는 때에는 지정검역시행장의 지정을 받은 자에게 시정을 명할 수 있다.
1. 제2항에 따른 지정검역시행장의 시설·장비 등의 지정기준에 미달하거나 관리기준을 지키지 아니한 때
2. 검역관리인을 선임하지 아니한 때
⑥ 야생동물검역기관의 장은 지정검역시행장의 지정을 받은 자가 다음 각 호의 어느 하나에 해당하는 경우 그 지정을 취소하거나 6개월 이내의 기간을 정하여 업무의 정지를 명할 수 있다. 다만, 제1호 또는 제3호에 해당하는 경우에는 그 지정을 취소하여야 한다.
1. 거짓이나 그 밖의 부정한 방법으로 지정검역시행장의 지정을 받은 경우
2. 제5항에 따른 시정명령을 이행하지 아니한 경우
3. 부도·폐업 등의 사유로 지정검역시행장을 운영할 수 없는 경우
⑦ 제6항에 따른 행정처분의 기준 및 절차, 그 밖에 필요한 사항은 환경부령으로 정한다.

제34조의22【보관관리인 등의 지정 등】① 야생동물검역기관의 장은 검역시행장(지정검역시행장을 포함한다)의 질서유지와 지정검역물의 안전관리를 위하여 필요하다고 인정되는 때에는 보관관리인 또는 운송차량 등을 지정할 수 있다.
② 다음 각 호의 어느 하나에 해당하는 자는 제1항에 따른 보관관리인이 될 수 없다.
1. 「국가공무원법」 제33조 각 호의 어느 하나에 해당하는 사람
2. 이 법에 따른 보관관리인의 지정이 취소(「국가공무원법」 제33조제1호 또는 제2호에 해당하여 지정이 취소된 경우는 제외한다)된 날부터 3년이 지나지 아니한 사람
③ 야생동물검역기관의 장은 제1항에 따라 지정된 보관관리인이 다음 각 호의 어느 하나에 해당하는 경우에는 그 지정을 취소할 수 있다. 다만, 제1호부터 제3호까지의 규정 중 어느 하나에 해당하는 경우에는 그 지정을 취소하여야 한다.
1. 거짓이나 그 밖의 부정한 방법으로 보관관리인 지정을 받은 경우
2. 제2항 각 호의 어느 하나에 해당하게 된 경우
3. 제5항을 위반하여 지정검역물의 관리에 필요한 비용을 징수한 경우
4. 제7항에 따른 보관관리 기준을 위반한 경우
④ 야생동물검역기관의 장은 제1항에 따라 지정된 운송차량이 다음 각 호의 어느 하나에 해당하는 경우에는 그 지정을 취소할 수 있다. 다만, 제1호부터 제3호까지의 어느 하나에 해당하는 경우에는 그 지정을 취소하여야 한다.
1. 해당 운송차량의 소유자에 대하여 「화물자동차 운수사업법」 제19조에 따라 화물자동차 운송사업의 허가가 취소된 경우
2. 해당 운송차량의 소유자에 대하여 「관세법」 제224조에 따라 보세운송업자의 등록이 취소된 경우
3. 「자동차관리법」 제13조에 따라 자동차등록이 말소된 경우
4. 제6항에 따른 운송차량 소독 명령을 위반한 경우
5. 제7항에 따른 지정검역물의 운송차량 설비기준을 갖추지 아니한 경우
⑤ 제1항에 따른 보관관리인은 지정검역물을 관리하는 데 필요한 비용을 화물주로부터 징수할 수 있다. 이 경우 징수금액에 대하여 야생동물검역기관의 장의 승인을 미리 받아야 한다.
⑥ 야생동물검역기관의 장은 검역을 위하여 필요하다고 인정할 경우에는 지정검역물의 화물주나 운송업자에게 지정검역물이나 지정된 운송차량에 대하여 지정검역물 화물주의 부담으로 환경부령으로 정하는 바에 따라 소독을 명할 수 있다.
⑦ 야생동물검역기관의 장은 환경부령으로 정하는 바에 따라 지정검역물의 운송(운송차량의 설비기준을 포함한다)·입출고 및 보관관리 등에 필요한 기준을 정할 수 있다.

제34조의23【불합격품 등의 처분】① 야생동물검역관은 수입검역을 하는 중에 다음 각 호의 어느 하나에 해당하는 지정검역물등을 발견한 경우에는 그 물건의 전부 또는 일부에 대하여 화물주로 하여금 반송 또는 소각·매몰등을 하도록 명할 수 있다.
1. 제34조의17제2항에 따른 위생조건을 준수하지 아니한 것
2. 야생동물 검역대상질병의 병원체에 의하여 오염되었거나 오염되었을 것으로 인정되는 것
3. 유독·유해물질이 들어있거나 들어있을 것으로 인정되는 것
4. 부패 또는 변질된 것으로서 공중위생상 위해가 발생할 것으로 인정되는 것
② 제1항에 따른 명령을 받은 화물주는 그 지정검역물등을 반송 또는 소각·매몰등을 하여야 한다. 다만, 화물주가 환경부령으로 정하는 기간까지 명령을 이행하지 아니하는 때에는 야생동물검역관이 직접 소각·매몰등을 할 수 있다.
③ 야생동물검역기관의 장은 제1항에 따라 지정검역물등을 처리하도록 명하거나 제2항 단서에 따라 직접 소각·매몰등을 한 때에는 그 사실을 그 지정검역물등의 통관업무를 관장하는 기관의 장에게 통보하여야 한다.
④ 제2항에 따라 불합격된 지정검역물등을 처리하는 데 사용되는 비용에 관하여는 제34조의16제6항을 준용한다.

제3장 생물자원의 보전
(2011.7.28 본장개정)

제35조【생물자원 보전시설의 등록】① 생물자원 보전시설을 설치·운영하려는 자는 환경부령으로 정하는 바에 따라 시설과 요건을 갖추어 환경부장관이나 시·도지사에게 등록할 수 있다. 다만, 「수목원 조성 및 진흥에 관한 법률」 제9조에 따라 등록한 수목원은 이 법에 따라 생물자원 보전시설로 등록한 것으로 본다.
② 제1항에 따라 생물자원 보전시설을 등록한 자는 등록한 사항 중 환경부령으로 정하는 사항을 변경하려면 등록한 환경부장관 또는 시·도지사에게 변경등록을 하여야 한다.
③ 제1항에 따른 등록증의 교부 등에 관한 사항은 환경부령으로 정한다.(2011.7.28 본항신설)

제36조【등록취소】① 환경부장관이나 시·도지사는 제35조제1항에 따라 생물자원 보전시설을 등록한 자가 다음 각 호의 어느 하나에 해당하는 경우에는 그 등록을 취소할 수 있다. 다만, 제1호에 해당하는 경우에는 그 등록을 취소하여야 한다.
1. 거짓이나 그 밖의 부정한 방법으로 등록한 경우
2. 제35조제1항에 따라 환경부령으로 정하는 시설과 요건을 갖추지 못한 경우
② 제1항에 따라 등록이 취소된 자는 취소된 날부터 7일 이내에 등록증을 환경부장관이나 시·도지사에게 반납하여야 한다.

제37조【생물자원 보전시설에 대한 지원】① 환경부장관은 야생생물 등 생물자원의 효율적인 보전을 위하여 필요하면 제35조에 따라 등록된 생물자원 보전시설에서 멸종위기 야생생물 등을 보전하게 하고, 예산의 범위에서 그 비용의 전부 또는 일부를 지원할 수 있다.
② 환경부장관은 지방자치단체의 장이 야생생물 등 생물자원의 효율적 보전 또는 전시·교육을 위하여 설치하는 생물자원 보전시설(「수목원 조성 및 진흥에 관한 법률」 제4조에 따른 수목원은 제외한다)에 대하여 예산의 범위에서 그 비용의 전부 또는 일부를 지원할 수 있다.

제38조【생물자원 보전시설 간 정보교환체계】환경부장관은 생물자원에 관한 정보의 효율적인 관리 및 이용과 생물자원 보전시설 간의 협력을 도모하기 위하여 다음 각 호의 기능을 내용으로 하는 정보교환체계를 구축하여야 한다.
1. 전산정보체계를 통한 정보 및 자료의 유통
2. 보유하는 생물자원에 대한 정보 교환
3. 생물자원 보전시설의 과학적인 관리
4. 그 밖에 생물자원 보전시설 간 협력에 관한 사항

제39조 (2019.11.26 삭제)

제40조【박제업자의 등록 등】① 야생동물 박제품의 제조 또는 판매를 업(業)으로 하려는 자는 시장·군수·구청장에게 등록하여야 한다. 등록한 사항 중 환경부령으로 정하는 사항을 변경할 때에도 또한 같다.
② 제1항에 따라 등록을 한 자(이하 "박제업자"라 한다)는 박제품(박제용 야생동물을 포함한다. 이하 같다)의 출처, 종류, 수량 및 거래상대방 등 환경부령으로 정하는 사항을 적은 장부를 갖추어 두어야 한다.
③ 시장·군수·구청장은 박제업자에게 야생동물의 보호·번식을 위하여 박제품의 신고 등 필요한 명령을 할 수 있다.
④ 제1항에 따른 등록 및 등록증의 발급에 필요한 사항은 환경부령으로 정한다.
⑤ 시장·군수·구청장은 박제업자가 제1항부터 제3항까지의 규정 또는 명령을 위반하였을 때에는 6개월 이내의 범위에서 영업을 정지하거나 등록을 취소할 수 있다.
⑥ 제5항에 따라 등록이 취소된 자는 취소된 날부터 7일 이내에 등록증을 시장·군수·구청장에게 반납하여야 한다.

제41조~제41조의2 (2012.2.1 삭제)

제4장 수렵 관리
(2011.7.28 본장개정)

제42조【수렵장 설정 등】① 시장·군수·구청장은 야생동물의 보호와 국민의 건전한 수렵활동을 위하여 대통령령으로 정하는 바에 따라 일정 지역에 수렵을 할 수 있는 장소(이하 "수렵장"이라 한다)를 설정할 수 있다. 다만, 둘 이상의 시·군·구의 관할구역에 걸쳐 수렵장 설정이 필요한 경우에는 대통령령으로 정하는 바에 따라 시·도지사가 설정한다.
② 누구든지 수렵장 외의 장소에서 수렵을 하여서는 아니 된다.
③ 시·도지사 또는 시장·군수·구청장은 수렵장을 설정하려면 미리 토지소유자 등 이해관계인의 의견을 들어야 하고, 수렵장을 설정하였을 때에는 지체 없이 그 사실을 고시하여야 한다.
④ 시·도지사 또는 시장·군수·구청장은 수렵장을 설정한 후 야생동물의 보호를 위하여 필요하면 수렵장의 설정을 해제하거나 변경할 수 있으며, 수렵장의 설정을 해제하거나 변경하였을 때에는 지체 없이 그 사실을 고시하여야 한다.
⑤ 시·도지사 또는 시장·군수·구청장이 제1항에 따라 수렵장을 설정하려면 환경부장관의 승인을 받아야 한다. 수렵장의 설정을 변경하거나 해제하는 경우에도 또한 같다.
⑥ 시·도지사 또는 시장·군수·구청장은 제1항에 따라 수렵장을 설정하였을 때에는 환경부령으로 정하는 바에 따라 지역 주민 등이 쉽게 알 수 있도록 안내판을 설치하는 등 필요한 조치를 하여야 하며, 수렵으로 인한 위해의 예방과 이용자의 건전한 수렵활동을 위하여 필요한 시설·설비 등을 갖추어야 하고, 수렵장 관리규정을 정하여야 한다.(2015.2.3 본항개정)

제43조【수렵동물의 지정 등】① 환경부장관은 수렵장에서 수렵할 수 있는 야생동물(이하 "수렵동물"이라 한다)의 종류를 지정·고시하여야 한다.
② 환경부장관이나 지방자치단체의 장은 수렵장에서 수렵동물의 보호·번식을 위하여 수렵을 제한하려면 수렵동물을 포획할 수 있는 기간(이하 "수렵기간"이라 한다)과 그 수렵장의 수렵동물 종류·수량, 수렵 도구, 수렵 방법 및 수렵인의 수 등을 정하여 고시하여야 한다.
③ 환경부장관은 수렵동물의 지정 등을 위하여 야생동물의 종류 및 서식밀도 등에 대한 조사를 주기적으로 실시하여야 한다.

제44조【수렵면허】① 수렵장에서 수렵동물을 수렵하려는 사람은 대통령령으로 정하는 바에 따라 그 주소지를 관할하는 시장·군수·구청장으로부터 수렵면허를 받아야 한다.
② 수렵면허의 종류는 다음 각 호와 같다.
1. 제1종 수렵면허 : 총기를 사용하는 수렵
2. 제2종 수렵면허 : 총기 외의 수렵 도구를 사용하는 수렵
③ 제1항에 따라 수렵면허를 받은 사람은 환경부령으로 정하는 바에 따라 5년마다 수렵면허를 갱신하여야 한다.
④ 제1항에 따라 수렵면허를 받거나 제3항에 따라 수렵면허를 갱신하려는 사람 또는 제48조제3항에 따라 수렵면허를 재발급받으려는 사람은 환경부령으로 정하는 바에 따라 수수료를 내야 한다.

제45조【수렵면허시험 등】① 수렵면허를 받으려는 사람은 제44조제2항에 따른 수렵면허의 종류별로 수렵에 관한 법령 등 환경부령으로 정하는 사항에 대하여 시·도지사가 실시하는 수렵면허시험에 합격하여야 한다.
② 제1항에 따른 수렵면허시험의 실시방법, 절차, 그 밖에 필요한 사항은 대통령령으로 정한다.
③ 제1항에 따른 수렵면허시험에 응시하려는 사람은 환경부령으로 정하는 바에 따라 수수료를 내야 한다.

제46조【결격사유】다음 각 호의 어느 하나에 해당하는 사람은 수렵면허를 받을 수 없다.
1. 미성년자
2. 심신상실자
3. 「정신건강증진 및 정신질환자 복지서비스 지원에 관한 법률」 제3조제1호에 따른 정신질환자(2018.10.16 본호개정)
4. 「마약류 관리에 관한 법률」 제2조제1호에 따른 마약류중독자
5. 이 법을 위반하여 금고 이상의 실형을 선고받고 그 집행이 끝나거나(집행이 끝난 것으로 보는 경우를 포함한다) 집행이 면제된 날부터 2년이 지나지 아니한 사람
6. 이 법을 위반하여 금고 이상의 형의 집행유예를 선고받고 그 유예기간 중에 있는 사람
7. 제49조에 따라 수렵면허가 취소(이 조 제1호에 해당하여 면허가 취소된 경우는 제외한다)된 날부터 1년이 지나지 아니한 사람(2019.11.26 본호개정)

제47조【수렵 강습】① 수렵면허를 받으려는 사람은 제45조제1항에 따른 수렵면허시험에 합격한 후 환경부령으로 정하는 바에 따라 환경부장관이 지정하는 전문기관(이하 "수렵강습기관"이라 한다)에서 수렵의 역사·문화, 수렵 시 지켜야 할 안전수칙 등에 관한 강습을 받아야 한다.
② 제44조제3항에 따라 수렵면허를 갱신하려는 사람은 환경부령으로 정하는 바에 따라 수렵강습기관에서 수렵

시 지켜야 할 안전수칙과 수렵에 관한 법령 및 수렵의 절차 등에 관한 강습을 받아야 한다.(2015.2.3 본항신설)
③ 수렵강습기관의 장은 제1항 및 제2항에 따른 강습을 받은 사람에게 강습이수증을 발급하여야 한다.
(2015.2.3 본항개정)
④ 수렵강습기관의 장은 제1항 및 제2항에 따른 수렵 강습을 받으려는 사람에게 환경부령으로 정하는 바에 따라 수강료를 징수할 수 있다.(2015.2.3 본항개정)
⑤ 수렵강습기관의 지정기준 및 지정서 교부 등에 관한 사항은 환경부령으로 정한다.

제47조의2 【수렵강습기관의 지정취소】 ① 환경부장관은 수렵강습기관이 다음 각 호의 어느 하나에 해당하는 경우에는 그 지정을 취소할 수 있다. 다만, 제1호에 해당하는 경우에는 그 지정을 취소하여야 한다.
1. 거짓이나 그 밖의 부정한 방법으로 지정을 받은 경우
2. 제47조제1항 및 제2항에 따른 수렵 강습을 받지 아니한 사람에게 강습이수증을 발급한 경우
3. 제47조제5항에 따라 환경부령으로 정하는 지정기준 등의 요건을 갖추지 못한 경우
(2015.2.3 2호～3호개정)
② 제1항에 따라 지정이 취소된 자는 취소된 날부터 7일 이내에 지정서를 환경부장관에게 반납하여야 한다.
(2011.7.28 본조신설)

제48조 【수렵면허증의 발급 등】 ① 시장·군수·구청장은 제45조제1항에 따른 수렵면허시험에 합격하고, 제47조제3항에 따른 강습이수증을 발급받은 사람에게 환경부령으로 정하는 바에 따라 수렵면허증을 발급하여야 한다.(2015.2.3 본항개정)
② 수렵면허의 효력은 제1항에 따른 수렵면허증을 본인이나 대리인에게 발급한 때부터 발생하고, 발급받은 수렵면허증은 다른 사람에게 대여하지 못한다.
③ 제1항에 따른 수렵면허증을 잃어버렸거나 손상되어 못 쓰게 되었을 때에는 환경부령으로 정하는 바에 따라 재발급받아야 한다.

제49조 【수렵면허의 취소·정지】 ① 시장·군수·구청장은 수렵면허를 받은 사람이 다음 각 호의 어느 하나에 해당하는 경우에는 수렵면허를 취소하거나 1년 이내의 범위에서 기간을 정하여 그 수렵면허의 효력을 정지할 수 있다. 다만, 제1호와 제2호에 해당하는 경우에는 그 수렵면허를 취소하여야 한다.
1. 거짓이나 그 밖의 부정한 방법으로 수렵면허를 받은 경우
2. 수렵면허를 받은 사람이 제46조제1호부터 제6호까지의 어느 하나에 해당하는 경우
3. 수렵 또는 제23조에 따른 유해야생동물 포획 중 고의 또는 과실로 다른 사람의 생명·신체 또는 재산에 피해를 준 경우(2022.6.10 본호개정)
4. 수렵 도구를 이용하여 범죄행위를 한 경우
5. 제14조제1항 또는 제2항을 위반하여 멸종위기 야생동물을 포획한 경우
6. 제19조제1항 또는 제3항을 위반하여 야생동물을 포획한 경우(2014.3.24 본호개정)
7. 제23조제1항을 위반하여 유해야생동물을 포획한 경우
8. 제44조제3항을 위반하여 수렵면허를 갱신하지 아니한 경우
9. 제50조제1항을 위반하여 수렵을 한 경우
10. 제55조 각 호의 어느 하나에 해당하는 장소 또는 시간에 수렵을 한 경우
② 제1항에 따라 수렵면허의 취소 또는 정지 처분을 받은 사람은 취소 또는 정지 처분을 받은 날부터 7일 이내에 수렵면허증을 시장·군수·구청장에게 반납하여야 한다.

제50조 【수렵승인 등】 ① 수렵장에서 수렵동물을 수렵하려는 사람은 제42조제1항에 따라 수렵장을 설정한 자(이하 "수렵장설정자"라 한다)에게 환경부령으로 정하는 바에 따라 수렵장 사용료를 납부하고, 수렵승인을 받아야 한다.
② 제1항에 따라 수렵승인을 받아 수렵한 사람은 환경부령으로 정하는 바에 따라 수렵한 동물에 수렵동물임을 확인할 수 있는 표지를 붙여야 한다.(2020.5.26 본항개정)
③ 수렵장설정자는 수렵장 사용료 등의 수입을 수렵장 시설의 설치·유지관리와 대통령령으로 정하는 사업에 사용하여야 한다. 다만, 수입금의 100분의 40 이내의 금액을 「환경정책기본법」에 따른 환경개선특별회계의 세입재원으로, 100분의 10 이내의 금액을 「농어촌구조개선 특별회계법」에 따른 임업진흥사업계정의 세입 재원으로 사용할 수 있다.(2014.3.11 단서개정)
④ 수렵장설정자는 환경부령으로 정하는 바에 따라 수렵장 운영실적을 환경부장관에게 보고하여야 한다.

제51조 【수렵보험】 수렵장에서 수렵동물을 수렵하려는 사람은 수렵으로 인하여 다른 사람의 생명·신체 또는 재산에 피해를 준 경우에 이를 보상할 수 있도록 대통령령으로 정하는 바에 따라 보험에 가입하여야 한다.

제52조 【수렵면허증 휴대의무】 수렵장에서 수렵동물을 수렵하려는 사람은 제48조제1항에 따른 수렵면허증을 지니고 있어야 한다.

제53조 【수렵장의 위탁관리】 ① 수렵장설정자는 수렵동물의 보호·번식과 수렵장의 효율적 운영을 위하여 필요하면 대통령령으로 정하는 요건을 갖춘 자에게 수렵장의 관리·운영을 위탁할 수 있다.
② 수렵장설정자가 제1항에 따라 수렵장의 관리·운영을 위탁할 때에는 대통령령으로 정하는 바에 따라 환경부장관에게 보고하여야 한다.
③ 제1항에 따라 수렵장의 관리·운영을 위탁받은 자는 지역 주민 등이 쉽게 알 수 있도록 안내판을 설치하는 등 필요한 조치를 하여야 하며, 수렵으로 인한 위해의 예방과 이용자의 건전한 수렵활동을 위하여 필요한 시설·설비 등을 갖추어야 하고, 수렵장 관리규정을 정하여 수렵장설정자의 승인을 받아야 하며, 수렵장 운영실적을 수렵장설정자에게 보고하여야 한다.(2015.2.3 본항개정)
④ 제3항에 따른 수렵장의 시설·설비, 수렵장 관리규정 및 수렵장 운영실적의 보고에 필요한 사항은 환경부령으로 정한다.

제54조 【수렵장의 설정 제한지역】 다음 각 호의 어느 하나에 해당하는 지역은 수렵장으로 설정할 수 없다.
1. 특별보호구역 및 보호구역
2. 「자연환경보전법」 제12조에 따라 지정된 생태·경관보전지역 및 같은 법 제23조에 따라 지정된 시·도 생태·경관보전지역
3. 「습지보전법」 제8조에 따라 지정된 습지보호지역
4. 「자연공원법」 제2조제1호에 따른 자연공원 및 「도시공원 및 녹지 등에 관한 법률」 제2조제3호에 따른 도시공원(2011.9.16 본호개정)
5. 「군사기지 및 군사시설 보호법」 제2조제6호에 따른 군사기지 및 군사시설 보호구역
6. 「국토의 계획 및 이용에 관한 법률」 제36조에 따른 도시지역
7. 「문화유산의 보존 및 활용에 관한 법률」 제2조에 따른 문화유산이 있는 장소 및 같은 법 제27조에 따라 지정된 보호구역(2023.8.8 본호개정)
7의2. 「자연유산의 보존 및 활용에 관한 법률」 제2조에 따른 자연유산이 있는 장소 및 같은 법 제13조에 따라 지정된 보호구역(2023.8.8 본호개정)
8. 「관광진흥법」 제52조에 따라 지정된 관광지등
9. 「산림문화·휴양에 관한 법률」 제13조에 따른 자연휴양림, 「산림자원의 조성 및 관리에 관한 법률」 제19조에 따른 채종림 및 「산림보호법」 제7조제1항제5호에 따른 산림유전자원보호구역의 산지
10. 「수목원 조성 및 진흥에 관한 법률」 제4조에 따른 수목원
11. 능묘(陵墓), 사찰, 교회의 경내
12. 그 밖에 야생동물의 보호 등을 위하여 환경부령으로 정하는 장소

제55조 【수렵 제한】 수렵장에서도 다음 각 호의 어느 하나에 해당하는 장소 또는 시간에는 수렵을 하여서는 아니 된다.
1. 시가지, 인가(人家) 부근 또는 그 밖에 여러 사람이 다니거나 모이는 장소로서 환경부령으로 정하는 장소
(2015.2.3 본호개정)
2. 해가 진 후부터 해뜨기 전까지
3. 운행 중인 차량, 선박 및 항공기
4. 「도로법」 제2조제1호에 따른 도로로부터 100미터 이내의 장소. 다만, 도로 쪽을 향하여 수렵을 하는 경우에는 도로로부터 600미터 이내의 장소를 포함한다.
(2014.1.14 본호개정)
5. 「문화유산의 보존 및 활용에 관한 법률」 제2조에 따른 문화유산이 있는 장소 및 같은 법 제27조에 따라 지정된 보호구역으로부터 1킬로미터 이내의 장소
5의2. 「자연유산의 보존 및 활용에 관한 법률」 제2조에 따른 자연유산이 있는 장소 및 같은 법 제13조에 따라 지정된 보호구역으로부터 1킬로미터 이내의 장소
(2023.8.8 5호～5호의2개정)
6. 울타리가 설치되어 있거나 농작물이 있는 다른 사람의 토지. 다만, 점유자의 승인을 받은 경우는 제외한다.
7. 그 밖에 인명, 가축, 문화재, 건축물, 차량, 철도차량, 선박 또는 항공기에 피해를 줄 우려가 있어 환경부령으로 정하는 장소 및 시간

제5장 보 칙

(2011.7.28 본장개정)

제56조 【보고 및 검사 등】 ① 환경부장관, 시·도지사 및 국립야생동물질병관리기관장은 필요하면 다음 각 호의 어느 하나에 해당하는 자(시·도지사는 제6호에 해당하는 자에 한정한다)에게 대통령령으로 정하는 바에 따라 보고를 명하거나 자료를 제출하게 할 수 있으며, 관계 공무원으로 하여금 해당 사업자의 사무실, 사업장 등에 출입하여 장부, 서류, 생물(혈액·모근 채취 등을 포함한다) 또는 그 밖의 물건을 검사하거나 관계인에게 질문하게 할 수 있다.(2019.11.26 본문개정)
1. 서식지외보전기관의 운영자
2. 제14조제1항 단서에 따라 멸종위기 야생생물의 포획·채취등의 허가를 받은 자
3. 제14조제5항에 따라 멸종위기 야생생물의 보관 사실을 신고한 자
4. 제16조제1항에 따라 국제적 멸종위기종 및 그 가공품의 수출·수입·반출 또는 반입 허가를 받거나 같은 조 제6항에 따라 양도·양수 또는 질병·폐사 등의 신고를 한 자(2013.7.16 본호개정)
5. (2012.2.1 삭제)
6. 제35조제1항에 따라 생물자원 보전시설을 등록한 자
7. (2012.2.1 삭제)
8. 제16조의2제1항에 따른 사육시설의 등록을 한 자
9. 이 법을 위반하여 멸종위기 야생생물, 국제적 멸종위기종, 제19조제1항에 따른 포획이 금지된 야생생물의 포획·채취등의 행위를 한 자
(2013.7.16 8호～9호신설)
② 환경부장관이나 지방자치단체의 장은 제14조제1항 단서에 따라 멸종위기 야생생물의 포획·채취등의 허가를 받은 자가 불법적 포획·채취를 하였는지, 제52조에 따른 수렵면허증 휴대의무를 이행하였는지 등을 확인하기 위하여 필요하면 소속 공무원으로 하여금 포획·채취등을 한 멸종위기 야생생물과 수렵면허증의 소지 여부 등을 검사하게 할 수 있다.
③ 환경부장관이나 관계 행정기관의 장은 제17조 및 제71조에 따른 보호조치, 반송, 몰수 등 필요한 조치를 하기 위하여 소속 공무원으로 하여금 국제적 멸종위기종 및 그 가공품이 있는 장소에 출입하여 그 생물(혈액·모근 채취 등을 포함한다), 관계 서류 또는 그 밖에 필요한 물건을 검사하게 할 수 있다.(2013.7.16 본항개정)
④ 제1항부터 제3항까지의 규정에 따라 출입·검사를 하는 공무원은 그 권한을 나타내는 증표를 지니고 이를 관계인에게 보여주어야 한다.

제57조 【포상금】 환경부장관이나 지방자치단체의 장은 다음 각 호의 어느 하나에 해당하는 자를 환경행정관서 또는 수사기관에 발각되기 전에 그 기관에 신고 또는 고발하거나 위반현장에서 직접 체포한 자와 불법포획한 야생동물 등을 신고한 자, 불법 포획 도구를 수거한 자 및 질병에 걸린 것으로 확인되거나 걸릴 우려가 있는 야생동물(죽은 야생동물을 포함한다)을 신고한 자에게 대통령령으로 정하는 바에 따라 포상금을 지급할 수 있다.
(2014.3.24 본문개정)
1. 제9조제1항을 위반하여 불법적으로 포획·수입 또는 반입한 야생동물, 이를 사용하여 만든 음식물 또는 가공품을 취득·양도·양수·운반·보관하거나 그러한 행위를 알선한 자
2. 제10조를 위반하여 덫, 창애, 올무 또는 그 밖에 야생동물을 포획할 수 있는 도구를 제작·판매·소지 또는 보관한 자
3. 제14조제1항을 위반하여 멸종위기 야생생물을 포획·채취등을 한 자
4. 제14조제2항을 위반하여 멸종위기 야생생물의 포획·채취등을 위하여 폭발물, 덫, 창애, 올무, 함정, 전류 및 그물을 설치 또는 사용하거나 유독물, 농약 및 이와 유사한 물질을 살포하거나 주입한 자(2014.3.24 본호개정)
5. 제16조제1항을 위반하여 허가 없이 국제적 멸종위기종 및 그 가공품을 수출·수입·반출 또는 반입한 자
6. 제19조제1항을 위반하여 야생생물을 포획·채취 또는 죽이거나 같은 조 제3항을 위반하여 야생동물을 포획·채취하거나 죽이기 위하여 폭발물, 덫, 창애, 올무, 함정, 전류 및 그물을 설치 또는 사용하거나 유독물, 농약 및 이와 유사한 물질을 살포하거나 주입한 자(2017.12.12 본호개정)
7. 제21조제1항을 위반하여 야생생물 및 그 가공품을 수출·수입·반출 또는 반입한 자(2014.3.24 본호개정)
8. 「생물다양성 보전 및 이용에 관한 법률」 제24조제1항을 위반하여 생태계교란 생물을 수입·반입·사육·재배·방사·이식·양도·양수·보관·운반 또는 유통한 자(2012.2.1 본호개정)
8의2. 제34조의18제1항을 위반하여 수입검역 없이 지정검역물을 수입한 자(2021.5.18 본호신설)
9. 제42조제2항을 위반하여 수렵장 외의 장소에서 수렵한 사람
10. 제43조제1항에 따라 지정·고시된 수렵동물 외의 동물을 수렵한 사람
11. 제43조제2항에 따라 지정·고시된 수렵기간이 아닌 때에 수렵하거나 수렵장에서 수렵을 제한하기 위하여 지정·고시한 사항을 지키지 아니한 사람
12. 제50조제1항을 위반하여 수렵장설정자로부터 수렵승인을 받지 아니하고 수렵한 사람
13. 제55조를 위반하여 수렵 제한사항을 지키지 아니한 사람
14. 이 법을 위반하여 야생동물을 포획할 목적으로 총기와 실탄을 같이 지니고 돌아다니는 사람
15. 제34조의10제1항에 따른 예방접종·격리·이동제한·출입제한 또는 살처분 명령에 따르지 아니한 자
(2019.11.26 본호개정)

제57조의2 【보상금 등】 ① 국가나 지방자치단체는 다음 각 호의 어느 하나에 해당하는 자에게는 대통령령으로 정하는 바에 따라 보상금을 지급하여야 한다.
1. 제34조의10제1항제1호에 따른 예방접종으로 인하여 죽거나 부상당한 야생동물의 소유자
2. 제34조의10제1항제2호에 따른 출입제한 명령에 따라 손실을 입은 자
3. 제34조의10제1항제3호 및 제2항에 따라 살처분한 야생동물의 소유자
② 국가나 지방자치단체는 제1항에 따라 보상금을 지급할 때 다음 각 호의 어느 하나에 해당하는 자에게는 대통

령령으로 정하는 바에 따라 제1항의 보상금의 전부 또는 일부를 감액할 수 있다.
1. 제34조의6제1항을 위반하여 질병에 걸린 것으로 확인되거나 걸렸다고 의심할만한 정황이 있는 야생동물을 발견하고서 신고하지 아니한 자
2. 제34조의9제2항을 위반하여 역학조사를 정당한 사유 없이 거부 또는 방해하거나 회피한 자
3. 제34조의10제1항에 따른 예방접종·격리·이동제한·출입제한 또는 살처분 명령에 따르지 아니한 자
(2019.11.26 본조신설)

제58조【재정 지원】 국가는 이 법의 목적을 달성하기 위하여 필요하면 예산의 범위에서 다음 각 호의 어느 하나에 해당하는 사업에 드는 비용의 전부 또는 일부를 지방자치단체나 야생생물을 보호·관리하는 기관 또는 환경부령으로 정하는 야생생물 보호단체에 보조할 수 있다.(2022.6.10 본문개정)
1. 야생생물의 서식분포 조사
2. 야생생물의 번식·증식·복원 등에 관한 연구 및 생물자원의 효율적 보전을 위한 야생생물의 전시·교육
3. (2012.2.1 삭제)
4. 야생생물의 불법적 포획·채취등의 방지 및 수렵 관리
5. 야생동물에 의한 피해의 예방 및 보상
6. 야생동물의 질병연구 및 구조·치료
6의2. 역학조사, 예방접종, 살처분 및 사체의 소각·매몰(2019.11.26 본호개정)
6의3. 서식지 등에 대한 출입통제, 소독 등 야생동물 질병의 확산을 방지하기 위한 조치(2019.11.26 본호신설)
7. 보호구역의 관리
8. 그 밖에 야생생물 보호를 위하여 필요한 사업
(2014.3.24 본조제목개정)

제58조의2【야생생물관리협회】 ① 야생생물의 보호·관리를 위한 다음 각 호의 사업을 하기 위하여 야생생물관리협회(이하 "협회"라 한다)를 설립할 수 있다.
1. 야생동물, 멸종위기식물의 밀렵·밀거래 단속 등 보호업무 지원
2. 유해야생동물 및 「생물다양성 보전 및 이용에 관한 법률」 제2조제8호에 따른 생태계교란 생물의 관리업무 지원(2012.2.1 본호개정)
3. 수렵장 운영 지원 등 수렵 관리
4. 수렵 강습 등 야생생물 보호·관리에 관한 교육과 홍보
② 협회는 법인으로 한다.
③ 협회의 회원이 될 수 있는 자는 제44조에 따라 수렵면허를 받은 사람과 야생생물의 보호·관리에 적극 참여하려는 자로 한다.
④ 협회의 사업에 필요한 경비는 회비, 사업수입금 등으로 충당한다.
⑤ 국가나 지방자치단체는 예산의 범위에서 협회에 필요한 경비의 일부를 지원할 수 있다.
⑥ 환경부장관은 협회를 감독하기 위하여 필요하면 그 업무에 관한 사항을 보고하게 하거나 자료의 제출을 명할 수 있으며, 소속 공무원으로 하여금 그 업무를 검사하게 할 수 있다.(2020.5.26 본항개정)
⑦ 협회에 관하여 이 법에 규정되지 아니한 사항은 「민법」 중 사단법인에 관한 규정을 준용한다.

제58조의3【수수료】 다음 각 호의 어느 하나에 따른 허가 또는 등록 등을 받으려는 자는 환경부령으로 정하는 수수료를 내야 한다.
1. 제16조제1항에 따른 국제적 멸종위기종의 수출·수입·반출 또는 반입 허가
2. 제16조의2제1항 및 제2항에 따른 국제적 멸종위기종 사육시설의 등록·변경등록 및 변경신고
(2013.7.16 본조신설)

제59조【야생생물 보호원】 ① 환경부장관이나 지방자치단체의 장은 멸종위기 야생생물, 「생물다양성 보전 및 이용에 관한 법률」 제2조제8호에 따른 생태계교란 생물, 유해야생동물 등의 보호·관리 및 수렵 등에 관한 업무를 담당하는 공무원을 보조하는 야생생물 보호원을 둘 수 있다.(2012.2.1 본항개정)
② 제1항에 따른 야생생물 보호원의 자격·임명 및 직무범위에 관하여 필요한 사항은 환경부령으로 정한다.

제60조【야생생물 보호원의 결격사유】 다음 각 호의 어느 하나에 해당하는 사람은 야생생물 보호원이 될 수 없다.
1. 피성년후견인(2014.3.24 본호개정)
2. 파산선고를 받고 복권되지 아니한 사람
3. 이 법을 위반하여 금고 이상의 실형을 선고받고 그 집행이 끝나거나(집행이 끝난 것으로 보는 경우를 포함한다) 집행이 면제된 날부터 3년이 지나지 아니한 사람
4. 이 법을 위반하여 금고 이상의 형의 집행유예를 선고받고 그 유예기간 중에 있는 사람

제61조【명예 야생생물 보호원】 환경부장관이나 지방자치단체의 장은 야생생물의 보호와 관련된 단체의 회원 등 환경부령으로 정하는 사람을 명예 야생생물 보호원으로 위촉할 수 있다.

제62조【야생생물 보호원 등의 해임 또는 위촉해제】 환경부장관이나 지방자치단체의 장은 제59조제1항에 따른 야생생물 보호원이나 제61조에 따른 명예 야생생물 보호원이 다음 각 호의 어느 하나에 해당할 때에는 해임 또는 위촉해제할 수 있다. 다만, 제1호와 제2호에 해당할 때에는 해임 또는 위촉해제하여야 한다.
1. 야생생물 보호원이 제60조 각 호의 어느 하나에 해당하게 되었을 때
2. 명예 야생생물 보호원이 제61조에 따른 단체의 회원자격을 상실하였을 때
3. 업무 수행을 게을리하거나 업무 수행능력이 부족할 때
4. 업무상의 명령을 위반하였을 때

제63조【행정처분의 기준】 제7조의2제1항, 제15조제1항, 제16조의8제2항, 제17조제1항, 제20조제1항, 제22조, 제23조의2제1항, 제34조의5제1항, 제34조의7제7항, 제36조제1항, 제40조제5항, 제47조의2제1항 및 제49조제1항에 따른 행정처분의 기준은 환경부령으로 정한다.
(2019.11.26 본조개정)

제63조의2【행정처분 효과의 승계】 이 법에 따라 야생동식물을 보관·관리하는 자가 해당 시설을 양도하거나 사망한 때 또는 법인을 합병한 때에는 종전의 관리자에 대하여 행한 행정처분의 효과는 그 처분기간이 끝난 날부터 1년간 양수인·상속인 또는 합병 후 신설되거나 존속하는 법인에 승계되며, 행정처분의 절차가 진행 중인 때에는 양수인·상속인 또는 합병 후 신설되거나 존속하는 법인에 행정처분의 절차를 계속 진행할 수 있다. 다만, 양수인 또는 합병 후 신설되거나 존속하는 법인이 그 처분이나 위반의 사실을 양수 또는 합병한 때에 알지 못하였음을 증명하는 경우에는 그러하지 아니하다.
(2013.7.16 본조신설)

제64조【청문】 환경부장관, 시·도지사, 시장·군수·구청장, 국립야생동물질병관리기관장 또는 야생동물검역기관의 장은 제7조의2제1항, 제15조제1항, 제16조의8제1항 및 제2항, 제17조제1항, 제20조제1항, 제22조, 제23조의2제1항, 제34조의5제1항, 제34조의7제7항, 제34조의21제6항, 제34조의22제3항 및 제4항, 제36조제1항, 제40조제5항, 제47조의2제1항 또는 제49조제1항에 따른 지정·승인·허가·등록 또는 면허를 취소하려면 청문을 하여야 한다.(2021.5.18 본조개정)

제65조【해양자연환경 소관 기관 등】 ① 해양수산부장관은 개체수가 현저하게 감소하여 멸종위기에 처한 해양생물을 멸종위기 야생생물로 지정하여 줄 것을 환경부장관에게 요청할 수 있다. 이 경우 환경부장관은 특별한 사유가 없으면 요청에 따라야 한다.
② 환경부장관은 해양생물에 대하여 제13조제1항에 따른 중장기 보전대책을 수립하려면 미리 해양수산부장관과 협의하여야 한다.
③ 제7조 및 제56조 중 해양자연환경에 관한 사항에 대하여는 "환경부장관"을 각각 "해양수산부장관"으로 본다.
④ (2012.2.1 삭제)
(2013.3.23 본조개정)

제66조【위임 및 위탁】 ① 이 법에 따른 환경부장관이나 해양수산부장관의 권한은 대통령령으로 정하는 바에 따라 그 일부를 소속 기관의 장이나 시·도지사에게 위임할 수 있다.(2013.3.23 본항개정)
② 이 법에 따른 시·도지사의 권한은 대통령령으로 정하는 바에 따라 그 일부를 시장·군수·구청장에게 위임할 수 있다.
③ 환경부장관이나 시·도지사는 이 법에 따른 업무의 일부를 대통령령으로 정하는 바에 따라 협회 또는 관계 전문기관에 위탁할 수 있다.

제66조의2【벌칙 적용 시의 공무원 의제】 제66조제3항에 따라 위탁받은 업무에 종사하는 협회 또는 관계 전문기관의 임직원은 「형법」 제129조부터 제132조까지의 규정을 적용할 때에는 공무원으로 본다.(2011.7.28 본조신설)

제6장 벌 칙

제67조【벌칙】 ① 제14조제1항을 위반하여 멸종위기 야생생물 Ⅰ급을 포획·채취·훼손하거나 죽인 자는 5년 이하의 징역 또는 500만원 이상 5천만원 이하의 벌금에 처한다.(2017.12.12 본항개정)
② 상습적으로 제1항의 죄를 지은 사람은 7년 이하의 징역에 처한다. 이 경우 7천만원 이하의 벌금을 병과할 수 있다.
(2014.3.24 본조개정)

제68조【벌칙】 ① 다음 각 호의 어느 하나에 해당하는 자는 3년 이하의 징역 또는 300만원 이상 3천만원 이하의 벌금에 처한다.(2014.3.24 본문개정)
1. 제8조제1항을 위반하여 야생동물을 죽음에 이르게 하는 학대행위를 한 자(2017.12.12 본호신설)
2. 제14조제1항을 위반하여 멸종위기 야생생물 Ⅱ급을 포획·채취·훼손하거나 죽인 자(2017.12.12 본호개정)
3. 제14조제1항을 위반하여 멸종위기 야생생물 Ⅰ급을 가공·유통·보관·수출·수입·반출 또는 반입한 자
4. 제14조제2항을 위반하여 멸종위기 야생생물의 포획·채취등을 위하여 폭발물, 덫, 창애, 올무, 함정, 전류 및 그물을 설치 또는 사용하거나 유독물, 농약 및 이와 유사한 물질을 살포 또는 주입한 자(2014.3.24 본호개정)
5. 제16조제1항을 위반하여 허가 없이 국제적 멸종위기종 및 그 가공품을 수출·수입·반출 또는 반입한 자
5의2. 제16조제7항 단서를 위반하여 인공증식 허가를 받지 아니하고 국제적 멸종위기종을 증식한 자(2021.5.18 본호신설)
6. 제28조제1항을 위반하여 특별보호구역에서 훼손행위를 한 자
7. 제16조의2제1항에 따른 사육시설의 등록을 하지 아니하거나 거짓으로 등록을 한 자(2013.7.16 본호신설)
8. 제34조의15제1항을 위반하여 야생동물 또는 물건을 수입한 자
9. 제34조의16제2항 본문을 위반하여 지정검역물등에 대한 반송 또는 소각·매몰등의 명령을 이행하지 아니한 자
10. 제34조의16제5항을 위반하여 야생동물검역관의 지시를 받지 아니하고 지정검역물을 다른 장소로 이동시킨 자
11. 제34조의17제1항을 위반하여 검역증명서를 첨부하지 아니하고 지정검역물을 수입한 자
12. 제34조의18제1항을 위반하여 수입검역을 받지 아니하거나 거짓 또는 부정한 방법으로 수입검역을 받은 자
13. 제34조의19제1항을 위반하여 지정검역물을 수입한 자
14. 제34조의23제2항 본문을 위반하여 지정검역물등에 대한 반송 또는 소각·매몰등의 명령을 이행하지 아니한 자
(2021.5.18 8호~14호신설)
② 상습적으로 제1항제1호, 제2호, 제4호 또는 제5호의2의 죄를 지은 사람은 5년 이하의 징역에 처한다. 이 경우 5천만원 이하의 벌금을 병과할 수 있다.(2022.6.10 전단개정)
(2011.7.28 본조개정)

제69조【벌칙】 ① 다음 각 호의 어느 하나에 해당하는 자는 2년 이하의 징역 또는 2천만원 이하의 벌금에 처한다.
(2014.3.24 본문개정)
1. 제8조제2항을 위반하여 야생동물에게 고통을 주거나 상해를 입히는 학대행위를 한 자(2017.12.12 본호신설)
2. 제14조제1항을 위반하여 멸종위기 야생생물 Ⅱ급을 가공·유통·보관·수출·수입·반출 또는 반입한 자
3. 제14조제1항을 위반하여 멸종위기 야생생물을 방사하거나 이식한 자
4. 제16조제3항을 위반하여 국제적 멸종위기종 및 그 가공품을 수입 또는 반입 목적 외의 용도로 사용한 자
5. 제16조제4항을 위반하여 국제적 멸종위기종 및 그 가공품을 포획·채취·구입하거나 양도·양수, 양도·양수의 알선·중개, 소유, 점유 또는 진열한 자(2013.7.16 본호개정)
6. 제19조제1항을 위반하여 야생생물을 포획·채취하거나 죽인 자(2017.12.12 본호개정)
7. 제19조제3항을 위반하여 야생생물을 포획·채취하거나 죽이기 위하여 폭발물, 덫, 창애, 올무, 함정, 전류 및 그물을 설치 또는 사용하거나 유독물, 농약 및 이와 유사한 물질을 살포하거나 주입한 자(2017.12.12 본호개정)
8.~9. (2012.2.1 삭제)
10. 제30조에 따른 명령을 위반한 자
11. (2012.2.1 삭제)
12. 제42조제2항을 위반하여 수렵장 외의 장소에서 수렵한 사람
13. 제43조제1항 또는 제2항에 따른 수렵동물 외의 동물을 수렵하거나 수렵기간이 아닌 때에 수렵한 사람
14. 제44조제1항을 위반하여 수렵면허를 받지 아니하고 수렵한 사람
15. 제50조제1항을 위반하여 수렵장설정자로부터 수렵승인을 받지 아니하고 수렵한 사람
16. 제16조의2제2항에 따른 사육시설의 변경등록을 하지 아니하거나 거짓으로 변경등록을 한 자(2013.7.16 본호신설)
17. 제8조의3제1항을 위반하여 야생동물 전시행위를 한 자(2022.12.13 본호신설)
② 상습적으로 제1항제1호, 제6호 또는 제7호의 죄를 지은 사람은 3년 이하의 징역에 처한다. 이 경우 3천만원 이하의 벌금을 병과할 수 있다.(2017.12.12 전단개정)
(2011.7.28 본조개정)

제70조【벌칙】 다음 각 호의 어느 하나에 해당하는 자는 1년 이하의 징역 또는 1천만원 이하의 벌금에 처한다.
(2014.3.24 본문개정)
1. (2017.12.12 삭제)
2. 제9조제1항을 위반하여 포획·수입 또는 반입한 야생동물, 이를 사용하여 만든 음식물 또는 가공품을 그 사실을 알면서 취득(음식물 또는 추출가공식품을 먹는 행위를 포함한다)·양도·양수·운반·보관하거나 그러한 행위를 알선한 자
3. 제10조를 위반하여 덫, 창애, 올무 또는 그 밖에 야생동물을 포획하는 도구를 제작·판매·소지 또는 보관한 자
4. 거짓이나 그 밖의 부정한 방법으로 제14조제1항 단서에 따른 포획·채취등의 허가를 받은 자
5. 거짓이나 그 밖의 부정한 방법으로 제16조제1항 본문에 따른 수출·수입·반출 또는 반입 허가를 받은 자
5의2. (2021.5.18 삭제)
5의3. 제16조의4제1항에 따른 정기 또는 수시 검사를 받지 아니한 자
5의4. 제16조의5에 따른 개선명령을 이행하지 아니한 자
(2013.7.16 5호의3~5호의4신설)
6. 제18조 본문을 위반하여 멸종위기 야생생물 및 국제적 멸종위기종의 멸종 또는 감소를 촉진시키거나 학대를 유발할 수 있는 광고를 한 자
7. 거짓이나 그 밖의 부정한 방법으로 제19조제1항 단서에 따른 포획·채취 또는 죽이는 허가를 받은 자
(2017.12.12 본호개정)

8. 제21조제1항을 위반하여 허가 없이 야생생물을 수출·수입·반출 또는 반입한 자(2014.3.24 본호개정)
8의2. 거짓이나 그 밖의 부정한 방법으로 제23조제1항에 따른 유해야생동물 포획허가를 받은 자(2016.1.27 본호신설)
9. 제34조의10제1항에 따른 예방접종·격리·이동제한·출입제한 또는 살처분 명령에 따르지 아니한 자(2019.11.26 본호개정)
10. 제34조의10제3항을 위반하여 살처분한 야생동물의 사체를 소각하거나 매몰하지 아니한 자(2019.11.26 본호개정)
10의2. 거짓이나 그 밖의 부정한 방법으로 제34조의21제1항 각 호 외의 부분 단서에 따른 지정검역시행장의 지정을 받은 자
10의3. 거짓이나 그 밖의 부정한 방법으로 제34조의22제1항에 따른 보관관리인의 지정을 받은 자
(2021.5.18 10호의2~10호의3신설)
11. 제40조제1항을 위반하여 등록을 하지 아니하고 야생동물의 박제품을 제조하거나 판매한 자
12. 제43조제2항에 따라 수렵장에서 수렵을 제한하기 위하여 정하여 고시한 사항(수렵기간은 제외한다)을 위반한 사람
13. 거짓이나 그 밖의 부정한 방법으로 제44조제1항에 따른 수렵면허를 받은 사람
14. 제48조제2항을 위반하여 수렵면허증을 대여한 사람
15. 제55조를 위반하여 수렵 제한사항을 지키지 아니한 사람
16. 이 법을 위반하여 야생동물을 포획할 목적으로 총기와 실탄을 같이 지니고 돌아다니는 사람
(2011.7.28 본조개정)

제71조【몰수】 다음 각 호의 어느 하나에 해당하는 국제적 멸종위기종 및 그 가공품은 몰수한다.
1. 제16조를 위반하여 허가 없이 수입 또는 반입되거나 그 수입 또는 반입 목적 외의 용도로 사용되는 국제적 멸종위기종 및 그 가공품
2. 제16조를 위반하여 허가 또는 승인 등을 받지 아니하고 포획·채취·구입되거나 양도·양수, 양도·양수의 알선·중개, 소유·점유 또는 진열되고 있는 국제적 멸종위기종 및 그 가공품(2013.7.16 본호개정)
3. 제16조제7항 단서를 위반하여 인공증식 허가를 받지 아니하고 증식되거나 인공증식에 사용된 국제적 멸종위기종(2022.6.10 본호신설)
(2011.7.28 본조개정)

제72조【양벌규정】 법인 또는 단체의 대표자나 법인·단체 또는 개인의 대리인, 사용인, 그 밖의 종업원이 그 법인·단체 또는 개인의 업무에 관하여 제67조제1항, 제68조제1항, 제69조제1항 또는 제70조의 위반행위를 하면 그 행위자를 벌하는 외에 그 법인·단체 또는 개인에게도 해당 조문의 벌금형을 과(科)한다. 다만, 법인·단체 또는 개인이 그 위반행위를 방지하기 위하여 해당 업무에 관하여 상당한 주의와 감독을 게을리하지 아니한 경우에는 그러하지 아니하다.(2014.3.24 본조개정)

제73조【과태료】 ① 다음 각 호의 어느 하나에 해당하는 자에게는 1천만원 이하의 과태료를 부과한다.
1. 제26조제2항에 따른 시·도지사의 조치를 위반한 자
2. 제33조제4항에 따른 시·도지사 또는 시장·군수·구청장의 조치를 위반한 자
(2011.7.28 본항개정)
② 다음 각 호의 어느 하나에 해당하는 자에게는 200만원 이하의 과태료를 부과한다.
1. 제14조제4항을 위반하여 멸종위기 야생생물의 포획·채취등의 결과를 신고하지 아니한 자
2. 제14조제5항을 위반하여 멸종위기 야생생물 보관 사실을 신고하지 아니한 자
2의2. 제23조제6항을 위반하여 유해야생동물의 포획 결과를 신고하지 아니한 자(2013.3.22 본호신설)
3. 제29조제1항에 따른 출입 제한 또는 금지 규정을 위반한 자
4. 제34조의9제2항을 위반하여 역학조사를 정당한 사유 없이 거부 또는 방해하거나 회피한 자(2014.3.24 본호신설)
5. 제34조의10제4항을 위반하여 주변 환경의 오염방지를 위하여 필요한 조치를 이행하지 아니한 자(2019.11.26 본호개정)
6. 제34조의11제1항을 위반하여 야생동물의 사체를 매몰한 토지를 3년 이내에 발굴한 자(2014.3.24 본호신설)
6의2. 제34조의13제7항을 위반하여 야생동물검역관의 질문에 거짓으로 답변하거나 야생동물검역관의 출입, 검사, 수거 및 소독 등 필요한 조치를 거부 또는 방해하거나 회피한 자(2021.5.18 본호신설)
7. 제56조제1항부터 제3항까지의 규정에 따른 공무원의 출입·검사·질문을 거부·방해 또는 기피한 자
(2011.7.28 본항개정)
③ 다음 각 호의 어느 하나에 해당하는 자에게는 100만원 이하의 과태료를 부과한다.
1. 제7조의2제2항을 위반하여 지정서를 반납하지 아니한 자
2. 제11조를 위반하여 야생동물을 운송한 자(2022.12.13 본호신설)
3. 제14조제4항을 위반하여 허가증을 지니지 아니한 자
4. 제15조제2항을 위반하여 허가증을 반납하지 아니한 자
5. 제16조제6항을 위반하여 수입하거나 반입한 국제적 멸종위기종의 양도·양수 또는 질병·폐사 등을 신고하지 아니한 자(2013.7.16 본호개정)
5의2. 제16조제7항에 따른 국제적 멸종위기종 인공증식 증명서를 발급받지 아니한 자
5의3. 제16조제8항에 따른 국제적 멸종위기종 및 그 가공품의 입수경위를 증명하는 서류를 보관하지 아니한 자
5의4. 제16조의2제2항에 따른 사육시설의 변경신고를 하지 아니하거나 거짓으로 변경신고를 한 자
5의5. 제16조의7제1항에 따른 사육시설의 폐쇄 또는 운영 중지 신고를 하지 아니한 자
5의6. 제16조의9제2항에 따른 승계신고를 하지 아니한 자
(2013.7.16 5호의2~5호의6신설)
6. 제19조제5항을 위반하여 야생생물을 포획·채취하거나 죽인 결과를 신고하지 아니한 자(2017.12.12 본호개정)
7. 제20조제2항을 위반하여 허가증을 반납하지 아니한 자
8. 제23조제7항에 따른 안전수칙을 지키지 아니한 자
(2013.3.22 본호개정)
8의2. 제23조제8항에 따른 유해야생동물 처리 방법을 지키지 아니한 자(2019.11.26 본호신설)
9. 제23조의2제2항을 위반하여 허가증을 반납하지 아니한 자
10. (2012.2.1 삭제)
11. 제28조제3항에 따른 금지행위를 한 자
12. 제28조제4항에 따른 행위제한을 위반한 자
13. 제33조제5항을 위반하여 야생동물의 번식기에 신고하지 아니하고 보호구역에 들어간 자
13의2. 제34조의5제2항을 위반하여 지정서를 반납하지 아니한 자(2014.3.24 본호신설)
13의3. 제34조의7제4항을 위반하여 야생동물 질병이 확인된 사실을 알면서도 국립야생동물질병관리기관장과 관할 지방자치단체의 장에게 알리지 아니한 자
(2019.11.26 본호개정)
14. 제36조제2항을 위반하여 등록증을 반납하지 아니한 자
15. 제40조제2항을 위반하여 장부를 갖추어 두지 아니하거나 거짓으로 적은 자
16. 제40조제3항에 따른 시장·군수·구청장의 명령을 준수하지 아니한 자
17. 제40조제6항을 위반하여 등록증을 반납하지 아니한 자
18. (2012.2.1 삭제)
19. 제47조의2제2항을 위반하여 지정서를 반납하지 아니한 자
20. 제49조제2항을 위반하여 수렵면허증을 반납하지 아니한 사람
21. 제50조제2항을 위반하여 수렵동물임을 확인할 수 있는 표지를 붙이지 아니한 사람(2020.5.26 본호개정)
22. 제52조를 위반하여 수렵면허증을 지니지 아니하고 수렵한 사람
23. 제53조제3항을 위반하여 수렵장 운영실적을 보고하지 아니한 자
24. 제56조제1항에 따른 보고 또는 자료 제출을 하지 아니하거나 거짓으로 한 자
(2011.7.28 본항개정)
④ 제1항부터 제3항까지의 규정에 따른 과태료는 대통령령으로 정하는 바에 따라 환경부장관, 시·도지사 또는 시장·군수·구청장이 부과·징수한다.(2010.7.23 본항개정)
⑤~⑦ (2010.7.23 삭제)

부 칙

제1조【시행일】 이 법은 공포 후 1년이 경과한 날부터 시행한다.

제2조【다른 법률의 폐지】 鳥獸保護및狩獵에관한法律은 이를 폐지한다.

제3조【멸종위기야생동·식물에 대한 경과조치】 이 법 시행 당시 종전의 자연환경보전법에 의한 멸종위기야생동·식물은 제2조제2호가목의 규정에 의한 멸종위기야생동·식물 I 급으로 본다.

제4조【보호야생동·식물에 대한 경과조치】 이 법 시행 당시 종전의 자연환경보전법에 의한 보호야생동·식물은 제2조제2호나목의 규정에 의한 멸종위기야생동·식물 II 급으로 본다.

제5조【국제적멸종위기종에 대한 경과조치】 이 법 시행 당시 종전의 자연환경보전법에 의한 국제적멸종위기종 및 종전의 조수보호및수렵에관한법률의 규정에 의하여 지정·고시된 멸종위기에 처한 조수는 제2조제3호의 규정에 의한 국제적멸종위기종으로 본다.

제6조【생태계위해외래동·식물에 대한 경과조치】 이 법 시행 당시 종전의 자연환경보전법에 의한 생태계위해외래동·식물은 제2조제4호의 규정에 의한 생태계교란야생동·식물로 본다.

제7조【유해조수에 대한 경과조치】 이 법 시행 당시 종전의 조수보호및수렵에관한법률의 규정에 의하여 지정·고시된 유해조수는 제2조제5호의 규정에 의한 유해야생동물로 본다.

제8조【서식지외보전기관에 대한 경과조치】 이 법 시행 당시 종전의 자연환경보전법의 규정에 의하여 지정된 서식지외보전기관은 제7조의 규정에 의하여 서식지외보전기관으로 지정된 것으로 본다.

제9조【멸종위기야생동·식물의 포획·채취등의 허가에 관한 경과조치】 이 법 시행 당시 종전의 자연환경보전법의 규정에 의하여 멸종위기야생동·식물 및 보호야생동·식물의 포획·채취·이식·가공·수출·반출·유통 또는 보관에 관한 허가를 받은 경우에는 제14조제1항 단서의 규정에 의하여 멸종위기야생동·식물의 포획·채취·이식·가공·수출·반출·유통 또는 보관에 관한 허가를 받은 것으로 본다.

제10조【국제적멸종위기종 등의 허가 등에 관한 경과조치】 이 법 시행 당시 종전의 자연환경보전법의 규정에 의하여 국제적멸종위기종 및 그 가공품에 대한 수출·재수출·반출·수입 또는 반입에 대한 승인 또는 종전의 조수보호및수렵에관한법률의 규정에 의하여 멸종위기에 처한 조수 및 그 가공품의 수출·수입 또는 반입에 대한 허가를 받은 경우에는 제16조제1항 본문의 규정에 의하여 국제적멸종위기종 및 그 가공품의 수출·수입·반출 또는 반입허가를 받은 것으로 본다.

제11조【조수의 포획허가에 관한 경과조치】 이 법 시행 당시 종전의 조수보호및수렵에관한법률의 규정에 의하여 조수의 포획허가를 받은 경우에는 제19조제1항 단서의 규정에 의하여 야생동물의 포획허가를 받은 것으로 본다.

제12조【조수의 수출 등의 허가에 관한 경과조치】 이 법 시행 당시 종전의 조수보호및수렵에관한법률의 규정에 의하여 조수의 수출·수입 또는 반입에 대한 허가를 받은 경우에는 제21조제1항의 규정에 의하여 야생동물의 수출·수입 또는 반입허가를 받은 것으로 본다.

제13조【유해조수의 포획허가에 관한 경과조치】 이 법 시행 당시 종전의 조수보호및수렵에관한법률의 규정에 의하여 유해조수의 포획허가를 받은 경우에는 제23조제1항의 규정에 의하여 유해야생동물의 포획허가를 받은 것으로 본다.

제14조【생태계위해외래동·식물의 수입·반입 승인에 관한 경과조치】 이 법 시행 당시 종전의 자연환경보전법의 규정에 의하여 생태계위해외래동·식물의 수입 또는 반입에 대한 승인을 얻은 경우에는 제25조제2항의 규정에 의하여 생태계교란야생동·식물의 수입 또는 반입허가를 받은 것으로 본다.

제15조【시·도관리야생동·식물에 대한 경과조치】 이 법 시행 당시 종전의 자연환경보전법의 규정에 의하여 지정된 시·도관리야생동·식물은 제26조의 규정에 의하여 시·도보호야생동·식물로 지정·고시된 것으로 본다.

제16조【조수보호구에 대한 경과조치】 이 법 시행 당시 종전의 조수보호및수렵에관한법률의 규정에 의하여 설정된 조수보호구는 제33조의 규정에 의하여 야생동·식물보호구역으로 지정·고시된 것으로 본다.

제17조【박제업의 등록에 관한 경과조치】 이 법 시행 당시 종전의 조수보호및수렵에관한법률의 규정에 의하여 박제업자로 등록한 자는 제40조제1항의 규정에 의하여 박제업자로 등록한 자로 본다.

제18조【생물자원에 대한 경과조치】 이 법 시행 당시 종전의 자연환경보전법에 의한 생물자원은 제41조의 규정에 의하여 생물자원으로 지정·고시된 것으로 본다.

제19조【생물자원의 국외반출 승인에 관한 경과조치】 이 법 시행 당시 종전의 자연환경보전법의 규정에 의하여 생물자원의 국외반출승인을 얻은 경우에는 제41조의 규정에 의하여 생물자원의 국외반출 승인을 얻은 것으로 본다.

제20조【수렵조수에 대한 경과조치】 이 법 시행 당시 종전의 조수보호및수렵에관한법률의 규정에 의하여 고시된 수렵조수는 제43조의 규정에 의하여 수렵동물로 지정·고시된 것으로 본다.

제21조【수렵면허에 관한 경과조치】 이 법 시행 당시 종전의 조수보호및수렵에관한법률의 규정에 의하여 제1종 수렵면허 및 제2종 수렵면허를 받은 경우에는 제44조제2항제1호의 규정에 의한 제1종 수렵면허를 받은 것으로 보며, 종전의 조수보호및수렵에관한법률의 규정에 의하여 제3종 수렵면허를 받은 경우에는 제44조제2항제2호의 규정에 의한 제2종 수렵면허를 받은 것으로 본다.

제22조【수렵면허시험에 관한 경과조치】 이 법 시행 당시 종전의 조수보호및수렵에관한법률의 규정에 의하여 수렵면허시험에 합격한 경우에는 제45조제1항의 규정에 의한 수렵면허시험에 합격한 것으로 본다.

제23조【수렵강습에 관한 경과조치】 이 법 시행 당시 종전의 조수보호및수렵에관한법률의 규정에 의하여 수렵강습을 받은 경우에는 제47조제1항의 규정에 의한 수렵강습을 받은 것으로 본다.

제24조【수렵승인에 관한 경과조치】 이 법 시행 당시 종전의 조수보호및수렵에관한법률의 규정에 의하여 수렵승인을 얻은 경우에는 제50조제1항의 규정에 의하여 수렵승인을 얻은 것으로 본다.

제25조【조수보호원에 대한 경과조치】 이 법 시행 당시 종전의 조수보호및수렵에관한법률의 규정에 의하여 임명된 조수보호원은 제59조의 규정에 의하여 야생동·식물보호원으로 임명된 것으로 본다.

제26조【명예조수보호원에 대한 경과조치】 이 법 시행 당시 종전의 조수보호및수렵에관한법률의 규정에 의하여 위촉된 명예조수보호원은 제61조의 규정에 의하여 명예야생동·식물보호원으로 위촉된 것으로 본다.
제27조【계속 중인 행위에 관한 경과조치】 이 법 시행 당시 종전의 자연환경보전법 및 조수보호및수렵에관한법률에 의하여 행한 처분 그 밖의 행정기관의 행위 또는 행정기관에 대한 행위는 이 법에 의한 처분 그 밖의 행정기관의 행위 또는 행정기관에 대한 행위로 본다.
제28조【벌칙 및 과태료에 관한 경과조치】 이 법 시행전에 행한 위반행위에 대한 벌칙 및 과태료의 적용에 있어서는 종전의 자연환경보전법 및 조수보호및수렵에관한법률의 규정에 의한다.
제29조【다른 법률의 개정】 ①~⑮ ※(해당 법령에 가제정리 하였음)
제30조【다른 법률과의 관계】 이 법 시행 당시 다른 법령에서 종전의 자연환경보전법과 조수보호및수렵에관한법률의 규정을 인용한 경우에 이 법중 그에 해당하는 규정이 있는 때에는 종전의 규정에 갈음하여 이 법의 해당 조항을 인용한 것으로 본다.

부 칙 (2011.7.28)

제1조【시행일】 이 법은 공포 후 1년이 경과한 날부터 시행한다.
제2조【야생동·식물보호기본계획에 관한 경과조치】 이 법 시행 당시 종전의 규정에 따라 수립된 야생동·식물보호기본계획은 제5조제1항의 개정규정에 따라 수립된 야생생물 보호 기본계획으로 본다.
제3조【야생동물전문구조·치료기관에 관한 경과조치】 이 법 시행 당시 종전의 규정에 따라 지정된 야생동물전문구조·치료기관은 제11조제2항의 개정규정에 따라 지정된 야생동물 질병연구 및 구조·치료기관으로 본다.
제4조【멸종위기야생동·식물에 대한 중·장기보전대책에 관한 경과조치】 이 법 시행 당시 종전의 규정에 따라 수립·시행된 멸종위기야생동·식물에 대한 중·장기보전대책은 제13조제1항의 개정규정에 따라 수립·시행된 멸종위기 야생생물에 대한 중장기 보전대책으로 본다.
제5조【야생동·식물특별보호구역에 관한 경과조치】 이 법 시행 당시 종전의 규정에 따라 지정·고시된 야생동·식물특별보호구역은 제27조의 개정규정에 따라 지정·고시된 야생생물 특별보호구역으로 본다.
제6조【야생동·식물보호구역 등에 관한 경과조치】 이 법 시행 당시 종전의 규정에 따라 시·도지사 또는 시장·군수·구청장이 지정·고시한 시·도야생동·식물보호구역 또는 야생동·식물보호구역은 각각 제33조의 개정규정에 따라 지정·고시된 야생생물 보호구역으로 본다.
제7조【한국야생동·식물보호관리협회에 관한 경과조치】 이 법 시행 당시 종전의 규정에 따라 설립된 한국야생동·식물보호관리협회는 제58조의2제1항의 개정규정에 따라 설립된 야생생물관리협회로 본다.
제8조【야생동·식물보호원에 관한 경과조치】 이 법 시행 당시 종전의 규정에 따라 임명된 야생동·식물보호원은 제59조의 개정규정에 따라 임명된 야생생물 보호원으로 본다.
제9조【명예야생동·식물보호원에 관한 경과조치】 이 법 시행 당시 종전의 규정에 따라 위촉된 명예야생동·식물보호원은 제61조의 개정규정에 따라 위촉된 명예 야생생물 보호원으로 본다.
제10조【다른 법률의 개정】 ①~⑳ ※(해당 법령에 가제정리 하였음)
제11조【다른 법령과의 관계】 이 법 시행 당시 다른 법령에서 종전의 「야생동·식물보호법」 또는 그 규정을 인용한 경우에 이 법 가운데 그에 해당하는 규정이 있으면 종전의 「야생동·식물보호법」 또는 그 규정을 갈음하여 이 법 또는 이 법의 해당 규정을 인용한 것으로 본다.

부 칙 (2013.3.22)

제1조【시행일】 이 법은 공포 후 3개월이 경과한 날부터 시행한다.
제2조【유해야생동물의 포획 결과 신고에 관한 적용례】 제23조제6항의 개정규정은 이 법 시행 후 최초로 유해야생동물을 포획하는 자부터 적용한다.

부 칙 (2013.7.16)

제1조【시행일】 이 법은 공포 후 1년이 경과한 날부터 시행한다.
제2조【피성년후견인에 대한 적용례】 제16조의3제1호의 개정규정에 따른 피성년후견인에는 법률 제10429호 민법 일부개정법률 부칙 제2조에 따라 금치산 선고의 효력이 유지되는 자를 포함하는 것으로 본다.
제3조【국제적 멸종위기종 인공증식증명서 발급 등에 관한 경과조치】 이 법 시행 당시 제16조제1항에 따라 수입 또는 반입 허가를 받아 들여온 국제적 멸종위기종을 증식한 자는 이 법 시행 후 1년 이내에 제16조제7항 본문의 개정규정에 따라 국제적 멸종위기종 인공증식증명서를 발급받아야 한다. 다만, 대통령령으로 정하는 국제적 멸종위기종을 증식한 자는 이 법 시행 후 1년 이내에 제16조제7항 단서의 개정규정에 따라 인공증식 허가를 받아야 한다.
제4조【국제적 멸종위기종 사육시설에 관한 경과조치】 이 법 시행 당시 제16조의2제1항의 개정규정에 따른 국제적 멸종위기종을 소유·점유 또는 보관하고 있는 자는 이 법 시행 후 1년 이내에 국제적 멸종위기종 사육시설을 등록하여야 한다.

부 칙 (2014.3.24)

제1조【시행일】 이 법은 공포 후 1년이 경과한 날부터 시행한다. 다만, 제5조제2항, 제26조제1항 및 제60조제1호의 개정규정은 공포한 날부터 시행한다.
제2조【야생동물 질병 발생 현황의 공개에 관한 적용례】 제34조의8의 개정규정은 이 법 시행 후 최초로 야생동물 질병이 발생한 경우부터 적용한다
제3조【야생동물 질병관리 기본계획 수립에 관한 특례】 환경부장관은 제34조의3제1항의 개정규정에 따라 최초로 수립하는 야생동물 질병관리 기본계획을 2015년 12월 31일까지 수립하여야 한다.
제4조【야생동물의 포획허가에 관한 경과조치】 이 법 시행 당시 종전의 규정에 따라 야생동물 포획허가를 받은 자는 제19조의 개정규정에 따른 야생생물(야생동물 포획허가 시 허가받은 종의 종류, 수량 등으로 한정한다)의 포획허가를 받은 것으로 본다.
제5조【야생동물 수출·수입 등 허가에 관한 경과조치】 이 법 시행 당시 종전의 규정에 따라 야생동물의 수출·수입 등 허가를 받은 자는 제21조의 개정규정에 따른 야생생물(야생동물의 수출·수입 등 허가 시 허가받은 종의 종류, 수량 등으로 한정한다)의 수출·수입 등 허가를 받은 것으로 본다.
제6조【금치산자 등에 대한 경과조치】 제60조제1호의 개정규정에 따른 피성년후견인에는 법률 제10429호 민법 일부개정법률 부칙 제2조에 따라 금치산 또는 한정치산 선고의 효력이 유지되는 자를 포함하는 것으로 본다.
제7조【다른 법률의 개정】 ①~② ※(해당 법령에 가제정리 하였음)

부 칙 (2016.1.27)

이 법은 공포한 날부터 시행한다.

부 칙 (2017.1.17)

제1조【시행일】 이 법은 공포 후 1년이 경과한 날부터 시행한다.(이하 생략)

부 칙 (2017.12.12)

제1조【시행일】 이 법은 공포한 날부터 시행한다. 다만, 제7조의2제1항제13호 및 제14호, 제8조제1항 및 제2항, 제68조제1항제1호 및 같은 조 제2항, 제69조제1항제1호 및 같은 조 제2항, 제70조제1호의 개정규정은 공포 후 6개월이 경과한 날부터 시행한다.
제2조【야생생물 보전 기간에 관한 적용례】 제7조의2제1항제13호의 개정규정에 따른 3년 이상의 기간은 같은 개정규정 시행 후 서식지외보전기관이 야생생물을 보전하지 아니한 날부터 기산한다.
제3조【벌칙에 관한 경과조치】 제68조제1항제1호의 개정규정 시행 전까지 같은 항 제2호부터 제7호까지의 개정규정은 각각 같은 항 제1호부터 제6호까지로 본다.

부 칙 (2018.10.16)

이 법은 공포한 날부터 시행한다.

부 칙 (2019.11.26 법16602호)

제1조【시행일】 이 법은 공포 후 3개월이 경과한 날부터 시행한다.(이하 생략)

부 칙 (2019.11.26 법16609호)

제1조【시행일】 이 법은 공포 후 6개월이 경과한 날부터 시행한다. 다만, 제16조의2제6항, 제16조의7제2항·제3항, 제33조제6항 및 제46조제7호의 개정규정은 공포한 날부터 시행하고, 제23조제8항 및 제73조제3항제8호의2의 개정규정은 공포 후 1년이 경과한 날부터 시행한다.
제2조【보상금 지급에 관한 적용례】 제57조의2의 개정규정은 이 법 시행 이후 제34조의10의 개정규정에 따른 조치 명령이 내려진 경우부터 적용한다.
제3조【야생동물 질병진단기관에 관한 경과조치】 이 법 시행 당시 종전의 규정에 따라 지정된 야생동물 질병진단기관은 제34조의7의 개정규정에 따라 지정된 야생동물 질병진단기관으로 본다.

부 칙 (2020.5.26)

이 법은 공포한 날부터 시행한다.(이하 생략)

부 칙 (2021.5.18)

제1조【시행일】 이 법은 공포 후 3년이 경과한 날부터 시행한다. 다만, 제24조제1항의 개정규정은 공포한 날부터 시행하고, 제68조제1항제5호의2 및 제70조제5호의2의 개정규정은 공포 후 3개월이 경과한 날부터 시행한다.
제2조【수입검역에 관한 적용례】 제34조의18의 개정규정에 따른 수입검역은 같은 개정규정 시행 이후 수입하기 위하여 반입하는 지정검역물부터 적용한다.

부 칙 (2022.6.10)

이 법은 공포 후 6개월이 경과한 날부터 시행한다. 다만, 제58조의 개정규정은 공포한 날부터 시행하고, 제8조의2의 개정규정은 공포 후 1년이 경과한 날부터 시행한다.

부 칙 (2022.12.13)

제1조【시행일】 이 법은 공포 후 3년이 경과한 날부터 시행한다. 다만, 제6조의2, 제6조의3, 제8조의3, 제8조의4, 제11조, 제13조제1항, 제21조제1항제2호다목·라목, 제69조제1항제17호 및 제73조제3항제2호의 개정규정은 공포 후 1년이 경과한 날부터 시행하고, 제14조제1항제2호, 제19조제1항제2호 및 제19조제4항제8호의 개정규정은 공포한 날부터 시행한다.
제2조【멸종위기 야생생물에 대한 보전대책에 관한 적용례】 제13조제1항의 개정규정은 이 법 시행 이후 최초로 수립되는 멸종위기 야생생물에 대한 중장기 보전대책부터 적용한다.
제3조【야생동물 전시행위 금지 적용에 관한 경과조치】 ① 제8조의3 및 제69조제1항제17호의 개정규정의 공포 당시 종전의 「동물원 및 수족관의 관리에 관한 법률」 제3조에 따른 동물원 또는 수족관으로 등록하지 아니한 시설에서 살아있는 야생동물을 전시하고 있는 자가 같은 개정규정의 시행일 전까지 전시 시설 소재지, 보유동물의 종, 개체수 등 현황을 명시하여 전시 시설 소재지가 속한 시·도지사에게 신고한 경우에는 같은 개정규정에도 불구하고 같은 개정규정 시행 후 4년 동안 신고한 보유동물에 한정하여 살아있는 야생동물을 전시할 수 있다. 이 경우 「동물원 및 수족관의 관리에 관한 법률」 제15조제1항제4호의 금지행위를 하여서는 아니 된다.
② 제1항 후단을 위반한 자에게는 500만원 이하의 과태료를 부과하며, 과태료 부과·징수에 관한 사항은 제73조제4항을 준용한다.
제4조【지정관리 야생동물의 보관 등에 관한 경과조치】 ① 제22조의4 및 제70조제8호의3의 개정규정의 시행 당시 제22조의4제1항의 개정규정에 따라 양도·양수·보관이 금지되는 지정관리 야생동물을 보관하고 있는 자가 제22조의4 및 제70조제8호의3의 개정규정의 시행일부터 6개월 이내에 환경부령으로 정하는 바에 따라 해당 야생동물의 보관·관리 방법을 시장·군수·구청장에게 신고한 경우에는 같은 개정규정에도 불구하고 해당 야생동물이 폐사할 때까지 보관하거나 야생동물 위탁관리업자에게 위탁하여 관리하는 등 환경부령으로 정하는 바에 따라 처리할 수 있다.
② 제1항에 따라 지정관리 야생동물을 보관하는 자는 해당 야생동물을 인공증식하여서는 아니 되고, 해당 야생동물이 폐사한 경우 폐사한 날부터 30일 이내에 환경부령으로 정하는 바에 따라 시장·군수·구청장에게 신고하여야 한다.
③ 제2항을 위반하여 인공증식한 자 또는 허위로 폐사신고를 한 자는 1년 이하의 징역 또는 1천만원 이하의 벌금에 처한다.
④ 제2항을 위반하여 폐사신고를 하지 아니한 자에게는 100만원 이하의 과태료를 부과하며, 과태료 부과·징수에 관한 사항은 제73조제4항을 준용한다.

부 칙 (2023.3.21)

제1조【시행일】 이 법은 공포 후 1년이 경과한 날부터 시행한다.(이하 생략)

부 칙 (2023.8.8)
(2024.2.13)

제1조【시행일】 이 법은 2024년 5월 17일부터 시행한다.(이하 생략)

海洋·水産編

百濟 扶餘 出土 숫막새(紋樣)

해양환경관리법

(2007년 1월 19일 법 률 제8260호)

개정
2007. 4.11법 8371호(폐기물관리법)
2007. 4.11법 8377호(수산)
2007. 4.11법 8379호(항만법)
2007. 4.11법 8380호(해상교통안전법)
2007. 4.27법 8404호(대기환경)
2007.12.21법 8788호(선박평형수(船舶平衡水)관리법)
2008. 2.29법 8852호(정부조직)
2008. 3.28법 9037호(환경영향평가법)
2009. 2. 6법 9454호(해양수산발전기본법)
2009. 4.22법 9626호(수산)
2009. 6. 9법 9773호(항만법)
2009.12.29법 9872호
2010. 3.31법10219호(지방세기본법)
2010. 4.15법10272호(공유수면관리및매립에관한법)
2011. 6.15법10803호
2011. 7.21법10892호(환경영향평가법)
2011. 7.21법10893호(환경정책)
2011. 7.25법10911호(원자력안전법)
2012. 6. 1법11479호 2012.12.18법11597호
2013. 3.23법11690호(정부조직)
2014. 1.21법12300호(오존층보호를위한특정물질의제조규제등에관한법)
2014. 3.24법12549호 2014. 5.21법12662호
2014.11.19법12844호(정부조직)
2015. 1.28법13084호(산업표준화법)
2015. 6.22법13383호(수산업·어촌발전기본법)
2016.12.27법14476호(지방세징수법)
2016.12.27법14516호
2017. 1.17법14532호(물환경보전법)
2017. 3.21법14605호(배타적경제수역및대륙붕에관한법)
2017. 3.21법14747호
2017. 7.26법14839호(정부조직)
2017.10.31법15011호(항만운송사업법)
2017.10.31법15012호
2018.12.31법16160호(한국해양교통안전공단법)
2019. 1. 8법16215호 2019. 8.20법16520호
2019. 8.27법16568호(양식산업발전법)
2019.12. 3법16699호(해양폐기물및해양오염퇴적물관리법)
2020. 2.18법17007호(권한지방이양)
2020. 3.24법17110호 2021. 4.13법18066호
2022.10.18법19002호(오존층보호등을위한특정물질의관리에관한법)
2022.10.18법19013호 2023.10.24법19779호
2024. 1. 2법19910호(해양이용영향평가법)→2025년 1월 3일 시행이므로 「法典 別册」 보유편 수록

제1장 총 칙

제1조【목적】 이 법은 선박, 해양시설, 해양공간 등 해양오염물질을 발생시키는 발생원을 관리하고, 기름 및 유해액체물질 등 해양오염물질의 배출을 규제하는 등 해양오염을 예방, 개선, 대응, 복원하는 데 필요한 사항을 정함으로써 국민의 건강과 재산을 보호하는 데 이바지함을 목적으로 한다.(2017.3.21 본조개정)

제2조【정의】 이 법에서 사용하는 용어의 뜻은 다음과 같다.(2012.12.18 본문개정)

1. "해양환경"이란 「해양환경 보전 및 활용에 관한 법률」 제2조제1호에 따른 해양환경을 말한다.
2. "해양오염"이란 「해양환경 보전 및 활용에 관한 법률」 제2조제3호에 따른 해양오염을 말한다.

(2017.3.21 1호~2호개정)

3. "배출"이라 함은 오염물질 등을 유출(流出)·투기(投棄)하거나 오염물질 등이 누출(漏出)·용출(溶出)되는 것을 말한다. 다만, 해양오염의 감경·방지 또는 제거를 위한 학술목적의 조사·연구의 실시로 인한 유출·투기 또는 누출·용출을 제외한다.
4. "폐기물"이라 함은 해양에 배출되는 경우 그 상태로는 쓸 수 없게 되는 물질로서 해양환경에 해로운 결과를 미치거나 미칠 우려가 있는 물질(제5호·제7호 및 제8호에 해당하는 물질을 제외한다)을 말한다.
5. "기름"이라 함은 「석유 및 석유대체연료 사업법」에 따른 원유 및 석유제품(석유가스를 제외한다)과 이들을 함유하고 있는 액체상태의 유성혼합물(이하 "액상유성혼합물"이라 한다) 및 폐유를 말한다.
6. "선박평형수(船舶平衡水)"란 「선박평형수 관리법」 제2조제2호에 따른 선박평형수를 말한다.
7. "유해액체물질"이라 함은 해양환경에 해로운 결과를 미치거나 미칠 우려가 있는 액체물질(기름을 제외한다)과 그 물질이 함유된 혼합 액체물질로서 해양수산부령이 정하는 것을 말한다.(2013.3.23 본호개정)
8. "포장유해물질"이라 함은 포장된 형태로 선박에 의하여 운송되는 유해물질 중 해양에 배출되는 경우 해양환경에 해로운 결과를 미치거나 미칠 우려가 있는 물질로서 해양수산부령이 정하는 것을 말한다.(2013.3.23 본호개정)
9. "유해방오도료(有害防汚塗料)"라 함은 생물체의 부착을 제한·방지하기 위하여 선박 또는 해양시설 등에 사용하는 도료(이하 "방오도료"라 한다) 중 유기주석 성분 등 생물체의 파괴작용을 하는 성분이 포함된 것으로서 해양수산부령이 정하는 것을 말한다.(2013.3.23 본호개정)
10. "잔류성오염물질(殘留性汚染物質)"이라 함은 해양에 유입되어 생물체에 농축되는 경우 장기간 지속적으로 급성·만성의 독성(毒性) 또는 발암성(發癌性)을 야기하는 화학물질로서 해양수산부령으로 정하는 것을 말한다.(2017.10.31 본호개정)
11. "오염물질"이라 함은 해양에 유입 또는 해양으로 배출되어 해양환경에 해로운 결과를 미치거나 미칠 우려가 있는 폐기물·기름·유해액체물질 및 포장유해물질을 말한다.
12. "오존층파괴물질"이라 함은 「오존층 보호 등을 위한 특정물질의 관리에 관한 법률」 제2조제1호가목에 해당하는 물질을 말한다.(2022.10.18 본호개정)
13. "대기오염물질"이란 오존층파괴물질, 휘발성유기화합물과 「대기환경보전법」 제2조제1호의 대기오염물질 및 같은 조 제3호의 온실가스 중 이산화탄소를 말한다.(2012.12.18 본호개정)
14. "배출규제해역"이란 선박운항에 따른 대기오염 및 이로 인한 육상과 해상에 미치는 악영향을 방지하기 위하여 선박으로부터 해양수산부령으로 정하는 대기오염물질의 배출을 특별히 규제하는 조치가 필요한 해역으로서 해양수산부령이 정하는 해역을 말한다.(2022.10.18 본호개정)
15. "휘발성유기화합물"이라 함은 탄화수소류 중 기름 및 유해액체물질로서 「대기환경보전법」 제2조제10호에 해당하는 물질을 말한다.(2007.4.27 본호개정)
16. "선박"이라 함은 수상(水上) 또는 수중(水中)에서 항해용으로 사용하거나 사용될 수 있는 것(선외기를 장착한 것을 포함한다) 및 해양수산부령이 정하는 고정식·부유식 시추선 및 플랫폼을 말한다.(2013.3.23 본호개정)
17. "해양시설"이라 함은 해역(「항만법」 제2조제1호의 규정에 따른 항만을 포함한다. 이하 같다)의 안 또는 해역과 육지 사이에 연속하여 설치·배치하거나 투입되는 시설 또는 구조물로서 해양수산부령이 정하는 것을 말한다.(2013.3.23 본호개정)
18. "선저폐수(船底廢水)"라 함은 선박의 밑바닥에 고인 액상유성혼합물을 말한다.
19. "항만관리청"이라 함은 「항만법」 제20조의 관리청, 「어촌·어항법」 제35조의 어항관리청 및 「항만공사법」에 따른 항만공사를 말한다.(2009.6.9 본호개정)
20. "해역관리청"이란 「해양환경 보전 및 활용에 관한 법률」 제2조제8호에 따른 해역관리청을 말한다.
(2017.3.21 본호개정)
21. "선박에너지효율"이란 선박이 화물운송과 관련하여 사용한 에너지량을 이산화탄소 발생비율로 나타낸 것을 말한다.(2012.12.18 본호신설)
22. "선박에너지효율설계지수"란 선박의 건조 또는 개조단계에서 사전적으로 계산된 선박의 에너지효율을 나타내는 지표로, 선박이 1톤의 화물을 1해리 운송할 때 배출할 것으로 예상되는 이산화탄소량을 제41조의2제1항에서 해양수산부장관이 정하여 고시하는 방법에 따라 계산한 지표를 말한다.(2022.10.18 본호개정)
23. "선박에너지효율지수"란 현존하는 선박의 운항단계에서 사전적으로 계산된 선박의 에너지효율을 나타내는 지표로, 선박이 1톤의 화물을 1해리 운송할 때 배출할 것으로 예상되는 이산화탄소량을 제41조의5제1항에서 해양수산부장관이 정하여 고시하는 방법에 따라 계산한 지표를 말한다.(2022.10.18 본호신설)
24. "선박운항탄소집약도지수"란 사후적으로 계산된 선박의 연간 에너지효율을 나타내는 지표로, 선박이 1톤의 화물을 1해리 운송할 때 배출된 이산화탄소량을 제41조의6제1항에서 해양수산부장관이 정하여 고시하는 방법에 따라 매년 계산한 지표를 말한다.(2022.10.18 본호신설)

제3조【적용범위】 ① 이 법은 다음 각 호의 해역·수역·구역 및 선박·해양시설 등에서의 해양환경관리에 관하여 적용한다. 다만, 방사성물질과 관련한 해양환경관리(연구·학술 또는 정책수립 목적 등을 위한 조사는 제외한다) 및 해양오염방지에 대하여는 「원자력안전법」이 정하는 바에 따른다.(2016.12.27 단서개정)

1. 「영해 및 접속수역법」에 따른 영해 및 대통령령이 정하는 해역
2. 「배타적 경제수역 및 대륙붕에 관한 법률」 제2조에 따른 배타적 경제수역(2017.3.21 본호개정)
3. 제15조의 규정에 따른 환경관리해역
4. 「해저광물자원 개발법」 제3조의 규정에 따라 지정된 해저광구

② 제1항 각 호의 해역·수역·구역 밖에서 「선박법」 제2조의 규정에 따른 대한민국 선박(이하 "대한민국선박"이라 한다)에 의하여 행하여진 해양오염의 방지에 관하여는 이 법을 적용한다.

③ 대한민국선박 외의 선박(이하 "외국선박"이라 한다)이 제1항 각 호의 해역·수역·구역 안에서 항해 또는 정박하고 있는 경우에는 이 법을 적용한다. 다만, 제32조, 제41조의3제2항부터 제5항까지, 제41조의4, 제49조부터 제54조까지, 제54조의2, 제56조부터 제58조까지, 제60조, 제112조 및 제113조의 규정은 국제항해에 종사하는 외국선박에 대하여 적용하지 아니한다.(2020.3.24 단서개정)

④ 제44조의 규정에 따른 연료유의 황함유량 기준 및 제45조의 규정에 따른 연료유의 품질기준에 관하여 이 법에서 규정하고 있는 경우를 제외하고는 「석유 및 석유대체연료 사업법」 및 「대기환경보전법」이 정하는 바에 따른다.

⑤ 오염물질의 처리는 이 법에서 규정하고 있는 경우를 제외하고는 「폐기물관리법」·「물환경보전법」, 「하수도법」 및 「가축분뇨의 관리 및 이용에 관한 법률」에서 정하는 바에 따른다.(2017.1.17 본항개정)

⑥ 선박의 디젤기관으로부터 발생하는 질소산화물 등 대기오염물질의 배출허용기준에 관하여 이 법에서 규정하고 있는 경우를 제외하고는 「대기환경보전법」이 정하는 바에 따른다.

제4조【국제협약과의 관계】 해양환경 및 해양오염과 관련하여 국제적으로 발효된 국제협약에서 정하는 기준과 이 법에서 규정하는 내용이 다른 때에는 국제협약의 효력을 우선한다. 다만, 이 법의 규정내용이 국제협약의 기준보다 강화된 기준을 포함하는 때에는 그러하지 아니하다.

제5조~제7조 (2017.3.21 삭제)

제2장 해양환경의 보전·관리를 위한 조치

제1절 해양환경 조사 및 정도관리 등
(2017.3.21 본절제목개정)

제8조 (2017.3.21 삭제)

제9조【해양환경측정망】 ① 해양수산부장관은 「해양환경 보전 및 활용에 관한 법률」 제18조제1항에 따른 해양환경종합조사를 시행하기 위하여 해양수산부령이 정하는 바에 따라 해양환경측정망을 구성하고 정기적으로 해양환경을 측정하여야 한다.(2017.3.21 본항개정)

② 광역시장·도지사·특별자치도지사(이하 "시·도지사"라 한다)는 제1항의 규정에 따라 해양수산부장관이 구성한 해양환경측정망을 참고하여 관할 해역에 적합한 해양환경측정망을 별도로 구성할 수 있다. 이 경우 시·도지사는 관할 해역의 해양환경측정망을 구성하거나 구성된 내용을 변경하려는 때에는 해양수산부장관에게 미리 통보하여야 한다.(2019.1.8 전단개정)

제10조【해양환경공정시험기준】 해양수산부장관은 제9조제1항의 규정에 따른 해양환경측정망의 구성·운영 등 해양환경 관련 조사 및 평가에 있어 그 정확성과 통일성 확보를 위한 해양환경공정시험기준을 정하여 고시하여야 한다. 이 경우 해양환경공정시험기준과 관련하여 「산업표준화법」 제12조제1항에 따른 한국산업표준이 고시되어 있는 경우에는 특별한 사유가 없으면 고시된 한국산업표준의 내용에 따른다.(2017.3.21 전단개정)

제11조【해양환경정보망】 ① 해양수산부장관은 「해양환경 보전 및 활용에 관한 법률」 제21조에 따라 해양환경정보망을 구축하고 국민에게 해양환경정보를 제공하여야 한다.(2017.3.21 본항개정)

② 해양수산부장관은 제1항의 규정에 따른 해양환경정보망의 구축을 위하여 필요한 때에는 관계 행정기관의 장에게 필요한 자료의 제출을 요구할 수 있다. 이 경우 관계 행정기관의 장은 특별한 사정이 없는 한 이에 따라야 한다.

③ 제1항 및 제2항의 규정에 따른 해양환경정보망의 구축·운영 및 관리 등에 관하여 필요한 사항은 해양수산부령으로 정한다.
(2013.3.23 본조개정)

제12조【해양환경 측정·분석기관의 정도관리】 ① 해양수산부장관은 「해양환경 보전 및 활용에 관한 법률」 제22조에 따른 해양환경정보 정도관리를 위하여 해양환경 상태를 측정·분석하는 기관 중 대통령령이 정하는 기관(이하 "측정·분석기관"이라 한다)에 대하여 해양수산부령이 정하는 바에 따라 측정·분석능력의 평가, 관련 교육의 실시 및 측정·분석과 관련된 자료의 검증 등 필요한 조치를 할 수 있다.(2017.3.21 본항개정)

② 해양수산부장관은 측정·분석기관에 대한 정도관리 결과 필요하다고 인정되는 경우에는 관련 장비 및 기기의 개선·보완 그 밖에 필요한 조치를 명할 수 있다.
(2013.3.23 본조개정)

제12조의2【정도관리기준】 ① 해양수산부장관은 제12조에 따라 해양환경조사의 기준 및 방법, 취득자료의 처리 및 정보관리 등에 관하여 필요한 정도관리기준(이하 "정도관리기준"이라 한다)을 정하여 고시하여야 한다.

② 정도관리기준의 내용, 방법 등 필요한 사항은 해양수산부령으로 정한다.
(2017.3.21 본조신설)

제12조의3【정도관리계획】 ① 대통령령으로 정하는 해양환경종합조사 실시기관(이하 "조사기관"이라 한다)은 정도관리기준에 적합한 해양환경조사, 취득자료의 처리 및 정보관리를 하기 위하여 필요한 정도관리계획을 수립하여 해양수산부장관의 승인을 받아야 한다.
② 해양수산부장관은 정도관리기준의 확산을 위하여 대통령령으로 정하는 조사기관에 대하여 정도관리계획의 수립 및 필요한 기술 등을 지도할 수 있다.
③ 제1항에 따른 정도관리계획의 수립 기준 및 정도관리계획 이행의 확인·절차 등에 관하여 필요한 사항은 해양수산부령으로 정한다.
(2017.3.21 본조신설)

제13조【측정·분석능력인증】 ① 해양수산부장관은 정도관리 결과 해양수산부령이 정하는 측정·분석의 기준에 적합하다고 인정되는 측정·분석기관에 대하여 측정·분석능력인증을 할 수 있다.(2013.3.23 본항개정)
② 해양수산부장관은 제1항의 규정에 따른 측정·분석능력인증을 받은 측정·분석기관에 대하여 3년마다 정기적인 정도관리를 실시하고 그 결과에 따라 측정·분석능력인증을 갱신하여야 한다. 다만, 측정·분석능력인증을 받은 사항 중 해양수산부령이 정하는 중요 사항이 변경되는 경우에는 수시로 정도관리를 실시하고 그 결과에 따라 측정·분석능력인증을 갱신하여야 한다.(2013.3.23 본항개정)
③ 해양수산부장관은 측정·분석능력인증을 받은 자가 다음 각 호의 어느 하나에 해당하는 때에는 그 인증을 취소하여야 한다.(2013.3.23 본문개정)
1. 거짓 그 밖의 부정한 방법으로 인증을 받은 때
2. 제2항의 규정에 따른 정도관리 결과 제1항의 규정에 따른 측정·분석의 기준에 적합하지 아니하게 된 때
3. 그 밖에 측정·분석능력인증이 부적합한 경우로서 대통령령이 정하는 사유에 해당하는 때
④ 제1항 및 제2항의 규정에 따른 측정·분석능력인증의 신청절차 및 인증서의 발급 등에 관하여 필요한 사항은 해양수산부령으로 정한다.(2013.3.23 본항개정)

제2절 환경관리해역의 지정 등
(2017.3.21 본절제목개정)

제14조 (2017.3.21 삭제)

제15조【환경관리해역의 지정·관리】 ① 해양수산부장관은 해양환경의 보전·관리를 위하여 필요하다고 인정되는 경우에는 다음 각 호의 구분에 따라 환경보전해역 및 특별관리해역(이하 "환경관리해역"이라 한다)을 지정·관리할 수 있다. 이 경우 관계 중앙행정기관의 장 및 관할 시·도지사 등과 미리 협의하여야 한다.
1. 환경보전해역 : 해양환경 및 생태계가 양호한 해역 중 「해양환경 보전 및 활용에 관한 법률」 제13조제1항에 따른 해양환경기준의 유지를 위하여 지속적인 관리가 필요한 해역으로서 해양수산부장관이 정하여 고시하는 해역(해양오염에 직접 영향을 미치는 육지를 포함한다)
2. 특별관리해역 : 「해양환경 보전 및 활용에 관한 법률」 제13조제1항에 따른 해양환경기준의 유지가 곤란한 해역 또는 해양환경 및 생태계의 보전에 현저한 장애가 있거나 장애가 발생할 우려가 있는 해역으로서 해양수산부장관이 정하여 고시하는 해역(해양오염에 직접 영향을 미치는 육지를 포함한다)
② 해양수산부장관은 환경관리해역의 지정 목적이 달성되었거나 지정 목적이 상실된 경우 또는 당초 지정 목적의 달성을 위하여 지정범위를 확대하거나 축소하는 등의 조정이 필요한 경우 환경관리해역의 전부 또는 일부의 지정을 해제하거나 지정범위를 변경하여 고시할 수 있다. 이 경우 대상 구역을 관할하는 시·도지사와 미리 협의하여야 한다.
③ 해양수산부장관은 제1항 및 제2항에 따른 환경관리해역의 지정, 해제 또는 변경 시 다음 각 호의 사항을 고려하여야 한다.
1. 제9조에 따른 해양환경측정망 조사 결과
2. 제39조에 따른 잔류성오염물질 조사 결과
3. 「해양생태계의 보전 및 관리에 관한 법률」 제10조에 따른 국가해양생태계종합조사 결과
4. 국가 및 지방자치단체에서 3년 이상 지속적으로 시행한 해양환경 및 생태계 관련 조사 결과
④ 제1항부터 제3항까지에 따른 환경관리해역의 지정 및 해제, 변경을 위하여 필요한 사항은 대통령령으로 정한다.
(2019.1.8 본조신설)

제15조의2【환경관리해역에서의 행위제한 등】 ① 해양수산부장관은 환경보전해역의 해양환경 상태 및 오염원을 측정·조사한 결과 「해양환경 보전 및 활용에 관한 법률」 제13조제1항에 따른 해양환경기준을 초과하게 되어 국민의 건강이나 생물의 생육에 심각한 피해를 가져올 우려가 있다고 인정되는 경우에는 그 환경보전해역 안에서 대통령령이 정하는 시설의 설치 또는 변경을 제한할 수 있다.(2017.3.21 본항개정)
② 해양수산부장관은 특별관리해역의 해양환경 상태 및 오염원을 측정·조사한 결과 「해양환경 보전 및 활용에 관한 법률」 제13조제1항에 따른 해양환경기준을 초과하게 되어 국민의 건강이나 생물의 생육에 심각한 피해를 가져올 우려가 있다고 인정되는 경우에는 다음 각 호에 해당하는 조치를 할 수 있다.(2017.3.21 본문개정)
1. 특별관리해역 안에서의 시설의 설치 또는 변경의 제한
2. 특별관리해역 안에 소재하는 사업장에서 배출되는 오염물질의 총량규제
③ 제2항 각 호의 규정에 따라 설치 또는 변경이 제한되는 시설 및 제한의 내용, 오염물질의 총량규제를 실시하는 해역범위·규제항목 및 규제방법은 대통령령으로 정한다.
(2019.1.8 본항개정)
(2019.1.8 본조제목개정)

제16조【환경관리해역기본계획의 수립 등】 ① 해양수산부장관은 환경관리해역에 대하여 다음 각 호의 사항이 포함된 환경관리해역기본계획을 5년마다 수립하고, 환경관리해역기본계획을 구체화하여 특정 해역의 환경보전을 위한 해역별 관리계획을 수립·시행하여야 한다. 이 경우 관계 행정기관의 장과 미리 협의하여야 한다.
(2013.3.23 전단개정)
1. 해양환경의 관측에 관한 사항
2. 오염원의 조사·연구에 관한 사항
3. 해양환경보전 및 개선대책에 관한 사항
4. 환경관리에 따른 주민지원에 관한 사항
5. 그 밖에 환경관리해역의 관리에 관하여 필요한 것으로서 대통령령으로 정하는 사항
② 환경관리해역기본계획은 「해양수산발전 기본법」 제7조에 따른 해양수산발전위원회의 심의를 거쳐 확정한다.
(2011.6.15 본항개정)
③ 해양수산부장관은 환경관리해역기본계획 및 해역별 관리계획이 수립된 때에는 이를 관계 행정기관의 장에게 통보하여야 하며, 관계 행정기관의 장은 그 시행을 위하여 필요한 조치를 하여야 한다.(2013.3.23 본항개정)
④ 해양수산부장관은 해역별 관리계획을 수립·시행하기 위하여 필요한 경우에는 관계 중앙행정기관과 지방자치단체 소속 공무원 및 전문가 등으로 구성된 사업관리단을 별도로 운영할 수 있다. 이 경우 사업관리단의 구성 및 운영에 필요한 사항은 대통령령으로 정한다.
(2013.3.23 전단개정)
(2011.6.15 본조제목개정)

제17조【환경관리해역기본계획의 국회 제출 등】 ① 해양수산부장관은 환경관리해역기본계획 및 해역별 관리계획을 수립한 때에는 지체 없이 국회 소관 상임위원회에 제출하여야 한다.
② 해양수산부장관은 환경관리해역기본계획 및 해역별 관리계획을 수립한 때에는 해양수산부령으로 정하는 바에 따라 이를 공표하여야 한다.
③ 해양수산부장관은 환경관리해역기본계획 및 해역별 관리계획을 수립하기 위하여 필요한 경우에는 관계 중앙행정기관의 장 또는 시·도지사에게 관련 자료의 제출을 요청할 수 있다. 이 경우 자료의 제출을 요청받은 관계 중앙행정기관의 장 또는 시·도지사는 정당한 사유가 없으면 자료를 제출하여야 한다.
(2019.1.8 본조신설)

제18조【해양환경개선조치】 ① 해역관리청은 오염물질의 유입·확산 또는 퇴적 등으로 인한 해양오염을 방지하고 해양환경을 개선하기 위하여 필요하다고 인정되는 때에는 대통령령으로 정하는 바에 따라 다음 각 호의 해양환경개선조치를 할 수 있다.(2016.12.27 본문개정)
1. 오염물질 유입·확산방지시설의 설치(2016.12.27 본호개정)
2. 오염물질(폐기물은 제외한다)의 수거 및 처리
(2019.12.3 본호개정)
3. (2019.12.3 삭제)
4. 그 밖에 해양환경개선과 관련하여 필요한 사업으로서 해양수산부령이 정하는 조치(2013.3.23 본호개정)
② 해양수산부장관은 제1항에 따른 해양환경개선조치의 대상 해역 또는 구역이 둘 이상의 시·도지사의 관할에 속하는 등 대통령령으로 정하는 경우에는 제3조제1항 각 호의 어느 하나에 해당하는 해역 또는 구역에서 제1항에 따른 해양환경개선조치를 할 수 있다. 이 경우 해양수산부장관은 해당 시·도지사와 미리 협의하여야 한다.
(2013.3.23 본항개정)
③ 해양수산부장관은 해양환경의 보전·관리 또는 해양오염의 방지를 위하여 필요하다고 인정되는 경우에는 해양수산부령이 정하는 바에 따라 제3조제1항 각 호의 규정에 따른 해역 또는 구역에서 해양환경의 오염원에 대한 조사를 할 수 있다. 이 경우 해양수산부장관은 관계 행정기관의 장에게 오염된 해역 및 오염물질이 배출된 시설물에 대한 공동조사를 요청할 수 있다.(2013.3.23 본항개정)
④ 해양수산부장관은 제3항에 따른 해양환경의 오염원에 대한 조사결과 필요하다고 인정하는 경우 「해양환경 보전 및 활용에 관한 법률」 제8조에 따른 오염원인자(이하 "오염원인자"라 한다)에게 제1항 각 호의 어느 하나에 따른 해양환경개선조치를 하게 할 수 있다.(2017.3.21 본항개정)
⑤ 제1항의 규정에 따른 해양환경개선조치와 관련하여 오염물질 유입·확산방지시설의 설치방법, 오염물질(폐기물은 제외한다)의 수거·처리방법 등에 관하여 필요한 사항은 해양수산부령으로 정한다.(2019.12.3 본항개정)

제3절 해양환경개선부담금

제19조【해양환경개선부담금】 ① 해양수산부장관은 해양환경 및 해양생태계에 현저한 영향을 미치는 다음 각 호의 행위에 대하여 해양환경개선부담금(이하 "부담금"이라 한다)을 부과·징수한다.(2013.3.23 본문개정)
1. 「해양폐기물 및 해양오염퇴적물 관리법」 제19조제1항 제1호에 따른 폐기물해양배출업을 하는 자가 폐기물을 해양에 배출하는 행위(2019.12.3 본호개정)
2. 선박 또는 해양시설에서 대통령령이 정하는 규모 이상의 오염물질을 해양에 배출하는 행위
3. 「해양폐기물 및 해양오염퇴적물 관리법」 제9조제1항 제2호에 따라 폐기물을 고립시키는 방법으로 해양에 배출하는 행위(2019.12.3 본호신설)
4. 「해양폐기물 및 해양오염퇴적물 관리법」 제10조제1항에 따라 이산화탄소 스트림을 해양지중저장하는 행위
(2019.12.3 본호신설)
② 제1항제2호에 따른 오염물질의 배출행위가 다음 각 호의 어느 하나에 해당하는 경우에는 부담금을 부과하지 아니한다.
1. 전쟁, 천재지변 또는 그 밖의 불가항력에 의하여 발생한 경우
2. 제3자의 고의만으로 발생한 경우. 다만, 선박 또는 해양시설의 설치·관리에 하자가 없는 경우로 한정한다.
3. 제3조제1항제1호 및 제2호의 해역·수역 밖에서 발생한 경우로서 대통령령으로 정하는 경우
(2011.6.15 본항신설)
③ 부담금은 오염물질의 종류 및 배출량을 고려하여 산정하되, 오염물질의 배출량에 단위당 부과금액을 곱한 후 오염물질의 종류별 부과계수를 적용하여 부과한다. 이 경우 오염물질의 배출량·단위당 부과금액 및 종류별 부과계수 등은 대통령령으로 정한다.
④ 해양수산부장관은 납부의무자가 부담하여야 할 부담금을 분할하여 납부하게 할 수 있다.(2013.3.23 본항개정)
⑤ 해양수산부장관은 부담금 및 제20조제1항에 따른 가산금을 「수산업·어촌 발전 기본법」 제46조에 따른 수산발전기금(이하 "기금"이라 한다)으로 납입하여야 한다.
(2017.10.31 본항개정)
⑥ 제1항 및 제3항에 따른 부담금의 징수절차 등에 필요한 사항은 대통령령으로 정한다.(2011.6.15 본항개정)

제20조【부담금 및 가산금의 강제징수】 ① 해양수산부장관은 부담금의 납부의무자가 납부기한까지 부담금을 내지 아니하면 그 납부기한의 다음 날부터 납부한 날까지의 기간에 대하여 대통령령으로 정하는 가산금을 징수한다. 이 경우 가산금은 체납된 부담금의 100분의 3을 초과하여서는 아니 된다.
② 해양수산부장관은 부담금의 납부의무자가 납부기한까지 부담금을 내지 아니하면 30일 이상의 기간을 정하여 독촉하고, 그 지정된 기간 내에 부담금 및 제1항에 따른 가산금을 내지 아니하면 국세 체납처분의 예에 따라 징수할 수 있다.
(2017.10.31 본조개정)

제21조【부담금의 용도】 제19조제5항에 따라 기금으로 납입된 부담금은 다음 각 호의 사업을 위하여 사용되어야 한다.(2011.6.15 본문개정)
1. 해양오염방지 및 해양환경의 복원에 관한 사업
2. 해양환경의 보전·관리에 관한 사업
3. 친환경적 해양이용사업자 및 연안주민에 대한 지원사업
4. 제18조제1항의 규정에 따른 해양환경개선조치에 대한 사업
5. 해양환경 관련 연구개발사업
6. 해양환경의 조사·연구·홍보 및 교육에 관한 지원사업
7. 해양오염에 따른 어업인 피해의 지원 등 수산업지원사업
8. 친환경 선박의 기술개발 및 이용·보급을 위하여 필요한 사업으로서 대통령령으로 정하는 사업(2016.12.27 본호신설)
9. 제1호부터 제8호까지와 관련된 사업으로서 대통령령이 정하는 사업(2016.12.27 본호개정)

제3장 해양오염방지를 위한 규제

제1절 통 칙

제22조【오염물질의 배출금지 등】 ① 누구든지 선박으로부터 오염물질을 해양에 배출하여서는 아니 된다. 다만, 다음 각 호의 경우에는 그러하지 아니하다.
1. 선박의 항해 및 정박 중 발생하는 폐기물을 배출하고자 하는 경우에는 해양수산부령으로 정하는 해역에서 해양수산부령으로 정하는 처리기준 및 방법에 따라 배출할 것(2019.12.3 본호개정)
2. 다음 각 목의 구분에 따라 기름을 배출하는 경우
가. 선박에서 기름을 배출하는 경우에는 해양수산부령이 정하는 해역에서 해양수산부령이 정하는 배출기준 및 방법에 따라 배출할 것
나. 유조선에서 화물유가 섞인 선박평형수, 화물창의 세정수(洗淨水) 및 선저폐수를 배출하는 경우에는 해양수산부령이 정하는 해역에서 해양수산부령이 정하는 배출기준 및 방법에 따라 배출할 것
다. 유조선에서 화물창의 선박평형수를 배출하는 경우에는 해양수산부령이 정하는 세정도(洗淨度)에 적합하게 배출할 것
(2013.3.23 가목~다목개정)

3. 다음 각 목의 구분에 따라 유해액체물질을 배출하는 경우
가. 유해액체물질을 배출하는 경우에는 해양수산부령이 정하는 해역에서 해양수산부령이 정하는 사전처리 및 배출방법에 따라 배출할 것
나. 해양수산부령이 정하는 유해액체물질의 산적운반(散積運搬)에 이용되는 화물창(선박평형수의 배출을 위한 설비를 포함한다)에서 세정된 선박평형수를 배출하는 경우에는 해양수산부령이 정하는 정화방법에 따라 배출할 것
(2013.3.23 가목~나목개정)
② 누구든지 해양시설 또는 해수욕장·하구역 등 대통령령이 정하는 장소(이하 "해양공간"이라 한다)에서 발생하는 오염물질을 해양에 배출하여서는 아니 된다. 다만, 다음 각 호의 경우에는 그러하지 아니하다.
1. 해양시설 및 해양공간(이하 "해양시설등"이라 한다)에서 발생하는 폐기물을 해양수산부령이 정하는 해역에서 해양수산부령이 정하는 처리기준 및 방법에 따라 배출하는 경우
2. 해양시설등에서 발생하는 기름 및 유해액체물질을 해양수산부령이 정하는 처리기준 및 방법에 따라 배출하는 경우
(2013.3.23 1호~2호개정)
③ 다음 각 호의 어느 하나에 해당하는 경우에는 제1항 및 제2항의 규정에 불구하고 선박 또는 해양시설등에서 발생하는 오염물질(폐기물은 제외한다. 이하 이조에서 같다)을 해양에 배출할 수 있다.(2019.12.3 본문개정)
1. 선박 또는 해양시설등의 안전확보나 인명구조를 위하여 부득이하게 오염물질을 배출하는 경우
2. 선박 또는 해양시설등의 손상 등으로 인하여 부득이하게 오염물질이 배출되는 경우
3. 선박 또는 해양시설등의 오염사고에 있어 해양수산부령이 정하는 방법에 따라 오염피해를 최소화하는 과정에서 부득이하게 오염물질이 배출되는 경우(2013.3.23 본호개정)

제22조의2【폐기물의 배출률】 ① 선박의 항해 및 정박 중 발생하는 폐기물을 해양수산부령으로 정하는 해역에 배출하려는 선박의 소유자(선박을 임대하는 경우에는 선박임차인을 말한다. 이하 같다)는 해양수산부령으로 정하는 바에 따라 해양수산부장관의 승인을 받은 배출률〔선박의 흘수(吃水) 및 속력에 따른 시간당 폐기물 배출량을 말한다. 이하 같다〕을 준수하여 폐기물을 배출하여야 한다.(2020.3.24 본항개정)
② 제1항에 따라 폐기물을 배출한 선박의 소유자는 폐기물을 배출한 장소, 배출량 등을 그 선박의 기관일지에 기재하여야 한다.(2020.3.24 본항신설)
③ 제1항에 따라 배출률을 승인받아야 하는 폐기물의 종류, 배출률의 승인절차 및 제2항에 따른 기관일지 기재방법 등에 관하여 필요한 사항은 해양수산부령으로 정한다.
(2020.3.24 본항개정)
(2016.12.27 본조신설)

제23조 (2019.12.3 삭제)

제24조【해양오염방지활동】 ① (2019.12.3 삭제)
② 해역관리청은 오염방지활동을 위하여 필요하다고 인정되는 때에는 해양공간에 대하여 수질검사 등 해양수산부령이 정하는 조사·측정활동을 할 수 있다.(2013.3.23 본항개정)
③ 해역관리청은 제2항에 따른 조사·측정활동 등 오염방지활동을 위하여 필요한 선박 또는 처리시설을 운영할 수 있다.(2019.12.3 본항개정)
④ (2019.12.3 삭제)

제2절 선박에서의 해양오염방지

제25조【폐기물오염방지설비의 설치 등】 ① 해양수산부령으로 정하는 선박의 소유자는 그 선박 안에서 발생하는 해양수산부령으로 정하는 폐기물을 저장·처리하기 위한 설비(이하 "폐기물오염방지설비"라 한다)를 해양수산부령으로 정하는 기준에 따라 설치하여야 한다.
(2020.3.24 본항개정)
② 제1항의 규정에 따라 설치된 폐기물오염방지설비는 해양수산부령이 정하는 기준에 적합하게 유지·작동되어야 한다.
(2013.3.23 본조개정)

제26조【기름오염방지설비의 설치 등】 ① 선박의 소유자는 선박 안에서 발생하는 기름의 배출을 방지하기 위한 설비(이하 "기름오염방지설비"라 한다)를 해당 선박에 설치하거나 폐유저장을 위한 용기를 비치하여야 한다. 이 경우 그 대상선박과 설치기준 등은 해양수산부령으로 정한다.(2019.8.20 전단개정)
② 선박의 소유자는 선박의 충돌·좌초 또는 그 밖의 해양사고가 발생하는 경우 기름의 배출을 방지할 수 있는 선체구조 등을 갖추어야 한다. 이 경우 그 대상선박, 선체구조기준 및 그 밖에 필요한 사항은 해양수산부령으로 정한다.
③ 제1항의 규정에 따라 설치된 기름오염방지설비는 해양수산부령이 정하는 기준에 적합하게 유지·작동되어야 한다.
(2013.3.23 본조개정)

제27조【유해액체물질오염방지설비의 설치 등】 ① 유해액체물질을 산적하여 운반하는 선박으로서 해양수산부령이 정하는 선박의 소유자는 유해액체물질을 그 선박안에서 저장·처리할 수 있는 설비 또는 유해액체물질에 의한 해양오염을 방지하기 위한 설비(이하 "유해액체물질오염방지설비"라 한다)를 해양수산부령이 정하는 기준에 따라 설치하여야 한다.
② 유해액체물질을 산적하여 운반하는 선박으로서 해양수산부령이 정하는 선박의 소유자는 선박의 충돌·좌초 또는 그 밖의 해양사고가 발생하는 경우 유해액체물질의 배출을 방지하기 위하여 그 선박의 화물창을 해양수산부령이 정하는 기준에 따라 설치·유지하여야 한다.
③ 제1항의 규정에 따른 선박의 소유자는 해양수산부령이 정하는 기준에 따라 유해액체물질의 배출방법 및 설비에 관한 지침서를 작성하여 해양수산부장관의 검인을 받아 그 선박의 선장에게 제공하여야 한다.
④ 제1항의 규정에 따라 설치된 유해액체물질오염방지설비는 해양수산부령이 정하는 기준에 적합하게 유지·작동되어야 한다.
(2013.3.23 본조개정)

제28조【선박평형수 및 기름의 적재제한】 ① 해양수산부령이 정하는 유조선의 화물창 및 해양수산부령이 정하는 선박의 연료유탱크에는 선박평형수를 적재하여서는 아니 된다. 다만, 새로이 건조한 선박을 시운전하거나 선박의 안전을 확보하기 위하여 필요한 경우로서 해양수산부령이 정하는 경우에는 그러하지 아니하다.
② 해양수산부령이 정하는 선박의 경우 그 선박의 선수(船首)탱크 및 충돌격벽(衝突隔壁)보다 앞쪽에 설치된 탱크에는 기름을 적재하여서는 아니 된다.
(2013.3.23 본조개정)

제29조【포장유해물질의 운송】 선박을 이용하여 포장유해물질을 운송하려는 자는 해양수산부령이 정하는 바에 따라 포장·표시 및 적재방법 등의 요건에 적합하게 이를 운송하여야 한다.(2013.3.23 본조개정)

제30조【선박오염물질기록부의 관리】 ① 선박의 선장(피예인선의 경우에는 선박의 소유자를 말한다)은 그 선박에서 사용하거나 운반·처리하는 폐기물·기름 및 유해액체물질에 대한 다음 각 호의 구분에 따른 기록부(이하 "선박오염물질기록부"라 한다)를 그 선박(피예인선의 경우에는 선박의 소유자의 사무실을 말한다) 안에 비치하고 그 사용량·운반량 및 처리량 등을 기록하여야 한다.
1. 폐기물기록부 : 해양수산부령이 정하는 일정 규모 이상의 선박에서 발생하는 폐기물의 총량·처리량 등을 기록하는 장부. 다만, 제72조제1항의 규정에 따라 해양환경관리업자가 처리대장을 작성·비치하는 경우에는 동 처리대장으로 갈음한다.(2013.3.23 본문개정)
2. 기름기록부 : 선박에서 사용하는 기름의 사용량·처리량을 기록하는 장부. 다만, 해양수산부령이 정하는 선박의 경우를 제외하며, 유조선의 경우에는 기름의 사용량·처리량 외에 운반량을 추가로 기록하여야 한다.
(2013.3.23 단서개정)
3. 유해액체물질기록부 : 선박에서 산적하여 운반하는 유해액체물질의 운반량·처리량을 기록하는 장부
② 선박오염물질기록부의 보존기간은 최종기재를 한 날부터 3년으로 하며, 그 기재사항·보존방법 등에 관하여 필요한 사항은 해양수산부령으로 정한다.(2013.3.23 본항개정)

제30조의2【전자기록부의 관리 등】 ① 선박의 소유자는 다음 각 호의 사항을 전자적 정보기록장치나 시스템(이하 "전자기록부"라 한다)에 전자적 방법으로 기록할 수 있다. 이 경우 전자기록부에 기록한 사항은 각 호에 규정된 기록부 또는 기관일지에 기재한 것으로 본다.
1. 제30조에 따른 선박오염물질기록부에 기재하여야 할 사항
2. 제42조에 따른 오존층파괴물질기록부에 기재하여야 할 사항
3. 제43조제4항 및 제44조제3항에 따라 기관일지에 기재하여야 할 사항
4. 기타 해양수산부령으로 정한 사항
② 전자기록부를 사용하고자 하는 선박의 소유자는 전자기록부의 설비 및 보안사항 등에 관하여 해양수산부령으로 정하는 요건을 갖추어 해양수산부장관에게 전자기록부 검사를 신청하여야 한다.
③ 해양수산부장관은 제2항에 따른 신청이 적합하다고 인정되는 경우에는 서면으로 전자기록부 적합확인서를 발급하여야 한다.
④ 선박의 소유자는 제3항에 따른 전자기록부 적합확인서를 해당 선박에 비치하여야 한다.
⑤ 제1항부터 제4항까지에서 규정한 사항 외에 전자기록부 검사 신청 절차, 전자기록부 적합확인서의 발급 절차·기준, 전자기록부 적합확인서 기재사항 등에 관하여 필요한 사항은 해양수산부령으로 정한다.
(2022.10.18 본조신설)

제31조【선박해양오염비상계획서의 관리 등】 ① 선박의 소유자는 기름 또는 유해액체물질이 해양에 배출되는 경우에 취하여야 하는 조치사항에 대한 내용을 포함하는 기름 및 유해액체물질의 해양오염비상계획서(이하 "선박해양오염비상계획서"라 한다)를 작성하여 해양경찰청장의 검인을 받은 후 이를 그 선박에 비치하고, 선박해양오염비상계획서에 따른 조치 등을 이행하여야 한다.
② 제1항에 따라 선박해양오염비상계획서를 검인받은 선박의 소유자는 그 선박해양오염비상계획서의 내용 중 해양수산부령으로 정하는 중요한 사항을 변경하려는 경우에는 선박해양오염비상계획서를 변경 작성하여 해양경찰청장의 검인을 받은 후 이를 그 선박에 비치하여야 한다.
(2017.10.31 본항신설)
③ 선박해양오염비상계획서를 비치하여야 하는 대상 선박의 범위와 기재사항 등에 관하여 필요한 사항은 해양수산부령으로 정한다.
(2017.7.26 본조개정)

제32조【선박 해양오염방지관리인】 ① 해양수산부령으로 정하는 선박의 소유자는 그 선박에 승무하는 선원 중에서 선장을 보좌하여 선박으로부터의 오염물질 및 대기오염물질의 배출방지에 관한 업무를 관리하게 하기 위하여 대통령령으로 정하는 자격을 갖춘 사람을 해양오염방지관리인으로 임명하여야 한다. 이 경우 유해액체물질을 산적하여 운반하는 선박의 경우에는 유해액체물질의 해양오염방지관리인 1명 이상을 추가로 임명하여야 한다.
(2020.3.24 본항개정)
② 선박의 소유자는 제1항의 규정에 따른 해양오염방지관리인을 임명한 증빙서류를 선박 안에 비치하여야 한다.
③ 제1항에 따라 해양오염방지관리인을 임명한 선박의 소유자는 해양오염방지관리인이 여행·질병 또는 그 밖의 사유로 일시적으로 직무를 수행할 수 없는 경우 대통령령으로 정하는 자격을 갖춘 사람을 대리자로 지정하여 그 직무를 대행하게 하여야 한다. 이 경우 대리자가 해양오염방지관리인의 직무를 대행하는 기간은 30일을 초과할 수 없다.(2020.3.24 전단개정)
④ 선박의 소유자는 제1항에 따른 해양오염방지관리인 또는 제3항에 따른 해양오염방지관리인의 대리자에게 오염물질 및 대기오염물질을 이송 또는 배출하는 작업을 지휘·감독하게 하여야 한다.(2017.10.31 본항신설)
⑤ 제1항부터 제4항까지에서 규정한 사항 외에 해양오염방지관리인 및 대리자의 업무내용·준수사항 등에 관하여 필요한 사항은 대통령령으로 정한다.(2020.3.24 본항개정)
(2017.10.31 본조제목개정)

제32조의2【선박대선박 기름화물이송 관리】 ① 해상에서 유조선 간(이하 "선박대선박"이라 한다)에 기름화물을 이송하려는 선박소유자는 그 이송하는 작업방법 등 해양수산부령으로 정하는 사항을 기술한 계획서(이하 "선박대선박 기름화물이송계획서"라 한다)를 작성하여 해양수산부장관의 검인을 받은 후 선박에 비치하고, 이송작업 시 이를 준수하여야 한다.
② 선박의 선장은 선박대선박 기름화물의 이송작업에 관하여 이송량, 이송시간 등 해양수산부령으로 정하는 사항을 기름기록부에 기록하여야 하고, 최종 기록한 날부터 3년간 보관하여야 한다.
③ 제3조제1항제1호 및 제2호에 따른 해역·수역 안에서 선박대선박 기름화물이송작업을 하려는 선박의 선장은 작업책임자 명단 및 작업계획을 해양수산부장관에게 사전에 보고하여야 한다.(2023.10.24 본항개정)
④ 제1항에 따른 선박대선박 기름화물이송계획서의 비치 대상선박 및 검인절차, 제2항에 따른 선박대선박 기름화물이송작업의 기록, 제3항에 따른 작업책임자의 자격, 작업계획의 보고시기 및 보고방법 등에 필요한 사항은 해양수산부령으로 정한다.(2023.10.24 본항개정)
(2013.3.23 본조개정)

제3절 해양시설에서의 해양오염방지

제33조【해양시설의 신고 및 변경신고】 ① 해양시설의 소유자(설치·운영자를 포함하며, 그 시설을 임대하는 경우에는 시설임차인을 말한다. 이하 같다)는 다음 각 호의 구분에 따라 해양수산부장관 또는 시·도지사에게 그 시설을 신고하여야 한다. 이 경우 신고내용 중 해양수산부령으로 정하는 중요한 내용의 변경이 있는 경우에는 변경신고를 하여야 한다.(2020.2.18 전단개정)
1. 「배타적 경제수역 및 대륙붕에 관한 법률」 제2조에 따른 배타적 경제수역, 「항만법」 제3조제2항제1호 및 제3항제1호에 따른 국가관리무역항 및 국가관리연안항의 해양시설 : 해양수산부장관
2. 제1호 외의 해역의 해양시설 : 시·도지사
(2020.2.18 1호~2호신설)
② 제1항에 따른 해양시설의 신고내용, 변경신고 하여야 하는 중요한 내용 및 신고·변경신고 절차 등 필요한 사항은 해양수산부령으로 정한다.
(2016.12.27 본조개정)

제34조【해양시설오염물질기록부의 관리】 ① 기름 및 유해액체물질을 취급하는 해양시설 중 해양수산부령이 정하는 해양시설의 소유자는 그 시설 안에 기름 및 유해액체물질의 기록부(이하 "해양시설오염물질기록부"라 한다)를 비치하고 기름 및 유해액체물질의 사용량과 반입·반출에 관한 사항 등을 기록하여야 한다.
② 해양시설오염물질기록부의 보존기간은 최종기재를 한 날부터 3년으로 하며, 그 기재사항·관리방법 등에 관하여 필요한 사항은 해양수산부령으로 정한다.
(2013.3.23 본조개정)

제35조【해양시설오염비상계획서의 관리 등】 ① 기름 및 유해액체물질을 사용·저장 또는 처리하는 해양시설의 소유자는 기름 및 유해액체물질이 해양에 배출되는 경우에 취하여야 하는 조치사항에 대한 내용이 포함된 해양오염비상계획서(이하 "해양시설오염비상계획서"라 한다)를 작성하여 해양경찰청장의 검인을 받은 후 그 해양시설에 비치하고, 해양시설오염비상계획서에 따른 조치 등을 이행하여야 한다. 다만, 해양시설오염비상계획서를 그 해양시설에 비치하는 것이 곤란한 때에는 해양시설의 소유자의 사무실에 비치할 수 있다.
② 제1항에 따라 해양시설오염비상계획서를 검인받은 해양시설의 소유자는 그 해양시설오염비상계획서의 내용 중 해양수산부령으로 정하는 중요한 사항을 변경하려는 경우에는 해양시설오염비상계획서를 변경 작성하여 해양경찰청장의 검인을 받은 후 이를 그 해양시설 또는 해양시설의 소유자의 사무실에 비치하여야 한다.
(2017.10.31 본항신설)
③ 해양시설오염비상계획서를 비치하여야 하는 대상 및 그 기재사항 등에 관하여 필요한 사항은 해양수산부령으로 정한다.
(2017.7.26 본조개정)

제36조【해양시설 해양오염방지관리인】 ① 해양수산부령으로 정하는 해양시설의 소유자는 그 해양시설에 근무하는 직원 중에서 해양시설로부터의 오염물질의 배출방지에 관한 업무를 관리하게 하기 위하여 대통령령으로 정하는 자격을 갖춘 사람을 해양오염방지관리인으로 임명하여야 한다.(2020.3.24 본항개정)
② 해양시설의 소유자는 해양오염방지관리인을 임명(바꾸어 임명한 경우를 포함한다)한 경우에는 지체 없이 이를 해양수산부령으로 정하는 바에 따라 해양경찰청장에게 신고하여야 한다.(2020.3.24 본항개정)
③ 해양시설의 소유자는 해양오염방지관리인이 여행·질병 또는 그 밖의 사유로 일시적으로 직무를 수행할 수 없는 경우 대통령령으로 정하는 자격을 갖춘 사람을 대리자로 지정하여 그 직무를 대행하게 하여야 한다. 이 경우 대리자가 해양오염방지관리인의 직무를 대행하는 기간은 30일을 초과할 수 없다.(2020.3.24 전단개정)
④ 해양시설의 소유자는 제1항에 따른 해양오염방지관리인 또는 제3항에 따른 해양오염방지관리인의 대리자에게 오염물질을 이송 또는 배출하는 작업을 지휘·감독하게 하여야 한다.(2017.10.31 본항신설)
⑤ 제1항부터 제4항까지에서 규정한 사항 외에 해양오염방지관리인 및 대리자의 업무내용·준수사항 등에 관하여 필요한 사항은 대통령령으로 정한다.(2020.3.24 본항개정)
(2017.10.31 본조제목개정)

제36조의2【해양시설의 안전점검】 ① 기름 및 유해액체물질과 관련된 해양시설로서 해양수산부령으로 정하는 해양시설의 소유자는 그 해양시설에 대한 안전점검을 실시하여야 한다.
② 제1항에 따른 안전점검을 실시한 해양시설의 소유자는 해양수산부장관의 요청이 있거나 안전점검 결과 해양수산부령으로 정하는 중대한 결함이 있는 경우 그 안전점검 결과를 지체 없이 해양수산부장관에게 보고하여야 한다.(2017.10.31 본항개정)
③ 제1항에 따른 안전점검을 실시한 해양시설의 소유자는 안전점검을 완료한 날부터 3년간 그 결과를 보관하여야 한다.(2017.10.31 본항신설)
④ 해양수산부장관은 제1항에 따른 해양시설이 천재지변, 재해 또는 이에 준하는 사유로 인하여 안전에 문제가 있다고 인정하는 경우에는 직접 안전점검을 할 수 있다. 이 경우 해당 해양시설의 소유자는 이에 적극 협조하여야 한다.
⑤ 제1항에 따른 해양시설의 소유자는 대통령령으로 정하는 시설과 장비를 갖춘 안전진단 전문기관으로 하여금 해당 해양시설에 대한 안전점검을 대행하게 할 수 있다.
⑥ 제1항에 따른 안전점검의 실시시기 및 방법, 제2항에 따른 보고사항 등에 필요한 사항은 해양수산부령으로 정한다.
(2014.3.24 본조신설)

제4절 오염물질의 수거 및 처리

제37조【선박 및 해양시설에서의 오염물질의 수거·처리】 ① 선박 및 해양시설의 소유자는 해당 선박 및 해양시설에서 발생하는 오염물질 중 해양수산부령으로 정하는 물질을 다음 각 호의 어느 하나에 해당하는 자에게 수거·처리하게 하여야 한다.(2017.10.31 단서삭제)
1. 제38조제1항 및 제2항의 규정에 따른 오염물질저장시설의 설치·운영자(2023.10.24 본호개정)
2. 제70조제1항제3호의 규정에 따른 유창청소업을 영위하는 자(이하 "유창청소업자"라 한다)
② 제1항에도 불구하고 다음 각 호의 어느 하나에 해당하는 선박 또는 해양시설의 소유자는 해당 선박 또는 해양시설에서 발생하는 물질을 해양수산부령으로 정하는 바에 따라 「폐기물관리법」 제25조제8항에 따른 폐기물처리업자로 하여금 수거·처리하게 할 수 있다.
1. 육상에 위치한 해양시설(해역과 육지 사이에 연속하여 설치된 해양시설을 포함한다)
2. 조선소에서 건조 중인 선박
3. 조선소에서 건조 완료 후 「선박법」 제8조제1항 또는 「어선법」 제13조제1항에 따라 등록하기 전에 시운전하는 선박
4. 총톤수 20톤 미만의 소형선박
5. 조선소 또는 수리조선소에서 수리 중인 선박(항해 중에 발생한 오염물질을 제1항에 따라 모두 수거·처리한 선박에 한정한다)(2020.3.24 본호신설)
6. 해체 중인 선박(2020.3.24 본호신설)
(2017.10.31 본항개정)

제38조【오염물질저장시설】 ① 해역관리청은 선박 또는 해양시설에서 배출되거나 해양에 배출된 오염물질을 저장하기 위한 시설(이하 "오염물질저장시설"이라 한다)을 설치·운영하여야 한다.
② 해역관리청이 아닌 자로서 오염물질저장시설을 설치·운영하고자 하는 자(이하 "오염물질저장시설 운영자"라 한다)는 대통령령으로 정하는 바에 따라 해역관리청에 신고하여야 한다. 신고한 사항 중 해양수산부령으로 정하는 중요한 사항을 변경하려는 경우에도 또한 같다.
(2023.10.24 본항신설)
③ 해역관리청은 제2항 전단에 따른 신고 또는 같은 항 후단에 따른 변경신고를 받은 날부터 해양수산부령으로 정하는 기간 내에 신고 수리여부를 신고인에게 통지하여야 한다.(2023.10.24 본항신설)
④ 해역관리청 및 오염물질저장시설 운영자는 오염물질저장시설에 반입·반출되는 오염물질의 관리대장(전자문서를 포함하며, 이하 "오염물질관리대장"이라 한다)을 작성·관리하여야 하고, 오염물질저장시설 운영자는 오염물질관리대장을 해양경찰청장에게 제출하여야 한다. 이 경우 오염물질관리대장의 기재사항, 보존기간 및 제출절차 등에 관하여 필요한 사항은 해양수산부령으로 정한다.
(2023.10.24 본항개정)
⑤ 오염물질저장시설 운영자의 결격사유 및 지위승계에 관하여는 제71조 및 제74조를 각각 준용한다.(2023.10.24 본항신설)
⑥ 제1항 및 제2항에 따른 오염물질저장시설의 세부적인 설치·운영기준은 해양수산부령으로 정한다.(2023.10.24 본항개정)

제38조의2【오염물질저장시설의 운영 등】 ① 오염물질저장시설 운영자는 다음 각 호의 사항을 준수하여야 한다.
1. 제38조제6항에 따른 오염물질저장시설 설치·운영기준에 따라 적합하게 운영할 것
2. 운영 중인 오염물질저장시설에서 처리가 어렵거나 처리능력을 초과하는 경우에는 오염물질을 처리하거나 그 처리를 수탁받지 아니할 것
3. 그 밖에 오염물질의 적정한 처리를 위하여 해양수산부령으로 정하는 사항을 준수할 것
② 오염물질저장시설 운영자는 다음 각 호의 어느 하나에 해당하는 행위를 하여서는 아니 된다.
1. 오염물질저장시설에 저장되는 오염물질 및 오염수를 해양 또는 「물환경보전법」 제2조제9호에 따른 공공수역으로 배출하거나 배출할 수 있는 시설을 설치하는 행위
2. 오염물질저장시설의 오염물질 및 오염수를 오수 또는 다른 배출시설에서 배출되는 폐수와 혼합하여 처리하거나 처리할 수 있는 시설을 설치하는 행위
③ 오염물질저장시설 운영자는 오염물질저장시설에서 처리된 오염수를 「물환경보전법」 제2조제10호에 따른 폐수배출시설, 같은 조 제17호에 따른 공공폐수처리시설 또는 「하수도법」 제2조제9호에 따른 공공하수처리시설에 유입하여 처리하여야 하고, 이 경우 처리절차 등은 관계 법령에서 정하는 바에 따른다.
(2023.10.24 본조신설)

제38조의3【시설의 개선명령 등】 ① 해역관리청은 오염물질저장시설 운영자가 다음 각 호의 어느 하나에 해당하는 경우에는 그 시설의 개선, 6개월 이내의 운영정지 또는 시설의 폐쇄를 명할 수 있다. 다만, 제1호부터 제4호까지의 어느 하나에 해당하는 경우에는 그 시설의 폐쇄를 명하여야 한다.
1. 제38조제5항에 따른 결격사유에 해당하는 경우
2. 거짓이나 그 밖의 부정한 방법으로 신고하거나 변경신고를 한 경우
3. 1년에 2회 이상 시설의 운영정지 명령을 받은 경우
4. 시설의 운영정지기간 중에 시설을 운영한 경우
5. 정당한 사유 없이 신고한 사항을 이행하지 아니한 경우
6. 제38조의2에 따른 의무를 위반한 경우
7. 신고 후 1년 이내에 시설을 운영하지 아니하거나 정당한 사유 없이 1년 이상 계속하여 운영실적이 없는 경우
8. 시설의 개선명령을 따르지 아니하거나 거부한 경우
② 제1항에 따른 행정처분의 세부기준은 그 위반행위의 유형과 정도 등을 참작하여 해양수산부령으로 정한다.
(2023.10.24 본조신설)

제5절 잔류성 유기오염물질의 조사 등

제39조【잔류성오염물질의 조사 등】 ① 해양수산부장관은 잔류성오염물질의 오염실태 및 진행상황 등에 대하여 해양수산부령으로 정하는 바에 따라 측정·조사하여야 한다. 이 경우 해양수산부장관은 그 측정·조사결과 해양환경의 관리에 문제가 있다고 인정되는 경우 해당 잔류성오염물질의 사용금지 및 사용제한 요청 등 해양수산부령으로 정하는 조치를 하여야 한다.(2017.10.31 본항개정)
② 해양수산부장관은 제1항의 규정에 따라 측정·조사를 하는 경우에는 대통령령이 정하는 바에 따라 관계 행정기관에 대하여 필요한 자료의 제출을 요청할 수 있다. 이 경우 관계 행정기관의 장은 특별한 사정이 없는 한 이에 따라야 한다.
③ 해양수산부장관은 제1항에 따른 측정·조사에 있어 정확성과 통일성을 도모하기 위하여 잔류성오염물질의 공정시험기준을 정하여 고시하여야 한다. 이 경우 고시된 공정시험기준은 제10조에 따른 해양환경공정시험기준으로 본다.(2017.10.17 본항개정)
(2017.10.31 본조제목개정)
(2013.3.23 본조개정)

제40조【유해방오도료의 사용금지 등】 ① 누구든지 선박 또는 해양시설등에 유해방오도료 또는 이를 사용한 설비 등(이하 "유해방오시스템"이라 한다)을 사용하여서는 아니 된다.
② 누구든지 선박 또는 해양시설등에 방오도료 또는 이를 사용한 설비 등(이하 "방오시스템"이라 한다)을 사용하거나 설치하려고 하는 경우에는 해양수산부령이 정하는 기준 및 방법에 따라야 한다.(2013.3.23 본항개정)

제4장 해양에서의 대기오염방지를 위한 규제

제41조【대기오염물질의 배출방지를 위한 설비의 설치 등】 ① 선박의 소유자는 해양수산부령이 정하는 바에 따라 그 선박에 대기오염물질의 배출을 방지하거나 감축하기 위한 설비(이하 "대기오염방지설비"라 한다)를 설치하여야 한다.
② 제1항의 규정에 따라 설치된 대기오염방지설비는 해양수산부령이 정하는 기준에 적합하게 유지·작동되어야 한다.
(2013.3.23 본조개정)

제41조의2【선박에너지효율설계지수의 계산 등】 ① 국제항해에 사용되는 총톤수 400톤 이상의 선박 중 해양수산부령으로 정하는 선박을 건조하거나 다음 각 호의 어느 하나에 해당하는 개조를 하려는 경우에는 그 선박의 소유자는 해양수산부장관이 정하여 고시하는 최소 출력 이상의 추진기관을 설치하고 해양수산부장관이 정하여 고시하는 방법에 따라 선박에너지효율설계지수를 계산하여 그 결과를 해양수산부장관에게 보고하여야 한다.
(2022.10.18 본문개정)
1. 선박의 길이·너비·깊이·운송능력 또는 기관출력을 실질적으로 변경하기 위한 것으로 해양수산부령으로 정하는 개조(2013.3.23 본호개정)
2. 선박의 용도를 변경하기 위한 개조
3. 선박의 사용연한을 연장하기 위한 것으로 해양수산부령으로 정하는 개조(2013.3.23 본호개정)
4. 해양수산부령으로 정하는 선박에너지효율설계지수 허용값을 초과하여 변경하는 등 선박에너지효율을 실질적으로 변경하기 위한 것으로 해양수산부령으로 정하는 개조(2013.3.23 본호개정)
② 제1항에 따른 선박 중 해양수산부령으로 정하는 선박의 소유자는 제1항에 따라 계산된 선박에너지효율설계지수가 해양수산부령으로 정하는 선박에너지효율설계지수 허용값을 초과하는 선박의 건조 또는 개조를 하여서는 아니 된다.(2013.3.23 본항개정)
③ 해양수산부장관은 제1항에 따라 계산된 선박에너지효율설계지수와 제2항에 따른 선박에너지효율설계지수 허용값을 해양수산부령으로 정하는 바에 따라 국제해사기구에 제출하여야 한다.(2022.10.18 본항신설)
(2012.12.18 본조신설)

제41조의3【선박에너지효율관리계획서의 비치 등】 ① 국제항해에 사용되는 총톤수 400톤 이상의 선박 중 해양수산부령으로 정하는 선박의 소유자는 선박에너지효율을 향상시키기 위한 계획의 수립·시행·감시·평가 및 개선 등에 관한 절차 및 방법을 기술한 계획서(이하 "선박에너지효율관리계획서"라 한다)를 작성하여 선박에 비치하여야 한다.
② 제1항에 따라 선박에너지효율관리계획서를 비치하여야 하는 선박 중 총톤수 5천톤 이상의 선박의 소유자는 작성한 선박에너지효율관리계획서의 검사를 해양수산부장관에게 요청하여야 한다.(2020.3.24 본항신설)
③ 해양수산부장관은 제2항에 따라 검사요청을 받은 경우 선박에너지효율관리계획서가 해양수산부령으로 정하는 기준에 적합한지를 검사하고, 적합한 경우 해당 선박의 소유자에게 선박에너지효율적합확인서를 발급하여야 한다.(2020.3.24 본항신설)
④ 선박의 소유자는 제3항에 따라 발급받은 선박에너지효율적합확인서를 해당 선박에 비치하여야 한다.
(2020.3.24 본항신설)
⑤ 제1항부터 제4항까지에서 규정한 사항 외에 선박에너지효율관리계획서의 기재사항, 작성방법, 검사방법 및 선박에너지효율적합확인서의 발급 등에 필요한 사항은 해양수산부령으로 정한다.(2020.3.24 본항개정)
(2020.3.24 본조제목개정)
(2013.3.23 본조개정)

제41조의4【선박연료유 사용량 등 보고 등】 ① 제41조의3제3항에 따라 선박에너지효율적합확인서를 발급받은 선박의 소유자는 해당 연도에 선박에서 사용한 연료유의

海洋

사용량, 선박의 운항거리 및 선박운항탄소집약도지수 등 해양수산부령으로 정하는 사항(이하 "선박연료유 사용량등"이라 한다)을 다음 해 3월 31일까지 해양수산부장관에게 보고하여야 한다.(2022.10.18 본항개정)
② 제1항에도 불구하고 선박의 소유자는 해당 선박이 대한민국선박이 아니게 되거나 선박의 매각, 폐선 등으로 선박을 사용하지 아니하게 된 경우에는 해당 사유가 발생한 날부터 해양수산부령으로 정하는 기간 내에 해당 연도의 선박연료유 사용량등을 해양수산부장관에게 보고하여야 한다.
③ 해양수산부장관은 제1항 또는 제2항에 따라 보고된 선박연료유 사용량등을 검증하고, 적합한 경우 해당 선박의 소유자(제2항에 해당하는 경우에는 같은 항에 따라 보고한 자를 말한다)에게 선박연료유 사용량등 검증확인서를 발급하여야 한다.
④ 선박의 소유자는 제3항에 따른 선박연료유 사용량등 검증확인서를 해당 선박에 5년 이상 비치하여야 한다.
(2022.10.18 본항개정)
⑤ 해양수산부장관은 제3항에 따라 선박연료유 사용량등을 검증한 결과를 국제해사기구에 제출하여야 한다.
⑥ 제1항부터 제5항까지의 규정에 따른 선박연료유 사용량등의 보고 및 검증 방법, 선박연료유 사용량등 검증확인서의 발급 및 국제해사기구에의 검증 결과 제출 등에 필요한 사항은 해양수산부령으로 정한다.
(2020.3.24 본조신설)

제41조의5【선박에너지효율지수의 계산 등】 ① 국제항해에 사용되는 총톤수 400톤 이상의 선박 중 해양수산부령으로 정하는 선박의 소유자는 해양수산부장관이 정하여 고시하는 방법에 따라 선박에너지효율지수를 계산하여야 한다. 이 경우 선박에 대하여 다음 각 호의 어느 하나에 해당하는 개조를 하는 때에도 또한 같다.
1. 선박의 길이·너비·깊이·운송능력 또는 기관출력을 실질적으로 변경하기 위한 것으로 해양수산부령으로 정하는 개조
2. 선박의 용도를 변경하기 위한 개조
3. 선박의 사용연한을 연장하기 위한 것으로 해양수산부령으로 정하는 개조
4. 해양수산부령으로 정하는 선박에너지효율지수 허용값을 초과하여 변경하는 등 선박에너지효율을 실질적으로 변경하기 위한 것으로 해양수산부령으로 정하는 개조
② 제1항에 따른 선박 중 해양수산부령으로 정하는 선박의 소유자는 제1항에 따라 계산된 선박에너지효율지수가 해양수산부령으로 정하는 선박에너지효율지수 허용값을 초과하는 선박의 운항 또는 개조를 하여서는 아니 된다.
③ 제41조의2제1항에 따라 계산된 선박에너지효율설계지수가 제2항에 따른 선박에너지효율지수 허용값과 같거나 그보다 작을 경우 선박에너지효율설계지수를 선박에너지효율지수로 볼 수 있다.
(2022.10.18 본조신설)

제41조의6【선박운항탄소집약도지수의 계산 등】 ① 국제항해에 사용되는 총톤수 5천톤 이상의 선박 중 해양수산부령으로 정하는 선박의 소유자는 해양수산부장관이 정하여 고시하는 방법에 따라 매년 선박운항탄소집약도지수를 계산하고 계산결과를 해양수산부장관에게 제출하여야 한다.
② 선박의 소유자는 제1항에 따라 계산된 선박운항탄소집약도지수가 해양수산부령으로 정하는 선박운항탄소집약도지수 허용값을 초과하는 등 해양수산부령으로 정하는 경우에는 선박에너지효율관리계획서에 선박운항탄소집약도지수 개선계획을 수립하여 해양수산부장관이 정하는 기간 내에 선박에너지효율관리계획서의 검사를 해양수산부장관에게 요청하여야 한다.
③ 제2항에 따른 선박운항탄소집약도지수 개선계획의 기재사항, 작성방법 등에 필요한 사항은 해양수산부령으로 정한다.
(2022.10.18 본조신설)

제42조【오존층파괴물질의 배출규제】 ① 누구든지 선박으로부터 오존층파괴물질을 배출(선박의 유지보수 또는 장치·설비의 배치 중에 발생하는 배출을 포함한다)하여서는 아니 된다. 다만, 오존층파괴물질을 회수하는 과정에서 누출되는 경우에는 그러하지 아니하다.
② 선박의 소유자는 오존층파괴물질이 포함된 설비를 선박에 설치하여서는 아니 된다.
③ 선박의 소유자는 선박으로부터 오존층파괴물질이 포함된 설비를 제거하는 때에는 그 설비를 해양수산부장관이 지정·고시하는 업체 또는 단체에게 인도하여야 한다. 이 경우 지정·고시되는 업체 또는 단체는 해양수산부령이 정하는 기준에 적합한 회수설비 및 수용시설 등을 갖추어야 한다.(2013.3.23 본항개정)
④ 국제항해에 사용되는 총톤수 400톤 이상 선박의 소유자는 오존층파괴물질을 포함하고 있는 설비의 목록을 작성·관리하여야 한다.(2011.6.15 본항신설)
⑤ 제4항에 따른 선박의 소유자는 선박에서 오존층파괴물질을 배출하거나 충전하는 경우 그 오존층파괴물질량 등을 기록한 장부(이하 "오존층파괴물질기록부"라 한다)를 작성하여 비치하여야 한다.(2011.6.15 본항신설)
⑥ 제3항에 따른 업체 또는 단체의 지정 방법 및 절차와 제5항에 따른 오존층파괴물질기록부의 기재사항 등은 해양수산부령으로 정한다.(2020.3.24 본항개정)

제43조【질소산화물의 배출규제】 ① 선박의 소유자는 해양수산부령으로 정하는 디젤기관을 「대기환경보전법」 제76조제1항에 따른 질소산화물의 배출허용기준을 초과하여 작동하여서는 아니 된다. 다만, 비상용·인명구조용 선박 등 비상사용 목적의 선박 및 군함·해양경찰청함정 등 방위·치안 목적의 공용선박에 설치되는 디젤기관은 그러하지 아니하다.(2017.7.26 단서개정)
② 제1항의 규정에 불구하고 해당 디젤기관에 해양수산부령이 정하는 기준에 적합한 배기가스정화장치 등을 설치하여 제1항 각 호 외의 부분 본문의 규정에 따른 질소산화물의 배출허용기준 이하로 배출량을 감축할 수 있는 경우에는 그 디젤기관을 작동할 수 있다.
③ 제1항에 따른 디젤기관의 질소산화물 배출허용기준의 적용시기, 적용방법 등에 필요한 사항은 해양수산부령으로 정한다.
④ 선박의 소유자는 배출규제해역을 진입·진출하는 경우 또는 해당 해역에서 운전상태가 변경되는 경우에는 해당 선박에 설치되어 있는 디젤기관의 운전상태, 선박의 위치 및 일시 등 해양수산부령으로 정하는 사항을 그 선박의 기관일지에 기재하여야 한다.(2022.10.18 본항신설)
(2013.3.23 본조개정)

제44조【연료유의 황함유량 기준 등】 ① 선박의 소유자는 배출규제해역과 그 밖의 해역으로 구분하여 대통령령으로 정하는 황함유량 기준을 초과하는 연료유를 사용해서는 아니 된다. 다만, 다음 각 호의 어느 하나에 해당하는 경우에는 그러하지 아니하다.(2022.10.18 본문개정)
1. 해양수산부령으로 정하는 기준에 적합한 배기가스정화장치를 설치·가동하여 해양수산부령으로 정하는 황산화물 배출제한 기준량 이하로 황산화물 배출량을 감축하는 경우
2. 이 항 각 호 외의 부분 본문에 따른 황함유량 기준을 충족하는 연료유를 공급받기 위하여 노력하였음에도 불구하고 해당 선박이 운항하는 해역의 인근 항만에서 황함유량 기준을 충족하는 연료유를 공급받을 수 없는 경우로서 해양수산부령으로 정하는 바에 따라 해양수산부장관의 인정을 받은 경우
(2020.3.24 본항개정)
② (2020.3.24 삭제)
③ 선박의 소유자는 다음 각 호의 어느 하나에 해당하는 경우에는 해양수산부령으로 정하는 연료유의 교환 등에 관한 사항을 그 선박의 기관일지에 기재하여야 한다.
(2020.3.24 본문개정)
1. 배출규제해역을 항해하는 경우(2022.10.18 본호개정)
2. 제1항제1호에 따른 배기가스정화장치가 제대로 가동되지 아니하여 같은 호에 따른 황산화물 배출제한 기준량 이하로 황산화물 배출량을 감축하지 못한 경우
3. 제1항제2호에 해당하는 경우
(2020.3.24 2호~3호신설)
④ 선박의 소유자는 제3항의 규정에 따른 기관일지를 해당 연료유를 공급받은 때부터 1년간 그 선박에 보관하여야 한다.
⑤ 선박의 소유자는 제1항에 따른 연료유 황함유량 기준을 만족하기 위하여 황함유량이 다른 연료유를 다른 탱크에 저장하여 사용하는 선박이 배출규제해역으로 들어가기 전이나 그 해역에서 나오기 전에 조치하여야 할 연료유 전환방법이 적혀있는 절차서(이하 "연료유전환절차서"라 한다)를 선박에 비치하여야 한다.(2022.10.18 본항개정)
⑥ 선박의 소유자는 연료유의 황함유량 점검을 위하여 제115조제1항에 따른 출입검사를 하는 경우 사용 중인 연료유의 견본을 채취할 수 있는 장소를 지정하거나 설비를 설치하여야 한다. 다만, 특정 기관이 설치된 선박 등 해양수산부령으로 정하는 선박은 그러하지 아니하다.
(2022.10.18 본항신설)
⑦ 제6항에 따른 견본채취의 기준 등에 필요한 사항은 해양수산부령으로 정한다.(2022.10.18 본항신설)

제44조의2【부적합 연료유의 적재금지】 선박의 소유자는 제44조제1항에 따른 황함유량 기준(배출규제해역 외의 해역에서의 황함유량 기준을 말한다. 이하 제45조에서 같다)을 초과하는 연료유를 선박에 적재해서는 아니 된다. 다만, 다음 각 호의 어느 하나에 해당하는 경우에는 그러하지 아니하다.(2022.10.18 본문개정)
1. 제44조제1항 각 호의 어느 하나에 해당하는 경우
2. 연료유를 화물로서 운송하는 경우
(2020.3.24 본조신설)

제45조【연료유의 공급 및 확인 등】 ① 선박에 연료유를 공급하는 다음 각 호의 자(이하 "선박연료공급업자"라 한다)는 대통령령으로 정하는 연료유의 품질기준에 미달하거나 제44조제1항에 따른 황함유량 기준을 초과하는 연료유를 선박에 공급하여서는 아니 된다. 다만, 연료유를 공급받는 선박이 제44조제1항제1호에 해당하는 경우에는 그러하지 아니하다.(2020.3.24 본문개정)
1. 「항만운송사업법」 제26조의3의 규정에 따라 선박연료공급업의 등록을 한 자(2017.10.31 본호개정)
2. 「조세특례제한법」 제106조의2의 규정에 따라 어업용 면세연료유를 공급하는 수산업협동조합
② 선박연료공급업자는 연료유에 포함된 황성분 등이 기재된 연료유공급서를 작성하여 그 사본을 해당 연료유로부터 채취한 견본(이하 "연료유견본"이라 한다)과 함께 선박의 소유자에게 제공하여야 한다. 다만, 해양수산부령이 정하는 소형의 선박에 연료유를 공급하는 선박연료공급업자는 그러하지 아니하다.(2019.8.20 본문개정)
③ 선박연료공급업자(제2항 단서의 규정에 따른 선박연료공급업자를 제외한다)는 제2항의 규정에 따른 연료유공급서를 3년간 그의 주된 사무소에 보관하여야 하고, 선박의 소유자는 연료유공급서의 사본을 3년간 선박에 보관하여야 한다.(2017.10.31 본항개정)
④ 선박의 소유자는 연료유를 공급받은 날부터 해당 연료유가 소모될 때까지 연료유견본을 보관하여야 한다. 다만, 그 연료유가 소모될 때까지의 기간이 1년 미만인 경우에는 다음 각 호의 구분에 따른 기간 동안 보관하여야 한다.(2020.3.24 단서개정)
1. 국내항해에만 종사하는 선박 등 해양수산부령으로 정하는 선박 : 6개월 이내의 기간으로서 해양수산부령으로 정하는 기간
2. 제1호 외의 선박 : 1년
(2020.3.24 1호~2호신설)
⑤ 제2항의 규정에 따른 연료유공급서의 양식 및 연료유견본의 관리 등에 관하여 필요한 사항은 해양수산부령으로 정한다.(2013.3.23 본항개정)
⑥ 해양수산부장관은 외국의 선박연료공급업자인 경우로서 다음 각 호의 어느 하나에 해당하는 때에는 해당 선박연료공급업자가 속한 국가의 관계 행정청에 해당 사실을 통보하는 등 필요한 조치를 할 수 있다.(2017.10.31 본문개정)
1. 제1항의 규정에 따른 연료유의 품질기준에 미달하거나 황함유량 기준을 초과하는 연료유를 공급한 때
2. 연료유공급서에 기재된 내용과 다른 연료유를 공급한 것으로 확인된 때

제46조【선박 안에서의 소각금지 등】 ① 누구든지 선박의 항해 및 정박 중에 다음 각 호의 물질을 선박 안에서 소각하여서는 아니 된다. 다만, 제5호의 물질을 해양수산부령으로 정하는 선박소각설비에서 소각하는 경우에는 그러하지 아니하다.(2013.3.23 단서개정)
1. 화물로 운송되는 기름·유해액체물질 및 포장유해물질의 잔류물과 그 물질에 오염된 포장재
2. 폴리염화비페닐
3. 해양수산부장관이 정하여 고시하는 기준량 이상의 중금속이 포함된 쓰레기(2013.3.23 본호개정)
4. 할로겐화합물질을 함유하고 있는 정제된 석유제품
5. 폴리염화비닐
6. 육상으로부터 이송된 폐기물
7. 배기가스정화장치의 잔류물(2011.6.15 본호개정)
② 선박의 항해 및 정박 중에 발생하는 해양수산부령이 정하는 물질을 선박 안에서 소각하려는 선박의 소유자는 대기오염물질의 배출을 방지하기 위하여 적정한 온도를 유지하는 등 해양수산부령이 정하는 방법으로 선박에 설치된 소각설비(이하 "선박소각설비"라 한다)를 작동하여야 한다.(2013.3.23 본항개정)
③ 제2항의 규정에 불구하고 선박의 항해 및 정박 중에 발생하는 해양수산부령이 정하는 물질은 선박의 주기관·보조기관 또는 보일러에서 소각할 수 있다. 다만, 항만 또는 어항구역 등 해양수산부령이 정하는 해역에서는 그러하지 아니하다.(2013.3.23 본항개정)
④ 선박소각설비는 해양수산부령이 정하는 기준에 적합하게 유지하여야 한다.(2013.3.23 본항개정)

제47조【휘발성유기화합물의 배출규제 등】 ① 해양수산부장관은 선박으로부터 휘발성유기화합물의 배출을 규제하기 위하여 휘발성유기화합물규제항만을 지정하여 고시할 수 있다.
② 제1항의 규정에 따라 지정된 휘발성유기화합물규제항만에서 휘발성유기화합물을 함유한 기름·유해액체물질 중 해양수산부령이 정하는 물질을 선박에 싣기 위한 시설을 설치하는 해양시설의 소유자는 유증기(油蒸氣) 배출제어장치를 설치하고 작동시켜야 한다.
③ 제2항의 규정에 따른 해양시설의 소유자가 유증기 배출제어장치를 설치하는 때에는 해양수산부령이 정하는 바에 따라 미리 해양수산부장관의 검사를 받아야 한다. 다만, 「대기환경보전법」 제23조제1항의 규정에 따라 대기오염물질배출시설의 설치허가를 받거나 설치신고를 한 시설 및 같은 법 제44조제1항의 규정에 따라 휘발성유기화합물 배출시설의 설치신고를 한 경우에는 그러하지 아니하다.
④ 제2항의 규정에 따른 유증기 배출제어장치를 설치한 해양시설의 소유자는 해양수산부령이 정하는 바에 따라 유증기 배출제어장치의 작동에 관한 기록을 동 장치를 작동한 날부터 3년간 보관하여야 한다.
(2013.3.23 본조개정)

제47조의2【휘발성유기화합물 관리】 ① 원유를 운송하는 유조선의 소유자는 그 유조선에 화물을 싣거나 내리는 중 또는 항해 중에 휘발성유기화합물의 배출을 최소화하기 위하여 필요한 사항을 담고 있는 관리계획서(이하 "휘발성유기화합물관리계획서"라 한다)를 작성하여 해양수산부장관의 검인을 받은 후 선박에 비치하고, 이를 준수하여야 한다.
② 제1항에 따른 휘발성유기화합물관리계획서의 비치 대상선박, 기재사항, 검인절차 등에 필요한 사항은 해양수산부령으로 정한다.
(2013.3.23 본조개정)

제48조【적용제외】 제41조, 제42조부터 제47조까지 및 제47조의2는 다음 각 호의 어느 하나에 해당하는 경우에는 적용하지 아니한다.(2012.12.18 본문개정)
1. 선박 및 해양시설의 안전확보 또는 인명구조를 위하여 부득이하게 대기오염물질이 배출되는 경우
2. 선박 또는 해양시설의 손상 등으로 인하여 부득이하게 대기오염물질이 배출되는 경우
3. 해저광물의 탐사 및 발굴작업의 과정에서 해양수산부령이 정하는 대기오염물질이 배출되는 경우(2013.3.23 본호개정)
4. 제54조에 따른 대기오염방지설비의 예비검사 등을 위하여 해당 설비를 시운전하는 경우(2020.3.24 본호신설)

제5장 해양오염방지를 위한 선박의 검사 등

제49조【정기검사】 ① 폐기물오염방지설비·기름오염방지설비·유해액체물질오염방지설비 및 대기오염방지설비(이하 "해양오염방지설비"라 한다)를 설치하거나 제26조제2항의 규정에 따른 선체 및 제27조제2항의 규정에 따른 화물창을 설치·유지하여야 하는 선박(이하 "검사대상선박"이라 한다)의 소유자가 해양오염방지설비, 선체 및 화물창(이하 "해양오염방지설비등"이라 한다)을 선박에 최초로 설치하여 항해에 사용하려는 때 또는 제56조의 규정에 따른 유효기간이 만료한 때에는 해양수산부령이 정하는 바에 따라 해양수산부장관의 검사(이하 "정기검사"라 한다)를 받아야 한다.
② 해양수산부장관은 정기검사에 합격한 선박에 대하여 해양수산부령이 정하는 해양오염방지검사증서를 교부하여야 한다.
(2013.3.23 본조개정)

제50조【중간검사】 ① 검사대상선박의 소유자는 정기검사와 정기검사의 사이에 해양수산부령이 정하는 바에 따라 해양수산부장관의 검사(이하 "중간검사"라 한다)를 받아야 한다.
② 해양수산부장관은 중간검사에 합격한 선박에 대하여 제49조제2항의 규정에 따른 해양오염방지검사증서에 그 검사결과를 표기하여야 한다.
③ 중간검사의 세부종류 및 그 검사사항은 해양수산부령으로 정한다.
(2013.3.23 본조개정)

제51조【임시검사】 ① 검사대상선박의 소유자가 해양오염방지설비등을 교체·개조 또는 수리하고자 하는 때에는 해양수산부령이 정하는 바에 따라 해양수산부장관의 검사(이하 "임시검사"라 한다)를 받아야 한다.
② 해양수산부장관은 임시검사에 합격한 선박에 대하여 제49조제2항의 규정에 따른 해양오염방지검사증서에 그 검사결과를 표기하여야 한다.
(2013.3.23 본조개정)

제52조【임시항해검사】 ① 검사대상선박의 소유자가 제49조제2항의 규정에 따른 해양오염방지검사증서를 교부받기 전에 임시로 선박을 항해에 사용하고자 하는 때에는 해당 해양오염방지설비등에 대하여 해양수산부령이 정하는 바에 따라 해양수산부장관의 검사(이하 "임시항해검사"라 한다)를 받아야 한다.
② 해양수산부장관은 임시항해검사에 합격한 선박에 대하여 해양수산부령이 정하는 임시해양오염방지검사증서를 교부하여야 한다.
(2013.3.23 본조개정)

제53조【방오시스템검사】 ① 해양수산부령이 정하는 선박의 소유자가 제40조제2항의 규정에 따라 방오시스템을 선박에 설치하여 항해에 사용하려는 때에는 해양수산부령이 정하는 바에 따라 해양수산부장관의 검사(이하 "방오시스템검사"라 한다)를 받아야 한다.
② 해양수산부장관은 방오시스템검사에 합격한 선박에 대하여 해양수산부령이 정하는 방오시스템검사증서를 교부하여야 한다.
③ 제1항의 규정에 따른 선박의 소유자가 방오시스템을 변경·교체하고자 하는 때에는 해양수산부령이 정하는 바에 따라 해양수산부장관의 검사(이하 "임시방오시스템검사"라 한다)를 받아야 한다.
④ 해양수산부장관은 임시방오시스템검사에 합격한 선박에 대하여 제2항의 규정에 따른 방오시스템검사증서에 그 검사결과를 표기하여야 한다.
(2013.3.23 본조개정)

제54조【대기오염방지설비의 예비검사 등】 ① 해양수산부령이 정하는 대기오염방지설비를 제조·개조·수리·정비 또는 수입하려는 자는 해양수산부령이 정하는 바에 따라 해양수산부장관의 검사(이하 "예비검사"라 한다)를 받을 수 있다.
② 해양수산부장관은 예비검사에 합격한 대기오염방지설비에 대하여 해양수산부령이 정하는 예비검사증서를 교부하여야 한다.
③ 예비검사에 합격한 대기오염방지설비에 대하여는 해양수산부령이 정하는 바에 따라 제49조 내지 제52조의 규정에 따른 정기검사·중간검사·임시검사 및 임시항해검사의 전부 또는 일부를 생략할 수 있다.
④ 예비검사의 검사사항 등에 관하여 필요한 사항은 해양수산부령으로 정한다.
(2013.3.23 본조개정)

제54조의2【에너지효율검사】 ① 제41조의2제1항, 제41조의3제1항 및 제41조의5제1항에 따른 선박의 소유자는 해양수산부령으로 정하는 바에 따라 해양수산부장관이 실시하는 선박에너지효율에 관한 검사(이하 "에너지효율검사"라 한다)를 받아야 한다.(2022.10.18 본항개정)
② 해양수산부장관은 에너지효율검사에 합격한 선박에 대하여 해양수산부령으로 정하는 에너지효율검사증서를 발급하여야 한다.
③ 에너지효율검사의 검사신청 시기, 검사사항 및 검사방법 등에 필요한 사항은 해양수산부령으로 정한다.
(2013.3.23 본조개정)

제55조【협약검사증서의 교부 등】 ① 해양수산부장관은 정기검사·중간검사·임시검사·임시항해검사 및 방오시스템검사(이하 "해양오염방지선박검사"라 한다)에 합격한 선박의 소유자 또는 선장으로부터 그 선박을 국제항해에 사용하기 위하여 해양오염방지에 관한 국제협약에 따른 검사증서(이하 "협약검사증서"라 한다)의 교부신청이 있는 때에는 해양수산부령이 정하는 바에 따라 협약검사증서를 교부하여야 한다.(2013.3.23 본항개정)
② 선박의 소유자 또는 선장이 국제협약의 당사국인 외국(이하 "협약당사국"이라 한다)의 정부로부터 직접 협약검사증서를 교부받고자 하는 경우에는 해당 국가에 주재하는 우리나라의 영사를 통하여 신청하여야 한다.
③ 해양수산부장관은 협약당사국의 정부로부터 그 국가의 선박에 대하여 협약검사증서의 교부신청이 있는 경우에는 해당 선박에 대하여 해양오염방지선박검사를 행하고, 해당 선박의 소유자 또는 선장에게 협약검사증서를 교부할 수 있다.(2013.3.23 본항개정)
④ 제1항 내지 제3항에 따라 교부받은 협약검사증서는 해양오염방지검사증서 및 방오시스템검사증서와 같은 효력이 있는 것으로 본다.

제56조【해양오염방지검사증서 등의 유효기간】 ① 해양오염방지검사증서, 방오시스템검사증서, 에너지효율검사증서 및 협약검사증서의 유효기간은 다음 각 호와 같다.
1. 해양오염방지검사증서 : 5년
2. 방오시스템검사증서 : 영구
3. 에너지효율검사증서 : 영구
4. 협약검사증서 : 5년
(2012.12.18 본항개정)
② 해양수산부장관은 제1항의 규정에 따른 해양오염방지검사증서 및 협약검사증서의 유효기간을 해양수산부령이 정하는 기간의 범위 안에서 그 효력을 연장할 수 있다.
(2013.3.23 본항개정)
③ 중간검사 또는 임시검사에 불합격한 선박의 해양오염방지검사증서 및 협약검사증서의 유효기간은 해당 검사에 합격할 때까지 그 효력이 정지된다.
④ 선박의 소유자가 제41조의2에 따른 선박에너지효율설계지수 및 제41조의5에 따른 선박에너지효율지수가 변경되는 개조를 한 경우 그 개조를 한 선박에 대하여 에너지효율검사를 다시 받아야 하며, 그 선박의 에너지효율검사증서는 해당 검사에 합격할 때까지 효력이 정지된다.
(2022.10.18 본항신설)
⑤ 제1항의 규정에 따른 유효기간을 기산(起算)하는 기준 및 방법은 해양수산부령으로 정한다.(2013.3.23 본항개정)

제57조【해양오염방지검사증서 등을 교부받지 아니한 선박의 항해 등】 ① 선박의 소유자는 해양오염방지검사증서·임시해양오염방지검사증서·방오시스템검사증서 또는 에너지효율검사증서를 교부받지 아니한 검사대상선박을 항해에 사용하여서는 아니 된다. 다만, 해양오염방지선박검사·에너지효율검사 또는 「선박안전법」 제7조 내지 제12조의 규정에 따른 선박검사를 받기 위하여 항해하는 경우에는 그러하지 아니하다.(2012.12.18 본항개정)
② 선박의 소유자는 협약검사증서를 교부받지 아니한 선박을 국제항해에 사용하여서는 아니 된다.
③ 선박의 소유자는 해양오염방지검사증서·임시해양오염방지검사증서·방오시스템검사증서·에너지효율검사증서 및 협약검사증서(이하 "해양오염방지검사증서등"이라 한다)에 기재된 조건에 적합하지 아니한 방법으로 그 선박을 항해(국제항해를 포함한다)에 사용하여서는 아니 된다. 다만, 해양오염방지선박검사·에너지효율검사 또는 「선박안전법」 제7조 내지 제12조의 규정에 따른 선박검사를 받기 위하여 항해하는 경우에는 그러하지 아니하다.(2012.12.18 본항개정)
④ 해양오염방지검사증서등을 교부받은 선박의 소유자는 그 선박 안에 해양오염방지검사증서등을 비치하여야 한다.

제58조【부적합 선박에 대한 조치】 ① 해양수산부장관은 해양오염방지설비등, 방오시스템 또는 연료유의 황함유량 등이 제25조제1항, 제26조제1항·제2항, 제27조제1항·제2항, 제40조제2항, 제41조제1항 또는 제44조제1항에 따른 설치기준, 기술기준 또는 황함유량 기준 등에 적합하지 아니하다고 인정되는 경우에는 그 선박의 소유자에 대하여 그 해양오염방지설비등, 방오시스템 또는 연료유의 교체·개조·변경·수리 그 밖에 필요한 조치를 명령할 수 있다.(2020.3.24 본항개정)
② 해양수산부장관은 선박의 소유자가 제1항에 따른 개선명령 중 해양오염방지설비등 및 방오시스템의 중대한 결함으로 인한 교체 등의 명령을 이행하지 아니하고 선박을 계속하여 사용하려고 하거나 사용하면 그 선박에 대하여 항해정지처분을 할 수 있다. 다만, 해양오염 우려 없이 개선명령을 이행하기 위하여 수리할 수 있는 항으로 항해하는 경우 등 정당한 사유가 있는 경우에는 그러하지 아니하다.(2013.3.23 본항개정)
③ 해양수산부장관은 다음 각 호의 어느 하나에 해당하는 경우에는 그 선박의 소유자에 대하여 수정·교체·개조·비치 등 필요한 조치를 명령할 수 있다.(2013.3.23 본문개정)
1. 선박에너지효율이 제41조의2에 따른 선박에너지효율설계지수의 계산방법 및 허용값, 추진기관의 최소 출력 기준에 적합하지 아니하다고 인정되는 경우
2. 선박에너지효율이 제41조의5에 따른 선박에너지효율지수 및 제41조의6에 따른 선박운항탄소집약도지수의 계산방법 및 허용값에 적합하지 아니하다고 인정되는 경우(2022.10.18 본호신설)
3. 선박에너지효율관리계획서를 비치하지 아니한 경우
(2012.12.18 본항신설)

제59조【해양오염방지를 위한 항만국통제】 ① 해양수산부장관은 우리나라의 항만·항구 또는 연안에 있는 외국선박에 설치된 해양오염방지설비등과 방오시스템, 외국선박이 사용하는 연료유의 황함유량 또는 선박에너지효율이 해양오염방지에 관한 국제협약에 따른 기술상의 기준 또는 황함유량 기준에 적합하지 아니하다고 인정되는 경우에는 그 선박의 선장에게 해양오염방지설비등과 방오시스템, 연료유 또는 선박에너지효율 관련 설비 등의 교체·개조·변경·수리·개선이나 그 밖에 필요한 조치(이하 "항만국통제"라 한다)를 명령할 수 있다.
(2020.3.24 본항개정)
② 항만국통제의 시행에 필요한 절차는 「선박안전법」 제68조 내지 제70조의 규정을 준용한다.

제60조【재검사】 ① 해양오염방지선박검사, 예비검사 및 에너지효율검사를 받은 자가 그 검사결과에 대하여 불복이 있는 때에는 그 결과에 관한 통지를 받은 날부터 90일 이내에 그 사유를 갖추어 해양수산부장관에게 재검사를 신청할 수 있다.(2013.3.23 본항개정)
② 제1항의 규정에 따라 재검사 신청을 받은 해양수산부장관은 소속 공무원으로 하여금 재검사를 하게 하고 그 결과를 신청인에게 60일 이내에 통보하여야 한다. 다만, 부득이한 사유가 있는 때에는 30일의 범위 안에서 통보시한을 연장할 수 있다.(2013.3.23 본문개정)
③ 해양오염방지선박검사, 예비검사 및 에너지효율검사에 대하여 불복이 있는 자는 제1항 및 제2항의 규정에 따른 재검사의 절차를 거치지 아니하고는 행정소송을 제기할 수 없다. 다만, 「행정소송법」 제18조제2항 및 제3항에 해당하는 경우에는 그러하지 아니하다.(2012.12.18 본문개정)

제6장 해양오염방제를 위한 조치

제61조【국가긴급방제계획의 수립·시행】 ① 해양경찰청장은 해양수산부령으로 정하는 오염물질이 해양에 배출될 우려가 있거나 배출되는 경우를 대비하여 대통령령이 정하는 바에 따라 해양오염의 사전예방 또는 방제에 관한 국가긴급방제계획을 수립·시행하여야 한다. 이 경우 해양경찰청장은 미리 해양수산부장관의 의견을 들어야 한다.(2017.7.26 본항개정)
② 국가긴급방제계획은 「해양수산발전 기본법」 제7조에 따른 해양수산발전위원회의 심의를 거쳐 확정한다.
(2009.2.6 본항개정)

제62조【방제대책본부 등의 설치】 ① 해양경찰청장은 해양오염사고로 인한 긴급방제를 총괄지휘하며, 이를 위하여 해양경찰청장 소속으로 방제대책본부를 설치할 수 있다.(2017.7.26 본항개정)
② 해양경찰청장은 제1항에 따라 설치한 방제대책본부의 조치사항 및 결과에 대하여 해양수산부령으로 정하는 바에 따라 해양수산부장관에게 보고하여야 한다.
(2017.7.26 본항개정)
③ 제1항에 따른 방제대책본부의 구성·운영 등에 필요한 사항은 대통령령으로 정한다.
(2011.6.15 본조개정)

제63조【오염물질이 배출되는 경우의 신고의무】 ① 대통령령이 정하는 배출기준을 초과하는 오염물질이 해양에 배출되거나 배출될 우려가 있다고 예상되는 경우 다음 각 호의 어느 하나에 해당하는 자는 지체 없이 해양경찰청장 또는 해양경찰서장에게 이를 신고하여야 한다.
(2017.7.26 본문개정)
1. 배출되거나 배출될 우려가 있는 오염물질이 적재된 선박의 선장 또는 해양시설의 관리자. 이 경우 해당 선박 또는 해양시설에서 오염물질의 배출원인이 되는 행위를 한 자가 신고하는 경우에는 그러하지 아니하다.
(2019.8.20 후단개정)
2. 오염물질의 배출원인이 되는 행위를 한 자
3. 배출된 오염물질을 발견한 자
② 제1항의 규정에 따른 신고절차 및 신고사항 등에 관하여 필요한 사항은 해양수산부령으로 정한다.(2017.7.26 본항개정)

제64조【오염물질이 배출된 경우의 방제조치】 ① 제63조제1항제1호 및 제2호에 해당하는 자(이하 "방제의무자"라 한다)는 배출된 오염물질에 대하여 대통령령이 정하는 바에 따라 다음 각 호에 해당하는 조치(이하 "방제조치"라 한다)를 하여야 한다.
1. 오염물질의 배출방지

2. 배출된 오염물질의 확산방지 및 제거
3. 배출된 오염물질의 수거 및 처리
② 오염물질이 항만의 안 또는 항만의 부근 해역에 있는 선박으로부터 배출되는 경우 다음 각 호의 어느 하나에 해당하는 자는 방제의무자가 방제조치를 취하는데 적극 협조하여야 한다.
1. 해당 항만이 배출된 오염물질을 싣는 항만인 경우에는 해당 오염물질을 보내는 자(2019.8.20 본호개정)
2. 해당 항만이 배출된 오염물질을 내리는 항만인 경우에는 해당 오염물질을 받는 자(2019.8.20 본호개정)
3. 오염물질의 배출이 선박의 계류 중에 발생한 경우에는 해당 계류시설의 관리자(2019.8.20 본호개정)
4. 그 밖에 오염물질의 배출원인과 관련되는 행위를 한 자
③ 해양경찰청장은 방제의무자가 자발적으로 방제조치를 행하지 아니하는 때에는 그 자에게 시한을 정하여 방제조치를 하도록 명령할 수 있다.(2017.7.26 본항개정)
④ 해양경찰청장은 방제의무자가 제3항의 규정에 따른 방제조치명령에 따르지 아니하는 경우에는 직접 방제조치를 할 수 있다. 이 경우 방제조치에 소요된 비용은 대통령령이 정하는 바에 따라 방제의무자가 부담한다.
(2017.7.26 전단개정)
⑤ 제4항의 규정에 따라 직접 방제조치에 소요된 비용의 징수에 관하여는 「행정대집행법」 제5조 및 제6조의 규정을 준용한다.
⑥ 제1항부터 제4항까지의 규정에 따라 오염물질의 방제조치에 사용되는 자재 및 약제는 제110조제4항·제6항 및 제7항에 따라 형식승인·검정 및 인정을 받거나 제110조의2제3항에 따른 검정을 받은 것이어야 한다. 다만, 오염물질의 방제조치에 사용되는 자재로서 긴급방제조치에 필요하고 해양환경에 영향을 미치지 아니한다고 해양경찰청장이 인정하는 경우에는 그러하지 아니한다.
(2017.7.26 단서개정)

제65조【오염물질이 배출될 우려가 있는 경우의 조치 등】 ① 선박의 소유자 또는 선장, 해양시설의 소유자는 선박 또는 해양시설의 좌초·충돌·침몰·화재 등의 사고로 인하여 선박 또는 해양시설로부터 오염물질이 배출될 우려가 있는 경우에는 해양수산부령이 정하는 바에 따라 오염물질의 배출방지를 위한 조치를 하여야 한다.
(2013.3.23 본항개정)
② 제64조제3항 및 제4항의 규정은 제1항의 규정에 따른 오염물질의 배출방지를 위한 조치에 관하여 준용한다. 이 경우 "방제의무자"는 "선박의 소유자 또는 선장, 해양시설의 소유자"로 본다.

제66조【자재 및 약제의 비치 등】 ① 항만관리청 및 선박·해양시설의 소유자는 오염물질의 방제·방지에 사용되는 자재 및 약제를 보관시설 또는 해당 선박 및 해양시설에 비치·보관하여야 한다.
② 제1항에 따라 비치·보관하여야 하는 자재 및 약제는 제110조제4항·제6항 및 제7항에 따라 형식승인·검정 및 인정을 받거나, 제110조의2제3항에 따른 검정을 받은 것이어야 한다.
③ 제1항에 따라 비치·보관하여야 하는 자재 및 약제의 종류·수량·비치방법과 보관시설의 기준 등에 필요한 사항은 해양수산부령으로 정한다.(2013.3.23 본항개정)
(2011.6.15 본조개정)

제67조【방제선등의 배치 등】 ① 다음 각 호의 어느 하나에 해당하는 선박 또는 해양시설의 소유자는 기름의 해양유출사고에 대비하여 대통령령으로 정하는 기준에 따라 방제선 또는 방제장비(이하 "방제선등"이라 한다)를 해양수산부령으로 정하는 해역 안에 배치 또는 설치하여야 한다.(2017.10.31 본문개정)
1. 총톤수 500톤 이상의 유조선
2. 총톤수 1만톤 이상의 선박(유조선을 제외한 선박에 한한다)
3. 신고된 해양시설로서 저장용량 1만 킬로리터 이상의 기름저장시설
② 제1항의 규정에 따라 방제선등을 배치하거나 설치하여야 하는 자(이하 "배치의무자"라 한다)는 대통령령이 정하는 바에 따라 방제선등을 공동으로 배치·설치하거나 이를 제96조제1항의 규정에 따른 해양환경공단에게 위탁할 수 있다.(2017.10.31 본항개정)
③ 해양경찰청장은 방제선등을 배치 또는 설치하지 아니한 자에 대하여 선박입출항금지 또는 시설사용정지를 명령할 수 있다.(2017.7.26 본항개정)
④ 해양경찰청장은 제1항의 규정에 따른 선박 또는 해양시설로부터 오염물질이 배출되거나 배출될 우려가 있는 경우에는 배치의무자로 하여금 방제의무자 및 제65조의 규정에 따른 배출방지조치를 하게 하여야 한다. 이 경우 배치의무자가 제2항의 규정에 따라 방제선등을 공동으로 배치·설치하거나 해양환경공단에게 위탁한 때에는 공동 배치·설치자 또는 해양환경공단에 대하여 공동으로 방제조치 및 배출방지조치를 하게 하여야 한다.
(2017.10.31 후단개정)

제68조【행정기관의 방제조치와 비용부담】 ① 해양경찰청장은 방제의무자의 방제조치만으로는 오염물질의 대규모 확산을 방지하기가 곤란하거나 긴급방제가 필요하다고 인정하는 경우에는 직접 방제조치를 하여야 한다.
(2017.7.26 본항개정)
② 제1항에도 불구하고 해안의 자갈·모래 등에 달라붙은 기름에 대하여는 다음 각 호의 구분에 따라 해당 지방자치단체의 장 또는 행정기관의 장이 방제조치를 하여야 한다.
1. 기름이 하나의 시장·군수 또는 구청장(자치구의 구청장을 말한다. 이하 같다) 관할 해안에만 영향을 미치는 경우 : 해당 시장·군수 또는 구청장
2. 기름이 둘 이상의 시장·군수 또는 구청장 관할 해안에 영향을 미치는 경우 : 해당 시·도지사. 이 경우 기름이 둘 이상의 시·도지사 관할 해안에 영향을 미치는 경우에는 각각의 관할 시·도지사로 한다.
3. 군사시설과 그 밖에 대통령령으로 정하는 시설이 설치된 해안에 대한 방제조치 : 해당 시설관리기관의 장
(2011.6.15 본항신설)
③ 해양경찰청장은 시장·군수 또는 구청장과 시·도지사가 제2항에 따른 방제조치를 하는 경우에는 방제에 사용되는 자재·약제, 방제장비, 인력 및 기술 등을 지원하여야 한다.(2017.7.26 본항개정)
④ 제1항 및 제2항에 따른 방제조치에 소요되는 비용은 대통령령이 정하는 바에 따라 선박 또는 해양시설의 소유자가 부담하게 할 수 있다. 다만, 천재지변 등 대통령령이 정하는 사유에 해당하는 경우에는 그러하지 아니하다.
⑤ 제4항에 따라 부담하게 한 비용의 징수는 「행정대집행법」 제5조 및 제6조를 준용한다.
(2011.6.15 본조개정)

제68조의2【해양자율방제대】 ① 해양경찰청장은 지역의 자율적인 해양오염방제 기능을 강화하기 위하여 「수산업협동조합법」 제15조에 따른 어촌계에 소속된 어업인, 지역주민 등으로 해양자율방제대를 구성·운영할 수 있다.
② 해양경찰청장은 해양자율방제대 구성원의 역량강화를 위하여 교육·훈련을 실시할 수 있다.
③ 해양경찰청장은 예산의 범위에서 해양자율방제대와 구성원에게 그 활동에 필요한 경비를 지급할 수 있다.
④ 해양경찰청장은 해양자율방제대의 구성원이 해양오염방제 활동 등에 참여 또는 교육·훈련으로 인하여 질병에 걸리거나 부상을 입거나 사망한 때에는 해양수산부령으로 정하는 바에 따라 보상금을 지급하여야 한다.
⑤ 제1항에 따른 해양자율방제대의 구성원의 자격, 구성·운영 및 임무 등에 관하여 필요한 사항은 해양수산부령으로 정한다.
(2020.3.24 본조신설)

제69조【방제분담금】 ① 배치의무자는 기름 등의 유출사고에 따른 방제조치 및 배출방지조치 등 해양오염방제조치에 소요되는 방제분담금(이하 "방제분담금"이라 한다)을 납부하여야 한다.
② 방제분담금과 제69조의2제1항에 따른 가산금은 제97조제1항제3호에 따른 사업을 위하여 사용되어야 한다.
③ 방제분담금은 제96조제1항의 규정에 따른 해양환경공단에 납부하여야 하며, 제1항 및 제2항의 규정에 따른 방제분담금의 부과기준·부과절차 등에 관하여 필요한 사항은 대통령령으로 정한다.
(2017.10.31 본조개정)

제69조의2【방제분담금 및 가산금의 강제징수】 ① 제96조제1항에 따른 해양환경공단은 방제분담금의 납부의무자가 납부기한까지 방제분담금을 내지 아니하면 그 납부기한의 다음 날부터 납부한 날까지의 기간에 대하여 대통령령으로 정하는 가산금을 징수한다. 이 경우 가산금은 체납된 방제분담금의 100분의 3을 초과하여서는 아니된다.
② 제96조제1항에 따른 해양환경공단은 방제분담금의 납부의무자가 납부기한까지 방제분담금을 내지 아니하면 30일 이상의 기간을 정하여 독촉하고, 그 지정된 기간 내에 방제분담금과 제1항에 따른 가산금을 내지 아니하면 해양수산부장관의 승인을 받아 국세 체납처분의 예에 따라 징수할 수 있다.
(2017.10.31 본조신설)

제69조의3【방제분담금 산정 등을 위한 자료제출】 ① 제96조제1항에 따른 해양환경공단은 방제분담금의 산정 등을 위하여 방제분담금의 납부의무자에게 대통령령으로 정하는 바에 따라 선박의 적하(積荷) 목록 및 기름저장시설의 유류 수령량 등과 관련한 자료의 제출을 요구할 수 있다.
② 제1항에 따른 자료제출을 요구받은 자는 특별한 사유가 없으면 요구받은 자료를 제출하여야 한다.
③ 제96조제1항에 따른 해양환경공단은 제2항에 따라 제출된 자료를 검증하기 위하여 필요한 경우에는 관계 중앙행정기관의 장 또는 지방자치단체의 장에게 필요한 자료의 제출을 요청할 수 있다.
(2017.10.31 본조신설)

제7장 해양환경관리업 등

제70조【해양환경관리업】 ① 다음 각 호의 어느 하나에 해당하는 사업(이하 "해양환경관리업"이라 한다)을 영위하려는 자는 대통령령이 정하는 바에 따라 해양경찰청장에게 등록하여야 한다.(2019.12.3 본문개정)
1. (2019.12.3 삭제)
2. 해양오염방제업 : 오염물질의 방제에 필요한 설비 및 장비를 갖추고 해양에 배출되거나 배출될 우려가 있는 오염물질을 방제하는 사업
3. 유창청소업(油艙淸掃業) : 선박의 유창을 청소하거나 선박 또는 해양시설(그 해양시설이 기름 및 유해액체물질 저장시설인 경우에 한정한다)에서 발생하는 해양수산부령으로 정하는 오염물질의 수거에 필요한 설비 및 장비를 갖추고 그 오염물질을 수거하는 사업
(2017.7.26 본호개정)
4.~5. (2019.12.3 삭제)
② 해양환경관리업의 등록을 하려는 자는 대통령령으로 정하는 자격을 갖춘 기술요원을 대통령령으로 정하는 바에 따라 보유하여야 하며, 해양수산부령으로 정하는 선박·장비 및 설비 등을 갖추어야 한다.(2020.3.24 본항개정)
③ 제1항의 규정에 따라 해양환경관리업의 등록을 한 자(이하 "해양환경관리업자"라 한다)가 등록한 사항 중 해양수산부령으로 정하는 중요한 사항을 변경하려는 때에는 해양수산부령으로 정하는 바에 따라 변경등록을 하여야 한다.(2017.7.26 본항개정)

제70조의2 (2019.12.3 삭제)

제71조【결격사유】 다음 각 호의 어느 하나에 해당하는 자는 해양환경관리업의 등록을 할 수 없다.
1. 피성년후견인(2014.5.21 본호개정)
2. (2017.10.31 삭제)
3. 이 법에 위반하여 징역 이상의 형의 선고를 받고 그 형의 집행이 종료(집행이 종료된 것으로 보는 경우를 포함한다)되거나 집행을 받지 아니하기로 확정된 후 1년이 경과되지 아니한 자
4. 해양환경관리업의 등록이 취소(제1호에 해당하여 취소된 경우는 제외한다)된 후 1년이 경과되지 아니한 자
(2017.10.31 본호개정)
5. 임원 중에 제1호, 제3호 또는 제4호에 해당하는 자가 있는 법인(2017.10.31 본호개정)

제72조【해양환경관리업자의 의무】 ① 해양환경관리업자는 오염물질의 방제 및 오염물질의 청소·수거 등에 관한 처리실적서를 작성하여 해양경찰청장에게 제출하여야 하며, 그 처리대장을 작성하고 해당 선박 또는 시설에 비치하여야 한다.(2019.12.3 본항개정)
② 해양환경관리업자가 선박 또는 해양시설 등으로부터 오염물질을 수거하는 때에는 해양수산부령으로 정하는 바에 따라 오염물질수거확인증을 작성하고 해당 오염물질의 위탁자에게 이를 교부하여야 한다.(2017.7.26 본항개정)
③ (2019.12.3 삭제)
④ 제70조제1항제2호에 따라 해양오염방제업을 등록한 자는 제64조에 따라 방제의무자 등이 방제조치를 하는데 적극 협조하여야 하며, 고의로 오염물질 방제업무를 지연하거나 방제의무자 등의 방제조치를 방해해서는 아니 된다.(2020.3.24 본항신설)
⑤ 제1항 및 제2항에 따른 처리실적서·처리대장 및 오염물질수거확인증의 작성방법·보존기간 등에 관하여 필요한 사항은 해양수산부령으로 정한다.(2019.12.3 본항개정)

제73조【위탁폐기물 등의 처리명령 등】 해양경찰청장은 해양환경관리업자(휴·폐업한 경우를 포함한다)가 처리를 위탁받은 폐기물 등 처리대상이 되는 오염물질을 이 법에 따라 처리하지 아니하고 방치하는 경우에는 해양수산부령으로 정하는 바에 따라 그 적정한 처리를 명령할 수 있다.(2019.12.3 본조개정)

제74조【해양환경관리업의 승계 등】 ① 해양환경관리업자가 그 사업을 양도하거나 사망한 때 또는 법인의 합병이 있는 때에는 그 사업의 양수인·상속인 또는 합병후 존속하는 법인이나 합병에 의하여 설립되는 법인이 그 권리·의무를 승계한다.
② 「민사집행법」에 따른 경매, 「채무자 회생 및 파산에 관한 법률」에 따른 환가(換價) 및 「국세징수법」·「관세법」 또는 「지방세징수법」에 따른 압류재산의 매각 그 밖에 이에 준하는 절차에 따라 환경관리업자의 시설·설비의 전부를 인수한 자는 그 권리·의무를 승계한다.
(2016.12.27 본항개정)
③ 제1항 및 제2항의 규정에 따라 해양환경관리업자의 권리·의무를 승계한 자는 1개월 이내에 해양수산부령으로 정하는 바에 따라 해양경찰청장에게 신고하여야 한다.
(2019.12.3 본항개정)
④ 제71조의 규정은 제1항 및 제2항의 규정에 따른 승계에 있어 이를 준용한다.

제75조【등록의 취소 등】 ① 해양경찰청장은 해양환경관리업자가 다음 각 호의 어느 하나에 해당하는 때에는 그 등록을 취소하거나 6개월 이내의 기간을 정하여 영업정지를 명령할 수 있다. 다만, 제1호부터 제4호까지의 어느 하나에 해당하는 경우에는 등록을 취소하여야 한다.
(2019.12.3 본문개정)
1. 제71조 각 호의 어느 하나에 해당하는 때. 다만, 법인의 임원 중 제71조제1호, 제3호 또는 제4호에 해당하는 자가 있는 경우로서 6개월 이내에 그 임원을 바꾸어 임명한 때에는 그러하지 아니한다.(2017.10.31 단서개정)
2. 거짓 그 밖의 부정한 방법으로 등록을 하거나 변경등록을 한 경우
3. 1년에 2회 이상 영업정지처분을 받은 경우
4. 영업정지기간 중에 영업을 한 경우
5. 정당한 사유 없이 등록한 사항을 이행하지 아니한 경우
6. 제72조의 규정에 따른 의무에 위반한 경우

7. 제73조의 규정에 따른 명령에 따르지 아니하거나 거부한 경우
8. 등록 후 1년 이내에 영업을 하지 아니하거나 정당한 사유 없이 1년 이상 계속하여 영업실적이 없는 경우(2016.12.27 본호개정)

② 제1항의 규정에 따른 행정처분의 세부기준은 그 위반행위의 유형과 정도 등을 참작하여 해양수산부령으로 정한다.(2017.7.26 본항개정)

제76조~제76조의2 (2019.12.3 삭제)

제8장 해양오염영향조사

제77조【해양오염영향조사】 ① 선박 또는 해양시설에서 대통령령이 정하는 규모 이상의 오염물질이 해양에 배출되는 경우에는 그 선박 또는 해양시설의 소유자는 해양오염영향조사기관을 통하여 해양오염영향조사를 실시하여야 한다.

② 제1항의 규정에 따른 해양오염영향조사기관은 대통령령이 정하는 기준에 따라 해양수산부장관이 지정하여 고시한다.(2013.3.23 본항개정)

③ 해양수산부장관은 제1항의 규정에 따라 해양오염영향조사를 하여야 하는 자가 대통령령이 정하는 기간 이내에 이를 행하지 아니하거나 대통령령이 정하는 바에 따라 긴급히 조사를 할 필요가 있다고 인정되는 경우에는 별도의 조사기관을 선정하여 실시하게 하여야 한다.(2013.3.23 본항개정)

④ 해양수산부장관은 제3항의 규정에 따라 별도의 해양오염영향조사를 실시하게 하려는 경우에는 해양수산부령이 정하는 바에 따라 「해양수산발전 기본법」 제7조에 따른 해양수산발전위원회의 심의를 거쳐야 한다.(2013.3.23 본항개정)

제78조【해양오염영향조사의 분야 및 항목】 해양오염영향조사는 오염물질에 의하여 해로운 영향을 받게 되는 자연환경, 생활환경 및 사회·경제환경 분야 등에 대하여 실시하여야 하며, 분야별 세부항목은 대통령령으로 정한다.

제79조【주민의 의견수렴】 ① 해양오염영향조사기관은 해양오염영향에 대한 조사서(이하 "해양오염영향조사서"라 한다)를 작성함에 있어 미리 설명회 또는 공청회를 개최하여 해당 조사 대상지역 안에 거주하는 주민의 의견을 수렴한 후 이를 해양오염영향조사서의 내용에 포함시켜야 한다.

② 해양오염영향조사기관은 제1항의 규정에 따라 주민의 의견을 수렴하려는 때에는 해양오염영향조사서의 초안을 작성하여 주민이 미리 확인할 수 있게 하여야 한다.

제80조【조사의 비용】 ① 제77조제1항 및 제3항의 규정에 따른 해양오염영향조사에 소요되는 비용은 대통령령이 정하는 바에 따라 해양오염사고를 일으킨 선박 또는 해양시설의 소유자가 부담한다. 다만, 천재지변 그 밖의 대통령령이 정하는 사유에 해당하는 경우에는 그러하지 아니하다.

② 제77조제3항의 규정에 따른 해양오염영향조사에 소요되는 비용의 징수에 관하여는 국세체납처분의 예에 따른다.

제81조【조사기관의 결격사유】 다음 각 호의 어느 하나에 해당하는 자는 해양오염영향조사기관으로 지정될 수 없다.
1. 피성년후견인(2014.5.21 본호개정)
2. (2017.10.31 삭제)
3. 해양오염영향조사기관의 지정이 취소(제1호에 해당하여 취소된 경우는 제외한다)된 후 2년이 경과되지 아니한 자(2017.10.31 본호개정)
4. 이 법 또는 「물환경보전법」·「대기환경보전법」을 위반하여 금고 이상의 형의 선고를 받고 그 형의 집행이 종료(집행이 종료된 것으로 보는 경우를 포함한다)되거나 집행을 받지 아니하기로 확정된 후 1년이 경과되지 아니한 자(2017.10.31 본호개정)
5. 대표이사가 제1호, 제3호 또는 제4호에 해당하는 법인(2017.10.31 본호개정)

제82조【조사기관의 지정취소 등】 ① 해양수산부장관은 해양오염영향조사기관이 다음 각 호의 어느 하나에 해당하는 때에는 그 지정을 취소하거나 1년 이내의 기간을 정하여 업무정지를 명령할 수 있다. 다만, 제1호부터 제4호까지의 어느 하나에 해당하는 때에는 그 지정을 취소하여야 한다.(2017.10.31 단서개정)
1. 거짓 그 밖의 부정한 방법으로 지정을 받은 때
2. 제77조제2항에 따른 지정기준에 미달하게 된 때
3. 제81조 각 호의 어느 하나에 해당하는 때. 다만, 법인의 대표이사가 제81조제1호, 제3호 또는 제4호에 해당하는 경우로서 6개월 이내에 그 대표이사를 바꾸어 임명한 때에는 그러하지 아니하다.(2017.10.31 단서개정)
4. 1년에 2회 이상 업무정지처분을 받은 때
5. 다른 사람에게 지정기관의 권한을 대여하거나 도급받은 해양오염영향조사를 일괄하여 하도급한 때
6. 고의 또는 중대한 과실로 해양오염영향조사를 부실하게 행한 때

② 제1항의 규정에 따른 행정처분의 세부기준은 그 위반행위의 유형과 정도 등을 참작하여 해양수산부령으로 정한다.(2013.3.23 본항개정)

제83조【지정취소 또는 업무정지된 해양오염영향조사기관의 업무계속】 ① 제82조의 규정에 따라 지정취소 또는 업무정지의 처분을 받은 해양오염영향조사기관은 그 처분 전에 체결한 해양오염영향조사에 한하여 그 조사를 계속할 수 있다.

② 제1항의 규정에 따라 영향조사를 계속하는 해양오염영향조사기관은 그 업무를 완료하는 때까지 이 법에 따른 해양오염영향조사기관으로 본다.

제83조의2【침몰선박 관리】 ① 해양수산부장관은 「해양사고의 조사 및 심판에 관한 법률」 제2조제1호의 해양사고로 해양에서 침몰된 선박(이하 이 조에서 "침몰선박"이라 한다)으로 인하여 발생할 수 있는 추가적인 해양오염사고를 예방하기 위하여 다음 각 호의 조치를 하여야 한다.(2013.3.23 본문개정)
1. 침몰선박에 대한 정보의 체계적인 관리
2. 침몰선박의 해양오염사고 유발 가능성에 대한 위해도(危害度) 평가
3. 침몰선박에 대한 위해도 저감대책의 실행

② 해양수산부장관은 필요한 경우 해양경찰청 소속 공무원이 업무 수행 중 알게 된 침몰선박에 관한 정보를 해양수산부령으로 정하는 바에 따라 해양경찰청장에게 요청할 수 있다.(2017.7.26 본항개정)

③ 제1항제3호에 따른 조치에 드는 비용은 대통령령으로 정하는 바에 따라 침몰선박의 소유자가 부담한다. 다만, 그 소유자를 알 수 없는 경우에는 대통령령으로 정하는 바에 따라 해당 침몰선박을 처분하여 비용에 충당할 수 있다.

④ 제1항제2호의 위해도 평가방법, 같은 항 제3호에 따른 위해도 저감대책의 구체적 방법 및 절차, 제3항에 따른 비용의 산정 방법 및 납부 절차 등에 필요한 사항은 해양수산부령으로 정한다.(2013.3.23 본항개정)
(2012.12.18 본조신설)

제9장 해역이용협의

제84조【해역이용협의】 ① 다음 각 호의 어느 하나에 해당하는 면허·허가 또는 지정 등(이하 "면허등"이라 한다)을 하고자 하는 행정기관의 장(이하 "처분기관"이라 한다)은 면허등을 하기 전에 대통령령이 정하는 바에 따라 미리 해양수산부장관과 「해양환경 보전 및 활용에 관한 법률」 제20조에 따른 해역이용의 적정성 및 해양환경에 미치는 영향에 관하여 협의(이하 "해역이용협의"라 한다)를 하여야 한다. 이 경우 제85조제1항의 규정에 따른 해역이용영향평가대상사업은 해역이용협의를 행한 것으로 본다.(2017.3.21 전단개정)
1. 「공유수면 관리 및 매립에 관한 법률」 제8조에 따른 공유수면의 점용·사용허가(제5호 및 제6호에 따른 바다골재채취의 허가 및 바다골재채취단지의 지정에 따른 공유수면의 점용·사용허가는 제외한다) 및 같은 법 제28조에 따른 공유수면의 매립면허(2010.4.15 본호개정)
2. (2010.4.15 삭제)
3. 「양식산업발전법」 제10조에 따른 양식업 면허. 다만, 대통령령이 정하는 해역에서의 어업의 면허에 한정하여 적용한다.(2019.8.27 본문개정)
4. 「골재채취법」 제21조의2의 규정에 따른 바다골재채취예정지의 지정
5. 「골재채취법」 제22조의 규정에 따른 바다골재채취의 허가
6. 「골재채취법」 제34조의 규정에 따른 바다골재채취단지의 지정

② 제1항제1호를 적용함에 있어서 다른 법률에서 「공유수면 관리 및 매립에 관한 법률」에 따른 공유수면의 점용·사용허가 또는 매립면허를 받은 것으로 보도록 규정하고 있는 경우에도 해역이용협의 절차를 거쳐야 한다. 다만, 다음 각 호의 어느 하나에 해당하는 사업과 관련된 경우에는 그러하지 아니하다.(2016.12.27 본문개정)
1. 「재난 및 안전관리기본법」 제37조의 규정에 따른 응급조치를 위한 사업
2. 국방부장관이 군사상의 기밀보호가 필요하거나 군사작전의 긴급한 수행을 위하여 필요하다고 인정하여 해양수산부장관과 협의한 것으로서 해양수산부장관이 정하여 고시하는 사업(2013.3.23 본호개정)

③ 처분기관은 제1항의 규정에 따라 해양수산부장관과 해역이용협의를 하려는 때에는 해양수산부령이 정하는 해역이용협의서를 제출하여야 한다.(2013.3.23 본항개정)

④ 처분기관은 제1항의 규정에 따라 해역이용협의의 대상이 되는 면허등의 대상사업(이하 "면허대상사업"이라 한다)을 하고자 하는 자(이하 "해역이용사업자"라 한다)에게 별도의 해역이용협의서를 제출받아 이를 제3항에 따른 해역이용협의서에 갈음하여 제출할 수 있다.(2011.6.15 본항개정)

⑤ 해역이용사업자는 제4항에 따라 처분기관에 제출하는 해역이용협의서의 작성을 제86조제1항에 따른 평가대행자로 하여금 대행하게 할 수 있다.(2011.6.15 본항신설)

⑥ 해역이용협의의 시기, 제3항 및 제4항의 규정에 따른 해역이용협의서의 작성방법 등에 관하여 필요한 사항은 해양수산부령으로 정한다.(2013.3.23 본항개정)

제85조【해역이용영향평가】 ① 처분기관은 제84조에 따라 해양수산부장관과 해역이용협의를 함에 있어서 해당 면허대상사업 중 다음 각 호의 어느 하나에 해당하는 행위가 대통령령으로 정하는 규모 이상에 해당하는 때에는 그 행위로 인하여 해양환경에 미치는 영향에 대한 평가(이하 "해역이용영향평가"라 한다)를 해양수산부장관에게 요청하여야 한다. 다만, 「환경영향평가법」 제22조에 따른 환경영향평가 대상사업 중 대통령령으로 정하는 사업을 제외한다.(2013.3.23 본문개정)
1. 「공유수면 관리 및 매립에 관한 법률」 제8조제1항제3호에 따른 공유수면의 바다골을 준설하거나 굴착하는 행위(2012.6.1 본호개정)
2. 「공유수면 관리 및 매립에 관한 법률」 제8조제1항제6호에 따른 공유수면에서 흙이나 모래 또는 돌을 채취하는 행위(2012.6.1 본호신설)
3. 「공유수면 관리 및 매립에 관한 법률」 제8조제1항제8호에 따른 흙·돌을 공유수면에 버리는 등 공유수면의 수심에 영향을 미치는 행위(2012.6.1 본호개정)
4. 「해저광물자원 개발법」 제2조제1호에 따른 해저광물을 채취하는 행위(2012.6.1 본호신설)
5. 「광업법」 제3조제1호에 따른 광물을 공유수면에서 채취하는 행위(2012.6.1 본호신설)
6. 「해양심층수의 개발 및 관리에 관한 법률」 제2조제1호에 따른 해양심층수를 이용·개발하는 행위(2012.6.1 본호신설)
7. 「골재채취법」 제22조에 따른 골재채취 중 바다골재채취(2012.6.1 본호개정)
8. 「골재채취법」 제34조에 따른 바다골재채취단지의 지정(2012.6.1 본호개정)

8의2. 「전원개발촉진법」 및 관계 법령에 따른 전원개발사업 중 해상풍력 발전소 또는 「전기사업법」 및 관계 법령에 따른 전기설비 중 해상풍력 발전소를 설치하는 행위(2020.3.24 본호신설)
9. 그 밖에 해양환경에 영향을 미치는 행위로서 대통령령으로 정하는 행위(2012.6.1 본호신설)

② 처분기관은 해역이용영향평가를 해양수산부장관에게 요청하는 때에는 해양수산부령이 정하는 바에 따라 제1항 각 호의 규정에 따른 해역이용영향평가의 대상이 되는 면허대상사업을 하려는 자(이하 "평가대상사업자"라 한다)가 작성한 해역이용영향평가서를 함께 제출하여야 한다.(2013.3.23 본항개정)

③ 평가대상사업자가 제2항에 따라 해역이용영향평가서를 작성하는 경우에는 해양수산부령이 정하는 바에 따라 설명회 또는 공청회 등을 개최하고, 이해관계자의 의견수렴 등 필요한 절차를 거쳐야 한다.(2013.3.23 본항개정)

④ 평가대상사업자가 제2항의 규정에 따라 해역이용영향평가서를 작성하는 경우에는 제86조제1항의 규정에 따른 평가대행자로 하여금 대행하게 할 수 있다.

⑤ 해역이용영향평가서의 내용·작성방법 등에 관하여 필요한 사항은 해양수산부령으로 정한다.(2013.3.23 본항개정)

제86조【평가대행자의 등록 등】 ① 제84조제5항에 따른 해역이용협의서 및 제85조제4항에 따른 해역이용영향평가서(이하 "해역이용협의서등"이라 한다)의 작성을 대행하는 사업을 영위하려는 자는 해양수산부령이 정하는 기술능력·시설 및 장비를 갖추어 대통령령이 정하는 바에 따라 해양수산부장관에게 등록하여야 한다. 이 경우 해역이용협의서등의 작성을 대행하는 사업의 등록을 한 자(이하 "평가대행자"라 한다)가 등록한 사항 중 해양수산부령이 정하는 중요 사항을 변경하려는 때에도 또한 같다.

② 평가대행자가 폐업하려는 때에는 해양수산부장관에게 그 사실을 통보하여야 한다.

③ 제1항 및 제2항에 따른 평가대행자의 등록절차, 등록증의 발급 및 폐업통보의 절차 등에 필요한 사항은 해양수산부령으로 정한다.
(2013.3.23 본조개정)

제87조【결격사유】 다음 각 호의 어느 하나에 해당하는 자는 평가대행자로 등록할 수 없다.
1. 피성년후견인(2014.5.21 본호개정)
2. (2017.10.31 삭제)
3. 평가대행자의 등록이 취소(제1호에 해당하여 취소된 경우는 제외한다)된 후 2년이 경과되지 아니한 자(2017.10.31 본호개정)
4. 이 법을 위반하여 징역 이상의 실형의 선고를 받고 그 형의 집행이 종료(집행이 종료된 것으로 보는 경우를 포함한다)되거나 집행을 받지 아니하기로 확정된 후 1년이 경과되지 아니한 자(2017.10.31 본호개정)
5. 대표이사가 제1호, 제3호 또는 제4호에 해당하는 법인(2017.10.31 본호개정)

제88조【해역이용사업자 등의 준수사항】 해역이용사업자, 평가대상사업자(이하 "해역이용사업자등"이라 한다) 및 평가대행자는 대통령령이 정하는 바에 따라 다음 각 호의 사항을 준수하여야 한다.(2011.6.15 본문개정)
1. 다른 해역이용협의서등의 내용을 복제하지 아니할 것(2011.6.15 본호개정)
2. 작성한 해역이용협의서등을 해양수산부령으로 정하는 기간 동안 보존할 것(2013.3.23 본호개정)

3. 해역이용협의서등의 작성의 기초가 되는 자료를 거짓으로 작성하지 아니할 것(2011.6.15 본호개정)
4. 등록증 또는 그 명의를 다른 사람에게 대여하지 아니할 것
5. 도급받은 해역이용협의 또는 해역이용영향평가(이하 "해역이용협의등"이라 한다)의 업무를 일괄하여 하도급하지 아니할 것(2011.6.15 본호개정)

제89조【평가대행자의 등록취소 등】 ① 해양수산부장관은 평가대행자가 다음 각 호의 어느 하나에 해당하는 때에는 그 등록을 취소하거나 6개월 이내의 기간을 정하여 업무정지를 명령할 수 있다. 다만, 제1호, 제3호부터 제5호까지 및 제5호의2의 어느 하나에 해당하는 때에는 그 등록을 취소하여야 한다.(2013.3.23 본문개정)
1. 거짓 그 밖의 부정한 방법으로 등록하거나 변경등록을 한 때
2. 제86조제1항 전단에 따른 기술능력·시설 및 장비의 요건에 미달하게 된 때(2016.12.27 본호개정)
2의2. 제86조제1항 후단에 따른 변경등록을 하지 아니한 때(2016.12.27 본호신설)
3. 제87조 각 호의 어느 하나에 해당하는 때. 다만, 법인의 대표이사가 제87조제1호, 제3호 또는 제4호에 해당하는 경우로서 6개월 이내에 그 대표이사를 바꾸어 임명한 때에는 그러하지 아니하다.(2017.10.31 단서개정)
4. 등록 후 2년 이내에 해역이용협의등의 업무를 개시하지 아니하거나 계속하여 2년 이상 해역이용협의등의 업무실적이 없는 때(2011.6.15 본호개정)
5. 최근 1년 이내에 2회의 업무정지처분을 받고 다시 업무정지처분에 해당하는 행위를 한 때
5의2. 업무정지처분 기간 중 해역이용협의등의 업무(계약 체결을 포함한다)를 한 때(2012.6.1 본호신설)
6. 제88조의 규정을 위반한 때
7. 해역이용협의서등을 거짓으로 작성하거나 고의 또는 중대한 과실로 해역이용협의서등을 부실하게 작성한 때(2011.6.15 본호개정)

② 제1항의 규정에 따른 행정처분의 세부기준은 그 위반행위의 유형과 정도 등을 참작하여 해양수산부령으로 정한다.(2013.3.23 본항개정)

제90조【등록취소 또는 업무정지된 평가대행자의 업무계속】 ① 제89조에 따라 등록취소 또는 업무정지의 처분을 받은 평가대행자는 그 처분 전에 체결한 해역이용협의서등의 작성에 관련한 업무에 한정하여 계속할 수 있다.
② 제1항에 따라 해역이용협의서등의 작성대행 업무를 계속하는 평가대행자는 그 업무를 완료하는 때까지 이 법에 따른 평가대행자로 본다.
(2011.6.15 본조개정)

제91조【의견통보 등】 ① 해양수산부장관은 처분기관으로부터 해역이용협의등의 요청을 받은 때에는 제출받은 해역이용협의서등을 검토한 후 대통령령으로 정하는 바에 따라 그 의견을 통보하여야 한다.
② 해양수산부장관은 제1항의 규정에 따라 해역이용협의등의 의견을 통보하기 전에 대통령령이 정하는 해역이용협의등에 따른 영향검토기관(이하 "해역이용영향검토기관"이라 한다)의 의견을 들어야 한다. 다만, 해역이용협의등의 대상사업 중 해양환경에 미치는 영향이 적은 사업으로서 대통령령으로 정하는 사업은 그러하지 아니하다.
③ 해양수산부장관은 제1항의 규정에 따라 제84조제1항 제4호 및 제6호에 해당하는 분야에 대한 해역이용협의의 의견을 통보하기 전에 해당 바다골재채취예정지 및 바다골재채취단지가 해안(해안선을 기준으로 육지 쪽으로 1킬로미터 이내의 지역과 바다 쪽으로 10킬로미터 이내의 구역을 말한다)을 포함하는 경우에는 환경부장관의 의견을 미리 들어야 한다.
④ 해역이용협의등의 의견을 통보받은 처분기관이 면허등을 한 때에는 이를 해양수산부장관에게 통보하여야 한다.
(2013.3.23 본조개정)

제92조【이의신청】 ① 해역이용사업자등 또는 처분기관은 제91조에 따라 해양수산부장관으로부터 통보받은 의견에 대하여 이의가 있는 때에는 대통령령으로 정하는 바에 따라 90일 이내에 해양수산부장관에게 이의신청을 할 수 있다. 이 경우 해역이용사업자등은 처분기관을 거쳐 이의신청을 하여야 한다.
② 제1항의 규정에 따라 이의신청을 받은 해양수산부장관은 이의신청 내용의 타당성 여부를 검토하여 그 결과를 대통령령이 정하는 바에 따라 60일 이내에 이의신청을 한 자에게 통보하여야 한다. 다만, 부득이한 사정이 있는 때에는 30일의 범위 안에서 통보시한을 연장할 수 있다.
(2013.3.23 본조개정)

제93조【사후관리】 ① 해양수산부장관은 처분기관이 해역이용협의등을 거치지 아니하고 면허등을 하거나 해역이용협의등의 의견을 반영하지 아니하고 면허등을 한 때에는 그 면허등의 취소, 사업의 중지, 공작물의 철거·운영정지 및 원상회복 등 필요한 조치를 할 것을 해당 처분기관에게 요청할 수 있다. 이 경우 해당 처분기관은 특별한 사유가 없는 한 그 요청에 따라야 한다.(2019.8.20 후단개정)
② 처분기관은 해역이용사업자등이 제84조제1항의 규정에 따른 해양수산부장관의 해역이용협의등에 대한 의견을 이행하고 있는지 여부를 확인하여야 하며, 해역이용사업자등이 이를 이행하지 아니하는 때에는 대통령령이 정하는 바에 따라 그 이행에 필요한 조치를 명령하여야 한다.
③ 해양수산부장관은 처분기관이 정당한 사유 없이 해역이용협의등에 대한 의견을 이행하고 있는지를 확인하지 아니하거나 현저히 지연할 때에는 제2항에도 불구하고 이를 직접 확인할 수 있으며, 해역이용협의등에 대한 의견의 이행을 위하여 필요하다고 인정하는 경우 처분기관에게 공사중지 명령이나 그 밖에 필요한 조치를 할 것을 요청할 수 있다.(2014.5.21 본항신설)
④ 해양수산부장관은 제3항에 따라 직접 확인할 때에 필요하면 관계 전문가 또는 해역이용영향검토기관의 의견을 듣거나 현지조사를 의뢰할 수 있고, 해역이용사업자등 또는 처분기관의 장에게 관련 자료의 제출을 요청할 수 있다.(2017.10.31 본항신설)
⑤ 제3항 또는 제4항에 따른 해양수산부장관의 요청이 있는 경우 처분기관은 특별한 사유가 없으면 그 요청에 따라야 한다.(2017.10.31 본항개정)
(2013.3.23 본조개정)

제94조【사업계획 변경에 따른 해역이용협의 등】 ① 해역이용사업자등이 처분기관으로부터 면허등을 받은 후 사업계획을 변경하는 때에는 해역이용협의등의 절차를 다시 거쳐야 한다. 다만, 변경되는 사업규모가 해양환경에 미치는 영향이 경미한 경우로서 대통령령으로 정하는 경우에는 해역이용협의등의 절차를 다시 거치지 아니한다.
② 제1항 본문에 따른 해역이용협의등의 내용과 절차에 대하여는 제84조·제85조 및 제91조부터 제93조까지의 규정을 준용한다.
(2011.6.15 본조개정)

제95조【해양환경영향조사 등】 ① 해역이용사업자등은 면허등을 받은 후 행하는 사업으로 인하여 발생될 수 있는 해양환경에 대한 영향의 조사(이하 "해양환경영향조사"라 한다)를 실시하고 그 결과를 처분기관 및 해양수산부장관에게 통보하여야 한다. 이 경우 해역이용사업자등은 평가대행자에게 해양환경영향조사의 업무를 대행하게 할 수 있다.(2013.3.23 전단개정)
② 해양수산부장관은 제1항에 따라 통보된 해양환경영향조사 결과 해양환경에 피해가 발생하는 것으로 인정되는 때에는 처분기관으로 하여금 공법 변경, 사업규모 축소 등 해양수산부령으로 정하는 바에 따라 해양환경의 피해를 저감하기 위한 조치를 하도록 하여야 한다. 이 경우 처분기관은 조치결과를 해양수산부장관에게 통보하여야 한다.(2013.3.23 본항개정)
③ (2008.2.29 삭제)
④ 제1항에 따라 해양환경영향조사를 하여야 하는 대상사업·조사항목 및 기간 등에 필요한 사항은 대통령령으로 정한다.(2012.6.1 본항개정)

제10장 해양환경공단
(2017.10.31 본장제목개정)

제96조【공단의 설립】 ① 해양환경의 보전·관리·개선을 위한 사업, 해양오염방제사업, 해양환경·해양오염관련 기술개발 및 교육훈련을 위한 사업 등을 행하게 하기 위하여 해양환경공단(이하 "공단"이라 한다)을 설립한다.(2017.10.31 본항개정)
② 공단은 법인으로 한다.
③ 공단은 정관이 정하는 바에 따라 지사·사업소·연구기관·교육기관 등을 둘 수 있다.

제97조【사업】 ① 공단은 다음 각 호의 사업을 수행한다.
1. 해양환경의 보전·관리에 관한 사업
2. 해양환경개선을 위한 다음 각 목의 사업
 가. 오염물질의 수거·처리를 위한 사업
 나. 오염물질 저장시설의 설치·운영 및 수탁관리
 다. 오염물질의 배출방지를 위한 선박의 인양·예인
 라. 해양환경 관련 시험·조사·연구·설계·개발 및 공사감리
3. 해양오염방제에 필요한 다음 각 목의 사업
 가. 해양오염방제업무 및 방제선등의 배치·설치(위탁·대행받은 경우를 포함한다)
 나. 해양오염방제에 필요한 자재·약제의 비치 및 보관시설의 설치 등(위탁·대행받은 경우를 포함한다)
 다. 그 밖에 해양오염방제와 관련한 것으로서 대통령령으로 정하는 사업
4. 제1호 내지 제3호의 사업에 부대되는 사업 중 정관으로 정하는 사업
5. 해양환경 관련 국제협력 및 기술용역사업
6. 해양환경에 대한 교육·훈련 및 홍보
7. 제1호 내지 제6호와 관련하여 국가 또는 지방자치단체로부터 위탁받은 사업
8. 그 밖에 공단의 설립목적을 달성하기 위하여 필요한 사업으로서 대통령령이 정하는 사업

② 공단은 제1항의 규정에 따른 사업을 수행함에 있어 해양환경의 보전·관리를 위하여 필요한 경우에는 대통령령이 정하는 시설을 설치하거나 설치된 시설을 타인에게 양도할 수 있다.

제98조【정관】 ① 공단의 정관에는 다음 사항을 기재하여야 한다.
1. 목적
2. 명칭
3. 주된 사무소·지사·사업소 또는 연구기관에 관한 사항
4. 임원의 자격 및 직원에 관한 사항
5. 이사회에 관한 사항
6. 업무 및 그 집행에 관한 사항
7. 재산 및 회계에 관한 사항
8. 정관의 변경 및 공고의 방법에 관한 사항
9. 내부규약·규정의 제정 및 개정에 관한 사항

② 공단의 정관은 해양수산부장관의 인가를 받아야 한다. 공단의 정관을 변경하고자 하는 때에도 또한 같다.
(2013.3.23 전단개정)

제99조【임원】 ① 공단의 임원은 이사장 1인을 포함한 5인 이상 9인 이내의 이사 및 감사 1인으로 한다. 이 경우 이사의 정수는 정관으로 정한다.
② 제1항의 규정에 따른 이사 중 4인은 상임으로, 나머지는 비상임으로 한다.
③ 해양수산부장관은 이사장 및 감사를 임명한다. 이 경우 해양수산부장관은 이사장 또는 감사가 그 직무를 담당하기 곤란하다고 인정되는 때에는 그 임기 중이라도 각각 해임할 수 있다.(2013.3.23 본항개정)
④ 이사장은 해양수산부장관의 승인을 얻어 이사를 임명한다. 이 경우 이사장은 이사가 그 직무를 담당하기 곤란하다고 인정되는 때에는 그 임기 중이라도 해임할 수 있다.
(2013.3.23 전단개정)
⑤ 임원의 임기는 3년으로 하되, 연임할 수 있다.

제100조【임원의 직무】 ① 이사장은 공단을 대표하고 그 업무를 총괄한다.
② 이사는 이사장을 보좌하고 정관이 정하는 바에 따라 공단의 업무를 분장하며, 이사장이 불가피한 사유로 인하여 직무를 수행할 수 없는 때에는 정관이 정하는 순위에 따라 그 직무를 대행한다.
③ 감사는 공단의 업무 및 회계를 감사한다.

제101조【임원의 결격사유】 ① 다음 각 호의 어느 하나에 해당하는 자는 임원이 될 수 없다.
1. 대한민국 국민이 아닌 자
2. 피성년후견인 및 피한정후견인(2014.5.21 본호개정)
3. 파산선고를 받고 복권되지 아니한 자
4. 금고 이상의 형의 선고를 받고 그 집행이 종료(집행이 종료된 것으로 보는 경우를 포함한다)되거나 집행을 받지 아니하기로 확정된 후 2년이 경과되지 아니한 자
5. 금고 이상의 형의 선고유예를 받은 경우에 그 선고유예기간 중에 있는 자
6. 법원의 판결 또는 다른 법률에 따라 자격이 상실 또는 정지된 자

② 임원이 제1항 각 호의 규정에 해당하게 되거나 임명당시 그에 해당하는 자이었음이 판명된 때에는 당연 퇴직한다.
③ 제2항의 규정에 따라 퇴직한 임원이 퇴임 전에 행한 행위는 그 효력을 잃지 아니한다.

제102조【이사회】 ① 공단의 업무에 관한 중요 사항을 의결하기 위하여 공단에 이사회를 둔다.
② 이사회는 이사장과 이사로 구성하고, 이사장은 이사회를 소집하고 그 의장이 된다.
③ 이사회는 재적구성원 과반수의 출석과 출석구성원 과반수의 찬성으로 의결한다.
④ 감사는 이사회에 출석하여 의견을 진술할 수 있다.
⑤ 이사회의 운영에 관하여 필요한 사항은 대통령령으로 정한다.

제103조【재원】 공단의 운영 및 사업에 소요되는 자금은 다음 각 호의 재원으로 조성한다.
1. 방제분담금 및 제69조의2제1항에 따른 가산금
(2017.10.31 본호개정)
2. 제97조의 규정에 따른 사업에서 발생하는 수익금
3. 제104조제3항의 규정에 따른 외부로부터의 차입금
4. 제106조의 규정에 따른 채권의 발행으로 조성되는 자금
5. 제122조제3항의 규정에 따른 수수료(2021.4.13 본호개정)
6. 자산운용수익금
7. 정부로부터의 지원금
8. 관계 법령에 따른 기부금
9. 그 밖에 정관으로 정하는 수입금

제104조【출자 등】 ① 공단은 공단의 사업을 효율적으로 수행하기 위하여 필요한 경우에는 이사회의 의결을 거쳐 제97조의 규정에 따른 사업과 관련된 분야에 출자하거나 출연할 수 있다.
② 제1항의 규정에 따른 출자 또는 출연에 필요한 사항은 대통령령으로 정한다.
③ 공단은 제97조의 규정에 따른 사업의 수행을 위하여 필요하다고 인정되는 경우에는 자금을 차입(국제기구·외국정부 또는 외국인으로부터의 차입을 포함한다)할 수 있다. 이 경우 해양수산부장관의 승인을 얻어야 한다.
(2013.3.23 후단개정)

제105조【국·공유재산의 무상대부】 국가 또는 지방자치단체는 공단의 사업을 위하여 필요하다고 인정되는

경우에는 「국유재산법」·「물품관리법」·「지방재정법」 및 「공유재산 및 물품 관리법」에 불구하고 공단에 국·공유재산을 5년의 범위에서 무상으로 대부하거나 사용·수익하게 할 수 있다.(2016.12.27 본조개정 : 2027.6.27까지 유효)

제106조【채권의 발행】 ① 공단은 이사회의 의결을 거쳐 채권을 발행할 수 있다. 이 경우 해양수산부장관의 승인을 얻어야 한다.(2013.3.23 후단개정)

② 해양수산부장관은 제1항의 규정에 따른 채권발행을 승인하는 경우에는 미리 기획재정부장관과 협의하여야 한다.(2013.3.23 본항개정)

③ 국가는 공단이 발행하는 채권의 원리금의 상환을 보증할 수 있다.

④ 채권의 소멸시효는 상환일부터 기산하여 원금은 5년, 이자는 2년으로 완성한다.

⑤ 그 밖에 채권발행에 관하여 필요한 사항은 대통령령으로 정한다.

제107조【예산 및 결산 등】 ① 공단의 회계연도는 정부의 회계연도에 따른다.

② 공단은 대통령령이 정하는 바에 따라 매 회계연도의 사업운영계획과 예산에 관하여 해양수산부장관의 승인을 얻어야 한다. 승인을 얻은 사항을 변경하고자 하는 때에도 또한 같다.(2013.3.23 전단개정)

③ 공단은 매 회계연도 경과 후 3개월 이내에 결산서를 작성하여 해양수산부장관에게 제출하여 승인을 얻어야 한다.(2013.3.23 본항개정)

제108조【업무의 지도·감독】 ① 해양수산부장관은 공단의 업무를 지도·감독하며, 필요하다고 인정되는 때에는 공단에 대하여 그 사업에 관한 지시 또는 명령을 할 수 있다. 다만, 제97조제1항제3호에 따른 사업 중 긴급방제조치에 필요한 업무에 대하여는 해양수산부령으로 정하는 바에 따라 해양경찰청장이 지도·감독할 수 있다.(2017.7.26 단서개정)

② 해양수산부장관은 필요하다고 인정하는 때에는 공단에 대하여 그 업무·회계 및 재산에 관한 사항을 보고하게 하거나, 소속 공무원으로 하여금 공단의 장부·서류 및 그 밖의 물건을 검사하게 할 수 있다.
(2013.3.23 본조개정)

제109조【민법의 준용】 공단에 관하여 이 법에 규정된 사항을 제외하고는 「민법」 중 재단법인에 관한 규정을 준용한다.

제11장 보 칙

제110조【해양오염방지설비 등의 형식승인 등】 ①~②
(2023.10.24 삭제)

③ 해양수산부령으로 정하는 해양오염방지설비(유해액체물질오염방지설비를 제외한다), 방오시스템 및 선박소각설비(이하 "형식승인대상설비"라 한다)를 제작·제조하거나 수입하려는 자는 해양수산부령으로 정하는 바에 따라 해양수산부장관의 형식승인을 받아야 하고, 형식승인을 받은 내용을 변경하려는 경우에는 해양수산부장관의 변경승인을 받아야 한다. 다만, 시험·연구 또는 개발을 목적으로 제작·제조하거나 수입하는 형식승인대상설비에 대하여 해양수산부령으로 정하는 바에 따라 해양수산부장관의 확인을 받은 경우에는 그러하지 아니하다.
(2023.10.24 본문개정)

④ 제66조제1항에 따라 오염물질의 방제·방지에 사용하는 자재·약제를 제작·제조하거나 수입하려는 자는 해양수산부령으로 정하는 바에 따라 해양경찰청장의 형식승인을 받아야 한다. 다만, 시험·연구 또는 개발을 목적으로 제작·제조하거나 수입하는 오염물질의 방제·방지에 사용하는 자재·약제에 대하여 해양수산부령으로 정하는 바에 따라 해양경찰청장의 확인을 받은 경우에는 그러하지 아니하다.(2017.7.26 본항개정)

⑤ 해양수산부령으로 정하는 바에 따라 제3항 및 제4항의 규정에 따른 형식승인을 받고자 하는 자는 미리 해양수산부장관 또는 해양경찰청장으로부터 형식승인대상설비 또는 자재·약제에 대한 성능시험을 받아야 한다.
(2023.10.24 본항개정)

⑥ 제3항 및 제4항의 규정에 따른 형식승인을 얻은 자가 형식승인대상설비 또는 자재·약제를 제작·제조하거나 수입한 때에는 해당 물품에 대하여 각각 해양수산부장관 또는 해양경찰청장의 검정을 받아야 한다. 이 경우 검정에 합격한 형식승인대상설비 또는 자재·약제에 대하여는 해양오염방지선박검사 중 최초로 실시하는 검사에 합격한 것으로 본다.(2023.10.24 전단개정)

⑦ 협약당사국에서 선박에 형식승인대상설비를 설치하거나 자재·약제를 비치·보관한 자는 해양수산부령으로 정하는 바에 따라 해양수산부장관 또는 해양경찰청장의 인정을 받아야 한다. 이 경우 인정을 받은 물품에 대하여는 제3항부터 제5항까지의 규정에 따른 형식승인·성능시험 및 검정을 받은 것으로 본다.(2017.7.26 전단개정)

⑧ 제60조는 제6항에 따른 형식승인대상설비 또는 자재·약제의 검정에 대한 불복에 대하여 이를 준용한다. 이 경우 제60조 중 "검사"는 "검정"으로, "재검사"는 "재검정"으로 본다.(2012.6.1 전단개정)

⑨ 해양수산부장관 또는 해양경찰청장은 제3항 및 제4항의 규정에 따라 형식승인을 받은 자가 다음 각 호의 어느 하나에 해당하는 때에는 해양수산부령으로 정하는 바에 따라 그 승인을 취소하거나 6개월 이내의 기간을 정하여 업무정지를 명할 수 있다. 다만, 제1호에 해당하는 때에는 그 승인을 취소하여야 한다.(2023.10.24 본문개정)

1. 거짓 그 밖의 부정한 방법으로 형식승인 또는 변경승인을 얻은 경우(2023.10.24 본호개정)
2. 검정을 받지 아니하거나 거짓 그 밖의 부정한 방법으로 검정을 받은 경우(2023.10.24 본호개정)
2의2. 변경승인을 받지 아니한 경우(2023.10.24 본호신설)
3. 기준에 미달하는 형식승인대상설비 또는 자재·약제를 판매한 때(2023.10.24 본호개정)
4. 정당한 사유 없이 2년 이상 계속하여 사업실적이 없는 때

⑩ 제9항에 따라 형식승인을 취소하는 경우 제5항에 따른 성능시험의 합격도 취소하여야 한다.(2023.10.24 본항신설)

⑪ 해양수산부장관은 형식승인대상설비의 품질관리를 위하여 필요하다고 인정할 때에는 형식승인 및 검정을 받은 형식승인대상설비의 성능을 검사할 수 있다.
(2023.10.24 본항신설)

⑫ 해양수산부장관은 제11항에 따른 성능검사 결과 해양수산부령으로 정하는 중대한 결함이 있다고 인정되는 형식승인대상설비에 대하여 그 제조자 및 수입자에게 보완 또는 교환을 명하고, 형식승인 및 성능시험의 합격을 취소할 수 있다.(2023.10.24 본항신설)

⑬ 해양수산부장관은 제12항에 따라 보완 또는 교환을 명하거나 형식승인을 취소할 때에는 그 사실을 해양수산부 인터넷 홈페이지 등에 공표할 수 있다.(2023.10.24 본항신설)

⑭ 제11항부터 제13항까지에 따른 성능검사, 보완·교환 또는 형식승인의 취소 및 그 사실의 공표 등에 필요한 절차 및 방법은 해양수산부령으로 정한다.(2023.10.24 본항신설)
(2023.10.24 본조제목개정)

제110조의2【성능인증】 ① 제110조제4항에 따라 형식승인을 받아야 하는 자재·약제를 제외한 오염물질의 방제·방지에 사용하는 자재·약제(이하 "형식승인대상외 자재·약제"라 한다)를 제작·제조하거나 수입하려는 자는 해양수산부령으로 정하는 절차와 방법에 따라 해양경찰청장으로부터 성능인증을 받을 수 있다.(2017.7.26 본항개정)

② 제1항의 성능인증을 받으려는 자는 미리 해양경찰청장으로부터 형식승인대상외 자재·약제에 대하여 해양수산부령으로 정하는 바에 따라 성능시험을 받아야 한다.
(2017.7.26 본항개정)

③ 제1항에 따라 성능인증을 받은 자가 인증받은 형식승인대상외 자재·약제를 제작·제조 및 수입하는 때에는 해양수산부령으로 정하는 바에 따라 해양경찰청장의 검정을 받아야 한다.(2017.7.26 본항개정)

④ 해양경찰청장은 제1항에 따라 성능인증을 받은 자가 다음 각 호의 어느 하나에 해당하는 경우에는 해양수산부령으로 정하는 바에 따라 그 인증을 취소할 수 있다.
(2017.7.26 본문개정)

1. 거짓이나 그 밖의 부정한 방법으로 성능인증을 받은 경우
2. 거짓이나 그 밖의 부정한 방법으로 검정을 받은 경우
3. 정당한 사유 없이 2년 이상 계속하여 사업실적이 없는 경우

(2011.6.15 본조신설)

제110조의3【형식승인 등을 받은 자의 지위 승계】 ① 다음 각 호의 어느 하나에 해당하는 자는 제110조제3항 또는 제4항에 따른 형식승인 또는 제110조의2제1항에 따른 성능인증을 받은 자(이하 이 조에서 "사업자"라 한다)의 지위를 승계한다.(2023.10.24 본문개정)

1. 사업자가 그 사업을 양도한 경우 그 양수인
2. 사업자가 사망한 경우 그 상속인
3. 법인인 사업자가 다른 법인과 합병한 경우 합병 후 존속하는 법인이나 합병으로 설립되는 법인

② 제1항에 따라 사업자의 지위를 승계한 자는 지위를 승계한 날부터 1개월 이내에 해양수산부령으로 정하는 바에 따라 해양수산부장관 또는 해양경찰청장에게 신고하여야 한다.
(2017.10.31 본조신설)

제111조【선박해체의 신고 등】 ① 선박을 해체하고자 하는 자는 선박의 해체작업과정에서 오염물질이 배출되지 아니하도록 해양수산부령으로 정하는 바에 따라 작업계획을 수립하여 작업개시 7일 전까지 해양경찰청장에게 신고하여야 한다. 다만, 육지에서 선박을 해체하는 등 해양수산부령으로 정하는 방법에 따라 선박을 해체하는 경우에는 그러하지 아니하다.(2017.7.26 본항개정)

② 해양경찰청장은 제1항에 따른 신고를 받은 경우 그 내용을 검토하여 이 법에 적합하면 신고를 수리하여야 하며, 제1항에 따라 신고된 작업계획이 미흡하거나 그 계획을 이행하지 아니하는 것으로 인정되는 경우에는 필요한 시정명령을 할 수 있다.(2020.3.24 본항개정)

③ 해역관리청은 방치된 선박의 해체 및 이의 원활한 처리를 위하여 해양수산부령이 정하는 시설기준·장비 등을 갖춘 선박처리장을 설치·운영할 수 있다.(2013.3.23 본항개정)

제112조【업무의 대행 등】 ① 해양수산부장관은 다음 각 호의 업무를 「한국해양교통안전공단법」에 따라 설립된 한국해양교통안전공단(이하 "한국해양교통안전공단"이라 한다) 또는 「선박안전법」 제60조제2항의 규정에 따른 선급법인(이하 "선급법인"이라 한다)에게 대행하게 할 수 있다. 이 경우 해양수산부장관은 대통령령으로 정하는 바에 따라 협정을 체결하여야 한다.(2018.12.31 전단개정)

1. 제22조의2에 따른 배출률의 승인(2016.12.27 본호신설)
1의2. 제27조제3항의 규정에 따른 유해액체물질의 배출방법 및 설비에 관한 지침서의 검인
1의3. 제30조의2제2항 및 제3항에 따른 전자기록부의 검사 및 전자기록부 적합확인서의 발급(2022.10.18 본호신설)
1의4. 제32조의2제1항에 따른 선박대선박 기름화물이송계획서의 검인(2012.12.18 본호신설)
1의5. 제41조의2제3항에 따른 선박에너지효율설계지수 및 그 허용값의 국제해사기구 제출(2022.10.18 본호신설)
1의6. 제41조의3제2항 및 제3항에 따른 선박에너지효율관리계획서의 검사 및 선박에너지효율적합확인서의 발급(2020.3.24 본호신설)
1의7. 제41조의4제3항에 따른 선박연료유 사용량등의 검증 및 검증확인서의 발급(2020.3.24 본호신설)
1의8. 제41조의4제5항에 따른 선박연료유 사용량등을 검증한 결과의 국제해사기구 제출(2022.10.18 본호신설)
2. 제47조제3항의 규정에 따른 유증기 배출제어장치의 검사
2의2. 제47조의2제1항에 따른 휘발성유기화합물관리계획서의 검인(2012.12.18 본호신설)
3. 해양오염방지선박검사, 예비검사 및 에너지효율검사. 다만, 대기오염방지설비 중 디젤기관의 질소산화물 배출방지설비에 대한 검사대행자 지정의 경우에는 환경부장관과 미리 협의를 하여야 한다.(2012.12.18 본문개정)
4. 제49조제2항의 규정에 따른 해양오염방지검사증서, 제52조제2항의 규정에 따른 임시해양오염방지검사증서, 제53조제2항의 규정에 따른 방오시스템검사증서, 제54조제2항의 규정에 따른 예비검사증서, 제54조의2제2항에 따른 에너지효율검사증서 및 제55조제1항의 규정에 따른 협약검사증서의 교부(2012.12.18 본호개정)
5. 제56조제2항의 규정에 따른 해양오염방지검사증서 및 협약검사증서의 유효기간 연장

② 해양경찰청장은 선박해양오염비상계획서의 검인에 관한 업무를 한국해양교통안전공단 또는 선급법인에게 대행하게 할 수 있다. 이 경우 해양경찰청장은 대통령령이 정하는 바에 따라 협정을 체결하여야 한다.(2018.12.31 전단개정)

③ 해양수산부장관 또는 해양경찰청장은 제110조제4항부터 제7항까지의 규정에 따른 형식승인·성능시험·검정 및 인정, 제110조의2제2항 및 제3항에 따른 성능시험 및 검정 등에 관한 업무를 해양수산부령으로 정하는 지정기준에 적합한 자로서 해양수산부장관 또는 해양경찰청장이 정하여 고시하는 대행기관으로 하여금 대행하게 할 수 있다.(2023.10.24 본항개정)

④ 제3항의 규정에 따른 업무대행자의 지정요건 및 지도·감독에 관하여 필요한 사항은 해양수산부령으로 정한다.(2017.7.26 본항개정)

제113조【업무대행 등의 취소】 ① 해양수산부장관 또는 해양경찰청장은 제112조제1항 내지 제3항의 규정에 따른 업무대행자가 다음 각 호의 어느 하나에 해당하는 때에는 업무대행의 협정 또는 지정을 취소할 수 있다. 다만, 제1호에 해당하는 경우에는 그 협정 또는 지정을 취소하여야 한다.(2017.7.26 본문개정)

1. 거짓 그 밖의 부정한 방법으로 업무대행의 협정이 체결되거나 지정된 때
2. 제112조제4항의 규정에 따른 지정요건에 미달하게 되는 때(업무대행의 지정의 경우에 한한다)
3. 정당한 사유 없이 3월 이상 대행업무를 수행하지 아니하는 때
4. 대행업무를 수행하는 자가 그 업무와 관련하여 체결된 협정에 위반한 때

② 제1항의 규정에 불구하고 환경부장관은 제112조제1항제3호 단서의 규정에 따른 협의를 거쳐 검사대행자로 지정된 자가 제112조제1항의 규정에 따른 협정을 위반하게 되는 경우에는 그 협정의 취소를 해양수산부장관에게 요청할 수 있다. 이 경우 해양수산부장관은 특별한 사유가 없는 한 이에 따라야 한다.(2013.3.23 본항개정)

③ 제1항 및 제2항의 규정에 따른 업무대행의 협정 또는 지정의 취소에 관하여 필요한 사항은 해양수산부령으로 정한다.(2017.7.26 본항개정)

제114조【관계 행정기관의 협조】 ① 해역관리청 또는 해양경찰청장은 이 법의 목적을 달성하기 위하여 필요하다고 인정되는 경우에는 관계 행정기관의 장에 대하여 해양환경관리 또는 해양오염방지를 위하여 필요한 자료 및 정보의 제공, 긴급한 해양오염방제를 위한 인력 및 장비의 동원을 각각 요청할 수 있다.(2017.7.26 본항개정)

② 공단은 제97조의 규정에 따른 사업을 수행하기 위하여 필요한 때에는 관계 행정기관에 대하여 자료 또는 정보의 열람·복사 등 필요한 협조를 요청할 수 있다.
③ 제1항 및 제2항의 규정에 따라 해역관리청·해양경찰청장 또는 공단으로부터 협조요청을 받은 관계 행정기관의 장은 특별한 사유가 없는 한 이에 협조하여야 한다.(2017.7.26 본항개정)

제115조【출입검사·보고 등】 ① 해양수산부장관은 대통령령으로 정하는 바에 따라 소속 공무원으로 하여금 선박에 출입하여 관계 서류나 시설·장비 및 연료유를 확인·점검하게 할 수 있다.(2013.3.23 본항개정)
② 해양수산부장관 또는 시·도지사(제33조에 따른 신고에 관한 경우만 해당한다)는 대통령령으로 정하는 바에 따라 소속 공무원으로 하여금 다음 각 호의 어느 하나에 해당하는 자에게 필요한 자료를 제출하게 하거나 보고하게 할 수 있으며, 그 시설(사업장 및 사무실을 포함한다. 이하 이 조에서 같다)에 출입하여 확인·점검하거나 관계 서류나 시설·장비를 검사하게 할 수 있다.(2020.2.18 본문개정)
1. 해양시설의 소유자(제34조부터 제36조까지, 제66조 및 제67조에 따른 업무는 제외한다)
2. 선박급유업자
3. 제47조제2항에 따라 유증기 배출제어장치를 설치한 해양시설의 소유자
4.~5. (2019.12.3 삭제)
6. 제110조제3항에 따른 형식승인을 받은 자
(2017.10.31 본항개정)
③ 해양경찰청장은 대통령령으로 정하는 바에 따라 소속 공무원(제116조에 따라 해양환경감시원으로 지정된 공무원만 해당한다. 이하 이 조에서 같다)으로 하여금 다음 각 호의 어느 하나에 해당하는 자에게 필요한 자료를 제출하게 하거나 보고하게 할 수 있으며, 그 시설에 출입하여 확인·점검하거나 관계 서류나 시설·장비를 검사하게 할 수 있다.
1. 해양시설의 소유자(제34조부터 제36조까지, 제66조 및 제67조에 따른 업무만 해당한다)
2. 제70조제1항제2호·제3호에 따른 해양오염방제업·유창청소업을 하는 자
(2017.10.31 본항개정)
④ 해양경찰청장은 제1항의 규정에 불구하고 선박에서 해양오염과 관련하여 대통령령이 정하는 긴급한 상황이 발생한 경우에는 소속 공무원으로 하여금 그 선박에 출입하여 확인·점검하거나 관계 서류나 시설·장비를 검사하게 할 수 있다.(2017.7.26 본항개정)
⑤ 제1항부터 제4항까지의 규정에 따라 출입검사 등을 하는 공무원은 그 권한을 표시하는 증표를 지니고 이를 관계인에게 내보여야 하며, 출입목적·성명 등을 구체적으로 알려야 한다.(2009.12.29 본항개정)
⑥ 선박의 소유자 등 관계인은 제1항부터 제4항까지의 규정에 따른 공무원의 출입검사 및 자료제출·보고요구 등에 대하여 정당한 사유 없이 이를 거부·방해하거나 기피하여서는 아니 된다.(2009.12.29 본항개정)
⑦ 해양수산부장관 또는 해양경찰청장은 출입검사 및 보고와 관련하여 해양수산부령으로 정하는 바에 따라 지도점검사항·검사예고 및 점검결과회신 등의 업무를 전산망을 구성하여 이용하게 할 수 있다.(2017.7.26 본항개정)

제116조【해양환경감시원】 ① 해양수산부장관 또는 해양경찰청장은 제115조제1항부터 제4항까지의 규정에 따른 직무를 수행하게 하기 위하여 소속 공무원을 해양환경감시원으로 지정할 수 있다.(2017.7.26 본항개정)
② 제1항에 따른 해양환경감시원의 임명·자격·직무 등에 필요한 사항은 대통령령으로 정한다.
(2009.12.29 본조개정)

제116조의2【명예해양환경감시원】 ① 해양수산부장관 또는 해양경찰청장은 효율적인 해양환경관리를 위한 지도·계몽 등을 위하여 해양환경의 보전·관리 및 해양오염방지를 위한 활동을 하는 민간단체의 회원 또는 해양환경관리를 위한 활동을 성실하게 수행하고 있는 사람을 명예해양환경감시원으로 위촉할 수 있다.
② 해양수산부장관 또는 해양경찰청장은 예산의 범위에서 명예해양환경감시원에게 그 활동에 필요한 경비를 지급할 수 있다.
③ 제1항에 따른 명예해양환경감시원의 자격, 위촉방법, 직무범위 및 임무 등에 필요한 사항은 해양수산부령으로 정한다.
(2019.1.8 본조신설)

제117조【정선·검색·나포·입출항금지 등】 선박이 이 법의 규정을 위반한 혐의가 있다고 인정되는 경우에는 해역관리청 또는 해양경찰청장은 정선·검색·나포·입출항금지 및 그 밖의 필요한 명령이나 조치를 할 수 있다.(2017.7.26 본조개정)

제118조【비밀누설금지 등】 ① 평가대행자 및 해역이용영향검토기관의 임원이나 직원 또는 그 직에 있었던 자는 해역이용협의서등의 작성 및 해역이용영향검토업무와 관련하여 직무상 알게 된 비밀을 누설하거나 도용하여서는 아니 된다.(2011.6.15 본항개정)
② 공단의 임원 또는 직원이나 그 직에 있었던 자는 그 직무상 알게 된 비밀을 누설하거나 도용하여서는 아니된다.
③ 제112조의 규정에 따라 대행업무를 수행하는 기관 또는 단체의 임원 또는 직원이나 그 직에 있었던 자는 그 직무상 알게 된 비밀을 누설하거나 도용하여서는 아니 된다.

제119조【국고보조 등】 ① 국가는 지방자치단체가 다음 각 호의 어느 하나에 해당하는 조치를 하는 경우에는 그 비용의 전부 또는 일부를 국고에서 보조할 수 있다.
1. 제18조의 규정에 따른 해양환경개선조치
2. (2019.12.3 삭제)
3. 제38조제1항의 규정에 따른 오염물질저장시설의 설치·운영
② 국가는 해양오염방지설비, 오염물질저장시설 그 밖의 해양오염방지에 관한 시설의 설치 또는 개선에 소요되는 비용에 대한 재정적인 지원을 할 수 있다.
③ 국가 또는 지방자치단체는 대통령령이 정하는 바에 따라 해양환경의 보전·관리 및 해양오염방지를 위한 활동을 하는 민간단체를 지원할 수 있다.

제119조의2【신고포상금】 ① 해양수산부장관, 해양경찰청장, 시·도지사 또는 시장·군수·구청장은 다음 각 호의 어느 하나에 해당하는 자를 관계 행정기관 또는 수사기관에 신고 또는 고발한 자에 대하여 예산의 범위에서 신고포상금을 지급할 수 있다.(2017.7.26 본문개정)
1. 제22조제1항 및 제2항을 위반하여 선박 또는 해양시설 등에서 발생하는 오염물질을 배출한 자
2. 「해양폐기물 및 해양오염퇴적물 관리법」 제7조제1항을 위반하여 폐기물을 해양에 배출한 자(2019.12.3 본호개정)
② 제1항에 따른 신고포상금의 지급의 기준·방법과 절차, 구체적인 지급액 등에 필요한 사항은 대통령령으로 정한다.
(2009.12.29 본조신설)

제120조【청문】 해양수산부장관 또는 해양경찰청장은 다음 각 호의 어느 하나에 해당하는 처분을 하려는 때에는 「행정절차법」이 정하는 바에 따라 청문을 실시하여야 한다.(2017.7.26 본문개정)
1. 제13조제3항의 규정에 따른 측정·분석능력인증의 취소
1의2. 제38조의3제1항에 따른 시설의 폐쇄(2023.10.24 본호신설)
2. 제75조의 규정에 따른 등록의 취소
3. 제82조의 규정에 따른 지정의 취소
4. 제89조의 규정에 따른 등록의 취소
5. 제110조제9항 및 제12항의 규정에 따른 형식승인의 취소(2023.10.24 본호개정)
6. 제110조의2제4항에 따른 성능인증의 취소(2011.6.15 본호신설)

제121조【해양오염 방지 및 방제 교육·훈련】 해양수산부장관은 대통령령으로 정하는 바에 따라 해양오염 방지 및 방제에 관한 다음 각 호의 교육·훈련과정을 운영할 수 있다.
1. 제32조제1항에 따른 선박 해양오염방지관리인의 자격 관련 교육·훈련과정
2. 제36조제1항에 따른 해양시설 해양오염방지관리인의 자격 관련 교육·훈련과정
3. 제70조제2항에 따른 기술요원의 자격 관련 교육·훈련과정
4. 그 밖에 해양오염 방지 및 방제에 관한 교육·훈련과정으로 해양수산부장관이 필요하다고 인정하는 교육·훈련과정
(2020.3.24 본조개정)

제122조【수수료】 ① 이 법에 따른 형식승인·인증·검인·승인(제22조의2에 따른 배출률 승인에 한정한다)·검사·성능시험·검정·인정·검증(제41조의4제3항에 따른 선박연료유 사용량등의 검증에 한정한다)·지정(제42조제3항에 따른 업체 또는 단체의 지정에 한정한다) 및 성능인증을 받으려는 자는 해양수산부령으로 정하는 바에 따라 수수료를 납부하여야 한다.(2023.10.24 본항개정)
② 제38조에 따른 오염물질저장시설의 설치·운영자는 오염물질을 수거·처리할 경우 오염물질을 발생시킨 자에게 해양수산부령으로 정하는 바에 따라 수거·처리 비용을 부담하게 할 수 있다.(2021.4.13 본항신설)
③ 공단은 제97조의 규정에 따른 사업을 수행하기 위하여 정관이 정하는 바에 따라 자재·약제의 비치 또는 방제 및 방제선등의 배치·설치에 따른 수수료를 징수할 수 있다.
④ 제112조에 따른 업무대행자가 형식승인·검인·승인(제22조의2에 따른 배출률 승인에 한정한다)·검사·성능시험·검정·인정 및 검증(제41조의4제3항에 따른 선박연료유 사용량등의 검증에 한정한다)을 행하는 경우에는 수수료를 징수할 수 있다. 이 경우 해양수산부장관 또는 해양경찰청장으로부터 미리 승인을 받아야 된다.
(2023.10.24 전단개정)

제123조【위임 및 위탁】 ① 이 법에 따른 해양수산부장관 또는 해양경찰청장의 권한은 대통령령으로 정하는 바에 따라 그 일부를 소속 기관의 장 또는 다른 행정기관·지방자치단체의 장에게 위임하거나 위탁할 수 있다.
(2017.7.26 본항개정)
② 이 법에 따른 시·도지사의 권한은 대통령령이 정하는 바에 따라 그 일부를 시장·군수·구청장에게 위임할 수 있다.
③ 이 법에 따른 해양수산부장관 및 시·도지사의 업무는 대통령령으로 정하는 바에 따라 그 일부를 공단의 이사장에게 위탁할 수 있다.(2020.3.24 본항개정)
(2012.12.18 본조제목개정)

제124조【벌칙 적용에서의 공무원 의제】 제91조제2항에 따른 해역이용영향검토기관, 공단의 임·직원, 제112조에 따른 형식승인·검사·성능시험·검정 등과 관련한 업무대행기관의 임원 및 직원은 「형법」 제129조부터 제132조까지의 규정에 따른 벌칙의 적용에서는 공무원으로 본다.(2011.6.15 본조개정)

제125조 (2017.3.21 삭제)

제12장 벌 칙

제126조【벌칙】 다음 각 호의 어느 하나에 해당하는 자는 5년 이하의 징역 또는 5천만원 이하의 벌금에 처한다.
1. 제22조제1항 및 제2항의 규정을 위반하여 선박 또는 해양시설로부터 기름·유해액체물질·포장유해물질을 배출한 자(2016.12.27 본호개정)
2. 제93조제2항의 규정에 따른 명령에 위반한 자

제127조【벌칙】 다음 각 호의 어느 하나에 해당하는 자는 3년 이하의 징역 또는 3천만원 이하의 벌금에 처한다.
1. 제22조제1항 및 제2항의 규정을 위반하여 선박 및 해양시설로부터 폐기물을 배출한 자(2016.12.27 본호개정)
2. 과실로 제22조제1항 및 제2항의 규정을 위반하여 선박 또는 해양시설로부터 기름·유해액체물질·포장유해물질을 배출한 자(2016.12.27 본호개정)
3. 제57조제1항 내지 제3항의 규정을 위반하여 선박을 항해에 사용한 자
4. 제64조제1항 또는 제3항의 규정에 따른 방제조치를 하지 아니하거나 조치명령에 위반한 자
5. 제65조의 규정에 따른 오염물질의 배출방지를 위한 조치를 하지 아니하거나 조치명령을 위반한 자

제128조【벌칙】 다음 각 호의 어느 하나에 해당하는 자는 2년 이하의 징역 또는 2천만원 이하의 벌금에 처한다.
1. 과실로 제22조제1항 및 제2항의 규정을 위반하여 선박 또는 해양시설로부터 폐기물을 배출한 자(2016.12.27 본호개정)
2. 제25조제1항의 규정에 따른 폐기물오염방지설비를 설치하지 아니하고 선박을 항해에 사용한 자
3. 제26조제1항의 규정에 따른 기름오염방지설비를 설치하지 아니하고 선박을 항해에 사용한 자
4. 제26조제2항의 규정에 따른 선체구조 등을 설치하지 아니하고 선박을 항해에 사용한 자
5. 제27조제1항의 규정에 따른 유해액체물질오염방지설비를 설치하지 아니하고 선박을 항해에 사용한 자
6. 제27조제2항의 규정을 위반하여 선박의 화물창을 설치한 자
6의2. 제38조의3에 따라 시설폐쇄명령을 받고 시설을 운영하거나 시설의 운영정지명령을 받고 운영정지기간 중 시설을 운영한 자(2023.10.24 본호신설)
7. 제40조제1항 및 제2항의 규정을 위반하여 유해방오도료·유해방오시스템을 사용하거나 적법한 기준 및 방법에 따른 방오도료·방오시스템을 사용·설치하지 아니한 자
8. 제67조제1항의 규정을 위반하여 방제선등을 배치 또는 설치하지 아니한 자
9. 제67조제3항의 규정에 따른 선박입출항금지명령 또는 시설사용정지명령을 위반한 자
10. 제70조제1항의 규정에 따른 등록을 하지 아니하고 해양환경관리업을 한 자
11. 제75조의 규정에 따라 등록이 취소된 자가 영업을 하거나 또는 영업정지명령을 받은 자가 영업정지기간 중 영업을 한 자
12. 제77조제1항의 규정에 따른 해양오염영향조사를 실시하지 아니한 자
13. 제82조제1항 및 제89조제1항의 규정에 따라 지정이 취소된 자가 업무를 하거나 또는 업무정지명령을 받은 자가 업무정지기간 중 업무를 한 자
14. 제84조제4항에 따른 해역이용협의서 또는 제85조제2항에 따른 해역이용영향평가서를 거짓으로 작성한 자
(2011.6.15 본호개정)
15. 제86조제1항 전단에 따른 평가대행자의 등록을 하지 아니하고 해역이용협의서등의 작성을 대행한 자
(2016.12.27 본호개정)
16. 제95조제1항의 규정에 따른 해양환경영향조사의 결과를 거짓으로 작성한 자
16의2. 제110조제3항 단서 및 제4항 단서에 따라 형식승인이 면제된 형식승인대상설비 또는 오염물질의 방제·

방지에 사용하는 자재・약제를 판매한 자(2023.10.24 본호개정)
17. 제110조제9항의 규정에 따라 형식승인 또는 검정이 취소되거나 업무정지명령을 받은 자가 업무정지기간 중 업무를 한 자
17의2. 제110조의2제1항에 따라 형식승인대상외 자재・약제에 대한 성능인증을 받지 아니하거나 성능인증이 취소되었음에도 성능인증을 받은 것으로 표시하여 형식승인대상외 자재・약제를 제작・제조 또는 수입하여 판매한 자(2016.12.27 본호개정)
18. 제117조의 규정에 따른 정선・검색・나포・입출항금지 그 밖에 필요한 명령이나 조치를 거부・방해 또는 기피한 자

제129조【벌칙】 ① 다음 각 호의 어느 하나에 해당하는 자는 1년 이하의 징역 또는 1천만원 이하의 벌금에 처한다.
1. 제15조의2제2항의 규정을 위반하여 특별관리해역 내에 시설을 설치하거나 오염물질의 총량배출을 위반한 자(2019.1.8 본호개정)
2. (2019.12.3 삭제)
3. 제41조제1항의 규정에 따른 대기오염방지설비를 설치하지 아니하고 선박을 항해에 사용한 자
4. 제42조제1항의 규정을 위반하여 오존층파괴물질을 배출한 자
5. 제43조제1항의 규정을 위반하여 질소산화물의 배출허용기준을 초과하여 디젤기관을 작동한 자
6. 제44조제1항을 위반하여 황함유량 기준을 초과하는 연료유를 사용한 자(2020.3.24 본호개정)
6의2. 제44조의2를 위반하여 황함유량 기준을 초과하는 연료유를 선박에 적재한 자(2020.3.24 본호신설)
7. 제45조제1항의 규정을 위반하여 품질기준에 미달하거나 황함유량 기준을 초과하는 연료유를 공급한 자
8. 제47조제2항의 규정을 위반하여 유증기 배출제어장치를 설치하지 아니하거나 작동시키지 아니한 자
9. 제47조제3항의 규정을 위반하여 검사를 받지 아니하고 유증기 배출제어장치를 설치한 자
10. 제63조제1항제1호 또는 제2호에 해당하는 자로서 신고를 하지 아니하거나 거짓으로 신고한 자
11. 제84조 및 제85조의 규정에 따른 협의절차 및 재협의절차가 완료되기 전에 공사를 시행한 자
12. 제88조제1호부터 제3호까지의 규정을 위반하여 다른 해역이용협의서등의 내용을 복제 또는 법령이 정하는 기간 동안 보관하지 아니하거나 이를 거짓으로 작성한 자(2011.6.15 본호개정)
13. 제118조제1항의 규정을 위반하여 비밀을 누설하거나 도용한 자
② 다음 각 호의 어느 하나에 해당하는 자는 1년 이하의 징역 또는 500만원 이하의 벌금에 처한다.
1. (2019.12.3 삭제)
2. 제25조제2항의 규정에 따른 기준을 위반하여 폐기물오염방지설비를 설치하거나 이를 유지・작동한 자
3. 제26조제3항의 규정을 위반하여 기름오염방지설비를 설치하거나 이를 유지・작동한 자
4. 제27조제4항의 규정을 위반하여 유해액체물질오염방지설비를 설치하거나 이를 유지・작동한 자
5. 제28조의 규정을 위반하여 선박평형수 또는 기름을 적재한 자
6. 제29조의 규정을 위반하여 포장유해물질을 운송한 자
7. 제37조의 규정을 위반하여 선박 및 해양시설에서 오염물질을 수거・처리하게 한 자(2016.12.27 본호개정)
8. 제49조 내지 제53조의 규정에 따른 해양오염방지선박검사를 받지 아니한 선박을 항해에 사용한 자
8의2. 제54조의2를 위반하여 에너지효율검사를 받지 아니한 선박을 항해에 사용한 자(2012.12.18 본호신설)
9. 제58조 또는 제59조의 규정에 따른 명령 또는 처분을 이행하지 아니한 자
9의2. 제64조제6항을 위반하여 제110조제4항・제6항 및 제7항에 따른 형식승인, 검정, 인정을 받지 아니하거나 제110조의2제3항에 따른 검정을 받지 아니한 자재・약제를 방제조치에 사용한 자(2011.6.15 본호신설)
10. 제66조제1항을 위반하여 자재・약제를 보관시설 또는 선박 및 해양시설에 비치・보관하지 아니한 자(2011.6.15 본호개정)
11. 제73조의 규정에 따른 처리명령을 위반한 자
12. (2023.10.24 삭제)
13. 제110조제3항부터 제7항까지에 따른 형식승인, 변경승인, 성능시험, 검정 또는 인정을 받지 아니하고 제작・제조하거나 수입한 자(2023.10.24 본호개정)
13의2. 제110조제3항부터 제7항까지를 위반하여 거짓이나 그 밖의 부정한 방법으로 형식승인, 변경승인, 성능시험, 검정 또는 인정을 받은 자(2023.10.24 본호신설)
13의3. 제110조제12항에 따른 명령을 정당한 사유 없이 위반한 자(2023.10.24 본호신설)
14. 제111조제1항의 규정에 따른 신고를 하지 아니하고 선박을 해체한 자
15. 제115조제6항을 위반하여 출입검사・보고요구 등을 정당한 사유 없이 거부・방해 또는 기피한 자(2009.12.29 본호개정)
16. 제118조제2항 및 제3항의 규정을 위반하여 직무상 알게 된 비밀을 누설하거나 도용한 자

제130조【양벌규정】 법인의 대표자나 법인 또는 개인의 대리인, 사용인, 그 밖의 종업원이 그 법인 또는 개인의 업무에 관하여 제126조부터 제129조까지의 어느 하나에 해당하는 위반행위를 하면 그 행위자를 벌하는 외에 그 법인 또는 개인에게도 해당 조문의 벌금형을 과(科)한다. 다만, 법인 또는 개인이 그 위반행위를 방지하기 위하여 해당 업무에 관하여 상당한 주의와 감독을 게을리하지 아니한 경우에는 그러하지 아니하다.(2009.12.29 본조개정)

제131조【외국인에 대한 벌칙적용의 특례】 ① 외국인에 대하여 제127조 및 제128조의 규정을 적용함에 있어서 고의로 우리나라의 영해 안에서 위반행위를 한 경우를 제외하고는 각 해당 조의 벌금형에 처한다.
② 제1항의 규정에 따른 외국인의 범위에 관하여는 「배타적 경제수역에서의 외국인어업 등에 대한 주권적 권리의 행사에 관한 법률」 제2조의 규정을 적용하고, 외국인에 대한 사법절차에 관하여는 동법 제23조 내지 제25조의 규정을 준용한다.

제132조【과태료】 ① 다음 각 호의 어느 하나에 해당하는 자는 1천만원 이하의 과태료를 부과한다.(2017.10.31 본문개정)
1. 제77조제1항의 규정에 따른 해양오염영향조사의 결과를 거짓으로 통보한 자
2. (2011.6.15 삭제)
② 다음 각 호의 어느 하나에 해당하는 자에게는 500만원 이하의 과태료를 부과한다.(2020.3.24 본문개정)
1. 제22조제2항의 규정을 위반하여 해양공간으로부터 대통령령이 정하는 오염물질을 배출한 자
2. 제33조제1항을 위반하여 해양시설의 신고 또는 변경신고를 하지 아니한 자(2020.3.24 본호개정)
2의2. 제36조의2제1항에 따른 안전점검을 실시하지 아니한 자(2014.3.24 본호신설)
2의3. 제36조의2제2항에 따른 보고를 하지 아니하거나 거짓으로 보고한 자(2014.3.24 본호신설)
2의4. 제36조의2제3항에 따라 안전점검 결과를 보관하지 아니한 자(2017.10.31 본호신설)
3. 제42조제2항의 규정을 위반하여 오존층파괴물질이 포함된 설비를 선박에 설치한 자
4. 제45조제2항의 규정을 위반하여 연료유공급서의 사본 및 연료유견본을 제공하지 아니하거나 거짓으로 연료유공급서 사본 및 연료유견본을 제공한 자
5. 제64조제2항의 규정을 위반하여 방제조치의 협조를 하지 아니한 자
6. 제70조제3항의 규정에 따른 변경등록을 하지 아니한 자
7. (2019.12.3 삭제)
8. 제74조제3항의 규정을 위반하여 해양환경관리업자의 권리・의무 승계에 대한 신고를 하지 아니하거나 거짓으로 신고한 자
9. (2019.12.3 삭제)
10. 제88조제4호 및 제5호에 따른 준수사항을 위반한 자(2011.6.15 본호개정)
11. 제95조제1항의 규정에 따른 해양환경영향조사를 실시하지 아니한 자 또는 그 조사결과를 통보하지 아니하거나 거짓으로 통보한 자
12. 제95조제2항의 규정에 따른 필요한 조치를 하지 아니한 자
③ 다음 각 호의 어느 하나에 해당하는 자는 200만원 이하의 과태료를 부과한다.(2017.10.31 본문개정)
1. 제41조제2항의 규정을 위반하여 기준에 적합하지 아니하게 대기오염방지설비를 유지・작동한 자
2. 제42조제3항의 규정을 위반하여 오존층파괴물질이 포함된 설비를 해양수산부장관이 지정・고시하는 업체 또는 단체 외의 자에게 인도한 자(2013.3.23 본호개정)
3. 제46조제1항의 규정을 위반하여 소각이 금지된 물질을 선박 안에서 소각한 자
4. 제46조제2항 및 제4항의 규정을 위반하여 소각설비를 설치하거나 이를 유지・작동한 자
5. 제46조제3항의 규정을 위반하여 소각이 금지된 해역에서 주기관・보조기관 또는 보일러를 사용하여 물질을 소각한 자
④ 다음 각 호의 어느 하나에 해당하는 자에게는 100만원 이하의 과태료를 부과한다.(2020.3.24 본문개정)
1. 제22조의2제1항을 위반하여 배출률의 승인을 받지 아니하거나 승인받은 배출률을 위반하여 폐기물을 배출한 자(2020.3.24 본호개정)
1의2. 제22조의2제2항을 위반하여 폐기물을 배출한 장소, 배출량 등을 그 선박의 기관일지에 기재하지 아니한 자(2020.3.24 본호신설)
1의3. 제26조제1항의 규정에 따른 폐유저장을 위한 용기를 비치하지 아니한 자
2. 제27조제3항의 규정에 따라 검인받은 유해액체물질의 배출방법 및 설비에 관한 지침서를 제공하지 아니한 자
3. 제30조 및 제34조의 규정에 따른 오염물질기록부를 비치하지 아니하거나 기록・보존하지 아니한 자 또는 거짓으로 기재한 자
3의2. 제30조의2제4항을 위반하여 전자기록부 적합확인서를 비치하지 아니한 자(2022.10.18 본호신설)
4. 제31조 및 제35조의 규정에 따른 검인받은 선박해양오염비상계획서 및 해양시설오염비상계획서를 비치하지 아니하거나 선박해양오염비상계획서 및 해양시설오염비상계획서에 따른 조치 등을 이행하지 아니한 자(2016.12.27 본호개정)
5. 제32조제1항 및 제36조제1항의 규정에 따른 해양오염방지관리인을 임명하지 아니한 자
6. 제32조제2항에 따른 해양오염방지관리인의 임명증빙서류를 비치하지 아니한 자(2020.3.24 본호개정)
6의2. 제32조제3항 또는 제36조제3항에 따른 해양오염방지관리인의 대리자를 지정하지 아니한 자(2017.10.31 본호신설)
6의3. 제32조제4항 또는 제36조제4항에 따라 오염물질 등을 이송 또는 배출하는 작업을 지휘・감독하게 하지 아니한 자(2017.10.31 본호신설)
6의4. 제32조의2제1항에 따른 검인받은 선박대선박 기름화물이송계획서를 비치하지 아니하거나 준수하지 아니한 자(2011.6.15 본호신설)
6의5. 제32조의2제2항에 따른 선박대선박 기름화물이송작업에 관하여 기록하지 아니하거나 거짓으로 기록한 자 또는 기록을 보관하지 아니한 자(2011.6.15 본호신설)
6의6. 제32조의2제3항에 따른 작업계획을 보고하지 아니하거나 거짓으로 보고한 자(2011.6.15 본호신설)
6의7. 제36조제2항을 위반하여 해양오염방지관리인의 임명 신고를 하지 아니한 자(2020.3.24 본호신설)
6의8. 제41조의3제1항 또는 제4항을 위반하여 선박에너지효율관리계획서 또는 선박에너지효율적합확인서를 선박에 비치하지 아니한 자(2020.3.24 본호신설)
6의9. 제41조의4제1항 또는 제2항을 위반하여 선박연료유 사용량등을 보고하지 아니하거나 거짓으로 보고한 자(2020.3.24 본호신설)
6의10. 제41조의4제4항을 위반하여 선박연료유 사용량등 검증확인서를 5년 이상 선박에 비치하지 아니한 자(2022.10.18 본호개정)
6의11. 제42조제4항에 따른 오존층파괴물질을 포함하고 있는 설비의 목록을 작성하지 아니하거나 거짓으로 작성한 자 또는 관리하지 아니한 자(2011.6.15 본호신설)
6의12. 제42조제5항에 따른 오존층파괴물질기록부를 작성하지 아니하거나 거짓으로 작성한 자 또는 비치하지 아니한 자(2011.6.15 본호신설)
6의13. 제43조제4항을 위반하여 기관일지를 기재하지 아니한 자(2022.10.18 본호신설)
7. 제44조제3항의 규정을 위반하여 기관일지를 기재하지 아니한 자
8. 제44조제4항의 규정을 위반하여 기관일지를 1년간 보관하지 아니한 자
8의2. 제44조제5항에 따른 연료유전환절차서를 비치하지 아니한 자(2011.6.15 본호신설)
9. 제45조제3항의 규정을 위반하여 연료유공급서 또는 그 사본을 3년간 보관하지 아니한 자
10. 제45조제4항의 규정을 위반하여 연료유견본을 보관하지 아니한 자
11. 제47조제4항의 규정을 위반하여 유증기 배출제어장치의 작동에 관한 기록을 3년간 보관하지 아니한 자
11의2. 제47조의2제1항에 따른 검인 받은 휘발성유기화합물관리계획서를 비치하지 아니하거나 준수하지 아니한 자(2011.6.15 본호신설)
12. 제57조제4항의 규정을 위반하여 해양오염방지검사증서등을 선박에 비치하지 아니한 자
13. 제72조제1항의 규정을 위반하여 처리실적서를 작성하여 제출하지 아니하거나 처리대장을 작성・비치하지 아니한 자
14. 제72조제2항의 규정을 위반하여 오염물질수거확인증을 작성하지 아니하거나 사실과 다르게 작성한 자
15. (2019.12.3 삭제)
15의2. 제72조제4항을 위반하여 고의로 오염물질 방제업무를 지연하거나 방제의무자 등의 방제조치를 방해한 자(2020.3.24 본호신설)
16~17. (2019.12.3 삭제)
17의2. 제76조제5항 후단을 위반하여 권리・의무의 승계 신고를 하지 아니한 자(2020.3.24 본호신설)
18. 제111조제2항의 규정에 따른 시정명령을 이행하지 아니한 자
19. (2020.3.24 삭제)

제133조【과태료의 부과・징수 등】 제132조에 따른 과태료는 대통령령으로 정하는 바에 따라 해양수산부장관, 해양경찰청장 또는 시・도지사가 부과・징수한다.(2020.2.18 본조개정)

부 칙

제1조【시행일】 이 법은 공포 후 1년이 경과한 날부터 시행한다. 다만, 제19조제1항제2호의 규정은 공포 후 2년이 경과한 날부터, 제110조제1항의 규정은 공포 후 3년이 경과한 날부터, 제40조 및 제53조의 규정은 이 법 시행 후 「선박 유해방오시스템의 규제에 관한 국제협약」이 우리나라에서 효력을 발생하는 날부터 시행한다.
<2008.9.17 발효>

제2조【폐지법률】 「해양오염방지법」은 이를 폐지한다.

제3조【공단의 설립준비】 ① 해양수산부장관은 종전의 「해양오염방지법」 제52조의2의 규정에 따른 한국해양오염방제조합(이하 "방제조합"이라 한다)의 해산과 공단의 설립에 관한 사무를 처리하기 위하여 공단설립추진위원회(이하 "설립위원회"라 한다)를 설치한다.

② 설립위원회는 해양수산부장관이 임명 또는 위촉하는 위원장을 포함한 15인 이내의 위원으로 구성하되, 정부·방제조합 및 학계 등의 전문가를 참여시켜야 하며, 위원장은 해양수산부차관이 된다.

③ 설립위원회는 공단의 정관을 작성하여 설립위원회의 위원이 기명날인하거나 서명한 후 해양수산부장관의 인가를 받아 그 설립등기를 하여야 한다.

제4조【사무 및 재산의 인계】 ① 설립위원회는 공단의 설립 등기 후 지체 없이 이사장에게 그 사무와 재산을 인계하여야 한다.

② 설립위원회 및 설립위원은 제1항의 규정에 따른 사무와 재산의 인계가 끝난 때에 해산 또는 해임·해촉된 것으로 본다.

제5조【설립비용】 방제조합의 해산 및 공단의 설립비용은 공단이 부담한다.

제6조【공단의 설립에 따른 경과조치】 ① 이 법 시행 당시 종전의 「해양오염방지법」에 따라 설립된 방제조합은 운영위원회의 결의에 따라 모든 권리·의무 및 재산을 이 법에 따라 설립될 공단이 승계하도록 해양수산부장관에게 그 승인을 신청할 수 있다.

② 제1항의 신청에 따라 해양수산부장관의 승인을 얻은 방제조합은 공단의 설립과 동시에 「민법」 중 법인의 해산 및 청산에 관한 규정에 불구하고 해산된 것으로 보며, 방제조합의 명의로 행한 행위 그 밖의 법률관계에 있어서는 공단의 설립과 동시에 이를 공단의 명의로 행한 것으로 본다.

③ 이 법 시행 당시 다른 법령에서 방제조합을 인용하고 있는 경우에는 공단의 설립과 동시에 그에 갈음하여 공단을 인용한 것으로 본다.

④ 이 법 시행 당시 방제조합의 재산과 권리·의무는 공단의 설립과 동시에 공단이 이를 포괄하여 승계한다. 이 경우 공단이 승계한 재산의 가액은 승계 당시의 장부가액으로 한다.

⑤ 제4항에 따라 포괄하여 승계된 재산과 권리·의무에 관한 등기부 그 밖의 공부상에 표시된 방제조합의 명의는 공단의 설립과 동시에 공단의 명의로 본다.

제7조【임·직원에 관한 조치】 ① 이 법 시행 당시 방제조합의 이사장·이사 및 감사는 이 법 시행과 동시에 임기가 종료된 것으로 본다. 다만, 이사의 경우 잔여 임기와 그 업무수행능력을 감안하여 공단의 정관이 정하는 바에 따라 종전의 직위에 상응하는 직무를 부여할 수 있다.

② 제99조제3항 및 제4항의 규정에 불구하고 공단의 최초 이사장·감사 및 이사는 설립위원회의 제청으로 해양수산부장관이 임명한다.

③ 이 법 시행 당시 방제조합의 직원은 공단의 직원으로 본다.

제8조【유해방오도료 등의 사용금지 등에 관한 적용례】 ① 제40조의 규정은 이 법 시행 후 해양시설에 유해방오도료 또는 유해방오시스템을 사용하는 분부터 적용한다.

② 제40조 및 제53조제1항의 규정은 이 법 시행 후 건조되는 선박부터 적용한다. 다만, 이 법 시행 당시 건조된 선박에 대하여는 이 법 시행 후 최초로 입거(入渠)하여 검사하는 날부터 적용한다.

제9조【바다골재채취예정지의 지정 등에 대한 해역이용협의에 관한 적용례】 제84조제1항제4호 내지 제6호의 규정은 이 법 시행 후 바다골재채취예정지의 지정, 바다골재채취의 허가 및 바다골재채취단지의 지정을 위하여 처분기관에 신청하는 분부터 적용한다.

제10조【해역이용영향평가에 관한 적용례】 제85조의 규정은 동조제1항 각 호의 어느 하나에 해당하는 행위를 위한 면허등을 받기 위하여 최초로 처분기관에 신청하는 분부터 적용한다.

제11조【일반적 경과조치】 이 법 시행 당시 종전의 「해양오염방지법」에 따라 행정기관이 행한 처분 그 밖의 행위 또는 행정기관에 대한 각종 신청 그 밖의 행위는 그에 해당하는 이 법에 따른 행정기관의 행위 또는 행정기관에 대한 행위로 본다.

제12조【해양환경보전종합계획 등에 관한 경과조치】 ① 이 법 시행 당시 종전의 「해양오염방지법」 제4조의 규정에 따라 수립되어 시행 중인 해양환경보전종합계획은 이 법 제14조의 규정에 따라 수립된 해양환경관리종합계획으로 본다.

② 이 법 시행 당시 종전의 「해양오염방지법」 제4조의5의 규정에 따라 수립되어 시행 중인 환경관리해역관리기본계획은 이 법 제16조의 규정에 따라 수립된 환경관리기본계획으로 본다.

③ 이 법 시행 당시 「기름 및 위험·유해물질오염 대비·대응 및 협력에 관한 국제협약」에 따라 수립되어 시행중인 기름오염대비·대응을 위한 국가긴급방제계획은 이 법 제61조의 규정에 따라 수립된 국가긴급방제계획으로 본다.

제13조【환경보전해역 등에 관한 경과조치】 ① 이 법 시행 당시 종전의 「해양오염방지법」 제4조의4제1항의 규정에 따른 환경보전해역은 이 법 제15조제1항제1호의 규정에 따라 환경보전해역으로 지정된 것으로 본다.

② 이 법 시행 당시 종전의 「해양오염방지법」 제4조의4제2항의 규정에 따른 특별관리해역은 이 법 제15조제1항제2호의 규정에 따라 특별관리해역으로 지정된 것으로 본다.

③ 이 법 시행 당시 종전의 「해양오염방지법」 제4조의4의 규정에 따라 환경보전해역 등에서 행하여진 행위제한은 이 법 제15조제2항 및 제3항의 규정에 따라 환경보전해역 또는 특별관리해역에서 행위제한 또는 조치 등을 행한 것으로 본다.

제14조【해역이용협의에 관한 경과조치】 이 법 시행 당시 종전의 「해양오염방지법」 제4조의8의 규정에 따른 해역이용협의는 이 법 제84조의 규정에 따라 해역이용협의를 행한 것으로 본다.

제15조【해양오염방제대책위원회 등에 대한 경과조치】 이 법 시행 당시 종전의 「해양오염방지법」에 따라 설치된 해양오염방제대책위원회·해양오염영향조사평가위원회 및 해양환경보전자문위원회는 이 법 제17조의 규정에 따라 해양환경관리위원회가 구성되기 전까지는 이 법에 따른 해양환경관리위원회로 본다. 이 경우 해양오염방제대책위원회·해양오염영향조사평가위원회 및 해양환경보전자문위원회의 위원회별 소관사항은 종전의 「해양오염방지법」 제51조·제52조의12 및 제63조의 구분에 따른다.

제16조【기름오염방지설비 등을 설치한 선박에 관한 경과조치】 ① 이 법 시행 당시 종전의 「해양오염방지법」 제6조제1항, 제12조제1항·제2항, 제17조제1항 및 제23조의3제1항의 규정에 따라 기름오염방지설비·선체·유해액체물질방지설비·화물창·폐기물오염방지설비 및 대기오염방지설비를 설치한 선박은 이 법 제25조제1항, 제26조제1항·제2항, 제27조제1항·제2항 및 제41조제1항의 규정에 따른 폐기물오염방지설비·기름오염방지설비·선체·유해액체물질방지설비·화물창 및 대기오염방지설비를 설치한 것으로 본다.

② 이 법 시행 당시 종전의 「해양오염방지법」 제25조의 규정에 따라 해양수산부장관이 교부한 해양오염방지증서 및 임시해양오염방지증서는 이 법 제49조제2항 및 제52조제2항의 규정에 따라 교부한 해양오염방지검사증서 및 임시해양오염방지검사증서로 본다.

제17조【오존층파괴물질이 포함된 설비의 설치에 관한 경과조치】 ① 제42조제2항의 규정에 불구하고 오존층파괴물질에 염화불화탄화수소가 포함된 경우에는 2020년 1월 1일까지는 당해 오존층파괴물질이 포함된 설비를 선박에 설치할 수 있다.

② 2006년 6월 29일 전에 오존층파괴물질이 포함된 설비를 설치한 선박은 제42조제2항의 규정에 불구하고 그 설비를 계속 사용할 수 있다.

제18조【질소산화물의 배출규제에 관한 경과조치】 제43조제1항의 규정에 불구하고 다음 각 호의 디젤기관은 동조제1항 각 호 외의 부분 본문의 규정에 따른 배출허용기준(이하 이 조에서 "배출허용기준"이라 한다)을 초과하여 작동할 수 있다.

1. 2006년 6월 29일 전에 건조된 선박에 설치된 제43조제1항제1호의 디젤기관(2006년 6월 29일 이후 제작된 디젤기관, 배출허용기준을 초과하여 작동하도록 개조된 디젤기관 및 연속 최대출력이 100분의 10 이상 증가하도록 개조된 디젤기관을 제외한다)
2. 2000년 1월 1일 전에 건조된 선박에 설치된 제43조제1항제2호의 디젤기관(2000년 1월 1일 이후 제작된 디젤기관, 배출허용기준을 초과하여 작동하도록 개조된 디젤기관 및 연속 최대출력이 100분의 10 이상 증가하도록 개조된 디젤기관을 제외한다)

제19조【유증기 배출제어장치 설치에 관한 경과조치】 제47조제2항 및 제3항의 규정에 불구하고 2006년 6월 29일 전에 기름·유해액체물질을 선박에 싣기 위한 시설의 설치를 시작하였거나 동 설치를 완료한 해양시설의 소유자는 2009년 5월 19일까지는 당해 해양시설에 유증기 배출제어장치를 설치하지 아니할 수 있다.

제20조【분담금 등에 관한 경과조치】 ① 이 법 시행 당시 종전의 「해양오염방지법」 제52조의4제1항의 규정에 따라 납부한 분담금은 이 법 제69조제1항의 규정에 따른 방제분담금을 납부한 것으로 본다.

② 이 법 시행 당시 종전의 「해양오염방지법」 제52조의4제3항의 규정에 따라 방제선등의 배치를 위탁하거나 방제대행자를 지정한 것으로 보는 경우에는 해당 위탁기간 또는 지정기간이 종료되는 날까지는 종전의 규정에 따른다.

제21조【폐기물해양배출업 등의 등록에 관한 경과조치】 ① 이 법 시행 당시 종전의 「해양오염방지법」 제18조의 규정에 따라 폐기물해양배출업으로 등록한 자는 이 법 제70조제1항제1호의 규정에 따라 폐기물해양배출업으로 등록한 것으로 본다.

② 이 법 시행 당시 종전의 「해양오염방지법」 제37조제1항제1호의 규정에 따라 방제업으로 등록한 자는 이 법 제70조제1항제2호의 규정에 따라 해양오염방제업으로 등록한 것으로 본다.

③ 이 법 시행 당시 종전의 「해양오염방지법」 제37조제1항제2호의 규정에 따라 유창청소업으로 등록한 자는 이 법 제70조제1항제3호의 규정에 따라 유창청소업으로 등록한 것으로 본다.

제22조【벌칙 등에 관한 경과조치】 이 법 시행 전의 행위에 대한 벌칙 및 과태료의 적용에 있어서는 종전의 「해양오염방지법」에 따른다.

제23조【다른 법률의 개정】 ①~⑰ ※(해당 법령에 가제정리 하였음)

제24조【다른 법령과의 관계】 이 법 시행 당시 다른 법령에서 종전의 「해양오염방지법」 및 그 규정을 인용하고 있는 경우 이 법에 그에 해당하는 규정이 있는 때에는 종전의 규정에 갈음하여 이 법 또는 이 법의 해당 규정을 인용한 것으로 본다.

부 칙 (2007.12.21)

제1조【시행일】 이 법은 「선박평형수 관리협약」이 우리나라에서 효력을 발생하는 날부터 시행한다.(이하 생략)
<2017.9.8 발효>

부 칙 (2012.12.18)

제1조【시행일】 이 법은 2013년 1월 1일부터 시행한다. 다만, 제70조제1항제3호, 제115조제3항 및 제123조제3항의 개정규정은 공포한 날부터 시행하고, 제83조의2의 개정규정은 공포 후 6개월이 경과한 날부터 시행한다.

제2조【선박에너지효율설계지수의 계산에 관한 적용례】 제41조의2 및 제41조의3의 개정규정은 2013년 1월 1일 이후에 선박의 건조계약이 이루어진 선박(건조계약이 없는 경우에는 2013년 7월 1일 이후에 용골이 거치되거나 그와 동등한 건조단계에 착수한 선박을 말한다), 2015년 7월 1일 이후에 선박의 소유자에게 인도되는 선박 또는 2013년 1월 1일 이후에 개조를 하려는 선박부터 적용한다.

제3조【선박에너지효율관리계획서의 비치에 관한 적용례】 제41조의3제1항의 개정규정에 따른 선박 중 제41조의2제1항의 개정규정에 따라 건조 또는 개조하는 선박을 제외한 선박의 소유자는 이 법 시행 후 처음으로 도래하는 대기오염방지설비에 대한 정기검사 또는 중간검사를 받을 때까지 선박에너지효율관리계획서를 작성하여 선박에 비치하여야 한다.

제4조【에너지효율검사에 관한 경과조치】 ① 제41조의2제1항의 개정규정에 따른 선박의 소유자는 건조하거나 개조한 선박을 항해에 사용하기 전까지 제54조의2의 개정규정에 따라 에너지효율검사를 받아야 한다.

② 제41조의3제1항의 개정규정에 따른 선박 중 제1항에 따른 선박을 제외한 선박의 소유자는 이 법 시행 후 처음으로 도래하는 대기오염방지설비에 대한 정기검사 또는 중간검사를 받을 때에 제54조의2의 개정규정에 따라 에너지효율검사를 받아야 한다.

부 칙 (2014.5.21)

제1조【시행일】 이 법은 공포한 날부터 시행한다.

제2조【금치산자 등에 대한 경과조치】 제71조제1호(제74조제4항에 따라 준용되는 경우를 포함한다), 제81조제1호, 제87조제1호 및 제101조제1항제2호의 개정규정에 따른 피성년후견인 및 피한정후견인에는 법률 제10429호 민법 일부개정법률 부칙 제2조에 따라 금치산 또는 한정치산 선고의 효력이 유지되는 사람을 포함하는 것으로 본다.

부 칙 (2016.12.27 법14516호)

제1조【시행일】 이 법은 공포한 날부터 시행한다. 다만, 제21조제8호·제9호, 제31조제1항, 제33조, 제35조제1항, 제75조제1항제8호, 제89조제1항제2호의2, 제105조, 제126조제1호, 제127조제1호·제2호, 제128조제1호 및 제132조제4항제1호·제1호의2·제4호의 개정규정은 공포 후 6개월이 경과한 날부터 시행한다.

제2조【국·공유재산 특례의 유효기간 등】 ① 제105조의 개정규정은 같은 개정규정 시행일부터 10년간 효력을 가진다.

② 제105조의 개정규정에 따라 공단이 무상으로 대부하

거나 사용·수익하고 있는 국·공유재산의 대부 또는 사용·수익은 제1항에 따른 유효기간이 지난 후에도 해당 국·공유재산의 대부 또는 사용·수익 기간의 범위에서 효력을 가진다.
제3조【평가대행자의 등록취소 등에 관한 적용례】 제89조제1항제2호의2의 개정규정은 같은 개정규정 시행 이후 평가대행자가 제86조제1항 후단에 따라 변경등록을 하여야 하는 사유가 발생하는 경우부터 적용한다.
제4조【폐기물 배출률 승인에 관한 경과조치】 이 법 시행 전에 「1978년 의정서에 의하여 개정된 선박으로부터의 오염방지를 위한 1973년 국제협약」에 따라 해양수산부장관의 승인을 받은 배출률은 제22조의2의 개정규정에 따라 배출률의 승인을 받은 것으로 본다.
제5조【해양환경관리업자의 행정처분에 관한 경과조치】 제75조제1항제8호의 개정규정 시행 전에 해양환경관리업자가 종전의 제75조제1항제8호에 해당하게 된 경우의 행정처분에 관하여는 같은 개정규정에도 불구하고 종전의 규정에 따른다.
제6조【국·공유재산 무상대부 등에 관한 경과조치】 제105조의 개정규정 시행 전에 공단이 무상으로 대부하거나 사용·수익하고 있는 국·공유재산의 대부 또는 사용·수익 기간에 관하여는 같은 개정규정에도 불구하고 종전의 규정에 따른다.
제7조【벌칙에 관한 경과조치】 이 법 시행 전의 행위에 대하여 벌칙을 적용할 때에는 종전의 규정에 따른다.

부 칙 (2017.10.31 법15012호)

제1조【시행일】 이 법은 공포 후 6개월이 경과한 날부터 시행한다.
제2조【선박해양오염비상계획서 등의 변경에 관한 적용례】 제31조제2항 및 제35조제2항의 개정규정은 이 법 시행 후 선박해양오염비상계획서 또는 해양시설오염비상계획서를 변경하는 경우부터 적용한다.
제3조【해양시설 안전점검 결과의 보관에 관한 적용례】 제36조의2제3항의 개정규정은 이 법 시행 후 제36조의2제1항에 따라 실시하는 해양시설에 대한 안전점검 결과부터 적용한다.
제4조【방제분담금의 강제징수에 관한 적용례】 제69조의2의 개정규정은 이 법 시행 후 부과하는 방제분담금부터 적용한다.
제5조【형식승인 등을 받은 자의 지위 승계신고에 관한 적용례】 제110조의3제2항의 개정규정은 이 법 시행 후 형식승인 등을 받은 자의 지위를 승계하는 경우부터 적용한다.
제6조【가산금에 관한 경과조치】 이 법 시행 전에 종전의 제20조제1항 후단에 따라 부과된 가산금에 대해서는 제20조제1항의 개정규정에도 불구하고 종전의 규정에 따른다.
제7조【공단의 명칭변경에 따른 경과조치】 ① 이 법 시행 당시 종전의 규정에 따라 설립된 해양환경관리공단은 이 법에 따른 해양환경공단으로 본다.
② 이 법 시행 당시 종전의 규정에 따른 해양환경관리공단의 행위나 해양환경관리공단에 대한 행위는 그에 해당하는 이 법에 따른 해양환경공단의 행위나 해양환경공단에 대한 행위로 본다.
③ 해양환경공단은 이 법 시행 후 6개월 이내에 이 법의 개정규정에 따라 정관을 변경하여 해양수산부장관의 인가를 받아야 한다.
제8조【다른 법률의 개정】 ①~③ ※(해당 법령에 가제정리 하였음)

부 칙 (2019.1.8)

이 법은 공포 후 6개월이 경과한 날부터 시행한다.

부 칙 (2019.8.20)

이 법은 공포한 날부터 시행한다.

부 칙 (2019.8.27)
(2019.12.3)

제1조【시행일】 이 법은 공포 후 1년이 경과한 날부터 시행한다.(이하 생략)

부 칙 (2020.2.18)

제1조【시행일】 이 법은 2021년 1월 1일부터 시행한다.(단서 생략)
제2조【사무이양을 위한 사전조치】 ① 관계 중앙행정기관의 장은 이 법에 따른 중앙행정권한 및 사무의 지방일괄 이양에 필요한 인력 및 재정 소요 사항을 지원하기 위하여 필요한 조치를 마련하여 이 법에 따른 시행일 3개월 전까지 국회 소관 상임위원회에 보고하여야 한다.
② 「지방자치분권 및 지방행정체제개편에 관한 특별법」 제44조에 따른 자치분권위원회는 제1항에 따른 인력 및 재정 소요 사항을 사전에 전문적으로 조사·평가할 수 있다.
제3조【행정처분 등에 관한 일반적 경과조치】 이 법 시행 당시 종전의 규정에 따라 행정기관이 행한 처분 또는 그 밖의 행위는 이 법의 규정에 따라 행정기관이 행한 처분 또는 그 밖의 행위로 보고, 종전의 규정에 따라 행정기관에 대하여 행한 신청·신고, 그 밖의 행위는 이 법의 규정에 따라 행정기관에 대하여 행한 신청·신고, 그 밖의 행위로 본다.
제4조【다른 법률의 개정】 (생략)

부 칙 (2020.3.24)

제1조【시행일】 이 법은 공포 후 6개월이 경과한 날부터 시행한다. 다만, 제44조의2, 제48조 및 제129조제1항제6호의2의 개정규정은 공포한 날부터 시행한다.
제2조【다른 법률의 개정】 ※(해당 법령에 가제정리 하였음)
제3조【다른 법령과의 관계】 이 법 시행 당시 다른 법령에서 종전의 「해양환경관리법」의 규정을 인용한 경우에 이 법 가운데 그에 해당하는 규정이 있는 때에는 종전의 규정을 갈음하여 이 법의 해당 규정을 인용한 것으로 본다.

부 칙 (2021.4.13)

이 법은 공포 후 6개월이 경과한 날부터 시행한다.

부 칙 (2022.10.18 법19002호)

제1조【시행일】 이 법은 공포 후 6개월이 경과한 날부터 시행한다.(이하 생략)

부 칙 (2022.10.18 법19013호)

제1조【시행일】 이 법은 공포 후 6개월이 경과한 날부터 시행한다. 다만, 제41조의4부터 제41조의6까지, 제54조의2, 제56조, 제58조, 제112조의 개정규정은 2022년 11월 1일부터 시행한다.
제2조【사용 중인 연료유의 견본채취 장소의 지정 및 설비의 설치에 관한 적용례】 제44조제6항 및 제7항의 개정규정은 2022년 4월 1일 이후 건조된 선박(2022년 4월 1일 이후 용골이 거치된 선박을 말한다)부터 적용한다. 다만, 2022년 4월 1일 이전 건조된 선박은 2023년 4월 1일 이후 해당 선박의 정기검사를 신청하는 날부터 적용한다.
제3조【에너지효율검사에 관한 적용례】 제54조의2의 개정규정은 2023년 1월 1일 이후에 신청하는 정기검사 또는 중간검사부터 적용한다.

부 칙 (2023.10.24)

이 법은 공포 후 6개월이 경과한 날부터 시행한다.

공유수면 관리 및 매립에 관한 법률(약칭 : 공유수면법)

(2010년 4월 15일
법 률 제10272호)

개정
2010. 5.31법10331호(산지관리법)
2011. 4.14법10599호(국토이용)
2011. 6.15법10801호(해사안전법)
2011. 8. 4법11020호(산업입지및개발에관한법)
2013. 3.23법11690호(정부조직)
2014. 1.14법12248호(도로법)
2014. 3.18법12476호
2014. 6. 3법12738호(공간정보구축관리)
2015. 2. 3법13186호(선박의입항및출항등에관한법)
2015. 6.22법13385호(수산종자산업육성법)
2015. 7.24법13426호(제주자치법)
2016.12.27법14480호(농어촌정비)
2016.12.27법14503호
2017. 3.21법14605호(배타적경제수역및대륙붕에관한법)
2017. 3.21법14726호
2017.10.31법15009호(항로표지법)
2018. 4.17법15607호(해양공간계획및관리에관한법)
2018.12.31법16149호 2019. 8.20법16501호
2019. 8.27법16568호(양식산업발전법)
2020. 1.29법16898호
2020. 1.29법16902호(항만법)
2020. 2.18법17007호(권한지방이양)
2020. 2.18법17063호(해양조사와해양정보활용에관한법)
2020. 3.31법17171호(전기안전관리법)
2021.11.30법18538호 2022. 1. 4법18694호
2022. 1.11법18755호(수산)
2022.12.27법19117호(산림자원의조성및관리에관한법)
2022.12.27법19133호
2023. 5.16법19415호(행정법제혁신을위한일부개정법령등)
2023. 7.25법19573호(해상교통안전법)
2024. 2. 6법20231호(화학물질관리법)→2025년 8월 7일 시행이므로 「法典 別冊」 보유편 수록

제1장 총 칙

제1조【목적】 이 법은 공유수면(公有水面)을 지속적으로 이용할 수 있도록 보전·관리하고, 환경친화적인 매립을 통하여 매립지를 효율적으로 이용하게 함으로써 공공의 이익을 증진하고 국민 생활의 향상에 이바지함을 목적으로 한다.
제2조【정의】 이 법에서 사용하는 용어의 뜻은 다음과 같다.
1. "공유수면"이란 다음 각 목의 것을 말한다.
  가. 바다 : 「해양조사와 해양정보 활용에 관한 법률」 제8조제1항제3호에 따른 해안선으로부터 「배타적 경제수역 및 대륙붕에 관한 법률」에 따른 배타적 경제수역 외측 한계까지의 사이(2020.2.18 본목개정)
  나. 바닷가 : 「해양조사와 해양정보 활용에 관한 법률」 제8조제1항제3호에 따른 해안선으로부터 지적공부(地籍公簿)에 등록된 지역까지의 사이(2020.2.18 본목개정)
  다. 하천·호소(湖沼)·구거(溝渠), 그 밖에 공공용으로 사용되는 수면 또는 수류(水流)로서 국유인 것
2. "포락지"란 지적공부에 등록된 토지가 물에 침식되어 수면 밑으로 잠긴 토지를 말한다.
3. "간석지"란 만조수위선(滿潮水位線)과 간조수위선(干潮水位線) 사이를 말한다.
4. "공유수면매립"이란 공유수면에 흙, 모래, 돌, 그 밖의 물건을 인위적으로 채워 넣어 토지를 조성하는 것(간척을 포함한다)을 말한다.
제3조【적용배제 등】 ① 다음 각 호의 어느 하나에 해당하는 경우에는 공유수면의 관리 및 점용·사용에 관한 이 법의 규정을 적용하지 아니한다.(2017.3.21 본문개정)
1. 「하천법」이 적용되거나 준용되는 공유수면
2. 「소하천정비법」이 적용되거나 준용되는 공유수면
3. 「농어촌정비법」 제2조제6호에 따른 농업생산기반시설 안의 공유수면
4. 「항만법」 제2조제5호에 따른 항만시설에 해당하는 공유수면
5. 「어촌·어항법」 제2조제5호에 따른 어항시설에 해당하는 공유수면
② 다음 각 호의 어느 하나에 해당하는 경우에는 공유수면매립에 관한 이 법의 규정을 적용하지 아니한다.
1. 다른 법령에 따라 구거 또는 저수지를 변경하기 위한 매립
2. 제8조제1항제4호에 따른 공유수면의 매립

③ 다음 각 호의 어느 하나에 해당하는 경우에는 공유수면매립에 관한 이 법의 규정을 준용한다.
1. 수산물양식장의 축조
2. 조선시설(造船施設)의 설치
3. 조력(潮力)을 이용하는 시설물의 축조
4. 공유수면의 일부를 구획한 영구적인 설비의 축조

제2장 공유수면의 관리 등

제1절 공유수면의 관리

제4조【공유수면의 관리】 ① 공유수면을 관리하는 국가나 지방자치단체는 공유수면을 보전하고 지속적으로 이용할 수 있도록 환경친화적으로 관리하여야 한다.
② 다음 각 호의 어느 하나에 해당하는 공유수면은 해양수산부장관이 관리하고, 그 밖의 공유수면은 대통령령으로 정하는 바에 따라 특별시장·광역시장·특별자치시장·도지사·특별자치도지사 또는 시장·군수·구청장(구청장은 자치구의 구청장을 말한다. 이하 같다)이 관리한다.(2020.2.18 본문개정)
1. 「배타적 경제수역 및 대륙붕에 관한 법률」 제2조에 따른 배타적 경제수역(2017.3.21 본호개정)
2. 그 밖에 대통령령으로 정하는 공유수면

제5조【금지행위】 누구든지 공유수면에서 정당한 사유 없이 다음 각 호의 어느 하나에 해당하는 행위를 하여서는 아니 된다.
1. 폐기물, 폐유, 폐수, 오수, 분뇨, 가축분뇨, 오염토양, 유독물, 동물의 사체, 그 밖에 해양수산부령으로 정하는 오염물질을 버리거나 흘러가게 하는 행위(2013.3.23 본호개정)
2. 수문(水門) 또는 그 밖에 공유수면의 관리를 위한 시설물을 개폐(開閉)하거나 훼손하는 행위
3. 선박을 버리거나 방치하는 행위

제6조【방치된 선박 등의 제거】 ① 해양수산부장관, 특별시장·광역시장·특별자치시장·도지사·특별자치도지사 또는 시장·군수·구청장(이하 "공유수면관리청"이라 한다)은 전복·침몰·방치 또는 계류된 선박, 방치된 폐자재, 그 밖의 물건(이하 "방치선박등"이라 한다)이 다음 각 호의 어느 하나에 해당하는 경우에는 해양수산부령으로 정하는 바에 따라 그 소유자 또는 점유자에게 제거를 명할 수 있다.(2020.2.18 본문개정)
1. 공유수면의 효율적 이용을 저해하는 것으로 인정되는 경우
2. 수질오염을 발생시킬 우려가 있다고 인정되는 경우
② 공유수면관리청은 제1항에 따라 제거를 명하려는 경우에는 해양수산부장관이 정하는 바에 따라 미리 방치선박등이 제1항 각 호의 어느 하나에 해당하는지를 확인하기 위한 조사를 하고, 해당 방치선박등의 상태 및 발견장소, 해당 방치선박등으로 인한 해양사고 및 수질오염의 발생 가능성, 공유수면 관리·이용의 지장 여부 등 여러 상황을 종합적으로 고려하여야 한다.(2013.3.23 본항개정)
③ 공유수면관리청은 다음 각 호의 어느 하나에 해당하는 경우에는 대통령령으로 정하는 바에 따라 방치선박등을 제거할 수 있다.
1. 방치선박등의 소유자 또는 점유자가 제1항에 따른 제거명령을 이행하지 아니한 경우. 다만, 제거명령을 받은 선박의 이해관계인[「선박등기법」에 따라 선박등기부에 기재된 자 및 「자동차 등 특정동산 저당법」에 따라 선박원부(船舶原簿) 등에 기재된 자로 한정한다. 이하 이 조에서 같다]으로부터 제거에 대한 승낙 또는 동의를 받지 못한 경우는 제외한다.
2. 방치선박등의 소유자 또는 점유자를 알 수 없는 경우
④ 공유수면관리청은 대통령령으로 정하는 바에 따라 제3항제1호 단서의 이해관계인에게 해당 선박의 제거와 관련하여 해당 선박에 대한 권리의 주장 등이 포함된 의견을 제출하게 할 수 있다.
⑤ 공유수면관리청은 제4항에 따라 의견을 제출받은 경우에는 대통령령으로 정하는 바에 따라 그 의견 내용의 타당성(그 권리의 주장이 정당한지 여부를 포함한다)을 확인하기 위한 재조사를 하여야 한다.
⑥ 공유수면관리청은 제3항제1호 단서에도 불구하고 다음 각 호의 어느 하나에 해당하는 경우에는 대통령령으로 정하는 바에 따라 해당 선박을 제거할 수 있다.
1. 이해관계인이 제4항에 따른 공유수면관리청의 의견 제출 요청을 받고도 의견을 제출하지 아니하거나 선박등기부에 기재된 권리를 포기한다는 의사표시를 한 경우
2. 제5항에 따라 재조사한 결과 다음 각 목의 어느 하나에 해당하는 경우
가. 제1항에 따른 선박이 외국과 체결한 조약·협약, 「선박의 입항 및 출항 등에 관한 법률」 또는 「해상교통안전법」을 위반하여 다른 선박의 안전운항 및 해상교통질서에 지장을 줄 위험이 있다고 인정되는 경우(2023.7.25 본목개정)
나. 제1항에 따른 선박으로부터 「해양환경관리법」 제2조제4호·제5호·제7호부터 제10호까지·제15호·제18호에 따른 물질이 배출(같은 법 제2조제3호의 배출을 말한다)될 우려가 있는 경우
다. 제1항에 따른 선박의 떠다님으로 「어촌·어항법」 제2조제5호에 따른 어항시설, 「항만법」 제2조제5호에 따른 항만시설, 항구·포구의 시설물 및 다른 선박 등과 충돌할 위험이 있는 경우
라. 그 밖에 제1항에 따른 선박이 공유수면의 이용에 지장을 주는 경우로서 그 선박의 잔존(殘存) 가치가 제거에 쓰일 비용보다 적은 경우
⑦ 공유수면관리청이 제3항과 제6항에 따라 방치선박등을 제거하는 데 든 비용은 방치선박등의 소유자 또는 점유자가 부담하되, 그 소유자 또는 점유자를 알 수 없는 경우에는 대통령령으로 정하는 바에 따라 해당 방치선박등을 처분하여 그 비용으로 충당할 수 있다.

제7조【사업비 지원】 해양수산부장관은 공유수면의 관리·운영하는 지방자치단체에 예산의 범위에서 필요한 사업비를 지원할 수 있다.(2013.3.23 본조개정)

제2절 공유수면의 점용·사용허가

제8조【공유수면의 점용·사용허가】 ① 다음 각 호의 어느 하나에 해당하는 행위를 하려는 자는 대통령령으로 정하는 바에 따라 공유수면관리청으로부터 공유수면의 점용 또는 사용(이하 "점용·사용"이라 한다)의 허가(이하 "점용·사용허가"라 한다)를 받아야 한다. 다만, 「수상에서의 수색·구조 등에 관한 법률」 제19조에 따른 조난된 선박등의 구난작업, 「재난 및 안전관리 기본법」 제37조에 따른 응급조치를 위하여 공유수면을 점용·사용하려는 경우 또는 제28조에 따라 매립면허를 받은 자가 매립면허를 받은 목적의 범위에서 해당 공유수면을 점용·사용하려는 경우에는 그러하지 아니하다.(2016.12.27 단서개정)
1. 공유수면에 부두, 방파제, 교량, 수문, 신·재생에너지 설비(「신에너지 및 재생에너지 개발·이용·보급 촉진법」 제2조제3호에 따른 신·재생에너지 설비를 말한다. 이하 이 장에서 같다), 건축물(「건축법」 제2조제1항제2호에 따른 건축물로서 공유수면에 토지를 조성하지 아니하고 설치한 건축물을 말한다. 이하 이 장에서 같다), 그 밖의 인공구조물을 신축·개축·증축 또는 변경하거나 제거하는 행위(2017.3.21 본호개정)
2. 공유수면에 접한 토지를 공유수면 이하로 굴착(掘鑿)하는 행위
3. 공유수면의 바닥을 준설(浚渫)하거나 굴착하는 행위
4. 대통령령으로 정하는 포락지 또는 개인의 소유권이 인정되는 간석지를 토지로 조성하는 행위
5. 공유수면으로부터 물을 끌어들이거나 공유수면으로 물을 내보내는 행위. 다만, 해양수산부령으로 정하는 행위는 제외한다.(2013.3.23 단서개정)
6. 공유수면에서 흙이나 모래 또는 돌을 채취하는 행위
7. 공유수면에서 식물을 재배하거나 베어내는 행위
8. 공유수면에 흙 또는 돌을 버리는 등 공유수면의 수심(水深)에 영향을 미치는 행위
9. 점용·사용허가를 받아 설치된 시설물로서 국가나 지방자치단체가 소유하는 시설물을 점용·사용하는 행위
10. 공유수면에서 「광업법」 제3조제1호에 따른 광물을 채취하는 행위
11. 제1호부터 제10호까지에서 규정한 사항 외에 공유수면을 점용·사용하는 행위
② 공유수면관리청은 제1항제1호에 따른 건축물의 신축·개축 및 증축을 위한 허가를 할 때에는 대통령령으로 정하는 건축물에 대하여만 허가하여야 한다.
③ 공유수면관리청은 점용·사용허가를 하려는 경우에는 대통령령으로 정하는 바에 따라 관계 행정기관의 장과 미리 협의하여야 한다.
④ 점용·사용허가를 받은 자가 그 허가사항 중 점용·사용 기간 및 목적 등 대통령령으로 정하는 사항을 변경하려는 경우에는 공유수면관리청의 변경허가를 받아야 한다.
⑤ 제4항에 따른 변경허가에 관하여는 제3항을 준용한다.
⑥ 공유수면관리청은 점용·사용허가 또는 제4항에 따른 변경허가를 하였을 때에는 대통령령으로 정하는 바에 따라 그 내용을 고시하여야 한다.
⑦ 공유수면관리청은 점용·사용허가를 하는 경우 해양환경·생태계·수산자원 및 자연경관의 보호, 그 밖에 어업피해의 예방 또는 공유수면의 관리·운영을 위하여 필요하다고 인정하는 경우에는 대통령령으로 정하는 바에 따라 어업인 등 이해관계자의 의견을 들어야 하며, 점용·사용의 방법 및 관리 등에 관한 부관(附款)을 붙일 수 있다.(2022.1.4 본항개정)
⑧ 점용·사용허가를 받은 자는 그 허가받은 공유수면을 다른 사람이 점용·사용하게 하여서는 아니 된다. 다만, 국방 또는 자연재해 예방 등 공익을 위하여 필요한 경우로서 공유수면관리청의 승인을 받은 경우에는 그러하지 아니하다.
⑨ 공유수면관리청이 아닌 행정기관의 장은 다른 법률에 따라 점용·사용허가 또는 제4항에 따른 변경허가를 받은 것으로 보는 행정처분을 하였을 때에는 즉시 그 사실을 공유수면관리청에 통보하여야 한다.(2017.3.21 본항개정)

제9조【점용·사용허가 사항의 변경신고】 점용·사용허가를 받은 자는 점용·사용허가 내용 중 다음 각 호의 어느 하나에 해당하는 사항이 변경된 경우에는 그 사실을 해양수산부령으로 정하는 바에 따라 공유수면관리청에 신고하여야 한다.(2017.3.21 본문개정)
1. 법인의 명칭
2. 법인의 대표자
3. 주소(법인인 경우에는 주된 사무소의 소재지를 말한다)

제10조【공유수면의 점용·사용 협의 또는 승인】 ① 제8조에도 불구하고 국가나 지방자치단체는 공유수면을 공용·공공용 또는 비영리사업의 목적으로 직접 점용·사용하려는 경우에는 공유수면관리청과 협의하거나 공유수면관리청의 승인을 받아야 한다.
② 제1항에 따라 협의하거나 승인을 받은 국가나 지방자치단체는 협의하거나 승인받은 내용 중 점용·사용 기간 및 목적 등 대통령령으로 정하는 사항을 변경하려는 경우에는 공유수면관리청과 협의하거나 공유수면관리청의 승인을 받아야 한다.
③ 제1항과 제2항에 따른 협의 또는 승인에 관하여는 제8조제6항, 제7항 및 제9항을 준용한다.(2017.3.21 본항개정)

제11조【점용·사용허가의 기간 등】 공유수면관리청은 다음 각 호의 구분에 따른 기간 이내로 대통령령으로 정하는 바에 따라 점용·사용허가를 하여야 한다.
1. 부두, 방파제, 교량, 수문, 신·재생에너지 설비, 건축물 또는 이와 유사한 견고한 인공구조물 : 30년(2017.3.21 본호개정)
2. 제1호 외의 인공구조물 : 15년
3. 제8조제1항제2호·제3호 및 제5호부터 제11호까지의 규정에 따른 점용·사용 : 5년. 다만, 다음 각 목의 어느 하나에 해당하는 경우에는 다음 각 목의 구분에 따른 기간 이내로 한다.(2017.3.21 단서개정)
가. 제8조제1항제5호에 따른 점용·사용이 「전기사업법」 제2조제2호에 따른 전기사업자가 전원설비(電源設備)를 설치·운영하기 위한 경우 : 30년(2017.3.21 본목신설)
나. 제8조제1항제5호에 따른 점용·사용이 「수산업법」 제40조에 따라 어업허가를 받은 자가 육상해수양식어업을 영위하거나 「수산종자산업육성법」 제21조에 따라 수산종자생산업의 허가를 받은 자가 수산종자생산업을 영위하기 위한 경우 : 15년(2022.1.11 본목개정)

제12조【점용·사용허가 등의 기준】 ① 공유수면관리청은 제8조와 제10조에 따라 점용·사용허가를 하거나 점용·사용 협의 또는 승인을 할 때에는 다음 각 호의 사항을 고려하여야 한다.
1. 공유수면 점용·사용 면적, 기간, 방법 등의 적정성
2. 「해양공간계획 및 관리에 관한 법률」에 따른 해양공간계획과의 부합 여부
3. 해양환경, 해양생태계, 자연경관, 해상교통안전, 공유수면의 관리·운영 및 국가안보 등에 미치는 영향
4. 어업활동 등 수산업에 미치는 영향
5. 제8조제7항에 따른 이해관계자 의견 수렴을 한 경우 그 결과
6. 그 밖에 필요한 사항으로서 대통령령으로 정하는 사항(2022.12.27 본항신설)
② 공유수면관리청은 제8조와 제10조에 따라 점용·사용허가를 하거나 점용·사용 협의 또는 승인을 할 때에 그 허가나 협의 또는 승인으로 피해가 예상되는 권리로서 대통령령으로 정하는 권리를 가진 자(이하 "공유수면 점용·사용 관련 권리자"라 한다)가 있으면 그 허가나 협의 또는 승인을 하여서는 아니 된다. 다만, 다음 각 호의 어느 하나에 해당하는 경우에는 그러하지 아니하다.
1. 공유수면 점용·사용 관련 권리자가 해당 공유수면의 점용·사용에 동의한 경우
2. 국가나 지방자치단체가 국방 또는 자연재해 예방 등 대통령령으로 정하는 공익사업을 위하여 점용·사용하려는 경우

제13조【공유수면 점용료·사용료의 징수】 ① 공유수면관리청은 점용·사용허가나 공유수면의 점용·사용 협의 또는 승인을 받은 자(제38조제1항에 따라 공유수면매립실시계획의 승인을 받은 자, 다른 법률에 따라 공유수면매립실시계획의 승인을 받은 것으로 보는 자 및 다른 법률에 따라 공유수면 점용·사용허가 또는 공유수면의 점용·사용 협의 또는 승인을 받은 것으로 보는 자를 포함한다)로부터 대통령령으로 정하는 바에 따라 매년 공유수면 점용료 또는 사용료(이하 "점용료·사용료"라 한다)를 징수하여야 한다. 이 경우 제4조제2항에 따라 해양수산부장관이 관리하는 공유수면을 제외한 공유수면에 대한 점용료·사용료는 대통령령으로 정하는 범위에서 해당 공유수면관리청이 속하는 지방자치단체의 조례로 정한다. 다만, 다음 각 호의 어느 하나에 해당하는 경우에는 대통령령으로 정하는 바에 따라 점용료·사용료를 감면할 수 있다.(2021.11.30 본문개정)
1. 국가·지방자치단체, 그 밖에 대통령령으로 정하는 자가 공익목적의 비영리사업을 위하여 공유수면을 직접 점용·사용하는 경우
2. 제8조제1항제4호에 해당하는 행위를 위하여 점용·사용하는 경우
3. 제8조제1항 각 호에 해당하는 행위 또는 다른 법률에

따라 공유수면에서 시행하는 공사 등으로 발생하는 오염물질의 확산을 방지할 목적으로 오탁(汚濁)방지막을 설치하기 위하여 점용·사용하는 경우
4. 「경제자유구역의 지정 및 운영에 관한 특별법」 제2조제1호에 따른 경제자유구역에서 개발사업시행자가 개발사업을 시행하기 위하여 점용·사용하는 경우
5. 「사회기반시설에 대한 민간투자법」 제2조제5호에 따른 민간투자사업을 시행하기 위하여 점용·사용하는 경우
6. 「산업입지 및 개발에 관한 법률」 제2조제9호에 따른 산업단지개발사업의 시행자가 해당 산업단지개발사업을 위하여 공유수면을 매립하는 경우로서 그 매립공사에 따르는 흙·돌의 채취 및 준설 등을 위하여 점용·사용하는 경우(2011.8.4 본호개정)
7. 「수산업법」 또는 「양식산업발전법」에 따른 면허·허가 또는 신고어업을 위하여 해당 어업구역에서 점용·사용하는 경우[「양식산업발전법」 제43조제1항제1호에 따른 육상해수양식업을 하려는 자가 제8조제1항제5호의 행위를 위하여 해당 어업구역 밖에 인수관(引水管)이나 배수관(排水管)을 설치하는 경우를 포함한다] (2019.8.27 본호개정)
8. 「제주특별자치도 설치 및 국제자유도시 조성을 위한 특별법」 제162조제1항에 따라 지정된 제주투자진흥지구에서 같은 법 제147조에 따른 개발사업을 시행하기 위하여 점용·사용하는 경우(2015.7.24 본호개정)
9. 「항로표지법」 제9조제6항, 제13조 또는 제14조에 따라 사설항로표지의 설치 및 관리를 위하여 점용·사용하는 경우(2017.10.31 본호개정)
10. 「해양환경관리법」 제2조제4호·제5호·제7호부터 제10호까지·제15호·제18호에 따른 물질의 확산 방지를 목적으로 해양수산부령으로 정하는 방제장비(防除裝備) 또는 자재를 설치하기 위하여 점용·사용하는 경우(2013.3.23 본호개정)
11. 「마리나항만의 조성 및 관리 등에 관한 법률」 제10조에 따라 지정·고시한 마리나항만구역 내에서 같은 법 제2조제2호 및 제4호에 따른 마리나항만시설 또는 마리나산업단지의 조성 및 운영 등을 위하여 점용·사용하는 경우
12. 신·재생에너지 설비의 설치·운영을 위하여 점용·사용하는 경우(2017.3.21 본호개정)
13. 「수산종자산업육성법」에 따른 수산종자생산업을 위하여 점용·사용하는 경우(2015.6.22 본호신설)
14. 「국가균형발전 특별법」 제17조제2항에 따라 지정된 산업위기대응특별지역 및 「고용정책 기본법」에 따른 고용위기지역 또는 고용재난지역에 소재한 업종 중 대통령령으로 정하는 업종(2018.12.31 본호신설)
15. 재해나 그 밖의 특별한 사정으로 본래의 공유수면 점용·사용 목적을 달성할 수 없는 경우(2021.11.30 본호신설)

② 해양수산부장관의 점용·사용허가에 따라 징수하는 점용료·사용료는 국가의 수입으로 하고, 특별시장·광역시장·특별자치시장·도지사·특별자치도지사 또는 시장·군수·구청장의 점용·사용허가에 따라 징수하는 점용료·사용료는 해당 지방자치단체의 수입으로 한다. (2020.2.18 본항개정)

③ 제2항에도 불구하고 「배타적 경제수역 및 대륙붕에 관한 법률」 제2조에 따른 배타적 경제수역에서의 다음 각 호의 어느 하나에 해당하는 행위에 대하여 점용료·사용료를 징수하는 경우에는 그 점용료·사용료의 100분의 50에 해당하는 금액을 해당 허가구역에서 가장 가까운 광역시·도·특별자치도의 수입으로 한다.(2017.3.21 본문개정)
1. 「골재채취법」 제2조제1항제1호에 따른 골재의 채취
2. 「광업법」 제3조제1호에 따른 광물의 채취

④ 광역시장·도지사는 제3항에 따른 수입금을 수산자원 조성 및 수산업 발전에 사용할 수 있도록 해당 배타적 경제수역 인근의 3개 이내 시·군·구(자치구를 말한다. 이하 같다)에 균등하게 교부하여야 한다.(2017.3.21 본항개정)

⑤ 특별시장·광역시장·특별자치시장·도지사·특별자치도지사 또는 시장·군수·구청장은 「골재채취법」에 따른 골재의 채취 또는 「광업법」에 따른 광물의 채취에 대한 점용·사용허가에 따라 징수하는 점용료·사용료 수입의 100분의 50 이상을 「수산자원관리법」 제41조제1항 각 호에 따른 수산자원조성사업에 사용하여야 한다. 다만, 해양수산부장관은 공유수면관리청별 특성과 점용료·사용료 수입금액 등을 고려하여 수산자원조성사업에 사용하여야 하는 비율을 100분의 50 미만으로 따로 정할 수 있다.(2020.2.18 본문개정)

⑥ 공유수면관리청은 점용료·사용료를 대통령령으로 정하는 바에 따라 분할납부하게 할 수 있다. 이 경우 연간 점용료·사용료가 대통령령으로 정하는 금액 이상인 경우에는 점용·사용허가(허가기간을 연장하는 변경허가를 포함한다)를 할 때에 점용·사용허가를 받는 자에게 대통령령으로 정하는 금액의 범위에서 보증금을 예치하게 하거나 이행보증의 조치를 하도록 하여야 한다.

⑦ 공유수면관리청은 점용료·사용료를 내야 하는 자가 점용료·사용료를 납부기한까지 내지 아니하면 내야 할 점용료·사용료의 100분의 3의 범위에서 대통령령으로 정하는 바에 따라 가산금을 징수할 수 있다.(2017.3.21 본항신설)

⑧ 공유수면관리청은 점용료·사용료 또는 가산금을 납부하지 아니하는 자에 대하여는 국세 또는 지방세 체납처분의 예에 따라 징수할 수 있다.(2017.3.21 본항개정)

제14조【점용료·사용료의 조정】 공유수면관리청은 동일인(제16조에 따라 권리·의무를 이전받거나 상속받은 자를 포함한다)이 같은 공유수면을 2년 이상 계속하여 점용·사용하는 경우로서 해당 연도의 연간 점용료·사용료가 전년도보다 100분의 10 이상 증가한 경우에는 대통령령으로 정하는 계산식에 따라 조정한 금액을 해당 연도의 점용료·사용료로 징수할 수 있다.

제15조【변상금의 징수】 ① 공유수면관리청은 점용·사용허가를 받지 아니하고 점용·사용하거나 제8조제4항에 따라 점용·사용 기간의 변경허가를 받지 아니하고 그 허가받은 기간을 초과하여 점용·사용하는 자에게는 대통령령으로 정하는 바에 따라 점용료·사용료에 해당하는 금액의 100분의 120에 해당하는 변상금을 징수하여야 한다. 이 경우 변상금을 내야 하는 자가 변상금을 기한까지 내지 아니하면 체납된 변상금의 100분의 3 이내에서 대통령령으로 정하는 바에 따라 가산금을 징수할 수 있다.

② 제1항에 따른 변상금과 가산금의 분할납부 및 징수에 관하여는 제13조제6항 전단 및 제8항을 준용한다. (2017.3.21 본항개정)

제16조【권리·의무의 이전 등】 ① 점용·사용허가로 발생한 권리·의무는 대통령령으로 정하는 바에 따라 이전하거나 상속할 수 있다.

② 제1항에 따라 권리·의무를 이전받거나 상속받은 자는 해양수산부령으로 정하는 바에 따라 권리·의무의 이전 또는 상속 내용을 공유수면관리청에 신고하여야 한다. (2013.3.23 본항개정)

③ 공유수면관리청은 제2항에 따른 신고를 받은 날부터 10일 이내에 신고수리 여부를 신고인에게 통지하여야 한다.(2019.8.20 본항신설)

④ 공유수면관리청이 제3항에서 정한 기간 내에 신고수리 여부 또는 민원 처리 관련 법령에 따른 처리기간의 연장을 신고인에게 통지하지 아니하면 그 기간(민원 처리 관련 법령에 따라 처리기간이 연장 또는 재연장된 경우에는 해당 처리기간을 말한다)이 끝난 날의 다음 날에 신고를 수리한 것으로 본다.(2019.8.20 본항신설)

⑤ 제3항에 따라 권리·의무의 이전 또는 상속의 신고가 수리된 자(제4항에 따라 신고가 수리된 것으로 보는 자를 포함한다)는 이 법에 따른 점용·사용허가를 받은 자로 본다.(2019.8.20 본항개정)

제3절 점용·사용 실시계획

제17조【점용·사용 실시계획의 승인 등】 ① 제8조제1항제1호부터 제4호까지의 행위로서 인공구조물의 규모 및 총공사비 등 대통령령으로 정하는 요건에 해당하는 행위를 하기 위하여 점용·사용허가를 받은 자는 관련 공사에 착수하기 전에 미리 공유수면관리청으로부터 공유수면 점용·사용 실시계획(이하 "점용·사용 실시계획"이라 한다)의 승인을 받아야 한다. 승인받은 사항 중 대통령령으로 정하는 사항을 변경하려는 경우에도 또한 같다.

② 제8조제1항 각 호의 행위(제1항 전단에 따라 점용·사용 실시계획의 승인을 받아야 하는 행위는 제외한다)를 하기 위하여 점용·사용허가를 받은 자 또는 제10조에 따라 공유수면의 점용·사용 협의 또는 승인을 받은 자는 관련 공사에 착수하기 전에 미리 공유수면관리청에 점용·사용 실시계획을 신고하여야 한다. 이 경우 신고한 사항 중 대통령령으로 정하는 사항을 변경하려는 경우에도 또한 같다.

③ 제1항에 따라 점용·사용 실시계획의 승인을 받으려는 자는 점용·사용허가를 받은 날부터 1년 이내에 공유수면관리청의 승인을 받아야 하고, 제2항에 따라 점용·사용 실시계획을 신고하려는 자는 점용·사용허가를 받거나 점용·사용 협의 또는 승인을 받은 날부터 6개월 이내에 공유수면관리청에 신고하여야 한다.

④ 제3항에도 불구하고 공유수면관리청은 천재지변 등 부득이한 사정이 있으면 대통령령으로 정하는 바에 따라 제3항에 따른 기간을 1년(신고의 경우에는 6개월을 말한다)의 범위에서 한 번만 연장할 수 있다.

⑤ 공유수면관리청은 제2항에 따른 신고를 받은 날부터 10일 이내에 신고수리 여부를 신고인에게 통지하여야 한다.(2019.8.20 본항신설)

⑥ 공유수면관리청이 제5항에서 정한 기간 내에 신고수리 여부 또는 민원 처리 관련 법령에 따른 처리기간의 연장을 신고인에게 통지하지 아니하면 그 기간(민원 처리 관련 법령에 따라 처리기간이 연장 또는 재연장된 경우에는 해당 처리기간을 말한다)이 끝난 날의 다음 날에 신고를 수리한 것으로 본다.(2019.8.20 본항신설)

⑦ 공유수면관리청은 제1항과 제5항에 따라 점용·사용 실시계획을 승인하거나 신고수리를 한 경우(제6항에 따라 신고수리를 한 것으로 보는 경우를 포함한다)에는 대통령령으로 정하는 바에 따라 그 내용을 고시하여야 한다. (2019.8.20 본항개정)

⑧ 제1항과 제2항에 따른 점용·사용 실시계획의 승인 및 신고에 필요한 사항은 해양수산부령으로 정한다. (2013.3.23 본항개정)

제18조【준공검사 등】 ① 제17조제1항에 따라 점용·사용 실시계획의 승인을 받은 자는 해당 공사를 완료하면 지체 없이 대통령령으로 정하는 바에 따라 공유수면관리청에 준공검사를 신청하여야 한다. 다만, 필요한 경우 해당 공사를 전부 완료하기 전이라도 공사를 완료한 일부에 대하여 해양수산부령으로 정하는 바에 따라 준공검사를 신청할 수 있다.(2017.3.21 단서신설)

② 제17조제2항에 따라 점용·사용 실시계획의 신고를 한 자는 해당 공사를 완료하면 지체 없이 대통령령으로 정하는 바에 따라 공유수면관리청에 공사 완료를 신고하여야 한다.

③ 공유수면관리청은 제2항에 따른 신고를 받은 날부터 10일 이내에 신고수리 여부를 신고인에게 통지하여야 한다.(2019.8.20 본항신설)

④ 공유수면관리청이 제3항에서 정한 기간 내에 신고수리 여부 또는 민원 처리 관련 법령에 따른 처리기간의 연장을 신고인에게 통지하지 아니하면 그 기간(민원 처리 관련 법령에 따라 처리기간이 연장 또는 재연장된 경우에는 해당 처리기간을 말한다)이 끝난 날의 다음 날에 신고를 수리한 것으로 본다.(2019.8.20 본항신설)

⑤ 공유수면관리청은 대통령령으로 정하는 바에 따라 제1항에 따른 준공검사를 한 결과 그 공사가 제17조제1항에 따라 승인받은 점용·사용 실시계획의 내용대로 시행되었다고 인정할 때에는 해양수산부령으로 정하는 준공검사확인증을 내주어야 한다.(2013.3.23 본항개정)

⑥ 공유수면관리청은 제3항 또는 제5항에 따라 공사 완료 신고를 수리하거나(제4항에 따라 신고수리를 한 것으로 보는 경우를 포함한다) 준공검사를 하였으면 대통령령으로 정하는 바에 따라 그 사실을 고시하여야 한다. (2019.8.20 본항개정)

제4절 점용·사용 관련 처분 등

제19조【점용·사용허가 등의 취소 등】 ① 공유수면관리청은 제8조와 제10조에 따라 점용·사용허가를 받은 자나 공유수면의 점용·사용 협의 또는 승인을 받은 자가 다음 각 호의 어느 하나에 해당하는 경우에는 그 허가나 협의 또는 승인을 취소하거나 점용·사용의 정지, 인공구조물, 시설물, 흙·돌 또는 그 밖의 물건의 개축·이전 등 필요한 조치를 명할 수 있다. 다만, 제1호에 해당하는 경우에는 점용·사용허가를 취소하여야 한다. (2017.3.21 단서신설)
1. 거짓이나 그 밖의 부정한 방법으로 점용·사용허가를 받은 경우
2. 점용·사용허가를 받은 자가 허가사항을 위반한 경우
3. 정당한 사유 없이 제8조제7항에 따른 부관을 이행하지 아니한 경우
4. 점용료·사용료를 내지 아니한 경우
5. 제17조제1항 및 제2항에 따른 점용·사용 실시계획의 승인을 받지 아니하거나 점용·사용 실시계획의 신고를 하지 아니한 경우
6. 제55조에 따른 관계인·관계 문서 등의 조사, 토지등에의 출입, 토지등의 일시 사용 또는 장애물의 변경·제거를 거부·방해하거나 기피하는 경우
7. 점용·사용허가나 공유수면의 점용·사용 협의 또는 승인과 관계있는 사업의 전부 또는 일부가 폐지된 경우

② 공유수면관리청은 제1항에 따른 점용·사용허가나 점용·사용 협의 또는 승인을 취소하는 경우와 점용·사용의 정지 또는 인공구조물, 시설물, 흙·돌, 그 밖의 물건의 개축·이전 등 필요한 조치를 명한 경우에는 그 사실을 고시하고, 해양수산부령으로 정하는 표지를 해당 공유수면 또는 인공구조물 등이 잘 보이는 곳에 설치하여야 한다. (2013.3.23 본항개정)

③ 누구든지 제2항에 따른 표지의 설치를 거부 또는 방해하거나 설치된 표지를 훼손하여서는 아니 된다.

제20조【공익을 위한 처분】 공유수면관리청은 다음 각 호의 어느 하나에 해당하는 경우에는 점용·사용허가의 취소, 점용·사용의 정지 또는 인공구조물·시설물 및 그 밖의 물건의 개축·이전을 명할 수 있다.
1. 관련 산업의 발전, 국가 또는 지방자치단체의 관련 계획의 변경 등 공유수면과 직접 관련된 상황의 변경으로 필요한 경우
2. 공유수면의 보전 및 재해 예방 등 공공의 피해를 제거하거나 줄이기 위하여 필요한 경우
3. 수문이나 그 밖에 공유수면의 관리를 위한 시설물을 유지·보호하기 위하여 필요한 경우
4. 「공익사업을 위한 토지 등의 취득 및 보상에 관한 법률」 제4조에 따른 공익사업을 위하여 필요한 경우

제21조【원상회복 등】 ① 다음 각 호의 어느 하나에 해당하는 자(이하 이 조에서 "원상회복 의무자"라 한다)는 해당 공유수면에 설치한 인공구조물, 시설물, 흙·돌, 그 밖의 물건을 제거하고 해당 공유수면을 원상으로 회복시

켜야 한다. 다만, 제8조제1항제4호의 행위를 하기 위하여 점용·사용허가를 받은 경우에는 그러하지 아니하다.
1. 점용·사용허가를 받지 아니하거나 공유수면의 점용·사용 협의 또는 승인을 받지 아니하고 점용·사용한 자
2. 점용·사용허가를 받거나 공유수면의 점용·사용 협의 또는 승인을 받은 면적을 초과하여 점용·사용한 자
3. 점용·사용 기간이 끝난 자
4. 점용·사용허가 또는 공유수면의 점용·사용 협의 또는 승인과 관계있는 사업이 폐지된 자
5. 점용·사용허가가 취소된 자
6. 공유수면의 점용·사용 협의 또는 승인이 취소된 자
② 공유수면관리청은 원상회복 의무자가 제1항에 따른 원상회복에 필요한 조치 등을 하지 아니하는 경우에는 기간을 정하여 공유수면의 원상회복을 명할 수 있다.
③ 공유수면관리청은 제2항에 따른 원상회복 명령을 받은 자가 이를 이행하지 아니할 때에는 「행정대집행법」에 따라 원상회복에 필요한 조치를 할 수 있다.
④ 공유수면관리청은 제1항에도 불구하고 원상회복이 불가능하거나 그 밖에 대통령령으로 정하는 사유가 있으면 원상회복 의무자의 신청에 의하여 또는 직권으로 원상회복 의무를 면제할 수 있다.
⑤ 공유수면관리청은 제4항에 따라 면제신청을 받은 경우에는 해양수산부령으로 정하는 바에 따라 그 신청을 받은 날부터 20일 이내에 신청인에게 면제 여부를 알려야 한다.(2013.3.23 본항개정)
⑥ 공유수면관리청은 다음 각 호의 어느 하나에 해당하는 경우에는 대통령령으로 정하는 바에 따라 해당 공유수면에 있는 인공구조물, 시설물, 흙·돌, 그 밖의 물건을 무상으로 국가나 지방자치단체에 귀속시킬 수 있다.
1. 점용·사용허가를 받지 아니하고 공유수면을 점용·사용한 자가 제2항에 따른 원상회복 명령을 이행하지 아니한 경우
2. 제4항에 따라 원상회복 의무가 면제된 경우
⑦ 공유수면관리청은 제1항에 따른 원상회복 의무와 제2항에 따른 원상회복 명령의 이행을 담보하기 위하여 필요한 경우에는 제17조제1항에 따라 점용·사용 실시계획을 승인할 때 또는 같은 조 제2항에 따른 신고를 받을 때에 대통령령으로 정하는 바에 따라 그 원상회복에 필요한 비용에 해당하는 금액을 예치하게 할 수 있다.

제3장 공유수면의 매립

제1절 공유수면매립 기본계획

제22조【공유수면매립 기본계획의 수립】 ① 해양수산부장관은 국토의 전체적인 기능 및 용도에 맞고 환경과 조화되도록 공유수면을 매립·관리하기 위하여 10년마다 「연안관리법」 제30조에 따른 중앙연안관리심의회(이하 "심의회"라 한다)의 심의를 거쳐 공유수면매립 기본계획(이하 "매립기본계획"이라 한다)을 수립하여야 한다.(2013.3.23 본항개정)
② 제1항에 따른 매립기본계획은 「해양공간계획 및 관리에 관한 법률」에 따른 해양공간계획, 「국토기본법」에 따른 국토종합계획 및 「국토의 계획 및 이용에 관한 법률」에 따른 도시·군관리계획에 적합하게 수립하여야 한다.(2018.4.17 본항개정)
③ 해양수산부장관은 제1항에 따라 매립기본계획을 수립할 때에는 미리 관계 중앙행정기관의 장과 협의하고 관계 특별시장·광역시장·도지사(이하 "시·도지사"라 한다) 및 특별자치시장의 의견을 들어야 한다.(2017.3.21 본항개정)
④ 제3항에 따른 시·도지사의 의견에는 매립기본계획과 관련된 시장·군수·구청장의 의견 및 해당 시·군·구에 설치된 지방의회의 의견이 포함되어야 한다.(2017.3.21 본항개정)
⑤ 해양수산부장관은 매립기본계획을 수립할 때에는 관계 전문가에게 자문할 수 있다.(2013.3.23 본항개정)
제23조【매립기본계획에의 반영 요청 등】 ① 중앙행정기관의 장, 지방자치단체의 장 또는 공유수면을 매립하려는 자는 매립기본계획에 포함되지 아니한 공유수면 중 매립할 필요가 있는 공유수면이 있으면 그 공유수면이 매립기본계획에 반영되도록 해양수산부장관에게 요청할 수 있다.
② 해양수산부장관은 제1항에 따라 매립기본계획에의 반영을 요청받은 경우에는 해당 공유수면의 해양환경, 생태계현황, 매립 타당성 및 토지이용계획, 그 밖에 대통령령으로 정하는 사항을 해양수산부령으로 정하는 바에 따라 조사하거나 측량하여야 한다.
③ 해양수산부장관은 관계 행정기관의 장에게 제2항에 따른 조사 또는 측량에 필요한 자료의 제출을 요청할 수 있다. 이 경우 요청을 받은 관계 행정기관의 장은 특별한 사유가 없으면 해당 자료를 제출하여야 한다.
④ 해양수산부장관은 효율적인 조사 또는 측량을 위하여 필요한 경우에는 제2항에 따른 조사 또는 측량을 전문기관에 의뢰할 수 있다. 이 경우 해양수산부장관은 제1항에 따라 매립기본계획에의 반영을 요청한 자(이하 "매립기본계획 반영요청자"라 한다)에게 조사 또는 측량에 드는 비용의 전부 또는 일부를 대통령령으로 정하는 바에 따라 부담시킬 수 있다.
⑤ 해양수산부장관은 제2항에 따라 조사·측량을 하였을 때에는 그 결과를 매립기본계획 반영요청자에게 즉시 알려야 한다.
⑥ 해양수산부장관은 같은 공유수면에 매립기본계획 반영요청자가 여럿인 경우에는 대통령령으로 정하는 우선순위에 따라 매립기본계획에 반영할 수 있다.
(2013.3.23 본조개정)
제24조【매립기본계획의 내용】 ① 매립기본계획에는 매립 예정인 공유수면(이하 "매립예정지"라 한다)별로 다음 각 호의 사항을 내용으로 하는 매립예정지별 매립계획이 포함되어야 한다.
1. 매립예정지의 위치와 규모
2. 매립목적
3. 매립예정지의 토지이용계획
4. 매립의 필요성과 매립방법에 관한 사항
5. 매립으로 인한 환경 및 생태계의 변화 중 대통령령으로 정하는 사항과 그 대책에 관한 사항
6. 매립예정지의 토지이용계획과 관련한 매립 전후의 경제성 비교에 관한 사항
② 제1항에 따른 매립예정지별 매립계획은 매립기본계획에 따라 5년 단위로 작성하여야 한다.
제25조【매립예정지별 매립계획의 해제 등】 ① 매립면허를 받으려는 자는 제24조와 제26조에 따라 수립·고시된 매립예정지별 매립계획에 따라 5년 이내에 제28조에 따른 매립면허를 받아야 한다.
② 제1항에 따른 기간 내에 매립면허를 받지 아니한 경우에는 그 기간이 지난 다음 날부터 해당 매립예정지별 매립계획이 해제된 것으로 본다.
③ 해양수산부장관은 제2항에 따라 매립예정지별 매립계획이 해제된 경우에는 해제된 날부터 14일 이내에 그 사실을 매립예정지별로 매립기본계획 반영요청자에게 알려야 하고, 해양수산부령으로 정하는 바에 따라 고시하여야 한다.(2013.3.23 본항개정)
제26조【매립기본계획의 고시 등】 ① 해양수산부장관은 매립기본계획을 수립하였을 때에는 지체 없이 그 내용을 고시하고 관계 중앙행정기관의 장과 관계 시·도지사 또는 특별자치시장에게 알려야 하며, 지체 없이 국회 소관 상임위원회에 제출하여야 한다.(2018.12.31 본항개정)
② 제1항에 따라 통보를 받은 시·도지사는 시장·군수·구청장으로 하여금 매립기본계획을 14일 이상 일반인이 열람할 수 있게 하여야 하며, 특별자치시장은 직접 매립기본계획을 14일 이상 일반인이 열람할 수 있게 하여야 한다.(2017.3.21 본항개정)
③ 매립기본계획은 매립예정지로 된 공유수면의 이용을 위하여 이미 설정된 권리를 제한하지 아니한다.
④ 관계 행정기관의 장은 매립예정지에서 대통령령으로 정하는 경우를 제외하고는 새로운 권리를 설정할 수 없다.
제27조【매립기본계획의 변경 등】 ① 해양수산부장관은 제22조와 제26조에 따라 수립·고시된 매립기본계획의 타당성을 5년마다 검토하고, 검토 결과 다음 각 호의 어느 하나에 해당하는 사유가 있으면 매립기본계획의 변경 등 필요한 조치를 하여야 한다.(2013.3.23 본문개정)
1. 매립예정지별 매립계획의 추가 또는 해제
2. 매립예정지 면적의 확대
3. 매립목적의 변경
② 제1항에도 불구하고 해양수산부장관은 공유수면의 매립과 관련한 산업의 발전, 법령에 따라 수립된 계획의 변경, 그 밖에 주변여건의 변화 등으로 인하여 필요한 경우에는 직권으로 또는 요청을 받아 매립기본계획을 변경할 수 있다. 이 경우 변경을 요청하는 자는 제23조제2항에 따른 조사 및 측량을 미리 하여야 한다.(2013.3.23 전단개정)
③ 제1항과 제2항에 따른 매립기본계획의 변경에 관하여는 제22조부터 제26조까지의 규정을 준용한다.

제2절 공유수면 매립면허 등

제28조【매립면허】 ① 공유수면을 매립하려는 자는 대통령령으로 정하는 바에 따라 매립목적을 구체적으로 밝혀 다음 각 호의 구분에 따라 해양수산부장관, 시·도지사, 특별자치시장 또는 특별자치도지사(이하 "매립면허관청"이라 한다)로부터 공유수면 매립면허(이하 "매립면허"라 한다)를 받아야 한다.(2017.3.21 본문개정)
1. 「항만법」 제3조제1항 각 호에 따른 항만구역의 공유수면 매립 : 해양수산부장관(2013.3.23 본호개정)
2. 면적이 10만 제곱미터 이상인 공유수면 매립 : 해양수산부장관(2013.3.23 본호개정)
3. 제1호 및 제2호에 따른 공유수면을 제외한 공유수면 매립 : 시·도지사, 특별자치시장 또는 특별자치도지사(2017.3.21 본호개정)
② 매립예정지가 제1항제1호에 따른 공유수면과 같은 항 제3호에 따른 공유수면에 걸쳐 있으면 해양수산부장관의 매립면허를 받아야 한다.(2013.3.23 본항개정)
③ 제1항제3호에 따른 공유수면의 매립으로서 매립예정지가 둘 이상의 특별시·광역시·특별자치시·도·특별자치도의 관할 지역에 걸쳐 있으면 관계 시·도지사, 특별자치시장 또는 특별자치도지사의 협의에 의하여 결정되는 시·도지사, 특별자치시장 또는 특별자치도지사의 면허를 받아야 한다. 다만, 협의가 성립되지 아니할 때에는 해양수산부장관이 지정하는 시·도지사, 특별자치시장 또는 특별자치도지사의 매립면허를 받아야 한다.(2017.3.21 본항개정)
④ 매립면허관청은 제1항에 따라 매립면허를 하려는 경우에는 미리 관계 중앙행정기관의 장 및 시·도지사, 특별자치시장 또는 특별자치도지사와 협의하여야 한다.(2017.3.21 본항개정)
⑤ 매립면허관청은 매립기본계획의 내용에 적합한 범위에서 매립면허를 하여야 한다.
⑥ 매립면허관청은 매립기본계획에 반영된 매립예정지를 분할하여 면허할 수 없다. 다만, 국가·지방자치단체 또는 「한국토지주택공사법」에 따른 한국토지주택공사가 매립하는 경우에는 그러하지 아니하다.
⑦ 「항만법」 제3조제1항 각 호에 따른 항만구역의 공유수면 및 「어촌·어항법」 제2조제3호가목에 따른 국가어항 구역의 공유수면은 국가나 지방자치단체만 매립할 수 있다. 다만, 매립 목적·규모 또는 입지 여건 등을 고려하여 대통령령으로 정하는 경우에는 그러하지 아니하다.
⑧ 매립면허관청은 동일한 위치의 공유수면에 대하여 면허의 신청이 경합된 경우에는 대통령령으로 정하는 우선순위에 따라 면허를 할 수 있다.
⑨ 매립면허관청이 아닌 행정기관의 장은 다른 법률에 따라 제1항에 따른 공유수면 매립면허를 받은 것으로 보는 행정처분을 하였을 때에는 즉시 그 사실을 매립면허관청에 통보하여야 한다.(2017.3.21 본항신설)
제29조【매립면허의 부관】 매립면허관청은 매립면허를 할 때에 제31조 각 호에 해당하는 자의 보호 또는 공익을 위하여 필요한 사항과 그 밖에 대통령령으로 정하는 사항에 대하여 부관을 붙일 수 있다.
제30조【매립면허의 기준】 ① 매립면허관청은 매립예정지 공유수면 및 매립으로 피해가 예상되는 매립예정지 인근의 구역에 관하여 권리를 가진 자(이하 "공유수면매립 관련 권리자"라 한다)가 있으면 다음 각 호의 어느 하나에 해당하는 경우를 제외하고는 매립면허를 할 수 없다.
1. 공유수면매립 관련 권리자가 매립에 동의하고, 매립이 환경과 생태계의 변화를 충분히 고려한 것으로 인정되는 경우
2. 매립으로 생기는 이익이 그 손실을 현저히 초과하는 경우
3. 법령에 따라 토지를 수용하거나 사용할 수 있는 사업을 위하여 매립이 필요한 경우
4. 그 밖에 국방 또는 재해예방 등 공익을 위하여 필요한 경우로서 대통령령으로 정하는 경우
② 제1항에 따른 매립으로 피해가 예상되는 매립예정지 인근 구역의 범위는 대통령령으로 정한다.
제31조【공유수면매립 관련 권리자의 범위】 제30조제1항에 따른 공유수면매립 관련 권리자란 다음 각 호의 어느 하나에 해당하는 자를 말한다.
1. 제8조에 따라 점용·사용허가를 받거나 제10조에 따라 공유수면의 점용·사용 협의 또는 승인을 받은 자
2. 「수산업법」 제2조제9호에 따른 입어자(入漁者)(2022.1.11 본호개정)
3. 「수산업법」 제7조 또는 「양식산업발전법」 제10조에 따른 면허를 받은 자(2022.1.11 본호개정)
4. 「수산업법」 제40조제3항에 따른 구획어업 또는 「양식산업발전법」 제43조제1항제1호에 따른 육상해수양식업의 허가를 받은 자 또는 「수산종자산업육성법」 제21조에 따른 수산종자생산업의 허가를 받은 자(2022.1.11 본호개정)
5. 다른 법령의 규정에 따라 허가를 받거나 관습에 따라 공유수면에서 물을 끌어들이거나 공유수면으로 배출하는 자
제32조【매립으로 인한 손실방지와 보상 등】 ① 제28조에 따라 매립면허를 받은 자(이하 "매립면허취득자"라 한다)는 대통령령으로 정하는 바에 따라 공유수면매립 관련 권리자의 손실을 보상하거나 그 손실을 방지하는 시설을 설치하여야 한다.
② 매립면허취득자는 제1항에 따른 보상에 관하여 공유수면매립 관련 권리자와 협의하여야 한다.
③ 매립면허취득자는 제2항에 따른 협의가 성립되지 아니하거나 협의할 수 없는 경우에는 대통령령으로 정하는 바에 따라 관할 토지수용위원회에 재결(裁決)을 신청할 수 있다.
④ 제3항에 따른 관할 토지수용위원회의 재결에 대한 이의신청 등에 관하여는 「공익사업을 위한 토지 등의 취득 및 보상에 관한 법률」 제83조부터 제86조까지의 규정을 준용한다.
⑤ 제3항과 제4항에 따른 재결과 관련된 수수료 등 비용에 관하여는 「공익사업을 위한 토지 등의 취득 및 보상에 관한 법률」 제20조제2항, 제28조제2항 및 제58조제3항을 준용한다.
⑥ 제33조에 따른 매립면허의 고시일 이후에 제31조 각 호의 어느 하나에 해당하게 된 자 또는 그가 설치한 시설 등에 대하여는 제1항을 적용하지 아니한다.
제33조【매립면허의 고시】 매립면허관청은 매립면허를 하였을 때에는 대통령령으로 정하는 바에 따라 그 사실을 고시하여야 한다.

제34조【매립면허 수수료】 매립면허관청은 매립면허를 할 때에는 대통령령으로 정하는 바에 따라 매립면허취득자로부터 매립면허 수수료를 징수할 수 있다. 다만, 다음 각 호의 어느 하나에 해당하는 경우에는 매립면허 수수료를 면제할 수 있다.
1. 대통령령으로 정하는 공익 목적의 법인 또는 공공단체가 시행하는 매립
2. 제3조제3항제1호에 따른 수산물양식장의 축조

제35조【국가 등이 시행하는 매립】 ① 제28조에도 불구하고 국가나 지방자치단체가 공유수면을 매립하려는 경우 또는 「한국토지주택공사법」에 따른 한국토지주택공사가 「산업입지 및 개발에 관한 법률」에 따라 산업단지개발사업을 위하여 공유수면을 매립하려는 경우에는 미리 매립면허관청과 협의하거나 매립면허관청의 승인을 받아야 한다.
② 제1항에 따라 협의하거나 승인을 받은 자는 제4항에 따른 준공검사를 받기 전에는 매립에 관한 권리를 양도할 수 없다. 다만, 국가나 지방자치단체가 매립에 관한 권리를 양도하는 경우에는 해양수산부령으로 정하는 바에 따라 매립면허관청에 신고한 후 양도할 수 있다.(2019.8.20 본항개정)
③ 매립면허관청은 제2항 단서에 따른 신고를 받은 경우 그 내용을 검토하여 이 법에 적합하면 신고를 수리하여야 한다. 이 경우 해양수산부장관이 아닌 매립면허관청은 그 신고를 수리하기 전에 해양수산부장관과 미리 협의하여야 한다.(2019.8.20 본항신설)
④ 제1항에 따라 협의하거나 승인을 받은 자가 해당 매립공사를 준공하였을 때에는 지체 없이 「공간정보의 구축 및 관리 등에 관한 법률」 제67조에 따른 지목(地目)을 정하여 매립면허관청에 준공검사를 신청하여야 한다.(2014.6.3 본항개정)
⑤ 제1항에 따라 협의하거나 승인을 받은 자는 제4항에 따른 준공검사를 받은 날에 제46조제1항제3호 및 제4호에 해당하는 매립지의 소유권을 취득한다.(2019.8.20 본항개정)
⑥ 제1항에 따라 협의하거나 승인을 받은 자가 시행하는 공유수면의 매립에 관하여는 제28조제1항부터 제5항까지, 제9항, 제29조부터 제33조까지, 제38조, 제39조, 제39조의2, 제40조부터 제42조까지, 제44조부터 제46조(같은 조 제1항제3호 및 제4호는 제외한다)까지, 제48조, 제49조제1항·제3항·제5항·제6항, 제51조부터 제54조(같은 조 제9항은 제외한다)까지 및 제56조부터 제58조까지의 규정을 준용한다.(2017.3.21 본항개정)

제36조【국가 등이 시행하는 소규모매립】 ① 국가나 지방자치단체가 대통령령으로 정하는 공용 또는 공공용으로 사용하기 위하여 1천 제곱미터 이하로 공유수면을 매립(이하 "소규모매립"이라 한다)하려는 경우에는 매립기본계획에 관계없이 제35조(같은 조 제6항에 따라 준용되는 제28조제4항 및 제5항은 제외한다)에 따라 매립을 할 수 있다.(2019.8.20 본항개정)
② 매립면허관청은 제1항에 따라 소규모매립에 관하여 협의 또는 승인을 할 때에는 미리 관계 행정기관의 장과 협의하여야 한다.

제37조【매립지의 이관】 해양수산부장관은 정부사업으로 실시하는 매립공사를 준공하였을 때에는 매립지를 대통령령으로 정하는 바에 따라 지체 없이 그 매립지의 매립목적에 따라 관계 중앙행정기관의 장에게 이관(移管)하여야 한다. 이 경우 농업을 주목적으로 하는 매립공사에서 방수 또는 방조제 시설공사를 준공하였을 때에는 이를 지체 없이 농림축산식품부장관에게 이관하여야 한다.(2013.3.23 본조개정)

제3절 매립공사

제38조【공유수면매립실시계획의 승인】 ① 매립면허취득자는 대통령령으로 정하는 바에 따라 공유수면매립실시계획(이하 "매립실시계획"이라 한다)을 수립하여 매립면허관청의 승인을 받아야 한다. 승인받은 내용을 변경하려는 경우에도 또한 같다.
② 매립면허취득자는 매립예정지를 둘 이상의 공구(工區)로 구분하여 매립실시계획을 수립하고 매립면허관청의 승인을 신청할 수 있다.(2017.3.21 본항신설)
③ 매립면허취득자는 매립면허를 받은 날부터 1년 이내에 매립실시계획의 승인을 받아야 한다. 다만, 천재지변 등 대통령령으로 정하는 부득이한 사유가 있으면 매립면허관청으로부터 1년의 범위에서 한 번만 그 기간을 연장받아 승인을 받을 수 있다.
④ 매립면허취득자는 공유수면매립 관련 권리자로부터 공사 착수에 관한 동의를 받거나 제32조에 따른 보상 또는 시설 설치를 한 후에 매립실시계획의 승인을 신청하여야 한다.
⑤ 매립면허관청은 제1항에 따라 매립실시계획을 승인하거나 변경승인하였을 때에는 대통령령으로 정하는 바에 따라 그 사실을 고시하여야 한다.

제39조【인가·허가등의 의제】 ① 매립면허취득자가 매립실시계획의 승인을 받은 경우에는 다음 각 호의 인가·허가·승인·해제·협의·신고 등(이하 "인가·허가등"이라 한다)에 관하여 매립면허관청이 인가·허가등의 관계 행정기관의 장과 미리 협의한 사항에 대해서는 해당 인가·허가등을 받은 것으로 보며, 제38조제5항에 따른 매립실시계획의 승인 고시가 있는 때에는 관련 법률에 따른 인가·허가등의 고시·공고가 있는 것으로 본다.(2023.5.16 본문개정)
1. 「골재채취법」 제22조에 따른 골재채취의 허가 및 같은 법 제34조제1항에 따른 골재채취단지에서의 골재채취 허가
2. 「국토의 계획 및 이용에 관한 법률」 제30조에 따른 도시·군관리계획의 결정, 같은 법 제56조제1항제2호·제4호에 따른 토지의 형질변경·분할 허가, 같은 법 제86조에 따른 도시·군계획시설사업의 시행자 지정 및 같은 법 제88조에 따른 도시·군계획시설사업 실시계획의 인가(2011.4.14 본호개정)
3. 「농어촌정비법」 제23조에 따른 농업생산기반시설의 사용허가(2016.12.27 본호개정)
4. 「농지법」 제34조에 따른 농지의 전용허가 또는 협의
5. 「도로법」 제107조에 따른 도로관리청과의 협의 또는 승인(같은 법 제36조에 따른 도로관리청이 아닌 자에 대한 도로공사 시행의 허가 및 같은 법 제61조에 따른 도로의 점용 허가에 관한 것만 해당한다)(2014.1.14 본호개정)
6. 「사도법」 제4조에 따른 사도의 개설허가
7. 「사방사업법」 제14조에 따른 사방지 안에서의 벌채 등의 허가 및 같은 법 제20조에 따른 사방지의 지정해제
8. 「산림자원의 조성 및 관리에 관한 법률」 제36조제1항·제5항에 따른 입목벌채등의 허가·신고, 「산림보호법」 제9조제1항·제2항에 따른 산림보호구역(산림유전자원보호구역은 제외한다)에서의 행위의 허가·신고 및 같은 법 제11조제1항제1호에 따른 산림보호구역의 지정해제(2022.12.27 본호개정)
9. 「산지관리법」 제14조에 따른 산지전용허가 및 같은 법 제15조에 따른 산지전용신고, 같은 법 제15조의2에 따른 산지일시사용허가·신고(2010.5.31 본호개정)
10. 「소하천정비법」 제10조제1항에 따른 소하천공사의 시행허가 및 같은 법 제14조에 따른 소하천의 점용허가
11. 「수산자원관리법」 제47조제2항에 따른 보호수면 안에서의 공사시행 승인
12. 「신항만건설촉진법」 제8조제1항에 따른 신항만건설사업실시계획의 승인
13. 「자연공원법」 제23조에 따른 공원구역에서의 행위허가 및 같은 법 제71조에 따른 공원관리청과의 협의
14. 「장사 등에 관한 법률」 제27조제1항에 따른 개장허가
15. 「전기안전관리법」 제8조에 따른 자가용전기설비 공사계획의 인가 또는 신고(2020.3.31 본호개정)
16. 「초지법」 제21조의2에 따른 토지의 형질변경 등의 허가 및 같은 법 제23조에 따른 초지의 전용 허가·신고 또는 협의
17. 「하수도법」 제24조에 따른 공공하수도의 점용허가
18. 「하천법」 제6조에 따른 하천관리청과의 협의 또는 승인, 같은 법 제30조에 따른 하천공사의 시행허가 및 같은 법 제33조에 따른 하천의 점용허가
19. 「항로표지법」 제13조제1항제1호에 따른 항로표지의 설치허가(2017.10.31 본호개정)
20. 「항만법」 제9조제2항에 따른 항만개발사업 시행의 허가 및 같은 법 제10조제2항에 따른 항만개발사업실시계획의 승인(2020.1.29 본호개정)
② 매립면허취득자가 매립실시계획의 승인을 받은 경우에는 제8조에 따른 점용·사용허가, 제10조에 따른 공유수면의 점용·사용 협의 또는 승인 및 제17조에 따른 점용·사용 실시계획의 신고 또는 승인을 받은 것으로 보며, 제38조제5항에 따른 매립실시계획 승인 고시가 있는 때에는 제17조제7항에 따른 고시가 있는 것으로 본다.(2019.8.20 본항개정)
③ 매립면허관청은 매립실시계획을 승인할 때 그 내용에 제1항 각 호의 어느 하나 또는 제2항에 해당하는 사항이 포함되어 있으면 매립면허취득자가 제출한 관계 서류를 갖추어 관계 행정기관의 장과 미리 협의하여야 한다.(2023.5.16 후단삭제)
④ 제1항부터 제3항까지에서 규정한 사항 외에 인가·허가등 의제의 기준·효과 및 처리기준의 통합 고시 등에 관하여는 「행정기본법」 제24조부터 제26조까지 및 「행정절차법」 제20조제2항을 준용한다. 이 경우 「행정절차법」 제20조제2항 중 "처분기준"은 "처리기준"으로, "공표"는 "고시"로 본다.(2023.5.16 본항개정)
⑤ (2023.5.16 삭제)

제39조의2【인가·허가등 의제를 위한 일괄협의회】 ① 매립면허관청은 제39조제3항에 따라 관계 행정기관의 장과 협의하기 위하여 대통령령으로 정하는 바에 따라 인가·허가등 의제를 위한 일괄협의회를 개최할 수 있다.
② 제39조제3항에 따라 매립면허관청의 협의요청을 받은 관계 행정기관의 장은 소속 공무원을 제1항에 따른 일괄협의회에 참석하게 하여야 한다.
(2017.3.21 본조신설)

제40조【매립공사】 매립면허취득자는 승인받은 매립실시계획의 내용대로 매립공사를 시행하여야 한다.

제41조【토지 등에의 출입 등】 ① 매립면허를 받으려는 자 또는 매립면허취득자는 매립에 관한 조사·측량 또는 매립공사 등을 위하여 다음 각 호의 어느 하나에 해당하는 행위를 하려는 경우에는 미리 그 소유자·점유자 또는 관리인 등의 동의를 받아야 한다. 다만, 그 소유자·점유자 또는 관리인 등을 알 수 없는 경우에는 그러하지 아니하다.
1. 타인의 토지나 공유수면의 출입
2. 타인의 토지나 공유수면에 있는 나무, 흙·돌, 그 밖의 장애물의 변경
3. 타인의 토지나 공유수면을 재료적치장이나 임시도로로의 일시 사용
② 매립면허를 받으려는 자 또는 매립면허취득자는 제1항에 따른 토지 등에의 출입 또는 사용 등으로 생긴 손실을 보상하여야 한다.

제42조【불용 국유지·공유지의 양여 등】 ① 국유 또는 공유에 속하는 도로·제방 등 대통령령으로 정하는 공공시설은 매립공사의 시행으로 그 용도가 폐지되는 경우에는 「국유재산법」과 「공유재산 및 물품 관리법」에도 불구하고 다음 각 호의 구분에 따라 매립면허취득자에게 양여하거나 매각할 수 있다.
1. 양여 : 용도가 폐지되는 공공시설을 갈음하여 제46조제1항제1호에 따라 국가나 지방자치단체의 소유로 되는 공공시설을 새로 설치하는 경우
2. 매각 : 제1호의 경우를 제외한 경우
② 제1항에 따른 공공시설은 국유의 수면 및 수류를 포함한다.
③ 국가는 매립공사의 시행으로 새로 설치되는 공용시설 또는 공공시설의 용지로 바닷가가 사용되는 경우에는 「국유재산법」에도 불구하고 그 바닷가를 해당 공용시설 또는 공공시설을 관리할 관리청에 양여할 수 있다.

제43조【공유수면매립 권리·의무의 양도 등】 ① 매립면허로 인하여 발생한 권리·의무는 대통령령으로 정하는 바에 따라 이전하거나 상속할 수 있다.
② 제1항에 따라 권리·의무를 이전받거나 상속받은 자는 해양수산부령으로 정하는 바에 따라 권리·의무의 이전 또는 상속 내용을 매립면허관청에 신고하여야 한다.(2013.3.23 본항개정)
③ 매립면허관청은 제2항에 따른 신고를 받은 날부터 10일 이내에 신고수리 여부를 신고인에게 통지하여야 한다.(2019.8.20 본항신설)
④ 매립면허관청이 제3항에서 정한 기간 내에 신고수리 여부 또는 민원 처리 관련 법령에 따른 처리기간의 연장을 신고인에게 통지하지 아니하면 그 기간(민원 처리 관련 법령에 따라 처리기간이 연장 또는 재연장된 경우에는 해당 처리기간을 말한다)이 끝난 날의 다음 날에 신고를 수리한 것으로 본다.(2019.8.20 본항신설)
⑤ 제1항 및 제2항에 따른 면허에 관한 권리·의무를 이전하거나 승계하는 경우 그 권리·의무를 분할하여서는 아니 된다.
⑥ 제3항에 따라 권리·의무의 이전 또는 상속의 신고가 수리된 자(제4항에 따라 신고수리가 된 것으로 보는 자를 포함한다)는 이 법에 따른 매립면허취득자로 본다.(2019.8.20 본항개정)

제44조【매립지의 사용】 ① 매립면허취득자는 제45조에 따른 준공검사 전까지는 매립지에 건축물·시설물, 그 밖의 인공구조물을 설치하는 등 매립지를 사용할 수 없다. 다만, 매립면허관청으로부터 매립목적 달성에 지장을 주지 아니하는 범위에서 해양수산부령으로 정하는 바에 따라 준공검사 전 사용허가를 받은 경우에는 그러하지 아니하다.(2013.3.23 단서개정)
② 매립면허관청은 제1항 단서에 따른 준공검사 전 사용허가를 할 때에는 제24조제1항제2호에 따른 매립목적 및 같은 항 제3호에 따른 토지이용계획에 적합한 경우에만 허가하여야 한다.
③ 준공검사 전에 매립지를 사용하려는 자가 제1항 단서에 따른 허가를 받은 경우에는 다음 각 호의 인가·신고·허가 또는 검사(이하 "인가등"이라 한다)를 받은 것으로 본다.
1. 「건축법」 제20조제1항·제2항에 따른 가설건축물의 건축허가 또는 신고
2. 「전기안전관리법」 제8조에 따른 자가용전기설비 공사계획의 인가 또는 신고(2020.3.31 본호개정)
3. 「정보통신공사업법」 제36조에 따른 사용전검사
④ 매립면허관청은 제1항 단서에 따라 허가를 할 때 그 내용에 제3항 각 호의 어느 하나에 해당하는 사항이 포함되어 있으면 준공검사 전 사용허가를 받으려는 자가 제출한 관계 서류를 갖추어 관계 행정기관의 장과 미리 협의하여야 한다. 이 경우 관계 행정기관의 장은 협의요청을 받은 날부터 20일 이내에 의견을 제출하여야 한다.
⑤ 관계 행정기관의 장이 제4항 후단에서 정한 기간(「민원 처리에 관한 법률」 제20조제2항에 따라 회신기간을 연장한 경우에는 그 연장된 기간을 말한다) 내에 의견을 제출하지 아니하면 협의가 이루어진 것으로 본다.(2019.8.20 본항신설)

제45조【준공검사】 ① 매립면허취득자는 매립공사를 완료하였을 때에는 대통령령으로 정하는 바에 따라 매립지의 위치와 지목(「공간정보의 구축 및 관리 등에 관한 법률」 제67조에 따른 지목을 말한다)을 정하여 매립면허관청에 준공검사를 신청하여야 한다. 이 경우 매립면허취득자가 제38조제2항에 따라 공구를 구분하여 매립실시계획

의 승인을 받은 경우에는 공구별로 준공검사를 신청할 수 있다.(2017.3.21 후단신설)
② 제1항에 따라 준공검사를 신청받은 매립면허관청은 대통령령으로 정하는 바에 따라 준공검사를 한 후 그 공사가 매립실시계획의 승인된 내용대로 시행되었다고 인정하면 해양수산부령으로 정하는 준공검사확인증을 내주고 그 사실을 고시하여야 하며, 매립실시계획의 승인된 내용대로 시행되지 아니한 경우에는 지체 없이 보완공사 등 필요한 조치를 명하여야 한다.(2013.3.23 본항개정)
③ 제1항에 따라 준공검사를 신청한 자가 제2항에 따른 준공검사확인증을 받은 경우에는 제39조제1항 각 호 및 같은 조 제2항의 인가·허가등에 따른 해당 사업의 준공검사 또는 준공인가를 받은 것으로 본다. 이 경우 매립면허관청은 그 준공검사에 관하여 미리 관계 행정기관의 장과 협의하여야 한다.(2017.3.21 전단개정)
④ 제3항에 따라 준공검사·준공인가의 의제를 받으려는 자는 제1항에 따라 준공검사를 신청할 때 해당 법률에서 정하는 관련 서류를 함께 제출하여야 한다.

제4절 매립지의 소유권 취득 등

제46조【매립지의 소유권 취득 등】 ① 매립면허취득자가 제45조제2항에 따른 준공검사확인증을 받은 경우 국가, 지방자치단체 또는 매립면허취득자는 다음 각 호의 구분에 따라 매립지의 소유권을 취득한다.
1. 대통령령으로 정하는 공용 또는 공공용으로 사용하기 위하여 필요한 매립지 : 국가 또는 지방자치단체
2. 매립된 바닷가에 상당하는 면적(매립된 바닷가 중 매립공사로 새로 설치된 공용시설 또는 공공시설 용지에 포함된 바닷가의 면적은 제외한다)의 매립지 : 국가. 이 경우 국가가 소유권을 취득하는 매립지의 위치는 매립면허취득자가 정한 매립지가 아닌 곳으로 한다.
3. 제1호와 제2호에 따라 국가나 지방자치단체가 소유권을 취득한 매립지를 제외한 매립지 중 해당 매립공사에 든 총사업비(조사비, 설계비, 순공사비, 보상비 등 대통령령으로 정하는 비용을 합산한 금액으로 한다)에 상당하는 매립지 : 매립면허취득자
4. 제1호부터 제3호까지의 규정에 따라 국가, 지방자치단체 또는 매립면허취득자가 소유권을 취득한 매립지를 제외한 매립지(이하 "잔여매립지"라 한다) : 국가
② 제1항제3호 및 제4호에 해당하는 매립지의 소유권을 취득한 자는 그 매립지의 소유권보존등기를 신청할 때 그 신청서에 소유권행사의 제한에 관한 대통령령으로 정하는 사항(이하 "소유권행사 제한사항"이라 한다)을 적어야 하며, 등기관은 소유권보존등기를 할 때 직권으로 소유권행사 제한사항을 부기(附記)하여야 한다.
③ 제1항제3호 및 제4호에 해당하는 매립지의 소유권을 취득한 자는 제48조제1항 본문에 따른 매립목적 변경 제한기간이 지나면 제2항에 따라 소유권보존등기에 부기된 소유권행사 제한사항의 말소등기를 관할 등기소에 신청할 수 있다.
④ 매립면허관청은 국가, 지방자치단체 또는 매립면허취득자가 제1항에 따라 소유권을 취득한 경우 대통령령으로 정하는 바에 따라 관할 세무서·등기소 등 관계 행정기관에 매립지의 소유권 취득에 관한 사항을 알려야 한다.
제47조【잔여매립지의 매수청구 등】 ① 매립면허취득자는 준공검사를 받은 날부터 1년 이내에 제46조제1항에 따라 국가가 취득한 잔여매립지의 매수를 청구할 수 있으며, 국가는 공용 또는 공공용으로 사용할 경우를 제외하고는 그 청구를 거절하지 못한다. 이 경우 매수청구자가 「산업입지 및 개발에 관한 법률」에 따른 산업단지개발사업의 시행자일 때에는 「국유재산법」 제44조에도 불구하고 해당 잔여매립지의 매각 가격은 대통령령으로 정할 수 있다.
② 국가는 제46조제1항제2호에 따라 소유권을 취득한 매립지와 같은 항 제4호에 따라 소유권을 취득한 잔여매립지를 그 매립목적에 따라 다음 각 호의 어느 하나에 해당하는 시설의 용지로 임대하는 경우에는 「국유재산법」에도 불구하고 영구시설물을 설치하게 할 수 있다. 다만, 제1항에 따른 매수청구기간이 지나지 아니한 잔여매립지에 대하여는 매립면허취득자의 동의를 받아야 한다.
1. 「산업집적활성화 및 공장설립에 관한 법률」 제2조제1호에 따른 공장
2. 「산업입지 및 개발에 관한 법률」 제2조제2호에 따른 지식산업을 위한 시설
3. 「산업입지 및 개발에 관한 법률」 제2조제4호 및 제6호에 따른 정보통신산업 관련 시설 및 자원비축시설 (2011.8.4 본호개정)
4. 「관광진흥법」 제3조제1항제2호에 따른 관광숙박업을 위한 시설과 같은 항 제3호에 따른 관광객 이용시설업을 위한 시설 중 대통령령으로 정하는 시설(2017.3.21 본호개정)
③ 국가는 제2항에 따라 매립지와 잔여매립지를 임대하는 경우에는 「국유재산법」 제43조·제46조 및 제47조에도 불구하고 매립지와 잔여매립지의 임대방법, 임대기간 및 임대료를 대통령령으로 정할 수 있다.
제48조【매립목적 변경의 제한】 ① 매립면허취득자, 매립지의 소유권을 취득한 자와 그 승계인은 면허를 받은 매립예정지와 매립지 또는 준공검사를 받은 매립지에 대하여 준공검사 전이나 준공검사일부터 10년 이내에는 매립목적을 변경하여 사용할 수 없다. 다만, 대통령령으로 정하는 매립목적의 경미한 변경인 경우에는 그러하지 아니하다.
② 제1항 단서에 따라 매립목적의 경미한 변경을 하려는 자는 대통령령으로 정하는 바에 따라 미리 매립면허관청의 확인을 받아야 한다.
③ 매립면허관청은 제2항에 따라 확인을 하였을 때에는 그 내용을 대통령령으로 정하는 바에 따라 고시하여야 한다.
제49조【매립목적 변경제한의 예외】 ① 매립면허취득자, 매립지의 소유권을 취득한 자와 그 승계인은 제48조제1항 본문에도 불구하고 면허를 받은 매립예정지와 매립지 또는 준공검사를 받은 매립지가 다음 각 호의 어느 하나에 해당하는 경우에는 대통령령으로 정하는 바에 따라 매립면허관청의 승인을 받아 매립목적을 변경할 수 있다.
1. 매립지의 일부를 공용 또는 공공용으로 변경함으로써 나머지 매립지를 매립목적에 맞게 사용할 수 없게 된 경우
2. 관련 법령에 따른 국가계획이 변경되어 매립지를 매립목적에 맞게 사용할 수 없게 된 경우
3. 산업의 발전, 그 밖에 주변여건의 변화 등으로 매립목적을 변경할 수밖에 없는 경우
② 매립면허관청은 매립지의 소유권을 취득한 자와 그 승계인이 제1항에 따라 매립목적을 변경하려는 경우에 변경할 매립목적을 기준으로 매립지를 재평가하여 재평가한 매립지 가액의 증가분에서 대통령령으로 정하는 필요경비(제세공과금, 감정평가비, 준공인가 시의 매립지 취득가액에 소비자물가지수를 곱한 자본비와 그 밖의 비용을 합산한 금액으로 한다)를 빼고 남은 가액에 상당하는 재평가된 매립지(이하 "재평가매립지"라 한다)를 국가에 귀속시키기 위하여 신청하는 경우에만 제1항에 따른 승인을 할 수 있다.
③ 매립면허관청은 제1항에 따라 매립목적의 변경승인을 하려는 경우에는 관계 중앙행정기관의 장, 시·도지사, 특별자치시장 및 특별자치도지사와 협의한 후 심의회의 심의를 거쳐야 한다.(2017.3.21 본항개정)
④ 제2항에 따른 매립지의 재평가방법 등에 관하여 필요한 사항은 대통령령으로 정한다.
⑤ 매립면허관청은 제1항과 제2항에 따라 매립목적 변경을 승인하였을 때에는 대통령령으로 정하는 바에 따라 그 사실을 고시하여야 한다.
⑥ 제1항에 따라 매립목적의 변경승인을 받은 자는 매립목적 변경승인서를 첨부하여 관할 등기소에 변경등기를 신청할 수 있다.
제50조【재평가매립지의 소유권 취득】 ① 국가는 제49조제1항에 따라 매립면허관청이 매립목적의 변경을 승인한 날에 재평가매립지의 소유권을 취득한다.
② 매립면허관청은 제1항에 따라 국가가 취득한 재평가매립지의 소유권에 관하여 지체 없이 등기·등록 및 그 밖에 권리 보전에 필요한 조치를 하여야 한다.
③ 제49조제1항에 따라 매립목적의 변경승인을 받은 자는 변경승인을 받은 날부터 1년 이내에 국가가 소유권을 취득한 재평가매립지의 매수를 청구할 수 있으며, 국가는 공용 또는 공공용으로 사용할 경우를 제외하고는 그 청구를 거절하지 못한다.
④ 제1항에 따른 재평가매립지 소유권 취득의 통보에 관하여는 제46조제4항을 준용한다.
⑤ 제3항에 따라 재평가매립지를 매수한 자의 소유권 변경등기 신청에 관하여는 제49조제6항을 준용한다.
제51조【매립지 사용의 확인】 매립면허관청은 제46조제1항제3호에 따라 매립지의 소유권을 취득한 자와 그 승계인이 제45조에 따른 준공검사 당시의 매립목적에 맞게 매립지를 사용하는지를 대통령령으로 정하는 바에 따라 확인할 수 있다.

제5절 공유수면매립 관련 처분 등

제52조【매립면허의 취소 등】 ① 매립면허관청은 다음 각 호의 어느 하나에 해당하는 경우에는 매립면허 또는 매립실시계획의 승인을 취소하거나, 공유수면에 설치한 건축물·시설물 등의 소유자·점유자 또는 그 업무를 위탁받은 자에게 공사의 정지를 명하거나 1년 이내의 기간을 정하여 건축물·시설물 등의 개축·제거·수선·사용금지·사용제한·원상회복이나 그 밖에 필요한 조치를 명할 수 있다. 다만, 제1호에 해당하는 경우에는 매립면허를 취소하여야 한다.(2017.3.21 본문개정)
1. 거짓이나 그 밖의 부정한 방법으로 매립면허를 받은 경우
2. 매립면허취득자의 귀책사유로 매립 공정이 대통령령으로 정하는 수준에 이르지 못한 경우
3. 제29조에 따른 매립면허의 부관을 정당한 사유 없이 이행하지 아니한 경우
4. 정당한 사유 없이 제34조에 따른 매립면허 수수료를 내지 아니한 경우
5. 매립실시계획의 승인을 받지 아니하고 공사를 시행한 경우
6. 제44조제1항 단서에 따른 준공검사 전 사용허가를 받지 아니하고 매립지에 건축물, 시설물, 그 밖의 인공구조물을 설치하는 등 매립지를 사용한 경우
7. 거짓이나 그 밖의 부정한 방법으로 제48조제2항에 따른 확인을 받은 경우
8. 관련 산업의 발전, 국가 또는 지방자치단체의 관련 계획 변경 등 공유수면과 직접 관련된 상황의 변경으로 인하여 필요한 경우
9. 그 밖에 법령에 따라 토지를 수용하거나 사용할 수 있는 사업을 위하여 필요한 경우
② 매립면허관청은 제1항에 따른 매립면허의 취소 등을 한 경우에는 그 사실을 고시하고, 해양수산부령으로 정하는 표지를 해당 공유수면이나 건축물, 시설물 및 그 밖의 인공구조물이 잘 보이는 곳에 설치하여야 한다. (2013.3.23 본항개정)
③ 누구든지 제2항에 따른 표지의 설치를 거부 또는 방해하거나 설치된 표지를 훼손하여서는 아니 된다.
제53조【매립면허의 효력 상실 등】 ① 다음 각 호의 어느 하나에 해당하는 경우에 매립면허는 그 효력을 상실한다.
1. 제38조제3항에 따른 기간 내에 매립실시계획의 승인을 받지 아니한 경우(2017.3.21 본호개정)
2. 매립실시계획에서 정한 공사착공일에 매립공사를 착수하지 아니한 경우
3. 매립실시계획에서 정한 기간 내에 매립공사를 준공하지 아니한 경우
② 제1항제2호 또는 제3호에도 불구하고 제38조제2항에 따라 공구를 구분하여 매립실시계획의 승인을 받고 해당 공구에 대하여 매립공사를 준공한 경우에는 그 준공한 공구에 대한 매립면허는 효력을 상실하지 아니한다. (2017.3.21 본항신설)
③ 매립면허관청은 매립면허취득자의 귀책사유가 아닌 천재지변이나 불가항력 등으로 제1항 각 호의 어느 하나에 해당하게 된 경우에는 같은 항에 따라 효력이 상실된 매립면허를 효력이 상실된 날부터 3개월 이내에 소급하여 회복시킬 수 있다.
④ 매립면허관청은 제1항제3호에 해당되어 매립면허의 효력이 상실된 자가 대통령령으로 정하는 공정 이상 매립공사를 시행한 경우에는 같은 항에 따라 효력이 상실된 매립면허를 효력이 상실된 날부터 1년 이내에 소급하여 회복시킬 수 있다.
⑤ 매립면허관청은 제3항과 제4항에 따라 매립면허의 효력을 회복시키려는 경우에는 종전 매립면허의 부관을 변경하거나 새로운 부관을 붙일 수 있다.(2017.3.21 본항개정)
제54조【원상회복】 ① 다음 각 호의 어느 하나에 해당하는 자(이하 이 조에서 "원상회복 의무자"라 한다)는 해당 공유수면을 원상으로 회복하여야 한다.
1. 매립면허를 받지 아니하고 공유수면을 매립한 자
2. 자기의 귀책사유로 매립면허가 실효(失效)·소멸되거나 취소된 자
3. 매립면허 면적을 초과하여 공유수면을 매립한 자
② 매립면허관청은 원상회복 의무자가 제1항에 따른 원상회복에 필요한 조치 등을 하지 아니하는 경우에는 기간을 정하여 원상회복을 명할 수 있다.
③ 매립면허관청은 제2항에 따른 원상회복 명령을 받은 자가 이를 이행하지 아니할 때에는 「행정대집행법」에 따라 원상회복에 필요한 조치를 할 수 있다.
④ 매립면허관청은 제1항에도 불구하고 원상회복이 불가능하거나 그 밖에 대통령령으로 정하는 사유가 있으면 원상회복 의무자의 신청에 의하여 또는 직권으로 원상회복 의무를 면제할 수 있다.
⑤ 매립면허관청은 제4항에 따라 면제신청을 받은 경우에는 해양수산부령으로 정하는 바에 따라 그 신청을 받은 날부터 20일 이내에 신청인에게 면제 여부를 알려야 한다.(2013.3.23 본항개정)
⑥ 제4항에 따라 원상회복 의무가 면제된 자가 해당 매립공사구역 안에 설치한 매립지, 건축물, 시설물, 그 밖의 인공구조물은 무상으로 국가에 귀속시킬 수 있다.
⑦ 국가는 제6항에 따라 귀속된 건축물, 시설물, 그 밖의 인공구조물을 국가의 소유로 할 필요가 없다고 인정하는 경우에는 「국유재산법」에 따라 매각하거나 임대할 수 있다.
⑧ 원상회복 의무자가 원상회복 명령을 받은 날부터 1년 이내에 원상회복 명령을 따르지 아니하거나 제4항에 따른 원상회복 의무 면제를 신청하지 아니한 경우에는 제6항과 제7항을 준용한다.
⑨ 매립면허관청은 제1항에 따른 원상회복 의무의 이행을 보증하기 위하여 원상회복에 드는 비용에 상당하는 금액을 대통령령으로 정하는 바에 따라 원상회복 의무자에게 예치하게 할 수 있다. 다만, 원상회복 의무자가 국가, 지방자치단체, 그 밖에 대통령령으로 정하는 자인 경우에는 그러하지 아니하다.
⑩ 제9항 본문에 따른 원상회복 의무 이행을 보증하기 위한 금액 및 예치 등에 필요한 사항은 대통령령으로 정한다.

제4장 보 칙

제55조【공유수면 관리 및 점용·사용 관련 조사 등】 ① 공유수면관리청은 공유수면을 효율적으로 관리하기 위하여 필요하면 점용·사용허가를 받은 자에게 공유수면의 관리 상황 및 점용·사용 실태 등에 대하여 보고를 하게 하거나, 관계 공무원으로 하여금 공유수면을 점용·사용하는 자의 사업장이나 그 밖에 필요한 장소에 출입하여 관계인이나 관계 문서 등을 조사하게 할 수 있다.

② 공유수면관리청은 공유수면의 재해 예방 및 침식 방지 등을 위한 공사와 공유수면의 조사·측량을 위하여 필요한 경우에는 다음 각 호의 어느 하나에 해당하는 행위를 할 수 있다.
1. 타인이 점유하는 토지 또는 공유수면(이하 이 조에서 "토지등"이라 한다)에 출입하는 행위
2. 토지등을 재료적치장, 임시통로 또는 임시도로로 일시 사용하는 행위
3. 그 밖에 특히 필요한 경우 토지등에 있는 나무, 흙, 돌, 그 밖의 장애물을 변경하거나 제거하는 행위
③ 공유수면관리청은 제1항에 따른 조사 및 제2항에 따른 조사·측량을 위하여 공유수면을 점용·사용하는 자의 사업장이나 토지등에 출입할 때에는 공유수면의 점용자·사용자 또는 점유자(제2항의 경우에는 토지등의 소유자·점유자 또는 관리인을 말한다)에게 조사 또는 측량을 하기 7일 전까지 관계 공무원의 성명, 출입일시, 출입장소, 조사 또는 측량목적을 서면으로 알려야 한다.
④ 제2항에 따라 토지등에 출입하려는 자는 해 뜨기 전이나 해 진 후에는 그 토지등의 소유자·점유자 또는 관리인의 승낙 없이 택지 또는 담장이나 울타리로 둘러싸인 토지등에 출입하여서는 아니 된다.
⑤ 공유수면관리청은 제2항에 따라 토지등에 출입하거나 토지등을 재료적치장·임시통로 또는 임시도로로 일시 사용하거나 장애물을 변경 또는 제거하려는 경우에는 미리 그 소유자·점유자 또는 관리인의 동의를 받아야 한다. 다만, 그 소유자·점유자 또는 관리인을 알 수 없거나 그 밖의 부득이한 사유가 있으면 그러하지 아니하다.
⑥ 공유수면관리청은 제1항과 제2항에 따른 조사 등을 한 결과 점용·사용허가를 받지 아니하고 공유수면을 점용·사용하거나 점용·사용허가를 받은 내용과 다르게 점용·사용하는 경우 또는 점용·사용허가가 끝나거나 폐지된 것으로 확인된 경우에는 대통령령으로 정하는 바에 따라 그 결과를 관계인에게 알려야 한다.
⑦ 제1항과 제2항에 따른 행위를 하려는 자는 해양수산부령으로 정하는 바에 따라 그 권한을 표시하는 증표를 지니고 이를 관계인에게 내보여야 한다.(2013.3.23 본항개정)

제56조【공유수면매립 관련 보고 및 검사 등】 ① 매립면허관청은 다음 각 호의 어느 하나에 해당하는 경우에는 매립면허취득자에게 대통령령으로 정하는 바에 따라 필요한 자료의 제출 또는 보고를 하게 할 수 있으며, 관계 공무원으로 하여금 매립면허취득자의 사무실·사업장·매립예정지·매립지, 그 밖의 필요한 장소에 출입하여 장부·서류나 그 밖의 물건을 검사하게 하거나 관계인에게 질문하게 할 수 있다.(2017.3.21 본문개정)
1. 매립면허 내용의 이행 여부 확인을 위하여 필요한 경우
2. 매립실시계획의 이행 여부 확인을 위하여 필요한 경우
3. 제44조에 따른 매립지의 사용과 관련하여 확인이 필요한 경우
(2017.3.21 1호~3호신설)
② 매립면허관청은 제1항에 따른 질문 또는 검사를 위하여 매립면허취득자의 사무실·사업장 등에 출입하려는 경우에는 매립면허취득자에게 검사하기 7일 전까지 관계 공무원의 성명, 출입일시, 출입장소 또는 검사목적을 서면으로 알려야 한다.
③ 제1항에 따라 출입·검사를 하는 자의 증표 등에 관하여는 제55조제7항을 준용한다.

제57조【공익처분 등에 따른 손실보상】 ① 공유수면의 점용·사용 또는 공유수면의 매립과 관련한 행위나 처분으로 손실이 발생한 경우에는 다음 각 호의 구분에 따른 자가 그 손실을 보상하여야 한다.
1. 제12조제2항제2호에 해당하는 사업의 시행으로 점용·사용 관련 권리자가 손실을 입은 경우 : 해당 사업을 시행하는 자(2022.12.27 본호개정)
2. 제20조에 따라 공익을 위한 처분으로 손실을 입은 경우 : 공유수면관리청 또는 같은 조 제4호에 따른 해당 사업의 시행자
3. 제52조제1항제8호 및 제9호에 따른 처분으로 손실을 입은 경우 : 매립면허관청 또는 해당 사업의 시행자
4. 제55조제2항에 따른 조사·측량 등으로 손실을 입은 경우 : 공유수면관리청
② 공유수면관리청, 매립면허관청 또는 사업시행자는 제1항에 따른 손실보상에 관하여 손실을 입은 자와 협의하여야 한다.
③ 제2항에 따른 협의가 성립되지 아니하거나 협의할 수 없는 경우에는 대통령령으로 정하는 바에 따라 관할 토지수용위원회에 재결을 신청할 수 있다.
④ 손실보상에 관하여 이 법에 규정된 것을 제외하고는 「공익사업을 위한 토지 등의 취득 및 보상에 관한 법률」을 준용한다.

제58조【청문】 공유수면관리청이 제19조제1항에 따라 점용·사용허가를 취소하려는 경우 또는 매립면허관청이 제52조부터 제54조까지의 규정에 따른 처분을 하려는 경우에는 청문을 하여야 한다.

제59조【공유수면의 관리 및 매립에 관한 정보체계의 구축·운영】 ① 해양수산부장관은 공유수면의 관리 및 매립에 관한 정책을 효과적으로 뒷받침하고 민원사무 처리 등에 필요한 정보를 제공하기 위하여 공유수면의 관리 및 매립 등에 필요한 정보체계(이하 "공유수면관리 정보체계"라 한다)를 구축·운영할 수 있다.(2013.3.23 본항개정)
② 공유수면관리 정보체계의 관리·운영자와 이용자가 대통령령으로 정하는 바에 따라 공유수면관리 정보체계를 이용하여 이 법에 따른 허가·면허·승인·신고·검사·발급·통지 등의 민원사무를 처리한 경우에는 이 법에 따라 처리된 것으로 본다.
③ 공유수면관리 정보체계의 구축·운영 및 이용 등에 필요한 사항은 해양수산부령으로 정한다.(2013.3.23 본항개정)
④ 해양수산부장관은 공유수면관리 정보체계의 구축을 위하여 관계 행정기관의 장 등 해양수산부령으로 정하는 자에게 필요한 자료의 제출을 요청할 수 있다. 이 경우 자료제출을 요청받은 자는 특별한 사유가 없으면 이에 따라야 한다.(2013.3.23 전단개정)

제60조【권한의 위임】 ① 이 법에 따른 공유수면의 관리에 관한 해양수산부장관의 권한은 그 일부를 대통령령으로 정하는 바에 따라 시·도지사, 특별자치시장, 특별자치도지사, 시장·군수·구청장 또는 소속 기관의 장에게 위임할 수 있다. 이 경우 권한을 위임받은 해양수산부 소속 기관의 장은 위임받은 권한의 일부를 해양수산부장관의 승인을 받아 해당 소속 기관에 소속된 기관의 장에게 재위임할 수 있다.
② 이 법에 따른 공유수면매립에 관한 해양수산부장관의 권한은 그 일부를 대통령령으로 정하는 바에 따라 시·도지사, 특별자치시장, 특별자치도지사 또는 소속 기관의 장에게 위임할 수 있다. 이 경우 시·도지사는 위임받은 권한의 일부를 해양수산부장관의 승인을 받아 시장·군수·구청장에게 재위임할 수 있다.
(2017.3.21 본조개정)

제61조【규제의 재검토】 ① 정부는 공유수면 점용·사용허가 또는 협의·승인으로 피해가 발생 또는 예상되는 권리를 가진 자가 있는 경우 그 권리를 가진 자의 동의를 받도록 한 제12조제2항제1호에 대하여 이 법 시행일부터 매 4년이 되는 시점까지 그 타당성을 검토하여 폐지, 완화 또는 유지 등의 여부를 결정하여야 한다.(2022.12.27 본항개정)
② 정부는 공유수면매립으로 피해가 발생 또는 예상되는 권리를 가진 자가 있는 경우 그 권리를 가진 자의 동의를 받도록 한 제30조제1항제1호에 대하여 이 법 시행일부터 매 4년이 되는 시점까지 그 타당성을 다시 검토하여 폐지, 완화 또는 유지 등의 여부를 결정하여야 한다.
③ 정부는 공유수면매립으로 피해가 발생 또는 예상되는 권리를 가진 자가 있는 경우 그 권리를 가진 자로부터 매립공사의 착수에 관한 동의를 받거나 보상 또는 시설을 한 후가 아니면 매립실시계획의 승인을 신청할 수 없도록 한 제38조제4항에 대하여 이 법 시행일부터 매 4년이 되는 시점까지 그 타당성을 검토하여 폐지, 완화 또는 유지 등의 여부를 결정하여야 한다.(2017.3.21 본항개정)

제5장 벌 칙

제62조【벌칙】 다음 각 호의 어느 하나에 해당하는 자는 3년 이하의 징역 또는 3천만원 이하의 벌금에 처한다.
1. 제5조를 위반하여 금지된 행위를 한 자
2. 제8조제1항에 따른 점용·사용허가를 받지 아니하고 공유수면을 점용·사용한 자
3. 제8조제1항에 따른 점용·사용허가를 거짓이나 그 밖의 부정한 방법으로 받은 자
4. 제28조에 따른 매립면허를 받지 아니하고 공유수면을 매립하거나 매립공사를 한 자
5. 제28조에 따른 매립면허를 거짓이나 그 밖의 부정한 방법으로 받은 자
6. 제48조제1항 본문을 위반하여 매립목적을 변경하여 사용한 자

제63조【벌칙】 다음 각 호의 어느 하나에 해당하는 자는 2년 이하의 징역 또는 2천만원 이하의 벌금에 처한다.
1. 제38조에 따른 매립실시계획의 승인(변경승인을 포함한다)을 받지 아니하고 매립공사를 착수한 자
2. 제44조제1항 단서에 따른 준공검사 전 사용허가를 받지 아니하고 매립지에 건축물·시설물, 그 밖의 인공구조물을 설치하는 등 매립지를 사용한 자
3. 제45조에 따른 준공검사를 받지 아니하고 매립지를 사용하거나 보완공사 등 필요한 조치를 따르지 아니하고 매립지를 사용한 자
4. 제49조에 따른 매립목적 변경승인을 받지 아니하고 매립목적을 변경하여 매립지나 매립예정지를 사용한 자
5. 제54조제2항에 따른 원상회복 명령을 따르지 아니한 자

제64조【벌칙】 다음 각 호의 어느 하나에 해당하는 자는 1년 이하의 징역 또는 1천만원 이하의 벌금에 처한다.
1. 제6조제1항, 제19조제1항 및 제20조에 따른 공유수면관리청의 명령을 따르지 아니한 자
1의2. 제8조제4항에 따른 변경허가를 받지 아니하고 공유수면을 점용·사용한 자(2017.3.21 본호신설)
2. 제8조제8항 본문을 위반하여 허가받은 공유수면을 다른 사람에게 점용·사용하게 한 자
3. 제21조제2항에 따른 원상회복 명령을 따르지 아니한 자
4. 제52조제1항에 따른 매립면허관청의 명령을 따르지 아니한 자(2014.3.18 본호개정)

제65조【양벌규정】 법인의 대표자나 법인 또는 개인의 대리인, 사용인, 그 밖의 종업원이 그 법인 또는 개인의 업무에 관하여 제62조부터 제64조까지의 어느 하나에 해당하는 위반행위를 하면 그 행위자를 벌하는 외에 그 법인 또는 개인에게도 해당 조문의 벌금형을 과(科)한다. 다만, 법인 또는 개인이 그 위반행위를 방지하기 위하여 해당 업무에 관하여 상당한 주의와 감독을 게을리하지 아니한 경우에는 그러하지 아니하다.

제66조【과태료】 ① 다음 각 호의 어느 하나에 해당하는 자에게는 500만원 이하의 과태료를 부과한다.
1. 제43조제2항을 위반하여 권리·의무의 이전 등을 신고하지 아니한 자
2. 제48조제2항에 따른 매립목적 변경의 확인을 받지 아니하고 매립지 또는 매립예정지를 사용한 자
3. 제52조제3항을 위반하여 표지의 설치를 거부 또는 방해하거나 설치된 표지를 훼손한 자
② 다음 각 호의 어느 하나에 해당하는 자에게는 300만원 이하의 과태료를 부과한다.
1. 제55조제1항에 따른 보고를 하지 아니하거나 거짓으로 보고한 자 또는 출입·조사를 거부·방해 또는 기피한 자
2. 제55조제2항에 따른 출입·일시사용 또는 장애물의 변경·제거를 거부·방해 또는 기피한 자
3. 제56조제1항에 따른 자료의 제출 또는 보고를 하지 아니하거나 거짓으로 자료 제출 또는 보고를 한 자 또는 출입·검사를 거부·방해하거나 기피한 자
(2020.1.29 본항신설)
③ 다음 각 호의 어느 하나에 해당하는 자에게는 200만원 이하의 과태료를 부과한다.
1. 제9조(같은 조 제3호는 제외한다)를 위반하여 공유수면 점용·사용허가 사항의 변경신고를 하지 아니한 자
2. 제16조제2항을 위반하여 권리·의무의 이전 등을 신고하지 아니한 자
3. 제18조제1항을 위반하여 준공검사를 받지 아니한 자
4. 제18조제2항을 위반하여 공사 완료 신고를 하지 아니한 자
5. 제19조제3항을 위반하여 표지의 설치를 거부 또는 방해하거나 설치된 표지를 훼손한 자
(2020.1.29 본항신설)
④ 제1항부터 제3항까지의 규정에 따른 과태료는 대통령령으로 정하는 바에 따라 공유수면관리청 또는 매립면허관청이 부과·징수한다.(2020.1.29 본항개정)

부 칙

제1조【시행일】 이 법은 공포 후 6개월이 경과한 날부터 시행한다.

제2조【다른 법률의 폐지】 다음 각 호의 법률은 각각 폐지한다.
1. 공유수면관리법
2. 공유수면매립법

제3조【공유수면 점용·사용허가 기간에 관한 적용례】 제11조는 이 법 시행 후 최초로 공유수면의 점용·사용허가 또는 변경허가를 신청하는 분부터 적용한다.

제4조【일반적 경과조치】 이 법 시행 당시 또는 이 법 시행 후 종전의 「공유수면관리법」 및 「공유수면매립법」에 따른 행정기관의 행위나 행정기관에 대한 행위는 그에 해당하는 이 법에 따른 행정기관의 행위나 행정기관에 대한 행위로 본다.

제5조【매립기본계획에 관한 경과조치】 종전의 「공유수면매립법」 제4조 및 제8조에 따라 수립되거나 변경된 매립기본계획은 이 법에 따라 수립되거나 변경된 매립기본계획으로 본다.

제6조【매립면허관청의 변경에 따른 경과조치】 ① 종전의 「공유수면매립법」에 따라 매립면허를 받은 자에 대한 매립면허관청에 관하여는 종전의 「공유수면매립법」에 따른다.
② 제1항에도 불구하고 法律 第7482號 公有水面埋立法中改正法律 시행 전의 법률에 따라 해양수산부장관의 권한을 위탁받은 농림부장관(법률 제8852호 정부조직법 전부개정법률 시행 전의 농림부장관을 말한다. 이하 이 항에서 같다)이 매립면허를 한 후 주된 매립목적이 농업 및 축산업 외의 목적으로 변경된 경우 매립면허관청은 이 법 제28조제1항 각 호의 구분에 따른다. 이 경우 농림부장관의 권한을 승계받은 농림축산식품부장관은 매립목적이 변경된 매립면허에 관한 모든 서류(매립예정지 또는 매립지 일부의 매립목적만 변경된 경우에는 그 서류의 사본을 말한다)를 이 법 제28조제1항 각 호에 따른 매립면허관청에 이관하여야 한다.(2017.3.21 본항신설)

제7조【허가 등의 신청에 관한 경과조치】 이 법 시행 당시 다음 각 호의 어느 하나에 해당하는 허가, 협의 또는 승인이 신청된 것에 대하여는 종전의 「공유수면관리법」 또는 「공유수면매립법」에 따른다.
1. 종전의 「공유수면관리법」 제5조에 따른 공유수면 점·사용허가(변경허가를 포함한다)
2. 종전의 「공유수면관리법」 제6조에 따른 공유수면 점·사용 협의 또는 승인(변경 협의·승인을 포함한다)
3. 종전의 「공유수면관리법」 제8조에 따른 점·사용 실시계획의 승인
4. 종전의 「공유수면매립법」 제24조에 따른 매립지 준공검사 전 사용허가 신청

제8조【처분 등에 관한 경과조치】 ① 이 법 시행 당시 또는 이 법 시행 후 종전의 「공유수면관리법」에 따라 다음 표의 왼쪽 칸의 허가 등을 받거나 신고를 한 자는 이 법에 따른 다음 표의 오른쪽 칸의 허가 등을 받거나 신고를 한 자로 본다.

종전의 「공유수면관리법」에 따른 허가 등	이 법에 따른 허가 등
1. 종전의 「공유수면관리법」 제5조에 따른 점·사용허가	1. 제8조에 따른 공유수면의 점용·사용허가
2. 종전의 「공유수면관리법」 제5조의2에 따른 점·사용허가사항의 변경신고	2. 제9조에 따른 점용·사용허가 사항의 변경신고
3. 종전의 「공유수면관리법」 제6조에 따른 점·사용 협의 또는 승인	3. 제10조에 따른 공유수면의 점용·사용 협의 또는 승인
4. 종전의 「공유수면관리법」 제8조에 따른 실시계획 승인	4. 제17조에 따른 점용·사용 실시계획의 승인
5. 종전의 「공유수면관리법」 제8조의2에 따른 준공검사	5. 제18조에 따른 준공검사
6. 종전의 「공유수면관리법」 제11조제2항에 따른 권리·의무의 이전 신고	6. 제16조제2항에 따른 권리·의무의 이전 신고

② 이 법 시행 당시 또는 이 법 시행 후 종전의 「공유수면매립법」에 따라 다음 표의 왼쪽 칸의 허가 등을 받거나 신고를 한 자는 이 법에 따른 다음 표의 오른쪽 칸의 허가 등을 받거나 신고를 한 자로 본다.

종전의 「공유수면매립법」에 따른 허가 등	이 법에 따른 허가 등
1. 종전의 「공유수면매립법」 제9조에 따른 면허	제28조에 따른 매립면허
2. 종전의 「공유수면매립법」 제38조제1항에 따른 협의 또는 승인	제35조제1항에 따른 협의 또는 승인
3. 종전의 「공유수면매립법」 제38조의2에 따른 협의 또는 승인	제36조에 따른 협의 또는 승인
4. 종전의 「공유수면매립법」 제15조에 따른 실시계획의 승인	제38조에 따른 공유수면매립 실시계획의 승인
5. 종전의 「공유수면매립법」 제23조제1항 및 제2항에 따른 권리·의무 양도 등의 신고	제43조제2항에 따른 공유수면매립 권리·의무 양도 등의 신고
6. 종전의 「공유수면매립법」 제24조제1항 단서에 따른 매립지의 준공검사 전 사용허가	제44조제1항 단서에 따른 매립지의 준공검사 전 사용허가

제9조【공유수면 점용료·사용료 감면에 관한 경과조치】 이 법 시행 당시 부과하였거나 부과하여야 할 민간투자사업자에 대한 점용료·사용료의 감면, 마리나항만구역 내에서 마리나항만시설 또는 마리나산업단지 조성·운영자와 신에너지 및 재생에너지 시설의 설치·운영자에 대한 점용료·사용료 감면은 이 법 시행 전까지의 기간 분에 대하여는 종전의 「공유수면관리법」을 적용하고, 이 법 시행 후의 기간 분에 대하여는 제13조제1항제5호·제11호 및 제12호를 각각 적용한다.

제10조【매립목적 변경의 제한 등에 관한 경과조치】 ① 법률 제5911호 공유수면매립법개정법률(이하 이 조에서 "같은 법"이라 한다) 시행 당시 종전 법(같은 법 시행 전의 「공유수면매립법」을 말한다. 이하 이 조에서 같다)의 규정에 따라 매립면허를 받은 자(매립지의 소유권을 취득한 자와 그 승계인을 포함한다. 이하 이 조에서 같다)가 매립목적을 변경하려는 경우에는 같은 법 제28조부터 제30조까지의 개정규정을 적용하지 아니하고 종전 법 제21조의2를 적용하고, 종전 법 제21조의2를 위반한 자의 벌칙은 종전 법 제32조를 적용한다.
② 같은 법 시행 당시 종전 법의 규정에 따라 매립면허를 받은 자가 매립으로 취득한 매립지의 소유권보존등기를 하려는 경우에는 같은 법 제26조제2항의 개정규정을 적용하지 아니한다.
③ 같은 법 시행 당시 종전 법의 규정에 따라 매립면허를 받은 자가 준공인가 후에 종전 법 제21조의2에 따른 매립목적 변경의 제한을 위반하거나 면허 또는 그 밖의 처분시에 붙인 조건을 위반한 경우에는 종전 법 제28조를 적용하여 위반내용을 시정하기 위하여 필요한 처분이나 명령을 할 수 있으며, 종전 법 제28조에 따른 처분이나 명령에 위반한 자의 벌칙은 종전 법 제33조를 적용한다.

제11조【매립면허취득자 등에 대한 특례】 법률 제8820호 공유수면매립법 일부개정법률(이하 이 조에서 "같은 법"이라 한다) 시행 당시 종전 법(같은 법 시행 전의 「공유수면매립법」을 말한다. 이하 이 조에서 같다) 제9조제6항에 따른 정부투자기관으로서 종전 법에 따라 매립기본계획에 반영되었거나 매립면허를 받은 정부투자기관(매립기본계획에 반영되거나 매립면허를 받은 것으로 의제받은 경우를 포함한다)이 시행하는 매립에 대하여는 종전 법 제38조를 적용한다. 다만, 매립목적의 변경에 대하여는 이 법 제35조제5항에서 준용하는 이 법 제48조를 적용한다.

제12조【벌칙 등에 대한 경과조치】 이 법 시행 전의 행위에 대한 벌칙 및 과태료를 적용할 때에는 종전의 「공유수면관리법」 및 「공유수면매립법」에 따른다.

제13조【다른 법률의 개정】 ①~⑮ ※(해당 법령에 가제정리 하였음)

제14조【다른 법령과의 관계】 이 법 시행 당시 다른 법령에서 종전의 「공유수면관리법」, 「공유수면매립법」 또는 그 규정을 인용한 경우에 이 법 가운데 그에 해당하는 규정이 있으면 종전의 규정을 갈음하여 이 법 또는 이 법의 해당 규정을 인용한 것으로 본다.

부　칙 (2014.3.18)

제1조【시행일】 이 법은 공포 후 3개월이 경과한 날부터 시행한다.

제2조【벌칙에 관한 적용례】 제64조제4호의 개정규정은 이 법 시행 후 매립면허관청의 조치명령을 받은 자부터 적용한다.

부　칙 (2017.3.21 법14726호)

제1조【시행일】 이 법은 공포 후 6개월이 경과한 날부터 시행한다. 다만, 제3조제1항, 제4조제2항, 제6조제1항, 제8조제1항제1호, 제11조제1호·제3호, 제13조제1항제12호, 같은 조 제2항부터 제5항까지, 제22조제3항·제4항, 제26조제1항·제2항, 제28조제1항·제3항·제4항, 제49조제3항, 제60조 및 법률 제10272호 공유수면 관리 및 매립에 관한 법률 부칙 제6조의 개정규정은 공포한 날부터 시행한다.

제2조【점용료·사용료 징수에 관한 적용례】 제13조제1항 각 호 외의 부분 본문의 개정규정은 이 법 시행 이후 공유수면매립실시계획의 승인을 받거나 다른 법률에 따라 공유수면매립실시계획의 승인을 받은 것으로 보는 경우부터 적용한다.

제3조【점용료·사용료에 대한 가산금 징수에 관한 적용례】 제13조제7항의 개정규정은 이 법 시행 이후 납부를 고지하는 점용료·사용료부터 적용한다.

제4조【인가·허가 등 의제를 위한 일괄협의회에 대한 적용례】 제39조의2의 개정규정은 이 법 시행 이후 매립면허취득자가 매립실시계획의 승인을 신청하는 경우부터 적용한다.

제5조【매립예정지의 공구 분할 및 공구별 분할 준공 등에 관한 적용례】 제45조제1항 후단 및 제53조제2항의 개정규정은 이 법 시행 전에 매립실시계획의 승인을 받은 경우에도 적용한다.

제6조【점용·사용허가 취소 등에 관한 경과조치】 이 법 시행 당시 거짓이나 그 밖의 부정한 방법으로 점용·사용허가 또는 매립면허를 받은 자에 대해서는 제19조제1항 각 호 외의 부분 단서 및 제52조제1항 각 호 외의 부분 단서의 개정규정에도 불구하고 종전의 규정에 따른다.

제7조【건축물·시설물 등의 개축 등 조치명령에 관한 경과조치】 이 법 시행 전에 매립면허관청이 공유수면에 설치한 건축물·시설물 등의 소유자·점유자 또는 그 업무를 위탁받은 자에게 기간을 정하여 건축물·시설물 등의 개축·제거·수선·사용금지·사용제한·원상회복이나 그 밖에 필요한 조치를 명한 경우에는 제52조제1항 각 호 외의 부분 본문의 개정규정에도 불구하고 종전의 규정에 따른다.

부　칙 (2018.12.31)

제1조【시행일】 이 법은 공포 후 6개월이 경과한 날부터 시행한다.

제2조【점용료·사용료의 감면에 관한 적용례】 제13조제1항제14호의 개정규정은 각 행정구역마다 산업위기대응특별지역, 고용위기지역 및 고용재난지역으로 지정된 날부터 소급하여 적용한다.

부　칙 (2019.8.27)

제1조【시행일】 이 법은 공포 후 1년이 경과한 날부터 시행한다.(이하 생략)

부　칙 (2019.8.20)

제1조【시행일】 이 법은 공포 후 1개월이 경과한 날부터 시행한다.

제2조【공유수면 점용·사용의 권리·의무 이전 신고 등에 관한 적용례】 ① 제16조제3항·제4항, 제17조제5항·제6항, 제18조제3항·제4항 및 제43조제3항·제4항의 개정규정은 이 법 시행 이후 공유수면 점용·사용허가의 권리·의무 이전 등의 신고, 공유수면 점용·사용 실시계획 신고, 공유수면 점용·사용 실시계획에 따른 공사 완료 신고 또는 공유수면매립 권리·의무 이전 등의 신고를 하는 경우부터 적용한다.
② 제44조제5항의 개정규정은 이 법 시행 이후 공유수면 매립 준공검사 전 사용허가의 협의 요청을 하는 경우부터 적용한다.

부　칙 (2020.1.29 법16898호)

이 법은 공포 후 6개월이 경과한 날부터 시행한다.

부　칙 (2020.1.29 법16902호)

제1조【시행일】 이 법은 공포 후 6개월이 경과한 날부터 시행한다.(이하 생략)

부　칙 (2020.2.18 법17007호)

제1조【시행일】 이 법은 2021년 1월 1일부터 시행한다.(단서 생략)

제2조【사무이양을 위한 사전조치】 ① 관계 중앙행정기관의 장은 이 법에 따른 중앙행정권한 및 사무의 지방일괄 이양에 필요한 인력 및 재정 소요 사항을 지원하기 위하여 필요한 조치를 마련하여 이 법에 따른 시행일 3개월 전까지 국회 소관 상임위원회에 보고하여야 한다.
② 「지방자치분권 및 지방행정체제개편에 관한 특별법」 제44조에 따른 자치분권위원회는 제1항에 따른 인력 및 재정 소요 사항을 사전에 전문적으로 조사·평가할 수

제3조【행정처분 등에 관한 일반적 경과조치】 이 법 시행 당시 종전의 규정에 따라 행정기관이 행한 처분 또는 그 밖의 행위는 이 법의 규정에 따라 행정기관이 행한 처분 또는 그 밖의 행위로 보고, 종전의 규정에 따라 행정기관에 대하여 행한 신청·신고, 그 밖의 행위는 이 법의 규정에 따라 행정기관에 대하여 행한 신청·신고, 그 밖의 행위로 본다.
있다.

제4조【다른 법률의 개정】 (생략)

부　칙 (2020.2.18 법17063호)
(2020.3.31)

제1조【시행일】 이 법은 공포 후 1년이 경과한 날부터 시행한다.(이하 생략)

부　칙 (2021.11.30)

제1조【시행일】 이 법은 공포 후 3개월이 경과한 날부터 시행한다.

제2조【공유수면 점용료·사용료의 징수 및 감면에 관한 적용례】 제13조제1항의 개정규정은 이 법 시행 이후 공유수면관리청이 공유수면 점용료·사용료를 징수하거나 감면하는 경우부터 적용한다.

부　칙 (2022.1.4)

제1조【시행일】 이 법은 공포 후 6개월이 경과한 날부터 시행한다.

제2조【공유수면 점용·사용허가, 점용·사용 협의 또는 승인 관련 의견수렴에 관한 적용례】 제8조제7항의 개정규정은 이 법 시행 이후 공유수면관리청이 제8조에 따라 점용·사용허가를 하거나 제10조에 따라 점용·사용 협의 또는 승인을 하는 경우부터 적용한다.

부　칙 (2022.1.11)

제1조【시행일】 이 법은 공포 후 1년이 경과한 날부터 시행한다.(이하 생략)

부　칙 (2022.12.27 법19117호)

제1조【시행일】 이 법은 공포 후 6개월이 경과한 날부터 시행한다.(이하 생략)

부　칙 (2022.12.27 법19133호)

이 법은 공포 후 6개월이 경과한 날부터 시행한다.

부　칙 (2023.5.16)

제1조【시행일】 이 법은 공포한 날부터 시행한다.(단서 생략)

제2조【이의신청에 관한 일반적 적용례】 이의신청에 관한 개정규정은 이 법 시행 이후 하는 처분부터 적용한다.

제3조 (생략)

제4조【「공유수면 관리 및 매립에 관한 법률」의 개정에 관한 적용례】 인가·허가등의 의제를 위한 행정청 간 협의 간주에 관한 사항은 이 법 시행 이후 인가·허가등의 의제에 관한 협의를 요청하는 경우부터 적용한다.

제5조~제9조 (생략)

부　칙 (2023.7.25)

제1조【시행일】 이 법은 공포 후 6개월이 경과한 날부터 시행한다.(이하 생략)

해양조사와 해양정보 활용에 관한 법률(약칭 : 해양조사정보법)

(2020년 2월 18일 법 률 제17063호)

개정
2022. 1.11법18755호(수산)
2022. 6.10법18959호
2023. 2.14법19225호(기상법)
2023. 7.25법19573호(해상교통안전법)

제1장 총 칙

제1조【목적】 이 법은 해양조사의 실시와 해양정보의 활용에 관한 사항을 규정함으로써 선박의 교통안전, 해양의 보전·이용·개발 및 해양에 대한 관할권의 확보 등에 이바지함을 목적으로 한다.

제2조【정의】 이 법에서 사용하는 용어의 뜻은 다음과 같다.
1. "해양조사"란 선박의 교통안전, 해양의 보전·이용·개발 및 해양관할권의 확보 등에 이용할 목적으로 이 법에 따라 실시하는 해양관측, 수로측량 및 해양지명조사를 말한다.
2. "해양관측"이란 해양의 특성 및 그 변화를 과학적인 방법으로 관찰·측정하고 관련 정보를 수집하는 것을 말한다.
3. "수로측량"이란 다음 각 목의 측량 또는 조사를 말한다.
가. 해양 등 수역(水域)의 수심·지구자기(地球磁氣)·중력·지형·지질의 측량과 해안선 및 이에 딸린 토지의 측량
나. 선박의 안전항해를 위하여 실시하는 항해목표물, 장애물, 항만시설, 선박편의시설, 항로 특이사항 및 유빙(流氷) 등에 관한 자료를 수집하기 위한 항로조사
다. 연안(「연안관리법」 제2조제1호에 따른 연안을 말한다. 이하 같다)의 자연환경 실태와 그 변화에 대한 조사
4. "기본수로측량"이란 모든 수로측량의 기초가 되는 측량으로서 제19조에 따라 해양수산부장관이 실시하는 수로측량을 말한다.
5. "일반수로측량"이란 기본수로측량 외의 수로측량을 말한다.
6. "해양지명조사"란 해양지명을 제정·변경 또는 관리하기 위하여 필요한 지형조사 및 문헌조사 등의 조사를 말한다.
7. "국가해양기준점"이란 해양조사의 정확도를 확보하고 효율성을 높이기 위하여 특정 지점을 제8조제1항에 따른 해양조사의 기준에 따라 측정하고 좌표 등으로 표시하여, 해양조사를 할 때 기준으로 사용하는 점을 말한다.
8. "국가해양관측망"이란 해양수산부장관이 해양관측을 하고 해양관측에 관한 자료를 수집·가공·저장·검색·표출·송수신 또는 활용할 수 있도록 구축·운영하는 해양관측시설의 조합을 말한다.
9. "해양지명"이란 자연적으로 형성된 해양·해협·만(灣)·포(浦) 및 수로 등의 이름과 초(礁)·퇴(堆)·해저협곡·해저분지·해저산·해저산맥·해령(海嶺)·해구(海溝) 등 해저지형의 이름을 말한다.
10. "해양정보"란 해양조사를 통하여 얻은 최종 결과를 말하며, 해양관측한 자료를 기초로 분석하여 얻은 해양예측정보를 포함한다.
11. "해양정보간행물"이란 해양정보를 도면(圖面), 서지(書誌) 또는 수치제작물(해양에 관한 여러 정보를 수치화한 후 정보처리시스템에서 사용할 수 있도록 제작한 것을 말한다. 이하 같다)의 형태로 제작한 것을 말한다.
12. "항해용 간행물"이란 안전한 항해를 위하여 선박에 비치할 목적으로 제작한 다음 각 목의 해양정보간행물을 말한다.
가. 해도(海圖) : 바다의 깊이, 항로 등 선박이 항해하는 데에 필요한 정보를 국제기준에 따라 기호나 문자 등으로 표시한 도면(전자해도를 포함한다)
나. 항해서지 : 주요 항만 등에 대한 조석 자료를 수록한 조석표(潮汐表), 항로표지의 번호·명칭·위치 등을 수록한 등대표(燈臺表), 연안과 주요 항만의 항해안전정보를 수록한 항로지 및 그 밖에 해양수산부령으로 정하는 서지
다. 항행통보 : 해양수산부장관이 항해용 간행물의 변경이 필요한 사항, 항해에 필요한 경고 사항, 그 밖에 선박의 교통안전과 관련된 사항을 항해자 등 관련 정보가 필요한 자에게 주기적으로 제공하기 위하여 제작하는 해양정보간행물
라. 그 밖에 해양수산부령으로 정하는 해양정보간행물
13. "해양조사·정보업"이란 다음 각 목의 사업을 말한다.
가. 해양관측 업무를 하는 해양관측업
나. 수로측량 업무를 하는 수로측량업
다. 해도제작 업무를 하는 해도제작업
라. 해양정보를 수집·가공·관리·유통·판매 또는 제공하거나 이와 관련된 소프트웨어 또는 시스템을 개발하거나 구축하는 업무(가목부터 다목까지의 업무는 제외한다)를 하는 해양정보서비스업

제3조【해양조사의 기본방향】 국가는 이 법에 따라 해양조사를 실시하는 경우 다음 각 호의 사항이 실현되도록 하여야 한다.
1. 선박의 교통안전의 확보
2. 해양의 보전·이용·개발에의 기여 및 해양산업의 발전
3. 기후변화에의 적응·대응 및 해양재해의 예방
4. 해양방위(防衛) 강화 및 해양관할권의 확보

제4조【적용범위】 다음 각 호의 어느 하나에 해당하는 사항에 대해서는 이 법을 적용하지 아니한다.
1. 「해양과학조사법」에 따른 해양과학조사 등 순수 학술연구를 위한 해양조사
2. 군사 활동을 위한 해양조사
3. 「해저광물자원 개발법」에 따라 실시하는 탐사
4. 「공간정보의 구축 및 관리 등에 관한 법률」에 따라 실시하는 연안해역의 측량

제5조【다른 법률과의 관계】 해양조사에 관하여 다른 법률에 특별한 규정이 있는 경우를 제외하고는 이 법에서 정하는 바에 따른다.

제6조【해양조사의 날】 국민에게 해양조사의 중요성을 널리 알리기 위하여 매년 6월 21일을 해양조사의 날로 정한다.

제2장 해양조사

제1절 통 칙

제7조【해양조사기본계획 및 시행계획】 ① 해양수산부장관은 다음 각 호의 사항이 포함된 해양조사기본계획(이하 "기본계획"이라 한다)을 5년마다 수립하여야 한다.
1. 해양조사에 관한 기본 구상 및 추진 전략
2. 해양조사의 구역과 내용
3. 국가해양관측망의 구축·운영 등에 관한 사항
4. 해양지명의 제정·표기 및 관리에 관한 사항
5. 해양지명의 국제등재 및 통용·홍보에 관한 사항
6. 국가 간 해양경계의 획정과 관련된 조사에 관한 사항
7. 해양정보간행물의 간행 및 보급 등 해양정보의 활용에 관한 사항
8. 해양조사에 관한 장기 투자계획
9. 해양조사에 관한 기술의 연구·개발
10. 조사선박 등 해양조사장비의 확보 및 관리에 관한 사항
11. 해양조사에 관한 기술교육 및 인력 양성에 관한 사항
12. 해양조사·정보업의 지원과 육성에 관한 사항
13. 해양조사의 국제협력에 관한 사항
14. 그 밖에 해양조사를 위하여 필요한 사항

② 해양수산부장관은 기본계획에 따라 연도별 시행계획을 수립·시행하여야 한다.
③ 해양수산부장관은 해양조사의 여건 변화 등으로 인하여 필요한 경우에는 기본계획 및 연도별 시행계획을 변경할 수 있다.
④ 해양수산부장관은 기본계획을 수립하거나 변경한 경우에는 이를 고시하여야 한다.
⑤ 제1항부터 제4항까지에서 규정한 사항 외에 기본계획과 연도별 시행계획의 수립, 변경 및 시행에 필요한 사항은 대통령령으로 정한다.

제8조【해양조사의 기준】 ① 해양조사의 기준은 다음 각 호와 같다.
1. 위치는 세계측지계〔世界測地系 : 지구의 질량중심을 원점으로 지구상 지형·지물(地物)의 위치와 거리를 수리적으로 계산하는 기준을 말한다. 이하 이 조에서 같다〕에 따라 측정한 지리학적 경위도와 높이(평균해수면으로부터의 높이를 말한다. 이하 이 조에서 같다)로 표시한다.
2. 수심과 간조노출지(干潮露出地)의 높이는 기본수준면(일정 기간 조석을 관측하여 산출한 결과 가장 낮은 해수면을 말한다. 이하 이 조에서 같다)을 기준으로 측량한다.
3. 해안선은 해수면이 약최고고조면(略最高高潮面 : 일정기간 조석을 관측하여 산출한 결과 가장 높은 해수면을 말한다. 이하 이 조에서 같다)에 이르렀을 때의 육지와 해수면과의 경계로 표시한다.

② 해양수산부장관은 해양조사와 관련된 좌표계, 평균해수면, 기본수준면 및 약최고고조면에 관한 사항을 정하여 관보 또는 인터넷 홈페이지에 고시하여야 한다. 해당 사항이 변경된 경우에도 또한 같다.
③ 제1항에 따른 세계측지계의 세부요건 등 해양조사의 기준 결정에 필요한 사항은 대통령령으로 정한다.

제9조【국가해양기준점】 ① 해양수산부장관은 해양조사의 정확도를 확보하고 효율성을 높이기 위하여 대통령령으로 정하는 바에 따라 국가해양기준점을 정하여야 한다.
② 해양수산부장관은 제1항에 따라 국가해양기준점을 정한 경우 해양수산부령으로 정하는 바에 따라 국가해양기준점 표지를 설치·관리하여야 한다.
③ 해양수산부장관은 제2항에 따라 국가해양기준점 표지를 설치한 경우에는 그 현황 등을 고시하여야 한다.

제10조【국가해양기준점 표지의 보호】 ① 누구든지 국가해양기준점 표지를 무단으로 이전하거나 파손 또는 그 효용을 해치는 행위를 해서는 아니 된다.
② 국가해양기준점 표지를 파손하거나 그 효용을 해칠 우려가 있는 행위를 하려는 자는 해양수산부령으로 정하는 바에 따라 해양수산부장관에게 국가해양기준점 표지의 임시적 또는 영구적 이전을 신청하여야 한다.
③ 제2항에 따른 신청을 받은 해양수산부장관은 국가해양기준점 표지의 이전 필요성을 검토한 후 이전할 필요가 있다고 인정되면 국가해양기준점 표지를 이전하거나, 제2항에 따른 신청인으로 하여금 국가해양기준점 표지를 이전하게 할 수 있으며, 그 국가해양기준점 표지를 이전할 필요가 없다고 인정되는 경우에는 제2항에 따른 신청인에게 그 사유를 알려 주어야 한다.
④ 제3항에 따른 국가해양기준점 표지의 이전에 드는 비용은 제2항에 따른 신청인이 부담한다.
⑤ 해양수산부장관은 제3항에 따라 국가해양기준점 표지를 이전한 경우에는 그 변경내역 등을 고시하여야 한다.

제11조【해양조사의 공고 등】 해양수산부장관은 다음 각 호의 어느 하나에 해당하는 경우에는 해당 해양조사의 구역, 기간 및 내용이 포함된 해양조사 실시계획을 관보 또는 인터넷 홈페이지에 공고하고, 항행통보에 게재하여야 한다. 다만, 국가안보나 그 밖에 국가의 중대한 이익을 해할 우려가 있다고 인정되는 경우에는 공고 및 게재를 하지 아니할 수 있다.
1. 제14조에 따라 해양관측을 실시하는 경우
2. 제19조에 따라 기본수로측량을 실시하는 경우
3. 제44조제1항에 따라 관계기관으로부터 해양조사 계획을 제출받은 경우
4. 제59조에 따라 위탁받은 해양조사의 업무를 수행하는 경우

제12조【연구·개발 등의 추진】 ① 해양수산부장관은 해양조사의 발전을 위하여 대통령령으로 정하는 해양조사 연구·개발을 추진할 수 있다.
② 해양수산부장관은 제1항에 따른 연구·개발 업무를 수행하는 연구기관을 설립하거나 대통령령으로 정하는 관련 전문기관으로 하여금 해당 업무를 수행하게 할 수 있다.
③ 해양수산부장관은 제2항에 따른 연구기관 또는 관련 전문기관에 예산의 범위에서 업무를 수행하는 데에 필요한 비용의 전부 또는 일부를 지원할 수 있다.

제13조【해양조사의 표준화】 ① 해양수산부장관은 해양조사 항목 및 업무수행 방식 등의 표준화를 위한 기준을 정하여 관계기관에 이를 사용하도록 권고할 수 있다.
② 제1항에 따른 해양조사의 표준화를 위한 기준에 관한 구체적인 사항은 해양수산부령으로 정한다.

제2절 해양관측

제14조【해양관측의 실시】 ① 해양수산부장관은 기본계획 및 연도별 시행계획에 따라 조석·조류·해류·해양기상 등 해양의 특성 및 그 변화를 관찰·측정하고, 관련 정보를 수집하기 위한 해양관측을 실시하여야 한다.
② 해양수산부장관은 제1항에 따른 해양관측으로 얻어진 정보를 체계적으로 수집·관리하고, 이에 관한 각종 통계를 생산·관리하여야 한다.
③ 해양수산부장관은 제1항에 따른 해양관측을 위하여 필요한 경우에는 관계 행정기관 및 「공공기관의 운영에 관한 법률」에 따른 공공기관(이하 "공공기관"이라 한다)의 장, 항만시설 관리자 또는 선박소유자에게 필요한 자료의 제출을 요청할 수 있다. 이 경우 요청을 받은 자는 정당한 사유가 없으면 그 요청에 따라야 한다.

제15조【국가해양관측망의 구축·운영 등】 ① 해양수산부장관은 해양관측을 효율적으로 수행하기 위하여 국가해양관측망을 구축·운영할 수 있다.
② 해양수산부장관은 제1항에 따른 국가해양관측망의 구축·운영 업무를 관계 행정기관이나 그 밖에 해양관측 업무를 수행하는 기관과 협력하여 추진할 수 있다.
③ 해양수산부장관은 국가해양관측망의 구축·운영을 위하여 필요한 경우에는 관계 행정기관의 장에게 필요한 자료의 제출을 요청할 수 있다. 이 경우 요청을 받은 관계 행정기관의 장은 정당한 사유가 없으면 그 요청에 따라야 한다.

제16조【국가해양관측망의 보호】 ① 누구든지 국가해양관측망을 무단으로 이전하거나 파손 또는 그 효용을 해치는 행위를 해서는 아니 된다.
② 국가해양관측망에 출입하려는 자는 해양수산부령으로 정하는 바에 따라 해양수산부장관의 허가를 받아야 한다.

제17조【해양예측정보의 생산】 ① 해양수산부장관은 해양관측한 자료를 기초로 다음 각 호의 해양예측정보(「기상법」 제13조제1항, 제13조의2, 제13조의4 및 제14조에 따른 예보·특보·태풍예보·해양기상예보 및 해양기상특보 항목은 제외한다)를 생산하여야 한다.(2023.2.14 본문개정)
1. 조석, 조류, 해류 등 선박의 교통안전과 관련된 해양예측정보
2. 장기해수면의 변화, 부유물의 이동·확산 등 해양재해와 관련된 해양예측정보
3. 이안류(離岸流) 등 해양레저활동의 안전과 관련된 해양예측정보
4. 해양방위와 관련된 해양예측정보
5. 그 밖에 해양수산부령으로 정하는 해양예측정보

② 해양수산부장관은 제1항에 따른 해양예측정보의 생산

을 위하여 해양예측시스템을 구축·운영할 수 있다.
제18조【해양의 중장기 현상변화 연구】 ① 해양수산부장관은 해양관측 자료를 기초로 해양의 중장기 현상변화 및 그 원인에 대하여 연구·분석하여야 한다.
② 해양수산부장관은 제1항의 연구결과를 바탕으로 해양의 중장기 현상변화의 추세를 예측하여야 하며, 예측의 정확도를 높이기 위하여 노력하여야 한다.

제3절 수로측량

제19조【기본수로측량의 실시】 ① 해양수산부장관은 기본계획 및 연도별 시행계획에 따라 다음 각 호의 사항을 포함하는 기본수로측량을 실시하여야 한다.
1. 항해의 안전을 위한 항만·항로·어항(漁港) 등의 수로측량
2. 국가 간 해양경계 획정을 위하여 필요한 조사
3. 관할 해역에 관한 지구물리적 기초자료 수집을 위한 탐사
4. 그 밖에 해양수산부령으로 정하는 수로측량
② 해양수산부장관은 기본수로측량을 위하여 필요한 경우에는 관계 행정기관 및 공공기관의 장, 항만시설 관리자 또는 선박소유자에게 필요한 자료의 제출을 요청할 수 있다. 이 경우 요청을 받은 자는 정당한 사유가 없으면 그 요청에 따라야 한다.
③ 해양수산부장관은 선박을 이용하여 기본수로측량을 하는 경우 해당 선박에 해양수산부령으로 정하는 표지를 달아야 한다.
제20조【일반수로측량의 실시 등】 ① 해양수산부장관이 제작한 항해용 간행물의 내용을 변경하게 하는 행위로서 다음 각 호의 어느 하나에 해당하는 행위(이하 이 조에서 "공사등"이라 한다)를 하는 자(공사등을 도급받아 수행하는 자를 포함한다)는 그 공사등을 끝내면 일반수로측량을 실시하여야 한다. 다만, 대통령령으로 정하는 규모 이하의 공사등의 경우에는 그러하지 아니하다.
1. 항만·어항 공사 또는 항로준설(航路浚渫)
2. 해저에서 흙, 모래, 광물 등의 채취
3. 바다에 흙, 모래, 준설토(浚渫土) 등을 버리는 행위
4. 매립, 방파제·인공안벽(人工岸壁)의 설치나 철거 등으로 기존 해안선 또는 수심이 변경되는 공사
5. 해양에 인공어초, 해저 케이블·송유관 등 구조물을 설치하거나 투입 또는 매설하는 행위
6. 항로상의 교량 및 공중전선 등을 설치 또는 변경하는 행위
② 해양수산부장관에게 항해용 간행물의 제작 또는 변경을 요청하려는 자는 일반수로측량을 실시할 수 있다.
③ 제1항 및 제2항에 따른 일반수로측량을 하려는 자는 해양수산부령으로 정하는 바에 따라 해양수산부장관에게 신고하여야 한다.
④ 해양수산부장관은 제3항에 따라 신고를 받은 수로측량의 구역, 기간 및 내용을 항행통보에 게재하여야 한다.
⑤ 해양수산부장관은 수로측량 방법의 표준화 등을 위하여 필요하다고 인정하는 경우에는 제3항에 따른 신고를 한 자에게 해양수산부령으로 정하는 바에 따라 일반수로측량 방법에 관한 기술지도를 할 수 있다.
⑥ 선박을 이용하여 일반수로측량을 하는 자는 해당 선박에 해양수산부령으로 정하는 표지를 달아야 한다.
제21조【해양정보 사본의 제출 및 심사】 ① 제20조제1항 및 제2항에 따라 일반수로측량을 한 자는 해당 수로측량으로 얻은 해양정보의 사본을 지체 없이 해양수산부장관에게 제출하여야 한다.
② 해양수산부장관은 제1항에 따른 해양정보의 사본을 받으면 지체 없이 그 적합성을 심사하고, 그 결과를 제1항에 따른 제출자에게 알려 주어야 한다.
③ 해양수산부장관은 제2항에 따른 심사 결과 적합하다고 인정되면 해당 해양정보를 대통령령으로 정하는 바에 따라 항행통보에 게재하고, 그 밖의 항해용 간행물에 반영하여야 한다.
④ 제1항부터 제3항까지에서 규정한 사항 외에 일반수로측량으로 얻은 해양정보 사본의 제출 및 심사에 필요한 사항은 해양수산부령으로 정한다.

제4절 해양지명조사 및 해양지명의 제정 등

제22조【해양지명조사의 실시】 해양수산부장관은 기본계획 및 연도별 시행계획에 따라 해양지명을 제정·변경 또는 관리하기 위하여 다음 각 호의 사항을 포함하는 해양지명조사를 실시하여야 한다.
1. 해양지명 부여 대상의 위치·형태·종류·지질 등에 대한 지형조사
2. 해양지명의 생성과 유래, 변천과정과 관련된 지리·사회과학적 정보 등에 대한 문헌조사
제23조【해양지명의 제정 및 변경】 ① 해양지명의 제정 또는 변경을 신청하려는 자는 해양수산부령으로 정하는 바에 따라 해양수산부장관에게 해양지명의 제정 또는 변경을 신청할 수 있다. 다만, 다음 각 호의 경우에는 그러하지 아니하다.
1. 다른 법령에 따라 제정된 해양지명이 있는 경우
2. 그 밖에 대통령령으로 정하는 경우
② 해양수산부장관은 다음 각 호의 어느 하나에 해당하는 경우에는 「해양수산발전 기본법」 제7조에 따른 해양수산발전위원회의 심의를 거쳐 해양지명을 제정 또는 변경하여야 한다.
1. 제22조에 따른 해양지명조사를 실시한 결과 해양지명을 제정 또는 변경할 필요가 있는 경우
2. 제1항에 따른 신청을 받은 경우로서 해양지명을 제정 또는 변경할 필요가 있는 경우
③ 해양수산부장관은 제2항에 따른 해양지명의 제정 또는 변경에 대한 심사를 위하여 필요한 경우에는 관계 행정기관 및 국공립 연구기관 등에 관련 자료의 제출을 요청할 수 있다. 이 경우 요청을 받은 기관은 정당한 사유가 없으면 그 요청에 따라야 한다.
④ 해양수산부장관은 제2항에 따라 해양지명을 제정 또는 변경하는 경우에는 국제적 절차와 기준에 부합하게 하여야 한다.
⑤ 해양수산부장관은 제2항에 따라 해양지명을 제정 또는 변경한 경우에는 대통령령으로 정하는 바에 따라 고시하여야 한다.
⑥ 제1항부터 제5항까지에서 규정한 사항 외에 해양지명의 제정 또는 변경 신청 절차, 심사 기준 등에 관한 사항은 해양수산부령으로 정한다.
제24조【해양지명의 관리 및 사용 등】 ① 해양수산부장관은 제23조에 따라 제정 또는 변경된 해양지명에 대한 데이터베이스를 구축하고 관리하여야 한다.
② 해양수산부장관은 관계 행정기관, 제25조제2항에 따른 해양조사기술자, 제30조제1항에 따라 해양조사·정보업의 등록을 한 자 및 「공간정보산업 진흥법」 제2조제4호에 따른 공간정보사업자 등에게 이 법에 따른 해양지명을 사용할 것을 권고할 수 있다.
③ 해양수산부장관은 제2항에 따라 해양지명의 사용을 권고받은 자에게 제1항에 따른 데이터베이스를 제공하는 등 기술적 지원을 할 수 있다.
④ 해양수산부장관은 이 법에 따른 해양지명의 사용을 확산하기 위하여 해양지명에 대한 대국민 인터넷 정보서비스를 제공하는 등 해양지명의 홍보를 위하여 노력하여야 한다.
⑤ 해양수산부장관은 이 법에 따른 해양지명의 국제기구에의 등재 및 국제적 통용을 위하여 노력하여야 한다.

제3장 해양조사기술자, 해양조사·정보업 및 해양조사장비

제1절 해양조사기술자

제25조【해양조사기술자】 ① 해양조사(해양지명조사는 제외한다. 이하 이 절에서 같다) 및 항해용 간행물의 제작은 해양조사기술자가 아니면 할 수 없다.
② 해양조사기술자는 다음 각 호의 어느 하나에 해당하는 사람으로서 대통령령으로 정하는 자격기준을 갖춘 사람으로 한다.
1. 「국가기술자격법」에 따른 해양, 해양환경, 해양조사, 해양공학, 해양자원개발, 측량 및 지형공간정보 분야의 기술자격을 취득한 사람
2. 해양, 해양환경, 해양조사, 해양공학, 해양자원개발, 측량 및 지형공간정보, 항해용 간행물의 제작 분야의 학력 또는 경력을 가진 사람
3. 국제수로기구가 인정하는 국제자격을 취득한 사람
③ 해양조사기술자의 등급은 대통령령으로 정하는 바에 따라 나눌 수 있다.
제26조【해양조사기술자의 신고 등】 ① 해양조사 업무 또는 항해용 간행물의 제작 업무에 종사하는 해양조사기술자는 해양수산부령으로 정하는 바에 따라 근무처·경력·학력 및 자격 등(이하 "근무처 및 경력등"이라 한다)을 관리하는 데에 필요한 사항을 해양수산부장관에게 신고하여야 한다. 신고사항의 변경이 있는 경우에도 또한 같다.
② 해양수산부장관은 제1항에 따른 신고를 받았을 때에는 해양조사기술자의 근무처 및 경력등에 관한 기록을 유지·관리하여야 한다.
③ 해양수산부장관은 해양조사기술자가 신청하면 근무처 및 경력등에 관한 증명서(이하 "해양조사기술경력증"이라 한다)를 발급할 수 있다.
④ 해양수산부장관은 제1항에 따라 신고를 받은 내용을 확인하기 위하여 필요한 경우에는 행정기관, 공공기관, 「초·중등교육법」 제2조 및 「고등교육법」 제2조에 따른 학교 또는 제1항에 따른 신고를 한 해양조사기술자가 소속된 해양조사 관련 업체 등 관련 기관의 장에게 관련 자료를 제출하도록 요청할 수 있다. 이 경우 요청을 받은 기관의 장은 정당한 사유가 없으면 그 요청에 따라야 한다.
⑤ 이 법이나 그 밖의 관계 법률에 따른 인가·허가·등록·면허 등을 하려는 행정기관의 장은 해양조사기술자의 근무처 및 경력등을 확인할 필요가 있는 경우에는 해양수산부장관의 확인을 받아야 한다.
⑥ 제1항부터 제5항까지에서 규정한 사항 외에 해양조사기술자의 신고, 기록의 유지·관리, 해양조사기술경력증의 발급 등에 필요한 사항은 해양수산부령으로 정한다.
제27조【해양조사기술자의 의무】 ① 해양조사기술자는 공정하게 해양조사 업무 또는 항해용 간행물의 제작 업무를 하여야 하며, 정당한 사유 없이 해양조사 또는 항해용 간행물의 제작을 거부해서는 아니 된다.
② 해양조사기술자는 정당한 사유 없이 그 업무상 알게 된 비밀을 누설해서는 아니 된다.
③ 해양조사기술자는 둘 이상의 제30조제1항에 따른 해양조사·정보업의 등록을 한 자에게 소속될 수 없다.
④ 해양조사기술자는 다른 사람에게 해양조사기술경력증을 빌려 주거나 자기의 성명을 사용하여 해양조사 업무 또는 항해용 간행물의 제작 업무를 하게 해서는 아니 된다.
제28조【해양조사기술자의 업무정지】 ① 해양수산부장관은 해양조사기술자가 다음 각 호의 어느 하나에 해당하는 경우에는 1년 이내의 기간을 정하여 해양조사기술자의 업무를 정지시킬 수 있다.
1. 제26조제1항에 따른 근무처 및 경력등의 신고 또는 변경신고를 거짓으로 한 경우
2. 제27조제4항을 위반하여 다른 사람에게 해양조사기술경력증을 빌려 주거나 자기의 성명을 사용하여 해양조사 업무 또는 항해용 간행물의 제작 업무를 하게 한 경우
② 제1항에 따른 업무정지의 기준과 그 밖에 필요한 사항은 해양수산부령으로 정한다.
제29조【교육훈련】 ① 해양조사 업무 또는 항해용 간행물의 제작 업무에 종사하는 해양조사기술자는 대통령령으로 정하는 바에 따라 교육훈련을 받아야 한다. 다만, 해양조사기술자가 다른 법령에 따라 받은 교육훈련이 대통령령으로 정하는 기준에 해당하는 경우에는 교육훈련을 받은 것으로 본다.
② 해양조사기술자를 고용하고 있는 자는 해양조사기술자가 제1항에 따른 교육훈련을 받는 데에 필요한 경비를 부담하여야 하며, 이를 이유로 그 해양조사기술자에게 불이익을 주어서는 아니 된다.
③ 해양수산부장관은 해양조사기술자 외에 관계 행정기관의 해양조사 관련 업무에 종사하는 자 등에 대하여 교육훈련을 실시할 수 있다.
④ 해양수산부장관은 제1항 및 제3항에 따른 교육훈련을 위하여 교육시설, 교수요원 등 인력 및 교육장비 등 대통령령으로 정하는 기준을 충족하는 기관을 전문교육기관으로 지정할 수 있다.
⑤ 해양수산부장관은 제4항에 따라 지정된 전문교육기관이 제1항에 따른 교육훈련에 관한 업무를 충실히 수행하지 못하거나, 제4항에 따른 지정기준에 미치지 못하는 경우에는 지정을 취소하거나 6개월 이내의 범위에서 기간을 정하여 업무의 전부 또는 일부를 정지할 수 있다.
⑥ 제4항에 따른 전문교육기관의 지정 기준·절차 및 제5항에 따른 지정취소의 기준 등에 관한 사항은 대통령령으로 정한다.

제2절 해양조사·정보업

제30조【해양조사·정보업의 등록 등】 ① 해양조사·정보업을 하려는 자는 대통령령으로 정하는 기술인력, 시설, 해양조사장비 등의 등록기준을 충족하여 해양수산부장관에게 등록하여야 한다.
② 해양조사·정보업의 종류별 구체적인 업무의 범위는 대통령령으로 정한다.
③ 제1항에 따라 등록을 한 자(이하 "해양조사·정보업자"라 한다)는 등록사항이 변경된 경우에는 해양수산부장관에게 신고하여야 한다.
④ 해양수산부장관은 제3항에 따른 신고를 받은 날부터 7일 이내에 신고수리 여부를 신고인에게 통지하여야 한다.
⑤ 해양수산부장관이 제4항에서 정한 기간 내에 신고수리 여부나 민원 처리 관련 법령에 따른 처리기간의 연장을 신고인에게 통지하지 아니하면 그 기간(민원 처리 관련 법령에 따라 처리기간이 연장 또는 재연장된 경우에는 해당 처리기간을 말한다)이 끝난 날의 다음 날에 신고를 수리한 것으로 본다.
⑥ 해양조사·정보업의 등록 및 등록사항의 변경신고의 절차 등에 관한 사항은 해양수산부령으로 정한다.
제31조【해양조사·정보업자의 의무】 해양조사·정보업자는 해양조사·정보업과 관련된 입찰에 참여하는 경우 속임수, 위력(威力) 또는 그 밖의 방법으로 입찰의 공정성을 해쳐서는 아니 된다.
제32조【결격사유】 다음 각 호의 어느 하나에 해당하는 자는 해양조사·정보업의 등록을 할 수 없다.
1. 피성년후견인 또는 피한정후견인
2. 이 법이나 「국가보안법」 또는 「형법」 제87조부터 제104조까지의 규정을 위반하여 금고 이상의 실형을 선고받고 그 집행이 끝나거나(집행이 끝난 것으로 보는 경우를 포함한다) 집행이 면제된 날부터 2년이 지나지 아니한 자
3. 이 법이나 「국가보안법」 또는 「형법」 제87조부터 제104조까지의 규정을 위반하여 금고 이상의 형의 집행유예를 선고받고 그 집행유예기간 중에 있는 자
4. 제36조에 따라 해양조사·정보업의 등록이 취소(이 조 제1호에 해당하여 등록이 취소된 경우는 제외한다)된 후 2년이 지나지 아니한 자
5. 임원 중에 제1호부터 제4호까지의 어느 하나에 해당하는 자가 있는 법인
제33조【해양조사·정보업 등록증 및 등록수첩】 ① 해양수산부장관은 해양조사·정보업자에게 해양수산부령

으로 정하는 바에 따라 해양조사·정보업 등록증 및 해양조사·정보업 등록수첩을 발급하여야 한다.
② 해양조사·정보업자는 다른 사람에게 자기의 해양조사·정보업 등록증 또는 해양조사·정보업 등록수첩을 빌려 주거나 자기의 성명 또는 상호를 사용하여 해양조사·정보업을 하게 하여서는 아니 된다.
③ 누구든지 다른 사람의 해양조사·정보업 등록증 또는 해양조사·정보업 등록수첩을 빌려서 사용하거나 다른 사람의 성명 또는 상호를 사용하여 해양조사·정보업을 해서는 아니 된다.

제34조【해양조사·정보업자의 휴업·폐업 등 신고】 다음 각 호의 어느 하나에 해당하는 자는 해양수산부령으로 정하는 바에 따라 해양수산부장관에게 해당 각 호의 사실이 발생한 날부터 30일 이내에 그 사실을 신고하여야 한다.
1. 해양조사·정보업자인 법인이 파산 또는 합병 외의 사유로 해산한 경우 : 해당 법인의 청산인
2. 해양조사·정보업자가 폐업한 경우 : 폐업한 해양조사·정보업자
3. 해양조사·정보업자가 30일을 넘는 기간 동안 휴업하거나, 그 기간 동안 휴업 후 업무를 재개한 경우 : 해당 해양조사·정보업자

제35조【해양조사·정보업자의 지위 승계】 ① 다음 각 호의 어느 하나에 해당하는 자는 해양조사·정보업자의 지위를 승계한다.
1. 해양조사·정보업자가 사업을 양도한 경우 그 양수인
2. 해양조사·정보업자가 사망한 경우 그 상속인
3. 법인인 해양조사·정보업자가 다른 법인과 합병한 경우 합병 후 존속하는 법인이나 합병에 따라 설립된 법인
② 다음 각 호의 어느 하나에 해당하는 절차에 따라 영업시설·설비의 전부를 인수한 자는 해양조사·정보업자의 지위를 승계한다.
1. 「민사집행법」에 따른 경매
2. 「채무자 회생 및 파산에 관한 법률」에 따른 환가(換價)
3. 「국세징수법」, 「관세법」 또는 「지방세징수법」에 따른 압류재산의 매각
4. 그 밖에 제1호부터 제3호까지의 규정 중 어느 하나에 준하는 절차
③ 제1항이나 제2항에 따라 해양조사·정보업자의 지위를 승계한 자는 그 승계 사유가 발생한 날부터 30일 이내에 해양수산부령으로 정하는 바에 따라 해양수산부장관에게 신고하여야 한다.
④ 해양수산부장관은 제3항에 따른 신고를 받은 날부터 10일 이내에 신고수리 여부를 신고인에게 통지하여야 한다.
⑤ 해양수산부장관은 제4항에서 정한 기간 내에 신고수리 여부나 민원 처리 관련 법령에 따른 처리기간의 연장을 신고인에게 통지하지 아니하면 그 기간(민원 처리 관련 법령에 따라 처리기간이 연장 또는 재연장된 경우에는 해당 처리기간을 말한다)이 끝난 날의 다음 날에 신고를 수리한 것으로 본다.
⑥ 제1항 또는 제2항에 따른 승계인의 결격사유에 관하여는 제32조를 준용한다.

제36조【해양조사·정보업자의 등록취소 등】 ① 해양수산부장관은 해양조사·정보업자가 다음 각 호의 어느 하나에 해당하는 경우에는 해양조사·정보업의 등록을 취소하거나 1년 이내의 기간을 정하여 영업의 정지를 명할 수 있다. 다만, 제2호, 제4호, 제6호부터 제8호까지의 어느 하나에 해당하는 경우에는 해양조사·정보업의 등록을 취소하여야 한다.
1. 고의 또는 과실로 해양조사, 해양정보간행물의 제작 또는 해양정보의 제공을 부정확하게 한 경우
2. 거짓이나 그 밖의 부정한 방법으로 해양조사·정보업의 등록을 한 경우
3. 정당한 사유 없이 해양조사·정보업의 등록을 한 날부터 1년 이내에 영업을 시작하지 아니하거나 계속하여 1년 이상 휴업한 경우
4. 제30조제1항에 따른 등록기준에 미달하게 된 경우. 다만, 일시적으로 등록기준에 미달되는 등 대통령령으로 정하는 경우는 제외한다.
5. 제30조제3항을 위반하여 해양조사·정보업 등록사항의 변경신고를 하지 아니한 경우
6. 제32조 각 호의 어느 하나에 해당하게 된 경우. 다만, 법인의 임원 중 결격사유에 해당하는 자가 있는 경우 2개월 이내에 그 임원을 개임(改任)한 경우에는 그러하지 아니하다.
7. 제33조제2항을 위반하여 다른 사람에게 자기의 해양조사·정보업 등록증 또는 해양조사·정보업 등록수첩을 빌려 주거나 자기의 성명 또는 상호를 사용하여 해양조사·정보업을 하게 한 경우
8. 영업정지기간 중에 계속하여 영업을 한 경우
9. 다른 행정기관이 관계 법령에 따라 등록취소 또는 영업정지를 요구한 경우
② 해양조사·정보업자의 지위를 승계한 상속인 또는 합병 후 존속하는 법인이나 합병에 따라 설립된 법인이 제32조에 따른 결격사유에 해당하는 경우에는 그 결격사유에 해당하게 된 날부터 6개월까지는 제1항제6호를 적용하지 아니한다.
③ 해양수산부장관은 제1항에 따라 해양조사·정보업 등록을 취소하거나 영업정지의 처분을 한 경우에는 그 사실을 공고하여야 한다.
④ 해양조사·정보업 등록취소 및 영업정지 처분에 관한 세부기준은 해양수산부령으로 정한다.

제37조【해양조사·정보업자의 행정처분 효과의 승계 등】 ① 제34조제2호에 따라 폐업신고한 해양조사·정보업자가 폐업신고 당시와 동일한 해양조사·정보업을 다시 등록한 경우에는 폐업신고 전의 해양조사·정보업자의 지위를 승계한다.
② 제1항의 경우 폐업신고 전의 제36조제1항 각 호의 위반행위로 인한 해양조사·정보업자에 대한 행정처분의 효과는 그 폐업일부터 6개월 이내에 다시 해양조사·정보업의 등록을 한 자(이하 이 조에서 "재등록 해양조사·정보업자"라 한다)에게 승계된다.
③ 제1항의 경우 재등록 해양조사·정보업자에 대하여 폐업신고 전의 제36조제1항 각 호의 위반행위에 대한 행정처분을 할 수 있다. 다만, 다음 각 호의 어느 하나에 해당하는 경우는 제외한다.
1. 폐업신고를 한 날부터 다시 해양조사·정보업의 등록을 한 날까지의 기간(이하 이 조에서 "폐업기간"이라 한다)이 2년을 초과한 경우
2. 폐업신고 전의 위반행위에 대한 행정처분이 영업정지에 해당하는 경우로서 폐업기간이 1년을 초과한 경우
④ 제3항에 따라 행정처분을 할 때에는 폐업기간과 폐업의 사유를 고려하여야 한다.

제38조【등록취소 등의 처분 후 해양조사·정보업자의 업무 수행 등】 ① 등록취소 또는 영업정지 처분을 받은 해양조사·정보업자(해양정보서비스업의 등록을 한 자는 제외한다. 이하 이 조에서 같다)는 그 처분 전에 체결한 계약에 따른 해양조사 업무 또는 해양정보간행물의 제작 업무를 계속 수행할 수 있다. 다만, 제36조제1항제2호 또는 제4호에 해당하여 등록취소 처분을 받은 경우에는 그러하지 아니하다.
② 제1항에 따라 해양조사 업무 또는 해양정보간행물의 제작 업무를 계속하려는 자는 등록취소 또는 영업정지 처분을 받은 사실을 지체 없이 해당 용역의 발주자에게 알려야 한다.
③ 제1항에 따라 해양조사 업무 또는 해양정보간행물의 제작 업무를 계속하는 자는 그 업무가 끝날 때까지 해양조사·정보업자로 본다.
④ 해양조사 또는 해양정보간행물 제작 용역의 발주자는 특별한 사유가 있는 경우를 제외하고는 그 해양조사·정보업자로부터 제2항에 따른 통지를 받거나 등록취소 또는 영업정지의 처분이 있은 사실을 안 날부터 30일 이내에만 그 계약을 해지할 수 있다.

제39조【해양조사·정보업의 대가】 ① 해양수산부장관은 해양조사·정보업(해양정보서비스업은 제외한다. 이하 이 조에서 같다)에 대한 대가의 기준을 정하여 관보에 고시하여야 한다. 이 경우 기획재정부장관과 미리 협의하여야 한다.
② 제1항에 따른 해양조사·정보업에 대한 대가의 기준의 산정방법 등 필요한 사항은 대통령령으로 정한다.

제3절 해양조사장비

제40조【해양조사장비의 개발·확보 등】 해양수산부장관은 해양조사에 필요한 측정기기, 조사선박, 항공기, 위성 등 해양조사장비의 개발 및 확보를 위하여 노력하여야 하며, 이를 적절하게 유지·관리하여야 한다.

제41조【해양조사장비의 성능검사】 ① 해양수산부령으로 정하는 해양관측 또는 수로측량을 위한 해양조사장비를 사용하는 자는 해양수산부령으로 정하는 기간마다 해양수산부장관이 실시하는 성능검사를 받아야 한다. 다만, 「국가표준기본법」 또는 그 밖의 다른 법령에 따라 검정·교정을 받은 해양조사장비 등 해양수산부령으로 정하는 해양조사장비는 성능검사의 대상에서 제외한다.
② 제1항에 따른 해양조사장비의 성능검사의 기준, 방법 및 절차 등에 필요한 사항은 해양수산부령으로 정한다.

제4장 해양정보의 활용

제1절 해양정보

제42조【해양정보의 보관 및 열람 등】 ① 해양수산부장관은 해양정보를 보관하고 일반인이 열람할 수 있도록 하여야 한다.
② 해양수산부장관은 해양수산부령으로 정하는 바에 따라 해양정보를 공표하여야 한다.
③ 제30조제1항에 따라 해양정보서비스업의 등록을 한 자 등 해양정보의 사본을 발급받으려는 자는 해양수산부령으로 정하는 바에 따라 해양수산부장관에게 발급을 신청하여야 한다.

제43조【해양정보의 품질관리】 ① 해양수산부장관은 해양정보의 정확도를 확보하기 위하여 해양정보의 품질관리에 필요한 시책을 추진하여야 한다.
② 제1항에 따른 품질관리의 대상, 범위, 기준 및 절차 등에 관한 사항은 해양수산부령으로 정한다.

제44조【관계기관의 해양정보 활용 등】 ① 해양수산부장관은 관계기관이 다음 각 호의 어느 하나에 해당하는 해양조사를 할 때에는 그 해양조사 계획이나 해양정보를 제출할 것을 요구할 수 있다.
1. 조석·조류·해류의 관측 및 해수의 물리적 특성 조사
2. 해저지형, 해상 지구자기, 해상 중력 및 해저지질의 조사
3. 인공어초 등 해저위험물의 조사
4. 그 밖에 해양수산부장관이 정하여 고시하는 사항에 관한 조사
② 해양수산부장관은 제1항에 따라 해양조사 계획을 제출한 관계 기관과 조사자료의 공동활용, 공동조사 및 기술협력을 위하여 노력하여야 한다.
③ 제1항에 따른 해양조사 계획이나 해양정보의 제출 등에 필요한 사항은 해양수산부령으로 정한다.

제45조【국가해양정보시스템】 ① 해양수산부장관은 생산된 해양정보 등을 수집·가공·분석·예측하고 이를 총괄하여 관리·제공하는 국가해양정보시스템을 구축·운영할 수 있다.
② 해양수산부장관은 국가해양정보시스템의 운영을 위하여 필요한 경우 관계 행정기관 및 해양조사 관련 기관등에 관련 자료의 제공을 요청할 수 있다.

제46조【해양정보활용센터의 설치 등】 ① 해양수산부장관은 해양정보의 수집·가공·분석·예측 업무를 효율적으로 수행하고, 정보이용자에게 해양정보를 원활하게 제공하기 위하여 대통령령으로 정하는 해양수산부 소속기관에 해양정보활용센터를 설치·운영할 수 있다.
② 제1항에 따른 해양정보활용센터의 설치·운영에 필요한 사항은 대통령령으로 정한다.

제2절 해양정보간행물

제47조【해양정보간행물의 제작 등】 ① 해양수산부장관은 기본계획 및 연도별 시행계획에 따라 해양정보를 수록한 해양정보간행물을 제작·간행(정보처리시스템을 통한 전자적 기록방식의 제작·간행을 포함한다)하여 판매하거나 배포하여야 한다.
② 해양정보간행물의 제작 기준 등은 해양수산부장관이 정하여 고시한다.
③ 해양수산부장관은 선박의 교통안전을 위하여 매주 1회 항행통보를 간행하여야 한다.
④ 해양수산부장관은 제3항에 따른 항행통보를 간행할 시간적 여유가 없는 경우에는 선박의 교통안전에 관한 긴급한 사항을 유·무선 통신을 이용하여 경보(警報)로 제공할 수 있다.
⑤ 제3항에 따른 항행통보 및 제4항에 따른 경보의 제공 절차 및 방법 등에 관한 사항은 해양수산부령으로 정한다.

제48조【해양정보간행물의 복제 등】 ① 해양수산부장관이 제작한 해양정보간행물을 복제한 제작물을 발행하거나 변형하여 그 해양정보간행물과 비슷한 제작물을 발행하려는 자는 해양수산부장관의 승인을 받아야 한다.
② 제1항에 따른 승인절차 등에 관한 사항은 대통령령으로 정한다.

제49조【항해용 간행물의 변경사항 통보 등】 ① 다음 각 호의 어느 하나에 해당하는 경우 해당 기관의 장 또는 해당 물건이나 사실을 발견한 자는 지체 없이 항해용 간행물의 변경이 필요한 사항을 해양수산부장관에게 통보하여야 한다.
1. 「해상교통안전법」 제30조 또는 「선박의 입항 및 출항 등에 관한 법률」 제10조에 따른 해양수산부장관의 항로 지정 업무를 위임받은 기관이 해양수산부장관이 제작한 항해용 간행물의 변경이 필요한 사항을 알게 된 경우 (2023.7.25 본호개정)
2. 「항로표지법」 제9조제1항에 따른 해양수산부장관의 항로표지 설치·관리 업무를 위임받은 기관이 해양수산부장관이 제작한 항해용 간행물의 변경이 필요한 사항을 알게 된 경우
3. 「수산업법」 제7조에 따른 어업의 면허에 관한 업무를 관장하는 기관이 해양수산부장관이 제작한 항해용 간행물의 변경이 필요한 사항을 알게 된 경우(2022.1.11 본호개정)
4. 「항만법」 제9조에 따른 항만공사의 시행에 관한 업무를 위임받은 기관이 해양수산부장관이 제작한 항해용 간행물의 변경이 필요한 사항을 알게 된 경우
5. 「공유수면 관리 및 매립에 관한 법률」 제38조에 따른 공유수면 매립실시계획을 승인하는 기관(해양수산부장관은 제외한다)이 해양수산부장관이 제작한 항해용 간행물의 변경이 필요한 사항을 알게 된 경우
6. 그 밖에 수중에서 침몰물(沈沒物) 또는 항해에 장해(障害)가 될 우려가 있는 물건을 발견하거나 해양수산부장관이 제작한 항해용 간행물과 다른 사실을 발견한 경우
② 해상의 선박 및 인명 등의 안전에 영향을 미칠 우려가 있는 해상사격·해상훈련을 실시 또는 관리하는 기관의 장은 해상사격·해상훈련의 내용, 일시, 위치 등을 포함한 구체적인 사항을 해양수산부장관에게 통보하여야 한다. (2022.6.10 본항신설)
③ 항만·해안선 또는 항로에 중대한 변경을 가져오거나 항해에 지장을 줄 수 있는 공사를 실시하는 경우 해당기관의 장은 공사의 착공 및 준공에 관한 사항을 해양수산부장관에게 통보하여야 한다.(2022.6.10 본항신설)
④ 제1항부터 제3항까지의 규정에 따라 통보를 받은 해양수산부장관은 해당 사항을 항행통보에 게재하여야 한다. (2022.6.10 본항신설)
(2022.6.10 본조제목개정)

제50조【해양정보간행물 판매대행업자의 지정 등】 ① 해양수산부장관은 판매망, 기술인력 및 설비 등 대통령령으로 정하는 요건을 갖춘 자를 해양정보간행물의 판매를 대행하는 자(이하 "판매대행업자"라 한다)로 지정할 수 있다.
② 다음 각 호의 어느 하나에 해당하는 자는 판매대행업자로 지정될 수 없다.
1. 피성년후견인 또는 피한정후견인
2. 이 법이나 「국가보안법」 또는 「형법」 제87조부터 제104조까지의 규정을 위반하여 금고 이상의 실형을 선고받고 그 집행이 끝나거나(집행이 끝난 것으로 보는 경우를 포함한다) 집행이 면제된 날부터 2년이 지나지 아니한 자
3. 이 법이나 「국가보안법」 또는 「형법」 제87조부터 제104조까지의 규정을 위반하여 금고 이상의 형의 집행유예를 선고받고 그 집행유예기간 중에 있는 자
4. 제52조에 따라 판매대행업의 지정이 취소(이 항 제1호 또는 제52조제1항제5호에 해당하여 지정이 취소된 경우는 제외한다)된 후 2년이 지나지 아니한 자
5. 임원 중에 제1호부터 제4호까지의 어느 하나에 해당하는 자가 있는 법인
③ 제1항에 따라 지정된 판매대행업자가 판매하는 해양정보간행물의 종류, 판매가격, 판매대행업 수수료, 그 밖에 판매대행에 필요한 사항은 해양수산부장관이 정하여 고시한다.
④ 판매대행업자는 해양정보간행물의 판매가격을 준수하고, 항해용 간행물을 최신 항행통보에 따라 수정하여 보급하여야 한다.
⑤ 판매대행업자의 관리 등에 관한 사항은 해양수산부령으로 정한다.

제51조【판매대행업자의 신고】 ① 다음 각 호의 어느 하나에 해당하는 자는 해양수산부령으로 정하는 바에 따라 해양수산부장관에게 해당 각 호의 사실이 발생한 날부터 30일 이내에 신고하여야 한다.
1. 대표자, 상호, 주된 영업소 또는 지점의 소재지 등 변경사항이 발생한 경우 : 해당 판매대행업자
2. 판매대행업자로 지정받은 법인이 파산 또는 합병 외의 사유로 해산한 경우 : 해당 법인의 청산인
3. 판매대행업자가 폐업한 경우 : 폐업한 판매대행업자
4. 판매대행업자가 30일을 넘는 기간 동안 휴업하거나, 그 기간 동안 휴업 후 업무를 재개한 경우 : 해당 판매대행업자
② 해양수산부장관은 제1항제1호에 따른 신고를 받은 날부터 10일 이내에 신고수리 여부를 신고인에게 통지하여야 한다.
③ 해양수산부장관이 제2항에서 정한 기간 내에 신고수리 여부나 민원 처리 관련 법령에 따른 처리기간의 연장을 신고인에게 통지하지 아니하면 그 기간(민원 처리 관련 법령에 따라 처리기간이 연장 또는 재연장된 경우에는 해당 처리기간을 말한다)이 끝난 날의 다음 날에 신고를 수리한 것으로 본다.

제52조【판매대행업자의 지정취소 등】 ① 해양수산부장관은 판매대행업자가 다음 각 호의 어느 하나에 해당하는 경우에는 그 지정을 취소하거나 1년 이내의 기간을 정하여 대행업무의 정지를 명할 수 있다. 다만, 제1호 또는 제2호의 경우에는 판매대행업자의 지정을 취소하여야 한다.
1. 제50조제1항에 따른 지정요건에 미달하게 된 경우. 다만, 일시적으로 지정요건에 미달하게 되는 등 대통령령으로 정하는 경우는 제외한다.
2. 제50조제2항에 따른 결격사유에 해당하게 된 경우. 다만, 법인의 임원 중 결격사유에 해당하는 자가 있는 경우 2개월 이내에 그 임원을 개임한 경우에는 그러하지 아니하다.
3. 제50조제4항을 위반하여 해양정보간행물의 판매가격을 준수하지 아니하거나, 항해용 간행물을 최신 항행통보에 따라 수정하지 아니하고 보급한 경우
4. 정당한 사유 없이 판매대행업자로 지정받은 날부터 1년 이내에 영업을 시작하지 아니하거나 계속하여 1년 이상 휴업한 경우
5. 지정을 받은 판매대행업자가 그 사업을 폐업한 경우
② 판매대행업자의 지정취소 및 영업정지 처분에 관한 세부기준은 해양수산부령으로 정한다.

제5장 보 칙

제53조【국제협력의 추진】 해양수산부장관은 해양조사 및 해양정보 관련 기술의 향상 및 국가 간 활발한 정보교류를 위하여 관련 국제기구 및 국가 간 협력활동을 추진하여야 한다.

제54조【한국해양조사협회】 ① 해양조사에 관한 기술·제도의 연구·개발 및 교육훈련, 해양에 관한 자료의 수집·제공을 위하여 한국해양조사협회(이하 "협회"라 한다)를 설립할 수 있다.
② 협회는 법인으로 한다.
③ 협회는 주된 사무소의 소재지에서 설립등기를 함으로써 성립한다.
④ 협회의 사업은 다음 각 호와 같다.
1. 해양조사에 관한 연구 및 홍보
2. 해양조사 관련 국제협력과 외국의 해양조사 관련 기술정보의 수집·분석 및 제공
3. 해양조사기술자 양성 및 교육훈련
4. 해양수산부장관이 위탁하는 사업
5. 그 밖에 협회의 정관으로 정하는 사업
⑤ 협회의 정관에는 다음 각 호의 사항이 포함되어야 한다.
1. 목적
2. 명칭
3. 주된 사무소가 있는 곳
4. 자산에 관한 사항
5. 임원 및 직원에 관한 사항
6. 이사회의 운영
7. 사업범위 및 내용과 그 집행
8. 회계
9. 공고의 방법
10. 정관의 변경
11. 그 밖에 협회의 운영에 관한 중요 사항
⑥ 협회가 정관의 기재사항을 변경하려는 경우에는 해양수산부장관의 인가를 받아야 한다.
⑦ 협회의 운영 등 그 밖에 필요한 사항은 대통령령으로 정한다.
⑧ 해양수산부장관은 협회에 대하여 감독상 필요한 경우에는 그 업무에 관한 사항을 보고하게 하거나 자료의 제출을 명할 수 있으며, 소속 공무원으로 하여금 그 업무를 검사하게 할 수 있다.
⑨ 협회에 관하여는 이 법에 규정된 사항을 제외하고는 「민법」 중 재단법인에 관한 규정을 준용한다.

제55조【보고 및 조사】 ① 해양수산부장관은 다음 각 호의 어느 하나에 해당하는 경우에는 그 사유를 명시하여 해당 각 호의 자에게 필요한 보고를 하게 하거나 소속 공무원으로 하여금 조사를 하게 할 수 있다.
1. 해양조사·정보업자가 고의나 중대한 과실로 해양조사, 해양정보간행물의 제작 또는 해양정보의 제공을 부정확하게 하여 민원을 발생하게 한 경우
2. 해양조사·정보업자가 제30조제1항에 따른 등록기준에 미달된다고 인정되는 경우
3. 판매대행업자가 제50조제1항에 따른 지정요건을 갖추지 못하였다고 인정되거나 같은 조 제4항을 위반한 경우
② 제1항에 따라 조사를 하는 공무원은 해양수산부령으로 정하는 증표를 지니고 관계인에게 이를 내보여야 한다.

제56조【청문】 해양수산부장관은 다음 각 호의 어느 하나에 해당하는 처분을 하려는 경우에는 청문을 하여야 한다.
1. 제36조제1항에 따른 해양조사·정보업자의 등록취소
2. 제52조제1항에 따른 판매대행업자의 지정취소

제57조【토지 등에의 출입 등】 ① 해양수산부장관은 제9조제2항에 따른 국가해양기준점 표지의 설치, 제14조에 따른 해양관측 또는 제19조에 따른 기본수로측량을 위하여 필요한 경우에는 소속 공무원(제60조제2항에 따라 해양수산부장관의 업무를 협회에 위탁한 경우에는 협회의 임직원을 포함한다)으로 하여금 다음 각 호의 어느 하나에 해당하는 행위를 하게 할 수 있다.
1. 타인의 토지나 공유수면에 출입
2. 타인의 토지나 공유수면에 있는 나무, 흙, 돌, 그 밖의 장애물의 변경
3. 타인의 토지나 공유수면을 재료적치장이나 임시도로로의 일시 사용
② 제1항제1호에 따라 타인의 토지나 공유수면에 출입하려는 자는 출입하려는 날의 7일 전까지 토지 등의 소유자·점유자 또는 관리인(이하 "소유자등"이라 한다)에게 출입 일시, 장소 및 내용 등을 알려야 한다. 다만, 다음 각 호의 어느 하나에 해당하는 경우에는 해당 지역을 관할하는 읍·면 사무소 또는 동 주민센터의 게시판이나 인터넷 홈페이지 또는 일간신문에 출입하려는 날의 14일 전까지 출입 일시와 장소 등을 공고하여야 한다.
1. 토지나 공유수면의 소유자등을 알 수 없는 경우
2. 토지나 공유수면의 소유자등의 주소·거소 또는 그 밖의 통지할 장소를 알 수 없는 경우
③ 제1항제2호 및 제3호의 행위를 하려는 자는 소유자등의 동의를 받아야 한다. 다만, 다음 각 호의 어느 하나에 해당하는 경우로서 해당 행위의 일시, 장소 및 내용 등을 해당 지역을 관할하는 읍·면 사무소 또는 동 주민센터의 게시판이나 인터넷 홈페이지 또는 일간신문에 공고한 후 14일이 경과한 경우에는 그러하지 아니하다.
1. 토지나 공유수면 또는 장애물의 소유자등을 알 수 없는 경우
2. 토지나 공유수면 또는 장애물의 소유자등의 주소·거소 또는 그 밖의 통지할 장소를 알 수 없는 경우
④ 해양수산부장관은 제1항 각 호에 따른 행위로 손실을 받은 자가 있으면 대통령령으로 정하는 바에 따라 보상하여야 한다.

제58조【수수료 등】 ① 다음 각 호의 어느 하나에 해당하는 자는 해양수산부령으로 정하는 바에 따라 수수료를 내야 한다.
1. 제21조제2항에 따른 해양정보 사본의 적합성 심사를 받으려는 자
2. 제26조제3항에 따라 해양조사기술경력증의 발급을 신청하는 자
3. 제30조제1항에 따라 해양조사·정보업의 등록을 신청하는 자
4. 제33조제1항에 따라 해양조사·정보업 등록증 또는 해양조사·정보업 등록수첩의 발급을 신청하는 자
5. 제41조제1항에 따라 해양조사장비의 성능검사를 받으려는 자
6. 영리 목적으로 제42조제3항에 따라 해양정보의 사본 발급을 신청하는 자
7. 제48조제1항에 따라 해양정보간행물을 복제한 제작물의 발행 또는 변형하여 해양정보간행물과 비슷한 제작물의 발행에 대한 승인을 받으려는 자
② 제1항에도 불구하고 다음 각 호의 어느 하나에 해당하는 경우에는 수수료를 면제할 수 있다. 다만, 제2호의 경우에는 협정에서 정하는 바에 따라 면제 또는 경감한다.
1. 제1항제7호에 해당하는 자가 국가, 지방자치단체, 「초·중등교육법」 제2조 및 「고등교육법」 제2조에 따른 학교 등으로서 비영리 목적으로 발행하는 경우
2. 제1항제7호에 해당하는 자가 우리나라 정부와 협정을 체결한 외국정부인 경우

제59조【업무의 수탁】 해양수산부장관은 그 업무 수행에 지장이 없는 범위에서 공익을 위하여 필요하다고 인정되면 해양수산부령으로 정하는 바에 따라 해양조사의 업무를 위탁받아 수행할 수 있다.

제60조【권한 또는 업무의 위임·위탁】 ① 이 법에 따른 해양수산부장관의 권한은 대통령령으로 정하는 바에 따라 그 일부를 소속기관의 장에게 위임할 수 있다.
② 이 법에 따른 해양수산부장관의 업무 중 다음 각 호의 업무는 대통령령으로 정하는 바에 따라 협회에 위탁할 수 있다.
1. 제9조제2항에 따른 국가해양기준점 표지의 설치·관리
2. 제10조제3항에 따른 국가해양기준점 표지의 이전
3. 제15조제1항에 따른 국가해양관측망의 운영 업무
4. 제26조에 따른 해양조사기술자의 신고 접수, 해양조사기술자의 근무처 및 경력등에 관한 기록의 유지·관리, 해양조사기술경력증의 발급, 신고받은 내용의 확인을 위한 관련 자료 제출 요청 및 제출 자료의 접수, 해양조사기술자의 근무처 및 경력등의 확인
5. 제43조에 따른 해양정보의 품질관리 활동에 관한 업무
6. 제47조제1항에 따른 해양정보간행물의 인쇄, 공급 및 재고관리
7. 제58조제1항제2호에 따른 해양조사기술경력증 발급에 대한 수수료의 수납(收納)

제61조【벌칙 적용에서 공무원 의제】 제60조제2항에 따라 해양수산부장관으로부터 위탁받은 업무에 종사하는 협회의 임직원은 「형법」 제127조 및 제129조부터 제132조까지의 규정을 적용할 때에는 공무원으로 본다.

제6장 벌 칙

제62조【벌칙】 다음 각 호의 어느 하나에 해당하는 자는 3년 이하의 징역 또는 3천만원 이하의 벌금에 처한다.
1. 제16조제1항을 위반하여 국가해양관측망을 무단으로 이전하거나 파손 또는 그 효용을 해치는 행위를 한 자
2. 제31조를 위반하여 속임수, 위력 또는 그 밖의 방법으로 해양조사·정보업과 관련된 입찰의 공정성을 해친 자

제63조【벌칙】 다음 각 호의 어느 하나에 해당하는 자는 2년 이하의 징역 또는 2천만원 이하의 벌금에 처한다.
1. 고의로 해양정보를 사실과 다르게 한 자
2. 제10조제1항을 위반하여 국가해양기준점 표지를 무단으로 이전하거나 파손 또는 그 효용을 해치는 행위를 한 자
3. 제28조제1항에 따른 업무정지기간 중에 해양조사 업무 또는 항해용 간행물의 제작 업무를 수행한 자
4. 제30조제1항을 위반하여 해양조사·정보업의 등록을 하지 아니하거나 거짓이나 그 밖의 부정한 방법으로 해양조사·정보업의 등록을 하고 해양조사·정보업을 한 자

제64조【벌칙】 다음 각 호의 어느 하나에 해당하는 자는 1년 이하의 징역 또는 1천만원 이하의 벌금에 처한다.
1. 제16조제2항을 위반하여 해양수산부장관의 허가를 받지 아니하고 국가해양관측망에 출입한 자
2. 제27조제1항을 위반하여 정당한 사유 없이 해양조사 또는 항해용 간행물의 제작을 거부한 자
3. 제27조제2항을 위반하여 정당한 사유 없이 업무상 알게 된 비밀을 누설한 자
4. 제27조제3항을 위반하여 둘 이상의 해양조사·정보업자에게 소속된 자
5. 제27조제4항을 위반하여 다른 사람에게 자기의 해양조사기술경력증을 빌려 주거나 자기의 성명을 사용하여 해양조사 업무 또는 항해용 간행물의 제작 업무를 하게 한 자
6. 제33조제2항을 위반하여 다른 사람에게 자기의 해양조사·정보업 등록증 또는 해양조사·정보업 등록수첩을 빌려 주거나 자기의 성명 또는 상호를 사용하여 해양조사·정보업을 하게 한 자
7. 제33조제3항을 위반하여 다른 사람의 해양조사·정보업 등록증 또는 해양조사·정보업 등록수첩을 빌려서 사용하거나 다른 사람의 성명 또는 상호를 사용하여 해양조사·정보업을 한 자
8. 제48조제1항을 위반하여 해양수산부장관의 승인을 받지 아니하고 해양정보간행물을 복제한 제작물을 발행하거나 변형하여 해양정보간행물과 비슷한 제작물을 발행한 자

제65조【양벌규정】 법인의 대표자나 법인 또는 개인의 대리인·사용인, 그 밖의 종업원이 그 법인 또는 개인의 업무에 관하여 제62조부터 제64조까지의 어느 하나에 해당하는 위반행위를 하면 그 행위자를 벌하는 외에 그 법인 또는 개인에게도 해당 조문의 벌금형을 과(科)한다.

다만, 법인 또는 개인이 그 위반행위를 방지하기 위하여 해당 업무에 관하여 상당한 주의와 감독을 게을리하지 아니한 경우에는 그러하지 아니하다.
제66조【과태료】 ① 다음 각 호의 어느 하나에 해당하는 자에게는 300만원 이하의 과태료를 부과한다.
1. 정당한 사유 없이 해양수산부장관이 제11조에 따라 공고한 해양조사를 방해한 자
2. 제20조제1항을 위반하여 일반수로측량을 실시하지 아니한 자
3. 정당한 사유 없이 제21조제1항을 위반하여 일반수로측량으로 얻어진 해양정보의 사본을 제출하지 아니한 자
4. 제26조제1항에 따른 해양조사기술자의 신고를 하지 아니하거나 거짓으로 신고한 자
5. 정당한 사유 없이 제29조제1항을 위반하여 교육훈련을 받지 아니한 자
6. 제29조제2항에 따른 경비를 부담하지 아니하거나 경비부담을 이유로 해양조사기술자에게 불이익을 준 자
7. 제30조제3항을 위반하여 해양조사·정보업 등록사항의 변경신고를 하지 아니한 자
8. 제34조에 따른 해양조사·정보업자의 휴업·폐업 등 신고를 하지 아니하거나 거짓으로 신고한 자
9. 제35조제3항에 따른 해양조사·정보업자의 지위 승계 신고를 하지 아니한 자
10. 제38조제2항을 위반하여 처분내용을 알리지 아니한 자
11. 정당한 사유 없이 제41조제1항을 위반하여 해양조사장비의 성능검사를 받지 아니한 자
12. 제50조제4항을 위반하여 판매가격을 준수하지 아니하고 해양정보간행물을 판매하거나, 최신 항행통보에 따라 수정되지 아니한 항해용 간행물을 보급한 자
13. 제51조제1항에 따른 해양정보간행물 판매대행업 관련 사항의 신고를 하지 아니하거나 거짓으로 신고한 자
14. 정당한 사유 없이 제55조제1항에 따른 보고를 하지 아니하거나, 거짓으로 보고를 한 자
15. 정당한 사유 없이 제55조제1항에 따른 조사를 거부·방해 또는 기피한 자

② 제1항에 따른 과태료는 대통령령으로 정하는 바에 따라 해양수산부장관이 부과·징수한다.

부 칙

제1조【시행일】 이 법은 공포 후 1년이 경과한 날부터 시행한다.
제2조【신고에 관한 적용례】 ① 제30조제4항·제5항 및 제35조제4항·제5항은 이 법 시행 이후 신고를 하는 경우부터 적용한다.
② 제51조는 이 법 시행 이후 같은 조 제1항 각 호의 사실이 발생하는 경우부터 적용한다.
제3조【수수료에 관한 적용례】 제58조제1항은 이 법 시행 이후 같은 항 각 호에 해당하게 된 자부터 적용한다.
제4조【일반적 경과조치】 이 법 시행 당시 종전의 「공간정보의 구축 및 관리 등에 관한 법률」(부칙 제17조제3항에 따라 개정되기 전의 것을 말한다. 이하 같다)에 따라 수로조사, 수로기술 또는 수로사업과 관련하여 한 행정기관의 행위 또는 행정기관에 대한 행위로서 이 법에 그에 해당하는 규정이 있는 경우에는 이 법에 따른 행정기관의 행위 또는 행정기관에 대한 행위로 본다.
제5조【수로조사 등에 관한 경과조치】 이 법 시행 전에 종전의 「공간정보의 구축 및 관리 등에 관한 법률」에 따라 시행한 수로조사 및 그 수로조사성과는 각각 제2조제1호 및 제10호에 따른 해양조사 및 해양정보로 본다.
제6조【수로도서지에 관한 경과조치】 이 법 시행 당시 종전의 「공간정보의 구축 및 관리 등에 관한 법률」 제2조제15호에 따른 수로도서지는 제2조제11호에 따른 해양정보간행물로 본다.
제7조【수로조사기본계획 등에 관한 경과조치】 이 법 시행 당시 종전의 「공간정보의 구축 및 관리 등에 관한 법률」 제30조에 따라 수립된 수로조사기본계획 및 연도별 시행계획은 각각 제7조에 따라 수립된 기본계획 및 연도별 시행계획으로 본다.
제8조【국가기준점 등에 관한 경과조치】 이 법 시행 전에 종전의 「공간정보의 구축 및 관리 등에 관한 법률」 제7조제1항제1호에 따른 국가기준점 중 해양수산부장관이 정한 국가기준점 및 그 국가기준점표지는 각각 제9조에 따른 국가해양기준점 및 국가해양기준점 표지로 본다.
제9조【국가지명위원회에서 심의 중인 사항에 관한 경과조치】 종전의 「공간정보의 구축 및 관리 등에 관한 법률」 제91조에 따른 국가지명위원회는 이 법 시행 당시 심의 중인 해양지명의 제정·변경에 관한 업무를 제23조제2항에 따른 해양수산발전위원회에 이관하여야 한다.
제10조【수로기술자 등에 관한 경과조치】 ① 이 법 시행 당시 종전의 「공간정보의 구축 및 관리 등에 관한 법률」 제43조에 따른 수로기술자는 제25조에 따른 해양조사기술자로 본다.
② 이 법 시행 당시 종전의 「공간정보의 구축 및 관리 등에 관한 법률」 제43조제3항에 따라 수로기술자의 신고를 한 경우에는 제26조제1항에 따라 해양조사기술자의 신고를 한 것으로 본다.
③ 이 법 시행 당시 해양조사(해양지명조사는 제외한다. 이하 이 조에서 같다) 업무 또는 항해용 간행물의 제작 업무에 종사하는 자로서 종전의 「공간정보의 구축 및 관리 등에 관한 법률」 제43조제3항에 따른 신고를 하지 아니한 자는 제26조제1항에도 불구하고 이 법 시행일부터 1년 이내에 같은 항에 따라 신고를 하여야 한다.
④ 이 법 시행 당시 종전의 「공간정보의 구축 및 관리 등에 관한 법률」 제43조제3항에 따라 발급한 수로기술경력증은 제26조제3항에 따라 발급한 해양조사기술경력증으로 본다.
⑤ 이 법 시행 당시 해양조사 업무 또는 항해용 간행물의 제작 업무에 종사하는 자는 제29조제1항에도 불구하고 이 법 시행일부터 2년 이내에 같은 항에 따른 교육훈련을 받아야 한다.
제11조【교육 관련 전문기관에 관한 경과조치】 이 법 시행 당시 종전의 「공간정보의 구축 및 관리 등에 관한 법률」 제97조제2항에 따라 교육 업무를 수행하는 관련 전문기관은 제29조제4항에 따라 교육훈련을 위한 전문교육기관으로 지정된 것으로 본다.
제12조【수로사업의 등록 등에 관한 경과조치】 ① 이 법 시행 전에 종전의 「공간정보의 구축 및 관리 등에 관한 법률」 제54조제1항에 따른 수로사업의 등록은 제30조에 따른 해양조사·정보업의 등록으로 본다. 이 경우 종전의 「공간정보의 구축 및 관리 등에 관한 법률」 제54조제1항에 따른 수로사업 중 수로조사업에 등록한 경우에는 제2조제13호가목 및 나목에 따른 해양관측업 및 수로측량업 모두에 등록한 것으로 보며, 그 밖의 수로사업의 업종에 등록한 경우에는 대통령령으로 정하는 바에 따라 이 법에 따른 해양조사·정보업의 종류에 각각 등록한 것으로 본다.
② 이 법 시행 당시 해양정보서비스업을 경영하고 있는 자는 제30조제1항에도 불구하고 이 법 시행일부터 1년까지는 같은 항에 따른 등록을 하지 아니하고 제2조제13호라목에 따른 해양정보서비스업을 경영할 수 있다.
③ 이 법 시행 전에 종전의 「공간정보의 구축 및 관리 등에 관한 법률」 제54조제3항에 따라 발급한 수로사업등록증 및 수로사업등록수첩은 각각 제33조제1항에 따라 발급한 해양조사·정보업 등록증 및 해양조사·정보업 등록수첩으로 본다.
제13조【판매대행업자 지정에 관한 경과조치】 이 법 시행 전에 종전의 「공간정보의 구축 및 관리 등에 관한 법률」 제35조제2항에 따라 수로도서지 판매를 대행하는 자로 지정된 자는 제50조제1항에 따라 지정된 판매대행업자로 본다.
제14조【해양조사협회에 관한 경과조치】 이 법 시행 전에 종전의 「공간정보의 구축 및 관리 등에 관한 법률」 제57조에 따라 설립된 해양조사협회는 제54조에 따라 설립된 협회로 본다.
제15조【행정처분기준에 관한 경과조치】 이 법 시행 전에 종전의 「공간정보의 구축 및 관리 등에 관한 법률」을 위반한 행위에 대한 행정처분에 관하여는 그 기준이 종전보다 강화된 경우에는 종전의 「공간정보의 구축 및 관리 등에 관한 법률」에 따르고, 종전보다 완화된 경우에는 이 법에 따른다.
제16조【벌칙 및 과태료에 관한 경과조치】 이 법 시행 전에 종전의 「공간정보의 구축 및 관리 등에 관한 법률」을 위반한 행위에 대한 벌칙 및 과태료를 적용할 때에는 종전의 「공간정보의 구축 및 관리 등에 관한 법률」의 규정에 따른다.
제17조【다른 법률의 개정】 ①~⑨ ※(해당 법령에 가제정리 하였음)
제18조【다른 법령과의 관계】 이 법 시행 당시 다른 법령에서 종전의 「공간정보의 구축 및 관리 등에 관한 법률」이나 그 규정을 인용한 경우에 이 법 가운데 그에 해당하는 규정이 있으면 종전의 「공간정보의 구축 및 관리 등에 관한 법률」이나 그 규정을 갈음하여 이 법 또는 이 법의 해당 규정을 인용한 것으로 본다.

부 칙 (2022.1.11)

제1조【시행일】 이 법은 공포 후 1년이 경과한 날부터 시행한다.(이하 생략)

부 칙 (2022.6.10)

제1조【시행일】 이 법은 공포한 날부터 시행한다.
제2조【통보에 관한 적용례】 제49조제2항 및 제3항의 개정규정은 이 법 시행 당시 실시 또는 관리 중인 해상사격·해상훈련과 진행 중인 공사에도 적용한다.
제3조【다른 법률의 개정】 ※(해당 법령에 가제정리 하였음)

부 칙 (2023.2.14)

제1조【시행일】 이 법은 공포 후 1년이 경과한 날부터 시행한다.(이하 생략)

부 칙 (2023.7.25)

제1조【시행일】 이 법은 공포 후 6개월이 경과한 날부터 시행한다.(이하 생략)

해양폐기물 및 해양오염퇴적물 관리법(약칭 : 해양폐기물관리법)

(2019년 12월 3일 / 법 률 제16699호)

개정
2021. 4.13법18065호 2021.11.30법18539호
2022. 6.10법18960호 2023. 9.14법19727호

제1장 총 칙

제1조【목적】 이 법은 해양폐기물 및 해양오염퇴적물을 환경친화적이고 체계적으로 관리하는 데에 필요한 사항을 규정함으로써 해양환경의 보전 및 국민의 삶의 질 향상에 이바지하는 것을 목적으로 한다.
제2조【정의】 이 법에서 사용하는 용어의 뜻은 다음과 같다.
1. "폐기물"이란 「해양환경관리법」 제2조제4호에 따른 폐기물을 말한다.
2. "배출"이란 「해양환경관리법」 제2조제3호에 따른 배출을 말한다.
3. "해양"이란 「해양수산발전 기본법」 제3조제1호에 따른 해양을 말한다.
4. "바닷가"란 「공간정보의 구축 및 관리 등에 관한 법률」 제6조제1항제4호에 따른 해안선으로부터 지적공부(地籍公簿)에 등록된 지역까지의 사이를 말한다.
5. "해양폐기물"이란 해양 및 바닷가에 유입·투기·방치된 폐기물을 말한다.
6. "해양오염퇴적물"이란 해양에 퇴적된 물질로서 「해양환경 보전 및 활용에 관한 법률」 제13조에 따른 해양환경기준을 초과하는 물질을 포함하고 있거나 사람의 건강, 재산, 생활환경 또는 자연환경에 해로운 영향을 미치는 물질을 말한다.
7. "해역관리청"이란 「해양환경 보전 및 활용에 관한 법률」 제2조제8호에 따른 해역관리청을 말한다.

제3조【적용범위】 ① 이 법은 다음 각 호의 해역·수역(제12조에 따른 해안폐기물의 수거에 관하여는 바닷가를 포함한다. 이하 같다)에서의 해양폐기물 및 해양오염퇴적물 관리에 관하여 적용한다.
1. 「영해 및 접속수역법」에 따른 영해·내수 및 대통령령으로 정하는 해역
2. 「배타적 경제수역 및 대륙붕에 관한 법률」 제2조에 따른 배타적 경제수역

② 제1항 각 호의 해역·수역에서의 해양폐기물 및 해양오염퇴적물의 처리는 이 법에서 규정하고 있는 경우를 제외하고는 「폐기물관리법」, 「물환경보전법」, 「하수도법」 및 「가축분뇨의 관리 및 이용에 관한 법률」에서 정하는 바에 따른다.
③ 제1항 각 호의 해역·수역 외에서의 해양폐기물 및 해양오염퇴적물의 처리는 「폐기물관리법」에서 정하는 바에 따른다.
제4조【국가 등의 책무】 ① 국가와 지방자치단체는 해양폐기물 및 해양오염퇴적물의 발생 예방 및 환경친화적인 관리를 위하여 필요한 시책을 수립·시행하여야 한다.
② 국가는 외국정부 및 국제기구 등과 해양폐기물의 발생 예방 및 처리에 관한 기술협력, 정보교환, 공동 조사·연구 등 효율적인 국제협력을 추진하기 위하여 노력하여야 하며, 관련 산업의 진흥과 국제화에 필요한 지원을 할 수 있다.(2023.9.14 본항신설)
③ 국민은 국가와 지방자치단체가 시행하는 해양폐기물 및 해양오염퇴적물의 관리를 위한 시책에 적극 협력하여야 한다.
제5조【해양폐기물 및 해양오염퇴적물 관리 기본계획의 수립 등】 ① 해양수산부장관은 해양폐기물 및 해양오염퇴적물을 적정하게 관리하기 위하여 관계 중앙행정기관의 장 및 특별시장·광역시장·특별자치시장·도지사·특별자치도지사(이하 "시·도지사"라 한다)와 협의하여 해양폐기물 및 해양오염퇴적물 관리 기본계획(이하 "기본계획"이라 한다)을 10년마다 수립·시행하여야 한다. 다만, 기본계획을 수립한 날부터 5년이 지나면 그 타당성을 재검토하여 변경할 수 있다.
② 기본계획에는 다음 각 호의 사항이 포함되어야 한다.
1. 해양폐기물 및 해양오염퇴적물 관리 정책의 기본방향에 관한 사항
2. 해양폐기물 및 해양오염퇴적물의 현황조사 및 수거·정화 등 처리와 이에 필요한 민관협력에 관한 사항 (2022.6.10 본호개정)
3. 하천·소하천에서의 폐기물 해양 유입 방지에 관한 사항
4. 해양폐기물 및 해양오염퇴적물 발생 예방 및 저감과 이에 필요한 대국민 홍보 및 인식제고에 관한 사항 (2022.6.10 본호개정)
5. 해양폐기물 및 해양오염퇴적물로 인하여 오염된 해양환경의 개선·복원 및 사후관리에 관한 사항
6. 해양폐기물 및 해양오염퇴적물 관리를 위한 재원 확보에 관한 사항

7. 해양폐기물 및 해양오염퇴적물의 재활용(「폐기물관리법」 제2조제7호에 따른 재활용을 말한다)에 관한 사항 (2022.6.10 본호신설)
8. 그 밖에 해양폐기물 및 해양오염퇴적물 관리를 위하여 필요한 사항
③ 해역관리청은 관할 해역·수역의 특성을 고려하여 기본계획의 연차별 시행계획(이하 "시행계획"이라 한다)을 수립·시행하여야 한다.
④ 해양수산부장관은 제1항에 따라 수립 또는 변경된 기본계획을 국회 소관 상임위원회에 제출하여야 한다.
⑤ 기본계획 및 시행계획의 수립·시행에 필요한 사항은 대통령령으로 정한다.
제5조의2【해양폐기물관리위원회】 ① 해양폐기물 관리에 관한 사항을 심의·조정하기 위하여 해양수산부에 해양폐기물관리위원회(이하 "위원회"라 한다)를 둔다.
② 위원회는 다음 각 호의 사항을 심의·조정한다.
1. 해양폐기물 관리에 관한 중요 정책에 관한 사항
2. 관계 중앙행정기관 및 지방자치단체의 해양폐기물 관리와 관련된 정책 조정과 협력, 갈등 해결 및 업무 지원에 관한 사항
3. 해양폐기물 관련 법령, 정책 및 제도 개선에 관한 사항
4. 기본계획 수립, 시행, 추진 실적 점검 및 평가에 관한 사항
5. 해양폐기물 관리를 위한 국제협력 및 대응 업무에 관한 사항
6. 그 밖에 위원장이 해양폐기물 관리에 필요하다고 인정하는 사항
③ 위원회의 위원장은 해양수산부장관이 되며, 위원은 다음 각 호의 사람이 된다.
1. 중앙행정기관의 차관급 공무원 및 「공공기관의 운영에 관한 법률」 제4조에 따른 공공기관의 장 중에서 대통령령으로 정하는 사람
2. 해양폐기물에 대한 전문지식과 경험이 풍부한 사람 중에서 해양수산부장관이 위촉하는 사람
④ 위원회를 효율적으로 운영하기 위하여 간사 1명을 두며, 간사는 해양수산부장관이 지명하는 소속 공무원으로 한다.
⑤ 제3항제2호에 따라 위촉하는 위원의 임기는 3년으로 하며, 연임할 수 있다.
⑥ 위원회의 업무를 효율적으로 지원하기 위하여 실무위원회를 둘 수 있다.
⑦ 위원회의 구성·운영 및 심의 방법, 실무위원회 구성·운영과 그 밖에 필요한 사항은 대통령령으로 정한다.
(2021.4.13 본조신설)
제6조【실태조사】 ① 해역관리청은 다음 각 호의 사항을 수행하기 위하여 해양폐기물 및 해양오염퇴적물에 대한 실태조사를 할 수 있다.
1. 기본계획 및 시행계획의 효율적 수립·시행
2. 제12조부터 제14조까지의 규정에 따른 해양폐기물의 수거
3. 제16조에 따른 해양오염퇴적물의 정화
② 제1항에 따른 실태조사는 제25조제1항제1호에 따른 해양폐기물 조사기관 또는 같은 항 제2호에 따른 해양오염퇴적물 조사기관에 위탁하여 수행할 수 있다.
③ 제1항에 따른 실태조사의 범위와 방법 등에 관한 사항은 해양수산부령으로 정한다.

제2장 해양폐기물 및 해양오염퇴적물 관리 등

제7조【폐기물의 해양배출 금지 등】 ① 누구든지 폐기물을 해양에 배출해서는 아니 된다.
② 제1항에도 불구하고 제19조제1항제1호에 따른 폐기물해양배출업의 등록을 한 자는 해양환경의 보전·관리에 영향을 미치지 아니하는 폐기물로서 대통령령으로 정하는 폐기물을 해양수산부령으로 정하는 처리 기준 및 방법에 따라 해양에 배출할 수 있다. 이 경우 대통령령으로 정하는 해역에 배출하여야 한다.(2023.9.14 전단개정)
③ 해양수산부장관은 폐기물이 제2항에 따라 해양에 배출할 수 있는 폐기물에 해당하는지 여부를 해양수산부령으로 정하는 바에 따라 미리 검사할 수 있다. 이 경우 해양수산부장관은 검사에 관한 업무를 해양수산부령으로 정하는 기관이 대행하게 할 수 있다.
④ 제2항 전단에 따른 폐기물이 발생하여 이를 해양에 배출하는 방법으로 처리하려는 자는 해양수산부령으로 정하는 바에 따라 해양수산부장관에게 신고하여야 한다. 신고한 사항 중 해양수산부령으로 정하는 중요한 사항을 변경하고자 하는 때에도 또한 같다.(2023.9.14 전단개정)
⑤ 제4항에 따른 신고를 하려는 자는 해양수산부령으로 정하는 바에 따라 폐기물의 성분·농도·무게·부피 등을 측정한 결과 등 해양수산부령으로 정하는 사항을 해양수산부장관에게 제출하여야 한다. 이 경우 폐기물의 성분·농도·무게·부피 등의 측정에 관한 업무를 제25조제1항제3호에 따른 해양배출 검사기관이 대행하게 할 수 있다.
⑥ 제4항에 따른 신고를 한 자(이하 "폐기물해양배출자"라 한다)는 제19조제1항제1호에 따른 폐기물해양배출업 등록을 하고 배출하거나 폐기물해양배출업 등록을 한 자에게 그 배출을 위탁하여야 한다.(2023.9.14 본항개정)
⑦ 폐기물해양배출자가 그 사업을 양도하거나 사망한 때 또는 법인의 합병이 있는 때에는 그 사업의 양수인·상속인 또는 합병 후 존속하는 법인이나 합병에 의하여 설립되는 법인이 폐기물의 해양배출에 관한 권리·의무를 승계한다. 이 경우 권리·의무를 승계한 자는 권리·의무를 승계한 날부터 1개월 이내에 해양수산부령으로 정하는 바에 따라 해양수산부장관에게 신고하여야 한다.
제8조【자연재해 등으로 인한 폐기물의 해양배출】 ① 제7조제1항에도 불구하고 자연재해 및 사고 등 불가피한 경우에는 폐기물을 해양에 배출할 수 있다. 이 경우 다음 각 호의 요건을 모두 충족시켜야 한다.
1. 폐기물을 해양에 배출하지 아니할 경우 사람의 생명·신체나 재산에 심각한 위험을 끼칠 우려가 있을 경우
2. 해당 폐기물의 해양배출이 제1호에 따른 위험을 막을 수 있는 유일한 방법일 경우
3. 해당 폐기물의 해양배출로 인한 피해가 그렇지 않은 경우보다 적다는 것이 확실할 경우
② 제1항에 따라 해당 폐기물을 해양에 배출한 자는 해양수산부령으로 정하는 바에 따라 해역관리청에 즉시 보고하여야 한다.
③ 제2항에 따라 폐기물을 해양에 배출한 사실을 보고받은 해역관리청은 폐기물을 배출한 자에게 해당 해역의 환경상태 조사 및 해양폐기물의 수거·정화를 명할 수 있다.
제9조【폐기물의 매립 등】 ① 제7조제1항에도 불구하고 대통령령으로 정하는 폐기물은 다음 각 호의 어느 하나에 해당하는 방법으로 배출할 수 있다.
1. 「공유수면 관리 및 매립에 관한 법률」 제28조 및 같은 법 제35조에 따라 매립하는 방법
2. 해저면의 함몰지에 폐기물을 넣고 그 위를 오염되지 아니한 물질로 덮어 고립시키는 방법
② 폐기물을 제1항제2호에 따라 고립시키는 방법으로 해양에 배출하려는 자는 대통령령으로 정하는 바에 따라 해양수산부장관의 허가를 받아야 한다.
③ 제1항에 따른 매립 및 고립의 방법, 기준 및 절차 등에 관한 사항은 해양수산부령으로 정한다.
제10조【이산화탄소 스트림의 해양지중저장 및 관리】 ① 제7조제1항에도 불구하고 대통령령으로 정하는 이산화탄소 스트림[이산화탄소가 대량으로 발생되는 시설 등으로부터 포집(捕執)과정을 거쳐 고압으로 액화된 이산화탄소를 말한다. 이하 같다]은 해양수산부령으로 정하는 방법으로 해저퇴적층에 저장(이하 "해양지중저장"이라 한다)할 수 있다.
② 제1항에 따라 이산화탄소 스트림을 해양지중저장하려는 자는 대통령령으로 정하는 바에 따라 해양수산부장관의 허가를 받아야 한다.
③ 해양수산부장관은 지질 특성을 고려하여 이산화탄소 스트림의 해양지중저장에 적합한 저장후보지를 정하여 고시하여야 한다.
④ 그 밖에 이산화탄소 스트림의 해양지중저장 및 관리에 필요한 사항은 해양수산부령으로 정한다.
제11조【폐기물의 해양유입 차단조치】 ① 해양에 접하는 하천을 관리하는 중앙행정기관의 장 및 시·도지사(이하 "중앙행정기관의 장등"이라 한다)는 관할 하천으로부터 폐기물이 해양에 유입되지 아니하도록 유출방지시설의 설치 등 필요한 조치를 하여야 한다.
② 해양수산부장관은 제1항에 따른 조치를 이행하지 아니한 중앙행정기관의 장등에게 유출방지시설의 설치 등 필요한 조치를 요청할 수 있다. 이 경우 중앙행정기관의 장등은 특별한 사유가 없으면 이에 따라야 한다.
제12조【해안폐기물의 수거】 ① 시장(「제주특별자치도 설치 및 국제자유도시 조성을 위한 특별법」에 따른 행정시장을 포함한다. 이하 같다)·군수·구청장(자치구의 구청장을 말한다. 이하 같다)은 관할구역의 바닷가에 있는 해양폐기물(이하 "해안폐기물"이라 한다)을 수거하여야 한다.(2023.9.14 본항개정)
② 시장·군수·구청장은 해안폐기물의 발생원인이 된 행위를 한 자에게 해안폐기물의 전부 또는 일부의 수거를 명할 수 있다.(2023.9.14 본항개정)
③ 해안폐기물의 수거 방법 및 절차, 그 밖에 해안폐기물 수거에 필요한 사항은 해양수산부령으로 정한다.
제13조【부유폐기물의 수거】 ① 해역관리청은 관할 해역의 해상 또는 해중에 떠있는 해양폐기물(이하 "부유폐기물"이라 한다)이 다른 해역으로 이동하거나 해저에 침적되기 전에 수거하여야 한다.
② 해역관리청은 부유폐기물의 발생원인이 된 행위를 한 자에게 부유폐기물의 전부 또는 일부의 수거를 명할 수 있다.
③ 제2항에 따라 부유폐기물의 수거명령을 받은 자는 제19조제1항제2호에 따른 해양폐기물수거업 등록을 한 자에게 수거를 위탁할 수 있다.
④ 부유폐기물의 수거 방법 및 절차, 그 밖에 부유폐기물 수거에 필요한 사항은 해양수산부령으로 정한다.
제14조【침적폐기물의 수거】 ① 해역관리청은 제6조에 따른 실태조사 결과 해저에 침적된 해양폐기물(이하 "침적폐기물"이라 한다)이 해양환경에 미치는 영향이 크다고 판단되는 경우에는 해당 해역의 침적폐기물을 수거하여야 한다.
② 해역관리청은 침적폐기물의 발생원인이 된 행위를 한 자에게 침적폐기물의 전부 또는 일부의 수거를 명할 수 있다.
③ 제2항에 따라 침적폐기물의 수거명령을 받은 자는 제19조제1항제2호에 따른 해양폐기물수거업 등록을 한 자에게 수거를 위탁할 수 있다.
④ 침적폐기물의 수거 방법 및 절차, 그 밖에 침적폐기물 수거에 필요한 사항은 해양수산부령으로 정한다.
제15조【해양폐기물 수거 등을 위한 선박 등의 운영】 ① 해역관리청은 해양폐기물의 수거 또는 실태조사 등을 위하여 필요한 선박 및 시설 등을 운영할 수 있다.
② 제1항에 따른 선박 또는 시설 등의 운영 기준 및 방법, 그 밖에 필요한 사항은 해양수산부령으로 정한다.
제15조의2【바다환경지킴이】 ① 시장·군수·구청장은 해양폐기물의 발생 예방 및 수거·처리 등을 위하여 바다환경지킴이를 채용하여 활동하게 할 수 있다.
(2023.9.14 본항개정)
② 바다환경지킴이의 채용방법 및 활동범위 등에 관하여 필요한 사항은 해양수산부령으로 정한다.
(2021.11.30 본조신설)
제16조【해양오염퇴적물의 정화】 ① 해역관리청은 제6조에 따른 실태조사 결과 해양오염퇴적물이 해양환경에 미치는 영향이 크다고 판단되는 경우에는 해양수산부령으로 정하는 방법에 따라 해양오염퇴적물을 정화하여야 한다.
② 해역관리청은 해양오염퇴적물의 발생원인이 된 행위를 한 자에게 해양오염퇴적물의 전부 또는 일부를 정화할 것을 명할 수 있다.
③ 제2항에 따라 해양오염퇴적물 정화명령을 받은 자는 해양수산부령으로 정하는 바에 따라 정화계획서를 작성·제출하여 해역관리청의 승인을 받아야 한다. 승인받은 사항 중 해양수산부령으로 정하는 중요한 사항을 변경하려는 경우에도 또한 같다.
④ 제3항에 따른 승인을 받아 해양오염퇴적물을 정화하려는 자는 제19조제1항제3호에 따른 해양오염퇴적물정화업 등록을 한 자에게 위탁할 수 있다.
⑤ 그 밖에 해양오염퇴적물의 정화에 필요한 사항은 해양수산부령으로 정한다.
제17조【사후관리】 ① 해역관리청은 해양오염퇴적물 정화사업이 완료된 해역에 대하여 해양수산부령으로 정하는 기간 동안 해양오염퇴적물 등에 대한 조사를 실시하여 재오염 여부 등을 측정하여야 한다.
② 해역관리청은 제1항에 따른 측정 결과 재오염 등이 우려되는 경우 그 방지를 위하여 필요한 조치를 하여야 한다.
③ 제1항 및 제2항에 따른 조사·조치의 내용 및 방법에 관한 사항은 해양수산부령으로 정한다.
제17조의2【조치명령의 이행완료 보고 등】 ① 제8조제3항, 제12조제2항, 제13조제2항, 제14조제2항 또는 제16조제2항에 따라 조치명령을 받은 자가 그 명령을 이행하였을 때에는 해양수산부령으로 정하는 바에 따라 지체 없이 그 사실을 해역관리청 또는 시장·군수·구청장에게 보고하여야 한다.
② 제1항에 따른 보고를 받은 해역관리청 또는 시장·군수·구청장은 조치명령 이행 상태를 확인하여야 한다.
③ 시장·군수·구청장은 제2항에 따라 조치명령 이행 상태를 확인한 경우 해당 사실을 해역관리청에 통보하여야 한다.
(2023.9.14 본조신설)
제18조【준설물질 등의 활용】 ① 준설물질과 그 밖에 대통령령으로 정하는 폐기물(이하 "준설물질등"이라 한다) 중 대통령령으로 정하는 기준에 적합한 준설물질등은 다음 각 호의 용도로 활용할 수 있다.(2023.9.14 본문개정)
1. 해수욕장의 양빈(養濱), 습지 조성 및 복원, 인공섬의 조성, 어장 정비 또는 항만시설·어항시설의 공사용 재료
2. 그 밖에 대통령령으로 정하는 용도
② 준설물질등을 제1항 각 호에 따른 용도로 활용하려는 자는 해양수산부령으로 정하는 바에 따라 해양수산부장관에게 신고하여야 한다. 신고한 사항 중 해양수산부령으로 정하는 중요한 사항을 변경하려는 경우에도 또한 같다.
(2023.9.14 전단개정)
③ 제2항에 따라 신고를 한 자는 해양수산부령으로 정하는 기간 이내에 신고한 준설물질등을 활용하여야 한다. 다만, 화재, 중대한 사고, 노동쟁의 등 그 처리기간 이내에 처리하지 못할 부득이한 사유가 있는 경우로서 해양수산부장관의 승인을 받은 때에는 본문에 따른 기간이 지나서도 활용할 수 있다.(2023.9.14 본항개정)
(2023.9.14 본조제목개정)

제3장 해양폐기물관리업 등

제19조【해양폐기물관리업의 등록】 ① 다음 각 호의 어느 하나에 해당하는 사업(이하 "해양폐기물관리업"이라 한다)을 영위하려는 자(제7조제6항에 따라 폐기물해양배출업 등록을 하고 폐기물을 해양에 배출하려는 자를 포함한다)는 대통령령으로 정하는 바에 따라 해양수산부장관에게 등록하여야 한다. 등록한 사항 중 해양수산부령으로 정하는 중요한 사항을 변경할 때에도 또한 같다.
(2023.9.14 전단개정)
1. 폐기물해양배출업 : 폐기물의 해양배출에 필요한 선박·설비 및 장비 등을 갖추고 폐기물을 해양에 배출하는 사업
2. 해양폐기물수거업 : 부유폐기물·침적폐기물의 수거에 필요한 선박·설비 및 장비 등을 갖추고 해양폐기물을 수거하는 사업
3. 해양오염퇴적물정화업 : 해양오염퇴적물의 정화에 필요한 선박·설비 및 장비 등을 갖추고 해양오염퇴적물을 정화하는 사업

② 해양폐기물관리업의 등록을 하려는 자는 대통령령으로 정하는 바에 따라 해당 분야의 기술인력을 보유하여야 하며, 해양수산부령으로 정하는 선박·설비·장비 및 자본금 등을 갖추어야 한다.(2023.9.14 본항개정)

제20조【등록의 결격사유】 다음 각 호의 어느 하나에 해당하는 자는 해양폐기물관리업의 등록을 할 수 없다.
1. 피성년후견인
2. 이 법 또는 「해양환경관리법」을 위반하여 징역 이상의 형의 선고를 받고 그 형의 집행이 종료(집행이 종료된 것으로 보는 경우를 포함한다)되거나 집행이 면제된 후 1년이 경과되지 아니한 자
3. 해양폐기물관리업의 등록이 취소(제1호에 해당하여 취소된 경우는 제외한다)된 후 1년이 경과되지 아니한 자
4. 임원 중에 제1호부터 제3호까지의 어느 하나에 해당하는 사람이 있는 법인

제21조【해양폐기물관리업자의 의무】 ① 해양폐기물관리업의 등록을 한 자(이하 "해양폐기물관리업자"라 한다)는 처리실적서를 작성하여 해양수산부장관에게 제출하고 그 사본을 보관하여야 하며, 처리대장을 작성하여 해당 선박 또는 시설에 비치하여야 한다.(2023.9.14 본항개정)

② 제19조제1항제1호에 따른 폐기물해양배출업의 등록을 한 자는 해양배출의 대상이 되는 폐기물을 해양수산부령으로 정하는 바에 따라 보관·관리하여야 하며, 폐기물인계·인수서를 작성하여 해양수산부장관에게 제출하고 그 사본을 보관하여야 한다.(2023.9.14 본항개정)

③ 해양폐기물관리업자가 제1항에 따른 처리실적서 및 제2항에 따른 폐기물인계·인수서를 해양수산부령으로 정하는 바에 따라 제30조제2항에 따른 전자정보처리시스템을 이용하여 제출한 경우에는 해당 자료 제출 및 보관의무를 이행한 것으로 본다.

④ 제1항 및 제2항에 따른 처리실적서, 처리대장 및 폐기물인계·인수서의 작성방법 및 보관기간 등에 관한 사항은 해양수산부령으로 정한다.(2023.9.14 본항개정)

제21조의2【해양폐기물관리업 기술인력에 대한 교육】 ① 해양폐기물관리업자는 해양폐기물관리업에 종사하는 기술인력이 해양수산부령으로 정하는 교육기관에서 실시하는 교육을 받도록 하여야 한다. 이 경우 교육에 드는 비용은 기술인력을 고용한 해양폐기물관리업자의 부담으로 한다.

② 제1항에 따른 교육의 주기 등에 관하여 필요한 사항은 대통령령으로 정한다.
(2023.9.14 본조신설)

제22조【위탁 해양폐기물 등에 대한 처리명령】 해양수산부장관은 해양폐기물관리업자(휴업·폐업한 경우를 포함한다)가 처리를 위탁받은 폐기물, 해양폐기물 및 해양오염퇴적물(이하 "해양폐기물등"이라 한다)을 방치하는 경우에는 해양수산부령으로 정하는 바에 따라 적정한 처리를 명할 수 있다.

제23조【권리·의무의 승계】 ① 해양폐기물관리업자가 그 사업을 양도하거나 사망한 때 또는 법인의 합병이 있는 때에는 그 사업의 양수인·상속인 또는 합병 후 존속하는 법인이나 합병에 의하여 설립되는 법인이 그 권리·의무를 승계한다.

② 「민사집행법」에 따른 경매, 「채무자 회생 및 파산에 관한 법률」에 따른 환가(換價) 및 「국세징수법」·「관세법」 또는 「지방세징수법」에 따른 압류재산의 매각, 그 밖에 이에 준하는 절차에 따라 해양폐기물관리업자의 시설·설비의 전부를 인수한 자는 그 권리·의무를 승계한다.

③ 제1항 및 제2항에 따라 해양폐기물관리업자의 권리·의무를 승계한 자는 1개월 이내에 해양수산부령으로 정하는 바에 따라 해양수산부장관에게 신고하여야 한다.

④ 제1항 및 제2항에 따른 승계에 관하여는 제20조를 준용한다.

제24조【등록의 취소 등】 ① 해양수산부장관은 해양폐기물관리업자가 다음 각 호의 어느 하나에 해당하는 경우에는 그 등록을 취소하거나 6개월 이내의 기간을 정하여 영업정지를 명할 수 있다. 다만, 제1호부터 제4호까지의 어느 하나에 해당하는 경우에는 등록을 취소하여야 한다.
1. 거짓이나 그 밖의 부정한 방법으로 등록을 하거나 변경등록을 한 경우
2. 제20조 각 호의 어느 하나에 해당하는 경우. 다만, 제20조제4호에 해당하는 법인이 6개월 이내에 그 임원을 교체하여 임명한 때에는 그러하지 아니하다.
3. 1년에 2회 이상 영업정지처분을 받은 경우
4. 영업정지기간 중에 영업을 한 경우
5. 정당한 사유 없이 등록한 사항을 이행하지 아니한 경우
6. 제21조제1항 및 제2항에 따른 의무를 위반한 경우
7. 제22조에 따른 처리명령에 따르지 아니한 경우
8. 등록 후 1년 이내에 영업을 시작하지 아니하거나 정당한 사유 없이 계속하여 1년 이상 영업실적이 없는 경우

② 제1항에 따른 행정처분의 세부기준은 그 위반행위의 유형과 정도 등을 고려하여 해양수산부령으로 정한다.

제25조【전문기관의 지정 등】 ① 해양수산부장관은 폐기물의 검사와 해양폐기물 및 해양오염퇴적물의 조사를 전문적으로 수행하기 위한 기관(이하 "전문기관"이라 한다)을 다음 각 호의 구분에 따라 지정할 수 있다.
1. 해양폐기물 조사기관 : 해양폐기물의 발생 및 관리 현황 등에 관한 조사업무를 수행하는 기관
2. 해양오염퇴적물 조사기관 : 해양오염퇴적물의 발생 및 관리 현황 등에 관한 조사업무를 수행하는 기관
3. 해양배출 검사기관 : 제7조제5항에 따라 폐기물의 성분·농도·무게·부피 등의 측정을 수행하는 기관

② 전문기관은 검사·조사를 하는 경우 검사·조사를 의뢰한 자로부터 그 비용을 받을 수 있다. 이 경우 비용의 산정기준에 관하여는 해양수산부장관이 정하여 고시한다.

③ 전문기관의 지정을 받은 자는 다음 각 호의 행위를 하여서는 아니 된다.
1. 다른 자에게 자기의 명의를 사용하여 전문기관의 업무를 하게 하거나 전문기관 지정서를 빌려주는 행위
2. 해양폐기물관리업을 겸업하는 행위

④ 전문기관의 결격사유에 관하여는 제20조를 준용한다. 이 경우 "해양폐기물관리업"은 "전문기관"으로, "등록을 할 수 없다"는 "지정을 받을 수 없다"로 본다.

⑤ 그 밖에 전문기관의 지정 기준 및 절차 등에 관한 사항은 해양수산부령으로 정한다.

제26조【전문기관의 지정취소 등】 ① 해양수산부장관은 전문기관이 다음 각 호의 어느 하나에 해당하는 경우에는 전문기관의 지정을 취소하거나 6개월 이내의 기간을 정하여 업무정지를 명할 수 있다. 다만, 제1호부터 제4호까지의 어느 하나에 해당하는 경우에는 지정을 취소하여야 한다.
1. 거짓이나 그 밖의 부정한 방법으로 지정을 받은 경우
2. 제25조제4항에 따라 준용되는 제20조 각 호의 어느 하나에 해당하는 경우. 다만, 제20조제4호에 해당하는 법인이 6개월 이내에 그 임원을 교체하여 임명한 때에는 그러하지 아니하다.
3. 1년에 2회 이상 업무정지처분을 받은 경우
4. 업무정지기간 중에 검사·조사업무를 한 경우
5. 제25조제3항제1호를 위반하여 다른 자에게 자기의 명의를 사용하여 전문기관의 업무를 하게 하거나 전문기관 지정서를 빌려준 경우
6. 제25조제3항제2호를 위반하여 해양폐기물관리업을 겸업한 경우
7. 고의 또는 중대한 과실로 검사·조사결과를 거짓으로 작성한 경우

② 제1항에 따른 행정처분의 세부기준은 그 위반행위의 유형과 정도 등을 고려하여 해양수산부령으로 정한다.

제27조【관리센터의 설치·운영】 ① 해양수산부장관은 해양폐기물 및 해양오염퇴적물에 대한 종합적이고 체계적인 관리를 위하여 해양폐기물 및 해양오염퇴적물 관리센터를 설치·운영할 수 있다.

② 제1항에 따른 관리센터의 설치·운영에 필요한 사항은 대통령령으로 정한다.

제4장 보 칙

제28조【대집행】 해역관리청 또는 시장·군수·구청장은 다음 각 호의 어느 하나에 해당하는 명령을 받은 자가 그 명령을 이행하지 아니하는 경우에는 「행정대집행법」에 따라 대집행(代執行)을 하고 그 비용을 명령위반자로부터 징수할 수 있다.(2023.9.14 본문개정)
1. 제8조제3항에 따른 환경상태 조사 및 해양폐기물의 수거·정화 명령
2. 제12조제2항에 따른 수거명령
3. 제13조제2항에 따른 수거명령
4. 제14조제2항에 따른 수거명령
5. 제16조제2항에 따른 정화명령
6. 제22조에 따른 처리명령

제29조【행정적·재정적 및 기술적 지원】 ① 국가는 다음 각 호의 어느 하나에 해당하는 조치를 하는 지방자치단체에 행정적·재정적·기술적 지원을 할 수 있다.
1. 제6조에 따른 실태조사
2. 제11조에 따른 폐기물의 해양유입 차단조치
3. 제12조부터 제14조까지의 규정에 따른 해양폐기물의 수거
4. 제15조에 따른 선박 및 시설 등의 건조·설치 및 운영(2023.9.14 본호개정)
5. 제15조의2에 따른 바다환경지킴이의 채용·운영
6. 제16조에 따른 해양오염퇴적물의 정화
6의2. 제17조에 따른 해양오염퇴적물 정화사업이 완료된 해역의 사후관리(2023.9.14 본호신설)
7. 그 밖에 수거한 해양폐기물의 처리에 필요한 조치

② 국가는 해양폐기물 및 해양오염퇴적물의 발생을 방지하기 위한 감시활동, 수거·정화 활동 등을 하는 법인 또는 단체에 대하여 필요한 행정적·재정적·기술적 지원을 할 수 있다.

③ 제1항 및 제2항에 따른 행정적·재정적·기술적 지원의 대상·절차 및 방법 등에 관한 사항은 대통령령으로 정한다.
(2022.6.10 본조개정)

제29조의2【연안정화의 날】 해양수산부장관은 해양폐기물 관리를 통한 연안 환경 개선에 관한 국민의 의식을 높이기 위하여 대통령령으로 정하는 바에 따라 연안정화의 날을 정하고, 필요한 행사 등을 할 수 있다.
(2023.9.14 본조신설)

제30조【해양폐기물등의 전자정보처리시스템】 ① 해양수산부장관은 해양폐기물등의 관리에 필요한 정보를 관리하여야 한다.

② 해양수산부장관은 제1항에 따른 정보를 체계적이고 효율적으로 관리하기 위한 전자정보처리시스템(이하 이 조에서 "전자정보처리시스템"이라 한다)을 구축·운영하여야 한다.

③ 해양수산부령으로 정하는 해양폐기물등을 배출, 수거 또는 정화하는 자는 해당 해양폐기물등을 배출, 수거 또는 정화하는 경우에 그 내용을 해양수산부령으로 정하는 바에 따라 전자정보처리시스템에 입력하여야 한다.

④ 해양수산부장관은 전자정보처리시스템에 입력된 정보를 공개하여야 하며, 「폐기물관리법」 제45조에 따른 전자정보처리프로그램과 연동시킬 수 있다.

⑤ 그 밖에 전자정보처리시스템의 설치·구축·운영 등에 필요한 사항은 해양수산부령으로 정한다.

제31조【청문】 해양수산부장관은 다음 각 호의 어느 하나에 해당하는 처분을 하려면 청문을 실시하여야 한다.
1. 제24조에 따른 해양폐기물관리업 등록의 취소
2. 제26조에 따른 전문기관 지정의 취소

제32조【출입·검사 등】 ① 해양수산부장관은 대통령령으로 정하는 바에 따라 소속 공무원으로 하여금 해양폐기물관리업자, 전문기관 및 폐기물해양배출자에게 필요한 자료를 제출하게 하거나 보고하게 할 수 있으며, 그 시설·선박이나 그 밖의 장소에 출입하여 폐기물의 수거·보관·처리 현황을 확인·점검하거나 관계 서류나 시설·장비를 검사하게 할 수 있다.

② 제1항에 따라 출입·검사 등을 하는 공무원은 그 권한을 표시하는 증표를 지니고 이를 관계인에게 내보여야 하며, 출입목적·성명 등을 구체적으로 알려야 한다.

제33조【권한 등의 위임·위탁】 ① 이 법에 따른 해양수산부장관의 권한은 대통령령으로 정하는 바에 따라 그 일부를 소속 기관의 장에게 위임할 수 있다.

② 이 법에 따른 해양수산부장관의 업무는 대통령령으로 정하는 바에 따라 그 일부를 관련 기관 또는 단체에 위탁할 수 있다.

③ 소속 기관의 장은 제1항에 따라 위임받은 업무의 일부를 대통령령으로 정하는 바에 따라 관련 기관 또는 단체에 위탁할 수 있다. 이 경우 해양수산부장관의 승인을 받아야 한다.(2023.9.14 본항신설)

제34조【벌칙 적용에서 공무원 의제】 제6조제2항 및 제33조제2항에 따라 위탁받은 업무에 종사하는 기관 또는 단체의 임직원은 「형법」 제129조부터 제132조까지의 규정에 따른 벌칙을 적용할 때에는 공무원으로 본다.

제5장 벌칙 등

제35조【벌칙】 다음 각 호의 어느 하나에 해당하는 자는 3년 이하의 징역 또는 3천만원 이하의 벌금에 처한다.
1. 제7조제1항을 위반하여 폐기물(「폐기물관리법」 제2조제2호에 따른 생활폐기물은 제외한다)을 해양에 배출한 자(2023.9.14 본호개정)
2. 제19조제1항 각 호 외의 부분 전단에 따른 등록을 하지 아니하고 해양폐기물관리업을 한 자(2023.9.14 본호개정)
3. 제25조제1항에 따른 지정을 받지 아니하고 전문기관 업무를 수행한 자

제36조【벌칙】 다음 각 호의 어느 하나에 해당하는 자는 2년 이하의 징역 또는 2천만원 이하의 벌금에 처한다.

1. 과실로 제7조제1항을 위반하여 폐기물(「폐기물관리법」 제2조제2호에 따른 생활폐기물은 제외한다)을 해양에 배출한 자(2023.9.14 본호신설)
2. 제18조제1항에 따른 기준을 충족하지 않고 준설물질등을 활용한 자(2023.9.14 본호개정)
3. 제24조에 따라 등록이 취소된 후 영업을 하거나 영업정지명령을 받고 영업정지기간 중에 영업을 한 자
4. 제26조에 따라 전문기관의 지정이 취소된 후 업무를 수행하거나 업무정지명령을 받고 업무정지기간 중에 업무를 수행한 자

제37조【벌칙】 다음 각 호의 어느 하나에 해당하는 자는 1년 이하의 징역 또는 1천만원 이하의 벌금에 처한다.
1. 제7조제4항 전단에 따른 신고를 하지 아니하거나 거짓으로 신고한 자
2. 제12조제2항에 따른 시장·군수·구청장의 수거명령을 위반한 자(2023.9.14 본호개정)
3. 제13조제2항에 따른 해역관리청의 수거명령을 위반한 자
4. 제14조제2항에 따른 해역관리청의 수거명령을 위반한 자
5. 제16조제2항에 따른 해역관리청의 정화명령을 위반한 자
6. 제22조에 따른 해양수산부장관의 처리명령을 위반한 자
7. 제25조제3항제1호를 위반하여 다른 자에게 자기의 명의를 사용하여 전문기관의 업무를 하게 하거나 전문기관 지정서를 빌려준 자
8. 제32조제1항에 따른 출입·검사·보고 요구 등을 정당한 사유 없이 거부·방해 또는 기피한 자

제38조【양벌규정】 법인의 대표자나 법인 또는 개인의 대리인, 사용인, 그 밖의 종업원이 그 법인 또는 개인의 업무에 관하여 제35조부터 제37조까지의 어느 하나에 해당하는 위반행위를 하면 그 행위자를 벌하는 외에 그 법인 또는 개인에게도 해당 조문의 벌금형을 과(科)한다. 다만, 법인 또는 개인이 그 위반행위를 방지하기 위하여 해당 업무에 관하여 상당한 주의와 감독을 게을리하지 아니한 경우에는 그러하지 아니하다.

제39조【과태료】 ① 다음 각 호의 어느 하나에 해당하는 자에게는 500만원 이하의 과태료를 부과한다.
1. 제7조제1항을 위반하여 「폐기물관리법」 제2조제2호에 따른 생활폐기물을 해양에 배출한 자(운반장비를 이용하여 버리거나 사업활동 과정에서 발생되는 생활폐기물을 버린 경우로 한정한다)(2023.9.14 본호신설)
2. 제8조제2항에 따른 보고를 하지 아니하거나 거짓으로 보고한 자
3. 제18조제2항 전단에 따른 신고를 하지 아니하거나 거짓으로 신고한 자
4. 제19조제1항 후단에 따른 변경등록을 하지 아니하거나 거짓으로 변경등록을 한 자
5. 제21조제1항을 위반하여 처리실적서를 제출하지 아니하거나 거짓으로 작성하여 제출한 자, 처리실적서 사본을 보관하지 아니한 자 또는 처리대장을 비치하지 아니하거나 거짓으로 작성하여 비치한 자(2023.9.14 본호개정)
6. 제21조제2항을 위반하여 폐기물을 보관·관리한 자, 폐기물인계·인수서를 제출하지 아니하거나 거짓으로 작성하여 제출한 자 또는 폐기물인계·인수서 사본을 보관하지 아니한 자(2023.9.14 본호개정)
7. 제23조제3항을 위반하여 해양폐기물관리업의 권리·의무 승계에 대한 신고를 하지 아니하거나 거짓으로 신고한 자

② 다음 각 호의 어느 하나에 해당하는 자에게는 100만원 이하의 과태료를 부과한다.
1. 제7조제1항을 위반하여 「폐기물관리법」 제2조제2호에 따른 생활폐기물을 해양에 배출한 자(제1항제1호에 해당하는 경우는 제외한다)(2023.9.14 본호신설)
2. 제7조제4항 후단 또는 제18조제2항 후단에 따른 변경신고를 하지 아니하거나 거짓으로 변경신고를 한 자
3. 제21조의2제1항 전단을 위반하여 교육을 받게 하지 아니한 자(2023.9.14 본호신설)
4. 제30조제3항을 위반하여 정보를 입력하지 아니하거나 거짓으로 입력한 자

③ 제1항 및 제2항에 따른 과태료는 대통령령으로 정하는 바에 따라 해양수산부장관 또는 시·도지사가 부과·징수한다.

부 칙

제1조【시행일】 이 법은 공포 후 1년이 경과한 날부터 시행한다.

제2조【일반적 경과조치】 이 법 시행 당시 종전의 「해양환경관리법」에 따라 행정기관이 행한 처분 및 그 밖의 행위 또는 행정기관에 대한 각종 신청 및 그 밖의 행위는 그에 해당하는 이 법에 따른 행정기관의 행위 또는 행정기관에 대한 행위로 본다.

제3조【해양폐기물관리업 등록에 관한 경과조치】 이 법 시행 당시 「해양환경관리법」 제70조제1항제1호에 따른 폐기물해양배출업 등록을 한 자는 제19조제1항제1호에 따른 폐기물해양배출업 등록을 한 것으로 보고, 「해양환경관리법」 제70조제1항제4호에 따른 폐기물해양수거업 등록을 한 자는 제19조제1항제2호에 따른 해양폐기물수거업 등록을 한 것으로 보며, 「해양환경관리법」 제70조제1항제5호에 따른 퇴적오염물질수거업 등록을 한 자는 제19조제1항제3호에 따른 해양오염퇴적물정화업 등록을 한 것으로 본다. 다만, 이 법 시행일부터 3년 이내에 이 법에 따른 요건을 갖추어 제19조제1항에 따른 등록을 하여야 한다.

제4조【벌칙 등에 관한 경과조치】 이 법 시행 전의 행위에 대한 벌칙 및 과태료를 적용할 때에는 종전의 「해양환경관리법」에 따른다.

제5조【다른 법률의 개정】 ①~⑤ ※(해당 법령에 가제정리 하였음)

제6조【다른 법령과의 관계】 이 법 시행 당시 다른 법령에서 종전의 「해양환경관리법」 또는 그 규정을 인용하고 있는 경우 이 법 가운데 그에 해당하는 규정이 있을 때에는 종전의 「해양환경관리법」 또는 그 규정을 갈음하여 이 법 또는 이 법의 해당 규정을 인용한 것으로 본다.

부 칙 (2021.4.13)
(2021.11.30)

이 법은 공포 후 6개월이 경과한 날부터 시행한다.

부 칙 (2022.6.10)

제1조【시행일】 이 법은 공포 후 6개월이 경과한 날부터 시행한다.

제2조【해양폐기물 및 해양오염퇴적물 관리 기본계획 및 시행계획에 관한 적용례】 제5조제2항의 개정규정은 이 법 시행 이후 제5조제3항에 따른 해역관리청의 장이 수립·시행하는 연차별 시행계획부터 적용한다.

부 칙 (2023.9.14)

제1조【시행일】 이 법은 공포 후 6개월이 경과한 날부터 시행한다. 다만, 제4조, 제7조, 제12조, 제15조의2제1항, 제17조의2, 제19조제1항 각 호 외의 부분 전단, 제28조, 제35조제2호 및 제37조제2호의 개정규정은 공포한 날부터 시행한다.

제2조【조치명령의 이행완료 보고 등에 관한 적용례】 제17조의2의 개정규정은 부칙 제1조 단서에 따른 시행일 이후 제8조제3항, 제12조제2항, 제13조제2항, 제14조제2항 또는 제16조제2항에 따라 조치명령을 받는 경우부터 적용한다.

제3조【벌칙에 관한 경과조치】 이 법 시행 전에 제7조제1항을 위반하여 폐기물을 해양에 배출한 행위에 대하여 벌칙을 적용할 때에는 제35조제1호, 제36조제1호, 제39조제1항제1호 및 같은 조 제2항제1호의 개정규정에도 불구하고 종전의 제35조제1호에 따른다.

연안관리법

(2009년 3월 25일
전부개정법률 제9552호)

개정
2009. 6. 9법 9758호(농어촌정비)
2009. 6. 9법 9763호(산림보호법)
2009. 6. 9법 9773호(항만법)
2010. 4.15법10272호(공유수면관리및매립에관한법)
2010. 5.31법10331호(산지관리법)
2011. 8. 4법11020호(산업입지및개발에관한법)
2013. 3.23법11690호(정부조직)
2013. 8.13법12089호
2014. 1.14법12248호(도로법)
2014. 6. 3법12738호(공간정보구축관리)
2016.12.27법14480호(농어촌정비)
2017. 3.21법14740호
2017. 3.21법14746호(해양환경보전및활용에관한법)
2017. 4.18법14804호(해양수산발전기본법)
2018. 4.17법15607호(해양공간계획및관리에관한법)
2019. 1.15법16285호
2019. 8.27법16568호(양식산업발전법)
2020. 2.18법17048호
2020. 2.18법17063호(해양조사와해양정보활용에관한법)
2020. 3.31법17171호(전기안전관리법)
2021.11.30법18522호(소방시설설치및관리에관한법)
2022.12.27법19117호(산림자원조성관리)
2023. 5.16법19415호(행정법제혁신을위한일부개정법령등)

제1장 총 칙

제1조【목적】 이 법은 연안(沿岸)의 효율적인 보전·이용 및 개발에 필요한 사항을 규정함으로써 연안환경을 보전하고 연안의 지속가능한 개발을 도모하여 연안을 쾌적하고 풍요로운 삶의 터전으로 조성하는 것을 목적으로 한다.

제2조【정의】 이 법에서 사용하는 용어의 뜻은 다음과 같다.
1. "연안"이란 연안해역(沿岸海域)과 연안육역(沿岸陸域)을 말한다.
2. "연안해역"이란 다음 각 목의 지역을 말한다.
가. 바닷가〔「해양조사와 해양정보 활용에 관한 법률」 제8조제1항제3호에 따른 해안선으로부터 지적공부(地籍公簿)에 등록된 지역까지의 사이를 말한다〕
나. 바다〔「해양조사와 해양정보 활용에 관한 법률」 제8조제1항제3호에 따른 해안선으로부터 영해(領海)의 외측한계(外側限界)까지의 사이를 말한다〕
(2020.2.18 가목~나목개정)
3. "연안육역"이란 다음 각 목의 지역을 말한다.
가. 무인도서(無人島嶼)
나. 연안해역의 육지쪽 경계선으로부터 500미터(「항만법」 제2조제1호에 따른 항만, 「어촌·어항법」 제2조제3호가목에 따른 국가어항 또는 「산업입지 및 개발에 관한 법률」 제2조제8호에 따른 산업단지의 경우에는 1천미터) 이내의 육지지역(「하천법」 제2조제2호에 따른 하천구역은 제외한다)(2020.2.18 본목개정)

3의2. "연안침식"이란 파도, 조류, 해류, 바람, 해수면 상승, 시설물 설치 등의 영향에 의하여 연안의 지표가 깎이거나 모래 등이 유실되는 현상을 말한다.(2013.8.13 본호신설)
3의3. "연안재해"란 연안에서 해일(海溢), 파랑(波浪), 조수, 태풍, 강풍, 해수면 상승 등 해양의 자연현상 또는 급격한 연안침식으로 발생하는 재해를 말한다.
(2020.2.18 본호신설)
4. "연안정비사업"이란 연안에서 시행하는 다음 각 목의 사업으로서 제25조제1항에 따른 연안정비사업실시계획에 따라 시행하는 사업을 말한다.
가. 연안재해로부터 연안을 보호하고 훼손된 연안을 정비하는 사업(2020.2.18 본목개정)
나. 연안을 보전 또는 개선하는 사업
다. 국민이 연안을 쾌적하게 이용할 수 있도록 친수공간(親水空間)을 조성하는 사업
5.~6. (2018.4.17 삭제)
6의2. "연안침식관리구역"이란 제20조의2에 따라 지정·고시하는 구역을 말한다.(2013.8.13 본호신설)
7. "자연해안"이란 인위적으로 조성된 시설·도로 등의 구조물이 없이 자연상태의 해안선이 유지되고 있는 해안을 말한다.

제3조【연안관리의 기본이념】 연안은 다음의 기본이념에 따라 보전·이용 및 개발되어야 한다.
1. 공공의 이익에 적합하고 생태적·문화적·경제적 가치가 조화롭게 공존할 수 있도록 종합적이고 미래지향적인 관점에서 보전·이용 및 개발할 것
2. 연안의 이용 및 개발은 연안환경의 보전과 조화·균형을 이룰 것
3. 국민의 연안환경 보전·관리에 대한 정책 참여와 건전한 이용 기회를 늘릴 것
4. 기후변화에 따른 연안재해로부터 연안을 안전하게 관리할 것(2020.2.18 본호개정)
5. 연안통합관리를 실현하기 위하여 남북한 협력 및 국제협력을 증진할 것

제4조【국가 등의 책무】 ① 국가 및 지방자치단체는 연안의 지속가능한 보전·이용 및 개발을 위하여 필요한 시책을 마련하여야 한다.

② 국가 및 지방자치단체는 연안관리의 기본이념에 대한 국민의 인식을 증진시키고 연안환경의 훼손을 방지하기 위하여 노력하여야 한다.
③ 국민은 아름답고 쾌적한 연안환경의 보전 및 개선, 지속가능한 이용을 위하여 국가 및 지방자치단체의 시책에 적극적으로 협력하여야 한다.
제5조【연안기본조사 등】 ① 해양수산부장관은 연안의 효율적인 관리를 위한 정보를 수집하기 위하여 5년마다 연안의 현황 및 실태에 관한 정기조사(이하 "연안기본조사"라 한다)를 실시하여야 한다.(2020.2.18 단서삭제)
② 해양수산부장관은 제1항에 따른 조사 결과 연안환경의 변화가 뚜렷하다고 인정되는 지역에 대하여는 보완조사를 실시할 수 있다.(2013.3.23 본항개정)
③ 해양수산부장관은 매년 연안침식 실태조사를 실시하고, 연안정비사업 등을 위하여 특히 필요하다고 인정되는 지역에 대하여는 정밀조사를 실시하여야 한다.
(2013.8.13 본항개정)
④ 해양수산부장관은 제1항부터 제3항까지의 규정에 따라 조사를 실시하는 경우 관계 행정기관의 장에게 필요한 자료의 제출을 요청할 수 있다. 이 경우 관계 행정기관의 장은 특별한 사유가 없으면 요청에 따라야 한다.
(2013.3.23 전단개정)
⑤ 광역시장·도지사·특별자치도지사(이하 "시·도지사"라 한다)는 해당 지방자치단체의 조례로 정하는 바에 따라 관할 연안에 대한 조사를 실시할 수 있다. 이 경우 시·도지사는 조사계획에 관하여 미리 해양수산부장관과 협의하고 조사 결과를 해양수산부장관에게 통보하여야 한다.(2013.3.23 후단개정)
⑥ 제1항부터 제3항까지의 규정에 따른 조사의 내용 및 방법, 그 밖에 필요한 사항은 대통령령으로 정한다.

제2장 연안의 통합관리

제6조~제14조 (2018.4.17 삭제)

제3장 연안용도해역 등의 지정 및 관리

제15조~제20조 (2018.4.17 삭제)

제3장의2 연안침식관리구역의 지정·관리 등
(2013.8.13 본장신설)

제20조의2【연안침식관리구역의 지정 등】 ① 해양수산부장관은 연안침식으로 인하여 심각한 피해가 발생하거나 발생할 우려가 있어 이를 특별히 관리할 필요가 있는 지역을 해양수산부령으로 정하는 기준에 따라 연안침식관리구역(이하 "관리구역"이라 한다)으로 지정할 수 있다.
② 해양수산부장관은 관리구역을 효율적으로 관리하기 위하여 다음 각 호와 같이 구분하여 지정할 수 있다.
1. 핵심관리구역 : 연안침식이 빠르게 진행 중이거나 이로 인한 피해가 심각하여 긴급한 조치가 필요한 구역
2. 완충관리구역 : 핵심관리구역과 맞닿은 지역 등으로서 핵심관리구역 관리를 위하여 필요한 구역
③ 해양수산부장관은 제1항에 따라 관리구역을 지정하려는 경우에는 시·도지사 또는 시장·군수·구청장 및 지역주민의 의견을 듣고, 관계 중앙행정기관의 장과 협의를 한 후 제30조에 따른 중앙연안관리심의회의 심의를 거쳐야 한다.
④ 해양수산부장관이 관리구역을 지정한 때에는 지체 없이 해당 지역의 명칭, 위치, 범위, 그 밖에 해양수산부령으로 정하는 사항을 관보에 고시하고, 관할 지방자치단체의 장에게 통보하여야 한다.
⑤ 시·도지사 또는 시장·군수·구청장은 제1항에 따른 관리구역으로 지정할 상당한 이유가 있다고 인정하는 관할 연안에 대하여 해양수산부장관에게 관리구역의 지정을 요청할 수 있다.
⑥ 제1항부터 제5항까지에 따른 관리구역의 지정 및 지정 요청 절차 등에 필요한 사항은 해양수산부령으로 정한다.
제20조의3【관리구역 지정의 해제 또는 변경】 ① 해양수산부장관은 다음 각 호의 어느 하나에 해당하는 지역에 대하여는 관리구역의 지정을 해제하거나 변경할 수 있다.
1. 연안침식에 따른 피해 발생 위험이 현저히 감소한 지역
2. 공익상 또는 군사상 불가피한 지역으로서 대통령령으로 정하는 지역
② 제1항에 따른 관리구역 지정의 해제 또는 변경에 관하여는 제20조의2제3항부터 제5항까지를 준용한다.
③ 제1항 및 제2항에 따른 관리구역 지정의 해제 및 변경 절차 등에 필요한 사항은 해양수산부령으로 정한다.
제20조의4【관리계획의 수립·시행】 ① 해양수산부장관은 관리구역 내 침식 피해에 효과적으로 대응하기 위하여 필요한 경우에는 다음 각 호의 사항이 포함된 관리구역에 관한 계획(이하 "관리계획"이라 한다)을 수립·시행할 수 있다.
1. 관리구역 내 연안의 보전·이용 및 개발 실태조사
2. 관리구역 내 침식원인 및 피해조사
3. 관리구역 내 침식방지 및 복구대책
4. 그 밖에 해양수산부령으로 정하는 사항
② 관리계획의 수립·시행 등에 필요한 사항은 해양수산부령으로 정한다.
제20조의5【관리구역에서의 행위제한 등】 ① 누구든지 제20조의2에 따라 지정·고시된 핵심관리구역에서 다음 각 호의 어느 하나에 해당하는 행위를 하여서는 아니 된다. 다만, 연안정비사업에 해당하는 경우에는 그러하지 아니하다.
1. 건축물, 그 밖의 인공구조물의 신축·증축(관리구역 지정 당시의 건축연면적의 2배 이상 증축하는 경우에 한정한다)(2020.2.18 본호개정)
2. 공유수면 또는 토지의 형질변경 행위
3. 바다모래·규사 및 토석의 채취행위
4. 그 밖에 연안침식에 영향을 미치는 행위로서 대통령령으로 정하는 행위
② 해양수산부장관, 시·도지사 또는 시장·군수·구청장은 제20조의2에 따라 지정·고시된 완충관리구역에서 제1항 각 호의 행위가 핵심구역의 침식에 중대한 영향을 미친다고 인정하는 경우 대통령령으로 정하는 바에 따라 그 행위를 제한할 수 있다.
③ 다음 각 호의 어느 하나에 해당하는 경우로서 해양수산부장관 또는 시·도지사의 승인을 받은 경우(관계 중앙행정기관의 장의 경우에는 해양수산부장관과 협의한 경우를 말한다)에는 제1항 및 제2항을 적용하지 아니한다.
1. 「사방사업법」 제3조제2호에 따른 해안사방사업을 시행하는 경우
2. 「자연재해대책법」 제2조제2호에 따른 자연재해의 예방 및 복구를 위한 활동 및 구호 등에 필요한 경우
3. 「자연공원법」 제2조제9호 및 제10호에 따른 공원사업의 시행 및 공원시설의 설치가 필요한 경우
4. 공익상 또는 군사상 불가피한 경우로서 대통령령으로 정하는 경우
④ 제3항에 따른 승인 또는 협의의 절차 및 그 요건에 필요한 사항은 대통령령으로 정한다.
제20조의6【중지명령 및 원상회복 명령 등】 해양수산부장관, 시·도지사 또는 시장·군수·구청장은 관리구역에서 제20조의5제1항 및 제2항에 위반되는 행위를 한 자에 대하여 그 행위의 중지를 명하거나 상당한 기간을 정하여 원상회복을 명할 수 있으며 원상회복이 곤란한 경우에는 이에 상응한 조치를 할 것을 명할 수 있다.
제20조의7【관리구역의 일시적 출입제한】 ① 해양수산부장관, 시·도지사 또는 시장·군수·구청장은 연안침식으로 인하여 인명·재산상 피해가 발생할 것으로 예상되어 긴급한 조치가 필요하다고 인정되는 경우에는 관리구역의 전부 또는 일부에 대하여 일정한 기간을 정하여 출입을 제한할 수 있다. 다만, 다음 각 호의 어느 하나에 해당하는 경우에는 그러하지 아니하다.
1. 「재난 및 안전관리 기본법」에 따른 재해의 예방, 응급대책 및 복구 등을 위한 활동 또는 구호 등에 필요한 조치를 위하여 출입하는 경우
2. 군사상의 목적을 위하여 출입하는 경우
3. 그 밖에 관리구역 지정목적의 범위에서 필요하다고 인정되어 해양수산부장관, 시·도지사 또는 시장·군수·구청장의 출입허가를 받은 경우
② 해양수산부장관, 시·도지사 또는 시장·군수·구청장은 제1항에 따라 출입을 제한하려는 경우에는 해양수산부령으로 정하는 바에 따라 공고하여야 한다.
③ 해양수산부장관, 시·도지사 또는 시장·군수·구청장은 제1항에 따른 출입제한이 필요없다고 인정되는 경우에는 즉시 출입제한을 해제하고 이를 공고하여야 한다.
④ 제1항제3호에 따른 출입허가의 절차·방법 등에 필요한 사항은 해양수산부령으로 정한다.
제20조의8【대집행】 ① 해양수산부장관, 시·도지사 또는 시장·군수·구청장은 다음 각 호의 어느 하나에 해당하는 경우에는 해당 건축물이나 인공구조물 등의 소유자 또는 점유자에게 그 철거 등 필요한 조치를 하도록 명할 수 있다.(2020.2.18 본문개정)
1. 제20조의5제1항 및 제2항에 위반되는 행위를 한 경우
2. 제20조의6에 따른 중지명령 또는 원상회복명령을 이행하지 아니한 경우
② 제1항에 따라 철거 등 조치명령을 받은 자가 그 명령에 따르지 아니하는 경우 그대로 두면 공익을 해치거나 관리구역의 관리에 지장을 줄 것으로 인정될 때에는 「행정대집행법」에서 정하는 바에 따라 해양수산부장관, 시·도지사 또는 시장·군수·구청장이 대집행할 수 있다.
제20조의9【연안정비사업의 우선 시행】 해양수산부장관은 침식 방지 및 침식해안 복구를 위한 연안정비사업을 하는 경우 관리구역에 대하여 우선적으로 실시하여야 한다.

제4장 연안정비사업

제21조【연안정비기본계획의 수립】 ① 해양수산부장관은 효율적이고 체계적인 연안정비사업을 위하여 10년마다 연안정비기본계획(이하 "연안정비기본계획"이라 한다)을 수립한다.
② 해양수산부장관은 연안정비기본계획을 수립하려면 미리 시·도지사의 의견을 듣고, 관계 중앙행정기관의 장과 협의한 후 제30조에 따른 중앙연안관리심의회의 심의를 거쳐야 한다.
③ 해양수산부장관은 연안정비기본계획을 수립하였을 때에는 지체 없이 이를 관보에 고시하여야 한다.
(2013.3.23 본조개정)
제22조【연안정비기본계획의 내용】 연안정비기본계획에는 다음 각 호의 사항이 포함되어야 한다.
1. 연안정비사업의 추진방향(2013.8.13 본호개정)
2. 연안정비사업의 중장기계획
3. 연안정비사업의 연도별 내용 및 추진계획
4. 연안정비사업 간의 조정에 관한 사항
5. 그 밖에 해양수산부장관이 필요하다고 인정하는 사항(2013.3.23 본호개정)
제23조【연안정비기본계획의 변경】 ① 해양수산부장관은 수립·고시된 연안정비기본계획에 대하여 5년마다 그 타당성을 검토하고 연안정비기본계획의 변경 등 필요한 조치를 하여야 한다.(2013.3.23 본항개정)
② 해양수산부장관은 관리구역의 지정, 연안의 여건 변화 등으로 인하여 연안정비기본계획을 변경할 필요가 있다고 인정하거나 관계 행정기관의 장이 변경을 요청하는 경우에는 이를 변경할 수 있다.(2013.8.13 본항개정)
③ 제2항에 따른 연안정비기본계획의 변경에 관하여는 제21조제2항 및 제3항을 준용한다. 다만, 대통령령으로 정하는 긴급한 경우나 경미한 사항을 변경하는 경우에는 제21조제3항만을 준용한다.
제24조【연안정비사업의 시행자】 ① 해양수산부장관은 「항만법」 제2조제4호에 따른 항만구역에서의 연안정비사업을 시행한다. 다만, 해양수산부령으로 정하는 연안정비사업의 경우에는 시·도지사 또는 시장·군수·구청장이 시행할 수 있다.(2013.3.23 본항개정)
② 시·도지사 또는 시장·군수·구청장은 해양수산부령으로 정하는 바에 따라 「항만법」 제2조제4호에 따른 항만구역 외의 연안에 대한 연안정비사업을 시행한다. 다만, 다음 각 호의 어느 하나에 해당하는 경우에는 해양수산부장관이 시행할 수 있다.(2013.3.23 본문개정)
1. 대통령령으로 정하는 규모 이상의 사업
2. 고도의 기술이 필요한 사업
3. 둘 이상의 광역시·도에 걸쳐 시행할 필요가 있는 사업
3의2. 관리구역 내의 사업(2013.8.13 본호신설)
4. 그 밖에 공공의 이해에 미치는 영향이 큰 사업으로서 대통령령으로 정하는 사업
③ 해양수산부장관은 제2항 단서에 따라 연안정비사업을 시행하려는 경우에는 미리 시·도지사 또는 시장·군수·구청장의 의견을 들어야 한다.(2013.3.23 본항개정)
④ 해양수산부장관, 시·도지사 또는 시장·군수·구청장이 아닌 자는 다음 각 호의 구분에 따라 해양수산부장관, 시·도지사 또는 시장·군수·구청장의 지정을 받아 연안정비사업을 시행할 수 있다.(2013.3.23 본문개정)
1. 「항만법」 제2조제4호에 따른 항만구역의 연안 : 해양수산부장관(2013.3.23 본호개정)
2. 제1호 외의 연안 : 제2항 본문에 따른 연안정비사업의 시행자인 시·도지사 또는 시장·군수·구청장
⑤ 제4항에 따른 연안정비사업 시행자의 지정에 필요한 사항은 해양수산부령으로 정한다.(2013.3.23 본항개정)
제25조【연안정비사업실시계획의 수립 등】 ① 제24조에 따른 연안정비사업의 시행자(이하 "연안정비사업시행자"라 한다)가 연안정비사업을 시행하려는 경우에는 연안정비기본계획의 범위에서 대통령령으로 정하는 바에 따라 연안정비사업실시계획(이하 "정비실시계획"이라 한다)을 수립하여야 한다.
② 해양수산부장관, 시·도지사 또는 시장·군수·구청장이 아닌 연안정비사업시행자가 정비실시계획을 수립하려는 경우에는 해양수산부장관의 승인을 받아야 한다. 이를 변경할 때에도 또한 같다.(2013.3.23 전단개정)
③ 해양수산부장관, 시·도지사 또는 시장·군수·구청장이 정비실시계획을 수립하거나 제2항에 따라 해양수산부장관이 정비실시계획을 승인하거나 변경승인하려는 경우에는 미리 관계 행정기관의 장과 협의하여야 한다. 다만, 대통령령으로 정하는 긴급한 경우나 경미한 사항을 변경하는 경우에는 그러하지 아니하다.(2013.3.23 본문개정)
④ 해양수산부장관, 시·도지사 또는 시장·군수·구청장이 정비실시계획을 수립 또는 변경하거나 해양수산부장관이 제2항에 따라 정비실시계획을 승인하거나 변경승인하였을 때에는 지체 없이 이를 관보 또는 공보에 고시하고, 관계 행정기관의 장에게 통보하여야 한다.
(2013.8.13 본항개정)
⑤ 해양수산부장관은 제2항에 따라 정비실시계획을 승인하거나 변경승인하려는 때에는 관련 전문기관으로 하여금 정비실시계획의 적정성 여부를 검토하게 할 수 있다.
(2013.8.13 본항신설)
제26조【인·허가 등의 의제】 ① 해양수산부장관, 시·도지사 또는 시장·군수·구청장이 제25조제4항에 따라 정비실시계획을 고시하였을 때에는 다음 각 호의 허가·인가·결정·면허·협의·동의·승인·신고 또는 해제 등(이하 이 조에서 "인·허가등"이라 한다)에 관하여 인·허가등의 관계 행정기관의 장과 미리 협의한 사항에 대해서는 해당 인·허가등이 행하여진 것으로 보며, 다음 각 호의 관계 법률에 따른 인·허가등의 고시 또는 공고가 있은 것으로 본다.(2023.5.16 본문개정)
1. 「소방시설 설치 및 관리에 관한 법률」 제6조제1항에 따른 건축허가등의 동의, 「소방시설공사업법」 제13조제1항에 따른 소방시설공사의 신고 및 「위험물안전관리법」 제6조제1항에 따른 제조소등의 설치허가
(2021.11.30 본호개정)

2.「농어촌정비법」 제23조에 따른 농업생산기반시설의 사용허가(2016.12.27 본호개정)
3.「농지법」 제34조에 따른 농지의 전용허가
4.「사방사업법」 제14조에 따른 사방지(砂防地) 안에서의 벌채 등의 허가, 같은 법 제20조에 따른 사방지의 지정해제
5.「산지관리법」 제14조·제15조 및 제15조의2에 따른 산지전용허가·산지전용신고 및 산지일시사용허가·신고, 같은 법 제25조에 따른 토석채취허가,「산림자원의 조성 및 관리에 관한 법률」 제36조제1항·제5항에 따른 입목벌채등의 허가·신고 및「산림보호법」 제9조에 따른 산림보호구역(산림유전자원보호구역은 제외한다)에서의 행위의 허가·신고와 같은 법 제11조제1항제1호에 따른 산림보호구역의 지정해제(2022.12.27 본호개정)
6.「초지법」 제21조의2에 따른 토지의 형질변경 등의 허가, 같은 법 제23조에 따른 초지전용의 허가·신고 또는 협의
7.「수산자원관리법」 제47조제2항에 따른 보호수면 안에서의 공사 시행의 승인(2013.8.13 본호개정)
8.「전기사업법」 제61조에 따른 전기사업용전기설비 공사계획의 인가 또는 신고,「전기안전관리법」 제8조에 따른 자가용전기설비 공사계획의 인가 또는 신고(2020.3.31 본호개정)
9.「국토의 계획 및 이용에 관한 법률」 제56조에 따른 개발행위의 허가, 같은 법 제86조에 따른 도시계획시설사업의 시행자 지정, 같은 법 제88조에 따른 실시계획의 인가
10.「하수도법」 제24조에 따른 시설 또는 공작물의 설치허가
11.「도로법」 제36조에 따른 도로관리청이 아닌 자에 대한 도로공사 시행의 허가, 같은 법 제61조에 따른 도로의 점용 허가 및 같은 법 제107조에 따른 도로관리청과의 협의 또는 승인(2014.1.14 본호개정)
12.「사도법」 제4조에 따른 사도(私道)의 개설 등의 허가
13.「공유수면 관리 및 매립에 관한 법률」 제8조에 따른 공유수면의 점용·사용허가, 같은 법 제10조에 따른 협의 또는 승인, 같은 법 제17조에 따른 공유수면의 점용·사용 실시계획의 승인 또는 신고, 같은 법 제28조에 따른 공유수면의 매립면허, 같은 법 제35조에 따른 국가 등이 시행하는 매립의 협의 또는 승인 및 같은 법 제38조에 따른 공유수면매립실시계획의 승인(2010.4.15 본호개정)
14. (2010.4.15 삭제)
15.「소하천정비법」 제10조에 따른 소하천공사의 시행허가
16.「골재채취법」 제22조에 따른 골재채취의 허가
17.「장사 등에 관한 법률」 제27조제1항에 따른 분묘의 개장허가(2013.8.13 본호개정)
18.「군사기지 및 군사시설 보호법」 제13조에 따른 행정기관의 허가등에 관한 협의
19.「도시공원 및 녹지 등에 관한 법률」 제24조에 따른 도시공원의 점용허가
② 해양수산부장관, 시·도지사 또는 시장·군수·구청장이 정비실시계획을 수립 또는 변경하거나 제25조제2항에 따라 해양수산부장관이 정비실시계획을 승인하려는 경우 해당 정비실시계획에 제1항 각 호의 사항이 포함되어 있을 때에는 미리 관계 행정기관의 장과 협의하여야 한다.(2013.3.23 본항개정)
③ 제1항 및 제2항에서 규정한 사항 외에 인·허가등 의제의 기준 및 효과 등에 관하여는「행정기본법」 제24조부터 제26조까지를 준용한다.(2023.5.16 본항신설)
제27조【토지 등의 수용·사용】 ① 연안정비사업시행자는 연안정비사업을 시행하기 위하여 필요한 경우에는「공익사업을 위한 토지 등의 취득 및 보상에 관한 법률」 제3조에 따른 토지·물건 또는 권리를 수용하거나 사용할 수 있다. 다만, 제24조제4항에 따라 지정을 받은 연안정비사업시행자는 연안정비사업 대상 토지면적의 3분의 2 이상에 해당하는 토지를 매입하고 토지 소유자 총수의 2분의 1 이상에 해당하는 자의 동의를 받아야 한다.
② 제1항에 따른 토지·물건 또는 권리의 수용 또는 사용에 관하여 이 법에 규정된 것을 제외하고는「공익사업을 위한 토지 등의 취득 및 보상에 관한 법률」을 준용한다.
③ 제25조제4항에 따른 고시가 있은 때에는「공익사업을 위한 토지 등의 취득 및 보상에 관한 법률」 제20조제1항 및 제22조에 따른 사업인정 및 사업인정의 고시가 있은 것으로 보며, 재결(裁決)의 신청은 같은 법 제23조제1항 및 제28조제1항에도 불구하고 연안정비사업의 시행기간에 할 수 있다.
제28조【비용의 부담 등】 ① 연안정비사업의 시행에 드는 경비는 연안정비사업시행자가 부담한다.
② 정부는 예산의 범위에서 제1항에 따라 시·도지사 또는 시장·군수·구청장이 부담하는 비용의 전부 또는 일부를 보조하거나 융자할 수 있다.
③ 해양수산부장관, 시·도지사 또는 시장·군수·구청장은 연안정비사업이 아닌 공사 또는 행위로 인하여 필요하게 된 연안정비사업을 그 공사의 시행자 또는 행위자로 하여금 시행하게 할 수 있다. 이 경우 소요되는 경비는 그 공사의 시행자 또는 행위자의 부담으로 한다.(2013.8.13 본항개정)
④ (2013.8.13 삭제)
(2013.8.13 본조제목개정)

제29조【연안정비사업 시설물의 사후관리 등】 ① 연안정비사업으로 설치한 시설물에 대하여는 연안정비사업시행자가 사후관리를 하여야 한다. 다만, 제24조제2항 단서에 따라 해양수산부장관이 시행한 연안정비사업으로 설치한 시설물에 대하여는 관련 시·도지사 또는 시장·군수·구청장이 사후관리를 하여야 한다.(2013.3.23 단서개정)
② 해양수산부장관은 제1항에 따른 시설물의 사후관리 현황과 효과를 점검·평가할 수 있다.(2013.8.13 본항신설)
③ 제2항에 따른 점검·평가에 필요한 사항은 해양수산부령으로 정한다.(2013.8.13 본항신설)
(2013.8.13 본조제목개정)

제5장 연안관리심의회

제30조【중앙연안관리심의회】 ① 연안관리에 관한 다음 각 호의 사항을 심의하기 위하여 해양수산부장관 소속으로 중앙연안관리심의회를 둔다.(2013.3.23 본문개정)
1.~2. (2018.4.17 삭제)
2의2. 관리구역의 지정·지정해제 또는 변경에 관한 사항(2013.8.13 본호신설)
3. 제32조에 따른 자연해안관리목표제에 관한 사항
4. 연안정비기본계획의 수립·변경에 관한 사항
5. 다른 법률에서 중앙연안관리심의회의 심의를 거치도록 한 사항
6. 그 밖에 해양수산부장관이 필요하다고 인정하는 사항(2013.3.23 본호개정)
② 중앙연안관리심의회는 필요한 경우에는 분야별 소위원회를 구성하여 운영할 수 있다.
③ 중앙연안관리심의회의 구성, 심의기준 및 심의방법 등에 관하여 필요한 사항은 대통령령으로 정한다.
제31조【지역연안관리심의회】 ① 관할 연안의 관리에 관한 중요 사항을 심의하기 위하여 시·도지사 소속으로 지역연안관리심의회를 둔다.(2018.4.17 본항개정)
② 지역연안관리심의회의 기능, 구성 및 운영 등에 관하여 필요한 사항은 해당 지방자치단체의 조례로 정한다.

제6장 연안의 효율적 관리
(2013.8.13 본장제목개정)

제32조【자연해안관리목표제】 ① 해양수산부장관은 자연해안의 효과적인 보전과 연안환경의 기능 증진 등을 위하여 제30조에 따른 중앙연안관리심의회의 심의를 거쳐 자연해안선의 길이 등 자연해안에 대한 관리목표를 설정할 수 있다.(2013.3.23 본항개정)
② 시·도지사 또는 시장·군수·구청장은 제1항의 관리목표를 고려하여 제31조에 따른 지역연안관리심의회의 심의를 거쳐 관할 연안의 자연해안에 대한 관리목표를 설정할 수 있다
③ 해양수산부장관, 시·도지사 또는 시장·군수·구청장은 자연해안관리목표를 달성하기 위하여 연안정비사업의 하나로 자연해안 복원사업을 실시할 수 있다.(2020.2.18 본항개정)
④ 자연해안관리목표제 및 자연해안 복원사업의 시행에 관하여 필요한 사항은 대통령령으로 정한다.
제33조【연안 지킴이】 ① 시·도지사 또는 시장·군수·구청장은 연안을 효율적으로 관리하기 위하여 필요하다고 인정하는 경우에는 연안 지킴이를 위촉할 수 있다.(2013.8.13 본항개정)
② 제1항에 따른 연안 지킴이의 자격, 위촉방법 및 직무범위 등에 관하여 필요한 사항은 대통령령으로 정한다.
제34조【연안의 주기적 점검】 ① 해양수산부장관은 소속 공무원으로 하여금 연안정비기본계획의 시행 현황을 주기적으로 점검하게 하여야 한다.
② (2018.4.17 삭제)
③ 해양수산부장관은 제1항에 따른 점검 및 평가 결과 시정조치가 특히 필요하다고 인정하는 경우에는 관계 행정기관의 장에게 시정을 요청할 수 있다. 이 경우 관계 행정기관의 장은 특별한 사유가 없으면 요청에 따라야 하며, 그 시정계획 및 시정 결과를 해양수산부장관에게 통보하여야 한다.
④ 제1항에 따른 점검의 내용·방법, 평가의 범위·방법, 그 밖에 필요한 사항은 대통령령으로 정한다.
(2018.4.17 본조개정)
제34조의2【연안정보체계의 구축 및 관리 등】 ① 해양수산부장관은 연안관리정책의 합리적인 수립과 집행을 위하여 다음 각 호의 사항이 포함된 연안정보체계를 구축하고 관리하여야 한다.(2018.4.17 본문개정)
1. 연안의 지형(地形)·지물(地物) 등의 위치 및 속성
2. 연안 이용 현황
3. 해안선 등에 대한 지리정보
4. 항만·어항·도로·산업·도시·해양수산자원 등에 대한 인문정보·사회정보(2017.4.18 본호개정)
5. 제34조의6제1항에 따른 연안재해 위험평가(2020.2.18 본호신설)
6. 제34조의7제2항에 따른 등록사항(2020.2.18 본호신설)
② 해양수산부장관은 관계 행정기관의 장에게 연안정보체계의 구축 및 관리에 필요한 자료의 제출을 요청할 수 있다.

③ 그 밖에 연안정보체계의 구축·관리에 필요한 사항은 대통령령으로 정한다.
(2013.8.13 본조신설)
제34조의3【연구개발】 해양수산부장관은 연안관리의 효율적 추진, 연안침식의 예방이나 피해경감 등에 필요한 연구개발을 실시하여야 한다.(2013.8.13 본조신설)
제34조의4【연안에 관한 교육·홍보】 ① 국가 및 지방자치단체는 연안에 관한 국민의 관심과 이해를 높이고 효율적인 연안관리를 도모하기 위하여 교육·홍보프로그램의 개발 등 교육·홍보에 관한 시책을 수립·시행할 수 있다.
② 해양수산부장관은 제1항에 따른 교육·홍보를 추진하기 위하여 대통령령으로 정하는 바에 따라 연안교육센터를 지정할 수 있다.
③ 연안교육센터의 지정 기준·절차 및 방법 등에 필요한 사항은 해양수산부령으로 정한다.
(2013.8.13 본조신설)
제34조의5【토지등의 매수】 ① 해양수산부장관, 시·도지사 또는 시장·군수·구청장은 관리구역의 연안침식을 방지하거나 침식된 해안을 복구하기 위하여 필요한 경우에는 관리구역에 있는 토지·건축물, 그 밖의 물건 및 광업권·어업권·양식업권 등의 권리(이하 이 조에서 "토지등"이라 한다)를 그 소유자와 협의하여 매수할 수 있다.(2019.8.27 본항개정)
② 해양수산부장관, 시·도지사 또는 시장·군수·구청장은 제1항에 따른 광업권의 매수를 위하여 특히 필요하다고 인정되는 경우에는「광업법」의 규정에도 불구하고 산업통상자원부장관과 협의하여 광업권을 분할하여 매수할 수 있다.
③ 해양수산부장관, 시·도지사 또는 시장·군수·구청장은 제1항에 따라 토지등을 매수하는 경우의 매수가격은「공익사업을 위한 토지 등의 취득 및 보상에 관한 법률」에 따라 산정한 가격에 따른다.
④ 관리구역에 있는 토지등의 소유자는 관리구역의 지정으로 인하여 토지등의 효용이 현저히 감소된 경우 해양수산부장관, 시·도지사 또는 시장·군수·구청장에게 그 토지등의 매수를 청구할 수 있다. 이 경우 해양수산부장관, 시·도지사 또는 시장·군수·구청장은 매수청구를 받은 토지등이 대통령령으로 정하는 기준에 해당될 때에는 이를 매수하여야 한다.
⑤ 제1항부터 제4항까지에 따른 토지등의 매수절차, 매수청구절차 등에 필요한 사항은 대통령령으로 정한다.
(2013.8.13 본조신설)
제34조의6【연안재해 위험평가 실시 등】 ① 해양수산부장관은 연안재해 발생 원인을 규명하고 연안재해에 효과적으로 대응하기 위하여 연안재해에 대한 조사·평가(이하 "연안재해 위험평가"라 한다)를 매년 실시하여야 한다.
② 해양수산부장관은 연안재해 위험평가를 실시하기 위하여 필요한 자료의 제출을 관계 중앙행정기관의 장 및 지방자치단체의 장에게 요청할 수 있다. 이 경우 요청을 받은 관계 중앙행정기관의 장 및 지방자치단체의 장은 특별한 사유가 없으면 이에 따라야 한다.
③ 해양수산부장관은 연안재해에 효과적으로 대응하기 위하여 연안재해 위험평가의 결과를 고려하여 연안재해 저감 대책을 수립·시행할 수 있다.
④ 중앙행정기관의 장 및 지방자치단체의 장은 연안의 이용 및 개발 계획을 승인·수립·변경하거나 지구·구역 등을 지정·변경지정하려는 경우에는 연안재해 위험평가의 결과를 고려하여야 한다.
⑤ 연안재해 위험평가 및 제3항에 따른 연안재해 저감대책의 수립에 필요한 사항은 해양수산부령으로 정한다.
(2020.2.18 본조신설)
제34조의7【바닷가 실태조사 및 등록 등】 ① 해양수산부장관은 바닷가의 효율적 관리에 필요한 정보를 수집하기 위하여 바닷가의 현황 및 이용 실태에 관한 조사(이하 "바닷가 실태조사"라 한다)을 매년 실시하여야 한다.
② 해양수산부장관은 바닷가의 효율적 관리와 바닷가 관련 정보의 종합적 관리·운영을 위하여 다음 각 호의 사항을 제34조의2에 따른 연안정보체계에 등록하여야 한다.
1. 바닷가의 위치·경계·면적 등 표시에 관한 사항
2. 바닷가의 관리번호
3. 그 밖에 바닷가의 효율적 관리와 공유수면 관련 정보의 종합적 관리·운영을 위하여 필요한 사항으로서 대통령령으로 정하는 사항
③ 해양수산부장관은 제2항에 따른 등록을 위하여 필요한 자료를 관계 중앙행정기관의 장 및 지방자치단체의 장에게 요청할 수 있다. 이 경우 요청을 받은 관계 중앙행정기관의 장 및 지방자치단체의 장은 특별한 사유가 없으면 이에 따라야 한다.
④「공유수면 관리 및 매립에 관한 법률」에 따른 공유수면관리청(이하 이 조에서 "공유수면 관리청"이라 한다)은 관할 바닷가에 대한 현황을 점검하고, 그 결과를 매년 12월 31일까지 해양수산부장관에게 제출하여야 한다.
⑤ 해양수산부장관은 제2항에 따라 등록된 사항을 직권으로 또는 공유수면관리청의 요청에 의하여 변경할 수 있다.
⑥ 그 밖에 바닷가 실태조사 및 등록에 필요한 사항은 해양수산부령으로 정한다.
(2020.2.18 본조신설)

제7장 보 칙
(2013.8.13 본장제목삽입)

제35조【토지등에의 출입 등】 ① 연안정비사업시행자와 제5조에 따른 조사 및 제34조에 따른 점검을 하는 공무원은 연안정비사업 또는 연안의 조사 등을 위하여 필요한 경우에는 다음 각 호의 행위를 할 수 있다.
1. 타인이 점용하는 토지 또는 연안해역(이하 이 조에서 "토지등"이라 한다)에 출입하는 행위
2. 타인의 토지를 재료적치장 또는 임시도로로 일시 사용하는 행위
3. 특히 필요한 경우 나무·흙·돌 또는 그 밖의 장애물을 변경하거나 제거하는 행위

② 제1항에 따라 타인이 점용하는 토지등에 출입하려는 자는 출입하려는 날의 7일 전까지 토지등의 소유자·점유자 또는 관리인(이하 "소유자등"이라 한다)에게 출입 일시와 장소 등을 알려야 한다. 다만, 다음 각 호의 어느 하나에 해당하는 경우에는 해당 지역을 관할하는 읍·면 사무소 또는 동 주민센터의 게시판이나 인터넷 홈페이지 또는 일간신문에 출입하려는 날의 14일 전까지 출입 일시와 장소 등을 공고하여야 한다.(2017.3.21 본문개정)
1. 토지등의 소유자등을 알 수 없는 경우
2. 토지등의 소유자등의 주소·거소 또는 그 밖의 통지할 장소를 알 수 없는 경우
(2017.3.21 1호~2호신설)

③ 해 뜨기 전이나 해가 진 후에는 토지등의 소유자등의 승낙 없이 택지 또는 담장이나 울타리로 둘러싸인 타인의 토지등에 출입할 수 없다.(2017.3.21 본항개정)

④ 연안정비사업시행자 또는 조사 등을 실시하는 공무원은 제1항제2호 또는 제3호의 행위를 할 때에는 토지 또는 장애물의 소유자등의 동의를 받아야 한다. 다만, 다음 각 호의 어느 하나에 해당하는 경우로서 해당 행위의 일시, 장소 및 내용 등을 해당 지역을 관할하는 읍·면 사무소 또는 동 주민센터의 게시판이나 인터넷 홈페이지 또는 일간신문에 공고한 후 14일이 지난 경우에는 그러하지 아니하다.(2020.2.18 단서개정)
1. 토지 또는 장애물의 소유자등을 알 수 없는 경우
2. 토지 또는 장애물의 소유자등의 주소·거소 또는 그 밖의 통지할 장소를 알 수 없는 경우
(2017.3.21 1호~2호신설)

⑤ 토지의 소유자등은 정당한 사유 없이 제1항에 따른 출입, 일시 사용 및 장애물의 변경·제거 행위를 방해하거나 거부하지 못한다.(2017.3.21 본항개정)

⑥ 제1항에 따른 행위를 하려는 자는 해양수산부령으로 정하는 바에 따라 그 신분을 나타내는 증표를 지니고 이를 관계인에게 내보여야 한다.(2013.3.23 본항개정)

제36조【손실보상】 ① 제35조제1항에 따른 행위로 인하여 손실을 입은 자가 있는 경우에는 그 행위자가 속한 행정청 또는 연안정비사업시행자가 그 손실을 보상하여야 한다.

② 제1항에 따른 손실보상에 관하여는 그 손실을 보상할 자와 손실을 받은 자가 협의하여야 한다.

③ 제2항에 따른 협의가 이루어지지 아니하거나 협의를 할 수 없는 경우에는 대통령령으로 정하는 바에 따라 관할 토지수용위원회에 재결을 신청할 수 있다.

제37조【위임·위탁】 ① 이 법에 따른 해양수산부장관의 권한은 대통령령으로 정하는 바에 따라 그 일부를 그 소속 기관, 시·도지사 또는 시장·군수·구청장에게 각각 위임하거나 관계 행정기관의 장에게 위탁할 수 있다.

② 다음 각 호에 따른 해양수산부장관의 업무는 그 전부 또는 일부를 대통령령으로 정하는 바에 따라 관련 전문기관에 위탁할 수 있다.
1. 제5조제1항에 따른 연안기본조사(2017.3.21 본호개정)
1의2. 제5조제3항에 따른 연안침식 실태조사(2017.3.21 본호신설)
2. (2018.4.17 삭제)
3. 제25조제5항에 따른 정비실시계획의 적정성 평가
4. 제29조제2항에 따른 연안정비사업 시설물의 사후관리 현황과 효과의 점검·평가
5. 제34조에 따른 연안의 주기적 점검
6. 제34조의2에 따른 연안정보체계의 구축 및 관리
(2013.8.13 본항개정)

③ (2013.8.13 삭제)
(2013.3.23 본조개정)

제38조【벌칙 적용에서 공무원 의제】 제30조에 따른 중앙연안관리심의회의 위원 중 공무원이 아닌 사람은 「형법」 제127조 및 제129조부터 제132조까지의 규정을 적용할 때에는 공무원으로 본다.(2017.3.21 본조신설)

제8장 벌 칙
(2013.8.13 본장제목삽입)

제38조의2【벌칙】 다음 각 호의 어느 하나에 해당하는 자는 3년 이하의 징역 또는 5천만원 이하의 벌금에 처한다.
1. 제20조의5제1항을 위반한 자
2. 제20조의5제2항에 따른 행위의 제한을 위반한 자
3. 제20조의6에 따른 중지명령·원상회복명령 또는 조치명령을 위반한 자
(2013.8.13 본조신설)

제38조의3【양벌규정】 법인의 대표자나 법인 또는 개인의 대리인, 사용인, 그 밖의 종업원이 그 법인 또는 개인의 업무에 관하여 제38조의2의 어느 하나에 해당하는 위반행위를 하면 행위자를 벌하는 외에 그 법인 또는 개인에게도 해당 조문의 벌금형을 과(科)한다. 다만, 법인 또는 개인이 그 위반행위를 방지하기 위하여 해당 업무에 관하여 상당한 주의와 감독을 게을리하지 아니한 경우에는 그러하지 아니하다.(2013.8.13 본조신설)

제39조【과태료】 ① 다음 각 호의 어느 하나에 해당하는 자에게는 대통령령으로 정하는 바에 따라 300만원 이하의 과태료를 부과한다.(2013.8.13 본문개정)
1. 제20조의7을 위반하여 관리구역에 출입한 자
2. 제35조제5항을 위반하여 출입, 일시 사용 및 장애물의 변경·제거 행위를 방해하거나 거부한 자
(2013.8.13 1호~2호신설)

② 제1항에 따른 과태료는 해양수산부장관, 시·도지사 또는 시장·군수·구청장이 부과·징수한다.(2013.3.23 본항개정)

부 칙

제1조【시행일】 이 법은 공포 후 1년이 경과한 날부터 시행한다.

제2조【연안정비사업실시계획 승인에 관한 적용례】 제25조의 개정규정은 이 법 시행 후 최초로 수립하거나 변경하는 연안정비사업실시계획부터 적용한다.

제3조【토지 등의 수용·사용에 관한 적용례】 제27조제1항 단서의 개정규정은 이 법 시행 후 최초로 제24조제4항의 개정규정에 따라 지정을 받은 연안정비사업시행자부터 적용한다.

제4조【연안정비사업 시설물의 사후관리에 관한 적용례】 제29조의 개정규정은 이 법 시행 후 최초로 연안정비사업으로 설치하는 시설물부터 적용한다.

제5조【연안의 실태에 관한 기초조사에 관한 경과조치】 이 법 시행 당시 종전의 제4조에 따라 실시한 기초조사는 제5조의 개정규정에 따라 실시한 연안기본조사로 본다.

제6조【연안통합관리계획에 관한 경과조치】 이 법 시행 당시 종전의 제5조부터 제7조까지의 규정에 따라 수립된 연안통합관리계획은 종전의 제7조제1항에 따라 관보에 고시된 날에 제6조부터 제8조까지의 개정규정에 따라 수립된 것으로 본다.

제7조【연안관리지역계획에 관한 경과조치】 이 법 시행 당시 종전의 제8조 및 제9조에 따라 수립된 연안관리지역계획은 제9조부터 제11조까지의 개정규정에 따라 수립된 것으로 본다.

제8조【연안정비계획에 관한 경과조치】 이 법 시행 당시 종전의 제13조에 따라 수립된 연안정비계획은 제21조의 개정규정에 따라 수립된 연안정비기본계획으로 본다.

제9조【명예연안관리인에 대한 경과조치】 이 법 시행 당시 종전의 제24조에 따라 위촉된 명예연안관리인은 제33조의 개정규정에 따라 위촉된 연안 지킴이로 본다.

제10조【다른 법률의 개정】 ①~⑧ ※(해당 법령에 가제정리 하였음)

제11조【다른 법령과의 관계】 이 법 시행 당시 다른 법령에서 종전의 「연안관리법」 또는 그 규정을 인용한 경우 이 법 가운데 그에 해당하는 규정이 있을 때에는 종전의 규정을 갈음하여 이 법의 해당 규정을 인용한 것으로 본다.

부 칙 (2013.8.13)

제1조【시행일】 이 법은 공포 후 1년이 경과한 날부터 시행한다. 다만, 제2조제2호, 제9조제2항·제6항, 제10조제8호, 제11조제2항, 제12조제5항·제6항, 제13조제1항제1호·제2호·제3호 및 제7호, 제16조제1항, 제17조제1항제6호, 제19조제1항 각 호 외의 부분, 제20조, 제22조제1호, 제25조제4항, 제26조제1항제1호·제5호·제7호 및 제17호, 제28조, 제29조제1항, 제33조제1항, 제34조의2 및 제37조의 개정규정은 공포한 날부터 시행한다.

제2조【연안정비사업실시계획 승인에 관한 적용례】 제25조제5항의 개정규정은 이 법 시행 후 최초로 수립하거나 변경하는 연안정비사업실시계획부터 적용한다.

제3조【비용의 부담에 관한 적용례】 제28조제3항 및 제4항의 개정규정은 같은 개정규정 시행 후 최초로 실시하는 연안정비사업부터 적용한다.

제4조【연안통합관리계획에 관한 경과조치】 이 법 시행 당시 종전의 제6조부터 제8조까지의 규정에 따라 수립된 연안통합관리계획은 제8조제1항에 따라 관보에 고시된 날에 이 법에 따라 수립된 것으로 본다.

제5조【연안관리지역계획에 관한 경과조치】 이 법 시행 당시 종전의 제9조부터 제11조까지의 규정에 따라 수립한 연안관리지역계획은 제11조제1항 및 제2항에 따라 공보에 고시된 날에 이 법에 따라 수립된 것으로 본다.

제6조【연안정비기본계획에 관한 경과조치】 이 법 시행 당시 종전의 제21조부터 제23조까지의 규정에 따라 수립 또는 변경된 연안정비기본계획은 이 법에 따라 수립 또는 변경된 연안정비기본계획으로 본다.

제7조【연안 지킴이에 대한 경과조치】 이 법 시행 당시 위촉된 연안 지킴이는 제33조의 개정규정에 따라 위촉된 연안 지킴이로 본다.

제8조【다른 법률의 개정】 ※(해당 법령에 가제정리 하였음)

제9조【다른 법령과의 관계】 이 법 시행 당시 다른 법령에서 종전의 규정을 인용한 경우 이 법 가운데 그에 해당하는 규정이 있을 때에는 종전의 규정을 갈음하여 이 법의 해당 규정을 인용한 것으로 본다.

부 칙 (2019.1.15)

이 법은 공포 후 3개월이 경과한 날부터 시행한다.

부 칙 (2019.8.27)

제1조【시행일】 이 법은 공포 후 1년이 경과한 날부터 시행한다.(이하 생략)

부 칙 (2020.2.18 법17048호)

이 법은 공포 후 1년이 경과한 날부터 시행한다. 다만, 제20조의5, 제20조의8, 제32조 및 제35조의 개정규정은 공포한 날부터 시행한다.

부 칙 (2020.2.18 법17063호)
(2020.3.31)
(2021.11.30)

제1조【시행일】 이 법은 공포 후 1년이 경과한 날부터 시행한다.(이하 생략)

부 칙 (2022.12.27)

제1조【시행일】 이 법은 공포 후 6개월이 경과한 날부터 시행한다.(이하 생략)

부 칙 (2023.5.16)

제1조【시행일】 이 법은 공포한 날부터 시행한다.(단서 생략)

제2조【이의신청에 관한 일반적 적용례】 이의신청에 관한 개정규정은 이 법 시행 이후 하는 처분부터 적용한다.

제3조~제6조 (생략)

제7조【「연안관리법」의 개정에 관한 적용례】 인·허가등 의제를 위한 행정청 간 협의기간 및 협의 간주에 관한 사항은 이 법 시행 이후 인·허가등 의제에 관한 협의를 요청하는 경우부터 적용한다.

제8조~제9조 (생략)

해운법

(2007년 4월 11일
전부개정법률 제8381호)

개정
2008. 2.29법 8852호(정부조직)
2009. 4. 1법 9615호
2009. 6. 9법 9773호(항만법)
2010. 3.31법10219호(지방세기본법)
2012. 2.17법11321호(선박관리산업발전법)
2012. 6. 1법11480호 2012.12.18법11598호
2013. 3.23법11690호(정부조직)
2013. 8.13법12092호
2014. 1. 1법12154호(에너지및자원사업특별회계법)
2014. 3.18법12492호
2014.11.19법12844호(정부조직)
2015. 1. 6법13002호
2015. 2. 3법13186호(선박의입항및출항등에관한법)
2016. 3.29법14117호
2016.12.27법14476호(지방세징수법)
2017. 3.21법14748호
2017.10.31법15011호(항만운송사업법)
2018.12.11법15919호
2018.12.31법16160호(한국해양교통안전공단법)
2018.12.31법16166호 2019. 8.20법16521호
2020. 1.29법16902호(항만법)
2020. 2.18법17065호 2021. 4.13법18067호
2021. 8.17법18430호
2023. 5.16법19415호(행정법제혁신을위한일부개정법령등)
2023. 7.25법19573호(해상교통안전법)
2023.10.31법19807호(행정기관정비일부개정법령등)

제1장 총 칙

제1조【목적】 이 법은 해상운송의 질서를 유지하고 공정한 경쟁이 이루어지도록 하며, 해운업의 건전한 발전과 여객·화물의 원활하고 안전한 운송을 도모함으로써 이용자의 편의를 향상시키고 국민경제의 발전과 공공복리의 증진에 이바지하는 것을 목적으로 한다.(2016.3.29 본조개정)

제2조【정의】 이 법에서 사용하는 용어의 뜻은 다음과 같다.
1. "해운업"이란 해상여객운송사업, 해상화물운송사업, 해운중개업, 해운대리점업, 선박대여업 및 선박관리업을 말한다.
1의2. "여객선"이란 「선박안전법」 제2조제10호에 따른 선박으로서 해양수산부령으로 정하는 선박을 말한다.(2015.1.6 본호개정)
2. "해상여객운송사업"이란 해상이나 해상과 접하여 있는 내륙수로(内陸水路)에서 여객선 또는 「선박법」 제1조의2제1항제1호에 따른 수면비행선박(이하 "여객선등"이라 한다)으로 사람 또는 사람과 물건을 운송하거나 이에 따르는 업무를 처리하는 사업으로서 「항만운송사업법」 제2조제4항에 따른 항만운송관련사업 외의 것을 말한다.(2012.6.1 본호개정)
3. "해상화물운송사업"이란 해상이나 해상과 접하여 있는 내륙수로에서 선박〔예선(曳船)에 결합된 부선(艀船)을 포함한다. 이하 같다〕으로 물건을 운송하거나 이에 수반되는 업무(용대선을 포함한다)를 처리하는 사업(수산업자가 어장에서 자기의 어획물이나 그 제품을 운송하는 사업은 제외한다)으로서 「항만운송사업법」 제2조제2항에 따른 항만운송사업 외의 것을 말한다.
4. "용대선(傭貸船)"이란 해상여객운송사업이나 해상화물운송사업을 경영하는 자 사이 또는 해상여객운송사업이나 해상화물운송사업을 경영하는 자와 외국인 사이에 사람 또는 물건을 운송하기 위하여 선박의 전부 또는 일부를 용선(傭船)하거나 대선(貸船)하는 것을 말한다.
5. "해운중개업"이란 해상화물운송의 중개, 선박의 대여·용대선 또는 매매를 중개하는 사업을 말한다.
6. "해운대리점업"이란 해상여객운송사업이나 해상화물운송사업을 경영하는 자(외국인 운송사업자를 포함한다)를 위하여 통상(通常) 그 사업에 속하는 거래를 대리(代理)하는 사업을 말한다.
7. "선박대여업"이란 해상여객운송사업이나 해상화물운송사업을 경영하는 자 외의 자 본인이 소유하고 있는 선박(소유권을 이전받기로 하고 임차한 선박을 포함한다)을 다른 사람(외국인을 포함한다)에게 대여하는 사업을 말한다.
8. "선박관리업"이란 「선박관리산업발전법」 제2조제1호에 규정된 국내외의 해상운송인, 선박대여업을 경영하는 자, 관공선 운항자, 조선소, 해상구조물 운영자, 그 밖의 「선원법」상의 선박소유자로부터 기술적·상업적 선박관리, 해상구조물관리 또는 선박시운전 등의 업무의 전부 또는 일부를 수탁(국외의 선박관리사업자로부터 그 업무의 전부 또는 일부를 수탁하여 행하는 사업을 포함한다)하여 관리활동을 영위하는 업(業)을 말한다.(2012.2.17 본호개정)
9. "선박현대화지원사업"이란 정부가 선정한 해운업자가 정부의 재정지원 또는 금융지원을 받아 낡은 선박을 대체하거나 새로이 건조하는 것을 말한다.
10. "화주(貨主)"란 해상화물 운송을 위해 제2호 또는 제3호의 사업에 종사하는 자와 화물의 운송계약을 체결하는 당사자(「물류정책기본법」 제2조제1항제11호에 따른 국제물류주선업에 종사하는 자를 포함한다)를 말한다.(2019.8.20 본호신설)
11. "안전관리종사자"란 여객선 안전운항을 위한 직무를 수행하는 사람으로서 다음 각 목의 어느 하나에 해당하는 사람을 말한다.
가. 선장
나. 해원
다. 제22조에 따른 선박운항관리자
라. 「해상교통안전법」 제60조제2항에 따른 해사안전감독관(2023.7.25 본목개정)
마. 그 밖에 해양수산부령으로 정하는 사람
(2020.2.18 본호신설)

제2장 해상여객운송사업

제3조【사업의 종류】 해상여객운송사업의 종류는 다음과 같다.
1. 내항 정기 여객운송사업 : 국내항〔해상이나 해상에 접하여 있는 내륙수로에 있는 장소로서 상시(常時) 선박에 사람이 타고 내리거나 물건을 싣고 내릴 수 있는 장소를 포함한다. 이하 같다〕과 국내항 사이를 일정한 항로와 일정표에 따라 운항하는 해상여객운송사업
2. 내항 부정기 여객운송사업 : 국내항과 국내항 사이를 일정한 일정표에 따르지 아니하고 운항하는 해상여객운송사업
3. 외항 정기 여객운송사업 : 국내항과 외국항 사이 또는 외국항과 외국항 사이를 일정한 항로와 일정표에 따라 운항하는 해상여객운송사업
4. 외항 부정기 여객운송사업 : 국내항과 외국항 사이 또는 외국항과 외국항 사이를 일정한 항로와 일정표에 따르지 아니하고 운항하는 해상여객운송사업
5. 순항(巡航) 여객운송사업 : 해당 선박 안에 숙박시설, 식음료시설, 위락시설 등 편의시설을 갖춘 대통령령으로 정하는 규모 이상의 여객선을 이용하여 관광을 목적으로 해상을 순회하여 운항(국내외의 관광지에 기항하는 경우를 포함한다)하는 해상여객운송사업
6. 복합 해상여객운송사업 : 제1호부터 제4호까지의 규정 중 어느 하나의 사업과 제5호의 사업을 함께 수행하는 해상여객운송사업

제4조【사업 면허】 ① 해상여객운송사업을 경영하려는 자는 제3조에 따른 사업의 종류별로 항로마다 해양수산부장관의 면허를 받아야 한다. 다만, 제3조제2호에 따른 내항 부정기 여객운송사업의 경우에는 둘 이상의 항로를 포함하여 면허를 받을 수 있으며, 같은 조 제4호부터 제6호까지의 규정에 따른 외항 부정기 여객운송사업, 순항 여객운송사업 및 복합 해상여객운송사업(제2호 또는 제4호와 제5호의 사업을 함께 수행하는 경우만으로 한정한다)의 경우에는 항로와 관계없이 면허를 받을 수 있다.
② 해양수산부장관은 제1항에 따라 면허를 할 때 해양수산부령으로 정하는 바에 따라 사업자 공모를 할 수 있다.(2015.1.6 본항개정)
③ 제1항에 따른 면허를 받으려는 자는 해양수산부령으로 정하는 바에 따라 사업계획서를 첨부한 신청서를 해양수산부장관에게 제출하여야 한다.
④ 해양수산부장관은 제1항에 따라 면허를 할 때에는 해양수산부령으로 정하는 기간에 제5조제1항제2호 및 제5호에 따른 시설 등을 갖출 것을 조건으로 면허를 하거나 그 밖에 여객에 대한 안전강화 및 편의시설 확보 등을 위하여 해양수산부령으로 정하는 바에 따라 필요한 조건을 붙일 수 있다.
(2013.3.23 본조개정)

제4조의2【「관광진흥법」에 따른 관광객 이용시설업 등록의제】 ① 해양수산부장관이 제4조제1항에 따라 순항 여객운송사업 또는 복합 해상여객운송사업의 면허를 할 때 제4항에 따라 관계 행정기관의 장과 협의하였으면 해당 면허를 받은 자는 「관광진흥법」 제4조제1항에 따라 같은 법 제3조제1항제3호에 따른 관광객 이용시설업 등록을 한 것으로 본다.(2017.3.21 본항개정)
② (2023.5.16 삭제)
③ 제1항에 따라 관광객 이용시설업의 등록을 의제 받으려는 자가 「관광진흥법」 제4조에 따라 관광객 이용시설업 등록을 위하여 제출하는 서류는 문화체육관광부장관과 협의하여 해양수산부령으로 따로 정할 수 있다.(2023.5.16 본항개정)
④ 해양수산부장관은 순항 여객운송사업 또는 복합 해상여객운송사업 면허신청을 받은 경우 그 신청내용에 「관광진흥법」 제4조에 따른 관광객 이용시설업 등록에 해당하는 사항이 포함되어 있으면 미리 관계 행정기관의 장과 협의하여야 하며, 협의를 요청받은 관계 행정기관의 장은 14일 이내에 의견을 제출하여야 한다.(2023.5.16 본항개정)
⑤ 제1항, 제3항 및 제4항에서 규정한 사항 외에 관광객 이용시설업 등록의제의 기준 및 효과 등에 관하여는 「행정기본법」 제24조부터 제26조까지에 따른다.(2023.5.16 본항개정)
⑥ (2023.5.16 삭제)

제4조의3【보험 등에의 가입】 해상여객운송사업자는 여객 등의 피해에 대비하여 해양수산부령으로 정하는 바에 따라 보험 또는 공제에 가입하여야 한다.
(2015.1.6 본조신설)

제5조【면허기준】 ① 해양수산부장관은 해상여객운송사업의 면허를 하려는 때에는 제4조제3항에 따라 제출한 사업계획서가 다음 각 호에 적합한지를 심사하여야 한다.(2013.3.23 본문개정)
1. (2015.1.6 삭제)
2. 해당 사업에 사용되는 선박계류시설과 그 밖의 수송시설이 해당 항로에서의 수송수요의 성격과 해당 항로에 알맞을 것
3. 해당 사업을 시작하는 것이 해상교통의 안전에 지장을 줄 우려가 없을 것
4. 해당 사업을 하는 데 있어 이용자가 편리하도록 적합한 운항계획을 수립하고 있을 것
5. 여객선등의 보유량과 여객선등의 선령 및 운항능력, 자본금 등이 해양수산부령으로 정하는 기준에 알맞을 것(2015.1.6 본호개정)
② (2015.1.6 삭제)

제5조의2【항로고시】 해양수산부장관은 도서민의 교통권 유지 등을 위하여 해양수산부령으로 정하는 바에 따라 내항여객운송사업의 항로를 정하여 고시할 수 있다.
(2015.1.6 본조신설)

제6조【외국의 해상여객운송사업자에 대한 특례】 ① 제3조부터 제5조까지의 규정에도 불구하고 외국의 해상여객운송사업자가 국내항과 외국항 사이에서 해상여객운송사업을 경영하려면 해양수산부장관의 승인을 받아야 한다.(2013.3.23 본항개정)
② 제1항에 따른 승인을 받으려는 자는 해양수산부령으로 정하는 바에 따라 사업계획서를 첨부한 신청서를 해양수산부장관에게 제출하여야 한다.(2013.3.23 본항개정)
③ 해양수산부장관은 제1항에 따라 승인을 하려면 제출된 사업계획서에 대하여 다음 각 호의 사항을 심사하여야 한다.(2013.3.23 본문개정)
1. 해당 사업에 사용하는 선박 계류시설과 그 밖의 수송시설이 해당 항로의 운항에 알맞은지 여부
2. 제5조제1항제3호 및 제4호의 사항에 알맞은지 여부

제7조【국내지사의 설치신고】 ① 제6조에 따라 해상여객운송사업의 승인을 받은 자가 그 사업에 딸린 업무를 수행하기 위하여 국내에 지사를 설치하려면 해양수산부장관에게 신고하여야 한다. 신고한 사항을 변경하려는 때에도 또한 같다.
② 해양수산부장관은 제1항에 따른 신고 또는 변경신고를 받은 날부터 2일 이내에 신고수리 여부를 신고인에게 통지하여야 한다.(2017.3.21 본항신설)
③ 해양수산부장관이 제2항에서 정한 기간 내에 신고수리 여부 또는 민원 처리 관련 법령에 따른 처리기간의 연장 여부를 신고인에게 통지하지 아니하면 그 기간이 끝난 날의 다음 날에 신고를 수리한 것으로 본다.
(2017.3.21 본항신설)
④ 제1항에 따른 해상여객운송사업에 딸린 업무의 범위와 그 밖에 필요한 사항은 해양수산부령으로 정한다.
(2013.3.23 본조개정)

제8조【결격사유】 다음 각 호의 어느 하나에 해당하는 자는 해상여객운송사업의 면허를 받을 수 없다.
1. 미성년자·피성년후견인 또는 피한정후견인
(2014.3.18 본호개정)
2. 파산선고를 받은 자로서 복권되지 아니한 자
2의2. 제19조제2항제1호의2에 따라 해상여객운송사업면허가 취소된 자(2015.1.6 본호신설)
3. 이 법 또는 다음 각 목의 어느 하나에 해당하는 법률(이하 이 조에서 "관계 법률"이라 한다)을 위반하여 금고 이상의 실형을 선고받고 그 집행이 끝나거나(집행이 끝난 것으로 보는 경우를 포함한다) 집행이 면제된 날부터 2년이 지나지 아니한 자(2017.3.21 본문개정)
가. 「선박법」
나. 「선박안전법」
다. 「선박의 입항 및 출항 등에 관한 법률」
라. 「선박직원법」
마. 「선원법」
바. 「수상에서의 수색·구조 등에 관한 법률」
사. 「유선 및 도선 사업법」
(2017.3.21 가목~사목신설)
아. 「해상교통안전법」(2023.7.25 본목개정)
자. 「해양환경관리법」(2017.3.21 본목신설)
4. 관계 법률을 위반하여 금고 이상의 형의 집행유예를 선고받고 그 유예기간 중에 있는 자(2012.6.1 본호개정)
5. 제19조(제2항제1호의2는 제외한다)에 따라 해상여객운송사업면허가 취소(제8조제1호 및 제2호에 해당하여 면허가 취소된 경우는 제외한다)된 후 2년이 지나지 아니한 자(2016.3.29 본호개정)
6. 대표자가 제1호, 제2호, 제2호의2, 제3호부터 제5호까지의 규정 중 어느 하나에 해당하게 된 법인(2015.1.6 본호개정)

제9조【여객운송사업자에 대한 고객만족도 평가】 ① 해양수산부장관은 해상교통서비스의 향상을 위하여 제4조제1항에 따라 해상여객운송사업의 면허를 받은 자와 제6조에 따라 해상여객운송사업의 승인을 받은 자(이하 "여객운송사업자"라 한다)에 대하여 대통령령으로 정하는 바에 따라 선박의 운항과 관련된 고객의 만족도를 평가(이하 "고객만족도평가"라 한다)할 수 있다.

② 해양수산부장관은 고객만족도평가 결과에 따라 다음 각 호의 조치를 할 수 있다.
1. 고객만족도평가 결과가 우수한 여객운송사업자에 대한 포상 또는 우대
2. 고객만족도평가 결과가 부진한 여객운송사업자에 대한 사업자 공모 또는 재정지원 등에서의 불이익
(2017.3.21 본항개정)
③ 해양수산부장관은 다음 각 호의 사항을 심의하기 위하여 필요한 경우 여객선고객만족도평가위원회를 구성·운영할 수 있다.
1. 고객만족도평가의 방법
2. 고객만족도평가의 기준
3. 그 밖에 해양수산부장관이 고객만족도평가와 관련하여 심의가 필요하다고 인정하는 사항
(2023.10.31 본항개정)
④ 해양수산부장관은 여객선고객만족도평가위원회의 구성 목적을 달성하였다고 인정하는 경우에는 여객선고객만족도평가위원회를 해산할 수 있다.(2023.10.31 본항신설)
⑤ 해양수산부장관은 대통령령으로 정하는 바에 따라 고객만족도평가의 결과를 공표할 수 있다.
⑥ 제1항부터 제5항까지에서 규정한 사항 외에 고객만족도평가의 방법·절차, 고객만족도평가 결과 조치, 여객선고객만족도평가위원회의 구성·운영 등에 필요한 사항은 대통령령으로 정한다.(2023.10.31 본항개정)
(2013.3.23 본조개정)

제10조【선박의 최소운항기간】 내항 정기 여객운송사업의 면허를 받은 자(이하 "내항정기여객운송사업자"라 한다)는 다음 각 호의 어느 하나에 해당하는 경우를 제외하고는 면허받은 항로에 투입된 선박을 1년 이상 운항하여야 한다. 이 경우 해양수산부령으로 정하는 선박의 장기 휴항 또는 휴업이 있는 경우에는 그 기간을 계산에 넣지 아니한다.(2013.3.23 후단개정)
1. 해양수산부령으로 정하는 특별수송기간 등의 시기에 일시적으로 늘리거나 대체 투입한 선박의 수를 줄이는 경우(2013.3.23 본호개정)
2. 운항 선박의 검사·수리로 인하여 일시적으로 대체 투입한 선박의 경우(2012.6.1 본호개정)
3. 운항 선박의 파손·노후·고장 등으로 선박의 운항이 사실상 곤란한 경우(2012.6.1 본호개정)
4. 선박의 성능이나 편의시설 등이 더 양호한 선박으로 대체하는 경우(2012.6.1 본호신설)

제11조【운임과 요금】 ① 여객운송사업자는 해양수산부령으로 정하는 바에 따라 운임과 요금을 정하여 해양수산부장관에게 미리 신고 하여야 한다. 이 경우 여객운송사업자는 여객선 이용자가 「농어업인 삶의 질 향상 및 농어촌지역 개발촉진에 관한 특별법」 등 관계 법률에 따라 운임 또는 요금을 지원받은 때에는 그 내용을 반영하여야 한다.
② 해양수산부장관은 제1항 전단에 따른 신고 또는 변경신고를 받은 날부터 7일 이내에 신고수리 여부를 신고인에게 통지하여야 한다.(2017.3.21 본항신설)
③ 해양수산부장관이 제2항에서 정한 기간 내에 신고수리 여부 또는 민원 처리 관련 법령에 따른 처리기간의 연장 여부를 신고인에게 통지하지 아니하면 그 기간이 끝난 날의 다음 날에 신고를 수리한 것으로 본다.
(2017.3.21 본항신설)
④ 해양수산부장관은 독과점 항로에서 운항하는 내항 여객운송사업의 운임과 요금이 제1항에 따라 적절하고 알맞게 유지될 수 있도록 해양수산부령으로 정하는 바에 따라 운임과 요금의 기준을 정할 수 있다.
(2013.8.13 본조개정)

제11조의2【운송약관 신고】 ① 여객운송사업자는 운송약관을 정하여 해양수산부장관에게 신고하여야 한다. 이를 변경하는 경우에도 또한 같다.
② 해양수산부장관은 제1항에 따른 신고 또는 변경신고를 받은 날부터 5일 이내에 신고수리 여부를 신고인에게 통지하여야 한다.(2017.3.21 본항신설)
③ 해양수산부장관이 제2항에서 정한 기간 내에 신고수리 여부 또는 민원 처리 관련 법령에 따른 처리기간의 연장 여부를 신고인에게 통지하지 아니하면 그 기간이 끝난 날의 다음 날에 신고를 수리한 것으로 본다.
(2017.3.21 본항신설)
④ 제1항에 따른 운송약관에 포함되어야 할 내용, 그 밖에 필요한 사항은 해양수산부령으로 정한다.
(2013.3.23 본조개정)

제11조의3【여객선 이력관리 및 안전정보의 공개】 ① 내항여객운송사업자는 해양수산부령으로 정하는 바에 따라 여객선 이력을 관리하여야 한다.
② 여객운송사업자는 여객선에 대하여 다음 각 호의 사항을 인터넷 홈페이지 등 해양수산부령으로 정하는 방법으로 공개하여야 한다.
1. 선령
2. 선박검사 일자 및 선박검사 결과
3. 해양수산부령으로 정하는 사고의 이력에 관한 사항
4. 그 밖에 여객운송 안전과 관련된 정보로서 해양수산부령으로 정하는 사항
(2015.1.6 본조신설)

제12조【사업계획의 변경】 ① 여객운송사업자가 사업계획을 변경하려면 해양수산부령으로 정하는 바에 따라 해양수산부장관에게 미리 신고하여야 한다. 다만, 제13조 제1항 각 호 외의 부분 단서 및 같은 조 제2항의 경우에는 그러하지 아니하다.(2019.8.20 단서신설)
② 해양수산부장관은 제1항에 따른 신고를 받은 날부터 2일 이내에 신고수리 여부를 신고인에게 통지하여야 한다.
(2017.3.21 본항신설)
③ 해양수산부장관이 제2항에서 정한 기간 내에 신고수리 여부 또는 민원 처리 관련 법령에 따른 처리기간의 연장 여부를 신고인에게 통지하지 아니하면 그 기간이 끝난 날의 다음 날에 신고를 수리한 것으로 본다.
(2017.3.21 본항신설)
④ 제1항에도 불구하고 내항 정기 여객운송사업이나 내항 부정기 여객운송사업의 면허를 받은 자(이하 "내항여객운송사업자"라 한다)가 다음 각 호에 해당하는 사업계획을 변경하려면 해양수산부장관의 인가를 받아야 한다.
(2013.3.23 본문개정)
1. 선박의 증선·대체 및 감선(2015.1.6 본호개정)
2. 기항지의 변경
3. 선박의 운항 횟수나 운항시각의 변경
4. 선박의 휴항
⑤ 제4항에 따른 인가에 관하여 필요한 사항은 제5조제1항에 따른 면허기준 등을 고려하여 대통령령으로 정한다.
(2017.3.21 본항개정)

제13조【사업계획에 따른 운항】 ① 여객운송사업자는 사업계획에 따라 운항하여야 한다. 다만, 다음 각 호의 경우에는 사업계획과 다르게 운항할 수 있다.
1. 천재지변
2. 기상악화 또는 항만당국의 긴급 점검으로 인한 일시적인 운항시간 변경
3. 그 밖에 해양수산부령으로 정하는 부득이한 사유
(2019.8.20 본항개정)
② 제1항 각 호 외의 부분 단서의 경우 여객운송사업자는 해양수산부령으로 정하는 바에 따라 해양수산부장관에게 신고하여야 하며, 이 경우 신고와 동시에 수리한 것으로 본다.(2019.8.20 본항신설)
③ 해양수산부장관은 여객운송사업자가 제1항을 위반한 때에는 그 여객운송사업자에게 사업계획에 따라 운항할 것을 명할 수 있다.(2013.3.23 본항개정)

제14조【사업개선의 명령】 해양수산부장관은 여객운송서비스의 질을 높이고 공공복리를 증진하기 위하여 필요하다고 인정되면 여객운송사업자에게 다음 각 호의 사항을 명할 수 있다.(2013.3.23 본문개정)
1. 사업계획의 변경
2. 독과점 항로에서의 운임이나 요금의 변경
3. 시설의 개선이나 변경
4. 보험 가입
5. 선원을 보호하기 위하여 필요한 조치
6. 다른 여객운송사업자와 시설을 함께 사용하는 것을 내용으로 하는 조치
7. 선박의 개량·대체 및 증감에 관한 사항
8. 선박의 안전운항을 위하여 필요한 사항
9. 해운에 관한 국제협약을 이행하기 위하여 필요한 사항
10. 제10조에 따른 선박의 최소운항기간의 준수
11. 제11조의2에 따른 운송약관의 변경(2012.6.1 본호신설)

제15조【보조항로의 지정과 운영】 ① 해양수산부장관은 도서주민의 해상교통수단을 확보하기 위하여 필요하다고 인정되면 국가가 운항에 따른 결손금액을 보조하는 항로(이하 "보조항로"라 한다)를 지정하여 내항여객운송사업자 중에서 보조항로를 운항할 사업자(이하 "보조항로사업자"라 한다)를 선정하여 운영하게 할 수 있다.
(2013.3.23 본항개정)
② 제1항에 따라 지정된 보조항로의 운항계획과 운항선박의 관리 등 보조항로의 운영과 관련한 사항은 해양수산부장관이 보조항로사업자와 합의하여 정한다.
(2013.3.23 본항개정)
③ 해양수산부장관은 제2항에 따라 합의하여 정한 보조항로의 운영에 대하여 평가하여 우수 보조항로사업자에 대한 우대조치 등을 할 수 있다. 이 경우 평가의 방법·절차와 결과의 활용 등에 관한 세부사항은 해양수산부장관이 정하여 고시한다.(2013.3.23 본항개정)
④ 해양수산부장관은 보조항로사업자가 제2항의 합의사항을 위반하거나 제3항에 따른 평가 결과 해당 보조항로사업자가 더 이상 보조항로를 운영하기에 알맞지 아니하다고 인정되면 해당 보조항로사업자의 선정을 취소할 수 있다.(2013.3.23 본항개정)
⑤ 해양수산부장관은 보조항로사업자가 운항하는 선박의 수리 등으로 인하여 보조항로의 선박운항이 중단될 것이 우려되면 제33조에도 불구하고 그 보조항로사업자에게 선박대여업의 등록을 하지 아니한 자로부터 여객선을 대여받아 운항하게 할 수 있다.(2013.3.23 본항개정)
⑥ 해양수산부장관은 제1항에 따라 지정된 보조항로의 운영과 관련하여 다음 각 호의 어느 하나에 해당하는 사유가 발생한 때에는 보조항로의 지정을 취소할 수 있다.
(2013.3.23 본문개정)
1. 해당 도서에 연륙교(連陸橋)가 설치된 경우
2. 수송수요의 증가 등으로 인하여 운항결손액에 대한 보조금 없이 해당 항로의 운항을 할 수 있게 된 경우
3. 수송수요의 뚜렷한 감소 등으로 인하여 보조항로 지정의 필요성이 없게 된 경우
⑦ 보조항로의 지정 및 운영과 관련하여 보조항로의 지정절차, 보조항로사업자의 선정 방법, 운항결손액의 결정과 지급방법 등에 관하여 필요한 사항은 대통령령으로 정한다.

제15조의2【선박건조의 지원】 ① 국가는 보조항로를 운항하는 선박에 대하여 선박건조에 소요되는 비용을 지원할 수 있다.
② 제1항에 따른 국고지원의 대상이 되는 선박 및 건조된 선박의 운항에 관련된 사업자의 선정 등에 필요한 사항은 대통령령으로 정한다.
(2012.6.1 본조신설)

제16조【여객선의 운항명령 등】 ① 해양수산부장관은 다음 각 호의 어느 하나에 해당하는 경우에는 일정한 기간을 정하여 여객운송사업자에게 여객선의 운항을 명할 수 있다.(2013.3.23 본문개정)
1. 제15조제1항에 따라 선정된 보조항로사업자가 없게 된 경우
2. 운항 여객선 주변 해역에서 재해 등 긴급한 상황이 발생한 경우
3. 여객선이 운항되지 아니하는 도서주민의 해상교통로 확보를 위하여 그 주변을 운항하는 여객선으로 하여금 해당 도서를 경유하여 운항하게 할 필요가 있는 경우
(2012.6.1 본항개정)
② 해양수산부장관은 제1항에 따른 운항명령의 사유가 소멸된 때에는 그 명령을 취소하여야 한다.(2013.3.23 본항개정)
③ 해양수산부장관은 제1항에 따른 운항명령을 따름으로 인한 손실과 제2항에 따른 운항명령의 취소로 인한 손실을 보상하여야 한다.(2013.3.23 본항개정)
④ 제3항에 따른 손실보상의 결정과 그 지급방법에 관하여 필요한 사항은 대통령령으로 정한다.
(2012.6.1 본조제목개정)

제17조【사업의 승계】 ① 여객운송사업자가 그 사업을 양도하거나 사망한 때 또는 법인이 합병될 때에는 그 양수인·상속인 또는 합병 후 존속하는 법인이나 합병으로 설립되는 법인은 해당 면허에 따른 권리·의무를 승계한다.
② 다음 각 호의 어느 하나에 해당하는 절차에 따라 해상여객운송사업의 시설과 설비를 전부 인수한 자는 해당 면허에 따른 권리와 의무를 함께 승계한다.
1. 「민사집행법」에 따른 경매
2. 「채무자 회생 및 파산에 관한 법률」에 따른 환가(換價)
3. 「국세징수법」·「관세법」 또는 「지방세징수법」에 따른 압류재산의 매각(2016.12.27 본호개정)
4. 그 밖에 제1호부터 제3호까지의 규정에 따른 절차에 준하는 절차
③ 제1항에 따른 승계인에 관하여는 제8조를 준용한다. 이 경우 상속인 또는 합병 후 존속하는 법인이나 합병으로 설립되는 법인이 제8조 각 호의 어느 하나에 해당하는 경우에는 90일 이내에 여객운송사업자로서의 지위를 양도하거나 그 대표자를 변경하여야 한다.
(2012.6.1 후단신설)
④ 제1항 또는 제2항에 따른 승계인은 해양수산부령으로 정하는 바에 따라 해양수산부장관에게 신고하여야 한다.
(2013.3.23 본항개정)
⑤ 해양수산부장관은 제4항에 따른 신고를 받은 날부터 5일 이내에 신고수리 여부를 신고인에게 통지하여야 한다.
(2017.3.21 본항신설)
⑥ 해양수산부장관이 제5항에서 정한 기간 내에 신고수리 여부 또는 민원 처리 관련 법령에 따른 처리기간의 연장 여부를 신고인에게 통지하지 아니하면 그 기간이 끝난 날의 다음 날에 신고를 수리한 것으로 본다.
(2017.3.21 본항신설)

제18조【사업의 휴업 또는 폐업】 ① 여객운송사업자는 그 사업을 휴업하거나 폐업하려면 해양수산부령으로 정하는 바에 따라 해양수산부장관에게 신고하여야 한다. 다만, 내항정기여객운송사업자가 그 사업을 휴업하려는 경우에는 해양수산부장관의 허가를 받아야 한다.(2013.3.23 본항개정)
② 해양수산부장관은 제1항 단서에 따라 내항정기여객운송사업자가 휴업허가를 신청하는 경우 여객선등 이용자의 해상교통 이용에 불편을 야기할 우려가 있는 경우를 제외하고는 휴업을 허가하여야 한다.(2013.3.23 본항개정)
③ 해양수산부장관은 제1항 본문에 따라 휴업 또는 폐업 신고를 받은 경우와 제1항 단서에 따라 휴업허가를 한 경우에는 그 사실을 해양수산부령으로 정하는 바에 따라 공고하여야 한다.(2013.3.23 본항개정)
④ 제1항 단서에 따른 내항정기여객운송사업자의 휴업기간은 연간 6개월을 초과할 수 없다.(2012.6.1 본항개정)

제19조【면허의 취소 등】 ① 해양수산부장관은 여객운송사업자가 다음 각 호의 어느 하나에 해당하면 면허(승인을 포함한다) 또는 제12조제4항에 따른 인가를 취소하거나 6개월 이내의 기간을 정하여 해당 사업의 전부 또는 일부를 정지할 것을 명하거나 10억원 이하의 과징금을 부과할 수 있다. 다만, 제2호부터 제11호까지, 제15호 및 제17호에 대하여는 1억원 이하의 과징금을 부과할 수 있다.
(2017.3.21 본문개정)

1. 해양사고가 여객운송사업자의 고의나 중대한 과실에 의하거나 선장의 선임·감독과 관련하여 주의의무를 게을리하여 일어난 경우
2. 여객운송사업자가 해양사고를 당한 여객이나 수하물 또는 소하물에 대하여 정당한 사유 없이 필요한 보호조치를 하지 아니하거나 피해자에 대하여 피해보상을 하지 아니한 경우
3. 제4조제1항 또는 제6조제1항에 따라 면허 또는 승인받은 사업의 범위를 벗어나 해상여객운송사업을 경영한 경우
4. 제4조제4항에 따른 기간 내에 제5조제1항제2호 및 제5호에 따른 시설 등을 갖추지 못하거나 그 밖에 면허에 붙인 조건을 위반한 경우
5. 제5조제1항제5호에 따른 면허기준에 미달하게 된 경우(미달하게 된 날부터 2개월 이내에 그 기준을 충족한 경우는 제외한다)
6. 제11조의2제1항을 위반하여 운송약관을 신고(변경신고를 포함한다)하지 아니하거나 신고한 운송약관을 준수하지 아니한 경우
7. 여객운송사업자가 제12조제4항에 따른 사업계획 변경의 인가를 받은 후 인가 실시일부터 15일 이내에 인가사항을 이행하지 아니한 경우(2017.3.21 본호개정)
8. 제13조제1항 각 호 외의 부분 본문에 따른 사업계획상 운항개시일부터 1개월 이내에 운항을 시작하지 아니한 경우(2019.8.20 본호개정)
9. 제17조제4항을 위반하여 승계신고를 하지 아니한 경우
10. 제7조제1항, 제11조제1항, 제12조제1항·제4항, 제13조제3항, 제14조, 제16조제1항, 제18조제1항·제4항 및 제50조제1항을 위반한 경우(2019.8.20 본호개정)
11. 제21조제1항에 따른 운항관리규정을 작성·제출하지 아니하거나 거짓이나 그 밖의 부정한 방법으로 작성·제출하는 경우
12. 제21조제2항에 따른 운항관리규정의 심사를 받지 아니하고 여객선등을 운항한 경우
13. 제21조제2항 후단에 따른 해양수산부장관의 운항관리규정 변경 요구에 정당한 사유 없이 응하지 아니한 경우
14. 제21조제3항에 따른 운항관리규정 준수의무를 위반한 경우
15. 제21조제4항에 따른 정기 또는 수시점검을 거부·방해 또는 기피하거나 거짓으로 자료를 제출 또는 답변하는 경우
16. 제21조제5항에 따른 해양수산부장관의 출항정지, 시정명령 등을 정당한 사유 없이 따르지 않은 경우
17. 제22조제2항에 따른 운항관리자의 지도·감독을 거부·방해·기피한 경우
18. 제22조제5항 단서에 따른 운항관리자의 출항정지 명령을 정당한 사유 없이 따르지 아니한 경우
(2015.1.6 11호~18호신설)
② 해양수산부장관은 여객운송사업자가 다음 각 호의 어느 하나에 해당하게 된 경우에는 그 면허(승인을 포함한다)를 취소하여야 한다. 다만, 제4호에 대하여는 내항 정기 여객운송사업자에 한하여 적용한다.(2019.8.20 단서신설)
1. 거짓이나 그 밖의 부정한 방법으로 제4조제1항 또는 제6조제1항에 따른 해상여객운송사업의 면허 또는 승인을 받은 경우
1의2. 다중의 생명·신체에 위험을 야기한 해양사고가 여객운송사업자의 고의나 중대한 과실에 의하거나 선장의 선임·감독과 관련하여 주의의무를 게을리하여 일어난 경우(2015.1.6 본호신설)
2. 여객운송사업자가 제8조 각 호의 어느 하나에 해당하게 된 경우(법인이 제8조제6호에 해당하게 된 경우로서 그 사유가 발생한 날부터 90일 이내에 그 대표자를 변경한 경우는 제외한다)
3. 제17조에 따른 해상여객운송사업의 상속인이 제8조제1호, 제2호, 제2호의2, 제3호부터 제5호까지의 어느 하나에 해당하는 경우(그 사유가 발생한 날부터 90일 이내에 그 결격사유를 해소하는 경우는 제외한다)
(2015.1.6 본호개정)
4. 여객운송사업자가 사업을 영위하는 기간 동안 고의 또는 중대한 과실로 연속한 60일을 초과하여 여객선 운항을 중단하는 상황이 2회 발생하거나 연속한 120일을 초과하여 여객선 운항을 중단하는 경우. 다만, 천재지변 등 대통령령으로 정하는 부득이한 경우에는 그러하지 아니한다.(2019.8.20 본호신설)
③ 제1항에 따른 사업정지 처분 등의 세부기준 및 과징금을 부과하는 위반행위의 종류와 정도에 따른 과징금의 금액 등에 관하여 필요한 사항은 대통령령으로 정한다.
④ 해양수산부장관은 과징금을 내야 할 자가 납부기한까지 내지 아니한 때에는 국세 체납처분의 예에 따라 징수한다.(2013.3.23 본항개정)
(2012.6.1 본조개정)

제20조 (2012.6.1 삭제)

제21조【운항관리규정의 작성·심사 및 준수】 ① 내항여객운송사업자는 여객선등의 안전을 확보하기 위하여 해양수산부령으로 정하는 바에 따라 운항관리규정(運航管理規程)을 작성하여 해양수산부장관에게 제출하여야 한다. 운항관리규정을 변경하고자 하거나 운항여건의 변경 등 해양수산부령으로 정하는 사항이 변경되는 경우에도 또한 같다.
② 해양수산부장관은 제1항에 따라 운항관리규정을 제출받은 때에는 여객선운항관리규정심사위원회를 구성하여 그 운항관리규정에 대하여 심사를 하여야 하며, 여객선등의 안전을 확보하기 위하여 운항관리규정을 변경할 필요가 있다고 인정되면 그 이유와 변경요지를 명시하여 해당 내항여객운송사업자에게 운항관리규정을 변경할 것을 요구할 수 있다. 이 경우 내항여객운송사업자는 변경요구받은 사항을 운항관리규정에 반영하여야 한다.
③ 내항여객운송사업자는 제1항 및 제2항에 따라 정해진 운항관리규정을 준수하여야 한다.(2015.1.6 본항신설)
④ 해양수산부장관은 내항여객운송사업자가 운항관리규정을 계속적으로 준수하고 있는지 여부를 정기 또는 수시로 점검하여야 한다.(2015.1.6 본항신설)
⑤ 해양수산부장관은 내항여객선의 안전운항에 위험을 초래할 수 있는 사항이 있는 경우 출항 정지, 시정 명령 등을 할 수 있다.(2015.1.6 본항신설)
⑥ 제2항에 따른 여객선운항관리규정심사위원회의 구성·운영 등에 필요한 사항은 대통령령으로 정하며, 제1항부터 제5항까지의 규정에 따른 심사·점검 등에 필요한 사항은 해양수산부령으로 정한다.(2015.1.6 본항신설)
(2015.1.6 본조개정)

제21조의2【여객선등의 승선권 발급 및 승선 확인 등】 ① 여객선등에 승선하려는 여객은 여객선등의 출항 전에 해양수산부령으로 정하는 바에 따라 여객운송사업자로부터 여객의 성명 등이 기재된 승선권을 발급받아야 한다.
② 여객운송사업자는 승선하려는 여객에게 신분증 제시를 요구하여 제1항에 따른 승선권의 기재내용을 확인하여야 한다.
③ 여객운송사업자는 여객이 정당한 사유 없이 제1항에 따른 승선권을 발급받지 아니하거나 거짓으로 발급받은 경우 또는 제2항에 따른 신분증 제시 요구에 따르지 아니하는 경우에는 승선을 거부하여야 한다.
④ 여객운송사업자는 여객이 제1항에 따라 승선권을 발급받은 때에는 그 여객의 승선 여부를 확인하고, 해양수산부령으로 정하는 바에 따라 여객명부를 관리하여야 한다.
⑤ 여객운송사업자는 제1항에 따른 승선권 발급내역과 제4항에 따른 여객명부를 3개월 동안 보관하여야 한다.
(2015.1.6 본조개정)

제21조의3【여객의 금지행위】 여객은 여객선등의 안에서 다음 각 호의 행위를 하여서는 아니 된다.
1. 여객선등의 안전이나 운항을 저해하는 행위를 금지하는 안전관리종사자의 정당한 직무상 명령을 위반하는 행위(2020.2.18 본호개정)
2. 조타실(操舵室), 기관실 등 선장이 지정하는 여객출입 금지장소에 선장 또는 해원의 허락 없이 출입하는 행위
3. 정당한 사유 없이 여객선등의 장치 또는 기구 등을 조작하는 행위
4. 그 밖에 여객의 안전과 여객선등의 질서유지를 해하는 행위로서 해양수산부령으로 정하는 행위(2013.3.23 본호개정)
(2012.6.1 본조신설)

제21조의4【차량선적권 및 화물운송장의 발급 등】 ① 여객운송사업자는 여객선에 선적하려는 차량과 적재할 화물에 대하여 해양수산부령으로 정하는 바에 따라 차량선적권 및 화물운송장을 발급하여야 한다.
② 제1항에 따른 차량 선적과 화물 적재의 확인 등에 관하여는 제21조의2제2항부터 제5항까지를 준용한다.
(2015.1.6 본조신설)

제21조의5【안전관리책임자】 ① 내항여객운송사업자는 운항관리규정의 수립·이행 및 여객선의 안전운항 업무를 수행한다. 이 경우 내항여객운송사업자는 해당 업무를 수행하기 위하여 안전관리책임자를 두어야 한다.
(2017.3.21 본항개정)
② 내항여객운송사업자는 제1항에 따른 운항관리규정의 수립·이행 및 여객선의 안전운항 업무를 「해상교통안전법」 제53조에 따른 안전관리대행업자(이하 "안전관리대행업자"라 한다)에게 위탁할 수 있다. 이 경우 내항여객운송사업자는 그 사실을 10일 이내에 해양수산부장관에게 알려야 한다.(2023.7.25 전단개정)
③ 내항여객운송사업자(제2항에 따라 안전관리대행업자에게 위탁한 경우에는 안전관리대행업자를 말한다)는 제1항에 따른 안전관리책임자가 해양수산부령으로 정하는 바에 따라 여객선 안전관리에 관한 교육을 받도록 하여야 한다.(2017.3.21 본항신설)
④ 제1항에 따른 안전관리책임자의 자격기준·인원 등에 필요한 사항은 대통령령으로 정한다.
(2015.1.6 본조신설)

제22조【여객선 안전운항관리】 ① 해양수산부장관은 내항여객선의 안전운항에 관한 시책을 수립하고 시행하여야 한다.(2013.3.23 본항개정)
② 내항여객운송사업자는 「한국해양교통안전공단법」에 따라 설립된 한국해양교통안전공단(이하 "공단"이라 한다)이 해양수산부령으로 정하는 자격을 갖춘 사람 중에서 선임한 선박운항관리자(이하 "운항관리자"라 한다)로부터 안전운항에 필요한 지도·감독을 받아야 한다.
(2020.2.18 본항개정)
③ 운항관리자의 임면 방법과 절차, 직무범위와 운항관리자에 대한 지도·감독 등에 필요한 사항은 해양수산부령으로 정한다.(2015.1.6 본항개정)
④ 운항관리자는 해양수산부령으로 정하는 바에 따라 제21조에 따른 운항관리규정의 준수와 이행의 상태를 확인하고, 그 밖에 제3항에 따른 직무를 다하여야 한다.
(2015.1.6 본항개정)
⑤ 운항관리자는 여객선등의 안전운항을 위하여 필요하면 해양수산부령으로 정하는 바에 따라 해양수산부장관에게 다음 각 호의 사항 등을 요청할 수 있다. 다만, 여객선등의 안전확보를 위하여 긴급히 조치하여야 할 사유가 있는 경우에는 내항여객운송사업자 또는 선장에게 출항정지를 명할 수 있으며, 운항관리자는 그 사실을 지체 없이 해양수산부장관에게 보고하여야 한다.(2015.1.6 단서신설)
1. 여객선등의 운항 횟수를 늘리는 것
2. 출항의 정지
3. 사업계획에 따른 운항의 변경
4. 내항여객운송사업자의 운항관리규정 위반에 대한 조치 요구(2015.1.6 본호신설)
⑥ 해양수산부장관은 제4항에 따른 운항관리자의 직무 등을 감독하는 데 필요한 경우 해양수산부령으로 정하는 바에 따라 관련 자료를 제출·보고하게 하거나 소속 직원으로 하여금 사무실 등을 출입하게 하여 점검할 수 있다. 이 경우 해양수산부장관은 운항관리자에게 직무수행 개선 등 필요한 조치를 명할 수 있다.(2015.1.6 본항신설)
⑦~⑧ (2020.2.18 삭제)
(2012.6.1 본조개정)

제22조의2【운항관리자 비용부담금의 부과기준 및 징수방법】 ① 내항여객운송사업자는 운항관리자를 둠으로써 들게 되는 비용(이하 "부담금"이라 한다)을 해양수산부령으로 정하는 바에 따라 공단에 납부하여야 한다.
② 부담금은 운항관리자의 보수와 업무수행에 드는 비용(운항관리자의 업무를 보조하는 자에게 필요한 비용을 포함한다)으로 하며, 부담금의 부과기준은 해양수산부령으로 정한다.
③ 공단은 내항여객운송사업자가 납부기한까지 부담금을 내지 아니하면 그 납부기한의 다음 날부터 납부한 날까지의 기간에 대하여 체납된 부담금에 체납일수 1일당 1만분의 3의 가산율을 적용하여 산출한 가산금을 징수한다. 이 경우 가산금을 징수하는 기간은 60개월을 초과해서는 아니 된다.
④ 공단은 내항여객운송사업자가 부담금과 가산금을 납부기한까지 내지 아니하면 해양수산부장관의 승인을 받아 국세 체납처분의 예에 따라 징수한다.
⑤ 공단은 체납자가 사망하거나 행방불명되는 등 해양수산부령으로 정하는 사유로 인하여 징수 가능성이 없다고 인정되는 경우에는 부과금·가산금·과오납금·과다환급금 등을 결손 처분할 수 있다. 이 경우 공단은 징수대상자의 행방 및 재산유무를 확인·조사하여야 한다. 다만, 체납액이 10만원 미만인 경우에는 그러하지 아니한다.
⑥ 국가는 부담금의 일부를 지원할 수 있다.
(2020.2.18 본조신설)

제22조의3【신용카드등으로 하는 부담금의 납부】 ① 부담금의 납부의무자는 대통령령으로 정하는 부담금납부대행기관을 통하여 신용카드·직불카드 등(이하 "신용카드등"이라 한다)으로 부담금을 납부할 수 있다.
② 제1항에 따라 신용카드등으로 부담금을 납부하는 경우에는 부담금납부대행기관의 승인일을 납부일로 본다.
③ 부담금납부대행기관은 납부의무자로부터 신용카드등에 의한 부담금 납부대행 용역의 대가로 수수료를 받을 수 있다.
④ 부담금납부대행기관의 지정 및 운영, 수수료 등에 관하여 필요한 사항은 대통령령으로 정한다.
(2020.2.18 본조신설)

제3장 해상화물운송사업

제23조【사업의 종류】 해상화물운송사업의 종류는 다음과 같다.
1. 내항 화물운송사업 : 국내항과 국내항 사이에서 운항하는 해상화물운송사업
2. 외항 정기 화물운송사업 : 국내항과 외국항 사이 또는 외국항과 외국항 사이에서 정하여진 항로에 선박을 취항하게 하여 일정한 일정표에 따라 운항하는 해상화물운송사업
3. 외항 부정기 화물운송사업 : 제1호와 제2호 외의 해상화물운송사업

제24조【사업의 등록】 ① 내항 화물운송사업을 경영하려는 자는 해양수산부령으로 정하는 바에 따라 해양수산부장관에게 등록하여야 한다.(2017.3.21 후단삭제)
② 외항 정기 화물운송사업이나 외항 부정기 화물운송사업(이하 "외항화물운송사업"이라 한다)을 경영하려는 자는 해양수산부령으로 정하는 바에 따라 해양수산부장관에게 등록하여야 한다.(2017.3.21 후단삭제)
③ 제1항과 제2항에 따라 등록을 하려는 자는 해양수산부령으로 정하는 바에 따라 사업계획서를 붙인 신청서를 해양수산부장관에게 제출하여야 한다.(2013.3.23 본항개정)
④ 제1항 또는 제2항에 따라 등록한 사항을 변경하려는 경우에는 해양수산부령으로 정하는 바에 따라 해양수산부장관에게 변경신고를 하여야 한다.(2017.3.21 본항신설)

⑤ 해양수산부장관은 제4항에 따른 변경신고를 받은 날부터 2일 이내에 수리 여부 또는 처리기간의 연장을 통지하여야 한다.(2017.3.21 본항신설)
⑥ 해양수산부장관이 제5항에서 정한 기간 내에 수리 여부 또는 처리기간의 연장을 통지하지 아니하면 그 기간이 끝난 날의 다음 날에 변경신고를 수리한 것으로 본다.(2017.3.21 본항신설)
⑦ 원유, 제철원료, 액화가스, 그 밖에 대통령령으로 정하는 주요 화물(이하 "대량화물"이라 한다)의 화주(貨主)나 대량화물의 화주가 사실상 소유하거나 지배하는 법인이 그 대량화물을 운송하기 위하여 해상화물운송사업의 등록을 신청한 경우 해양수산부장관은 제2항에도 불구하고 미리 국내 해운산업에 미치는 영향 등에 대하여 관련 업계, 학계, 해운전문가 등으로 구성된 정책자문위원회의 의견을 들어 등록 여부를 결정하여야 한다.(2013.3.23 본항개정)
⑧ 제7항에 따른 대량화물의 화주가 사실상 소유하거나 지배하는 법인에 대한 기준, 정책자문위원회의 구성·운영에 관한 사항과 그 밖에 필요한 사항은 대통령령으로 정한다.(2017.3.21 본항개정)

제25조【사업등록의 특례】 ① 제24조제2항에 따른 외항 정기 화물운송사업의 등록을 한 자(이하 "외항정기화물운송사업자"라 한다)는 같은 조 제1항에 따른 내항 화물운송사업의 등록을 하지 아니하고 다음 각 호의 화물을 운송할 수 있다.
1. 국내항과 국내항 사이에서 운송하는 빈 컨테이너나 수출입 컨테이너화물(내국인 사이에 거래되는 컨테이너화물은 제외한다)
2. 외국항 간에 운송되는 과정에서 「항만법」 제2조제4호에 따른 항만구역 중 수상구역으로 동일 수상구역 내의 국내항과 국내항 사이에서 환적의 목적으로 운송되는 컨테이너 화물(다른 국내항을 경유하는 경우는 제외한다)(2015.2.3 본호개정)
(2012.6.1 본항개정)
② 제24조제1항에 따른 내항 화물운송사업의 등록을 한 자(이하 "내항화물운송사업자"라 한다)가 일시적으로 국내항과 외국항 사이 또는 외국항과 외국항 사이에서 화물을 운송하려고 하거나 제24조제2항에 따른 외항 부정기 화물운송사업의 등록을 한 자가 일시적으로 국내항과 국내항 사이에서 화물을 운송하려는 경우에는 제24조제1항 및 제2항에도 불구하고 해양수산부령으로 정하는 바에 따라 해양수산부장관에게 미리 신고하는 것으로 등록을 갈음할 수 있다.(2017.3.21 본항개정)
③ 해양수산부장관은 제2항에 따른 신고를 받은 날부터 2일 이내에 신고수리 여부를 신고인에게 통지하여야 한다.(2017.3.21 본항신설)
④ 해양수산부장관이 제3항에서 정한 기간 내에 신고수리 여부 또는 민원 처리 관련 법령에 따른 처리기간의 연장 여부를 신고인에게 통지하지 아니하면 그 기간이 끝난 날의 다음 날에 신고를 수리한 것으로 본다.(2017.3.21 본항신설)
⑤ 해양수산부장관은 제2항에 따른 신고를 수리하는(제4항에 따라 신고를 수리하는 것으로 보는 경우를 포함한다) 경우에는 선박별 연간 운송기간 등 해양수산부령으로 정하는 바에 따라 수리증명서를 발급하여야 한다.(2017.3.21 본항개정)
⑥ 제2항의 외항 부정기 화물운송사업 대상 선박은 「선박법」 제2조에 따른 한국선박 또는 「국제선박등록법」 제3조제1항제4호에 따른 선박을 말한다.(2015.1.6 본항신설)

제26조【외국인의 국내지사 설치신고】 ① 국내항과 외국항 사이 또는 외국항과 외국항 사이에서 해상화물운송사업을 경영하는 외국인이 그 사업에 딸린 업무를 수행하기 위하여 국내에 지사를 설치하려면 해양수산부장관에게 신고하여야 한다. 신고한 사항을 변경하려는 때에도 또한 같다.
② 해양수산부장관은 제1항에 따른 신고 또는 변경신고를 받은 날부터 2일 이내에 신고수리 여부를 신고인에게 통지하여야 한다.(2017.3.21 본항신설)
③ 해양수산부장관이 제2항에서 정한 기간 내에 신고수리 여부 또는 민원 처리 관련 법령에 따른 처리기간의 연장 여부를 신고인에게 통지하지 아니하면 그 기간이 끝난 날의 다음 날에 신고를 수리한 것으로 본다.(2017.3.21 본항신설)
④ 제1항에 따른 외국인 해상화물운송사업에 따르는 업무의 범위와 그 밖에 필요한 사항은 해양수산부령으로 정한다.
(2013.3.23 본조개정)

제27조【등록기준】 ① 내항 화물운송사업을 경영하려는 자는 선박의 보유량과 선령 등이 해양수산부령으로 정하는 등록기준에 맞도록 하여야 한다.(2015.1.6 본항개정)
② 외항화물운송사업을 경영하려는 자는 선박의 보유량, 자본금 등 사업의 재정적 기초와 경영 형태가 해양수산부령으로 정하는 등록기준에 맞도록 하여야 한다.
(2013.3.23 본조개정)

제27조의2【등록의 취소 등】 ① 해양수산부장관은 내항 화물운송사업을 경영하는 자의 사업 수행실적이 계속하여 2년 이상 없는 경우 그 등록을 취소하여야 한다.
② 제1항에 따라 등록이 취소된 후 1년이 지나지 아니한 자는 제24조제1항에 따른 내항 화물운송사업 등록을 할 수 없다.
(2019.8.20 본조신설)

제28조【운임 및 요금의 공표 등】 ① 외항 정기 화물운송 시장의 공정한 경쟁과 거래를 위하여 다음 각 호의 어느 하나에 해당하는 자는 해양수산부령으로 정하는 바에 따라 운임 및 요금을 정하여 화주 등 이해관계인이 알 수 있도록 각각 공표하여야 한다. 공표한 운임 및 요금을 변경하려는 때에도 또한 같다.
1. 외항정기화물운송사업자
2. 국내항과 외국항 사이에서 외항 정기 화물운송사업을 경영하는 외국인
3. 외항 정기 여객운송사업을 경영하는 자(제6조에 따른 외국의 해상여객운송사업자를 포함한다)로서 여객 및 화물 겸용 여객선으로 컨테이너 화물을 정기적으로 운송하는 사업자
4. 그 밖에 운임 및 요금의 공표가 특별히 필요하다고 인정되는 자로서 대통령령으로 정하는 자
(2019.8.20 본항개정)
② 해양수산부장관은 제1항 각 호의 사업자가 다음 각 호에 해당하는 경우에는 운임 및 요금의 공표를 유예하거나 신고로 대체하도록 할 수 있다.
1. 운임 및 요금의 공표가 외항 정기 화물운송 시장의 공정한 경쟁이나 특정 산업 또는 품목의 경쟁력을 저해할 우려가 크다고 해양수산부장관이 인정한 경우
2. 제29조의2제2항에 따른 계약을 체결하고 그 계약서를 해양수산부장관에게 신고한 경우
3. 그 밖에 해운산업의 경쟁력 제고를 위해 필요한 경우로서 대통령령으로 정하는 경우
(2019.8.20 본항신설)
③ 해양수산부장관은 제1항 및 제2항에 따른 운임 및 요금의 공표에 관한 세부적인 사항을 정하여 고시하여야 한다.(2019.8.20 본항신설)
④ 제1항제2호에 따른 외국인은 해양수산부령으로 정하는 바에 따라 운항계획을 정하여 해양수산부장관에게 신고하여야 한다. 신고한 운항계획을 변경하려는 때에도 또한 같다.(2019.8.20 전단개정)
⑤ 해양수산부장관은 제4항에 따른 신고 또는 변경신고를 받은 날부터 2일 이내에 신고수리 여부를 신고인에게 통지하여야 한다.(2019.8.20 본항개정)
⑥ 해양수산부장관이 제5항에서 정한 기간 내에 신고수리 여부 또는 민원 처리 관련 법령에 따른 처리기간의 연장 여부를 신고인에게 통지하지 아니하면 그 기간이 끝난 날의 다음 날에 신고를 수리한 것으로 본다.
(2019.8.20 본항개정)
⑦ 해양수산부장관은 제1항, 제2항 및 제4항에 따라 공표되거나 신고된 내용이 외항 정기 화물운송 시장에서 지나친 경쟁을 유발하는 등 사업의 건전한 발전을 해칠 우려가 있다고 인정되면 그 내용을 변경하거나 조정하는 데에 필요한 조치를 하게 할 수 있다.(2019.8.20 본항개정)
(2019.8.20 본조제목개정)
(2013.3.23 본조개정)

제29조【운임 등의 협약】 ① 외항화물운송사업의 등록을 한 자(이하 "외항화물운송사업자"라 한다)는 다른 외항화물운송사업자(외국인 화물운송사업자를 포함한다)와 운임·선박배치, 화물의 적재, 그 밖의 운송조건에 관한 계약이나 공동행위(외항 부정기 화물운송사업을 경영하는 자의 경우에는 운임에 관한 계약이나 공동행위는 제외하며, 이하 "협약"이라 한다)를 할 수 있다. 다만, 협약에 참가하거나 탈퇴하는 것을 부당하게 제한하는 것을 내용으로 하는 협약을 하여서는 아니 된다.
② 외항화물운송사업자(국내항과 외국항에서 해상화물운송사업을 경영하는 외국인 화물운송사업자를 포함한다)가 제1항의 협약을 한 때에는 해양수산부령으로 정하는 바에 따라 그 내용을 해양수산부장관에게 신고하여야 한다. 협약의 내용을 변경한 때에도 또한 같다.(2013.3.23 전단개정)
③ 해양수산부장관은 제2항에 따른 신고 또는 변경신고를 받은 날부터 2일 이내에 신고수리 여부를 신고인에게 통지하여야 한다.(2017.3.21 본항신설)
④ 해양수산부장관이 제3항에서 정한 기간 내에 신고수리 여부 또는 민원 처리 관련 법령에 따른 처리기간의 연장 여부를 신고인에게 통지하지 아니하면 그 기간이 끝난 날의 다음 날에 신고를 수리한 것으로 본다.
(2017.3.21 본항신설)
⑤ 해양수산부장관은 제2항에 따라 신고된 협약의 내용이 다음 각 호의 어느 하나에 해당하면 그 협약의 시행 중지, 내용의 변경이나 조정 등 필요한 조치를 명할 수 있다. 다만, 제3호에 해당하는 경우에 대한 조치인 때에는 그 내용을 공정거래위원회에 통보하여야 한다.(2013.3.23 본문개정)
1. 제1항 단서 또는 국제협약을 위반하는 경우
2. 선박의 배치, 화물적재, 그 밖의 운송조건 등을 부당하게 정하여 해상화물운송질서를 문란하게 하는 경우
3. 부당하게 운임이나 요금을 인상하거나 운항 횟수를 줄여 경쟁을 실질적으로 제한하는 경우
⑥ 제1항에 따라 협약을 체결한 외항화물운송사업자와 대통령령으로 정하는 화주단체(貨主團體)는 해양수산부령으로 정하는 바에 따라 운임과 부대비용 등 운송조건에 관하여 서로 정보를 충분히 교환하여야 하며, 제2항에 따른 신고를 하기 전에 운임이나 부대비용 등 운송조건에 관하여 협의를 하여야 한다. 이 경우 당사자들은 정당한 사유 없이 이를 거부하여서는 아니 된다.(2017.3.21 전단개정)

제29조의2【화물운송의 계약 등】 ① 제28조제1항 각 호에 해당하는 자와 화주는 화물운송거래를 위한 입찰을 하거나 계약을 체결하는 경우에는 공정하고 투명하게 하여야 한다.
② 제28조제1항 각 호에 해당하는 자와 화주가 3개월 이상의 기간을 정한 화물운송계약(이하 "장기운송계약"이라 한다)을 체결하는 경우에는 다음 각 호의 내용을 포함하여야 한다.
1. 운임 및 요금의 우대조건
2. 최소 운송물량의 보장
3. 유류비 등 원재료 가격 상승에 따른 운임 및 요금의 협의
4. 그 밖에 산업통상자원부, 국토교통부, 공정거래위원회 등 관계 중앙행정기관과 협의하여 대통령령으로 정하는 내용
③ 제28조제1항 각 호에 해당하는 자와 화주가 제2항에 따른 장기운송계약을 체결하는 경우에는 제31조제1항제1호 및 같은 조 제2항제1호를 적용하지 아니할 수 있다.
④ 해양수산부장관은 제2항에 따른 계약의 체결에 필요한 표준계약서를 작성하여 보급·활용하게 하거나 대통령령으로 정하는 해운관련 단체로 하여금 표준계약서를 작성하여 보급·활용하게 할 수 있다.
(2019.8.20 본조신설)

제30조【사업개선 명령】 해양수산부장관은 국제경쟁력을 강화하고 항로질서를 유지하며 화물을 원활하게 수송하기 위하여 필요하다고 인정하면 해상화물운송사업을 경영하는 자에게 다음 각 호의 사항을 명할 수 있다.
(2013.3.23 본문개정)
1. 사업계획의 변경
2. 선원 또는 항로에 위치한 어민 등 해당 선박의 운항에 관련되는 자를 보호하기 위한 조치
3. 선박의 안전항해를 위하여 필요한 사항
4. 해운에 관한 국제협약의 이행을 위하여 필요한 사항
5. 해상보험 가입

제31조【외항화물운송사업자 등의 금지행위】 ① 제28조제1항 각 호에 해당하는 자는 다음 각 호의 어느 하나에 해당하는 행위를 하여서는 아니 된다.(2019.8.20 본문개정)
1. 제28조에 따라 공표하거나 신고한 운임 및 요금보다 더 많이 받거나 덜 받는 행위(2019.8.20 본호개정)
2. 제28조에 따라 공표하거나 신고한 운임 및 요금보다 덜 받으려고 이미 받은 운임 및 요금의 일부를 되돌려주는 행위(2019.8.20 본호개정)
3. 비상업적인 이유로 특정한 사람이나 지역 또는 운송방법에 관하여 부당하게 우선적 취급을 하거나 불리한 취급을 하는 행위(2016.3.29 본호개정)
3의2. 운송계약을 정당한 사유 없이 이행하지 않거나 일방적으로 변경하는 행위(2019.8.20 본호신설)
4. 비상업적인 이유로 외국수출업자에 비하여 한국수출업자에게 부당하게 차별적인 운임 또는 요금을 설정하는 행위(2016.3.29 본호신설)
5. 비상업적인 이유로 화물운송과정상 발생한 분쟁, 그 밖의 손해배상청구의 조정·해결에 있어서 화주를 부당하게 차별하는 행위(2017.3.21 본호개정)
6. 그 밖에 대통령령으로 정하는 비상업적인 이유로 화주를 부당하게 차별하는 행위(2017.3.21 본호개정)
② 제28조제1항 각 호에 해당하는 자와 운송거래를 위해 입찰을 하거나 계약을 체결한 화주는 다음 각 호의 행위를 하여서는 아니 된다.
1. 제28조에 따라 공표되거나 신고된 운임 및 요금보다 비싸거나 싸게 화물을 운송하게 하는 행위
2. 운송 화물의 품목이나 등급에 관하여 거짓의 운임청구서를 받아 지급한 운임 및 요금의 일부를 되돌려 받는 행위
3. 우월적 지위를 이용하여 부당하게 입찰에 참여하게 하거나 계약을 체결하도록 유인하거나 강제하는 행위
4. 운임 및 요금을 인하하기 위해 고의적으로 재입찰하거나 입찰에 참가한 다른 사업자의 단가 정보를 노출하는 행위
5. 운송계약을 정당한 사유 없이 이행하지 않거나 일방적으로 변경하는 행위
6. 그 밖에 대통령령으로 정하는 비상업적인 이유로 해상화물운송사업자를 부당하게 차별하는 행위
(2019.8.20 본항개정)
③ 외항 부정기 화물운송사업을 경영하는 자(외국인 부정기 화물운송사업자를 포함한다)는 다음 각 호의 어느 하나에 해당하는 행위를 하여서는 아니 된다.(2016.3.29 본문개정)
1. 제1항제3호부터 제5호까지에 해당하는 행위(2016.3.29 본호신설)
2. 제1호에 따른 행위를 이용하여 다른 외항화물운송사업자와 부당하게 경쟁하는 행위(2016.3.29 본호신설)
3. 그 밖에 대통령령으로 정하는 비상업적인 이유로 화주를 부당하게 차별하는 행위(2017.3.21 본호개정)
(2019.8.20 본조제목개정)

제31조의2【위반행위의 신고 등】 ① 누구든지 제28조제1항 각 호에 해당하는 자가 제28조제1항, 제29조의2제1항·제2항 및 제31조를 위반하거나 화주가 제29조의2제1항·제2항 및 제31조를 위반한 사실을 인지한 때에는 해양수산부장관 또는 해양수산부장관이 정하여 고시하는 법인이나 단체에 신고할 수 있다.
② 제1항에 따른 신고가 있는 경우 해양수산부장관이 정하여 고시하는 법인이나 단체는 지체 없이 해양수산부장관에게 보고하여야 한다.
③ 해양수산부장관은 제1항에 따라 신고된 내용이 제28조제1항, 제29조의2제1항·제2항 및 제31조에 해당하고 해상운송 시장의 건전한 발전을 해칠 우려가 있다고 인정되면 해양수산부령으로 정하는 바에 따라 그 내용의 변경이나 조정 등 필요한 조치를 명할 수 있다. 다만, 신고의 내용이 「독점규제 및 공정거래에 관한 법률」, 「하도급거래 공정화에 관한 법률」, 「대리점거래의 공정화에 관한 법률」 등 다른 법률을 위반하였다고 판단되는 때에는 조정 등 필요한 조치를 명하는 대신 관계부처에 신고의 내용을 통보하여야 한다.
(2019.8.20 본조신설)

제32조【준용규정】 ① 해상화물운송사업에 관하여는 제4조제4항, 제8조, 제17조부터 제19조까지를 준용한다. 이 경우 제19조제1항제10호 중 "제7조제1항, 제11조제1항, 제12조제1항·제4항, 제13조제2항, 제14조, 제16조제1항, 제18조제1항·제4항, 제21조제1항, 제22조제2항 및 제50조제1항"은 "제13조제3항(외항정기화물운송사업자에 한정한다), 제18조제1항·제4항, 제24조제4항, 제26조제1항, 제28조, 제29조제2항·제5항, 제30조, 제31조제1항·제3항 및 제50조제1항"으로 본다. 이 경우 제19조제1항제10호 중 "제7조제1항, 제11조제1항, 제12조제1항·제4항, 제13조제3항, 제14조, 제16조제1항, 제18조제1항·제4항 및 제50조제1항"은 "제13조제3항(외항정기화물운송사업자에 한정한다), 제18조제1항·제4항, 제24조제4항, 제26조제1항, 제28조, 제29조제2항·제5항, 제30조 및 제50조"로, 제19조제1항제11호 중 "제21조제1항"은 "제29조의2제2항"으로, 제19조제1항제17호의 "제22조제2항"은 "제31조"로 본다.(2019.8.20 후단개정)
② (2012.6.1 삭제)
③ 외항 정기 화물운송사업에 관하여는 제13조를 준용한다.

제4장 해운중개업, 해운대리점업, 선박대여업 및 선박관리업

제33조【사업의 등록】 ① 해운중개업, 해운대리점업, 선박대여업 또는 선박관리업(이하 "해운중개업등"이라 한다)을 경영하려는 자는 해양수산부령으로 정하는 바에 따라 해양수산부장관에게 등록하여야 한다. 등록한 사항을 변경하려는 때에도 또한 같다.
② 제1항에 따른 해운중개업등을 경영하려는 자는 해양수산부령으로 정하는 시설과 경영 형태를 갖추어야 한다.
③ 해운중개업등(선박대여업은 제외한다. 이하 이 조에서 같다) 등록의 유효기간은 등록일부터 3년으로 하고, 계속하여 해운중개업등을 경영하려면 등록의 유효기간이 끝나기 전에 해양수산부령으로 정하는 바에 따라 그 등록을 갱신하여야 한다.
④ 해양수산부장관은 제1항에 따른 선박관리업의 효율적인 등록·관리 및 선원의 권익보호 등을 위하여 필요한 사항을 정하여 고시하여야 한다.(2016.3.29 본항신설)
(2013.3.23 본조개정)

제34조【영업보증금의 예치명령 등】 ① 해양수산부장관은 선박관리업의 안정적인 선원관리 등을 위하여 필요하다고 인정하면 선박관리업을 경영하는 자에게 영업보증금을 예치하거나 보증보험에 가입하도록 명할 수 있다.
② 제1항에 따른 영업보증금의 예치 또는 보증보험의 가입에 필요한 사항은 해양수산부령으로 정한다.
(2013.3.23 본조개정)

제34조의2【취업 주선 제한 등】 해양수산부장관은 선박관리업을 경영하는 자에게 「국제항해선박 등에 대한 해적행위 피해예방에 관한 법률」 제3조제3항에 따른 선박소유자등이 같은 법 제11조의2제1항 또는 제2항의 조치를 이행하지 아니하여 벌금 이상의 형을 선고받고 그 형이 확정된 사실이 있는 국제항해선박등에 대하여 선원의 취업 주선 제한 등 필요한 조치를 명할 수 있다.
(2021.8.17 본조신설)

제35조【등록의 취소 등】 ① 해양수산부장관은 해운중개업등의 사업을 경영하는 자가 제36조에서 준용되는 제14조(제1호와 제8호의 경우에 한정한다), 제34조, 제34조의2 및 제50조제1항을 위반한 때에는 등록을 취소하거나 6개월 이내의 기간을 정하여 해당 사업의 정지를 명하거나 1천만원 이하의 과징금을 부과할 수 있다.(2021.8.17 본항개정)
② 제1항에 따른 등록 취소, 사업정지처분의 세부기준 및 과징금을 부과하는 위반행위의 종류와 정도에 따른 과징금의 금액 등에 관하여 필요한 사항은 대통령령으로 정한다.(2019.8.20 본항신설)
(2013.3.23 본조개정)

제36조【준용 규정】 해운중개업등에 관하여는 제4조제3항, 제8조, 제14조(제1호와 제8호의 경우에 한정한다), 제17조 및 제19조를 준용한다.(2012.6.1 본조개정)

제5장 해운산업의 건전한 육성과 이용자의 지원

제37조【해운산업장기발전계획】 ① 정부는 5년마다 해운산업장기발전계획을 수립하여 공고하여야 한다.
② 제1항에 따른 해운산업장기발전계획에는 다음 각 호의 사항이 포함되어야 한다.
1. 선박의 수요·공급에 관한 사항
2. 선원의 수요·공급과 복지에 관한 사항
3. 해운과 관련된 국제협력에 관한 사항
4. 그 밖에 해운산업의 건전한 발전을 위하여 필요한 사항

제37조의2【내항여객선 현대화계획】 ① 해양수산부장관은 내항여객선 현대화를 위한 계획(이하 이 조에서 "내항여객선 현대화계획"이라 한다)을 5년 단위로 수립·시행하여야 한다.
② 해양수산부장관은 내항여객선 현대화계획을 수립하려면 관계 중앙행정기관의 장과 미리 협의하여야 한다.
③ 내항여객선 현대화계획의 수립·시행에 필요한 사항은 대통령령으로 정한다.
(2015.1.6 본조신설)

제37조의3【해운산업발전위원회】 ① 해운산업의 건전한 발전과 경쟁력 강화에 관하여 필요한 사항을 관계 중앙행정기관 등과 협의·심의하기 위하여 해양수산부에 해운산업발전위원회를 둔다.
② 해운산업발전위원회의 위원장은 해양수산부장관이 되고, 위원은 관계 중앙행정기관의 차관급 공무원으로서 대통령령으로 정하는 사람으로 한다.
③ 위원회는 다음 각 호의 사항을 협의·심의한다.
1. 해운산업 발전을 위한 제도개선 및 지원 등에 관한 사항
2. 안정적 화물 확보 지원에 관한 사항
3. 해운 전문인력의 육성 및 지원에 관한 사항
4. 그 밖에 해운산업의 건전한 발전과 경쟁력 강화를 위하여 위원장이 필요하다고 인정하는 사항
④ 제1항부터 제3항까지에서 규정한 사항 외에 해운산업발전위원회의 구성 및 운영에 필요한 사항은 대통령령으로 정한다.
(2018.12.11 본조신설)

제38조【선박확보 등을 위한 지원】 ① 정부는 해운업의 면허를 받거나 등록을 한 자(이하 "해운업자"라 한다)가 다음 각 호의 어느 하나에 해당하는 사업을 하는 경우 재정적 지원이 필요하다고 인정되면 대통령령으로 정하는 바에 따라 자금의 일부를 보조 또는 융자하게 하거나 융자를 알선할 수 있다.
1. 국내의 항구 사이를 운항하는 선박의 수입
2. 선박 시설의 개량이나 대체
3. 선박의 보수
4. 선박현대화지원사업에 따른 선박의 건조(建造)
② 정부는 제1항제1호 또는 제4호에 따른 사업이 낡은 선박을 바꾸기 위한 것인 경우에는 다른 사업에 우선하여 자금의 일부를 보조 또는 융자하게 하거나 융자를 알선할 수 있다.

제39조【선박현대화지원사업을 위한 자금조성 등】 ① 정부는 선박현대화지원사업에 따른 선박의 건조사업을 효율적으로 지원하기 위하여 매년 필요한 자금을 대통령령으로 정하는 바에 따라 조성할 수 있다.
② 해양수산부장관은 선박현대화지원사업을 위하여 해운업자를 선정하려면 그 선정 기준을 마련하여야 한다. 이 경우 다음 각 호의 어느 하나에 해당하는 자가 우선적으로 선정될 수 있도록 하여야 한다.(2013.3.23 전단개정)
1. 장기화물운송계약을 체결한 자
2. 경제선형(經濟船型) 선박을 건조하려는 자

제40조【해운단체의 육성】 정부는 해운업자의 경제적 지위를 향상시키고, 국제적 활동을 촉진하기 위하여 해운단체를 육성하여야 한다.

제40조의2【전문기관의 지정 등】 ① 해양수산부장관은 안정적인 해운거래 기반을 조성하기 위하여 해운시장 관련 정보제공 등을 담당하는 해운산업 지원 전문기관(이하 "지원기관"이라 한다)을 지정할 수 있다.
② 지원기관의 업무는 다음 각 호와 같다.
1. 해운시황 분석 및 정보 제공
2. 해상운임지수 개발 및 운영
3. 선박의 경제성 분석 등 선박거래에 관한 컨설팅
4. 그 밖에 해양수산부장관이 위탁하는 사업
③ 해양수산부장관은 지정된 지원기관이 다음 각 호의 어느 하나에 해당하면 그 지정을 취소하거나 6개월 이내의 기간을 정하여 업무의 전부 또는 일부를 정지할 수 있다. 다만, 제1호에 해당하는 경우에는 지정을 취소하여야 한다.
1. 거짓이나 그 밖의 부정한 방법으로 지정을 받은 경우
2. 지정받은 사항을 위반하여 업무를 행한 경우
3. 지원기관의 지정요건을 갖추지 못한 경우
④ 지원기관의 지정요건 및 운영 등에 필요한 사항은 대통령령으로 정한다.
(2017.3.21 본조신설)

제41조【재정지원】 ① 정부는 해운단체가 행하는 해운에 관한 공제사업과 공동시설의 설치·운영에 대하여 대통령령으로 정하는 바에 따라 보조 또는 융자하게 하거나 융자를 알선할 수 있다.
② 정부는 「에너지 및 자원사업 특별회계법」 제5조에 따른 에너지 및 자원 관련 사업(석유가격구조개편에 따른 지원사업에 한정한다)을 추진하기 위하여 내항화물운송사업자의 선박에 사용하는 유류에 부과되는 세액의 인상액에 상당하는 금액의 전부 또는 일부(이하 "유류세 보조금" 이라 한다)를 보조할 수 있다.(2017.3.21 본항개정)
③ 해양수산부장관은 유류세 보조금의 지급에 필요한 경우 국가기관의 장 및 「공공기관의 운영에 관한 법률」 제4조에 따른 공공기관의 장에게 관련 자료의 제공을 요청할 수 있다.(2021.4.13 본항신설)
④ 제3항에 따라 자료의 제공을 요청받은 기관의 장은 정당한 사유가 없으면 이에 따라야 한다.(2021.4.13 본항신설)
⑤ 유류세 보조금의 지급절차·증빙자료 등에 관한 세부사항은 해양수산부령으로 정한다.(2013.3.23 본항개정)
(2012.6.1 본조제목개정)

제41조의2【보조금 등의 사용 등】 ① 제38조제1항 및 제41조제1항에 따라 보조 또는 융자를 받은 자는 그 자금을 보조받거나 융자받은 목적이 아닌 용도로 사용하지 못한다.
② 해양수산부장관은 거짓이나 부정한 방법으로 제38조제1항 및 제41조제1항에 따라 보조금 또는 융자금을 받은 해운업자 및 해운단체와 같은 조 제2항에 따라 유류세 보조금을 받은 내항화물운송사업자에 대하여는 보조금, 융자금 및 유류세 보조금을 반환할 것을 명하여야 하며, 이에 따르지 아니하면 국세 체납처분의 예에 따라 보조금, 융자금 및 유류세 보조금을 환수하여야 한다.
(2013.3.23 본항개정)
(2012.6.1 본조신설)

제41조의3【유류세 보조금의 지급정지 등】 ① 제41조제2항에 따라 유류세 보조금을 지급받는 내항화물운송사업자는 다음 각 호에 해당하는 행위를 하여서는 아니 된다.
1. 「석유 및 석유대체연료 사업법」 제2조제9호에 따른 석유판매업자 또는 「항만운송사업법」 제2조제4항에 따른 선박연료공급업의 등록을 한 자(이하 이 조에서 "석유판매업자등"이라 한다)로부터 「부가가치세법」 제32조에 따른 세금계산서를 거짓으로 발급받아 유류세 보조금을 지급받은 경우(2017.10.31 본호개정)
2. 석유판매업자등으로부터 석유의 구매를 가장하거나 실제 구매금액을 초과하여 「여신전문금융업법」 제2조에 따른 신용카드, 직불카드, 선불카드 등 유류세 보조금의 신청에 사용되는 카드(이하 "유류구매카드"라 한다)에 의한 거래를 하거나 이를 대행하게 하여 유류세 보조금을 지급받은 경우(2017.3.21 본호개정)
3. 실제로 운항한 거리 또는 연료 사용량보다 부풀려서 유류세 보조금을 청구하여 지급받는 행위
4. 내항화물운송사업이 아닌 다른 목적에 사용한 유류분에 대하여 유류세 보조금을 지급받는 행위
5. 다른 사람 또는 업체가 구입한 연료 사용량을 자기가 사용한 것으로 위장하여 유류세 보조금을 지급받는 행위
6. 실제 주유받은 유종(油種)과는 다른 유종의 단가를 적용하여 유류세 보조금을 지급받는 행위
7. 유류세 보조금의 청구와 관련된 관계 서류에 대한 보완 또는 현장 확인을 요구받았으나 이에 응하지 아니하는 행위
8. 제1호부터 제7호까지에서 규정한 사항 외에 거짓의 증빙자료를 제출하는 등 해양수산부령으로 정하는 행위
(2015.1.6 본호개정)
② 해양수산부장관은 내항화물운송사업자가 제1항 각 호에 따른 금지행위를 한 경우 등록 취소, 해당 선박의 감선 조치 또는 6개월 이내의 기간을 정하여 해당 선박의 운항정지를 명하거나 1년 이내의 기간을 정하여 유류세 보조금을 지급하지 아니할 수 있다.(2015.1.6 본항개정)
③ 제2항에 따른 운항정지 처분 등의 세부기준은 대통령령으로 정한다.
④ 해양수산부장관은 석유판매업자등이 제1항 각 호의 어느 하나에 해당하는 행위를 한 경우 대통령령으로 정하는 바에 따라 해당 사업소에 대한 유류구매카드의 거래기능을 정지하거나 해당 사업소에서 발급한 거래 내역에 관한 자료를 제41조제5항에 따른 증빙자료로 인정하지 아니할 수 있다.(2021.4.13 본항개정)
(2012.6.1 본조신설)

제42조【선박담보의 특례】 해운업을 경영하기 위하여 제38조제1항제1호 또는 제4호에 따라 선박을 수입[용선(傭船)을 포함한다]하거나 건조하는 자에게는 해당 선박의 소유권 취득에 관한 등기를 하기 전이라도 해당 선박의 소유권을 취득한 후 지체 없이 해당 선박을 담보로 제공할 것을 조건으로 융자할 수 있다.

제42조의2【압류선박의 운항에 대한 특례】 압류선박이 제3조제1호에 따른 내항 정기 여객운송사업의 면허를 받은 항로에서 유일한 여객선인 경우에는 법원은 「민사집행법」 제176조제2항 후단에도 불구하고 채권자, 최고가매수신고인, 차순위매수신고인 및 매수인의 동의 없이 채무자의 신청에 따라 압류선박의 운항을 허가할 수 있다.
(2012.6.1 본조신설)

제43조【손실보상을 위한 조치 등】 ① 해양수산부장관은 「공익사업을 위한 토지 등의 취득 및 보상에 관한 법률」 제4조에 해당하는 공익사업의 일환으로 시행되는 육지와 도서 간의 연륙교(連陸橋)·연도교(連島橋) 건설에 따라 내항여객운송사업자가 손실을 입은 때에는 해당 내항여객운송사업자가 제4조에 따른 면허에 대하여 사업시

행자로부터 적절한 보상을 받을 수 있도록 자료의 제공 등 필요한 조치를 하여야 한다.(2013.3.23 본항개정)
② 제1항에 따른 내항여객운송사업자에 대한 손실보상에 관한 사항은「공익사업을 위한 토지 등의 취득 및 보상에 관한 법률」의 관련 규정이 정하는 바에 따른다.

제44조【여객선 이용자 등에 대한 운임과 요금의 지원】 ① 국가 또는 지방자치단체는 도서지역의 교통편의를 증진하기 위하여 예산의 범위 안에서 여객선 이용자에 대한 운임과 요금의 일부를 지원할 수 있다.
② 국가 또는 지방자치단체는 예산의 범위에서「도서개발 촉진법」제2조에 따른 도서의 도서민이 사용할 목적의 유류, 가스, 연탄, 목재펠릿의 해상운송비 중 일부를 해양수산부령으로 정하는 바에 따라 내항화물운송사업자 등에게 지원할 수 있다.(2018.12.11 본항신설)
(2018.12.11 본조제목개정)

제44조의2【여객선등의 접안시설 축조 등】 해양수산부장관은 여객선등의 이용객의 안전과 편의증진을 위하여 여객선등의 기항지의 접안시설을 축조하거나 여객선 항로에 대한 준설사업 등을 할 수 있다.(2013.3.23 본조개정)

제45조【국제협약 등의 이행을 위한 조치】 해양수산부장관은 국가 사이의 운송비율을 정하는 국제협약이나 운송에 관한 협약을 이행하기 위하여 필요하다고 인정되면 국제항로별로 선박의 취항을 조정하거나, 해운업자 사이의 운송비율을 결정하거나 그 밖에 이에 관한 협의기구를 설치하는 등 필요한 조치를 할 수 있다.(2013.3.23 본조개정)

제46조【대항조치 등】 ① 정부는 해운업자가 해상운송과 관련한 외국의 정부기관이나 법인 또는 단체로부터 호혜평등의 원칙에 반하는 다음 각 호의 어느 하나에 해당하는 불이익을 받은 경우에는 그 국가의 선박운항사업자나 그 선박운항사업자의 선박 또는 그 선박운항사업자가 사실상 지배하는 국내 선박운항사업자나 그 국내 선박운항사업자의 선박에 대하여 그에 상응하는 대항조치를 할 수 있다.(2012.12.18 본문개정)
1. 부담금 등 금전 부과(2012.12.18 본호개정)
2. 선박의 입항금지 또는 입항제한
3. 선박의 화물적재나 짐 나르기(揚荷)의 금지 또는 제한
4. 그 밖에 대통령령으로 정하는 사항
② 정부는 외국의 선박운항사업자가 대한민국의 해운발전을 해치는 행위를 하거나 교역항로의 질서를 어지럽게 한다고 인정되면 그 선박운항사업자 또는 그 선박운항사업자가 소유하거나 운항하는 선박에 대하여 입항규제 등의 조치를 할 수 있다.
③ 제1항에 따른 선박운항사업자가 사실상 지배하는 국내 선박운항사업자의 기준 등에 필요한 사항은 대통령령으로 정한다.(2012.12.18 본항신설)
④ 제1항이나 제2항에 따른 조치의 내용과 절차에 필요한 사항은 대통령령으로 정한다.(2012.12.18 본항개정)

제47조【감독】 해양수산부장관은 이 법에 따라 보조나 융자를 받은 자에 대하여 그 자금을 알맞게 사용하도록 감독하여야 한다.(2013.3.23 본조개정)

제47조의2【우수 선화주기업의 인증】 ① 해양수산부장관은 해상운송사업을 경영하는 기업과 그 기업에 화물의 운송을 위탁하는 화주 기업(이하 "선화주(船貨主)기업"이라 한다)의 해상운송 분야의 상생협력을 촉진하기 위하여 공정하고 안정적인 해상운송을 통해 상호 동반성장을 도모하는 기업에 우수 선화주기업 인증을 부여할 수 있다.
② 해양수산부장관은 제1항에 따라 우수 선화주기업 인증을 하는 경우 장기운송계약을 체결한 선화주기업에 가점을 부여하거나 체결 여부를 심사기준에 반영하여 우대할 수 있다.
③ 제1항에 따른 우수 선화주기업 인증 주체와 대상 등에 필요한 사항은 대통령령으로 정한다.
④ 제1항에 따른 우수 선화주기업 선정을 위한 인증의 기준·절차·방법·점검 및 인증표시의 방법 등에 필요한 사항은 해양수산부령으로 정한다.
⑤ 해양수산부장관은 제1항에 따라 인증을 받은 자(이하 "인증기업"이라 한다)가 제3항 및 제4항의 요건을 유지하는지의 여부를 대통령령으로 정하는 바에 따라 점검할 수 있다.
(2019.8.20 본조신설)

제47조의3【우수 선화주기업의 인증의 취소】 ① 해양수산부장관은 인증기업이 다음 각 호의 어느 하나에 해당하는 경우에는 그 인증을 취소할 수 있다. 다만, 제1호에 해당하는 때에는 인증을 취소하여야 한다.
1. 거짓이나 그 밖의 부정한 방법으로 인증을 받은 경우
2. 제29조의2제2항 또는 제31조의 금지행위 위반으로 이 법에 따른 과태료 3회 이상 또는 과징금 부과처분을 받거나 공정거래위원회의 시정조치 또는 과징금 부과처분을 받은 경우
3. 제47조의2제4항의 인증 기준에 맞지 아니하게 된 경우
4. 제47조의2제5항에 따른 점검을 정당한 사유 없이 3회 이상 거부한 경우
5. 다른 사람에게 자기의 성명 또는 상호를 사용하여 영업을 하게 하거나 인증서를 대여한 경우
② 인증기업은 제1항에 따라 인증이 취소된 경우에는 제47조의6제1항에 따른 인증서를 반납하고, 인증을 나타내는 표시(이하 "인증마크"라 한다)의 사용을 중지하여야 한다.
(2019.8.20 본조신설)

제47조의4【인증전담기관의 지정】 ① 해양수산부장관은 우수 선화주기업의 인증과 관련하여 다음 각 호의 업무를 수행할 전담기관(이하 "인증전담기관"이라 한다)을 지정할 수 있다.
1. 인증신청의 접수
2. 제47조의2제4항의 요건에 맞는지에 대한 심사
3. 제47조의2제5항에 따른 점검의 대행
4. 제47조의7에 따른 인증기업에 대한 지원업무
5. 그 밖에 인증업무를 원활히 수행하기 위하여 대통령령으로 정하는 업무
② 정부는 예산의 범위에서 인증전담기관의 운영에 필요한 경비의 일부를 보조할 수 있다.
③ 인증전담기관은 대통령령으로 정하는 바에 따라 다음 각 호의 어느 하나에 해당하는 기관 중에서 지정한다.
1.「공공기관의 운영에 관한 법률」제4조에 따른 공공기관
2.「정부출연연구기관 등의 설립·운영 및 육성에 관한 법률」제2조에 따른 정부출연연구기관
(2019.8.20 본조신설)

제47조의5【인증전담기관의 지정취소】 해양수산부장관은 인증전담기관이 다음 각 호의 어느 하나에 해당하는 경우에는 그 지정을 취소할 수 있다. 다만, 제1호에 해당하는 경우에는 지정을 취소하여야 한다.
1. 거짓 또는 부정한 방법으로 지정을 받은 경우
2. 고의 또는 중대한 과실로 인증 기준 및 절차를 위반한 경우
3. 정당한 사유 없이 인증업무를 거부한 경우
(2019.8.20 본조신설)

제47조의6【인증서와 인증마크】 ① 해양수산부장관은 인증기업에 인증서를 교부하고, 인증마크를 제정하여 인증기업이 사용하게 할 수 있다.
② 해양수산부장관은 인증마크의 도안 및 표시방법 등에 대하여 해양수산부령으로 정하는 바에 따라 고시하여야 한다.
③ 인증기업이 아닌 자는 거짓의 인증마크를 제작·사용하거나 그 밖의 방법으로 인증기업임을 사칭하여서는 아니 된다.
(2019.8.20 본조신설)

제47조의7【인증기업에 대한 지원】 국가·지방자치단체 또는 공공기관은 인증기업에 대하여 대통령령으로 정하는 바에 따라 행정적·재정적 지원을 할 수 있다.
(2019.8.20 본조신설)

제6장 보 칙

제48조【적용제외】 다음 각 호의 선박만으로 경영하는 해상여객운송사업과 해상화물운송사업에 대하여는 이 법을 적용하지 아니한다.
1. 총톤수 5톤 미만의 선박
2. 노나 돛만으로 운전하는 선박

제48조의2【응급환자 등의 이송에 대한 특례】 제4조제1항에 따라 해상여객운송사업의 면허를 받은 자 또는 제24조제1항에 따라 내항 화물운송사업의 등록을 한 자는 해양사고, 재해 및 응급환자 이송 등 긴급한 상황이 발생한 경우에는 대통령령으로 정하는 바에 따라「선박안전법」제8조제2항에 따른 최대승선인원의 범위를 초과하여 여객을 운송할 수 있다.(2018.12.31 본조개정)

제49조【선박의 매매와 용대선의 제한 등】 ① 해양수산부장관은 선복량(船腹量)을 알맞게 유지하고 해상안전과 항로질서를 유지하기 위하여 필요하다고 인정되면 대한민국 선박을 소유할 수 없는 자와의 선박의 매매〔국적취득을 조건으로 하는 선체(船體)만을 빌린 선박(裸傭船)을 매수하는 경우를 포함한다〕또는 용대선을 제한하거나 특정 항로나 특정 구역에 선박을 투입하는 것을 제한하는 조치를 할 수 있다.
② 해양수산부장관은 제1항에 따른 제한 조치를 하려면 대상 선박의 크기, 종류, 선박의 나이, 항로 또는 구역 등 제한의 내용을 미리 고시하여야 한다. 이 경우 제한 내용의 예외를 인정하려는 때에는 그 요건과 절차 등을 포함하여 고시하여야 한다.
③ 제한 내용의 예외를 인정받으려는 자는 해양수산부령으로 정하는 바에 따라 해양수산부장관의 허가를 받아야 한다.(2018.12.31 본항개정)
④ 해양수산부장관은 제3항에 따른 허가의 신청을 받은 날부터 해양수산부령으로 정하는 기간 내에 허가 여부를 신청인에게 통지하여야 한다.(2018.12.31 본항신설)
⑤ 해양수산부장관이 제4항에서 정한 기간 내에 허가 여부 또는 민원 처리 관련 법령에 따른 처리기간의 연장을 신청인에게 통지하지 아니하면 그 기간(민원 처리 관련 법령에 따라 처리기간이 연장 또는 재연장된 경우에는 해당 처리기간을 말한다)이 끝난 날의 다음 날에 허가를 한 것으로 본다.(2018.12.31 본항신설)
(2013.3.23 본조개정)

제49조의2【포상금 지급】 ① 해양수산부장관은 제41조의3제1항에 따른 금지행위를 한 자를 관계 행정기관이나 수사기관에 신고 또는 고발한 자에 대하여 1천만원의 범위에서 포상금을 지급할 수 있다.(2013.3.23 본항개정)
② 제1항에 따른 포상금 지급의 기준·방법 및 절차 등에 관하여 필요한 사항은 대통령령으로 정한다.
(2012.6.1 본조신설)

제50조【보고 및 조사 등】 ① 해양수산부장관은 다음 각 호의 어느 하나에 해당하는 경우에는 해운업자(제28조제1항 각 호에 해당하는 자를 포함한다)나 제31조제2항에 따른 화주에게 해양수산부령으로 정하는 바에 따라 자료를 제출하게 하거나 보고하게 할 수 있다.(2019.8.20 본문개정)
1. 제2항제1호부터 제5호까지의 어느 하나에 해당하는 경우
2. (2015.1.6 삭제)
3. 제4조제4항에 따른 면허조건 등 이행 여부를 확인하기 위하여 필요한 경우
4. 제9조에 따라 여객운송사업자에 대한 고객만족도평가를 하기 위하여 필요한 경우
5. 제11조에 따라 여객운송사업자가 신고한 운임과 요금의 확인이 필요한 경우
6. 제13조에 따른 여객운송사업자의 사업계획에 따른 운항 여부의 확인이 필요한 경우
7. 제29조에 따른 운임 등의 협약에 관하여 확인이 필요한 경우
7의2. 제31조의2에 따른 위반행위 신고사항에 관하여 확인이 필요한 경우(2019.8.20 본호신설)
8. 제34조에 따른 영업보증금의 예치나 보증보험 가입에 관하여 확인이 필요한 경우
9. 제35조에 따른 등록의 취소 등의 사유가 발생한 경우
10. 해운정책의 수립과 해운 관련 통계작성 등을 위하여 해운업자의 사업실적 등의 조사가 필요한 경우
(2012.6.1 본항개정)
② 해양수산부장관은 다음 각 호의 어느 하나에 해당하는 경우에는 관계 공무원으로 하여금 해운업자(제28조제1항 각 호에 해당하는 자를 포함한다)와 제31조제2항에 따른 화주의 선박, 사업장, 그 밖의 장소에 출입하여 장부나 서류 그 밖의 물건을 조사하게 할 수 있다.(2019.8.20 본문개정)
1. 제14조와 제30조에 따른 사업개선의 명령을 하거나 그 이행 여부의 확인을 위하여 필요한 경우
2. 제15조에 따른 보조항로의 지정·운영과 제16조에 따른 보조항로 운항명령 등을 위하여 필요한 경우
3. 제19조(제32조 및 제36조에서 준용하는 경우를 포함한다)에 따른 면허(승인을 포함한다) 및 등록의 취소 등의 사유가 발생한 경우(2019.8.20 본호개정)
4. 제28조에 따른 운임의 공표 등에 관한 사항의 확인을 위하여 필요한 경우
5. 제31조에 따른 금지행위를 외항화물운송사업자 등이 위반하였는지 여부를 확인하기 위하여 필요한 경우. 다만, 계약당사자 중 일방의 조사로 확인이 안 될 경우에 한하여 계약당사자 모두를 조사할 수 있다.(2019.8.20 본호개정)
5의2. 제31조의2에 따른 위반행위 신고사항에 관하여 확인이 필요한 경우(2019.8.20 본호신설)
6. 제1항에 따른 자료의 제출 또는 보고를 하지 아니하거나 거짓의 자료를 제출하거나 거짓으로 보고한 경우
7. 제1항에 따라 제출한 자료와 보고한 내용을 검토한 결과 조사목적의 달성이 어려운 것으로 인정된 경우
③ 제2항에 따라 조사를 하려는 때에는 조사하기 7일 전까지 조사일시, 조사이유, 조사내용 등을 포함한 조사계획을 피조사자에게 알려야 한다. 다만, 긴급하거나 사전통지를 할 경우 증거인멸 등으로 인하여 조사목적을 달성하기 어렵다고 판단되는 때에는 그러하지 아니하다.
④ 제2항에 따라 조사를 하는 공무원은 그 권한을 표시하는 증표를 지니고 이를 관계인에게 내보여야 한다.

제51조【청문】 해양수산부장관은 다음 각 호의 어느 하나에 해당하는 처분을 하려면 청문을 실시하여야 한다.
(2013.3.23 본문개정)
1. 제19조나 제32조에 따른 면허의 취소
2. 제27조의2나 제35조에 따른 등록의 취소(2019.8.20 본호개정)
3. 제47조의3제1항에 따른 우수 선화주기업에 대한 인증의 취소(2019.8.20 본호신설)
4. 제47조의5제1항에 따른 인증전담기관 지정의 취소
(2019.8.20 본호신설)

제52조【수수료】 이 법에 따른 면허를 받거나 등록을 하려는 자는 해양수산부령으로 정하는 수수료를 납부하여야 한다.(2013.3.23 본조개정)

제53조【권한의 위임 및 위탁】 ① 이 법에 따른 해양수산부장관의 권한은 그 일부를 대통령령으로 정하는 바에 따라 소속 기관의 장에게 위임하거나 다른 중앙행정기관의 장 또는 해운진흥을 목적으로 설립된 법인이나 단체에 위탁할 수 있다.(2014.11.19 본항개정)
② 제1항에 따라 위탁받은 업무에 종사하는 해운진흥을 목적으로 설립된 법인이나 단체의 임직원 및 제21조제2항에 따른 여객선운항관리규정심사위원회의 위원 중 공무원이 아닌 사람은「형법」제129조부터 제132조까지의 규정을 적용할 때에는 공무원으로 본다.(2015.1.6 본항개정)

제54조【민원사무의 전산처리 등】 이 법에 따른 민원사무의 전산처리 등에 관하여는「항만법」제26조를 준용한다.
(2020.1.29 본조개정)

제55조【공표】 해양수산부장관은 해운업계의 질서유지와 화주의 권익보호 및 안전한 여객·화물 운송을 위하여 필요하다고 인정되면 대통령령으로 정하는 바에 따라 해운업자(외국인 해운업자를 포함한다)가 이 법을 위반하여 받게 된 행정처분에 관한 사항을 공표할 수 있다. (2017.3.21 본조개정)

제7장 벌 칙

제56조【벌칙】 다음 각 호의 어느 하나에 해당하는 자는 2천만원 이하의 벌금에 처한다.(2012.6.1 본문개정)
1. 제4조(제48조의2에 해당하는 자는 제외한다), 제6조제1항 또는 제24조제1항·제2항을 위반하여 해상여객운송사업이나 해상화물운송사업을 한 자(2017.3.21 본호개정)
2. 제33조제1항 전단을 위반하여 해운중개업등을 한 자
3. 거짓이나 그 밖의 부정한 방법으로 제41조제1항 및 제2항에 따른 보조금이나 융자금을 교부받은 자
(2012.6.1 2호~3호개정)
4. 제41조의2제1항을 위반하여 보조금 또는 융자금을 목적이 아닌 용도로 사용한 자(2012.6.1 본호신설)
4의2. 제47조의6제3항을 위반하여 거짓의 인증마크를 제작·사용하거나 그 밖의 방법으로 인증기업임을 사칭한 자(2019.8.20 본호신설)
5. 제49조에 따른 제한을 위반한 자

제57조【벌칙】 다음 각 호의 어느 하나에 해당하는 자는 1년 이하의 징역 또는 1천만원 이하의 벌금에 처한다. (2015.1.6 본문개정)
1. 제4조의3을 위반하여 보험 또는 공제에 가입하지 아니한 자(2017.3.21 본호신설)
1의2. 제21조제1항·같은 조 제2항 후단·같은 조 제3항, 제22조제2항·제4항을 위반한 자(2015.1.6 본호개정)
2. 제14조제8호(제36조에서 준용하는 경우를 포함한다), 제21조제5항, 제22조제5항·제6항 또는 제30조(제2호 및 제3호에 한정한다)에 따른 명령을 위반한 자
(2015.1.6 본호개정)
3. 제19조제1항(제32조와 제36조에서 준용하는 경우를 포함한다) 또는 제35조에 따른 사업정지처분을 위반한 자(2012.6.1 본호개정)
3의2. 제21조의3제1호를 위반하여 안전관리종사자의 정당한 직무상 명령을 위반한 자(2020.2.18 본호신설)
4. 제22조제2항을 위반하여 자격을 갖추지 아니한 사람을 운항관리자로 선임하는 데 관여한 자(2015.1.6 본호신설)

제57조의2【벌칙】 다음 각 호의 어느 하나에 해당하는 자는 1천만원 이하의 벌금에 처한다.
1. 제13조제3항(제32조에서 준용하는 경우를 포함한다), 제14조제1호(제36조에서 준용하는 경우를 포함한다), 제16조제1항, 제28조제7항, 제29조제5항 또는 제30조(제1호·제4호 및 제5호에 한정한다)에 따른 명령을 위반한 자(2019.8.20 본호개정)
2. 제31조를 위반한 자
(2015.1.6 본조신설)

제58조【양벌규정】 법인의 대표자나 법인 또는 개인의 대리인, 사용인, 그 밖의 종업원이 그 법인 또는 개인의 업무에 관하여 제56조, 제57조 또는 제57조의2의 위반행위를 하면 그 행위자를 벌하는 외에 그 법인 또는 개인에게도 해당 조문의 벌금형을 과(科)한다. 다만, 법인 또는 개인이 그 위반행위를 방지하기 위하여 해당 업무에 관하여 상당한 주의와 감독을 게을리하지 아니한 경우에는 그러하지 아니하다.(2015.1.6 본문개정)

제59조【과태료】 ① 여객운송사업자가 다음 각 호의 어느 하나에 해당하는 때에는 500만원 이하의 과태료를 부과한다.
1. 제11조의3제2항을 위반하여 선박검사 결과 등을 공개하지 아니하거나 거짓으로 공개한 때
2. 제21조의2제2항을 위반하여 승선권 기재내용을 확인하지 아니한 때
3. 제21조의2제3항을 위반하여 승선을 거부하지 아니한 때
4. 제21조의2제4항을 위반하여 여객의 승선 여부를 확인하지 아니하거나 여객명부를 관리하지 아니한 때
5. 제21조의2제5항을 위반하여 승선권 발급내역 및 여객명부를 보관하지 아니한 때
6. 제21조의4를 위반하여 차량선적권 및 화물운송장 기재내용의 확인 또는 선적·적재 거부를 하지 아니하거나 발급·선적·적재에 관한 자료를 보관하지 아니한 때
(2015.1.6 본항신설)
② 다음 각 호의 어느 하나에 해당하는 자에게는 300만원 이하의 과태료를 부과한다.
1. 제21조의5제1항을 위반하여 안전관리책임자를 두지 아니한 내항여객운송사업자(제21조의5제2항에 따라 안전관리대행업자에게 위탁한 경우에는 안전관리대행업자를 말한다)
2. 제21조의5제3항을 위반하여 안전관리책임자로 하여금 교육을 이수하게 하지 아니한 내항여객운송사업자(제21조의5제2항에 따라 안전관리대행업자에게 위탁한 경우에는 안전관리대행업자를 말한다)
(2017.3.21 본항개정)
③ 다음 각 호의 어느 하나에 해당하는 자에게는 100만원 이하의 과태료를 부과한다.
1. 제7조제1항, 제11조제1항, 제11조의2제1항, 제12조제1항, 제13조제2항, 제18조, 제24조제4항, 제26조제1항, 제28조제4항 또는 제29조제2항에 따른 신고를 하지 아니한 자(2019.8.20 본호개정)
1의2. 제11조의3제1항을 위반하여 여객선 이력을 관리하지 아니한 자(2015.1.6 본호신설)
1의3. 제21조의2제1항을 위반하여 승선권을 발급받지 아니하거나 거짓으로 발급받고 승선한 여객(2015.1.6 본호신설)
1의4. 제21조의3제2호부터 제4호까지의 규정에 따른 여객의 금지행위를 위반한 자(2020.2.18 본호개정)
1의5. 제21조의4를 위반하여 차량선적권 및 화물운송장을 발급받지 아니하거나 거짓으로 발급받고 선적·적재한 자(2015.1.6 본호신설)
1의6. 제21조의5제2항을 위반하여 안전관리대행업자에게 위탁한 사실을 알리지 아니한 자(2017.3.21 본호신설)
2. 제25조제2항에 따른 신고를 하지 아니하고 일시적인 운송을 한 자
3. 제28조제1항에 따른 운임 및 요금을 공표하지 아니한 자(2019.8.20 본호개정)
3의2. 제29조의2제2항을 위반한 자(2019.8.20 본호신설)
3의3. 제33조제1항 후단에 따른 변경등록을 하지 아니하거나 거짓으로 변경등록을 한 자(2012.6.1 본호신설)
3의4. 제47조의3제2항을 위반하여 인증마크를 계속 사용한 자(2019.8.20 본호신설)
4. 제50조제1항에 따른 보고 또는 자료제출을 하지 아니하거나 거짓으로 보고를 하거나 거짓의 서류를 제출한 자
5. 제50조제2항에 따른 조사를 거부 또는 방해하거나 기피한 자
④ 제1항부터 제3항까지에 따른 과태료는 대통령령으로 정하는 바에 따라 해양수산부장관이 부과·징수한다.
(2015.1.6 본항개정)
⑤ (2009.4.1 삭제)

제60조 (2015.1.6 삭제)

부 칙

제1조【시행일】 이 법은 공포한 날부터 시행한다. 다만, 부칙 제17조제2항의 개정규정은 2007년 11월 4일부터 시행한다.

제2조【해상여객운송사업의 양도·양수 등에 관한 경과조치】 법률 제4062호 해운업법중개정법률의 시행일인 1988년 12월 31일 당시 종전의 규정에 따라 해상여객운송사업의 양도·양수 또는 법인의 합병·해산에 관하여 인가를 신청한 것은 이 법에 따라 신고한 것으로 본다.

제3조【운임과 요금에 관한 경과조치】 법률 제4546호 해운업법중개정법률의 시행일인 1993년 3월 10일 당시 종전의 규정에 따라 구 해운항만청장의 인가를 받은 내항여객운송사업자의 운임과 요금은 제11조제1항의 개정규정에 따라 신고한 것으로 본다.

제4조【해상화물운송사업 면허의 제한에 관한 경과조치】 법률 제4546호 해운업법중개정법률의 시행일인 1993년 3월 10일 당시 종전의 규정에 따라 대량화물의 화주가 해상화물운송사업의 면허를 받았거나 사업의 승계를 받은 경우에는 이 법에 따른 해상화물운송사업의 면허를 받은 것으로 본다.

제5조【외항화물운송사업 등록에 관한 경과조치】 법률 제5114호 해운법중개정법률의 시행일인 1996년 6월 30일 당시 종전의 규정에 따라 외항화물운송사업 면허를 받은 자는 제24조제2항의 개정규정에 따라 등록을 한 것으로 본다.

제6조【외국인의 국내지사 설치에 관한 경과조치】 법률 제5976호 해운법중개정법률의 시행일인 1999년 7월 16일 당시 국내항과 외국항 간에 해상화물운송사업을 경영하던 외국인으로서 종전의 규정에 따라 국내지사 설치의 허가를 받은 자는 제25조의 개정규정에 따라 신고를 한 것으로 본다.

제7조【내항화물운송사업에 관한 경과조치】 법률 제5976호 해운법중개정법률의 시행일인 1999년 7월 16일 당시 종전의 규정에 따라 면허를 받은 내항화물운송사업자는 제24조제1항의 개정규정에 따라 등록을 한 것으로 본다.

제8조【해운산업장기발전계획에 관한 경과조치】 법률 제5976호 해운법중개정법률의 시행일인 1999년 7월 16일 당시 종전의 「해운산업육성법」 제3조에 따라 수립·공고된 해운산업육성기본계획은 제37조의 개정규정에 따라 수립·공고된 해운산업장기발전계획으로 본다.

제9조【정부지원에 관한 경과조치】 법률 제5976호 해운법중개정법률의 시행일인 1999년 7월 16일 당시 종전의 「해운산업육성법」에 따라 행하여진 보조 또는 융자 등의 지원은 제38조 및 제41조의 개정규정에 따라 지원한 것으로 본다.

제10조【외국에 대한 대항조치에 관한 경과조치】 법률 제5976호 해운법중개정법률의 시행일인 1999년 7월 16일 당시 종전의 「해운산업육성법」 제25조에 따라 외국의 선박운항사업자 또는 그 선박에 대하여 한 대항조치는 제46조의 개정규정에 따라 한 것으로 본다.

제11조【기타 해상여객운송사업의 면허에 관한 경과조치】 법률 제8046호 해운법 일부개정법률의 시행일인 2007년 4월 5일 당시 종전의 규정에 따라 기타 해상여객운송사업의 면허를 받은 자 중 제3조제5호의 개정규정에 따른 순항여객운송사업에 해당하는 사업을 경영하는 자는 순항여객운송사업의 면허를 받은 것으로 보고, 제3조제6호의 개정규정에 따른 복합해상여객운송사업에 해당하는 사업을 영위하는 자는 복합해상여객운송사업의 면허를 받은 것으로 본다.

제12조【외국의 해상여객운송사업자에 대한 특례에 관한 경과조치】 법률 제8046호 해운법 일부개정법률의 시행일인 2007년 4월 5일 당시 국내항과 외국항 사이에서 해상여객운송사업을 경영하고 있는 외국의 해상여객운송사업자는 제6조제1항의 개정규정에 따른 승인을 받은 것으로 본다.

제13조【사업계획변경신고를 한 내항여객운송사업자에 대한 경과조치】 법률 제8046호 해운법 일부개정법률의 시행일인 2007년 4월 5일 당시 종전의 규정에 따라 사업계획변경신고를 한 내항여객운송사업자는 제12조제2항의 개정규정에 따른 사업계획변경인가를 받은 것으로 본다.

제14조【취항명령에 관한 경과조치】 법률 제8046호 해운법 일부개정법률의 시행일인 2007년 4월 5일 당시 종전의 규정에 따라 취항명령을 받은 여객운송사업자가 운항하는 항로에 대하여는 법률 제8046호 해운법 일부개정법률의 시행일인 2007년 4월 5일부터 6개월이 지난 날에 법률 제8046호 해운법 일부개정법률 시행 전의 제17조의2제1항에 따라 그 취항명령이 철회된 것으로 본다.

제15조【처분 등에 관한 일반적 경과조치】 이 법 시행 당시 종전의 규정에 따른 행정기관의 행위나 행정기관에 대한 행위는 그에 해당하는 이 법에 따른 행정기관의 행위나 행정기관에 대한 행위로 본다.

제16조【벌칙이나 과태료에 관한 경과조치】 이 법 시행 전의 행위에 대하여 벌칙이나 과태료 규정을 적용할 때에는 종전의 규정에 따른다.

제17조【다른 법률의 개정】 ①~⑤ ※(해당 법령에 가제정리 하였음)

제18조【다른 법령과의 관계】 이 법 시행 당시 다른 법령에서 종전의 「해운법」 또는 그 규정을 인용한 경우에 이 법 가운데 그에 해당하는 규정이 있으면 종전의 규정을 갈음하여 이 법 또는 이 법의 해당 규정을 인용한 것으로 본다.

부 칙 (2014.3.18)

제1조【시행일】 이 법은 공포한 날부터 시행한다.

제2조【금치산자 등에 대한 경과조치】 제8조제1호의 개정규정(제17조제3항, 제32조 및 제36조에 따라 준용되는 경우를 포함한다)에 따른 피성년후견인 및 피한정후견인에는 법률 제10429호 민법 일부개정법률 부칙 제2조에 따라 금치산 또는 한정치산 선고의 효력이 유지되는 사람을 포함하는 것으로 본다.

부 칙 (2015.1.6)

제1조【시행일】 이 법은 공포 후 6개월이 경과한 날부터 시행한다. 다만, 제11조의3, 제21조의5, 제59조제1항제1호, 제59조제2항 및 제59조제3항제1호의2의 개정규정은 2016년 7월 1일부터 시행한다.

제2조【해상여객운송사업자에 대한 경과조치】 이 법 시행 당시 제4조제1항에 따라 해상여객운송사업면허를 받은 사업자는 이 법 시행일부터 1년 이내에 제5조의 개정규정에 따른 면허기준을 갖추어야 한다.

제3조【한정면허사업자에 대한 경과조치】 이 법 시행 당시 종전의 제4조제2항에 따라 한정면허를 받은 사업자는 이 법에 따른 내항 정기 여객운송사업의 면허를 받은 것으로 보되, 이 법 시행일부터 1년 이내에 제5조의 개정규정에 따른 면허기준을 갖추어야 한다.

제4조【여객선 안전운항관리업무 수행기관 변경에 따른 경과조치】 이 법 시행 당시 「한국해운조합법」에 따른 한국해운조합에 속하였던 여객선 안전운항관리업무 수행과 관련된 모든 재산과 권리·의무는 「선박안전법」에 따른 선박안전기술공단이 승계한다.

제5조【다른 법률의 개정】 ①~③ ※(해당 법령에 가제정리 하였음)

부 칙 (2017.3.21)

제1조【시행일】 이 법은 공포 후 6개월이 경과한 날부터 시행한다. 다만, 제21조의5제3항·제4항 및 제59조제2항의 개정규정은 2018년 1월 1일부터 시행한다.

제2조【순항 여객운송사업 등의 면허신청에 대한 협의에 관한 적용례】 제4조의2제5항의 개정규정은 이 법 시행 이후 순항 여객운송사업 또는 복합 해상여객운송사업 면허와 관련한 협의를 요청하는 경우부터 적용한다.

제3조【외국의 해상여객운송사업자의 국내지사 설치신고 등에 관한 적용례】 제7조제2항·제3항, 제11조제2항·제3항, 제11조의2제2항·제3항, 제12조제2항·제3항, 제17조제5항·제6항, 제25조제3항·제4항, 제26조제2항·제3항, 제28조제3항·제4항 및 제29조제3항·제4항의 개정규정은 이 법 시행 이후 외국의 해상여객운송사업자의 국내지사 설치신고 또는 변경신고, 여객운송사업자의 운임·요금·운송약관의 신고 또는 변경신고, 여객운송사

업자의 사업계획 변경신고, 해상여객운송사업의 승계 신고, 내항화물운송사업자 또는 외항 부정기 화물운송사업의 등록을 한 자의 신고, 해상화물운송사업을 경영하려는 외국인의 국내지사 설치신고 또는 변경신고, 국내항과 외국항에서 정기화물운송사업을 경영하는 외국인의 운항계획 신고 또는 변경신고, 외항화물운송사업자(국내항과 외국항에서 해상화물운송사업을 경영하는 외국인 화물운송사업자를 포함한다)의 협약 신고 또는 변경신고를 하는 경우부터 적용한다.

제4조【변경신고에 관한 적용례】 이 법 시행 전에 종전의 제24조제1항 후단 또는 제2항 후단에 따라 변경등록의 절차가 진행 중인 경우에는 이 법 시행일에 제24조제4항의 개정규정에 따른 변경신고가 접수된 것으로 보아 같은 조 제5항 및 제6항의 개정규정을 적용한다.

제5조【유류구매카드의 거래기능 정지 등에 관한 적용례】 제41조의3제4항의 개정규정은 이 법 시행 이후 같은 조 제1항 각 호의 어느 하나에 해당하는 행위에 가담하였거나 이를 공모한 경우부터 적용한다.

제6조【결격사유에 관한 경과조치】 이 법 시행 당시 해상여객운송사업의 면허를 받은 자가 이 법 시행 전에 발생한 사유로 인하여 제8조제3호의 개정규정에 따른 결격사유에 해당하게 된 경우에는 같은 개정규정에도 불구하고 종전의 규정에 따른다.

제7조【다른 법률의 개정】 ※(해당 법령에 가제정리 하였음)

부 칙 (2018.12.31 법16166호)

제1조【시행일】 이 법은 공포 후 6개월이 경과한 날부터 시행한다.

제2조【선박의 매매 또는 용대선의 제한 등 조치의 예외인정허가에 관한 적용례】 제49조제4항 및 제5항의 개정규정은 이 법 시행 이후 선박의 매매 또는 용대선의 제한 등 조치의 예외인정허가를 신청하는 경우부터 적용한다.

부 칙 (2019.8.20)

제1조【시행일】 이 법은 공포 후 6개월이 경과한 날부터 시행한다.

제2조【과태료에 관한 경과조치】 이 법 시행 전의 행위에 대하여 과태료를 적용할 때에는 제59조제3항의 개정규정에도 불구하고 종전의 규정에 따른다.

부 칙 (2020.1.29)

제1조【시행일】 이 법은 공포 후 6개월이 경과한 날부터 시행한다.(이하 생략)

부 칙 (2020.2.18)

제1조【시행일】 이 법은 공포 후 6개월이 경과한 날부터 시행한다.

제2조【다른 법률의 개정】 ※(해당 법령에 가제정리 하였음)

부 칙 (2021.4.13)

이 법은 공포한 날부터 시행한다.

부 칙 (2021.8.17)

이 법은 공포 후 6개월이 경과한 날부터 시행한다.

부 칙 (2023.5.16)

제1조【시행일】 이 법은 공포한 날부터 시행한다.(단서 생략)

제2조【이의신청에 관한 일반적 적용례】 이의신청에 관한 개정규정은 이 법 시행 이후 하는 처분부터 적용한다.

제3조~제9조 (생략)

부 칙 (2023.7.25)
(2023.10.31)

제1조【시행일】 이 법은 공포 후 6개월이 경과한 날부터 시행한다.(이하 생략)

유류오염손해배상 보장법

(약칭 : 유류오염배상법)

(2009년 5월 27일 전부개정법률 제9740호)

개정
2013. 3.23법11690호(정부조직)
2013. 4. 5법11757호 2014.10.15법12829호
2019. 8.20법16514호 2020. 2.18법17051호

제1장 총 칙

제1조【목적】 이 법은 유조선 등의 선박으로부터 유출 또는 배출된 유류에 의하여 유류오염사고가 발생한 경우에 선박소유자의 책임을 명확히 하고, 유류오염손해의 배상을 보장하는 제도를 확립함으로써 피해자를 보호하고 선박에 의한 해상운송의 건전한 발전을 도모함을 목적으로 한다.

제2조【정의】 이 법에서 사용하는 용어의 뜻은 다음과 같다.

1. "유조선"이란 산적(散積) 유류(油類)를 화물로 싣고 운송하기 위하여 건조(建造)되거나 개조된 모든 형태의 항해선[부선(浮船)을 포함한다]을 말한다. 다만, 유류 및 다른 화물을 운송할 수 있는 선박은 산적 유류를 화물로 싣고 운송하는 경우 또는 선박에 그 산적 유류의 잔류물이 있는 경우에는 이 법에 따른 유조선으로 본다.
2. "일반선박"이란 유조선과 유류저장부선을 제외한 모든 선박을 말한다.
3. "유류저장부선"이란 「선박안전법」 제2조제1호에 따른 부유식 해상구조물로서 유류를 저장하는 선박을 말한다.
4. "선박소유자"란 다음 각 목의 구분에 따른 자를 말한다.
 가. 유조선 및 일반선박 : 「선박법」 제8조제1항, 「어선법」 제13조제1항 또는 외국의 법령에 따라 선박의 소유자로 등록된 자(등록되어 있지 아니한 경우에는 유조선 또는 일반선박을 소유한 자를 말한다). 다만, 소유자가 외국 정부인 경우에는 그 국가에서 그 유조선 또는 일반선박의 운항자로서 등록되어 있는 회사 또는 그 밖의 단체가 있으면 그 회사 또는 그 밖의 단체를 이 법에 따른 선박소유자로 보고, 국민이 외국 국적의 유조선 또는 일반선박을 선체(船體) 용선(傭船)한 경우에는 선박의 소유자로 등록된 자와 선체 용선자를 모두 이 법에 따른 선박소유자로 본다.
 나. 유류저장부선 : 유류저장부선의 소유자 또는 임차인
5. "유류"란 선박에 화물로서 운송되거나 선용유(船用油)로서 사용되는 원유, 중유 및 윤활유 등 지속성 탄화수소광물성유로서 대통령령으로 정하는 것을 말한다.
6. "연료유"란 윤활유를 포함하여 선박의 운항이나 추진을 위하여 사용되거나 사용될 수 있는 탄화수소광물유를 말한다.
7. "유류오염손해"란 유조선, 일반선박 및 유류저장부선에 의한 다음 각 목의 손해 또는 비용을 말한다.
 가. 유출 또는 배출된 장소와 관계없이 선박으로부터 유류가 유출 또는 배출되어 발생된 오염에 의하여 선박 외부에서 발생한 손실 또는 손해. 이 경우 환경손상으로 인한 이익상실 외의 환경손상에 대한 손실 또는 손해는 그 회복을 위하여 취하였거나 취하여야 할 적절한 조치에 따르는 비용으로 한정한다.(2020.2.18 전단개정)
 나. 방제조치 비용
 다. 방제조치로 인한 추가적 손실 또는 손해
8. "사고"란 유류오염손해를 일으키거나 유류오염손해를 일으킬 수 있는 중대하고 절박한 위험이 있는 사건 또는 원인이 같은 일련의 사건을 말한다.
9. "방제조치"란 사고가 발생한 후에 유류오염손해를 방지하거나 경감하기 위하여 당사자 또는 제3자가 취한 모든 합리적 조치를 말한다.
10. "보험자등"이란 이 법에 따른 유류오염 손해배상 보장계약에 따라 선박소유자의 손해를 전보(塡補)하거나 배상의무의 이행을 담보하는 자를 말한다.
11. "제한채권"이란 선박소유자 또는 보험자등이 이 법에 따라 그 책임을 제한할 수 있는 채권을 말한다.
12. "수익채무자"란 해당 책임제한절차에서 제한채권에 대한 채무자로서 책임제한절차 개시의 신청을 한 자 외의 자를 말한다.
13. "책임협약"이란 「1992년 유류오염손해에 대한 민사책임에 관한 국제협약」을 말한다.
14. "국제기금협약"이란 「1992년 유류오염손해보상을 위한 국제기금의 설치에 관한 국제협약」을 말한다.
15. "국제기금"이란 국제기금협약 제2조제1항에 따른 유류오염손해의 보상을 위한 국제기금을 말한다.
16. "추가기금협약"이란 「1992년 유류오염손해보상을 위한 국제기금의 설치에 관한 국제협약의 2003년 의정서」를 말한다.
17. "추가기금"이란 추가기금협약 제2조제1항에 따른 유류오염손해의 보상을 위한 국제기금을 말한다.
18. "선박연료유협약"이란 「2001년 선박 연료유 오염손해에 대한 민사책임에 관한 국제협약」을 말한다.

제3조【적용범위】 이 법은 대한민국의 영역(영해를 포함한다. 이하 같다) 및 대한민국의 배타적 경제수역에서 발생한 유류오염손해에 대하여 적용한다. 다만, 대한민국의 영역 및 대한민국의 배타적 경제수역에서의 유류오염손해를 방지하거나 경감하기 위한 방제조치에 대하여는 그 장소와 관계없이 이 법을 적용한다.(2020.2.18 단서개정)

제4조【선박의 톤수】 이 법에서 "총톤수"란 국제항해에 종사하는 선박의 경우에는 「선박법」 제3조제1항제1호에 따른 국제총톤수를 말하고, 그 밖의 경우에는 같은 항 제2호에 따른 총톤수를 말한다.

제2장 유조선

제1절 유조선의 유류오염 손해배상책임

제5조【유조선의 유류오염 손해배상책임】 ① 유조선에 의한 유류오염손해가 발생하였을 때에는 사고 당시 그 유조선의 선박소유자는 그 손해를 배상할 책임이 있다. 다만, 그 유류오염손해가 다음 각 호의 어느 하나에 해당하는 경우에는 손해를 배상할 책임이 없다.
1. 전쟁·내란·폭동 또는 천재지변 등 불가항력으로 발생한 경우
2. 유조선의 선박소유자 및 그 사용인이 아닌 제3자의 고의만으로 발생한 경우
3. 국가 및 공공단체의 항로표지 또는 항행보조시설 관리의 하자만으로 발생한 경우

② 둘 이상의 유조선이 관련된 사고로 발생한 유류오염손해가 어느 유조선으로부터 유출 또는 배출된 유류에 의한 것인지 분명하지 아니한 경우에는 각 유조선의 선박소유자는 연대하여 그 손해를 배상할 책임이 있다. 다만, 그 유류오염손해가 제1항 각 호의 어느 하나에 해당하는 경우에는 해당 유조선의 선박소유자는 손해를 배상할 책임이 없다.

③ 유류오염손해배상 사고가 일련의 사건으로 이루어진 경우에는 최초의 사건 당시의 유조선의 선박소유자를 사고 당시의 유조선의 선박소유자로 본다.

④ 대한민국 국민이 선체 용선한 외국 국적의 유조선에 의하여 유류오염손해가 발생한 경우에는 그 유조선의 선박소유자와 선체 용선자가 연대하여 그 손해를 배상할 책임이 있다.

⑤ 다음 각 호의 자에게는 제2장에 따른 유류오염손해배상을 청구하지 못한다.
1. 유조선 선박소유자의 대리인, 사용인 또는 선원
2. 선원이 아닌 자로서 도선사 등 그 선박에 역무를 제공하는 자
3. 유조선의 용선자(제2조제4호가목 단서에 따른 선체 용선자는 제외한다), 관리인 또는 운항자(2013.4.5 본호개정)
4. 유조선 선박소유자의 동의를 받거나 관할 관청의 지시에 따라 구조작업을 수행한 자
5. 방제조치를 한 자
6. 제3호부터 제5호까지의 어느 하나에 해당하는 자의 대리인 또는 사용인

⑥ 유조선에 의한 유류오염손해를 배상한 선박소유자는 사고와 관련된 제3자에 대하여 구상권(求償權)을 행사할 수 있다. 다만, 제5항 각 호의 자에 대한 구상권의 행사는 그 손해가 이들의 고의로 발생한 경우 또는 손해발생의 염려가 있음을 인식하면서 무모하게 한 작위 또는 부작위로 발생한 경우로 한정한다.

제6조【배상책임의 고려】 유조선에 의한 유류오염손해가 피해자의 고의 또는 과실로 발생한 경우에는 법원은 손해배상의 책임 및 금액을 정할 때에는 이를 고려하여야 한다.

제7조【유조선 선박소유자의 책임제한】 ① 제5조제1항 각 호 외의 부분 본문 또는 같은 조 제2항 본문에 따라 유조선에 의한 유류오염 손해배상책임을 지는 유조선의 선박소유자(법인인 경우에는 무한책임사원을 포함한다. 이하 같다)는 이 법에서 정하는 바에 따라 해당 유조선에 의한 유류오염 손해배상책임을 제한할 수 있다. 다만, 그

유조선에 의한 유류오염손해가 유조선 선박소유자 자신의 고의로 발생한 경우 또는 손해발생의 염려가 있음을 인식하면서 무모하게 한 작위 또는 부작위로 발생한 경우에는 그러하지 아니하다.
② 제1항 본문에 따라 유류오염 손해배상책임을 제한하려는 유조선의 선박소유자는 채권자로부터 제8조에 따른 책임한도액을 초과한 유류오염 손해배상청구를 서면으로 받은 날부터 6개월 이내에 법원에 「선박소유자 등의 책임제한절차에 관한 법률」 제9조에 따라 책임제한절차 개시의 신청을 하여야 한다.
제8조【책임한도액】 ① 유조선의 선박소유자가 제7조제1항 본문에 따라 그 책임을 제한할 수 있는 경우 그 책임한도액은 다음 각 호의 어느 하나의 금액으로 한다.
1. 총톤수 5천톤 이하의 유조선 : 451만계산단위에 상당하는 금액
2. 총톤수 5천톤을 초과하는 유조선 : 8천977만계산단위에 상당하는 금액의 범위에서 제1호의 금액에 총톤수 5천톤을 초과하는 톤수에 대하여 톤당 631계산단위를 곱하여 얻은 금액을 더한 금액
② 제1항에서 "계산단위"란 국제통화기금의 특별인출권을 말하고, 계산단위에 대한 한화 표시금액의 산정은 「선박소유자 등의 책임제한절차에 관한 법률」 제11조제2항에 따른다.
제9조【책임제한의 범위】 유조선 선박소유자의 책임제한은 유조선마다 같은 사고로 인하여 생긴 그 유조선과 관계되는 선박소유자 및 보험자등에 대한 모든 제한채권에 미친다.(2020.2.18 본조개정)
제10조【제한채권자가 받는 변제의 비율】 유조선 선박소유자가 제7조에 따라 책임을 제한한 경우에는 제한채권자는 그 제한채권액의 비율에 따라 변제를 받는다.
제11조【권리의 소멸】 제5조제1항 또는 제2항에 따른 유조선 선박소유자에 대한 손해배상청구권은 유류오염손해가 발생한 날부터 3년 이내 또는 유류오염손해의 원인이 되었던 최초의 사고가 발생한 날부터 6년 이내에 재판상 청구가 없는 경우에는 소멸한다.
제12조【유조선 선박소유자에 대한 유류오염 손해배상청구사건의 관할】 유조선 선박소유자에 대한 소송은 다른 법률에 관할 법원이 정하여지지 아니한 경우에는 대법원규칙으로 정하는 법원의 관할에 속한다.
제13조【외국판결의 효력】 ① 책임협약 제9조제1항에 따라 관할권이 있는 외국법원이 유조선에 의한 유류오염 손해배상청구 소송에 관하여 한 확정판결은 다음 각 호의 경우를 제외하고는 그 효력이 있다.
1. 그 판결을 사기에 의하여 받은 경우
2. 피고가 소송의 개시에 필요한 소환 또는 명령의 송달을 받지 못하였거나 자기의 주장을 진술할 공평한 기회를 부여받지 못한 경우
② 제1항에 따른 확정판결에 대한 집행판결에 관하여 「민사집행법」 제27조제2항을 적용할 경우에는 같은 항 제2호 중 "외국판결이 민사소송법 제217조의 조건을 갖추지 아니한 때"는 "「유류오염손해배상 보장법」 제13조제1항 각 호의 어느 하나에 해당하는 때"로 본다.

제2절 유조선의 유류오염 손해배상 보장계약

제14조【보장계약의 체결】 ① 대한민국 국적을 가진 유조선으로 200톤 이상의 산적 유류를 화물로 싣고 운송하는 유조선의 선박소유자는 유류오염 손해배상 보장계약(이하 "보장계약"이라 한다)을 체결하여야 한다.
② 대한민국 국적을 가진 선박 외의 유조선으로서 200톤 이상의 산적 유류를 화물로 싣고 국내항에 입항·출항하거나 국내의 계류시설을 사용하려는 유조선의 선박소유자는 보장계약을 체결하여야 한다.
③ 해양수산부장관은 제1항을 위반한 유조선에 대하여는 항행정지를 명할 수 있다.(2013.3.23 본항개정)
④ 해양수산부장관은 제2항을 위반한 유조선에 대하여는 국내항의 입항·출항을 거부하거나 국내계류시설의 사용을 허가하지 아니할 수 있다.(2013.3.23 본항개정)
제15조【보장계약】 ① 보장계약은 유조선의 선박소유자가 그 선박에 실린 유류에 의한 유류오염손해에 대하여 책임을 지는 경우에 그 배상의무의 이행으로 그 유조선의 선박소유자가 입은 손해를 전보하는 보험계약 또는 그 배상의무의 이행을 담보하는 계약이어야 한다.
② 유조선의 선박소유자는 유조선 선박소유자의 손해를 전보하거나 배상의무의 이행을 담보할 재정능력이 있는 해양수산부령으로 정하는 보험자등과 보장계약을 체결하여야 한다.(2013.3.23 본항개정)
③ 제2항에 따라 체결된 보장계약의 보험금액 또는 배상의무이행담보금액은 유조선마다 제8조에 따른 책임한도액보다 적어서는 아니 된다.
④ 보장계약은 책임협약 제7조제5항에 적합한 경우에 한정하여 그 효력을 상실하게 하거나 그 내용을 변경할 수 있는 것이어야 한다.(2020.2.18 본항개정)
제16조【보험자등에 대한 손해배상청구】 ① 유조선에 의한 유류오염 피해자는 유조선 선박소유자와 보장계약을 체결한 보험자등에 대하여도 직접 손해배상의 지급을 청구할 수 있다. 다만, 유조선 선박소유자의 고의로 손해가 발생한 경우에는 그러하지 아니하다.
② 보험자등은 유조선 선박소유자가 피해자에 대하여 주장할 수 있는 항변만으로 피해자에게 대항할 수 있다.
③ 보험자등의 손해배상에 관하여는 제5조제6항 및 제7조부터 제11조까지의 규정을 준용한다.
제17조【보험자등에 대한 유조선 유류오염 손해배상청구사건의 관할】 제16조제1항 본문에 따라 손해배상을 청구하는 피해자는 보험자등에 대한 소송을 제12조에 따른 관할 법원에도 제기할 수 있다.
제18조【보장계약 증명서】 ① 해양수산부장관은 유조선(책임협약체결국인 외국의 국적을 가진 유조선은 제외한다)에 대하여 보험자등과 보장계약을 체결한 유조선 선박소유자가 신청하면 그 유조선에 대하여 보장계약이 체결되어 있음을 증명하는 서면(이하 "보장계약 증명서"라 한다)을 발급하여야 한다.(2020.2.18 본항개정)
② 제1항에 따라 보장계약 증명서를 발급받으려는 자는 선박의 명칭, 보장계약의 종류, 그 밖에 해양수산부령으로 정하는 사항을 기재한 신청서를 해양수산부장관에게 제출하여야 한다.
③ 보장계약 증명서의 신청, 발급·재발급, 유효기간, 수수료 납부, 그 밖에 필요한 사항은 해양수산부령으로 정한다.
(2013.3.23 본조개정)
제19조【보장계약 증명서 기재사항의 변경】 ① 보장계약 증명서를 발급받은 자는 그 보장계약 증명서의 기재사항이 변경된 경우에는 변경된 날부터 15일 이내에 그 변경사항을 해양수산부장관에게 신고하여야 한다.
② 해양수산부장관은 제1항에 따른 신고를 받은 날부터 3일 이내에 신고수리 여부를 신고인에게 통지하여야 한다.(2019.8.20 본항개정)
③ 해양수산부장관이 제2항에서 정한 기간 내에 신고수리 여부 또는 민원 처리 관련 법령에 따른 처리기간의 연장을 신고인에게 통지하지 아니하면 그 기간(민원 처리 관련 법령에 따라 처리기간이 연장 또는 재연장된 경우에는 해당 처리기간을 말한다)이 끝난 날의 다음 날에 신고를 수리한 것으로 본다.(2019.8.20 본항신설)
④ 해양수산부장관은 제2항에 따라 신고를 수리한 경우(제3항에 따라 신고를 수리한 것으로 보는 경우를 포함한다) 신고인에게 새로운 보장계약 증명서를 발급하여야 한다.(2019.8.20 본항신설)
(2013.3.23 본조개정)
제20조【보장계약 증명서의 비치】 ① 200톤 이상의 산적 유류를 화물로 싣고 운송하는 유조선은 보장계약 증명서를 선박 안에 갖추어 두어야 한다.
② 대한민국 국적을 가진 선박 외의 유조선 중 200톤 이상의 산적유류를 화물로 싣고 국내항에 입항·출항하거나 국내의 계류시설을 사용하는 선박은 책임협약체결국인 외국이 그 선박에 대하여 보장계약이 체결되어 있음을 증명하는 책임협약부속서의 서식에 따른 서면 또는 외국이 책임협약 제7조제12항에 따른 증명서의 기재사항을 적어 발급한 서면을 그 선박 안에 갖추어 두어야 한다.
(2020.2.18 본항개정)

제3절 국제기금에 대한 청구 및 분담금 등

제21조【국제기금에 대한 피해자의 보상청구】 유조선에 의한 유류오염피해자는 유조선의 선박소유자 또는 보험자등으로부터 배상을 받지 못한 유류오염손해금액에 관하여 국제기금협약에서 정하는 바에 따라 국제기금에 대하여 국제기금협약 제4조제1항에 따른 보상을 청구할 수 있다.
(2020.2.18 본조개정)
제22조【국제기금의 소송참가】 ① 국제기금은 계속(係屬) 중인 유조선 선박소유자에 대한 소송이나 보험자등에 대한 소송에 당사자로서 참가할 수 있다.
② 제1항에 따른 소송참가에 관하여는 「민사소송법」 제79조를 준용한다.
제23조【국제기금에 대한 소송의 고지】 ① 당사자는 국제기금에 소송의 계속(係屬)을 고지할 수 있다.
② 제1항에 따른 소송계속의 고지에 관하여는 「민사소송법」 제85조를 준용한다.
제24조【국제기금에 대한 청구소송의 관할】 ① 국제기금협약 제4조제1항에 따른 보상을 청구하기 위한 국제기금에 대한 소송의 관할에 관하여는 제17조를 준용한다.
② 제1항에 따른 관할에도 불구하고 국제기금에 대한 보상청구 소송은 같은 유조선 선박소유자에 대한 손해배상청구 소송 또는 보험자등에 대한 손해배상청구 소송이 제1심 법원에 계속 중이거나 책임제한사건이 계속 중인 경우에는 그 법원의 관할에 전속한다.
제25조【외국판결의 효력】 국제기금협약 제7조제1항 또는 제3항에 따라 관할권이 있는 외국법원이 한 확정판결의 효력에 관하여는 제13조를 준용한다.
제26조【분담유량의 보고】 ① 해상으로 운송되어 국내에 들어오는 유류 중 대통령령으로 정하는 유류(이하 "분담유"라 한다)를 유조선으로부터 수령한 자(이하 "유류수령인"이라 한다)는 연간 수령한 분담유량(이하 "분담유량"이라 한다)의 합계량이 15만톤을 초과하는 경우에는 해양수산부령으로 정하는 바에 따라 그 다음 연도에 그 분담유량을 해양수산부장관에게 보고하여야 한다. 이 경우 대여탱크소유자 등 타인을 위하여 분담유를 수령한 자는 유류수령인으로 보지 아니하고 이들에게 분담유를 수령하게 한 자를 유류수령인으로 본다.(2013.3.23 전단개정)
② 유류수령인의 사업 활동을 지배하는 자가 있는 경우 그 유류수령인의 분담유량의 합계량(유류수령인의 사업활동을 지배하는 자도 분담유를 수령한 경우에는 그 양을 더한 합계량을 포함한다)이 15만톤을 초과하는 경우에는 유류수령인의 사업 활동을 지배하는 자가 해양수산부령으로 정하는 바에 따라 그 다음 연도에 각 유류수령인이 받은 분담유량을 해양수산부장관에게 보고하여야 한다. 이 경우 각 유류수령인에 대하여는 제1항 전단을 적용하지 아니한다.(2013.3.23 전단개정)
③ 제2항에 따른 유류수령인의 사업 활동을 지배하는 자의 범위는 대통령령으로 정한다.
제27조【국제기금에 대한 자료의 송부】 ① 해양수산부장관은 제26조제1항 또는 제2항에 따라 보고를 받은 경우에는 그 내용을 산업통상자원부장관에게 통보하고, 국제기금협약 제15조제2항에 따른 사항을 적은 서면을 국제기금에 송부하여야 한다.
② 해양수산부장관은 제1항에 따라 국제기금에 서면을 송부한 경우에는 그 서면에 기재된 유류수령인에게 국제기금에 통보한 분담유량을 알려야 한다.
(2013.3.23 본조개정)
제28조【분담금의 납부】 ① 제26조제1항 또는 제2항에 따라 분담유량을 보고하여야 할 유류수령인 또는 유류수령인의 사업 활동을 지배하는 자는 국제기금협약 제12조 및 제13조에 따라 국제기금협약 제10조에 따른 분담금(이하 "분담금"이라 한다)을 국제기금에 내야 한다.
② 제1항에 따라 분담금을 내야 하는 자(이하 "납부의무자"라 한다)가 분담금을 체납한 경우에는 해당 분담금과 국제기금의 총회에서 정하는 이자율에 의한 이자를 함께 내야 한다.
제29조【분담금 체납자에 대한 최고】 해양수산부장관은 납부의무자가 분담금을 체납한 경우 분담금납부의 이행을 최고(催告)하여야 한다.(2013.3.23 본조개정)

제4절 추가기금에 대한 청구 및 분담금 등

제30조【추가기금에 대한 피해자의 보상청구】 유조선에 의한 유류오염 피해자는 국제기금의 보상한도액을 초과하는 유류오염손해에 대하여는 추가기금협약에서 정하는 바에 따라 추가기금에 대하여 추가기금협약 제4조제1항에 따른 보상을 청구할 수 있다.
제31조【준용】 제30조에 따른 추가기금에 대한 보상청구 및 분담금 등에 관하여는 제3절(제21조는 제외한다)을 준용한다. 이 경우 제22조부터 제24조까지 및 제28조 중 "국제기금"은 "추가기금"으로 보고, 제24조제1항 중 "국제기금협약 제4조제1항"은 "추가기금협약 제4조제1항"으로 보며, 제25조 중 "국제기금협약 제7조제1항 또는 제3항"은 "추가기금협약 제7조"로 보고, 제27조제1항 중 "국제기금협약 제15조제2항"은 "추가기금협약 제13조제1항"으로 보며, 제28조제1항 중 "국제기금협약 제12조 및 제13조"는 "추가기금협약 제11조, 제12조제1항 및 제18조"로, "국제기금협약 제10조"는 "추가기금협약 제10조"로 본다.

제5절 책임제한절차

제32조【책임제한절차 개시의 신청】 ① 선박소유자 또는 보험자등은 유류오염손해에 대한 책임을 제한하기 위하여 법원에 「선박소유자 등의 책임제한절차에 관한 법률」에 따른 책임제한절차 개시를 신청할 수 있다.
② 제1항에 따라 신청된 책임제한절차 개시의 신청사건(이하 "책임제한사건"이라 한다)의 관할은 그 유조선 유류오염손해가 발생한 곳을 관할하는 지방법원에 전속한다.
③ 대한민국의 영역 및 대한민국의 배타적 경제수역 안에서 손해가 발생하는 것을 방지하기 위하여 그 영역 및 배타적 경제수역 밖에서 취한 방제조치에 관한 책임제한사건으로서 제2항에 따라 관할 법원이 정하여지지 아니하는 경우에는 대법원규칙으로 정하는 법원의 관할에 전속한다.
제33조【책임제한사건의 이송】 법원은 뚜렷한 손해 또는 지연을 피하기 위하여 필요하다고 인정하는 경우에는 직권으로 책임제한사건을 다른 관할 법원이나 제한채권자의 보통재판적이 있는 곳의 법원 또는 같은 사고로 생긴 유조선 유류오염손해에 관한 책임제한사건이 계속 중인 법원에 이송할 수 있다.
제34조【공탁명령】 ① 법원은 제32조제1항에 따른 책임제한절차 개시의 신청이 합당하다고 인정하는 경우에는 신청인에 대하여 14일을 넘지 아니하는 일정한 기간에 제8조에 따른 책임한도액에 상당하는 금액과 이에 대한 사고발생일 또는 그 밖에 법원이 정하는 기산일부터 공탁 지정일까지 연 6분의 비율에 따른 이자를 더한 금액을 공탁할 것을 명하여야 한다.
② 제1항에 따른 공탁금액의 산정과 공탁명령의 송달에 관하여는 「선박소유자 등의 책임제한절차에 관한 법률」 제11조제2항·제3항을 준용한다.

③ 책임제한절차 개시 신청인은 법원의 허가를 받아 제1항에 따른 공탁금을 현금 대신 공탁보증서로 대신 제출할 수 있다.
④ 제3항에 따른 공탁보증서에 관하여는 「선박소유자 등의 책임제한절차에 관한 법률」 제13조부터 제15조까지의 규정을 준용한다.
⑤ 제1항의 결정에 대하여는 즉시 항고할 수 있다.
제35조【국제기금의 참가】 국제기금은 대법원규칙으로 정하는 바에 따라 책임제한절차에 참가할 수 있다.
제36조【국제기금에 대한 책임제한절차 계속의 고지】 ① 책임제한절차 개시를 신청한 자, 수익채무자 또는 책임제한절차에 참가한 자는 국제기금에 책임제한절차의 계속을 고지할 수 있다.
② 제1항에 따라 고지를 하려는 자는 제41조에서 준용하는 「선박소유자 등의 책임제한절차에 관한 법률」 제21조제1항 각 호의 사항을 적은 서면을 법원에 제출하여야 한다.
③ 법원은 제2항에 따른 서면을 국제기금에 송달하여야 한다.
제37조【국제기금에 대한 책임제한절차 개시결정 취소 공고 등의 송달】 ① 법원은 국제기금이 책임제한절차에 참가하거나 국제기금에게 제36조제3항에 따라 서면을 송달한 후에 제41조에서 준용하는 「선박소유자 등의 책임제한절차에 관한 법률」 제21조제1항 각 호의 사항이 변경된 경우에는 그 변경사항을 적은 서면을 송달하고, 제41조에서 준용하는 「선박소유자 등의 책임제한절차에 관한 법률」 제25조제1항, 제83조제1항 및 제85조제1항에 따라 공고한 경우에는 그 공고사항을 적은 서면을 국제기금에 송달하여야 한다.
② 제1항에 따른 송달에 관하여는 「선박소유자 등의 책임제한절차에 관한 법률」 제8조를 준용한다.
제38조【방제조치를 한 선박소유자의 책임제한절차에의 참가】 ① 방제조치를 취한 선박소유자는 그 방제조치의 비용 등에 관하여 제한채권을 가지는 자로서 책임제한절차에 참가할 수 있다.
② 제1항에 따른 책임제한절차의 참가에 관하여는 「선박소유자 등의 책임제한절차에 관한 법률」 제43조 · 제45조 및 제48조를 준용한다.
제39조【소송절차의 중지】 ① 제41조에서 준용하는 「선박소유자 등의 책임제한절차에 관한 법률」 제43조에 따라 신고한 제한채권에 관하여 그 채권의 채권자와 신청인 또는 수익채무자 간에 소송이 계속 중인 때에는 법원은 국제기금이 그 소송에 참가하고 있거나 제23조제1항에 따른 고지를 받은 경우에는 원고의 신청을 받아서 하거나 직권으로 그 소송절차의 중지를 명할 수 있으며, 그 외의 경우에는 원고의 신청을 받아 그 소송절차의 중지를 명할 수 있다.
② 제38조제2항에서 준용하는 「선박소유자 등의 책임제한절차에 관한 법률」 제43조에 따라 신고한 제한채권에 관하여 국제기금협약 제4조제1항에 따른 보상을 청구하기 위한 국제기금에 대한 소송이 계속 중인 때에는 법원은 직권으로 그 소송절차의 중지를 명할 수 있다.
③ 제1항의 경우 원고의 신청을 받아 소송절차의 중지를 명한 때에는 법원은 원고의 신청을 받아 그 소송절차의 중지결정을 취소할 수 있다.
제40조【추가기금의 참가 등】 추가기금의 책임제한절차 참가, 추가기금에 대한 책임제한절차 계속의 고지 등에 관하여는 제35조부터 제37조까지 및 제39조를 준용한다. 이 경우 제35조부터 제37조까지 및 제39조 중 "국제기금"은 "추가기금"으로 보고, 제39조제2항 중 "국제기금협약"은 "추가기금협약"으로 본다.
제41조【「선박소유자 등의 책임제한절차에 관한 법률」의 준용】 이 법에 따른 책임제한절차에 관하여는 이 법의 규정 외에 「선박소유자 등의 책임제한절차에 관한 법률」을 준용한다. 이 경우 「선박소유자 등의 책임제한절차에 관한 법률」 제4조, 제6조부터 제8조까지, 제27조, 제34조 및 제88조 중 "이 법"은 각각 "「유류오염손해배상 보장법」 제41조에서 준용하는 이 법"으로, 같은 법 제10조 중 "「상법」 제770조제1항 각호의 구별에 의한 제한채권(그 원인사실이 발생한 이후의 이자나 지연손해금 또는 위약금등의 청구권을 제외한다. 제18조제1호에 있어서도 같다)의 각 총액이 이에 대응하는 각 책임한도액을 초과함"은 "제한채권의 액이 「유류오염손해배상 보장법」 제8조의 책임한도액을 초과함"으로, 같은 법 제11조제1항 중 "「상법」 제770조제1항 각 호와 제4항의 규정에 의한 책임한도액"은 "「유류오염손해배상 보장법」 제8조에 따른 책임한도액"으로, 같은 법 제17조제1호 중 "「상법」 제776조제1항"은 "「유류오염손해배상 보장법」 제7조제2항"으로, 같은 법 제18조제1호 중 "「상법」 제770조제1항"은 "「유류오염손해배상 보장법」 제8조제1항"으로, 같은 조 제2호 중 "「상법」 제769조 각 호 외의 부분 단서 또는 제773조 각호의 사유"는 "「유류오염손해배상 보장법」 제7조제1항 단서의 경우"로, 같은 법 제53조 중 "그 내용 및 「상법」 제770조제1항 각호의 구별에 의한 제한채권의 분류를"은 "그 내용을"로, 같은 법 제56조 중 "그 내용과 「상법」 제770조제1항 각호의 구별에 의한 제한채권의 분류가"는 "그 내용이"로, 같은 법 제57조제2항 중 "그 내용 및 「상법」 제770조제1항 각호의 구별에 의한 제한채권의 분류를"은 "그 내용을"로, 같은 법 제66조제2항 각 호 외의 부분 중 "「상법」 제770조제1항 각호에 의한 제한채권의 분류에 따라 다음 사항을"은 "다음 사항을"로 본다.
제42조【대법원규칙】 이 법에서 정한 사항 외에 이 법에 따른 책임제한절차에 관하여 필요한 사항은 대법원규칙으로 정한다.

제3장 일반선박과 유류저장부선

제1절 일반선박과 유류저장부선의 유류오염 손해배상책임

제43조【일반선박의 유류오염 손해배상책임】 ① 일반선박의 선박소유자는 일반선박의 연료유로 발생한 유류오염손해를 배상할 책임이 있다. 다만, 해당 일반선박의 연료유로 발생한 유류오염손해가 제5조제1항 각 호의 어느 하나에 해당하는 경우에는 손해를 배상할 책임이 없다. (2013.4.5 단서개정)
② 일반선박의 연료유로 발생한 유류오염 손해배상책임에 관하여는 제5조제2항부터 제4항까지, 같은 조 제6항 본문 및 제6조를 준용한다. 이 경우 "유조선"은 "일반선박"으로, "유류"는 "연료유"로, "유조선의 선박소유자"는 "일반선박의 선박소유자"로 본다.(2013.4.5 전단개정)
③ 일반선박의 선박소유자에 대한 손해배상청구권에 관하여는 제11조를 준용한다. 이 경우 "유조선 선박소유자"는 "일반선박의 선박소유자"로 본다.
제44조【유류저장부선의 유류오염 손해배상책임】 ① 유류저장부선의 선박소유자는 유류저장부선의 유류에 의하여 유류오염손해가 발생한 경우에는 그 손해를 배상할 책임이 있다. 다만, 해당 유류오염손해가 제5조제1항 각 호의 어느 하나에 해당하는 경우에는 손해를 배상할 책임이 없다.
② 유류저장부선에 의한 유류오염 손해배상책임에 관하여는 제5조제2항부터 제4항까지, 같은 조 제6항 본문 및 제6조를 준용한다. 이 경우 "유조선"은 "유류저장부선"으로, "유조선의 선박소유자"는 "유류저장부선의 선박소유자"로 본다.
③ 유류저장부선의 선박소유자에 대한 손해배상청구권에 관하여는 제11조를 준용한다. 이 경우 "유조선 선박소유자"는 "유류저장부선의 선박소유자"로 본다.
제45조【일반선박 선박소유자의 책임제한】 일반선박의 연료유로 발생한 유류오염손해의 배상책임이 있는 일반선박 선박소유자(법인인 일반선박 선박소유자 등의 무한책임사원을 포함한다)의 책임제한에 관하여는 제9조 및 제10조를 준용하고, 「상법」 제769조, 제770조제1항, 제771조, 제773조제4호 및 제774조부터 제776조까지의 규정을 적용한다. 제9조 및 제10조를 준용하는 경우 "유조선"은 "일반선박"으로 본다.(2013.4.5 전단개정)
제46조【유류저장부선 선박소유자의 책임제한】 유류저장부선에 의한 유류오염손해의 배상책임이 있는 유류저장부선의 선박소유자(법인인 유류저장부선 소유자 등의 무한책임사원을 포함한다)의 책임제한에 관하여는 제7조부터 제10조까지, 제32조부터 제34조까지, 제38조 · 제39조 및 제41조를 준용한다. 이 경우 "유조선"은 "유류저장부선"으로 본다.

제2절 일반선박과 유류저장부선의 유류오염 손해배상 보장계약

제47조【보장계약의 체결】 ① 다음 각 호의 어느 하나에 해당하는 선박의 소유자는 제43조제1항 본문 및 제44조제1항 본문에 따른 유류오염 손해배상책임을 담보하기 위하여 유류오염 손해배상 보장계약(이하 "손해배상 보장계약"이라 한다)을 체결하여야 한다.
1. 총톤수 1천톤을 초과하는 대한민국 국적의 일반선박(연료유를 싣지 아니한 선박 등 해양수산부령으로 정하는 일반선박은 제외한다)
2. 200톤 이상의 유류를 저장하는 유류저장부선
(2013.4.5 본항개정)
② 총톤수 1천톤을 초과하는 외국 국적의 일반선박으로서 국내항에 입항 · 출항하거나 국내의 계류시설을 사용하려는 일반선박의 선박소유자는 손해배상 보장계약을 체결하여야 한다.
③ 해양수산부장관은 제1항을 위반한 일반선박에 대하여 항행정지를 명할 수 있다.(2013.3.23 본항개정)
④ 해양수산부장관은 제2항을 위반한 일반선박에 대하여 국내항의 입항 · 출항을 거부하거나 국내계류시설의 사용을 허가하지 아니할 수 있다.(2013.3.23 본항개정)
제48조【손해배상 보장계약】 ① 손해배상 보장계약은 일반선박 또는 유류저장부선의 선박소유자가 해당 선박의 유류오염손해에 대하여 책임을 지는 경우 그 배상의 이행으로 그 선박의 선박소유자가 입은 손해를 전보하는 보험계약 또는 그 배상의무의 이행을 담보하는 계약이어야 한다.
② 일반선박 또는 유류저장부선의 선박소유자가 손해배상 보장계약을 체결할 수 있는 보험자등에 관하여는 제15조제2항을 준용한다. 이 경우 "유조선의 선박소유자"는 "일반선박 또는 유류저장부선의 선박소유자"로 본다.
③ 손해배상 보장계약은 다음 각 호의 금액보다 적어서는 아니 된다.
1. 일반선박 선박소유자의 손해(유류오염으로 인한 간접적인 손해도 포함한다)를 전보하기 위한 보험금액 또는 배상의무이행담보금액은 일반선박마다 「상법」 제770조제1항제3호에 따른 책임한도액
2. 유류저장부선의 선박소유자의 손해(유류오염으로 인한 간접적인 손해도 포함한다)를 전보하기 위한 보험금액 또는 배상의무이행담보금액은 유류저장부선마다 제8조에 따른 책임한도액
제49조【준용】 ① 일반선박과 유류저장부선의 손해배상 보장계약과 보험자 등에 대한 손해배상청구에 관하여는 제16조부터 제19조까지의 규정을 준용한다. 이 경우 "유조선"은 "일반선박 또는 유류저장부선"으로, "보장계약"은 "손해배상 보장계약"으로, "유조선의 선박소유자"는 "일반선박 또는 유류저장부선의 선박소유자"로, "책임협약체결국"은 "선박연료유협약의 체결국"으로 본다. (2020.2.18 후단개정)
② 선박연료유협약 제9조제1항에 따라 관할권이 있는 외국법원이 재판한 일반선박의 연료유로 발생한 유류오염 손해배상청구 소송의 확정판결에 관하여는 제13조를 준용한다.(2013.4.5 본항신설)
제50조【손해배상 보장계약 증명서의 비치】 ① 대한민국 국적을 가진 총톤수 1천톤을 초과하는 일반선박은 손해배상 보장계약 증명서를 선박 안에 갖추어 두어야 한다.
② 유류저장부선은 손해배상 보장계약 증명서를 유류저장부선 또는 유류저장부선의 선박소유자의 주된 사무소에 갖추어 두어야 한다.
③ 총톤수 1천톤을 초과하는 외국 국적의 일반선박이 국내항에 입항하거나 출항하는 경우 또는 국내의 계류시설을 이용하려는 경우에는 손해배상 보장계약 증명서를 선박 안에 갖추어 두어야 한다.

제4장 보 칙

제51조【선박우선특권】 ① 유조선, 일반선박 및 유류저장부선의 유류오염손해에 관한 제한채권자는 그 제한채권에 관하여 사고 선박, 그 속구(屬具) 및 수령하지 아니한 운임에 대하여 우선특권이 있다.
② 제1항에 따른 우선특권은 「상법」 제777조제1항제4호의 다음 순위로 한다.
③ 제1항에 따른 우선특권에 관하여는 「상법」 제777조부터 제786조까지의 규정을 준용한다.
제52조【협약체결국인 외국에서의 책임제한 형성의 효과】 ① 책임협약의 체결국인 외국에서 책임협약 제5조제3호에 따라 책임제한이 형성된 경우에는 선주의 책임한도액으로부터 지급받을 수 있는 제한채권을 가진 채권자는 그 책임한도액 외에 선박소유자 또는 보험자등의 재산에 대하여 권리를 행사하지 못한다.(2020.2.18 본항개정)
② 제1항의 경우에는 「선박소유자 등의 책임제한절차에 관한 법률」 제28조부터 제30조까지의 규정을 준용한다. (2020.2.18 본조제목개정)
제53조【유류오염손해의 감정】 유류오염으로 인한 손해의 조사, 손해액의 산정, 유류오염손해의 감정을 하는 자가 갖추어야 할 요건에 관하여 필요한 경우에는 대통령령으로 정한다.
제54조【보장계약정보】 ① 국외의 지역에 있는 항으로부터 국내항으로 입항하려는 특정선박(200톤 이상의 산적 유류 운송용으로 제공되는 유조선 또는 총톤수 1천톤을 초과하는 일반선박을 말한다. 이하 이 장에서 같다)의 선장은 해양수산부령으로 정하는 바에 따라 미리 특정선박의 명칭, 선적항(船籍港), 이 법에 따른 보장계약 또는 손해배상 보장계약 체결유무 등 해양수산부령으로 정한 사항(이하 "보장계약정보"라 한다)을 해양수산부장관에게 통보하여야 한다. 통보한 보장계약정보를 변경하려는 경우에도 또한 같다.(2013.3.23 전단개정)
② 제1항에도 불구하고 특정선박의 선장은 악천후, 조난, 그 밖의 해양수산부령으로 정하는 사유 등 부득이한 사유로 보장계약정보를 입항하기 전에 해양수산부장관에게 통보할 수 없는 경우에는 해양수산부령으로 정하는 바에 따라 입항한 후에 즉시 보장계약정보를 통보하여야 한다. (2013.3.23 본항개정)
③ 제1항과 제2항에 따른 보장계약정보의 통보는 해당 특정선박의 선박소유자 또는 그 대리인도 할 수 있다.
제55조【출입 검사 · 보고 등】 ① 해양수산부장관은 필요하다고 인정하는 때에는 제20조 · 제26조 또는 제50조에 따른 관계 서류의 제출을 명하거나 소속 공무원으로 하여금 선박 또는 사업장에 출입하여 관계 서류를 검사 또는 확인하게 할 수 있다.(2013.3.23 본항개정)
② 선박소유자가 제20조제1항 또는 제50조제1항에 따른 보장계약 증명서의 사본과 그 관련 서류를 제출한 경우에는 제1항에 따른 출입검사를 받은 것으로 본다. 다만, 제출서류 검사결과에 의문이 있는 경우에는 소속 공무원으로 하여금 출입검사를 하게 할 수 있다.

③ 해양수산부장관은 제1항과 제2항에 따른 검사대상 선박의 선정, 검사의 예고 및 검사결과의 조회 등을 하기 위하여 전산처리 제도를 운영할 수 있다.(2013.3.23 본항개정)
④ 해양수산부장관은 제1항 및 제2항 단서에 따라 출입검사를 하려는 경우에는 검사자, 검사 일시, 이유 및 내용 등에 관한 사항을 사업장에는 검사 7일 전까지, 선박소유자에게는 사전에 알리고, 검사완료 후에는 그 결과를 통보하여야 한다. 다만, 긴급하거나 사전에 알릴 경우 증거인멸 등으로 검사 또는 확인의 목적을 달성할 수 없다고 인정되는 경우에는 그러하지 아니하다.(2020.2.18 단서개정)
⑤ 제1항 및 제2항 단서에 따라 검사 또는 확인을 하려는 자는 그 권한을 나타내는 증표를 지니고 이를 관계인에게 내보여야 한다.
제56조【공용 선박】 이 법은 대한민국이 소유하는 선박으로서 공공 목적에 제공하는 선박에 대하여는 적용하지 아니한다.
제57조【권한의 위임·위탁】 ① 이 법에 따른 해양수산부장관의 권한은 대통령령으로 정하는 바에 따라 그 일부를 그 소속 기관의 장에게 위임할 수 있다.(2013.3.23 본항개정)
② 다음 각 호의 업무는 대통령령으로 정하는 바에 따라 해양수산부장관이 지정하는 해상재해방지 전문기관에 위탁할 수 있다.(2013.3.23 본문개정)
1. 제26조제1항 및 제2항에 따른 분담유량 보고의 접수·처리
2. 제27조제1항에 따른 통보 및 서면 송부, 같은 조 제2항에 따른 분담유량의 통지
3. 제29조에 따른 분담금납부 이행의 최고

제5장 벌 칙

제58조【관리인의 수뢰죄】 ① 제41조에서 준용하는「선박소유자 등의 책임제한절차에 관한 법률」제20조에 따라 선임된 관리인 또는 제41조에서 준용하는「선박소유자 등의 책임제한절차에 관한 법률」제37조에 따라 선임된 관리인대리가 그 직무에 관하여 뇌물을 수수(收受), 요구 또는 약속한 경우에는 5년 이하의 징역 또는 5천만원 이하의 벌금에 처한다.(2020.2.18 본항개정)
② 제1항의 경우 수수된 뇌물은 몰수한다. 그 전부 또는 일부를 몰수할 수 없을 때에는 그 가액(價額)을 추징한다.
제59조【뇌물의 공여 등】 제58조제1항에 따른 뇌물을 약속·공여 또는 공여의 의사를 표시한 자는 3년 이하의 징역 또는 3천만원 이하의 벌금에 처한다.(2014.10.15 본조개정)
제60조【벌칙】 다음 각 호의 어느 하나에 해당하는 자는 3년 이하의 징역 또는 3천만원 이하의 벌금에 처한다.(2014.10.15 본문개정)
1. 제14조제1항 또는 제47조제1항에 따른 보장계약을 체결하지 아니한 자
2. 제14조제2항 또는 제47조제2항에 따라 보장계약을 체결하지 아니하고 국내항에 입항·출항 또는 국내의 계류시설을 사용한 자
3. 거짓이나 그 밖의 부정한 방법으로 제18조(제49조에서 준용하는 경우를 포함한다)에 따른 증명서를 발급 또는 재발급받은 자
제61조【벌칙】 제41조에서 준용하는「선박소유자 등의 책임제한절차에 관한 법률」제34조제2항에 따른 보고 또는 서류제출을 요구받고, 이를 보고하지 아니하거나 거짓 보고를 한 자 또는 서류를 제출하지 아니하거나 거짓 서류를 제출한 자는 1년 이하의 징역 또는 1천만원 이하의 벌금에 처한다.(2014.10.15 본조개정)
제62조【벌칙】 다음 각 호의 어느 하나에 해당하는 자는 500만원 이하의 벌금에 처한다.
1. 제54조제1항에 따른 통보(변경통보를 포함한다)를 하지 아니하거나 거짓으로 한 자
2. 제54조제2항에 따른 통보를 하지 아니하거나 거짓으로 한 자
3. 정당한 사유 없이 제55조제1항에 따른 관계 서류의 제출명령을 위반하여 관계 서류를 제출하지 아니하거나 거짓으로 관계 서류를 제출한 자
4. 정당한 사유 없이 제55조제1항 또는 제2항 단서에 따른 소속 공무원의 검사 또는 확인을 거부·방해 또는 기피한 자
제63조【양벌규정】 법인의 대표자나 법인 또는 개인의 대리인, 사용인, 그 밖의 종업원이 그 법인 또는 개인의 업무에 관하여 제60조부터 제62조까지의 어느 하나에 해당하는 위반행위를 하면 그 행위자를 벌하는 외에 그 법인 또는 개인에게도 해당 조문의 벌금형을 과(科)한다. 다만, 법인 또는 개인이 그 위반행위를 방지하기 위하여 해당 업무에 관하여 상당한 주의와 감독을 게을리하지 아니한 경우에는 그러하지 아니하다.
제64조【벌칙 적용에서의 공무원 의제】 해양수산부장관이 제57조제2항에 따라 위탁한 업무에 종사하는 해상재해방지 전문기관의 임직원은「형법」제129조부터 제132조까지의 규정에 따른 벌칙을 적용할 때에는 공무원으로 본다.(2013.3.23 본조개정)
제65조【과태료】 ① 다음 각 호의 어느 하나에 해당하는 자에게는 500만원 이하의 과태료를 부과한다.
1. 제19조제1항을 위반하여 신고를 하지 아니하거나 거짓으로 신고한 자
2. 제20조제1항 또는 제50조제1항을 위반하여 선박 안에 증명서를 갖추어 두지 아니한 자
3. 제20조제2항 또는 제50조제3항을 위반하여 선박 안에 증명서 등을 갖추어 두지 아니하고 국내항에 입항·출항하거나 계류시설을 사용한 자
4. 제26조제1항 또는 제2항에 따른 보고를 하지 아니하거나 거짓으로 보고한 자
5. 제50조제2항을 위반하여 유류저장부선 또는 유류저장부선의 선박소유자의 주된 사무소에 증명서를 갖추어 두지 아니한 자
② 제1항에 따른 과태료는 대통령령으로 정하는 바에 따라 해양수산부장관(제57조제1항에 따라 그 권한이 위임된 경우에는 권한의 위임을 받은 소속 기관의 장을 말한다)이 부과·징수한다.(2013.3.23 본항개정)

부 칙

제1조【시행일】 이 법은 공포 후 6개월이 경과한 날부터 시행한다. 다만, 제30조·제31조 및 제40조의 개정규정은 추가기금협약이 우리나라에서 효력을 발생하는 날부터 시행한다.
제2조【벌칙 등에 관한 경과조치】 이 법 시행 당시 종전의 행위에 대하여 벌칙 및 과태료를 적용할 때에는 행위 당시의 규정에 따른다.
제3조【다른 법률의 개정】 ※(해당 법령에 가제정리 하였음)
제4조【다른 법령과의 관계】 이 법 시행 당시 다른 법령에서 종전의「유류오염손해배상 보장법」의 규정을 인용한 경우에 이 법 가운데 그에 해당하는 규정이 있는 때에는 종전의 규정을 갈음하여 이 법의 해당 조항을 인용한 것으로 본다.

부 칙 (2013.4.5)

제1조【시행일】 이 법은 공포 후 3개월이 경과한 날부터 시행한다.
제2조【일반선박 선박소유자의 책임제한에 관한 적용례】 제45조 전단의 개정규정은 이 법 시행 후 최초로 일반선박의 연료유에 의한 유류오염손해의 원인이 된 사실이 발생한 사건부터 적용한다.

부 칙 (2019.8.20)

제1조【시행일】 이 법은 공포 후 1개월이 경과한 날부터 시행한다.
제2조【보장계약 증명서 기재사항의 변경신고 등에 관한 적용례】 제19조제2항부터 제4항까지의 개정규정은 이 법 시행 이후 보장계약 증명서 기재사항의 변경신고를 하는 경우부터 적용한다.

부 칙 (2020.2.18)

이 법은 공포한 날부터 시행한다.

선박법

(1982년 12월 31일 전개법률 제3641호)

개정
1997.12.13법 5454호(정부부처명)
1999. 2. 5법 5809호(해양사고의조사및심판에관한법)
1999. 4.15법 5972호
2007. 1. 3법 8221호(선박안전법)
2007. 8. 3법 8621호
2008. 2.29법 8852호(정부조직)
2008. 3.28법 9007호(어선법)
2009.12.29법 9870호
2010. 3.31법10219호(지방세기본법)
2011. 6.15법10799호(수상레저안전법)
2013. 3.23법11690호(정부조직)
2014. 3.24법12537호 2015. 3.27법13266호
2016.12.27법14476호(지방세징수법)
2018.12.31법16151호
2018.12.31법16160호(한국해양교통안전공단법)
2022. 6.10법18957호(수상레저기구의등록및검사에관한법)

제1조【목적】 이 법은 선박의 국적에 관한 사항과 선박톤수의 측정 및 등록에 관한 사항을 규정함으로써 해사(海事)에 관한 제도를 적정하게 운영하고 해상(海上) 질서를 유지하여, 국가의 권익을 보호하고 국민경제의 향상에 이바지함을 목적으로 한다.(2009.12.29 본조개정)
제1조의2【정의】 ① 이 법에서 "선박"이란 수상 또는 수중에서 항행용으로 사용하거나 사용할 수 있는 배 종류를 말하며 그 구분은 다음 각 호와 같다.
1. 기선 : 기관(機關)을 사용하여 추진하는 선박[선체(船體) 밖에 기관을 붙인 선박으로서 그 기관을 선체로부터 분리할 수 있는 선박 및 기관과 돛을 모두 사용하는 경우로서 주로 기관을 사용하는 선박을 포함한다]과 수면비행선박(표면효과 작용을 이용하여 수면에 근접하여 비행하는 선박을 말한다)
2. 범선 : 돛을 사용하여 추진하는 선박(기관과 돛을 모두 사용하는 경우로서 주로 돛을 사용하는 것을 포함한다)
3. 부선 : 자력항행능력(自力航行能力)이 없어 다른 선박에 의하여 끌리거나 밀려서 항행되는 선박
② 이 법에서 "소형선박"이란 다음 각 호의 어느 하나에 해당하는 선박을 말한다.
1. 총톤수 20톤 미만인 기선 및 범선
2. 총톤수 100톤 미만인 부선
(2009.12.29 본조개정)
제2조【한국선박】 다음 각 호의 선박을 대한민국 선박(이하 "한국선박"이라 한다)으로 한다.
1. 국유 또는 공유의 선박
2. 대한민국 국민이 소유하는 선박
3. 대한민국의 법률에 따라 설립된 상사법인(商事法人)이 소유하는 선박
4. 대한민국에 주된 사무소를 둔 제3호 외의 법인으로서 그 대표자(공동대표인 경우에는 그 전원)가 대한민국 국민인 경우에 그 법인이 소유하는 선박
(2009.12.29 본조개정)
제3조【선박톤수】 ① 이 법에서 사용하는 선박톤수의 종류는 다음 각 호와 같다.
1. 국제총톤수 :「1969년 선박톤수측정에 관한 국제협약」(이하 "협약"이라 한다) 및 협약의 부속서(附屬書)에 따라 주로 국제항해에 종사하는 선박에 대하여 그 크기를 나타내기 위하여 사용되는 지표를 말한다.
2. 총톤수 : 우리나라의 해사에 관한 법령을 적용할 때 선박의 크기를 나타내기 위하여 사용되는 지표를 말한다.
3. 순톤수 : 협약 및 협약의 부속서에 따라 여객 또는 화물의 운송용으로 제공되는 선박 안에 있는 장소의 크기를 나타내기 위하여 사용되는 지표를 말한다.
4. 재화중량톤수 : 항행의 안전을 확보할 수 있는 한도에서 선박의 여객 및 화물 등의 최대적재량을 나타내기 위하여 사용되는 지표를 말한다.
② 제1항 각 호의 선박톤수의 측정기준은 해양수산부령으로 정한다.(2013.3.23 본항개정)
(2009.12.29 본조개정)
제4조【다른 법률과의 관계】 선박톤수의 측정기준에 관하여는 다른 법률에 특별한 규정이 있는 경우를 제외하고는 이 법에서 정하는 바에 따른다.(2009.12.29 본조개정)
제5조【국기의 게양】 ① 한국선박이 아니면 대한민국 국기를 게양할 수 없다.
② 제1항에도 불구하고 대한민국의 항만에 출입하거나 머무는 한국선박 외의 선박은 선박의 마스트나 그 밖에 외부에서 눈에 잘 띄는 곳에 대한민국 국기를 게양할 수 있다.(2014.3.24 본항신설)
(2009.12.29 본조개정)
제6조【불개항장에의 기항과 국내 각 항간에서의 운송금지】 한국선박이 아니면 불개항장(不開港場)에 기항(寄港)하거나, 국내 각 항간(港間)에서 여객 또는 화물의 운송을 할 수 없다. 다만, 법률 또는 조약에 다른 규정이 있거나, 해양사고 또는 포획(捕獲)을 피하려는 경우 또는 해양수산부장관의 허가를 받은 경우에는 그러하지 아니하다.(2013.3.23 단서개정)

제7조【선박톤수 측정의 신청】 ① 한국선박의 소유자는 대한민국에 선적항(船籍港)을 정하고 그 선적항 또는 선박의 소재지를 관할하는 지방해양수산청장(지방해양수산청 해양수산사무소장을 포함한다. 이하 "지방해양수산청장"이라 한다)에게 선박의 총톤수의 측정을 신청하여야 한다.(2018.12.31 본항개정)
② 선적항을 관할하는 지방해양수산청장은 선박의 소재지를 관할하는 지방해양수산청장에게 선박톤수를 측정하게 할 수 있다.(2018.12.31 본항개정)
③ 외국에서 취득한 선박을 외국 각 항간에서 항행시키는 경우 선박소유자는 대한민국 영사에게 그 선박톤수의 측정을 신청할 수 있다.
④ 선박톤수의 측정을 위한 신청에 필요한 사항은 해양수산부령으로 정한다.(2013.3.23 본항개정)
(2009.12.29 본조개정)
제8조【등기와 등록】 ① 한국선박의 소유자는 선적항을 관할하는 지방해양수산청장에게 해양수산부령으로 정하는 바에 따라 선박을 취득한 날부터 60일 이내에 그 선박의 등록을 신청하여야 한다. 이 경우 「선박등기법」 제2조에 해당하는 선박은 선박의 등기를 한 후에 선박의 등록을 신청하여야 한다.(2018.12.31 전단개정)
② 지방해양수산청장은 제1항의 등록신청을 받으면 이를 선박원부(船舶原簿)에 등록하고 신청인에게 선박국적증서를 발급하여야 한다.(2018.12.31 본항개정)
③ 선박국적증서의 발급에 필요한 사항은 해양수산부령으로 정한다.(2013.3.23 본항개정)
④ 선박의 등기에 관하여는 따로 법률로 정한다.
(2009.12.29 본조개정)
제8조의2【소형선박 소유권 변동의 효력】 소형선박 소유권의 득실변경(得失變更)은 등록을 하여야 그 효력이 생긴다.(2009.12.29 본조개정)
제8조의3【압류등록】 소형선박 등록관청은 「민사집행법」에 따라 법원에서 압류등록을 위촉하거나 「국세징수법」 또는 「지방세징수법」에 따라 행정관청에서 압류등록을 위촉하는 경우에는 해당 소형선박의 등록원부에 대통령령으로 정하는 바에 따라 압류등록을 하고 선박소유자에게 통지하여야 한다.(2016.12.27 본조개정)
제9조【임시선박국적증서의 발급신청】 ① 국내에서 선박을 취득한 자가 그 취득지를 관할하는 지방해양수산청장의 관할구역에 선적항을 정하지 아니할 경우에는 그 취득지를 관할하는 지방해양수산청장에게 임시선박국적증서(臨時船舶國籍證書)의 발급을 신청할 수 있다.
(2018.12.31 본항개정)
② 외국에서 선박을 취득한 자는 지방해양수산청장 또는 그 취득지를 관할하는 대한민국 영사에게 임시선박국적증서의 발급을 신청할 수 있다.(2018.12.31 본항개정)
③ 제2항에도 불구하고 외국에서 선박을 취득한 자가 지방해양수산청장 또는 해당 선박의 취득지를 관할하는 대한민국 영사에게 임시선박국적증서의 발급을 신청할 수 없는 경우에는 선박의 취득지에서 출항한 후 최초로 기항하는 곳을 관할하는 대한민국 영사에게 임시선박국적증서의 발급을 신청할 수 있다.(2018.12.31 본항개정)
④ 임시선박국적증서의 발급에 필요한 사항은 해양수산부령으로 정한다.(2013.3.23 본항개정)
제10조【국기 게양과 항행】 한국선박은 선박국적증서 또는 임시선박국적증서를 선박 안에 갖추어 두지 아니하고는 대한민국 국기를 게양하거나 항행할 수 없다. 다만, 선박을 시험운전하는 경우 등 대통령령으로 정하는 경우에는 그러하지 아니하다.(2014.3.24 단서개정)
제11조【국기 게양과 표시】 한국선박은 해양수산부령으로 정하는 바에 따라 대한민국 국기를 게양하고 그 명칭, 선적항, 흘수(吃水)의 치수와 그 밖에 해양수산부령으로 정하는 사항을 표시하여야 한다.(2013.3.23 본조개정)
제12조 (1999.4.15 삭제)
제13조【국제톤수증서 등】 ① 길이 24미터 이상인 한국선박의 소유자[그 선박이 공유(共有)로 되어 있는 경우에는 선박관리인, 그 선박이 대여된 경우에는 선박임차인을 말한다. 이하 이 조에서 같다]는 해양수산부장관으로부터 국제톤수증서(국제총톤수 및 순톤수를 적은 증서를 말한다. 이하 같다)를 발급받아 이를 선박 안에 갖추어 두지 아니하고는 그 선박을 국제항해에 종사하게 하여서는 아니 된다.(2013.3.23 본항개정)
② 해양수산부장관은 제1항에 따라 국제톤수증서의 발급 신청을 받으면 해당 선박에 대하여 국제총톤수 및 순톤수를 측정한 후 그 신청인에게 국제톤수증서를 발급하여야 한다.(2013.3.23 본항개정)
③ (1999.4.15 삭제)
④ 한국선박이 다음 각 호의 어느 하나에 해당하게 된 때에는 선박소유자는 그 사실을 안 날부터 30일 이내에 선적항을 관할하는 지방해양수산청장에게 신고하여야 한다.
(2018.12.31 본문개정)
1. 제22조제1항 각 호에 해당하게 된 때
2. 국제항해에 종사하지 아니하게 된 때
3. 선박의 길이가 24미터 미만으로 된 때
⑤ 길이 24미터 미만인 한국선박의 소유자가 그 선박을 국제항해에 종사시키려는 경우에는 해양수산부장관으로부터 국제톤수확인서[국제총톤수 및 순톤수를 적은 서면(書面)을 말한다. 이하 같다]를 발급받을 수 있다.
(2013.3.23 본항개정)
⑥ 국제톤수확인서에 관하여는 제2항 및 제4항을 준용한다. 이 경우 "국제톤수증서"는 "국제톤수확인서"로, "길이가 24미터 미만"은 "길이가 24미터 이상"으로 본다.
⑦ 국제톤수증서와 국제톤수확인서의 발급에 필요한 사항은 해양수산부령으로 정한다.(2013.3.23 본항개정)
(2009.12.29 본조개정)
제14조~제17조 (1999.4.15 삭제)
제18조【등록사항의 변경】 선박원부에 등록한 사항이 변경된 경우 선박소유자는 그 사실을 안 날부터 30일 이내에 변경등록의 신청을 하여야 한다.(2009.12.29 본조개정)
제19조~제21조 (1999.4.15 삭제)
제22조【말소등록】 ① 한국선박이 다음 각 호의 어느 하나에 해당하게 된 때에는 선박소유자는 그 사실을 안 날부터 30일 이내에 선적항을 관할하는 지방해양수산청장에게 말소등록의 신청을 하여야 한다.(2018.12.31 본문개정)
1. 선박이 멸실·침몰 또는 해체된 때
2. 선박이 대한민국 국적을 상실한 때
3. 선박이 제26조 각 호에 규정된 선박으로 된 때
4. 선박의 존재 여부가 90일간 분명하지 아니한 때
② 제1항의 경우 선박소유자가 말소등록의 신청을 하지 아니하면 선적항을 관할하는 지방해양수산청장은 30일 이내의 기간을 정하여 선박소유자에게 선박의 말소등록 신청을 최고(催告)하고, 그 기간에 말소등록신청을 하지 아니하면 직권으로 그 선박의 말소등록을 하여야 한다.
(2018.12.31 본항개정)
(2009.12.29 본조개정)
제23조~제25조 (1999.4.15 삭제)
제26조【일부 적용 제외 선박】 다음 각 호의 어느 하나에 해당하는 선박에 대하여는 제7조, 제8조, 제8조의2, 제8조의3, 제9조부터 제11조까지, 제13조, 제18조 및 제22조를 적용하지 아니한다. 다만, 제6호에 해당하는 선박에 대하여는 제8조, 제18조 및 제22조를 적용하지 아니한다.
1. 군함, 경찰용 선박
2. 총톤수 5톤 미만인 범선 중 기관을 설치하지 아니한 범선
3. 총톤수 20톤 미만인 부선
4. 총톤수 20톤 이상인 부선 중 선박계류용·저장용 등으로 사용하기 위하여 수상에 고정하여 설치하는 부선. 다만, 「공유수면 관리 및 매립에 관한 법률」 제8조에 따른 점용 또는 사용 허가나 「하천법」 제33조에 따른 점용허가를 받은 수상호텔, 수상식당 또는 수상공연장 등 부유식 수상구조물형 부선은 제외한다.(2014.3.24 단서개정)
5. 노와 상앗대만으로 운전하는 선박
6. 「어선법」 제2조제1호 각 목의 어선
7. 「건설기계관리법」 제3조에 따라 건설기계로 등록된 준설선(浚渫船)
8. 「수상레저안전법」 제2조제4호에 따른 동력수상레저기구 중 「수상레저기구의 등록 및 검사에 관한 법률」 제6조에 따라 수상레저기구로 등록된 수상오토바이·모터보트·고무보트 및 세일링요트(2022.6.10 본호개정)
(2009.12.29 본조개정)
제26조의2 (2007.8.3 삭제)
제27조 (1999.4.15 삭제)
제28조【외국에서의 사무처리】 외국에서 해양수산부장관 또는 지방해양수산청장의 사무를 처리하는 경우에는 대한민국 영사가 한다.(2018.12.31 본조개정)
제29조【「상법」의 준용】 상행위를 목적으로 하지 아니하더라도 항행용으로 사용되는 선박에 관하여는 「상법」 제5편 해상(海商)에 관한 규정을 준용한다. 다만, 국유 또는 공유의 선박에 관하여는 그러하지 아니하다.
(2009.12.29 본조개정)
제29조의2【선박톤수 측정 등의 대행】 ① 해양수산부장관 또는 지방해양수산청장은 「한국해양교통안전공단법」에 따라 설립된 한국해양교통안전공단(이하 "공단"이라 한다) 및 「선박안전법」 제60조제2항에 따른 선급법인(船級法人)(이하 "선급법인"이라 한다)으로 하여금 다음 각 호의 업무를 대행하게 할 수 있다.(2018.12.31 본문개정)
1. 제7조에 따른 선박톤수의 측정
2. 제13조에 따른 국제총톤수·순톤수의 측정, 국제톤수증서 또는 국제톤수확인서의 발급
② 해양수산부장관이 제1항에 따라 공단 및 선급법인(이하 "대행기관"이라 한다)으로 하여금 그 업무를 대행하게 하는 선박은 다음 각 호의 구분에 따른다.(2013.3.23 본문개정)
1. 공단 : 선급법인에 대행하게 하는 선박 외의 선박
2. 선급법인 : 선급법인에 선급의 등록을 하였거나 등록을 하려는 선박
③ 대행기관은 제1항에 따른 대행 업무에 관하여 해양수산부령으로 정하는 바에 따라 해양수산부장관에게 보고하여야 한다.(2013.3.23 본항개정)
④ 해양수산부장관은 제3항에 따라 대행기관이 보고한 대행 업무에 관하여 그 처리 내용을 확인하고 이 법 또는 이 법에 따른 명령을 위반한 사실이 발견된 때에는 필요한 조치를 하여야 한다.(2013.3.23 본항개정)
⑤ 제1항에 따른 업무대행에 필요한 사항은 대통령령으로 정한다.
(2009.12.29 본조개정)
제30조【수수료】 ① 이 법에 따라 허가, 인가, 등록, 톤수의 측정 또는 증서의 발급 등을 받으려는 자는 해양수산부령으로 정하는 바에 따라 수수료를 내야 한다. 다만, 제29조의2에 따라 대행기관이 업무를 대행하는 경우에는 대행기관이 정하는 수수료를 해당 대행기관에 내야 한다.
(2013.3.23 본문개정)
② 대행기관은 제1항 단서에 따른 수수료를 정하려는 때에는 해양수산부령으로 정하는 절차에 따라 그 요율 등을 정하여 미리 해양수산부장관의 승인을 받아야 한다. 승인을 받은 사항을 변경할 때에도 또한 같다.(2014.3.24 전단개정)
③ 제1항 단서에 따라 대행기관이 수수료를 징수한 경우 그 수입은 해당 대행기관의 수입으로 한다.
(2009.12.29 본조개정)
제31조【권한의 위임】 해양수산부장관은 이 법에 따른 권한의 일부를 대통령령으로 정하는 바에 따라 지방해양수산청장에게 위임할 수 있다.(2018.12.31 본조개정)
제31조의2【벌칙 적용 시의 공무원 의제】 제29조의2에 따라 해양수산부장관의 업무를 대행하는 대행기관의 임직원은 「형법」 제129조부터 제132조까지를 적용할 때에는 공무원으로 본다.(2013.3.23 본조개정)
제32조【벌칙】 ① 한국선박이 아니면서 국적을 사칭할 목적으로 대한민국 국기를 게양하거나 한국선박의 선박국적증서 또는 임시선박국적증서로 항행한 선박의 선장은 5년 이하의 징역 또는 5천만원 이하의 벌금에 처한다. 다만, 선박의 포획을 피하기 위하여 대한민국 국기를 게양한 경우에는 그러하지 아니하다.(2015.3.27 본문개정)
② 한국선박이 국적을 사칭할 목적으로 대한민국 국기 외의 기장(旗章)을 게양한 경우에도 제1항과 같다.
③ 제1항과 제2항의 경우에 죄질이 중(重)한 것은 해당 선박을 몰수할 수 있다.
(2009.12.29 본조개정)
제33조【벌칙】 제6조 또는 제10조를 위반한 선박의 선장은 5년 이하의 징역 또는 5천만원 이하의 벌금에 처한다. 다만, 소형선박에 대하여는 그러하지 아니하다.
(2015.3.27 본문개정)
제34조【벌칙】 ① 공무원을 속여 선박원부에 부실(不實) 등록을 하게 한 사람은 5년 이하의 징역 또는 5천만원 이하의 벌금에 처한다.(2015.3.27 본항개정)
② 제1항의 미수범은 처벌한다.
(2009.12.29 본조개정)
제35조【과태료】 ① 제11조를 위반하여 대한민국 국기를 게양하지 아니한 선장에게는 200만원 이하의 과태료를 부과한다. 다만, 소형선박의 선장의 경우에는 그러하지 아니하다.
② 다음 각 호의 어느 하나에 해당하는 선박소유자에게는 200만원 이하의 과태료를 부과한다.
1. 제8조제1항을 위반하여 등록신청을 하지 아니한 경우. 다만, 제9조에 따라 임시선박국적증서를 발급받은 경우에는 그러하지 아니하다.(2018.12.31 본호신설)
2. 제10조에 따른 선박국적증서 또는 임시선박국적증서를 갖추어 두지 아니한 경우(소형선박만 해당한다)
3. 제11조에 규정된 사항을 선박에 표시하지 아니한 경우
4. 제13조제1항을 위반하여 국제톤수증서를 갖추어 두지 아니하고 선박을 국제항해에 종사하게 한 경우
5. 제13조제4항(제13조제6항에 따라 준용되는 경우를 포함한다)을 위반하여 선박의 멸실 등에 관한 신고를 하지 아니한 경우
6. 제18조를 위반하여 변경등록의 신청을 하지 아니한 경우
7. 제22조제2항에 따른 선박의 말소등록신청의 최고를 받고 그 기간에 이를 이행하지 아니한 경우
③ 제1항과 제2항에 따른 과태료는 대통령령으로 정하는 바에 따라 해양수산부장관 또는 지방해양수산청장이 부과·징수한다.(2018.12.31 본항개정)
(2009.12.29 본조개정)
제36조~제37조 (1999.4.15 삭제)
제38조【적용규정】 ① 선장의 직무를 대행하는 자에게는 제32조·제33조 및 제35조제1항을 적용한다.
② (1999.4.15 삭제)
③ 선박관리인 또는 상사회사나 그 밖의 법인의 대표자 또는 청산인(淸算人)에게는 제35조제2항을 적용한다.
(2009.12.29 본조개정)
제39조【「형법」 공범례의 적용 배제】 제32조 및 제33조에서 정한 죄에 대하여는 「형법」 제30조부터 제32조까지를 적용하지 아니한다.(2009.12.29 본조개정)

부 칙 (2007.8.3)

제1조【시행일】 이 법은 공포 후 6개월이 경과한 날부터 시행한다. 다만, 제8조의2 및 제8조의3의 개정규정은 2008년 7월 1일부터 시행하고, 제13조제4항 각 호 외의 부분, 제18조 및 제22조제1항 각 호 외의 부분의 개정규정은 공포한 날부터 시행한다.
제2조【선적증서에 관한 경과조치】 이 법 시행 당시 종전의 제26조의2제2항에 따라 선적증서를 교부받은 경우에는 제8조제2항에 따른 선박국적증서를 교부받은 것으로 본다.
제3조【다른 법률의 개정】 ①~⑥ ※(해당 법령에 가제정리 하였음)
제4조【다른 법령과의 관계】 이 법 시행 당시 다른 법령에서 종전의 「선박법」 및 그 규정을 인용한 경우에 이 법 가운데 그에 해당하는 규정이 있으면 종전의 규정을 갈음하여 이 법 또는 이 법의 해당 규정을 인용한 것으로 본다.

부 칙 (2014.3.24)

제1조【시행일】 이 법은 공포 후 6개월이 경과한 날부터 시행한다.
제2조【임시선박국적증서 발급 신청에 관한 적용례】 제9조제2항 및 제3항의 개정규정은 이 법 시행 후 임시선박국적증서의 발급을 신청하는 경우부터 적용한다.
제3조【다른 법률의 개정】 ※(해당 법령에 가제정리 하였음)

부 칙 (2022.6.10)

제1조【시행일】 이 법은 공포 후 1년이 경과한 날부터 시행한다.(이하 생략)

선박안전법

(2007년 1월 3일)
(전부개정법률 제8221호)

개정
2007. 4.11법 8381호(해운법)
2008. 2.29법 8852호(정부조직)
2009. 2. 6법 9446호 2009.12.29법 9871호
2010. 4.15법10271호
2013. 3.23법11690호(정부조직)
2013. 5.22법11808호 2015. 1. 6법12999호
2015. 1. 6법13002호(해운법)
2017.10.31법15002호
2018.12.31법16160호(한국해양교통안전공단법)
2019. 8.20법16506호
2020. 1.29법16902호(항만법)
2020. 2.18법17028호 2022.12.27법19134호

제1장 총 칙

제1조【목적】 이 법은 선박의 감항성(堪航性) 유지 및 안전운항에 필요한 사항을 규정함으로써 국민의 생명과 재산을 보호함을 목적으로 한다.
제2조【정의】 이 법에서 사용하는 용어의 정의는 다음과 같다.
1. "선박"이라 함은 수상(水上) 또는 수중(水中)에서 항해용으로 사용하거나 사용될 수 있는 것(선외기를 장착한 것을 포함한다)과 이동식 시추선·수상호텔 등 해양수산부령으로 정하는 부유식 해상구조물을 말한다.(2020.2.18 본호개정)
2. "선박시설"이라 함은 선체·기관·돛대·배수설비 등 선박에 설치되어 있거나 설치될 각종 설비로서 해양수산부령으로 정하는 것을 말한다.(2020.2.18 본호개정)
3. "선박용물건"이라 함은 선박시설에 설치·비치되는 물건으로서 해양수산부장관이 정하여 고시하는 것을 말한다.(2013.3.23 본호개정)
4. "기관"이라 함은 원동기·동력전달장치·보일러·압력용기·보조기관 등의 설비 및 이들의 제어장치로 구성되는 것을 말한다.
5. "선외기(船外機)"라 함은 선박의 선체 외부에 붙일 수 있는 추진기관으로서 선박의 선체로부터 간단한 조작에 의하여 쉽게 떼어낼 수 있는 것을 말한다.
6. "감항성"이라 함은 선박이 자체의 안정성을 확보하기 위하여 갖추어야 하는 능력으로서 일정한 기상이나 항해조건에서 안전하게 항해할 수 있는 성능을 말한다.
7. "만재흘수선(滿載吃水線)"이라 함은 선박이 안전하게 항해할 수 있는 적재한도(積載限度)의 흘수선으로서 여객이나 화물을 승선하거나 싣고 안전하게 항해할 수 있는 최대한도를 나타내는 선을 말한다.(2020.2.18 본호개정)
8. "복원성"이라 함은 수면에 평형상태로 떠 있는 선박이 파도·바람 등 외력에 의하여 기울어졌을 때 원래의 평형상태로 되돌아오려는 성질을 말한다.
9. "여객"이라 함은 선박에 승선하는 자로서 다음 각 목에 해당하는 자를 제외한 자를 말한다.
가. 선원
나. 1세 미만의 유아
다. 세관공무원 등 일시적으로 승선한 자로서 해양수산부령으로 정하는 자(2020.2.18 본목개정)
10. "여객선"이라 함은 13인 이상의 여객을 운송할 수 있는 선박을 말한다.
11. "소형선박"이라 함은 제27조제1항제2호의 규정에 따른 측정방법으로 측정된 선박길이가 12미터 미만인 선박을 말한다.
12. "부선(艀船)"이란 원동기·동력전달장치 등 추진기관이나 돛대가 설치되지 아니한 선박으로서 다른 선박에 의하여 끌리거나 밀려서 항해하는 선박을 말한다.(2017.10.31 본호개정)
13. "예인선(曳引船)"이라 함은 다른 선박을 끌거나 밀어서 이동시키는 선박을 말한다.
14. "컨테이너"라 함은 선박에 의한 화물의 운송에 반복적으로 사용되고, 기계를 사용한 하역 및 겹침방식의 적재(積載)가 가능하며, 선박 또는 다른 컨테이너에 고정시키는 장구가 붙어있는 것으로서 밑 부분이 직사각형인 기구를 말한다.(2020.2.18 본호개정)
15. "산적화물선(散積貨物船)"이라 함은 곡물·광물 등 건화물(乾貨物)을 산적하여 운송하는 선박을 말한다.
16. "하역장치"라 함은 화물(해당 선박에서 사용되는 연료·식량·기관·선박용품 및 작업용 자재를 포함한다)을 올리거나 내리는데 사용되는 기계적인 장치로서 선체의 구조 등에 항구적으로 붙어있는 것을 말한다.(2020.2.18 본호개정)
17. "하역장구"라 함은 하역장치의 부속품이나 하역장치에 붙여서 사용하는 물품을 말한다.(2020.2.18 본호개정)
18. "국적취득조건부 선체용선(船體傭船)"이란 선체용선 기간 만료 및 총 선체용선료 완불 후 대한민국 국적을 취득하는 매선(買船) 조건부 선체용선을 말한다.(2017.10.31 본호개정)
제3조【적용범위】 ① 이 법은 대한민국 국민 또는 대한민국 정부가 소유하는 선박에 대하여 적용한다. 다만, 다음 각 호의 어느 하나에 해당하는 선박에 대하여는 그러하지 아니하다.
1. 군함 및 경찰용 선박
2. 노, 상앗대, 페달 등을 이용하여 인력만으로 운전하는 선박(2017.10.31 본호개정)
2의2. 「어선법」 제2조제1호에 따른 어선(2010.4.15 본호신설)
3. 제1호, 제2호 및 제2호의2 외의 선박으로서 대통령령으로 정하는 선박(2020.2.18 본호개정)
② 외국선박으로서 다음 각 호의 선박에 대하여는 대통령령으로 정하는 바에 따라 이 법의 전부 또는 일부를 적용한다. 다만, 제68조는 모든 외국선박에 대하여 이를 적용한다.(2017.10.31 본문개정)
1. 「해운법」 제3조제1호 및 제2호의 규정에 따른 내항정기여객운송사업 또는 내항부정기여객운송사업에 사용되는 선박
2. 「해운법」 제23조제1호에 따른 내항 화물운송사업에 사용되는 선박(2007.4.11 본호개정)
3. 국적취득조건부 선체용선을 한 선박(2017.10.31 본호개정)
③ 제1항 및 제2항에도 불구하고 다음 각 호의 선박에 대하여는 대통령령으로 정하는 바에 따라 이 법의 전부 또는 일부를 적용하지 아니하거나 이를 완화하여 적용할 수 있다.(2020.2.18 본문개정)
1. 대한민국 정부와 외국 정부가 이 법의 적용범위에 관하여 협정을 체결한 경우의 해당 선박
2. 조난자의 구조 등 해양수산부령으로 정하는 긴급한 사정이 발생하는 경우의 해당 선박(2020.2.18 본호개정)
3. 새로운 특징 또는 형태의 선박을 개발할 목적으로 건조한 선박을 임시로 항해에 사용하고자 하는 경우의 해당 선박
4. 외국에 선박매각 등을 위하여 예외적으로 단 한 번의 국제항해를 하는 선박
제4조【선박시설 기준의 적용】 선박에 설치된 선박시설이나 선박용물건이 이 법에 따라 설치하여야 하는 선박시설의 기준과 동등하거나 그 이상의 성능이 있다고 인정되는 경우에는 이 법의 기준에 따른 선박시설이나 선박용물건을 설치한 것으로 본다.
제5조【국제협약과의 관계】 국제항해에 취항하는 선박의 감항성 및 인명의 안전과 관련하여 국제적으로 발효된 국제협약의 안전기준과 이 법의 규정내용이 다른 때에는 해당 국제협약의 효력을 우선한다. 다만, 이 법의 규정내용이 국제협약의 안전기준보다 강화된 기준을 포함하는 때에는 그러하지 아니하다.
제6조【선박의 검사 등에의 참여 등】 ① 이 법에 따른 선박의 검사 및 검정·확인을 받고자 하는 자 또는 그의 대리인은 선박의 검사 등을 하는 현장에 함께 참여하여야 한다.
② 제1항의 규정에 따라 선박의 검사 등에 참여한 자는 검사 및 검정·확인에 필요한 협조를 하여야 한다.
③ 해양수산부장관은 제1항 및 제2항의 규정에 따라 검사 및 검정·확인에 참여할 자가 참여하지 아니하거나 검사 및 검정·확인에 참여한 자가 필요한 협조를 하지 아니하는 경우에는 해당 검사 및 검정·확인을 중지시킬 수 있다.(2013.3.23 본항개정)

제2장 선박의 검사

제7조【건조검사】 ① 선박을 건조하고자 하는 자는 선박에 설치되는 선박시설에 대하여 해양수산부령으로 정하는 바에 따라 해양수산부장관의 검사(이하 "건조검사"라 한다)를 받아야 한다.(2020.2.18 본항개정)
② 해양수산부장관은 건조검사에 합격한 선박에 대하여 해양수산부령으로 정하는 사항과 검사기록을 기재한 건조검사증서를 교부하여야 한다.(2015.1.6 본항개정)
③ 제1항의 규정에 따른 건조검사에 합격한 선박시설에 대하여는 제8조제1항의 규정에 따른 정기검사 중 선박을 최초로 항해에 사용하는 때 실시하는 검사는 이를 합격한 것으로 본다.
④ 해양수산부장관은 외국에서 수입되는 선박 등 제1항의 규정에 따른 건조검사를 받지 아니하는 선박에 대하여 건조검사에 준하는 검사로서 해양수산부령으로 정하는 검사(이하 "별도건조검사"라 한다)를 받게 할 수 있다. 이 경우 제2항 및 제3항의 규정은 별도건조검사에 합격한 선박에 대하여 이를 준용한다.(2020.2.18 전단개정)
제8조【정기검사】 ① 선박소유자는 선박을 최초로 항해에 사용하는 때 또는 제16조의 규정에 따른 선박검사증서의 유효기간이 만료된 때에는 선박시설과 만재흘수선에 대하여 해양수산부령으로 정하는 바에 따라 해양수산부

장관의 검사(이하 "정기검사"라 한다)를 받아야 한다. 다만, 제29조의 규정에 따른 무선설비 및 제30조의 규정에 따른 선박위치발신장치에 대하여는 「전파법」의 규정에 따라 검사를 받았는지 여부를 확인하는 것으로 갈음한다.(2020.2.18 본문개정)
② 해양수산부장관은 제1항의 규정에 따른 정기검사에 합격한 선박에 대하여 항해구역·최대승선인원 및 만재흘수선의 위치를 각각 지정하여 해양수산부령으로 정하는 사항과 검사기록을 기재한 선박검사증서를 교부하여야 한다.(2015.1.6 본항개정)
③ 제2항의 규정에 따른 항해구역의 종류와 예외적으로 허용되거나 제한되는 항해구역, 최대승선인원의 산정기준 등에 관하여 필요한 사항은 해양수산부령으로 정한다.
(2013.3.23 본조개정)
제9조【중간검사】 ① 선박소유자는 정기검사와 정기검사의 사이에 해양수산부령으로 정하는 바에 따라 해양수산부장관의 검사(이하 "중간검사"라 한다)를 받아야 한다.(2020.2.18 본항개정)
② 중간검사의 종류는 제1종과 제2종으로 구분하며, 그 시기와 검사사항은 해양수산부령으로 정한다.
③ 해양수산부장관은 제1항의 규정에 따른 중간검사에 합격한 선박에 대하여 제8조제2항에 따른 선박검사증서의 검사기록에 그 검사결과를 기재하여야 한다.(2015.1.6 본항개정)
④ 해외수역(대한민국의 수역 외의 수역을 말한다. 이하 같다)에서의 장기간 항해·조업 등 부득이 한 사유로 인하여 중간검사를 받을 수 없는 자는 해양수산부령으로 정하는 바에 따라 중간검사의 시기를 연기할 수 있다.(2020.2.18 본항개정)
(2013.3.23 본조개정)
제10조【임시검사】 ① 선박소유자는 다음 각 호의 어느 하나에 해당하는 경우에는 해양수산부령으로 정하는 바에 따라 해양수산부장관의 검사(이하 "임시검사"라 한다)를 받아야 한다.(2017.10.31 본문개정)
1. 선박시설에 대하여 해양수산부령으로 정하는 개조 또는 수리를 행하고자 하는 경우(2020.2.18 본호개정)
2. 제8조제2항의 규정에 따른 선박검사증서에 기재된 내용을 변경하고자 하는 경우. 다만, 선박소유자의 성명과 주소, 선박명 및 선적항의 변경 등 선박시설의 변경이 수반되지 아니하는 경미한 사항의 변경인 경우에는 그러하지 아니하다.
3. 제15조제3항의 규정에 따라 선박의 용도를 변경하고자 하는 경우(2019.8.20 본호개정)
4. 제29조의 규정에 따라 선박의 무선설비를 새로이 설치하거나 이를 변경하고자 하는 경우
5. 「해양사고의 조사 및 심판에 관한 법률」 제2조제1호에 따른 해양사고(이하 "해양사고"라 한다) 등으로 선박의 감항성 또는 인명안전의 유지에 영향을 미칠 우려가 있는 선박시설의 변경이 발생한 경우(2017.10.31 본호신설)
6. 해양수산부장관이 선박시설의 보완 또는 수리가 필요하다고 인정하여 임시검사의 내용 및 시기를 지정한 경우(2017.10.31 본호신설)
7. 만재흘수선의 변경 등 해양수산부령으로 정하는 경우(2020.2.18 본호개정)
② 해양수산부장관은 제1항의 규정에 따른 임시검사에 합격한 선박에 대하여 제8조제2항에 따른 선박검사증서의 검사기록에 그 검사결과를 기재하여야 한다.(2015.1.6 본항개정)
③ 제2항에도 불구하고 해양수산부장관은 제8조제2항에 따른 선박검사증서에 적혀 있는 내용을 일시적으로 변경하기 위하여 제1항제2호 본문에 따른 임시검사에 합격한 선박에 대해서는 해양수산부령으로 정하는 임시변경증을 발급할 수 있다.(2017.10.31 본항개정)
제11조【임시항해검사】 ① 정기검사를 받기 전에 임시로 선박을 항해에 사용하고자 하는 때 또는 국내의 조선소에서 건조된 외국선박(국내의 조선소에서 건조된 후 외국에서 등록되었거나 외국에서 등록될 예정인 선박을 말한다. 이하 이 조에서 같다)의 시운전을 하고자 하는 경우에는 선박소유자 또는 선박의 건조자는 해당 선박에 요구되는 항해능력이 있는지에 대하여 해양수산부령으로 정하는 바에 따라 해양수산부장관의 검사(이하 "임시항해검사"라 한다)를 받아야 한다.(2020.2.18 본항개정)
② 해양수산부장관은 제1항의 규정에 따른 임시항해검사에 합격한 선박에 대하여 해양수산부령으로 정하는 사항과 검사기록을 기재한 임시항해검사증서를 교부하여야 한다.(2015.1.6 본항개정)
(2013.3.23 본조개정)
제12조【국제협약검사】 ① 국제항해에 취항하는 선박의 소유자는 선박의 감항성 및 인명안전과 관련하여 국제적으로 발효된 국제협약에 따른 해양수산부장관의 검사(이하 "국제협약검사"라 한다)를 받아야 한다.
② 해양수산부장관은 국제협약검사에 합격한 선박에 대하여 해양수산부령으로 정하는 사항과 검사기록을 기재한 국제협약검사증서를 교부하여야 한다.(2015.1.6 본항개정)
③ 해양수산부장관은 제2항의 규정에 따라 교부한 국제협약검사증서의 소유자가 제1항에서 규정된 국제협약을 위반한 경우에는 해당 증서를 회수하거나 효력정지 또는 취소할 수 있다.
④ 해양수산부장관은 외국정부로부터 국제협약검사증서의 교부요청이 있는 때에는 해당 외국선박에 대하여 제1항의 규정에 따른 국제협약검사를 한 후 국제협약검사증서를 교부할 수 있다.
⑤ 제1항부터 제3항까지의 규정에 따른 국제협약검사의 종류, 국제협약검사증서의 교부·회수·효력정지·취소 및 국제협약 위반에 대한 조사방법 등에 관하여 필요한 사항은 해양수산부령으로 정한다.(2020.2.18 본항개정)
(2013.3.23 본조개정)
제13조【도면의 승인 등】 ① 제7조부터 제10조까지의 규정에 따라 건조검사·정기검사·중간검사·임시검사를 받고자 하는 자는 해당 선박의 도면에 대하여 해양수산부령으로 정하는 바에 따라 미리 해양수산부장관의 승인을 얻어야 한다. 승인을 얻은 사항에 대하여 변경하고자 하는 경우에도 또한 같다.(2020.2.18 전단개정)
② 해양수산부장관은 제1항의 규정에 따라 승인요청을 받은 도면이 제26조부터 제28조까지의 규정에 따른 기준에 적합한 때에는 이를 승인하고 해양수산부령으로 정하는 사항을 해당 도면에 표시하여야 한다.(2020.2.18 본항개정)
③ 제1항의 규정에 따른 해양수산부장관의 승인을 얻은 자는 승인을 얻은 도면과 동일하게 선박을 건조하거나 개조하여야 한다.
④ 선박소유자는 제1항의 규정에 따라 승인을 얻은 도면을 해양수산부령으로 정하는 바에 따라 선박에 비치하여야 한다.(2020.2.18 본항개정)
(2013.3.23 본조개정)
제14조【검사의 준비 등】 ① 건조검사 또는 정기검사·중간검사·임시검사·임시항해검사(이하 "선박검사"라 한다)를 위하여 필요한 준비사항에 대하여는 해당 검사별로 해양수산부령으로 정한다.
② 제1항에도 불구하고 해양수산부장관은 해당 선박의 구조·시설·크기·용도 또는 항해구역 등을 고려하여 해양수산부령으로 정하는 바에 따라 검사준비·서류제출 등에 대하여 전부 또는 일부를 완화하거나 면제할 수 있다.(2017.10.31 본항개정)
③ 선박소유자는 제1항에 따른 검사의 준비로서 해양수산부령으로 정하는 바에 따라 제4항에 따라 지정된 두께측정업체로부터 선체두께의 측정을 받아야 한다. 다만, 해외수역에서의 장기간 항해·조업 또는 외국에서의 수리 등 부득이한 사유로 인하여 국내에서 선체두께를 측정할 수 없는 경우에는 해양수산부령으로 정하는 바에 따라 제4항에 따라 지정된 두께측정업체 외의 외국의 두께측정업체로부터 측정을 받을 수 있다.(2017.10.31 본항개정)
④ 해양수산부장관은 측정장비, 전문인력 등 대통령령으로 정하는 기준을 갖춘 두께측정업체를 제3항에 따른 선체두께 측정 업무를 수행하는 두께측정업체로 지정할 수 있다.(2017.10.31 본항신설)
⑤ 해양수산부장관은 제4항에 따라 지정된 두께측정업체(이하 "두께측정지정업체"라 한다)가 다음 각 호의 어느 하나에 해당하는 경우에는 그 지정을 취소하거나 6개월 이내의 기간을 정하여 측정 업무를 정지할 수 있다. 다만, 제1호부터 제3호까지의 어느 하나에 해당하는 경우에는 그 지정을 취소하여야 한다.
1. 거짓이나 그 밖의 부정한 방법으로 지정을 받은 경우
2. 거짓이나 그 밖의 부정한 방법으로 선체두께를 측정한 경우
3. 두께측정지정업체가 그 사업을 폐업한 경우
4. 제4항에 따른 지정기준에 미달하게 된 경우
5. 정당한 사유 없이 계속하여 1년 이상 선체두께 측정 업무를 하지 아니한 경우
6. 제75조제1항에 따른 보고·자료제출명령을 따르지 아니한 경우
(2017.10.31 본항신설)
⑥ 해양수산부장관은 제4항에 따라 두께측정업체를 지정하거나 제5항에 따라 지정의 취소 또는 측정 업무의 정지를 한 경우에는 이를 고시하여야 한다.(2017.10.31 본항신설)
⑦ 두께측정지정업체의 지정절차, 두께측정지정업체에 대한 지도·감독 및 지정의 취소 또는 측정 업무의 정지에 관한 세부기준·절차 등에 관하여 필요한 사항은 해양수산부령으로 정한다.(2017.10.31 본항신설)
(2013.3.23 본조개정)
제15조【선박검사 후 선박의 상태유지】 ① 선박소유자는 건조검사 또는 선박검사를 받은 후 해당 선박의 구조배치·기관·설비 등의 변경이나 개조를 하여서는 아니된다.(2019.8.20 본항개정)
② 선박소유자는 건조검사 또는 선박검사를 받은 후 해당 선박이 감항성을 유지할 수 있도록 선박시설이 정상적으로 작동·운영되는 상태를 유지하여야 한다.(2019.8.20 본항신설)
③ 제1항에도 불구하고 선박소유자는 해양수산부령으로 정하는 복원성 기준을 충족하는 범위에서 해양수산부장관의 허가를 받아 선박의 길이·너비·깊이·용도의 변경 또는 설비의 개조를 할 수 있다.
④ 제3항에 따른 허가의 대상·절차 등에 필요한 사항은 해양수산부령으로 정한다.(2019.8.20 본항개정)
(2015.1.6 본조개정)
제16조【선박검사증서 및 국제협약검사증서의 유효기간 등】 ① 제8조제2항의 규정에 따른 선박검사증서 및 제12조제2항의 규정에 따른 국제협약검사증서의 유효기간은 5년 이내의 범위에서 대통령령으로 정한다.
② 해양수산부장관은 제1항의 규정에 따른 선박검사증서 및 국제협약검사증서의 유효기간을 5개월 이내의 범위에서 대통령령으로 정하는 바에 따라 연장할 수 있다.(2020.2.18 본항개정)
③ 정해진 검사시기까지 중간검사 또는 제10조제1항제6호에 따른 임시검사에 합격하지 못하거나 해당 검사를 신청하지 아니한 선박의 선박검사증서 및 국제협약검사증서의 유효기간은 해당 검사시기가 만료되는 날의 다음 날부터 해당 검사에 합격될 때까지 그 효력이 정지된다.(2017.10.31 본항개정)
제17조【선박검사증서등이 없는 선박의 항해금지 등】 ① 누구든지 제8조제2항에 따른 선박검사증서, 제10조제3항에 따른 임시변경증, 제11조제2항에 따른 임시항해검사증서, 제12조제2항에 따른 국제협약검사증서 및 제43조제2항에 따른 예인선항해검사증서(이하 "선박검사증서등"이라 한다)가 없는 선박이나 선박검사증서등의 효력이 정지된 선박을 항해에 사용하여서는 아니 된다.(2009.12.29 본항개정)
② 누구든지 선박검사증서등에 기재된 항해와 관련한 조건을 위반하여 선박을 항해에 사용하여서는 아니 된다.
③ 선박검사증서등을 발급받은 선박소유자는 그 선박 안에 선박검사증서등(전자적 형태의 증서를 포함한다)을 갖추어 두어야 한다. 다만, 소형선박의 경우에는 선박검사증서등을 선박 외의 장소에 갖추어 둘 수 있다.(2022.12.27 본문개정)
(2009.12.29 본조제목개정)

제3장 선박용물건 또는 소형선박의 형식승인 등

제18조【형식승인 및 검정】 ① 해양수산부장관이 정하여 고시하는 선박용물건 또는 소형선박을 제조하거나 수입하려는 자가 해당 선박용물건 또는 소형선박에 대하여 제9항 전단에 따라 검정을 받으려는 때에는 미리 해양수산부장관의 형식에 관한 승인(이하 "형식승인"이라 한다)을 받아야 한다.(2017.10.31 본항개정)
② 제1항에 따른 형식승인을 받으려는 자는 형식승인시험을 거쳐야 한다. 다만, 「산업표준화법」에 따른 검사에 합격한 선박용물건 또는 소형선박을 생산하는 등 해양수산부령으로 정하는 경우에는 형식승인시험을 생략할 수 있다.(2017.10.31 본항개정)
③ 해양수산부장관은 제2항에 따른 형식승인시험을 담당하는 시험기관(이하 "지정시험기관"이라 한다)을 대통령령으로 정하는 바에 따라 지정·고시하여야 한다.
(2017.10.31 본항개정)
④ 형식승인을 받은 자가 그 내용을 변경하려는 경우에는 해양수산부장관으로부터 변경승인을 받아야 한다. 이 경우 선박용물건 또는 소형선박의 성능에 영향을 미치는 사항을 변경하는 때에는 해당 변경 부분에 대하여 제2항에 따른 형식승인시험을 거쳐야 한다.(2017.10.31 본항개정)
⑤ 해양수산부장관은 제1항에 따른 형식승인 및 제4항 후단에 따른 변경승인을 하는 경우 해양수산부령으로 정하는 바에 따라 형식승인증서를 발급하여야 한다.
(2017.10.31 본항신설)
⑥ 제5항에 따른 형식승인증서의 유효기간은 그 증서를 발급받은 날부터 5년으로 한다.(2017.10.31 본항신설)
⑦ 제6항에 따른 유효기간이 만료된 후 형식승인을 계속 유지하려는 자는 유효기간이 만료되기 전 30일까지 해양수산부장관에게 형식승인증서의 갱신을 신청하여야 한다.
(2017.10.31 본항신설)
⑧ 제1항에 따른 형식승인을 받은 자와 제3항에 따른 지정시험기관은 형식승인시험에 합격한 선박용물건을 보관하여야 한다. 이 경우 제4항에 따른 변경승인을 받은 경우에도 또한 같다.(2017.10.31 본항개정)
⑨ 제1항 및 제4항에 따라 형식승인 또는 변경승인을 받은 자는 해당 선박용물건 또는 소형선박에 대하여 해양수산부장관이 정하여 고시하는 검정기준에 따라 해양수산부장관의 검정을 받아야 한다. 이 경우 검정에 합격한 해당 선박용물건(이 법에서 정한 기준과 동등하거나 그 이상인 기준으로 「어선법」 제24조제1항에 따라 해양수산부장관의 형식승인 및 검정에 합격한 선박용물건을 포함한다) 또는 소형선박에 대하여는 건조검사 또는 선박검사 중 최초로 실시하는 검사는 이를 합격한 것으로 본다.
(2017.10.31 본항개정)
⑩ 해양수산부장관은 검정에 합격한 선박용물건 또는 소형선박에 대하여 검정증서를 교부하고, 해당 선박용물건에는 검정에 합격하였음을 나타내는 표시를 하여야 한다.
(2020.2.18 본항개정)
⑪ 제1항부터 제10항까지의 규정에 따른 형식승인의 절차, 형식승인증서의 갱신절차, 형식승인을 받은 자 및 지정시험기관에 대한 지도·감독, 선박용물건의 보관범위, 검정증서의 서식·교부 등에 관한 사항은 해양수산부령으로 정하고, 제2항에 따른 형식승인시험의 기준은 해양수산부장관이 정하여 고시한다.(2017.10.31 본항개정)
제18조의2【형식승인을 받은 자의 지위 승계】 ① 다음 각 호의 어느 하나에 해당하는 자는 제18조제1항에 따른 선박용물건 또는 소형선박의 형식승인을 받은 자의 지위를 승계한다.
1. 사업자가 그 사업을 양도한 경우 그 양수인
2. 사업자가 사망한 경우 그 상속인

3. 법인인 사업자가 다른 법인과 합병한 경우 합병 후 존속하는 법인이나 합병으로 설립되는 법인
② 제1항에 따라 형식승인을 받은 자의 지위를 승계한 자는 지위를 승계한 날부터 1개월 이내에 해양수산부령으로 정하는 바에 따라 해양수산부장관에게 신고하여야 한다. (2022.12.27 본조신설)
제19조【형식승인의 취소 등】 ① 해양수산부장관은 형식승인을 받은 자가 다음 각 호의 어느 하나에 해당하는 때에는 그 형식승인을 취소하거나 6개월 이내의 기간을 정하여 그 효력을 정지시킬 수 있다. 다만, 제1호에 해당하는 때에는 이를 취소하여야 한다.(2022.12.27 본문개정)
1. 거짓이나 그 밖의 부정한 방법으로 형식승인 또는 그 변경승인을 받은 때(2022.12.27 본호개정)
2. 검정을 받지 아니하거나 거짓이나 그 밖의 부정한 방법으로 검정을 받은 때(2022.12.27 본호개정)
2의2. 형식승인의 변경승인을 받지 아니한 때(2022.12.27 본호신설)
3. 제조 또는 수입한 선박용물건 또는 소형선박이 제26조의 규정에 따른 선박시설기준에 적합하지 아니하게 된 때
4. 정당한 사유 없이 2년 이상 계속하여 해당 선박용물건 또는 소형선박을 제조하거나 수입하지 아니한 때
5. 제75조의 규정에 따른 보고·자료제출명령을 거부한 때
② 제1항에 따라 형식승인을 취소하는 경우 제18조제2항 및 제4항에 따른 형식승인시험의 합격도 취소하여야 한다. (2022.12.27 본항신설)
③ 해양수산부장관은 제18조제3항의 규정에 따른 지정시험기관이 다음 각 호의 어느 하나에 해당하는 때에는 그 지정을 취소하거나 6개월 이내의 기간을 정하여 그 효력을 정지시킬 수 있다. 다만, 제1호부터 제3호까지의 규정에 해당하는 때에는 이를 취소하여야 한다.(2020.2.18 단서개정)
1. 거짓이나 그 밖의 부정한 방법으로 지정을 받은 때 (2020.2.18 본호개정)
2. 시험에 관한 업무를 더 이상 수행하지 아니하는 때
3. 제18조제3항의 규정에 따른 지정시험기관의 지정기준에 미달하게 된 때
4. 형식승인시험의 오차·실수·누락 등으로 인하여 공신력을 상실하였다고 인정되는 때
5. 정당한 사유 없이 형식승인시험의 실시를 거부한 때
6. 형식승인시험과 관련하여 부정한 행위를 하거나 수수료를 부당하게 받은 때
④ 제1항에 따른 형식승인의 취소·정지, 제2항에 따른 형식승인시험의 합격 취소 및 제3항에 따른 지정시험기관의 취소·정지의 절차 등에 관한 사항은 해양수산부령으로 정한다.(2022.12.27 본항개정)
제19조의2【선박용물건 등의 성능검사 등】 ① 해양수산부장관은 선박용물건 또는 소형선박의 품질관리를 위하여 필요하다고 인정할 때에는 형식승인 및 검정을 받은 선박용물건 또는 소형선박의 성능을 검사할 수 있다.
② 해양수산부장관은 제1항에 따른 성능검사 결과 해양수산부령으로 정하는 중대한 결함이 있다고 인정되는 선박용물건 또는 소형선박에 대해서는 그 제조자 및 수입자에게 회수·교환·폐기 또는 판매중지를 명하고, 형식승인 및 형식승인시험의 합격을 취소할 수 있다.
③ 해양수산부장관은 제2항에 따라 회수·교환·폐기 또는 판매중지를 명하거나 형식승인을 취소한 때에는 그 사실을 해양수산부 인터넷 홈페이지 등에 공표할 수 있다.
④ 해양수산부장관은 필요한 경우 제1항에 따른 성능검사를 제18조제3항에 따른 지정시험기관에 위탁할 수 있다.
⑤ 제1항부터 제3항까지에 따른 성능검사, 회수·교환·폐기·판매중지, 형식승인 취소 및 그 사실의 공표 등에 필요한 절차 및 방법은 해양수산부령으로 정한다. (2022.12.27 본조신설)
제20조【지정사업장의 지정】 ① 해양수산부장관이 정하여 고시하는 선박용물건 또는 소형선박을 제조 또는 정비하는 자는 해당 사업장에 대하여 해양수산부장관으로부터 지정제조사업장 또는 지정정비사업장(이하 "지정사업장"이라 한다)으로 지정받을 수 있다.
② 제1항의 규정에 따라 지정사업장으로 지정받고자 하는 자는 그 시설·설비, 제조·정비의 기준, 자체검사기준 및 인력 등에 대하여 해양수산부령으로 정하는 기준에 따라 해양수산부장관의 승인을 얻어야 한다. 승인을 얻은 사항을 변경하고자 하는 때에도 또한 같다. (2020.2.18 전단개정)
③ 제1항의 규정에 따라 해양수산부장관이 지정한 지정사업장에서 제조 또는 정비하여 제2항의 규정에 따른 자체검사기준에 합격한 선박용물건 또는 소형선박에 대하여는 건조검사 또는 선박검사 중 최초로 실시하는 검사는 이를 합격한 것으로 본다. 다만, 해양수산부장관이 정하여 고시하는 선박용물건 또는 소형선박에 대하여는 해양수산부장관으로부터 직접 확인을 받은 경우에 한정하여 동 검사에 합격한 것으로 본다.(2020.2.18 단서개정)
④ 제3항의 규정에 따라 자체검사기준에 합격한 선박용물건 또는 소형선박에 대하여 지정사업장이 직접 합격증서를 발행하고, 해당 선박용물건에는 자체검사기준에 합격하였음을 나타내는 표시를 하여야 한다. 다만, 제3항 단서의 규정에 따라 해양수산부장관으로부터 직접 확인을 받아야 하는 선박용물건 또는 소형선박에 대하여는 해양수산부장관이 확인서를 교부하고, 해당 선박용물건에는 확인을 나타내는 표시를 하여야 한다.
⑤ 해양수산부장관은 제1항의 규정에 따라 지정사업장을 지정한 때에는 제2항의 규정에 따라 승인을 얻은 내용대로 제조·정비 및 운용·관리되고 있는지 지도·감독하여야 한다.
⑥ 제1항부터 제5항까지의 규정에 따른 지정사업장의 지정절차, 지정사업장의 적합 여부에 대한 확인절차, 합격증서·확인서의 서식·교부 및 지정사업장에 대한 지도·감독 등에 관하여 필요한 사항은 해양수산부령으로 정한다.(2020.2.18 본항개정)
(2015.1.6 본조개정)
제21조【지정사업장의 지정취소 등】 ① 해양수산부장관은 지정사업장의 지정을 받은 자가 다음 각 호의 어느 하나에 해당하는 때에는 그 지정을 취소하거나 6개월 이내의 기간을 정하여 그 효력을 정지시킬 수 있다. 다만, 제1호 및 제2호에 해당하는 때에는 이를 취소하여야 한다. (2015.1.6 본문개정)
1. 거짓이나 그 밖의 부정한 방법으로 지정사업장의 지정을 받은 때(2020.2.18 본호개정)
2. 제조하거나 정비한 선박용물건 또는 소형선박이 제26조의 규정에 따른 선박시설기준에 적합하지 아니하게 된 때
3. 유효기간이 지난 선박용물건을 판매한 때
4. 정당한 사유 없이 1년 이상 계속하여 해당 선박용물건 또는 소형선박을 제조하거나 정비하지 아니한 때
5. 해당 사업장이 제20조제2항의 규정에 따른 지정기준에 미달하게 된 때
(2020.2.18 3호～5호개정)
6. 부정한 방법으로 제20조제3항 단서의 규정에 따른 확인을 받은 때
7. 제75조의 규정에 따른 보고·자료제출명령을 거부한 때
② 제1항의 규정에 따라 지정사업장의 지정이 취소된 자는 지정이 취소된 날부터 1년간 지정사업장으로 지정될 수 없다.(2015.1.6 본항개정)
③ 제1항의 규정에 따른 지정사업장의 지정취소 및 그 절차 등에 관하여 필요한 사항은 해양수산부령으로 정한다. (2015.1.6 본항개정)
(2015.1.6 본조제목개정)
제22조【예비검사】 ① 해양수산부장관이 지정하여 고시하는 선박용물건 또는 소형선박의 선체를 제조·개조·수리·정비 또는 수입하고자 하는 자는 선박용물건이 선박에 설치되기 전에 해양수산부장관이 정하여 고시하는 기준에 따라 해양수산부장관의 검사(이하 "예비검사"라 한다)를 받을 수 있다. 이 경우 예비검사의 절차에 관한 사항은 해양수산부령으로 정한다.(2013.3.23 본항개정)
② 제1항의 규정에 따른 예비검사를 받고자 하는 자는 해양수산부령으로 정하는 바에 따라 해당 선박용물건 또는 소형선박의 선체의 도면에 대하여 해양수산부장관의 승인을 얻어야 한다. 이 경우 제13조제2항의 규정은 예비검사의 도면에 대한 승인의 표시에 관하여 이를 준용한다. (2020.2.18 전단개정)
③ 해양수산부장관은 제1항의 규정에 따라 예비검사에 합격한 선박용물건 또는 소형선박의 선체에 대하여 해양수산부령으로 정하는 예비검사증서를 교부하여야 한다. 이 경우 해당 선박용물건에 대하여는 합격을 나타내는 표시를 별도로 하여야 한다.(2020.2.18 본항개정)
④ 제1항의 규정에 따른 예비검사에 합격한 선박용물건 또는 소형선박의 선체에 대하여는 건조검사 또는 선박검사 중 최초로 실시하는 검사는 이를 합격한 것으로 본다.
⑤ 제14조제1항의 규정은 예비검사의 준비에 관하여 이를 준용한다. 이 경우 제14조제1항 중 "건조검사 또는 선박검사"는 "예비검사"로 본다.

제4장 컨테이너의 형식승인 등

제23조【컨테이너의 형식승인 및 검정 등】 ① 선박에 실리어 화물운송에 사용되는 컨테이너의 경우 그 바닥의 면적이 해양수산부령으로 정하는 면적 이상인 컨테이너를 제조하고자 하는 자는 해양수산부장관으로부터 형식에 관한 승인(이하 "컨테이너형식승인"이라 한다)을 받아야 한다.
② 제1항에 따른 컨테이너형식승인을 받고자 하는 자는 해양수산부령으로 정하는 바에 따라 지정·고시하는 시험기관(이하 "컨테이너지정시험기관"이라 한다)의 형식승인시험을 거쳐야 한다.
③ 제1항 및 제2항에 따라 컨테이너형식승인을 받은 자가 그 내용을 변경하고자 하는 경우에는 해양수산부장관으로부터 변경승인을 받아야 한다. 이 경우 해양수산부장관이 정하여 고시하는 컨테이너의 성능에 영향을 미치는 사항을 변경하는 때에는 해당 변경 부분에 대하여 제2항에 따른 별도의 형식승인시험을 거쳐야 한다.
④ 해양수산부장관은 제1항에 따른 컨테이너형식승인 및 제3항에 따른 변경승인을 하는 경우 해양수산부령으로 정하는 바에 따라 형식승인증서를 발급하여야 한다.
⑤ 제4항에 따른 컨테이너 형식승인증서의 유효기간은 그 증서를 발급받은 날부터 5년으로 한다.
⑥ 제5항에 따른 유효기간이 만료된 후 형식승인을 계속 유지하려는 자는 유효기간 만료일 3개월 전부터 15일 전까지 해양수산부장관에게 컨테이너 형식승인증서의 갱신을 신청하여야 한다.
⑦ 제1항 및 제3항에 따라 컨테이너형식승인 또는 그 변경승인을 받은 자는 해당 컨테이너에 대하여 해양수산부장관이 정하여 고시하는 검정기준에 따라 해양수산부장관의 검정(이하 "컨테이너검정"이라 한다)을 받아야 한다. 이 경우 해양수산부장관은 컨테이너검정에 합격한 컨테이너에 대하여는 컨테이너검정증서를 교부하여야 한다.
⑧ 컨테이너의 제조자는 제7항에 따라 컨테이너검정에 합격한 컨테이너에 컨테이너형식승인을 받았음을 나타내는 안전승인판(이하 "컨테이너안전승인판"이라 한다)을 붙여야 하며, 해양수산부장관은 그 컨테이너안전승인판에 컨테이너검정에 합격하였음을 나타내는 확인표시를 하여야 한다.
⑨ 컨테이너의 소유자는 다음 각 호의 어느 하나에 해당하는 때에는 지체 없이 컨테이너안전승인판을 제거하여야 한다.
1. 컨테이너가 원래의 승인사항 및 컨테이너안전승인판에 있는 정보와 다르게 개조된 경우
2. 제23조의3제1항제1호에 따라 형식승인이 취소된 경우
3. 제24조에 따른 안전점검이 이루어지지 않은 경우
⑩ 제1항부터 제9항까지에 따른 컨테이너형식승인 및 그 변경승인의 절차, 컨테이너 지정시험기관의 지정기준 및 절차, 형식승인시험의 기준, 컨테이너형식승인증서의 갱신절차, 컨테이너형식승인을 받은 자 및 컨테이너지정시험기관에 대한 지도·감독 등에 관하여 필요한 사항은 해양수산부령으로 정한다.
⑪ 선박소유자 또는 선장은 제8항에 따른 컨테이너안전승인판을 붙이지 아니한 컨테이너를 선박에 실어 화물운송에 사용하여서는 아니 된다.
(2022.12.27 본조개정)
제23조의2【컨테이너형식승인을 받은 자의 지위 승계】 ① 다음 각 호의 어느 하나에 해당하는 자는 제23조제1항에 따른 컨테이너형식승인을 받은 자의 지위를 승계한다.
1. 사업자가 그 사업을 양도한 경우 그 양수인
2. 사업자가 사망한 경우 그 상속인
3. 법인인 사업자가 다른 법인과 합병한 경우 합병 후 존속하는 법인이나 합병으로 설립되는 법인
② 제1항에 따라 컨테이너형식승인을 받은 자의 지위를 승계한 자는 지위를 승계한 날부터 1개월 이내에 해양수산부령으로 정하는 바에 따라 해양수산부장관에게 신고하여야 한다.
(2022.12.27 본조신설)
제23조의3【컨테이너형식승인의 취소 등】 ① 해양수산부장관은 제23조제1항에 따라 컨테이너형식승인을 받은 자가 다음 각 호의 어느 하나에 해당하는 때에는 그 컨테이너형식승인을 취소하거나 6개월 이내의 기간을 정하여 그 효력을 정지시킬 수 있다. 다만, 제1호에 해당하는 때에는 이를 취소하여야 한다.
1. 거짓이나 그 밖의 부정한 방법으로 컨테이너형식승인 또는 그 변경승인을 받은 때
2. 컨테이너검정을 받지 아니하거나 거짓이나 그 밖의 부정한 방법으로 컨테이너검정을 받은 때
3. 컨테이너형식승인의 변경승인을 받지 아니한 때
4. 정당한 사유 없이 컨테이너형식승인 또는 그 변경승인을 받은 후 2년 이상 계속하여 컨테이너를 제조하지 아니한 때
5. 제23조제1항에 따라 컨테이너형식승인을 받은 컨테이너가 제23조제10항에 따른 형식승인시험의 기준에 적합하지 아니하게 된 때
6. 정당한 사유 없이 제75조에 따른 보고·자료제출명령을 거부한 때
② 해양수산부장관은 컨테이너지정시험기관이 다음 각 호의 어느 하나에 해당하는 때에는 그 지정을 취소하거나 6개월 이내의 기간을 정하여 그 효력을 정지시킬 수 있다. 다만, 제1호부터 제3호까지의 어느 하나에 해당하는 때에는 이를 취소하여야 한다.
1. 거짓이나 그 밖의 부정한 방법으로 지정을 받은 때
2. 형식승인시험에 관한 업무를 더 이상 수행하지 아니하는 때
3. 컨테이너지정시험기관의 지정기준에 미달하게 된 때
4. 형식승인시험의 오차·실수·누락 등으로 인하여 공신력을 상실하였다고 인정되는 때
5. 정당한 사유 없이 형식승인시험의 실시를 거부한 때
6. 형식승인시험과 관련하여 부정한 행위를 하거나 수수료를 부당하게 받은 때
③ 제1항에 따라 컨테이너형식승인을 취소하는 경우 제23조제2항에 따른 형식승인시험의 합격도 취소하여야 한다.
④ 제1항에 따른 컨테이너형식승인의 취소·정지, 제2항에 따른 컨테이너지정시험기관의 취소·정지 및 제3항에 따른 형식승인시험의 합격 취소 절차 등에 필요한 사항은 해양수산부령으로 정한다.
(2022.12.27 본조신설)
제23조의4【컨테이너의 성능검사 등】 ① 해양수산부장관은 컨테이너형식승인의 품질관리를 위하여 필요하다고 인정될 때에는 컨테이너형식승인을 받아 제조·수입되는 컨테이너 및 사용되고 있는 컨테이너를 수집하여 검사(이하 "성능검사"라 한다)를 할 수 있다.
② 해양수산부장관은 제1항에 따른 성능검사 결과 해양수산부령으로 정하는 중대한 결함이 있다고 인정되는 컨

테이너에 대해서는 그 제조자 및 수입자에게 회수·교환·폐기 또는 판매중지를 명하고, 컨테이너형식승인 및 제23조제2항에 따른 형식승인시험의 합격을 취소할 수 있다.
③ 해양수산부장관은 제2항에 따라 회수·교환·폐기 또는 판매중지를 명하거나 컨테이너형식승인을 취소한 때에는 그 사실을 해양수산부 홈페이지 등에 공표할 수 있다.
④ 해양수산부장관은 필요한 경우 제1항에 따른 성능검사를 제23조제2항에 따른 컨테이너지정시험기관에 위탁할 수 있다.
⑤ 제1항부터 제3항까지에 따른 성능검사, 회수·교환·폐기·판매중지, 컨테이너형식승인 취소 및 그 사실의 공표 등에 필요한 절차 및 방법은 해양수산부령으로 정한다.
(2022.12.27 본조신설)

제24조【컨테이너의 안전점검】 ① 컨테이너의 소유자는 해양수산부장관으로부터 자체 안전점검방법의 승인을 받아 스스로 안전점검을 실시하여야 한다. 이 경우 컨테이너의 소유자는 제24조의2제1항에 따른 컨테이너 안전점검사업자로 하여금 이를 대행하게 할 수 있다.
② 해양수산부장관은 제1항에 따라 컨테이너의 소유자가 승인받은 안전점검방법을 승인일부터 매 10년마다 재검토하여 그 유효성을 확보하여야 한다.
③ 컨테이너의 소유자는 제1항에 따라 승인받은 안전점검방법의 변경이 있는 경우 해양수산부장관에게 변경승인을 받아야 한다.
④ 제1항에 따른 안전점검의 기준·방법·승인절차, 제2항에 따른 안전점검방법의 재검토 기준 및 절차, 제3항에 따른 변경승인 절차 등에 관하여 필요한 사항은 해양수산부령으로 정한다.(2022.12.27 본항신설)
(2022.12.27 본조개정)

제24조의2【안전점검사업자의 등록 등】 ① 제24조제1항 후단에 따라 안전점검업무를 대행하는 자 또는 「안전한 컨테이너를 위한 국제협약」에 따라 외국 컨테이너 소유자에 대해 국내항만에서 컨테이너 안전점검업무를 대행하는 자(이하 "컨테이너 안전점검사업자"라 한다)는 해양수산부장관에게 등록하여야 한다.
② 제1항에 따라 컨테이너 안전점검사업자로 등록하려는 자는 해양수산부령으로 정하는 인력, 시설 및 설비 등을 갖추어야 한다.
③ 제1항에 따라 컨테이너 안전점검사업자로 등록한 자는 해양수산부령으로 정하는 등록사항의 변경이 발생한 경우에는 지체 없이 해양수산부장관에게 변경등록을 하여야 한다.
④ 컨테이너 안전점검사업자는 해양수산부장관이 정하여 고시하는 컨테이너 안전점검기준 및 「안전한 컨테이너를 위한 국제협약」에 따라 컨테이너 안전점검을 실시하여야 한다.
⑤ 컨테이너 안전점검사업자의 등록, 변경등록 절차 및 컨테이너 안전점검사업자에 대한 지도·감독 등에 필요한 사항은 해양수산부령으로 정한다.
(2022.12.27 본조신설)

제24조의3【안전점검방법의 승인·변경승인 취소】 해양수산부장관은 컨테이너 소유자가 거짓이나 부정한 방법으로 제24조제1항 및 제3항에 따라 안전점검방법의 승인 또는 변경승인을 받은 경우 그 승인 또는 변경승인을 취소하여야 한다.(2022.12.27 본조신설)

제24조의4【등록취소 및 정지 등】 ① 해양수산부장관은 컨테이너 안전점검사업자가 다음 각 호의 어느 하나에 해당하는 경우 그 등록을 취소하거나 6개월 이내의 기간을 정하여 그 사업의 전부 또는 일부의 정지를 명할 수 있다. 다만, 제1호 및 제6호에 해당하는 경우에는 그 등록을 취소하여야 한다.
1. 거짓이나 부정한 방법으로 등록한 경우
2. 제24조의2제2항에 따른 등록의 기준에 미달한 경우
3. 제24조의2제3항에 따른 변경등록을 하지 않은 경우
4. 제24조의2제4항에 따른 컨테이너 안전점검을 실시하지 않은 경우
5. 정당한 사유 없이 2년 이상 안전점검사업 수행 실적이 없는 경우
6. 안전점검사업자가 사업의 정지명령을 위반하여 그 정지기간 중에 안전점검사업을 계속한 경우
② 제1항에 따른 처분의 기준·절차 및 그 밖에 필요한 사항은 해양수산부령으로 정한다.
(2022.12.27 본조신설)

제25조【컨테이너의 사용금지 등】 ① 누구든지 제24조의 규정에 따른 컨테이너의 안전점검을 실시하지 아니한 컨테이너를 선박에 실어 해상화물운송에 사용하여서는 아니 된다.(2020.2.18 본항개정)
② 누구든지 파손·부식 또는 균열이나 유해한 변형 등으로 인하여 인명과 선박의 안전에 위험이 될 수 있는 컨테이너를 발견하면 지체 없이 해양수산부장관에게 신고하여야 한다.(2013.3.23 본항개정)
③ 해양수산부장관은 항만 내 반입되는 컨테이너에 대하여 유효한 컨테이너안전승인판의 부착, 컨테이너의 구조 등이 「안전한 컨테이너를 위한 국제협약」에 적합한지 여부 등을 소속 공무원으로 하여금 확인하게 하고 그에 필요한 조치를 할 수 있다.(2022.12.27 본항신설)
④ 해양수산부장관은 제2항의 규정에 따른 컨테이너를 발견하거나 또는 신고를 받은 때와 제3항에 따른 확인 결과 부적합한 컨테이너가 식별된 때에는 해당 컨테이너를 개방하고 이를 수리하거나, 컨테이너에 실린 화물의 이적(移積) 또는 폐기 등 안전에 필요한 조치를 취할 수 있다.
(2022.12.27 본항개정)
⑤ 해양수산부장관은 제4항에 따른 조치에 소요된 비용을 컨테이너의 소유자에게 청구할 수 있다.(2022.12.27 본항개정)
⑥ 해양수산부장관은 제5항에 따른 컨테이너의 소유자를 알 수 없거나 소재를 모르는 경우 해당 컨테이너 및 실린 화물을 공매하여 제4항에 따른 조치에 소요된 비용에 충당할 수 있다. 이 경우 비용에 충당하고 남은 금액이 있는 때에는 이를 공탁하여야 한다.(2022.12.27 본항개정)
⑦ 제3항부터 제6항까지에 따른 컨테이너 안전에 필요한 조치, 비용의 청구절차 및 충당절차 등에 관하여 필요한 사항은 해양수산부령으로 정한다.(2022.12.27 본항개정)

제25조의2【전산망의 구축·운영】 해양수산부장관은 제23조제1항 및 제3항에 따른 컨테이너형식승인 및 변경승인, 제24조제1항 및 제3항에 따른 컨테이너 소유자의 안전점검방법의 승인 및 변경승인, 제24조의2제1항 및 제3항에 따른 안전점검사업자의 등록 및 변경등록 등에 관한 정보의 전부 또는 일부에 대하여 누구나 열람이 가능하도록 전산망을 구축·운영할 수 있다.(2022.12.27 본조신설)

제5장 선박시설의 기준 등

제26조【선박시설의 기준】 선박시설은 해양수산부장관이 정하여 고시하는 선박시설기준에 적합하여야 한다.
(2013.3.23 본조개정)

제27조【만재흘수선의 표시 등】 ① 다음 각 호의 어느 하나에 해당하는 선박소유자는 해양수산부장관이 정하여 고시하는 기준에 따라 만재흘수선의 표시를 하여야 한다. 다만, 잠수선 및 그 밖에 해양수산부령으로 정하는 선박에 대하여는 만재흘수선의 표시를 생략할 수 있다.
(2020.2.18 단서개정)
1. 국제항해에 취항하는 선박
2. 해양수산부령으로 정하는 측정방법에 따른 선박의 길이(이하 "선박길이"라 한다)가 12미터 이상인 선박
(2013.3.23 본호개정)
3. 선박길이가 12미터 미만인 선박으로서 다음 각 목의 어느 하나에 해당하는 선박
가. 여객선
나. 제41조의 규정에 따른 위험물을 산적하여 운송하는 선박
② 누구든지 제1항의 규정에 따라 표시된 만재흘수선을 초과하여 여객 또는 화물을 운송하여서는 아니 된다.

제28조【복원성의 유지】 ① 다음 각 호의 어느 하나에 해당하는 선박소유자〔해당 선박에 대한 정당한 권원(權原)을 가지고 점유 또는 사용하는 자를 포함한다. 이하 이 조에서 같다〕또는 해당 선박의 선장은 해양수산부장관이 정하여 고시하는 기준에 따라 복원성을 유지하여야 한다. 다만, 예인·해양사고구조·준설 또는 측량에 사용되는 선박 등 해양수산부령으로 정하는 선박에 대하여는 그러하지 아니하다.(2017.10.31 본문개정)
1. 여객선
2. 선박길이가 12미터 이상인 선박
② 선박소유자는 제1항에 따른 선박의 복원성과 관련하여 그 적합 여부에 대하여 복원성자료를 제출하여 해양수산부장관의 승인을 받아야 하며, 승인을 받은 복원성자료를 해당 선박의 선장에게 제공하여야 한다.(2017.10.31 본항개정)
③ 제2항에 따른 승인의 경우 복원성 계산을 위하여 컴퓨터프로그램을 사용하는 때에는 해양수산부장관이 정하여 고시하는 복원성 계산방식에 따라야 한다.(2020.2.18 본항개정)
④ 제2항 및 제3항의 규정에 따른 복원성과 관련된 승인의 기준·절차, 복원성자료 및 복원성 계산용 컴퓨터프로그램의 작성요령 등에 관하여 필요한 사항은 해양수산부장관이 정하여 고시한다.(2013.3.23 본항개정)

제29조【무선설비】 ① 다음 각 호의 어느 하나에 해당하는 선박소유자는 「해상에서의 인명안전을 위한 국제협약」에 따른 세계 해상조난 및 안전제도의 시행에 필요한 무선설비를 갖추어야 한다. 이 경우 무선설비는 「전파법」에 의한 성능과 기준에 적합하여야 한다.
1. 국제항해에 취항하는 여객선
2. 제1호의 선박 외에 국제항해에 취항하는 총톤수 300톤 이상의 선박
② 제1항 각 호의 규정에 따른 선박 외에 해양수산부령으로 정하는 선박에 대하여는 해양수산부령으로 정하는 기준에 따른 무선설비를 갖추어야 한다. 이 경우 무선설비는 「전파법」에 의한 성능과 기준에 적합하여야 한다.
(2020.2.18 전단개정)
③ 누구든지 제1항 및 제2항의 규정에 따른 무선설비를 갖추지 아니하고 선박을 항해에 사용하여서는 아니 된다. 다만, 임시항해검사증서를 가지고 1회의 항해에 사용하는 경우 또는 시운전을 하는 경우에는 그러하지 아니하다.

제30조【선박위치발신장치】 ① 선박의 안전운항을 확보하고 해양사고 발생시 신속한 대응을 위하여 해양수산부령으로 정하는 선박의 소유자는 해양수산부장관이 정하여 고시하는 기준에 따라 선박의 위치를 자동으로 발신하는 장치(이하 "선박위치발신장치"라 한다)를 갖추고 이를 작동하여야 한다.(2020.2.18 본항개정)
② 제29조제1항 또는 제2항의 규정에 따른 무선설비가 선박위치발신장치의 기능을 가지고 있는 때에는 선박위치발신장치를 갖춘 것으로 본다.
③ 선박의 선장은 해적 또는 해상강도의 출몰 등으로 인하여 선박의 안전을 위협할 수 있다고 판단되는 경우 선박위치발신장치의 작동을 중단할 수 있다. 이 경우 선장은 그 상황을 항해일지 등에 기재하여야 한다.

제6장 안전항해를 위한 조치

제31조【선장의 권한】 누구든지 선박의 안전을 위한 선장의 전문적인 판단을 방해하거나 간섭하여서는 아니 된다.

제32조【항해용 간행물의 비치】 선박소유자는 해양수산부령으로 정하는 해도(海圖) 및 조석표(潮汐表) 등 항해용 간행물을 해양수산부령으로 정하는 바에 따라 선박에 비치하여야 한다.(2020.2.18 본조개정)

제33조【조타실의 시야확보 등】 ① 선박소유자는 해당 선박의 조타실에 대하여 해양수산부장관이 정하여 고시하는 기준에 따른 충분한 시야를 확보할 수 있도록 필요한 조치를 하여야 한다.
② 선박소유자는 해당 선박의 조타실과 조타기(操舵機)가 설치된 장소 사이에 해양수산부장관이 정하여 고시하는 기준에 따라 통신장치를 설치하여야 한다.
(2020.2.18 본조개정)

제34조【하역설비의 확인 등】 ① 하역장치 및 하역장구(이하 "하역설비"라 한다)를 갖춘 선박의 소유자는 해양수산부령으로 정하는 기준에 따라 제한하중·제한각도 및 제한반지름(이하 "제한하중등"이라 한다)의 사항에 대하여 해양수산부장관의 확인을 받아야 한다.(2020.2.18 본항개정)
② 해양수산부장관은 제1항의 규정에 따라 제한하중등의 확인을 한 때에는 해양수산부령으로 정하는 제한하중등 확인서를 교부하여야 한다.(2020.2.18 본항개정)
③ 제1항의 규정에 따라 확인을 받은 선박소유자는 해당 하역설비에 해양수산부령으로 정하는 바에 따라 확인받은 제한하중등의 사항을 표시하여야 한다.(2020.2.18 본항개정)
④ 제1항의 규정에 따라 확인을 받은 선박소유자는 확인받은 제한하중등의 사항을 위반하여 하역설비를 사용하여서는 아니 된다.

제35조【하역설비검사기록 및 비치】 ① 해양수산부장관은 하역설비에 대하여 정기검사 또는 중간검사를 한 때에는 해양수산부령으로 정하는 바에 따라 하역설비검사기록부를 작성하고 그 내용을 기재하여야 한다.
② 선박소유자는 제1항의 규정에 따른 하역설비검사기록부 등 하역설비에 대한 검사와 관련된 해양수산부령으로 정하는 서류를 선박에 비치하여야 한다.
(2020.2.18 본조개정)

제36조【화물정보의 제공】 ① 화주(貨主)는 화물을 안전하게 싣고 운송하기 위하여 화물을 싣기 전에 그 화물에 관한 정보를 선장에게 제공하여야 한다.(2020.2.18 본항개정)
② 컨테이너에 실은 화물을 외국으로 운송하려는 화주는 제1항에 따라 화물에 관한 정보를 선장에게 제공하는 경우 해양수산부령으로 정하는 방법에 따라 화물의 총중량에 관한 검증된 정보도 함께 제공하여야 한다. 이 경우 선장이 화주에게 요청하는 경우에는 선장 외에 「항만법」 제41조제1항에 따른 항만시설운영자 또는 임대계약자에게도 화물의 총중량에 관한 검증된 정보를 제공하여야 한다.
(2020.2.18 전단개정)
③ 선장은 제1항 또는 제2항에 따라 정보가 제공되지 아니한 경우에는 해당 화물의 적재를 거부할 수 있다.
④ 제1항에 따라 정보를 제공하여야 하는 화물의 종류 및 그 화물별로 제공하여야 하는 정보의 내용은 해양수산부령으로 정한다.
(2017.10.31 본조개정)

제37조【유독성가스농도 측정기의 제공 등】 선박소유자는 유독성가스를 발생하거나 또는 산소의 결핍을 일으킬 수 있는 화물을 산적(散積)하여 운송하는 경우에는 해양수산부장관이 정하여 고시하는 바에 따른 유독성가스 또는 산소의 농도를 측정할 수 있는 기기(機器) 및 그 사용설명서를 선장에게 제공하여야 한다.(2013.3.23 본조개정)

제38조【소독약품 사용에 따른 안전조치】 선장은 선박의 소독을 위하여 살충제 등 소독약품을 사용하는 경우에는 해양수산부장관이 정하여 고시하는 바에 따라 안전조치를 하여야 한다.(2013.3.23 본조개정)

제39조【화물의 적재·고박방법 등】 ① 선박소유자는 화물을 선박에 적재(積載)하거나 고박(固縛)하기 전에 화물의 적재·고박의 방법을 정한 자체의 화물적재고박지침서를 마련하고, 해양수산부령으로 정하는 바에 따라 해양수산부장관의 승인을 얻어야 한다.(2020.2.18 본항개정)
② 선박소유자는 화물과 화물유니트(차량 및 이동식탱크 등과 같이 선박에 붙어있지 아니하는 운송용 기구를 말한다) 및 화물유니트 안에 실린 화물을 적재 또는 고박하는 때에는 제1항의 규정에 따라 승인된 화물적재고박지침서에 따라야 한다.(2020.2.18 본항개정)
③ 선박소유자는 차량 등 운반선박(육상교통에 이용되는

차량 등을 실어 운송할 수 있는 갑판이 설치되어 있는 선박을 말한다)에 차량 및 화물 등을 적재하는 경우에는 제1항의 규정에 따라 승인된 화물적재고박지침서에 따르되, 해양수산부령으로 정하는 바에 따라 필요한 안전조치를 하여야 한다.(2020.2.18 본항개정)
④ 선박소유자는 컨테이너에 화물을 수납·적재하는 경우에는 제1항의 규정에 따라 승인된 화물적재고박지침서에 따르되, 컨테이너안전승인판에 표시된 최대총중량을 초과하여 화물을 수납·적재하여서는 아니 된다.
(2022.12.27 본항개정)
⑤ 제1항부터 제4항까지의 규정에 따른 화물의 적재·고박방법 등에 관하여 필요한 사항은 해양수산부령으로 정한다.(2020.2.18 본항개정)
제40조【산적화물의 운송】 ① 선박소유자는 산적화물을 운송하기 전에 해당 선박의 선장에게 선박의 복원성·화물의 성질 및 적재방법에 관한 정보를 제공하여야 한다.
(2020.2.18 본항개정)
② 산적화물을 운송하고자 하는 선박소유자는 필요한 안전조치를 하여야 한다.
③ 제1항 및 제2항의 규정에 따른 선박의 복원성·화물의 성질 및 적재방법의 내용, 안전조치 등에 관하여 필요한 사항은 해양수산부령으로 정한다.(2013.3.23 본항개정)
제41조【위험물의 운송】 ① 선박으로 위험물을 적재·운송하거나 저장하고자 하는 자는 항해상의 위험방지 및 인명안전에 적합한 방법에 따라 적재·운송 및 저장하여야 한다.
② 제1항의 규정에 따라 위험물을 적재·운송하거나 저장하고자 하는 자는 그 방법의 적합여부에 관하여 해양수산부장관의 검사를 받거나 승인을 얻어야 한다.
(2013.3.23 본항개정)
③ 제1항 및 제2항의 규정에 따른 위험물의 종류와 그 용기·포장, 적재·운송 및 저장의 방법, 검사 또는 승인 등에 관하여 필요한 사항은 해양수산부령으로 정한다.
(2013.3.23 본항개정)
④ 제1항부터 제3항까지의 규정에도 불구하고 방사성물질을 운송하는 선박과 액체의 위험물을 산적하여 운송하는 선박의 시설기준 등은 해양수산부장관이 정하여 고시한다.(2020.2.18 본항개정)
제41조의2【위험물 안전운송 교육 등】 ① 선박으로 운송하는 위험물을 제조·운송·적재하는 등의 업무에 종사하는 자(이하 "위험물취급자"라 한다)는 위험물 안전운송에 관하여 해양수산부장관이 실시하는 교육을 받아야 한다.(2013.3.23 본항개정)
② 해양수산부장관은 위험물취급자에 대한 교육을 효율적으로 수행하기 위하여 위험물 안전운송에 관한 교육을 전문적으로 실시하는 교육기관(이하 "위험물 안전운송 전문교육기관"이라 한다)을 지정하여 위험물취급자에 대한 교육을 실시하게 할 수 있다.(2013.3.23 본항개정)
③ 제2항에 따라 위험물 안전운송 전문교육기관으로 지정받고자 하는 자는 그 시설·설비 및 인력 등 해양수산부령으로 정하는 기준을 갖추어야 한다.(2013.3.23 본항개정)
④ 해양수산부장관은 위험물 안전운송 전문교육기관이 다음 각 호의 어느 하나에 해당하는 때에는 그 지정을 취소하거나 6개월 이내의 기간을 정하여 그 업무의 전부 또는 일부를 정지시킬 수 있다. 다만, 제1호에 해당하는 때에는 위험물 안전운송 전문교육기관의 지정을 취소하여야 한다.(2013.3.23 본문개정)
1. 거짓이나 그 밖의 부정한 방법으로 위험물 안전운송 전문교육기관의 지정을 받은 경우
2. 해당 위험물 안전운송 전문교육기관이 제3항에 따른 지정기준에 미달하게 된 경우
⑤ 제4항에 따른 처분의 세부기준은 해양수산부령으로 정한다.(2013.3.23 본항개정)
⑥ 제1항에 따른 위험물 안전운송에 관한 교육을 받아야 하는 위험물취급자의 구체적인 범위, 교육내용 등에 관하여 필요한 사항은 해양수산부장관이 정하여 고시한다.
(2013.3.23 본항개정)
(2010.4.15 본조신설)
제42조【유조선 등에 대한 강화검사】 ① 유조선·산적화물선 및 위험물산적운송선(액화가스산적운송선은 제외한다)의 선박소유자는 건조검사 및 선박검사 외에 선체구조를 구성하는 재료의 두께확인 등 해양수산부령으로 정하는 사항에 대하여 해양수산부장관의 검사(이하 "강화검사"라 한다)를 받아야 한다. 다만, 국제항해를 하지 아니하는 선박으로서 해양수산부령으로 정하는 선박은 그러하지 아니하다.(2020.2.18 본항개정)
② 해양수산부장관은 강화검사에 합격한 유조선 등에 대하여는 제8조제2항의 규정에 따른 선박검사증서에 그 검사결과를 표기하여야 한다.
③ 제1항의 규정에 따른 강화검사의 방법과 절차는 해양수산부령으로 정한다.
(2013.3.23 본조개정)
제43조【예인선에 대한 예인선항해검사】 ① 예인선의 선박소유자가 부선 및 구조물 등을 예인하고자 하는 때에는 해양수산부령으로 정하는 바에 따라 해양수산부장관의 검사(이하 "예인선항해검사"라 한다)를 받아야 한다.
(2020.2.18 본항개정)
② 해양수산부장관은 예인선항해검사에 합격한 예인선에 대하여 해양수산부령으로 정하는 예인선항해검사증서를 교부하여야 한다.(2020.2.18 본항개정)
③ 예인선의 선박소유자는 제2항의 규정에 따른 예인선항해검사증서를 해당 예인선에 비치하여야 한다.
(2020.2.18 본항개정)
④ 제15조제1항 및 제2항의 규정은 제1항의 규정에 따라 예인선항해검사를 받은 예인선에 대하여 이를 준용한다. 이 경우 "건조검사 또는 선박검사"는 "예인선항해검사"로 본다.(2019.8.20 전단개정)
제44조【고인화성 연료유 등의 사용제한】 누구든지 선박에서는 화재·폭발 방지시설 등 해양수산부장관이 정하여 고시하는 시설을 갖추지 아니하고는 인화점이 섭씨 60도 미만인 연료유·윤활유 등을 사용하여서는 아니 된다.
(2017.10.31 본조개정)

제7장　선박안전기술공단

제45조～제46조 (2018.12.31 삭제)
제47조 (2009.2.6 삭제)
제48조 (2018.12.31 삭제)
제49조 (2009.2.6 삭제)
제50조 (2018.12.31 삭제)
제51조～제53조 (2009.2.6 삭제)
제54조～제56조 (2018.12.31 삭제)
제57조 (2009.2.6 삭제)
제58조～제59조 (2018.12.31 삭제)

제8장　검사업무의 대행 등

제60조【검사등업무의 대행】 ① 해양수산부장관은 다음 각 호에 해당하는 건조검사·선박검사 및 도면의 승인 등에 관한 업무(이하 "검사등업무"라 한다)를 「한국해양교통안전공단법」에 따른 한국해양교통안전공단(이하 "공단"이라 한다)에 대행하게 할 수 있다. 이 경우 해양수산부장관은 대통령령으로 정하는 바에 따라 협정을 체결하여야 한다.(2018.12.31 전단개정)
1. 제7조제1항·제2항 및 제4항의 규정에 따른 건조검사, 건조검사증서의 교부 및 별도건조검사
2. 제8조제1항 및 제2항의 규정에 따른 정기검사 및 선박검사증서의 교부
3. 제9조제1항의 규정에 따른 중간검사
4. 제10조제1항 및 제3항에 따른 임시검사 및 임시변경증의 발급(2017.10.31 본호개정)
5. 제11조제1항 및 제2항의 규정에 따른 임시항해검사 및 임시항해검사증서의 교부
6. 제12조제1항·제2항 및 제4항의 규정에 따른 국제협약검사 및 국제협약검사증서의 교부
7. 제13조제1항 및 제2항의 규정에 따른 도면의 승인 및 승인표시
8. (2017.10.31 삭제)
9. 제16조제2항의 규정에 따른 선박검사증서 및 국제협약검사증서의 유효기간 연장
10. 제18조제9항 및 제10항에 따른 선박용물건 또는 소형선박의 검정, 검정증서의 교부 및 합격을 나타내는 표시
(2017.10.31 본호개정)
11. 제20조제3항 단서 및 제4항 단서의 규정에 따른 선박용물건 또는 소형선박의 확인, 확인서의 교부 및 확인을 나타내는 표시
12. 제22조제1항부터 제3항까지의 규정에 따른 예비검사, 도면의 승인 및 승인표시, 예비검사증서의 교부 및 합격을 나타내는 표시(2020.2.18 본호개정)
13. 제28조제2항 및 제3항의 규정에 따른 복원성자료의 승인
14. 제34조제1항 및 제2항의 규정에 따른 제한하중등의 확인 및 제한하중등확인서의 교부
15. 제35조제1항의 규정에 따른 하역설비검사기록부의 작성 및 내용기재
16. 제39조제1항의 규정에 따른 화물적재고박지침서의 승인
17. 제42조제1항의 규정에 따른 강화검사
18. 제43조제1항 및 제2항의 규정에 따른 예인선항해검사 및 예인선항해검사증서의 교부
② 해양수산부장관은 선박보험의 가입·유지를 위하여 선박의 등록 및 감항성에 관한 평가의 업무[이하 "선급업무(船級業務)"라 한다]를 하는 국내외 법인으로서 해양수산부장관이 정하여 고시하는 기준에 적합한 법인(이하 "선급법인"이라 한다)에 해당 선급법인이 관리하는 명부에 등록하였거나 등록하려는 선박(이하 "선급등록선박"이라 한다)에 한정하여 제1항 각 호의 검사등업무를 대행하게 할 수 있다. 이 경우 해양수산부장관은 대통령령으로 정하는 바에 따라 협정을 체결하여야 한다.(2017.10.31 본항개정)
③ 제1항 각 호 외의 부분 후단 및 제2항 후단의 규정에 따른 협정의 기간은 5년 이내로 하며, 해양수산부령으로 정하는 바에 따라 이를 연장할 수 있다.(2020.2.18 본항개정)
④ 제1항 및 제2항에 따라 공단 및 선급법인이 검사등업무의 대행을 하는 때에는 대행과 관련된 자체 검사규정을 제정하여 해양수산부장관의 승인을 받아야 한다. 승인을 받은 사항을 변경하려는 경우에도 또한 같다.(2017.10.31 본항개정)
제61조【대행업무의 차질에 따른 조치】 해양수산부장관은 공단 및 선급법인이 제60조제1항 및 제2항에 따라 검사등업무를 대행할 때 차질이 발생하거나 발생할 우려가 있다고 인정되는 경우에는 해양수산부장관이 직접 이를 수행하거나 해양수산부장관이 지정하는 자로 하여금 대행하게 할 수 있다.(2020.2.18 본조개정)
제62조【대행업무에 관한 감독】 ① 해양수산부장관은 공단 및 선급법인이 제60조제1항 각 호 외의 부분 후단 및 제2항 후단의 규정에 따른 협정에 위반한 때에는 해당 업무의 대행을 취소하거나 정지할 수 있다.(2013.3.23 본항개정)
② 제1항의 규정에 따른 대행의 취소나 정지의 요건에 관하여 필요한 사항은 대통령령으로 정한다.
③ 제60조제1항 및 제2항에 따른 검사등업무의 대행과 관련하여 공단 및 선급법인의 지도·감독 등에 필요한 사항은 해양수산부령으로 정한다.(2017.10.31 본항신설)
제63조 (2017.10.31 삭제)
제64조【컨테이너검정 등의 대행】 ① 해양수산부장관은 다음 각 호에 해당하는 업무를 해양수산부장관이 정하여 고시하는 지정기준에 적합한 자로서 해양수산부장관이 정하여 고시하는 대행기관(이하 "컨테이너검정등대행기관"이라 한다)으로 하여금 대행하게 할 수 있다.
(2013.3.23 본문개정)
1. 제23조제7항에 따른 컨테이너검정(2022.12.27 본호개정)
2. 제23조제8항에 따른 컨테이너안전승인판의 확인표시
(2022.12.27 본호개정)
② 제1항의 규정에 따른 컨테이너검정등대행기관의 대행 및 대행의 취소 등에 관한 사항은 대통령령으로 정하고, 컨테이너검정등대행기관의 지도·감독 등에 관하여 필요한 사항은 해양수산부령으로 정한다.(2013.3.23 본항개정)
제65조【위험물 관련 검사·승인의 대행】 ① 해양수산부장관은 제41조제2항의 규정에 따른 위험물의 적재·운송 및 저장 등에 관한 검사 및 승인에 대한 업무를 해양수산부장관이 정하여 고시하는 지정기준에 적합한 자로서 해양수산부장관이 정하여 고시하는 대행기관(이하 "위험물검사등대행기관"이라 한다)으로 하여금 대행하게 할 수 있다.
② 제1항의 규정에 따른 위험물검사등대행기관의 대행 및 대행의 취소 등에 관한 사항은 대통령령으로 정하고, 위험물검사등대행기관의 지도·감독 등에 관하여 필요한 사항은 해양수산부령으로 정한다.
(2013.3.23 본조개정)
제66조【외국정부등이 행한 검사의 인정】 ① 외국선박의 해당 소속국가에서 시행 중인 선박안전과 관련되는 법령의 내용이 국제협약 또는 이 법의 기준과 동등하거나 그 이상에 해당하는 때에는 해당 외국정부 또는 그 외국정부가 지정한 대행기관(이하 "외국정부등"이라 한다)이 행한 해당 외국선박에 대한 검사등업무는 이 법에 따른 검사등업무로 본다.(2017.10.31 본항개정)
② 제1항의 규정에 따라 외국정부등이 검사등업무를 행하고 교부한 증서는 이 법에 따라 교부한 증서와 동일한 효력을 가진 것으로 본다. 다만, 이 법에 따라 교부한 증서의 효력을 인정하지 아니하는 국가의 외국정부등이 발행한 증서에 대하여는 그러하지 아니하다.
제67조【대행검사기관의 배상책임】 ① 국가는 공단, 선급법인, 컨테이너검정등대행기관 및 위험물검사등대행기관(이하 "대행검사기관"이라 한다)이 해당 대행업무를 수행하면서 위법하게 타인에게 손해를 입힌 때에는 그 손해를 배상하여야 한다.(2020.2.18 본항개정)
② 국가는 제1항의 규정에 따른 손해배상에서 대행검사기관에게 고의 또는 중대한 과실이 있는 경우에는 해당 대행검사기관에게 구상할 수 있다.(2020.2.18 본항개정)
③ 제2항에 따른 대행검사기관에 대한 구상은 대통령령으로 정하는 금액을 한도로 한다. 다만, 대행검사기관의 고의 또는 손해발생의 염려가 있음을 인식하면서 무모하게 한 작위 또는 부작위로 인하여 생긴 손해에 대해서는 구상금액 한도를 적용하지 아니한다.(2017.10.31 본항개정)

제9장　항만국통제

제68조【항만국통제】 ① 해양수산부장관은 외국선박의 구조·설비·화물운송방법 및 선원의 선박운항지식 등이 대통령령으로 정하는 선박안전에 관한 국제협약에 적합한지 여부를 확인하고 그에 필요한 조치(이하 "항만국통제"라 한다)를 할 수 있다.(2017.10.31 본항개정)
② 해양수산부장관은 제1항의 규정에 따른 항만국통제를 하는 경우 소속 공무원으로 하여금 대한민국의 항만에 입항하거나 입항예정인 외국선박에 직접 승선하여 행하게 할 수 있다. 이 경우 해당 선박의 항해가 부당하게 지체되지 아니하도록 하여야 한다.(2020.2.18 후단개정)
③ 해양수산부장관은 제1항에 따른 항만국통제의 결과 외국선박의 구조·설비·화물운송방법 및 선원의 선박운항지식 등이 제1항에 따른 국제협약의 기준에 미달되는 것으로 인정되는 때에는 해당 선박에 대하여 수리 등 필요한 시정조치를 명할 수 있다.(2017.10.31 본항개정)
④ 해양수산부장관은 제1항에 따른 항만국통제 결과 선박의 구조·설비·화물운송방법 및 선원의 선박운항지식 등과 관련된 결함으로 인하여 해당 선박 및 승선자에게 현저한 위험을 초래할 우려가 있다고 판단되는 때에는 출항정지를 명할 수 있다.(2017.10.31 본항개정)

⑤ 외국선박의 소유자는 제3항 및 제4항에 따른 시정조치명령 또는 출항정지명령에 불복하는 경우에는 해당 명령을 받은 날부터 90일 이내에 그 불복사유를 기재하여 해양수산부장관에게 이의신청을 할 수 있다.(2013.3.23 본항개정)
⑥ 제5항의 규정에 따라 이의신청을 받은 해양수산부장관은 소속 공무원으로 하여금 해당 시정조치명령 또는 출항정지명령의 위법·부당 여부를 직접 조사하게 하고 그 결과를 신청인에게 60일 이내에 통보하여야 한다. 다만, 부득이한 사정이 있는 때에는 30일 이내의 범위에서 통보시한을 연장할 수 있다.(2020.2.18 본문개정)
⑦ 시정조치명령 또는 출항정지명령에 대하여 불복하는 자는 제5항 및 제6항의 규정에 따른 이의신청의 절차를 거치지 아니하고는 행정소송을 제기할 수 없다. 다만,「행정소송법」 제18조제2항 및 제3항의 규정에 해당되는 경우에는 그러하지 아니하다.(2020.2.18 본문개정)
⑧ 제3항부터 제7항까지의 규정에 따른 외국선박에 대한 조치 및 이의신청 등에 관하여 필요한 사항은 대통령령으로 정한다.(2020.2.18 본항개정)
제69조【외국의 항만국통제 등】 ① 선박소유자는 외국 항만당국의 항만국통제에 의하여 선박의 결함이 지적되지 아니하도록 관련되는 국제협약 규정을 준수하여야 한다.
② 해양수산부장관은 외국 항만당국의 항만국통제에 의하여 출항정지 처분을 받은 대한민국 선박이 국내에 입항할 경우 해양수산부령으로 정하는 바에 따라 관련되는 선박의 구조·설비 등에 대하여 점검(이하 "특별점검"이라 한다)을 할 수 있다. 다만, 외국정부에서 확인을 요청하는 경우 등 필요한 경우에는 외국에서 특별점검을 할 수 있다.(2020.2.18 본문개정)
③ 해양수산부장관은 다음 각 호의 대한민국 선박에 대하여 외국항만에서 출항정지를 예방하기 위한 조치가 필요하다고 인정되는 경우 해양수산부령으로 정하는 바에 따라 관련되는 선박의 구조·설비 등에 대하여 특별점검을 할 수 있다.(2020.2.18 본문개정)
1. 선령이 15년을 초과하는 산적화물선·위험물운반선
2. 그 밖에 해양수산부령으로 정하는 선박(2020.2.18 본호개정)
④ 해양수산부장관은 제2항 및 제3항의 규정에 따른 특별점검의 결과 선박의 안전확보를 위하여 필요하다고 인정되는 경우에는 해당 선박의 소유자에 대하여 해양수산부령으로 정하는 바에 따라 항해정지명령 또는 시정·보완명령을 할 수 있다.(2020.2.18 본항개정)
제70조【공표】 해양수산부장관은 외국 항만당국의 항만국통제로 인하여 출항정지명령을 받은 대한민국 선박에 대하여는 대통령령으로 정하는 바에 따라 해당 선박의 선박명·총톤수, 출항정지 사실 등을 공표할 수 있다.(2020.2.18 본조개정)

제10장 특별검사 등

제71조【특별검사】 ① 해양수산부장관은 선박의 구조·설비 등의 결함으로 인하여 대형 해양사고가 발생한 경우 또는 유사사고가 지속적으로 발생한 경우에는 해양수산부령으로 정하는 바에 따라 관련되는 선박의 구조·설비 등에 대하여 검사(이하 "특별검사"라 한다)를 할 수 있다.(2017.10.31 본항개정)
② 해양수산부장관은 제1항의 규정에 따른 특별검사를 하고자 하는 경우에는 대상 선박의 범위, 선박소유자의 준비사항 등 필요한 사항을 30일 전에 공고하고, 해당 선박소유자에게 직접 통보하여야 한다.(2013.3.23 본항개정)
③ 해양수산부장관은 제1항의 규정에 따른 특별검사의 결과 선박의 안전확보를 위하여 필요하다고 인정되는 경우에는 선박의 소유자에 대하여 대통령령으로 정하는 바에 따라 항해정지명령 또는 시정·보완명령을 할 수 있다.(2020.2.18 본항개정)
④ 제15조제1항·제2항 및 제16조제3항은 제1항에 따라 특별검사를 받은 선박에 대하여 이를 준용한다. 이 경우 제15조제1항·제2항 중 "선박검사" 및 제16조제3항 중 "중간검사 또는 제10조제1항제6호에 따른 임시검사"는 각각 "특별검사"로 본다.(2019.8.20 본항개정)
제72조【재검사 등】 ① 제60조제1항·제2항(제61조에 따라 해양수산부장관이 직접 수행하거나 해양수산부장관으로부터 지정받은 자가 대행하는 경우를 포함한다), 제64조제1항 및 제65조제1항에 따라 대행검사기관으로부터 검사·검정 및 확인을 받은 자가 그 결과에 불복하는 때에는 그 결과에 관한 통지를 받은 날부터 90일 이내에 그 사유를 갖추어 해양수산부장관에게 재검사·재검정 및 재확인을 신청할 수 있다.(2020.2.18 본항개정)
② 제1항의 규정에 따라 재검사·재검정 및 재확인의 신청을 받은 해양수산부장관은 소속 공무원으로 하여금 재검사 등을 직접 행하게 하고 그 결과를 신청인에게 60일 이내에 통보하여야 한다. 다만, 부득이한 사정이 있는 때에는 30일 이내의 범위에서 통보시한을 연장할 수 있다.(2013.3.23 본문개정)
③ 대행검사기관의 검사·검정 및 확인에 대하여 불복하는 자는 제1항 및 제2항의 규정에 따른 재검사·재검정 및 재확인의 절차를 거치지 아니하고는 행정소송을 제기할 수 없다. 다만,「행정소송법」 제18조제2항 및 제3항의 규정에 해당되는 경우에는 그러하지 아니하다.(2020.2.18 본문개정)

제11장 보 칙

제73조【선급법인의 선박검사】 선급등록선박은 해양수산부령으로 정하는 선박시설 및 만재흘수선에 한정하여 이 법에 따른 선박검사를 받아 이에 합격한 것으로 본다.(2020.2.18 본조개정)
제74조【결함신고에 따른 확인 등】 ① 누구든지 선박의 감항성 및 안전설비의 결함을 발견한 때에는 해양수산부령으로 정하는 바에 따라 그 내용을 해양수산부장관에게 신고하여야 한다.(2020.2.18 본항개정)
② 해양수산부장관은 제1항의 규정에 따라 신고를 받은 때에는 해양수산부령으로 정하는 바에 따라 소속 공무원으로 하여금 지체 없이 그 사실을 확인하게 하여야 한다.(2020.2.18 본항개정)
③ 해양수산부장관은 제2항의 규정에 따른 확인 결과 결함의 내용이 중대하여 해당 선박을 항해에 계속하여 사용하는 것이 해당 선박 및 승선자에게 위험을 초래할 우려가 있다고 인정되는 경우에는 해양수산부령으로 정하는 바에 따라 해당 결함이 시정될 때까지 출항정지를 명할 수 있다.(2020.2.18 본항개정)
④ 누구든지 제1항의 규정에 따라 신고한 자의 인적사항 또는 신고자임을 알 수 있는 사실을 다른 사람에게 알려주거나 공개 또는 보도하여서는 아니 된다.
제75조【보고·자료제출명령 등】 ① 해양수산부장관은 다음 각 호의 어느 하나에 해당하는 경우에는 선박소유자, 두께측정지정업체, 제18조제1항에 따른 형식승인을 받은 자, 제18조제3항에 따른 지정시험기관, 제20조제1항에 따른 지정사업장의 지정을 받은 자, 제22조제1항에 따른 예비검사를 받은 자, 제23조제1항에 따른 컨테이너형식승인을 받은 자, 제24조제1항에 따른 컨테이너 소유자, 제24조의2제1항에 따른 컨테이너 안전점검사업자, 제36조제2항에 따른 화주, 선장,「항만법」제41조제1항에 따른 항만시설운영자 또는 임대계약자, 공단, 선급법인, 컨테이너검정등대행기관, 위험물검사등대행기관(이하 이 조에서 "선박소유자등"이라 한다)에 대하여 필요한 보고를 명하거나 자료를 제출하게 할 수 있다.(2022.12.27 본문개정)
1. 제14조제7항, 제18조제11항, 제20조제5항, 제23조제10항, 제24조의2제5항, 제64조제2항 및 제65조제2항에 따른 지도·감독과 관련하여 필요한 경우(2022.12.27 본호개정)
1의2. 제23조제1항에 따른 컨테이너형식승인을 위하여 필요한 경우(2022.12.27 본호신설)
1의3. 제24조제1항에 따른 컨테이너 안전점검방법 승인 및 실시를 위하여 필요한 경우(2022.12.27 본호신설)
1의4. 제24조의2제1항에 따른 컨테이너 안전점검사업자에 대한 등록 업무 수행을 위하여 필요한 경우(2022.12.27 본호신설)
2. 선박의 감항성과 인명안전을 위한 시설 및 항해상의 위험방지 조치와 관련하여 필요한 경우
3. 제60조제1항 및 제2항의 규정에 따른 감독과 관련하여 필요한 경우
② 해양수산부장관은 제1항의 규정에 따른 보고내용 및 제출된 자료의 내용을 검토한 결과 제1항 각 호의 목적달성이 어렵다고 인정되는 때에는 소속 공무원으로 하여금 직접 해당 선박 또는 사업장에 출입하여 장부·서류 및 시설을 조사하게 할 수 있다.(2013.3.23 본항개정)
③ 해양수산부장관은 제2항의 규정에 따른 조사를 하는 경우에는 조사 7일 전까지 조사자, 조사 일시·이유 및 내용 등이 포함된 조사계획을 선박소유자등에게 통보하여야 한다. 다만, 선박의 항해일정 등에 따라 긴급을 요하거나 사전통보를 하는 경우 증거인멸 등으로 인하여 제1항 각 호의 목적달성이 어렵다고 인정되는 경우에는 그러하지 아니하다.(2013.3.23 본문개정)
④ 제2항의 규정에 따른 조사를 하는 공무원은 그 권한을 표시하는 증표를 지니고 이를 관계인에게 내보여야 하며, 해당 선박 또는 사업장에 출입시 성명·출입시간·출입목적 등이 표시된 문서를 관계인에게 주어야 한다.
⑤ 해양수산부장관은 제2항의 규정에 따라 선박 또는 사업장을 조사한 결과 이 법 또는 이 법에 따른 명령을 위반한 사실이 있다고 인정되는 때에는 해당 선박 또는 사업장에 대하여 대통령령으로 정하는 바에 따라 항해정지명령 또는 수리·보완과 관련된 처분을 할 수 있다.(2020.2.18 본항개정)
⑥ 제5항의 규정에 따라 항해정지명령 등을 한 경우에는 그 사유가 없어지는 즉시 이를 해제하여야 한다.(2020.2.18 본항개정)
⑦ 대행검사기관은 제1항에 따른 보고 외에 해양수산부장관이 정하여 고시하는 기간마다 해당 기관의 대행실적을 해양수산부장관에게 보고하여야 한다.(2017.10.31 본항신설)
제76조【선박검사관】 해양수산부장관은 필요한 경우 소속 공무원 중에서 해양수산부령으로 정하는 자격을 갖춘 자를 선박검사관으로 임명하여 다음 각 호에 해당하는 업무를 수행하게 할 수 있다.(2017.10.31 본문개정)
1. 건조검사, 정기검사, 중간검사, 임시검사, 임시항해검사, 국제협약검사, 제41조제2항의 규정에 따른 위험물적재방법의 적합여부에 대한 검사, 강화검사, 예인선항해검사, 특별점검, 특별검사 및 제72조제2항의 규정에 따른 재검사·재검정·재확인에 관한 업무
2. 제18조제9항에 따른 선박용물건 또는 소형선박의 검정, 제20조제3항 단서에 따른 선박용물건 또는 소형선박의 확인, 제23조제7항에 따른 컨테이너검정 및 제25조제3항에 따른 확인에 관한 업무(2022.12.27 본호개정)
3. 제61조의 규정에 따른 대행업무의 차질에 따른 직접 수행에 관한 업무
4. 제68조의 규정에 따른 항만국통제에 관한 업무
5. 제74조제2항의 규정에 따른 결함신고 사실의 확인에 관한 업무
6. 제75조제2항의 규정에 따른 선박 또는 사업장의 출입·조사에 관한 업무
제76조의2【선박검사관의 취업제한】「공직자윤리법」 제17조에도 불구하고 퇴직 직전 5년 이내 기간 중 선박검사관으로 근무했던 경력을 보유한 공무원은 퇴직일로부터 2년이 지나지 아니한 경우 선박검사원이 될 수 없다.(2020.2.18 본조개정)
제77조【선박검사원】 ① 제60조제1항 및 제2항에 따라 대행업무를 행하는 공단 및 선급법인은 해당 대행업무를 직접 수행하는 자로서 선박검사원을 둘 수 있다.(2009.12.29 본항개정)
② 제1항에 따른 선박검사원의 자격기준 및 직무 등에 관하여 필요한 사항은 해양수산부령으로 정한다.(2013.3.23 본항개정)
③ 해양수산부장관은 선박검사원이 그 직무를 행하는 경우 이 법 또는 이 법에 의한 명령에 위반한 때에는 공단 또는 선급법인에 대하여 그 해임을 요청하거나 1년 이내의 기간을 정하여 직무를 정지하도록 요청할 수 있다.(2020.2.18 본항개정)
④ 공단 또는 선급법인은 제3항에 따른 해임 또는 직무정지의 요청을 받은 때에는 지체 없이 해당 선박검사원에 대하여 조치를 하고 그 결과를 해양수산부장관에게 보고하여야 한다.(2020.2.18 본항개정)
제77조의2【위험물검사원】 ① 제65조제1항에 따라 대행업무를 행하는 위험물검사등대행기관은 해당 대행업무를 직접 수행하는 자로서 위험물검사원을 둘 수 있다.
② 제1항에 따른 위험물검사원의 자격기준 및 직무 등에 관하여 필요한 사항은 해양수산부령으로 정한다.
③ 해양수산부장관은 위험물검사원이 그 직무를 행함에 있어 이 법 또는 이 법에 따른 명령을 위반한 때에는 위험물검사등대행기관에 대하여 그 해임을 요청하거나 1년 이내의 기간을 정하여 직무를 정지하도록 요청할 수 있다.
④ 위험물검사등대행기관은 제3항에 따른 해임 또는 직무정지의 요청을 받은 때에는 지체 없이 해당 위험물검사원에 대하여 조치를 하고 그 결과를 해양수산부장관에게 보고하여야 한다.
(2019.8.20 본조신설)
제78조【청문】 해양수산부장관은 다음 각 호의 어느 하나에 해당하는 처분을 하려는 경우에는 해양수산부령으로 정하는 바에 따라 청문을 실시하여야 한다.
1. 제14조제5항에 따른 두께측정지정업체의 지정취소 또는 업무정지
2. 제19조제1항 또는 제19조의2제2항에 따른 형식승인을 받은 선박용물건 또는 소형선박의 형식승인 취소 또는 효력정지(2022.12.27 본호개정)
3. 제19조제3항에 따른 지정시험기관의 지정취소 또는 효력정지(2022.12.27 본호개정)
4. 제21조제1항에 따른 지정사업장의 지정취소 또는 효력정지
5. 제23조의3제1항에 따른 형식승인을 받은 컨테이너의 형식승인 취소 또는 효력정지(2022.12.27 본호개정)
5의2. 제23조의4제2항에 따른 컨테이너의 회수·교환·폐기 또는 판매중지 명령 및 형식승인 취소(2022.12.27 본호신설)
5의3. 제24조의3에 따른 컨테이너 소유자의 안전점검방법 승인 취소 및 제24조의4제1항에 따른 컨테이너 안전점검사업자의 등록 취소 또는 사업 정지(2022.12.27 본호신설)
6. 제41조의2제4항에 따른 위험물 안전운송 전문교육기관의 지정취소 또는 업무정지
7. 제62조제1항에 따른 공단 및 선급법인의 대행의 취소 또는 정지
8. 제64조제2항에 따른 컨테이너검정등대행기관의 대행의 취소 또는 정지
9. 제65조제2항에 따른 위험물검사등대행기관의 대행의 취소 또는 정지
10. 제77조제3항에 따른 선박검사원에 대한 해임 또는 직무정지 요청
11. 제77조의2제3항에 따른 위험물검사원에 대한 해임 또는 직무정지 요청(2019.8.20 본호신설)
(2017.10.31 본조개정)
제79조【조사 및 연구】 해양수산부장관은 선박의 감항성 및 인명안전의 확보와 선박안전과 관련한 국제협약에 관한 효과적인 업무수행을 위하여 필요한 조사 및 연구를 할 수 있다.(2013.3.23 본조개정)
제80조【수수료】 ① 다음 각 호의 어느 하나에 해당하는 자는 해양수산부령으로 정하는 바에 따라 해양수산부

장관에게 수수료를 납부하여야 한다. 다만, 대행검사기관이 이 법에 따른 검사・확인・검정 및 승인 등의 업무를 대행하는 경우에는 해당 대행검사기관이 정하는 수수료를 해당 기관에 납부하여야 한다.(2017.10.31 본문개정)
1. 건조검사, 선박검사, 별도건조검사 또는 국제협약검사를 신청하는 자
2. 제13조제1항의 규정에 따른 도면의 승인을 신청하는 자
3. 제15조제3항의 규정에 따른 변경허가를 신청하는 자(2019.8.20 본호개정)
4. 제18조제1항 및 제4항의 규정에 따른 형식승인 또는 그 변경승인을 신청하는 자
5. 제18조제9항에 따른 선박용물건 또는 소형선박의 검정을 신청하는 자(2017.10.31 본호개정)
6. 제20조제1항의 규정에 따른 지정사업장의 지정을 신청하는 자(2015.1.6 본호개정)
7. 제20조제3항 단서의 규정에 따른 확인을 신청하는 자
8. 제22조제1항의 규정에 따른 예비검사를 신청하는 자
9. 제22조제2항의 규정에 따른 도면의 승인을 신청하는 자
10. 제23조제1항 및 제3항의 규정에 따른 컨테이너형식승인 또는 그 변경승인을 신청하는 자
11. 제23조제7항에 따른 컨테이너검정을 신청하는 자(2022.12.27 본호개정)
12. 제24조제1항의 규정에 따른 안전점검방법의 승인을 신청하는 자
13. 제28조제2항의 규정에 따른 복원성자료의 승인을 신청하는 자
14. 제34조제1항의 규정에 따른 제한하중등의 확인을 신청하는 자
15. 제39조제1항의 규정에 따른 화물적재고박지침서의 승인을 신청하는 자
16. 제41조제2항의 규정에 따른 위험물의 적합 여부에 관한 검사 또는 승인을 신청하는 자
17. 강화검사 또는 예인선항해검사를 신청하는 자
18. 제7조제2항, 제8조제2항, 제10조제3항, 제11조제2항, 제12조제2항・제4항, 제18조제10항, 제20조제4항, 제22조제3항, 제23조제7항 후단, 제34조제2항 및 제43조제2항에 따른 증서 등의 교부 또는 재교부를 신청하는 자(2022.12.27 본호개정)

② (2017.10.31 삭제)

③ 대행검사기관이 제1항 각 호 외의 부분 단서에 따라 수수료를 징수하는 경우에는 그 기준을 정하여 해양수산부장관의 승인을 받아야 한다. 승인을 받은 사항을 변경하려는 때에도 또한 같다.(2017.10.31 본항개정)

④ 대행검사기관이 제1항 각 호 외의 부분 단서에 따라 수수료를 징수하는 경우 그 수입은 대행검사기관의 수입으로 한다.(2017.10.31 본항개정)

⑤ 해양수산부장관은 제68조의 규정에 따른 항만국통제 결과 결함이 발견되어 같은 조 제3항 및 제4항의 규정에 따라 시정조치명령 또는 출항정지명령을 받은 선박에 대하여 해양수산부령으로 정하는 바에 따라 그 결함의 시정여부 확인 등에 필요한 수수료를 징수할 수 있다.(2020.2.18 본항개정)

⑥ 제69조제2항 단서의 규정에 따라 외국에서 특별점검을 하는 경우 해양수산부장관은 항공료 등 필요한 실비의 수수료를 징수할 수 있다.(2013.3.23 본항개정)

제81조【권한의 위임】 이 법에 따른 해양수산부장관의 권한은 대통령령으로 정하는 바에 따라 그 소속기관의 장에게 위임할 수 있다.(2017.10.31 본조개정)

제82조【벌칙 적용에서의 공무원 의제】 제60조제1항・제2항, 제64조제1항 또는 제65조제1항의 규정에 따른 대행검사기관의 임원 및 직원은 「형법」 제129조부터 제132조까지의 규정을 적용할 때에는 공무원으로 본다.(2020.2.18 본조개정)

제12장 벌 칙

제83조【벌칙】 다음 각 호의 어느 하나에 해당하는 자는 3년 이하의 징역 또는 3천만원 이하의 벌금에 처한다.(2015.1.6 본문개정)
1. 제7조의 규정을 위반하여 건조검사를 받지 아니한 자
2. 거짓이나 그 밖의 부정한 방법으로 제7조부터 제12조까지의 규정에 따른 건조검사・선박검사 또는 국제협약검사를 받은 자(2020.2.18 본호개정)

2의2. 거짓이나 그 밖의 부정한 방법으로 제14조제3항에 따른 선체두께의 측정을 한 자(2020.2.18 본호개정)
3. 제15조제1항(제43조제4항에 따라 준용되는 경우를 포함한다)을 위반하여 건조검사 또는 선박검사를 받은 후 해당 선박의 구조배치・기관・설비 등을 변경하거나 개조한 선박소유자(2015.1.6 본호신설)

3의2. 제15조제2항을 고의 또는 중대한 과실로 위반하여 선박을 해양사고에 이르게 한 선박소유자(2019.8.20 본호신설)
4. 제15조제3항을 위반하여 해양수산부장관의 허가를 받지 아니하고 선박의 길이・너비・깊이・용도를 변경하거나 설비를 개조한 선박소유자(2019.8.20 본호개정)
5. 거짓이나 그 밖의 부정한 방법으로 제18조제1항・제4항・제9항에 따른 형식승인, 그 변경승인 및 검정을 받거나 형식승인 및 검정을 받지 않은 자(2022.12.27 본호개정)
6. 거짓이나 그 밖의 부정한 방법으로 제20조제1항의 규정에 따른 지정사업장의 지정을 받은 자(2020.2.18 본호개정)

6의2. 거짓이나 그 밖의 부정한 방법으로 제20조제4항에 따른 합격증서를 발행하거나 또는 자체검사기준에 합격하였음을 나타내는 표시를 한 자(2020.2.18 본호개정)
7. 거짓이나 그 밖의 부정한 방법으로 제22조제1항의 규정에 따른 예비검사를 받은 자(2020.2.18 본호개정)
8. 거짓이나 그 밖의 부정한 방법으로 제23조제1항・제3항・제7항에 따른 컨테이너형식승인, 그 변경승인 및 검정을 받거나 컨테이너형식승인 및 검정을 받지 않은 자(2022.12.27 본호개정)

8의2. 거짓이나 그 밖의 부정한 방법으로 제24조제1항 및 제3항에 따른 컨테이너 안전점검방법의 승인 및 변경승인을 받은 자(2022.12.27 본호신설)

8의3. 제24조제1항에 따른 컨테이너 안전점검방법을 승인받지 아니하고 컨테이너를 사용한 자(2022.12.27 본호신설)

8의4. 거짓이나 그 밖의 부정한 방법으로 제24조의2제1항에 따른 컨테이너 안전점검사업자로 등록한 자(2022.12.27 본호신설)

8의5. 제24조의2제1항에 따른 컨테이너 안전점검사업자로 등록하지 아니하고 사업을 한 자(2022.12.27 본호신설)
9. 제27조제2항을 위반하여 만재흘수선을 초과하여 여객 또는 화물을 운송한 자(2015.1.6 본호신설)
10. 제28조제1항을 위반하여 복원성을 유지하지 아니하고 선박을 항해에 사용한 자(2015.1.6 본호신설)
11. 제39조제1항을 위반하여 해양수산부장관으로부터 화물적재고박지침서를 승인받지 아니하고 화물을 적재 또는 고박한 자(2019.8.20 본호신설)

11의2. 제39조제2항을 위반하여 승인을 받은 내용에 따르지 아니하고 화물을 적재 또는 고박한 자(2015.1.6 본호신설)
12. 거짓이나 그 밖의 부정한 방법으로 제42조제1항의 규정에 따른 강화검사를 받은 자(2020.2.18 본호개정)
13. 거짓이나 그 밖의 부정한 방법으로 제43조제1항의 규정에 따른 예인선항해검사를 받은 자(2020.2.18 본호개정)

13의2. 거짓이나 그 밖의 부정한 방법으로 제60조제1항에 따른 검사등업무를 한 자(2020.2.18 본호개정)

13의3. (2017.10.31 삭제)

13의4. 거짓이나 그 밖의 부정한 방법으로 제64조에 따른 컨테이너의 검정 등을 한 자(2020.2.18 본호개정)

13의5. 거짓이나 그 밖의 부정한 방법으로 제65조에 따른 위험물 관련 검사・승인을 한 자(2020.2.18 본호개정)
14. 제74조제4항의 규정을 위반하여 다른 사람에게 알려주거나 공개 또는 보도한 자

제84조【벌칙】 ① 선박소유자, 선장, 선박직원 및 컨테이너 소유자가 다음 각 호의 어느 하나에 해당하는 행위를 하는 때에는 1년 이하의 징역 또는 1천만원 이하의 벌금에 처한다.(2022.12.27 본문개정)
1. 제8조제2항의 규정에 따른 선박검사증서에 기재된 항해구역을 넘어서 선박을 항해에 사용한 때
2. 제8조제2항의 규정에 따른 선박검사증서에 기재된 최대승선인원을 초과하여 승선자를 탑승한 채 선박을 항해에 사용한 때
3. 제8조제2항의 규정에 따른 선박검사증서에 기재된 만재흘수선의 지정된 위치를 위반하여 선박을 항해에 사용한 때
4. (2015.1.6 삭제)
5. 제17조제1항을 위반하여 선박검사증서등이 없거나 선박검사증서등의 효력이 정지된 선박을 항해에 사용한 때(2009.12.29 본호개정)
6. 제17조제2항의 규정을 위반하여 선박검사증서등에 기재된 항해와 관련한 조건을 위반하여 선박을 항해에 사용한 때

6의2. 제23조제11항을 위반하여 컨테이너안전승인판이 붙어있지 아니한 컨테이너를 선박에 실어 화물운송에 사용한 때(2022.12.27 본호개정)

6의3. 제24조제1항을 위반하여 컨테이너의 안전점검을 실시하지 아니한 때(2015.1.6 본호신설)

6의4. 제25조제1항을 위반하여 컨테이너의 안전점검을 실시하지 아니하고 컨테이너를 사용한 때(2015.1.6 본호신설)
7. (2009.12.29 삭제)
8. 제27조제1항의 규정을 위반하여 만재흘수선의 표시를 은폐・변경 또는 말소한 때
9. (2015.1.6 삭제)
10. 제29조제3항의 규정을 위반하여 무선설비를 갖추지 아니하고 선박을 항해에 사용한 자
11. 제74조제1항에 따른 선박의 결함신고를 하지 아니한 때(2015.1.6 본호신설)

② 선장이 선박소유자의 업무에 관하여 제1항의 위반행위를 하면 선장을 벌하는 외에 선박소유자에게도 같은 항의 벌금형을 과(科)한다. 다만, 선박소유자가 그 위반행위를 방지하기 위하여 해당 업무에 관하여 상당한 주의와 감독을 게을리하지 아니한 경우에는 그러하지 아니하다.(2009.12.29 본항개정)

③ 선장 외에 선박승무원이 제1항의 위반행위를 하면 그 선박승무원을 벌하는 외에 그 선장에게도 같은 항의 벌금형을 과(科)한다. 다만, 선장이 그 위반행위를 방지하기 위하여 해당 업무에 관하여 상당한 주의와 감독을 게을리하지 아니한 경우에는 그러하지 아니하다.(2009.12.29 본항개정)

④ (2020.2.18 삭제)

제85조【벌칙】 다음 각 호의 어느 하나에 해당하는 자는 1천만원 이하의 벌금에 처한다.(2015.1.6 본문개정)
1. 정당한 사유 없이 제19조의2제2항에 따른 처분을 따르지 아니한 자(2022.12.27 본호신설)

1의2. (2018.12.31 삭제)

1의3. 거짓이나 그 밖의 부정한 방법으로 제41조제2항의 규정에 따른 위험물의 적재・운송 또는 저장방법의 적합여부에 관한 검사를 받거나 승인을 얻은 자(2020.2.18 본호개정)
2. 제69조제4항의 규정에 따른 명령에 따르지 아니한 자
3. 제71조제3항의 규정에 따른 명령에 따르지 아니한 자
4. (2015.1.6 삭제)
5. 제74조제3항의 규정에 따른 출항정지명령에 따르지 아니한 자
6. 제75조제1항의 규정을 위반하여 거짓의 보고를 하거나 거짓의 자료를 제출한 자
7. 정당한 사유 없이 제75조제2항의 규정에 따른 공무원의 출입을 거부・방해 또는 기피한 자
8. 제75조제5항의 규정에 따른 처분에 따르지 아니한 자

제86조【벌칙】 다음 각 호의 어느 하나에 해당하는 자는 500만원 이하의 벌금에 처한다.(2015.1.6 본문개정)
1. (2015.1.6 삭제)

1의2. 제18조제4항을 위반하여 변경승인을 받지 아니한 자(2022.12.27 본호신설)

1의3. 제23조제3항을 위반하여 변경승인을 받지 아니한 자(2022.12.27 본호신설)

1의4. 제39조제4항을 위반하여 컨테이너안전승인판에 표시된 최대총중량을 초과하여 화물을 수납・적재한 자(2022.12.27 본호개정)
2. 제43조제1항의 규정을 위반하여 예인선항해검사를 받지 아니하고 부선 및 구조물 등을 예인한 자
3. 제44조의 규정을 위반하여 고인화성 연료유・윤활유 등을 선박에서 사용한 자

제86조의2【양벌규정】 선박소유자의 대리인(선박소유자가 법인인 경우에는 그 대표자를 포함한다), 사용인, 그 밖의 종업원(선박승무원은 제외한다)이 선박소유자의 업무에 관하여 제83조 각 호 또는 제84조제1항의 어느 하나에 해당하는 위법행위를 하면 그 대리인, 사용인, 그 밖의 종업원을 벌하는 외에 그 선박소유자에게도 해당 조문의 벌금형을 과(科)한다. 다만, 선박소유자가 그 위반행위를 방지하기 위하여 해당 업무에 관하여 상당한 주의와 감독을 게을리하지 아니한 경우에는 그러하지 아니하다.(2020.2.18 본조신설)

제87조【벌칙 적용의 예외】 이 법과 이 법에 따른 명령을 위반한 선박소유자에게 적용할 벌칙은 선박소유자가 국가 또는 지방자치단체인 때에는 이를 적용하지 아니한다.

제88조【벌칙의 적용】 벌칙을 적용하는 경우 이 법 중 선박소유자에 관한 규정은 선박공유의 경우에 선박관리인을 임명하였을 때에는 이를 선박관리인에게, 선박임대차의 경우에는 이를 선박차용인에게, 용선(傭船)의 경우에는 실질적으로 선박의 관리・운항을 담당하는 자에게 각각 적용하고, 선장에 관한 규정은 선장을 대신하여 그 직무를 행하는 자에게 이를 적용한다.(2020.2.18 본조개정)

제89조【과태료】 ① (2015.1.6 삭제)

② 다음 각 호의 어느 하나에 해당하는 자에게는 500만원 이하의 과태료를 부과한다.(2020.2.18 본문개정)
1. 정당한 사유 없이 선박검사를 받지 아니한 자
2. 제13조제4항의 규정을 위반하여 승인된 도면을 선박에 비치하지 아니한 자
3. (2015.1.6 삭제)

3의2. 제17조제3항을 위반하여 선박검사증서등을 선박(소형선박은 제외한다) 안에 갖추어 두지 아니한 자(2009.12.29 본호신설)

3의3. 정당한 사유 없이 제18조제7항에 따른 형식승인증서의 갱신신청을 하지 아니한 자(2022.12.27 본호신설)
4. 제18조제8항에 따른 형식승인시험 또는 변경승인시험에 합격한 선박용물건을 보관하지 아니한 자(2017.10.31 본호개정)

4의2. 제24조제3항에 따라 승인받은 컨테이너 안전점검방법의 변경승인을 받지 아니한 자(2022.12.27 본호신설)

4의3. 제24조의2제3항에 따라 등록한 컨테이너 안전점검사업자의 변경등록을 하지 아니한 자(2022.12.27 본호신설)

5.~6. (2015.1.6 삭제)
7. 제28조제2항의 규정을 위반하여 복원성자료를 선장에게 제공하지 아니한 자
8. 제31조의 규정을 위반하여 선장의 전문적인 판단을 방해하거나 간섭한 자
9. 제32조의 규정을 위반하여 항해용 간행물을 선박에 비치하지 아니한 자
10. 제33조제1항의 규정을 위반하여 조타실의 시야를 확보하지 아니한 자
11. 제33조제2항의 규정을 위반하여 조타실과 조타기가 설치된 장소 사이에 통신장치를 설치하지 아니한 자

12. 제34조제3항의 규정을 위반하여 제한하중등의 표시를 하지 아니한 자
13. 제34조제4항의 규정을 위반하여 제한하중등의 사항을 위반하여 하역설비를 사용한 자
14. 제35조제2항의 규정을 위반하여 하역설비검사기록부 등의 서류를 선내에 비치하지 아니한 자
15. 제36조제1항 또는 제2항을 위반하여 화물에 관한 정보를 제공하지 아니한 자(2017.10.31 본호개정)
16. 제37조의 규정을 위반하여 유독성가스 또는 산소의 농도를 측정할 수 있는 기기 및 이에 관한 사용설명서를 선장에게 제공하지 아니한 자
17. 제38조의 규정을 위반하여 안전조치를 취하지 아니한 자
18. (2015.1.6 삭제)
19. 제39조제3항의 규정을 위반하여 안전조치를 취하지 아니한 자
20. (2015.1.6 삭제)
21. 제40조제1항의 규정을 위반하여 선박의 복원성·화물의 성질 및 적재방법에 관한 정보를 선장에게 제공하지 아니한 자
22. 제40조제2항의 규정을 위반하여 안전조치를 취하지 아니한 자
23. 제41조제1항의 규정을 위반하여 위험물을 적재·운송 또는 저장한 자
24. 정당한 사유 없이 제41조제2항의 규정에 따른 위험물의 적재·운송 또는 저장방법의 적합 여부에 관한 검사 또는 승인을 받지 아니한 자
24의2. 정당한 사유 없이 제41조의2제1항에 따른 위험물 안전운송에 관한 교육을 받지 아니하고 위험물을 취급한 자(2010.4.15 본호신설)
25. 정당한 사유 없이 제42조제1항의 규정에 따른 강화검사를 받지 아니한 자
26. 제43조제3항의 규정을 위반하여 예인선항해검사증서를 예인선에 비치하지 아니한 자
26의2. (2018.12.31 삭제)
27. 제69조제1항의 규정을 위반하여 외국 항만당국의 항만국통제로 인하여 출항정지된 대한민국 선박의 소유자
28. 정당한 사유 없이 제75조제1항에 따른 보고 또는 자료제출을 하지 아니한 다음 각 목의 어느 하나에 해당하는 자
가. 선박소유자
나. 제18조제3항에 따른 지정시험기관
다. 제23조제1항에 따른 컨테이너형식승인을 받은 자
라. 제24조제1항 후단에 따른 안전점검사업자
(2013.5.22 본호개정)

③ 정당한 사유 없이 제30조제1항의 규정에 따른 선박위치발신장치를 작동하지 아니한 선박의 선장에게는 1백만원 이하의 과태료를 부과한다.(2020.2.18 본항개정)
④ 제1항부터 제3항까지의 규정에 따른 과태료는 대통령령으로 정하는 바에 따라 해양수산부장관이 부과·징수한다.(2013.3.23 본항개정)
⑤~⑥ (2009.2.6 삭제)

부 칙

제1조【시행일】 이 법은 공포 후 10개월이 경과한 날부터 시행한다. 다만, 제7장의 개정규정은 이 법 공포 후 3개월이 경과한 날부터 시행한다.
제2조【추가적용선박에 대한 적용례 등】 ① 제3조제1항의 개정규정에 따라 새로이 이 법의 적용대상이 되는 총톤수 2톤 미만의 선박, 총톤수 5톤 미만의 선박으로서 추진기관을 설치하지 아니한 선박, 총톤수 5톤 미만의 범선 및 부유식해상구조물(이하 이 조에서 "추가적용선박"이라 한다)은 2008년 10월 1일 이후 건조되는 선박부터 이를 적용한다.
② 제1항의 규정에 불구하고 2008년 10월 1일 전에 건조되었거나 건조에 착수된 추가적용선박에 대하여는 다음 각 호의 기준에 의한 날부터 이를 적용한다.
1. 길이 7미터 이상 : 2009년 4월 1일
2. 길이 6미터 이상 7미터 미만 : 2010년 4월 1일
3. 길이 6미터 미만 : 2011년 4월 1일
③ 제2항의 각 호의 규정에 따른 추가적용선박은 제7조제1항의 개정규정에 따른 건조검사는 이를 받은 것으로 본다.
제3조【조타실의 시야확보에 관한 적용례】 제33조제1항의 개정규정은 이 법 시행 후 건조계약을 체결하는 선박부터 적용한다.
제4조【하역설비의 검사대상에 관한 적용례】 이 법 시행 당시 종전의 규정에 따라 하역장치 및 하역장구에 대한 제한하중 등의 지정이 면제되었던 선박은 이 법 시행 후 최초로 정기검사 또는 제1종 중간검사를 받는 분부터 제34조제1항의 개정규정을 적용한다.
제5조【유독성가스농도 측정기의 제공 등에 관한 적용례】 제37조 및 제42조의 개정규정은 이 법 시행 후 최초로 정기검사 또는 제1종 중간검사를 받는 분부터 적용한다.
제6조【일반적 경과조치】 이 법 시행 당시 종전의 규정에 따라 행정기관이 행한 처분 그 밖의 행위 또는 행정기관에 대한 각종 신청 그 밖의 행위는 그에 해당하는 이 법에 의한 행정기관의 행위 또는 행정기관에 대한 행위로 본다.
제7조 (2009.12.29 삭제)
제8조【건조검사 등에 관한 경과조치】 ① 이 법 시행 당시 종전의 규정에 따라 제조검사를 받은 경우에는 이 법에 따른 건조검사를 받은 것으로 본다.
② 이 법 시행 당시 종전의 규정에 따라 선박의 설계도서에 대한 심사를 받은 경우에는 이 법에 따른 도면의 승인을 얻은 것으로 본다.
③ 이 법 시행 당시 종전의 규정에 따라 선박의 검사를 받은 경우에는 이 법에 따른 선박검사 및 국제협약검사를 받은 것으로 본다.
④ 이 법 시행 당시 종전의 규정에 따라 우수사업장의 인정을 받은 경우에는 이 법에 따른 우수사업장의 지정을 받은 것으로 본다.
제9조【컨테이너에 관한 경과조치】 이 법 시행 당시 형식승인을 얻지 아니하고 선박의 화물운송에 사용되는 컨테이너는 제23조제8항의 개정규정에 불구하고 2011년 12월 31일까지는 국제항해에 취항하지 아니하는 선박에 한하여 적재할 수 있다.
제10조【만재흘수선 표시에 관한 경과조치】 이 법 시행 당시 종전의 규정에 따라 만재흘수선 표시가 면제된 선박은 제27조의 개정규정에 불구하고 종전의 규정에 따른다. 다만, 해당 선박의 길이·너비·깊이의 변경이 있는 경우에는 그러하지 아니하다.
제11조【복원성의 유지 등에 관한 경과조치】 ① 이 법 시행 당시 종전의 규정에 따라 복원성의 유지를 하는 것이 면제된 선박은 제28조의 개정규정에 불구하고 종전의 규정에 따른다. 다만, 해당 선박의 길이·너비·깊이의 변경이 있는 경우에는 그러하지 아니하다.
② 이 법 시행 당시 종전의 규정에 따라 선박소유자가 선장에게 제공한 복원성자료는 제28조제2항의 개정규정에 따라 제공한 것으로 본다.
제12조【하역설비의 확인에 관한 경과조치】 이 법 시행 당시 종전의 규정에 따라 하역장치 및 하역장구에 대한 제한하중 등의 지정을 받은 경우에는 이 법에 따른 하역설비의 확인을 받은 것으로 본다.
제13조【공단에 관한 경과조치】 ① 이 법 시행 당시 종전의 규정에 따른 선박검사기술협회는 제45조의 개정규정에 따라 설립한 선박안전기술공단으로 본다.
② 이 법 시행 당시 종전의 규정에 따라 임명된 선박검사기술협회의 이사장·이사 및 감사는 종전의 규정에 따라 임기가 끝날 때까지 각각 이 법에 따라 임명된 공단의 이사장·이사 및 감사로 본다.
③ 이 법 시행 당시 선박검사기술협회가 행한 행위 또는 그 밖의 법률관계에 있어서는 이를 선박안전기술공단이 한 것으로 본다.
④ 이 법 시행 당시 선박검사기술협회의 재산과 권리·의무는 공단의 설립과 동시에 공단이 이를 포괄하여 승계한다. 이 경우 공단이 승계한 재산의 가액은 승계 당시의 장부 가액으로 한다.
⑤ 이 법 시행 당시 등기부 및 그 밖의 공부상의 선박검사기술협회의 명의는 선박안전기술공단의 명의로 본다.
⑥ 이 법 시행 당시 다른 법령에서 선박검사기술협회를 인용하고 있는 경우에는 그에 갈음하여 선박안전기술공단을 인용한 것으로 본다.
제14조【검사등업무의 대행에 관한 경과조치】 이 법 시행 당시 종전의 규정에 따라 공단 및 선급법인이 대행하고 있는 검사등업무에 대하여는 제60조제1항 각 호 외의 부분 후단 및 제2항 후단의 개정규정에 따른 협정을 체결하기 전까지 그 효력을 가진다.
제15조【벌칙에 관한 경과조치】 이 법 시행 전의 행위에 대한 벌칙의 적용에 있어서는 종전의 규정에 의한다.
제16조【다른 법률의 개정】 ①~⑧ ※(해당 법령에 가제정리 하였음)

부 칙 (2015.1.6 법12999호)

제1조【시행일】 이 법은 공포 후 6개월이 경과한 날부터 시행한다.
제2조【지정사업장에 대한 경과조치】 이 법 시행 당시 종전의 규정에 따라 우수사업장의 지정을 받은 경우에는 이 법에 따른 지정사업장의 지정을 받은 것으로 본다.
제3조【검사에 관한 경과조치】 이 법 시행 당시 종전의 규정에 따라 해양수산부장관에게 검사를 신청한 경우에는 종전의 규정에 따른다.

부 칙 (2017.10.31)

제1조【시행일】 이 법은 공포 후 6개월이 경과한 날부터 시행한다.
제2조【대행검사기관에 대한 구상금액 한도에 관한 적용례】 제67조제3항 단서의 개정규정은 이 법 시행 후 대행검사기관이 대행 업무를 수행하면서 위법하게 타인에게 손해를 입힌 경우부터 적용한다.
제3조【형식승인증서 등에 관한 경과조치】 ① 이 법 시행 전에 종전의 제18조제1항에 따라 형식승인을 얻은 후 종전의 제18조제8항에 따라 발급된 형식승인증서의 유효기간은 다음 각 호의 구분에 따른다.
1. 이 법 시행 당시 형식승인증서를 발급받은 날부터 3년 이하인 경우 : 형식승인증서를 발급받은 날부터 5년
2. 이 법 시행 당시 형식승인증서를 발급받은 날부터 3년이 경과한 경우 : 이 법 시행일부터 2년
② 이 법 시행 전에 종전의 제18조제4항에 따라 변경승인(같은 항 후단에 따라 형식승인시험을 거쳐 변경승인한 경우로 한정한다)을 얻은 후 종전의 제18조제8항에 따라 발급된 형식승인사항변경승인서는 제18조제5항의 개정규정에 따라 발급된 형식승인증서로 본다. 이 경우 그 형식승인사항변경승인서의 유효기간은 다음 각 호의 구분에 따른다.
1. 이 법 시행 당시 형식승인사항변경승인서를 발급받은 날부터 3년 이하인 경우 : 형식승인사항변경승인서를 발급받은 날부터 5년
2. 이 법 시행 당시 형식승인사항변경승인서를 발급받은 날부터 3년이 경과한 경우 : 이 법 시행일부터 2년
제4조【선박의 복원성 유지에 관한 경과조치】 이 법 시행 전에 출항하여 항해 중인 선박에 대해서는 제28조제1항의 개정규정에도 불구하고 종전의 규정에 따른다.
제5조【두께측정대행업체에 관한 경과조치】 이 법 시행 당시 종전의 제63조제1항에 따라 고시된 두께측정대행업체는 제14조제6항의 개정규정에 따라 고시된 두께측정지정업체로 본다.
제6조【벌칙에 관한 경과조치】 이 법 시행 전의 행위에 대하여 벌칙을 적용할 때에는 종전의 규정에 따른다.

부 칙 (2019.8.20)

이 법은 공포 후 3개월이 경과한 날부터 시행한다.

부 칙 (2020.1.29)

제1조【시행일】 이 법은 공포 후 6개월이 경과한 날부터 시행한다.(이하 생략)

부 칙 (2020.2.18)

이 법은 공포한 날부터 시행한다. 다만, 제84조제4항 및 제86조의2의 개정규정은 공포 후 6개월이 경과한 날부터 시행한다.

부 칙 (2022.12.27)

제1조【시행일】 이 법은 공포 후 6개월이 경과한 날부터 시행한다. 다만, 제17조제3항 및 제23조제9항의 개정규정은 공포한 날부터 시행한다.
제2조【컨테이너 형식승인증서등에 관한 경과조치】 ① 이 법 시행 당시 종전의 제23조제1항에 따라 발급된 컨테이너 형식승인증서와 종전의 제23조제3항 후단에 따라 변경 발급된 컨테이너 형식승인증서(이하 "형식승인증서등"이라 한다)의 유효기간은 다음 각 호의 구분에 따른다.
1. 이 법 시행 당시 형식승인증서등을 발급받은 날부터 3년 이하인 경우 : 형식승인증서등을 발급받은 날부터 5년
2. 이 법 시행 당시 형식승인증서등을 발급받은 날부터 3년이 경과한 경우 : 이 법 시행일부터 2년
② 이 법 시행 당시 종전의 제23조제5항에 따라 컨테이너 검정에 합격하여 컨테이너에 부착된 "컨테이너형식승인판"은 제23조제8항의 개정규정에 따른 "컨테이너안전승인판"으로 본다.
제3조【컨테이너 소유자의 안전점검방법 재검토에 관한 경과조치】 이 법 시행 당시 종전의 제24조제1항에 따라 승인받은 컨테이너 소유자의 안전점검방법에 대한 재검토 기한은 다음 각 호의 구분에 따른다.
1. 이 법 시행 당시 종전의 제24조제1항에 따라 컨테이너 안전점검방법을 승인받고 10년이 경과한 경우 : 이 법 시행일부터 1년 이내 승인일자 전까지
2. 이 법 시행 당시 종전의 제24조제1항에 따라 컨테이너 안전점검방법을 승인받고 10년이 경과하지 않은 경우 : 기존의 승인일부터 10년이 도래하는 승인일자 전까지
제4조【컨테이너 안전점검사업자 등록에 관한 경과조치】 이 법 시행 당시 종전의 제24조제2항에 따른 자격을 갖추고 종전의 제24조제1항 후단에 따라 컨테이너 소유자의 안전점검업무를 대행하고 있는 안전점검사업자 또는 이 법 시행 당시 종전의 제24조제2항에 따른 자격을 갖추고 국외 컨테이너 소유자의 안전점검업무를 대행하고 있던 안전점검사업자가 컨테이너 소유자와의 계약사항, 종전의 규정에 따른 시설·인력 등을 증명할 수 있는 서류를 갖추고 이 법 시행일부터 1개월 내에 등록하는 경우 종전의 규정에 따른 안전점검사업자로 본다. 이 경우 이 법 시행 이후 종전의 규정에 따른 안전점검사업자는 등록 후 1년 내에 이 법에 따른 자격을 갖추어야 한다.

선박투자회사법

(2002년 5월 13일
법 률 제6701호)

개정
2003. 8. 6법 6966호
2005. 3.31법 7428호(채무자회생파산)
2005. 7.29법 7641호
2007. 1. 3법 8223호
2007. 8. 3법 8635호(자본시장금융투자업)
2007.12.27법 8821호
2008. 2.29법 8852호(정부조직)
2008. 2.29법 8863호(금융위원회의설치등에관한법)
2009. 5.22법 9707호
2013. 3.23법11690호(정부조직)
2013. 4. 5법11756호
2014. 1. 7법12218호
2014. 3.24법12539호
2014.10.15법12820호
2015. 7.24법13448호(자본시장금융투자업)
2015. 7.31법13453호(금융회사의지배구조에관한법)
2017.10.31법15004호
2019. 8.20법16507호
2020. 2.18법17030호
2020. 3.24법17112호(금융소비자보호에관한법)

제1장 총 칙
(2007.12.27 본장개정)

제1조【목적】 이 법은 선박투자회사의 설립 및 운용 등에 필요한 사항을 규정함으로써 선박에 대한 건전한 투자 기회를 제공하고 이를 통하여 해운산업의 활성화 등 국민경제의 발전에 이바지함을 목적으로 한다.

제2조【정의】 이 법에서 사용하는 용어의 뜻은 다음과 같다.
1. "선박투자회사"란 자산을 선박(「선박안전법」 제2조제1호에 따른 선박을 말한다. 이하 같다)에 투자하여 그 수익을 주주에게 분배하는 것을 목적으로 이 법에 따라 설립된 회사를 말한다.
2. "선박운용회사"란 선박투자회사의 위탁을 받아 선박 등의 자산을 운용하는 업무를 하는 자로서 제31조에 따라 해양수산부장관의 허가를 받은 회사를 말한다. (2013.3.23 본호개정)
3. "자산보관회사"란 「자본시장과 금융투자업에 관한 법률」에 따른 신탁업자로서 선박투자회사의 위탁을 받아 그 자산의 보관과 이와 관련된 업무를 하는 회사를 말한다.
4. "선박운항회사"란 선박투자회사 또는 그 자회사가 소유하는 선박을 대선(貸船)받아 운항 또는 대선하는 업무를 하는 회사를 말한다.

제3조【선박투자회사】 ① 선박투자회사는 주식회사로 한다.
② 선박투자회사는 제24조제1항 각 호에 따른 업무와 관련하여 필요한 경우 국내 또는 국외에 자회사를 설립할 수 있다. 이 경우 자회사가 수행하는 업무는 선박투자회사가 한 것으로 본다.
③ 선박투자회사는 1척의 선박을 소유하여야 한다. 다만, 자회사를 설립하는 경우 자회사는 각각 1척의 선박을 소유하여야 한다. 이 경우 선박투자회사는 별도로 선박을 소유할 수 없다.
④ 선박투자회사 및 자회사는 그 존립기간 중에 소유하고 있는 선박을 다른 선박으로 대체할 수 없다.
⑤ 선박투자회사는 본점 외의 영업소를 설치하거나 상근 임원을 두거나 직원을 고용할 수 없다.

제4조【「상법」의 적용】 선박투자회사에 대하여는 이 법에서 특별히 정한 사항 외에는 「상법」을 적용한다.

제5조【명칭의 사용】 ① 선박투자회사는 그 상호 중에 선박투자회사라는 명칭을 사용하여야 한다.
② 이 법에 따른 선박투자회사가 아닌 자는 선박투자회사 또는 이와 유사한 명칭을 사용하여서는 아니 된다.

제2장 설립 · 인가 · 주식의 발행
(2007.12.27 본장개정)

제1절 설 립

제6조【존립기간】 선박투자회사의 존립기간은 정관으로 정하되, 제13조에 따라 선박투자업을 인가받은 날부터 3년 이상으로 한다.(2013.4.5 본조개정)

제7조【발기인】 ① 다음 각 호의 어느 하나에 해당하는 자는 선박투자회사의 발기인이 될 수 없다.
1. 미성년자 · 피성년후견인 또는 피한정후견인 (2014.3.24 본호개정)
2. 파산선고를 받은 자로서 복권되지 아니한 자
3. 이 법 또는 대통령령으로 정하는 해운이나 금융 관련 법률(이에 상당하는 외국의 법률을 포함한다. 이하 "해운 · 금융관련법률"이라 한다)을 위반하여 금고 이상의 실형을 선고받고 그 집행이 끝나거나(집행이 끝난 것으로 보는 경우를 포함한다) 집행이 면제된 날부터 2년이 지나지 아니한 사람(2019.8.20 본호개정)
4. 이 법 또는 해운 · 금융관련법률을 위반하여 벌금형을 선고받고 2년이 지나지 아니한 사람(2019.8.20 본호개정)
5. 이 법 또는 해운 · 금융관련법률을 위반하여 금고 이상의 형의 집행유예를 선고받고 그 유예기간 중에 있는 사람(2019.8.20 본호개정)
6. 이 법 또는 해운 · 금융관련법률에 따라 영업의 허가 · 인가 또는 등록 등이 취소된 법인의 임직원이었던 자(그 허가 · 인가 또는 등록 등의 취소사유 발생에 관하여 직접적인 또는 이에 상응하는 책임이 있는 자로서 대통령령으로 정하는 자로 한정한다)로서 그 법인에 대한 허가 등의 취소가 있었던 날부터 5년이 지나지 아니한 자
7. 이 법 또는 해운 · 금융관련법률을 위반하였다는 사유로 법인의 임직원에서 해임되거나 면직된 사실이 있는 자로서 해임되거나 면직된 날부터 5년이 지나지 아니한 자
② 발기인은 발행할 주식 중 100분의 30을 초과하지 아니하는 범위에서 대통령령으로 정하는 비율 이상의 주식을 인수하여야 한다.

제8조【정관】 ① 발기인은 다음 각 호의 사항을 적은 정관을 작성하여야 하고, 그 정관에 발기인 전원이 기명날인하거나 서명하여야 한다.
1. 목적
2. 상호
3. 발행할 주식의 총수
4. 1주의 금액
5. 설립할 때에 발행하는 주식의 총수
6. 존립기간
7. 자금 차입 및 사채 발행의 한도
8. 자산운용의 기본방향
9. 수입 분배 및 자본 증감 등에 관한 사항
10. 회사의 소재지
11. 공고방법
12. 이사 및 감사의 보수에 관한 기준
13. 선박운용회사와 체결하려는 자산운용계약의 주요 내용(선박운용회사에 지급할 자산운용보수의 기준을 포함한다)
14. 자산보관회사와 체결하려는 자산보관계약의 주요 내용
15. 선박의 건조 · 매매 · 대선에 관하여 체결하려는 계약의 주요 내용
16. 발기인의 성명, 주민등록번호 및 주소(발기인이 법인인 경우에는 법인의 상호, 등기번호 및 본점 소재지)
17. 그 밖에 선박투자회사의 운영에 관한 것으로서 대통령령으로 정하는 사항
② 제1항제5호에 따른 주식의 총수는 그 상한과 하한을 두는 방법으로 정할 수 있다.

제9조【주식 인수의 청약 등】 ① 발기인은 선박투자회사를 설립할 때에 발행하는 주식 인수의 청약을 권유하는 경우에는 그 상대방에게 선박투자회사의 설립취지, 대선계획(貸船計劃), 그 밖에 대통령령으로 정하는 사항을 적은 투자설명서를 제공하여야 한다.
② 발기인은 다음 각 호의 사항을 적은 주식청약서를 주식 인수를 청약하려는 자에게 제공하여야 한다.
1. 제8조제1항 각 호의 사항
2. 정관에서 해산사유를 정한 경우에는 그 내용
3. 발기인이 인수하는 주식의 종류와 수
4. 설립할 때에 발행하는 주식의 배정방법 및 주금(株金)의 납입기일
5. 주금납입을 맡을 금융기관과 납입장소
6. 이사후보자 및 감사후보자의 성명과 주소
7. 자금의 조달에 관한 사항
8. 업무위탁계약을 체결할 선박운용회사의 명칭 및 주소
9. 선박의 건조 · 매입 · 대선에 관한 계약을 체결할 자의 성명(법인인 경우에는 명칭) 및 주소
10. 인수의 청약이 있었던 주식의 수가 설립할 때에 발행하는 주식의 수에 미달하면 설립을 취소할 수 있다는 뜻
11. 주식 인수의 청약을 한 자는 일정한 시기까지 선박투자회사가 설립되지 아니하거나 이 법에 따라 해양수산부장관의 인가를 받지 못한 경우에는 그 청약을 취소할 수 있다는 뜻(2013.3.23 본호개정)
12. 그 밖에 주주의 이해관계와 관련된 것으로서 대통령령으로 정하는 사항

제10조【변태설립의 제한】 선박투자회사는 「상법」 제290조제2호에도 불구하고 현물출자에 따른 설립을 할 수 없다.

제11조【이사 및 감사 선임의 의제】 ① 주식청약서에 적힌 이사후보자 및 감사후보자는 주식의 배정이 끝났을 때에 각각 이사 및 감사로 선임된 것으로 본다.
② 제1항에 따른 이사 및 감사는 창립총회의 승인을 받아야 한다.

제12조【설립등기사항 등】 ① 설립등기사항은 다음 각 호와 같다.
1. 제8조제1항제1호부터 제5호까지, 제7호, 제11호 및 제12호의 사항
2. 정관으로 선박투자회사의 해산사유를 정한 경우에는 그 내용
3. 명의개서 대리인의 명칭 및 주소
4. 이사 · 감사의 성명 및 주민등록번호
5. 회사를 대표하는 이사의 성명, 주민등록번호 및 주소
6. 여러 명의 이사가 공동으로 선박투자회사를 대표하기로 정한 경우에는 그 내용
② 설립등기를 하는 경우에는 대통령령으로 정하는 서류를 첨부하여야 한다.

제2절 인 가

제13조【선박투자업의 인가】 ① 선박투자회사는 제24조제1항 각 호에 따른 업무를 하려면 해양수산부령으로 정하는 바에 따라 해양수산부장관의 인가를 받아야 한다. 인가받은 사항을 변경하려는 경우에도 또한 같다. (2013.3.23 전단개정)
② 해양수산부장관은 제1항에 따른 인가신청을 받은 경우에는 그 인가신청이 다음 각 호의 어느 하나에 해당하는 경우를 제외하고는 인가를 하여야 한다.
1. 이 법에 따라 설립된 선박투자회사가 아닌 경우
2. 사업계획이 법령에 위반되거나 금융질서를 해치는 등 경영의 건전성 확보에 현저히 미흡한 경우
3. 선박운용회사 및 자산보관회사와 체결할 업무위탁계약이 투자자 보호 또는 건전경영에 적절하지 아니한 경우
4. 선박운항회사와 체결할 대선계약이 투자자 보호 또는 건전경영에 적절하지 아니한 경우
5. 주식을 공모할 때 실권주가 발생하는 경우에 대비하여 적절한 대책을 마련하지 아니한 경우
6. 그 밖에 이 법 또는 다른 법령에 따른 제한에 위반되는 경우
(2013.4.5 본항개정)
③ 해양수산부장관은 제1항에 따른 인가를 하는 경우 경영의 건전성을 확보하고 투자자를 보호하기 위하여 조건을 붙이거나 업무 범위를 제한할 수 있다.(2013.3.23 본항개정)
④ 해양수산부장관은 제1항에 따른 인가 또는 변경인가의 신청을 받은 날부터 20일 이내에 인가 여부를 신청인에게 통지하여야 한다.(2019.8.20 본항신설)
⑤ 해양수산부장관이 제4항에서 정한 기간 내에 인가 여부 또는 민원 처리 관련 법령에 따른 처리기간의 연장 여부를 신청인에게 통지하지 아니하면 그 기간(민원 처리 관련 법령에 따라 처리기간이 연장 또는 재연장된 경우에는 해당 처리기간을 말한다)이 끝난 날의 다음 날에 인가를 한 것으로 본다.(2019.8.20 본항신설)
⑥ 해양수산부장관은 제1항에 따른 인가를 한 경우 그 내용을 금융위원회에 통보하고, 해양수산부령으로 정하는 바에 따라 관보 및 컴퓨터통신 등을 통하여 그 내용을 공고하여야 한다.(2013.3.23 본항개정)

제13조의2【관공선 전용 선박투자업의 인가】 ① 해양수산부장관은 관공선〔官公船 : 국가가 연불판매(延拂販賣) 방식에 따라 소유하거나 대선받아 운항하는 선박을 말한다. 이하 같다〕만을 대상으로 하는 선박투자회사의 설립을 인가할 수 있다.(2013.3.23 본항개정)
② 해양수산부장관은 제1항에 따른 선박투자회사에 대하여 제13조제1항에 따른 인가를 할 때에는 다음 각 호의 사항에 대하여 기획재정부장관과 미리 협의하여야 한다. (2013.3.23 본문개정)
1. 대상이 되는 관공선
2. 선박투자회사에 의한 관공선의 건조계획 및 운용계획
3. 연불판매 방식에 따른 관공선의 소유권 이전에 관한 사항
4. 관공선의 건조 등에 관한 국가와 선박투자회사 간의 협약의 내용, 방법, 절차 및 조건에 관한 사항
5. 선박투자회사의 주주에 대한 배당률의 수준 및 보장방법 등에 관한 사항
③ 제1항에 따른 선박투자회사에 대하여는 제24조제1항 각 호에 따른 업무의 범위에 관공선의 소유권 이전을 위한 연불판매를 추가한다. 이 경우 연불판매의 기간은 제26조제1항에 따른 대선기간으로 본다.
④ 관공선의 대선계약은 투자자 보호 또는 건전경영에 적절하여야 하고, 그 대선에 관하여는 제26조를 준용한다. 이 경우 "선박운항회사"를 "국가"로 본다.(2013.4.5 전단개정)
⑤ 제1항에 따른 선박투자회사에는 제3조제3항, 제27조제1항 및 제28조 본문을 적용하지 아니한다.

제14조【인가의 실효】 ① 선박투자회사가 제13조제1항에 따른 인가를 받은 날부터 6개월이 지날 때까지 업무를 시작하지 아니하면 그 인가의 효력은 상실된다.
② 제1항에도 불구하고 해양수산부장관은 정당한 사유가 있다고 인정하면 선박투자회사의 신청을 받아 6개월 이내의 범위에서 제1항의 기간을 연장할 수 있다.(2013.3.23 본항개정)

제14조의2 (2009.5.22 삭제)

제3절 주식의 발행

제15조【주식의 발행】 ① 선박투자회사는 설립 후에 주

식을 발행하여 그 인수의 청약을 권유하는 경우 대통령령으로 정하는 바에 따른 주식청약서 및 투자설명서를 작성하여 그 주식을 인수하려는 자에게 제공하여야 한다.
② 선박투자회사는 선박의 건조 또는 매입이 끝난 후에는 주식을 발행할 수 없다. 다만, 선박운항의 정상화 또는 투자자 보호를 위하여 필요한 경우 등 대통령령으로 정하는 경우에는 주식의 추가발행 비율 등 대통령령으로 정하는 범위에서 「상법」 제434조에 따른 주주총회의 결의로 주식을 추가로 발행할 수 있다.(2013.4.5 단서신설)
③ 선박투자회사의 주주는 선박투자회사의 존립기간 중 해당 주식의 환매를 청구할 수 없다.

제16조【발행조건】 ① 선박투자회사는 설립 후에 주식을 발행하는 경우 같은 날짜에 발행되는 같은 종류의 주식에 대하여는 발행가액이나 그 밖의 발행조건을 균등하게 정하여야 한다.
② 제1항의 경우 주식의 발행가액은 해당 선박투자회사의 시장가치, 자산가치 및 수익가치에 기초하여 대통령령으로 정하는 방법에 따라 산정하여야 한다.

제17조【주식의 상장 등】 ① 선박투자회사는 「자본시장과 금융투자업에 관한 법률」 제390조제1항에 따른 상장규정의 상장요건을 갖추면 지체 없이 증권시장에 주식을 상장하여 그 주식이 거래되도록 하여야 한다.
② 해양수산부장관은 선박투자회사가 정당한 사유 없이 제1항에 따른 증권시장에의 상장을 이행하지 아니하면 기간을 정하여 그 이행을 명할 수 있다.(2013.3.23 본항개정)

제18조【주식소유의 제한】 ① 선박운용회사, 자산보관회사, 선박운항회사 또는 선박의 건조·매매에 관한 계약을 체결한 자(이하 이 조에서 "선박운용회사등"이라 한다)와 그 각각의 특별관계자가 소유하는 선박투자회사 주식의 합계는 그 선박투자회사의 발행주식 총수의 100분의 25를 초과할 수 없다.
② 선박운용회사등 및 그 각각의 특별관계자가 제1항을 위반하여 선박투자회사의 주식을 소유하게 되면 그 주식의 100분의 25를 초과하는 주식의 의결권은 행사하지 못한다.
③ 해양수산부장관은 선박운용회사등 및 그 각각의 특별관계자가 선박투자회사의 발행주식 총수의 100분의 25를 초과하여 주식을 소유하면 3개월 이내의 기간을 정하여 그 초과하는 주식의 처분을 명할 수 있다.(2013.3.23 본항개정)
④ 제1항부터 제3항까지의 규정에 따른 특별관계자의 범위는 대통령령으로 정한다.

제19조【자기주식의 취득 및 질권의 제한】 선박투자회사는 대통령령으로 정하는 경우 외에는 자기가 발행한 주식을 취득하거나 질권의 목적으로 제공할 수 없다.

제3장 기 관
(2007.12.27 본장개정)

제20조【이사의 자격】 제7조제1항 각 호의 어느 하나에 해당하는 자는 선박투자회사의 이사가 될 수 없다.

제21조【이사회의 직무】 ① 선박투자회사가 다음 각 호의 어느 하나에 해당하는 사항에 관한 행위를 하는 경우에는 이사회의 결의를 거쳐야 한다.
1. 선박의 건조계약 또는 매매에 관한 사항
2. 선박의 대선계약에 관한 사항
3. 선박운용회사 및 자산보관회사와의 업무위탁계약에 관한 사항
4. 자금의 차입 또는 사채의 발행
5. 선박이나 그 밖의 자산을 운용하는데 드는 비용
6. 그 밖에 선박투자회사의 운영상 중요하다고 인정되는 사항으로서 정관으로 정하는 사항
② 선박투자회사가 제1항제1호부터 제3호까지의 사항에 관한 행위를 하는 경우에는 주주총회의 결의를 거쳐야 한다. 다만, 선박투자회사가 설립될 때에 선박운용회사가 되는 자와 업무위탁계약을 체결하는 경우에는 그러하지 아니하다.
③ 이사회는 선박운용회사로부터 보고받은 자산운용명세 등을 평가하고 그 결과를 매년 1회 이상 주주총회에 보고하여야 한다.

제22조【이사회의 소집】 이사가 이사회를 소집하려면 회의일 5일 전까지 이사 및 감사에게 각각 소집통지를 하여야 한다.

제23조【서면 의결】 ① 이사는 이사회에 출석하지 아니하고 서면으로 의결권을 행사할 수 있다.
② 이사회를 소집하려는 이사는 이사회 소집을 알릴 때에 서면으로 의결권을 행사하는 데에 필요한 서면을 보내야 한다.
③ 서면으로 의결권을 행사하려는 이사는 제2항에 따른 서면에 의결권 행사의 내용을 적어 이사회 회의일 전날까지 이사회에 제출하여야 한다.
④ 서면으로 의결권을 행사한 이사의 수는 이사회에 출석한 이사의 수에 포함한다.

제4장 업 무
(2007.12.27 본장개정)

제24조【업무의 범위】 ① 선박투자회사는 다음 각 호의 업무를 할 수 있다.
1. 선박의 취득
2. 선박의 대선
3. 자금의 차입 및 사채의 발행
4. 주식의 발행
5. 취득한 선박의 관리·매각
6. 그 밖에 대통령령으로 정하는 업무
② 선박투자회사는 제1항 각 호에 따른 업무 외에 다른 업무를 겸업하여서는 아니 된다.
③ 선박투자회사는 자산을 유가증권에 투자하여서는 아니 된다. 다만, 제3조제2항에 따라 설립되는 자회사의 주식을 취득하는 경우에는 그러하지 아니하다.

제25조【자금의 차입 및 사채의 발행】 ① 선박투자회사는 다음 각 호의 목적에 사용하기 위한 경우에만 자금을 차입하거나 사채를 발행할 수 있다. 운영자금에 사용하기 위한 경우에는 제21조제1항제4호에도 불구하고 주주총회의 결의를 거쳐야 한다.
1. 선박의 취득 또는 개조
2. 기존 차입금 또는 사채의 상환
② 제1항에 따른 자금 차입 및 사채 발행의 한도는 자본금의 10배를 초과하지 아니하는 범위에서 대통령령으로 정한다. 다만, 제13조제1항에 따라 인가받은 발행 예정 주식의 액면가 총액의 범위에서 그 자금 차입일 또는 사채 발행일부터 3개월 이내에 해당 선박투자회사의 납입자본금으로 차입한 자금 또는 발행한 사채를 상환하는 것을 조건으로 하는 경우에는 자본금의 10배를 초과하여 자금 차입 또는 사채 발행을 할 수 있다.

제26조【대선】 ① 선박투자회사는 소유하는 선박을 선박운항회사에 2년 이상의 기간을 정하여 임대하여야 한다.
② 선박투자회사는 제1항에 따른 대선기간이 끝나는 시점에 선박운항회사에 선박의 소유권을 이전하는 것을 조건으로 대선할 수 있다.
③ 제2항에 따른 대선의 방법 및 절차 등에 필요한 사항은 대통령령으로 정한다.

제27조【선박 소유 등의 제한】 ① 선박투자회사 및 그 자회사는 국제적으로 인정받은 선박검사기관의 검사(이하 이 조에서 "선박검사"라 한다)에 합격한 선박을 소유하여야 한다. 건조 중인 선박에 대하여는 건조 완료 후 지체 없이 선박검사를 받아야 한다.
② 제1항에 따른 선박검사기관의 범위는 대통령령으로 정한다.

제28조【보험 가입】 선박투자회사는 소유하는 선박에 대하여 인명사고, 선체사고 또는 오염사고 등의 발생으로 인한 피해를 보전할 수 있는 보험에 가입하여야 한다. 다만, 선박운항회사가 선박투자회사로부터 대선받은 선박에 대하여 보험에 가입한 경우에는 선박투자회사가 보험에 가입한 것으로 본다.

제29조【거래의 제한】 ① 선박투자회사는 다음 각 호의 어느 하나에 해당하는 자와 제24조제1항 각 호에 따른 업무에 해당하는 거래를 하여서는 아니 된다.
1. 해당 선박투자회사의 임원 및 그 임원의 특수관계인
2. 선박투자회사와 위탁계약을 체결한 선박운용회사, 그 선박운용회사의 임직원 및 그 임직원의 특수관계인
3. 해당 선박투자회사 주식의 100분의 10 이상을 소유하고 있는 주주 및 그 주주의 특수관계인
② 제1항 각 호에 따른 특수관계인의 범위는 대통령령으로 정한다.

제30조【업무의 위탁】 ① 선박투자회사는 선박운용회사에 제24조제1항 각 호에 따른 업무를 위탁하여야 한다.
② 선박운용회사가 제1항에 따라 위탁받은 업무 중 제24조제1항제4호에 따라 발행하는 주식의 모집 또는 매매에 관한 업무를 하는 경우에는 「자본시장과 금융투자업에 관한 법률」에 따른 투자매매업 또는 투자중개업의 인가를 받거나, 인가를 받은 기관에 그 업무를 위탁하여야 한다.
(2017.10.31 본항개정)

제31조【선박운용회사의 허가 등】 ① 선박투자회사의 위탁을 받아 선박등 자산을 운용하는 업무를 하려는 자는 해양수산부장관의 허가를 받아야 한다.(2013.4.5 본문개정)
1.~7. (2013.4.5 삭제)
② 해양수산부장관은 제1항에 따른 허가신청을 받은 경우에는 그 허가신청이 다음 각 호의 어느 하나에 해당하는 경우를 제외하고는 허가를 하여야 한다.
1. 「상법」에 따른 주식회사가 아닌 경우
2. 50억원 이상의 범위에서 대통령령으로 정하는 납입자본금 기준에 미달하는 경우
3. 상근 임직원 중 해운업 또는 금융업에서의 근무경력 등 대통령령으로 정하는 기준에 해당하는 선박운용전문인력 및 금융전문인력이 대통령령으로 정하는 수 미만인 경우
4. 사업계획이 법령에 위반되거나 금융질서를 해치는 등 경영의 건전성 확보에 현저히 미흡한 경우
5. 임원 중에 제7조제1항 각 호의 어느 하나에 해당하는 사람이 있는 경우
6. 대통령령으로 정하는 주요 주주가 대통령령으로 정하는 충분한 출자능력과 건전한 재무 상태를 갖추지 못한 경우
7. 제55조의2제1항에 따른 공모선박투자회사의 선박운용회사와 그 공모선박투자회사의 투자자 사이 또는 그 공모선박투자회사의 투자자들 사이의 이해 상충을 방지하기 위한 체계를 갖추지 못한 경우
8. 그 밖에 이 법 또는 다른 법령에 따른 제한에 위반되는 경우
(2013.4.5 본항신설)
③ 제2항 각 호에 따른 허가제한기준에 관한 세부사항은 대통령령으로 정한다.(2013.4.5 본항개정)
④ 선박운용회사가 아닌 자는 그 상호 중에 선박운용회사 또는 이와 유사한 명칭을 사용하여서는 아니 된다.

제32조【선박운용회사의 겸업 제한 등】 ① 선박운용회사는 선박투자회사로부터 위탁받은 업무 외의 다른 업무를 겸업하여서는 아니 된다. 다만, 다음 각 호의 어느 하나에 해당하는 경우에는 그러하지 아니하다.
1. 이 법 또는 다른 법률에 따라 허용된 경우
2. 제24조제1항 각 호에 해당하는 업무에 대한 자문업무를 하는 경우(같은 항 제3호·제4호·제6호는 선박과 관련한 경우로 한정한다)
3. 그 밖에 위탁받은 자산의 운용과 투자자 보호에 지장이 없다고 인정되어 해양수산부장관으로부터 승인받은 업무를 하는 경우
(2017.10.31 본항개정)
② 선박운용회사의 상근 임원은 해양수산부장관의 승인을 받은 경우 외에는 다른 회사의 상근 임직원이 되거나 다른 사업을 경영하여서는 아니 된다.
(2013.3.23 본조개정)

제33조【선박운용회사의 행위준칙】 ① 선박운용회사는 이 법 및 업무위탁계약에 따라 선량한 관리자의 주의로써 그 업무를 성실히 수행하여야 한다.
② 선박운용회사는 선박투자회사로부터 위탁받은 업무에 관하여 다음 각 호의 어느 하나에 해당하는 행위를 하여서는 아니 된다.
1. 선박운용에 따른 수익을 담보로 제공하거나 타인에게 대여 또는 이전하는 행위
2. 선박투자회사에 대하여 일정한 이익을 보장하거나 이를 약속하는 행위
3. 위탁받은 선박의 운용으로 발생한 손실의 전부 또는 일부를 선박운용회사가 부담하거나 이를 약속하는 행위
4. 선박투자회사로부터 운용을 위탁받은 선박으로 자기 또는 제3자의 이익을 도모하는 행위
5. 그 밖에 선박투자회사 및 그 주주의 이익을 해칠 우려가 있는 행위로서 대통령령으로 정하는 행위

제34조【선박운용회사의 허가 및 업무에 관한 세부기준】 제31조부터 제33조까지에서 규정한 것 외에 선박운용회사의 허가 및 업무에 필요한 사항은 대통령령으로 정한다.

제34조의2【선박운용회사의 최저 순자산액】 선박운용회사는 제31조제1항에 따라 허가를 받은 후 1년이 지나는 날부터는 50억원을 초과하지 아니하는 범위에서 대통령령으로 정하는 최저 순자산액을 유지하여야 한다.

제34조의3【선박운용회사의 책임】 ① 선박운용회사는 제33조에 따른 행위준칙을 위반하여 제24조제1항 각 호에 따른 업무를 위탁한 선박투자회사에 손해를 발생시킨 경우에는 그 손해를 배상할 책임이 있다.
② 선박운용회사가 제1항에 따른 손해배상책임을 부담하는 경우 관련된 이사 또는 감사에게 귀책사유가 있으면 그 이사 또는 감사는 연대하여 손해배상책임을 진다.

제35조【긴급한 계약해지 등】 선박투자회사는 제21조제2항 본문에도 불구하고 다음 각 호의 어느 하나에 해당하는 경우에는 이사회의 의결을 거쳐 선박운용회사와의 업무위탁계약을 해지하고 다른 선박운용회사를 선정하여 업무위탁계약을 체결할 수 있다. 이 경우 지체 없이 주주총회의 승인을 받아야 하며, 승인을 받지 못한 경우에는 선박운용회사와의 업무위탁에 관한 계약해지 및 계약체결은 장래에 대하여 효력을 상실한다.
1. 선박운용회사가 이 법이나 해운·금융관련법률 또는 업무위탁계약에 따른 의무를 위반하여 긴급히 계약을 해지하지 아니하면 해당 선박투자회사에 중대한 손실을 끼칠 우려가 있는 경우
2. 선박운용회사가 영업정지·해산 등의 사유로 그 업무의 전부 또는 일부를 계속하여 수행하기 곤란한 경우

제36조【자산보관의 위탁】 ① 선박투자회사는 대통령령으로 정하는 바에 따라 보유하는 자산 및 선박의 권리관계를 증명하는 서류의 보관업무와 이와 관련된 업무를 자산보관회사에 위탁하여야 한다.
② 자산보관회사는 위탁받은 자산 중 「자본시장과 금융투자업에 관한 법률」에 따른 증권이 있는 경우에는 대통령령으로 정하는 바에 따라 같은 법 제294조에 따른 한국예탁결제원에 예탁하여야 한다.
③ 제1항에 따른 자산보관업무 등의 위탁에 관한 계약의 체결방법 등 필요한 사항은 대통령령으로 정한다.

제37조【자산보관회사의 의무 등】 ① 자산보관회사는 선박투자회사를 위하여 법령 및 자산보관계약에 따라 선량한 관리자의 주의로써 그 업무를 성실히 수행하여야 한다.
② 자산보관회사는 법령을 준수하고 위탁받은 자산을 건전하게 보관하기 위하여 대통령령으로 정하는 바에 따라 그 직무 수행에 필요한 절차와 기준을 정하여야 한다.
③ 자산보관회사는 선박투자회사로부터 위탁받은 자산을 자산보관회사의 고유재산 및 제3자로부터 보관을 위탁받은 자산과 구분하여 관리하여야 한다.

제5장 결 산
(2007.12.27 본장개정)

제38조【결산서류의 작성 등】 ① 선박투자회사의 이사는 결산기마다 다음 각 호의 서류 및 부속 명세서(이하 "결산서류"라 한다)를 작성하여 이사회의 승인을 받아야 한다.
1. 대차대조표
2. 손익계산서
3. 이익잉여금 처분계산서 및 현금흐름표
4. 제41조에 따른 수입 분배에 관한 계산서
② 이사는 주주총회 회의일의 4주 전까지 결산서류를 감사에게 제출하여야 한다.
③ 선박투자회사의 이사는 결산기마다 자산운용보고서를 작성하여 이사회에 보고하여야 한다.
④ 결산서류의 작성기준 및 기재사항은 해양수산부령으로 정한다.(2013.3.23 본항개정)

제39조【감사보고서】 ① 감사는 제38조제2항에 따라 결산서류를 받은 날부터 2주 이내에 감사보고서를 작성하여 이사에게 제출하여야 한다.
② 제1항에 따른 감사보고서의 기재사항은 해양수산부령으로 정한다.(2013.3.23 본항개정)

제40조【결산서류의 승인 등】 ① 이사는 이사회의 승인을 받은 결산서류를 주주총회에 제출하여 승인을 받아야 한다. 이 경우 제39조제1항에 따른 감사보고서를 함께 제출하여야 한다.
② 이사는 제1항에 따라 결산서류에 관하여 주주총회의 승인을 받으면 지체 없이 다음 각 호의 서류를 해양수산부장관에게 제출하고 대차대조표와 감사보고서를 공고하여야 한다.(2013.3.23 본문개정)
1. 주주총회의 승인을 받은 결산서류
2. 제39조제1항에 따른 감사보고서

제40조의2【결산서류의 승인에 대한 특칙】 ① 제40조에도 불구하고 회사는 정관으로 정하는 바에 따라 결산서류를 이사회의 결의로 승인할 수 있다. 다만, 이 경우에는 다음 각 호의 요건을 모두 충족하여야 한다.
1. 결산서류가 법령 및 정관에 따라 회사의 재무상태 및 경영성과를 적정하게 표시하고 있다는 외부감사인의 의견이 있을 것
2. 감사 전원의 동의가 있을 것
② 제1항에 따라 이사회가 승인한 경우에는 이사는 결산서류의 내용을 주주총회에 보고하여야 한다.
(2017.10.31 본조신설)

제41조【수입의 분배】 ① 선박투자회사는 자산운용에 따른 수입에서 제25조에 따른 자금 차입 및 사채 발행에 따른 상환금과 대통령령으로 정하는 운영비용을 공제한 금액을 주주에게 분배하여야 한다.
② 제1항에 따라 금액을 분배하는 경우 「상법」 제458조에 따른 이익준비금은 적립하지 아니한다.
③ 선박투자회사는 다음 각 호의 어느 하나에 해당하면 소유 선박의 건조기간 중에도 주주에게 금액을 분배할 수 있다.
1. 선박을 건조하는 자로부터 선박의 건조가격을 할인받은 경우
2. 자본금으로부터 발생한 수입이 있는 경우
3. 선박운항회사로부터 수입이 있는 경우
4. 그 밖의 수입이 발생한 경우
④ 선박투자회사는 주주총회의 의결이 있는 경우 또는 정관으로 정하는 바에 따라 연 1회 이상 일정한 날을 정하여 제1항 및 제3항에 따른 금액을 분배할 수 있다.
⑤ 제4항에 따른 금액의 분배를 위하여 필요한 분배가능금액의 산정방식 등 필요한 사항은 대통령령으로 정한다.

제42조【결산서류의 비치 등】 ① 선박투자회사는 다음 각 호의 서류를 갖추어 두어야 한다.
1. 주주총회의 승인을 받은 결산서류
2. 제39조제1항에 따른 감사보고서
3. 정관
4. 주주총회 의사록
5. 주주 명부
6. 이사회 의사록
② 선박투자회사는 업무를 위탁한 선박운용회사에 제1항 각 호의 서류를 보내 선박운용회사의 영업소에 갖추어 두도록 하여야 한다.
③ 선박투자회사는 제1항제1호 및 제2호의 서류를 제40조제1항에 따른 승인을 받은 날부터 5년간 보존하여야 한다.
④ 선박투자회사는 그의 주주 및 채권자에게 제1항 각 호의 서류를 열람할 수 있도록 하여야 한다. 주주와 채권자가 그 서류의 등본 또는 초본의 발급을 청구하는 경우에는 이를 발급하여야 한다.

제6장 감 독
(2007.12.27 본장개정)

제43조【자산운용명세의 보고】 선박운용회사는 6개월마다 자산운용명세를 해양수산부장관에게 보고하여야 한다.(2013.3.23 본조개정)

제44조【감독·검사 등】 ① 해양수산부장관은 선박투자회사의 건전한 운영 및 주주 보호를 위하여 다음 각 호의 어느 하나에 해당하는 경우에는 선박투자회사, 선박운용회사 및 자산보관회사에 이 법에 따른 업무 등에 관한 자료를 제출하거나 보고하도록 명할 수 있다.
(2013.3.23 본문개정)
1. 제29조에 따른 거래의 제한을 위반한 경우
2. 제31조에 따른 선박운용회사의 허가요건을 위반한 경우
3. 제32조에 따른 선박운용회사의 겸업 제한 등을 위반한 경우
4. 제33조에 따른 선박운용회사의 행위준칙을 위반한 경우
5. 제37조에 따른 자산보관회사의 의무를 위반한 경우
② 해양수산부장관은 소속 직원으로 하여금 선박투자회사 또는 선박운용회사에 대하여 다음 각 호의 어느 하나에 해당하는 업무 등에 관하여 검사하게 할 수 있다.
(2013.3.23 본문개정)
1. 제18조에 따른 특별관계자의 주식소유의 제한
2. 제25조에 따른 자금 차입 및 사채 발행
3. 제41조에 따른 수입 분배
③ 제2항에 따른 검사를 하는 경우에는 검사 7일 전까지 검사일시, 검사이유 및 검사내용 등에 대한 검사계획을 검사 대상자에게 알려야 한다. 다만, 긴급한 경우나 사전 통지를 하면 증거인멸 등으로 검사목적을 달성할 수 없다고 판단되는 경우에는 그러하지 아니하다.
④ 해양수산부장관은 제2항에 따른 검사를 마치면 그 결과를 문서로 검사 대상자에게 알려야 한다.(2013.3.23 본항개정)
⑤ 제2항에 따른 검사를 하는 공무원은 그 권한을 표시하는 증표를 지니고 이를 관계인에게 내보여야 한다.
⑥ 해양수산부장관은 제2항에 따른 검사 결과 선박투자회사 또는 선박운용회사가 이 법 또는 이 법에 따른 명령이나 처분을 위반하거나 제55조의2제1항에 따른 공모선박투자회사 또는 선박운용회사(공모선박투자회사가 아닌 선박투자회사로부터만 선박 등 자산의 운용을 위탁받은 선박운용회사를 제외한다)가 「자본시장과 금융투자업에 관한 법률」 또는 같은 법에 따른 명령이나 처분을 위반한 경우 또는 「금융회사의 지배구조에 관한 법률」(제24조부터 제26조까지의 규정으로 한정한다)을 위반한 경우 또는 「금융소비자 보호에 관한 법률」 제17조부터 제22조(제6항은 제외한다)까지 및 제23조를 위반한 경우에는 다음 각 호의 조치를 할 수 있다.(2020.3.24 본문개정)
1. 6개월 이내의 업무의 전부 또는 일부의 정지
(2014.1.7 본호개정)
2. 임원에 대한 해임 또는 임직원에 대한 징계의 요구
3. 그 밖에 위반사항의 시정에 필요한 조치로서 대통령령으로 정하는 조치
⑦ 해양수산부장관은 자산보관회사가 이 법 또는 이 법에 따른 명령이나 처분을 위반한 사실이 있으면 금융위원회에 관련 법률에 따라 필요한 조치를 하도록 요구할 수 있다. 이 경우 금융위원회는 특별한 사유가 없으면 그 요구에 따라야 한다.(2013.3.23 본항개정)
⑧ 제6항에 따른 업무정지의 세부기준 및 그 밖에 필요한 사항은 해양수산부령으로 정한다.(2014.1.7 본항신설)

제45조【금융위원회의 감독】 ① 금융위원회는 선박투자회사의 건전한 운영과 주주 보호를 위한 금융감독과 관련하여 필요하다고 인정하면 선박투자회사, 선박운용회사 및 자산보관회사에 해당 금융감독 관련 업무에 관한 자료를 제출하거나 보고하도록 명할 수 있다.
② 「금융위원회의 설치 등에 관한 법률」 제24조에 따른 금융감독원의 원장은 금융감독과 관련하여 필요하다고 인정하면 소속 직원에게 선박투자회사, 선박운용회사 및 자산보관회사의 업무 중 금융감독에 관한 업무를 검사하게 할 수 있다.
③ 금융위원회는 선박투자회사 또는 선박운용회사가 금융감독에 관련된 업무를 하면서 이 법 또는 이 법에 따른 명령이나 처분을 위반하거나, 「자본시장과 금융투자업에 관한 법률」 또는 같은 법에 따른 명령이나 처분을 위반한 경우 또는 「금융소비자 보호에 관한 법률」 제17조부터 제22조(제6항은 제외한다)까지 및 제23조를 위반한 경우에는 그 회사에 대하여 관련 법령에 따라 필요한 조치를 하도록 해양수산부장관에게 요구할 수 있고, 해양수산부장관은 특별한 사유가 없으면 그 요구에 따라야 한다. 이 경우 해양수산부장관은 그 조치 내용을 금융위원회에 통보하여야 한다.(2020.3.24 전단개정)
④ 금융위원회는 제3항 전단에도 불구하고 사모선박투자회사(제55조의2제1항에 따른 공모선박투자회사가 아닌 선박투자회사를 말한다) 또는 사모자산관리회사(공모선박투자회사가 아닌 선박투자회사로부터만 자산의 투자·운용을 위탁받는 선박운용회사를 말한다)의 경우에는 해양수산부장관에게 필요한 조치를 하도록 요구하기 전에 해양수산부장관과 협의하여야 한다.(2017.10.31 본항신설)
(2008.2.29 본조개정)

제46조【선박투자업의 인가취소】 해양수산부장관은 선박투자회사가 다음 각 호의 어느 하나에 해당하면 제13조제1항에 따른 선박투자업의 인가를 취소할 수 있다. 다만, 제1호부터 제3호까지의 어느 하나에 해당하는 경우에는 인가를 취소하여야 한다.(2013.3.23 본문개정)
1. 해산한 경우
2. 선박이 멸실된 경우
3. 거짓이나 그 밖의 부정한 방법으로 인가를 받은 경우
4. 인가를 받은 후 제13조제2항 각 호의 어느 하나에 해당하게 된 경우 및 같은 조 제3항에 따른 조건과 제한범위를 위반한 경우(2013.4.5 본호개정)

제47조【선박운용회사의 허가취소】 해양수산부장관은 선박운용회사가 제1호 또는 제2호에 해당하면 그 허가를 취소하여야 하며, 제3호부터 제6호까지의 어느 하나에 해당하는 경우에는 기간을 정하여 시정을 명한 후 시정조치를 하지 아니하면 허가를 취소하여야 한다.(2013.3.23 본문개정)
1. 해산한 경우
2. 거짓이나 그 밖의 부정한 방법으로 허가를 받은 경우
3. 제31조제2항제1호부터 제5호까지의 어느 하나에 해당하게 된 경우(2013.4.5 본호개정)
4. 허가를 받은 후 1년이 지날 때까지 영업을 시작하지 아니한 경우
5. 제34조의2에 따른 최저 순자산액 요건을 유지하지 못하게 된 경우

제7장 합병·해산 및 청산
(2007.12.27 본장개정)

제48조【합병 제한】 선박투자회사는 다른 회사와 합병할 수 없다.

제49조【해산 사유】 선박투자회사는 다음 각 호의 어느 하나에 해당하는 사유로 해산한다.
1. 정관에서 정한 존립기간의 만료나 그 밖의 해산 사유의 발생
2. 주주총회의 해산 의결
3. 파산
4. 법원의 해산 명령 또는 해산 판결
5. 제46조에 따른 선박투자업의 인가취소

제50조【해산보고】 선박투자회사가 해산하면 청산인이나 파산관재인은 해산일부터 30일 이내에 그 사실을 해양수산부장관에게 보고하여야 한다.(2013.3.23 본조개정)

제51조【해양수산부장관의 촉탁등기】 ① 해양수산부장관은 제49조제5호의 사유로 선박투자회사가 해산하면 선박투자회사의 소재지를 관할하는 등기소에 등기를 촉탁하여야 한다.
② 해양수산부장관은 제1항에 따라 등기를 촉탁할 때에는 등기원인을 증명하는 서면을 첨부하여야 한다.
(2013.3.23 본조개정)

제8장 보 칙
(2007.12.27 본장개정)

제52조【선박등록에 관한 특례】 선박투자회사가 선박을 소유할 때에 그 선박가격(선박의 건조계약서 또는 매매계약서에 표시된 선박의 가격을 말한다)의 100분의 50 이상을 외국인으로부터 차입하는 경우에는 「선박법」 제2조 및 제8조에도 불구하고 그 외국인이 요구하는 국가에 선박을 등록할 수 있다.

제53조【소수의 투자자를 대상으로 하는 선박투자회사에 관한 특례】 ① 「자본시장과 금융투자업에 관한 법률」 제9조제8항에 따른 사모의 방법으로만 주식을 발행하는 선박투자회사로서 주주의 수가 200인 이내의 범위에서 대통령령으로 정하는 수 미만인 선박투자회사에는 제7조제2항, 제17조, 제18조(「독점규제 및 공정거래에 관한 법률」이 적용되는 경우는 제외한다), 제29조제1항제3호 및 제30조제2항을 적용하지 아니한다. 다만, 제30조제2항을 적용하지 아니하는 경우 「자본시장과 금융투자업에 관한 법률」 제71조제6호 및 제7호를 준용한다.(2017.10.31 본항개정)
② 제1항에 따른 선박투자회사의 자산운용에 필요한 사항은 대통령령으로 정한다.

제53조의2【전문투자자를 대상으로 하는 선박투자회사에 대한 특례】 ① 해양수산부장관은 「자본시장과 금융투자업에 관한 법률」 제9조제5항에 따른 전문투자자만을 대상으로 주식을 발행하는 선박투자회사(이하 이 조에서 "전문투자자선박투자회사"라 한다)가 선박을 새로이 건조하기 위하여 설립된 경우에는 제13조제2항제4호에 따른 심사 시 선박운항회사와 대선기간 등 체결할 대선계약의 대강을 심사하되, 용선료 등 구체적 내용은 심사를 생략할 수 있다. 이 경우 해당 전문투자자선박투자회사는 새로이 건조하는 선박의 인도일 30일 전까지 용선료 등 구체적 내용을 확정하여 선박운항회사와 대선계약을 체결하고 제13조제1항 후단에 따른 변경인가를 받아야 한다.
② 전문투자자선박투자회사는 설립 후에 주식을 발행하는 경우 제16조제1항에도 불구하고 발행가액이나 그 밖의 발행조건을 달리 정할 수 있다.(2017.10.31 본항신설)
③ 전문투자자선박투자회사는 제24조제3항 본문에도 불구하고 제41조제1항에 따라 주주에게 분배할 수입 중 투자자 원금 상환액에 해당하는 금액을 제외한 순 배당금액에 한정하여 주주총회의 결의를 거쳐 「자본시장과 금융투자업에 관한 법률」 제4조제3항에 따른 국채증권, 지방채증권 및 특수채증권에 투자할 수 있다.
④ 전문투자자선박투자회사는 제25조제2항 본문에도 불구하고 자본금의 10배를 초과하여 자금 차입 또는 사채 발행을 할 수 있다.(2017.10.31 본항신설)

⑤ 전문투자자선박투자회사는 제26조제1항에도 불구하고 대선기간을 1년 이상으로 정하여 대선계약을 체결할 수 있다.
(2013.4.5 본조신설)
제54조【청문】 해양수산부장관은 다음 각 호의 어느 하나에 해당하는 처분을 하려면 청문을 하여야 한다.
(2013.3.23 본문개정)
1. 제46조제2호부터 제4호까지의 규정에 따른 인가취소
2. 제47조제2호부터 제4호까지의 규정에 따른 허가취소
(2017.10.31 본호개정)

제55조【다른 법률과의 관계】 ① 선박투자회사에는 「상법」 제19조, 제289조제1항ㆍ제2항, 제335조제1항 단서 및 제2항, 제335조의2부터 제335조의7까지, 제341조부터 제351조까지, 제352조제3항, 제370조, 제415조의2, 제438조, 제439조, 제458조, 제462조, 제462조의3, 제542조의3, 제542조의4, 제542조의7제2항부터 제4항까지 및 제542조의8부터 제542조의13까지를 적용하지 아니한다.
② 선박투자회사가 발행하는 주식을 취득하는 자에 대하여는 「금융산업의 구조개선에 관한 법률」 제24조제1항을 적용하지 아니한다.
③ (2013.4.5 삭제)
(2013.4.5 본조개정)

제55조의2【공모선박투자회사에 관한 특례】 ① 공모선박투자회사(「자본시장과 금융투자업에 관한 법률」 제9조제19항에 따른 사모집합투자기구에 해당하지 아니하는 선박투자회사를 말한다. 이하 같다) 및 선박운용회사(공모선박투자회사가 아닌 선박투자회사로부터만 선박 등 자산의 운용을 위탁받은 선박운용회사는 제외한다)에 대하여는 「자본시장과 금융투자업에 관한 법률」 제11조부터 제16조까지, 제30조부터 제32조까지, 제34조부터 제36조까지, 제40조부터 제43조까지, 제50조부터 제53조까지, 제56조, 제58조, 제61조부터 제65조까지, 제80조부터 제83조까지, 제85조제2호ㆍ제3호 및 제6호부터 제8호까지, 제86조, 제87조, 제93조부터 제95조까지, 제181조부터 제183조까지, 제184조제1항ㆍ제2항 및 제5항부터 제7항까지, 제186조, 제194조부터 제200조까지, 제202조부터 제206조까지, 제229조부터 제249조까지, 제249조의2부터 제249조의22까지, 제250조부터 제253조까지, 제415조부터 제425조까지, 「금융소비자 보호에 관한 법률」 제11조, 제12조, 제14조, 제16조, 제22조제6항, 제24조부터 제28조까지, 제44조, 제45조, 제47조부터 제66조까지의 규정 및 「금융회사의 지배구조에 관한 법률」(수탁자산 규모 등을 고려하여 대통령령으로 정하는 선박운용회사에 대해서는 제24조부터 제26조까지의 규정은 제외한다)을 적용하지 아니한다.(2020.3.24 본항개정)
② 공모선박투자회사에 대하여는 「자본시장과 금융투자업에 관한 법률」 제165조의3부터 제165조의9까지, 제165조의11부터 제165조의18까지 및 제171조를 적용하지 아니한다.(2013.4.5 본항신설)
③ 해양수산부장관은 공모선박투자회사에 제13조에 따른 인가를 하거나 선박운용회사(공모선박투자회사가 아닌 선박투자회사로부터만 선박 등 자산의 운용을 위탁받은 선박운용회사는 제외한다)에 제31조에 따른 허가를 하는 경우에는 금융위원회와 미리 협의하여야 한다.
(2013.3.23 본항개정)

제55조의3【채무상환 등을 위하여 매각되는 선박에 투자하는 선박투자회사에 관한 특례】 총자산의 100분의 70 이상이 다음 각 호에 해당하는 자산으로 구성되는 선박투자회사에 대하여는 제6조, 제10조, 제15조제2항, 제25조제2항 및 제26조제1항을 적용하지 아니한다.
1. 채권금융기관에 대한 부채 등 채무를 상환하기 위하여 매각하는 선박
2. 채권금융기관과 재무구조개선을 위한 약정을 체결하고 해당 약정 이행 등을 위하여 매각하는 선박
3. 「채무자 회생 및 파산에 관한 법률」에 따른 회생절차에 따라 매각하는 선박
4. 그 밖에 기업의 구조조정을 지원하기 위하여 해양수산부장관 또는 금융위원회가 필요하다고 인정하는 선박
(2013.3.23 본호개정)
(2009.5.22 본조신설 : 2015.12.31까지 유효)

제9장 벌 칙

(2007.12.27 본장개정)

제56조【벌칙】 다음 각 호의 어느 하나에 해당하는 자는 5년 이하의 징역 또는 5천만원 이하의 벌금에 처한다.
(2014.10.15 본문개정)
1. 거짓이나 그 밖의 부정한 방법으로 제13조제1항 전단에 따른 인가를 받은 자
2. 제13조제1항 전단에 따른 인가를 받지 아니하고 선박투자회사의 업무를 한 자
3. 제25조에 따른 목적 또는 한도를 위반하여 자금을 차입하거나 사채를 발행한 자
4. 거짓이나 그 밖의 부정한 방법으로 제31조제1항에 따른 허가를 받은 자
5. 제31조제1항에 따른 허가를 받지 아니하고 선박운용회사의 업무를 한 자
6. 제33조제2항 각 호의 어느 하나에 해당하는 행위를 한 자

제57조【벌칙】 다음 각 호의 어느 하나에 해당하는 자는 3년 이하의 징역 또는 3천만원 이하의 벌금에 처한다.
(2014.10.15 본문개정)
1. 제27조를 위반하여 선박을 소유하거나 매입한 자
2. 제28조를 위반하여 선박을 보험에 가입하지 아니한 자
3. 제29조를 위반하여 거래를 한 자
4. 제44조제6항제1호에 따른 업무의 정지처분을 받고 그 정지기간 중에 정지된 업무를 한 자

제58조【벌칙】 다음 각 호의 어느 하나에 해당하는 자는 1년 이하의 징역 또는 1천만원 이하의 벌금에 처한다.
(2014.10.15 본문개정)
1. (2009.5.22 삭제)
2. 제9조제1항 및 제15조에 따른 투자설명서를 제공하지 아니하거나 투자설명서를 거짓으로 작성하여 제공한 자
3. 제18조제3항에 따른 처분명령을 위반한 자
4. 제36조제2항을 위반하여 증권을 한국예탁결제원에 예탁하지 아니한 자
5. 제37조제3항을 위반하여 선박투자회사의 자산을 구분하여 관리하지 아니한 자

제59조【양벌규정】 법인의 대표자나 법인 또는 개인의 대리인, 사용인, 그 밖의 종업원이 그 법인 또는 개인의 업무에 관하여 제56조부터 제58조까지의 어느 하나에 해당하는 위반행위를 하면 그 행위자를 벌하는 외에 그 법인 또는 개인에게도 해당 조문의 벌금형을 과(科)한다. 다만, 법인 또는 개인이 그 위반행위를 방지하기 위하여 해당 업무에 관하여 상당한 주의와 감독을 게을리하지 아니한 경우에는 그러하지 아니하다.(2009.5.22 본조개정)

제60조【과태료】 ① 다음 각 호의 어느 하나에 해당하는 자에게는 1천만원 이하의 과태료를 부과한다.
(2020.2.18 본문개정)
1. 제5조제2항 또는 제31조제4항을 위반하여 선박투자회사 또는 선박운용회사의 명칭을 사용한 자(2013.4.5 본호개정)
2. 제44조제1항 또는 제45조제1항에 따른 자료 제출 또는 보고에 관한 명령을 이행하지 아니한 자
3. 제44조제2항 또는 제45조제2항에 따른 검사를 거부ㆍ방해 또는 기피한 자
4. 제44조제6항제2호 또는 제3호에 따른 조치에 따르지 아니한 자
② 다음 각 호의 어느 하나에 해당하는 자에게는 500만원 이하의 과태료를 부과한다.
1. 제13조제1항 후단을 위반하여 변경인가를 받지 아니하고 인가사항을 변경한 자
2. 제26조제1항을 위반하여 선박을 임대한 자
3. 제40조제2항을 위반하여 결산서류 등을 제출하지 아니한 자
4. 제42조제1항을 위반하여 결산서류 등을 갖추어 두지 아니한 자
5. 제42조제2항을 위반하여 결산서류 등을 보내지 아니한 자
(2020.2.18 본항신설)
③ 제1항 및 제2항에 따른 과태료는 해양수산부장관 또는 금융위원회가 부과ㆍ징수한다.(2020.2.18 본항개정)
④~⑤ (2009.5.22 삭제)

부 칙 (2009.5.22)

① **【시행일】** 이 법은 공포한 날부터 시행한다.
② **【유효기간】** 제55조의3의 개정규정은 2015년 12월 31일까지 효력을 가진다.
③ **【경과조치】** 이 법 시행 전의 행위에 대하여 벌칙을 적용할 때에는 종전의 규정에 따른다.

부 칙 (2019.8.20)

제1조【시행일】 이 법은 공포 후 1개월이 경과한 날부터 시행한다.
제2조【발기인의 결격사유에 관한 적용례】 제7조의 개정규정은 이 법 시행 이후 발생한 위반행위로 형벌을 받는 사람부터 적용한다.
제3조【선박투자업의 인가 또는 변경인가에 관한 적용례】 제13조제4항 및 제5항의 개정규정은 이 법 시행 이후 선박투자업의 인가 또는 변경인가를 신청하는 경우부터 적용한다.

부 칙 (2020.2.18)

이 법은 공포 후 6개월이 경과한 날부터 시행한다.

부 칙 (2020.3.24)

제1조【시행일】 이 법은 공포 후 1년이 경과한 날부터 시행한다.(이하 생략)

선원법

(2011년 8월 4일 전부개정법률 제11024호)

개정
2011.12.31법11141호(국민보험)
2012. 1.17법11188호
2012. 2. 1법11270호(근기)
2013. 3.23법11690호(정부조직)
2013. 6. 4법11862호(화학물질관리법)
2014. 3.24법12538호(선박직원법)
2014.11.19법12844호(정부조직)
2015. 1. 6법13000호
2015. 2. 3법13186호(선박의입항및출항등에관한법)
2016.12.27법14508호 2017. 4.18법14803호
2017. 7.26법14839호(정부조직)
2017.11.28법15129호 2018.12.11법15914호
2019. 1.15법16281호
2020. 1.29법16902호(항만법)
2020. 2.18법17032호 2021. 6.15법18286호
2021. 8.17법18425호(국민평생직업능력개발법)
2022. 1. 4법18697호
2023. 5.16법19415호(행정법제혁신을위한일부개정법령등)
2023. 6.20법19498호 2023.10.24법19772호
2024. 1.23법20127호→2024년 7월 24일 시행
2024. 2. 6법20231호(화학물질관리법)→2025년 8월 7일 시행이므로 「法典 別冊」 보유편 수록

제1장 총 칙

제1조【목적】 이 법은 선원의 직무, 복무, 근로조건의 기준, 직업안정, 복지 및 교육훈련에 관한 사항 등을 정함으로써 선내(船內) 질서를 유지하고, 선원의 기본적 생활을 보장ㆍ향상시키며 선원의 자질 향상을 도모함을 목적으로 한다.

제2조【정의】 이 법에서 사용하는 용어의 뜻은 다음과 같다.
1. "선원"이란 이 법이 적용되는 선박에서 근로를 제공하기 위하여 고용된 사람을 말한다. 다만, 대통령령으로 정하는 사람은 제외한다.
2. "선박소유자"란 선주, 선주로부터 선박의 운항에 대한 책임을 위탁받고 이 법에 따른 선박소유자의 권리 및 책임과 의무를 인수하기로 동의한 선박관리업자, 대리인, 선체용선자(船體傭船者) 등을 말한다.
3. "선장"이란 해원(海員)을 지휘ㆍ감독하며 선박의 운항관리에 관하여 책임을 지는 선원을 말한다.
4. "해원"이란 선박에서 근무하는 선장이 아닌 선원을 말한다.
5. "직원"이란 「선박직원법」 제2조제3호에 따른 항해사, 기관장, 기관사, 전자기관사, 통신장, 통신사, 운항장 및 운항사와 그 밖에 대통령령으로 정하는 해원을 말한다.
(2014.3.24 본호개정)
6. "부원"(部員)이란 직원이 아닌 해원을 말한다.
6의2. "유능부원"이란 갑판부 또는 기관부의 항해당직을 담당하는 부원 중 해양수산부령으로 정하는 자격요건을 갖춘 부원을 말한다.(2017.4.18 본호신설)
7. "예비원"이란 선박에서 근무하는 선원으로서 현재 승무(乘務) 중이 아닌 선원을 말한다.
8. "항해선"이란 내해, 「항만법」 제2조제4호에 따른 항만구역 내의 수역 또는 이에 근접한 수역 등으로서 해양수산부령으로 정하는 수역만을 항해하는 선박 외의 선박을 말한다.(2013.3.23 본호개정)
9. "선원근로계약"이란 선원은 승선(乘船)하여 선박소유자에게 근로를 제공하고 선박소유자는 근로에 대하여 임금을 지급하는 것을 목적으로 체결된 계약을 말한다.
10. "임금"이란 선박소유자가 근로의 대가로 선원에게 임금, 봉급, 그 밖에 어떠한 명칭으로든 지급하는 모든 금전을 말한다.
11. "통상임금"이란 선원에게 정기적ㆍ일률적으로 일정한 근로 또는 총근로에 대하여 지급하기로 정하여진 시간급금액, 일급금액, 주급금액, 월급금액 또는 도급금액(都給金額)을 말한다.
12. "승선평균임금"이란 산정하여야 할 사유가 발생한 날 이전 승선기간(3개월을 초과하는 경우에는 최근 3개월로 한다)에 그 선원에게 지급된 임금 총액을 그 승선기간의 총일수로 나눈 금액을 말한다. 다만, 이 금액이 통상임금보다 적은 경우에는 통상임금을 승선평균임금으로 본다.
13. "월 고정급"이란 어선소유자가 어선원에게 매월 일정한 금액을 임금으로 지급하는 것을 말한다.
14. "생산수당"이란 어선소유자가 어선원에게 지급하는 임금으로 월 고정급 외에 단체협약, 취업규칙 또는 선원근로계약에서 정하는 바에 따라 어획금액이나 어획량을 기준으로 지급하는 금액을 말한다.
15. "비율급"(比率給)이란 어선소유자가 어선원에게 지급하는 임금으로서, 어획금액에서 대통령령으로 정하는 공동경비를 뺀 나머지 금액을 단체협약, 취업규칙 또는 선원근로계약에서 정하는 분배방법에 따라 배정한 금액을 말한다.
16. "근로시간"이란 선박을 위하여 선원이 근로하도록 요구되는 시간을 말한다.
17. "휴식시간"이란 근로시간 외의 시간(근로 중 잠시 쉬는 시간은 제외한다)을 말한다.

18. "해양항만관청"이란 해양수산부장관 및 대통령령으로 정하는 해양수산부 소속 기관의 장을 말한다.
(2016.12.27 본호개정)
19. "선원신분증명서"란 국제노동기구의 「2003년 선원신분증명서에 관한 협약 제185호」에 따라 발급하는 선원의 신분을 증명하기 위한 문서를 말한다.
20. "선원수첩"이란 선원의 승무경력, 자격증명, 근로계약 등의 내용을 수록한 문서를 말한다.
21. "해사노동적합증서"란 선원의 근로기준 및 생활 기준에 대한 검사 결과 이 법과 「2006 해사노동협약」(이하 "해사노동협약"이라 한다)에 따른 인증기준에 적합하다는 것을 증명하는 문서를 말한다.
22. "해사노동적합선언서"란 해사노동협약을 이행하는 국내기준을 수록하고 그 기준을 준수하기 위하여 선박소유자가 채택한 조치사항이 이 법과 해사노동협약의 인증기준에 적합하다는 것을 승인하는 문서를 말한다.
23. "실습선원"이란 「선박직원법」 제2조제4호의2의 해기사 실습생을 포함하여 선원이 될 목적으로 선박에 승선하여 실습하는 사람을 말한다.(2020.2.18 본호신설)

제3조【적용 범위】 ① 이 법은 특별한 규정이 있는 경우를 제외하고는 「선박법」에 따른 대한민국 선박(「어선법」에 따른 어선을 포함한다), 대한민국 국적을 취득할 것을 조건으로 용선(傭船)한 외국선박 및 국내 항과 국내 항 사이만을 항해하는 외국선박에 승무하는 선원과 그 선박의 선박소유자에 대하여 적용한다. 다만, 다음 각 호의 어느 하나에 해당하는 선박에 승무하는 선원과 그 선박의 선박소유자에게는 이 법을 적용하지 아니한다.
1. 총톤수 5톤 미만의 선박으로서 항해선이 아닌 선박
2. 호수, 강 또는 항내(港內)만을 항행하는 선박(「선박의 입항 및 출항 등에 관한 법률」 제24조에 따른 예선은 제외한다)(2015.2.3 본호개정)
3. 총톤수 20톤 미만인 어선으로서 해양수산부령으로 정하는 선박(2013.3.23 본호개정)
4. 「선박법」 제1조의2제1항제3호에 따른 부선(艀船). 다만, 「해운법」 제24조제1항 또는 제2항에 따라 해상화물운송사업을 하기 위하여 등록한 부선은 제외한다.
② 실습선원에 대하여도 해양수산부령으로 정하는 바에 따라 이 법 중 선원에 관한 규정을 적용한다.(2020.2.18 본항개정)

제4조【선원노동위원회】 ① 「노동위원회법」 제2조제3항에 따른 특별노동위원회로서 해양수산부장관 소속으로 선원노동위원회를 둔다.(2013.3.23 본항개정)
② 제1항에 따른 선원노동위원회(이하 "선원노동위원회"라 한다)의 설치와 그 명칭, 위치, 관할구역, 소관 사무, 위원의 위촉, 그 밖에 선원노동위원회의 운영에 필요한 사항은 이 법 및 「노동위원회법」에서 규정한 사항을 제외하고는 대통령령으로 정한다.

제4조의2【선원의 날】 ① 선원 경제활동의 중요성을 국민에게 알리고, 선원의 긍지와 자부심을 고취하기 위하여 매년 6월 셋째 주 금요일을 선원의 날로 정한다.
② 국가와 지방자치단체는 선원의 날의 취지에 적합한 기념행사를 개최할 수 있다.
③ 제2항에 따른 선원의 날 기념행사에 관하여 필요한 사항은 해양수산부령으로 정한다.
(2023.6.20 본조신설)

제5조【다른 법률과의 관계】 ① 선원의 근로관계에 관하여는 「근로기준법」 제2조제1항제1호부터 제3호까지, 제3조부터 제6조까지, 제8조부터 제10조까지, 제40조, 제68조, 제74조, 제107조(제8조 및 제9조 또는 제40조를 위반한 경우로 한정한다), 제110조(제10조와 제74조를 위반한 경우로 한정한다) 및 제114조(제6조를 위반한 경우로 한정한다)를 적용한다.(2020.2.18 본항개정)
② 선원의 교육훈련에 관하여는 「국민 평생 직업능력 개발법」을 적용하지 아니한다.(2021.8.17 본항개정)

제2장 선장의 직무와 권한

제6조【지휘명령권】 선장은 해원을 지휘·감독하며, 선내에 있는 사람에게 선장의 직무를 수행하기 위하여 필요한 명령을 할 수 있다.

제7조【출항 전의 검사·보고의무 등】 ① 선장은 해양수산부령으로 정하는 바에 따라 출항 전에 다음 각 호의 사항에 대하여 검사 또는 점검(이하 "검사등"이라 한다)을 하여야 한다.
1. 선박이 항해에 견딜 수 있는지 여부
2. 선박에 화물이 실려 있는 상태
3. 항해에 적합한 장비, 인원, 식료품, 연료 등의 구비 및 상태
4. 그 밖에 선박의 안전운항을 위하여 해양수산부령으로 정하는 사항
② 선장은 제1항에 따른 검사등의 결과를 선박소유자 등에게 보고하여야 한다.
③ 선장은 제1항에 따른 검사등의 결과, 문제가 있다고 인정하는 경우 지체 없이 선박소유자에게 적절한 조치를 요청하여야 한다.
④ 제3항에 따른 조치를 요청받은 선박소유자는 선박과 선박의 안전운항에 필요한 조치를 하여야 한다.
(2015.1.6 본조개정)

제8조【항로에 의한 항해】 선장은 항해의 준비가 끝나면 지체 없이 출항하여야 하며, 부득이한 사유가 있는 경우를 제외하고는 미리 정하여진 항로를 따라 도착항까지 항해하여야 한다.

제9조【선장의 직접 지휘】 ① 선장은 다음 각 호의 어느 하나에 해당하는 때에는 선박의 조종을 직접 지휘하여야 한다.(2015.1.6 본문개정)
1. 항구를 출입할 때
2. 좁은 수로를 지나갈 때
3. 선박의 충돌·침몰 등 해양사고가 빈발하는 해역을 통과할 때
4. 그 밖에 선박에 위험이 발생할 우려가 있는 때로서 해양수산부령으로 정하는 때
(2015.1.6 1호~4호신설)
② 선장은 제1항에 해당하는 때를 제외하고는 제60조제3항에 따라 휴식을 취하는 시간에 1등항해사 등 대통령령으로 정하는 직원에게 선박의 조종을 지휘하게 할 수 있다.
(2015.1.6 본항신설)

제10조【재선의무】 선장은 화물을 싣거나 여객이 타기 시작할 때부터 화물을 모두 부리거나 여객이 다 내릴 때까지 선박을 떠나서는 아니 된다. 다만, 기상 이상 등 특히 선박을 떠나서는 아니 되는 사유가 있는 경우를 제외하고는 선장이 자신의 직무를 대행할 사람을 직원 중에서 지정한 경우에는 그러하지 아니하다.

제11조【선박 위험 시의 조치】 ① 선장은 선박에 급박한 위험이 있을 때에는 인명, 선박 및 화물을 구조하는 데 필요한 조치를 다하여야 한다.
② 선장은 제1항에 따른 인명구조 조치를 다하기 전에 선박을 떠나서는 아니 된다.(2015.1.6 본항신설)
③ 제1항 및 제2항은 해원에게도 준용한다.(2015.1.6 본항신설)

제12조【선박 충돌 시의 조치】 선박이 서로 충돌하였을 때에는 각 선박의 선장은 서로 인명과 선박을 구조하는 데 필요한 조치를 다하여야 하며 선박의 명칭·소유자·선적항·출항항 및 도착항을 상대방에게 통보하여야 한다. 다만, 자기가 지휘하는 선박에 급박한 위험이 있을 때에는 그러하지 아니하다.

제13조【조난 선박 등의 구조】 선장은 다른 선박 또는 항공기의 조난을 알았을 때에는 인명을 구조하는 데 필요한 조치를 다하여야 한다. 다만, 자기가 지휘하는 선박에 급박한 위험이 있는 경우 등 해양수산부령으로 정하는 경우에는 그러하지 아니하다.(2013.3.23 단서개정)

제14조【기상 이상 등의 통보】 해양수산부령으로 정하는 선박의 선장은 폭풍우 등 기상 이상이 있거나 떠돌아다니는 얼음덩이, 떠다니거나 가라앉은 물건 등 선박의 항해에 위험을 줄 우려가 있는 것과 마주쳤을 때에는 해양수산부령으로 정하는 바에 따라 그 사실을 가까이 있는 선박의 선장과 해양경찰관서의 장에게 통보하여야 한다. 다만, 폭풍우 등 기상 이상의 경우 기상기관 또는 해양경찰관서(대한민국 영해 밖에 있는 선박의 경우에는 가장 가까운 국가의 해상보안기관을 말한다)의 장이 예보(豫報)한 경우에는 그러하지 아니하다.(2017.7.26 본조개정)

제15조【비상배치표 및 훈련 등】 ① 다음 각 호의 어느 하나에 해당하는 선박의 선장은 비상시에 조치하여야 할 해원의 임무를 정한 비상배치표를 선내의 보기 쉬운 곳에 걸어두고 선박에 있는 사람에게 소방훈련, 구명정훈련 등 비상시에 대비한 훈련을 실시하여야 한다. 이 경우 해원은 비상배치표에 명시된 임무대로 훈련에 임하여야 한다.
(2015.1.6 본문개정)
1. 총톤수 500톤 이상의 선박. 다만, 평수구역을 항행구역으로 하는 선박을 제외한다.
2. 「선박안전법」 제2조제10호에 따른 여객선(이하 "여객선"이라 한다)
(2015.1.6 1호~2호신설)
② 여객선의 선장은 탑승한 모든 여객에 대하여 비상시에 대비할 수 있도록 비상신호와 집합장소의 위치, 구명기구의 비치 장소를 선내에 명시하고, 피난요령 등을 선내의 보기 쉬운 곳에 걸어두며, 구명기구의 사용법, 피난절차, 그 밖에 비상시에 대비하기 위하여 여객이 알고 있어야 할 필요한 사항을 주지시켜야 한다.(2015.1.6 본항신설)
③ 선장은 제1항에 따라 비상시에 대비한 훈련을 실시할 경우에는 해원의 휴식시간에 지장이 없도록 하여야 한다.
④ 제2항에 따른 비상신호의 방법, 비상시 여객주지사항의 안내시기 등에 관하여는 해양수산부령으로 정한다.
(2015.1.6 본항신설)
(2015.1.6 본조제목개정)

제16조【항해의 안전 확보】 제7조부터 제15조까지에서 규정한 사항 외에 항해당직, 선박의 화재 예방, 그 밖에 항해안전을 위하여 선장이 지켜야 할 사항은 해양수산부령으로 정한다.(2013.3.23 본조개정)

제17조【사망자 발생 시 인도의무 등】 ① 선장은 항해 중 선박에 있는 사람이 사망한 경우에는 다음 기항 예정 항만 또는 가까운 항만으로 이동하여 시신이 유가족 등에게 인도될 수 있도록 조치하여야 한다. 다만, 다음 기항 예정 항만 또는 가까운 항만이 시신의 반입을 금지하는 경우 시신을 반입할 수 있는 항만으로 이동하여야 한다.
② 제1항에도 불구하고 선박에 있는 사람이 전염병으로 사망하여 선내 감염이 우려되거나, 기항 예정 항만에서 시신 인도가 지속적으로 거부되는 등 해양수산부령으로 정하는 사유가 있는 때에는 해양수산부령으로 정하는 바에 따라 시신에 대한 조치를 할 수 있다.
(2021.6.15 본조개정)

제18조【유류품의 처리】 선장은 선박에 있는 사람이 사망하거나 행방불명된 경우에는 법령에 특별한 규정이 있는 경우를 제외하고는 해양수산부령으로 정하는 바에 따라 선박에 있는 유류품(遺留品)에 대하여 보관이나 그 밖에 필요한 조치를 하여야 한다.(2013.3.23 본조개정)

제19조【재외국민의 송환】 ① 선장은 외국에 주재하는 대한민국의 영사가 법령에서 정하는 바에 따라 대한민국 국민의 송환을 명하였을 때에는 정당한 사유 없이 거부하지 못한다.
② 제1항에 따른 송환에 든 비용의 부담과 송환에 필요한 사항은 대통령령으로 정한다.

제20조【서류의 비치】 ① 선장은 다음 각 호의 서류를 선내에 갖추어 두어야 한다.
1. 선박국적증서
2. 선원명부
3. 항해일지
4. 화물에 관한 서류
5. 그 밖에 해양수산부령으로 정하는 서류(2013.3.23 본호개정)
② 선장은 해양수산부령으로 정하는 서식에 따라 선원명부 및 항해일지 등을 기록·보관하여야 한다.(2013.3.23 본항개정)

제21조【선박 운항에 관한 보고】 선장은 다음 각 호의 어느 하나에 해당하는 경우에는 해양수산부령으로 정하는 바에 따라 지체 없이 그 사실을 해양항만관청에 보고하여야 한다.(2013.3.23 본문개정)
1. 선박의 충돌·침몰·멸실·화재·좌초, 기관의 손상 및 그 밖의 해양사고가 발생한 경우
2. 항해 중 다른 선박의 조난을 안 경우(무선통신으로 알게 된 경우는 제외한다)
3. 인명이나 선박의 구조에 종사한 경우
4. 선박에 있는 사람이 사망하거나 행방불명된 경우
5. 미리 정하여진 항로를 변경한 경우
6. 선박이 억류되거나 포획된 경우
7. 그 밖에 선박에서 중대한 사고가 일어난 경우

제3장 선내 질서의 유지

제22조【해원의 징계】 ① 선장은 해원이 다음 각 호의 어느 하나에 해당할 경우에는 해원을 징계할 수 있다.
1. 상급자의 직무상 명령에 따르지 아니하였을 경우
2. 선장의 허가 없이 선박을 떠났을 경우
3. 선장의 허가 없이 흉기나 「마약류 불법거래 방지에 관한 특례법」 제2조제1항에 따른 마약류를 선박에 들여왔을 경우
4. 선내에서 싸움, 폭행, 음주, 소란행위를 하거나 고의로 시설물을 파손하였을 경우
5. 직무를 게을리하거나 다른 해원의 직무수행을 방해하였을 경우
6. 정당한 사유 없이 선장이 지정한 시간까지 선박에 승선하지 아니하였을 경우
7. 그 밖에 선내 질서를 어지럽히는 행위로서 단체협약, 취업규칙 또는 선원근로계약에서 금지하는 행위를 하였을 경우
② 징계는 훈계, 상륙금지 및 하선으로 하며, 상륙금지는 정박 중에 10일 이내로 한다.
③ 제2항에 따른 하선의 징계는 해원이 폭력행위 등으로 선내 질서를 어지럽히거나 고의로 선박 운항에 현저한 지장을 준 행위가 명백한 경우에만 하여야 한다. 이 경우 선장은 지체 없이 선박소유자에게 하선의 징계를 한 사실을 알려야 한다.
④ 선장은 해원을 징계할 경우에는 미리 5명(해원 수가 10명 이내인 경우에는 3명) 이상의 해원으로 구성되는 징계위원회의 의결을 거쳐야 한다.
⑤ 제4항에 따른 징계위원회의 구성 및 운영 등에 필요한 사항은 해양수산부령으로 정한다.(2013.3.23 본항개정)

제23조【위험물 등에 대한 조치】 ① 흉기, 폭발하거나 불붙기 쉬운 물건, 「화학물질관리법」에 따른 유독물질과 그 밖의 위험한 물건을 가지고 승선한 사람은 즉시 선장에게 신고하여야 한다.(2013.6.4 본항개정)
② 선장은 제1항에 따른 물건에 대하여 보관·폐기 등 필요한 조치를 할 수 있다.
③ 선장은 해원이나 그 밖에 선박에 있는 사람이 인명이나 선박에 위해(危害)를 줄 우려가 있는 행위를 하려고 할 때에는 그 위해를 방지하는 데 필요한 조치를 할 수 있다.

제24조【행정기관에 대한 원조 요청】 ① 선장은 해원이나 그 밖에 선박에 있는 사람의 행위가 인명이나 선박에 위해를 미치거나 선내 질서를 매우 어지럽게 할 때에는 관계 행정기관의 장에게 선내 질서의 유지 등을 위하여 필요한 원조를 요청할 수 있다.
② 선장으로부터 제1항에 따른 원조 요청을 받은 관계 행정기관의 장은 이에 협조하여야 한다.

제25조【쟁의행위의 제한】 선원은 다음 각 호의 어느 하나에 해당하는 경우에는 선원근로관계에 관한 쟁의행위를 하여서는 아니 된다.
1. 선박이 외국 항에 있는 경우

2. 여객선이 승객을 태우고 항해 중인 경우
3. 위험물 운송을 전용으로 하는 선박이 항해 중인 경우로서 위험물의 종류별로 해양수산부령으로 정하는 경우(2013.3.23 본호개정)
4. 제9조에 따라 선장 등이 선박의 조종을 지휘하여 항해 중인 경우
5. 어선이 어장에서 어구를 내릴 때부터 냉동처리 등을 마칠 때까지의 일련의 어획작업 중인 경우
6. 그 밖에 선원근로관계에 관한 쟁의행위로 인명이나 선박의 안전에 현저한 위해를 줄 우려가 있는 경우

제25조의2【강제 근로의 금지】 선박소유자 및 선원은 폭행, 협박, 감금, 그 밖의 정신상 또는 신체상의 자유를 부당하게 구속하는 수단으로써 선원의 자유의사에 어긋나는 근로를 강요하지 못한다.(2015.1.6 본조신설)

제25조의3【선내 괴롭힘의 금지】 선박소유자 또는 선원은 선내에서의 지위 또는 관계 등의 우위를 이용하여 업무상 적정범위를 넘어 다른 선원에게 신체적·정신적 고통을 주거나 근무환경을 악화시키는 행위(이하 "선내 괴롭힘"이라 한다)를 하여서는 아니 된다.(2023.10.24 본조신설)

제25조의4【선내 괴롭힘 발생 시 조치】 ① 누구든지 선내 괴롭힘 발생 사실을 알게 된 경우 그 사실을 선박소유자에게 신고할 수 있다.
② 선박소유자는 제1항에 따른 신고를 접수하거나 선내 괴롭힘 발생 사실을 인지한 경우에는 지체 없이 당사자등을 대상으로 그 사실 확인을 위하여 객관적으로 조사를 실시하여야 한다. 다만, 해당 선박이 조업 중, 항해 중 또는 외국 항만에 있는 경우에는 피해를 입은 선원 또는 피해를 입었다고 주장하는 선원(이하 "피해선원등"이라 한다)의 의견을 들어 다음 기항 예정 항만 또는 국내 항만 입항 시 조사를 실시할 수 있다.
③ 선박소유자는 제2항에 따른 조사 기간 동안 선내 괴롭힘과 관련하여 피해선원등을 보호하기 위하여 필요한 경우 해당 피해선원등에 대하여 근무장소의 변경, 유급휴가 명령 등 적절한 조치를 하여야 한다. 이 경우 선박소유자는 피해선원등의 의사에 반하는 조치를 하여서는 아니 된다.
④ 선박소유자는 제2항에 따른 조사 결과 선내 괴롭힘 발생 사실이 확인된 때에는 피해선원이 요청하면 근무장소의 변경, 배치전환, 유급휴가 명령 등 적절한 조치를 하여야 한다.
⑤ 선박소유자는 제2항에 따른 조사 결과 선내 괴롭힘 발생 사실이 확인된 때에는 지체 없이 행위자에 대하여 징계, 근무장소의 변경 등 필요한 조치를 하여야 한다. 이 경우 선박소유자는 징계 등의 조치를 하기 전에 그 조치에 대하여 피해선원의 의견을 들어야 한다.
⑥ 선박소유자는 선내 괴롭힘 발생 사실을 신고한 선원 및 피해선원등에게 해고나 그 밖의 불리한 처우를 하여서는 아니 된다.
⑦ 제2항에 따라 선내 괴롭힘 발생 사실을 조사한 사람, 조사 내용을 보고받은 사람 및 그 밖에 조사 과정에 참여한 사람은 해당 조사 과정에서 알게 된 비밀을 피해선원등의 의사에 반하여 다른 사람에게 누설하여서는 아니 된다. 다만, 조사와 관련된 내용을 선박소유자에게 보고하거나 관계 기관의 요청에 따라 필요한 정보를 제공하는 경우는 제외한다.
(2023.10.24 본조신설)

제4장 선원근로계약

제26조【이 법 위반의 계약】 이 법에서 정한 기준에 미치지 못하는 근로조건을 정한 선원근로계약은 그 부분만 무효로 한다. 이 경우 그 무효 부분은 이 법에서 정한 기준에 따른다.

제27조【근로조건의 명시 등】 ① 선박소유자는 선원근로계약을 체결할 때 선원에 대하여 임금, 근로시간 및 그 밖의 근로조건을 구체적으로 밝혀야 한다. 선원근로계약을 변경하는 경우에도 또한 같다.
② 선박소유자는 선원근로계약을 체결할 때 선원이 원하는 경우에는 선원근로계약의 내용에 대하여 검토하고 자문을 받을 수 있는 기회를 주어야 한다. 선원근로계약을 변경하는 경우에도 또한 같다.

제28조【근로조건의 위반】 ① 선원은 선원근로계약에 명시된 근로조건이 사실과 다른 경우에는 선원근로계약을 해지하고, 근로조건 위반에 따른 손해배상을 선박소유자에게 청구할 수 있다.
② 제1항에 따라 손해배상을 청구하려는 선원은 선원노동위원회에 신청하여 근로조건 위반 여부에 대하여 선원노동위원회의 인정을 받을 수 있다.

제29조【위약금 등의 예정 금지】 선박소유자는 선원근로계약의 불이행에 대한 위약금이나 손해배상액을 미리 정하는 계약을 체결하지 못한다.

제30조【강제저축 등의 금지】 선박소유자는 선원근로계약에 부수하여 강제저축 또는 저축금 관리를 약정하는 계약을 체결하지 못한다.

제31조【전차금 상계의 금지】 선박소유자는 선원에 대한 전차금(前借金)이나 그 밖에 근로할 것을 조건으로 하는 전대(前貸)채권과 임금을 상계(相計)하지 못한다.
(2019.1.15 본조개정)

제32조【선원근로계약의 해지 등의 제한】 ① 선박소유자는 정당한 사유 없이 선원근로계약을 해지하거나 휴직, 정직, 감봉 및 그 밖의 징벌을 하지 못한다.
② 선박소유자는 다음 각 호의 어느 하나에 해당하는 기간 동안은 선원근로계약을 해지하지 못한다. 다만, 천재지변이나 그 밖의 부득이한 사유로 사업을 계속할 수 없는 경우로서 선원노동위원회의 인정을 받았을 때와 선박소유자가 제98조에 따른 일시보상을 하였을 때에는 그러하지 아니하다.
1. 선원이 직무상 부상의 치료 또는 질병의 요양을 위하여 직무에 종사하지 아니한 기간과 그 후 30일
2. 산전·산후의 여성선원이 「근로기준법」 제74조에 따라 작업에 종사하지 아니한 기간과 그 후 30일

제33조【선원근로계약 해지의 예고】 ① 선박소유자는 선원근로계약을 해지하려면 30일 이상의 예고기간을 두고 서면으로 그 선원에게 알려야 하며, 알리지 아니하였을 때에는 30일분 이상의 통상임금을 지급하여야 한다. 다만, 다음 각 호의 어느 하나에 해당하는 경우에는 그러하지 아니하다.
1. 선박소유자가 천재지변, 선박의 침몰·멸실 또는 그 밖의 부득이한 사유로 사업을 계속할 수 없는 경우로서 선원노동위원회의 인정을 받은 경우
2. 선원이 정당한 사유 없이 하선한 경우
3. 선원이 제22조제3항에 따라 하선 징계를 받은 경우
② 선원은 선원근로계약을 해지하려면 30일의 범위에서 단체협약, 취업규칙 또는 선원근로계약에서 정한 예고기간을 두고 선박소유자에게 알려야 한다.

제34조【정당한 사유 없는 해지 등의 구제신청】 ① 선박소유자가 제32조제1항을 위반하여 선원에 대하여 정당한 사유 없이 선원근로계약을 해지하거나 휴직, 정직, 감봉 또는 그 밖의 징벌을 하였을 경우에는 그 선원은 선원노동위원회에 그 구제를 신청할 수 있다.
② 제1항에 따른 구제신청, 심사절차 등에 관하여는 「노동조합 및 노동관계조정법」 제82조부터 제86조(제85조제5항은 제외한다)까지의 규정을 준용한다.

제35조【선원근로계약의 존속】 ① 선원근로계약이 선박의 항해 중에 종료할 경우에는 그 계약은 선박이 다음 항구에 입항하여 그 항구에서 부릴 화물을 모두 부리거나 내릴 여객이 다 내릴 때까지 존속하는 것으로 본다.
② 선박소유자는 승선·하선 교대에 적당하지 아니한 항구에서 선원근로계약이 종료할 경우에는 30일을 넘지 아니하는 범위에서 승선·하선 교대에 적당한 항구에 도착하여 그 항구에서 부릴 화물을 모두 부리거나 내릴 여객이 다 내릴 때까지 선원근로계약을 존속시킬 수 있다.

제36조【선원근로계약 종료의 특례】 상속 등 포괄승계에 의한 경우를 제외하고 선박소유자가 변경된 경우에는 옛 선박소유자와 체결한 선원근로계약은 종료하며, 그때부터 새로운 선박소유자와 선원 간에 종전의 선원근로계약과 같은 조건의 새로운 선원근로계약이 체결된 것으로 본다. 다만, 새로운 선박소유자나 선원은 72시간 이상의 예고기간을 두고 서면으로 알림으로써 선원근로계약을 해지할 수 있다.

제37조【실업수당】 선박소유자는 다음 각 호의 어느 하나에 해당하는 경우에는 선원에게 제55조에 따른 퇴직금 외에 통상임금의 2개월분에 상당하는 금액을 실업수당으로 지급하여야 한다.
1. 선박소유자가 선원에게 책임을 돌릴 사유가 없음에도 불구하고 선원근로계약을 해지한 경우
2. 선원근로계약에서 정한 근로조건이 사실과 달라 선원이 선원근로계약을 해지한 경우
3. 선박의 침몰, 멸실 또는 그 밖의 부득이한 사유로 사업을 계속할 수 없어 선원근로계약을 해지한 경우

제38조【송환】 ① 선박소유자는 선원이 거주지 또는 선원근로계약의 체결지가 아닌 항구에서 하선하는 경우에는 선박소유자의 비용과 책임으로 선원의 거주지 또는 선원근로계약의 체결지 중 선원이 원하는 곳까지 지체 없이 송환하여야 한다. 다만, 선원의 요청에 의하여 송환에 필요한 비용을 선원에게 지급할 경우에는 그러하지 아니하다.
② 선박소유자는 제1항에도 불구하고 다음 각 호의 어느 하나에 해당하는 경우에는 송환에 든 비용을 선원에게 청구할 수 있다. 다만, 선박소유자는 6개월 이상 승무하고 송환된 선원에게는 송환에 든 비용의 100분의 50에 상당하는 금액 이상을 청구할 수 없다.
1. 선원이 정당한 사유 없이 임의로 하선한 경우
2. 선원이 제22조제3항에 따라 하선 징계를 받고 하선한 경우
3. 단체협약, 취업규칙 또는 선원근로계약으로 정하는 사유에 해당하는 경우
③ 제1항에 따라 선박소유자가 부담할 비용은 송환 중의 교통비, 숙박비, 식비 및 그 밖에 해양수산부령으로 정하는 비용을 말한다.(2013.3.23 본항개정)
④ 선박소유자는 선원근로계약을 체결할 때 선원에게 송환비용을 미리 내도록 요구하여서는 아니 된다.

제39조【송환수당】 선박소유자는 제38조제2항 각 호의 어느 하나에 해당하는 경우를 제외하고는 하선한 선원에게 송환에 걸린 일수(日數)에 따라 그 선원의 통상임금에 상당하는 금액을 송환수당으로 지급하여야 한다. 송환을 갈음하여 그 비용을 지급하는 경우에도 또한 같다.

제40조~제41조 (2016.12.27 삭제)

제42조【선원 송환을 위한 조치 등】 ① 해양수산부장관은 선박소유자가 제38조에 따른 송환 의무를 이행하지 아니하여 선원이 송환을 요청하는 경우에는 그 선원을 송환하여야 한다. 이 경우 송환에 든 비용은 그 선박소유자에게 구상(求償)할 수 있다.
② 해양수산부장관은 외국선박에 승선하는 외국인 선원이 국내에 유기(遺棄)되어 해당 선원이 송환을 요청하는 경우에는 해당 선원을 자기나라로 송환할 수 있다. 이 경우 송환에 든 비용은 해당 외국선박의 기국(旗國)에 구상할 수 있다.
③ 해양수산부장관은 제1항 또는 제2항에 따른 송환조치에 든 비용을 선원에게 부담시켜서는 아니 된다.
④ 해양수산부장관은 제1항 또는 제2항에 따른 송환조치에 든 비용이 변제(辨濟)될 때까지 해당 선박의 출항정지를 명하거나 출항을 정지시킬 수 있다.
(2013.3.23 본조개정)

제42조의2【유기구제보험 등의 가입 등】 ① 대통령령으로 정하는 선박소유자는 다음 각 호의 어느 하나에 해당하는 사유로 유기된 선원을 구제하기 위하여 대통령령으로 정하는 보험 또는 공제(이하 "유기구제보험등"이라 한다)에 가입하여야 한다.
1. 선박소유자가 제38조제1항 본문에 따라 선원을 송환하지 아니하거나 같은 항 단서에 따라 송환에 필요한 비용을 선원에게 지급하지 아니한 경우
2. 선박소유자가 제52조에 따른 임금을 2개월 이상 지급하지 아니하고 선원과의 연락을 두절하는 등 근로관계를 일방적으로 단절한 경우
3. 선박소유자가 이 법 또는 선원근로계약에 따라 선원에게 제공하여야 하는 식료품, 물, 생존을 위하여 필요한 연료 및 의료지원 등 선상생활에 필요한 재화나 서비스를 제공하지 아니한 경우
② 유기구제보험등은 다음 각 호의 비용(이하 "유기 구제비용"이라 한다)의 지급을 보장하여야 한다.
1. 제38조에 따른 송환비용
2. 제39조에 따른 송환수당
3. 제1항제3호에 따른 식료품, 물, 생존을 위하여 필요한 연료 및 의료지원 등 선상생활에 필요한 재화나 서비스를 제공하는 데 드는 비용
③ 유기구제보험등에 가입하는 선박소유자는 선원이 유기구제보험등을 운영하는 사업자(이하 "유기구제보험사업자등"이라 한다)에게 보험금을 직접 청구할 수 있도록 선원을 피보험자로 지정하여야 한다.
④ 유기구제보험사업자등은 선원 또는 선원이 지정한 대통령령으로 정하는 대리인(이하 "지정대리인"이라 한다)이 유기 구제비용을 청구하는 경우에는 「민법」 제469조에도 불구하고 선박소유자를 대신하여 대통령령으로 정하는 기간 내에 유기 구제비용을 지급하여야 한다.
⑤ 제3항 및 제4항에서 규정한 사항 외에 유기 구제비용의 청구와 지급에 필요한 사항은 대통령령으로 정한다.
(2016.12.27 본조신설)

제42조의3【다른 급여와의 관계】 선박소유자는 선원이 「민법」이나 그 밖의 법령에 따라 유기 구제비용에 대한 보상을 받으면 보상받은 금액의 범위에서 선원에 대하여 유기 구제비용의 보상에 대한 책임을 지지 아니한다.
(2016.12.27 본조신설)

제42조의4【유기구제보험등의 해지 제한 등】 ① 유기구제보험사업자등은 법률 또는 보험계약에 따라 유기구제보험등의 계약기간이 끝나기 전에 보험계약을 해지하려는 경우에는 해양수산부장관에게 유기구제보험등의 해지예정일의 30일 전까지 계약이 해지된다는 사실을 통지하지 아니하면 해당 유기구제보험등을 해지할 수 없다.
② 유기구제보험사업자등은 선박소유자가 다음 각 호의 어느 하나에 해당하면 그 사실을 해양수산부령으로 정하는 기간 내에 해양수산부장관에게 알려야 한다.
1. 자기와 유기구제보험등의 계약을 체결한 경우
2. 자기와 유기구제보험등의 계약을 체결한 후 계약기간이 끝나기 전에 제1항의 사전통지절차를 거친 후 그 계약을 해지한 경우
3. 자기와 유기구제보험등의 계약을 체결한 자가 그 계약기간이 끝난 후 자기와 다시 계약을 체결하지 아니한 경우
③ 해양수산부장관은 제1항 또는 제2항에 따른 통지를 받으면 그 사실을 지체 없이 해당 유기구제보험등의 피보험자인 선원에게 알려야 한다.
(2016.12.27 본조신설)

제43조【선원근로계약서의 작성 및 신고】 ① 선원과 선원근로계약을 체결한 선박소유자는 해양수산부령으로 정하는 사항을 적은 선원근로계약서 2부를 작성하여 1부는 보관하고 1부는 선원에게 주어야 하며, 그 선원이 승선하기 전 또는 승선을 위하여 출국하기 전에 해양항만관청에 신고하여야 한다.(2013.3.23 본항개정)
② 제1항의 경우 같은 내용의 선원근로계약이 여러 번 반복하여 체결되는 경우에 미리 선원근로계약의 내용에 대하여 신고하였을 때에는 계약체결을 증명하는 서류를 제출함으로써 신고를 갈음할 수 있다.
③ 선박소유자가 제119조에 따라 취업규칙을 작성하여 신고한 경우에는 그 취업규칙에 따라 작성한 선원근로계약은 제1항에 따라 신고한 것으로 본다.

제44조【선원명부의 공인】 ① 선박소유자는 해양수산부령으로 정하는 바에 따라 선박별로 선원명부를 작성하여 선박과 육상사무소에 갖추어 두어야 한다.(2013.3.23 본항개정)
② 선박소유자는 선원의 근로조건 또는 선박의 운항 형태에 따라서 해양수산부령으로 정하는 바에 따라 선원의 승선·하선 교대가 있을 때마다 선박에 갖추어 둔 선원명부에 그 사실과 승선 선원의 성명을 적어야 한다. 다만, 선박소유자가 선원명부에 교대 관련 사항을 적을 수 없을 때에는 선장이 선박소유자를 갈음하여 적어야 한다.(2013.3.23 본문개정)
③ 선박소유자는 제2항에 따른 승선·하선 교대가 있을 때에는 선원 중 항해구역이 「선박안전법」 제8조제3항에 따라 정하여진 근해구역 안인 선박의 선원으로서 대통령령으로 정하는 사람을 제외한 선원의 선원명부에 대하여 해양항만관청의 공인(인터넷을 통한 공인을 포함한다. 이하 같다)을 받아야 한다. 이 경우 선박소유자는 선장에게 자신을 갈음하여 공인을 신청하게 할 수 있다.(2015.1.6 전단개정)
제44조의2【해외취업 신고】 제3조에도 불구하고 대한민국 국민으로서 외국 국적 선박소유자와 선원근로계약을 체결한 선원은 해양수산부령으로 정하는 바에 따라 해양수산부장관에게 해외취업을 신고하여야 한다. 다만, 제112조제3항에 따른 선원관리사업자를 통해 외국 국적 선박에 취업하는 경우에는 선원관리사업자가 해당 선원의 해외취업을 신고하여야 한다.(2021.6.15 본조신설)
제45조【선원수첩】 ① 선원이 되려는 사람은 대통령령으로 정하는 바에 따라 해양항만관청으로부터 선원수첩을 발급받아야 한다. 다만, 대통령령으로 정하는 선원의 경우에는 해양수산부령으로 정하는 바에 따라 선박소유자로부터 신원보증서를 받음으로써 선원수첩의 발급을 갈음할 수 있다.(2013.3.23 본항개정)
② 선원은 승선하고 있는 동안에는 제1항에 따른 선원수첩이나 신원보증서를 선장에게 제출하여 선장이 보관하게 하여야 하고, 승선을 위하여 여행하거나 선박을 떠날 때에는 선원 자신이 지녀야 한다.
③ 선박소유자나 선장은 제44조제3항에 따라 선원명부의 공인을 받을 때에는 해양수산부령으로 정하는 바에 따라 승선하거나 하선하는 선원의 선원수첩이나 신원보증서를 선원명부와 함께 해양항만관청에 제출하여 선원수첩이나 신원보증서에 승선·하선 공인을 받아야 한다. 다만, 선박소유자나 선장이 고의로 선원명부의 공인을 받지 아니하거나 행방불명 등 해양수산부령으로 정하는 사유로 선원명부의 공인을 받을 수 없을 때에는 하선하려는 선원이 직접 선원수첩이나 신원보증서에 하선 공인을 받을 수 있다.(2013.3.23 본항개정)
④ 제3항에도 불구하고 인터넷을 통하여 승선·하선 공인을 받은 경우 해양항만관청은 선원수첩이나 신원보증서에 대한 공인을 면제할 수 있다.(2015.1.6 본항신설)
⑤ 해양수산부장관은 선원의 취업실태나 선원수첩 소지 여부를 파악하거나 그 밖에 필요하다고 인정하는 경우에는 선원수첩을 검사할 수 있다.(2013.3.23 본항개정)
⑥ 선원수첩의 발급 절차 등에 필요한 사항은 대통령령으로 정한다.
제46조【선원수첩의 발급 제한】 ① 해양항만관청은 다음 각 호의 어느 하나에 해당하는 사람에게 선원수첩을 발급하지 아니할 수 있다.
1. 신원이 분명하지 아니한 사람
2. 「병역법」 제76조제1항 각 호의 어느 하나에 해당하는 사람
3. (2021.6.15 삭제)
② 해양항만관청은 선원수첩을 발급할 때 필요하다고 인정하면 해양수산부령으로 정하는 바에 따라 승선선박 또는 승선구역을 한정하거나 유효기간을 정하여 발급할 수 있다.(2013.3.23 본항개정)
제47조【선원수첩의 실효】 다음 각 호의 어느 하나에 해당하는 선원수첩은 그 효력을 상실한다.
1. 선원수첩을 발급한 날 또는 하선한 날부터 5년(군 복무기간 등 해양수산부장관이 인정하는 기간은 제외한다) 이내에 승선하지 아니한 선원의 선원수첩(2013.3.23 본호개정)
2. 사망한 선원의 선원수첩
3. 선원수첩을 재발급한 경우 종전의 선원수첩
제48조【선원신분증명서】 ① 외국 항을 출입하는 선박에 승선할 선원(대한민국 국민인 선원만 해당한다)은 대통령령으로 정하는 바에 따라 해양항만관청으로부터 선원신분증명서를 발급받아야 한다.
② 제1항에도 불구하고 제3조제1항 본문에 따른 선박에 승선하는 외국인으로서 대통령령으로 정하는 사람과 외국선박에 승선하는 대한민국 국민인 선원은 대통령령으로 정하는 바에 따라 선원신분증명서를 발급받을 수 있다.
③ 선원신분증명서의 유효기간은 발급일부터 10년으로 한다.
④ 선원신분증명서의 발급 제한 및 실효에 관하여는 제46조제1항 및 제47조를 준용한다. 이 경우 "선원수첩"은 "선원신분증명서"로 본다.
⑤ 선원은 선장이 안전유지에 필요하여 선원의 서면 동의를 받아 보관하는 경우 외에는 선원신분증명서를 지녀야 한다.
⑥ 해양수산부장관은 선원신분증명서의 제작·보관·발급과정, 데이터베이스 및 정보화시스템 등과 관련하여 개인정보의 보호수준 및 보안장비의 상태 등에 관한 평가기준을 마련하여 5년마다 평가하여야 한다.(2013.3.23 본항개정)
⑦ 선원신분증명서의 규격, 수록내용 및 발급 절차 등에 필요한 사항은 대통령령으로 정한다.
제49조【선원수첩 등의 재발급】 선원수첩이나 선원신분증명서를 발급받은 사람은 선원수첩이나 선원신분증명서를 잃어버린 경우, 헐어서 못 쓰게 된 경우, 그 밖에 해양수산부령으로 정하는 경우에는 재발급 받을 수 있다.(2013.3.23 본조개정)
제50조【선원수첩 등의 대여 및 부당사용 금지】 선원은 선원수첩 또는 선원신분증명서를 부당하게 사용하거나 다른 사람에게 빌려 주어서는 아니 된다.
제50조의2【여권 등 대리보관 금지】 선박소유자는 선원의 여권 등 신분증을 대리하여 보관해서는 아니 된다.(2021.6.15 본조신설)
제51조【승무경력증명서의 발급】 선박소유자나 선장은 선원으로부터 승무경력에 관한 증명서의 발급 요청을 받으면 즉시 발급하여야 한다.

제5장 임 금

제52조【임금의 지급】 ① 임금은 통화(通貨)로 직접 선원에게 그 전액을 지급하여야 한다. 다만, 법령이나 단체협약에 특별한 규정이 있는 경우에는 임금의 일부를 공제하거나 통화 외의 것으로 지급할 수 있다.
② 임금은 매월 1회 이상 일정한 날짜를 정하여 지급하여야 한다. 다만, 임시로 지급하는 임금, 수당, 그 밖에 이에 준하는 것 등 대통령령으로 정하는 것에 대하여는 그러하지 아니하다.
③ 선박소유자는 제1항에도 불구하고 선원이 청구하거나 법령이나 단체협약에 특별한 규정이 있는 경우에는 임금의 전부 또는 일부를 그가 지정하는 가족이나 그 밖의 사람에게 통화로 지급하거나 금융회사 등에 예금하는 등의 방법으로 지급하여야 한다.
④ 선박소유자는 승무 중인 선원이 청구하면 제1항에도 불구하고 선장에게 임금의 일부를 상륙하는 기항지(寄港地)에서 통용되는 통화로 직접 선원에게 지급하게 하여야 한다.
⑤ 임금을 일할계산(日割計算)하는 경우에는 30일을 1개월로 본다.
제53조【기일 전 지급】 선박소유자는 선원이나 그 가족의 출산, 질병, 재해, 그 밖에 대통령령으로 정하는 비상(非常)한 경우의 비용에 충당하기 위하여 선원이 임금 지급을 청구하는 경우에는 임금 지급일 전이라도 이미 제공한 근로에 대한 임금을 지급하여야 한다.
제54조【승무 선원의 부상 또는 질병 중의 임금】 선박소유자는 승무 중인 선원이 부상이나 질병으로 직무에 종사하지 못하는 경우에도 선원이 승무하고 있는 기간에는 어선원 외의 선원에게는 직무에 종사하는 경우의 임금을, 어선원에게는 통상임금을 지급하여야 한다. 다만, 선원노동위원회가 그 부상이나 질병이 선원의 고의로 인한 것으로 인정한 경우에는 그러하지 아니하다.
제55조【퇴직금제도】 ① 선박소유자는 계속근로기간이 1년 이상인 선원이 퇴직하는 경우에는 계속근로기간 1년에 대하여 승선평균임금의 30일분에 상당하는 금액을 퇴직금으로 지급하는 제도를 마련하여야 한다. 다만, 이와 같은 수준을 밑돌지 아니하는 범위에서 선원노동위원회의 승인을 받아 단체협약이나 선원근로계약에 의하여 퇴직금제도를 갈음하는 제도를 시행하는 경우에는 그러하지 아니하다.
② 선박소유자는 제1항에 따른 퇴직금제도를 시행할 때 선원이 요구하면 선원이 퇴직하기 전에 그 선원의 계속근로기간에 대한 퇴직금을 미리 정산하여 지급할 수 있다. 이 경우 미리 정산한 후의 퇴직금 산정을 위한 계속근로기간은 정산시점부터 새로 계산한다.
③ 퇴직금을 산정할 경우 계속근로기간이 1년 이상인 선원의 계속근로기간을 계산할 때 1년 미만의 기간에 대하여는 6개월 미만은 6개월로 보고, 6개월 이상은 1년으로 본다. 다만, 제2항에 따라 퇴직금을 미리 정산하기 위한 계속근로기간을 계산할 때 1년 미만의 기간은 제외한다.
④ 제3항에도 불구하고 계속근로기간의 계산에 관하여 단체협약이나 취업규칙에서 달리 정한 경우에는 그에 따른다.
⑤ 선박소유자는 계속근로기간이 6개월 이상 1년 미만인 선원으로서 선원근로계약의 기간이 끝나거나 선원에게 책임이 없는 사유로 선원근로계약이 해지되어 퇴직하는 선원에게 승선평균임금의 20일분에 상당하는 금액을 퇴직금으로 지급하여야 한다.
제55조의2【금품 청산】 선박소유자는 선원이 사망 또는 퇴직한 경우에는 그 지급 사유가 발생한 때부터 14일 이내에 임금, 보상금, 수당, 그 밖에 일체의 금품을 지급하여야 한다. 다만, 특별한 사정이 있을 경우에는 당사자 사이의 합의에 의하여 기일을 연장할 수 있다.(2020.2.18 본조신설)
제55조의3【미지급 임금에 대한 지연이자】 ① 선박소유자는 제55조의2에 따라 지급하여야 하는 임금 및 제55조에 따른 퇴직금의 전부 또는 일부를 그 지급 사유가 발생한 날부터 14일 이내에 지급하지 아니한 경우 그 다음 날부터 지급하는 날까지의 지연 일수에 대하여 연 100분의 40 이내의 범위에서 「은행법」에 따른 은행이 적용하는 연체금리 등 경제 여건을 고려하여 대통령령으로 정하는 이율에 따른 지연이자를 지급하여야 한다.
② 제1항은 선박소유자가 천재·사변, 그 밖에 대통령령으로 정하는 사유에 따라 임금 및 퇴직금의 지급을 지연하는 경우 그 사유가 존속하는 기간에 대하여는 적용하지 아니한다.
(2020.2.18 본조신설)
제55조의4【체불선박소유자 명단 공개】 ① 해양수산부장관은 제52조, 제55조의2 및 제62조에 따른 임금, 보상금, 수당, 그 밖에 일체의 금품(이하 "임금등"이라 한다)을 지급하지 아니한 선박소유자(법인인 경우에는 그 대표자를 포함한다. 이하 "체불선박소유자"라 한다)가 명단 공개 기준일 이전 3년 이내 임금등을 체불하여 2회 이상 유죄가 확정된 자로서 명단 공개 기준일 이전 1년 이내 임금등의 체불 총액이 3천만원 이상인 경우에는 그 인적사항 등을 공개할 수 있다. 다만, 체불선박소유자의 사망·폐업으로 명단 공개의 실효성이 없는 경우 등 대통령령으로 정하는 사유가 있는 경우에는 그러하지 아니하다.
② 해양수산부장관은 제1항에 따라 명단 공개를 할 경우에 체불선박소유자에게 3개월 이상의 기간을 정하여 소명 기회를 주어야 한다.
③ 제1항에 따른 체불선박소유자의 인적사항 등에 대한 공개 여부를 심의하기 위하여 해양수산부에 임금체불정보심의위원회(이하 이 조에서 "위원회"라 한다)를 둔다. 이 경우 위원회의 구성·운영 등에 필요한 사항은 해양수산부령으로 정한다.
④ 제1항에 따른 명단 공개의 구체적인 내용, 기간 및 방법 등 명단 공개에 필요한 사항은 대통령령으로 정한다.
(2020.2.18 본조신설)
제55조의5【임금등 체불자료의 제공】 ① 해양수산부장관은 「신용정보의 이용 및 보호에 관한 법률」 제25조제2항제1호에 따른 종합신용정보집중기관이 체불선박소유자(자료제공 요구일 이전 3년 이내 임금 등을 체불하여 2회 이상 유죄가 확정된 자로서 자료제공 요구일 이전 1년 이내 임금등의 체불총액이 2천만원 이상인 체불선박소유자의 경우에 한정한다)의 인적사항과 체불액 규모 등에 관한 자료(이하 "임금등 체불자료"라 한다)를 요구할 때에는 임금등의 체불을 예방하기 위하여 필요하다고 인정하는 경우 그 자료를 제공할 수 있다. 다만, 체불선박소유자의 사망·폐업으로 임금등 체불자료 제공의 실효성이 없는 경우 등 대통령령으로 정하는 사유가 있는 경우에는 그러하지 아니하다.
② 제1항에 따라 임금등 체불자료를 받은 자는 이를 체불선박소유자의 신용도·신용거래능력 판단과 관련한 업무 외의 목적으로 이용하거나 누설해서는 아니 된다.
③ 제1항에 따른 임금등 체불자료의 제공 절차 및 방법 등 임금등 체불자료의 제공에 필요한 사항은 대통령령으로 정한다.
(2020.2.18 본조신설)
제56조【임금채권보장보험 등의 가입】 ① 선박소유자(선박소유자 단체를 포함한다. 이하 이 조에서 같다)는 선박소유자의 파산 등 대통령령으로 정하는 사유로 퇴직한 선원이 받지 못한 임금 및 퇴직금(이하 "체불임금"이라 한다)의 지급을 보장하기 위하여 대통령령으로 정하는 보험 또는 공제에 가입하거나 기금을 조성하여야 한다. 다만, 다른 법률에 따라 선원의 체불임금 지급을 보장하기 위한 기금의 적용을 받는 선박소유자는 그러하지 아니하다.
② 제1항에 따른 보험, 공제 또는 기금은 적어도 다음 각 호의 모두에 해당하는 체불임금의 지급을 보장하여야 한다.
1. 제52조에 따른 임금의 최종 4개월분
2. 제55조에 따른 퇴직금의 최종 4년분
(2016.12.27 1호~2호개정)
③ 제1항에 따른 보험업자, 공제업자 또는 기금운영자는 그 퇴직한 선원 또는 지정대리인이 체불임금을 청구하는 경우에는 「민법」 제469조에도 불구하고 선박소유자를 대신하여 체불임금을 지급한다.(2016.12.27 본항개정)
④ 제3항에 따라 선원 또는 지정대리인에게 체불임금을 대신 지급한 보험업자, 공제업자 또는 기금운영자는 그 지급한 금액의 한도에서 해당 선박소유자에 대한 선원의 체불임금 청구권을 대위(代位)한다.(2016.12.27 본항개정)
⑤ 제152조의2제2항에 따른 우선변제권은 제4항에 따라 대위되는 권리에 존속한다.(2016.12.27 본항개정)
⑥ 그 밖에 체불임금의 지급을 보장하기 위한 기금의 운영 및 관리, 체불임금의 청구와 지급 등에 관하여 필요한 사항은 대통령령으로 정한다.(2021.6.15 본항개정)
제56조의2【보고 및 서류의 제출 요구 등】 ① 해양수산부장관은 제56조에 따른 임금채권보장기금의 건전한 운영 및 임금등을 체불당한 피해 선원의 보호 등을 위하여 필요하다고 인정되는 경우에는 기금운영자, 선박소유자 등에게 필요한 보고나 관계 서류의 제출을 요구할 수 있다.
② 해양수산부장관은 기금의 관리·감독을 위하여 필요하다고 인정하면 관계 공무원으로 하여금 이 법을 적용

받는 기금운영자, 선박소유자 등의 사업장에 출입하여 관계 서류를 검사하거나 관계인에게 질문하게 할 수 있다.
③ 해양수산부장관은 제1항 및 제2항에 따른 보고 또는 검사 결과 필요한 경우에는 시정명령을 할 수 있다.
④ 제2항에 따라 출입 검사를 하는 공무원은 그 권한을 표시하는 증표를 지니고 이를 관계인에게 내보여야 한다.
⑤ 제1항부터 제3항까지의 규정에 따른 보고, 서류 제출 요구, 출입 검사 및 시정명령 등 그 밖에 필요한 사항은 해양수산부령으로 정한다.
(2021.6.15 본조신설)

제57조【어선원의 임금에 대한 특례】 ① 어선원의 임금은 월 고정급 및 생산수당으로 하거나 비율급으로 할 수 있다.
② 제1항에 따라 임금을 받는 어선원에 대하여 제37조, 제39조, 제54조, 제55조, 제96조, 제97조 및 제99조부터 제102조까지의 규정에 따른 실업수당 등을 산정할 때 적용할 통상임금 및 승선평균임금은 월 고정급에 대통령령으로 정하는 비율을 곱한 금액으로 한다.
③ 제1항에 따라 어선원의 임금을 비율급으로 하는 경우에 어선소유자는 어선원에게 월 고정급에 해당하는 금액을 미리 지급하여야 한다. 이 경우 비율급의 월액이 월 고정급보다 적을 때에는 미리 지급한 월 고정급에 해당하는 금액을 비율급의 월액으로 본다.

제58조【임금대장】 선박소유자는 임금대장을 갖추어 두고, 임금을 지급할 때마다 임금 계산의 기초가 되는 사항 등 대통령령으로 정하는 사항을 적어야 한다.

제59조【최저임금】 해양수산부장관은 필요하다고 인정하면 선원의 임금 최저액을 정할 수 있다. 이 경우 해양수산부장관은 해양수산부령으로 정하는 자문을 하여야 한다.
(2013.3.23 본조개정)

제6장 근로시간 및 승무정원

제60조【근로시간 및 휴식시간】 ① 근로시간은 1일 8시간, 1주간 40시간으로 한다. 다만, 선박소유자와 선원 간에 합의하여 1주간 16시간을 한도로 근로시간을 연장(이하 "시간외근로"라 한다)할 수 있다.
② 선박소유자는 제1항에도 불구하고 항해당직근무를 하는 선원에게 1주간에 16시간의 범위에서, 그 밖의 선원에게는 1주간에 4시간의 범위에서 시간외근로를 명할 수 있다.
③ 선박소유자는 제1항 및 제2항에도 불구하고 선원에게 임의의 24시간에 10시간 이상의 휴식시간과 임의의 1주간에 77시간 이상의 휴식시간을 주어야 한다. 이 경우 임의의 24시간에 대한 10시간 이상의 휴식시간은 한 차례만 분할할 수 있으며, 분할된 휴식시간 중 하나는 최소 6시간 이상 연속되어야 하고 연속적인 휴식시간 사이의 간격은 14시간을 초과하여서는 아니 된다.
④ 제2항 및 제3항에도 불구하고 해양항만관청은 입항·출항 빈도, 선원의 업무특성 등을 고려하여 불가피하다고 인정할 경우에는 당직선원이나 단기 항해에 종사하는 선박에 승무하는 선원에 대하여 근로시간의 기준, 휴식시간의 분할과 부여간격에 관한 기준을 달리 정하는 단체협약을 승인할 수 있다. 이 경우 해양항만관청은 해당 단체협약이 해양수산부령으로 정하는 휴식시간의 완화에 관한 기준에 적합한 것에 한하여 승인하여야 한다.
(2013.3.23 후단개정)
⑤ 제4항의 단체협약에는 제69조제1항에 따른 유급휴가의 부여 간격보다 더 빈번하거나 제70조제1항에 따른 유급휴가일수보다 더 긴 기간의 유급휴가를 부여하는 내용이 포함되어야 한다.
⑥ 선박소유자는 인명, 선박 또는 화물의 안전을 도모하거나, 해양 오염 또는 해상보안을 확보하거나, 인명이나 다른 선박을 구조하기 위하여 긴급한 경우 등 부득이한 사유가 있을 때에는 제1항 및 제2항에 따른 근로시간을 초과하여 선원에게 시간외근로를 명하거나 제3항에 따른 휴식시간에도 불구하고 필요한 작업을 하게 할 수 있다.
⑦ 선박소유자는 제6항에 따라 휴식시간에도 불구하고 필요한 작업을 한 선원 또는 휴식시간 중에 작업에 호출되어 정상적인 휴식을 취하지 못한 선원에게 작업시간에 상응한 보상휴식을 주어야 한다.
⑧ 선박소유자는 선박이 정박 중일 때에는 선원에게 1주간에 1일 이상의 휴일을 주어야 한다.

제61조【소년선원의 근로시간 등】 선박소유자는 18세 미만의 소년선원의 보호를 위하여 해양수산부령으로 정하는 근로시간, 휴식시간 등에 관한 규정을 지켜야 한다.
(2013.3.23 본조개정)

제61조의2【실습선원의 실습시간 및 휴식시간 등】 ① 실습시간은 1일 8시간, 1주간 40시간 이내로 한다. 다만, 항해당직훈련을 목적으로 하는 경우에는 1주간에 16시간 이내에서 연장할 수 있다.
② 선박소유자는 제1항에 따른 실습시간을 제외한 모든 시간을 휴식시간으로 주어야 한다. 이 경우 임의의 24시간 중 한 차례의 휴식시간은 8시간 이상 연속되어야 한다.
③ 선박소유자는 실습선원에게 1주간에 최소 1일 이상의 휴일을 주어야 한다.
④ 선박소유자는 실습선원에게 인명, 선박 또는 화물의 안전을 도모하거나, 해양오염 또는 해상보안을 확보하거나, 인명 또는 다른 선박을 구조하기 위하여 긴급한 경우 등 부득이한 사유가 있을 때에는 제1항에 따른 실습시간을 초과하는 훈련 또는 작업을 명하거나 제2항에도 불구하고 필요한 훈련 또는 작업을 하게 할 수 있다.
(2020.2.18 본조신설)

제62조【시간외근로수당 등】 ① 선박소유자는 다음 각 호의 어느 하나에 해당하는 선원에게 시간외근로나 휴일 근로에 대하여 통상임금의 100분의 150에 상당하는 금액 이상을 시간외근로수당으로 지급하여야 한다.
1. 제60조제1항·제2항 및 제6항에 따라 시간외근로를 한 선원(같은 조 제7항에 따라 보상휴식을 받은 선원은 제외한다)
2. 휴일에 근로를 한 선원
② 선박소유자는 제1항에도 불구하고 단체협약, 취업규칙 또는 선원근로계약에서 정하는 바에 따라 선종(船種), 선박의 크기, 항해 구역에 따른 근로의 정도·실적 등을 고려하여 일정액을 시간외근로수당으로 지급하는 제도를 마련할 수 있다.
③ 선박소유자는 해양수산부령으로 정하는 바에 따라 선원의 1일 근로시간, 휴식시간 및 시간외근로를 기록할 서류를 선박에 갖추어 두고 선장에게 근로시간, 휴식시간, 시간외근로 및 그 수당의 지급에 관한 사항을 적도록 하여야 한다.(2013.3.23 본항개정)
④ 선원은 선박소유자 또는 선장에게 본인의 기록이 적혀 있는 제3항에 따른 서류의 사본을 요청할 수 있다.
⑤ 선박소유자는 제1항에도 불구하고 제60조제1항·제2항 및 제6항에 따른 시간외근로 중 1주간에 4시간의 시간외근로에 대하여는 시간외근로수당을 지급하는 것을 갈음하여 제70조에 따른 유급휴가 일수에 1개월의 승무기간마다 1일을 추가하여 유급휴가를 주어야 한다.

제63조【안전운항을 위한 선박소유자의 의무】 ①「선원의 훈련·자격증명 및 당직근무의 기준에 관한 국제협약」(이하 "선원당직국제협약"이라 한다)을 적용받는 선박소유자는 선박 운항의 안전을 위하여 다음 각 호의 사항을 이행하여야 한다.
1. 해기(海技) 능력의 향상을 위한 선원의 선상훈련 및 평가계획의 수립·실시
1의2. 해양사고에 대비하기 위한 선상 비상훈련의 실시(2015.1.6 본호신설)
2. 항해당직에 관한 상세한 기준의 작성·시행
3. 선박 운항의 안전을 위하여 대통령령으로 정하는 사항
② 제1항제1호에 따른 선상훈련·평가계획의 수립 및 같은 항 제2호에 따른 항해당직 기준의 작성에 필요한 사항은 해양수산부령으로 정한다.(2013.3.23 본항개정)

제64조【자격요건을 갖춘 선원의 승무】 ① 대통령령으로 정하는 선박의 선박소유자는 해양수산부령으로 정하는 자격요건을 갖춘 선원을 갑판부나 기관부의 항해당직 부원으로 승무시켜야 한다.(2013.3.23 본항개정)
② 총톤수 500톤 이상으로 1일 항해시간이 16시간 이상인 선박의 선박소유자는 제1항의 자격요건을 갖춘 선원 3명 이상을 갑판부의 항해당직 부원으로 승무시켜야 한다.
③ 대통령령으로 정하는 위험화물적재선박〔산적액체화물(散積液體貨物)을 수송하기 위하여 사용되는 선박만 해당한다〕의 선박소유자는 해양수산부령으로 정하는 자격요건을 갖춘 선원을 승무시켜야 한다.(2013.3.23 본항개정)
④ 대통령령으로 정하는 선박의 선박소유자는 해양수산부령으로 정하는 구명정 조종사 자격증을 가진 선원을 승무시켜야 한다.(2013.3.23 본항개정)
⑤ 대통령령으로 정하는 선박의 소유자는 해양수산부령으로 정하는 여객의 안전관리에 필요한 자격요건을 갖춘 선원을 승무시켜야 한다.(2015.1.6 본항신설)
⑥ 가스 또는 저인화점 연료(인화점이 섭씨 60도 미만인 연료를 말한다)를 사용하는 선박으로서 대통령령으로 정하는 선박(이하 "가스연료 등 추진선박"이라 한다)의 선박소유자는 해양수산부령으로 정하는 자격요건을 갖춘 선원을 승무시켜야 한다.(2020.2.18 본항신설)

제65조【승무정원】 ① 선박소유자는 제60조, 제64조 및 제76조를 지킬 수 있도록 필요한 선원의 정원〔이하 "승무정원"(乘務定員)이라 한다〕을 정하여 해양항만관청의 인정을 받아야 한다.
② 선박제원, 항해시간 변경 등으로 인하여 제1항에 따라 인정받은 승무정원에 변동이 발생한 경우 선박소유자는 지체 없이 승무정원을 다시 정하여 해양항만관청의 인정을 받아야 한다.(2021.6.15 본항신설)
③ 해양항만관청은 제1항 및 제2항에 따라 선박의 승무정원을 인정할 때에는 해양수산부령으로 정하는 바에 따라 승무정원 증서를 발급하여야 한다.(2021.6.15 본항개정)
④ 선박소유자는 운항 중인 선박에는 항상 승무정원 증서에 적힌 수의 선원을 승무시켜야 하며, 결원이 생기면 지체 없이 인원을 채워야 한다. 다만, 해당 선박이 외국항에 있는 등 지체 없이 인원을 채우는 것이 곤란하다고 인정되어 해양수산부장관의 허가를 받은 경우에는 그러하지 아니하다.(2013.3.23 본항개정)

제66조【선원의 자격요건 등에 대한 특례】 선박의 설비가 해양수산부령으로 정하는 기준에 맞는 경우 그 선박에 적용할 선원의 자격요건 및 정원에 관한 사항은 제64조와 제65조에도 불구하고 해양수산부령으로 정하는 바에 따른다.(2013.3.23 본조개정)

제66조의2【여객선선장에 대한 적성심사 기준】 ① 여객선선장은 해양수산부령으로 정하는 적성심사 기준(이하 "적성심사기준"이라 한다)에 적합한 사람이어야 한다.
② 여객선 소유자는 적성심사기준을 충족하지 못한 사람을 선장으로 승무시켜서는 아니 된다.
③ 적성심사기준의 충족확인절차 등에 필요한 사항은 해양수산부령으로 정한다.
(2015.1.6 본조신설)

제67조【예비원】 ① 선박소유자는 그가 고용하고 있는 총승선 선원 수의 10퍼센트 이상의 예비원을 확보하여야 한다. 다만, 항해선이 아닌 선박의 경우에는 선박의 종류·용도 등을 고려하여 대통령령으로 다르게 정할 수 있다.(2015.1.6 단서개정)
② 선박소유자는 유급휴가자 등 대통령령으로 정하는 사람 외의 예비원에게 통상임금의 70퍼센트를 임금으로 지급하여야 한다.

제68조【적용범위】 ① 다음 각 호의 어느 하나에 해당하는 선박(「선박의 입항 및 출항 등에 관한 법률」 제24조에 따른 예선은 제외한다)에 대하여는 이 장의 규정을 적용하지 아니한다.(2015.2.3 본문개정)
1. 범선으로서 항해선이 아닌 것
2. 어획물 운반선을 제외한 어선
3. 총톤수 500톤 미만의 선박으로서 항해선이 아닌 것
4. 그 밖에 해양수산부령으로 정하는 선박(2013.3.23 본호개정)
② 해양수산부장관은 필요하다고 인정하면 제1항 각 호의 어느 하나에 해당하는 선박에 대하여 적용할 선원의 근로시간 및 승무정원에 관한 기준을 따로 정할 수 있다.
(2013.3.23 본항개정)

제7장 유급휴가

제69조【유급휴가】 ① 선박소유자(제74조에 따른 어선의 선박소유자는 제외한다. 이하 이 조, 제72조 및 제73조에서 같다)는 선원이 8개월간 계속하여 승무(수리 중이거나 계류 중인 선박에 승무하는 것을 포함한다. 이하 이 장에서 같다)한 경우에는 그때부터 4개월 이내에 선원에게 유급휴가를 주어야 한다. 다만, 선박이 항해 중일 때에는 항해를 마칠 때까지 유급휴가를 연기할 수 있다.
② 제1항의 경우 선원이 같은 선박소유자의 다른 선박에 옮겨 타기 위하여 여행하는 기간은 계속하여 승무한 기간으로 본다.
③ 산전·산후의 여성선원이 「근로기준법」 제74조에 따른 휴가로 휴업한 기간은 계속하여 승무한 기간으로 본다.
(2012.2.1 본항개정)
④ 선원이 8개월간 계속하여 승무하지 못한 경우에도 이미 승무한 기간에 대하여 유급휴가를 주어야 한다.
⑤ 선박소유자는 18세 미만의 소년선원 보호를 위하여 해양수산부령으로 정하는 바에 따라 유급휴가를 주어야 한다.(2013.3.23 본항개정)

제70조【유급휴가의 일수】 ① 제69조제1항·제2항·제4항 및 제5항에 따른 유급휴가의 일수는 계속하여 승무한 기간 1개월에 대하여 6일로 한다.
② 제1항에도 불구하고 「선박안전법」 제8조제3항에 따라 정하여진 연해구역(이하 "연해구역"이라 한다)을 항해구역으로 하는 선박 또는 15일 이내의 기간마다 국내 항에 기항하는 선박에 승무하는 선원의 유급휴가 일수는 계속하여 승무한 기간 1개월에 대하여 5일로 한다.
③ 2년 이상 계속 근로한 선원에게는 1년을 초과하는 계속근로기간 1년에 대하여 제1항 또는 제2항에 따른 휴가일수에 1일의 유급휴가를 더한다.
④ 제69조제3항에 따른 휴가로 휴업한 기간에 대한 유급휴가 일수는 「근로기준법」 제60조제1항의 유급휴가 일수 계산방법을 고려하여 해양수산부령으로 정한다.
(2013.3.23 본항개정)
⑤ 유급휴가 일수를 계산할 때 1개월 미만의 승무기간에 대하여는 비율로 계산하되, 1일 미만은 1일로 한다.

제71조【유급휴가 사용일수의 계산】 선원이 실제 사용한 유급휴가 일수의 계산은 선원이 유급휴가를 목적으로 하선하고 자기나라에 도착한 날(제38조제1항에 따라 통상적으로 송환에 걸리는 기간이 도래하는 날을 말한다)의 다음 날부터 계산하여 승선일(외국에서 승선하는 경우에는 출국일을 말한다) 전날까지의 일수로 하되, 다음 각 호의 어느 하나에 해당하는 기간은 유급휴가 사용일수에 포함하지 아니한다.
1. 관공서의 공휴일 또는 근로자의 날
2. 선원이 제116조 또는 다른 법령에 따라 받은 교육훈련 기간
3. 그 밖에 해양수산부령으로 정하는 기간(2013.3.23 본호개정)

제72조【유급휴가의 부여방법】 ① 유급휴가를 줄 시기와 항구에 대하여는 선박소유자와 선원의 협의에 따른다.
② 유급휴가는 단체협약에서 정하는 바에 따라 기간을 나누어 줄 수 있다.

제73조【유급휴가급】 ① 선박소유자는 유급휴가 중인 선원에게 통상임금을 유급휴가급으로 지급하여야 한다.
② 선박소유자는 선원이 제69조부터 제71조까지의 규정에 따른 유급휴가의 전부 또는 일부를 사용하지 아니하였

을 때에는 사용하지 아니한 유급휴가 일수에 대하여 통상임금에 상당하는 금액을 임금 외에 따로 지급하여야 한다.
제74조【어선원의 유급휴가에 대한 특례】 ① 해양수산부령으로 정하는 어업에 종사하는 어선(어획물 운반선은 제외한다. 이하 이 조에서 같다)의 선박소유자는 어선원이 같은 사업체에 속하는 어선에서 1년 이상 계속 승무한 경우에는 유급휴가를 주어야 한다.(2013.3.23 본문개정)
② 어선원이 고의나 중대한 과실 없이 어선에서의 승무를 중지한 경우 그 중지한 기간이 30일을 초과하지 아니할 때에는 계속하여 승무한 것으로 본다.
③ 제1항에 따른 어선원의 유급휴가 일수, 부여방법, 유급휴가급 등 어선원의 유급휴가에 관하여 필요한 사항은 해양수산부령으로 정한다.(2013.3.23 본항개정)
제75조【적용 범위】 다음 각 호의 어느 하나에 해당하는 선박에 대하여는 이 장의 규정을 적용하지 아니한다.
1. 어선(어획물 운반선과 제74조에 따른 어선은 제외한다)
2. 범선으로서 항해선이 아닌 것
3. 가족만 승무하여 운항하는 선박으로서 항해선이 아닌 것

제8장 선내 급식과 안전 및 보건

제76조【선내 급식】 ① 선박소유자는 승무 중인 선원을 위하여 해양수산부령으로 정하는 바에 따라 적당한 양과 질의 식료품과 물을 선박에 공급하고, 조리와 급식에 필요한 설비를 갖추어 선내급식을 하여야 한다. 이 경우 승무 중인 선원의 다양한 문화와 종교적 배경을 고려하여야 한다.
② 선박소유자는 제1항에 따른 선내 급식을 위하여 대통령령으로 정하는 자격을 갖춘 선박조리사(이하 "선박조리사"라 한다)를 선박에 승무시켜야 한다. 다만, 대통령령으로 정하는 선박에 대하여는 이를 면제하거나 선박조리사를 갈음하여 선상 조리와 급식에 관한 지식과 경험을 가진 사람을 승무하게 할 수 있다.
③ 해양수산부장관은 대통령령으로 정하는 바에 따라 선박조리사의 자격을 위한 교육과 시험을 실시한다.
(2013.3.23 본조개정)
제77조【선내 급식비】 ① 선박소유자는 해양수산부장관의 승인을 받아 제76조제1항에 따른 식료품 공급을 갈음하여 선내 급식을 위한 식료품의 구입비용(이하 "선내급식비"라 한다)을 선장에게 지급하고, 선장에게 선내 급식을 관리하게 할 수 있다. 이 경우 선장은 선원 모두에게 차별 없이 선내 급식이 이루어지도록 하여야 한다.
(2013.3.23 전단개정)
② 선박소유자는 선내 급식비를 지급할 때에는 선원 1인당 1일 기준액을 밝혀야 한다.
③ 선내 급식비는 선내 급식을 위한 식료품 구입과 운반을 위한 비용 외의 용도로 지출하여서는 아니 된다.
④ 해양수산부장관은 대통령령으로 정하는 바에 따라 선내 급식비의 최저기준액을 정할 수 있다. 이 경우 선박소유자는 최저기준액 이상의 선내 급식비를 지급하여야 한다.
(2013.3.23 본문개정)
제78조【선내 안전·보건 등을 위한 국가의 책임과 의무】 ① 해양수산부장관은 승무 중인 선원의 건강을 보호하고 안전하고 위생적인 환경에서 생활, 근로 및 훈련을 할 수 있도록 다음 각 호의 사항을 성실히 이행할 책임과 의무를 진다.(2013.3.23 본문개정)
1. 선내 안전·보건정책의 수립·집행·조정 및 통제
2. 선내 안전·보건 및 사고예방 기준의 작성
3. 선내 안전·보건의 증진을 위한 국내 지침의 개발과 보급
4. 선내 안전·보건을 위한 기술의 연구·개발 및 그 시설의 설치·운영
5. 선내 안전·보건 의식을 북돋우기 위한 홍보·교육 및 무재해운동 등 안전문화 추진
6. 선내 재해에 관한 조사 및 그 통계의 유지·관리
7. 그 밖에 선원의 안전 및 건강의 보호·증진
② 해양수산부장관은 제1항 각 호의 사항을 효율적으로 수행하기 위하여 필요한 경우 선박소유자 단체 및 선원단체의 대표자와 협의하여야 한다.(2013.3.23 본항개정)
③ 해양수산부장관은 선내 안전·보건과 선내 사고예방을 위한 활동이 통일적으로 이루어지고 증진될 수 있도록 국제노동기구 등 관계 국제기구 및 그 회원국과의 협력을 모색하여야 한다.(2013.3.23 본항개정)
제79조【선내 안전·보건 및 사고예방 기준】 ① 제78조제1항제2호에 따른 선내 안전·보건 및 사고예방 기준(이하 "선내안전보건기준"이라 한다)에는 다음 각 호의 사항이 포함되어야 한다.
1. 선원의 안전·건강 관련 교육훈련 및 위험성 평가 정책
2. 선원의 직무상 사고·상해 및 질병(이하 "직무상 사고등"이라 한다)의 예방 조치
3. 선원의 안전과 건강 보호를 증진시키기 위한 선내 프로그램
4. 선내 안전저해요인의 검사·보고와 시정
5. 선내 직무상 사고등의 조사 및 보고
6. 선장과 선내 안전·건강담당자의 직무
7. 선내안전위원회의 설치 및 운영
8. 그 밖에 해양수산부령으로 정하는 사항(2013.3.23 본호개정)
② 선내안전보건기준의 구체적인 사항은 해양수산부장관이 정하여 고시한다.(2013.3.23 본항개정)
제80조【선내안전보건기준의 개정】 해양수산부장관은 선박소유자 단체 및 선원 단체의 대표자와 협의하여 선내안전보건기준을 정기적으로 검토하여야 하며, 필요한 경우 검토 결과를 고려하여 선내안전보건기준을 개정할 수 있다.(2013.3.23 본조개정)
제81조【직무상 사고등의 조사】 ① 해양수산부장관은 제82조제4항에 따라 직무상 사고등의 발생 사실을 보고받은 경우에는 그 사실과 원인을 조사하여야 한다.
② 해양수산부장관은 직무상 사고등을 예방하기 위하여 제1항에 따라 조사한 직무상 사고등에 관한 통계를 유지·관리하여야 하고, 그 통계를 분석하여 자료집을 발간할 수 있다.
③ 제1항에 따른 조사의 절차 및 내용이나 조사 결과의 조치 등에 필요한 사항은 해양수산부령으로 정한다.
(2013.3.23 본조개정)
제82조【선박소유자 등의 의무】 ① 선박소유자는 선원에게 보호장구와 방호장치 등을 제공하여야 하며, 방호장치가 없는 기계의 사용을 금지하여야 한다.
② 선박소유자는 해양수산부령으로 정하는 바에 따라 위험한 선내 작업에는 일정한 경험이나 기능을 가진 선원을 종사시켜야 한다.(2013.3.23 본항개정)
③ 선박소유자는 감염병, 정신질환, 그 밖의 질병을 가진 사람 중에서 승무가 곤란하다고 해양수산부령으로 정하는 선원을 승무시켜서는 아니 된다.(2013.3.23 본항개정)
④ 선박소유자는 선원의 직무상 사고등이 발생하였을 때에는 즉시 해양항만관청에 보고하여야 한다.
⑤ 선박소유자는 선내 작업 시의 위험 방지, 의약품의 비치와 선내위생의 유지 및 이에 관한 교육의 시행 등에 관하여 해양수산부령으로 정하는 사항을 지켜야 한다.
(2013.3.23 본항개정)
⑥ 선장은 특별한 사유가 없으면 선박이 기항하고 있는 항구에서 선원이 의료기관에서 부상이나 질병의 치료를 받기를 요구하는 경우 거절하여서는 아니 된다.
⑦ 대통령령으로 정하는 선박소유자는 선박에 승선하는 선원에게 제복을 제공하여야 한다. 이 경우 제복의 제공 시기, 복제 등에 관하여는 해양수산부령으로 정한다.
(2015.1.6 본항신설)
제83조【선원의 의무 등】 ① 선원은 선내 작업 시의 위험 방지와 선내 위생의 유지에 관하여 해양수산부령으로 정하는 사항을 지켜야 한다.(2013.3.23 본항개정)
② 선원은 방호시설이 없거나 제대로 작동하지 아니하는 기계의 사용을 거부할 수 있다.
③ 선원은 제82조제7항에 따라 선박소유자가 제공한 제복을 입고 근무하여야 한다.(2015.1.6 본항신설)
제84조【의사의 승무】 다음 각 호의 어느 하나에 해당하는 선박의 선박소유자는 그 선박에 의사를 승무시켜야 한다. 다만, 해양수산부령으로 정하는 바에 따라 해양항만관청의 승인을 받은 경우에는 그러하지 아니하다.
(2013.3.23 단서개정)
1. 3일 이상의 국제항해에 종사하는 선박으로서 최대 승선인원이 100명 이상인 선박(어선은 제외한다)
2. 해양수산부령으로 정하는 모선식(母船式) 어업에 종사하는 어선(2013.3.23 본호개정)
제85조【의료관리자】 ① 의사를 승무시키지 아니할 수 있는 선박 중 다음 각 호의 어느 하나에 해당하는 선박의 선박소유자는 선박에 의료관리자를 두어야 한다. 다만, 해양수산부령으로 정하는 경우에는 그러하지 아니하다.
(2013.3.23 본문개정)
1. 「선박안전법」 제8조제3항에 따라 정하여진 원양구역을 항해구역으로 하는 총톤수 5천톤 이상의 선박
2. 해양수산부령으로 정하는 어선(2013.3.23 본호개정)
② 제1항에 따른 의료관리자(이하 "의료관리자"라 한다)는 제3항에 따라 발급된 의료관리자 자격증을 가진 선원(18세 미만인 사람은 제외한다) 중에서 선임하여야 한다. 다만, 부득이한 사유로 해양항만관청의 승인을 받은 경우에는 그러하지 아니하다.
③ 제2항에 따른 의료관리자 자격증은 해양수산부령으로 정하는 바에 따라 해양수산부장관이 실시하는 시험에 합격하거나 시험에 합격한 사람과 같은 수준 이상의 지식과 경험을 가졌다고 해양수산부장관이 인정하는 사람에게 해양수산부장관이 발급한다.(2013.3.23 본항개정)
④ 의료관리자는 해양수산부령으로 정하는 바에 따라 선박 내의 의료관리에 필요한 업무에 종사하여야 한다.
(2013.3.23 본항개정)
⑤ 선박소유자는 의료관리자가 질병이나 그 밖의 사유로 그 직무를 수행할 수 없거나 하선하는 경우에는 지체 없이 다른 의료관리자를 선임하거나 승무시켜야 한다.
(2018.12.11 본항신설)
제86조【응급처치 담당자】 ① 제84조 또는 제85조제1항에 따른 의사나 의료관리자를 승무시키지 아니할 수 있는 선박 중 다음 각 호의 어느 하나에 해당하는 선박의 선박소유자는 선박에 응급처치를 담당하는 선원(이하 "응급처치 담당자"라 한다)을 두어야 한다.
1. 연해구역 이상을 항해구역으로 하는 선박(어선은 제외한다)
2. 여객정원이 13명 이상인 여객선
② 선박소유자는 응급처치 담당자를 해양수산부령으로 정하는 응급처치에 관한 교육을 이수한 선원 중에서 선임하여야 한다.(2013.3.23 본항개정)
제87조【건강진단서】 ① 선박소유자는 「의료법」에 따른 병원급 이상의 의료기관 또는 해양수산부령으로 정하는 기준에 맞는 의원의 의사가 승무에 적당하다는 것을 증명한 건강진단서를 가진 사람만을 선원으로 승무시켜야 한다.
② 건강진단서의 발급 및 그 밖에 건강진단에 관한 사항은 해양수산부령으로 정한다.
(2013.3.23 본조개정)
제88조【무선 등에 의한 의료조언】 ① 해양수산부장관은 대한민국 주변을 항해 중인 선박(외국국적 선박을 포함한다)의 선장이 부상을 당하거나 질병에 걸린 선원(이하 "상병선원"이라 한다)에 대한 의료조언을 요청할 경우에는 무선 또는 위성통신으로 의료조언을 무료로 제공하여야 한다.
② 해양수산부장관은 제1항에 따른 의료조언을 제공하기 위하여 「응급의료에 관한 법률」 제27조에 따라 응급의료정보센터를 설치·운영하는 보건복지부장관에게 협조를 요청하여야 하고, 보건복지부장관은 특별한 사유가 없으면 협조하여야 한다.
(2013.3.23 본조개정)
제89조【외국인 선원에 대한 진료 등】 해양수산부장관은 국내 항에 입항한 선박의 외국인 상병선원이 진료받기를 요청할 때에는 필요한 조치를 하여야 한다.
(2013.3.23 본조개정)

제9장 소년선원과 여성선원

제90조【미성년자의 능력】 ① 미성년자가 선원이 되려면 법정대리인의 동의를 받아야 한다.
② 제1항에 따라 법정대리인의 동의를 받은 미성년자는 선원근로계약에 관하여 성년자와 같은 능력을 가진다.
제91조【사용제한】 ① 선박소유자는 16세 미만인 사람을 선원으로 사용하지 못한다. 다만, 그 가족만 승무하는 선박의 경우에는 그러하지 아니하다.
② 선박소유자는 18세 미만인 사람을 선원으로 사용하려면 해양수산부령으로 정하는 바에 따라 해양항만관청의 승인을 받아야 한다.(2013.3.23 본항개정)
③ 선박소유자는 18세 미만의 선원을 해양수산부령으로 정하는 위험한 선내 작업과 위생상 해로운 작업에 종사시켜서는 아니 된다.(2013.3.23 본항개정)
④ 선박소유자는 여성선원을 해양수산부령으로 정하는 임신·출산에 해롭거나 위험한 작업에 종사시켜서는 아니 된다.(2013.3.23 본항개정)
⑤ 선박소유자는 임신 중인 여성선원을 선내 작업에 종사시켜서는 아니 된다. 다만, 다음 각 호의 어느 하나에 해당하는 경우에는 그러하지 아니하다.
1. 해양수산부령으로 정하는 범위의 항해에 대하여 임신 중인 여성선원이 선내 작업을 신청하고, 임신이나 출산에 해롭거나 위험하지 아니하다고 의사가 인정한 경우
(2013.3.23 본호개정)
2. 임신 중인 사실을 항해 중 알게 된 경우로서 해당 선박의 안전을 위하여 필요한 작업에 종사하는 경우
⑥ 선박소유자는 산후 1년이 지나지 아니한 여성선원을 해양수산부령으로 정하는 위험한 선내 작업과 위생상 해로운 작업에 종사시켜서는 아니 된다.(2013.3.23 본항개정)
⑦ 가족만 승무하는 선박의 경우에는 제4항부터 제6항까지의 규정을 적용하지 아니한다.
제92조【야간작업의 금지】 ① 선박소유자는 18세 미만의 선원을 자정부터 오전 5시까지를 포함하는 최소 9시간 동안은 작업에 종사시키지 못한다. 다만, 가벼운 일로서 그 선원의 동의와 해양수산부장관의 승인을 받은 경우에는 그러하지 아니하다.(2013.3.23 단서개정)
② 제60조제6항에 따른 작업에 종사시키는 경우나 가족만 승무하는 선박에 대하여는 제1항 본문을 적용하지 아니한다.
제93조【생리휴식】 선박소유자는 여성선원이 청구하면 월 1일의 생리휴식을 주어야 한다.(2021.6.15 본조개정)

제10장 재해보상

제94조【요양보상】 ① 선박소유자는 선원이 직무상 부상을 당하거나 질병에 걸린 경우에는 그 부상이나 질병이 치유될 때까지 선박소유자의 비용으로 요양을 시키거나 요양에 필요한 비용을 지급하여야 한다.
② 선박소유자는 선원이 승무(기항지에서의 상륙기간, 승선·하선에 수반되는 여행기간을 포함한다. 이하 이 장에서 같다) 중 직무 외의 원인에 의하여 부상이나 질병이 발생한 경우 다음 각 호에 따라 요양에 필요한 3개월 범위의 비용을 지급하여야 한다.
1. 선원이 「국민건강보험법」에 따른 요양급여의 대상이 되는 부상을 당하거나 질병에 걸린 경우에는 같은 법 제44조에 따라 요양을 받는 선원의 본인 부담액에 해당하는 비용을 지급하여야 하고, 같은 법에 따른 요양급여의 대상이 되지 아니하는 부상을 당하거나 질병에 걸린 경우에는 그 선원의 요양에 필요한 비용을 지급하여야 한다.
(2011.12.31 본호개정)

2. 국제항해에 종사하는 선박에 승무하는 선원이 부상이나 질병에 걸려서 승무 중 치료받는 경우에는 제1호에도 불구하고 그 선원의 요양에 필요한 비용을 지급하여야 한다.
③ 선박소유자는 제2항에도 불구하고 선원의 고의에 의한 부상이나 질병에 대하여는 선원노동위원회의 인정을 받아 제2항에 따라 부담하는 비용을 부담하지 아니할 수 있다.
제95조【요양의 범위】 제94조에 따른 요양의 범위는 다음과 같다.
1. 진찰
2. 약제나 치료재료와 의지(義肢) 및 그 밖의 보철구 지급
3. 수술 및 그 밖의 치료
4. 병원, 진료소 및 그 밖에 치료에 필요한 자택 외의 장소에 수용(식사 제공을 포함한다)
5. 간병(看病)
6. 이송
7. 통원치료에 필요한 교통비
제96조【상병보상】 ① 선박소유자는 제94조제1항에 따라 요양 중인 선원에게 4개월의 범위에서 그 부상이나 질병이 치유될 때까지 매월 1회 통상임금에 상당하는 금액의 상병보상(傷病補償)을 하여야 하며, 4개월이 지나도 치유되지 아니하는 경우에는 치유될 때까지 매월 1회 통상임금의 100분의 70에 상당하는 금액의 상병보상을 하여야 한다.
② 선박소유자는 제94조제2항에 따라 요양 중인 선원에게 요양기간(3개월의 범위로 한정한다) 중 매월 1회 통상임금의 100분의 70에 상당하는 금액의 상병보상을 하여야 한다.
③ 제1항 및 제2항에 따른 상병보상 지급액이 제59조에 따른 선원 최저임금액보다 적으면 선원 최저임금액을 상병보상의 지급액으로 한다.(2021.6.15 본항신설)
제97조【장해보상】 선원이 직무상 부상이나 질병이 치유된 후에도 신체에 장해가 남는 경우에는 선박소유자는 지체 없이 「산업재해보상보험법」에서 정하는 장해등급에 따른 일수에 승선평균임금을 곱한 금액의 장해보상을 하여야 한다.
제98조【일시보상】 선박소유자는 제94조제1항 및 제96조제1항에 따라 보상을 받고 있는 선원이 2년이 지나도 그 부상이나 질병이 치유되지 아니하는 경우에는 「산업재해보상보험법」에 따른 제1급의 장해보상에 상당하는 금액을 선원에게 한꺼번에 지급함으로써 제94조제1항, 제96조제1항 또는 제97조에 따른 보상책임을 면할 수 있다.
제99조【유족보상】 ① 선박소유자는 선원이 직무상 사망(직무상 부상 또는 질병으로 인한 요양 중의 사망을 포함한다)하였을 때에는 지체 없이 대통령령으로 정하는 유족에게 승선평균임금의 1천300일분에 상당하는 금액의 유족보상을 하여야 한다.
② 선박소유자는 선원이 승무 중 직무 외의 원인으로 사망(제94조제2항에 따른 요양 중의 사망을 포함한다)하였을 때에는 지체 없이 대통령령으로 정하는 유족에게 승선평균임금의 1천일분에 상당하는 금액의 유족보상을 하여야 한다. 다만, 사망 원인이 선원의 고의에 의한 경우로서 선박소유자가 선원노동위원회의 인정을 받은 경우에는 그러하지 아니하다.
제100조【장제비】 ① 선박소유자는 선원이 사망하였을 때에는 지체 없이 대통령령으로 정하는 유족에게 승선평균임금의 120일분에 상당하는 금액을 장제비(葬祭費)로 지급하여야 한다.
② 제1항에 따른 장제비를 지급하여야 할 유족이 없는 경우에는 실제로 장제를 한 자에게 장제비를 지급하여야 한다.
제101조【행방불명보상】 ① 선박소유자는 선원이 해상에서 행방불명된 경우에는 대통령령으로 정하는 피부양자에게 1개월분의 통상임금과 승선평균임금의 3개월분에 상당하는 금액의 행방불명보상을 하여야 한다.
② 선원의 행방불명기간이 1개월을 지났을 때에는 제99조 및 제100조를 적용한다.
제102조【소지품 유실보상】 선박소유자는 선원이 승선하고 있는 동안 해양사고로 소지품을 잃어버린 경우에는 통상임금의 2개월분의 범위에서 그 잃어버린 소지품의 가액(價額)에 상당하는 금액을 보상하여야 한다.
제103조【다른 급여와의 관계】 ① 제94조부터 제102조까지의 규정에 따라 요양비용, 보상 또는 장제비의 지급(이하 "재해보상"이라 한다)을 받을 권리가 있는 자가 그 재해보상을 받을 수 있는 같은 사유로 「민법」이나 그 밖의 법령에 따라 이 법에 따른 재해보상에 상당하는 급여를 받았을 때에는 선박소유자는 그 가액의 범위에서 이 법에 따른 재해보상의 책임을 면한다.
② 선박소유자는 재해보상을 하는 경우 선원의 직무상 부상 또는 질병으로 인하여 「민법」이나 그 밖의 법령에 따라 선원이 가지는 권리 또는 이익을 침해해서는 아니 된다.(2016.12.27 본항신설)
제103조의2【재해보상 지급의 제한】 ① 제99조에 따른 유족보상 또는 제101조에 따른 행방불명보상을 받을 수 있는 사람 중 선원에 대하여 양육책임이 있었던 사람이 이를 이행하지 아니하였던 경우에는 양육책임 이행과 관련한 해양항만관청의 심의를 거쳐 양육책임을 이행하지 아니한 기간, 정도 등을 고려하여 대통령령으로 정하는 바에 따라 해당 보상금의 전부 또는 일부를 지급하지 아니할 수 있다.
② 선박소유자는 제1항에 따른 재해보상 지급의 제한 사유에 해당하는 경우에는 해양항만관청에 양육책임 이행과 관련한 심의를 청구하여야 한다.
③ 선박소유자는 제1항에 따라 보상금의 전부 또는 일부를 지급하지 아니하기로 결정하면 지체 없이 이를 재해보상을 청구한 자에게 알려야 한다.
(2024.1.23 본조신설)
제104조【해양항만관청의 심사·조정】 ① 선원의 직무상 부상·질병 또는 사망의 인정, 요양의 방법, 재해보상금액의 결정 및 그 밖에 재해보상에 관하여 이의가 있는 자는 해양항만관청에 심사나 조정을 청구할 수 있다.
② 해양항만관청은 제1항에 따른 심사 또는 조정의 청구를 받으면 1개월 이내에 심사나 조정을 하여야 한다.
③ 해양항만관청은 제1항에 따른 심사 또는 조정의 청구가 없어도 필요하다고 인정하면 직권으로 심사 또는 조정을 할 수 있다.
④ 해양항만관청이 제2항 및 제3항에 따라 심사나 조정을 할 경우에는 선장이나 그 밖의 이해관계인의 의견을 들어야 한다.
⑤ 해양항만관청은 제2항 및 제3항에 따라 심사나 조정을 할 경우 필요하다고 인정하면 의사에게 진단이나 검안(檢案)을 시킬 수 있다.
⑥ 제1항에 따른 심사나 조정의 청구는 시효의 중단에 관하여 재판상의 청구로 본다.
제105조【선원노동위원회의 심사와 중재】 ① 해양항만관청이 제104조제2항에 따른 기간에 심사나 조정을 하지 아니하거나 심사나 조정의 결과에 이의가 있는 자는 선원노동위원회에 심사나 중재를 청구할 수 있다.
② 선원노동위원회는 제1항에 따라 심사나 중재의 청구를 받으면 1개월 이내에 심사나 중재를 하여야 한다.
제106조【재해보상보험 등의 가입 등】 ① 선박소유자는 해당 선박에 승무하는 모든 선원에 대하여 재해보상을 완전히 이행할 수 있도록 대통령령으로 정하는 보험 또는 공제(이하 "재해보상보험등"이라 한다)에 가입하여야 한다.
② 선박소유자는 재해보상보험등에 가입할 경우 보험가입 금액은 승선평균임금 이상으로 하여야 한다.
③ 재해보상보험등에 가입하는 선박소유자는 선원이 재해보상보험등을 운영하는 사업자(이하 "재해보험사업자등"이라 한다)에게 보험금을 직접 청구할 수 있도록 선원을 피보험자로 지정하여야 한다.(2016.12.27 본항신설)
④ 재해보험사업자등은 선원·유족 또는 지정대리인이 재해보상을 청구하는 경우에는 「민법」 제469조에도 불구하고 선박소유자를 대신하여 대통령령으로 정하는 기간 내에 재해보상을 하여야 한다.(2016.12.27 본항신설)
⑤ 제2항부터 제4항까지에서 규정한 사항 외에 재해보상의 청구와 지급에 필요한 사항은 대통령령으로 정한다.(2016.12.27 본항신설)
(2016.12.27 본조개정)
제106조의2【재해보상보험등의 해지 제한 등】 ① 재해보험사업자등은 법률 또는 보험계약에 따라 재해보상보험등의 계약기간이 끝나기 전에 보험계약을 해지하려는 경우에는 해양수산부장관에게 재해보상보험등의 해지예정일의 30일 전까지 계약이 해지된다는 사실을 통지하지 아니하면 해당 재해보상보험등을 해지할 수 없다.
② 재해보험사업자등은 선박소유자가 다음 각 호의 어느 하나에 해당하면 그 사실을 해양수산부령으로 정하는 기간 내에 해양수산부장관에게 알려야 한다.
1. 자기와 재해보상보험등의 계약을 체결한 경우
2. 자기와 재해보상보험등의 계약을 체결한 후 계약기간이 끝나기 전에 제1항의 사전통지절차를 거친 후 그 계약을 해지한 경우
3. 자기와 재해보상보험등의 계약을 체결한 자가 그 계약기간이 끝난 후 자기와 다시 계약을 체결하지 아니한 경우
③ 해양수산부장관은 제1항 또는 제2항에 따른 통지를 받으면 그 사실을 지체 없이 해당 재해보상보험등의 피보험자인 선원에게 알려야 한다.
(2016.12.27 본조신설)

제11장 복지와 직업안정 및 교육훈련

제107조【선원정책기본계획의 수립 등】 ① 해양수산부장관은 선원정책의 효율적·체계적 추진을 위하여 제5항에 따른 선원정책위원회의 심의를 거쳐 5년마다 선원정책에 관한 기본계획(이하 "선원정책기본계획"이라 한다)을 수립·시행하여야 한다.(2019.1.15 본항개정)
② 선원정책기본계획에는 다음 각 호의 사항이 포함되어야 한다.
1. 선원복지에 관한 사항
가. 선원복지 수요의 측정과 전망
나. 선원복지시설에 대한 장기·단기 공급대책
다. 인력·조직과 재정 등 선원복지자원의 조달, 관리 및 지원
라. 선원의 직업안정 및 직업재활
마. 복지와 관련된 통계의 수집과 정리
바. 선원복지시설 설치 항구의 선정
사. 선내 식품영양의 향상
아. 선원복지와 사회복지서비스 및 보건의료서비스의 연계
자. 선원의 건강증진에 관한 사항(2018.12.11 본목신설)
차. 그 밖에 해양수산부장관이 선원 복지를 위하여 필요하다고 인정하는 사항
2. 선원인력 수급에 관한 사항
가. 선원인력의 수요 전망 및 양성
나. 선원의 구직·구인 및 직업소개 기관의 운영
다. 외국인 선원의 고용
라. 그 밖에 해양수산부장관이 선원인력의 수급관리에 필요하다고 인정하는 사항
3. 선원인력의 교육훈련에 관한 사항
가. 선원 교육훈련의 중장기 목표
나. 선원 교육훈련의 장기·중기·단기 추진계획
다. 선원 교육훈련 기관 및 운영방식
라. 선원의 노동권 및 인권 보호에 관한 교육에 관한 사항(교육기관의 운영, 인력의 양성 및 관련 프로그램의 연구·개발 지원 등을 포함한다)(2022.1.4 본목신설)
마. 그 밖에 해양수산부장관이 선원의 교육훈련을 위하여 필요하다고 인정하는 사항
③ 해양수산부장관은 선원정책기본계획에 따라 매년 선원정책에 관한 시행계획(이하 "시행계획"이라 한다)을 수립·시행하고 이에 필요한 재원을 확보하기 위하여 노력하여야 한다.(2019.1.15 본항신설)
④ 해양수산부장관은 제1항 및 제3항에 따라 선원정책기본계획 및 시행계획을 수립한 때에는 국회 소관 상임위원회에 제출하고 해양수산부령으로 정하는 바에 따라 공표하여야 한다.(2019.1.15 본항신설)
⑤ 선원에 관한 다음 각 호의 사항을 심의하기 위하여 해양수산부에 선원정책위원회를 둔다.
1. 선원정책기본계획의 수립·변경에 관한 사항
2. 선원정책의 성과평가 및 개선에 관한 사항
3. 국제기구 등으로부터 요청된 선원정책에 관한 사항
4. 그 밖에 선원복지·선원인력의 수급 및 교육훈련에 관한 사항으로서 해양수산부장관이 필요하다고 인정하는 사항
⑥ 선원정책위원회는 위원장 1명을 포함한 20명 이내의 위원으로 구성하되, 위원장은 해양수산부장관이 된다. 이 경우 위원 중 3분의 1 이상은 선원 관련 단체의 대표자나 전문가로 한다.
⑦ 그 밖에 선원정책위원회의 구성·운영 등에 필요한 사항은 대통령령으로 정한다.
(2015.1.6 본조개정)
제108조【선원의 직업안정업무】 ① 해양수산부장관은 필요한 선원인력을 확보하고 선원의 직업안정을 도모하기 위하여 다음 각 호의 업무를 수행한다.(2013.3.23 본문개정)
1. 선원의 효과적인 취업 알선·모집 및 지원에 관한 업무
2. 선원인력 수요·공급의 실태 파악을 위한 선원의 등록과 실업 대책에 관한 업무
3. 제112조에 따른 선원관리사업에 대한 지도·감독에 관한 업무
4. 선원의 적성검사에 관한 업무
② 해양수산부장관은 국제노동기구 등 관련 국제기구·단체 및 그 회원국과의 협력과 관련된 업무로서 해양수산부령으로 정하는 업무를 수행한다.(2013.3.23 본항개정)
제109조【선원의 구직 및 구인등록】 ① 선박에 승무하려는 사람은 해양수산부장관이 정하는 바에 따라 제142조에 따른 한국선원복지고용센터 또는 구직·구인 관계 기관으로서 대통령령으로 정하는 기관(이하 "구직·구인등록기관"이라 한다)에 구직등록을 하여야 한다.
(2013.3.23 본항개정)
② 선원을 고용하려는 자는 구직·구인등록기관에 해양수산부장관이 정하는 바에 따라 구인등록을 하여야 한다.
(2013.3.23 본항개정)
③ 구직·구인등록기관은 선원의 직업소개사업을 할 때에는 선박소유자 단체나 제112조에 따른 선원관리사업을 운영하는 자의 단체에 협조를 요청할 수 있다.
제110조【선원공급사업의 금지】 구직·구인등록기관, 제112조제3항에 따른 선원관리사업자, 해양수산부령으로 정하는 해양수산 관련 단체 또는 기관 외에는 선원의 직업소개사업을 할 수 없다.(2013.3.23 본조개정)
제111조【금품 등의 수령 금지】 선원을 고용하려는 자, 선원의 직업소개·모집·채용·관리에 종사하는 자 또는 그 밖에 선원의 노무·인사 관리업무에 종사하는 자는 어떠한 명목으로든 선원 또는 선원이 되려는 사람으로부터 그 직업소개·모집·채용 등과 관련하여 금품이나 그 밖의 이익을 받아서는 아니 된다.
제112조【선원관리사업】 ① 해양수산부장관은 선원관리사업제도를 수립 또는 변경하려면 관련 선박소유자 단체 및 선원 단체와 협의하여야 한다.(2013.3.23 본항개정)
② 「해운법」 제33조에 따라 선박관리업을 등록한 자가 아니면 선원의 인력관리업무를 수탁(受託)하여 대행하는 사업(이하 "선원관리사업"이라 한다)을 하지 못한다.
③ 선원관리사업을 운영하는 자(이하 "선원관리사업자"라 한다)는 선박소유자의 인력관리업무 담당자로서 수탁한 업무를 성실하게 수행하여야 하며, 수탁한 업무 중 대통령령으로 정하는 업무에 관하여는 이 법을 적용할 때 선박소유자로 본다.

④ 선원관리사업자는 선원관리업무를 위탁받거나 그 내용에 변경이 있을 때에는 해양항만관청에 신고하여야 한다.
⑤ 해양항만관청은 제4항에 따른 신고를 받은 경우 그 내용을 검토하여 이 법에 적합하면 신고를 수리하여야 한다.(2021.6.15 본항신설)
⑥ 선원관리사업자는 수탁한 업무의 내용을 선원근로계약을 체결하기 전에 승무하려는 선원에게 알려주어야 한다.
⑦ 선원관리사업자는 선박소유자(외국인을 포함한다)로부터 선원의 인력관리업무를 수탁한 경우에는 다음 각 호의 사항을 그 업무에 포함시켜야 한다.
1. 근로조건에 관한 사항
2. 재해보상에 관한 사항
⑧「국민건강보험법」,「국민연금법」및「고용보험법」에 따른 보험료 또는 부담금의 의무에 관하여는 선원관리사업자를 사용자로 본다.
⑨ 선원관리사업자는 선원의 권익보호를 위하여 선원관리사업을 수행할 때 다음 각 호의 사항을 준수하여야 한다.
1. 선원 인력관리 수탁 계약서에 따라 선주로부터 선원관리사업자가 지급받아 선원에게 지급하기로 한 임금, 퇴직금, 유급휴가급 및 재해보상비 등의 지급 시기 및 금액
2. 16세 미만인 사람을 계약상대자가 고용할 선원으로 알선하는 행위의 금지
(2021.6.15 본항신설)
⑩ 해양수산부장관은 선원관리사업자가 제9항 각 호의 사항을 준수하였는지 여부를 점검하기 위하여 선원관리사업자, 그 밖의 관계인에 대하여 출석, 서류의 제출을 요구할 수 있으며 소속 공무원으로 하여금 사업장에 출입하여 실태를 조사하게 할 수 있다.(2021.6.15 본항신설)
⑪ 해양수산부장관은 제10항에 따른 점검 결과 선원관리사업자가 제9항제1호의 사항을 위반한 때에는 시정명령을 할 수 있다.(2021.6.15 본항신설)
제113조【국제협약의 준수 등】 ① 구직·구인등록기관, 선원관리사업자 또는 해양수산부장관의 허가를 받아 공적 업무를 수행하는 해양수산 관련 단체나 기관은 선원의 노동권을 보호하고 증진하는 방식으로 선원의 직업소개사업을 운영하여야 하고, 선원의 직업소개와 관련하여 이 법,「해운법」및 해사노동협약으로 정하는 사항을 준수하여야 한다.
② 선박소유자는 해사노동협약이 적용되지 아니하는 국가의 선원직업소개소를 통하여 선원을 고용하려는 경우에는 해양수산부령으로 정하는 바에 따라 해사노동협약의 기준을 충족하는지를 확인한 후 해사노동협약의 기준을 충족하는 선원직업소개소로부터 소개받은 선원을 고용하여야 한다.
(2013.3.23 본조개정)
제114조【불만 제기와 조사】 해양수산부장관은 구직·구인등록기관, 선원관리사업자, 해양수산부령으로 정하는 해양수산 관련 단체 또는 기관의 직업소개 활동과 관련하여 선원으로부터 불만이 제기되면 이를 즉시 조사하여야 하고 필요한 경우에는 해당 선박소유자와 선원대표를 조사에 참여시킬 수 있다.(2013.3.23 본조개정)
제115조【선원인력수급관리】 ① 해양수산부장관은 선원의 자질향상 및 선원인력 수급(需給)의 균형을 도모할 수 있도록 선원인력 수급관리에 관한 제도(이하 "선원인력수급관리제도"라 한다)를 마련할 수 있다.(2013.3.23 본항개정)
② 해양수산부장관은 선원인력의 수급이 균형을 잃어 수급의 조정(調整)이 불가피하다고 인정하는 경우에는 제107조제5항에 따른 선원정책위원회의 심의를 거쳐 선원 인력 공급의 우선순위를 정하는 등 필요한 조치를 할 수 있다.(2019.1.15 본항개정)
③ 선원인력수급관리제도를 시행하기 위하여 필요한 사항은 대통령령으로 정한다.
제116조【선원 등의 교육훈련】 ① 선원과 선원이 되려는 사람은 대통령령으로 정하는 바에 따라 해양수산부장관이 시행하는 교육훈련을 받아야 한다.
② 해양수산부장관은 제1항에 따른 교육훈련을 이수하지 아니한 선원에 대하여는 특별한 사유가 없으면 승무를 제한하여야 한다.(2015.1.6 본항개정)
③ 선원, 선원이 되려는 사람, 선박소유자 및 선원관리사업자의 사업장에서 선원과 관련된 노무·인사 업무를 담당하는 자는 선원의 노동권 및 인권 보호에 관한 교육을 받아야 한다.(2022.1.4 본항신설)
④ 제3항에 따른 교육의 내용, 시기 및 절차 등 그 밖에 필요한 사항은 해양수산부령으로 정한다.(2022.1.4 본항신설)
(2022.1.4 본조제목개정)
(2013.3.23 본조개정)
제117조【선원의 교육훈련 위탁】 ① 해양수산부장관은 대통령령으로 정하는 바에 따라 제116조에 따른 교육훈련 업무를「한국해양수산연수원법」에 따라 설립된 한국해양수산연수원(이하 "한국해양수산연수원"이라 한다)이나 그 밖의 선원교육기관에 위탁할 수 있다.
② 선원을 고용하고 있는 선박소유자 또는 제116조에 따른 교육훈련을 받는 사람은 대통령령으로 정하는 바에 따라 교육훈련에 필요한 경비를 부담한다. 다만, 선박 승선을 위한 안전교육 등 해양수산부령으로 정하는 교육에 관하여는 그 경비의 일부를 감면받을 수 있다.
③ 제1항에 따라 해양수산부장관으로부터 교육훈련 업무를 위탁받은 자의 감독에 필요한 사항은 대통령령으로 정한다.
(2013.3.23 본조개정)
제118조【정부의 보조】 ① 해양수산부장관은 제117조제1항 및 제158조제1항에 따라 업무를 위탁받은 한국해양수산연수원 및 한국선원복지고용센터에 대통령령으로 정하는 바에 따라 필요한 경비를 보조하거나 국유재산 또는 항만시설을 무상으로 대부할 수 있다.
② 해양수산부장관은 선원의 복지 증진과 기술 향상을 위하여 필요하다고 인정하면 해당 사업을 수행하는 자에게 그 사업비를 보조하거나 국유재산 또는 항만시설을 무상으로 대부할 수 있다.
(2013.3.23 본조개정)

제12장 취업규칙

제119조【취업규칙의 작성 및 신고】 ① 선박소유자는 해양수산부령으로 정하는 바에 따라 다음 각 호의 사항이 포함된 취업규칙을 작성하여 해양항만관청에 신고하여야 한다. 취업규칙을 변경한 경우에도 또한 같다.
(2013.3.23 본문개정)
1. 임금의 결정·계산·지급 방법, 마감 및 지급시기와 승급에 관한 사항
2. 근로시간, 휴일, 선내 복무 및 승무정원에 관한 사항
3. 유급휴가 부여의 조건, 승선·하선 교대 및 여비에 관한 사항
4. 선내 급식과 선원의 후생·안전·의료 및 보건에 관한 사항
5. 퇴직에 관한 사항
6. 실업수당, 퇴직금, 재해보상, 재해보상보험 가입 등에 관한 사항
7. 인사관리, 상벌 및 징계에 관한 사항
8. 교육훈련에 관한 사항
9. 단체협약이 있는 경우 단체협약의 내용 중 선원의 근로조건에 해당되는 사항
10. 산전·산후 휴가, 육아휴직 등 여성선원의 모성 보호 및 직장과 가정생활의 양립 지원에 관한 사항
11. 선내 괴롭힘의 예방 및 발생 시 조치 등에 관한 사항
(2023.10.24 본호신설)
② 선박소유자는 제1항에 따라 취업규칙을 신고할 때에는「노동조합 및 노동관계조정법」제31조에 따른 단체협약(단체협약이 제출되어 있는 경우는 제외한다)의 내용을 적은 서류를 함께 제출하여야 한다.
제120조【취업규칙의 작성 절차】 ① 제119조제1항에 따라 취업규칙을 작성하거나 변경하려는 선박소유자는 그 취업규칙이 적용되는 선박소유자가 사용하는 선원의 과반수로써 조직되는 노동조합이 있는 경우에는 그 노동조합의 의견을 들어야 하며, 선원의 과반수로써 조직되는 노동조합이 없는 경우에는 선원 과반수의 의견을 들어야 한다. 다만, 취업규칙을 선원에게 불리하게 변경하는 경우에는 그 동의를 받아야 한다.
② 제119조제1항에 따라 취업규칙을 신고할 때에는 제1항에 따른 의견 또는 동의의 내용을 적은 서류를 붙여야 한다.
제120조의2【제재 규정의 제한】 취업규칙에서 선원에 대하여 감급(減給)의 제재를 정할 경우에 그 감액은 1회의 금액이 승선평균임금의 1일분의 2분의 1을, 총액이 1임금지급기의 임금 총액의 10분의 1을 초과하지 못한다.
(2019.1.15 본조신설)
제121조【취업규칙의 감독】 해양항만관청은 법령이나 단체협약을 위반한 취업규칙에 대하여는 그 변경을 명할 수 있다.
제122조【취업규칙의 효력】 취업규칙에서 정한 기준에 미치지 못하는 근로조건을 정한 선원근로계약은 그 부분만 무효로 한다. 이 경우 그 무효 부분은 취업규칙에서 정한 기준에 따른다.

제13장 감독 등

제123조【선원의 근로기준 등에 대한 검사】 ① 해양수산부장관은 선원의 근로기준 및 생활기준이 이 법이나 관계 법령에서 정하는 기준에 맞는지를 확인하기 위하여 3년마다 선박과 그 밖의 사업장에 대하여 검사를 하여야 한다. 다만, 해양수산부장관은 제136조제1항에 따라 해사노동적합증서 등을 선내에 갖추어 둔 선박에 대하여는 검사를 면제할 수 있다.(2013.3.23 본항개정)
②「어선법」에 따른 어선에 대하여는 대통령령으로 정하는 바에 따라 제1항에 따른 검사주기를 늘릴 수 있다.
제124조【행정처분】 ① 해양수산부장관은 선박소유자나 선원이 이 법,「근로기준법」(제5조제1항에 따라 선원의 근로관계에 관하여 적용하는 부분만 해당한다. 이하 같다) 또는 이 법에 따른 명령을 위반하였을 때에는 그 선박소유자나 선원에 대하여 시정에 필요한 조치를 명할 수 있다.
② 해양수산부장관은 선박소유자나 선원이 제1항에 따른 명령에 따르지 아니하는 경우로서 항해를 계속하는 것이 해당 선박과 승선자에게 현저한 위험을 불러일으킬 우려가 있는 경우 그 선박의 항해정지를 명하거나 항해를 정지시킬 수 있다. 이 경우 선박이 항해 중일 때에는 해양수산부장관은 그 선박이 입항하여야 할 항구를 지정하여야 한다.
③ 해양수산부장관은 제2항에 따라 처분을 한 선박에 대하여 그 처분을 계속할 필요가 없다고 인정하면 지체 없이 그 처분을 취소하여야 한다.
④ 해양수산부장관은 제64조제4항에 따른 구명정 조정사 또는 제85조제3항에 따른 의료관리자가 그 자격증을 다른 사람에게 대여한 경우 그 자격을 취소할 수 있다.
(2020.2.18 본항신설)
(2013.3.23 본조개정)
제125조【선원근로감독관】 ① 제123조에 따른 검사와 선원의 근로감독을 위하여 해양수산부에 선원근로감독관을 둔다.(2013.3.23 본항개정)
② 선원근로감독관의 자격·임면 및 직무 등에 필요한 사항은 대통령령으로 정한다.
제126조【선원근로감독관의 권한】 ① 선원근로감독관은 이 법에 따른 선원근로감독을 위하여 선박소유자, 선원 또는 그 밖의 관계인에게 출석을 요구하거나 장부나 서류의 제출을 명할 수 있으며, 선박이나 그 밖의 사업장을 출입하여 검사하거나 질문할 수 있다.
② 제1항에 따라 출입·검사를 하는 경우에는 검사 개시 7일 전까지 검사 일시, 검사 이유 및 검사 내용 등에 대한 검사계획을 조사대상자에게 알려야 한다. 다만, 긴급히 검사하여야 하거나 사전에 통지하면 증거인멸 등으로 검사 목적을 달성할 수 없다고 인정하는 경우에는 그러하지 아니할 수 있다.
③ 제1항에 따라 출입·검사를 하는 선원근로감독관은 그 권한을 표시하는 증표를 지니고 이를 관계인에게 보여주어야 하며, 출입 시 성명·출입 시간·출입 목적 등이 표시된 문서를 관계인에게 내주어야 한다.
④ 선원근로감독관은 승무를 금지하여야 할 질병에 걸렸다고 인정하는 선원의 진찰을 의사에게 위촉할 수 있다.
⑤ 제4항에 따라 위촉받은 의사는 해양수산부장관의 진찰명령서를 선원에게 보여주어야 한다.(2013.3.23 본항개정)
제127조【사법경찰권】 ① 선원근로감독관은「사법경찰관리의 직무를 수행할 자와 그 직무범위에 관한 법률」에서 정하는 바에 따라 사법경찰관의 직무를 수행한다.
② 이 법,「근로기준법」및 그 밖의 선원근로관계 법령에 따른 서류의 제출, 심문이나 신문(訊問) 등 수사는 오로지 검사(檢事)와 선원근로감독관이 수행한다. 다만, 선원근로감독관의 직무에 관한 범죄의 수사에 대하여는 그러하지 아니하다.
제128조【비밀유지 의무 등】 ① 선원근로감독관이거나 선원근로감독관이었던 사람은 직무상 알게 된 비밀을 누설하여서는 아니 된다.
② 선원근로감독관은 직무를 공정하고 독립적으로 수행하여야 한다.
③ 선원근로감독관은 선원근로감독과 관련하여 직접적 또는 간접적인 이해관계가 있는 업무를 수행하여서는 아니 된다.
제129조【감독기관 등에 대한 신고 등】 ① 선원은 선박소유자나 선장이 이 법,「근로기준법」또는 이 법에 따른 명령을 위반한 사실이 있다고 판단하는 경우에는 선박소유자나 선장에게 그 불만을 제기하거나, 대통령령으로 정하는 바에 따라 해양항만관청, 선원근로감독관 또는 선원노동위원회에 그 사실을 신고할 수 있다.
② 선박소유자는 선원이 제1항에 따라 불만을 제기하거나 신고한 것을 이유로 그 선원과의 선원근로계약을 해지하거나 불리한 처우를 하여서는 아니 된다.
③ 제1항에 따라 신고된 사항에 대한 처리 절차는 해양수산부령으로 정한다.(2013.3.23 본항개정)
④ 선박소유자는 제1항에 따라 제기되는 선원의 불만사항을 처리하기 위하여 다음 각 호의 사항을 포함한 선내 불만 처리절차를 마련하여 선박 내의 보기 쉬운 곳에 게시하여야 한다.(2017.11.28 본문개정)
1. 선원의 선내 불만 제기 방법
2. 선내 불만 처리절차도
3. 선내 고충처리 담당자
4. 제3호에 따른 선내 고충처리 담당자의 임무와 권한에 관한 사항
5. 해양항만관청, 선원노동위원회 등 선원의 근로·인권 관련 기관의 담당자 연락처
(2017.11.28 1호~5호신설)
⑤ 외국인 선원이 승선하는 선박의 선박소유자는 제4항에 따른 선내 불만 처리절차를 승선하는 모든 외국인 선원의 국적국 언어 또는 영어로 작성하여 함께 게시하여야 한다.(2017.11.28 본항신설)
제129조의2【선원실습 운영 지도 및 점검 등】 ① 해양수산부장관은 제61조의2에 따른 실습시간 및 휴식시간 준수 등과「선박직원법」제21조의2에 따른 현장승선실습계약의 체결 등 선원실습 운영에 대하여 선박소유자에게 필요한 경우 보고 또는 자료의 제출을 하게 하거나 관계 공무원으로 하여금 현장조사를 실시하게 하는 등의 지도·점검을 할 수 있다.
② 해양수산부장관은 제1항에 따른 현장조사를 하는 경우에는 현장조사를 받는 자에게 미리 조사 일시, 조사 내용 등 필요한 사항을 알려야 한다. 다만, 긴급하거나 미리 알릴 경우 그 목적을 달성할 수 없다고 인정되는 경우에는 그러하지 아니하다.

③ 제1항 및 제2항에 따라 현장조사를 하는 사람은 그 권한을 표시하는 증표를 지니고 이를 관계인에게 내보여야 한다.
(2020.2.18 본조신설)
제130조【해양항만관청의 주선】 해양항만관청은 선박소유자와 선원 간에 생긴 근로관계에 관한 분쟁(「노동조합 및 노동관계조정법」 제2조제5호에 따른 노동쟁의는 제외한다)의 해결을 주선할 수 있다.
제131조【외국에서의 행정관청의 업무】 이 법에 따라 해양항만관청이 수행할 사무는 외국에서는 대통령령으로 정하는 바에 따라 대한민국 영사가 수행한다.
제132조【외국선박에 대한 점검】 ① 해양수산부장관은 소속 공무원에게 국내 항(정박지를 포함한다. 이하 같다)에 있는 외국선박에 대하여 다음 각 호의 사항을 점검하게 할 수 있다.(2013.3.23 본문개정)
1. 기국에서 발급한 승무정원증명서와 그 증명서에 따른 선원의 승선 여부
2. 선원당직국제협약의 항해당직 기준에 따른 항해당직의 시행 여부
3. 선원당직국제협약에 따른 유효한 선원자격증명서나 그 면제증명서의 소지 여부
4. 해사노동협약에 따른 해사노동적합증서 및 해사노동적합선언서의 소지 여부
5. 해사노동협약에 따른 선원의 근로기준 및 생활기준의 준수 여부
② 해양수산부장관은 제1항에 따라 점검을 할 경우 소속 공무원으로 하여금 그 선박에 출입하여 장부·서류 및 그 밖의 물건을 점검하고, 해당 선원에게 질문하거나 선원의 근로기준 및 생활기준 등에 대하여 직접 확인하게 할 수 있다.(2013.3.23 본항개정)
③ 제1항제1호부터 제3호까지의 규정에 해당하는 사항에 대한 점검은 「선박안전법」 제68조에 따른다.
제133조【외국선박의 점검 절차 등】 ① 제132조제1항제4호 및 제5호에 따른 외국선박의 점검 절차는 다음 각 호와 같다.
1. 기본항목의 점검
가. 해사노동협약에 따른 해사노동적합증서와 해사노동적합선언서의 적절성과 유효성 확인
나. 선원의 근로기준 및 생활기준이 해사노동협약의 기준에 맞는지 여부
다. 선박이 해사노동협약의 준수를 회피할 목적으로 국적을 변경하였는지 여부
라. 선원의 불만 신고가 있었는지 여부
2. 제1호에 따른 기본항목의 점검 결과 다음 각 목의 어느 하나에 해당하는 경우 상세점검의 시행. 이 경우 담당 공무원은 선장에게 상세점검을 한다는 사실을 알려야 한다.
가. 선원의 안전, 건강이나 보안에 명백히 위해를 끼칠 수 있는 사실이 발견된 경우
나. 점검결과 해사노동협약의 기준을 현저하게 위반하였다고 믿을만한 근거가 있는 경우
② 제1항제2호에 따른 상세점검 범위에 관하여는 대통령령으로 정한다. 다만, 제1항제1호라목에 따라 불만사항이 신고되었을 때의 점검범위는 해당 신고사항으로 한정한다.
③ 해양수산부장관은 제1항제2호에 따른 상세점검 결과 선원의 근로기준 및 생활기준이 해사노동협약의 기준에 맞지 아니한 것으로 밝혀진 경우에는 기국에 통보하는 등 대통령령으로 정하는 조치를 하여야 한다.(2013.3.23 본항개정)
④ 제1항제2호에 따른 상세점검 결과 그 선박이 다음 각 호의 어느 하나에 해당할 경우에는 그 선박의 출항정지를 명하거나 출항을 정지시킬 수 있다.
1. 선원의 안전, 건강 및 보안에 명백히 위해가 되는 경우
2. 해사노동협약의 기준을 현저하게 위반하거나 반복적으로 위반하는 경우
⑤ 해양수산부장관은 제4항에 따른 처분을 한 경우에는 기국에 통보하는 등 대통령령으로 정하는 조치를 하여야 한다.(2013.3.23 본항개정)
⑥ 제4항에 따른 처분에 불복하는 자의 이의신청과 그 처리 절차에 관하여는 「선박안전법」 제68조제5항부터 제7항까지의 규정을 준용한다.
제134조【외국선박의 선원 불만 처리절차】 해양수산부장관은 국내 항에 정박 중이거나 계류 중인 외국선박이 해사노동협약의 기준을 위반하였다는 신고를 선원 등으로부터 받은 경우 제132조에 따라 점검을 시작하는 등 대통령령으로 정하는 조치를 하여야 한다.
(2013.3.23 본조개정)

제14장 해사노동적합증서와 해사노동적합선언서

제135조【적용범위】 다음 각 호의 어느 하나에 해당하는 선박(어선은 제외한다)에 대하여 이 장의 규정을 적용한다.
1. 총톤수 500톤 이상의 국제항해에 종사하는 항해선
2. 총톤수 500톤 이상의 항해선으로서 다른 나라 안의 항사이를 항해하는 선박
3. 제1호 및 제2호에 해당하는 선박 외의 선박소유자가 요청하는 선박
제136조【해사노동적합증서 등의 선내 비치 등】 ① 제135조에 해당하는 선박의 선박소유자는 제138조에 따라 발급받은 해사노동적합증서 및 해양수산부령으로 정하는 절차에 따라 승인받은 해사노동적합선언서를 선내에 갖추어 두어야 하며, 그 사본 각 1부를 선내의 잘 보이는 곳에 게시하여야 한다.
② 제1항에 따른 해사노동적합선언서의 형식과 내용은 해양수산부령으로 정한다.
(2013.3.23 본조개정)
제137조【해사노동적합증서의 인증검사】 ① 제135조에 해당하는 선박의 선박소유자는 제138조제1항에 따라 해사노동적합증서를 발급받으려는 경우에는 다음 각 호의 구분에 따른 인증검사를 받아야 한다.
1. 최초인증검사 : 이 법과 해사노동협약의 기준을 충족하는지 확인하기 위한 최초 검사
2. 갱신인증검사 : 해사노동적합증서의 유효기간이 끝났을 때에 하는 검사
3. 중간인증검사 : 최초인증검사와 갱신인증검사 사이 또는 갱신인증검사와 갱신인증검사 사이에 해양수산부령으로 정하는 시기에 하는 검사(2013.3.23 본호개정)
② 선원의 근로기준 및 생활기준 등 인증검사의 구체적인 기준은 대통령령으로 정한다.
③ 선박소유자는 제1항제1호의 최초인증검사를 받기 전에 선박의 국적 변경 등 해양수산부령으로 정하는 사유로 선박을 항해에 사용하려는 경우에는 임시인증검사를 받아야 한다.(2013.3.23 본항개정)
④ 해양수산부장관은 선박 거주설비의 주요 개조나 선박에서 노동분쟁이 발생하는 등 해양수산부령으로 정하는 사유가 있을 경우에는 특별인증검사를 시행할 수 있다.
(2013.3.23 본항개정)
⑤ 제1항, 제3항 및 제4항에 따른 인증검사의 내용, 절차 및 검사방법 등에 필요한 사항은 해양수산부령으로 정한다.(2013.3.23 본항개정)
⑥ 제135조에 해당하는 선박의 선박소유자는 해당 인증검사에 합격하지 아니한 선박을 항해에 사용하여서는 아니 된다. 다만, 선박의 시운전 등 해양수산부령으로 정하는 경우에는 그러하지 아니하다.(2013.3.23 본항개정)
제138조【해사노동적합증서의 발급 등】 ① 해양수산부장관은 제137조제1항제1호 또는 제2호에 따른 최초인증검사나 갱신인증검사에 합격한 선박에 대하여 해양수산부령으로 정하는 바에 따라 해사노동적합증서를 발급하고, 그 발급사실을 발급대장에 기재하며 이를 공개하여야 한다.(2013.3.23 본항개정)
② 외국선박의 경우에는 제1항에도 불구하고 기국 정부나 그 정부가 지정한 대행기관에서 이 법의 기준과 같거나 그 이상의 기준에 따라 최초인증검사나 갱신인증검사를 받고 해사노동적합증서를 발급받아 유효한 증서를 선내에 갖추어 둔 경우 그 해사노동적합증서는 이 법에 따라 발급한 증서로 본다.
③ 해양수산부장관은 제137조제1항제3호 및 같은 조 제4항에 따른 중간인증검사나 특별인증검사에 합격한 선박에 대하여 제1항에 따라 발급된 해사노동적합증서에 해양수산부령으로 정하는 바에 따라 그 검사 결과를 표시하여야 한다.(2013.3.23 본항개정)
④ 해양수산부장관은 제137조제3항에 따른 임시인증검사에 합격한 선박에 대하여 해양수산부령으로 정하는 바에 따라 임시해사노동적합증서를 발급하여야 한다.
(2013.3.23 본항개정)
⑤ 제1항에 따라 발급된 해사노동적합증서의 유효기간은 5년의 범위에서 대통령령으로 정한다. 다만, 제4항에 따라 발급된 임시해사노동적합증서의 유효기간은 6개월을 넘을 수 없다.
⑥ 제5항에 따른 유효기간의 계산방법 등에 관하여 필요한 사항은 해양수산부령으로 정한다.(2013.3.23 본항개정)
⑦ 선박소유자가 제137조제1항제3호에 따른 중간인증검사에 합격하지 못한 경우에는 합격할 때까지 제1항에 따라 발급된 해사노동적합증서의 효력은 정지된다.
⑧ 해양수산부장관은 해사노동적합증서를 발급받은 선박이 특별인증검사를 통하여 제137조제2항의 기준을 충족하지 못한 사실이 발견된 경우에는 선박소유자에게 기간을 정하여 필요한 시정조치를 명할 수 있으며, 이에 따르지 아니한 경우에는 해사노동적합증서를 되돌려 주도록 명할 수 있다.(2013.3.23 본항개정)
제139조【해사노동인증검사관】 해양수산부장관은 해양수산부령으로 정하는 자격을 갖춘 소속 공무원 중에서 다음 각 호의 업무를 수행할 해사노동인증검사관(이하 "인증검사관"이라 한다)을 임명할 수 있다.(2013.3.23 본문개정)
1. 제132조부터 제134조까지의 규정에 따른 외국선박에 대한 점검 등의 업무
2. 제136조제1항에 따른 해사노동적합선언서의 승인에 관한 업무
3. 제137조제1항, 제3항 및 제4항에 따른 인증검사, 임시인증검사 및 특별인증검사에 관한 업무
4. 제138조에 따른 해사노동적합증서의 발급 등에 관한 업무
제140조【인증검사업무 등의 대행】 ① 해양수산부장관은 필요하다고 인정하는 경우에는 제139조제2호부터 제4호까지의 규정에 따른 업무를 해양수산부장관이 지정하는 기관에서 대행하게 할 수 있다. 이 경우 해양수산부장관은 지정된 대행기관(이하 "인증검사 대행기관"이라 한다)과 대통령령으로 정하는 바에 따라 협정을 체결하여야 한다.(2013.3.23 본항개정)
② 인증검사 대행기관의 지정기준, 인증검사업무에 종사할 수 있는 사람의 자격 등에 필요한 사항은 해양수산부령으로 정한다.(2013.3.23 본항개정)
③ 제1항에 따라 인증검사 대행기관에서 인증검사 등을 받으려는 자는 해당 인증검사 대행기관이 정하는 수수료를 내야 한다.
④ 인증검사 대행기관은 제3항에 따른 수수료를 정할 때에는 해양수산부장관의 승인을 받아야 한다. 승인받은 수수료를 변경할 때에도 또한 같다.(2013.3.23 전단개정)
⑤ 인증검사 대행기관은 인증검사 대행업무에 관하여 해양수산부령으로 정하는 바에 따라 해양수산부장관에게 보고하여야 한다.(2013.3.23 본항개정)
⑥ 해양수산부장관은 인증검사 대행기관이 다음 각 호의 어느 하나에 해당하는 경우에는 그 지정을 취소하거나 6개월 이내의 기간을 정하여 그 업무를 정지할 수 있다. 다만, 제1호 및 제6호에 해당하는 경우에는 그 지정을 취소하여야 한다.(2013.3.23 본문개정)
1. 거짓이나 그 밖의 부정한 방법으로 지정을 받은 경우
2. 인증검사 대행기관의 지정기준을 충족하지 못하게 된 경우
3. 인증검사에 관한 업무를 수행할 능력이 없다고 인정된 경우
4. 제4항을 위반하여 수수료의 승인 또는 변경승인을 받지 아니하고 수수료를 징수한 경우
5. 제5항을 위반하여 인증검사 대행업무에 관한 보고를 하지 아니한 경우
6. 업무정지처분을 받고 업무정지처분 기간 중에 인증검사 대행업무를 계속한 경우
⑦ 제6항에 따른 업무정지 등 처분절차 등에 관하여는 해양수산부령으로 정한다.(2013.3.23 본항개정)
⑧ 해양수산부장관은 제6항에 따라 인증검사 대행기관의 지정을 취소하려는 경우에는 청문을 실시하여야 한다.
(2013.3.23 본항개정)
제141조【인증검사 결과 통지에 대한 이의신청 특례】
① 인증검사에 불복하는 자는 검사결과를 통지받은 날부터 30일 이내에 해양수산부령으로 정하는 바에 따라 그 사유를 적어 해양수산부장관에게 이의신청을 할 수 있다.
(2023.5.16 본항개정)
② 해양수산부장관은 제1항에 따른 이의신청이 있을 때 해양수산부령으로 정하는 바에 따라 필요한 조치를 하여야 한다.
③ 제1항 및 제2항에서 규정한 사항 외에 이의신청에 관한 사항은 「행정기본법」 제36조에 따른다.(2023.5.16 본항개정)
(2023.5.16 본조제목개정)
(2013.3.23 본조개정)

제15장 한국선원복지고용센터

제142조【설립】 ① 해양수산부장관은 선원의 복지 증진과 고용 촉진 및 직업안정을 위하여 한국선원복지고용센터(이하 "센터"라 한다)를 설립한다.(2013.3.23 본항개정)
② 센터는 법인으로 한다.
③ 센터는 그 주된 사무소의 소재지에서 설립등기를 함으로써 성립한다.
④ 센터는 정관을 변경하려면 해양수산부장관의 인가를 받아야 한다.(2013.3.23 본항개정)
제143조【사업】 ① 센터는 다음 각 호의 사업을 한다.
1. 선원복지시설의 설치·운영
2. 국내외 선원의 취업 동향과 고용 정보의 수집·분석 및 제공
3. 선원의 구직 및 구인 등록
4. 국가로부터 위탁받은 선원의 직업안정업무
5. 국가, 지방자치단체, 그 밖의 공공단체 또는 민간단체로부터 위탁받은 선원 관련 사업
6. 제1호부터 제5호까지의 규정에 따른 사업의 부대사업
② 센터는 해양수산부장관의 승인을 받아 제1항에 따른 사업과 관련된 사업으로서 그 목적을 달성하기 위하여 필요한 수익사업을 할 수 있다.(2013.3.23 본항개정)
제144조【임원】 ① 센터에는 임원으로 이사장 1명을 포함한 13명 이내의 이사와 1명의 감사를 둔다.
② 이사장을 제외한 이사와 감사는 비상임으로 한다.
③ 이사장과 감사는 정관으로 정하는 바에 따라 이사회에서 선임하되, 해양수산부장관의 승인을 받아야 한다.
(2013.3.23 본항개정)
④ 임원의 자격, 선임, 임기, 직무 및 그 밖에 필요한 사항은 정관으로 정한다.
제145조【이사회】 ① 센터의 업무에 관한 중요한 사항을 심의·의결하기 위하여 센터에 이사회를 둔다.
② 이사회에 관하여 필요한 사항은 정관으로 정한다.
제146조【국유재산의 대부 등】 ① 국가는 센터의 사업을 효율적으로 수행하기 위하여 필요하다고 인정하면 「국유재산법」에도 불구하고 센터에 국유재산을 무상으로 대부하거나 사용·수익하게 할 수 있다.

② 제1항에 따른 대부 또는 사용·수익에 관하여 필요한 사항은 대통령령으로 정한다.

제147조【사업계획의 승인 등】 ① 센터의 사업연도는 정부의 회계연도에 따른다.

② 센터는 대통령령으로 정하는 바에 따라 사업연도마다 사업계획서 및 예산서를 작성하여 해양수산부장관의 승인을 받아야 한다. 이를 변경할 때에도 또한 같다.
(2013.3.23 본항개정)

③ 센터는 회계연도마다 사업실적과 공인회계사 또는 회계법인의 감사를 받은 결산서를 다음 연도 2월 말까지 해양수산부장관에게 제출하여야 한다.(2013.3.23 본항개정)

제148조【지도·감독】 ① 해양수산부장관은 필요하다고 인정하는 경우에는 센터의 업무·회계 및 재산에 관한 사항을 보고하게 하거나 소속 공무원으로 하여금 센터의 장부, 서류, 시설 및 그 밖의 물건을 검사하게 할 수 있다.(2013.3.23 본항개정)

② 해양수산부장관은 제1항에 따른 보고 또는 검사의 결과 다음 각 호의 어느 하나에 해당하는 경우에는 센터에 대하여 그 시정을 요구하거나 그 밖에 필요한 조치를 명할 수 있다.(2013.3.23 본문개정)
1. 승인을 받은 사업계획과 다르게 예산을 집행한 경우
2. 회계 관계 법령을 위반하여 예산을 집행한 경우
3. 제143조제2항을 위반하여 승인을 받지 아니하고 수익사업을 한 경우

제149조【「민법」의 준용】 센터에 관하여 이 법에서 규정한 사항을 제외하고는 「민법」 중 재단법인에 관한 규정을 준용한다.

제150조【벌칙 적용 시의 공무원 의제】 센터의 임직원은 「형법」 제129조부터 제132조까지의 규정을 적용할 때에는 공무원으로 본다.

제16장 보 칙

제151조【서류의 선박 내 게시 등】 ① 대통령령으로 정하는 선박소유자는 대통령령으로 정하는 바에 따라 다음 각 호의 서류를 선박 내의 보기 쉬운 곳에 게시하여야 한다.
1. 단체협약 및 취업규칙을 적은 서류
2. 송환 절차, 유기구제보험등의 가입 여부, 유기 구제비용의 청구·지급 절차 및 그 밖에 해양수산부령으로 정하는 사항이 포함된 서류
3. 제56조에 따른 임금채권보장보험 등의 가입 여부, 체불임금의 청구·지급 절차 및 그 밖에 해양수산부령으로 정하는 사항이 포함된 서류
4. 재해보상보험등의 가입 여부, 보험금의 청구·지급 절차 및 그 밖에 해양수산부령으로 정하는 사항이 포함된 서류

② 대통령령으로 정하는 선박소유자는 다음 각 호의 서류를 선박 내에 갖추어 두어야 한다.
1. 이 법 및 이 법에 따른 명령을 적은 서류
2. 제43조제1항에 따른 선원근로계약서 사본 1부
3. 해양수산부장관이 정하는 바에 따라 한글과 영문으로 작성된 선원의 근로기준 및 생활기준에 관한 내용이 포함된 서류

(2016.12.27 본조개정)

제152조【양도 또는 압류의 금지】 실업수당, 퇴직금, 송환비용, 송환수당, 유기 구제비용 또는 재해보상을 받을 권리는 양도하거나 압류할 수 없다.(2016.12.27 본조개정)

제152조의2【임금채권 등의 우선변제】 ① 다음 각 호의 어느 하나에 해당하는 채권은 선박소유자의 총재산에 대하여 질권(質權)·저당권 또는 「동산·채권 등의 담보에 관한 법률」에 따른 담보권에 따라 담보된 채권 외에는 조세·공과금 및 다른 채권에 우선하여 변제되어야 한다. 다만, 질권·저당권 또는 「동산·채권 등의 담보에 관한 법률」에 따른 담보권에 우선하는 조세·공과금에 대해서는 그러하지 아니하다.
1. 제52조에 따른 임금
2. 제55조에 따른 퇴직금
3. 제94조부터 제102조까지의 규정에 따른 요양비용, 보상 또는 장제비
4. 그 밖에 선원의 근로관계로 인한 채권

② 제1항에도 불구하고 다음 각 호의 어느 하나에 해당하는 채권은 선박소유자의 총재산에 대하여 질권·저당권 또는 「동산·채권 등의 담보에 관한 법률」에 따른 담보권에 따라 담보된 채권, 조세·공과금 및 다른 채권에 우선하여 변제되어야 한다.
1. 제52조에 따른 임금의 최종 4개월분
2. 제55조에 따른 퇴직금의 최종 4년분
3. 제94조부터 제102조까지의 규정에 따른 요양비용, 보상 또는 장제비

(2016.12.27 본조신설)

제153조【서류 보존】 선박소유자는 선원명부, 선원근로계약서, 취업규칙, 임금대장 및 재해보상 등에 관한 서류를 작성한 날부터 3년간 보존하여야 한다.

제154조【외국정부에 대한 협조】 해양수산부장관은 외국정부가 다음 각 호의 어느 하나에 해당하는 사유로 대한민국의 선박소유자나 선원과 소송절차를 진행하는 경우에는 선원당직국제협약에서 정하는 바에 따라 협조하여야 한다.(2013.3.23 본문개정)
1. 선박소유자나 선장이 선원당직국제협약에서 요구하는 자격증명서를 지니지 아니한 선원을 승무시킨 경우
2. 선원당직국제협약에 따라 적합한 선원자격증명서를 지닌 사람이 수행하여야 할 임무를 선원자격증명서를 지니지 아니한 사람이 수행하도록 해당 선장이 허용한 경우
3. 선원당직국제협약에 따른 적합한 선원자격증명서를 지니지 아니한 사람이 그 선원자격증명서를 지닌 사람이 수행하여야 할 임무를 수행하기 위하여 거짓이나 부정한 방법으로 승무한 경우

제155조【수수료】 ① 이 법에 따른 증서의 발급, 공인, 인증검사 등을 신청하거나 제76조제2항·제85조제3항에 따른 선박조리사 및 의료관리자 시험에 응시하려는 자는 해양수산부령으로 정하는 수수료를 내야 한다.
(2015.1.6 본항개정)

② 제1항에도 불구하고 제44조에 따라 선박소유자가 인터넷으로 승선·하선 공인을 받은 경우에는 수수료를 면제할 수 있다.(2015.1.6 본항신설)

제156조【시효의 특례】 선원의 선박소유자에 대한 채권(재해보상청구권을 포함한다)은 3년간 행사하지 아니하면 시효로 소멸한다.

제157조【국가 또는 지방자치단체에 대한 적용】 이 법 또는 이 법에 따른 명령은 대통령령으로 정하는 것을 제외하고는 국가나 지방자치단체에 대하여도 적용한다.

제158조【권한의 위임·위탁】 ① 이 법에 따른 해양수산부장관의 권한은 그 일부를 대통령령으로 정하는 바에 따라 그 소속 기관의 장에게 위임하거나 한국해양수산연수원, 센터 또는 대통령령으로 정하는 기관에 위탁할 수 있다.

② 제1항에 따라 업무를 위탁받은 법인은 해양수산부령으로 정하는 바에 따라 위탁받은 업무와 관련된 수수료를 징수할 수 있다.
(2013.3.23 본조개정)

제159조【민원사무의 전산처리 등】 이 법에 따른 민원사무의 전산처리 등에 관하여는 「항만법」 제26조를 준용한다.(2020.1.29 본조개정)

제17장 벌 칙

제160조【벌칙】 선장이 그 권한을 남용하여 해원이나 선박 내에 있는 사람에게 의무 없는 일을 시키거나 그 권리의 행사를 방해하였을 때에는 1년 이상 5년 이하의 징역 또는 1천만원 이상 5천만원 이하의 벌금에 처한다.
(2020.2.18 본조개정)

제161조【벌칙】 제11조를 위반한 사람은 다음 각 호의 구분에 따라 처벌한다.
1. 인명을 구조하는 데 필요한 조치를 다하지 아니하였거나 필요한 조치를 다하지 아니하고 선박을 떠나 사람을 사망에 이르게 한 선장 : 무기 또는 3년 이상의 징역
2. 인명을 구조하는 데 필요한 조치를 다하지 아니하였거나 필요한 조치를 다하지 아니하고 선박을 떠나 사람을 사망에 이르게 한 해원 : 3년 이상의 징역
3. 인명을 구조하는 데 필요한 조치를 다하지 아니하였거나 필요한 조치를 다하지 아니하고 선박을 떠나 사람을 상해에 이르게 한 선원 : 1년 이상 5년 이하의 징역
4. 선박 및 화물을 구조하는 데 필요한 조치를 다하지 아니하여 선박 또는 화물에 손상을 입힌 선원 : 1년 이하의 징역 또는 1천만원 이하의 벌금

(2015.1.6 본조개정)

제162조【벌칙】 제12조 본문을 위반한 사람은 다음 각 호의 구분에 따라 처벌한다.
1. 인명을 구조하는 데 필요한 조치를 다하지 아니하여 사람을 사망에 이르게 한 선장 : 무기 또는 3년 이상의 징역
2. 인명을 구조하는 데 필요한 조치를 다하지 아니하여 사람을 상해에 이르게 한 선장 : 1년 이상 5년 이하의 징역
3. 선박을 구조하는 데 필요한 조치를 다하지 아니한 선장 : 1년 이하의 징역 또는 1천만원 이하의 벌금

(2015.1.6 본조개정)

제163조【벌칙】 선장이 다음 각 호의 어느 하나에 해당할 때에는 3년 이하의 징역 또는 3천만원 이하의 벌금에 처한다.(2015.1.6 본문개정)
1. 제13조를 위반하여 인명을 구조하는 데 필요한 조치를 다하지 아니하였을 때
2. 선박을 유기(遺棄)하였을 때
3. 외국에서 해원을 유기하였을 때

제164조【벌칙】 선장이 다음 각 호의 어느 하나에 해당할 때에는 1년 이하의 징역 또는 1천만원 이하의 벌금에 처한다.(2015.1.6 본문개정)
1. 제7조제1항에 따른 출항 전의 검사등의 의무를 위반하였을 때(2015.1.6 본호개정)

1의2. 제7조제2항에 따른 보고를 하지 아니하였거나 거짓으로 한 때(2015.1.6 본호신설)

1의3. 제7조제3항에 따른 조치를 요청하지 아니하였을 때(2015.1.6 본호신설)

2. 제8조를 위반하여 미리 정하여진 항로를 변경하였을 때
3. 제9조제1항을 위반하여 선박의 조종을 직접 지휘하지 아니하였을 때(2015.1.6 본호개정)
4. 제10조를 위반하여 선박을 떠났을 때
5. 제16조에 따른 항해의 안전 확보 의무를 위반하였을 때
6. 제17조제1항을 위반하여 시신 인도를 위한 조치를 하지 않았을 때(2021.6.15 본호개정)
7. 제19조제1항을 위반하여 대한민국 국민의 송환을 거부하였을 때
8. 제20조제1항 각 호의 서류를 거짓으로 작성하여 갖추어 두었을 때
9. 제21조에 따른 보고를 거짓으로 하였을 때
10. 제82조제6항을 위반하여 선원의 부상·질병 치료 요구를 거절하였을 때

제165조【벌칙】 ① 해원이 직무수행 중 상사에게 폭행이나 협박을 하였을 때에는 3년 이하의 징역 또는 3천만원 이하의 벌금에 처한다.(2015.1.6 본항개정)

② 제25조를 위반하여 쟁의행위를 한 사람은 다음 각 호의 구분에 따라 처벌한다.
1. 쟁의행위를 지휘하거나 지도적 임무에 종사한 사람 : 3년 이하의 징역
2. 쟁의행위 모의에 적극적으로 참여하거나 선동한 사람 : 1년 이하의 징역 또는 1천만원 이하의 벌금

③ 제2항의 경우 해당 쟁의행위가 선박소유자(그 대리인을 포함한다)가 선원의 이익에 반하여 법령을 위반하거나 정당한 사유 없이 선원근로계약을 위반한 것을 이유로 한 것일 때에는 벌하지 아니한다.

제166조【벌칙】 해원이 다음 각 호의 어느 하나에 해당할 때에는 1년 이하의 징역에 처한다.
1. 선박에 급박한 위험이 있는 경우에 선장의 허가 없이 선박을 떠났을 때
2. 제11조부터 제13조까지의 규정에 따라 선장이 인명, 선박 또는 화물의 구조에 필요한 조치를 하는 경우에 상사의 직무상 명령을 따르지 아니하였을 때

제167조【벌칙】 선박소유자 또는 선원이 다음 각 호의 어느 하나에 해당할 때에는 5년 이하의 징역 또는 5천만원 이하의 벌금에 처한다.
1. 선박소유자가 제32조제1항을 위반하여 선원근로계약을 해지하거나 휴직, 정직, 감봉 및 그 밖의 징벌을 하였을 때
2. 선박소유자가 제32조제2항을 위반하여 선원근로계약을 해지하였을 때
3. 선박소유자 또는 선원이 제25조의2를 위반하였을 때(2015.1.6 본호신설)

(2015.1.6 본조개정)

제168조【벌칙】 ① 선박소유자(제5호의 경우에는 선박소유자 외의 자를 포함한다)가 다음 각 호의 어느 하나에 해당할 때에는 3년 이하의 징역 또는 3천만원 이하의 벌금에 처한다.(2015.1.6 본문개정)
1. 제25조의4제6항을 위반하였을 때(2023.10.24 본호신설)

1의2. 제52조제1항부터 제4항까지의 규정을 위반하였을 때

1의3. 제55조의2를 위반하였을 때(2020.2.18 본호신설)

2. 제57조제1항 또는 제3항을 위반하여 월 고정급, 생산수당 또는 비율급을 지급하지 아니하였을 때
3. 제62조제1항 또는 제2항을 위반하여 시간외근로수당을 지급하지 아니하였을 때
4. 제91조제2항 또는 제4항부터 제6항까지의 규정을 위반하였을 때
5. 제111조를 위반하여 선원 또는 선원이 되려는 사람으로부터 직업소개, 모집 및 채용과 관련하여 금품이나 그 밖의 이익을 받았을 때

② 제1항제1호의2부터 제3호까지의 벌칙에 대하여는 피해자가 명시한 의사에 반하여 공소를 제기할 수 없다.
(2023.10.24 본항개정)

제169조【벌칙】 선박소유자가 제59조에 따라 해양수산부장관이 정한 임금의 최저액 이상을 지급하지 아니하였을 때에는 3년 이하의 징역 또는 3천만원 이하의 벌금에 처한다.(2015.1.6 본조개정)

제170조【벌칙】 선박소유자가 다음 각 호의 어느 하나에 해당할 때에는 2년 이하의 징역 또는 2천만원 이하의 벌금에 처한다.(2015.1.6 본문개정)
1. 제30조를 위반하여 강제저축 등을 약정하는 계약을 체결하였을 때
2. 제33조제1항을 위반하여 30일분 이상의 통상임금을 지급하지 아니하였을 때
3. 제55조제1항 또는 제5항을 위반하여 퇴직금을 지급하지 아니하였을 때

3의2. 제61조의2제1항에 따른 실습시간을 초과하거나 같은 조 제2항 또는 제3항에 따른 휴식시간 또는 휴일을 부여하지 아니하고 실습을 실시한 때(2020.2.18 본호신설)

4. 제62조제5항을 위반하여 유급휴가를 주지 아니하였을 때
5. 제69조제1항 또는 제4항을 위반하여 유급휴가를 주지 아니하였을 때
6. 제73조제1항 또는 제2항을 위반하여 유급휴가급을 지급하지 아니하였을 때
7. 제74조제1항을 위반하여 어선원에게 유급휴가를 주지 아니하였을 때
8. 제91조제1항을 위반하여 16세 미만인 사람을 선원으로 사용하였을 때
9. 제92조제1항을 위반하여 18세 미만의 선원을 야간작업에 종사시켰을 때
10. 제94조제1항을 위반하여 요양하게 하지 아니하였거나 요양에 필요한 비용을 지급하지 아니하였을 때

11. 제94조제2항(같은 조 제3항에 해당하지 아니하는 경우로 한정한다)을 위반하여 요양에 필요한 비용을 지급하지 아니하였거나, 「국민건강보험법」 제44조에 따라 요양을 받는 선원이 부담하여야 하는 비용을 지급하지 아니하였거나 요양에 필요한 비용을 지급하지 아니하였을 때(2011.12.31 본호개정)
12. 제96조를 위반하여 상병보상을 하지 아니하였을 때(2021.6.15 본호개정)
13. 제97조를 위반하여 장해보상을 하지 아니하였을 때
14. 제99조제1항 또는 제2항을 위반하여 유족보상을 하지 아니하였을 때
15. 제100조를 위반하여 장제비를 지급하지 아니하였을 때
16. 제101조를 위반하여 행방불명보상을 하지 아니하였을 때
17. 제129조제2항을 위반하여 선원근로계약을 해지하거나 불리한 처우를 하였을 때

제171조【벌칙】 제110조를 위반하여 선원의 직업소개사업을 한 자는 2년 이하의 징역 또는 2천만원 이하의 벌금에 처한다.(2015.1.6 본조개정)

제172조【벌칙】 선박소유자가 제7조제4항 또는 제82조제1항부터 제3항까지의 규정을 위반하였을 때에는 1년 이하의 징역 또는 1천만원 이하의 벌금에 처한다.
(2015.1.6 본조개정)

제173조【벌칙】 ① 선박소유자, 유기구제보험사업자등 또는 재해보험사업자등이 다음 각 호의 어느 하나에 해당할 때에는 1년 이하의 징역 또는 1천만원 이하의 벌금에 처한다.(2016.12.27 본문개정)
1. 제37조를 위반하여 실업수당을 지급하지 아니하였을 때
2. 제38조제1항을 위반하여 선원을 송환하지 아니하였을 때
3. 제38조제4항을 위반하여 송환비용을 미리 내도록 요구하였을 때
4. 제39조를 위반하여 송환수당을 지급하지 아니하였을 때
5. 제42조의2제1항을 위반하여 유기구제보험등에 가입하지 아니하였을 때(2016.12.27 본호개정)
5의2. 정당한 사유 없이 제42조의2제4항을 위반하여 기간 내에 유기 구제비용을 지급하지 아니하였을 때
(2016.12.27 본호신설)
6. 제54조를 위반하여 승무선원의 부상이나 질병 중 임금을 지급하지 아니하였을 때
7. 제56조제1항을 위반하여 선원의 체불임금 지급을 보장할 수 있는 보험 또는 공제에 가입하지 아니하였거나 기금을 조성하지 아니하였을 때
8. 제64조제1항부터 제6항까지의 규정을 위반하여 자격요건을 갖춘 선원을 승무시키지 아니하였을 때
(2020.2.18 본호개정)
9. 제65조제1항 또는 제2항을 위반하여 승무정원의 인정을 받지 아니하였을 때 또는 같은 조 제4항을 위반하여 승무정원을 승무시키지 아니하였거나 결원을 충원하지 아니하였을 때(2021.6.15 본호개정)
10. 제66조에 따른 선원의 자격요건 및 정원을 위반하였을 때
10의2. 제66조의2제2항을 위반하여 적성심사기준을 충족하지 못한 사람을 여객선선장으로 승무시켰을 때
(2015.1.6 본호신설)
11. 제67조제1항을 위반하여 예비원을 확보하지 아니하였거나 같은 조 제2항을 위반하여 예비원에게 임금을 지급하지 아니하였을 때
12. 제76조제1항에 따른 선내 급식을 하지 아니하였거나 같은 조 제2항을 위반하여 선박조리사를 선박에 승무시키지 아니하였을 때
13. 제84조를 위반하여 의사를 승무시키지 아니하였을 때
14. 제85조제1항을 위반하여 선박에 의료관리자를 두지 아니하였거나 같은 조 제2항을 위반하여 의료관리자 자격증을 가진 선원을 의료관리자로 선임하지 아니하였을 때
15. 제86조제1항을 위반하여 선박에 응급처치 담당자를 두지 아니하였거나 같은 조 제2항을 위반하여 응급처치에 관한 교육을 이수한 선원을 응급처치 담당자로 선임하지 아니하였을 때
16. 제102조를 위반하여 소지품 유실보상을 하지 아니하였을 때
17. 제106조제1항을 위반하여 재해보상을 완전히 이행할 수 있는 재해보상보험등에 가입하지 아니하였거나 같은 조 제2항을 위반하여 보험가입 금액을 승선평균임금 미만으로 가입하였을 때(2016.12.27 본호개정)
18. 정당한 사유 없이 제106조제4항을 위반하여 기간 내에 재해보상을 하지 아니하였을 때(2016.12.27 본호신설)
② 제1항제6호 및 제11호의 벌칙에 대하여는 피해자가 명시한 의사에 반하여 공소를 제기할 수 없다.

제174조【벌칙】 다음 각 호의 어느 하나에 해당하는 자는 1년 이하의 징역 또는 1천만원 이하의 벌금에 처한다.
1. 거짓이나 그 밖의 부정한 방법으로 제43조제1항에 따른 선원근로계약의 신고를 한 자
2. 거짓이나 그 밖의 부정한 방법으로 선원수첩을 발급받거나 선원신분증명서의 발급 또는 정정을 받은 사람
3. 다른 사람의 선원수첩이나 선원신분증명서를 대여받거나 사용한 사람
4. 제50조를 위반하여 선원수첩이나 선원신분증명서를 부당하게 사용하거나 다른 사람에게 대여한 사람
4의2. 제112조제9항제2호를 위반하여 16세 미만인 사람을 계약상대자가 고용할 선원으로 알선한 선원관리사업자
(2021.6.15 본호신설)
4의3. 제112조제11항에 따른 해양수산부장관의 시정명령을 이행하지 아니한 선원관리사업자(2021.6.15 본호신설)
5. 제124조제2항 전단 또는 제133조제4항을 위반하여 항해정지나 출항정지명령을 따르지 아니한 자

제175조【벌칙】 ① 선박소유자가 제27조제1항, 제53조, 제91조제3항 또는 제93조를 위반하였을 때에는 1천만원 이하의 벌금에 처한다.
② 제53조의 벌칙에 대하여는 피해자가 명시한 의사에 반하여 공소를 제기할 수 없다.

제176조【벌칙】 선원근로감독관이거나 선원근로감독관이었던 사람이 제128조제1항을 위반하였을 때에는 1천만원 이하의 벌금에 처한다.(2015.1.6 본조개정)

제177조【벌칙】 다음 각 호의 어느 하나에 해당하는 자에게는 500만원 이하의 벌금에 처한다.
1. 제29조를 위반하여 위약금 등을 미리 정하는 계약을 체결한 선박소유자
2. 제31조를 위반하여 선원에 대한 전차금이나 전대채권과 임금을 상계한 선박소유자(2019.1.15 본호개정)
3. 제43조를 위반하여 선원근로계약서를 작성·신고하지 아니하거나 선원에게 선원근로계약서 1부를 주지 아니한 자
4. 제119조제1항을 위반하여 취업규칙을 작성하지 아니하거나 취업규칙을 거짓으로 작성하여 신고한 자
5. 제120조제1항을 위반하여 취업규칙의 작성 절차에 따라 취업규칙을 작성하지 아니한 자
5의2. 제120조의2를 위반하여 취업규칙을 작성하거나 따르지 않은 선박소유자(2019.1.15 본호신설)
6. 제121조를 위반하여 취업규칙 변경명령을 따르지 아니한 자
7. 제137조제6항을 위반하여 인증검사에 합격하지 아니한 선박을 항해에 사용한 선박소유자
8. 제138조제8항에 따른 해사노동적합증서를 되돌려 주라는 명령을 위반하여 되돌려 주지 아니한 선박소유자
9. 제153조를 위반하여 3년간 서류를 보존하지 아니한 자

제178조【양벌규정】 법인의 대표자나 법인 또는 개인의 대리인, 사용인, 그 밖의 종업원이 그 법인 또는 개인의 업무에 관하여 제167조부터 제170조까지, 제172조, 제173조, 제174조제1호·제2호, 제175조 또는 제177조의 어느 하나에 해당하는 위반행위를 하면 그 행위자를 벌하는 외에 그 법인 또는 개인에게도 해당 조문의 벌금형을 과(科)한다. 다만, 법인 또는 개인이 그 위반행위를 방지하기 위하여 해당 업무에 관하여 상당한 주의와 감독을 게을리하지 아니한 경우에는 그러하지 아니하다.
(2016.12.27 본조개정)

제179조【과태료】 ① 선박소유자(선박소유자의 「민법」 제767조에 따른 친족 중 선박소유자의 배우자, 선박소유자의 4촌 이내의 혈족, 선박소유자의 4촌 이내의 인척이 해당 사업 또는 사업장의 근로자인 경우를 포함한다)가 제25조의3을 위반하여 선내 괴롭힘을 한 경우에는 1천만원 이하의 과태료를 부과한다.(2023.10.24 본항신설)
② 다음 각 호의 어느 하나에 해당하는 자에게는 500만원 이하의 과태료를 부과한다.
1. 제15조제1항에 따른 비상대비훈련을 실시하지 아니한 선장
2. 제15조제2항에 따라 여객에게 비상시에 대비하기 위하여 필요한 사항을 주지시키지 아니한 선장
3. 제15조제3항을 위반하여 비상대비훈련을 실시할 때 해원의 휴식시간에 지장을 준 선장
3의2. 제25조의4제2항·제4항·제5항 및 제7항을 위반한 선박소유자(2023.10.24 본호신설)
4. 제63조제1항에 따른 의무를 이행하지 아니한 선박소유자
5. 제82조제7항을 위반하여 선원에게 제복을 제공하지 아니한 선박소유자
6. 제129조제1항에 따른 신고를 거짓으로 한 선원
(2015.1.6 본항개정)
③ 다음 각 호의 어느 하나에 해당하는 자에게는 200만원 이하의 과태료를 부과한다.
1. 제12조 본문 또는 제14조 본문에 따른 통보, 제18조에 따른 조치를 하지 아니한 사람
2. 제109조제1항·제2항 또는 제151조를 위반한 자
(2015.1.6 본호개정)
3. 제20조제1항에 따른 서류를 갖추어 두지 아니한 사람
4. 제21조에 따른 보고를 하지 아니한 사람
5. 제23조제1항에 따른 신고를 하지 아니한 사람
5의2. 제42조의4제2항을 위반하여 같은 항 각 호의 사항을 해양수산부장관에게 알리지 아니한 유기구제보험사업자등(2016.12.27 본호신설)
6. 제44조제2항 또는 제3항을 위반하여 선원명부에 적지 아니하거나 선원명부의 공인을 받지 아니한 자
6의2. 제44조의2를 위반하여 해외취업 신고를 하지 아니한 선원 혹은 선원관리사업자(2021.6.15 본호신설)
6의3. 제50조의2를 위반하여 선원의 여권 등 신분증을 대리하여 보관한 선박소유자(2021.6.15 본호신설)
6의4. 제56조의2제1항에 따른 보고 및 서류 제출 또는 제2항의 출입검사를 거부 또는 방해하거나 기피한 자
(2021.6.15 본호신설)
6의5. 제56조의2제3항에 따른 시정명령을 따르지 아니한 자(2021.6.15 본호신설)
7. 제62조제3항을 위반하여 근로시간, 휴식시간 및 시간외 근로 관련 장부를 갖추어 두지 아니하거나 선장에게 근로 시간 등에 관한 사항을 적도록 하지 아니한 선박소유자
8. (2015.1.6 삭제)
9. 제77조제1항 후단을 위반하여 차별 급식을 한 선장
10. 제82조제4항을 위반하여 선원의 직무상 사고 등이 발생하였을 때에 해양항만관청에 즉시 보고하지 아니한 선박소유자
11. 제82조제5항을 위반한 선박소유자
12. 제87조제1항을 위반하여 건강진단서를 가지지 아니한 사람을 선원으로 승무시킨 선박소유자
12의2. 제106조의2제2항을 위반하여 같은 항 각 호의 사항을 해양수산부장관에게 알리지 아니한 재해보험사업자등(2016.12.27 본호신설)
13. 제112조제4항을 위반하여 선원관리사업의 위탁사실과 내용 변경을 신고하지 아니한 자
13의2. 제112조제10항에 따른 출석 및 서류제출의 요구, 실태조사를 거부 또는 방해하거나 기피한 자(2021.6.15 본호신설)
14. 제119조제1항을 위반하여 취업규칙을 신고하지 아니한 자
15. 제126조제1항에 따른 출석요구에 따르지 아니하거나 선박 또는 사업장 출입을 거부·기피·방해한 사람, 장부나 서류의 제출명령을 따르지 아니하거나 거짓 장부 또는 서류를 제출한 사람 또는 거짓 진술을 한 사람
16. 제129조제4항 또는 제5항의 선내 불만 처리절차를 게시하지 아니하거나 같은 조 제4항 또는 제5항을 위반하여 선내 불만 처리절차를 게시한 선박소유자
(2017.11.28 본호신설)
④ 다음 각 호의 어느 하나에 해당하는 자에게는 100만원 이하의 과태료를 부과한다.
1. 제58조를 위반하여 임금대장을 갖추어 두지 아니하거나 임금 지급 시마다 임금 계산의 기초가 되는 사항 등을 기재하지 아니한 선박소유자
2. 정당한 사유 없이 제83조제3항을 위반하여 제복을 입지 아니한 선원
(2015.1.6 본항개정)
⑤ 제1항부터 제4항까지의 규정에 따른 과태료는 대통령령으로 정하는 바에 따라 해양항만관청이 부과·징수한다.
(2023.10.24 본항개정)

제180조【선장직무대행자에 대한 적용】 이 장 중 선장에게 적용할 규정은 선장의 직무를 대행하는 사람에게도 적용한다.

부 칙

제1조【시행일】 이 법은 공포 후 6개월이 경과한 날부터 시행한다. 다만, 다음 각 호의 사항은 각 호의 구분에 의한 날부터 시행한다.
1. 제76조제2항의 개정규정은 이 법 시행 후 3년이 경과한 날
2. 제2조제1호, 제9조 단서, 제27조제2항, 제41조, 제42조, 제43조제1항, 제54조, 제60조부터 제62조까지, 제68조, 제69조, 제75조, 제78조부터 제81조까지, 제83조, 제88조, 제89조, 제106조, 제107조, 제113조, 제114조, 제123조, 제129조, 제132조부터 제134조까지 및 제151조의 개정규정은 해사노동협약이 대한민국에서 발효되는 날
<2015.1.9 발효>
3. 제136조 및 제137조제6항의 개정규정은 해사노동협약이 대한민국에서 발효되는 날부터 1년이 경과한 날. 다만, 여객선과 산적운반선(散積運搬船)은 해사노동협약이 대한민국에서 발효되는 날

제2조【시행일에 관한 경과조치】 부칙 제1조 단서에 따라 제2조제1호, 제54조, 제60조, 제62조, 제68조, 제69조, 제75조, 제76조제2항, 제106조, 제129조, 제132조 및 제151조의 개정규정이 시행되기 전까지는 그에 해당하는 종전의 제3조제1호, 제50조, 제55조, 제60조, 제66조, 제67조, 제73조, 제74조제2항, 제98조, 제114조, 제119조 및 제123조를 적용한다.

제3조【해사노동적합증서 등의 발급을 위한 사전 준비행위】 ① 국토해양부장관은 이 법 시행 전에 해사노동협약이 발효되는 것을 대비하기 위하여 다음 각 호에서 정한 사항을 이 법 시행 전에 미리 행할 수 있다.
1. 제140조제1항의 개정규정에 따른 인증검사 대행기관 지정 및 협정 체결
2. 제137조의 개정규정에 따른 해사노동적합증서의 인증검사 및 제138조제1항의 개정규정에 따른 해사노동적합증서의 발급
② 제1항에 따라 행하여진 각종 행정처분과 준비행위는 이 법에 따라서 행한 것으로 본다.

제4조【선원근로계약에 관한 경과조치】 이 법 시행 전에 생긴 사유로 인하여 선박소유자가 선원에게 지급하여야 할 임금, 퇴직금, 수당, 송환비용, 유급휴가비 또는 재해보상에 관하여는 종전의 규정에 따른다.

제5조【신고·인가 또는 자격증 등에 관한 경과조치】 ① 이 법 시행 당시 종전의 규정에 따라 신고를 하거나 인가 또는 승인 등을 받은 자는 이 법에 따라 신고를 하거나 인가 또는 승인 등을 받은 것으로 본다.
② 이 법 시행 당시 종전의 규정에 따라 자격증이나 건강진단서를 지니고 있거나 선원 교육훈련을 받은 선원은 이 법에 따라 자격증, 건강진단서 또는 선원 교육훈련을 받은 것으로 본다.
제6조【처분 등에 관한 일반적 경과조치】 이 법 시행 당시 종전의 규정에 따른 행정기관의 행위나 행정기관에 대한 행위는 그에 해당하는 이 법에 따른 행정기관의 행위나 행정기관에 대한 행위로 본다.
제7조【벌칙이나 과태료에 관한 경과조치】 이 법 시행 전의 행위에 대하여 벌칙이나 과태료 규정을 적용할 때에는 종전의 규정에 따른다.
제8조【다른 법률의 개정】 ①~⑤ ※(해당 법령에 가제정리 하였음)
제9조【다른 법령과의 관계】 이 법 시행 당시 다른 법령에서 종전의 「선원법」의 규정을 인용한 경우에 이 법 가운데 그에 해당하는 규정이 있으면 종전의 규정을 갈음하여 이 법의 해당 규정을 인용한 것으로 본다.

부 칙 (2015.1.6)

제1조【시행일】 이 법은 공포 후 6개월이 경과한 날부터 시행한다.
제2조【선원복지기본계획 등에 관한 경과조치】 이 법 시행 당시 종전의 선원복지기본계획 및 선원인력수급계획은 제107조의 개정규정에 따른 선원정책기본계획 중 해당 분야의 기본계획으로 본다.

부 칙 (2016.12.27)

제1조【시행일】 이 법은 2017년 1월 18일부터 시행한다.
제2조【유기구제보험등의 가입에 관한 적용례】 제42조의2의 개정규정은 이 법 시행 이후 출항하는 선박의 선박소유자부터 적용한다.
제3조【유기구제보험등 서류 등의 게시에 관한 적용례】 제151조제1항의 개정규정은 이 법 시행 이후 출항하는 선박의 선박소유자부터 적용한다.
제4조【임금채권 등의 우선변제에 관한 적용례】 제152조의2제2항의 개정규정은 이 법 시행 전에 발생한 임금채권 및 퇴직금 채권에 대해서도 적용한다. 다만, 이 법 시행 전에 발생한 임금채권 및 퇴직금 채권과 이 법 시행 전에 발생한 다음 각 호의 권리 간의 변제는 「근로기준법」 제38조제2항 및 「근로자퇴직급여 보장법」 제12조제2항에 따른다.
1. 질권·저당권
2. 「동산·채권 등의 담보에 관한 법률」에 따른 담보권에 따라 담보된 채권
3. 질권·저당권 또는 「동산·채권 등의 담보에 관한 법률」에 따른 담보권에 따라 담보된 채권에 우선하는 조세·공과금

제5조【송환보험에 관한 경과조치】 이 법 시행 전에 출항하여 항해 중인 선박의 선박소유자에 대해서는 해당 선박이 도착항에 입항할 때까지는 제40조의 개정규정에도 불구하고 종전의 규정에 따른다.
제6조【송환 관련 서류의 비치에 관한 경과조치】 이 법 시행 전에 출항하여 항해 중인 선박의 선박소유자에 대해서는 해당 선박이 도착항에 입항할 때까지는 제41조의 개정규정에도 불구하고 종전의 규정에 따른다.
제7조【임금채권보장보험 등의 지급 보장 범위에 관한 경과조치 등】 ① 다음 각 호의 어느 하나에 해당하는 선원이 받지 못한 임금의 지급 보장 범위에 대해서는 제56조제2항제1호의 개정규정에도 불구하고 종전의 규정에 따른다.
1. 이 법 시행 전에 퇴직한 선원
2. 이 법 시행 이후에 퇴직한 선원으로서 이 법 시행 이후에 임금을 지급받지 못한 근로기간이 3개월 이하인 선원

② 이 법 시행 이후 퇴직한 선원으로서 이 법 시행 이후 임금을 지급받지 못한 근로기간이 3개월 초과 4개월 미만인 선원이 받지 못한 임금의 지급 보장 범위에 대해서는 제56조제2항제1호의 개정규정을 적용한다. 다만, 이 법 시행 이후에 받지 못한 임금으로 한정한다.
③ 이 법 시행 전에 퇴직한 선원이 받지 못한 퇴직금의 지급 보장 범위에 대해서는 제56조제2항제2호의 개정규정에도 불구하고 종전의 규정에 따른다.
제8조【벌칙에 관한 경과조치】 이 법 시행 전의 행위에 대한 벌칙의 적용에 있어서는 종전의 규정에 따른다.

부 칙 (2017.11.28)

제1조【시행일】 이 법은 공포 후 6개월이 경과한 날부터 시행한다.
제2조【선내 불만 처리절차 관련 서류 게시에 관한 경과조치】 이 법 시행 전에 항해 중인 선박의 선박소유자에 대해서는 해당 선박이 도착항에 입항할 때까지는 제129조제4항 또는 제5항의 개정규정에도 불구하고 종전의 규정에 따른다.

부 칙 (2019.1.15)

이 법은 공포 후 6개월이 경과한 날부터 시행한다.

부 칙 (2020.1.29)

제1조【시행일】 이 법은 공포 후 6개월이 경과한 날부터 시행한다.(이하 생략)

부 칙 (2020.2.18)

제1조【시행일】 이 법은 공포 후 1년이 경과한 날부터 시행한다. 다만, 제160조의 개정규정은 공포한 날부터 시행한다.
제2조【행정처분에 관한 적용례】 제124조제4항의 개정규정은 이 법 시행 이후 위반행위를 한 사람부터 적용한다.

부 칙 (2021.6.15)

제1조【시행일】 이 법은 공포한 날부터 시행한다. 다만, 제112조제5항의 개정규정은 공포 후 1개월이 경과한 날부터, 제44조의2 및 제179조제2항제6호의2의 개정규정은 공포 후 6개월이 경과한 날부터 시행한다.
제2조【해외취업 신고의 적용례】 제44조의2의 개정규정은 이 법 시행 이후 외국 국적 선박소유자와 선원근로계약을 체결한 선원 및 선원관리사업자를 통해 외국 국적 선박에 취업하는 선원부터 적용한다.
제3조【상병보상 지급의 적용례】 제96조제3항의 개정규정은 이 법 시행 당시 요양 중인 선원에게도 적용한다.

부 칙 (2021.8.17)

제1조【시행일】 이 법은 공포 후 6개월이 경과한 날부터 시행한다.(이하 생략)

부 칙 (2022.1.4)

이 법은 공포 후 1년이 경과한 날부터 시행한다.

부 칙 (2023.5.16)

제1조【시행일】 이 법은 공포한 날부터 시행한다.(단서 생략)
제2조【이의신청에 관한 일반적 적용례】 이의신청에 관한 개정규정은 이 법 시행 이후 하는 처분부터 적용한다.
제3조~제9조 (생략)

부 칙 (2023.6.20)

이 법은 공포 후 3개월이 경과한 날부터 시행한다.

부 칙 (2023.10.24)

제1조【시행일】 이 법은 공포 후 3개월이 경과한 날부터 시행한다.
제2조【선내 괴롭힘 발생 시 조치에 관한 적용례】 제25조의4의 개정규정은 이 법 시행 후 발생한 선내 괴롭힘의 경우부터 적용한다.

부 칙 (2024.1.23)

제1조【시행일】 이 법은 공포 후 6개월이 경과한 날부터 시행한다.
제2조【재해보상 지급의 제한에 관한 적용례】 ① 제103조의2의 개정규정은 이 법 시행 전에 유족보상 또는 행방불명보상의 사유가 발생한 사람에 대해서도 적용한다.
② 제1항에 따른 재해보상 지급의 제한은 이 법 시행 후 최초로 도래하는 지급분부터 적용한다.

어선원 및 어선 재해보상보험법(약칭 : 어선원재해보험법)

(2003년 3월 19일
법 률 제6866호)

개정
2004.12.31법 7311호(수협)
2005.12.29법 7796호(국가공무원)
2007. 4.11법 8373호(산업재해)
2007. 4.11법 8377호(수산)
2007.12.14법 8694호(산업재해)
2008. 2.29법 8852호(정부조직)
2008. 3.28법 9007호(어선법)
2009. 5.27법 9727호
2011. 5.19법10682호(금융부실)
2011. 8. 4법11024호(선원법)
2011.11.14법11080호
2011.12.31법11141호(국민보험)
2012. 2.22법11355호
2013. 3.23법11690호(정부조직)
2013. 3.23법11698호(농어업재해보험법)
2014. 3.18법12483호
2014.11.19법12844호(정부조직)
2015. 2. 3법13191호
2016. 5.29법14242호(수협)
2017. 7.26법14839호(정부조직)
2019.11.26법16652호(자산관리)
2020. 2.18법17043호
2020.12.29법17758호(국세징수)
2021. 6.15법18290호
2023.10.31법19807호(행정기관정비일부개정법령등)
2024. 1.23법20132호→2024년 1월 23일 및 2024년 7월 24일 시행

제1장 총 칙

(2009.5.27 본장제목개정)

제1조【목적】 이 법은 어업에 종사하는 어선원 등과 어선에 대한 재해보상보험사업을 시행하여 어선원 등의 재해를 신속·공정하게 보상하여 재활 및 사회복귀를 지원하고 재해를 입은 어선의 복구를 촉진함으로써 어선원 등을 보호하고, 어업경영의 안정에 이바지함을 목적으로 한다.(2021.6.15 본조개정)
제2조【정의】 ① 이 법에서 사용하는 용어의 뜻은 다음과 같다.
1. "어선"이란 「어선법」 제2조제1호라목에 따른 선박을 말한다.
2. "어선원"이란 임금을 받을 목적으로 어선에서 근로를 제공하기 위하여 고용된 사람을 말한다.
3. "가족어선원"이란 어선의 소유자의 배우자(사실혼 관계에 있는 사람을 포함한다) 및 직계 존속·비속으로서 어선에서 근로를 제공하는 사람을 말한다.
4. "어선의 소유자"란 선주, 어선차용인, 어선관리인, 용선인 등 명칭에 상관 없이 어선원을 고용하고 그 어선원에게 임금을 지급하거나 자기가 직접 또는 가족어선원과 함께 어업 활동을 하는 자를 말한다.
5. "임금", "통상임금", "승선평균임금"이란 「선원법」에 따른 각각의 임금, 통상임금, 승선평균임금을 말한다.
6. "어선원등의 재해"란 어선원, 가족어선원 및 어선의 소유자(이하 "어선원등"이라 한다)가 어업 활동과 관련하여 입은 부상·질병·신체장애 또는 사망을 말한다.
7. "어선재해"란 침몰·좌초·충돌·화재·손상 등 어선의 사고(어선의 수리 또는 정박 중에 생긴 사고를 포함한다)를 말한다.
8. "치유"란 부상 또는 질병이 완치되거나 치료의 효과를 더 이상 기대할 수 없고 그 증상이 고정된 상태에 이르게 된 것을 말한다.
9. "장해"란 부상 또는 질병이 치유되었으나 정신적 또는 육체적 훼손으로 인하여 노동능력이 손실되거나 감소된 상태를 말한다.

② 어선원등의 재해 인정기준에 관한 사항은 「산업재해보상보험법」 제37조를 준용한다.
③ 제2항에 따른 재해의 구체적인 인정기준은 대통령령으로 정한다.
(2009.5.27 본조개정)
제3조【보험의 관장과 보험연도 등】 ① 이 법에 따른 재해보상보험사업(이하 "보험사업"이라 한다)은 해양수산부장관이 관장한다.(2013.3.23 본항개정)
② 보험사업은 어선원등의 재해보상보험사업(이하 "어선원보험사업"이라 한다)과 어선재해보상보험사업(이하 "어선보험사업"이라 한다)으로 구분한다.
③ 보험사업의 보험연도는 정부 회계연도에 따른다.
(2009.5.27 본조개정)
제4조【국가 등의 재정 지원】 ① 국가는 매 회계연도 예산의 범위에서 보험가입자가 부담하는 보험료 중 일부를 지원할 수 있다.
② 지방자치단체는 예산의 범위에서 보험가입자가 부담하는 보험료의 일부를 추가로 지원할 수 있다.
(2020.2.18 본항신설)
③ 제1항에 따른 국고지원액의 지급에 필요한 사항은 해양수산부장관이 정하고 제2항에 따른 지방비지원액의 지급에 필요한 사항은 해당 지방자치단체의 장이 정한다.
(2020.2.18 본항개정)
(2020.2.18 본조제목개정)
(2009.5.27 본조개정)

제5조【기준임금】 ① 이 법을 적용할 때 다음 각 호의 어느 하나에 해당하여 임금을 산정·확인하기 곤란한 경우에는 해양수산부장관이 정하여 고시하는 금액(이하 "기준임금"이라 한다)을 임금으로 한다.(2013.3.23 본문개정)
1. 어업을 폐업한 경우
2. 어선원등이 가족어선원이나 어선의 소유자인 경우로서 임금을 지급하지 아니하는 경우
3. 그 밖에 대통령령으로 정하는 경우
② 기준임금은 어선의 규모·어업형태 및 임금수준 등을 고려하여 정한다.
(2009.5.27 본조개정)
제6조【적용범위】 ① 이 법은 모든 어선에 적용한다. 다만, 다음 각 호의 어느 하나에 해당하는 어선에 대하여는 이 법에 특별한 규정이 있는 경우에만 적용한다.
1. 「원양산업발전법」 제6조제1항에 따라 원양어업의 허가를 받은 어선
2. 「해운법」 제24조제2항에 따라 수산물 운송에 종사하는 어선
3. 그 밖에 어선의 규모·어선원수·위험률·어로(漁撈)장소 등을 고려하여 대통령령으로 정하는 어선
② 제1항에 따라 이 법을 적용받는 어선에 대하여는 「산업재해보상보험법」을 적용하지 아니한다.
(2009.5.27 본조개정)
제7조【보험사업에 관한 심의】 보험사업에 관한 다음 각 호의 사항은 「수산업·어촌 발전 기본법」 제8조제1항에 따른 중앙 수산업·어촌정책심의회에서 심의한다.
(2023.10.31 본문개정)
1. 제5조에 따른 기준임금의 결정에 관한 사항
2. 제13조에 따른 손실보전준비금의 조성·관리·운용에 관한 사항
3. 제22조제4항에 따른 요양급여의 범위·비용 등 요양급여의 산정기준에 관한 사항
4. 제39조 및 제53조제2항에 따른 보험료율의 결정에 관한 사항
5. 제52조에 따른 어선의 잔존가액 산정기준에 관한 사항
6. 그 밖에 해양수산부장관이 보험사업에 관하여 심의에 부치는 사항(2013.3.23 본호개정)
(2009.5.27 본조개정)
제8조【보험사업 관련 조사·연구 등】 해양수산부장관은 보험사업을 효율적으로 관리·운영하기 위하여 보험사업에 관한 조사·연구사업 등을 할 수 있다.
(2013.3.23 본조개정)

제2장 보험사업의 운영
(2009.5.27 본장개정)

제9조【업무의 위탁】 해양수산부장관은 제1조의 목적을 달성하기 위한 사업을 효율적으로 수행하기 위하여 「수산업협동조합법」에 따라 설립된 수산업협동조합중앙회(이하 "중앙회"라 한다)에 다음 각 호의 보험사업 업무를 위탁한다.(2013.3.23 본문개정)
1. 보험가입자, 수급권자 및 해당 어선에 관한 기록의 관리 및 유지
2. 보험료 등 이 법에 따른 징수금의 징수
3. 보험급여의 결정 및 지급
4. 보험급여에 관한 심사청구의 심리·결정
5. 그 밖에 이 법에 따른 보험사업과 관련하여 해양수산부장관이 위탁한 업무(2013.3.23 본호개정)
제10조【업무에 대한 감독】 ① 중앙회는 매 회계연도 종료 후 2개월 이내에 보험사업 실적 및 결산을 해양수산부장관에게 보고하여야 한다.
② 해양수산부장관은 중앙회에 대하여 보험사업에 관한 보고를 명하거나 소속 공무원으로 하여금 중앙회의 보험사업현황을 검사하게 하는 등 감독상 필요한 조치를 할 수 있다.
(2013.3.23 본조개정)
제11조【회계처리】 ① 중앙회는 보험사업의 회계를 중앙회의 다른 회계와 구분하여 계산·정리하되, 어선원보험사업과 어선보험사업을 각각 구분하여 회계처리하여야 한다.
② 중앙회는 해양수산부장관의 승인을 받아 보험사업에 관한 회계규정을 정하여야 한다.(2013.3.23 본항개정)
제12조【책임준비금 등의 적립】 ① 중앙회는 결산기마다 어선원보험사업과 어선보험사업을 구분하여 책임준비금 및 비상위험준비금을 각각 계상(計上)하여야 한다.
② 제1항에 따른 책임준비금 및 비상위험준비금의 계상에 필요한 사항은 대통령령으로 정한다.
제13조【손실보전준비금의 조성】 ① 중앙회는 보험재정의 안정 등 보험사업의 원활한 운영을 위하여 손실보전준비금을 적립하여야 한다.
② 손실보전준비금은 보험사업의 결산상 잉여금, 손실보전준비금의 운용 수익금, 차입금, 정부 및 다른 기금에서 받은 출연금, 그 밖의 수익금으로 조성한다. 다만, 손실보전준비금을 조성할 목적으로 자금을 차입할 때에는 해양수산부장관의 승인을 받아야 한다.(2013.3.23 단서개정)
③ 손실보전준비금의 관리 및 운용 등에 필요한 사항은 대통령령으로 정한다.
제14조【잉여금과 손실금의 처리】 ① 중앙회는 보험사업의 결산상 잉여금이 생기면 손실보전준비금으로 적립하여야 한다.
② 중앙회는 보험사업의 결산상 손실이 생기면 비상위험준비금과 손실보전준비금으로 그 손실액을 충당한다.
제15조【업무의 대행】 ① 중앙회는 보험료 등 이 법에 따른 징수금의 수납, 보험급여의 지급 및 보험료납부의 확인 등에 관한 업무를 「수산업협동조합법」 제2조제4호에 따른 지구별 수산업협동조합, 업종별 수산업협동조합, 수산물가공 수산업협동조합(이하 "회원조합"이라 한다) 및 같은 법 제141조의4에 따라 설립된 수협은행(이하 "수협은행"이라 한다)으로 하여금 대행하게 할 수 있다.
② 제1항에 따라 중앙회가 회원조합 및 수협은행으로 하여금 대행하게 할 수 있는 업무의 범위는 대통령령으로 정한다.
(2016.5.29 본조개정)
제15조의2【자료제공의 요청】 ① 중앙회는 보험사업을 효율적으로 수행하기 위하여 필요하면 행정안전부·국세청·해양경찰청 등 국가기관과 지방자치단체 및 보험사업과 관련되는 기관·단체 등에 대하여 필요한 자료의 제출을 요구할 수 있다. 이 경우 자료의 제공을 요청받은 국가기관·지방자치단체 및 보험사업과 관련되는 기관·단체 등은 정당한 사유 없이 이를 거부하여서는 아니 된다.(2017.7.26 전단개정)
② 제1항에 따라 중앙회에 제공되는 자료에 대하여는 수수료 및 사용료 등을 면제한다.
(2009.5.27 본조신설)

제3장 어선원재해보상보험
(2009.5.27 본장개정)

제1절 보험가입자 및 보험관계

제16조【보험가입자】 ① 이 법을 적용받는 어선의 소유자는 당연히 어선원등의 재해보상보험(이하 "어선원보험"이라 한다)의 보험가입자(이하 "당연가입자"라 한다)가 된다. 다만, 제6조제1항제3호에 따른 어선의 소유자는 중앙회의 승인을 받아 어선원보험에 가입할 수 있다.
② 제1항 단서에 따라 어선원보험에 가입한 어선의 소유자(이하 "임의가입자"라 한다)가 그 보험계약을 해지할 때에는 중앙회의 승인을 받아야 한다.
③ 중앙회는 보험관계의 성립일 이후 2년 이상 어선의 소재가 불분명한 경우 등 대통령령으로 정하는 사유로 계속하여 보험관계를 유지할 수 없는 경우에는 그 보험관계를 소멸시킬 수 있다.
제17조【보험 가입의 의제】 ① 당연가입 대상이 되는 어선이 그 규모의 변동 등으로 인하여 제6조제1항제3호에 따른 어선에 해당하게 된 경우에는 그 날부터 그 어선의 소유자는 제16조제1항 단서에 따라 어선원보험에 가입한 것으로 본다.
② 제1항에 따른 임의가입 의제자의 경우에는 제16조제2항을 준용한다. 다만, 이 경우의 해지는 그 보험관계가 성립한 날부터 1년이 경과한 경우에 한한다.
제18조【보험관계의 성립일】 어선원보험의 보험관계는 다음 각 호의 어느 하나에 해당하는 날에 성립한다.
1. 당연가입 대상인 어선의 경우에는 「어선법」 제13조제1항에 따른 어선의 등록일 다음 날
2. 제6조제1항제3호에 따른 어선이 규모 변동 등으로 그 소유자가 당연가입자가 되는 어선의 경우에는 그 소유자가 당연가입자가 된 날
3. 제16조제1항 단서에 따라 어선원보험에 가입한 어선의 경우에는 중앙회의 승인을 받은 날의 다음 날
제19조【보험관계의 소멸일】 어선원보험의 보험관계는 다음 각 호의 어느 하나에 해당하는 날에 소멸한다.
1. 「어선법」 제19조제1항 및 제2항에 따라 어선의 등록을 말소한 날의 다음 날
2. 제16조제2항(제17조제2항에서 준용하는 경우를 포함한다)에 따라 어선의 소유자가 보험계약을 해지하는 경우에는 그 해지에 대하여 중앙회의 승인을 받은 날의 다음 날
3. 제16조제3항에 따라 중앙회가 보험관계를 소멸시키는 경우에는 그 소멸 통지가 도달한 날의 다음 날. 다만, 소재가 불명하여 통지를 할 수 없을 때에는 그 선적항을 관할하는 회원조합에 10일간 공고함으로써 통지를 갈음할 수 있다.
제20조【보험관계의 신고 및 변경신고】 ① 어선의 소유자는 제16조제1항 본문에 따라 당연가입자가 되거나 제19조제1호에 따라 보험관계가 소멸하였을 때에는 각각 그 사유가 발생한 날부터 14일 이내에 그 사실을 중앙회에 신고하여야 한다.
② 어선원보험에 가입한 어선의 소유자는 보험가입자의 성명, 해당 어선의 선적항 등 대통령령으로 정하는 사항이 변경되었을 때에는 그 변경된 날부터 14일 이내에 그 변경 사항을 중앙회에 신고하여야 한다.

제2절 보험급여

제21조【보험급여의 종류 등】 ① 어선원보험 보험급여의 종류는 다음 각 호와 같다.
1. 요양급여
2. 부상 및 질병급여(2021.6.15 본호개정)
3. 장해급여
4. 일시보상급여
5. 유족급여
6. 장례비(葬禮費)
7. 행방불명급여
8. 소지품 유실급여
② 제1항에 따른 보험급여는 제22조, 제23조, 제23조의2부터 제23조의6까지 및 제24조부터 제30조까지의 규정에 따라 보험급여를 받을 수 있는 사람(이하 "수급권자"라 한다)의 청구를 받아 지급한다.
③ 보험급여는 지급결정일부터 14일 이내에 지급하여야 한다.
제22조【요양급여】 ① 요양급여는 직무상 부상을 당하거나 질병에 걸린 어선원등에게 지급한다.
② 제1항에 따른 요양급여는 요양비 전액으로 하되, 해당 어선원등을 중앙회가 지정한 의료기관 또는 「산업재해보상보험법」 제43조제1항에 따른 산재보험 의료기관(이하 "지정의료기관등"이라 한다)에서 요양하게 한다. 다만, 부득이한 경우에는 요양을 갈음하여 요양비를 지급할 수 있다.
③ 제1항에 따른 요양급여의 범위는 다음 각 호와 같다.
1. 진찰 및 검사
2. 약제 또는 치료재료와 의수족(義手足), 그 밖의 보조기 지급(2021.6.15 본호개정)
3. 수술이나 그 밖의 치료
4. 재활치료(2021.6.15 본호신설)
5. 병원·진료소 또는 그 밖에 치료에 필요한 자택 외의 장소에 수용(식사 제공을 포함한다)
6. 간병
7. 이송
8. 통원치료에 필요한 교통비
9. 그 밖에 해양수산부령으로 정하는 사항(2013.3.23 본호개정)
④ 제2항과 제3항에 따른 요양급여의 범위·비용 등 요양급여의 산정기준은 해양수산부령으로 정한다.(2013.3.23 본항개정)
제23조【승무 중 직무 외의 원인에 의한 요양급여의 지급 등】 ① 중앙회는 어선원등이 승무(乘務) 중〔기항지(寄港地)에서의 상륙기간과 승하선(乘下船)에 수반되는 여행기간을 포함한다〕 직무 외의 원인으로 부상을 당하거나 질병에 걸린 경우로서 「국민건강보험법」 제41조에 따른 요양급여의 대상이 되는 경우에는 같은 법 제44조에 따라 어선원등이 부담하여야 하는 비용(제23조의6에 따른 재요양을 포함한 요양기간의 최초 3개월 이내의 비용만 해당한다)을 요양급여로 지급한다.
(2011.12.31 본항개정)
② 어선원등이 승무 중 직무 외의 원인으로 부상을 당하거나 질병에 걸린 경우로서 「국민건강보험법」 제41조의 대상이 되지 아니하는 경우에는 그 어선원등의 요양에 필요한 비용(제23조의6에 따른 재요양을 포함한 요양기간의 최초 3개월 이내의 비용만 해당한다)을 요양급여로 지급한다.(2011.12.31 본항개정)
③ 어선원등이 고의 또는 중대한 과실로 부상을 당하거나 질병에 걸린 경우에는 제1항 및 제2항에도 불구하고 요양급여를 지급하지 아니할 수 있다.
제23조의2【요양급여의 신청】 ① 제22조제1항 및 제23조에 따른 요양급여를 받으려는 사람은 소속 어선, 재해 발생 경위, 그 재해에 대한 의학적 소견, 그 밖에 해양수산부령으로 정하는 사항을 적은 서류를 첨부하여 중앙회에 요양급여의 신청을 하여야 한다.
② 요양급여의 신청 절차와 방법은 해양수산부령으로 정한다.
(2013.3.23 본조개정)
제23조의3【진료비의 청구 등】 ① 지정의료기관등이 제22조제2항에 따라 요양을 실시하고 그에 드는 비용(이하 "진료비"라 한다)을 받으려면 중앙회에 청구하여야 한다.
② 제1항에 따라 청구된 진료비에 관한 심사 및 결정, 지급 방법 및 지급 절차는 해양수산부령으로 정한다.
(2013.3.23 본항개정)
(2009.5.27 본조신설)
제23조의4【전원 요양】 ① 중앙회는 다음 각 호의 어느 하나에 해당하는 사유가 있으면 요양하고 있는 어선원등을 다른 지정의료기관등으로 옮겨 요양하게 할 수 있다.
1. 어선원등이 요양하고 있는 지정의료기관등의 인력·시설 등이 그 어선원등의 전문적인 치료에 맞지 아니하여 다른 지정의료기관등으로 옮길 필요가 있는 경우
2. 생활근거지에서 요양하기 위하여 다른 지정의료기관등으로 옮길 필요가 있는 경우
3. 「산업재해보상보험법」 제43조제1항제2호에 따른 상급종합병원에서 전문적인 치료 후 다른 지정의료기관등으로 옮길 필요가 있는 경우(2021.6.15 본호개정)
4. 그 밖에 대통령령으로 정하는 절차를 거쳐 부득이한 사유가 있다고 인정되는 경우
② 요양하고 있는 어선원등은 제1항제1호부터 제3호까지의 어느 하나에 해당하는 사유가 있으면 중앙회에 전원(轉院) 요양을 신청할 수 있다.
(2009.5.27 본조신설)
제23조의5【추가 부상·질병에 따른 요양급여의 신청】 요양하고 있는 어선원등이 다음 각 호의 어느 하나에 해

당하는 경우에 그 부상 또는 질병에 대한 요양급여를 신청할 수 있다.(2021.6.15 본문개정)
1. 그 재해로 이미 발생한 부상이나 질병이 추가로 발견되어 요양이 필요한 경우
2. 그 재해로 발생한 부상이나 질병이 원인이 되어 새로운 질병이 발생하여 요양이 필요한 경우
(2021.6.15 본조제목개정)
(2009.5.27 본조신설)
제23조의6【재요양】 ① 제22조 및 제23조에 따른 요양급여를 받은 사람이 치유 후 요양의 대상이 되었던 직무상의 부상 또는 질병이 재발하거나 치유 당시보다 상태가 악화되어 이를 치유하기 위한 적극적인 치료가 필요하다는 의학적 소견이 있으면 다시 제22조 및 제23조에 따른 요양급여(이하 "재요양"이라 한다)를 받을 수 있다.
② 재요양의 요건과 절차 등에 필요한 사항은 대통령령으로 정한다.
(2009.5.27 본조신설)
제23조의7【건강보험의 우선 적용】 ① 제23조의2에 따라 요양급여의 신청을 한 자는 중앙회가 이 법에 따른 요양급여에 관한 결정을 하기 전에는 「국민건강보험법」 제41조에 따른 요양급여 또는 「의료급여법」 제7조에 따른 의료급여(이하 "건강보험 요양급여등"이라 한다)를 받을 수 있다.
② 제1항에 따라 건강보험 요양급여등을 받은 자가 「국민건강보험법」 제44조 또는 「의료급여법」 제10조에 따른 본인 일부 부담금을 의료기관에 납부한 후에 이 법에 따른 요양급여 수급권자로 결정된 경우에는 그 납부한 본인 일부 부담금 중 제22조제4항에 따른 요양급여에 해당하는 금액을 중앙회에 청구할 수 있다.
(2020.2.18 본조신설)
제23조의8【요양급여 비용의 정산】 ① 중앙회는 「국민건강보험법」 제13조에 따른 국민건강보험공단 또는 「의료급여법」 제5조에 따른 시장, 군수 또는 구청장(이하 "국민건강보험공단등"이라 한다)이 제23조의7제1항에 따라 이 법에 따른 요양급여의 수급권자에게 건강보험 요양급여등을 우선 지급하고 그 비용을 청구하는 경우에는 그 건강보험 요양급여등이 이 법에 따라 지급할 수 있는 요양급여에 상당한 것으로 인정되면 그 요양급여에 해당하는 금액을 지급할 수 있다.
② 중앙회가 수급권자에게 요양급여를 지급한 후 그 지급결정이 취소된 경우로서 그 지급한 요양급여가 「국민건강보험법」 또는 「의료급여법」에 따라 지급할 수 있는 건강보험 요양급여등에 상당한 것으로 인정되면 중앙회는 그 건강보험 요양급여등에 해당하는 금액을 국민건강보험공단등에 청구할 수 있다.
(2020.2.18 본조신설)
제24조【부상 및 질병급여】 ① 직무상 부상을 당하거나 질병에 걸려 요양하고 있는 어선원등에게는 4개월 이내의 범위에서 그 부상 또는 질병이 치유될 때까지 매월 1회 통상임금에 상당하는 금액을 부상 및 질병급여로 지급하고, 4개월이 지나도 치유되지 아니하는 경우에는 치유될 때까지 매월 1회 통상임금의 100분의 70에 상당하는 금액을 부상 및 질병급여로 지급한다.
② 중앙회는 승무 중 직무 외의 원인으로 부상을 당하거나 질병(어선원등의 고의 또는 중대한 과실로 인한 부상 또는 질병은 제외한다)에 걸려 요양하고 있는 어선원등에게는 요양기간(최초 3개월 이내로 한정한다) 동안 매월 1회 통상임금의 100분의 70에 상당하는 금액을 부상 및 질병급여로 지급한다.
③ 제1항 후단 및 제2항에 따라 산정된 부상 및 질병급여가 「선원법」 제59조에 따른 최저임금액에 미달하는 경우에는 그 최저임금액을 부상 및 질병급여의 지급액으로 한다.
(2021.6.15 본조개정)
제25조【장해급여】 ① 장해급여는 직무상 부상을 당하거나 질병에 걸려 치유된 후에도 신체에 장해가 남은 어선원등에게 지급한다.
② 장해급여는 「산업재해보상보험법」 제57조제2항의 장해등급에 따른 장해보상일시금의 일수(日數)에 승선평균임금을 곱하여 산정한다.
제25조의2【합병증 등 예방관리】 ① 중앙회는 직무상의 부상 또는 질병이 치유된 사람 중에서 합병증 등 재요양 사유가 발생할 우려가 있는 사람에게 지정의료기관등에서 그 예방에 필요한 조치를 받도록 할 수 있다.
② 제1항에 따른 조치대상, 조치내용 및 조치비용 산정기준 등 예방관리에 필요한 구체적인 사항은 대통령령으로 정한다.
(2021.6.15 본조신설)
제26조【일시보상급여】 제22조제1항 및 제24조제1항에 따라 요양급여와 부상 및 질병급여를 받고 있는 어선원등의 부상 또는 질병이 요양을 시작한 지 2년이 지나도 치유되지 아니하는 경우에는 「산업재해보상보험법」 제57조제2항에 따른 제1급의 장해등급에 해당하는 장해보상일시금의 일수에 승선평균임금을 곱하여 산정한 금액을 그 어선원등에게 한꺼번에 지급할 수 있다. 이 경우 제22조제1항, 제24조제1항 및 제25조제1항에 따른 보험급여의 책임은 면한다.(2021.6.15 전단개정)
제27조【유족급여】 ① 어선원등이 직무상 사망한 경우(직무상 부상 또는 질병으로 요양하는 중에 사망한 경우를 포함한다. 이하 같다)에 대통령령으로 정하는 유족(이하 "유족"이라 한다)에게 승선평균임금의 1천300일분에 상당하는 금액을 유족급여로 지급한다.
② 중앙회는 어선원등이 승무 중 직무 외의 원인으로 사망한 경우(제23조제1항 및 제2항에 따른 승무 중 직무 외의 원인으로 인한 부상 또는 질병으로 요양하는 중에 사망한 경우를 포함한다. 이하 같다)에 유족에게 승선평균임금의 1천일분에 상당하는 금액을 유족급여로 지급한다. 다만, 그 어선원등이 자신의 고의 또는 중대한 과실로 인하여 사망한 경우에는 유족급여를 지급하지 아니할 수 있다.
제28조【장례비】 ① 중앙회는 어선원등이 직무상 사망하거나 승무 중 직무 외의 원인으로 사망한 경우에 장례를 지낸 유족에게 승선평균임금의 120일분에 상당하는 금액을 장례비로 지급한다.
② 제1항에 따른 유족이 없는 경우에는 실제로 장례를 지낸 자에게 제1항의 장례비를 지급한다.
제29조【행방불명급여】 ① 중앙회는 사고가 발생한 어선에 있던 어선원등의 생사가 불명하거나 어로 활동 또는 항행 중인 어선에 있던 어선원등이 행방불명이나 그 밖의 사유로 생사가 불명한 경우에는 그 기간(이하 "행방불명기간"이라 한다)이 1개월을 넘을 때에는 대통령령으로 정하는 피부양자에게 통상임금의 1개월분과 승선평균임금의 3개월분에 상당하는 금액을 행방불명급여로 지급한다.
② 제1항에 따른 어선원등의 행방불명기간이 1개월을 넘을 때에는 제27조 및 제28조에 따른 유족급여 및 장례비를 지급한다.
③ 중앙회는 제2항에 따른 보험급여를 지급한 후 행방불명되었던 사람의 생존 사실이 확인되었을 때에는 그 보험급여를 받은 자가 선의(善意)인 경우에는 지급한 금액을 반환받고, 악의(惡意)인 경우에는 지급한 금액의 2배에 해당하는 금액을 반환받아야 한다.
④ 행방불명기간은 사고가 발생한 어선에 있던 어선원등의 생사가 불명한 경우에는 그 사고가 발생한 날부터 기산하고, 어로 활동 또는 항행 중인 어선에 있던 어선원등이 행방불명이나 그 밖의 사유로 생사가 불명한 경우에는 그 어선원등이 행방불명된 날부터 기산한다. 다만, 어선사고가 발생한 날을 알 수 없는 경우에는 최후 통신한 날부터 기산하고, 최후 통신한 날을 알 수 없는 경우에는 출항한 다음 날부터 기산한다.
제30조【소지품 유실급여】 어선원등이 승선 중 어선재해로 인하여 소지품을 잃어버린 경우에는 통상임금 2개월분의 범위에서 그 잃어버린 소지품의 가액에 상당하는 금액을 소지품 유실급여로 지급한다.
제31조【다른 보상 또는 배상과의 관계】 ① 수급권자가 이 장에 따라 보험급여를 받았거나 받을 수 있는 경우에 보험가입자는 같은 사유에 대하여 「선원법」 및 「근로기준법」에 따른 재해보상책임이 면제된다.
② 수급권자가 어선원등의 재해로 인하여 이 장에 따라 보험급여를 받은 경우에 보험가입자는 그 금액의 한도에서 「민법」이나 그 밖의 법령에 따른 손해배상책임이 면제된다.
③ 수급권자가 같은 사유로 「민법」이나 그 밖의 법령에 따라 이 법의 보험급여에 해당하는 금품을 받으면 중앙회는 그 받은 금품을 대통령령으로 정하는 방법에 따라 환산한 금액의 범위에서 이 법에 따른 보험급여를 지급하지 아니한다.
제31조의2【미지급 보험급여】 ① 보험급여의 수급권자가 사망한 경우에 그 수급권자에게 지급하여야 할 보험급여 중 아직 지급되지 아니한 보험급여가 있으면 그 수급권자의 유족(유족급여의 경우에는 그 유족급여를 받을 수 있는 다른 유족을 말한다)의 청구에 따라 그 보험급여를 지급한다.
② 제1항의 경우에 그 수급권자가 사망 전에 보험급여를 청구하지 아니하면 같은 항에 따른 유족의 청구에 따라 그 보험급여를 지급한다.
(2009.5.27 본조신설)
제31조의3【보험급여 지급의 제한】 ① 중앙회는 요양하고 있는 어선원등이 정당한 사유 없이 요양에 관한 결정을 위반하여 부상·질병 또는 장해의 상태를 악화시키거나 그 치유를 방해한 경우에는 보험급여의 전부 또는 일부를 지급하지 아니할 수 있다.
② 중앙회는 제21조제1항제5호·제7호에 따른 유족급여·행방불명급여 또는 제31조의2에 따른 미지급 보험급여를 받을 수 있는 사람 중 어선원등에 대하여 양육책임이 있었던 사람이 이를 이행하지 아니하였던 경우에는 양육책임을 이행하지 아니한 기간, 정도 등을 고려하여 대통령령으로 정하는 바에 따라 해당 급여의 전부 또는 일부를 지급하지 아니할 수 있다.(2024.1.23 본항신설)
③ 중앙회는 제1항 및 제2항에 따라 보험급여를 지급하지 아니하기로 결정하면 지체 없이 이를 해당 보험가입자와 보험급여를 청구한 자에게 알려야 한다.(2024.1.23 본항개정)
④ 제1항에 따라 보험급여지급 제한의 대상이 되는 보험급여의 종류 및 제한 범위는 대통령령으로 정한다.
(2024.1.23 본항개정)
(2009.5.27 본조신설)
제32조【부당이득의 징수 등】 ① 중앙회는 이 장에 따른 보험급여를 받은 자가 다음 각 호의 어느 하나에 해당하는 경우에는 그 급여액에 해당하는 금액을 징수하여야 한다. 다만, 제1호의 경우에는 그 급여액의 2배에 해당하는 금액을 징수한다.
1. 거짓이나 그 밖의 부정한 방법으로 보험급여를 받은 경우
2. 그 밖에 보험급여가 잘못 지급된 경우
② 제1항제1호의 경우 보험가입자의 거짓 신고나 거짓 증명 또는 요양기관의 거짓 진단으로 인하여 보험급여가 지급되었을 때에는 그 보험가입자 또는 요양기관도 수급권자와 연대하여 책임을 진다.
③ 중앙회는 제1항에 따른 부당이득을 얻은 자에게 지급할 보험급여가 있는 경우에는 이를 제1항에 따라 징수할 금액에 충당할 수 있다.
제33조【손해배상청구권의 대위 등】 ① 중앙회는 제3자의 행위에 의한 재해로 인하여 어선원등에게 이 장에 따른 보험급여를 지급한 경우에 그 급여액의 범위에서 보험급여를 받은 자의 제3자에 대한 손해배상청구권을 대위(代位)한다.
② 중앙회는 제3자의 행위에 의한 재해로 인하여 보험급여의 지급 사유가 발생하였으나 그 재해를 원인으로 제3자로부터 손해배상을 받은 어선원등에게는 그 배상액의 범위에서 이 장에 따른 보험급여를 지급하지 아니한다.
③ 수급권자와 보험가입자는 제3자의 행위에 의하여 재해가 발생하였을 때에는 지체 없이 그 사실을 중앙회에 신고하여야 한다.
제33조의2【어선원보험의 보험급여 지급방법 등】 ① 중앙회는 어선원보험의 보험급여를 지급대상자 명의의 지정된 계좌(이하 "보험급여계좌"라 한다)로 입금하여야 한다. 다만, 통신장애나 그 밖에 대통령령으로 정하는 불가피한 사유로 보험급여계좌로 이체할 수 없을 때에는 대통령령으로 정하는 바에 따라 보험급여를 지급할 수 있다.
② 보험급여계좌의 해당 금융기관은 이 법에 따른 보험급여만이 보험급여계좌로 입금되도록 관리하여야 한다.
③ 제1항에 따른 보험급여의 지급 절차 및 제2항에 따른 보험급여계좌의 관리에 필요한 사항은 대통령령으로 정한다.
(2015.2.3 본조신설)
제34조【수급권의 보호】 ① 어선원등의 보험급여를 받을 권리는 그 퇴직으로 인하여 소멸되지 아니한다.
② 보험급여를 받을 권리 및 제33조의2제1항에 따른 보험급여계좌의 예금 중 대통령령으로 정하는 액수 이하의 금액에 관한 채권은 양도하거나 압류할 수 없다.
(2015.2.3 본항개정)
③ (2015.2.3 삭제)
제35조【수급권의 대위】 보험가입자가 소속 어선원등의 재해에 관하여 이 법에 따른 보험급여의 지급 사유와 같은 사유로 「민법」이나 그 밖의 법령에 따라 보험급여에 상당하는 금품을 수급권자에게 미리 지급한 경우로서 그 금품이 보험급여를 대체하여 지급되었다고 인정되는 경우에 보험가입자는 대통령령으로 정하는 바에 따라 그 수급권자의 보험급여를 받을 권리를 대위한다.

제3절 보험료

제36조【보험료의 징수】 ① 중앙회는 어선원보험사업에 드는 비용에 충당하기 위하여 보험가입자로부터 보험료(이하 "어선원보험료"라 한다)를 징수한다.
② 중앙회는 보험가입자의 부담을 줄이기 위하여 어선원보험료를 분할하여 징수할 수 있다.
제37조【보험료의 산정】 중앙회는 보험가입자가 운영하는 어선의 어선원등에게 적용되는 임금의 연간총액(이하 "임금총액"이라 한다)에 제39조 또는 제40조에 따른 보험료율을 곱하여 어선원보험료를 산정한다.
제38조【임금총액의 변경신고】 보험가입자는 임금 및 어선원등의 증감에 따라 임금총액이 변경된 경우 그 구체적인 내용을 중앙회에 신고하고, 중앙회는 이에 따라 어선원보험료를 조정할 수 있다.
제39조【보험료율의 결정】 보험료율은 매년 6월 30일부터 계산하여 과거 3년간[기산일(起算日)부터 어선등록일까지의 기간이 3년 미만인 경우에는 그 기산일부터 어선등록일까지의 기간을 말한다]의 임금총액에 대한 보험급여총액의 비율과 이 장에 따른 보험급여에 필요한 금액 및 어선원보험사업의 운영비 등을 고려하여 어선의 업종별·규모별로 구분하여 해양수산부령으로 정한다.
(2013.3.23 본조개정)
제40조【보험료율의 특례】 중앙회는 해양수산부령으로 정하는 어선에 대하여는 제39조에도 불구하고 보험가입자별·어업별로 징수한 어선원보험료와 이미 지급한 보험급여액의 비율 또는 조업기간 등을 고려하여 해양수산부령으로 정하는 바에 따라 인상하거나 인하한 보험료율을 다음 보험연도의 보험료율로 할 수 있다.
(2013.3.23 본조개정)
제41조【보험료의 신고·납부】 ① 보험가입자는 매 보험연도의 보험기간 동안 모든 어선원등에게 지급한 임금총액(지급하기로 결정된 금액을 포함한다)에 제39조 또는 제40조에 따른 보험료율을 곱하여 산정한 금액을 다음 보험연도의 첫날부터 70일 이내에 신고·납부하여야 한다.
② 중앙회는 보험가입자가 제1항에 따른 신고를 하지 아니하거나 그 신고가 사실과 다를 때에는 그 사실을 조사하여 어선원보험료를 산정하여야 한다.

③ 중앙회는 제2항에 따라 산정된 어선원보험료를 내지 아니한 보험가입자에게는 그 보험료 전액을 징수하고, 어선원보험료를 낸 보험가입자에게는 그 낸 보험료의 차액이 있으면 그 초과액을 반환하거나 부족액을 징수하여야 한다.

제41조의2【보험료 등의 경감】 ① 해양수산부장관은 천재지변, 그 밖에 대통령령으로 정하는 특수한 사유가 있어 어선원보험료 등 이 장에 따른 징수금을 줄일 필요가 있다고 인정하는 보험가입자에게는 「수산업·어촌 발전 기본법」 제8조제1항에 따른 중앙 수산업·어촌정책심의회의 심의를 거쳐 어선원보험료 등 이 장에 따른 징수금을 줄일 수 있다. 이 경우 줄이는 비율은 100분의 50의 범위에서 대통령령으로 정한다.(2023.10.31 전단개정)
② 중앙회는 어선원보험료를 자동계좌이체의 방법으로 내는 어선의 소유자에 대하여는 대통령령으로 정하는 바에 따라 어선원보험료를 줄이거나 추첨에 따라 경품을 제공하는 등 재산상의 이익을 제공할 수 있다.
(2009.5.27 본조신설)

제41조의3【보험료 등의 일부면제】 제16조제1항 본문에 따른 보험의 당연가입자가 제18조에 따른 보험관계가 성립한 날부터 1년 이상을 지나서 보험에 가입한 경우에는 보험에 가입한 날이 속하는 보험연도와 그 바로 전 보험연도를 제외한 이전 보험연도의 어선원보험료 및 연체금을 면제한다.(2009.5.27 본조신설 : 2010.12.31까지 유효)

제41조의4【신용카드등으로 하는 보험료 등의 납부】 ① 보험가입자(제49조의 어선보험가입자를 포함한다)는 보험료 등을 대통령령으로 정하는 보험료납부대행기관을 통하여 신용카드, 직불카드 등(이하 이 조에서 "신용카드등"이라 한다)로 납부할 수 있다.
② 제1항에 따라 신용카드등으로 보험료를 납부하는 경우에는 보험료납부대행기관의 승인일을 납부일로 본다.
③ 보험료납부대행기관은 납부의무자로부터 신용카드등에 의한 보험료 등 납부대행 용역의 대가로 납부대행 수수료를 받을 수 있다.
④ 보험료납부대행기관의 지정 및 운영, 수수료 등에 관하여 필요한 사항은 대통령령으로 정한다.
(2020.2.18 본조신설)

제42조【보험료 등 과납액의 충당과 반환】 ① 중앙회는 다음 각 호의 금액을 대통령령으로 정하는 순위에 따라 어선원보험료 등 이 장에 따른 징수금에 우선 충당하고, 남은 금액을 해당 보험가입자에게 반환하여야 한다.
1. 어선원보험료 등 이 장에 따른 징수금 및 체납처분비로 낸 금액 중 잘못 낸 금액
2. 제35조에 따라 보험가입자가 대위하는 금액
3. 어선원보험료 등 이 장에 따른 징수금의 체납기간 중에 발생한 재해에 대하여 보험가입자에게 지급하여야 할 보험급여액
② 중앙회는 제1항제1호에 따라 잘못 낸 금액을 어선원보험료 등 이 장에 따른 징수금에 충당하거나 반환할 때에는 그 납부일의 다음 날부터 충당 또는 반환하는 날까지의 기간에 대하여 대통령령으로 정하는 이자율에 따라 계산한 금액을 그 잘못 낸 금액에 가산하여야 한다.

제43조【연체금의 징수】 중앙회는 보험가입자가 납부기한까지 어선원보험료 등 이 장에 따른 징수금을 내지 아니하면 그 연체기간에 대하여 36개월을 넘지 아니하는 기간 이내에서 은행의 연체이자율 등을 고려하여 대통령령으로 정하는 바에 따라 연체금을 일단위로 징수한다. 다만, 연체금이 소액이거나 그 밖에 그 징수가 적절하지 아니하다고 인정되어 대통령령으로 정하는 경우에는 그러하지 아니하다.(2012.2.22 본문개정)

제44조【보험가입자로부터의 보험급여액 징수】 중앙회는 다음 각 호의 어느 하나에 해당하는 어선원등의 재해에 대하여 보험급여를 지급하는 경우에는 대통령령으로 정하는 바에 따라 그 급여액의 일부를 보험가입자로부터 징수할 수 있다.
1. 보험가입자가 제20조에 따른 보험 가입 신고를 게을리한 기간 중에 발생한 재해
2. 보험가입자가 어선원보험료의 납부를 게을리한 기간 중에 발생한 재해

제45조【징수금의 통지 및 독촉】 ① 중앙회는 어선원보험료 등 이 장에 따른 징수금을 징수하는 경우에는 납부의무자에게 그 금액과 납부기한을 서면으로 알려야 한다.
② 중앙회는 납부의무자가 어선원보험료 등 이 장에 따른 징수금을 납부기한까지 내지 아니하면 기한을 정하여 납부의무자에게 납부를 독촉하여야 한다.
③ 중앙회는 제2항에 따라 납부를 독촉하는 경우에는 독촉장을 발급하여야 한다. 이 경우 납부기한은 10일 이상의 여유가 있도록 하여야 한다.

제46조【징수금의 체납처분 등】 ① 중앙회는 제45조제2항 및 제3항에 따른 독촉을 받은 자가 그 기한까지 어선원보험료 등 이 장에 따른 징수금을 내지 아니하면 해양수산부장관의 승인을 받아 국세 체납처분의 예에 따라 징수할 수 있다.(2013.3.23 본항개정)
② 중앙회는 제1항에 따른 국세 체납처분의 예에 따라 압류한 재산을 공매하는 경우에 전문지식이 필요하거나 그 밖의 특수한 사정이 있어 직접 공매하기에 적당하지 아니하다고 인정하는 경우에는 대통령령으로 정하는 바에 따라 「한국자산관리공사 설립 등에 관한 법률」에 따라 설립된 한국자산관리공사(이하 "한국자산관리공사"라 한다)로 하여금 압류한 재산의 공매를 대행하게 할 수 있다. 이 경우 공매는 중앙회가 한 것으로 본다.(2019.11.26 전단개정)
③ 중앙회는 제2항에 따라 한국자산관리공사로 하여금 공매를 대행하게 하는 경우에는 해양수산부령으로 정하는 바에 따라 수수료를 지급할 수 있다.(2013.3.23 본항개정)
④ 제2항에 따라 한국자산관리공사가 공매를 대행하는 경우에 한국자산관리공사의 임직원은 「형법」 제129조부터 제132조까지의 규정을 적용할 때에는 공무원으로 본다.

제46조의2【법인의 합병으로 인한 납부의무의 승계】 법인이 합병한 경우에는 합병 후 존속하는 법인 또는 합병으로 인하여 설립되는 법인은 합병으로 인하여 소멸된 법인에 부과되었거나 그 법인이 내야 하는 어선원보험료 등 이 장에 따른 징수금과 체납처분비를 낼 의무를 진다.
(2009.5.27 본조신설)

제46조의3【상속으로 인한 납부의무의 승계】 ① 상속이 시작된 경우에는 그 상속인(「민법」 제1078조에 따라 포괄유증을 받은 자를 포함한다. 이하 같다) 또는 「민법」 제1053조에 따른 상속재산관리인(이하 "상속재산관리인"이라 한다)은 피상속인에게 부과되었거나 그 피상속인이 내야 하는 어선원보험료 등 이 장에 따른 징수금과 체납처분비를 상속으로 인하여 얻은 재산 범위에서 낼 의무를 진다.
② 제1항의 경우에 상속인이 2명 이상인 때에는 각 상속인은 피상속인에게 부과되거나 그 피상속인이 내야 하는 어선원보험료 등 이 장에 따른 징수금과 체납처분비를 「민법」 제1009조·제1010조·제1012조 및 제1013조에 따른 상속분에 따라 안분하여 계산한 어선원보험료 등 이 장에 따른 징수금과 체납처분비를 상속으로 인하여 얻은 재산 범위에서 연대하여 낼 의무를 진다. 이 경우 각 상속인은 그 상속인 중에서 피상속인의 어선원보험료 등 이 장에 따른 징수금과 체납처분비를 낼 대표자를 정하여 대통령령으로 정하는 바에 따라 중앙회에 신고하여야 한다.
③ 제1항의 경우에 상속인의 존재 여부가 분명하지 아니하면 상속인에게 하여야 하는 어선원보험료 등 이 장에 따른 징수금과 체납처분비 납부의 알림·독촉, 그 밖에 필요한 사항은 상속재산관리인에게 하여야 한다.
④ 제1항의 경우에 상속인의 존재 여부가 분명하지 아니하고 상속재산관리인도 없는 경우에는 중앙회는 상속시작지를 관할하는 법원에 상속재산관리인의 선임을 청구할 수 있다.
⑤ 제1항의 경우에 피상속인에 대하여 행한 처분 또는 절차는 상속인 또는 상속재산관리인에 대하여도 효력이 있다.
(2009.5.27 본조신설)

제46조의4【연대납부의무】 ① 공동사업에 관계되는 어선원보험료 등 이 장에 따른 징수금과 체납처분비는 공동사업자가 연대하여 낼 의무를 진다.
② 법인이 분할 또는 분할합병되는 경우에는 분할한 법인에 대하여 분할일 또는 분할합병일 이전에 부과되었거나 내야 하는 의무가 성립한 어선원보험료 등 이 장에 따른 징수금과 체납처분비는 다음 각 호의 법인이 연대하여 낼 책임을 진다.
1. 분할되는 법인
2. 분할 또는 분할합병으로 인하여 설립되는 법인
3. 분할되는 법인의 일부가 다른 법인과 합병하여 그 다른 법인이 존속하는 경우 그 다른 법인
③ 법인이 분할 또는 분할합병으로 인하여 해산되는 경우 해산되는 법인에 대하여 부과되었거나 그 법인이 내야 하는 어선원보험료 등 이 장에 따른 징수금과 체납처분비는 제2항제2호 및 제3호의 법인이 연대하여 낼 책임을 진다.
(2009.5.27 본조신설)

제46조의5【연대납부의무에 관한 「민법」의 준용】 이 장에 따라 어선원보험료 등 이 장에 따른 징수금과 체납처분비를 연대하여 낼 의무에 관하여는 「민법」 제413조부터 제416조까지, 제419조, 제421조, 제423조 및 제425조부터 제427조까지의 규정을 준용한다.(2009.5.27 본조신설)

제46조의6【「국세기본법」의 준용】 어선원보험료 등 이 장에 따른 징수금의 체납처분유예를 위한 납부담보의 제공에 관하여는 「국세징수법」 제18조부터 제23조까지의 규정을 준용한다. 이 경우 "세법"은 "이 법"으로, "납세담보"는 "납부담보"로, "세무서장"은 "중앙회"로, "납세보증보험증권"은 "납부보증보험증권"으로, "납세보증서"는 "납부보증서"로, "납세담보물"은 "납부담보물"로, "국세·가산금과 체납처분비"는 "어선원보험료 등 이 장에 따른 징수금과 체납처분비"로 본다.(2020.12.29 전단개정)

제47조【징수금의 결손처분】 ① 중앙회는 다음 각 호의 어느 하나에 해당하는 경우에는 해양수산부장관의 승인을 받아 어선원보험료 등 이 장에 따른 징수금을 결손처분할 수 있다.(2013.3.23 본문개정)
1. 체납처분이 끝나고 체납액에 충당된 배분금액이 그 체납액보다 적은 경우
2. 소멸시효가 완성된 경우
3. 징수할 가능성이 없다고 인정하여 대통령령으로 정하는 경우
② 중앙회는 제1항제3호에 따라 결손처분을 한 후 압류할 수 있는 다른 재산을 발견하였을 때에는 지체 없이 그 처분을 취소하고, 다시 체납처분을 하여야 한다.

제47조의2【보험료 징수의 우선순위】 어선원보험료 등 이 장에 따른 징수금 및 체납처분비는 국세 및 지방세를 제외한 다른 채권에 우선하여 징수한다. 다만, 어선원보험료 등의 납부기한 전에 전세권·질권 또는 저당권의 설정을 등기 또는 등록한 사실이 증명되는 재산을 매각하여 그 매각대금 중에서 어선원보험료 등을 징수하는 경우에 그 전세권·질권 또는 저당권에 따라 담보된 채권은 그러하지 아니하다.(2009.5.27 본조신설)

제48조【서류의 송달】 어선원보험료 등 이 장에 따른 징수금에 관련한 서류의 송달에 대하여는 「국세기본법」 제8조부터 제12조까지를 준용한다.

제4장 어선재해보상보험
(2009.5.27 본장개정)

제49조【어선보험가입자】 ① 제6조제1항제1호 및 제2호에 따른 어선을 제외한 어선의 소유자는 어선재해보상보험(이하 "어선보험"이라 한다)에 가입할 수 있다.
② 어선보험의 가입금액(이하 "보험가입금액"이라 한다)은 제52조에 따른 보험가액에 대통령령으로 정하는 비율을 곱하여 산정한 금액 이상이 되어야 한다.

제50조【보험대상의 범위 및 보험기간】 ① 어선보험의 대상은 어선을 구성하는 선체, 기관 및 어선에 장치된 설비품을 일괄하여 한 단위로 한다.(2024.1.23 본항개정)
② 어선보험의 보험기간은 가입 이후 1년 이내로 한다.

제51조【어선보험급여】 ① 중앙회는 어선재해로 인하여 어선보험의 대상에 손해가 발생한 경우 보험가입자의 청구를 받아 보험가입금액과 손실률에 따라 산출한 금액을 어선보험급여로 지급한다.
② 제1항에 따른 어선보험급여는 지급결정일부터 14일 이내에 지급하여야 한다.

제52조【보험가액】 보험가액은 보험대상인 어선의 잔존가액으로 한다. 이 경우 잔존가액 산정기준은 해양수산부령으로 정한다.(2013.3.23 후단개정)

제53조【어선보험료 및 보험료율의 결정】 ① 어선보험료는 보험가입금액에 보험료율을 곱한 금액으로 한다.
② 보험료율은 매년 6월 30일부터 계산하여 과거 3년간을 기준으로 어선보험의 보험가입금총액에 대한 보험금총액의 비율 및 보험사업의 운영비 등을 고려하여 어선의 업종별·규모별로 구분하여 해양수산부령으로 정한다.
(2013.3.23 본항개정)
③ 어선보험료율의 특례에 대하여는 제40조를 준용한다.

제54조【보험대상 및 제3자에 대한 대위】 ① 중앙회는 어선보험의 대상 전체가 손실되어 보험가입금액의 전부를 지급하였을 때에는 그 대상 및 잔존물에 대한 보험가입자의 권리를 대위한다. 다만, 보험가액의 일부를 보험에 가입한 경우에는 그 보험가입금액에 대하여만 보험가입자의 권리를 대위한다.
② 중앙회는 제3자의 행위에 의한 재해로 인하여 어선보험의 보험급여를 지급한 경우에는 그 급여액의 범위에서 보험급여를 받은 자의 제3자에 대한 손해배상청구권을 대위한다.
③ 중앙회는 제3자의 행위에 의한 재해로 인하여 어선보험의 보험급여 지급 사유가 발생하였으나 그 재해를 원인으로 제3자로부터 손해배상을 받은 보험가입자에게는 그 배상액의 범위에서 보험급여를 지급하지 아니한다.
④ 보험가입자는 제3자의 행위에 의한 재해로 어선보험대상 어선이 손실되었을 때에는 지체 없이 그 사실을 중앙회에 신고하여야 한다.

제55조【보험대상인 어선의 양도에 따른 권리·의무의 승계】 보험가입자가 어선보험에 가입된 어선을 양도하는 경우 그 어선의 양수인은 어선보험계약에 관한 양도인의 권리·의무를 승계한 것으로 추정한다.

제56조【수급권의 보호】 어선보험의 보험급여를 받을 권리는 압류할 수 없다. 다만, 「민법」, 「상법」, 그 밖의 법률에 따라 어선보험의 대상인 어선에 대하여 우선변제를 받을 권리를 가진 경우에는 그러하지 아니하다.

제5장 심사청구 및 재심사청구
(2009.5.27 본장개정)

제57조【심사청구의 제기】 ① 보험급여에 관한 결정에 불복하는 자는 회원조합을 거쳐 중앙회에 심사청구를 할 수 있다. 이 경우 회원조합은 심사청구서에 의견서를 첨부하여 5일 이내에 중앙회에 제출하여야 한다.
② 제1항에 따른 심사청구는 해당 보험급여에 관한 결정이 있음을 안 날부터 90일 이내에 하여야 한다.
③ 보험급여에 관한 결정에 관하여는 「행정심판법」에 따른 행정심판을 제기할 수 없다.

제58조【심사청구에 대한 심리·결정】 ① 중앙회는 제57조제1항에 따라 심사청구를 받았을 때에는 그 청구를 받은 날부터 60일 이내에 심사청구에 대한 결정을 하여야 한다. 다만, 부득이한 사유로 그 기간에 결정을 할 수 없을 때에는 20일을 넘지 아니하는 범위에서 한 번만 그 기간을 연장할 수 있다.
② 중앙회는 심사청구를 심리(審理)하기 위하여 필요한 경우에는 청구인의 신청 또는 중앙회의 직권으로 다음 각 호의 행위를 할 수 있다.
1. 청구인이나 관계인을 지정장소에 출석하게 하여 질문

을 하거나 의견을 진술하게 하는 것
2. 청구인이나 관계인에게 증거가 될 수 있는 문서 또는 그 밖의 물건을 제출하게 하는 것
3. 전문적인 지식이나 경험을 가진 제3자로 하여금 감정을 하게 하는 것
4. 소속 직원으로 하여금 사건과 관계가 있는 어선이나 그 밖의 장소에 출입하여 보험가입자, 어선원등 또는 그 밖의 관계인에게 질문하게 하거나 문서 또는 그 밖의 물건을 검사하게 하는 것
5. 심사청구와 관계가 있는 어선원등에 대하여 제22조제2항 본문에 따른 의료기관에서 진단을 받게 하는 것
③ 제2항제4호에 따른 질문이나 검사를 하는 소속 직원은 그 권한을 표시하는 증표를 지니고 이를 관계인에게 보여주어야 한다.

제59조【재심사청구의 제기】 ① 제58조제1항에 따른 심사청구에 대한 중앙회의 결정에 불복하는 자는 제60조에 따른 어업재해보상보험 심사위원회에 재심사를 청구할 수 있다.
② 제1항에 따른 재심사청구는 중앙회를 거쳐 어업재해보상보험 심사위원회에 제기하여야 한다.
③ 제2항에 따라 재심사청구를 받은 중앙회는 10일 이내에 의견서를 첨부하여 어업재해보상보험 심사위원회에 보내야 한다.
④ 제1항에 따른 재심사청구는 심사청구에 대한 결정이 있음을 안 날부터 90일 이내에 제기하여야 한다.

제60조【어업재해보상보험 심사위원회】 ① 제59조에 따른 재심사청구를 심리·재결(裁決)하게 하기 위하여 해양수산부에 어업재해보상보험 심사위원회(이하 "심사위원회"라 한다)를 둔다.(2013.3.23 본항개정)
② 심사위원회는 위원장을 포함한 15명 이내의 위원으로 구성하되, 위원 중 1명은 당연직 위원으로 한다.
③ 심사위원회 위원은 다음 각 호의 어느 하나에 해당하는 사람 중에서 해양수산부장관이 위촉하되, 어선원 단체 및 어선의 소유자 단체가 추천하는 사람이 각각 3명 이상 포함되어야 한다. 다만, 당연직 위원은 해양수산부장관이 소속 3급 일반직공무원 또는 고위공무원단에 속하는 일반직공무원 중에서 지명하는 사람으로 한다.(2013.3.23 본문개정)
1. 3급 이상의 공무원 또는 고위공무원단에 속하는 일반직공무원으로 재직하고 있거나 재직하였던 사람
2. 판사·검사·변호사 또는 공인노무사로 10년 이상 일한 경력이 있는 사람
3. 「고등교육법」에 따른 대학에서 부교수 이상으로 재직하고 있거나 재직하였던 사람
4. 노동관계 업무에 15년 이상 종사한 사람으로서 심사위원회의 위원으로 적합하다고 인정되는 사람
5. 사회보험 또는 산업의학에 관한 학식과 경험이 있는 사람으로서 심사위원회의 위원으로 적합하다고 인정되는 사람
④ 다음 각 호의 어느 하나에 해당하는 사람은 위원에 임명될 수 없다.
1. 피성년후견인·피한정후견인(2014.3.18 본호개정)
2. 파산선고를 받고 복권되지 아니한 사람
3. 금고 이상의 실형을 선고받고 그 집행이 끝나거나(집행이 끝난 것으로 보는 경우를 포함한다) 집행이 면제된 날부터 3년이 지나지 아니한 사람
⑤ 위원(당연직 위원은 제외한다)의 임기는 3년으로 하되, 연임할 수 있다. 다만, 보궐위원의 임기는 전임자 임기의 남은 기간으로 한다.
⑥ 심사위원회의 조직·운영 등에 필요한 사항은 대통령령으로 정한다.

제61조【재심사청구에 대한 심리·재결】 ① 재심사청구에 대한 심리·재결에 관하여는 제58조를 준용한다. 이 경우 "중앙회"는 "심사위원회"로, "심사청구"는 "재심사청구"로, "결정"은 "재결"로, "소속 직원"은 "심사위원회의 위원"으로 본다.
② 심사위원회의 재결은 중앙회를 기속(羈束)한다.

제62조【심사청구인 및 재심사청구인의 지위승계】 심사청구인 또는 재심사청구인이 사망한 경우에 그 청구인이 보험급여의 수급권자일 때에는 제27조제1항에 따른 유족이 청구인의 지위를 승계하고, 청구인이 보험급여의 수급권자가 아닐 때에는 상속인이나 심사청구·재심사청구의 대상인 보험급여에 관련된 권리·이익을 승계한 자가 청구인의 지위를 승계한다.

제63조【다른 법률과의 관계】 ① 제57조 및 제59조에 따른 심사청구 및 재심사청구의 제기는 시효중단에 관하여 「민법」 제168조에 따른 재판상의 청구로 본다.
② 제61조에 따른 재심사청구에 대한 재결은 「행정소송법」 제18조를 적용할 때에는 행정심판에 대한 재결로 본다.
③ 제57조 및 제59조에 따른 심사청구 및 재심사청구에 관하여 이 법에서 정하고 있지 아니한 사항은 「행정심판법」에 따른다.

제6장 보 칙
(2009.5.27 본장개정)

제64조【통지】 중앙회는 보험료 등 이 법에 따른 징수금을 징수할 때에는 대통령령으로 정하는 바에 따라 보험가입자에게 그 금액과 납부기한을 미리 서면으로 알려야 한다.

제64조의2【납부기한의 연장】 중앙회는 천재지변 등 해양수산부령으로 정하는 사유에 따라 이 법에 규정된 신고·신청, 그 밖의 서류의 제출·통지·납부나 징수를 정하여진 기한까지 할 수 없다고 인정할 때에는 그 기한을 연장할 수 있다.(2013.3.23 본조개정)

제64조의3【어선등록자료의 통보 등】 「어선법」 제13조·제17조 또는 제19조에 따라 시장·군수·구청장이 어선의 등록 또는 변경등록을 하거나 어선의 등록을 말소한 경우에는 해양수산부령으로 정하는 바에 따라 그 사실을 지체 없이 중앙회에 알려야 한다.(2013.3.23 본조개정)

제64조의4【보험가입 여부 확인·통보】 어선 입출항의 신고기관의 장은 어선의 입출항 시 어선원보험 가입 여부를 확인하여야 하며, 어선원보험에 가입하지 아니한 어선에 대하여는 해양수산부령으로 정하는 바에 따라 그 사실을 지체 없이 중앙회에 알려야 한다.(2013.3.23 본조개정)

제65조【시효】 ① 보험료 등 이 법에 따른 징수금을 징수하거나 징수금을 반환받을 권리 및 보험급여를 받을 권리는 3년간 행사하지 아니하면 시효로 인하여 소멸한다. 다만, 보험급여 중 장해급여, 유족급여, 장례비를 받을 권리는 5년간 행사하지 아니하면 시효의 완성으로 소멸한다.(2021.6.15 단서신설)
② 제23조의8에 따른 중앙회 및 국민건강보험공단등의 권리는 3년간 행사하지 아니하면 시효로 인하여 소멸한다.(2020.2.18 본항신설)
③ 제1항 및 제2항에 따른 소멸시효에 관하여는 이 법에 규정된 것을 제외하고는 「민법」에 따른다.(2020.2.18 본항개정)

제66조【시효의 중단】 ① 제65조에 따른 소멸시효는 다음 각 호의 사유로 중단된다.
1. 제21조제2항 및 제51조제1항에 따른 청구
2. 제45조에 따른 통지 또는 독촉
3. 제46조에 따른 체납처분절차에 따라 하는 징수금 납부청구 또는 압류
② 제1항에 따라 중단된 소멸시효는 다음 각 호의 기한 또는 기간이 지났을 때부터 새로 진행한다.
1. 독촉에 따른 납부기한
2. 제45조제1항에 따라 통지한 납부기한
3. 징수금 납부청구 중의 기간
4. 압류기간

제67조【보고 등】 중앙회는 필요하다고 인정할 때에는 대통령령으로 정하는 바에 따라 이 법을 적용받는 보험가입자 또는 해당 어선에 종사하는 어선원등과 회원조합에 대하여 보험사업에 관하여 필요한 보고 또는 관계 서류의 제출을 요구할 수 있다.

제68조【보험가입자의 증명 등】 ① 보험가입자는 보험급여를 받을 자가 보험급여를 받는 데에 필요한 증명을 요구할 때에는 그 증명을 하여야 한다.
② 보험가입자가 행방불명되거나 그 밖의 부득이한 사유로 제1항에 따른 증명을 할 수 없는 경우에는 그 증명을 생략할 수 있다.
③ 보험가입자는 보험급여를 받을 자가 사고로 보험급여의 청구 등의 절차를 행하기 곤란하면 이를 도와야 한다.

제69조【검사 등】 ① 중앙회는 보험급여의 결정 및 지급, 보험급여에 관한 결정에 대한 심사청구의 심리·결정 등을 위하여 필요하다고 인정할 때에는 소속 직원으로 하여금 이 법을 적용받는 어선 및 어로작업장, 그 밖의 관련 장소에 출입하여 관계인에게 질문을 하게 하거나 관계 서류를 검사하게 할 수 있다.(2021.6.15 본항개정)
② 중앙회는 보험급여에 관하여 필요하다고 인정할 때에는 대통령령으로 정하는 바에 따라 보험급여를 받는 어선원등의 진료를 담당한 의사 등에게 그 어선원등의 진료에 관한 보고 또는 그 진료에 관한 서류·물건의 제출을 요구하거나 소속 직원으로 하여금 그 의사 등에게 질문을 하게 하거나 관계 서류 또는 물건을 검사하게 할 수 있다.
③ 중앙회는 어선재해가 발생하였을 때 어선의 사고 상황 및 손실률 등을 파악하기 위하여 필요하다고 인정하면 보험가입자에게 어선을 조사할 수 있도록 조치할 것을 명하거나 다른 장소로 어선을 이동할 것을 명할 수 있다.
④ 제1항부터 제3항까지의 규정에 따라 검사를 하거나 명령을 하는 사람은 그 권한을 표시하는 증표를 지니고 이를 관계인에게 보여주어야 한다.

제69조의2【진찰요구】 중앙회는 보험급여에 관하여 필요하다고 인정하면 대통령령으로 정하는 바에 따라 보험급여를 받은 자 또는 이를 받으려는 자에게 중앙회가 지정하는 의료기관에서 진찰을 받을 것을 요구할 수 있다.(2009.5.27 본조신설)

제69조의3【보험급여의 일시중지】 ① 중앙회는 보험급여를 받으려는 자가 다음 각 호의 어느 하나에 해당되면 보험급여의 지급을 일시중지할 수 있다.
1. 요양 중인 어선원등이 제23조의4제1항에 따른 중앙회의 전원 요양 결정에 정당한 사유 없이 따르지 아니하는 경우
2. 제67조에 따른 보고 또는 관계 서류의 제출요구에 따르지 아니하거나 거짓으로 보고한 경우
3. 제69조제1항 및 제2항에 따른 중앙회 소속 직원의 질문에 답변을 거부하거나 검사를 거부·방해 또는 기피한 경우
4. 제69조의2에 따른 진찰요구에 따르지 아니하는 경우
② 제1항에 따른 일시중지의 대상이 되는 보험급여의 종류, 일시중지의 기간 및 일시중지 절차는 대통령령으로 정한다.
(2009.5.27 본조신설)

제69조의4【공과금의 면제】 이 법에 따른 보험급여로서 지급된 금품에 대하여는 국가나 지방자치단체의 공과금을 부과하지 아니한다.(2012.2.22 본조신설)

제70조【벌칙 적용 시의 공무원 의제】 이 법에 따른 보험업무에 종사하는 중앙회·회원조합·수협은행의 임직원 및 심사위원회의 위원 중 공무원이 아닌 위원은 「형법」 제129조부터 제132조까지의 규정을 적용할 때에는 공무원으로 본다.(2020.2.18 본조개정)

제70조의2【권한의 위임】 이 법에 따른 해양수산부장관의 권한은 대통령령으로 정하는 바에 따라 그 일부를 소속 기관의 장에게 위임할 수 있다.(2013.3.23 본조개정)

제7장 벌 칙
(2009.5.27 본장개정)

제71조【과태료】 ① 제20조제1항에 따른 보험관계를 신고하지 아니하거나 거짓으로 신고한 자에게는 100만원 이하의 과태료를 부과한다.
② 다음 각 호의 어느 하나에 해당하는 자에게는 50만원 이하의 과태료를 부과한다.
1. 제20조제2항에 따른 보험관계의 변경신고를 하지 아니하거나 거짓으로 변경신고를 한 자
2. 제58조제2항(제61조제1항에서 준용하는 경우를 포함한다)에 따른 질문에 거짓으로 답변하거나 문서 또는 그 밖의 물건의 제출요구에 따르지 아니하거나 검사를 거부·방해 또는 기피한 자
3. 제67조에 따른 보고 또는 관계 서류의 제출요구에 따르지 아니하거나 거짓으로 보고한 자
4. 제69조제1항 및 제2항에 따른 중앙회 소속 직원의 질문에 답변을 거부하거나 검사를 거부·방해 또는 기피한 자
5. 제69조제3항에 따른 명령을 위반한 자
③ 제1항과 제2항에 따른 과태료는 대통령령으로 정하는 바에 따라 해양수산부장관이 부과·징수한다.(2013.3.23 본항개정)

부 칙 (2009.5.27)

① **【시행일】** 이 법은 2010년 1월 1일부터 시행한다.
② **【유효기간】** 제41조의3의 개정규정은 2010년 12월 31일까지 효력을 가진다.
③ **【경과조치】** 이 법 시행 전에 종전의 규정에 따라 어선원 및 어선 재해보상보험에 가입한 자는 이 법에 따라 가입된 것으로 본다.

부 칙 (2019.11.26)

제1조【시행일】 이 법은 공포한 날부터 시행한다.(이하 생략)

부 칙 (2020.2.18)

이 법은 공포 후 6개월이 경과한 날부터 시행한다. 다만, 제4조의 개정규정은 공포한 날부터 시행한다.

부 칙 (2020.12.29)

제1조【시행일】 이 법은 2021년 1월 1일부터 시행한다.(이하 생략)

부 칙 (2021.6.15)

제1조【시행일】 이 법은 공포 후 6개월이 경과한 날부터 시행한다.
제2조【시효 연장에 대한 적용례】 제65조제1항의 개정규정은 이 법 시행일 이후 급여의 지급사유가 발생하는 사람부터 적용한다.

부 칙 (2023.10.31)

제1조【시행일】 이 법은 공포 후 6개월이 경과한 날부터 시행한다.(이하 생략)

부 칙 (2024.1.23)

제1조【시행일】 이 법은 공포 후 6개월이 경과한 날부터 시행한다. 다만, 제50조제1항의 개정규정은 공포한 날부터 시행한다.
제2조【보험급여 지급 제한에 관한 적용례】 ① 제31조의3제2항의 개정규정은 이 법 시행 전에 유족급여·행방불명급여 또는 미지급 보험급여의 사유가 발생한 사람에 대해서도 적용한다.
② 제1항에 따른 보험급여의 제한은 이 법 시행 이후 최초로 도래하는 급여분부터 적용한다.

해양경비법

(2012년 2월 22일
법 률 제11372호)

개정
2013. 3.23법11690호(정부조직)
2013. 5.22법11810호
2013. 8.13법12090호
2014. 5.20법12600호(경찰직무)
2014.11.19법12844호(정부조직)
2015. 2. 3법13186호(선박의입항및출항등에관한법)
2017. 4.18법14804호(해양수산발전기본법)
2017. 4.18법14810호
2017. 7.26법14839호(정부조직)
2019. 8.20법16515호(해양경찰법)
2019. 8.27법16568호(양식산업발전법)
2019.12. 3법16701호
2020. 1.29법16902호(항만법)
2020.12.29법17798호
2022. 1.11법18755호(수산)

제1장 총 칙

제1조【목적】 이 법은 경비수역에서의 해양안보 확보, 치안질서 유지, 해양수산자원 및 해양시설 보호를 위하여 해양경비에 관한 사항을 규정함으로써 국민의 안전과 공공질서의 유지에 이바지함을 목적으로 한다.
(2017.4.18 본조개정)

제2조【정의】 이 법에서 사용하는 용어의 뜻은 다음과 같다.
1. "해양경비"란 해양경찰청장이 경비수역에서 해양주권의 수호를 목적으로 행하는 해양안보 및 해양치안의 확보, 해양수산자원 및 해양시설의 보호를 위한 경찰권의 행사를 말한다.(2017.7.26 본호개정)
2. "경비수역"이란 대한민국의 법령과 국제법에 따라 대한민국의 권리가 미치는 수역으로서 연안수역, 근해수역 및 원해수역을 말한다.
3. "연안수역"이란 「영해 및 접속수역법」 제1조 및 제3조에 따른 영해 및 내수(「내수면어업법」 제2조제1호에 따른 내수면은 제외한다)를 말한다.
4. "근해수역"이란 「영해 및 접속수역법」 제3조의2에 따른 접속수역을 말한다.
5. "원해수역"이란 「해양수산발전 기본법」 제3조제1호에 따른 해양 중 연안수역과 근해수역을 제외한 수역을 말한다.
6. "해양수산자원"이란 「해양수산발전 기본법」 제3조제2호에 따른 해양수산자원을 말한다.(2017.4.18 본호개정)
7. "해양시설"이란 「해양환경관리법」 제2조제17호에 따른 해양시설을 말한다.
8. "경비세력"이란 해양경찰청장이 해양경비를 목적으로 투입하는 인력, 함정, 항공기 및 전기통신설비 등을 말한다.(2017.7.26 본호개정)
9. "해상검문검색"이란 해양경찰청장이 경비세력을 사용하여 경비수역에서 선박등을 대상으로 정선(停船) 요구, 승선(乘船), 질문, 사실 확인, 선체(船體) 수색이나 그 밖에 필요한 조치를 하는 것을 말한다.(2017.7.26 본호개정)
10. "선박등"이란 「선박법」 제1조의2제1항에 따른 선박(이하 "선박"이라 한다), 「수상레저안전법」 제2조제3호에 따른 수상레저기구, 「어선법」 제2조제1호에 따른 어선, 그 밖에 수상에서 사람이 탑승하여 이동 가능한 기구를 말한다.(2020.12.29 본호개정)
11. "임해 중요시설"이란 바다와 인접하고 있는 공공기관, 공항, 항만, 발전소, 조선소 및 저유소(貯油所) 등 국민경제의 기간(基幹)이 되는 주요 산업시설로서 대통령령으로 정하는 시설을 말한다.

제3조【국가의 책무】 국가는 경비수역에서의 해양안보 및 해양치안을 확보하고 해양수산자원 및 해양시설을 보호하기 위하여 해양경비에 필요한 제도와 여건을 확립하고 이를 위한 시책을 마련하여 추진하여야 한다.
(2017.4.18 본조개정)

제4조【적용 범위】 이 법은 다음 각 호의 어느 하나에 해당하는 선박등이나 해양시설에 대하여 적용한다.
1. 경비수역에 있는 선박등이나 해양시설
2. 경비수역을 제외한 수역에 있는 「선박법」 제2조에 따른 대한민국 선박

제5조【다른 법률과의 관계】 ① 해양경비에 관하여 「통합방위법」에서 규정한 것을 제외하고는 이 법에서 정하는 바에 따른다.
② 해양경비에 관하여 이 법에서 규정한 것을 제외하고는 「경찰관 직무집행법」을 적용한다.(2014.5.20 본항개정)

제5조의2 (2019.8.20 삭제)

제2장 해양경비 활동

제6조【해양경비기본계획의 수립】 ① 해양경찰청장은 해양경비 활동을 효율적으로 수행하기 위하여 해양경비 기본계획(이하 "기본계획"이라 한다)을 5년마다 수립하고 추진하여야 한다.(2017.7.26 본항개정)
② 기본계획에는 다음 각 호의 사항이 포함되어야 한다.
1. 주변정세의 변화에 따른 해양치안 수요 분석에 관한 사항
2. 해양치안 수요에 따른 경비세력의 운용방안 및 국제공조에 관한 사항
3. 경비세력 증감에 대한 전망 및 인력·재원의 조달에 관한 사항
4. 경비수역별 특성에 알맞은 경비 방법에 관한 사항
5. 그 밖에 해양경비 운용에 필요한 사항
③ 해양경찰청장은 기본계획을 수립하려는 경우에는 외교부장관, 국방부장관, 경찰청장 등 관계 중앙행정기관의 장 및 특별시장·광역시장·특별자치시장·도지사·특별자치도지사(이하 "시·도지사"라 한다)의 의견을 들어야 한다.(2020.12.29 본항개정)
④ 해양경찰청장은 수립된 기본계획에 따라 매년 전년도 해양경비 실적이나 치안여건 등을 분석하여 해당 연도의 중점 경비대상과 달성목표 등을 포함한 연간 해양경비계획을 수립하여야 한다.(2017.7.26 본항개정)

제7조【해양경비 활동의 범위】 해양경찰청 소속 경찰공무원(이하 "해양경찰관"이라 한다)은 다음 각 호의 어느 하나에 해당하는 해양경비 활동을 수행한다.(2017.7.26 본문개정)
1. 해양 관련 범죄에 대한 예방
2. 해양오염 방제 및 해양수산자원 보호에 관한 조치
(2017.4.18 본호개정)
3. 해상경호, 대(對)테러 및 대간첩작전 수행
4. 해양시설의 보호에 관한 조치
5. 해상항행 보호에 관한 조치
6. 그 밖에 경비수역에서 해양경비를 위한 공공의 안녕과 질서유지

제8조【권한남용의 금지】 해양경찰관은 이 법에 따른 직무를 수행할 때 권한을 남용하여 개인의 권리 및 자유를 침해하여서는 아니 된다.(2017.7.26 본조개정)

제9조【국제협력】 ① 해양경찰청장은 국제협력을 위한 국가 간 합동훈련 및 구호활동을 위하여 대통령령으로 정하는 바에 따라 경비세력의 일부를 외국에 파견할 수 있다.
② 해양경찰청장은 「국유재산법」 제55조에도 불구하고 국제협력 증진을 위하여 용도폐지된 함정을 「국제개발협력기본법」 제2조제2호에 따른 개발도상국에 무상으로 양여할 수 있다.(2019.12.3 본항신설)
③ 제2항에 따른 양여 대상 개발도상국의 선정 기준과 방법 및 구체적인 양여 절차는 대통령령으로 정한다.
(2019.12.3 본항신설)
(2019.12.3 본조제목개정)

제10조【협의체의 설치 및 운영】 ① 해양경찰청장은 해양경비 활동과 관련하여 긴급한 사안이 있을 경우 신속한 정보의 수집·전파 등 업무협조를 위하여 외교부, 해양수산부 및 경찰청 등 관계 기관과 협의체를 설치하여 운영할 수 있다.(2017.7.26 본항개정)
② 제1항에 따른 협의체의 설치 및 운영 등에 필요한 사항은 대통령령으로 정한다.

제11조【경비수역별 중점 경비사항】 ① 해양경찰청장은 경비수역의 구분에 따라 경비세력의 배치와 중점 경비사항을 달리할 수 있다.(2017.7.26 본항개정)
② 제1항의 구분에 따른 중점 경비사항은 다음 각 호와 같다.
1. 연안수역 : 해양 관련 국내법령을 위반한 선박등의 단속 등 민생치안 확보 및 임해 중요시설의 보호 경비
2. 근해수역 : 「영해 및 접속수역법」 제6조의2에 따른 법령을 위반한 외국선박의 단속을 위한 경비
3. 원해수역 : 해양수산자원 및 해양시설의 보호, 해양환경의 보전·관리, 해양과학조사 실시 등에 관한 국내법령 및 대한민국이 체결·비준한 조약을 위반한 외국선박의 단속을 위한 경비(2017.4.18 본호개정)

제12조【해상검문검색】 ① 해양경찰관은 해양경비 활동 중 다음 각 호의 어느 하나에 해당하는 선박등에 대하여 주위의 사정을 합리적으로 판단하여 상당한 이유가 있는 경우 해상검문검색을 실시할 수 있다. 다만, 외국선박에 대한 해상검문검색은 대한민국이 체결·비준한 조약 또는 일반적으로 승인된 국제법규에 따라 실시한다.
(2017.7.26 본문개정)
1. 다른 선박의 항행 안전에 지장을 주거나 진로 등 항행 상태가 일정하지 아니하고 정상적인 항법을 일탈하여 운항되는 선박등
2. 대량파괴무기나 그 밖의 무기류 또는 관련 물자의 수송에 사용되고 있다고 의심되는 선박등
3. 국내법령 및 대한민국이 체결·비준한 조약을 위반하거나 위반행위가 발생하려 하고 있다고 의심되는 선박등
② 해양경찰관은 해상검문검색을 목적으로 선박등에 승선하는 경우 선장(선박등을 운용하는 자를 포함한다. 이하 같다)에게 소속, 성명, 해상검문검색의 목적과 이유를 고지하여야 한다.(2017.7.26 본항개정)

제13조【추적·나포】 해양경찰관은 다음 각 호의 어느 하나에 해당하는 선박등에 대하여 추적·나포(拿捕)할 수 있다. 다만, 외국선박에 대한 추적권의 행사는 「해양법에 관한 국제연합 협약」 제111조에 따른다.(2017.7.26 본문개정)
1. 제12조에 따른 해상검문검색에 따르지 아니하고 도주하는 선박등
2. 해당 경비수역에서 적용되는 국내법령 및 대한민국이 체결·비준한 조약을 위반하거나 위반행위가 발생하려 하고 있다고 확실시되는 상당한 이유가 있는 선박등

제14조【해상항행 보호조치 등】 ① 해양경찰관은 경비수역에서 다음 각 호의 어느 하나에 해당하는 행위를 하는 선박등의 선장에 대하여 경고, 이동·해산 명령 등 해상항행 보호조치를 할 수 있다. 다만, 외국선박에 대한 해상항행 보호조치는 연안수역에서만 실시한다.
(2017.7.26 본문개정)
1. 선박등이 본래의 목적을 벗어나 다른 선박등의 항행 또는 입항·출항 등에 현저히 지장을 주는 행위
2. 선박등이 항구·포구 내외의 수역과 지정된 항로에서 무리를 지어 장시간 점거하거나 항법상 정상적인 횡단방법을 일탈하여 다른 선박등의 항행에 지장을 주는 행위
3. 임해 중요시설 경계 바깥쪽으로부터 1킬로미터 이내 경비수역에서 선박등이 무리를 지어 위력적인 방법으로 항행 또는 점거함으로써 안전사고가 발생할 우려가 높은 행위
② 해양경찰관은 경비수역(이 항에서 「선박의 입항 및 출항 등에 관한 법률」에 따른 무역항의 수상구역등의 수역은 제외한다)에서 다음 각 호의 어느 하나에 해당하는 사유로 선박등이 좌초·충돌·침몰·파손 등의 위험에 처하여 인명·신체에 대한 위해나 중대한 재산상 손해의 발생 또는 해양오염의 우려가 현저한 경우에는 그 선박등의 선장에 대하여 경고, 이동·피난 명령 등 안전조치를 할 수 있다. 다만, 외국선박에 대한 안전조치는 연안수역에서만 실시한다.(2017.7.26 본문개정)
1. 태풍, 해일 등 천재(天災)
2. 위험물의 폭발 또는 선박의 화재
3. 해상구조물의 파손
(2013.8.13 본항신설)
③ 해양경찰관은 선박등의 통신장치 고장 등의 사유로 제2항에 따른 명령을 할 수 없거나 선박등의 선장이 제2항에 따른 명령에 불응하는 경우로서 인명·신체에 대한 위해, 중대한 재산상 손해 또는 해양오염을 방지하기 위하여 긴급하거나 불가피하다고 인정할 때에는 합리적으로 판단하여 필요한 한도에서 다음 각 호의 조치를 할 수 있다.(2017.7.26 본문개정)
1. 선박등을 안전한 곳으로 이동시키는 조치
2. 선박등의 선장, 해원(海員) 또는 승객을 하선하게 하여 안전한 곳으로 피난시키는 조치
3. 그 밖에 대통령령으로 정하는 조치
(2013.8.13 본항신설)
④ 해양경찰관은 제3항에 따른 조치를 하려는 경우에는 선박등의 선장에게 자신의 신분을 표시하는 증표를 제시하고 조치의 목적·이유 및 이동·피난 장소를 알려야 한다. 다만, 기상상황 등으로 선박에 승선할 수 없는 경우에는 무선통신 등을 이용하여 자신의 신분 고지 등을 할 수 있다.(2017.7.26 본항개정)
⑤ 해양경찰서장은 제3항제1호에 따른 이동조치와 관련하여 발생한 비용을 대통령령으로 정하는 선박등의 소유자에게 부담하게 할 수 있다.(2017.7.26 본항개정)
⑥ 제1항부터 제4항까지에 따른 해상항행 보호조치 등에 필요한 사항은 해양수산부령으로 정한다.(2017.7.26 본항개정)
(2013.8.13 본조제목개정)

제15조【지원요청】 ① 해양경찰관서의 장은 해양경비 활동 중 긴급하게 지원이 필요한 경우에는 인근에 있는 행정기관에 선박 및 항공기 등의 지원을 요청할 수 있다.
(2017.7.26 본항개정)
② 제1항에 따른 지원요청을 받은 행정기관의 장은 정당한 사유가 없는 한 이에 따라야 한다.

제16조【해양경비 교육훈련】 해양경찰청장은 해양경비를 원활하게 수행하기 위하여 함정 승조원 및 항공요원 등 경비인력에 대한 교육훈련, 함정·항공기 등을 이용한 종합훈련을 실시할 수 있다.(2017.7.26 본조개정)

제16조의2【해양 대테러 계획의 수립】 ① 해양경찰청장은 제7조제3호에 따른 대테러작전의 수행 및 「국민보호와 공공안전을 위한 테러방지법」 제10조에 따른 테러예방대책의 원활한 수립과 해양에서의 효율적인 테러예방·대응을 위하여 5년마다 해양 대테러 계획을 수립하여야 한다.
② 해양경찰관서의 장은 제1항에 따른 해양 대테러 계획의 원활한 시행을 위하여 매년 유관기관과의 협의를 통하여 해양 테러 예방 및 대응 활동계획을 수립·시행하여야 한다.
③ 제1항에 따른 해양 대테러 계획 및 제2항에 따른 해양테러 예방 및 대응 활동계획의 수립과 시행에 필요한 사항은 해양수산부령으로 정한다.
(2020.12.29 본조신설)

제3장 무기 및 장비 등의 사용

제17조【무기의 사용】 ① 해양경찰관은 해양경비 활동 중 다음 각 호의 어느 하나에 해당하는 경우에는 무기를 사용할 수 있다. 이 경우 무기사용의 기준은 「경찰관 직무집행법」 제10조의4에 따른다.(2017.7.26 전단개정)
1. 선박등의 나포와 범인을 체포하기 위한 경우
2. 선박등과 범인의 도주를 방지하기 위한 경우
3. 자기 또는 다른 사람의 생명·신체에 대한 위해(危害)를 방지하기 위한 경우
4. 공무집행에 대한 저항을 억제하기 위한 경우

② 다음 각 호의 어느 하나에 해당하는 경우에는 개인화기(個人火器) 외에 공용화기를 사용할 수 있다.
1. 대간첩·대테러 작전 등 국가안보와 관련되는 작전을 수행하는 경우
2. 제1항 각 호의 어느 하나에 해당하는 경우로서 선박등과 범인이 선체나 무기·흉기 등 위험한 물건을 사용하여 경비세력을 공격하거나 공격하려는 경우
3. 선박등이 3회 이상 정선 또는 이동 명령에 따르지 아니하고 경비세력에게 집단으로 위해를 끼치거나 끼치려는 경우

(2017.4.18 본항개정)

제18조【해양경찰장비 및 장구의 사용】 ① 해양경찰관은 「경찰관 직무집행법」 제10조제2항 및 제10조의2제2항에 따른 경찰장비 및 경찰장구 외에 다음 각 호의 어느 하나에 따른 경찰장비 및 경찰장구를 사용할 수 있다.(2017.7.26 본문개정)
1. 해상검문검색 및 추적·나포 시 선박 등을 강제 정선, 차단 또는 검색하는 경우 경비세력에 부수되어 운용하는 경찰장비 및 경찰장구
2. 선박등에 대한 이동·해산 명령 등 해상항행 보호조치에 필요한 경찰장비 및 경찰장구
3. 제1호 및 제2호에 따른 경찰장비 및 경찰장구 외에 정당한 직무수행 중 경비세력에 부당하게 저항하거나 위해를 가하려 하는 경우 경비세력의 자체 방호를 위한 경찰장비 및 경찰장구

② 제1항에 따른 경찰장비 및 경찰장구의 종류 및 사용기준은 대통령령으로 정한다.
(2017.7.26 본조제목개정)

제4장 보 칙

제19조【협조요청】 해양경찰청장은 제7조제1호부터 제5호까지의 규정에 따른 해양경비 활동을 하기 위하여 필요한 경우 관계 행정기관의 장에게 정보의 제공 등 협조를 요청할 수 있다.(2017.7.26 본조개정)

제20조【경비수역 내 점용·사용허가 등의 통보】 ① 해양수산부장관, 특별시장·광역시장·특별자치시장·도지사·특별자치도지사·시장·군수·구청장(자치구의 구청장을 말한다. 이하 같다)은 경비수역에서 「공유수면 관리 및 매립에 관한 법률」 제8조에 따른 공유수면 점용·사용허가를 하는 경우 제7조제1호부터 제5호까지의 규정에 따른 해양경비 활동에 중대한 지장을 줄 것으로 인정할 때에는 해양경찰청장, 지방해양경찰청장 또는 관할 해양경찰서장에게 그 사실을 통보하여야 한다.
(2020.12.29 본항개정)
② 해양수산부장관은 「항만법」 제2조제6호에 따른 항만개발사업을 시행하는 경우 제7조제1호부터 제5호까지의 규정에 따른 해양경비 활동에 중대한 지장을 줄 것으로 인정할 때에는 해양경찰청장, 지방해양경찰청장 또는 관할 해양경찰서장에게 그 사실을 통보하여야 한다.
(2020.1.29 본항개정)
③ 해양수산부장관, 시·도지사 또는 시장·군수·구청장은 「어촌·어항법」 제23조제1항에 따른 어항개발사업을 시행하는 경우 제7조제1호부터 제5호까지의 규정에 따른 해양경비 활동에 중대한 지장을 줄 것으로 인정할 때에는 해양경찰청장, 지방해양경찰청장 또는 관할 해양경찰서장에게 그 사실을 통보하여야 한다.
④ 시·도지사 또는 시장·군수·구청장은 「수산업법」 제7조에 따른 어업 면허 또는 「양식산업발전법」 제10조에 따른 면허를 하는 경우 제7조 각 호에 따른 해양경비 활동과 관련이 있는 사항에 대하여는 관할 해양경찰서장에게 통보하여야 한다.(2022.1.11 본항개정)
⑤ 제1항부터 제4항까지의 규정에 따른 구체적인 통보사항 및 절차는 해양수산부령으로 정한다.
(2017.7.26 본조개정)

제20조의2【포상】 해양경찰청장은 제13조에 따라 외국선박을 나포하는 데 공로가 있는 자에 대하여는 대통령령으로 정하는 바에 따라 포상할 수 있다.(2017.7.26 본조개정)

제5장 벌 칙

제21조【벌칙】 ① 제12조제1항에 따른 해상검문검색을 정당한 사유 없이 거부, 방해 또는 기피한 자는 1년 이하의 징역 또는 1천만원 이하의 벌금에 처한다.(2017.4.18 본항신설)
② 제14조에 따른 이동·해산·피난 명령 또는 이동·피난 조치를 거부, 방해 또는 기피한 자는 6개월 이하의 징역 또는 500만원 이하의 벌금에 처한다.
(2013.8.13 본조개정)

제22조 (2017.4.18 삭제)

부 칙 (2017.4.18 법14810호)

제1조【시행일】 이 법은 공포 후 6개월이 경과한 날부터 시행한다.

제2조【과태료에 관한 경과조치】 이 법 시행 전의 행위에 대하여 과태료를 적용할 때에는 종전의 규정에 따른다.

부 칙 (2019.8.20)

제1조【시행일】 이 법은 공포 후 6개월이 경과한 날부터 시행한다.(이하 생략)

부 칙 (2019.8.27)

제1조【시행일】 이 법은 공포 후 1년이 경과한 날부터 시행한다.(이하 생략)

부 칙 (2019.12.3)

이 법은 공포 후 3개월이 경과한 날부터 시행한다.

부 칙 (2020.1.29)

제1조【시행일】 이 법은 공포 후 6개월이 경과한 날부터 시행한다.(이하 생략)

부 칙 (2020.12.29)

이 법은 공포 후 3개월이 경과한 날부터 시행한다. 다만, 제20조제1항의 개정규정은 2021년 1월 1일부터 시행한다.

부 칙 (2022.1.11)

제1조【시행일】 이 법은 공포 후 1년이 경과한 날부터 시행한다.(이하 생략)

항만법

(2020년 1월 29일 전부개정법률 제16902호)

개정
2020. 2.18법17007호(권한지방이양)
2020.12. 8법17620호
2021.11.30법18522호(소방시설설치및관리에관한법)
2022. 1. 4법18701호
2022. 1.11법18755호(수산)
2022.12.27법19117호(산림자원조성관리)
2022.12.27법19140호
2023. 5.16법19415호(행정법제혁신을위한일부개정법령등)
2023.10.24법19778호
2024. 2. 6법20231호(화학물질관리법)→2025년 8월 7일 시행이므로 「法典 別冊」 보유편 수록

제1장 총 칙

제1조【목적】 이 법은 항만의 지정·개발·관리 및 사용에 관한 사항을 규정함으로써 항만개발사업을 촉진하고 항만을 효율적으로 관리·운영하여 국민경제의 발전에 이바지함을 목적으로 한다.

제2조【정의】 이 법에서 사용하는 용어의 뜻은 다음과 같다.
1. "항만"이란 선박의 출입, 사람의 승선·하선, 화물의 하역·보관 및 처리, 해양친수활동 등을 위한 시설과 화물의 조립·가공·포장·제조 등 부가가치 창출을 위한 시설이 갖추어진 곳을 말한다.
2. "무역항"이란 국민경제와 공공의 이해(利害)에 밀접한 관계가 있고, 주로 외항선이 입항·출항하는 항만으로서 제3조제1항에 따라 대통령령으로 정하는 항만을 말한다.
3. "연안항"이란 주로 국내항 간을 운항하는 선박이 입항·출항하는 항만으로서 제3조제1항에 따라 대통령령으로 정하는 항만을 말한다.
4. "항만구역"이란 항만의 수상구역과 육상구역을 말한다.
5. "항만시설"이란 다음 각 목의 어느 하나에 해당하는 시설을 말한다. 이 경우 다음 각 목의 시설이 항만구역 밖에 있는 경우에는 해양수산부장관이 지정·고시하는 시설로 한정한다.
  가. 기본시설
    1) 항로, 정박지, 소형선 정박지, 선회장(旋回場) 등 수역시설(水域施設)
    2) 방파제, 방사제(防砂堤), 파제제(波除堤), 방조제, 도류제(導流堤), 갑문, 호안(해안보호둑을 말한다) 등 외곽시설
    3) 도로, 교량, 철도, 궤도, 운하 등 임항교통시설(臨港交通施設)
    4) 안벽, 소형선 부두, 잔교(棧橋 : 선박이 부두에 닿도록 구름다리 형태로 만든 구조물), 부잔교(浮棧橋 : 선박을 매어두거나 선박이 부두에 닿도록 물 위에 띄워 만든 구조물), 돌핀(계선말뚝을 말한다), 선착장, 램프(경사식 진출입로를 말한다) 등 계류시설(繫留施設)(2022.1.4 개정)
  나. 기능시설
    1) 선박의 입항·출항을 위한 항로표지·신호·조명·항무통신(港務通信)에 관련된 시설 등 항행 보조시설
    2) 고정식 또는 이동식 하역장비, 화물 이송시설, 배관시설 등 하역시설
    3) 대기실, 여객승강용 시설, 소하물 취급소 등 여객이용시설(2022.1.4 개정)
    4) 창고, 야적장, 컨테이너 장치장(藏置場) 및 컨테이너 조작장, 사일로[시멘트, 곡물 등 산적화물(散積貨物)의 저장시설을 말한다], 유류(油類)저장시설, 가스저장시설, 화물터미널 등 화물의 유통시설과 판매시설
    5) 선박을 위한 연료공급시설과 급수시설, 얼음 생산 및 공급 시설 등 선박보급시설
    6) 항만의 관제(管制)·정보통신·홍보·보안에 관련된 시설
    7) 항만시설용 부지
    8) 「어촌·어항법」 제2조제5호나목의 기능시설[제21조제3호에 따른 어항구(漁港區)(이하 이 조에서 "어항구"라 한다)에 있는 것으로 한정한다]
    9) 「어촌·어항법」 제2조제5호다목의 어항편익시설(어항구에 있는 것으로 한정한다)
    10) 방음벽, 방진망(防塵網), 수림대(樹林帶) 등 공해방지시설
  다. 지원시설
    1) 보관창고, 집배송장, 복합화물터미널, 정비고 등 배후유통시설
    2) 선박기자재, 선용품(船用品) 등을 보관·판매·전시 등을 하기 위한 시설
    3) 화물의 조립·가공·포장·제조 등을 위한 시설
    4) 공공서비스의 제공, 시설관리 등을 위한 항만 관련 업무용 시설
    5) 항만시설을 사용하는 사람, 항만시설 인근 지역의 주민, 여객 등 항만을 이용하는 사람 및 항만에서

일하는 사람을 위한 휴게소·숙박시설·진료소 등 「공공보건의료에 관한 법률」 제2조제3호에 따른 공공보건의료기관·위락시설·연수장·주차장·차량통관장 등 후생복지시설과 편의제공시설(2022.1.4 개정)
6) 항만 관련 산업의 기술개발이나 벤처산업 지원 등을 위한 연구시설
7) 신·재생에너지 관련 시설, 자원순환시설 및 기후변화 대응 방재시설 등 저탄소 항만의 건설을 위한 시설
8) 그 밖에 항만기능을 지원하기 위한 시설로서 해양수산부령으로 정하는 것
라. 항만친수시설(港灣親水施設)
1) 낚시터, 유람선, 낚시어선, 모터보트, 요트, 윈드서핑용 선박 등을 수용할 수 있는 해양레저용 시설
2) 해양박물관, 어촌민속관, 해양유적지, 공연장, 학습장, 갯벌체험장 등 해양 문화·교육 시설
3) 해양전망대, 산책로, 해안 녹지, 조경(造景)시설 등 해양공원시설
4) 인공해변·인공습지 등 준설토(浚渫土)를 재활용하여 조성한 인공시설
마. 항만배후단지
바. 중앙항만정책심의회의 심의를 거쳐 해양수산부장관이 지정·고시하는 시설(2023.10.24 본목신설)
6. "관리청"이란 항만의 개발 및 관리에 관한 행정업무를 수행하는 다음 각 목의 구분에 따른 행정관청을 말한다.
가. 제3조제2항제1호 및 제3항제1호에 따른 국가관리무역항 및 국가관리연안항 : 해양수산부장관
나. 제3조제2항제2호 및 제3항제2호에 따른 지방관리무역항 및 지방관리연안항 : 특별시장·광역시장·도지사 또는 특별자치도지사(이하 "시·도지사"라 한다)(2020.2.18 본호신설)
7. "항만개발사업"이란 항만시설(항만구역 밖에 설치하려는 제5호 각목의 어느 하나에 해당하는 시설로서 장래에 해양수산부장관이 항만시설로 지정·고시할 예정인 시설을 포함한다)의 신설·개축·보강·유지·보수(補修) 및 준설 등을 하는 사업을 말한다.
8. "항만물류"란 항만에서 화물이 공급자로부터 수요자에게 전달될 때까지 이루어지는 운송·보관·하역 및 포장 등 일련의 처리과정을 말한다.
9. "항만물류통합정보체계"란 관리청 및 항만을 이용하는 자가 항만물류비의 절감 및 각종 정보의 실시간 획득 등을 위하여 항만이용 및 항만물류의 과정에서 발생하는 정보를 정보통신망을 이용하여 상호교환·처리 및 활용하는 체계를 말한다.(2020.2.18 본호개정)
10. "항만건설통합정보체계"란 관리청 및 항만개발사업 관련자가 신속한 행정업무처리와 비용 절감 등을 통하여 항만개발사업의 전반적인 효율을 높이기 위하여 항만개발사업의 계획·설계·계약·시공·유지 및 관리의 과정에서 발생하는 정보를 정보통신망을 이용하여 상호교환·처리 및 활용하는 체계를 말한다.(2020.2.18 본호개정)
11. "항만배후단지"란 항만구역 또는 제6조제1항제8호에 따른 항만시설 설치 예정지역에 지원시설 및 항만친수시설을 집단적으로 설치하고 이들 시설의 기능 제고를 위하여 일반업무시설·판매시설·주거시설 등 대통령령으로 정하는 시설을 설치함으로써 항만의 부가가치와 항만 관련 산업의 활성화를 도모하며, 항만을 이용하는 사람의 편익을 꾀하기 위하여 제45조에 따라 지정한 구역을 말한다.
12. "항만배후단지개발사업"이란 항만배후단지를 개발하는 사업을 말한다.
13. "기반시설"이란 「국토의 계획 및 이용에 관한 법률」 제2조제6호에 따른 기반시설을 말한다.
14. "공공시설"이란 「국토의 계획 및 이용에 관한 법률」 제2조제13호에 따른 공공시설을 말한다.
15. "입주기업체"란 제45조제1호에 따른 1종 항만배후단지에 입주하기 위하여 제71조에 따라 입주계약을 체결한 자를 말한다.

제3조 【항만의 구분 및 명칭·위치·구역 등】 ① 항만은 다음 각 호의 항(港)으로 구분하되, 그 명칭·위치 및 구역은 대통령령으로 정한다.
1. 무역항
2. 연안항

② 무역항은 체계적이고 효율적인 관리·운영을 위하여 수출입 화물량, 개발계획 및 지역균형발전 등을 고려하여 대통령령으로 정하는 바에 따라 다음 각 호의 항으로 세분할 수 있다.
1. 국가관리무역항 : 국내외 육상·해상운송망의 거점으로서 광역권의 배후화물을 처리하거나 주요 기간산업 지원 등으로 국가의 이해에 중대한 관계를 가지는 항만
2. 지방관리무역항 : 지역별 육상·해상운송망의 거점으로서 지역산업에 필요한 화물처리를 주목적으로 하는 항만

③ 연안항은 체계적이고 효율적인 관리·운영을 위하여 지역의 여건 및 특성, 항만기능 등을 고려하여 대통령령으로 정하는 바에 따라 다음 각 호의 항으로 세분할 수 있다.
1. 국가관리연안항 : 국가안보 또는 영해관리에 중요하거나 기상악화 등 유사시 선박의 대피를 주목적으로 하는 항만
2. 지방관리연안항 : 지역산업에 필요한 화물의 처리, 여객의 수송 등 편익 도모, 관광 활성화 지원을 주목적으로 하는 항만

④ 국가는 국가관리연안항의 개발을 우선적으로 시행하거나 지원하여야 한다.

제4조 【중앙항만정책심의회 등】 ① 다음 각 호의 사항을 심의하기 위하여 해양수산부장관 소속으로 중앙항만정책심의회(이하 "중앙심의회"라 한다)를 둔다.
1. 제2조제5호바목에 따른 항만시설의 종류와 범위에 관한 사항(2023.10.24 본호신설)
2. 제3조에 따른 항만의 구분 및 그 위치 등에 관한 사항
3. 제5조 및 제7조에 따른 항만기본계획의 수립 및 변경에 관한 사항
4. 제36조에 따른 항만시설 기술기준의 구축·운영에 관한 사항
5. 제37조에 따른 항만시설 관련 신기술의 적용 장려 및 시험시공 지원에 관한 사항
6. 제44조에 따른 항만배후단지개발 종합계획의 수립 및 변경에 관한 사항
7. 제45조 및 제46조에 따른 항만배후단지의 지정 및 변경에 관한 사항
8. 제49조에 따른 항만배후단지의 지정해제에 관한 사항
9. 다른 법률에서 중앙심의회의 심의사항으로 정하고 있는 사항
10. 그 밖에 항만의 개발·정비 및 관리·운영에 관하여 해양수산부장관이 심의에 부치는 사항

② 중앙심의회의 심의를 효율적으로 수행하기 위하여 대통령령으로 정하는 바에 따라 중앙심의회에 분과심의회를 둘 수 있다. 이 경우 분과심의회에서 심의한 사항은 중앙심의회에서 심의한 것으로 본다.
③ 제104조제1항에 따라 권한을 위임받은 기관의 장(이하 이 조에서 "수임기관의 장"이라 한다)의 자문에 응하고, 중앙심의회의 소관 사항 중 위임한 사항을 심의하기 위하여 수임기관의 장 소속으로 지방항만심의회를 둔다.
④ 제1항부터 제3항까지의 규정에 따른 중앙심의회, 분과심의회 및 지방항만심의회의 구성, 기능 및 운영 등에 필요한 사항은 대통령령으로 정한다.

제2장 항만기본계획

제5조 【항만기본계획의 수립】 ① 해양수산부장관은 항만의 개발을 촉진하고 항만을 효율적으로 운영하기 위하여 항만기본계획을 10년 단위로 수립하여야 한다.
② 해양수산부장관은 제1항에 따른 항만기본계획(이하 "항만기본계획"이라 한다)을 수립하려면 관계 시·도지사의 의견을 듣고, 관계 중앙행정기관의 장과 협의한 후 중앙심의회의 심의를 거쳐야 한다.(2020.2.18 본항개정)
③ 해양수산부장관은 관계 중앙행정기관의 장과 협의하여 항만기본계획에 따른 시행계획(이하 "시행계획"이라 한다)을 해양수산부령으로 정하는 바에 따라 수립·시행하고 이에 필요한 재원을 확보하기 위하여 노력하여야 한다.
④ 해양수산부장관은 항만기본계획 및 시행계획을 수립한 때에는 관계 중앙행정기관의 장 및 시·도지사에게 통보하고 국회 소관 상임위원회에 제출하여야 한다.
⑤ 해양수산부장관은 항만기본계획 및 시행계획을 수립하기 위하여 필요한 경우에는 관계 중앙행정기관의 장 또는 시·도지사에게 관련 자료의 제출을 요청할 수 있다. 이 경우 자료의 제출을 요청받은 관계 중앙행정기관의 장 또는 시·도지사는 정당한 사유가 없으면 이에 따라야 한다.
⑥ 해양수산부장관은 합리적인 항만기본계획 및 시행계획을 수립하기 위하여 대통령령으로 정하는 바에 따라 개발 시기 및 규모 등의 산정에 필요한 조사·연구를 수행할 전담기관을 지정할 수 있다.
⑦ 해양수산부장관은 제6항에 따라 지정된 전담기관이 조사·연구를 수행하는 데 필요한 경비를 예산의 범위에서 지원할 수 있다.

제6조 【항만기본계획의 내용】 ① 항만기본계획에는 다음 각 호의 사항이 포함되어야 한다.
1. 항만의 구분 및 그 위치 등에 관한 사항
2. 항만의 관리·운영 계획에 관한 사항
3. 항만시설의 장래 수요에 관한 사항
4. 항만시설의 공급에 관한 사항
5. 항만시설의 규모와 개발 시기에 관한 사항
6. 항만시설의 용도, 기능 개선 및 정비에 관한 사항
7. 항만의 연계수송망 구축에 관한 사항
8. 항만시설 설치 예정지역(항만구역 밖에 위치하는 것을 포함한다)에 관한 사항
9. 그 밖에 해양수산부장관이 필요하다고 인정하는 사항

② 해양수산부장관은 「산업입지 및 개발에 관한 법률」 제6조·제7조 및 제7조의2에 따라 수립된 산업단지개발계획에 항만건설계획이 포함되어 있는 경우에는 그 산업단지개발계획을 항만기본계획에 반영하여야 한다.

제7조 【항만기본계획의 변경】 ① 해양수산부장관은 항만기본계획이 수립된 날부터 5년마다 항만시설 수급 전망, 항만물동량 수요 예측 등 그 타당성을 검토하여야 하며, 필요한 경우 항만기본계획을 변경할 수 있다.
② 제1항에도 불구하고 해양수산부장관은 급격한 경제상황의 변동이 있거나 항만의 효율적 개발·관리·운영 등을 위하여 필요한 경우에는 항만기본계획을 변경할 수 있다.
③ 제1항 및 제2항에 따른 항만기본계획의 변경에 관하여는 제5조제2항·제4항 및 제5항을 준용한다. 다만, 대통령령으로 정하는 경미한 사항을 변경하는 경우에는 그러하지 아니하다.

제8조 【항만기본계획의 고시】 해양수산부장관은 제5조 또는 제7조에 따라 항만기본계획을 수립하거나 변경한 경우에는 해양수산부령으로 정하는 바에 따라 고시하여야 한다.

제3장 항만의 개발

제9조 【항만개발사업의 시행자 등】 ① 항만개발사업은 관리청이 시행한다.(2020.2.18 본항개정)
② 관리청이 아닌 자가 항만개발사업을 시행하려는 경우에는 대통령령으로 정하는 바에 따라 항만개발사업계획을 작성하여 관리청의 허가를 받아야 한다. 다만, 다음 각 호의 어느 하나에 해당하는 항만개발사업은 그러하지 아니하다.(2020.2.18 본문개정)
1. 제15조제1항 단서에 따라 국가나 특별시·광역시·도 또는 특별자치도(이하 "시·도"라 한다)에 귀속되지 아니하는 항만시설을 유지·보수하는 항만개발사업(2020.2.18 본호개정)
2. 다음 각 목의 요건을 모두 충족하는 항만개발사업
가. 제31조제1항에 따른 신고 대상 항만시설 중 제2조제5호나목2)에 따른 고정식 또는 이동식 하역장비를 추가·교체하는 항만개발사업일 것
나. 해당 구역의 설계하중을 초과하지 아니하는 범위에서 시행하는 항만개발사업일 것

③ 관리청은 제2항에 따라 항만개발사업 시행허가를 받으려는 자가 다음 각 호의 요건을 모두 갖춘 경우에는 이를 허가하여야 한다.(2020.2.18 본문개정)
1. 제2항 본문에 따른 항만개발사업계획(이하 "항만개발사업계획"이라 한다)이 다음 각 목의 기본계획에 위배되지 아니할 것
가. 항만기본계획
나. 「항만 재개발 및 주변지역 발전에 관한 법률」 제5조제1항에 따른 항만재개발기본계획
다. 「신항만건설 촉진법」 제3조제1항에 따른 신항만건설기본계획
2. 항만의 관리·운영상 항만개발사업의 필요성이 있을 것
3. 재원조달능력 등 해양수산부령으로 정하는 기준에 따라 항만개발사업을 시행할 사업수행능력이 있을 것
4. 화물의 제조시설인 경우에는 오염배출 정도 등 대통령령으로 정하는 입지기준에 적합할 것
5. 총사업비 500억원 이상의 항만개발사업(제15조제1항 단서에 따라 국가 또는 시·도에 귀속되지 아니하는 토지 및 항만시설에 관한 항만개발사업의 경우에는 토지 또는 토지 형태의 항만시설을 조성하는 항만개발사업으로 한정한다)의 경우에는 대통령령으로 정하는 바에 따라 경제성 등 사업 추진의 타당성을 검토한 결과 타당성이 있을 것(2022.1.4 본호개정)
6. 이 법 또는 다른 법률에 따라 해당 토지 또는 항만시설을 개발할 계획이 없을 것

④ 관리청은 제2항 본문에 따른 허가의 신청을 받은 날부터 20일 이내에 허가 여부를 신청인에게 통지하여야 한다. 다만, 항만시설의 유지·보수에 관한 항만개발사업의 경우에는 14일 이내에 통지하여야 한다.(2020.2.18 본문개정)
⑤ 관리청이 제4항에서 정한 기간 내에 허가 여부 또는 민원 처리 관련 법령에 따른 처리기간의 연장 여부를 신청인에게 통지하지 아니하면 그 기간(민원 처리 관련 법령에 따라 처리기간이 연장 또는 재연장된 경우에는 해당 처리기간을 말한다)이 끝난 날의 다음 날에 허가를 한 것으로 본다.(2020.2.18 본항개정)
⑥ 제2항 본문에 따라 관리청의 허가를 받은 자(이하 "비관리청"이라 한다)는 허가받은 내용 중 대통령령으로 정하는 내용을 변경하려는 경우에는 변경된 항만개발사업계획을 작성하여 관리청의 허가를 받아야 한다. 이 경우 그 변경된 항만개발사업계획의 허가에 관하여는 제3항부터 제5항까지의 규정을 준용한다.(2022.1.4 전단개정)
⑦ 관리청은 대통령령으로 정하는 일정 규모 이상의 항만개발사업을 허가하려는 경우에는 해양수산부령으로 정하는 바에 따라 이를 미리 공고하여야 한다.(2020.2.18 본항개정)

⑧ 관리청은 제7항에 따라 공고한 항만개발사업에 대하여 허가신청인의 항만개발사업계획, 재원조달능력 등 해양수산부령으로 정하는 기준에 따라 평가한 후 적격자 중에서 우선순위자에게 허가하여야 한다.(2020.2.18 본항개정)
⑨ 관리청은 제1항에 따라 항만개발사업을 시행하거나 제2항 본문, 제6항 또는 제8항에 따라 항만개발사업을 허가한 경우에는 해양수산부령으로 정하는 바에 따라 그 사실을 고시하여야 한다.(2020.2.18 본항개정)
⑩ 제1항부터 제9항까지의 규정에도 불구하고 항만개발사업의 시행에 관하여 이 법 또는 다른 법률에 특별한 규정이 있으면 그 규정에 따른다.

제10조【항만개발사업실시계획의 수립과 승인 등】 ① 관리청 또는 비관리청은 대통령령으로 정하는 바에 따라 항만개발사업에 착수하기 전에 항만개발사업실시계획을 수립하여야 하며, 항만개발사업실시계획을 수립하거나 변경(대통령령으로 정하는 경미한 사항의 변경은 제외한다)한 경우에는 이를 공고하여야 한다. 다만, 비관리청이 수립한 항만개발사업실시계획의 경우에는 관리청이 공고한다.(2020.2.18 본항개정)
② 비관리청은 제1항에 따른 항만개발사업실시계획(이하 "항만개발사업실시계획"이라 한다)을 수립하거나 변경하려면 대통령령으로 정하는 바에 따라 관리청의 승인을 받아야 한다. 다만, 대통령령으로 정하는 경미한 사항을 변경하는 경우에는 해양수산부령으로 정하는 바에 따라 관리청에 신고하여야 한다.(2022.1.4 단서개정)
③ 관리청은 항만개발사업을 시행하기 위하여 수용하거나 사용할 토지, 물건 또는 권리가 있는 경우에는 그 세부목록을 포함하여 제1항에 따라 항만개발사업실시계획을 수립·공고하여야 하며, 해당 토지, 물건 또는 권리의 소유자 및 권리자에게 알려야 한다. 다만, 관리청은 항만개발사업의 시행을 위하여 불가피하다고 인정되면 항만개발사업실시계획을 수립·공고한 후 그 수용하거나 사용할 토지, 물건 또는 권리의 세부목록을 별도로 작성·공고할 수 있다.(2022.1.4 본항개정)
④ 관리청은 제2항 본문에 따라 항만개발사업실시계획의 승인을 받으려는 비관리청이 다음 각 호의 요건을 모두 갖춘 경우에는 이를 승인하여야 한다.(2020.2.18 본문개정)
1. 항만개발사업실시계획이 항만개발사업계획에 적합할 것
2. 연차별 자금투자계획 및 재원조달계획 등 자금계획이 항만개발사업 실시계획에 부합할 것
3. 항만개발사업실시계획이 「환경영향평가법」 제27조부터 제40조까지 및 제41조에 따른 협의 내용의 이행사항을 충족할 것
⑤ 비관리청은 제2항에도 불구하고 제15조제1항 단서에 따라 국가 또는 시·도에 귀속되지 아니하는 항만시설로서 대통령령으로 정하는 항만시설에 대하여 항만개발사업실시계획을 수립하려는 경우에는 대통령령으로 정하는 바에 따라 관리청에 신고하여야 한다.(2020.2.18 본항개정)
⑥ 제2항 본문에 따른 항만개발사업실시계획의 수립에 대한 승인 신청 또는 제5항에 따른 신고는 제9조제2항 본문에 따른 허가를 받은 날부터 1년 이내에 하여야 한다. 다만, 대통령령으로 정하는 사유가 있으면 1년의 범위에서 1회에 한정하여 연장할 수 있다.
⑦ 관리청은 제2항 단서 또는 제5항에 따른 신고를 받은 경우 그 내용을 검토하여 이 법에 적합하면 신고를 수리하여야 한다.(2022.1.4 본항개정)

제11조【비관리청의 항만개발사업 시행】 비관리청은 제10조제2항 또는 제5항에 따라 항만개발사업실시계획의 승인을 받거나 신고를 한 날부터 1년 이내에 항만개발사업을 착수하고 항만개발사업실시계획에서 정한 기한까지 준공하여야 한다. 다만, 관리청은 해양수산부령으로 정하는 사유에 해당하면 비관리청의 신청을 받아 착수시기 또는 준공기한을 연기할 수 있다.(2022.12.27 단서개정)

제12조【항만개발사업의 준공】 ① 관리청은 제9조제1항에 따라 항만개발사업을 시행하여 완료한 경우에는 대통령령으로 정하는 바에 따라 항만개발사업의 완료를 공고하여야 한다.(2020.2.18 본항개정)
② 비관리청은 제9조제2항 본문에 따라 허가받은 항만개발사업을 끝내면 지체 없이 항만개발사업 준공보고서를 첨부하여 관리청에 준공확인을 신청하여야 한다.
(2020.2.18 본항개정)
③ 제2항에 따라 준공확인을 신청받은 관리청은 대통령령으로 정하는 바에 따라 준공검사를 한 후 그 항만개발사업이 허가한 내용대로 시행되었다고 인정되면 해양수산부령으로 정하는 준공확인증명서를 비관리청에 내주어야 한다.(2020.2.18 본항개정)
④ 관리청이 제1항에 따라 항만개발사업의 완료를 공고하거나 제3항에 따른 준공확인증명서를 내준 경우에는 제98조제1항 각 호의 허가 등에 따른 해당 사업 등의 준공검사 또는 준공인가 등을 받은 것으로 본다.(2020.2.18 본항개정)
⑤ 누구든지 제1항에 따라 항만개발사업의 완료를 공고하기 전이나 제3항에 따라 준공확인증명서를 받기 전에는 항만개발사업으로 조성되거나 설치된 토지 또는 항만시설을 사용할 수 없다. 다만, 해양수산부령으로 정하는 바에 따라 관리청에 준공 전 사용신고를 한 경우에는 그러하지 아니하다.(2020.2.18 단서개정)
⑥ 관리청은 제5항 단서에 따른 신고를 받은 경우 그 내용을 검토하여 이 법에 적합하면 신고를 수리하여야 한다.
(2022.1.4 본항개정)

제13조【부수공사의 시행】 관리청이나 비관리청은 항만개발사업을 시행할 때 그 항만개발사업과 직접 관련되는 부수공사(附隨工事)를 항만개발사업으로 보고 항만개발사업과 함께 시행할 수 있다.(2020.2.18 본조개정)

제14조【항만공사의 대행】 ① 해양수산부장관은 시·도지사와 협의하여 시·도지사가 시행할 항만개발사업 중 군함, 경찰용 선박 및 그 밖에 국가가 소유하거나 운영하는 선박이 이용하는 항만시설에 관한 항만개발사업 등 대통령령으로 정하는 항만개발사업을 대행할 수 있다. 이 경우 대행하는 항만개발사업에 드는 비용은 국가가 부담한다.(2020.2.18 본항신설)
② 관리청은 항만개발사업을 효율적으로 시행하기 위하여 필요하다고 인정되면 비관리청과 협의하여 제9조제2항 본문에 따라 허가한 비관리청의 항만개발사업을 그 비관리청의 비용 부담으로 대행할 수 있다.
(2020.2.18 본조개정)

제15조【항만시설의 귀속 등】 ① 제9조제2항 본문에 따른 비관리청의 항만개발사업으로 조성되거나 설치된 토지 및 항만시설은 준공과 동시에 국가 또는 시·도에 귀속된다. 다만, 대통령령으로 정하는 토지 및 항만시설은 그러하지 아니하다.(2020.2.18 본문개정)
②「항만공사법」에 따라 설립된 항만공사가 그 재원으로 같은 법 제22조제1항에 따라 실시계획의 승인을 받아 항만시설공사를 시행하여 조성한 토지 및 설치한 항만시설이 준공된 경우 그 토지 및 항만시설은 제1항 본문에도 불구하고 항만공사에 귀속된다.
③ 비관리청은 제1항 본문에 따라 국가 또는 시·도에 귀속된 항만시설을 총사업비의 범위에서 대통령령으로 정하는 바에 따라 관리청의 허가를 받아 무상으로 사용할 수 있다. 이 경우 무상으로 항만시설을 사용할 수 있는 기간에는 제12조제5항 단서에 따라 신고한 준공 전 사용기간을 산입한다.(2022.1.4 전단개정)
④ 비관리청은 제3항에 따라 국가 또는 시·도에 귀속된 항만시설을 무상으로 사용하는 경우 해당 항만시설을 성실하게 유지·관리하여야 한다.(2020.2.18 본항개정)
⑤ 비관리청은 제3항에 따라 국가 또는 시·도에 귀속된 항만시설을 무상으로 사용하는 경우 타인에게 그 시설을 사용하게 할 수 있다.(2020.2.18 본항개정)

제16조【토지의 매도청구】 ① 비관리청은 제12조제3항에 따른 준공확인증명서를 발급받은 날부터 1년 이내에 제15조제1항 본문에 따라 국가 또는 시·도가 취득한 토지 중 대통령령으로 정하는 토지의 매도를 청구할 수 있다. 이 경우 국가 또는 시·도는 공용 또는 공공용으로 사용할 경우를 제외하고는 그 청구를 거절하지 못한다.
② 제1항에 따른 토지의 매각 가격 및 그 산정 절차는「국유재산법」 제44조 또는 「공유재산 및 물품 관리법」 제30조에도 불구하고 대통령령으로 정할 수 있다.
(2022.1.4 본조개정)

제17조【비귀속 토지·항만시설의 목적 외 사용 금지】 제15조제1항 단서에 따라 국가 또는 시·도에 귀속되지 아니하는 토지 및 항만시설을 사용하는 자는 제6조제1항제6호에 따른 항만시설의 용도 및 제9조제2항 본문에 따른 허가 목적에 맞게 사용하여야 한다.(2022.1.4 본조개정)

제18조【전용 목적의 토지·항만시설의 임대 금지】 ① 제15조제1항 단서에 따라 국가 또는 시·도에 귀속되지 아니하는 토지 및 항만시설 중 비관리청이 전용(專用)할 목적으로 제9조제2항 본문에 따른 허가를 받아 조성·설치한 토지 및 항만시설을 취득한 자는 해당 토지 및 항만시설을 타인에게 임대할 수 없다. 다만, 해양수산부령으로 정하는 바에 따라 관리청의 허가를 받은 경우에는 그러하지 아니하다.
② 제1항 단서에 따라 관리청의 허가를 받아 토지 및 항만시설을 임대하는 경우의 임대료 징수 기준·방법 및 그 밖에 필요한 사항은 해양수산부령으로 정한다.
(2022.12.27 본항신설)
(2022.1.4 본조개정)

제19조【비귀속 토지·항만시설의 양도제한 등】 ① 제15조제1항 단서에 따라 국가 또는 시·도에 귀속되지 아니하는 토지 및 항만시설 중 대통령령으로 정하는 토지 및 항만시설을 취득한 자는 다음 각 호의 어느 하나에 해당하는 경우 외에는 해당 토지 및 항만시설을 타인에게 양도할 수 없다.(2022.1.4 본문개정)
1. 해당 토지 및 항만시설을 취득한 날(비관리청의 경우에는 제12조제3항에 따른 준공확인증명서를 발급받은 날을 말한다)부터 10년이 지난 경우
2. 상속 등 대통령령으로 정하는 경우
3.「국유재산법」에 따라 국가에 기부채납하는 경우 또는 「공유재산 및 물품 관리법」에 따라 시·도에 기부채납하는 경우(2022.1.4 본호개정)
4. 비관리청이 분양 등을 목적으로 제9조제2항에 따른 항만개발사업계획의 허가와 제10조제2항에 따른 항만개발사업실시계획의 승인을 받아 2종 항만배후단지에 설치한 항만시설을 양도하는 경우(2023.10.24 본호신설)
② 제1항제1호 또는 제2호에 따라 토지 및 항만시설을 양도받은 자는 해양수산부령으로 정하는 바에 따라 양수일부터 15일 이내에 양수 사실을 확인할 수 있는 서류를 갖추어 관리청에게 신고하여야 한다.(2022.1.4 본항개정)
③ 제1항제3호에 따라 토지 및 항만시설을 국가 또는 시·도에 기부채납한 자는 기부한 재산의 가액의 범위에서 해당 토지 및 항만시설을 대통령령으로 정하는 바에 따라 관리청의 허가를 받아 무상으로 사용할 수 있다.
(2022.1.4 본항개정)
④ 제3항에 따라 국가 또는 시·도에 기부한 토지 및 항만시설을 무상으로 사용하는 자는 타인에게 그 토지 및 항만시설을 사용하게 할 수 있다.(2022.1.4 본항개정)
⑤ 해양수산부장관은 제1항제3호에 따라 국가 또는 시·도에 기부채납된 토지 및 항만시설의 효율적인 관리·운영 등을 위하여 필요하다고 인정되면 제7조제2항에 따라 항만기본계획을 변경하는 등 필요한 조치를 할 수 있다.
(2022.1.4 본항개정)

제4장 항만의 관리와 사용

제20조【항만의 관리】 ① 관리청은 무역항과 연안항을 관리한다.(2020.2.18 본항개정)
② 관리청은 항만을 효율적으로 관리·운영하기 위하여 필요한 경우 해양수산부령으로 정하는 바에 따라 항만별로 항만운영세칙을 정할 수 있다.(2022.1.4 본항개정)

제21조【분구의 설정 등】 관리청은 항만을 효율적으로 개발하고 관리·운영하기 위하여 필요한 경우에는 항만구역에 대통령령으로 정하는 바에 따라 다음 각 호의 분구(分區)를 설정할 수 있다.(2020.2.18 본문개정)
1. 상업항구(商業港區)
2. 공업항구(工業港區)
3. 어항구
4. 여객항구(旅客港區)
5. 보급(補給) 및 지원항구(支援港區)
6. 위험물항구(危險物港區)
7. 보안항구(保安港區)
8. 위락항구(慰樂港區)
9. 친수항구

제22조【항만대장】 ① 관리청은 항만을 관리·운영하기 위하여 항만별로 항만대장을 작성하여 갖추어 두어야 한다.(2020.2.18 본항개정)
② 항만대장의 작성·비치·기재사항 등에 관한 사항은 해양수산부령으로 정한다.

제23조【항만관리법인】 ① 해양수산부장관 또는 시·도지사는 항만시설의 관리 및 경비·보안 등의 업무를 담당하는 법인(이하 "항만관리법인"이라 한다)을 지정할 수 있다.(2020.2.18 본항개정)
② 항만관리법인의 지정 및 감독 등에 필요한 사항은 대통령령으로 정한다.

제24조【항만시설관리권】 ① 관리청은 항만시설을 유지·관리하고 그 항만시설을 사용하는 자(이하 "사용자"라 한다)로부터 사용료를 받을 수 있는 권리(이하 "항만시설관리권"이라 한다)를 설정할 수 있다.(2020.2.18 본항개정)
② 항만시설관리권은 물권(物權)으로 보며, 이 법에 특별한 규정이 없으면 「민법」 중 부동산에 관한 규정을 준용한다.
③ 저당권이 설정된 항만시설관리권은 그 저당권자의 동의가 없으면 처분할 수 없다.

제25조【항만시설관리권의 등록 등】 ① 제24조제1항에 따라 항만시설관리권을 설정받은 자는 관리청에 등록하여야 한다. 등록한 사항을 변경하려는 경우에도 또한 같다.
(2022.1.4 전단개정)
② 항만시설관리권이나 항만시설관리권을 목적으로 하는 저당권의 설정·변경·소멸 및 처분의 제한에 관한 사항은 관리청에 갖추어 두는 항만시설관리권 등록원부에 등록함으로써 그 효력이 생긴다.(2022.1.4 본항개정)
③ 제1항 및 제2항에 따른 항만시설관리권 등의 등록에 필요한 사항은 대통령령으로 정한다.
④ 항만시설관리권의 등록에 관하여 이 법에 특별한 규정이 있는 경우를 제외하고는 「부동산등기법」을 준용한다.
⑤ 항만시설관리권의 등록에 대한 송달에 관하여는 「민사소송법」을 준용하고, 이의(異議)의 비용에 관하여는 「비송사건절차법」을 준용한다.

제26조【항만물류통합정보체계의 구축·운영】 ① 해양수산부장관은 항만이용 및 항만물류와 관련된 정보관리와 민원사무 처리 등을 위하여 필요한 경우에는 항만물류통합정보체계를 구축·운영할 수 있다.

② 해양수산부장관 또는 항만물류통합정보체계의 이용자가 항만물류통합정보체계에서 정하는 표준화된 서식이나 표준전자문서를 이용하여 이 법에 따른 민원사무와 항만물류 관련 업무를 처리한 경우에는 이 법의 해당 규정에 따라 처리한 것으로 본다.
③ 항만물류통합정보체계를 이용하여 민원사무를 처리하려는 자는 해양수산부장관에게 신청하여 등록번호를 부여받아야 한다.
④ 해양수산부장관은 항만물류통합정보체계의 장애 등으로 항만물류통합정보체계를 통한 민원사무의 처리가 불가능한 경우에는 이용자에게 민원서류를 직접 제출하게 할 수 있다.
⑤ 제1항부터 제4항까지에서 규정한 사항 외에 항만물류통합정보체계의 구축·운영 및 이용 등에 필요한 사항은 대통령령으로 정한다.

제27조【항만건설통합정보체계의 구축·운영】 ① 해양수산부장관은 항만개발사업 및 항만시설의 관리·운영과 관련된 정보 관리 및 민원사무 처리 등을 위하여 필요한 경우에는 항만건설통합정보체계를 구축·운영할 수 있다.
② 해양수산부장관은 제1항에 따라 항만건설통합정보체계를 구축·운영하기 위하여 다른 중앙행정기관, 지방자치단체 및 「공공기관의 운영에 관한 법률」에 따른 공공기관(이하 "공공기관"이라 한다)의 장에게 필요한 자료 또는 정보의 제공을 요청할 수 있다.
③ 해양수산부장관은 항만개발사업 및 항만시설의 관리·운영과 관련된 정보를 적절하게 관리하기 위하여 제1항에 따른 항만건설통합정보체계 구축·운영 업무를 대통령령으로 정하는 전담기관에 위탁할 수 있다.
(2022.12.27 본항개정)
④ 해양수산부장관은 제3항에 따라 전담기관이 위탁업무를 수행하는 데 필요한 비용을 예산의 범위에서 지원할 수 있다.(2022.12.27 본항신설)
⑤ 항만건설통합정보체계의 운영 및 이용에 관하여는 제26조제2항 및 제4항을 준용한다. 이 경우 "항만물류통합정보체계"는 "항만건설통합정보체계"로, "항만물류 관련 업무"는 "항만개발사업 및 항만시설의 관리·운영과 관련된 업무"로 본다.
⑥ 제1항부터 제5항까지에서 규정한 사항 외에 항만건설통합정보체계의 구축·운영 등에 필요한 사항은 대통령령으로 정한다.(2022.12.27 본항개정)

제28조【금지행위 등】 ① 누구든지 정당한 사유 없이 항만에서 다음 각 호의 행위를 해서는 아니 된다.
1. 유독물이나 동물의 사체를 버리는 행위
2. 다량의 토석(土石)이나 쓰레기를 버리는 등 항만의 깊이에 영향을 줄 우려가 있는 행위
3. 그 밖에 항만의 보전 또는 그 사용에 지장을 줄 우려가 있는 행위로서 대통령령으로 정하는 행위
② 관리청은 항만구역 내 안전사고 예방을 위하여 인명사고가 자주 발생하거나 발생할 우려가 높은 다음 각 호의 장소에 대하여 출입통제를 할 수 있다.(2022.1.4 본문개정)
1. 항만구역 내 방파제, 호안, 해안가 등 파도의 직접적인 영향을 받는 장소
2. 화물차량, 하역장비 등이 이동하거나 작업하는 장소
3. 그 밖에 안전사고가 자주 발생하는 장소
③ 관리청은 제2항에 따른 출입통제를 하려는 경우에는 그 사유와 기간 등 해양수산부령으로 정하는 사항을 포함하여 공고하고, 정보통신매체를 통하여 이를 적극 알려야 한다.(2022.1.4 본항개정)
④ 관리청은 제2항에 따른 출입통제 사유가 없어졌거나 필요가 없다고 인정하는 경우에는 즉시 출입통제 조치를 해제하고 제3항에 따른 공고 등을 하여야 한다.(2022.1.4 본항개정)
⑤ 출입통제의 공고 절차와 방법 등에 관한 사항은 해양수산부령으로 정한다.

제29조【환경실태조사】 ① 정부는 항만을 환경친화적으로 관리·운영하기 위하여 항만구역에 대한 환경실태조사를 실시할 수 있다.
② 제1항에 따른 환경실태조사의 범위·대상 및 방법 등에 관한 사항은 대통령령으로 정한다.

제30조【온실가스 등 감축】 ① 이 법, 「해운법」 및 「항만운송사업법」 등 관계 법령에 따른 면허·허가·등록 등을 받아 항만구역 안에서 사업을 영위하는 자(이하 "항만사업자"라 한다)는 저탄소 항만의 유지·관리를 위하여 항만시설 이용에 있어 온실가스와 오염물질 배출을 줄이도록 노력하여야 한다.
② 정부는 항만사업자에게 온실가스 등의 배출을 방지하거나 감축하기 위하여 필요한 설비의 설치 등을 권고할 수 있다.

제31조【시설장비의 신고】 ① 갑문, 운하, 하역장비, 그 밖에 조작이 필요한 항만시설 중 대통령령으로 정하는 항만시설(이하 "시설장비"라 한다)을 사용·관리하는 자(관리청은 제외한다. 이하 "시설장비관리자"라 한다)는 해당 시설장비를 설치하거나 철거하려는 경우에는 미리 관리청에 신고하여야 한다.(2020.2.18 본항개정)
② 관리청은 제1항에 따른 신고를 받은 경우 그 내용을 검토하여 이 법에 적합하면 신고를 수리하여야 한다.
(2022.1.4 본항개정)
③ 제1항에 따른 신고의 절차에 관하여는 해양수산부령으로 정한다.

제32조【시설장비의 자체점검 등】 ① 시설장비관리자는 매년 1회 이상 해양수산부령으로 정하는 바에 따라 사용·관리하는 시설장비를 자체점검하여야 하며, 자체점검 결과 정비나 보수가 필요한 시설장비에 대해서는 지체 없이 필요한 조치를 하여야 한다.
② 시설장비관리자는 해양수산부령으로 정하는 바에 따라 사용·관리하는 시설장비의 자체점검기록과 정비·보수에 관한 기록을 작성하여 관리하여야 한다.

제33조【시설장비의 검사 등】 ① 시설장비관리자는 사용·관리하는 시설장비에 대하여 다음 각 호의 구분에 따라 관리청이 실시하는 검사를 받아야 한다.(2020.2.18 본문개정)
1. 제조검사 : 시설장비를 제조할 때에 하는 검사
2. 설치검사 : 완제품 형태의 시설장비를 설치할 때에 하는 검사
3. 정기검사 : 사용 중인 시설장비의 안전상태를 확인하기 위하여 제조검사일이나 설치검사일부터 해양수산부령으로 정하는 기간마다 정기적으로 하는 검사
4. 수시검사 : 고정식 시설장비를 이설(移設)하거나 시설장비의 구조를 변경할 때에 하는 검사
② 제1항에 따른 검사종류별 검사 대상 시설장비의 범위와 검사방법 등에 관한 사항은 해양수산부령으로 정한다.
③ 제1항에 따른 검사를 받으려는 자는 관리청에 수수료를 내야 한다.(2020.2.18 본항개정)

제34조【검사의 면제 등】 ① 다음 각 호의 어느 하나에 해당하는 검사·점검 또는 진단 등을 받은 시설장비는 해양수산부령으로 정하는 구분에 따라 제33조제1항에 따른 검사를 면제한다.
1. 「전기사업법」 제65조에 따른 정기검사
2. 「시설물의 안전 및 유지관리에 관한 특별법」 제11조에 따른 안전점검 또는 같은 법 제12조에 따른 정밀안전진단
3. 그 밖에 다른 법령에 따른 검사·점검 또는 진단 등으로서 대통령령으로 정하는 것
② 해양수산부령으로 정하는 기술인력과 시설을 갖춘 시설장비관리자가 사용·관리하는 시설장비에 대하여 자체검사를 한 후 검사성적서를 관리청에 제출하여 서면심사를 받은 경우에는 제33조제1항제3호에 따른 정기검사를 받은 것으로 본다.(2020.2.18 본항개정)

제35조【검사업무의 대행】 ① 관리청은 제33조제1항에 따른 검사업무를 해양수산부장관이 지정하는 자(이하 "검사대행기관"이라 한다)에게 대행하게 할 수 있다.
(2020.2.18 본항개정)
② 검사대행기관으로 지정을 받으려는 자는 해양수산부령으로 정하는 기준에 적합한 기술인력과 시설을 갖추어야 한다.
③ 검사대행기관이 검사업무를 대행하는 경우에는 제33조제3항에 따른 수수료를 해당 검사대행기관에 내야 한다.
④ 해양수산부장관은 검사대행기관이 다음 각 호의 어느 하나에 해당하는 경우에는 그 지정을 취소하거나 6개월 이내의 기간을 정하여 검사대행의 자격을 정지시킬 수 있다. 다만, 제1호에 해당하는 경우에는 그 지정을 취소하여야 한다.
1. 거짓이나 그 밖의 부정한 방법으로 지정을 받은 경우
2. 제2항에 따른 지정기준에 미치지 못하게 된 경우
3. 제5항에 따른 검사업무의 개선명령 등의 조치를 이행하지 아니한 경우
4. 정당한 사유 없이 3개월 이상 검사업무를 하지 아니한 경우
5. 검사기준에서 정한 검사를 실시하지 아니하고 거짓으로 검사증서를 발급하거나 검사결과와 다르게 검사증서를 발급하는 등 검사업무를 부적정하게 실시한 경우
⑤ 해양수산부장관은 매년 1회 검사대행기관의 검사업무를 확인·점검할 수 있으며, 검사대행기관으로부터 검사결과를 받아 확인·점검한 후 필요한 경우에는 검사업무의 개선을 명하는 등 필요한 조치를 할 수 있다.

제36조【항만시설의 기술기준】 ① 해양수산부장관은 수역시설, 외곽시설, 계류시설, 그 밖에 대통령령으로 정하는 항만시설에 대하여 기술기준을 정하여 고시할 수 있다.
② 항만개발사업을 설계하거나 시공하려는 자는 제1항에 따른 기술기준과 해양수산부장관이 정하여 고시하는 내진설계(耐震設計) 기준에 맞게 설계하거나 시공하여야 한다.
③ 해양수산부장관은 제1항에 따른 기술기준의 발전을 위하여 다음 각 호의 업무를 수행할 수 있다.
1. 기술기준의 관리 및 운영
2. 기술기준의 연구·개발 및 보급
3. 기술기준의 검증 및 평가
4. 국제 기술기준 관련 제도·정책의 동향에 관한 조사 및 분석
5. 그 밖에 대통령령으로 정하는 업무
④ 해양수산부장관은 제3항에 따른 항만시설 기술기준의 발전을 위한 업무를 대통령령으로 정하는 전문기관에 위탁할 수 있다.
⑤ 해양수산부장관은 제4항에 따라 업무를 위탁받은 전문기관에 예산의 범위에서 위탁업무 수행에 필요한 비용을 지원할 수 있다.

제37조【신기술의 활용】 ① 해양수산부장관은 항만시설과 관련된 신기술의 개발 및 활용을 촉진하기 위하여 「해양수산과학기술 육성법」 및 「건설기술 진흥법」 등 관계 법령에 따라 지정된 신기술의 항만개발사업에의 적용을 장려하고, 신기술의 시험시공을 지원할 수 있다.
② 제1항에 따른 적용 장려 및 시험시공 지원 대상 등은 평가를 거쳐 정하며, 그 평가방법 및 절차 등은 해양수산부령으로 정한다.
③ 제2항에 따른 평가를 거쳐 항만시설과 관련된 신기술을 적용하는 항만개발사업의 관리청 소속 계약사무담당자 및 설계 등 업무 담당자는 고의 또는 중대한 과실이 없으면 해당 신기술의 적용으로 발생한 해당 기관의 손실에 대하여 책임을 지지 아니한다. 다만, 「국가배상법」에 따른 책임은 면제되지 아니한다.(2023.10.24 본항신설)

제38조【항만시설의 안전점검】 ① 항만시설의 소유자는 다음 각 호의 구분에 따라 안전점검을 실시하여야 한다.
1. 갑문시설 및 1만톤급 이상의 계류시설 : 「시설물의 안전 및 유지관리에 관한 특별법」에 따른 정기안전점검·정밀안전점검·긴급안전점검·정밀안전진단
2. 제1호 외의 항만시설 : 대통령령으로 정하는 바에 따른 정기안전점검·정밀안전점검·긴급안전점검
② 관리청은 제1항에 따른 안전점검이 제대로 이루어지고 있는지 확인하기 위하여 필요한 경우 해당 항만시설의 소유자(국가 또는 시·도가 소유자인 경우는 제외한다)에 대하여 그 점검결과에 관한 보고 또는 자료제출을 요구하는 등 필요한 조치를 할 수 있다.(2020.2.18 본항개정)

제39조【항만건설작업선에 대한 「선박안전법」의 적용특례】 ① 항만건설작업선(대통령령으로 정하는 항만건설장비를 고정적으로 탑재하여 항만구역 내에서 항만개발사업을 수행하는 선박을 말한다. 이하 같다)에 대하여 「선박안전법」 제7조부터 제11조까지의 규정을 적용할 때에는 그 검사의 절차, 방법 및 시기 등을 같은 법의 해당 규정에도 불구하고 해양수산부령으로 따로 정한다.
② 항만건설장비 등 항만건설작업선의 선박시설에 대해서는 「선박안전법」 제26조에도 불구하고 해양수산부장관이 따로 기준을 정하여 고시할 수 있다.
③ 「선박안전법」 제60조제1항 및 제2항에 따라 검사등업무를 대행하는 한국해양교통안전공단 또는 선급법인은 제1항에 따른 검사 중 항만건설장비의 검사업무를 해당 업무에 전문성이 있다고 대통령령으로 정하는 기관에 위탁할 수 있다.

제40조【항만건설장비의 조종 자격요건】 제39조제1항에 따른 항만건설장비를 조종하려는 사람은 다음 각 호의 어느 하나에 해당하는 요건을 갖추어야 한다.
1. 「건설기계관리법」에 따른 건설기계조종사면허의 취득
2. 해양수산부장관이 지정한 교육기관에서 실시하는 항만건설장비의 조종에 관한 교육과정의 이수

제41조【항만시설의 사용】 ① 항만시설(항로표지는 제외한다. 이하 이 조에서 같다)을 사용하려는 자는 대통령령으로 정하는 바에 따라 다음 각 호의 어느 하나에 해당하는 방법에 따라야 한다. 이 경우 제3호부터 제5호까지의 어느 하나에 해당하는 방법으로 해양수산부령으로 정하는 항만시설을 사용하려는 자는 관리청에 그 사실을 신고하여야 한다.(2020.2.18 후단개정)
1. 관리청〔제104조에 따라 해양수산부장관으로부터 항만시설의 운영을 위임 또는 위탁받은 자(이하 "항만시설운영자"라 한다)를 포함한다. 이하 제3항에서 같다〕의 사용허가를 받을 것(2022.1.4 본호개정)
2. 관리청과 임대계약을 체결할 것(2022.1.4 본호개정)
3. 항만시설운영자와 임대계약을 체결할 것
4. 제1호에 따라 사용허가를 받은 자와 임대계약을 체결할 것
5. 제2호부터 제4호까지의 규정에 따라 임대계약을 체결한 자(이하 "임대계약자"라 한다)의 승낙을 받을 것
② 비관리청은 제10조제2항 또는 제5항에 따라 항만개발사업실시계획의 승인을 받거나 신고를 한 경우 그 항만개발사업실시계획의 범위에서 제1항에 따라 항만시설의 사용허가 또는 승낙을 받고 항만시설의 사용신고를 한 것으로 본다.
③ 관리청은 제1항제1호에 따른 항만시설의 사용허가 신청을 받은 경우에는 항만의 개발 및 관리·운영에 지장이 없으면 사용을 허가하여야 한다.(2020.2.18 본항개정)
④ 제1항부터 제3항까지에서 규정한 사항 외에 항만시설의 사용방법 등에 관하여는 관리청, 해당 항만시설운영자 또는 임대계약자가 정하는 바에 따른다.(2020.2.18 본항개정)

제42조【항만시설의 사용료 등】 ① 관리청, 항만시설운영자 또는 임대계약자는 제41조제1항 및 제2항에 따라 항만시설을 사용하는 자로부터 사용료를 징수할 수 있다.

다만, 대통령령으로 정하는 자에 대해서는 그 사용료의 전부나 일부를 면제할 수 있다.(2020.2.18 본문개정)
② 관리청은 「해운법」 제23조에 따른 해상화물운송사업을 하는 자 등 대통령령으로 정하는 자가 여러 사람의 화물을 동시에 운송하는 경우로서 항만시설 사용자를 대리하여 제41조제1항 후단에 따라 관리청에 신고를 하고 항만시설 사용자의 사용료를 한꺼번에 대신하여 낸 경우에는 해양수산부령으로 정하는 바에 따라 해당 사업자에게 사용료 대납업무에 드는 경비를 지급할 수 있다.(2020.2.18 본항개정)
③ 제1항에 따른 사용료의 종류와 요율(料率) 산정 시 고려사항 등은 대통령령으로 정한다.
④ 항만시설운영자나 임대계약자는 제1항에 따른 사용료의 요율과 징수방법 등에 관한 사항을 미리 관리청에 신고하여야 한다.(2020.2.18 본항개정)
⑤ 관리청은 제4항에 따른 신고를 받은 경우 그 내용을 검토하여 이 법에 적합하면 신고를 수리하여야 한다.(2022.1.4 본항개정)
⑥ 제1항부터 제5항까지에서 규정한 사항 외에 항만시설의 사용료에 관하여는 관리청, 해당 항만시설운영자 또는 임대계약자가 정하는 바에 따른다.(2022.1.4 본항개정)

제43조【비관리청 등의 사용료 징수】 ① 제15조제5항 또는 제19조제4항에 따라 항만시설을 타인에게 사용하게 한 자는 그 사용자로부터 사용료를 징수할 수 있다. 이 경우 사용방법, 사용료의 요율, 사용료의 징수방법 등에 관한 사항을 미리 관리청에 신고하여야 한다.(2020.2.18 후단개정)
② 관리청은 제1항 후단에 따른 신고를 받은 경우 그 내용을 검토하여 이 법에 적합하면 신고를 수리하여야 한다.(2022.1.4 본항개정)
③ 관리청은 제1항에 따른 사용방법과 사용료의 요율 등이 사용자의 편익을 해칠 우려가 있다고 인정되면 사용방법의 변경, 사용료 요율의 변경, 그 밖에 항만시설의 관리·운영에 필요한 사항을 명할 수 있다.(2020.2.18 본항개정)
④ 제1항에 따른 사용료의 징수기간은 대통령령으로 정한다.

제5장 항만배후단지

제1절 항만배후단지의 지정 등

제44조【항만배후단지개발 종합계획의 수립】 ① 해양수산부장관은 항만배후단지의 개발이 필요하다고 인정되는 항만을 대상으로 항만배후단지개발 종합계획(이하 "종합계획"이라 한다)을 5년마다 수립하여야 한다.
② 종합계획에는 다음 각 호의 사항이 포함되어야 한다.
1. 항만배후단지의 개발을 위한 용지 및 항만시설의 수요에 관한 사항
2. 공유수면 매립지, 항만 유휴부지(遊休敷地) 등 항만배후단지의 개발을 위한 용지의 계획적 조성·공급에 관한 사항
3. 항만배후단지의 지정과 개발에 관한 사항
4. 항만배후단지의 개발방향에 관한 사항
5. 항만배후단지에 설치한 항만시설의 정비와 조정에 관한 사항
6. 그 밖에 대통령령으로 정하는 사항
③ 해양수산부장관은 종합계획을 수립하려는 경우에는 종합계획안을 작성하여 시·도지사의 의견을 듣고 관계 중앙행정기관의 장과 협의한 후 중앙심의회의 심의를 거쳐야 한다.
④ 해양수산부장관은 항만배후단지의 효율적 개발을 위하여 종합계획을 변경할 필요가 있을 경우에는 종합계획을 변경할 수 있다. 이 경우 변경 절차에 관하여는 제3항을 준용하되, 대통령령으로 정하는 경미한 사항을 변경하는 경우에는 그러하지 아니하다.
⑤ 해양수산부장관은 대통령령으로 정하는 바에 따라 관계 기관에 종합계획의 수립이나 변경에 필요한 자료의 제출을 요구하거나 협조를 요청할 수 있으며, 그 요구나 요청을 받은 관계 기관은 정당한 사유가 없으면 그 요구나 요청에 따라야 한다.
⑥ 해양수산부장관은 종합계획을 수립하거나 변경한 경우에는 대통령령으로 정하는 바에 따라 고시하여야 한다.
⑦ 제1항부터 제6항까지에서 규정한 사항 외에 종합계획의 수립 및 변경 등에 필요한 사항은 대통령령으로 정한다.

제45조【항만배후단지의 지정】 해양수산부장관은 다음 각 호로 구분하여 항만배후단지를 지정한다.
1. 1종 항만배후단지 : 무역항의 항만구역 또는 제6조제1항제8호에 따른 항만시설 설치 예정지역에 지원시설과 항만친수시설을 집단적으로 설치·육성함으로써 항만의 부가가치와 항만 관련 산업의 활성화를 도모하기 위한 항만배후단지
2. 2종 항만배후단지 : 항만구역 또는 제6조제1항제8호에 따른 항만시설 설치 예정지역〔제1호에 따른 1종 항만배후단지(이하 "1종 항만배후단지"라 한다)로 지정한 지역은 제외한다〕에 일반업무시설·판매시설·주거시설 등 대통령령으로 정하는 시설을 설치함으로써 항만 및 1종 항만배후단지의 기능을 제고하고 항만을 이용하는 사람의 편익을 꾀하기 위한 항만배후단지

제46조【항만배후단지개발계획】 ① 해양수산부장관은 제45조에 따라 항만배후단지를 지정하려는 경우에는 항만배후단지개발계획을 수립하여 관할 시·도지사의 의견을 듣고 관계 중앙행정기관의 장과 협의한 후 중앙심의회의 심의를 거쳐야 한다. 항만배후단지의 지정 내용 중 대통령령으로 정하는 중요 사항을 변경하려는 경우에도 또한 같다.
② 제1항에 따른 항만배후단지개발계획(이하 "항만배후단지개발계획"이라 한다)에는 다음 각 호의 사항이 포함되어야 한다. 다만, 항만배후단지개발계획을 수립하는 데 불가피하다고 인정되면 제7호의 사항은 항만배후단지를 지정한 후에 항만배후단지개발계획에 포함시킬 수 있다.
1. 항만배후단지의 명칭·위치 및 면적
2. 항만배후단지의 지정목적
3. 항만배후단지개발사업의 시행 주체·기간 및 방법
4. 부지 이용계획과 주요 기반시설 설치계획
5. 주요 유치시설과 그 설치기준에 관한 사항
6. 재원조달계획
7. 수용하거나 사용할 토지, 물건 또는 권리가 있는 경우에는 그 세부목록
8. 제54조에 따라 원형지로 공급될 대상 토지 및 개발방향(원형지로 공급될 대상 토지가 있는 경우만 해당한다)
9. 그 밖에 대통령령으로 정하는 사항
③ 해양수산부장관은 비관리청이 시행하는 항만개발사업으로 조성된 토지로서 제15조제1항 단서에 따라 국가에 귀속되지 아니한 토지의 전부 또는 일부를 항만배후단지에 포함하여 지정하려는 경우에는 해당 토지를 소유한 자(이하 "토지소유자"라 한다)의 토지이용계획 및 시설사업계획을 제출받아 그 계획을 기초로 항만배후단지개발계획을 수립하여야 한다.
④ 토지소유자는 항만배후단지를 원활하게 개발하고 이용하기 위하여 필요한 경우에는 해양수산부장관에게 제3항에 따라 수립된 항만배후단지개발계획을 변경할 것을 요청할 수 있다.

제47조【항만배후단지개발계획의 제안 및 공모】 ① 제50조제1항 각 호의 어느 하나에 해당하는 자는 종합계획에 적합한 범위에서 또는 종합계획이 수립되지 아니한 지역에 대하여 해양수산부장관에게 항만배후단지개발계획의 수립 또는 변경 수립을 제안할 수 있다.
② 해양수산부장관은 제1항에 따라 항만배후단지개발계획의 수립 또는 변경 수립의 제안을 받은 경우 그 처리 결과를 제안자에게 알려야 한다.
③ 해양수산부장관은 창의적이고 효율적인 항만배후단지개발사업을 추진하기 위하여 항만배후단지개발계획안을 공모하여 선정된 안을 항만배후단지개발계획의 수립에 반영할 수 있다.
④ 제1항 및 제3항에 따른 항만배후단지개발계획의 제안 절차 및 공모 절차 등에 관한 사항은 대통령령으로 정한다.

제48조【항만배후단지 지정의 고시 등】 ① 해양수산부장관은 항만배후단지를 지정하거나 지정한 내용을 변경한 경우에는 대통령령으로 정하는 사항을 관보나 시·도의 공보에 고시하고, 관계 서류의 사본을 관할 시장·군수 또는 구청장(구청장은 자치구의 구청장을 말한다. 이하 같다)에게 보내야 한다. 이 경우 항만배후단지개발사업을 시행하기 위하여 수용하거나 사용할 토지, 물건 또는 권리가 있는 경우에는 그 세부목록을 포함하여 고시하여야 하며, 해당 토지, 물건 또는 권리의 소유자 및 권리자에게 알려야 한다.(2020.2.18 전단개정)
② 제1항 후단에도 불구하고 해양수산부장관은 제46조제2항 단서에 해당하는 경우에는 항만배후단지 지정의 고시 후에 수용하거나 사용할 토지, 물건 또는 권리의 세부목록을 별도로 고시할 수 있다.

제49조【항만배후단지의 지정해제】 ① 항만배후단지로 지정·고시된 날부터 5년의 범위에서 대통령령으로 정하는 기간 이내에 항만배후단지의 전부 또는 일부에 대하여 제10조제2항에 따른 항만개발사업실시계획의 승인 또는 제51조제1항에 따른 항만배후단지개발사업실시계획의 승인을 받지 아니한 경우(해양수산부장관이 제9조제1항에 따라 항만배후단지개발사업을 시행하는 경우에는 항만개발사업실시계획을 수립하지 아니한 경우를 말한다)에는 그 기간이 끝난 날의 다음 날에 그 지역에 대한 항만배후단지의 지정이 해제된 것으로 본다. 다만, 천재지변 등 대통령령으로 정하는 불가피한 사유로 항만개발사업실시계획 또는 항만배후단지개발사업실시계획의 수립이 지연된 경우에는 1년의 범위에서 그 기간을 연장할 수 있다.
② 해양수산부장관은 항만배후단지가 다음 각 호의 어느 하나에 해당하는 경우에는 중앙심의회의 심의를 거쳐 대통령령으로 정하는 바에 따라 항만배후단지로 지정된 지역의 전부 또는 일부에 대하여 항만배후단지의 지정을 해제할 수 있다.
1. 항만배후단지로 지정된 지역의 전부 또는 일부에 대하여 항만배후단지개발계획에 따른 개발 가능성이 없게 된 경우
2. 항만배후단지개발계획에 따라 제45조제2호에 따른 2종 항만배후단지(이하 "2종 항만배후단지"라 한다)로 지정되어 개발이 완료된 지역을 「국토의 계획 및 이용에 관한 법률」 제6조제1호에 따른 도시지역으로 관리하여도 항만 운영에 문제가 없다고 인정되는 경우
3. 항만배후단지개발계획에 따라 개발이 완료된 항만배후단지가 주변 항만물류 여건의 변화, 입주기업체의 부족 등으로 항만배후단지의 기능을 수행하기 어렵거나 항만배후단지의 지정 목적을 달성할 수 없다고 인정되는 경우
③ 해양수산부장관은 제1항 또는 제2항에 따라 항만배후단지의 지정이 해제된 경우에는 관할 시장·군수 또는 구청장 등 관계 행정기관의 장에게 알리고, 이를 관보나 특별시·광역시·도 또는 특별자치도의 공보에 고시하여야 한다.

제2절 항만배후단지의 개발

제50조【항만배후단지개발사업의 시행자】 ① 해양수산부장관은 다음 각 호의 자 중에서 항만배후단지개발사업의 시행자(이하 "사업시행자"라 한다)를 지정할 수 있다.
1. 국가기관 또는 지방자치단체
2. 「항만공사법」에 따른 항만공사
3. 대통령령으로 정하는 공공기관
4. 「지방공기업법」에 따른 지방공기업
5. 자본금 등 대통령령으로 정하는 자격요건에 해당하는 민간투자자
6. 제1호부터 제5호까지의 어느 하나에 해당하는 자가 항만배후단지개발사업을 시행할 목적으로 출자에 참여하여 설립한 법인으로서 대통령령으로 정하는 기준에 적합한 법인
② 해양수산부장관은 무역항에서 1종 항만배후단지와 2종 항만배후단지가 인접하여 지정된 경우에는 1종 항만배후단지개발사업의 사업시행자를 2종 항만배후단지개발사업의 사업시행자로 우선하여 지정할 수 있다.
③ 해양수산부장관은 사업시행자가 다음 각 호의 어느 하나에 해당되는 경우에는 사업시행자를 변경하거나 그 지정을 취소할 수 있다.
1. 제1항에 따라 사업시행자로 지정된 날부터 2년 이내에 제51조제1항에 따른 항만배후단지개발사업실시계획의 승인을 신청하지 아니한 경우
2. 제51조제1항에 따른 항만배후단지개발사업실시계획의 승인을 받은 후 1년 이내에 항만배후단지개발사업을 착수하지 아니한 경우
3. 제51조제1항에 따른 항만배후단지개발사업실시계획의 승인이 취소된 경우
4. 천재지변, 사업시행자의 파산이나 그 밖에 대통령령으로 정하는 사유로 항만배후단지개발사업의 목적을 달성하기 어렵다고 인정되는 경우(중앙심의회의 심의를 거친 경우로 한정한다)
④ 해양수산부장관은 제1항 및 제3항에 따라 사업시행자를 지정·지정취소하거나 변경한 경우에는 대통령령으로 정하는 바에 따라 이를 고시하여야 한다.

제51조【항만배후단지개발사업실시계획의 승인 등】 ① 사업시행자는 항만배후단지개발사업을 시행하려면 대통령령으로 정하는 바에 따라 항만배후단지개발사업실시계획을 작성하여 해양수산부장관의 승인을 받아야 한다.
② 제1항에 따른 항만배후단지개발사업실시계획(이하 "항만배후단지개발사업실시계획"이라 한다)에는 항만배후단지개발계획의 내용이 반영되어야 하며, 다음 각 호의 사항이 포함되어야 한다.
1. 항만배후단지의 명칭·위치 및 면적
2. 사업시행자의 성명 또는 명칭(소재지와 대표자의 성명을 포함한다)
3. 항만배후단지개발사업의 시행기간
4. 토지이용·교통처리 및 환경관리에 관한 계획
5. 재원조달계획 및 연차별 투자계획
6. 기반시설의 설치계획(비용부담계획을 포함한다)
7. 조성토지의 처분계획서
8. 그 밖에 대통령령으로 정하는 사항
③ 사업시행자는 제1항에 따라 승인받은 항만배후단지개발사업실시계획을 변경하려는 경우에는 해양수산부장관의 변경승인을 받아야 한다. 다만, 대통령령으로 정하는 경미한 사항을 변경하는 경우에는 그러하지 아니하다.
④ 해양수산부장관은 항만배후단지개발사업실시계획을 승인하거나 변경승인하려는 경우에는 대통령령으로 정하는 바에 따라 시·도지사 및 시장·군수·구청장의 의견을 들어야 한다.
⑤ 해양수산부장관은 항만배후단지개발사업실시계획을 승인 또는 변경승인한 경우에는 대통령령으로 정하는 바에 따라 이를 고시하고, 관할 시·도지사 및 시장·군수·구청장에게 관계 서류의 사본을 보내야 한다. 이 경우 관계 서류의 사본을 받은 특별자치도지사 또는 시장·군수·구청장은 이를 14일 이상 일반인이 열람할 수 있게 하여야 한다.
⑥ 제5항에 따라 관계 서류의 사본을 받은 관할 시·도지사 또는 시장·군수·구청장은 관계 서류에 「국토의 계획 및 이용에 관한 법률」 제2조제4호에 따른 도시·군관리계획의 결정에 관한 사항이 포함되어 있는 경우 같은 법 제32조제2항에 따른 지형도면 승인 신청 등 필요한 조치를 하여야 한다.
⑦ 제1항부터 제6항까지에서 규정한 사항 외에 항만배후단지개발사업의 시행에 필요한 사항은 해양수산부장관이 정하여 고시한다.

제52조【공공시설의 설치 등】 해양수산부장관은 사업시행자로 하여금 항만배후단지에 필요한 도로, 공원, 녹지, 그 밖에 대통령령으로 정하는 공공시설을 설치하게 하거나 기존의 공원 및 녹지를 보존하게 할 수 있다.

제53조【선수금】 사업시행자는 항만배후단지개발사업으로 조성하는 토지·건축물 또는 공작물 등을 공급받거나 이용하려는 자로부터 대통령령으로 정하는 바에 따라 그 대금의 전부 또는 일부를 미리 받을 수 있다.

제54조【원형지의 공급과 개발】 ① 사업시행자는 항만배후단지의 일부(해당 항만배후단지 전체 면적의 3분의 1 이내로 한정한다)를 자연친화적으로 개발하거나 입체적으로 개발하기 위하여 필요한 경우에는 조성되지 아니한 상태의 토지(이하 "원형지"라 한다)의 공급계획을 작성하여 해양수산부장관의 승인을 받아 다음 각 호의 어느 하나에 해당하는 자에게 원형지를 공급하여 개발하게 할 수 있다.

1. 국가기관
2. 지방자치단체
3. 「항만공사법」에 따른 항만공사
4. 대통령령으로 정하는 공공기관

② 제1항에 따른 원형지 공급계획에는 원형지를 공급받아 개발하는 자(이하 "원형지개발자"라 한다)에 관한 사항과 원형지의 공급 내용 등이 포함되어야 한다.

③ 사업시행자는 제1항에 따라 승인받은 원형지 공급계획을 변경하려면 해양수산부장관의 승인을 받아야 한다.

④ 해양수산부장관은 제1항 또는 제3항에 따라 승인을 할 때에는 원형지 개발과 관련하여 용적률 등 개발밀도, 토지용도별 면적 및 배치, 교통처리계획 및 기반시설의 설치 등에 관한 이행조건을 붙일 수 있다. 이 경우 사업시행자는 해당 이행조건을 제5항에 따른 원형지 공급계약의 내용에 반영하여야 한다.

⑤ 사업시행자는 다음 각 호의 내용에 따라 원형지개발자와 원형지 공급계약을 체결한 후 원형지개발자로부터 원형지 개발을 위한 공사의 착수 기한, 공사의 준공예정일, 사업기간 등의 사항이 포함된 세부계획을 제출받아 항만배후단지개발사업실시계획의 내용에 반영하여야 한다.

1. 제46조제2항제8호에 따른 원형지 개발방향
2. 제1항에 따른 원형지 공급계획

⑥ 원형지개발자(국가기관 및 지방자치단체는 제외한다)는 10년의 범위에서 대통령령으로 정하는 기간 동안에는 원형지를 제3자에게 매각할 수 없다. 다만, 이주용 주택이나 공공시설 등 대통령령으로 정하는 용도로 사용하려는 경우로서 미리 해양수산부장관의 승인을 받은 경우에는 그러하지 아니하다.

⑦ 해양수산부장관은 다음 각 호의 어느 하나에 해당하는 경우에는 원형지 공급계획의 승인을 취소하거나 사업시행자로 하여금 그 이행의 촉구, 원상회복 또는 손해배상의 청구, 원형지 공급계약의 해제 등 필요한 조치를 할 것을 요구할 수 있다.

1. 사업시행자가 제1항에 따른 원형지 공급계획에 따라 원형지를 공급하지 아니한 경우
2. 사업시행자 또는 원형지개발자가 제4항에 따른 이행조건을 이행하지 아니한 경우
3. 원형지개발자가 제8항 각 호의 어느 하나에 해당하는 경우

⑧ 사업시행자는 원형지개발자가 다음 각 호의 어느 하나에 해당하는 경우 대통령령으로 정하는 바에 따라 원형지 공급계약을 해제할 수 있다.

1. 제5항에 따른 세부계획에서 정한 착수 기한까지 공사에 착수하지 아니한 경우
2. 개발을 위한 공사에 착수한 후 제5항에 따른 세부계획에서 정한 사업기간 이내에 원형지 개발을 위한 사업을 완료하지 아니한 경우
3. 제6항을 위반하여 공급받은 원형지의 전부나 일부를 제3자에게 매각한 경우
4. 그 밖에 원형지를 공급계약에서 정하는 목적대로 사용하지 아니하는 등 제5항에 따른 원형지 공급계약의 내용을 위반하는 경우

⑨ 제1항부터 제8항까지에서 규정한 사항 외에 원형지개발자의 선정기준, 원형지 공급의 절차와 기준, 원형지 공급가격, 사업시행자와 원형지개발자의 업무 범위 및 원형지 공급계약의 방법 등에 관한 사항은 대통령령으로 정한다.

제55조【국공유지의 처분제한 등】 ① 항만배후단지에 있는 국가 또는 지방자치단체 소유의 토지로서 항만배후단지개발사업에 필요한 토지는 해당 항만배후단지개발사업실시계획에서 정한 목적 외의 용도로 처분할 수 없다.

② 항만배후단지에 있는 국가 또는 지방자치단체 소유의 재산으로서 항만배후단지개발사업에 필요한 재산은 「국유재산법」 제9조에 따른 국유재산의 관리·처분에 관한 계획, 「공유재산 및 물품 관리법」 제10조에 따른 공유재산 관리계획, 「국유재산법」 제43조 및 「공유재산 및 물품 관리법」 제29조에 따른 계약의 방법에도 불구하고 사업시행자에게 수의계약으로 처분할 수 있다. 이 경우 그 국유재산의 용도폐지(행정재산인 경우만 해당한다) 또는 처분에 관하여는 해양수산부장관이 미리 관계 중앙행정기관의 장과 협의하여야 한다.

③ 관계 중앙행정기관의 장은 제2항 후단에 따른 협의 요청을 받으면 그 요청을 받은 날부터 30일 이내에 협의에 필요한 조치를 하여야 한다.

제56조【국유재산 또는 공유재산 매각의 예약】 ① 국가 또는 지방자치단체는 사업시행자에게 항만배후단지개발사업의 완료를 조건으로 제55조제2항에 따라 수의계약으로 처분할 수 있는 재산의 매각을 예약할 수 있다.

② 제1항에 따라 매각이 예약된 재산의 사용·수익, 예약의 해지 또는 해제 등에 관하여는 「국유재산법」 제45조제2항부터 제5항까지의 규정을 준용한다.

제57조【국유재산의 사용허가 등에 관한 특례】 ① 국가는 항만배후단지개발사업의 원활한 시행을 위하여 특히 필요하다고 인정하는 경우에는 사업시행자에게 항만배후단지에 있는 국유재산에 대하여 「국유재산법」 제35조 및 제46조에도 불구하고 30년의 범위에서 사용허가 또는 대부를 할 수 있다.(2023.10.24 본항개정)

② 제1항에 따른 사용허가 또는 대부 기간이 끝난 국유재산에 대해서는 최초의 사용허가 또는 대부 기간을 초과하지 아니하는 범위에서 1회에 한정하여 종전의 사용허가 또는 대부계약을 갱신할 수 있다.

③ 제1항에 따라 국유재산의 사용허가 또는 대부를 받은 자는 「국유재산법」 제18조에도 불구하고 해당 국유재산에 필요한 영구시설물을 설치할 수 있다. 이 경우 국가는 해당 시설물의 종류 등을 고려하여 사용허가 또는 대부 기간이 끝나는 때에 이를 국가에 기부하거나 원상회복하여 반환하는 조건을 붙여야 한다.

제58조【준공확인】 ① 사업시행자는 항만배후단지개발사업을 끝냈을 때에는 지체 없이 대통령령으로 정하는 바에 따라 해양수산부장관에게 준공확인을 신청하여야 한다. 이 경우 항만배후단지개발사업을 효율적으로 시행하기 위하여 필요하면 항만배후단지개발사업실시계획의 범위에서 단계별 또는 시설별로 구분하여 준공확인을 신청할 수 있다.

② 해양수산부장관은 제1항에 따라 준공확인 신청을 받으면 대통령령으로 정하는 바에 따라 준공검사를 한 후 항만배후단지개발사업이 승인된 항만배후단지개발사업실시계획의 내용대로 시행되었다고 인정되는 경우에는 해양수산부령으로 정하는 준공확인증명서를 신청인에게 내주어야 한다.

③ 해양수산부장관은 제2항에 따라 준공검사를 한 결과 항만배후단지개발사업이 승인된 항만배후단지개발사업실시계획의 내용대로 끝나지 아니한 경우에는 지체 없이 보완시공 등 필요한 조치를 명하여야 한다.

④ 사업시행자가 제2항에 따라 준공확인증명서를 받은 경우에는 제98조제1항 각 호의 허가 등에 따른 해당 사업의 준공검사 또는 준공인가 등을 받은 것으로 본다.

⑤ 누구든지 제2항에 따른 준공확인증명서를 받기 전에 항만배후단지개발사업으로 조성되거나 설치된 토지 또는 시설을 사용해서는 아니 된다. 다만, 대통령령으로 정하는 바에 따라 해양수산부장관에게 준공 전 사용신고를 한 경우에는 그러하지 아니하다.

⑥ 해양수산부장관은 제5항 단서에 따른 신고를 받은 경우 그 내용을 검토하여 이 법에 적합하면 신고를 수리하여야 한다.

제59조【공사완료의 공고】 해양수산부장관은 제58조제2항에 따라 준공확인증명서를 내준 경우에는 공사완료의 공고를 하여야 한다.

제60조【항만배후단지의 귀속 등】 ① 항만배후단지개발사업으로 개발된 항만배후단지의 토지 및 항만시설의 귀속 및 무상사용 등에 관하여는 제15조제1항·제3항부터 제5항까지 및 제43조를 준용한다. 이 경우 "제9조제2항 본문에 따른 비관리청의 항만개발사업"은 "항만배후단지개발사업"으로, "비관리청"은 "사업시행자"로, "제12조제5항 단서"는 "제58조제5항 단서"로, "제15조제5항 또는 제19조제4항"은 "제60조제1항에 따라 준용되는 제15조제5항"으로 본다.

② 사업시행자가 항만배후단지개발사업의 시행으로 새로 공공시설(대통령령으로 정하는 시설은 제외한다. 이하 이 조에서 같다)을 설치하거나 기존의 공공시설에 대체되는 시설을 설치한 경우 공공시설이나 공공시설에 대체되는 시설(이하 "공공시설등"이라 한다)의 귀속은 「국토의 계획 및 이용에 관한 법률」 제65조를 준용한다.

③ 제2항에 따른 공공시설등을 등기할 때에는 제51조제1항에 따른 항만배후단지개발사업실시계획 승인서와 제58조제2항에 따른 준공확인증명서로 「부동산등기법」에 따른 등기원인을 증명하는 서면을 갈음할 수 있다.

제61조【토지의 매도청구】 ① 사업시행자는 제58조제2항에 따른 준공확인증명서를 발급받은 날부터 1년 이내에 제60조제1항에 따라 준용되는 제15조제1항 본문에 따라 국가가 취득한 토지 중 대통령령으로 정하는 토지의 매도를 청구할 수 있다. 이 경우 국가는 공용 또는 공공용으로 사용할 경우를 제외하고는 그 청구를 거절하지 못한다.

② 제1항에 따른 토지의 매각 가격 및 그 산정 절차에 관하여는 제16조제2항을 준용한다.

제62조【조성토지의 처분】 ① 사업시행자는 항만배후단지개발사업으로 조성하여 취득한 토지를 항만배후단지개발사업실시계획에 따라 직접 사용하거나 분양 또는 임대하여야 한다.

② 제1항에 따른 토지의 처분방법·처분절차·가격기준 등에 관하여 필요한 사항은 대통령령으로 정한다.

제63조【개발이익의 재투자】 ① 사업시행자는 항만배후단지개발사업으로 발생하는 개발이익을 100분의 25의 범위에서 대통령령으로 정하는 바에 따라 다음 각 호의 어느 하나에 해당하는 용도로 사용하여야 한다.

1. 해당 항만배후단지의 항만시설용지 등의 분양가격이나 임대료의 인하
2. 해당 항만배후단지의 기반시설이나 공공시설의 설치 비용에의 충당

② 사업시행자는 제1항에 따른 개발이익의 재투자가 차질 없이 이루어질 수 있도록 그 발생된 개발이익을 구분하여 회계처리하는 등 필요한 조치를 하여야 한다.

③ 제1항에 따른 개발이익의 산정에 관하여는 「개발이익 환수에 관한 법률」 제8조부터 제12조까지의 규정을 준용한다. 이 경우 "개발부담금의 부과 기준"은 "개발이익의 산정 기준"으로, "부과 종료 시점"은 "개발이익 산정 종료 시점"으로, "부과 대상 토지"는 "개발이익 산정 대상 토지"로, "부과 개시 시점"은 "개발이익 산정 개시 시점"으로, "부과 기간"은 "개발이익 산정 기간"으로, "국가나 지방자치단체로부터 개발사업의 인가등", "국가나 지방자치단체의 인가등", "개발사업의 인가등", "개발사업 인가등" 또는 "인가등"은 "개발사업실시계획 승인"으로, "개발사업의 준공인가 등"은 "준공확인"으로, "납부 의무자"는 "사업시행자"로, "개발사업"은 "항만배후단지개발사업"으로, "국토교통부장관"은 "해양수산부장관"으로 본다.

제64조【입주자협의회의 구성 등】 ① 해양수산부장관이 제59조에 따라 공사완료의 공고를 한 경우 입주기업체 등 해당 항만배후단지의 입주자 및 입주예정자는 항만배후단지의 효율적인 관리를 위하여 입주자협의회를 구성할 수 있다.

② 제1항에 따른 입주자협의회의 구성과 운영 등에 필요한 사항은 대통령령으로 정한다.

제3절 1종 항만배후단지의 관리·운영

제65조【1종 항만배후단지관리지침】 ① 해양수산부장관은 1종 항만배후단지의 관리에 관한 기본적 사항을 정한 1종 항만배후단지관리지침(이하 "관리지침"이라 한다)을 작성하여 고시하여야 한다. 관리지침 중 대통령령으로 정하는 경미한 사항 외의 사항을 변경하는 경우에도 또한 같다.

② 관리지침의 내용 및 작성 등에 필요한 사항은 대통령령으로 정한다.

제66조【관리기관의 지정 등】 ① 해양수산부장관은 1종 항만배후단지를 관리하기 위하여 1종 항만배후단지관리기관(이하 "관리기관"이라 한다)을 지정하여야 한다.

② 해양수산부장관이 관리기관으로 지정할 수 있는 기관은 다음 각 호와 같으며, 업무 범위를 나누어 둘 이상의 기관을 공동으로 지정할 수 있다.

1. 국가기관 또는 지방자치단체
2. 「항만공사법」에 따른 항만공사
3. 1종 항만배후단지 운영에 필요한 전문인력과 시설 등 해양수산부장관이 정하여 고시하는 기준을 갖춘 기관 또는 단체

③ 같은 1종 항만배후단지에 토지소유자가 2인 이상인 경우에는 해당 토지소유자들이 협의를 거쳐 제2항제3호에 따른 기관을 관리기관으로 지정할 것을 해양수산부장관에게 요청할 수 있다. 이 경우 해양수산부장관은 해당 기관을 관리기관으로 지정하여야 한다.

④ 제1항에도 불구하고 제1항에 따라 관리기관이 지정되기 전에 1종 항만배후단지가 「자유무역지역의 지정 및 운영에 관한 법률」 제4조에 따라 자유무역지역으로 지정된 경우에는 같은 법 제8조에 따른 관리권자(같은 법 제55조제3항에 따라 관리권자의 권한이 위임 또는 위탁된 경우에는 해당 위임 또는 위탁을 받은 자를 말한다)가 관리기관으로 지정된 것으로 본다.

⑤ 해양수산부장관은 1종 항만배후단지의 효율적 관리를 위하여 필요한 경우에는 관리기관을 변경하여 지정할 수 있다. 이 경우 그 변경 지정에 관하여는 제2항 및 제3항을 준용한다.

⑥ 제1항부터 제5항까지에서 규정한 사항 외에 관리기관의 지정 및 변경 지정의 절차, 지정 시기 등에 관한 사항은 대통령령으로 정한다.

제67조【관리기관의 업무】 관리기관은 1종 항만배후단지의 관리에 관한 다음 각 호의 업무를 수행한다.

1. 입주기업체의 관리 및 사업활동 지원
2. 공동시설의 유지 및 관리
3. 각종 지원시설의 설치 및 운영
4. 그 밖에 1종 항만배후단지의 관리 또는 운영에 관한 업무

제68조【1종 항만배후단지관리계획의 수립】 ① 관리기관은 1종 항만배후단지관리계획을 수립하여 해양수산부장관에게 제출하여야 한다.

② 제1항에 따른 1종 항만배후단지관리계획에는 다음 각 호의 사항이 포함되어야 한다.

1. 관리할 1종 항만배후단지의 면적 및 범위에 관한 사항
2. 입주대상 업종 및 입주기업체의 자격에 관한 사항
3. 1종 항만배후단지 지원시설의 설치·운영에 관한 사항
4. 그 밖에 1종 항만배후단지의 관리에 필요한 사항

③ 제1항에 따른 1종 항만배후단지관리계획의 작성에 필요한 사항은 대통령령으로 정한다.

제69조【입주자격】 ① 1종 항만배후단지에는 다음 각 호의 어느 하나에 해당하는 자가 입주할 수 있다. 다만, 제조업 또는 지식서비스산업(「산업발전법」 제8조제2항에 따른 지식서비스산업을 말한다. 이하 같다)에 해당하는 사업을 영위하려는 자가 제2호·제3호 및 제4호의 어느 하나에 해당하는 자격을 갖추지 못한 경우에도 해양수산부장관이 항만물류의 원활화 및 물동량 창출 등을 위하여 필요하다고 인정하는 경우에는 제71조제1항에 따른 입주계약 후 대통령령으로 정하는 기간 이내에 제2호·제3호 및 제4호의 어느 하나에 해당하는 자격을 갖출 것을 조건으로 입주할 수 있다.(2020.12.22 단서개정)
1. 관할 항만을 이용하여 반입·반출되는 화물을 하역·운송·유통·판매·보관·전시하는 사업 또는 이를 지원하는 사업으로서 대통령령으로 정하는 사업을 영위하는 자
2. 제3조제1항제1호에 따른 무역항에 입항·출항하는 선박을 이용한 수출입을 주목적으로 하는 화물의 제조업을 영위하는 자로서 매출액 대비 수출입액 등이 대통령령으로 정하는 기준을 충족하는 자(2022.12.27 본호개정)

2의2. 관할 항만에 입항·출항하는 선박을 이용한 수출입을 주목적으로 하는 국내복귀기업(「해외진출기업의 국내복귀 지원에 관한 법률」 제7조에 따라 지원대상으로 선정된 기업을 말한다. 이하 같다)으로서 대통령령으로 정하는 사업을 영위하는 자(2020.12.8 본호신설)

3. 관할 항만에 입항·출항하는 선박을 이용한 물동량 창출이 가능한 제조업을 하려는 외국인투자기업으로서 외국인투자 비중 등이 대통령령으로 정하는 기준을 충족하는 자
4. 지식서비스산업 중 대통령령으로 정하는 사업을 영위하는 자로서 수출입 비중 등이 대통령령으로 정하는 기준을 충족하는 자
5. 관할 항만에 입항·출항하는 선박을 이용한 수출입거래를 주목적으로 하는 도매업을 하려는 자로서 수출입거래 비중 등이 대통령령으로 정하는 기준을 충족하는 자
6. 입주기업체의 사업을 지원하는 사업으로서 대통령령으로 정하는 사업을 영위하는 자
7. 항만친수시설의 관리·운영에 관한 사업으로서 대통령령으로 정하는 사업을 영위하는 자
8. 항만의 관리·운영과 직접 관계가 있는 국가기관 또는 공공기관

② 제1항에도 불구하고 관리기관은 제1항 각 호에 따른 입주자격을 갖춘 자가 입주하고 남은 1종 항만배후단지의 토지 및 시설이 있는 경우로서 해당 토지 및 시설의 규모 등이 대통령령으로 정하는 기준에 해당하는 경우에는 대통령령으로 정하는 바에 따라 제조업을 영위하는 자를 입주하게 할 수 있다.

제70조【우선입주】 관리기관은 제69조제1항에 따른 입주자격을 갖춘 자의 제71조제1항에 따른 입주계약의 체결 신청이 경합하는 경우에는 다음 각 호의 어느 하나에 해당하는 자와 우선적으로 입주계약을 체결할 수 있다.
1. 항만물류 사업(컨테이너에 화물을 넣거나 컨테이너에서 화물을 꺼내는 물류활동을 포함한다)으로서 고부가가치를 창출하는 사업을 영위하려는 자
2. 수출액이 대통령령으로 정하는 기준 이상인 제조업을 영위하는 자
3. 제69조제1항제2호의2에 따른 국내복귀기업으로서 국내복귀 이전 총매출 대비 국내로의 수출액을 제외한 매출액의 비중 등이 대통령령으로 정하는 기준을 충족하는 자(2020.12.8 본호신설)

제71조【입주계약】 ① 1종 항만배후단지에 입주하여 사업을 하려는 자는 관리기관과 그 입주에 관한 계약(이하 "입주계약"이라 한다)을 체결하여야 한다. 입주계약을 변경하려는 경우에도 또한 같다.
② 관리기관은 제1항에 따라 입주계약을 체결하는 경우 업종 및 시설내용 등을 포함하는 사업시설 조성계획을 제출하도록 하는 등 입주목적 달성에 필요한 조건을 붙일 수 있다. 이 경우 그 조건은 공공의 이익을 증진하기 위하여 필요한 최소한도에 한정하여야 하며, 부당한 의무를 부과해서는 아니 된다.
③ 제1항에 따른 입주계약 및 계약의 변경에 필요한 사항은 대통령령으로 정한다.

제72조【입주계약의 해지】 ① 관리기관은 입주기업체가 거짓이나 그 밖의 부정한 방법으로 입주계약을 체결한 경우에는 입주계약을 해지하여야 한다.
② 관리기관은 입주기업체가 다음 각 호의 어느 하나에 해당하는 경우 입주계약을 해지할 수 있다. 다만, 제1호 및 제3호의 경우 관리기관이 시정을 명한 후 해양수산부령으로 정하는 기간 이내에 입주기업체가 이를 이행하는 경우에는 그러하지 아니하다.
1. 제69조에 따른 입주자격을 상실하거나 입주계약 후 같은 조 제1항 단서에 따라 입주자격을 갖추지 못한 경우
2. 입주계약을 체결한 사업 외의 사업을 한 경우
3. 제71조제2항에 따라 입주계약을 체결할 때 부여된 조건을 이행하지 아니한 경우
4. 폐업한 경우

제73조【입주계약의 해지에 따른 처리】 ① 제72조에 따라 입주계약이 해지된 자는 해양수산부령으로 정하는 잔무 처리를 제외하고는 그 사업을 즉시 중지하여야 한다.
② 제72조에 따라 입주계약이 해지된 자는 1종 항만배후단지에 소유하는 토지나 공장·건축물 또는 그 밖의 시설(이하 "공장등"이라 한다)을 대통령령으로 정하는 바에 따라 다른 입주기업체나 제69조에 따른 입주자격이 있는 제3자에게 양도하여야 한다.
③ 제2항에 따라 토지나 공장등을 양도하려는 자는 양수인에게 제69조 및 제72조에 따른 입주자격 및 입주계약 해지 사유를 양도·양수 계약 전에 서면으로 고지하여야 한다.

제74조【토지 또는 공장등의 처분제한】 ① 제60조에 따라 국가 또는 시·도에 귀속되지 아니한 1종 항만배후단지의 토지(사업시행자가 국가 또는 지방자치단체 소유의 토지를 취득한 경우 해당 토지를 포함한다)를 분양받은 입주기업체 또는 제2항에 따라 토지를 양수한 자는 제71조제2항 전단에 따른 사업시설 조성계획에 따라 다음 각 호의 시설의 설치를 완료하기 전에 분양받거나 양수한 토지를 처분하려는 경우에는 관리기관에 양도하여야 한다.(2023.10.24 본문개정)
1. 「물류정책기본법」 제2조제1항제4호에 따른 물류시설
2. 「산업집적활성화 및 공장설립에 관한 법률」 제2조제1호에 따른 공장
② 입주기업체는 관리기관이 제1항에 따라 토지를 양수하기 곤란하다고 인정하는 경우에는 다른 입주기업체나 제69조에 따른 입주자격이 있는 제3자에게 이를 양도하여야 한다.
③ 제1항 및 제2항에 따른 토지의 양도가격은 양도인이 취득한 가격에 대통령령으로 정하는 이자 및 비용을 합산한 금액으로 한다. 다만, 양도인이 요청한 경우 토지의 양도가격은 그가 취득한 가격에 대통령령으로 정하는 이자 및 비용을 합산한 금액 이하로 할 수 있다.
④ 입주기업체가 제1항 각 호에 따른 시설의 설치를 완료한 후 토지 또는 공장등을 양도하거나 임대[전대(轉貸)를 포함한다. 이하 같다]하는 경우 양수인 또는 임차인은 입주기업체 또는 입주자격이 있는 제3자로 한정한다.
⑤ 제2항 또는 제4항에 따라 토지 또는 공장등을 처분하려는 자는 양수인 또는 임차인에게 제69조 및 제72조에 따른 입주자격 및 입주계약 해지 사유를 양도·양수 계약 또는 임대 계약 전에 서면으로 고지하여야 한다.

제75조【경매 등에 의하여 취득한 토지 또는 공장등의 사용 등】 ① 1종 항만배후단지 안의 토지 또는 공장등을 경매나 관련 법률에 따라 취득한 자는 다음 각 호에서 정하는 바에 따라 이를 처분하거나 사용하여야 한다.
1. 대통령령으로 정하는 바에 따라 입주계약을 체결할 것. 다만, 입주기업체를 인수 또는 합병한 자가 입주자격을 갖추고 종전에 입주계약을 체결한 업종의 사업을 하는 경우에는 제71조에 따라 입주계약을 체결한 것으로 본다.
2. 제1호에 따라 입주계약을 체결(입주계약을 체결한 것으로 보는 경우를 포함한다)하지 못한 경우에는 대통령령으로 정하는 바에 따라 다른 입주기업체나 제69조에 따른 입주자격이 있는 제3자에게 양도할 것
② 제1항제2호에 따라 토지 또는 공장등을 양도하려는 자는 양수인에게 제69조 및 제72조에 따른 입주자격 및 입주계약 해지 사유를 양도·양수 계약 전에 서면으로 고지하여야 한다.

제76조【자유무역지역으로 지정된 1종 항만배후단지의 관리·운영】 제69조부터 제75조까지의 규정에도 불구하고 1종 항만배후단지가 「자유무역지역의 지정 및 운영에 관한 법률」 제4조에 따라 자유무역지역으로 지정된 경우에는 해당 1종 항만배후단지의 관리·운영에 관하여는 같은 법에 따른다.

제77조【1종 항만배후단지의 관리·운영비】 ① 관리기관은 1종 항만배후단지의 공동시설 중 해양수산부령으로 정하는 시설의 관리·운영에 필요한 비용을 입주기업체 등으로부터 받을 수 있다.
② 관리기관은 입주기업체와의 협약을 통하여 제1항에 따른 공동시설의 관리·운영비 외에 제50조제1항제5호 및 제6호에 해당하는 사업시행자가 조성하여 취득한 1종 항만배후단지의 관리·운영에 필요한 비용을 입주기업체로부터 받을 수 있다.(2022.12.27 본항신설)
③ 제1항에 따른 관리·운영비의 부담 기준 및 방법 등에 관한 사항은 대통령령으로 정한다.
(2022.12.27 본조제목개정)

제78조【1종 항만배후단지 안의 조경의무 면제】 입주기업체에 대해서는 「건축법」 제42조에도 불구하고 1종 항만배후단지 내에서 해당 입주기업체 부지에 대한 같은 조에 따른 조경 의무를 면제한다.

제6장 항만에 관한 비용 등

제79조【비용부담 원칙】 ① 이 법 또는 다른 법률에 특별한 규정이 있는 경우 외에는 관리청이 해양수산부장관인 경우에는 국가가, 관리청이 시·도지사인 경우에는 시·도가 항만의 관리 및 시설에 관한 비용을 부담한다.(2020.2.18 본항개정)
② 비관리청이 제9조제2항에 따라 시행하는 항만개발사업에 드는 비용은 비관리청이 부담한다.
③ 사업시행자가 시행하는 항만배후단지개발사업에 드는 비용은 사업시행자가 부담한다.
④ 공공단체나 사인(私人)이 그가 필요하여 항만시설의 경미한 보수 등을 하는 경우에는 그 공공단체나 사인이 그 비용을 부담한다.

제80조【비용의 보조 등】 ① 국가는 대통령령으로 정하는 바에 따라 예산의 범위에서 사업시행자에게 항만배후단지개발사업의 시행에 필요한 비용의 일부를 보조하거나 융자할 수 있다.
② 국가나 지방자치단체는 항만배후단지에 필요한 도로·철도·용수시설(用水施設) 등 대통령령으로 정하는 기반시설을 설치하는 것을 우선적으로 지원하여야 한다.
③ 전기·통신·가스 및 지역난방 시설의 설치 등은 「도시개발법」 제55조를 준용한다.
④ 국가 또는 지방자치단체는 1종 항만배후단지의 입주기업체 또는 1종 항만배후단지 지원기관을 유치하기 위하여 자금지원에 필요한 조치를 할 수 있다.

제81조【의무 이행에 필요한 비용】 이 법 또는 이 법에 따른 명령·조건 또는 이에 따른 처분으로 생긴 의무의 이행에 필요한 비용은 이 법에 특별한 규정이 있는 경우 외에는 그 의무자가 부담한다.

제82조【사용료 등의 강제징수】 해양수산부장관 또는 시·도지사는 이 법 또는 이 법에 따른 명령·조건 또는 이에 따른 처분으로 인하여 관리청에 사용료 등 납부금을 내야 할 의무가 있는 자가 납부금을 내지 아니하면 국세 체납처분의 예 또는 「지방세외수입금의 징수 등에 관한 법률」에 따라 징수할 수 있다.(2020.2.18 본조개정)

제7장 감 독

제83조【법령위반 등에 대한 처분 등】 ① 해양수산부장관 또는 시·도지사는 다음 각 호의 어느 하나에 해당하는 경우에는 이 법에 따른 허가·지정 또는 승인을 취소하거나 공사의 중지·변경, 시설물 또는 물건의 개축·변경·이전·제거 또는 원상회복이나 시설장비 사용중지, 그 밖에 필요한 처분을 하거나 조치를 명할 수 있다. 다만, 제1호에 해당하는 경우에는 그 허가·지정 또는 승인을 취소하여야 한다.(2020.2.18 본문개정)
1. 거짓이나 그 밖의 부정한 방법으로 다음 각 목의 어느 하나에 해당하는 허가, 승인 또는 지정을 받은 경우
가. 제9조제2항 본문에 따른 항만개발사업의 허가
나. 제10조제2항 본문에 따른 항만개발사업실시계획의 승인
다. 제41조제1항제1호에 따른 항만시설의 사용허가
라. 제50조제1항에 따른 사업시행자의 지정
마. 제51조제1항에 따른 항만배후단지개발사업실시계획의 승인
바. 제66조제1항에 따른 관리기관의 지정
2. 제9조제2항 본문에 따른 항만개발사업의 허가내용을 위반한 경우
3. 제10조제2항 및 제5항에 따른 항만개발사업실시계획의 승인, 변경 신고 및 항만개발사업실시계획의 수립 신고의 내용을 위반한 경우
4. 제11조를 위반하여 항만개발사업실시계획의 승인을 받거나 신고를 한 날부터 1년 이내(착수시기가 연기된 경우에는 연기된 착수시기 이내를 말한다)에 항만개발사업에 착수하지 아니한 경우(2022.12.27 본호개정)
5. 거짓이나 부정한 방법으로 제34조제2항에 따라 정기검사를 면제받은 경우
6. 제41조제1항제1호에 따른 항만시설 사용허가의 내용을 위반한 경우
7. 제42조제1항에 따른 항만시설 사용료를 대통령령으로 정하는 기간 내에 내지 아니한 경우
8. 사업시행자가 제54조에 따른 승인을 받지 아니하고 원형지를 공급한 경우
② 제1항에 따른 허가·지정 또는 승인의 취소, 공사의 중지·변경, 시설물 또는 물건의 개축·변경·이전·제거 또는 원상회복이나 시설장비 사용중지, 그 밖에 필요한 처분이나 조치 명령의 세부적인 기준은 위반행위의 유형 및 그 사유와 위반의 정도 등을 고려하여 해양수산부령으로 정한다.
③ 해양수산부장관 또는 시·도지사는 제1항에 따른 처분 등을 한 경우에는 대통령령으로 정하는 바에 따라 이를 고시하여야 한다.(2020.2.18 본항개정)

제84조【공익을 위한 처분 등】 해양수산부장관 또는 시·도지사는 다음 각 호의 어느 하나에 해당하는 경우에는 제9조제2항 본문에 따른 항만개발사업의 허가, 제10조제2항에 따른 항만개발사업실시계획의 승인 또는 제41조제1항제1호에 따른 항만시설의 사용허가를 받은 자에 대하여 제83조에 따른 처분 등을 할 수 있다.(2020.2.18 본문개정)
1. 항만의 상황 변경이나 항만의 효율적 관리·운영 등 공공의 이익을 위하여 필요한 경우
2. 전시·사변 등 비상사태나 천재지변 등 불가항력적 사유가 발생한 경우
3. 항만 내 화물 적체로 항만운영에 중대한 장애가 발생하거나 발생할 우려가 있는 경우

제85조【보고 및 검사】 ① 해양수산부장관 또는 시·도지사는 다음 각 호의 어느 하나에 해당하는 경우에는 이 법 또는 이 법에 따른 명령에 따라 허가·승인을 받거나 등록을 한 자 또는 항만시설운영자에게 보고를 하게 하

거나 소속 공무원으로 하여금 그 허가·승인을 받거나 등록을 한 자, 시설장비관리자 또는 항만시설운영자의 사무실·사업장, 그 밖의 필요한 장소에 출입하여 항만개발사업 상황, 항만시설, 물건 및 관계 문서 등을 검사하게 할 수 있다.(2020.2.18 본문개정)
1. 다음 각 목의 내용에 대한 이행 여부의 확인이 필요한 경우
  가. 제9조제2항 본문에 따른 항만개발사업 허가의 내용
  나. 제10조제2항에 따른 항만개발사업실시계획 승인의 내용
  다. 제32조제1항에 따른 시설장비 자체점검의 내용(소속 공무원의 출입검사로 한정한다)
  라. 제41조제1항제1호에 따른 항만시설 사용허가의 내용 및 항만시설운영자의 항만시설 운영의 내용
2. 전시·사변 등 비상사태나 천재지변 등 불가항력적 사유가 발생하여 항만의 관리·운영에 중대한 장애가 발생할 우려가 있는 경우
3. 공공사업을 추진하기 위하여 관련 자료 및 현장 확인이 필요한 경우
② 해양수산부장관 또는 관리기관은 입주계약의 이행 여부, 사업실적 등을 확인하기 위하여 필요한 경우 입주기업체에 대하여 관련 자료의 제출을 요청할 수 있으며 그 소속 공무원 또는 직원으로 하여금 입주기업체 및 그 사업장 등에 출입하여 관련 자료 등을 검사하거나 관계인에게 질문하게 할 수 있다.
③ 제1항 및 제2항에 따라 출입검사를 하려는 자는 검사일 7일 전까지 출입검사의 일시, 목적 및 내용 등에 관한 출입검사의 계획을 피검사자에게 서면으로 알려야 한다. 다만, 긴급하거나 출입검사의 계획이 알려지면 출입검사의 목적을 달성할 수 없다고 인정하는 경우에는 그러하지 아니하다.
④ 제1항 및 제2항에 따라 출입검사를 하려는 자는 그 권한을 나타내는 증표를 지니고 관계인에게 보여 주어야 하며, 출입검사를 할 때에는 성명, 출입검사의 시간, 출입검사의 목적 등이 표시된 문서를 관계인에게 내주어야 한다.

제86조【장기체류 화물의 처리】 ① 해양수산부장관 또는 시·도지사는 「관세법」에 따른 통관절차가 끝난 날부터 2개월 이상 화물을 반출하지 아니하거나 내항화물(內航貨物)을 항만시설에 장치(藏置)한 후 2개월 이상 반출하지 아니하여 항만시설의 관리·운영에 지장이 있다고 인정되면 대통령령으로 정하는 바에 따라 그 화물의 소유자에게 통보일부터 1개월 이내에 그 화물을 반출할 것을 통보하여야 하며, 그 기간이 지나도 해당 화물을 반출하지 아니하는 경우에는 다시 1개월 이내의 기간을 정하여 독촉통보를 하여야 한다. 다만, 그 소유자가 있는 곳을 알 수 없어 통보나 독촉통보를 할 수 없는 경우에는 대통령령으로 정하는 바에 따라 그 사실을 공고하여야 한다.
② 해양수산부장관 또는 시·도지사는 화물의 소유자가 제1항에 따른 독촉통보기간이나 공고기간에 그 화물을 반출하지 아니하는 경우에는 대통령령으로 정하는 바에 따라 그 화물을 매각 또는 폐기하거나 국가 또는 시·도에 귀속시킬 수 있다.
③ 항만시설운영자나 임대계약자는 그가 관리·운영하는 항만시설에 장치된 화물 중 「관세법」에 따른 통관절차가 끝난 날부터 2개월 이상 반출하지 아니하여 항만 운영에 지장을 주는 화물이 있는 경우에는 제1항과 제2항에 따른 조치를 할 것을 해양수산부장관 또는 시·도지사에게 요청할 수 있다.
(2020.2.18 본조개정)

제8장 공용부담 및 손실보상

제87조【타인 토지에의 출입 등】 ① 해양수산부장관 또는 시·도지사, 비관리청 및 사업시행자는 항만개발사업실시계획 및 항만배후단지개발사업실시계획의 작성 등을 위한 조사·측량 또는 항만개발사업·항만배후단지개발사업의 시행을 위하여 필요한 경우에는 타인이 소유하거나 점유하는 토지에 출입하거나 타인이 소유하거나 점유하는 토지를 재료적치장·임시통로 또는 임시도로로 일시 사용할 수 있으며, 특히 필요한 경우에는 나무, 흙, 돌이나 그 밖의 장애물을 변경하거나 제거할 수 있다.
(2020.2.18 본항개정)
② 제1항에 따라 타인의 토지에 출입하려는 자와 타인의 토지를 일시 사용하거나 장애물을 변경 또는 제거하려는 자는 7일 전까지 그 소유자 또는 점유자에게 출입 및 일시 사용하려는 자 등의 인적사항·출입시간·출입목적 등을 서면으로 알리고 동의를 받아야 한다. 다만, 해양수산부장관 또는 시·도지사는 토지의 소유자 또는 점유자의 동의를 받지 아니하고 타인의 토지에 출입할 수 있다.
(2020.2.18 단서개정)
③ 비관리청 및 사업시행자는 해당 토지의 소유자 또는 점유자가 동의를 하지 아니하거나, 주소 불명 등으로 동의를 받을 수 없는 경우에는 관할 특별자치도지사 또는 시장·군수·구청장의 허가를 받아 출입하여야 한다.
④ 해 뜨기 전 또는 해 진 후에는 해당 토지의 소유자 또는 점유자의 승낙 없이 택지 또는 담으로 둘러싸인 타인의 토지에 출입할 수 없다.
⑤ 제1항에 따라 타인의 토지에 출입하려는 자는 그 권한을 나타내는 증표를 지니고 관계인에게 보여 주어야 하며, 출입할 때에는 성명·출입시간·출입목적 등이 표시된 문서를 관계인에게 내주어야 한다.
⑥ 사업시행자는 항만배후단지개발사업실시계획의 승인을 받은 경우 항만배후단지개발사업이 예정된 공유수면에 출입하거나 이를 일시 사용할 수 있다. 이 경우 「수산업법」, 「양식산업발전법」 등 다른 법률에 따라 공유수면에 대한 권리를 가진 자는 정당한 사유 없이 그 수면에 대한 사업시행자의 출입 또는 일시 사용을 가로막거나 방해해서는 아니 된다.
⑦ 제5항에 따른 증표에 관한 사항은 해양수산부령으로 정한다.

제88조【비상재해의 경우 토지 등의 사용】 해양수산부장관 또는 시·도지사는 재해(災害)로 인한 항만시설의 위험이나 항만 사용의 위험을 방지하기 위하여 특별히 필요하다고 인정되면 그 항만 인근에 거주하는 사람이나 재해의 현장에 있는 사람에게 노무(勞務)의 제공을 요청하거나 재해 현장에 필요한 토지·가옥·선박, 그 밖의 공작물을 일시 사용할 수 있으며, 공작물이나 그 밖의 장애물을 변경 또는 제거하거나 흙, 돌, 나무, 운반도구, 그 밖의 물건(공작물은 제외한다)을 사용하거나 수용할 수 있다.(2020.2.18 본조개정)

제89조【토지 등의 수용】 ① 해양수산부장관 또는 시·도지사가 항만개발사업을 시행하거나 사업시행자가 항만배후단지개발사업을 하기 위하여 필요한 경우에는 「공익사업을 위한 토지 등의 취득 및 보상에 관한 법률」 제3조에 따른 토지, 물건 또는 권리(「수산업법」 제7조에 따른 면허어업, 같은 법 제40조에 따른 허가어업과 같은 법 제48조에 따른 신고어업, 그리고 「양식산업발전법」 제10조에 따라 면허를 받은 양식업과 같은 법 제43조에 따라 허가를 받은 양식업에 관한 권리를 포함한다. 이하 같다)를 수용하거나 사용할 수 있다.(2022.1.11 본항개정)
② 제10조제1항에 따른 항만개발사업실시계획의 공고 또는 제48조제1항에 따른 항만배후단지 지정의 고시가 있는 경우에는 「공익사업을 위한 토지 등의 취득 및 보상에 관한 법률」 제20조제1항에 따른 사업인정 및 같은 법 제22조에 따른 사업인정의 고시가 있는 것으로 본다. 다만, 제10조제3항 단서 또는 제48조제2항에 따라 수용하거나 사용할 토지, 물건 또는 권리의 세부목록을 별도로 공고·고시한 경우에는 해당 공고·고시를 한 때에 「공익사업을 위한 토지 등의 취득 및 보상에 관한 법률」 제20조제1항에 따른 사업인정 및 같은 법 제22조에 따른 사업인정의 고시가 있는 것으로 본다.
③ 제1항에 따라 수용하거나 사용할 토지, 물건 또는 권리에 대한 토지수용위원회에의 재결(裁決)의 신청은 「공익사업을 위한 토지 등의 취득 및 보상에 관한 법률」 제23조제1항 및 제28조제1항에도 불구하고 항만개발사업실시계획 또는 항만배후단지개발사업실시계획에서 정하는 사업시행 기간에 할 수 있다.
④ 해양수산부장관 또는 시·도지사는 제1항에 따라 수용 또는 사용할 해역의 범위를 정하기 위한 기준을 정하여 고시할 수 있다.(2022.1.4 본항개정)
⑤ 제1항에 따른 수용 또는 사용에 관하여 이 법에서 특별히 규정한 사항 외에는 「공익사업을 위한 토지 등의 취득 및 보상에 관한 법률」에 따른다.

제90조【토지소유자에 대한 환지】 ① 사업시행자는 항만배후단지에 토지를 소유하고 있는 자가 항만배후단지개발계획에서 정하는 바에 따라 해당 토지를 사용하려는 경우 해당 토지를 포함하여 항만배후단지개발계획에 따른 항만배후단지개발사업을 시행하고, 해당 사업이 완료된 후 대통령령으로 정하는 바에 따라 해당 토지소유자에게 환지(換地)하여 줄 수 있다.
② 제1항에 따른 환지에 관한 사항은 「도시개발법」 제28조부터 제32조까지, 제32조의2, 제32조의3, 제33조부터 제36조까지, 제36조의2 및 제37조부터 제49조까지의 규정을 준용한다. 다만, 사업시행자가 「도시개발법」 제28조제1항에 따른 환지 계획을 포함하여 항만배후단지개발사업실시계획의 승인을 받은 경우에는 같은 법 제29조에 따른 환지 계획의 인가를 받은 것으로 본다.

제91조【토지매수업무 등의 위탁】 ① 사업시행자는 항만배후단지개발사업을 위한 토지매수업무, 손실보상업무 및 이주대책업무 등을 대통령령으로 정하는 바에 따라 관할 지방자치단체 또는 대통령령으로 정하는 공공기관에 위탁할 수 있다.
② 제1항에 따라 토지매수업무, 손실보상업무 및 이주대책업무 등을 위탁하는 경우의 위탁수수료 등은 대통령령으로 정한다.

제92조【부동산 가격 안정을 위한 조치】 ① 해양수산부장관, 관계 행정기관의 장 및 관할 시·도지사는 항만배후단지와 인근 지역의 토지 및 건물 등 부동산의 가격안정을 위하여 필요한 조치를 하여야 한다.
② 관할 시·도지사는 항만배후단지개발사업으로 부동산투기 또는 부동산 가격의 급등이 우려되는 지역에 대하여 관계 중앙행정기관의 장에게 다음 각 호의 조치를 할 것을 요청하여야 한다.
1. 「소득세법」 제104조의2제1항에 따른 지정지역의 지정
2. 「주택법」 제63조에 따른 투기과열지구의 지정
3. 「부동산 거래신고 등에 관한 법률」 제10조에 따른 토지거래계약에 관한 허가구역의 지정
4. 그 밖에 부동산 가격의 안정을 위하여 필요한 조치

제93조【공용부담으로 발생한 손실의 보상】 ① 제87조 및 제88조에 따른 행위 또는 처분 등으로 손실을 받은 자가 있는 경우 해양수산부장관 또는 시·도지사가 한 행위나 처분 등으로 발생한 손실에 대해서는 국가 또는 시·도가 정당한 보상을 하여야 하며, 비관리청 또는 사업시행자가 한 행위나 처분 등으로 발생한 손실에 대해서는 비관리청 또는 사업시행자가 정당한 보상을 하여야 한다.
(2020.2.18 본항개정)
② 제1항에 따라 손실을 보상하려는 경우에는 그 손실을 받은 자와 협의하여야 한다.
③ 해양수산부장관, 시·도지사 또는 비관리청은 제2항에 따른 협의가 성립되지 아니하는 경우에는 스스로 결정한 금액을 손실을 받은 자에게 지급하여야 한다. 다만, 지급할 수 없는 경우에는 공탁(供託)하고 상대방에게 알려야 한다.(2020.2.18 본문개정)
④ 제3항에 따른 보상금에 불복하는 자는 손실보상금을 지급받거나 공탁통지를 받은 날부터 30일 이내에 대통령령으로 정하는 바에 따라 관할 토지수용위원회에 재결을 신청할 수 있다.
⑤ 사업시행자 또는 사업시행자가 한 행위 등으로 인하여 손실을 받은 자는 제2항에 따른 협의가 성립되지 아니하는 경우에는 관할 토지수용위원회에 재결을 신청할 수 있다. 이 경우 재결의 신청은 「공익사업을 위한 토지 등의 취득 및 보상에 관한 법률」 제23조제1항 및 제28조제1항에도 불구하고 항만배후단지개발사업실시계획에서 정하는 사업시행 기간에 할 수 있다.
⑥ 제5항에도 불구하고 「수산업법」 제7조에 따른 면허어업, 같은 법 제40조에 따른 허가어업과 같은 법 제48조에 따른 신고어업, 그리고 「양식산업발전법」 제10조에 따라 면허를 받은 양식업과 같은 법 제43조에 따라 허가를 받은 양식업에 관한 권리에 관하여는 「양식산업발전법」 제67조부터 제69조까지의 규정에 따른 보상 규정을 적용한다.
(2022.1.11 본항개정)

제94조【공익을 위한 처분으로 발생한 손실의 보상】 제84조에 따른 처분으로 발생한 손실의 보상에 관하여는 제93조제1항부터 제4항까지의 규정을 준용한다.

제95조【항만개발사업으로 발생한 손실의 보상】 ① 제9조에 따른 항만개발사업의 시행으로 손실을 받은 자가 있는 경우에는 그 항만개발사업의 시행자가 그 손실을 보상하거나 그 손실을 방지하기 위한 시설을 설치하여야 한다.
② 제1항에 따른 손실의 보상에 관하여는 제93조제2항부터 제4항까지의 규정을 준용한다.

제9장 보 칙

제96조【다른 국가사업과의 관계 등】 ① 국가나 지방자치단체가 다음 각 호의 어느 하나에 해당하는 해양수산부장관 또는 시·도지사의 허가를 받아야 할 사업을 하려는 경우 그 사업을 시행하는 행정청은 다음 각 호의 규정에도 불구하고 대통령령으로 정하는 바에 따라 해양수산부장관 또는 시·도지사와 협의하거나 그 승인을 받아야 한다.(2020.2.18 본문개정)
1. 제9조제2항 본문에 따른 항만개발사업의 시행 허가
2. 제41조제1항제1호에 따른 항만시설의 사용허가
② 국가나 지방자치단체는 다음 각 호의 행위를 하려는 경우에는 미리 해양수산부장관 또는 시·도지사와 협의하여야 한다.(2020.2.18 본문개정)
1. 「공유수면 관리 및 매립에 관한 법률」 제22조에 따른 매립기본계획에 항만구역을 반영하려는 경우
2. 「국토의 계획 및 이용에 관한 법률」 제37조제1항제5호에 따른 보호지구(항만시설을 보호하기 위한 것으로 한정한다)를 지정하려는 경우
3. 항만구역, 제6조제1항제8호에 따른 항만시설 설치 예정지역을 「산업입지 및 개발에 관한 법률」에 따라 산업단지로 지정하려는 경우
③ 관계 행정기관의 장이 항만구역이나 제6조제1항제8호에 따른 항만시설 설치 예정지역에서 「광업법」, 「수산업법」, 「양식산업발전법」, 「공유수면 관리 및 매립에 관한 법률」 및 그 밖의 법령에 따라 광업권 등의 권리를 설정하거나 그 밖의 처분을 하려는 경우에는 미리 해양수산부장관 또는 시·도지사와 협의하여야 한다.(2020.2.18 본항개정)

제97조【행위 제한 등】 ① 항만배후단지로 지정·고시된 지역에서 건축물의 건축, 공작물의 설치, 토지의 형질변경, 토석의 채취, 토지분할, 물건을 쌓아놓는 행위 등 대통령령으로 정하는 행위를 하려는 자는 해양수산부장관(「공유수면 관리 및 매립에 관한 법률」에 따라 해양수산부장관이 관리하는 공유수면에서의 행위로 한정한다. 이하 이 조에서 같다)이나 특별자치도지사·시장·군수·구청장의 허가를 받아야 한다. 허가받은 사항을 변경하려는 경우에도 또한 같다.
② 제1항에도 불구하고 다음 각 호의 어느 하나에 해당하는 행위는 허가를 받지 아니하고 할 수 있다.
1. 재해복구 또는 재난수습에 필요한 응급조치를 위하여 하는 행위
2. 경작을 위한 토지의 형질변경 등 대통령령으로 정하는 행위
③ 제1항에 따라 허가를 받아야 하는 행위로서 항만배후단지의 지정 및 고시 당시 이미 관계 법령에 따라 행위허

가를 받았거나 허가를 받을 필요가 없는 행위에 관하여 그 공사 또는 사업을 시작한 자는 대통령령으로 정하는 바에 따라 해양수산부장관 또는 관할 특별자치도지사·시장·군수·구청장에게 신고한 후 공사 또는 사업을 계속 시행할 수 있다.

④ 해양수산부장관 또는 특별자치도지사·시장·군수·구청장은 제1항을 위반한 자에게 원상회복을 명할 수 있다. 이 경우 명령을 받은 자가 그 의무를 이행하지 아니하는 경우에는 해양수산부장관 또는 특별자치도지사·시장·군수·구청장은 「행정대집행법」에 따라 이를 대집행할 수 있다.

⑤ 제1항에 따른 허가에 관하여 이 법에서 규정한 사항 외에는 「국토의 계획 및 이용에 관한 법률」 제57조부터 제60조까지 및 제62조를 준용한다.

⑥ 제1항에 따라 허가를 받은 경우에는 「국토의 계획 및 이용에 관한 법률」 제56조에 따른 허가를 받은 것으로 본다.

제98조【관련 인가·허가 등의 의제】 ① 해양수산부장관 또는 시·도지사가 제10조제1항 본문에 따라 항만개발사업실시계획을 수립 또는 변경하여 공고한 경우, 같은 항 단서 및 같은 조 제2항에 따라 비관리청의 항만개발사업실시계획을 승인 또는 변경승인하여 공고한 경우 및 제51조제5항에 따라 항만배후단지개발사업실시계획의 승인 또는 변경승인을 고시한 경우에는 제3항에 따라 관계 행정기관의 장과 협의한 사항에 대하여 다음 각 호의 인가·허가·결정·면허·협의·동의·승인·신고 또는 해제 등(이하 "인가·허가등"이라 한다)을 받은 것으로 보며, 다음 각 호의 법률에 따른 인가·허가등을 고시하거나 공고한 것으로 본다.(2020.2.18 본문개정)

1. 「건축법」 제11조에 따른 건축허가, 같은 법 제14조에 따른 건축신고, 같은 법 제16조에 따른 허가와 신고사항의 변경, 같은 법 제20조에 따른 가설건축물의 허가·신고 및 같은 법 제29조에 따른 건축협의
2. 「경제자유구역의 지정 및 운영에 관한 특별법」 제9조에 따른 경제자유구역개발사업 실시계획의 승인
3. 「골재채취법」 제22조에 따른 골재채취의 허가
4. 「공유수면 관리 및 매립에 관한 법률」 제8조에 따른 공유수면의 점용·사용허가, 같은 법 제17조에 따른 점용·사용 실시계획의 승인 또는 신고, 같은 법 제28조에 따른 공유수면의 매립면허, 같은 법 제35조에 따른 국가 등이 시행하는 매립의 협의 또는 승인 및 같은 법 제38조에 따른 공유수면매립실시계획의 승인
5. 「관광진흥법」 제15조에 따른 사업계획의 승인
6. 「국토의 계획 및 이용에 관한 법률」 제30조에 따른 도시·군관리계획의 결정, 같은 법 제56조에 따른 토지의 형질변경·분할허가, 같은 법 제86조에 따른 도시·군계획시설사업의 시행자 지정 및 같은 법 제88조에 따른 도시·군계획시설사업에 관한 실시계획의 인가
7. 「농어촌정비법」 제23조에 따른 농업생산기반시설의 사용허가 및 같은 법 제82조제2항에 따른 농어촌 관광휴양단지 개발 사업계획의 승인
8. 「농지법」 제34조에 따른 농지의 전용허가 또는 협의
9. 「도로법」 제107조에 따른 도로관리청과의 협의 또는 승인(같은 법 제19조에 따른 도로 노선의 지정·고시, 같은 법 제25조에 따른 도로구역의 결정, 같은 법 제36조에 따른 도로관리청이 아닌 자에 대한 도로공사 시행의 허가 및 같은 법 제61조에 따른 도로의 점용 허가에 관한 것으로 한정한다)
10. 「사방사업법」 제14조에 따른 입목·죽의 벌채, 토석·나무뿌리 또는 풀뿌리의 채취 등의 허가 및 같은 법 제20조에 따른 사방지의 지정해제
11. 「산림보호법」 제9조제1항 및 같은 조 제2항제1호·제2호에 따른 산림보호구역(산림유전자원보호구역은 제외한다)에서의 행위의 허가·신고
12. 「산림자원의 조성 및 관리에 관한 법률」 제36조제1항·제5항에 따른 입목벌채등의 허가·신고 (2022.12.27 본호개정)
13. 「산업입지 및 개발에 관한 법률」 제17조에 따른 국가산업단지개발실시계획의 승인, 같은 법 제18조에 따른 일반산업단지개발실시계획의 승인, 같은 법 제18조의2에 따른 도시첨단산업단지개발실시계획의 승인 및 같은 법 제19조에 따른 농공단지개발실시계획의 승인
14. 「산업집적활성화 및 공장설립에 관한 법률」 제13조에 따른 공장설립등의 승인, 같은 법 제14조에 따른 공장의 건축허가, 같은 법 제14조의2에 따른 공장건축물의 사용승인, 같은 법 제14조의3에 따른 제조시설설치승인 및 같은 법 제28조의2에 따른 지식산업센터의 설립승인 등
15. 「산지관리법」 제14조에 따른 산지전용허가, 같은 법 제15조에 따른 산지전용신고 및 같은 법 제15조의2에 따른 산지일시사용허가·신고
16. 「소방시설공사업법」 제13조제1항에 따른 소방시설공사의 신고
17. 「소하천정비법」 제10조에 따른 소하천등 정비 허가
18. 「수도법」 제17조제1항에 따른 일반수도사업의 인가, 같은 법 제49조에 따른 공업용수도사업의 인가, 같은 법 제52조에 따른 전용상수도 설치의 인가 및 같은 법 제54조에 따라 준용되는 같은 법 제52조에 따른 전용공업용수도 설치의 인가
19. 「수산자원관리법」 제47조에 따른 보호수면에서의 공사시행 승인
20. 「위험물안전관리법」 제6조제1항에 따른 제조소등의 설치 허가
21. 「자연공원법」 제71조에 따른 공원관리청과의 협의
22. 「전기사업법」 제62조에 따른 자가용전기설비 공사계획의 인가 또는 신고
23. 「체육시설의 설치·이용에 관한 법률」 제12조에 따른 사업계획의 승인
24. 「택지개발촉진법」 제9조에 따른 택지개발사업 실시계획의 승인
25. 「하수도법」 제16조에 따른 공공하수도 공사의 시행허가 및 같은 법 제24조에 따른 점용허가
26. 「하천법」 제30조에 따른 하천공사의 시행허가, 하천공사실시계획의 인가 및 같은 법 제33조에 따른 하천의 점용허가
27. 「소방시설 설치 및 관리에 관한 법률」 제6조제1항에 따른 건축허가등의 동의(2021.11.30 본호개정)

② 다음 각 호의 어느 하나에 해당하는 경우에는 그 범위에서 「공유수면 관리 및 매립에 관한 법률」 제22조 및 제27조에 따른 공유수면매립 기본계획을 수립하거나 변경하여 같은 법 제26조에 따라 고시한 것으로 보며, 「산업입지 및 개발에 관한 법률」 제6조, 제7조, 제7조의2 및 제8조에 따른 산업단지를 지정하거나 변경하여 같은 법 제7조의4에 따라 고시한 것으로 본다.

1. 제5조부터 제8조까지의 규정에 따라 항만기본계획을 수립하거나 변경하여 고시한 경우
2. 제44조에 따라 종합계획을 수립하거나 변경하여 고시한 경우

③ 해양수산부장관 또는 시·도지사는 다음 각 호의 어느 하나에 해당하는 경우로서 그 내용에 제1항 각 호의 어느 하나에 해당되는 사항이 포함되어 있는 경우에는 관계 행정기관의 장과 미리 협의하여야 한다.(2023.5.16 후단삭제)

1. 제10조제1항에 따라 항만개발사업실시계획을 수립하거나 이를 변경할 때
2. 제10조제2항에 따라 비관리청의 항만개발사업실시계획을 승인하거나 승인한 내용을 변경승인할 때
3. 제51조에 따라 사업시행자의 항만배후단지개발사업실시계획을 승인하거나 승인한 내용을 변경승인할 때

④ 제3항에도 불구하고 해양수산부장관 또는 시·도지사는 필요하면 관계 행정기관의 장과 협의를 마치기 전에 항만개발사업실시계획 또는 항만배후단지개발사업실시계획의 승인 또는 변경승인을 할 수 있다. 이 경우 협의를 마칠 때까지는 제1항에 따른 인가·허가등을 받은 것으로 보지 아니한다.(2022.1.4 전단개정)

⑤ 제1항, 제3항 및 제4항에서 규정한 사항 외에 인가·허가등 의제의 기준 및 효과 등에 관하여는 「행정기본법」 제24조부터 제26조까지를 준용한다.(2023.5.16 본항개정)

제99조【인가·허가등 의제를 위한 일괄협의회】 ① 해양수산부장관 또는 시·도지사는 제98조제3항에 따라 관계 행정기관의 장과 협의하기 위하여 대통령령으로 정하는 바에 따라 인가·허가등 의제를 위한 일괄협의회를 개최할 수 있다.(2020.2.18 본항개정)

② 제98조제3항에 따른 관계 행정기관의 장은 소속 공무원을 제1항에 따른 일괄협의회에 참석하게 하여야 한다.

제100조【청문】 해양수산부장관, 시·도지사 또는 관리기관은 다음 각 호의 어느 하나에 해당하는 처분을 하려는 경우에는 「행정절차법」에 따라 청문을 하여야 한다. (2020.2.18 본문개정)

1. 제35조제4항에 따른 검사대행기관 지정의 취소
2. 제50조제3항에 따른 사업시행자의 변경 또는 지정의 취소
3. 제72조에 따른 1종 항만배후단지 입주계약의 해지
4. 제83조 또는 제84조에 따른 항만개발사업 허가의 취소, 항만개발사업실시계획 승인의 취소, 항만시설 사용허가의 취소, 사업시행자의 지정취소 또는 항만배후단지개발사업실시계획 승인의 취소

제101조【권리·의무의 이전】 ① 이 법에 따른 허가나 승인으로 발생한 권리나 의무를 이전하려면 해양수산부령으로 정하는 바에 따라 해양수산부장관 또는 시·도지사의 인가를 받아야 한다. 다만, 상속 등 대통령령으로 정하는 사유로 권리·의무가 이전되는 경우에는 인가를 받지 아니하여도 된다.

② 제1항 본문에 따른 권리·의무의 이전은 해양수산부장관 또는 시·도지사의 인가를 받은 날부터 효력이 발생한다.

(2020.2.18 본조개정)

제102조【한국항만협회의 설립】 ① 항만건설 관련자는 항만건설에 관한 조사·연구 및 기술개발과 항만건설 관련 정보의 공동활용 촉진 등 항만건설산업의 건전한 발전을 위하여 해양수산부장관의 승인을 받아 한국항만협회(이하 "협회"라 한다)를 설립할 수 있다.

② 협회는 법인으로 한다.

③ 협회는 다음 각 호의 사업을 한다.

1. 항만에 관한 조사·연구 및 홍보
2. 항만건설기술 정보의 수집·분석 및 제공
3. 항만건설에 따르는 조사·설계·감리·기술에 관한 용역 및 시설물 안전점검에 관한 업무
4. 항만건설기술 향상을 위한 교육훈련 및 지원
5. 제1호부터 제4호까지의 사업에 딸린 사업으로서 협회의 정관으로 정하는 사업

④ 협회의 정관은 해양수산부장관의 인가를 받아야 하며, 정관의 기재사항과 운영 등에 필요한 사항은 대통령령으로 정한다.

⑤ 해양수산부장관은 협회에 대하여 감독상 필요한 경우에는 그 업무에 관한 사항을 보고하게 하거나 자료의 제출을 요청할 수 있으며, 소속 공무원에게 그 사무실·사업장이나 그 밖에 필요한 장소에 출입하여 장부, 서류 또는 그 밖의 물건을 검사하거나 관계인에게 질문하게 할 수 있다.

⑥ 제5항에 따라 출입·검사 또는 질문을 하려는 공무원은 그 권한을 나타내는 증표를 지니고 이를 관계인에게 내보여야 한다.

⑦ 협회에 관하여 이 법에서 정한 것을 제외하고는 「민법」 중 사단법인에 관한 규정을 준용한다.

제103조【항만 관련 국제협력 등의 지원】 해양수산부장관은 국내 항만 및 항만 산업과 관련한 국제협력의 증진 및 관련 국내 기업의 해외 시장 진출을 지원하기 위하여 다음 각 호의 업무를 수행할 수 있다.

1. 항만 관련 국제협력사업의 발굴, 관리, 조사·연구 및 정보 제공
2. 항만 관련 국제협력을 위한 인적 교류 및 관련 인력에 대한 교육훈련
3. 해외항만개발사업 진출 자문 및 기술지원
4. 항만 및 항만 산업과 관련한 정보의 국제적 교환 및 홍보
5. 항만 관련 국제기구 및 원조 관련 기관과의 협력
6. 그 밖에 항만 및 항만 산업과 관련한 국제협력 증진 및 해외 시장 진출과 관련한 업무

제104조【권한 등의 위임·위탁】 ① 이 법에 따른 해양수산부장관의 권한은 대통령령으로 정하는 바에 따라 그 일부를 그 소속기관의 장 또는 시·도지사에게 위임할 수 있다.

② 이 법에 따른 해양수산부장관의 업무는 대통령령으로 정하는 바에 따라 그 일부를 협회, 「항만공사법」 제4조에 따른 항만공사, 「한국해운조합법」 제4조에 따른 한국해운조합 또는 「한국수자원공사법」 제2조에 따른 한국수자원공사에 위탁할 수 있다.

제105조【수수료】 이 법에 따른 허가를 받거나 등록 또는 신고를 하려는 자는 해양수산부령으로 정하는 바에 따라 수수료를 내야 한다.

제106조【조세감면】 국가나 지방자치단체는 비관리청이 실시하는 항만개발사업을 장려하기 위하여 「조세특례제한법」 또는 「지방세특례제한법」에서 정하는 바에 따라 조세를 감면할 수 있다.

제10장 벌 칙

제107조【벌칙】 정당한 사유 없이 항만시설의 구조 또는 위치를 변경하거나 항만시설을 훼손하여 항만의 효용을 떨어뜨리거나 선박의 입항·출항에 위해(危害)를 발생시킨 자는 5년 이하의 징역 또는 3천만원 이하의 벌금에 처한다.

제108조【벌칙】 다음 각 호의 어느 하나에 해당하는 자는 3년 이하의 징역 또는 3천만원 이하의 벌금에 처한다.

1. 거짓이나 그 밖의 부정한 방법으로 제9조제2항 본문에 따른 허가를 받은 자
2. 거짓이나 그 밖의 부정한 방법으로 제50조제1항에 따른 사업시행자의 지정을 받은 자
3. 거짓이나 그 밖의 부정한 방법으로 제51조제1항 또는 제3항에 따른 항만배후단지개발사업실시계획의 승인 또는 변경승인을 받은 자
4. 제71조제1항에 따른 입주계약 또는 변경계약을 체결하지 아니하거나 거짓 또는 그 밖의 부정한 방법으로 입주계약 또는 변경계약을 체결하여 1종 항만배후단지에서 사업을 한 자
5. 제72조에 따라 입주계약이 해지된 후 제73조제1항에 따른 잔무 처리 외에 그 사업을 한 자

제109조【벌칙】 다음 각 호의 어느 하나에 해당하는 자는 2년 이하의 징역 또는 2천만원 이하의 벌금에 처한다.

1. 제9조제2항을 위반하여 같은 항 본문에 따른 허가를 받지 아니하고 항만개발사업을 시행한 자
2. 제10조제2항 본문에 따른 항만개발사업실시계획의 승인을 받지 아니하거나 같은 항 단서 또는 같은 조 제5항에 따른 신고를 하지 아니하고 항만개발사업을 시행한 자
3. 제17조를 위반하여 제6조제1항제6호에 따른 항만시설의 용도 및 제9조제2항 본문에 따른 허가 목적과 다르게 토지 및 항만시설을 사용한 자
4. 제19조제1항을 위반하여 토지 및 항만시설을 타인에게 양도한 자
5. 제28조를 위반하여 항만에서의 금지행위를 한 자
6. 제41조제1항 전단을 위반하여 항만시설을 사용한 자
7. 거짓이나 그 밖의 부정한 방법으로 제41조제1항제1호에 따른 사용허가를 받은 자
8. 제51조제1항에 따라 항만배후단지개발사업실시계획의 승인을 받지 아니하고 항만배후단지개발사업을 시행한 자

9. 정당한 사유 없이 제88조에 따른 해양수산부장관 또는 시·도지사의 행위 또는 처분을 거부하거나 방해한 자(2020.2.18 본호개정)
10. 거짓이나 그 밖의 부정한 방법으로 제97조제1항에 따른 허가 또는 변경허가를 받은 자

제110조【벌칙】 다음 각 호의 어느 하나에 해당하는 자는 1년 이하의 징역 또는 1천만원 이하의 벌금에 처한다.
1. 제12조제5항 단서 또는 제58조제5항 단서에 따른 사용신고를 하지 아니하고 조성되거나 설치된 토지 또는 시설을 사용한 자
2. 제18조제1항을 위반하여 토지 및 항만시설을 타인에게 임대한 자(2022.12.27 본호개정)
3. 제38조제1항에 따른 안전점검을 실시하지 아니한 자
4. 제40조를 위반하여 자격요건을 갖추지 아니하고 항만건설장비를 조종한 자
5. 제73조제2항, 제74조제1항·제2항 또는 제4항을 위반하여 토지 또는 공장등을 처분한 자
6. 제75조제1항을 위반하여 토지 또는 공장등을 처분 또는 사용한 자
7. 제83조제1항 및 제84조에 따른 공사의 중지·변경, 시설물 또는 물건의 개축·변경·이전·제거·원상회복 또는 시설장비 사용중지, 그 밖에 필요한 처분이나 조치명령을 위반한 자
8. 항만배후단지에서 제97조제1항에 따른 허가 또는 변경허가를 받지 아니하고 같은 항에 따른 행위를 한 자
9. 제102조제5항에 따른 보고 또는 자료제출 요청에 대하여 거짓으로 보고 또는 자료제출을 한 자

제111조【양벌규정】 법인의 대표자나 법인 또는 개인의 대리인, 사용인, 그 밖의 종업원이 그 법인 또는 개인의 업무에 관하여 제107조부터 제110조까지의 어느 하나에 해당하는 위반행위를 하면 그 행위자를 벌하는 외에 그 법인 또는 개인에게도 해당 조문의 벌금형을 과(科)한다. 다만, 법인 또는 개인이 그 위반행위를 방지하기 위하여 해당 업무에 관하여 상당한 주의와 감독을 게을리하지 아니한 경우에는 그러하지 아니하다.

제112조【벌칙 적용에서 공무원 의제】 다음 각 호의 사람은 「형법」 제127조 및 제129조부터 제132조까지의 규정을 적용할 때에는 공무원으로 본다.
1. 제4조제1항부터 제3항까지의 규정에 따른 중앙심의회, 분과심의회 및 지방항만심의회의 위원 중 공무원이 아닌 위원
2. 제104조제2항에 따라 위탁업무를 하는 협회, 항만공사, 한국해운조합 또는 한국수자원공사의 임직원

제113조【과태료】 ① 다음 각 호의 어느 하나에 해당하는 자에게는 200만원 이하의 과태료를 부과한다.
1. 제19조제2항에 따른 양수에 관한 신고를 하지 아니한 자
2. 제31조제1항에 따른 신고를 하지 아니한 자
3. 제32조제1항에 따른 자체점검을 하지 아니하거나 자체점검 결과 정비·보수가 필요한 시설장비에 대하여 지체 없이 필요한 조치를 하지 아니한 자
4. 제32조제2항에 따른 자체점검기록과 정비·보수에 관한 기록을 작성·관리하지 아니한 자
5. 제33조제1항에 따른 검사를 받지 아니한 자
6. 제34조제2항의 검사성적서를 거짓으로 작성하여 제출한 자
7. 제35조제4항에 따라 검사대행기관의 지정이 취소된 후 또는 검사대행의 자격이 정지된 기간 중에 검사업무를 한 자
8. 제35조제5항에 따른 개선명령을 이행하지 아니한 자
9. 제38조제2항을 위반하여 정당한 사유 없이 보고 또는 자료제출을 하지 아니하거나 거짓으로 보고 또는 자료를 작성·제출한 자
10. 제41조제1항 후단에 따른 신고를 하지 아니한 자
11. 제73조제3항, 제74조제5항 또는 제75조제2항에 따른 고지를 하지 아니한 자
12. 제85조제1항 또는 제2항(해양수산부장관 또는 제66조제2항제1호에 해당하는 관리기관의 자료제출 요청 및 출입검사에 관한 부분으로 한정한다)을 위반하여 보고를 하지 아니하거나 거짓으로 한 자, 정당한 사유 없이 출입검사를 거부·방해하거나 기피한 자 또는 정당한 사유 없이 자료를 제출하지 아니하거나 거짓으로 작성·제출한 자
13. 정당한 사유 없이 제87조제1항에 따른 해양수산부장관(제104조제1항에 따라 해양수산부장관의 권한을 위임받은 자를 포함한다), 시·도지사, 비관리청 또는 사업시행자의 행위를 거부하거나 방해한 자(2022.1.4 본호개정)
14. 제87조제2항 또는 제3항을 위반하여 토지의 소유자 또는 점유자의 동의 없이 토지에 출입하거나 허가를 받지 아니하고 출입한 자
15. 제87조제6항 후단을 위반하여 사업시행자의 공유수면에의 출입 또는 일시 사용을 가로막거나 방해한 자
16. 제102조제5항을 위반하여 정당한 사유 없이 보고 또는 자료제출을 하지 아니하거나 거짓으로 한 자 또는 질문에 대하여 진술을 거부한 자

② 제28조제2항에 따른 출입통제 지역을 출입한 사람에게는 100만원 이하의 과태료를 부과한다.

③ 제1항 및 제2항에 따른 과태료는 대통령령으로 정하는 바에 따라 해양수산부장관 또는 시·도지사가 부과·징수한다. 다만, 제1항제7호·제8호의 경우에는 해양수산부장관이 부과·징수한다.(2022.1.4 본항개정)

부 칙

제1조【시행일】 이 법은 공포 후 6개월이 경과한 날부터 시행한다.

제2조【항만개발사업 시행허가에 관한 적용례】 제9조제3항제5호 및 제6호의 개정규정은 이 법 시행 이후 같은 조 제2항 본문에 따라 항만개발사업 시행허가를 신청하는 경우부터 적용한다.

제3조【항만개발사업실시계획의 변경 신고에 관한 적용례】 제10조제2항 단서의 개정규정은 이 법 시행 이후 항만개발사업실시계획을 변경하는 경우부터 적용한다.

제4조【비관리청의 항만개발사업의 착수기한에 관한 적용례】 제11조 본문의 개정규정 중 비관리청의 항만개발사업 착수기한에 관한 부분은 이 법 시행 이후 제10조제2항 또는 제5항의 개정규정에 따라 항만개발사업실시계획의 승인을 받거나 신고를 한 경우부터 적용한다.

제5조【토지의 매도청구 등에 관한 적용례】 제16조 및 제61조의 개정규정은 이 법 시행 이후 제12조제3항 또는 제58조제2항에 따른 준공확인증명서를 발급받은 경우부터 적용한다.

제6조【비귀속 토지·항만시설의 목적 외 사용 금지에 관한 적용례】 제17조의 개정규정은 이 법 시행 이후 제12조제3항에 따라 준공확인증명서를 발급받은 경우부터 적용한다.

제7조【비귀속 토지·항만시설의 양도제한 등에 관한 적용례】 제19조의 개정규정은 이 법 시행 이후 제9조제2항 본문에 따라 항만개발사업 시행허가를 신청하는 경우부터 적용한다.

제8조【입주계약 등에 관한 적용례】 제71조부터 제73조까지의 개정규정은 이 법 시행 이후 1종 항만배후단지에 입주하는 자부터 적용한다.

제9조【토지 또는 공장등의 처분제한에 관한 적용례】 제74조의 개정규정은 이 법 시행 이후 1종 항만배후단지에서 토지를 분양받거나 양수한 자부터 적용한다.

제10조【경매 등에 의하여 취득한 토지 또는 공장등의 사용 등에 관한 적용례】 제75조의 개정규정은 이 법 시행 이후 토지 또는 공장등을 취득한 자부터 적용한다.

제11조【권리·의무의 이전에 대한 인가에 관한 적용례】 제101조제2항의 개정규정은 이 법 시행 이후 제101조제1항 본문의 개정규정에 따른 권리·의무를 이전하는 경우부터 적용한다.

제12조【처분 등에 관한 일반적 경과조치】 이 법 시행 당시 종전의 「항만법」에 따른 행정기관의 행위나 행정기관에 대한 행위는 그에 해당하는 이 법에 따른 행정기관의 행위나 행정기관에 대한 행위로 본다.

제13조【행정처분에 관한 경과조치】 이 법 시행 전의 위반행위에 대하여 행정처분을 적용할 때에는 종전의 「항만법」에 따른다.

제14조【지방항만정책심의회에 관한 경과조치】 이 법 시행 당시 종전의 「항만법」에 따라 구성·운영되는 지방항만정책심의회는 제4조제3항의 개정규정에 따른 지방항만심의회로 본다.

제15조【항만공사 시행허가 등에 관한 경과조치】 이 법 시행 당시 종전의 「항만법」에 따른 항만공사 시행허가 또는 그에 대한 신청은 제9조제2항의 개정규정에 따른 항만개발사업 시행허가 또는 그에 대한 신청으로 본다.

제16조【상항구에 관한 경과조치】 이 법 시행 당시 종전의 「항만법」에 따라 설정된 상항구는 제21조제1호의 개정규정에 따라 설정된 상업항구로 본다.

제17조【정기점검·정밀점검 및 긴급점검에 관한 경과조치】 이 법 시행 당시 종전의 「항만법」에 따라 실시하였거나 실시 중에 있는 정기점검·정밀점검 및 긴급점검은 제38조제1항제2호의 개정규정에 따른 정기안전점검·정밀안전점검 및 긴급안전점검으로 본다.

제18조【항만협회에 관한 경과조치】 이 법 시행 당시 종전의 「항만법」에 따라 설립된 항만협회는 제102조의 개정규정에 따라 설립된 한국항만협회로 본다.

제19조【다른 법률의 개정】 ①～㊻ ※(해당 법령에 가제정리 하였음)

제20조【다른 법령과의 관계】 이 법 시행 당시 다른 법령에서 종전의 「항만법」 또는 그 규정을 인용한 경우에 이 법 가운데 그에 해당하는 규정이 있는 때에는 종전의 규정을 갈음하여 이 법 또는 이 법의 해당 규정을 인용한 것으로 본다.

부 칙 (2020.2.18)

제1조【시행일】 이 법은 2021년 1월 1일부터 시행한다.(단서 생략)

제2조【사무이양을 위한 사전조치】 ① 관계 중앙행정기관의 장은 이 법에 따른 중앙행정권한 및 사무의 지방일괄 이양에 필요한 인력 및 재정 소요 사항을 지원하기 위하여 필요한 조치를 마련하여 이 법에 따른 시행일 3개월 전까지 국회 소관 상임위원회에 보고하여야 한다.

② 「지방자치분권 및 지방행정체제개편에 관한 특별법」 제44조에 따른 자치분권위원회는 제1항에 따른 인력 및 재정 소요 사항을 사전에 전문적으로 조사·평가할 수 있다.

제3조【행정처분 등에 관한 일반적 경과조치】 이 법 시행 당시 종전의 규정에 따라 행정기관이 행한 처분 또는 그 밖의 행위는 이 법의 규정에 따라 행정기관이 행한 처분 또는 그 밖의 행위로 보고, 종전의 규정에 따라 행정기관에 대하여 행한 신청·신고, 그 밖의 행위는 이 법의 규정에 따라 행정기관에 대하여 행한 신청·신고, 그 밖의 행위로 본다.

제4조【다른 법률의 개정】(생략)

부 칙 (2020.12.8)

이 법은 공포 후 6개월이 경과한 날부터 시행한다.

부 칙 (2021.11.30)

제1조【시행일】 이 법은 공포 후 1년이 경과한 날부터 시행한다.(이하 생략)

부 칙 (2022.1.4)

이 법은 공포 후 6개월이 경과한 날부터 시행한다. 다만, 제2조의 개정규정은 공포한 날부터 시행한다.

부 칙 (2022.1.11)

제1조【시행일】 이 법은 공포 후 1년이 경과한 날부터 시행한다.(이하 생략)

부 칙 (2022.12.27 법19117호)

제1조【시행일】 이 법은 공포 후 6개월이 경과한 날부터 시행한다.(이하 생략)

부 칙 (2022.12.27 법19140호)

제1조【시행일】 이 법은 공포 후 6개월이 경과한 날부터 시행한다.

제2조【임대료 징수에 관한 적용례】 제18조제2항의 개정 규정은 이 법 시행 이후 임대계약을 체결하거나 갱신하는 경우부터 적용한다.

부 칙 (2023.5.16)

제1조【시행일】 이 법은 공포한 날부터 시행한다.(단서 생략)

제2조【이의신청에 관한 일반적 적용례】 이의신청에 관한 개정규정은 이 법 시행 이후 하는 처분부터 적용한다.

제3조～제9조 (생략)

부 칙 (2023.10.24)

제1조【시행일】 이 법은 공포 후 6개월이 경과한 날부터 시행한다.

제2조【국유재산의 사용허가기간 또는 대부기간 확대에 관한 적용례】 제57조제1항의 개정규정은 이 법 시행 전에 사용허가 또는 대부한 국유재산에 대하여도 적용한다.

항만운송사업법

(1963년 9월 19일
법 률 제1404호)

개정
1975.12.31법 2875호
1977.12.16법 3011호(정부조직)
1983.12.31법 3714호
1991. 3. 8법 4358호(항만법)
1993. 8. 5법 4573호(해외건설촉진법)
1995. 1. 5법 4925호(항만법)
1997. 4.10법 5335호
1997.12.13법 5453호(행정절차)
1997.12.13법 5454호(정부부처명)
1999. 2. 8법 5919호
2000.12.29법 6305호(관세)
2002. 1.26법 6627호(민사집행법)
2003. 5.27법 6890호
2005. 3.31법 7428호(채무자회생파산)
2007. 4.11법 8379호(항만법)
2008. 2.29법 8852호(정부조직)
2008. 3.21법 8981호 2009. 5.27법 9732호
2009. 6. 9법 9773호(항만법)
2010. 3.31법 10219호(지방세기본법)
2012.12.18법 11595호
2013. 3.23법 11690호(정부조직)
2014. 3.24법 12546호
2016.12.27법 14476호(지방세징수법)
2016.12.27법 14511호 2017.10.31법 15011호
2018.12.31법 16161호
2020. 1.29법 16902호(항만법)
2020. 1.29법 16903호
2020. 1.29법 16904호(항만재개발및주변지역발전에관한법)
2020. 2.18법 17007호(권한지방이양)
2023. 6.20법 19501호

제1장 총 칙
(2009.5.27 본장개정)

제1조【목적】 이 법은 항만운송에 관한 질서를 확립하고, 항만운송사업의 건전한 발전을 도모하여 공공의 복리를 증진함을 목적으로 한다.

제2조【정의】 ① 이 법에서 "항만운송"이란 타인의 수요에 응하여 하는 행위로서 다음 각 호의 어느 하나에 해당하는 것을 말한다.
1. 선박을 이용하여 운송된 화물을 화물주(貨物主) 또는 선박운항업자의 위탁을 받아 항만에서 선박으로부터 인수하거나 화물주에게 인도하는 행위
2. 선박을 이용하여 운송될 화물을 화물주 또는 선박운항업자의 위탁을 받아 항만에서 화물주로부터 인수하거나 선박에 인도하는 행위
3. 제1호 또는 제2호의 행위에 선행하거나 후속하여 제4호부터 제13호까지의 행위를 하나로 연결하여 하는 행위
4. 항만에서 화물을 선박에 싣거나 선박으로부터 내리는 일
5. 항만에서 선박 또는 부선(艀船)을 이용하여 화물을 운송하는 행위, 해양수산부령으로 정하는 항만과 항만 외의 장소와의 사이(이하 "지정구간"이라 한다)에서 부선 또는 범선을 이용하여 화물을 운송하는 행위와 항만 또는 지정구간에서 부선 또는 뗏목을 예인선(曳引船)으로 끌고 항해하는 행위. 다만, 다음 각 목의 어느 하나에 해당하는 운송은 제외한다.(2013.3.23 본문개정)
  가. 「해운법」에 따른 해상화물운송사업자가 하는 운송
  나. 「해운법」에 따른 해상여객운송사업자가 여객선을 이용하여 하는 여객운송에 수반되는 화물 운송
  다. 해양수산부령으로 정하는 운송(2013.3.23 본목개정)
6. 항만에서 선박 또는 부선을 이용하여 운송된 화물을 창고 또는 하역장〔수면(水面) 목재저장소는 제외한다. 이하 같다〕에 들여놓는 행위
7. 항만에서 선박 또는 부선을 이용하여 운송될 화물을 하역장에서 내가는 행위
8. 항만에서 제6호 또는 제7호에 따른 화물을 하역장에서 싣거나 내리거나 보관하는 행위
9. 항만에서 제6호 또는 제7호에 따른 화물을 부선에 싣거나 부선으로부터 내리는 행위
10. 항만이나 지정구간에서 목재를 뗏목으로 편성하여 운송하는 행위
11. 항만에서 뗏목으로 편성하여 운송된 목재를 수면 목재저장소에 들여놓는 행위나, 선박 또는 부선을 이용하여 운송된 목재를 수면 목재저장소에 들여놓는 행위
12. 항만에서 뗏목으로 편성하여 운송될 목재를 수면 목재저장소로부터 내가는 행위나, 선박 또는 부선을 이용하여 운송될 목재를 수면 목재저장소로부터 내가는 행위
13. 항만에서 제11호 또는 제12호에 따른 목재를 수면 목재저장소에서 싣거나 내리거나 보관하는 행위
14. 선적화물(船積貨物)을 싣거나 내릴 때 그 화물의 개수를 계산하거나 그 화물의 인도·인수를 증명하는 일〔이하 "검수(檢數)"라 한다〕
15. 선적화물 및 선박(부선을 포함한다)에 관련된 증명·조사·감정을 하는 일〔이하 "감정(鑑定)"이라 한다〕
16. 선적화물을 싣거나 내릴 때 그 화물의 용적 또는 중량을 계산하거나 증명하는 일〔이하 "검량(檢量)"이라 한다〕

② 이 법에서 "항만운송사업"이란 영리를 목적으로 하는지 여부에 관계없이 항만운송을 하는 사업을 말한다.
③ 이 법에서 "항만"이란 다음 각 호의 어느 하나에 해당하는 것을 말한다.
1. 「항만법」 제2조제1호에 따른 항만 중 해양수산부령으로 지정하는 항만(항만시설을 포함한다)
2. 「항만법」 제2조제1호에 따른 항만 외의 항만으로서 해양수산부령으로 수역(水域)을 정하여 지정하는 항만(항만시설을 포함한다)
3. 「항만법」 제2조제5호에 따라 해양수산부장관이 지정·고시한 항만시설
(2013.3.23 1호~3호개정)
④ 이 법에서 "항만운송관련사업"이란 항만에서 선박에 물품이나 역무(役務)를 제공하는 항만용역업·선용품공급업·선박연료공급업·선박수리업 및 컨테이너수리업을 말하며, 업종별 사업의 내용은 대통령령으로 정한다. 이 경우 선용품공급업은 건조 중인 선박 또는 해상구조물 등에 선용품을 공급하는 경우를 포함한다.(2017.10.31 본항개정)
⑤ 이 법에서 "검수사"란 직업으로서 검수에 종사하는 자를, "감정사"란 직업으로서 감정에 종사하는 자를, "검량사"란 직업으로서 검량에 종사하는 자를 말한다.
⑥ 이 법에서 "부두운영회사"란 제3조제1호에 따른 항만하역사업 및 그 부대사업을 수행하기 위하여 「항만법」 제41조제1항제1호에 따른 항만시설운영자 또는 「항만공사법」에 따른 항만공사(이하 "항만시설운영자등"이라 한다)와 제26조의6제1항에 따라 부두운영계약을 체결하고, 「항만법」 제2조제5호에 따른 항만시설 및 그 항만시설의 운영에 필요한 장비·부대시설 등을 일괄적으로 임차하여 사용하는 자를 말한다. 다만, 다음 각 호의 어느 하나에 해당하는 자는 제외한다.(2020.1.29 본문개정)
1. 「항만공사법」에 따른 항만공사와 임대차계약을 체결하고, 해양수산부장관이 컨테이너 부두로 정하여 고시한 항만시설을 임차하여 사용하는 자
2. 그 밖에 특정 화물에 대하여 전용 사용되는 등 해양수산부장관이 부두운영회사가 운영하기에 적합하지 아니하다고 인정하여 고시한 항만시설을 임차하여 사용하는 자
(2016.12.27 본항신설)
⑦ 이 법에서 "관리청"이란 항만운송사업·항만운송관련사업 및 항만종합서비스업의 등록, 신고 및 관리 등에 관한 행정업무를 수행하는 다음 각 호의 구분에 따른 행정관청을 말한다.(2023.6.20 본문개정)
1. 「항만법」 제3조제2항제1호 및 같은 조 제3항제1호에 따른 국가관리무역항 및 국가관리연안항 : 해양수산부장관
2. 「항만법」 제3조제2항제2호 및 같은 조 제3항제2호에 따른 지방관리무역항 및 지방관리연안항 : 특별시장·광역시장·도지사 또는 특별자치도지사(이하 "시·도지사"라 한다)
(2020.2.18 본항신설)
⑧ 이 법에서 "항만종합서비스업"이란 제4항에 따른 항만용역업(이안(離岸) 및 접안(接岸)을 보조하기 위하여 줄잡이 역무를 제공하는 행위 및 화물 고정 행위가 포함되어야 한다)과 제3조제2호부터 제4호까지의 검수사업·감정사업 및 검량사업 중 1개 이상의 사업을 포함하는 내용의 사업을 말한다.(2023.6.20 본항신설)

제3조【사업의 종류】 항만운송사업의 종류는 다음 각 호와 같다.
1. 항만하역사업(제2조제1항제1호부터 제13호까지의 행위를 하는 사업)
2. 검수사업(제2조제1항제14호의 행위를 하는 사업)
3. 감정사업(제2조제1항제15호의 행위를 하는 사업)
4. 검량사업(제2조제1항제16호의 행위를 하는 사업)

제2장 항만운송사업
(2009.5.27 본장제목개정)

제4조【사업의 등록】 ① 항만운송사업을 하려는 자는 제3조에 따른 사업의 종류별로 관리청에 등록하여야 한다.(2020.2.18 본항개정)
② 제3조제1호의 항만하역사업과 같은 조 제2호의 검수사업은 항만별로 등록한다.
③ 제3조제1호의 항만하역사업의 등록은 이용자별·취급화물별 또는 「항만법」 제2조제5호의 항만시설별로 등록하는 한정하역사업과 그 외의 일반하역사업으로 구분하여 행한다.(2009.6.9 본항개정)
(2009.5.27 본조개정)

제5조【등록의 신청】 ① 항만운송사업의 등록을 신청하려는 자는 해양수산부령으로 정하는 바에 따라 사업계획을 첨부한 등록신청서를 관리청에 제출하여야 한다.
② 관리청은 제1항에 따른 등록신청을 받으면 사업계획과 제6조의 등록기준을 검토한 후 등록요건을 모두 갖추었다고 인정하는 경우에는 해양수산부령으로 정하는 바에 따라 등록증을 발급하여야 한다.
(2020.2.18 본조개정)

제6조【등록기준】 제4조에 따른 등록에 필요한 시설·자본금·노동력 등에 관한 기준은 대통령령으로 정한다. 다만, 관리청은 제4조제3항에 따른 한정하역사업에 대하여는 이용자·취급화물 또는 항만시설의 특성을 고려하여 그 등록기준을 완화할 수 있다.(2020.2.18 단서개정)

제7조【검수사등의 자격 및 등록】 ① 검수사·감정사 또는 검량사(이하 "검수사등"이라 한다)가 되려는 자는 해양수산부장관이 실시하는 자격시험에 합격한 후 해양수산부령으로 정하는 바에 따라 해양수산부장관에게 등록하여야 한다.(2013.3.23 본항개정)
② 검수사등 자격시험의 시행일을 기준으로 제8조의 결격사유에 해당하는 사람은 검수사등 자격시험에 응시할 수 없다.(2018.12.31 본항신설)
③ 제1항에 따른 자격시험의 응시자격, 시험과목 및 시험방법 등에 관하여 필요한 사항은 대통령령으로 정한다.
(2009.5.27 본조개정)

제7조의2【부정행위자에 대한 제재】 ① 해양수산부장관은 제7조제1항에 따른 검수사등의 자격시험에서 부정행위를 한 응시자에 대하여 그 시험을 정지 또는 무효로 하고, 그 시험을 정지하거나 무효로 한 날부터 3년간 같은 종류의 자격시험 응시자격을 정지한다.
② 해양수산부장관은 제1항에 따른 처분을 하려는 경우에는 미리 그 처분 내용과 사유를 부정행위를 한 응시자에게 통지하여 소명할 기회를 주어야 한다.
(2016.12.27 본조신설)

제8조【결격사유】 다음 각 호의 어느 하나에 해당하는 사람은 검수사등의 자격을 취득할 수 없다.
1. 미성년자
2. 피성년후견인 또는 피한정후견인(2016.12.27 본호개정)
3. 이 법 또는 「관세법」에 따른 죄를 범하여 금고 이상의 형의 선고를 받고 그 집행이 끝나거나(집행이 끝난 것으로 보는 경우를 포함한다) 집행이 면제된 날부터 3년이 지나지 아니한 사람
4. 이 법 또는 「관세법」에 따른 죄를 범하여 금고 이상의 형의 집행유예를 선고받고 그 유예기간 중에 있는 사람
5. 검수사등의 자격이 취소된 날부터 2년이 지나지 아니한 사람
(2012.12.18 본조신설)

제8조의2【자격증 대여 등의 금지】 ① 검수사등은 다른 사람에게 자기의 성명을 사용하여 검수사등의 업무를 하게 하거나 자기의 검수사등의 자격증을 양도 또는 대여하여서는 아니 된다.
② 누구든지 다른 사람의 검수사등의 자격증을 양수하거나 대여받아 사용하여서는 아니 된다.
③ 누구든지 다른 사람의 검수사등의 자격증의 양도·양수 또는 대여를 알선해서는 아니 된다.(2020.1.29 본항신설)
(2012.12.18 본조신설)

제8조의3【자격의 취소 등】 ① 해양수산부장관은 다음 각 호의 어느 하나에 해당하는 경우에는 검수사등의 자격을 취소하여야 한다.(2013.3.23 본문개정)
1. 거짓이나 그 밖의 부정한 방법으로 검수사등의 자격을 취득한 경우
2. 제8조의2제1항을 위반하여 다른 사람에게 자기의 성명을 사용하여 검수사등의 업무를 하게 하거나 검수사등의 자격증을 다른 사람에게 양도 또는 대여한 경우
② 해양수산부장관은 제1항에 따른 검수사등의 자격을 취소한 때에는 해양수산부령으로 정하는 바에 따라 이를 공고하여야 한다.(2013.3.23 본항개정)
(2012.12.18 본조신설)

제9조【등록의 말소】 해양수산부장관은 검수사등이 다음 각 호의 어느 하나에 해당하면 그 등록을 말소하여야 한다.(2016.12.27 본문개정)
1. 업무를 폐지한 경우
2. 사망한 경우
(2009.5.27 본조개정)

제10조【운임 및 요금】 ① 항만하역사업의 등록을 한 자는 해양수산부령으로 정하는 바에 따라 운임과 요금을 정하여 관리청의 인가를 받아야 한다. 이를 변경할 때에도 또한 같다.
② 제1항에도 불구하고 해양수산부령으로 정하는 항만시설에서 하역하는 화물 또는 해양수산부령으로 정하는 품목에 해당하는 화물에 대하여는 해양수산부령으로 정하는 바에 따라 그 운임과 요금을 정하여 관리청에 신고하여야 한다. 이를 변경할 때에도 또한 같다.
③ 검수사업·감정사업 또는 검량사업(이하 "검수사업등"이라 한다)의 등록을 한 자는 해양수산부령으로 정하는 바에 따라 요금을 정하여 관리청에 미리 신고하여야 한다. 이를 변경할 때에도 또한 같다.
④ 관리청은 제2항에 따른 신고를 받은 경우 신고를 받은 날부터 30일 이내에, 제3항에 따른 신고를 받은 경우 신고를 받은 날부터 14일 이내에 신고수리 여부를 신고인에게 통지하여야 한다.
⑤ 관리청이 제4항에서 정한 기간 내에 신고수리 여부 또는 민원 처리 관련 법령에 따른 처리기간의 연장을 신고인에게 통지하지 아니하면 그 기간(민원 처리 관련 법령에 따라 처리기간이 연장 또는 재연장된 경우에는 해당 처리기간을 말한다)이 끝난 날의 다음 날에 신고를 수리한 것으로 본다.
⑥ 관리청은 제1항에 따른 인가에 필요한 경우 표준운임 산출 및 표준요금의 산정 등을 위하여 선박운항업자, 부두운영회사 등 이해관계자들이 참여하는 협의체를 구성·운영할 수 있다.
⑦ 관리청은 제2항 또는 제3항에 따라 신고된 운임 및 요금에 대하여 항만운송사업의 건전한 발전과 공공복리의 증진을 위하여 필요하다고 인정할 때에는 이 운임 및 요금의 변경 또는 조정에 필요한 조치를 명할 수 있다.
(2020.2.18 본조개정)

제11조~제22조 (1999.2.8 삭제)

제23조【권리·의무의 승계】 ① 다음 각 호의 어느 하나에 해당하는 자는 제4조에 따라 항만운송사업의 등록을 한 자(이하 "항만운송사업자"라 한다)의 등록에 따른 권리·의무를 승계한다.

1. 항만운송사업자가 사망한 경우 그 상속인
2. 항만운송사업자가 그 사업을 양도한 경우 그 양수인
3. 법인인 항만운송사업자가 합병한 경우 합병 후 존속하는 법인이나 합병으로 설립되는 법인

② 다음 각 호의 어느 하나에 해당하는 절차에 따라 항만운송사업의 시설·장비 전부를 인수한 자는 종전의 항만운송사업자의 권리·의무를 승계한다.

1. 「민사집행법」에 따른 경매
2. 「채무자 회생 및 파산에 관한 법률」에 따른 환가(換價)
3. 「국세징수법」, 「관세법」 또는 「지방세징수법」에 따른 압류재산의 매각(2016.12.27 본호개정)
4. 그 밖에 제1호부터 제3호까지의 규정에 준하는 절차

(2009.5.27 본조개정)

제24조~제25조 (1999.2.8 삭제)

제26조【사업의 정지 및 등록의 취소】 ① 관리청은 항만운송사업자가 다음 각 호의 어느 하나에 해당하면 그 등록을 취소하거나 6개월 이내의 기간을 정하여 그 항만운송사업의 정지를 명할 수 있다. 다만, 제5호 또는 제6호에 해당하는 경우에는 그 등록을 취소하여야 한다.
(2020.2.18 본문개정)

1. 정당한 사유 없이 운임 및 요금을 인가·신고된 운임 및 요금과 다르게 받은 경우
2. 제6조에 따른 등록기준에 미달하게 된 경우
3. 항만운송사업자 또는 그 대표자가 「관세법」 제269조부터 제271조까지에 규정된 죄 중 어느 하나의 죄를 범하여 공소가 제기되거나 통고처분을 받은 경우
4. 사업 수행 실적이 1년 이상 없는 경우
5. 부정한 방법으로 사업을 등록한 경우
6. 사업정지명령을 위반하여 그 정지기간에 사업을 계속한 경우

② 제1항에 따른 처분의 기준·절차와 그 밖에 필요한 사항은 대통령령으로 정한다.
(2009.5.27 본조개정)

제26조의2【항만종합서비스업의 등록 등】 ① 항만종합서비스업을 하려는 자는 대통령령으로 정하는 자본금, 노동력 등에 관한 기준을 갖추어 관리청에 등록하여야 한다.

② 제1항에 따라 항만종합서비스업의 등록을 신청하려는 자는 해양수산부령으로 정하는 바에 따라 사업계획을 첨부한 등록신청서를 관리청에 제출하여야 한다. 이 경우 등록증 발급에 관하여는 제5조제2항을 준용한다.

③ 항만종합서비스업의 등록을 한 자(이하 "항만종합서비스업자"라 한다)는 제2조제8항의 각각의 사업의 등록을 한 자로 본다.

④ 항만종합서비스업자의 권리·의무의 승계, 사업의 정지 및 등록의 취소 등에 대하여는 제23조 및 제26조를 준용한다. 이 경우 "항만운송사업자"는 "항만종합서비스업자"로 본다.
(2023.6.20 본조신설)

제2장의2 항만운송관련사업
(2009.5.27 본장개정)

제26조의3【사업의 등록 등】 ① 항만운송관련사업을 하려는 자는 항만별·업종별로 해양수산부령으로 정하는 바에 따라 관리청에 등록하여야 한다. 다만, 선용품공급업을 하려는 자는 해양수산부령으로 정하는 바에 따라 해양수산부장관에게 신고하여야 한다.(2020.2.18 본문개정)

② 제1항 본문에 따라 항만운송관련사업의 등록을 하려는 자는 해양수산부령으로 정하는 바에 따라 등록신청서에 사용하려는 장비의 목록이 포함된 사업계획서 등을 첨부하여 관리청에 제출하여야 한다.(2020.2.18 본항개정)

③ 제1항 본문에 따라 항만운송관련사업 중 선박연료공급업을 등록한 자는 사용하려는 장비를 추가하거나 그 밖에 사업계획 중 해양수산부령으로 정하는 사항을 변경하려는 경우 해양수산부령으로 정하는 바에 따라 관리청에 사업계획 변경신고를 하여야 한다.(2020.2.18 본항개정)

④ 관리청은 제1항 단서에 따른 신고를 받은 경우 신고를 받은 날부터 6일 이내에, 제3항에 따른 신고를 받은 경우 신고를 받은 날부터 5일 이내에 신고수리 여부를 신고인에게 통지하여야 한다.(2020.2.18 본항개정)

⑤ 관리청이 제4항에서 정한 기간 내에 신고수리 여부 또는 민원 처리 관련 법령에 따른 처리기간의 연장을 신고인에게 통지하지 아니하면 그 기간(민원 처리 관련 법령에 따라 처리기간이 연장 또는 재연장된 경우에는 해당 처리기간을 말한다)이 끝난 날의 다음 날에 신고를 수리한 것으로 본다.(2020.2.18 본항개정)

⑥ 제1항에 따른 선박수리업과 선용품공급업의 영업구역은 제2조제3항 각 호의 항만시설로 하고, 「해운법」 제24조제1항에 따른 내항 화물운송사업 등록을 한 선박연료공급선(운항구간의 제한을 받지 아니하는 선박에 한정한다)은 영업구역의 제한을 받지 아니한다.(2018.12.31 본항개정)

⑦ 제1항에 따른 등록 및 신고에 필요한 자본금, 시설, 장비 등에 관한 기준은 대통령령으로 정한다.
(2016.12.27 본조제목개정)

제26조의4【권리·의무의 승계】 다음 각 호의 어느 하나에 해당하는 자는 항만운송관련사업의 등록 또는 신고를 한 자(이하 "항만운송관련사업자"라 한다)의 등록 또는 신고에 따른 권리·의무를 승계한다.

1. 항만운송관련사업자가 사망한 경우 그 상속인
2. 항만운송관련사업자가 그 사업을 양도한 경우 그 양수인
3. 법인인 항만운송관련사업자가 합병한 경우 합병 후 존속하는 법인이나 합병으로 설립되는 법인

제26조의5【등록의 취소 등】 ① 관리청은 항만운송관련사업자가 다음 각 호의 어느 하나에 해당하면 그 등록을 취소하거나 6개월 이내의 기간을 정하여 그 사업의 전부 또는 일부의 정지를 명할 수 있다. 다만, 제3호 또는 제5호에 해당하는 경우에는 그 등록을 취소하여야 한다.
(2020.2.18 본문개정)

1. 제26조의3제1항제3호에 해당하게 된 경우

1의2. 제26조의3제3항에 따른 변경신고를 하지 아니하고 장비를 추가하거나 그 밖에 사업계획 중 해양수산부령으로 정하는 사항을 변경한 경우(2016.12.27 본호신설)

2. 제26조의3제7항에 따른 등록 또는 신고의 기준에 미달하게 된 경우(2018.12.31 본호개정)
3. 부정한 방법으로 사업의 등록 또는 신고를 한 경우
4. 사업 수행 실적이 1년 이상 없는 경우
5. 사업정지명령을 위반하여 그 정지기간에 사업을 계속한 경우

② 제1항에 따른 처분의 기준·절차와 그 밖에 필요한 사항은 대통령령으로 정한다.

제2장의3 부두운영회사의 운영 등
(2016.12.27 본장신설)

제26조의6【부두운영계약의 체결 등】 ① 항만시설운영자등은 항만 운영의 효율성 및 항만운송사업의 생산성 향상을 위하여 필요한 경우에는 해양수산부령으로 정하는 기준에 적합한 자를 선정하여 부두운영계약을 체결할 수 있다.

② 제1항에 따른 부두운영계약(이하 "부두운영계약"이라 한다)에는 다음 각 호의 사항이 포함되어야 한다.

1. 부두운영회사가 부두운영계약으로 임차·사용하려는 항만시설 및 그 밖의 장비·부대시설 등(이하 이 장에서 "항만시설등"이라 한다)의 범위
2. 부두운영회사가 부두운영계약 기간 동안 항만시설등의 임차·사용을 통하여 달성하려는 화물유치·투자 계획과 해당 화물유치·투자 계획을 이행하지 못하는 경우에 부두운영회사가 부담하여야 하는 위약금에 관한 사항
3. 해양수산부령으로 정하는 기준에 따른 항만시설등의 임대료에 관한 사항
4. 계약기간
5. 그 밖에 부두운영회사의 항만시설등의 사용 및 운영 등과 관련하여 해양수산부령으로 정하는 사항

③ 제1항 및 제2항에서 정한 것 외에 부두운영회사의 선정 절차 및 부두운영계약의 갱신 등에 필요한 사항은 해양수산부령으로 정한다.

제26조의7【화물유치 계획 등의 미이행에 따른 위약금 부과】 ① 항만시설운영자등은 제26조의6제2항제2호에 따른 화물유치 또는 투자 계획을 이행하지 못한 부두운영회사에 대하여 위약금을 부과할 수 있다. 다만, 부두운영회사가 화물유치 또는 투자 계획을 이행하지 못하는 데 귀책사유가 없는 경우에는 위약금을 부과하지 아니한다.

② 제1항에 따른 위약금의 부과 대상·기간, 산정 방법 및 납부에 필요한 사항은 해양수산부령으로 정한다.

제26조의8【부두운영회사 운영성과의 평가】 ① 해양수산부장관은 항만 운영의 효율성을 높이기 위하여 매년 부두운영회사의 운영성과에 대하여 평가를 실시할 수 있다.

② 항만시설운영자등은 제1항에 따른 평가 결과에 따라 부두운영회사에 대하여 항만시설등의 임대료를 감면하거나 그 밖에 필요한 조치를 할 수 있다.

③ 제1항에 따른 평가의 대상·항목·방법 및 절차 등에 관하여 필요한 사항은 해양수산부장관이 정하여 고시한다.

제26조의9【부두운영계약의 해지】 ① 항만시설운영자등은 다음 각 호의 어느 하나에 해당하는 사유가 있으면 부두운영계약을 해지할 수 있다.

1. 「항만 재개발 및 주변지역 발전에 관한 법률」 제2조제4호에 따른 항만재개발사업의 시행 등 공공의 목적을 위하여 항만시설등을 부두운영회사에 계속 임대하기 어려운 경우(2020.1.29 본호개정)
2. 부두운영회사가 항만시설등의 임대료를 3개월 이상 연체한 경우
3. 항만시설등이 멸실되거나 그 밖에 해양수산부령으로 정하는 사유로 부두운영계약을 계속 유지할 수 없는 경우

② 항만시설운영자등은 제1항에 따라 부두운영계약을 해지하려면 서면으로 그 뜻을 부두운영회사에 통지하여야 한다.

제26조의10【부두운영회사의 항만시설 사용】 이 법에서 정한 것 외에 부두운영회사의 항만시설 사용에 대해서는 「항만법」 또는 「항만공사법」에 따른다.

제3장 보 칙
(2009.5.27 본장개정)

제27조 (1999.2.8 삭제)

제27조의2【미등록 항만에서의 일시적 영업행위】 ① 항만운송사업자 또는 항만운송관련사업자는 대통령령으로 정하는 부득이한 사유로 등록을 하지 아니한 항만에서 일시적으로 영업행위를 하려는 경우에는 미리 관리청에 신고하여야 한다.(2020.2.18 본항개정)

② 관리청은 제1항에 따른 신고를 받은 날부터 3일 이내에 신고수리 여부를 신고인에게 통지하여야 한다.(2020.2.18 본항개정)

③ 관리청이 제2항에서 정한 기간 내에 신고수리 여부 또는 민원 처리 관련 법령에 따른 처리기간의 연장을 신고인에게 통지하지 아니하면 그 기간(민원 처리 관련 법령에 따라 처리기간이 연장 또는 재연장된 경우에는 해당 처리기간을 말한다)이 끝난 날의 다음 날에 신고를 수리한 것으로 본다.(2020.2.18 본항개정)

④ 제1항에 따른 일시적 영업행위의 업종별 특성에 따른 신고 요건, 신고 절차 및 신고자의 준수 사항 등에 관하여 필요한 사항은 대통령령으로 정한다.

제27조의3【항만운송 종사자 등에 대한 교육훈련】 ① 항만운송사업 또는 항만운송관련사업에 종사하는 사람 중 해양수산부령으로 정하는 안전사고가 발생할 우려가 높은 작업에 종사하는 사람은 해양수산부장관이 실시하는 교육훈련을 받아야 한다.

② 해양수산부장관은 제1항에 따른 교육훈련을 받지 아니한 사람에 대하여 해양수산부령으로 정하는 바에 따라 항만운송사업 또는 항만운송관련사업 중 해양수산부령으로 정하는 작업에 종사하는 것을 제한하여야 한다. 다만, 해양수산부령으로 정하는 정당한 사유로 교육훈련을 받지 못한 경우에는 그러하지 아니하다.

③ 제1항에 따른 교육훈련의 내용·방법 및 교육훈련의 유효기간 등에 관하여 필요한 사항은 해양수산부령으로 정한다.
(2016.12.27 본조신설)

제27조의4【교육훈련기관의 설립 등】 ① 항만운송사업자 또는 항만운송관련사업자에게 고용되거나 역무를 제공하는 자에 대하여 항만운송·항만안전 등에 관한 교육훈련을 하기 위하여 대통령령으로 정하는 바에 따라 교육훈련기관을 설립할 수 있다.

② 교육훈련기관은 법인으로 한다.

③ 교육훈련기관은 해양수산부장관의 설립인가를 받아 그 주된 사무소의 소재지에서 설립등기를 함으로써 성립한다.(2013.3.23 본항개정)

④ 교육훈련기관의 교육훈련 대상자, 교육훈련 과정, 교육훈련 내용 등에 관하여 필요한 사항은 대통령령으로 정한다.

⑤ 교육훈련기관의 운영에 필요한 경비는 대통령령으로 정하는 바에 따라 항만운송사업자, 항만운송관련사업자 및 해당 교육훈련을 받는 자가 부담한다.

⑥ 교육훈련기관에 관하여 이 법에 규정된 것을 제외하고는 「민법」 중 사단법인에 관한 규정을 준용한다.

⑦ 교육훈련기관의 운영, 정관, 감독 등에 관하여 필요한 사항은 대통령령으로 정한다.

제27조의5【표준계약서의 보급 등】 해양수산부장관은 항만운송사업·항만운송관련사업 및 항만종합서비스업의 공정한 거래질서 확립을 위하여 표준계약서를 작성·보급하고, 그 사용을 권장할 수 있다.(2023.6.20 본조신설)

제27조의6【과징금】 ① 관리청은 항만운송사업자 또는 항만운송관련사업자가 제26조제1항 또는 제26조의5제1항 각 호의 어느 하나에 해당하여 사업정지처분을 하여야 하는 경우로서 그 사업의 정지가 그 사업의 이용자 등에게 심한 불편을 주거나 공익을 해칠 우려가 있는 경우에는 사업정지처분을 갈음하여 500만원 이하의 과징금을 부과할 수 있다.(2020.2.18 본항개정)

② 제1항에 따른 과징금을 부과하는 위반행위의 종류, 위반 정도에 따른 과징금의 금액, 그 밖에 필요한 사항은 대통령령으로 정한다.

③ 관리청은 제1항에 따른 과징금을 내야 할 자가 납부기한까지 과징금을 내지 아니하면 국세 체납처분의 예 또는 「지방세외수입금의 징수 등에 관한 법률」에 따라 징수한다.(2020.2.18 본항개정)

제27조의7【항만인력 수급관리협의회】 ① 항만운송사업자 또는 항만운송관련사업자가 구성한 단체(이하 "항만운송사업자 단체"라 한다), 항만운송사업자 또는 항만운송관련사업자에게 고용되거나 역무를 제공하는 자가 구성한 단체(이하 "항만운송근로자 단체"라 한다) 및 그 밖에 대통령령으로 정하는 자는 항만운송사업 또는 항만운송관련사업에 필요한 적정한 근로자의 수 산정, 근로자의 채용 및 교육훈련에 관한 사항 등 항만운송사업 또는 항만운송관련사업에 종사하는 인력의 원활한 수급과 투명하고 효율적인 관리에 필요한 사항을 협의하기 위하여 항만별로 항만인력 수급관리협의회를 구성·운영할 수 있다.

② 제1항에 따른 항만인력 수급관리협의회의 구성·운영 및 협의사항 등에 관하여 필요한 사항은 대통령령으로 정한다.
(2016.12.27 본조신설)

제27조의8【항만운송 분쟁협의회 등】 ① 항만운송사업자 단체, 항만운송근로자 단체 및 그 밖에 대통령령으로 정하는 자는 항만운송과 관련된 분쟁의 해소 등에 필요한 사항을 협의하기 위하여 항만별로 항만운송 분쟁협의회를 구성·운영할 수 있다.
② 항만운송사업자 단체와 항만운송근로자 단체는 항만운송과 관련된 분쟁이 발생한 경우 제1항에 따른 항만운송 분쟁협의회를 통하여 분쟁이 원만하게 해결되고, 분쟁기간 동안 항만운송이 원활하게 이루어질 수 있도록 노력하여야 한다.
③ 제1항에 따른 항만운송 분쟁협의회의 구성·운영 및 협의사항 등에 관하여 필요한 사항은 대통령령으로 정한다.
(2016.12.27 본조신설)
제27조의9【항만운송사업 등에 대한 지원】 국가 및 지방자치단체는 항만운송사업·항만운송관련사업 및 항만종합서비스업의 육성을 위하여 항만운송사업자·항만운송관련사업자 및 항만종합서비스업자에게 필요한 지원을 할 수 있다.(2023.6.20 본조신설)
제28조【수수료】 제4조·제7조 또는 제26조의3제1항에 따른 등록신청 또는 신고를 하는 자는 해양수산부령으로 정하는 바에 따라 수수료를 내야 한다.(2016.12.27 본조개정)
제28조의2【보고·검사】 ① 관리청은 다음 각 호의 사항과 관련하여 필요하다고 인정하면 항만운송사업자 또는 항만운송관련사업자에게 필요한 사항을 보고하게 하거나 자료의 제출을 요구할 수 있으며, 소속 공무원으로 하여금 항만운송사업자 또는 항만운송관련사업자의 사업장·사무실, 부선·예선 등의 선박 또는 그 밖의 시설에 출입하여 보유 장비 및 장부·서류 등을 검사하게 하거나 관계인에게 질문하게 할 수 있다.(2020.2.18 본문개정)
1. 제4조제1항에 따라 등록한 사업에 관한 사항
2. 제10조제1항에 따라 인가한 항만하역 운임 및 요금에 관한 사항
3. 제26조의3제1항에 따라 등록·신고한 사업에 관한 사항
(2016.12.27 1호~3호신설)
② 제1항에 따라 출입·검사 또는 질문하는 공무원은 그 권한을 표시하는 증표를 지니고 이를 관계인에게 내보여야 한다.
(2016.12.27 본조개정)
제29조【권한 등의 위임·위탁】 ① 이 법에 따른 해양수산부장관의 권한은 대통령령으로 정하는 바에 따라 그 일부를 그 소속기관의 장 또는 시·도지사에게 위임할 수 있다.(2020.2.18 본항개정)
② 이 법에 따른 해양수산부장관의 업무는 대통령령으로 정하는 바에 따라 그 일부를 다음 각 호의 어느 하나에 해당하는 단체나 법인에 위탁할 수 있다.(2013.3.23 본문개정)
1. 항만운송사업자 단체(2016.12.27 본호개정)
2. 검수사업등의 건전한 발전을 목적으로 설립된 법인
3. 자격검정 등을 목적으로 설립된 법인
4. 제27조의4에 따른 교육훈련기관(2016.12.27 본호신설)
③ 제2항에 따라 위탁받은 업무를 수행하는 기관은 위탁업무에 관하여 해양수산부령으로 정하는 바에 따라 해양수산부장관에게 보고하여야 한다.(2013.3.23 본항개정)
제29조의2【민원사무의 전산처리 등】 이 법에 따른 민원사무의 전산처리 등에 관하여는 「항만법」 제26조를 준용한다.(2020.1.29 본조개정)
제29조의3【청문】 관리청은 다음 각 호의 어느 하나에 해당하는 처분을 하려면 청문을 하여야 한다.(2020.2.18 본문개정)
1. 제8조의3제1항에 따른 자격의 취소(2012.12.18 본호신설)
2. 제26조에 따른 등록의 취소
3. 제26조의5제1항에 따른 등록의 취소
제29조의4【벌칙 적용 시의 공무원 의제】 제29조제2항에 따라 위탁받은 업무에 종사하는 항만운송사업자 단체 또는 법인의 임직원은 「형법」 제129조부터 제132조까지의 규정에 따른 벌칙을 적용할 때에는 공무원으로 본다.
(2016.12.27 본조개정)

제4장 벌 칙
(2009.5.27 본장개정)

제30조【벌칙】 다음 각 호의 어느 하나에 해당하는 자는 1년 이하의 징역 또는 1천만원 이하의 벌금에 처한다.
1. 제4조제1항에 따른 등록을 하지 아니하고 항만운송사업을 한 자
1의2. 제8조의2를 위반하여 다른 사람에게 자기의 성명을 사용하여 검수사등의 업무를 하게 하거나 검수사등의 자격증을 양도·대여한 사람, 다른 사람의 검수사등의 자격증을 양수·대여받은 사람 또는 다른 사람의 검수사등의 자격증의 양도·양수 또는 대여를 알선한 사람(2020.1.29 본호신설)
2. 제26조의3제1항에 따른 등록 또는 신고를 하지 아니하고 항만운송관련사업을 한 자
제31조【벌칙】 다음 각 호의 어느 하나에 해당하는 자는 500만원 이하의 벌금에 처한다.
1. 제4조 또는 제26조의3제1항에 따라 등록 또는 신고한 사항을 위반하여 항만운송사업 또는 항만운송관련사업을 한 자(2016.12.27 본호개정)
1의2. 제26조의3제3항에 따른 변경신고를 하지 아니하고 장비를 추가하거나 그 밖에 사업계획 중 해양수산부령으로 정하는 사항을 변경하여 선박연료공급업을 한 자(2017.10.31 본호개정)
2. 제27조의2에 따른 신고를 하지 아니하고 일시적 영업행위를 한 자
제32조【벌칙】 다음 각 호의 어느 하나에 해당하는 자는 300만원 이하의 벌금에 처한다.
1. 제7조에 따른 등록을 하지 아니하고 검수·감정 또는 검량 업무에 종사한 자
1의2. 거짓이나 그 밖의 부정한 방법으로 제7조에 따른 검수사등의 자격시험에 합격한 사람(2012.12.18 본호신설)
1의3. (2020.1.29 삭제)
2. 제10조제1항부터 제3항까지의 규정을 위반하여 인가나 변경인가를 받지 아니한 자 또는 신고나 변경신고를 하지 아니하거나 거짓으로 신고를 한 자
3. 제26조 또는 제26조의5에 따른 사업정지처분을 위반한 자
제33조【양벌규정】 법인의 대표자나 법인 또는 개인의 대리인, 사용인, 그 밖의 종업원이 그 법인 또는 개인의 업무에 관하여 제30조부터 제32조까지의 어느 하나에 해당하는 위반행위를 하면 그 행위자를 벌하는 외에 그 법인 또는 개인에게도 해당 조문의 벌금형을 과(科)한다. 다만, 법인 또는 개인이 그 위반행위를 방지하기 위하여 해당 업무에 관하여 상당한 주의와 감독을 게을리하지 아니한 경우에는 그러하지 아니하다.
제34조【과태료】 ① 다음 각 호의 어느 하나에 해당하는 자에게는 200만원 이하의 과태료를 부과한다.
1. 제28조의2제1항에 따른 보고 또는 자료제출을 하지 아니하거나 거짓으로 한 자
2. 제28조의2제1항에 따른 관계 공무원의 출입, 검사 또는 질문을 거부·방해하거나 기피한 자(2016.12.27 본호개정)
② 제1항에 따른 과태료는 대통령령으로 정하는 바에 따라 관리청이 부과·징수한다.(2020.2.18 본항개정)
(2014.3.24 본조신설)
제35조 (1997.4.10 삭제)

부 칙 (2012.12.18)

제1조【시행일】 이 법은 공포 후 6개월이 경과한 날부터 시행한다.
제2조【검수사등의 자격취득 결격사유에 관한 적용례】 제8조의 개정규정은 이 법 시행 후 최초로 검수사등의 자격을 취득하는 사람부터 적용한다.

부 칙 (2014.3.24)

제1조【시행일】 이 법은 공포 후 6개월이 경과한 날부터 시행한다.
제2조【운임 및 요금의 인가에 관한 특례】 제10조제2항에도 불구하고 같은 항에 따른 해양수산부령으로 정하는 품목에 해당하는 화물에 대하여 2018년 6월 30일까지는 같은 조 제1항에 따라 운임과 요금을 정하여 해양수산부장관의 인가를 받아야 한다.

부 칙 (2016.12.27 법14511호)

제1조【시행일】 이 법은 공포 후 1년이 경과한 날부터 시행한다. 다만, 제26조의3, 제26조의5제1항, 제28조, 제31조의 개정규정 및 부칙 제6조(제26조의3 및 제26조의5 제1항의 개정규정에 해당하는 부분으로 한정한다)는 공포 후 6개월이 경과한 날부터 시행한다.
제2조【검수사등 자격시험 부정행위자에 대한 적용례】 제7조의2의 개정규정은 이 법 시행 이후 실시하는 검수사등 자격시험에서 부정행위를 한 응시자부터 적용한다.
제3조【선박연료공급업자의 사업계획 변경신고에 관한 적용례】 제26조의3제3항의 개정규정은 선박연료공급업의 등록을 한 자가 같은 개정규정 시행 후 사용하려는 장비를 추가하거나 그 밖에 사업계획을 변경하는 경우부터 적용한다.(2017.10.31 본조개정)
제4조【금치산자 등에 대한 경과조치】 제8조제2호의 개정규정에 따른 피성년후견인 또는 피한정후견인은 법률 제10429호 민법 일부개정법률 부칙 제2조에 따라 금치산 또는 한정치산 선고의 효력이 유지되는 자를 포함하는 것으로 본다.
제5조【항만시설의 임대계약자에 대한 경과조치】 이 법 시행 전에 「항만법」 제30조에 따라 항만시설운영자와 항만시설의 임대차계약을 체결하거나 「항만공사법」 제29조에 따라 항만공사와 항만시설의 임대차계약을 체결하여 이 법 제3조제1호에 따른 항만하역사업 및 그 부대사업을 수행하고 있는 자는 해당 계약의 종료일까지 제2조 제6항 및 제26조의6부터 제26조의10까지의 개정규정에도 불구하고 종전의 예에 따른다.
제6조【다른 법률의 개정】 ※(해당 법령에 가제정리 하였음)

부 칙 (2017.10.31)

제1조【시행일】 이 법은 공포 후 6개월이 경과한 날부터 시행한다. 다만 제26조의3제4항의 개정규정 중 내항 화물운송사업 등록이 된 선박연료공급선의 영업구역 제한 완화 관련 부분은 공포한 날부터 시행한다.
제2조【항만운송관련사업의 등록에 관한 경과조치】 ① 이 법 시행 당시 종전의 규정에 따라 선박급유업의 등록을 한 자는 제2조제4항의 개정규정에 따른 선박연료공급업자로 본다.
② 이 법 시행 당시 종전의 규정에 따라 물품공급업의 등록을 한 자는 제2조제4항의 개정규정에 따른 선용품공급업자로 본다.
제3조【다른 법률의 개정】 ①~② ※(해당 법령에 가제정리 하였음)

부 칙 (2018.12.31)

제1조【시행일】 이 법은 공포한 날부터 시행한다.
제2조【운임 및 요금의 신고 등에 관한 적용례】 ① 제10조제4항 및 제5항의 개정규정은 이 법 시행 이후 운임 및 요금의 신고를 하는 경우부터 적용한다.
② 제26조의3제4항 및 제5항의 개정규정은 이 법 시행 이후 선용품공급업의 신고 또는 사업계획 변경신고를 하는 경우부터 적용한다.
③ 제27조의2제2항 및 제3항의 개정규정은 이 법 시행 이후 미등록 항만에서의 일시적 영업행위의 신고를 하는 경우부터 적용한다.
제3조【선박수리업 영업구역에 관한 적용례】 제26조의3 제6항의 개정규정은 이 법 시행 전에 등록한 선박수리업의 영업구역에 대해서도 적용한다.

부 칙 (2020.1.29 법16902호)

제1조【시행일】 이 법은 공포 후 6개월이 경과한 날부터 시행한다.(이하 생략)

부 칙 (2020.1.29 법16903호)

이 법은 공포 후 3개월이 경과한 날부터 시행한다.

부 칙 (2020.1.29 법16904호)

제1조【시행일】 이 법은 공포 후 6개월이 경과한 날부터 시행한다.(이하 생략)

부 칙 (2020.2.18)

제1조【시행일】 이 법은 2021년 1월 1일부터 시행한다.(단서 생략)
제2조【사무이양을 위한 사전조치】 ① 관계 중앙행정기관의 장은 이 법에 따른 중앙행정권한 및 사무의 지방일괄 이양에 필요한 인력 및 재정 소요 사항을 지원하기 위하여 필요한 조치를 마련하여 이 법에 따른 시행일 3개월 전까지 국회 소관 상임위원회에 보고하여야 한다.
② 「지방자치분권 및 지방행정체제개편에 관한 특별법」 제44조에 따른 자치분권위원회는 제1항에 따른 인력 및 재정 소요 사항을 사전에 전문적으로 조사·평가할 수 있다.
제3조【행정처분 등에 관한 일반적 경과조치】 이 법 시행 당시 종전의 규정에 따라 행정기관이 행한 처분 또는 그 밖의 행위는 이 법의 규정에 따라 행정기관이 행한 처분 또는 그 밖의 행위로 보고, 종전의 규정에 따라 행정기관에 대하여 행한 신청·신고, 그 밖의 행위는 이 법의 규정에 따라 행정기관에 대하여 행한 신청·신고, 그 밖의 행위로 본다.
제4조【다른 법률의 개정】 (생략)

부 칙 (2023.6.20)

제1조【시행일】 이 법은 공포 후 6개월이 경과한 날부터 시행한다.
제2조【감정사업 및 검량사업의 관리청에 관한 경과조치】 이 법 시행 전에 감정사업 및 검량사업의 등록을 하거나 등록을 신청한 자의 관리청은 제2조제7항 각 호 외의 부분 단서의 개정규정에도 불구하고 종전의 규정에 따른다.

선박의 입항 및 출항 등에 관한 법률(약칭 : 선박입출항법)

(2015년 2월 3일
법 률 제13186호)

개정
2017. 3.21법14732호
2017. 7.26법14839호(정부조직)
2017.10.31법15003호
2017.10.31법15009호(항로표지법)
2017.10.31법15012호(해양환경관리법)
2019. 1.15법16280호
2019.11.26법16652호(자산관리)
2019.12. 3법16699호(해양폐기물및해양오염퇴적물관리법)
2019.12. 3법16700호(선박교통관제에관한법)
2020. 1.29법16899호
2020. 1.29법16902호(항만법)
2020. 2.18법17007호(권한지방이양)
2022.10.18법19008호
2023. 7.25법19573호(해상교통안전법)

제1장 총 칙

제1조【목적】 이 법은 무역항의 수상구역 등에서 선박의 입항·출항에 대한 지원과 선박운항의 안전 및 질서 유지에 필요한 사항을 규정함을 목적으로 한다.

제2조【정의】 이 법에서 사용하는 용어의 뜻은 다음과 같다.
1. "무역항"이란 「항만법」 제2조제2호에 따른 항만을 말한다.
2. "무역항의 수상구역등"이란 무역항의 수상구역과 「항만법」 제2조제5호가목1)의 수역시설 중 수상구역 밖의 수역시설로서 관리청이 지정·고시한 것을 말한다.
(2020.2.18 본호개정)
2의2. "관리청"이란 무역항의 수상구역등에서 선박의 입항 및 출항 등에 관한 행정업무를 수행하는 다음 각 목의 구분에 따른 행정관청을 말한다.
가. 「항만법」 제3조제2항제1호에 따른 국가관리무역항 : 해양수산부장관
나. 「항만법」 제3조제2항제2호에 따른 지방관리무역항 : 특별시장·광역시장·도지사 또는 특별자치도지사(이하 "시·도지사"라 한다)
(2020.2.18 본호신설)
3. "선박"이란 「선박법」 제1조의2제1항에 따른 선박을 말한다.
4. "예선"(曳船)이란 「선박안전법」 제2조제13호에 따른 예인선(曳引船)(이하 "예인선"이라 한다) 중 무역항에 출입하거나 이동하는 선박을 끌어당기거나 밀어서 이안(離岸)·접안(接岸)·계류(繫留)를 보조하는 선박을 말한다.
5. "우선피항선"(優先避航船)이란 주로 무역항의 수상구역에서 운항하는 선박으로서 다른 선박의 진로를 피하여야 하는 다음 각 목의 선박을 말한다.
가. 「선박법」 제1조의2제1항제3호에 따른 부선(艀船)〔예인선이 부선을 끌거나 밀고 있는 경우의 예인선 및 부선을 포함하되, 예인선에 결합되어 운항하는 압항부선(押航艀船)은 제외한다〕
나. 주로 노와 삿대로 운전하는 선박
다. 예선
라. 「항만운송사업법」 제26조의3제1항에 따라 항만운송관련사업을 등록한 자가 소유한 선박
마. 「해양환경관리법」 제70조제1항에 따라 해양환경관리업을 등록한 자가 소유한 선박 또는 「해양폐기물 및 해양오염퇴적물 관리법」 제19조제1항에 따라 해양폐기물관리업을 등록한 자가 소유한 선박(폐기물해양배출업으로 등록한 선박은 제외한다)(2019.12.3 본목개정)
바. 가목부터 마목까지의 규정에 해당하지 아니하는 총톤수 20톤 미만의 선박
6. "정박"(碇泊)이란 선박이 해상에서 닻을 바다 밑바닥에 내려놓고 운항을 멈추는 것을 말한다.
7. "정박지"(碇泊地)란 선박이 정박할 수 있는 장소를 말한다.
8. "정류"(停留)란 선박이 해상에서 일시적으로 운항을 멈추는 것을 말한다.
9. "계류"란 선박을 다른 시설에 붙들어 매어 놓는 것을 말한다.
10. "계선"(繫船)이란 선박이 운항을 중지하고 정박하거나 계류하는 것을 말한다.
11. "항로"란 선박의 출입 통로로 이용하기 위하여 제10조에 따라 지정·고시한 수로를 말한다.
12. "위험물"이란 화재·폭발 등의 위험이 있거나 인체 또는 해양환경에 해를 끼치는 물질로서 해양수산부령으로 정하는 것을 말한다. 다만, 선박의 항행 또는 인명의 안전을 유지하기 위하여 해당 선박에서 사용하는 위험물은 제외한다.
13. "위험물취급자"란 제37조제1항제1호에 따른 위험물 운송선박의 선장 및 위험물을 취급하는 사람을 말한다.
14. "선박교통관제"란 무역항의 수상구역등에서 선박교통의 안전과 효율성 증진 및 환경 보호를 위하여 선박을 탐지하거나 선박과 통신할 수 있는 설비를 설치·운영하고 필요한 조치를 하는 것을 말한다.
15. "선박교통관제사"란 제21조제1항에 따른 자격을 갖추고 선박교통관제를 시행하는 사람을 말한다.

제3조【다른 법률과의 관계】 무역항의 수상구역등에서의 선박 입항·출항에 관하여는 다른 법률에 특별한 규정이 있는 경우를 제외하고는 이 법에 따른다.

제2장 입항·출항 및 정박

제4조【출입 신고】 ① 무역항의 수상구역등에 출입하려는 선박의 선장(이하 이 조에서 "선장"이라 한다)은 대통령령으로 정하는 바에 따라 관리청에 신고하여야 한다. 다만, 다음 각 호의 선박은 출입 신고를 하지 아니할 수 있다.(2020.2.18 본문개정)
1. 총톤수 5톤 미만의 선박
2. 해양사고구조에 사용되는 선박
3. 「수상레저안전법」 제2조제3호에 따른 수상레저기구 중 국내항 간을 운항하는 모터보트 및 동력요트
4. 그 밖에 공공목적이나 항만 운영의 효율성을 위하여 해양수산부령으로 정하는 선박
② 관리청은 제1항에 따른 신고를 받은 경우 그 내용을 검토하여 이 법에 적합하면 신고를 수리하여야 한다.
(2020.2.18 본항개정)
③ 제1항에도 불구하고 전시·사변이나 그에 준하는 국가비상사태 또는 국가안전보장에 필요한 경우에는 선장은 대통령령으로 정하는 바에 따라 관리청의 허가를 받아야 한다.(2020.2.18 본항개정)

제5조【정박지의 사용 등】 ① 관리청은 무역항의 수상구역등에 정박하는 선박의 종류·톤수·흘수(吃水) 또는 적재물의 종류에 따른 정박구역 또는 정박지를 지정·고시할 수 있다.(2020.2.18 본항개정)
② 무역항의 수상구역등에 정박하려는 선박(우선피항선은 제외한다)은 제1항에 따른 정박구역 또는 정박지에 정박하여야 한다. 다만, 해양사고를 피하기 위한 경우 등 해양수산부령으로 정하는 사유가 있는 경우에는 그러하지 아니하다.
③ 우선피항선은 다른 선박의 항행에 방해가 될 우려가 있는 장소에 정박하거나 정류하여서는 아니 된다.
④ 제2항 단서에 따라 정박구역 또는 정박지가 아닌 곳에 정박한 선박의 선장은 즉시 그 사실을 관리청에 신고하여야 한다.(2020.2.18 본항개정)

제6조【정박의 제한 및 방법 등】 ① 선박은 무역항의 수상구역등에서 다음 각 호의 장소에는 정박하거나 정류하지 못한다.
1. 부두·잔교(棧橋)·안벽(岸壁)·계선부표·돌핀 및 선거(船渠)의 부근 수역
2. 하천, 운하 및 그 밖의 좁은 수로와 계류장(繫留場) 입구의 부근 수역
② 제1항에도 불구하고 다음 각 호의 경우에는 제1항 각 호의 장소에 정박하거나 정류할 수 있다.
1. 「해양사고의 조사 및 심판에 관한 법률」 제2조제1호에 따른 해양사고를 피하기 위한 경우
2. 선박의 고장이나 그 밖의 사유로 선박을 조종할 수 없는 경우
3. 인명을 구조하거나 급박한 위험이 있는 선박을 구조하는 경우
4. 제41조에 따른 허가를 받은 공사 또는 작업에 사용하는 경우
③ 제1항에 따른 선박의 정박 또는 정류의 제한 외에 무역항별 무역항의 수상구역등에서의 정박 또는 정류 제한에 관한 구체적인 내용은 관리청이 정하여 고시한다.
(2020.2.18 본항개정)
④ 무역항의 수상구역등에 정박하는 선박은 지체 없이 예비용 닻을 내릴 수 있도록 닻 고정장치를 해제하고, 동력선은 즉시 운항할 수 있도록 기관의 상태를 유지하는 등 안전에 필요한 조치를 하여야 한다.
⑤ 관리청은 정박하는 선박의 안전을 위하여 필요하다고 인정하는 경우에는 무역항의 수상구역등에 정박하는 선박에 대하여 정박 장소 또는 방법을 변경할 것을 명할 수 있다.(2020.2.18 본항개정)

제7조【선박의 계선 신고 등】 ① 총톤수 20톤 이상의 선박을 무역항의 수상구역등에 계선하려는 자는 해양수산부령으로 정하는 바에 따라 관리청에 신고하여야 한다.
② 관리청은 제1항에 따른 신고를 받은 경우 그 내용을 검토하여 이 법에 적합하면 신고를 수리하여야 한다.
③ 제1항에 따라 선박을 계선하려는 자는 관리청이 지정한 장소에 그 선박을 계선하여야 한다.
④ 관리청은 계선 중인 선박의 안전을 위하여 필요하다고 인정하는 경우에는 그 선박의 소유자나 임차인에게 안전 유지에 필요한 인원의 선원을 승선시킬 것을 명할 수 있다.
(2020.2.18 본조개정)

제8조【선박의 이동명령】 관리청은 다음 각 호의 경우에는 무역항의 수상구역등에 있는 선박에 대하여 관리청이 정하는 장소로 이동할 것을 명할 수 있다.(2020.2.18 본문개정)
1. 무역항을 효율적으로 운영하기 위하여 필요하다고 판단되는 경우
2. 전시·사변이나 그에 준하는 국가비상사태 또는 국가안전보장에 필요하다고 판단되는 경우
(2020.1.29 본호개정)

제8조의2【선박의 피항명령 등】 ① 관리청은 「재난 및 안전관리 기본법」 제3조제1호가목에 따른 자연재난이 발생하거나 발생할 우려가 있는 경우 무역항의 수상구역등에 있는 선박에 대하여 다른 구역으로 피항할 것을 선박 소유자 또는 선장에게 명할 수 있다.
② 관리청은 접안 또는 정박 금지구역의 설정 등 제1항에 따른 피항명령에 필요한 사항을 협의하기 위하여 대통령령으로 정하는 바에 따라 다음 각 호의 자를 포함한 협의체를 구성하여 운영할 수 있다.
1. 「해운법」에 따른 해운업자
2. 관리청이 필요하다고 인정하는 자
(2022.10.18 본조신설)

제9조【선박교통의 제한】 ① 관리청은 무역항의 수상구역등에서 선박교통의 안전을 위하여 필요하다고 인정하는 경우에는 항로 또는 구역을 지정하여 선박교통을 제한하거나 금지할 수 있다.
② 관리청이 제1항에 따라 항로 또는 구역을 지정한 경우에는 항로 또는 구역의 위치, 제한·금지 기간을 정하여 공고하여야 한다.
(2020.2.18 본조개정)

제3장 항로 및 항법

제10조【항로 지정 및 준수】 ① 관리청은 무역항의 수상구역등에서 선박교통의 안전을 위하여 필요한 경우에는 무역항과 무역항의 수상구역 밖의 수로를 항로로 지정·고시할 수 있다.(2020.2.18 본항개정)
② 우선피항선 외의 선박은 무역항의 수상구역등에 출입하는 경우 또는 무역항의 수상구역등을 통과하는 경우에는 제1항에 따라 지정·고시된 항로를 따라 항행하여야 한다. 다만, 해양사고를 피하기 위한 경우 등 해양수산부령으로 정하는 사유가 있는 경우에는 그러하지 아니하다.

제11조【항로에서의 정박 등 금지】 ① 선장은 항로에 선박을 정박 또는 정류시키거나 예인되는 선박 또는 부유물을 내버려두어서는 아니 된다. 다만, 제6조제2항 각 호의 어느 하나에 해당하는 경우는 그러하지 아니하다.
(2020.1.29 본문개정)
② 제6조제2항제1호부터 제3호까지의 사유로 선박을 항로에 정박시키거나 정류시키려는 자는 그 사실을 관리청에 신고하여야 한다. 이 경우 제2호에 해당하는 선박의 선장은 「해상교통안전법」 제92조제1항에 따른 조종불능선 표시를 하여야 한다.(2023.7.25 후단개정)

제12조【항로에서의 항법】 ① 모든 선박은 항로에서 다음 각 호의 항법에 따라 항행하여야 한다.
1. 항로 밖에서 항로에 들어오거나 항로에서 항로 밖으로 나가는 선박은 항로를 항행하는 다른 선박의 진로를 피하여 항행할 것
2. 항로에서 다른 선박과 나란히 항행하지 아니할 것
3. 항로에서 다른 선박과 마주칠 우려가 있는 경우에는 오른쪽으로 항행할 것
4. 항로에서 다른 선박을 추월하지 아니할 것. 다만, 추월하려는 선박을 눈으로 볼 수 있고 안전하게 추월할 수 있다고 판단되는 경우에는 「해상교통안전법」 제74조제5항 및 제78조에 따른 방법으로 추월할 것(2023.7.25 단서개정)
5. 항로를 항행하는 제37조제1항제1호에 따른 위험물운송선박(제2조제5호라목에 따른 선박 중 급유선은 제외한다) 또는 「해상교통안전법」 제2조제12호에 따른 흘수제약선(吃水制約船)의 진로를 방해하지 아니할 것
(2023.7.25 본호개정)
6. 「선박법」 제1조의2제1항제2호에 따른 범선은 항로에서 지그재그(zigzag)로 항행하지 아니할 것
② 관리청은 선박교통의 안전을 위하여 특히 필요하다고 인정하는 경우에는 제1항에서 규정한 사항 외에 따로 항로에서의 항법 등에 관한 사항을 정하여 고시할 수 있다. 이 경우 선박은 이에 따라 항행하여야 한다.(2020.2.18 전단개정)

제13조【방파제 부근에서의 항법】 무역항의 수상구역등에 입항하는 선박이 방파제 입구 등에서 출항하는 선박과 마주칠 우려가 있는 경우에는 방파제 밖에서 출항하는 선박의 진로를 피하여야 한다.

제14조【부두등 부근에서의 항법】 선박이 무역항의 수상구역등에서 해안으로 길게 뻗어 나온 육지 부분, 부두, 방파제 등 인공시설물의 튀어나온 부분 또는 정박 중인 선박(이하 이 조에서 "부두등"이라 한다)을 오른쪽 뱃전에 두고 항행할 때에는 부두등에 접근하여 항행하고, 부두등을 왼쪽 뱃전에 두고 항행할 때에는 멀리 떨어져서 항행하여야 한다.

제15조【예인선 등의 항법】 ① 예인선이 무역항의 수상구역등에서 다른 선박을 끌고 항행할 때에는 해양수산부령으로 정하는 방법에 따라야 한다.
② 범선이 무역항의 수상구역등에서 항행할 때에는 돛을 줄이거나 예인선이 범선을 끌고 가게 하여야 한다.

제16조【진로방해의 금지】 ① 우선피항선은 무역항의 수상구역등이나 무역항의 수상구역 부근에서 다른 선박의 진로를 방해하여서는 아니 된다.
② 제41조제1항에 따라 공사 등의 허가를 받은 선박과 제42조제1항에 따라 선박경기 등의 행사를 허가받은 선박은 무역항의 수상구역등에서 다른 선박의 진로를 방해하여서는 아니 된다.

제17조【속력 등의 제한】 ① 선박이 무역항의 수상구역등이나 무역항의 수상구역 부근을 항행할 때에는 다른 선박에 위험을 주지 아니할 정도의 속력으로 항행하여야 한다.
② 해양경찰청장은 선박이 빠른 속도로 항행하여 다른 선박의 안전 운항에 지장을 초래할 우려가 있다고 인정하는 무역항의 수상구역등에 대하여는 관리청에 무역항의 수상구역등에서의 선박 항행 최고속력을 지정할 것을 요청할 수 있다.(2020.2.18 본항개정)
③ 관리청은 제2항에 따른 요청을 받은 경우 특별한 사유가 없으면 무역항의 수상구역등에서 선박 항행 최고속력을 지정·고시하여야 한다. 이 경우 선박은 고시된 항행 최고속력의 범위에서 항행하여야 한다.(2020.2.18 전단개정)
제18조【항행 선박 간의 거리】 무역항의 수상구역등에서 2척 이상의 선박이 항행할 때에는 서로 충돌을 예방할 수 있는 상당한 거리를 유지하여야 한다.

제4장 선박교통관제

제19조～제22조 (2019.12.3 삭제)

제5장 예 선

제23조【예선의 사용의무】 ① 관리청은 항만시설을 보호하고 선박의 안전을 확보하기 위하여 관리청이 정하여 고시하는 일정 규모 이상의 선박에 대하여 예선을 사용하도록 하여야 한다.
② 관리청은 제1항에 따라 예선을 사용하여야 하는 선박이 그 규모에 맞는 예선을 사용하게 하기 위하여 예선의 사용기준(이하 "예선사용기준"이라 한다)을 정하여 고시할 수 있다.
(2020.2.18 본조개정)
제24조【예선업의 등록 등】 ① 무역항에서 예선업무를 하는 사업(이하 "예선업"이라 한다)을 하려는 자는 관리청에 등록하여야 한다. 등록한 사항 중 해양수산부령으로 정하는 사항을 변경하려는 경우에도 또한 같다.(2020.2.18 전단개정)
② 제1항에 따른 예선업의 등록 또는 변경등록은 무역항별로 하되, 다음 각 호의 기준을 충족하여야 한다.
1. 예선은 자기소유예선〔자기 명의의 국적취득조건부 나용선(裸傭船) 또는 자기 소유로 약정된 리스예선을 포함한다〕으로서 해양수산부령으로 정하는 무역항별 예선보유기준에 따른 마력〔이하 "예항력"(曳航力)이라 한다〕과 척수가 적합할 것
2. 예선추진기형은 전(全)방향추진기형일 것
3. 예선에 소화설비 등 해양수산부령으로 정하는 시설을 갖출 것
4. 예선의 선령(船齡)이 해양수산부령으로 정하는 기준에 적합하되, 등록 또는 변경등록 당시 해당 예선의 선령이 12년 이하일 것. 다만, 관리청이 예선 수요가 적어 사업의 수익성이 낮다고 인정하는 무역항에 등록 또는 변경등록하는 선박의 경우와 해양환경공단이 「해양환경관리법」 제67조에 따라 해양오염방제에 대비·대응하기 위하여 선박을 배치하고자 변경등록하는 경우에는 그러하지 아니하다.(2020.2.18 단서개정)
③ 제2항에도 불구하고 다음 각 호의 어느 하나에 해당하는 경우에는 해양수산부령으로 정하는 무역항별 예선보유기준에 따라 2개 이상의 무역항에 대하여 하나의 예선업으로 등록하게 할 수 있다.
1. 1개의 무역항에 출입하는 선박의 수가 적은 경우
2. 2개 이상의 무역항이 인접한 경우
④ 관리청은 예선업무를 안정적으로 수행하기 위하여 필요하다고 인정하는 경우 예선업이 등록된 무역항의 예선이 아닌 다른 무역항에 등록된 예선을 이용하게 할 수 있다.(2020.2.18 본항개정)
⑤ 제4항에 따라 다른 무역항에 등록된 예선을 이용하기 위한 기준 및 절차 등에 필요한 사항은 해양수산부령으로 정한다.(2017.3.21 본항신설)
제25조【예선업의 등록 제한】 ① 다음 각 호의 어느 하나에 해당하는 자는 예선업의 등록을 할 수 없다.
1. 원유, 제철원료, 액화가스류 또는 발전용 석탄의 화주(貨主)
2. 「해운법」에 따른 외항 정기 화물운송사업자와 외항 부정기 화물운송사업자
3. 조선사업자
4. 제1호부터 제3호까지의 어느 하나에 해당하는 자가 사실상 소유하거나 지배하는 법인(이하 "관계 법인"이라 한다) 및 그와 특수한 관계에 있는 자(이하 "특수관계인"이라 한다)
5. 제26조제1호 또는 제5호의 사유로 등록이 취소된 후 2년이 지나지 아니한 자(2017.10.31 본호신설)
② 관계 법인과 특수관계인의 범위 등은 대통령령으로 정한다.
③ 제28조에 따라 예선업의 권리와 의무를 승계한 자의 경우에는 제1항을 준용한다.
④ 관리청은 안전사고의 방지 및 예선업의 효율적인 운영을 위하여 필요한 경우로서 항만 내 예선의 대기장소가 해양수산부령으로 정하는 기준보다 부족한 경우에는 예선업의 등록을 거부할 수 있다.(2020.2.18 본항개정)

제25조의2【예선의 수급조절】 ① 해양수산부장관은 예선의 수급조절을 위하여 필요한 경우 다음 각 호의 사항을 반영한 예선 수급계획을 수립할 수 있다. 이 경우 제30조에 따른 예선운영협의회의 의견을 청취하여야 한다.
1. 예선업 경기(景氣)의 동향과 전망
2. 항만별 예선업의 여건 및 운영 실태
3. 항만별·마력별 예선 수급 상황
4. 그 밖에 대통령령으로 정하는 사항으로서 예선 수급계획 수립에 필요한 사항
② 해양수산부장관은 제1항에 따라 예선 수급계획을 수립하였으면 이를 관보 및 인터넷 홈페이지 등에 공고하여야 한다.
③ 관리청은 수립된 예선 수급계획에 따라 예선업의 등록 또는 변경등록을 일정 기간 제한하거나 등록 또는 변경등록에 조건을 붙일 수 있다.(2020.2.18 본항개정)
④ 그 밖에 예선 수급계획 및 수급조절 절차, 기존예선의 대체 등에 필요한 사항은 대통령령으로 정한다.
(2017.10.31 본조신설)
제25조의3【예선업자에 대한 서비스평가】 ① 해양수산부장관은 예선서비스의 향상을 위하여 제24조제1항에 따라 예선업을 등록한 자(이하 "예선업자"라 한다)에 대하여 대통령령으로 정하는 바에 따라 예선운영의 안전성 및 이용자의 만족도를 평가(이하 "서비스평가"라 한다)할 수 있다.
② 관리청은 서비스평가 결과가 우수한 예선업자에 대하여 포상하고 대통령령으로 정하는 바에 따라 우대 조치를 할 수 있다.(2020.2.18 본항개정)
③ 관리청은 서비스평가 결과가 부진한 예선업자에 대하여 대통령령으로 정하는 바에 따라 예선의 증선 등에 대한 불이익을 줄 수 있다.(2020.2.18 본항개정)
④ 해양수산부장관은 제1항에 따른 서비스평가의 방법, 제2항에 따른 우수한 예선업자의 기준, 제3항에 따른 부진한 예선업자의 기준 등에 대하여 제30조에 따른 예선운영협의회의 의견을 들어야 한다.
⑤ 해양수산부장관은 대통령령으로 정하는 바에 따라 서비스평가의 결과를 공표할 수 있다.
⑥ 해양수산부장관은 제1항에 따른 서비스평가의 방법, 제2항 및 제3항에 따른 우수 또는 부진 예선업자의 기준 등에 관한 사항을 심의하기 위하여 예선서비스평가위원회를 설치·운영할 수 있다.
⑦ 제1항부터 제6항까지에서 규정한 사항 외에 서비스평가의 방법과 절차, 예선서비스평가위원회의 구성과 운영 등에 필요한 사항은 해양수산부령으로 정한다.
(2017.10.31 본조신설)
제26조【등록의 취소 등】 관리청은 예선업자가 다음 각 호의 어느 하나에 해당하는 경우에는 그 등록을 취소하거나 6개월 이내의 기간을 정하여 사업정지를 명할 수 있다. 다만, 제1호부터 제3호까지의 어느 하나에 해당하는 경우에는 그 등록을 취소하여야 한다.(2020.2.18 본문개정)
1. 거짓이나 그 밖의 부정한 방법으로 등록 또는 변경등록을 한 경우
2. 제24조제2항에 따른 기준을 충족하지 못하게 된 경우
3. 제25조제1항 각 호의 어느 하나에 해당하게 된 경우
3의2. 제25조의2제3항에 따른 조건을 위반하는 경우(2017.10.31 본호신설)
4. 제29조제1항 또는 제2항을 위반하여 정당한 사유 없이 예선의 사용 요청을 거절하거나 예항력 검사를 받지 아니한 경우
4의2. 제29조의2제1항의 단서를 위반하여 예선을 공동으로 배정하는 경우(2017.10.31 본호신설)
5. 제49조제2항에 따른 개선명령을 이행하지 아니한 경우(2017.10.31 본호신설)
제27조【과징금 처분】 ① 관리청은 예선업자가 제26조제4호에 해당하여 사업을 정지시켜야 하는 경우로서 사업을 정지시키면 예선사용기준에 맞게 사용할 예선이 없는 경우에는 사업정지 처분을 대신하여 1천만원 이하의 과징금을 부과할 수 있다.(2020.2.18 본항개정)
② 제1항에 따라 과징금을 부과하는 위반행위의 종류 및 위반 정도에 따른 과징금의 금액과 그 밖에 필요한 사항은 대통령령으로 정한다.
③ 관리청은 예선업자가 제1항에 따른 과징금을 납부하지 아니하면 국세 체납처분의 예 또는 「지방세외수입금의 징수 등에 관한 법률」에 따라 징수할 수 있다.
(2020.2.18 본항개정)
제28조【권리와 의무의 승계】 다음 각 호의 어느 하나에 해당하는 자는 예선업자의 권리와 의무를 승계한다.
1. 예선업자가 사망한 경우 그 상속인
2. 예선업자가 사업을 양도한 경우 그 양수인
3. 법인인 예선업자가 다른 법인과 합병한 경우 합병 후 존속하는 법인이나 합병으로 설립되는 법인
제29조【예선업자의 준수사항】 ① 예선업자는 다음 각 호의 경우를 제외하고는 예선의 사용 요청을 거절하여서는 아니 된다.
1. 다른 법령에 따라 선박의 운항이 제한된 경우
2. 천재지변이나 그 밖의 불가항력적인 사유로 예선업무를 수행하기가 매우 어려운 경우
3. 제30조에 따른 예선운영협의회에서 정하는 정당한 사유가 있는 경우

② 예선업자는 등록 또는 변경등록한 각 예선이 등록 또는 변경등록 당시의 예항력을 유지할 수 있도록 관리하고, 해양수산부령으로 정하는 바에 따라 예선이 적정한 예항력을 가지고 있는지 확인하기 위하여 해양수산부장관이 실시하는 검사를 받아야 한다.
③ 해양수산부장관은 제2항에 따른 검사방법을 정하여 고시할 수 있다.
제29조의2【예선의 배정 방법】 ① 예선의 사용 요청을 받은 예선업자는 단독으로 예선을 배정하여야 한다. 다만, 예선의 공동 활용 등을 위하여 필요한 경우로서 예선업자가 예선 사용자 등에게 예선 공동 배정의 방법·내용을 미리 공표한 경우에는 예선업자 간 공동으로 예선을 배정할 수 있다.
② 제1항 단서에 따른 예선 공동 배정의 방법·내용, 공표의 방법 및 세부 절차 등에 관한 사항은 해양수산부령으로 정한다.
(2017.10.31 본조신설)
제30조【예선운영협의회】 ① 관리청은 예선을 원활하게 운영하기 위하여 예선업을 대표하는 자, 예선 사용자를 대표하는 자 및 해운항만전문가가 참여하는 예선운영협의회를 설치·운영할 수 있다.(2020.2.18 본항개정)
② 제1항에 따른 예선운영협의회의 기능·구성 및 운영 등에 필요한 사항은 대통령령으로 정한다.
③ 관리청은 다음 각 호의 어느 하나에 해당하는 경우 조정을 하거나 예선운영협의회에 재협의를 요구할 수 있다.
(2020.2.18 본문개정)
1. 예선운영협의회에서 예선운영 등에 대한 협의가 이루어지지 아니한 경우
2. 예선운영협의회의 협의 결과가 예선업의 건전한 발전을 저해하거나 예선 사용자의 권익을 침해한다고 인정되는 경우
(2017.10.31 본항개정)
제31조【예선업의 적용 제외】 조선소에서 건조·수리 또는 시험 운항할 목적으로 선박 등을 이동시키거나 운항을 보조하기 위하여 보유·관리하는 예선에 대하여는 예선업에 관한 이 법의 규정을 적용하지 아니한다.

제6장 위험물의 관리 등

제32조【위험물의 반입】 ① 위험물을 무역항의 수상구역등으로 들여오려는 자는 해양수산부령으로 정하는 바에 따라 관리청에 신고하여야 한다.(2020.2.18 본항개정)
② 관리청은 제1항에 따른 신고를 받은 경우 그 내용을 검토하여 이 법에 적합하면 신고를 수리하여야 한다.
(2020.2.18 본항개정)
③ 관리청은 제1항에 따른 신고를 받았을 때에는 무역항 및 무역항의 수상구역등의 안전, 오염방지 및 저장능력을 고려하여 해양수산부령으로 정하는 바에 따라 들여올 수 있는 위험물의 종류 및 수량을 제한하거나 안전에 필요한 조치를 할 것을 명할 수 있다.(2020.2.18 본항개정)
④ 다음 각 호에 해당하는 자는 제1항에 따라 신고를 하려는 자에게 해양수산부령으로 정하는 바에 따라 위험물을 통지하여야 한다.
1. 「해운법」 제24조에 따라 해상화물운송사업을 등록한 자
2. 「물류정책기본법」 제43조에 따라 국제물류주선업을 등록한 자
3. 「해운법」 제33조에 따라 해운대리점업을 등록한 자
4. 「관세법」 제241조제1항에 따른 수출·수입 신고 대상 물품의 화주
(2019.1.15 본항신설)
제33조【위험물운송선박의 정박 등】 제37조제1항제1호에 따른 위험물운송선박은 관리청이 지정한 장소가 아닌 곳에 정박하거나 정류하여서는 아니 된다.(2020.2.18 본조개정)
제34조【위험물의 하역】 ① 무역항의 수상구역등에서 위험물을 하역하려는 자는 대통령령으로 정하는 바에 따라 자체안전관리계획을 수립하여 관리청의 승인을 받아야 한다. 승인받은 사항 중 대통령령으로 정하는 사항을 변경하려는 경우에도 또한 같다.(2020.2.18 전단개정)
② 관리청은 무역항의 안전을 위하여 필요하다고 인정할 때에는 제1항에 따른 자체안전관리계획을 변경할 것을 명할 수 있다.(2020.2.18 본항개정)
③ 관리청은 기상 악화 등 불가피한 사유로 무역항의 수상구역등에서 위험물을 하역하는 것이 부적당하다고 인정하는 경우에는 제1항에 따른 승인을 받은 자에 대하여 해양수산부령으로 정하는 바에 따라 그 하역을 금지 또는 중지하게 하거나 무역항의 수상구역등 외의 장소를 지정하여 하역하게 할 수 있다.(2020.2.18 본항개정)
④ 무역항의 수상구역등이 아닌 장소로서 해양수산부령으로 정하는 장소에서 위험물을 하역하려는 자는 무역항의 수상구역등에 있는 자로 본다.
제35조【위험물 취급 시의 안전조치 등】 ① 무역항의 수상구역등에서 위험물취급자는 다음 각 호에 따른 안전에 필요한 조치를 하여야 한다.
1. 위험물 취급에 관한 안전관리자(이하 "위험물 안전관리자"라 한다)의 확보 및 배치. 다만, 해양수산부령으로 정하는 바에 따라 위험물 안전관리자를 보유한 안전관리 전문업체로 하여금 안전관리 업무를 대행하게 한 경우에는 그러하지 아니하다.

2. 해양수산부령으로 정하는 위험물 운송선박의 부두 이안·접안 시 위험물 안전관리자의 현장 배치
3. 위험물의 특성에 맞는 소화장비의 비치
4. 위험표지 및 출입통제시설의 설치
5. 선박과 육상 간의 통신수단 확보
6. 작업자에 대한 안전교육과 그 밖에 해양수산부령으로 정하는 안전에 필요한 조치

② 위험물 안전관리자는 해양수산부령으로 정하는 바에 따라 안전관리에 관한 교육을 받아야 한다.(2017.10.31 본항신설)

③ 위험물취급자는 위험물 안전관리자를 고용한 때에는 그 해당자에게 안전관리에 관한 교육을 받게 하여야 한다. 이 경우 위험물취급자는 교육에 드는 경비를 부담하여야 한다.(2017.10.31 본항신설)

④ 위험물 안전관리자의 자격, 보유기준 및 교육의 실시에 필요한 사항은 해양수산부령으로 정한다.
(2017.10.31 본항개정)

⑤ 관리청은 제1항에 따른 안전조치를 하지 아니한 위험물취급자에게 시설·인원·장비 등의 보강 또는 개선을 명할 수 있다.(2020.2.18 본항개정)

⑥ 해양수산부령으로 정하는 위험물을 운송하는 총톤수 5만톤 이상의 선박이 접안하는 돌핀 계류시설의 운영자는 해당 선박이 안전하게 접안하여 하역할 수 있도록 해양수산부령으로 정하는 안전장비를 갖추어야 한다.
(2017.10.31 본항신설)

제35조의2【위험물 관련 자료제출의 요청】 ① 관리청은 위험물의 관리를 위하여 필요하다고 인정할 때에는 관계 행정기관의 장에게 위험물 및 위험물을 수입하는 선박의 국내 입항일 등 필요한 자료의 제출을 요청할 수 있다. 이 경우 요청을 받은 관계 행정기관의 장은 특별한 사유가 없으면 그 요청에 따라야 한다.

② 제1항에 따라 요청하는 자료의 구체적인 범위, 제출방법 및 그 밖에 필요한 사항은 해양수산부령으로 정한다.
(2022.10.18 본조신설)

제36조【교육기관의 지정 및 취소 등】 ① 해양수산부장관은 위험물 안전관리자의 교육을 위하여 교육기관을 지정·고시할 수 있다.(2017.10.31 본항개정)

② 제1항의 교육기관의 지정기준 및 교육내용 등 교육기관 지정·운영에 필요한 사항은 해양수산부령으로 정한다.

③ 해양수산부장관은 교육기관의 교육계획 또는 실적 등을 확인·점검할 수 있으며, 확인·점검 결과 필요한 경우에는 시정을 명할 수 있다.

④ 해양수산부장관은 교육기관이 다음 각 호의 어느 하나에 해당하는 경우에는 그 지정을 취소하거나 6개월 이내의 기간을 정하여 업무의 정지를 명할 수 있다. 다만, 제1호의 경우에는 그 지정을 취소하여야 한다.
1. 거짓이나 그 밖의 부정한 방법으로 교육기관 지정을 받은 경우
2. 교육실적을 거짓으로 보고한 경우
3. 제3항에 따른 시정명령을 이행하지 아니한 경우
4. 교육기관으로 지정받은 날부터 2년 이상 교육 실적이 없는 경우
5. 해양수산부장관이 교육기관으로서 업무를 수행하기가 어렵다고 인정하는 경우

제37조【선박수리의 허가 등】 ① 선장은 무역항의 수상구역등에서 다음 각 호의 선박을 불꽃이나 열이 발생하는 용접 등의 방법으로 수리하려는 경우 해양수산부령으로 정하는 바에 따라 관리청의 허가를 받아야 한다. 다만, 제2호의 선박은 기관실, 연료탱크, 그 밖에 해양수산부령으로 정하는 선박 내 위험구역에서 수리작업을 하는 경우에만 허가를 받아야 한다.(2020.2.18 본문개정)
1. 위험물을 저장·운송하는 선박과 위험물을 하역한 후에도 인화성 물질 또는 폭발성 가스가 남아 있어 화재 또는 폭발의 위험이 있는 선박(이하 "위험물운송선박"이라 한다)
2. 총톤수 20톤 이상의 선박(위험물운송선박은 제외한다)

② 관리청은 제1항에 따른 허가 신청을 받았을 때에는 신청 내용이 다음 각 호의 어느 하나에 해당하는 경우를 제외하고는 허가하여야 한다.(2020.2.18 본문개정)
1. 화재·폭발 등을 일으킬 우려가 있는 방식으로 수리하려는 경우
2. 용접공 등 수리작업을 할 사람의 자격이 부적절한 경우
3. 화재·폭발 등의 사고 예방에 필요한 조치가 미흡한 것으로 판단되는 경우
4. 선박수리로 인하여 인근의 선박 및 항만시설의 안전에 지장을 초래할 우려가 있다고 판단되는 경우
5. 수리장소 및 수리시기 등이 항만운영에 지장을 줄 우려가 있다고 판단되는 경우
6. 위험물운송선박의 경우 수리하려는 구역에 인화성 물질 또는 폭발성 가스가 없다는 것을 증명하지 못하는 경우

③ 총톤수 20톤 이상의 선박을 제1항 단서에 따른 위험구역 밖에서 불꽃이나 열이 발생하는 용접 등의 방법으로 수리하려는 경우에 그 선박의 선장은 해양수산부령으로 정하는 바에 따라 관리청에 신고하여야 한다.(2020.2.18 본항개정)

④ 관리청은 제3항에 따른 신고를 받은 경우 그 내용을 검토하여 이 법에 적합하면 신고를 수리하여야 한다.
(2020.2.18 본항개정)

⑤ 제1항부터 제3항까지에 따라 선박을 수리하려는 자는 그 선박을 관리청이 지정한 장소에 정박하거나 계류하여야 한다.(2020.2.18 본항개정)

⑥ 관리청은 수리 중인 선박의 안전을 위하여 필요하다고 인정하는 경우에는 그 선박의 소유자나 임차인에게 해양수산부령으로 정하는 바에 따라 안전에 필요한 조치를 할 것을 명할 수 있다.(2020.2.18 본항개정)

제7장 수로의 보전

제38조【폐기물의 투기 금지 등】 ① 누구든지 무역항의 수상구역등이나 무역항의 수상구역 밖 10킬로미터 이내의 수면에 선박의 안전운항을 해칠 우려가 있는 흙·돌·나무·어구(漁具) 등 폐기물을 버려서는 아니 된다.

② 무역항의 수상구역등이나 무역항의 수상구역 부근에서 석탄·돌·벽돌 등 흩어지기 쉬운 물건을 하역하는 자는 그 물건이 수면에 떨어지는 것을 방지하기 위하여 대통령령으로 정하는 바에 따라 필요한 조치를 하여야 한다.

③ 관리청은 제1항을 위반하여 폐기물을 버리거나 제2항을 위반하여 흩어지기 쉬운 물건을 수면에 떨어뜨린 자에게 그 폐기물 또는 물건을 제거할 것을 명할 수 있다.
(2020.2.18 본항개정)

제39조【해양사고 등이 발생한 경우의 조치】 ① 무역항의 수상구역등이나 무역항의 수상구역 부근에서 해양사고·화재 등의 재난으로 인하여 다른 선박의 항행이나 무역항의 안전을 해칠 우려가 있는 조난선(遭難船)의 선장은 즉시 「항로표지법」 제2조제1호에 따른 항로표지를 설치하는 등 필요한 조치를 하여야 한다.(2017.10.31 본항개정)

② 제1항에 따른 조난선의 선장이 같은 항에 따른 조치를 할 수 없을 때에는 해양수산부령으로 정하는 바에 따라 해양수산부장관에게 필요한 조치를 요청할 수 있다.

③ 해양수산부장관이 제2항에 따른 조치를 하였을 때에는 그 선박의 소유자 또는 임차인은 그 조치에 들어간 비용을 해양수산부장관에게 납부해야 한다.

④ 해양수산부장관은 선박의 소유자 또는 임차인이 제3항에 따른 조치 비용을 납부하지 않을 경우 국세 체납처분의 예에 따라 이를 징수할 수 있다.

⑤ 제3항에 따른 비용의 산정방법 및 납부절차는 해양수산부령으로 정한다.

제40조【장애물의 제거】 ① 관리청은 무역항의 수상구역등이나 무역항의 수상구역 부근에서 선박의 항행을 방해하거나 방해할 우려가 있는 물건(이하 "장애물"이라 한다)을 발견한 경우에는 그 장애물의 소유자 또는 점유자에게 제거를 명할 수 있다.(2020.2.18 본항개정)

② 관리청은 장애물의 소유자 또는 점유자가 제1항에 따른 명령을 이행하지 아니하는 경우에는 「행정대집행법」 제3조제1항 및 제2항에 따라 대집행(代執行)을 할 수 있다.
(2020.2.18 본항개정)

③ 관리청은 다음 각 호의 어느 하나에 해당하는 경우로서 제2항에 따른 절차에 따르면 그 목적을 달성하기 곤란한 경우에는 그 절차를 거치지 아니하고 장애물을 제거하는 등 필요한 조치를 할 수 있다.(2020.2.18 본문개정)
1. 장애물의 소유자 또는 점유자를 알 수 없는 경우
2. 제2조제2호에 따른 수역시설을 반복적, 상습적으로 불법 점용하는 경우
3. 그 밖에 선박의 항행을 방해하거나 방해할 우려가 있어 신속하게 장애물을 제거하여야 할 필요가 있는 경우

④ 제3항에 따라 장애물을 제거하는 데 들어간 비용은 그 물건의 소유자 또는 점유자가 부담하되, 소유자 또는 점유자를 알 수 없는 경우에는 대통령령으로 정하는 바에 따라 그 물건을 처분하여 비용에 충당한다.

⑤ 제3항에 따른 조치는 선박교통의 안전 및 질서유지를 위하여 필요한 최소한도에 그쳐야 한다.

⑥ 관리청은 제2항 및 제3항에 따라 제거된 장애물을 보관 및 처리하여야 한다. 이 경우 전문지식이 필요하거나 그 밖에 특수한 사정이 있어 직접 처리하기에 적당하지 아니하다고 인정할 때에는 대통령령으로 정하는 바에 따라 「한국자산관리공사 설립 등에 관한 법률」에 따라 설립된 한국자산관리공사에게 장애물의 처리를 대행하도록 할 수 있다.(2020.2.18 전단개정)

⑦ 관리청은 제6항에 따라 한국자산관리공사가 장애물의 처리를 대행하는 경우에는 해양수산부령으로 정하는 바에 따라 수수료를 지급할 수 있다.(2020.2.18 본항개정)

⑧ 제6항에 따라 한국자산관리공사가 장애물의 처리를 대행하는 경우에 한국자산관리공사의 임직원은 「형법」 제129조부터 제132조까지의 규정에 따른 벌칙을 적용할 때에는 공무원으로 본다.

⑨ 제6항에 따른 장애물의 보관 및 처리, 장애물 처리의 대행에 필요한 사항은 대통령령으로 정한다.

제41조【공사 등의 허가】 ① 무역항의 수상구역등이나 무역항의 수상구역 부근에서 대통령령으로 정하는 공사 또는 작업을 하려는 자는 해양수산부령으로 정하는 바에 따라 관리청의 허가를 받아야 한다.

② 관리청이 제1항에 따른 허가를 할 때에는 선박교통의 안전과 화물의 보전 및 무역항의 안전에 필요한 조치를 명할 수 있다.
(2020.2.18 본조개정)

제42조【선박경기 등 행사의 허가】 ① 무역항의 수상구역등에서 선박경기 등 대통령령으로 정하는 행사를 하려는 자는 해양수산부령으로 정하는 바에 따라 관리청의 허가를 받아야 한다.(2020.2.18 본항개정)

② 관리청은 제1항에 따른 허가 신청을 받았을 때에는 다음 각 호의 어느 하나에 해당하는 경우를 제외하고는 허가하여야 한다.(2020.2.18 본문개정)
1. 행사로 인해 선박의 충돌·좌초·침몰 등 안전사고가 생길 우려가 있다고 판단되는 경우
2. 행사의 장소와 시간 등이 항만운영에 지장을 줄 우려가 있는 경우
3. 다른 선박의 출입 등 항행에 방해가 될 우려가 있다고 판단되는 경우
4. 다른 선박이 화물을 싣고 내리거나 보존하는 데에 지장을 줄 우려가 있다고 판단되는 경우

③ 관리청은 제1항에 따른 허가를 하였을 때에는 해양경찰청장에게 그 사실을 통보하여야 한다.(2020.2.18 본항개정)

제43조【부유물에 대한 허가】 ① 무역항의 수상구역등에서 목재 등 선박교통의 안전에 장애가 되는 부유물에 대하여 다음 각 호의 어느 하나에 해당하는 행위를 하려는 자는 해양수산부령으로 정하는 바에 따라 관리청의 허가를 받아야 한다.(2020.2.18 본문개정)
1. 부유물을 수상(水上)에 띄워놓으려는 자
2. 부유물을 선박 등 다른 시설에 붙들어 매거나 운반하려는 자

② 관리청은 제1항에 따른 허가를 할 때에는 선박교통의 안전에 필요한 조치를 명할 수 있다.(2020.2.18 본항개정)

제44조【어로의 제한】 누구든지 무역항의 수상구역등에서 선박교통에 방해가 될 우려가 있는 장소 또는 항로에서는 어로(漁撈)(어구 등의 설치를 포함한다)를 하여서는 아니 된다.

제8장 불빛 및 신호
(2020.1.29 본장제목개정)

제45조【불빛의 제한】 ① 누구든지 무역항의 수상구역등이나 무역항의 수상구역 부근에서 선박교통에 방해가 될 우려가 있는 강력한 불빛을 사용하여서는 아니 된다.

② 관리청은 제1항에 따른 불빛을 사용하고 있는 자에게 그 빛을 줄이거나 가리개를 씌우도록 명할 수 있다.
(2020.2.18 본항개정)
(2020.1.29 본조제목개정)

제46조【기적 등의 제한】 ① 선박은 무역항의 수상구역등에서 특별한 사유 없이 기적(汽笛)이나 사이렌을 울려서는 아니 된다.

② 제1항에도 불구하고 무역항의 수상구역등에서 기적이나 사이렌을 갖춘 선박에 화재가 발생한 경우 그 선박은 해양수산부령으로 정하는 바에 따라 화재를 알리는 경보를 울려야 한다.

제9장 보 칙

제47조【출항의 중지】 관리청은 선박이 이 법 또는 이 법에 따른 명령을 위반한 경우에는 그 선박의 출항을 중지시킬 수 있다.(2020.2.18 본조개정)

제48조【검사·확인 등】 ① 관리청은 다음 각 호의 경우 그 선박의 소유자·선장이나 그 밖의 관계인에게 출석 또는 진술을 하게 하거나 관계 서류의 제출 또는 보고를 요구할 수 있으며, 관계 공무원으로 하여금 그 선박이나 사무실·사업장, 그 밖에 필요한 장소에 출입하여 장부·서류 또는 그 밖의 물건을 검사하거나 확인하게 할 수 있다.(2020.2.18 본문개정)
1. 제4조, 제5조제2항·제3항, 제6조제1항·제4항, 제7조, 제10조제2항, 제11조, 제23조, 제32조, 제33조, 제34조제1항부터 제3항까지, 제35조, 제37조, 제40조제1항, 제41조, 제42조제1항, 제43조, 제44조 중 어느 하나를 위반한 자가 있다고 인정되는 경우(2019.12.3 본호개정)
2. 제24조제1항에 따른 예선업의 등록 사항을 이행하고 있는지 확인할 필요가 있는 경우
3. 적정예선 척수 산정 및 예선업계의 경영여건 파악을 위하여 필요한 경우(2017.10.31 본호신설)

② 제1항에 따른 관계 공무원의 자격, 직무 범위 및 그 밖에 필요한 사항은 대통령령으로 정한다.

③ 제1항에 따라 선박에 출입하여 관계 서류 등을 검사·확인하는 공무원은 그 권한을 표시하는 증표를 지니고 관계인에게 보여 주어야 한다.

제49조【개선명령】 ① 관리청은 제48조제1항에 따른 검사 또는 확인 결과 무역항의 수상구역등에서 선박의 안전 및 질서 유지를 위하여 필요하다고 인정하는 경우에는 그 선박의 소유자·선장이나 그 밖의 관계인에게 다음 각 호의 사항에 관하여 개선명령을 할 수 있다.
(2020.2.18 본문개정)
1. 시설의 보강 및 대체(代替)
2. 공사 또는 작업의 중지
3. 인원의 보강
4. 장애물의 제거
5. 선박의 이동
6. 선박 척수의 제한

7. 그 밖에 해양수산부령으로 정하는 사항
② 관리청은 예선업자 등이 다른 예선업자의 사업이나 다른 예선 사용자의 예선사용을 부당하게 방해하는 등 대통령령으로 정하는 사유로 인하여 예선업의 건전한 발전을 저해하거나 예선 사용자의 권익을 침해한 사실이 있다고 인정되는 경우에는 해당 예선업자 등에 대하여 사업 내용의 변경 또는 예선운영 방법 등에 관하여 개선명령을 할 수 있다.(2020.2.18 본항개정)

제50조【항만운영정보시스템의 사용 등】 ① 해양수산부장관은 이 법에 따른 입항·출항 선박의 정보관리 및 민원사무의 처리 등을 위하여 항만운영정보시스템을 구축·운영할 수 있다.
② 해양수산부장관은 제1항에 따른 항만운영정보시스템의 원활한 운영을 위하여 해양수산부령으로 정하는 바에 따라 항만운영정보시스템과 사용자의 전자문서를 중계하는 망사업자(이하 "중계망사업자"라 한다)를 지정할 수 있다.
③ 제2항에 따라 지정을 받은 중계망사업자는 다음 각 호의 사업을 수행한다.
1. 전자문서 중계망시설의 운영과 중개사업
2. 전자문서 중계망시설과 다른 정보시스템간의 연계사업
3. 선박 입항과 출항 정보관리 및 민원사무 처리 표준화에 관한 사업
4. 그 밖에 선박 입항과 출항 정보관리 및 민원사무의 처리를 위하여 대통령령으로 정하는 사업
④ 해양수산부장관은 제2항에 따라 지정을 받은 중계망사업자가 제1호에 해당하는 경우에는 그 지정을 취소하여야 하며, 제2호에 해당하는 경우에는 그 지정을 취소하거나 6개월 이내의 기간을 정하여 그 사업의 전부 또는 일부의 정지를 명할 수 있다.
1. 거짓이나 그 밖의 부정한 방법으로 지정을 받은 경우
2. 제5항에 따른 해양수산부장관의 지도·감독을 위반한 경우
⑤ 해양수산부장관은 제3항에 따른 사업에 관하여 중계망사업자를 지도·감독할 수 있다.

제51조【수수료】 다음 각 호의 어느 하나에 해당하는 자는 해양수산부령으로 정하는 바에 따라 수수료를 납부하여야 한다.
1. 제24조제1항에 따른 예선업의 등록을 하려는 자
2. 제41조제1항에 따른 공사 등의 허가를 받으려는 자

제52조【청문】 해양수산부장관 또는 시·도지사는 다음 각 호의 어느 하나에 해당하는 처분을 하려는 경우에는 청문을 하여야 한다.(2020.2.18 본문개정)
1. 제26조에 따른 예선업 등록의 취소
2. 제36조제4항에 따른 지정교육기관 지정의 취소
3. 제50조제4항에 따른 중계망사업자 지정의 취소

제53조【권한의 위임·위탁】 ① 이 법에 따른 해양수산부장관의 권한은 그 일부를 해양경찰청장의 권한은 대통령령으로 정하는 바에 따라 그 일부를 그 소속기관의 장, 시·도지사에게 위임할 수 있다.
② 이 법에 따른 관리청의 권한은 대통령령으로 정하는 바에 따라 그 일부를 해양경찰청장에게 위임 또는 위탁할 수 있다.
③ 관리청의 제4조제2항에 따른 신고의 수리 권한은 대통령령으로 정하는 바에 따라 「항만공사법」에 따른 항만공사에 위탁할 수 있다.
(2020.2.18 본조개정)

제10장 벌 칙

제54조【벌칙】 다음 각 호의 어느 하나에 해당하는 자는 2년 이하의 징역 또는 2천만원 이하의 벌금에 처한다.
1. 거짓이나 그 밖의 부정한 방법으로 제24조제1항에 따른 등록을 한 자
2. 제24조제1항에 따른 등록을 하지 아니하고 예선업을 한 자

제55조【벌칙】 다음 각 호의 어느 하나에 해당하는 자는 1년 이하의 징역 또는 1천만원 이하의 벌금에 처한다.
1. 제4조제3항에 따른 허가를 받지 아니하고 무역항의 수상구역등에 출입하거나 기항지에 대한 정보를 거짓으로 제출하여 출입허가를 받은 자(2019.1.15 본호개정)
2. 제23조제1항을 위반하여 예선을 사용하지 아니한 자
3. 제23조제2항에 따른 예선사용기준에 미치지 못하는 예선을 사용한 자
4. 정당한 사유 없이 제29조제1항을 위반하여 예선의 사용 요청을 거절한 자
5. 제33조에 따른 지정장소 외에 위험물운송선박을 정박하거나 정류한 자
6. 제35조제1항에 따른 안전조치를 하지 아니한 자
7. 제35조제5항에 따른 시설·인원·장비 등의 보강 또는 개선 명령을 이행하지 아니한 자(2017.10.31 본호개정)
8. 제37조제1항에 따른 허가를 받지 아니하고 무역항의 수상구역등에서 선박을 수리한 자
9. 제38조제1항을 위반하여 폐기물을 버린 자
10. 제38조제3항에 따른 폐기물 또는 물건의 제거 명령을 이행하지 아니한 자
11. 제47조에 따른 출항 중지 처분을 위반한 자
12. 제49조제2항에 따른 개선명령을 이행하지 아니한 자 (2017.10.31 본호신설)

제56조【벌칙】 다음 각 호의 어느 하나에 해당하는 자는 500만원 이하의 벌금에 처한다.
1. 제4조제1항에 따른 출입 신고를 하지 아니하거나 거짓이나 그 밖의 부정한 방법으로 신고한 자
2. 제5조제2항 본문에 따른 정박구역 및 정박지가 아닌 곳에 정박한 자
3. 제6조제1항 각 호에 따른 장소에 선박을 정박하거나 정류한 자
4. 제6조제5항에 따른 정박 장소 또는 방법의 변경 명령에 따르지 아니한 자
5. 제7조제4항에 따른 선원의 승선 명령을 이행하지 아니한 선박의 소유자 또는 임차인(2019.1.15 본호개정)
6. 제8조에 따른 이동 명령에 따르지 아니한 자
6의2. 제8조의2제1항에 따른 피항명령을 따르지 아니한 자 (2022.10.18 본호신설)
7. 제9조제1항에 따른 항로 또는 구역에서 선박교통의 제한 또는 금지 처분을 따르지 아니한 자
8. 제10조제2항 본문을 위반하여 지정·고시한 항로를 따라 항행하지 아니한 자
9. 제11조제1항을 위반하여 항로에 선박을 정박 또는 정류시키거나 예인되는 선박 또는 부유물을 항로에 내버려둔 자(2020.1.29 본호개정)
9의2. (2019.12.3 삭제)
10. 제32조제3항에 따른 위험물의 종류 및 수량의 제한 또는 안전에 필요한 조치 명령을 이행하지 아니한 자 (2019.1.15 본호개정)
11. 제34조제1항에 따른 위험물 하역을 위한 자체안전관리계획의 승인을 받지 아니한 자
12. 제34조제2항에 따른 자체안전관리계획의 변경 명령을 이행하지 아니한 자
13. 제34조제3항에 따른 하역의 금지 또는 중지 명령을 위반하거나 지정된 장소가 아닌 곳에서 하역을 한 자
13의2. 제35조제6항에 따른 안전장비를 갖추지 아니한 자 (2017.10.31 본호신설)
14. 제37조제5항에 따른 지정 장소가 아닌 곳에 선박을 정박하거나 계류한 자(2019.1.15 본호개정)
15. 제37조제6항에 따른 안전에 필요한 조치 명령을 이행하지 아니한 선박의 소유자 또는 임차인(2019.1.15 본호개정)
16. 제38조제2항을 위반하여 흩어지기 쉬운 물건이 수면에 떨어지는 것을 방지하기 위한 필요한 조치를 하지 아니한 자
17. 제43조제1항에 따른 허가를 받지 아니하고 같은 항 각 호의 행위를 한 자
18. 제43조제2항에 따른 안전에 필요한 조치 명령을 이행하지 아니한 자

제57조【벌칙】 다음 각 호의 어느 하나에 해당하는 자는 300만원 이하의 벌금에 처한다.
1. 제12조제1항에 따른 항법을 위반하여 항행한 자
2. 제41조제1항에 따른 허가를 받지 아니하고 공사 또는 작업을 한 자
3. 제41조제2항에 따른 선박교통의 안전과 화물의 보전 및 무역항의 안전에 필요한 조치 명령을 이행하지 아니한 자
4. 제42조제1항에 따른 허가를 받지 아니하고 선박경기 등의 행사를 한 자
5. 제44조를 위반하여 어로를 한 자
6. 제45조제2항에 따른 명령을 위반하여 불빛을 줄이지 아니하거나 가리개를 씌우지 아니한 자
7. 제49조제1항에 따른 개선명령을 이행하지 아니한 자 (2017.10.31 본호개정)

제58조【양벌규정】 법인의 대표자나 법인 또는 개인의 대리인, 사용인, 그 밖의 종업원이 그 법인 또는 개인의 업무에 관하여 제54조부터 제57조까지의 어느 하나에 해당하는 위반행위를 하면 그 행위자를 벌하는 외에 그 법인 또는 개인에게도 해당 조문의 벌금형을 과(科)한다. 다만, 법인 또는 개인이 그 위반행위를 방지하기 위하여 해당 업무에 관하여 상당한 주의와 감독을 게을리하지 아니한 경우에는 그러하지 아니하다.

제59조【과태료】 ① 다음 각 호의 어느 하나에 해당하는 자에게는 300만원 이하의 과태료를 부과한다.
1. 제11조제2항에 따른 신고 및 표시를 하지 아니한 자
2. (2019.12.3 삭제)
3. 거짓이나 그 밖의 부정한 방법으로 제24조제1항에 따른 변경등록을 한 자
4. 제24조제1항에 따른 변경등록을 하지 아니하고 예선업을 한 자
5. 제35조제3항을 위반하여 위험물 안전관리에 관한 교육을 받게 하지 아니한 자(2017.10.31 본호신설)
② 다음 각 호의 어느 하나에 해당하는 자에게는 200만원 이하의 과태료를 부과한다.
1. 제5조제3항을 위반하여 우선피항선을 정박하거나 정류한 자
2. 제5조제4항에 따른 신고를 하지 아니한 자
3. 제6조제4항에 따른 정박선박의 안전에 필요한 조치를 하지 아니한 자
4. 제7조제1항에 따른 계선 신고를 하지 아니한 자
5. 제7조제3항에 따른 지정장소에 계선하지 아니한 자 (2019.1.15 본호개정)
6. 제12조제2항에 따른 항법 등에 관한 고시를 위반하여 항행한 자
7. 제13조에 따른 항법을 위반하여 항행한 자
8. 제14조에 따른 항법을 위반하여 항행한 자
9. 제15조제1항을 위반하여 예인선을 항행한 자
10. 제15조제2항을 위반하여 범선을 항행한 자
11. 제16조를 위반하여 다른 선박의 진로를 방해한 자
12. 제17조제1항 및 제3항에 따른 속력 제한을 위반하여 항행한 자
13. 제18조를 위반하여 다른 선박과의 상당한 거리를 유지하지 아니하고 선박을 항행한 자
14. (2017.10.31 삭제)
15. 제32조제1항에 따른 위험물의 반입 신고를 하지 아니한 자. 다만, 제32조제4항 각 호에 해당하는 자에게 위험물을 통지받지 못하거나 거짓으로 통지받은 경우에는 제외한다.(2019.1.15 단서신설)
15의2. 제32조제4항을 위반하여 위험물을 통지하지 아니하거나 거짓으로 통지한 자(2019.1.15 본호신설)
16. 제37조제3항에 따른 수리 신고를 하지 아니한 자
17. 제39조제1항에 따른 표지의 설치 등 필요한 조치를 하지 아니한 선장
18. 제40조제1항에 따른 장애물 제거 명령을 이행하지 아니한 자
19. 제45조제1항을 위반하여 강력한 불빛을 사용한 자
20. 제46조제1항을 위반하여 기적이나 사이렌을 울린 자
21. 제46조제2항을 위반하여 화재경보를 울리지 아니한 자
22. 제48조제1항에 따른 출석·진술이나 서류제출·보고를 하지 아니하거나 거짓으로 서류제출·보고한 자 또는 관계 공무원의 출입을 거부하거나 방해한 자
③ 제1항 및 제2항에 따른 과태료는 대통령령으로 정하는 바에 따라 관리청이 부과·징수한다.(2020.2.18 본항개정)

부 칙

제1조【시행일】 이 법은 공포 후 6개월이 경과한 날부터 시행한다.
제2조【다른 법률의 폐지】 개항질서법은 폐지한다.
제3조【선박의 정박 또는 정류에 관한 적용례】 제6조제2항은 이 법 시행 후 최초로 선박이 같은 조 제1항 각 호의 장소에서 정박하거나 정류하려는 경우부터 적용한다.
제4조【처분 등에 관한 일반적 경과조치】 이 법 시행 당시 종전의 「개항질서법」 및 「항만법」에 따른 행정기관의 행위나 행정기관에 대한 행위는 그에 해당하는 이 법에 따른 행정기관의 행위나 행정기관에 대한 행위로 본다.
제5조【예선업 등록에 관한 경과조치】 이 법 시행 당시 「항만법」 제32조에 따라 예선업을 등록한 자는 제24조에 따라 예선업을 등록한 자로 본다.
제6조【예선운영협의회에 대한 경과조치】 이 법 시행 당시 「항만법」 제40조에 따라 설치된 예선운영협의회는 제30조에 따라 설치된 예선운영협의회로 본다.
제7조【벌칙 및 과태료에 관한 경과조치】 이 법 시행 전의 위반행위에 관한 벌칙 또는 과태료를 적용할 때에는 종전의 「개항질서법」 및 「항만법」에 따른다.
제8조【다른 법률의 개정】 ①~⑨ ※(해당 법령에 가제정리 하였음)
제9조【다른 법령과의 관계】 이 법 시행 당시 다른 법령에서 종전의 「개항질서법」, 「항만법」 또는 그 규정을 인용하고 있는 경우 이 법 가운데 그에 해당하는 규정이 있을 때에는 종전의 「개항질서법」, 「항만법」 또는 그 규정을 갈음하여 이 법 또는 이 법의 해당 규정을 인용한 것으로 본다.

부 칙 (2017.10.31 법15003호)

제1조【시행일】 이 법은 공포 후 6개월이 경과한 날부터 시행한다. 다만, 제24조제2항제4호, 제35조제6항 및 제56조제13호의2의 개정규정은 공포 후 3년이 경과한 날부터 시행한다.
제2조【예선업의 등록에 관한 적용례】 ① 제25조제1항제5호의 개정규정은 이 법 시행 후 예선업의 등록이 취소되어 같은 개정규정에 해당하게 되는 경우부터 적용한다.
② 제25조제4항의 개정규정은 이 법 시행 후 최초로 예선업의 등록 또는 변경등록을 신청하는 경우부터 적용한다.
제3조【예선의 수급조절에 관한 경과조치】 이 법 공포 전 예선 건조 등을 위한 계약체결 및 일부대금을 지급한 후, 이 법 공포 후 1년 이내에 예선업 등록(변경등록 포함)을 신청한 경우 제25조의2의 개정규정을 적용하지 아니한다.
제4조【예선 배정 방법에 관한 경과조치】 이 법 시행 당시 예선업자 간 공동으로 예선을 배정하고 있는 예선업자는 제29조의2제1항 단서의 개정규정에도 불구하고 예선을 공동으로 배정할 수 있다. 다만, 이 법 시행 후 6개월 이내에 제29조의2의 개정규정에 따라 예선 공동 배정의 방법·내용을 공표하여야 한다.
제5조【과태료에 관한 경과조치】 이 법 시행 전의 행위에 대하여 과태료를 적용할 때에는 종전의 규정에 따른다.

부　칙 (2019.1.15)

제1조【시행일】 이 법은 공포 후 6개월이 경과한 날부터 시행한다.
제2조【위험물의 반입신고 관련 과태료에 관한 경과조치】 이 법 시행 전의 위반행위에 관한 과태료를 적용할 때에는 제59조제2항제15호의 개정규정에도 불구하고 종전의 규정에 따른다.

부　칙 (2019.11.26)

제1조【시행일】 이 법은 공포한 날부터 시행한다.(이하 생략)

부　칙 (2019.12.3 법16699호)

제1조【시행일】 이 법은 공포 후 1년이 경과한 날부터 시행한다.(이하 생략)

부　칙 (2019.12.3 법16700호)

제1조【시행일】 이 법은 공포 후 6개월이 경과한 날부터 시행한다.(이하 생략)

부　칙 (2020.1.29 법16899호)

이 법은 공포한 날부터 시행한다.

부　칙 (2020.1.29 법16902호)

제1조【시행일】 이 법은 공포 후 6개월이 경과한 날부터 시행한다.(이하 생략)

부　칙 (2020.2.18)

제1조【시행일】 이 법은 2021년 1월 1일부터 시행한다.(단서 생략)
제2조【사무이양을 위한 사전조치】 ① 관계 중앙행정기관의 장은 이 법에 따른 중앙행정권한 및 사무의 지방일괄 이양에 필요한 인력 및 재정 소요 사항을 지원하기 위하여 필요한 조치를 마련하여 이 법에 따른 시행일 3개월 전까지 국회 소관 상임위원회에 보고하여야 한다.
②「지방자치분권 및 지방행정체제개편에 관한 특별법」 제44조에 따른 자치분권위원회는 제1항에 따른 인력 및 재정 소요 사항을 사전에 전문적으로 조사・평가할 수 있다.
제3조【행정처분 등에 관한 일반적 경과조치】 이 법 시행 당시 종전의 규정에 따라 행정기관이 행한 처분 또는 그 밖의 행위는 이 법의 규정에 따라 행정기관이 행한 처분 또는 그 밖의 행위로 보고, 종전의 규정에 따라 행정기관에 대하여 행한 신청・신고, 그 밖의 행위는 이 법의 규정에 따라 행정기관에 대하여 행한 신청・신고, 그 밖의 행위로 본다.
제4조【다른 법률의 개정】 (생략)

부　칙 (2022.10.18)

이 법은 공포 후 3개월이 경과한 날부터 시행한다.

부　칙 (2023.7.25)

제1조【시행일】 이 법은 공포 후 6개월이 경과한 날부터 시행한다.(이하 생략)

도선법

(1986년 12월 31일 전개법률 제3908호)

개정
1993. 3.10법 4546호(해운법)
1995. 1. 5법 4926호
1997. 1.13법 5289호
1999. 2. 5법 5809호(해양사고의조사및심판에관한법)
1999. 2. 8법 5917호
2002. 1.14법 6610호
2005. 3.31법 7428호(채무자회생파산)
2005.12.29법 7788호
2007. 4.11법 8379호(항만법)
2008. 2.29법 8852호(정부조직)
2009. 2. 6법 9443호
2009. 6. 9법 9773호(항만법)
2009.12.29법 9873호(해상교통안전법)
2011. 6.15법10801호(해사안전법)
2013. 3.23법11690호(정부조직)
2013. 5.22법11805호
2014. 3.18법12477호
2014.11.19법12844호(정부조직)
2015. 3.27법13265호
2017. 3.21법14729호
2017. 7.26법14839호(정부조직)
2018. 9.18법15783호
2019. 1.15법16278호
2020. 1.29법16902호(항만법)
2020. 2.18법17025호
2022. 1. 4법18695호
2023. 7.25법19573호(해상교통안전법)
2023.12.29법19867호

제1장 총　칙
(2009.2.6 본장개정)

제1조【목적】 이 법은 도선사면허(導船士免許)와 도선구(導船區)에서의 도선에 관한 사항을 규정함으로써 도선구에서 선박 운항의 안전을 도모하고 항만을 효율적으로 운영하는 데에 이바지함을 목적으로 한다.
제2조【정의】 이 법에서 사용하는 용어의 뜻은 다음과 같다.
1. "도선"이란 도선구에서 도선사가 선박에 승선하여 그 선박을 안전한 수로로 안내하는 것을 말한다.
2. "도선사"란 일정한 도선구에서 도선업무를 할 수 있는 도선사면허를 받은 사람을 말한다.
3. "도선수습생"이란 제15조에 따른 도선수습생 전형시험에 합격한 후 일정한 도선구에서 배치되어 도선에 관한 실무수습을 받고 있는 사람을 말한다.
제3조【적용 범위】 이 법 중 선장에 관한 규정은 선장의 직무를 대행하는 사람에게도 적용한다.

제2장 도선사면허 등
(2009.2.6 본장개정)

제4조【도선사면허】 ① 도선사가 되려는 사람은 해양수산부장관의 면허를 받아야 한다.(2013.3.23 본항개정)
② 해양수산부장관은 제1항에 따른 도선사면허를 할 때에는 다음 각 호의 등급으로 구분하여 제17조에 따른 도선구별로 한다.
1. 1급 도선사
2. 2급 도선사
3. 3급 도선사
4. 4급 도선사
(2017.3.21 본항개정)
③ 도선사면허의 등급에 따라 도선할 수 있는 선박의 종류는 대통령령으로 정한다.(2017.3.21 본항개정)
④ 도선사면허를 받으려는 사람은 제5조에 따른 도선사면허의 요건 및 등급별 기준을 갖추고, 해양수산부령으로 정하는 바에 따라 해양수산부장관에게 도선사면허를 신청하여야 한다. 도선사면허의 등급을 변경하려는 경우에도 또한 같다.(2017.3.21 본항신설)
⑤ 해양수산부장관은 도선사면허를 하면 해양수산부령으로 정하는 바에 따라 그 사실을 도선사면허 원부(原簿)에 등록하고 도선사면허증을 발급하여야 한다.(2013.3.23 본항개정)
⑥ 도선사는 다음 각 호의 어느 하나에 해당하는 경우에는 해양수산부령으로 정하는 바에 따라 면허증을 재발급받거나 변경사항을 개서(改書)받아야 한다.(2013.3.23 본문개정)
1. 면허증을 잃어버린 경우
2. 면허증이 헐어 못쓰게 된 경우
3. 면허증의 기재사항에 변경이 있는 경우
제5조【도선사면허의 요건 등】 해양수산부장관은 다음 각 호의 요건을 모두 갖춘 사람으로서 도선사면허 등급별로 대통령령으로 정하는 경력 기준에 적합한 사람에게 도선사면허를 한다.(2017.3.21 본문개정)
1. 총톤수 6천톤 이상인 선박의 선장으로 3년 이상 승무한 경력(도선수습생 전형시험일 전 5년 이내에 1년 이상 승무한 경력을 포함하여야 한다)이 있을 것(2018.9.18 본호개정)
2. 제15조에 따른 도선수습생 전형시험에 합격하고 해양수산부령으로 정하는 바에 따라 도선업무를 하려는 도선구에서 도선수습생으로서 실무수습을 하였을 것(2013.3.23 본호개정)
3. 제15조에 따른 도선사 시험에 합격하였을 것
4. 제8조제1항에 따른 신체검사에 합격하였을 것
(2017.3.21 본조제목개정)
제5조의2【면허증의 대여 금지 등】 ① 도선사는 다른 사람에게 그 명의를 사용하게 하거나 그 면허증을 대여해서는 아니 된다.
② 누구든지 도선사의 자격을 취득하지 아니하고 그 명의를 사용하거나 면허증을 대여받아서는 아니 되며, 명의의 사용이나 면허증의 대여를 알선해서도 아니 된다.
(2020.2.18 본조신설)
제6조【결격사유】 다음 각 호의 어느 하나에 해당하는 사람은 도선사가 될 수 없다.
1. 대한민국 국민이 아닌 사람
2. 피성년후견인 또는 피한정후견인(2014.3.18 본호개정)
3. (2017.3.21 삭제)
4. 이 법을 위반하여 징역 이상의 실형(實刑)을 선고받고 그 집행이 끝나거나(집행이 끝난 것으로 보는 경우를 포함한다) 집행을 받지 아니하기로 확정된 후 2년이 지나지 아니한 사람
5.「선박직원법」제9조제1항에 따라 해기사면허가 취소된 사람 또는 선장의 직무 수행과 관련하여 두 번 이상 업무정지처분을 받고 그 정지기간이 끝난 날부터 2년이 지나지 아니한 사람
6. 제9조제1항에 따라 도선사면허가 취소(이 조 제1호 또는 제2호에 해당하여 취소된 경우는 제외한다)된 날부터 2년이 지나지 아니한 사람(2017.3.21 본호개정)
제6조의2【도선사면허의 유효기간 및 갱신】 ① 도선사면허의 유효기간은 제4조제5항에 따라 도선사면허증을 발급받은 날(도선사가 제4조제4항 후단에 따라 도선사면허 등급의 변경을 신청하여 도선사면허를 받은 경우에는 해당 도선사가 처음으로 도선사면허증을 발급받은 날을 말하고, 제22조제1항 후단에 따라 도선사면허를 새로 받은 경우에는 도선사면허증을 새로 발급받은 날을 말한다) 또는 제2항 및 제4항에 따라 도선사면허의 갱신을 받은 날부터 5년으로 한다.
② 제4조제1항에 따라 도선사면허를 받은 사람으로서 제1항에 따른 유효기간 후에도 그 면허의 효력을 유지하려는 사람은 유효기간 만료 전에 해양수산부령으로 정하는 바에 따라 도선사면허의 갱신을 받아야 한다.
③ 제2항에 따라 도선사면허를 갱신하지 아니하고 제1항에 따른 도선사면허의 유효기간이 지나면 그 유효기간이 끝나는 날의 다음 날부터 도선사면허의 효력이 정지된다.
④ 제3항에 따라 도선사면허의 효력이 정지된 사람이 도선사면허의 효력을 회복하려는 경우에는 해양수산부령으로 정하는 바에 따라 도선사면허의 갱신을 받아야 한다.
⑤ 제2항 및 제4항에 따라 도선사면허의 갱신을 받으려는 사람은 해양수산부장관이 실시하는 교육을 받아야 한다.
⑥ 제5항에 따른 교육을 받으려는 사람 중 도선사면허의 갱신을 신청하기 직전 1년 이상 계속하여 도선업무에 종사하지 아니한 사람 등 대통령령으로 정하는 사람은 같은 항에 따른 교육 외에 보수(補修)교육을 추가로 받아야 한다.
⑦ 제5항 및 제6항에 따른 교육 및 보수교육의 내용, 방법, 기간, 그 밖에 필요한 사항은 해양수산부령으로 정한다.
(2017.3.21 본조신설)
제6조의3~제6조의4 (2023.12.29 삭제)
제7조【도선사의 정년】 ① 도선사는 65세까지 도선업무를 할 수 있다. 다만,「비상사태등에 대비하기 위한 해운 및 항만 기능 유지에 관한 법률」제12조의2제1항에 따라 지정된 국가필수도선사 경력, 교육훈련 이수 여부 및 신체적 능력 등 해양수산부령으로 정하는 기준을 충족하는 도선사에 대하여는 도선사의 수급 상황을 고려하여 해양수산부령으로 정하는 바에 따라 3년의 범위에서 정년을 연장할 수 있다.(2023.12.29 단서개정)
② 도선사의 정년 또는 연장된 정년에 이른 날이 1월부터 6월 사이에 있으면 6월 30일을, 7월부터 12월 사이에 있으면 12월 31일을 각각 정년이 되는 날로 본다.(2023.12.29 본항신설)
제8조【신체검사】 ① 도선사가 되려는 사람은 최초 신체검사에 합격하여야 한다.
② 도선사는 제4조제5항에 따라 도선사면허증을 발급받은 날(도선사가 제4조제4항 후단에 따라 도선사면허 등급의 변경을 신청하여 도선사면허를 받은 경우나 제22조제1항 후단에 따라 도선사면허를 새로 받은 경우에는 해당 도선사가 처음으로 도선사면허증을 발급받은 날을 말한다)부터 2년이 지날 때마다 그 2년이 되는 날의 전후 3개월 이내에 정기 신체검사를 받아야 한다. 다만, 법률 제7788호 도선법 일부개정법률 부칙 제2항에 따라 정년이 연장된 도선사 및 제7조제1항 단서에 따라 정년이 연장된 도선사는 65세가 된 날부터 1년이 지날 때마다 그 1년이 되는 날의 전후 3개월 이내에 정기 신체검사를 받아야 한다.(2023.12.29 단서개정)
③ 제1항 및 제2항에 따른 신체검사의 합격기준과 검사의

방법·절차 등에 관하여 필요한 사항은 해양수산부령으로 정한다.(2013.3.23 본항개정)
(2009.2.6 본조신설)

제9조【면허의 취소 등】 ① 해양수산부장관은 도선사가 다음 각 호의 어느 하나에 해당하는 경우에는 면허를 취소하거나 6개월 이내의 기간을 정하여 업무정지를 명할 수 있다. 다만, 제1호, 제2호의2 또는 제3호에 해당하는 경우에는 면허를 취소하여야 한다.(2020.2.18 단서개정)
1. 거짓이나 그 밖의 부정한 방법으로 도선사면허를 받은 사실이 밝혀진 경우(2020.2.18 본호개정)
2. 제4조제3항을 위반하여 면허의 등급별로 도선할 수 있는 선박 외의 선박을 도선한 경우(2017.3.21 본호개정)
2의2. 제5조의2제1항을 위반하여 다른 사람에게 도선사의 명의를 사용하게 하거나 그 면허증을 대여한 경우(2020.2.18 본호신설)
3. 제6조 각 호에 따른 결격사유에 해당하게 된 경우
4. 제8조제2항에 따른 정기 신체검사를 받지 아니한 경우
5. 제8조제3항에 따른 신체검사 합격기준에 미달하게 된 경우
6. 제18조제2항을 위반하여 정당한 사유 없이 도선 요청을 거절한 경우
7. 제18조의2를 위반하여 차별 도선을 한 경우
8. 도선 중 해양사고(「해양사고의 조사 및 심판에 관한 법률」 제2조제1호에 따른 해양사고를 말한다)를 낸 경우. 다만, 그 사고가 불가항력으로 발생한 경우에는 그러하지 아니하다.
9. 업무정지기간에 도선을 한 경우
10. 「해상교통안전법」 제39조제1항을 위반하여 술에 취한 상태에서 도선한 경우 또는 같은 조 제2항을 위반하여 해양경찰청 소속 경찰공무원의 음주측정 요구에 따르지 아니한 경우(2023.7.25 본호개정)
11. 「해상교통안전법」 제40조제2호를 위반하여 약물·환각물질의 영향으로 인하여 정상적으로 도선을 하지 못할 우려가 있는 상태에서 도선을 한 경우(2023.7.25 본호개정)

② 해양수산부장관은 제1항에 따라 면허를 취소하려면 청문을 하여야 한다.(2013.3.23 본항개정)
③ 해양수산부장관은 제1항에 따라 면허취소나 업무정지처분을 한 경우에는 그 처분의 내용을 해당 도선사에게 통지하여야 한다. 이 경우 통지를 받은 도선사는 30일 이내에 해양수산부장관에게 면허증을 반납하여야 한다.
(2013.3.23 본항개정)
④ 해양수산부장관은 제1항제8호의 경우 해당 해양사고가 「해양사고의 조사 및 심판에 관한 법률」에 따른 해양안전심판에 계류 중이면 제1항에 따른 처분을 할 수 없다. 이 경우 해양수산부장관은 그 사고가 중대하여 업무를 계속하게 하는 것이 적당하지 아니하다고 인정할 때에는 해당 도선사에게 4개월 이내의 기간을 정하여 도선업무를 중지하게 할 수 있다.(2013.3.23 본항개정)
⑤ 제1항에 따른 업무정지기간은 해양수산부장관이 면허증을 반납받은 날부터 계산한다.(2013.3.23 본항개정)
⑥ 제1항에 따른 행정처분의 세부기준은 그 위반행위의 종류와 위반의 정도 등을 고려하여 해양수산부령으로 정한다.(2013.3.23 본항개정)

제10조~제12조 (1999.2.8 삭제)

제13조【정보의 제공 등】 ① 선장은 도선사가 도선할 선박에 승선한 경우에는 그 선박의 제원(諸元), 흘수(吃水), 기관(機關)의 상태, 그 밖에 도선에 필요한 자료를 도선사에게 제공하고 설명하여야 한다.
② 도선사는 도선할 선박의 선장에게 항만의 특성, 도선 시 해당 선박의 이동 경로와 속도, 접안(接岸) 방법, 예선(曳船)의 배치 등을 포함한 도선계획을 제공하고 설명하여야 한다.(2017.3.21 본항신설)
(2017.3.21 본조개정)

제14조【도선사의 수급계획】 ① 해양수산부장관은 매년 도선구별로 도선사 수급계획(需給計劃)을 수립하여야 한다.(2013.3.23 본항개정)
② 제1항에 따른 도선사 수급계획에 필요한 사항은 대통령령으로 정한다.

제15조【시험】 ① 해양수산부장관은 제14조제1항에 따른 도선사 수급계획에 따라 도선수습생 전형시험과 도선사 시험을 실시한다.(2013.3.23 본항개정)
② 도선사 시험의 실기시험 시행일을 기준으로 제6조의 결격사유에 해당하는 사람은 도선사 시험에 응시할 수 없다.(2019.1.15 본항신설)
③ 제1항에 따른 시험의 과목·방법 및 실시 등에 관하여 필요한 사항은 대통령령으로 정한다.

제16조【시험 부정행위자에 대한 조치】 ① 제15조제1항에 따른 도선수습생 전형시험이나 도선사 시험에서 부정행위를 한 응시자에 대하여는 그 시험의 응시를 중지시키거나 시험을 무효로 한다.
② 제1항에 따라 해당 시험의 중지 또는 무효의 처분을 받은 응시자는 그 처분이 있은 날부터 2년간 도선수습생 전형시험이나 도선사 시험을 볼 수 없다.

제3장 도선 및 도선구
(2009.2.6 본장개정)

제17조【도선구】 도선구의 명칭과 구역은 해양수산부령으로 정한다.(2013.3.23 본조개정)

제18조【도선】 ① 다음 각 호의 어느 하나에 해당하는 선장은 해당 도선구에 입항·출항하기 전에 미리 가능한 통신수단 등으로 도선사에게 도선을 요청하여야 한다.
1. 제20조제1항에 따른 도선구에서 같은 항 각 호의 어느 하나에 해당하는 선박을 운항하는 선장
2. 도선사의 승무를 희망하는 선장

② 도선사가 제1항에 따른 도선 요청을 받으면 다음 각 호의 어느 하나에 해당하는 경우 외에는 이를 거절하여서는 아니 된다.
1. 다른 법령에 따라 선박의 운항이 제한된 경우
2. 천재지변이나 그 밖의 불가항력으로 인하여 도선업무의 수행이 현저히 곤란한 경우
3. 해당 도선업무의 수행이 도선약관(導船約款)에 맞지 아니한 경우

③ 제1항에 따라 도선 요청을 한 선박의 선장은 해양수산부령으로 정하는 승선·하선 구역에서 도선사를 승선·하선시켜야 하며, 도선사는 이에 따라야 한다.(2013.3.23 본항개정)
④ 선장은 도선사가 선박에 승선한 경우 정당한 사유가 없으면 그에게 도선을 하게 하여야 한다.
⑤ 도선사가 선박을 도선하고 있는 경우에도 선장은 그 선박의 안전 운항에 대한 책임을 면제받지 아니하고 그 권한을 침해받지 아니한다.

제18조의2【차별 도선 금지】 도선사는 도선 요청을 받은 선박의 출입 순서에 따르지 아니하는 차별 도선을 하여서는 아니 된다. 다만, 다음 각 호의 어느 하나에 해당하는 경우에는 그러하지 아니하다.(2017.3.21 본문개정)
1. 긴급화물수송 등 공익을 위하여 필요하거나 항만을 효율적으로 운용하기 위하여 부득이 출입 순서에 따라 접안 또는 이안(離岸)시키지 못하는 경우(2020.2.18 본호개정)
2. 태풍 등 천재지변으로 한꺼번에 많은 도선 수요가 발생한 경우
3. 그 밖에 항만의 효율적 운용 및 항내 질서 유지를 위하여 필요한 경우로서 대통령령으로 정하는 사유에 해당하는 경우

(2017.3.21 2호~3호신설)

제19조【도선의 제한】 ① 도선사가 아닌 사람은 선박을 도선하지 못한다.
② 선장은 도선사가 아닌 사람에게 도선을 하게 하여서는 아니 된다.

제20조【강제 도선】 ① 다음 각 호의 어느 하나에 해당하는 선박의 선장은 해양수산부령으로 정하는 도선구에서 그 선박을 운항할 때에는 도선사를 승무하게 하여야 한다.(2013.3.23 본문개정)
1. 대한민국 선박이 아닌 선박으로서 총톤수 500톤 이상인 선박
2. 국제항해에 취항하는 대한민국 선박으로서 총톤수 500톤 이상인 선박
3. 국제항해에 취항하지 아니하는 대한민국 선박으로서 총톤수 2천톤 이상인 선박. 다만, 부선(艀船)인 경우에는 예선에 결합된 부선으로 한정하되, 이 경우의 총톤수는 부선과 예선의 총톤수를 합하여 계산한다.

(2017.3.21 단서개정)
② 제1항에도 불구하고 해당 선박을 안전하게 운항할 수 있다고 해양수산부장관이 인정하는 경우로서 다음 각 호의 어느 하나에 해당하는 경우에는 선장이 해당 도선구에서 도선사를 승무시키지 아니할 수 있다.
1. 해양수산부령으로 정하는 대한민국 선박(대한민국 국적을 취득할 것을 조건으로 임차한 선박을 포함한다)의 선장으로서 해양수산부령으로 정하는 횟수 이상 해당 도선구에 입항·출항하는 경우. 이 경우 해양수산부장관은 도선구의 특성을 고려하여 도선사를 승무시키지 아니할 수 있는 선장의 입항·출항 횟수와 선박의 범위를 도선구별로 따로 정하여 고시할 수 있다.
2. 항해사 자격 등 해양수산부령으로 정하는 승무자격을 갖춘 자가 조선소에서 건조·수리한 선박을 시운전하기 위하여 해양수산부령으로 정하는 횟수 이상 해당 도선구에 입항·출항하는 경우

(2013.3.23 본항개정)
③ 제2항에 따른 강제 도선의 면제 절차 등에 관한 사항은 해양수산부령으로 정한다.(2013.3.23 본항개정)

제21조【도선료】 ① 도선사는 해양수산부령으로 정하는 바에 따라 도선료를 정하여 해양수산부장관에게 미리 신고하여야 한다. 도선료를 변경하려는 경우에도 또한 같다.
(2013.3.23 전단개정)
② 해양수산부장관은 제1항에 따른 신고를 받은 경우 그 내용을 검토하여 이 법에 적합하면 신고를 수리하여야 한다.(2019.1.15 본항신설)
③ 도선사는 도선을 한 경우에는 선장이나 선박소유자에게 도선료의 지급을 청구할 수 있다.
④ 제3항에 따라 도선료의 지급을 청구받은 선장이나 선박소유자는 지체 없이 도선료를 지급하여야 한다.
(2019.1.15 본항개정)
⑤ 도선사는 제1항에 따라 신고한 도선료를 초과하여 받아서는 아니 된다.

제22조【도선사의 다른 도선구에의 배치】 ① 해양수산부장관은 도선업무의 수행을 위하여 필요하다고 인정되는 경우에는 도선사 본인의 동의를 받아 그를 다른 도선구에 배치하여 해양수산부령으로 정하는 기간 동안 도선훈련을 받게 한 후 도선업무를 하게 할 수 있다. 이 경우 해양수산부장관은 다른 도선구에 배치되어 도선훈련을 마친 도선사에게 해양수산부령으로 정하는 바에 따라 새로 도선사면허를 하여야 한다.(2020.2.18 전단개정)
② 제1항에 따른 도선사의 다른 도선구에의 배치에 필요한 사항은 해양수산부령으로 정한다.
(2013.3.23 본조개정)

제23조【도선수습생 등의 승선】 도선사의 승무를 요청한 선장은 도선사가 도선훈련이나 실무수습을 위하여 제22조제1항에 따라 도선훈련을 받고 있는 도선사 및 도선수습생 각 1명과 함께 승선하더라도 거부하여서는 아니 된다.

제24조【도선사의 강제 동행 금지】 선장은 해상에서 해당 선박을 도선한 도선사를 정당한 사유 없이 도선구 밖으로 동행하지 못한다.

제25조【도선 시의 안전조치】 ① 선장은 도선사가 안전하게 승선·하선할 수 있도록 승선·하선 설비를 제공하는 등 필요한 조치를 하여야 한다.
② 해양수산부장관은 선박의 안전한 입항·출항을 위하여 제34조의2에 따른 도선운영협의회의 의견을 들어 도선안전절차를 도선구별로 정하여 고시할 수 있다.
(2017.3.21 본항신설)
(2017.3.21 본조제목개정)

제26조【도선기 등】 ① 도선업무에 종사하는 도선선(導船船)에는 도선기(導船旗)를 달아야 한다.
② 도선기의 형식 및 게양과 신호 방법 등은 해양수산부령으로 정한다.(2013.3.23 본항개정)

제27조【도선선 및 도선선료】 ① 도선사는 도선업무를 수행하기 위하여 도선선과 그 밖에 필요한 장비를 갖추어야 한다.
② 도선선의 장비와 의장(意匠) 및 운영에 관하여 필요한 사항은 해양수산부령으로 정한다.(2013.3.23 본항개정)
③ 도선사는 해양수산부령으로 정하는 바에 따라 도선선료를 정하여 해양수산부장관에게 미리 신고하여야 한다. 이를 변경하려는 경우에도 또한 같다.(2013.3.23 전단개정)
④ 해양수산부장관은 제3항에 따른 신고를 받은 경우 그 내용을 검토하여 이 법에 적합하면 신고를 수리하여야 한다.(2019.1.15 본항신설)
⑤ 도선사는 도선을 한 경우에는 도선을 한 선박의 선장이나 선박소유자에게 도선료 외에 해양수산부장관에게 신고한 도선선료를 청구할 수 있다.(2013.3.23 본항개정)
⑥ 도선사는 제3항에 따라 신고한 도선선료를 초과하여 받아서는 아니 된다.

제28조 (2009.2.6 삭제)

제4장 보 칙
(2009.2.6 본장개정)

제29조【보고·검사】 ① 해양수산부장관은 선박운항의 안전 등을 위하여 필요한 경우에는 해양수산부령으로 정하는 바에 따라 도선사 또는 선장에게 그 업무에 관하여 보고하게 하거나 관계 공무원에게 도선사사무소, 그 밖의 사업장 또는 도선선에 출입하여 장부·서류나 그 밖의 물건을 검사하게 할 수 있다.(2013.3.23 본항개정)
② 제1항에 따른 검사공무원은 그 권한을 표시하는 증표를 지니고 관계인에게 내보여야 하며, 성명·출입시간·출입목적 등을 적은 서면을 관계인에게 내주어야 한다.

제30조~제33조 (1999.2.8 삭제)

제34조 (2005.12.29 삭제)

제34조의2【도선운영협의회의 설치·운영】 ① 해양수산부장관은 원활한 도선 운영을 위하여 도선사를 대표하는 사람과 이용자를 대표하는 사람이 참여하는 도선운영협의회(이하 "협의회"라 한다)를 설치·운영하게 할 수 있다.(2013.3.23 본항개정)
② 협의회의 구성·기능 및 운영 등에 관하여 필요한 사항은 대통령령으로 정한다.
③ 해양수산부장관은 협의회에서 협의·결정이 이루어지지 아니한 경우에는 이를 조정하거나 다시 협의할 것을 요구할 수 있다.(2013.3.23 본항개정)

제35조 (1999.2.8 삭제)

제36조【도선약관】 ① 도선사는 해양수산부령으로 정하는 바에 따라 도선료 등에 관한 도선약관을 정하여야 한다.

② 해양수산부장관은 제1항에 따른 도선약관이 이용자의 정당한 이익을 침해할 우려가 있다고 인정되는 경우에는 그 변경을 명할 수 있다.
(2013.3.23 본조개정)
제37조【권한의 위임 등】 ① 이 법에 따른 해양수산부장관의 권한은 대통령령으로 정하는 바에 따라 그 일부를 그 소속 기관의 장 또는 특별시장·광역시장·도지사·특별자치도지사에게 위임할 수 있다.
② 이 법에 따른 해양수산부장관의 업무 중 다음 각 호의 업무는 대통령령으로 정하는 바에 따라 도선업무와 관련된 법인 또는 단체에 위탁할 수 있다.
1. 제6조의2제5항에 따른 교육
2. 제6조의2제6항에 따른 보수교육
3. 제15조에 따른 도선수습생 전형시험과 도선사 시험의 실시(2022.1.4 본호신설)
(2017.3.21 본항신설)
③ 해양수산부장관은 제2항에 따라 그 업무를 위탁할 때에는 예산의 범위에서 필요한 비용을 지원할 수 있다.
(2022.1.4 본항신설)
(2017.3.21 본조개정)
제37조의2【민원사무의 전산처리 등】 이 법에 따른 민원사무의 전산처리 등에 관하여는 「항만법」 제26조를 준용한다.(2020.1.29 본조개정)
제38조【수수료】 다음 각 호의 어느 하나에 해당하는 사람은 해양수산부령으로 정하는 수수료를 내야 한다.
(2013.3.23 본문개정)
1. 도선사면허증의 발급·갱신·재발급 등을 신청하는 사람
2. 도선수습생 전형시험이나 도선사 시험에 응시하는 사람

제5장 벌 칙
(2009.2.6 본장개정)

제39조 (2023.12.29 삭제)
제39조의2【벌칙】 다음 각 호의 어느 하나에 해당하는 사람은 1년 이하의 징역 또는 1천만원 이하의 벌금에 처한다.(2015.3.27 본문개정)
1. 속임수나 그 밖의 부정한 방법으로 도선사면허를 받은 사람
1의2. 제5조의2제1항을 위반하여 다른 사람에게 도선사 명의를 사용하게 하거나 그 면허증을 대여한 사람
(2020.2.18 본호신설)
1의3. 제5조의2제1항을 위반하여 도선사 명의를 사용하거나 그 면허증을 대여받은 사람 또는 도선사 명의의 사용이나 그 면허증의 대여를 알선한 사람(2020.2.18 본호신설)
2. 제19조를 위반하여 도선사가 아니면서 도선을 한 사람 또는 도선사가 아닌 사람에게 도선을 하게 한 선장
3. 제20조제1항을 위반하여 도선사가 승무하지 아니한 선박을 운항한 선장
제40조【벌칙】 다음 각 호의 어느 하나에 해당하는 사람은 300만원 이하의 벌금에 처한다.
1. 제18조제2항을 위반하여 도선 요청을 거절한 도선사
2. 제18조제4항을 위반하여 정당한 사유 없이 도선사에게 도선을 하지 못하게 한 선장
3. 제18조의2 본문을 위반하여 차별 도선을 한 도선사
제41조【과태료】 ① 다음 각 호의 어느 하나에 해당하는 사람에게는 300만원 이하의 과태료를 부과한다.
1. 제4조제6항을 위반하여 면허증의 재발급 또는 개서를 받지 아니한 도선사(2017.3.21 본호개정)
2. 제9조제3항을 위반하여 면허취소나 업무정지처분을 통지받고 30일 이내에 도선사면허증을 반납하지 아니한 도선사
3. 제13조제1항을 위반하여 해당 선박의 제원 등 도선에 필요한 자료를 도선사에게 제공하거나 설명하지 아니한 선장(2017.3.21 본호개정)
3의2. 제13조제2항을 위반하여 도선할 선박의 선장에게 도선계획을 제공하거나 설명하지 아니한 도선사
(2017.3.21 본호신설)
4. 제18조제3항을 위반하여 도선사를 승선·하선 구역에서 승선·하선시키지 아니한 선장 또는 승선·하선 구역에서 승선·하선시키려는 선장의 조치에 따르지 아니한 도선사
5. 제21조제1항 또는 제5항을 위반하여 도선료를 신고하지 아니하거나 신고한 도선료를 초과하여 받은 도선사
(2019.1.15 본호개정)
6. 제23조에 따른 다른 도선구에 배치된 도선사나 도선수습생의 승선을 거부한 선장
7. 제25조제1항을 위반하여 승선·하선 설비 제공 등의 필요한 조치를 하지 아니한 선장(2017.3.21 본호개정)
7의2. 제26조제1항을 위반하여 도선기를 달지 아니한 도선선의 선장
8. 제27조제3항을 위반하여 도선선료를 신고하지 아니한 도선사 또는 같은 조 제6항을 위반하여 신고한 도선선료를 초과하여 받은 도선사(2019.1.15 본호개정)
9. 정당한 사유 없이 제29조제1항에 따른 보고·검사를 거부·방해 또는 기피한 도선사 또는 선장
② 제1항에 따른 과태료는 대통령령으로 정하는 바에 따라 해양수산부장관이 부과·징수한다.(2013.3.23 본항개정)

부 칙 (2009.2.6)

제1조【시행일】 이 법은 공포 후 6개월이 경과한 날부터 시행한다. 다만, 제28조와 제37조의 개정규정은 공포한 날부터 시행한다.
제2조【신체검사에 관한 적용례 및 경과조치】 ① 이 법 시행 당시 도선사면허증을 발급받은 도선사(제2항에 따른 도선사는 제외한다)에 대하여는 이 법 시행 후, 그 도선사가 도선사면허증을 발급받은 후 경과연수가 2의 배수에 도달하는 최초의 해부터 제8조제2항의 개정규정을 적용한다.
② 이 법 시행 당시 법률 제7788호 도선법 일부개정법률 부칙 제2항에 따라 도선사가 정년 연장을 하기 위하여 신체검사를 받은 경우에는 제8조제2항의 개정규정을 적용할 때 그 신체검사를 받은 날을 도선사면허증을 발급받은 날로 본다.
③ 이 법 시행 후 도선사가 제8조제2항의 개정규정의 신체검사를 받은 후 6개월 이내에 법률 제7788호 도선법 일부개정법률 부칙 제2항에 따라 정년 연장을 하기 위하여 신체검사를 받아야 하는 경우에는 이 법에 따른 신체검사로 정년 연장을 위한 신체검사에 갈음한다.
제3조【음주도선의 면허취소 등에 관한 적용례】 제9조제1항제10호의 개정규정은 이 법 시행 후 최초로 행하는 위반행위부터 적용한다.
제4조【수역이용료 폐지에 관한 경과조치】 이 법 시행 전에 종전의 제28조에 따라 납부하여야 할 수역이용료(연체료를 포함한다)에 관하여는 종전의 규정에 따른다.

부 칙 (2013.5.22)

제1조【시행일】 이 법은 공포 후 6개월이 경과한 날부터 시행한다.
제2조【행정처분에 관한 경과조치】 이 법 시행 전의 위반행위에 대한 행정처분은 종전의 규정에 따른다.

부 칙 (2014.3.18)

제1조【시행일】 이 법은 공포한 날부터 시행한다.
제2조【금치산자 등에 대한 경과조치】 제6조제2호의 개정규정에 따른 피성년후견인 및 피한정후견인에는 법률 제10429호 민법 일부개정법률 부칙 제2조에 따라 금치산 또는 한정치산 선고의 효력이 유지되는 사람을 포함하는 것으로 본다.

부 칙 (2017.3.21)

제1조【시행일】 이 법은 공포 후 6개월이 경과한 날부터 시행한다.
제2조【도선사면허의 등급 변경 등에 관한 경과조치】 ① 이 법 시행 당시 종전의 제4조제2항에 따른 도선사면허를 받은 도선사는 다음 표의 구분에 따라 제4조제2항의 개정규정에 따른 도선사면허를 받은 도선사로 본다. 이 경우 도선경력은 종전의 제4조제2항에 따른 도선사면허를 받은 날부터 이 법 시행일까지로 하되, 제9조제1항에 따른 업무정지기간은 제외한다.

종전의 제4조제2항에 따른 도선사면허를 받은 도선사	제4조제2항의 개정규정에 따른 도선사면허를 받은 도선사
1종 도선사	1급 도선사
도선경력이 2년 이상인 2종 도선사	2급 도선사
도선경력이 1년 이상 2년 미만인 2종 도선사	3급 도선사
도선경력이 1년 미만인 2종 도선사	4급 도선사

② 해양수산부장관은 제1항 전단에 해당하는 도선사에게 해양수산부령으로 정하는 바에 따라 새로운 도선사면허증을 발급하여야 한다.
③ 제1항 전단에 해당하는 도선사에 대한 제8조제2항 본문의 개정규정에 따른 정기 신체검사 기간은 해당 도선사가 종전의 제4조제2항에 따른 도선사면허증을 처음으로 발급받은 날부터 기산한다.
제3조【도선사면허의 유효기간에 관한 경과조치】 ① 이 법 시행 당시 종전의 제4조제2항에 따른 도선사면허의 유효기간은 처음으로 도선사면허증을 발급받은 날(종전의 제4조제2항에 따른 도선사면허의 종류를 달리하여 도선사면허를 받은 경우에는 해당 도선사가 처음으로 도선사면허증을 발급받은 날을 말하며, 종전의 제22조제1항에 따라 다른 도선구에 배치되어 도선사면허를 새로 받은 경우에는 도선사면허증을 새로 발급받은 날을 말한다. 이하 이 조에서 "도선사면허 발급일"이라 한다)부터 5년으로 한다.
② 제1항에도 불구하고 도선사면허 발급일부터 이 법 시행일까지 4년 이상이 경과한 도선사면허의 유효기간은 이 법 시행일부터 1년이 되는 날까지로 한다.

부 칙 (2018.9.18)

제1조【시행일】 이 법은 공포 후 3개월이 경과한 날부터 시행한다.
제2조【도선수습생 전형시험 경력 요건에 관한 적용례】 제5조제1호의 개정규정 중 도선수습생 전형시험일 전 1년 이상 승무한 경력을 포함하는 부분은 2021년 실시하는 도선수습생 전형시험부터 적용한다.

부 칙 (2019.1.15)

이 법은 공포한 날부터 시행한다.

부 칙 (2020.1.29)

제1조【시행일】 이 법은 공포 후 6개월이 경과한 날부터 시행한다.(이하 생략)

부 칙 (2020.2.18)

제1조【시행일】 이 법은 공포 후 3개월이 경과한 날부터 시행한다. 다만, 제9조제1항제1호, 제18조의2제1호 및 제22조제1항의 개정규정은 공포한 날부터 시행한다.
제2조【면허의 취소에 관한 적용례】 제9조의 개정규정은 이 법 시행 이후 위반행위를 한 사람부터 적용한다.

부 칙 (2022.1.4)

이 법은 공포 후 6개월이 경과한 날부터 시행한다.

부 칙 (2023.7.25)

제1조【시행일】 이 법은 공포 후 6개월이 경과한 날부터 시행한다.(이하 생략)

부 칙 (2023.12.29)

제1조【시행일】 이 법은 공포 후 6개월이 경과한 날부터 시행한다. 다만, 제7조제2항의 개정규정은 공포한 날부터 시행한다.
제2조【벌칙에 관한 경과조치】 이 법 시행 전에 종전의 제6조의3제3항에 따른 해양수산부장관의 업무종사 명령을 따르지 아니한 경우의 벌칙에 관하여는 제39조의 개정규정에도 불구하고 종전의 규정에 따른다.

항로표지법

(2017년 10월 31일 전부개정법률 제15009호)

개정
2019. 1.15법16286호　2020. 3.24법17108호
2022. 1. 4법18700호
2023. 5.16법19415호(행정법제혁신을위한일부개정법령등)
2024. 1.23법20126호(등대유산보존및활용에관한법)→2025년 1월 24일 시행이므로 추후 수록

제1장 총 칙

제1조【목적】 이 법은 항로표지를 설치하고 합리적이고 효율적으로 관리하여 해상교통의 안전을 도모하고, 선박 운항의 능률을 향상시키는 데 이바지함을 목적으로 한다.

제2조【정의】 이 법에서 사용하는 용어의 뜻은 다음과 같다.
1. "항로표지"란 항행하는 선박에 대하여 등광(燈光)·형상(形象)·색채·음향·전파 등을 수단으로 선박의 위치·방향 및 장애물의 위치 등을 알려주는 항행보조시설로서 광파(光波)표지, 형상표지, 음파표지, 전파표지 및 특수신호표지 등 해양수산부령으로 정하는 것을 말한다.
2. "항로표지 부속시설"이란 항로표지에 부속된 다음 각 목의 어느 하나에 해당하는 시설을 말한다.
가. 항로표지로의 진입로
나. 항로표지의 관리를 위한 사무실·숙소·동력실·창고 등의 용도로 사용되는 건축물(「건축법」 제2조제1항제2호에 따른 건축물을 말한다)
다. 나목에 따른 건축물에 설치된 건축설비(「건축법」 제2조제1항제4호에 따른 건축설비를 말한다)
3. "항로표지 장비·용품·설비·체계"란 등명기(燈明器), 제어반, 충방전(充放電)조절기 및 축전지 등 기계류와 프로그램, 어플리케이션 등 항로표지의 기능 유지 및 관리를 위하여 필요한 장비, 용품, 설비 및 체계(이하 "항로표지 장비·용품등"이라 한다)를 말한다.
(2022.1.4 본호개정)
4. "항로표지 지능정보화"란 인공지능, 정보통신기술 등의 지능정보기술이나 그 밖의 다른 기술을 항로표지 분야에 적용·융합하여 항로표지의 설치 및 시설관리를 효율화·고도화하는 것을 말한다.(2022.1.4 본호신설)

제3조【국가의 책무】 국가는 해상교통의 안전을 확보함으로써 국민의 생명과 재산을 보호하기 위하여 항로표지에 관한 시책을 마련하고 이를 성실히 시행하여야 한다.

제4조【적용범위】 이 법은 다음 각 호의 어느 하나에 해당하는 수역에 설치되는 항로표지에 대하여 적용한다.
1. 「내수면어업법」에 따른 내수면
2. 「영해 및 접속수역법」에 따른 영해 또는 내수
3. 「배타적 경제수역 및 대륙붕에 관한 법률」에 따른 배타적 경제수역

제5조【다른 법률과의 관계】 항로표지의 설치 및 관리에 관하여 다른 법률에 특별한 규정이 있는 경우를 제외하고는 이 법에서 정하는 바에 따른다.

제2장 항로표지 기본계획 등

제6조【항로표지 기본계획의 수립 등】 ① 해양수산부장관은 안전하고 효율적인 해상교통 환경을 조성하기 위하여 관계 중앙행정기관의 장과 협의하여 5년 단위로 항로표지에 관한 기본계획(이하 "항로표지 기본계획"이라 한다)을 수립·시행하여야 한다.(2022.1.4 본항개정)
② 항로표지 기본계획에는 다음 각 호의 사항이 포함되어야 한다.
1. 항로표지에 관한 기본방향 및 추진목표
2. 항로표지에 관한 기술연구
3. 항로표지에 관한 투자계획
4. 항로표지에 관한 국제협력
5. 항로표지 전문인력의 육성
6. 그 밖에 항로표지 분야의 발전을 위하여 필요한 사항
③ (2022.1.4 삭제)
④ 제1항에 따른 항로표지 기본계획의 수립·시행에 필요한 사항은 대통령령으로 정한다.(2022.1.4 본항개정)

제7조【항로표지 기본계획의 변경】 해양수산부장관은 해상환경의 변화 또는 새로운 항로표지 방식의 도입 등에 따라 항로표지 기본계획을 변경할 수 있다.
1.~2. (2022.1.4 삭제)
(2022.1.4 본조개정)

제8조【항로표지 시행계획의 수립 등】 ① 해양수산부장관은 항로표지 기본계획에 따라 매년 항로표지 시행계획을 수립·시행하고, 이에 필요한 재원을 확보하기 위하여 노력하여야 한다.(2019.1.15 본항개정)
② 제1항에 따른 항로표지 시행계획의 수립·시행 및 변경에 필요한 사항은 해양수산부령으로 정한다.

제8조의2【항로표지 기본계획 및 시행계획의 국회 제출 등】 ① 해양수산부장관은 항로표지 기본계획 및 시행계획을 수립하거나 변경한 때에는 관계 중앙행정기관의 장, 특별시장·광역시장·특별자치시장·도지사·특별자치도지사(이하 "시·도지사"라 한다)에게 통보하고 국회 소관 상임위원회에 지체 없이 제출하여야 한다.
② 해양수산부장관은 항로표지 기본계획 및 시행계획을 수립하거나 변경한 때에는 이를 공표하여야 한다.
③ 해양수산부장관은 항로표지 기본계획 및 시행계획을 수립하기 위하여 필요한 경우에는 관계 중앙행정기관의 장 또는 시·도지사에게 관련 자료의 제출을 요청할 수 있다. 이 경우 자료의 제출을 요청받은 관계 중앙행정기관의 장 또는 시·도지사는 정당한 사유가 없으면 이에 따라야 한다.
④ 제1항에 따른 항로표지 기본계획 및 시행계획의 통보, 제출 절차 및 제2항에 따른 공표 방법에 관한 사항은 해양수산부령으로 정한다.
(2019.1.15 본조신설)

제3장 항로표지의 설치·관리 및 보호

제1절 항로표지의 설치·관리

제9조【항로표지의 설치·관리】 ① 항로표지는 해양수산부장관이 설치·관리한다.
② 해양수산부장관은 제1항에 따라 항로표지를 설치하려는 경우 해양수산부령으로 정하는 바에 따라 항로표지를 설치할 해역의 여건 및 해상교통 상황 등을 종합적으로 고려하여 항로표지의 배치와 기능을 결정하여야 한다.
③ 해양수산부장관은 항로표지의 설치·관리에 필요한 시설·장비 및 선박 등을 확보하고 유지·관리하여야 한다.
④ 해양수산부장관은 제16조에 따라 고시된 항로표지의 기능이 유지되고 있는지를 확인하기 위하여 해양수산부령으로 정하는 바에 따라 주기적으로 항로표지의 기능에 대하여 측정 및 분석을 하여야 한다.
⑤ 해양수산부장관은 항로표지의 기능 및 규격에 관한 기준을 정한 경우 이를 고시하여야 한다.
⑥ 제1항에도 불구하고 자기의 사업 또는 업무에 사용하기 위하여 항로표지를 설치할 필요가 있는 자는 대통령령으로 정하는 바에 따라 해양수산부장관의 허가를 받아 항로표지를 설치할 수 있다.

제10조【항법정보 등의 제공】 ① 해양수산부장관은 다음 각 호의 정보를 이용자에게 제공하기 위한 위성항법보정시스템(DGNSS) 및 지상파항법시스템(LORAN, R-Mode 등)을 대통령령으로 정하는 바에 따라 각각 설치·운영하여야 한다.
1. 위치측정용 인공위성으로부터 수신한 신호를 근거로 여러 가지 오차요인을 보정하여 생성하는 위치정보 및 항법정보(항공분야 및 대통령령으로 정하는 측량분야는 제외한다)
2. 지상에 설치한 송신국에서 송출하는 전파를 이용한 위치, 항법 또는 시각(時刻) 등의 정보
(2022.1.4 본항개정)
② 해양수산부장관은 위성항법보정시스템을 설치·운영하는 경우 관계 중앙행정기관의 장과 미리 협의하여야 한다.
③ 해양수산부장관은 대통령령으로 정하는 바에 따라 위성항법보정시스템 및 지상파항법시스템의 설치·관리 및 항법정보의 제공에 관한 기술개발을 추진하여야 한다.
④ 해양수산부장관은 대통령령으로 정하는 바에 따라 위성항법보정시스템 및 지상파항법시스템의 보안 강화를 위한 보안대책 등을 수립하여 시행하여야 한다.
(2022.1.4 본조제목개정)

제11조【특수신호표지의 설치·운영】 ① 해양수산부장관은 선박의 통항량, 해양의 기상상태 또는 조류 등의 영향으로 해양사고가 빈번하게 발생하거나 발생할 우려가 있는 해역에 해양기상신호표지·조류신호표지·자동위치식별신호표지 등의 특수신호표지를 설치·운영하고 실시간으로 해당 정보를 제공할 수 있다. 이 경우 해양수산부장관은 해양수산부령으로 정하는 해역에 우선적으로 특수신호표지를 설치·운영하여야 한다.
② 제1항에 따른 특수신호표지의 설치·운영에 필요한 사항은 해양수산부령으로 정한다.

제12조【수중암초의 제거 등】 ① 해양수산부장관은 「항만법」 제2조제4호에 따른 항만구역 외의 수역 및 「어촌·어항법」 제2조제4호에 따른 어항구역 외의 수역에서 선박의 항행에 장애가 되는 수중암초가 있는 경우에는 항로표지를 설치하여야 한다.
② 해양수산부장관은 제1항에 따라 항로표지를 설치할 수 없고 해양사고를 예방하기 위하여 필요한 경우 해양수산부령으로 정하는 바에 따라 그 수중암초를 제거할 수 있다.

제13조【공사구역을 표시하는 항로표지 등의 설치·관리】 ① 선박의 항행에 이용되는 수역으로서 대통령령으로 정하는 수역에서 다음 각 호의 어느 하나에 해당하는 행위를 하려는 자는 해양수산부장관의 허가를 받아 항로표지를 설치·관리하여야 한다.
1. 준설, 매립, 구조물 설치 등 선박의 운항에 지장을 줄 우려가 있는 공사의 시행
2. 풍력발전단지, 조력(潮力)발전단지, 파력(波力)발전단지 및 부두 등 인공구조물의 설치
② 해양수산부장관은 제1항에 따라 항로표지를 설치하여야 하는 자가 항로표지를 설치하지 아니하는 경우에는 공사 중지 등 필요한 조치를 명할 수 있다.

제14조【침선표지의 설치·관리】 ① 선박의 항행에 이용되는 수역으로서 대통령령으로 정하는 수역에서 선박이 침몰하거나 좌초하여 다른 선박의 항행에 지장을 줄 때에는 해당 선박의 소유자는 지체 없이 침몰하거나 좌초한 선박을 표시하기 위한 항로표지〔이하 "침선표지"(沈船標識)라 한다〕를 대통령령으로 정하는 바에 따라 설치·관리하고 그 설치 사실을 해양수산부장관에게 신고하여야 한다.
② 해양수산부장관은 제1항에 따라 설치한 침선표지가 선박의 항행안전에 중대한 지장을 줄 우려가 있다고 인정하는 경우에는 침몰하거나 좌초한 선박의 소유자에게 침선표지의 추가 설치 및 위치 변경 등 필요한 조치를 명할 수 있다. 이 경우 해양수산부장관의 조치명령에 따라 침선표지를 추가 설치하거나 위치 변경 등 필요한 조치를 한 자는 그 사실을 해양수산부장관에게 알려야 한다.
③ 제1항에 따라 침선표지를 설치·관리하여야 하는 자는 그 설치·관리에 드는 비용을 자신이 부담하는 조건으로 대통령령으로 정하는 바에 따라 해양수산부장관에게 침선표지 설치·관리의 대행을 요청할 수 있다.
④ 제1항 및 제3항에도 불구하고 해양수산부장관은 다음 각 호의 어느 하나에 해당하는 경우에는 해양사고를 예방하기 위하여 침선표지를 직접 설치·관리하고, 침몰하거나 좌초한 선박의 소유자에게 비용을 청구할 수 있다.
1. 침선표지를 긴급히 설치하여야 할 필요가 있는 경우
2. 침몰하거나 좌초한 선박의 소유자가 침선표지를 설치하지 아니하는 경우
3. 그 밖의 사유로 침선표지가 설치되지 아니하는 경우
⑤ 제3항 또는 제4항에 따라 해양수산부장관이 침선표지를 설치·관리하는 경우 침선표지 설치·관리 비용의 산정방법 및 납부기간 등에 관하여 필요한 사항은 해양수산부령으로 정한다.

제15조【허가 등의 의제】 ① 제9조제6항, 제13조제1항, 제14조제1항 또는 제19조제1항에 따라 허가를 받거나 신고하였을 때 또는 제14조제2항에 따른 해양수산부장관의 조치명령에 따라 침몰하거나 좌초한 선박의 소유자가 침선표지를 추가 설치하거나 설치된 침선표지의 위치를 변경하였을 때에는 다음 각 호의 허가·승인을 받거나 신고를 한 것으로 본다.
1. 「공유수면 관리 및 매립에 관한 법률」 제8조에 따른 공유수면의 점용·사용허가 및 같은 법 제17조에 따른 점용·사용 실시계획의 승인 또는 신고
2. 「하천법」 제33조에 따른 하천의 점용허가
② 해양수산부장관은 제9조제6항, 제13조제1항 또는 제19조제1항에 따라 항로표지 설치 또는 변경을 허가하려는 경우에는 제1항 각 호의 어느 하나에 해당하는 사항에 대하여 관계 행정기관의 장과 미리 협의하여야 한다.
③ 해양수산부장관은 제14조제1항에 따라 선박의 소유자가 침선표지를 설치하고 그 사실을 신고하였을 때 또는 같은 조 제2항에 따라 침선표지를 추가 설치하거나 설치된 침선표지의 위치를 변경하였을 때에는 제1항 각 호의 어느 하나에 해당하는 사항에 대하여 관계 행정기관의 장에게 통보하여야 한다.
④ 관계 행정기관의 장은 제2항에 따른 협의를 요청받은 날부터 10일 이내에 의견을 제출하여야 한다.(2023.5.16 본항개정)
⑤ 제1항부터 제4항까지에서 규정한 사항 외에 제1항 각 호의 허가·승인·신고 의제의 기준 및 효과 등에 관하여는 「행정기본법」 제24조부터 제26조까지를 준용한다.
(2023.5.16 본항개정)

제16조【항로표지의 고시】 해양수산부장관은 항로표지가 설치·폐지되거나 항로표지의 위치·명칭·등질(燈質) 등 해양수산부령으로 정하는 현황이 변경되는 경우(이하 "현황변경"이라 한다)에는 그 사실을 해양수산부령으로 정하는 바에 따라 고시하여야 한다.

제17조【신고 등】 누구든지 항로표지가 천재지변 또는 선박충돌이나 그 밖의 원인으로 인하여 소등(消燈)·유실(遺失)·침몰·무너짐·위치이동 등의 사고가 있는 것을 발견하였을 때에는 즉시 그 사실을 해양수산부장관, 그 소속 기관의 장 또는 해양경찰서장에게 신고하여야 한다.

제2절 사설항로표지의 관리 등

제18조【사설항로표지의 관리】 ① 제9조제6항, 제13조 또는 제14조에 따라 해양수산부장관 외의 자가 설치한 항로표지(이하 "사설항로표지"라 한다)의 소유자는 대통령령으로 정하는 바에 따라 사설항로표지의 관리에 종사하는 사람(이하 "사설항로표지관리원"이라 한다)과 사설항로표지의 관리를 위하여 필요한 장비 및 시설을 갖추어 해양수산부장관에게 신고하여야 한다. 다만, 다음 각 호의 어느 하나에 해당하는 경우에는 그러하지 아니하다.
1. 제14조제3항에 따라 해양수산부장관에게 침선표지 설치·관리의 대행을 요청한 경우
2. 제23조제1항에 따라 사설항로표지의 관리업무를 위탁받아 수행하는 사업을 등록한 자(이하 "위탁관리업자"라 한다)에게 사설항로표지의 관리를 위탁한 경우

② 사설항로표지의 소유자는 다음 각 호의 어느 하나에 해당하는 경우에는 그 사실을 해양수산부령으로 정하는 바에 따라 해양수산부장관에게 신고하여야 한다.
1. 사설항로표지를 타인에게 양도한 경우
2. 위탁관리업자에게 사설항로표지의 관리를 위탁한 경우
3. 사설항로표지의 소등·유실·침몰·무너짐·위치이동 등으로 인하여 그 기능에 장애가 생긴 경우
③ 사설항로표지의 소유자 또는 위탁관리업자는 해당 사설항로표지의 기능에 장애가 없도록 사설항로표지를 관리하여야 한다.
④ 해양수산부장관은 사설항로표지가 소등·유실·침몰·무너짐·위치이동 등으로 인하여 기능에 장애가 생기거나 사설항로표지로 인하여 해상교통에 장애가 생긴 때에는 기한을 정하여 그 소유자 또는 위탁관리업자에 대하여 장애의 해소에 필요한 조치를 할 것을 명할 수 있다.
⑤ 해양수산부장관은 제2항제1호에 따른 신고를 받은 날부터 6일 이내에 신고수리 여부를 신고인에게 통지하여야 한다.(2019.1.15 본항신설)
⑥ 해양수산부장관이 제5항에서 정한 기간 내에 신고수리 여부 또는 민원 처리 관련 법령에 따른 처리기간의 연장을 신고인에게 통지하지 아니하면 그 기간(민원 처리 관련 법령에 따라 처리기간이 연장 또는 재연장된 경우에는 해당 처리기간을 말한다)이 끝난 날의 다음 날에 신고를 수리한 것으로 본다.(2019.1.15 본항신설)
제19조【사설항로표지의 현황변경 등】 ① 사설항로표지의 소유자는 사설항로표지의 현황변경을 하려면 대통령령으로 정하는 바에 따라 해양수산부장관의 허가를 받아야 한다.
② 사설항로표지의 소유자는 설치 목적이 소멸되어 사설항로표지를 폐지하려는 경우에는 해양수산부령으로 정하는 바에 따라 해양수산부장관에게 신고하여야 한다.
③ 해양수산부장관은 제2항에 따른 신고를 받은 날부터 6일 이내에 신고수리 여부를 신고인에게 통지하여야 한다.(2019.1.15 본항신설)
④ 해양수산부장관이 제3항에서 정한 기간 내에 신고수리 여부 또는 민원 처리 관련 법령에 따른 처리기간의 연장을 신고인에게 통지하지 아니하면 그 기간(민원 처리 관련 법령에 따라 처리기간이 연장 또는 재연장된 경우에는 해당 처리기간을 말한다)이 끝난 날의 다음 날에 신고를 수리한 것으로 본다.(2019.1.15 본항신설)
제20조【사설항로표지의 준공확인】 사설항로표지를 설치하거나 제19조제1항에 따라 사설항로표지의 현황변경을 한 경우 해당 사설항로표지의 소유자는 해양수산부령으로 정하는 바에 따라 지체 없이 해양수산부장관의 준공확인을 받아야 한다.
제21조【결격사유】 다음 각 호의 어느 하나에 해당하는 자는 사설항로표지관리원이 될 수 없다.
1. 미성년자
2. 피성년후견인 또는 피한정후견인
3. 이 법 또는 「형법」 제186조를 위반하여 징역형의 실형을 선고받고 그 집행이 종료(집행이 종료된 것으로 보는 경우를 포함한다)되거나 집행이 면제된 날부터 3년이 지나지 아니한 자
4. 이 법 또는 「형법」 제186조를 위반하여 형의 집행유예를 선고받고 그 유예기간 중에 있는 자
제22조【사설항로표지관리원의 관리】 ① 해양수산부장관은 사설항로표지관리원이 사설항로표지 관리업무를 수행하면서 해양수산부령으로 정하는 준수사항을 위반하였을 때에는 사설항로표지의 소유자 또는 위탁관리업자에 대하여 그 사설항로표지관리원의 업무를 6개월 이내의 기간을 정하여 정지하게 하거나 사설항로표지관리원을 교체하는 등 필요한 시정조치를 할 것을 요청할 수 있다.
② 사설항로표지의 소유자 또는 위탁관리업자는 제1항에 따른 시정조치를 요청받은 때에는 특별한 사유가 없으면 요청에 따라야 하며, 시정조치를 요청받은 날부터 15일 이내에 조치한 내용을 해양수산부장관에게 알려야 한다.
③ 제1항에 따른 사설항로표지관리원의 업무정지 등의 세부기준 및 그 밖에 필요한 사항은 해양수산부령으로 정한다.
제23조【위탁관리업의 등록 등】 ① 사설항로표지의 관리업무를 위탁받아 수행하는 사업(이하 "위탁관리업"이라 한다)을 하려는 자는 사설항로표지관리원의 인원, 시설 및 자본금 등 대통령령으로 정하는 등록기준을 갖추어 해양수산부령으로 정하는 바에 따라 해양수산부장관에게 등록하여야 한다. 등록된 사항을 변경하려는 경우에도 또한 같다.
② 다음 각 호의 어느 하나에 해당하는 자는 위탁관리업자가 될 수 없다.
1. 미성년자
2. 피성년후견인 또는 피한정후견인
3. 이 법 또는 「형법」 제186조를 위반하여 징역형의 실형을 선고받고 그 집행이 종료(집행이 종료된 것으로 보는 경우를 포함한다)되거나 집행이 면제된 날부터 3년이 지나지 아니한 자
4. 이 법 또는 「형법」 제186조를 위반하여 형의 집행유예를 선고받고 그 유예기간 중에 있는 자
5. 제26조에 따라 위탁관리업의 등록이 취소(이 항 제1호 또는 제2호에 해당하여 위탁관리업의 등록이 취소된 경우는 제외한다)된 후 2년이 지나지 아니한 자
6. 제1호부터 제5호까지의 어느 하나에 해당하는 사람이 대표자로 있는 법인
③ 해양수산부장관은 위탁관리업 등록을 하면 해양수산부령으로 정하는 바에 따라 위탁관리업자에게 위탁관리업 등록증을 발급하여야 한다.
④ 제3항에 따른 등록증을 발급받은 위탁관리업자는 위탁관리업 등록증의 기재 사항 중 해양수산부령으로 정하는 사항이 변경되면 해양수산부령으로 정하는 바에 따라 30일 이내에 해양수산부장관에게 기재 사항의 변경을 신청하여야 한다.
⑤ (2022.1.4 삭제)
제23조의2【보험가입 등 안전의무】 ① 항로표지 설치·관리 및 위탁관리업에 이용되는 선박의 소유자 또는 임차인은 승선한 사람의 피해를 보전하기 위하여 대통령령으로 정하는 바에 따라 보험이나 공제에 가입하여야 한다.
② 항로표지 설치·관리 및 위탁관리업에 이용되는 선박에 승선하는 사람은 구명조끼 등 인명안전에 필요한 장비를 착용하여야 한다.
③ 항로표지 설치·관리 및 위탁관리업에 이용되는 선박은 선박의 선체, 기관 및 설비 등에 대하여 해당 선박이 적용받는 법률에 따라 검사를 받아야 한다.
(2022.1.4 본조신설)
제24조【권리·의무의 승계】 ① 위탁관리업자가 그 영업을 양도하거나 사망한 때 또는 법인의 합병이 있는 때에는 그 양수인·상속인 또는 합병 후에 존속하는 법인이나 합병에 따라 설립되는 법인은 그 등록에 따른 권리·의무를 승계한다.
② 「민사집행법」에 따른 경매, 「채무자 회생 및 파산에 관한 법률」에 따른 환가(換價) 및 「국세징수법」·「관세법」 또는 「지방세기본법」에 따른 압류재산의 매각, 그 밖에 이에 준하는 절차에 따라 위탁관리업자의 시설·설비의 전부를 인수한 자는 그 등록에 따른 권리·의무를 승계한다.
③ 제1항에 따라 권리·의무를 승계한 자는 승계한 날부터 30일 이내에 해양수산부령으로 정하는 바에 따라 해양수산부장관에게 신고하여야 한다.
④ 제1항 또는 제2항에 따라 권리·의무를 승계한 자의 결격사유에 관하여는 제23조제2항을 준용한다.
⑤ 해양수산부장관은 제3항에 따른 신고를 받은 날부터 해양수산부령으로 정하는 기간 내에 신고수리 여부를 신고인에게 통지하여야 한다.(2019.1.15 본항신설)
⑥ 해양수산부장관이 제5항에서 정한 기간 내에 신고수리 여부 또는 민원 처리 관련 법령에 따른 처리기간의 연장을 신고인에게 통지하지 아니하면 그 기간(민원 처리 관련 법령에 따라 처리기간이 연장 또는 재연장된 경우에는 해당 처리기간을 말한다)이 끝난 날의 다음 날에 신고를 수리한 것으로 본다.(2019.1.15 본항신설)
제25조【영업 개시 등의 신고】 위탁관리업자가 그 업무를 개시(開始)·휴업 또는 폐지(廢止)하려는 때에는 해양수산부령으로 정하는 바에 따라 미리 해양수산부장관에게 그 사실을 신고하여야 한다. 휴업한 후 업무를 재개하려는 때에도 또한 같다.
제26조【위탁관리업의 등록취소 등】 ① 해양수산부장관은 위탁관리업자가 다음 각 호의 어느 하나에 해당하는 경우에는 위탁관리업의 등록을 취소하거나 1년 이내의 기간을 정하여 업무의 정지를 명할 수 있다. 다만, 제1호부터 제3호까지 또는 제6호의 어느 하나에 해당하는 경우에는 등록을 취소하여야 한다.
1. 거짓이나 그 밖의 부정한 방법으로 위탁관리업의 등록을 한 경우
2. 다른 사람에게 위탁관리업의 등록증을 빌려준 경우
3. 업무정지 기간 중에 사설항로표지의 관리업무에 관한 위탁관리 계약을 신규로 체결한 경우
4. 제23조제1항 전단에 따른 위탁관리업의 등록기준을 충족하지 못하게 된 날부터 30일이 지난 경우
5. 제23조제1항 후단을 위반하여 변경등록을 하지 아니하고 등록사항을 변경하거나 거짓으로 변경등록을 한 경우
6. 제23조제2항 각 호(제24조제4항에 따라 준용되는 경우를 포함한다)의 결격사유에 해당하게 된 경우. 다만, 다음 각 목의 어느 하나에 해당하는 경우는 제외한다.
가. 상속으로 인하여 제23조제2항 각 호의 어느 하나에 해당하게 되었다가 3개월 이내에 그 결격사유가 없어진 경우(2020.3.24 본목개정)
나. 제23조제2항제6호에 해당하는 법인이 3개월 이내에 결격사유가 있는 대표자를 교체 임명한 경우
7. 제25조를 위반하여 업무의 개시, 휴업 또는 재개의 신고를 하지 아니하고 영업을 개시, 휴업하거나 재개한 경우
8. 정당한 사유 없이 등록한 날부터 1년 이내에 업무를 개시하지 아니한 경우
② 위탁관리업자는 제1항에 따른 위탁관리업의 등록취소 또는 업무정지 처분을 받았을 때에는 처분을 받은 날부터 15일 이내에 관리를 위탁한 사설항로표지의 소유자에게 그 사실을 알려 주어야 한다.
③ 제1항에 따른 처분의 세부기준 및 절차 등에 관하여 필요한 사항은 해양수산부령으로 정한다.
제27조【위탁관리업의 등록취소 등에 따른 조치】 ① 사설항로표지의 소유자는 제26조제1항에 따라 위탁관리업의 등록취소 또는 업무정지 처분을 받은 위탁관리업자로 하여금 3개월의 범위에서 그 처분 전에 계약을 체결한 위탁관리업무를 계속하도록 할 수 있다.
② 제26조제1항에 따라 위탁관리업의 등록취소 또는 업무정지의 처분을 받은 위탁관리업자가 제1항에 따라 위탁관리업무를 계속하는 경우 제1항에 따른 기간 내에서 그 위탁관리업무가 종료될 때까지는 이 법에 따른 위탁관리업자로 본다.
제28조【보고 및 확인】 ① 해양수산부장관은 사설항로표지의 소유자 또는 위탁관리업자에게 항로표지의 관리·운영에 필요한 자료를 제출하거나 보고하게 할 수 있으며, 관계 공무원으로 하여금 사설항로표지의 관리사무실, 항로표지 부속시설, 그 밖의 장소에 출입하여 항로표지의 관리 실태 또는 위탁관리업의 등록기준을 충족하는지를 조사하게 하거나 장부와 그 밖의 서류를 검사하게 할 수 있다.
② 제1항에 따라 출입을 하는 관계 공무원은 그 권한을 표시하는 증표를 지니고 관계인에게 보여 주어야 한다.
③ 해양수산부장관은 제1항에 따라 관리사무실 등에 출입하여 관리 실태 등을 조사하거나 장부와 그 밖의 서류를 검사하려는 경우 그 조사 또는 검사를 하기 7일 전까지 출입 목적·날짜·기간 등을 서면으로 작성하여 사설항로표지의 소유자 또는 위탁관리업자에게 통보하여야 한다. 다만, 긴급한 경우 또는 사전에 통지하면 증거인멸 등으로 조사 또는 검사의 목적을 달성할 수 없다고 인정되는 경우에는 통보하지 아니할 수 있다.
제29조【이전·철거의 명령 등】 ① 해양수산부장관은 제18조제4항에 따라 사설항로표지의 기능장애 또는 해상교통장애의 해소를 위한 조치를 명령하는 것 외에 해상교통안전을 위하여 필요하다고 인정하는 경우 사설항로표지의 소유자 또는 위탁관리업자에게 기한을 정하여 해당 사설항로표지의 이전·철거나 그 밖에 필요한 조치를 할 것을 명할 수 있다.
② 해양수산부장관은 해상교통의 안전 및 공공의 이익을 위하여 필요하다고 인정하는 경우 대통령령으로 정하는 바에 따라 사설항로표지를 직접 관리하거나 해당 사설항로표지를 수용할 수 있다.

제3절 항로표지의 보호

제30조【항로표지의 훼손 금지】 누구든지 항로표지를 훼손해서는 아니 된다.
제31조【불빛 등의 제한】 ① 누구든지 항로표지로 오인될 우려가 있는 불빛 또는 음향 등을 사용해서는 아니 된다.(2020.3.24 본항개정)
② 해양수산부장관은 제1항에 따른 행위를 하거나 하려는 자에게 사용 중지를 명하거나 그 밖에 항로표지로 오인되지 아니하도록 필요한 조치를 할 것을 명할 수 있다.
(2020.3.24 본조제목개정)
제32조【공사 등의 제한】 ① 항로표지의 기능에 장애가 될 우려가 있는 건축물의 건축, 침몰물(沈沒物)의 인양, 불빛(등화)·음향 시설의 설치, 그 밖의 공사 또는 작업을 하려는 자는 그 장애를 방지하기 위하여 필요한 조치를 하여야 한다.(2020.3.24 본항개정)
② 해양수산부장관은 제1항에 따른 공사 또는 작업을 하려는 자가 항로표지의 기능장애를 방지하는 데 필요한 조치를 하지 아니하는 경우 공사 또는 작업의 중지를 명할 수 있다.
제33조【구조물 등의 설치 제한】 ① 누구든지 항로표지의 부근에서 항로표지의 기능에 장애가 되거나 장애가 될 우려가 있는 구조물·식물이나 그 밖의 시설물(이하 "구조물등"이라 한다)을 설치하거나 식재(植栽)해서는 아니 된다.
② 해양수산부장관은 제1항을 위반하여 설치되거나 식재된 구조물등에 대해서는 그 구조물등에 대한 소유권 등 정당한 권원을 가진 자에게 항로표지에 장애가 되는 부분을 한정하여 제거, 이전 설치 또는 그 밖에 필요한 조치를 할 것을 명할 수 있다.
③ 해양수산부장관은 항로표지를 설치한 경우에 현존하는 구조물등이 그 항로표지의 기능에 장애가 되거나 될 우려가 있을 때에는 그 구조물등에 대한 소유권 등 정당한 권원을 가진 자에게 그 장애가 되는 부분을 제거, 이전 설치 또는 그 밖에 필요한 조치를 할 것을 명할 수 있다.
제34조【선박에 대한 제한】 ① 누구든지 선박(부선·뗏목, 수면비행선박과 「수상레저안전법」 제2조제3호에 따른 수상레저기구, 그 밖의 선박과 유사한 인공구조물을 포함한다. 이하 이 조에서 같다)을 항로표지에 손상을 미칠 우려가 있을 정도로 항로표지에 접근하여 항행해서는 아니 된다.(2020.3.24 본항개정)
② 누구든지 항로표지에 선박을 계류(繫留)해서는 아니 된다. 다만, 선박을 계류할 목적으로 설치된 항로표지의 경우에는 그러하지 아니 하다.

③ 누구든지 선박을 항로표지의 기능에 장애가 되거나 항로표지에 접촉할 우려가 있는 장소에 정박(碇泊)하거나 정류(停留)해서는 아니 된다.
④ 선박을 항행하다가 항로표지를 훼손한 때에는 그 선박의 선장은 대통령령으로 정하는 바에 따라 지체 없이 해양수산부장관 또는 그 소속 기관의 장이나 해양경찰서장에게 그 장소·훼손내용 및 조치사항을 신고하여야 한다.
제35조【항로표지의 보호】 누구든지 정당한 사유 없이 항로표지의 기능에 방해가 되는 다음 각 호의 행위를 하여서는 아니 된다.
1. 항로표지에 올라가거나 출입하는 행위
2. 항로표지에서 수산동식물을 포획·채취하거나 양식하는 행위
3. 항로표지의 기능에 영향을 줄 우려가 있는 곳에서 토석·자갈 또는 모래를 채취하는 행위
4. 항로표지에 낙서하는 행위
5. 항로표지에 물건을 투척하는 행위
6. 항로표지에 토석·자갈·모래·쓰레기, 그 밖의 폐기물을 투여하는 행위
7. 그 밖에 항로표지 기능에 방해가 될 우려가 있는 것으로서 해양수산부령으로 정하는 행위

제36조【원상복구의 의무】 ① 항로표지(사설항로표지는 제외하되, 제14조제3항 및 제4항에 따라 해양수산부장관이 설치·관리하는 사설항로표지와 제29조제2항에 따라 해양수산부장관이 직접 관리하거나 수용한 사설항로표지를 포함한다. 이하 이 항에서 같다) 또는 항로표지 부속시설을 훼손한 사람은 자비(自費)로 원상복구를 하여야 한다.
② 해양수산부장관은 제1항에 따라 원상복구를 하여야 하는 사람이 정당한 사유 없이 그 의무를 이행하지 아니할 때에는 일정한 기한을 정하여 원상복구를 명하여야 한다.
③ 해양수산부장관은 제2항에 따른 원상복구의 명령을 받은 자가 명령을 이행하지 아니할 때에는 「행정대집행법」에 따라 대집행을 할 수 있다.
④ 제2항에 따른 원상복구의 기간·방법 등에 관하여 필요한 사항은 해양수산부령으로 정한다.

제4장 항로표지 장비·용품등의 연구·개발 및 검사
(2022.1.4 본장제목개정)

제37조【항로표지 장비·용품등의 개발 등】 ① 해양수산부장관은 항로표지의 기능 향상과 항로표지 이용자의 편익을 위하여 새로운 기술을 적용한 항로표지 장비·용품등을 개발할 수 있다.
② 해양수산부장관은 항로표지 장비·용품등의 기능과 규격을 통일하기 위하여 그 기준을 정할 수 있다.
③ 해양수산부장관은 항로표지 장비·용품등의 품질이 우수하다고 인정될 때에는 그 사용을 장려할 수 있다.
④ 제1항부터 제3항까지의 규정에 따른 항로표지 장비·용품등의 개발 등에 필요한 사항은 해양수산부령으로 정한다.
(2022.1.4 본조개정)
제38조【항로표지 장비·용품등의 검사】 ① 해양수산부장관은 해양수산부령으로 정하는 항로표지 장비·용품등에 대하여 사용전검사·정기검사 또는 변경검사를 하여야 한다.(2022.1.4 본항개정)
② 누구든지 제1항에 따른 검사에 불합격한 항로표지 장비·용품등을 사용해서는 아니 된다.(2022.1.4 본항개정)
③ 제1항에 따른 검사대상 항로표지 장비·용품, 검사 항목·기준·절차 및 검사의 유효기간 등에 관하여 필요한 사항은 해양수산부령으로 정한다.
(2022.1.4 본조제목개정)
제39조【검사업무의 대행 등】 ① 해양수산부장관은 제38조제1항에 따른 항로표지 장비·용품등의 성능에 관한 검사(이하 "장비·용품등 검사"라 한다)를 해양수산부령으로 정하는 기준 및 절차에 따라 지정한 검사기관(이하 "검사대행기관"이라 한다)으로 하여금 대행하게 할 수 있다.
(2022.1.4 본항개정)
② 국가는 검사대행기관이 장비·용품등 검사 업무를 대행하기 위하여 필요한 경우에는 「국유재산법」 제32조 및 제47조에도 불구하고 항로표지의 시험 및 검사 등을 위한 시설을 무상으로 사용하도록 허가하거나 대부할 수 있다. 이 경우 시설의 무상사용 기간은 「국유재산특례제한법」에 따른다.(2022.1.4 본항개정)
③ 검사대행기관이 장비·용품 검사의 대행업무를 휴업하거나 폐업하려는 경우에는 해양수산부령으로 정하는 바에 따라 장비·용품 검사의 대행업무를 휴업하거나 폐업하려는 날부터 30일 전까지 해양수산부장관에게 신고하여야 한다.
④ 해양수산부장관은 검사대행기관이 제1항에 따른 지정기준에 적합하게 운영되고 있는지 확인하기 위하여 필요한 자료를 제출하게 할 수 있으며, 관계 공무원으로 하여금 검사대행기관의 사무실 또는 장비·용품 검사 장소에 출입하여 관리 실태 등을 조사하거나 검사하게 할 수 있다.
⑤ 제4항에 따라 출입을 하는 관계 공무원은 그 권한을 표시하는 증표를 지니고 관계인에게 보여 주어야 한다.
⑥ 해양수산부장관은 제4항에 따라 사무실 등에 출입하여 관리 실태 등을 조사하거나 장부와 그 밖의 서류를 검사하려는 경우 조사 또는 검사를 하기 7일 전까지 출입 목적·날짜·기간 등을 서면으로 작성하여 검사대행기관에 통보하여야 한다. 다만, 긴급한 경우 또는 사전에 통지하면 증거인멸 등으로 조사 또는 검사의 목적을 달성할 수 없다고 인정되는 경우에는 통보하지 아니할 수 있다.
⑦ 제4항부터 제6항까지에서 규정한 사항 외에 검사대행기관에 대한 지도·감독에 필요한 사항은 해양수산부령으로 정한다.
제40조【검사대행기관의 지정취소 등】 해양수산부장관은 검사대행기관이 다음 각 호의 어느 하나에 해당하는 경우에는 지정을 취소하거나 6개월의 범위에서 검사 대행업무의 정지를 명할 수 있다. 다만, 제1호에 해당하는 경우에는 지정을 취소하여야 한다.
1. 거짓이나 그 밖의 부정한 방법으로 검사대행기관 지정을 받은 경우
2. 제39조제1항에 따른 검사대행기관의 지정기준을 충족하지 못하는 경우
3. 제39조제4항에 따른 자료 제출을 하지 아니하거나 거짓 자료를 제출한 경우 또는 관계 공무원의 출입을 거부·방해·기피한 경우
4. 정당한 사유 없이 장비·용품 검사의 대행을 거부하거나 기피한 경우
5. 고의 또는 중대한 과실로 장비·용품 검사의 대행을 부실하게 수행한 경우

제5장 한국항로표지기술원의 설립·운영

제41조【한국항로표지기술원의 설립 등】 ① 항로표지에 관한 기술개발 및 항로표지 관련 시설의 효율적 관리 등을 위하여 한국항로표지기술원(이하 "기술원"이라 한다)을 설립한다.
② 기술원은 법인으로 한다.
③ 기술원은 주된 사무소의 소재지에 설립등기를 함으로써 성립한다.
④ 기술원은 다음 각 호의 사업을 한다.
1. 항로표지에 관한 조사·연구 및 홍보
2. 국제항로표지협회와의 협력 등 항로표지 관련 국제협력 지원
3. 국제기구의 항로표지 관련 정보의 수집·분석 및 제공
4. 항로표지 장비·용품등의 연구·개발 및 시험·검사
(2022.1.4 본호개정)
5. 항로표지 장비·용품등에 대한 산업화 촉진 및 지원
(2022.1.4 본호신설)
6. 항로표지 분야에 관한 전문인력(이하 "항로표지 전문인력"이라 한다)의 양성, 교육 지원 및 관리
7. 외국과의 항로표지 관련 개발협력 지원
8. 해양수산부장관이 설치·관리하는 부표류의 제작 및 수리
9. 이 법에 규정된 사업으로서 해양수산부장관이 위탁하는 사업
10. 그 밖에 기술원의 정관으로 정하는 사업
⑤ 해양수산부장관은 제4항에 따른 사업의 수행에 필요한 경비의 전부 또는 일부를 예산의 범위에서 보조할 수 있다.
⑥ 기술원의 정관에는 다음 각 호의 사항이 포함되어야 한다.
1. 목적
2. 명칭
3. 주된 사무소가 있는 곳
4. 자산에 관한 사항
5. 임원 및 직원에 관한 사항
6. 이사회의 운영
7. 사업의 범위·내용 및 그 집행
8. 회계
9. 공고의 방법
10. 정관의 변경
11. 연구기관 등 조직에 관한 사항
12. 그 밖에 기술원의 운영에 관한 중요 사항
(2019.1.15 본항개정)
⑦ 기술원이 정관의 기재사항을 변경하려는 경우에는 해양수산부장관의 인가를 받아야 한다.(2019.1.15 본항신설)
⑧ 기술원에 대하여 이 법 및 「공공기관의 운영에 관한 법률」에서 규정한 것을 제외하고는 「민법」 중 재단법인에 관한 규정을 준용한다.
제42조【기술원에 대한 지도·감독】 해양수산부장관은 필요한 경우에는 기술원에 대하여 업무에 관한 사항을 보고하게 하거나 자료의 제출을 명할 수 있으며, 소속 공무원으로 하여금 업무를 검사하게 할 수 있다.
제43조【국유재산의 무상사용 등】 ① 국가는 기술원 운영을 위하여 필요한 경우에는 「국유재산법」 및 「물품관리법」에도 불구하고 국유재산을 무상으로 사용허가·대부하거나 물품을 무상으로 대부할 수 있다. 이 경우 국유재산의 무상사용허가·무상대부 기간과 물품의 무상대부 기간은 「국유재산특례제한법」에 따른다.(2022.1.4 후단신설)
② 제1항에 따른 사용허가 또는 대부의 내용, 조건 및 절차 등에 관하여 필요한 사항은 대통령령으로 정한다.

제5장의2 항로표지 지능정보화의 촉진
(2022.1.4 본장신설)

제43조의2【항로표지 지능정보화 체계의 구축 등】 ① 해양수산부장관은 정보통신 및 인공지능 기술을 적용한 항로표지 지능정보화 체계를 구축·운영하고 지속적으로 고도화하여야 한다.
② 해양수산부장관은 제1항에 따른 체계의 구축·운영과 고도화를 위하여 필요한 항로표지 지능정보화 사업을 관계 행정기관 및 그 밖의 관련 단체 등과 협력하여 추진할 수 있다.
③ 해양수산부장관은 항로표지 지능정보화 사업 추진에 필요한 경우에는 다른 행정기관 또는 공공기관의 장에게 그 사업에의 공동참여 또는 그 사업의 기반이 되는 관련 기술의 공동개발을 요청할 수 있다.
제43조의3【항로표지 시설을 기반으로 한 정보의 수집·이용 및 제공】 ① 해양수산부장관은 항로표지 시설을 기반으로 이를 활용하여 안전과 관련된 해양 상황, 항법정보, 해양 환경 등에 관한 각종 정보(이하 "항로표지기반 정보"라 한다)를 수집할 수 있다.
② 해양수산부장관은 항로표지기반 정보를 이용 및 가공할 수 있으며, 해상교통의 안전을 위하여 항행 중인 선박 등 필요로 하는 자에게 가공된 정보를 포함한 항로표지기반 정보를 제공할 수 있다. 이 경우 선박 등에 제공하는 정보는 국제표준체계 또는 해양수산부장관이 정하는 표준체계에 따라 운영하여야 한다.
③ 해양수산부장관은 항로표지기반 정보를 수집·가공 및 제공 또는 학술연구 및 통계작성 등의 목적으로 활용하는 자 등에게 대통령령으로 정하는 기준에 따라 항로표지기반 정보를 제공할 수 있다.
④ 해양수산부장관은 항로표지기반 정보의 수집·이용 및 제공 업무를 처리하기 위한 시설·장비·체계를 갖추고 이를 관리·운영하기 위하여 국립해양측위정보원을 항로표지정보서비스센터로 지정·운영할 수 있다
⑤ 항로표지기반 정보의 제공방법과 제4항에 따른 항로표지정보서비스센터의 조직 및 설치·운영 등에 관하여 그 밖에 필요한 사항은 해양수산부령으로 정한다.
제43조의4【보호조치 등】 ① 해양수산부장관은 항로표지기반 정보를 안전하게 관리하고 그 정보서비스를 안정적으로 제공하기 위하여 필요한 정보보안 및 장애 복구 등에 필요한 보호조치를 「정보통신기반 보호법」에 따라 시행하여야 한다.
② 누구든지 제1항에 따른 항로표지기반 정보 또는 그 정보서비스를 제공하기 위하여 필요한 항로표지 정보시스템이나 체계에 대하여 다음 각 호의 어느 하나에 해당하는 행위를 하여서는 아니 된다.
1. 정당한 권한 없이 제1항에 따른 정보보안 조치를 해제하여 정보를 불법적으로 변경·반출·삭제하는 등 정보 관리의 안전을 침해하는 행위
2. 항로표지 지능정보화 시설을 파손하거나 방해전파를 송신하는 등의 방법으로 항로표지 지능정보화 체계 또는 개별 시스템의 기능에 장애를 일으키거나 정보서비스의 원활한 제공을 방해하는 행위
3. 제1항에 따른 정보보안 사고의 수습 또는 정보시스템이나 체계 장애에 대한 복구를 제1호 및 제2호의 방법 또는 이에 준하는 기술적 수단을 사용하여 현저하게 방해 또는 지연시키는 행위

제6장 보 칙

제44조【항로표지 등의 보존·관리】 ① 해양수산부장관은 역사적 가치가 있는 항로표지와 항로표지 부속시설 및 그 밖의 장비를 보존·관리하여야 한다.
② 해양수산부장관은 항로표지의 역할과 중요성 등 그 역사적·문화적 변천과정을 국민에게 알리기 위하여 항로표지와 관련한 등대박물관 및 해양문화공간을 설치·운영할 수 있다.
③ 제1항과 제2항에 따른 항로표지 등의 보존·관리 방법과 항로표지와 관련한 등대박물관 및 해양문화공간의 설치·운영에 필요한 사항은 해양수산부령으로 정한다.
제45조【국제 교류·협력의 증진 등】 ① 해양수산부장관은 항로표지에 관한 국제적 신뢰 확보와 기술개발을 위하여 관련 국제기구 및 다른 나라의 정부·단체 등과 항로표지에 관한 정보교환, 공동 조사·연구 및 교육·훈련 기회 제공 등 국제 교류·협력의 증진을 위하여 필요한 조치를 할 수 있다.
② 해양수산부장관은 항로표지를 새로 설치·관리하거나 항로표지의 현황변경을 하려는 경우에는 국제적으로 인정되는 규격과 기준에 따라야 한다.
제46조【항로표지 전문인력 양성 및 관리】 ① 해양수산부장관은 항로표지 전문인력의 양성 및 관리에 관한 시책을 수립하여 추진할 수 있다.
② 해양수산부장관이 제1항에 따라 수립하는 시책에는 다음 각 호의 사항이 포함되어야 한다.

1. 항로표지 전문인력의 양성 및 교육·훈련에 관한 사항
2. 항로표지 전문인력에 대한 교육프로그램의 개발 및 보급 등에 관한 사항
3. 항로표지 전문인력의 경력관리에 관한 사항
4. 그 밖에 항로표지 전문인력의 양성 및 관리를 위하여 필요한 사항

③ 해양수산부장관은 항로표지 전문인력 양성 및 관리를 위하여 필요한 경우에는 대통령령으로 정하는 지정기준을 충족하는 「고등교육법」 제2조에 따른 학교, 항로표지에 관한 연구·활동 등을 목적으로 설립된 연구소·기관 또는 단체 등을 항로표지 전문인력 양성기관으로 지정하여 필요한 교육 및 훈련을 실시하게 할 수 있다.

④ 해양수산부장관은 예산의 범위에서 제3항에 따른 교육과 훈련에 필요한 비용의 전부 또는 일부를 지원할 수 있다.

⑤ 해양수산부장관은 제3항에 따라 지정된 항로표지 전문인력 양성기관이 다음 각 호의 어느 하나에 해당하는 경우에는 지정을 취소할 수 있다. 다만, 제1호에 해당하는 경우에는 지정을 취소하여야 한다.
1. 거짓이나 그 밖의 부정한 방법으로 항로표지 전문인력 양성기관으로 지정받은 경우
2. 제3항에 따른 지정기준을 충족하지 못하게 된 경우
3. 정당한 사유 없이 항로표지 전문인력에 대한 교육·훈련 업무를 거부하거나 기피한 경우
4. 고의 또는 중대한 과실로 항로표지 전문인력에 대한 교육·훈련 업무를 부실하게 수행한 경우

⑥ 제1항부터 제5항까지의 규정에 따른 항로표지 전문인력 양성 및 관리에 관한 시책 수립, 항로표지 전문인력 양성기관의 지정 및 지정취소 등에 필요한 사항은 대통령령으로 정한다.

제47조【손실보상】 ① 해양수산부장관은 제29조 또는 제33조제3항에 따라 생긴 손실에 대하여 보상하여야 한다.

② 제1항에 따른 보상은 다음 각 호에서 정하는 기준에 따른다.
1. 제29조제1항의 경우 : 해당 사설항로표지의 이전·철거, 그 밖에 필요한 조치를 하기 위하여 일반적으로 사용되는 비용. 다만, 사설항로표지를 철거하는 경우에는 해당 사설항로표지의 잔존가액에 상당하는 금액을 포함한 금액(2020.3.24 본문개정)
2. 제29조제2항에 따라 사설항로표지를 수용하는 경우 : 해당 사설항로표지를 설치하기 위하여 일반적으로 사용되는 비용에서 해당 사설항로표지의 감가상각 부분에 상당하는 금액을 공제한 금액(2020.3.24 본호개정)
3. 제33조제3항의 경우 : 항로표지에 장애가 되거나 장애가 될 우려가 있는 구조물등을 제거, 이전 설치 또는 그 밖에 필요한 조치를 하기 위하여 일반적으로 사용되는 비용과 시가에 따라 산정한 해당 구조물등의 손실액에 상당하는 금액(2020.3.24 본호개정)

③ 제1항에 따른 보상을 받으려는 자는 대통령령으로 정하는 바에 따라 해양수산부장관에게 보상을 받으려는 금액 등을 적은 신청서를 제출하여야 한다.

④ 해양수산부장관은 제3항에 따른 신청서가 제출되면 지체 없이 보상할 금액을 결정하여야 한다. 이 경우 해양수산부장관은 대통령령으로 정하는 바에 따라 신청인에게 미리 날짜와 장소를 통지하여 진술을 들어야 한다.

⑤ 제4항의 결정에 불복하는 자는 대통령령으로 정하는 바에 따라 관할 토지수용위원회에 재결을 신청할 수 있다.

⑥ 제1항부터 제4항까지의 규정에 따른 손실보상에 관하여 이 법에서 규정한 것을 제외하고는 「공익사업을 위한 토지 등의 취득 및 보상에 관한 법률」을 준용한다.

제48조【항로표지이용료의 납부】 ① 「항만법」 제2조제2호에 따른 무역항에 출입하는 선박은 항로표지이용료를 납부하여야 한다. 다만, 국가 또는 지방자치단체가 소유하는 선박과 해난(海難)을 피하기 위하여 기항하는 선박 등 대통령령으로 정하는 선박에 대해서는 항로표지이용료의 전부 또는 일부를 면제할 수 있다.

② 항로표지이용료의 부과 금액, 징수 방법 및 절차 등에 관하여 필요한 사항은 해양수산부령으로 정한다.

제49조【수수료】 ① 제38조에 따라 장비·용품등 검사를 신청하려는 자는 해양수산부령으로 정하는 바에 따라 수수료를 내야 한다. 다만, 제39조에 따라 검사대행기관이 장비·용품등 검사를 대행하는 경우에는 해양수산부장관의 승인을 받아 검사대행기관이 정하는 수수료를 검사대행기관에 내야 한다.(2022.1.4 본항개정)

② 해양수산부장관은 제1항 단서에 따른 수수료를 승인하는 경우 그 사실을 관보에 고시하여야 하고, 검사대행기관은 승인된 수수료의 내용과 실비산정 명세를 검사대행기관의 인터넷 홈페이지에 공개하여야 한다.

③ 제43조의3에 따라 항로표지기반 정보 또는 그 정보서비스를 제공하는 경우에는 해양수산부령으로 정하는 바에 따라 수수료를 받을 수 있다.(2022.1.4 본항신설)

제50조【청문】 해양수산부장관은 다음 각 호의 어느 하나에 해당하는 처분을 하려면 청문을 하여야 한다.
1. 제26조에 따른 위탁관리업의 등록취소 또는 업무의 정지
2. 제40조에 따른 검사대행기관의 지정취소 또는 업무의 정지
3. 제46조제5항에 따른 항로표지 전문인력 양성기관의 지정취소

제51조【권한의 위임·위탁】 ① 이 법에 따른 해양수산부장관의 권한은 대통령령으로 정하는 바에 따라 그 일부를 소속 기관의 장에게 위임할 수 있다.

② 이 법에 따른 해양수산부장관의 업무는 그 일부를 대통령령으로 정하는 바에 따라 기술원에 위탁할 수 있다.

제52조【벌칙 적용 시 공무원 의제】 검사대행기관의 임직원 및 제51조제2항에 따른 위탁사무에 종사하는 사람은 「형법」 제129조부터 제132조까지의 규정을 적용할 때에는 공무원으로 본다.

제52조의2【자격증 등의 대여 금지 등】 ① 다음 각 호의 어느 하나에 해당하는 사람은 다른 사람에게 그 명의를 사용하게 하거나 그 자격증을 대여하여서는 아니 된다.
1. 제18조제1항에 따른 사설항로표지관리원
2. 제39조제1항에 따른 검사대행기관의 검사원

② 제23조에 따른 위탁관리업자는 다른 사람에게 그 명의를 사용하게 하거나 위탁관리업 등록증을 대여하여서는 아니된다.

③ 누구든지 제1항에 따른 사설항로표지관리원 및 검사원이 갖추어야 할 자격증을 취득하지 아니하거나 제23조에 따른 위탁관리업의 등록을 하지 아니하고 그 명의를 사용하거나 그 자격증 또는 등록증을 대여받아서는 아니되며, 그 명의의 사용이나 그 자격증 또는 등록증의 대여를 알선하여서도 아니 된다.
(2022.1.4 본조신설)

제7장 벌 칙

제53조【벌칙】 ① 제43조의4제2항을 위반한 자는 10년 이하의 징역 또는 1억원 이하의 벌금에 처한다.(2022.1.4 본항신설)

② 다음 각 호의 어느 하나에 해당하는 자는 1년 이하의 징역 또는 1천만원 이하의 벌금에 처한다.
1. 제9조제6항을 위반하여 허가를 받지 아니하고 항로표지를 설치한 자
2. 제13조제1항을 위반하여 공사를 시행하거나 인공구조물을 설치하면서 항로표지를 설치하지 아니한 자 또는 허가를 받지 아니하고 항로표지를 설치한 자
3. 제14조제1항을 위반하여 침선표지의 설치 의무를 이행하지 아니한 자
4. 제23조제1항 전단을 위반하여 등록을 하지 아니하고 위탁관리업을 한 자
5. 제34조제4항을 위반하여 항로표지를 훼손하고 신고하지 아니한 자
6. 제52조의2제1항 및 제2항을 위반하여 다른 사람에게 그 명의를 사용하게 하거나 그 자격증 또는 등록증을 대여한 자(2022.1.4 본호신설)
7. 제52조의2제3항을 위반하여 그 명의를 사용하거나 그 자격증 또는 등록증을 대여받은 자 또는 그 명의의 사용이나 그 자격증 또는 등록증의 대여를 알선한 자
(2022.1.4 본호신설)

제54조【벌칙】 다음 각 호의 어느 하나에 해당하는 자는 500만원 이하의 벌금에 처한다.
1. 제14조제2항 전단을 위반하여 조치 명령을 이행하지 아니한 자
2. 제18조제1항 각 호 외의 부분 본문을 위반하여 항로표지의 관리에 필요한 사설항로표지관리원·장비 또는 시설을 갖추지 아니한 자
3. 제18조제4항에 따른 명령을 이행하지 아니한 자
4. 제19조제1항을 위반하여 허가를 받지 아니하고 사설항로표지의 현황변경을 한 자
5. 제19조제2항을 위반하여 신고를 하지 아니하고 사설항로표지를 폐지한 자
6. 제23조제1항 후단을 위반하여 변경등록을 하지 아니하고 등록사항을 변경하거나 거짓으로 변경등록을 한 자
7. 제26조제1항에 따른 업무정지 명령을 위반하여 업무정지 기간 중에 사설항로표지의 관리업무를 새로 위탁받아 수행한 자
8. 제29조제1항에 따른 명령을 이행하지 아니한 자

제55조【과태료】 ① 다음 각 호의 어느 하나에 해당하는 자에게는 300만원 이하의 과태료를 부과한다.
1. 제14조제1항을 위반하여 침선표지의 설치 신고를 하지 아니한 자
2. 제18조제1항 또는 제2항을 위반하여 신고를 하지 아니한 자
3. 제20조를 위반하여 준공확인을 받지 아니한 자
4. 제22조제2항을 위반하여 해양수산부장관의 시정조치 요청에 특별한 사유 없이 따르지 아니하거나, 시정조치 요청을 받은 날부터 15일 이내에 조치 내용을 해양수산부장관에게 알리지 아니한 자

4의2. 제23조의2제1항을 위반하여 보험이나 공제에 가입하지 아니한 자(2022.1.4 본호신설)
5. 제24조제3항을 위반하여 권리·의무의 승계에 관한 신고를 하지 아니한 자
6. 제26조제2항을 위반하여 등록취소 또는 업무정지의 사실을 사설 항로표지의 소유자에게 알리지 아니한 자
7. 제28조제1항에 따른 자료제출·보고 명령을 거부하거나 출입·조사 또는 검사를 방해하거나 거부한 자
8. 제31조제2항, 제32조제2항, 제33조제2항 또는 제3항에 따른 명령을 이행하지 아니한 자
9. 제34조제2항 또는 제3항을 위반하여 선박을 계류·정박 또는 정류한 자
10. 제35조 각 호의 어느 하나에 해당하는 행위를 한 자
11. 제38조제1항에 따른 사용전검사·정기검사 또는 변경검사를 거부·방해 또는 기피한 자
12. 제38조제2항을 위반하여 장비·용품 검사에 불합격한 항로표지 장비·용품을 사용한 자
13. 제39조제3항을 위반하여 휴업 또는 폐업의 사실을 신고하지 아니한 자

② 제1항에 따른 과태료는 대통령령으로 정하는 바에 따라 해양수산부장관이 부과·징수한다.

부 칙

제1조【시행일】 이 법은 공포 후 6개월이 경과한 날부터 시행한다.

제2조【사설항로표지관리원의 관리에 관한 적용례】 제22조제2항의 개정규정은 이 법 시행 후 해양수산부장관이 사설항로표지의 소유자 또는 위탁관리업자에 대하여 시정조치를 요청하는 경우부터 적용한다.

제3조【일반적 경과조치】 이 법 시행 당시 종전의 「항로표지법」의 규정에 따라 한 처분이나 그 밖의 행위 또는 행정기관에 대한 각종 신청이나 그 밖의 행위는 그에 해당하는 이 법에 따라 한 행정기관의 행위 또는 행정기관에 대한 행위로 본다.

제4조【항로표지 개발에 관한 기본계획 등에 관한 경과조치】 이 법 시행 당시 종전의 제3조에 따라 수립된 항로표지 개발에 관한 기본계획 또는 항로표지 개발에 관한 시행계획은 각각 제6조의 개정규정에 따라 수립된 항로표지 기본계획 또는 제8조의 개정규정에 따라 수립된 항로표지 시행계획으로 본다.

제5조【항로표지에 관한 경과조치】 ① 이 법 시행 당시 법률 제8627호 항로표지법 전부개정법률 부칙 제4조에 따라 해양수산부장관이 설치한 것으로 보는 위성항법보정시스템은 제10조의 개정규정에 따라 설치·운영하는 것으로 본다.

② 이 법 시행 당시 법률 제8627호 항로표지법 전부개정법률 부칙 제5조에 따라 해양수산부장관이 설치한 것으로 보는 특수신호표지는 제11조의 개정규정에 따라 설치·운영하는 것으로 본다.

제6조【사설항로표지 소유자의 신고에 관한 경과조치】 이 법 시행 전에 종전의 제13조제1항에 따라 항로표지관리원 및 사설항로표지의 관리를 위하여 필요한 시설을 갖추고, 그 사실을 증명할 수 있는 서류를 제출한 자는 제18조제1항 각 호 외의 부분 본문의 개정규정에 따라 신고한 것으로 본다.

제7조【금치산자 등에 관한 경과조치】 제21조제2호 및 제23조제2항제2호의 개정규정에 따른 피성년후견인 및 피한정후견인에는 법률 제10429호 민법 일부개정법률 부칙 제2조에 따라 금치산 또는 한정치산 선고의 효력이 유지되는 자가 포함되는 것으로 본다.

제8조【위탁관리업의 등록취소 등에 관한 경과조치】 ① 이 법 시행 전의 위반행위에 대한 행정처분에 관하여는 제26조의 개정규정에도 불구하고 종전의 제18조에 따른다.

② 이 법 시행 전에 등록취소 또는 업무의 정지 처분을 받은 위탁관리업자는 제26조제2항의 개정규정에도 불구하고 종전의 제18조제2항에 따른다.

제9조【검사대행기관에 관한 경과조치】 ① 이 법 시행 전에 종전의 제32조에 따라 지정된 검사대행기관은 지정의 유효기간이 만료될 때까지 제39조의 개정규정에 따라 검사대행기관으로 지정된 것으로 본다.

② 이 법 시행 전에 종전의 제33조에 따라 해양수산부장관의 승인을 받은 수수료는 제49조제1항 단서의 개정규정에 따라 승인받은 것으로 본다.

제10조【항로표지기술협회에 관한 경과조치】 ① 이 법 시행 당시 종전의 제39조에 따라 설립된 항로표지기술협회(이하 "항로표지기술협회"라 한다)는 이 법 시행 후 3개월 이내에 정관을 작성하여 해양수산부장관에게 승인을 받은 후 제41조제3항의 개정규정에 따라 기술원의 설립등기를 하여야 한다. 이 경우 항로표지기술협회는 「민법」 중 법인의 해산 및 청산에 관한 규정에도 불구하고 기술원이 설립등기를 마친 때에 해산한 것으로 본다.

② 항로표지기술협회의 모든 소관 업무, 권리, 의무 및 재산은 제1항에 따른 설립등기를 마친 때에 기술원이 포괄 승계한다. 이 경우 승계할 재산의 가액은 승계한 날 전날의 장부가액으로 한다.

③ 제1항에 따른 설립등기를 마쳤을 당시 항로표지기술협회의 명의로 된 등기부나 그 밖의 공부에 표시된 명의는 기술원의 명의로 본다.

④ 제1항에 따른 설립등기를 마쳤을 때 항로표지기술협회가 한 행위 또는 항로표지기술협회에 대하여 한 행위는 각각 기술원이 한 행위 또는 기술원에 대하여 한 행위로 본다.

⑤ 제1항에 따른 기술원의 설립등기 당시 항로표지기술협회의 임직원은 기술원의 임직원으로 본다. 이 경우 임원의 임기는 종전의 항로표지기술협회의 정관에 따른 임기의 잔여기간으로 본다.

제11조【손실보상 결정에 대한 불복에 관한 경과조치】 법률 제8627호 항로표지법 전부개정법률 시행 당시 손실보상의 결정에 불복하여 행정심판을 청구한 사건에 대해서는 법률 제8627호 항로표지법 전부개정법률 부칙 제6조에 따른다.

제12조【행정처분에 관한 경과조치】 이 법 시행 전의 「항로표지법」 위반행위에 대한 행정처분에 관하여는 종전의 규정에 따른다.

제13조【벌칙과 과태료에 관한 경과조치】 이 법 시행 전의 행위에 대하여 벌칙과 과태료를 적용하는 경우에는 종전의 규정에 따른다.

제14조【다른 법률의 개정】 ①~④ ※(해당 법령에 가제정리 하였음)

제15조【다른 법령과의 관계】 이 법 시행 당시 다른 법령에서 종전의 「항로표지법」의 규정을 인용하고 있는 경우에 이 법 가운데 그에 해당하는 규정이 있으면 종전의 규정을 갈음하여 이 법의 해당 규정을 인용한 것으로 본다.

부　칙 (2019.1.15)

제1조【시행일】 이 법은 공포 후 6개월이 경과한 날부터 시행한다.

제2조【허가 등의 의제를 위한 협의 등에 관한 적용례】 ① 제15조제4항 및 제5항의 개정규정은 이 법 시행 후 최초로 해양수산부장관이 허가 등의 의제를 위한 협의를 요청하는 경우부터 적용한다.

② 제18조제5항·제6항, 제19조제3항·제4항 및 제24조제5항·제6항의 개정규정은 이 법 시행 후 최초로 사설항로표지 양도신고, 사설항로표지 폐지신고 또는 위탁관리업자의 권리·의무 승계신고를 하는 경우부터 적용한다.

부　칙 (2020.3.24)

이 법은 공포한 날부터 시행한다.

부　칙 (2022.1.4)

제1조【시행일】 이 법은 공포 후 6개월이 경과한 날부터 시행한다.

제2조【항로표지 기본계획 수립에 관한 적용례】 제6조제1항의 개정규정은 이 법 시행 이후 수립하는 항로표지 기본계획부터 적용한다.

부　칙 (2023.5.16)

제1조【시행일】 이 법은 공포한 날부터 시행한다.(단서 생략)

제2조【이의신청에 관한 일반적 적용례】 이의신청에 관한 개정규정은 이 법 시행 이후 하는 처분부터 적용한다.

제3조～제9조 (생략)

해양사고의 조사 및 심판에 관한 법률(약칭 : 해양사고심판법)

(1971년 1월 22일 법 률 제2306호)

개정
1973. 3. 5법 2582호　1975.12.31법 2876호
1983.12.31법 3715호(선박직원법)
1987.11.28법 3951호
1991.12.14법 4423호(비송)
1996. 8. 8법 5153호(정부조직)
1999. 2. 5법 5809호
2005. 3.31법 7427호(민법)
2005. 3.31법 7428호(채무자회생파산)
2005.12.29법 7796호(국가공무원)
2006. 2.21법 7849호(제주자치법)
2007.12.21법 8792호
2008. 2.29법 8852호(정부조직)
2009.12.29법 9854호　2011. 6.15법10802호
2013. 3.23법11690호(정부조직)
2014. 3.24법12547호　2014. 5.21법12660호
2018.12.31법16164호　2020. 2.18법17059호
2020.12.22법17689호(국가자치경찰)
2023. 7.25법19573호(해상교통안전법)
2023. 9.14법19725호

제1장 총　칙

(2009.12.29 본장개정)

제1조【목적】 이 법은 해양사고에 대한 조사 및 심판을 통하여 해양사고의 원인을 밝힘으로써 해양안전의 확보에 이바지함을 목적으로 한다.

제2조【정의】 이 법에서 사용하는 용어의 뜻은 다음과 같다.

1. "해양사고"란 해양 및 내수면(內水面)에서 발생한 다음 각 목의 어느 하나에 해당하는 사고를 말한다.
　가. 선박의 구조·설비 또는 운용과 관련하여 사람이 사망 또는 실종되거나 부상을 입은 사고
　나. 선박의 운용과 관련하여 선박이나 육상시설·해상시설이 손상된 사고
　다. 선박이 멸실·유기되거나 행방불명된 사고
　라. 선박이 충돌·좌초·전복·침몰되거나 선박을 조종할 수 없게 된 사고
　마. 선박의 운용과 관련하여 해양오염 피해가 발생한 사고

1의2. "준해양사고"란 선박의 구조·설비 또는 운용과 관련하여 시정 또는 개선되지 아니하면 선박과 사람의 안전 및 해양환경 등에 위해를 끼칠 수 있는 사태로서 해양수산부령으로 정하는 사고를 말한다.(2013.3.23 본호개정)

2. "선박"이란 수상 또는 수중을 항행하거나 항행할 수 있는 구조물로서 대통령령으로 정하는 것을 말한다.

3. "해양사고관련자"란 해양사고의 원인과 관련된 자로서 제39조에 따라 지정된 자를 말한다.

3의2. "이해관계인"이란 해양사고의 원인과 직접 관계가 없는 자로서 해양사고의 심판 또는 재결로 인하여 경제적으로 직접적인 영향을 받는 자를 말한다.(2011.6.15 본호신설)

4. "원격영상심판(遠隔映像審判)"이란 해양사고관련자가 해양수산부령으로 정하는 동영상 및 음성을 동시에 송수신하는 장치가 갖추어진 관할 해양안전심판원 외의 원격지 심판정(審判廷) 또는 이와 같은 장치가 갖추어진 시설로서 관할 해양안전심판원이 지정하는 시설에 출석하여 진행하는 심판을 말한다.(2013.3.23 본호개정)

제3조【심판원의 설치】 해양사고사건을 심판하기 위하여 해양수산부장관 소속으로 해양안전심판원(이하 "심판원"이라 한다)을 둔다.(2013.3.23 본조개정)

제4조【해양사고의 원인규명 등】 ① 심판원이 심판을 할 때에는 다음 사항에 관하여 해양사고의 원인을 밝혀야 한다.

1. 사람의 고의 또는 과실로 인하여 발생한 것인지 여부
2. 선박승무원의 인원, 자격, 기능, 근로조건 또는 복무에 관한 사유로 발생한 것인지 여부
3. 선박의 선체 또는 기관의 구조·재질·공작이나 선박의 의장(艤裝) 또는 성능에 관한 사유로 발생한 것인지 여부
4. 수로도지(水路圖誌)·항로표지·선박통신·기상통보 또는 구난시설 등의 항해보조시설에 관한 사유로 발생한 것인지 여부
5. 항만이나 수로의 상황에 관한 사유로 발생한 것인지 여부
6. 화물의 특성이나 적재에 관한 사유로 발생한 것인지 여부

② 심판원은 제1항에 따른 해양사고의 원인을 밝힐 때 해양사고의 발생에 2명 이상이 관련되어 있는 경우에는 각 관련자에 대하여 원인의 제공 정도를 밝힐 수 있다.

③ 심판원은 제1항 각 호에 해당하는 해양사고의 원인규명을 위하여 필요하다고 인정하면 해양수산부령으로 정하는 전문연구기관에 자문할 수 있다.(2013.3.23 본항개정)

제5조【재결】 ① 심판원은 해양사고의 원인을 밝히고 재결(裁決)로써 그 결과를 명백하게 하여야 한다.

② 심판원은 해양사고가 해기사나 도선사의 직무상 고의 또는 과실로 발생한 것으로 인정할 때에는 재결로써 해당자를 징계하여야 한다.

③ 심판원은 필요하면 제2항에 규정된 사람 외에 해양사고관련자에게 시정 또는 개선을 권고하거나 명하는 재결을 할 수 있다. 다만, 행정기관에 대하여는 시정 또는 개선을 명하는 재결을 할 수 없다.(2011.6.15 본문개정)

판례 정기용선자에게 해양사고의 조사 및 심판에 관한 법률에 의한 시정권고재결을 할 수 없는 경우 : 상법상 정기용선계약에서 선박의 항행 및 관리에 관련된 해기적인 사항에 관하여 선장 및 선원들에 대한 객관적인 지휘·감독권은 특별한 사정이 없는 한 오로지 선주에게 있으나, 해양사고의 원인을 규명함으로써 해양안전의 확보에 이바지함을 목적으로 하는 해양사고의 조사 및 심판에 관한 법률과 선박의 운행 중 사고로 인한 공평한 손해배상 등을 목적으로 하는 상법은 각기 그 입법 취지가 다르므로, 상법상 손해배상책임을 지지 않는 정기용선자라 하더라도 해양사고의 원인에 관계있는 사유가 밝혀진 경우에는 해양사고의 조사 및 심판에 관한 법률에 의한 시정권고재결을 할 수 있지만, 정기용선자가 선박의 항행 및 관리에 관련된 해기적인 사항에 관한 안전의무를 게을리하지 않았거나 정기용선자에게 안전의무를 기대할 수 없는 경우에까지 그에 대하여 시정권고재결을 하는 것은 위법하다.
(대판 2008.8.21, 2007추80)

판례 선박 충돌사고의 경우 과실이 무거운 쪽 선박의 관련자에게만 시정권고재결을 할 수 있는 것은 아니고, 과실이 가벼운 쪽 선박의 관련자이더라도 그에게 시정이나 개선을 할 사항이 있고 그러한 사항과 해양사고 간에 관련성이 있다고 볼 만한 합리적 근거가 있는 이상, 시정권고재결을 할 수 있다.(대판 2004.4.16, 2003추20)

판례 중앙해양안전심판원 소속 조사관이 중앙해양안전심판원의 징계재결 취소를 구할 당사자 적격이 있는지 여부 : 동법에서 규정하는 조사관의 직무와 권한 및 역할 등에 비추어 보면, 조사관은 해양사고관련자와 대립하여 심판을 청구하고, 지방해양안전심판원의 재결에 대하여 불복이 있을 때에는 중앙해양안전심판원에 제2심의 청구를 할 수 있는 등 공익의 대표자인 지위에 있는 바, 징계재결이 위법한 경우에 징계재결을 받은 당사자가 소로써 불복하지 아니하는 한 그 재결의 취소를 구할 수 없다고 한다면, 이는 공익에 대한 침해로서 부당하므로, 이러한 경우 조사관이 공익의 대표자로서 대법원에 대하여 위법한 징계재결의 취소를 구할 법률상의 이익이 있다.
(대판 2002.9.6, 2002추54)

제5조의2【시정 등의 요청】 심판원은 심판의 결과 해양사고를 방지하기 위하여 시정하거나 개선할 사항이 있다고 인정할 때에는 해양사고관련자가 아닌 행정기관이나 단체에 대하여 해양사고를 방지하기 위한 시정 또는 개선조치를 요청할 수 있다.

제6조【징계의 종류와 감면】 ① 제5조제2항의 징계는 다음 세 가지로 하고, 행위의 경중(輕重)에 따라서 심판원이 징계의 종류를 정한다.

1. 면허의 취소
2. 업무정지
3. 견책(譴責)

② 제1항제2호의 업무정지 기간은 1개월 이상 1년 이하로 한다.

③ 심판원은 제5조제2항에 따른 징계를 할 때 해양사고의 성질이나 상황 또는 그 사람의 경력과 그 밖의 정상(情狀)을 고려하여 이를 감면할 수 있다.

제6조의2【징계의 집행유예】 ① 심판원은 제6조제1항제2호에 따른 업무정지 중 그 기간이 1개월 이상 3개월 이하의 징계를 재결하는 경우에 선박운항에 관한 직무교육(이하 "직무교육"이라 한다)이 필요하다고 인정할 때에는 그 징계재결과 함께 3개월 이상 9개월 이하의 기간 동안 징계의 집행유예(이하 "집행유예"라 한다)를 재결할 수 있다. 이 경우 해당 징계재결을 받은 사람의 명시한 의사에 반하여서는 아니 된다.

② 제1항에 따른 집행유예의 기준 등에 필요한 사항은 심판원이 정한다.
(2011.6.15 본조신설)

제6조의3【직무교육의 이수명령】 ① 심판원은 제6조의2에 따라 징계의 집행을 유예하는 때에는 그 유예기간 내에 직무교육을 이수하도록 명하여야 한다.

② 제1항에 따라 직무교육을 이수하도록 명령을 받은 사람은 심판원 또는 대통령령으로 정하는 위탁 교육기관에서 직무교육을 받아야 한다.

③ 제2항에 따라 교육을 실시하는 심판원 또는 위탁 교육기관은 교육생으로부터 소정의 수강료를 받을 수 있다.

④ 제1항부터 제3항까지에서 규정한 사항 외에 직무교육의 기간, 내용 등 직무교육 이수에 관하여 필요한 사항은 심판원이 정한다.
(2011.6.15 본조신설)

제6조의4【집행유예의 실효】 제6조의2에 따라 징계의 집행유예 재결을 받은 사람이 다음 각 호의 어느 하나에 해당하는 경우에는 그 집행유예의 재결은 효력을 잃는다.

1. 집행유예기간 내에 직무교육을 이수하지 아니한 경우
2. 집행유예기간 중에 업무정지 이상의 징계재결을 받아 그 재결이 확정된 경우

(2011.6.15 본조신설)

제6조의5【집행유예의 효과】 제6조의2에 따라 징계의 집행유예 재결을 받은 후 그 집행유예의 재결이 실효됨이 없이 집행유예기간이 지난 때에는 징계를 집행한 것으로 본다.(2011.6.15 본조신설)

제7조【일사부재리】 심판원은 본안(本案)에 대한 확정재결이 있는 사건에 대하여는 거듭 심판할 수 없다.

제7조의2【공소 제기 전 심판원의 의견청취】 검사는 해양사고가 발생하여 해양사고관련자에 대하여 공소를 제기하는 경우에는 관할 지방해양안전심판원의 의견을 들을 수 있다.

제7조의3【심판정에서의 용어】 ① 심판정에서는 국어를 사용한다.

② 국어가 통하지 아니하는 사람의 진술은 통역인으로 하여금 통역하게 하여야 한다.

제2장 심판원의 조직

(2009.12.29 본장개정)

제8조【심판원의 조직】 ① 심판원은 중앙해양안전심판원(이하 "중앙심판원"이라 한다)과 지방해양안전심판원(이하 "지방심판원"이라 한다)의 2종으로 한다.

② 각급 심판원에 원장 1명과 대통령령으로 정하는 수의 심판관을 둔다.

③ 중앙심판원의 조직과 지방심판원의 명칭·조직 및 관할구역은 대통령령으로 정한다.

제9조【중앙심판원장 및 지방심판원장】 ① 중앙심판원에 중앙해양안전심판원장(이하 "중앙심판원장"이라 한다)을, 지방심판원에 지방해양안전심판원장(이하 "지방심판원장"이라 한다)을 둔다.

② 중앙심판원장 및 지방심판원장은 제9조의2제2항 각 호의 어느 하나에 해당하는 자격이 있는 사람 중에서 해양수산부장관의 제청에 따라 대통령이 임명한다.

(2023.9.14 본항개정)

③ (2023.9.14 삭제)

제9조의2【심판관의 임명 및 자격】 ① 중앙심판원의 심판관은 해양수산부장관의 제청에 따라 대통령이 임명하고, 지방심판원의 심판관은 중앙심판원장의 추천을 받아 해양수산부장관이 임명한다.(2013.3.23 본항개정)

② 중앙심판원의 심판관이 될 수 있는 사람은 다음 각 호의 어느 하나에 해당하는 사람이어야 한다.

1. 지방심판원의 심판관으로 4년 이상 근무한 사람
2. 2급 이상의 항해사·기관사 또는 운항사의 해기사면허(이하 "2급 이상의 해기사면허"라 한다)를 받은 사람으로서 4급 이상의 일반직 국가공무원으로 4년 이상 근무한 사람
3. 3급 이상의 일반직 국가공무원으로서 해양수산행정에 3년 이상 근무한 사람
4. 제1호부터 제3호까지의 경력 연수를 합산하여 4년 이상인 사람

③ 지방심판원의 심판관이 될 수 있는 사람은 다음 각 호의 어느 하나에 해당하는 사람이어야 한다.

1. 1급 항해사, 1급 기관사 또는 1급 운항사의 해기사면허를 받은 사람으로서 원양구역을 항행구역으로 하는 선박의 선장 또는 기관장으로 3년 이상 승선한 사람
2. 2급 이상의 해기사면허를 받은 사람으로서 5급 이상의 일반직 국가공무원으로 2년 이상 근무한 사람
3. 2급 이상의 해기사면허를 받은 후 대학 등 대통령령으로 정하는 교육기관의 조교수 이상 또는 이에 상당하는 직에서 선박의 운항 또는 선박용 기관의 운전에 관한 과목을 3년 이상 가르친 사람(2023.9.14 본호개정)
4. 제1호부터 제3호까지의 경력 연수를 합산하여 3년 이상인 사람
5. 변호사 자격이 있는 사람으로서 3년 이상의 실무경력이 있는 사람

제10조【결격사유】 「국가공무원법」 제33조 각 호의 어느 하나에 해당하는 사람은 심판원장이나 심판관이 될 수 없다.

제11조【심판원장 및 심판관의 직무】 ① 중앙심판원장의 직무는 다음과 같다.

1. 중앙심판원의 일반사무를 관장하며, 소속 직원을 지휘·감독한다.
2. 중앙심판원의 심판부를 구성하고 심판관 중에서 심판장을 지명한다. 다만, 특히 중요한 사건에 대하여는 스스로 심판장이 될 수 있다.
3. 지방심판원의 일반사무를 지휘·감독한다.
4. 각급 심판원의 심판관에 결원이 생기거나 그 밖의 부득이한 사유가 있을 때에는 중앙심판원의 심판관은 지방심판원장으로, 지방심판원의 심판관은 다른 지방심판원의 심판관으로 하여금 심판관의 직무를 하게 할 수 있다.(2020.2.18 본호개정)

② 지방심판원장의 직무는 다음과 같다.

1. 해당 지방심판원의 일반사무를 관장하며, 소속 직원을 지휘·감독한다.
2. 해당 지방심판원의 심판부를 구성하고 심판장이 된다.

③ 심판관은 심판직무에 종사한다.

④ 심판원장이 부득이한 사유로 직무를 수행할 수 없을 때에는 그 심판원의 심판관 중 선임자가 그 직무를 대행한다. 다만, 심판업무 외의 업무는 제16조제1항에 따른 수석조사관이 그 직무를 대행한다.

제12조【심판직무의 독립】 심판장과 심판관은 독립하여 심판직무를 수행한다.

제13조【심판관의 신분 및 임기】 ① 심판원장과 심판관은 일반직공무원으로서 「국가공무원법」 제26조의5에 따른 임기제공무원으로 한다.(2014.3.24 본항개정)

② 심판원장과 심판관의 임기는 3년으로 하며, 연임할 수 있다.

③ 심판원장과 심판관은 형의 선고, 징계처분 또는 법에 의하지 아니하고는 그 의사에 반하여 면직·감봉이나 그 밖의 불리한 처분을 받지 아니한다.

④ 심판원장과 심판관의 임용요건, 임용절차, 근무상한연령 및 그 밖에 필요한 사항에 관하여 이 법에 특별한 규정이 없는 경우에는 「국가공무원법」에 따른다.(2018.12.31 본항개정)

제13조의2【심판관의 전보】 해양수산부장관은 심판업무 수행상 부득이하다고 인정되는 경우에만 제13조제2항의 임기 중인 지방심판원장 또는 각급 심판원의 심판관을 다른 심판원의 해당 직급에 전보(轉補)할 수 있다.

(2013.3.23 본조개정)

제14조【비상임심판관】 ① 각급 심판원에 비상임심판관을 두되, 비상임심판관은 그 직무에 필요한 학식과 경험이 있는 사람 중에서 각급 심판원장이 위촉한다. 이 경우 지방심판원장은 중앙심판원장의 승인을 받아야 한다.

(2018.12.31 본항개정)

② 비상임심판관은 해양사고의 원인규명이 특히 곤란한 사건의 심판에 참여한다.

③ 심판에 참여하는 비상임심판관의 직무와 권한은 심판관과 같다.

④ 각급 심판원장은 비상임심판관이 다음 각 호의 어느 하나에 해당하는 경우에는 비상임심판관을 해촉할 수 있다. 이 경우 지방심판원장은 중앙심판원장의 승인을 받아야 한다.

1. 심신장애로 직무를 수행할 수 없게 된 경우
2. 비상임심판관 스스로 직무를 수행하는 것이 곤란하다고 의사를 밝히는 경우
3. 심판과 관련된 비위(非違)사실이 있는 경우
4. 직무태만, 품위손상이나 그 밖의 사유로 인하여 비상임심판관으로 적합하지 아니하다고 인정되는 경우
5. 「국가공무원법」 제33조 각 호의 어느 하나에 해당되는 경우
6. 제15조제2항 각 호의 어느 하나에 해당함에도 불구하고 같은 조 제4항에 따라 회피하지 아니한 경우

(2018.12.31 본항신설)

⑤ 각급 심판원에 두는 비상임심판관의 수와 자격 등에 관하여 필요한 사항은 대통령령으로 정한다.

제15조【심판관·비상임심판관의 제척·기피·회피】

① 심판관(심판장을 포함한다. 이하 이 조에서 같다)이나 비상임심판관은 다음 각 호의 어느 하나에 해당하는 경우에는 직무집행에서 제척된다.

1. 심판관·비상임심판관이 해양사고관련자의 친족이거나 친족이었던 경우
2. 심판관·비상임심판관이 해당 사건에 대하여 증언이나 감정을 한 경우
3. 심판관·비상임심판관이 해당 사건에 대하여 해양사고관련자의 심판변론인이나 대리인으로서 심판에 관여한 경우
4. 심판관·비상임심판관이 해당 사건에 대하여 조사관의 직무를 수행한 경우
5. 심판관·비상임심판관이 전심(前審)의 심판에 관여한 경우
6. 심판관·비상임심판관이 심판 대상이 된 선박의 소유자·관리인 또는 임차인인 경우

② 조사관, 해양사고관련자 및 심판변론인은 다음 각 호의 어느 하나에 해당하는 경우 심판관과 비상임심판관의 기피를 신청할 수 있다.

1. 심판관·비상임심판관이 제1항 각 호의 사유에 해당하는 경우
2. 심판관·비상임심판관이 불공평한 심판을 할 우려가 있는 경우

③ 심판정에서 해당 사건에 대하여 이미 진술을 한 사람은 제2항제2호의 사유만을 이유로 하여 기피의 신청을 하지 못한다. 다만, 기피 사유가 있음을 알지 못하였을 때 또는 기피 사유가 그 후 발생하였을 때에는 그러하지 아니하다.

④ 심판관·비상임심판관은 제2항에 해당하는 사유가 있다고 인정할 때에는 직무집행에서 회피하여야 한다.

(2018.12.31 본항개정)

⑤ 심판관·비상임심판관의 제척·기피·회피에 대한 결정은 그 심판관·비상임심판관의 소속 심판원 합의체심판부에서 한다. 다만, 특별심판부를 구성하는 경우에는 그 특별심판부가 구성된 지방심판원 합의체심판부에서 결정한다.

제16조【조사관 등】 ① 각급 심판원에 수석조사관, 조사관 및 조사사무를 보조하는 직원을 둔다.

② 제1항의 수석조사관, 조사관 및 조사사무를 보조하는 직원은 일반직 국가공무원으로 임명하되, 그 정원은 대통령령으로 정한다.

제16조의2【조사관의 자격】 ① 중앙심판원의 수석조사관(이하 "중앙수석조사관"이라 한다)이 될 수 있는 사람은 다음 각 호의 어느 하나에 해당하는 사람으로 한다.

1. 제9조의2제2항제1호 및 제2호에 해당하는 사람
2. 3급 이상의 일반직 국가공무원으로서 해양수산행정에 3년(해양안전 관련 업무에 1년 이상 근무한 경력을 포함한다) 이상 근무한 사람
3. 제1호 및 제2호의 경력 연수를 합산하여 4년 이상인 사람

② 중앙심판원의 조사관과 지방심판원의 수석조사관(이하 "지방수석조사관"이라 한다)이 될 수 있는 사람은 제9조의2제3항제1호부터 제4호까지의 규정에 해당하는 사람으로 한다. 다만, 지방심판원의 조사관의 자격에 관하여는 대통령령으로 정한다.

제17조【조사관의 직무】 수석조사관과 조사관은 해양사고의 조사, 심판의 청구, 재결의 집행, 그 밖에 대통령령으로 정하는 사무를 담당한다.

제18조【조사사무에 관한 지휘·감독】 ① 조사관은 조사사무에 관하여 소속 상급자의 지휘·감독에 따른다.

② 조사관은 구체적 사건과 관련된 제1항의 지휘·감독의 적법성 또는 정당성 여부에 대하여 이견이 있는 경우에는 이의를 제기할 수 있다.

③ 중앙수석조사관은 조사사무의 최고 감독자로서 일반적으로 모든 조사관을 지휘·감독하고, 구체적인 사건에 대하여는 중앙심판원의 조사관과 지방수석조사관을 지휘·감독한다.

(2011.6.15 본조개정)

제18조의2【조사관 직무의 위임·이전 및 승계】 ① 중앙수석조사관 또는 지방수석조사관은 소속 조사관으로 하여금 그 권한에 속하는 직무의 일부를 처리하게 할 수 있다.

② 중앙수석조사관 또는 지방수석조사관은 소속 조사관의 직무를 자신이 처리하거나 다른 조사관으로 하여금 처리하게 할 수 있다.

(2011.6.15 본조개정)

제18조의3【특별조사부의 구성】 ① 중앙수석조사관은 다음 각 호의 어느 하나에 해당하는 해양사고로서 심판청구를 위한 조사와는 별도로 해양사고를 방지하기 위하여 특별한 조사가 필요하다고 인정하는 경우에는 특별조사부를 구성할 수 있다.

1. 사람이 사망한 해양사고
2. 선박 또는 그 밖의 시설이 본래의 기능을 상실하는 등 피해가 매우 큰 해양사고
3. 기름 등의 유출로 심각한 해양오염을 일으킨 해양사고
4. 제1호부터 제3호까지에서 규정한 해양사고 외에 해양사고 조사에 국제협력이 필요한 해양사고 및 준해양사고

② 제1항에 따른 특별조사부(이하 "특별조사부"라 한다)는 다음 각 호의 어느 하나에 해당하는 사람 10명 이내로 구성하되, 특별조사부의 장은 조사관 중에서 중앙수석조사관이 지명하는 사람으로 한다. 다만, 특히 중요한 사건에 대하여는 중앙수석조사관이 스스로 특별조사부의 장이 될 수 있다.

1. 조사관(수석조사관을 포함한다. 이하 같다)
2. 해양사고와 관련된 관계 기관의 공무원
3. 해양사고 관련 전문가

③ 특별조사부의 장은 조사가 끝난 후 10일 이내에 조사보고서를 작성하여 해양수산부장관 및 중앙수석조사관에게 제출하고, 이를 제출받은 중앙수석조사관은 그 보고서를 관계 행정기관의 장 및 국제해사기구에 송부(해양사고의 조사 및 심판과 관련하여 국제적으로 발효된 국제협약에 따른 보고대상 해양사고만 해당한다)하여야 한다.

(2013.3.23 본항개정)

④ 중앙수석조사관은 제3항에 따른 조사보고서를 공표하여야 한다. 다만, 국가의 안전보장이 침해될 우려가 있는 경우에는 그러하지 아니하다.

⑤ 중앙수석조사관은 특별조사부의 해양사고 조사가 종료된 후에 그 해양사고 조사 결과를 변경시킬 수 있을 정도의 중요한 증거가 발견된 경우에는 해당 해양사고를 다시 조사할 수 있다.

⑥ 특별조사부의 해양사고 조사는 민형사상 책임과 관련된 사법절차, 심판청구를 위한 조사 절차 및 행정쟁송절차와 분리하여 독립적으로 수행되어야 하며, 특별조사부의 조사관에 대하여는 제18조 및 제18조의2를 적용하지 아니한다.

⑦ 특별조사부의 해양사고 조사과정에서 얻은 정보는 공개한다. 다만, 해당 해양사고 조사나 장래의 해양사고 조사에 부정적 영향을 줄 수 있거나, 국가의 안전보장 또는 개인의 사생활이 침해될 우려가 있는 정보로서 대통령령으로 정하는 정보는 공개하지 아니할 수 있다.

⑧ 해양사고의 조사절차, 조사보고서의 작성방법 등 특별조사부의 운영에 필요한 사항은 해양수산부령으로 정한다.

(2013.3.23 본항개정)

(2011.6.15 본조개정)

제19조【조사관 일반사무의 지휘·감독】 심판원장은 조사관의 일반사무를 지휘·감독한다. 이 경우 조사관의 고유사무에 관여하거나 영향을 주어서는 아니 된다.

제20조 (1999.2.5 삭제)

제20조의2【심판관 및 조사관 등의 연수교육】 중앙심판원장은 심판관, 조사관 및 그 밖의 직원의 자질 향상을 위하여 필요하다고 인정하면 해양수산부령으로 정하는 바에 따라 연수교육을 할 수 있다.(2013.3.23 본조개정)

제21조【심급】 지방심판원은 제1심 심판을 하고, 중앙심판원은 제2심 심판을 한다.

제22조【심판부의 구성 및 의결】 ① 지방심판원은 심판관 3명으로 구성하는 합의체에서 심판을 한다. 다만, 대통령령으로 정하는 경미한 사건 및 제38조의2에 따른 약식심판 사건에 관하여는 1명의 심판관이 심판을 한다.(2011.6.15 단서개정)

② 중앙심판원은 심판관 5명 이상으로 구성하는 합의체에서 심판을 한다.

③ 각급 심판원은 제14조제2항에 규정된 사건에는 제1항과 제2항에도 불구하고 원장이 지명하는 비상임심판관 2명을 참여시켜야 한다.

④ 합의체심판부는 합의체를 구성하는 심판관(심판장과 비상임심판관을 포함한다)의 과반수의 찬성으로 의결한다.

제22조의2【특별심판부의 구성】 ① 중앙심판원장은 다음 각 호의 어느 하나에 해당하는 해양사고 중 그 원인 규명에 고도의 전문성이 필요하다고 인정할 때에는 그 사건을 관할하는 지방심판원에 특별심판부를 구성할 수 있다.

1. 10명 이상이 사망하거나 부상당한 해양사고
2. 선박이나 그 밖의 시설의 피해가 현저히 큰 해양사고
3. 기름 등의 유출로 심각한 해양오염을 일으킨 해양사고

② 제1항에 따른 특별심판부는 해당 해양사고의 원인 규명에 전문지식을 가진 심판관 2명과 그 사건을 관할하는 지방심판원장으로 구성하되, 지방심판원장이 심판장이 된다.

제23조【심판부의 직원】 ① 심판부에 서기, 심판정 경위(警衛) 및 심판 보조직원을 둔다.

② 서기는 심판에 참석하며 심판장과 심판관의 명을 받아 서류의 작성·보관 또는 송달에 관한 사무를 담당한다.

③ 심판정 경위는 심판장의 명을 받아 심판정의 질서유지를 담당한다.

④ 심판 보조직원은 심판장과 심판관의 명을 받아 증거조사 및 서기업무를 제외한 심판 보조업무를 담당한다.

⑤ 서기, 심판정 경위 및 심판 보조직원은 심판원장이 그 소속 직원 중에서 지명하거나 임명한다.

제2장의2 심판원의 관할

(2009.12.29 본장개정)

제24조【관할】 ① 심판에 부칠 사건의 관할권은 해양사고가 발생한 지점을 관할하는 지방심판원에 속한다. 다만, 해양사고 발생 지점이 분명하지 아니하면 그 해양사고와 관련된 선박의 선적항을 관할하는 심판원에 속한다.

② 하나의 사건이 2곳 이상의 지방심판원에 계속(係屬)되었을 때에는 최초의 심판청구를 받은 지방심판원에서 심판한다.

③ 하나의 선박에 관한 2개 이상의 사건이 2곳 이상의 지방심판원에 계속되었을 때에는 최초의 심판청구를 받은 지방심판원이 심판한다.(2018.12.31 본항개정)

④ 하나의 선박에 관한 2개 이상의 사건을 심판하는 지방심판원은 필요하다고 인정하는 때에는 직권으로 또는 조사관, 해양사고관련자나 심판변론인의 신청에 따라 결정으로 그 심판을 분리하거나 병합할 수 있다.(2018.12.31 본항개정)

⑤ 국외에서 발생한 사건의 관할에 대하여는 대통령령으로 정한다.

제25조【사건 이송】 ① 지방심판원은 사건이 그 관할이 아니라고 인정할 때에는 결정으로써 이를 관할 지방심판원에 이송하여야 한다.

② 제1항에 따라 이송을 받은 지방심판원은 다시 사건을 다른 지방심판원에 이송할 수 없다.

③ 제1항에 따라 이송된 사건은 처음부터 이송을 받은 지방심판원에 계속된 것으로 본다.

제26조【관할 이전의 신청】 ① 조사관이나 해양사고관련자는 해당 해양사고의 해양사고관련자가 관할 지방심판원에 출석하는 것이 불편하다고 인정되는 경우에는 대통령령으로 정하는 바에 따라 중앙심판원에 관할의 이전을 신청할 수 있다. 이 경우 신청인은 관할 지방심판원에 신청서를 제출할 수 있으며, 이를 제출받은 관할 지방심판원은 지체 없이 중앙심판원에 보내야 한다.

② 중앙심판원은 제1항의 신청이 있는 경우로서 심판상 편의가 있다고 인정할 때에는 결정으로 관할을 이전할 수 있다.

제3장 심판변론인

(2009.12.29 본장개정)

제27조【심판변론인의 선임】 ① 해양사고관련자나 이해관계인은 심판변론인을 선임할 수 있다.

② 해양사고관련자의 법정대리인·배우자·직계친족과 형제자매는 독립하여 심판변론인을 선임할 수 있다.

③ 심판변론인은 중앙심판원에 심판변론인으로 등록한 사람 중에서 선임하여야 한다. 다만, 각급 심판원장의 허가를 받은 경우에는 그러하지 아니하다.

④ 심판의 결과에 대하여 같은 이해관계를 가지는 해양사고관련자 또는 이해관계인이 선임한 심판변론인이 2명 이상이면 대표심판변론인 1명을 선임하여야 한다.

제28조【심판변론인의 자격과 등록】 ① 심판변론인이 될 수 있는 사람은 다음 각 호의 어느 하나에 해당하는 사람으로 한다.

1. 제9조의2제3항제1호부터 제4호까지의 규정에 해당하는 사람
2. 심판관 및 조사관으로 근무한 경력이 있는 사람
3. 1급 항해사, 1급 기관사 또는 1급 운항사 면허를 받은 사람으로서 5년 이상 해사 관련 법률자문업무에 종사하였거나 해양수산부령으로 정하는 해사 관련 분야의 법학박사 학위를 취득한 사람(2013.3.23 본호개정)
4. 변호사 자격이 있는 사람

② 심판변론인의 업무에 종사하려는 사람은 대통령령으로 정하는 바에 따라 중앙심판원장에게 등록하여야 한다.(2018.12.31 본항개정)

제28조의2【심판변론인의 결격사유】 다음 각 호의 어느 하나에 해당하는 사람은 심판변론인이 될 수 없다.

1. 「국가공무원법」 제33조 각 호의 어느 하나에 해당하는 사람
2. 제29조의2에 따라 등록이 취소(「국가공무원법」 제33조제1호 또는 제2호에 해당하여 등록이 취소된 경우는 제외한다)된 날부터 3년이 지나지 아니한 사람

(2018.12.31 본조신설)

제29조【심판변론인의 업무 등】 ① 심판변론인은 다음 각 호의 업무를 수행한다.

1. 해양사고관련자나 이해관계인이 이 법에 따라 심판원에 대하여 하는 신청·청구·진술 등의 대리 또는 대행
2. 해양사고관련자 등에 대하여 하는 해양사고와 관련된 기술적 자문

② 심판변론인은 수임(受任)한 직무를 성실하게 수행하여야 한다.

③ 심판변론인 또는 심판변론인이었던 사람은 직무상 알게 된 비밀을 누설하여서는 아니 된다.

제29조의2【심판변론인의 등록의 취소】 중앙심판원장은 심판변론인이 다음 각 호의 어느 하나에 해당하는 경우에는 대통령령으로 정하는 바에 따라 심판변론인의 등록을 취소하여야 한다.

1. 제28조제1항에 따른 자격이 없거나 그 자격을 상실하게 된 경우
2. 제28조의2 각 호의 어느 하나에 해당하게 된 경우
3. 제29조제2항 또는 제3항을 위반한 경우
4. 사망한 경우

(2018.12.31 본조신설)

제30조【국선 심판변론인의 선정】 ① 다음 각 호의 어느 하나에 해당하는 경우로서 심판변론인이 없는 때에는 심판원은 예산의 범위에서 직권으로 제28조제2항에 따라 등록한 사람 중에서 심판변론인(이하 이 조에서 같다)을 선정하여야 한다.

1. 해양사고관련자가 미성년자인 경우
2. 해양사고관련자가 70세 이상인 경우
3. 해양사고관련자가 청각 또는 언어 장애인인 경우
4. 해양사고관련자가 심신장애의 의심이 있는 경우

② 심판원은 해양사고관련자가 빈곤 또는 그 밖의 사유로 심판변론인을 선임할 수 없는 경우로서 해양사고관련자의 청구가 있는 경우에는 예산의 범위에서 심판변론인을 선정할 수 있다.

③ 심판원은 해양사고관련자의 연령·지능 및 교육 정도 등을 고려하여 권리보호를 위하여 필요하다고 인정하는 경우에는 예산의 범위에서 심판변론인을 선정할 수 있다. 이 경우 해양사고관련자의 명시한 의사에 반하여서는 아니 된다.

④ 제1항부터 제3항까지의 규정에 따른 심판변론인의 선정 등 국선심판변론인의 운영에 필요한 사항은 해양수산부령으로 정한다.(2013.3.23 본항개정)

(2011.6.15 본조신설)

제30조의2【심판변론인협회】 ① 심판변론인은 해양수산부장관의 허가를 받아 심판변론인협회(이하 "협회"라 한다)를 설립할 수 있다.(2013.3.23 본항개정)

② 협회는 법인으로 한다.

제30조의3【사업】 협회는 다음의 사업을 한다.

1. 해양사고관련자의 심판구조사업
2. 해양사고의 방지에 관한 사업
3. 심판변론인과 위임인 간의 분쟁조정
4. 그 밖에 심판과 관련된 것으로서 대통령령으로 정하는 사업

제30조의4【설립절차 등】 협회의 설립절차, 정관의 기재사항, 임원과 감독에 필요한 사항은 대통령령으로 정한다.

제30조의5【「민법」의 준용】 협회에 관하여 이 법에 규정이 있는 것을 제외하고는 「민법」 중 사단법인에 관한 규정을 준용한다.

제4장 심판 전의 절차

(2009.12.29 본장개정)

제31조【해양수산관서 등의 의무】 ① 해양수산관서, 경찰공무원, 특별시장·광역시장·특별자치시장·도지사·특별자치도지사 및 시장·군수·구청장은 해양사고가 발생한 사실을 알았을 때에는 지체 없이 그 사실을 자세히 기록하여 관할 지방심판원의 조사관에게 통보하여야 한다.(2020.12.22 본항개정)

② 조사관이 해양사고에 관한 증거 수집이나 조사를 하기 위하여 관계기관에 협조를 요청하면 그 기관은 이에 따라야 한다.

제31조의2【준해양사고의 통보】 ① 선박소유자 또는 선박운항자는 해양사고를 방지하기 위하여 선박(「어선법」 제2조제1호에 따른 어선은 제외한다. 이하 이 조에서 같다)의 운용과 관련하여 발생한 준해양사고를 해양수산부령으로 정하는 바에 따라 중앙수석조사관에게 통보하여야 한다.(2013.3.23 본항개정)

② 중앙수석조사관은 제1항에 따라 통보받은 내용을 분석하여 선박과 사람의 안전 및 해양환경 등에 위해를 끼칠 수 있는 사항이 포함되어 있는 경우에는 선박소유자 등 관계인에게 그 내용을 알려야 한다.

③ 중앙수석조사관은 제1항에 따라 준해양사고를 통보한 자의 의사에 반하여 통보자의 신분을 공개하여서는 아니 된다.

(2011.6.15 본조신설)

제32조【영사의 임무】 ① 영사는 국외에서 해양사고가 발생한 사실을 알았을 때에는 지체 없이 그 사실과 증거를 수집하여 중앙수석조사관에게 통보하여야 한다.

② 중앙수석조사관은 제1항의 통보를 받으면 지체 없이 관할 지방수석조사관에게 보내야 한다.

제33조【사실조사의 요구】 ① 해양사고에 대하여 이해관계가 있는 사람은 그 사실을 자세히 기록하여 관할 조사관에게 사실조사를 요구할 수 있다.

② 제1항의 요구를 받은 조사관은 사실조사를 하여 심판청구 여부를 결정하고 이를 요구자에게 알려야 한다.

③ 조사관이 제2항의 심판청구를 하지 아니할 때에는 미리 중앙수석조사관의 승인을 받아야 한다.(2023.9.14 본항개정)

제34조【해양사고의 조사 및 처리】 ① 조사관은 해양사고가 발생한 사실을 알게 되면 즉시 그 사실을 조사하고 증거를 수집하여야 한다.

② 조사관은 조사 결과 사건을 심판에 부칠 필요가 없다고 인정하는 경우에는 그 사건에 대하여 심판불필요처분(審判不必要處分)을 하여야 한다.

제35조【증거보전】 ① 조사관, 해양사고관련자 또는 심판변론인이 미리 증거를 보전하지 아니하면 그 증거를 채택하기 곤란하다고 인정하여 증거보전을 신청할 때에는 심판원은 심판청구 전이라도 검증 또는 감정을 할 수 있다.(2011.6.15 본항개정)

② 제1항의 신청에는 서면으로 증거를 표시하고 그 증거보전의 사유를 밝혀야 한다.

③ 해양사고가 발생한 경우 누구든지 다음 각 호의 어느 하나에 해당하는 행위를 하여서는 아니 된다. 다만, 선원이나 선박의 안전 확보, 해양환경의 보호 등 공공의 중대한 이익 보호 또는 인명 구조 등을 위하여 제5호에 따른 행위를 하여야 할 필요가 있는 경우에는 그러하지 아니하다.(2014.3.24 본문개정)

1. 해당 해양사고와 관련된 선박에 비치하거나 기록·보관하는 다음 각 목의 간행물 또는 서류 등(전자적 간행물 또는 서류 등을 포함하며, 이하 이 항에서 "기록물"이라 한다)의 파기 또는 변경
   가. 「선박안전법」 제32조에 따라 선박소유자가 선박에 비치하여야 하는 항해용 간행물
   나. 「선원법」 제20조제1항에 따라 선장이 선내에 비치하여야 하는 서류 및 같은 조 제2항에 따라 선장이 기록·보관하여야 하는 서류

   (2014.3.24 본호개정)
2. 해당 해양사고와 관련된 선박으로서 「해상교통안전법」 제46조제2항에 따른 안전관리체제를 수립·시행하여야 하는 선박의 소유자 또는 같은 법 제53조에 따른 안전관리대행업자가 해당 선박의 안전관리체제 수립·시행과 관련하여 작성·보관하거나 선박에 비치하는 기록물의 파기 또는 변경(2023.9.14 본호개정)
3. 해당 해양사고와 관련된 선박으로서 제2호에 따른 선박 외의 선박의 소유자 또는 「선박관리산업발전법」 제2조제2호의 선박관리사업자가 해당 선박의 운용, 선원의 관리 또는 선박의 정비와 관련하여 작성·보관하는 기록물의 파기 또는 변경(2014.3.24 본호신설)
4. 해당 해양사고와 관련된 선박과 「선박교통관제에 관한 법률」 제11조에 따른 선박교통관제를 시행하는 기관 사이의 선박교통관제와 관련하여 작성·보관되는 기록물의 파기 또는 변경(2023.9.14 본호개정)
5. 해당 해양사고와 관련된 선박의 손상된 선체·기관 및 각종 계기(計器)와 그 밖의 부분에 대한 수리(2014.3.24 본호개정)

④ 「선박안전법」 제26조에 따라 선박시설기준에서 정하는 항해자료기록장치(이하 이 항에서 "항해자료기록장치"라 한다)를 설치한 선박의 선장은 해당 선박과 관련하여 해양사고가 발생한 경우 지체 없이 항해자료기록장치의 정보를 보존하기 위한 조치를 하여야 한다.(2014.3.24 본항신설)

제36조【비밀준수의무】 조사관이나 그의 보조자는 사실조사와 증거수집을 할 때 비밀을 준수하고 관계인의 명예를 훼손하지 아니하도록 주의하여야 한다.

제37조【조사관의 권한】 ① 조사관은 그 직무를 수행하기 위하여 필요할 때에는 다음 각 호의 처분을 할 수 있다.
1. 해양사고와 관계있는 사람을 출석하게 하거나 그 사람에게 질문하는 일
2. 선박이나 그 밖의 장소를 검사하는 일
3. 해양사고와 관계있는 사람에게 보고하게 하거나, 장부·서류 또는 그 밖의 물건을 제출하도록 명하는 일
4. 관공서에 대하여 보고 또는 자료의 제출 및 협조를 요구하는 일
5. 증인·감정인·통역인 또는 번역인을 출석하게 하거나 증언·감정·통역·번역을 하게 하는 일

② 제1항제1호의 처분을 받은 사람으로서 조사관이 특히 필요하다고 인정하면 해양수산관서에 대하여 72시간 이내의 기간 동안 해당자의 하선조치를 요구할 수 있다.
③ 조사관이 제1항제2호의 처분을 할 때에는 그 권한을 표시하는 증표를 지니고 관계인에게 내보여야 한다.

제38조【심판의 청구】 ① 조사관은 사건을 심판에 부쳐야 할 것으로 인정할 때에는 지방심판원에 심판을 청구하여야 한다. 다만, 사건이 발생한 후 3년이 지난 해양사고에 대하여는 심판청구를 하지 못한다.
② 제1항의 청구는 해양사고사실을 표시한 서면으로 하여야 한다.

제38조의2【약식심판의 청구】 ① 조사관은 다음 각 호의 어느 하나에 해당하는 경미한 해양사고로서 해양사고관련자의 소환이 필요하지 아니하다고 인정할 때에는 약식심판을 청구할 수 있다. 다만, 해양사고관련자의 명시한 의사에 반하여서는 아니 된다.
1. 사람이 사망하지 아니한 사고
2. 선박 또는 그 밖의 시설의 본래의 기능이 상실되지 아니한 사고
3. 대통령령으로 정하는 기준 이하의 오염물질이 해양에 배출된 사고

② 제1항에 따른 약식심판의 청구는 심판청구와 동시에 서면으로 하여야 한다.
(2011.6.15 본조신설)

제39조【해양사고관련자의 지정과 통지】 ① 조사관은 제38조에 따라 심판을 청구하는 경우에는 그 해양사고 발생의 원인과 관계가 있다고 인정되는 자를 해양사고관련자로 지정하여야 한다.
② 조사관은 제1항에 따라 해양사고관련자를 지정하면 그 내용을 대통령령으로 정하는 바에 따라 그 해양사고관련자에게 알려야 한다.(2020.2.18 본항개정)
(2020.2.18 본조제목개정)

제39조의2【이해관계인의 심판신청】 ① 해양사고에 대하여 이해관계가 있는 자는 제34조제2항에 따른 심판불필요처분을 받은 해양사고에 대하여 원인규명이 필요하다고 인정하면 대통령령으로 정하는 바에 따라 관할 지방심판원에 그 처분이 올바른지에 대하여 심판을 신청할 수 있다.
② 관할 지방심판원은 제1항에 따라 심판이 신청된 경우 그 신청이 이유 있는 것으로 인정되는 경우에는 결정으로써 조사관으로 하여금 조사를 시작하여 심판을 청구하도록 하고, 그 신청이 이유 없는 것으로 인정되는 경우에는 결정으로써 이를 기각하여야 한다.

제5장 지방심판원의 심판
(2009.12.29 본장개정)

제40조【심판의 시작】 지방심판원은 조사관의 심판청구에 따라 심판을 시작한다.

제41조【심판의 공개】 심판의 대심(對審)과 재결은 공개된 심판정에서 한다.

제41조의2【원격영상심판】 ① 심판원장은 제41조에도 불구하고 해양사고관련자가 교통의 불편 등으로 심판정에 직접 출석하기 어려운 경우에는 원격영상심판을 할 수 있다.(2018.12.31 본항개정)
② 제1항에 따른 원격영상심판은 해양사고관련자가 심판정에 출석하여 진행하는 심판으로 본다.(2018.12.31 본항신설)
③ 제1항에 따른 원격영상심판의 절차 등에 관하여 필요한 사항은 해양수산부령으로 정한다.(2013.3.23 본항개정)

제41조의3【약식심판 절차】 ① 제38조의2제1항에 따라 약식심판이 청구된 사건에 대하여는 심판의 개정(開廷) 절차를 거치지 아니하고 서면으로 심판한다. 다만, 재결을 고지하는 경우에는 제55조의 절차를 따른다.
② 심판장은 제1항에 따라 약식심판을 할 경우에는 해양사고관련자에게 기한을 정하여 서면으로 변론의 기회를 주어야 한다.
③ 심판원은 제1항에 따라 약식심판으로 심판을 하기에 부적당하다고 인정할 때에는 심판의 개정절차에 따라 심판할 것을 결정할 수 있다.
(2011.6.15 본조신설)

제42조【심판장의 권한】 ① 심판장은 개정(開廷) 중 심판을 지휘하고 심판정의 질서를 유지한다.
② 심판장은 심판을 방해하는 사람에게 퇴정(退廷)을 명하거나 그 밖에 심판정의 질서를 유지하기 위하여 필요한 조치를 할 수 있다.

제43조【심판기일의 지정 및 변경】 ① 심판장은 심판기일을 정하여야 한다.
② 심판기일에는 해양사고관련자를 소환하여야 한다. 다만, 심판장은 1회 이상 출석한 해양사고관련자에 대하여는 소환하지 아니할 수 있다.
③ 심판장은 조사관, 심판변론인, 제44조의2에 따라 심판참여의 허가를 받은 이해관계인 및 소환하지 아니하는 해양사고관련자에게 심판기일을 알려야 한다.(2011.6.15 본항개정)
④ 심판장은 직권으로 또는 해양사고관련자, 조사관 및 심판변론인의 신청을 받아 제1회 심판기일을 변경할 수 있다.

제43조의2【집중심리】 ① 심판원은 심리에 2일 이상이 걸릴 때에는 가능하면 매일 계속 개정하여 집중심리를 하여야 한다.
② 심판장은 특별한 사정이 없으면 직전 심판기일부터 10일 이내에 다음 심판기일을 지정하여야 한다.

제44조【소환과 신문】 지방심판원은 심판기일에 해양사고관련자, 증인, 그 밖의 이해관계인을 소환하고 신문할 수 있다.

제44조의2【이해관계인의 심판참여】 ① 이해관계인은 심판장의 허가를 받고 심판에 참여하여 진술할 수 있다.
② 제1항에 따라 심판참여의 허가를 받은 이해관계인이 제44조에 따른 심판원의 소환과 신문에 연속하여 2회 이상 불응하거나 심판의 진행을 방해하는 것으로 인정되는 경우 심판장은 직권으로 해당 이해관계인에 대한 심판참여의 허가를 취소할 수 있다.
③ 심판장은 제1항에 따라 심판참여를 허가하거나 제2항에 따라 심판참여의 허가를 취소한 경우에는 해당 조사관과 해양사고관련자 및 심판변론인에게 그 사실을 알려야 한다.
④ 이해관계인의 심판참여 절차 등에 필요한 사항은 해양수산부령으로 정한다.(2013.3.23 본항개정)
(2011.6.15 본조신설)

제44조의3【심판정에서의 속기, 녹음·영상녹화】 ① 심판장은 조사관, 해양사고관련자 또는 심판변론인의 신청이 있는 경우에는 특별한 사유가 없으면 심판정에서의 심리의 전부 또는 일부를 속기사로 하여금 속기하게 하거나 녹음 또는 영상녹화(녹음이 포함된 것을 말한다. 이하 같다) 장치를 사용하여 녹음 또는 영상녹화를 하도록 하여야 한다.
② 심판장은 필요하다고 인정하는 경우에는 직권으로 심판정에서의 심리의 전부 또는 일부를 속기사로 하여금 속기하게 하거나 녹음 또는 영상녹화를 하도록 할 수 있다.
③ 제1항 및 제2항에 따른 속기, 녹음·영상녹화는 심판조서의 일부로 삼는다.
(2018.12.31 본조신설)

제44조의4【관계 서류 및 증거물의 열람·복사】 ① 해양사고관련자, 이해관계인 또는 심판변론인은 지방심판원에 심판조서, 그 밖의 관계 서류 또는 증거물의 열람 또는 복사를 신청할 수 있다. 이 경우 지방심판원은 증거를 보전하기 위하여 열람 또는 복사를 제한할 필요가 있는 경우 등 특별한 사유가 없으면 그 신청에 따라야 한다.
② 제1항에 따라 열람 또는 복사를 신청한 사람이 심판조서, 그 밖의 관계 서류 또는 증거물을 읽지 못하는 경우에는 이를 읽어 줄 것을 지방심판원에 요청할 수 있다.
③ 지방심판원은 해양사고관련자, 증인 등의 생명 또는 신체의 안전을 현저히 해칠 우려가 있는 경우에는 제1항 및 제2항에 따른 열람 또는 복사 등에 앞서 이름, 주소 등 개인정보가 공개되지 아니하도록 보호조치를 하여야 한다.
④ 제1항부터 제3항까지의 규정에 따른 열람·복사 등의 신청절차, 개인정보 보호조치의 방법 및 그 밖에 필요한 사항은 대통령령으로 정한다.
(2018.12.31 본조신설)

제45조【필요적 구술변론】 ① 심판의 재결은 구술변론을 거쳐야 한다. 다만, 다음 각 호의 어느 하나에 해당하는 경우에는 구술변론을 거치지 아니하고 재결을 할 수 있다.
1. 해양사고관련자가 정당한 사유 없이 심판기일에 출석하지 아니한 경우
2. 해양사고관련자가 심판장의 허가를 받고 서면으로 진술한 경우
3. 조사관이 사고 조사를 충분히 실시하여 해양사고관련자의 구술변론이 불필요한 경우 등 심판장이 원인규명을 위한 해양사고관련자의 소환이 불필요하다고 인정하는 경우
4. 제41조의3에 따른 약식심판을 행하는 경우

② 제1항제3호에 해당하는 경우에는 해양사고관련자의 명시한 의사에 반하여서는 아니 된다.
(2011.6.15 본조개정)

제46조【인정신문】 심판장은 해양사고관련자의 성명·주민등록번호 및 주소를 신문하고 해양사고관련자가 해기사 및 도선사인 경우에는 면허의 종류 등을 신문하여 해양사고관련자임이 틀림없다는 것을 확인하여야 한다.

제47조【조사관의 최초 진술】 조사관은 심판청구서에 따라 심판청구의 요지를 진술하여야 한다.

제48조【증거조사】 ① 지방심판원은 조사관, 해양사고관련자 또는 심판변론인의 신청에 의하거나 직권으로 필요한 증거조사를 할 수 있다.
② 지방심판원은 제1회 심판기일 전에는 다음의 방법에 따른 조사만을 할 수 있다.
1. 선박이나 그 밖의 장소를 검사하는 일
2. 장부·서류 또는 그 밖의 물건을 제출하도록 명하는 일
3. 관공서에 대하여 보고 또는 자료제출을 요구하는 일

③ 지방심판원은 구속·압수·수색이나 그 밖에 신체·물건 또는 장소에 대한 강제처분을 하지 못한다.

제48조의2【증거자료의 한글사용】 심판원에 증거로 제출하는 항해일지 등의 문서는 한글(국한문혼용을 포함한다)로 작성하여 제출하는 것을 원칙으로 하되, 외국어로 작성된 문서를 제출하는 경우에는 그 번역문을 첨부하여야 한다.

제49조【선서】 지방심판원은 제48조제1항에 따른 증거조사를 할 때 증인·감정인·통역인 또는 번역인에게 증언·감정·통역 또는 번역을 하게 하는 경우에는 대통령령으로 정하는 방법에 따라 선서하게 하여야 한다.

제49조의2【심판청구서의 변경 등】 ① 조사관은 심판청구서에 기재된 사건명을 변경하거나 해양사고 사실 또는 해양사고관련자를 추가·철회 또는 변경할 수 있다.
② 심판장은 심리의 경과에 비추어 필요하다고 인정하면 조사관에게 해양사고관련자를 추가·철회 또는 변경할 것을 서면으로 요구할 수 있다.
③ 심판장은 제1항과 제2항에 따라 해양사고 사실 또는 해양사고관련자가 추가·철회 또는 변경되었을 때에는 지체 없이 해양사고관련자, 심판변론인 및 제44조의2에 따라 심판참여의 허가를 받은 이해관계인에게 그 사실을 알려야 한다.(2011.6.15 본항개정)
④ 제1항과 제2항에 따른 심판청구서의 추가·철회 또는 변경의 요건·절차 등에 관하여 필요한 사항은 대통령령으로 정한다.

제49조의3【심판청구의 취하】 조사관은 심판청구된 사건에 대한 심판이 불필요하게 된 경우로서 대통령령으로 정하는 경우에는 제1심의 재결이 있을 때까지 심판청구를 취하할 수 있다. 다만, 제39조의2에 따라 심판원의 결정으로 조사관이 청구한 사건에 대하여는 그러하지 아니하다.

제50조【증거심판주의】 사실의 인정은 심판기일에 조사한 증거에 의하여야 한다.

제51조【자유심증주의】 증거의 증명력은 심판관의 자유로운 판단에 따른다.

제52조【심판청구기각의 재결】 지방심판원은 다음 각 호의 경우에는 재결로써 심판청구를 기각하여야 한다.
1. 사건에 대하여 심판권이 없는 경우
2. 심판의 청구가 법령을 위반하여 제기된 경우
3. 제7조에 따라 심판할 수 없는 경우

제53조【재결이유의 표시】 재결에는 주문(主文)을 표시하고 이유를 붙여야 한다.

제54조【본안의 재결】 본안의 재결에는 해양사고의 구체적 사실과 원인을 명백히 하고 증거를 들어 그 사실을 인정한 이유를 밝혀야 한다. 다만, 그 사실이 없다고 인정한 경우에는 그 뜻을 명백히 하여야 한다.

제55조【재결의 고지】 재결은 심판정에서 재결원본에 따라 심판장이 고지한다.

제56조【재결서의 송달】 심판원장은 제55조에 따라 재결을 고지한 날부터 10일 이내에 재결서의 정본을 조사관과 해양사고관련자 또는 심판변론인에게 송달하여야 한다.

제56조의2【송달의 방식】 해양사고관련자, 심판변론인 또는 대리인에 대한 통지 또는 서류의 송달에 필요한 사항은 대통령령으로 정한다.(2020.2.18 본조개정)

제57조【법령에의 위임】 이 법에서 규정한 것 외에 심판절차에 관하여 필요한 사항은 대통령령으로 정한다.

제6장 중앙심판원의 심판
(2009.12.29 본장개정)

제58조【제2심의 청구】 ① 조사관 또는 해양사고관련자는 지방심판원의 재결(특별심판부의 재결을 포함한다)에 불복하는 경우에는 중앙심판원에 제2심을 청구할 수 있다.
② 심판변론인은 해양사고관련자를 위하여 제1항의 청구를 할 수 있다. 다만, 해양사고관련자의 명시한 의사에 반하여서는 아니 된다.
③ 제2심 청구는 이유를 붙인 서면으로 원심심판원에 제출하여야 한다.

제59조【제2심의 청구기간】 ① 제58조의 청구는 재결서 정본을 송달받은 날부터 14일 이내에 하여야 한다.
② 제2심 청구를 할 수 있는 자가 본인이 책임질 수 없는 사유로 인하여 제1항의 기간 내에 심판청구를 하지 못한 경우에는 그 사유가 끝난 날부터 14일 이내에 서면으로 원심심판원에 제출할 수 있다.
③ 제2항의 경우에는 그 사유를 소명하여야 한다.

제60조【제2심 청구의 효력】 제2심 청구의 효력은 그 사건과 당사자 모두에게 미친다.

제61조【제2심 청구의 취하】 제2심 청구를 한 자는 재결이 있을 때까지 그 청구를 취하할 수 있다.

제62조【법령위반으로 인한 청구의 기각】 중앙심판원은 제2심의 심판청구의 절차가 법령을 위반한 경우에는 재결로써 그 청구를 기각한다.

제63조【사건의 환송】 중앙심판원은 지방심판원이 법령을 위반하여 심판청구를 기각한 경우에는 재결로써 사건을 지방심판원에 환송(還送)하여야 한다.

제64조【지방심판원의 청구기각 사유로 인한 청구의 기각】 중앙심판원은 지방심판원이 제52조 각 호의 어느 하

나에 해당하는 사유가 있음에도 불구하고 심판의 청구를 기각하지 아니한 경우에는 재결로써 기각하여야 한다.
제65조【본안의 재결】 중앙심판원은 제62조부터 제64조까지의 경우 외에는 본안에 관하여 재결을 하여야 한다.
제65조의2【불이익변경의 금지】 해양사고관련자인 해기사나 도선사가 제2심을 청구한 사건과 해양사고관련자인 해기사나 도선사를 위하여 제2심을 청구한 사건에 대하여는 제1심에서 재결한 징계보다 무거운 징계를 할 수 없다.
제66조【준용규정】 중앙심판원은 심판에 관하여는 이 장에서 규정한 사항 외에는 제5장을 준용한다. 다만, 제41조의3과 제49조의2제1항 및 제2항(해양사고관련자의 추가·철회 또는 변경 부분만 해당한다)은 준용하지 아니한다.(2011.6.15 본조개정)

제7장 이의신청

(2009.12.29 본장개정)

제67조【결정에 대한 이의신청】 ① 지방심판원에서 결정을 받은 자는 중앙심판원에 이의를 신청할 수 있다.
② 이의신청은 제2심 재결이 있을 때까지 할 수 있다.
제68조【이의신청의 절차】 ① 이의신청을 하려면 신청서를 지방심판원에 제출하여야 한다.
② 지방심판원은 이의신청이 이유 있다고 인정하면 원심결정을 경정할 수 있다.
③ 지방심판원은 이의신청이 전부 또는 일부가 이유 없다고 인정하면 그 신청서를 수리(受理)한 날부터 3일 이내에 중앙심판원에 보내야 한다.
④ 이의신청은 원심결정의 집행을 정지하지 아니한다. 다만, 지방심판원은 상당한 이유가 있다고 인정할 때에는 조사관의 의견을 들어 집행을 정지할 수 있다.
제69조【이의신청과 관계 서류 및 증거물】 ① 이의신청이 있을 때에 지방심판원은 필요하면 원심조서, 그 밖의 관계 서류 및 증거물을 중앙심판원에 보내야 한다.
② 중앙심판원은 지방심판원에 대하여 원심조서, 그 밖의 관계 서류 및 증거물을 보내도록 요구할 수 있다.
제70조【원심결정의 집행정지】 ① 이의신청이 있는 경우 중앙심판원은 상당한 이유가 있다고 인정하면 조사관의 의견을 들어 결정으로써 원심결정의 집행을 정지할 수 있다.
② 제1항의 경우에 중앙심판원은 그 결정서의 정본을 지방심판원에 보내야 한다.
제71조【이의신청에 대한 결정】 ① 중앙심판원은 조사관의 의견을 들어 이의신청에 대한 결정을 하여야 한다.
② 이의신청이 절차를 위반하였을 때 또는 그 이유가 없을 때에는 이의신청의 기각 결정을 하여야 한다.
③ 제1항과 제2항에 따른 결정에는 반드시 그 이유를 붙일 필요는 없다.
제72조【지방심판원에 대한 결정의 통지】 이의신청에 대한 중앙심판원의 결정은 이의신청인과 지방심판원에 알려야 한다.
제73조【위임규정】 이의신청에 대한 결정에 관하여 필요한 사항은 대통령령으로 정한다.

제8장 중앙심판원의 재결에 대한 소송

(2009.12.29 본장개정)

제74조【관할과 제소기간 및 그 제한】 ① 중앙심판원의 재결에 대한 소송은 중앙심판원의 소재지를 관할하는 고등법원에 전속(專屬)한다.(2014.5.21 본항개정)
② 제1항의 소송은 재결서 정본을 송달받은 날부터 30일 이내에 제기하여야 한다.
③ 제2항의 기간은 불변기간(不變期間)으로 한다.
④ 지방심판원의 재결에 대하여는 소송을 제기할 수 없다.
제75조【피고】 제74조제1항의 소송에서는 중앙심판원장을 피고로 한다.
제76조 (1999.2.5 삭제)
제77조【재판】 ① 법원은 제74조에 따라 소송이 제기된 경우 그 청구가 이유 있다고 인정하면 판결로써 재결을 취소하여야 한다.(2014.5.21 본항개정)
② 중앙심판원은 제1항에 따라 재결의 취소판결이 확정되면 다시 심리를 하여 재결하여야 한다.
③ 제1항에 따른 법원의 판결에서 재결취소의 이유가 되는 판단은 그 사건에 대하여 중앙심판원을 기속(羈束)한다.
④ 이 법에 따른 중앙심판원의 재결에 관한 소송에 관하여는 이 법에서 규정하는 사항 외에 「행정소송법」을 준용한다.

제9장 재결 등의 집행

(2009.12.29 본장개정)

제78조【재결의 집행시기】 재결은 확정된 후에 집행한다.
제79조【재결의 집행자】 중앙심판원의 재결은 중앙수석조사관이, 지방심판원의 재결은 해당 지방수석조사관이 각각 집행한다.
제80조【면허취소 재결의 집행】 면허취소 재결이 확정되면 조사관은 해기사면허증 또는 도선사면허장을 회수하여 관계 해양수산관서에 보내야 한다.
제81조【업무정지 재결의 집행】 조사관은 업무정지 재결이 확정된 때에는 해기사면허증 또는 도선사면허증을 회수하여 보관하였다가 업무정지 기간이 끝난 후에 돌려주어야 한다. 다만, 제6조의2에 따라 집행유예 재결을 받은 경우에는 회수하지 아니 한다.(2011.6.15 본조개정)
제81조의2【징계의 실효】 제5조에 따라 업무정지 또는 견책의 징계를 받은 해기사나 도선사가 그 징계 재결의 집행이 끝난 날부터 5년 이상 무사고 운항을 하였을 경우에는 그 징계는 실효(失效)된다. 이 경우 그 징계기록의 말소절차에 관하여 필요한 사항은 해양수산부령으로 정한다.(2013.3.23 후단개정)
제82조【면허증의 무효선언과 고시】 면허취소 또는 업무정지 재결을 받은 사람이 조사관에게 그 해기사면허증 또는 도선사면허증을 제출하지 아니할 때에는 중앙수석조사관은 그 면허증의 무효를 선언하고 그 사실을 관보에 고시한 후 해양수산부장관에게 보고하여야 한다.(2013.3.23 본조개정)
제83조【재결의 공고】 중앙수석조사관은 제5조제3항에 따른 시정·개선을 권고하거나 명하는 재결을 하였을 때에는 그 내용을 관보에 공고하고 해양수산부장관에게 보고하여야 한다. 다만, 필요하다고 인정하는 경우에는 관보를 대신하여 신문에 공고할 수 있다.(2013.3.23 본문개정)
제84조【재결 등의 이행】 ① 다음 각 호의 어느 하나에 해당하는 자는 그 취지에 따라 필요한 조치를 하고, 수석조사관이 요구하면 그 조치내용을 지체 없이 통보하여야 한다.
1. 제5조제3항에 따라 시정 또는 개선을 명하는 재결을 받은 자
2. 제5조의2에 따라 시정 또는 개선조치의 요청을 받은 자
② 수석조사관은 제1항에 따른 통보내용을 검토하여 그 조치가 부족하다고 인정할 때에는 그 이행을 요구할 수 있다.

제10장 보 칙

(2009.12.29 본장개정)

제85조【증인 등의 수당지급】 이 법에 따라 출석하는 증인, 감정인, 통역인 및 번역인에게 대통령령으로 정하는 바에 따라 여비·일당·숙박료, 감정료, 통역료 또는 번역료를 지급할 수 있다.
제85조의2【불이익한 처우 등의 금지】 누구든지 해양사고의 조사 및 심판과 관련하여 이 법에 따른 증언·감정·진술을 하거나 자료·물건을 제출하였다는 이유로 해고, 전보, 징계, 부당한 대우, 그 밖에 신분·처우와 관련한 불이익을 받지 아니한다.(2014.3.24 본조신설)
제86조【비상임심판관 등의 수당】 심판에 참여하는 비상임심판관과 제30조에 따라 선정된 국선 심판변론인에 대하여는 대통령령으로 정하는 바에 따라 수당을 지급할 수 있다.(2011.6.15 본조개정)
제87조【행정심판 등의 제한】 이 법에 따른 재결에 대하여는 「행정심판법」이나 그 밖의 법령에 따른 행정심판의 청구 또는 이의신청을 할 수 없다.
제88조【수수료】 각급 심판원으로부터 이 법에 따른 재결서·결정서 등의 등본을 발급받거나 심판조서, 그 밖의 관계 서류 또는 증거물을 복사하려는 사람은 해양수산부령으로 정하는 수수료를 내어야 한다.(2018.12.31 본조개정)
제88조의2【벌칙 적용 시의 공무원 의제】 다음 각 호의 어느 하나에 해당하는 사람은 「형법」 제129조부터 제132조까지의 규정을 적용할 때에는 공무원으로 본다.
1. 제14조제2항에 따라 심판에 참여하는 비상임심판관
2. 제18조의3에 따라 특별조사부에서 조사를 담당하는 해양사고 관련 전문가
(2011.6.15 본조신설)
제88조의3【해양사고정보시스템의 구축·운영】 ① 중앙심판원장은 해양사고에 대한 조사 및 심판과 관련되는 정보를 효율적으로 관리하기 위하여 해양사고정보시스템을 구축하여 운영할 수 있다.
② 중앙심판원장은 제1항에 따른 해양사고정보시스템을 통하여 관리하는 정보를 해양사고에 대한 조사 및 심판 업무의 수행 외의 목적에는 활용할 수 없으며, 해양사고관련자, 증인 등의 개인정보 등을 침해하지 아니하도록 관리하여야 한다.
③ 중앙심판원장은 제2항에도 불구하고 해양사고 예방을 위한 정책 수립이나 그에 따른 예방조치의 집행 등 공익상 목적을 위하여 필요하다고 인정되는 경우에는 제1항에 따른 해양사고정보시스템을 통하여 관리하는 정보(「개인정보 보호법」 제2조제1호의 개인정보는 제외한다)를 관계 행정기관 및 제4조제3항에 따른 전문연구기관에 제공할 수 있다.(2023.9.14 본항신설)
④ 제1항부터 제3항까지에서 규정한 사항 외에 해양사고정보시스템의 구축·운영 등에 필요한 사항은 해양수산부령으로 정한다.(2023.9.14 본항개정)
(2018.12.31 본조신설)

제11장 벌 칙

(2009.12.29 본장개정)

제89조【벌칙】 제29조제3항을 위반하여 직무상 알게 된 비밀을 누설한 사람은 1년 이하의 징역 또는 1천만원 이하의 벌금에 처한다.
제90조【과태료】 ① 제85조의2를 위반하여 해양사고의 조사 및 심판과 관련하여 증언·감정·진술을 하거나 자료·물건을 제출한 사람에게 그 증언·감정·진술이나 자료·물건의 제출을 이유로 해고, 전보, 징계, 부당한 대우, 그 밖에 신분·처우와 관련한 불이익을 준 자에게는 1천만원 이하의 과태료를 부과한다.(2014.3.24 본항신설)
② 다음 각 호의 어느 하나에 해당하는 자에게는 500만원 이하의 과태료를 부과한다.(2018.12.31 본문개정)
1. 제5조제3항에 따른 시정 또는 개선을 명하는 재결을 이행하지 아니한 자
2. 제35조제3항을 위반한 자
2의2. 제35조제4항을 위반한 자(2014.3.24 본호신설)
3. 제37조제1항제1호부터 제3호까지의 규정에 따른 조사관의 처분에 따르지 아니하거나 처분에 따르는 것을 방해한 자. 다만, 제37조제1항제1호·제3호의 경우 해양사고의 원인과 직접 관련이 없는 자는 제외한다.
4. 제48조제2항제1호에 따른 심판원의 검사를 거부, 방해 또는 기피한 자
5. 제48조제2항제2호에 따른 심판원의 제출명령을 받은 장부, 서류, 그 밖의 물건을 제출하지 아니하거나, 거짓으로 기록한 장부, 서류, 그 밖의 물건을 제출한 자
6. 제49조에 따른 선서를 위배하여 거짓 사실을 진술한 사람
③ 다음 각 호의 어느 하나에 해당하는 자에게는 200만원 이하의 과태료를 부과한다.(2018.12.31 본문개정)
1. 심판원으로부터 계속 2회의 소환을 받고도 정당한 사유 없이 출석하지 아니한 해양사고관련자
2. 심판원으로부터 계속 2회의 소환을 받고 정당한 사유 없이 출석하지 아니하거나 그 의무를 이행하지 아니한 증인·감정인·통역인 또는 번역인
3. 제42조제2항에 따른 심판장의 명령에 복종하지 아니한 사람
④ 제1항부터 제3항까지의 규정에 따른 과태료는 대통령령으로 정하는 바에 따라 심판원장이 부과·징수한다.(2014.3.24 본항개정)
제91조 (2009.12.29 삭제)

부 칙 (2014.3.24)

제1조【시행일】 이 법은 공포 후 6개월이 경과한 날부터 시행한다. 다만, 제31조제1항의 개정규정은 공포한 날부터 시행하고, 제13조제1항의 개정규정은 이 법 공포 후 3개월이 경과한 날부터 시행한다.
제2조【항해자료기록장치 정보 보존에 관한 적용례】 제35조제4항의 개정규정은 이 법 시행 후 발생한 해양사고부터 적용한다.
제3조【심판원장 및 심판관에 관한 경과조치】 제13조제1항의 개정규정 시행 당시 종전의 규정에 따라 심판원장 또는 심판관으로 재직 중인 별정직공무원은 같은 개정규정 시행일에 일반직공무원 중 「국가공무원법」 제26조의5에 따른 임기제공무원으로 임용된 것으로 본다. 이 경우 임기제공무원으로서의 근무기간은 별정직공무원으로 임용될 당시의 임용기간 중 남은 기간으로 한다.
제4조【증거보전에 관한 경과조치】 이 법 시행 전에 발생한 해양사고에 대해서는 제35조제3항의 개정규정에도 불구하고 종전의 규정에 따른다.

부 칙 (2020.2.18)

이 법은 공포한 날부터 시행한다.

부 칙 (2020.12.22)

제1조【시행일】 이 법은 2021년 1월 1일부터 시행한다. (이하 생략)

부 칙 (2023.7.25)

제1조【시행일】 이 법은 공포 후 6개월이 경과한 날부터 시행한다.(이하 생략)

부 칙 (2023.9.14)

제1조【시행일】 이 법은 공포한 날부터 시행한다. 다만, 부칙 제4조는 2024년 1월 26일부터 시행한다.
제2조【지방심판원의 심판관을 지방심판원장으로 임명하는 경우 지방심판원장의 자격에 관한 경과조치】 이 법 시행 당시 지방심판원의 심판관으로 재직 중인 사람을 이 법 시행 이후에 지방심판원장으로 임명하는 경우 지방심판원장의 자격에 관하여는 제9조의 개정규정에도 불구하고 종전의 제9조제3항에 따른다.
제3조【심판변론인의 자격에 관한 경과조치】 이 법 시행 전에 종전의 제9조의2제3항제3호에 해당하여 제28조제2항에 따라 등록한 심판변론인은 제9조의2제3항제3호의 개정규정에 따른 심판변론인의 자격을 갖춘 것으로 본다.
제4조【다른 법률의 개정】 ※(해당 법령에 가제정리 하였음)

(舊 : 해사안전법)

해사안전기본법

(2023년 7월 25일 전부개정법률 제19572호)

제1장 총 칙

제1조【목적】 이 법은 해사안전 정책과 제도에 관한 기본적 사항을 규정함으로써 해양사고의 방지 및 원활한 교통을 확보하고 국민의 생명·신체 및 재산의 보호에 이바지함을 목적으로 한다.

제2조【기본이념】 이 법은 해양에서 선박의 항행 및 운항과 관련하여 발생할 수 있는 모든 위험과 장애로부터 국민의 생명·신체 및 재산을 보호하는 것이 국가 및 지방자치단체의 책무임을 확인하고, 해양의 이용이나 보존에 관한 시책을 수립하는 경우 해사안전을 우선적으로 고려하여 안전하고 지속가능한 해양이용을 도모하는 것을 기본이념으로 한다.

제3조【정의】 이 법에서 사용하는 용어의 뜻은 다음과 같다.

1. "해사안전관리"란 선원·선박소유자 등 인적 요인, 선박·화물 등 물적 요인, 해상교통체계·교통시설 등 환경적 요인, 국제협약·안전제도 등 제도적 요인을 종합적·체계적으로 관리함으로써 선박의 운용과 관련된 모든 일에서 발생할 수 있는 사고로부터 사람의 생명·신체와 선박 등의 재산의 안전을 확보하기 위한 모든 활동을 말한다.
2. "선박"이란 물에서 항행수단으로 사용하거나 사용할 수 있는 모든 종류의 배로 수상항공기(물 위에서 이동할 수 있는 항공기를 말한다)와 수면비행선박(표면효과 작용을 이용하여 수면 가까이 비행하는 선박을 말한다)을 포함한다.
3. "해양시설"이란 자원의 탐사·개발, 해양과학조사, 선박의 계류(繫留)·수리·하역, 해상주거·관광·레저 등의 목적으로 해저(海底)에 고착된 교량·터널·케이블·인공섬·시설물이거나 해상부유 구조물(선박은 제외한다)인 것을 말한다.
4. "해사안전산업"이란 「해양사고의 조사 및 심판에 관한 법률」 제2조에 따른 해양사고로부터 사람의 생명·신체·재산을 보호하기 위한 기술·장비·시설·제품 등을 개발·생산·유통하거나 관련 서비스를 제공하는 산업을 말한다.
5. "해상교통망"이란 선박의 운항상 안전을 확보하고 원활한 운항흐름을 위하여 해양수산부장관이 영해 및 내수에 설정하는 각종 항로, 각종 수역 등의 해양공간과 이에 설치되는 해양교통시설의 결합체를 말한다.
6. "해사 사이버안전"이란 사이버공격으로부터 선박운항시스템을 보호함으로써 선박운항시스템과 정보의 기밀성·무결성·가용성 등 안전성을 유지하는 상태를 말한다.

제4조【국가 등의 책무】 ① 국가 및 지방자치단체는 해사안전을 확보하고 해양에서의 국민의 생명·신체 및 재산을 보호하기 위하여 필요한 시책을 수립·시행하여야 한다.

② 국가 및 지방자치단체는 해양사고를 예방하고 해상교통환경의 변화에 대응할 수 있도록 해양시설의 관리, 해상교통망의 구축 및 관리, 해상교통 관련 신기술의 개발·기반조성 지원, 해사 사이버안전 관리 등을 위하여 필요한 시책을 수립·시행하여야 한다.

③ 국가 및 지방자치단체는 해사안전과 관련된 분야에 종사하는 자의 안전을 확보하고 복지수준을 향상시키기 위하여 필요한 시책을 수립·시행하여야 한다.

④ 국가 및 지방자치단체는 국민의 안전한 해양이용을 촉진하기 위하여 국민에 대한 해사안전 지식·정보의 제공, 해사안전 교육 및 해사안전 문화의 홍보를 실시하도록 노력하여야 한다.

⑤ 국가는 외국 및 국제기구 등과 해사안전에 관한 기술협력, 정보교환, 공동 조사·연구를 위한 기구설치 등 효율적인 국제협력을 추진하기 위하여 노력하여야 하며, 해사안전 관련 산업의 진흥 및 국제화에 필요한 지원을 하여야 한다.

제5조【국민 등의 책무】 ① 모든 국민은 국가와 지방자치단체가 수립·시행하는 해사안전정책의 원활한 추진을 위하여 적극적으로 협력하여야 한다.

② 선박·해양시설 소유자는 국가의 해사안전에 관한 시책에 협력하여 자기가 소유·관리하거나 운영하는 선박·해양시설로부터 해양사고 등이 발생하지 아니하도록 종사자에 대한 교육·훈련 등을 실시하고 제반 안전 규정을 준수하여야 한다.

제6조【다른 법률과의 관계】 국가는 해사안전관리에 관한 다른 법률을 제정하거나 개정하는 경우에는 이 법의 목적과 기본이념에 맞도록 하여야 한다.

제2장 국가해사안전기본계획의 수립 등

제7조【국가해사안전기본계획】 ① 해양수산부장관은 해사안전 증진을 위한 국가해사안전기본계획(이하 "기본계획"이라 한다)을 5년 단위로 수립하여야 한다. 다만, 기본계획 중 항행환경개선에 관한 계획은 10년 단위로 수립할 수 있다.

② 해양수산부장관은 기본계획을 수립하거나 대통령령으로 정하는 중요한 사항을 변경하려는 경우에는 관계 행정기관의 장과 협의하여야 한다.

③ 해양수산부장관은 기본계획을 수립하거나 변경하기 위하여 필요하다고 인정하는 경우에는 관계 중앙행정기관의 장, 특별시장·광역시장·특별자치시장·도지사·특별자치도지사(이하 "시·도지사"라 한다), 시장·군수·구청장(자치구의 구청장을 말한다. 이하 같다), 「공공기관의 운영에 관한 법률」 제4조에 따른 공공기관의 장(이하 "공공기관의 장"이라 한다), 해사안전과 관련된 기관·단체의 장 또는 개인에 대하여 관련 자료의 제출, 의견의 진술 또는 그 밖에 필요한 협력을 요청할 수 있다. 이 경우 요청을 받은 자는 특별한 사유가 없으면 이에 따라야 한다.

④ 제1항에 따른 기본계획의 수립 및 시행에 필요한 사항은 대통령령으로 정한다.

제8조【해사안전시행계획의 수립·시행】 ① 해양수산부장관은 기본계획을 시행하기 위하여 매년 해사안전시행계획(이하 "시행계획"이라 한다)을 수립·시행하여야 한다.

② 해양수산부장관은 시행계획을 수립하려는 경우에는 시행계획의 수립지침을 작성하여 관계 중앙행정기관의 장, 시·도지사, 시장·군수·구청장, 공공기관의 장에게 통보하여야 하며, 이에 따라 통보를 받은 관계 중앙행정기관의 장, 시·도지사, 시장·군수·구청장 및 공공기관의 장은 기관별 해사안전시행계획을 작성하여 해양수산부장관에게 제출하여야 한다.

③ 제1항에 따른 시행계획에 포함할 내용과 수립 절차·방법 등에 필요한 사항은 대통령령으로 정한다.

제9조【해사안전실태조사】 ① 해양수산부장관은 기본계획과 시행계획을 효율적으로 수립·시행하기 위하여 5년마다 해사안전관리에 관한 각종 실태를 조사하여야 한다.

② 해양수산부장관은 제1항에 따른 실태조사의 결과를 기본계획과 시행계획에 반영하여야 한다.

③ 해양수산부장관은 제1항에 따른 실태조사를 위하여 관계 기관·법인·단체·시설의 장에게 자료의 제출 또는 의견의 진술을 요청할 수 있다. 이 경우 요청을 받은 자는 정당한 사유가 없으면 이에 협조하여야 한다.

④ 제1항에 따른 실태조사의 내용 및 방법, 그 밖에 필요한 사항은 해양수산부령으로 정한다.

제10조【기본계획 및 시행계획의 국회 제출 등】 ① 해양수산부장관은 기본계획 및 시행계획을 수립하거나 변경한 때에는 관계 중앙행정기관의 장 및 시·도지사에게 통보하고 지체 없이 국회 소관 상임위원회에 제출하여야 한다.

② 해양수산부장관은 기본계획 및 시행계획을 수립하거나 변경한 때에는 대통령령으로 정하는 바에 따라 공표하여야 한다.

제3장 해상교통관리시책 등

제11조【해상교통관리시책 등】 ① 해양수산부장관은 선박교통환경 변화에 대비하여 해상에서 선박의 안전한 통항흐름이 이루어질 수 있도록 해상교통관리에 필요한 시책을 강구하여야 한다.

② 해양수산부장관은 제1항에 따른 해상교통관리시책을 이행하기 위하여 주기적으로 연안해역 등에 대한 교통영향을 평가하고 그 결과를 공표하여야 하며, 선박의 항행안전을 위하여 필요한 경우에는 각종 해상교통시설을 설치·관리하여야 한다.

③ 제1항 및 제2항에 따른 해상교통관리시책의 수립·추진 및 이행 등에 관한 사항은 따로 법률로 정한다.

제12조【선박 및 해양시설의 안전성 확보】 ① 해양수산부장관은 선박의 안전성을 확보하기 위하여 선박의 구조·설비 및 시설 등에 관한 기술기준을 개선하고 지속적으로 발전시키기 위한 시책을 마련하여야 한다.

② 해양수산부장관은 선박의 교통상 장애를 제거하기 위하여 해양시설에 대한 안전관리를 하여야 한다.

③ 선박의 안전성 및 해양시설에 대한 안전관리에 관하여는 따로 법률로 정한다.

제13조【해사안전관리 전문인력의 양성】 ① 해양수산부장관은 해사안전관리를 효과적으로 할 수 있는 전문인력을 양성하기 위하여 다음 각 호의 시책을 수립·추진하여야 한다.

1. 해사안전관리 분야별 전문인력 양성
2. 해사안전관리 업무종사자의 역량 강화를 위한 교육·연수
3. 해사안전관리 업무종사자에 대한 교육프로그램 및 교재 개발·보급
4. 신기술 접목 선박 등의 안전관리에 필요한 전문인력 양성
5. 그 밖에 해사안전관리 전문인력의 양성을 위하여 필요하다고 인정되는 사업

② 해양수산부장관은 전문인력을 양성하기 위하여 해사안전관리와 관련한 대학·연구소·기관 또는 단체를 전문인력 양성기관으로 지정할 수 있다.

③ 해양수산부장관은 제2항에 따라 지정된 전문인력 양성기관에 대하여 교육 및 훈련에 필요한 비용의 전부 또는 일부를 지원할 수 있다.

④ 해양수산부장관은 제2항에 따라 지정된 전문인력 양성기관이 다음 각 호의 어느 하나에 해당하는 경우 그 지정을 취소할 수 있다.

1. 거짓 또는 부정한 방법으로 지정을 받은 경우
2. 정당한 사유 없이 지정받은 업무를 수행하지 아니한 경우
3. 업무수행능력이 현저히 부족하다고 인정되는 경우

⑤ 제2항 및 제4항에 따른 전문인력 양성기관의 지정 및 지정취소의 기준·절차와 제3항에 따른 지원 범위, 그 밖에 필요한 사항은 대통령령으로 정한다.

제14조【해양교통안전정보관리체계의 구축 등】 ① 해양수산부장관은 해양사고 원인정보 등 해양수산부령으로 정하는 해양교통안전정보(이하 "해양교통안전정보"라 한다)를 통합적으로 유지·관리하기 위하여 해양교통안전정보관리체계(이하 이 조에서 "해양교통안전정보관리체계"라 한다)를 구축·운영할 수 있다.

② 해양수산부장관은 해양교통안전정보를 보유하고 있는 중앙행정기관의 장, 시·도지사, 시장·군수·구청장, 공공기관의 장, 해사안전과 관련된 기관·단체의 장 또는 개인에게 해양교통안전정보관리체계의 구축·운영에 필요한 정보의 제공 및 그 밖에 필요한 협력을 요청할 수 있다. 이 경우 요청을 받은 자는 특별한 사유가 없으면 그 요청에 따라야 한다.

③ 해양수산부장관은 해사안전정책에 효과적으로 활용할 수 있도록 관계 중앙행정기관, 지방자치단체, 「공공기관의 운영에 관한 법률」 제4조에 따른 공공기관 및 관련 기관·단체와 해양교통안전정보를 공유할 수 있다.

④ 제1항부터 제3항까지에서 규정한 사항 외에 해양교통안전정보관리체계의 구축·운영 및 해양교통안전정보의 공유 절차·방법 등에 필요한 사항은 대통령령으로 정한다.

제15조【선박안전도정보의 공표】 ① 해양수산부장관은 선박을 이용하는 국민의 안전을 도모하기 위하여 다음 각 호에서 정하는 선박의 해양사고 발생 건수, 관계 법령이나 국제협약에서 정한 선박의 안전에 관한 기준의 준수 여부 및 그 선박의 소유자·운항자 또는 안전관리대행자 등에 대한 정보를 공표할 수 있다. 다만, 대통령령으로 정하는 중대한 해양사고가 발생한 선박에 대하여는 사고개요, 해당 선박의 명세 및 소유자 등 해양수산부령으로 정하는 정보를 공표하여야 한다.

1. 「해운법」 제3조에 따른 해상여객운송사업에 종사하는 선박으로서 해양수산부령으로 정하는 선박
2. 「해운법」 제23조에 따른 해상화물운송사업에 종사하는 선박으로서 해양수산부령으로 정하는 선박
3. 대한민국의 항만에 기항(寄港)하는 외국선박으로서 해양수산부령으로 정하는 선박
4. 그 밖에 국제해사기구 등 해사안전과 관련된 국제기구의 요청 등에 따라 해당 선박의 안전도에 대한 정보를 제공할 필요가 있다고 해양수산부장관이 인정하는 선박

② 제1항에 따른 공표의 절차·방법 등에 필요한 사항은 해양수산부령으로 정한다.

제16조【안전투자의 공시】 ① 「해운법」 제2조제2호 및 제3호에 따른 해상여객운송사업과 해상화물운송사업을 하는 자 중 해양수산부령으로 정하는 자는 해사안전의 증진을 위하여 선박시설 유지보수 등 해양수산부장관이 인정한 해사안전과 관련한 지출 또는 투자(이하 "안전투자"라 한다)의 세부내역을 매년 공시하여야 한다.

② 제1항에 따른 안전투자의 범위 및 항목과 공시 기준, 절차 등 안전투자의 공시에 필요한 사항은 해양수산부령으로 정한다.

<2025.7.26 시행>

제4장 국제협력 및 해사안전산업의 진흥

제17조【국제협력의 증진】 ① 해양수산부장관은 해사안전분야의 발전을 위하여 각종 해사안전 동향 조사 및 정책 개발, 인력·기술의 교류 등에 관하여 국제해사기구를 비롯한 국제기구, 외국정부 및 기관과의 협력사업을 추진할 수 있다.

② 해양수산부장관은 국제해사기구가 추진하는 해사안전에 관한 새로운 규제 등에 선제적으로 대응하기 위하여 융복합 연구개발 기반을 마련하고 이에 필요한 각종 지원을 적극적으로 추진하여야 한다.

제18조【해사안전산업의 진흥시책】 ① 해양수산부장관은 해사안전의 증진을 위하여 해사안전산업을 진흥하기 위한 시책을 마련하여 추진하여야 한다.

② 해양수산부장관은 새롭게 등장하는 해사안전 분야의 신산업 발전을 효과적으로 지원하기 위하여 관련 조사, 기술개발, 기반시설 구축 등 각종 지원사업을 실시할 수 있다.

③ 해양수산부장관은 해사안전산업의 진흥을 위하여 금융지원 등 필요한 지원을 할 수 있다.

제19조【해사안전산업 관련 실증시설 설치 및 시범지구 조성 등】 ① 해양수산부장관은 해사안전산업의 경쟁력 강화를 위하여 해사안전에 필요한 신기술이 반영된 선박, 시설 및 설비에 대한 실증기반을 마련하여야 한다.

② 해양수산부장관은 각종 해사안전산업 분야의 실증사업을 위하여 실증시설 설치 및 시범지구 조성 등을 추진할 수 있다.
제20조【국제해사기구의 국제협약 이행 기본계획 등】 ① 해양수산부장관은 국제해사기구의 국제협약을 이행하기 위한 계획(이하 "이행계획"이라 한다)을 7년마다 수립하여야 한다.
② 해양수산부장관은 이행계획을 시행하기 위하여 매년 점검계획(이하 "점검계획"이라 한다)을 수립하여야 한다.
③ 해양수산부장관은 이행계획 및 점검계획을 수립하거나 변경하기 위하여 필요하다고 인정하는 경우에는 관계 중앙행정기관의 장, 시·도지사, 시장·군수·구청장, 공공기관의 장, 그 밖의 관계인에게 관련 자료의 제출, 의견의 진술 또는 그 밖에 필요한 협력을 요청할 수 있다. 이 경우 요청을 받은 자는 특별한 사유가 없으면 요청에 따라야 한다.
④ 이행계획 및 점검계획의 세부 내용 및 수립 절차·방법 등에 필요한 사항은 대통령령으로 정한다.

제5장 해양안전교육 및 문화 진흥

제21조【해양안전교육·문화 진흥을 위한 시책의 추진】 해양수산부장관은 국민의 해양안전에 관한 의식을 높이고 해양안전문화를 진흥하기 위하여 다음 각 호의 사업을 적극적으로 추진하여야 한다.
1. 해양안전교육 및 해양안전체험활동 사업
2. 해양안전 의식을 높이기 위한 캠페인 및 홍보 사업
3. 해양안전행동요령 등 해양안전에 관한 지침의 개발·보급 사업
4. 해양안전문화 우수사례의 발굴 및 확산 사업
5. 그 밖에 해양안전문화의 진흥에 필요한 사업

제22조【해양안전교육의 활성화】 ① 해양수산부장관은 국민이 해양안전에 관한 지식을 갖추어 해양사고의 발생을 예방하고 대비할 수 있도록 해양안전교육을 하여야 한다.
② 해양수산부장관은 해양안전교육의 활성화를 위하여 다음 각 호의 사업을 추진할 수 있다.
1. 해양안전교육 프로그램 및 자료 개발
2. 체험형 해양안전교육사업의 실시
3. 해양안전교육 전문강사에 대한 교육·훈련
4. 해양안전교육에 대한 인식 및 수요조사
5. 그 밖에 해양안전교육의 활성화에 필요한 사항

제23조【해양안전헌장】 ① 해양수산부장관은 국민의 해양안전에 관한 의식을 고취하고 해양사고를 예방하기 위하여 해양안전에 관한 사항과 해사안전관리 등 해양안전과 관련된 업무에 종사하는 자가 준수하여야 할 사항 등을 규정한 해양안전헌장을 제정·고시할 수 있다.
② 해양안전과 관련된 행정기관 등은 제1항에 따른 해양안전헌장을 관계 시설이나 선박 등에 게시하는 등 해양안전헌장의 내용을 관계자에게 널리 알리고 이를 실천할 수 있도록 필요한 조치를 하여야 한다.
제24조【해양안전의 날 등】 해양수산부장관은 대통령령으로 정하는 바에 따라 국민의 해양안전에 관한 의식을 고취하기 위하여 해양안전의 날을 정하고 필요한 행사 등을 할 수 있다.
제25조【포상】 ① 해양수산부장관은 해양안전에 기여한 공로가 현저한 기관, 법인, 단체 및 개인을 선정하여 포상할 수 있다.
② 제1항에 따른 포상의 기준, 방법 및 그 밖에 필요한 사항은 해양수산부령으로 정한다.

제6장 보 칙

제26조【조사 및 검사】 ① 해양수산부장관은 해사안전을 위하여 필요하다고 인정하면 해사안전 관련 기관·법인 및 단체의 업무에 관한 사항을 보고하게 하거나 자료의 제출을 명할 수 있으며, 소속 공무원으로 하여금 조사하게 하거나 서류를 검사하게 할 수 있다.
② 제1항에 따라 조사 및 검사를 하는 공무원 등은 그 권한을 표시하는 증표를 지니고 이를 관계인에게 보여주어야 한다.
제27조【청문】 해양수산부장관은 제13조제4항에 따라 전문인력 양성기관의 지정을 취소하려면 청문을 하여야 한다.
제28조【권한 등의 위임·위탁】 ① 이 법에 따른 해양수산부장관의 권한은 대통령령으로 정하는 바에 따라 그 일부를 그 소속 기관의 장 또는 지방자치단체의 장에게 위임할 수 있다.
② 해양수산부장관은 이 법에 따른 업무의 일부를 대통령령으로 정하는 바에 따라 해사안전과 관련된 전문기관에 위탁할 수 있다.
제29조【비밀유지】 제28조제2항에 따라 전문기관에 위탁된 업무에 종사하거나 종사하였던 사람은 그 직무상 알게 된 비밀을 타인에게 누설하거나 직무상 목적 외에 사용하여서는 아니 된다. 다만, 해사안전을 위하여 해양수산부장관이 필요하다고 인정하면 그러하지 아니하다.
제30조【벌칙 적용에서 공무원 의제】 제28조제2항에 따라 위탁받은 업무에 종사하는 전문기관의 임직원은 「형법」 제129조부터 제132조까지를 적용할 때에는 공무원으로 본다.

제7장 벌 칙

제31조【벌칙】 제29조를 위반하여 업무수행 과정에서 알게 된 비밀을 누설하거나 직무상 목적 외에 사용한 자는 3년 이하의 징역 또는 3천만원 이하의 벌금에 처한다.
제32조【양벌규정】 법인의 대표자나 법인 또는 개인의 대리인, 사용인, 그 밖의 종업원이 그 법인 또는 개인의 업무에 관하여 제31조에 해당하는 위반행위를 하면 그 행위자를 벌하는 외에 그 법인 또는 개인에게도 해당 조문의 벌금형을 과한다. 다만, 법인 또는 개인이 그 위반행위를 방지하기 위하여 해당 업무에 관하여 상당한 주의와 감독을 게을리하지 아니한 경우에는 그러하지 아니하다.
제33조【과태료】 ① 제16조제1항에 따른 공시를 하지 아니하거나 거짓으로 공시한 자에게는 300만원 이하의 과태료를 부과한다.<2025.7.26 시행>
② 다음 각 호의 어느 하나에 해당하는 자에게는 200만원 이하의 과태료를 부과한다.
1. 제26조제1항에 따른 보고 또는 자료의 제출을 거부하거나 거짓으로 한 자
2. 제26조제1항에 따른 조사 또는 검사를 거부·방해하거나 기피한 자
③ 제1항 및 제2항에 따른 과태료는 대통령령으로 정하는 바에 따라 해양수산부장관이 부과·징수한다.

부 칙

제1조【시행일】 이 법은 공포 후 6개월이 경과한 날부터 시행한다. 다만, 제16조 및 제33조제1항의 개정규정은 공포 후 2년이 경과한 날부터 시행한다.
제2조【해사안전실태조사에 관한 적용례】 제9조의 개정규정은 이 법 시행 이후 국가해사안전기본계획 및 해사안전시행계획을 수립하는 경우부터 적용한다.
제3조【시범사업의 특례】 해양수산부장관은 안전투자공시제도를 원활하게 추진하기 위하여 제16조의 개정규정 시행 전에 시범사업을 실시할 수 있다.
제4조【일반적 경과조치】 이 법 시행 당시 종전의 「해사안전법」에 따라 행한 처분·절차와 그 밖의 행위로서 이 법에 그에 해당하는 규정이 있을 때에는 이 법의 해당 규정에 따라 행하여진 것으로 본다.
제5조【국가해사안전기본계획 등에 관한 경과조치】 이 법 시행 당시 종전의 「해사안전법」 제6조, 제7조 및 제7조의3에 따라 수립된 국가해사안전기본계획, 해사안전시행계획 및 국제해사기구의 회원국 감사 대응계획은 이 법 제7조, 제8조 및 제20조의 개정규정에 따라 수립된 계획으로 본다.
제6조【다른 법률의 개정】 ①~④ ※(해당 법령에 가제정리 하였음)
제7조【다른 법령과의 관계】 이 법 시행 당시 다른 법령에서 종전의 「해사안전법」 또는 그 법의 규정을 인용하고 있는 경우 이 법 가운데 그에 해당하는 규정이 있을 때에는 종전의 「해사안전법」 또는 그 법의 규정을 갈음하여 이 법 또는 이 법의 해당 규정을 인용한 것으로 본다.

수산업법

(2022년 1월 11일)
(전부개정법률 제18755호)

개정
2023.10.31법19807호(행정기관정비일부개정법령등)
2024. 1. 2법19908호(어선안전조업법)→2025년 1월 3일 시행이므로 추후 수록

제1장 총 칙

제1조【목적】 이 법은 수산업에 관한 기본제도를 정함으로써 수산자원 및 수면의 종합적 이용과 지속가능한 수산업 발전을 도모하고 국민의 삶의 질 향상과 국가경제의 균형있는 발전에 기여함을 목적으로 한다.
제2조【정의】 이 법에서 사용하는 용어의 뜻은 다음과 같다.
1. "수산업"이란 「수산업·어촌 발전 기본법」 제3조제1호 각 목에 따른 어업·양식업·어획물운반업·수산물가공업 및 수산물유통업을 말한다.
2. "어업"이란 수산동식물을 포획·채취하는 사업과 염전에서 바닷물을 자연 증발시켜 소금을 생산하는 사업을 말한다.
3. "양식업"이란 「양식산업발전법」 제2조제2호에 따라 수산동식물을 양식하는 사업을 말한다.
4. "어획물운반업"이란 어업현장에서 양륙지(揚陸地)까지 어획물이나 그 제품을 운반하는 사업을 말한다.
5. "수산물가공업"이란 수산동식물을 직접 원료 또는 재료로 하여 식료·사료·비료·호료(糊料)·유지(油脂) 또는 가죽을 제조하거나 가공하는 사업을 말한다.
6. "어장(漁場)"이란 제7조에 따라 면허를 받아 어업을 하는 일정한 수면을 말한다.
7. "어업권"이란 제7조에 따라 면허를 받아 어업을 경영할 수 있는 권리를 말한다.
8. "입어(入漁)"란 입어자가 마을어업의 어장에서 수산동식물을 포획·채취하는 것을 말한다.
9. "입어자(入漁者)"란 제48조에 따라 어업신고를 한 자로서 마을어업권이 설정되기 전부터 해당 수면에서 계속하여 수산동식물을 포획·채취하여 온 사실이 대다수 사람들에게 인정되는 자 중 대통령령으로 정하는 바에 따라 어업권원부(漁業權原簿)에 등록된 자를 말한다.
10. "어업인"이란 어업자 및 어업종사자를 말하며, 「양식산업발전법」 제2조제12호의 양식업자와 같은 조 제13호의 양식업종사자를 포함한다.
11. "어업자"란 어업을 경영하는 자를 말한다.
12. "어업종사자"란 어업자를 위하여 수산동식물을 포획·채취하는 일에 종사하는 자와 염전에서 바닷물을 자연 증발시켜 소금을 생산하는 일에 종사하는 자를 말한다.
13. "어획물운반업자"란 어획물운반업을 경영하는 자를 말한다.
14. "어획물운반업종사자"란 어획물운반업자를 위하여 어업현장에서 양륙지까지 어획물이나 그 제품을 운반하는 일에 종사하는 자를 말한다.
15. "수산물가공업자"란 수산물가공업을 경영하는 자를 말한다.
16. "바닷가"란 「해양조사와 해양정보 활용에 관한 법률」 제8조제1항제3호에 따른 해안선으로부터 지적공부(地籍公簿)에 등록된 지역까지의 사이를 말한다.
17. "유어(遊漁)"란 낚시 등을 이용하여 놀이를 목적으로 수산동식물을 포획·채취하는 행위를 말한다.
18. "어구(漁具)"란 수산동식물을 포획·채취하는 데 직접 사용되는 도구를 말한다.
19. "부속선"이란 허가받은 어선의 어업활동을 보조하기 위해 허가받은 어선 외에 부가하여 허가받은 운반선, 가공선, 등선(燈船), 어업보조선 등을 말한다.
20. "부표"란 어업인 또는 양식업자가 어구와 양식시설물 등을 「어장관리법」 제2조제1호에 따른 어장에 설치할 때 사용하는 어장부표를 말한다.
제3조【적용범위】 이 법은 다음 각 호의 수면 등에 대하여 적용한다.
1. 바다
2. 바닷가
3. 어업을 목적으로 하여 인공적으로 조성된 육상의 해수면

제4조【어장이용개발계획 등】 ① 시장(특별자치도의 경우에는 특별자치도지사를 말한다. 이하 같다)·군수·구청장(자치구의 구청장을 말한다. 이하 같다)은 관할 수면을 종합적으로 이용·개발하기 위한 어장이용개발계획(이하 "개발계획"이라 한다)을 세워야 한다.
② 시장·군수·구청장이 개발계획을 세운 때에는 특별시장·광역시장 또는 도지사의 승인을 받아야 한다.
③ 시장·군수·구청장은 개발계획을 세우려면 개발하려는 수면에 대하여 기본조사를 실시하고 사회적·경제적 여건을 고려하여 개발계획을 세우되, 해양수산부장관이 정하는 개발계획기본지침에 따라 특별시장·광역시장·도지사 또는 특별자치도지사(이하 "시·도지사"라 한다)가 지역여건과 특성을 고려하여 정한 개발계획세부지침에 따라야 한다.
④ 시장·군수·구청장은 개발계획을 세우려는 수면이 다른 법령에 따라 어업행위가 제한되거나 금지되고 있는 경우에는 미리 관계 행정기관의 장의 승인을 받거나 협의를 하여야 한다.
⑤ 시장·군수·구청장은 개발계획을 세우려는 경우에는 제95조에 따른 수산조정위원회의 심의를 거쳐야 한다.
⑥ 제1항부터 제5항까지의 규정에 따라 승인된 개발계획은 대통령령으로 정하는 경우에만 이를 변경할 수 있으며, 변경되는 개발계획의 수립·승인과 관계 행정기관의 장의 승인 또는 관계 행정기관의 장과의 협의 및 제95조에 따른 수산조정위원회의 심의에 관한 사항은 제1항부터 제5항까지를 준용한다. 다만, 관계 행정기관의 장의 승인이나 관계 행정기관의 장과의 협의는 새로운 수면의 추가나 그 밖에 이에 준하는 사유로 인하여 다시 승인을 받거나 협의를 하여야 하는 경우로 한정한다.
⑦ 제1항 및 제3항에 따른 개발계획기본지침과 개발계획세부지침의 작성, 개발계획의 수립과 그 절차 등에 필요한 사항은 대통령령으로 정한다.

제5조【외국인에 대한 어업의 면허 등】 ① 시·도지사 또는 시장·군수·구청장은 외국인이나 외국법인에 대통령령으로 정하는 어업면허나 어업허가를 하려면 미리 해양수산부장관과 협의하여야 한다.
② 외국인이나 외국법인이 대한민국 국민 또는 대한민국의 법률에 따라 설립된 법인(설립 중인 법인을 포함한다. 이하 이 조에서 같다)에 제1항에 따른 어업을 경영할 목적으로 투자하는 경우 그 국민 또는 법인에 대한 투자비율이 50퍼센트 이상이거나 의결권이 과반수인 경우에도 제1항을 적용한다.
③ 대한민국 국민 또는 대한민국의 법률에 따라 설립된 법인이나 단체에 자국(自國) 내의 수산업에 관한 권리의 취득을 금지하거나 제한하는 국가의 개인 또는 법인이나 단체에 대하여는 대한민국 내의 수산업에 관한 권리의 취득에 대해서도 같거나 비슷한 내용의 금지나 제한을 할 수 있다.

제6조【공동신청】 ① 2명 이상이 공동으로 이 법에 따른 면허 또는 허가를 받는 때에는 그 중 1명을 대표자로 정하여 신청서에 덧붙여 적어야 한다.
② 제1항의 경우 대표자를 정하지 아니한 때에는 그 가운데 한 사람을 대표자로 정하여 대통령령으로 정하는 바에 따라 해양수산부장관, 시·도지사, 시장·군수·구청장(이하 "행정관청"이라 한다)에게 신청서 및 구비서류를 제출하여야 한다. 이 경우 대표자를 변경한 때에도 같은 절차를 거쳐야 한다.
③ 제2항에 따른 절차를 거치지 아니한 때에는 행정관청이 대표자를 지정한다.

제2장 면허어업

제7조【면허어업】 ① 다음 각 호의 어느 하나에 해당하는 어업을 하려는 자는 시장·군수·구청장의 면허를 받아야 한다.
1. 정치망어업(定置網漁業) : 일정한 수면을 구획하여 대통령령으로 정하는 어구를 일정한 장소에 설치하여 수산동물을 포획하는 어업
2. 마을어업 : 일정한 지역에 거주하는 어업인이 해안에 연접(連接)한 일정 수심 이내의 수면을 구획하여 패류·해조류 또는 정착성(定着性) 수산동물을 관리·조성하여 포획·채취하는 어업
② 시장·군수·구청장은 제1항에 따른 어업면허를 할 때에는 개발계획의 범위에서 하여야 한다.
③ 제1항 각 호에 따른 어업의 종류와 마을어업 어장의 수심 한계는 대통령령으로 정한다.
④ 다음 각 호에 필요한 사항은 해양수산부령으로 정한다.
1. 어장의 수심(마을어업은 제외한다), 어장구역의 한계 및 어장 사이의 거리
2. 어장의 시설방법 또는 포획방법·채취방법
3. 어획물에 관한 사항
4. 어선·어구 또는 그 사용에 관한 사항
5. 해적생물(害敵生物) 구제도구의 종류와 사용방법 등에 관한 사항
6. 그 밖에 어업면허에 필요한 사항

제8조【마을어업 등의 면허】 ① 마을어업은 일정한 지역에 거주하는 어업인의 공동이익을 증진하기 위하여 어촌계(漁村契)나 지구별수산업협동조합(이하 "지구별수협"이라 한다)에만 면허한다.
② 시장·군수·구청장은 어업인의 공동이익과 일정한 지역의 어업개발을 위하여 필요하다고 인정하면 어촌계, 영어조합법인 또는 지구별수협에 마을어업 외의 어업을 면허할 수 있다.

제9조【면허의 결격사유】 시장·군수·구청장은 다음 각 호의 어느 하나에 해당하는 자에게 어업면허를 하여서는 아니 된다.
1. 어업을 목적으로 하지 아니하는 법인이나 단체
2. 취득한 어업권의 어장 면적과 신청한 어업권의 어장 면적을 합친 면적이 대통령령으로 정하는 면적 이상이 되는 자
3. 이 법, 「어장관리법」, 「양식산업발전법」, 「어선법」 또는 「수산자원관리법」을 위반하여 금고 이상의 형을 선고받고 그 집행이 끝나거나(집행이 끝난 것으로 보는 경우를 포함한다) 집행을 받지 아니하기로 확정된 후 2년이 지나지 아니한 자
4. 이 법, 「어장관리법」, 「양식산업발전법」, 「어선법」 또는 「수산자원관리법」을 위반하여 금고 이상의 형의 집행유예를 선고받고 그 유예기간 중에 있는 자
5. 이 법, 「어장관리법」, 「양식산업발전법」, 「어선법」 또는 「수산자원관리법」을 위반하여 100만원 이상의 벌금형을 선고받고 그 형이 확정된 후 2년이 지나지 아니한 자

제10조【형의 분리 선고】 「형법」 제38조에도 불구하고 제9조제3호부터 제5호까지에 규정된 죄와 다른 죄의 경합범(競合犯)에 대하여는 이를 분리 선고하여야 한다.

제11조【면허의 금지】 ① 시장·군수·구청장은 어업면허를 받으려는 수면이 제33조제1항제1호부터 제7호까지의 어느 하나에 해당하면 어업면허를 하지 아니할 수 있다.
② 시장·군수·구청장은 제34조제1호 및 제3호부터 제6호까지(제33조제1항제1호부터 제7호까지의 어느 하나에 해당하는 경우는 제외한다) 중 어느 하나에 해당하는 사유로 어업면허가 취소된 자에 대하여는 대통령령으로 정하는 바에 따라 그 면허를 취소한 날부터 2년 이내에 어업면허를 하여서는 아니 된다.

제12조【면허의 제한 및 조건】 시장·군수·구청장은 어업면허를 하는 경우로서 어업조정(漁業調整)을 위하여 필요하거나 제33조제1항제1호부터 제7호까지의 어느 하나에 해당하는 경우에는 그 어업면허를 제한하거나 그 어업면허에 조건을 붙일 수 있다.

제13조【면허의 우선순위】 ① 어업면허(제8조제1항 및 제2항에 따른 어업면허는 제외한다)의 우선순위는 다음 각 호의 순서에 따른다.
1. 대통령령으로 정하는 수산기술자(이하 "수산기술자"라 한다)로서 그 신청한 어업과 같은 종류의 어업을 경영하였거나 이에 종사한 자 또는 그 신청일 이전 5년 동안(「어장관리법」에 따른 어장휴식 기간은 제외한다) 그 신청한 어업과 같은 종류의 어업을 경영하였거나 이에 종사한 자
2. 수산기술자로서 제40조제2항에 해당하는 어업을 경영하였거나 이에 종사한 자 또는 그 신청일 이전 5년 동안(「어장관리법」에 따른 어장휴식 기간은 제외한다) 같은 항에 해당하는 어업을 경영하였거나 이에 종사한 자
3. 제1호 및 제2호에 속하지 아니하는 자
② 제1항에 따른 같은 순위자 사이의 우선순위는 다음 각 호의 순서에 따른다.
1. 그 신청 당시 또는 「어장관리법」 제9조제5항에 따른 어장휴식 실시 당시 그 어업의 어장에서 그 어업권의 유효기간이 끝난 자
2. 수산기술자로서 그 신청한 어업의 어장에서 그 신청한 어업을 경영하였거나 이에 종사한 자 또는 그 신청일 이전 5년 동안(「어장관리법」에 따른 어장휴식 기간은 제외한다) 그 신청한 어업의 어장에서 그 신청한 어업을 경영하였거나 이에 종사한 자
3. 제1호 및 제2호에 속하지 아니하는 자
③ 제2항에 따른 같은 순위자 사이의 우선순위는 다음 각 호의 순서에 따른다.
1. 면허를 받으려는 수면이 있는 특별자치도 또는 시·군·자치구에 1년 전부터 계속하여 주소(법인이나 단체의 경우에는 어업 관계 사무소의 소재지를 말한다. 이하 같다)를 두고 있던 자
2. 면허를 받으려는 수면이 있는 시·군·자치구와 연접하는 시·군·자치구에 1년 전부터 계속하여 주소를 두고 있던 자
3. 제1호 및 제2호에 속하지 아니하는 자
④ 제8조제1항에 따른 마을어업 면허의 우선순위는 같은 항에서 규정하고 있는 순서에 따른 순위로 한다.
⑤ 제1항부터 제4항까지의 규정에 따라 우선순위를 정하는 경우 다음 각 호의 어느 하나에 해당하는 자는 우선순위에서 배제할 수 있다. 이 경우 제95조에 따른 해당 수산조정위원회의 심의를 거쳐야 한다.
1. 해당 어업의 어장에서 이 법, 「어장관리법」, 「양식산업발전법」 또는 「수산자원관리법」을 위반하거나 이 법, 「어장관리법」, 「양식산업발전법」 또는 「수산자원관리법」에 따른 명령·처분 또는 그 제한이나 조건을 위반하여 행정처분을 받은 자
2. 해당 어업의 어장에서 어장관리 및 어업경영상태가 매우 부실하다고 인정되는 자
3. 해당 어업권을 취득하였다가 정당한 사유 없이 양도한 자
4. 제88조제1항제1호에 해당하는 사유로 어업권이 취소되어 손실보상을 받은 자. 다만, 손실보상 당시 다른 어업권을 이미 취득하였거나 보상받은 뒤 제19조제1항 각 호의 어느 하나에 따라 어업권을 이전·분할 받은 경우 각 어업권의 유효기간이 끝나 새로 어업면허를 신청하는 때에는 우선순위에서 제외할 수 없다.

제14조【면허의 유효기간】 ① 제7조에 따른 어업면허의 유효기간은 10년으로 한다. 다만, 제4조제4항 및 「어장관리법」 제8조제5항에 해당하는 경우와 수산자원보호와 어업조정을 위하여 대통령령으로 정하는 경우에는 각각 그 유효기간을 10년 이내로 할 수 있다.
② 시장·군수·구청장은 제1항 단서, 제13조제5항 각 호 및 제33조제1항 각 호의 어느 하나에 해당하는 사유가 있는 경우 외에는 어업권자의 신청에 따라 면허기간이 끝난 날부터 10년의 범위에서 유효기간의 연장을 허가하여야 한다. 이 경우 여러 차례에 걸쳐 연장허가를 한 경우에는 그 총 연장허가기간은 10년을 초과할 수 없다.
③ 시장·군수·구청장은 어업권자가 유효기간의 연장을 신청하지 아니할 때에는 그 어업권에 대하여 등록된 권리자의 신청에 따라 그 어업권의 유효기간의 연장을 허가할 수 있다.
④ 시장·군수·구청장은 제2항 전단 또는 제3항에 따른 허가의 신청을 받은 날부터 해양수산부령으로 정하는 기간 내에 허가 여부를 신청인에게 통지하여야 한다.
⑤ 시장·군수·구청장이 제4항에서 정한 기간 내에 허가 여부 또는 민원 처리 관련 법령에 따른 처리기간의 연장을 신청인에게 통지하지 아니하면 그 기간(민원 처리 관련 법령에 따라 처리기간이 연장 또는 재연장된 경우에는 해당 처리기간을 말한다)이 끝난 날의 다음 날에 허가를 한 것으로 본다.
⑥ 어업권은 면허의 유효기간이나 제2항의 연장허가기간이 끝남과 동시에 소멸된다.

제15조【면허제한구역 등에 대한 한정어업면허】 ① 시장·군수·구청장은 제33조제1항제1호부터 제6호까지 또는 제34조제6호(제33조제1항제1호부터 제6호까지의 어느 하나에 해당하는 경우에만 해당한다)에 해당되어 어업이 제한된 구역이나 어업면허가 취소된 수면에서 어업을 하려는 자에게는 관계 행정기관의 장과 협의하거나 승인을 받아 따로 면허기간 등을 정하여 제7조에 따른 어업면허(이하 "한정어업면허"라 한다)를 할 수 있다.
② 한정어업면허에 관한 사항은 제16조제2항, 제19조제1항 각 호 및 제88조제1항을 적용하지 아니한다.
③ 시장·군수·구청장은 한정어업면허를 할 때 관계 행정기관이 다른 법령에 따른 보상을 배제하는 조건으로 협의하거나 승인할 때에는 그 조건을 붙여 면허하여야 한다.

제16조【어업권의 취득과 성질】 ① 제7조에 따라 어업면허를 받은 자와 제19조에 따라 어업권을 이전받거나 분할받은 자는 제17조의 어업권원부에 등록을 함으로써 어업권을 취득한다.
② 어업권은 물권(物權)으로 하며, 이 법에서 정한 것 외에는 「민법」 중 토지에 관한 규정을 준용한다.
③ 어업권과 이를 목적으로 하는 권리에 관하여는 「민법」 중 질권(質權)에 관한 규정을 적용하지 아니한다.
④ 법인이 아닌 어촌계가 취득한 어업권은 그 어촌계의 총유(總有)로 한다.

제17조【어업권의 등록】 ① 어업권과 이를 목적으로 하는 권리의 설정·보존·이전·변경·소멸 및 처분의 제한, 지분(持分) 또는 입어에 관한 사항은 어업권원부에 등록한다.
② 제1항에 따른 등록은 등기를 갈음한다.
③ 등록에 관한 사항은 대통령령으로 정한다.

제18조【어업권과 다른 법률과의 관계】 ① 어업권자는 그 면허를 받은 어업에 필요한 범위에서 「공유수면 관리 및 매립에 관한 법률」에 따른 행위를 할 수 있다.
② 제1항의 경우에는 「공유수면 관리 및 매립에 관한 법률」 제46조를 적용하지 아니한다.

제19조【어업권의 이전·분할 또는 변경】 ① 어업권은 다음 각 호의 경우를 제외하고는 이전·분할 또는 변경할 수 없다.
1. 「어장관리법」에 따른 어장정화·정비에 따라 변경하는 경우
2. 어업권(마을어업권은 제외한다)을 등록한 후 어업을 시작한 날(시설물의 설치를 끝낸 날을 말한다)부터 1년이 지난 후 해양수산부령으로 정하는 바에 따라 시장·군수·구청장의 인가를 받은 경우
3. 법인의 합병 또는 상속으로 이전하거나 분할하는 경우
② 시장·군수·구청장은 제1항 각 호에 따라 어업권을 이전받거나 분할받으려는 자가 제9조 각 호의 어느 하나 또는 제11조제2항에 해당하면 그 인가를 하여서는 아니 된다.
③ 어촌계나 지구별수협이 가지고 있는 어업권은 제1항 각 호 외의 부분에도 불구하고 어촌계 또는 지구별수협의 합병, 분할, 업무구역의 변경 또는 상호 합의에 따라 어촌계와 어촌계 사이, 지구별수협과 지구별수협 사이 또는 어촌계와 지구별수협 사이에 서로 이전하거나 분할하는 경우에는 그 어업권을 이전하거나 분할할 수 있다.

제20조【면허사항의 변경신고】 어업권자가 면허를 받은 사항 중 성명·주소 등 대통령령으로 정하는 사항을 변경하려면 해양수산부령으로 정하는 바에 따라 시장·군수·구청장에게 변경신고를 하여야 한다. 다만, 어업권자가 같은 시·군·자치구 내에서 주소를 변경하여 「주민등록법」 제16조제1항에 따라 전입신고를 한 경우에는 주소 변경에 대한 변경신고를 한 것으로 본다.

제21조【어촌계 등의 어업권 담보 금지】 어촌계나 지구별수협이 가지고 있는 어업권은 담보로 제공할 수 없다.

제22조【담보로 제공할 때의 공작물】 어업권을 담보로 제공할 때 그 어장에 설치한 공작물은 어업권에 딸려 어업권과 하나가 된 것으로 본다.

제23조【공유자의 동의】 ① 어업권의 공유자는 다른 공유자의 동의 없이 그 지분을 처분하거나 담보로 제공할 수 없다. 다만, 「민사집행법」 제264조에 따른 매각의 경우에는 그러하지 아니하다.

② 제1항의 경우 공유자의 주소나 거소(居所)가 분명하지 아니하거나 그 밖의 사유로 동의를 받을 수 없을 때에는 대통령령으로 정하는 바에 따라 그 사실을 공고하여야 한다.

③ 제2항에 따라 공고한 때에는 공고한 날의 다음 날부터 계산하기 시작하여 30일 이내에 이의신청이 없으면 그 마지막 날에 동의한 것으로 본다.

제24조【등록한 권리자의 동의】 어업권은 등록한 권리자의 동의 없이 분할·변경 또는 포기할 수 없다.

제25조【처분한 때의 권리·의무의 승계】 이 법 또는 「수산자원관리법」, 이 법 또는 「수산자원관리법」에 따른 명령·처분 또는 그 제한이나 조건에 따라 어업권자에게 생긴 권리·의무는 어업권과 같이 이전한다.

제26조【어업권의 경매】 ① 제30조제2항, 제34조제2호부터 제5호까지 또는 같은 조 제6호(제33조제1항제8호 또는 제9호에 해당하는 경우에만 해당한다)에 따라 어업의 면허를 취소한 경우 그 어업권의 저당권자로 등록된 자는 제35조에 따른 통지를 받은 다음 날부터 계산하기 시작하여 30일 이내에 어업권의 경매를 신청할 수 있다.

② 제1항에 따라 경매를 신청한 경우에는 해당 어업권은 면허를 취소한 날부터 경매절차가 끝난 날까지 경매의 목적의 범위에서 존속하는 것으로 본다.

③ 경매에 따른 경매대금 중 경매비용과 제1항의 저당권자에 대한 채무를 변제하고 남은 금액은 국고에 귀속한다.

④ 경락인이 경매대금을 완납한 때에는 어업면허의 취소는 그 효력이 발생하지 아니한 것으로 본다.

제27조【관리선의 사용과 그 제한·금지】 ① 어업권자는 그 어업의 어장관리에 필요한 어선(이하 "관리선"이라 한다)을 사용하려면 시장·군수·구청장의 지정을 받아야 한다. 이 경우 관리선은 어업권자(제36조에 따른 어업권의 행사자를 포함한다)가 소유한 어선이나 임차한 어선으로 한정한다.

② 시장·군수·구청장은 수산자원의 증식·보호와 어업조정에 필요한 경우에는 대통령령으로 정하는 바에 따라 어업의 종류와 어장의 면적 또는 수산동식물의 종류에 따라 관리선으로 사용할 수 있는 어선·어구에 대하여 제한하거나 금지할 수 있다.

③ 면허받은 어업의 어장에 관리선을 갖추지 못한 어업권자는 제1항에 따라 지정을 받은 어선이나 제40조제1항부터 제3항까지에 따라 허가를 받은 어업의 어선을 시장·군수·구청장의 승인을 받아 사용할 수 있다.

④ 제1항에 따라 관리선의 사용을 지정받은 어업권자는 그 지정받은 어장구역 또는 제3항에 따라 승인을 받은 구역 외의 수면에서 수산동식물을 포획 또는 채취하기 위하여 그 관리선을 사용하여서는 아니 된다. 다만, 관리선에 대하여 제40조에 따른 어업허가를 받은 경우에는 그러하지 아니하다.

⑤ 제1항 및 제3항에 따른 관리선의 규모와 수, 기관의 마력(馬力) 및 그 사용의 지정 또는 승인, 그 밖에 관리선의 사용에 필요한 사항은 해양수산부령으로 정한다. 다만, 수산자원의 증식·보호와 어업조정을 위하여 필요한 때에는 해양수산부령으로 정하는 범위에서 관리선의 정수(定數) 및 사용기준 등에 관한 사항은 해당 시·군·구의 조례로 정할 수 있다.

제28조【보호구역】 ① 정치망어업의 어업권을 보호하기 위하여 보호구역을 둔다.

② 제1항의 보호구역에서는 해당 시설물을 훼손하는 행위와 어업권의 행사에 방해가 되는 다음 각 호의 행위를 하여서는 아니 된다. 다만, 어업권자의 동의를 받은 경우에는 그러하지 아니하다.

1. 어망을 사용하는 어업
2. 불빛이나 음향 등을 이용하여 수산동물을 유인하거나 몰아서 하는 어업
3. 통발 또는 연승(延繩) 등의 어구를 설치하거나 끌어구류 및 잠수기를 사용하는 어업
4. 어업권의 행사에 방해가 되는 시설물을 신축·증축 또는 개축하는 행위. 다만, 국가 또는 지방자치단체가 국방상 필요 등 공익을 목적으로 추진하는 경우에는 그러하지 아니하다.

③ 시장·군수·구청장은 마을어업권과 바다식양식어업권이 설정된 어장 주변에 다른 어업과의 분쟁 예방을 위하여 관련 업계의 의견을 수렴하여 해양수산부령으로 정하는 범위에서 해당 시·군·구의 조례로 정하는 바에 따라 해당 어장과 어장 사이를 보호구역으로 정할 수 있다.

④ 제3항의 보호구역에서는 어업권의 행사에 방해가 되는 다음 각 호의 행위를 하여서는 아니 된다. 다만, 인근 어업권자의 동의를 받은 경우에는 그러하지 아니하다.

1. 잠수기를 사용하는 어업
2. 그 밖에 해당 시·군·구의 조례로 정하는 어업

⑤ 제1항 및 제3항의 보호구역의 범위에 필요한 사항은 해양수산부령으로 정한다.

제29조【휴업 신고 및 어업권 포기의 신고】 ① 어업권을 취득하여 어업을 하는 자가 계속하여 1년 이상 휴업하려면 휴업기간을 정하여 미리 시장·군수·구청장에게 신고하여야 한다. 다만, 제30조제1항에 따라 어업을 시작하기 전에는 휴업을 할 수 없으며, 계속하여 2년 이상 휴업을 할 수 없다.

② 제1항의 신고를 한 자가 신고한 휴업기간이 끝나기 전에 어업을 계속하려면 미리 시장·군수·구청장에게 신고하여야 한다.

③ 제1항의 기간에는 제33조 또는 제55조에 따른 명령에 따라 어업을 정지한 기간 및 「어장관리법」에 따른 어장휴식 기간은 산입하지 아니한다.

④ 어업권자가 어업권을 포기하려는 경우에는 해양수산부령으로 정하는 바에 따라 시장·군수·구청장에게 신고하여야 한다.

제30조【어업의 개시 등】 ① 어업권을 취득한 자는 그 어업권을 취득한 날부터 1년 이내에 어업을 시작하여야 한다. 다만, 대통령령으로 정하는 경우에는 시장·군수·구청장이 2년의 범위에서 그 기간을 조정할 수 있다.

② 시장·군수·구청장은 어업권을 취득한 자가 그 어업을 시작한 후 1년이 지났으나 계속하여 해당 어장을 휴업상태로 두어 어장을 종합적으로 이용하지 못하였다고 인정될 때에는 그 어업권을 변경하거나 취소할 수 있다.

③ 제1항이나 제2항의 기간에는 제33조 또는 제55조에 따른 명령에 따라 어업을 정지한 기간 및 「어장관리법」에 따른 어장휴식 기간은 산입하지 아니한다.

제31조【다른 사람에 의한 지배 금지】 ① 어업권자는 다른 사람에게 그 어업의 경영을 사실상 지배하게 하여서는 아니 된다.

② 제1항에 따른 해당 어업의 경영을 사실상 지배하는 범위는 해양수산부령으로 정한다.

제32조【임대차의 금지】 어업권은 임대차의 목적으로 할 수 없다. 이 경우 어촌계의 계원, 지구별수협의 조합원 또는 어촌계의 계원이나 지구별수협의 조합원으로 구성된 영어조합법인이 제37조에 따른 어장관리규약으로 정하는 바에 따라 그 어촌계 또는 지구별수협이 소유하는 어업권을 행사하는 것은 임대차로 보지 아니한다.

제33조【공익의 필요에 의한 면허어업의 제한 등】 ① 시장·군수·구청장은 다음 각 호의 어느 하나에 해당하면 면허한 어업을 제한 또는 정지하거나 어선의 계류(繫留) 또는 출항·입항을 제한할 수 있다.

1. 수산자원의 증식·보호를 위하여 필요한 경우
2. 군사훈련 또는 주요 군사기지의 보위(保衛)를 위하여 필요한 경우
3. 국방을 위하여 필요하다고 인정되어 국방부장관이 요청한 경우
4. 선박의 항행·정박·계류 또는 수저전선(水底電線)의 부설을 위하여 필요한 경우
5. 「해양폐기물 및 해양오염퇴적물 관리법」 제7조제2항에 따른 폐기물의 해양배출로 인하여 배출해역 바닥에서 서식하는 수산동물의 위생관리가 필요한 경우
6. 「공익사업을 위한 토지 등의 취득 및 보상에 관한 법률」 제4조의 공익사업을 위하여 필요한 경우
7. 「어선안전조업법」 제27조제1항 각 호의 어느 하나에 해당하여 해양수산부장관의 요청을 받은 경우
8. 어업권자가 이 법, 「어장관리법」, 「양식산업발전법」 또는 「수산자원관리법」을 위반하거나 이 법, 「어장관리법」, 「양식산업발전법」 또는 「수산자원관리법」에 따른 명령·처분이나 그 제한·조건을 위반한 경우
9. 어업권자가 외국과의 어업에 관한 협정 또는 일반적으로 승인된 국제법규와 외국의 수산에 관한 법령을 위반한 경우

② 제1항제1호부터 제6호까지에 따른 어업의 제한 등의 절차에 필요한 사항은 대통령령으로 정한다.

③ 제1항제7호부터 제9호까지에 따른 어업의 제한 등의 처분 기준과 절차에 필요한 사항은 해양수산부령으로 정한다.

④ 제1항제8호 또는 제9호에 따라 계류처분을 받은 어선의 관리는 제27조제1항 및 제3항에 따른 지정 또는 승인을 받은 자가 하여야 한다.

제34조【면허어업의 취소】 시장·군수·구청장은 어업면허를 받은 자가 다음 각 호의 어느 하나에 해당하면 해양수산부령으로 정하는 바에 따라 어업면허를 취소할 수 있다. 다만, 제1호에 해당하는 경우에는 그 면허를 취소하여야 한다.

1. 거짓이나 그 밖의 부정한 방법으로 어업면허를 받은 경우
2. 제9조제1호에 해당하게 된 경우
3. 어업권자가 제29조제1항·제2항 또는 제30조제1항을 위반한 경우
4. 어업권자가 제31조를 위반하여 다른 사람에게 그 어업의 경영을 사실상 지배하게 한 경우
5. 어업권자가 제32조를 위반하여 어업권을 임대한 경우
6. 제1호부터 제5호까지의 경우 외에 제33조제1항 각 호의 어느 하나에 해당하게 된 경우

제35조【어업권의 취소 통지】 시장·군수·구청장은 어업의 면허를 취소한 때에는 지체 없이 그 어업권을 등록한 권리자에게 그 사실을 알려야 한다.

제36조【어촌계 등의 어장관리】 ① 어촌계가 가지고 있는 어업권은 제37조에 따른 어장관리규약으로 정하는 바에 따라 그 어촌계의 계원이 행사한다. 다만, 마을어업권의 경우에는 계원이 아닌 자도 다음 각 호의 요건을 모두 갖춘 경우에는 마을어업권을 행사할 수 있다.

1. 해당 어촌계가 속해있는 시·군·구에 주소를 두고 있을 것
2. 마을어업권의 행사에 대한 어촌계 총회의 의결이 있을 것
3. 제48조에 따른 어업의 신고를 마쳤을 것

② 지구별수협이 가지고 있는 어업권은 대통령령으로 정하는 경우 외에는 제37조에 따른 어장관리규약으로 정하는 바에 따라 그 어장에 인접한 지역을 업무구역으로 하는 어촌계의 업무구역에 주소를 두고 있는 그 지구별수협의 조합원이 행사한다.

③ 제1항 및 제2항에 따른 어업권의 행사방법과 행사의 우선순위, 어촌계별·어촌계원별·조합원별 시설량 또는 구역의 조정(調整), 그 밖에 어장관리에 필요한 사항은 해양수산부령으로 정한다.

제37조【어장관리규약】 ① 제8조에 따라 어업권을 취득한 어촌계와 지구별수협은 해양수산부령으로 정하는 바에 따라 그 어장에 입어하거나 어업권을 행사할 수 있는 자의 자격, 입어방법과 어업권의 행사방법, 어업의 시기, 어업의 방법, 입어료(入漁料)와 행사료(行使料), 그 밖에 어장관리에 필요한 어장관리규약을 정하여야 한다.

② 시장·군수·구청장은 제1항에 따른 어장관리규약이 이 법, 「어장관리법」, 「양식산업발전법」 또는 「수산자원관리법」을 위반하거나 이 법, 「어장관리법」, 「양식산업발전법」 또는 「수산자원관리법」에 따른 명령·처분 또는 그 제한이나 조건을 위반한 경우에는 어장관리규약의 변경 등 필요한 조치를 명할 수 있다.

제38조【어업권 행사의 제한 등】 시장·군수·구청장은 제36조제1항 또는 제2항에도 불구하고 계원이나 조합원의 소득이 균등하게 증대될 수 있도록 대통령령으로 정하는 기준에 해당하는 자에게 어촌계 또는 지구별수협의 어장에 대한 어업권의 행사를 제한하거나 금지할 수 있다.

제39조【입어 등의 제한】 ① 마을어업의 어업권자는 입어자에게 제37조에 따른 어장관리규약으로 정하는 바에 따라 해당 어장에 입어하는 것을 허용하여야 한다.

② 제1항의 어업권자와 입어자는 협의에 따라 수산동식물의 번식·보호 및 어업의 질서유지를 위하여 필요하다고 인정되면 입어에 대하여 제한을 할 수 있다.

③ 제12조 또는 제33조제1항제1호부터 제7호까지의 규정에 따라 마을어업의 면허에 붙인 제한·조건 또는 정지는 입어자의 입어에 붙인 제한·조건 또는 정지로 본다.

④ 시장·군수·구청장은 어업권자나 입어자가 제2항의 협의 또는 제91조제2항에 따른 재결을 위반하거나 입어자가 제3항에 따른 제한·조건 또는 정지를 위반하면 그 면허한 어업을 제한·정지하거나 면허를 취소하거나 입어를 제한·정지 또는 금지할 수 있다.

제3장 허가어업과 신고어업

제40조【허가어업】 ① 총톤수 10톤 이상의 동력어선(動力漁船) 또는 수산자원을 보호하고 어업조정을 하기 위하여 특히 필요하여 대통령령으로 정하는 총톤수 10톤 미만의 동력어선을 사용하는 어업(이하 "근해어업"이라 한다)을 하려는 자는 어선 또는 어구마다 해양수산부장관의 허가를 받아야 한다.

② 무동력어선, 총톤수 10톤 미만의 동력어선을 사용하는 어업으로서 근해어업 및 제3항에 따른 어업 외의 어업(이하 "연안어업"이라 한다)을 하려는 자는 어선 또는 어구마다 시·도지사의 허가를 받아야 한다.

③ 일정한 수역을 정하여 어구를 설치하거나 무동력어선, 총톤수 5톤 미만의 동력어선을 사용하는 어업(이하 "구획어업"이라 한다)을 하려는 자는 어선·어구 또는 시설마다 시장·군수·구청장의 허가를 받아야 한다. 다만, 해양수산부령으로 정하는 어업으로 시·도지사가 「수산자원관리법」 제36조 및 제38조에 따라 총허용어획량을 설정·관리하는 경우에는 총톤수 8톤 미만의 동력어선에 대하여 구획어업 허가를 할 수 있다.

④ 제1항부터 제3항까지의 규정에 따라 허가를 받아야 하는 어업별 어업의 종류와 포획·채취할 수 있는 수산동물의 종류에 관한 사항은 대통령령으로 정하며, 다음 각 호의 사항 및 그 밖에 허가와 관련하여 필요한 절차 등은 해양수산부령으로 정한다.

1. 어업의 종류별 어선의 톤수, 기관의 마력, 어업허가의 제한사유·유예, 양륙항(揚陸港)의 지정, 조업해역의 구분 및 허가 어선의 대체
2. 연안어업과 구획어업에 대한 허가의 정수(定數) 및 그 어업에 사용하는 어선의 부속선, 사용하는 어구의 종류
⑤ 행정관청은 제34조제1호·제3호·제4호 또는 제6호(제33조제1항제1호부터 제7호까지의 어느 하나에 해당하는 경우는 제외한다)에 해당하는 사유로 어업의 허가가 취소된 자와 그 어선 또는 어구에 대하여는 해양수산부령으로 정하는 바에 따라 그 허가를 취소한 날부터 2년의 범위에서 어업의 허가를 하여서는 아니 된다.
⑥ 제34조제1호·제3호·제4호 또는 제6호(제33조제1항제1호부터 제7호까지의 어느 하나에 해당하는 경우는 제외한다)에 해당하는 사유로 어업의 허가가 취소된 후 다시 어업의 허가를 신청하려는 자 또는 어업의 허가가 취소된 어선·어구에 대하여 다시 어업의 허가를 신청하려는 자는 해양수산부령으로 정하는 교육을 받아야 한다.

제41조【어업허가의 우선순위】 ① 제40조제4항제2호 및 제55조제1항제3호에 따른 허가의 정수가 있는 어업은 다음 각 호의 어느 하나에 해당하는 자에게 우선하여 허가하여야 한다.
1. 허가의 유효기간이 만료된 어업과 같은 종류의 어업의 허가를 신청하는 자
2. 어업의 허가를 받은 어선·어구 또는 시설을 대체하기 위하여 그 어업의 폐업신고와 동시에 같은 종류의 어업의 허가를 신청하는 자
3. 제40조제4항제1호에 따른 어업허가의 유예기간이 만료되거나 유예사유가 해소되어 같은 종류의 어업의 허가를 신청하는 자
② 제1항에도 불구하고 어업허가의 유효기간에 2회 이상 어업허가가 취소되었던 자는 제1항에 따른 어업허가의 우선순위에서 제외한다.
③ 제1항 각 호의 어느 하나에 해당하는 자가 어업허가를 신청하지 아니하거나 제2항에 따라 어업허가의 우선순위에서 제외되어 어업허가의 건수가 허가의 정수에 미달하는 경우에는 다음 각 호의 순위에 따라 어업허가를 할 수 있다.
1. 제13조에 따른 수산기술자
2. 「수산업·어촌 공익기능 증진을 위한 직접지불제도 운영에 관한 법률」 제7조에 따라 해양수산부장관이 선정하여 고시한 조건불리지역에서 1년 이상 거주한 자
3. 신청한 어업을 5년 이상 경영하였거나 이에 종사한 자
4. 신청한 어업을 1년 이상 5년 미만 경영하였거나 이에 종사한 자 및 신청한 어업과 다른 종류의 어업을 5년 이상 경영하였거나 이에 종사한 자
④ 제3항 각 호의 같은 순위자 사이의 우선순위는 신청자의 어업경영능력, 수산업 발전에 대한 기여 정도, 수산관계 법령의 준수 여부 및 지역적 여건 등을 고려하여 행정관청이 정한다.
⑤ 그 밖에 어업허가의 우선순위에 필요한 사항은 해양수산부령으로 정한다.

제42조【혼획의 관리】 ① 어업인은 제40조제4항에 따라 포획·채취할 수 있는 수산동물의 종류가 정하여진 허가를 받은 경우에는 다른 종류의 수산동물을 혼획(混獲)하여서는 아니 된다. 다만, 다음 각 호에 대하여 대통령령으로 정하는 기준을 모두 충족하는 경우에는 혼획을 할 수 있다.
1. 혼획이 허용되는 어업의 종류
2. 혼획이 허용되는 수산동물
3. 혼획의 허용 범위
② 어업인은 제1항 각 호 외의 부분 단서에 따라 혼획이 허용되는 수산동물을 허용 범위를 넘어서 포획·채취하거나 포획·채취할 것이 예상되는 경우에는 조업을 중단하거나 조업장소를 이동하는 등 적절한 조치를 취하여야 한다.
③ 제1항 각 호 외의 부분 단서에 따라 혼획이 허용되는 어업에 종사하는 어업인은 해양수산부장관이 정하여 고시하는 혼획저감장치를 어구에 부착하고 사용하여야 한다.
④ 어업인은 제1항 각 호 외의 부분 단서에 따라 혼획으로 포획·채취한 어획물을 제55조제1항제7호에 따라 지정된 매매장소에서 매매 또는 교환하여야 한다. 다만, 다음 각 호의 어느 하나에 해당하는 경우에는 그러하지 아니하다.
1. 낙도·벽지(僻地) 등 제55조제1항제7호에 따라 지정된 매매장소가 없는 경우
2. 혼획으로 포획·채취한 어획물이 대통령령으로 정하는 어획량 이하인 경우
⑤ 제1항부터 제4항까지에서 규정한 사항 외에 어획물 중 혼획이 허용되는 수산동물의 확인, 혼획 허용 범위의 준수 여부 확인 방법 및 절차 등에 관하여 필요한 사항은 해양수산부령으로 정한다.

제43조【한시어업허가】 ① 시·도지사는 그동안 출현하지 아니하였거나 현저히 적게 출현하였던 수산동물(「수산자원관리법」 제48조에 따른 수산자원관리수면 지정대상 정착성 수산자원은 제외한다. 이하 이 조에서 같다)이 다량 출현하고 이를 포획할 어업이 허가되지 아니한 경우 또는 제3항제3호에 따른 연구기관의 장이 허가 건수가 과소하다고 인정하는 경우에는 해당 수산동물의 적절한 포획·관리를 위하여 「수산자원관리법」 제11조에 따라 수산자원의 정밀조사·평가를 실시하고 그 결과에 따라 해양수산부장관의 승인을 받아 다음 각 호의 사항을 정하여 한시적으로 어업(이하 "한시어업"이라 한다)을 허가할 수 있다.
1. 어업의 종류(이 법에서 규정한 어업의 종류에 한정한다)
2. 포획할 수 있는 수산동물의 종류 및 어획가능총량
3. 해역의 범위
4. 조업의 기간(연간 3개월 이내. 다만, 2개월의 범위에서 연장할 수 있다) 및 시기, 척수
5. 「수산자원관리법」 제36조부터 제40조까지의 규정에 따른 척당어획량 할당 및 관리
② 시·도지사는 한시어업을 허가하는 경우에는 제40조에 따라 어선 또는 어구에 어업허가를 받은 자에게 겸업(兼業)으로 허가하여야 한다.
③ 시·도지사는 다음 각 호의 어느 하나에 해당하는 사유가 있으면 한시어업을 허가하여서는 아니 된다.
1. 어업분쟁이 있거나 어업질서의 유지가 필요한 경우
2. 한시적으로 포획하려는 수산동물과 동일한 품종을 주로 포획대상으로 하는 어업의 활동에 지장이 있는 경우
3. 대통령령으로 정하는 연구기관의 장이 수산자원의 번식·보호에 지장이 있거나 해양생태계에 미치는 영향이 있다고 인정하는 경우
④ 한시어업의 승인, 허가대상 및 허가의 절차 등에 필요한 사항은 해양수산부령으로 정한다.

제44조【허가어업의 제한 및 조건】 ① 행정관청은 제40조 및 제43조에 따라 어업을 허가하는 경우 해양수산부령으로 정한 연근해어업에 공통적으로 적용되는 사항과 어업의 종류 및 어선의 규모별로 조업구역, 어구·어법, 어구의 규모 및 표지부착 등 허가의 제한 또는 조건을 붙여 허가하여야 한다.
② 행정관청은 제33조제1항제1호부터 제6호까지의 규정에 따른 공익의 보호, 어업조정 또는 수산자원의 번식·보호를 위하여 필요하다고 인정되는 경우에는 제1항에서 정한 제한 또는 조건 외에 허가의 제한 또는 조건을 붙일 수 있다.

제45조【어업허가를 받은 자의 지위 승계】 ① 제40조 및 제43조에 따라 어업허가를 받은 어선·어구 또는 시설물(이하 이 조에서 "어선등"이라 한다)을 그 어업허가를 받은 자로부터 상속받거나 매입(「민사집행법」에 따른 경매나 그 밖에 이에 준하는 절차에 따라 매입하는 경우를 포함한다) 또는 임차한 자(어업허가를 받은 자가 법인인 경우에는 합병·분할 후 존속하는 법인을 포함한다)는 그 어업허가를 받은 자의 지위를 승계한다(상속의 경우 상속인이 반대의 의사표시를 한 경우와 제27조제3항 또는 「양식산업발전법」 제41조제3항에 따라 어업허가를 받은 어선을 임차하여 관리선으로 사용하는 경우는 제외한다). 이 경우 종전에 어업허가를 받은 자의 지위는 그 효력을 잃는다.
② 제1항에 따라 어업허가를 받은 자의 지위를 승계한 자는 승계 받은 날부터 30일(상속의 경우에는 60일로 한다) 이내에 해당 허가를 처분한 행정관청에 승계 사실을 해양수산부령으로 정하는 절차에 따라 신고하여야 하며, 해양수산부령으로 정하는 어업허가를 받은 어선등의 기준 및 어업허가 신청자의 자격을 갖추지 아니한 자는 승계 받은 날부터 90일 이내에 그 기준과 자격을 갖추어야 한다.
③ 행정관청은 제2항에 따른 신고를 받은 경우 그 내용을 검토하여 이 법에 적합하면 신고를 수리하여야 한다.
④ 제1항에 따라 어업허가를 받은 자의 지위를 승계한 자는 그 어업허가에 부과된 행정처분 또는 부담이나 조건 등도 함께 승계한 것으로 본다. 다만, 어업허가의 지위를 승계한 자가 그 처분이나 위반사실을 알지 못하였음을 증명하는 때에는 그러하지 아니하다.
⑤ 행정관청은 제2항에 따른 신고를 받았을 때에는 「전자정부법」에 따라 「가족관계의 등록 등에 관한 법률」 제11조제4항의 전산정보자료를 공동이용(「개인정보 보호법」 제2조제2호에 따른 처리를 포함한다)할 수 있다.

제46조【시험어업 및 연구어업·교습어업】 ① 제7조·제40조·제43조 또는 제48조에 따른 어업 외의 새로운 어구·어법 또는 어장을 개발하기 위하여 시험어업을 하려는 자는 해양수산부령으로 정하는 바에 따라 시험어업을 신청하여야 한다.
② 해양수산부장관, 시·도지사는 수산자원의 상태와 어업여건 등을 고려하여 제7조·제40조·제43조 또는 제48조에 따른 어업 외의 새로운 어구·어법 또는 어장을 개발하기 위하여 필요한 때 또는 제1항에 따른 신청이 타당하다고 인정될 때에는 어업자, 제1항에 따른 신청자 및 시험연구기관 등과 공동으로 시험어업을 할 수 있다. 이 경우 시·도지사는 시험어업계획을 세워 해양수산부장관의 승인을 받아야 한다.
③ 해양수산부장관이 지정한 시험연구기관·수산기술지도보급기관·훈련기관 또는 교육기관에서 연구어업·교습어업을 하려는 경우에는 제1항 및 제2항, 제7조·제40조·제43조 및 제48조에도 불구하고 연구어업·교습어업을 할 수 있다.
④ 제2항 및 제3항에 따른 시험어업 및 연구어업·교습어업에 필요한 사항은 해양수산부령으로 정한다.

제47조【어업허가 등의 유효기간】 ① 제40조에 따른 어업허가의 유효기간은 5년으로 한다. 다만, 어업허가의 유효기간 중에 허가받은 어선·어구 또는 시설을 다른 어선·어구 또는 시설로 대체하거나 제45조에 따라 어업허가를 받은 자의 지위를 승계한 경우에는 종전 어업허가의 남은 기간으로 한다.
② 행정관청은 수산자원의 보호 및 어업조정과 그 밖에 공익상 필요한 경우로서 해양수산부령으로 정하는 경우에는 제1항의 유효기간을 단축하거나 5년의 범위에서 연장할 수 있다.

제48조【신고어업】 ① 제7조·제40조·제43조 또는 제46조에 따른 어업 외의 어업으로서 대통령령으로 정하는 어업을 하려는 자(신고일을 기준으로 조업장소를 관할하는 시·군·구에 6개월 이상 주소를 둔 자에 한정한다)는 시장·군수·구청장에게 해양수산부령으로 정하는 바에 따라 신고하여야 한다.
② 시장·군수·구청장은 제1항에 따른 신고를 받은 날부터 해양수산부령으로 정하는 기간 내에 신고수리 여부를 신고인에게 통지하여야 한다.
③ 시장·군수·구청장이 제2항에서 정한 기간 내에 신고수리 여부 또는 민원 처리 관련 법령에 따른 처리기간의 연장을 신고인에게 통지하지 아니하면 그 기간(민원 처리 관련 법령에 따라 처리기간이 연장 또는 재연장된 경우에는 해당 처리기간을 말한다)이 끝난 날의 다음 날에 신고를 수리한 것으로 본다.
④ 제1항에 따른 신고의 유효기간은 신고를 수리(제3항에 따라 신고를 수리한 것으로 보는 경우를 포함한다)한 날부터 5년으로 한다. 다만, 공익사업의 시행을 위하여 필요한 경우와 그 밖에 대통령령으로 정하는 경우에는 그 유효기간을 단축할 수 있다.
⑤ 시장·군수·구청장은 제1항에 따른 신고를 수리한 경우(제3항에 따라 신고를 수리한 것으로 보는 경우를 포함한다) 그 신고인에게 어업신고증명서를 내주어야 한다.
⑥ 제1항에 따라 어업의 신고를 한 자는 다음 각 호의 사항을 준수하여야 한다.
1. 신고어업자의 주소지와 조업장소를 관할하는 시장·군수·구청장의 관할 수역에서 연간 60일 이상 조업을 할 것
2. 다른 법령의 규정에 따라 어업행위를 제한하거나 금지하고 있는 수면에서 그 제한이나 금지를 위반하여 조업하지 아니할 것
3. 수산자원보호나 어업조정 등을 위하여 대통령령으로 정하는 사항과 시장·군수·구청장이 고시로 정하는 사항을 준수할 것
⑦ 시장·군수·구청장은 제1항에 따라 어업의 신고를 한 자가 제6항에 따른 준수사항을 위반한 경우에는 신고어업을 제한 또는 정지할 수 있다.
⑧ 신고를 한 자가 다음 각 호의 어느 하나에 해당할 때에는 어업의 신고는 그 효력을 잃는다. 이 경우 제1호 또는 제2호에 해당되어 신고의 효력을 잃은 때에는 그 신고를 한 자는 제9항에 따라 해당 공적장부(公的帳簿)에서 말소된 날부터 1년의 범위에서 신고어업의 종류 및 효력상실 사유 등을 고려하여 해양수산부령으로 정하는 기간 동안은 제1항에 따른 어업의 신고를 할 수 없다.
1. 제6항에 따른 준수사항을 3회 이상 위반한 때
2. 제7항에 따른 신고어업의 제한·정지 처분을 2회 이상 위반한 때
3. 제49조제3항에 따른 신고어업의 폐지신고를 하여야 할 사유가 생긴 때
⑨ 시장·군수·구청장은 제8항에 따라 어업의 신고가 효력을 잃은 때에는 지체 없이 신고어업에 관한 공적장부에서 이를 말소하여야 하며, 그 내용을 신고인에게 알려야 한다.

제49조【허가어업과 신고어업의 변경·폐업 등】 ① 제40조·제43조에 따라 어업허가를 받은 자가 그 허가받은 사항을 변경하려면 허가관청의 변경허가를 받거나 허가관청에 변경신고를 하여야 한다.
② 제48조에 따라 어업의 신고를 한 자가 신고사항을 변경하려면 신고관청에 변경신고를 하여야 한다.
③ 제40조·제43조 또는 제48조에 따라 해당 어업의 허가를 받은 자나 신고를 한 자가 그 어업을 폐업하거나 어업을 할 수 없게 된 경우에는 해당 행정관청에 신고하여야 한다.
④ 제1항부터 제3항까지의 규정에 따른 변경허가·변경신고 및 폐업신고의 사항과 절차, 그 밖에 필요한 사항은 해양수산부령으로 정한다.

제50조【준용규정】 ① 제40조 및 제43조에 따른 허가어업에 관하여는 제11조제1항, 제15조, 제18조, 제27조제1항·제4항·제5항(구획어업 중 일정한 수역을 정하여 어구를 설치하여 하는 어업만 해당한다), 제29조제1항부터 제3항까지, 제30조제1항·제3항, 제31조, 제33조, 제34조제1호·제3호·제4호·제6호 및 제52조제1항제2호를 준용한다.
② 제46조에 따른 시험어업에 관하여는 제27조를 준용한다.
③ 제48조에 따른 신고어업에 관하여는 제31조 및 제33조를 준용한다.

제4장 어획물운반업

제51조【어획물운반업 등록】 ① 어획물운반업을 경영하려는 자는 그 어획물운반업에 사용하려는 어선마다 그의 주소지 또는 해당 어선의 선적항을 관할하는 시장·군

수·구청장에게 등록하여야 한다. 다만, 다음 각 호의 어느 하나에 해당하는 경우에는 등록하지 아니하여도 된다.
1. 제7조에 따른 어업면허를 받은 자가 포획·채취하거나 「양식산업발전법」 제10조에 따른 면허를 받은 자가 양식한 수산동식물을 운반하는 경우
2. 제27조에 따라 지정받은 어선이나 제40조 및 제43조에 따라 어업허가를 받은 어선으로 제48조에 따라 어업의 신고를 한 자가 포획·채취하거나 「양식산업발전법」 제10조에 따른 면허를 받은 자가 양식한 수산동식물을 운반하는 경우
② 제1항에 따른 어획물운반업자의 자격기준과 어획물운반업의 등록기준은 대통령령으로 정하며, 어획물운반업의 시설기준과 운반할 수 있는 어획물 또는 그 제품의 종류는 해양수산부령으로 정한다.
③ 시장·군수·구청장은 제52조제1항에 따라 어획물운반업의 등록이 취소된 자와 해당 어선에 대하여는 해양수산부령으로 정하는 바에 따라 그 등록을 취소한 날부터 1년의 범위에서 어획물운반업의 등록을 하여서는 아니 된다.

제52조【어획물운반업의 제한·정지 또는 취소】 ① 시장·군수·구청장은 어획물운반업의 등록을 한 자가 다음 각 호의 어느 하나에 해당하면 그 등록한 어획물운반업을 제한하거나 6개월 이내의 기간을 정하여 영업의 정지를 명하거나 그 등록을 취소할 수 있다.
1. 외국의 어업에 관한 법령 또는 외국과의 어업에 관한 협정을 위반하거나 다음 각 목을 위반하여 포획·채취하거나 양식한 수산동식물 또는 그 제품을 운반한 때
가. 제7조제1항, 제12조, 제15조제1항, 제27조제1항·제4항, 제31조제1항, 제33조제1항, 제34조, 제40조제1항부터 제3항까지, 제44조, 제48조제1항·제4항·제6항, 제55조, 제63조
나. 제50조제1항에 따라 준용되는 제15조제1항, 제31조제1항, 제33조제1항 및 제34조제1호·제3호·제4호·제6호
2. 「관세법」을 위반하여 금고 이상의 형을 선고받고 그 형이 확정된 자에 대하여 관세청장이 어업정지 또는 등록취소를 요청한 경우
3. 제51조를 위반하거나 제54조에 따라 준용되는 제29조제1항부터 제3항까지, 제30조제1항·제3항, 제31조, 제33조제1항제2호·제3호·제7호, 제34조제1호, 제49조제1항·제3항·제4항을 위반한 때
4. 제54조에 따라 준용되는 제12조 및 제44조의 제한이나 조건을 위반한 때
5. 제67조제2항 및 제69조제1항에 따라 대통령령으로 정하는 조치 또는 명령을 위반한 때
② 제1항에 따른 처분의 기준과 절차, 그 밖에 필요한 사항은 해양수산부령으로 정한다.

제53조【수산물가공업의 등록 등】 수산물가공업의 등록과 신고 등에 관하여는 따로 법률로 정한다.

제54조【준용규정】 어획물운반업에 관하여는 제11조, 제12조, 제29조제1항부터 제3항까지, 제30조제1항·제3항, 제31조, 제33조제1항제2호·제3호·제7호, 제34조제1호·제3호·제4호, 제40조제5항, 제43조, 제44조, 제48조제5항 및 제49조제1항·제3항·제4항을 준용한다.

제5장 어업조정 등

제55조【어업조정 등에 관한 명령】 ① 행정관청은 어업단속, 위생관리, 유통질서의 유지나 어업조정을 위하여 필요하면 다음 각 호의 사항을 명할 수 있다.
1. 어획물 및 그 제품의 처리에 관한 제한이나 금지
2. 근해어업에 대한 조업구역의 제한이나 금지
3. 근해어업의 허가 정수(定數) 제한 등 근해어업 허가에 대한 제한이나 금지
4. 어업자·어업종사자의 수 또는 자격
5. 외국과의 어업에 관한 협정 또는 일반적으로 승인된 국제법규와 외국의 수산에 관한 법령의 시행에 필요한 제한이나 금지
6. 수산물의 포장 및 용기(容器)의 제한이나 금지
7. 포획 또는 채취한 수산동식물과 그 제품의 양육장소 및 매매장소의 지정 또는 그 지정의 취소
② 제1항 각 호에 따른 제한 또는 금지사항 등에 필요한 사항은 대통령령으로 정한다.

제56조【조업수역 등의 조정】 ① 해양수산부장관은 광역시·도·특별자치도(이하 "시·도"라 한다) 사이의 어업조정을 하기 위하여 필요하면 대통령령으로 정하는 바에 따라 공동조업수역의 지정 등의 방법으로 조업수역을 조정할 수 있다.
② 시·도지사는 시·군·자치구 사이의 어업조정을 하기 위하여 필요하면 대통령령으로 정하는 바에 따라 공동조업수역의 지정 등의 방법으로 조업수역을 조정할 수 있다.
③ 해양수산부장관 또는 시·도지사는 지구별·업종별 수산업협동조합, 어촌계, 어업자 등 상호 간의 공동조업수역의 설정이나 상호 조업허용 또는 조업제한사항 등 조업수역 조정의 합의에 대하여 어업을 조정하기 위하여 특히 필요하다고 인정하면 이 법 또는 「수산자원관리법」에 따른 조업수역의 제한이나 조건에도 불구하고 조업수역·조업기간·조업척수(操業隻數) 및 조건 등을 정하여 그 조업을 허용하거나 제한할 수 있다.

제57조【허가정수 등의 결정】 ① 제40조제4항 또는 제55조제1항제3호에 따른 어업허가의 정수를 정할 때에는 수산자원의 상태, 현재 그 어업을 경영하는 자의 수, 그 밖의 자연적·사회적 조건 등을 고려하여야 한다.
② 제1항에 따른 정수를 정할 때에는 제95조에 따른 해당 수산조정위원회의 심의를 거쳐야 한다.

제58조【어선의 선복량 제한】 ① 해양수산부장관은 수산자원의 지속적인 이용과 어업조정을 위하여 필요하면 제40조에 따라 어업의 허가를 받은 어선에 대하여 선복량(船腹量)을 제한할 수 있다.
② 선복량을 제한할 때에는 수산자원의 상태, 현재 그 어업을 경영하는 자의 수, 그 밖의 자연적·사회적 조건 등을 고려하여야 하며, 제95조에 따른 중앙수산조정위원회의 심의를 거쳐야 한다.
③ 제1항에 따른 선복량 제한에 필요한 사항은 대통령령으로 정한다.

제59조【어선의 장비와 규모 등】 ① 어선은 해양수산부령으로 정하는 장비를 설비하지 아니하면 어업에 사용될 수 없다.
② 어업의 종류별 어선의 규모·선령·기관, 부속선의 수·규모, 그 밖에 필요한 사항은 해양수산부령으로 정한다.

제60조【어구의 규모등의 제한】 ① 해양수산부장관은 수산자원의 지속적인 이용과 어업조정을 위하여 필요하다고 인정하면 제40조에 따라 허가받은 어업의 종류별로 어구의 규모·형태·재질·사용량 및 사용방법, 어구사용의 금지구역·금지기간, 그물코의 규격 등(이하 "어구의 규모등"이라 한다)을 제한할 수 있다.
② 어구의 규모등의 제한에 필요한 사항은 대통령령으로 정한다. 다만, 시·도지사는 다음 각 호의 어느 하나에 해당하는 자가 사용하는 어구의 규모등에 대하여는 대통령령으로 정하는 어업 종류별 어구의 규모등의 제한 범위에서 따로 정하여 고시할 수 있다.
1. 「수산자원관리법」 제28조에 따른 어업자협약을 체결하여 같은 법 제30조에 따라 어업자협약 승인을 받은 어업자 또는 어업자단체에 소속된 어업자
2. 「자율관리어업 육성 및 지원에 관한 법률」 제9조제2항에 따라 등록한 공동체에 소속된 어업인
③ 제2항 각 호 외의 부분 단서에 따라 시·도지사가 어구의 규모등을 정하여 고시하려는 경우에는 다음 각 호의 사항에 관하여 국립수산과학원의 의견을 들은 후 제95조에 따른 시·도수산조정위원회의 심의를 거쳐야 한다.
1. 어구의 사용 대상이 되는 수산자원의 번식·보호에 지장이 있는지 여부
2. 다른 어업에 미치는 영향

제61조【어구의 규모등의 확인】 ① 해양수산부장관, 시·도지사 또는 시장·군수·구청장은 어업의 허가를 받은 자 또는 관계자가 어구의 규모등이 적합한지 확인을 요청한 경우에는 대통령령으로 정하는 전문기관으로 하여금 확인하게 할 수 있다. 다만, 어업의 허가를 받은 자는 자신의 어구의 규모등에 대해서만 확인 요청을 할 수 있다.
② 제1항에 따른 어구의 규모등의 확인 절차 및 확인 결과의 표시 방법 등에 관하여 필요한 사항은 해양수산부령으로 정한다.

제62조【유어장의 지정 등】 ① 어촌계, 영어조합법인 또는 지구별수협은 어업인의 공동이익을 증진하기 위하여 그 어촌계, 영어조합법인 또는 지구별수협이 면허받은 어업과 허가받은 어업 중 대통령령으로 정하는 어업에 지장이 없는 범위에서 그 수역의 일정 구역에 대하여 시장·군수·구청장으로부터 유어장(遊漁場)(체험학습이나 낚시 등 관광용 어장을 말한다. 이하 같다)을 지정받아 운영할 수 있다.
② 지정된 유어장의 유효기간은 그 유어장에 속하는 면허어업 또는 허가어업의 유효기간 만료일까지로 한다. 이 경우 유어장으로 지정된 수면에 둘 이상의 면허어업 또는 허가어업이 있는 때에는 그 면허어업 또는 허가어업 중 유효기간의 만료일이 먼저 도래하는 어업의 유효기간까지로 한다.
③ 어촌계, 영어조합법인 또는 지구별수협이 제1항에 따라 유어장의 지정을 신청하는 때에는 해양수산부령으로 정하는 바에 따라 유어(遊漁)의 방법, 이용료, 이용자 준수사항, 그 밖에 유어장의 관리와 운영에 관한 사항을 정하여 그 신청서에 첨부하여야 한다.
④ 시장·군수·구청장은 제1항에 따른 지정을 받기 위한 신청이 있는 때에는 다음 각 호의 어느 하나에 해당하는 경우를 제외하고는 유어장으로 지정을 하여야 한다.
1. 제3항에 따른 유어의 방법, 이용료, 이용자 준수사항, 그 밖에 유어장의 관리와 운영에 관한 사항이 적정하지 아니하다고 인정되는 경우
2. 유어장의 면적기준 및 시설기준 등 해양수산부령으로 정하는 지정기준에 적합하지 아니한 경우
3. 그 밖에 이 법 또는 다른 법령에 따른 제한에 위반되는 경우
⑤ 유어장의 지정, 유어장에서의 수산자원의 조성, 포획·채취 대상 수산동식물의 종류, 포획·채취의 방법, 유어장의 관리규정, 관리선의 운영, 유어장의 시설기준, 유어장 이용자의 출입, 유어장에서의 안전사고예방 및 환경오염방지 등 관리·운영에 필요한 사항은 해양수산부령으로 정한다. 이 경우 유어장에서의 수산동식물의 포획·채취는 제7조·제40조·제43조 및 제48조에 따른 어업 외의 방법으로 정할 수 있다.
⑥ 시장·군수·구청장은 유어장이 제5항에 따라 관리·운영되지 아니하는 때에는 해양수산부령으로 정하는 바에 따라 시정명령을 하거나 그 지정을 취소할 수 있다.

제63조【면허·허가 또는 신고어업 외의 어업의 금지】 누구든지 이 법 또는 「수산자원관리법」에 따른 어업 외의 어업의 방법으로 수산동식물을 포획 또는 채취하여서는 아니 된다.

제64조【외국의 배타적 경제수역에서의 어업】 ① 대한민국 정부와 어업협정을 체결한 외국의 배타적 경제수역에서 어업을 하려는 자는 그 외국의 해당 행정관청으로부터 어업허가를 받아야 한다.
② 대한민국 정부와 어업협정을 체결한 외국의 배타적 경제수역에서 어업을 하는 자는 그 외국의 권한 있는 행정관청이 불법어업방지를 위하여 어선의 정선명령 또는 회항명령을 하는 때에는 이에 따라야 한다.

제65조【어구·시설물의 철거 등】 ① 어업권자나 어업의 허가를 받은 자는 그 어업권 또는 허가의 효력이 소멸되거나 어업시기가 끝나면 해양수산부령으로 정하는 기간 내에 그 어장이나 수면에 설치한 어구·시설물을 철거하여야 한다. 다만, 그 어구나 시설물을 철거할 수 없거나 철거할 필요가 없다고 인정될 경우 근해어업은 시·도지사가, 면허어업·연안어업·구획어업은 시장·군수·구청장이 해당 철거의무자의 신청에 따라 그 의무를 면제할 수 있다.
② 제1항 단서에 따라 철거의무자가 의무를 면제받은 경우에는 그 어구·시설물과 양식물의 소유권을 포기한 것으로 본다.
③ 제1항에 따른 철거의무자가 그 철거의무기간이 지났어도 그 어구·시설물이나 양식물을 철거하지 아니한 경우에는 행정관청은 「행정대집행법」에서 정하는 바에 따라 그 어구·시설물이나 양식물을 철거할 수 있다.
④ 어업의 면허나 허가를 받지 아니한 자가 설치한 어구·시설물과 양식물에 관한 사항은 제1항부터 제3항까지의 규정을 준용한다.

제66조【표지의 설치 및 보호】 ① 행정관청은 어업자에게 어장 및 어선의 표지를 설치할 것을 명할 수 있다.
② 누구든지 제1항에 따라 설치된 표지를 이전·손괴·변조 또는 은폐하여서는 아니 된다.

제67조【감독】 ① 해양수산부장관은 시·도지사 또는 시장·군수·구청장의 명령과 처분이, 시·도지사(특별자치도지사는 제외한다)는 시장·군수·구청장의 명령과 처분이 이 법 또는 이 법에 따른 명령에 위배된다고 인정되면 기간을 정하여 그 시정을 명하거나 그 전부 또는 일부를 정지하거나 취소하는 등 필요한 조치를 할 수 있다.
② 행정관청은 수산시책으로서 특히 필요하다고 인정되면 대통령령으로 정하는 바에 따라 어업인·어획물운반업자·어획물운반업종사자 또는 수산물가공업자에게 필요한 조치를 할 수 있다.

제68조【해기사면허의 취소 등】 ① 행정관청은 어업종사자나 어획물운반업종사자가 이 법이나 「수산자원관리법」 또는 이 법이나 「수산자원관리법」에 따른 명령을 위반한 때에는 관계 행정기관의 장에게 해기사면허의 취소·정지 또는 해기사에 대한 견책을 요구할 수 있다.
② 관계 행정기관의 장은 제1항에 따른 요구가 있으면 이에 따라야 한다.

제69조【어업감독 공무원】 ① 어업감독 공무원은 어업조정, 안전조업, 불법어업 방지 및 수산물의 유통질서를 확립하기 위하여 필요하다고 인정되면 어장·어선·사업장·사무소·창고, 그 밖의 장소에 출입하여 장부·서류, 그 밖의 물건을 검사하거나 관계인에게 질문할 수 있으며, 그 밖에 정선(停船)이나 회항(回航)을 명할 수 있다.
② 행정관청은 어업조정 등을 위하여 필요하면 어업감독 공무원에게 다른 사람의 토지에 들어가서 측량·검사하게 할 수 있으며, 부득이한 경우에는 측량·검사에 장애가 되는 물건을 옮기게 하거나 제거하게 할 수 있다.
③ 제1항 및 제2항에 따라 그 직무를 행하는 어업감독 공무원은 그 권한을 표시하는 증표를 지니고 이를 관계인에게 내보여야 한다.
④ 제1항부터 제3항까지의 규정에 따른 정선명령이나 회항명령, 측량·검사, 어업감독 공무원의 증표와 그 자격에 필요한 사항은 대통령령으로 정한다.

제70조【사법경찰권】 어업감독 공무원은 이 법 또는 이 법에 따른 명령을 위반하는 행위에 대하여 「사법경찰관리의 직무를 수행할 자와 그 직무범위에 관한 법률」에서 정하는 바에 따라 사법경찰관리의 직무를 행한다.

제6장 어구의 관리 등

제71조【어구생산업 및 어구판매업의 신고】 ① 어구를 생산하여 판매하거나 무상으로 유통·공급하는 것(이하 "어구생산업"이라 한다)을 업으로 하려는 자(이하 "어구생산업자"라 한다) 및 어구를 판매하는 것(수입하여 유통·공급하는 것을 포함한다. 이하 "어구판매업"이라 한다)을 업으로 하려는 자(이하 "어구판매업자"라 한다)는 시장·군수·구청장에게 신고하여야 한다.

② 어구생산업자 및 어구판매업자(이하 "어구생산업자등"이라 한다)는 제1항에 따라 신고한 사항 중 해양수산부령으로 정하는 사항을 변경하거나 그 업을 폐업하였을 때에는 30일 이내에 시장·군수·구청장에게 신고하여야 한다.
③ 시장·군수·구청장은 제1항 및 제2항에 따른 신고를 받은 날부터 7일 이내에 수리 여부 또는 민원 처리 관련 법령에 따른 처리기간의 연장을 신고인에게 통지하여야 한다.
④ 시장·군수·구청장이 제3항에서 정한 기간 내에 신고수리 여부 또는 민원 처리 관련 법령에 따른 처리기간의 연장 여부를 신고인에게 통지하지 아니하면 그 기간(민원 처리 관련 법령에 따라 처리기간이 연장 또는 재연장된 경우에는 해당 처리기간을 말한다)이 끝난 날의 다음 날에 신고를 수리한 것으로 본다.
⑤ 제1항부터 제4항까지에서 규정한 사항 외에 어구생산업 및 어구판매업(이하 "어구생산업등"이라 한다)의 신고, 변경신고 또는 폐업신고의 절차 등에 관한 사항은 해양수산부령으로 정한다.
제72조【어구생산업자 및 어구판매업자의 의무】 ① 어구생산업자등은 생산 또는 판매한 어구의 종류·구매자·수량 등을 해양수산부령으로 정하는 바에 따라 기록(전자화된 기록을 포함한다)하고 이를 3년간 보존하여야 한다.
② 어구생산업자등은 「수산자원관리법」 제24조를 준수하여야 한다.
제73조【영업정지 등】 ① 시장·군수·구청장은 어구생산업자등이 다음 각 호의 어느 하나에 해당하면 해양수산부령으로 정하는 바에 따라 3개월 이내의 기간을 정하여 영업을 정지하거나 영업의 폐쇄를 명할 수 있다. 다만, 제1호 및 제2호에 해당하는 경우에는 영업의 폐쇄를 명하여야 한다.
1. 거짓이나 그 밖의 부정한 방법으로 어구생산업등을 신고한 경우
2. 영업정지 기간 중 영업을 한 경우
3. 제72조에 따른 기록 사항의 전부 또는 일부를 기재하지 아니한 경우
4. 제72조에 따른 기록을 거짓으로 기재하거나 훼손·제거한 경우
5. 「수산자원관리법」 제24조를 위반한 경우
② 제1항에 따라 영업의 폐쇄명령을 받은 자는 그 영업이 폐쇄된 날부터 1년이 지나지 아니하면 어구생산업등의 신고를 할 수 없다.
제74조【어구 판매량 등의 제한】 ① 해양수산부장관은 다음 각 호의 어느 하나에 해당하는 경우에는 어구의 판매량과 판매장소·판매방법 등을 제한할 수 있다.
1. 수산자원의 증식·보호를 위하여 필요한 경우
2. 해양오염 방지를 위하여 필요한 경우
3. 어업과 관련한 분쟁의 조정, 안전사고의 예방 등 해양수산부령으로 정하는 경우
② 제1항에 따른 어구의 판매량과 판매장소·판매방법등의 제한 절차에 관하여 필요한 사항은 해양수산부령으로 정한다.
제75조【실태조사 등】 ① 해양수산부장관은 어구의 효율적 관리를 위하여 어구의 생산·유통·사용·관리 및 폐어구와 유실어구의 수거·처리에 관한 실태조사를 할 수 있다.
② 해양수산부장관은 제1항에 따른 실태조사를 위하여 필요한 경우에는 관계 중앙행정기관의 장, 지방자치단체의 장, 「공공기관의 운영에 관한 법률」에 따른 공공기관의 장, 관련 기관·단체의 장 또는 어구생산업자등에게 관련 자료의 제출이나 의견의 진술 등을 요청할 수 있다. 이 경우 자료의 제출 또는 의견의 진술을 요청받은 자는 특별한 사정이 없으면 그 요청에 따라야 한다.
③ 제1항에 따른 실태조사의 범위와 방법, 그 밖에 필요한 사항은 해양수산부령으로 정한다.
제76조【어구실명제】 ① 대통령령으로 정하는 어업인이 어업활동을 위하여 제3조 각 호의 수면 등 또는 「내수면어업법」 제3조에 따른 수면(이하 "수면"이라 한다)에 어구를 설치할 때에는 해당 어구마다 어구의 소유자와 그 밖에 해양수산부령으로 정하는 사항을 어구에 표시하여야 한다.
② 제1항에 따른 어구의 표시 방법 등에 관한 사항은 해양수산부령으로 정한다.
제77조【어구 수거 해역 및 수거 기간 지정 등】 ① 행정관청은 수산자원의 보호와 해양오염 방지를 위하여 필요하다고 인정하면 제95조에 따른 해당 수산조정위원회의 심의를 거쳐 어구 수거 해역 및 수거 기간을 정할 수 있다.
② 행정관청은 제1항에 따라 어구 수거 해역 및 기간을 정한 경우에는 제15조, 제40조, 제43조 및 제46조에 따라 어업허가를 받은 자에게 해양수산부령으로 정하는 바에 따라 그 사실을 알려야 한다.
③ 행정관청은 제1항에 따라 어구 수거 해역 및 수거 기간을 정한 경우 그 대상 해역에서 어업허가를 받은 자에게 수면에 설치한 어구를 수거하도록 명하거나 제50조에서 준용되는 제33조제1항제1호에 따라 어업을 제한할 수 있다.
④ 제1항에 따른 어구 수거 기간은 1개월을 초과할 수 없다. 다만, 해역 여건 또는 천재지변 등으로 기간의 연장이 필요한 경우 15일 이내의 범위에서 한 차례만 그 기간을 연장할 수 있다.
⑤ 행정관청은 제3항에 따른 어구 수거 기간 동안 수거되지 아니한 어구를 제78조제1항에 따라 수거하여 처리할 수 있다.
⑥ 제1항부터 제5항까지에서 규정한 사항 외에 어업 제한 절차, 어구 수거 명령 및 기간 등에 필요한 사항은 대통령령으로 정한다.
제78조【폐어구 등의 직접 수거 등】 ① 행정관청은 수면에 버려진 폐어구 및 유실어구를 수거하여 처리·보관하거나 이와 관련된 조사·측정 활동 등을 할 수 있으며, 이에 필요한 선박 또는 시설을 운영할 수 있다.
② 행정관청은 제1항에 따른 폐어구 및 유실어구의 수거 업무를 「해양폐기물 및 해양오염퇴적물 관리법」 제19조제1항제2호에 따른 해양폐기물수거업의 등록을 한 자, 「어장관리법」 제17조에 따른 어장정화·정비업의 등록을 한 자 또는 「어선법」 제2조에 따른 어선을 소유한 자에게 대행하게 할 수 있다.
③ 행정관청은 제1항에 따른 폐어구 및 유실어구의 수거·처리 또는 보관에 드는 비용의 전부 또는 일부를 대통령령으로 정하는 바에 따라 폐어구 및 유실어구의 소유자에게 부담하게 할 수 있다. 다만, 천재지변이나 그 밖에 대통령령으로 정하는 사유에 해당하는 경우에는 그러하지 아니하다.
제79조【폐어구 집하장등의 설치 등】 ① 행정관청은 폐어구 및 유실어구를 수거·처리하기 위한 집하장 및 어구 보관장소(이하 "집하장등"이라 한다)를 설치·운영할 수 있다.
② 시장·군수·구청장은 집하장등에 반입되거나 반출되는 폐어구 및 유실어구의 관리대장을 작성·관리하여야 한다.
③ 집하장등의 세부적인 설치·운영 기준과 관리대장의 기재 등에 필요한 사항은 해양수산부령으로 정한다.
제80조【폐어구 수거·처리에 관한 사업 등】 ① 행정관청은 대통령령으로 정하는 바에 따라 폐어구 수매사업 등 폐어구의 수거·처리에 관한 사업을 하거나 지원할 수 있다.
② 시·도지사 또는 시장·군수·구청장은 집하장등이 설치된 해당 지역 주민을 위하여 주변 환경 개선 등 주민 지원 사업을 할 수 있다.
제81조【어구·부표의 회수 촉진】 ① 대통령령으로 정하는 어구·부표(이하 "어구등"이라 한다)를 생산하거나 수입하는 자는 어구등을 제조 또는 수입하는 경우 어구등의 회수를 촉진하기 위하여 출고 또는 수입 가격과는 별도의 금액(이하 "어구보증금"이라 한다)을 제품가격에 포함시켜야 한다. 이 경우 어구보증금은 어구등의 출고 또는 수입 가격 등을 고려하여 해양수산부령으로 정한다.
② 제1항에 따른 어구등을 생산하거나 수입하는 자(이하 "보증금대상사업자"라 한다)는 어구등을 구입하는 자가 지급한 어구보증금을 제83조에 따른 어구보증금관리센터에 이관하여야 하고, 어구보증금관리센터는 반환된 어구등을 확인한 후 어구등을 반환한 자에게 어구보증금을 돌려주어야 한다. 다만, 어구보증금관리센터는 천재지변이나 그 밖의 대통령령으로 정하는 사유로 어구등을 구입한 자가 어구등을 반환할 수 없다고 인정되는 때에는 대통령령으로 정하는 바에 따라 어구보증금을 돌려주어야 한다.
③ 어구보증금관리센터는 보증금대상사업자에게 어구보증금 관리에 드는 비용(이하 "취급수수료"라 한다)을 지급하여야 한다. 이 경우 취급수수료는 물가변동 등 경제적인 여건을 고려하여 해양수산부장관이 정하여 고시한다.
④ 제2항 및 제3항에 따른 어구보증금의 환급, 취급수수료의 지급, 관리 등이 원활하게 이루어질 수 있도록 하기 위하여 보증금대상사업자는 어구보증금관리센터에 어구보증금이 포함된 어구등의 판매에 관한 정보를 제공하여야 하며, 어구보증금이 포함된 어구등에 어구보증금 환급 관련 문구를 표시하여야 한다.
⑤ 어구보증금의 이관방법, 어구등의 반환 장소와 방법, 환급문구 표시 등에 관한 사항은 해양수산부장관이 정하여 고시한다.
제82조【미환급보증금의 처리】 ① 어구보증금관리센터는 제81조제2항에 따라 어구보증금을 돌려주고 남은 금액(이하 "미환급보증금"이라 한다)을 다음 각 호의 어느 하나에 해당하는 용도로 사용하여야 한다.
1. 어구등의 회수율 향상을 위한 홍보
2. 어구등의 보관, 회수거점 등 관련 시설의 설치·운영
3. 어구등의 효율적 회수 및 처리 방안의 연구·개발
4. 전년도에 받은 어구보증금보다 전년도에 어구보증금으로 지급한 금액이 많은 경우 그에 대한 보전(補塡)
5. 어구등의 회수에 드는 비용
6. 취급수수료 지급
7. 어구보증금과 취급수수료의 집행 관리 등에 필요한 비용
8. 어업인 등 지역주민 지원사업
9. 그 밖에 해양환경 보전을 위한 활동
② 어구보증금관리센터는 매년 해양수산부장관에게 미환급보증금의 사용계획 및 실적을 보고하여야 한다.
③ 미환급보증금의 산출, 사용계획 및 결과의 보고 등에 관하여 그 밖에 필요한 사항은 해양수산부령으로 정한다.
제83조【어구보증금관리센터】 ① 해양수산부장관은 어구보증금의 체계적인 관리를 위하여 어구보증금관리센터를 설치·운영하여야 한다.
② 어구보증금관리센터는 다음 각 호의 사업을 하여야 한다.
1. 제81조제2항에 따른 어구보증금의 환급·관리
2. 제81조제3항에 따른 취급수수료의 지급·관리
3. 제82조에 따른 미환급보증금의 관리
4. 그 밖에 어구보증금 제도 운영에 필요하다고 해양수산부장관이 인정하는 사업
③ 제1항에 따른 어구보증금관리센터의 설치·운영, 그 밖에 필요한 사항은 대통령령으로 정한다.
제84조【재정적 및 기술적 지원】 ① 국가는 예산의 범위에서 어구보증금관리센터에 대하여 어구등의 회수율 제고 등 원활한 어구보증금 제도의 관리·운영에 필요한 재정적·기술적 지원을 할 수 있다.
② 제1항에 따른 재정적·기술적 지원의 대상·절차 및 방법 등에 관한 사항은 대통령령으로 정한다.

제7장 수산업의 육성

제85조【근해어업 등의 구조개선 등】 근해어업, 연안어업, 구획어업 및 정치망어업의 구조개선 및 지원에 필요한 사항은 따로 법률로 정한다.
제86조【어업규제 완화 시범사업의 실시】 ① 해양수산부장관은 수산자원의 지속적인 이용과 어업조정을 위하여 필요한 경우 대통령령으로 정하는 요건을 갖춘 자에게 일정기간 동안 다음 각 호의 사항을 달리 적용하는 시범사업을 실시할 수 있다. 이 경우 제95조에 따른 중앙수산조정위원회의 심의를 거쳐야 한다.
1. 제40조제4항에 따른 허가어업에 관한 사항
2. 제42조에 따른 혼획의 관리
3. 제44조에 따른 허가어업의 제한 및 조건
4. 제55조에 따른 어업조정 등에 관한 명령
5. 제58조에 따른 어선의 선복량 제한
6. 제59조에 따른 어선의 장비와 규모 등
7. 제60조에 따른 어구의 규모등의 제한
8. 그 밖에 수산자원의 지속적인 이용과 어업조정을 위하여 필요하다고 인정되어 대통령령으로 정하는 사항
② 제1항에 따라 달리 적용되는 내용 및 그 적용기간, 대상자 선정 절차 등에 필요한 사항은 해양수산부령으로 정한다.
제87조【시·도 연안자원관리】 ① 이 법 또는 「수산자원관리법」에도 불구하고 시·도지사가 수산자원관리를 위하여 어획량을 제한하는 등 대통령령으로 정하는 의무를 이행하는 경우에는 관할 수역 내 수산자원의 지속적인 이용과 어업조정을 위하여 제60조에 따른 어구의 규모등의 제한에 관한 사항을 따로 정하여 고시할 수 있다.
② 시·도지사가 제1항의 사항을 따로 정하려는 경우에는 제95조에 따른 시·도수산조정위원회의 심의를 거쳐 해양수산부장관에게 승인을 신청하여야 한다.
③ 해양수산부장관은 수산자원보호 및 어업조정 등을 위하여 필요한 경우 시·도지사에게 제2항에 따라 승인을 신청받은 사항의 수정 또는 보완을 요청할 수 있다.
④ 제2항에 따른 승인 신청을 받은 해양수산부장관은 국립수산과학원의 의견, 제3항에 따른 수정·보완 사항 및 수산자원보호나 어업조정에 미치는 영향 등을 고려하여 승인 여부를 결정하고 시·도지사에게 통보하여야 한다.

제8장 보상·보조 및 재결

제88조【보상】 ① 다음 각 호의 어느 하나에 해당하는 처분으로 인하여 손실을 입은 자는 그 처분을 행한 행정관청에 보상을 청구할 수 있다.
1. 제33조제1항제1호부터 제6호까지 또는 제34조제6호(제33조제1항제1호부터 제6호까지의 규정에 해당하는 경우를 말한다)에 해당하는 사유로 인하여 이 법에 따른 면허·허가를 받거나 신고한 어업에 대하여 제한 등의 처분을 받았거나 제14조에 따른 어업면허의 유효기간 연장이 허가되지 아니한 경우. 다만, 제33조제1항제1호부터 제3호까지의 규정(제50조제1항 및 제3항에서 준용하는 경우를 말한다)에 해당하는 사유로 허가를 받거나 신고한 어업이 제한되는 경우는 제외한다.
2. 제69조제2항에 따른 측량·검사에 장애가 되는 물건에 대하여 이전명령이나 제거명령을 받은 경우
② 제1항의 보상의 원인이 된 처분으로 이익을 받은 자(이하 이 조에서 "수익자"라 한다)가 있으면 그 처분을 한 행정관청은 수익자에게 그가 받은 이익의 범위에서 보상액의 전부 또는 일부를 부담하게 할 수 있다. 이 경우 수익자가 부담하도록 결정된 금액을 내지 아니하면 국세 강제징수의 예에 따라 징수한다.
③ 수익자는 제1항에 따라 보상을 청구할 수 있는 자에게 미리 보상을 하지 아니하면 손실에 영향을 미치는 행위나 공사에 착수할 수 없다. 다만, 보상을 청구할 수 있는 자의 동의를 받은 경우에는 그러하지 아니하다.
④ 제1항에 따른 보상의 기준, 지급방법, 그 밖에 보상에 필요한 사항은 대통령령으로 정한다.

제89조【수질오염에 따른 손해배상】 ① 다음 각 호의 어느 하나에 해당하는 사유로 인하여 수질이 오염되어 면허받은 어업에 피해가 발생하면 그 오염발생시설의 경영자는 관계 법령으로 정하는 바에 따라 피해자에게 정당한 배상을 하여야 한다.
1. 산업시설이나 그 밖의 사업장의 건설 또는 조업
2. 선박 또는 해양시설(「해양환경관리법」 제2조제17호에 따른 해양시설을 말한다)
3. 해저광구의 개발 등
② 제1항의 오염발생시설의 경영자가 피해가 발생한 후 그 사업을 양도한 때에는 피해 발생 당시의 시설의 경영자와 시설을 양수(讓受)한 경영자가 연대하여 배상을 하여야 한다.
제90조【보상금의 공탁】 ① 다음 각 호의 어느 하나에 해당할 때에는 제88조에 따른 보상금을 공탁하여야 한다.
1. 보상을 받을 자가 보상금 받기를 거절하거나 기피할 때
2. 보상을 받을 자의 주소나 거소가 분명하지 아니할 때
3. 보상의 목적인 어업권·토지 또는 물건에 관하여 등록하거나 등기한 권리자가 있을 때. 다만, 그 권리자의 동의를 받은 경우에는 공탁하지 아니하여도 된다.
② 제1항제3호 본문에 따라 보상금을 공탁한 경우 등록하거나 등기한 권리자 또는 소송 당사자는 공탁한 금액에 대하여 그 권리를 행사할 수 있다.
제91조【입어에 관한 재결】 ① 제39조제1항에 따른 입어에 관하여 분쟁이 있거나 같은 조 제2항에 따른 협의가 이루어지지 아니하거나 협의를 할 수 없을 때에는 어업권자 또는 입어자는 시·도지사 또는 시장·군수·구청장에게 재결(裁決)을 신청할 수 있다.
② 시·도지사 또는 시장·군수·구청장은 제1항에 따른 재결 신청을 받으면 제95조에 따른 해당 시·도수산조정위원회 또는 시·군·구수산조정위원회의 심의를 거쳐 재결하여야 한다.
제92조【어장구역 등에 관한 재결】 ① 어장의 구역, 어업권의 범위, 보호구역 또는 어업의 방법에 관하여 분쟁이 있으면 그 관계인은 시·도지사 또는 시장·군수·구청장에게 재결을 신청할 수 있다.
② 시·도지사 또는 시장·군수·구청장은 제1항에 따른 재결을 할 때에는 제95조에 따른 해당 시·도수산조정위원회 또는 시·군·구수산조정위원회의 심의를 거쳐야 한다.
제93조【보조 등】 ① 행정관청은 수산업을 장려하고 진흥하기 위하여 필요하다고 인정하면 보조금을 교부하거나 자금을 융자할 수 있다.
② 제1항에 따른 자금의 보조 대상사업은 대통령령으로 정하며, 자금의 융자에 관한 기준과 절차 등에 필요한 사항은 해양수산부령으로 정한다.
제94조【보상·보조 및 재결에 관한 세부규칙】 이 장에서 규정한 것 외에 보상·보조 및 재결에 필요한 세부사항은 대통령령으로 정한다.

제9장 수산조정위원회

제95조【수산조정위원회의 설치】 어업에 관한 조정·보상·재결 또는 양식업 등에 관한 사항을 심의하기 위하여 해양수산부에 중앙수산조정위원회를, 시·도 및 시·군·자치구에 시·도수산조정위원회 및 시·군·구수산조정위원회를 각각 둔다.
제96조【수산조정위원회의 기능】 ① 중앙수산조정위원회의 기능은 다음 각 호와 같다.
1. 어업별 분쟁의 사전·사후 조정
2. 시·도 사이의 어업에 관한 분쟁의 조정
3. 기본계획의 심의
4. 제58조제1항에 따른 선복량 제한의 심의
5. 수산업의 발전과 어업의 질서유지에 필요한 사항에 관한 건의
6. 해양수산부장관이 회의에 부치는 사항의 자문에 관한 응답
7. 그 밖에 이 법, 「수산자원관리법」, 「어장관리법」, 「양식산업발전법」 및 「연근해어업의 구조개선 및 지원에 관한 법률」에서 정하는 사항의 심의(2023.10.31 본호개정)
② 시·도수산조정위원회의 기능은 다음 각 호와 같다. 다만, 특별자치도의 경우 시·도수산조정위원회가 시·군·구수산조정위원회의 기능도 수행한다.
1. 어업에 관한 손실보상이나 어업에 관한 분쟁의 심의·조정
2. 시·군·자치구 사이의 어업에 관한 분쟁의 조정
3. 한시어업의 허가에 관한 사항의 심의
4. 시행계획의 심의
5. 제60조제2항 각 호 외의 부분 단서에 따른 어구의 규모 등의 제한에 관한 내용의 심의
6. 수산업의 발전과 어업의 질서유지에 필요한 사항에 관한 건의
7. 시·도지사가 회의에 부치는 사항의 자문에 관한 응답
8. 그 밖에 이 법, 「수산자원관리법」, 「어장관리법」, 「양식산업발전법」 및 「연근해어업의 구조개선 및 지원에 관한 법률」에서 정하는 사항의 심의(2023.10.31 본호개정)
③ 시·군·구수산조정위원회의 기능은 다음 각 호와 같다.
1. 어업에 관한 손실보상이나 어업에 관한 분쟁의 조정
2. 개발계획의 심의
3. 제7조에 따른 면허어업의 적격성과 우선순위에 관한 사항의 심의
4. 마을어업의 어장관리규약 등 어장관리에 관한 사항의 심의
5. 수산업의 발전과 어업의 질서유지에 필요한 사항에 관한 건의
6. 자원을 보호하고 관리하기 위한 각종 어업규제에 관한 건의
7. 시장·군수·구청장이 회의에 부치는 사항의 자문에 관한 응답
8. 그 밖에 이 법 또는 「어장관리법」, 「양식산업발전법」에서 정하는 사항의 심의
④ 해양수산부장관 또는 시·도지사는 어업조정을 위하여 필요하면 합동수산조정위원회를 개최할 수 있다. 이 경우 합동수산조정위원회의 구성과 운영 등에 필요한 사항은 대통령령으로 정한다.
⑤ 제95조에 따른 수산조정위원회는 해당 위원회의 활동에 필요할 경우에는 관계인을 위원회에 출석하게 하거나 자료의 제출을 요구하거나 그 밖에 행정관청으로 하여금 관계 공무원에게 질문을 하게 하거나 조사를 하도록 요청할 수 있다. 이 경우 그 요청을 받은 행정관청은 특별한 사유가 없으면 이에 따라야 한다.
제97조【수산조정위원회의 구성과 운영】 ① 제95조에 따른 수산조정위원회는 어업인의 대표 및 수산에 관한 학식과 경험이 풍부한 자들로 구성한다.
② 중앙수산조정위원회는 위원장 및 부위원장 각 1명을 포함한 23명 이내의 위원으로 구성한다.(2023.10.31 본항개정)
③ 중앙수산조정위원회의 위원장은 해양수산부차관이 되고, 부위원장은 해양수산부의 고위공무원단에 속하는 일반직공무원 중 해양수산부장관이 임명하는 자가 된다.
④ 중앙수산조정위원회의 위원의 선임, 위원의 임기, 그 밖에 필요한 사항은 대통령령으로 정한다.
⑤ 제96조제1항제1호 및 제2호에 따른 분쟁의 효율적이고 전문적인 조정을 위하여 중앙수산조정위원회에 어업조정위원회를 둘 수 있다. 이 경우 어업조정위원회의 조정은 중앙수산조정위원회의 조정으로 본다.
⑥ 시·도수산조정위원회, 시·군·구수산조정위원회 및 제5항에 따른 어업조정위원회의 구성 및 운영, 그 밖에 필요한 사항은 대통령령으로 정한다.

제10장 보 칙

제98조【서류 송달의 공시】 ① 행정관청은 주소나 거소가 분명하지 아니하는 등의 사유로 이 법 또는 이 법에 따른 명령·처분 등을 통지하는 데에 필요한 서류를 송달할 수 없을 때에는 대통령령으로 정하는 바에 따라 이를 공고하여야 한다.
② 행정관청이 제1항에 따라 공고한 경우에는 공고일의 다음 날부터 계산하기 시작하여 30일이 지난 날에 그 서류가 도달한 것으로 본다.
제99조【과징금 처분】 ① 행정관청은 제33조제1항제8호·제9호(제50조에서 준용하는 경우를 포함한다) 및 제52조제1항제3호부터 제5호까지의 규정에 해당하는 사유로 면허를 받은 어업 등에 대한 제한이나 정지처분을 하려는 경우 그 제한이나 정지처분을 갈음하여 1억원 이하의 과징금을 부과할 수 있다.
② 제1항에 따른 과징금을 부과하는 위반행위의 종류와 정도 등에 따라 부과하는 과징금의 금액, 그 밖에 필요한 사항은 대통령령으로 정한다.
③ 행정관청은 제1항에 따른 과징금을 납부기한까지 내지 아니하면 국세 강제징수의 예 또는 「지방행정제재·부과금의 징수 등에 관한 법률」에 따라 징수한다.
④ 제1항 및 제3항에 따라 과징금으로 징수한 금액은 징수주체가 사용(보조 또는 융자를 포함한다)하되, 어업지도사업 외의 용도로는 사용할 수 없다.
⑤ 제1항 및 제3항에 따라 징수한 과징금의 사용 절차·대상, 그 밖에 필요한 사항은 대통령령으로 정한다.
⑥ 행정관청은 과징금으로 징수한 금액의 운용계획을 세우고 시행하여야 한다.
제100조【포상】 해양수산부장관은 이 법 또는 이 법에 따른 명령을 위반하는 행위를 한 자를 그 관계 기관에 통보하거나 체포에 공로가 있는 자, 그 밖에 수산자원의 보호와 어업질서의 확립에 특별히 이바지한 자에 대하여는 대통령령으로 정하는 바에 따라 포상(褒賞)할 수 있다.
제101조【권한의 위임과 위탁】 ① 해양수산부장관은 이 법에 따른 권한의 일부를 대통령령으로 정하는 바에 따라 소속 기관의 장 또는 시·도지사에게, 시·도지사는 시장·군수·구청장에게 각각 위임할 수 있다.
② 해양수산부장관은 이 법에 따른 권한의 일부를 대통령령으로 정하는 바에 따라 수산업협동조합중앙회장 또는 「수산자원관리법」 제55조의2에 따른 한국수산자원공단의 장 또는 「어촌·어항법」 제57조에 따른 한국어촌어항공단의 장에게 위탁할 수 있다.
제102조【수수료】 이 법에 따른 면허·허가·승인·등록의 신청 또는 그 변경신청이나 신고를 하는 자는 해양수산부령(해양수산부장관에게 신청하는 경우만 해당한다)이나 시·도 또는 시·군·자치구의 조례(시·도지사 또는 시장·군수·구청장에게 신청하는 경우만 해당한다)로 정하는 바에 따라 수수료를 내야 한다.
제103조【청문】 행정관청은 다음 각 호의 어느 하나에 해당하는 처분을 하려면 청문을 하여야 한다.
1. 제30조제2항에 따른 어업권의 취소
2. 제34조(제50조에 따라 준용하는 경우를 포함한다)에 따른 면허어업의 취소
3. 제39조제4항에 따른 면허의 취소나 입어의 제한·정지 또는 금지
4. 제52조에 따른 영업정지 명령 또는 등록의 취소
5. 제55조제1항제7호에 따른 지정의 취소
6. 제62조제6항에 따른 지정의 취소
7. 제73조에 따른 영업정지 명령 또는 영업의 폐쇄
제104조【수산데이터베이스의 구축】 ① 해양수산부장관은 수산정책의 합리적 결정에 필요한 자료를 확보하기 위하여 업종별·수역별 조업상황과 어획실적 및 수산자원 분포현황 등을 조사하여 수산데이터베이스를 구축하고 이를 유지·관리하여야 한다.
② 제40조 및 제43조에 따라 어업의 허가를 받은 자 및 제51조에 따라 어획물운반업의 등록을 한 자는 제1항에 따른 수산데이터베이스를 구축하기 위하여 해양수산부령으로 정하는 바에 따라 해양수산부장관에게 조업상황·어획실적·전재량 등을 보고하여야 한다.
③ 해양수산부장관은 제1항에 따른 수산데이터베이스를 구축하기 위하여 필요한 경우에는 관계 중앙행정기관의 장, 지방자치단체의 장, 「수산업협동조합법」에 따른 조합장 및 중앙회장에게 관련 자료의 제출을 요청할 수 있다. 이 경우 자료의 제출을 요청받은 관계 기관의 장은 정당한 사유가 없으면 이에 따라야 한다.
제105조【벌칙 적용에서의 공무원 의제】 제95조에 따른 수산조정위원회의 위원 중 공무원이 아닌 사람은 이 법에 따른 업무를 수행할 때 「형법」 제127조 및 제129조부터 제132조까지의 규정을 적용할 때에는 공무원으로 본다.

제11장 벌 칙

제106조【벌칙】 ① 다음 각 호의 어느 하나에 해당하는 자는 3년 이하의 징역 또는 3천만원 이하의 벌금에 처한다.
1. 이 법에 따른 어업권을 취득하지 아니하고 어업을 경영한 자
2. 제33조제1항제2호 또는 제3호(제50조제1항에서 준용하는 경우를 포함한다)에 따른 어업의 제한·정지 또는 어선의 계류처분을 위반한 자
3. 제40조제1항부터 제3항까지, 제43조 또는 제51조제1항에 따른 허가를 받지 아니하거나 등록을 하지 아니하고 수산업을 경영한 자
4. 제63조를 위반하여 수산동식물을 포획하거나 채취한 자
② 제1항의 경우 징역과 벌금은 병과(併科)할 수 있다.
제107조【벌칙】 다음 각 호의 어느 하나에 해당하는 자는 2년 이하의 징역 또는 2천만원 이하의 벌금에 처한다.
1. 거짓이나 그 밖의 부정한 방법으로 제7조제1항, 제15조제1항, 제40조제1항부터 제3항까지, 제43조 또는 제51조제1항에 따른 면허·허가를 받거나 등록을 한 자
2. 제19조제1항·제3항 또는 제21조를 위반하여 어업권을 이전·분할 또는 변경하거나 담보로 제공한 자와 그 어업권을 이전 또는 분할받았거나 담보로 제공받은 자
3. 제27조제1항(제50조제2항에서 준용하는 경우를 포함한다)을 위반하여 관리선으로 지정을 받지 아니한 선박을 사용한 자
4. 제27조제4항(제50조제2항에서 준용하는 경우를 포함한다)을 위반하여 그 지정을 받았거나 승인을 받은 어장구역이 아닌 수면에서 수산동식물을 포획·채취하기 위하여 관리선을 사용한 자
5. 제31조제1항(제50조제1항이나 제54조에서 준용하는 경우를 포함한다)을 위반하여 사실상 그 어업의 경영을 지배하고 있는 자와 어업권자 또는 허가를 받은 자로서 다른 사람에게 사실상 그 어업의 경영을 지배하게 한 자
6. 제32조를 위반하여 어업권을 임대한 자와 임차한 자
7. 제42조제1항을 위반하여 수산동물을 혼획한 자
8. 제52조제1항제1호에 따른 수산동식물 또는 그 제품을 운반한 자
9. 제55조의 어업조정 등에 관한 명령을 위반한 자
제108조【벌칙】 다음 각 호의 어느 하나에 해당하는 자는 1년 이하의 징역 또는 1천만원 이하의 벌금에 처한다.
1. 제28조제2항을 위반하여 보호구역에서 해당 시설물을 훼손하는 행위 또는 어업권의 행사에 방해되는 행위를 한 자
2. 제28조제4항을 위반하여 보호구역에서 같은 항 각 호의 어업행위를 한 자
3. 제33조제1항제1호·제4호·제6호·제8호·제9호(제50조에서 준용하는 경우를 포함한다) 또는 제52조제1항제2호에 따른 제한·정지 또는 어선의 계류처분을 위반한 자
4. 제64조제1항 및 제2항을 위반하여 어업허가를 받지 아니하고 대통령령으로 정하는 외국의 배타적 경제수역에서 수산동식물을 포획·채취하다가 정선명령 또는 회항명령에 따르지 아니하고 국내로 도주한 자

5. 제66조를 위반하여 어선에 표지를 설치하지 아니한 자
6. 제69조제1항에 따른 장부·서류, 그 밖의 물건의 검사에 따르지 아니하거나 어선의 정선명령 또는 회항명령에 따르지 아니한 자

제109조【벌칙】 다음 각 호의 어느 하나에 해당하는 자는 1천만원 이하의 벌금에 처한다.
1. 제42조제3항을 위반하여 혼획저감장치를 부착하지 아니한 어구를 사용한 자
2. 제42조제4항을 위반하여 혼획으로 포획·채취한 어획물을 지정된 매매장소 외에서 매매 또는 교환한 자
3. 제58조에 따른 선복량 제한을 위반한 자
4. 제60조제1항에 따른 어구의 규모등의 제한을 위반한 자
5. 제76조제1항을 위반하여 어구에 표시를 하지 아니한 자

제110조【몰수】 ① 제106조, 제107조, 제108조제3호·제5호 및 제109조의 경우 범인이 소유하거나 소지하는 어획물·제품·어선·어구 또는 폭발물이나 유독물은 몰수할 수 있다. 다만, 제106조제1항제2호에 해당되어 최근 5년 이내에 2회 이상 처벌을 받은 경우에는 어획물·어선·어구를 몰수하여야 한다.
② 제1항에 따라 범인이 소유하거나 소지한 물건의 전부 또는 일부를 몰수할 수 없을 때에는 그 가액을 추징할 수 있다.

제111조【양벌규정】 법인의 대표자나 법인 또는 개인의 대리인, 사용인, 그 밖의 종업원이 그 법인 또는 개인의 업무에 관하여 제106조부터 제109조까지의 어느 하나에 해당하는 위반행위를 하면 그 행위자를 벌하는 외에 그 법인 또는 개인에게도 해당 조문의 벌금형을 과(科)한다. 다만, 법인 또는 개인이 그 위반행위를 방지하기 위하여 해당 업무에 관하여 상당한 주의와 감독을 게을리하지 아니한 경우에는 그러하지 아니하다.

제112조【과태료】 ① 다음 각 호의 어느 하나에 해당하는 자에게는 500만원 이하의 과태료를 부과한다.
1. 제30조제1항(제50조제1항에서 준용하는 경우를 포함한다) 또는 제2항을 위반하여 그 어업권을 취득하거나 허가를 받은 날부터 일정기간 이내에 어업을 시작하지 아니하거나 어업을 시작한 후 1년이 지났으나 계속하여 해당 어장을 휴업 상태로 둔 자
2. 제45조제2항에 따라 승계 받은 날부터 30일(상속의 경우에는 60일로 한다) 이내에 신고를 아니하거나 90일 이내에 어업허가 어선의 기준 및 어업허가 신청자의 자격을 갖추지 아니한 자
3. 제49조제3항(제54조에서 준용하는 경우를 포함한다)에 따른 폐업신고를 하지 아니한 자
4. 제62조제1항에 따른 지정을 받지 아니하고 유어장을 운영한 자

② 다음 각 호의 어느 하나에 해당하는 자에게는 300만원 이하의 과태료를 부과한다.
1. 제81조제2항을 위반하여 어구보증금을 어구보증금관리센터에 이관하지 아니한 자
2. 제81조제4항을 위반하여 어구보증금이 포함된 어구등의 판매에 관한 정보를 제공하지 아니하거나 어구보증금의 환급문구를 표시하지 아니한 자

③ 다음 각 호의 어느 하나에 해당하는 자에게는 200만원 이하의 과태료를 부과한다.
1. 제20조에 따른 변경신고를 하지 아니한 자
2. 제29조제1항 또는 제2항에 따른 신고를 하지 아니하고 휴업을 한 자 또는 어업을 경영한 자
3. 제37조제1항에 따른 어장관리규약에 따르지 아니하고 어업권을 특정인으로 하여금 행사하게 한 어업권자와 그 어업권을 행사한 자
4. 제37조제2항에 따른 어장관리규약의 변경 등 시정조치를 위반한 자
5. 제38조에 따른 어업권의 행사의 제한이나 금지를 위반한 자와 그 위반행위를 도운 어업권자
6. 제39조제1항 또는 제4항을 위반하여 입어를 허용하지 아니하거나 입어의 제한·정지 또는 금지 처분을 위반한 자
7. 제48조제1항에 따른 신고를 하지 아니하고 신고어업을 경영한 자
8. 제48조제6항에 따른 준수사항을 이행하지 아니한 신고어업자
9. 제49조제1항(제54조에서 준용하는 경우를 포함한다)에 따른 변경 허가를 받지 아니하거나 변경신고를 하지 아니한 자. 다만, 「어선법」 제17조에 따른 변경등록 사항은 제외한다.
10. 제69조제1항에 따른 어업감독 공무원의 질문에 대한 답변을 기피하거나 거짓으로 진술한 자
11. 제69조제2항에 따른 측량·검사와 장애물의 이전·제거를 거부하거나 방해한 자
12. 제71조제1항을 위반하여 신고하지 아니하고 어구생산업 등을 한 자
13. 제73조제1항에 따른 폐쇄명령을 위반하여 어구생산업 등을 계속한 자

④ 다음 각 호의 어느 하나에 해당하는 자에게는 100만원 이하의 과태료를 부과한다.
1. 제36조제3항에 따른 어장관리에 필요한 조치를 위반한 어업권자
2. 제49조제2항에 따른 변경신고를 하지 아니한 자. 다만, 「어선법」 제17조에 따른 변경등록 사항은 제외한다.
3. 제50조제1항 또는 제54조에서 준용하는 제29조제1항 또는 제2항에 따른 신고를 하지 아니하고 휴업을 한 자 또는 어업을 경영한 자
4. 제65조제1항(같은 조 제4항에서 준용하는 경우를 포함한다)을 위반하여 해양수산부령으로 정하는 기간까지 시설물이나 양식물을 철거하지 아니한 자
5. 제66조를 위반하여 어장에 표지를 설치하지 아니하였거나 어장 및 어선에 설치한 표지를 이전·손괴·변조 또는 은폐한 자
6. 제71조제2항을 위반하여 변경신고 또는 폐업신고를 하지 아니한 자
7. 제72조제1항을 위반하여 기록의 작성 또는 보존을 하지 아니하거나 기록을 거짓으로 기재 또는 훼손·제거한 자
8. 제75조제2항에 따른 자료의 제출 또는 의견의 진술 요청을 거부하거나 방해한 자
9. 제77조제3항을 위반하여 수면에 설치한 어구의 수거명령에 따르지 아니한 자
10. 제96조제5항에 따른 질문·조사를 거부·방해·기피하거나 거짓 자료를 제출하거나 거짓으로 진술한 자
11. 제104조제2항에 따른 보고를 하지 아니하거나 거짓으로 보고한 자

⑤ 제1항부터 제4항까지의 규정에 따른 과태료는 대통령령으로 정하는 바에 따라 행정관청이 부과·징수한다.

부 칙

제1조【시행일】 이 법은 공포 후 1년이 경과한 날부터 시행한다. 다만, 제45조제1항 및 제85조의 개정규정은 공포 후 6개월이 경과한 날부터 시행하고, 제81조부터 제84조까지 및 제112조제2항의 개정규정은 공포 후 2년이 경과한 날부터 시행한다.

제2조【면허의 결격사유에 관한 적용례】 이 법 시행 당시 종전의 「수산업법」, 「어장관리법」, 「양식산업발전법」, 「어선법」 또는 「수산자원관리법」을 위반하여 벌칙을 받았거나 받고 있는 자에 대한 어업면허 발급에 대한 결격사유는 이 법 제9조의 개정규정을 적용한다.

제3조【면허의 금지에 대한 적용례】 이 법 시행 당시 종전의 「수산업법」 제11조에 따른 면허어업의 금지 사유가 있는 경우(제49조, 제60조에 따라 준용되는 경우를 포함한다) 이 법 제11조의 개정규정(제50조, 제54조에 따라 준용되는 경우를 포함한다)을 적용한다.

제4조【어업의 개시 등에 대한 적용례】 이 법 시행 당시 종전의 「수산업법」 제31조에 따른 어업의 개시 등에 관한 사항(제49조, 제60조에 따라 준용되는 경우를 포함한다)은 이 법 제30조의 개정규정(제50조, 제54조에 따라 준용되는 경우를 포함한다)을 적용한다.

제5조【면허어업의 취소에 대한 적용례】 이 법 시행 당시 종전의 「수산업법」 제35조에 따른 면허어업의 취소 사유가 있는 경우(제49조, 제60조에 따라 준용되는 경우를 포함한다) 이 법 제34조의 개정규정(제50조, 제54조에 따라 준용되는 경우를 포함한다)을 적용한다.

제6조【일반적 경과조치】 이 법 시행 당시 종전의 「수산업법」의 규정에 따른 처분·절차와 그 밖의 행위는 그에 해당하는 이 법의 규정에 따라 행한 것으로 본다.

제7조【어장이용개발계획에 관한 경과조치】 이 법 시행 당시 종전의 「수산업법」 제4조에 따라 해양수산부장관 및 시·도지사, 시장·군수·구청장이 수립한 개발계획기본지침 및 개발계획세부지침, 어장이용개발계획은 이 법 제4조에 따라 수립된 개발계획기본지침 및 개발계획세부지침, 어장이용개발계획으로 본다.

제8조【외국인 등에 대한 어업면허 또는 어업허가에 관한 경과조치】 이 법 시행 당시 종전의 「수산업법」 제5조에 따라 외국인 또는 외국법인에 대하여 한 어업면허 또는 어업허가는 이 법 제5조에 따라 외국인 또는 외국법인에 대하여 한 어업면허 또는 어업허가로 본다.

제9조【어업면허에 관한 경과조치】 ① 이 법 시행 당시 종전의 「수산업법」 제8조제1항에 따라 정치망어업, 마을어업 면허를 받은 경우에는 해당 면허의 유효기간 만료일까지 이 법 제7조제1항에 따른 정치망어업, 마을어업의 면허를 받은 것으로 본다.
② 이 법 시행 당시 종전의 「수산업법」 제15조제1항에 따라 한정어업면허를 받은 경우(제49조에 따라 준용되는 경우를 포함한다)에는 해당 면허의 유효기간 만료일까지 이 법 제15조제1항에 따른 한정어업면허를 받은 것(제50조에 따라 준용되는 경우를 포함한다)으로 본다.

제10조【면허의 제한 및 조건에 관한 경과조치】 ① 이 법 시행 당시 종전의 「수산업법」 제12조에 따라 시장·군수·구청장이 어업면허에 대하여 제한 및 조건을 붙인 것(제60조에 따라 준용되는 경우를 포함한다)은 이 법 제12조에 따른 어업면허의 제한 및 조건(제54조에 따라 준용되는 경우를 포함한다)으로 본다.
② 이 법 시행 당시 종전의 「수산업법」 제34조에 따라 시장·군수·구청장이 면허한 어업을 제한 또는 정지하거나 어선의 계류 또는 출항·입항을 제한한 것(제49조, 제60조에 따라 준용되는 경우를 포함한다)은 이 법 제33조에 따라 면허한 어업을 제한 또는 정지하거나 어선의 계류 또는 출항·입항을 제한한 것(제50조, 제54조에 따라 준용되는 경우를 포함한다)으로 본다.

제11조【우선순위에 관한 경과조치】 ① 이 법 시행 당시 종전의 「수산업법」에 따라 신청된 면허에 대한 우선순위 적용에 있어서는 종전의 「수산업법」 제13조에 따른 우선순위를 적용한다.
② 이 법 시행 당시 종전의 「수산업법」에 따라 신청된 허가에 대한 우선순위 적용에 있어서는 종전의 「수산업법」 제41조의2에 따른 우선순위를 적용한다.

제12조【어업권에 관한 경과조치】 ① 이 법 시행 당시 종전의 「수산업법」 제16조, 제17조에 따라 등록한 어업권원부와 취득한 어업권은 이 법 제16조, 제17조에 따라 등록한 어업권원부와 취득한 어업권으로 본다.
② 이 법 시행 당시 종전의 「수산업법」 제19조제1항 단서에 따른 어업권의 이전·분할 또는 변경은 종전의 「수산업법」의 규정에 따른다.
③ 이 법 시행 당시 종전의 「수산업법」 제39조에 따라 시장·군수·구청장이 어업권의 행사를 제한하거나 금지한 것은 이 법 제38조에 따라 어업권의 행사를 제한하거나 금지한 것으로 본다.

제13조【처분한 때의 권리·의무의 승계에 관한 경과조치】 이 법 시행 당시 종전의 「수산업법」 제25조에 따른 처분한 때의 권리·의무의 승계에 관한 사항은 이 법 제25조에 따른 처분한 때의 권리·의무의 승계에 관한 사항으로 본다.

제14조【관리선에 관한 경과조치】 이 법 시행 당시 종전의 「수산업법」 제27조에 따라 지정되거나 승인을 받은 관리선(제49조에 따라 준용되는 경우를 포함한다)은 이 법 제27조에 따라 지정되거나 승인된 관리선(제50조에 따라 준용되는 경우를 포함한다)으로 본다.

제15조【보호구역에 관한 경과조치】 이 법 시행 당시 종전의 「수산업법」 제29조에 따라 정한 보호구역은 이 법 제28조에 따른 보호구역으로 본다.

제16조【휴업 신고 및 어업권 포기의 신고에 관한 경과조치】 이 법 시행 당시 종전의 「수산업법」 제30조에 따른 휴업 신고 및 어업권 포기의 신고에 관한 사항(제49조, 제60조에 따라 준용되는 경우를 포함한다)은 이 법 제29조에 따른 휴업 신고 또는 어업권 포기의 신고에 관한 사항(제50조, 제54조에 따라 준용되는 경우를 포함한다)으로 본다.

제17조【어장관리규약에 관한 경과조치】 이 법 시행 당시 종전의 「수산업법」 제38조에 따라 정한 어장관리규약은 이 법 제37조에 따른 어장관리규약으로 본다.

제18조【입어 등의 제한에 관한 경과조치】 이 법 시행 당시 종전의 「수산업법」 제40조에 따라 입어 등의 제한을 한 것은 이 법 제39조에 따른 입어 등의 제한을 한 것으로 본다.

제19조【어업허가에 관한 경과조치】 ① 이 법 시행 당시 종전의 「수산업법」 제41조에 따라 어업허가를 받은 경우(제60조에 따라 준용되는 경우를 포함한다)에는 해당 허가의 유효기간 만료일까지 이 법 제40조에 따른 어업허가를 받은 것(제54조에 따라 준용되는 경우를 포함한다)으로 본다.
② 이 법 시행 전에 종전의 「수산업법」 제42조에 따라 한시어업허가를 받은 경우(제60조에 따라 준용되는 경우를 포함한다)에는 해당 허가의 유효기간 만료일까지 이 법 제43조에 따른 한시어업허가를 받은 것(제54조에 따라 준용되는 경우를 포함한다)으로 본다.

제20조【혼획의 관리에 관한 경과조치】 이 법 시행 당시 종전의 「수산업법」 제41조의3에 따라 설정된 혼획 허용과 관련한 기준은 이 법 제42조에 따라 설정된 것으로 본다.

제21조【허가어업의 제한 및 조건에 관한 경과조치】 이 법 시행 당시 종전의 「수산업법」 제43조에 따라 행정관청이 어업허가의 제한 및 조건을 붙인 경우(제60조에 따라 준용되는 경우를 포함한다)에는 이 법 제44조에 따라 행정관청이 어업허가의 제한 및 조건을 붙인 것(제54조에 따라 준용되는 경우를 포함한다)으로 본다.

제22조【어업허가 지위 승계에 관한 경과조치】 이 법 시행 당시 종전의 「수산업법」 제44조에 따른 어업허가 지위 승계에 관한 사항은 이 법 제45조에 따른 어업허가 지위 승계에 관한 사항으로 본다.

제23조【시험어업 및 연구어업·교습어업에 관한 경과조치】 이 법 시행 당시 종전의 「수산업법」 제45조에 따른 시험어업 및 연구어업·교습어업(제49조에 따라 준용되는 경우를 포함한다)은 이 법 제46조에 따른 시험어업 및 연구어업·교습어업(제50조에 따라 준용되는 경우를 포함한다)으로 본다.

제24조【신고어업에 관한 경과조치】 이 법 시행 당시 종전의 「수산업법」 제47조에 따라 어업을 신고한 경우(제49조, 제60조에 따라 준용되는 경우를 포함한다)에는 해당 신고의 유효기간 만료일까지 이 법 제48조에 따른 어업의 신고를 한 것(제50조, 제54조에 따라 준용되는 경우를 포함한다)으로 본다.

제25조【어획물운반업에 관한 경과조치】 이 법 시행 당시 종전의 「수산업법」 제57조에 따라 어획물운반업을 등록한 경우에는 어획물운반업의 등록이 취소되기 전까지 이 법 제51조에 따라 어획물운반업의 등록을 한 것으로 본다.

제26조【어업조정 등에 관한 명령에 관한 경과조치】 이 법 시행 당시 종전의 「수산업법」 제61조에 따라 행정관청

이 명한 어업조정 등에 관한 명령은 이 법 제55조에 따라 행정관청이 명한 어업조정 등에 관한 명령으로 본다.
제27조【조업수역 등의 조정에 관한 경과조치】 이 법 시행 전에 종전의 「수산업법」 제62조에 따라 조정한 조업수역 등은 이 법 제56조에 따라 조정한 조업수역 등으로 본다.
제28조【허가정수 등의 결정에 관한 경과조치】 이 법 시행 당시 종전의 「수산업법」 제63조에 따라 결정한 허가정수 등은 이 법 제57조에 따라 결정한 허가정수 등으로 본다.
제29조【어선의 선복량 제한에 관한 경과조치】 이 법 시행 당시 종전의 「수산업법」 제63조의2에 따라 제한한 어선의 선복량은 이 법 제58조에 따라 제한한 어선의 선복량으로 본다.
제30조【어선의 장비와 규모 등에 관한 경과조치】 이 법 시행 당시 종전의 「수산업법」 제64조에 따라 정한 어선의 장비와 규모 등은 이 법 제59조에 따라 정한 어선의 장비와 규모 등으로 본다.
제31조【어구의 규모등의 제한에 관한 경과조치】 이 법 시행 당시 종전의 「수산업법」 제64조의2에 따른 어구의 규모등의 제한은 이 법 제60조에 따라 어구의 규모등을 제한한 것으로 본다.
제32조【유어장의 지정에 관한 경과조치】 이 법 시행 당시 종전의 「수산업법」 제65조에 따라 지정한 유어장은 해당 유어장의 유효기간 만료일까지 이 법 제62조에 따라 지정한 유어장으로 본다.
제33조【외국의 배타적 경제수역에서의 어업에 관한 경과조치】 이 법 시행 당시 종전의 「수산업법」 제67조에 따라 외국의 해당 행정관청에서 받은 어업허가는 해당 어업허가의 유효기간 만료일까지 이 법 제64조에 따라 외국의 해당 행정관청에서 받은 어업허가로 본다.
제34조【표지의 설치 및 보호에 관한 경과조치】 이 법 시행 당시 종전의 「수산업법」 제69조에 따라 행정관청이 설치할 것을 명한 어장·어선 및 어구의 표지는 이 법 제66조에 따라 행정관청이 설치할 것을 명한 어장·어선 및 어구의 표지로 본다.
제35조【수산조정위원회에 관한 경과조치】 ① 이 법 시행 당시 종전의 「수산업법」 제88조에 따라 설치한 수산조정위원회는 이 법 제95조에 따라 설치한 수산조정위원회로 본다.
② 이 법 시행 당시 종전의 「수산업법」 제90조에 따라 구성한 수산조정위원회는 이 법 제97조에 따라 구성한 수산조정위원회로 본다.
제36조【등록, 신고, 변경신고, 재결 신청, 보상 청구, 공탁 등에 관한 경과조치】 이 법 시행 당시 종전의 「수산업법」에 따른 등록, 신고, 변경신고, 재결 신청, 보상 청구, 손해배상, 공탁 등은 이 법에 따른 등록, 신고, 변경신고, 재결 신청, 보상 청구, 손해배상, 공탁 등으로 본다.
제37조【행정처분에 관한 경과조치】 이 법 시행 전의 위반행위에 대한 행정처분에 관하여는 종전의 「수산업법」의 규정에 따른다.
제38조【벌칙 및 과태료에 관한 경과조치】 이 법 시행 전의 위반행위에 대하여 벌칙 및 과태료를 적용할 때에는 종전의 「수산업법」의 규정에 따른다.
제39조【다른 법령의 개정】 ①~㉟ ※(해당 법령에 가제정리 하였음)
제40조【다른 법령과의 관계】 이 법 시행 당시 다른 법령에서 종전의 「수산업법」의 규정을 인용하고 있는 경우 이 법 중 그에 해당하는 규정이 있는 경우에는 종전의 「수산업법」의 규정을 갈음하여 이 법 또는 이 법의 해당 규정을 인용한 것으로 본다.

부 칙 (2023.10.31)

제1조【시행일】 이 법은 공포 후 6개월이 경과한 날부터 시행한다.(이하 생략)

수산업법 시행령

(2023년 1월 10일 전부개정대통령령 제33225호)

개정
2023. 4.25영33434호(소상공인경제회복지원을위한일부개정령)
2024. 1. 9영34119호→2024년 1월 12일 및 2026년 1월 1일 시행

제1장 총 칙

제1조【목적】 이 영은 「수산업법」에서 위임된 사항과 그 시행에 필요한 사항을 규정함을 목적으로 한다.
제2조【어장이용개발계획의 수립】 ① 해양수산부장관은 「수산업법」(이하 "법"이라 한다) 제4조제3항에 따라 같은 조 제1항에 따른 어장이용개발계획(이하 "개발계획"이라 한다) 수립연도의 전년도 12월 31일까지 개발계획기본지침을 작성하여 특별시장·광역시장·도지사 또는 특별자치도지사(이하 "시·도지사"라 한다)에게 통보해야 하고, 시·도지사는 개발계획 수립연도의 1월 31일까지 개발계획세부지침을 작성하여 시장·군수·구청장(자치구의 구청장을 말한다. 이하 같다)에게 통보해야 한다.
② 시장(특별자치도의 경우에는 특별자치도지사를 말한다. 이하 같다)·군수·구청장은 관할 수면(水面)에 대하여 제1항에 따른 개발계획세부지침에 따라 매년 3월 31일까지 그 해 7월 1일부터 다음 해 6월 30일까지의 개발계획을 수립하여 시·도지사에게 개발계획의 승인을 신청해야 한다. 다만, 특별자치도지사가 개발계획을 수립한 경우에는 그렇지 않다.
③ 제2항에 따라 승인 신청을 받은 시·도지사는 같은 항에 따른 개발계획의 승인 여부를 결정하여 그 결과를 매년 4월 30일까지 시장·군수·구청장에게 통보하고 해양수산부장관에게 제출해야 하며, 특별자치도지사는 제2항에 따라 수립한 개발계획을 매년 4월 30일까지 해양수산부장관에게 제출해야 한다.
④ 시장·군수·구청장은 제2항에 따라 개발계획을 수립할 때 그 해 7월 1일부터 다음 해 6월 30일까지의 기간 중 법 제14조에 따른 어업면허의 유효기간이 끝나는 수면에 대하여 다시 어업면허를 하려는 경우에는 이를 개발계획에 반영해야 한다.
⑤ 관계 행정기관의 장은 법 제4조제4항에 따라 개발계획을 세우려는 수면에 대하여 시장·군수·구청장의 승인 또는 협의 요청을 받은 경우에는 그 승인 여부 또는 협의 의견을 지체 없이 시장·군수·구청장에게 알려야 한다.
⑥ 법 제4조제6항 본문에서 "대통령령으로 정하는 경우"란 다음 각 호의 경우를 말한다.
1. 국가나 지방자치단체가 시행하는 지원사업을 위하여 새로운 수면을 추가로 개발하려는 경우
2. 어업분쟁의 해소 또는 어업 조정을 위하여 특히 필요한 경우
⑦ 제2항에 따라 특별자치도지사가 개발계획을 수립하거나 제3항에 따라 시장·군수·구청장이 개발계획의 승인을 받은 경우에는 해당 지방자치단체의 공보에 그 내용을 공고해야 한다. 법 제4조제6항에 따라 개발계획을 변경한 경우에도 또한 같다.
제3조【외국인에 대한 어업의 면허 등】 ① 시·도지사 또는 시장·군수·구청장은 법 제5조제1항 및 제2항에 따라 외국인이나 외국법인에 대하여 다음 각 호의 어느 하나에 해당하는 어업면허나 어업허가를 하려면 해양수산부령으로 정하는 협의요청서에 법 제95조에 따른 해당 수산조정위원회의 심의서 등 해양수산부령으로 정하는 서류를 첨부하여 해양수산부장관에게 제출해야 한다. 이 경우 시장·군수·구청장이 제출하는 협의요청서는 시·도지사(특별자치도지사는 제외한다)를 거쳐 제출해야 한다.
1. 법 제7조제1항제1호에 따른 정치망어업
2. 법 제40조제1항에 따른 근해어업
3. 법 제40조제2항에 따른 연안어업
4. 법 제40조제3항에 따른 구획어업
② 해양수산부장관은 제1항에 따른 협의요청을 받으면 법 제5조제3항에 따라 수산업에 관한 권리의 취득을 금지하거나 제한할 수 있는 경우에 해당하는지 등 해양수산부령으로 정하는 사항을 검토한 후 그 결과를 시·도지사 또는 시장·군수·구청장에게 알려야 한다.
제4조【공동신청】 ① 법 제6조제1항에 따라 2명 이상이 공동으로 어업의 면허 또는 허가를 신청하는 경우에는 신청서에 그 지분을 적어야 한다.
② 법 제6조제1항에 따라 공동으로 어업의 면허 또는 허가를 신청한 사람이 신청한 지분을 변경한 경우에는 그 면허일 또는 허가일 전까지 해양수산부령으로 정하는 지분 변경 신고서에 신청인의 지분 변경을 증명할 수 있는 서류를 첨부하여 해양수산부장관, 시·도지사 또는 시장·군수·구청장(이하 "행정관청"이라 한다)에게 제출해야 한다.
③ 법 제6조제1항에 따라 공동으로 어업의 면허 또는 허가를 신청한 사람이 신청서에 대표자를 적지 않았거나 신청서에 적은 대표자를 변경한 경우에는 같은 조 제2항에 따라 어업의 면허일 또는 허가일 전까지 해양수산부령으로 정하는 대표자 선정·변경 신고서에 대표자의 자격 및 그 변경(대표자를 변경한 경우로 한정한다)을 증명할 수 있는 서류를 첨부하여 행정관청에 제출해야 한다.

제2장 면허어업

제5조【면허신청 등】 ① 법 제7조제1항에 따라 어업면허를 받으려는 자는 개발계획이 공고된 날부터 30일 이내에 해양수산부령으로 정하는 우선순위 결정신청서에 다음 각 호의 서류를 첨부하여 해당 수면을 관할하는 시장·군수·구청장에게 제출해야 한다.
1. 제10조 각 호에 따른 수산기술자의 자격 또는 경력을 증명하는 서류 사본(수산기술자만 해당한다)
2. 신청일 현재 취득하고 있는 어업면허증 또는 어업허가증 사본(어업의 면허 또는 허가를 받은 자만 해당한다)
3. 어업에 종사한 사실을 증명할 수 있는 서류(어업에 종사한 자만 해당한다)
4. 여권 사본 등 외국인 또는 외국법인임을 증명할 수 있는 서류(외국인 또는 외국법인만 해당한다)
② 시장·군수·구청장은 제1항에 따른 우선순위 결정신청서를 받으면 법 제95조에 따른 시·군·구수산조정위원회(이하 "시·군·구위원회"라 한다)의 심의를 거쳐 매년 6월 30일까지 어업면허를 할 수면별로 신청인에 대한 면허의 적격성을 판단하고 우선순위를 결정해야 한다. 다만, 신청인이 1인이면 시·군·구위원회의 심의를 거치지 않을 수 있다.
③ 시장·군수·구청장은 제2항에 따라 면허의 우선순위를 결정하면 지체 없이 신청인에게 그 우선순위와 필요한 서류의 제출기간을 적은 통지서를 보내야 한다.
④ 시장·군수·구청장은 제3항에 따른 통지를 받은 신청인이 통지된 제출기간 내에 해양수산부령으로 정하는 어업면허 신청서에 다음 각 호의 서류를 첨부하여 제출하면 지체 없이 그 신청인에게 어업면허를 해야 한다.
1. 면허를 받으려는 수면의 위치 및 구역도
2. 면허를 받으려는 수면이 다른 어업권의 어장구역 또는 법 제28조에 따른 보호구역과 겹치는 경우에는 그 어업권자의 동의서. 다만, 어업면허를 받았던 자가 면허의 효력이 상실된 후 다시 같은 위치의 어장에서 같은 종류의 어업면허를 신청하는 경우로서 현재 유효한 면허를 받은 어업권자의 주소 및 거소를 알 수 없어 동의서를 받을 수 없는 경우에는 그 사유서로 동의서를 갈음한다.
제6조【정치망어업 및 어구의 종류】 법 제7조제1항제1호에 따른 정치망어업 및 어구의 종류는 다음 각 호와 같다.
1. 대형정치망어업 : 10헥타르 이상의 구획된 수면에 낙망류(落網類), 승망류(昇網類), 죽방렴(竹防簾), 그 밖에 해양수산부장관이 정하여 고시하는 정치성(定置性) 어구(이하 이 조에서 "정치성어구"라 한다)를 설치하여 수산동물을 포획하는 어업
2. 중형정치망어업 : 5헥타르 이상 10헥타르 미만의 구획된 수면에 정치성어구를 설치하여 수산동물을 포획하는 어업
3. 소형정치망어업 : 5헥타르 미만의 구획된 수면에 정치성어구를 설치하여 수산동물을 포획하는 어업
제7조【마을어업 어장의 수심 한계 등】 ① 법 제7조제1항제2호에 따른 마을어업(이하 "마을어업"이라 한다) 어장의 수심 한계는 1년 중 해수면이 가장 낮은 때의 평균 수심 5미터 이내(강원도, 경상북도 및 제주특별자치도의 경우에는 7미터 이내)로 한다.
② 시장·군수·구청장은 마을어업의 면허를 하려면 어업조정 및 지역적 여건을 고려하여 제1항에 따른 어장의 수심 한계 안의 수면을 실측하여 구획해야 한다.
③ 시장·군수·구청장은 제1항에 따른 어장의 수심 한계 안의 수면이라 하더라도 먼 거리에 위치한 낙도(落島) 또는 무인도와 연접(連接)한 수면에 대해서는 해양수산부령으로 정하는 경우 외에는 마을어업의 면허를 해서는 안 된다.
제8조【면허의 결격사유가 되는 어장 면적의 기준】 ① 법 제9조제2호에서 "대통령령으로 정하는 면적"이란 60헥타르를 말한다. 다만, 「수산업협동조합법」 제13조에 따른 지구별 수산업협동조합(이하 "지구별수협"이라 한다)과 같은 법 제15조에 따른 어촌계(이하 "어촌계"라 한다)에 대해서는 지리적 여건을 고려하거나 어업조정 및 수면의 종합적인 이용을 위하여 필요하다고 인정하는 경우 시장·군수·구청장이 그 기준을 완화하여 따로 정할 수 있다.
② 시장·군수·구청장은 지구별수협 및 어촌계 외의 자에 대해서는 제1항에 본문에 따른 어장 면적의 범위에서 어업별·품종별로 면허의 결격사유에 해당하는 어장 면적의 기준을 따로 정할 수 있다.
③ 시장·군수·구청장은 어업의 발전을 위하여 부득이하다고 인정하는 경우로서 해양수산부장관과 협의한 경우에는 지구별수협 및 어촌계 외의 자에 대해서는 제1항 본문에 따른 면허의 결격사유에 해당하는 어장 면적의 기준을 완화하여 따로 정할 수 있다.
④ 제1항 본문에 따른 어장 면적을 계산할 때에는 지분으로 취득한 어업권의 어장 면적을 포함하고, 개인 어업권의 어장 면적은 면허신청인의 배우자와 20세 미만의 직계비속이 취득한 어장 면적과 그 면허신청인이 이미 취득한 어장 면적에 새로 면허를 신청한 어장 면적을 합산한 면적으로 한다.
⑤ 시장·군수·구청장이 제1항 단서, 제2항 및 제3항에 따른 사항을 정하는 경우에는 시·군·구위원회의 심의를 거쳐야 한다.

제9조【면허의 금지 요청 등】 ① 관계 행정기관의 장은 공익을 위하여 어업면허를 금지할 필요가 있다고 인정되면 해당 수면을 관할하는 시장·군수·구청장에게 다음 각 호의 사항을 적은 문서로 법 제11조제1항에 따라 어업면허를 금지할 것을 요청할 수 있다.
1. 어업면허의 금지를 요청하는 수면의 위치 및 구역도
2. 어업면허의 금지를 요청하는 기간
3. 어업면허의 금지를 요청하는 사유
4. 그 밖에 어업면허의 금지에 필요한 사항

② 제1항에 따라 어업면허의 금지를 요청받은 시장·군수·구청장은 그 요청받은 사항에 관하여 지체 없이 관계 행정기관의 장과 협의해야 한다.
③ 시장·군수·구청장은 제2항에 따른 협의 결과 해당 수면에 대한 어업면허를 금지하는 것이 공익을 위하여 필요하다고 인정되면 지체 없이 어업면허를 금지하는 수면의 위치와 어업면허의 금지기간 등을 공고하고, 관계 행정기관의 장에게 알려야 한다.
④ 법 제11조제2항에 따라 어업면허가 취소된 자의 어업면허 금지기간은 2년으로 한다. 다만, 둘 이상의 어업권을 가지고 있는 자의 어업면허 중 그 일부가 취소된 후 취소되지 않은 다른 어업면허의 유효기간이 만료된 경우에는 본문에도 불구하고 만료된 어업면허와 동일한 면허를 받을 수 있다.

제10조【수산기술자】 법 제13조제1항제1호에서 "대통령령으로 정하는 수산기술자"란 다음 각 호의 어느 하나에 해당하는 사람을 말한다.
1. 「국가기술자격법」에 따른 어업생산관리기사, 수산제조산업기사 이상(수산제조산업기사, 수산제조기사, 수산제조기술사를 말한다), 수산양식기능사 이상(수산양식기능사, 수산양식산업기사, 수산양식기사, 수산양식기술사를 말한다) 또는 어로기능사 이상(어로기능사, 어로산업기사, 어로기술사를 말한다)의 자격을 취득한 사람
2. 국가나 지방자치단체에서 수산직 공무원이나 수산 분야 연구직 공무원으로 5년 이상 근무한 사람
3. 「초·중등교육법」 제2조제3호에 따른 고등학교 중 수산 분야의 고등학교를 졸업하였거나 「고등교육법」 제2조제1호부터 제6호까지의 규정에 따른 대학 또는 같은 법 제29조에 따른 대학원의 수산 관련 학과를 전공으로 하여 졸업한 사람
4. 「후계농어업인 및 청년농어업인 육성·지원에 관한 법률」 제8조에 따른 후계어업경영인(이하 "후계어업경영인"이라 한다)으로서 해양수산부장관이 지정하는 전문기술교육을 마친 사람

제11조【어업면허의 유효기간 단축사유】 법 제14조제1항 단서에서 "대통령령으로 정하는 경우"란 다음 각 호의 어느 하나에 해당하는 경우를 말한다.
1. 해당 수면이 「어장관리법 시행령」 제7조제3항에 따라 면허·허가동시갱신을 하는 해역 및 어장으로 고시된 경우
2. 해당 수면이 「수산자원관리법」 제46조에 따라 보호수면으로 지정·공고된 경우

제12조【면허사항의 변경신고】 법 제20조 본문에서 "성명·주소 등 대통령령으로 정하는 사항"이란 다음 각 호의 어느 하나에 해당하는 사항을 말한다.
1. 어업권자의 성명(법인 또는 단체인 경우에는 그 명칭 및 대표자의 성명을 말한다) 또는 주소가 변경된 경우 그 성명 또는 주소
2. 법 제23조에 따른 어업권의 공유자 중 대표자가 변경된 경우 그 대표자
3. 선박 명칭이 변경된 경우 그 선박 명칭

제13조【어업권 공유자의 동의를 위한 공고】 어업권의 공유자가 법 제23조제2항에 따라 공고를 하려는 경우에는 「신문 등의 진흥에 관한 법률」 제9조제1항에 따라 전국을 보급지역으로 등록한 일간신문 중 어느 하나에 다음 각 호의 사항을 공고해야 한다.
1. 면허번호
2. 어업의 종류, 어구의 명칭 및 설치방법
3. 공유자의 성명(법인 또는 단체인 경우에는 그 명칭 및 대표자의 성명을 말한다) 및 주소
4. 동의를 받으려는 사항
5. 법 제23조제3항에 따른 이의신청의 기간 및 방법

제14조【관리선의 지정과 그 제한 등】 ① 시장·군수·구청장은 법 제27조제1항에 따라 어장관리에 필요한 어선(이하 "관리선"이라 한다)을 지정하는 경우에는 해당 어장의 관리 효율성과 어장 여건 등을 고려해야 한다.
② 법 제27조제2항에 따라 관리선으로 사용할 수 있는 어선은 별표1과 같다. 다만, 별표1에 따른 어선 중 마을어장 형망선은 마을어업의 어장에서 관리선의 용도로만 사용하도록 지정해야 하며, 자원관리채취선은 이미 마을어업 어장의 관리선으로 지정된 어선과 그 어선을 대체하여 사용될 어선으로 한정하여 지정해야 한다.(2024.1.9 단서개정)

제15조【어업의 시작 시기를 조정할 수 있는 경우】 법 제30조제1항 단서에서 "대통령령으로 정하는 경우"란 천재지변이나 그 밖의 부득이한 사유로 수산종자를 확보할 수 없는 경우를 말한다.

제16조【공익의 필요에 의한 어업의 제한·정지 등】 ① 관계 행정기관의 장은 법 제33조에 따라 같은 조 제1항제1호부터 제7호까지의 규정 중 어느 하나에 해당하는 사유로 면허어업의 제한 또는 정지, 어선의 계류(繫留) 또는 출항·입항을 제한할 필요가 있거나 법 제34조제6호(법 제33조제1항제8호 및 제9호에 해당하는 경우는 제외한다)에 해당하는 사유로 어업면허를 취소할 필요가 있다고 인정되면 해당 수면을 관할하는 시장·군수·구청장에게 다음 각 호의 사항을 알리고 필요한 조치를 요청할 수 있다.
1. 어업의 제한 또는 정지, 어선의 계류 또는 출항·입항의 제한, 어업면허의 취소를 요청하는 사유와 범위
2. 어업의 종류, 면허번호 및 어업권자의 성명(법인 또는 단체인 경우에는 그 명칭 및 대표자의 성명을 말한다)·주소·생년월일(법인인 경우에는 법인등록번호를 말한다)
3. 해당 조치가 필요한 수면의 위치와 구역도
4. 해당 조치가 어업에 미치는 손실에 대한 보상대책

② 관계 행정기관의 장은 제1항에 따른 요청에 필요한 어업권의 현황 등에 관한 자료를 시장·군수·구청장에게 요청할 수 있다. 이 경우 시장·군수·구청장은 특별한 사유가 없으면 그 요청에 따라야 한다.
③ 제1항에 따른 요청을 받은 시장·군수·구청장은 시·군·구위원회의 심의를 거쳐 조치사항을 결정하고, 그 결정 내용을 관계 행정기관의 장과 어업권자에게 알려야 한다.
④ 제3항에 따른 조치사항의 결정기준과 이행절차 등에 관하여 필요한 사항은 해양수산부령으로 정한다.

제17조【국방의 필요에 의한 어업의 제한·정지 등】 ① 법 제33조제1항제2호에 따라 군사훈련 또는 주요 군사기지의 보위를 위하여 면허어업의 제한 또는 정지 등이 필요한 경우는 다음 각 호의 어느 하나에 해당하는 경우로 한다.
1. 해상이나 해안에서 군사훈련을 하는 경우
2. 해상이나 해안에 위치한 주요 군사기지를 보호하기 위한 경우

② 법 제33조제1항제3호에 따라 국방을 위하여 면허어업의 제한 또는 정지 등이 필요한 경우는 다음 각 호의 어느 하나에 해당하는 경우로 한다.
1. 해안에서 적의 침투를 저지하거나 방어하기 위한 경우
2. 어선의 피랍 방지 등 어업인을 보호하기 위한 경우
3. 그 밖에 국방부장관이 전략적 및 전술적으로 필요하다고 인정하여 관계 행정기관의 장과 합의한 경우

제18조【면허어업에 관한 처분의 공고 등】 시장·군수·구청장은 어업면허를 하거나 면허한 어업에 대하여 법 제33조에 따른 제한 또는 정지 등의 처분 및 법 제34조에 따른 취소 처분을 할 때에는 그 면허사항 또는 처분내용을 공고하고 해당 어업권을 등록한 권리자에게 알려야 한다.

제19조【지구별수협의 어업권을 행사할 수 있는 경우】 법 제36조제2항에서 "대통령령으로 정하는 경우"란 다음 각 호의 어느 하나에 해당하는 경우를 말한다.
1. 지구별수협이 법 제7조제1항제1호에 따른 정치망어업의 어업권을 직접 행사하는 경우
2. 해당 지구별수협의 어업권을 행사할 수 있는 자격이 있는 조합원 중 그 어업권의 행사를 희망하는 자가 없는 경우
3. 해당 지구별수협의 조합원 외의 조합원이 해당 어업권을 행사한 사실이 있거나 어업분쟁의 조정 등을 위하여 필요한 경우로서 해당 지구별수협 총회의 의결을 거쳐 시장·군수·구청장에게 신고한 경우

제20조【어업권 행사의 제한 등】 법 제38조에서 "대통령령으로 정하는 기준에 해당하는 자"란 다음 각 호의 어느 하나에 해당하는 자를 말한다.
1. 법 또는 법에 따른 명령이나 법 제37조에 따른 어장관리규약을 위반하여 다음 각 목의 어느 하나에 해당하는 자
   가. 어장의 입어 또는 어업권의 행사가 제한되고 있는 자
   나. 어업면허가 금지되고 있는 자
   다. 어업허가가 금지되고 있는 자
2. 법 제37조에 따른 어장관리규약에 따라 해당 어장의 입어 또는 어업권의 행사가 제한되고 있는 자
3. 법 제9조제2호에 해당하는 자

제3장 허가어업과 신고어업

제21조【근해어업의 종류】 ① 법 제40조제1항에 따른 근해어업(이하 "근해어업"이라 한다)의 종류는 다음 각 호와 같다.
1. 외끌이대형저인망어업 : 1척의 동력어선으로 저인망을 사용하여 수산동물을 포획하는 어업
2. 쌍끌이대형저인망어업 : 2척의 동력어선으로 저인망을 사용하여 수산동물(멸치는 제외한다)을 포획하는 어업
3. 동해구외끌이중형저인망어업 : 1척의 동력어선으로 별표5에 따른 근해어업의 조업구역에서 저인망을 사용하여 수산동물을 포획하는 어업
4. 서남해구외끌이중형저인망어업 : 1척의 동력어선으로 별표5에 따른 근해어업의 조업구역에서 저인망을 사용하여 수산동물을 포획하는 어업
5. 서남해구쌍끌이중형저인망어업 : 2척의 동력어선으로 별표5에 따른 근해어업의 조업구역에서 저인망을 사용하여 수산동물(멸치는 제외한다)을 포획하는 어업
6. 대형트롤어업 : 1척의 동력어선으로 망구전개판(網口展開板 : 그물을 펼치기 위해 그물의 양 옆줄에 하나씩 달려 있는 방패모양의 판을 말한다. 이하 같다)을 장치한 인망을 사용하여 수산동물을 포획하는 어업
7. 동해구중형트롤어업 : 1척의 동력어선으로 별표5에 따른 근해어업의 조업구역에서 망구전개판을 장치한 인망을 사용하여 수산동물을 포획하는 어업
8. 대형선망어업 : 총톤수 50톤 이상인 1척의 동력어선으로 선망을 사용하여 수산동물을 포획하는 어업
9. 소형선망어업 : 총톤수 30톤 미만인 1척의 동력어선으로 선망을 사용하여 수산동물을 포획하는 어업
10. 근해채낚기어업 : 1척의 동력어선으로 외줄낚시 또는 채낚기로 수산동물을 포획하는 어업
11. 근해자망어업 : 1척의 동력어선으로 유자망 또는 고정자망을 사용하여 수산동물을 포획하는 어업
12. 근해안강망어업 : 1척의 동력어선으로 안강망(조류가 빠른 곳에 어구를 고정해 놓고 조류의 힘에 의해 어군이 자루그물 속에 들어가게 하는 강제 함정어구를 말한다. 이하 같다)을 사용하여 수산동물을 포획하는 어업
13. 근해봉수망어업 : 1척의 동력어선으로 봉수망·초망 또는 들망(자리돔들망은 제외한다)을 사용하여 수산동물을 포획하는 어업
14. 근해자리돔들망어업 : 1척의 동력어선으로 자리돔들망을 사용하여 자리돔을 포획하는 어업
15. 근해장어통발어업 : 1척의 동력어선으로 장어통발을 사용하여 장어류를 포획하는 어업
16. 근해문어단지어업 : 1척의 동력어선으로 문어단지를 사용하여 문어류를 포획하는 어업
17. 근해통발어업 : 1척의 동력어선으로 통발(장어통발과 문어단지는 제외한다)을 사용하여 수산동물을 포획하는 어업
18. 근해연승어업 : 1척의 동력어선으로 주낙을 사용하여 수산동물을 포획하는 어업
19. 근해형망어업 : 1척의 동력어선으로 형망을 사용하여 패류를 포획하는 어업
20. 기선권현망어업 : 2척의 동력어선으로 인망(저인망은 제외한다)을 사용하여 멸치를 포획하는 어업
21. 잠수기어업 : 1척의 동력어선에 잠수기를 설치하여 패류 등의 정착성수산동물을 포획·채취하는 어업

② 제1항 각 호에 따른 어업의 종류별 어구의 형태는 별표2와 같다.

제22조【연안어업의 종류】 ① 법 제40조제2항에 따른 연안어업(이하 "연안어업"이라 한다)의 종류는 다음 각 호와 같다.
1. 연안개량안강망어업 : 1척의 동력어선으로 안강망류 어망(주목망을 포함한다)을 사용하여 수산동물을 포획하는 어업
2. 연안선망어업 : 1척의 무동력어선 또는 동력어선으로 선망 또는 양조망을 사용하여 수산동물을 포획하는 어업
3. 연안통발어업 : 1척의 무동력어선 또는 동력어선으로 통발을 사용하여 수산동물을 포획하는 어업
4. 연안조망어업 : 1척의 동력어선으로 망 입구에 막대를 설치한 조망을 사용하여 새우류(젓새우는 제외한다)를 포획하는 어업
5. 연안선인망어업 : 2척의 동력어선으로 인망(저인망은 제외한다)을 사용하여 멸치를 포획하는 어업(강원도만 해당한다)
6. 연안자망어업 : 1척의 무동력어선 또는 동력어선으로 유자망 또는 고정자망을 사용하여 수산동물을 포획하는 어업
7. 연안들망어업 : 1척의 무동력어선 또는 동력어선으로 초망 또는 들망을 사용하여 수산동물을 포획하는 어업
8. 연안복합어업 : 1척의 무동력어선 또는 동력어선으로 하는 다음 각 목의 어업
   가. 낚시어업 : 주낙·외줄낚시 또는 채낚기로 수산동물을 포획하는 어업
   나. 문어단지어업 : 문어단지를 사용하여 문어류를 포획하는 어업(강원도는 제외한다)
   다. 손꽁치어업 : 손으로 꽁치를 포획하는 어업
   라. 패류껍질어업 : 소라·피뿔고둥 등 패류껍질 또는 토기, 합성수지 등으로 제작된 패류 껍질 모양의 어구를 사용하여 수산동물을 포획하는 어업
   마. 패류미끼망어업 : 그물로 만든 주머니에 미끼를 넣어 패류를 포획하는 어업(인천광역시, 경기도, 충청남도, 전라북도 및 전라남도의 목포시·영광군·함평군·무안군·신안군의 해안만 해당된다)

② 제1항 각 호에 따른 어업의 종류별 어구의 형태는 별표2와 같다.

제23조【구획어업의 종류】 ① 법 제40조제3항에 따른 구획어업(이하 "구획어업"이라 한다)의 종류는 다음 각 호와 같다.
1. 건간망어업 : 건간망을 설치하여 수산동물을 포획하는 어업
2. 건망어업 : 건망을 설치하여 수산동물을 포획하는 어업
3. 들망어업 : 들망을 설치하여 수산동물을 포획하는 어업
4. 선인망어업 : 선인망을 설치하여 수산동물을 포획하는 어업
5. 승망류어업 : 호망·승망·각망을 설치하여 수산동물을 포획하는 어업
6. 안강망어업 : 안강망을 설치하여 수산동물을 포획하는 어업
7. 장망류어업 : 주목망·장망·낭장망을 설치하여 수산

동물을 포획하는 어업
8. 지인망어업 : 지인망을 사용하여 수산동물을 포획하는 어업
9. 해선망어업 : 해선망을 설치하여 수산동물을 포획하는 어업
10. 새우조망어업 : 망 입구에 막대를 설치한 조망을 사용하여 새우류를 포획하는 어업
11. 실뱀장어안강망어업 : 안강망을 사용하여 실뱀장어를 포획하는 어업
12. 패류형망어업 : 형망을 사용하여 패류를 포획하는 어업
② 제1항 각 호에 따른 어업의 종류별 어구의 형태는 별표2와 같다.
제24조【혼획이 허용되는 기준 등】 ① 법 제42조제1항 각 호 외의 부분 단서에 따라 혼획(混獲)이 허용되는 어업의 종류와 수산동물 및 혼획의 허용 범위는 별표3과 같다.
② 법 제42조제4항제2호에서 "대통령령으로 정하는 어획량"이란 100킬로그램을 말한다.
제25조【한시어업의 허가에 관한 의견을 제시할 수 있는 연구기관】 법 제43조제3항제3호에서 "대통령령으로 정하는 연구기관의 장"이란 국립수산과학원장을 말한다.
제26조【신고어업】 ① 법 제48조제1항에 따라 신고해야 하는 어업(이하 "신고어업"이라 한다)의 종류는 다음 각 호와 같다.
1. 나잠어업(裸潛漁業) : 산소공급장치 없이 잠수한 후 낫·호미·칼 등을 사용하여 패류, 해조류, 그 밖의 정착성 수산동식물을 포획·채취하는 어업
2. 맨손어업 : 손으로 낫·호미·해조틀이 및 갈고리류 등을 사용하여 수산동식물을 포획·채취하는 어업
② 법 제48조제4항 단서에서 "대통령령으로 정하는 경우"란 신고한 조업장소가 제9조제3항에 따라 어업면허의 금지가 공고된 수면에 해당하는 경우를 말한다.
③ 법 제48조제6항제3호에서 "대통령령으로 정하는 사항"이란 다음 각 호의 사항을 말한다.
1. 법 제56조에 따른 조업수역의 조정이나 조업의 허용 또는 제한
2. 신고어업의 종류별로 해양수산부장관이 정하여 고시하는 도구를 사용할 것
(2024.1.9 본항개정)
④ 시장·군수·구청장은 법 제48조제8항에 따라 어업의 신고가 효력을 잃었을 때에는 지체 없이 같은 조 제5항에 따른 어업신고증명서를 회수해야 한다.
제27조【준용규정】 ① 법 제40조 및 제43조에 따른 허가어업에 관하여는 제9조 및 제15조부터 제17조까지의 규정을 준용한다.
② 법 제48조에 따른 신고어업에 관하여는 제16조(어업면허의 취소에 관한 사항은 제외한다) 및 제17조를 준용한다.

제4장 어획물운반업

제28조【어획물운반업의 등록】 ① 시장·군수·구청장은 법 제51조제1항 각 호 외의 부분 본문에 따른 등록의 신청이 있는 경우에는 다음 각 호의 어느 하나에 해당하는 경우를 제외하고는 등록을 해주어야 한다.
1. 법 제51조제2항에 따른 어획물운반업자의 자격기준과 어획물운반업의 등록기준 및 어획물운반업의 시설기준에 맞지 않는 경우
2. 신청인과 등록하려는 어선이 법 제51조제3항에 따른 어획물운반업 등록의 결격사유에 해당하는 경우
3. 신청인과 등록하려는 어선이 법 제54조에 따라 준용되는 법 제40조제5항(법 제34조제1호·제3호·제4호에 해당하는 사유로 취소되는 경우만 해당한다)에 해당하는 경우
4. 그 밖에 법, 이 영 또는 다른 법령에 따른 제한에 위반되는 경우
② 법 제51조제2항에 따른 어획물운반업자의 자격기준 및 어획물운반업의 등록기준은 별표4와 같다.

제5장 어업조정 등

제29조【위생관리기준의 설정】 해양수산부장관은 법 제55조제1항에 따른 위생관리를 위하여 필요한 경우에는 수산동식물의 포획·채취를 제한하거나 금지할 수 있는 수질, 해저의 밑바닥 퇴적물(저질) 등 어장환경과 수산동식물에 대한 관리기준을 정하여 고시할 수 있다.
제30조【위생관리를 위한 어획물 등 처리의 제한 또는 금지】 ① 행정관청은 법 제55조제1항제1호에 따라 다음 각 호의 어느 하나에 해당하는 경우에는 어획물 및 그 제품의 처리를 제한하거나 금지할 수 있다.
1. 「식품위생법」 제4조제2호 또는 제3호에 해당하는 경우
2. 국립수산과학원장이 해당 수역의 수질이나 수산동식물이 제29조에 따른 관리기준에 맞지 않아 제한 또는 금지가 필요하다고 통보하는 경우
② 행정관청은 제1항에 따른 제한 또는 금지를 하려는 경우에는 그 대상이 되는 어획물 및 그 제품에 대한 종류별 제한·금지 기간 및 수역 등의 내용을 구체적으로 정하여 고시해야 한다.
제31조【근해어업의 조업구역과 허가정수의 제한 등】 ① 법 제55조제1항제2호 및 제3호에 따른 근해어업의 조업구역 및 허가정수는 별표5와 같다. 다만, 다음 각 호의 어느 하나에 해당하는 경우에는 별표5에서 정한 허가정수의 제한을 받지 않는다.
1. 외국(국제기구를 포함한다)과의 어업협정 등에 따라 특정어업이 금지되어 그 특정어업에 종사하던 자를 다른 어업에 종사하게 하기 위하여 어업허가를 하는 경우
2. 외국의 관할 수역(국제기구에서 정하는 수역을 포함한다)에서 조업이 허용되는 경우
3. 다음 각 목의 요건을 모두 갖춘 「군사정전에 관한 협정 체결 이후 납북피해자의 보상 및 지원에 관한 법률」 제2조제1호에 따른 납북자(이하 "납북자"라 한다)의 가족(같은 법 제6조에 따른 납북피해자보상및지원심의위원회에서 같은 법 제2조제3호에 따른 납북피해자로 결정된 사람으로서 같은 법 제3조제1항 각 호의 순위에 따른 선순위자 1명을 말하며, 같은 순위자가 2명 이상인 경우에는 같은 순위자 사이의 합의에 따라 선정한 대표자 1명을 말한다)에게 그 납북자가 허가받았던 근해어업과 같은 종류의 근해어업을 허가하는 경우
가. 납북자가 어선과 함께 납북된 후 귀환하지 못하고 있거나 북한에 거주 중 사망하였을 것
나. 납북자가 허가받은 근해어업이 폐업되었을 것
다. 납북자가 납북된 날부터 5년 이상이 지났을 것
4. 다음 각 목의 요건을 모두 갖춘 「특수임무유공자 예우 및 단체설립에 관한 법률」 제2조제2호에 따른 특수임무유공자(이하 "특수임무유공자"라 한다)의 가족(같은 법 제6조에 따라 등록된 사람으로서 같은 법 제4조제1항 각 호의 순위에 따른 선순위자 1명을 말하며, 같은 순위자가 2명 이상인 경우에는 같은 순위자 사이의 합의에 따라 선정한 대표자 1명을 말한다)에게 그 특수임무유공자가 허가받았던 근해어업과 같은 종류의 근해어업을 허가하는 경우
가. 특수임무유공자가 어선을 사용하여 특수임무를 수행하거나 이와 관련된 교육훈련을 받던 중 사망하거나 행방불명이 되었을 것
나. 특수임무유공자가 사용한 어선이 폐선되거나 행방불명된 사실을 관계 중앙행정기관의 장이 확인하였을 것
다. 특수임무유공자가 허가받은 근해어업이 폐업되었을 것
라. 특수임무유공자가 사망하거나 행방불명이 된 날부터 5년 이상이 지났을 것
② 해양수산부장관은 외국(국제기구를 포함한다)과의 어업협정 또는 어업조정(어선감척 등 어업구조조정을 포함한다)을 위하여 필요하거나 어업경영의 안정을 위하여 필요하다고 인정하는 경우에는 제1항 본문에도 불구하고 근해어업의 허가를 제한할 수 있다.
제32조【어업협정 등의 시행을 위한 제한 또는 금지】 ① 해양수산부장관은 법 제55조제1항제5호에 따라 외국(국제기구를 포함한다)과의 어업협정 또는 일반적으로 승인된 국제법규와 외국의 수산에 관한 법령의 시행에 필요하다고 인정하는 경우에는 다음 각 호의 제한이나 금지를 할 수 있다.
1. 특정해역에서의 조업의 제한이나 금지
2. 어종별 총어획량과 어획시기의 제한이나 금지
3. 어획물과 그 제품을 운반, 양륙(선박으로부터 수산물 및 화물 등을 육상으로 옮기는 것을 말한다. 이하 같다)하거나 옮겨 싣는 것에 관한 제한이나 금지
4. 외국의 관할 수역(국제기구에서 정하는 수역을 포함한다)에서의 조업에 대한 제한이나 금지
5. 외국(국제기구를 포함한다)과의 어업협정에 따른 조치를 이행하지 않은 어업자에 대한 어업의 제한이나 금지
6. 어업에 관한 민간 차원의 협력에 대한 제한이나 금지
7. 미국 「해양포유류보호법」(Marine Mammal Protection Act) 및 관련 법령에 따라 미국 지역에 수출이 제한되거나 금지되는 수산물에 대한 미국 수출의 제한이나 금지
(2024.1.9 본호신설)
② 해양수산부장관은 제1항제7호에 따른 미국 수출 제한 또는 금지 대상 수산물에 해당하지 않음을 증명하는 수출확인증명서를 국립수산물품질관리원장으로 하여금 발급하게 할 수 있다.(2024.1.9 본항신설)
③ 제1항제7호에 따른 수산물의 미국 수출 제한 또는 금지나 제2항에 따른 수출확인증명서의 발급 절차 등에 관하여 필요한 사항은 해양수산부장관이 정하여 고시한다.
(2024.1.9 본항신설)
제33조【수산물의 포장 및 용기의 제한】 ① 해양수산부장관은 법 제55조제1항제6호에 따라 유통질서의 유지를 위하여 필요하다고 인정하는 경우에는 수산물의 포장 및 용기의 제조·판매 또는 사용을 제한할 수 있다.
② 해양수산부장관은 제1항에 따라 수산물의 포장 및 용기의 제조·판매 또는 사용을 제한하려는 경우에는 다음 각 호의 사항을 정하여 고시해야 한다.
1. 품목별 포장 및 용기의 규격과 재질
2. 제1호 외의 포장 및 용기 사용의 제한
3. 포장 및 용기의 규격과 재질에 관한 검사
4. 포장 및 용기의 사용 또는 판매의 제한
제34조【양륙장소 또는 매매장소의 지정】 ① 시·도지사는 법 제55조제1항제7호에 따라 관할 시장·군수·구청장의 신청을 받거나 관할 시장·군수·구청장과의 협의를 거쳐 「수산물 유통의 관리 및 지원에 관한 법률」 제2조제4호에 따른 수산물산지위판장 중 일부를 포획·채취한 수산동식물과 그 제품의 양륙장소 또는 매매장소로 지정할 수 있다.
② 시·도지사는 제1항에 따라 양륙장소 또는 매매장소를 지정한 경우에는 다음 각 호의 사항을 고시하고, 해양수산부장관에게 통보해야 한다.
1. 양륙장소 또는 매매장소의 명칭 및 관리자
2. 양륙장소 또는 매매장소의 소재지, 규모 및 시설 명세
제35조【양륙장소 또는 매매장소 지정의 취소】 ① 시·도지사는 법 제55조제1항제7호에 따라 지정된 양륙장소 또는 매매장소가 다음 각 호의 어느 하나에 해당하는 경우에는 관할 시장·군수·구청장의 요청을 받거나 관할 시장·군수·구청장과의 협의를 거쳐 양륙장소 또는 매매장소의 지정을 취소할 수 있다. 다만, 제1호의 경우에는 그 지정을 취소해야 한다.
1. 거짓이나 그 밖의 부정한 방법으로 양륙장소 또는 매매장소의 지정을 받은 경우
2. 1년 이상 계속하여 양륙하거나 매매한 실적이 없는 경우
② 시·도지사는 제1항에 따라 양륙장소 또는 매매장소의 지정을 취소한 경우에는 그 사실을 고시하고, 해양수산부장관에게 통보해야 한다.
제36조【조업수역의 조정신청 등】 ① 시·도지사 또는 시장·군수·구청장은 법 제56조에 따라 조업수역의 조정을 신청하려면 해양수산부령으로 정하는 조업수역의 조정신청서에 다음 각 호의 서류를 첨부하여 해양수산부장관 또는 시·도지사에게 제출해야 한다.
1. 어업조정요청 사유서
2. 해당 수면의 위치와 조정구역도
3. 해당 수면의 어업실태조사서
4. 분쟁 당사자 간의 협의결과에 관한 서류
② 해양수산부장관 또는 시·도지사는 제1항에 따른 신청서를 받으면 관계 광역시·도·특별자치도 간에 또는 관계 시·군·자치구 간에 협의회를 구성하여 조업수역의 조정을 하게 할 수 있다.
③ 해양수산부장관 또는 시·도지사는 제2항에 따른 협의회에서 조정이 이루어지지 않는 경우에는 다음 각 호의 구분에 따른 심의를 거쳐 해당 조업수역을 조정할 수 있다.
1. 해양수산부장관 : 법 제95조에 따른 중앙수산조정위원회(이하 "중앙위원회"라 한다)의 심의
2. 시·도지사 : 법 제95조에 따른 시·도수산조정위원회(이하 "시·도위원회"라 한다)의 심의
제37조【어선의 선복량 제한】 ① 법 제58조제1항에 따라 어업허가를 받은 어선에 대한 선복량(船腹量)의 한계는 별표6과 같다.
② 법 제40조제1항부터 제3항까지의 규정에 따라 어업의 허가를 받은 자가 어업의 허가를 받은 어선을 개조하거나 다른 어선으로 대체하는 경우에는 이미 허가받은 어선의 선복량을 초과해서는 안 된다. 다만, 다음 각 호의 어느 하나에 해당하는 경우에는 그렇지 않다.
1. 이미 어업허가를 받은 어선의 선복량보다 개조 또는 대체하는 어선의 선복량이 증가하는 경우에 그 어선의 개조 또는 대체로 증가하는 선복량만큼 같은 종류의 어업허가를 받은 다른 어선을 폐선하여 별표6에 따른 선복량의 한계를 초과하지 않는 범위에 있는 경우
2. 같은 종류의 어업허가를 받은 두 척 이상의 어선(소유자가 서로 다른 경우를 포함한다)의 선복량의 합계보다 개조 또는 대체하는 어선의 선복량의 합계가 증가하는 경우에 그 어선의 개조 또는 대체로 증가하는 선복량의 합계만큼 같은 종류의 어업허가를 받은 다른 어선을 폐선하여 별표6에 따른 선복량의 한계를 초과하지 않는 범위에 있는 경우
3. 별표6에 따른 선복량의 한계를 초과하지 않는 범위에서 제21조제1항제21호에 따른 잠수기어업의 허가를 받은 어선의 선복량을 늘리는 경우
4. 연안어업 또는 구획어업의 허가를 받은 총톤수 3톤 미만의 어선을 총톤수 3톤까지 선복량을 늘리거나 이미 같은 종류의 어업허가를 받은 총톤수 3톤 이내의 어선으로 대체하는 경우
5. 별표6에 따른 선복량의 한계를 초과하지 않는 범위에서 제23조제1항제12호에 따른 패류형망어업의 허가를 받은 어선의 선복량을 늘리는 경우. 이 경우 해당 어선이 두 종류 이상의 어업허가를 받은 경우에는 패류형망어업 외의 다른 어업은 폐업해야 한다.
③ 제2항에 따라 어업허가를 받은 어선을 개조하거나 새로운 어선을 건조하여 대체하는 경우 어선의 선복량의 증가 여부의 판정에 대해서는 「어선법」 제8조제3항 전단에 따른 오차허용범위를 적용한다. 이 경우 오차허용범위를 적용하여 산정되는 어선의 선복량은 별표6에 따른 선복량의 한계를 초과할 수 없다.
제38조【어구의 규모등의 제한】 ① 법 제60조제1항에 따른 어업의 종류별 어구의 규모·형태·재질·사용량 및 사용방법은 별표2와 같다.
② 법 제60조제1항에 따른 어업의 종류별 어구사용의 금지구역 및 금지기간은 별표7과 같다.
③ 법 제60조제1항에 따른 어업의 종류별 그물코 규격의 제한은 별표8과 같다.
④ 해양수산부장관 또는 시·도지사는 수산자원의 지속적인 이용과 어업조정을 위하여 필요하다고 인정하면 다음 각 호의 구분에 따른 어업에 대하여 제1항부터 제3항까지의 규정에서 정한 어구의 규모·형태·재질·사용량 및 사용방법, 어구사용의 금지구역·금지기간, 그물코

의 규격(이하 "어구의 규모등"이라 한다)의 제한에 관한 세부사항을 정하여 고시할 수 있다.
1. 해양수산부장관 : 근해어업
2. 시·도지사 : 연안어업 및 구획어업
제39조【어업지협약을 체결한 자 등에 대한 어구의 규모 등 제한】 ① 법 제60조제2항 각 호 외의 부분 단서에 따른 어업 종류별 어구의 규모등의 제한 범위는 별표9와 같다.
② 시·도지사는 법 제60조제2항 각 호 외의 부분 단서에 따라 어업 종류별 어구의 규모등의 제한 범위를 따로 정하여 고시하는 경우에는 다음 각 호의 사항을 포함하여 고시해야 한다.
1. 법 제60조제2항 각 호 외의 부분 단서에 따른 어업 종류별 어구의 규모등의 제한 내용
2. 제1호에 따른 어구의 규모등에 대한 제한 내용을 적용받는 어업자 또는 어업인의 명단과 해당 어선의 명칭
3. 제2호에 따른 어업자 또는 어업인과 해당 어선이 법 제60조제2항 각 호의 어느 하나에 해당하지 않게 된 경우에는 제1호에 따른 어구의 규모등에 대한 제한을 적용받을 수 없다는 내용
4. 그 밖에 수산자원 보호 및 어업질서 유지를 위하여 필요한 어구의 규모등의 제한에 관한 사항
③ 시·도지사는 제2항제2호에 따라 명단이 고시된 어업자 또는 어업인과 해당 어선이 법 제60조제2항 각 호의 어느 하나에 해당하지 않게 된 경우에는 그 어업자 또는 어업인의 명단과 해당 어선의 명칭을 고시해야 한다.
제40조【어구의 규모등의 확인】 법 제61조제1항 본문에서 "대통령령으로 정하는 전문기관"이란 국립수산과학원을 말한다.
제41조【유어장의 지정 등】 법 제62조제1항에서 "대통령령으로 정하는 어업"이란 제23조제1항제1호부터 제9호까지의 규정에 따른 구획어업을 말한다.
제42조【표지의 설치】 ① 법 제66조제1항에 따라 어장 및 어선의 표지 설치명령을 받은 어업자는 그 명령을 받은 날부터 30일 이내에 어장의 기점, 어장구역 및 어선·어구를 식별할 수 있는 표지를 설치해야 한다.
② 제1항에 따른 표지 중 어장의 기점 및 어장구역에 관한 표지의 규격·형태·설치방법은 해양수산부령으로 정하고, 어선 및 어구에 관한 표지의 규격·형태·설치방법은 해양수산부장관이 정하여 고시한다.
제43조【어업인 등에 대한 필요한 조치】 행정관청은 법 제67조제2항에 따라 어업인·어획물운반업자·어획물운반업종사자 또는 수산물가공업자에게 다음 각 호의 조치를 할 수 있다.
1. 어업인·어획물운반업자·어획물운반업종사자 또는 수산물가공업자에 대한 교육
2. 수산시설물, 어획물운반업시설물 및 수산물가공업시설물의 관리에 관한 지도
3. 수산물의 유통체계에 대한 지도
4. 어선의 해상안전조업 및 어업질서 유지에 대한 지도
5. 고용조건의 개선에 대한 지도
6. 수산 분야 학교의 교사 및 학생의 실습을 위한 승선 등에 관한 협조 요청
7. 수산에 관한 국외취업 및 국외훈련에 대한 조정·지도
8. 해외어장 개발에 대한 지도
9. 외국으로부터 해외수역에서 조업허가를 받으려는 어업인에 대한 조정·지도
제44조【정선명령 또는 회항명령】 ① 어업감독 공무원은 법 제69조제1항에 따라 다음 각 호의 어느 하나에 해당하는 방법으로 정선(停船)이나 회항(回航)을 명할 수 있다.
1. 국제해사기구의 국제신호서에 규정된 신호기 엘(L)의 게양
2. 국제해사기구의 국제신호서에 규정된 사이렌, 뱃고동, 그 밖의 음향신호에 의한 엘(L)의 신호(단음 1회, 장음 1회, 단음 2회를 7초 간격으로 계속하는 신호)
3. 국제해사기구의 국제신호서에 규정된 투광기에 의한 엘(L)의 신호(단광 1회, 장광 1회, 단광 2회를 7초 간격으로 계속하는 신호)
4. 마이크로폰 또는 육성(肉聲)
② 제1항에 따른 어업감독에 사용되는 선박에는 다른 어선이 식별할 수 있는 표지를 붙이거나 깃발을 달아야 한다.
③ 제1항에서 "장음" 또는 "장광"이란 3초 동안 계속 소리를 울리거나 빛을 비추는 것을 말하며, "단음" 또는 "단광"이란 1초 동안 소리를 울리거나 빛을 비추는 것을 말한다.
④ 제2항에 따른 표지 또는 깃발의 종류·형태 및 그 설치방법 등에 관하여 필요한 사항은 해양수산부장관이 정하여 고시한다.
제45조【어업감독 공무원의 자격 등】 ① 법 제69조제1항 및 제2항에 따른 어업감독 공무원은 다음 각 호의 사람으로 한다.
1. 수산에 관한 사무를 담당하는 국가공무원으로서 해양수산부장관 또는 시·도지사가 지정하는 사람
2. 수산에 관한 사무를 담당하는 지방공무원으로서 시·도지사 또는 시장·군수·구청장이 지정하는 사람
② 제1항에 따른 어업감독 공무원의 증표는 별지 서식에 따른다.

제6장 어구의 관리 등

제46조【어구실명제 실시 의무자】 법 제76조제1항에서 "대통령령으로 정하는 어업인"이란 다음 각 호의 어업을 경영하는 자를 말한다.
1. 제21조제1항제11호·제12호 또는 제17호에 따른 근해자망어업·근해안강망어업 또는 근해통발어업
2. 제22조제1항제1호·제3호 또는 제6호에 따른 연안개량안강망어업·연안통발어업 또는 연안자망어업
3. 제23조제1항제11호에 따른 실뱀장어안강망어업
제47조【어구 수거 해역 및 수거 기간의 지정 등】 ① 행정관청은 법 제77조제1항에 따라 어구 수거 해역 및 수거 기간을 정할 때에는 다음 각 호의 사항을 고려해야 한다.
1. 지정하려는 수거 해역에서 서식하는 수산동식물 및 수산자원 등의 현황
2. 지정하려는 수거 해역에 설치된 어구가 수산자원 및 생태계에 미치는 영향
3. 지정하려는 수거 해역에서의 어업 및 양식업 등의 운영 실태
② 행정관청은 법 제77조제3항에 따라 어구 수거 해역에서 어업허가를 받은 자에게 어구 수거를 명하거나 어업을 제한하려는 경우에는 다음 각 호의 사항을 서면으로 알려야 한다.
1. 어구 수거 명령 또는 어업 제한 사유
2. 어구 수거 해역의 범위·면적 및 어구 수거 기간
3. 어업 제한 해역의 범위·면적 및 어업 제한 기간
4. 그 밖에 어구 수거 명령 또는 어업 제한에 필요한 사항
제48조【폐어구 및 유실어구의 수거 등의 비용 부담】 ① 행정관청은 법 제78조제3항 본문에 따라 폐어구 및 유실어구의 소유자에게 다음 각 호의 구분에 따른 비용을 부담하게 할 수 있다.
1. 폐어구의 소유자 : 해당 폐어구의 수거·처리 및 보관에 드는 비용의 100분의 100
2. 유실어구의 소유자 : 해당 유실어구의 수거·처리 및 보관에 드는 비용의 100분의 50
② 법 제78조제3항 단서에서 "대통령령으로 정하는 사유에 해당하는 경우"란 다음 각 호의 경우를 말한다.
1. 「재난 및 안전관리 기본법」 제3조제1호에 따른 재난으로 인하여 폐어구 또는 유실어구가 발생한 경우
2. 「해양사고의 조사 및 심판에 관한 법률」 제2조제1호에 따른 해양사고로 인하여 폐어구 또는 유실어구가 발생한 경우
3. 인명 또는 어선의 구조, 해양오염 등의 발생 또는 확산 방지를 위하여 불가피하게 폐어구 또는 유실어구가 발생한 경우
4. 그 밖에 폐어구 또는 유실어구의 발생에 어구 소유자의 책임이 없는 경우
제49조【폐어구 수거·처리 사업 지원 등】 ① 행정관청은 법 제80조제1항에 따라 폐어구의 수거 및 처리를 위하여 다음 각 호의 사업을 실시할 수 있다.
1. 어업인이 수거한 폐어구의 수매
2. 수거한 폐어구의 재활용
② 행정관청은 법 제80조제1항에 따라 폐어구를 수거·처리하는 개인이나 법인 또는 단체에 다음 각 호의 사항에 필요한 경비의 전부 또는 일부를 지원할 수 있다.
1. 폐어구 수거 장비의 개선
2. 폐어구의 보관 및 처리 시설의 개선
3. 그 밖에 행정관청이 폐어구의 수거 및 처리를 활성화하기 위하여 필요하다고 인정하는 사항
제49조의2【어구보증금 부과 대상인 어구·부표의 범위】 법 제81조제1항 전단에서 "대통령령으로 정하는 어구·부표"란 다음 각 호의 어느 하나에 해당하는 어구·부표(이하 "어구등"이라 한다)를 말한다.
1. 제21조제1항제17호에 따른 근해통발어업에 사용되는 통발
2. 제22조제1항제3호에 따른 연안통발어업에 사용되는 통발(장어통발은 제외한다)
3. 어장부표 등 해양수산부령으로 정하는 부표
<2026.1.1 시행>
(2024.1.9 본조신설)
제49조의3【어구등 반환의 예외 사유 등】 ① 법 제81조제2항 단서에서 "대통령령으로 정하는 사유"란 「재난 및 안전관리 기본법」 제3조제1호가목에 따른 자연재난으로 인하여 어구등을 분실한 경우를 말한다.
② 법 제83조제1항에 따른 어구보증금관리센터(이하 "어구보증금관리센터"라 한다)는 법 제81조제2항 단서에 따라 어구등을 반환할 수 없다고 인정되는 경우에는 해양수산부령으로 정하는 바에 따라 어구보증금 환급 신청을 받아 어구등의 반환 없이 어구보증금을 해당 어구등을 구입한 자에게 돌려주어야 한다.
(2024.1.9 본조신설)
제49조의4【어구보증금관리센터에 대한 지원 범위 등】 ① 해양수산부장관은 법 제84조제1항에 따라 어구보증금관리센터가 수행하는 어구등의 회수율 제고사업에 대하여 재정적·기술적 지원을 할 수 있다. 이 경우 구체적인 지원 범위는 예산의 범위에서 기획재정부장관과 협의하여 정한다.
② 어구보증금관리센터는 제1항에 따른 재정적·기술적 지원을 받으려는 경우 해양수산부령으로 정하는 바에 따라 해양수산부장관에게 지원 신청서를 제출해야 한다.
(2024.1.9 본조신설)

제7장 수산업의 육성

제50조【어업규제 완화 시범사업 대상자의 요건 등】 ① 법 제86조제1항 각 호 외의 부분 전단에서 "대통령령으로 정하는 요건"이란 다음 각 호의 요건을 말한다.
1. 해양수산부장관이 정하는 수산동물의 종별 연간 어획량의 최고한도를 준수할 것
2. 「어선법」 제5조의2제1항에 따라 해양수산부장관 또는 해양경찰청장이 정하는 기준에 맞는 어선위치발신장치를 갖추고 이를 정상적으로 작동할 것
3. 해양수산부장관이 정하는 조업실적 보고체계에 따라 조업실적을 보고할 것
4. 그 밖에 어선안전 및 조업감시를 위한 시스템의 구비 등 해양수산부장관이 정하는 사항을 준수할 것
② 법 제86조제1항제8호에서 "대통령령으로 정하는 사항"이란 다음 각 호의 사항을 말한다.
1. 「수산자원관리법 시행령」 제6조제1항에 따른 수산자원의 포획·채취 금지 기간 및 구역
2. 「수산자원관리법 시행령」 제6조제2항에 따른 수산자원의 포획·채취 금지 체장(體長) 또는 체중
제51조【시·도지사의 이행의무사항】 법 제87조제1항에서 "수산자원관리를 위하여 어획량을 제한하는 등 대통령령으로 정하는 의무를 이행하는 경우"란 다음 각 호의 사항을 모두 이행하는 경우를 말한다.
1. 연안자원의 보호를 위하여 자체 계획을 수립·시행할 것
2. 「수산자원관리법」 제11조에 따른 수산자원의 정밀조사 및 평가계획을 시행할 것
3. 「수산자원관리법」 제36조제3항에 따라 수립한 총허용어획량계획을 준수하여 총허용어획량을 설정·관리할 것

제8장 보상·보조 및 재결

제52조【보상의 청구】 ① 법 제88조제1항에 따라 보상을 받으려는 자는 그 보상의 원인이 되는 처분을 받은 날부터 3개월 이내에 다음 각 호의 사항을 적은 해양수산부령으로 정하는 손실보상청구서에 손실에 관한 증명서류를 첨부하여 그 처분을 한 행정관청에 제출해야 한다.
1. 면허·허가·신고 번호 또는 법 제69조제2항에 따라 이전명령이나 제거명령을 받은 자의 성명(법인 또는 단체인 경우에는 그 명칭 및 대표자의 성명을 말한다)·주소·생년월일(법인인 경우에는 법인등록번호를 말한다)
2. 처분사항과 그 날짜
3. 손실의 내용
4. 손실액과 그 명세 및 산출방법
② 행정관청은 제1항에 따른 청구서를 받으면 그 내용을 조사·검토한 후 그에 대한 의견서를 해당 보상신청자와 법 제88조제2항에 따른 수익자(이하 "수익자"라 한다)에게 보내야 한다.
③ 수익자에는 법 제33조제1항제1호부터 제6호까지의 규정에 따른 사유로 면허·허가를 받거나 신고한 어업에 대하여 보상의 원인이 되는 처분을 요청했거나 어업면허 유효기간의 연장을 허가하지 않도록 요청한 자가 포함된다.
제53조【보상금액 등의 결정과 통지】 ① 행정관청은 제52조제1항에 따라 손실보상청구서를 받으면 법 제95조에 따른 해당 수산조정위원회의 심의를 거쳐 그 신청을 받은 날부터 60일 이내에 보상금액과 부담금액(수익자가 있는 경우만 해당한다. 이하 같다)을 결정해야 한다. 이 경우 별표10 제4호나목에 따라 수산 관련 전문조사·연구기관 또는 교육기관이 손실액의 산출을 위하여 용역조사를 하는 기간은 해당 기간에 포함하지 않는다.
② 행정관청은 제1항에 따라 보상금액과 부담금액을 결정하면 다음 각 호의 사항을 보상신청자, 수익자 및 어업권을 등록한 권리자 등 이해관계인에게 알려야 한다.
1. 어업권을 등록한 권리자의 주소와 성명(법인 또는 단체인 경우에는 그 명칭 및 대표자의 성명을 말한다)
2. 어업의 표시
3. 처분일
4. 보상금액 또는 부담금액
제54조【보상금의 지급 등】 ① 제53조제1항에 따라 결정된 보상금은 그 결정일부터 1년 이내에 해당 처분을 한 행정관청(다른 행정관청이 보상의 원인이 된 처분을 요청한 경우에는 그 처분을 요청한 행정관청을 말한다)이 지급한다.
② 제1항에 따른 보상금은 특별한 이유가 있는 경우 외에는 현금으로 지급하되, 보상을 받을 자가 편리하게 받을 수 있는 방법으로 지급해야 한다.
③ 제1항에 따른 보상금은 제52조제1항에 따라 손실보상을 청구한 신청자별로 지급해야 한다.
④ 시설물 등에 대한 보상을 신청받은 행정관청은 그 시설물 등의 인도 또는 이전이 끝날 때까지 제1항에 따른 보상금액의 100분의 30 범위에서 보상금의 지급을 미룰 수 있다.
⑤ 시설물 등을 인도받거나 이전받은 수익자가 그 시설물 등을 해체하거나 폐기하려는 경우에는 행정관청에 그 해체 또는 폐기의 대행을 의뢰할 수 있다. 이 경우 의뢰받은 행정관청은 특별한 사정이 없으면 이를 대행해야 한다.
⑥ 제5항에 따라 행정관청이 시설물 등의 해체 또는 폐기를 대행하는 데 드는 경비는 그 시설물 등의 해체 또는 폐기를 의뢰한 자가 부담한다.
제55조【손실액의 산출】 법 제88조에 따른 보상을 위한 손실액의 산출방법, 산출기준 및 손실액산출기관 등은 별표10과 같다.

제56조【재결신청】 ① 법 제91조 또는 제92조에 따라 입어 또는 어장구역 등에 대한 재결(裁決)을 받으려는 자는 해양수산부령으로 정하는 재결신청서에 다음 각 호의 서류를 첨부하여 시·도지사 또는 시장·군수·구청장에게 제출해야 한다.
1. 이해관계인과의 협의 경위를 적은 협의서(협의할 수 없는 경우에는 그 사유서를 말한다. 이하 이 조에서 같다)
2. 이해관계인 수에 해당하는 제1호에 따른 협의서 사본
② 시·도지사 또는 시장·군수·구청장은 제1항에 따라 재결신청서를 받으면 협의서 사본을 이해관계인에게 보내 그에 관한 의견을 제출할 수 있도록 해야 한다.
③ 이해관계인이 협의서 사본을 받은 날부터 30일 이내에 의견을 제출하지 않으면 의견이 없는 것으로 본다.
제57조【재결】 ① 시·도지사 또는 시장·군수·구청장은 제56조제1항에 따른 재결신청서를 받으면 같은 조 제3항에 따른 의견 제출기간이 끝난 다음 날부터 6개월 이내에 재결해야 한다.
② 시·도지사 또는 시장·군수·구청장은 제1항에 따른 재결을 하기 위하여 필요하다고 인정되면 신청인 및 이해관계인 등을 출석하게 하여 그 의견을 들을 수 있다.
③ 시·도지사 또는 시장·군수·구청장은 제1항에 따라 재결을 하면 신청인에게는 재결서를 보내고, 이해관계인에게는 재결서 등본을 보내야 한다.
④ 시·도지사 또는 시장·군수·구청장은 제2항에 따라 출석한 이해관계인 등에게 예산의 범위에서 여비와 일당을 지급할 수 있다.
제58조【보조 대상사업】 법 제93조에 따른 자금의 보조 대상사업은 다음 각 호와 같다.
1. 수산과학기술의 개발 및 보급사업
2. 수산경영 지원사업
3. 수산단체의 육성
4. 수산물 처리·가공·유통 및 시장개척사업
5. 수산종자의 생산기반이 되는 시설의 개량사업
6. 어선 및 어구의 개량·도입 및 보급
7. 어업구조를 조정하기 위한 사업
8. 어업통신 및 안전조업을 위한 지원사업
9. 어장 개발을 위한 시험어업
10. 어항시설사업
11. 연안자원 조성사업 및 어장환경 개선·관리사업
12. 외국(국제기구를 포함한다)과의 어업협정에 따른 민간 어업 협력사업
13. 질병검사 등 수산생물의 질병관리를 위한 사업
14. 수산자원의 남획 방지 등 수산자원을 적정하게 관리·이용하기 위한 사업
15. 친환경어구의 사용 장려 등 친환경어업을 위한 사업
16. 갯벌을 이용한 어업의 육성·관리사업
17. 수산정보화사업

제9장 수산조정위원회

제59조【수산조정위원회의 구성 및 운영 등】 ① 중앙위원회의 위원장 및 부위원장을 제외한 위원은 성별을 고려하여 다음 각 호의 사람으로 구성한다.
1. 수산업협동조합중앙회의 상임이사 또는 집행간부 중에서 수산업협동조합중앙회장이 지명하는 사람 1명
2. 수산업에 관한 학식과 경험이 풍부한 사람 중에서 해양수산부장관이 위촉하는 사람 5명 이내
3. 시·도위원회의 위원이 아닌 어업인 중에서 시·도지사가 시·도위원회의 심의를 거쳐 추천하는 사람 11명 이내
② 시·도위원회는 공동위원장 2명 및 부위원장 1명을 포함하여 17명 이내의 위원으로 성별을 고려하여 구성하되, 위원장은 시·도지사가 지정하는 부시장 또는 부지사와 위원이 호선(互選)으로 선출한 사람을 공동위원장으로 하고, 부위원장은 광역시·도·특별자치도(이하 "시·도"라 한다)의 3급 공무원, 4급 공무원 또는 고위공무원단에 속하는 일반직공무원 중 시·도지사가 지명하는 사람이 되며, 그 밖의 위원은 다음 각 호의 사람이 된다.
1. 해당 시·도를 관할 구역으로 하는 국립수산과학원 소속 수산연구소장(소속 연구센터장을 포함한다) 중에서 시·도지사가 위촉하는 사람 1명
2. 후계어업경영인 대표 중에서 시·도지사가 위촉하는 사람 2명
3. 수산업에 관한 학식과 경험이 풍부한 사람 중에서 시·도지사가 위촉하는 사람 2명
4. 수산업계를 대표하는 사람 중에서 시·도지사가 위촉하는 사람 6명
5. 관할 지구별수협의 조합장 및 「수산업협동조합법」 제104조에 따른 업종별 수산업협동조합(이하 "업종별수협"이라 한다)의 조합장 중에서 시·도지사가 위촉하는 사람 각 2명. 다만, 업종별수협의 조합장이 없는 지역의 경우에는 시·도지사는 수산업계를 대표하는 사람 중에서 위원을 위촉할 수 있다.
③ 시·군·구위원회는 공동위원장 2명 및 부위원장 1명을 포함하여 15명 이내의 위원으로 성별을 고려하여 구성하되, 위원장은 시장·군수·구청장이 지정하는 부시장·부군수 또는 부구청장과 위원이 호선으로 선출한 사람을 공동위원장으로 하고, 부위원장은 시·군·자치구(이하 "시·군·구"라 한다) 소속 4급 또는 5급 공무원 중에서 시장·군수·구청장이 지명하는 사람이 되며, 그 밖의 위원은 다음 각 호의 사람이 된다.
1. 관할 지구별수협의 조합장 및 업종별수협의 조합장(업종별수협의 조합장이 없는 경우에는 조합원이나 어업인을 대표하는 자) 중에서 시장·군수·구청장이 위촉하는 사람 각 1명
2. 국립수산과학원 소속 공무원 중에서 국립수산과학원장이 지명하는 사람 1명
3. 후계어업경영인 중에서 시장·군수·구청장이 위촉하는 사람 2명
4. 어촌계장 중에서 지구별수협의 조합장이 추천하는 사람 2명
5. 법에 따른 면허·허가를 받았거나 신고를 하고 어업을 경영하는 사람 중에서 시장·군수·구청장이 위촉하는 사람 3명
6. 수산업에 관한 학식과 경험이 풍부한 사람 중에서 시장·군수·구청장이 위촉하는 사람 3명
④ 다음 각 호에 해당하는 위원의 임기는 4년으로 한다. 다만, 보궐위원의 임기는 전임위원 임기의 남은 기간으로 한다.
1. 제1항제2호 및 제3호에 해당하는 위원
2. 제2항제1호부터 제5호까지의 규정에 해당하는 위원
3. 제3항제1호 및 제3호부터 제6호까지의 규정에 해당하는 위원
⑤ 중앙위원회, 시·도위원회 및 시·군·구위원회의 사무를 처리하기 위하여 각 위원회에 간사 1명과 1명 이상의 서기를 둘 수 있으며, 간사와 서기는 해양수산부, 시·도 또는 시·군·구 소속 공무원 중에서 해양수산부장관, 시·도지사 또는 시장·군수·구청장이 각각 지명한다.
⑥ 각 위원회의 업무를 효율적으로 수행하기 위하여 필요한 경우에는 5명 이내의 위원으로 구성되는 분야별 소위원회를 둘 수 있다.
제60조【합동수산조정위원회의 구성·운영 등】 ① 해양수산부장관 또는 시·도지사는 법 제96조제4항에 따라 어업조정을 위하여 필요하다고 인정되면 해양수산부에 중앙합동수산조정위원회(이하 "중앙합동위원회"라 한다)를 둘 수 있고, 시·도에 지역합동수산조정위원회(이하 "지역합동위원회"라 한다)를 둘 수 있다.
② 중앙합동위원회 및 지역합동위원회는 각각 위원장 1명과 부위원장 1명을 포함하여 13명 이내의 위원으로 성별을 고려하여 구성한다.
③ 중앙합동위원회의 위원장은 해양수산부의 수산자원정책 업무를 담당하는 3급 공무원 또는 고위공무원단에 속하는 일반직공무원 중에서 해양수산부장관이 지명하고, 부위원장은 해양수산부의 3급 공무원, 4급 공무원 또는 고위공무원단에 속하는 일반직공무원 중에서 위원장이 지명하며, 그 밖의 위원은 다음 각 호의 사람이 된다.
1. 수산업협동조합중앙회 지도 관련 업무담당 이사 또는 집행간부 1명
2. 수산업에 관한 학식과 경험이 풍부한 사람 중에서 해양수산부장관이 위촉하는 사람 6명
3. 직접적인 당사자로 인정되는 어업자 중에서 시·도지사가 추천하는 사람 4명. 이 경우 어업분쟁을 조정하기 위하여 특히 필요하다고 인정되면 당사자별로 같은 수의 위원을 추천해야 한다.
④ 지역합동위원회의 위원장은 해당 시·도의 행정부시장 또는 행정부지사(행정부지사가 2명 이상인 경우에는 도지사가 지명하는 사람을 말한다)가 되고, 부위원장은 시·도의 수산 업무를 담당하는 3급 공무원, 4급 공무원 또는 고위공무원단에 속하는 일반직공무원 중에서 시·도지사가 지명하는 사람이 되며, 그 밖의 위원은 다음 각 호의 사람이 된다.
1. 수산업에 관한 학식과 경험이 풍부한 사람 중에서 시·도지사가 위촉하는 사람 7명
2. 직접적인 당사자로 인정되는 어업자 중에서 시장·군수·구청장이 추천하는 사람 4명 또는 지구별수협의 조합장이 추천하는 사람 4명. 이 경우 어업분쟁을 조정하기 위하여 특히 필요하다고 인정되면 당사자별로 같은 수의 위원을 추천해야 한다.
⑤ 제3항 각 호 및 제4항 각 호에 해당하는 위원의 임기는 해당 어업조정이 끝나는 기간까지로 한다.
⑥ 중앙합동위원회 및 지역합동위원회의 사무를 처리하기 위하여 각 위원회에 간사 1명과 1명 이상의 서기를 둘 수 있으며, 간사와 서기는 해양수산부 또는 시·도 소속 공무원 중에서 해양수산부장관 또는 시·도지사가 각각 지명한다.
제61조【어업조정위원회의 구성·운영 등】 ① 법 제97조제5항에 따른 어업조정위원회(이하 "어업조정위원회"라 한다)는 다음 각 호의 구분에 따른 관할 구역별로 설치한다.
1. 동해어업관리단의 관할 구역 : 동해어업조정위원회
2. 서해어업관리단의 관할 구역 : 서해어업조정위원회
3. 남해어업관리단의 관할 구역 : 남해어업조정위원회
② 동해어업조정위원회, 서해어업조정위원회 및 남해어업조정위원회는 각각 공동위원장 2명, 부위원장 1명을 포함하여 22명 이내의 위원으로 구성한다.
③ 동해어업조정위원회의 공동위원장은 동해어업관리단장과 동해어업조정위원회의 위원 중에서 호선하는 사람이 되고, 부위원장은 공동위원장이 협의하여 지명하는 위원이 된다.
④ 서해어업조정위원회의 공동위원장은 서해어업관리단장과 서해어업조정위원회의 위원 중에서 호선하는 사람이 되고, 부위원장은 공동위원장이 협의하여 지명하는 위원이 된다.
⑤ 남해어업조정위원회의 공동위원장은 남해어업관리단장과 남해어업조정위원회의 위원 중에서 호선하는 사람이 되고, 부위원장은 공동위원장이 협의하여 지명하는 위원이 된다.
⑥ 동해어업조정위원회, 서해어업조정위원회 및 남해어업조정위원회의 위원은 성별을 고려하여 다음 각 호의 사람으로 구성한다.
1. 해양수산부 소속 4급 또는 5급 공무원이나 이에 상당하는 공무원 중에서 해양수산부장관이 지명하는 사람 1명
2. 국립수산과학원 소속 4급 또는 5급 공무원이나 이에 상당하는 공무원 중에서 국립수산과학원장이 지명하는 사람 1명
3. 관계 시·도에서 수산 업무를 담당하는 4급 또는 5급 공무원이나 이에 상당하는 공무원 중에서 해당 시·도지사가 지명하는 사람 6명 이내
4. 어업과 관련된 단체에 소속된 사람 또는 어업·수산자원에 관한 학식과 경험이 풍부한 사람 중에서 해양수산부장관이 위촉하는 사람 13명 이내
⑦ 제6항제4호에 따른 위원의 임기는 4년으로 한다. 다만, 보궐위원의 임기는 전임위원 임기의 남은 기간으로 한다.
⑧ 동해어업조정위원회, 서해어업조정위원회 및 남해어업조정위원회의 사무를 처리하기 위하여 다음 각 호의 구분에 따라 어업조정위원회별로 각각 간사 1명과 1명 이상의 서기를 둔다.
1. 동해어업조정위원회의 간사와 서기 : 동해어업조정위원회 공동위원장이 지명하는 동해어업관리단 소속 공무원
2. 서해어업조정위원회의 간사와 서기 : 서해어업조정위원회 공동위원장이 지명하는 서해어업관리단 소속 공무원
3. 남해어업조정위원회의 간사와 서기 : 남해어업조정위원회 공동위원장이 지명하는 남해어업관리단 소속 공무원
제62조【위원의 지명 철회 등】 제59조, 제60조 및 제61조에 따라 위원을 지명, 추천 또는 위촉한 자는 해당 위원이 다음 각 호의 어느 하나에 해당하는 경우에는 그 지명 또는 추천을 철회하거나 해촉(解囑)할 수 있다.
1. 심신장애로 직무를 수행할 수 없게 된 경우
2. 직무와 관련된 비위사실이 있는 경우
3. 직무태만, 품위손상이나 그 밖의 사유로 위원으로 적합하지 않다고 인정되는 경우
4. 위원 스스로 직무를 수행하는 것이 곤란하다고 의사를 밝히는 경우
제63조【위원의 제척·기피·회피】 ① 중앙위원회, 시·도위원회, 시·군·구위원회, 중앙합동위원회, 지역합동위원회 및 어업조정위원회(이하 "각 위원회"라 한다)의 위원은 다음 각 호의 어느 하나에 해당하는 경우에는 어업에 관한 조정·보상·재결 등에 관한 심의(이하 "조정등"이라 한다)에서 제척된다.
1. 위원 또는 그 배우자나 배우자였던 사람이 해당 안건의 당사자(당사자가 법인·단체 등인 경우에는 그 임원을 포함한다. 이하 이 호 및 제2호에서 같다)이거나 안건의 당사자와 공동권리자 또는 공동의무자인 경우
2. 위원이 해당 안건의 당사자와 「민법」 제777조에 따른 친족이거나 친족이었던 경우
3. 위원이 해당 안건에 관하여 증언, 진술, 자문, 연구, 용역 또는 감정을 한 경우
4. 위원이나 위원이 속한 법인·단체 등이 해당 안건의 당사자의 대리인이거나 대리인이었던 경우
5. 위원이 최근 2년 이내에 해당 안건의 당사자인 법인·단체 등에서 임원 또는 직원으로 재직한 경우
6. 위원이 해당 안건의 원인이 된 처분 또는 부작위에 관여한 경우
② 당사자는 제1항 각 호의 제척사유가 있거나 위원에게 공정한 조정등을 기대하기 어려운 사정이 있는 경우에는 각 위원회에 기피 신청을 할 수 있고, 각 위원회는 의결로 기피 여부를 결정한다. 이 경우 기피 신청의 대상인 위원은 그 의결에 참여할 수 없다.
③ 위원이 제1항 각 호의 어느 하나에 해당하는 경우에는 각 위원회에 그 사실을 알리고 스스로 해당 안건의 조정등에서 회피(回避)해야 하고, 제2항에 해당하는 경우에는 스스로 조정등에서 회피할 수 있다.
제64조【위원장의 직무】 ① 각 위원회의 위원장은 각 위원회를 대표하고, 각 위원회의 업무를 총괄한다.
② 부위원장은 위원장을 보좌하며, 위원장이 부득이한 사유로 직무를 수행할 수 없을 때에는 그 직무를 대행한다.
제65조【회의】 ① 각 위원회의 위원장은 각 위원회의 회의를 소집하고, 그 의장이 된다.
② 각 위원회의 회의는 재적위원 과반수의 출석으로 개의(開議)하고, 출석위원 과반수의 찬성으로 의결한다.
③ 각 위원회의 위원장은 회의를 개최하였을 때에는 조정등의 내용 및 결과 등이 포함된 회의록을 작성하여 보관해야 한다.
제66조【수당 등】 각 위원회에 출석한 위원에게는 예산의 범위에서 수당과 여비를 지급할 수 있다. 다만, 공무원이 소관 업무와 직접 관련되어 출석하는 경우에는 수당을 지급하지 않는다.
제67조【운영세칙】 이 장에서 규정한 사항 외에 각 위원회의 운영에 필요한 사항은 각 위원회의 의결을 거쳐 위원장이 정한다.

제10장 보 칙

제68조【서류 송달의 공시방법】 법 제98조제1항에 따른 공고는 해양수산부장관의 소관 사항인 경우에는 관보 및 해양수산부의 인터넷 홈페이지에 게재하는 방법으로 하고, 시·도지사 또는 시장·군수·구청장의 소관 사항인 경우에는 해당 지방자치단체의 공보 및 인터넷 홈페이지에 게재하는 방법으로 한다.

제69조【과징금 부과기준 등】 ① 법 제99조제1항에 따른 과징금의 부과기준은 별표11과 같다.

② 제1항에도 불구하고 다음 각 호의 어느 하나에 해당하는 경우에는 면허를 받은 어업 등에 대한 제한이나 정지 처분을 갈음하여 과징금을 부과할 수 없다.

1. 제21조제1항제6호에 따른 대형트롤어업의 허가를 받은 자가 법 제44조에 따른 어업허가의 제한 또는 조건을 위반하여 조업한 경우(10월 1일부터 다음 해 1월 31일까지만 해당한다)
2. 제23조제1항제1호부터 제9호까지의 규정에 따른 구획어업의 허가를 받은 자가 어장구역을 벗어나 어구를 설치한 경우
3. 제23조제1항제10호부터 제12호까지의 규정에 따른 구획어업의 허가를 받은 자가 허가구역 외의 수역에서 조업을 한 경우
4. 제31조에 따른 근해어업의 조업구역을 위반하여 조업한 경우
5. 제38조제2항에 따른 어업의 종류별 어구사용의 금지구역 및 금지기간을 위반한 경우
6. 「수산자원관리법」 제12조에 따른 어획물 등의 조사를 거부·방해 또는 회피한 경우
7. 「수산자원관리법 시행령」 제6조제1항에 따른 수산자원의 포획·채취 금지 기간·구역 및 수심〔같은 영 별표1 제1호, 같은 표 제3호나목2) 및 같은 표 제4호사목에 한정한다〕을 위반하여 조업한 경우
8. 「수산자원관리법 시행령」 제7조제1항에 따른 어업의 종류별 조업금지구역을 위반하여 조업한 경우
9. 「수산자원관리법」 제22조제1호 및 제2호에 따른 어선의 사용제한을 위반한 경우
10. 같은 위반행위로 그 위반행위가 적발된 날 이전 최근 2년 이내에 3회 이상 행정처분(어업정지 또는 영업정지를 갈음한 과징금 부과처분을 포함한다)을 받은 경우
11. 같은 위반행위로 그 위반행위가 적발된 날 이전 최근 2년 이내에 60일 이상의 행정처분(어업정지 또는 영업정지를 갈음한 과징금 부과처분을 포함한다)을 받은 경우

제70조【과징금의 부과절차 등】 ① 행정관청은 법 제99조제1항에 따라 과징금을 부과하려는 경우에는 그 위반행위의 종류와 해당 과징금의 금액을 적어 과징금 부과 대상자에게 서면으로 통지해야 한다.

② 제1항에 따른 통지를 받은 자는 통지를 받은 날부터 30일 이내에 제71조에 따른 수납기관에 과징금을 납부해야 한다.

③ 제2항에 따라 과징금을 받은 수납기관은 그 납부자에게 영수증을 발급해야 하고, 과징금이 납부된 사실을 지체 없이 행정관청에 알려야 한다.

제71조【과징금의 수납기관】 과징금의 수납기관은 다음 각 호와 같다.

1. 「수산업협동조합법」 제2조제4호 또는 제5호에 따른 수산업협동조합 또는 수산업협동조합중앙회
2. 「은행법」 제2조제1항제2호에 따른 은행
3. 「우체국예금·보험에 관한 법률」에 따른 체신관서

제72조【과징금의 용도】 ① 행정관청은 법 제99조제4항에 따라 과징금을 다음 각 호의 용도로 사용해야 한다.

1. 어업지도선 및 경비함정의 건조 및 수리에 필요한 경비
2. 불법어업 방지를 위한 지도 및 홍보에 필요한 경비
3. 어업지도선 및 경비함정에 근무하는 공무원이나 지도·단속·수사 담당공무원의 근무수당 및 수사비
4. 어업지도선 및 경비함정의 운영에 필요한 물품 등의 구입 경비
5. 불법어업지도·단속기관에 대한 보조금
6. 법 제110조제1항에 따라 몰수한 어획물·제품·어선·어구·폭발물 또는 유독물의 관리 및 처리 비용

② 행정관청은 과징금의 세부용도 및 사용비율을 정할 수 있다. 다만, 다음 각 호의 용도에 대해서는 해당 호에서 정하는 비율에 따른다.

1. 제1항제3호에 따른 근무수당 및 수사비 : 징수한 과징금 총액의 100분의 20 이상
2. 제1항제5호에 따른 보조금 중 다른 행정기관에서 불법어업을 단속하여 관할 행정기관에서 과징금을 징수하는 경우 그 단속기관에 지급하는 보조금 : 징수한 과징금 총액의 100분의 30

제73조【포상의 방법 및 절차】 ① 해양수산부장관은 법 제100조에 따라 포상을 하는 경우 표창장 또는 포상금을 수여하거나 표창장과 포상금을 함께 수여할 수 있다.

② 제1항에 따른 포상금의 수여기준 및 포상의 방법·절차 등에 관하여 필요한 사항은 해양수산부장관이 정하여 고시한다.

제74조【권한의 위임 등】 ① 해양수산부장관은 법 제101조제1항에 따라 다음 각 호의 권한을 시·도지사에게 위임한다.

1. 법 제40조제1항에 따른 근해어업의 허가
2. 법 제50조제1항에서 준용하는 법 제29조제1항 및 제2항에 따른 어업의 휴업신고 또는 재개업 신고(근해어업의 경우로 한정한다)
3. 법 제50조제1항에서 준용하는 법 제33조제1항에 따른 어업의 제한·정지, 어선의 계류 또는 출항·입항의 제한(근해어업의 경우로 한정한다)
4. 법 제50조제1항에서 준용하는 법 제34조제1호·제3호·제4호 또는 제6호에 따른 어업허가의 취소(근해어업의 경우로 한정한다)
5. 법 제103조제2호에 따른 청문(근해어업의 경우로 한정한다)

② 제1항에 따라 위임된 사항을 처리한 시·도지사는 그 처리 결과를 매년 12월 31일까지 해양수산부장관에게 보고해야 한다.

③ 해양수산부장관은 법 제101조제2항에 따라 다음 각 호의 업무를 한국수산자원공단의 장에게 위탁한다.

1. 법 제75조제1항에 따른 실태조사에 관한 업무
2. 법 제80조제1항에 따른 폐어구 수거 및 처리 사업에 관한 업무
3. 법 제83조제1항에 따른 어구보증금관리센터의 설치·운영에 관한 업무

(2024.1.9 본항신설)

(2024.1.9 본조제목개정)

제75조【고유식별정보의 처리】 행정관청(해당 권한이나 업무가 위임·위탁된 경우에는 그 권한이나 업무를 위임·위탁받은 자를 포함한다) 및 어구보증금관리센터(제20호의2부터 제20호의4까지만 해당한다)는 다음 각 호의 사무를 수행하기 위하여 불가피한 경우 「개인정보 보호법 시행령」 제19조제1호·제2호 또는 제4호에 따른 주민등록번호·여권번호 또는 외국인등록번호가 포함된 자료를 처리할 수 있다.(2024.1.9 본문개정)

1. 법 제5조에 따른 외국인이나 외국법인에 대한 어업면허 또는 어업허가에 관한 사무
2. 법 제6조에 따른 어업면허 또는 어업허가의 공동신청에 관한 사무
3. 법 제7조에 따른 어업면허에 관한 사무
4. 법 제9조에 따른 어업면허의 결격사유 확인에 관한 사무
5. 법 제14조에 따른 어업면허의 유효기간 부여 및 연장에 관한 사무
6. 법 제15조에 따른 한정어업면허에 관한 사무(법 제50조에서 준용하는 경우를 포함한다)
7. 법 제19조에 따른 어업권의 이전·분할 또는 변경에 관한 사무
8. 법 제20조에 따른 면허사항의 변경신고에 관한 사무
9. 법 제27조에 따른 관리선의 사용과 그 제한·금지에 관한 사무(법 제50조에서 준용하는 경우를 포함한다)
10. 법 제29조에 따른 휴업 신고, 재개업 신고 및 어업권 포기의 신고에 관한 사무(법 제50조 및 제54조에서 준용하는 경우를 포함한다)
11. 법 제33조에 따른 공익의 필요에 의한 어업면허의 제한 또는 정지 등에 관한 사무(법 제50조 및 제54조에서 준용하는 경우를 포함한다)
12. 법 제34조에 따른 어업면허의 취소에 관한 사무(법 제50조 및 제54조에서 준용하는 경우를 포함한다)
13. 법 제40조에 따른 어업허가에 관한 사무(법 제54조에서 준용하는 경우를 포함한다)
14. 법 제45조에 따른 어업허가를 받은 자의 지위 승계에 관한 사무
15. 법 제46조에 따른 시험어업에 관한 사무
16. 법 제48조에 따른 어업신고에 관한 사무
17. 법 제51조에 따른 어획물운반업의 등록에 관한 사무
18. 법 제52조에 따른 어획물운반업의 제한·정지 또는 취소에 관한 사무(법 제50조에서 준용하는 경우를 포함한다)
19. 법 제68조에 따른 해기사면허의 취소·정지 또는 해기사에 대한 견책 요구에 관한 사무
20. 법 제69조에 따른 어업감독 공무원의 직무에 관한 사무

20의2. 법 제75조제1항에 따른 실태조사에 관한 업무(2024.1.9 본호신설)

20의3. 법 제81조제2항에 따른 어구보증금의 환급에 관한 업무(2024.1.9 본호신설)

20의4. 법 제81조제3항에 따른 취급수수료의 지급에 관한 업무(2024.1.9 본호신설)

21. 법 제88조에 따른 손실보상에 관한 사무
22. 법 제91조에 따른 입어에 관한 재결에 관한 사무
23. 법 제92조에 따른 어장의 구역, 어업권의 범위, 보호구역 또는 어업의 방법에 관한 재결에 관한 사무
24. 법 제100조에 따른 포상에 관한 사무

제76조【규제의 재검토】 해양수산부장관은 제28조 및 별표4에 따른 어획물운반업자의 자격기준 및 어획물운반업의 등록기준에 대하여 2023년 1월 1일을 기준으로 3년마다(매 3년이 되는 해의 1월 1일 전까지를 말한다) 그 타당성을 검토하여 개선 등의 조치를 해야 한다.

제11장 벌 칙

제77조【외국의 배타적 경제수역】 법 제108조제4호에서 "대통령령으로 정하는 외국의 배타적 경제수역"이란 일본국의 배타적 경제수역을 말한다.

제78조【과태료의 부과기준】 법 제112조제1항부터 제4항까지의 규정에 따른 과태료의 부과기준은 별표12와 같다.(2024.1.9 본조개정)

부 칙

제1조【시행일】 이 영은 2023년 1월 12일부터 시행한다.

제2조【일반적 경과조치】 이 영 시행 당시 종전의 「수산업법 시행령」에 따른 처분·절차 및 그 밖의 행위는 그에 해당하는 이 영의 규정에 따라 행한 것으로 본다.

제3조【수산조정위원회 등의 위원에 관한 경과조치】 이 영 시행 당시 종전의 「수산업법 시행령」 제73조·제74조 및 제74조의2에 따라 지명되거나 추천 또는 위촉된 수산조정위원회·합동수산조정위원회 또는 어업조정위원회의 위원은 각각 제59조부터 제61조까지의 개정규정에 따라 지명되거나 추천 또는 위촉된 것으로 본다. 이 경우 추천 또는 위촉된 것으로 보는 위원의 임기는 종전 임기의 남은 기간으로 한다.

제4조【정치망어업의 종류에 관한 경과조치】 대통령령 제15241호 수산업법시행령중개정령 시행일인 1996년 12월 31일 당시 종전의 수산업법시행령(대통령령 제15241호 수산업법시행령중개정령으로 개정되기 전의 것을 말한다)에 따라 면허를 받은 정치망어업은 그 면허면적에 따라 제6조의 개정규정에 따른 대형정치망어업·중형정치망어업 또는 소형정치망어업으로 본다.

제5조【해조채취어업에 관한 경과조치】 대통령령 제13910호 수산업법시행령중개정령의 시행일인 1993년 10월 20일 당시 종전의 수산업법시행령(대통령령 제13910호 수산업법시행령중개정령으로 개정되기 전의 것을 말한다)에 따라 해조채취어업을 허가받은 어업과 그 어선에 대해서는 대통령령 제22127호 수산업법 시행령 전부개정령 제25조의 개정규정에도 불구하고 대통령령 제13910호 수산업법시행령중개정령 이전의 규정에 따른다.

제6조【연안형망어업에 관한 경과조치】 대통령령 제16170호 수산업법시행령중개정령 시행일인 1999년 3월 3일 당시 종전의 수산업법시행령(대통령령 제16170호 수산업법시행령중개정령으로 개정되기 전의 것을 말한다)에 따라 연안형망어업의 허가를 받은 어선에 대해서는 해당 어선에 한정하여 대통령령 제22127호 수산업법 시행령 전부개정령 제25조의 개정규정에도 불구하고 대통령령 제16170호 수산업법시행령중개정령 이전의 규정에 따른다.

제7조【어업의 종류에 관한 경과조치】 대통령령 제22127호 수산업법 시행령 전부개정령의 시행일인 2010년 4월 23일 당시 종전의 「수산업법 시행령」(대통령령 제22127호 수산업법 시행령 전부개정령으로 개정되기 전의 것을 말한다)에 따라 시장·군수·구청장의 허가를 받은 다음 표의 왼쪽란에 기재된 어업은 같은 표의 오른쪽란에 기재된 제23조제1항의 개정규정에 따른 어업으로 본다.

형망어업	패류형망어업
호망어업·승망어업·각망어업	승망류어업
주목망어업·장망어업·낭장망어업	장망류어업

제8조【근해어업의 허가정수에 관한 경과조치】 대통령령 제24353호 수산업법 시행령 일부개정령의 시행일인 2013년 2월 13일 당시 종전의 「수산업법 시행령」(대통령령 제24353호 수산업법 시행령 일부개정령으로 개정되기 전의 것을 말한다)에 따라 근해어업 허가를 받은 어선(그 허가어선을 대체하여 허가받은 어선을 포함한다)의 경우에는 대통령령 제24353호 수산업법 시행령 일부개정령 별표3의 개정규정에도 불구하고 종전의 「수산업법 시행령」(대통령령 제24353호 수산업법 시행령 일부개정령으로 개정되기 전의 것을 말한다)에 따른다.

제9조【종전 부칙의 적용범위에 관한 경과조치】 이 영 시행 전의 「수산업법 시행령」의 개정에 따른 부칙의 규정은 기간의 경과 등으로 이미 그 효력이 상실된 규정을 제외하고는 이 영 시행 이후에도 계속하여 효력을 가진다.

제10조【다른 법령의 개정】 ①~㊽ ※(해당 법령에 가제정리 하였음)

제11조【다른 법령과의 관계】 이 영 시행 당시 다른 법령에서 종전의 「수산업법 시행령」의 규정을 인용하고 있는 경우 이 영 가운데 그에 해당하는 규정이 있을 때에는 종전의 규정을 갈음하여 이 영의 해당 규정을 인용한 것으로 본다.

부 칙 (2023.4.25)

제1조【시행일】 이 영은 공포한 날부터 시행한다.

제2조【행정처분·과징금 또는 과태료에 관한 적용례】 제1조부터 제61조까지의 개정규정은 이 영 시행 전의 위반행위에 대하여 이 영 시행 이후 행정처분을 하거나 과징금 또는 과태료 부과처분을 하는 경우에도 적용한다.

부 칙 (2024.1.9)

이 영은 2024년 1월 12일부터 시행한다. 다만, 제49조의2 제3호의 개정규정은 2026년 1월 1일부터 시행한다.

〔별표〕 ➡ 「法典 別冊」 別表編 참조

〔별지서식〕 ➡ 「www.hyeonamsa.com」 참조

어촌 · 어항법

(2005년 5월 31일
법 률 제7571호)

개정
2007. 4. 6법 8338호(하천법)
2007. 4.11법 8352호(농지)
2007. 4.11법 8370호(수도법)
2007. 4.11법 8377호(수산)
2007.12.21법 8733호(군사기지및군사시설보호법)
2007.12.21법 8791호
2007.12.27법 8819호(공유수면관리법)
2007.12.27법 8820호(공유수면매립법)
2008. 2.29법 8852호(정부조직)
2008. 3.21법 8974호(건축)
2008. 3.21법 8976호(도로법)
2008.12.29법 9276호(한국농어촌공사및농지관리기금법)
2009. 1.30법 9401호(국유재산)
2009. 4.22법 9626호(수산)
2009. 6. 9법 9763호(산림보호법)
2010. 3.17법10124호
2010. 4.15법10272호(공유수면관리및매립에관한법)
2010. 5.31법10331호(산지관리법)
2011. 7.14법10848호 2012. 5.23법11432호
2012.10.22법11503호
2013. 3.23법11690호(정부조직)
2014. 1.14법12248호(도로법)
2014. 3.24법12543호 2014.10.15법12827호
2015. 6.22법13383호(수산업 · 어촌발전기본법)
2015. 6.22법13385호(수산종자산업육성법)
2016. 5.29법14244호 2017.11.28법15133호
2018. 4.17법15605호 2018.12.11법15917호
2019. 1.15법16284호
2019. 8.27법16568호(양식산업발전법)
2019. 8.27법16570호
2020. 2.18법17007호(권한지방이양)
2020. 3.24법17107호
2020. 3.31법17171호(전기안전관리법)
2020.12.22법17749호
2021. 1.12법17893호(지방자치)

제1장 총 칙
(2011.7.14 본장개정)

제1조【목적】 이 법은 어촌의 종합적이고 체계적인 정비 및 개발에 관한 사항과 어항(漁港)의 지정 · 개발 및 관리에 관한 사항을 규정함으로써 수산업의 경쟁력을 강화하고 어촌주민의 삶의 질을 향상시켜 살기 좋은 어촌 건설과 국가의 균형발전에 이바지함을 목적으로 한다.

제2조【정의】 이 법에서 사용하는 용어의 뜻은 다음과 같다.
1. "어촌"이란 「수산업 · 어촌 발전 기본법」 제3조제6호에 따른 어촌을 말한다.(2015.6.22 본호개정)
2. "어촌종합개발사업"이란 어촌을 대상으로 시행하는 다음 각 목의 사업을 말한다.
 가. 연안시설의 정비, 수산자원의 조성, 수산물 유통 및 가공 시설의 확충 등 수산업생산기반시설의 개선 · 확충 사업
 나. 어촌주민의 생활수준 향상 및 복지 증진을 위하여 필요한 생활환경의 개선 및 관련 부대사업
 다. 어촌주민의 소득을 높이고 지역경제를 활성화하기 위하여 어촌의 자연경관, 특산물 또는 그 지역 특유의 풍속 등을 활용하여 시행하는 사업
3. "어항"이란 천연 또는 인공의 어항시설을 갖춘 수산업 근거지로서 제17조에 따라 지정 · 고시된 것을 말하며 그 종류는 다음과 같다.
 가. 국가어항 : 이용 범위가 전국적인 어항 또는 섬, 외딴 곳에 있어 어장(「어장관리법」 제2조제1호에 따른 어장을 말한다. 이하 같다)의 개발 및 어선의 대피에 필요한 어항(2014.3.24 본목개정)
 나. 지방어항 : 이용 범위가 지역적이고 연안어업에 대한 지원의 근거지가 되는 어항
 다. 어촌정주어항(漁村定住漁港) : 어촌의 생활 근거지가 되는 소규모 어항
 라. 마을공동어항 : 어촌정주어항에 속하지 아니한 소규모 어항으로서 어업인들이 공동으로 이용하는 항포구(2012.5.23 본목신설)
4. "어항구역"이란 어항의 수역(水域) 및 육역(陸域)을 말한다.
5. "어항시설"이란 어항구역 안에 있는 다음 각 목의 시설과 어항구역 밖에 있는 다음 가목 및 나목의 시설로서 해양수산부장관, 광역시장 · 도지사 · 특별자치도지사(이하 "시 · 도지사"라 한다) 또는 시장 · 군수 · 구청장(자치구의 구청장을 말한다. 이하 같다)이 제17조에 따라 지정 · 고시한 것을 말한다.(2013.3.23 본문개정)
 가. 기본시설
  1) 방파제(防波堤) · 방사제(防砂堤) · 파제제(波除堤) · 방조제(防潮堤) · 도류제(導流堤) · 수문 · 갑문(閘門) · 호안(護岸) · 둑 · 돌제(突堤) · 흉벽(胸壁) 등 외곽시설
  2) 안벽(岸壁) · 물양장(物揚場) · 계선부표(繫船浮標) · 계선말뚝 · 잔교(棧橋) · 부잔교(浮棧橋) · 선착장 · 선양장(船揚場) 등 계류시설(繫留施設)
  3) 항로(航路) · 정박지 · 선회장(船回場) 등 수역시설
 나. 기능시설
  1) 철도 · 도로 · 다리 · 주차장 · 헬리포트 등 수송시설
  2) 항로 표지, 신호 · 조명 시설 등 항행보조시설
  3) 어선 건조장 · 수리장, 어구 건조장, 어구 제작장 · 수리장, 선양시설, 야적장, 기자재 창고 등 어선 · 어구 보전시설
  4) 급수(給水) · 급빙(給氷) · 급유(給油) 시설, 전기수용설비 · 선수품보급장(船需品補給場) 등 보급시설
  5) 수산물시장 · 수산물위판장 · 수산물직매장 · 수산물집하장 및 활어(活魚) 일시 보관시설 등 수산물의 유통 · 판매 · 보관 시설과 이러한 시설에 바닷물을 끌어오거나 내보내기 위한 시설
  6) 하역기계, 제빙(製氷) · 냉동 · 냉장 시설, 수산물 가공공장 등 수산물 처리 · 가공 시설
  7) 육상 무선전신 · 전화시설, 어업 기상신호시설 등 어업용 통신시설
  8) 어항관리시설 · 해양관측시설, 관계 법령에 따른 선박출입항 신고기관 등 해양수산 관련 공공시설
  9) 환경오염방지를 위한 오수 · 폐수 처리시설, 도수시설(導水施設), 폐유 · 폐선(廢船) 처리시설 등 어항정화시설
  10) 수산종자생산시설, 수산종자 배양장 등 수산자원 육성시설(2015.6.22 개정)
  11) 기능시설의 운영 · 관리를 위한 업무용시설 (2020.3.24 신설)
 다. 어항편익시설
  1) 진료시설 · 복지회관 · 체육시설 등 복지시설
  2) 전시관 · 도서관 · 학습관 · 공연장 등 문화시설
  3) 광장 · 조경시설 등 어항의 환경정비를 위한 시설
  4) 유람선 · 낚시어선 · 모터보트 · 요트 · 윈드서핑 등의 수용을 위한 레저용 기반시설
  5) 지역특산품 판매장, 생선횟집 등 관광객 이용시설
  6) 숙박시설 · 목욕시설 · 오락시설 등 휴게시설
  7) 그 밖에 대통령령으로 정하는 주민편익시설
 라. 가목부터 다목까지의 시설을 조성하기 위한 부지와 수역
6. "어항개발사업"이란 제19조에 따른 어항개발계획에 따라 시행하는 다음 각 목의 사업을 말한다.
 가. 어항기본사업 : 종합적이고 기본적인 어항시설의 신설 및 이에 부수되는 준설 · 매립 등의 사업
 나. 어항정비사업 : 어항시설의 변경 · 보수 · 보강 · 이전 · 확장 및 이에 부수되는 준설 · 매립 등의 사업
 다. 어항환경개선사업 : 어항정화 및 어촌관광 활성화를 위한 어항환경개선사업
 라. 레저관광기반시설사업 : 해양관광 지원을 위한 제5호다목4)에 따른 레저용 기반시설 설치 및 보수 등의 사업(2012.10.22 본목신설)
7. "어항통합정보시스템"이란 어항 통계자료 등을 체계적으로 수집 · 관리하고 어항정책의 수립 · 추진과 관련된 정보관리 및 민원사무 등을 전자적으로 처리하기 위하여 구축한 전자정보통신체계를 말한다.(2017.11.28 본호개정)
8. "폐기물"이란 폐어구(廢漁具), 쓰레기, 연소물(燃燒物), 오염 침전물, 폐유, 폐산(廢酸), 폐(廢)알칼리, 동물의 사체 등으로서 사람의 생활이나 사업활동에 필요하지 아니하게 된 물질을 말한다.(2020.3.24 개정)
9. "어촌 · 어항재생"이란 인구 감소, 산업구조 변화 등으로 낙후된 어촌 · 어항을 연계 · 통합하여 접근성 및 정주여건 개선, 수산 · 관광 등 산업발전, 주민역량 강화 등을 통하여 사회 · 문화 · 경제 · 환경적으로 지역의 활력을 도모하는 것을 말한다.(2019.8.27 본호신설)
10. "어촌 · 어항재생사업"이란 어촌 · 어항재생을 위하여 제47조의3에 따른 어촌 · 어항재생사업계획에 따라 추진하는 사업을 말한다.(2019.8.27 본호신설)

제2조의2【정부의 시책】 국가와 지방자치단체는 어촌 · 어항의 개발 및 관리와 관련된 기술의 개발과 관련 산업의 육성을 위하여 필요한 시책을 강구하여야 한다.
(2014.3.24 본조신설)

제2장 어촌 · 어항발전기본계획
(2011.7.14 본장개정)

제3조【기초조사 등】 ① 해양수산부장관은 어촌 · 어항의 발전을 위한 정책을 효율적으로 추진하기 위하여 어촌의 분포 · 인구변동의 추이, 어촌의 생활여건의 변화, 어촌의 교통환경의 변화, 어항시설의 변동 등 어촌 · 어항에 대한 기초조사를 실시하여야 한다.(2020.12.22 본항개정)
② 해양수산부장관은 제4조에 따른 어촌 · 어항발전기본계획의 수립이나 어촌 · 어항과 관련한 정책수립 등에 필요하다고 인정할 경우 특정한 어촌 또는 어항을 대상으로 정밀조사를 실시할 수 있다.(2013.3.23 본항개정)
③ 제1항 및 제2항에 따른 기초조사 및 정밀조사의 내용 · 조사방법, 조사결과의 공고 등에 필요한 사항은 대통령령으로 정한다.

제4조【어촌 · 어항발전기본계획의 수립】 ① 해양수산부장관은 제3조에 따른 기초조사 및 정밀조사 결과를 바탕으로 어촌의 소득증대와 어촌 · 어항의 합리적인 개발 및 이용을 위하여 10년마다 어촌 · 어항발전기본계획(이하 "기본계획"이라 한다)을 수립하여야 한다.(2020.3.24 본항개정)
② 기본계획에는 다음 각 호의 사항이 포함되어야 한다.
1. 어촌 · 어항의 종합적 · 체계적 발전을 위한 중기 · 장기 정책방향
2. 어촌 · 어항의 연도별 개발 및 관리 · 운영에 관한 사항
3. 어촌종합개발사업에 관한 사항
4. 어항개발사업에 관한 사항
5. 어촌 · 어항재생사업에 관한 사항(2019.8.27 본호신설)
6. 어촌지역 주민들의 교통편의 증진에 관한 사항 (2020.12.22 본호신설)
7. 다른 법률에 따른 어촌지역 개발사업 등에 관한 사항
8. 그 밖에 해양수산부장관이 필요하다고 인정하는 사항 (2013.3.23 본호개정)

③ 해양수산부장관은 기본계획을 수립하려면 미리 시 · 도지사, 시장 · 군수 · 구청장 및 관계 전문가의 의견을 듣고 관계 중앙행정기관의 장과 협의하여야 한다.
(2020.3.24 후단삭제)
④ 해양수산부장관은 기본계획을 수립하였을 때에는 그 내용을 고시하여야 한다.(2020.3.24 본항개정)
⑤ 해양수산부장관은 기본계획을 수립한 때에는 이를 지체 없이 관계 중앙행정기관의 장 및 시 · 도지사에게 통보하고 국회 소관 상임위원회에 제출하여야 한다.
(2020.3.24 본항개정)
⑥ 해양수산부장관은 기본계획을 수립하기 위하여 필요한 경우에는 관계 중앙행정기관의 장 또는 시 · 도지사에게 관련 자료의 제출을 요청할 수 있다. 이 경우 자료의 제출을 요청받은 관계 기관의 장은 정당한 사유가 없으면 이에 따라야 한다.(2019.1.15 본항신설)

제4조의2【기본계획의 변경 등】 ① 해양수산부장관은 기본계획이 수립된 날부터 5년마다 그 타당성을 검토하여야 하며 필요한 경우 기본계획을 변경할 수 있다.
② 제1항에도 불구하고 해양수산부장관은 급격한 경제상황의 변동 등으로 기본계획을 변경할 필요가 있을 경우에는 기본계획을 변경할 수 있다.
③ 제1항 및 제2항에 따른 기본계획의 변경에 관하여는 제4조제3항부터 제6항까지의 규정을 준용한다.
(2020.3.24 본조신설)

제5조【다른 계획 등과의 관계】 해양수산부장관은 기본계획을 수립 · 변경하는 경우 다른 법령에 따라 계획이 수립되어 있거나 용도지역 등이 지정되어 있는 어촌 · 어항에 대하여는 해당 계획 또는 용도지역 등의 범위에서 이를 수립 · 변경하여야 한다. 다만, 효율적인 어촌종합개발사업의 시행, 어항의 종합적 개발 또는 어촌 · 어항재생사업의 시행을 위하여 필요한 경우에는 다른 법령에 따라 수립된 계획이나 지정된 용도지역 등의 변경을 관련 행정기관의 장에게 요구할 수 있다.(2019.8.27 단서개정)

제3장 어촌종합개발
(2011.7.14 본장개정)

제6조【어촌종합개발계획의 수립】 ① 해양수산부장관은 어촌을 종합적이고 체계적으로 개발하기 위하여 기본계획에 따라 어촌종합개발계획을 수립하고 이에 필요한 재원을 확보하기 위하여 노력하여야 한다.(2019.1.15 본항개정)
② 어촌종합개발계획에는 다음 각 호의 사항이 포함되어야 한다.
1. 어촌종합개발의 기본구상 및 개발방향
2. 어촌종합개발사업 권역의 선정 현황
3. 어촌종합개발사업의 권역별 개발 및 투자 계획
4. 어촌종합개발사업의 효과 및 전망
5. 어촌종합개발사업에 대한 평가계획
6. 그 밖에 어촌종합개발사업의 추진절차 및 사후관리 등 해양수산부장관이 필요하다고 인정하는 사항 (2013.3.23 본호개정)

③ 해양수산부장관은 어촌종합개발계획을 수립하거나 변경할 때에는 미리 관계 중앙행정기관의 장, 시 · 도지사 및 시장 · 군수 · 구청장과 협의하여야 한다. 다만, 대통령령으로 정하는 경미한 사항을 변경할 때에는 그러하지 아니하다.(2013.3.23 본문개정)

제7조【어촌종합개발사업계획의 수립】 ① 시장 · 군수 · 구청장은 어촌종합개발계획에 따라 관할구역의 어촌종합개발사업 권역에 대하여 어촌종합개발사업계획을 수립하여야 한다.
② 해양수산부장관은 전국적인 이해관계를 가지는 등의 이유로 어촌종합개발사업의 효율적인 추진을 위하여 필요한 경우에는 제1항에도 불구하고 해당 사항에 관하여 직접 어촌종합개발사업계획을 수립할 수 있다.(2013.3.23 본항개정)
③ 해양수산부장관 또는 시장 · 군수 · 구청장은 어촌종합개발사업계획을 수립하거나 변경할 때에는 미리 해당 사업지역 주민의 의견을 듣고 시 · 도지사 및 관계 행정기관의 장과 협의하여야 한다. 다만, 해양수산부령으로 정하는 경미한 사항을 변경할 때에는 그러하지 아니하다.
(2013.3.23 본항개정)
④ 해양수산부장관 또는 시장 · 군수 · 구청장은 어촌종합개발사업계획을 수립할 때에 제19조에 따른 어항개발계획에 배후어촌개발에 관한 사항이 포함되어 있는 경우에는 우선적으로 그 내용을 반영하여야 한다.(2013.3.23 본항개정)
⑤ 해양수산부장관 또는 시장 · 군수 · 구청장은 어촌종합개발사업계획을 수립하거나 변경하였을 때에는 그 내용을 고시하여야 한다.(2013.3.23 본항개정)

제8조【인가·허가 등의 의제】 제7조제5항에 따라 어촌종합개발사업계획의 수립·변경에 관한 사항을 고시한 경우, 그 내용에 관하여 제7조제3항에 따른 협의를 거친 사항에 대하여는 다음 각 호의 허가·인가·면허·승인·동의 또는 협의 등을 받은 것으로 보며, 관계 법률에 따른 허가·인가·면허·승인·동의 또는 협의 등의 고시 또는 공고가 있는 것으로 본다.
1. 「국토의 계획 및 이용에 관한 법률」 제56조에 따른 개발행위의 허가 및 같은 법 제88조에 따른 도시·군계획시설사업에 관한 실시계획의 인가(2014.3.24 본호개정)
2. 「공유수면 관리 및 매립에 관한 법률」 제8조에 따른 공유수면의 점용·사용허가, 같은 법 제10조에 따른 협의 또는 승인, 같은 법 제17조에 따른 점용·사용 실시계획의 승인 또는 신고, 같은 법 제28조에 따른 공유수면의 매립면허, 같은 법 제35조에 따른 국가 등이 시행하는 매립의 협의 또는 승인 및 같은 법 제38조에 따른 공유수면매립실시계획의 승인
3. 「수도법」 제17조에 따른 일반수도사업의 인가 또는 같은 법 제52조에 따른 전용상수도의 설치인가
4. 「하수도법」 제16조에 따른 공사시행허가, 같은 법 제24조에 따른 점용허가 및 같은 법 제27조에 따른 배수설비의 설치신고
5. 「하천법」 제30조에 따른 하천공사 시행의 허가, 같은 법 제33조에 따른 하천의 점용허가 및 같은 법 제50조에 따른 하천수의 사용허가
6. 「수산자원관리법」 제47조제2항에 따른 보호수면에서의 공사시행의 승인
7. 「도로법」 제36조에 따른 도로공사시행의 허가 및 같은 법 제61조에 따른 도로점용의 허가(2014.1.14 본호개정)
8. 「자연공원법」 제23조에 따른 행위허가 또는 같은 법 제71조에 따른 공원관리청과의 협의
9. 「농지법」 제34조에 따른 농지의 전용허가 또는 협의
10. 「군사기지 및 군사시설 보호법」 제13조에 따른 행정기관의 허가등에 관한 협의
11. 「건축법」 제11조에 따른 건축허가, 같은 법 제20조에 따른 가설건축물의 건축허가 또는 신고 및 같은 법 제29조에 따른 건축협의
12. 「초지법」 제21조의2에 따른 형질변경 등의 허가 및 같은 법 제23조에 따른 초지전용의 허가
13. 「산지관리법」 제14조 또는 제15조에 따른 산지전용의 허가 또는 신고, 같은 법 제15조의2에 따른 산지일시사용허가·신고
14. 「산림보호법」 제9조제1항 및 제2항제1호에 따른 산림보호구역(산림유전자원보호구역은 제외한다)에서의 행위의 허가, 「국유림의 경영 및 관리에 관한 법률」 제9조에 따른 국유림경영계획의 동의·승인 및 「산림자원의 조성 및 관리에 관한 법률」 제36조에 따른 국유림의 입목벌채등의 허가
15. 「사방사업법」 제14조에 따른 사방지(砂防地) 안에서의 행위허가 및 같은 법 제20조에 따른 사방지 지정의 해제
16. 「사도법」 제4조에 따른 사도의 개설 등의 허가
17. 「전기사업법」 제61조에 따른 전기사업용전기설비 공사계획의 인가 또는 신고 및 「전기안전관리법」 제8조에 따른 자가용전기설비 공사계획의 인가 또는 신고(2020.3.31 본호개정)

제9조【어촌종합개발사업의 시행】 ① 어촌종합개발사업은 해양수산부장관 또는 시장·군수·구청장이 시행한다. 다만, 해양수산부장관 또는 시장·군수·구청장은 어촌종합개발사업의 효율적인 시행을 위하여 필요한 경우에는 다음 각 호의 어느 하나에 해당하는 자로 하여금 사업의 전부 또는 일부를 시행하게 할 수 있다.(2016.5.29 단서개정)
1. 「수산업협동조합법」 제2조에 따른 수산업협동조합(이하 "수산업협동조합"이라 한다)(2016.5.29 본호신설)
2. 「수산업협동조합법」 제15조에 따른 어촌계(2016.5.29 본호신설)
3. 제57조에 따른 한국어촌어항공단(2018.4.17 본호개정)
4. 「한국농어촌공사 및 농지관리기금법」 제3조에 따라 설립된 한국농어촌공사(2016.5.29 본호신설)
5. 그 밖에 대통령령으로 정하는 자(2016.5.29 본호신설)
② 해양수산부장관, 시장·군수·구청장 또는 제1항 단서에 따라 어촌종합개발사업을 시행하는 자(이하 "어촌종합개발사업시행자"라 한다)는 대통령령으로 정하는 바에 따라 어촌종합개발사업계획의 범위에서 어촌종합개발사업시행계획(이하 "시행계획"이라 한다)을 수립하여 시행하여야 한다.(2013.3.23 본항개정)
③ 제1항 단서에 따라 어촌종합개발사업을 시행하는 자가 제2항에 따라 시행계획을 수립하려면 미리 해양수산부장관 또는 시장·군수·구청장의 승인을 받아야 하며, 승인받은 내용을 변경하는 경우에도 또한 같다. 다만, 대통령령으로 정하는 경미한 사항을 변경하려는 경우에는 해양수산부장관 또는 시장·군수·구청장에게 신고하여야 한다.(2013.3.23 본항개정)
④ 어촌종합개발사업시행자는 제2항 또는 제3항에 따라 시행계획을 수립하거나 변경할 때에는 대통령령으로 정하는 바에 따라 그 내용을 공고하고, 해당 사업지역 주민이 열람할 수 있도록 하여야 한다. 다만, 제3항 단서에 따른 경미한 사항을 변경하려는 경우에는 그러하지 아니하다.

제10조【준공확인】 ① 제9조제1항 단서에 따라 어촌종합개발사업을 시행하는 자는 시행계획에 따라 어촌종합개발사업을 완료하였을 때에는 해양수산부령으로 정하는 바에 따라 지체 없이 준공보고서를 제출하여 다음 각 호의 구분에 따른 준공확인을 받아야 한다. 다만, 다른 법령에 따른 감리 등을 받은 경우 등 대통령령으로 정하는 사유에 해당할 때에는 그러하지 아니하다.(2013.3.23 본문개정)
1. 시행계획에 대하여 제9조제3항 본문에 따라 해양수산부장관의 승인을 받은 경우 : 해양수산부장관(2013.3.23 본호개정)
2. 시행계획에 대하여 제9조제3항 본문에 따라 시장·군수·구청장의 승인을 받은 경우 : 시장·군수·구청장
② 해양수산부장관 또는 시장·군수·구청장은 제1항에 따른 준공확인을 한 결과 해당 어촌종합개발사업이 승인된 내용대로 시행되었다고 인정되거나 제1항 단서에 따른 사유에 해당할 때에는 즉시 준공확인증명서를 그 신청인에게 발급하여야 한다.(2013.3.23 본항개정)
③ 제9조제1항 단서에 따라 어촌종합개발사업을 시행하는 자는 제2항에 따른 준공확인증명서를 발급받기 전에는 그 사업으로 조성되거나 설치된 토지 및 시설을 사용할 수 없다. 다만, 대통령령으로 정하는 바에 따라 준공전 사용을 허가받거나 준공 전 사용을 신고한 경우에는 그러하지 아니하다.
④ 해양수산부장관 또는 시장·군수·구청장은 제3항 단서에 따른 신고를 받은 날부터 3일 이내에 신고수리 여부를 신고인에게 통지하여야 한다.(2018.12.11 본항신설)
⑤ 해양수산부장관 또는 시장·군수·구청장이 제4항에서 정한 기간 내에 신고수리 여부 또는 민원 처리 관련 법령에 따른 처리기간의 연장을 신고인에게 통지하지 아니하면 그 기간(민원 처리 관련 법령에 따라 처리기간이 연장 또는 재연장된 경우에는 해당 처리기간을 말한다)이 끝난 날의 다음 날에 신고를 수리한 것으로 본다.(2018.12.11 본항신설)
⑥ 제3항 단서에 따라 해양수산부장관 또는 시장·군수·구청장은 어촌종합개발사업으로 조성되거나 설치된 토지 및 시설에 대하여 준공 전 사용을 허가하거나 준공전 사용 신고를 수리하려는 경우에는 다음 각 호의 사항을 고려하여야 한다.(2018.12.11 본문개정)
1. 준공 전 사용으로 인하여 앞으로 시행될 어촌종합개발사업에 지장이 없는지 여부
2. 준공 전 사용을 하려는 토지 및 시설의 안정성을 해치지 아니하는지 여부
⑦ 제9조제1항 단서에 따라 어촌종합개발사업을 시행하는 자가 제2항에 따라 준공확인증명서를 발급받았을 때에는 다음 각 호의 준공인가 또는 사용승인을 받은 것으로 본다.
1. 「공유수면 관리 및 매립에 관한 법률」 제45조에 따른 준공검사
2. 「하천법」 제30조제7항에 따른 준공인가
3. 「건축법」 제22조제2항에 따른 사용승인

제11조【조사·측량·설계 및 공사감리의 위탁】 ① 어촌종합개발사업시행자는 어촌종합개발사업을 시행하기 위하여 필요한 경우에는 조사·측량·설계 및 공사감리를 제57조에 따른 한국어촌어항공단 등 어촌종합개발 및 어항개발업무와 관련이 있는 자 중에서 대통령령으로 정하는 자에게 위탁할 수 있다.(2018.4.17 본항개정)
② 어촌종합개발사업시행자는 제1항에 따른 조사·측량·설계 및 공사감리를 위탁받은 자에게 필요한 보고를 하게 하거나 자료의 제출을 요구할 수 있다.

제12조【국유지·공유지의 양여 등】 ① 어촌종합개발사업을 시행하는 지역의 토지소유자 또는 제9조제1항 단서에 따라 어촌종합개발사업을 시행하는 자는 어촌종합개발사업의 시행으로 새로 조성되는 시설 또는 토지가 기존의 도로, 배수로, 둑, 도랑, 하천 및 어항 부지 등의 용도로 대체되는 경우에는 그 시설 또는 토지를 국가 또는 지방자치단체에 기부할 수 있다.(2019.1.15 본항개정)
② 해양수산부장관 또는 시장·군수·구청장은 「국유재산법」, 「공유재산 및 물품 관리법」, 「도로법」 등 관계 법률에도 불구하고 제1항에 따라 시설 또는 토지를 기부한 자에게 대통령령으로 정하는 바에 따라 그 기능이 대체되어 용도를 폐지할 필요가 있다고 인정되는 국유·공유의 도로, 배수로, 둑, 도랑, 하천 및 어항 부지 등의 전부 또는 일부를 무상으로 양여할 수 있다.(2019.1.15 본항개정)
③ 해양수산부장관 또는 시장·군수·구청장은 어촌종합개발사업을 시행하는 지역의 국유 또는 공유 일반재산을 「국유재산법」 제43조, 「공유재산 및 물품 관리법」 제29조 또는 「국유림의 경영 및 관리에 관한 법률」 제27조에도 불구하고 제9조제1항 단서에 따라 어촌종합개발사업을 시행하는 자에게 수의계약으로 매각할 수 있다.(2013.3.23 본항개정)

제13조【어촌종합개발시설의 관리】 ① 어촌종합개발사업으로 조성된 시설 또는 토지(이하 "어촌종합개발시설"이라 한다)는 어촌종합개발사업시행자가 관리한다.
② 어촌종합개발시설의 보호 및 관리에 필요한 사항은 해양수산부령으로 정한다.(2013.3.23 본항개정)

제14조【어촌종합개발시설의 목적 외의 사용】 ① 제9조제1항 단서에 따라 어촌종합개발사업을 시행하는 자가 어촌종합개발시설을 본래의 목적 외의 용도로 사용하려하거나 다른 자에게 양도·임대 또는 사용하게 하려는 경우에는 대통령령으로 정하는 바에 따라 미리 해양수산부장관 또는 시장·군수·구청장의 승인을 받아야 한다. 다만, 어촌종합개발시설의 유지·관리에 지장이 없는 범위에서 해양수산부령으로 정하는 경미한 사항은 그러하지 아니하다.(2013.3.23 본항개정)
② 제1항에 따른 목적 외의 사용·양도 또는 임대는 그 본래의 목적 또는 용도에 방해가 되지 아니하는 범위에서 하여야 한다.

제15조【어촌종합개발시설의 폐지】 어촌종합개발사업시행자는 다음 각 호의 어느 하나에 해당하는 사유가 있을 때에는 어촌종합개발시설을 폐지할 수 있다. 이 경우 제9조제1항 단서에 따라 어촌종합개발사업을 시행하는 자는 해양수산부장관 또는 시장·군수·구청장의 승인을 받아야 한다.(2013.3.23 후단개정)
1. 폐지하려는 어촌종합개발시설로부터 이익을 받고 있는 어업 등이 폐지되거나 그 대체시설이 완비되었을 때
2. 천재지변이나 그 밖의 불가항력의 사유에 의한 어촌종합개발시설의 파손·매몰 등으로 시설보수(施設補修)의 경제성이 없어졌을 때
3. 지속적인 오염원(汚染源)의 유입, 그 밖의 불가항력의 사유로 해양이 장기간 오염되거나 오염될 전망이어서 어촌종합개발시설을 유지할 실익이 없어졌을 때

제4장 어항개발
(2011.7.14 본장제목개정)

제1절 어항의 지정 및 어항개발계획
(2011.7.14 본절개정)

제16조【어항의 지정권자】 해양수산부장관, 시·도지사 또는 시장·군수·구청장(이하 이 장에서 "지정권자"라 한다)은 다음 각 호의 구분에 따라 어항을 지정한다.(2019.8.27 본문개정)
1. 국가어항 : 해양수산부장관(2013.3.23 본호개정)
2. 지방어항 : 시·도지사. 다만, 「지방자치법」 제198조에 따른 서울특별시·광역시 및 특별자치시를 제외한 인구 50만 이상 대도시(이하 "대도시"라 한다)의 경우에는 대도시의 시장(이하 "대도시 시장"이라 한다)으로 한다.(2021.1.12 본호개정)
3. 어촌정주어항 및 마을공동어항 : 시장·군수·구청장(2012.5.23 본호개정)

제17조【어항 등의 지정·변경 및 해제】 ① 지정권자는 어항의 경우에는 어항의 명칭·종류·위치 및 구역을 정하여 지정하고, 어항구역 밖의 어항시설의 경우에는 소속 어항, 시설의 명칭·종류·위치를 정하여 지정한다.
② 제1항에 따른 어항 및 어항시설의 지정에 필요한 사항은 해양수산부령으로 정한다.(2013.3.23 본항개정)
③ 제1항에 따라 시·도지사 또는 대도시 시장이 지방어항을 지정하려면 미리 해양수산부장관과 협의하여야 하며, 시장·군수·구청장이 어촌정주어항 및 마을공동어항을 지정하려면 미리 시·도지사와 협의하여야 한다. 이 경우 협의의 절차 및 방법 등에 관하여 필요한 사항은 해양수산부령으로 정한다.(2020.2.18 본항개정)
④ 지정권자는 어항의 경제적·사회적·물리적 여건이 변하거나 그 밖에 해양수산부령으로 정하는 사유가 발생하였을 때에는 제1항에 따른 지정 내용을 변경하거나 지정을 해제할 수 있다.(2016.5.29 본항개정)
⑤ 해양수산부장관 또는 시·도지사(대도시의 경우에는 대도시 시장을 말한다)는 제1항 및 제4항에 따라 어항을 지정·변경 또는 지정을 해제하려면 국가어항의 경우에는 그 어항의 소재지를 관할하는 시·도지사의 의견을 들어야 하고, 지방어항의 경우에는 그 어항의 소재지를 관할하는 시장·군수·구청장의 의견을 들어야 한다.(2020.2.18 본항개정)
⑥ 지정권자는 어항으로 지정하려는 구역에 이미 다른 법령에 따라 토지 또는 수면의 이용에 관한 지구·지역·구역 등의 지정이 있는 경우에는 미리 관계 행정기관의 장과 협의하여야 한다.
⑦ 지정권자는 어항 또는 어항구역 밖의 어항시설을 지정·변경 또는 지정을 해제하였을 때에는 그 내용을 고시하여야 한다.

제18조【어촌관광을 위한 구역의 설정 등】 ① 지정권자는 어촌관광의 활성화를 위하여 필요한 경우에는 어항구역에 대통령령으로 정하는 바에 따라 어촌관광을 위한 구역을 설정할 수 있다.
② 제1항에 따라 설정된 어촌관광을 위한 구역에는 해양관광·레저용 선박의 계류시설이나 관광객 편의시설 등 대통령령으로 정하는 시설을 설치할 수 있다.
③ 제1항과 제2항에서 규정한 사항 외에 어촌관광을 위한 구역의 운영 등에 필요한 사항은 해양수산부령으로 정한다.(2013.3.23 본항개정)

제19조【어항개발계획의 수립 등】 ① 지정권자는 어항의 개발을 촉진하고 그 운영의 효율성을 높이기 위하여 미리 해당 어항의 시설 및 이용 현황, 어항시설의 안전상태 등을 조사·점검하여 그 결과를 기초로 대통령령으로 정하는 바에 따라 어항개발계획을 수립하여야 한다. 다만, 해양수산부장관은 수산업의 진흥과 어촌개발을 촉진하기 위하여 필요한 경우에는 관계 시·도지사 또는 시장·군

수·구청장과 협의하여 둘 이상의 지방어항·어촌정주어항 또는 마을공동어항을 포함한 어항개발계획을 수립할 수 있다.(2013.3.23 단서개정)
② 제1항에 따른 어항개발계획은 다음 각 호와 같이 구분하여 수립하고, 어항개발계획의 주요 내용은 대통령령으로 정한다.
1. 어항시설에 관한 종합적이고 기본적인 어항시설기본계획
2. 어항시설의 변경·보수·보강·이전·확장 등 어항정비계획
3. 어항정화 및 어촌관광 활성화를 위한 어항환경개선계획
4. 제2조제5호다목4)에 따른 레저용 기반시설 설치 등 해양관광 활성화를 위한 레저관광개발계획(2012.10.22 본호신설)
5. 어항시설에의 접근성 향상을 위한 교통편익 증진계획(2020.12.22 본호신설)
③ 지정권자(해양수산부장관이 제1항 단서에 따라 어항개발계획을 수립하는 경우를 포함한다. 이하 이 조, 제20조 및 제21조에서 같다)는 기본계획의 범위에서 어항개발계획을 수립하여야 하며 개발하려는 어항의 배후 어촌에 어촌종합개발사업을 시행할 필요성이 있다고 판단되는 경우에는 이를 고려하여 수립하여야 한다.(2013.3.23 전단개정)
④ 지정권자는 어항개발을 통한 지역개발 및 어촌관광 활성화 등 경제적 파급효과가 크다고 예상되는 지역에 대하여는 해당 어항이 수산, 교통물류, 방재(防災), 어촌관광레저 또는 해역관리 등의 다양한 기능을 수행하는 어항으로 개발될 수 있도록 어항개발계획에 반영하여야 한다.
⑤ 지정권자는 어항의 여건이 변하여 어항개발계획을 변경할 필요가 있다고 인정할 때에는 대통령령으로 정하는 바에 따라 이를 변경할 수 있다.
⑥ 지정권자는 어항개발계획을 수립하거나 변경하였을 때에는 그 내용을 고시하여야 한다. 다만, 대통령령으로 정하는 경미한 사항을 변경하였을 때에는 그러하지 아니하다.
제20조【어항개발계획의 내용】 어항개발계획에는 다음 각 호의 사항이 포함되어야 한다.
1. 어항의 개발 및 운영에 관한 기본방향
2. 어항시설의 입지·종류·규모 및 배치계획
3. 기본시설의 표준 단면
4. 연도별 투자계획 및 효과
5. 어항시설의 교통접근성 향상에 관한 사항(2020.12.22 본호신설)
6. 그 밖에 지정권자가 필요하다고 인정하는 사항
제21조【어항개발계획수립 등의 협의】 ① 지정권자는 어항개발계획을 수립하거나 변경하려면 미리 관계 행정기관의 장 및 시·도지사(대도시의 경우에는 대도시 시장을 말한다)와 협의하여야 하며, 대통령령으로 정하는 바에 따라 해당 지역의 주민 및 이해관계인의 의견을 들어야 한다. 다만, 대통령령으로 정하는 경미한 사항을 변경할 때에는 그러하지 아니하다.
② 시·도지사 또는 대도시 시장은 지방어항에 대한 어항개발계획을 수립하거나 변경하려면 미리 해양수산부장관과 협의하여야 한다. 다만, 대통령령으로 정하는 경미한 사항을 변경할 때에는 그러하지 아니하다.
③ 제1항 본문에 따른 협의를 요청받은 관계 행정기관의 장, 시·도지사 및 대도시 시장은 협의요청을 받은 날부터 대통령령으로 정하는 기간 내에 의견을 제출하여야 한다.(2020.2.18 본조개정)
제22조【다른 법률과의 관계】 제19조제6항에 따라 어항개발계획의 수립·변경에 관하여 고시한 경우, 제21조제1항에 따라 관계 행정기관의 장, 시·도지사 및 대도시 시장과 협의를 거친 사항에 대하여는 그 범위에서 「공유수면 관리 및 매립에 관한 법률」 제22조 및 제27조에 따른 매립기본계획을 수립하거나 변경하여 같은 법 제26조에 따라 고시한 것으로 본다.(2020.2.18 본조개정)

제2절 어항개발사업
(2011.7.14 본절개정)

제23조【어항개발사업의 시행】 ① 어항개발사업은 이 법 또는 다른 법률에 특별한 규정이 있는 경우를 제외하고는 지정권자가 시행한다.
② 지정권자가 아닌 자(국가기관의 장 또는 지방자치단체의 장은 제외한다)가 어항개발사업을 시행하려면 대통령령으로 정하는 바에 따라 어항개발사업계획을 수립하여 지정권자로부터 어항개발사업시행허가를 받아야 한다. 다만, 어항시설의 보수·보강 공사 중 다음 각 호의 어느 하나에 해당하는 공사를 시행하려는 경우에는 그러하지 아니하다.(2014.3.24 본문개정)
1. 제4항 단서에 따른 어항시설의 공사
2. 방충재(防衝材) 또는 콘크리트 포장의 보수·보강 공사 등 어항시설의 안전 및 이용에 지장이 없는 공사
③ 지정권자가 아닌 국가기관의 장 또는 지방자치단체의 장이 어항개발사업(제2항 단서에 해당하는 공사는 제외한다)을 시행하려면 대통령령으로 정하는 바에 따라 어항개발사업계획을 수립하여 지정권자와 협의하여야 한다.(2014.3.24 본항개정)
④ 지정권자는 제2항 본문에 따른 허가를 하는 경우에는 해당사업으로 조성되거나 설치된 토지와 시설을 국가 또는 지방자치단체에 귀속시킬 것을 조건으로 허가할 수 있다. 다만, 여객승강용시설, 어항정화시설 등 대통령령으로 정하는 어항시설은 그러하지 아니하다.
⑤ 어항개발사업은 어항개발계획에 부합하여야 한다.
⑥ 지정권자는 제2항 본문에 따라 어항개발사업시행을 허가하려는 경우에는 어항시설을 이용하는 등 직접 이해관계가 있는 공공단체로서 대통령령으로 정하는 자에게 우선적으로 허가할 수 있다.
제24조【어항시설의 내진설계 기준 등】 ① 해양수산부장관은 어항시설의 내진설계(耐震設計)에 관한 기준을 정하여 고시하여야 한다.
② 해양수산부장관은 제1항에 따른 내진설계에 관한 기준 외에 어항시설 중 제2조제5호가목에 따른 기본시설과 그 밖에 대통령령으로 정하는 어항시설에 대한 기술 기준을 정하여 고시할 수 있다.
③ 어항시설을 설계하는 자나 제23조에 따라 어항개발사업을 시행하는 자(이하 "어항개발사업시행자"라 한다)는 제1항에 따른 내진설계에 관한 기준과 제2항에 따른 기술기준에 따라 어항시설을 설계하거나 어항개발사업을 시행하여야 한다.
④ 해양수산부장관은 제1항에 따른 내진설계에 관한 기준과 제2항에 따른 기술 기준에 따라 어항시설을 적정하게 관리하기 위하여 해양수산부령으로 정하는 바에 따라 어항시설에 대한 안전점검을 실시하여야 하고, 그 결과를 지정권자에게 통보하여야 한다.
⑤ 제4항에 따라 안전점검 결과를 통보받은 지정권자는 이를 제19조에 따른 어항개발계획에 반영하여야 한다.(2014.3.24 본조개정)
제25조【사업대행】 지정권자가 아닌 자로 제23조제2항 본문에 따라 어항개발사업시행의 허가를 받은 자(이하 "비지정권자"라 한다)와 제23조제3항에 따라 지정권자와 협의를 한 국가기관의 장 또는 지방자치단체의 장은 어항개발사업을 지정권자 또는 타인으로 하여금 대행하게 할 수 있다.(2014.3.24 본조개정)
제25조의2【토지등의 수용 또는 사용】 ① 어항개발사업시행자는 어항의 육역에 관한 개발사업을 시행하기 위하여 필요한 경우에는 「공익사업을 위한 토지 등의 취득 및 보상에 관한 법률」 제3조에 따른 토지, 물건 또는 권리(이하 "토지등"이라 한다)를 수용 또는 사용할 수 있다. 다만, 제23조제2항에 따라 허가를 받은 어항개발사업시행자는 어항개발사업 대상 토지면적의 3분의 2 이상에 해당하는 토지를 소유하고 토지소유자 총수의 2분의 1 이상에 해당하는 자의 동의를 받아야 한다.
② 제19조제6항에 따라 어항개발계획(수용 또는 사용하려는 토지등의 세목이 포함되어 있는 경우에 한정한다)의 수립 또는 변경의 고시가 있으면 「공익사업을 위한 토지 등의 취득 및 보상에 관한 법률」 제20조제1항 및 제22조에 따른 사업인정 및 사업인정의 고시가 있은 것으로 본다.
③ 제1항에 따른 토지등의 수용 또는 사용에 관한 재결(裁決)의 신청은 「공익사업을 위한 토지 등의 취득 및 보상에 관한 법률」 제23조제1항 및 제28조제1항에도 불구하고 어항개발계획에서 정한 어항개발사업의 시행기간 내에 할 수 있다.
④ 제1항에 따른 토지등의 수용 또는 사용에 관하여는 이 법에 특별한 규정이 있는 경우를 제외하고는 「공익사업을 위한 토지 등의 취득 및 보상에 관한 법률」을 준용한다.(2014.3.24 본조신설)
제25조의3【준공확인】 ① 비지정권자 또는 제23조제3항에 따라 지정권자와 협의를 한 국가기관의 장 또는 지방자치단체의 장은 같은 조에 따른 어항개발사업계획에 따라 어항개발사업을 완료하였을 때에는 해양수산부령으로 정하는 바에 따라 지체 없이 준공보고서를 제출하여 지정권자의 준공확인을 받아야 한다. 다만, 다른 법령에 따른 감리 등을 받은 경우 등 대통령령으로 정하는 사유에 해당할 때에는 그러하지 아니하다.
② 지정권자는 제1항에 따라 준공확인을 한 결과 해당 어항개발사업이 허가 또는 협의된 내용대로 시행되었다고 인정되거나 제1항 단서에 따른 사유에 해당할 때에는 즉시 준공확인증명서를 그 신청인에게 발급하여야 한다.
③ 비지정권자 또는 제23조제3항에 따라 지정권자와 협의를 한 국가기관의 장 또는 지방자치단체의 장은 제2항에 따른 준공확인증명서를 발급받기 전에는 그 사업으로 조성되거나 설치된 토지 및 시설을 사용할 수 없다. 다만, 대통령령으로 정하는 바에 따라 준공 전 사용을 허가받거나 준공 전 사용을 신고한 경우에는 그러하지 아니하다.
④ 지정권자는 제3항 단서에 따른 허가의 신청을 받은 날부터 7일 이내에, 신고를 받은 날부터 3일 이내에 허가 또는 신고수리 여부를 신청인에게 통지하여야 한다.
⑤ 지정권자가 제4항에서 정한 기간 내에 허가 또는 신고수리 여부 또는 민원 처리 관련 법령에 따른 처리기간의 연장을 신청인에게 통지하지 아니하면 그 기간(민원 처리 관련 법령에 따라 처리기간이 연장 또는 재연장된 경우에는 해당 처리기간을 말한다)이 끝난 날의 다음 날에 허가 또는 신고수리를 한 것으로 본다.
⑥ 제2항에 따른 준공확인증명서 발급의 효과 및 제3항 단서에 따른 준공 전 사용 허가 또는 신고수리 시 고려사항에 관하여는 제10조제6항 및 제7항을 준용한다.(2018.12.11 본조신설)
제26조【어항시설의 귀속 등】 ① 비지정권자가 시행한 어항개발사업으로 조성되거나 설치된 토지 및 시설은 제23조제4항에 따른 허가조건에 따라 준공과 동시에 국가 또는 지방자치단체에 귀속된다. 다만, 제23조제4항 단서에 따라 대통령령으로 정하는 어항시설은 그러하지 아니하다.
② 비지정권자는 제1항 본문에도 불구하고 어항개발사업의 시행으로 조성된 토지 중 다음 각 호의 어느 하나에 해당하는 토지에 대하여 투자한 총사업비(總事業費)의 범위에서 소유권을 취득할 수 있다.
1. 제2조제5호나목에 따른 기능시설 중 대통령령으로 정하는 시설용 부지
2. 제2조제5호다목1) 및 2)에 따른 복지 및 문화 시설용 부지
3. 제2조제5호다목4)부터 6)까지의 규정에 따른 레저용 기반시설용, 관광객 이용시설용 및 휴게시설용 부지
4. 제2조제5호라목에 따른 부지 외의 토지
③ 지정권자는 제1항에 따라 귀속된 토지로서 제2항 각 호에 따른 토지에 대하여는 「국유재산법」 제43조 및 「공유재산 및 물품 관리법」 제29조제1항에도 불구하고 대통령령으로 정하는 바에 따라 비지정권자에게 우선적으로 매각할 수 있다.
④ 지정권자는 제1항에 따라 국가 또는 지방자치단체에 귀속된 토지 및 시설은 그 용도 또는 목적에 장애가 되지 아니하는 경우에 한정하여 총사업비 중 제2항에 따라 비지정권자가 취득하는 토지의 가액(價額)을 뺀 금액의 범위에서 해당 비지정권자에게 무상으로 사용하거나 수익하게 할 수 있다. 이 경우 비지정권자는 미리 해양수산부령으로 정하는 바에 따라 지정권자에게 신고하여야 한다.(2013.3.23 후단개정)
⑤ 지정권자는 제4항 후단에 따른 신고를 받은 날부터 3일 이내에 신고수리 여부를 비지정권자에게 통지하여야 한다.(2018.12.11 본항신설)
⑥ 지정권자가 제5항에서 정한 기간 내에 신고수리 여부 또는 민원 처리 관련 법령에 따른 처리기간의 연장을 비지정권자에게 통지하지 아니하면 그 기간(민원 처리 관련 법령에 따라 처리기간이 연장 또는 재연장된 경우에는 해당 처리기간을 말한다)이 끝난 날의 다음 날에 신고를 수리한 것으로 본다.(2018.12.11 본항신설)
⑦ 제4항에 따라 지정권자가 비지정권자에게 국가 또는 지방자치단체에 귀속된 토지 및 시설을 무상으로 사용 또는 수익하게 할 수 있는 기간은 대통령령으로 정하는 바에 따르되 30년을 초과할 수 없다.
⑧ 제2항에 따른 총사업비 및 비지정권자가 취득하는 토지가액의 산정방법은 대통령령으로 정한다.
⑨ 제4항에 따라 국가 또는 지방자치단체에 귀속된 토지 및 시설을 무상으로 사용·수익하는 비지정권자는 「국유재산법」 제30조제2항에도 불구하고 지정권자가 정하는 조건에 따라 그 일부를 제3자에게 사용·수익하게 할 수 있다. 이 경우 그 사용·수익 기간은 그 토지 또는 시설의 무상 사용·수익 기간을 초과할 수 없다.
⑩ 제2항에 따라 지방자치단체가 소유권을 취득한 공유재산 중 일반재산인 토지에 대하여는 해당 지방자치단체의 조례로 정하는 바에 따라 매각할 수 있다. 다만, 어항개발사업의 시행에 따라 영업상 이해관계를 가진 자 또는 제23조제6항에 따른 공공단체에 대하여는 기존 어항시설에서 사용하거나 점용하는 부지를 대체하기 위하여 제공받는 토지에 한정하여 수의계약의 방법으로 매각할 수 있다.(2020.3.24 단서개정)
제27조【어항시설의 매각·양여】 ① 지정권자는 「국유재산법」 제8조제3항에도 불구하고 지정권자가 시행한 어항개발사업으로 조성한 토지 중 제26조제2항 각 호의 어느 하나에 해당하는 토지를 매각할 수 있다.
② 제1항의 경우 지정권자는 「국유재산법」 제43조 또는 「공유재산 및 물품 관리법」 제29조제1항에도 불구하고 그 토지를 제23조제6항에 따른 공공단체 또는 제23조에 따라 어항개발사업을 시행하는 자에게 우선적으로 매각할 수 있다. 이 경우 「국유재산법」 제49조 및 「공유재산 및 물품 관리법」 제36조에 따라 토지를 매각하는 경우에는 매수자에게 해당 토지의 용도와 그 용도대로 사용하여야 할 기간을 지정하고 이를 위반할 경우 해당 매매 계약을 해제하는 내용의 특약등기를 하여야 한다.(2019.8.27 본항개정)
③ 지정권자는 다음 각 호의 어느 하나에 해당하는 경우에는 「국유재산법」 제55조 및 「공유재산 및 물품 관리법」 제40조제1항에도 불구하고 어항시설을 새로운 지정권자에게 양여할 수 있다.
1. 국가어항의 지정이 해제되고 해당 어항이 지방어항 또는 어촌정주어항으로 지정된 경우
2. 지방어항의 지정이 해제되고 해당 어항이 국가어항 또는 어촌정주어항으로 지정된 경우
3. 어촌정주어항의 지정이 해제되고 해당 어항이 국가어항 또는 지방어항으로 지정된 경우
④ 해양수산부장관은 제1항에 따른 토지 매각대금 중 국가어항의 토지 매각대금을 「수산업·어촌 발전 기본법」 제46조에 따른 수산발전기금에 납입하여야 한다.(2015.6.22 본항개정)
제28조【재산의 등기】 지정권자는 어항개발사업의 시행으로 조성되거나 설치된 토지 및 시설 중 제23조제4항 단서에 따른 어항시설을 제외한 토지 및 시설은 준공일부터 2년 이내에 등기하여야 한다.

제29조【어항시설관리운영권】 지정권자는 제26조제4항에 따라 비지정권자가 어항시설을 무상으로 사용·수익할 수 있는 기간 동안 이를 유지·관리하고, 해당 어항시설사용자로부터 사용료를 징수할 수 있는 권리(이하 "어항시설관리운영권"이라 한다)를 해당 비지정권자에게 설정할 수 있다.

제30조【어항시설관리운영권의 성질】 어항시설관리운영권은 물권(物權)으로 보며, 이 법에 특별한 규정이 있는 경우를 제외하고는 「민법」 중 부동산에 관한 규정을 준용한다.

제31조【어항시설관리운영권의 등록 등】 ① 어항시설관리운영권 또는 어항시설관리운영권을 목적으로 하는 저당권의 설정·변경·소멸 및 처분의 제한은 지정권자가 갖추어 놓은 어항시설관리운영권 등록원부에 등록함으로써 그 효력이 발생한다.
② 제1항에 따른 어항시설관리운영권의 등록에 필요한 사항은 대통령령으로 정한다.

제32조【어항시설관리운영권 처분의 특례】 저당권이 설정된 어항시설관리운영권은 저당권자의 동의가 없으면 처분할 수 없다.

제33조【협의】 ① 국가 또는 지방자치단체가 어항구역에서 다음 각 호의 어느 하나에 해당하는 행위를 하려면 미리 지정권자와 협의하여야 한다.
1. 「공유수면 관리 및 매립에 관한 법률」 제22조에 따라 매립기본계획을 수립할 때
2. 「국토의 계획 및 이용에 관한 법률」 제30조에 따라 도시·군관리계획을 결정할 때(2014.3.24 본호개정)
3. 「산업입지 및 개발에 관한 법률」 제6조·제7조·제7조의2 및 제8조에 따라 산업단지를 지정할 때
② 국가 또는 지방자치단체가 어항구역에서 「광업법」, 「수산업법」, 「양식산업발전법」, 「공유수면 관리 및 매립에 관한 법률」, 그 밖의 법령에 따라 광업권·어업권·양식업권 등의 권리를 설정하거나 면허·허가 등을 하려면 미리 지정권자와 협의하여야 한다.(2019.8.27 본항개정)

제34조【준용 등】 어항개발사업의 시행에 관하여는 제8조 및 제11조를 준용한다. 이 경우 제8조 중 "제7조제5항"은 "제19조제6항"으로, "어촌종합개발사업계획"은 "어항개발사업계획"으로, "제7조제3항"은 "제21조제1항"으로 보고, 제11조 중 "어촌종합개발사업시행자"는 "어항개발사업시행자"로, "어촌종합개발사업"은 "어항개발사업"으로 본다.(2018.12.11 본조개정)

제3절 어항시설의 관리 및 사용

제35조【어항관리청 및 청항업무】 ① 어항관리청은 다음 각 호와 같다.
1. 국가어항 및 지방어항 : 광역시장, 특별자치도지사, 시장·군수
2. 어촌정주어항 및 마을공동어항 : 특별자치도지사, 시장·군수·구청장(2012.5.23 본호개정)
② 어항관리청은 어항을 효율적으로 유지·관리·운영하고 어항발전에 필요한 조사·연구를 수행하며 통계자료를 관리한다.
③ 어항관리청은 제2항에 따른 어항의 유지·관리·운영에 관하여 필요한 경우 다음 각 호의 자에게 그 업무의 전부 또는 일부를 위탁 또는 대행하게 할 수 있다.
1. 제57조에 따른 한국어촌어항공단
2. 「지방공기업법」에 따른 지방공기업
3. 그 밖에 해양수산부령으로 정하는 자
(2018.4.17 본항신설)
④ 해양수산부장관은 제1항에도 불구하고 예산의 범위에서 국가어항 및 지방어항의 어항구역 중 수역의 폐기물을 수거하여 어항을 청정(淸淨)하게 유지하는 업무〔이하 "청항업무"(淸港業務)라 한다〕를 직접 수행하거나 지원할 수 있다.(2014.3.24 본항개정)
⑤ 해양수산부장관은 청항업무의 원활한 수행을 위하여 어항관리선을 운영할 수 있다.(2014.3.24 본항개정)
(2011.7.14 본조개정)

제36조【어항관리규정】 광역시·특별자치도 또는 시·군·구(자치구를 말한다. 이하 같다)는 어항의 효율적인 관리에 필요한 어항관리규정을 해양수산부령으로 정한 사항을 포함하여 조례로 정하여야 한다.(2013.3.23 본조개정)

제37조【어항관리협의회】 ① 어항의 유지·관리 및 이용에 관한 중요 사항에 관하여 어항관리청의 자문에 응하게 하기 위하여 어항관리협의회를 둔다.
② 어항관리협의회의 구성 및 운영에 필요한 사항은 해양수산부령으로 정한다.(2013.3.23 본항개정)
(2011.7.14 본조개정)

제38조【어항시설의 사용허가 등】 ① 어항시설을 사용하거나 점용하려는 자는 어항관리청의 허가를 받아야 한다. 다만, 다음 각 호의 어느 하나에 해당하는 경우에는 어항관리청에 신고하여야 하고, 이 경우 어항시설을 사용 또는 점용할 수 있는 기간은 광역시·특별자치도 또는 시·군·구의 조례로 정한다.
1. 선박이 안벽·물양장·돌제·잔교·호안 등 기본시설에 접안(接岸)하거나 계류하려는 경우
2. 선박이 방파제 등 외곽시설의 내항 부분(접안장소는 제외한다)에 묘박(錨泊)하거나 정박하려는 경우
3. 기본시설이나 야적이 가능한 어항구역 안의 부지에 화물 등을 쌓아두거나 임시 구조물을 일시적으로 설치하려는 경우
4. 제26조제4항에 따라 비지정권자가 국가 또는 지방자치단체에 귀속된 토지 또는 시설을 무상으로 사용하거나 수익하는 경우(2014.3.24 본호신설)
② 어항관리청은 제1항 단서에 따른 신고를 받은 날부터 3일 이내에 신고수리 여부를 신고인에게 통지하여야 한다.(2018.12.11 본항신설)
③ 어항관리청이 제2항에서 정한 기간 내에 신고수리 여부 또는 민원 처리 관련 법령에 따른 처리기간의 연장을 신고인에게 통지하지 아니하면 그 기간(민원 처리 관련 법령에 따라 처리기간이 연장 또는 재연장된 경우에는 해당 처리기간을 말한다)이 끝난 날의 다음 날에 신고를 수리한 것으로 본다.(2018.12.11 본항신설)
④ 제1항 단서에도 불구하고 다음 각 호의 어느 하나에 해당하는 경우에는 신고 없이 어항시설을 사용 또는 점용할 수 있다.
1. 어선이 사용하는 경우
2. 국가 또는 지방자치단체 소유의 선박이 사용하는 경우
3. 국가 또는 지방자치단체로부터 출연금 또는 보조금을 받거나 업무를 위탁받은 해양수산 관련 단체 소유의 선박이 사용하는 경우(2016.5.29 본호개정)
4. 지정권자가 해당 어항개발을 위하여 사용하는 경우
⑤ 어항관리청은 제1항에 따라 어항시설의 사용 또는 점용의 허가를 할 때에는 어항개발계획에 부합되도록 하여야 하고, 어항의 기능 및 공공의 이용에 지장이 없는 범위에서 허가하여야 한다.
⑥ 어항관리청은 제1항 본문에 따라 어항시설의 사용 또는 점용의 허가를 하려는 경우에는 제23조제6항에 따른 공공단체에 우선적으로 허가할 수 있다.
⑦ 제1항 본문에도 불구하고 국가 또는 지방자치단체가 어항시설을 사용하거나 점용하려면 어항관리청과 협의하여야 한다.
⑧ 어항관리청은 제1항 본문에 따른 허가의 경우에는 사용 또는 점용의 기간을 5년 이내로 하고, 제7항에 따른 협의의 경우에는 사용 또는 점용의 기간을 10년 이내로 하되, 그 기간이 만료된 경우에는 해양수산부령으로 정하는 바에 따라 연장할 수 있다.(2018.12.11 본항개정)
⑨ 어항관리청은 제1항 본문에 따른 허가를 하는 경우에 어항의 기능보전에 필요한 조건을 붙일 수 있다.
⑩ 어항관리청이 국가어항 또는 지방어항에 대하여 어항시설 사용 또는 점용의 허가를 하는 경우에는 사용 또는 점용의 허가결과를 해당 지정권자에게 통보하여야 한다.
⑪ 어항시설의 사용 또는 점용의 허가기준에 관하여는 대통령령으로 정한다.
(2011.7.14 본조개정)

제39조 (2016.5.29 삭제)

제40조【어항시설 훼손 등의 비용부담】 ① 어항관리청은 어항개발사업이 아닌 다른 공사 또는 어항시설을 손괴·변형시키는 행위로 인하여 필요하게 된 어항시설의 보수·보강 사업을 그 공사의 시행자 또는 행위자로 하여금 시행하게 할 수 있다. 이 경우 필요한 경비는 그 공사의 시행자 또는 행위자의 부담으로 한다.
② 어항관리청은 제23조제6항에 따른 공공단체가 어항시설을 이용하는 경우 그 공공단체로 하여금 해당 어항시설의 보수 및 관리를 하게 할 수 있다. 이 경우 어항시설의 보수 및 관리에 드는 비용은 그 공공단체가 부담한다.
(2011.7.14 본조개정)

제41조【사용허가 등의 취소】 ① 어항관리청은 제38조제1항에 따라 어항시설의 사용 또는 점용의 허가를 받거나 신고한 자가 다음 각 호의 어느 하나에 해당할 때에는 그 허가를 취소하거나 6개월 이내의 기간을 정하여 사용 또는 점용의 정지를 명할 수 있다. 다만, 제1호에 해당할 때에는 허가를 취소하거나 사용 또는 점용의 정지를 명하여야 한다.
1. 거짓이나 그 밖의 부정한 방법으로 허가를 받거나 거짓으로 신고하였을 때
2. (2016.5.29 삭제)
3. 제40조제2항에 따라 어항시설을 이용하는 공공단체가 어항시설의 보수 및 관리를 하는 경우 이를 게을리하거나 그 비용의 부담을 거부하였을 때
4. 제46조에 따른 원상회복 또는 제거명령에 따르지 아니하였을 때
5. 제51조제1항 각 호의 어느 하나에 해당하게 되었을 때
6. 제52조에 따른 비상재해 시의 조치를 정당한 사유 없이 거부·방해 또는 기피하였을 때
② 제1항제5호에 따른 허가취소 등으로 발생한 손실보상의 경우에는 제53조를 준용한다.
(2011.7.14 본조개정)

제42조【사용료 등의 징수】 ① 어항관리청은 제38조에 따라 어항시설을 사용하거나 점용하는 자로부터 조례로 정하는 바에 따라 사용료 또는 점용료를 징수할 수 있다. 다만, 국가, 지방자치단체 등 대통령령으로 정하는 자에 대하여는 대통령령으로 정하는 바에 따라 사용료 또는 점용료를 감면(減免)할 수 있다.
② 제1항에 따른 사용료 또는 점용료를 납부기한까지 내지 아니한 자에게는 지방세 체납처분의 예에 따라 징수할 수 있다.
③ 비지정권자는 제26조제9항에 따라 어항시설의 일부를 제3자에게 사용·수익하게 하는 경우에는 그 제3자로부터 제1항에 따른 조례로 정하는 바에 따라 사용료 또는 점용료를 징수할 수 있다.(2018.12.11 본항개정)
(2011.7.14 본조개정)

제43조【변상금의 징수】 ① 어항관리청은 제38조제1항에 따른 허가를 받지 아니하거나 신고를 하지 아니하고 어항시설을 사용 또는 점용한 자에 대하여 조례로 정하는 바에 따라 제42조제1항에 따른 사용료 또는 점용료의 100분의 100에서 100분의 150에 상당하는 변상금을 징수할 수 있다. 다만, 제26조제4항에 따라 어항시설을 사용하거나 점용하는 자는 제외한다.
② 제1항에 따른 변상금의 징수에 관하여는 제42조제2항을 준용한다.
(2011.7.14 본조개정)

제44조【사용료 등의 귀속】 ① 어항시설에 대한 사용료·점용료 및 변상금은 해당 광역시·특별자치도 또는 시·군·구의 수입으로 한다.(2014.3.24 본항개정)
② 제1항에 따른 수입금은 대통령령으로 정하는 바에 따라 어항시설의 관리를 위한 비용으로 사용하여야 한다.
(2011.7.14 본조개정)

제45조【금지행위】 누구든지 정당한 사유 없이 어항시설에 대하여 또는 어항구역에서 다음 각 호에 해당하는 행위를 하여서는 아니 된다.
1. 어항시설을 파괴하여 어항의 기능을 해치는 행위
2. 어항시설의 구조를 개조하거나 위치를 변경하는 행위
3. 폐선을 내버려두는 행위(2020.3.24 본호개정)
4. 어항구역을 매립하거나 굴착하는 행위
5. 어항구역에 장애물을 내버려두거나 어항구역을 무단으로 점유하는 행위(2020.3.24 본호개정)
6. 폐기물을 지정장소가 아닌 곳에 버리는 행위
7. 어항의 수역에서 수산동식물을 양식하는 행위(어항의 기능에 지장이 없는 범위에서 「양식산업발전법」 제53조에 따른 시험양식업 또는 연구·교습양식업을 하는 경우는 제외한다)(2019.8.27 본호개정)
8. 그 밖에 어항의 보전 또는 그 사용에 지장을 줄 우려가 있는 것으로 대통령령으로 정하는 행위
(2011.7.14 본조개정)

제46조【원상회복 등】 ① 어항관리청은 어항기능의 보전을 위하여 제45조를 위반한 자에게 일정한 기간을 정하여 원상회복하게 하거나 제거하도록 명할 수 있다.
② 어항관리청은 다음 각 호의 어느 하나에 해당하는 경우에는 제1항에도 불구하고 폐선·장애물·폐기물의 제거 등 필요한 조치를 할 수 있다.
1. 제45조를 위반한 자를 알 수 없거나 그 소재를 알 수 없는 등의 사유로 제1항에 따른 명령을 할 수 없는 경우
2. 어항의 기능보전을 위하여 공익상 긴급한 필요가 있는 경우
③ 제2항에 따른 조치에 필요한 사항은 대통령령으로 정한다.
(2011.7.14 본조개정)

제47조【어항통합정보시스템의 구축·운영】 ① 해양수산부장관은 어항 통계자료 등을 체계적으로 수집·관리하고 어항정책의 수립·추진과 관련된 정보관리 및 민원사무처리 등을 위하여 필요한 경우 어항통합정보시스템을 구축하여 운영할 수 있다.
② 지정권자, 어항관리청 또는 어항통합정보시스템의 이용자가 대통령령으로 정하는 바에 따라 어항통합정보시스템을 이용하여 이 법에 따른 신고·승인·허가·교부·통지 등의 민원사무를 처리한 경우에는 이 법에 따라 처리한 것으로 본다.
③ 어항통합정보시스템의 구축·운영 및 이용 등에 필요한 사항은 해양수산부령으로 정한다.
(2017.11.28 본조개정)

제4장의2 어촌·어항재생
(2019.8.27 본장신설)

제47조의2【어촌·어항재생개발계획의 수립】 ① 해양수산부장관은 어촌·어항재생사업을 종합적이고 체계적으로 추진하기 위하여 기본계획에 따라 다음 각 호의 사항을 포함한 어촌·어항재생개발계획을 수립하여야 한다.
1. 어촌·어항재생의 기본구상 및 개발방향
2. 어촌·어항재생사업 권역의 선정 현황
3. 어촌·어항재생사업의 연도별 투자 계획
4. 어촌·어항재생사업의 효과 및 전망
5. 어촌·어항재생사업에 대한 평가계획
6. 어촌·어항재생에 관한 관계 부처 간 협업사업 추진계획
7. 그 밖에 어촌·어항재생사업의 추진절차 및 사후관리 등 해양수산부장관이 필요하다고 인정하는 사항
② 해양수산부장관은 제1항에 따른 어촌·어항재생개발계획을 수립하거나 변경할 때에는 미리 관계 중앙행정기관의 장, 시·도지사 및 시장·군수·구청장과 협의를 거쳐 「해양수산발전 기본법」 제7조에 따른 해양수산발전위원회(이하 "위원회"라 한다)의 심의를 거쳐야 한다. 다만, 대통령령으로 정하는 경미한 사항을 변경할 때에는 그러하지 아니하다.

제47조의3【어촌·어항재생사업계획의 수립】 ① 시·도지사 또는 시장·군수·구청장은 제47조의2제1항에

따른 어촌·어항재생개발계획에 따라 어촌·어항재생사업계획을 수립하여야 한다.
② 제1항에 따른 어촌·어항재생사업계획을 수립하거나 변경할 때에는 미리 해양수산부장관과 협의하여야 한다. 다만, 대통령령으로 정하는 경미한 사항을 변경할 때에는 그러하지 아니하다.
③ 해양수산부장관은 전국적인 이해관계를 가지는 등의 이유로 어촌·어항재생사업의 효율적 추진을 위하여 필요한 경우에는 제1항에도 불구하고 해당 사항에 관하여 어촌·어항재생사업계획을 수립할 수 있다.
④ 해양수산부장관, 시·도지사 또는 시장·군수·구청장(이하 이 장에서 "사업계획수립권자"라 한다)은 어촌·어항재생사업계획을 수립하거나 변경할 때에는 미리 제47조의5에 따른 어촌·어항재생지역협의체의 의견을 듣고 관계 행정기관의 장과 협의하여야 한다. 다만, 해양수산부령으로 정하는 경미한 사항을 변경할 때에는 그러하지 아니하다.
⑤ 사업계획수립권자는 어촌·어항재생사업계획을 수립하거나 변경하였을 때에는 그 내용을 고시하여야 한다.

제47조의4【어촌·어항재생사업추진지원단의 설치 등】 ① 해양수산부장관은 다음 각 호의 사항을 수행하기 위하여 대통령령으로 정하는 공공기관을 어촌·어항재생사업추진지원단(이하 "지원단"이라 한다)으로 지정할 수 있다.
1. 어촌·어항재생사업 정책의 발굴
2. 어촌·어항재생사업 제도발전을 위한 조사·연구
3. 어촌·어항재생사업계획 수립 등 지원
4. 어촌·어항재생사업 운영·관리 지원
5. 위원회의 운영 지원
6. 제47조의5에 따른 어촌·어항재생지역협의체 운영 등의 지원
7. 그 밖에 해양수산부장관이 정하는 업무
② 해양수산부장관은 지원단의 운영에 필요한 비용의 전부 또는 일부를 지원할 수 있다.
③ 그 밖에 지원단의 구성·운영에 필요한 사항은 대통령령으로 정한다.

제47조의5【어촌·어항재생지역협의체의 설치】 ① 사업계획수립권자는 다음 각 호의 사항에 관한 업무를 수행하도록 하기 위하여 지역주민, 어촌·어항재생 관련 전문가 등으로 구성된 어촌·어항재생지역협의체(이하 "협의체"라 한다)를 설치할 수 있다.
1. 어촌·어항재생사업의 발굴 지원
2. 어촌·어항재생사업 대상지 주민의 의견수렴
3. 어촌·어항재생사업 추진을 위한 지역공동체 운영
4. 그 밖에 대통령령으로 정하는 사항
② 그 밖에 협의체의 구성·운영에 필요한 사항은 대통령령으로 정한다.

제47조의6【어촌·어항재생사업의 시행】 ① 어촌·어항재생사업은 사업계획수립권자가 시행한다. 다만, 어촌·어항재생사업의 효율적인 시행을 위하여 필요한 경우에는 다음 각 호의 어느 하나에 해당하는 자로 하여금 사업의 전부 또는 일부를 시행하게 할 수 있다.
1. 「수산업협동조합법」 제2조에 따른 조합 및 중앙회
2. 「수산업협동조합법」 제15조에 따른 어촌계
3. 제57조에 따른 한국어촌어항공단
4. 「한국농어촌공사 및 농지관리기금법」 제3조에 따라 설립된 한국농어촌공사
5. 그 밖에 대통령령으로 정하는 자
② 해양수산부장관은 어촌·어항재생사업에 필요한 사업비의 전부 또는 일부를 제1항에 따라 어촌·어항재생사업을 시행하는 자에게 보조 또는 융자할 수 있다.

제47조의7【준용규정】 어촌·어항재생사업에 관하여는 제8조 및 제10조부터 제15조까지를 준용한다. 이 경우 "어촌종합개발사업"은 "어촌·어항재생사업"으로, "어촌종합개발사업계획"은 "어촌·어항재생사업계획"으로, "해양수산부장관 또는 시장·군수·구청장"은 "사업계획수립권자"로, "어촌종합개발사업시행자"는 "제47조의6제1항에 따라 어촌·어항재생사업을 시행하는 자"로, "어촌종합개발시설"은 "어촌·어항재생시설"로 보고, 제8조 중 "제7조제5항"은 "제47조의3제5항"으로, "제7조제3항"은 "제47조의3제4항"으로 보며, 제10조 중 "시행계획"은 "어촌·어항재생사업계획"으로, "다음 각 호의 구분에 따른"은 "사업계획수립권자의"로 보고, 제10조, 제12조, 제14조 및 제15조 중 "제9조제1항 단서"는 "제47조의6제1항 단서"로 본다.

제5장 보 칙
(2011.7.14 본장개정)

제48조【보고 및 자료의 제출】 해양수산부장관은 시·도지사 또는 시장·군수·구청장으로 하여금 이 법에 따른 업무수행과 관련하여 필요한 보고를 하게 하거나 자료의 제출을 요구할 수 있다.(2013.3.23 본조개정)

제49조【사업비 지원】 ① 해양수산부장관 및 지방자치단체의 장은 이 법에 따른 어촌·어항의 개발, 관리 및 운영에 관한 사업을 효율적으로 추진하기 위하여 필요한 사업비를 예산에 계상(計上)하여야 한다.(2014.3.24 본항개정)
② 해양수산부장관 또는 지방자치단체의 장은 어촌종합개발사업 또는 어항개발사업에 필요한 사업비의 전부 또는 일부를 어촌종합개발사업시행자 또는 어항개발사업시행자에게 보조 또는 융자할 수 있다. 다만, 시·도지사 또는 시장·군수·구청장이 시행하는 어항개발사업은 기본시설의 사업에만 지원한다.
(2013.3.23 본조개정)

제49조의2【어촌·어항 관광의 활성화 및 지원 등】 ① 해양수산부장관 또는 지방자치단체의 장은 어촌주민의 소득 증대, 어촌경제의 활성화 및 국민의 건전한 정서 함양을 위하여 어촌·어항 고유의 특색을 살린 관광·휴양자원의 개발 등을 위하여 필요한 시책을 세우고 시행하여야 한다.
② 해양수산부장관 또는 지방자치단체의 장은 제1항의 목적을 달성하기 위하여 어촌·어항의 자연경관·생태·특산물·고유풍속 등의 개발·홍보, 도시민의 어촌문화 체험, 도시·어촌 간 교류촉진을 위한 시설 및 프로그램의 개발 등 어촌·어항 관광 활성화를 위하여 노력하여야 한다.
(2013.3.23 본조개정)

제49조의3【어촌·어항 관계자에 대한 교육훈련】 ① 해양수산부장관은 어촌·어항의 개발 및 관리를 담당하는 관계자의 능력을 향상시키고, 어촌·어항 시설의 이용 효율성을 높이기 위하여 필요한 경우 교육·훈련과정을 운영할 수 있다.
② 제1항에 따른 교육·훈련과정을 운영하기 위한 교육·훈련계획의 수립과 교육·훈련과정의 내용 등에 관하여는 해양수산부령으로 정한다.
(2014.3.24 본조신설)

제49조의4【바다해설사의 양성 등】 ① 해양수산부장관은 어촌·어항 관광 및 해양 관광을 활성화하기 위하여 어촌·어항 및 바다를 관광하는 관광객에게 수산자원, 어구(漁具)를 사용한 어업, 어촌·어항의 역사와 문화 등에 관한 전문적인 해설을 제공하는 바다해설사를 양성하여 활용할 수 있다.
② 제1항에 따른 바다해설사의 양성과정 및 자격 부여 등에 필요한 사항은 해양수산부령으로 정한다.
(2016.5.29 본조신설)

제50조【법령 위반 등에 대한 처분】 해양수산부장관 또는 지방자치단체의 장은 제9조제1항 단서에 따라 어촌종합개발사업을 시행하는 자, 제47조의6제1항 단서에 따라 어촌·어항재생사업을 시행하는 자, 비지정권자 또는 제25조에 따라 사업을 대행하는 타인이 다음 각 호의 어느 하나에 해당할 때에는 이 법에 따른 승인 또는 허가를 취소하거나 사업의 중지 또는 시설물의 개축·변경·이전·제거의 조치를 명할 수 있다. 다만, 제1호에 해당할 때에는 승인 또는 허가를 취소하여야 한다.(2019.8.27 본문개정)
1. 거짓이나 그 밖의 부정한 방법으로 이 법에 따른 승인 또는 허가를 받았을 때
2. 제9조제3항을 위반하여 어촌종합개발사업시행계획의 승인을 받지 아니하고 사업을 시행하였을 때
3. 정당한 사유 없이 지정된 날까지 공사를 시작하지 아니하거나 준공의 능력이 없다고 인정되는 등 사업을 계속 시행하는 것이 불가능하다고 인정될 때(2020.3.24 본호개정)
4. 사업을 계속 시행할 경우 현저히 환경을 해칠 우려가 있다고 인정될 때

제51조【공익을 위한 처분】 ① 해양수산부장관 또는 지방자치단체의 장은 다음 각 호의 어느 하나에 해당할 때에는 이 법에 따른 승인 또는 허가를 취소하거나 사업계획의 변경·폐지, 사업의 중지 또는 시설물의 개축을 명할 수 있다.(2013.3.23 본문개정)
1. 사업지역의 여건이 변하거나 어촌 및 어항의 효율적 관리를 위하여 필요할 때
2. 천재지변이나 그 밖의 긴급한 사태로 인하여 시설물이 붕괴되어 많은 사람들에게 위해(危害)를 줄 우려가 있다고 인정될 때
② 제1항에 따른 처분으로 손실을 입은 자가 있는 경우에는 제53조를 준용한다.(2016.5.29 본항개정)

제52조【비상재해 시의 조치】 어촌종합개발사업시행자, 어항개발사업시행자, 제47조의6제1항에 따라 어촌·어항재생사업을 시행하는 자 또는 어항관리청은 천재지변이나 그 밖의 비상재해로 인하여 어촌·어항 개발사업의 시행 또는 어항의 관리에 필요할 때에는 타인의 토지·가옥·선박·토석(土石)·죽목·운반구 또는 그 밖의 인공구조물을 일시 사용하거나 장애물을 변경 또는 제거할 수 있다.(2020.3.24 본항개정)

제53조【손실보상 등】 ① 어촌종합개발사업시행자, 어항개발사업시행자, 제47조의6제1항에 따라 어촌·어항재생사업을 시행하는 자 또는 어항관리청은 제52조에 따른 조치로 손실을 입은 자가 있는 경우에는 그 손실을 입은 자와 협의하여 그 손실에 대한 보상을 하여야 한다.
(2019.8.27 본항개정)
② 제1항에 따른 협의가 성립되지 아니하는 경우에는 어촌종합개발사업시행자, 어항개발사업시행자, 제47조의6제1항에 따라 어촌·어항재생사업을 시행하는 자 또는 어항관리청이 결정한 금액을 손실을 입은 자에게 지급하여야 한다. 다만, 손실을 입은 자가 수령을 거부하는 등 지급할 수 없는 경우에는 관할 법원에 공탁하고 상대방에게 그 사실을 알려야 한다.(2019.8.27 본문개정)
③ 제2항에 따른 보상에 관하여 불복하는 자는 보상금의 지급 또는 공탁 통지를 받은 날부터 30일 이내에 대통령령으로 정하는 바에 따라 관할 토지수용위원회에 재결을 신청할 수 있다.

제54조【청문】 해양수산부장관 또는 지방자치단체의 장은 제41조제1항, 제50조 또는 제51조제1항에 따라 승인 또는 허가를 취소하려면 청문을 하여야 한다.
(2013.3.23 본조개정)

제55조【권리·의무의 이전】 ① 이 법에 따른 승인·허가로 인하여 발생한 권리·의무를 가진 자가 사망하거나 그 권리·의무를 양도하거나 그 권리·의무를 가진 법인이 합병하였을 때에는 그 상속인이나 권리·의무를 양수한 자나 합병 후 존속하는 법인 또는 합병으로 설립되는 법인이 그 지위를 승계한다.
② 제1항에 따라 지위를 승계한 자는 해양수산부령으로 정하는 바에 따라 해양수산부장관 또는 지방자치단체의 장에게 신고하여야 한다.(2013.3.23 본항개정)
③ 해양수산부장관 또는 지방자치단체의 장은 제2항에 따른 신고를 받은 날부터 해양수산부령으로 정하는 기간 내에 신고수리 여부를 신고인에게 통지하여야 한다.
(2018.12.11 본항신설)
④ 해양수산부장관 또는 지방자치단체의 장이 제3항에서 정한 기간 내에 신고수리 여부 또는 민원 처리 관련 법령에 따른 처리기간의 연장을 신고인에게 통지하지 아니하면 그 기간(민원 처리 관련 법령에 따라 처리기간이 연장 또는 재연장된 경우에는 해당 처리기간을 말한다)이 끝난 날의 다음 날에 신고를 수리한 것으로 본다.
(2018.12.11 본항신설)

제56조【권한의 위임·위탁】 ① 이 법에 따른 해양수산부장관의 권한은 대통령령으로 정하는 바에 따라 그 일부를 시·도지사 또는 소속 기관의 장에게 위임할 수 있다.
② 제1항에 따라 권한을 위임받은 시·도지사는 그 권한의 일부를 해양수산부장관의 승인을 받아 시장·군수·구청장에게 재위임할 수 있다.
③ 이 법에 따른 해양수산부장관의 업무는 그 일부를 대통령령으로 정하는 바에 따라 제57조에 따른 한국어촌어항공단, 수산업협동조합 또는 「한국농어촌공사 및 농지관리기금법」 제3조에 따른 한국농어촌공사에 위탁할 수 있다.(2018.4.17 본항개정)
(2013.3.23 본조개정)

제57조【한국어촌어항공단의 설립】 ① 어촌·어항의 개발 및 관리, 어장의 효율적인 보전 및 이용, 관련 기술의 개발·연구, 관광 활성화 등을 효율적으로 수행하기 위하여 한국어촌어항공단(이하 "공단"이라 한다)를 설립한다.
② 공단은 법인으로 한다.
③ 공단의 설립과 등기에 필요한 사항은 대통령령으로 정한다.
④ 공단에 관하여 이 법에서 규정한 사항을 제외하고는 「민법」 중 재단법인에 관한 규정을 준용한다.
(2018.4.17 본조개정)

제58조【공단의 사업】 ① 공단은 제57조제1항에 따른 설립목적을 달성하기 위하여 다음의 사업을 수행한다.
(2018.4.17 본문개정)
1. 어촌·어항 및 어장에 관한 조사·연구 및 정보화(2014.3.24 본호개정)
2. 어촌·어항의 개발·관리 및 이와 관련된 기술개발과 국제협력(2014.3.24 본호개정)
3. 어촌 및 어항 관계자에 대한 교육·훈련
4. 어촌종합개발사업 및 어항개발사업에 수반되는 조사·측량·설계·감리 및 기술에 관한 용역업무 또는 시설물 안전점검·유지·보수 및 준설에 관한 위탁업무(2014.3.24 본호개정)
5. 국가·지방자치단체 또는 공공단체가 위탁하는 사업
6. 어촌·어항 및 연안수역의 정화·정비·조사와 관련된 사업
7. 어촌·어항과 관련된 도서의 발간·보급 및 홍보
8. 어촌·어항 및 어장과 관련된 관광자원의 개발·관리 및 관광 활성화 사업(2014.3.24 본호개정)
9. 어촌지역 주민들의 교통편익 증진 및 어항시설의 교통접근성 향상을 위한 사업(2020.12.22 본호신설)
10. 그 밖에 공단의 목적달성을 위하여 필요한 사업(2018.4.17 본호개정)
② 해양수산부장관은 공단이 제1항에 따른 사업을 원활하게 수행할 수 있도록 지원할 수 있다.(2018.4.17 본항개정)
(2018.4.17 본조제목개정)

제58조의2【정관】 ① 공단의 정관에는 다음과 같은 사항을 기재하여야 한다.
1. 목적
2. 명칭
3. 주된 사무소·지역본부 및 부설기관 등에 관한 사항
4. 임원 및 직원에 관한 사항
5. 이사회에 관한 사항
6. 업무 및 그 집행에 관한 사항
7. 재산 및 회계에 관한 사항
8. 정관의 변경 및 공고의 방법에 관한 사항
9. 내부규약·규정의 제정 및 개정에 관한 사항
② 공단의 정관은 해양수산부장관의 인가를 받아야 한다. 공단의 정관을 변경하는 경우에도 또한 같다.
(2018.4.17 본조개정)

제58조의3【임원】 ① 공단에는 임원으로 이사장을 포함한 15명 이내의 이사와 1명의 감사를 둔다. 이 경우 이사장은 상임으로 하고, 나머지 상임·비상임 임원의 정수는 정관으로 정한다.
② 이사장은 해양수산부장관이 임명하며, 공단을 대표하고 그 업무를 총괄한다.
③ 이사장을 제외한 임원의 임면과 직무에 관한 사항은 정관으로 정한다.
(2018.4.17 본조신설)
제58조의4【직원의 임면】 공단의 직원은 정관으로 정하는 바에 따라 이사장이 임면한다.(2018.4.17 본조신설)
제58조의5【자금의 조달 등】 ① 공단의 운영과 사업에 필요한 자금은 다음 각 호의 방법으로 조달한다.
1. 정부 또는 정부 외의 자의 출연 또는 보조금
2. 제58조제1항 각 호의 사업으로 생긴 수익금
3. 정부 외의 자의 기부금(「기부금품의 모집 및 사용에 관한 법률」 제5조제2항 단서에 따라 자발적으로 기탁받은 금품에 한정한다)
4. 그 밖에 정관으로 정하는 수입금
② 제1항제1호에 따른 정부의 출연금 지급·관리 및 사용에 필요한 사항은 대통령령으로 정한다.
(2018.4.17 본조신설)
제58조의6【사업운영계획 등의 승인】 공단은 대통령령으로 정하는 바에 따라 매 회계연도의 사업운영계획과 예산에 관하여 해양수산부장관의 승인을 받아야 한다. 승인받은 사업운영계획과 예산을 변경하려는 경우에도 또한 같다.(2018.4.17 본조신설)
제58조의7【지도·감독】 ① 해양수산부장관은 다음 각 호의 사항에 대하여 공단을 지도·감독한다.
1. 해양수산부장관이 관련 법령에 따라 공단에 위탁한 업무에 관한 사항
2. 「공공기관의 운영에 관한 법률」 제50조에 따른 경영지침 이행에 관한 사항
3. 각 회계연도의 사업계획 수립·집행 및 예산편성에 관한 사항
4. 그 밖에 다른 법령에서 정하는 사항
② 해양수산부장관은 필요한 경우 제1항 각 호의 사항을 보고하게 하거나, 소속 공무원에게 공단의 장부·서류·시설과 그 밖의 물건을 검사하게 할 수 있다.
③ 해양수산부장관은 제1항 및 제2항에 따른 지도·감독 또는 검사 결과 위법하거나 부당한 사실을 발견한 경우에는 공단에 그 시정을 명할 수 있다.
④ 제2항에 따른 검사를 하는 공무원은 그 권한을 나타내는 증표를 지니고 관계인에게 내보여야 한다.
(2018.4.17 본조신설)
제58조의8【유사명칭의 사용금지】 공단이 아닌 자는 한국어촌어항공단 또는 이와 유사한 명칭을 사용하지 못한다.(2018.4.17 본조신설)
제58조의9【비밀유지의 의무】 공단의 임직원 또는 임직원이었던 사람은 그 직무상 알게 된 비밀을 누설하거나 도용하여서는 아니 된다.(2018.4.17 본조신설)
제59조【벌칙 적용 시의 공무원 의제】 해양수산부장관이 제56조제3항에 따라 위탁한 업무에 종사하는 공단의 임직원, 수산업협동조합의 임직원 및 한국농어촌공사의 임직원은 그 업무에 관하여 「형법」 제129조부터 제132조까지의 규정을 적용할 때에는 공무원으로 본다.
(2018.4.17 본조개정)

제6장 벌 칙

제60조【벌칙】 ① 다음 각 호의 어느 하나에 해당하는 자는 5년 이하의 징역 또는 5천만원 이하의 벌금에 처한다.
(2014.10.15 본문개정)
1. 정당한 사유 없이 제45조제1호의 금지행위를 한 자
2. 정당한 사유 없이 제45조제2호의 금지행위를 한 자
② 다음 각 호의 어느 하나에 해당하는 자는 2년 이하의 징역 또는 2천만원 이하의 벌금에 처한다.(2014.10.15 본문개정)
1. 거짓이나 그 밖의 부정한 방법으로 제23조제2항 각 호 외의 부분 본문 또는 제38조제1항 각 호 외의 부분 본문에 따른 허가를 받은 자
2. 제23조제2항 각 호 외의 부분 본문에 따른 허가를 받지 아니하고 어항개발사업을 시행한 자
3. 제38조제1항 각 호 외의 부분 본문에 따른 허가를 받지 아니하고 어항시설을 사용하거나 점용한 자
4. 정당한 사유 없이 제45조제3호부터 제8호까지의 규정에 따른 금지행위의 어느 하나에 해당하는 행위를 한 자로서 제46조제1항에 따른 원상회복명령 또는 제거명령을 이행하지 아니한 자
5. 제50조에 따른 명령을 위반한 자
6. 제52조에 따른 비상재해 시의 조치를 정당한 사유 없이 거부·방해 또는 기피한 자
7. 제58조의9를 위반하여 직무상 알게 된 비밀을 누설하거나 도용한 사람(2018.4.17 본호신설)
(2011.7.14 본조개정)
제61조【양벌규정】 법인의 대표자나 법인 또는 개인의 대리인, 사용인, 그 밖의 종업원이 그 법인 또는 개인의 업무에 관하여 제60조의 위반행위를 하면 그 행위자를 벌하는 외에 그 법인 또는 개인에게도 해당 조문의 벌금형을 과(科)한다. 다만, 법인 또는 개인이 그 위반행위를 방지하기 위하여 해당 업무에 관하여 상당한 주의와 감독을 게을리하지 아니한 경우에는 그러하지 아니하다.
(2010.3.17 본조개정)
제62조【과태료】 ① 제58조의8을 위반하여 유사명칭을 사용한 자에게는 500만원 이하의 과태료를 부과한다.
(2018.4.17 본항신설)
② 다음 각 호의 어느 하나에 해당하는 자에게는 200만원 이하의 과태료를 부과한다.
1. 제9조제4항을 위반하여 시행계획의 공고 또는 주민열람조치를 하지 아니하였을 때
2. 제10조제3항 단서 또는 제25조의3제3항 단서를 위반하여 허가를 받지 아니하거나 신고를 하지 아니하고 준공전에 토지 또는 시설을 사용한 자(2018.12.11 본호개정)
3. 제38조제1항 각 호 외의 부분 단서에 따른 신고 없이 어항시설을 사용 또는 점용한 자
③ 제26조제9항 전단에 따라 정하는 지정권자의 조건을 위반하여 제3자에게 사용하게 한 자 및 같은 항 후단을 위반하여 무상 사용·수익 기간을 초과하여 제3자에게 사용·수익하게 한 자에게는 100만원 이하의 과태료를 부과한다.(2018.12.11 본항개정)
④ 제1항부터 제3항까지에 따른 과태료는 대통령령으로 정하는 바에 따라 해양수산부장관, 시·도지사 또는 시장·군수·구청장이 부과·징수한다.(2018.4.17 본항개정)
(2011.7.14 본조개정)

부 칙

제1조【시행일】 이 법은 공포 후 6월이 경과한 날부터 시행한다.
제2조【폐지법률】 「어항법」은 이를 폐지한다.
제3조【어항의 지정 등에 관한 경과조치】 ① 이 법 시행 당시 종전의 「어항법」에 따라 지정 또는 개발된 어항 및 어항시설은 이 법에 따라 지정 또는 개발된 어항 및 어항시설로 본다.
② 이 법 시행 당시 종전의 「어항법」에 따라 수립되거나 시행된 어항개발계획 또는 어항시설사업은 이 법에 따라 수립되거나 시행된 어항개발계획 또는 어항개발사업으로 본다.
제4조【일반적 경과조치】 이 법 시행 당시 종전의 「어항법」에 따라 행정기관이 행한 처분 그 밖의 행위 또는 행정기관에 대한 각종 신청 그 밖의 행위는 그에 해당하는 이 법에 의한 행정기관의 행위 또는 행정기관에 대한 행위로 본다.
제5조【한국어항협회에 대한 경과조치】 ① 이 법 시행 당시 종전의 「어항법」에 따라 설립된 한국어항협회는 이 법에 따라 설립된 한국어촌어항협회로 본다.
② 이 법 시행 당시 한국어항협회가 행한 행위 그 밖의 법률관계에 있어서는 이를 한국어촌어항협회가 행한 것으로 본다.
③ 이 법 시행 당시 등기부 그 밖의 공부(公簿)상의 한국어항협회의 명의는 한국어촌어항협회의 명의로 본다.
④ 이 법 시행 당시 다른 법령에서 한국어항협회를 인용하고 있는 경우에는 그에 갈음하여 한국어촌어항협회를 인용한 것으로 본다.
제6조【벌칙 및 과태료에 관한 경과조치】 이 법 시행 전의 행위에 대한 벌칙 및 과태료의 적용에 있어서는 종전의 「어항법」의 규정에 의한다.
제7조【다른 법률의 개정】 ①~⑪ ※(해당 법령에 가제정리 하였음)
제8조【다른 법령과의 관계】 이 법 시행 당시 다른 법령에서 종전의 「어항법」 및 그 규정을 인용하고 있는 경우 이 법에 그에 해당하는 규정이 있는 때에는 종전의 규정에 갈음하여 이 법 또는 이 법의 해당규정을 인용한 것으로 본다.

부 칙 (2014.3.24)

제1조【시행일】 이 법은 공포 후 6개월이 경과한 날부터 시행한다.
제2조【어항개발계획의 수립 등에 관한 적용례】 제21조제2항 본문의 개정규정은 이 법 시행 후 시장·군수·구청장이 어항개발계획을 수립하거나 변경하는 경우부터 적용한다.
제3조【어항시설의 내진설계 기준 등의 준수에 관한 적용례】 제24조제3항의 개정규정은 이 법 시행 후 수립하거나 변경되는 어항개발계획에 따라 어항시설을 설계하는 경우부터 적용한다.
제4조【토지등의 수용 등에 관한 적용례】 제25조의2의 개정규정은 이 법 시행 후 수립하거나 변경되는 어항개발계획에 따라 어항의 육역에 관한 개발사업을 시행하는 경우부터 적용한다.
제5조【비지정권자의 어항시설 사용 또는 점용신고에 관한 적용례】 제38조제1항제4호의 개정규정은 이 법 시행 후 비지정권자가 제26조제4항에 따라 토지 및 시설의 사용 또는 수익을 지정권자에게 신고하는 경우부터 적용한다.
제6조【토지의 매각에 관한 경과조치】 이 법 시행 당시 지정권자가 시행한 어항개발사업으로 조성되었거나 조성 중인 토지의 매각에 대해서는 제27조제2항 전단의 개정규정에도 불구하고 종전의 규정에 따른다.

부 칙 (2018.4.17)

제1조【시행일】 이 법은 공포 후 6개월이 경과한 날부터 시행한다.
제2조【한국어촌어항협회에 관한 경과조치】 ① 이 법 시행 당시 종전의 규정에 따라 설립된 한국어촌어항협회는 이 법에 따라 설립된 한국어촌어항공단으로 본다.
② 이 법 시행 당시 한국어촌어항협회가 행한 행위와 그 밖의 법률관계에 있어서는 이를 한국어촌어항공단이 행한 것으로 본다.
③ 이 법 시행 당시 등기부와 그 밖의 공부(公簿)상의 한국어촌어항협회의 명의는 한국어촌어항공단의 명의로 본다.
④ 이 법 시행 당시 한국어촌어항협회의 재산과 권리·의무는 한국어촌어항공단 설립과 동시에 한국어촌어항공단이 이를 포괄하여 승계한다. 이 경우 한국어촌어항공단이 승계한 재산의 가액은 승계 당시의 장부가액으로 한다.
⑤ 이 법 시행 당시 한국어촌어항협회의 임직원은 한국어촌어항공단의 임직원으로 선임되거나 임명된 것으로 본다. 이 경우 임원의 임기는 한국어촌어항협회의 임원으로 선임된 날부터 기산한다.
⑥ 이 법 시행 당시 다른 법령에서 한국어촌어항협회를 인용하고 있는 경우에는 그에 갈음하여 한국어촌어항공단을 인용한 것으로 본다.
제3조【다른 법률의 개정】 ※(해당 법령에 가제정리 하였음)

부 칙 (2018.12.11)

제1조【시행일】 이 법은 공포 후 1개월이 경과한 날부터 시행한다. 다만, 제25조의3, 제34조, 제38조제8항(사용 또는 점용의 기간을 "3년"에서 "5년"으로 개정하는 부분에 한정한다) 및 제62조제2항제2호의 개정규정은 공포 후 6개월이 경과한 날부터 시행한다.
제2조【어촌종합개발사업의 준공 전 사용신고 등에 관한 적용례】 ① 제10조제4항·제5항, 제26조제5항·제6항, 제38조제2항·제3항 및 제55조제3항·제4항의 개정규정은 이 법 시행 이후 어촌종합개발사업의 준공 전 사용신고, 귀속어항시설 등의 무상사용·수익신고, 어항시설 사용·점용신고 또는 지위 승계신고를 하는 경우부터 적용한다.
② 제25조의3제4항 및 제5항의 개정규정은 같은 개정규정 시행 이후 어항개발사업의 준공 전 사용의 허가를 신청하거나 신고를 하는 경우부터 적용한다.
제3조【어항시설의 사용허가 등에 관한 적용례】 제38조제8항(사용 또는 점용의 기간을 "3년"에서 "5년"으로 개정하는 부분에 한정한다)의 개정규정은 같은 개정규정 시행 이후 어항관리청이 사용·점용허가나 사용·점용기간의 연장허가를 하는 경우부터 적용한다.

부 칙 (2020.2.18)

제1조【시행일】 이 법은 2021년 1월 1일부터 시행한다.
(단서 생략)
제2조【사무이양을 위한 사전조치】 ① 관계 중앙행정기관의 장은 이 법에 따른 중앙행정권한 및 사무의 지방일괄 이양에 필요한 인력 및 재정 소요 사항을 지원하기 위하여 필요한 조치를 마련하여 이 법에 따른 시행일 3개월 전까지 국회 소관 상임위원회에 보고하여야 한다.
② 「지방자치분권 및 지방행정체제개편에 관한 특별법」 제44조에 따른 자치분권위원회는 제1항에 따른 인력 및 재정 소요 사항을 사전에 전문적으로 조사·평가할 수 있다.
제3조【행정처분 등에 관한 일반적 경과조치】 이 법 시행 당시 종전의 규정에 따라 행정기관이 행한 처분 또는 그 밖의 행위는 이 법의 규정에 따라 행정기관이 행한 처분 또는 그 밖의 행위로 보고, 종전의 규정에 따라 행정기관에 대하여 행한 신청·신고, 그 밖의 행위는 이 법의 규정에 따라 행정기관에 대하여 행한 신청·신고, 그 밖의 행위로 본다.
제4조【다른 법률의 개정】 (생략)

부 칙 (2020.3.24)

이 법은 공포한 날부터 시행한다. 다만, 제4조 및 제4조의2의 개정규정은 공포 후 6개월이 경과한 날부터 시행한다.

부 칙 (2020.3.31)

제1조【시행일】 이 법은 공포 후 1년이 경과한 날부터 시행한다.(이하 생략)

부 칙 (2020.12.22)

이 법은 공포 후 6개월이 경과한 날부터 시행한다.

부 칙 (2021.1.12)

제1조【시행일】 이 법은 공포 후 1년이 경과한 날부터 시행한다.(이하 생략)

어선법

(1993년 6월 11일 전개법률 제4559호)

개정
1995.12.30법 5131호(수산)
1996. 8. 8법 5153호(정부조직)
1997.12.13법 5453호(행정절차)
1997.12.13법 5454호(정부부처명)
1997.12.17법 5470호(선박안전법)
1999. 2. 8법 5921호
1999. 4.15법 5971호(선박안전법)
1999. 4.15법 5972호(선박법)
2002. 1.14법 6609호
2007. 1. 3법 8221호(선박안전법)
2008. 2.29법 8852호(정부조직)
2008. 3.28법 9007호 2009. 5.27법 9718호
2010. 3.31법10219호(지방세기본법)
2011. 7.14법10847호
2013. 3.23법11690호(정부조직)
2013. 4. 5법11754호 2014. 3.18법12482호
2014. 3.24법12537호(선박법)
2014.11.19법12844호(정부조직)
2016.12.27법14476호(지방세징수법)
2016.12.27법14510호
2017. 7.26법14839호(정부조직)
2017.10.31법15008호 2018.12.31법16157호
2018.12.31법16160호(한국해양교통안전공단법)
2019. 8.27법16568호(양식산업발전법)
2020. 2.18법17042호
2022. 1.11법18755호(수산)

제1장 총 칙
(2008.3.28 본장개정)

제1조【목적】 이 법은 어선의 건조·등록·설비·검사·거래 및 조사·연구에 관한 사항을 규정하여 어선의 효율적인 관리와 안전성을 확보하고, 어선의 성능 향상을 도모함으로써 어업생산력의 증진과 수산업의 발전에 이바지함을 목적으로 한다.(2016.12.27 본조개정)

제2조【정의】 이 법에서 사용하는 용어의 뜻은 다음과 같다.
1. "어선"이란 다음 각 목의 어느 하나에 해당하는 선박을 말한다.
  가. 어업(「양식산업발전법」에 따른 양식업을 포함한다. 이하 같다), 어획물운반업 또는 수산물가공업(이하 "수산업"이라 한다)에 종사하는 선박(2019.8.27 본목개정)
  나. 수산업에 관한 시험·조사·지도·단속 또는 교습에 종사하는 선박
  다. 제8조제1항에 따른 건조허가를 받아 건조 중이거나 건조한 선박
  라. 제13조제1항에 따라 어선의 등록을 한 선박
2. "개조"란 다음 각 목의 어느 하나에 해당하는 것을 말한다.
  가. 어선의 길이·너비·깊이(이하 "주요치수"라 한다)를 변경하는 것
  나. 어선의 추진기관을 새로 설치하거나 추진기관의 종류 또는 출력을 변경하는 것
  다. 어선의 용도를 변경하거나 어업의 종류를 변경할 목적으로 어선의 구조나 설비를 변경하는 것
3. "만재흘수선(滿載吃水線)"이란 「선박안전법」 제2조제7호에 따른 만재흘수선을 말한다.(2017.10.31 본호신설)
4. "복원성"이란 「선박안전법」 제2조제8호에 따른 복원성을 말한다.(2017.10.31 본호신설)

제3조【어선의 설비】 어선은 해양수산부장관이 정하여 고시하는 기준에 따라 다음 각 호에 따른 설비의 전부 또는 일부를 갖추어야 한다.(2013.3.23 본문개정)
1. 선체
2. 기관
3. 배수설비
4. 돛대
5. 조타·계선·양묘설비
6. 전기설비
7. 어로·하역설비
8. 구명·소방설비
9. 거주·위생설비
10. 냉동·냉장 및 수산물처리가공설비
11. 항해설비
12. 그 밖에 해양수산부령으로 정하는 설비(2013.3.23 본호개정)
(2009.5.27 본조신설)

제3조의2【복원성 승인 및 유지】 ① 다음 각 호의 어느 하나에 해당하는 어선의 소유자는 어선이 해양수산부장관이 정하여 고시하는 복원성 기준에 적합한지에 대하여 해양수산부령으로 정하는 바에 따라 복원성 승인을 받아야 한다.
1. 배의 길이가 24미터 이상인 어선
2. 「낚시 관리 및 육성법」 제2조제7호에 따른 낚시어선으로서 어선검사증서에 기재된 최대승선인원이 13명 이상인 어선
② 해양수산부장관은 제1항에 따른 승인을 하는 경우 복원성 계산을 위하여 컴퓨터프로그램을 사용할 때에는 해양수산부장관이 정하여 고시하는 복원성 계산방식에 따라야 한다.
③ 제1항에 따른 승인을 받은 어선의 소유자는 제1항 각 호 외의 부분에 따른 복원성 기준에 따라 복원성을 유지하여야 한다.
④ 제1항에 따른 승인을 받은 어선의 소유자는 복원성에 관한 자료를 해당 어선의 선장에게 제공하여야 한다.
⑤ 제4항에 따라 복원성에 관한 자료를 제공받은 선장은 해당 자료를 어선 안에 비치하여야 한다.
(2017.10.31 본조신설)

제4조【만재흘수선의 표시 등】 ① 길이 24미터 이상의 어선의 소유자는 해양수산부장관이 정하여 고시하는 기준에 따라 만재흘수선의 표시를 하여야 한다. 다만, 제21조제1항제5호에 따른 임시항행검사를 받고 항행하는 어선 등 해양수산부령으로 정하는 어선은 만재흘수선의 표시를 생략할 수 있다.
② 누구든지 제1항에 따라 표시된 만재흘수선을 초과하여 사람, 어획물 또는 화물 등을 승선시키거나 싣고 항행하여서는 아니 된다.(2020.2.18 본항개정)
(2017.10.31 본조개정)

제5조【무선설비】 ① 어선의 소유자는 해양수산부장관이 정하여 고시하는 기준에 따라 「전파법」에 따른 무선설비를 어선에 갖추어야 한다. 다만, 국제항해에 종사하는 총톤수 300톤 이상의 어선으로서 어획물운반업에 종사하는 어선 등 해양수산부령으로 정하는 어선에는 「해상에서의 인명안전을 위한 국제협약」에 따른 세계해상조난 및 안전제도의 시행에 필요한 무선설비를 갖추어야 한다. 이 경우 무선설비는 「전파법」에 따른 성능과 기준에 적합하여야 한다.(2013.4.5 단서개정)
② 제1항에 따라 무선설비를 갖춘 어선의 소유자는 안전운항과 해양사고 발생 시 신속한 대응을 위하여 어선을 항행하거나 조업에 사용하는 경우 무선설비를 작동하여야 한다.(2017.10.31 본항신설)
③ 제1항에도 불구하고 어선이 해양수산부령으로 정하는 항행의 목적에 사용되는 경우에는 무선설비를 갖추지 아니하고 항행할 수 있다.
(2013.3.23 본조개정)

제5조의2【어선위치발신장치】 ① 어선의 안전운항을 확보하기 위하여 제2조제1호가목 또는 나목에 해당하는 어선(「내수면어업법」에 따른 내수면어업에 종사하는 어선 등 해양수산부령으로 정하는 어선은 제외한다)의 소유자는 해양수산부장관이 정하는 기준에 따라 어선의 위치를 자동으로 발신하는 장치(이하 "어선위치발신장치"라 한다)를 갖추고 이를 작동하여야 한다. 다만, 해양경찰청장은 해양사고 발생 시 신속한 대응과 어선 출항·입항 신고 자동화 등을 위하여 필요한 경우 그 기준을 정할 수 있다.
(2018.12.31 본문개정)
② 제5조제1항에 따른 무선설비가 어선위치발신장치의 기능을 가지고 있는 때에는 어선위치발신장치를 갖춘 것으로 본다.
③ 제1항에 따른 어선의 소유자 또는 선장은 어선위치발신장치가 고장나거나 이를 분실한 경우 지체 없이 그 사실을 해양경찰청장에게 신고한 후 대통령령으로 정하는 기한까지 어선위치발신장치를 정상 작동하기 위한 수리 또는 재설치 등의 조치를 하여야 한다.(2020.2.18 본항개정)
④ 국가 또는 지방자치단체는 어선위치발신장치를 설치하는 어선의 소유자에 대하여 예산의 범위에서 그 설치비용의 전부 또는 일부를 지원할 수 있다.
⑤ 제3항에 따른 신고의 방법 및 절차 등에 필요한 사항은 해양경찰청장이 정한다.(2017.7.26 본항개정)
(2011.7.14 본조신설)

제6조【국제협약 규정의 적용】 국제협약의 적용을 받는 어선의 경우 그 협약의 규정이 이 법의 규정과 다를 때에는 해당 국제협약의 규정을 적용한다.(2009.5.27 본조신설)

제2장 어선의 건조
(2008.3.28 본장제목개정)

제7조 (1999.2.8 삭제)

제8조【건조·개조의 허가 등】 ① 어선을 건조하거나 개조하려는 자 또는 어선의 건조·개조를 발주하려는 자는 해양수산부령으로 정하는 바에 따라 해양수산부장관이나 특별자치시장·특별자치도지사·시장·군수·구청장(구청장은 자치구의 구청장을 말하며, 이하 "시장·군수·구청장"이라 한다)의 허가(이하 "건조·개조허가"라 한다)를 받아야 한다(총톤수 2톤 미만 어선의 개조 등 해양수산부령으로 정하는 경우는 제외한다). 허가받은 사항을 변경하려는 경우에도 또한 같다.(2013.4.5 전단개정)
② 해양수산부장관이나 시장·군수·구청장은 다음 각 호의 어느 하나에 해당하는 경우를 제외하고는 제1항에 따른 허가를 하여야 한다.
1. 신청인이 하려는 어업에 대하여 「수산업법」 또는 「양식산업발전법」에 따른 수산자원의 증식·보호 등을 위한 어업조정이 필요하다고 인정되는 경우
2. 신청인이 「수산업법」, 「양식산업발전법」, 「원양산업발전법」 및 「내수면어업법」에 따른 면허어업·허가어업 또는 신고어업을 할 수 없다고 인정되는 경우
3. 신청인이 이 법, 「수산업법」, 「양식산업발전법」, 「원양산업발전법」 및 「내수면어업법」을 위반하여 행정처분을 받고 그 효력이 종료되지 아니한 경우
(2019.8.27 1호~3호개정)
4. 제1호부터 제3호까지의 경우 외에 어선의 효율적 관리를 저해하는 중대한 공익적 사유가 있는 경우로서 해양수산부령으로 정하는 경우
(2013.4.5 본항신설)
③ 해양수산부장관은 건조·개조허가를 받은 어선의 주요치수·성능 및 총톤수 등에 관하여 오차허용범위를 정할 수 있다. 이 경우 오차허용범위 안의 어선에 대하여는 제1항 후단에 따른 변경허가를 받은 것으로 본다.
④ 해양수산부장관이나 시장·군수·구청장은 건조·개조허가를 할 때 해양수산부령으로 정하는 바에 따라 조건을 붙일 수 있다.
⑤ (2013.4.5 삭제)
(2013.3.23 본조개정)

제9조 (1999.2.8 삭제)

제10조【허가의 취소 등】 ① 해양수산부장관이나 시장·군수·구청장은 건조·개조허가를 받은 자나 어선의 건조·개조를 발주받아 건조·개조하는 자가 다음 각 호의 어느 하나에 해당하는 경우에는 건조·개조허가를 취소할 수 있다. 다만, 제1호에 해당하면 그 허가를 취소하여야 한다.(2013.4.5 본문개정)
1. 속임수나 그 밖의 부정한 방법으로 허가를 받은 경우
2. 허가사항을 위반하여 어선을 건조하거나 개조한 경우
② 시장·군수·구청장은 건조·개조허가를 받은 자나 어선의 건조·개조를 발주받아 건조·개조하는 자가 제1항제2호에 해당하는 경우에는 어선의 건조·개조의 중지, 어선 또는 어선설비의 제거를 명할 수 있다.
(2013.4.5 본항개정)
(2008.3.28 본조개정)

제11조~제12조 (1999.2.8 삭제)

제3장 어선의 등록
(2008.3.28 본장개정)

제13조【어선의 등기와 등록】 ① 어선의 소유자나 해양수산부령으로 정하는 선박의 소유자는 그 어선이나 선박이 주로 입항·출항하는 항구 및 포구(이하 "선적항"이라 한다)를 관할하는 시장·군수·구청장에게 해양수산부령으로 정하는 바에 따라 어선원부에 어선의 등록을 하여야 한다. 이 경우 「선박등기법」 제2조에 해당하는 어선은 선박등기를 한 후에 어선의 등록을 하여야 한다.(2013.3.23 전단개정)
② 제1항에 따른 등록을 하지 아니한 어선은 어선으로 사용할 수 없다.
③ 시장·군수·구청장은 제1항에 따른 등록을 한 어선에 대하여 다음 각 호의 구분에 따른 증서 등을 발급하여야 한다.
1. 총톤수 20톤 이상인 어선 : 선박국적증서
2. 총톤수 20톤 미만인 어선(총톤수 5톤 미만의 무동력어선은 제외한다) : 선적증서
3. 총톤수 5톤 미만인 무동력어선 : 등록필증
④ 선적항의 지정과 제한 등에 필요한 사항은 해양수산부령으로 정한다.(2013.3.23 본항개정)

제13조의2【소형어선 소유권 변동의 효력】 총톤수 20톤 미만의 소형어선에 대한 소유권의 득실변경은 등록을 하여야 그 효력이 생긴다.(2008.3.28 본조신설)

제13조의3【압류등록】 시장·군수·구청장은 「민사집행법」에 따라 법원으로부터 압류등록의 촉탁이 있거나 「국세징수법」 또는 「지방세징수법」에 따라 행정관청으로부터 압류등록의 촉탁이 있는 경우에는 해당 소형어선의 어선원부에 대통령령으로 정하는 바에 따라 압류등록을 하고 선박소유자에게 통지하여야 한다.(2016.12.27 본조개정)

제14조【어선의 총톤수 측정 등】 ① 어선의 소유자가 제13조제1항에 따른 등록을 하려면 해양수산부령으로 정하는 바에 따라 해양수산부장관에게 어선의 총톤수 측정을 신청하여야 한다.(2013.3.23 본항개정)
② 어선의 소유자는 어선의 수리 또는 개조로 인하여 총톤수가 변경된 경우에는 해양수산부장관에게 총톤수의 재측정을 신청하여야 한다.(2020.2.18 본항개정)
③ 어선의 소유자는 외국에서 취득한 어선을 외국에서 항행하거나 조업 목적으로 사용하려는 경우에는 그 외국에 주재하는 대한민국 영사에게 총톤수 측정이나 총톤수 재측정을 신청할 수 있다.(2020.2.18 본항개정)

제15조【선박국적증서등의 비치】 어선의 소유자는 어선을 항행하거나 조업 목적으로 사용할 경우에는 제13조제3항 각 호에 따른 선박국적증서, 선적증서 또는 등록필증(이하 "선박국적증서등"이라 한다)을 어선에 갖추어 두어야 한다. 다만, 「내수면어업법」 제6조, 제9조, 제11조, 「양식산업발전법」 제10조제1항제6호, 제43조제1항제1호 또는 제2호에 따라 면허어업·허가어업·신고어업 또는 양식업에 사용하는 어선 등 해양수산부령으로 정하는 어선의 경우에는 그러하지 아니하다.(2019.8.27 단서개정)

제16조【어선 명칭등의 표시와 번호판의 부착】 ① 어선의 소유자는 선박국적증서등을 발급받은 경우에는 해양수산부령으로 정하는 바에 따라 지체 없이 그 어선에 어선의 명칭, 선적항, 총톤수 및 흘수(吃水)의 치수 등(이하 "명칭등"이라 한다)을 표시하고 어선번호판을 붙여야 한다.
(2013.3.23 본항개정)

② 제1항에 따른 어선번호판의 제작과 부착 등에 필요한 사항은 해양수산부령으로 정한다.(2013.3.23 본항개정)
③ 어선의 소유자는 제1항에 따른 명칭등을 표시하고 어선번호판을 붙인 후가 아니면 그 어선을 항행하거나 조업 목적으로 사용하여서는 아니 된다.
제17조【등록사항의 변경】 어선의 소유자는 제13조제1항에 따른 등록사항이 변경된 경우에는 해양수산부령으로 정하는 바에 따라 변경등록을 신청하여야 한다.
(2013.3.23 본조개정)
제18조【선박국적증서등의 재발급】 어선의 소유자는 선박국적증서등을 잃어버리거나 헐어서 못 쓰게 된 경우에는 14일 이내에 해양수산부령으로 정하는 바에 따라 재발급을 신청하여야 한다.(2013.3.23 본조개정)
제19조【등록의 말소와 선박국적증서등의 반납】 ① 제13조제1항에 따른 등록을 한 어선이 다음 각 호의 어느 하나에 해당하는 경우 그 어선의 소유자는 30일 이내에 해양수산부령으로 정하는 바에 따라 등록의 말소를 신청하여야 한다.(2013.3.23 본문개정)
1. 어선 외의 목적으로 사용하게 된 경우
2. 대한민국의 국적을 상실한 경우
3. 멸실·침몰·해체 또는 노후·파손 등의 사유로 어선으로 사용할 수 없게 된 경우
4. 6개월 이상 행방불명이 된 경우
② 시장·군수·구청장은 어선의 소유자가 다음 각 호의 어느 하나에 해당하는 경우에는 30일 이내의 기간을 정하여 등록의 말소를 신청할 것을 최고하여야 하며 그 어선의 소유자가 최고를 받고도 정당한 사유 없이 이행하지 아니하면 직권으로 그 어선의 등록을 말소하여야 한다.
1. 속임수나 그 밖의 부정한 방법으로 등록을 한 경우
2. 어선의 소유자가 제1항에 따른 등록의 말소신청을 기간 내에 하지 아니한 경우
3. 해당 어선으로 영위하는 수산업의 허가·신고·면허 등의 효력이 상실된 후 1년이 지난 경우. 다만, 대통령령으로 정하는 경우에는 그러하지 아니하다.
4. 정당한 사유 없이 제21조제1항제1호·제2호 및 제4호(같은 항 제1호에 따른 정기검사 또는 같은 항 제2호에 따른 중간검사를 할 때에 해양수산부장관이 특정한 사항에 대하여 임시검사를 받을 것을 지정한 경우로 한정한다)에 따른 어선의 검사를 받지 아니하고 1년이 지난 경우(2017.10.31 본호신설)
③ 제2항에 따라 등록이 말소된 어선의 소유자는 지체 없이 그 어선에 붙어 있는 어선번호판을 제거하고 14일 이내에 그 어선번호판과 선박국적증서등을 선적항을 관할하는 시장·군수·구청장에게 반납하여야 한다. 다만, 어선번호판과 선박국적증서등을 분실 등의 사유로 반납할 수 없을 때에는 14일 이내에 그 사유를 선적항을 관할하는 시장·군수·구청장에게 신고하여야 한다.
제20조 (1999.2.8 삭제)

제4장 어선의 검사 등
(2017.10.31 본장제목개정)

제21조【어선의 검사】 ① 어선의 소유자는 제3조에 따른 어선의 설비, 제3조의2에 따른 복원성의 승인·유지 및 제4조에 따른 만재흘수선의 표시에 관하여 해양수산부령으로 정하는 바에 따라 다음 각 호의 구분에 따른 해양수산부장관의 검사를 받아야 한다. 다만, 총톤수 5톤 미만의 무동력어선 등 해양수산부령으로 정하는 어선은 그러하지 아니하다.(2017.10.31 본문개정)
1. 정기검사
최초로 항행의 목적에 사용하는 때 또는 제28조제1항에 따른 어선검사증서의 유효기간이 만료된 때 행하는 정밀한 검사
2. 중간검사
정기검사와 다음의 정기검사와의 사이에 행하는 간단한 검사
3. 특별검사
해양수산부령으로 정하는 바에 따라 임시로 특수한 용도에 사용하는 때 행하는 간단한 검사
(2013.3.23 본호개정)
4. 임시검사
제1호부터 제3호까지의 검사 외에 해양수산부장관이 특히 필요하다고 인정하는 때 행하는 검사
(2013.3.23 본호개정)
5. 임시항행검사
어선검사증서를 발급받기 전에 어선을 임시로 항행의 목적으로 사용하고자 하는 때 행하는 검사
② 제5조제1항에 따른 무선설비 및 제5조의2제1항에 따른 어선위치발신장치에 대하여는 「전파법」에서 정하는 바에 따라 검사를 받아야 한다.(2017.10.31 본항개정)
(2009.5.27 본조신설)
제22조【건조검사 등】 ① 어선을 건조하는 자는 제3조제1호·제2호·제3호·제5호·제6호의 설비와 제4조에 따른 만재흘수선에 대하여 각각 어선의 건조를 시작한 때부터 해양수산부장관의 건조검사를 받아야 한다. 다만, 배의 길이 24미터 미만의 목선 등 해양수산부령으로 정하는 어선의 경우에는 그러하지 아니하다.(2020.2.18 본문개정)
② 제1항에 따른 건조검사에 합격된 부분에 대하여는 제21조제1항제1호에 따른 정기검사 중 최초로 실시하는 검사를 할 경우 그 건조검사에서 합격된 부분에 대한 검사를 생략할 수 있다.
③ 제3조 각 호의 설비에 필요한 어선용물건(이하 "어선용품"이라 한다) 중 해양수산부령으로 정하는 어선용품을 제조·개조·수리 또는 정비하거나 수입하려는 자는 해당 어선용품을 설치하여야 할 어선이 결정되기 전에 해양수산부장관의 검사(이하 "예비검사"라 한다)를 받을 수 있다.(2013.3.23 본항개정)
④ 예비검사에 합격한 어선용품 및 「선박안전법」 제22조제3항에 따른 예비검사에 합격된 선박용물건에 대하여는 제1항에 따른 건조검사 또는 제21조제1항 각 호에 따른 검사 중 최초로 실시하는 검사를 할 경우 그 예비검사에서 합격된 부분에 대한 검사를 생략할 수 있다.
⑤ 제1항에 따른 건조검사 및 제3항에 따른 예비검사에 필요한 사항은 해양수산부령으로 정한다.(2013.3.23 본항개정)
⑥ 해양수산부장관은 외국에서 수입되는 선박 등 제1항에 따른 건조검사를 받지 아니하는 선박에 대하여 건조검사에 준하는 검사로서 해양수산부령으로 정하는 검사(이하 "별도건조검사"라 한다)를 받게 할 수 있다. 이 경우 별도건조검사에 합격한 선박에 관하여는 제2항부터 제5항까지의 규정을 준용한다.(2013.3.23 전단개정)
(2009.5.27 본조신설)
제23조【어선 검사 후 어선의 상태유지】 어선의 소유자는 제21조에 따른 어선의 검사 또는 제22조제1항에 따른 건조검사(별도건조검사를 포함한다)를 받은 후 해당 어선의 선체·기관·설비 등을 임의로 변경하거나 설치하여서는 아니 되며, 선체·기관·설비 등이 정상적으로 작동·운영되도록 상태를 유지하여야 한다.(2017.10.31 본조신설)
제24조【형식승인 및 검정 등】 ① 해양수산부장관이 정하여 고시하는 어선용품 또는 소형어선을 제조하거나 수입하려는 자는 해양수산부장관의 형식승인 및 검정을 받을 수 있다. 이 경우 형식승인을 받으려는 자는 형식승인시험을 거쳐야 한다.
② 제1항에 따른 형식승인을 받은 자가 그 내용을 변경하고자 하는 경우에는 해양수산부장관으로부터 변경승인을 받아야 한다. 이 경우 해당 어선 또는 어선용품의 성능에 영향을 미치는 사항을 변경하는 때에는 해당 변경 부분에 대하여 제1항에 따른 형식승인시험을 거쳐야 한다.
③ 제1항 후단 및 제2항 후단에 따른 형식승인시험을 수행하는 시험기관(이하 "형식승인시험기관"이라 한다)은 다음 각 호의 어느 하나에 해당하는 기관으로 한다.
1. 제24조의3제1항에 따라 지정·고시한 시험기관
2. 「선박안전법」 제18조제3항에 따라 지정·고시한 지정시험기관
(2017.10.31 본항신설)
④ 제1항에 따라 형식승인을 받은 자가 그 건조·제조 또는 수입한 어선 또는 어선용품으로서 해양수산부장관의 검정에 합격한 어선 또는 어선용품과 「선박안전법」 제18조제1항 및 제2항에 따라 해양수산부장관의 형식승인을 받고 지정검정기관의 검정에 합격된 선박용물건에 대하여는 제21조제1항 각 호에 따른 검사 중 최초로 실시하는 검사 또는 제22조제1항 및 제6항에 따른 검사를 할 경우 그 검정에서 합격된 부분에 대한 검사를 생략할 수 있다.
⑤ 제1항 및 제2항에 따른 형식승인 및 검정, 변경승인에 필요한 사항은 해양수산부령으로 정한다.
(2013.3.23 본조개정)
제24조의2【형식승인의 취소 등】 ① 해양수산부장관은 제24조제1항에 따라 형식승인을 받은 자가 다음 각 호의 어느 하나에 해당하는 경우에는 그 형식승인을 취소하거나 6개월 이내의 기간을 정하여 그 효력을 정지시킬 수 있다. 다만, 제1호부터 제3호까지 중 어느 하나에 해당하는 경우에는 그 형식승인을 취소하여야 한다.
1. 거짓이나 부정한 방법으로 형식승인 또는 그 변경승인을 받은 경우
2. 거짓이나 부정한 방법으로 검정을 받은 경우
3. 제조 또는 수입한 어선용품 또는 소형어선이 제3조에 따른 어선의 설비기준에 적합하지 아니한 경우
4. 정당한 사유 없이 2년 이상 계속하여 해당 어선용품 또는 소형어선을 제조하거나 수입하지 아니한 경우
5. 정당한 사유 없이 제37조제2항에 따라 준용되는 「선박안전법」 제75조에 따른 보고 또는 자료 제출을 하지 아니한 경우
② 제1항에 따른 형식승인의 취소·효력 정지의 절차 등에 필요한 사항은 해양수산부령으로 정한다.
(2017.10.31 본조신설)
제24조의3【형식승인시험기관의 지정 및 지정취소 등】
① 해양수산부장관은 대통령령으로 정하는 지정기준을 갖춘 시험기관을 해양수산부령으로 정하는 바에 따라 형식승인시험기관으로 지정·고시할 수 있다.
② 해양수산부장관은 제1항에 따른 형식승인시험기관이 다음 각 호의 어느 하나에 해당하는 경우에는 그 지정을 취소하거나 6개월 이내의 기간을 정하여 지정의 효력을 정지시킬 수 있다. 다만, 제1호부터 제3호까지 중 어느 하나에 해당하는 경우에는 그 지정을 취소하여야 한다.
1. 거짓이나 부정한 방법으로 지정을 받은 경우
2. 형식승인시험에 관한 업무를 수행하지 아니하게 된 경우
3. 제1항에 따른 형식승인시험기관의 지정기준에 미달하게 된 경우
4. 형식승인시험의 오차·실수·누락 등으로 인하여 공신력을 상실하였다고 인정되는 경우
5. 정당한 사유 없이 형식승인시험의 실시를 거부한 경우
6. 형식승인시험과 관련하여 부정한 행위를 하거나 수수료를 부당하게 받은 경우
③ 제2항에 따른 형식승인시험기관의 지정 취소·효력 정지의 절차 등에 필요한 사항은 해양수산부령으로 정한다.
(2017.10.31 본조신설)
제25조【지정사업장의 지정】 ① 해양수산부장관은 어선 또는 제3조 각 호에 따른 설비를 건조·제조하거나 정비(개조 또는 수리를 포함한다. 이하 같다)하는 사업장 중 해양수산부령으로 정하는 지정기준에 적합한 사업장에 대하여 어선, 어선의 설비 또는 어선용품의 지정건조사업장·지정제조사업장 또는 지정정비사업장(이하 "지정사업장"이라 한다)으로 지정할 수 있다.
② 제1항에 따라 지정사업장의 지정을 받으려는 자는 어선, 어선의 설비 또는 어선용품의 건조·제조 또는 정비규정을 작성하여 해양수산부장관의 승인을 받아야 한다.
③ 어선, 어선의 설비 또는 어선용품이 제1항에 따른 지정건조사업장·지정제조사업장에서 건조·제조되고 제2항에 따른 건조·제조규정에 따라 적합하게 건조·제조된 것을 해양수산부령으로 정하는 바에 따라 확인한 경우에는 그 어선, 어선의 설비 또는 어선용품에 관하여는 제21조제1항 각 호에 따른 검사 중 최초로 실시하는 검사 또는 제22조제1항 및 제6항에 따른 검사를 할 경우 그 확인된 부분에 대한 검사를 생략할 수 있다.
④ 어선, 어선의 설비 또는 어선용품이 제1항에 따른 지정정비사업장에서 정비되고 제2항에 따른 정비규정에 따라 적합하게 정비된 것을 해양수산부령으로 정하는 바에 따라 확인한 경우에는 그 정비를 받은 날부터 6개월 이내에 실시하는 제21조제1항제1호, 제2호 또는 제4호에 따른 정기검사, 중간검사 또는 임시검사를 할 경우 그 확인된 부분에 대한 검사를 생략할 수 있다.
⑤ 제1항에 따른 지정사업장의 지정과 제2항에 따른 건조·제조 및 정비 규정의 승인에 필요한 사항은 해양수산부령으로 정한다.
(2017.10.31 본조개정)
제26조【지정사업장의 지정 취소 등】 ① 해양수산부장관은 지정사업장의 지정을 받은 자가 다음 각 호의 어느 하나에 해당하는 경우에는 그 지정을 취소하거나 6개월 이내의 기간을 정하여 지정의 효력을 정지시킬 수 있다. 다만, 제1호 또는 제2호에 해당하는 경우에는 그 지정을 취소하여야 한다.
1. 거짓이나 부정한 방법으로 지정사업장의 지정을 받은 경우
2. 건조·제조하거나 정비한 어선, 어선의 설비 또는 어선용품이 제3조에 따른 어선의 설비기준에 적합하지 아니한 경우
3. 제25조제1항에 따른 지정기준에 미달하게 된 경우
4. 해양수산부장관이 정하여 고시하는 유효기간이 지난 어선의 설비 또는 어선용품을 판매한 경우
(2020.2.18 본호개정)
5. 정당한 사유 없이 1년 이상 계속하여 해당 어선, 어선의 설비 또는 어선용품을 건조·제조하거나 정비하지 아니한 경우
6. 거짓이나 부정한 방법으로 제25조제3항 또는 제4항에 따른 확인을 받은 경우
7. 제37조제2항에 따라 준용되는 「선박안전법」 제75조에 따른 보고 또는 자료 제출을 하지 아니하거나 거짓으로 보고 또는 자료 제출을 한 경우
② 제1항에 따라 지정사업장의 지정이 취소된 자는 지정이 취소된 날부터 1년간 지정사업장으로 지정될 수 없다.
③ 제1항에 따른 지정사업장 지정의 취소·효력 정지의 절차 등에 필요한 사항은 해양수산부령으로 정한다.
(2017.10.31 본조신설)
제26조의2【하역설비의 확인 등】 ① 1톤 이상의 어획물 또는 화물 등의 하역에 사용하는 하역설비를 갖춘 총톤수 300톤 이상의 어선의 소유자는 하역설비의 제한하중·제한각도 및 제한반지름(이하 "제한하중등"이라 한다)에 대하여 해양수산부장관의 확인을 받아야 한다.
(2020.2.18 본항개정)
② 해양수산부장관은 제1항에 따른 하역설비에 대하여 제21조제1항제1호에 따른 정기검사 또는 같은 항 제2호에 따른 중간검사를 한 경우에는 해양수산부령으로 정하는 바에 따라 하역설비검사기록부를 작성하여야 한다.
③ 제1항의 규정에 따라 확인을 받은 어선의 소유자는 확인받은 제한하중등의 사항을 위반하여 하역설비를 사용하여서는 아니 된다.
④ 제1항에 따른 하역설비의 제한하중등의 확인 기준, 절차 및 확인 사항의 표시 등에 관한 사항은 해양수산부령으로 정한다.
(2017.10.31 본조신설)
제27조【검사증서의 발급 등】 ① 해양수산부장관은 다음 각 호의 구분에 따라 검사증서를 발급한다.(2013.3.23 본문개정)

1. 제21조제1항제1호에 따른 정기검사에 합격된 경우에는 어선검사증서(어선의 종류·명칭·최대승선인원 및 만재흘수선의 표시 위치 등을 기재하여야 한다)
(2017.10.31 본호개정)
1의2. 제21조제1항제2호에 따른 중간검사 또는 같은 항 제4호에 따른 임시검사에 합격된 경우로서 어선검사증서의 기재사항이 변경된 경우에는 변경된 사항이 기재된 어선검사증서(2017.10.31 본호신설)
2. 제21조제1항제3호에 따른 특별검사에 합격된 경우에는 어선특별검사증서
3. 제21조제1항제5호에 따른 임시항행검사에 합격된 경우에는 임시항행검사증서
4. 제22조제1항에 따른 건조검사에 합격된 경우에는 건조검사증서
5. 제22조제3항에 따른 예비검사에 합격된 경우에는 예비검사증서
5의2. 제22조제6항에 따른 별도건조검사에 합격된 경우에는 별도건조검사증서(2017.10.31 본호신설)
6. 제24조제1항에 따른 검정에 합격된 경우에는 검정증서
7. 제25조제3항 및 제4항에 따라 확인한 경우에는 건조·제조확인증 또는 정비확인증
8. 제26조의2제1항에 따라 확인한 경우에는 제한하중등 확인증(2017.10.31 본호신설)
② 해양수산부장관은 제1항제4호, 제5호, 제5호의2 또는 제6호부터 제8호까지의 규정에 따른 검사증서·검정증서, 건조·제조·정비확인증 및 제한하중등 확인증을 발급하는 때에는 해당 어선 또는 어선용품에 합격표시 또는 증인(證印)을 붙여야 한다.(2017.10.31 본항개정)
(2009.5.27 본조신설)

제28조【검사증서의 유효기간】 ① 어선검사증서의 유효기간은 5년으로 한다.
② 제1항에 따른 유효기간의 기산방법은 해양수산부령으로 정한다.(2013.3.23 본항개정)
③ 제1항에 따른 어선검사증서의 유효기간은 다음 각 호의 어느 하나에 해당하는 경우에는 5개월 이내의 범위에서 해양수산부령으로 정하는 바에 따라 이를 연장할 수 있다.(2013.3.23 본문개정)
1. 어선검사증서의 유효기간이 만료되는 때에 해당 어선이 검사를 받을 수 있는 장소에 있지 아니한 경우
2. 해당 어선이 외국에서 정기검사를 받은 경우 등 부득이한 경우로서 새로운 어선검사증서를 즉시 교부할 수 없거나 어선에 비치하게 할 수 없는 경우
3. 그 밖에 해양수산부령으로 정하는 경우(2013.3.23 본호개정)
④ 어선검사증서는 중간검사 또는 임시검사를 받아야 할 어선이 그 검사에 합격되지 아니한 경우에는 해당 검사에 합격될 때까지 그 효력이 정지된다.
(2009.5.27 본조신설)

제29조【검사증서 등의 비치】 어선의 소유자는 어선을 항행 또는 조업의 목적으로 사용할 경우에는 어선검사증서·어선특별검사증서 또는 임시항행검사증서를 어선에 비치하여야 한다. 다만, 「내수면어업법」 제6조, 제9조, 제11조, 「양식산업발전법」 제10조제1항제6호, 제43조제1항제1호 또는 제2호에 따라 면허어업·허가어업·신고어업 또는 양식업에 사용하는 어선 등 해양수산부령으로 정하는 어선의 경우에는 그러하지 아니하다.(2019.8.27 단서개정)

제30조【재검사의 신청】 ① 제14조·제21조·제22조·제24조 및 제25조에 따른 총톤수 측정·재측정, 검사·검정 및 확인(이하 이 조에서 "검사등"이라 한다)을 받은 자가 검사등에 대하여 이의가 있는 때에는 그 결과를 통지받은 날부터 60일 이내에 사유를 갖추어 해양수산부령으로 정하는 바에 따라 해양수산부장관에게 재검사 등을 신청할 수 있다.(2020.2.18 본항개정)
② 제1항에 따른 재검사 등을 받으려는 자가 해당 어선설비를 변경하려는 경우에는 해양수산부장관의 승인을 받아야 한다.
(2013.3.23 본조개정)

제5장 어선 등의 거래
(2016.12.27 본장신설)

제31조【어선거래시스템 등의 구축·운영】 ① 해양수산부장관은 어선 및 제3조에 따른 어선의 설비(제5조에 따른 무선설비를 포함한다. 이하 "어선설비등"이라 한다)의 거래와 관련하여 어업인의 편의, 거래의 투명성 및 효율성을 증진하기 위하여 어선거래시스템을 구축·운영할 수 있다.
② 해양수산부장관은 제1항에 따른 어선거래시스템(이하 "어선거래시스템"이라 한다)을 통하여 어선 및 어선설비등의 매매 또는 임대차와 관련한 정보를 해당 정보를 요청하는 자에게 제공할 수 있다. 이 경우 해양수산부장관은 어선소유자 등 개인의 사생활의 비밀 또는 자유를 침해하는 정보를 제공해서는 아니 되며, 제공하는 정보에 「개인정보 보호법」 제2조제1호에 따른 개인정보가 포함된 경우에는 같은 조 제3호에 따른 정보주체의 동의를 받아야 한다.
③ 해양수산부장관은 어선거래시스템의 효율적인 운영을 위하여 다음 각 호의 정보에 대한 데이터베이스를 구축·운영할 수 있다.
1. 제13조제1항에 따른 어선의 등록, 제17조에 따른 어선의 변경등록 및 제19조에 따른 등록의 말소에 관한 정보
2. 제21조에 따른 어선의 검사에 관한 정보
3. 「수산업법」 제7조에 따른 어업의 면허, 같은 법 제40조 및 제43조에 따른 어업의 허가, 같은 법 제48조에 따른 어업의 신고에 관한 정보(2022.1.11 본호개정)
4. 그 밖에 어선거래시스템의 효율적인 운영을 위한 정보로서 해양수산부령으로 정하는 정보
④ 해양수산부장관은 어선거래시스템의 운영을 위하여 필요한 경우에는 해양수산부령으로 정하는 바에 따라 전산정보처리조직에 의하여 어선거래시스템의 관리·운영 및 제3항에 따른 데이터베이스의 관리 업무를 처리할 수 있다.
⑤ 해양수산부장관은 어선 및 어선설비등 거래의 투명성 확보 및 어선정책의 수립을 위하여 필요한 경우 제31조의2에 따라 어선중개업의 등록을 한 자에게 어선 및 어선설비등의 거래에 관한 정보를 요청할 수 있다. 이 경우 자료의 제출을 요청받은 자는 특별한 사정이 없으면 이에 따라야 한다.
⑥ 해양수산부장관은 제3항에 따른 데이터베이스의 구축·운영을 위하여 필요한 경우 시장·군수·구청장에게 자료의 제공을 요청할 수 있다.

제31조의2【어선중개업의 등록 등】 어선 및 어선설비등에 대한 매매 또는 임대차를 중개하는 사업(이하 "어선중개업"이라 한다)을 하려는 자는 다음 각 호의 요건을 모두 갖추어 해양수산부령으로 정하는 바에 따라 해양수산부장관에게 등록하여야 한다. 등록한 사항을 변경하려는 때에도 또한 같다.
1. 제31조의9제1항에 따른 보증보험의 가입
2. 해양수산부령으로 정하는 어선 및 어선설비등의 중개에 관한 교육의 이수. 이 경우 어선중개업의 등록을 하려는 자가 법인인 경우에는 그 대표자와 해당 법인에서 어선중개업을 하려는 자가 모두 교육을 이수하여야 한다.
3. 그 밖에 어선중개업의 수행에 필요한 사항으로서 대통령령으로 정하는 요건

제31조의3【결격사유】 다음 각 호의 어느 하나에 해당하는 자는 제31조의2에 따른 등록을 할 수 없다.
1. 미성년자
2. 피성년후견인 또는 피한정후견인
3. 파산선고를 받고 복권되지 아니한 자
4. 금고 이상의 실형의 선고를 받고 그 집행이 종료(집행이 종료된 것으로 보는 경우를 포함한다)되거나 집행이 면제된 날부터 2년이 지나지 아니한 자
5. 금고 이상의 형의 집행유예를 선고받고 그 유예기간 중에 있는 자
6. 제31조의4에 따라 어선중개업 등록이 취소(이 조 제1호부터 제3호까지의 어느 하나에 해당하여 등록이 취소된 경우는 제외한다)된 날부터 1년이 지나지 아니한 자(2018.12.31 본호개정)
7. 대표자가 제1호부터 제5호까지의 어느 하나에 해당하는 법인

제31조의4【어선중개업 등록의 취소 등】 ① 해양수산부장관은 어선중개업의 등록을 한 자(이하 "어선중개업자"라 한다)가 다음 각 호의 어느 하나에 해당하는 경우에는 어선중개업 등록을 취소하거나 6개월 이내의 기간을 정하여 어선중개업의 전부 또는 일부의 정지를 명할 수 있다. 다만, 제1호, 제3호 또는 제7호에 해당하는 경우에는 어선중개업 등록을 취소하여야 한다.
1. 거짓이나 그 밖의 부정한 방법으로 제31조의2에 따른 어선중개업 등록 또는 변경등록을 한 경우
2. 제31조의2 각 호에 따른 어선중개업의 등록요건에 미달된 경우
3. 제31조의3제1호부터 제5호까지 또는 제7호의 어느 하나에 해당하는 경우. 다만, 법인의 대표자가 제31조의3제1호부터 제5호까지의 어느 하나에 해당하는 경우에 그 사유가 발생한 날부터 1개월 이내에 다른 사람으로 교체 임명한 경우는 예외로 한다.
4. 제31조의8제1항을 위반하여 거래계약서를 작성 또는 발급하지 아니하거나 같은 조 제2항을 위반하여 거래계약서 사본을 3년 미만으로 보존하거나 보존하지 아니한 경우
5. 제31조의8제1항에 따른 거래계약서에 거래금액, 그 밖의 거래 내용을 거짓으로 기재하거나 서로 다른 둘 이상의 거래계약서를 작성한 경우
6. 제37조의2제2항에 따른 지도·감독을 기피하거나 방해한 경우
7. 영업정지명령을 위반하여 영업정지기간 중에 영업을 한 경우
② 제1항에 따른 행정처분의 세부적인 기준은 그 위반행위의 유형과 위반의 정도 등을 고려하여 해양수산부령으로 정한다.

제31조의5【휴업·폐업 등의 신고】 어선중개업자는 다음 각 호의 어느 하나에 해당하는 경우에는 해양수산부령으로 정하는 바에 따라 그 사실을 해양수산부장관에게 신고하여야 한다.
1. 어선중개업을 폐업하려는 경우
2. 3개월을 초과하여 휴업하려는 경우
3. 휴업 후 영업을 다시 하려는 경우
4. 휴업기간을 연장하려는 경우

제31조의6【과징금 처분】 ① 해양수산부장관은 제31조의4제1항제2호 및 제4호부터 제6호까지의 규정에 따라 어선중개업자에게 영업정지를 명하여야 하는 경우로서 어선중개업의 영업정지가 어업인 등에게 심한 불편을 줄 우려가 있는 경우에는 대통령령으로 정하는 바에 따라 영업정지처분을 갈음하여 1천만원 이하의 과징금을 부과할 수 있다.
② 제1항에 따라 과징금 부과처분을 받은 자가 과징금을 기한 내에 납부하지 아니하는 때에는 국세 체납처분의 예에 따라 이를 징수한다.
③ 제1항에 따라 과징금을 부과하는 위반행위의 종류 및 위반 정도 등에 따른 과징금의 금액과 그 밖에 필요한 사항은 대통령령으로 정한다.

제31조의7【어선중개업자에 대한 교육】 어선중개업자(법인인 경우에는 대표자와 해당 법인에서 어선중개업에 종사하는 사람을 말한다)는 해양수산부령으로 정하는 바에 따라 해양수산부장관이 실시하는 보수 교육을 받아야 한다.

제31조의8【거래계약서의 작성 등】 ① 어선중개업자는 어선 및 어선설비등의 매매 또는 임대차를 중개하는 경우 대통령령으로 정하는 바에 따라 거래계약서를 작성하여 거래당사자에게 발급하여야 한다.
② 어선중개업자는 제1항에 따른 거래계약서 사본을 3년간 보존하여야 한다.

제31조의9【보증보험 가입 등】 ① 어선중개업자는 어선 및 어선설비등의 매매 또는 임대차를 중개하면서 고의나 과실로 거래당사자에게 재산상의 손해를 발생하게 한 경우 그 손해에 대한 배상책임을 보장하기 위한 보증보험에 가입하여야 한다.
② 어선중개업자는 어선 및 어선설비등의 매매 또는 임대차를 중개하는 경우 거래당사자에게 제1항에 따른 손해배상책임의 보장에 관한 다음 각 호의 사항을 설명하고, 관계 증서의 사본을 발급하거나 관계 증서에 대한 전자문서를 제공하여야 한다.
1. 보장금액
2. 보장기간
3. 보증보험회사 및 그 소재지
③ 제1항에 따른 보증보험의 가입금액, 가입시기, 그 밖에 필요한 사항은 대통령령으로 정한다.

제6장 어선의 연구·개발
(2013.3.23 본조개정)

제32조【어선의 조사·연구】 해양수산부장관은 어선의 안전조업과 성능향상을 위하여 필요한 조사·연구를 할 수 있다.

제33조【표준어선형의 개발】 해양수산부장관은 어선의 개량과 어업경영의 합리화를 도모하기 위하여 어업의 종류별로 표준어선형을 개발하여 고시할 수 있다.

제7장 어선의 관리등

제34조~제36조 (1999.2.8 삭제)

제8장 보 칙
(2008.3.28 본장개정)

제37조【다른 법령의 준용】 ① 어선의 항행과 등록에 관하여 「선박법」 제2조, 제5조, 제9조제2항·제3항(대한민국 영사에게 임시선박국적증서의 발급을 신청하는 경우로 한정한다), 제10조(선박국적증서나 가선박국적증서를 갖추어 두지 아니하고는 대한민국국기를 게양할 수 없는 부분으로 한정한다), 제11조(국기 게양 부분으로 한정한다), 제13조, 제26조(국기게양과 표시의 면제로 한정한다), 제28조 및 제29조를 준용한다. 이 경우 "대한민국선박"은 "대한민국어선"으로, "한국선박"은 "한국어선"으로, "선박"은 "어선"으로, "선박취득지"는 "어선취득지"로, "선박관리인"은 "어선관리인"으로, "선박소유자"는 "어선소유자"로 본다.(2014.3.24 전단개정)
② 어선의 검사와 그 밖의 이와 관련된 사항에 관하여는 이 법에서 규정한 것을 제외하고는 「선박안전법」 제6조, 제12조부터 제14조까지, 제17조, 제41조, 제44조, 제66조, 제69조 및 제73조부터 제75조까지의 규정을 준용한다. 이 경우 "선박"은 "어선"으로 본다.(2017.10.31 본항개정)
③ 어선의 총톤수 측정에 관하여 「선박법」 제3조와 법률 제3641호 선박법개정법률 부칙 제3조제1항을 준용한다. 이 경우 "한국선박"은 "한국어선"으로 본다.

제37조의2【위반행위에 대한 지도·단속 등】 ① 해양수산부장관 또는 시장·군수·구청장은 이 법에 따라 어선의 건조·개조·등록·설비·검사 등과 관련하여 필요한 지도·단속을 할 수 있다. 이 경우 해양수산부장관 또는 시장·군수·구청장은 「수산업법」 제69조에 따른 어업감독 공무원에게 그 지도·단속 업무를 수행하게 할 수 있다.(2022.1.11 후단개정)

② 해양수산부장관은 어선중개업자에 대하여 해양수산부령으로 정하는 바에 따라 필요한 지도·감독을 할 수 있다.
(2016.12.27 본조신설)

제38조 【청문】 해양수산부장관이나 시장·군수·구청장은 다음 각 호의 어느 하나에 해당하는 처분을 하려면 청문을 하여야 한다.(2013.3.23 본문개정)
1. 제10조에 따른 건조·개조허가의 취소, 어선의 건조·개조의 중지 명령 및 어선 또는 어선설비의 제거 명령(2013.4.5 본호개정)
2. 제19조제2항에 따른 어선등록의 말소
2의2. 제24조의2제1항에 따른 형식승인의 취소 또는 효력정지(2017.10.31 본호신설)
2의3. 제24조의3제2항에 따른 형식승인시험기관의 지정취소 또는 효력 정지(2017.10.31 본호신설)
2의4. 제26조제1항에 따른 지정사업장의 지정 취소 또는 효력 정지(2017.10.31 본호신설)
3. 제31조의4에 따른 어선중개업 등록의 취소(2016.12.27 본호신설)
4. 제41조제8항에 따른 대행의 취소 또는 정지(2017.10.31 본호신설)

제39조 【수수료】 ① 다음 각 호의 어느 하나에 해당하는 자는 해양수산부령 또는 특별자치시·특별자치도·시·군·자치구의 조례로 정하는 바에 따라 수수료를 내야 한다. 다만, 제40조제2항에 따라 해양수산부장관의 업무를 위탁받은 기관(이하 이 조에서 "수탁기관"이라 한다)이 위탁받은 업무를 수행하거나 제41조제1항에 따라 해양수산부장관의 업무를 대행하는 기관(이하 이 조에서 "대행기관"이라 한다)이 총톤수의 측정·재측정 및 검사업무를 대행한 경우에는 수탁기관 또는 대행기관에서 정하는 수수료를 그 수탁기관 또는 대행기관에 내야 한다.
(2020.2.18 단서개정)
1. 제3조의2제1항에 따른 복원성 승인을 신청하는 자(2017.10.31 본호신설)
1의2. 제8조제1항에 따라 어선의 건조·개조허가 또는 그 변경허가를 신청하는 자
2. 제13조제1항에 따라 어선의 등록을 신청하는 자
3. 제14조에 따라 어선의 총톤수 측정 또는 재측정을 신청하는 자(2020.2.18 본호개정)
4. 제17조에 따라 변경등록을 신청하는 자
5. 제18조에 따라 선박국적증서등의 재발급을 신청하는 자
6. 제21조에 따라 어선검사를 신청하는 자
7. 제22조제1항에 따라 건조검사를 신청하는 자
8. 제22조제3항에 따라 예비검사를 신청하는 자
9. 제22조제6항에 따라 별도건조검사를 신청하는 자
10. 제24조제1항 및 제2항에 따라 형식승인 또는 그 변경승인 및 검정을 신청하는 자
11. 제25조제1항에 따라 지정사업장의 지정을 신청하는 자(2017.10.31 본호개정)
11의2. 제25조제3항 또는 제4항에 따라 어선, 어선의 설비 또는 어선용품의 확인을 신청하는 자(2017.10.31 본호신설)
11의3. 제26조의2제1항에 따른 하역설비의 제한하중등의 확인을 신청하는 자(2017.10.31 본호신설)
12. 제28조제3항에 따라 어선검사증서 유효기간의 연장을 신청하는 자
13. 제30조제1항에 따라 재검사 등을 신청하는 자
13의2. 제31조제2항에 따라 제공되는 정보를 이용하려는 자(2016.12.27 본호신설)
13의3. 제31조의2에 따라 어선중개업의 등록 또는 변경등록을 하려는 자(2016.12.27 본호신설)
14. 제37조제2항에 따라 준용하는 「선박안전법」 제12조제1항·제13조제1항에 따른 국제협약검사·도면승인을 신청한 자(2017.10.31 본호개정)
15. 제41조제3항에 따른 검사증서·검정증서·확인증 또는 어선총톤수측정증명서 등의 발급을 신청하는 자
(2013.4.5 본항개정)
② 수탁기관 또는 대행기관은 제1항 단서에 따라 수수료를 정하는 경우 그 기준을 정하여 해양수산부장관의 승인을 받아야 한다. 승인받은 사항을 변경하려는 경우에도 또한 같다.(2016.12.27 전단개정)
③ 수탁기관 또는 대행기관은 제2항에 따라 수수료를 정한 때에는 그 결정내용 및 산정내역을 인터넷 홈페이지에 공개하여야 한다.(2016.12.27 본항개정)
④ 제1항 단서에 따라 수탁기관 또는 대행기관이 수수료를 징수한 경우 그 수입은 그 수탁기관 또는 대행기관의 수입으로 한다.(2016.12.27 본항개정)

제40조 【권한의 위임 등】 ① 이 법에 따른 해양수산부장관 또는 해양경찰청장의 권한은 그 일부를 대통령령으로 정하는 바에 따라 시장·군수·구청장 또는 소속 기관의 장에게 위임할 수 있다.(2017.7.26 본항개정)
② 이 법에 따른 해양수산부장관의 업무는 그 일부를 대통령령으로 정하는 바에 따라 「한국해양교통안전공단법」에 따라 설립된 한국해양교통안전공단(이하 "공단"이라 한다)에 위탁할 수 있다.(2018.12.31 본항개정)

제41조 【검사업무 등의 대행】 ① 해양수산부장관은 공단 또는 「선박안전법」 제60조제2항에 따른 선급법인(이하 "선급법인"이라 한다)으로 하여금 다음 각 호의 업무를 대행하게 할 수 있다. 다만, 선급법인의 경우 제5호 및 제5호의2의 업무는 제외한다.(2017.10.31 단서개정)
1. 제3조의2제1항에 따른 어선의 복원성 승인(2017.10.31 본호신설)
1의2. 제14조에 따른 어선의 총톤수 측정·재측정(2020.2.18 본호개정)
2. 제21조에 따른 어선의 검사
3. 제22조에 따른 어선의 건조검사, 어선용품의 예비검사 및 별도건조검사
4. 제24조제1항에 따른 어선 또는 어선용품의 검정
5. 제25조제1항에 따른 지정사업장의 지정을 위한 조사(2017.10.31 본호개정)
5의2. 제25조제3항 또는 제4항에 따른 어선, 어선의 설비 또는 어선용품의 확인(2017.10.31 본호신설)
5의3. 제26조의2에 따른 제한하중등의 확인 및 하역설비 검사기록부의 작성(2017.10.31 본호신설)
6. 제28조제3항에 따른 어선검사증서 유효기간 연장의 승인(2013.4.5 본호신설)
7. 제37조제2항에 따라 준용되는 다음 각 목의 업무
가. 「선박안전법」 제12조제1항에 따른 국제협약검사
나. 「선박안전법」 제13조제1항에 따른 도면승인
다. 「선박안전법」 제41조제2항에 따른 위험물의 적재·운송·저장 등에 관한 검사·승인
(2017.10.31 본호신설)
(2009.5.27 본항개정)
② (1999.2.8 삭제)
③ 공단이나 선급법인은 제1항에 따라 대행하는 업무의 범위에서 해양수산부장관의 승인을 받아 제27조제1항 각 호에 따른 검사증서·검정증서·확인증 또는 어선총톤수측정증명서(국제톤수증서, 국제톤수확인서 및 재화중량톤수증서를 포함한다)를 발급할 수 있다.(2013.3.23 본항개정)
④ 공단이나 선급법인은 제1항에 따라 대행하는 업무에 대하여 해양수산부령으로 정하는 바에 따라 해양수산부장관에게 보고하여야 한다.(2013.3.23 본항개정)
⑤ 해양수산부장관은 제4항에 따라 공단이나 선급법인이 보고한 대행업무에 대하여 그 처리내용을 확인하고 이 법 또는 이 법에 따른 명령을 위반한 경우에는 필요한 조치를 하여야 한다.(2013.3.23 본항개정)
⑥ 해양수산부장관은 공단 또는 선급법인이 이 법에 따라 행한 업무에 대하여 지도·감독하고, 필요하다고 인정되는 때에는 공단 또는 선급법인에 대하여 그 사업에 관한 지시 또는 명령을 할 수 있다.(2013.3.23 본항개정)
⑦ 해양수산부장관은 공단 또는 선급법인에 대하여 필요하다고 인정하는 때에는 그 회계 및 재산에 관한 사항을 검사할 수 있다.(2013.3.23 본항개정)
⑧ 해양수산부장관은 공단 또는 선급법인이 제1항에 따라 대행하는 업무를 거짓 또는 부정한 방법으로 수행한 경우에는 대통령령으로 정하는 바에 따라 해당 업무의 대행을 취소하거나 정지할 수 있다.(2017.10.31 본항신설)
(2009.5.27 본조제목개정)

제41조의2 【공단에 대한 경비의 보조】 해양수산부장관은 공단에 대하여 어선 또는 어선설비에 관한 기술의 개발·보급, 대행업무 및 위탁업무 등의 수행에 필요한 경비를 예산의 범위에서 보조할 수 있다.(2016.12.27 본조개정)

제42조 【법정대리인의 의무】 제14조, 제16조제1항 및 제17조부터 제19조까지의 규정에서 어선의 소유자가 미성년자 또는 피성년후견인인 경우에는 그 법정대리인이 다음 각 호의 사항을 이행하여야 한다. 다만, 영업에 대하여 성년자와 동일한 능력을 가진 미성년자인 경우에는 그러하지 아니하다.(2014.3.18 본문개정)
1. 어선의 총톤수 측정·재측정의 신청(2020.2.18 본호개정)
2. 어선 명칭등의 표시와 어선번호판의 부착
3. 등록 사항의 변경 신청
4. 선박국적증서등의 재발급 신청
5. 등록의 말소 신청에 따르는 소유자의 의무

제9장 벌 칙
(2008.3.28 본장개정)

제43조 【벌칙】 다음 각 호의 어느 하나에 해당하는 자는 3년 이하의 징역 또는 3천만원 이하의 벌금에 처한다.
1. 제8조제1항을 위반하여 건조·개조허가를 받지 아니하고 어선을 건조·개조하거나 어선의 건조·개조를 발주한 자
2. 제13조제2항을 위반하여 같은 조 제1항에 따른 등록을 하지 아니한 어선을 어선으로 사용한 자
3. 거짓 또는 부정한 방법으로 제41조제1항 또는 제3항에 따른 대행업무 또는 발급업무를 한 자
(2017.10.31 본조개정)

제44조 【벌칙】 ① 다음 각 호의 어느 하나에 해당하는 자는 1년 이하의 징역 또는 1천만원 이하의 벌금에 처한다.
1. 제3조의2제1항 또는 제3항을 위반하여 복원성 승인을 받지 아니하거나 복원성을 유지하지 아니하고 어선을 항행에 사용한 자(2017.10.31 본호신설)
1의2. 제4조에 따른 만재흘수선의 표시를 하지 아니한 자
2. 제5조제1항에 따른 무선설비를 갖추지 아니하고 어선을 항행 또는 조업에 사용한 자
3. 제16조에 따른 어선 명칭등의 표시 또는 어선번호판을 은폐·변경 또는 제거하고 어선을 항행 또는 조업에 사용한 자
4. 제21조에 따른 어선검사를 받지 아니하고 어선을 항행 또는 조업에 사용한 자
4의2. 제23조를 위반하여 제21조에 따른 어선의 검사 또는 제22조제1항에 따른 건조검사(별도건조검사를 포함한다)를 받은 후 해당 어선의 선체·기관·설비 등을 임의로 변경하거나 설치한 자(2017.10.31 본호신설)
5. 거짓이나 그 밖의 부정한 방법으로 제24조제1항 또는 제2항에 따른 형식승인, 그 변경승인 또는 검정을 받은 자
6. 거짓이나 그 밖의 부정한 방법으로 제25조제1항에 따른 지정사업장의 지정을 받은 자(2017.10.31 본호개정)
7. 제27조제1항제1호에 따른 어선검사증서에 기재된 최대승선인원을 초과하여 어선을 항행 또는 조업에 사용한 자(2017.10.31 본호개정)
7의2. 제27조제1항제1호에 따른 어선검사증서에 기재된 만재흘수선의 표시 위치 등을 위반한 어선을 항행 또는 조업에 사용한 자(2017.10.31 본호신설)
8. 거짓이나 그 밖의 부정한 방법으로 제27조제1항에 따른 어선검사증서·어선특별검사증서·임시항행검사증서·건조검사증서·예비검사증서·별도건조검사증서·건조확인증·제조확인증·정비확인증 또는 제한하중등 확인증을 발급받은 자(2017.10.31 본호개정)
9. 제31조의2에 따른 등록 또는 변경등록을 하지 아니하고 어선중개업을 한 자(2016.12.27 본호신설)
10. 거짓이나 그 밖의 부정한 방법으로 제31조의2에 따른 어선중개업을 등록하거나 변경등록한 자(2016.12.27 본호신설)
(2009.5.27 본항개정)
② 어선 승선원이 제1항의 위반행위를 하면 행위자를 벌할 뿐만 아니라 선장에게도 같은 항의 벌금형을 과(科)한다.

제45조 (1997.12.17 삭제)

제46조 【벌칙】 다음 각 호의 어느 하나에 해당하는 자는 500만원 이하의 벌금에 처한다.
1. 제10조에 따른 처분이나 명령을 이행하지 아니한 자
2. 제22조제1항을 위반하여 건조검사를 받지 아니하고 어선을 건조한 자
(2009.5.27 본조개정)

제47조 【벌칙】 제42조를 위반하여 법정대리인의 의무를 이행하지 아니한 자는 100만원 이하의 벌금에 처한다.

제48조 【양벌규정】 ① 법인의 대표자, 대리인, 사용인, 그 밖의 종업원이 그 법인의 업무에 관하여 제43조, 제44조, 제46조 및 제47조의 위반행위를 하면 그 행위자를 벌할 뿐만 아니라 그 법인에도 해당 조문의 벌금형을 과한다. 다만, 법인이 그 위반행위를 방지하기 위하여 해당 업무에 관하여 상당한 주의와 감독을 게을리하지 아니한 때에는 그러하지 아니하다.
② 개인의 대리인, 사용인, 그 밖의 종업원이 그 개인의 업무에 관하여 제43조, 제44조, 제46조 및 제47조의 위반행위를 하면 그 행위자를 벌할 뿐만 아니라 그 개인에게도 해당 조문의 벌금형을 과한다. 다만, 개인이 그 위반행위를 방지하기 위하여 해당 업무에 관하여 상당한 주의와 감독을 게을리하지 아니한 때에는 그러하지 아니하다.

제49조 【벌칙의 준용】 어선에 대하여 「선박법」 제32조, 제33조제1항(같은 법 제10조를 위반하여 선박국적증서나 가선박국적증서를 갖추어 두지 아니하고 대한민국국기를 게양한 경우로 한정한다), 제34조, 제35조제1항 및 제35조제2항제3호·제4호와 「선박안전법」 제83조제2호(국제협약검사에 관한 부분에 한정한다)·제14호, 제84조제1항제5호·제6호·제11호, 제85조제1호·제2호 및 제5호부터 제8호까지 및 제86조제3호를 준용한다. 이 경우 "한국선박"은 "한국어선"으로, "선박"은 "어선"으로, "선박원부"는 "어선원부"로, "선박소유자"는 "어선소유자"로, "선박관리인"은 "어선관리인"으로 본다.
(2017.10.31 전단개정)

제50조 【벌칙의 적용】 이 법(제37조에 따라 준용되는 「선박법」 및 「선박안전법」을 포함한다. 이하 이 조와 제51조에서 같다)과 이 법에 따른 명령을 위반한 어선소유자에게 적용할 벌칙(제49조에 따라 준용되는 「선박법」 및 「선박안전법」의 벌칙 규정을 포함한다. 이하 이 조와 제51조에서 같다)은 다음 각 호에 해당하는 자에게 적용한다.
(2009.5.27 본문개정)
1. 어선을 공유한 경우로서 어선관리인을 둔 때에는 어선관리인
2. 어선 임차의 경우 어선임차인
3. 선장에게 적용할 벌칙은 선장의 직무를 대행하는 자

제51조 【벌칙 적용의 예외】 어선의 소유자가 국가, 특별시·광역시·특별자치시·도·특별자치도 또는 시·군·자치구인 경우에는 이 법과 이 법에 따른 명령을 위반한 어선의 소유자에게 적용할 벌칙을 적용하지 아니한다.
(2013.4.5 본조개정)

제52조 【벌칙 적용에서의 공무원 의제】 제41조제1항 및 제3항에 따라 해양수산부장관의 업무를 대행하거나 어선총톤수측정증명서를 발급하는 공단 또는 선급법인의 임직원은 「형법」 제129조부터 제132조까지의 규정에 따른 벌칙을 적용할 때에는 공무원으로 본다.(2013.3.23 본조개정)

제53조【과태료】 ① 다음 각 호의 어느 하나에 해당하는 자에게는 300만원 이하의 과태료를 부과한다.
1. 제4조제2항을 위반하여 만재흘수선을 초과하여 사람, 어획물 또는 화물 등을 승선시키거나 싣고 항행한 자(2020.2.18 본호개정)
2. 정당한 사유 없이 제5조제2항을 위반하여 무선설비를 작동하지 아니한 자
3. 정당한 사유 없이 제5조의2제1항 본문을 위반하여 어선위치발신장치를 작동하지 아니한 자
4. 정당한 사유 없이 제5조의2제3항을 위반하여 어선위치발신장치의 고장 또는 분실 신고를 하지 아니하거나 고장 또는 분실 신고 후 어선위치발신장치의 수리 또는 재설치 등의 조치를 하지 아니한 자
(2017.10.31 본항신설)
② 다음 각 호의 어느 하나에 해당하는 자에게는 100만원 이하의 과태료를 부과한다.
1. 제3조의2제4항 또는 제5항을 위반하여 복원성에 관한 자료를 선장에게 제공하지 아니하거나 어선 안에 비치하지 아니한 자(2017.10.31 본호개정)
2. 제15조 본문을 위반하여 선박국적증서등을 어선에 갖추어 두지 아니하고 어선을 항행하거나 조업에 사용한 자
3. 제16조제1항을 위반하여 어선의 명칭등을 표시하지 아니하거나 어선번호판을 붙이지 아니한 자
4. 제17조에 따른 변경등록을 신청하지 아니한 자
5. 제19조제1항에 따른 등록의 말소를 신청하지 아니한 자
6. 정당한 사유 없이 제19조제3항에 따른 어선번호판과 선박국적증서등을 반납하지 아니하거나 분실 등의 사유를 신고하지 아니한 자
7. 정당한 사유 없이 제21조제1항에 따른 어선검사를 받지 아니한 자(2009.5.27 본호신설)
7의2. 제26조의2제1항을 위반하여 하역설비의 제한하중등의 확인을 받지 아니한 자(2017.10.31 본호신설)
7의3. 제26조의2제3항을 위반하여 제한하중등의 사항을 위반하여 하역설비를 사용한 자(2017.10.31 본호신설)
8. 제29조를 위반하여 어선검사증서·어선특별검사증서 또는 임시항행검사증서를 어선 안에 갖추어 두지 아니하고 어선을 항행하거나 조업에 사용한 자(2009.5.27 본호신설)
9. 제31조의5에 따른 어선중개업의 휴업·폐업·재개 또는 휴업기간 연장 신고를 하지 아니한 자(2016.12.27 본호신설)
10. 정당한 사유 없이 제31조의7에 따른 보수 교육을 받지 아니한 자(2016.12.27 본호신설)
11. 제31조의9제2항을 위반하여 손해배상책임의 보장에 관한 사항을 설명하지 아니하거나 관계 증서의 사본이나 관계 증서에 관한 전자문서를 발급·제공하지 아니한 자(2016.12.27 본호신설)
③ 제1항 및 제2항에 따른 과태료는 대통령령으로 정하는 바에 따라 다음 각 호의 자가 각각 부과·징수한다.
1. 제1항제1호·제2호 및 제2항의 경우 : 시장·군수·구청장
2. 제1항제3호·제4호의 경우 : 해양경찰청장
(2017.10.31 본항개정)
④~⑤ (2009.5.27 삭제)

부 칙 (2009.5.27)

제1조【시행일】 이 법은 공포 후 6개월이 경과한 날부터 시행한다. 다만, 제15조 단서의 개정규정은 공포한 날부터 시행한다.
제2조【어선용품의 형식승인 및 검정에 관한 경과조치】 이 법 시행 당시「선박안전법」제20조에 따른 우수제조사업장 또는 우수정비사업장으로 지정받은 자가 제조·정비한 어선용품의 확인업무에 관하여는 종전의 규정에 따른다.
제3조【어선검사 등에 관한 경과조치】 ① 이 법 시행 당시「선박안전법」제7조제1항·제8조제1항·제9조제1항·제10조제1항·제11조제1항·제12조제1항·제18조제1항 및 제20조제1항에 따른 어선을 대상으로 행한 건조검사, 선박검사, 예비검사, 형식승인, 검정, 우수건조·제조·정비사업장의 지정, 선박 또는 선박용 물건의 확인은 이 법에 따라 행한 것으로 본다.
② 이 법 시행 당시 선박검사증서가 발급된 어선의 검사에 관하여는 그 증서의 유효기간이 만료될 때까지 종전의 규정에 따른다.
③ 이 법 시행 당시 신청된 어선에 대한 선박의 검사 등에 관하여는 종전의 규정에 따른다.
제4조【어선설비기준에 관한 경과조치】 이 법 시행 당시「선박안전법」제26조·제27조 및 제29조에 따른 어선에 대한 선박시설, 만재흘수선의 표시 및 무선설비에 관한 기준은 이 법에 따른 어선설비기준 등에 관한 농림수산식품부장관의 고시가 시행될 때까지 그 효력을 가진다.
제5조【선급법인에 관한 경과조치】 이 법 시행 당시「선박안전법」제60조제2항에 따라 지정받은 선급법인은 이 법에 따라 지정받은 것으로 본다.
제6조【벌칙 및 과태료에 관한 경과조치】 이 법 시행 전의 행위에 대한 벌칙 및 과태료의 적용에 있어서는 종전의 규정에 따른다.

부 칙 (2013.4.5)

제1조【시행일】 이 법은 공포 후 6개월이 경과한 날부터 시행한다.
제2조【임시검사 생략에 관한 적용례】 제25조제4항의 개정규정에 따른 확인된 부분에 대한 임시검사의 생략은 이 법 시행 후 임시검사를 하는 경우부터 적용한다.

부 칙 (2014.3.18)

제1조【시행일】 이 법은 공포한 날부터 시행한다.
제2조【금치산자 등에 대한 경과조치】 제42조의 개정규정에 따른 피성년후견인에는 법률 제10429호 민법 일부개정법률 부칙 제2조에 따라 금치산 또는 한정치산 선고의 효력이 유지되는 사람을 포함하는 것으로 본다.

부 칙 (2016.12.27 법14510호)

제1조【시행일】 이 법은 공포 후 6개월이 경과한 날부터 시행한다.
제2조【어선중개업 등록에 관한 경과조치】 제31조의2의 개정규정에도 불구하고 이 법 시행 당시 어선중개업을 영위하고 있는 자는 이 법 시행 이후 3개월까지는 같은 개정규정에 따른 등록을 하지 아니하고 어선중개업을 영위할 수 있다.
제3조【금치산자 등에 대한 경과조치】 제31조의3제2호의 개정규정에 따른 피성년후견인 또는 피한정후견인은 법률 제10429호 민법 일부개정법률 부칙 제2조에 따라 금치산 또는 한정치산 선고의 효력이 유지되는 자를 포함하는 것으로 본다.

부 칙 (2017.10.31)

제1조【시행일】 이 법은 공포 후 6개월이 경과한 날부터 시행한다.
제2조【복원성에 관한 자료의 비치 등에 관한 적용례】 제3조의2제4항 및 제5항의 개정규정은 이 법 시행 후 출항하는 어선부터 적용한다.
제3조【어선의 등록 말소에 관한 적용례】 이 법 시행 당시 어선의 소유자에 대한 제19조제2항제4호의 개정규정에 따른 1년의 기간은 이 법 시행일부터 기산한다.
제4조【형식승인의 취소 등에 관한 적용례】 제24조의2제1항제4호 및 제5호의 개정규정은 제24조제1항에 따라 형식승인을 받은 자가 이 법 시행 후 제24조의2제1항제4호 또는 제5호의 개정규정에 해당하게 되는 경우부터 적용한다. 이 경우 제24조의2제1항제4호의 개정규정에 따른 2년 이상의 기간은 이 법 시행 후 어선용품 또는 소형어선을 제조하거나 수입하지 아니한 날부터 기산한다.
제5조【지정사업장의 지정 취소 등에 관한 적용례】 제26조제1항제4호부터 제7호까지의 개정규정은 제25조제1항의 개정규정에 따라 지정사업장으로 지정을 받은 자가 이 법 시행 후 제26조제1항제4호부터 제7호까지의 개정규정 중 어느 하나에 해당하게 되는 경우부터 적용한다. 이 경우 제26조제1항제5호의 개정규정에 따른 1년 이상의 기간은 이 법 시행 후 어선, 어선의 설비 또는 어선용품을 건조·제조하거나 정비하지 아니한 날부터 기산한다.
제6조【우수건조사업장 등에 관한 경과조치】 이 법 시행 당시 종전의 제25조제1항에 따라 지정된 우수건조사업장·우수제조사업장 또는 우수정비사업장은 각각 제25조제1항의 개정규정에 따라 지정된 지정건조사업장·지정제조사업장 또는 지정정비사업장으로 본다.
제7조【벌칙에 관한 경과조치】 이 법 시행 전의 행위에 대한 벌칙의 적용에 있어서는 종전의 규정에 따른다.
제8조【다른 법률의 개정】 ※(해당 법령에 가제정리 하였음)

부 칙 (2019.8.27)

제1조【시행일】 이 법은 공포 후 1년이 경과한 날부터 시행한다.(이하 생략)

부 칙 (2020.2.18)

이 법은 공포한 날부터 시행한다.

부 칙 (2022.1.11)

제1조【시행일】 이 법은 공포 후 1년이 경과한 날부터 시행한다.(이하 생략)

(舊 : 어업등록령)

어업 · 양식업등록령

(2007년 9월 6일 전부개정대통령령 제20246호)

개정
2008. 2.29영20677호(직제)
2010. 4.20영22126호
2010. 5. 4영22151호(전자정부법시)
2010. 9.20영22395호(지방세시)
2010.11. 2영22467호(행정정보이용감축개정령)
2013. 1.22영24330호
2013. 3.23영24455호(직제)
2015. 3.17영26147호(공익신탁법시)
2018. 6. 5영28946호(일본식용어정비)
2020. 8.26영30977호(양식산업발전법시)
2020.11.24영31176호(법정공고방식확대)
2021. 1. 5영31380호(법령용어정비)
2023. 1.10영33225호(수산시)

제1장 총 칙

제1조【목적】 이 영은「수산업법」제17조제3항과「양식산업발전법」제29조제3항에 따라 어업권·양식업권과 이를 목적으로 하는 권리 및 입어(入漁)에 관한 사항의 등록에 관하여 규정함을 목적으로 한다.(2020.8.26 본조개정)
제2조【등록관청】 제1조에 따른 등록은 어업·양식업의 면허권을 가진 행정관청(이하 "등록관청"이라 한다)이 하여야 한다.(2020.8.26 본조개정)
제3조【가등록】 가등록은 다음 각 호의 어느 하나에 해당하는 경우에 하여야 한다.
1. 등록신청에 필요한 절차상의 요건이 갖추어지지 아니한 경우
2. 어업권 또는 양식업권과 이를 목적으로 하는 저당권·임차권의 설정, 이전, 변경 또는 소멸의 청구권을 보전하려는 경우(2020.8.26 본호개정)
제4조【예고등록】 예고등록은 등록원인의 무효 또는 취소로 인한 등록의 말소나 회복의 소가 제기된 경우에 하여야 한다.
제5조【부기등록】 다음 각 호의 어느 하나에 해당하는 사항의 등록은 등록상 이해관계를 가진 제삼자가 없는 경우 또는 신청서에 등록상 이해관계를 가진 제삼자의 승낙서나 이에 대항할 수 있는 재판의 등본을 첨부한 경우에만 부기(附記)를 함으로써 하여야 한다.
1. 저당권·임차권의 변경
2. 등록의 경정(어업권등록부·양식업권등록부와 신탁등록부의 표시란에 한 등록의 경정은 제외한다)(2020.8.26 본호개정)
3. 일부말소등록의 회복
4. 등록 명의인 표시의 변경과 대표자의 변경
5. 저당권의 이전과 그 처분의 제한 및 순위 변경으로 인한 저당권의 변경
제6조【등록한 권리의 순위】 ① 같은 어업권 또는 양식업권에 관하여 등록한 권리의 순위는 법령에 다른 규정이 없으면 등록의 선후에 따른다.(2020.8.26 본항개정)
② 등록의 선후는 등록용지 중 같은 구(區)에 한 등록 사이에서는 순위번호의 순위에 따르고 다른 구에 한 등록 사이에서는 접수번호의 순위에 따른다. 가등록한 것을 본등록하는 경우 본등록의 순위는 가등록의 순위에 따른다.
③ 부기등록의 순위는 주된 등록의 순위에 따르고 부기등록 상호간의 순위는 그 선후에 따른다.
제7조【등록결함 주장의 제한】 ① 사기나 강박으로 등록신청을 방해한 제삼자는 등록의 결함을 주장할 수 없다.
② 타인을 위하여 등록을 신청할 의무가 있는 자는 그 등록에 결함이 있다고 주장할 수 없다. 다만, 그 등록의 원인이 자기의 등록보다 나중에 발생한 경우에는 그러하지 아니하다.
제8조【등록관청의 변경과 등록부 등의 이송】 등록관청이 변경되면 종전 등록관청은 그 어업권 또는 양식업권과 이를 목적으로 한 권리 및 입어에 관한 부책(簿冊)과 관계 서류를 새로운 등록관청에 이송하여야 한다. 다만, 부책과 관계 서류가 일책(一冊)의 일부일 때에는 그 등본을 이송하여야 한다.(2020.8.26 본문개정)

제2장 등록에 관한 장부

제9조【어업권원부의 종류】 ① 어업권원부(漁業權原簿)는 다음 각 호와 같이 구분한다.

1. 어업권등록부
2. 어장도 편철장(漁場圖 編綴帳)
3. 어업권 공유자 명부
4. 입어등록부
5. 신탁등록부
② 어업권원부(어장도 편철장은 제외한다)는 다음 각 호의 구분에 따른 서식에 따라 작성하여야 한다.
1. 어업권등록부
가. 마을어업의 어업권 : 별지 제1호서식(2010.4.20 본목개정)
나. 그 밖의 어업의 어업권 : 별지 제2호서식
2. 어업권공유자명부 : 별지 제3호서식
3. 입어등록부 : 별지 제4호서식
4. 신탁등록부 : 별지 제5호서식
③ 어장도 편철장에는 어장도를 면허번호 순서로 편철하고 면수를 기재하여야 한다.
제9조의2【양식업권원부의 종류】 ① 양식업권원부(養殖業權原簿)는 다음 각 호와 같이 구분한다.
1. 양식업권등록부
2. 양식장도 편철장(養殖場圖 編綴帳)
3. 양식업권 공유자 명부
4. 신탁등록부
② 양식업권원부(양식장도 편철장은 제외한다)는 다음 각 호의 구분에 따른 서식에 따라 작성해야 한다.
1. 양식업권등록부 : 별지 제2호서식
2. 양식업권공유자명부 : 별지 제3호서식
3. 신탁등록부 : 별지 제5호서식
③ 양식장도 편철장에는 양식장도를 면허번호 순서로 편철하고 면수를 기재해야 한다.
(2020.8.26 본조신설)
제10조【등록 접수부】 ① 등록관청은 별지 제6호서식에 따른 등록 접수부를 비치하여야 한다.
② 등록 접수부의 접수번호는 해마다 갱신하여야 한다.
제11조【등록관청에 비치하여야 할 장부】 ① 등록관청에는 어업권원부 · 양식업권원부와 등록 접수부 외에 다음 각 호의 장부를 갖추어 두어야 한다.(2020.8.26 본문개정)
1. 색출부(索出簿)
2. 대표자 명부
3. 등록신청서, 촉탁서, 그 밖에 관계 서류 편철장
4. 신청에 대한 각하 서류의 편철장
5. 등본 · 초본의 발급 · 열람신청 사건부
6. 등본 · 초본의 발급 · 열람신청서 편철장
7. 통지부
8. 어업권원부 등본 편철장
9. 양식업권원부 등본 편철장(2020.8.26 본호신설)
② 제1항제3호부터 제6호까지에 따른 장부는 1년마다 별책으로 하여야 한다.
제12조【어업권등록부 및 양식업권등록부의 기재사항】 ① 어업권등록부 및 양식업권등록부에는 다음 각 호의 사항을 기재하여야 한다.(2020.8.26 본문개정)
1. 면허번호
2. 어업권 또는 양식업권의 표시(2020.8.26 본호개정)
3. 제한 또는 조건
4. 어업권 또는 양식업권의 존속기간(2020.8.26 본호개정)
5. 어업권 또는 양식업권의 변동(2020.8.26 본호개정)
② 어업권등록부 및 양식업권등록부의 갑구부터 정구까지의 난에 기입할 내용은 해양수산부장관이 정한다.
(2020.8.26 본항개정)
(2020.8.26 본조제목개정)
제13조【어업권 · 양식업권 공유자 명부의 기재사항】 ① 어업권 공유자 명부 및 양식업권 공유자 명부(이하 "어업권 · 양식업권 공유자 명부"라 한다)에는 다음 각 호의 사항을 기재하여야 한다.(2020.8.26 본문개정)
1. 면허번호
2. 지분
3. 그 밖에 필요한 사항
② 어업권 · 양식업권 공유자 명부의 갑구부터 병구까지의 난에 기입할 내용은 해양수산부장관이 정한다.
(2020.8.26 본항개정)
(2020.8.26 본조제목개정)
제14조【입어등록부 기재사항】 입어등록부에는 다음 각 호의 사항을 기재하여야 한다.
1. 입어의 표시
2. 입어의 제한 · 정지
3. 그 밖에 필요한 사항
제15조【신탁등록부의 기재사항】 신탁등록부에는 다음 각 호의 사항을 기재하여야 한다.
1. 면허번호
2. 신탁재산의 표시
3. 그 밖에 필요한 사항
제16조【색출장 등의 기재사항】 ① 색출장은 색출하기 편리하도록 어업권등록부 색출장, 양식업권등록부 색출장 및 입어등록부 색출장으로 구분하되, 색출장에는 다음 각 호의 구분에 따른 사항을 각각 기재하여야 한다.
(2020.8.26 본문개정)
1. 어업권등록부 색출장
가. 면허번호
나. 어업권자의 성명(공유의 어업권인 경우 대표자의 성명만을 기재하고, 그 밖의 공유자는 인원만을 기재한다)
다. 어업권등록부
라. 어업권 공유자 명부
마. 어장도 편철장
바. 신탁등록부의 책수와 면수
2. 양식업권등록부 색출장
가. 면허번호
나. 양식업권자의 성명(공유의 양식업권인 경우 대표자의 성명만을 기재하고, 그 밖의 공유자는 인원만을 기재한다)
다. 양식업권등록부
라. 양식업권 공유자 명부
마. 양식장도 편철장
바. 신탁등록부의 책수와 면수
(2020.8.26 본호신설)
3. 입어등록부 색출장
가. 면허번호
나. 입어자의 성명
다. 입어등록부의 책수와 면수
② 등본 · 초본의 발급 · 열람신청 사건부에는 다음 각 호의 사항을 기재하고 발급한 등본 또는 초본과 걸쳐서 도장을 찍어야 한다.
1. 사건명
2. 신청자 성명
3. 접수연월일
4. 접수번호
5. 발급연월일
6. 수수료의 금액
제17조【원부의 열람신청과 등본 및 초본의 발급신청】 ① 어업권원부 · 양식업권원부를 열람하거나 어업권원부 · 양식업권원부의 등본 또는 초본을 발급받으려는 자는 수수료를 내고 신청할 수 있다.
② 어업권원부 · 양식업권원부의 등본 또는 초본을 송부받으려는 자는 수수료 이외에 우송료를 내고 신청할 수 있다.
(2020.8.26 본조개정)
제18조【어업권원부 · 양식업권원부의 등본 · 초본의 작성방법】 ① 어업권원부 · 양식업권원부의 등본 및 초본은 어업권원부 · 양식업권원부와 같은 서식의 용지로써 작성한다.(2020.8.26 본항개정)
② 어업권등록부 · 양식업권등록부, 어업권 · 양식업권 공유자 명부, 입어등록부 및 신탁등록부의 등본과 초본의 경우 그 용지에 빈자리가 있으면 붉은 줄을 그어야 하고 다음 각 호의 요건을 모두 갖춘 서면을 첨부하여야 하며 각 용지 사이에는 등록관청의 직인으로 간인을 하여야 한다.(2020.8.26 본문개정)
1. 어업권원부 · 양식업권원부와 서로 다르지 아니함을 인증한다는 인증문, 등록관청명 및 연월일이 각각 기재되어 있을 것(2020.8.26 본호개정)
2. 등록관청의 직인이 찍혀 있을 것
(2020.8.26 본조제목개정)

제3장 등록절차

제1절 통 칙

제19조【직권등록 외의 등록】 등록은 등록관청이 직권으로 하는 경우 외에는 신청이나 촉탁이 없으면 하지 못한다.
제20조【공동 등록신청의 대표자】 「수산업법」 제6조 및 「양식산업발전법」 제16조에 따라 두 명 이상이 공동으로 면허를 신청하는 경우 선정된 어업권 및 양식업권에 관한 대표자는 이 영에 따른 등록의 대표자로 본다.
(2023.1.10 본조개정)
제21조【어업권원부 · 양식업권원부의 표시란과 표시번호란의 기재】 ① 어업권원부 · 양식업권원부의 표시란에 등록한 경우에는 표시번호란에 번호를 기재하고, 어업권원부 · 양식업권원부의 사항란에 등록한 경우에는 제24조제3항의 경우 외에는 순위번호란에 번호를 기재하여야 한다.(2020.8.26 본항개정)
② 표시란에 등록한 경우에는 표시번호란과 표시란에, 사항란에 등록한 경우(제24조제2항에 따라 가등록한 경우는 제외한다)에는 순위번호란과 사항란에 세로줄을 긋고 빈자리와 구분하여야 한다.
(2020.8.26 본조제목개정)
제22조【같은 순위번호를 기재하는 경우】 제21조제1항의 경우에는 제96조제2항 단서 또는 제111조에 따라 같은 접수번호를 붙이고, 같은 사항란에 등록을 하는 경우에는 같은 순위번호를 기재하여야 한다.
제23조【부기등록의 순위번호 기재】 ① 부기에 의한 등록의 순위번호를 기재할 때에는 주된 등록의 순위번호를 그 번호의 왼쪽에 기재하여야 한다.
② 제1항의 경우에는 주된 등록의 순위번호 왼쪽에 부기등록번호를 추가로 기재하여야 한다.
③ 제40조제2항, 제47조제3항, 제48조제3항, 제49조제1항, 제107조 및 제121조에 따라 추가로 기재할 경우에는 제1항 및 제2항을 준용한다.
제24조【가등록의 기재】 ① 가등록은 등록용지 중 해당 구의 사항란에 하여야 한다.
② 가등록을 한 경우에는 사항란에만 세로줄을 긋고 그 왼쪽에 본등록을 할 수 있는 적당한 빈자리를 두어 순위번호란과 사항란에 세로줄을 그어야 한다.
③ 가등록을 한 후 본등록 신청이 있으면 가등록 왼쪽의 빈자리에 그 등록을 하여야 한다. 가등록 말소신청이 있는 경우에도 또한 같다.
제25조【공유의 어업권 · 양식업권과 등록부 갑구 사항란의 기재】 어업권등록부 · 양식업권등록부의 갑구 사항란에 등록하는 경우 어업권 · 양식업권이 공유이면 어업권자 · 양식업권자의 성명과 주소는 대표자의 것만 기재하고 그 밖의 공유자는 그 인원을 기재하며, 공유자 전원의 성명과 주소는 어업권 · 양식업권 공유자 명부에 기재하여야 한다.(2020.8.26 본조개정)
제26조【어업권 · 양식업권 공유자 명부의 기재】 ① 어업권 · 양식업권 공유자 명부에 제25조에 따라 등록을 하는 경우 면허번호란에는 면허번호를, 갑구 사항란에는 공유자 전원의 성명과 주소를 각각 기재하고, 지분이 정하여져 있으면 지분란에 그 지분을 기재하여야 한다.
(2020.8.26 본항개정)
② 제1항에 따라 지분란에 등록한 경우 그 등록연월일과 날인에 관하여는 제35조를 준용한다.
③ 제1항에 따른 기재를 마치면 어업권등록부 · 양식업권등록부의 책수와 면수를 해당란에 기재하여야 한다.
(2020.8.26 본항개정)
(2020.8.26 본조제목개정)
제27조【어업권 · 양식업권 공유자 명부의 등록과 어장도면 · 양식장도면 편철 등의 경우】 어업권 · 양식업권 공유자 명부에 제26조에 따른 등록을 한 경우, 입어등록부에 제105조에 따른 등록을 한 경우, 어장도 편철장 또는 양식장도 편철장(이하 "어장도 · 양식장도 편철장"이라 한다)에 어장도 또는 양식장도를 편철하거나 제44조에 따라 어장도 또는 양식장도에 도면을 첨부한 경우에는 그 장부의 책수와 면수를 어업권등록부 또는 양식업권등록부 해당란의 등록한 끝부분에 기재하여야 한다.
(2020.8.26 본조개정)
제28조【지분의 이전 · 변경 등의 등록】 ① 어업권 · 양식업권 지분의 이전 · 변경등록과 처분제한등록을 하는 경우에는 어업권 · 양식업권 공유자 명부에 하여야 한다. 지분을 목적으로 한 저당권의 보존 · 설정 · 이전 · 변경 · 소멸등록과 처분제한등록에 대하여도 또한 같다.
② 지분 이전에 따라 어업권 · 양식업권이 한 명에게 귀속한 경우에는 제1항을 적용하지 아니한다.
(2020.8.26 본조개정)
제29조【신탁에 관한 등록】 어업권 또는 양식업권과 이를 목적으로 한 권리의 신탁에 관한 등록은 어업권 또는 양식업권과 이를 목적으로 하는 권리의 이전에 관한 사항과 이 영에 다른 규정이 있는 사항 외에는 신탁등록부에 하여야 한다.(2020.8.26 본조개정)
제30조【등록의 말소】 ① 등록을 말소하는 경우에는 제58조제1항에 따른 경우 외에는 등록원인과 그 일자, 말소할 사항과 말소를 등록한다는 사실을 각각 기재하고 말소할 등록을 붉은색으로 말소하여야 한다.
② 제1항의 경우에 말소와 관계되는 권리를 목적으로 한 제삼자의 권리에 관한 등록이 있으면 등록용지 중 해당 구의 사항란에 제삼자의 권리를 표시하는 동시에 이를 말소하는 이유를 기재하고 말소할 등록을 붉은색으로 말소하여야 한다.
제31조【착오 · 누락의 통지】 ① 등록을 마친 후 그 등록에 착오나 누락이 있음을 발견한 경우로서 그 착오나 누락 부분이 다음 각 호의 어느 하나에 해당하는 때에는 등록관청은 직권으로 등록을 경정하고 그 사실을 등록권리자와 등록의무자 또는 등록명의인에게 알려야 한다.
1. 어업권 또는 양식업권의 표시에 관한 등록과 관계될 때
2. 어업권 또는 양식업권의 표시에 관한 등록 외에 등록관청의 과오로 생긴 것일 때(등록상 이해관계가 있는 제삼자가 없는 경우로 한정한다)
(2020.8.26 1호~2호개정)
② 제1항의 경우를 제외하고 등록을 마친 후 그 등록에 착오나 누락이 있음을 발견하면 등록관청은 그 사실을 등록권리자와 등록의무자 또는 등록명의인에게 알려야 한다.
③ 제83조제1항의 경우에는 채권자에게도 제1항 및 제2항에 따른 통지를 하여야 한다.
④ 제1항부터 제3항까지의 규정에 따라 통지를 하는 경우 등록권리자 · 등록의무자 또는 등록명의인이 두 명 이상으로서 대표자가 없으면 그 중 한 명에게 알려야 한다.
⑤ 제3항 및 제4항은 제63조 또는 제65조제2항에 따른 수익자 등의 대위신청에 따라 등록을 한 경우에 준용한다.
제32조【등록경정의 등록】 ① 등록경정의 등록을 하는 경우에는 경정하여야 할 등록의 해당 표시란 또는 사항란에 등록경정 등록의 원인과 그 일자, 경정하여야 할 사항과 경정의 등록을 한다는 사실을 각각 기재하여야 한다.
② 제1항에 따른 경정의 등록을 한 경우 경정한 사항은 붉은색으로 말소하여야 한다.
제33조【등록회복의 등록】 ① 어업권 또는 양식업권 소멸의 등록을 한 후 직권이나 신청에 따라 등록회복의 등록을 하는 경우에는 새로운 등록용지에 다음 각 호의 어업권원부 또는 양식업권원부별로 해당 사항을 정정하여 기재하고, 그 밖에 소멸 전의 등록과 같은 등록을 하고 어업권등록부 또는 양식업권등록부의 갑구 사항란에 신청서의 접수연월일과 접수번호(신청에 따른 경우에만 해

당된다), 회복의 원인과 그 일자 및 회복등록을 한다는 사실을 각각 기재하여야 한다.(2020.8.26 본문개정)
1. 어업권등록부 : 어장도 편철장, 어업권 공유자 명부, 입어등록부 또는 신탁등록부의 책수와 면수
2. 양식업권등록부 : 양식장도 편철장, 양식업권 공유자 명부, 신탁등록부의 책수와 면수(2020.8.26 본호신설)
3. 입어등록부 : 입어등록의 번호, 어업권등록부의 책수와 면수
4. 신탁등록부 : 어업권등록부 또는 양식업권등록부의 책수와 면수(2020.8.26 본호개정)
② 제1항의 경우를 제외하고 직권이나 신청에 따라 등록을 회복하는 경우에는 회복의 등록을 한 후 다시 말소에 관한 등록과 같은 등록이나 제5조제3호에 따른 일부말소 등록의 회복등록을 하여야 한다.
제34조【행정구역 등의 변경】 행정구역(행정구역 안의 구·시·군·동·읍·면·리·마을을 포함한다. 이하 이 조에서 같다)이나 그 명칭이 변경되면 어업권원부 또는 양식업권원부에 기재한 행정구역이나 그 명칭도 변경된 것으로 본다.(2020.8.26 본조개정)
제35조【표시란·사항란의 등록과 날인】 어업권원부 또는 양식업권원부의 표시란 또는 사항란에 등록을 한 경우에는 그 끝에 등록연월일을 기재하고 담당 직원이 도장을 찍어야 한다.(2020.8.26 본조개정)
제36조【신·구 등록용지의 계속사용과 기재방법】 ① 등록용지 중 표시란이나 사항란에 등록의 전부 또는 일부를 할만한 빈자리가 없어지면 새로운 용지 중 면허번호란에 종전 용지에 기재된 면허번호를 옮겨 쓰고 종전 용지를 편철하는 어업권등록부·양식업권등록부, 어업권·양식업권 공유자 명부, 입어등록부 또는 신탁등록부의 책수·면수와 종전 용지에 이어지는 용지임을 각각 기재하여야 한다.(2020.8.26 본항개정)
② 제1항의 경우 종전 용지에는 새로운 용지를 편철한 어업권등록부·양식업권등록부, 어업권·양식업권 공유자 명부, 입어등록부 또는 신탁등록부의 책수·면수와 그 새로운 용지로 이어진다는 사실을 각각 기재하여야 한다.(2020.8.26 본항개정)
③ 제1항과 제2항의 경우에는 새로운 용지 중 면허번호의 왼쪽에 순위번호의 수를 기재하고 종전 용지 중 면허번호의 왼쪽에 제1이라고 추가로 기재하여야 한다.
제37조【등록용지의 폐쇄】 어업권원부 또는 양식업권원부의 등록용지를 폐쇄하는 경우에는 어업권등록부 또는 양식업권등록부의 표시란에 폐쇄 사유와 그 연월일을 각각 기재한 후 담당 직원이 도장을 찍고 등록용지에 기재된 사항 전부를 붉은색으로 말소하여야 한다.(2020.8.26 본조개정)
제38조【어업권원부 또는 양식업권원부의 사용문자 등】
① 어업권원부 또는 양식업권원부에 금전이나 그 밖의 물건의 수량, 연월일과 번호를 기재할 때에는 아라비아 숫자를 사용하여야 한다.
② 어업권원부 또는 양식업권원부의 문자는 고쳐 써서는 아니 된다. 정정·삽입 또는 삭제한 경우에는 그 글자의 수를 해당란 밖에 기재하는 동시에 문자의 앞뒤에 괄호를 붙여 그 곳에 도장을 찍고, 그 삭제한 문자는 읽을 수 있도록 하기 위하여 자체(字體)를 그대로 두어야 한다.(2020.8.26 본조개정)

제2절 직권에 의한 등록절차

제39조【직권등록 사항】 다음 각 호의 사항은 등록관청이 직권으로 등록하여야 한다.
1. 어업권·양식업권의 설정(2020.8.26 본호개정)
2. 「수산업법」 제12조에 따른 어업면허의 제한 또는 조건의 해제(2020.8.26 본호개정)
2의2. 「양식산업발전법」 제14조에 따른 면허의 조건의 해제(2020.8.26 본호신설)
3. 「수산업법」 제30조제2항에 따른 어업권의 변경 또는 취소(2023.1.10 본호개정)
3의2. 「양식산업발전법」 제21조제2항에 따른 양식업권의 변경 또는 취소(2020.8.26 본호신설)
4. 「수산업법」 제33조에 따른 면허어업의 제한 또는 정지(2023.1.10 본호개정)
4의2. 「양식산업발전법」 제26조에 따른 양식업 면허의 제한 또는 정지(2020.8.26 본호신설)
5. 「수산업법」 제34조에 따른 어업면허의 취소(2023.1.10 본호개정)
5의2. 「양식산업발전법」 제27조에 따른 양식업 면허의 취소(2020.8.26 본호신설)
6. 제3호, 제3호의2, 제4호, 제4호의2, 제5호 및 제5호의2의 처분의 변경·해제 또는 취소(2020.8.26 본호개정)
7. 어업권·양식업권의 취소(2020.8.26 본호개정)
8. 어업권·양식업권의 분할 및 변경과 그 취소(2020.8.26 본호개정)
9. 어업권·양식업권의 소멸(2020.8.26 본호개정)
10. 「수산업법」 제39조제3항에 따른 입어의 제한·조건 또는 정지(2023.1.10 본호개정)
11. 「수산업법」 제39조제4항에 따른 면허어업의 제한·정지·취소 또는 입어의 제한·정지·금지(2023.1.10 본호개정)
12. 제10호와 제11호(입어금지는 제외한다)의 처분의 변경·해제·취소
13. 어업권·양식업권에 관한 취소처분의 취소와 입어의 금지처분의 취소로 인한 등록의 회복(2020.8.26 본호개정)
14. 대표자의 변경
15. 행정구역이나 행정구역 안의 구·시·군·동·읍·면·리·마을 또는 그 명칭의 변경으로 인한 어업권원부·양식업권원부의 어업권·양식업권 표시의 변경(2020.8.26 본호개정)
16. 「어장관리법」 제8조에 따른 면허·허가동시갱신에 따른 변경
제40조【직권등록 사항】 ① 제118조부터 제120조까지의 규정에서 주무관청이 등록관청에 해당하는 경우 등록관청은 직권으로 그 등록을 하여야 한다.
② 제1항에 따라 수탁자의 해임에 대하여 등록을 한 경우에는 등록관청은 직권으로 어업권등록부·양식업권등록부에 그 사실을 추가로 기재하여야 한다.(2020.8.26 본항개정)
제41조【어업권·양식업권설정 등록의 순서】 어업권·양식업권설정 등록은 면허번호의 순서, 그 밖의 등록은 등록사항의 발생순서에 따라 하여야 한다.(2020.8.26 본조개정)
제42조【어업권·양식업권설정의 등록】 ① 어업권·양식업권설정 등록을 할 때에는 어업권등록부·양식업권등록부의 해당란에 다음 각 호의 구분에 따른 사항을 기재하여야 한다.(2020.8.26 본문개정)
1. 면허번호란 : 면허번호
2. 표시란 : 면허의 연월일, 어장·양식장 위치, 어업·양식업 종류, 어구(漁具)나 장치의 명칭, 어업·양식업의 방법, 채취·포획물이나 양식물의 종류, 어업·양식업의 시기, 어업권·양식업권의 존속기간·제한 또는 조건, 등록을 한다는 사실(2020.8.26 본호개정)
3. 갑구 사항란 : 어업권자·양식업권자의 성명·주소, 어업권·양식업권의 설정등록을 한다는 사실(2020.8.26 본호개정)
② 「수산업법」 제12조 또는 「양식산업발전법」 제14조에 따른 제한 또는 조건의 해제등록을 할 때에는 어업권등록부 또는 양식업권등록부의 표시란에 등록의 원인과 그 일자, 해제할 사항과 해제등록을 한다는 사실을 각각 기재하고 해제한 사항을 붉은색으로 말소하여야 한다.(2020.8.26 본항개정)
(2020.8.26 본조제목개정)
제43조【면허의 제한 등에 관한 사항의 등록】 다음 각 호의 사항에 대한 등록을 할 때에는 표시란에 등록의 원인과 그 일자, 등록한 사항과 그 기간(등록한 사항에 대하여 기간이 정하여 있는 경우로 한정한다), 제한이나 정지 또는 변경·해제나 취소의 등록을 한다는 사실을 각각 기재하고 해제와 취소의 등록에 대하여는 해제 또는 취소한 사항을 붉은색으로 말소하여야 한다.
1. 「수산업법」 제30조제2항에 따른 어업권의 변경 또는 취소(2023.1.10 본호개정)
1의2. 「양식산업발전법」 제21조제2항에 따른 양식업권의 변경 또는 취소(2020.8.26 본호신설)
2. 「수산업법」 제33조에 따른 면허어업의 제한 또는 정지(2023.1.10 본호개정)
2의2. 「양식산업발전법」 제26조에 따른 양식업 면허의 제한 또는 정지(2020.8.26 본호신설)
3. 「수산업법」 제34조에 따른 어업면허의 취소(2023.1.10 본호개정)
3의2. 「양식산업발전법」 제27조에 따른 양식업 면허의 취소(2020.8.26 본호신설)
4. 제1호, 제1호의2, 제2호, 제2호의2, 제3호 및 제3호의2의 처분의 변경·해제 또는 취소(2020.8.26 본호개정)
(2020.8.26 본조제목개정)
제44조【어업·양식업제한 등의 표시도면과 어장도·양식장도】 제2조에 따른 등록을 하는 경우 어업·양식업의 제한 또는 정지에 대하여 도면으로 표시가 된 것이 있으면 그 도면을 해당 어업권의 어장도 또는 양식업권의 양식장도에 첨부하여야 한다.(2020.8.26 본조개정)
제45조【면허 유효기간의 연장등록】 면허 유효기간 연장의 등록을 하는 경우에는 표시란에 연장허가의 사실과 그 일자, 연장한 면허기간과 연장등록을 한다는 사실을 각각 기재하여야 한다.(2020.8.26 본조개정)
제46조【어업권·양식업권을 두 개로 분할하는 경우의 등록】 ① 어업권·양식업권을 갑과 을 두 개의 어업권·양식업권으로 나누어 분할등록을 하는 경우에는 을 어업권·양식업권에 대하여 새로운 등록용지를 써서 면허번호란에 을 어업권·양식업권의 면허번호를 기재하고, 표시란에 을 어업권·양식업권의 표시를 하며, 원 어업권·양식업권의 표시란에 기재되어 있는 사항 중 말소에 관계 없는 것으로서 을 어업권·양식업권과 관계 있는 사항을 옮겨 쓰고 그 끝에 분할허가의 사실과 그 연월일 및 분할로 말미암아 옮겨 썼음을 등록한다는 사실을 각각 기재하여야 한다.
② 제1항에 따른 절차를 마친 경우에는 원 어업권·양식업권의 등록용지 중 면허번호란에 갑 어업권·양식업권의 면허번호를 기재하고, 표시란에 갑 어업권·양식업권의 표시, 분할허가라는 사실과 그 연월일, 을 어업권·양식업권의 면허번호 및 분할로 말미암아 변경을 등록한다는 사실을 각각 기재하고 원 어업권·양식업권의 면허번호와 표시를 붉은색으로 말소하여야 한다.
(2020.8.26 본조개정)
제47조【어업권·양식업권을 두 개로 분할하는 경우의 등록】 ① 제46조제1항의 경우에는 을 어업권·양식업권의 등록용지 중 해당 구의 사항란에 원 어업권·양식업권의 등록용지에서 어업권·양식업권과 그 밖의 권리 및 입어에 관한 등록을 옮겨 써야 한다.
② 제1항에 따라 어업권·양식업권 외의 권리에 관한 등록을 옮겨 쓸 때에는 갑 어업권·양식업권과 함께 그 권리의 목적이라는 사실, 분할허가의 사실과 그 연월일 및 분할로 말미암아 옮겨 쓴 사실을 각각 기재하여야 하고, 입어에 관한 등록을 옮겨 쓸 때에는 분할허가한 사실과 그 연월일 및 분할로 말미암아 옮겨 썼다는 사실을 각각 기재하여야 한다.
③ 제1항과 제2항에 따라 원 어업권·양식업권의 등록용지에서 을 어업권·양식업권의 등록용지로 어업권·양식업권 외의 권리에 관한 등록을 옮겨 쓴 경우에는 갑 어업권·양식업권의 등록용지 중 해당 구의 사항란에 그 권리의 표시를 하고 분할허가라는 사실과 그 연월일 및 분할로 말미암아 옮겨 쓴 을 어업권·양식업권과 함께 그 권리의 목적이라는 사실을 추가로 기재하여야 한다.
(2020.8.26 본조개정)
제48조【분할허가 전의 어업권·양식업권 외의 권리 또는 입어의 소멸 등】 ① 제46조제1항의 경우로서 분할허가 전에 어업권·양식업권 외의 권리 또는 입어에 관한 등록명의인이 그 권리 또는 입어의 소멸을 승인하였음을 증명한 서면이나 이에 대항할 수 있는 재판의 등본, 화해·인낙(認諾) 조서의 등본 또는 「수산업법」 제92조에 따른 재결서의 등본을 제출한 때에는 그 권리 또는 입어에 관한 등록을 말소하여야 한다.(2023.1.10 본항개정)
② 제1항의 경우에 갑 어업권·양식업권에 대하여 등록명의인이 등록상 입어자가 될 수 없는 경우 또는 권리나 입어의 소멸을 증명하는 서면을 제출한 경우에는 을 어업권·양식업권의 등록용지 중 해당 구의 사항란에 원 어업권·양식업권의 등록용지에서 그 권리나 입어에 관한 등록을 옮겨 쓰고, 분할허가라는 사실과 그 연월일 및 분할로 인하여 옮겨 썼다는 사실을 각각 기재하고, 원 어업권·양식업권의 등록용지 중 그 권리나 입어에 관한 등록을 말소하여야 한다.
③ 제1항의 경우에 을 어업권·양식업권에 대하여 등록명의인이 등록상 입어자가 될 수 없을 경우 또는 권리나 입어의 소멸을 증명하는 서면을 제출한 경우에는 원 어업권·양식업권의 등록용지 중 그 권리나 입어에 관한 등록에 그 사실을 추가로 기재하여야 한다.
(2020.8.26 본조개정)
제49조【어업권·양식업권 분할에 따른 공유자의 변경 등】 ① 공유의 어업권·양식업권을 갑과 을 두 개의 어업권·양식업권으로 분할한 경우로서 공유자에 변경이 없을 때에는 제46조부터 제48조까지의 규정에 따른 절차를 따르는 외에 다음 각 호의 구분에 따라 해당 사항을 기재·말소하고, 갑 어업권·양식업권과 을 어업권·양식업권의 어업권·양식업권 공유자 명부의 등록용지 중에 지분을 목적으로 하는 권리에 관한 등록이 있을 때에는 제47조와 제48조에 따른 등록을 하여야 한다.
1. 새로운 등록용지에 작성한 을 어업권·양식업권 공유자 명부의 해당란에 다음 각 목의 구분에 따른 사항을 기재할 것
  가. 면허번호란 : 을 어업권·양식업권의 면허번호
  나. 지분란·순위번호란 및 사항란 : 원 어업권·양식업권 공유자 명부의 각 해당란에 기재된 사항
2. 원 어업권·양식업권 공유자 명부의 면허번호란에 갑 어업권·양식업권의 면허번호를 기재하고 원 어업권·양식업권의 면허번호를 붉은색으로 말소할 것
(2020.8.26 본항개정)
② 제1항의 경우에 분할로 인하여 각 어업권·양식업권의 공유자에 변경이 있는 경우에는 제46조부터 제48조까지의 규정에 따른 절차를 따르는 외에 을 어업권·양식업권에 대하여 새로이 어업권·양식업권 공유자 명부의 등록용지를 써서 제26조와 제27조에 따른 등록을 하고, 원 어업권·양식업권 공유자 명부의 등록용지 중에 지분을 목적으로 한 권리에 관한 등록이 있는 경우에는 을 어업권·양식업권의 공유자 지분에 관한 것을 해당 구의 사항란에 옮겨 쓰고 분할허가라는 사실과 그 연월일 및 분할로 인하여 옮겨 썼다는 사실을 각각 기재하여야 한다.
(2020.8.26 본항개정)
③ 제2항에 따른 절차를 마친 경우에는 원 어업권·양식업권 공유자 명부의 등록용지에 다음 각 호의 구분에 따라 해당 사항을 각각 기재하고, 원 어업권·양식업권 공유자 명부의 등록용지 중 원 어업권·양식업권의 면허번호, 갑 어업권·양식업권의 지분란에서의 종전 등록과 을 어업권·양식업권의 공유자에 관한 종전 등록을 각각 붉은색으로 말소하여야 한다.(2020.8.26 본문개정)
1. 면허번호란 : 갑 어업권·양식업권의 면허번호
(2020.8.26 본호개정)

2. 갑 어업권·양식업권의 공유자의 지분란 : 그 지분(갑 어업권·양식업권의 공유자 상호간의 지분이 정하여져 있는 경우에만 기재한다)(2020.8.26 본호개정)
3. 갑구사항란 : 다음 각 목의 구분에 따른 사실
 가. 갑 어업권·양식업권의 공유자에 관한 등록란 : 분할허가라는 사실, 분할허가의 연월일, 을 어업권·양식업권의 면허번호 및 분할로 말미암아 변경등록을 한다는 사실(2020.8.26 본목개정)
 나. 을 어업권·양식업권의 공유자로 된 자에 관한 등록란 : 분할허가라는 사실, 분할허가의 연월일, 을 어업권·양식업권의 면허번호 및 분할로 말미암아 옮겨 썼음을 등록한다는 사실(2020.8.26 본목개정)

④ 제1항부터 제3항까지의 규정에 따른 절차를 마친 경우 을 어업권등록부·양식업권등록부의 갑구 사항란 중 어업권·양식업권설정 등록의 끝에 을 어업권·양식업권의 어업권·양식업권 공유자 명부의 책수와 면수를 기재하고, 원 어업권·양식업권 공유자 명부의 책수와 면수를 붉은색으로 말소하여야 한다.(2020.8.26 본항개정)

⑤ 제2항의 경우에 분할로 말미암아 갑 어업권·양식업권이 각 한 명에게 귀속한 경우 제47조부터 제49조까지의 규정에 따른 절차를 따르는 외에 원 어업권·양식업권의 지분을 목적으로 한 권리에 대하여는 제48조와 제49조에 준하여 원 어업권·양식업권 공유자 명부의 등록용지 중에서 각 해당 어업권등록부·양식업권등록부의 해당 구의 사항란에 등록을 옮겨 적고, 어업권·양식업권 공유자 명부의 기재사항 전부를 붉은색으로 말소하여야 한다.
(2020.8.26 본항개정)
(2020.8.26 본조제목개정)

제50조【마을어업권으로서 입어에 관한 등록이 있는 분할의 경우】 ① 제46조제1항 또는 제49조의 경우에 그 어업권이 마을어업의 어업권으로서 입어에 관한 등록이 있을 때에는 제46조부터 제49조까지의 규정에 따른 절차를 따르는 외에 을 어업권에 대하여 새로이 입어등록부의 등록용지를 써서 다음 각 호의 구분에 따른 사항을 해당란에 기재하고, 을 어업권의 어업권등록부의 정구 사항란 중 입어보존등록의 끝에 새로운 입어등록부의 책수와 면수를 기재한 후 원 입어등록부의 책수와 면수를 붉은색으로 말소하여야 한다. 다만, 등록명의인이 을 어업권에 관하여 등록상 입어자가 될 수 없는 경우 또는 분할허가 전에 입어의 소멸을 승인하였음을 증명하는 서면이나 이에 대항할 수 있는 재판의 등본, 화해·인낙 조서의 등본 또는「수산업법」제92조에 따른 재결서의 등본을 제출한 경우에는 그러하지 아니하다.(2023.1.10 단서개정)
1. 입어등록번호란 : 종전 등록번호
2. 면허번호란 : 을 어업권의 면허번호
3. 표시란 : 원 등록용지의 표시란에 기재된 사항

② 제1항에 따른 절차를 마친 경우 원 입어등록부의 면허번호란에 갑 어업권의 면허번호를 기재하고 원 어업권의 면허번호를 붉은색으로 말소하여야 한다.
(2010.4.20 본조제목개정)

제51조【어업권·양식업권 분할과 어장도·양식장도】 어업권 또는 양식업권을 분할한 경우에는 분할된 어업권의 어장도 또는 양식업권의 양식장도는 어장도·양식장도 편철장의 끝에 묶고 원 어장도 또는 양식장도는 붉은색으로 말소하여 그 곳에 분할로 인해 옮겨 썼다는 사실을 기재해야 한다.(2020.8.26 본조개정)

제52조【어업권 또는 양식업권을 세 개 이상으로 분할한 경우의 등록】 어업권 또는 양식업권을 세 개 이상으로 분할한 경우의 등록에 관하여는 제46조부터 제51조까지의 규정을 준용한다.(2020.8.26 본조개정)

제53조【분할의 경우를 제외한 어업권 또는 양식업권의 변경등록】 분할의 경우를 제외한 어업권 또는 양식업권의 변경등록을 할 때에는 표시란에 변경허가라는 사실과 그 연월일, 변경한 사항과 변경등록을 한다는 사실을 각각 기재하고 변경 전의 사항을 붉은색으로 말소하여야 한다. 어장 또는 양식장의 변경으로 인한 어업권 또는 양식업권 변경의 경우에는 새로운 어장도 또는 양식장도를 어장도·양식장도 편철장의 끝에 묶고 원 어장도 또는 양식장도를 붉은색으로 말소하고 그 곳에 변경으로 말미암아 옮겨 썼다는 사실을 기재하여야 한다.(2020.8.26 본조개정)

제54조【어업권 또는 양식업권의 소멸등록】 어업권·양식업권의 소멸등록을 할 때에는 어업권등록부·양식업권등록부의 갑구 사항란에 등록의 원인과 그 일자 및 어업권·양식업권의 소멸등록을 한다는 사실을 각각 기재하고 제55조제1항의 경우 외에는 어업권원부·양식업권원부의 등록용지를 폐쇄하여야 한다.(2020.8.26 본조개정)

제55조【저당권의 등록이 있는 어업권·양식업권의 소멸등록 등】 ① 저당권의 등록이 있는 어업권·양식업권에 대하여「수산업법」제30조제2항, 제34조제2호부터 제5호까지, 같은 조 제6호(같은 법 제33조제1항제7호 또는 제8호에 해당하는 경우로 한정한다) 또는「양식산업발전법」제21조제2항, 제27조제1항제2호부터 제5호까지, 같은 항 제6호(같은 법 제26조제1항제7호 또는 제8호에 해당하는 경우로 한정한다)에 따라 어업면허 또는 양식업면허가 취소된 경우에는 제54조에 따라 어업권·양식업권의 소멸등록을 하되,「수산업법」제26조제1항 또는「양식산업발전법」제36조제1항에 따라 어업권·양식업권의 경매신청이 있으면 어업권·양식업권은 경매목적의 범위에서 그대로 존속한다는 사실 및 경락 결정이 확정된 경우에는 어업면허 또는 양식업 면허 취소는 그 효력을 발생하지 않는다는 뜻을 직권으로 각각 기재해야 한다.
(2023.1.10 본항개정)

②「수산업법」제26조 및「양식산업발전법」제36조에 따라 경매로 말미암아 어업권·양식업권 이전등록의 촉탁을 받고 제123조에 따라 이전등록을 한 경우에는 어업권등록부·양식업권등록부의 종전 등록용지의 갑구 사항란에 새로운 등록용지에 등록을 옮겨 썼다는 사실을 직권으로 기재하고 어업권원부·양식업권원부의 등록용지를 폐쇄하여야 한다.(2020.8.26 본항개정)

③ 다음 각 호의 어느 하나에 해당하는 경우에는 그 사실을 등록한 후 제1항에 따른 기재사항을 직권으로 말소하고 어업권원부·양식업권원부의 등록용지를 폐쇄하여야 한다.(2020.8.26 본문개정)
1. 저당권자가「수산업법」제26조제1항 및「양식산업발전법」제36조제1항에 따른 기간 내에 경매를 신청하지 아니한 경우(2020.8.26 본호개정)
2. 경매신청의 등록이 있는 경우로서 그 등록말소의 위탁이 있는 경우
(2020.8.26 본조제목개정)

제56조【준용규정】 ① 다음 각 호의 사항에 관한 등록에 관하여는 제43조와 제44조를 준용한다.
1.「수산업법」제39조제3항에 따른 입어의 제한·조건 또는 정지(2023.1.10 본호개정)
2.「수산업법」제39조제4항에 따른 면허어업의 제한·정지·취소 또는 입어의 제한·정지·금지(2023.1.10 본호개정)
3. 제1호 또는 제2호(입어금지는 제외한다)의 처분의 변경·해제 또는 취소

②「수산업법」제39조제4항에 따라 입어 금지의 등록을 하는 경우에는 어업권등록부의 정구 사항란에 등록의 원인과 그 일자 및 입어의 소멸을 등록한다는 사실을 기재한 후 종전 등록을 말소하고 입어등록부의 등록용지를 폐쇄하여야 한다.(2023.1.10 본항개정)

제57조【직권등록을 마친 경우】 ① 제39조제1호부터 제8호까지 및 제10호부터 제13호까지에서 규정한 사항의 직권등록을 마친 경우에는 그 처분의 결정서에 등록연월일과 등록의 사실을 각각 기재하여 등록관청의 직인을 찍은 후 어업권·양식업권 분할 또는 어장·양식장 변경으로 인한 어업권·양식업권의 변경허가에 해당하는 경우에는 그 결정서에 어장도·양식장도 한 부를 첨부하여 직인을 걸쳐 찍은 후 어업권자·양식업권자나 입어자에게 발급하여야 한다.(2020.8.26 본항개정)

② 제1항의 경우를 제외하고 제39조에서 규정한 사항의 직권등록을 마친 경우에는 그 사실을 등록명의인에게 알려야 한다.

③ 제40조에 따라 등록을 마친 경우에는 그 처분의 결정서에 등록연월일과 등록을 마친 사실을 각각 기재하여 등록관청의 직인을 찍은 후 신탁관리인이 선임되거나 수탁자가 해임된 경우에는 그 처분을 받은 자에게, 신탁조항이 변경된 경우에는 수탁자에게 각각 그 결정서를 발급하고, 등록을 마친 사실을 위탁자와 수익자 또는 신탁관리인에게 알려야 한다.

제58조【관할 등을 위반한 등록의 말소와 통지】 ① 등록을 마친 후 그 등록이 제98조제1호 또는 제2호에 해당하는 것임을 발견한 경우에는 직권으로 그 등록을 붉은색으로 말소하여야 한다. 이 경우 등록을 말소할 때에는 말소할 사항, 말소의 사유 및 말소등록을 한다는 사실을 각각 기재하여야 한다.

② 제1항에 따라 등록을 말소한 경우에는 등록권리자와 등록의무자 또는 등록명의인과 등록상 이해관계를 가진 제삼자에게 각각 그 말소사실과 말소의 사유를 알려야 한다.

③ 제83조제1항에 따라 채권자가 채무자를 대위하여 신청한 등록을 제1항에 따라 말소한 경우 제2항에 따른 통지는 채권자에게도 하여야 한다.

④ 제3항은 제63조 또는 제65조제2항의 신청에 따라 마친 등록말소의 경우에 준용한다.

제59조【이송 등록부의 이기】 ① 제8조에 따라 어업권원부·양식업권원부의 등본을 이송받으면 등록관청은 그 등본에 따라 어업권원부·양식업권원부에 등록을 옮겨 써야 한다.

② 제1항의 경우에는 표시란과 사항란에 옮겨 쓴 등록의 끝에 어업권원부·양식업권원부의 등본에 따라 옮겨 썼다는 사실을 기재해야 한다.(2021.1.5 본항개정)

③ 제2항의 절차를 마치면 어업권원부·양식업권원부의 등본을 어업권원부·양식업권원부 등본 편철장에 묶어야 한다.

④ 제8조에 따라 어업권원부·양식업권원부의 등본을 다른 등록관청에 이송한 경우 종전 등록용지는 폐쇄하여야 한다.
(2020.8.26 본조개정)

제3절 신청에 따른 등록절차

제1관 신청인

제60조【등록신청인】 ① 제61조부터 제64조까지, 제64조의2 및 제65조부터 제70조까지의 규정에 따른 경우 외에는 등록권리자와 등록의무자가 등록신청을 한다.
(2013.1.22 본항개정)

② 수탁자가「신탁법」제3조제5항에 따라 타인에게 신탁재산에 대하여 신탁을 설정하는 경우 해당 신탁재산에 속하는 어업권·양식업권이나 어업권·양식업권을 목적으로 한 권리에 관한 권리이전등록에 대해서는 새로운 신탁의 수탁자를 등록권리자로 하고, 원래 신탁의 수탁자를 등록의무자로 한다.(2020.8.26 본항개정)

③ 등록신청은 대리인에 의하여 할 수 있다.

제61조【상속, 판결, 재결 등에 따른 등록의 신청인】 상속, 판결, 재판상의 화해나 인낙 또는「수산업법」제92조에 따른 재결에 따른 등록은 등록권리자가 단독으로 신청할 수 있다. 합병이나 분할로 말미암아 소멸된 법인의 권리승계의 등록의 경우에도 또한 같다.(2023.1.10 전단개정)

제62조【신탁등록의 신청인】 어업권·양식업권이나 어업권·양식업권을 목적으로 한 권리의 신탁등록은 수탁자가 단독으로 신청할 수 있다.(2020.8.26 본조개정)

제63조【수익자 등의 대위신청】 수익자나 위탁자는 수탁자를 대위하여 신탁등록을 신청할 수 있다.

제64조【수탁자의 임무가 끝난 경우의 권리이전등록의 신청인】 ① 다음 각 호의 어느 하나에 해당하여 수탁자의 임무가 끝난 경우에는 새로운 수탁자는 단독으로 신탁재산에 속하는 어업권·양식업권이나 어업권·양식업권을 목적으로 한 권리의 이전등록을 신청할 수 있다.
(2020.8.26 본문개정)
1.「신탁법」제12조제1항 각 호의 어느 하나에 해당하여 수탁자의 임무가 종료된 경우
2.「신탁법」제16조제1항에 따라 수탁자를 해임한 경우
3.「신탁법」제16조제3항에 따라 법원이 수탁자를 해임한 경우
4.「공익신탁법」제27조에 따라 법무부장관이 직권으로 공익신탁의 수탁자를 해임한 경우(2015.3.17 본호개정)

② 여럿인 수탁자 중 1인이 제1항 각 호의 어느 하나의 사유로 그 임무가 끝난 경우 다른 수탁자는 단독으로 권리변경등록을 신청할 수 있다. 이 경우 다른 수탁자가 여럿인 경우에는 그 전원이 공동으로 신청하여야 한다.
(2013.1.22 본조개정)

제64조의2【신탁재산에 관한 권리변경등록의 신청인】 다음 각 호의 어느 하나에 해당하는 경우 수탁자는 단독으로 해당 신탁재산에 속하는 어업권·양식업권이나 어업권·양식업권을 목적으로 한 권리의 변경등록을 신청할 수 있다.(2020.8.26 본문개정)
1.「신탁법」제3조제1항제3호에 따라 신탁을 설정하는 경우
2.「신탁법」제34조제2항 각 호의 어느 하나에 해당하여 다음 각 목 중 어느 하나의 행위를 하는 것이 허용된 경우
 가. 수탁자가 신탁재산에 속하는 어업권·양식업권이나 어업권·양식업권을 목적으로 한 권리를 고유재산에 귀속시키는 행위
 나. 수탁자가 고유재산에 속하는 어업권·양식업권이나 어업권·양식업권을 목적으로 한 권리를 신탁재산에 귀속시키는 행위
 다. 여러 개의 신탁을 인수한 수탁자가 하나의 신탁재산에 속하는 어업권·양식업권 또는 어업권·양식업권을 목적으로 한 권리를 다른 신탁의 신탁재산에 귀속시키는 행위
 (2020.8.26 가목~다목개정)
(2013.1.22 본조신설)

제65조【신탁등록 사항의 변경등록의 신청인】 ① 제40조제1항과 제118조부터 제120조까지의 경우 외에는 제84조제1항에서 규정한 신탁등록 신청서의 기재사항의 변경에 관한 등록은 수탁자가 신청할 수 있다.

② 수익자나 위탁자는 수탁자를 대위하여 제1항에 따른 신청을 할 수 있다.

제66조【등록명의인의 변경, 권리의 포기 등에 따른 등록말소의 신청인】 ① 등록명의인의 표시 변경이나 경정 또는 어업권·양식업권을 목적으로 한 권리나 입어 의사의 포기로 인한 등록말소는 등록명의인이 신청하여야 한다.
(2020.8.26 본항개정)

② 등록명의인의 사망 또는 해산으로 인한 입어등록의 말소는 등록명의인의 상속인이나 청산인이 신청하여야 한다.

③ 어업권·양식업권을 목적으로 한 권리의 포기 또는 입어의 소멸로 인한 등록말소 신청의 경우에 신청서에 등록명의인의 승낙서 또는 이에 대항할 수 있는 재판의 등본, 화해·인낙 조서의 등본,「수산업법」제92조에 따른 재결서의 등본을 첨부할 수 있으면 등록상 이해관계를 가진 자도 등록말소를 신청할 수 있다. 등록명의인의 사망이나 해산으로 말미암아 입어할 수 있는 요건이 소멸하였을 경우에 그 사망을 증명하는「가족관계의 등록 등에 관한 법률」에 따른 기본증명서나 그 밖에 이에 상당한 서면 또는 해산을 증명하는 서면을 신청서에 첨부한 경우에도 또한 같다.(2023.1.10 전단개정)

제67조【사망 또는 법인의 해산으로 인한 등록말소의 신청인】 등록된 권리자가 사망이나 법인의 해산으로 말미암아 소멸되었음을 등록하려는 등록권리자는 신청서

에 그 사망을 증명하는 「가족관계의 등록 등에 관한 법률」에 따른 기본증명서나 그 밖에 이에 상당한 서면 또는 법인의 해산을 증명하는 서면을 첨부하여 등록의 말소를 신청할 수 있다.

제68조【등록권리자만의 등록말소 신청】 ① 등록의무자의 주소 또는 거소가 분명하지 아니하거나 그 밖의 사유로 등록권리자가 등록말소를 신청할 수 없는 경우에는 등록관청의 소재지를 관할하는 법원에 공시최고를 신청을 할 수 있다.
② 제1항의 경우에 재결 판결이 있는 경우에는 그 신청서에 해당 등본을 첨부하여 등록권리자가 등록말소를 신청할 수 있다.
③ 제1항의 경우에 신청서에 채권증서와 채권금액 및 마지막 2년 분의 정기금의 영수증서를 첨부한 경우에는 등록권리자가 저당권에 관한 등록말소를 신청할 수 있다.

제69조【가등록의 신청】 가등록은 등록의무자의 승낙이 있으면 신청서에 그 승낙서를 첨부하여 가등록권리자가 신청할 수 있다.

제70조【가등록의 등록말소 신청】 ① 가등록의 등록말소는 가등록의 명의인이 신청하여야 한다.
② 신청서에 가등록명의인의 승낙서 또는 이에 대항할 수 있는 재판의 등본이나 화해 · 인낙 조서의 등본을 첨부한 경우에는 등록상 이해관계를 가진 자도 가등록의 등록말소를 신청할 수 있다.

제2관 신청서류

제71조【등록신청서의 제출 방법】 ① 등록을 신청할 때에는 등록신청인 또는 그 대리인이 출석 또는 등기우편의 방법으로 신청서를 등록관청에 제출하여야 한다.
② 등기우편으로 신청서를 제출할 때에는 우편물의 표면에 어업 · 양식업에 관한 등록신청이라는 붉은 글씨를 기재하여야 한다.(2020.8.26 본항개정)

제72조【등록의 원인과 목적이 같은 여러 개의 저당권 설정등록 또는 이전등록 신청서】 같은 등록관청의 관할에 속하는 여러 개의 어업권 · 양식업권에 관하여 저당권 설정등록 또는 이전등록을 신청하는 경우 등록원인과 등록의 목적이 같으면 같은 신청서로 등록신청을 할 수 있다.
(2020.8.26 본조개정)

제73조【신탁등록의 신청서】 ① 신탁등록의 신청은 어업권 · 양식업권 또는 이를 목적으로 한 권리의 이전등록의 신청과 동일한 서면(전자문서를 포함한다)으로 하여야 한다. 다만, 제63조에 따라 등록을 대위 신청하는 경우에는 그러하지 아니하다.(2020.8.26 본문개정)
② (2013.1.22 삭제)

제73조의2【신탁의 합병 · 분할 등에 따른 신탁등록의 신청서】 ① 신탁의 합병 또는 분할로 인하여 하나의 신탁재산에 속하는 어업권 · 양식업권이나 어업권 · 양식업권을 목적으로 한 권리가 다른 신탁의 신탁재산에 귀속되는 경우 신탁등록의 등록말소 및 새로운 신탁등록의 신청은 신탁의 합병 또는 분할로 인한 권리변경등록의 신청과 동일한 서면(전자문서를 포함한다)으로 하여야 한다.
②「신탁법」제34조제1항제3호 및 같은 조 제2항에 따라 여러 개의 신탁을 인수한 수탁자가 하나의 신탁재산에 속하는 어업권 · 양식업권이나 어업권 · 양식업권을 목적으로 한 권리를 다른 신탁의 신탁재산에 귀속시키는 경우 신탁등록의 신청에 관하여는 제1항을 준용한다.
(2020.8.26 본조개정)

제74조【어업권 · 양식업권 이전 등으로 인한 신탁등록의 등록말소 신청서】 ① 신탁재산에 속하는 어업권 · 양식업권 또는 어업권 · 양식업권을 목적으로 한 권리가 이전으로 말미암아 신탁재산에 속하지 아니하게 된 경우 하여야 하는 신탁의 등록말소에 대한 등록신청은 이전등록의 신청과 같은 서면(전자문서를 포함한다)으로 하여야 한다.
② 제1항은 신탁의 종료로 말미암아 신탁재산에 속한 어업권 · 양식업권 또는 어업권 · 양식업권을 목적으로 한 권리를 이전한 경우에 준용한다.
(2020.8.26 본조개정)

제75조【신청서의 첨부서류】 ① 신청서에는 다음 각 호의 서류를 첨부하여야 한다.
1. 등록원인을 증명하는 서면
2. 등록원인에 대한 제삼자의 허가 · 동의 또는 승낙이 필요한 경우 이를 증명하는 서면
3. 대리인(법인 또는 법인이 아닌 사단의 대표자를 포함한다)이 등록을 신청하는 경우 그 권한을 증명하는 서면
4. 등록의무자의 권리에 관한 등록증명서
② 제1항제1호의 서면이 처음부터 존재하지 아니할 때 또는 이를 첨부할 수 없거나 제5항에 따라 이를 첨부하지 아니할 때에는 신청서에 그 사실을 기재하고 신청서의 부본을 첨부하여야 한다.
③ 제83조제1항에 따라 등록을 신청한 경우 제1항 각 호의 서면 외에 대위 원인을 증명하는 서면을 첨부하여야 한다.
④ 제3항은 제63조와 제65조제2항에 따라 등록을 신청하는 경우에 준용한다. 제63조에 따라 등록을 대위 신청하는 경우 신청서에 등록의 목적인 어업권 · 양식업권 또는 어업권 · 양식업권을 목적으로 한 권리가 신탁재산임을 증명하는 서면을 첨부하여야 한다.(2020.8.26 본항개정)
⑤ 제1항의 경우에 제1호의 서면 중 등록관청의 허가 또는 인가의 결정서는 첨부하지 아니한다.
⑥ 등기원인을 증명하는 서면이 집행력 있는 판결인 경우 제1항제2호 및 제4호의 서면을 제출하지 아니한다.
⑦ 제1항제2호에 따른 서면으로 증명하여야 할 사항이 이미 등록을 받은 것이면 그 서면은 첨부하지 아니한다. 이 경우에는 신청서에 그 사유를 기재하여야 한다.
⑧ 제20조에 따른 대표자가 등록을 신청한 경우 제1항제3호의 서면은 첨부하지 아니한다.
⑨ 제1항제4호의 서면이 멸실된 경우에는 그 등록의무자가 본인임을 증명하는 시장 · 군수 또는 구청장의 증명서로써 이를 갈음할 수 있다.

제76조【사실의 확인 등】 다음 각 호의 어느 하나에 해당하는 경우 그 사실을 확인하기 위하여 필요하면 등록관청은 신청인에게 그 사실을 증명하는 「가족관계의 등록 등에 관한 법률」에 따른 기본증명서를 제출하게 하거나 그 사실을 증명할 수 있는 서면을 첨부하도록 하여야 한다.(2010.11.2 본문개정)
1. 등록 원인이 상속인 경우
2. 신청인이 등록권리자 또는 등록의무자의 상속인인 경우
3. 등록명의인의 표시의 변경등록을 신청한 경우

제77조【수탁자가 변경된 경우의 이전등록 신청서】 ① 수탁자가 변경된 경우로서 어업권 · 양식업권 또는 이를 목적으로 한 권리의 이전등록을 신청할 때에는 신청서에 그 변경 사실을 증명하는 서면을 첨부하여야 한다.
(2020.8.26 본항개정)
②「신탁법」제50조제2항에 따라 여럿인 수탁자 중 1인의 임무가 끝나 권리변경등록을 신청하는 경우에는 제1항을 준용한다.
(2013.1.22 본조개정)

제78조【같은 등록관청에 여러 개의 등록신청서를 내는 경우】 같은 등록관청에 여러 개의 등록을 신청하는 경우 제3조에 따라 첨부하여야 할 서면이 하나이면 그 신청서에 이를 첨부하고 다른 신청서에는 그 취지를 기재하여야 한다.

제79조【이해관계를 가진 제삼자가 있는 등록말소 신청의 경우】 등록말소를 신청할 때 그 말소에 대하여 등록상 이해관계를 가진 제삼자가 있으면 신청서에 그 승낙서 또는 이에 대항할 수 있는 재판의 등본을 첨부하여야 한다.

제80조【이해관계를 가진 제삼자가 있는 등록말소 회복신청의 경우】 말소한 등록의 회복을 신청하는 경우로서 등록상 이해관계를 가진 제삼자가 있으면 신청서에 그 승낙서 또는 이에 대항할 수 있는 재판의 등본을 첨부하여야 한다.

제81조【첨부서류의 반환 청구와 등본의 첨부 제출】 신청서에 첨부한 서류 원본의 반환을 청구할 때에는 신청인은 그 원본과 서로 다르지 아니하다는 뜻을 기재한 등본을 그 원본과 함께 신청서에 첨부하여야 한다.

제3관 신청서의 기재사항

제82조【신청서의 기재사항】 신청서에는 다음 각 호의 사항을 기재하고 신청인이 이에 기명 날인하여야 한다.
1. 면허의 번호
2. 등록원인과 그 일자
3. 등록의 목적
4. 연월일
5. 신청인의 성명과 주소
6. 대리인이 등록을 신청할 때에는 그 성명과 주소
7. 등록관청의 표시

제83조【대위자에 의한 등록신청서의 기재사항】 ① 채권자가 「민법」제404조에 따라 채무자를 대위하여 등록을 신청하는 경우에는 신청서에 채권자의 성명 · 주소와 대위의 원인을 각각 기재하여야 한다.
② 제1항은 제63조와 제65조제2항에 따라 등록을 대위 신청하는 경우에 준용한다.

제84조【신탁등록 신청서의 기재사항】 ① 신탁등록을 신청할 때에는 신청서에 다음 각 호의 사항을 기재하여야 한다.
1. 위탁자, 수탁자 및 수익자의 성명과 주소(법인인 경우에는 그 명칭과 영업소의 소재지를 말한다)(2013.1.22 본호개정)
2. 수익자를 지정하거나 변경할 수 있는 권한을 갖는 자를 정한 경우에는 그 자의 성명과 주소(법인인 경우에는 그 명칭과 영업소의 소재지를 말한다)(2013.1.22 본호개정)
3. 수익자를 지정하거나 변경할 방법을 정한 경우에는 그 방법(2013.1.22 본호개정)
4. 수익권의 발생 또는 소멸에 관한 조건이 있는 경우에는 그 조건
5. 신탁관리인이 선임된 경우에는 그 성명과 주소(법인인 경우에는 그 명칭과 영업소의 소재지를 말한다)
6. 수익자가 없는 특정의 목적을 위한 신탁인 경우에는 그 뜻
7.「신탁법」제3조제5항에 따라 수탁자가 타인에게 신탁재산에 대하여 신탁을 설정하는 경우에는 그 뜻
8.「신탁법」제59조제1항에 따른 유언대용신탁인 경우에는 그 뜻
9.「신탁법」제60조에 따른 수익자연속신탁인 경우에는 그 뜻
10.「신탁법」제78조에 따른 수익증권발행신탁인 경우에는 그 뜻
11.「신탁법」제106조에 따른 공익신탁인 경우에는 그 뜻
12.「신탁법」제114조제1항에 따른 유한책임신탁인 경우에는 그 뜻
(2013.1.22 4호~12호신설)
13. 어업권 · 양식업권을 목적으로 한 권리를 신탁하는 경우에는 그 권리(2020.8.26 본호개정)
14. 신탁의 목적(2013.1.22 본호신설)
15. 신탁재산의 관리, 처분, 운용, 개발, 그 밖에 신탁 목적의 달성을 위하여 필요한 방법(2013.1.22 본호신설)
16. 신탁 종료의 사유(2013.1.22 본호신설)
17. 그 밖의 신탁 내용(2013.1.22 본호신설)
② 제1항제5호, 제6호, 제10호 및 제11호의 사항에 관하여 등록을 할 때에는 수익자의 성명과 주소(법인의 경우에는 그 명칭과 영업소의 소재지를 말한다)를 적지 아니할 수 있다.(2013.1.22 본항개정)

제85조【환매의 특약 등이 있는 경우의 등록신청서의 기재사항】 등록원인에 환매의 특약이나 그 밖에 등록의 목적인 권리의 소멸에 관한 사항이 정하여져 있으면 신청서에 그 사항을 기재하여야 한다.

제86조【등록권리자가 다수인 경우 등】 ① 등록권리자가 다수인 경우 등록원인에 지분이 정하여 있거나 「민법」제268조제1항 단서에 따른 기간이 정하여 있는 경우에는 신청서에 이를 기재하여야 한다.
② 제1항은 어업권 · 양식업권 또는 이를 목적으로 한 권리의 일부의 이전등록을 신청하는 경우에 준용한다.
(2020.8.26 본항개정)

제87조【저당권 또는 임차권 설정의 등록신청서 기재사항】 ① 저당권 설정등록을 신청할 때에는 신청서에 채권액을 기재하되, 다음 각 호의 사항이 정하여져 있는 경우, 채권에 조건이 붙은 경우 또는 「민법」제358조 단서에 따른 다른 약정이 있는 경우에는 등록원인에 이를 각각 기재해야 한다.(2021.1.5 본문개정)
1. 변제시기
2. 이자
3. 이자의 발생시기나 지급시기(2021.1.5 본호개정)
② 임차권 설정등록을 신청할 때에는 신청서에 차임을 기재하고 다음 각 호의 사항이 정하여져 있으면 등록원인에 이를 기재해야 한다.(2021.1.5 본문개정)
1. 임차권의 존속기간
2. 차임의 지급시기(2021.1.5 본호개정)
③ 제1항의 경우에 선순위 저당권의 등록이 있으면 신청서에 그 사실을 기재하여야 한다.
④ 제1항의 경우에 저당권 설정자와 채무자가 다르면 신청서에 채무자를 표시하여야 한다.

제88조【저당권 이전등록 신청서의 기재사항】 저당권 이전등록을 신청할 때에는 신청서에 저당권이 채권과 동시에 이전되는지를 기재하여야 한다.

제89조【금액의 표시가 없는 저당권 설정등록 신청서】 일정한 금액을 목적하지 아니한 채권의 담보인 저당권의 설정등록을 신청할 때에는 신청서에 그 채권의 가격을 기재하여야 한다.

제90조【채권의 일부양도 · 대위변제에 따른 저당권 이전등록의 경우】 채권의 일부의 양도 또는 대위변제에 따른 저당권 이전등록을 신청할 때에는 신청서에 양도 또는 대위변제의 목적인 채권액을 기재하여야 한다.

제90조의2【담보권신탁에 관한 특례】 ① 위탁자가 자기 또는 제3자 소유의 어업권 · 양식업권이나 어업권 · 양식업권을 목적으로 한 권리에 채권자가 아닌 수탁자를 저당권자로 하여 설정한 저당권을 신탁재산으로 하고 채권자를 수익자로 지정한 신탁의 경우 그 저당권에 의하여 담보되는 피담보채권이 여럿이고 각 피담보채권별로 제87조제1항에 따른 기재사항이 다를 때에는 제87조제1항에 따른 기재사항을 각 채권별로 구분하여 기록하여야 한다.(2020.8.26 본항개정)
② 제1항에 따른 신탁의 신탁재산에 속하는 저당권에 의하여 담보되는 피담보채권이 이전되는 경우 수탁자는 신탁등록부 기록의 변경등록을 신청하여야 한다.
③ 제1항에 따른 신탁의 신탁재산에 속하는 저당권의 이전등록을 하는 경우에는 제90조를 적용하지 아니한다.
(2013.1.22 본조신설)

제91조【저당권 설정등록 신청과 과세표준 가격의 기재】 ① 저당권의 설정등록을 신청할 때에는 신청서에 과세표준의 가격을 기재하여야 한다.
② 제1항은 경매 · 강제관리의 신청, 가압류나 가처분 또는 저당된 채권의 압류, 그 밖에 체납처분 외의 원인으로 인한 권리처분의 제한의 등록을 촉탁하는 경우에 준용한다.

제92조【입어 보존등록 신청서의 기재사항】 입어 보존등록을 신청할 때에는 신청서에 다음 각 호의 사항을 기재하여야 한다.
1. 입어하려는 어업권의 면허번호
2. 입어하려는 수면의 구역
3. 입어하려는 어업의 방법이나 그 밖에 어선 · 어구 또는 종업자의 수 · 자격에 대하여 관행이 있는 경우에는 그 사항
4. 입어하려는 채포물의 종류
5. 입어하려는 시기

6. 제1호부터 제5호까지의 사항 외에 권리의무에 관한 관행이 있는 경우에는 그 사항

제93조【두 장 이상의 신청서와 간인】 ① 등록 신청서가 두 장 이상이면 신청인은 각 장에 걸쳐서 간인을 하여야 한다. 다만, 등록권리자 또는 등록의무자가 다수인 경우에는 각자가 간인을 하여야 한다.
② 제1항에 따른 간인이 없으면 담당직원이 간인을 하여야 한다.

제4관 등록세

제94조【등록면허세】 ① 여러 개의 등록관청의 관할에 속한 여러 개의 어업권·양식업권에 관하여 같은 등록원인으로 인한 저당권의 설정과 이전의 등록을 신청할 때에는 등록면허세의 전액을 관할 시·군(해당 시·군의 금고 또는 금고대리점을 포함하며, 제95조에서 또한 같다)에 내야 한다.(2020.8.26 본항개정)
② 제1항에 따른 등록면허세의 납부서에는 해당 등록관청의 이름을 표시하여야 한다.
(2010.9.20 본조개정)

제95조【영수증서의 발급과 영수증명통지서의 송부】 「지방세법 시행령」 제48조제3항 및 제4항에 따라 등록면허세를 받은 관할 시·군은 영수증서를 납부자에게 발급하고, 영수증명통지서 1부를 세입징수관과 해당 등록관청에 각각 송부하여야 한다.(2010.9.20 본조개정)

제5관 등록절차

제96조【신청서의 처리절차】 ① 신청서가 제출되면 등록접수부에 등록의 목적, 신청인의 성명, 접수연월일과 접수번호를 기재하고 신청서에 접수연월일과 접수번호를 각각 기재하여야 한다. 다만, 신청인이 우편으로 신청한 경우로서 우편물이 업무시간 외에 도달하면 제71조제2항에 따른 경우에만 도달한 시간을 접수한 시간으로 본다.
② 제1항에 따른 접수번호는 접수 순서에 따라야 한다. 다만, 동일한 어업권·양식업권에 관하여 동시에 여러 건의 신청이 있으면 동일한 접수번호를 붙여야 한다.
(2020.8.26 단서개정)

제97조【등록의무자가 두 명 이상인 경우 접수부의 기재】 제96조에 따라 등록접수부에 신청인의 성명을 기재하는 경우 등록권리자나 등록의무자가 두 명 이상으로서 대표자가 정하여 있으면 그 성명만을 기재하고 그 밖의 자는 그 인원만을 기재하여야 한다.

제98조【각하하여야 할 신청서】 다음 각 호의 어느 하나에 해당하는 등록신청이 있으면 이유를 붙여 각하하여야 한다.
1. 사건이 그 등록관청의 관할에 속하지 아니한 경우
2. 사건이 등록사항이 아닌 경우
3. 신청서가 이 영에 적합하지 아니한 경우
4. 신청서에 기재된 어업권·양식업권 또는 이를 목적으로 한 권리의 표시가 어업권원부·양식업권원부의 등록과 어긋난 경우(2020.8.26 본호개정)
5. 제76조제2호의 경우를 제외하고 신청서에 기재된 등록의무자의 표시가 어업권원부·양식업권원부의 등록과 맞지 아니한 경우(2020.8.26 본호개정)
6. 신청인이 등록명의인인 경우로서 성명과 주소의 변경등록 신청의 경우를 제외하고 그 표시가 어업권원부·양식업권원부의 등록과 맞지 아니한 경우(2020.8.26 본호개정)
7. 신청서에 기재된 사항이 등록원인을 증명하는 서면과 어긋난 경우
8. 신청서에 필요한 서류를 첨부하지 아니한 경우
9. 등록면허세를 납부하지 아니한 경우(2010.9.20 본호개정)

제99조【등록의 순서】 등록은 접수번호의 순서에 따라 하여야 한다.

제100조【어업권등록부·양식업권등록부·신탁등록부 표시란의 기재】 ① 어업권등록부·양식업권등록부의 표시란에 등록을 할 때에는 신청서에 기재된 다음 각 호의 사항 및 등록을 한다는 사실을 각각 기재하여야 한다.
(2020.8.26 본문개정)
1. 신청서의 접수연월일과 접수번호
2. 등록원인과 그 일자
3. 등록의 목적
4. 신청서에 기재된 그 밖의 사항
② 신탁등록부의 표시란에 신탁재산 표시의 등록을 할 때에는 다음 각 호의 사항을 기재하고 그 끝에 어업권등록부·양식업권등록부의 책수와 면수를 기재하여야 한다.
(2020.8.26 본문개정)
1. 신청서의 접수연월일과 접수번호
2. 신탁의 목적인 어업·양식업 면허 번호 또는 신탁의 목적인 어업권·양식업권을 목적으로 한 권리의 순위번호(2020.8.26 본호개정)
3. 권리의 종류
4. 등록을 한다는 사실
(2020.8.26 본조제목개정)

제101조【어업권원부·양식업권원부 사항란의 기재】 어업권원부·양식업권원부의 사항란에 등록을 할 때에는 신청서에 기재된 사항으로서 등록하여야 할 권리와 입어에 관한 다음 각 호의 사항 및 등록을 한다는 사실을 각각 기재하여야 한다.(2020.8.26 본문개정)
1. 신청서의 접수연월일과 접수번호
2. 등록권리자의 성명과 주소
3. 등록원인과 그 일자
4. 등록의 목적
5. 신청서에 기재된 그 밖의 사항
(2020.8.26 본조제목개정)

제102조【신탁으로 인한 어업권·양식업권 등의 이전등록을 한 경우】 어업권등록부·양식업권등록부에 신탁으로 인한 어업권·양식업권 또는 이를 목적으로 한 권리의 이전등록을 한 경우에는 등록의 끝에 신탁등록부의 책수와 면수를 기재하여야 한다.(2020.8.26 본조개정)

제103조【수탁자 변경 등의 경우와 신탁등록부의 직권등록】 ① 수탁자가 변경되거나 임무가 끝나 어업권·양식업권 또는 이를 목적으로 한 권리의 이전등록을 한 경우에는 등록관청은 직권으로 신탁등록부의 등록을 하여야 한다.(2020.8.26 본항개정)
② 「신탁법」 제50조제2항에 따라 여럿인 수탁자 중 1인의 임무가 끝나 권리변경등록을 한 경우에는 제1항을 준용한다.
(2013.1.22 본조개정)

제104조【표시란·사항란의 등록의 기재】 ① 제83조제1항에 따른 신청에 따라 표시란이나 사항란에 등록을 할 때에는 제100조제1항 및 제101조에 따르는 것 외에 채권자의 주소·성명 및 대위 원인을 각각 기재하여야 한다.
② 제1항은 제63조 또는 제65조제2항의 신청이 있는 경우에 준용한다.

제105조【입어등록부의 입어 표시의 기재】 ① 입어의 보존등록을 하는 경우 제101조의 기재사항 중 입어의 표시는 입어등록부에 기재하여야 한다.
② 입어의 표시에 대하여 경정등록이나 변경등록이 있으면 입어등록부의 비고란에 어업권등록부에 등록한 등록의 순위번호, 책수와 면수를 각각 기재한다.

제106조【한 개의 채권을 담보할 목적으로 여러 개의 어업권·양식업권을 저당하는 경우의 기재】 한 개의 채권을 담보하기 위하여 여러 개의 어업권·양식업권을 목적으로 한 저당권 설정등록을 신청한 경우로서 그 한 개의 어업권·양식업권에 대하여 저당권 설정등록을 할 때에는 어업권·양식업권의 등록용지 중 해당 구의 사항란에 다른 어업권·양식업권의 면허번호를 기재하고 그 다른 어업권·양식업권과 함께 저당권의 목적이라는 사실을 기재하여야 한다.(2020.8.26 본조개정)

제107조【추가 저당권 설정등록의 기재】 추가 저당권 설정등록을 한 경우에는 같은 채권에 따른 저당권의 목적인 다른 어업권·양식업권의 등록용지 중 을구 사항란에 추가 저당권의 목적인 어업권·양식업권의 면허번호를 기재하고 그 어업권·양식업권과 함께 저당권의 목적이라는 사실을 추가로 기재하여야 한다.(2020.8.26 본조개정)

제108조【등록명의인 표시의 변경등록 등】 등록명의인 표시의 변경, 어업권·양식업권을 목적으로 한 권리의 변경 또는 제84조제1항 각 호의 사항의 변경등록을 한 경우에는 변경 전 사항을 붉은색으로 말소하여야 한다. 다만, 순위의 변경으로 인한 저당권의 변경등록을 한 경우에는 그러하지 아니하다.(2020.8.26 본문개정)

제109조【등록을 마친 경우의 절차】 ① 등록을 마친 경우에는 등록원인을 증명하는 서면 또는 신청서의 부본에 다음 각 호의 사항을 기재하고 등록관청의 직인을 찍어 등록권리자나 등록명의인에게 반환하고, 신청서에 첨부한 등록증명서 또는 제75조제9항에 따른 서면에는 신청서의 접수연월일·접수번호·순위번호, 등록권리자의 주소·성명, 등록원인과 그 일자, 등록의 목적, 등록연월일 및 등록이 끝났다는 사실을 각각 기재하여 등록관청의 직인을 찍고 등록명의인에게 반환하여야 한다.
1. 면허번호
2. 신청서 접수연월일·접수번호
3. 단위번호
4. 등록연월일
5. 등록이 끝났다는 사실
6. 입어 등록번호(입어의 보존에 관한 등록을 한 경우로 한정한다)
② 등록명의인이 다수로서 그 일부가 등록의무자이면 제1항에 따른 등록의무자에게 반환하여야 하는 서면에는 제1항에서 규정하는 사항 외에 등록의무자의 주소와 성명을 각각 기재하여야 한다.
③ 제1항과 제2항의 경우에 등록권리자나 등록의무자가 다수로서 대표자가 정하여져 있으면 대표자의 주소·성명을 기재하고, 그 밖의 자에 대하여는 그 인원만을 기재하여야 한다.
④ 제83조제1항의 신청에 따른 등록을 마친 경우에는 대위의 원인을 증명하는 서면에 제1항에 준하여 해당 사항을 기재하고 등록관청의 직인을 찍어 등록권리자나 등록명의인에게 반환하여야 하는 서류와 함께 채권자에게 반환하고 등록을 마쳤다는 사실을 등록권리자 또는 등록명의인에게 알려야 한다.
⑤ 제4항은 제63조 또는 제65조에 따른 등록을 마친 경우에 준용한다.

제110조【첨부서류 원본의 반환】 등록을 마쳐 신청서에 첨부한 서류의 원본을 반환할 때에는 등록관청은 제81조에 따라 첨부한 등본에 원본 반환 사실을 기재하고 도장을 찍어야 한다.

제4절 촉탁에 따른 등록절차

제111조【촉탁에 따른 등록절차의 준용규정】 촉탁에 따른 등록절차에 관하여는 다른 규정이 있는 경우 외에는 신청에 따른 등록에 관한 규정을 준용한다.

제112조【촉탁의 절차】 다음 각 호의 어느 하나에 해당하는 사항의 등록에 관하여는 해당 관공서에서 지체 없이 촉탁서에 등록원인을 증명한 서면을 첨부하여 등록관청에 촉탁하여야 한다.
1. 처분의 제한 또는 그 해제
2. 공매처분으로 인한 어업권·양식업권 또는 이를 목적으로 한 권리의 이전(2020.8.26 본호개정)

제113조【법원의 가처분명령과 가등록의 촉탁】 ① 가등록은 제60조 또는 제69조에 따라 신청하는 경우 외에는 가등록 권리자의 신청에 따라 법원에서 촉탁서에 가처분명령 정본을 첨부하여 등록관청에 촉탁하여야 한다.
② 법원은 가등록 권리자가 가등록의 원인을 소명한 경우에는 제1항의 가처분명령을 하여야 한다.
③ 제1항의 촉탁신청을 각하한 결정에 대하여는 즉시 항고할 수 있다.
④ 제3항의 즉시 항고에 관하여는 「비송사건절차법」을 준용한다.

제114조【경매개시 또는 압류 등록의 촉탁】 경매개시의 등록 또는 체납처분으로 인한 압류의 등록을 촉탁하는 경우 필요하면 관공서는 직권으로 등록명의인 또는 상속인이나 그 밖의 포괄 승계인을 대신하여 등록명의인 표시의 변경 또는 상속이나 그 밖의 포괄 승계로 인한 권리이전의 등록을 등록관청에 촉탁하여야 한다.

제115조【준용규정】 제114조에 따른 등록에 관하여는 제31조제3항, 제75조제3항, 제83조제1항, 제104조제1항 및 제109조제4항을 준용한다.

제116조【예고등록의 촉탁】 예고등록은 제4조에 따른 소를 수리한 법원이 직권으로 지체 없이 촉탁서에 소장의 등본 또는 초본을 첨부하여 등록관청에 촉탁하여야 한다.

제117조【예고등록 말소의 촉탁】 제4조에 따라 제기된 소에 대하여 다음 각 호의 사유가 발생하면 제1심 법원은 지체 없이 촉탁서에 재판의 등본이나 초본, 소의 취하, 청구포기, 인낙 또는 화해를 증명하는 법원서기의 서면을 첨부하여 예고등록의 말소를 등록관청에 촉탁하여야 한다.
1. 소를 각하한 재판이 확정된 경우
2. 소를 제기한 자에 대하여 패소의 선고가 확정된 경우
3. 소가 취하된 경우
4. 청구포기나 인낙이 있는 경우
5. 청구의 목적에 대하여 화해가 있는 경우

제118조【신탁관리인을 선임 또는 해임한 경우의 등록촉탁】 법원이나 주무관청이 신탁관리인을 선임하거나 해임한 경우에는 지체 없이 촉탁서에 등록원인을 증명하는 서면을 첨부하여 그 등록을 등록관청에 촉탁하여야 한다.

제119조【수탁자를 해임한 경우】 법원이나 주무관청이 수탁자를 해임한 경우 그 등록촉탁에 관하여는 제118조를 준용한다.

제120조【신탁을 변경한 경우】 ① 법원이 「신탁법」 제88조제3항에 따라 신탁을 변경한 경우에는 지체 없이 촉탁서에 등록원인을 증명하는 서면을 첨부하여 그 등록을 등록관청에 촉탁하여야 한다.
② 제1항은 주무 관청이 「신탁법」 제109조제1항에 따라 신탁내용을 변경한 경우에 준용한다.
(2013.1.22 본조개정)

제121조【수탁자의 해임등록과 등록사항란의 추가기재】 제119조에서 준용하는 제118조에 따른 등록촉탁을 받은 등록관청은 수탁자 해임을 등록한 경우 직권으로 어업권등록부·양식업권등록부의 해당 구의 사항란에 이 사실을 추가로 기재하여야 한다.(2020.8.26 본조개정)

제121조의2【신탁재산관리인이 선임된 신탁의 등록】 「신탁법」 제17조제1항 또는 제18조제1항에 따라 신탁재산관리인이 선임된 신탁의 경우 제60조제2항, 제62조, 제63조, 제64조의2, 제65조, 제73조의2, 제84조, 제90조의2, 제119조 및 제121조를 적용할 때에는 "수탁자"는 "신탁재산관리인"으로 본다.(2013.1.22 본조신설)

제122조【공매처분으로 인한 권리이전등록의 촉탁이 있는 경우】 공매처분으로 인한 권리이전등록의 촉탁이 있으면 직권으로 체납처분에 관한 처분제한의 등록을 말소하고, 그 권리를 목적으로 한 저당권의 등록이 있으면 직권으로 그 등록을 말소하여야 한다. 「민사집행법」에 따른 경매를 원인으로 하는 등록할 경우도 또한 같다.

제123조【어업권·양식업권의 경매로 인한 이전등록의 촉탁이 있는 경우】 제55조제1항에 따른 어업권·양식업권에 대하여 경매로 인한 어업권·양식업권 이전등록의 촉탁이 있으면 제33조제1항에 준하여 등록회복등록을 한 후에 이전등록을 하여야 한다.(2020.8.26 본조개정)

제124조【예고등록의 기재란】 예고등록은 등록용지 중 표시란 또는 해당 사항란에 하여야 한다.

제125조【촉탁에 따른 등록을 마친 경우의 절차】 등록관청은 촉탁에 따른 등록을 마치면 제109조제1항 각 호에 따른 서면을 등록 촉탁한 관공서에 송부하고, 송부를 받은 관공서는 지체 없이 등록권리자에게 발급하여야 한다.

제4장 멸실 어업권원부·양식업권원부의 등록 회복 절차

(2020.8.26 본장제목개정)

제126조【어업권원부·양식업권원부가 멸실된 경우】
① 등록관청은 어업권원부·양식업권원부의 전부 또는 일부가 멸실되면 신청에 따라 일정 기간 내에 등록을 회복하여야 한다.(2020.8.26 본항개정)
② 회복한 등록은 멸실 전의 등록으로 본다.
③ 제1항의 기간은 제127조제1항에 따른 공고를 한 날부터 계산하기 시작하여 3개월 이상 6개월 이내로 정하여야 한다.
(2020.8.26 본조제목개정)

제127조【어업권원부·양식업권원부가 멸실된 경우 등록회복에 관한 공고】 등록관청은 어업권원부·양식업권원부의 전부 또는 일부가 멸실되면 지체 없이 다음 각 호의 사항과 등록회복을 신청해야 한다는 사실을 일간신문, 공보 또는 등록관청의 인터넷 홈페이지 등에 공고해야 한다.(2020.8.26 본문개정)
1. 멸실의 사유
2. 멸실 연월일
3. 멸실한 서류의 종류
4. 등록회복을 신청해야 하는 기간
5. 그 밖에 필요한 사항
(2020.8.26 본조제목개정)
(2020.11.24 본조개정)

제128조【등록회복의 신청권】 등록회복신청은 등록권리자만 할 수 있다.

제129조【등록회복의 대위신청】 수익자나 위탁자는 수탁자를 대위하여 등록회복신청을 할 수 있다.

제130조【등록회복신청과 첨부서류】 ① 등록회복의 신청서에는 원 등록의 순위번호, 신청서 접수연월일·접수번호 및 등록연월일을 기재한 후 원 등록의 등록증명서를 첨부하여야 한다.
② 다음 각 호의 사유로 인하여 등록증명서를 첨부하지 못하는 경우에는 그 사유를 기재한 서면과 어업권원부·양식업권원부의 등본·초본 또는 그 밖의 증명 서면을 신청서에 첨부하여야 한다.(2020.8.26 본문개정)
1. 제83조제1항 또는 제129조의 경우
2.「신탁법」제8조제1항에 따라 신탁권리인이 신청하는 경우
3. 멸실, 분실, 그 밖의 부득이한 사유

제131조【임시 어업권원부·양식업권원부의 등록】 ① 등록회복의 신청이 있으면 임시 어업권원부·양식업권원부에 등록하여야 한다.
② 임시 어업권원부·양식업권원부는 어업권원부로 본다.
(2020.8.26 본조개정)

제132조【임시 어업권원부의 종류】 ① 임시 어업권원부의 종류는 다음 각 호와 같이 구분한다.
1. 임시 어업권등록부
2. 임시 어장도 편철장
3. 임시 어업권 공유자 명부
4. 임시 입어등록부
5. 임시 신탁등록부
② 임시 어업권원부에 관하여는 제9조제2항 및 제3항을 준용한다.

제132조의2【임시 양식업권원부의 종류】 ① 임시 양식업권원부의 종류는 다음 각 호와 같이 구분한다.
1. 임시 양식업권등록부
2. 임시 양식장도 편철장
3. 임시 양식업권 공유자 명부
4. 임시 신탁등록부
② 임시 양식업권원부에 관하여는 제9조의2제2항 및 제3항을 준용한다.
(2020.8.26 본조신설)

제133조【임시 어업권원부·양식업권원부의 등록절차】
① 제131조에 따른 등록을 할 때에는 제12조부터 제15조까지의 규정에 준하여 멸실 전의 등록과 같은 등록을 하여야 한다.
② 제1항에 따라 임시 어업권등록부·양식업권등록부, 임시 어업권·양식업권 공유자 명부, 임시 신탁등록부의 표시란과 사항란 또는 임시 어장도·양식장도 편철장에 등록을 한 경우에는 그 등록증에, 임시 입어등록부에 등록을 한 경우에는 비고란에 다음 각 호의 사항을 각각 기재하고 담당직원이 도장을 찍어야 한다.(2020.8.26 본문개정)
1. 회복등록 신청서의 접수연월일 및 접수번호
2. 회복의 원인과 그 일자
3. 회복의 등록을 한다는 사실
4. 회복등록의 연월일
③ 제1항에 따른 등록으로 말미암아 어업권등록부·양식업권등록부, 어장도·양식장도 편철장, 어업권·양식업권 공유자 명부, 입어등록부 또는 신탁등록부의 책수나 면수 또는 입어 등록번호가 멸실 전의 등록과 달라진 경우에는 새로운 책수나 면수 또는 새로운 번호를 기재하고 기재되어 있던 책수 또는 번호는 붉은색으로 말소하여야 한다.(2020.8.26 본항개정)
④ 제1항부터 제3항까지의 규정에 따라 등록을 한 경우에는 원 등록의 등록증명서에 신청서의 접수연월일·접수번호, 순위번호, 등록원인 및 그 일자, 등록의 목적, 등록연월일 및 임시 어업권원부·양식업권원부에 등록을 마쳤다는 사실을 각각 기재하고, 입어의 보존에 관한 등록에 대하여는 입어 등록번호를 기재한 후 등록관청의 직인을 찍어 등록권리자 또는 등록명의인에게 반환하여야 한다.(2020.8.26 본항개정)
(2020.8.26 본조제목개정)

제134조【등록회복 기간 중 멸실된 어업권원부·양식업권원부에 새로운 등록신청이 있는 경우】 ① 멸실된 어업권원부·양식업권원부에 등록한 어업권·양식업권이나 이를 목적으로 한 권리 또는 입어에 대하여 제126조에 따른 일정 기간 중에 새로 등록신청이 있으면 제3장의 규정에 준하여 임시 어업권원부·양식업권원부에 그 등록을 하여야 한다. 이 경우에 순위번호란에 기재하여야 하는 순위번호는 새로운 등록의 순서에 따라 새로운 번호를 붙이고 이에 신등록이라는 문자를 붙여야 한다.
② 제1항에 따라 등록을 한 경우에는 등록증명서에 임시 어업권원부·양식업권원부에 등록하였다는 사실을 기재하여야 한다.
(2020.8.26 본조개정)

제135조【임시 어업권원부·양식업권원부의 등록에서 착오를 발견한 경우】 제134조에 따라 새로운 등록을 한 경우에 그 등록이 제98조제1호·제2호 또는 제4호부터 제6호까지의 어느 하나에 해당되는 것을 발견하면 등록관청은 지체 없이 직권으로 제30조에 준하여 말소등록을 하고 등록권리자와 등록의무자 또는 등록명의인과 등록상 이해관계가 있는 제삼자에게 그 사실과 이유를 각각 알려야 한다.(2020.8.26 본조제목개정)

제136조【임시 어업권원부·양식업권원부를 새로운 원부에 옮겨 쓰는 경우】 ① 제131조 또는 제134조에 따라 임시 어업권원부·양식업권원부에 등록한 것은 제126조에 따른 일정 기간이 끝나면 지체 없이 새로이 작성한 어업권원부·양식업권원부에 옮겨 써야 한다.(2020.8.26 본항개정)
② 새로이 작성한 어업권원부·양식업권원부에 제1항에 따라 등록을 옮겨 쓰는 경우에는 회복한 등록을 임시 어업권원부·양식업권원부에 완전히 옮겨 쓴 다음에 하여야 한다. 이 경우 회복한 등록이나 제134조에 따른 새로운 등록의 순서나 순위번호 등은 다음 각 호의 구분에 따른 기준에 따른다.(2020.8.26 전단개정)
1. 회복한 등록 상호간의 순서 : 멸실 전 등록의 순서에 따를 것
2. 새로운 등록 상호간의 순서 : 임시 어업권원부·양식업권원부에 있는 등록의 순서에 따를 것(2020.8.26 본호개정)
3. 회복한 등록의 순위번호 : 다음 각 목의 기준에 따를 것
   가. 주된 등록에서는 회복한 등록만의 멸실 전 등록의 순위번호 순서에 따라 새로운 번호를 붙일 것
   나. 부기 등록에서는 제23조제1항에 따라 새로운 번호를 붙일 것. 이 경우 부기등록의 등록번호 또는 입어등록번호는 주된 등록의 순위번호를 정한 방법에 준하여 붙인다.
4. 제134조에 따른 새로운 등록의 주된 등록의 순위번호나 입어 등록번호 또는 부기등록의 등록번호 : 등록의 순서에 따라 회복한 등록의 순위나 번호에 따라 새로운 번호를 붙이고, 부기 등록의 순위번호는 제23조제1항에 따라 새로운 번호를 붙일 것
③ 제1항의 경우에는 표시란과 사실란에 옮겨 쓴 등록의 끝에 임시 어업권원부·양식업권원부에서 등록을 옮겨 썼다는 사실과 그 연월일을 각각 기재하고 담당직원이 도장을 찍어야 한다.(2020.8.26 본항개정)
④ 어업권원부·양식업권원부에 등록을 옮겨 쓴 경우에는 임시 어업권원부의 등록용지를 폐쇄하여야 한다.
(2020.8.26 본항개정)
(2020.8.26 본조제목개정)

제137조【임시 어업권원부·양식업권원부의 등록을 어업권원부에 옮겨 쓴 경우의 등록증명서】 ① 임시 어업권원부·양식업권원부의 등록을 어업권원부·양식업권원부에 옮겨 쓴 경우에는 등록권리자나 등록명의인에게 본등록증명서를 발급할 것을 알려야 한다.
② 등록권리자 또는 등록명의인이 본등록증명서 발급을 신청할 때에는 임시 어업권원부·양식업권원부 등록증명서를 제출하여야 한다.
③ 제2항에 따라 임시 어업권원부·양식업권원부 등록증명서를 제출한 경우에는 본등록증명서에 제133조제4항에 준하여 해당 사항을 기재하고 등록권리자나 등록명의인에게 이를 발급하여야 한다.
(2020.8.26 본조개정)

제138조【등록회복 절차에 준용할 규정】 등록회복에 관한 절차에 관하여는 이 장에 따르는 것 외에 제3장을 준용한다.

제139조【임시 어업권원부·양식업권원부의 멸실과 등록회복】 ① 임시 어업권원부·양식업권원부가 멸실된 경우의 등록회복에 관하여는 새로운 등록의 경우에 준한다.
② 제1항의 경우에 제126조에 따른 등록회복의 신청기간은 임시 어업권원부·양식업권원부의 등록회복 신청기간과 같게 다시 정하여야 한다.
③ 제1항의 경우에 신설 어업권원부·양식업권원부의 신등록에는 제2회 임시라는 문자를 붙여야 한다.
④ 제3항은 제3회 이후의 임시 어업권원부·양식업권원부의 새로운 등록에 준용한다.
(2020.8.26 본조개정)

제140조【회복등록 신청기간 중 신청을 하지 아니한 어업권·양식업권의 설정등록】 ① 제126조 또는 제139조에 따른 등록회복의 등록신청을 하지 아니한 어업권·양식업권에 대해서는 멸실한 때의 어업권·양식업권의 등록회복 신청기간이 지난 후 그 어업권·양식업권에 대하여 설정등록을 신청할 수 있다.
② 제1항의 신청이 있으면 등록관청은 멸실한 때의 등록에 있었던 어업권·양식업권에 대하여 설정등록을 하여야 한다.
(2020.8.26 본조개정)

제141조【어업권원부·양식업권원부 등의 멸실 염려가 있을 때의 처리】 어업권원부·양식업권원부 또는 그 부속서류가 멸실할 염려가 있을 때에는 등록관청은 필요한 처분을 할 수 있다.(2020.8.26 본조개정)

부 칙 (2013.1.22)

제1조【시행일】 이 영은 공포한 날부터 시행한다.

제2조【일반적 적용례】 이 영은 이 영 시행 후 신청하는 어업권이나 어업권을 목적으로 한 권리에 관한 신탁등록부터 적용한다.

제3조【일반적 경과조치】 ① 이 영 시행 당시 종전의 규정에 따라 한 어업권이나 어업권을 목적으로 한 권리에 관한 신탁등록은 이 영의 개정규정에 따라 한 것으로 본다.
② 이 영 시행 당시 종전의 규정에 따라 편성한 신탁등록부는 이 영 시행 후에도 그대로 사용한다.

부 칙 (2020.8.26)

제1조【시행일】 이 영은 2020년 8월 28일부터 시행한다.
(이하 생략)

부 칙 (2020.11.24)

제1조【시행일】 이 영은 공포한 날부터 시행한다.

제2조【공고 등의 방법에 관한 일반적 적용례】 이 영은 이 영 시행 이후 실시하는 공고, 공표, 공시 또는 고시부터 적용한다.

부 칙 (2021.1.5)

이 영은 공포한 날부터 시행한다.(이하 생략)

부 칙 (2023.1.10)

제1조【시행일】 이 영은 2023년 1월 12일부터 시행한다.
(이하 생략)

〔별지서식〕 ➡「www.hyeonamsa.com」참조

수산업협동조합법

(2004년 12월 31일
전개법률 제7311호)

개정
2005. 7.21법 7611호
2007. 4.11법 8377호(수산)
2007. 4.11법 8381호(해운법)
2007. 8. 3법 8635호(자본시장금융투자업)
2008. 2.29법 8852호(정부조직)
2008. 2.29법 8863호(금융위원회의설치등에관한법)
2008. 3.21법 8979호(화물자동차운수사업법)
2008. 3.21법 8980호(여객자동차운수사업법)
2010. 4.12법10245호
2010. 5.17법10303호(은행법)
2011. 7.14법10838호
2011.11.22법11093호(농어업경영체육성및지원에관한법)
2012. 2.17법11320호
2013. 3.23법11690호(정부조직)
2013. 8.13법12085호 2014. 3.18법12481호
2014. 5.20법12592호(상업등기법)
2014. 5.21법12656호
2014. 6.11법12755호(공공단체등위탁선거에관한법)
2014.10.15법12824호 2015. 2. 3법13188호
2015. 6.22법13385호(수산종자산업육성법)
2015. 7.31법13453호(금융회사의지배구조에관한법)
2016. 5.29법14242호
2017.10.31법15022호(주식회사등의외부감사에관한법)
2017.11.28법15132호 2018. 3.20법15518호
2018.12.11법15916호 2019. 8.20법16509호
2019. 8.27법16568호(양식산업발전법)
2019.12. 3법16702호
2020. 2.18법17007호(권한지방이양)
2020. 2.18법17039호(수산업협동조합의부실예방및구조개선에관한법)
2020. 3.24법17105호
2022. 1.11법18755호(수산)
2022.12.27법19135호 2023.10.24법19774호

제1장 총 칙

(2010.4.12 본장개정)

제1조【목적】 이 법은 어업인과 수산물가공업자의 자주적인 협동조직을 바탕으로 어업인과 수산물가공업자의 경제적·사회적·문화적 지위의 향상과 어업 및 수산물가공업의 경쟁력 강화를 도모함으로써 어업인과 수산물가공업자의 삶의 질을 높이고 국민경제의 균형 있는 발전에 이바지함을 목적으로 한다.

제2조【정의】 이 법에서 사용하는 용어의 뜻은 다음과 같다.
1. "수산업"이란 어업과 수산물가공업을 말한다.
2. "어업" 또는 "수산물가공업"이란 「수산업법」 제2조제2호에 따른 어업, 같은 법 제2조제5호에 따른 수산물가공업, 「내수면어업법」 제2조제5호에 따른 내수면어업 또는 「양식산업발전법」 제2조제2호에 따른 양식업을 말한다.(2022.1.11 본호개정)
3. "어업인" 또는 "수산물가공업자"란 「수산업법」 제2조제10호에 따른 어업인, 같은 조 제15호에 따른 수산물가공업자, 「내수면어업법」에 따른 어업인, 내수면어업 관련 어업인 또는 「양식산업발전법」 제2조제12호에 따른 양식업자를 말한다.(2022.1.11 본호개정)
4. "조합"이란 이 법에 따라 설립된 지구별 수산업협동조합, 업종별 수산업협동조합 및 수산물가공 수산업협동조합을 말한다.
5. "중앙회"란 이 법에 따라 설립된 수산업협동조합중앙회를 말한다.

제3조【명칭】 ① 조합 및 중앙회는 다음 각 호의 기준에 따라 명칭을 사용하여야 한다.
1. 지구별 수산업협동조합은 지구명을 붙인 수산업협동조합의 명칭을 사용할 것
2. 업종별 수산업협동조합은 업종명(양식방법을 포함한다) 또는 품종명을 붙인 수산업협동조합의 명칭을 사용할 것. 이 경우 주된 사무소의 소재지가 속한 지방자치단체의 명칭을 함께 사용할 수 있다.
3. 수산물가공 수산업협동조합은 수산물가공업명을 붙인 수산업협동조합의 명칭을 사용할 것
4. 중앙회는 수산업협동조합중앙회의 명칭을 사용할 것
(2017.11.28 본항개정)
② 이 법에 따라 설립된 조합과 중앙회가 아니면 제1항에 따른 명칭 또는 이와 유사한 명칭을 사용하지 못한다. 다만, 다음 각 호의 어느 하나에 해당하는 법인이 조합 또는 중앙회의 정관으로 정하는 바에 따라 승인을 받은 경우에는 제1항에 따른 명칭 또는 이와 유사한 명칭을 사용할 수 있다.
1. 조합 또는 중앙회가 출자하거나 출연한 법인
2. 그 밖에 중앙회가 필요하다고 인정하는 법인
(2016.5.29 1호~2호신설)
(2016.5.29 본조개정)

제4조【법인격 등】 ① 조합과 중앙회는 법인으로 한다.
② 조합과 중앙회의 주소는 그 주된 사무소의 소재지로 한다.

제5조【최대 봉사의 원칙 등】 ① 조합과 중앙회는 그 업무 수행 시 조합원이나 회원을 위하여 최대한 봉사하여야 한다.
② 조합과 중앙회는 일부 조합원이나 일부 회원의 이익에 편중되는 업무를 하여서는 아니 된다.
③ 조합과 중앙회는 설립 취지에 반하여 영리 또는 투기를 목적으로 하는 업무를 하여서는 아니 된다.

제6조【중앙회등의 책무】 ① 중앙회는 회원의 건전한 발전을 도모하기 위하여 적극 노력하여야 한다.
② 중앙회는 회원의 사업이 원활히 이루어지도록 돕고, 회원의 공동이익을 위한 사업을 수행함을 원칙으로 하며, 회원의 사업과 직접 경합(競合)되는 사업을 하여 회원의 사업을 위축시켜서는 아니 된다. 다만, 중앙회가 회원과 공동출자 등의 방식으로 회원 공동의 이익을 위하여 사업을 수행하는 경우에는 회원의 사업과 직접 경합하는 것으로 보지 아니한다.(2016.5.29 단서신설)
③ 중앙회는 자기자본을 충실히 하고 적정한 유동성을 유지하는 등 경영의 건전성 및 효율성을 확보하여야 한다.
④ 중앙회 및 중앙회가 출자한 법인(제141조의4에 따른 수협은행은 제외한다. 이하 "중앙회등"이라 한다)은 회원 또는 회원의 조합원으로부터 수집하거나 판매위탁을 받은 수산물 및 그 가공품의 유통, 가공, 판매 및 수출을 적극적으로 추진하고, 수산물 가격안정을 위하여 수급조절에 필요한 조치를 하여야 한다.(2016.5.29 본항신설)
(2016.5.29 본조제목개정)

제7조【공직선거 관여 금지】 ① 조합, 제113조의3에 따른 조합공동사업법인(이하 "조합등"이라 한다) 및 중앙회는 공직선거에서 특정 정당을 지지하는 행위와 특정인이 당선되게 하거나 당선되지 아니하도록 하는 행위를 하여서는 아니 된다.
② 누구든지 조합등과 중앙회를 이용하여 제1항에 따른 행위를 하여서는 아니 된다.
(2016.5.29 본조개정)

제8조【부과금의 면제】 조합등, 중앙회 및 제141조의4에 따른 수협은행(이하 "수협은행"이라 한다)의 업무 및 재산에 대하여는 국가 및 지방자치단체의 조세 외의 부과금을 면제한다. 다만, 그 재산이 조합등, 중앙회 및 수협은행의 사업(제60조제1항, 제107조제1항, 제112조제1항, 제113조의8, 제138조제1항 및 제141조의9제1항에 따른 사업에 한정한다) 외의 목적으로 사용되는 경우에는 그러하지 아니하다.(2019.8.20 단서신설)

제9조【국가·공공단체의 협력 등】 ① 국가와 공공단체는 조합등과 중앙회의 사업에 적극적으로 협력하여야 한다. 이 경우 국가와 공공단체는 조합등과 중앙회의 사업에 필요한 경비를 보조하거나 융자할 수 있다.
② 국가와 공공단체는 조합등과 중앙회의 자율성을 침해하여서는 아니 된다.
③ 중앙회의 회장은 조합등과 중앙회의 발전을 위하여 필요한 사항에 관하여 국가와 공공단체에 의견을 제출할 수 있다. 이 경우 국가와 공공단체는 그 의견이 반영되도록 노력하여야 한다.
(2016.5.29 본조개정)

제10조【다른 협동조합 등과의 협력】 조합등과 중앙회는 조합등 간, 조합등과 중앙회 간 또는 다른 법률에 따른 협동조합 및 외국의 협동조합과의 상호협력·이해증진 및 공동사업 개발 등을 위하여 노력하여야 한다.
(2016.5.29 본조개정)

제11조 (2016.5.29 삭제)

제12조【다른 법률의 적용 배제 및 준용】 ① 조합과 중앙회의 사업에 대하여는 「보험업법」, 「해운법」 제24조, 「석유 및 석유대체연료 사업법」 제10조, 「여객자동차 운수사업법」 제4조·제8조·제81조 및 「화물자동차 운수사업법」 제56조를 적용하지 아니한다.
② 조합과 중앙회의 보관사업에 대해서는 이 법에서 정한 것 외에 「상법」 제155조부터 제168조까지의 규정을 준용한다.(2016.5.29 본항신설)
③ 제113조의3에 따른 조합공동사업법인의 사업에 대해서는 「화물자동차 운수사업법」 제56조를 적용하지 아니한다.(2016.5.29 본항신설)
(2016.5.29 본조제목개정)

제12조의2【「근로복지기본법」과의 관계】 ① 중앙회와 수협은행은 「근로복지기본법」을 적용하는 경우 동일한 사업 또는 사업장으로 보고 같은 법 제50조에 따른 사내근로복지기금을 통합하여 운용할 수 있다.
② 제1항에서 정한 것 외에 중앙회와 수협은행을 사업 또는 사업장으로 하여 설립하는 「근로복지기본법」 제50조에 따른 사내근로복지기금의 통합·운용을 위하여 필요한 사항은 해당 사내근로복지기금법인의 정관으로 정한다.
(2016.5.29 본조신설 : 2021.11.30까지 유효)

제12조의3【「중소기업제품 구매촉진 및 판로지원에 관한 법률」과의 관계】 조합등이 공공기관(「중소기업제품 구매촉진 및 판로지원에 관한 법률」 제2조제2호에 따른 공공기관을 말한다)에 직접 생산하는 물품을 공급하는 경우에는 조합등을 「중소기업제품 구매촉진 및 판로지원에 관한 법률」 제33조제1항 각 호 외의 부분에 따른 국가와 수의계약의 방법으로 납품계약을 체결할 수 있는 자로 본다.(2019.8.20 본조신설 : 2024.8.19까지 유효)

제2장 지구별 수산업협동조합

(2010.4.12 본장개정)

제1절 목적과 구역

제13조【목적】 지구별 수산업협동조합(이하 이 장에서 "지구별수협"이라 한다)은 조합원의 어업 생산성을 높이고 조합원이 생산한 수산물의 판로(販路) 확대 및 유통의 원활화를 도모하며, 조합원에게 필요한 자금·자재·기술 및 정보 등을 제공함으로써 조합원의 경제적·사회적·문화적 지위 향상을 증대시키는 것을 목적으로 한다.
(2020.3.24 본조개정)

제14조【구역 및 지사무소】 ① 지구별수협의 구역은 시·군의 행정구역에 따른다. 다만, 해양수산부장관의 인가를 받은 경우에는 그러하지 아니하다.(2013.3.23 단서개정)
② 지구별수협은 정관으로 정하는 바에 따라 지사무소(支事務所)를 둘 수 있다.(2016.5.29 본항개정)

제15조【어촌계】 ① 지구별수협의 조합원은 행정구역·경제권 등을 중심으로 어촌계를 조직할 수 있으며, 그 구역은 어촌계의 정관으로 정한다.
② 어촌계의 관리 등에 필요한 사항은 대통령령으로 정한다.

제2절 설 립

제16조【설립인가 등】 ① 지구별수협을 설립하려면 해당 구역의 조합원 자격을 가진 자 20인 이상이 발기인(發起人)이 되어 정관을 작성하고 창립총회의 의결을 거친 후 해양수산부장관의 인가를 받아야 한다. 이 경우 조합원 수, 출자금 등 인가의 기준 및 절차는 대통령령으로 정한다.(2013.3.23 본항개정)
② 창립총회의 의사(議事)는 개의(開議) 전까지 발기인에게 설립동의서를 제출한 자 과반수의 찬성으로 의결한다.
③ 해양수산부장관은 제1항에 따라 지구별수협의 설립인가 신청을 받으면 다음 각 호의 경우를 제외하고는 인가하여야 한다.(2018.12.11 본문개정)
1. 설립인가 구비서류를 갖추지 못한 경우
2. 설립의 절차, 정관 및 사업계획서의 내용이 법령을 위반한 경우
3. 그 밖에 제1항 후단에 따른 설립인가기준에 미달된 경우
④ 해양수산부장관은 제1항에 따른 지구별수협의 설립인가 신청을 받은 날부터 60일 이내에 인가 여부를 신청인에게 통지하여야 한다.(2018.12.11 본항신설)
⑤ 해양수산부장관이 제4항에 따른 기간 내에 인가 여부 또는 민원 처리 관련 법령에 따른 처리기간의 연장 여부를 신청인에게 통지하지 아니하면 그 기간(민원 처리 관련 법령에 따라 처리기간이 연장 또는 재연장된 경우에는 해당 처리기간을 말한다)이 끝난 날의 다음날에 제1항에 따른 인가를 한 것으로 본다.(2018.12.11 본항신설)

제17조【정관 기재사항】 지구별수협의 정관에는 다음 각 호의 사항이 포함되어야 한다.
1. 목적
2. 명칭
3. 구역
4. 주된 사무소의 소재지
5. 조합원의 자격·가입·탈퇴 및 제명(除名)에 관한 사항
6. 출자(出資) 1계좌의 금액과 조합원의 출자계좌 수 한도 및 납입 방법과 지분 계산에 관한 사항(2020.3.24 본호개정)
7. 제22조의2에 따른 우선출자에 관한 사항
8. 경비 및 과태금(過怠金)의 부과·징수에 관한 사항
9. 적립금의 종류와 적립 방법에 관한 사항
10. 잉여금의 처분과 손실금의 처리 방법에 관한 사항
11. 회계연도와 회계에 관한 사항
12. 사업의 종류와 그 집행에 관한 사항
13. 총회 및 그 밖의 의결기관과 임원의 정수(定數)·선출 및 해임에 관한 사항

14. 간부직원의 임면(任免)에 관한 사항
15. 공고의 방법에 관한 사항
16. 존립시기 또는 해산의 사유를 정한 경우에는 그 시기 또는 사유
17. 설립 후 현물출자(現物出資)를 약정한 경우에는 그 출자 재산의 명칭·수량·가격 및 출자자의 성명·주소와 현금출자로의 전환 및 환매특약 조건
18. 설립 후 양수하기로 약정한 재산이 있는 경우에는 그 재산의 명칭·수량·가격과 양도인의 성명·주소
제18조【설립사무의 인계와 출자납입】 ① 발기인은 제16조제1항에 따른 설립인가를 받으면 지체 없이 그 사무를 조합장에게 인계하여야 한다.
② 조합장은 제1항에 따라 사무를 인수하면 정관으로 정하는 기일 이내에 조합원이 되려는 자에게 출자금 전액을 납입하게 하여야 한다.
③ 현물출자자는 제2항에 따른 납입기일 이내에 출자 목적인 재산을 인도하고 등기·등록 및 그 밖의 권리 이전에 필요한 서류를 갖추어 지구별수협에 제출하여야 한다.
제19조【지구별수협의 성립】 ① 지구별수협은 주된 사무소의 소재지에서 제92조에 따른 설립등기를 함으로써 성립한다.
② 지구별수협의 설립무효에 관하여는「상법」제328조를 준용한다. 이 경우 "주주"는 "조합원"으로 본다.

제3절 조합원

제20조【조합원의 자격】 ① 조합원은 지구별수협의 구역에 주소·거소(居所) 또는 사업장이 있는 어업인이어야 한다. 다만, 사업장 외의 지역에 주소 또는 거소만이 있는 어업인이 그 외의 사업장 소재지를 구역으로 하는 지구별수협의 조합원이 되는 경우에는 주소 또는 거소를 구역으로 하는 지구별수협의 조합원이 될 수 없다.
②「농어업경영체 육성 및 지원에 관한 법률」제16조와 제19조에 따른 영어조합법인과 어업회사법인으로서 그 주된 사무소를 지구별수협의 구역에 두고 어업을 경영하는 법인은 지구별수협의 조합원이 될 수 있다.
③ 제1항에 따른 어업인의 범위는 대통령령으로 정한다.
제21조【준조합원】 ① 지구별수협은 정관으로 정하는 바에 따라 다음 각 호의 어느 하나에 해당하는 자를 준조합원으로 할 수 있다.
1. 지구별수협의 구역에 주소를 둔 어업인이 구성원이 되거나 출자자가 된 해양수산 관련 단체
2. 지구별수협의 사업을 이용하는 것이 적당하다고 인정되는 자
② 지구별수협은 준조합원에 대하여 정관으로 정하는 바에 따라 가입금과 경비를 부담하게 할 수 있다.
③ 준조합원은 정관으로 정하는 바에 따라 지구별수협의 사업을 이용할 권리 및 탈퇴 시 가입금의 환급을 청구할 권리를 가진다.
제22조【출자】 ① 조합원은 정관으로 정하는 계좌 수 이상을 출자하여야 한다.(2020.3.24 본항개정)
② 출자 1계좌의 금액은 균일하게 정하여야 한다.
(2020.3.24 본항개정)
③ 출자 1계좌의 금액 및 조합원 1인의 출자계좌 수의 한도는 정관으로 정한다.(2020.3.24 본항개정)
④ 조합원의 출자금은 질권(質權)의 목적이 될 수 없다.
⑤ 조합원은 지구별수협에 대한 채권과 출자금 납입을 상계(相計)할 수 없다.
제22조의2【우선출자】 ① 지구별수협의 우선출자에 관하여는 제147조제1항부터 제5항까지 및 제148조부터 제152조까지의 규정을 준용한다. 이 경우 "중앙회"는 "지구별수협"으로, "회원"은 "조합원"으로 보고, 제147조제3항 본문 중 "제120조제2항"은 "제22조"로, "자기자본"은 "제68조에 따른 자기자본"으로 본다.(2022.12.27 후단개정)
② 제1항에도 불구하고 지구별수협은 중앙회 및 다른 조합을 대상으로 우선출자를 하게 할 수 없다.(2016.5.29 본항신설)
제22조의3【출자배당금의 출자전환】 지구별수협은 정관으로 정하는 바에 따라 조합원의 출자액에 대한 배당 금액의 전부 또는 일부를 그 조합원으로 하여금 출자하게 할 수 있다. 이 경우 그 조합원은 배당받을 금액을 지구별수협에 대한 채무와 상계할 수 없다.(2012.2.17 본조신설)
제23조【회전출자】 지구별수협은 제22조에 따른 출자 외에 정관으로 정하는 바에 따라 그 사업의 이용 실적에 따라 조합원에게 배당할 금액의 전부 또는 일부를 그 조합원에게 출자하게 할 수 있다. 이 경우 제22조제5항을 준용한다.
제24조【지분의 양도·양수와 공유 금지】 ① 조합원은 이사회의 승인 없이 그 지분을 양도할 수 없다.
② 조합원이 아닌 자가 지분을 양수할 때에는 이 법 또는 정관에서 정하고 있는 가입 신청, 자격 심사 등 조합원 가입에 관한 규정에 따른다.
③ 지분의 양수인은 그 지분에 관하여 양도인의 권리·의무를 승계한다.
④ 조합원의 지분은 공유할 수 없다.
제25조【조합원의 책임】 ① 조합원의 책임은 그 출자액을 한도로 한다.
② 조합원은 지구별수협의 운영 과정에 성실히 참여하여야 하며, 생산한 수산물을 지구별수협을 통하여 출하하는 등 그 사업을 성실히 이용하여야 한다.
제26조【경비와 과태금 등의 부과】 ① 지구별수협은 정관으로 정하는 바에 따라 조합원에게 경비와 과태금을 부과할 수 있다.
② 지구별수협은 정관으로 정하는 바에 따라 사용료나 수수료를 징수할 수 있다.
③ 조합원은 제1항의 경비와 과태금 및 제2항의 사용료 또는 수수료를 납부할 때 지구별수협에 대한 채권과 상계할 수 없다.
제27조【의결권 및 선거권】 조합원은 출자금의 많고 적음과 관계없이 평등한 의결권 및 선거권을 가진다. 이 경우 선거권은 임원 또는 대의원의 임기 만료일(보궐선거 등의 경우에는 그 선거 실시 사유가 확정된 날) 전 180일까지 해당 조합의 조합원으로 가입한 자만 행사할 수 있다.
(2020.3.24 전단개정)
제28조【의결권의 대리】 ① 조합원은 대리인에게 의결권을 행사하게 할 수 있다. 이 경우 그 조합원은 출석한 것으로 본다.
② 대리인은 다음 각 호의 어느 하나에 해당하는 자이어야 하고, 대리인은 조합원 1인만을 대리할 수 있다.
1. 다른 조합원
2. 본인과 동거하는 가족
3. 제20조제2항에 따른 법인의 경우에는 조합원·사원 등 그 구성원
(2018.12.11 본항개정)
③ 대리인은 대리권을 증명하는 서면을 지구별수협에 제출하여야 한다.
제29조【가입】 ① 지구별수협은 정당한 사유 없이 조합원 자격을 갖추고 있는 자의 가입을 거절하거나 다른 조합원보다 불리한 가입 조건을 달 수 없다.
② 새로 조합원이 되려는 자는 정관으로 정하는 바에 따라 출자하여야 한다.
③ 지구별수협은 조합원의 수를 제한할 수 없다.
제30조【상속에 따른 가입】 ① 사망으로 인하여 탈퇴하게 된 조합원의 상속인(공동상속인 경우에는 공동상속인이 선정한 1명의 상속인을 말한다)이 조합원 자격이 있는 경우에는 피상속인의 출자를 승계하여 조합원이 될 수 있다.
② 제1항에 따라 출자를 승계한 상속인에 관하여는 제29조제1항을 준용한다.
제31조【탈퇴】 ① 조합원은 지구별수협에 탈퇴 의사를 서면으로 통지하고 지구별수협을 탈퇴할 수 있다.
② 조합원이 다음 각 호의 어느 하나에 해당하면 당연히 탈퇴한다.
1. 조합원의 자격이 없는 경우
2. 사망한 경우
3. 파산한 경우
4. 성년후견개시의 심판을 받은 경우(2019.12.3 본호개정)
5. 조합원인 법인이 해산한 경우
③ 지구별수협은 조합원의 전부 또는 일부를 대상으로 제2항 각 호의 어느 하나에 해당하는지를 확인하여야 한다. 이 경우 제2항제1호에 해당하는지는 이사회 의결로 결정한다.
④ 지구별수협은 제2항제1호에 해당하는 사유에 따라 조합원에 대하여 당연탈퇴의 결정이 이루어진 경우에는 그 사실을 지체 없이 해당 조합원에게 통보하여야 한다.
제32조【제명】 ① 지구별수협은 조합원이 다음 각 호의 어느 하나에 해당하면 총회의 의결을 거쳐 제명할 수 있다.
1. 1년 이상 지구별수협의 사업을 이용하지 아니한 경우
2. 출자 및 경비의 납입과 그 밖의 지구별수협에 대한 의무를 이행하지 아니한 경우
3. 정관에서 금지된 행위를 한 경우
② 지구별수협은 조합원이 제1항 각 호의 어느 하나에 해당하면 총회 개회 10일 전에 그 조합원에게 제명의 사유를 알리고 총회에서 의견을 진술할 기회를 주어야 한다.
제33조【지분환급청구권과 환급정지】 ① 탈퇴 조합원(제명된 조합원을 포함한다. 이하 이 조와 제34조에서 같다)은 탈퇴(제명을 포함한다. 이하 이 조와 제34조에서 같다) 당시 회계연도의 다음 회계연도부터 정관으로 정하는 바에 따라 그 지분의 환급을 청구할 수 있다.
② 제1항에 따른 지분은 탈퇴한 회계연도 말의 지구별수협의 자산과 부채에 따라 정한다.
③ 제1항에 따른 청구권은 2년간 행사하지 아니하면 시효로 인하여 소멸된다.
④ 지구별수협은 탈퇴 조합원이 지구별수협에 대한 채무를 다 갚을 때까지는 제1항에 따른 지분의 환급을 정지할 수 있다.
제34조【탈퇴 조합원의 손실액 부담】 지구별수협은 지구별수협의 재산으로 그 채무를 다 갚을 수 없는 경우에는 제33조에 따른 지분의 환급분을 계산할 때 정관으로 정하는 바에 따라 탈퇴 조합원이 부담하여야 할 손실액의 납입을 청구할 수 있다. 이 경우 제33조제3항을 준용한다.
제35조【의결 취소의 청구 등】 ① 조합원은 총회(창립총회를 포함한다)의 소집 절차, 의결 방법, 의결 내용 또는 임원(대의원을 포함한다)의 선거가 법령, 법령에 따른 처분 또는 정관을 위반한 것을 사유로 하여 그 의결이나 선거에 따른 당선의 취소 또는 무효 확인을 해양수산부장관에게 청구하거나 이를 청구하는 소를 제기할 수 있다.
(2013.3.23 본항개정)
② 조합원은 제1항에 따라 해양수산부장관에게 의결이나 선거에 따른 당선의 취소 또는 무효 확인을 청구할 때에는 의결일 또는 선거일부터 1개월 이내에 조합원 10분의 1 이상의 동의를 받아 청구하여야 한다. 이 경우 해양수산부장관은 그 청구서를 받은 날부터 3개월 이내에 처리 결과를 청구인에게 알려야 한다.(2013.3.23 본항개정)
③ 제1항에 따른 소에 관하여는「상법」제376조부터 제381조까지의 규정을 준용한다.

제4절 기 관

제36조【총회】 ① 지구별수협에 총회를 둔다.
② 총회는 조합원으로 구성한다.
③ 정기총회는 회계연도 경과 후 3개월 이내에 조합장이 매년 1회 소집하고, 임시총회는 조합장이 필요하다고 인정할 때 소집할 수 있다.
제37조【총회의 의결 사항 등】 ① 다음 각 호의 사항은 총회의 의결을 거쳐야 한다.
1. 정관의 변경
2. 해산·합병 또는 분할
3. 조합원의 제명
4. 임원의 선출 및 해임
5. 법정적립금의 사용
6. 사업계획의 수립, 수지예산(收支豫算)의 편성, 사업계획 및 수지예산 중 정관으로 정하는 중요한 사항의 변경
7. 차입금의 최고 한도
8. 사업보고서, 재무상태표 및 손익계산서와 잉여금처분안 또는 손실금처리안(2017.11.28 본호개정)
9. 사업계획 및 수지예산으로 정한 것 외에 새로 의무를 부담하거나 권리를 상실하는 행위. 다만, 정관으로 정하는 행위는 제외한다.
10. 어업권·양식업권의 취득·처분 또는 이에 관한 물권(物權)의 설정. 다만, 정관으로 정하는 행위는 제외한다.
(2019.8.27 본문개정)
11. 중앙회의 설립 발기인이 되거나 이에 가입 또는 탈퇴하는 것
12. 그 밖에 조합장이나 이사회가 필요하다고 인정하는 사항
② 제1항제1호 및 제2호의 사항은 해양수산부장관의 인가를 받지 아니하면 효력이 발생하지 아니한다. 다만, 제1항제1호의 사항을 해양수산부장관이 정하는 정관 예에 따라 변경하는 경우에는 그러하지 아니하다.(2013.3.23 본항개정)
제38조【총회의 소집 청구】 ① 조합원은 조합원 5분의 1 이상의 동의를 받아 소집의 목적과 이유를 서면에 적어 조합장에게 제출하고 총회의 소집을 청구할 수 있다.
② 조합장은 제1항에 따른 청구를 받으면 2주 이내에 총회를 소집하여야 한다.
③ 총회를 소집할 사람이 없거나 조합장이 제2항에 따른 기간 이내에 정당한 사유 없이 총회를 소집하지 아니할 때에는 감사가 5일 이내에 총회를 소집하여야 한다. 이 경우 감사가 의장의 직무를 수행한다.
④ 감사가 제3항에 따른 기간 이내에 총회를 소집하지 아니할 때에는 제1항에 따라 소집을 청구한 조합원의 대표가 총회를 소집한다. 이 경우 조합원의 대표가 의장의 직무를 수행한다.
제39조【조합원에 대한 통지와 독촉】 ① 지구별수협이 조합원에게 통지 또는 독촉을 할 때에는 조합원 명부에 기재된 조합원의 주소 또는 거소나 조합원이 지구별수협에 통지한 연락처로 하여야 한다.(2023.10.24 본항개정)
② 총회를 소집하려면 총회 개회 7일 전까지 회의 목적 등을 적은 총회소집통지서를 조합원에게 발송하여야 한다. 다만, 같은 목적으로 총회를 다시 소집할 때에는 개회 전날까지 통지한다.
(2023.10.24 본조제목개정)
제40조【총회의 개의와 의결】 총회는 이 법에 다른 규정이 있는 경우를 제외하고는 구성원 과반수의 출석으로 개의하고 출석구성원 과반수의 찬성으로 의결한다. 다만, 제37조제1항제1호부터 제3호까지 및 제11호의 사항은 구성원 과반수의 출석과 출석구성원 3분의 2 이상의 찬성으로 의결한다.
제41조【의결권의 제한 등】 ① 총회에서는 제39조제2항에 따라 통지한 사항에 대하여만 의결할 수 있다. 다만, 제37조제1항제1호부터 제4호까지의 사항을 제외한 긴급한 사항으로서 구성원 과반수의 출석과 출석구성원 3분의 2 이상의 찬성이 있을 때에는 그러하지 아니하다.
② 지구별수협과 총회 구성원의 이해가 상반되는 의사를 의결할 때에는 해당 구성원은 그 의결에 참여할 수 없다.
③ 조합원은 조합원 10분의 1 이상의 동의를 받아 총회 개회 30일 전까지 조합장에게 서면으로 일정한 사항을 총회의 목적 사항으로 할 것을 제안(이하 "조합원제안"이라 한다)할 수 있다. 이 경우 조합원제안 내용이 법령 또는 정관을 위반하는 경우를 제외하고는 이를 총회의 목적 사항으로 하여야 하고, 조합원제안을 한 사람이 청구하면 총회에서 그 제안을 설명할 기회를 주어야 한다.
제42조【총회의 의사록】 ① 총회의 의사에 관하여는 의사록(議事錄)을 작성하여야 한다.
② 의사록에는 의사의 진행 상황 및 그 결과를 기록하고 의장과 총회에서 선출한 조합원 3인 이상이 기명날인(記

名捺印)하거나 서명하여야 한다.
③ 조합장은 의사록을 주된 사무소에 갖추어 두어야 한다.
제43조【총회 의결의 특례】 ① 다음 각 호의 사항에 대하여는 제37조제1항에도 불구하고 조합원의 투표로 총회의 의결을 갈음할 수 있다. 이 경우 조합원 투표의 통지·방법, 그 밖에 투표에 필요한 사항은 정관으로 정한다.
1. 해산·합병 또는 분할
2. 조합장 선출 방식에 관한 정관의 변경
② 제1항 각 호의 사항에 대한 조합원 투표는 조합원 과반수의 투표와 투표한 조합원 3분의 2 이상의 찬성을 얻어야 한다.
제44조【대의원회】 ① 지구별수협은 정관으로 정하는 바에 따라 제43조제1항 각 호에 규정된 사항 외의 사항에 대한 총회의 의결에 관하여 총회를 갈음하는 대의원회를 둘 수 있으며, 대의원회는 조합장과 대의원으로 구성한다.
② 대의원은 조합원(법인인 경우에는 그 대표자를 말한다)이어야 한다.
③ 대의원의 정수 및 선출 방법은 정관으로 정하며, 그 임기는 2년으로 한다. 다만, 임기 만료 연도 결산기의 마지막 달 이후 그 결산기에 관한 정기총회 전에 임기가 만료된 경우에는 정기총회가 끝날 때까지 그 임기가 연장된다.
④ 대의원은 해당 지구별수협의 조합장을 제외한 임직원과 다른 조합(다른 법률에 따른 협동조합을 포함한다)의 임직원을 겸직하여서는 아니 된다.
⑤ 대의원회에 대하여는 총회에 관한 규정을 준용한다. 다만, 대의원의 의결권은 대리인이 행사할 수 없다.
제45조【이사회】 ① 지구별수협에 이사회를 둔다.
② 이사회는 조합장을 포함한 이사로 구성하되, 조합장이 소집한다.
③ 이사회는 다음 각 호의 사항을 의결한다.
1. 조합원의 자격 및 가입에 관한 심사
2. 규약의 제정·변경 또는 폐지
3. 업무 집행에 관한 기본방침의 결정
4. 부동산의 취득·처분 또는 이에 관한 물권의 설정. 다만, 정관으로 정하는 행위는 제외한다.
5. 경비의 부과 및 징수 방법
6. 사업계획 및 수지예산 중 제37조제1항제6호에서 정한 사항 외의 경미한 사항의 변경
7. 인사추천위원회 구성에 관한 사항
8. 간부직원의 임면에 관한 사항
9. 총회에서 위임한 사항
10. 법령 또는 정관에 규정된 사항
11. 그 밖에 조합장 또는 이사 5분의 1 이상이 필요하다고 인정하는 사항
④ 이사회는 구성원 과반수의 출석으로 개의하고 출석구성원 과반수의 찬성으로 의결한다.
⑤ 간부직원은 이사회에 출석하여 의견을 진술할 수 있다.
⑥ 이사회의 운영에 필요한 사항은 정관으로 정한다.
⑦ 이사회에서 의결할 때에는 해당 안건과 특별한 이해관계가 있는 이사회의 구성원은 그 안건의 의결에 참여할 수 없다. 이 경우 의결에 참여하지 못하는 이사 등은 제4항에 따른 이사회의 구성원 수에 포함되지 아니한다.
제46조【임원의 정수 및 선출】 ① 지구별수협에 임원으로 조합장을 포함한 7명 이상 11명 이하의 이사와 2명의 감사를 두되, 감사 중 1명은 대통령령으로 정하는 요건에 적합한 외부전문가 중에서 선출하여야 하며, 이사의 정수와 조합장의 상임이나 비상임 여부는 정관으로 정한다. 다만, 「수산업협동조합의 부실예방 및 구조개선에 관한 법률」 제9조에 따라 경영정상화 이행약정을 체결한 지구별수협이 2년 연속하여 그 경영정상화 이행약정을 이행하지 못한 경우에는 해당 지구별수협의 조합장은 비상임으로 한다.(2020.2.18 단서개정)
② 지구별수협은 제1항에 따른 이사 중 2명 이내의 상임이사를 두어야 하고, 상임이사 외에 조합원이 아닌 1명의 이사를 정관으로 정하는 바에 따라 둘 수 있으며, 감사 중 1명을 상임으로 할 수 있다. 다만, 자산 규모가 해양수산부령으로 정하는 기준에 미달하거나 신용사업을 수행하지 아니하는 경우에는 상임이사를 두지 아니할 수 있다.(2013.3.23 단서개정)
③ 조합장은 조합원(법인인 경우에는 그 대표자를 말한다) 중에서 정관으로 정하는 바에 따라 다음 각 호의 어느 하나의 방법으로 선출한다.
1. 조합원이 총회 또는 총회 외에서 투표로 직접 선출
2. 대의원회의 선출
3. 이사회가 이사회 구성원 중에서 선출
④ 조합장 외의 임원은 총회에서 선출한다. 다만, 상임이사와 상임이사 외의 조합원이 아닌 이사는 조합 업무에 관한 전문지식과 경험이 풍부한 사람으로서 대통령령으로 정하는 요건을 충족하는 사람 중에서 인사추천위원회에서 추천한 사람을 총회에서 선출한다.(2016.5.29 단서개정)
⑤ 조합장(상임인 경우에만 해당한다), 상임이사 및 상임감사를 제외한 지구별수협의 임원은 명예직으로 하되, 정관으로 정하는 바에 따라 실비변상(實費辨償)을 받을 수 있다.
⑥ 지구별수협의 조합장선거에 입후보하기 위하여 임기 중 그 직을 그만둔 지구별수협의 이사 또는 감사는 그 사직으로 인하여 공석이 된 이사 또는 감사의 보궐선거의 후보자가 될 수 없다.(2012.2.17 본항신설)
⑦ 임원의 선출과 추천, 제4항에 따른 인사추천위원회 구성과 운영에 관하여 이 법에서 정한 사항 외에 필요한 사항은 정관으로 정한다.
⑧ 지구별수협은 이사 정수의 5분의 1 이상을 여성조합원에게 배분되도록 노력하여야 한다. 다만, 여성조합원이 전체 조합원의 100분의 30 이상인 지구별수협은 이사 중 1명 이상을 여성조합원 중에서 선출하여야 한다.(2014.3.18 단서신설)
⑨ 제1항의 감사 선출에서 조합이 도서지역에 있거나 영세하여 부득이하게 외부전문가가 감사를 선출할 수 없는 경우 등 대통령령으로 정하는 경우에는 중앙회에서 외부전문가인 감사를 파견하거나 감사 선출과 관련한 재정적 지원을 할 수 있다.(2020.3.24 본항개정)
제47조【조합장 및 상임이사의 직무】 ① 조합장은 지구별수협을 대표하며 업무를 집행한다. 다만, 조합장이 비상임일 경우에는 상임이사나 간부직원인 전무가 그 업무를 집행한다.
② 조합장은 총회와 이사회의 의장이 된다.
③ 제1항에도 불구하고 다음 각 호의 업무는 상임이사가 전담하여 처리하고 그에 대하여 경영책임을 진다.
1. 제60조제1항제3호 및 제4호의 신용사업 및 공제사업
2. 제60조제1항제8호부터 제13호까지 및 제15호의 사업 중 같은 항 제3호·제4호의 사업에 관한 사업과 그 부대사업
3. 제1호 및 제2호의 소관 업무에 관한 경영목표의 설정, 조직 및 인사에 관한 사항
4. 제1호 및 제2호의 소관 업무에 관한 사업계획, 예산·결산 및 자금 조달·운용계획의 수립
5. 제1호 및 제2호의 소관 업무의 부동산등기에 관한 사항
6. 그 밖에 정관으로 정하는 업무
④ 「수산업협동조합의 부실예방 및 구조개선에 관한 법률」 제2조제3호에 따른 부실조합으로서 같은 법 제4조의2 제1항에 따라 해양수산부장관으로부터 적기시정조치(권고에 관한 사항은 제외한다)를 받은 지구별수협의 경우에는 상임이사가 대통령령으로 정하는 바에 따라 그 지구별수협이 그 적기시정조치의 이행을 마칠 때까지 제3항 각 호의 업무 외에도 다음 각 호의 업무를 전담하여 처리하고 그에 대하여 경영책임을 진다.(2020.2.18 본문개정)
1. 제60조제1항제2호의 경제사업
2. 제60조제1항제8호부터 제13호까지 및 제15호의 사업 중 같은 항 제2호의 사업에 관한 사업과 그 부대사업
3. 제1호 및 제2호의 소관 업무에 관한 경영목표의 설정, 조직 및 인사에 관한 사항
4. 제1호 및 제2호의 소관 업무에 관한 사업계획, 예산·결산 및 자금 조달·운용계획의 수립
5. 제1호 및 제2호의 소관 업무의 부동산등기에 관한 사항
6. 그 밖에 정관으로 정하는 업무
⑤ 조합장이 궐위(闕位)·구금되거나 「의료법」에 따른 의료기관에서 60일 이상 계속하여 입원한 경우 등 부득이한 사유로 직무를 수행할 수 없을 때에는 이사회가 정하는 순서에 따라 이사가 그 직무를 대행한다.(2014.3.18 본항개정)
⑥ 상임이사가 제5항에 따른 사유로 그 직무를 수행할 수 없을 때에는 이사회가 정한 순서에 따라 제59조제2항에 따른 간부직원이 그 직무를 대행한다. 다만, 상임이사의 궐위기간이 6개월을 초과하는 경우에는 중앙회는 해양수산부장관의 승인을 받아 관리인을 파견할 수 있으며 관리인은 상임이사가 선출될 때까지 그 직무를 수행한다.(2015.2.3 단서신설)
제48조【감사의 직무】 ① 감사는 지구별수협의 재산과 업무 집행 상황을 감사하여 총회에 보고하여야 하며, 전문적인 회계감사가 필요하다고 인정될 때에는 중앙회에 회계감사를 의뢰할 수 있다.
② 감사는 지구별수협의 재산 상황 또는 업무 집행에 관하여 부정한 사실을 발견하면 총회 및 중앙회 회장에게 보고하여야 하며, 그 내용을 총회에 신속히 보고하여야 할 필요가 있는 경우에는 정관으로 정하는 바에 따라 기간을 정하여 조합장에게 총회의 소집을 요구하고 조합장이 그 기간 이내에 총회를 소집하지 아니하면 직접 총회를 소집할 수 있다.
③ 감사는 자체감사 또는 중앙회 등 외부기관의 감사결과 주요 지적 사항이 발생한 경우에는 조합장에게 이사회의 소집을 요구하여 이에 대한 시정권고를 할 수 있다.
④ 감사는 총회 또는 이사회에 출석하여 의견을 진술할 수 있다.
⑤ 감사의 직무에 관하여는 「상법」 제412조의4, 제413조 및 제413조의2를 준용한다.
제49조【감사의 대표권】 ① 지구별수협이 조합장을 포함한 이사와 계약을 할 때에는 감사가 지구별수협을 대표한다.
② 지구별수협과 조합장을 포함한 이사 간의 소송에 관하여도 제1항을 준용한다.
제50조【임원의 임기】 ① 조합장과 이사의 임기는 4년으로 하고, 감사의 임기는 3년으로 하되, 비상임인 조합장은 한 번만 연임할 수 있고, 상임인 조합장은 두 번만 연임할 수 있다. 다만, 상임이사에 대하여는 임기가 시작된 후 2년이 되는 때에 그 업무 실적 등을 고려하여 이사회의 의결로 남은 임기를 계속 채울지를 정한다.(2020.3.24 본문개정)
② 제1항의 임원의 임기가 만료되는 경우에는 제44조제3항 단서를 준용한다.
③ 합병으로 설립되는 조합의 설립 당시 조합장·이사 및 감사의 임기는 제1항(제108조 및 제113조에 따라 준용되는 경우를 포함한다)에도 불구하고 설립등기일부터 2년으로 한다. 다만, 합병으로 소멸되는 조합의 조합장이 합병으로 설립되는 조합의 조합장으로 선출되는 경우 설립등기일 현재 조합장의 종전 임기의 남은 임기가 2년을 초과하는 경우에는 그 남은 임기를 그 조합장의 임기로 한다.
④ 합병 후 존속하는 조합의 변경등기 당시 재임 중인 조합장·이사 및 감사의 남은 임기가 변경등기일 현재 2년 미만인 경우에는 제1항(제108조 및 제113조에 따라 준용되는 경우를 포함한다)에도 불구하고 그 임기를 변경등기일부터 2년으로 한다.
제51조【임원의 결격사유】 ① 다음 각 호의 어느 하나에 해당하는 사람은 지구별수협의 임원이 될 수 없다. 다만, 제11호와 제13호는 조합원인 임원에게만 적용한다.
1. 대한민국 국민이 아닌 사람
2. 미성년자·피성년후견인·피한정후견인(2018.3.20 본호개정)
3. 파산선고를 받고 복권되지 아니한 사람
4. 법원의 판결 또는 다른 법률에 따라 자격이 상실되거나 정지된 사람
5. 금고 이상의 형을 선고받고 그 집행이 끝나거나(집행이 끝난 것으로 보는 경우를 포함한다) 집행이 면제된 날부터 3년이 지나지 아니한 사람
6. 제146조제3항제1호, 제170조제2항제1호 또는 「신용협동조합법」 제84조에 따른 개선(改選) 또는 징계면직의 처분을 받은 날부터 5년이 지나지 아니한 사람(2017.11.28 본호개정)
7. 금고 이상의 형의 집행유예를 선고받고 그 유예기간 중에 있는 사람
8. (2020.3.24 삭제)
8의2. 「형법」 제303조 또는 「성폭력범죄의 처벌 등에 관한 특례법」 제10조에 규정된 죄를 저지른 사람으로서 300만원 이상의 벌금형을 선고받고 그 형이 확정된 후 2년이 지나지 아니한 사람(2020.3.24 본호개정)
9. 제178조제1항부터 제4항까지 또는 「공공단체등 위탁선거에 관한 법률」 제58조(매수 및 이해유도죄)·제59조(기부행위의 금지·제한 등 위반죄)·제61조(허위사실 공표죄)부터 제66조(각종 제한규정 위반죄)까지에 규정된 죄를 지어 징역 또는 100만원 이상의 벌금형을 선고받고 4년이 지나지 아니한 사람(2014.6.11 본호개정)
10. 이 법에 따른 임원 선거에서 당선되었으나 제179조제1항제1호 또는 「공공단체등 위탁선거에 관한 법률」 제70조(위탁선거범죄로 인한 당선무효)제1호에 따라 당선이 무효가 된 사람으로서 그 무효가 확정된 날부터 4년이 지나지 아니한 사람(2014.6.11 본호개정)
11. 이 법에 따른 선거일 공고일 현재 해당 지구별수협의 조합원 신분을 2년 이상 계속 보유하고 있지 아니하거나 정관으로 정하는 출자계좌 수 이상의 납입출자금을 2년 이상 계속 보유하고 있지 아니한 사람. 다만, 설립 또는 합병 후 2년이 지나지 아니한 지구별수협의 경우에는 선거일 공고일 현재 조합원 신분을 보유하고 있지 아니하거나 정관으로 정하는 출자계좌 수 이상의 납입출자금을 보유하고 있지 아니한 사람을 말한다.(2020.3.24 본호개정)
12. 이 법에 따른 선거일 공고일 현재 해당 지구별수협, 중앙회, 수협은행 또는 다음 각 목의 어느 하나에 해당하는 금융기관에 대하여 정관으로 정하는 금액과 기간을 초과하여 채무 상환을 연체하고 있는 사람(2016.5.29 본문개정)
가. 「은행법」에 따라 설립된 은행(2010.5.17 본목개정)
나. 「한국산업은행법」에 따른 한국산업은행
다. 「중소기업은행법」에 따른 중소기업은행
라. 그 밖에 대통령령으로 정하는 금융기관
13. 선거일 공고일 현재 해당 지구별수협의 정관으로 정하는 일정규모 이상의 사업 이용 실적이 없는 사람
② 제1항에 따라 임원이 될 수 없는 해당 임원은 당연히 퇴직한다. 다만, 제1항제8호에 해당할 때에는 그러하지 아니하다.
③ 제2항에 따라 퇴직한 임원이 퇴직 전에 관여한 행위는 그 효력을 상실하지 아니한다.
제51조의2【형의 분리 선고】 「형법」 제38조에도 불구하고 다음 각 호의 어느 하나에 해당하는 경우에는 형을 분리하여 선고하여야 한다.
1. 제51조제1항제8호의2 또는 제9호에 규정된 죄와 다른 죄의 경합범에 대하여 형을 선고하는 경우(2018.12.11 본호개정)
2. 당선인의 직계존속·비속이나 배우자에게 제178조제1항제2호 또는 같은 조 제2항제4호에 규정된 죄와 다른 죄의 경합범으로 형을 선고하는 경우
(2016.5.29 본조신설)
제52조【임시이사 임명】 ① 중앙회의 회장은 이사회의 결원으로 지구별수협의 이사회를 개최할 수 없어 지구별수협의 업무가 지연되어 손해가 생길 우려가 있으면 조합원이나 이해관계인의 청구에 의하여 또는 직권으로 임시이사를 임명할 수 있다.
② 조합장은 임시이사가 취임한 날부터 1개월 이내에 총회를 소집하여 결원된 이사를 선출하여야 한다.

③ 임시이사는 제2항의 이사가 취임할 때까지 그 직무를 수행한다.

제53조【선거운동의 제한】 ① 누구든지 자기 또는 특정인을 지구별수협의 임원이나 대의원으로 당선되게 하거나 당선되지 못하게 할 목적으로 다음 각 호의 어느 하나에 해당하는 행위를 할 수 없다.
1. 선거인(선거인 명부 작성 전에는 선거인 명부에 오를 자격이 있는 사람으로서 이미 조합에 가입한 사람 또는 조합에 가입 신청을 한 사람을 포함한다. 이하 이 조에서 같다)이나 그 가족(선거인의 배우자, 선거인 또는 그 배우자의 직계 존속·비속과 형제자매, 선거인의 직계 존속·비속 및 형제자매의 배우자를 말한다. 이하 같다) 또는 선거인이나 그 가족이 설립·운영하고 있는 기관·단체·시설에 대한 다음 각 목의 어느 하나에 해당하는 행위(2015.2.3 본문개정)
  가. 금전·물품·향응이나 그 밖의 재산상의 이익을 제공하는 행위
  나. 공사(公私)의 직을 제공하는 행위
  다. 금전·물품·향응, 그 밖의 재산상의 이익이나 공사의 직을 제공하겠다는 의사표시 또는 그 제공을 약속하는 행위
  (2015.2.3 가목~다목신설)
2. 후보자가 되지 아니하도록 하거나 후보자를 사퇴하게 할 목적으로 후보자가 되려는 사람이나 후보자에게 하는 제1호 각 목의 행위(2015.2.3 본호개정)
3. 제1호 또는 제2호에 규정된 이익이나 직을 제공받거나 그 제공의 의사 표시를 승낙하는 행위 또는 그 제공을 요구하거나 알선하는 행위

② 임원이나 대의원이 되려는 사람은 선거운동을 위하여 선거일 공고일부터 선거일까지의 기간 중에는 조합원을 호별(戶別)로 방문하거나 특정 장소에 모이게 할 수 없다.
③ 누구든지 지구별수협의 임원 또는 대의원 선거와 관련하여 연설·벽보 및 그 밖의 방법으로 거짓 사실을 공표하거나 공연히 사실을 구체적으로 제시하여 후보자(후보자가 되려는 사람을 포함한다. 이하 같다)를 비방할 수 없다.(2015.2.3 본항개정)
④ 누구든지 특정 임원의 선거에 투표하거나 투표하게 할 목적으로 자신이나 타인의 이름을 거짓으로 선거인명부에 올려서는 아니 된다.(2015.2.3 본항개정)
⑤ 누구든지 후보자등록마감일의 다음 날부터 선거일 전일까지의 선거운동 기간 외에 선거운동을 할 수 없다.(2015.2.3 본항개정)
⑥ 누구든지 자기 또는 특정인을 당선되게 하거나 당선되지 못하게 할 목적으로 선거기간 중 포장된 선물 또는 돈봉투 등 다수의 조합원(조합원의 가족 또는 조합원이나 그 가족이 설립·운영하고 있는 기관·단체·시설을 포함한다)에게 배부하도록 구분된 형태로 되어 있는 금품을 운반하지 못한다.
⑦ 누구든지 다음 각 호의 어느 하나에 해당하는 행위를 할 수 없다.
1. 제54조제1항에 따른 조합선거관리위원회 또는 같은 조 제2항에 따라 선거의 관리를 위탁받은 구·시·군선거관리위원회의 위원·직원·선거부정감시단원, 그 밖에 선거사무에 종사하는 자를 폭행·협박·유인 또는 체포·감금하는 행위
2. 제54조제1항에 따른 조합선거관리위원회 또는 같은 조 제2항에 따라 선거의 관리를 위탁받은 구·시·군선거관리위원회의 위원·직원·선거부정감시단원, 그 밖에 선거사무에 종사하는 자에게 폭행이나 협박을 가하여 투표소·개표소 또는 선거관리위원회 사무소를 소요·교란하는 행위
3. 투표용지·투표지·투표보조용구·전산조직 등 선거관리 또는 단속사무와 관련한 시설·설비·장비·서류·인장 또는 선거인명부를 은닉·파손·훼손 또는 탈취하는 행위

(2015.2.3 본항개정)
⑧ 누구든지 임원 또는 대의원 선거와 관련하여 다음 각 호의 방법(조합장을 대의원회에서 선출하는 경우에는 제2호와 제5호, 비상임이사 및 감사선거의 경우에는 제3호와 제5호에 한정한다) 외의 행위를 할 수 없다.(2015.2.3 본문개정)
1. 선전벽보의 부착
2. 선거공보의 배부
3. 도로·시장 등 해양수산부령으로 정하는 다수인이 왕래하거나 집합하는 공개된 장소에서의 지지 호소 및 명함의 배부(2013.3.23 본호개정)
4. 합동연설회 또는 공개토론회의 개최
5. 전화(문자메세지를 포함한다)·컴퓨터통신(전자우편을 포함한다)을 이용한 지지 호소

⑨ 제8항에 따른 선거운동방법에 관한 세부적인 사항은 해양수산부령으로 정한다.(2015.2.3 본항신설)
⑩ 지구별수협의 임직원은 다음 각 호의 어느 하나에 해당하는 행위를 할 수 없다.
1. 그 지위를 이용하여 선거운동을 하는 행위
2. 선거운동의 기획에 참여하거나 그 기획의 실시에 관여하는 행위
3. 후보자(후보자가 되려는 사람을 포함한다. 이하 같다)에 대한 조합원의 지지도를 조사하거나 이를 발표하는 행위

제53조의2【기부행위의 제한】 ① 지구별수협의 임원 선거 후보자, 그 배우자 및 후보자가 속한 기관·단체·시설은 해당 임원의 임기 만료일 전 180일(보궐선거 등의 경우에는 그 선거 실시 사유가 확정된 날)부터 해당 선거일까지 선거인(선거인 명부 작성 전에는 선거인 명부에 오를 자격이 있는 사람으로서 이미 조합에 가입한 사람 또는 조합에 가입 신청을 한 사람을 포함한다. 이하 이 조에서 같다)이나, 그 가족 또는 선거인이나 그 가족이 설립·운영하고 있는 기관·단체·시설에 대하여 금전·물품이나 그 밖의 재산상 이익의 제공, 이익 제공의 의사표시 또는 그 제공을 약속하는 행위(이하 "기부행위"라 한다)를 할 수 없다.
② 제1항에도 불구하고 다음 각 호의 어느 하나에 해당하는 행위는 기부행위로 보지 아니한다.
1. 직무상의 행위
  가. 후보자가 소속된 기관·단체·시설(나목에 따른 조합은 제외한다)의 자체 사업계획과 예산으로 하는 의례적(儀禮的)인 금전·물품 제공 행위(포상을 포함하되, 화환·화분을 제공하는 행위는 제외한다)
  나. 법령과 정관에 따른 조합의 사업계획 및 수지예산에 따라 집행하는 금전·물품 제공 행위(포상을 포함하되, 화환·화분을 제공하는 행위는 제외한다)
  다. 물품 구매, 공사, 서비스 등에 대한 대가의 제공 또는 부담금의 납부 등 채무를 이행하는 행위
  라. 가목부터 다목까지의 규정에 해당하는 행위 외에 법령의 규정에 근거하여 물품 등을 찬조·출연 또는 제공하는 행위
2. 의례적 행위
  가. 「민법」 제777조에 따른 친족의 관혼상제 의식이나 그 밖의 경조사에 축의·부의금품을 제공하는 행위
  나. 후보자가 「민법」 제777조에 따른 친족이 아닌 사람의 관혼상제 의식에 일반적인 범위에서 축의·부의금품(화환·화분은 제외한다)을 제공하거나 주례를 서는 행위(2020.3.24 본목개정)
  다. 후보자의 관혼상제 의식이나 그 밖의 경조사에 참석한 하객이나 조객(弔客) 등에게 일반적인 범위에서 음식물이나 답례품을 제공하는 행위(2020.3.24 본목개정)
  라. 후보자가 그 소속 기관·단체·시설(후보자가 임원이 되려는 해당 조합은 제외한다)의 유급(有給) 사무직원 또는 「민법」 제777조에 따른 친족에게 연말·설 또는 추석에 의례적인 선물을 제공하는 행위
  마. 친목회·향우회·종친회·동창회 등 각종 사교·친목단체 및 사회단체의 구성원으로서 해당 단체의 정관·규약 또는 운영관례상의 의무에 기초하여 종전의 범위에서 회비를 내는 행위
  바. 후보자가 평소 자신이 다니는 교회·성당·사찰 등에 일반적으로 헌금(물품의 제공을 포함한다)하는 행위
  (2020.3.24 본목개정)
3. 「공직선거법」 제112조제2항제3호에 따른 구호적(救護的)·자선적 행위에 준하는 행위
4. 제1호부터 제3호까지의 행위에 준하는 행위로서 해양수산부령으로 정하는 행위(2014.6.11 단서삭제)

③ 제2항에 따라 일반적인 범위에서 1명에게 제공할 수 있는 축의·부의금품, 음식물, 답례품 및 의례적인 선물의 금액 범위는 별표와 같다.(2020.3.24 본항개정)
④ 누구든지 제1항의 행위를 약속·지시·권유·알선 또는 요구할 수 없다.
⑤ 누구든지 해당 선거에 관하여 후보자를 위하여 제1항의 행위를 하거나 하게 할 수 없다.
⑥ 조합장은 재임 중 제1항에 따른 기부행위를 할 수 없다. 다만, 제2항에 따라 기부행위로 보지 아니하는 행위는 그러하지 아니하다.

제53조의3【조합장의 축의·부의금품 제공 제한】 ① 조합의 경비로 관혼상제 의식이나 그 밖의 경조사에 축의·부의금품을 제공할 때에는 조합의 명의로 하여야 하며, 해당 조합의 경비임을 명기하여야 한다.
② 제1항에 따라 축의·부의금품을 제공할 경우 해당 조합장의 직명 또는 성명을 밝히거나 그가 하는 것으로 추정할 수 있는 방법으로 하는 행위는 기부행위로 본다.
(2010.4.12 본조신설)

제54조【선거관리위원회】 ① 지구별수협은 임원 선거를 공정하게 관리하기 위하여 대통령령으로 정하는 바에 따라 선거관리위원회를 구성·운영한다.
② 지구별수협은 제46조제3항제1호 및 제2호에 따라 선출하는 조합장 선거의 관리에 대하여는 정관으로 정하는 바에 따라 그 주된 사무소의 소재지를 관할하는 「선거관리위원회법」에 따른 구·시·군선거관리위원회에 위탁하여야 한다.(2012.2.17 본항개정)
③~④ (2014.6.11 삭제)

제55조【임직원의 겸직 금지 등】 ① 조합장을 포함한 이사는 그 지구별수협의 감사를 겸직할 수 없다.
② 지구별수협의 임원은 그 지구별수협의 직원을 겸직할 수 없다.
③ 지구별수협의 임원은 다른 조합의 임원 또는 직원을 겸직할 수 없다.
④ 지구별수협의 사업과 실질적인 경쟁관계에 있는 사업을 경영하거나 이에 종사하는 사람은 지구별수협의 임직원 및 대의원이 될 수 없다.
⑤ 제4항에 따른 실질적인 경쟁관계에 있는 사업의 범위는 대통령령으로 정한다.
⑥ 조합장을 포함한 이사는 이사회의 승인을 받지 아니하고는 자기 또는 제3자의 계산으로 해당 지구별수협과 정관으로 정하는 규모 이상의 거래를 할 수 없다.

제56조【임원의 의무와 책임】 ① 지구별수협의 임원은 이 법과 이 법에 따른 명령·처분·정관 및 총회 또는 이사회의 의결을 준수하고 그 직무를 성실히 수행하여야 한다.
② 임원이 그 직무를 수행하면서 고의 또는 과실(비상임인 임원의 경우에는 중대한 과실)로 지구별수협에 끼친 손해에 대하여는 연대하여 손해배상의 책임을 진다.
③ 임원이 그 직무를 수행하면서 고의 또는 중대한 과실로 제3자에게 끼친 손해에 대하여는 연대하여 손해배상의 책임을 진다.
④ 제2항과 제3항의 행위가 이사회의 의결에 따른 것이면 그 의결에 찬성한 이사도 연대하여 손해배상의 책임을 진다. 이 경우 의결에 참가한 이사 중 이의를 제기한 사실이 의사록에 기록되어 있지 아니한 사람은 그 의결에 찬성한 것으로 추정한다.

제57조【임원의 해임】 ① 조합원은 조합원 3분의 1 이상의 동의로 총회에 임원의 해임을 요구할 수 있다. 이 경우 총회는 구성원 과반수의 출석과 출석구성원 3분의 2 이상의 찬성으로 의결한다.
② 제1항에 따른 방법 외에 다음 각 호의 구분에 따른 방법으로 조합장을 해임할 수 있다. 이 경우 선출 시 사용한 표결 방법과 같은 방법으로 해임을 의결하여야 한다.
1. 대의원회에서 선출된 조합장 : 대의원 3분의 1 이상의 요구 및 대의원 과반수의 출석과 출석대의원 3분의 2 이상의 찬성으로 대의원회에서 해임 의결
2. 이사회에서 선출된 조합장 : 이사회의 해임 요구 및 총회에서의 해임 의결. 이 경우 이사회의 해임 요구와 총회의 해임 의결에 관하여는 제1호에 따른 정족수를 준용한다.
3. 조합원이 총회 외에서 직접 선출한 조합장 : 대의원 3분의 1 이상의 요구와 대의원회의 의결을 거쳐 조합원 투표로 해임 결정. 이 경우 대의원회의 의결에 관하여는 제1호에 따른 정족수를 준용하며, 조합원 투표에 의한 해임 결정은 조합원 과반수의 투표와 투표한 조합원 과반수의 찬성을 얻어야 한다.

③ 이사회는 제142조제2항에 따른 경영 상태의 평가 결과 상임이사가 소관 업무의 경영 실적이 부실하여 그 직무를 담당하기 곤란하다고 인정되거나, 이 법이나 이 법에 따른 명령 또는 정관을 위반하는 행위를 한 경우에는 상임이사의 해임을 총회에 요구할 수 있다. 이 경우 총회의 해임 의결에 관하여는 제1항에 따른 의결정족수를 준용한다.
④ 제1항부터 제3항까지의 규정에 따라 해임 의결을 할 때에는 해당 임원에게 해임 이유를 통지하고 총회 또는 대의원회에서 의견을 진술할 기회를 주어야 한다.

제58조【「민법」·「상법」의 준용】 지구별수협의 임원에 관하여는 「민법」 제35조와 「상법」 제382조제2항, 제385조제2항·제3항, 제402조부터 제408조까지의 규정을 준용한다. 이 경우 「상법」 제385조제2항 중 "발행주식의 총수의 100분의 3 이상에 해당하는 주식을 가진 주주" 및 같은 법 제402조 및 제403조제1항 중 "발행주식의 총수의 100분의 1 이상에 해당하는 주식을 가진 주주"는 각각 "조합원 5분의 1 이상의 동의를 받은 조합원"으로 본다.

제59조【직원의 임면】 ① 지구별수협의 직원은 정관으로 정하는 바에 따라 조합장이 임면하되, 조합장이 비상임일 경우에는 상임이사의 제청에 의하여 조합장이 임면한다. 다만, 상임이사 소관 사업 부문에 속한 직원의 승진 및 전보(轉補)에 대하여는 상임이사가 전담하되, 상임이사가 전담하는 승진과 전보의 방법·절차 및 다른 사업 부문에서 상임이사 소관 사업 부문으로의 전보 등에 관한 구체적인 사항은 정관으로 정한다.
② 지구별수협에는 정관으로 정하는 바에 따라 간부직원을 두어야 하며, 간부직원은 대통령령으로 정하는 자격을 가진 사람 중 조합장이 이사회의 의결을 거쳐 임면한다. 다만, 상임이사를 두지 아니하는 조합의 경우에는 간부직원인 전무 1명을 둘 수 있다.
③ 제2항 단서에 따른 전무는 조합장을 보좌하고 정관으로 정하는 바에 따라 조합의 업무를 처리한다.
④ 간부직원에 대하여는 「상법」 제10조, 제11조제1항·제3항, 제12조, 제13조 및 제17조와 「상업등기법」 제23조제1항, 제50조 및 제51조를 준용한다.(2014.5.20 본항개정)

제5절 사 업

제60조【사업】 ① 지구별수협은 그 목적을 달성하기 위하여 다음 각 호의 사업의 전부 또는 일부를 수행한다.
1. 교육·지원 사업
  가. 수산종자의 생산 및 보급(2015.6.22 본목개정)
  나. 어장 개발 및 어장환경의 보전·개선
  다. 어업질서 유지
  라. 어업권·양식업권과 어업피해 대책 및 보상 업무 추진(2019.8.27 본목개정)
  마. 어촌지도자 및 후계어업경영인 발굴·육성과 수산기술자 양성(2011.11.22 본목개정)
  바. 어업 생산의 증진과 경영 능력의 향상을 위한 상담 및 교육훈련

사. 생활환경 개선과 문화 향상을 위한 교육 및 지원과 시설의 설치·운영
아. 어업 및 어촌생활 관련 정보의 수집 및 제공
자. 조합원의 노동력 또는 어촌의 부존자원(賦存資源)을 활용한 관광사업 등 어가(漁家) 소득증대사업
차. 외국의 협동조합 및 도시와의 교류 촉진을 위한 사업
카. 어업에 관한 조사·연구
타. 각종 사업과 관련한 교육 및 홍보
파. 그 밖에 정관으로 정하는 사업
2. 경제사업
가. 구매사업
나. 보관·판매 및 검사 사업
다. 이용·제조 및 가공(수산물의 처리를 포함한다) 사업
라. 수산물 유통 조절 및 비축사업
마. 조합원의 사업 또는 생활에 필요한 공동시설의 운영 및 기자재의 임대사업
3. 신용사업
가. 조합원의 예금 및 적금의 수납업무
나. 조합원에게 필요한 자금의 대출
다. 내국환
라. 어음 할인
마. 국가, 공공단체 및 금융기관 업무의 대리
바. 조합원의 유가증권·귀금속·중요물품의 보관 등 보호예수(保護預受) 업무
4. 공제사업
5. 후생복지사업
가. 사회·문화 복지시설의 설치·운영 및 관리
나. 장제사업(葬祭事業)
다. 의료지원사업
6. 운송사업
7. 어업통신사업
8. 국가, 공공단체, 중앙회, 수협은행 또는 다른 조합이 위탁하거나 보조하는 사업(2016.5.29 본호개정)
9. 다른 경제단체·사회단체 및 문화단체와의 교류·협력
10. 다른 조합·중앙회 또는 다른 법률에 따른 협동조합과의 공동사업 및 업무의 대리
11. 다른 법령에서 지구별수협의 사업으로 정하는 사업
12. 제1호부터 제11호까지의 사업에 관련된 대외무역
13. 차관사업(借款事業)
14. 제1호부터 제13호까지의 사업에 부대하는 사업
15. 그 밖에 지구별수협의 목적 달성에 필요한 사업으로서 중앙회의 회장의 승인을 받은 사업
② 지구별수협은 제1항의 사업 목적을 달성하기 위하여 국가, 공공단체, 중앙회, 수협은행 또는 다른 금융기관으로부터 자금을 차입할 수 있다.(2016.5.29 본항개정)
③ 제1항제3호에 따른 신용사업의 한도와 방법 및 제2항에 따라 지구별수협이 중앙회 또는 수협은행으로부터 차입할 수 있는 자금의 한도는 대통령령으로 정한다.
(2016.5.29 본항개정)
④ 국가나 공공단체는 제1항제8호에 따라 사업을 위탁하는 경우에는 대통령령으로 정하는 바에 따라 지구별수협과 위탁 계약을 체결하여야 한다.
⑤ 국가나 공공단체는 제1항제7호 및 제8호의 사업을 하는 과정에서 발생하는 비용을 지원할 수 있다.
⑥ 국가로부터 차입한 자금은 해양수산부령으로 정하는 바에 따라 조합원이 아닌 수산업자에게도 대출할 수 있다.
(2013.3.23 본항개정)
⑦ (2016.5.29 삭제)
⑧ 지구별수협은 제1항의 사업을 수행하기 위하여 필요하면 제68조에 따른 자기자본의 범위에서 다른 법인에 출자할 수 있다. 이 경우 같은 법인에 대한 출자는 다음 각 호의 경우를 제외하고는 자기자본의 100분의 20을 초과할 수 없다.
1. 중앙회에 출자하는 경우
2. 제1항제2호에 따른 경제사업을 하기 위하여 지구별수협이 보유하고 있는 부동산 및 시설물을 출자하는 경우
⑨ 지구별수협은 제1항의 사업을 안정적으로 하기 위하여 정관으로 정하는 바에 따라 사업손실보전자금 및 대손보전자금(貸損補塡資金)을 조성·운용할 수 있다.
⑩ 국가·지방자치단체 및 중앙회는 예산의 범위에서 제9항에 따른 사업손실보전자금 및 대손보전자금의 조성을 지원할 수 있다.

제60조의2【공제규정】 ① 지구별조합이 제60조제1항제4호에 따른 공제사업을 하려면 공제규정을 정하여 해양수산부장관의 인가를 받아야 한다. 공제규정을 변경하려는 때에도 또한 같다.
② 제1항에 따른 공제규정에는 해양수산부령으로 정하는 바에 따라 공제사업의 실시, 공제계약 및 공제료와 공제사업의 책임준비금, 그 밖에 준비금 적립에 관한 사항 등이 포함되어야 한다.
③ 제2항에 따른 책임준비금 등은 해양수산부령으로 정하는 기준에 따라 매 회계연도 말에 공제사업의 종류별로 계산하여 적립하여야 한다.
(2013.3.23 본조신설)

제60조의3【조합원에 대한 교육】 ① 지구별수협은 조합원에게 협동조합의 운영원칙과 방법에 대한 교육을 실시하여야 한다.
② 지구별수협은 조합원의 권익이 증진될 수 있도록 조합원에 대하여 적극적으로 전문기술교육과 경영상담 등을 하여야 한다.
③ 지구별수협은 제2항에 따른 교육 및 상담을 효율적으로 수행하기 위하여 전문상담원을 둘 수 있다.
(2010.4.12 본조신설)

제60조의4【수산물 판매활성화】 ① 지구별수협은 조합원이 생산한 수산물의 효율적인 판매를 위하여 다음 각 호의 사항을 추진하여야 한다.
1. 다른 조합 및 중앙회와의 공동사업
2. 수산물의 유통, 판매 및 수출 등에 관한 규정의 제정 및 개정
3. 그 밖에 거래처 확보 등 수산물의 판매활성화 사업에 필요한 사항
② 지구별수협은 제1항에 따른 사업수행에 필요한 경우 중앙회등에 수산물의 판매위탁을 요청할 수 있다.
③ 제2항에 따른 판매위탁사업의 조건과 절차 등에 관한 세부사항은 중앙회의 사업전담대표이사 또는 중앙회가 출자한 법인의 대표이사가 각각 정한다.
④ 중앙회는 제1항 및 제2항에 따른 사업실적 등을 고려하여 정관으로 정하는 바에 따라 지구별수협에 제139조의4에 따라 조성한 유통지원자금의 지원 등 우대조치를 할 수 있다.
(2016.5.29 본조신설)

제61조【비조합원의 사업 이용】 ① 지구별수협은 조합원의 이용에서 지장이 없는 범위에서 조합원이 아닌 자에게 그 사업을 이용하게 할 수 있다. 다만, 제60조제1항제3호·제9호부터 제11호까지 및 제14호의 사업에 대하여는 대통령령으로 정하는 바에 따라 비조합원의 이용을 제한할 수 있다.(2016.5.29 단서개정)
② 다음 각 호의 어느 하나에 해당하는 자가 지구별수협의 사업을 이용하는 경우에는 조합원이 그 사업을 이용한 것으로 본다.
1. 조합원과 같은 세대(世帶)에 속하는 사람
2. 준조합원
3. 다른 조합 및 다른 조합의 조합원

제62조【유통지원자금의 조성·운용】 ① 지구별수협은 조합원이 생산한 수산물 및 그 가공품 등의 유통을 지원하기 위하여 유통지원자금을 조성·운용할 수 있다.
② 제1항에 따른 유통지원자금은 다음 각 호의 사업에 운용한다.
1. 수산물의 생산 관련 사업
2. 수산물 및 그 가공품의 출하조절사업
3. 수산물의 공동규격 출하촉진사업
4. 매취(買取)사업
5. 그 밖에 지구별수협이 필요하다고 인정하는 유통 관련 사업
(2016.5.29 본항신설)
③ 국가, 공공단체 및 중앙회는 예산의 범위에서 제1항에 따른 유통지원자금의 조성을 지원할 수 있다.

제63조【창고증권의 발행】 ① 제60조제1항제2호나목의 보관사업을 하는 지구별수협은 정관으로 정하는 바에 따라 임치물(任置物)에 관하여 창고증권을 발행할 수 있다.
② 창고증권을 발행하는 지구별수협은 그 지구별수협의 명칭으로 된 창고증권이라는 글자를 사용하여야 한다.
③ 지구별수협이 아닌 자가 발행하는 창고증권에는 수산업협동조합창고증권이라는 글자를 사용하여서는 아니 된다.
④ 지구별수협이 창고증권을 발행한 임치물의 보관 기간은 임치일부터 6개월 이내로 한다.
⑤ 제4항의 임치물의 보관 기간은 갱신할 수 있다. 다만, 창고증권의 소지인이 조합원이 아닌 경우에는 조합원의 이용에 지장이 없는 범위에서 갱신한다.

제64조【어업의 경영】 ① 지구별수협은 조합원의 공동이익을 위하여 어업 및 그에 부대하는 사업을 경영할 수 있다.
② 제1항에 따라 지구별수협이 어업 및 그에 부대하는 사업을 경영하려면 총회의 의결을 거쳐야 한다.

제6절 회 계

제65조【회계연도】 지구별수협의 회계연도는 정관으로 정한다.

제66조【회계의 구분 등】 ① 지구별수협의 회계는 일반회계와 특별회계로 구분한다.
② 일반회계는 신용사업 부문 회계와 신용사업 외의 사업 부문 회계로 구분하여 회계처리하여야 한다.
③ 특별회계는 다음 각 호의 어느 하나에 해당하는 경우에 정관으로 정하는 바에 따라 설치한다.
1. 특정 사업을 운영할 경우
2. 특정 자금을 보유하여 운영할 경우
3. 그 밖에 일반회계와 구분할 필요가 있는 경우
④ 다음 각 호의 어느 하나의 재무관계와 그에 관한 재무기준은 해양수산부장관이 정한다. 이 경우 신용사업 부문과 신용사업 외의 사업 부문 간의 재무관계에 관한 재무기준에 관하여는 금융위원회와 협의하여야 한다.
(2013.3.23 본문개정)
1. 일반회계와 특별회계 간의 재무관계와 그에 관한 재무기준
2. 신용사업 부문과 신용사업 외의 사업 부문 간의 재무관계와 그에 관한 재무기준
3. 조합과 조합원 간의 재무관계와 그에 관한 재무기준
⑤ 조합의 회계처리기준에 필요한 사항은 중앙회의 회장이 정한다. 다만, 신용사업의 회계처리기준에 관하여 필요한 사항은 금융위원회가 따로 정할 수 있다.

제67조【사업계획과 수지예산】 ① 지구별수협은 매 회계연도의 사업계획서와 수지예산서를 작성하여 해당 회계연도가 시작되기 1개월 전에 총회의 의결을 거쳐 중앙회의 회장에게 제출하여야 한다.
② 지구별수협이 제1항에 따른 사업계획과 수지예산 중 정관으로 정하는 중요한 사항을 변경하려면 총회의 의결을 거쳐 중앙회의 회장에게 제출하여야 한다.

제68조【자기자본】 지구별수협의 자기자본은 다음 각 호의 금액을 합친 금액으로 한다. 다만, 이월결손금이 있는 경우에는 그 금액을 공제한다.
1. 납입출자금
2. 회전출자금
3. 우선출자금(누적되지 아니하는 것만 해당한다)
4. 가입금
5. 각종 적립금
6. 미처분 이익잉여금

제69조【여유자금의 운용】 ① 지구별수협은 다음 각 호의 방법으로만 업무상의 여유자금을 운용할 수 있다.
1. 국채·공채 및 대통령령으로 정하는 유가증권의 매입
2. 중앙회, 수협은행 또는 대통령령으로 정하는 금융기관에 예치(豫置)(2016.5.29 본호개정)
② 제1항제2호에 따른 중앙회에 대한 예치 하한 비율 또는 금액은 여유자금의 건전한 운용을 해치지 아니하는 범위에서 중앙회의 회장이 정한다.

제70조【법정적립금 등】 ① 지구별수협은 매 회계연도의 손실 보전을 하고 남을 때에는 자기자본의 3배가 될 때까지 매 사업연도 잉여금의 10분의 1 이상을 법정적립금으로 적립하여야 한다.
② 지구별수협은 정관으로 정하는 바에 따라 교육·지원 사업 등의 지도사업 비용에 충당하기 위하여 잉여금의 100분의 20 이상을 지도사업이월금으로 다음 회계연도로 이월하여야 한다.
③ 지구별수협은 정관으로 정하는 바에 따라 사업준비금 등을 임의적립금으로 적립할 수 있다.
④ 지구별수협은 다음 각 호에 따라 발생하는 금액을 자본적립금으로 적립하여야 한다.
1. 감자(減資)에 따른 차익
2. 자산재평가 차익
3. 합병차익
4. 그 밖의 자본잉여금

제71조【손실의 보전과 잉여금의 배당】 ① 지구별수협은 매 회계연도의 결산 결과 손실금[당기손실금(當期損失金)을 말한다]이 발생하였을 때에는 다음 각 호의 순으로 보전하고, 보전한 후에도 부족할 때에는 다음 회계연도로 이월한다.
1. 미처분 이월금
2. 임의적립금
3. 법정적립금
4. 자본적립금
② 지구별수협은 제1항에 따라 손실을 보전하고 제70조제1항부터 제3항까지의 규정에 따른 법정적립금, 지도사업이월금 및 임의적립금을 공제한 후가 아니면 잉여금을 배당하지 못한다.
③ 잉여금은 정관으로 정하는 바에 따라 다음 각 호의 순서대로 배당한다.
1. 조합원의 사업 이용 실적에 대한 배당
2. 정관으로 정하는 비율의 한도 이내에서 납입출자액에 대한 배당
3. 준조합원의 사업 이용 실적에 대한 배당

제72조【법정적립금 및 자본적립금의 사용 금지】 법정적립금과 자본적립금은 다음 각 호의 경우 외에는 사용하지 못한다.
1. 지구별수협의 손실금을 보전하는 경우
2. 지구별수협의 구역이 다른 조합의 구역이 된 경우에 그 재산의 일부를 다른 조합에 양여하는 경우

제73조【결산 등】 ① 조합장은 정기총회 1주 전까지 결산보고서(사업보고서, 재무상태표 및 손익계산서와 잉여금처분안 또는 손실금처리안 등을 말한다)를 감사에게 제출하고 이를 주된 사무소에 갖추어 두어야 한다.
(2017.11.28 본항개정)
② 조합원과 채권자는 정관, 총회의사록, 조합원 명부 및 제1항에 따른 서류 등을 열람하거나 그 사본의 발급을 청구할 수 있다. 이 경우 지구별수협이 정한 수수료를 내야 한다.
③ 조합장은 제1항에 따른 서류와 감사 의견서를 정기총회에 제출하여 승인을 받은 후 재무상태표를 지체 없이 공고하여야 한다.(2017.11.28 본항개정)
④ 제3항에 따른 승인을 받은 경우 임원의 책임 해제에 관하여는 「상법」 제450조를 준용한다.

제74조【출자금액의 감소 의결】 ① 지구별수협은 출자 1계좌의 금액 또는 출자계좌 수의 감소(이하 "출자감소"라 한다)를 의결하였을 때에는 그 의결을 한 날부터 2주 이내에 재무상태표를 작성하여야 한다.(2020.3.24 본항개정)
② 지구별수협은 정관으로 정하는 바에 따라 제1항에 따른 감소 의결에 대하여 이의가 있는 채권자는 일정한 기일

이내에 이의를 제기하라는 취지를 1개월 이상 공고하고, 이미 알고 있는 채권자에 대하여는 따로 독촉하여야 한다.(2023.10.24 본항개정)
③ 제2항에 따른 공고 또는 독촉은 제1항에 따른 의결을 한 날부터 2주 이내에 하여야 한다.(2023.10.24 본항개정)
제75조【출자감소 의결에 대한 채권자의 이의】 ① 채권자가 제74조제2항에 따른 기일 이내에 출자감소 의결에 대하여 이의를 제기하지 아니하면 이를 승인한 것으로 본다.
② 채권자가 제74조제1항에 따른 출자감소 의결에 대하여 이의를 제기한 경우 지구별수협이 이를 변제하거나 감소분에 상당하는 담보를 제공하지 아니하면 그 의결은 효력을 발생하지 아니한다.
제76조【지분 취득 등의 금지】 지구별수협은 조합원의 지분을 취득하거나 이에 대하여 질권을 설정하지 못한다.

제7절 합병·분할·해산 및 청산

제77조【합병】 ① 지구별수협이 다른 조합과 합병할 때에는 합병계약서를 작성하고 각 총회의 의결을 거쳐야 한다.
② 합병은 해양수산부장관의 인가를 받아야 한다.(2013.3.23 본항개정)
③ 합병무효에 관하여는 「상법」 제529조를 준용한다.
제78조【설립위원】 ① 합병으로 지구별수협을 설립할 때에는 설립위원을 총회에서 선출하여야 한다.
② 설립위원의 정수는 20명 이상 30명 이하로 하고 합병하려는 각 조합의 조합원 중에서 조합원 수의 비율로 선출한다.
③ 설립위원은 설립위원회를 개최하여 정관을 작성하고 임원을 선출하여 제77조제2항에 따른 인가를 받아야 한다.
④ 설립위원회에서 임원을 선출할 때에는 설립위원이 추천한 사람 중에서 설립위원 과반수의 출석과 출석 설립위원 과반수의 찬성이 있어야 한다.
⑤ 제1항부터 제4항까지의 규정에 따른 지구별수협의 설립에 관하여는 합병설립의 성질에 반하지 아니하는 범위에서 이 장 제2절의 설립에 관한 규정을 준용한다.
제79조【합병 지원】 국가와 중앙회는 지구별수협의 합병을 촉진하기 위하여 필요하다고 인정하면 예산의 범위에서 자금을 지원할 수 있다.
제80조【분할】 ① 지구별수협이 분할할 때에는 분할 후 설립되는 조합이 승계하여야 하는 권리의무의 범위를 총회에서 의결하여야 한다.
② 제1항에 따른 조합의 설립에 관하여는 분할설립의 성질에 반하지 아니하는 범위에서 이 장 제2절의 설립에 관한 규정을 준용한다.
제81조【합병으로 인한 권리의무의 승계】 ① 합병 후 존속하거나 합병으로 설립되는 지구별수협은 소멸되는 지구별수협의 권리의무를 승계한다.
② 지구별수협의 합병 후 등기부 및 그 밖의 공적 장부에 표시된 소멸된 지구별수협의 명의는 합병 후 존속하거나 합병으로 설립된 지구별수협의 명의로 본다.(2020.3.24 본항개정)
제82조【합병·분할의 공고 및 독촉 등】 지구별수협의 합병·분할의 공고, 독촉 및 채권자 이의에 관하여는 제74조제2항 및 제75조를 준용한다.(2023.10.24 본조개정)
제83조【합병의 효력】 지구별수협의 합병은 합병 후 존속하거나 합병으로 설립되는 지구별수협이 그 주된 사무소의 소재지에서 제97조에 따른 등기를 함으로써 그 효력을 가진다.
제84조【해산 사유】 지구별수협은 다음 각 호의 어느 하나의 사유로 해산한다.
1. 정관으로 정한 해산 사유의 발생
2. 총회의 의결
3. 합병 또는 분할
4. 조합원 수가 100인 미만인 경우(2017.11.28 본호개정)
5. 설립인가의 취소
제85조【파산선고】 지구별수협이 그 채무를 다 갚을 수 없게 되었을 때에는 법원은 조합장이나 채권자의 청구에 의하여 또는 직권으로 파산을 선고할 수 있다.
제86조【청산인】 ① 지구별수협이 해산(파산으로 인한 경우는 제외한다)하였을 때에는 조합장이 청산인(清算人)이 된다. 다만, 총회에서 다른 사람을 청산인으로 선임하였을 때에는 그러하지 아니하다.
② 청산인이 결원 상태인 경우 또는 설립인가의 취소로 인하여 지구별수협이 해산한 경우에는 해양수산부장관이 청산인을 임명한다.(2013.3.23 본항개정)
③ 청산인은 그 직무의 범위에서 조합장과 동일한 권리의무를 가진다.
④ 해양수산부장관은 지구별수협의 청산 사무를 감독한다.(2013.3.23 본항개정)
제87조【청산인의 직무】 ① 청산인은 취임 후 지체 없이 재산 상황을 조사하고 재산목록 및 재무상태표를 작성하여 재산 처분 방법을 정한 후 이를 총회에 제출하여 승인을 받아야 한다.(2017.11.28 본항개정)
② 제1항의 승인을 받기 위하여 2회 이상 총회를 소집하여도 총회가 구성되지 아니하여 총회의 승인을 받을 수 없을 때에는 해양수산부장관의 승인으로 총회의 승인을 갈음할 수 있다.(2013.3.23 본항개정)
제88조【청산 잔여재산】 해산한 지구별수협의 청산 후 남은 재산은 따로 법률로 정하는 것 외에는 정관으로 정하는 바에 따라 처분한다.
제89조【청산인의 재산 분배 제한】 청산인은 지구별수협의 채무를 변제하거나 변제에 필요한 금액을 공탁(供託)한 후가 아니면 그 재산을 분배할 수 없다.
제90조【결산보고서】 청산 사무가 끝나면 청산인은 지체 없이 결산보고서를 작성하고 이를 총회에 제출하여 승인을 받아야 한다. 이 경우 제87조제2항을 준용한다.
제91조【「민법」 등의 준용】 지구별수협의 해산과 청산에 관하여는 「민법」 제79조, 제81조, 제87조, 제88조제1항·제2항, 제89조부터 제92조까지 및 제93조제1항·제2항과 「비송사건절차법」 제121조를 준용한다.

제8절 등 기

제92조【설립등기】 ① 지구별수협은 출자금의 납입이 완료된 날부터 2주 이내에 주된 사무소의 소재지에서 설립등기를 하여야 한다.
② 설립등기신청서에는 다음 각 호의 사항을 적어야 한다.
1. 제17조제1호부터 제4호까지 및 제16호부터 제18호까지에 규정된 사항
2. 총 출자계좌 수와 납입출자금의 총액, 출자 1계좌의 금액과 그 납입 방법(2020.3.24 본호개정)
3. 설립인가 연월일
4. 임원의 성명·주민등록번호 및 주소
③ 조합장이 설립등기의 신청인이 된다.
④ 제2항의 설립등기신청서에는 설립인가서, 창립총회의 사록 및 정관의 사본을 첨부하여야 한다.
⑤ 합병 또는 분할로 인한 지구별수협의 설립등기신청서에는 다음 각 호의 서류를 첨부하여야 한다.
1. 제4항에 따른 서류
2. 제82조에 따라 공고하거나 독촉한 사실을 증명하는 서류(2023.10.24 본호개정)
3. 이의를 제기한 채권자에게 변제나 담보를 제공한 사실을 증명하는 서류
제93조【지사무소의 설치등기】 ① 지구별수협의 지사무소를 설치한 경우 주된 사무소의 소재지에서는 2주 이내에, 지사무소의 소재지에서는 3주 이내에 등기를 하여야 한다.
② 제1항에 따른 설치등기를 할 때에는 조합장이 신청인이 된다.
제94조【사무소의 이전등기】 ① 지구별수협이 사무소를 이전한 경우에는 전 소재지와 현 소재지에서 3주 이내에 각각 이전등기를 하여야 한다.
② 조합장이 제1항에 따른 이전등기의 신청인이 된다.
제95조【변경등기】 ① 제92조제2항 각 호의 어느 하나에 해당하는 사항이 변경된 경우에는 주된 사무소 및 해당 지사무소의 소재지에서 각각 3주 이내에 변경등기를 하여야 한다.
② 제92조제2항제2호의 사항 중 총 출자계좌 수와 납입출자금의 총액에 관한 변경등기는 제1항에도 불구하고 회계연도 말을 기준으로 그 회계연도가 끝난 후 3개월 이내에 하여야 한다.(2020.3.24 본항개정)
③ 조합장은 제1항과 제2항에 따른 변경등기의 신청인이 된다.
④ 조합장이 제3항에 따라 변경등기를 신청할 때에는 등기사항의 변경을 증명하는 서류를 첨부하여야 한다.
⑤ 출자감소·합병 또는 분할로 인한 변경등기신청서에는 다음 각 호의 서류를 첨부하여야 한다.
1. 제4항에 따른 서류
2. 제74조제2항 및 제75조(제82조에 따라 준용되는 경우를 포함한다)에 따라 공고하거나 독촉한 사실을 증명하는 서류(2023.10.24 본호개정)
3. 이의를 제기한 채권자에게 변제나 담보를 제공한 사실을 증명하는 서류
제96조【행정구역의 지명 변경과 등기】 ① 행정구역의 지명이 변경된 경우에는 등기부 및 정관에 기재된 해당 지구별수협의 사무소의 소재지와 구역에 관한 지명도 변경된 것으로 본다.
② 제1항에 따른 변경이 있으면 지구별수협은 지체 없이 이를 등기소에 통지하여야 한다.
③ 등기소는 제2항에 따른 통지를 받으면 등기부의 기재내용을 변경하여야 한다.
제97조【합병등기】 ① 지구별수협이 합병하였을 때에는 해양수산부장관이 합병인가를 한 날부터 2주 이내에 합병 후 존속하는 지구별수협은 제95조에 따른 변경등기를, 합병으로 소멸되는 지구별수협은 제98조에 따른 해산등기를, 합병으로 설립되는 지구별수협은 제92조에 따른 설립등기를 각각 그 사무소의 소재지에서 하여야 한다.(2013.3.23 본항개정)
② 합병으로 소멸되는 지구별수협의 조합장이 제1항에 따른 해산등기의 신청인이 된다.
③ 조합장이 제2항에 따라 해산등기를 신청할 때에는 해산 사유를 증명하는 서류를 첨부하여야 한다.
제98조【해산등기】 ① 지구별수협이 해산(합병과 파산으로 인한 경우는 제외한다)하였을 때에는 주된 사무소의 소재지에서는 2주 이내에, 지사무소의 소재지에서는 3주 이내에 해산등기를 하여야 한다.
② 제4항의 경우를 제외하고는 청산인이 제1항에 따른 해산등기의 신청인이 된다.
③ 청산인이 제2항에 따라 해산등기를 신청할 때에는 해산등기신청서에 해산 사유를 증명하는 서류를 첨부하여야 한다.
④ 해양수산부장관은 설립인가를 취소하였을 때에는 지체 없이 해산등기를 촉탁(囑託)하여야 한다.(2013.3.23 본항개정)
제99조【청산인등기】 ① 청산인은 취임한 날부터 2주 이내에 주된 사무소의 소재지에서 그 성명·주민등록번호 및 주소를 등기하여야 한다.
② 제1항에 따른 등기를 할 때 조합장이 청산인이 아닌 경우에는 신청인의 자격을 증명하는 서류를 첨부하여야 한다.
제100조【청산종결등기】 ① 청산이 끝나면 청산인은 주된 사무소의 소재지에서는 2주 이내에, 지사무소의 소재지에서는 3주 이내에 청산종결의 등기를 하여야 한다.
② 청산인이 제1항에 따라 청산종결의 등기를 신청할 때에는 등기신청서에 제90조에 따른 결산보고서의 승인을 증명하는 서류를 첨부하여야 한다.
제101조【등기일의 기산일】 등기사항으로서 해양수산부장관의 인가·승인 등을 받아야 하는 것은 그 인가·승인 등의 문서가 도달한 날부터 등기기간을 계산한다.(2013.3.23 본조개정)
제102조【등기부】 등기소는 지구별 수산업협동조합등기부를 갖추어 두어야 한다.
제103조【「비송사건절차법」 등의 준용】 지구별수협의 등기에 관하여 이 법에서 정한 사항을 제외하고는 「비송사건절차법」 및 「상업등기법」 중 등기에 관한 규정을 준용한다.

제3장 업종별 수산업협동조합
(2010.4.12 본장개정)

제104조【목적】 업종별 수산업협동조합(이하 이 장에서 "업종별수협"이라 한다)은 어업을 경영하는 조합원의 생산성을 높이고 조합원이 생산한 수산물의 판로 확대 및 유통 원활화를 도모하며, 조합원에게 필요한 자금·자재·기술 및 정보 등을 제공함으로써 조합원의 경제적·사회적·문화적 지위 향상을 증대함을 목적으로 한다.(2020.3.24 본조개정)
제105조【구역 및 지사무소】 ① 업종별수협의 구역은 정관으로 정한다.
② 업종별수협은 정관으로 정하는 바에 따라 지사무소를 둘 수 있다.
제106조【조합원의 자격】 ① 업종별수협의 조합원은 그 구역에 주소·거소 또는 사업장이 있는 자로서 대통령령으로 정하는 종류의 어업을 경영하는 어업인이어야 한다.
② 업종별수협의 조합원 자격을 가진 자 중 단일 어업을 경영하는 자는 해당 업종별수협에만 가입할 수 있다.
제107조【사업】 ① 업종별수협은 그 목적을 달성하기 위하여 다음 각 호의 사업의 전부 또는 일부를 수행한다.
1. 교육·지원 사업
  가. 수산종자의 생산 및 보급(2015.6.22 본목개정)
  나. 어장 개발 및 어장환경의 보전·개선
  다. 어업질서 유지
  라. 어업권·양식업권과 어업피해 대책 및 보상 업무 추진(2019.8.27 본목개정)
  마. 어촌지도자 및 후계어업경영인 발굴·육성과 수산기술자 양성(2011.11.22 본목개정)
  바. 어업 생산의 증진과 경영 능력의 향상을 위한 상담 및 교육훈련
  사. 생활환경 개선과 문화 향상을 위한 교육 및 지원과 시설의 설치·운영
  아. 어업 및 어촌생활 관련 정보의 수집 및 제공
  자. 조합원의 노동력 또는 어촌의 부존자원을 활용한 관광사업 등 어가 소득증대사업
  차. 외국의 협동조합 및 도시와의 교류 촉진을 위한 사업
  카. 어업에 관한 조사·연구
  타. 각종 사업과 관련한 교육 및 홍보
  파. 그 밖에 정관으로 정하는 사업
2. 경제사업
  가. 구매사업
  나. 보관·판매 및 검사 사업
  다. 이용·제조 및 가공(수산물의 처리를 포함한다) 사업
  라. 수산물 유통 조절 및 비축사업
  마. 조합원의 사업 또는 생활에 필요한 공동시설의 운영 및 기자재의 임대사업
3. 공제사업
4. 후생복지사업
  가. 사회·문화 복지시설의 설치·운영 및 관리
  나. 의료지원사업
5. 운송사업
6. 국가, 공공단체, 중앙회, 수협은행 또는 다른 조합이 위탁하거나 보조하는 사업(2016.5.29 본호개정)
7. 다른 경제단체·사회단체 및 문화단체와의 교류·협력
8. 다른 조합·중앙회 또는 다른 법률에 따른 협동조합과의 공동사업 및 업무의 대리
9. 다른 법령에서 업종별수협의 사업으로 정하는 사업
10. 제1호부터 제9호까지의 사업에 관련된 대외무역

11. 차관사업
12. 제1호부터 제11호까지의 사업에 부대하는 사업
13. 그 밖에 업종별수협의 목적 달성에 필요한 사업으로서 중앙회의 회장의 승인을 받은 사업
② 업종별수협은 조합원의 이용에 지장이 없는 범위에서 조합원이 아닌 자에게 그 사업을 이용하게 할 수 있다. 다만, 제1항제1호·제4호나목, 같은 항 제7호부터 제9호까지 및 제12호의 사업에 대하여는 대통령령으로 정하는 바에 따라 조합원이 아닌 자의 이용을 제한할 수 있다.(2016.5.29 단서개정)

제108조【준용규정】 업종별수협에 관하여는 제16조부터 제19조까지, 제21조, 제22조, 제22조의2, 제22조의3, 제23조부터 제51조까지, 제51조의2, 제52조, 제53조, 제53조의2, 제53조의3, 제54조부터 제59조까지, 제60조제2항부터 제6항까지, 같은 조 제8항부터 제10항까지, 제60조의2, 제60조의3, 제60조의4, 제61조제2항 및 제62조부터 제103조까지의 규정을 준용한다. 이 경우 제16조제1항 중 "조합원 자격을 가진 자 20인 이상"은 "어업을 경영하는 어업인 20인 이상"으로, 제47조제3항제1호 중 "제60조제1항제3호 및 제4호"는 "제107조제1항제3호 및 법률 제4820호 수산업협동조합법중개정법률 부칙 제5조"로, 제47조제3항제2호 중 "제60조제1항제8호부터 제13호까지 및 제15호의 사업 중 같은 항 제3호·제4호"는 "제107조제1항제6호부터 제11호까지 및 제13호의 사업 중 같은 항 제3호 및 법률 제4820호 수산업협동조합법중개정법률 부칙 제5조"로, 제47조제4항제1호 중 "제60조제1항제2호"는 "제107조제1항제2호"로, 제47조제4항제2호 중 "제60조제1항제8호부터 제13호까지 및 제15호의 사업 중 같은 항 제2호"는 "제107조제1항제6호부터 제11호까지 및 제13호의 사업 중 같은 항 제2호"로, 제60조제3항 중 "제1항제3호"는 "법률 제4820호 수산업협동조합법중개정법률 부칙 제5조"로, 제60조제4항 중 "제1항제8호"는 "제107조제1항제6호"로, 제60조제5항 중 "제1항제7호 및 제8호"는 "제107조제1항제6호"로, 제60조제8항제2호 중 "제1항제2호"는 "제107조제1항제2호"로, 제60조의2제1항 중 "제60조제1항제4호"는 "제107조제1항제3호"로, 제63조제1항 중 "제60조제1항제2호나목"은 "제107조제1항제2호나목"으로, 제84조제4호 중 "200인 미만"은 "15인 미만"으로, 제102조 중 "지구별 수산업협동조합등기부"는 "업종별 수산업협동조합등기부"로 본다.(2016.5.29 본조개정)

제4장 수산물가공 수산업협동조합
(2010.4.12 본장개정)

제109조【목적】 수산물가공 수산업협동조합(이하 이 장에서 "수산물가공수협"이라 한다)은 조합원의 수산물가공업을 경영하는 조합원의 생산성을 높이고 조합원이 생산한 가공품의 판로 확대 및 유통 원활화를 도모하며, 조합원에게 필요한 기술·자금 및 정보 등을 제공함으로써 조합원의 경제적·사회적·문화적 지위 향상을 증대함을 목적으로 한다.(2020.3.24 본조개정)

제110조【구역 및 지사무소】 ① 수산물가공수협의 구역은 정관으로 정한다.
② 수산물가공수협은 정관으로 정하는 바에 따라 지사무소를 둘 수 있다.

제111조【조합원의 자격】 수산물가공수협의 조합원은 그 구역에 주소·거소 또는 사업장이 있는 자로서 대통령령으로 정하는 종류의 수산물가공업을 경영하는 자여야 한다.

제112조【사업】 ① 수산물가공수협은 그 목적을 달성하기 위하여 다음 각 호의 사업의 전부 또는 일부를 수행한다.
1. 교육·지원 사업
 가. 생산력 증진과 경영 능력의 향상을 위한 교육훈련
 나. 조합원에게 필요한 정보의 수집 및 제공(2020.3.24 본목개정)
 다. 신제품의 개발·보급 및 기술 확산
 라. 각종 사업과 관련한 교육 및 홍보
 마. 그 밖에 정관으로 정하는 사업
2. 경제사업
 가. 구매사업
 나. 보관·판매 및 검사 사업
 다. 이용·제조 및 가공 사업
 라. 유통 조절 및 비축사업
3. 공제사업
4. 후생복지사업
 가. 사회·문화 복지시설의 설치·운영 및 관리
 나. 의료지원사업
5. 운송사업
6. 국가, 공공단체, 중앙회, 수협은행 또는 다른 조합이 위탁하거나 보조하는 사업(2016.5.29 본호개정)
7. 다른 경제단체·사회단체 및 문화단체와의 교류·협력
8. 다른 조합·중앙회 또는 다른 법률에 따른 협동조합과의 공동사업 및 업무의 대리
9. 다른 법령에서 수산물가공수협의 사업으로 정하는 사업
10. 제1호부터 제9호까지의 사업에 관련된 대외무역
11. 차관사업
12. 제1호부터 제11호까지의 사업에 부대하는 사업
13. 그 밖에 수산물가공수협의 목적 달성에 필요한 사업으로서 중앙회의 회장의 승인을 받은 사업
② 수산물가공수협은 조합원의 이용에 지장이 없는 범위에서 조합원이 아닌 자에게 그 사업을 이용하게 할 수 있다. 다만, 제1항제1호·제4호나목, 같은 항 제7호부터 제9호까지 및 제12호의 사업에 대하여는 대통령령으로 정하는 바에 따라 조합원이 아닌 자의 이용을 제한할 수 있다.(2016.5.29 단서개정)

제113조【준용규정】 수산물가공수협에 관하여는 제16조부터 제19조까지, 제21조, 제22조, 제22조의2, 제22조의3, 제23조부터 제51조까지, 제51조의2, 제52조, 제53조, 제53조의2, 제53조의3, 제54조부터 제59조까지, 제60조제2항부터 제6항까지, 같은 조 제8항부터 제10항까지, 제60조의2, 제60조의3, 제60조의4, 제61조제2항, 제62조, 제63조 및 제65조부터 제103조(제71조제3항제1호는 제외한다)까지의 규정을 준용한다. 이 경우 제16조제1항 중 "조합원 자격을 가진 자 20인 이상"은 "수산물가공업을 경영하는 사람 7인 이상"으로, 제47조제3항제1호 중 "제60조제1항제3호 및 제4호"는 "제112조제1항제3호 및 법률 제4820호 수산업협동조합법중개정법률 부칙 제5조"로, 제47조제3항제2호 중 "제60조제1항제8호부터 제13호까지 및 제15호의 사업 중 같은 항 제3호·제4호"는 "제112조제1항제6호부터 제11호까지 및 제13호의 사업 중 같은 항 제3호 및 법률 제4820호 수산업협동조합법중개정법률 부칙 제5조"로, 제47조제4항제1호 중 "제60조제1항제2호"는 "제112조제1항제2호"로, 제47조제4항제2호 중 "제60조제1항제8호부터 제13호까지 및 제15호의 사업 중 같은 항 제2호"는 "제112조제1항제6호부터 제11호까지 및 제13호의 사업 중 같은 항 제2호"로, 제60조제3항 중 "제1항제3호"는 "법률 제4820호 수산업협동조합법중개정법률 부칙 제5조"로, 제60조제4항 중 "제1항제8호"는 "제112조제1항제6호"로, 제60조제5항 중 "제1항제7호 및 제8호"는 "제112조제1항제6호"로, 제60조제8항제2호 중 "제1항제2호"는 "제112조제1항제2호"로, 제60조의2제1항 중 "제60조제1항제4호"는 "제112조제1항제3호"로, 제63조제1항 중 "제60조제1항제2호나목"은 "제112조제1항제2호나목"으로, 제84조제4호 중 "200인 미만"은 "7인 미만"으로, 제102조 중 "지구별 수산업협동조합등기부"는 "수산물가공 수산업협동조합등기부"로 본다.(2016.5.29 전단개정)

제4장의2 조합공동사업법인
(2016.5.29 본장신설)

제113조의2【목적】 조합공동사업법인은 사업의 공동수행을 통하여 수산물의 판매·유통·가공 등과 관련된 사업을 활성화함으로써 수산업의 경쟁력 강화와 어업인의 이익 증진에 기여하는 것을 목적으로 한다.

제113조의3【법인격 및 명칭】 ① 이 법에 따라 설립되는 조합공동사업법인은 법인으로 한다.
② 조합공동사업법인은 그 명칭 중에 지역명이나 사업명을 붙인 조합공동사업법인의 명칭을 사용하여야 한다.
③ 이 법에 따라 설립된 조합공동사업법인이 아니면 제2항에 따른 명칭 또는 이와 유사한 명칭을 사용하지 못한다.

제113조의4【회원의 자격 등】 ① 조합공동사업법인의 회원은 조합, 중앙회, 「농어업경영체 육성 및 지원에 관한 법률」 제16조에 따른 영어조합법인, 같은 법 제19조에 따른 어업회사법인으로 하며, 다른 조합공동사업법인을 준회원으로 한다.
② 조합공동사업법인의 회원이 되려는 자는 정관으로 정하는 바에 따라 출자하여야 하며, 조합공동사업법인은 준회원에 대하여 정관으로 정하는 바에 따라 가입금 및 경비를 부담하게 할 수 있다. 다만, 조합이 아닌 회원이 출자한 총액은 조합공동사업법인 출자 총액의 100분의 50(중앙회는 100분의 30) 미만으로 한다.
③ 회원은 출자액에 비례하여 의결권을 가진다.

제113조의5【설립인가 등】 ① 조합공동사업법인을 설립하려면 회원의 자격을 가진 둘 이상의 조합이나 조합과 중앙회가 발기인이 되어 정관을 작성하고 창립총회의 의결을 거친 후 해양수산부장관의 인가를 받아야 한다.
② 출자금 등 제1항에 따른 인가에 필요한 기준과 절차는 대통령령으로 정한다.
③ 조합공동사업법인의 설립인가에 관하여는 제16조제2항부터 제5항까지를 준용한다.(2018.12.11 본항개정)

제113조의6【정관기재사항】 ① 조합공동사업법인의 정관에는 다음 각 호의 사항이 포함되어야 한다.
1. 목적
2. 명칭
3. 주된 사무소의 소재지
4. 회원의 자격과 가입·탈퇴 및 제명에 관한 사항
5. 출자 및 가입금과 경비에 관한 사항
6. 회원의 권리와 의무
7. 임원의 선임 및 해임에 관한 사항
8. 사업의 종류와 집행에 관한 사항
9. 적립금의 종류와 적립방법에 관한 사항
10. 잉여금의 처분과 손실금의 처리 방법에 관한 사항
11. 그 밖에 이 법에서 정관으로 정하도록 규정한 사항
② 조합공동사업법인이 정관을 변경하려면 해양수산부장관의 인가를 받아야 한다. 다만, 해양수산부장관이 정하여 고시한 정관례에 따라 정관을 변경하는 경우에는 해양수산부장관의 인가를 받지 아니하여도 된다.

제113조의7【임원】 조합공동사업법인에는 임원으로 대표이사 1명을 포함한 2명 이상의 이사와 1명 이상의 감사를 두되, 그 정수와 임기는 정관으로 정한다.

제113조의8【사업】 조합공동사업법인은 그 목적을 달성하기 위하여 다음 각 호의 사업의 전부 또는 일부를 수행한다.
1. 회원을 위한 물자의 공동구매 및 상품의 공동판매와 이에 수반되는 운반·보관 및 가공 사업
2. 회원을 위한 상품의 생산·유통 조절 및 기술의 개발·보급
3. 회원을 위한 자금 대출의 알선과 공동사업을 위한 국가·공공단체, 중앙회 및 수협은행으로부터의 자금 차입
4. 국가·공공단체·조합·중앙회 또는 다른 조합공동사업법인이 위탁하는 사업
5. 그 밖에 회원의 공동이익 증진을 위하여 정관으로 정하는 사업

제113조의9【회계처리기준】 조합공동사업법인의 회계처리기준은 해양수산부장관이 정하여 고시한다.

제113조의10【준용규정】 ① 조합공동사업법인에 관하여는 제14조제2항, 제18조, 제19조, 제22조, 제22조의3, 제24조부터 제26조까지, 제28조, 제31조부터 제42조까지, 제45조, 제49조, 제55조, 제56조, 제58조, 제65조, 제68조, 제70조제3항·제3호·제4항, 제71조제1항·제2항, 제72조제1호, 제73조부터 제76조까지, 제84조제1호·제2호·제3호·제5호, 제85조부터 제96조까지 및 제98조부터 제103조까지의 규정을 준용한다. 이 경우 "지구별수협"은 "조합공동사업법인"으로, "조합장"은 "대표이사"로, "조합원"은 "회원"으로 보고, 제18조제1항 중 "제16조제1항"은 "제113조의5제1항"으로, 제28조제2항 각 호 외의 부분 중 "다음 각 호의 어느 하나에 해당하는 자이어야 하고, 대리인은 조합원 1인만을 대리할 수 있다"는 "회원이어야 하며, 대리인은 회원의 의결권 수에 따라 대리할 수 있다"로, 제37조제1항제2호 중 "해산·합병 또는 분할"은 "해산 또는 합병"으로, 제40조 본문 중 "구성원 과반수의 출석으로 개의하고 출석구성원 과반수의 찬성"은 "의결권 총수의 과반수에 해당하는 회원의 출석으로 개의하고 출석한 회원의 의결권 과반수의 찬성"으로, 같은 조 단서 중 "구성원 과반수의 출석과 출석구성원 3분의 2 이상의 찬성"은 "의결권 총수의 과반수에 해당하는 회원의 출석과 출석한 회원의 의결권 3분의 2 이상의 찬성"으로, 제41조제1항 단서 중 "구성원 과반수의 출석과 출석구성원 3분의 2 이상의 찬성"은 "의결권 총수의 과반수에 해당하는 회원의 출석과 출석한 회원의 의결권 3분의 2 이상의 찬성"으로, 제42조제2항 중 "3인"은 "2인"으로, 제55조제3항 중 "다른 조합"은 "다른 조합공동사업법인"으로, 제71조제2항 중 "법정적립금, 지도사업이월금"은 "법정적립금"으로 본다.(2018.12.11 후단개정)
② 조합공동사업법인의 우선출자에 관하여는 제147조제1항부터 제5항까지 및 제148조부터 제152조까지의 규정을 준용한다. 이 경우 "중앙회"는 "조합공동사업법인"으로 보고, 제147조제3항 본문 중 "제120조제2항"은 "제113조의10제1항에 따라 준용되는 제22조"로, "자기자본"은 "제113조의10제1항에 따라 준용되는 제68조에 따른 자기자본"으로 본다.(2022.12.27 후단개정)

제5장 수산업협동조합협의회
(2010.4.12 본장개정)

제114조【수산업협동조합협의회】 ① 조합은 같은 종류의 조합 간의 공동사업 개발과 그 권익 증진을 도모하기 위하여 각 조합을 회원으로 하는 수산업협동조합협의회(이하 "조합협의회"라 한다)를 각각 구성할 수 있다.
② 조합협의회는 다음 각 호의 사업을 수행한다.
1. 회원을 위한 사업의 개발 및 정책 건의
2. 회원을 위한 생산·유통 조절 및 시장개척
3. 제품 홍보, 기술 보급 및 회원 간의 정보교환
4. 그 밖에 회원의 공동이익을 증진하기 위하여 필요한 사업
③ 조합협의회는 그 명칭 중에 지역명·업종명 또는 수산물가공업명을 붙인 수산업협동조합협의회라는 명칭을 사용하여야 하며, 이 법에 따라 구성된 조합협의회가 아니면 수산업협동조합협의회라는 명칭을 사용할 수 없다.
④ 조합협의회의 구성 및 운영 등에 필요한 사항은 해양수산부령으로 정한다.(2013.3.23 본항개정)

제115조【조합협의회에 대한 지원 등】 ① 조합협의회는 제114조제2항 각 호의 사업과 회원의 발전에 필요한 사항을 국가, 공공단체 또는 중앙회에 건의할 수 있다.
② 국가, 공공단체 또는 중앙회는 제1항에 따른 건의 사항이 최대한 반영되도록 노력하여야 하며, 조합협의회의 사업에 필요한 자금을 보조하거나 융자할 수 있다.

제6장 수산업협동조합중앙회

제1절 통 칙
(2010.4.12 본절개정)

제116조【목적】 중앙회는 회원의 공동이익의 증진과

건전한 발전을 도모함을 목적으로 한다.
제117조【사무소 및 구역】 ① 중앙회는 서울특별시에 주된 사무소를 두고, 정관으로 정하는 바에 따라 지사무소를 둘 수 있다.
② 중앙회는 전국을 구역으로 한다.
제118조【회원】 중앙회는 조합을 회원으로 한다.
제119조【준회원】 중앙회는 정관으로 정하는 바에 따라 다음 각 호에 해당하는 자를 준회원으로 할 수 있다.
1. 해양수산 관련 법인 또는 단체
2. 중앙회의 사업을 이용하는 것이 적당하다고 인정되는 자
3. 제113조의3에 따른 조합공동사업법인(2016.5.29 본호신설)
제120조【출자】 ① 회원은 정관으로 정하는 계좌 수 이상의 출자를 하여야 한다.
② 출자 1계좌의 금액은 정관으로 정한다.
(2020.3.24 본조개정)
제121조【당연 탈퇴】 회원이 해산하거나 파산한 경우에는 당연히 탈퇴한다.
제122조【회원의 책임】 회원의 책임은 그 출자액을 한도로 한다.
제123조【정관 기재사항】 중앙회의 정관에는 다음 각 호의 사항이 포함되어야 한다.
1. 목적·조직·명칭 및 구역
2. 주된 사무소의 소재지
3. 출자에 관한 사항
4. 우선출자에 관한 사항
5. 회원의 가입 및 탈퇴에 관한 사항
6. 회원의 권리의무에 관한 사항
7. 총회 및 이사회에 관한 사항(2016.5.29 본호개정)
8. 임원, 제136조제1항에 따른 집행간부(이하 "집행간부"라 한다) 및 집행간부 외의 간부직원(이하 "일반간부직원"이라 한다)에 관한 사항(2016.5.29 본호개정)
9. 사업의 종류, 업무 집행에 관한 사항(2016.5.29 본호개정)
10. 경비 및 과태금의 부과·징수에 관한 사항
11. 제156조에 따른 수산금융채권의 발행에 관한 사항
12. 회계에 관한 사항
13. 공고의 방법에 관한 사항
제124조【해산】 중앙회의 해산에 관하여는 따로 법률로 정한다.

제2절 기 관
(2010.4.12 본절개정)

제125조【총회】 ① 중앙회에 총회를 둔다.
② 총회는 회장과 회원으로 구성하고, 회장이 소집한다.
③ 회장은 총회의 의장이 된다.
④ 정기총회는 회계연도 경과 후 3개월 이내에 회장이 매년 1회 소집하고, 임시총회는 회장이 필요하다고 인정할 때 수시로 소집한다.
제126조【총회의 의결 사항】 ① 다음 각 호의 사항은 총회의 의결을 거쳐야 한다.
1. 정관의 변경
2. 회원의 제명
3. 회장, 사업전담대표이사(중앙회의 사업을 각 사업 부문별로 전담하는 대표이사를 말한다. 이하 같다), 감사위원, 이사의 선출·해임(2016.5.29 본호개정)
4. 사업계획·수지예산 및 결산의 승인
5. 그 밖에 회장이나 이사회가 필요하다고 인정하는 사항
② 제1항제1호의 정관의 변경은 총회의 의결을 거쳐 해양수산부장관의 인가를 받아야 한다.(2022.12.27 후단삭제)
제127조【이사회】 ① 중앙회에 이사회를 두되, 회장이 그 의장이 된다.
② 이사회는 회장·사업전담대표이사를 포함한 이사로 구성하되, 이사회 구성원의 2분의 1 이상은 회원인 조합의 조합장(이하 이 장에서 "회원조합장"이라 한다)이어야 한다.
③ 이사회는 다음 각 호의 사항을 의결한다.(2016.5.29 단서삭제)
1. 중앙회의 경영목표 설정
2. 중앙회의 사업계획 및 자금계획의 종합 조정
3. 조직·경영 및 임원에 관한 규약의 제정·개정 및 폐지
4. 사업전담대표이사 및 상임이사의 직무와 관련한 업무의 종합 조정 및 소관 업무의 경영평가(2016.5.29 본호개정)
5. 사업전담대표이사 및 상임이사의 해임요구에 관한 사항(2016.5.29 본호개정)
6. 제127조의2에 따른 인사추천위원회(이하 "인사추천위원회"라 한다) 구성에 관한 사항(2016.5.29 본호개정)
7. 제127조의3에 따른 교육위원회 구성에 관한 사항
8. 제144조제1항제1호에 따른 조합감사위원회 위원 선출
9. (2016.5.29 삭제)
10. 업무용 부동산의 취득 및 처분
11. 총회로부터 위임된 사항
12. 그 밖에 회장 또는 이사 5분의 1 이상이 필요하다고 인정하는 사항
④ 회장은 이사 3명 이상 또는 제133조에 따른 감사위원회(이하 "감사위원회"라 한다)의 요구가 있을 때에는 지체 없이 이사회를 소집하여야 하고, 회장이 필요하다고 인정할 때에는 직접 이사회를 소집할 수 있다.(2016.5.29 본항개정)
⑤ 이사회는 구성원 과반수의 출석으로 개의하고 출석구성원 과반수의 찬성으로 의결한다.
⑥ 집행간부는 정관으로 정하는 바에 따라 이사회에 출석하여 의견을 진술할 수 있다.(2016.5.29 본항개정)
⑦ 이사회의 의사에 특별한 이해관계가 있는 이사회의 구성원은 그 이사회의 회의에 참여할 수 없다.
⑧ 이사회의 운영에 필요한 사항은 정관으로 정한다.
제127조의2【인사추천위원회】 ① 중앙회에 다음 각 호의 사람을 추천하기 위하여 인사추천위원회를 둔다.
1. 제133조제3항에 따라 선출되는 감사위원
2. 제134조제2항에 따라 선출되는 지도경제사업대표이사
2의2. 제134조제3항에 따라 선출되는 상임이사(2016.5.29 본호신설)
3. 제134조제4항에 따라 선출되는 비상임이사(2016.5.29 본호개정)
4. 제144조제1항제1호에 따라 선출되는 조합감사위원회 위원 2명
② 인사추천위원회는 다음 각 호의 위원으로 구성하고, 위원장은 위원 중에서 호선한다.
1. 이사회가 위촉하는 회원조합장 3명
2. 수산 관련 단체 및 학계 등이 추천하는 학식과 경험이 풍부한 외부전문가(공무원은 제외한다) 중에서 이사회가 위촉하는 2명
③ 수산 관련 단체 또는 법인은 학식과 경험이 풍부한 외부전문가 중에서 제1항제2호에 따른 이사 후보자를 인사추천위원회에 추천할 수 있다.
④ 그 밖에 인사추천위원회 구성과 운영에 필요한 사항은 정관으로 정한다.
(2010.4.12 본조신설)
제127조의3【교육위원회】 ① 제138조제1항제1호나목의 교육업무를 지원하기 위하여 이사회 소속으로 교육위원회를 둔다.
② 교육위원회는 위원장을 포함한 5명 이내의 위원으로 구성하되, 수산 관련 단체·학계의 대표를 포함하여야 한다.
③ 교육위원회는 교육지원업무를 처리하기 위하여 정관으로 정하는 바에 따라 교육위원회에 필요한 기구를 둘 수 있다.
④ 그 밖에 교육위원회의 구성·운영 등에 필요한 사항은 정관으로 정한다.
(2010.4.12 본조신설)
제127조의4【내부통제기준 등】 ① 중앙회는 법령과 정관을 준수하고 중앙회의 이용자를 보호하기 위하여 중앙회의 임직원이 그 직무를 수행할 때 따라야 할 기본적인 절차와 기준(이하 "내부통제기준"이라 한다)을 정하여야 한다.
② 중앙회는 내부통제기준의 준수 여부를 점검하고 위반 여부를 조사하여 감사위원회에 보고하는 사람(이하 "준법감시인"이라 한다)을 1명 이상 두어야 한다.
③ 준법감시인은 이사회의 의결을 거쳐 중앙회장이 임면한다.
④ 내부통제기준과 준법감시인의 자격요건 등에 필요한 사항은 대통령령으로 정한다.
(2015.2.3 본조신설)
제128조 (2016.5.29 삭제)

제3절 임원과 직원
(2010.4.12 본절개정)

제129조【임원】 ① 중앙회에 임원으로 회장 1명 및 사업전담대표이사 1명(지도경제사업대표이사)을 포함하여 22명 이내의 이사와 감사위원 3명을 둔다.
② 제1항의 임원 중 다음 각 호의 자는 상임으로 한다.
1. 사업전담대표이사
2. 제138조제1항제2호에 따른 경제사업을 담당하는 이사
3. 감사위원장
(2016.5.29 본조개정)
제130조【회장의 직무】 ① 회장은 중앙회를 대표한다. 다만, 제131조제2항에 따라 사업전담대표이사가 대표하는 업무에서는 그러하지 아니하다.(2016.5.29 단서개정)
② 회장은 다음 각 호의 업무를 전담하여 처리하되, 정관으로 정하는 바에 따라 제1호의 업무는 제143조에 따른 조합감사위원회의 위원장에게, 제2호 및 제3호의 업무는 제129조에 따른 사업전담대표이사에게 위임하여 전결처리하게 하여야 한다.
1. 제138조제1항제1호사목에 따른 회원에 대한 감사
2. 제138조제1항제1호다목에 따른 사업과 그 부대사업
3. 제142조에 따른 중앙회의 지도
4. 제138조제1항제1호자목에 따른 사업과 대외활동
5. 제138조제1항제6호·제10호 및 제12호의 사업과 그 부대사업
6. 제4호 및 제5호의 업무에 관한 사업계획 및 자금계획의 수립
7. 그 밖에 사업전담대표이사의 업무에 속하지 아니하는 업무와 총회 및 이사회에서 위임한 사항
③ 회장이 궐위·구금되거나 「의료법」에 따른 의료기관에서 30일 이상 계속하여 입원한 경우 등 부득이한 사유로 그 직무를 수행할 수 없을 때에는 이사회가 정하는 순서에 따라 사업전담대표이사 및 이사가 그 직무를 대행한다.(2016.5.29 본항개정)
제131조【사업전담대표이사의 직무】 ① 사업전담대표이사는 지도경제사업대표이사로 한다.(2016.5.29 본항개정)
② 지도경제사업대표이사는 다음 각 호의 업무를 전담하여 처리하며, 그 업무에 관하여 중앙회를 대표한다.
1. 제138조제1항제1호가목 및 나목, 라목부터 바목까지, 아목, 차목 및 같은 항 제2호·제4호·제5호 및 제11호의 사업(2016.5.29 본호개정)
2. 제138조제1항제15호의 사업 중 「신용협동조합법」 제95조제2항에 따른 사업과 부대사업(2016.5.29 본호개정)
3. 제138조제1항제7호부터 제9호까지, 제13호·제15호 및 제17호의 사업 중 같은 항 제1호 및 제2호에 관한 사업과 그 부대사업(2016.5.29 본호개정)
4. 제1호부터 제3호까지의 업무에 관한 경영목표의 설정, 조직 및 인사에 관한 사항
5. 제1호부터 제3호까지의 업무에 관한 사업계획 및 예산·결산, 자금 조달·운용계획의 수립
6. 제1호부터 제3호까지의 업무의 경영공시 및 부동산등기에 관한 사항
6의2. (2022.12.27 삭제)
7. 총회·이사회 및 회장이 위임한 사항
③ (2016.5.29 삭제)
④ 사업전담대표이사는 정관으로 정하는 바에 따라 실시한 경영 상태의 평가 결과를 이사회와 총회에 보고하여야 한다.(2016.5.29 본항개정)
⑤ 사업전담대표이사가 궐위·구금되거나 「의료법」에 따른 의료기관에서 30일 이상 계속하여 입원한 경우 등 부득이한 사유로 그 직무를 수행할 수 없을 때에는 정관으로 정하는 순서에 따라 이사가 그 직무를 대행한다.
(2016.5.29 본항개정)
제132조 (2016.5.29 삭제)
제133조【감사위원회】 ① 중앙회는 재산과 업무집행상황을 감사하기 위하여 감사위원회를 둔다.
② 감사위원회는 감사위원장을 포함한 3명의 감사위원으로 구성하되, 그 임기는 3년으로 하며 감사위원 중 2명은 대통령령으로 정하는 요건에 적합한 외부전문가 중에서 선출하여야 한다.
③ 감사위원은 인사추천위원회가 추천한 자를 대상으로 총회에서 선출한다.
④ 감사위원장은 감사위원 중에서 호선한다.
⑤ 감사위원회에 관하여는 제48조제2항부터 제5항까지 및 제49조를 준용한다. 이 경우 제48조제2항 중 "감사"는 "감사위원회"로, "총회 및 중앙회 회장"은 "총회"로, 같은 조 제3항 중 "감사"는 "감사위원회"로, "자체감사 또는 중앙회 등"은 "자체감사 또는"으로, 같은 조 제4항 중 "감사"는 "감사위원"으로, 같은 조 제5항 중 "감사"는 "감사위원회"로, 제49조제1항 중 "조합장을 포함한 이사"는 "회장을 포함한 이사"로, "감사"는 "감사위원회"로, 같은 조 제2항 중 "조합장을 포함한 이사"는 "회장을 포함한 이사"로 본다.(2016.5.29 후단개정)
⑥ 감사위원회의 운영 등에 필요한 사항은 정관으로 정한다.
제134조【임원의 선출 및 임기】 ① 회장은 총회에서 선출하되, 회원인 조합의 조합원이어야 한다.
② 사업전담대표이사는 총회에서 선출하되, 제131조제2항에 따른 전담사업에 관한 전문지식과 경험이 풍부한 사람으로서 경력 등 대통령령으로 정하는 요건을 충족하는 사람 중 인사추천위원회에서 추천한 사람으로 한다.
(2016.5.29 본항개정)
③ 상임이사는 총회에서 선출하되, 제2항의 요건에 준하는 자격을 갖춘 자 중에서 인사추천위원회에서 추천한 사람으로 한다.(2016.5.29 본항개정)
④ 비상임이사는 총회에서 선출하되, 5명은 회원조합장이 아닌 사람 중에서 인사추천위원회에서 추천한 사람을 선출하고, 나머지 인원은 회원조합장 중에서 선출한다.
1.~2. (2016.5.29 삭제)
(2016.5.29 본항개정)
⑤ 회장의 임기는 4년으로 하되, 회장은 연임할 수 없으며, 사업전담대표이사 및 이사의 임기는 2년으로 한다.
(2016.5.29 본항개정)
⑥ 회원조합장이 제129조제2항에 따른 상임인 임원으로 선출된 경우에는 취임 전에 회원조합장의 직을 사임하여야 한다.
⑦ 중앙회는 제1항에 따른 회장 선출에 대한 선거관리를 정관으로 정하는 바에 따라 「선거관리위원회법」에 따른 중앙선거관리위원회에 위탁하여야 한다.
⑧~⑨ (2014.6.11 삭제)
제135조【임원의 해임】 ① 회원은 회원 3분의 1 이상의 동의를 받아 총회에 임원의 해임을 요구할 수 있다. 이 경우 총회는 구성원 과반수의 출석과 출석구성원 3분의 2 이상의 찬성으로 해임을 의결한다.
② (2016.5.29 삭제)
③ 이사회는 사업전담대표이사 또는 상임이사의 경영 상태를 평가한 결과 경영 실적이 부실하여 그 직무를 담당하기 곤란하다고 인정되거나, 이 법이나 이 법에 따른 명령 또는 정관을 위반하는 행위를 한 경우에는 총회에 사업전담대표이사 또는 상임이사의 해임을 요구할 수 있다. 이 경우 총회의 해임 의결에 관하여는 제1항 후단에 따른 의결정족수를 준용한다.

④ 제1항 및 제3항에 따라 해임 의결을 할 때에는 해당 임원에게 해임 이유를 통지하여 총회에서 의견을 진술할 기회를 주어야 한다.
(2016.5.29 본조개정)

제136조【집행간부 및 직원의 임면 등】 ① 중앙회에 사업전담대표이사의 업무를 보좌하기 위하여 집행간부를 두되, 그 명칭, 임기 및 직무 등에 관한 사항은 정관으로 정한다.(2016.5.29 본항신설)
② 제1항에 따른 집행간부는 사업전담대표이사가 임면한다.(2016.5.29 본항신설)
③ 직원(집행간부는 제외한다)은 회장이 임면하되, 사업전담대표이사 소속 직원의 승진, 전보 등은 정관으로 정하는 바에 따라 사업전담대표이사가 수행한다.
④ 회장과 사업전담대표이사는 집행간부 또는 직원 중에서 중앙회의 업무에 관한 재판상 또는 재판 외의 모든 행위를 할 권한을 가지는 대리인을 선임할 수 있다.
⑤ 집행간부 및 일반간부직원에 대해서는 「상법」 제10조, 제11조제1항·제3항, 제12조, 제13조 및 제17조와 「상업등기법」 제23조제1항, 제50조 및 제51조를 준용한다.
(2016.5.29 본조개정)

제137조【다른 직업 종사의 제한】 상임인 임원, 집행간부 및 일반간부직원은 직무와 관련되는 영리를 목적으로 하는 사업에 종사할 수 없으며, 이사회가 승인하는 경우를 제외하고는 다른 직업에 종사할 수 없다.(2016.5.29 본조개정)

제4절 사 업
(2010.4.12 본절개정)

제138조【사업】 ① 중앙회는 그 목적을 달성하기 위하여 다음 각 호의 사업의 전부 또는 일부를 수행한다.
1. 교육·지원 사업
가. 회원의 조직·경영 및 사업에 관한 지도·조정
나. 회원의 조합원과 직원에 대한 교육·훈련 및 정보의 제공
다. 회원과 그 조합원의 사업에 관한 조사·연구 및 홍보
라. 회원과 그 조합원의 사업 및 생활 개선을 위한 정보망의 구축, 정보화 교육 및 보급 등을 위한 사업
마. 회원과 그 조합원에 대한 보조금의 지급
바. 수산업 관련 신기술의 개발 등을 위한 사업 및 시설의 운영
사. 회원에 대한 감사
아. 각종 사업을 위한 교육·훈련
자. 회원과 그 조합원의 권익 증진을 위한 사업
차. 제162조의2에 따른 명칭사용료의 관리 및 운영
(2016.5.29 본목신설)
2. 경제사업
가. 회원과 그 조합원을 위한 구매·보관·판매·제조 사업 및 그 공동사업과 업무 대행
나. 회원과 그 조합원을 위한 수산물의 처리·가공 및 제조 사업
다. 회원 및 출자회사(중앙회가 출자한 회사만을 말한다)의 경제사업의 조성·지도 및 조정
3. (2016.5.29 삭제)
4. 상호금융사업
가. 대통령령으로 정하는 바에 따라 회원으로부터 예치된 여유자금 및 상환준비금의 운용·관리
나. 회원의 신용사업 지도
다. 회원의 예금·적금의 수납·운용
라. 회원에 대한 자금 대출
마. 국가·공공단체 또는 금융기관(「은행법」에 따른 은행과 그 외에 금융업무를 취급하는 금융기관을 포함한다. 이하 같다)의 업무의 대리
바. 회원 및 조합원을 위한 내국환 및 외국환 업무
사. 회원에 대한 지급보증 및 회원에 대한 어음할인
아. 「자본시장과 금융투자업에 관한 법률」 제4조제3항에 따른 국채증권 및 지방채증권의 인수·매출
자. 「전자금융거래법」에서 정하는 직불전자지급수단의 발행·관리 및 대금의 결제
차. 「전자금융거래법」에서 정하는 선불전자지급수단의 발행·관리 및 대금의 결제
(2016.5.29 본호개정)
5. 공제사업
6. 의료지원사업
7. 「자본시장과 금융투자업에 관한 법률」에 따른 파생상품시장에서의 거래
8. 국가와 공공단체가 위탁하거나 보조하는 사업
9. 제1호, 제2호, 제4호부터 제8호까지의 사업에 관련된 대외무역(2016.5.29 본호개정)
10. 다른 경제단체·사회단체 및 문화단체와의 교류·협력
11. 어업통신사업
12. 어업협정 등과 관련된 국제 민간어업협력사업
13. 회원과 그 조합원을 위한 공동이용사업 및 운송사업
14. 「어선원 및 어선 재해보상보험법」 제2조제1항제2호에 따른 어선원 고용 및 복지와 관련된 사업(2016.5.29 본호신설)
15. 다른 법령에서 중앙회의 사업으로 정하는 사업
16. 제1호, 제2호, 제4호부터 제15호까지의 사업에 부대하는 사업(2016.5.29 본호개정)
17. 그 밖에 중앙회의 목적 달성에 필요한 사업으로서 해양수산부장관의 승인을 받은 사업(2013.3.23 본호개정)
② 중앙회는 제1항의 사업을 하기 위하여 국가, 공공단체 또는 금융기관으로부터 자금을 차입하거나 금융기관에 예치하는 방법 등으로 자금을 운용할 수 있다.(2016.5.29 본항개정)
③ 중앙회는 제1항의 사업을 하기 위하여 국제기구·외국 또는 외국인으로부터 자금을 차입하거나 물자와 기술을 도입할 수 있다.
④~⑤ (2016.5.29 삭제)
⑥ 제1항제2호·제4호 및 제5호의 사업에 대하여는 제131조제2항에 따른 지도경제사업대표이사 소관 업무의 회계 안에서 회계와 손익을 각각 구분하여 관리하여야 한다.(2016.5.29 본항개정)
⑦~⑨ (2016.5.29 삭제)

제139조【비회원의 사업 이용】 ① 중앙회는 회원의 이용에 지장이 없는 범위에서 회원이 아닌 자에게 제138조제1항에 따른 사업을 이용하게 할 수 있다. 다만, 제138조제1항제1호, 제10호부터 제12호까지, 제15호 및 제16호의 사업에 대하여는 대통령령으로 정하는 바에 따라 회원이 아닌 자의 이용을 제한할 수 있다.(2016.5.29 단서개정)
② 다음 각 호의 어느 하나에 해당하는 자 또는 단체가 중앙회의 사업을 이용하는 경우에는 회원이 이용한 것으로 본다.
1. 회원의 조합원 및 그와 동일한 세대에 속하는 사람
2. 준회원
3. 어촌계

제139조의2【수산물등 판매활성화】 ① 중앙회는 회원 또는 회원의 조합원으로부터 수집하거나 판매위탁을 받은 수산물 및 그 가공품(이하 이 조, 제139조의3 및 제139조의4에서 "수산물등"이라 한다)을 효율적으로 판매하기 위하여 매년 다음 각 호의 사항이 포함된 실행계획을 수립하고 그에 따라 사업을 추진하여야 한다.
1. 산지 및 소비지의 시설·장비 확보에 관한 사항
2. 판매조직의 확보에 관한 사항
3. 그 밖에 수산물등의 판매활성화 사업에 필요한 사항
② 중앙회는 회원의 조합원이 생산한 수산물의 가격 안정 및 회원의 조합원의 소득 안정을 위하여 수산물등의 비축 등 수급 조절에 필요한 조치를 회원과 공동으로 추진할 수 있다.
(2016.5.29 본조신설)

제139조의3【수산물등 판매활성화 사업 평가】 ① 회장은 제139조의2에 따라 중앙회가 수행하는 수산물등의 판매활성화 사업을 매년 1회 이상 평가·점검하여야 한다.
② 회장은 다음 각 호의 사항에 대한 자문을 위하여 수산업협동조합 경제사업 평가협의회(이하 이 조에서 "평가협의회"라 한다)를 둔다.
1. 중앙회가 수행하는 수산물등의 판매활성화 사업 점검 및 평가에 관한 사항
2. 그 밖에 회장이 필요하다고 인정하는 사항
③ 회장은 평가협의회의 자문 내용을 고려하여 중앙회, 회원, 중앙회 또는 회원이 출자하거나 출연한 법인 등에 자료제출 등 필요한 조치를 요청할 수 있다.
④ 평가협의회는 다음 각 호의 사람을 포함하여 9명의 위원으로 구성한다.
1. 회장이 위촉하는 수산 관련 단체 대표 1명
2. 회장이 위촉하는 수산물등 유통 및 어업 관련 전문가 2명
3. 회장이 소속 임직원 및 조합장 중에서 위촉하는 사람 3명
4. 해양수산부장관이 소속 공무원 중에서 지정하는 사람 1명
5. 수산업 관련 국가기관, 연구기관, 교육기관 또는 기업에서 종사한 경력이 있는 사람으로서 회장이 위촉하는 사람 1명
6. 그 밖에 회장이 필요하다고 인정하여 위촉하는 사람 1명
⑤ 수산물등 판매활성화 사업의 평가·점검 및 평가협의회의 구성·운영 등에 관한 세부사항은 회장이 정한다.
⑥ 이사회는 제1항에 따른 평가 및 점검 결과를 제127조제3항제4호에 따른 경영평가에 반영하여야 한다.
(2016.5.29 본조신설)

제139조의4【유통지원자금의 조성·운용】 ① 중앙회는 회원의 조합원이 생산한 수산물등의 원활한 유통을 지원하기 위하여 유통지원자금을 조성·운용할 수 있다.
② 제1항에 따른 유통지원자금은 다음 각 호의 사업에 운용한다.
1. 수산물등의 유통·가공 사업
2. 수산물등의 출하조절사업
3. 수산물등의 공동규격 출하촉진사업
4. 매취사업
5. 그 밖에 중앙회가 필요하다고 인정하는 유통 관련 사업
③ 제1항에 따른 유통지원자금은 제162조의2에 따른 명칭사용료 및 제165조제1항에 따른 임의적립금 등으로 조성한다.
④ 국가는 예산의 범위에서 제1항에 따른 유통지원자금의 조성을 지원할 수 있다.
⑤ 제1항에 따른 유통지원자금의 조성 및 운용에 관한 세부사항은 정관으로 정한다.
(2016.5.29 본조신설)

제140조 (2016.5.29 삭제)

제141조【여신자금의 관리 등】 ① 중앙회는 공급하는 자금이 특별히 정하여진 목적과 계획에 따라 효율적으로 사용되도록 관리하기 위하여 자금을 공급받는 자 등에 대하여 필요한 감사 또는 그 밖의 조치를 할 수 있다.
② 다음 각 호의 자금은 압류의 대상이 될 수 없다.
1. 중앙회가 국가로부터 차입한 자금 중 회원 또는 어업인에 대한 여신자금
2. 조합이 중앙회로부터 차입한 자금
(2016.5.29 1호~2호개정)
③ (2022.12.27 삭제)
④ 조합, 중앙회 또는 수협은행으로부터 자금을 차입하는 자가 담보로 제공한 20톤 미만의 어선에 대한 채권 보전을 위하여 필요한 절차에 관한 사항은 대통령령으로 정한다.(2016.5.29 본항개정)
⑤ (2016.5.29 삭제)

제141조의2【국가 보조 또는 융자 사업에 대한 공시정보대상 등】 ① 중앙회는 국가로부터 자금(국가가 관리하는 자금을 포함한다)이나 사업비의 전부 또는 일부를 보조 또는 융자받아 시행한 직전 연도 사업에 관련된 자금 사용내용 등 대통령령으로 정하는 정보를 매년 4월 30일까지 공시하여야 한다.
② 중앙회는 제1항에 따른 정보를 공시하기 위하여 필요한 경우에는 정부로부터 보조 또는 융자받은 금액을 배분받거나 위탁받은 정부 사업을 수행하는 조합에 대하여 자료 제출을 요청할 수 있다. 이 경우 요청을 받은 조합은 특별한 사유가 없으면 이에 협조하여야 한다.
③ 제1항에 따른 정보 공시의 절차, 방법 및 그 밖에 필요한 사항은 해양수산부령으로 정한다.
(2013.8.13 본조신설)

제141조의3【다른 법인에 대한 출자의 제한 등】 ① 중앙회는 제138조제1항에 따른 사업을 하기 위하여 제164조에 따른 자기자본의 범위에서 다른 법인에 출자할 수 있다. 다만, 같은 법인에 대한 출자한도는 자기자본의 100분의 20 이내에서 정관으로 정한다.(2022.12.27 본문개정)
② 중앙회는 다른 법인이 발행한 의결권 있는 주식(출자지분을 포함한다. 이하 이 조에서 같다)의 100분의 15를 초과하는 주식을 취득할 수 없다. 다만, 다음 각 호의 어느 하나에 해당하는 경우에는 그러하지 아니하다.
1. 제138조제1항에 따른 사업 수행을 위하여 필요한 경우
2. 주식배당이나 무상증자에 따라 주식을 취득하게 되는 경우
3. 기업의 구조조정 등으로 인하여 대출금을 출자로 전환함에 따라 주식을 취득하게 되는 경우
4. 담보권의 실행으로 인하여 주식을 취득하게 되는 경우
5. 기존 소유지분의 범위에서 유상증자에 참여함에 따라 주식을 취득하게 되는 경우
6. 신주인수권부사채 등 주식 관련 채권을 주식으로 전환함에 따라 주식을 취득하게 되는 경우
7. 수협은행의 주식을 취득하는 경우
③ 중앙회가 제2항제7호에 따라 수협은행의 주식을 취득하기 위하여 출자하는 경우 그 출자금은 제1항에 따른 다른 법인에 대한 출자에 포함되지 아니하는 것으로 본다.
④ 제1항에도 불구하고 중앙회가 제2항제7호에 따라 수협은행의 주식을 취득하기 위하여 출자하는 경우에는 자기자본을 초과하여 출자할 수 있다. 이 경우 사업전담대표이사는 3개월 이내에 출자의 목적 및 금액 등을 총회에 보고하여야 한다.
⑤ 중앙회는 제138조제1항제2호에 따른 사업을 수행하기 위하여 다른 법인에 출자하는 경우 회원과 공동으로 출자하여 운영함을 원칙으로 한다.
(2016.5.29 본조신설)

제4절의2 수협은행
(2016.5.29 본절신설)

제141조의4【설립】 ① 중앙회는 어업인과 조합에 필요한 금융을 제공함으로써 어업인과 조합의 자율적인 경제활동을 지원하고 그 경제적 지위의 향상을 촉진하기 위하여 신용사업을 분리하여 그 사업을 하는 법인으로서 수협은행을 설립한다. 이 경우 그 사업의 분리는 「상법」 제530조의12에 따른 회사의 분할로 보며, 사업의 분리절차는 같은 법 제530조의3제1항·제2항 및 제4항, 제530조의4부터 제530조의7까지, 제530조의9부터 제530조의11까지의 규정을 준용하되, 같은 법 제530조의3제2항에 따라 준용되는 같은 법 제434조 중 "출석한 주주의 의결권의 3분의 2이상의 수와 발행주식총수의 3분의 1이상의 수로써"는 "회원 과반수의 출석과 출석한 회원 3분의 2 이상의 찬성으로써"로 본다.
② 제1항에 따라 설립되는 수협은행은 「은행법」 제2조제1항제2호에 따른 은행으로 본다.
③ 수협은행에 대해서는 이 법에 특별한 규정이 없으면 「상법」 중 주식회사에 관한 규정, 「은행법」 및 「금융회사의 지배구조에 관한 법률」을 적용한다. 다만, 「은행법」 제8조, 제53조제2항제1호·제2호, 제56조, 제66조제2항, 「금융회사의 지배구조에 관한 법률」 제6조, 제12조, 제16

조 및 제17조는 적용하지 아니하며, 금융위원회가 「은행법」 제53조제2항제3호부터 제6호까지의 규정에 따라 제재를 하거나 같은 법 제55조제1항에 따라 인가를 하려는 경우에는 해양수산부장관과 미리 협의하여야 한다.
④ 중앙회가 수협은행의 주식을 보유하는 경우에는 「은행법」 제15조, 제16조, 제16조의2부터 제16조의4까지의 규정을 적용하지 아니한다.
제141조의5【정관】 ① 수협은행의 정관에는 다음 각 호의 사항이 포함되어야 한다.
1. 목적
2. 명칭
3. 본점, 지점, 출장소와 대리점에 관한 사항
4. 자본금 및 주식에 관한 사항
5. 임원과 직원에 관한 사항
6. 주주총회에 관한 사항
7. 이사회에 관한 사항
8. 업무와 그 집행에 관한 사항
9. 제156조제1항에 따라 발행하는 수산금융채권에 관한 사항
10. 회계에 관한 사항
11. 공고의 방법
② 수협은행의 정관을 작성하거나 변경할 때에는 해양수산부장관의 인가를 받아야 한다. 이 경우 해양수산부장관은 미리 금융위원회와 협의하여야 한다.
제141조의6【등기】 ① 수협은행은 대통령령으로 정하는 바에 따라 등기하여야 한다.
② 수협은행은 본점의 소재지에서 설립등기를 함으로써 설립된다.
③ 제1항에 따라 등기하여야 할 사항은 등기한 후가 아니면 제3자에게 대항하지 못한다.
제141조의7【임원】 ① 수협은행에 임원으로 은행장, 이사 및 감사를 둔다.
② 은행장은 주주총회에서 선출하되, 정관으로 정하는 추천위원회에서 추천한 사람으로 한다.
③ 이사 및 감사는 정관으로 정하는 바에 따라 주주총회에서 선출한다. 다만, 「예금자보호법」 제3조에 따라 설립된 예금보험공사(이하 "예금보험공사"라 한다)가 제167조제1항에 따른 신용사업특별회계에 출자한 우선출자금이 있는 경우에는 우선출자금이 전액 상환될 때까지 예금보험공사가 추천하는 사람 1명 이상을 이사에 포함하여 선임하여야 한다.(2022.12.27 단서개정)
④ 임원의 임기는 3년 이내의 범위에서 정관으로 정한다.
제141조의8【이사회】 ① 이사회는 은행장과 이사로 구성하고, 수협은행의 업무에 관한 중요 사항을 의결한다.
② 은행장은 이사회를 소집하고 그 의장이 된다.
③ 이사회는 구성원 과반수의 출석으로 개의하고 출석구성원 과반수의 찬성으로 의결한다.
④ 감사는 이사회에 출석하여 의견을 진술할 수 있다.
제141조의9【업무 등】 ① 수협은행은 제141조의4제1항 전단에 따른 목적을 달성하기 위하여 다음 각 호의 업무를 수행한다.
1. 수산자금 등 어업인 및 조합에서 필요한 자금의 대출
2. 조합 및 중앙회의 사업자금의 대출
3. 국가나 공공단체의 업무 대리
4. 국가, 공공단체, 중앙회 및 조합이 위탁하거나 보조하는 업무
5. 「은행법」 제27조에 따른 은행업무, 같은 법 제27조의2에 따른 부수업무 및 같은 법 제28조에 따른 겸영업무
6. 중앙회가 위탁하는 제138조제1항제5호의 업무에 따른 공제상품의 판매 및 그 부수업무
7. 중앙회 및 조합 전산시스템의 위탁운영 및 관리
② 수협은행이 제1항제6호에 따른 업무를 수행하는 경우에는 「보험업법」 제4장 모집에 관한 규정을 적용하지 아니한다.
③ 제1항제4호·제6호 및 제7호에 따른 업무의 수행에 필요한 세부사항은 대통령령으로 정한다.
④ 수협은행은 조합 및 중앙회의 사업 수행에 필요한 자금이 다음 각 호의 어느 하나에 해당하는 경우에는 우선적으로 자금을 공급할 수 있다.
1. 수산물의 생산·유통·가공·판매를 위하여 어업인이 필요하다고 하는 자금(2020.3.24 본호개정)
2. 조합 및 중앙회의 경제사업 활성화에 필요한 자금
⑤ 수협은행은 제4항에 따라 자금을 지원하는 경우에는 해양수산부령으로 정하는 바에 따라 우대조치를 할 수 있다.(2022.12.27 본항개정)
⑥ 수협은행은 제1항 각 호의 업무를 수행하기 위하여 필요한 경우에는 국가·공공단체 또는 금융기관으로부터 자금을 차입하거나 금융기관에 예치하는 등의 방법으로 자금을 운용할 수 있다.
⑦ 수협은행이 수산업에 관한 자금을 국가로부터 차입하여 생긴 채무는 수협은행이 업무상 부담하는 다른 채무보다 변제 순위에서 후순위로 한다.
<2021.12.31까지 유효>
⑧ 수협은행에 대하여 금융위원회가 「은행법」 제34조제2항에 따른 경영지도기준을 정할 때에는 국제결제은행이 권고하는 금융기관의 건전성 감독에 관한 원칙과 제1항제1호 및 제4항의 사업수행에 따른 수협은행의 특수성을 고려하여야 한다.

제5절 중앙회의 지도·감사
(2010.4.12 본절개정)

제142조【중앙회의 지도】 ① 회장은 이 법에서 정하는 바에 따라 회원을 지도하며 이에 필요한 규약·규정 또는 예규 등을 정할 수 있다.
② 회장은 회원의 경영 상태를 평가하고 그 결과에 따라 회원에게 경영 개선을 요구하거나 합병을 권고하는 등 필요한 조치를 할 수 있다. 이 경우 회원조합장은 그 조치 결과를 조합의 이사회·총회 및 회장에게 보고하여야 한다.
③ 회장은 회원의 건전한 업무 운영과 회원의 조합원 또는 제3자의 보호를 위하여 필요하다고 인정할 때에는 해당 업무에 관하여 해양수산부장관에게 다음 각 호의 처분을 하여 줄 것을 요청할 수 있다.(2013.3.23 본문개정)
1. 정관 또는 규약의 변경
2. 업무의 전부 또는 일부의 정지
3. 재산의 공탁·처분의 금지
4. 그 밖에 필요한 처분
제142조의2【중앙회의 자회사에 대한 감독】 ① 중앙회는 중앙회의 자회사가 그 업무수행 시 중앙회의 회원 및 회원의 조합원의 이익에 기여할 수 있도록 정관으로 정하는 바에 따라 지도·감독하여야 한다.
② 중앙회는 제1항에 따른 지도·감독 결과에 따라 해당 자회사에 대하여 경영개선 등 필요한 조치를 요구할 수 있다.
(2016.5.29 본조신설)
제143조【조합감사위원회】 ① 회원의 건전한 발전을 도모하기 위하여 회장 소속으로 회원의 업무를 지도·감사할 수 있는 조합감사위원회(이하 이 절에서 "위원회"라 한다)를 둔다.
② 위원회는 위원장을 포함하여 5명의 위원으로 구성하되, 위원장은 상임으로 한다.
③ 위원회의 감사 사무를 처리하기 위하여 정관으로 정하는 바에 따라 위원회에 필요한 기구를 둔다.
제144조【위원회의 구성】 ① 위원회는 다음 각 호의 위원으로 구성하며, 위원장은 위원 중에서 호선으로 선출하고 회장이 임명한다. 다만, 회원의 조합장과 조합원은 위원이 될 수 없다.
1. 제127조의2에 따른 인사추천위원회가 추천하여 이사회에서 선출하는 사람 2명
2. 기획재정부장관이 위촉하는 사람 1명
3. 해양수산부장관이 위촉하는 사람 1명(2013.3.23 본호개정)
4. 금융위원회 위원장이 위촉하는 사람 1명
② 제1항에 따른 위원장과 위원은 감사 또는 회계 업무에 관한 전문지식과 경험이 풍부한 사람으로서 대통령령으로 정하는 요건을 충족하여야 한다.
③ 위원장과 위원의 임기는 3년으로 한다.
제145조【의결 사항】 위원회는 다음 각 호의 사항을 의결한다.
1. 회원에 대한 감사 방향 및 감사계획
2. 감사 결과에 따른 회원의 임직원에 대한 징계 및 문책의 요구 등
3. 감사 결과에 따른 회원의 임직원에 대한 변상책임의 판정
4. 회원에 대한 시정 및 개선 요구 등
5. 감사 관계 규정의 제정·개정 및 폐지
6. 회장이 요청하는 사항
7. 그 밖에 위원장이 필요하다고 인정하는 사항
제146조【회원에 대한 감사 등】 ① 위원회는 회원의 재산 및 업무 집행 상황에 대하여 2년마다 1회 이상 회원을 감사하여야 한다.
② 위원회는 회원의 건전한 발전을 도모하기 위하여 필요하다고 인정하면 회원의 부담으로 「주식회사 등의 외부감사에 관한 법률」 제2조제7호 및 제9조에 따른 감사인에게 회계감사를 요청할 수 있다.(2017.10.31 본항개정)
③ 회장은 제1항과 제2항에 따른 감사 결과를 해당 회원의 조합장과 감사에게 알려야 하며 감사 결과에 따라 해당 회원에게 시정 또는 업무의 정지, 관련 임직원에 대한 다음 각 호의 조치를 할 것을 요구할 수 있다.
1. 임원에 대하여는 개선(改選), 직무의 정지, 견책 또는 변상
2. 직원에 대하여는 징계면직, 정직, 감봉, 견책 또는 변상
④ 회원은 제3항에 따라 소속 임직원에 대한 조치 요구를 받으면 2개월 이내에 필요한 조치를 하고 그 결과를 회장에게 알려야 한다.
⑤ 회장은 회원이 제4항에 따른 기간에 필요한 조치를 하지 아니하면 1개월 이내에 제3항의 조치를 할 것을 다시 요구하고, 그 기간에도 이행하지 아니하면 필요한 조치를 하여 줄 것을 해양수산부장관에게 요청할 수 있다.
(2013.3.23 본항개정)

제6절 우선출자
(2010.4.12 본절개정)

제147조【우선출자】 ① 중앙회는 자기자본의 확충을 통한 경영의 건전성을 도모하기 위하여 정관으로 정하는 바에 따라 회원 또는 임직원 등을 대상으로 잉여금 배당에 관하여 내용이 다른 종류의 우선적 지위를 가지는 우선출자를 하게 할 수 있다.(2022.12.27 본항개정)
② 제1항에 따른 우선출자에 대해서는 정관으로 우선출자의 내용과 계좌 수를 정하여야 한다.(2020.3.24 본항개정)
③ 제1항에 따른 우선출자 1계좌의 금액은 제120조제2항에 따른 출자 1계좌의 금액과 같아야 하며, 우선출자의 총액은 자기자본의 2분의 1을 초과할 수 없다. 다만, 국가와 공공단체의 우선출자금에 대하여는 총 출자계좌 수의 제한을 받지 아니한다.(2022.12.27 본문개정)
④ 제1항에 따라 잉여금 배당에 우선적 지위를 가지는 우선출자를 한 자(이하 "우선출자자"라 한다)는 의결권과 선거권을 가지지 아니한다.
⑤ 우선출자자의 배당률은 정관으로 정하는 최저 배당률과 최고 배당률 사이에서 정기총회에서 정한다.
⑥ (2022.12.27 삭제)
제148조【우선출자증권의 발행】 중앙회는 우선출자의 납입기일 후 지체 없이 우선출자증권을 발행하여야 한다.
제149조【우선출자자의 책임】 우선출자자의 책임은 그가 가진 우선출자의 인수가액(引受價額)을 한도로 한다.
제150조【우선출자의 양도】 ① 우선출자는 이를 양도할 수 있다. 다만, 우선출자증권 발행 전의 양도는 중앙회에 대하여 효력이 없다.
② 우선출자자는 우선출자를 양도할 때에는 우선출자증권을 내주어야 한다.
③ 우선출자증권의 점유자는 그 증권의 적법한 소지인으로 추정한다.
④ 우선출자증권의 명의변경은 그 증권 취득자의 성명과 주소를 우선출자자 명부에 등록하고 그 성명을 증권에 기재하지 아니하면 중앙회나 그 밖의 제3자에게 대항하지 못한다.
⑤ 우선출자증권을 질권의 목적으로 하는 경우에는 질권자의 성명 및 주소를 우선출자자 명부에 등록하지 아니하면 중앙회나 그 밖의 제3자에게 대항하지 못한다.
제151조【우선출자자총회】 ① 중앙회에 우선출자자로 구성하는 우선출자자총회를 둔다.(2022.12.27 본항개정)
② 중앙회는 정관의 변경으로 우선출자자에게 손해를 입히게 될 사항에 관하여는 제1항에 따른 우선출자자총회의 의결을 거쳐야 한다. 이 경우 우선출자자총회는 발행한 우선출자자 총 출자계좌 수의 과반수의 출석과 출석한 우선출자자 출자계좌 수의 3분의 2 이상의 찬성으로 의결한다.(2022.12.27 전단개정)
③ 제1항에 따른 우선출자자총회의 운영 등에 필요한 사항은 정관으로 정한다.
제152조【우선출자에 관한 그 밖의 사항】 이 법에서 규정하는 사항 외에 우선출자의 발행·모집 등에 필요한 사항은 대통령령으로 정한다.

제7절 국가 등의 출자

제153조【국가 등의 출자 지원 등】 ① 국가나 공공단체는 수협은행이 다음 각 호의 어느 하나에 해당하는 경우에는 중앙회에 대한 출연 또는 출자와 수협은행에 대한 출자 또는 대통령령으로 정하는 유가증권의 매입을 할 수 있다.
1. 수협은행이 계속된 예금 인출 등으로 인한 재무구조의 악화로 영업을 지속하기가 어렵다고 인정되는 경우
2. 예금자 보호 및 신용질서의 안정을 위하여 수협은행의 재무구조 개선이 필요하다고 인정되는 경우
② 예금보험공사가 제1항에 따라 중앙회에 출자하거나 유가증권을 매입한 경우에는 「예금자보호법」 제38조에 따라 자금 지원을 한 것으로 본다.
(2016.5.29 본조개정)
제154조~제155조 (2016.5.29 삭제)

제8절 수산금융채권
(2010.4.12 본절개정)

제156조【수산금융채권의 발행】 ① 중앙회 또는 수협은행은 필요한 자금을 조달하기 위한 채권(이하 이 절에서 "수산금융채권"이라 한다)을 발행할 수 있다.
② 중앙회 및 수협은행은 자기자본(중앙회는 제164조에 따른 자기자본을 말하고, 수협은행은 「은행법」 제2조제1항제5호에 따른 자기자본을 말한다)의 5배를 초과하여 수산금융채권을 발행할 수 없다. 다만, 중앙회가 제138조제1항제1호 또는 제2호에 따른 사업을 수행하기 위하여 필요한 경우에는 그러하지 아니하다.
③ 제2항 본문에도 불구하고 중앙회 또는 수협은행은 수산금융채권의 차환(借換)을 위하여 그 발행 한도를 초과하여 수산금융채권을 발행할 수 있다. 이 경우 발행 후 1개월 이내에 상환 시기가 도래하거나 이에 상당하는 이유가 있는 수산금융채권에 대하여 그 발행 액면금액에 해당하는 수산금융채권을 상환하여야 한다.
④ 중앙회 또는 수협은행은 수산금융채권을 할인하는 방법으로 발행할 수 있다.
⑤ 중앙회 또는 수협은행은 수산금융채권을 발행할 때마다 그 금액, 조건, 발행 및 상환의 방법을 정하여야 한다.
(2016.5.29 본조개정)
제157조【채권의 명의변경 요건】 기명식(記名式) 수산금융채권의 명의변경은 그 채권 취득자의 성명과 주소를

그 채권 원부(原簿)에 적고 그 성명을 증권에 적지 아니하면 중앙회, 수협은행 또는 그 밖의 제3자에게 대항하지 못한다.(2016.5.29 본조개정)
제158조【채권의 질권설정】 기명식 수산금융채권을 질권의 목적으로 할 때에는 질권자의 성명과 주소를 그 채권 원부에 등록하지 아니하면 중앙회, 수협은행 또는 그 밖의 제3자에게 대항하지 못한다.(2016.5.29 본조개정)
제159조【상환에 대한 국가 보증】 수산금융채권은 그 원리금 상환을 국가가 전액 보증할 수 있다.
제160조【소멸시효】 수산금융채권의 소멸시효는 원금은 5년, 이자는 2년으로 한다.
제161조【수산금융채권에 관한 그 밖의 사항】 이 법에서 규정하는 사항 외에 수산금융채권의 발행·모집 등에 필요한 사항은 대통령령으로 정한다.

제9절 회 계
(2010.4.12 본절개정)

제162조【사업계획과 수지예산】 ① 중앙회는 매 회계연도의 사업계획서와 수지예산서를 작성하여 해당 회계연도가 시작되기 1개월 전에 총회의 의결을 거쳐야 한다.
② 중앙회가 제1항에 따른 사업계획과 수지예산을 변경하려면 총회의 의결을 거쳐야 한다.
제162조의2【명칭사용료】 ① 중앙회는 수산물 판매·유통 활성화와 회원과 조합원에 대한 교육·지원 사업 등의 수행에 필요한 재원을 안정적으로 조달하기 위하여 수산업협동조합의 명칭(영문 명칭 및 한글·영문 약칭 등 정관으로 정하는 문자 또는 표식을 포함한다)을 사용하는 법인(영리법인에 한정한다)에 대하여 영업수익 또는 매출액의 1천분의 25 범위에서 정관으로 정하는 기준에 따라 총회에서 정하는 부과율을 곱하여 산정하는 금액을 명칭사용료로 부과할 수 있다. 다만, 조합만이 출자한 법인 및 정관으로 정하는 법인에 대해서는 명칭사용료를 부과하지 아니한다.
② 제1항에 따른 명칭사용료는 다른 수입과 구분하여 관리하여야 하며, 그 수입과 지출은 총회의 승인을 받아야 한다.
(2016.5.29 본조신설)
제163조【결산 등】 ① 중앙회의 결산보고서에는 「주식회사 등의 외부감사에 관한 법률」에 따른 회계법인의 회계감사를 받은 의견서를 첨부하여야 한다.(2017.10.31 본항개정)
② 중앙회는 매 회계연도가 지난 후 3개월 이내에 그 결산보고서를 해양수산부장관에게 제출하여야 한다.
(2020.3.24 본항개정)
제164조【자기자본】 ① (2022.12.27 삭제)
② 중앙회의 자기자본은 다음 각 호의 금액을 합친 금액(이월결손금이 있으면 그 금액을 공제한다)으로 한다.
(2022.12.27 본문개정)
1. 우선출자금(누적되지 아니하는 것만 해당한다)
2. 납입출자금
3. 회전출자금
4. 가입금
5. 각종 적립금
6. 미처분 이익잉여금
7. 자본조정(2016.5.29 본호신설)
8. 기타포괄손익누계액(2016.5.29 본호신설)
제165조【그 밖의 적립금 등】 ① 중앙회는 제168조에 따라 준용하는 제70조제1항·제3항과 이 조 제2항에도 불구하고 법정적립금·임의적립금 및 지도사업이월금을 정관으로 정하는 바에 따라 각 사업 부문별로 적립하고 이월할 수 있다.
② 중앙회는 정관으로 정하는 바에 따라 교육·지원 사업 등 지도사업에 드는 비용에 충당하기 위하여 잉여금의 100분의 20 이상을 지도사업이월금으로 다음 회계연도로 이월하여야 한다.(2016.5.29 단서삭제)
③ (2016.5.29 삭제)
제166조【손실의 보전과 잉여금의 배당】 ① 중앙회의 손실 보전은 정관으로 정하는 바에 따라 각 사업 부문별로 제168조에 따라 준용하는 제71조제1항에 따라 실시한다.
② 중앙회는 제1항에 따라 손실을 보전하고 제165조제1항에 따른 법정적립금·임의적립금 및 지도사업이월금을 적립한 후가 아니면 잉여금을 배당하지 못한다.
③ (2016.5.29 삭제)
(2022.12.27 본조개정)
제167조【신용사업특별회계】 ① 중앙회에 제153조제1항에 따른 국가 등의 출자금 등을 관리하기 위하여 신용사업특별회계를 설치한다.
② 예금보험공사가 제153조제2항에 따라 중앙회에 지원한 자금은 신용사업특별회계에 지원된 것으로 본다.
(2022.12.27 후단삭제)
③~⑧ (2022.12.27 삭제)
(2016.5.29 본조신설)

제10절 준용규정

제168조【준용규정】 중앙회에 관하여는 제16조, 제17조제17호·제18호, 제18조, 제19조, 제21조제2항·제3항, 제22조제3항부터 제5항까지, 제22조의3, 제23조, 제24조, 제25조제2항, 제26조부터 제29조까지(제28조 중 대리인은 회원의 이사로 한정한다), 제31조제1항, 제32조부터 제35조까지, 제38조부터 제42조까지, 제46조제6항·제7항, 제50조제2항, 제51조(같은 조 제1항 각 호 외의 부분 단서, 같은 항 제11호 및 제13호는 제외한다), 제53조, 제53조의2(제6항을 제외한다), 제55조, 제56조, 제58조, 제60조제4항부터 제6항까지 및 제9항, 제60조의2, 제63조부터 제65조까지, 제66조제1항부터 제4항까지, 제70조제1항·제3항·제4항, 제71조부터 제76조까지(제71조제3항제1호는 제외한다), 제92조제1항부터 제4항까지, 제93조부터 제96조까지 및 제101조부터 제103조까지를 준용한다. 이 경우 "지구별수협"은 "중앙회"로, "조합원"은 "회원"으로, "조합장"은 "회장"으로, 제16조제1항 중 "조합원 자격을 가진 자 20인 이상이"는 "7개 조합 이상이"로, 제40조 단서 중 "제37조제1항제1호부터 제3호까지 및 제11호"는 "제126조제1항제1호 및 제2호"로, 제46조제6항 중 "이사"는 "이사·사업전담대표이사"로, "감사"는 "감사위원"으로, 제53조제1항제1호 중 "이미 조합에 가입한 사람 또는 조합에 가입 신청을 한 사람"은 "조합장인 사람 또는 조합장의 직무를 대행하는 사람"으로, 제60조제4항 중 "제1항제8호"는 "제138조제1항제8호"로, 제60조제5항 중 "제1항제7호 및 제8호"는 "제138조제1항제8호 및 제11호"로, 제60조제9항 중 "사업손실보전자금 및 대손보전자금"은 "사업손실보전자금·대손보전자금 및 조합합병지원자금"으로, 제60조의2제1항 중 "제60조제1항제4호"는 "제138조제1항제5호"로, 제63조제1항 중 "제60조제1항제2호나목"은 "제138조제1항제2호가목"으로, 제66조제2항 중 "신용사업 부문 회계와 신용사업 외의 사업 부문 회계"는 "각 사업별 회계"로, 제73조제1항 및 제3항 중 "조합장"은 "회장 및 사업전담대표이사"로, 제102조 중 "지구별 수산업협동조합등기부"는 "수산업협동조합중앙회등기부"로 본다.(2016.5.29 본조개정)

제7장 감 독
(2010.4.12 본장개정)

제169조【감독】 ① 해양수산부장관은 이 법에서 정하는 바에 따라 조합등·중앙회·수협은행 및 조합협의회의 업무를 감독하며, 대통령령으로 정하는 바에 따라 감독을 위하여 필요한 명령과 조치를 할 수 있다. 이 경우 수협은행에 대하여는 금융위원회와 협의하여야 한다.(2020.3.24 전단개정)
② 해양수산부장관은 제1항에 따른 직무를 수행하기 위하여 필요하다고 인정할 때에는 금융위원회에 조합, 중앙회 또는 수협은행에 대한 검사를 요청할 수 있다.(2016.5.29 본항개정)
③ 해양수산부장관은 이 법에 따른 조합등에 관한 감독 업무의 일부를 대통령령으로 정하는 바에 따라 중앙회의 회장에게 위탁할 수 있다.(2016.5.29 본항개정)
④ 지방자치단체의 장은 제1항에도 불구하고 대통령령으로 정하는 바에 따라 지방자치단체가 보조한 사업과 관련된 업무에 대하여 조합등을 감독하여 필요한 조치를 할 수 있다.(2020.2.18 본항개정)
⑤ 금융위원회는 제1항에도 불구하고 대통령령으로 정하는 바에 따라 조합의 신용사업과 수협은행에 대하여 그 경영의 건전성 확보를 위한 감독을 하고, 그에 필요한 명령을 할 수 있다.(2016.5.29 본항개정)
⑥ 해양수산부장관 또는 금융위원회는 조합, 중앙회 또는 수협은행에 대하여 필요하다고 인정할 때에는 조합, 중앙회 또는 수협은행으로부터 그 업무 또는 재산 상황에 관한 보고를 받을 수 있다.(2016.5.29 본항개정)
⑦ 조합 중 직전 회계연도 말 자산총액이 대통령령으로 정하는 기준액 이상인 조합은 제146조제1항에 따른 감사를 받지 아니한 회계연도에는 「주식회사 등의 외부감사에 관한 법률」 제2조제7호 및 제9조에 따른 감사인의 감사를 받아야 한다. 다만, 최근 5년 이내에 회계부정, 횡령, 배임 등 해양수산부령으로 정하는 중요한 사항이 발생한 조합과 「수산업협동조합의 부실예방 및 구조개선에 관한 법률」 제2조제3호 및 제4호에 따른 부실조합 및 부실우려조합은 「주식회사 등의 외부감사에 관한 법률」 제2조제7호 및 제9조에 따른 감사인의 감사를 매년 받아야 한다.
(2020.3.24 본항개정)
⑧ 해양수산부장관은 조합과 중앙회의 공제사업의 건전한 육성과 계약자의 보호를 위하여 금융위원회 위원장과 협의하여 감독에 필요한 기준을 정하고 이를 고시하여야 한다.(2013.3.23 본항개정)
제170조【법령 위반에 대한 조치】 ① 해양수산부장관은 조합등과 중앙회의 총회·대의원회 또는 이사회의 소집 절차, 의결 방법, 의결 내용이나 선거가 법령, 법령에 따른 처분 또는 정관에 위반된다고 인정할 때에는 그 의결에 따른 집행의 정지 또는 선거에 따른 당선의 취소를 할 수 있다.(2016.5.29 본항개정)
② 해양수산부장관은 조합등과 중앙회의 업무 또는 회계가 법령, 법령에 따른 처분 또는 정관에 위반된다고 인정할 때에는 그 조합등 또는 중앙회에 대하여 기간을 정하여 시정을 명하고 해당 임직원에 대하여 다음 각 호의 조치를 하게 할 수 있다.(2016.5.29 본문개정)
1. 임원에 대하여는 개선(改選), 직무정지, 견책 또는 경고
2. 직원에 대하여는 징계면직, 정직, 감봉 또는 견책
③ 제2항과 제146조제3항에 따라 조합등 또는 중앙회가 임직원의 개선, 징계면직의 조치를 요구받은 경우 해당 임직원은 그 날부터 그 조치가 확정되는 날까지 직무가 정지된다.(2016.5.29 본항개정)
④ 해양수산부장관은 조합등 또는 중앙회가 제2항에 따른 시정명령 또는 임직원에 대한 조치를 이행하지 아니하면 6개월 이내의 기간을 정하여 해당 업무의 전부 또는 일부를 정지시킬 수 있다.(2016.5.29 본항개정)
⑤ 제4항에 따른 업무정지의 세부기준 및 그 밖에 필요한 사항은 해양수산부령으로 정한다.(2014.5.21 본항신설)
제171조 (2016.5.29 삭제)
제172조【경영지도】 ① 해양수산부장관은 조합등이 다음 각 호의 어느 하나의 경우에 해당되어 조합원 보호에 지장을 줄 우려가 있다고 인정하면 해당 조합등에 대하여 경영지도를 한다.(2016.5.29 본문개정)
1. 조합에 대한 감사 결과 조합의 부실대출을 합친 금액이 제68조에 따른 자기자본의 2배를 초과하는 경우로서 단기간 내에 일반적인 방법으로는 회수하기가 곤란하여 자기자본의 전부가 잠식될 우려가 있다고 인정되는 경우
(2020.3.24 본호개정)
2. 조합등의 임직원의 위법·부당한 행위로 인하여 조합등에 재산상의 손실이 발생하여 자력(自力)으로 경영정상화를 추진하는 것이 어렵다고 인정되는 경우
(2016.5.29 본호개정)
3. 조합의 파산 위험이 현저하거나 임직원의 위법·부당한 행위로 인하여 조합의 예금 또는 적금의 인출이 쇄도하거나 조합이 예금 또는 적금을 지급할 수 없는 상태에 이른 경우
4. 제142조제2항 또는 제146조에 따른 경영 상태의 평가 또는 감사의 결과 경영지도가 필요하다고 인정하여 중앙회의 회장이 건의하는 경우
5. 「신용협동조합법」 제95조제4항에 따라 조합에 적용되는 같은 법 제83조제1항·제2항에 따른 감독 및 검사의 결과 경영지도가 필요하다고 인정하여 금융위원회 또는 금융감독원장이 건의하는 경우
② 제1항에서 "경영지도"란 다음 각 호의 사항에 대하여 지도하는 것을 말한다.
1. 불법·부실 대출의 회수 및 채권의 확보
2. 자금의 수급(需給) 및 여신·수신에 관한 업무
3. 그 밖에 조합등의 경영에 관하여 대통령령으로 정하는 사항(2016.5.29 본호개정)
③ 해양수산부장관은 제1항에 따른 경영지도가 시작된 경우에는 6개월 이내의 범위에서 채무의 지급을 정지하거나 임원의 직무를 정지할 수 있다. 이 경우 중앙회의 회장에게 지체 없이 조합등의 재산상황을 조사(이하 이 조에서 "재산실사"라 한다)하게 하거나 금융감독원장에게 재산실사를 요청할 수 있다.(2016.5.29 후단개정)
④ 중앙회의 회장 또는 금융감독원장은 제3항 후단에 따른 재산실사 결과 위법·부당한 행위로 인하여 조합등에 손실을 끼친 임직원에 대하여는 재산 조회 및 가압류 신청 등 손실금 보전을 위하여 필요한 조치를 하여야 한다.
(2016.5.29 본항개정)
⑤ 해양수산부장관은 제4항에 따른 조치에 필요한 자료를 중앙행정기관의 장에게 요청할 수 있다. 이 경우 요청을 받은 중앙행정기관의 장은 특별한 사유가 없으면 요청에 따라야 한다.(2013.3.23 전단개정)
⑥ 해양수산부장관은 재산실사 결과 해당 조합등의 경영정상화가 가능한 경우 등 특별한 사유가 있다고 인정되면 제3항 전단에 따른 채무 지급정지 또는 직무정지의 전부 또는 일부를 철회하여야 한다.(2016.5.29 본항개정)
⑦ 제1항부터 제3항까지의 규정에 따른 경영지도, 채무의 지급정지 또는 임원의 직무정지의 방법·기간 및 절차 등에 필요한 사항은 대통령령으로 정한다.
⑧ 중앙회의 회장 또는 사업전담대표이사는 정관으로 정하는 바에 따라 경영적자·자본잠식 등으로 인하여 경영상태가 부실한 조합에 대한 자금 결제 및 지급 보증의 제한이나 중지, 수표 발행 한도의 설정 또는 신규수표의 발행 중지, 2년 이상 연속 적자조합에 대한 정책자금의 취급 제한 또는 중지, 금융사고가 발생한 조합에 대한 예금 대지급(代支給) 중단 등 자산 건전성 제고를 위하여 필요한 조치를 할 수 있다.
제173조【설립인가의 취소 등】 ① 해양수산부장관은 조합등이 다음 각 호의 어느 하나에 해당하게 된 경우에는 중앙회 회장의 의견을 들어 설립인가를 취소하거나 합병을 명할 수 있다.(2016.5.29 본문개정)
1. 설립인가일부터 90일이 지나도 설립등기를 하지 아니한 경우
2. 정당한 사유 없이 1년 이상 사업을 하지 아니한 경우
3. 2회 이상 제170조에 따른 처분을 받고도 시정하지 아니한 경우
4. 제16조(제108조 또는 제113조에 따라 준용되는 경우를 포함한다) 또는 제113조의5에 따른 조합등의 설립인가기준에 미달하게 된 경우(2016.5.29 본호개정)
5. 조합등에 대한 감사 또는 경영평가의 결과 경영이 부실하여 자본을 잠식한 조합등으로서 제142조제2항, 제146조제3항 각 호 또는 제172조에 따른 조치에 따르지 아니하여 조합원 또는 제3자에게 중대한 손실을 끼칠 우려가 있는 경우(2016.5.29 본호개정)

② 해양수산부장관은 제1항에 따라 조합등의 설립인가를 취소하였을 때에는 즉시 그 사실을 공고하여야 한다.
(2016.5.29 본항개정)

제174조【조합원 또는 회원의 검사 청구】 ① 해양수산부장관은 조합원이 조합원 10분의 1 이상의 동의를 받아 소속 조합의 업무 집행 상황이 법령 또는 조합의 정관에 위반된다는 사유로 검사를 청구하면 중앙회의 회장에게 그 조합의 업무 상황을 검사하게 할 수 있다.
② 해양수산부장관은 중앙회의 회원이 회원 10분의 1 이상의 동의를 받아 중앙회의 업무 집행 상황이 법령 또는 중앙회의 정관에 위반된다는 사유로 검사를 청구하면 금융감독원장에게 중앙회에 대한 검사를 요청할 수 있다.
(2013.3.23 본조개정)

제175조【청문】 해양수산부장관은 다음 각 호의 어느 하나에 해당하는 처분을 하려면 청문을 하여야 한다.
(2013.3.23 본문개정)
1. 제170조제1항에 따른 선거 당선 취소
2. 제173조에 따른 설립인가의 취소

제8장 벌 칙
(2010.4.12 본장개정)

제176조【벌칙】 ① 조합등 또는 중앙회의 임직원이 다음 각 호의 어느 하나에 해당하는 행위로 조합등 또는 중앙회에 손실을 끼쳤을 때에는 10년 이하의 징역 또는 1억원 이하의 벌금에 처한다.
1. 조합등 또는 중앙회의 사업 목적 외의 용도로 자금을 사용하거나 대출하는 행위
2. 투기의 목적으로 조합등 또는 중앙회의 재산을 처분하거나 이용하는 행위
(2016.5.29 본항개정)
② 제1항의 징역형과 벌금형은 병과(併科)할 수 있다.

제177조【벌칙】 조합등 또는 중앙회의 임원·집행간부·일반간부직원·파산관재인 또는 청산인이 다음 각 호의 어느 하나에 해당하면 3년 이하의 징역 또는 3천만원 이하의 벌금에 처한다.(2016.5.29 본문개정)
1. 제14조제1항 단서, 제16조제1항(제80조제2항, 제108조, 제113조 또는 제168조에 따라 준용되는 경우를 포함한다), 제37조제2항(제108조 또는 제113조에 따라 준용되는 경우를 포함한다), 제77조제2항(제108조 또는 제113조에 따라 준용되는 경우를 포함한다), 제78조제3항(제108조 또는 제113조에 따라 준용되는 경우를 포함한다), 제113조의5제1항, 제113조의6제2항, 제126조제2항에 따른 감독기관의 인가를 받지 아니한 경우(2016.5.29 본호개정)
2. 제16조제1항(제80조제2항, 제108조, 제113조 또는 제168조에 따라 준용되는 경우를 포함한다), 제32조제1항(제108조, 제113조, 제113조의10 또는 제168조에 따라 준용되는 경우를 포함한다), 제37조제1항(제108조, 제113조의10 또는 제113조의10에 따라 준용되는 경우를 포함한다), 제57조제1항부터 제3항까지(제108조 또는 제113조에 따라 준용되는 경우를 포함한다), 제67조(제108조 또는 제113조에 따라 준용되는 경우를 포함한다), 제77조제1항(제108조 또는 제113조에 따라 준용되는 경우를 포함한다), 제80조제1항(제108조 또는 제113조에 따라 준용되는 경우를 포함한다), 제84조제2호(제108조, 제113조 또는 제113조의10에 따라 준용되는 경우를 포함한다), 제126조제1항, 제127조제3항, 제135조제1항 및 제3항 또는 제162조에 따라 총회·대의원회 또는 이사회의 의결을 거쳐야 하는 사항에 대하여 의결을 거치지 아니하고 집행한 경우(2016.5.29 본호개정)
3. 제48조제1항(제108조 또는 제113조에 따라 준용되는 경우를 포함한다), 제48조제2항(제108조, 제113조 또는 제133조제5항에 따라 준용되는 경우를 포함한다), 제131조제4항, 제142조제2항 또는 제169조제6항에 따른 감독기관·총회·대의원회 또는 이사회에 대한 보고를 부실하게 하거나 사실을 은폐한 경우(2016.5.29 본호개정)
4. 제60조제1항제15호, 제107조제1항제13호, 제112조제1항제13호 또는 제138조제1항제17호에 따른 감독기관의 승인을 받지 아니한 경우(2016.5.29 본호개정)
5. 제64조제2항(제108조 또는 제168조에 따라 준용되는 경우를 포함한다)에 따른 의결을 거치지 아니한 경우
6. 제69조(제108조 또는 제113조에 따라 준용되는 경우를 포함한다)를 위반하여 조합이 여유자금을 사용한 경우
7. 제70조제1항·제3항·제4항(제108조, 제113조, 제113조의10 또는 제168조에 따라 준용되는 경우를 포함한다), 제70조제2항(제108조 또는 제113조에 따라 준용되는 경우를 포함한다) 또는 제165조를 위반하여 법정적립금 등을 적립하거나 잉여금을 이월한 경우(2016.5.29 본호개정)
8. 제71조(제108조, 제113조, 제113조의10 또는 제168조에 따라 준용되는 경우를 포함한다) 또는 제166조제1항·제2항을 위반하여 손실 보전을 하거나 잉여금을 배당한 경우(2016.5.29 본호개정)
9. 제72조(제108조, 제113조, 제113조의10 또는 제168조에 따라 준용되는 경우를 포함한다)를 위반하여 법정적립금 및 자본적립금을 사용한 경우(2016.5.29 본호개정)
10. 제73조제1항부터 제3항까지(제108조, 제113조, 제113조의10 또는 제168조에 따라 준용되는 경우를 포함한다) 또는 제163조를 위반한 경우(2016.5.29 본호개정)
11. 제74조제1항(제108조, 제113조, 제113조의10 또는 제168조에 따라 준용되는 경우를 포함한다)을 위반하여 조합 및 중앙회가 재무상태표를 작성하지 아니한 경우(2017.11.28 본호개정)
12. 제87조(제108조, 제113조 또는 제113조의10에 따라 준용되는 경우를 포함한다)를 위반하여 총회 또는 해양수산부장관의 승인을 받지 아니한 경우(2016.5.29 본호개정)
13. 제89조(제108조, 제113조 또는 제113조의10에 따라 준용되는 경우를 포함한다)를 위반하여 청산인이 재산을 분배한 경우(2016.5.29 본호개정)
14. 제90조(제108조, 제113조 또는 제113조의10에 따라 준용되는 경우를 포함한다)를 위반하여 총회의 승인을 받지 아니한 경우(2016.5.29 본호개정)
15. 제92조(제78조제5항, 제80조제2항, 제108조, 제113조, 제113조의10 또는 제168조에 따라 준용되는 경우를 포함한다), 제93조부터 제95조까지(제108조, 제113조, 제113조의10 또는 제168조에 따라 준용되는 경우를 포함한다), 제97조부터 제100조까지(제108조, 제113조 또는 제113조의10에 따라 준용되는 경우를 포함한다) 또는 제103조(제108조, 제113조, 제113조의10 또는 제168조에 따라 준용되는 경우를 포함한다)에 따른 등기를 부정하게 한 경우(2016.5.29 본호개정)
16. 감독기관의 검사 또는 중앙회의 감사를 거부·방해 또는 기피한 경우

제178조【벌칙】 ① 다음 각 호의 어느 하나에 해당하는 자는 2년 이하의 징역 또는 2천만원 이하의 벌금에 처한다.
1. 제7조제2항을 위반하여 공직선거에 관여한 자
2. 제53조제1항(제108조, 제113조 또는 제168조에 따라 준용되는 경우를 포함한다)을 위반하여 선거운동을 한 자
3. 제53조제10항(제108조, 제113조 또는 제168조에 따라 준용하는 경우를 포함한다)을 위반하여 선거운동을 한 자
(2015.2.3 본호개정)
4. 제53조의3(제108조 또는 제113조에 따라 준용하는 경우를 포함한다)을 위반하여 축의·부의금품을 제공한 자(2014.6.11 본호개정)
② 다음 각 호의 어느 하나에 해당하는 자(제108조, 제113조 또는 제168조에 따라 준용되는 자를 포함한다)는 1년 이하의 징역 또는 1천만원 이하의 벌금에 처한다.
1. 제53조제2항을 위반하여 호별 방문을 하거나 특정 장소에 모이게 한 자
2. 제53조제8항을 위반하여 선전벽보 부착 등의 금지된 행위를 한 자
3. 제53조제4항부터 제7항까지의 규정을 위반한 자
4. 제53조의2를 위반한 자
③ (2014.6.11 삭제)
④ 제53조제3항(제108조, 제113조 또는 제168조에 따라 준용되는 자를 포함한다)을 위반하여 거짓 사실을 공표하는 등 후보자를 비방한 자는 500만원 이상 3천만원 이하의 벌금에 처한다.
⑤ 제1항부터 제4항까지에 규정된 죄의 공소시효는 해당 선거일 후 6개월(선거일 후에 지은 죄는 그 행위가 있었던 날부터 6개월)이 지남으로써 완성된다. 다만, 범인이 도피하였거나 범인이 공범 또는 범인의 증명에 필요한 참고인을 도피시킨 경우에는 그 기간을 3년으로 한다.
(2020.3.24 본문개정)

제179조【선거범죄로 인한 당선무효 등】 ① 조합이나 중앙회의 임원 선거와 관련하여 다음 각 호의 어느 하나에 해당하는 경우에는 해당 선거의 당선을 무효로 한다.
1. 당선인이 그 선거에서 제178조에 따라 징역형 또는 100만원 이상의 벌금형을 선고받은 경우(2015.2.3 본호개정)
2. 당선인의 직계 존속·비속이나 배우자가 해당 선거에서 제53조제1항이나 제53조의2를 위반하여 징역형 또는 300만원 이상의 벌금형을 선고받은 경우. 다만, 다른 사람의 유도 또는 도발에 의하여 해당 당선인의 당선을 무효로 되게 하기 위하여 죄를 저지른 때에는 그러하지 아니하다.(2020.3.24 단서개정)
② 다음 각 호의 어느 하나에 해당하는 사람은 당선인의 당선무효로 실시사유가 확정된 재선거(당선인이 그 기소 후 확정판결 전에 사직함으로 인하여 실시사유가 확정된 보궐선거를 포함한다)의 후보자가 될 수 없다.
1. 제1항제2호 또는 「공공단체등 위탁선거에 관한 법률」 제70조(위탁선거범죄로 인한 당선무효)제2호에 따라 당선이 무효로 된 사람(그 기소 후 확정판결 전에 사직한 사람을 포함한다)
2. 당선되지 아니한 사람(후보자가 되려던 사람을 포함한다)으로서 제1항제2호 또는 「공공단체등 위탁선거에 관한 법률」 제70조(위탁선거범죄로 인한 당선무효)제2호에 따른 직계 존속·비속이나 배우자의 죄로 당선무효에 해당하는 형이 확정된 사람
(2014.6.11 1호~2호개정)
(2012.2.17 본조개정)

제180조【과태료】 ① 제3조제2항, 제113조의3제3항 또는 제114조제3항을 위반하여 명칭을 사용한 자에게는 200만원 이하의 과태료를 부과한다.(2016.5.29 본항개정)
② 조합등 또는 중앙회의 임원·집행간부·일반간부직원·파산관재인 또는 청산인이 공고하거나 독촉하여야 할 사항에 대하여 공고 또는 독촉을 게을리하거나 부정한 공고 또는 독촉을 한 경우에는 200만원 이하의 과태료를 부과한다.(2023.10.24 본항개정)
③ 제53조의2(제108조, 제113조 또는 제168조에 따라 준용하는 경우를 포함한다)를 위반하여 금전·물품이나 그 밖의 재산상의 이익을 제공받은 사람에게는 그 제공받은 금액 또는 가액의 10배 이상 50배 이하에 상당하는 금액의 과태료를 부과하되, 그 상한액은 3천만원으로 한다.
④ (2014.6.11 삭제)
⑤ 제1항부터 제3항까지의 규정에 따른 과태료는 대통령령으로 정하는 바에 따라 해양수산부장관 또는 중앙선거관리위원회가 부과·징수한다.(2015.2.3 본항개정)

제181조【선거범죄 신고자 등의 보호】 제178조에 규정된 죄(제180조제3항의 과태료에 해당하는 죄를 포함한다)의 신고자 등의 보호에 관하여는 「공직선거법」 제262조의2를 준용한다.

제182조【선거범죄 신고자에 대한 포상금 지급】 조합은 제178조에 규정된 죄(제180조제3항의 과태료에 해당하는 죄를 포함한다)에 대하여 해당 조합 또는 조합선거관리위원회가 인지하기 전에 그 범죄행위를 신고한 사람에게 정관으로 정하는 바에 따라 포상금을 지급할 수 있다.
(2014.6.11 본조개정)

제183조【자수자에 대한 특례】 ① 제53조(제108조, 제113조 또는 제168조에 따라 준용하는 경우를 포함한다) 및 제53조의2(제108조, 제113조 또는 제168조에 따라 준용하는 경우를 포함한다)를 위반한 자 중 금전·물품·향응, 그 밖의 재산상의 이익 또는 공사의 직을 제공받거나 받기로 승낙한 자가 자수한 때에는 그 형 또는 과태료를 감경 또는 면제한다.
② 제1항에 규정된 자가 이 법에 따른 선거관리위원회에 자신의 선거범죄 사실을 신고하여 선거관리위원회가 관계 수사기관에 이를 통보한 때에는 선거관리위원회에 신고한 때를 자수한 때로 본다.(2014.6.11 본항개정)
(2010.4.12 본조신설)

부 칙

제1조【시행일】 이 법은 공포후 6월이 경과한 날부터 시행하되, 부칙 제13조의 개정규정은 공포한 날부터 시행한다.

제2조【임원의 임기 등에 관한 적용례】 제50조(제108조 또는 제113조의 규정에서 준용되는 경우를 포함한다)의 개정규정은 이 법 시행 이후 최초로 선출되는 임원부터 이를 적용한다.

제3조【정관변경에 관한 경과조치】 조합 및 중앙회는 이 법 시행후 3월 이내에 이 법에 따라 정관을 변경하여야 한다.

제4조【상임이사에 관한 경과조치】 ① 이 법 시행 당시 재임중인 조합의 상임이사는 잔여임기 동안 이 법에 의하여 선출된 것으로 본다.
② 이 법 시행 당시 상임이사를 두지 아니하고 있는 조합은 이 법 시행일부터 3월 이내에 상임이사를 선출하여야 한다.

제5조【전무에 대한 경과조치】 이 법 시행 이후 제46조제2항의 규정에 따라 상임이사를 선출한 조합에 재직중인 전무는 이 법에 따라 당해 조합의 간부직원으로 임명된 것으로 본다.

제6조【중앙회이사의 임기에 관한 경과조치】 이 법 시행 당시 회원조합장이 아닌 중앙회의 비상임이사의 임기는 제134조제5항의 개정규정에 불구하고 종전의 규정에 따른다.

제7조【조합감사위원회 위원장 및 위원에 대한 경과조치】 이 법 시행 당시 조합감사위원회의 위원장 및 위원은 잔여임기 동안 이 법에 의하여 임명된 것으로 본다.

제8조【벌칙적용에 관한 경과조치】 이 법 시행전의 행위에 대한 벌칙의 적용에 있어서는 종전의 규정에 따른다.

제9조【업종별 및 수산물가공수산업협동조합의 신용사업에 관한 경과조치】 이 법 시행 당시 법률 제4820호 수산업협동조합법중개정법률 부칙 제5조의 규정에 따른 업종별수산업협동조합과 수산물가공수산업협동조합은 신용사업을 실시할 수 있다.

제10조【지구별수산업협동조합의 신용사업의 범위조정에 따른 경과조치】 이 법 시행 당시 지구별수산업협동조합은 법률 제6256호 수산업협동조합법중개정법률 부칙 제8조의 규정에 따른 신용사업을 영위할 수 있다.

제11조【탈퇴조합원의 지분환급에 관한 특례】 제33조제2항의 개정규정에 불구하고 이 법 시행 이후 2013년 12월 31일까지 신규로 출자한 금액(출자금 증액분을 포함한다)에 대하여는 당해 출자한 조합원이 탈퇴(제명을 포함한다)하는 경우 그 전액을 환급한다.(2011.7.14 본조개정)

제12조【자기자본의 인정에 관한 특례】 제68조의 개정규정에 불구하고 수산업협동조합의구조개선에관한법률 제21조의 규정에 따른 기금관리위원회의 의결을 거쳐 관리기관이 동법 제7조의 규정에 의하여 부실조합 등에 지원하는 자금은 2010년 12월 31일까지는 여신한도를 산출할 경우 자기자본으로 본다.

제13조【수산자금의 후순위 인정에 관한 특례】 제138조제4항의 개정규정에 불구하고 이 법 시행 당시 중앙회가 국가로부터 차입한 수산자금(이 법 시행 이후 상환되는 수산자금의 범위 이내에서 재차입하는 것을 포함한다)에 대한 중앙회의 채무는 예금보험공사가 중앙회에 출자한 출자금(우선출자금을 포함한다)을 전액 상환할 때까지 그 변제의 순위에 있어서 중앙회가 업무상 부담하는 타 채무에 대하여 후순위로 한다.

제14조【중앙회 감사에 관한 경과조치 등】 ① 이 법을 시행하기 위하여 필요한 감사위원회의 구성은 이 법 시행전에 할 수 있다.
② 이 법 시행 당시 종전의 규정에 따라 선출된 감사는 그 임기가 만료되는 때까지 제127조제2항의 규정에 따른 이사 및 제133조의 개정규정에 따른 감사위원회의 위원인 이사로 본다. 이 경우 종전의 상임감사는 감사위원회의 위원장으로, 비상임감사는 감사위원회의 위원으로 본다.
제15조【다른 법률의 개정】 ①~⑬ ※(해당 법령에 가제정리 하였음)
제16조【다른 법령과의 관계】 이 법 시행 당시 다른 법령에서 「수산업협동조합법」의 규정을 인용한 경우에 이 법 중 그에 해당하는 규정이 있는 때에는 종전의 규정에 갈음하여 이 법 또는 이 법의 해당규정을 인용한 것으로 본다.

부 칙 (2010.4.12)

제1조【시행일】 이 법은 공포 후 6개월이 경과한 날부터 시행한다.
제2조【대의원 겸직금지에 관한 적용례】 제44조제4항의 개정규정(제108조 및 제113조의 개정규정에 따라 준용되는 경우를 포함한다)은 이 법 시행 후 새로 선출되는 대의원부터 적용한다.
제3조【조합장 비상임에 따른 적용례】 제46조제1항 단서의 개정규정(제108조 및 제113조의 개정규정에 따라 준용되는 경우를 포함한다)은 이 법 시행 후 최초로 선출되는 조합장부터 적용한다.
제4조【상임이사 등 선출에 관한 적용례】 제46조제4항의 개정규정(제108조 및 제113조의 개정규정에 따라 준용되는 경우를 포함한다)은 이 법 시행 후 최초로 선출되는 상임이사와 상임이사 외의 조합원이 아닌 이사부터 적용한다.
제5조【간부직원의 직무대행에 관한 적용례】 제47조제6항의 개정규정은 이 법 시행 후 최초로 상임이사의 직무대행을 시작하는 경우부터 적용한다.
제6조【공제규정의 인가에 관한 적용례】 제60조의2의 개정규정(제108조, 제113조 및 제168조의 개정규정에 따라 준용되는 경우를 포함한다)은 이 법 시행 후 최초로 공제규정을 정하거나 변경하는 경우부터 적용한다.
제7조【잉여금의 배당에 관한 적용례】 제71조제3항의 개정규정(제108조, 제113조 및 제168조의 개정규정에 따라 준용되는 경우를 포함한다)은 이 법 시행 후 최초로 개시하는 회계연도에 대한 결산 결과 잉여금의 배당분부터 적용한다.
제8조【중앙회 비상임이사 선출에 관한 적용례】 제134조제4항의 개정규정은 이 법 시행 후 최초로 선출되는 비상임이사부터 적용한다.
제9조【중앙회의 회장의 임기에 관한 적용례】 제134조제5항의 개정규정은 이 법 시행 후 최초로 선출되는 중앙회의 회장부터 적용한다.
제10조【자수자의 특례에 관한 적용례】 제183조의 개정규정은 이 법 시행 전의 자수자에 대하여도 적용한다.
제11조【임원의 정수에 관한 경과조치】 이 법 시행 당시 재임 중인 임원에 대하여는 제46조제1항(제108조 및 제113조의 개정규정에 따라 준용되는 경우를 포함한다)의 개정규정에도 불구하고 임원의 정수가 있는 것으로 보되, 이 법 시행 후 결원되는 임원에 대하여는 개정규정에 따른 임원의 정수를 충족할 때까지는 새로운 임원을 선출할 수 없다.
제12조【임원의 결격사유에 관한 경과조치】 이 법 시행 당시 조합 및 중앙회의 임원에 대하여는 제51조제1항제12호(제108조, 제113조 및 제168조의 개정규정에 따라 준용되는 경우를 포함한다) 및 제13호(제108조 및 제113조의 개정규정에 따라 준용되는 경우를 포함한다)의 개정규정에도 불구하고 해당 임원의 임기가 만료될 때까지는 종전의 규정에 따른다.
제13조【선거운동 방법에 관한 경과조치】 이 법 시행 전에 선거일이 공고되어 실시 중인 선거의 선거운동 방법은 제53조제4항부터 제7항까지(제108조, 제113조 및 제168조의 개정규정에 따라 준용되는 경우를 포함한다)의 개정규정에도 불구하고 종전의 규정에 따른다.
제14조【전무 임명에 관한 경과조치】 이 법 시행 당시 재임 중인 조합의 전무는 제59조제2항 단서의 개정규정에 따라 임명된 것으로 본다.
제15조【승인권자 변경에 관한 경과조치】 이 법 시행 당시 종전의 제60조제1항제15호, 같은 조 제8항, 제107조제1항제13호 및 제112조제1항제13호에 따라 각각 농림수산식품부장관의 승인을 받은 사업은 제60조제1항제15호, 같은 조 제7항, 제107조제1항제13호 및 제112조제1항제13호의 개정규정에 따라 중앙회 회장의 승인을 받은 사업으로 본다.
제16조【중앙회 임원 선출에 관한 경과조치】 ① 이 법 시행 당시 재임 중인 사업전담대표이사 중 경제사업대표이사는 제129조제1항 및 제134조제2항의 개정규정에 따른 지도경제사업대표이사로 선출된 것으로 보되, 그 임기는 종전의 남은 기간으로 한다.
② 이 법 시행 당시 재임 중인 상임이사는 제134조제3항의 개정규정에 따라 선출된 상임이사로 보되, 그 임기는 종전의 남은 기간으로 한다.
③ 이 법 시행 당시 재임 중인 회원조합장이 아닌 비상임이사는 제134조제4항의 개정규정에 따라 선출된 것으로 보되, 그 임기는 종전의 남은 기간으로 한다.
제17조【중앙회의 감사위원 선출에 관한 경과조치】 ① 이 법 시행 당시 재임 중인 감사위원은 제133조제3항의 개정규정에 따라 선출된 감사위원으로 보되, 그 임기는 종전 임기의 남은 기간으로 한다.
② 종전의 규정에 따라 선출된 감사위원은 제55조제1항을 준용하는 제168조에도 불구하고 이사를 겸직할 수 있다.
제18조【조합감사위원회 위원 선출에 관한 경과조치】 이 법 시행 당시 종전의 제144조제1항제1호에 따라 선출되어 재임 중인 조합감사위원회 위원은 제144조제1항제1호의 개정규정에 따른 조합감사위원회 위원으로 보되, 그 임기는 종전 임기의 남은 기간으로 한다.
제19조【벌칙에 관한 경과조치】 이 법 시행 전의 행위에 대한 벌칙의 적용에 있어서는 종전의 규정에 따른다.

부 칙 (2012.2.17)

제1조【시행일】 이 법은 2012년 3월 2일부터 시행한다. 다만, 부칙 제3조는 공포한 날부터 시행하고, 제22조의3, 제51조제1항제10호 및 제179조의 개정규정은 공포 후 6개월이 경과한 날부터 시행한다.
제2조【출자배당금의 출자전환에 관한 적용례】 제22조의3의 개정규정(제108조·제113조 및 제168조의 개정규정에 따라 준용되는 경우를 포함한다)은 같은 개정규정 시행 후 최초로 실시하는 출자배당부터 적용한다.
제3조【임원의 선출에 관한 적용례】 제46조제6항(제108조·제113조 또는 제168조에 따라 준용되는 경우를 포함한다)·제54조제2항(제108조 또는 제113조에 따라 준용되는 경우를 포함한다)의 개정규정은 이 법 시행 후 최초로 선거일이 공고된 선거부터 적용한다.
제4조【임원의 결격사유에 관한 적용례】 제51조제1항제10호의 개정규정은 같은 개정규정 시행 후 최초로 제179조제1항제1호의 개정규정에 따라 당선이 무효가 된 사람부터 적용한다.
제5조【당선무효에 관한 적용례】 제179조제1항의 개정규정은 같은 개정규정 시행 후 최초로 선거일이 공고된 선거부터 적용한다.
제6조【조합장의 임기 및 선출 등에 관한 특례】 ① 2009년 3월 22일부터 2013년 3월 21일까지의 기간 동안 조합장의 임기가 개시되었거나 개시되는 경우에는 제50조제1항(제108조 또는 제113조에 따라 준용되는 경우를 포함한다)에도 불구하고 해당 조합장의 임기는 2015년 3월 20일까지로 한다. 다만, 2011년 3월 21일부터 이 법 시행일 전에 새로이 선출된 조합장의 임기는 제50조제1항(제108조 또는 제113조에 따라 준용되는 경우를 포함한다)에 따른 임기만료일까지로 한다.
② 제1항 단서에 따라 임기가 만료되는 조합장 다음에 새로이 임기가 개시되는 조합장의 경우에는 제50조제1항(제108조 또는 제113조에 따라 준용되는 경우를 포함한다)에도 불구하고 해당 조합장의 임기는 2019년 3월 20일까지로 한다.
③ 제1항 본문에 따라 임기가 2015년 3월 20일에 만료되는 조합장 선거는 2015년 3월의 두 번째 수요일에 동시 실시하고, 이후 임기만료에 따른 조합장 선거는 임기가 만료되는 해당 연도 3월의 두 번째 수요일에 동시 실시한다.
④ 2013년 3월 22일부터 재선거 또는 보궐선거로 선출되는 조합장의 임기는 전임자 임기의 남은 기간으로 한다. 다만, 그 실시사유가 발생한 날부터 임기만료일까지의 기간이 1년 미만인 경우에는 재선거 또는 보궐선거를 실시하지 아니한다.
⑤ 제4항 단서에 따라 재선거 또는 보궐선거를 실시하지 아니하는 경우 조합장의 직무는 그 재선거 또는 보궐선거 실시사유가 발생한 날부터 전임 조합장 임기만료일까지 제47조제5항(제108조 또는 제113조에 따라 준용되는 경우를 포함한다)에 따른 직무대행자가 대행한다.
⑥ 제1항 본문에 따라 상임인 조합장의 임기가 단축되는 경우에는 제50조제1항 본문(제108조 또는 제113조에 따라 준용되는 경우를 포함한다)에 따른 연임제한 횟수에 포함하지 아니한다.
⑦ 다음 각 호에 해당하는 조합에서 임기만료, 재선거 또는 보궐선거로 선출되는 조합장의 임기는 그 임기개시일부터 최초 도래하는 제1항에 따른 임기만료일(이후 4년마다 도래하는 임기만료일을 포함하며, 이하 이 조에서 "동시선거임기만료일"이라 한다)까지의 기간이 2년 이상인 경우 해당 동시선거임기만료일까지로 하고, 그 임기개시일부터 최초 도래하는 동시선거임기만료일까지의 기간이 2년 미만인 경우 차기 동시선거임기만료일까지로 한다. 이 경우 제3항부터 제6항까지를 준용한다.
1. 제16조(제108조 또는 제113조에 따라 준용되는 경우를 포함한다)에 따라 새로 설립하는 조합
2. 제50조제3항 및 제4항(108조 또는 제113조에 따라 준용되는 경우를 포함한다)에 따라 임원 임기에 관한 특례의 적용을 받는 합병조합
3. 그 밖에 조합장의 임기만료일이 동시선거임기만료일과 일치하지 않는 조합. 다만, 제1항 단서에 해당하는 조합은 제외한다.
(2015.2.3 본항신설)
제7조【재선거 제한에 관한 경과조치】 제179조제2항의 개정규정 시행 전의 위반행위로 같은 개정규정에 해당하게 되는 사람의 재선거 제한에 관하여는 종전의 규정에 따른다.

부 칙 (2016.5.29)

제1조【시행일】 이 법은 2016년 12월 1일부터 시행한다. 다만, 제51조의2 및 제108조·제113조(제51조의2의 개정규정과 관련된 부분만 해당한다)의 개정규정은 공포한 날부터 시행한다.
제2조【유효기간】 제12조의2의 개정규정은 이 법 시행일부터 5년간, 제141조의9제7항의 개정규정은 2021년 12월 31일까지 각각 효력을 가진다.
제3조【수협은행 설립에 관한 준비행위】 ① 중앙회는 이 법 공포 후 지체 없이 수협은행의 설립에 필요한 절차에 착수하여야 한다.
② 중앙회는 이 법을 시행하기 위하여 필요한 중앙회 및 수협은행의 정관의 작성·변경, 필요자본의 확보 및 그 밖에 이 법 시행을 위하여 필요한 준비행위를 이 법 시행전에 할 수 있다.
제4조【중앙회의 사업분리에 대한 지원】 국가 및 공공단체는 수협은행의 설립 및 그 밖에 이 법에 따른 중앙회의 사업구조 개편에 필요한 재정상·금융상의 지원을 이 법 시행 전에 할 수 있다.
제5조【「은행법」 등 적용에 관한 특례】 수협은행에 대해서는 수협은행이 설립된 날부터 5년이 되는 날까지 「은행법」 제35조 및 제35조의2를 적용하지 아니한다.
제6조【「예금자보호법」 등 적용에 관한 특례】 ① 이 법 시행 당시 예금보험공사가 중앙회에 출자한 우선출자금은 중앙회의 신용사업특별회계에 지원된 것으로 본다.
② 이 법 시행 당시 예금보험공사가 중앙회에 출자한 출자금(우선출자금을 포함한다)이 전액 상환될 때까지 중앙회를 「예금자보호법」 제2조제1호에 따른 부보금융회사로 본다.
③ 제2항에 따라 중앙회를 「예금자보호법」에 따른 부보금융회사로 보는 경우에도 중앙회에 대해서는 「예금자보호법」 제21조, 제24조, 제30조, 제30조의3, 제38조의5제2항 및 「공적자금관리 특별법」 제17조를 적용하지 아니한다.
④ (2022.12.27 삭제)
제7조【업종별 및 수산물가공 수산업협동조합의 비조합원에 대한 신용사업 이용 제한에 관한 특례】 이 법 시행 당시 법률 제4820호 수산업협동조합법중개정법률 부칙 제5조에 따라 신용사업을 실시하고 있는 업종별 수산업협동조합과 수산물가공 수산업협동조합은 제107조제2항 및 제112조제2항의 개정규정에도 불구하고 대통령령으로 정하는 바에 따라 조합원이 아닌 자에 대한 신용사업의 이용을 제한할 수 있다.
제8조【출자제한에 관한 특례】 부칙 제11조에 따라 조합공동사업법인으로 설립된 것으로 보는 경우 조합이 종전의 공동사업체에 출자한 금액의 범위에서 제60조제8항을 적용하지 아니한다.
제9조【명칭 사용승인에 관한 경과조치】 이 법 시행 당시 조합 또는 중앙회가 출자 또는 출연한 법인과 이 법에 따라 설립되는 수협은행은 제3조제2항 단서의 개정규정에 따른 명칭의 사용승인을 받은 것으로 본다.
제10조【형의 분리 선고에 관한 경과조치】 제51조의2의 개정규정 시행 전의 위반행위로 인한 경합범의 선고에 관하여는 같은 개정규정에도 불구하고 종전의 예에 따른다.
제11조【공동사업체에 대한 경과조치 등】 ① 이 법 시행 당시 「민법」에 따른 조합으로서 종전의 제60조제7항에 따라 운영 중인 공동사업체는 이 법 시행일부터 3개월 이내에 이 법에 따른 정관을 작성하여 해양수산부장관의 인가를 받아야 한다.
② 제1항에 따라 해양수산부장관의 인가를 받은 공동사업체는 이 법에 따라 조합공동사업법인으로 설립된 것으로 본다. 이 경우 공동사업체는 조합공동사업법인의 설립등기를 마친 때에 「민법」 중 해산 및 청산에 관한 규정에 불구하고 해산된 것으로 본다.
③ 제2항에 따라 설립된 조합공동사업법인은 이 법 시행 전의 공동사업체의 재산과 권리·의무를 포괄적으로 승계하고 승계한 재산의 가액은 설립등기일 전일의 장부가액으로 한다.
④ 제3항에 따라 이 법 시행 전의 공동사업체로부터 승계한 재산과 권리·의무에 관한 등기부와 그 밖의 공부에 표시된 종전 공동사업체의 명의는 제2항에 따라 설립된 조합공동사업법인의 명의로 본다.
제12조【소이사회에 관한 경과조치】 이 법 시행 전에 종전의 제128조에 따른 소이사회가 한 행위 또는 소이사회에 대하여 한 행위는 각각 수협은행의 이사회가 한 행위 또는 수협은행의 이사회에 대하여 한 행위로 본다.
제13조【중앙회의 임직원에 대한 경과조치】 ① 이 법 시행 당시 종전의 제134조제2항에 따라 선출된 중앙회의 신용사업대표이사는 이 법 시행일에 수협은행의 은행장으로 선출된 것으로 보되, 그 임기는 종전의 신용사업대표이사 임기의 남은 기간으로 한다.

② 이 법 시행 당시 종전의 제134조제3항 및 제4항에 따라 선출된 중앙회의 이사는 제129조제1항 및 제2항의 개정규정에도 불구하고 그 임기 동안 그 수에 해당하는 이사의 정수가 따로 있는 것으로 본다.
③ 이 법 시행 당시 종전의 제134조제3항 및 제4항에 따라 각각 선출된 상임이사와 비상임이사는 제134조제3항 및 제4항의 개정규정에도 불구하고 이 법에 따라 상임이사와 비상임이사로 각각 선출된 것으로 보되, 그 임기는 종전 상임이사 및 비상임이사 임기의 남은 기간으로 한다.
④ 이 법 시행 당시 재임 중인 중앙회의 지도경제사업대표이사의 임기는 제134조제5항의 개정규정에도 불구하고 종전 임기의 남은 기간으로 한다.
⑤ 이 법 시행 당시 종전의 규정에 따라 임명된 신용사업 부문의 직원은 이 법 시행일에 수협은행의 직원으로 임명된 것으로 본다.

제14조【중앙회 업무의 승계 등에 관한 경과조치】 ① 이 법 시행 전에 종전의 제138조에 따라 중앙회의 신용사업 부문과 관련하여 중앙회, 중앙회의 회장 또는 신용사업대표이사가 한 행위나 중앙회, 중앙회의 회장 또는 신용사업대표이사에 대하여 한 행위는 각각 수협은행 또는 수협은행의 은행장이 한 행위나 수협은행 또는 수협은행의 은행장에 대하여 한 행위로 본다.
② 이 법 시행 당시 중앙회의 재산 중 수협은행에 이관되는 재산에 관한 등기부와 그 밖의 공부에 표시된 중앙회의 명의는 각각 해당 자산을 이관 받은 수협은행의 명의로 본다.

제15조【중앙회의 장기대출에 관한 경과조치】 이 법 시행 당시 중앙회가 종전의 제140조에 따라 한 장기대출 중 중앙회의 신용사업 부문에서 장기대출한 것은 수협은행이 장기대출한 것으로 본다.

제16조【중앙회의 다른 법인에 대한 출자에 관한 경과조치】 ① 이 법 시행 전에 중앙회가 다른 법인에 출자한 금액의 총합계액이 제164조의 개정규정에 따른 자기자본의 범위를 초과하는 경우 같은 개정규정에 따른 자기자본의 범위를 초과한 부분은 제141조의3제1항의 개정규정에도 불구하고 중앙회의 자기자본의 범위에서 출자한 것으로 본다.
② 이 법 시행 전에 중앙회가 다른 법인이 발행한 의결권 있는 주식(출자지분을 포함하고, 수협은행의 주식은 취득하는 경우는 제외한다. 이하 이 항에서 같다)의 100분의 15 이상을 초과하여 주식을 취득한 경우 다른 법인이 발행한 의결권 있는 주식의 100분의 15 이상인 주식은 제141조의3제2항 각 호 외의 부분 본문의 개정규정에도 불구하고 이 법에 따라 취득한 것으로 본다.

제17조【우선출자 등에 관한 경과조치】 이 법 시행 전에 종전의 제147조제1항, 제153조 및 제154조에 따라 중앙회의 신용사업 부문에 대하여 한 우선출자, 출자 또는 유가증권의 매입은 각각 신용사업특별회계에 대하여 한 우선출자, 출자 또는 유가증권의 매입으로 본다. 이 경우 우선출자자총회 또는 출자자총회 등에 관하여는 종전의 제147조·제151조·제153조 및 제155조에 따른다.

제18조【수산금융채권에 관한 경과조치】 이 법 시행 전에 중앙회의 신용사업 부문에서 발행한 수산금융채권은 제156조의 개정규정에 따라 수협은행이 발행한 수산금융채권으로 본다.

제19조【벌칙에 관한 경과조치】 이 법 시행 전의 행위에 대한 벌칙을 적용할 때에는 제177조의 개정규정에도 불구하고 종전의 규정에 따른다.

제20조【처분 등에 관한 일반적 경과조치】 이 법 시행 전에 중앙회의 사업과 관련하여 관계 법령에 따라 중앙회에 대하여 행한 처분·절차, 그 밖의 행위(이하 이 조에서 "처분등"이라 한다)는 관계 법령에 따른 처분등의 주된 원인과 관련된 사업을 영위하는 중앙회 또는 수협은행에 대하여 행한 처분등으로 본다.

제21조【다른 법률의 개정】 ①~㉗ ※(해당 법령에 가제정리 하였음)

제22조【다른 법령과의 관계】 이 법 시행 당시 다른 법령에서 「수산업협동조합법」에 따른 수산업협동조합중앙회, 수산업협동조합중앙회의 신용사업 부문이나 종전의 「은행법」 제5조에 따른 수산업협동조합중앙회의 신용사업 부문을 인용한 경우에는 이 법에 따라 설립된 수협은행을 인용한 것으로 본다. 다만, 금융 관계 법령에서 상호금융사업 및 공제사업과 관련하여 「수산업협동조합법」에 따른 수산업협동조합중앙회를 인용한 경우에는 수산업협동조합중앙회를 인용한 것으로, 종전의 「은행법」 제5조에 따른 수산업협동조합중앙회의 신용사업 부문을 인용한 경우에는 이 법에 따라 설립된 수협은행을 인용한 것으로 본다.

부　칙 (2018.3.20)

제1조【시행일】 이 법은 공포한 날부터 시행한다.

제2조【금치산자 등의 결격사유에 관한 경과조치】 이 법 시행 당시 이미 금치산 또는 한정치산의 선고를 받고 법률 제10429호 민법 일부개정법률 부칙 제2조에 따라 금치산 또는 한정치산 선고의 효력이 유지되는 사람에 대해서는 제51조제1항제2호의 개정규정에도 불구하고 종전의 규정에 따른다.

부　칙 (2018.12.11)

제1조【시행일】 이 법은 공포 후 3개월이 경과한 날부터 시행한다. 다만, 제51조제1항 및 제51조의2의 개정규정은 공포한 날부터 시행한다.

제2조【설립인가 등에 관한 적용례】 제16조의 개정규정은 이 법 시행 이후 최초로 인가를 신청한 경우부터 적용한다.

제3조【임원의 결격사유에 관한 적용례】 제51조제1항의 개정규정은 같은 개정규정 시행 이후 최초로 발생한 범죄행위로 형벌을 받는 사람부터 적용한다.

제4조【형의 분리 선고에 관한 적용례】 제51조의2의 개정규정은 같은 개정규정 시행 이후 최초로 발생한 범죄행위로 형벌을 받는 사람부터 적용한다.

부　칙 (2019.8.20)

제1조【시행일】 이 법은 공포 후 3개월이 경과한 날부터 시행한다. 다만, 제12조의3의 개정규정은 공포한 날부터 시행한다.

제2조【유효기간】 제12조의3의 개정규정은 이 법 시행일부터 5년간 효력을 가진다.

부　칙 (2020.2.18 법17007호)

제1조【시행일】 이 법은 2021년 1월 1일부터 시행한다. (단서 생략)

제2조【사무이양을 위한 사전조치】 ① 관계 중앙행정기관의 장은 이 법에 따른 중앙행정권한 및 사무의 지방일괄 이양에 필요한 인력 및 재정 소요 사항을 지원하기 위하여 필요한 조치를 마련하여 이 법에 따른 시행일 3개월 전까지 국회 소관 상임위원회에 보고하여야 한다.
② 「지방자치분권 및 지방행정체제개편에 관한 특별법」 제44조에 따른 자치분권위원회는 제1항에 따른 인력 및 재정 소요 사항을 사전에 전문적으로 조사·평가할 수 있다.

제3조【행정처분 등에 관한 일반적 경과조치】 이 법 시행 당시 종전의 규정에 따라 행정기관이 행한 처분 또는 그 밖의 행위는 이 법의 규정에 따라 행정기관이 행한 처분 또는 그 밖의 행위로 보고, 종전의 규정에 따라 행정기관에 대하여 행한 신청·신고, 그 밖의 행위는 이 법의 규정에 따라 행정기관에 대하여 행한 신청·신고, 그 밖의 행위로 본다.

제4조【다른 법률의 개정】 (생략)

부　칙 (2020.2.18 법17039호)

제1조【시행일】 이 법은 공포 후 6개월이 경과한 날부터 시행한다.(이하 생략)

부　칙 (2020.3.24)

이 법은 공포한 날부터 시행한다. 다만, 제169조제7항의 개정규정은 공포 후 6개월이 경과한 날부터 시행한다.

부　칙 (2022.1.11)

제1조【시행일】 이 법은 공포 후 1년이 경과한 날부터 시행한다.(이하 생략)

부　칙 (2022.12.27)

제1조【시행일】 이 법은 공포한 날부터 시행한다. 다만, 제74조제2항 및 제141조의9제5항의 개정규정은 공포 후 6개월이 경과한 날부터 시행한다.

제2조【출자감소 의결에 대한 이의제기 공고기간 단축에 관한 적용례】 제74조제2항의 개정규정은 이 법 시행 이후 행하는 출자감소 의결에 대한 이의제기 공고를 하는 경우부터 적용한다.

부　칙 (2023.10.24)

제1조【시행일】 이 법은 공포 후 6개월이 경과한 날부터 시행한다.

제2조【업종별 수산업협동조합의 신용사업 수행에 관한 특례】 ① 이 법 시행 당시 신용사업을 실시하지 못하는 업종별 수산업협동조합 중 해양수산부장관이 정하는 기준에 해당하는 업종별 수산업협동조합은 법률 제7311호 수산업협동조합법 부칙 제9조에 따라 신용사업을 수행하고 있는 다른 업종별 수산업협동조합과 동일한 범위에서 신용사업을 실시할 수 있다.
② 제1항에 따라 업종별 수산업협동조합이 신용사업을 수행하는 데 필요한 지사무소 설치기준은 중앙회장이 정한다.

〔별표〕 ➡ 「法典 別册」 別表編 참조

해양생태계의 보전 및 관리에 관한 법률(약칭 : 해양생태계법)

(2006년 10월 4일
법　률 제8045호)

개정
2007. 1.19법 8260호(해양환경관리법)
2007. 4.11법 8351호(농어촌정비)
2007. 4.11법 8377호(수산)
2007.12.21법 8762호(유전자변형생물체의국가간이동등에관한법)
2008. 2.29법 8852호(정부조직)
2008. 3.28법 9037호(환경영향평가법)
2009. 1.30법 9401호(국유재산)
2009. 2. 6법 9454호(해양수산발전기본법)
2009. 4. 1법 9614호
2009. 4.22법 9626호(수산)
2010. 1.27법 9982호(광업)
2011. 5.19법10676호
2011. 7.21법10892호(환경영향평가법)
2011. 7.28법10977호(야생생물보호및관리에관한법)
2012. 2. 1법11257호(생물다양성보전및이용에관한법)
2013. 3.23법11690호(정부조직)
2013. 6. 4법11862호(화학물질관리법)
2014. 3.18법12490호　　2014. 5.21법12661호
2015. 1.20법13057호　　2015. 3.27법13275호
2015. 6.22법13383호(수산업·어촌발전기본법)
2016.12.27법14514호
2017. 1.17법14532호(물환경보전법)
2017.11.28법15135호　　2018.12.31법16165호
2019. 8.20법16516호
2019. 8.27법16568호(양식산업발전법)
2020. 2.18법17061호　　2020.12. 8법17621호
2022. 1.11법18755호(수산)
2022.10.18법19012호　　2022.12.27법19144호
2023. 3.21법19251호(자연유산의보존및활용에관한법)
2023. 5.16법19409호(국가유산기본법)
2023. 8. 8법19590호(문화유산의보존및활용에관한법)
2024. 1. 2법19910호(해양이용영향평가법)→2025년 1월 3일 시행이므로 「法典 別册」 보유편 수록
2024. 2. 6법20231호(화학물질관리법)→2025년 8월 7일 시행이므로 「法典 別册」 보유편 수록
2024년 1월 25일 제412회 국회 본회의 통과→「法典 別册」 보유편 수록

제1장　총　칙

제1조【목적】 이 법은 해양생태계를 인위적인 훼손으로부터 보호하고, 해양생물다양성을 보전하며 해양생물자원의 지속가능한 이용을 도모하는 등 해양생태계를 종합적이고 체계적으로 보전·관리함으로써 국민의 삶의 질을 높이고 해양자산을 보호함을 목적으로 한다.

제2조【정의】 이 법에서 사용하는 용어의 정의는 다음과 같다.
1. "해양생태계"라 함은 일정한 해역의 생물공동체와 이를 둘러싼 무기적(無機的) 또는 유기적 환경이 결합된 물질계 또는 기능계를 말한다.
2. "해양생태계의 보전 및 관리"라 함은 해양생태계를 체계적으로 보존·보호 또는 복원하고 해양생물다양성을 보전하기 위하여 행하여지는 모든 행위를 말한다. (2020.2.18 본호개정)
3. "해양생물다양성"이라 함은 해양생태계 내의 생물종 및 생물체의 다양성을 말하며, 종내(種內)·종간(種間) 및 생물의 서식지와 생태계의 다양성을 포함한다.
4. "해양생물자원"이라 함은 사람을 위하여 가치가 있거나 실제적 또는 잠재적 용도가 있는 유전자원(遺傳資源), 생물체, 생물체의 부분, 개체군 그 밖에 해양생태계의 생물적 구성요소를 말한다.
5. "해양생태축"이라 함은 해양생태계 및 해양생물다양성을 통합적으로 보전·관리하고 해양생태계의 구조와 기능의 연속성을 유지하기 위하여 중요한 지역 또는 해역을 연결하여 구성된 축을 말한다.(2020.12.8 본호개정)
6. "해양생태도"라 함은 해양생태계를 생태적·경관적 가치 등에 따라 등급화하여 제12조에 따라 작성된 지도를 말한다.(2020.2.18 본호개정)
7. "해양의 기초생산"이라 함은 해양에서의 광합성이나 화학합성을 통하여 유기물질을 만들어 내는 것을 말한다.
8. "해양생물"이라 함은 해양생태계에서 서식하거나 자생하는 생물을 말한다.
9. "회유성(回游性)해양동물"이라 함은 산란·먹이활동·번식 등을 위하여 무리를 지어 이동하는 동물로서 해양수산부령으로 정하는 종을 말한다.(2020.2.18 본호개정)
10. "해양포유동물"이라 함은 해양에서 서식하는 포유동물로서 해양수산부령으로 정하는 종을 말한다. (2020.2.18 본호개정)
11. "해양보호생물"이라 함은 다음 각 목의 어느 하나에 해당하는 해양생물종으로서 해양수산부령으로 정하는 종을 말한다.(2020.2.18 본문개정)
가. 우리나라의 고유한 종
나. 개체수가 현저하게 감소하고 있는 종
다. 학술적·경제적 가치가 높은 종
라. 국제적으로 보호가치가 높은 종
12. "해양생태계교란생물"이라 함은 다음 각 목의 어느 하나에 해당하는 생물로서 해양수산부령으로 정하는 종을 말한다.(2020.2.18 본문개정)
가. 외국으로부터 인위적 또는 자연적으로 유입되어 해양생태계의 균형에 교란을 가져오거나 가져올 우려가 있는 해양생물

나. 유전자의 변형을 통하여 생산된 유전자변형생물체 중 해양생태계의 균형에 교란을 가져오거나 가져올 우려가 있는 해양생물
13. "유해해양생물"이라 함은 사람의 생명이나 재산에 피해를 주는 해양생물로서 해양수산부령으로 정하는 종을 말한다.(2020.2.18 본호개정)
14. "해양보호구역"이라 함은 해양생물다양성이 풍부하여 생태적으로 중요하거나 해양경관 등 해양자산이 우수하여 특별히 보전할 가치가 큰 구역으로서 제25조에 따라 해양수산부장관이 지정하는 구역을 말한다. (2020.2.18 본호개정)
15. "해양자산"이라 함은 사람의 생활이나 경제활동에 이용될 수 있는 유형·무형의 가치를 가진 해양생태계의 생물자원과 해양경관, 해양광물, 해수(海水) 및 해양에너지 등 비생물적 자원의 총체를 말한다.
16. "국가해양생태공원"이란 해양자산의 생태적·경관적·학술적·경제적 가치를 보전하고 지속가능한 이용·관리를 위하여 제43조의2에 따라 해양수산부장관이 지정하는 구역을 말한다. 다만, 「자연공원법」 제2조에 따른 국립공원·도립공원 및 군립공원은 제외한다. (2022.12.27 본호신설)

제3조【해양생태계의 보전 및 관리의 기본원칙】 해양생태계의 보전 및 관리는 다음의 기본원칙에 따라야 한다.
1. 해양생태계는 모든 국민의 자산으로서 공익에 적합하게 보전·관리되고 지속가능한 이용이 이루어지도록 할 것
2. 해양의 이용은 해양생태계의 보전 및 관리와 조화·균형을 이루도록 할 것
3. 멸종위기에 처하여 있거나 생태적으로 중요한 해양생물은 보호되고, 해양생물다양성은 보전되도록 할 것
4. 국민이 해양생태계의 보전 및 관리에 참여하고 해양생태계를 건전하게 이용할 수 있는 기회가 증진되도록 할 것
5. 해양생태계의 보전 및 관리에 따르는 부담은 공평하게 분담되어야 하며, 해양생태계로부터 얻어지는 혜택은 지역주민과 이해관계인이 우선하여 누릴 수 있도록 할 것
6. 해양환경을 이용하거나 개발하는 때에는 생태적 균형이 파괴되거나 그 가치가 낮아지지 아니하도록 하여야 하며, 해양생태계와 해양경관이 파괴·훼손되거나 침해되는 때에는 최대한 복원·복구되도록 노력하여야 할 것(2020.2.18 본호개정)
7. 해양생태계의 지속가능한 이용을 위한 국제협력이 증진되도록 할 것

제4조【국가 등의 책무】 ① 국가 또는 지방자치단체는 해양생태계의 보전 및 관리를 위하여 다음의 조치를 강구하여야 한다.
1. 해양의 개발·이용행위 등 해양생태계에 영향을 미치는 행위나 사업(이하 "개발행위등"이라 한다)으로 인한 과도한 해양생태계의 훼손 방지 및 해양생태계의 지속가능한 이용을 위한 해양생태계의 보전 및 관리대책의 수립·시행
2. 국민이 해양생태계의 보전 및 관리에 적극 참여하도록 하는 시책의 추진 및 여건의 조성
3. 해양생태계의 보전 및 관리에 관한 조사·연구·기술개발 및 전문인력 양성
4. 해양생태계 훼손지에 대한 복원·복구 대책의 수립·시행
4의2. 해양생태축의 설정과 이를 보전·관리하기 위한 관리계획의 수립·시행(2020.12.8 본호신설)
5. 해양생태계에 관한 교육 및 홍보를 통한 해양생태계의 중요성에 대한 국민인식의 증진
6. 해양환경보전에 관한 국제협력의 증진
② 사업자는 사업활동을 하는 경우 다음 각 호의 사항을 준수하여야 한다.(2020.2.18 본문개정)
1. 해양생태계·해양경관을 우선적으로 고려할 것
2. 사업활동으로부터 비롯되는 해양환경 훼손에 대하여 스스로 복원·복구하는 등의 필요한 조치를 할 것
3. 제1항에 따른 국가 및 지방자치단체의 해양환경보전대책 등에 참여하고 협력할 것(2020.2.18 본호개정)
③ 모든 국민은 해양생태계의 보전 및 관리를 위한 국가 또는 지방자치단체의 시책에 적극 협조하는 등 해양생태계의 보호를 위하여 노력하여야 한다.
④ 개발행위등을 하고자 하는 자는 해양생태계의 훼손이 최소화되도록 필요한 조치를 하여야 한다.

제5조【주요시책의 협의 등】 ① 중앙행정기관의 장은 해양생태계의 보전 및 관리와 직접적인 관계가 있는 주요시책 또는 계획을 수립·시행하고자 하는 때에는 미리 해양수산부장관과 협의하여야 한다. 다만, 다른 법률에 의하여 해양수산부장관과 협의한 경우에는 그러하지 아니하다.(2013.3.23 본항개정)
② 해양수산부장관은 관계중앙행정기관의 장과 협의하여 개발행위등을 하는 경우에 해양생태계의 보전 및 관리와 지속가능한 이용을 위하여 고려하여야 할 지침을 작성하여 개발행위등을 하는 자로 하여금 활용하도록 할 수 있다.(2013.3.23 본항개정)
③ 제1항 및 제2항에 따른 협의의 대상이 되는 주요시책 또는 계획의 종류 및 지침작성에 관하여 필요한 사항은 대통령령으로 정한다.(2020.2.18 본항개정)

제6조【해양생태계보호운동의 지원】 국가는 국민이 해양생태계보호운동에 참여할 수 있도록 지방자치단체와 민간단체 등을 지원하고 지역별로 생태적 특성을 고려하여 해양생태계보호운동이 실시될 수 있도록 하여야 한다.

제7조【해양생태계정보체계의 구축·운영】 ① 해양수산부장관은 해양생태계에 관한 지식정보의 원활한 생산·보급 등을 위하여 해양생태도, 해양생물종 및 서식지정보 등을 전산화한 해양생태계정보체계(이하 "해양생태계정보체계"라 한다)를 구축·운영할 수 있다. (2013.3.23 본항개정)
② 해양수산부장관은 관계행정기관의 장에게 해양생태계정보체계의 구축·운영에 필요한 자료의 제출을 요청할 수 있다. 이 경우 요청받은 관계행정기관의 장은 특별한 사유가 없으면 그 요청을 따라야 한다.(2020.2.18 후단개정)
③ 해양수산부장관은 해양생태계정보체계의 효율적인 구축·운영을 위하여 필요한 경우에는 전문기관에 해양생태계정보체계의 구축·운영을 위탁할 수 있다. (2013.3.23 본항개정)
④ 제1항에 따른 해양생태계정보체계의 구축·운영 및 제3항에 따른 전문기관에의 위탁에 관하여 필요한 사항은 대통령령으로 정한다.(2020.2.18 본항개정)

제8조【주변국가와의 공동대책 수립】 ① 국가는 해양생태계와 해양생물자원의 체계적이고 종합적인 보전·관리를 위하여 주변국가와 공동대책을 수립할 수 있다.
② 국가 또는 지방자치단체는 해양생물의 보호, 해양생물서식지의 보전 및 해양오염으로 인한 해양생태계의 영향 등에 대한 국제적 공동대응을 촉진하기 위하여 주변국가와 공동으로 조사·연구·복원·복구 등의 협력사업을 실시할 수 있으며 그 협력사업에 관련 연구기관 및 학술기관 등을 참여하게 할 수 있다.(2020.2.18 본항개정)
③ 국가 또는 지방자치단체는 제2항에 따른 협력사업에 참여하는 관련 연구기관 및 학술기관을 지원할 수 있으며 협력사업 및 지원대상기관의 종류와 지원절차는 해양수산부령으로 정한다.(2020.2.18 본항개정)

제2장 계획수립 및 조사

제9조【해양생태계보전·관리기본계획의 수립】 ① 해양수산부장관은 해양생태계를 종합적이고 체계적으로 보전·관리하기 위하여 해양생태계보전·관리기본계획(이하 "기본계획"이라 한다)을 10년마다 수립하고, 5년마다 그 타당성을 검토하여 필요한 경우에는 이를 변경하여야 한다.(2020.12.8 본항개정)
② 기본계획에는 다음의 사항이 포함되어야 한다.
1. 해양생태계의 현황 및 그 이용상황
2. 해양생태계의 보전 및 관리에 관한 기본방향 및 주요사업
3. 해양생물의 서식환경 및 이동경로의 보호·복원에 관한 사항
4. 해양생태축의 설정 및 관리에 관한 사항(2020.12.8 본호개정)
5. 폭염 등으로 인한 이상수온, 기후변화 등에 의한 해양생태계 변화·교란 실태 및 기후변화에 취약한 해양생태계 현황(2018.12.31 본호개정)
6. 해양생태계의 보전 및 관리에 관한 교육·홍보 및 민간협력의 증진
7. 관계 중앙행정기관 및 지방자치단체의 협조
8. 해양생태계의 보전 및 관리에 관한 국제협력
9. 사업시행에 소요되는 경비의 산정 및 재원조달 방안에 관한 사항
9의2. 인간이 해양생태계로부터 얻는 「생물다양성 보전 및 이용에 관한 법률」 제2조제10호에 따른 생태계서비스에 관한 사항(2020.12.8 본호신설)
10. 그 밖에 해양생태계의 보전 및 관리에 관하여 대통령령으로 정하는 사항(2020.2.18 본호개정)
③ 해양수산부장관은 기본계획을 수립하고자 하는 때에는 미리 관계 중앙행정기관의 장 및 특별시장·광역시장·특별자치시장·도지사·특별자치도지사(이하 "시·도지사"라 한다)와 협의한 후 「해양수산발전 기본법」 제7조에 따른 해양수산발전위원회의 심의를 거쳐야 한다. (2014.5.21 본항개정)
④ 해양수산부장관은 기본계획의 수립을 위하여 관계 중앙행정기관의 장 및 시·도지사에게 그에 필요한 자료의 제출을 요청할 수 있다.(2013.3.23 본항개정)
⑤ 해양수산부장관은 수립된 기본계획을 관계 중앙행정기관의 장 및 시·도지사에게 통보하고 고시하여야 하며, 지체 없이 국회 소관 상임위원회에 제출하여야 한다. (2018.12.31 본항개정)
⑥ 시·도지사는 기본계획에 따라 관할구역의 해양생태계의 보전 및 관리에 관한 세부 실천계획을 수립하고 이를 해양수산부장관에게 보고하여야 한다.(2013.3.23 본항개정)
⑦ 해양수산부장관 또는 시·도지사는 자연적 또는 사회적 여건 등의 변화로 인하여 기본계획 및 세부실천계획을 변경할 필요가 있다고 인정되는 경우에는 이를 변경할 수 있다. 이 경우 미리 관계 중앙행정기관의 장 및 시·도지사와 협의하여야 한다.(2013.3.23 전단개정)
⑧ 해양수산부장관은 해양생태계 보전·관리를 위하여 필요하다고 인정되는 경우에는 시·도지사에게 세부실천계획의 변경을 요청할 수 있다.(2013.3.23 본항개정)
⑨ 제3항부터 제6항까지의 규정은 기본계획을 변경하는 경우에 준용한다. 다만, 대통령령으로 정하는 경미한 사항을 변경하는 경우에는 그러하지 아니하다.(2020.2.18 본항개정)
⑩ 관계 중앙행정기관의 장 또는 시·도지사는 개발행위등에 대한 인가·허가·승인·면허·결정 또는 지정 등을 하는 경우에는 기본계획을 우선적으로 고려하여야 한다.
⑪ 해양수산부장관은 해양생태계보전·관리기본계획의 시행성과를 2년마다 정기적으로 분석·평가하고 그 결과를 해양생태계의 보전·관리 정책에 반영하여야 한다. (2013.3.23 본항개정)

제9조의2【해양생태축의 설정】 ① 해양수산부장관이 해양생태축을 설정하려는 때에는 지방자치단체의 장의 의견을 듣고 관계 중앙행정기관의 장과 협의한 후 「해양수산발전 기본법」 제7조에 따른 해양수산발전위원회의 심의를 거쳐야 한다.
② 해양수산부장관은 제1항에 따라 해양생태축을 설정하였을 때에는 지체 없이 관계 중앙행정기관의 장 및 시·도지사에게 이를 통보하고 고시하여야 한다.
③ 해양생태축의 설정 기준, 방법 및 고시 등에 필요한 사항은 해양수산부령으로 정한다.
(2020.12.8 본조신설)

제9조의3【해양생태축의 관리계획 등】 ① 해양수산부장관은 기본계획에 따라 관계 중앙행정기관의 장 및 지방자치단체의 장과 협의하여 해양생태축의 보전·관리를 위한 관리계획을 5년마다 수립·시행하여야 한다.
② 해양수산부장관, 관계 중앙행정기관의 장 또는 지방자치단체의 장은 다음 각 호의 행위를 하는 경우에는 해양생태축을 우선적으로 고려하여야 한다.
1. 제19조제1항에 따른 해양보호생물의 보전계획 수립
2. 제25조제1항에 따른 해양보호구역의 지정·관리
3. 제32조제1항에 따른 해양생태계의 보전 및 관리를 위한 토지등의 확보
3의2. 제43조의2 및 제43조의3에 따른 국가해양생태공원의 지정 및 관리(2022.12.27 본호신설)
4. 제44조제1항에 따른 바닷가휴식지의 지정·관리
5. 제45조제1항 및 제2항에 따른 해양경관의 보전을 위한 조치
6. 제46조제3항에 따른 훼손된 해양생태계의 복원 등을 위한 필요한 대책의 수립·시행
(2020.12.8 본조신설)

제10조【국가해양생태계종합조사 등】 ① 해양수산부장관은 관계중앙행정기관의 장과 협조하여 전국을 대상으로 국가해양생태계종합조사(해양생태계에 관한 기본적인 조사, 제29조제1항에 따른 해양보호구역 조사·관찰, 제39조제2항에 따른 조사 및 「습지보전법」 제4조에 따라 해양수산부장관이 실시하는 기초조사를 통합하여 실시하는 조사를 말한다)를 실시하여야 한다.(2016.12.27 본항개정)
② (2016.12.27 삭제)
③ 제1항에 따른 조사의 내용 및 방법에 관하여 필요한 사항은 대통령령으로 정한다.(2016.12.27 본항개정)
④ 시·도지사는 해당 지방자치단체의 조례로 정하는 바에 따라 관할 구역의 해양생태계를 조사할 수 있으며, 조사를 하는 경우에는 조사계획 및 조사결과를 해양수산부장관에게 보고하여야 한다.(2020.2.18 본항개정)
(2016.12.27 본조제목개정)

제11조【정밀조사 및 해양생태계의 변화관찰 등】 ① 해양수산부장관은 제10조에 따른 조사결과 새롭게 파악된 해양생태계로서 특별히 조사하여 관리할 필요가 있다고 판단되는 경우에는 그 해양생태계에 대한 정밀조사계획을 수립하여 시행하여야 한다.(2020.2.18 본항개정)
② 해양수산부장관은 제10조에 따라 조사를 실시한 지역 및 해역 중 자연적 또는 인위적 요인으로 인한 해양생태계의 변화가 뚜렷하다고 인정되는 지역 및 해역에 대하여는 보완조사를 실시할 수 있다.(2020.2.18 본항개정)
③ 해양수산부장관은 자연적 또는 인위적 요인으로 인한 해양생태계의 변화내용을 지속적으로 관찰하여야 한다. (2013.3.23 본항개정)
④ 시·도지사는 해당 지방자치단체의 조례로 정하는 바에 따라 관할 구역에 대한 제1항부터 제3항까지의 규정에 따른 조사 및 관찰을 실시할 수 있다.(2020.2.18 본항개정)
⑤ 제1항 및 제2항에 따른 조사의 항목·내용 및 방법은 해양수산부령으로 정한다.(2020.2.18 본항개정)

제12조【해양생태도의 작성】 ① 해양수산부장관은 기본계획 수립에 활용하고, 개발행위등을 하는 경우에 고려할 수 있도록 제10조 및 제11조에 따른 조사 및 관찰 결과를 기초로 하여 전국의 해양생태계를 다음의 기준에 따라 구분한 해양생태도를 작성하여야 한다.(2020.2.18 본문개정)
1. 1등급 권역 : 다음에 해당하는 지역 및 해역
가. 해양보호생물의 주된 서식지·산란지 및 주요 이동경로가 되는 지역 및 해역(2018.12.31 본목개정)
나. 해양생태계가 특히 우수하거나 해양경관이 특히 수려한 지역 및 해역
다. 생물의 지리적 분포한계에 위치하는 지역 및 해역 또는 해양식생(海洋植生)의 유형을 대표하는 지역 및 해역

라. 해양생물다양성이 특히 풍부하고 보전가치가 큰 해양생물자원이 존재·분포하고 있는 지역 및 해역
마. 그 밖에 가목부터 라목까지의 규정에 준하는 해양생태적 가치가 있는 지역 및 해역으로서 대통령령으로 정하는 기준에 해당하는 지역 및 해역(2020.2.18 본목개정)
2. 2등급 권역 : 제1호 각 목에 준하는 지역 및 해역으로서 장래 해양생태적인 보전 가치가 있는 지역 및 해역 또는 1등급 권역의 외부지역 및 해역으로서 1등급 권역의 보호를 위하여 필요한 지역 및 해역
3. 3등급 권역 : 1등급 권역, 2등급 권역 및 별도관리지역으로 분류되지 아니한 지역 및 해역으로서 개발 또는 이용의 대상이 되는 지역 및 해역
4. 별도관리지역 : 다른 법률의 규정에 의하여 보전되는 지역중 경관적 가치가 있는 지역으로서 대통령령으로 정하는 지역(2020.2.18 본호개정)
② 해양수산부장관은 해양생태도를 작성하는 때에는 관계 중앙행정기관의 장 또는 지방자치단체의 장에게 필요한 자료 또는 전문인력의 협조를 요청할 수 있으며, 군사목적상 불가피한 경우를 제외하고는 관계 중앙행정기관의 장 또는 지방자치단체의 장은 대통령령으로 정하는 바에 따라 자료의 요청에 협조하여야 한다.(2020.2.18 본항개정)
③ 시·도지사는 해양수산부장관과 협의하여 효율적인 해양생태계의 보전 및 관리를 위하여 관할 구역의 상세한 해양생태도를 작성할 수 있으며 이에 필요한 사항은 해당 지방자치단체의 조례로 정한다.(2019.8.20 본항개정)
④ 해양수산부장관은 해양생태도를 작성하는 때에는 14일 이상 국민의 열람을 거쳐 관계 중앙행정기관의 장과 협의하여야 한다.(2013.3.23 본항개정)
⑤ 해양수산부장관은 작성된 해양생태도를 관계 중앙행정기관의 장 및 해당지방자치단체의 장에게 통보하고 고시하여야 한다.(2013.3.23 본항개정)
⑥ 해양생태도의 작성기준 및 방법은 대통령령으로 정한다.

제13조【해양생태조사원】 ① 해양수산부장관 또는 시·도지사는 제10조 및 제11조에 따른 조사 및 관찰 그 밖에 해양생태계에 대한 조사를 실시하기 위하여 필요한 경우에는 해양생태조사원(이하 "조사원"이라 한다)을 둘 수 있다.
② 제1항에 따른 조사원의 자격·위촉절차 그 밖의 필요한 사항은 해양수산부령 또는 해당 지방자치단체의 조례로 정한다.
(2020.2.18 본조개정)

제14조【타인의 토지 등에의 출입 등】 ① 해양수산부장관 또는 시·도지사는 제10조 및 제11조에 따른 조사 및 관찰을 위하여 필요한 경우에는 소속 공무원 또는 조사원(제60조제3항에 따라 해양수산부장관 또는 시·도지사가 제10조제1항에 따른 국가해양생태계종합조사 등의 업무를 전문기관 또는 단체에 위탁한 경우에는 그 전문기관 또는 단체의 임직원을 포함한다)으로 하여금 공유수면 또는 타인의 토지에 출입하여 조사 및 관찰을 하게 하거나 그 공유수면 또는 토지의 나무·흙·돌 그 밖의 장애물(이하 "장애물등"이라 한다)을 변경 또는 제거하게 할 수 있다.(2020.12.8 본항개정)
② 제1항에 따라 장애물등을 변경 또는 제거하고자 하는 경우에는 그 공유수면 또는 토지의 점용자·사용자·소유자·점유자 또는 관리인(이하 "점용자등"이라 한다)의 동의를 얻어야 한다. 다만, 점용자등이 현장에 없거나 주소불명으로 그 동의를 얻을 수 없는 경우에는 해당 지역을 관할하는 읍·면·동의 게시판에 게시하거나 일간신문에 공고하여야 하며, 게시 또는 공고한 후 14일이 지난 때에는 동의를 얻은 것으로 본다.
③ 공유수면 또는 토지의 점용자등은 정당한 사유 없이 제1항에 따른 출입·조사·관찰행위 및 장애물등의 변경·제거행위를 거부·방해 또는 기피하지 못한다.
④ 제1항에 따라 공유수면 또는 타인의 토지에 출입하고자 하는 사람은 해양수산부령으로 정하는 바에 따라 그 권한을 표시하는 증표를 지니고 이를 관계인에게 내보여야 한다.
(2020.2.18 본조개정)

제15조【해양의 기초생산의 유지·관리】 ① 해양수산부장관은 관계 중앙행정기관의 장 및 시·도지사와 협의하여 해양의 기초생산의 유지·관리를 위한 대책을 수립하여야 한다.
② 해양수산부장관은 해양의 기초생산의 유지·관리를 위하여 해역별 해양생태계의 현황, 특성 및 영향 등 필요한 사항을 미리 조사하여야 한다.
③ 해양수산부장관은 과학적이고 전문적인 조사·측량을 위하여 제2항에 따른 조사를 관계전문기관에 의뢰할 수 있다.(2020.2.18 본항개정)
(2013.3.23 본조개정)

제3장 해양생물의 보호

제16조【회유성해양동물 등의 보호】 ① 국가 또는 지방자치단체는 회유성해양동물 및 해양포유동물의 서식지·산란지·회유경로 등을 보호하여야 한다.
② 국가 또는 지방자치단체는 회유성해양동물 및 해양포유동물의 보전·관리를 위하여 전시관 및 교육·홍보관을 설치할 수 있으며, 관련 기관 또는 단체의 연구·조사비용의 전부 또는 일부를 지원할 수 있다.
③ 해양수산부장관·관계 중앙행정기관의 장 또는 지방자치단체의 장은 회유성해양동물 및 해양포유동물의 산란·번식환경을 보전·관리하기 위하여 포획을 금지하거나 제한할 수 있다.(2013.3.23 본항개정)
④ 제2항에 따른 회유성해양동물 및 해양포유동물의 연구·조사에 대한 지원절차 및 방법에 관하여 필요한 사항은 해양수산부령으로 정한다.(2020.2.18 본항개정)

제16조의2【해양보호생물 등의 조사】 ① 해양수산부장관은 해양보호생물, 회유성해양동물 및 해양포유동물의 서식실태를 정밀하게 조사하여야 한다.
② 제1항에 따른 조사의 내용 및 방법에 관하여 필요한 사항은 해양수산부령으로 정한다.
(2022.10.18 본조신설)

제17조【서식지외보전기관의 지정 등】 ① 해양수산부장관 또는 시·도지사는 해양생물을 그 서식지에서 보전하기 어렵거나 종의 보존 등을 위하여 서식지 외에서 보전할 필요가 있는 경우에는 관계중앙행정기관의 장의 의견을 들어 동물원 등 대통령령으로 정하는 기관을 해양생물의 서식지외보전기관(이하 "서식지외보전기관"이라 한다)으로 지정할 수 있다. 다만, 「자연유산의 보존 및 활용에 관한 법률」 제11조에 따라 지정된 천연기념물을 서식지 외에서 보전하기 위하여 서식지외보전기관을 지정하고자 하는 경우에는 문화재청장과 협의하여야 한다.
(2023.3.21 단서개정)
② 해양수산부장관 또는 시·도지사는 서식지외보전기관에서 해양보호생물을 보전하기 위하여 특별히 필요한 경우에는 그 비용의 전부 또는 일부를 지원할 수 있다.
(2018.12.31 본항개정)
③ 해양수산부장관 또는 시·도지사는 서식지외보전기관이 다음 각 호의 어느 하나에 해당하는 경우에는 그 지정을 취소하거나 6개월 이내의 기간을 정하여 업무의 전부 또는 일부의 정지를 명할 수 있다. 다만, 제1호에 해당하는 경우에는 그 지정을 취소하여야 한다.
(2016.12.27 본문개정)
1. 거짓이나 그 밖의 부정한 방법으로 지정을 받은 경우(2020.2.18 본호개정)
2. 제16조제3항에 따른 금지·제한을 위반하여 회유성해양동물 및 해양포유동물을 포획하는 경우(2020.2.18 본호개정)
3. 제20조제1항을 위반하여 다음 각 목의 어느 하나에 해당하는 경우(2020.2.18 본문개정)
  가. 허가를 받지 아니하고 해양보호생물을 포획·채취 또는 훼손하는 경우(2018.12.31 본목개정)
  나. 해양보호생물을 포획하거나 훼손하기 위하여 폭발물·그물·함정어구(陷穽漁具)를 설치하거나 유독물질(「화학물질관리법」 제2조제2호에 따른 유독물질을 말한다. 이하 같다)·전류를 사용하는 경우
  (2018.12.31 본목개정)
4. 제42조제1항제1호 및 제2호의 규정을 위반하여 허가받지 아니하고 포획이 금지되거나 제한된 해양동물을 수입·반입하거나 해양보호생물을 수출·수입·반출·반입하는 경우(2018.12.31 본호개정)
5. 서식지외보전기관의 지정 취지에 어긋나는 해양생물에 대한 학대 등의 행위 또는 관리부실로 인한 해양생물의 폐사가 지속적으로 발생하여 해양생물의 보전 등의 업무를 수행하기 어렵다고 판단되는 경우(2017.11.28 본호개정)
④ 서식지외보전기관의 지정 기준·절차 및 그 운영에 필요한 사항은 해양수산부령으로 정한다.(2016.12.27 본항개정)
(2016.12.27 본조제목개정)

제18조【해양동물의 구조·치료】 ① 해양수산부장관 또는 시·도지사는 조난 또는 부상당한 해양동물의 구조·치료를 위하여 해양동물의 구조·치료시설을 설치·운영하는 등 필요한 조치를 하여야 한다.(2013.3.23 본항개정)
② 해양수산부장관 또는 시·도지사는 해양동물의 구조·치료를 위하여 관련기관 또는 단체를 해양동물전문구조·치료기관으로 지정할 수 있다.(2013.3.23 본항개정)
③ 해양수산부장관 또는 시·도지사는 제2항에 따라 지정된 해양동물전문구조·치료기관에 대하여 해양동물의 구조·치료활동에 소요되는 비용의 전부 또는 일부를 지원할 수 있다.(2020.2.18 본항개정)
④ 해양수산부장관 또는 시·도지사는 해양동물전문구조·치료기관이 다음 각 호의 어느 하나에 해당하는 경우에는 그 지정을 취소하거나 6개월 이내의 기간을 정하여 업무의 전부 또는 일부의 정지를 명할 수 있다. 다만, 제1호에 해당하는 경우에는 그 지정을 취소하여야 한다.
(2016.12.27 본문개정)
1. 거짓이나 그 밖의 부정한 방법으로 지정을 받은 경우(2020.2.18 본호개정)
2. 특별한 사유 없이 조난 또는 부상당한 해양동물의 구조·치료를 3회 이상 거부한 경우
3. 해양동물을 학대하는 경우
4. 제20조의 규정을 위반하여 불법포획한 해양보호생물 및 그 가공품 등을 취득·양도·양수·운반·보관하거나 알선하는 행위(2018.12.31 본호개정)
5. 해양동물의 구조·치료 활동에 소요된 비용을 거짓으로 청구한 경우(2016.12.27 본호신설)
6. 그 밖에 전문구조·치료기관의 지정 목적에 반하는 활동을 한 경우(2016.12.27 본호신설)
⑤ 제2항 및 제3항에 따른 해양동물전문구조·치료기관의 지정 기준·절차 및 구조·치료비용의 지원에 필요한 사항은 해양수산부령으로 정한다.(2020.2.18 본항개정)

제18조의2【해양보호생물 등의 혼획방지】 ① 누구든지 해양포유동물 및 해양보호생물이 조업 중 혼획(混獲)되지 아니하도록 노력하여야 하며, 혼획방지를 위한 국가와 지방자치단체의 시책에 적극 협조하여야 한다.
(2018.12.31 본항개정)
② 국가 또는 지방자치단체는 혼획방지에 필요한 기술의 연구·개발을 위하여 노력하여야 한다.
(2018.12.31 본조제목개정)
(2016.12.27 본조신설)

제19조【해양보호생물의 보전계획】 ① 해양수산부장관은 대통령령으로 정하는 바에 따라 해양보호생물의 보전대책을 마련하고, 이를 관계 중앙행정기관의 장 및 시·도지사와 협조하여 실시하거나 관계 중앙행정기관의 장 및 시·도지사에게 실시하도록 요청할 수 있다.
(2020.2.18 본항개정)
② 해양수산부장관은 해양보호생물의 서식지 등에 대하여 보호조치를 강구하여야 하며, 자연상태에서 현재의 개체군으로서는 지속적인 생존이 어렵다고 판단되거나 보호를 위한 조치가 특별히 필요한 경우에는 종의 증식·복원 등 필요한 조치를 하여야 한다.(2018.12.31 본항개정)
③ 해양수산부장관은 해양보호생물의 보호·증식·복원 등을 위하여 필요한 경우에는 관계 중앙행정기관의 장 및 시·도지사에게 협조를 요청할 수 있다.(2018.12.31 본항개정)
④ 해양수산부장관·관계 중앙행정기관의 장 또는 시·도지사는 해양보호생물의 보호를 위하여 필요하다고 인정되는 경우에는 공유수면 또는 토지의 점용자등에게 대통령령으로 정하는 바에 따라 그 공유수면 또는 토지의 적정한 이용방법 등을 권고할 수 있다.(2020.2.18 본항개정)
⑤ 해양수산부장관은 예산의 범위 안에서 공유수면 또는 토지의 점용자등에게 권고사항의 준수에 필요한 지원을 할 수 있다.
(2018.12.31 본조제목개정)
(2013.3.23 본조개정)

제20조【해양보호생물의 포획·채취 등 금지】 ① 누구든지 해양보호생물을 포획·채취·이식·가공·유통·보관(가공·유통·보관의 경우에는 죽은 것을 포함한다)·훼손(이하 "포획·채취등"이라 한다)하여서는 아니되며, 포획하거나 훼손하기 위하여 폭발물·그물·함정어구를 설치하거나 유독물질·전류를 사용하여서는 아니된다. 다만, 다음 각 호의 어느 하나에 해당하는 경우로서 해양수산부장관의 허가를 받은 경우에는 해양보호생물의 포획·채취등을 할 수 있다.(2018.12.31 본문개정)
1. 학술연구 또는 해양보호생물의 보호·증식 및 복원의 목적으로 사용하고자 하는 경우(2018.12.31 본호개정)
2. 제40조에 따라 설치된 해양생물자원관이나 제43조에 따라 설치된 해양생태계보전·이용시설에서 교육용(살아있는 해양포유류를 포획하는 경우는 제외한다)으로 사용하고자 하는 경우(2016.12.27 본호개정)
3. 양식어류 또는 수산물의 피해를 방지하기 위하여 필요한 경우
4. 「공익사업을 위한 토지 등의 취득 및 보상에 관한 법률」 제4조에 따른 공익사업의 시행 또는 법령의 규정에 의한 인가·허가 또는 승인 등(이하 "인·허가등"이라 한다)을 받은 사업의 시행을 위하여 해양보호생물을 이동 또는 이식하여 보전하는 것이 불가피한 경우
5. 대통령령으로 정하는 바에 따라 인공증식한 것을 수출·수입·반출 또는 반입하는 경우
6. 그 밖에 해양생물의 보호에 지장을 주지 아니하는 범위 안에서 해양수산부령으로 정하는 경우
(2020.2.18 4호~6호개정)
② 「야생생물 보호 및 관리에 관한 법률」 제19조에 따라 허가를 받은 경우에는 제1항 단서에 따른 해양수산부장관의 허가를 받은 것으로 본다.(2020.2.18 본항개정)
③ 다음 각 호의 어느 하나에 해당하는 경우에는 제1항의 규정을 적용하지 아니한다.
1. 인체에 급박한 위해를 미칠 우려가 있어 포획하는 경우
2. 부상을 입거나 어구 등에 의하여 혼획된 해양동물의 구조·치료가 시급하여 포획하는 경우(2016.12.27 본호개정)
3. 어업활동에 의하여 불가피하게 혼획된 경우(제2호에 해당하는 경우는 제외한다)로서 해양수산부장관에게 48시간 이내에 신고한 경우(2016.12.27 본호개정)
4. 서식지외보전기관이 관계법령의 규정에 의하여 포획·채취등의 인·허가등을 받은 경우
5. 「문화유산의 보존 및 활용에 관한 법률」 제35조 또는 「자연유산의 보존 및 활용에 관한 법률」 제17조에 따른 허가사항인 경우(2023.8.8 본호개정)
6. 「야생생물 보호 및 관리에 관한 법률」 제2조제2호에 따른 멸종위기 야생생물에 해당하는 경우(2011.7.28 본호개정)

④ 제1항 단서에 따라 허가를 받고 해양보호생물의 포획·채취등을 하고자 하는 자는 허가증을 지니어야 하고, 포획·채취등을 한 경우에는 해양수산부령으로 정하는 바에 따라 그 결과를 해양수산부장관에게 신고하여야 한다.(2020.2.18 본항개정)
⑤ 특정 해양생물이 해양보호생물로 정하여지는 경우에 그 전부터 해당 해양생물을 보관하고 있는 자는 1년 이내에 해양수산부령으로 정하는 바에 따라 해양수산부장관에게 신고하여야 한다.(2020.2.18 본항개정)
⑥ 제1항 단서에 따른 허가의 기준·절차 및 허가증의 교부에 관하여 필요한 사항은 해양수산부령으로 정한다.(2020.2.18 본항개정)
(2018.12.31 본조제목개정)

제21조【허가의 취소】 ① 해양수산부장관은 제20조제1항 단서에 따라 허가를 받은 자가 다음 각 호의 어느 하나에 해당하는 경우에는 그 허가를 취소할 수 있다. 다만, 제1호에 해당하는 경우에는 그 허가를 취소하여야 한다.
1. 거짓이나 그 밖의 부정한 방법으로 허가를 받은 경우
2. 해양보호생물의 포획·채취등을 할 때 허가내용을 위반한 경우
② 제1항에 따라 허가가 취소된 자는 취소된 날부터 7일 이내에 허가증을 해양수산부장관에게 반납하여야 한다.(2020.2.18 본조개정)

제22조【해양보호생물 관련 광고 및 관찰활동의 제한】 ① 누구든지 해양보호생물의 멸종 또는 감소를 촉진하거나 학대를 유발할 수 있는 광고를 하여서는 아니 된다. 다만, 다른 법률의 규정에 의하여 인·허가등을 받은 경우에는 그러하지 아니하다.
② 누구든지 해양보호생물의 관찰이나 관광 활동을 하려는 때에는 해양보호생물의 이동이나 먹이활동 등을 방해하거나 교란할 우려가 있는 다음 각 호의 행위를 하여서는 아니 된다. 다만, 「동물원 및 수족관의 관리에 관한 법률」에 따른 동물원 및 수족관이 보유하고 있는 해양보호생물에 대하여는 그 법에서 정하는 바에 따른다.
1. 해양보호생물에 과도하게 접근하는 행위
2. 규정된 속도 이상으로 선박 등을 운항하는 행위
3. 해양보호생물에게 임의로 먹이를 제공하는 행위
4. 그 밖에 해양보호생물의 이동이나 먹이활동을 방해할 우려가 있는 행위로 해양수산부령으로 정하는 행위
(2022.10.18 본항신설)
③ 제2항에 따른 해양보호생물의 관찰이나 관광 활동의 세부적인 기준 및 방법 등에 관하여 필요한 사항은 해양수산부령으로 정한다.(2022.10.18 본항신설)
(2022.10.18 본조제목개정)
(2018.12.31 본조개정)

제23조【해양생태계교란생물의 관리】 ① 누구든지 해양생태계교란생물을 해양생태계에 유입시키거나 서식지 및 개체수를 증가시켜서는 아니 된다.
② 해양생태계교란생물을 수입 또는 반입하고자 하는 자는 해양수산부령으로 정하는 바에 따라 해양수산부장관의 허가를 받아야 한다. 다만, 해양생태계교란생물 중 「유전자변형생물체의 국가간 이동 등에 관한 법률」 제2조에 따른 유전자변형생물체는 그 법에서 정하는 바에 따른다.(2020.2.18 본항개정)
③ 해양수산부장관은 해양생태계교란생물이 해양생태계의 균형을 교란하거나 해를 끼치는 경우 수산자원 등을 통하여 대책을 수립하여야 하며 관계 중앙행정기관의 장 또는 지방자치단체의 장에게 관련 조치를 요청할 수 있다. 이 경우 해양수산부장관은 제27조제1항에 따른 해양보호구역에서의 행위제한에도 불구하고 해양생태계교란생물을 포획·채취하도록 할 수 있다.(2020.2.18 본항개정)

제24조【유해해양생물의 관리】 해양수산부장관 또는 시·도지사는 유해해양생물로 인한 수산업 등의 피해상황, 유해해양생물의 종류 및 개체 수 등을 종합적으로 고려하여 유해해양생물을 관리하되, 과도한 포획·채취로 인한 해양생태계의 교란이 발생하지 아니하도록 하여야 한다.(2014.5.21 본조개정)

제4장 해양보호구역의 지정·관리

제25조【해양보호구역의 지정·관리】 ① 해양수산부장관은 다음 각 호의 어느 하나에 해당하여 해양생태계 및 해양경관 등을 특별히 보전할 필요가 있는 구역을 해양보호구역으로 지정·관리할 수 있다.(2013.3.23 본문개정)
1. 해양의 자연생태가 원시성을 유지하고 있거나 해양생물다양성이 풍부하여 보전 및 학술적 연구가치가 있는 해역
2. 해양의 지형·지질·생태가 특이하여 학술적 연구 또는 보전이 필요한 지역
3. 해양의 기초생산력이 높거나 해양보호생물의 서식지·산란지 등으로서 보전가치가 있다고 인정되는 해역(2018.12.31 본호개정)
4. 다양한 해양생태계를 대표할 수 있거나 표본에 해당하는 해역
5. 산호초·해초 등의 해저경관 및 해양경관이 수려하여 특별히 보전할 필요가 있는 해역
6. 해양생태계의 탄소흡수원 기능을 유지하거나 증진하기 위하여 보전이 필요한 지역(2017.11.28 본호신설)
7. 그 밖에 해양생태계의 효과적인 보전 및 관리를 위하여 특별히 필요한 해역으로서 대통령령으로 정하는 해역(2017.11.28 본호개정)
② 제1항에 따른 해양보호구역은 해양생태계의 특성에 따라 다음과 같이 세부구역으로 구분하여 지정·관리할 수 있다.(2020.2.18 본문개정)
1. 해양생물보호구역 : 해양보호생물의 보호를 위하여 필요한 구역(2018.12.31 본호개정)
2. 해양생태계보호구역 : 해양생태계가 특히 우수하거나 해양생물다양성이 풍부한 구역 또는 취약한 생태계로서 훼손되는 경우 복원하기 어려운 구역
3. 해양경관보호구역 : 바닷가 또는 바다 속의 지형·지질 및 생물상(生物相) 등이 해양생태계와 잘 어우러져 해양경관적 가치가 탁월한 구역
③ 해양수산부장관은 해양보호구역이 군사목적을 위하여 필요하거나 천재·지변 그 밖의 사유로 인하여 제1항에 따른 해양보호구역으로서의 가치를 상실 또는 보전할 필요가 없게 된 경우에는 그 지정을 변경·해제할 수 있다.(2020.2.18 본항개정)
④ 제1항부터 제3항까지의 규정에 따른 해양보호구역의 지정 및 관리를 위하여 필요한 사항은 해양수산부령으로 정한다.(2020.2.18 본항개정)

제26조【해양보호구역의 지정절차 등】 ① 해양수산부장관은 해양보호구역을 지정 또는 변경하고자 하는 때에는 다음의 내용을 포함한 지정계획서에 대통령령으로 정하는 지형도(해도를 포함한다)를 작성하여 미리 해당 지역주민, 이해관계인 및 지방자치단체의 장의 의견을 들은 후 관계 중앙행정기관의 장과의 협의 및 「해양수산발전기본법」 제7조에 따른 해양수산발전위원회의 심의를 거쳐야 한다. 다만, 대통령령으로 정하는 경미한 사항의 변경은 해양수산발전위원회의 심의를 생략할 수 있다.(2020.2.18 본문개정)
1. 지정 또는 변경의 사유 및 목적
2. 주요 해양생태계의 현황 및 특징
3. 지정대상구역 토지 및 인접한 토지의 용도지역 및 이용현황
4. 해양보호구역의 구분 및 관리방안
5. 어업권·양식업권·광업권 현황 및 도면(2019.8.27 본호개정)
6. 법령상 규제지역 현황
② 제1항에 따라 의견청취 또는 협의의 요청을 받은 지방자치단체의 장 또는 관계중앙행정기관의 장은 특별한 사유가 없으면 그 요청을 받은 날부터 30일 이내에 해양수산부장관에게 의견을 제시하여야 한다.(2020.2.18 본항개정)
③ 해양수산부장관은 해양보호구역을 지정·변경 또는 해제한 때에는 지체 없이 해양수산부령으로 정하는 바에 따라 지정·변경 또는 해제내용을 관보에 고시하여야 한다.(2020.2.18 본항개정)

제27조【해양보호구역에서의 행위제한 등】 ① 누구든지 해양보호구역에서는 다음 각 호의 하나에 해당하는 행위를 하여서는 아니된다. 다만, 해양보호구역에 「자연공원법」에 따라 지정된 공원구역 또는 「문화유산의 보존 및 활용에 관한 법률」에 따른 문화유산(보호구역을 포함한다) 및 「자연유산의 보존 및 활용에 관한 법률」에 따른 자연유산(보호구역을 포함한다)이 포함된 경우에는 「자연공원법」 또는 「문화유산의 보존 및 활용에 관한 법률」 및 「자연유산의 보존 및 활용에 관한 법률」에서 정하는 바에 따른다.(2023.8.8 단서개정)
1. 해양보호구역에서 해양보호생물에 해당하지 아니하는 해양생물 중 해양수산부령으로 정하는 해양생물을 포획·채취·이식·훼손하는 행위 또는 포획하거나 훼손하기 위하여 폭발물·그물·함정어구를 설치하거나 유독물질·전류를 사용하는 행위(2020.2.18 본호개정)
2. 건축물 그 밖에 인공구조물의 신축·증축행위(해양보호구역 지정 당시의 건축연면적의 2배 이상 증축하는 경우에 한정한다)(2020.2.18 본호개정)
3. 공유수면의 구조를 변경하거나 해수의 수위 또는 수량에 증감을 가져오는 행위
4. 공유수면 또는 토지의 형질변경행위
5. 공유수면에서의 바다모래·규사 및 토석의 채취행위
6. 「물환경보전법」 제2조제8호에 따른 특정수질유해물질, 「폐기물관리법」 제2조제1호에 따른 폐기물 또는 유독물질을 버리는 행위(2020.2.18 본호개정)
7. 해양생태계의 보전 및 관리에 관한 안내판 그 밖의 표지물을 더럽히거나 훼손하거나 이전하는 행위(2020.2.18 본호개정)
8. 그 밖에 해양생태계보전에 유해하다고 인정되는 행위로서 대통령령으로 정하는 행위(2020.2.18 본호개정)
② 다음 각 호의 어느 하나에 해당하는 경우에는 제1항의 규정을 적용하지 아니한다.
1. 군사목적을 위하여 필요한 경우(2020.2.18 본호개정)
2. 천재·지변 또는 이에 준하는 대통령령으로 정하는 재해가 발생하여 긴급한 조치가 필요한 경우(2020.2.18 본호개정)
3. 제1항제2호부터 제5호까지의 행위로서 해양보호구역 및 해양보호구역에 오염 등의 영향을 직접 미칠 수 있는 인접지역(이하 "인접지역"이라 한다) 주민의 고유한 생활양식의 유지 또는 향상을 위하여 필요하거나 기존에 실시하던 영농·영어(營漁)행위를 지속하기 위하여 필요한 행위 등 대통령령으로 정하는 경우(2020.2.18 본호개정)
4. 학술적 조사·연구를 목적으로 하는 행위 또는 관련 시설로서 해양수산부장관이 해당 해양보호구역의 보전에 지장이 없다고 인정하여 허가한 경우(2019.8.20 본호개정)
5. 다른 법령에 의하여 관계행정기관의 장이 직접 개발행위등을 하거나 관계행정기관의 장의 인·허가등을 받은 경우. 이 경우 관계 행정기관의 장은 미리 해양수산부장관과 협의하여야 한다.(2013.3.23 후단개정)
6. 「농어촌정비법」 제2조제5호에 따른 농업생산기반정비사업 및 「어촌·어항법」 제2조제2호에 따른 어촌종합개발사업으로서 이 법 제28조에 따른 해양보호구역관리계획에 포함된 사항을 시행하는 경우(2020.12.8 본호개정)
7. 해양수산부장관이 해양보호구역을 보호·관리하기 위하여 대통령령으로 정하는 행위를 하거나 필요한 시설을 설치하는 경우
8. 제25조제2항제3호에 따른 해양경관보호구역에 생태체험시설 등 대통령령으로 정하는 시설물을 설치하는 경우(2020.2.18 7호~8호개정)
③ 제1항 단서에도 불구하고 제25조제2항제1호에 따른 해양생물보호구역에서는 해양생물에 대하여 제1항제1호의 행위를 하여서는 아니 된다.(2020.2.18 본항개정)
④ 제1항에도 불구하고 제25조제2항제3호에 따른 해양경관보호구역에서는 그 구역지정의 근거사유가 되는 해양경관을 훼손하지 아니하는 범위 안에서 해양생물의 포획·채취행위를 할 수 있다.(2020.2.18 본항개정)
⑤ 해양수산부장관 또는 시·도지사는 해양보호생물의 보호를 위하여 불가피한 경우 또는 취약한 해양생태계의 보전 및 관리를 위하여 특히 필요한 경우에는 해양보호구역에서 대통령령으로 정하는 개발행위등을 제한하거나 제2항제3호에도 불구하고 영어행위를 제한할 수 있다.(2020.2.18 본항개정)

제28조【해양보호구역의 관리계획】 ① 해양수산부장관은 해양보호구역에 대하여 관계 중앙행정기관의 장 및 지방자치단체의 장과 협의하여 다음 사항이 포함된 해양보호구역관리계획을 5년마다 수립·시행하여야 한다. 해양보호구역관리계획을 변경하려는 경우에도 관계 중앙행정기관의 장 및 지방자치단체의 장과 협의하여야 한다. 다만, 대통령령으로 정하는 경미한 사항을 변경할 때에는 그러하지 아니하다.(2020.12.8 본문개정)
1. 해양생태계 및 해양생물다양성의 보전·관리
2. 제25조제2항 각 호에 따른 해양생물보호구역·해양생태계보호구역 및 해양경관보호구역의 특별관리(2020.2.18 본호개정)
3. 해양보호구역 및 그 인접지역 주민의 삶의 질 향상과 이해관계인의 이익보호
4. 해양생태계의 보전 및 관리를 통하여 지역사회의 발전에 이바지하도록 하는 사항
② 해양수산부장관은 해양보호구역관리계획을 수립 또는 변경하였을 때에는 그 내용을 고시하여야 한다.(2020.12.8 본항신설)
③ 제1항 및 제2항에서 규정한 사항 외에 해양보호구역관리계획의 수립, 변경 및 시행 등에 필요한 사항은 해양수산부령으로 정한다.(2020.12.8 본항신설)
(2020.12.8 본조제목개정)

제29조【해양보호구역의 조사 및 관찰】 ① 해양수산부장관은 해양보호구역을 지정·변경하고자 할 때에는 해양생태계의 현황, 특성 및 지형 등 그 지정·변경에 필요한 사항을 미리 조사하고 측량하여야 한다.
② 해양수산부장관은 과학적이고 전문적인 조사·측량을 위하여 제1항에 따른 조사·측량을 관계전문기관에 의뢰할 수 있다.(2020.2.18 본항개정)
③ 해양수산부장관은 관계 중앙행정기관의 장 또는 지방자치단체의 장에게 해양보호구역의 지정에 필요한 자료제출 등의 협조를 요청할 수 있다. 이 경우 관계 중앙행정기관의 장 또는 지방자치단체의 장은 특별한 사유가 없으면 그 요청을 따라야 한다.(2020.2.18 후단개정)
④ 해양수산부장관 또는 시·도지사는 해양보호구역에 대하여 해양생태계의 현황과 해양생물의 서식실태 등을 지속적으로 관찰하여야 한다.(2013.3.23 본조개정)

제30조【중지명령 등】 해양수산부장관 또는 시·도지사는 해양보호구역에서 제27조제1항·제3항 및 제5항의 규정에 위반되는 행위를 한 자에 대하여 그 행위의 중지를 명하거나 상당한 기간을 정하여 원상회복을 명할 수 있다. 다만, 원상회복이 곤란한 경우에는 대체자연의 조성 등 이에 상응하는 조치를 하도록 명할 수 있다.(2013.3.23 본문개정)

제31조【긴급해양보호구역】 ① 해양수산부장관은 제25조제1항 각 호의 어느 하나에 해당하는 지역 또는 해역으로서 해양생태계의 심각한 훼손이 우려되어 긴급한 보호가 필요하다고 인정되는 지역 또는 해역을 관계 중앙행정기관의 장 및 지방자치단체의 장의 의견을 들은 후 긴급해양보호구역으로 지정할 수 있다.(2013.3.23 본항개정)
② 해양수산부장관은 제1항에 따라 긴급해양보호구역을 지정한 때에는 그 사실을 고시하고 관계 중앙행정기관의 장 및 지방자치단체의 장에게 통보하여야 한다.(2020.2.18 본항개정)

③ 해양수산부장관은 제1항에 따라 긴급해양보호구역을 지정한 경우에는 해양생태계의 변형을 초래할 우려가 있는 계획 또는 사업의 인·허가등에 관하여 관계행정기관의 장에게 계획의 보완을 요청하거나 실시시기의 조정, 실시방법의 변경 또는 인·허가등의 유보를 요청할 수 있다.(2020.2.18 본항개정)
④ 해양수산부장관은 제1항에 따른 긴급해양보호구역으로의 지정사유가 소멸한 때에는 지체 없이 그 지정을 해제하여야 하며, 그 사실을 고시하여야 한다.(2020.2.18 본항개정)
⑤ 제1항에 따라 긴급해양보호구역을 지정·고시한 날부터 1년 이내에 같은 구역이 해양보호구역으로 지정되지 아니하는 경우에는 긴급해양보호구역의 지정이 해제된 것으로 본다.(2020.2.18 본항개정)
제32조【해양생태계의 보전 및 관리를 위한 토지등의 확보】 ① 해양수산부장관은 해양보호구역이나 생태적 가치가 특히 우수하여 해양보호구역으로 지정할 필요가 있다고 인정되는 지역 또는 해역에 소재하는 토지·공유수면 또는 인공구조물 그 밖에 그 토지에 정착된 물건(이하 "토지등"이라 한다)을 군사목적 또는 「국가유산기본법」 제3조에 따른 국가유산의 보호목적 등으로 사용할 필요가 없게 되는 경우에는 국방부장관 등 해당 토지등의 관리권을 보유하고 있는 중앙행정기관의 장에게 「국유재산법」 제2조제5호에 따른 관리전환을 요청할 수 있다. 다만, 「징발재산정리에 관한 특별조치법」 제20조 및 제20조의2의 규정과 「국가보위에 관한 특별조치법」 제5조제4항에 의한 동원대상지역 내의 토지의 수용·사용에 관한 특별조치령에 의하여 수용·사용된 토지의 정리에 관한 특별조치법」 제2조 및 제3조에 따른 토지는 그러하지 아니하다.(2023.5.16 본문개정)
② 해양수산부장관은 제1항에 따른 관리전환의 대상이 되는 토지등을 선정하기 위하여 대통령령으로 정하는 바에 의하여 국방부장관·문화재청장 등 관계중앙행정기관의 장과 협의하여 토지등에 대한 조사를 할 수 있다.
(2013.3.23 본조개정)
제33조【해양보호구역의 토지등의 매수】 ① 해양수산부장관 또는 시·도지사는 해양보호구역의 해양생태계의 보전 및 관리를 위하여 필요한 경우에는 토지등을 소유자와 협의하여 매수할 수 있다.(2013.3.23 본항개정)
② 제1항에 따라 토지등을 매수하는 경우의 매수가격은 「공익사업을 위한 토지 등의 취득 및 보상에 관한 법률」의 규정에 의하여 산정한 가격에 의한다.
(2011.5.19 본조개정)
제34조【해양보호구역 주민의 지원 등】 ① 해양수산부장관은 해양보호구역 및 그 인접지역에 대하여 다음의 사업을 할 수 있다.(2013.3.23 본문개정)
1. 해양폐기물 수거사업
2. 해양오염저감을 위한 시설사업
3. 그 밖에 해양보호구역 및 그 인접지역 주민에 대한 지원사업
② 해양수산부장관은 제25조에 따라 해양보호구역을 지정한 때에는 해당 해양보호구역 및 그 인접지역 주민을 위한 공공용시설의 지원, 편의시설의 설치 및 주민소득증대방안을 우선적으로 강구·시행하여야 한다.(2020.2.18 본항개정)
③ 해양수산부장관 또는 지방자치단체의 장은 해양보호구역 및 그 인접지역의 일부를 해양생태계의 탐방 또는 휴양 등의 장소로 활용할 수 있다.(2013.3.23 본항개정)
④ 해양보호구역 및 그 인접지역에 대한 지원의 종류·절차·방법은 대통령령으로 정한다.
제35조【해양보호구역의 우선이용 등】 ① 시장·군수·구청장(자치구의 구청장을 말한다. 이하 같다)은 관계 중앙행정기관의 장 및 지방자치단체의 장과 협의하여 관할구역에 있는 해양보호구역 및 그 인접지역 주민이 해당 해양보호구역을 우선하여 이용할 수 있도록 하여야 한다. 다만, 이해관계인이 있는 경우에는 그와 합의가 이루어진 경우에 한정한다.
② 제1항에 따라 해양보호구역을 이용하는 지역주민은 그 보전을 위하여 노력하여야 한다.
(2020.2.18 본조개정)
제36조【시·도해양보호구역의 지정·관리】 ① 시·도지사는 해양보호구역에 준하여 보전할 필요가 있다고 인정되는 지역 또는 해역을 시·도해양보호구역으로 지정하여 관리할 수 있다.
② 시·도지사는 시·도해양보호구역을 지정하고자 할 때에는 대통령령으로 정하는 바에 따라 이해관계인의 의견을 듣고 관계중앙행정기관의 장과 협의를 거쳐야 한다. 시·도해양보호구역의 지정을 변경하거나 해제하고자 할 때에도 또한 같다.(2020.2.18 전단개정)
③ 해양수산부장관은 시·도지사에게 해당 지역을 대표하는 해양생태계를 보전·관리할 필요가 있는 경우 그 생태계가 속하여 있는 지역 또는 해역을 시·도해양보호구역으로 지정하여 관리하도록 권고할 수 있다.
(2019.8.20 본항개정)
④ 시·도지사는 제1항에 따라 시·도해양보호구역을 지정한 때에는 해당 구역의 위치·면적·지정 연월일 그 밖에 해당 지방자치단체의 조례로 정하는 사항을 고시하여야 한다. 시·도해양보호구역의 지정을 변경하거나 해제한 때에도 또한 같다.(2020.2.18 전단개정)
⑤ 시·도지사는 제25조제2항 및 제3항, 제27조부터 제29조까지, 제34조 및 제35조에 준하여 해당 지방자치단체의 조례로 정하는 바에 따라 해양생물의 포획·채취를 제한하는 등 시·도해양보호구역의 보전에 필요한 조치를 할 수 있다.(2020.2.18 본항개정)
제37조【시·도해양보호구역에서의 개발행위등의 협의】 시·도해양보호구역에서 다른 법령에 의하여 국가 또는 지방자치단체가 개발행위등을 하거나 개발행위등에 관한 인·허가등을 하고자 할 때에는 소관 행정기관의 장은 시·도해양보호구역을 관할하는 시·도지사와 미리 협의하여야 한다.

제5장 해양생물다양성의 보전

제38조【해양생물다양성 보전대책의 수립 및 국제협력】 ① 국가는 해양생물다양성의 보전 및 그 구성요소의 지속가능한 이용, 해양생물자원의 적절한 관리와 국가가 가입한 해양생태계의 보전 및 관리를 위한 국제협약(「생물다양성에 관한 협약」, 「멸종위기에 처한 야생동식물종의 국제거래에 관한 협약」 및 「물새서식처로서 국제적으로 중요한 습지에 관한 협약」을 포함한다)의 이행을 위하여 대통령령으로 정하는 바에 따라 다음의 사항을 포함하는 해양생물다양성 보전대책을 수립·시행하여야 한다.
(2020.2.18 본문개정)
1. 해양생물다양성 구성요소의 서식지 및 서식지외에서의 보전
2. 해양생물자원의 보호·증식사업 등의 육성·지원
3. 해양생물자원보전시설의 운영, 해양생물다양성의 연구를 위한 전문인력 및 시설의 확충
4. 해양생물자원의 보전 및 관리를 위한 기술개발
5. 생명공학적 변이생물체를 해양생태계에 유입시키는 경우 해양생태계에 미치는 영향에 대한 평가
6. 그 밖에 해양생태계의 보전 및 관리를 위한 국제협약의 이행을 위하여 필요하다고 인정되는 사항으로서 대통령령으로 정하는 사항(2020.2.18 본호개정)
② 국가는 국제기구 및 관련 국가와 협조하여 해양생태계의 보전 및 관리를 위한 기술·정보 등의 교환에 노력하여야 하며, 해양생태계의 보전 및 관리를 위한 국제협약의 당사국과 해양생물다양성의 보전 및 해양생물다양성 구성요소의 지속가능한 이용에 관련된 기술의 습득 및 이전을 쉽게 하도록 하고 해양생명공학의 관리 및 그 이익의 배분에 관하여 상호협력하여야 한다.
제39조【해양생물다양성의 연구·기술개발 등】 ① 국가는 해양생태계의 구조·기능·조사 및 복원, 해양생물의 분류, 해양생물다양성 구성요소의 서식지 및 서식지 외에서의 보전 등에 관하여 연구 및 기술개발을 하여야 한다.
② 국가는 해양생물다양성의 보전과 해양생물다양성 구성요소의 지속가능한 이용을 위하여 별도의 보전조치가 필요하거나 사회적·경제적·문화적·과학적 가치가 있는 해양생물다양성 구성요소의 분포상태·변화추이 등과 해양생물다양성의 보전과 해양생물다양성 구성요소의 지속가능한 이용에 부정적 영향을 미칠 수 있는 개발행위등에 대하여 필요한 조사를 실시하여야 한다. 다만, 제10조 및 제11조에 따른 조사로 갈음할 수 있는 경우에는 그러하지 아니하다.(2020.2.18 단서개정)
③ 국가는 제2항에 따른 해양생물다양성 구성요소 등의 조사결과를 분석·평가·기록하여 그 정보를 체계적으로 관리하고, 이를 해양생물자원의 보전에 적절하게 이용할 수 있도록 제38조제1항에 따른 해양생물다양성 보전대책에 반영하여야 한다.(2020.2.18 본항개정)
④ 제2항에 따른 조사의 대상·방법은 대통령령으로 정한다.(2020.2.18 본항개정)
제40조【해양생물자원관의 설치·운영 등】 ① 국가 또는 지방자치단체는 해양생물자원의 효율적인 보전을 위하여 해양생물자원관(海洋生物資源館)을 설치·운영할 수 있다.
② 제1항에 따라 해양생물자원관을 설치하는 경우에는 해양생물자원관의 효율적인 운영 및 관리를 위하여 생물자원의 분류·보전 등에 관한 관련 전문가를 두어야 한다.
(2020.2.18 본항개정)
③ 해양생물자원관의 설치·운영에 관하여 필요한 사항은 대통령령으로 정한다.
제41조【해양생물다양성관리계약】 ① 해양수산부장관은 다음의 지역 또는 해역을 보전하기 위하여 공유수면 또는 토지의 점용자등과 포획·채취방식의 변경, 화학물질의 사용감소, 습지의 조성 그 밖에 공유수면의 관리방법 등을 내용으로 하는 계약(이하 "해양생물다양성관리계약"이라 한다)을 체결하거나 관계 중앙행정기관의 장 또는 지방자치단체의 장에게 해양생물다양성관리계약의 체결을 권고할 수 있다.(2013.3.23 본문개정)
1. 해양보호생물의 보호를 위하여 필요한 지역
(2018.12.31 본호개정)
2. 해양생물다양성의 증진이 필요한 해역
3. 해양생물다양성이 독특하거나 우수한 해역
② 해양수산부장관·관계 중앙행정기관의 장 또는 지방자치단체의 장이 해양생물다양성관리계약을 체결하는 경우에는 대통령령으로 정하는 기준에 따라 그 계약의 이행으로 인하여 해당 공유수면 또는 토지에서 수익이 감소된 자에게 실비보상을 하여야 한다.(2020.2.18 본항개정)
③ 해양생물다양성관리계약을 체결한 당사자가 계약을 해지하고자 하는 경우에는 상대방에게 3개월 이전에 이를 통보하여야 한다.
④ 해양생물다양성관리계약의 체결에 관하여 필요한 사항은 대통령령으로 정한다.
제42조【해양생물의 수출·수입 등의 제한】 ① 해양생태계의 훼손방지 및 해양생물다양성의 보전을 위하여 다음 각 호의 어느 하나에 해당하는 경우에는 해양수산부장관의 허가를 받아야 한다. 다만, 「문화유산의 보존 및 활용에 관한 법률」 제39조, 「자연유산의 보존 및 활용에 관한 법률」 제20조와 「야생생물 보호 및 관리에 관한 법률」 제21조 및 「생물다양성 보전 및 이용에 관한 법률」 제11조에 따라 허가를 받거나 승인을 얻은 경우에는 해양수산부장관의 허가를 받은 것으로 본다.(2023.8.8 단서개정)
1. 제16조제3항에 따라 포획이 금지되거나 제한된 해양동물(가공품을 포함한다)을 외국으로부터 수입 또는 반입하는 경우
2. 제20조제1항에 따라 포획·채취등을 제한하고 있는 해양보호생물(쉽게 식별할 수 있는 부분·파생물·가공품을 포함한다)을 수출·수입·반출 또는 반입하는 경우
3. 그 밖에 해양생태계 및 해양생물자원의 보전 및 관리와 지속가능한 이용에 상당한 지장이 우려되는 경우로서 해양수산부령으로 정하는 종을 수출·수입·반출 또는 반입하는 경우
(2020.2.18 1호~3호개정)
② 해양수산부장관은 제1항에 따른 수입·반입의 방법, 수량, 지역 및 사업자 등을 해양수산부령으로 정하는 바에 따라 특정하거나 제한할 수 있다.(2020.2.18 본항개정)
③ 해양수산부장관은 제1항 본문에 따라 허가를 받은 자가 다음 각 호의 어느 하나에 해당하는 경우에는 그 허가를 취소할 수 있다. 다만, 제1호에 해당하는 경우에는 그 허가를 취소하여야 한다.
1. 거짓이나 그 밖의 부정한 방법으로 허가를 받은 경우
2. 제1항 각 호에 따라 해양동물 등을 수출·수입·반출 또는 반입할 때 허가내용을 위반한 경우
(2020.2.18 본항개정)

제6장 해양자산의 관리

제43조【해양생태계보전·이용시설의 설치·운영】 ① 해양수산부장관·관계 중앙행정기관의 장 또는 지방자치단체의 장은 해양생태계의 보전 및 관리와 해양의 건전한 이용을 위하여 다음의 시설(이하 "해양생태계보전·이용시설"이라 한다)을 설치·운영할 수 있다.
(2013.3.23 본문개정)
1. 해양생태계를 보전·관리하거나 훼손을 방지하기 위한 시설
2. 해양생태계의 보전 및 관리에 관한 안내시설, 생태관찰을 위한 나무다리 등 해양생태계를 이용하기 위한 시설
3. 해양생태계관찰시설, 해양생태계보전관, 해양생태계학습원 등 해양생태계를 보전·이용하기 위한 교육·홍보시설 또는 관리시설
4. 해양보호구역 및 시·도해양보호구역 생태계의 보전·복원을 위한 시설
5. 해양경관보호구역의 경관보전 및 복원을 위한 시설
6. 그 밖에 해양자산을 보호하기 위한 시설
② 해양수산부장관·관계 중앙행정기관의 장 또는 지방자치단체의 장은 제1항에 따라 해양생태계보전·이용시설을 설치·운영하고자 하는 경우에는 해양수산부령으로 정하는 바에 따라 설치에 관한 계획을 수립하고 이를 고시하여야 한다.(2020.2.18 본항개정)
③ 해양수산부장관·관계 중앙행정기관의 장 또는 지방자치단체의 장은 제1항에 따라 설치한 해양생태계보전·이용시설을 이용하는 사람으로부터 유지·관리비용 등을 고려하여 이용료를 징수할 수 있다. 다만, 「자연공원법」에 따라 지정된 공원구역은 「자연공원법」에서 정하는 바에 따른다.(2020.12.8 본항개정)
④ 제3항에 따른 이용료의 금액 징수절차 및 감면에 필요한 사항은 해양수산부령으로 정한다. 다만, 지방자치단체의 장이 설치한 시설의 경우에는 해당 지방자치단체의 조례로 정한다.(2020.2.18 본항개정)
제43조의2【국가해양생태공원의 지정】 ① 해양수산부장관은 해양자산을 체계적으로 보전·관리하기 위하여 다음 각 호의 어느 하나에 해당하는 구역(그 시설을 포함한다)을 국가해양생태공원으로 지정할 수 있다.
1. 해양보호구역 및 그 인근 해역·지역
2. 「습지보전법」 제8조제1항에 따른 습지보호지역 및 그 인근 해역·지역
② 해양수산부장관은 제1항에 따라 국가해양생태공원을 지정하려는 경우 해당 지방자치단체의 장 및 지역주민의 의견을 들은 후 관계 중앙행정기관의 장과의 협의를 거쳐야 한다.
③ 해양수산부장관은 제1항에 따라 국가해양생태공원을 지정한 때에는 지정 내용을 해양수산부령으로 정하는 바에 따라 관계 중앙행정기관의 장 및 해당 지방자치단체의 장에게 통보하고 관보에 고시하여야 한다.
④ 국가해양생태공원의 지정기준 및 절차 등에 필요한 사항은 대통령령으로 정한다.
(2022.12.27 본조신설)

제43조의3【국가해양생태공원의 관리 등】 ① 해양수산부장관 및 해당 지방자치단체의 장은 국가해양생태공원을 체계적이고 효율적으로 관리하기 위하여 노력하여야 한다.
② 해양수산부장관 및 해당 지방자치단체의 장은 국가해양생태공원의 체계적 보전과 지속가능한 이용을 위하여 다음 각 호의 시설을 설치·운영할 수 있다.
1. 해양생태계보전·이용시설
2. 해양생태계 연구시설
3. 그 밖에 해양생태계 및 국가해양생태공원을 보전·이용하기 위한 시설
③ 해양수산부장관은 국가해양생태공원의 효율적인 관리·운영을 협의하기 위하여 관계 중앙행정기관의 장 및 해당 지방자치단체의 장과 국가해양생태공원협의회를 구성·운영할 수 있다.
(2022.12.27 본조신설)

제44조【바닷가휴식지의 지정·관리】 ① 지방자치단체의 장은 다른 법률에 의하여 공원·관광단지 등으로 지정되지 아니한 지역중에서 생태적·경관적 가치 등이 높고 해양생태탐방 및 해양생태교육 등을 위하여 활용하기에 적합한 장소를 대통령령으로 정하는 바에 따라 바닷가휴식지로 지정할 수 있다. 이 경우 사유지에 대하여는 토지소유자의 동의를 얻어야 한다.
② 지방자치단체의 장은 제1항에 따라 지정된 바닷가휴식지의 효율적 관리를 위하여 바닷가휴식지를 이용하는 사람으로부터 유지·관리비용 등을 고려하여 조례로 정하는 바에 따라 이용료를 징수할 수 있다. 다만, 바닷가휴식지로 지정된 후 다른 법률의 규정에 의하여 공원·관광단지 등으로 지정된 경우에는 그러하지 아니하다.
③ 제1항 및 제2항에 따른 바닷가휴식지의 관리 및 그 밖에 필요한 사항은 해당 지방자치단체의 조례로 정한다.
(2020.2.18 본조개정)

제45조【해양경관의 보전】 ① 해양수산부장관·관계 중앙행정기관의 장 또는 지방자치단체의 장은 경관적 가치가 높은 바닷가와 바다 속의 주요 경관요소가 훼손되거나 시계(視界)가 차단되지 아니하도록 노력하여야 한다.
(2013.3.23 본항개정)
② 지방자치단체의 장은 개발행위등을 하는 경우에 조례로 정하는 바에 따라 해양경관을 보전할 수 있도록 필요한 조치를 하여야 한다.(2020.2.18 본항개정)
③ 해양수산부장관은 해양경관을 보전하기 위하여 필요한 지침을 작성하여 관계 행정기관의 장 및 지방자치단체의 장에게 통보할 수 있다.(2013.3.23 본항개정)

제46조【해양생태계의 복원】 ① 해양수산부장관 또는 지방자치단체의 장은 개발행위등을 하는 경우에 생태적 가치가 높은 해양생태계가 훼손되지 아니하도록 필요한 조치를 하여야 한다.(2013.3.23 본항개정)
② 해양수산부장관은 다음의 경우에 관계 중앙행정기관의 장 및 지방자치단체의 장과 협조하여 해당해양생태계의 보전 및 관리대책을 마련하여 추진할 수 있다.
(2013.3.23 본문개정)
1. 해양보호생물의 주된 서식지 또는 산란지로서 파괴·훼손 등으로 인하여 종의 존속이 위협을 받고 있는 경우
(2018.12.31 본호개정)
2. 원시성을 유지하고 있거나 취약한 해양생태계로서 그 일부가 파괴·훼손되거나 교란되어 있는 경우
3. 해양생물다양성이 특히 높거나 특이한 자연으로서 훼손되어 있는 경우
4. 그 밖에 자연해안·서식지 등 해양생태계의 보전이 필요한 지역 등 대통령령으로 정하는 경우(2020.2.18 본호개정)
③ 해양수산부장관 또는 지방자치단체의 장은 훼손된 해양생태계의 복원 등을 위한 필요한 대책을 수립·시행하여야 한다.(2013.3.23 본항개정)
④ 해양수산부장관은 개발행위등을 위한 사업계획을 수립·확정하거나 개발행위등을 허가한 관계 중앙행정기관의 장 또는 지방자치단체의 장에게 해양생태계 복원대책을 수립·시행할 것을 요청할 수 있다.(2013.3.23 본항개정)
⑤ 해양수산부장관은 해양생태계의 복원기술개발, 복원사업 및 생태복원 전문기관의 육성 등 해양생태계 보전·복원을 위한 필요한 시책을 수립·시행하여야 한다.
(2013.3.23 본항개정)

제47조【공유수면에서의 해양생태계의 훼손방지】 해양수산부장관 또는 지방자치단체의 장은 다음의 경우에 공유수면에서의 생태적·경관적 가치 등의 훼손을 방지하기 위하여 대통령령으로 정하는 바에 따라 공유수면의 형질변경을 제한하거나 출입·취사·야영행위를 제한할 수 있다.(2020.2.18 본문개정)
1. 바닷가, 갯벌 등 공공용으로 이용되고 있는 장소의 해양생태계가 크게 훼손되거나 해양생물자원의 감소가 뚜렷한 경우
2. 그 밖에 제1호에 준하는 지역 또는 해역으로서 대통령령으로 정하는 기준에 해당하는 경우(2020.2.18 본호개정)

제48조【해양생태관광의 육성】 ① 해양수산부장관은 생태적으로 건전하고 환경친화적인 관광(이하 "해양생태관광"이라 한다)을 육성하기 위하여 문화체육관광부장관과 협의하여 지방자치단체, 관광사업자 및 해양생태계의 보전 및 관리를 위한 민간단체에 대하여 지원할 수 있다.
② 해양수산부장관은 문화체육관광부장관 및 지방자치단체의 장과 협조하여 해양생태관광에 필요한 교육, 해양생태관광자원의 조사·발굴 및 국민의 건전한 이용을 위한 시설의 설치·관리를 위한 계획을 수립·시행하거나 지방자치단체의 장에게 계획의 수립·시행을 권고할 수 있다.
(2013.3.23 본조개정)

제7장 보 칙

제49조【해양생태계보전부담금】 ① 해양수산부장관은 해양생태계에 미치는 영향이 현저하거나 해양생물다양성의 감소를 초래하는 개발사업을 하는 자에 대하여 해양생태계보전부담금을 부과·징수한다.(2022.10.18 본항개정)
② 제1항에 따른 해양생태계보전부담금의 부과대상이 되는 사업은 다음과 같다.(2022.10.18 본항개정)
1. 「환경영향평가법」 제22조 및 제42조에 따른 영향평가 대상사업 중 공유수면 내에서 이루어지는 개발사업
(2018.12.31 본호개정)
2. 「광업법」 제3조제2호에 따른 광업 중 대통령령으로 정하는 규모 이상의 공유수면 내 탐사 및 채굴사업
(2020.2.18 본호개정)
3. 「해양환경관리법」 제85조에 따른 해역이용영향평가 대상사업. 다만, 같은 조 제6호에 따른 해양심층수를 이용·개발하는 행위는 제외한다.(2018.12.31 본호개정)
4. 그 밖에 해양생태계에 미치는 영향이 현저하거나 해양자산을 이용하는 공유수면 내의 사업 중 대통령령으로 정하는 사업(2011.5.19 본호개정)
③ 제1항에 따른 해양생태계보전부담금은 생태계의 훼손면적에 단위면적당 부과금액과 지역계수를 곱하여 산정·부과한다. 다만, 국방목적의 사업 중 대통령령으로 정하는 사업에 대하여는 해양생태계보전부담금을 감면할 수 있다.(2022.10.18 본항개정)
④ 해양수산부장관은 제1항에 따른 해양생태계보전부담금의 부과금액이 대통령령으로 정하는 기준을 초과하는 경우에는 대통령령으로 정하는 바에 따라 분할하여 납부하게 할 수 있다.(2022.10.18 본항개정)
⑤ 제1항에 따른 해양생태계보전부담금의 징수절차·감면기준·단위면적당 부과금액 및 지역계수는 대통령령으로 정한다.(2022.10.18 본항개정)
⑥ 해양수산부장관은 제1항에 따른 해양생태계보전부담금 및 제51조제1항에 따른 가산금을 「수산업·어촌 발전 기본법」 제46조에 따른 수산발전기금으로 납입하여야 한다.(2022.10.18 본항개정)
⑦ 해양수산부장관은 제60조제1항에 따라 시·도지사에게 해양생태계보전부담금 또는 가산금의 징수에 관한 권한을 위임한 경우에는 징수된 해양생태계보전부담금 및 가산금의 100분의 10을 해당 특별시·광역시·특별자치시·도·특별자치도의 수입으로 하며, 100분의 50의 범위에서 대통령령으로 정하는 해양생태계의 보전 및 관리를 위한 사업 시행을 위하여 해당 사업지역을 관할하는 시·도지사에게 교부할 수 있다.(2022.10.18 본항개정)
⑧ 해양수산부장관은 해양생태계보전부담금을 납부한 자 또는 해양생태계보전부담금을 납부한 자로부터 해양생태계의 보전 및 관리를 위한 사업의 시행을 위탁받은 자로서 해양생태계보전부담금의 반환에 관한 동의를 얻은 자가 해양수산부장관의 승인을 얻어 대체해양생태계의 조성 및 해양생태계의 복원 등 대통령령으로 정하는 해양생태계의 보전 및 관리를 위한 사업을 시행한 경우에는 해양생태계보전부담금의 일부를 돌려줄 수 있다.
(2022.10.18 본항개정)
⑨ 제8항에 따른 승인 및 해양생태계보전부담금의 반환에 관하여 필요한 사항은 대통령령으로 정한다.
(2022.10.18 본항개정)
(2022.10.18 본조제목개정)

제49조의2【해양생태계보전부담금의 용도】 제49조제1항에 따른 해양생태계보전부담금 및 제51조제1항에 따른 가산금은 다음 각 호의 용도로 사용하여야 한다.
(2022.10.18 본문개정)
1. 해양생태계와 생물종의 보전 및 복원 사업
2. 서식지외보전기관의 지원
3. 제28조에 따른 해양보호구역관리계획의 시행
(2020.12.8 본호개정)
4. 제33조에 따른 토지등의 매수
5. 제34조제1항 각 호에 따른 사업의 추진
6. 제43조에 따른 해양생태계보전·이용시설의 설치·운영
7. 제46조에 따른 해양생태계의 복원
8. 제1호부터 제7호까지에서 규정한 사항 외에 해양생태계의 보전 및 관리를 위하여 필요한 사업으로서 대통령령으로 정하는 사업
(2022.10.18 본조제목개정)
(2011.5.19 본조신설)

제50조【사업 인·허가등의 통보】 ① 제49조제2항에 따른 해양생태계보전부담금의 부과대상이 되는 사업의 인·허가등을 한 행정기관의 장은 그 날부터 20일 이내에 사업자, 사업내용 및 사업의 규모 등을 해양수산부장관에게 통보하여야 한다.(2022.10.18 본항개정)
② 해양수산부장관은 제1항에 따른 통보를 받은 날부터 1개월 이내에 해양생태계보전부담금의 부과금액 및 납부기한 등에 관한 사항을 사업자에게 통지하여야 한다. 이 경우 납부기한은 해양생태계보전부담금을 부과한 날부터 3개월로 한다.(2022.10.18 본항개정)
③ 제1항 및 제2항에 따른 통보·통지의 내용 및 방법에 관하여 필요한 사항은 해양수산부령으로 정한다.
(2020.2.18 본조개정)

제51조【해양생태계보전부담금의 강제징수】 ① 해양수산부장관은 제49조에 따라 해양생태계보전부담금을 납부하여야 할 자가 납부기한 이내에 이를 납부하지 아니한 경우에는 30일 이상의 기간을 정하여 이를 독촉하여야 한다. 이 경우 체납된 해양생태계보전부담금에 대하여는 다음 각 호의 구분에 따른 금액을 가산금으로 부과한다.
1. 납부기한이 지난 후 1주일 이내에 해양생태계보전부담금을 납부하는 경우 : 해양생태계보전부담금의 100분의 1에 해당하는 금액
2. 제1호 외의 경우 : 해양생태계보전부담금의 100분의 3에 해당하는 금액
② 제1항에 따라 독촉을 받은 자가 기한까지 해양생태계보전부담금과 가산금을 납부하지 아니한 경우에는 국세체납처분의 예에 의하여 이를 징수할 수 있다.
(2022.10.18 본조개정)

제52조【관계기관의 협조】 ① 해양수산부장관은 이 법의 목적을 달성하기 위하여 필요하다고 인정하는 경우에는 대통령령으로 정하는 사항에 대하여 관계 중앙행정기관의 장 또는 지방자치단체의 장에게 필요한 시책을 마련하거나 조치를 할 것을 요청할 수 있다. 이 경우 관계 중앙행정기관의 장 또는 지방자치단체의 장은 특별한 사유가 없으면 그 요청을 따라야 한다.(2020.2.18 본항개정)
② 해양수산부장관은 해양생태계의 보전 및 관리와 지속가능한 이용을 위하여 해양생물다양성의 가치와 기능을 평가하여 이를 관계 중앙행정기관의 장 또는 지방자치단체의 장이 활용하도록 하여야 한다.
(2013.3.23 본조개정)

제53조【손실보상】 ① 제14조제1항 및 제27조제5항(제36조제5항에 따라 제27조제5항의 규정에 준하여 정한 조례를 포함한다)에 따라 재산상의 손실을 입은 자는 대통령령으로 정하는 바에 따라 해양수산부장관 또는 시·도지사에게 보상을 청구할 수 있다. 다만, 영어행위에 대한 보상의 경우에는 「수산업법」 제88조 또는 「양식산업발전법」 제67조를 준용한다.(2022.1.11 단서개정)
② 해양수산부장관 또는 시·도지사는 제1항 본문에 따라 청구를 받은 때에는 3개월 이내에 청구인과 협의하여 보상할 금액 등을 결정하고 이를 청구인에게 통지하여야 한다.
③ 제2항에 따른 협의가 성립되지 아니한 때에는 해양수산부장관, 시·도지사 또는 청구인은 대통령령으로 정하는 바에 따라 관할토지수용위원회에 재결을 신청할 수 있다.
(2020.2.18 본조개정)

제54조【국고보조】 국가는 해양생태계의 보전 및 관리를 위한 다음의 사업을 집행하는 지방자치단체 또는 해양생태계보전 관련단체에 대하여 예산의 범위 안에서 그 비용의 전부 또는 일부를 보조할 수 있다.
1. 제6조에 따른 해양생태계보호운동의 지원(2020.2.18 본호개정)
2. 제34조에 따른 해양보호구역 및 그 인접지역 주민의 지원(2020.2.18 본호개정)
3. 제43조에 따른 해양생태계보전·이용시설의 설치·운영(2020.2.18 본호개정)
3의2. 제43조의3제2항제2호 및 제3호의 시설의 설치·운영(2022.12.27 본호신설)
4. 제56조 각 호의 사업
5. 제60조제3항에 따른 업무위탁 사업(2020.12.8 본호개정)

제55조【해양생태계상징표지 및 지방자치단체의 상징종】 ① 국가는 해양보호구역 등 해양생태계의 보전 및 관리가 필요한 지역에 그 지역의 유형별로 해양생태계상징표지를 설치할 수 있으며, 지방자치단체는 관할구역의 특성을 고려하여 해양생태계상징표지의 일부를 변경하여 활용할 수 있다.
② 지방자치단체는 해당 지역을 대표할 수 있는 중요 해양생물 또는 해양생태계를 해당 지방자치단체의 상징종(象徵種) 또는 상징해양생태계로 지정하여 이를 보전·활용할 수 있다.(2019.8.20 본항개정)

제56조【민간해양생태계보전·관리단체의 육성】 해양수산부장관은 해양생태계의 보전 및 관리를 위하여 다음의 활동을 하는 민간해양생태계보전·관리단체를 육성할 수 있다.(2013.3.23 본문개정)
1. 국제 해양생태계보전단체·기구와의 협조와 교류
2. 해양보호생물의 보호(2018.12.31 본호개정)
3. 그 밖에 해양생태계 및 해양자산의 보전

제57조【해양생태계보전명예지도원】 ① 시장·군수·구청장은 해양생태계의 보전 및 관리에 관한 지도·계몽 등을 위하여 민간해양생태계보전·관리단체의 회원 그 밖에 해양생태계의 보전 및 관리를 위한 활동을 성실하게 수행하고 있는 사람을 해양생태계보전명예지도원으로 위촉할 수 있다.(2014.5.21 본항개정)
② 해양생태계보전명예지도원에 대하여는 해양수산부령으로 정하는 바에 따라 그 신분을 확인할 수 있는 증명서를 발급한다.(2020.2.18 본항개정)
③ 해양생태계보전명예지도원의 위촉방법 및 활동범위에 관하여 필요한 사항은 해당 지방자치단체의 조례로 정한다.(2014.5.21 본항개정)

제58조【보고】해양수산부장관은 2년마다 해양생태계 보전과 관련한 주요 계획 및 그 집행결과에 관한 보고서를 해당연도 정기국회 개시 전까지 국회에 제출하여야 한다.(2019.8.20 본조개정)
제59조【청문】해양수산부장관 또는 시·도지사는 제17조제3항, 제18조제4항, 제21조제1항 및 제42조제3항에 따라 지정 또는 허가를 취소하고자 하는 경우에는 청문을 실시하여야 한다.(2020.2.18 본조개정)
제60조【권한의 위임 및 위탁】① 이 법에 따른 해양수산부장관의 권한은 대통령령으로 정하는 바에 따라 그 일부를 소속기관의 장이나 시·도지사에게 위임할 수 있다.
② 시·도지사는 제1항에 따라 위임받은 권한의 일부를 해양수산부장관의 승인을 받아 시장·군수·구청장에게 재위임할 수 있다.(2020.12.8 본항신설)
③ 해양수산부장관 또는 시·도지사는 이 법에 따른 업무의 일부를 대통령령으로 정하는 바에 따라 관계 전문기관 또는 단체에 위탁할 수 있다.
(2020.2.18 본조개정)
제60조의2【규제의 재검토】해양수산부장관은 제49조에 따른 해양생태계보전부담금의 부과·징수에 대하여 2015년 7월 1일을 기준으로 3년마다 그 타당성을 검토하여 개선 등의 조치를 하여야 한다.(2022.10.18 본조개정)

제8장 벌 칙

제61조【벌칙】다음 각 호의 어느 하나에 해당하는 자는 3년 이하의 징역 또는 3천만원 이하의 벌금에 처한다.
(2015.3.27 본문개정)
1. 제16조제3항에 따른 금지·제한을 위반하여 해양포유동물을 포획한 자(2020.2.18 본호개정)
2. 제20조제1항의 규정을 위반하여 해양보호생물을 포획·채취·훼손한 자 또는 해양보호생물을 포획하거나 훼손하기 위하여 폭발물·그물·함정어구를 설치하거나 유독물질·전류를 사용한 자(2018.12.31 본호개정)

제62조【벌칙】다음 각 호의 어느 하나에 해당하는 자는 2년 이하의 징역 또는 2천만원 이하의 벌금에 처한다.
(2015.3.27 본문개정)
1. 제20조제1항의 규정을 위반하여 해양보호생물을 이식·가공·유통 또는 보관한 자(2018.12.31 본호개정)
2. 제23조제1항의 규정을 위반하여 해양생태계교란생물을 해양생태계에 유입시키거나 서식지 및 개체수를 증가시킨 자
3. 제23조제2항의 규정을 위반하여 허가받지 아니하고 해양생태계교란생물을 수입 또는 반입한 자
4. 해양생물보호구역 및 해양생태계보호구역에서 제27조제1항제1호부터 제5호까지의 규정을 위반하여 해양생물 또는 해양생태계를 훼손한 자(2020.2.18 본호개정)
5. 제27조제3항의 규정을 위반하여 해양생물보호구역에서 해양생물 또는 해양생태계를 훼손한 자
6. 제30조에 따른 중지·원상회복 또는 조치명령을 위반한 자(2020.2.18 본호개정)
7. 제42조제1항제1호의 규정을 위반하여 허가받지 아니하고 해양동물을 외국으로부터 수입 또는 반입한 자
8. 제42조제1항제2호의 규정을 위반하여 허가받지 아니하고 해양보호생물을 수출·수입·반출 또는 반입한 자
(2018.12.31 본호개정)

제63조【벌칙】다음 각 호의 어느 하나에 해당하는 자는 1년 이하의 징역 또는 1천만원 이하의 벌금에 처한다.
(2015.3.27 본문개정)
1. 거짓이나 그 밖의 부정한 방법으로 제20조제1항 단서에 따른 포획·채취등의 허가를 받은 자(2020.2.18 본호개정)
2. 제22조제2항의 규정을 위반하여 해양보호생물의 멸종 또는 감소를 촉진하거나 학대를 유발할 수 있는 광고를 한 자(2022.10.18 본호개정)
3. 거짓이나 그 밖의 부정한 방법으로 제23조제2항에 따른 수입 또는 반입의 허가를 받은 자
4. 해양경관보호구역에서 제27조제1항제2호부터 제5호까지의 규정을 위반하여 해양경관을 훼손한 자
5. 거짓이나 그 밖의 부정한 방법으로 제42조제1항제1호부터 제3호까지의 규정에 따른 허가를 받은 자
6. 제42조제1항제3호의 규정을 위반하여 허가받지 아니하고 해양수산부령으로 정하는 종을 수출·수입·반출 또는 반입한 자
(2020.2.18 3호~6호개정)

제63조의2【해양보호생물의 포획 등의 가중처벌】매매를 목적으로 제61조제2호 또는 제62조제1호의 죄를 저질러 징역에 처하는 경우에는 매매로 인하여 취득하였거나 취득할 수 있는 가액(價額)의 2배 이상 10배 이하에 해당하는 벌금을 병과한다.(2020.2.18 본조개정)
제63조의3【몰수·추징】① 제61조제2호 또는 제62조제1호의 죄를 저지른 자가 소유하거나 소지하는 해양보호생물, 폭발물·그물·함정어구 및 유독물질은 몰수할 수 있다.(2020.2.18 본항개정)
② 제1항에 따른 해양보호생물, 폭발물·그물·함정어구 및 유독물질의 전부 또는 일부를 몰수할 수 없을 때에는 그 가액을 추징할 수 있다.
(2018.12.31 본조개정)
제64조【양벌규정】법인의 대표자나 법인 또는 개인의 대리인, 사용인, 그 밖의 종업원이 그 법인 또는 개인의 업무에 관하여 제61조부터 제63조까지의 어느 하나에 해당하는 위반행위를 하면 그 행위자를 벌하는 외에 그 법인 또는 개인에게도 해당 조문의 벌금형을 과(科)한다. 다만, 법인 또는 개인이 그 위반행위를 방지하기 위하여 해당 업무에 관하여 상당한 주의와 감독을 게을리하지 아니한 경우에는 그러하지 아니하다.(2009.4.1 본조개정)
제65조【과태료】① 제36조제5항(제27조 및 제30조의 규정과 관련된 것에 한정한다)에 따른 시·도지사의 조치를 위반한 자에게는 1천만원 이하의 과태료를 부과한다.
(2020.2.18 본항개정)
② 다음 각 호의 어느 하나에 해당하는 자에게는 2백만원 이하의 과태료를 부과한다.(2020.2.18 본문개정)
1. 제14조제3항의 규정을 위반하여 정당한 사유 없이 출입·조사·관찰행위 및 장애물등의 변경·제거행위를 거부·방해 또는 기피한 자
2. 제16조제3항에 따른 금지·제한을 위반하여 회유성해양동물을 포획한 자(2020.2.18 본호개정)
3. 제20조제4항의 규정을 위반하여 해양보호생물의 포획·채취등의 결과를 신고하지 아니한 자(2018.12.31 본호개정)
4. 제20조제5항의 규정을 위반하여 해양보호생물의 보관 신고를 하지 아니한 자(2018.12.31 본호개정)
5. 제22조제2항의 규정을 위반하여 해양보호생물의 이동이나 먹이활동 등을 방해하거나 교란할 우려가 있는 행위를 한 자(2022.10.18 본호신설)
6. 제47조에 따른 공유수면의 형질변경, 출입·취사·야영행위의 제한을 위반한 자(2020.2.18 본호개정)
③ 다음 각 호의 어느 하나에 해당하는 자에게는 1백만원 이하의 과태료를 부과한다.(2020.2.18 본문개정)
1. 제20조제4항의 규정을 위반하여 허가증을 지니지 아니한 자
2. 제21조제2항의 규정을 위반하여 허가증을 반납하지 아니한 자
3. 제27조제1항제6호부터 제8호까지의 규정에 따른 행위제한을 위반한 자(2020.2.18 본호개정)
4. 제27조제5항에 따른 개발행위등이나 영어행위의 제한을 위반한 자(2020.2.18 본호개정)
④ 제1항부터 제3항까지의 규정에 따른 과태료는 대통령령으로 정하는 바에 따라 해양수산부장관 또는 지방자치단체의 장이 부과·징수한다.(2020.2.18 본항개정)
⑤~⑦ (2009.4.1 삭제)

부 칙

제1조【시행일】이 법은 공포 후 6개월이 경과한 날부터 시행한다.
제2조【해양생태계보전협력금의 부과·징수에 관한 적용례】제49조의 규정은 이 법 시행 후 최초로 인·허가등을 신청하는 개발사업부터 적용한다.
제3조【해양생태계에 관한 기초조사 등에 관한 경과조치】이 법 시행 당시 「자연환경보전법」 제30조의 규정에 의하여 실시한 해양분야에 대한 자연환경조사는 제10조의 규정에 의한 해양생태계기본조사로 본다.
제4조【해양동물의 포획금지행위에 관한 경과조치】이 법 시행 당시 「야생동·식물보호법」 제19조의 규정에 의하여 포획이 금지된 회유성해양동물 및 해양포유동물은 제16조제3항의 규정에 의하여 포획이 금지된 것으로 본다.
제5조【서식지외보전기관에 대한 경과조치】이 법 시행 당시 종전의 「야생동·식물보호법」 제7조의 규정에 의하여 지정된 서식지외보전기관은 제17조의 규정에 의하여 서식지외보전기관으로 지정된 것으로 본다.
제6조【해양보호구역에 관한 경과조치】이 법 시행 당시 「자연환경보전법」 제12조제1항·제2항 및 제13조제3항의 규정에 의하여 해양수산부장관이 지정·고시한 생태·경관보전지역은 제25조제1항·제2항 및 제26조제3항의 규정에 의한 해양보호구역으로 지정·고시된 것으로 본다.
제7조【해양동물 및 해양생물자원의 수출·수입 등 행위에 관한 경과조치】이 법 시행 당시 「문화재보호법」 제21조와 「야생동·식물보호법」 제21조 및 제41조의 규정에 의하여 수출·수입·반출·반입허가를 받거나 승인을 얻은 경우에는 제42조제1항의 규정에 의하여 허가를 받은 것으로 본다.
제8조【계속 중인 행위에 관한 경과조치】이 법 시행 전에 「자연환경보전법」 및 「야생동·식물보호법」의 규정에 의하여 행한 인가·허가·지정 등의 처분 그 밖의 행정기관의 행위 또는 행정기관에 대한 행위는 이 법 중 그에 해당하는 규정이 있는 경우에는 이 법에 의한 처분 그 밖에 행정기관의 행위 또는 행정기관에 대한 행위로 본다.
제9조【벌칙 등의 적용에 관한 경과조치】이 법 시행 전에 행한 「자연환경보전법」 또는 「야생동·식물보호법」의 위반행위에 대한 벌칙 또는 과태료의 적용은 「자연환경보전법」 및 「야생동·식물보호법」에 의한다.
제10조【다른 법률의 개정】①~⑥ ※(해당 법령에 가제정리 하였음)
제11조【다른 법률과의 관계】이 법 시행 당시 다른 법령에서 해양생태계와 관련하여 「자연환경보전법」 및 「야생동·식물보호법」 또는 그 규정을 인용한 경우에 이 법 중 그에 해당하는 규정이 있는 때에는 종전의 규정에 갈음하여 이 법 또는 이 법의 해당조항을 인용한 것으로 본다.

부 칙 (2016.12.27)

제1조【시행일】이 법은 공포 후 6개월이 경과한 날부터 시행한다.
제2조【해양생태계보전협력금의 부과·징수에 관한 적용례】제49조제3항의 개정규정은 이 법 시행 후 최초로 허가·인가·지정 등을 하는 사업부터 적용한다.
제3조【국가해양생태계종합조사에 관한 업무의 위탁에 관한 경과조치】이 법 시행 당시 제10조제1항에 따른 해양생태계기본조사, 제29조제1항에 따른 해양보호구역 조사·관찰, 제39조제2항에 따른 조사 및 「습지보전법」 제4조에 따른 기초조사에 관한 업무를 위탁받은 기관 또는 단체는 제10조제1항의 개정규정에 따른 국가해양생태계종합조사에 관한 업무를 위탁받은 것으로 본다.
제4조【행정처분에 관한 경과조치】이 법 시행 전의 위반행위에 대한 행정처분에 관하여는 종전의 규정에 따른다.
제5조【벌칙에 관한 경과조치】이 법 시행 전의 위반행위에 대한 벌칙을 적용할 때에는 종전의 규정에 따른다.

부 칙 (2017.11.28)

제1조【시행일】이 법은 공포 후 6개월이 경과한 날부터 시행한다.
제2조【해양생태계보전협력금에 관한 적용례】제49조제6항의 개정규정은 이 법 시행 후 최초로 부과·징수하는 해양생태계보전협력금부터 적용한다.

부 칙 (2018.12.31)

제1조【시행일】이 법은 공포 후 6개월이 경과한 날부터 시행한다.
제2조【해양생태계보전협력금 분할납부에 관한 적용례】제49조제4항의 개정규정은 이 법 시행일 당시 납부기한이 도래하지 아니한 것부터 적용한다.
제3조【다른 법률의 개정】※(해당 법령에 가제정리 하였음)

부 칙 (2019.8.20)

이 법은 공포한 날부터 시행한다.

부 칙 (2019.8.27)

제1조【시행일】이 법은 공포 후 1년이 경과한 날부터 시행한다.(이하 생략)

부 칙 (2020.2.18)

이 법은 공포한 날부터 시행한다.

부 칙 (2020.12.8)

이 법은 공포 후 6개월이 경과한 날부터 시행한다.

부 칙 (2022.1.11)

제1조【시행일】이 법은 공포 후 1년이 경과한 날부터 시행한다.(이하 생략)

부 칙 (2022.10.18)

제1조【시행일】이 법은 공포 후 6개월이 경과한 날부터 시행한다.
제2조【해양생태계보전협력금에 관한 경과조치】이 법 시행 전에 부과된 해양생태계보전협력금은 이 법에 따른 해양생태계보전부담금을 부과받은 것으로 본다.
제3조【다른 법률의 개정】①~⑤ ※(해당 법령에 가제정리 하였음)
제4조【다른 법령과의 관계】이 법 시행 당시 다른 법령에서 "해양생태계보전협력금"을 인용하는 경우에는 이 법에 따른 "해양생태계보전부담금"을 인용한 것으로 본다.

부 칙 (2022.12.27)

이 법은 공포 후 6개월이 경과한 날부터 시행한다.

부 칙 (2023.3.21)
(2023.5.16)

제1조【시행일】이 법은 공포 후 1년이 경과한 날부터 시행한다.(이하 생략)

부 칙 (2023.8.8)

제1조【시행일】이 법은 2024년 5월 17일부터 시행한다.(이하 생략)

내수면어업법

(2000년 1월 28일
전개법률 제6255호)

개정
2005. 3.31법 7477호
2007. 4. 6법 8338호(하천법)
2007. 4.11법 8351호(농어촌정비)
2007. 4.11법 8377호(수산)
2007. 8. 3법 8619호
2008. 2.29법 8852호(정부조직)
2009. 4.22법 9626호(수산)
2009. 4.22법 9627호(수산자원관리법)
2009. 5. 8법 9662호 2009. 5.27법 9724호
2009. 6. 9법 9758호(농어촌정비)
2010. 5.17법10293호
2011. 3. 9법10458호(낚시관리및육성법)
2012. 5.23법11427호 2013. 3.22법11643호
2013. 3.23법11690호(정부조직)
2015. 2. 3법13184호 2016. 5.29법14241호
2016.12.27법14480호(농어촌정비)
2017. 3.21법14727호
2019. 1. 8법16212호(수산자원관리법)
2019. 8.27법16568호(양식산업발전법)
2020. 2.18법17023호
2021. 6.15법18284호(댐건설・관리및주변지역지원등에관한법)
2022. 1.11법18755호(수산)
2024. 2. 6법20231호(화학물질관리법)→2025년 8월 7일 시행이므로 「法典 別冊」 보유편 수록

제1조【목적】 이 법은 내수면어업(內水面漁業)에 관한 기본적인 사항을 정하여 내수면을 종합적으로 이용・관리하고 수산자원을 보호・육성하여 어업인의 소득 증대에 이바지함을 목적으로 한다.(2010.5.17 본조개정)

제2조【정의】 이 법에서 사용하는 용어의 뜻은 다음과 같다.
1. "내수면"이란 하천, 댐, 호수, 늪, 저수지와 그 밖에 인공적으로 조성된 민물이나 기수(汽水 : 바닷물과 민물이 섞인 물)의 물흐름 또는 수면을 말한다.(2020.2.18 본호개정)
2. "공공용 수면(公共用 水面)"이란 국가, 지방자치단체 또는 대통령령으로 정하는 공공단체가 소유하고 있거나 관리하는 내수면을 말한다.
3. "사유수면(私有水面)"이란 사유토지에 자연적으로 생기거나 인공적으로 조성된 내수면을 말한다.
4. "수면관리자"란 공공용 수면 또는 사유수면을 소유 또는 점유하거나 그 밖의 방법으로 실질적으로 지배하는 자를 말한다.
5. "내수면어업"이란 내수면에서 수산동식물을 포획・채취하는 사업을 말한다.(2019.8.27 본호개정)
6. "어도(魚道)"란 하천에서 서식하는 회유성(回遊性) 어류 등 수산생물이 원활하게 이동할 수 있도록 인공적으로 만들어진 수로 또는 장치를 말한다.

(2010.5.17 본조개정)

제3조【이 법을 적용하는 수면】 ① 이 법은 공공용 수면에 대하여 적용한다. 다만, 특별한 규정이 있는 경우에는 사유수면에 대하여도 적용한다.
② 공공용 수면과 잇닿아 하나가 된 사유수면에 대하여는 이 법을 적용한다.
(2010.5.17 본조개정)

제4조【공공용 수면과 잇닿은 사유수면에서의 제한 등】 ① 공공용 수면과 잇닿아 하나가 된 사유수면의 점유자 또는 부지의 소유자는 특별자치시장・특별자치도지사・시장・군수・구청장(자치구의 구청장을 말하며, 서울특별시의 한강의 경우에는 한강 관리에 관한 업무를 관장하는 기관의 장을 말한다. 이하 같다)의 허가를 받아 그 사유수면에서의 타인의 내수면어업을 제한하거나 금지할 수 있다.
② 특별자치시장・특별자치도지사・시장・군수・구청장은 제1항에 따라 허가를 하였을 때에는 그 허가를 받은 자만 그 사유수면에서 내수면어업을 하게 할 수 있다.
(2017.3.21 본조개정)

제5조【기본계획 수립】 ① 해양수산부장관은 내수면어업의 지속적인 발전을 위하여 5년마다 다음 각 호의 사항에 관한 내수면어업 진흥 기본계획(이하 "기본계획"이라 한다)을 수립하여야 한다.(2015.2.3 본문개정)
1. 내수면어업 진흥 정책의 기본방향에 관한 사항 (2015.2.3 본호신설)
2. 내수면 수산자원의 조성과 보호에 관한 사항
3. 내수면어업의 생산성 향상에 관한 사항
4. 내수면 유어기반(遊漁基盤)의 조성에 관한 사항
5. 내수면어업으로 생산되는 수산물의 이용・가공에 관한 기술의 개발 및 보급에 관한 사항
6. (2019.8.27 삭제)
7. 그 밖에 내수면어업의 발전을 위하여 필요한 사항 (2015.2.3 본호신설)

② 지방자치단체는 기본계획에 따라 매년 구체적인 내수면어업 진흥 시행계획(이하 "시행계획"이라 한다)을 마련하고 이에 필요한 재원을 확보하기 위하여 노력하여야 한다.(2020.2.18 본항개정)
③ 해양수산부장관은 기본계획을 수립하거나 변경한 경우에는 지체 없이 국회 소관 상임위원회에 제출하여야 한다. 다만, 대통령령으로 정하는 경미한 사항을 변경하는 경우에는 그러하지 아니하다.(2020.2.18 본항개정)
④ 해양수산부장관은 기본계획을 효율적으로 수립・추진하기 위하여 내수면어업의 현황 등에 관한 실태조사를 실시할 수 있다.(2015.2.3 본항신설)
⑤ 해양수산부장관은 기본계획을 수립하기 위하여 필요한 경우에는 관계 중앙행정기관, 지방자치단체 및 공공기관의 장이나 관련 기관 및 단체의 장에게 관련 자료의 제출을 요청할 수 있다. 이 경우 자료의 제출을 요청받은 중앙행정기관의 장 등은 정당한 사유가 없으면 이에 따라야 한다.(2020.2.18 본항신설)
⑥ 해양수산부장관은 기본계획을 수립하거나 변경(제3항 단서의 경우는 제외한다)한 때에는 해양수산부령으로 정하는 바에 따라 이를 공표하고 관계 중앙행정기관의 장 및 지방자치단체의 장에게 통보하여야 한다.
(2020.2.18 본항신설)
⑦ 그 밖에 기본계획과 시행계획의 수립・시행 및 실태조사에 필요한 사항은 대통령령으로 정한다.(2015.2.3 본항신설)
(2015.2.3 본조제목개정)
(2010.5.17 본조개정)

제6조【면허어업】 ① 내수면에서 다음 각 호의 어느 하나에 해당하는 어업을 하려는 자는 대통령령으로 정하는 바에 따라 특별자치시장・특별자치도지사・시장・군수・구청장의 면허를 받아야 한다.(2017.3.21 본문개정)
1. (2019.8.27 삭제)
2. 정치망어업(定置網漁業) : 일정한 수면을 구획하여 어구(漁具)를 한 곳에 쳐놓고 수산동물을 포획하는 어업
3. 공동어업 : 지역주민의 공동이익을 증진하기 위하여 일정한 수면을 전용(專用)하여 수산자원을 조성・관리하여 수산동식물을 포획・채취하는 어업

② 제1항 각 호에 따른 어업의 명칭・방법 및 규모는 해양수산부령으로 정한다.(2013.3.23 본항개정)
(2010.5.17 본조개정)

제7조【어업권 등】 ① 제6조에 따라 어업의 면허를 받은 자는 「수산업법」 제17조제1항에 따른 어업권원부(漁業權原簿)에 등록함으로써 어업권을 취득한다.
② 제1항에 따른 어업권에 대하여는 「수산업법」 제16조제2항 및 제3항을 적용한다.
③ 제15조에 따른 내수면어업계가 취득한 어업권은 그 내수면어업계의 총유(總有)로 한다.
④ 특별자치시장・특별자치도지사・시장・군수・구청장은 가뭄이나 홍수 등 불가항력적인 재해로 말미암아 다음 각 호의 어느 하나에 해당하는 시설의 본래 목적에 중대한 지장을 줄 우려가 있을 때에는 수면관리자의 신청에 따라 어업권자에게 어업시설의 제거나 그 밖에 필요한 조치를 명할 수 있다.(2017.3.21 본문개정)
1. 「농어촌정비법」 제2조제6호에 따른 농업생산기반시설
2. 「댐건설・관리 및 주변지역지원 등에 관한 법률」 제2조제2호에 따른 다목적댐(2021.6.15 본호개정)

⑤ 제4항의 경우 어업권자가 필요한 조치를 이행하지 아니하면 특별자치시장・특별자치도지사・시장・군수・구청장은 제4항 각 호의 시설 유지에 필요한 최소한의 범위에서 대집행을 하거나 수면관리자에게 이를 하게 할 수 있으며, 대집행으로 말미암아 어업권자가 입은 손실은 보상하지 아니한다.(2017.3.21 본항개정)
⑥ 제5항의 대집행에 관하여는 「행정대집행법」을 준용한다.
(2010.5.17 본조개정)

제8조【처분 시 권리・의무의 승계】 이 법 또는 제22조에 따라 준용되는 「수산업법」 및 「수산자원관리법」에 따른 명령・처분 또는 그 제한이나 조건에 의하여 어업권자에게 생긴 권리・의무는 어업권과 함께 이전된다. 하천에 관한 법령에 따라 어업권자에게 생긴 하천의 점용에 관한 권리・의무도 같다.(2010.5.17 본조개정)

제9조【허가어업】 ① 내수면에서 다음 각 호의 어느 하나에 해당하는 어업을 하려는 자는 대통령령으로 정하는 바에 따라 특별자치시장・특별자치도지사・시장・군수・구청장의 허가를 받아야 한다.(2017.3.21 본문개정)
1. 자망어업(刺網漁業) : 자망을 사용하여 수산동물을 포획하는 어업
2. 종묘채포어업(種苗採捕漁業) : 양식하기 위하여 또는 양식어업인 등에게 판매하기 위하여 수산동식물의 종묘를 포획・채취하는 어업
3. 연승어업(延繩漁業) : 주낙을 사용하여 수산동물을 포획하는 어업
4. 패류채취어업 : 형망(桁網) 또는 해양수산부령으로 정하는 패류 채취용 어구를 사용하여 패류나 그 밖의 정착성 동물을 채취하거나 포획하는 어업(2013.3.23 본호개정)
5. (2011.3.9 삭제)
6. 낭장망어업(囊長網漁業) : 낭장망을 사용하여 수산동물을 포획하는 어업
7. 각망어업(角網漁業) : 각망을 설치하여 수산동물을 포획하는 어업

② 특별자치시장・특별자치도지사・시장・군수・구청장이 제1항에 따른 어업을 허가할 때에는 내수면의 용도, 자원상태, 경영 및 이용에 관한 상황을 고려하여야 한다.
(2017.3.21 본항개정)
③ 제1항에 따른 어업의 규모와 방법은 해양수산부령으로 정한다.(2013.3.23 본항개정)
④ 특별시장・광역시장・특별자치시장・도지사 또는 특별자치도지사(이하 "시・도지사"라 한다)는 어업조정(漁業調整)을 위하여 필요한 경우에는 해양수산부장관의 승인을 받아 허가어업의 조업 구역, 규모 및 방법 등을 제한할 수 있다.(2017.3.21 본항개정)
(2010.5.17 본조개정)

제10조【우선순위】 ① 제6조 및 제9조에 따른 어업의 면허 및 허가는 다음 각 호의 우선순위에 따른다.
1. 어업의 면허 및 허가를 받으려는 수면이 있는 지역 어업인의 공동이익을 위하여 조직된 내수면어업계(內水面漁業契), 내수면과 관련된 법인 및 단체(2019.8.27 본호개정)
2. 어업의 면허 및 허가를 신청한 어업과 같은 종류의 어업을 경영하였거나 이에 종사한 자
3. 내수면 어업개발 및 수산물 수출에 관한 경험과 실적이 있는 자

② 제1항에도 불구하고 지역 어업여건 등을 고려하여 제9조에 따른 허가어업의 우선순위를 해당 특별자치시・특별자치도・시・군・구(자치구를 말하며, 서울특별시가 관할하는 한강의 경우에는 한강 관리에 관한 업무를 관장하는 기관을 말한다. 이하 같다)의 조례(서울특별시가 관할하는 한강의 경우에는 서울특별시의 조례를 말한다. 이하 같다)로 정할 수 있다.(2017.3.21 본항개정)
③ 특별자치시장・특별자치도지사・시장・군수・구청장은 제1항 및 제2항에 따라 우선순위를 정할 때 다음 각 호의 어느 하나에 해당하는 자는 우선순위에서 배제할 수 있다. 이 경우 특별자치시・특별자치도・시・군・구에 설치된 내수면어업조정협의회의 심의를 거쳐야 한다.
(2017.3.21 본문개정)
1. 어업의 면허 및 허가를 받으려는 수면에서 이 법 또는 제22조에 따라 준용되는 「수산업법」 및 「수산자원관리법」에 따른 명령・처분 또는 그 제한이나 조건을 위반하여 행정처분을 받은 자
2. 어업의 면허 및 허가를 받으려는 어업의 어장 관리 및 경영상태가 극히 부실하다고 인정되는 자
3. 제7조제1항에 따라 어업권을 취득하였다가 정당한 사유 없이 양도한 자

④ 제3항 각 호 외의 부분 후단에 따른 내수면어업조정협의회는 내수면어업인의 대표와 내수면어업에 관한 학식과 경험이 풍부한 사람으로 구성한다. 이 경우 내수면어업조정협의회의 구성과 운영 등에 필요한 사항은 해당 특별자치시・특별자치도・시・군・구의 조례로 정한다.
(2017.3.21 후단개정)
⑤ 제4항에도 불구하고 「수산업법」 제95조에 따른 시・군・구수산조정위원회(특별자치시 및 특별자치도의 경우 시・도수산조정위원회를 말한다. 이하 같다)를 설치・운영 중인 특별자치시・특별자치도・시・군・구는 시・군・구수산조정위원회로 하여금 내수면어업조정협의회의 기능을 수행하게 할 수 있다.(2022.1.11 본항개정)
(2010.5.17 본조개정)

제11조【신고어업】 ① 내수면에서 제6조 및 제9조에 따른 어업을 제외한 어업으로서 대통령령으로 정하는 어업을 하려는 자는 대통령령으로 정하는 바에 따라 특별자치시장・특별자치도지사・시장・군수・구청장에게 신고하여야 한다.
② 사유수면에서 제6조제1항 각 호, 제9조제1항 각 호 또는 제1항에 따른 어업을 하려는 자는 대통령령으로 정하는 바에 따라 특별자치시장・특별자치도지사・시장・군수・구청장에게 신고하여야 한다.
③ 특별자치시장・특별자치도지사・시장・군수・구청장은 제1항 또는 제2항에 따른 신고를 받은 날부터 5일 이내에 신고수리 여부를 신고인에게 통지하여야 한다.
(2017.3.21 본항신설)
④ 특별자치시장・특별자치도지사・시장・군수・구청장이 제3항에서 정한 기간 내에 신고수리 여부 또는 민원 처리 관련 법령에 따른 처리기간의 연장 여부를 신고인에게 통지하지 아니하면 그 기간이 끝난 날의 다음 날에 신고를 수리한 것으로 본다.(2017.3.21 본항신설)
⑤ 특별자치시장・특별자치도지사・시장・군수・구청장은 해양수산부령으로 정하는 바에 따라 소관 구역의 사유수면에서의 어업 현황 및 실태를 파악하여 특별자치시장 또는 특별자치도지사는 해양수산부장관에게, 시장・군수・구청장은 시・도지사를 거쳐 해양수산부장관에게 알려야 한다.
(2017.3.21 본조개정)

제12조【수면 이용의 협의】 ① 특별자치시장・특별자치도지사・시장・군수・구청장은 제6조, 제9조 또는 제11조제1항에 따른 면허 또는 허가의 신청을 받거나 신고를 받았을 때에는 대통령령으로 정하는 바에 따라 수면관리자

와 미리 협의하여야 한다. 제13조제3항에 따라 면허기간의 연장을 허가하려는 경우에도 같다.(2017.3.21 전단개정)
② 수면관리자는 제1항에 따라 수면 이용에 대한 협의를 요청받았을 때에는 그 수면의 시설유지 및 보존 목적에 지장이 없는 범위에서 우선적으로 동의하여야 한다.
(2010.5.17 본조개정)
판례 내수면에서 양식어업을 하려면 양식어업면허 외에 수면관리자의 공유수면 점용허가 등이 필요하되, 내수면어업의 촉진을 위하여 해양수산부장관 등 관할 면허청이 면허 등의 처분을 위하여 직접 내수면관리자에게 수면이용에 관한 협의를 요청하여야 하고, 그것은 면허기간 연장허가 신청의 경우에도 마찬가지이므로, 면허기간 연장허가 신청의 경우에도 관할 면허청이 수면관리자에게 직접 협의를 요청한 결과 수면관리자가 수면에 대한 보존 목적상 수면사용의 동의를 하지 아니하는 때에는 그 연장허가 신청을 거부할 수 있다.
(대판 2002.12.26, 2002다14983)

제13조【어업의 유효기간】 ① (2019.8.27 삭제)
② 제6조제1항제2호 및 제3호의 면허어업, 제9조제1항의 허가어업 및 제11조의 신고어업의 유효기간은 5년으로 한다. 다만, 공익사업 시행에 필요한 경우나 그 밖에 대통령령으로 정하는 경우에는 그 유효기간을 5년 이내로 할 수 있다.
③ 특별자치시장·특별자치도지사·시장·군수·구청장은 제2항 단서, 제10조제3항 각 호와 제16조제1항제1호 및 제2호에 해당하는 사유가 있는 경우를 제외하고는 어업권자가 신청하면 어업의 면허기간이 만료된 날부터 제2항 본문의 기간 내에서 유효기간의 연장을 허가하여야 한다. 이 경우 2회 이상에 걸쳐 연장허가를 하였을 때에는 총연장허가기간은 면허어업의 경우 5년을 초과할 수 없다.(2019.8.27 본항개정)
(2010.5.17 본조개정)

제14조【조업수역의 조정】 ① 제6조, 제9조 또는 제11조에 따라 면허 또는 허가를 받거나 신고하는 내수면이 둘 이상의 특별시·광역시·특별자치시·도·특별자치도에 걸쳐 있을 때에는 해당 시·도지사가 협의하여 면허·허가 또는 신고를 수리할 기관을 정한다.(2017.3.21 본항개정)
② 제6조, 제9조 또는 제11조에 따라 면허 또는 허가를 받거나 신고하는 내수면이 둘 이상의 시·군·구에 걸쳐 있을 때에는 해당 시·군·구를 관할하는 시·도지사가 면허·허가 또는 신고를 수리할 기관을 지정하여야 한다.
(2010.5.17 본조개정)

제15조【내수면어업계】 ① 일정한 지역에 거주하는 내수면어업인은 공동이익의 증진을 위하여 내수면어업계를 조직할 수 있다.
② 제1항에 따른 내수면어업계의 조직은 어업을 하려는 내수면이 위치한 행정구역별로 조직하되 그 계원 자격 및 계원 수는 그 내수면에 잇닿은 지역에 거주하는 사람으로서 5명 이상으로 한다.
③ 내수면어업계를 조직하려면 정관을 작성하고 창립총회의 의결을 거쳐야 한다.
④ 내수면어업계의 정관 기재사항·해산·조직·운영 등은 해양수산부령으로 정한다.(2013.3.23 본항개정)
(2010.5.17 본조개정)

제16조【공익을 위한 어업 제한 등】 ① 특별자치시장·특별자치도지사·시장·군수·구청장은 다음 각 호의 어느 하나에 해당할 때에는 면허·허가 또는 신고한 어업을 제한 또는 정지하거나 어업의 면허 또는 허가를 취소할 수 있다.(2017.3.21 본문개정)
1. 제22조에 따라 준용되는 「수산업법」 제33조제1항제1호부터 제4호까지, 제8호 및 제9호의 어느 하나에 해당할 때(2022.1.11 본호개정)
2. 다른 법률에 따라 해당 수면에서 어업행위를 제한하거나 금지하여야 할 필요가 있을 때
3. 제22조에 따라 준용되는 「수산업법」 제34조제1호부터 제5호까지의 어느 하나에 해당하게 되었을 때 (2022.1.11 본호개정)
4. 제22조에 따라 준용되는 「수산자원관리법」 제35조제1항제5호에 따른 수산자원의 이식(移植) 승인을 받지 아니하고 수산동식물을 내수면에서 양식하거나 방류하였을 때
② 관계 행정기관의 장은 특별자치시장·특별자치도지사·시장·군수·구청장에게 제1항에 따른 공익을 위한 어업 제한 등을 요청할 수 있다.(2017.3.21 본항개정)
③ 제1항제1호부터 제4호까지의 규정에 따른 공익을 위한 어업 제한 등의 절차 및 제2항에 따라 공익을 위한 어업 제한 등을 요청하는 데 필요한 사항은 대통령령으로 정한다.
(2010.5.17 본조개정)

제16조의2【청문】 특별자치시장·특별자치도지사·시장·군수·구청장은 제16조제1항에 따라 어업의 면허 또는 허가를 취소하려면 청문을 하여야 한다.
(2017.3.21 본조개정)

제17조【보조 등】 해양수산부장관, 시·도지사 또는 시장·군수·구청장(이하 "행정관청"이라 한다)은 예산의 범위에서 내수면어업을 장려하고 진흥하는 데 필요한 비용의 전부 또는 일부를 보조하거나 자금을 융자할 수 있다.
(2013.3.23 본조개정)

제18조【유어질서】 특별자치시장·특별자치도지사·시장·군수·구청장은 내수면 수산자원의 증식·보호 및 내수면 생태계의 보호와 유어질서(遊漁秩序) 확립 등을 위하여 대통령령으로 정하는 바에 따라 낚시 등 유어행위에 대하여 어구, 시기, 대상, 지역 등을 제한할 수 있다.
(2017.3.21 본조개정)

제19조【유해어법의 금지】 누구든지 폭발물, 유독물 또는 전류를 사용하여 내수면에서 수산동식물을 포획·채취하여서는 아니 된다. 다만, 특별자치시장·특별자치도지사·시장·군수·구청장의 사용허가를 받았을 때에는 그러하지 아니하다.(2017.3.21 단서개정)

제19조의2【회유성 어류 등 수산생물의 이동통로 확보】 ① 하천에서 회유성 어류 등 수산생물의 이동통로를 차단하는 어구를 사용하는 자는 그 위치에서 하천 전체 물흐름의 평균수심 이상인 장소를 선택하여 하천 전체 물흐름 폭의 5분의 1 이상을 회유성 어류 등 수산생물의 이동통로로 개방하여야 한다.
② 시·도지사 또는 시장·군수·구청장은 회유성 어류 등 수산생물의 이동통로를 확보하기 위하여 필요하다고 인정하면 수역(水域)과 기간을 정하여 어업을 제한할 수 있다.
③ 하천의 물흐름을 차단하는 인공구조물을 설치하려는 자는 해양수산부장관과 협의하여 하천의 일부를 개방하거나 어도를 설치하여야 한다. 다만, 「하천법」 제39조에 해당하는 댐 중 해양수산부령으로 정하는 일정 규모 이상의 댐을 설치하려는 자가 다음 각 호의 어느 하나에 해당하는 경우로서 해양수산부장관과 협의하여 어류산란장·번식시설의 설치, 치어 방류 등 어족자원의 번식 및 보호를 위한 조치를 한 경우에는 그러하지 아니하다.
1. 댐의 특성이나 주변의 지형 및 여건이 어도를 설치하기에 적합하지 아니하다고 해양수산부장관이 인정한 경우
2. 수산에 관한 국공립 시험·연구기관에 어류의 서식상태 조사를 의뢰하여 조사한 결과 해양수산부령으로 정하는 일정한 기간 동안 회유성 어류의 서식이 현저히 적은 경우
(2013.3.23 본항개정)
④ 제2항에 따른 어업 제한의 기준·절차 등은 해양수산부령으로 정하는 바에 따라 해당 지방자치단체의 조례로 정하고, 제3항에 따른 협의 절차, 어도의 설치 기준 및 방법 등은 해양수산부령으로 정한다.(2013.3.23 본항개정)
(2010.5.17 본조개정)

제19조의3【어도종합관리계획 등의 수립·시행】 ① 해양수산부장관은 어도를 체계적으로 설치 및 관리하기 위하여 다음 각 호의 사항이 포함된 어도종합관리계획(이하 "종합관리계획"이라 한다)을 5년 마다 수립·시행하여야 한다.(2013.3.23 본문개정)
1. 어도에 관한 기본목표와 추진방향
2. 어도의 설치 및 사후관리에 관한 사항
3. 어도의 개발 및 보급에 관한 사항
4. 어도의 설치 및 관리에 필요한 재원의 조달에 관한 사항
5. 그 밖에 어도의 설치 및 관리를 위하여 해양수산부장관이 필요하다고 인정하는 사항(2013.3.23 본호개정)
② 해양수산부장관은 종합관리계획을 수립하거나 변경하려는 경우에는 관계 중앙행정기관의 장 및 지방자치단체의 장과 미리 협의하여야 한다. 다만, 대통령령으로 정하는 경미한 사항을 변경하는 경우에는 그러하지 아니하다.
(2013.3.23 본문개정)
③ 해양수산부장관은 종합관리계획의 수립을 위하여 필요한 경우에는 관계 중앙행정기관의 장 및 지방자치단체의 장에게 자료의 제출을 요구할 수 있다. 이 경우 관계 중앙행정기관의 장 및 지방자치단체의 장은 특별한 사정이 없으면 이에 따라야 한다.(2020.2.18 후단개정)
④ 시·도지사는 종합관리계획에 따라 매년 시·도어도관리계획(이하 "시·도계획"이라 한다)을 수립·시행하여야 한다.
⑤ 시장·군수·구청장은 시·도계획에 따라 매년 시·군·구어도관리계획(이하 "시·군·구계획"이라 한다)을 수립·시행하여야 한다.
⑥ 시·도지사와 시장·군수·구청장은 각각의 시·도계획 및 시·군·구계획을 수립하는 때에는 미리 관할 지역의 관계 기관, 내수면어업계 및 주민의 의견을 들어야 한다. 시·도계획 및 시·군·구계획을 변경할 때에도 또한 같다.
(2012.5.23 본조신설)

제19조의4【실태조사】 ① 해양수산부장관 및 지방자치단체의 장은 어도의 설치 및 관리 현황에 관한 실태를 정기적으로 조사하고 그 결과를 종합관리계획, 시·도계획 및 시·군·구계획에 각각 반영하여야 한다.
(2013.3.23 본항개정)
② 해양수산부장관 및 지방자치단체의 장은 제1항에 따른 실태조사를 위하여 필요한 때에는 관계 중앙행정기관의 장, 지방자치단체의 장 또는 「공공기관의 운영에 관한 법률」에 따른 공공기관의 장, 제19조의2제3항에 따른 어도의 설치 의무자, 그 밖의 관련 법인·단체에 대하여 필요한 자료의 제출 또는 의견의 진술을 요청할 수 있다. 이 경우 관계 중앙행정기관의 장 등은 특별한 사유가 없으면 이에 따라야 한다.(2020.2.18 후단개정)
③ 제1항에 따른 실태조사의 시기·범위 및 방법, 그 밖에 필요한 사항은 대통령령으로 정한다.
(2012.5.23 본조신설)

제19조의5【어도관리 데이터베이스의 구축·운영】 ① 해양수산부장관은 어도의 체계적인 관리를 위하여 제19조의4에 따른 실태조사를 기초로 어도관리에 관한 데이터베이스를 구축·운영할 수 있다.
② 해양수산부장관은 제1항에 따른 데이터베이스의 효율적인 구축·운영을 위하여 필요한 경우에는 데이터베이스 구축·운영을 전문기관에 위탁할 수 있다.
③ 제1항에 따른 데이터베이스의 구축·운영 및 제2항에 따른 위탁에 필요한 사항은 해양수산부령으로 정한다.
(2013.3.23 본조개정)

제19조의6【어도의 사후관리】 ① 해양수산부장관 및 지방자치단체의 장은 어도의 효율적인 사후관리를 위하여 관계 공무원에게 다음 각 호의 사항을 조사하거나 열람하게 할 수 있다. 이 경우 조사 또는 열람을 하는 공무원은 그 권한을 나타내는 증표를 지니고 이를 관계인에게 내보여야 한다.(2013.3.23 전단개정)
1. 어도의 관리·유지에 관한 실태조사
2. 어도 설치의 타당성 조사
3. 제19조의2제3항에 따라 어도를 설치한 자의 관계 장부 또는 서류 열람
② 제19조의2제3항에 따라 어도를 설치한 자는 해양수산부령으로 정하는 바에 따라 설치한 어도를 정기적으로 개선·보수하는 등 사후관리를 하여야 하며, 그에 필요한 인력을 배치할 수 있다. 이 경우 국가 및 지방자치단체는 어도를 설치한 자에 대하여 어도의 사후관리 및 인력배치에 필요한 경비를 예산의 범위에서 지원할 수 있다.
(2020.2.18 전단개정)
③ 제1항에 따라 조사 또는 열람을 하는 때에는 관계인은 정당한 사유 없이 이를 거부·방해 또는 기피하여서는 아니 된다.
(2012.5.23 본조신설)

제19조의7【조치명령 등】 ① 해양수산부장관 및 지방자치단체의 장은 제19조의2제3항에 따라 어도를 설치한 자가 제19조의6제2항에 따른 사후관리 의무를 이행하지 아니하여 어도 관리에 현저한 지장을 줄 우려가 있다고 인정하면 대통령령으로 정하는 바에 따라 시정을 명하거나 필요한 조치를 명할 수 있다.
② 해양수산부장관 및 지방자치단체의 장은 제19조의2제3항에 따라 어도가 설치된 하천에 대하여 제19조의4에 따른 실태조사 및 제19조의6제1항에 따른 조사 결과 어도의 추가 설치가 필요한 경우 해당 설치 의무자에 대하여 어도의 추가 설치를 명할 수 있다. 이 경우 해양수산부장관 및 지방자치단체의 장은 해당 설치 의무자에 대하여 어도의 추가 설치에 필요한 경비를 예산의 범위에서 지원할 수 있다.
(2013.3.23 본조개정)

제20조【다른 법률과의 관계】 제6조·제9조 또는 제11조에 따라 면허 또는 허가를 받거나 신고한 경우에는 다음 각 호의 허가·승인을 받거나 협의가 된 것으로 본다.
1. 「하천법」 제6조에 따른 하천관리청과의 협의 또는 승인
2. 「하천법」 제33조에 따른 하천의 점용허가 및 같은 법 제50조에 따른 하천수의 사용허가
3. 「댐건설·관리 및 주변지역지원 등에 관한 법률」 제26조에 따른 점용허가 등(2021.6.15 본호개정)
4. 「공유수면 관리 및 매립에 관한 법률」 제8조에 따른 점용·사용허가
5. 「농어촌정비법」 제23조제1항에 따른 사용허가 (2016.12.27 본호개정)
(2010.5.17 본조개정)

제21조【보상】 ① 다음 각 호의 어느 하나에 해당하는 처분으로 손실을 입은 자는 그 처분을 한 행정관청에 보상을 청구할 수 있다.
1. 제16조제1항제1호(「수산업법」 제33조제1항제1호부터 제4호까지에 해당하는 경우로 한정한다) 및 제2호에 해당하는 사유로 면허·허가 또는 신고한 어업에 대한 제한·정지 또는 취소의 처분을 받은 경우. 다만, 제16조제1항제1호(「수산업법」 제33조제1항제1호부터 제3호까지에 해당하는 경우로 한정한다)에 해당하는 사유로 허가 또는 신고한 어업이 제한되는 경우는 제외한다.
(2022.1.11 본호개정)
2. 제16조제1항제1호(「수산업법」 제33조제1항제1호부터 제4호까지에 해당하는 경우로 한정한다) 및 「수산업법」 제33조제1항제6호에 해당하는 사유로 제13조에 따른 어업의 유효기간 연장이 허가되지 아니한 경우
(2022.1.11 본호개정)
3. 제22조에 따라 준용되는 「수산업법」 제69조제2항에 따른 측량·검사에 장애가 되는 물건에 대한 이전명령 또는 제거명령을 받은 경우(2022.1.11 본호개정)
4. 제22조에 따라 준용되는 「수산자원관리법」 제43조제2

항에 따른 소하성어류(遡河性魚類)의 통로에 방해가 되는 인공구조물에 대한 제거명령을 받은 경우
(2020.2.18 본호개정)
② 제1항에 따른 보상에 관하여는 「수산업법」 제88조제2항부터 제4항까지의 규정을 적용한다.(2022.1.11 본항개정)
(2010.5.17 본조개정)
제21조의2【포획·채취 금지】 ① 해양수산부장관은 내수면 수산자원의 번식·보호를 위하여 필요하다고 인정하면 내수면 수산자원의 포획·채취 금지 기간·구역·체장·체중 등을 정할 수 있다.(2013.3.23 본항개정)
② 제1항에 따른 내수면 수산자원의 포획·채취 금지 기간·구역·체장·체중 등 포획·채취 금지의 세부 내용은 대통령령으로 정한다.
(2010.5.17 본조신설)
제22조【「수산업법」 및 「수산자원관리법」의 준용】 이 법에 규정한 것을 제외하고는 「수산업법」 및 「수산자원관리법」의 관련 규정을 준용한다.(2010.5.17 본조개정)
제23조【수수료】 이 법에 따른 면허 또는 허가를 받거나 면허기간 연장허가를 받으려는 자는 특별자치시·특별자치도·시·군·구의 조례로 정하는 수수료를 내야 한다.(2017.3.21 본조개정)
제24조【권한의 위임 및 위탁】 ① 이 법과 제22조에 따라 준용되는 「수산업법」 및 「수산자원관리법」에서 정하는 해양수산부장관의 권한은 그 일부를 대통령령으로 정하는 바에 따라 시·도지사에게 위임할 수 있다.
(2013.3.23 본항개정)
② 이 법과 제22조에 따라 준용되는 「수산업법」 및 「수산자원관리법」에서 정하는 시·도지사의 권한은 그 일부를 대통령령으로 정하는 바에 따라 시장·군수·구청장에게 위임할 수 있다.
③ 이 법과 제22조에 따라 준용되는 「수산자원관리법」에서 정하는 행정관청의 업무는 그 일부를 대통령령으로 정하는 바에 따라 다음 각 호의 어느 하나에 해당하는 자에게 위탁할 수 있다.
1. 「수산자원관리법」 제55조의2에 따른 한국수산자원공단
(2019.1.8 본호개정)
2. 「한국농어촌공사 및 농지관리기금법」 제3조에 따른 한국농어촌공사
(2016.5.29 본항신설)
(2016.5.29 본조제목개정)
(2010.5.17 본조개정)
제25조【벌칙】 ① 제19조를 위반하여 폭발물, 유독물 또는 전류를 사용하여 내수면에서 수산동식물을 포획·채취한 자는 2년 이하의 징역 또는 2천만원 이하의 벌금에 처한다.(2013.3.22 본항신설)
② 다음 각 호의 어느 하나에 해당하는 자는 1년 이하의 징역 또는 1천만원 이하의 벌금에 처한다.(2015.2.3 본문개정)
1. 제6조제1항 또는 제9조제1항에 따른 면허 또는 허가를 받지 아니하고 어업을 한 자
2. 거짓이나 그 밖의 부정한 방법으로 제6조제1항 또는 제9조제1항에 따른 면허 또는 허가를 받은 자
3. 제16조제1항에 따른 어업의 제한·정지 처분을 위반한 자
4. (2013.3.22 삭제)
5. 제19조의2제1항을 위반하여 하천의 일부를 어류의 이동통로로 개방하지 아니한 자
6. 제19조의2제2항에 따른 시·도지사 또는 시장·군수·구청장의 어업 제한 조치를 위반한 자
7. 제19조의2제3항을 위반하여 하천의 일부를 개방하지 아니하거나 어도를 설치하지 아니한 자
8. 제21조의2에 따른 포획·채취 금지를 위반하여 내수면 수산자원을 포획·채취한 자
9. 제22조에 따라 준용되는 「수산자원관리법」 제17조를 위반하여 포획·채취한 수산자원이나 그 제품을 소지·유통·가공·보관 또는 판매한 자
10. 제22조에 따라 준용되는 「수산자원관리법」 제47조제2항을 위반하여 보호수면에서 공사를 하거나 같은 조 제3항을 위반하여 보호수면에서 수산자원을 포획·채취한 자
11. 제22조에 따라 준용되는 「수산자원관리법」 제52조제2항을 위반하여 허가대상행위에 대하여 허가를 받지 아니하고 행위를 하거나 허가내용과 다르게 행위를 한 자
(2010.5.17 본조개정)
제26조【몰수 등】 ① 제25조의 경우에 범인이 소유하거나 소지한 어획물·어선·어구·폭발물 또는 유독물은 몰수할 수 있다.
② 제1항에 따른 범인이 소유하거나 소지한 물건의 전부 또는 일부를 몰수할 수 없을 때에는 그 가액을 추징할 수 있다.
(2010.5.17 본조개정)
제27조【과태료】 ① 다음 각 호의 어느 하나에 해당하는 자에게는 500만원 이하의 과태료를 부과한다.
1. 제11조제1항 또는 제2항에 따른 신고를 하지 아니하고 어업을 한 자
2. 제19조의7제1항 또는 제2항에 따른 시정 또는 조치 명령이나 추가 설치명령을 이행하지 아니한 자
(2012.5.23 본항개정)
② 다음 각 호의 어느 하나에 해당하는 자에게는 300만원 이하의 과태료를 부과한다
1. 제18조에 따른 유어질서를 위반한 자
1의2. 제19조의6제3항을 위반하여 정당한 사유 없이 조사 또는 열람을 거부·방해 또는 기피한 자(2012.5.23 본호신설)
2. 제22조에 따라 준용되는 「수산자원관리법」 제16조를 위반하여 명령을 이행하지 아니한 자
③ 제1항 및 제2항에 따른 과태료는 대통령령으로 정하는 바에 따라 행정관청이 부과·징수한다.
(2010.5.17 본조개정)

부 칙 (2017.3.21)

제1조【시행일】 이 법은 공포 후 1개월이 경과한 날부터 시행한다.
제2조【신고어업에 관한 적용례】 제11조제3항 및 제4항의 개정규정은 이 법 시행 이후 신고를 하는 경우부터 적용한다.

부 칙 (2019.1.8)

제1조【시행일】 이 법은 공포 후 6개월이 경과한 날부터 시행한다.(이하 생략)

부 칙 (2019.8.27)

제1조【시행일】 이 법은 공포 후 1년이 경과한 날부터 시행한다.(이하 생략)

부 칙 (2020.2.18)

이 법은 공포한 날부터 시행한다. 다만, 제5조의 개정규정은 공포 후 6개월이 경과한 날부터 시행한다.

부 칙 (2021.6.15)

제1조【시행일】 이 법은 공포 후 1년이 경과한 날부터 시행한다.(이하 생략)

부 칙 (2022.1.11)

제1조【시행일】 이 법은 공포 후 1년이 경과한 날부터 시행한다.(이하 생략)

배타적 경제수역에서의 외국인어업 등에 대한 주권적 권리의 행사에 관한 법률

(약칭 : 경제수역어업주권법)

(1996년 8월 8일 법 률 제5152호)

개정
1996. 8. 8법 5153호(정부조직)
1999. 2. 5법 5809호(해양사고의조사및심판에관한법)
2007. 1. 3법 8220호
2007. 4.11법 8377호(수산)
2008. 2.29법 8852호(정부조직)
2009. 4.22법 9627호(수산자원관리법)
2010. 3.17법10119호 2012. 5.14법11420호
2013. 3.23법11690호(정부조직)
2016.12.27법14507호
2017. 3.21법14605호(배타적경제수역및대륙붕에관한법)
2019. 8.27법16568호(양식산업발전법)
2020.12. 8법17616호

제1조【목적】 이 법은 「해양법에 관한 국제연합협약」의 관계 규정에 따라 대한민국의 배타적 경제수역에서 이루어지는 외국인의 어업활동에 관한 우리나라의 주권적 권리의 행사 등에 필요한 사항을 규정함으로써 해양생물자원의 적정한 보존·관리 및 이용에 이바지함을 목적으로 한다.(2010.3.17 본조개정)
제2조【정의】 이 법에서 사용하는 용어의 뜻은 다음과 같다.
1. "배타적 경제수역"이란 「배타적 경제수역 및 대륙붕에 관한 법률」에 따라 설정된 수역(水域)을 말한다.
(2017.3.21 본호개정)
2. "외국인"이란 다음 각 목의 어느 하나에 해당하는 자를 말한다.
가. 대한민국 국적을 가지지 아니한 사람
나. 외국의 법률에 따라 설립된 법인(대한민국의 법률에 따라 설립된 법인으로서 외국에 본점 또는 주된 사무소를 가진 법인이나 그 주식 또는 지분의 2분의 1 이상을 외국인이 소유하고 있는 법인을 포함한다)
3. "어업"이란 수산동식물(水産動植物)을 포획·채취하거나 양식하는 사업을 말한다.
4. "어업활동"이란 어업이나 어업에 관련된 탐색·집어(集魚), 어획물의 보관·저장·가공, 어획물 또는 그 제품의 운반, 선박에 필요한 물건의 보급 또는 그 밖에 해양수산부령으로 정하는 어업에 관련된 행위를 말한다.
(2013.3.23 본호개정)
(2010.3.17 본조개정)
제3조【적용 범위 등】 ① 외국인이 배타적 경제수역에서 어업활동을 하는 경우에는 「수산업법」, 「양식산업발전법」 및 「수산자원관리법」에도 불구하고 이 법을 적용한다.(2019.8.27 본항개정)
② 이 법에서 규정하는 사항에 관하여 외국과의 협정에서 따로 정하는 것이 있을 때에는 그 협정에서 정하는 바에 따른다.
③ 배타적 경제수역에서 이루어지는 외국인의 어업활동에 관하여는 「배타적 경제수역 및 대륙붕에 관한 법률」 제5조제1항에도 불구하고 대통령령으로 정하는 법령의 규정을 적용하지 아니한다.(2017.3.21 본항개정)
(2010.3.17 본조개정)
제4조【특정금지구역에서의 어업활동 금지】 외국인은 배타적 경제수역 중 어업자원의 보호 또는 어업조정(漁業調整)을 위하여 대통령령으로 정하는 구역(이하 "특정금지구역"이라 한다)에서 어업활동을 하여서는 아니 된다.
(2010.3.17 본조개정)
제5조【어업의 허가 등】 ① 외국인은 특정금지구역이 아닌 배타적 경제수역에서 어업활동을 하려면 선박마다 해양수산부장관의 허가를 받아야 한다.(2013.3.23 본항개정)
② 해양수산부장관은 제1항에 따라 허가를 하였을 때에는 해당 외국인에게 허가증을 발급하여야 한다.
(2013.3.23 본항개정)
③ 제1항에 따라 허가를 받은 외국인은 허가를 받은 선박에 허가 사항을 식별할 수 있도록 표지(標識)를 하여야 하며, 제2항의 허가증을 갖추어 두어야 한다.
④ 제1항부터 제3항까지의 규정에 따른 허가 사항은 대통령령으로 정하고, 허가 절차, 허가증 발급, 표지 방법 및 그 밖에 필요한 사항은 해양수산부령으로 정한다.
(2013.3.23 본항개정)
(2010.3.17 본조개정)
제6조【허가기준】 ① 해양수산부장관은 제5조제1항에 따른 허가 신청을 받았을 때에는 다음 각 호의 기준을 모두 충족하는 경우에만 허가할 수 있다.(2013.3.23 본문개정)
1. 허가 신청된 어업활동이 국제협약 또는 국가 간의 합의나 그 밖에 이에 준하는 것의 이행에 지장을 주지 아니한다고 인정될 것
2. 허가 신청된 어업활동으로 인하여 해양수산부령으로 정하는 바에 따라 해양수산부장관이 정하는 어획량의 한도를 초과하지 아니한다고 인정될 것(2013.3.23 본호개정)

3. 허용 가능한 어업 및 선박 규모의 기준 등 해양수산부령으로 정하는 기준을 충족한다고 인정될 것(2013.3.23 본호개정)
② 제1항제2호에 따른 어획량의 한도를 정할 때에는 수산자원의 동향, 대한민국 어업자의 어획 실태, 외국인의 어업 상황 및 주변 외국 수역에서의 대한민국 어업자의 어업 상황 등을 종합적으로 고려하여야 하며, 「수산자원관리법」 제36조에 따라 설정된 총허용어획량(總許容漁獲量)을 기초로 하여야 한다.
(2010.3.17 본조개정)
제6조의2【불법 어업활동 혐의 선박에 대한 정선명령】 검사(檢事)나 대통령령으로 정하는 사법경찰관(이하 "사법경찰관"이라 한다)은 배타적 경제수역에서 다음 각 호의 어느 하나에 해당하는 불법 어업활동 혐의가 있는 외국선박에 정선명령(停船命令)을 할 수 있다. 이 경우 그 선박은 명령에 따라야 한다.
1. 이 법, 이 법에 따른 명령 또는 제한이나 조건을 위반한 혐의가 있다고 인정되는 경우
2. 대한민국과 어업에 관한 협정을 체결한 국가의 선박이 그 협정, 그 협정에 따른 명령 또는 제한이나 조건을 위반한 혐의가 있다고 인정되는 경우
(2010.3.17 본조개정)
제7조【입어료】 ① 제5조제2항에 따라 허가증을 발급받은 외국인은 대한민국 정부에 입어료(入漁料)를 내야 한다.
② 제1항에 따른 입어료는 특별한 사유가 있으면 감액(減額)하거나 면제할 수 있다.
③ 제1항과 제2항에 따른 입어료의 금액, 납부 기한·방법, 감액·면제 기준 및 그 밖에 입어료에 관하여 필요한 사항은 대통령령으로 정한다.
(2010.3.17 본조개정)
제8조【시험·연구 등을 위한 수산동식물 포획·채취 등의 승인】 ① 배타적 경제수역에서 시험·연구, 교육실습 또는 그 밖에 해양수산부령으로 정하는 목적을 위하여 다음 각 호의 어느 하나의 행위를 하려는 외국인은 선박마다 해양수산부령으로 정하는 바에 따라 해양수산부장관의 승인을 받아야 한다.(2013.3.23 본문개정)
1. 수산동식물의 포획·채취
2. 어업에 관련된 탐색·집어
3. 어획물의 보관·저장·가공
4. 어획물 또는 그 제품의 운반
② 제1항에 따라 승인을 하는 경우 승인증의 발급 및 비치(備置), 승인 사항의 표지에 관하여는 제5조제2항 및 제3항을 준용한다. 이 경우 "허가"는 "승인"으로, "허가증"은 "승인증"으로, "허가 사항"은 "승인 사항"으로 본다.
③ 제1항과 제2항에 따른 승인 절차, 승인증 발급, 승인 사항, 표지 방법 및 그 밖에 필요한 사항은 해양수산부령으로 정한다.(2013.3.23 본항개정)
(2010.3.17 본조개정)
제9조【수수료】 ① 외국인은 제8조제1항에 따라 승인 신청을 할 때에는 해양수산부령으로 정하는 바에 따라 대한민국 정부에 수수료를 내야 한다.(2013.3.23 본항개정)
② 제1항에 따른 수수료는 특별한 사유가 있으면 감액하거나 면제할 수 있다.
③ 제1항과 제2항에 따른 수수료의 금액, 감액·면제 기준에 관하여 필요한 사항은 해양수산부령으로 정한다.
(2013.3.23 본항개정)
(2010.3.17 본조개정)
제10조【허가 등의 제한 또는 조건】 해양수산부장관은 제5조제1항에 따른 허가나 제8조제1항에 따른 승인을 할 때에는 제한이나 조건을 붙일 수 있으며, 그 제한 또는 조건은 변경할 수 있다.(2013.3.23 본조개정)
제11조【어획물 등을 옮겨 싣는 행위 등 금지】 외국인이나 외국어선의 선장은 배타적 경제수역에서 어획물이나 그 제품을 다른 선박에 옮겨 싣거나 다른 선박으로부터 받아 실어서는 아니 된다. 다만, 해양사고의 발생 등 해양수산부령으로 정하는 경우에는 그러하지 아니하다.
(2013.3.23 단서개정)
제12조【어획물 등의 직접 양륙 금지】 외국인이나 외국어선의 선장은 배타적 경제수역에서 어획한 어획물이나 그 제품을 대한민국의 항구에 직접 양륙(揚陸)할 수 없다. 다만, 해양사고의 발생 등 해양수산부령으로 정하는 경우에는 그러하지 아니하다.(2013.3.23 단서개정)
제13조【허가 및 승인의 취소 등】 해양수산부장관은 제5조제1항에 따른 허가를 받거나 제8조제1항에 따른 승인을 받은 외국인이 이 법, 이 법에 따른 명령 또는 제한이나 조건을 위반하였을 때에는 1년의 범위에서 배타적 경제수역에서의 어업활동 또는 시험·연구 등을 위한 수산동식물 포획·채취 등(이하 "어업활동등"이라 한다)의 정지를 명하거나 제5조제1항에 따른 허가나 제8조제1항에 따른 승인을 취소할 수 있다.(2013.3.23 본조개정)
제14조【대륙붕의 정착성 어종에 관계되는 어업활동에의 준용】 ① 대한민국의 대륙붕 중 배타적 경제수역 외측(外側) 수역에서의 정착성 어종(「해양법에 관한 국제연합협약」 제77조제4항의 정착성 어종에 속하는 생물을 말한다)에 관련되는 어업활동등에 관하여는 제3조부터 제13조까지의 규정을 준용한다.
② 제1항의 정착성 어종은 해양수산부장관이 고시한다.
(2013.3.23 본항개정)
(2010.3.17 본조개정)
제15조【하천회귀성 어종의 보호 및 관리】 대한민국은 대한민국의 내수면에서 알을 낳는 하천회귀성 어족자원의 보호·관리를 위하여 배타적 경제수역의 외측 수역에서 「해양법에 관한 국제연합협약」 제66조제1항에 따라 해당 어족자원에 대한 우선적인 이익과 책임을 가진다.
(2010.3.17 본조개정)
제16조【권한의 위임】 해양수산부장관은 이 법에 따른 권한의 일부를 대통령령으로 정하는 바에 따라 특별시장·광역시장·도지사 또는 특별자치도지사에게 위임할 수 있다.(2013.3.23 본조개정)
제16조의2【벌칙】 제4조 또는 제5조제1항을 위반하여 어업활동을 한 자는 3억원 이하의 벌금에 처한다.
(2016.12.27 본조신설)
제17조【벌칙】 다음 각 호의 어느 하나에 해당하는 자는 2억원 이하의 벌금에 처한다.(2012.5.14 본문개정)
1. (2016.12.27 삭제)
2. 제10조에 따라 제5조제1항의 허가에 붙이는 제한 또는 조건(제10조에 따라 변경된 제한 또는 조건을 포함한다)을 위반한 자
3. 제11조를 위반하여 어획물이나 그 제품을 다른 선박에 옮겨 싣거나 다른 선박으로부터 받아 실은 자
4. 제13조에 따른 어업활동의 정지명령을 위반한 자
5. 제14조제1항에 따라 준용되는 제4조, 제5조제1항, 제10조 또는 제13조를 위반하여 어업활동을 한 자
(2010.3.17 본조개정)
제17조의2【벌칙】 제6조의2를 위반하여 정선명령을 따르지 아니한 선박의 소유자 또는 선장은 1억원 이하의 벌금에 처한다.(2012.5.14 본조개정)
제18조【벌칙】 제12조를 위반하여 어획물이나 그 제품을 항구에 직접 양륙한 자는 3천만원 이하의 벌금에 처한다.
(2010.3.17 본조개정)
제19조【벌칙】 다음 각 호의 어느 하나에 해당하는 자는 500만원 이하의 벌금에 처한다.
1. 제8조제1항(제14조제1항에 따라 준용되는 경우를 포함한다)에 따라 승인을 받지 아니하고 시험·연구 등을 위한 수산동식물 포획·채취 등의 행위를 한 자
2. 제10조에 따라 제8조제1항의 승인에 붙이는 제한 또는 조건(제10조에 따라 변경된 제한 또는 조건을 포함한다)을 위반한 자(제14조제1항에 따라 준용되는 제한 또는 조건이나 변경된 제한 또는 조건을 위반한 자를 포함한다)
3. 제13조(제14조제1항에 따라 준용되는 경우를 포함한다)에 따른 시험·연구 등을 위한 수산동식물 포획·채취 등의 정지명령을 위반한 자
(2010.3.17 본조개정)
제20조【벌칙】 제5조제3항에 따른 허가 사항의 표지를 하지 아니하거나 허가증을 갖추어 두지 아니한 자(제8조제2항 또는 제14조제1항에 따라 준용되는 경우를 포함한다)는 200만원 이하의 벌금에 처한다.(2010.3.17 본조개정)
제21조【몰수 또는 추징】 ① 제16조의2, 제17조, 제18조 또는 제19조의 죄를 범한 자가 소유하거나 소지하는 어획물 및 그 제품, 선박, 어구(漁具) 또는 그 밖의 어업활동등에 사용한 물건(이하 이 조에서 "어획물등"이라 한다)은 몰수할 수 있다. 다만, 제16조의2의 죄를 범한 자가 자국(自國)으로부터 어업활동에 관한 허가를 받지 아니한 경우에는 어획물등을 몰수한다.(2016.12.27 본항개정)
② 제1항에 따라 어획물등의 전부 또는 일부를 몰수할 수 없는 경우에는 그 가액(價額)을 추징한다.(2016.12.27 본항신설)
제22조【양벌규정】 법인의 대표자, 법인 또는 개인의 대리인, 사용인, 그 밖의 종업원이 그 법인 또는 개인의 업무 또는 재산에 관하여 제16조의2, 제17조, 제17조의2 또는 제18조부터 제20조까지의 어느 하나에 해당하는 위반행위를 하면 그 행위자를 벌하는 외에 그 법인 또는 개인에게도 해당 조문의 벌금형을 과(科)한다. 다만, 법인 또는 개인이 그 위반행위를 방지하기 위하여 해당 업무에 관하여 상당한 주의와 감독을 게을리하지 아니한 경우에는 그러하지 아니하다.(2020.12.8 단서신설)
제23조【위반 선박 등에 대한 사법절차】 ① 검사나 사법경찰관은 이 법, 이 법에 따른 명령 또는 제한이나 조건을 위반한 선박 또는 그 선박의 선장이나 그 밖의 위반자에 대하여 정선, 승선, 검색, 나포(拿捕) 등 필요한 조치를 할 수 있다.
② 사법경찰관은 제1항의 조치를 하였을 때에는 그 결과를 검사에게 보고하되, 사정이 급하여 미리 지휘를 받을 수 없는 경우를 제외하고는 검사의 지휘를 받아 제1항의 조치를 하여야 한다.
③ 검사는 제1항의 조치를 하였거나 제2항에 따른 보고를 받았을 때에는 선장이나 그 밖의 위반자에게 지체 없이 다음 각 호의 사항을 고지하여야 한다. 다만, 대통령령으로 정하는 외국인이 하는 어업활동등에 대하여는 그러하지 아니하다.
1. 담보금이나 담보금 제공을 보증하는 서류가 법무부령으로 정하는 바에 따라 검사에게 제출되었을 때에는 선장이나 그 밖의 위반자를 석방하고, 선박을 반환한다는 취지(2012.5.14 본호개정)
2. 담보금의 금액
④ 검사는 제3항에 따라 고지된 담보금 또는 그 제공을 보증하는 서류를 받았을 때에는 지체 없이 선장이나 그 밖의 위반자를 석방하고 선박을 반환하여야 한다.
(2012.5.14 본항개정)
⑤ 제3항제2호에 따른 담보금의 금액은 대통령령으로 정하는 기준에 따라 검사가 위반 사항의 내용과 위반횟수, 그 밖의 사정을 고려하여 정한다.(2012.5.14 본항개정)
(2010.3.17 본조개정)
제24조【담보금의 보관·국고귀속 및 반환 등】 ① 담보금은 법무부령으로 정하는 바에 따라 검사가 보관한다.
② 담보금은 다음 각 호의 어느 하나에 해당하는 경우에는 대통령령으로 정하는 바에 따라 지정일 다음 날부터 계산하여 1개월이 지난 날에 국고에 귀속된다. 다만, 국고귀속일 전날까지 선장이나 그 밖의 위반자가 지정일 다음 날부터 계산하여 3개월이 지나기 전의 특정일에 출석하거나 압수물을 제출한다는 취지의 신청을 한 경우에는 그러하지 아니하다.
1. 선장이나 그 밖의 위반자가 검사 또는 법원으로부터 출석을 요구받고도 그 지정일 및 지정 장소에 출석하지 아니하는 경우
2. 선장이나 그 밖의 위반자가 검사 또는 법원으로부터 반환된 압수물의 제출을 요구받고도 그 지정일 및 지정 장소에 제출하지 아니하는 경우
③ 제2항 단서에 따라 국고에 귀속되지 아니한 담보금은 선장이나 그 밖의 위반자가 그가 신청한 특정일에 출석하지 아니하거나 해당 압수물을 제출하지 아니한 경우에는 그 다음 날에 국고에 귀속된다.
④ 검사는 제2항이나 제3항에 따른 국고귀속 사유로 해당 담보금이 국고에 귀속되기 전에 법원에서 선고한 벌금액이 납부된 경우 등 담보금 보관이 필요하지 아니한 사유로서 법무부령으로 정하는 사유가 발생하였을 때에는 법무부령으로 정하는 바에 따라 담보금을 반환하여야 한다.
(2010.3.17 본조개정)
제25조【위반 선박에 대한 사법절차 등의 세부 시행 사항】 제23조에 따른 위반 선박 등에 대한 사법절차와 제24조에 따른 담보금의 보관, 국고귀속 및 반환 등의 시행에 필요한 절차와 그 밖의 세부적인 사항은 관계 중앙행정기관의 장이 정할 수 있다.(2010.3.17 본조개정)
제26조 (2010.3.17 삭제)

부 칙 (2012.5.14)

제1조【시행일】 이 법은 공포한 날부터 시행한다.
제2조【벌칙 및 위반 선박 등에 대한 사법절차에 관한 경과조치】 이 법 시행 전의 행위에 대하여 벌칙 및 위반 선박 등에 대한 사법절차를 적용할 때에는 종전의 규정에 따른다.

부 칙 (2019.8.27)

제1조【시행일】 이 법은 공포 후 1년이 경과한 날부터 시행한다.(이하 생략)

부 칙 (2020.12.8)

이 법은 공포한 날부터 시행한다.

어업자원보호법

(1953年 12月 12日
法 律 第298號)

改正
1966. 4.23法 1783號
1996. 8. 8法 5153號(정부조직)
2008. 2.29法 8852號(정부조직)
2013. 3.23法11690號(정부조직)
2017. 3.21法14738號

第1條【管轄水域】 韓半島와 그 附屬島嶼의 海岸과 좌의 諸線을 連結함으로써 組成되는 境界線間의 海洋을 漁業資源을 保護하기 爲한 管轄水域(以下 管轄水域이라 稱함)으로 한다.
ㄱ. 咸鏡北道 慶興郡 牛岩嶺高頂으로부터 北緯42度 15分, 東經130度 45分의 點에 이르는 線
ㄴ. 北緯42度 15分, 東經130度 45分의 點으로부터 北緯38度, 東經132度 50分의 點에 이르는 線
ㄷ. 北緯38度, 東經132度 50分의 點으로부터 北緯35度, 東經130度의 點에 이르는 線
ㄹ. 北緯35度, 東經130度의 點으로부터 北緯34度 40分, 東經129度 10分의 點에 이르는 線
ㅁ. 北緯34度 40分, 東經129度 10分의 點으로부터 北緯32度, 東經127度의 點에 이르는 線
ㅂ. 北緯32度, 東經127度의 點으로부터 北緯32度, 東經124度의 點에 이르는 線
ㅅ. 北緯32度, 東經124度의 點으로부터 北緯39度 45分, 東經124度의 點에 이르는 線
ㅇ. 北緯39度 45分, 東經124度의 點으로부터(平安北道 龍川郡 薪島列島) 馬鞍島 西端에 이르는 線
ㅈ. 馬鞍島 西端으로부터 北으로 韓滿國境의 西端과 交叉하는 直線

第2條【管轄水域內의 漁業許可】 管轄水域內에서 漁業을 하려고 하는 者는 해양수산부장관의 許可를 받아야 한다.(2013.3.23 본조개정)

第3條【罰則】 前條에 違反한 者는 3년이하의 懲役 또는 3천만원以下의 罰金에 處하고 그 所有 또는 所持하고 있는 漁船, 漁具, 採捕物, 養殖物 및 그 製品은 이를 沒收한다.(2017.3.21 본조개정)

第4條【犯罪의 搜査】 ① 前條의 犯罪搜査에 있어서는 海軍艦艇의 乘務將校, 士兵 기타 大統領令으로 정하는 公務員이 司法警察官吏의 職務를 행한다.
② 前項의 搜査에 있어서 必要하다고 인정한 때에는 犯則船舶의 廻航을 命할 수 있다.
③ 第2條 違反의 嫌疑가 있다고 인정한 때에는 單純한 通過船舶일지라도 이를 停止시키고 臨檢, 搜索 기타 필요한 處分을 할 수 있다.

附 則 (2017.3.21)

이 법은 공포 후 6개월이 경과한 날부터 시행한다.

수산자원관리법

(2009년 4월 22일
법 률 제9627호)

개정
2010. 4.15법10272호(공유수면관리및매립에관한법)
2010. 5.17법10291호
2011. 4.14법10599호(국토이용)
2011. 7.25법10944호 2012. 2.22법11353호
2012.12.18법11566호(수산)
2012.12.18법11567호
2013. 3.23법11690호(정부조직)
2013. 6. 4법11862호(화학물질관리법)
2013. 8. 6법11998호(지방세외수입금의징수등에관한법)
2013. 8.13법12086호 2014. 6. 3법12740호
2014.11.19법12844호(정부조직)
2015. 2. 3법13190호 2015. 3.27법13270호
2015. 6.22법13385호(수산종자산업육성법)
2015. 8.11법13495호 2019. 1. 8법16212호
2019. 8.27법16568호(양식산업발전법)
2019.12. 3법16697호
2020. 2.18법17052호(자율관리어업육성및지원에관한법)
2020. 3.24법17091호(지방행정제재·부과금의징수등에관한법)
2020. 3.24법17106호 2020.12. 8영17617호
2022. 1.11법18755호(수산)
2022. 6.10법18956호 2023. 6.20법19500호
2023.10.24법19775호
2023.10.31법19807호(행정기관정비일부개정법령등)
2024. 1. 2법19910호(해양이용영향평가법)→2025년 1월 3일 시행이므로「法典 別冊」보유편 수록
2024. 1.23법20128호
2024. 2. 6법20231호(화학물질관리법)→2025년 8월 7일 시행이므로「法典 別冊」보유편 수록

제1장 총 칙

제1조【목적】 이 법은 수산자원관리를 위한 계획을 수립하고, 수산자원의 보호·회복 및 조성 등에 필요한 사항을 규정하여 수산자원을 효율적으로 관리함으로써 어업의 지속적 발전과 어업인의 소득증대에 기여함을 목적으로 한다.

제2조【정의】 ① 이 법에서 사용하는 용어의 뜻은 다음과 같다.
1. "수산자원"이란 수중에 서식하는 수산동식물로서 국민경제 및 국민생활에 유용한 자원을 말한다.
2. "수산자원관리"란 수산자원의 보호·회복 및 조성 등의 행위를 말한다.
3. "총허용어획량"이란 포획·채취할 수 있는 수산동물의 종별 연간 어획량의 최고한도를 말한다.
4. "수산자원조성"이란 일정한 수역에 어초(魚礁)·해조장(海藻場) 등 수산생물의 번식에 유리한 시설을 설치하거나 수산종자를 풀어놓는 행위 등 인공적으로 수산자원을 풍부하게 만드는 행위를 말한다.(2015.6.22 본호개정)
5. "바다목장"이란 일정한 해역에서 수산자원조성을 위한 시설을 종합적으로 설치하고 수산종자를 방류하는 등 수산자원을 조성한 후 체계적으로 관리하여 이를 포획·채취하는 장소를 말한다.(2015.6.22 본호개정)
6. "바다숲"이란 갯녹음(백화현상) 등으로 해조류가 사라졌거나 사라질 우려가 있는 해역에 연안생태계 복원 및 어업생산성 향상을 위하여 해조류 등 수산종자를 이식하여 복원 및 관리하는 장소를 말한다[해중림(海中林)을 포함한다].(2015.6.22 본호개정)
② 이 법에서 따로 정의되지 아니한 용어는「수산업법」 또는「양식산업발전법」에서 정하는 바에 따른다.(2019.8.27 본항개정)

제3조【적용범위】 이 법은 다음 각 호의 수면 등에 대하여 적용한다.
1. 바다
2. 바닷가
3. 어업을 하기 위하여 인공적으로 조성된 육상의 해수면
4.「국토의 계획 및 이용에 관한 법률」 제40조에 따라 수산자원의보호·육성을 위하여 지정된 공유수면이나 그에 인접된 토지(이하 "수산자원보호구역"이라 한다)
5.「내수면어업법」 제2조제1호에 따른 내수면(제55조의2제3항제4호에 따른 내수면 수산자원조성사업에 한정한다. 이하 같다)(2015.8.11 본호신설)

제3조의2【바다식목일】 ① 바닷속 생태계의 중요성과 황폐화의 심각성을 국민에게 알리고 범국민적인 관심 속에서 바다숲이 조성될 수 있도록 하기 위하여 매년 5월 10일을 바다식목일로 한다.
② 국가와 지방자치단체는 바다식목일 취지에 적합한 기념행사를 개최할 수 있다.
③ 제2항에 따른 바다식목일 기념행사에 필요한 사항은 해양수산부령으로 정한다.(2013.3.23 본항개정)
(2012.2.22 본조신설)

제4조【국제협력증진】 ① 해양수산부장관은 수산자원의 관리에 관한 국제규범을 수용하고 국제수산기구 또는 수산자원의 관리에 관한 국제협약에서 요구하는 수산자원 관리조치를 이행하고 이를 위한 국제사회와의 협력을 하여야 한다.(2013.3.23 본항개정)
② 해양수산부장관은 수산자원의 관리에 대한 국제적 공동노력을 위하여 주변국과도 조사·연구·관리·조성 등의 협력사업을 실시할 수 있으며, 이러한 협력사업에 관련 연구기관 및 어업인단체 등을 참여하게 할 수 있다.(2013.3.23 본항개정)
③ 국가 또는 지방자치단체는 제1항 및 제2항에 따른 협력사업에 참여하는 관련 연구기관 및 어업인단체 등에 대하여 보조금 교부 등 필요한 지원을 할 수 있다.
④ 제2항 및 제3항의 협력사업의 내용, 지원대상기관 및 지원절차와 방법에 필요한 사항은 해양수산부령으로 정한다.(2013.3.23 본항개정)

제5조【수산자원관리기술 연구개발】 ① 해양수산부장관 또는 특별시장·광역시장·특별자치시장·도지사·특별자치도지사(이하 "시·도지사"라 한다)는 수산자원관리와 관련된 기술개발을 촉진하기 위하여 관련 연구기관·지도기관·대학 및 단체 등에 수산자원관리기술의 연구개발을 수행하게 할 수 있다.
② 해양수산부장관 또는 시·도지사는 제1항에 따른 수산자원관리기술의 연구개발을 수행하는 데에 필요한 자금을 지원할 수 있다.
(2013.3.23 본조개정)

제6조【서류 송달의 공시】 ① 해양수산부장관, 시·도지사, 시장(특별자치시 및 특별자치도의 경우는 특별자치시장 및 특별자치도지사를 말한다. 이하 같다)·군수 또는 자치구의 구청장(이하 "시장·군수·구청장"이라 한다)은 주소나 거소(居所)가 분명하지 아니하는 등의 사유로 이 법 또는 이 법에 따른 명령·처분 등을 통지하는 데 필요한 서류를 송달할 수 없을 때에는 대통령령으로 정하는 바에 따라 이를 공고하여야 한다.
② 해양수산부장관, 시·도지사, 시장·군수·구청장(이하 "행정관청"이라 한다)이 제1항에 따라 공고한 경우에는 공고일의 다음 날부터 계산하기 시작하여 30일이 지난 날에 그 서류가 도달한 것으로 본다.
(2013.3.23 본조개정)

제2장 수산자원관리기본계획 등

제7조【수산자원관리기본계획】 ① 해양수산부장관은 수산자원을 종합적·체계적으로 관리하기 위하여 5년마다 수산자원관리기본계획(이하 "기본계획"이라 한다)을 세워야 한다.(2013.3.23 본항개정)
② 기본계획에는 다음 각 호의 사항이 포함되어야 한다.
1. 수산자원관리에 관한 정책목표 및 기본방향
2. 수산자원의 동향에 관한 사항
3. 과학적인 자원조사 및 평가체제의 구축에 관한 사항
4. 수산자원이 감소 또는 고갈될 위험이 있다고 인정되는 특정 수산자원에 대한 수산자원 회복계획에 관한 사항
5. 수산자원별 총허용어획량에 관한 사항
6. 수산자원의 서식 및 생태환경 등의 관리에 관한 사항
7. 바다목장 및 바다숲의 조성·관리 등에 관한 사항 (2020.3.24 본호신설)
8. 시·도지사의 수산자원관리에 관한 사항
9. 그 밖에 수산자원관리에 필요하다고 해양수산부장관이 인정하는 사항(2013.3.23 본호개정)
③ 해양수산부장관은 기본계획을 세우려면 미리 시·도지사의 의견을 듣고「수산업법」 제95조에 따른 중앙수산조정위원회의 심의를 거쳐야 한다. 기본계획을 변경할 때에도 같은 절차를 거쳐야 한다.(2023.10.31 전단개정)
④ 해양수산부장관은 기본계획을 세우거나 변경하면 시·도지사에게 통보하고, 그 내용을 공고하여야 하며 이를 지체 없이 국회 소관 상임위원회에 제출하여야 한다.(2019.1.8 본항개정)
⑤ 해양수산부장관은 특정 수산자원의 변화와 그 자원과 관계된 어업자의 경영 사항 등을 고려하여 매년 기본계획을 검토하고, 필요하면 이를 변경하여야 한다.
(2020.3.24 본항개정)

제8조【수산자원관리시행계획】 ① 해양수산부장관 또는 시·도지사는 기본계획을 특성에 맞게 시행하기 위하여 매년 수산자원관리시행계획(이하 "시행계획"이라 한다)을 세우고 이에 필요한 재원을 확보하기 위하여 노력하여야 한다.(2019.1.8 본항개정)
② 해양수산부장관 또는 시·도지사는 시행계획을 세우려면 미리 해양수산부장관은 시·도지사의 의견을, 시·도지사는 시장·군수·구청장의 의견을 듣고「수산업법」 제95조에 따른 중앙수산조정위원회 또는 시·도수산조정위원회(이하 "중앙 또는 시·도 수산조정위원회"라 한다)의 심의를 거쳐야 한다. 시행계획을 변경할 때에도 같은 절차를 거쳐야 한다.(2023.10.31 전단개정)
③ 해양수산부장관 또는 시·도지사는 시행계획을 세우거나 변경하면 시·도지사나 시장·군수·구청장에게 통보하고, 그 내용을 공고하여야 하며 이를 지체 없이 국회 소관 상임위원회에 제출하여야 한다. 다만, 시·도지사는 그 사실을 해양수산부장관에게 보고하여야 한다.
(2019.1.8 본문개정)
④ 시행계획에 포함되어야 할 사항, 그 밖에 필요한 사항은 대통령령으로 정한다.

제9조【관계 중앙행정기관의 장 등의 협조】 해양수산부장관 또는 시·도지사는 기본계획과 시행계획을 수립·시행하기 위하여 필요하면 관계 중앙행정기관의 장 및 지방자치단체의 장에게 협조를 요청할 수 있다. 이 경우 협조를 요청받은 관계 중앙행정기관의 장 등은 특별한 사정이 없으면 요청에 따라야 한다.(2013.3.23 본조개정)

제10조【수산자원의 조사·평가】 ① 해양수산부장관 또는 시·도지사는 수산자원의 종합적·체계적 관리를 위

하여 수산자원의 조사·평가를 실시할 수 있다.
(2013.3.23 본항개정)

② 해양수산부장관은 시·도지사에 대하여 수산자원의 조사·평가 계획 및 그 결과의 보고를 요구할 수 있다.
(2013.3.23 본항개정)

③ 수산자원의 조사·평가 내용, 그 밖에 필요한 사항은 대통령령으로 정한다.

제11조【수산자원의 정밀조사·평가계획의 시행】 ① 해양수산부장관 또는 시·도지사는 다음 각 호에 대한 사항을 수립·시행하기 위하여 수산자원의 정밀조사·평가계획을 세워 시행할 수 있다.(2013.3.23 본문개정)

1. 제7조제2항제4호에 따른 수산자원 회복계획
2. 제36조에 따른 총허용어획량의 설정 및 관리에 관한 시행계획
3. 제46조에 따른 보호수면의 지정
4. 제48조에 따른 수산자원관리수면의 지정

② 수산자원의 정밀조사·평가의 방법 및 내용, 그 밖에 필요한 사항은 해양수산부령으로 정한다.(2013.3.23 본항개정)

제12조【어획물 등의 조사】 ① 해양수산부장관 또는 시·도지사는 제10조 및 제11조에 따른 수산자원의 조사나 정밀조사 및 평가를 위하여 필요하면 소속 공무원 또는 제58조에 따른 수산자원조사원(이하 "수산자원조사원"이라 한다)에게 수산물유통시장·수산업협동조합 공판장 등 해양수산부령으로 정하는 곳에 출입하여 어획물을 조사하거나 대상 어선을 지정하고 그 어선에 승선하여 포획·채취한 수산자원의 종류와 어획량 등을 조사하게 할 수 있다.(2013.3.23 본항개정)

② 소속 공무원 또는 수산자원조사원이 어획물 등의 조사를 할 때에는 그 권한을 표시하는 증표를 지니고 이를 관계인에게 제시하여야 하고, 관계인은 정당한 사유 없이 이를 거부·방해 또는 회피하여서는 아니 되며, 승선조사 대상으로 지정된 어선의 소유자 또는 어선의 선장은 선내 생활에 대한 안전 확보 및 원활한 조사가 행하여질 수 있도록 협조하여야 한다.

③ 어획물 등의 조사 대상 어선을 지정하거나 승선을 하여 조사를 하려면 미리 해당 어선의 소유자 및 어업인단체와 협의를 하여야 한다.

④ 해양수산부장관 또는 시·도지사는 수산자원의 조사·평가를 위하여 필요하다고 인정되면 「수산업법」 제40조에 따른 근해어업·연안어업·구획어업의 허가를 받은 자, 같은 법 제43조에 따른 한시어업허가를 받은 자, 같은 법 제51조에 따른 어획물운반업 등록을 한 자, 그 밖의 관계자에 대하여 대통령령으로 정하는 어업활동·어획실적에 관한 자료, 수산물의 운반실적 등에 관한 자료를 제출하도록 명할 수 있다.(2022.1.11 본항개정)

제13조【수산자원관리의 정보화】 ① 해양수산부장관은 수산자원의 체계적 관리를 위하여 제10조 및 제11조에 따른 수산자원의 조사나 정밀조사 및 평가 결과를 기초로 수산자원의 생태·서식지·어업현황 등에 대하여 수산자원종합정보 데이터베이스를 구축·운영할 수 있다.

② 해양수산부장관은 시·도지사에게 해양수산부령으로 정하는 바에 따라 제1항에 따른 수산자원종합정보 데이터베이스 구축에 필요한 조사를 실시하게 할 수 있다. 이 경우 시·도지사는 특별한 사유가 없으면 이에 따라야 한다.
(2013.3.23 본조개정)

제3장 수산자원의 보호

제1절 포획·채취 등 제한

제14조【포획·채취금지】 ① 해양수산부장관은 수산자원의 번식·보호를 위하여 필요하다고 인정되면 수산자원의 포획·채취 금지 기간·구역·수심·체장·체중 등을 정할 수 있다.(2013.3.23 본항개정)

② 해양수산부장관은 수산자원의 번식·보호를 위하여 복부 외부에 포란(抱卵)한 암컷 등 특정 어종의 암컷의 포획·채취를 금지할 수 있다.(2013.3.23 본항개정)

③ 다음 각 호의 경우를 제외하고는 누구든지 수산동물의 번식·보호를 위하여 수중에 방란(放卵)된 알을 포획·채취하여서는 아니 된다.

1. 해양수산부장관 또는 시·도지사가 수산자원조성을 목적으로 어망 또는 어구 등에 붙어 있는 알을 채취하는 경우(2020.3.24 본호개정)
2. 행정관청이 생태계 교란 방지를 위하여 포획·채취하는 경우

④ 시·도지사는 관할 수역의 수산자원 보호를 위하여 특히 필요하다고 인정되면 제1항의 수산자원의 포획·채취 금지기간 등에 관한 규정을 강화하여 정할 수 있다. 이 경우 시·도지사는 그 내용을 고시하여야 한다.

⑤ 제1항 및 제2항에 따른 수산자원의 포획·채취 금지 기간·구역·수심·체장·체중 등과 특정 어종의 암컷의 포획·채취금지의 세부내용은 대통령령으로 정한다.

제15조【조업금지구역】 ① 해양수산부장관은 수산자원의 번식·보호를 위하여 필요하면 「수산업법」 제40조에 따른 어업의 종류별로 조업금지구역을 정할 수 있다.
(2022.1.11 본항개정)

② 제1항에 따른 어업의 종류별 조업금지구역의 지정 등에 필요한 사항은 대통령령으로 정한다.

제16조【불법어획물의 방류명령】 ① 「수산업법」 제69조에 따른 어업감독 공무원과 경찰공무원은 이 법 또는 「수산업법」에 따른 명령을 위반하여 포획·채취한 수산자원을 방류함으로써 포획·채취 전의 상태로 회복할 수 있고 수산자원의 번식·보호에 필요하다고 인정하면 그 포획·채취한 수산자원의 방류를 명할 수 있다.
(2022.1.11 본항개정)

② 제1항의 명령을 받은 자는 지체 없이 이에 따라야 한다.

제17조【불법어획물의 판매 등의 금지】 누구든지 이 법 또는 「수산업법」에 따른 명령을 위반하여 포획·채취한 수산자원이나 그 제품을 소지·유통·가공·보관 또는 판매하여서는 아니 된다.

제18조【비어업인의 포획·채취·판매 등의 제한】 ① 「수산업법」 제2조제10호에서 정하는 어업인이 아닌 자(이하 "비어업인"이라 한다)는 관할 수역의 수산자원의 보호 등을 위하여 대통령령으로 정하는 방법·수량·어구의 종류 등의 포획·채취 기준을 위반하여 수산자원을 포획·채취하여서는 아니 된다.

② 제1항에도 불구하고 특별시·광역시·특별자치시·도·특별자치도(이하 "시·도"라 한다)는 관할 수역의 수산자원의 보호 등을 위하여 특히 필요하다고 인정되면 대통령령으로 정하는 범위에서 그 시·도의 조례로 포획·채취 기준을 달리 정할 수 있다.

③ 시·도지사는 제2항에 따라 조례로 포획·채취 기준을 정하거나 변경하는 경우 지체 없이 해양수산부장관에게 통보하고, 비어업인이 알 수 있도록 해양수산부령으로 정하는 바에 따라 필요한 조치를 하여야 한다.(2023.6.20 본항신설)

④ 비어업인은 제1항 또는 제2항의 기준에 따라 포획·채취한 수산자원을 판매하거나 판매할 목적으로 저장·운반 또는 진열하여서는 아니 된다.(2023.6.20 본항신설)

⑤ 비어업인은 제14조를 위반하여 수산자원을 포획·채취하여서는 아니 된다.(2023.6.20 본항신설)
(2023.6.20 본조개정)

제19조【휴어기의 설정】 ① 해양수산부장관 또는 시·도지사는 다음 각 호에 해당되면 해역별 또는 어업별로 휴어기를 설정하여 운영할 수 있다.(2013.3.23 본문개정)

1. 기본계획 및 시행계획에서 휴어기를 설정한 경우
2. 제10조 및 제11조에 따른 수산자원의 조사나 정밀조사 및 평가를 실시한 결과 특정 수산자원의 관리를 위하여 필요한 경우

② 제1항에 따라 휴어기가 설정된 수역에서는 조업이나 해당 어업을 하여서는 아니 된다.

③ 행정관청은 휴어기의 설정으로 인하여 어업의 제한을 받는 어선에 대하여는 그 피해 등을 고려하여 재정적 지원을 할 수 있다.

④ 휴어기의 설정 및 운영을 위한 방법·절차 등에 필요한 사항은 대통령령으로 정한다.

제2절 어선·어구·어법 등 제한

제20조【조업척수의 제한】 ① 해양수산부장관 또는 시·도지사는 특정 수산자원이 현저하게 감소하여 번식·보호의 필요가 인정되면 「수산업법」 제57조에 따른 허가의 정수(定數)에도 불구하고 중앙 또는 시·도 수산조정위원회의 심의를 거쳐 조업척수를 제한할 수 있다.
(2023.10.31 본항개정)

② 행정관청은 제1항에 따른 조업척수 제한으로 인하여 조업을 할 수 없는 어선에 대하여는 감척이나 피해보전 등의 필요한 지원을 할 수 있다.

③ 조업척수의 제한, 감척 등의 기준 및 방법 등에 필요한 사항은 대통령령으로 정한다.

제21조 (2012.12.18 삭제)

제22조【어선의 사용제한】 어선은 다음 각 호의 행위에 사용되어서는 아니 된다.

1. 해당 어선에 사용이 허가된 어업의 방법으로 다른 어업을 하는 어선의 조업활동을 돕는 행위
2. 해당 어선에 사용이 허가된 어업의 어획효과를 높이기 위하여 다른 어업의 도움을 받아 조업활동을 하는 행위
3. 다른 어선의 조업활동을 방해하는 행위

판례 어업의 어획효과를 높이기 위해 다른 어업의 도움을 받아 조업활동을 하는 행위, 즉 공조조업이 이루어지게 되면 기존에 어업허가를 부여할 때 고려한 어획능력을 훨씬 초과해 매우 적극적인 형태의 어업이 이루어질 수 있고, 이는 수산자원의 보존과 어업인간의 균등한 자원 배분에 중대한 영향을 미칠 수 있다. 또한 이를 금지하는 조항이 신설된 때로부터 30년이 지났음에도 여전히 지속적·반복적으로 위반행위를 한 사례들이 다수 적발되고 있는 점을 고려할 때, 이를 위반한 경우 형사처벌 및 몰수·추징할 수 있도록 한 것이 과도한 제한이라고 보기 어렵다. 해당 조항이 비록 공조조업을 제한하고 있기는 하지만 어업인들은 각각 허가된 방식으로 어업을 할 수 있으며, 공조조업을 할 수 없어 어느 정도의 경제적 불이익을 당할 수 있다 하더라도 이것이 지속가능한 어업환경의 조성 및 어업질서의 유지라는 공익보다 크다고 볼 수 없다.
(헌재결 2023.5.25, 2020헌바604)

제23조【2중 이상 자망의 사용금지 등】 ①~② (2012.12.18 삭제)

③ 수산자원을 포획·채취하기 위하여 2중 이상의 자망(刺網)을 사용하여서는 아니 된다. 다만, 해양수산부장관 또는 시·도지사의 승인을 받거나 대통령령으로 정하는 해역에 대하여 어업의 신고를 하는 경우에는 그러하지 아니하다.(2013.3.23 단서개정)

④ 해양수산부장관 또는 시·도지사는 제3항 단서에 따른 신고를 받은 경우 그 내용을 검토하여 이 법에 적합하면 신고를 수리하여야 한다.(2019.1.8 본항신설)

⑤ 해양수산부장관 또는 시·도지사로부터 제3항 단서에 따라 2중 이상 자망의 사용승인을 받은 자가 다음 각 호의 사항을 위반한 때에는 그 승인을 취소할 수 있다. 이 경우 승인이 취소된 자에 대하여는 취소한 날부터 1년 이내에 2중 이상 자망의 사용승인을 하여서는 아니 된다.
(2013.3.23 전단개정)

1. 사용 해역, 사용기간 및 시기
2. 사용어구의 규모와 그물코의 규격

⑥ 제3항 단서에 따른 2중 이상 자망 사용승인 절차에 필요한 사항은 해양수산부령으로 정한다.(2013.3.23 본항개정)
(2012.12.18 본조제목개정)

제24조【특정어구의 소지와 선박의 개조 등의 금지】 누구든지 「수산업법」 제7조·제40조·제43조·제46조 및 제48조에 따라 면허·허가·승인 또는 신고된 어구 외의 어구, 「양식산업발전법」 제10조, 제43조 또는 제53조에 따라 면허 또는 허가된 어구 외의 어구 및 이 법에 따라 사용이 금지된 어구를 제작·수입·보관·운반·진열·판매하거나 실어서는 아니 되며, 이러한 어구를 사용할 목적으로 선박을 개조하거나 시설을 설치하여서는 아니 된다. 다만, 대통령령으로 정하는 어구의 경우에는 그러하지 아니하다.(2022.1.11 본문개정)

제25조【유해어법의 금지】 ① 누구든지 폭발물·유독물 또는 전류를 사용하여 수산자원을 포획·채취하여서는 아니 된다.

② 누구든지 수산자원의 양식 또는 어구·어망에 붙어 있는 이물질의 제거를 목적으로 「화학물질관리법」 제2조제7호에 따른 유해화학물질을 보관 또는 사용하여서는 아니 된다. 다만, 대통령령으로 정하는 바에 따라 행정관청 또는 주무부처의 장으로부터 사용허가를 받은 때에는 그러하지 아니하다.(2020.3.24 본문개정)

③ 제2항 단서에 따른 사용허가 신청 절차 등에 필요한 사항은 해양수산부령으로 정한다.(2013.3.23 본항개정)

제26조【금지조항의 적용 제외】 ① 제14조·제23조 및 제24조는 다음 각 호의 어느 하나에 해당하는 경우로서 대통령령으로 정하는 바에 따라 관할 시·도지사 또는 시장·군수·구청장의 허가를 받아 수산자원을 포획·채취하는 자에게는 적용하지 아니한다.

1. 양식업 또는 마을어업의 어장에서 사용되는 수산종자의 포획·채취를 위하여 필요한 경우(2019.8.27 본호개정)
2. 학술연구·조사 또는 시험을 위하여 필요한 경우
3. 수산자원조성을 목적으로 한 어미고기의 확보와 소하성(溯河性)어류의 회귀량 조사 등을 위하여 필요한 경우
4. 수산자원의 이식을 위하여 필요한 경우
5. 제2호부터 제4호까지의 용도로 제공하는 수산자원을 포획·채취한 경우

② 제14조·제23조 및 제24조는 「수산업법」 제46조에 따른 시험어업으로 포획·채취하는 경우에는 적용하지 아니한다.(2022.1.11 본항개정)

③ 제14조 및 제23조는 다음 각 호의 어느 하나에 해당하는 경우에는 적용하지 아니한다.

1. 마을어업권자가 시장·군수·구청장의 허가를 받아 수산자원을 포획·채취하는 경우
2. 양식업자가 양식어장에서 양식물을 포획·채취하는 경우(2019.8.27 본호개정)
3. 「수산업법」 제62조제1항에 따라 지정을 받은 유어장에서 낚시로 수산동물을 포획하는 경우(2022.1.11 본호개정)

④ 시·도지사 또는 시장·군수·구청장은 제1항에 따른 허가를 하였을 때에는 허가증을 발급하여야 한다.
(2019.12.3 본항신설)

⑤ 제1항 및 제2항에 따른 허가 및 그 사후관리에 필요한 사항은 해양수산부령으로 정한다.(2013.3.23 본항개정)

제26조의2【포획·채취 허가취소 등】 ① 시·도지사 또는 시장·군수·구청장은 제26조제1항에 따라 수산자원 포획·채취 허가를 받은 자가 다음 각 호의 어느 하나에 해당하는 경우에는 그 허가를 취소할 수 있다. 다만, 제1호에 해당하는 경우에는 그 허가를 취소하여야 한다.

1. 거짓이나 그 밖의 부정한 방법으로 허가를 받은 경우
2. 수산자원의 포획·채취 허가조건을 위반한 경우
3. 수산자원을 허가받은 목적 외의 용도로 사용한 경우

② 제1항에 따라 허가가 취소된 자는 취소된 날부터 7일 이내에 허가증을 시·도지사 또는 시장·군수·구청장에게 반납하여야 한다.
(2019.12.3 본조신설)

제27조【환경친화적 어구사용】 ① 해양수산부장관 또는 시·도지사는 수산자원의 번식·보호 및 서식환경의 악화를 방지하기 위하여 환경친화적 어구의 사용을 장려하여야 한다.

② 해양수산부장관 또는 시·도지사는 대통령령으로 정하는 바에 따라 환경친화적 어구의 개발 및 어구사용의 확대 등에 필요한 조치를 강구하여야 한다.

③ 해양수산부장관 또는 시·도지사는 환경친화적 어구의 장려, 개발 및 사용 확대 등을 위하여 자금을 지원할 수 있다.
(2013.3.23 본조개정)

제3절 어업자협약 등

제28조【협약의 체결】 ① 어업자 또는 어업자단체는 자발적으로 일정한 수역에서 수산자원의 효율적 관리를 위한 협약(이하 "어업자협약"이라 한다)을 어업자 또는 어업자단체 간의 합의로 체결할 수 있다. 이 경우 어업자협약의 효력은 어업자협약을 체결한 어업자 또는 어업자단체에 소속된 어업자에게만 미친다.
② 어업자협약에는 다음 각 호의 사항이 포함되어야 한다.
1. 대상수역, 대상자원 및 대상어업
2. 수산자원의 관리를 위한 조치 및 방법
3. 협약의 유효기간
4. 협약 위반 시 조치사항
5. 참가하지 아니한 어업자의 참가를 위한 조치방안
6. 그 밖에 해양수산부령으로 정하는 사항(2013.3.23 본호개정)
③ 해양수산부장관 또는 시·도지사는 어업자 또는 어업자단체 간에 자율적으로 어업자협약을 체결하여 운영할 수 있도록 지도와 재정적 지원 등을 할 수 있다.
(2013.3.23 본항개정)
제29조【어업자협약운영위원회 설립】 ① 어업자가 어업자협약을 체결·관리하기 위하여 필요하면 자율적 기구로서 어업자협약운영위원회를 설립할 수 있다.
② 어업자협약운영위원회를 설립하려면 협약 체결 어업자 과반수의 동의를 받아 어업자협약운영위원회의 대표자 및 위원을 선임하고, 해양수산부령으로 정하는 바에 따라 시장·군수·구청장에게 신고하여야 한다.
(2013.3.23 본항개정)
제30조【어업자협약 승인】 ① 어업자 또는 어업자단체가 「수산업법」 제40조제1항의 근해어업에 대하여 어업자협약을 체결하려면 해양수산부장관에게, 같은 조 제2항의 연안어업·같은 조 제3항의 구획어업 또는 같은 법 제7조의 면허어업에 대한 어업자협약을 체결하면 관할 시·도지사에게 승인을 받아야 한다. 해양수산부장관 또는 시·도지사는 어업자협약 승인 사항이 준수되지 아니한 때에는 그 승인을 취소할 수 있다.(2023.6.20 전단개정)
② 제1항에 따른 승인 신청을 받은 해양수산부장관 또는 시·도지사는 다음 각 호의 사항을 검토하여 중앙 또는 시·도 수산조정위원회의 심의를 거쳐야 한다.
(2023.10.31 본문개정)
1. 어업자협약이 수산자원 보호, 어업조정 및 어업질서 유지에 지장이 없을 것
2. 어업자협약의 내용이 이 법 또는 「수산업법」과 이 법 또는 「수산업법」에 따른 명령을 위반하지 아니할 것
③ 해양수산부장관 또는 시·도지사가 어업자협약을 승인한 때에는 대통령령으로 정하는 바에 따라 그 내용을 공고하고, 어업인이 열람할 수 있도록 하여야 한다.
(2013.3.23 본항개정)
④ 제1항에 따른 승인 신청에 필요한 사항은 해양수산부령으로 정한다.(2013.3.23 본항개정)
제31조【어업자협약 변경】 어업자협약의 변경에 관하여는 제28조 및 제30조를 준용한다.
제32조【어업자협약의 폐지】 ① 어업자협약을 체결한 어업자나 어업자단체의 대표자 또는 어업자협약운영위원회의 대표자는 어업자협약을 폐지하려면 대상 어업자 과반수의 동의를 받아 해양수산부장관 또는 시·도지사의 승인을 받아야 한다.(2013.3.23 본항개정)
② 어업자협약 폐지의 승인 및 공고에 관하여는 제30조제3항을 준용한다.
③ 어업자협약의 폐지에 필요한 사항은 해양수산부령으로 정한다.(2013.3.23 본항개정)
제33조【어업자협약의 준수 및 승계】 ① 어업자협약을 체결한 어업자 또는 어업자단체 소속 어업자는 어업자협약 대상 수역에서 어업을 하는 경우에는 승인된 어업자협약 내용을 준수하여야 한다.
② 어업자협약이 제30항제3항 및 제31조에 따라 공고된 후 어업자협약을 체결한 어업자로부터 해당 어선·어구 등을 임차 또는 이전받아 해당 어업허가를 받은 자의 지위를 승계한 자는 종전의 어업자협약 체결자의 지위를 승계한다. 다만, 어업자협약에서 다르게 정하는 경우에는 그에 따른다.
제34조 (2020.2.18 삭제)

제4장 수산자원의 회복 및 조성

제1절 수산자원의 회복

제35조【수산자원의 회복을 위한 명령】 ① 행정관청은 해당 수산자원을 적정한 수준으로 회복시키기 위하여 다음 각 호의 사항을 명할 수 있다. 이 경우 그 명령을 고시하여야 한다.
1. 수산자원의 번식·보호에 필요한 물체의 투입이나 제거에 관한 제한 또는 금지
2. 수산자원에 유해한 물체 또는 물질의 투기나 수질 오염행위의 제한 또는 금지(2020.3.24 본호개정)
3. 수산자원의 병해방지를 목적으로 사용하는 약품이나 물질의 제한 또는 금지
4. 치어 및 치패의 수출의 제한 또는 금지
5. 수산자원의 이식(移植)에 관한 제한·금지 또는 승인
6. 멸종위기에 처한 수산자원의 번식·보호를 위한 제한 또는 금지
② 행정관청은 제1항 각 호의 사항을 위반한 자에 대하여 원상회복을 위하여 필요한 조치를 명할 수 있다. 다만, 원상회복이 불가능하거나 현저하게 곤란하다고 인정되는 경우는 그러하지 아니한다.
③ 제1항에 따른 고시를 하는 경우에는 어업의 제한을 받는 어업자에 대한 지원대책 등을 미리 정하여야 한다.
④ 제1항 각 호에 따른 수산자원의 회복을 위한 제한 또는 금지 등에 필요한 사항은 대통령령으로 정한다.
⑤ 누구든지 제1항제5호에 따른 제한·금지 또는 승인 명령을 위반하거나 승인 명령을 받지 아니하고 수산자원을 소지·유통·보관 또는 판매하여서는 아니 된다.
(2024.1.23 본항신설)
제36조【총허용어획량의 설정】 ① 해양수산부장관은 수산자원의 회복 및 보존을 위하여 대상 어종 및 해역을 정하여 총허용어획량을 정할 수 있다. 이 경우 제11조에 따른 대상 수산자원의 정밀조사·평가 결과, 그 밖의 자연적·사회적 여건 등을 고려하여야 한다.(2020.3.24 전단개정)
② 해양수산부장관은 제1항에 따른 총허용어획량의 설정 및 관리에 관한 시행계획(이하 "총허용어획량계획"이라 한다)을 수립하여야 한다.
③ 시·도지사는 지역의 어업특성에 따라 수산자원의 관리가 필요하면 제2항에서 해양수산부장관이 수립한 수산자원 외의 수산자원에 대하여 총허용어획량계획을 세워 총허용어획량을 설정하고 관리할 수 있다.
④ 해양수산부장관 또는 시·도지사는 총허용어획량계획을 세우려면 관련 기관·단체의 의견수렴 및 중앙 또는 시·도 수산조정위원회의 심의를 거쳐야 한다. 다만, 제11조에 따른 수산자원의 정밀조사·평가 결과 수산자원이 급격히 감소한 경우 등 해양수산부령으로 정하는 사유에 해당하는 경우에는 중앙 또는 시·도 수산조정위원회의 심의를 거치지 아니할 수 있다.(2023.10.31 본항개정)
⑤ 제1항부터 제3항까지의 규정에 따른 어업의 종류·대상어종·해역 및 관리 등의 총허용어획량계획에 필요한 사항은 대통령령으로 정하고, 총허용어획량계획의 수립 절차 등에 필요한 사항은 해양수산부령으로 정한다.
(2013.3.23 본조개정)
제37조【총허용어획량의 할당】 ① 해양수산부장관은 제36조제1항 및 제2항에 따른 총허용어획량계획에 대하여, 시·도지사는 제36조제3항에 따른 총허용어획량계획에 대하여 어종별, 어업의 종류별, 조업수역별 및 조업기간별 허용어획량(이하 "배분량"이라 한다)을 결정할 수 있다.
(2013.3.23 본항개정)
② 배분량은 대통령령으로 정하는 기준에 따라 어업자별·어선별로 제한하여 할당할 수 있다. 이 경우 과거 3년간 총허용어획량 대상 어종의 어획실적이 없는 어업자·어선에 대하여는 배분량의 할당을 제외할 수 있다.
③ 제2항의 배분량의 할당 절차 등에 필요한 사항은 해양수산부령으로 정한다.(2013.3.23 본항개정)
제38조【배분량의 관리】 ① 제37조에 따라 배분량을 할당받아 수산자원을 포획·채취하는 자는 배분량을 초과하여 어획하여서는 아니 된다.
② 제1항을 위반하여 초과한 어획량에 대하여는 해양수산부령으로 정하는 바에 따라 다음 연도의 배분량에서 공제한다. 다만, 제44조제1항에 따른 수산자원조성을 위한 금액을 징수한 경우에는 그러하지 아니한다.
(2013.3.23 본문개정)
③ 행정관청은 어획량의 합계가 배분량을 초과하거나 초과할 우려가 있다고 인정되면 해당 배분량에 관련되는 수산자원을 포획·채취하는 자에 대하여 6개월 이내의 기간을 정하여 그 포획·채취를 정지하도록 하거나 그 밖에 필요한 조치를 명할 수 있다.(2015.2.3 본항개정)
④ 제37조에 따라 할당된 배분량에 따라 수산자원을 포획·채취하는 자는 어획량을 해양수산부장관 또는 시·도지사에게 보고하여야 한다.(2013.3.23 본항개정)
⑤ 제2항부터 제4항까지의 규정에 따른 배분량의 공제, 포획·채취의 정지 및 포획량의 보고 절차 등에 필요한 사항은 해양수산부령으로 정한다.(2013.3.23 본항개정)
제39조【부수어획량의 관리】 ① 제37조제1항 및 제2항에 따라 배분량을 할당받아 수산자원을 포획·채취하는 자는 할당받은 어종 외의 총허용어획량 대상 어종을 어획(이하 "부수어획"이라 한다)하여서는 아니 된다. 다만, 할당받은 어종을 포획·채취하는 과정에서 부수어획한 경우에는 그러하지 아니하다.
② 제1항 단서에 따라 부수어획한 경우에는 그 어획량을 해양수산부령으로 정하는 기준에 따라 환산하여 할당된 배분량을 어획한 것으로 본다.(2013.3.23 본항개정)
③ 제2항에 따라 환산한 어획량이 할당된 배분량을 초과한 경우에는 제38조제2항을 준용한다.
제40조【판매장소의 지정】 ① 해양수산부장관 또는 시·도지사는 제7조제2항제4호에 따른 수산자원 회복계획에 관한 사항의 시행 및 제36조에 따른 총허용어획량계획을 시행하기 위하여 필요하다고 인정되면 수산자원 회복 및 총허용어획량 대상 수산자원의 판매장소를 지정하여 이를 고시할 수 있다.
② 어업인은 제1항에 따른 판매장소가 지정되는 경우 수산자원 회복계획 및 총허용어획량계획의 대상 어종에 대한 어획물은 판매장소에서 매매 또는 교환하여야 한다. 다만, 낙도·벽지 등 지정된 판매장소가 없는 경우, 소량인 경우 또는 가공업체에 직접 제공하는 경우 등 해양수산부장관이 정하여 고시하는 경우에는 그러하지 아니하다.
(2013.3.23 본조개정)

제2절 수산자원조성

제41조【수산자원조성사업】 ① 행정관청은 기본계획 및 시행계획에 따라 다음 각 호의 사업을 포함하는 수산자원 조성을 위한 사업(이하 "수산자원조성사업"이라 한다)을 시행할 수 있다.
1. 인공어초의 설치사업
2. 바다목장의 설치사업
3. 바다숲의 설치사업(2013.8.13 본호개정)
4. 수산종자의 방류사업(2015.6.22 본호개정)
5. 해양환경의 개선사업
6. 친환경 수산생물 산란장 조성사업(2014.6.3 본호신설)
7. 그 밖에 수산자원조성을 위하여 필요한 사업으로서 해양수산부장관이 정하는 사업(2013.3.23 본호개정)
② 행정관청(제61조에 따라 수산자원조성사업을 위탁받아 수행하는 기관·단체·협회 등을 포함한다. 이하 이 조에서 같다)이 제1항제1호부터 제3호까지 및 제6호에 해당하는 수산자원조성사업을 시행할 경우 「공유수면 관리 및 매립에 관한 법률」 제8조에 따른 공유수면의 점용·사용허가 및 같은 법 제10조에 따른 협의 또는 승인을 거친 것으로 본다.(2022.6.10 본항신설)
③ 행정관청은 수산자원조성사업을 시행하기 전·후에 해당 사업이 해양환경에 미치는 영향 및 수산자원조성의 효과 등을 조사·평가(이하 "사전·사후영향조사"라 한다)하여야 한다.(2022.6.10 본항개정)
④ 행정관청이 제3항에 따른 사전·사후영향조사를 거친 경우에는 「해양환경관리법」 제84조제2항에도 불구하고 같은 조에 따른 해역이용협의 및 같은 법 제95조에 따른 해양환경영향조사를 거친 것으로 본다.(2022.6.10 본항신설)
⑤ 해양수산부장관은 시·도지사와 시장·군수·구청장에게 제3항에 따른 사전·사후영향조사 결과와 제49조제4항에 따른 수산자원관리수면 관리·이용 현황을 보고하도록 할 수 있다.(2022.6.10 본항개정)
⑥ 해양수산부장관은 시·도지사가 제48조에 따른 수산자원관리수면을 적정하게 관리하고 있지 아니하다고 판단되면 시정을 요구할 수 있으며, 시정요구를 받은 시·도지사는 특별한 사유가 없으면 이에 따라야 한다.
(2013.3.23 본항개정)
⑦ 수산자원조성사업의 추진방안, 사전·사후영향조사의 방법 및 절차 등에 필요한 사항은 해양수산부령으로 정한다.(2022.6.10 본항신설)
제42조【수산종자의 부화·방류 제한】 ① 행정관청은 수산자원조성을 위한 수산종자의 부화·방류로 발생하는 생태계 교란 방지 등을 위하여 다음 각 호의 사항을 준수하여야 한다.(2015.6.22 본문개정)
1. 방류해역에 자연산 치어가 서식하거나 서식하였던 종의 부화·방류
2. 건강한 수산종자의 부화·방류(2015.6.22 본호개정)
3. 자연산 치어가 출현하는 시기에 적정 크기의 수산종자의 방류(2015.6.22 본호개정)
4. 그 밖에 대통령령으로 정하는 사항
② 해양수산부장관은 부화·방류되면 해양생태계에 악영향을 미치는 수산종자를 고시할 수 있다.(2015.6.22 본항개정)
③ 제2항에 따라 고시된 수산종자를 생산·방류하려는 자는 수산에 관한 사무를 관장하는 대통령령으로 정하는 해양수산부 소속 기관의 장의 승인을 받아야 한다. 다만, 양식용 수산종자생산을 위한 경우에는 제외한다.
(2015.6.22 본항개정)
④ 제3항에 따른 승인절차 등에 필요한 사항은 해양수산부령으로 정한다.(2013.3.23 본항개정)
(2015.6.22 본조제목개정)
제42조의2【방류종자의 인증】 ① 해양수산부장관은 수산자원의 유전적 다양성을 확보하기 위하여 방류되는 수산종자에 대한 인증제(이하 "방류종자인증제"라 한다)를 시행하여야 한다.(2015.6.22 본항개정)
② 누구든지 인증을 받지 아니하고 방류종자인증 대상 수산종자를 방류할 수 없다. 다만, 연구·종교 활동 등 해양수산부령으로 정하는 목적으로 방류하는 경우에는 그러하지 아니하다.(2015.6.22 본문개정)
③ 방류종자인증 대상 수산종자를 방류하려는 자는 해양수산부장관에게 신청하여야 한다.(2015.6.22 본항개정)
④ 방류종자인증제의 운영과 관련하여 다음 각 호의 사항에 대하여는 해양수산부령으로 정한다.(2015.6.22 본문개정)
1. 인증 대상 수산종자의 품종(2015.6.22 본호개정)
2. 인증기준 및 인증절차
3. 수수료
4. 인증기관의 업무범위
5. 그 밖에 인증에 필요한 사항

⑤ 해양수산부장관은 방류종자인증제를 시행하기 위하여 대통령령으로 정하는 전문기관에 방류종자인증 업무를 위탁할 수 있다.(2015.6.22 본항개정)
(2015.6.22 본조제목개정)
(2015.2.3 본조신설)

제43조【소하성어류의 보호와 인공부화·방류】 ① 행정관청은 소하성어류의 통로에 방해가 될 우려가 있다고 인정될 때에는 수면의 일정한 구역에 있는 인공구조물의 설비를 제한 또는 금지할 수 있다.(2020.3.24 본항개정)
② 행정관청은 제1항의 인공구조물로서 소하성어류의 통로에 방해가 된다고 인정하면 그 인공구조물의 소유자·점유자 또는 시설자에 대하여 방해를 제거하기 위하여 필요한 공사를 명할 수 있다.(2020.3.24 본항개정)
③ 행정관청이 정하는 소하성어류, 그 밖의 수산자원을 인공부화하여 방류하려는 자는 다음 각 호의 사항을 관할 시장·군수·구청장에게 신고하여야 한다. 다만, 행정관청, 「수산업법」 제46조제3항에 따른 시험연구기관·수산기술지도보급기관·훈련기관 또는 교육기관에서 방류하는 경우에는 그러하지 아니하다.(2022.1.11 단서개정)
1. 방류를 실시할 수면
2. 방류를 실시할 기간·장소 및 마리수
④ 관할 시장·군수·구청장은 제3항 각 호 외의 부분 본문에 따른 신고를 받은 경우 그 내용을 검토하여 이 법에 적합하면 신고를 수리하여야 한다.(2019.1.8 본항신설)

제44조【조성금】 ① 행정관청은 수산자원조성사업에 필요한 투자재원을 확보하기 위하여 다음 각 호의 어느 하나에 해당하는 자에게 수산자원조성을 위한 금액(이하 "조성금"이라 한다)을 부과·징수할 수 있다.
1. 「수산업법」 제7조에 따른 어업면허 또는 「양식산업발전법」 제10조에 따른 양식업 면허를 받은 자(2022.1.11 본호개정)
2. 「수산업법」 제14조에 따른 어업면허 또는 「양식산업발전법」 제17조제2항에 따른 양식업 면허의 연장허가를 받은 자(2019.8.27 본호개정)
3. 「수산업법」 제40조에 따른 어업허가 또는 「양식산업발전법」 제43조에 따른 양식업 허가를 받은 자 또는 「수산종자산업육성법」 제21조에 따른 수산종자생산업 허가를 받은 자(2022.1.11 본호개정)
4. 「수산업법」 제43조에 따른 한시어업허가를 받은 자(2022.1.11 본호개정)
5. 「수산업법」 제48조에 따른 어업신고를 한 자(2022.1.11 본호개정)
6. 제35조제2항 단서에 따른 원상회복조치의 명령대상에서 제외된 자
7. 제38조제2항에 따른 배분량을 초과하여 어획한 자
8. 제39조제3항에 따른 부수어획량을 초과하여 어획한 자
9. 제52조제2항제3호에 따라 대통령령으로 정하는 행위 중 관계 행정기관의 동의 등을 받아 행하는 공유수면의 준설, 준설토를 버리는 장소의 조성, 골재의 채취와 지하자원의 개발을 위한 탐사 및 광물의 채광 행위 허가를 받은 자
10. 「공유수면 관리 및 매립에 관한 법률」 제28조에 따른 공유수면의 매립면허를 받은 자(「공유수면 관리 및 매립에 관한 법률」 제28조를 의제하는 법률에 따라 공유수면의 매립면허를 받은 자를 포함한다)(2010.4.15 본호개정)
② 제1항에도 불구하고 다음 각 호의 어느 하나에 해당하는 자에 대하여는 조성금을 면제한다.
1. 「수산업협동조합법」 제13조·제15조 또는 제104조에 따른 지구별수산업협동조합·어촌계 또는 업종별수산업협동조합으로서 「수산업법」 제7조에 따른 어업면허, 「양식산업발전법」 제10조에 따른 양식업 면허 또는 「수산종자산업육성법」 제21조에 따른 수산종자생산업 허가를 받은 자(2022.1.11 본호개정)
2. 국가·지방자치단체 또는 「공공기관의 운영에 관한 법률」 제4조에 따른 공공기관으로서 「공유수면 관리 및 매립에 관한 법률」에 따른 공유수면매립면허를 받은 자(2010.4.15 본호개정)
3. 「수산업법」 제48조에 따라 어업신고를 한 자 중 소량의 수산자원을 포획·채취하는 등 대통령령으로 정하는 어업을 신고한 자(2022.1.11 본호개정)
4. 「신에너지 및 재생에너지 개발·이용·보급 촉진법」 제2조에 따른 신·재생에너지설비의 설치 및 신·재생에너지발전을 위하여 「공유수면 관리 및 매립에 관한 법률」 제8조에 따른 점용·사용허가를 받거나 「공유수면 관리 및 매립에 관한 법률」 제28조에 따른 매립면허를 받은 자(2020.3.24 본호개정)
5. 그 밖에 대통령령으로 정하는 바에 따라 어업의 종류별로 일정한 면적 또는 일정한 어선톤수 미만의 면허 또는 허가를 받은 자
③ 행정관청은 제1항제10호에 따른 공유수면 매립면허를 받아 조성금의 부과·징수의 대상이 된 자가 수산자원조성을 위한 경비를 별도로 지출하였다고 인정하는 때에는 부과할 조성금에서 이를 공제한다.
④ 제1항제1호부터 제5호까지 및 제10호에 따라 조성금을 부과할 때에는 그에 따른 면적 또는 어선톤수를 고려하여 정하여야 하며, 같은 항 제7호 및 제8호에 따라 조성금을 부과할 때에는 초과량 및 부수어획량을 고려하여 정한다. 이 경우 조성금의 부과기준은 대통령령으로 정한다.
⑤ 제1항에 따라 부과하여야 하는 조성금의 산정기준·감액기준·부과절차 및 부과방법에 필요한 사항은 대통령령으로 정한다.
⑥ 행정관청은 제1항에 따라 조성금을 납부하여야 할 자가 납부기한 이내에 납부하지 아니하면 해당 조성금을 국세 체납처분의 예 또는 「지방행정제재·부과금의 징수 등에 관한 법률」에 따라 징수한다.(2020.3.24 본항개정)
⑦ 조성금은 수산자원조성사업의 용도 외에는 이를 사용할 수 없다.

제45조【수산자원의 점용료·사용료의 사용】 ① 시장·군수·구청장은 다음 각 호의 어느 하나에 해당하는 점용료·사용료 중 100분의 50 이상을 수산자원조성사업에 사용하여야 한다.
1. 「공유수면 관리 및 매립에 관한 법률」 제8조에 따라 공유수면에서 「골재채취법」 제22조제1항제1호에 따라 골재채취의 허가를 받은 자로부터 징수한 공유수면 점용료·사용료
2. 「광업법」 제15조에 따른 광업권 설정의 허가를 받은 자로부터 징수한 공유수면 점용료·사용료
(2020.3.24 본항개정)
② 시장·군수·구청장은 제1항에 따른 수산자원조성사업을 위하여 사용한 내역을 해양수산부장관에게 보고하여야 한다.(2013.3.23 본항개정)
(2020.3.24 본조제목개정)

제5장 수면 및 수산자원보호구역의 관리

제46조【보호수면의 지정 및 해제】 ① 해양수산부장관 또는 시·도지사는 수산자원의 산란, 수산종자발생이나 치어의 성장에 필요하다고 인정되는 수면에 대하여 대통령령으로 정하는 바에 따라 보호수면을 지정할 수 있다.(2015.6.22 본항개정)
② 해양수산부장관 또는 시·도지사는 제1항에 따른 보호수면을 지정하려면 관계 중앙행정기관의 장과 미리 협의하여야 한다.
③ 해양수산부장관 또는 시·도지사는 제1항에 따라 지정한 보호수면을 계속 유지할 필요가 없으면 시·도지사 또는 시장·군수·구청장의 신청 또는 직권으로 보호수면의 지정을 해제할 수 있다.
④ 해양수산부장관 또는 시·도지사는 제1항 및 제3항에 따라 보호수면을 지정하거나 그 지정을 해제한 때에는 지체 없이 이를 공고하여야 한다.
(2013.3.23 본조개정)

제47조【보호수면의 관리】 ① 시장·군청·구청장은 관할 구역 안에 있는 보호수면을 그 지정목적의 범위에서 관리하여야 한다. 다만, 보호수면이 둘 이상의 시장·군수·구청장의 관할 구역에 있는 경우에는 다음 각 호에서 정하는 바에 따라 해당 보호수면을 관리할 수 있다.
(2012.12.18 본문개정)
1. 보호수면이 하나의 시·도지사의 관할 구역에 있는 경우 : 시·도지사가 해당 보호수면을 관리할 시장·군수·구청장을 지정하거나 직접 관리(2012.12.18 본호신설)
2. 보호수면이 둘 이상의 시·도지사의 관할 구역에 있는 경우 : 해양수산부장관이 해당 보호수면을 관리할 시·도지사를 지정하거나 직접 관리(2013.3.23 본호개정)
② 보호수면(항만구역은 제외한다)에서 매립·준설하거나 유량 또는 수위의 변경을 가져올 우려가 있는 공사를 하려는 자는 해양수산부장관, 관할 시·도지사 또는 관할 시장·군수·구청장의 승인을 받아야 한다.(2013.3.23 본항개정)
③ 누구든지 보호수면에서는 수산자원을 포획·채취하여서는 아니 된다.
④ 보호수면의 관리에 필요한 사항은 해양수산부령으로 정한다.(2013.3.23 본항개정)

제48조【수산자원관리수면의 지정 및 해제】 ① 시·도지사는 수산자원의 효율적인 관리를 위하여 정착성 수산자원이 대량으로 발생·서식하거나 수산자원조성사업을 하였거나 조성예정인 수면에 대하여 수산자원관리수면으로 지정할 수 있다.
② 수산자원관리수면을 지정하려는 수면이 「수산업법」 제40조제1항에 따른 근해어업의 조업구역이거나 시·도간 경계수면일 경우 해양수산부장관의 승인을 받아야 한다.
(2022.1.11 본항개정)
③ 수산자원관리수면의 지정 유효기간은 5년으로 한다. 다만, 시·도지사는 어업행위의 제한 등 대통령령으로 정하는 사유가 있으면 그 유효기간을 단축하거나 3년의 범위에서 연장할 수 있다.
④ 시·도지사는 수산자원관리수면으로 더 이상 유지할 필요가 없다고 인정되는 경우 및 제49조제4항에 따라 수산자원관리수면을 관리·이용하는 시장·군수·구청장 및 어업인 등이 해당 자원관리수면을 그 지정 목적에 적합하지 아니하게 관리·이용하면 수산자원관리수면의 지정을 해제할 수 있다.
⑤ 시·도지사는 수산자원관리수면을 지정 또는 연장하거나 해제한 때에는 지체 없이 이를 공고하여야 한다.
⑥ 제1항부터 제3항까지의 규정에 따른 수산자원관리수면의 지정·해제 및 유효기간의 연장 방법·절차 등에 필요한 사항은 대통령령으로 정한다.

제49조【수산자원관리수면의 관리】 ① 시·도지사는 제48조에 따라 지정된 수산자원관리수면의 효율적인 관리를 위하여 수산자원관리수면의 관리·이용 규정을 정하여야 한다.
② 해양수산부장관 또는 시·도지사는 제48조에 따라 지정된 수산자원관리수면을 해양친수공간(海洋親水空間)으로 활용하기 위하여 생태체험장을 지정·운영할 수 있다.
(2013.3.23 본항개정)
③ 제1항에 따른 수산자원관리수면의 관리·이용 규정의 내용과 제2항에 따른 생태체험장의 지정·운영에 필요한 사항은 대통령령으로 정한다.
④ 시·도지사는 수산자원관리수면의 관리·이용 규정에 따라 시장·군수·구청장에게 수산자원관리수면을 관리하게 하거나 어업인 등에게 이용하게 할 수 있다.
⑤ 누구든지 수산자원관리수면에서는 수산자원을 포획·채취할 수 없다. 다만, 시·도지사는 제1항의 수산자원관리수면의 관리·이용 규정에 따른 어업의 방법(이 법, 「수산업법」 또는 「양식산업발전법」에 따른 어업 외의 어업의 방법을 포함한다)으로 어업인 등으로 하여금 수산자원을 포획·채취하게 할 수 있다.(2019.8.27 단서개정)
⑥ 제1항에 따른 수산자원관리수면의 관리·이용에 관한 세부적인 사항은 해양수산부령으로 정한다.(2013.3.23 본항개정)
⑦ 수산자원관리수면에서 다음 각 호에 해당하는 행위를 하려는 자는 시·도지사의 허가를 받아야 한다. 다만, 행정관청이 그 행위를 하려는 경우에는 미리 관할 시·도지사와 협의하여야 한다.
1. 매립행위
2. 준설행위
3. 인공구조물을 신축·증축 또는 개축하는 행위
(2020.3.24 본호개정)
4. 토석·모래 또는 자갈의 채취행위
5. 그 밖에 수산자원의 효율적인 관리·이용에 유해하다고 인정되는 행위로서 대통령령으로 정하는 행위
⑧ 시·도지사는 제7항에 따른 수산자원관리수면에서의 행위를 허가 또는 협의하려면 해당 지구별 또는 업종별 수산업협동조합 조합장의 의견을 들어야 한다.

제50조【수산자원관리수면의 지정을 위한 기초조사】
① 시·도지사는 제48조에 따른 수산자원관리수면의 지정에 필요한 기초조사를 실시할 수 있다.
② 시·도지사는 기초조사를 하기 위하여 필요한 경우 소속 공무원에게 다른 사람의 토지·어장 등을 출입하여 조사하게 할 수 있다.
③ 제2항에 따라 다른 사람의 토지·어장 등을 출입하는 공무원은 그 권한을 표시하는 증표를 지니고 이를 관계인에게 내보여야 한다.
④ 제1항에 따른 기초조사의 내용, 방법 등에 필요한 사항은 대통령령으로 정한다.

제51조【수산자원보호구역의 관리】 ① 수산자원보호구역은 그 구역을 관할하는 특별시장·광역시장·특별자치시장·특별자치도지사·시장 또는 군수(이하 "관리관청"이라 한다)가 관리한다.(2012.12.18 본항개정)
② 관리관청은 대통령령으로 정하는 바에 따라 수산자원보호구역의 토지 또는 공유수면의 이용실태를 조사하여야 한다.
③ 수산자원보호구역의 안내표지판 설치 등 그 관리에 필요한 사항은 해양수산부령으로 정한다.(2013.3.23 본항개정)

제52조【수산자원보호구역에서의 행위제한 등】 ① 수산자원보호구역에서의 「국토의 계획 및 이용에 관한 법률」 제2조제11호에 따른 도시·군계획사업은 대통령령으로 정하는 사업에 한정하여 시행할 수 있다.(2020.3.24 본항개정)
② 수산자원보호구역에서는 「국토의 계획 및 이용에 관한 법률」 제57조 및 같은 법 제76조에도 불구하고 제1항에 따른 도시·군계획사업에 따른 경우를 제외하고는 다음 각 호의 어느 하나에 해당하는 행위(이하 "허가대상행위"라 한다)에 한정하여 그 구역을 관할하는 관리관청의 허가를 받아 할 수 있다.(2020.3.24 본문개정)
1. 수산자원의 보호 또는 조성 등을 위하여 필요한 건축물, 그 밖의 시설 중 대통령령으로 정하는 종류와 규모의 건축물 그 밖의 시설을 건축하는 행위
2. 주민의 생활을 영위하는 데 필요한 건축물, 그 밖의 시설을 설치하는 행위로서 대통령령으로 정하는 행위
3. 「산림자원의 조성 및 관리에 관한 법률」 또는 「산지관리법」에 따른 조림, 육림, 임도의 설치, 그 밖에 대통령령으로 정하는 행위
③ 관리관청은 다음 각 호의 어느 하나에 해당하는 경우를 제외하고는 제2항에 따른 허가를 하여야 한다.
1. 허가대상행위와 관련된 사업계획, 해당 행위에 따른 기반시설 설치계획, 환경오염방지계획, 경관 또는 조경 등에 관한 계획이 대통령령으로 정하는 허가기준에 적합하지 아니한 경우
2. 수산자원보호구역의 지정목적 달성에 지장이 있는 경우
3. 해당 토지 또는 주변 토지의 합리적인 이용에 지장이 있는 경우
4. 그 밖에 이 법 또는 다른 법령에 따른 제한에 위반되는 경우
(2012.12.18 본항신설)

④ 관리관청은 제2항에 따른 허가를 하는 경우 제7항에서 정하는 허가기준을 충족하기 위하여 필요하다고 인정하면 기반시설의 설치, 환경오염방지 등의 조치를 할 것을 조건으로 허가할 수 있다. 이 경우 관리관청은 미리 행위허가를 신청한 자의 의견을 들어야 한다.(2012.12.18 본항신설)
⑤ 관리관청은 수산자원보호구역에서 제2항에 따른 허가를 받지 아니하고 허가대상행위를 하거나 제2항에 따라 허가받은 내용과 다르게 행위를 하는 자 및 그 건축물이나 토지 등을 양수한 자에 대하여는 그 행위의 중지 및 원상회복을 명할 수 있다.
⑥ 관리관청은 제5항에 따른 원상회복의 명령을 받은 자가 원상회복을 하지 아니하는 때에는 「행정대집행법」에 따른 행정대집행에 따라 원상회복을 할 수 있다.
(2012.12.18 본항개정)
⑦ 제2항에 따른 허가의 기준·신청절차 등에 필요한 사항 및 제5항에 따른 원상회복명령의 기간·횟수 등은 대통령령으로 정한다.(2012.12.18 본항개정)
제53조【토지 등의 매수】 ① 해양수산부장관은 효과적인 수산자원의 보호를 위하여 필요하면 수산자원보호구역 및 그 주변지역의 토지 등을 그 소유자와 협의하여 매수할 수 있다.(2013.3.23 본항개정)
② 해양수산부장관은 수산자원보호구역의 지정으로 손실을 입는 자가 있으면 대통령령으로 정하는 바에 따라 그 손실을 보상할 수 있다.(2013.3.23 본항개정)
③ 제1항에 따른 토지 등의 매수가격은 「공익사업을 위한 토지 등의 취득 및 보상에 관한 법률」에 따라 산정한 가액에 따른다.

제6장 보 칙

제54조~제55조 (2023.10.31 삭제)
제55조의2【한국수산자원공단】 ① 정부는 수산자원을 보호·육성하고 어장관리 및 기술을 연구·개발·보급하는 등 수산자원관리 사업을 원활히 수행하기 위하여 한국수산자원공단(이하 "공단"이라 한다)을 설립·운영한다.(2019.1.8 본항개정)
② 공단은 법인으로 한다.(2011.7.25 본항개정)
③ 공단은 다음 각 호의 사업을 수행한다. 다만, 취수시설(「수도법」 제3조제7호 및 제8호에 따른 광역상수도 및 지방상수도의 취수시설을 말한다)로부터 상류로 유하거리(流下距離) 20킬로미터 이내에서 내수면 수산자원조성사업을 하는 경우에는 관계 부처의 장과 협의하여야 한다.(2015.8.11 단서신설)
1. 인공어초·바다숲·바다목장의 조성과 수산종자의 방류 등 수산자원조성사업(2015.6.22 본호개정)
2. 수산자원조성사업과 관련되는 기술개발, 대상해역 적지조사, 생태환경조사, 사후관리 및 효과분석 등 기초연구사업
3. 수산자원의 관리를 위한 총허용어획량 조사사업 및 기후 온난화 관련 현장지원사업
4. 수산자원관리를 촉진하기 위하여 국가 또는 지방자치단체가 위탁하거나 대행하게 하는 사업(제3조제5호에 따른 「내수면어업법」의 내수면 수산자원조성사업을 포함한다)(2015.8.11 본호개정)
4의2. 다른 법령에 따라 공단이 수행할 수 있는 사업(2023.10.24 본호신설)
5. 그 밖에 수산자원관리를 위하여 대통령령으로 정하는 사업
6. 제1호부터 제4호까지, 제4호의2 및 제5호의 사업에 수반되는 업무로서 정관으로 정하는 사업(2023.10.24 본호신설)
④ 공단의 설립과 운영에 드는 자금은 다음 각 호의 재원으로 충당한다.
1. 정부의 출연금
2. 정부의 보조금
3. 정부, 지방자치단체 또는 민간의 용역 수행에 따른 수입금
4. 그 밖의 수입금
(2011.7.25 본항개정)
⑤ 제4항제1호에 따른 정부 출연금의 교부·관리 및 사용에 필요한 사항은 대통령령으로 정한다.(2011.7.25 본항개정)
⑥ 정부는 공단 설립 및 운영을 위하여 필요하다고 인정한 때에는 「국유재산법」·「물품관리법」·「공유재산 및 물품 관리법」에도 불구하고 국유·공유 재산 및 물품을 공단에 무상으로 양여 또는 대부 하거나 사용·수익하게 할 수 있다.(2011.7.25 본항개정)
⑦ 제6항에 따른 양여, 대부 또는 사용·수익의 내용·조건 및 절차 등은 대통령령으로 정한다.(2011.7.25 본항신설)
(2019.1.8 본조제목개정)
(2010.5.17 본조신설)
제55조의3【임원】 ① 공단에는 임원으로 이사장을 포함한 9명 이내의 이사와 1명의 감사를 둔다. 이 경우 이사장과 이사 1명은 상임으로 하고, 나머지 이사와 감사는 비상임으로 한다.
② 이사장은 공단을 대표하고, 그 업무를 총괄한다.
(2011.7.25 본조신설)
제55조의4【대리인 선임】 이사장은 정관으로 정하는 바에 따라 직원 중에서 공단의 업무에 관한 재판상 또는 재판 외의 행위를 할 수 있는 권한을 가진 대리인을 선임할 수 있다.(2011.7.25 본조신설)
제55조의5【직원의 임면】 공단의 직원은 정관으로 정하는 바에 따라 이사장이 임면한다.(2011.7.25 본조신설)
제55조의6【업무의 지도·감독】 해양수산부장관은 제55조의2제3항 각 호에 따른 공단의 사업을 지도·감독하고, 필요하다고 인정하는 경우 공단의 업무·회계 및 재산에 관한 사항을 보고하게 하거나 소속 공무원으로 하여금 공단의 장부·서류 또는 그 밖의 물건을 검사하게 할 수 있다.(2013.3.23 본조개정)
제55조의7【유사명칭의 사용금지】 이 법에 따른 공단이 아닌 자는 한국수산자원공단 또는 이와 유사한 명칭을 사용하지 못한다.(2019.1.8 본조개정)
제55조의8【「민법」의 준용】 공단에 관하여는 이 법과 「공공기관의 운영에 관한 법률」에서 정한 것 이외에는 「민법」 중 재단법인에 관한 규정을 준용한다.
(2011.7.25 본조신설)
제55조의9【공무원의 파견】 ① 해양수산부장관은 공단의 요청이 있는 경우에는 해양수산부 또는 그 소속 기관의 공무원 중 일부를 수산자원사업단에 파견근무하게 할 수 있다.
② 제1항에 따라 공무원을 파견한 해양수산부장관은 그 공무원에 대하여 인사상 불리한 조치를 하여서는 아니 된다.(2020.3.24 본항신설)
(2013.3.23 본조개정)
제56조【지도·감독】 해양수산부장관 또는 시·도지사는 이 법에 따라 지도·단속을 하는 경우에는 「수산업법」 제69조에 따른 어업감독 공무원(이하 "어업감독 공무원"이라 한다)에게 그 업무를 수행하게 할 수 있다.
(2022.1.11 본조개정)
제57조【사법경찰권】 어업감독 공무원은 이 법 또는 이 법에 따른 명령에 위반하는 행위에 대하여 「사법경찰관리의 직무를 수행할 자와 그 직무범위에 관한 법률」에서 정하는 바에 따라 사법경찰관리의 직무를 행한다.
제58조【수산자원조사원의 운용】 ① 해양수산부장관 또는 시·도지사는 수산자원의 관리 및 조사를 위하여 필요하다고 인정되는 경우에는 수산 관련 전문가·종사자, 수산 관련 교육을 이수한 자 등을 수산자원조사원으로 임명할 수 있다.(2013.3.23 본항개정)
② 수산자원조사원의 자격·직무·수당, 그 밖에 필요한 사항은 대통령령으로 정한다.
제59조【청문】 행정관청은 그 권한의 구분에 따라 다음 각 호의 어느 하나에 해당하는 처분을 하려면 청문을 실시하여야 한다.
1. 제23조제5항에 따른 2중 이상 자망 사용승인 취소(2019.1.8 본호개정)
2. 제30조제1항 후단에 따른 어업자협약 승인의 취소
3. 제38조제2항(제39조제3항에서 준용하는 경우를 포함한다)에 따른 배분량의 공제
제60조【권한의 위임】 이 법에 따른 해양수산부장관의 권한은 그 일부를 대통령령으로 정하는 바에 따라 소속기관의 장 또는 시·도지사에게 위임할 수 있으며, 이 법에 따른 시·도지사의 권한은 그 일부를 대통령령으로 정하는 바에 따라 시장·군수·구청장에게 위임할 수 있다.
(2013.3.23 본조개정)
제61조【수산자원의 조성 및 회복을 위한 사업 등의 위탁】 ① 행정관청은 수산자원의 조성 및 회복을 위한 사업을 효율적으로 추진하기 위하여 해당 사업 중 인공어초 설치사업 등 대통령령으로 정하는 사업이나 해당 사업에 따라 설치된 시설·장비의 관리에 관한 업무를 공단 또는 해양수산부장관이 지정하는 기관·단체·협회에 대행하게 하거나 위탁할 수 있다.(2013.3.23 본항개정)
② 지방자치단체는 제55조의2제3항제4호의 내수면 수산자원조성사업을 공단이 수행할 수 있도록 위탁할 수 있다.
(2015.8.11 본항신설)
③ 행정관청은 제1항 및 제2항에 따라 수산자원의 조성 및 회복을 위한 사업이나 시설·장비의 관리에 관한 업무를 대행하게 하거나 위탁하는 경우 그 사업비 또는 소요경비의 전부 또는 일부를 지원할 수 있다.(2015.8.11 본항개정)
④ 제1항에 따른 수산자원의 조성 및 회복을 위한 사업의 대행 또는 위탁에 필요한 사항과 해당 사업을 대행하거나 위탁받을 기관·단체 또는 협회의 지정 등에 필요한 사항은 해양수산부령으로 정한다.(2013.3.23 본항개정)
제62조【준용규정】 ① 해양수산부장관 또는 시·도지사의 감독에 관한 사항과 행정관청의 처분에 의하여 손실을 입은 자의 보상에 관하여는 「수산업법」 제67조, 제88조 및 제90조를 준용한다.
② 행정관청이 수산자원을 조성·관리하기 위하여 필요하다고 인정하여 보조금을 교부하거나 자금을 융자하는 경우에 관하여는 「수산업법」 제93조 및 제94조를 준용한다.
(2022.1.11 본조개정)
제63조【포상】 해양수산부장관은 이 법 또는 이 법에 따른 명령을 위반하는 행위를 한 자를 관계 기관에 통보하거나 체포하는 데 공로가 있는 자, 그 밖에 수산자원 보호에 특별히 이바지한 자에 대하여는 대통령령으로 정하는 바에 따라 포상할 수 있다.(2013.3.23 본조개정)
제63조의2 (2023.10.31 삭제)

제7장 벌 칙

제64조【벌칙】 다음 각 호의 어느 하나에 해당하는 자는 2년 이하의 징역 또는 2천만원 이하의 벌금에 처한다.
1. 제14조를 위반하여 어업을 한 자(2015.3.27 본호신설)
2. 제17조를 위반하여 포획·채취한 수산자원이나 그 제품을 소지·유통·가공·보관 또는 판매한 자
3. 제19조제2항을 위반하여 휴어기가 설정된 수역에서 조업이나 그 해당 어업을 한 자
4. 제22조를 위반하여 어선을 사용한 자
5. 제25조제1항을 위반하여 폭발물·유독물 또는 전류를 사용하여 수산자원을 포획·채취한 자
6. 제25조제2항을 위반하여 유해화학물질을 보관 또는 사용한 자
7. 제35조제1항제5호에 따른 제한·금지 또는 승인 명령을 위반하거나 승인 명령을 받지 아니하고 수산자원을 이식한 자(2024.1.23 본호개정)
7의2. 제35조제5항을 위반하여 수산자원을 소지·유통·보관 또는 판매한 자(2024.1.23 본호신설)
8. 제37조제2항에 따른 배분량을 할당받지 아니하고 포획·채취한 자
9. 제43조제1항에 따라 제한 또는 금지된 인공구조물의 설비를 하거나 같은 조 제2항에 따른 공사명령을 이행하지 아니한 자(2020.3.24 본호개정)
10. 제47조제2항을 위반하여 보호수면에서 공사를 하거나 같은 조 제3항을 위반하여 보호수면에서 수산자원을 포획·채취한 자
11. 제49조제5항 본문을 위반하여 수산자원관리수면에서 수산자원을 포획·채취한 자
12. 제49조제7항을 위반하여 수산자원관리수면에서 허가를 받지 아니하고 행위를 한 자
13. 제52조제2항에 따른 허가대상행위에 대하여 관리관청의 허가를 받지 아니하고 행위를 하거나 허가내용과 다르게 행위를 한 자
제65조【벌칙】 다음 각 호의 어느 하나에 해당하는 자는 1천만원 이하의 벌금에 처한다.
1. 제15조에 따른 조업금지구역에서 어업을 한 자(2015.3.27 본호개정)
2. 제18조제1항·제2항 또는 제5항을 위반하여 비어업인으로서 수산자원을 포획·채취한 자(2023.6.20 본호개정)
3.~4. (2012.12.18 삭제)
5. 제23조제3항을 위반하여 2중 이상 자망을 사용하여 수산자원을 포획·채취한 자
6. 제24조를 위반하여 특정어구를 제작·수입·보관·운반·진열·판매하거나 싣거나 이를 사용하기 위하여 선박을 개조하거나 시설을 설치한 자(2020.3.24 본호개정)
7. 제35조제1항제1호에 따른 수산자원의 번식·보호에 필요한 물체의 투입 또는 제거에 관한 제한 또는 금지 명령을 위반한 자
8. 제35조제1항제4호에 따른 치어 및 치패의 수출의 제한 또는 금지 명령을 위반한 자
9. 제35조제1항제6호에 따른 멸종위기에 처한 수산자원의 번식·보호를 위한 제한 또는 금지 명령을 위반한 자
10. 제43조제3항에 따른 신고를 하지 아니하고 방류한 자
제66조【벌칙】 다음 각 호의 어느 하나에 해당하는 자는 500만원 이하의 벌금에 처한다.
1. 제35조제1항제2호에 따른 수산자원에 유해한 물체 또는 물질의 투기나 수질 오염행위의 제한 또는 금지 명령을 위반한 자(2020.3.24 본호개정)
2. 제35조제1항제3호에 따른 수산자원의 병해방지를 목적으로 사용하는 약품이나 물질의 제한 또는 금지 명령을 위반한 자
3. 제35조제2항에 따른 원상회복에 필요한 조치명령을 이행하지 아니한 자
4. 제38조제1항을 위반하여 배분량을 초과하여 어획한 자
5. 제38조제3항에 따른 포획·채취 정지 등의 명령을 위반한 자
6. 제49조제5항 단서를 위반하여 수산자원을 포획·채취한 자
제67조【벌칙】 다음 각 호의 어느 하나에 해당하는 자는 300만원 이하의 벌금에 처한다.
1. 제16조에 따른 불법어획물의 방류명령을 따르지 아니한 자
2. (2015.3.27 삭제)
3. 제38조제4항을 위반하여 보고를 하지 아니하거나 거짓으로 보고한 자
4. 제40조제2항을 위반하여 지정된 판매장소가 아닌 곳에서 어획물을 매매 또는 교환한 자
제68조【몰수】 ① 제64조부터 제67조까지의 규정에 해당하는 경우에는 행위자가 소유 또는 소지하는 어획물·제품·어선·어구·폭발물 또는 유독물은 이를 몰수할 수 있다.
② 제1항에 따라 행위자가 소유 또는 소지한 물건의 전부 또는 일부를 몰수할 수 없을 때에는 그 가액을 추징할 수 있다.
제69조【양벌규정】 법인의 대표자나 법인 또는 개인의 대리인, 사용인, 그 밖의 종사자가 그 법인 또는 개인의 업무에 관하여 제64조부터 제67조까지의 어느 하나에

당하는 위반행위를 하면 그 행위자를 벌하는 외에 그 법인 또는 개인에게도 해당 조문의 벌금형을 과(科)한다. 다만, 법인 또는 개인이 그 위반행위를 방지하기 위하여 해당 업무에 관하여 상당한 주의와 감독을 게을리하지 아니한 경우에는 그러하지 아니하다.

제70조【과태료】 ① 다음 각 호의 어느 하나에 해당하는 자에게는 200만원 이하의 과태료를 부과한다.

1. 제12조제1항에 따른 소속 공무원 또는 수산자원조사원의 조사를 거부·방해 또는 회피한 자
2. 제12조제4항에 따른 자료를 제출하지 아니하거나 거짓 자료를 제출한 자

2의2. 제18조제4항을 위반하여 포획·채취한 수산자원을 판매하거나 판매할 목적으로 저장·운반 또는 진열한 자(2023.6.20 본호신설)

3. 제42조제3항을 위반하여 승인을 받지 아니하고 수산종자를 생산·방류한 자(2015.6.22 본호개정)
4. 제42조의2제2항을 위반하여 인증을 받지 아니하고 수산종자를 방류한 자(2015.6.22 본호개정)
5. 제55조의7을 위반하여 유사명칭을 사용한 자(2011.7.25 본호신설)

② 다음 각 호의 어느 하나에 해당하는 자에게는 100만원 이하의 과태료를 부과한다.

1. (2023.6.20 삭제)
2. 제26조의2제2항을 위반하여 허가증을 반납하지 아니한 자

(2020.3.24 본항개정)

③ 제1항 및 제2항에 따른 과태료는 대통령령으로 정하는 바에 따라 해양수산부장관, 수산에 관한 사무를 관장하는 기관의 장 또는 시·도지사가 부과·징수한다.(2019.12.3 본항개정)

부 칙

제1조【시행일】 이 법은 공포 후 1년이 경과한 날부터 시행한다.

제2조【일반적 경과조치】 이 법 시행 당시 종전의 「수산업법」, 종전의 「기르는 어업육성법」 및 종전의 「수산업법」 제53조 및 제77조의 위임에 따른 대통령령(이하 "수산자원보호령"이라 한다)에 따른 처분·절차와 그 밖의 행위로서 이 법에 그에 해당하는 규정이 있는 때에는 이 법에 따라 행하여진 것으로 본다.

제3조【2중 이상의 자망의 사용에 관한 경과조치】 이 법 시행 당시 종전의 수산자원보호령 제5조제1호 또는 제2호에 따라 2중 이상 자망의 사용을 신고하거나 승인받은 자는 제23조제3항에 따라 2중 이상 자망의 사용을 승인받은 것으로 본다.

제4조【보호수면의 지정에 관한 경과조치】 이 법 시행 당시 종전의 「수산업법」 제65조제1항 및 제2항에 따라 보호수면으로 지정된 수면은 제46조제1항에 따라 보호수면으로 지정된 것으로 본다.

제5조【수산자원관리수면의 지정에 관한 경과조치】 ① 이 법 시행 당시 종전의 「기르는 어업육성법」 제10조제1항에 따라 수산자원관리수면으로 지정받은 수면은 제48조제1항 및 제2항에 따라 이 법 시행일부터 5년간 수산자원관리수면으로 지정받은 것으로 본다.

② 이 법 시행 당시 종전의 「수산업법」 제68조제1항에 따라 육성수면으로 지정받은 수면은 나머지 유효기간까지 제48조제1항에 따라 수산자원관리수면으로 지정받은 것으로 본다.

제6조【수산자원보호구역에서의 건축 등 허가에 관한 경과조치】 ① 이 법 시행 당시 법률 제8564호 수산업법 일부개정법률 부칙 제2조제1항 및 종전의 「수산업법」 제67조의3제2항에 따라 수산자원보호구역 안에서의 행위제한 등과 관련하여 행하여진 건축물이나 그 밖의 시설의 건축 등의 허가는 제52조제2항에 따라 관리관청이 행한 것으로 본다.

② 이 법 시행 당시 법률 제8564호 수산업법 일부개정법률 부칙 제2조제2항 및 종전의 「수산업법」 제67조의3제3항에 따라 수산자원보호구역 안에서의 행위제한 등과 관련하여 행한 원상회복 명령은 제52조제3항에 따라 관리관청이 행한 것으로 본다.

제7조【조성금 부과·징수에 관한 경과조치】 이 법 시행 당시 종전의 「기르는 어업육성법」 제12조제1항 및 제2항에 따라 수산자원조성금 부과·징수 또는 면제 대상에 해당하는 자는 제44조제1항 또는 제2항에 따른 부과·징수 또는 면제 대상자로 본다.

제8조【벌칙과 과태료에 관한 경과조치】 이 법 시행 전의 행위에 대하여 벌칙이나 과태료 규정을 적용할 때에는 종전의 「수산업법」, 종전의 「기르는 어업육성법」 및 종전의 수산자원보호령의 규정에 따른다.

제9조【다른 법률의 개정】 ①~⑦ ※(해당 법령에 가제정리 하였음)

제10조【다른 법령과의 관계】 이 법 시행 당시 다른 법령에서 종전의 「수산업법」, 종전의 「기르는 어업육성법」, 종전의 수산자원보호령 또는 그 규정을 인용한 경우 이 법 가운데 그에 해당하는 규정이 있으면 종전의 규정을 갈음하여 이 법 또는 이 법의 해당 규정을 인용한 것으로 본다.

부 칙 (2010.5.17)

제1조【시행일】 이 법은 공포 후 6개월이 경과한 날부터 시행한다.

제2조【이 법의 시행을 위한 준비행위】 이 법에 따라 수산자원사업단을 설립하기 위하여 하는 준비행위는 이 법 시행 전에 할 수 있다.

제3조【수산자원사업단의 설립준비】 ① 농림수산식품부장관은 이 법의 공포일부터 3개월 이내에 7인 이내의 설립위원을 위촉하여 수산자원사업단의 설립에 관한 사무를 처리하게 하여야 한다.

② 설립위원은 수산자원사업단의 정관을 작성하여 농림수산식품부장관의 인가를 받아야 한다.

③ 설립위원은 제2항에 따른 인가를 받은 때에는 지체 없이 연명으로 수산자원사업단의 설립등기를 한 후 수산자원사업단의 장에게 사무를 인계하여야 한다.

④ 설립위원은 제3항에 따른 사무인계가 끝난 때에 해촉된 것으로 본다.

⑤ 수산자원사업단의 설립준비에 관하여 필요한 비용은 정부가 부담한다.

제4조【수산자원사업단에 관한 경과조치】 ① 이 법 시행 당시 「수산업법」 제55조에 따라 설립된 기르는어업센터는 수산자원사업단의 설립과 동시에 해산된 것으로 보며, 기르는어업센터에 속하는 재산과 권리·의무는 수산자원사업단이 포괄 승계한다.

② 수산자원사업단이 제1항에 따라 포괄 승계한 재산에 관한 등기부, 그 밖의 공부에 표시된 기르는어업센터의 명의는 수산자원사업단의 설립과 동시에 수산자원사업단의 명의로 본다.

③ 제1항의 경우 수산자원사업단의 재산으로 보는 재산의 가액은 부칙 제3조제3항에 따른 설립등기일 전일의 장부 가액으로 한다.

④ 제1항의 경우 이 법 시행 전에 기르는어업센터가 행한 행위는 수산자원사업단이 행한 행위로 보며, 기르는어업센터에 대하여 행한 행위는 수산자원사업단에 대하여 행한 행위로 본다.

⑤ 제1항의 경우 이 법 시행 당시 기르는어업센터의 임직원은 수산자원사업단의 임직원으로 선임 또는 임명된 것으로 본다. 이 경우 임원의 임기는 기르는어업센터의 임원으로 선임된 날부터 기산한다.

⑥ 이 법 시행 당시 다른 법령에서 기르는어업센터를 인용하고 있는 경우에는 그에 갈음하여 수산자원사업단을 인용한 것으로 본다.

제5조【수산자원사업단 직원의 임용 등에 관한 특례】 ① 농림수산식품부 또는 그 소속 기관의 공무원 중 수산자원사업단 직원으로 신분이 전환되는 자는 수산자원사업단에 임용된 것으로 본다.

② 제1항에 따라 수산자원사업단의 직원으로 임용된 때에는 공무원 신분에서 퇴직한 것으로 본다.

③ 제1항에 따라 공무원이었던 자가 수산자원사업단의 직원으로 임용된 경우 정년은 퇴직 당시의 직급에 적용되었던 「국가공무원법」상의 정년에 따른다.

부 칙 (2011.7.25)

제1조【시행일】 이 법은 공포 후 6개월이 경과한 날부터 시행한다.

제2조【수산자원사업단에 대한 경과조치】 ① 이 법 시행 당시 종전의 규정에 따라 설립된 수산자원사업단은 이 법에 따라 설립된 한국수산자원관리공단으로 본다.

② 이 법 시행 전에 수산자원사업단이 행한 행위는 한국수산자원관리공단이 행한 행위로 보며, 수산자원사업단에 대하여 행한 행위는 한국수산자원관리공단에 대하여 행한 행위로 본다.

③ 이 법 시행 당시 수산자원사업단의 임직원은 한국수산자원관리공단의 임직원으로 선임 또는 임명된 것으로 본다. 이 경우 임원의 임기는 수산자원사업단의 임원으로 선임된 날부터 기산한다.

④ 이 법 시행 당시 다른 법령에서 수산자원사업단을 인용하고 있는 경우에는 그를 갈음하여 한국수산자원관리공단을 인용한 것으로 본다.

제3조【다른 법률의 개정】 ※(해당 법령에 가제정리 하였음)

부 칙 (2019.1.8)

제1조【시행일】 이 법은 공포 후 6개월이 경과한 날부터 시행한다.

제2조【공단의 명칭변경에 관한 경과조치】 ① 이 법 시행 당시 종전의 규정에 따라 설립된 한국수산자원관리공단은 이 법에 따른 한국수산자원공단으로 본다.

② 이 법 시행 당시 종전의 규정에 따른 한국수산자원관리공단의 행위나 한국수산자원관리공단에 대한 행위는 그에 해당하는 이 법에 따른 한국수산자원공단의 행위나 한국수산자원공단에 대한 행위로 본다.

③ 한국수산자원공단은 이 법 시행 후 6개월 이내에 정관을 변경하여 해양수산부장관의 인가를 받아야 한다.

제3조【다른 법률의 개정】 ①~③ ※(해당 법령에 가제정리 하였음)

부 칙 (2019.12.3)

이 법은 공포 후 6개월이 경과한 날부터 시행한다.

부 칙 (2020.2.18)

제1조【시행일】 이 법은 공포 후 1년이 경과한 날부터 시행한다.(이하 생략)

부 칙 (2020.3.24 법17091호)

제1조【시행일】 이 법은 공포한 날부터 시행한다.(이하 생략)

부 칙 (2020.3.24 법17106호)

이 법은 공포한 날부터 시행한다. 다만, 제18조, 제24조, 제36조, 제65조 및 법률 제16697호 수산자원관리법 일부개정법률 제70조의 개정규정은 공포 후 6개월이 경과한 날부터 시행한다.

부 칙 (2020.12.8)

이 법은 공포한 날부터 시행한다.

부 칙 (2022.1.11)

제1조【시행일】 이 법은 공포 후 1년이 경과한 날부터 시행한다.(이하 생략)

부 칙 (2022.6.10)

이 법은 공포 후 6개월이 경과한 날부터 시행한다.

부 칙 (2023.6.20)

제1조【시행일】 이 법은 공포 후 6개월이 경과한 날부터 시행한다.

제2조【과태료에 관한 경과조치】 이 법 시행 전의 위반행위에 대하여 과태료를 적용할 때에는 제70조제2항제1호의 개정규정에도 불구하고 종전의 규정에 따른다.

부 칙 (2023.10.24)

이 법은 공포한 날부터 시행한다.

부 칙 (2023.10.31)

제1조【시행일】 이 법은 공포 후 6개월이 경과한 날부터 시행한다.

제2조~제4조 (생략)

제5조【「수산자원관리법」의 개정에 관한 경과조치】 ① 이 법 시행 당시 종전의 「수산자원관리법」 제7조제3항 전단, 제8조제2항 전단, 제30조제2항, 제36조제4항 및 제55조에 따라 중앙수산자원관리위원회 또는 시·도수산자원관리위원회에 심의 요청된 사항은 같은 법 제7조제3항 전단, 제8조제2항 전단, 제30조제2항 및 제36조제4항의 개정규정에 따라 「수산업법」에 따른 중앙수산조정위원회 또는 시·도수산조정위원회에 심의 요청된 것으로 본다.

② 이 법 시행 전의 행위에 대하여 벌칙을 적용할 때 종전의 「수산자원관리법」 제54조에 따른 수산자원관리위원회의 위원 중 공무원이 아닌 위원의 공무원 의제에 관하여는 같은 법 제63조의2의 개정규정에도 불구하고 종전의 규정에 따른다.

제6조~제10조 (생략)

부 칙 (2024.1.23)

이 법은 공포한 날부터 시행한다.

國際編

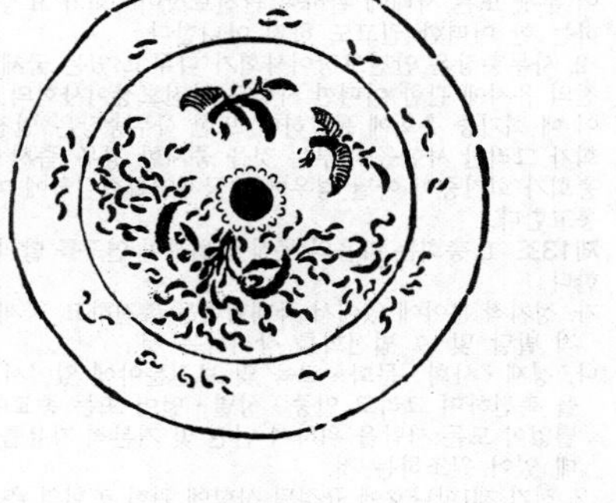

高麗 銅鏡(紋樣)

국제연합(UN)헌장

(1991년 9월 24일
조 약 제1059호)

1945. 6.26(샌프란시스코에서 작성)
1991. 9.18(대한민국에 대하여 발효)

우리 연합국 국민들은 우리 일생중에 두 번이나 말할 수 없는 슬픔을 인류에 가져온 전쟁의 불행에서 다음 세대를 구하고, 기본적 인권, 인간의 존엄 및 가치, 남녀 및 대소 각국의 평등권에 대한 신념을 재확인하며, 정의와 조약 및 기타 국제법의 연원으로부터 발생하는 의무에 대한 존중이 계속 유지될 수 있는 조건을 확립하며, 더 많은 자유속에서 사회적 진보와 생활수준의 향상을 촉진할 것을 결의하였다. 그리고 이러한 목적을 위하여 관용을 실천하고 선량한 이웃으로서 상호간 평화롭게 같이 생활하며, 국제평화와 안전을 유지하기 위하여 우리들의 힘을 합하며, 공동이익을 위한 경우 이외에는 무력을 사용하지 아니한다는 것을, 원칙의 수락과 방법의 설정에 의하여, 보장하고, 모든 국민의 경제적 및 사회적 발전을 촉진하기 위하여 국제기관을 이용한다는 것을 결의하면서, 이러한 목적을 달성하기 위하여 우리의 노력을 결집할 것을 결정하였다. 따라서, 우리 각자의 정부는, 샌프란시스코에 모인, 유효하고 타당한 것으로 인정된 전권위임장을 제시한 대표를 통하여, 이 국제연합헌장에 동의하고, 국제연합이라는 국제기구를 이에 설립한다.

제1장 목적과 원칙

제1조 국제연합의 목적은 다음과 같다.
1. 국제평화와 안전을 유지하고, 이를 위하여 평화에 대한 위협의 방지 · 제거 그리고 침략행위 또는 기타 평화의 파괴를 진압하기 위한 유효한 집단적 조치를 취하고 평화의 파괴로 이를 우려가 있는 국제적 분쟁이나 사태의 조정 · 해결을 평화적 수단에 의하여 또한 정의와 국제법의 원칙에 따라 실현한다.
2. 사람들의 평등권 및 자결의 원칙의 존중에 기초하여 국가간의 우호관계를 발전시키며, 세계평화를 강화하기 위한 기타 적절한 조치를 취한다.
3. 경제적 · 사회적 · 문화적 또는 인도적 성격의 국제문제를 해결하고 또한 인종 · 성별 · 언어 또는 종교에 따른 차별없이 모든 사람의 인권 및 기본적 자유에 대한 존중을 촉진하고 장려함에 있어 국제적 협력을 달성한다.
4. 이러한 공동의 목적을 달성함에 있어서 각국의 활동을 조화시키는 중심이 된다.

제2조 이 기구 및 그 회원국은 제1조에 명시한 목적을 추구함에 있어서 다음의 원칙에 따라 행동한다.
1. 기구는 모든 회원국의 주권평등 원칙에 기초한다.
2. 모든 회원국은 회원국의 지위에서 발생하는 권리와 이익을 그들 모두에 보장하기 위하여, 이 헌장에 따라 부과되는 의무를 성실히 이행한다.
3. 모든 회원국은 그들의 국제분쟁을 국제평화와 안전 그리고 정의를 위태롭게 하지 아니하는 방식으로 평화적 수단에 의하여 해결한다.
4. 모든 회원국은 그 국제관계에 있어서 다른 국가의 영토보전이나 정치적 독립에 대하여 또는 국제연합의 목적과 양립하지 아니하는 어떠한 기타 방식으로도 무력의 위협이나 무력행사를 삼간다.
5. 모든 회원국은 국제연합이 이 헌장에 따라 취하는 어떠한 조치에 있어서도 모든 원조를 다하며, 국제연합이 방지조치 또는 강제조치를 취하는 대상이 되는 어떠한 국가에 대하여도 원조를 삼간다.
6. 기구는 국제연합의 회원국이 아닌 국가가, 국제평화와 안전을 유지하는데 필요한 한, 이러한 원칙에 따라 행동하도록 확보한다.
7. 이 헌장의 어떠한 규정도 본질상 어떤 국가의 국내 관할권안에 있는 사항에 간섭할 권한을 국제연합에 부여하지 아니하며, 또는 그러한 사항을 이 헌장에 의한 해결에 맡기도록 회원국에 요구하지 아니한다. 다만, 이 원칙은 제7장에 의한 강제조치의 적용을 해하지 아니한다.

제2장 회원국의 지위

제3조 국제연합의 원회원국은, 샌프란시스코에서 국제기구에 관한 연합국 회의에 참가한 국가 또는 1942년 1월 1일의 연합국 선언에 서명한 국가로서, 이 헌장에 서명하고 제110조에 따라 이를 비준한 국가이다.

제4조 1. 국제연합의 회원국 지위는 이 헌장에 규정된 의무를 수락하고, 이러한 의무를 이행할 능력과 의사가 있다고 기구가 판단하는 그밖의 평화애호국 모두에 개방된다.
2. 그러한 국가의 국제연합회원국으로의 승인은 안전보장이사회의 권고에 따라 총회의 결정에 의하여 이루어진다.

제5조 안전보장이사회에 의하여 취하여지는 방지조치 또는 강제조치의 대상이 되는 국제연합회원국에 대하여는 총회가 안전보장이사회의 권고에 따라 회원국으로서의 권리와 특권의 행사를 정지시킬 수 있다. 이러한 권리와 특권의 행사는 안전보장이사회에 의하여 회복될 수 있다.

제6조 이 헌장에 규정된 원칙을 끈질기게 위반하는 국제연합회원국은 총회가 안전보장이사회의 권고에 따라 기구로부터 제명할 수 있다.

제3장 기 관

제7조 1. 국제연합의 주요기관으로서 총회 · 안전보장이사회 · 경제사회이사회 · 신탁통치이사회 · 국제사법재판소 및 사무국을 설치한다.
2. 필요하다고 인정되는 보조기관은 이 헌장에 따라 설치될 수 있다.

제8조 국제연합은 남녀가 어떠한 능력으로서든 그리고 평등의 조건으로 그 주요기관 및 보조기관에 참가할 자격이 있음에 대하여 어떠한 제한도 두어서는 아니된다.

제4장 총 회

【구성】

제9조 1. 총회는 모든 국제연합회원국으로 구성된다.
2. 각 회원국은 총회에 5인 이하의 대표를 가진다.

【임무 및 권한】

제10조 총회는 이 헌장의 범위안에 있거나 또는 이 헌장에 규정된 어떠한 기관의 권한 및 임무에 관한 어떠한 문제 또는 어떠한 사항도 토의할 수 있으며, 그리고 제12조에 규정된 경우를 제외하고는, 그러한 문제 또는 사항에 관하여 국제연합회원국 또는 안전보장이사회 또는 이 양자에 대하여 권고할 수 있다.

제11조 1. 총회는 국제평화와 안전의 유지에 있어서의 협력의 일반원칙을, 군비축소 및 군비규제를 규율하는 원칙을 포함하여 심의하고, 그러한 원칙과 관련하여 회원국이나 안전보장이사회 또는 이 양자에 대하여 권고할 수 있다.
2. 총회는 국제연합회원국이나 안전보장이사회 또는 제35조제2항에 따라 국제연합회원국이 아닌 국가에 의하여 총회에 회부된 국제평화와 안전의 유지에 관한 어떠한 문제도 토의할 수 있으며, 제12조에 규정된 경우를 제외하고는 그러한 문제와 관련하여 1 또는 그 이상의 관계국이나 안전보장이사회 또는 이 양자에 대하여 권고할 수 있다. 그러한 문제로서 조치를 필요로 하는 것은 토의의 전 또는 후에 총회에 의하여 안전보장이사회에 회부된다.
3. 총회는 국제평화와 안전을 위태롭게 할 우려가 있는 사태에 대하여 안전보장이사회의 주의를 환기할 수 있다.
4. 이 조에 규정된 총회의 권한은 제10조의 일반적 범위를 제한하지 아니한다.

제12조 1. 안전보장이사회가 어떠한 분쟁 또는 사태와 관련하여 이 헌장에서 부여된 임무를 수행하고 있는 동안에는 총회는 이 분쟁 또는 사태에 관하여 안전보장이사회가 요청하지 아니하는 한 어떠한 권고도 하지 아니한다.
2. 사무총장은 안전보장이사회가 다루고 있는 국제평화와 안전의 유지에 관한 어떠한 사항도 안전보장이사회의 동의를 얻어 매 회기중 총회에 통고하며, 또한 사무총장은, 안전보장이사회가 그러한 사항을 다루는 것을 중지한 경우, 즉시 총회 또는 총회가 회기중이 아닐 경우에는 국제연합회원국에 마찬가지로 통고한다.

제13조 1. 총회는 다음의 목적을 위하여 연구를 발의하고 권고한다.
가. 정치적 분야에 있어서 국제협력을 촉진하고, 국제법의 점진적 발달 및 그 법전화를 장려하는 것.
나. 경제 · 사회 · 문화 · 교육 및 보건분야에 있어서 국제협력을 촉진하며 그리고 인종 · 성별 · 언어 또는 종교에 관한 차별없이 모든 사람을 위하여 인권 및 기본적 자유를 실현하는데 있어 원조하는 것.
2. 전기 제1항나호에 규정된 사항에 관한 총회의 추가적 책임, 임무 및 권한은 제9장과 제10장에 규정된다.

제14조 제12조 규정에 따를 것을 조건으로 총회는 그 원인에 관계없이 일반적 복지 또는 국가간의 우호관계를 해할 우려가 있다고 인정되는 어떠한 사태도 이의 평화적 조정을 위한 조치를 권고할 수 있다. 이 사태는 국제연합의 목적 및 원칙을 정한 이 헌장규정의 위반으로부터 발생하는 사태를 포함한다.

제15조 1. 총회는 안전보장이사회로부터 연례보고와 특별보고를 받아 심의한다. 이 보고는 안전보장이사회가 국제평화와 안전을 유지하기 위하여 결정하거나 또는 취한 조치의 설명을 포함한다.
2. 총회는 국제연합의 다른 기관으로부터 보고를 받아 심의한다.

제16조 총회는 제12장과 제13장에 의하여 부과된 국제신탁통치제도에 관한 임무를 수행한다. 이 임무는 전략지역으로 지정되지 아니한 지역에 관한 신탁통치 협정의 승인을 포함한다.

제17조 1. 총회는 기구의 예산을 심의하고 승인한다.
2. 기구의 경비는 총회에서 배정한 바에 따라 회원국이 부담한다.
3. 총회는 제57조에 규정된 전문기구와의 어떠한 재정약정 및 예산약정도 심의하고 승인하며, 당해 전문기구에 권고할 목적으로 그러한 전문기구의 행정적 예산을 검사한다.

【표결】

제18조 1. 총회의 각 구성국은 1개의 투표권을 가진다.
2. 중요문제에 관한 총회의 결정은 출석하여 투표하는 구성국의 3분의 2의 다수로 한다. 이러한 문제는 국제평화와 안전의 유지에 관한 권고, 안전보장이사회의 비상임이사국의 선출, 경제사회이사회의 이사국의 선출, 제86조제1항다호에 의한 신탁통치이사회의 이사국의 선출, 신회원국의 국제연합 가입의 승인, 회원국으로서의 권리 및 특권의 정지, 회원국의 제명, 신탁통치제도의 운영에 관한 문제 및 예산문제를 포함한다.
3. 기타 문제에 관한 결정은 3분의 2의 다수로 결정될 문제의 추가적 부문의 결정을 포함하여 출석하여 투표하는 구성국의 과반수로 한다.

제19조 기구에 대한 재정적 분담금의 지불을 연체한 국제연합회원국은 그 연체금액이 그때까지의 만 2년간 그 나라가 지불하였어야 할 분담금의 금액과 같거나 또는 초과하는 경우 총회에서 투표권을 가지지 못한다. 그럼에도 총회는 지불의 불이행이 그 회원국이 제어할 수 없는 사정에 의한 것임이 인정되는 경우 그 회원국의 투표를 허용할 수 있다.

【절차】

제20조 총회는 연례정기회기 및 필요한 경우에는 특별회기로서 모인다. 특별회기는 안전보장이사회의 요청 또는 국제연합회원국의 과반수의 요청에 따라 사무총장이 소집한다.

제21조 총회는 그 자체의 의사규칙을 채택한다. 총회는 매 회기마다 의장을 선출한다.

제22조 총회는 그 임무의 수행에 필요하다고 인정되는 보조기관을 설치할 수 있다.

제5장 안전보장이사회

【구성】

제23조 1. 안전보장이사회는 15개 국제연합회원국으로 구성된다. 중화민국 · 불란서 · 소비에트사회주의공화국연방 · 영국 및 미합중국은 안전보장이사회의 상임이사국이다. 총회는 먼저 국제평화와 안전의 유지 및 기구의 기타 목적에 대한 국제연합회원국의 공헌과 또한 공평한 지리적 배분을 특별히 고려하여 그외 10개의 국제연합회원국을 안전보장이사회의 비상임이사국으로 선출한다.
2. 안전보장이사회의 비상임이사국은 2년의 임기로 선출된다. 안전보장이사회의 이사국이 11개국에서 15개국으로 증가된 후 최초의 비상임이사국 선출에서는, 추가된 4개이사국중 2개이사국은 1년의 임기로 선출된다. 퇴임이사국은 연이어 재선될 자격을 가지지 아니한다.
3. 안전보장이사회의 각 이사국은 1인의 대표를 가진다.

【임무와 권한】

제24조 1. 국제연합의 신속하고 효과적인 조치를 확보하기 위하여, 국제연합 회원국은 국제평화와 안전의 유지를 위한 일차적 책임을 안전보장이사회에 부여하며, 또한 안전보장이사회가 그 책임하에 의무를 이행함에 있어 회원국을 대신하여 활동하는 것에 동의한다.
2. 이러한 의무를 이행함에 있어 안전보장이사회는 국제연합의 목적과 원칙에 따라 활동한다. 이러한 의무를 이행하기 위하여 안전보장이사회에 부여된 특정한 권한은 제6장, 제7장, 제8장 및 제12장에 규정된다.
3. 안전보장이사회는 연례보고 및 필요한 경우 특별보고를 총회에 심의하도록 제출한다.

제25조 국제연합회원국은 안전보장이사회의 결정을 이 헌장에 따라 수락하고 이행할 것을 동의한다.

제26조 세계의 인적 및 경제적 자원을 군비를 위하여 최소한으로 전용함으로써 국제평화와 안전의 확립 및 유지를 촉진하기 위하여, 안전보장이사회는 군비규제체제의 확립을 위하여 국제연합회원국에 제출되는 계획을 제47조에 규정된 군사참모위원회의 원조를 받아 작성할 책임을 진다.

【표결】

제27조 1. 안전보장이사회의 각 이사국은 1개의 투표권을 가진다.
2. 절차사항에 관한 안전보장이사회의 결정은 9개이사국의 찬성투표로써 한다.
3. 그외 모든 사항에 관한 안전보장이사회의 결정은 상임이사국의 동의 투표를 포함한 9개이사국의 찬성투표로써 한다. 다만, 제6장 및 제52조제3항에 의한 결정에 있어서는 분쟁당사국은 투표를 기권한다.

【절차】

제28조 1. 안전보장이사회는 계속적으로 임무를 수행할 수 있도록 조직된다. 이를 위하여 안전보장이사회의 각 이사국은 기구의 소재지에 항상 대표를 둔다.
2. 안전보장이사회는 정기회의를 개최한다. 이 회의에 각 이사국은 희망하는 경우, 각료 또는 특별히 지명된 다른 대표에 의하여 대표될 수 있다.
3. 안전보장이사회는 그 사업을 가장 쉽게 할 수 있다고 판단되는 기구의 소재지외의 장소에서 회의를 개최할 수 있다.

제29조 안전보장이사회는 그 임무의 수행에 필요하다고 인정되는 보조기관을 설치할 수 있다.

제30조 안전보장이사회는 의장선출방식을 포함한 그 자체의 의사규칙을 채택한다.

제31조 안전보장이사회의 이사국이 아닌 어떠한 국제연합회원국도 안전보장이사회가 그 회원국의 이해에 특히 영향이 있다고 인정하는 때에는 언제든지 안전보장이사회에 회부된 어떠한 문제의 토의에도 투표권없이 참가할 수 있다.

제32조 안전보장이사회의 이사국이 아닌 국제연합회원국 또는 국제연합회원국이 아닌 어떠한 국가도 안전보장이사회에서 심의중인 분쟁의 당사자인 경우에는 이 분쟁에 관한 토의에 투표권없이 참가하도록 초청된다. 안전보장이사회는 국제연합회원국이 아닌 국가의 참가에 공정하다고 인정되는 조건을 정한다.

제6장 분쟁의 평화적 해결

제33조 1. 어떠한 분쟁도 그의 계속이 국제평화와 안전의 유지를 위태롭게 할 우려가 있는 것일 경우, 그 분쟁의 당사자는 우선 교섭 · 심사 · 중개 · 조정 · 중재재판 · 사법적 해결 · 지역적 기관 또는 지역적 약정의 이용 또는 당사자가 선택하는 다른 평화적 수단에 의한 해결을 구한다.
2. 안전보장이사회는 필요하다고 인정하는 경우 당사자에 대하여 그 분쟁을 그러한 수단에 의하여 해결하도록 요청한다.

제34조 안전보장이사회는 어떠한 분쟁에 관하여도, 또는 국제적 마찰이 되거나 분쟁을 발생하게 할 우려가 있는 어떠한 사태에 관하여도, 그 분쟁 또는 사태의 계속이 국제평화와 안전의 유지를 위태롭게 할 우려가 있는지 여부를 결정하기 위하여 조사할 수 있다.

제35조 1. 국제연합회원국은 어떠한 분쟁에 관하여도, 또는 제34조에 규정된 성격의 어떠한 사태에 관하여도, 안전보장이사회 또는 총회의 주의를 환기할 수 있다.
2. 국제연합회원국이 아닌 국가는 자국이 당사자인 어떠한 분쟁에 관하여도, 이 헌장에 규정된 평화적 해결의 의무를 그 분쟁에 관하여 미리 수락하는 경우에는 안전보장이사회 또는 총회의 주의를 환기할 수 있다.
3. 이 조에 의하여 주의가 환기된 사항에 관한 총회의 절차는 제11조 및 제12조의 규정에 따른다.

제36조 1. 안전보장이사회는 제33조에 규정된 성격의 분쟁 또는 유사한 성격의 사태의 어떠한 단계에 있어서도 적절한 조정절차 또는 조정방법을 권고할 수 있다.
2. 안전보장이사회는 당사자가 이미 채택한 분쟁해결절차를 고려하여야 한다.

3. 안전보장이사회는, 이 조에 의하여 권고를 함에 있어서, 일반적으로 법률적 분쟁이 국제사법재판소규정의 규정에 따라 당사자에 의하여 동 재판소에 회부되어야 한다는 점도 또한 고려하여야 한다.

제37조 1. 제33조에 규정된 성격의 분쟁당사자는, 동조에 규정된 수단에 의하여 분쟁을 해결하지 못하는 경우, 이를 안전보장이사회에 회부한다.

2. 안전보장이사회는 분쟁의 계속이 국제평화와 안전의 유지를 위태롭게 할 우려가 실제로 있다고 인정하는 경우 제36조에 의하여 조치를 취할 것인지 또는 적절하다고 인정되는 해결조건을 권고할 것인지를 결정한다.

제38조 제33조 내지 제37조의 규정을 해하지 아니하고, 안전보장이사회는 어떠한 분쟁에 관하여도 분쟁의 모든 당사자가 요청하는 경우 그 분쟁의 평화적 해결을 위하여 그 당사자에게 권고할 수 있다.

제7장 평화에 대한 위협, 평화의 파괴 및 침략행위에 관한 조치

제39조 안전보장이사회는 평화에 대한 위협, 평화의 파괴 또는 침략행위의 존재를 결정하고, 국제평화와 안전을 유지하거나 이를 회복하기 위하여 권고하거나, 또는 제41조 및 제42조에 따라 어떠한 조치를 취할 것인지를 결정한다.

제40조 사태의 악화를 방지하기 위하여 안전보장이사회는 제39조에 규정된 권고를 하거나 조치를 결정하기 전에 필요하거나 바람직하다고 인정되는 잠정조치에 따르도록 관계당사자에게 요청할 수 있다. 이 잠정조치는 관계당사자의 권리, 청구권 또는 지위를 해하지 아니한다. 안전보장이사회는 그러한 잠정조치의 불이행을 적절히 고려한다.

제41조 안전보장이사회는 그의 결정을 집행하기 위하여 병력의 사용을 수반하지 아니하는 어떠한 조치를 취하여야 할 것인지를 결정할 수 있으며, 또한 국제연합회원국에 대하여 그러한 조치를 적용하도록 요청할 수 있다. 이 조치는 경제관계 및 철도·항해·항공·우편·전신·무선통신 및 다른 교통통신수단의 전부 또는 일부의 중단과 외교관계의 단절을 포함할 수 있다.

제42조 안전보장이사회는 제41조에 규정된 조치가 불충분할 것으로 인정하거나 또는 불충분한 것으로 판명되었다고 인정하는 경우에는, 국제평화와 안전의 유지 또는 회복에 필요한 공군·해군 또는 육군에 의한 조치를 취할 수 있다. 그러한 조치는 국제연합회원국의 공군·해군 또는 육군에 의한 시위·봉쇄 및 다른 작전을 포함할 수 있다.

제43조 1. 국제평화와 안전의 유지에 공헌하기 위하여 모든 국제연합회원국은 안전보장이사회의 요청에 의하여 그리고 1 또는 그 이상의 특별협정에 따라 국제평화와 안전의 유지 목적상 필요한 병력·원조 및 통과권을 포함한 편의를 안전보장이사회에 이용하게 할 것을 약속한다.

2. 그러한 협정은 병력의 수 및 종류, 그 준비정도 및 일반적 배치와 제공될 편의 및 원조의 성격을 규율한다.

3. 그 협정은 안전보장이사회의 발의에 의하여 가능한 한 신속히 교섭되어야 한다. 이 협정은 안전보장이사회와 회원국간에 또는 안전보장이사회와 회원국집단간에 체결되며, 서명국 각자의 헌법상의 절차에 따라 동 서명국에 의하여 비준되어야 한다.

제44조 안전보장이사회는 무력을 사용하기로 결정한 경우 이사회에서 대표되지 아니하는 회원국에게 제43조에 따라 부과된 의무의 이행으로서 병력의 제공을 요청하기 전에 그 회원국이 희망한다면 그 회원국 병력중 파견부대의 사용에 관한 안전보장이사회의 결정에 참여하도록 그 회원국을 초청한다.

제45조 국제연합이 긴급한 군사조치를 취할 수 있도록 하기 위하여, 회원국은 합동의 국제적 강제조치를 위하여 자국의 공군파견부대를 즉시 이용할 수 있도록 유지한다. 이러한 파견부대의 전력과 준비정도 및 합동조치를 위한 계획은 제43조에 규정된 1 또는 그 이상의 특별협정에 규정된 범위안에서 군사참모위원회의 도움을 얻어 안전보장이사회가 결정한다.

제46조 병력사용계획은 군사참모위원회의 도움을 얻어 안전보장이사회가 작성한다.

제47조 1. 국제평화와 안전의 유지를 위한 안전보장이사회의 군사적 필요, 안전보장이사회의 재량에 맡기어진 병력의 사용 및 지휘, 군비규제 그리고 가능한 군비축소에 관한 모든 문제에 관하여 안전보장이사회에 조언하고 도움을 주기 위하여 군사참모위원회를 설치한다.

2. 군사참모위원회는 안전보장이사회 상임이사국의 참모총장 또는 그의 대표로 구성된다. 이 위원회에 상임위원으로서 대표되지 아니하는 국제연합회원국은 위원회의 책임의 효과적인 수행을 위하여 위원회의 사업에 동 회원국의 참여가 필요한 경우에는 위원회에 의하여 그와 제휴하도록 초청된다.

3. 군사참모위원회는 안전보장이사회하에 안전보장이사회의 재량에 맡기어진 병력의 전략적 지도에 대하여 책임을 진다. 그러한 병력의 지휘에 관한 문제는 추후에 해결한다.

4. 군사참모위원회는 안전보장이사회의 허가를 얻어 그리고 적절한 지역기구와 협의한 후 지역소위원회를 설치할 수 있다.

제48조 1. 국제평화와 안전의 유지를 위한 안전보장이사회의 결정을 이행하는데 필요한 조치는 안전보장이사회가 정하는 바에 따라 국제연합회원국의 전부 또는 일부에 의하여 취하여 진다.

2. 그러한 결정은 국제연합회원국에 의하여 직접적으로 또한 국제연합회원국이 그 구성국인 적절한 국제기관에 있어서의 이들 회원국의 조치를 통하여 이행된다.

제49조 국제연합회원국은 안전보장이사회가 결정한 조치를 이행함에 있어 상호원조를 제공하는 데에 참여한다.

제50조 안전보장이사회가 어느 국가에 대하여 방지조치 또는 강제조치를 취하는 경우, 국제연합회원국인지 아닌지를 불문하고 어떠한 다른 국가도 자국이 이 조치의 이행으로부터 발생하는 특별한 경제문제에 직면한 것으로 인정하는 경우, 동 문제의 해결에 관하여 안전보장이사회와 협의할 권리를 가진다.

제51조 이 헌장의 어떠한 규정도 국제연합회원국에 대하여 무력공격이 발생한 경우, 안전보장이사회가 국제평화와 안전을 유지하기 위하여 필요한 조치를 취할 때까지 개별적 또는 집단적 자위의 고유한 권리를 침해하지 아니한다. 자위권을 행사함에 있어 회원국이 취한 조치는 즉시 안전보장이사회에 보고된다. 또한 이 조치는, 안전보장이사회가 국제평화와 안전의 유지 또는 회복을 위하여 필요하다고 인정하는 조치를 언제든지 취한다는, 이 헌장에 의한 안전보장이사회의 권한과 책임에 어떠한 영향도 미치지 아니한다.

제8장 지역적 약정

제52조 1. 이 헌장의 어떠한 규정도, 국제평화와 안전의 유지에 관한 사항으로서 지역적 조치에 적합한 사항을 처리하기 위하여 지역적 약정 또는 지역적 기관이 존재하는 것을 배제하지 아니한다. 다만, 이 약정 또는 기관 및 그 활동이 국제연합의 목적과 원칙에 일치하는 것을 조건으로 한다.

2. 그러한 약정을 체결하거나 그러한 기관을 구성하는 국제연합회원국은 지역적 분쟁을 안전보장이사회에 회부하기 전에 이 지역적 약정 또는 지역적 기관에 의하여 그 분쟁의 평화적 해결을 성취하기 위하여 모든 노력을 다한다.

3. 안전보장이사회는 관계국의 발의에 의하거나 안전보장이사회의 회부에 의하여 그러한 지역적 약정 또는 지역적 기관에 의한 지역적 분쟁의 평화적 해결의 발달을 장려한다.

4. 이 조는 제34조 및 제35조의 적용을 결코 해하지 아니한다.

제53조 1. 안전보장이사회는 그 권위하에 취하여지는 강제조치를 위하여 적절한 경우에는 그러한 지역적 약정 또는 지역적 기관을 이용한다. 다만, 안전보장이사회의 허가없이는 어떠한 강제조치도 지역적 약정 또는 지역적 기관에 의하여 취하여져서는 아니된다. 그러나 이 조 제2항에 규정된 어떠한 적국에 대한 조치이든지 제107조에 따라 규정된 것 또는 적국에 의한 침략정책의 재현에 대비한 지역적 약정에 규정된 것은, 관계정부의 요청에 따라 기구가 그 적국에 의한 새로운 침략을 방지할 책임을 질 때까지는 예외로 한다.

2. 이 조 제1항에서 사용된 적국이라는 용어는 제2차 세계대전중에 이 헌장서명국의 적국이었던 어떠한 국가에도 적용된다.

제54조 안전보장이사회는 국제평화와 안전의 유지를 위하여 지역적 약정 또는 지역적 기관에 의하여 착수되었거나 또는 계획되고 있는 활동에 대하여 항상 충분히 통보받는다.

제9장 경제적 및 사회적 국제협력

제55조 사람의 평등권 및 자결원칙의 존중에 기초한 국가간의 평화롭고 우호적인 관계에 필요한 안정과 복지의 조건을 창조하기 위하여, 국제연합은 다음을 촉진한다.

가. 보다 높은 생활수준, 완전고용 그리고 경제적 및 사회적 진보와 발전의 조건

나. 경제·사회·보건 및 관련국제문제의 해결 그리고 문화 및 교육상의 국제협력

다. 인종·성별·언어 또는 종교에 관한 차별이 없는 모든 사람을 위한 인권 및 기본적 자유의 보편적 존중과 준수

제56조 모든 회원국은 제55조에 규정된 목적의 달성을 위하여 기구와 협력하여 공동의 조치 및 개별적 조치를 취할 것을 약속한다.

제57조 1. 정부간 협정에 의하여 설치되고 경제·사회·문화·교육·보건분야 및 관련분야에 있어서 기본적 문서에 정한대로 광범위한 국제적 책임을 지는 각종 전문기구는 제63조의 규정에 따라 국제연합과 제휴관계를 설정한다.

2. 이와 같이 국제연합과 제휴관계를 설정한 기구는 이하 전문기구라 한다.

제58조 기구는 전문기구의 정책과 활동을 조정하기 위하여 권고한다.

제59조 기구는 적절한 경우 제55조에 규정된 목적의 달성에 필요한 새로운 전문기구를 창설하기 위하여 관계국간의 교섭을 발의한다.

제60조 이 장에서 규정된 기구의 임무를 수행할 책임은 총회와 총회의 권위하에 경제사회이사회에 부과된다. 경제사회이사회는 이 목적을 위하여 제10장에 규정된 권한을 가진다.

제10장 경제사회이사회

【구성】

제61조 1. 경제사회이사회는 총회에 의하여 선출된 54개 국제연합회원국으로 구성된다.

2. 제3항의 규정에 따를 것을 조건으로, 경제사회이사회의 18개 이사국은 3년의 임기로 매년 선출된다. 퇴임이사국은 연이어 재선될 자격이 있다.

3. 경제사회이사회의 이사국이 27개국에서 54개국으로 증가된 후 최초의 선거에서는, 그 해 말에 임기가 종료되는 9개 이사국을 대신하여 선출되는 이사국에 더하여, 27개 이사국이 추가로 선출된다. 총회가 정한 약정에 따라, 이러한 추가의 27개 이사국중 그렇게 선출된 9개 이사국의 임기는 1년의 말에 종료되고, 다른 9개 이사국의 임기는 2년의 말에 종료된다.

4. 경제사회이사회의 각 이사국은 1인의 대표를 가진다.

【임무와 권한】

제62조 1. 경제사회이사회는 경제·사회·문화·교육·보건 및 관련국제사항에 관한 연구 및 보고를 하거나 또는 발의할 수 있으며, 아울러 그러한 사항에 관하여 총회, 국제연합회원국 및 관계전문기구에 권고할 수 있다.

2. 이사회는 모든 사람을 위한 인권 및 기본적 자유의 존중과 준수를 촉진하기 위하여 권고할 수 있다.

3. 이사회는 그 권한에 속하는 사항에 관하여 총회에 제출하기 위한 협약안을 작성할 수 있다.

4. 이사회는 국제연합이 정한 규칙에 따라 그 권한에 속하는 사항에 관하여 국제회의를 소집할 수 있다.

제63조 1. 경제사회이사회는 제57조에 규정된 어떠한 기구와도, 동 기구가 국제연합과 제휴관계를 설정하는 조건을 규정하는 협정을 체결할 수 있다. 그러한 협정은 총회의 승인을 받아야 한다.

2. 이사회는 전문기구와의 협의, 전문기구에 대한 권고 및 총회와 국제연합회원국에 대한 권고를 통하여 전문기구의 활동을 조정할 수 있다.

제64조 1. 경제사회이사회는 전문기구로부터 정기보고를 받기 위한 적절한 조치를 취할 수 있다. 이사회는, 이사회의 권고와 이사회의 권한에 속하는 사항에 관한 총회의 권고를 실시하기 위하여 취하여진 조치에 관하여 보고를 받기 위하여, 국제연합회원국 및 전문기구와 약정을 체결할 수 있다.

2. 이사회는 이러한 보고에 관한 의견을 총회에 통보할 수 있다.

제65조 경제사회이사회는 안전보장이사회에 정보를 제공할 수 있으며, 안전보장이사회의 요청이 있을 때에는 이를 원조한다.

제66조 1. 경제사회이사회는 총회의 권고의 이행과 관련하여 그 권한에 속하는 임무를 수행한다.

2. 이사회는 국제연합회원국의 요청이 있을 때와 전문기구의 요청이 있을 때에는 총회의 승인을 얻어 용역을 제공할 수 있다.

3. 이사회는 이 헌장의 다른 곳에 규정되거나 총회에 의하여 이사회에 부과된 다른 임무를 수행한다.

【표결】

제67조 1. 경제사회이사회의 각 이사국은 1개의 투표권을 가진다.

2. 경제사회이사회의 결정은 출석하여 투표하는 이사국의 과반수에 의한다.

【절차】

제68조 경제사회이사회는 경제적 및 사회적 분야의 위원회, 인권의 신장을 위한 위원회 및 이사회의 임무수행에 필요한 다른 위원회를 설치한다.

제69조 경제사회이사회는 어떠한 국제연합회원국에 대하여도, 그 회원국과 특히 관계가 있는 사항에 관한 심의에 투표권 없이 참가하도록 초청한다.

제70조 경제사회이사회는 전문기구의 대표가 이사회의 심의 및 이사회가 설치한 위원회의 심의에 투표권 없이 참가하기 위한 약정과 이사회의 대표가 전문기구의 심의에 참가하기 위한 약정을 체결할 수 있다.

제71조 경제사회이사회는 그 권한내에 있는 사항과 관련이 있는 비정부간 기구와의 협의를 위하여 적절한 약정을 체결할 수 있다. 그러한 약정은 국제기구와 체결할 수 있으며 적절한 경우에는 관련 국제연합회원국과의 협의후에 국내기구와도 체결할 수 있다.

제72조 1. 경제사회이사회는 의장의 선정방법을 포함한 그 자체의 의사규칙을 채택한다.

2. 경제사회이사회는 그 규칙에 따라 필요한 때에 회합하며, 동 규칙은 이사국 과반수의 요청에 의한 회의소집의 규정을 포함한다.

제11장 비자치지역에 관한 선언

제73조 주민이 아직 완전한 자치를 행할 수 있는 상태에 이르지 못한 지역의 시정(施政)의 책임을 지거나 또는 그 책임을 맡는 국제연합회원국은, 그 지역 주민의 이익이 가장 중요하다는 원칙을 승인하고, 그 지역주민의 복지를 이 헌장에 의하여 확립된 국제평화와 안전의 체제안에서 최고도로 증진시킬 의무와 이를 위하여 다음을 행할 의무를 신성한 신탁으로서 수락한다.

가. 관계주민의 문화를 적절히 존중함과 아울러 그들의 정치적·경제적·사회적 및 교육적 발전, 공정한 대우, 그리고 학대로부터의 보호를 확보한다.

나. 각지역 및 그 주민의 특수사정과 그들의 서로 다른 발전단계에 따라 자치를 발달시키고, 주민의 정치적 소망을 적절히 고려하며, 또한 주민의 자유로운 정치제도의 점진적 발달을 위하여 지원한다.

다. 국제평화와 안전을 증진한다.

라. 이 조에 규정된 사회적·경제적 및 과학적 목적을 실제적으로 달성하기 위하여 건설적인 발전조치를 촉진하고 연구를 장려하며 상호간 및 적절한 경우에는 전문적 국제단체와 협력한다.

마. 제12장과 제13장이 적용되는 지역외의 위의 회원국이 각각 책임을 지는 지역에서의 경제적·사회적 및 교육적 조건에 관한 기술적 성격의 통계 및 다른 정보를, 안전보장과 헌법상의 고려에 따라 필요한 제한을 조건으로 하여, 정보용으로 사무총장에 정기적으로 송부한다.

제74조 국제연합회원국은 이 장이 적용되는 지역에 관한 정책이, 그 본국지역에 관한 정책과 마찬가지로 세계의 다른 지역의 이익과 복지가 적절히 고려되는 가운데에, 사회적·경제적 및 상업적 사항에 관하여 선린주의의 일반원칙에 기초하여야 한다는 점에 또한 동의한다.

제12장 국제신탁통치제도

제75조 국제연합은 금후의 개별적 협정에 의하여 이 제도하에 두게 될 수 있는 지역의 시정 및 감독을 위하여 그 권위하에 국제신탁통치제도를 확립한다. 이 지역은 이하 신탁통치지역이라 한다.

제76조 신탁통치제도의 기본적 목적은 이 헌장 제1조에 규정된 국제연합의 목적에 따라 다음과 같다.

가. 국제평화와 안전을 증진하는 것.

나. 신탁통치지역 주민의 정치적·경제적·사회적 및 교육적 발전을 촉진하고, 각 지역 및 그 주민의 특수사정과 관계주민이 자유롭게 표명한 소망에 적합하도록, 그리고 각 신탁통치협정의 조항이 규정하는 바에 따라 자치 또는 독립을 향한 주민의 점진적 발달을 촉진하는 것.

다. 인종·성별·언어 또는 종교에 관한 차별없이 모든 사람을 위한 인권과 기본적 자유에 대한 존중을 장려하고, 전세계 사람들의 상호의존의 인식을 장려하는 것.

라. 위의 목적의 달성에 영향을 미치지 아니하고 제80조의 규정에 따를 것을 조건으로, 모든 국제연합회원국 및 그 국민을 위하여 사회적·경제적 및 상업적 사항에 대한 평등한 대우 그리고 또한 그 국민을 위한 사법상의 평등한 대우를 확보하는 것.

제77조 1. 신탁통치제도는 신탁통치협정에 의하여 이 제도하에 두게 될 수 있는 다음과 같은 범주의 지역에 적용된다.

가. 현재 위임통치하에 있는 지역

나. 제2차 세계대전의 결과로서 적국으로부터 분리될 수 있는 지역

다. 시정에 책임을 지는 국가가 자발적으로 그 제도하에 두는 지역

2. 위의 범주안의 어떠한 지역을 어떠한 조건으로 신탁통치제도하에 두게 될 것인가에 관하여는 금후의 협정에서 정한다.

제78조 국제연합회원국간의 관계는 주권평등원칙의 존중에 기초하므로 신탁통치제도는 국제연합회원국이 된 지역에 대하여는 적용하지 아니한다.

제79조 신탁통치제도하에 두게 되는 각 지역에 관한 신탁통치의 조항은, 어떤 변경 또는 개정을 포함하여 직접 관계국에 의하여 합의되며, 제83조 및 제85조에 규정된 바에 따라 승인된다. 이 직접 관계국은 국제연합회원국의 위임통치하에 있는 지역의 경우, 수임국을 포함한다.

제80조 1. 제77조, 제79조 및 제81조에 의하여 체결되고, 각 지역을 신탁통치제도하에 두는 개별적인 신탁통치협정에서 합의되는 경우를 제외하고 그리고 그러한 협정이 체결될 때까지, 이 헌장의 어떠한 규정도 어느 국가 또는 국민의 어떠한 권리, 또는 국제연합회원국이 각기 당사국으로 되는 기존의 국제문서의 조항도 어떠한 방법으로도 변경하는 것으로 직접 또는 간접으로 해석되지 아니한다.

2. 이 조 제1항은 제77조에 규정한 바에 따라 위임통치지역 및 기타지역을 신탁통치제도하에 두기 위한 협정의 교섭 및 체결의 지체 또는 연기를 위한 근거를 부여하는 것으로 해석되지 아니한다.

제81조 신탁통치협정은 각 경우에 있어 신탁통치지역을 시정하는 조건을 포함하며, 신탁통치지역의 시정을 행할 당국을 지정한다. 그러한 당국은 이하 시정권자라 하며 1 또는 그 이상의 국가, 또는 기구 자체일 수 있다.

제82조 어떠한 신탁통치협정에 있어서도 제43조에 의하여 체결되는 특별 협정을 해하지 아니하고 협정이 적용되는 신탁통치지역의 일부 또는 전부를 포함하는 1 또는 그 이상의 전략지역을 지정할 수 있다.

제83조 1. 전략지역에 관한 국제연합의 모든 임무는 신탁통치협정의 조항과 그 변경 또는 개정의 승인을 포함하여 안전보장이사회가 행한다.

2. 제76조에 규정된 기본목적은 각 전략지역의 주민에 적용된다.

3. 안전보장이사회는, 신탁통치협정의 규정에 따를 것을 조건으로 또한 안전보장에 대한 고려에 영향을 미치지 아니하고, 전략지역에서의 정치적, 경제적, 사회적 및 교육적 사항에 관한 신탁통치제도하의 국제연합의 임무를 수행하기 위하여 신탁통치이사회의 원조를 이용한다.

제84조 신탁통치지역이 국제평화와 안전유지에 있어 그 역할을 하는 것을 보장하는 것이 시정권자의 의무이다. 이 목적을 위하여, 시정권자는 이점에 관하여 시정권자가 안전보장이사회에 대하여 부담하는 의무를 이행함에 있어서 또한 지역적 방위 및 신탁통치지역안에서의 법과 질서의 유지를 위하여 신탁통치지역의 의용군, 편의 및 원조를 이용할 수 있다.

제85조 1. 전략지역으로 지정되지 아니한 모든 지역에 대한 신탁통치협정과 관련하여 국제연합의 임무는, 신탁통치협정의 조항과 그 변경 또는 개정의 승인을 포함하여, 총회가 수행한다.

2. 총회의 권위하에 운영되는 신탁통치이사회는 이러한 임무의 수행에 있어 총회를 원조한다.

제13장 신탁통치이사회

【구성】

제86조 1. 신탁통치이사회는 다음의 국제연합회원국으로 구성한다.

가. 신탁통치지역을 시정하는 회원국

나. 신탁통치지역을 시정하지 아니하나 제23조에 국명이 언급된 회원국

다. 총회에 의하여 3년의 임기로 선출된 다른 회원국. 그 수는 신탁통치이사회의 이사국의 총수를 신탁통치지역을 시정하는 국제연합회원국과 시정하지 아니하는 회원국간에 균분하도록 확보하는 데 필요한 수로 한다.

2. 신탁통치이사회의 각 이사국은 이사회에서 자국을 대표하도록 특별한 자격을 가지는 1인을 지명한다.

【임무와 권한】

제87조 총회와, 그 권위하의 신탁통치이사회는 그 임무를 수행함에 있어 다음을 할 수 있다.

가. 시정권자가 제출하는 보고서를 심의하는 것

나. 청원의 수리 및 시정권자와 협의하여 이를 심사하는 것

다. 시정권자와 합의한 때에 각 신탁통치지역을 정기적으로 방문하는 것

라. 신탁통치협정의 조항에 따라 이러한 조치 및 다른 조치를 취하는 것

제88조 신탁통치이사회는 각 신탁통치지역 주민의 정치적·경제적·사회적 및 교육적 발전에 관한 질문서를 작성하며, 또한 총회의 권능안에 있는 각 신탁통치지역의 시정권자는 그러한 질문서에 기초하여 총회에 연례보고를 행한다.

【표결】

제89조 1. 신탁통치이사회의 각 이사국은 1개의 투표권을 가진다.

2. 신탁통치이사회의 결정은 출석하여 투표하는 이사국의 과반수로 한다.

【절차】

제90조 1. 신탁통치이사회는 의장 선출방식을 포함한 그 자체의 의사규칙을 채택한다.

2. 신탁통치이사회는 그 규칙에 따라 필요한 경우 회합하며, 그 규칙은 이사국 과반수의 요청에 의한 회의의 소집에 관한 규정을 포함한다.

제91조 신탁통치이사회는 적절한 경우 경제사회이사회 그리고 전문기구가 각각 관련된 사항에 관하여 전문기구의 원조를 이용한다.

제14장 국제사법재판소

제92조 국제사법재판소는 국제연합의 주요한 사법기관이다. 재판소는 부속된 규정에 따라 임무를 수행한다. 이 규정은 상설국제사법재판소 규정에 기초하며, 이 헌장의 불가분의 일부를 이룬다.

제93조 1. 모든 국제연합회원국은 국제사법재판소 규정의 당연 당사국이다.

2. 국제연합회원국이 아닌 국가는 안전보장이사회의 권고에 의하여 총회가 각 경우에 결정하는 조건으로 국제사법재판소 규정의 당사국이 될 수 있다.

제94조 1. 국제연합의 각 회원국은 자국이 당사자가 되는 어떤 사건에 있어서도 국제사법재판소의 결정에 따를 것을 약속한다.

2. 사건의 당사자가 재판소가 내린 판결에 따라 자국이 부담하는 의무를 이행하지 아니하는 경우에는 타방의 당사자는 안전보장이사회에 제소할 수 있다. 안전보장이사회는 필요하다고 인정하는 경우 판결을 집행하기 위하여 권고하거나 취하여야 할 조치를 결정할 수 있다.

제95조 이 헌장의 어떠한 규정도 국제연합회원국이 그들간의 분쟁의 해결을 이미 존재하거나 장래에 체결될 협정에 의하여 다른 법원에 의뢰하는 것을 방해하지 아니한다.

제96조 1. 총회 또는 안전보장이사회는 어떠한 법적 문제에 관하여도 권고적 의견을 줄 것을 국제사법재판소에 요청할 수 있다.

2. 총회에 의하여 그러한 권한이 부여될 수 있는 국제연합의 다른 기관 및 전문기구도 언제든지 그 활동범위안에서 발생하는 법적 문제에 관하여 재판소의 권고적 의견을 또한 요청할 수 있다.

제15장 사무국

제97조 사무국은 1인의 사무총장과 기구가 필요로 하는 직원으로 구성한다. 사무총장은 안전보장이사회의 권고로 총회가 임명한다. 사무총장은 기구의 수석행정직원이다.

제98조 사무총장은 총회, 안전보장이사회, 경제사회이사회 및 신탁통치이사회의 모든 회의에 사무총장의 자격으로 활동하며, 이러한 기관에 의하여 그에게 위임된 다른 임무를 수행한다. 사무총장은 기구의 사업에 관하여 총회에 연례보고를 한다.

제99조 사무총장은 국제평화와 안전의 유지를 위협한다고 그 자신이 인정하는 어떠한 사항에도 안전보장이사회의 주의를 환기할 수 있다.

제100조 1. 사무총장과 직원은 그들의 임무수행에 있어서 어떠한 정부 또는 기구외의 어떠한 다른 당국으로부터도 지시를 구하거나 받지 아니한다. 사무총장과 직원은 기구에 대하여만 책임을 지는 국제공무원으로서의 지위를 손상할 우려가 있는 어떠한 행동도 삼간다.

2. 각 국제연합회원국은 사무총장 및 직원의 책임의 전적으로 국제적인 성격을 존중할 것과 그들의 책임수행에 있어서 그들에게 영향력을 행사하려 하지 아니할 것을 약속한다.

제101조 1. 직원은 총회가 정한 규칙에 따라 사무총장에 의하여 임명된다.

2. 경제사회이사회·신탁통치이사회 그리고 필요한 경우에는 국제연합의 다른 기관에 적절한 직원이 상임으로 배속된다. 이 직원은 사무국의 일부를 구성한다.

3. 직원의 고용과 근무조건의 결정에 있어서 가장 중요한 고려사항은 최고수준의 능률, 능력 및 성실성을 확보할 필요성이다. 가능한 한 광범위한 지리적 기초에 근거하여 직원을 채용하는 것의 중요성에 관하여 적절히 고려한다.

제16장 잡 칙

제102조 1. 이 헌장이 발효한 후 국제연합회원국이 체결하는 모든 조약과 모든 국제협정은 가능한 한 신속히 사무국에 등록되고 사무국에 의하여 공표된다.

2. 이 조 제1항의 규정에 따라 등록되지 아니한 조약 또는 국제협정의 당사국은 국제연합의 어떠한 기관에 대하여도 그 조약 또는 협정을 원용할 수 없다.

제103조 국제연합회원국의 헌장상의 의무와 다른 국제협정상의 의무가 상충되는 경우에는 이 헌장상의 의무가 우선한다.

제104조 기구는 그 임무의 수행과 그 목적의 달성을 위하여 필요한 법적 능력을 각 회원국의 영역안에서 향유한다.

제105조 1. 기구는 그 목적의 달성에 필요한 특권 및 면제를 각 회원국의 영역안에서 향유한다.

2. 국제연합회원국의 대표 및 기구의 직원은 기구와 관련된 그들의 임무를 독립적으로 수행하기 위하여 필요한 특권과 면제를 마찬가지로 향유한다.

3. 총회는 이 조 제1항 및 제2항의 적용세칙을 결정하기 위하여 권고하거나 이 목적을 위하여 국제연합회원국에게 협약을 제안할 수 있다.

제17장 과도적 안전보장조치

제106조 안전보장이사회가 제42조상의 책임의 수행을 개시할 수 있다고 인정하는 제43조에 규정된 특별협정이 발효할 때까지, 1943년 10월 30일에 모스크바에서 서명된 4개국 선언의 당사국 및 불란서는 그 선언 제5항의 규정에 따라 국제평화와 안전의 유지를 위하여 필요한 공동조치를 기구를 대신하여 취하기 위하여 상호간 및 필요한 경우 다른 국제연합회원국과 협의한다.

제107조 이 헌장의 어떠한 규정도 제2차 세계대전중 이 헌장 서명국의 적이었던 국가에 관한 조치로서, 그러한 조치에 대하여 책임을 지는 정부가 그 전쟁의 결과로서 취하였거나 허가한 것을 무효로 하거나 배제하지 아니한다.

제18장 개 정

제108조 이 헌장의 개정은 총회 구성국의 3분의 2의 투표에 의하여 채택되고, 안전보장이사회의 모든 상임이사국을 포함한 국제연합회원국의 3분의 2에 의하여 각자의 헌법상 절차에 따라 비준되었을 때, 모든 국제연합회원국에 대하여 발효한다.

제109조 1. 이 헌장을 재심의하기 위한 국제연합회원국 전체회의는 총회 구성국의 3분의 2의 투표와 안전보장이사회의 9개 이사국의 투표에 의하여 결정되는 일자 및 장소에서 개최될 수 있다. 각 국제연합회원국은 이 회의에서 1개의 투표권을 가진다.

2. 이 회의의 3분의 2의 투표에 의하여 권고된 이 헌장의 어떠한 변경도, 안전보장이사회의 모든 상임이사국을 포함한 국제연합회원국의 3분의 2에 의하여 그들 각자의 헌법상 절차에 따라 비준되었을 때 발효한다.

3. 그러한 회의가 이 헌장의 발효후 총회의 제10차 연례회기까지 개최되지 아니하는 경우에는 그러한 회의를 소집하는 제안이 총회의 동 회기의 의제에 포함되어야 하며, 회의는 총회 구성국의 과반수의 투표와 안전보장이사회의 7개 이사국의 투표에 의하여 결정되는 경우에 개최된다.

제19장 비준 및 서명

제110조 1. 이 헌장은 서명국에 의하여 그들 각자의 헌법상 절차에 따라 비준된다.

2. 비준서는 미합중국 정부에 기탁되며, 동 정부는 모든 서명국과 기구의 사무총장이 임명된 경우에는 사무총장에게 각 기탁을 통고한다.

3. 이 헌장은 중화민국·불란서·소비에트사회주의공화국연방·영국과 미합중국 및 다른 서명국의 과반수가 비준서를 기탁한 때에 발효한다. 비준서 기탁 의정서는 발효시 미합중국 정부가 작성하여 그 등본을 모든 서명국에 송부한다.

4. 이 헌장이 발효한 후에 이를 비준하는 이 헌장의 서명국은 각자의 비준서 기탁일에 국제연합의 원회원국이 된다.

제111조 중국어·불어·러시아어·영어 및 스페인어본이 동등하게 정본인 이 헌장은 미합중국 정부의 문서보관소에 기탁된다. 이 헌장의 인증등본은 동 정부가 다른 서명국 정부에 송부한다.

이상의 증거로서, 연합국 정부의 대표들은 헌장에 서명하였다.

일천구백사십오년 유월 이십육일 샌프란시스코시에서 작성하였다.

국제사법재판소(ICJ)규정

(1991년 9월 24일)
(조 약 제1059호)

1945. 6.26(샌프란시스코에서 작성)
1991. 9.18(대한민국에 대하여 발효)

제1조 국제연합의 주요한 사법기관으로서 국제연합헌장에 의하여 설립되는 국제사법재판소는 재판소규정의 규정들에 따라 조직되며 임무를 수행한다.

제1장 재판소의 조직

제2조 재판소는 덕망이 높은 자로서 각국가에서 최고법관으로 임명되는데 필요한 자격을 가진 자 또는 국제법에 정통하다고 인정된 법률가중에서 국적에 관계없이 선출되는 독립적 재판관의 일단으로 구성된다.

제3조 1. 재판소는 15인의 재판관으로 구성된다. 다만, 2인이상이 동일국의 국민이어서는 아니된다.
2. 재판소에서 재판관의 자격을 정함에 있어서 2이상의 국가의 국민으로 인정될 수 있는 자는 그가 통상적으로 시민적 및 정치적 권리를 행사하는 국가의 국민으로 본다.

제4조 1. 재판소의 재판관은 상설중재재판소의 국별재판관단이 지명한 자의 명부중에서 다음의 규정들에 따라 총회 및 안전보장이사회가 선출한다.
2. 상설중재재판소에서 대표되지 아니하는 국제연합회원국의 경우에는, 재판관 후보자는 상설중재재판소 재판관에 관하여 국제분쟁의 평화적 해결을 위한 1907년 헤이그협약 제44조에 규정된 조건과 동일한 조건에 따라 각국정부가 임명하는 국별재판관단이 지명한다.
3. 재판소규정의 당사국이지만 국제연합의 비회원국인 국가가 재판소의 재판관 선거에 참가할 수 있는 조건은, 특별한 협정이 없는 경우에는, 안전보장이사회의 권고에 따라 총회가 정한다.

제5조 1. 선거일부터 적어도 3월전에 국제연합사무총장은, 재판소규정의 당사국인 국가에 속하는 상설중재재판소 재판관 및 제4조제2항에 의하여 임명되는 국별재판관단의 구성원에게, 재판소의 재판관의 직무를 수락할 지위에 있는 자의 지명을 일정한 기간내에 각 국별재판관단마다 행할 것을 서면으로 요청한다.
2. 어떠한 국별재판관단도 4인을 초과하여 후보자를 지명할 수 없으며, 그중 3인이하가 자국국적의 소유자이어서도 아니된다. 어떠한 경우에도 하나의 국별재판관단이 지명하는 후보자의 수는 충원할 재판관석 수의 2배를 초과하여서는 아니된다.

제6조 이러한 지명을 하기 전에 각 국별재판관단은 자국의 최고법원 · 법과대학 · 법률학교 및 법률연구에 종사하는 학술원 및 국제학술원의 자국지부와 협의하도록 권고받는다.

제7조 1. 사무총장은 이와 같이 지명된 모든 후보자의 명부를 알파벳순으로 작성한다. 제12조제2항에 규정된 경우를 제외하고 이 후보자들만이 피선될 자격을 가진다.
2. 사무총장은 이 명부를 총회 및 안전보장이사회에 제출한다.

제8조 총회 및 안전보장이사회는 각각 독자적으로 재판소의 재판관을 선출한다.

제9조 모든 선거에 있어서 선거인은 피선거인이 개인적으로 필요한 자격을 가져야 할 뿐만 아니라 전체적으로 재판관단이 세계의 주요문명형태 및 주요법체계를 대표하여야 함에 유념한다.

제10조 1. 총회 및 안전보장이사회에서 절대다수표를 얻은 후보자는 당선된 것으로 본다.
2. 안전보장이사회의 투표는, 재판관의 선거를 위한 것이든지 또는 제12조에 규정된 협의회의 구성원의 임명을 위한 것이든지, 안전보장이사회의 상임이사국과 비상임이사국간에 구별없이 이루어진다.
3. 2인이상의 동일국가 국민이 총회 및 안전보장이사회의 투표에서 모두 절대다수표를 얻은 경우에는 그중 최연장자만이 당선된 것으로 본다.

제11조 선거를 위하여 개최된 제1차 회의후에도 충원되어야 할 1 또는 그 이상의 재판관석이 남는 경우에는 제2차 회의가, 또한 필요한 경우 제3차 회의가 개최된다.

제12조 1. 제3차 회의후에도 충원되지 아니한 1 또는 그 이상의 재판관석이 여전히 남는 경우에는, 3인은 총회가, 3인은 안전보장이사회가 임명하는 6명으로 구성되는 합동협의회가 각 공석당 1인을 절대다수표로써 선정하여 총회 및 안전보장이사회가 각각 수락하도록 하기 위하여 총회 또는 안전보장이사회중 어느 일방의 요청에 의하여 언제든지 설치될 수 있다.
2. 요구되는 조건을 충족한 자에 대하여 합동협의회가 전원일치로 동의한 경우에는, 제7조에 규정된 지명명부중에 기재되지 아니한 자라도 협의회의 명부에 기재될 수 있다.
3. 합동협의회가 당선자를 확보할 수 없다고 인정하는 경우에는 이미 선출된 재판소의 재판관들은 총회 또는 안전보장이사회중 어느 일방에서라도 득표한 후보자 중에서 안전보장이사회가 정하는 기간내에 선정하여 공석을 충원한다.
4. 재판관간의 투표가 동수인 경우에는 최연장재판관이 결정투표권을 가진다.

제13조 1. 재판소의 재판관은 9년의 임기로 선출되며 재선될 수 있다. 다만, 제1회 선거에서 선출된 재판관중 5인의 재판관의 임기는 3년후에 종료되며, 다른 5인의 재판관의 임기는 6년후에 종료된다.
2. 위에 규정된 최초의 3년 및 6년의 기간후에 임기가 종료되는 재판관은 제1회 선거가 완료된 직후 사무총장이 추첨으로 선정한다.
3. 재판소의 재판관은 후임자가 충원될 때까지 계속 직무를 수행한다. 충원후에도 재판관은 이미 착수한 사건을 완결한다.
4. 재판소의 재판관이 사임하는 경우 사표는 재판소장에게 제출되며, 사무총장에게 전달된다. 이러한 최후의 통고에 의하여 공석이 생긴다.

제14조 공석은 후단의 규정에 따를 것을 조건으로 제1회 선거에 관하여 정한 방법과 동일한 방법으로 충원된다. 사무총장은 공석이 발생한 후 1월이내에 제5조에 규정된 초청장을 발송하며, 선거일은 안전보장이사회가 정한다.

제15조 임기가 종료되지 아니한 재판관을 교체하기 위하여 선출된 재판소의 재판관은 전임자의 잔임기간동안 재직한다.

제16조 1. 재판소의 재판관은 정치적 또는 행정적인 어떠한 임무도 수행할 수 없으며, 또는 전문적 성질을 가지는 다른 어떠한 직업에도 종사할 수 없다.
2. 이 점에 관하여 의문이 있는 경우에는 재판소의 결정에 의하여 해결한다.

제17조 1. 재판소의 재판관은 어떠한 사건에 있어서도 대리인 · 법률고문 또는 변호인으로서 행동할 수 없다.
2. 재판소의 재판관은 일방당사자의 대리인 · 법률고문 또는 변호인으로서, 국내법원 또는 국제법원의 법관으로서, 조사위원회의 위원으로서, 또는 다른 어떠한 자격으로서도, 이전에 그가 관여하였던 사건의 판결에 참여할 수 없다.
3. 이 점에 관하여 의문이 있는 경우에는 재판소의 결정에 의하여 해결한다.

제18조 1. 재판소의 재판관은, 다른 재판관들이 전원일치의 의견으로써 그가 요구되는 조건을 충족하지 못하게 되었다고 인정하는 경우를 제외하고는, 해임될 수 없다.
2. 해임의 정식통고는 재판소서기가 사무총장에게 한다.
3. 이러한 통고에 의하여 공석이 생긴다.

제19조 재판소의 재판관은 재판소의 업무에 종사하는 동안 외교특권 및 면제를 향유한다.

제20조 재판소의 모든 재판관은 직무를 개시하기 전에 자기의 직권을 공평하고 양심적으로 행사할 것을 공개된 법정에서 엄숙히 선언한다.

제21조 1. 재판소는 3년 임기로 재판소장 및 재판소부소장을 선출한다. 그들은 재선될 수 있다.
2. 재판소는 재판소서기를 임명하며 필요한 다른 직원의 임명에 관하여 규정할 수 있다.

제22조 1. 재판소의 소재지는 헤이그로 한다. 다만, 재판소가 바람직하다고 인정하는 때에는 다른 장소에서 개정하여 그 임무를 수행할 수 있다.
2. 재판소장 및 재판소서기는 재판소의 소재지에 거주한다.

제23조 1. 재판소는 재판소가 휴가중인 경우를 제외하고는 항상 개정하며, 휴가의 시기 및 기간은 재판소가 정한다.
2. 재판소의 재판관은 정기휴가의 권리를 가진다. 휴가의 시기 및 기간은 헤이그와 각 재판관의 가정간의 거리를 고려하여 재판소가 정한다.
3. 재판소의 재판관은 휴가중에 있는 경우이거나 질병 또는 재판소장에 대하여 정당하게 해명할 수 있는 다른 중대한 사유로 인하여 출석할 수 없는 경우를 제외하고는 항상 재판소의 명에 따라야 할 의무를 진다.

제24조 1. 재판소의 재판관은 특별한 사유로 인하여 특정사건의 결정에 자신이 참여하여서는 아니된다고 인정하는 경우에는 재판소장에게 그 점에 관하여 통보한다.
2. 재판소장은 재판소의 재판관중의 한 사람이 특별한 사유로 인하여 특정사건에 참여하여서는 아니된다고 인정하는 경우에는 그에게 그 점에 관하여 통보한다.
3. 그러한 모든 경우에 있어서 재판소의 재판관과 재판소장의 의견이 일치하지 아니하는 때에는 그 문제는 재판소의 결정에 의하여 해결한다.

제25조 1. 재판소규정에 달리 명문의 규정이 있는 경우를 제외하고는 재판소는 전원이 출석하여 개정한다.
2. 재판소를 구성하기 위하여 응할 수 있는 재판관의 수가 11인 미만으로 감소되지 아니할 것을 조건으로, 재판소규칙은 상황에 따라서 또한 윤번으로 1인 또는 그 이상의 재판관의 출석을 면제할 수 있음을 규정할 수 있다.
3. 재판소를 구성하는 데 충분한 재판관의 정족수는 9인으로 한다.

제26조 1. 재판소는 특정한 부류의 사건, 예컨대 노동사건과 통과 및 운수통신에 관한 사건을 처리하기 위하여 재판소가 결정하는 바에 따라 3인 또는 그 이상의 재판관으로 구성되는 1 또는 그 이상의 소재판부를 수시로 설치할 수 있다.
2. 재판소는 특정사건을 처리하기 위한 소재판부를 언제든지 설치할 수 있다. 그러한 소재판부를 구성하는 재판관의 수는 당사자의 승인을 얻어 재판소가 결정한다.
3. 당사자가 요청하는 경우에는 이 조에서 규정된 소재판부가 사건을 심리하고 결정한다.

제27조 제26조 및 제29조에 규정된 소재판부가 선고한 판결은 재판소가 선고한 것으로 본다.

제28조 제26조 및 제29조에 규정된 소재판부는 당사자의 동의를 얻어 헤이그외의 장소에서 개정하여, 그 임무를 수행할 수 있다.

제29조 업무의 신속한 처리를 위하여 재판소는, 당사자의 요청이 있는 경우 간이소송절차로 사건을 심리하고 결정할 수 있는, 5인의 재판관으로 구성되는 소재판부를 매년 설치한다. 또한 출석할 수 없는 재판관을 교체하기 위하여 2인의 재판관을 선정한다.

제30조 1. 재판소는 그 임무를 수행하기 위하여 규칙을 정한다. 재판소는 특히 소송절차규칙을 정한다.
2. 재판소규칙은 재판소 또는 그 소재판부에 투표권없이 출석하는 보좌인에 관하여 규정할 수 있다.

제31조 1. 각당사자의 국적재판관은 재판소에 제기된 사건에 출석할 권리를 가진다.
2. 재판소가 그 재판관석에 당사자중 1국의 국적재판관을 포함시키는 경우에는 다른 어느 당사자도 재판관으로서 출석할 1인을 선정할 수 있다. 다만, 그러한 자는 되도록이면 제4조 및 제5조에 규정된 바에 따라 후보자로 지명된 자중에서 선정된다.
3. 재판소가 그 재판관석에 당사자의 국적재판관을 포함시키지 아니한 경우에는 각 당사자는 제2항에 규정된 바에 따라 재판관을 선정할 수 있다.
4. 이 조의 규정은 제26조 및 제29조의 경우에 적용된다. 그러한 경우에 재판소장은 소재판부를 구성하고 있는 재판관중 1인 또는 필요한 때에는 2인에 대하여, 관계당사자의 국적재판관에게 또한 그러한 국적재판관이 없거나 출석할 수 없는 때에는 당사자가 특별히 선정하는 재판관에게, 재판관석을 양보할 것을 요청한다.
5. 동일한 이해관계를 가진 수개의 당사자가 있는 경우에, 그 수개의 당사자는 위 규정들의 목적상 단일당사자로 본다. 이 점에 관하여 의문이 있는 경우에는 재판소의 결정에 의하여 해결한다.
6. 제2항 · 제3항 및 제4항에 규정된 바에 따라 선정되는 재판관은 재판소 규정의 제2조 · 제17조(제2항) · 제20조 및 제24조가 요구하는 조건을 충족하여야 한다. 그러한 재판관은 자기의 동료와 완전히 평등한 조건으로 결정에 참여한다.

제32조 1. 재판소의 각재판관은 연봉을 받는다.
2. 재판소장은 특별연차수당을 받는다.
3. 재판소부소장은 재판소장으로서 활동하는 모든 날짜에 대하여 특별수당을 받는다.
4. 제31조에 의하여 선정된 재판관으로서 재판소의 재판관이 아닌 자는 자기의 임무를 수행하는 각 날짜에 대하여 보상을 받는다.
5. 이러한 봉급 · 수당 및 보상은 총회가 정하며 임기중 감액될 수 없다.
6. 재판소서기의 봉급은 재판소의 제의에 따라 총회가 정한다.
7. 재판소의 재판관 및 재판소서기에 대하여 퇴직연금이 지급되는 조건과 재판소의 재판관 및 재판소서기가 그 여비를 상환받는 조건은 총회가 제정하는 규칙에서 정하여진다.
8. 위의 봉급 · 수당 및 보상은 모든 과세로부터 면제된다.

제33조 재판소의 경비는 총회가 정하는 방식에 따라 국제연합이 부담한다.

제2장 재판소의 관할

제34조 1. 국가만이 재판소에 제기되는 사건의 당사자가 될 수 있다.
2. 재판소는 재판소규칙이 정하는 조건에 따라 공공 국제기구에게 재판소에 제기된 사건과 관련된 정보를 요청할 수 있으며, 또한 그 국제 기구가 자발적으로 제공하는 정보를 수령한다.
3. 공공 국제기구의 설립문서 또는 그 문서에 의하여 채택된 국제협약의 해석이 재판소에 제기된 사건에서 문제로 된 때에는 재판소서기는 당해 공공 국제기구에 그 점에 관하여 통고하며, 소송절차상의 모든 서류의 사본을 송부한다.

제35조 1. 재판소는 재판소규정의 당사국에 대하여 개방된다.
2. 재판소를 다른 국가에 대하여 개방하기 위한 조건은 현행 제조약의 특별한 규정에 따를 것을 조건으로 안전보장이사회가 정한다. 다만, 어떠한 경우에도 그러한 조건은 당사자들을 재판소에 있어서 불평등한 지위에 두게 하는 것이어서는 아니된다.
3. 국제연합의 회원국이 아닌 국가가 사건의 당사자인 경우에는 재판소는 그 당사자가 재판소의 경비에 대하여 부담할 금액을 정한다. 그러한 국가가 재판소의 경비를 분담하고 있는 경우에는 적용되지 아니한다.

제36조 1. 재판소의 관할은 당사자가 재판소에 회부하는 모든 사건과 국제연합헌장 또는 현행의 제조약 및 협약에서 특별히 규정된 모든 사항에 미친다.
2. 재판소규정의 당사국은 다음 사항에 관한 모든 법률적 분쟁에 대하여 재판소의 관할을, 동일한 의무를 수락하는 모든 다른 국가와의 관계에 있어서 당연히 또한 특별한 합의없이도, 강제적인 것으로 인정한다는 것을 언제든지 선언할 수 있다.
가. 조약의 해석
나. 국제법상의 문제
다. 확인되는 경우, 국제의무의 위반에 해당하는 사실의 존재
라. 국제의무의 위반에 대하여 이루어지는 배상의 성질 또는 범위
3. 위에 규정된 선언은 무조건으로, 수개 국가 또는 일정 국가와의 상호주의의 조건으로, 또는 일정한 기간을 정하여 할 수 있다.
4. 그러한 선언서는 국제연합사무총장에게 기탁되며, 사무총장은 그 사본을 재판소규정의 당사국과 국제사법재판소서기에게 송부한다.
5. 상설국제사법재판소규정 제36조에 의하여 이루어진 선언으로서 계속 효력을 가지는 것은, 재판소규정의 당사국사이에서는, 이 선언이 금후 존속하여야 할 기간동안 그리고 이 선언의 조건에 따라 재판소의 강제적 관할을 수락한 것으로 본다.
6. 재판소가 관할권을 가지는지의 여부에 관하여 분쟁이 있는 경우에는, 그 문제는 재판소의 결정에 의하여 해결된다.

제37조 현행의 조약 또는 협약이 국제연맹이 설치한 재판소 또는 상설국제사법재판소에 어떤 사항을 회부하는 것을 규정하고 있는 경우에 그 사항은 재판소규정의 당사국사이에서는 국제사법재판소에 회부된다.

제38조 1. 재판소는 재판소에 회부된 분쟁을 국제법에 따라 재판하는 것을 임무로 하며, 다음을 적용한다.
가. 분쟁국에 의하여 명백히 인정된 규칙을 확립하고 있는 일반적인 또는 특별한 국제협약
나. 법으로 수락된 일반관행의 증거로서의 국제관습
다. 문명국에 의하여 인정된 법의 일반원칙
라. 법칙결정의 보조수단으로서의 사법판결 및 제국의 가장 우수한 국제법학자의 학설. 다만, 제59조의 규정에 따를 것을 조건으로 한다.
2. 이 규정은 당사자가 합의하는 경우에 재판소가 형평과 선에 따라 재판하는 권한을 해하지 아니한다.

제3장 소송절차

제39조 1. 재판소의 공용어는 불어 및 영어로 한다. 당사자가 사건을 불어로 처리하는 것에 동의하는 경우 판결은 불어로 한다. 당사자가 사건을 영어로 처리하는 것에 동의하는 경우 판결은 영어로 한다.

2. 어떤 공용어를 사용할 것인지에 대한 합의가 없는 경우에, 각 당사자는 자국이 선택하는 공용어를 변론절차에서 사용할 수 있으며, 재판소의 판결은 불어 및 영어로 한다. 이러한 경우에 재판소는 두 개의 본문중 어느 것을 정본으로 할 것인가를 아울러 결정한다.

3. 재판소는 당사자의 요청이 있는 경우 그 당사자가 불어 또는 영어외의 언어를 사용하도록 허가한다.

제40조 1. 재판소에 대한 사건의 제기는 각 경우에 따라 재판소서기에게 하는 특별한 합의의 통고에 의하여 또는 서면신청에 의하여 이루어진다. 어느 경우에도 분쟁의 주제 및 당사자가 표시된다.

2. 재판소서기는 즉시 그 신청을 모든 이해관계자에게 통보한다.

3. 재판소서기는 사무총장을 통하여 국제연합회원국에게도 통고하며, 또한 재판소에 출석할 자격이 있는 어떠한 다른 국가에게도 통고한다.

제41조 1. 재판소는 사정에 의하여 필요하다고 인정하는 때에는 각당사자의 각각의 권리를 보전하기 위하여 취하여져야 할 잠정조치를 제시할 권한을 가진다.

2. 종국판결이 있을 때까지, 제시되는 조치는 즉시 당사자 및 안전보장이사회에 통지된다.

제42조 1. 당사자는 대리인에 의하여 대표된다.

2. 당사자는 재판소에서 법률고문 또는 변호인의 조력을 받을 수 있다.

3. 재판소에서 당사자의 대리인·법률고문 및 변호인은 자기의 직무를 독립적으로 수행하는데 필요한 특권 및 면제를 향유한다.

제43조 1. 소송절차는 서면소송절차 및 구두소송절차의 두 부분으로 구성된다.

2. 서면소송절차는 준비서면·답변서 및 필요한 경우 항변서와 원용할 수 있는 모든 문서 및 서류를 재판소와 당사자에게 송부하는 것으로 이루어진다.

3. 이러한 송부는 재판소가 정하는 순서에 따라 재판소가 정하는 기간내에 재판소서기를 통하여 이루어진다.

4. 일방당사자가 제출한 모든 서류의 인증사본 1통은 타방당사자에게 송부된다.

5. 구두소송절차는 재판소가 증인·감정인·대리인·법률고문 및 변호인에 대하여 심문하는 것으로 이루어진다.

제44조 1. 재판소는 대리인·법률고문 및 변호인외의 자에 대한 모든 통지의 송달을, 그 통지가 송달될 지역이 속하는 국가의 정부에게 직접 한다.

2. 위의 규정은 현장에서 증거를 수집하기 위한 조치를 취하여야 할 경우에도 동일하게 적용된다.

제45조 심리는 재판소장 또는 재판소장이 주재할 수 없는 경우에는 재판소부소장이 지휘한다. 그들 모두가 주재할 수 없을 때에는 출석한 선임재판관이 주재한다.

제46조 재판소에서의 심리는 공개된다. 다만, 재판소가 달리 결정하는 경우 또는 당사자들이 공개하지 아니할 것을 요구하는 경우에는 그러하지 아니한다.

제47조 1. 매 심리마다 조서를 작성하고 재판소서기 및 재판소장이 서명한다.

2. 이 조서만이 정본이다.

제48조 재판소는 사건의 진행을 위한 명령을 발하고, 각당사자가 각각의 진술을 종결하여야 할 방식 및 시기를 결정하며, 증거조사에 관련되는 모든 조치를 취한다.

제49조 재판소는 심리의 개시전에도 서류를 제출하거나 설명을 할 것을 대리인에게 요청할 수 있다. 거절하는 경우에는 정식으로 이를 기록하여 둔다.

제50조 재판소는 재판소가 선정하는 개인·단체·관공서·위원회 또는 다른 조직에게 조사의 수행 또는 감정의견의 제출을 언제든지 위탁할 수 있다.

제51조 심리중에는 제30조에 규정된 소송절차규칙에서 재판소가 정한 조건에 따라 증인 및 감정인에게 관련된 모든 질문을 한다.

제52조 재판소는 그 목적을 위하여 정하여진 기간내에 증거 및 증언을 수령한 후에는, 타방당사자가 동의하지 아니하는 한, 일방당사자가 제출하고자 하는 어떠한 새로운 인증 또는 서증도 그 수리를 거부할 수 있다.

제53조 1. 일방당사자가 재판소에 출석하지 아니하거나 또는 그 사건을 방어하지 아니하는 때에는 타방당사자는 자기의 청구에 유리하게 결정할 것을 재판소에 요청할 수 있다.

2. 재판소는, 그렇게 결정하기 전에, 제36조 및 제37조에 따라 재판소가 관할권을 가지고 있을 뿐만 아니라 그 청구가 사실 및 법에 충분히 근거하고 있음을 확인하여야 한다.

제54조 1. 재판소의 지휘에 따라 대리인·법률고문 및 변호인이 사건에 관한 진술을 완료한 때에는 재판소장은 심리가 종결되었음을 선언한다.

2. 재판소는 판결을 심의하기 위하여 퇴정한다.

3. 재판소의 평의는 비공개로 이루어지며 비밀로 한다.

제55조 1. 모든 문제는 출석한 재판관의 과반수로 결정된다.

2. 가부동수인 경우에는 재판소장 또는 재판소장을 대리하는 재판관이 결정투표권을 가진다.

제56조 1. 판결에는 판결이 기초하고 있는 이유를 기재한다.

2. 판결에는 결정에 참여한 재판관의 성명이 포함된다.

제57조 판결이 전부 또는 부분적으로 재판관 전원일치의 의견을 나타내지 아니한 때에는 어떠한 재판관도 개별의견을 제시할 권리를 가진다.

제58조 판결에는 재판소장 및 재판소서기가 서명한다. 판결은 대리인에게 적절히 통지된 후 공개된 법정에서 낭독된다.

제59조 재판소의 결정은 당사자사이와 그 특정사건에 관하여서만 구속력을 가진다.

제60조 판결은 종국적이며 상소할 수 없다. 판결의 의미 또는 범위에 관하여 분쟁이 있는 경우에는 재판소는 당사자의 요청에 의하여 이를 해석한다.

제61조 1. 판결의 재심청구는 재판소 및 재심을 청구하는 당사자가 판결이 선고되었을 당시에는 알지 못하였던 결정적 요소로 될 성질을 가진 어떤 사실의 발견에 근거하는 때에 한하여 할 수 있다. 다만, 그러한 사실을 알지 못한 것이 과실에 의한 것이 아니었어야 한다.

2. 재심의 소송절차는 새로운 사실이 존재함을 명기하고, 그 새로운 사실이 사건을 재심할 성질의 것임을 인정하고, 또한 재심청구가 이러한 이유로 허용될 수 있음을 선언하고 있는 재판소의 판결에 의하여 개시된다.

3. 재판소는 재심의 소송절차를 허가하기 전에 원판결의 내용을 먼저 준수하도록 요청할 수 있다.

4. 재심청구는 새로운 사실을 발견한 때부터 늦어도 6월이내에 이루어져야 한다.

5. 판결일부터 10년이 지난후에는 재심청구를 할 수 없다.

제62조 1. 사건의 결정에 의하여 영향을 받을 수 있는 법률적 성질의 이해관계가 있다고 인정하는 국가는 재판소에 그 소송에 참가하는 것을 허락하여 주도록 요청할 수 있다.

2. 재판소는 이 요청에 대하여 결정한다.

제63조 1. 사건에 관련된 국가 이외의 다른 국가가 당사국으로 있는 협약의 해석이 문제가 된 경우에는 재판소서기는 즉시 그러한 모든 국가에게 통고한다.

2. 그렇게 통고를 받은 모든 국가는 그 소송절차에 참가할 권리를 가진다. 다만, 이 권리를 행사한 경우에는 판결에 의하여 부여된 해석은 그 국가에 대하여도 동일한 구속력을 가진다.

제64조 재판소가 달리 결정하지 아니하는 한 각당사자는 각자의 비용을 부담한다.

제4장 권고적 의견

제65조 1. 재판소는 국제연합헌장에 의하여 또는 이 헌장에 따라 권고적 의견을 요청하는 것을 허가받은 기관이 그러한 요청을 하는 경우에 어떠한 법률문제에 관하여도 권고적 의견을 부여할 수 있다.

2. 재판소의 권고적 의견을 구하는 문제는, 그 의견을 구하는 문제에 대하여 정확하게 기술하고 있는 요청서에 의하여 재판소에 제기된다. 이 요청서에는 그 문제를 명확하게 할 수 있는 모든 서류를 첨부한다.

제66조 1. 재판소서기는 권고적 의견이 요청된 사실을 재판소에 출석할 자격이 있는 모든 국가에게 즉시 통지한다.

2. 재판소서기는 또한, 재판소에 출석할 자격이 있는 모든 국가에게, 또는 그 문제에 관한 정보를 제공할 수 있다고 재판소 또는 재판소가 개정중이 아닌 때에는 재판소장이 인정하는 국제기구에게, 재판소장이 정하는 기간내에, 재판소가 그 문제에 관한 진술서를 수령하거나 또는 그 목적을 위하여 열리는 공개법정에서 그 문제에 관한 구두진술을 청취할 준비가 되어 있음을 특별하고도 직접적인 통신수단에 의하여 통고한다.

3. 재판소에 출석할 자격이 있는 그러한 어떠한 국가도 제2항에 규정된 특별통지를 받지 아니하였을 때에는 진술서를 제출하거나 또는 구두로 진술하기를 희망한다는 것을 표명할 수 있다. 재판소는 이에 관하여 결정한다.

4. 서면 또는 구두진술 또는 양자 모두를 제출한 국가 및 기구는, 재판소 또는 재판소가 개정중이 아닌 때에는 재판소장이 각 특정사건에 있어서 정하는 형식·범위 및 기간내에 다른 국가 또는 기구가 한 진술에 관하여 의견을 개진하는 것이 허용된다. 따라서 재판소서기는 그러한 진술서를 이와 유사한 진술서를 제출한 국가 및 기구에게 적절한 시기에 송부한다.

제67조 재판소는 사무총장 및 직접 관계가 있는 국제연합회원국·다른 국가 및 국제기구의 대표에게 통지한 후 공개된 법정에서 그 권고적 의견을 발표한다.

제68조 권고적 임무를 수행함에 있어서 재판소는 재판소가 적용할 수 있다고 인정하는 범위안에서 쟁송사건에 적용되는 재판소규정의 규정들에 또한 따른다.

제5장 개 정

제69조 재판소규정의 개정은 국제연합헌장이 그 헌장의 개정에 관하여 규정한 절차와 동일한 절차에 의하여 이루어진다. 다만, 재판소규정의 당사국이면서 국제연합회원국이 아닌 국가의 참가에 관하여는 안전보장이사회의 권고에 의하여 총회가 채택한 규정에 따른다.

제70조 재판소는 제69조의 규정에 따른 심의를 위하여 재판소가 필요하다고 인정하는 재판소규정의 개정을, 사무총장에 대한 서면통보로써, 제안할 권한을 가진다.

국제연합교육과학문화기구(UNESCO)헌장

(1953년 7월 6일 조 약 제26호)

1945.11.16(런던에서 작성)
1950. 6.14(대한민국에 대하여 발효)

이 헌장의 당사국 정부는 그 국민을 대신하여 다음과 같이 선언한다. 전쟁은 인간의 마음 가운데서 생기는 것이므로 평화의 옹호는 인간의 심중에서 건설되지 않으면 아니된다. 상호의 풍습과 생활의 부지는 인류역사를 통하여 세계의 제인민사이에 의혹과 불신을 초래한 공통적인 원인이며 이 의혹과 불신 때문에 제인민의 불일치가 너무나 자주 전쟁을 발발시켰다. 이제 종결을 본 무서운 대전쟁은 인간의 존엄, 평등, 상호의 존중이라는 민주주의의 원리를 부인하고 이러한 원리의 반면에 무지와 편견을 통하여 인간과 인종의 불평등이란 교의를 전파함으로써 가능하였던 전쟁이었다.

문화의 광범한 보급과 정의, 자유, 평화를 위한 인류의 교육은 인간의 존엄에 불가피한 것이며 또한 모든 국민이 상호의 원조와 상호의 관심의 정신으로써 완수하지 아니하면 안될 신성한 의무이다.

정부의 정치적 경제적 조정에만 기초를 둔 평화는 세계의 제인민의 일치한, 더욱이 영속할 성실한 지지를 확보할 수 있는 평화가 아니다. 따라서 평화를 상실하지 않기 위하여는, 이는 인류의 지적, 정신적 연대 위에서 이루어지지 않으면 아니된다.

이러한 이유에서 이 헌장의 당사국은 모든 사람에게 교육의 충분하고 평등한 기회가 주어지며 객관적 진리가 구속을 받지 않고 탐구되며 또 사상과 지식이 자유로이 교환됨을 확신하며 그 국민간에 있어서의 전달의 방법을 발전시키고 증가시키는 동시에 상호간 이해하고 또 상호의 생활을 일층 진실히 일층 완전히 알기 위하여 이 전달의 방법을 사용할 것에 일치하며 또 결의한다. 그 결과 당사국은 세계의 제인민의 교육, 과학 및 문화상의 관계를 통하여 국제연합의 설립의 목적이며 또한 그 헌장이 선언하고 있는 국제평화와 인류공통의 복리라는 목적을 촉진하기 위하여 여기에 국제연합교육과학문화기구를 창설한다.

제1조 【목적과 임무】

1. 이 기구의 목적은 국제연합헌장이 세계의 제인민에 대하여 인종, 성, 언어 또는 종교의 차별없이 확인하고 있는 정의, 법의 지배 및 인권과 기본적 자유에 대한 보편적인 존중을 조장하기 위하여 교육, 과학 및 문화를 통하여 제국민간의 협력을 촉진함으로써 평화와 안전에 공헌하는 것이다.

2. 이 목적을 실현하기 위하여 이 기구는 다음의 것을 행한다.

(a) 대중통보의 모든 방법을 통하여 제인민이 서로 알고 이해할 것을 촉진하는 일에 협력하는 것과 동시에 이 목적으로써 언어와 표상에 의한 사상의 자유로운 교류를 촉진하기에 필요한 국제협정을 권고하는 것 ;

(b) 다음과 같은 방법에 의하여 일반의 교육과 문화의 보급에 새로운 자극을 주는 것 ;

가맹국의 요청에 따라 교육사업의 발전을 위하여 그 나라와 협력하는 것 ;

인종, 성 또는 경제적 사회적인 차별에 상관없이 교육의 기회균등의 이상을 발전키 위하여 제국민간에 있어서 협력의 관계를 만드는 것 ;

세계아동들로 하여금 자유에 대하여 책임감을 갖도록 하는데 가장 적합한 교육방법을 시사하는 것 ;

(c) 다음과 같은 방법에 의하여 지식을 유지하고 증진하며 또한 보급하는 것 ;

세계의 유산인 도서, 예술작품 그리고 역사와 과학의 기념물의 보존과 보호를 확보하고 관계제국민에 대하여 필요한 국제협약을 권고하는 것 ;

교육, 과학 및 문화의 분야에서 활동하고 있는 사람들의 국제적 교환 아울러 출판물, 예술적 및 과학적으로 의의있는 물건 기타의 참고자료의 교환을 포함한 지적활동의 모든 부문에 있어서 제국민간의 협력을 장려하는 것 ;

어느 한 나라에서 작성된 인쇄물 또는 간행물이라도 모든 국가의 인민이 이용할 수 있도록 하는 국제협력의 방법을 발의하는 것 ;

3. 이 기구의 가맹국의 문화와 교육제도의 독립, 통일성 및 결실많은 다양성을 유지하기 위하여 이 기구는 가맹국의 국내관할권에 본질적으로 속하는 사항에 간섭하지 못한다.

제2조 【가맹국의 지위】

1. 국제연합의 가맹국의 지위는 국제연합교육과학문화기구의 가맹국이 될 권리를 수반한다.

2. 이 헌장의 제10조에 의하여 승인되어야 할 이 기구와 국제연합간의 협정의 조건에 따를 것을 조건으로 국제연합의 비가맹국은 집행위원회의 권고에 기하여 총회의 3분지 2의 다수의 투표로써 이 기구의 가맹국으로 인정될 수 있다.

3. 국제관계의 처리에 대하여 책임을 지지 아니하는 지역 또는 지역의 집단은, 이러한 지역의 국제관계에 대하여 책임을 지는 가맹국 또는 기타 관계당국이 전기 지역 또는 지역의 집단을 대신하여 제출한 신청에 의거하여 총회가 출석하여 투표하는 가맹국의 3분지 2의 다수결에 의하여 준가맹국으로 가입시킬 수 있다. 준가맹국의 권리 및 의무의 성질 및 범위는 총회가 결정한다.

4. 이 기구의 가맹국으로 국제연합의 가맹국의 권리와 특권의 행사를 정지당한 국은 국제연합의 요청에 의하여, 이 기구의 가맹국의 권리와 특권을 정지당한다.

5. 이 기구의 가맹국으로 국제연합으로부터 제명된 국가는 자동적으로 이 기구의 가맹국에서 제외된다.

6. 이 기구의 가맹국 또는 준가맹국은 사무국장 앞으로 발송된 통고에 의하여 기구로부터 탈퇴할 수 있다. 이 통고는, 그러한 통고가 행하여진 해의 다음해 12월 31일에 효력을 발생한다. 이러한 탈퇴는 탈퇴가 효력을 발생한 시에 기구에 대하여 부담하고 있는 재정상의 의무에 영향을 미치지 아니한다. 준가맹국의

탈퇴의 통고는 동준가맹국의 국제관계에 대하여 책임을 지는 가맹국 또는 그자 관계당국이 동준가맹국을 대신하여 행한다.

제3조【제기관】

이 기구는, 총회, 집행위원회와 사무국을 가진다.

제4조【총회】

A. 구 성

1. 총회는 이 기구의 가맹국의 대표자로써 구성된다.

각 가맹국의 정부는 국내위원회가 설립되어 있을 때는 이것과 국내위원회가 설립되어 있지 않을 때는 교육 과학 및 문화에 관한 제단체와 각각 협의하여 선정하는 5인이내의 대표를 임명한다.

B. 임 무

2. 총회는 이 기구의 정책과 사업의 주요한 방침들을 결정한다. 총회는 집행위원이 작성한 계획에 대하여 결정을 한다.

3. 총회는 필요하다고 인정하는 경우에는, 총회가 정하는 규칙에 따라, 교육, 과학, 인문학, 또는 지식의 보급에 관한 국제회의를 소집한다. 전기한 바와 동일한 주제에 관한 비정부간국제회의는 총회 또는 집행위원회가 전기 규칙에 따라 소집할 수 있다.

4. 총회는 가맹국에 제출할 제안을 채택함에 있어서, 권고와 가맹국의 승인을 얻기 위하여 제출되는 국제조약과를 구별하지 않으면 안된다. 전자의 경우에는 과반수의 투표로써 족하나 후자의 경우에는 3분지 2의 다수를 필요로 한다. 각 가맹국은 권고 또는 조약이 채택된 총회의 폐회후 1년의 기간내에 그 권고 또는 조약을 자국의 권한있는 당국에 제출하여야 한다.

5. 총회는 제5조 5(c)의 규정에 따를 것을 조건으로, 국제연합이 관심을 가지는 교육 과학과 문화에 관한 분야에 대하여 기구와 국제연합과의 적당한 당국간에 합의한 조건과 절차에 따라 국제연합에 조언한다.

6. 총회는 제8조의 규정에 의하여 가맹국이 정기적으로 제출하는 보고서를 수령하고 또한 검토한다.

7. 총회는 집행위원회의 위원을 선택하고 또한 집행위원회의 권고에 기하여 사무국장을 임명한다.

C. 표 결

8. (a) 각 가맹국은 총회에서 1개의 투표권을 가진다. 결정은 이 헌장 또는 총회의사규칙의 규정에 의하여 3분지 2의 다수를 필요로 하는 경우를 제외하고는 단순 다수에 의하여 행한다. 다수란 출석하여 투표하는 가맹국의 과반수로 한다.

(b) 가맹국은, 동국의 미불 분담금의 총액이 당해 연도 및 그 즉시의 역연도에 대하여 동국이 지불하여야 할 분담금의 총액을 초과하는 경우에는, 총회에서 투표권을 가지지 아니한다.

(c) 그러나 총회는, 지불의 불이행이 가맹국이 통제할 수 없는 사정에 기인한 것이라는 것을 인정하는 경우에는, 당해 가맹국에 대하여 투표권을 허가할 수 있다.

D. 절 차

9. (a) 총회는 정기회로서 매2년마다 회합한다. 총회는 스스로 그렇게 결정한 경우, 집행위원회가 요청한 경우, 또는 적어도 3분지 1의 요청이 있는 경우에는 임시회기로서 회합할 수 있다.

(b) 차기 정기회의의 개최지는 총회가 각 회기에서 지정한다. 임시회기의 개최지는 총회가 그 회기를 소집하는 경우에는 총회가 결정하고 그 이외의 경우에는 집행위원회가 결정한다.

10. 총회는 그 의사 규칙을 채택한다. 총회는 각회기에 있어서 의장 및 기타 역원을 선거한다.

11. 총회는 특별위원회와 기술위원회 기타 총회의 목적을 위하여 필요한 보조기관을 설치한다.

12. 총회는, 그 정하는 규칙에 따를 것을 조건으로 회합이 공개되도록 조치한다.

E. 옵써버

13. 총회는 집행위원회의 권고에 의하고 또 3분지 2의 다수에 의하여 그 절차규칙에 따를 것을 조건으로 총회 또는 그 위원회의 특정의 회기에 제11조제4항에 규정되어 있는 바와 같은 국제기관의 대표자를 옵써버로서 초청할 수가 있다.

14. 집행위원회가 제11조제4항에 규정된 방법에 따라 비정부 또는 준정부간국제기구를 위하여 협의에 관한 조치를 승인한 경우, 이러한 기구는 총회 및 그 위원회의 회기에 옵써버를 파견하도록 요청한다.

제5조【집행위원회】

A. 구 성

1. 집행위원회는 가맹국이 임명한 대표중에서 총회가 선거한 30인으로 구성되며, 각 위원은 자기가 국적을 가지는 국가의 정부를 대표한다. 총회의장은 직권상 조언적 자격으로 위원회에 열석한다.

2. 집행위원회의 위원을 선거함에 있어 총회는 예술, 인문학, 과학, 교육 및 사상의 보급에 대하여 유능하며, 또한 위원회의 행정 및 집무상의 임무를 완수할 수 있는 경험과 능력을 가진 자를 포함하도록 노력하여야 한다. 총회는 또 문화의 다양성과 균형있는 지리적 분포에도 고려하여야 한다. 가맹국의 국민은 총회의장을 제외하고는 1인 이상이 동시에 위원회의 위원이 될 수 없다.

3. 집행위원회의 위원은 자기가 선출된 총회의 회기가 폐회된 때부터 선거가 행하여진 총회 이후 두 번째의 정기총회의 폐회시까지 재임한다. 이러한 위원은 바로 연속하여 재선될 수 있으나, 연속하여 이 임기 이상 재임되지 아니한다. 집행위원회의 위원의 반수는 매 2년마다 선거된다.

4. 집행위원회의 위원이 사망 또는 사임한 경우에는, 집행위원회는 그자가 대표하였던 국가의 지명에 의하여, 그자의 임기의 잔여기간에 재임할 수임자를 임명한다. 지명을 행하는 국가 및 집행위원회는 본조 제2항에 규정된 요건을 고려하여야 한다.

B. 임 무

5. (a) 집행위원회는 총회의 의사일정을 작성한다. 집행위원회는, 제6조제3항에 따라 사무국장이 제출한 기구의 사무계획 및 이에 대응하는 예산안을 검사하여 이를 소망된다고 생각되는 권고를 첨부하여 총회에 제출한다.

(b) 총회의 권위하에 행동하는 집행위원회는 총회가 채택한 계획의 시행에 대하여 책임을 진다. 집행위원회는, 총회가 결정하는 바에 따라, 그 본 정기회기와 정기회기중간에 발생하는 사정을 고려하여, 사무국장이 전기 계획을 유효하고 합리적으로 시행하도록 하기 위하여 필요한 모든 조치를 취한다.

(c) 총회의 정기회기와 정기회기중간에 있어서, 집행위원회는 조언이 구하여진 문제가 총회에 의하여 이미 원칙적으로 처리되었거나 또는 그 해결이 총회의 결정중에 암시적으로 포함되어 있을 때에는 제4조에 규정된 국제연합에 대한 조언자로서의 기능을 수행할 수 있다.

6. 집행위원회는 신가맹국의 기구의 가입을 총회에 권고한다.

7. 총회의 결정에 따를 것을 조건으로 집행위원회는 그 절차규칙을 채택한다. 집행위원회는 그 위원중에서 그 역원을 선거한다.

8. 집행위원회는 정기회기로서 매년 적어도 2회 회합하는 것으로 하고 의장이 그 발의에 의하여 또는 집행위원회의 6인의 위원의 요청에 의하여 소집한 때는 특별회기로서 회합할 수 있다.

9. 집행위원장은 집행위원회를 대표하여, 사무국장이 제6조 3(b)의 규정에 따라 준비하여야 할 기구의 활동에 관한 보고를 견해를 첨가 또는 첨가하지 아니하고 총회의 각정기회기에 제출한다.

10. 집행위원회는 국제기관의 대표자 또는 위원의 권한내의 문제에 관계하고 있는 전문가와 협의하기 위한 모든 필요한 조치를 취한다.

11. 총회의 회기와 회기중간에 있어서, 집행위원회는 기구의 활동분야에서 발생하는 법률문제에 관한 국제사법재판소의 권고적 의견을 요청할 수 있다.

12. 집행위원회의 위원은 각자의 정부의 대표이기는 하지마는, 총회로부터 위임 받은 권한을 총회전체를 위하여 행사하여야 한다.

C. 경과규정

13. 집행위원회의 18인의 위원은 총회의 제12차 회기에서 본조의 규정에 따라 선거된다. 이들 중 3인은 총회의 제13차회기의 폐회시에 퇴임하며, 추임위원은 추첨에 의하여 결정된다. 그 후에 있어서는, 15인의 위원은 총회의 각 정기총회에서 선거된다.

제6조【사무국】

1. 사무국은 사무국장과 필요한 직원으로서 구성한다.

2. 사무국장은 총회가 승인하는 조건으로 집행위원회가 지명하고 6년의 임기로써 총회가 임명하는 것으로 하고 재임될 수 있다. 사무국장은 이 기구의 행정상의 수석역원이다.

3. (a) 사무국장 또는 그가 지정하는 대표자는 총회, 집행위원회 또한 이 기구의 제위원회의 모든 회합에 투표권없이 참가한다. 사무국장은 총회 및 집행위원회가 적당한 조치를 취하기 위한 제안을 작성하며 기구의 사업계획안 및 이에 대응하는 예산안을 집행위원회에 제출하기 위하여 준비한다.

(b) 사무국장은 기구의 활동에 관한 정기보고를 준비하여 가맹국 및 집행위원회에 제출한다. 총회는 이 보고에 포함될 기간을 결정한다.

4. 사무국장은 총회가 승인하는 직원규칙에 따라 사무국직원을 임명한다. 직원의 임명은 성실, 능률과 기술적 능력의 최고수준을 확보할 것에 최대의 고려를 할 것을 조건으로 가급적 광범한 지리적 기초위에서 행하여져야 한다.

5. 사무국장과 직원의 책임은 성질상 오로지 국제적인 것이다. 사무국장과 직원은 그 임무수행에 있어서 여하한 정부로부터도 또는 이 기구외의 여하한 권력으로부터도 훈령을 구하고 또는 받아서는 안된다. 사무국장과 직원은 국제적 역원으로서의 지위를 손상시키는 어떠한 행동을 취하는 것을 삼가야 한다. 이 기구의 각 가맹국은 사무국장과 직원의 책임의 국제적인 성질을 존중할 것과 이러한 사람들의 임무수행에 영향을 주려고 하지 아니할 것을 약속한다.

6. 본 조항의 여하한 규정도 국제연합내에서 이 기구가 공통의 업무와 겸임 직원 및 직원의 교류를 위한 특별한 협정을 체결하는 것을 방해하지 아니한다.

제7조【국내협력단체】

1. 각 가맹국은 교육, 과학 및 문화사항에 관여하고 있는 자국의 주요한 단체를 이 기구의 사업에 참여시키기 위하여 그 특수사정에 적합한 조치를 취하여야 한다. 그 조치로서는 넓게 정부 또는 이러한 단체를 대표하는 국내위원회의 설립에 의하는 것이 요망된다.

2. 국내위원회 또는 국내 협력단체가 있는 경우에는 이들은 이 기구에 관계되는 사항에 관하여 총회에 있어서의 각 자국의 대표단과 자국의 정부에 대하여 조언적 자격으로 행동하고 또한 이 기구에 관계있는 모든 사항에 관하여 연락기관으로서의 임무를 행한다.

3. 이 기구는 가맹국의 요청에 의하여 그 나라의 국내위원회에 대하여 그 사업의 발전을 원조하기 위하여 임시적 또는 항구적으로 사무국직원 1인을 파견할 수 있다.

제8조【가맹국에 의한 보고】

각 가맹국은 총회가 결정하는 방법으로 교육, 과학 및 문화의 활동과 기구에 관한 자국의 법령, 규칙 또는 통계에 관하여 그리고 제4조제4항에 규정된 권고와 조약에 의거하여 취한 조치에 관하여 정기적으로 이 기구에 보고하여야 한다.

제9조【예산】

1. 예산은 이 기구에 의하여 운영된다.

2. 총회는 제10조에 따라 체결되는 협정에 규정될 수 있는 국제연합과의 조치에 따를 것을 조건으로 예산 또는 이 기구의 가맹국에 대한 재정적부담의 할당을 승인하고 또 이에 최종적 효력을 부여한다.

3. 사무국장은 집행위원회의 승인을 얻어 정부, 공사의 기관, 협회 또는 개인으로부터 직접으로 증여, 유증 또는 보조금을 받을 수 있다.

제10조【국제연합과의 관계】

이 기구는 국제연합헌장 제57조에 규정된 전문기구의 하나로서 가급적 조속히 국제연합과 관계를 가져야 한다. 이 관계는 국제연합헌장 제63조에 의거한 국제연합의 협정에 의하여 설정하고 이 협정은 본 기구 총회의 승인을 받아야 한다. 이 협정은 공통의 목적을 달성하기 위한 양 기구간에 있어서의 본 기구의 자치를 승인하여야 한다. 이 협정은 특히 국제연합총회에 의한 본 기구의 예산의 승인과 그 재원의 제공에 관하여 규정할 수 있다.

제11조【타국제전문제기관과의 관계】

1. 본 기구는 타정부간전문기관 및 기구로서 그 관심과 활동이 본 기구의 목적과 관계있는 것과 협력할 수가 있다. 이를 위하여 집행위원회의 전반적 권위하에 행동하는 사무국장은 이러한 제기관과 실효적인 관계를 설정할 수 있고, 또 유효한 협력을 확보하기 위하여 필요한 공동위원회를 설치할 수 있다. 이러한 제기관과 체결하는 정식의 협정은 집행위원회의 승인을 받아야 한다.

2. 본 기구의 총회 및 그 목적과 임무가 본 기구의 권한내에 있는 타정부간전문제기관의 권한있는 당국이 그 자산과 활동을 본 기구에 이양하는 것을 희망한다고 인정할 때는 언제든지 사무국장은 총회의 승인을 조건으로 이 목적을 위하여 상호간에 수락할 수 있는 협정을 체결할 수 있다.

3. 본 기구는 회합에 상호간에 대표를 출석시키기 위하여 타정부제기관과 적당한 협정을 체결할 수 있다.

4. 국제연합교육과학문화기구는 그 권한내의 사항에 관계하고 있는 민간국제제기관과 협의 또는 협력을 위한 적당한 조치를 할 수 있고, 그리고 이들의 제기관에 특정의 임무를 청부할 것을 권유할 수 있다. 또 이러한 협력은 총회가 설립한 자문위원회에 이들 기구의 대표자가 적당히 참가하는 것을 포함한다.

제12조【본 기구의 법적지위】

국제연합의 법적지위와 특권 및 면제에 관한 국제연합헌장 제104조와 제105조의 규정은 본 기구에도 동양으로 적용된다.

제13조【개정】

1. 이 헌장의 개정의 제안은 총회의 3분지 2의 다수에 의하여 승인을 받았을 때 효력을 발생한다. 단 본 기구 목적의 근본적 변경 또는 가맹국에 대한 새로운 의무를 수반하는 개정이 효력을 발생하는 데는 그 승인후 가맹국의 3분지 2가 수락할 것을 필요로 한다. 개정제안의 초안은 총회에 의하여 심의되기 적어도 6개월전에 사무국장이 가맹국에 통보하여야 한다.

2. 총회는 본조의 규정을 실시하기 위한 절차규칙을 3분지 2의 다수에 의하여 채택할 권한을 가진다.

제14조【해석】

1. 이 헌장의 영어와 불어의 본문은 동등하게 정문으로 간주한다.

2. 이 헌장의 해석에 관한 의문 또는 분쟁은 총회가 그 절차규칙에 의거하여 결정하는 바에 따라 국제사법재판소 또는 중재재판에 결정을 위하여 부탁한다.

제15조【효력의 발생】

1. 이 헌장은 수락을 조건으로 한다. 수락서는 영국정부에 기탁하여야 한다.

2. 이 헌장은 영국정부의 문서보관소에 서명을 위하여 개방된다. 서명은 수락서의 기탁전이나 후라도 행할 수 있다. 서명이 선행되거나 또는 서명이 뒤따르지 아니하는 수락은 효력을 발생하지 아니한다.

3. 이 헌장은 서명국 중의 20개국이 수락하였을 때 효력을 발생한다. 그 후의 수락은 즉시로 효력을 발생한다.

4. 영국정부는 모든 수락서의 수령과 이 헌장이 전항에 의거하여 효력을 발생하는 일자를 국제연합의 모든 가맹국에 통지한다.

이상의 증거로서 하기자는 이를 위하여 정당하게 위임을 받아 영어와 불어를 동등하게 정문으로 하는 이 헌장에 서명하였다.

1945년 11월 16일 론돈에서 영어와 불어의 정문 각 1통을 작성하였다. 그 인증등본은 영국정부가 국제연합의 모든 가맹국에 송부한다.

국제노동기구(ILO)헌장

(1991년 12월 9일
조 약 제1066호)

1991.12. 9(수락서 기탁일)
1991.12. 9(대한민국에 대하여 발효)
1997. 6.19(제네바에서 개정 채택)
2015.10. 8(대한민국에 대하여 발효 ; 외교부고시 제882호)

전 문

세계의 항구적 평화는 사회정의에 기초함으로써만 확립될 수 있으며,

세계의 평화와 화합이 위협을 받을만큼 커다란 불안을 가져오고 수많은 사람들에게 불의 · 고난 및 궁핍등을 주는 근로조건이 존재하며,

이러한 조건은, 1일 및 1주당 최장근로시간의 설정을 포함한 근로시간의 규정, 노동력의 공급조절, 실업의 예방, 적정생활급의 지급, 직업상 발생하는 질병 · 질환 및 상해로부터 근로자의 보호, 아동 · 청소년 및 여성의 보호, 고령 및 상해에 대한 급부, 자기 나라외의 다른 나라에서 고용된 근로자의 권익보호, 동등한 가치의 근로에 대한 동일 보수 원칙의 인정, 결사의 자유 원칙의 인정, 직업교육 및 기술교육의 실시와 다른 조치들을 통하여, 시급히 개선되는 것이 요구되며,

또한 어느 나라가 인도적인 근로조건을 채택하지 아니하는 것은 다른 나라들이 근로조건을 개선하려는 데 장애가 되므로,

체약당사국들은 정의 및 인도주의와 세계의 항구적 평화를 확보하고자 하는 염원에서 이 전문에 규정된 목표를 달성하기 위하여 다음의 국제노동기구헌장에 동의한다.

제1장 조 직

제1조 1. 이 헌장의 전문과 1944년 5월 10일 필라델피아에서 채택되어 이 헌장에 부속된 국제노동기구의 목적에 관한 선언에 규정된 목표를 달성하기 위하여 이에 상설기구를 설립한다.

2. 국제노동기구의 회원국은 1945년 11월 1일 이 기구의 회원국이었던 국가와 제3항 및 제4항의 규정에 따라 회원국이 되는 다른 국가들이다.

3. 국제연합의 원회원국 및 국제연합헌장의 규정에 따라 총회의 결정으로 국제연합회원국으로 가입된 국가는 국제노동사무국장에게 국제노동기구헌장 의무의 공식수락을 통보함으로써 국제노동기구의 회원국이 될 수 있다.

4. 또한 국제노동기구총회는 출석하여 투표한 정부 대표의 3분의 2를 포함하여 회기참석 대표 3분의 2의 찬성투표로 이 기구의 회원국으로 가입을 승인할 수 있다. 이러한 승인은 새로운 회원국 정부가 국제노동사무국장에게 이 기구 헌장 의무의 공식수락을 통보함으로써 발효한다.

5. 국제노동기구의 어느 회원국도 국제노동사무국장에게 탈퇴 의사를 통고하지 아니하면 이 기구로부터 탈퇴할 수 없다. 이러한 통고는 회원국이 그 당시에 회원국의 지위로부터 발생하는 모든 재정적 의무의 이행을 조건으로 사무국장이 통고를 접수한 날부터 2년후에 발효한다. 회원국이 국제 노동협약을 비준하였을 경우, 탈퇴는 협약에 따라 발생하거나 또는 협약과 관계되는 모든 의무의 협약에 규정된 기간동안 계속적 효력에 영향을 미치지 아니한다.

6. 어느 국가의 이 기구 회원자격이 종료되었을 경우, 그 국가의 회원국으로의 재가입은 경우에 따라 제3항 또는 제4항의 규정에 의하여 규율된다.

제2조 상설기구는 다음과 같이 구성된다.
(가) 회원국대표 총회
(나) 제7조에 따라 구성되는 이사회
(다) 이사회의 통제를 받는 국제노동사무국

제3조 1. 회원국대표 총회 회의는 필요에 따라 수시로 개최하며, 최소한 매년 1회 개최한다. 총회는 각 회원국 대표 4인으로 구성되며, 그 중 2인은 정부의 대표로, 나머지 2인은 각 회원국의 사용자 및 근로자를 각각 대표하는 자로 한다.

2. 각 대표는 고문을 대동할 수 있으며, 고문은 회의의제 중 각 항목에 대하여 2인을 초과할 수 없다. 여성에게 특별히 영향을 미치는 문제가 총회에서 심의될 때에는 고문중 최소한 1인은 여성이어야 한다.

3. 비본토지역의 국제관계를 책임지고 있는 각 회원국은 대표 각자에 대한 고문으로 다음과 같은 자를 추가로 임명할 수 있다.
(가) 그 지역의 자치권한내 사항에 관하여 지역대표로 회원국이 지명한 자
(나) 비자치지역 관련사항에 관하여 자기 나라 대표에게 조언하기 위하여 회원국이 지명한 자

4. 2 또는 그 이상 회원국의 공동통치하에 있는 지역의 경우에도, 이들 회원국대표에게 조언할 수 있는 자를 지명할 수 있다.

5. 회원국은 자기 나라에서 사용자 또는 근로자를 가장 효과적으로 대표하는 산업단체가 존재하는 경우, 경우에 따라 이러한 산업단체와 합의하여 선정한 비정부대표 및 고문을 지명한다.

6. 고문은 발언하지 못하며, 투표할 수 없다. 다만, 그가 수행하는 대표의 요청과 총회의장이 특별히 허가하는 경우에는 발언한다.

7. 대표는 의장에 대한 서면통고로 자신의 고문중 1인을 자신의 대리인으로 임명할 수 있으며, 고문은 대리인으로 행동하는 동안 발언 및 투표가 허용된다.

8. 각 회원국정부는 대표 및 고문의 명단을 국제노동사무국에 통보한다.

9. 대표 및 고문의 신임장은 총회의 심사를 받는다. 총회는 이 조에 따르지 않고 지명된 것으로 보이는 대표 또는 고문의 승인을 출석대표 3분의 2 투표에 의하여 거부할 수 있다.

제4조 1. 각 대표는 총회에서 심의하는 모든 사항에 관하여 개별적으로 투표할 권한이 있다.

2. 회원국이 지명할 권한이 있는 비정부대표 2인중 1인을 지명하지 아니할 경우, 나머지 비정부대표는 총회에 출석하고 발언하는 것은 허용되나 투표는 허용되지 아니한다.

3. 제3조에 따라 총회가 회원국 대표의 승인을 거부할 경우 그 대표는 지명되지 아니한 것으로 보고 이 조의 규정을 적용한다.

제5조 총회 회의는 이전의 회의에서 총회의 결정에 따라 이사회가 정하는 장소에서 개최된다.

제6조 국제노동사무국 소재지의 변경은 출석 대표 3분의 2의 다수결로 총회가 결정한다.

제7조 1. 이사회는 다음 56인으로 구성된다.
정부를 대표하는 28인,
사용자를 대표하는 14인,
근로자를 대표하는 14인.

2. 정부를 대표하는 28인중 10인은 주요산업국가인 회원국이 임명하며, 18인은 앞의 10개 회원국 대표를 제외한 총회 참석 정부대표가 선정한 회원국이 임명한다.

3. 이사회는 필요에 따라 회원국중 어느 나라가 주요산업국가인지를 결정하고, 이사회가 결정하기 전에 공정한 위원회가 주요산업국가 선정에 관련된 모든 문제를 심의하도록 보장하는 규칙을 정한다. 어느 나라가 주요산업국가인지에 관한 이사회의 선언에 대하여 회원국이 제기한 모든 이의는 총회가 결정한다. 그러나 총회에 제기된 이의는 총회가 이의에 관하여 결정할 때까지 선언의 적용을 정지시키지 아니한다.

4. 사용자를 대표하는 자 및 근로자를 대표하는 자는 총회 사용자 대표 및 근로자 대표에 의하여 각각 선출된다.

5. 이사회의 임기는 3년이다. 이사회의 선거가 어떠한 이유로 이 기간 만료시에 행하여지지 아니할 경우 이사회는 선거가 실시될 때까지 직무를 계속한다.

6. 결원의 보충 방법, 대리인의 임명 방법 및 이와 유사한 문제는 총회의 승인을 조건으로 이사회가 결정할 수 있다.

7. 이사회는 그 구성원중에서 의장 1인 및 부의장 2인을 선출한다. 이들중 1인은 정부를 대표하는 자, 1인은 사용자를 대표하는 자, 1인은 근로자를 대표하는 자로 한다.

8. 이사회는 스스로 의사규칙을 제정하고 회의일정을 정한다. 특별회의는 이사회에서 최소한 16인이상의 대표가 서면으로 요청하는 경우 개최된다.

제8조 1. 국제노동사무국에는 사무국장을 둔다. 사무국장은 이사회에 의하여 임명되고, 이사회의 지시를 받아 국제노동사무국의 효율적인 운영 및 그에게 부여되는 다른 임무에 대하여 책임을 진다.

2. 사무국장 또는 그의 대리인은 이사회의 모든 회의에 참석한다.

제9조 1. 사무국장은 이사회가 승인한 규칙에 따라 국제노동사무국의 직원을 임명한다.

2. 사무국장은 사무국 업무의 효율성을 적절히 고려하여 가능한 한 국적이 다른 자를 선발한다.

3. 직원중 약간 명은 여성이어야 한다.

4. 사무국장 및 직원의 책임은 성질상 전적으로 국제적인 것이다. 사무국장 및 직원은 그 임무를 수행함에 있어서 이 기구외의 어떠한 정부나 다른 기구로부터 지시를 받으려 하거나 또는 받아서도 아니된다. 그들은 이 기구에 대하여만 책임을 지는 국제공무원으로서의 지위를 손상할 우려가 있는 어떠한 행동도 삼가한다.

5. 회원국은 사무국장 및 직원의 책임이 전적으로 국제적 성질의 것임을 존중하고, 그들이 책임을 수행함에 있어서 그들에 대한 영향력을 추구하지 아니한다.

제10조 1. 국제노동사무국의 임무는 근로생활 및 근로조건의 국제적 조정에 관련되는 모든 사항에 관한 정보의 수집 및 배포, 특히 국제협약을 체결할 목적으로 총회에 회부 예정인 사항의 검토, 그리고 총회 또는 이사회가 명하는 특별조사 실시를 포함한다.

2. 사무국은 이사회의 지시에 따라 다음 사항을 행한다.
(가) 총회 회의 의제의 각종 항목에 관한 문서의 준비
(나) 총회의 결정에 기초한 법령의 작성과 행정관행 및 감독제도의 개선과 관련, 정부의 요청에 따라 사무국의 권한안에서 정부에 대한 적절한 모든 지원의 제공
(다) 협약의 실효적인 준수와 관련하여 이 헌장의 규정에 따라 사무국에 요구되는 직무의 수행
(라) 이사회가 적절하다고 보는 언어로 국제적 관심의 대상인 산업 및 고용문제 취급 출판물의 편집 및 발간

3. 일반적으로 사무국은 총회 또는 이사회가 부여하는 다른 권한과 임무를 가진다.

제11조 산업 및 고용문제를 담당하는 회원국의 정부기관은 국제노동사무국의 이사회에 나와 있는 자기 나라 정부대표를 통하여, 또는 자기 나라 정부대표가 없는 경우에는 정부가 이 목적을 위하여 지명한 다른 유자격 공무원을 통하여 사무국장과 직접 접촉할 수 있다.

제12조 1. 국제노동기구는 공공국제전문기구의 활동을 조정하는 일반국제기구 및 해당분야의 공공국제전문기구와 이 헌장 조항의 범위안에서 협력한다.

2. 국제노동기구는 공공국제기구의 대표가 투표권 없이 국제노동기구의 심의과정에 참여하도록 적절한 조치를 취할 수 있다.

3. 국제노동기구는 사용자 · 근로자 · 농업종사자 및 협동조합원의 국제기구를 포함하여 승인된 비정부간 국제기구들과 바람직한 협의를 위하여 적절한 조치를 취할 수 있다.

제13조 1. 국제노동기구는 재정 및 예산에 관한 적절한 약정을 국제연합과 체결할 수 있다.

2. 약정이 체결되기까지 또는 약정이 발효되지 아니한 경우에는 다음과 같이 한다.
(가) 회원국은 자기 나라 대표 및 고문 그리고 경우에 따라 총회 또는 이사회 회의에 참가하는 자기 나라 대표의 여비 및 체재비를 지급한다.
(나) 국제노동사무국 및 총회 또는 이사회 회의의 다른 모든 경비는 국제노동사무국장이 국제노동기구의 일반기금으로부터 지불한다.
(다) 국제노동기구 예산의 승인과 분담금의 할당 및 징수를 위한 약정은 출석대표 3분의 2의 다수결로 총회에서 결정되며, 정부대표위원회에 의한 예산 및 회원국간 경비할당 조치의 승인에 관하여 규정한다.

3. 국제노동기구의 경비는 제1항 또는 제2항 (다)호에 의하여 발효중인 약정에 따라 회원국이 부담한다.

4. 이 기구에 대한 재정분담금의 지불을 연체하고 있는 회원국은 연체액이 지난 만 2년동안 그 나라가 지불하여야 할 분담금의 금액과 동액이거나 또는 이를 초과하는 경우, 총회 · 이사회 · 위원회에서 또는 이사회 이사의 선거에서 투표권이 없다. 다만, 지불 불이행이 회원국의 불가피한 사정 때문인 것으로 확인되는 경우에는 출석 대표 3분의 2의 다수결로 총회는 그 회원국에게 투표를 허가할 수 있다.

5. 국제노동사무국장은 국제노동기구 기금의 적정한 지출에 관하여 이사회에 책임을 진다.

제2장 절 차

제14조 1. 총회의 모든 회의의제는 회원국 정부 또는 제3조의 목적을 위하여 인정된 대표단체 또는 공공국제기구의 의제에 대한 모든 제안을 고려하여 이사회가 정한다.

2. 이사회는 총회가 협약 또는 권고를 채택하기 전에 준비회의 또는 다른 방법으로 관련 회원국의 철저한 기술적 준비와 적절한 협의를 보장하기 위한 규칙을 정한다.

제15조 1. 사무국장은 총회의 사무총장으로서 행동하며, 의제를 총회 회의 4월전에 회원국에게 그리고 비정부대표에게는 회원국을 통하여 송부한다.

2. 의제의 각 항목에 관한 보고서는 회원국이 총회 회의 전에 충분히 심의할 기간을 두고 회원국에 도달되도록 발송한다. 이사회는 이 규정을 적용하기 위한 규칙을 정한다.

제16조 1. 회원국 정부는 어느 항목의 의제 포함에 대하여도 정식으로 이의를 제기할 수 있다. 그러한 이의제기의 이유는 사무국장에게 제출되는 설명서에 기재되며, 사무국장은 이를 모든 회원국에게 회람한다.

2. 이의가 제기된 항목은 총회가 출석 대표 3분의 2의 다수결로 그 항목심의에 찬성하는 경우 의제에서 제외되지 아니한다.

3. 총회가 출석 대표 3분의 2의 투표로 어느 사안을 총회에서 심의 하기로(제2항에 의한 경우와는 달리) 결정하는 경우 그 사안은 차기 회의의 의제에 포함된다.

제17조 1. 총회는 의장 1인 및 부의장 3인을 선거한다. 부의장중 1인은 정부대표, 1인은 사용자대표, 1인은 근로자대표로 한다. 총회는 의사규칙을 제정하며, 특정 사항에 관하여 심의 · 보고하는 위원회를 설치할 수 있다.

2. 이 헌장에 달리 명시적으로 규정되어 있거나, 총회에 권한을 부여하는 협약 또는 다른 문서의 조항 또는 제13조에 따라 채택된 재정 및 예산약정의 조항에 의한 경우를 제외하고는, 모든 사항은 출석대표의 단순과반수 투표로 결정한다.

3. 표결은 총 투표수가 총회 참석 대표 수의 과반수에 미달하면 무효이다.

제18조 총회는 총회가 임명하는 위원회에 투표권이 없는 기술전문가를 추가할 수 있다.

제19조 1. 총회가 의제중 어떤 항목에 관하여 제안을 채택하기로 결정한 경우, 총회는 이 제안이 (가) 국제협약 형식을 취할 것인지, 또는 (나) 취급된 사안이나 사안의 일부가 결정 당시 협약으로서는 적절치 아니하다고 인정되는 경우, 그 상황에 적합한 권고 형식을 취할 것인지를 결정한다.

2. 위 두가지 경우에 있어서, 총회가 협약 또는 권고를 채택하기 위하여는 최종 표결시 출석 대표 3분의 2의 다수결을 요한다.

3. 일반적으로 적용되는 협약 또는 권고 작성시 총회는 기후조건 · 산업단체의 불완전한 발달 또는 특별한 사정때문에 산업조건이 실질적으로 다른 나라에 대하여 적절한 고려를 하며, 또한 그러한 나라의 사정에 따라 필요하다고 인정되는 수정안을 제의한다.

4. 협약 또는 권고의 등본 2통은 총회의장 및 사무국장의 서명에 의하여 정본으로 인증된다. 이 등본 중 1통은 국제노동사무국의 문서보존소에 기탁되며, 다른 1통은 국제연합사무총장에게 기탁된다. 사무국장은 협약 또는 권고의 인증등본을 각 회원국에 송부한다.

5. 협약의 경우에는 다음과 같이 한다.
(가) 협약은 비준을 위하여 모든 회원국에 통보된다.
(나) 회원국은 총회 회기 종료 후 늦어도 1년이내에 또는 예외적인 사정 때문에 1년이내에 불가능한 경우에는 가능한 한 빨리, 그러나 어떠한 경우에도 총회 회기 종료 18월이내에 입법 또는 다른 조치를 위하여 그 사항을 관장하는 권한있는 기관에 협약을 제출한다.
(다) 회원국은 협약을 위의 권한있는 기관에 제출하기 위하여 이 조에 따라 취한 조치, 권한이 있는 것으로 인정되는 기관에 관한 상세한 설명 및 그 기관의 조치를 국제노동사무국장에게 통지한다.
(라) 회원국이 그 사항을 관장하는 권한있는 기관의 동의를 얻는 경우 그 회원국은 협약의 공식 비준을 사무국장에게 통보하고, 협약 규정을 시행하기 위하여 필요한 조치를 취한다.
(마) 회원국이 그 사항을 관장하는 권한있는 기관의 동의를 얻지 못하는 경우, 그 회원국은 협약이 취급하고 있는 사항에 관하여 자기 나라 법률 및 관행의 입장을 이사회가 요구하는 적당한 기간마다 국제노동사무국장에게 보고하는 것외에는 어떠한 추가 의무도 지지 아니한다. 이 보고에는 입법 · 행정조치 · 단체협약 또는 다른 방법으로 협약의 규정이 시행되어 왔거나 또는 시행될 범위를 적시하고, 또한 협약의 비준을 방해하거나 지연시키는 어려운 사정을 기술한다.

6. 권고의 경우에는 다음과 같이 한다.
(가) 권고는 국내입법 또는 다른 방법으로 시행되도록 심의를 위하여 모든 회원국에 통보된다.
(나) 회원국은 총회 회기 종료 후 늦어도 1년이내에 또는 예외적인 사정때문에 1년이내에 불가능한 경우에는 가능한 한 빨리, 그러나 어떠한 경우에도 총회 회기 종료 후 18월이내에 입법 또는 다른 조치를 위하여 그 사항을 관장하는 권한있는 기관에 권고를 제출한다.
(다) 회원국은 권고를 위의 권한있는 기관에 제출하기 위하여 이 조에 따라 취한 조치, 권한이 있는 것으로 인정되는 기관에 관한 상세한 설명 및 그 기관의 조치를 국제노동사무국장에게 통지한다.
(라) 권고를 위의 권한있는 기관에 제출하는 것을 별도로 하고, 회원국은 권고가 취급하고 있는 사항에 관하여 자기 나라 법률 및 관행의 입장을 이사회가 요구하는 적당한 기간마다 국제 노동사무국장에게 보고하는 것외에는 어떠한 추가 의무도 지지 아니한다. 이 보고에는 권고의 규정이 시행되어 왔거나 또는 시행될 범위 및 이 규정을 채택하거나 적용함에 있어서 필요하다고 인정된 또는 인정될 수 있는 수정사항을 적시한다.

7. 연방국가의 경우에는 다음 규정을 적용한다.
(가) 연방정부가 헌법제도상 연방의 조치가 적절하다고 인정하는 협약 및 권고에 관하여, 연방국가의 의무는 연방국가가 아닌 회원국의 의무와 동일하다.
(나) 연방정부가 헌법제도상 전체적으로나 부분적으로 연방에 의한 조치보다는 구성 주·도 또는 현에 의한 조치가 오히려 적절하다고 인정하는 협약 및 권고에 관하여, 연방정부는 다음과 같이 조치한다.
(1) 연방헌법 및 관련 주·도 또는 현의 헌법에 따라, 입법 또는 다른 조치를 위하여, 총회 회기 종료 후 18월이내에 협약 및 권고를 연방·주·도 또는 현의 적절한 기관에 회부하기 위하여 유효한 조치를 취한다.
(2) 관련 주·도 또는 현 정부의 동의를 조건으로 협약 및 권고의 규정을 시행하기 위하여 연방국가안에서 조정된 조치를 촉진할 목적으로 연방의 기관과 주·도 또는 현의 기관간에 정기적 협의를 주선한다.
(3) 협약 및 권고를 연방·주·도 또는 현의 적절한 기관에 제출하기 위하여 이 조에 따라 취한 조치, 적절하다고 인정되는 기관에 관한 상세한 설명 및 그 기관의 조치를 국제노동사무국장에게 통지한다.
(4) 연방정부가 비준하지 아니한 협약에 관하여 연방 및 구성 주·도 또는 현의 협약과 관련된 법률 및 관행의 입장을 이사회가 요구하는 적절한 기간마다 국제노동사무국장에게 보고한다. 이 보고에는 입법·행정조치·단체협약 또는 다른 방법에 의하여 협약의 규정이 시행되어 왔거나 또는 시행될 범위를 적시한다.
(5) 각 권고에 관하여, 연방 및 구성 주·도 또는 현의 권고와 관련된 법률 및 관행의 입장을 이사회가 요구하는 적절한 기간마다 국제노동사무국장에게 보고한다. 이 보고에는 권고의 규정이 시행되어 왔거나 시행될 범위 및 이 규정을 채택하거나 적용함에 있어서 필요하다고 인정된 또는 인정될 수 있는 수정사항을 적시한다.
8. 어떠한 경우에도, 총회에 의한 협약이나 권고의 채택 또는 회원국에 의한 협약의 비준이 협약 또는 권고에 규정된 조건보다도 관련 근로자에게 보다 유리한 조건을 보장하고 있는 법률·판정·관습 또는 협정에 영향을 주는 것으로 인정되지 아니한다.
9. 이사회의 제안에 따라 총회는, 이 조의 규정에 따라 채택된 협약이 그 목적을 상실하였거나 기구의 목표를 달성하는데 더 이상 공헌하지 못하는 경우 출석대표 3분의 2이상의 찬성으로 이를 폐기할 수 있다.(2015.10.8 개정)
제20조 비준된 어떠한 협약도 국제연합헌장 제102조의 규정에 따른 등록을 위하여 국제노동사무국장이 국제연합사무총장에게 통보한다. 그러나 협약은 비준하는 회원국만을 구속한다.
제21조 1. 최종심의를 위하여 총회에 제출된 협약이 출석대표 3분의 2의 지지투표를 확보하지 못하는 경우에도, 회원국간에 그 협약에 합의하는 것은 회원국의 권리에 속한다.
2. 위와 같이 합의된 협약은 관련정부에 의하여 국제노동사무국장 및 국제연합헌장 제102조의 규정에 따른 등록을 위하여 국제연합사무총장에게 통보된다.
제22조 회원국은 자기 나라가 당사국으로 되어있는 협약의 규정을 시행하기 위하여 취한 조치에 관하여 국제노동사무국에 연례보고를 하는 것에 동의한다. 이 보고서는 이사회가 요청하는 양식에 따라 작성되며 이사회가 요청하는 특정사항을 포함한다.
제23조 1. 사무국장은 제19조 및 제22조에 따라 회원국이 통보한 자료와 보고서의 개요를 총회의 다음 회의에 제출한다.
2. 회원국은 제3조의 목적을 위하여 승인된 대표단체에게 제19조 및 제22조에 따라 사무국장에게 통보된 자료와 보고서의 사본을 송부한다.
제24조 어느 회원국이 관할권의 범위안에서 자기나라가 당사국으로 되어 있는 협약의 실효적인 준수를 어느 면에서 보장하지 아니한다고 사용자 또는 근로자의 산업단체가 국제노동사무국에 진정한 경우에, 이사회는 이 진정을 진정의 대상이 된 정부에 통보하고, 이 사항에 관하여 적절한 해명을 하도록 그 정부에 권유할 수 있다.
제25조 이사회는 해당 정부로부터 합당한 기간내에 해명을 통보받지 못하거나 이사회가 접수한 해명이 만족스럽지 아니하다고 판단하는 경우에 진정 및 진정에 대한 해명이 있을 때에는 그 해명을 공표할 권리를 가진다.
제26조 1. 어느 회원국도 다른 회원국이 두 나라에 의해 비준된 협약의 실효적인 준수를 보장하지 아니한다고 인정하는 경우에 위의 조항에 따라 국제노동사무국에 이의를 제기할 권리를 가진다.
2. 이사회는 적절한 경우에 다음에 규정되어 있는 심사위원회에 이의를 회부하기 전에 제24조에 따라 해당 정부와 의견을 교환할 수 있다.
3. 이사회가 이의를 해당 정부에 통보할 필요가 없다고 생각하거나 또는 통보를 하여도 만족스러운 회답을 합당한 기간안에 접수하지 못하는 경우에, 이사회는 그 이의를 심의하고 이에 관하여 보고할 심사위원회를 설치할 수 있다.
4. 이사회는 스스로의 발의나 총회 대표로부터의 이의 접수에 관하여 동일한 절차를 채택할 수 있다.
5. 이사회가 제25조 또는 제26조로부터 발생하는 사항을 심의하고 있을 경우, 해당 정부는 이사회에 자신의 대표가 없는 경우에 그 사항의 심의중 이사회의 의사진행에 참여할 대표의 파견권을 가진다. 그 사항의 심의 일정은 해당 정부에 적절히 통고된다.
제27조 회원국은 제26조에 따라 심사위원회에 이의가 회부되는 경우에, 자기 나라가 이의에 직접적으로 관련이 없더라도 그 이의 사안과 관련된 자기 나라 소유의 모든 자료를 심사위원회가 이용하도록 제공하는 데 동의한다.
제28조 심사위원회는 이의를 충분히 심의한 후, 당사자간의 쟁점 확인과 관련된 모든 사실 조사 결과를 수록하고, 또한 이의를 해결하기 위하여 취할 조치 및 조치 시행 기한에 관하여 적절한 권고사항을 포함한 보고서를 준비한다.
제29조 1. 국제노동사무국장은 심사위원회의 보고서를 이사회 및 이의와 관련된 정부에 송부하고, 보고서가 공표되도록 한다.
2. 이들 정부는 심사위원회의 보고서에 포함된 권고사항 수락 여부 및 수락하지 아니하는 경우 국제사법재판소에 이의 회부 여부를 3월이내에 국제노동사무국장에게 통지한다.
제30조 회원국이 어느 협약 또는 권고에 대하여 제19조제5항(나)호, 제6항(나)호 또는 제7항(나)호(1)이 요구하는 조치를 취하지 아니하는 경우에, 다른 회원국은 이를 이사회에 회부할 권한이 있다. 이사회는 이러한 조치의 불이행을 확인하는 경우에 이를 총회에 보고한다.
제31조 제29조에 따라 국제사법재판소에 회부된 이의 또는 사항에 관한 재판소의 판결은 최종적이다.
제32조 국제사법재판소는 심사위원회의 조사결과 또는 권고사항을 확인·변경 또는 파기할 수 있다.
제33조 회원국이 심사위원회의 보고서 또는 국제사법재판소의 판결에 포함된 권고사항을 지정 기간안에 이행하지 아니하는 경우에, 이사회는 그 이행을 보장하기 위하여 현명하고 합당한 조치를 총회에 권고할 수 있다.
제34조 정부는 심사위원회의 권고사항 또는 국제사법재판소 판결의 권고사항을 이행하지 아니하는 경우 그 이행을 위하여 필요한 조치를 취하였음을 언제든지 이사회에 통지할 수 있으며, 스스로의 주장을 확인할 심사위원회의 구성을 이사회에 요청할 수 있다. 이 경우에 제27조·제28조·제29조·제31조 및 제32조의 규정을 적용하며, 심사위원회의 보고서 또는 국제사법재판소의 판결이 권고사항 불이행 정부에게 유리한 경우에는 이사회는 제33조에 따라 취한 조치의 중지를 즉시 권고한다.

제3장 일반규정

제35조 1. 회원국은 이 헌장의 규정에 따라 비준한 협약을 자기 나라가 시정권자인 신탁통치지역을 포함하여 국제관계에 책임을 지는 비본토지역에 대하여 적용한다. 다만, 협약의 사안이 그 지역의 자치권한안에 속하는 경우, 또는 협약이 현지 사정 때문에 적용될 수 없거나 또는 현지 사정에 적응을 위하여 협약에 대한 수정이 필요한 경우에는 예외로 한다.
2. 협약을 비준한 회원국은 비준 후 가능한 한 빨리 다음의 제4항 및 제5항에 규정된 지역외의 다른 지역에 대하여 적용될 협약의 범위와 협약이 규정한 특정사항이 기재된 선언을 국제노동사무국장에게 통보한다.
3. 제2항에 의하여 선언을 통보한 회원국은 과거 선언의 조항을 변경하고, 그 지역에 관하여 현재의 입장을 기술한 추가 선언을 협약의 조항에 따라 수시로 통보할 수 있다.
4. 협약의 사안이 비본토지역의 자치권한 안에 속하는 경우, 그 지역의 국제관계에 책임을 지는 회원국은 지역정부가 입법 또는 다른 조치를 취하도록 가능한 한 빨리 협약을 지역정부에 통고한다. 그 후 회원국은 비본토지역을 대리하여 협약의무 수락선언을 지역정부와 합의하여 국제노동사무국장에게 통보할 수 있다.
5. 협약의무 수락선언은 다음의 회원국 또는 국제기구에 의하여 국제노동사무국장에게 통보될 수 있다.
(가) 국제노동기구의 2 또는 그 이상의 회원국의 공동통치하에 있는 지역에 관하여는 이들 회원국
(나) 국제연합헌장 등에 의하여 국제기구가 시정을 책임지는 지역에 관하여는 그 국제기구
6. 제4항 또는 제5항에 의한 협약의무 수락은 관련지역을 대리하여 협약 조항에 규정된 의무의 수락 및 비준된 협약에 적용되는 헌장상 의무의 수락을 포함한다. 수락선언에는 협약을 현지 사정에 적응시키기 위하여 필요한 협약 규정의 수정을 명기할 수 있다.
7. 제4항 또는 제5항에 의하여 선언을 통보한 회원국 또는 국제기구는 협약의 조항에 따라 과거 선언의 조항을 변경하거나 또는 관련지역을 대리하여 협약의무 수락을 종료하는 추가 선언을 수시로 통보할 수 있다.
8. 제4항 또는 제5항과 관련된 지역을 대리하여 협약의 의무가 수락되지 아니할 때는, 관련 회원국 또는 국제기구는 협약이 취급하고 있는 사항에 관하여 그 지역의 법률 및 관행의 입장을 국제노동사무국장에게 보고한다. 이 보고에는 입법·행정조치·단체협약 또는 다른 방법으로 협약의 규정이 시행되어 왔거나 또는 시행될 범위를 적시하고 또한 협약 수락을 방해하거나 지연시키는 어려운 사정을 기술한다.
제36조 출석대표 3분의 2의 다수결로 총회가 채택한 이 헌장의 개정은 헌장 제7조제3항의 규정에 따라 주요산업국가로서 이사회에 진출하여 있는 10개 회원국 중 5개국을 포함하여 회원국 3분의 2가 비준하거나 수락할 때에 발효한다.
제37조 1. 헌장의 해석 또는 회원국이 헌장의 규정에 따라 앞으로 체결할 협약의 해석과 관련된 문제나 분쟁은 결정을 위하여 국제사법재판소에 회부된다.
2. 제1항의 규정에 불구하고, 이사회는 이사회에 의하여 또는 협약의 조항에 따라 회부되는 협약 해석과 관련된 분쟁이나 문제를 신속히 해결하기 위하여 재판소의 설치를 규정하는 규칙을 제정하고, 이를 승인받기 위하여 총회에 제출할 수 있다. 국제사법재판소의 판결이나 권고적 의견은 적용이 가능할 경우 이 항에 따라 설치되는 모든 재판소를 구속한다. 이러한 재판소가 행한 재정은 회원국에 회람되며, 이에 관한 회원국의 의견서는 총회에 제출된다.
제38조 1. 국제노동기구는 이 기구의 목적을 달성하기 위하여 필요한 지역회의를 소집하고 지역사무소를 설립할 수 있다.
2. 지역회의의 권한, 임무 및 절차는 이사회가 작성하여 총회가 인준한 규칙에 따라 규율된다.

제4장 잡 칙

제39조 국제노동기구는 완전한 법인격을 가지며, 특히 다음과 같은 권리능력을 가진다.
(가) 계약체결
(나) 부동산 및 동산의 취득 및 처분
(다) 소송의 제기
제40조 1. 국제노동기구는 회원국의 영토안에서 목적 달성에 필요한 특권 및 면제를 향유한다.
2. 총회대표·이사회 이사·사무국장 및 사무국 직원도 이 기구와 관련된 임무를 독자적으로 수행하기 위하여 필요한 특권 및 면제를 향유한다.
3. 이러한 특권 및 면제는 이 기구가 회원국의 수락을 위하여 작성하는 별도의 협정으로 정한다.

부 속 서

국제노동기구의 목적에 관한 선언

국제노동기구총회는 「필라델피아」 제26차회기 회의에서 1944년 5월 10일 국제노동기구의 목적과 회원국의 정책 기조가 될 원칙에 관한 선언을 이에 채택한다.

1. 총회는 국제노동기구가 기초하고 있는 기본원칙과 특히 다음 사항을 재확인한다.
(가) 근로는 상품이 아니다.
(나) 표현 및 결사의 자유는 지속적인 발전에 필수적이다.
(다) 일부 지역의 빈곤은 모든 지역의 번영에 위험을 준다.
(라) 결핍과의 전쟁은 각국안에서는 불굴의 의지로, 국제적으로는 정부대표와 동등한 지위를 향유하는 근로자 및 사용자 대표가 일반복지 증진을 위한 자유 토론과 민주적 결정에 정부대표와 함께 참여하도록 지속적이고 조화된 노력을 기울여 수행할 것을 요구한다.
2. 항구적 평화는 사회정의에 기초함으로써만 확립될 수 있다는 국제노동기구헌장 선언은 경험상 그 진실성이 충분히 증명되었다고 믿고, 총회는 다음 사항을 확인한다.
(가) 모든 인간은 인종·신조 또는 성에 관계없이 자유 및 존엄과 경제적 안정 및 기회균등의 조건하에 물질적 복지와 정신적 발전을 추구할 권리를 가진다.
(나) 이러한 것을 가능하게 하는 조건의 달성은 국가적 및 국제적 정책의 중심목적이어야 한다.
(다) 모든 국내적 및 국제적 정책과 조치, 특히 경제적·재정적 성격의 정책과 조치는 이러한 관점에서 평가되어야 하며, 또한 근본목표 달성을 방해하지 아니하고 증진시킬 수 있는 경우에만 채택되어야 한다.
(라) 이 근본목표에 비추어 모든 국제적 경제·재정정책 및 조치를 검토하고 심의하는 것이 국제노동기구의 책무이다.
(마) 국제노동기구에게 맡겨진 임무를 수행함에 있어서 이 기구는 관련된 모든 경제적·재정적 요소를 고려한 후, 그 결정 및 권고 사항에 적절하다고 인정되는 어떠한 규정도 포함시킬 수 있다.
3. 총회는 전 세계 국가에게 다음 사항의 달성계획을 촉진하여야 하는 국제노동기구의 엄숙한 의무를 승인한다.
(가) 완전고용 및 생활수준의 향상
(나) 근로자가 기술 및 기능을 최대한도로 발휘하여 만족을 누릴 수 있고, 일반복지에 최대한으로 공헌할 수 있는 직업에 근로자의 고용
(다) 이러한 목적달성의 방편으로서 그리고 모든 관련자에 대한 적절한 보장하에, 훈련을 위한 시설제공과 고용 및 정착목적의 이민을 포함한 노동의 이동
(라) 모든 사람에게 발전과실의 공정분배를 보장하기 위한 임금 및 소득, 근로시간 및 다른 근로조건에 관한 정책, 또한 최저생활급에 의한 보호를 요하는 자 및 모든 피고용자에 대한 최저생활급 지급
(마) 단체교섭권의 실효적인 인정, 생산능률의 지속적 향상을 위한 경영자 및 근로자간의 협력, 사회적·경제적 조치의 준비 및 적용에 관한 근로자와 사용자간의 협력
(바) 보호를 요하는 모든 사람에 대하여 기본소득과 이들에게 종합의료를 제공하는 사회보장조치의 확대
(사) 모든 직업에 있어서 근로자의 생명 및 건강의 적절한 보호
(아) 아동의 복지제공 및 모성의 보호
(자) 적절한 영양·주거 및 휴식·문화시설의 제공
(차) 교육 및 직업에 있어서 기회균등의 보장
4. 이 선언에 규정된 목표달성에 필요한 세계 생산자원의 보다 완전하고 광범한 이용은 생산 및 소비의 증대·격심한 경제변동의 회피·세계 저개발지역의 경제적 및 사회적 발전의 촉진·1차산품에 대한 보다 안정된 국제가격의 확보 및 국제교역량의 고도의 지속적 증대조치를 포함하는 실효적인 국제적·국내적 조치를 통하여 보장될 수 있음을 확신하고, 총회는 국제노동기구가 이 위대한 사업과 모든 사람의 건강·교육 및 복지의 증진에 관한 책임의 일부를 맡은 국제기구와 충분히 협력할 것임을 서약한다.
5. 총회는 이 선언에 규정된 원칙이 전 세계의 모든 민족에게 충분히 적용될 수 있으며, 또한 그 적용방식은 각 민족이 도달한 사회적 및 경제적 발달의 단계를 충분히 고려하여 결정되어야 함과 동시에 이미 자립을 달성한 민족 뿐만 아니라 여전히 종속적인 민족에 대하여도 그 원칙을 점진적으로 적용하는 것이 문명세계 전체의 관심사임을 확인한다.

세계무역기구(WTO) 설립을 위한 마라케쉬 협정

(1994년 12월 31일
조 약 제1265호)

1994. 4.15(마라케쉬에서 작성)
1995. 1. 1(대한민국에 대하여 발효)

전 문 (생략)

제1조【기구의 설립】
이 협정에 따라 세계무역기구가 설립된다.

제2조【세계무역기구의 범위】
1. 세계무역기구는 이 협정의 부속서에 포함된 협정 및 관련 법적문서와 관련된 사항에 있어서 회원국간의 무역관계의 수행을 위한 공동의 제도적인 틀을 제공한다.
2. 부속서1, 2 및 3에 포함된 협정 및 관련 법적 문서(이하 "다자간무역협정"이라 한다)는 이 협정의 불가분의 일부를 구성하며, 모든 회원국에 대하여 구속력을 갖는다.
3. 또한 부속서4에 포함된 협정 및 관련 법적 문서(이하 "복수국간무역협정"이라 한다)는 이를 수락한 회원국에 대하여 이 협정의 일부를 구성하며 이를 수락한 회원국에 대하여 구속력을 갖는다. 복수국간무역협정은 이를 수락하지 아니한 회원국에게 의무를 지우거나 권리를 부여하지 아니한다.
4. 부속서1가에 명시된 1994년도 관세 및 무역에 관한 일반협정(이하 "1994년도 GATT"라 한다)은 국제연합 무역과 고용회의 준비위원회 제2차회의 종결시 채택된 최종의정서에 부속된 1947년 10월 30일자 관세 및 무역에 관한 일반협정이 그 이후 정정, 개정 또는 수정된 일반협정(이하 "1947년도 GATT"라 한다)과 법적으로 구별된다.

제3조【세계무역기구의 기능】
1. 세계무역기구는 이 협정 및 다자간무역협정의 이행, 관리 및 운영을 촉진하고 그 목적을 증진하며 또한 복수국간 무역협정의 이행, 관리 및 운영을 위한 틀을 제공한다.
2. 세계무역기구는 이 협정의 부속서에 포함된 협정에서 다루어지는 사안과 관련된 회원국간의 다자간 무역관계에 관하여 그들간의 협상을 위한 장을 제공한다. 세계무역기구는 또한 각료회의에 의하여 결정되는 바에 따라 회원국간의 다자간 무역관계에 관한 추가적인 협상을 위한 토론의 장 및 이러한 협상결과의 이행을 위한 틀을 제공한다.
3. 세계무역기구는 이 협정 부속서2의 분쟁해결 규칙 및 절차에 관한 양해(이하 "분쟁해결양해"라 한다)를 시행한다.
4. 세계무역기구는 이 협정 부속서3에 규정된 무역정책검토제도를 시행한다.
5. 세계무역기구는 세계경제 정책결정에 있어서의 일관성 제고를 위하여 적절히 국제통화기금과 국제부흥개발은행 및 관련 산하기구들과 협력한다.

제4조【세계무역기구의 구조】
1. 모든 회원국 대표로 구성되며 최소 2년에 1회 개최되는 각료회의가 설치된다. 각료회의는 세계무역기구의 기능을 수행하며 이를 위하여 필요한 조치를 취한다. 각료회의는 회원국이 요청하는 경우, 이 협정과 다자간무역협정의 구체적인 의사결정 요건에 따라 다자간무역협정의 모든 사항에 대하여 결정을 내릴 권한을 갖는다.
2. 모든 회원국 대표로 구성되며 필요에 따라 개최되는 일반이사회가 설치된다. 일반이사회는 각료회의 비회기중에 각료회의의 기능을 수행한다. 일반이사회는 또한 이 협정에 의하여 부여된 기능을 수행한다. 일반이사회는 자체적인 의사규칙을 제정하고 제7항에 규정된 위원회의 의사규칙을 승인한다.
3. 일반이사회는 분쟁해결양해에 규정된 분쟁해결기구의 임무를 이행하기 위하여 적절히 개최된다. 분쟁해결기구는 자체적인 의장을 둘 수 있으며 동 임무이행을 위하여 필요하다고 판단하는 의사규칙을 제정한다.
4. 일반이사회는 무역정책검토제도에 규정된 무역정책검토기구의 임무를 이행하기 위하여 적절히 개최된다. 무역정책검토기구는 자체적인 의장을 둘 수 있으며 동 임무 이행을 위하여 필요하다고 판단되는 의사규칙을 제정한다.
5. 일반 이사회의 일반적인 지도에 따라 운영되는 상품무역이사회, 서비스무역이사회 및 무역관련지적재산권이사회가 설치된다. 상품무역이사회는 부속서1가의 다자간무역협정의 운영을 감독한다. 서비스무역이사회는 서비스무역에관한일반협정의 운영을 감독한다. 무역관련지적재산권이사회는 무역관련지적재산권에관한협정의 운영을 감독한다. 이들 이사회는 각각의 협정과 일반이사회에 의하여 부여된 기능을 수행한다. 이들 이사회는 일반이사회의 승인에 따라 각각의 의사규칙을 제정한다. 이들 이사회에의 가입은 모든 회원국 대표에게 개방된다. 이들 이사회는 자신의 기능을 수행하기 위하여 필요할 때마다 회합한다.
6. 상품무역이사회, 서비스무역이사회 및 무역관련지적재산권이사회는 필요에 따라 보조기구를 설치한다. 이들 보조기구는 각각의 이사회의 승인에 따라 각각의 의사규칙을 제정한다.
7. 각료회의는 무역개발위원회, 국제수지제한위원회 및 예산·재정·관리위원회를 설치하며 이들은 이 협정 및 다자간무역협정에 의하여 자신에게 부여된 기능 및 일반이사회가 자신에게 부여하는 추가적인 기능을 수행하며, 적절하다고 판단되는 기능을 갖는 추가적인 위원회를 설치할 수 있다. 무역개발위원회는 자신의 기능의 일부로서 최빈개도국 회원국을 위한 다자간무역협정의 특별조항을 정기적으로 검토하고 적절한 조치를 위하여 일반이사회에 보고한다. 이러한 위원회에의 가입은 모든 회원국에게 개방된다.
8. 복수국간무역협정에 규정된 기구는 동 협정에 의하여 자신에게 부여되는 기능을 수행하며 세계 무역기구의 제도적인 틀안에서 운용된다. 이들 기구는 일반이사회에 자신의 활동상황을 정기적으로 통보한다.

제5조【그 밖의 국제기구와의 관계】
1. 일반이사회는 세계무역기구의 책임과 관련된 책임을 갖는 그 밖의 정부간 기구와의 효과적인 협력을 위하여 적절한 조치를 취한다.
2. 일반이사회는 세계무역기구의 소관사항과 관련된 사항과 관계가 있는 비정부간 기구와의 협의 및 협력을 위하여 적절한 조치를 취할 수 있다.

제6조【사무국】
1. 사무총장을 최고책임자로 하는 세계무역기구 사무국(이하 "사무국"이라 한다)이 설치된다.
2. 각료회의는 사무총장을 임명하고 사무총장의 권한, 의무, 근무조건 및 임기를 명시하는 규정을 채택한다.
3. 사무총장은 각료회의가 채택하는 규정에 따라 사무국 직원을 임명하고 이들의 의무와 근무조건을 결정한다.
4. 사무총장 및 사무국 직원의 임무는 전적으로 국제적인 성격을 갖는다. 사무총장과 사무국 직원은 자신의 의무를 수행하는데 있어서 어떠한 정부나 세계무역기구 밖의 당국으로부터 지시를 구하거나 받아서는 아니된다. 이들은 국제관리로서 자신의 지위를 손상시킬 어떠한 행위도 삼가한다. 세계무역기구 회원국은 사무총장 및 사무국 직원의 임무의 국제적인 성격을 존중하며, 이들이 의무를 수행하는 데 있어서 영향력을 행사하려고 하지 아니한다.

제7조【예산 및 분담금】
1. 사무총장은 예산·재정·관리위원회에 세계무역기구의 연간예산안 및 재정보고서를 제출한다. 예산·재정·관리위원회는 사무총장이 제출하는 연간예산안 및 재정보고서를 검토하고 이에 대하여 일반이사회에 권고한다. 연간예산안은 일반이사회의 승인을 받아야 한다.
2. 예산·재정·관리위원회는 아래 사항을 포함하는 재정규정을 일반이사회에 제안한다.
가. 세계무역기구의 지출경비를 회원국간에 배분하는 분담금의 비율, 그리고
나. 분담금 체납회원국에 대하여 취하여야 할 조치
재정규정은 실행 가능한 한 1947년도 GATT의 규정 및 관행에 기초한다.
3. 일반이사회는 재정규정 및 연간예산안을 세계무역기구 회원국의 반 이상을 포함하는 3분의 2 다수결에 의하여 채택한다.
4. 회원국은 일반이사회에서 채택되는 재정규정에 따라 세계무역기구의 지출경비중 자기 나라의 분담금을 세계무역기구에 신속하게 납부한다.

제8조【세계무역기구의 지위】
1. 세계무역기구는 법인격을 가지며 각 회원국은 세계무역기구에 대하여 이 기구가 자신의 기능을 수행하는 데 필요한 법적 능력을 부여한다.
2. 각 회원국은 세계무역기구에 대하여 이 기구가 자신의 기능을 수행하는 데 필요한 특권과 면제를 부여한다.
3. 각 회원국은 또한 세계무역기구의 관리와 이 기구의 회원국 대표에 대하여도 이들이 세계무역기구와 관련하여 자신의 기능을 독자적으로 수행하는 데 필요한 특권과 면제를 부여한다.
4. 회원국이 세계무역기구, 이 기구의 관리 및 이 기구 회원국 대표에게 부여하는 특권과 면제는 1947년 11월 21일 국제연합 총회에서 승인된 전문기구의 특권과면제에관한협약에 규정된 특권과 면제와 유사하여야 한다.
5. 세계무역기구는 본부 협정을 체결할 수 있다.

제9조【의사결정】
1. 세계무역기구는 1947년도 GATT에서 지켜졌던 컨센서스에 의한 결정의 관행을 계속 유지한다.〔주 : 관련 기구는 결정을 하는 회의에 참석한 회원국중 어느 회원국도 공식적으로 반대하지 않는 한 검토를 위하여 제출된 사항에 대하여 컨센서스에 의하여 결정되었다고 간주된다〕 달리 규정되지 아니하는 한, 컨센서스에 의하여 결정이 이루어지지 아니하는 경우에는 문제가 된 사안은 표결에 의한다. 각료회의와 일반이사회에서 세계무역기구 각 회원국은 하나의 투표권을 갖는다. 구주공동체가 투표권을 행사할 때는 세계무역기구의 회원국인 구주공동체 회원국 수와 동일한 수의 투표권을 갖는다.〔주 : 구주공동체와 그 회원국의 투표수는 어떠한 경우에도 구주공동체의 회원국 수를 초과할 수 없다〕 이 협정 또는 다자간무역협정에 달리 규정되어 있는 경우를 제외하고는, 각료회의와 일반이사회의 결정은 투표과반수에 의한다.〔주 : 분쟁해결기구로서 개최된 일반이사회의 결정은 분쟁해결양해 제2조제4항에 따라서만 이루어진다〕
2. 각료회의와 일반이사회는 이 협정과 다자간무역협정의 해석을 채택하는 독점적인 권한을 갖는다. 부속서1의 다자간무역협정의 해석의 경우 이들은 동 협정의 운영을 감독하는 이사회의 권고사항에 기초하여 자신의 권한을 행사한다. 해석의 채택에 대한 결정은 회원국 4분의 3 다수결에 의한다. 이 항은 제10조의 개정규정을 저해하는 방법으로 사용되지 아니한다.
3. 예외적인 상황에서 각료회의는 이 협정이나 다자간무역협정이 회원국에게 지우는 의무를 면제하기로 결정할 수 있다. 다만, 이러한 결정은 이 항에 달리 규정되어 있는 경우를 제외하고는 세계무역기구 회원국 4분의 3 다수결에 의한다.〔주 : 과도기간이나 단계별 이행기간을 조건으로 하는 의무로서 의무면제 요청회원국이 관련기간의 종료시까지 이행하지 못한 의무에 대한 면제 부여는 컨센서스에 의하여서만 결정된다〕
가. 이 협정과 관련한 면제요청은 컨센서스에 의한 결정의 관행에 따라 각료회의에 검토를 위하여 제출한다. 각료회의는 동 요청을 검토하기 위하여 90일을 초과하지 아니하는 기간을 설정한다. 동 기간 동안 컨센서스가 도출되지 아니하는 경우, 면제부여는 회원국의 4분의 3 다수결로 결정한다.
나. 부속서1가, 1나 또는 1다의 다자간무역협정과 그들의 부속서와 관련한 면제요청은 90일이내의 기간 동안의 검토를 위하여 상품무역이사회, 서비스무역이사회 또는 무역관련지적재산권이사회에 각각 제출된다. 동 기간의 만료시 관련이사회는 각료회의에 보고서를 제출한다.
4. 면제를 부여하는 각료회의의 결정은 동 결정을 정당화하는 예외적인 상황, 면제의 적용을 규율하는 제반조건 및 면제 종료일자를 명시한다. 1년보다 긴 기간동안 부여되는 면제의 경우 각료회의는 면제 부여후 1년이내 및 그 이후 면제 종료시까지 매년 면제를 검토한다. 각료회의는 매 검토시마다 의무면제 부여를 정당화하는 예외적인 상황이 계속 존재하는지 여부 및 면제에 첨부된 조건이 충족되었는지 여부를 조사한다. 각료회의는 연례검토를 기초로 면제를 연장, 수정 또는 종료할 수 있다.
5. 해석 및 면제에 관한 모든 결정을 포함하여, 복수국간무역협정에 의한 결정은 동 협정의 규정에 따른다.

제10조【개정】
1. 세계무역기구 회원국은 각료회의에 개정안을 제출함으로써 이 협정 또는 부속서1의 다자간무역협정에 대한 개정을 발의할 수 있다. 제4조제5항에 열거된 이사회도 자신이 그 운영을 감독하는 부속서1의 다자간무역협정의 규정에 대한 개정안을 각료회의에 제출할 수 있다. 각료회의가 보다 긴 기간을 결정하지 아니하는 한, 각료회의에 개정안이 공식적으로 상정된 날로부터 90일 동안에 각료회의는 개정안을 회원국의 수락을 위하여 회원국에게 제출할 것인지 여부에 관하여 컨센서스에 의하여 결정한다. 제2항, 제5항 또는 제6항이 적용되지 아니하는 경우, 동 결정은 제3항 또는 제4항의 규정 중 어느 것이 적용될 것인지 명시한다. 컨센서스가 이루어지는 경우, 각료회의는 즉시 동 개정안을 회원국의 수락을 위하여 회원국에게 제출한다. 정해진 기간내에 각료회의에서 컨센서스가 이루어지지 아니할 경우, 각료회의는 동 개정안을 회원국의 수락을 위하여 회원국에게 제출할 것인지 여부를 회원국 3분의 2 다수결로 결정한다. 각료회의가 회원국 4분의 3 다수결로 제4항의 규정이 적용된다고 결정하지 아니하는 한, 제2항, 제5항 및 제6항에 규정된 경우를 제외하고는 제3항의 규정이 동 개정안에 적용된다.
2. 이 규정과 아래 열거된 규정에 대한 개정은 모든 회원국이 수락하는 경우에만 발효한다.
이 협정 제9조,
1994년도 GATT 제1조 및 제2조,
서비스무역에관한일반협정 제2조제1항,
무역관련지적재산권에관한협정 제4조
3. 제2항 및 제6항에 열거된 규정을 제외하고, 이 협정이나 부속서1가 및 부속서1다의 다자간무역협정의 규정에 대한 개정으로서 회원국의 권리와 의무를 변경시키는 성격의 개정은 회원국 3분의 2 수락으로 수락회원국에 대하여만 발효하며, 그 이후 수락하는 회원국에 대하여는 수락한 때부터 발효한다. 각료회의는 이 항에 따라 발효된 개정의 성격상 각료회의가 각각의 경우에 명시한 기간내에 이를 수락하지 아니한 회원국이 자유로이 세계무역기구를 탈퇴하거나 또는 각료회의의 동의를 얻어 회원국으로 남아 있을 수 있다고 회원국 4분의 3 다수결로 결정할 수 있다.
4. 제2항 및 제6항에 열거된 규정을 제외하고 이 협정이나 부속서1가 및 1다의 다자간무역협정의 규정에 대한 개정으로서 회원국의 권리와 의무를 변경시키지 아니하는 성격의 개정은 회원국 3분의 2 수락으로 모든 회원국에 대하여 발효한다.
5. 제2항에 규정된 것을 제외하고, 서비스무역에관한일반협정의 제1부, 제2부 및 제3부와 각 부속서에 대한 개정은 회원국 3분의 2 수락으로 수락회원국에 대하여만 발효하며, 그 이후 수락하는 회원국에 대하여는 수락한 때부터 발효한다. 각료회의는 선행규정에 따라 발효된 개정의 성격상 각료회의가 각각의 경우에 명시한 기간내에 이를 수락하지 아니한 회원국이 자유로이 세계무역기구를 탈퇴하거나 또는 각료회의의 동의를 얻어 회원국으로 남아 있을 수 있다고 회원국 4분의 3 다수결로 결정할 수 있다. 서비스무역에관한일반협정 제4부, 제5부 및 제6부와 각 부속서에 대한 개정은 회원국 3분의 2 수락으로 모든 회원국에 대하여 발효한다.
6. 이 조의 그 밖의 규정에도 불구하고, 무역관련지적재산권에관한협정에 대한 개정은 동 협정 제71조제2항의 요건에 합치하는 경우 추가적인 공식 수락절차없이 각료회의에서 채택될 수 있다.
7. 이 협정 또는 부속서1의 다자간무역협정에 대한 개정을 수락하는 회원국은 각료회의가 명시한 수락기간내에 세계무역기구 사무총장에게 수락서를 기탁한다.
8. 세계무역기구 회원국은 각료회의에 개정안을 제출함으로써 부속서2와 3의 다자간무역협정에 대한 개정을 발의할 수 있다. 부속서2의 다자간무역협정에 대한 개정의 승인은 컨센서스에 의하여 결정되며, 이러한 개정은 각료회의의 승인에 따라 모든 회원국에 대하여 발효한다. 부속서3의 다자간무역협정에 대한 개정의 승인결정은 각료회의의 승인에 따라 모든 회원국에 대하여 발효한다.
9. 각료회의는 특정 무역협정의 당사자인 회원국들의 요청에 따라 전적으로 컨센서스에 의해서만 동 협정을 부속서4에 추가하도록 결정할 수 있다. 각료회의는 복수국가간 무역협정의 당사자인 회원국들의 요청에 따라 동 협정을 부속서4로부터 삭제할 수 있다.
10. 복수국가간무역협정에 대한 개정은 동 협정의 규정에 따른다.

제11조【원회원국】
1. 이 협정 및 다자간무역협정을 수락하고, 자기나라의 양허 및 약속표가 1994년도 GATT에 부속되며 서비스무역에관한일반협정에 자기나라의 구체적 약속표가 부속된 국가로서 이 협정 발효일 당시 1947년도 GATT 체약당사자와 구주공동체는 세계무역기구의 원회원국이 된다.
2. 국제연합이 최빈개도국으로 인정한 국가는 자기나라의 개별적인 개발, 금융 및 무역의 필요나 행정 및 제도적인 능력에 합치하는 범위내에서 약속 및 양허를 하도록 요구된다.

제12조【가입】
1. 국가 또는 자신의 대외무역관계 및 이 협정과 다자간무역협정에 규정된 그 밖의 사항을 수행하는 데에 있어서 완전한 자치권을 보유하는 독자적 관세영역은 자신과 세계무역기구 사이에 합의되는 조건에 따라 이 협정에 가입할 수 있다. 이러한 가입은 이 협정 및 이 협정에 부속된 다자간무역협정에 대하여 적용된다.
2. 가입은 각료회의가 결정한다. 각료회의는 세계무역기구 회원국 3분의 2 다수결에 의하여 가입조건에 관한 합의를 승인한다.
3. 복수국간무역협정에의 가입은 동 협정의 규정에 따른다.

제13조【특정 회원국간의 다자간무역협정 비적용】
1. 특정 회원국이 세계무역기구 회원국이 되는 때에 다른 특정 회원국에 대한 적용에 동의하지 아니하는 경우, 이 협정 및 부속서1과 2의 다자간무역협정은 이들 양회원국간에 적용되지 아니한다.
2. 제1항은 1947년도 GATT 체약당사자였던 세계무역기구의 원회원국간에 있어서는 1947년도 GATT 제35조가 이미 원용되었고, 또한 이 협정 발효시에 동 체약당사자에게 효력이 있었던 경우에 한하여 원용될 수 있다.

3. 특정 회원국과 제12조에 따라 가입한 다른 회원국간의 관계에 있어서 제1항은 적용에 동의하지 않는 회원국이 각료회의가 가입조건에 관한 합의사항을 승인하기 이전에 각료회의에 협정 비적용 의사를 통보한 경우에만 적용된다.
4. 각료회의는 회원국의 요청에 따라 특수한 경우에 있어서 이 조의 운영을 검토하고 적절한 권고를 할 수 있다.
5. 복수국간무역협정의 당사자간의 동 협정 비적용은 동 협정의 규정에 따른다.

제14조【수락, 발효 및 기탁】
1. 이 협정은 서명 또는 다른 방법에 의하여 이 협정 제11조에 따라 세계무역기구의 원회원국이 될 자격이 있는 1947년도 GATT 체약당사자 및 구주공동체의 수락을 위하여 개방된다. 이러한 수락은 이 협정 및 이 협정에 부속된 다자간무역협정에 적용된다. 이 협정과 이 협정에 부속된 다자간무역협정은 우루과이라운드 다자간무역협상 결과를 구현하는 최종의정서 제3항에 따라 각료들이 결정하는 날 발효하며, 각료들이 달리 결정하지 아니하는 한 그날로부터 2년의 기간동안 수락을 위하여 개방된다. 이 협정 발효이후의 수락은 수락한 날로부터 30일째 되는 날 발효한다.
2. 이 협정 발효이후 이 협정을 수락하는 회원국은 이 협정 발효와 함께 개시되는 기간에 걸쳐 이행하여야 하는 다자간무역협정의 양허 및 의무를 이 협정 발효일에 이 협정을 수락한 것처럼 이행한다.
3. 이 협정 발효시까지 이 협정문 및 다자간무역협정은 1947년도 GATT 체약당사자단의 사무총장에게 기탁된다. 동 사무총장은 신속하게 이 협정 및 다자간무역협정의 인증등본 및 각 수락 통보문을 이 협정을 수락한 각국 정부와 구주공동체에 송부한다. 이 협정 및 다자간무역협정과 이에 대한 모든 개정은 이 협정 발효시 세계무역기구 사무총장에게 기탁된다.
4. 복수국간무역협정의 수락 및 발효는 동 협정의 규정에 따른다. 이러한 협정은 1947년도 GATT 체약당사자단의 사무총장에게 기탁된다. 이러한 협정은 이 협정 발효시 세계무역기구 사무총장에게 기탁된다.

제15조【탈퇴】
1. 회원국은 이 협정으로부터 탈퇴할 수 있다. 이러한 탈퇴는 이 협정 및 다자간무역협정에 대하여 적용되며, 서면 탈퇴통보가 세계무역기구 사무총장에게 접수된 날로부터 6월이 경과한 날 발효한다.
2. 복수국간무역협정으로부터의 탈퇴는 동 협정의 규정에 따른다.

제16조【기타조항】
1. 이 협정 또는 다자간무역협정에 달리 규정되지 아니하는 한, 세계무역기구는 1947년도 GATT 체약당사자단 및 1947년도 GATT의 틀 내에서 설립된 기구의 결정, 절차 및 통상적인 관행에 따른다.
2. 실행 가능한 범위내에서, 1947년도 GATT 사무국이 세계무역기구의 사무국이 되며 이 협정 제6조제2항에 따라 각료회의가 사무총장을 임명할 때까지 1947년도 GATT 사무총장이 세계무역기구 사무총장이 된다.
3. 이 협정의 규정과 다자간무역협정의 규정이 상충하는 경우 상충의 범위내에서 이 협정의 규정이 우선한다.
4. 각 회원국은 자기나라의 법률, 규정 및 행정절차가 부속 협정에 규정된 자기나라의 의무에 합치될 것을 보장한다.
5. 이 협정의 어느 규정에 대하여서도 유보를 할 수 없다. 다자간무역협정의 규정에 대한 유보는 동 협정에 명시된 범위내에서만 할 수 있다. 복수국간무역협정의 규정에 대한 유보는 동 협정의 규정에 따른다.
6. 이 협정은 국제연합헌장 제102조의 규정에 따라 등록된다.

1994년 4월 15일 마라케쉬에서 동등하게 정본인 영어, 불어 및 스페인어로 각 한부씩 작성하였다.

주석 : 이 협정과 다자간무역협정에 사용된 "국가"나 "국가들"은 세계무역기구의 독자적 관세영역 회원국을 포함하는 것으로 양해된다.
세계무역기구의 독자적 관세영역 회원국의 경우, 이 협정이나 다자간무역협정에서의 표현이 "국가"라는 용어로 수식되는 경우 이는 특별히 달리 명시되어 있지 않는 한 동 관세영역에 관한 것으로 해석되어야 한다.

〈부속서 본문 생략〉

〈부속서 목록〉

부속서1 가 : 상품무역에 관한 다자간협정
1994년도 관세 및 무역에 관한 일반협정
농업에 관한 협정
위생 및 식물위생 조치의 적용에 관한 협정
섬유 및 의류에 관한 협정
무역에 대한 기술장벽에 관한 협정
무역관련 투자조치에 관한 협정
1994년도 GATT 제6조의 이행에 관한 협정
1994년도 GATT 제7조의 이행에 관한 협정
선적전검사에 관한 협정
원산지규정에 관한 협정
수입허가 절차에 관한 협정
보조금 및 상계조치에 관한 협정
긴급수입제한조치에 관한 협정
부속서1 나 : 서비스무역에 관한 일반협정 및 부속서
부속서1 다 : 무역관련 지적재산권에 관한 협정
부속서2 : 분쟁해결 규칙 및 절차에 관한 양해
부속서3 : 무역정책검토제도
부속서4 : 복수국간 무역협정
민간항공기 무역에 관한 협정
정부조달에 관한 협정
국제 낙농 협정
국제 우육 협정

※ 부속서등 상세한 내용을 알고자 하시는 분은 정부간행물을 취급하는 서점에서 외무부 발행 책자(세계무역기구 설립을 위한 마라케쉬협정 외무부간 1994.7)를 참고하여 주십시오.

세계무역기구(WTO) 설립을 위한 마라케쉬 협정 개정의정서

(2017년 3월 2일 / 조 약 제2345호)

2015. 7.30(세계무역기구 사무총장에게 비준서 기탁)
2017. 2.22(대한민국에 대하여 발효)

세계무역기구 회원국은, 「무역원활화에 관한 협정」과 관련하여, 「세계무역기구 설립을 위한 마라케쉬 협정」("세계무역기구협정") 제10조제1항에 따라 채택된 문서 WT/L/940의 일반이사회의 결정을 고려하여, 다음과 같이 합의한다.
1. 제4항에 따라 이 의정서가 발효되면, 세계무역기구협정 부속서 1가는 이 의정서의 부속서에 규정된 대로의 「무역원활화에 관한 협정」을 「긴급수입제한조치에 관한 협정」 다음에 위치하도록 추가하여 개정된다.
2. 다른 회원국의 동의 없이는 이 의정서의 어떠한 규정에 대해서도 유보를 할 수 없다.
3. 이 의정서는 회원국의 수락을 위하여 개방된다.
4. 이 의정서는 세계무역기구협정 제10조제3항에 따라 발효된다.〔주 : 세계무역기구협정 제10조제3항에 따른 수락 건수를 계산하기 위한 목적으로, 유럽연합 자신을 위하여, 그리고 그 회원국들과 관련하여 유럽연합이 제출한 수락서는 세계무역기구 회원국인 유럽연합 회원국들의 수와 동일한 수의 회원국이 수락한 것으로 간주된다〕
5. 이 의정서는 세계무역기구 사무총장에게 기탁되며 세계무역기구 사무총장은 이 의정서의 인증 등본과 제3항에 따른 이 의정서의 각 수락 통보를 각 회원국에게 신속하게 제공한다.
6. 이 의정서는 「국제연합헌장」 제102조의 규정에 따라 등록된다.

〈개정의정서의 부속서 무역원활화에 관한 협정〉

회원국들은, 도하 각료선언에 따라 개시된 협상을 고려하고, 도하 각료선언(WT/MIN(01)/DEC/1) 제27항 및 2004년 8월 1일 일반이사회에 의하여 채택된 도하 작업계획 결정(WT/L/579) 부속서 라와 홍콩 각료 선언(WT/MIN(05)/DEC) 제33항 및 부속서 마에 포함된 위임사항 및 원칙을 상기하고 재확인하며, 통과 중인 상품을 포함한 상품의 이동, 반출 및 통관을 더욱 신속하게 할 목적으로 「1994년도 GATT」 제5조, 제8조 및 제10조의 관련 사항을 명확히 하고 개선하기를 희망하고, 개발도상회원국, 그리고 특히 최빈개도회원국의 특정한 수요를 인정하고 이 분야의 능력 배양을 위한 원조 및 지원을 증진시키기를 희망하며, 무역원활화 및 세관 준수 사안에 관한 회원국 간의 효과적인 협력 필요를 인정하면서, 다음과 같이 합의한다.

제1절

제1조【정보의 공표 및 이용 가능성】
1. 공표
1.1 각 회원국은 다음의 정보를 정부, 무역업자와 그 밖의 이해당사자가 알 수 있도록 비차별적이고 쉽게 접근 가능한 방식으로 신속하게 공표한다.
가. (항구, 공항 및 그 밖의 반입 지점 절차를 포함하는) 수입, 수출 및 통과 절차와 요구되는 양식 및 서류
나. 수입 또는 수출에 대하여 또는 이와 관련하여 부과되는 모든 종류의 관세 및 조세 실행 세율
다. 수입, 수출 또는 통과에 대하여 또는 이와 관련하여, 정부기관에 의하여 또는 정부기관을 위하여 부과되는 수수료와 부과금
라. 관세 목적의 상품 분류 또는 평가 규칙
마. 원산지 규정과 관련하여 일반적으로 적용되는 법, 규정 및 행정적 결정
바. 수입, 수출 또는 통과 제한 또는 금지
사. 수입, 수출 또는 통과 절차 위반에 대한 벌칙 규정
아. 불복청구 또는 재심 절차
자. 수입, 수출 또는 통과와 관련한 국가 또는 국가들과의 협정 또는 그 일부, 그리고
차. 관세 할당 운영 관련 절차
1.2 제2.2항에 명시된 경우를 제외하고 이 규정의 어떤 것도 회원국의 언어 이외의 언어로 정보의 공표 또는 제공을 요구하는 것으로 해석되지 아니한다.
2. 인터넷을 통하여 이용 가능한 정보
2.1 각 회원국은 인터넷을 통하여 다음을 이용 가능하게 하고, 가능한 한도 내에서 적절하게 이를 갱신한다.
가. 불복청구 또는 재심 절차를 포함하여 정부, 무역업자 및 그 밖의 이해당사자에게 수입, 수출 및 통과를 위하여 필요한 실질적 단계를 알려주는 수입, 수출 및 통과 절차의 설명〔주 : 각 회원국은 이 설명의 법적 제한을 자국의 웹사이트에 언급할 재량을 가진다〕
나. 그 회원국 영역으로의 수입, 그 회원국 영역으로부터의 수출, 또는 그 회원국 영역을 통한 통과를 위하여 요구되는 양식 및 서류
다. 질의처에 관한 연락 정보
2.2 실행 가능한 경우, 제2.1항가호에 언급된 설명은 세계무역기구 공식 언어 중 하나로도 이용 가능하도록 한다.
2.3 회원국은 관련 무역관련 법규와 제1.1항에 언급된 그 밖의 사항을 포함한 추가적인 무역 관련 정보를 인터넷을 통하여 이용 가능하게 하도록 장려된다.
3. 질의처
3.1 각 회원국은 제1.1항의 적용 대상이 되는 사안에 대한 정부, 무역업자 및 그 밖의 이해당사자의 합리적인 질의에 답하기 위하여, 그리고 제1.1항가호에 언급된 필요 양식 및 서류를 제공하기 위하여, 자국의 이용 가능한 자원의 범위 내에서 하나 또는 그 이상의 질의처를 설치 또는 유지한다.
3.2 관세 동맹 회원국 또는 지역 통합에 관여하는 회원국은 제3.1항의 요건을 충족시키기 위하여 공통 절차를 위한 지역 차원의 공통 질의처를 설치 또는 유지할 수 있다.
3.3 회원국은 질의 답변과 필요 양식 및 서류 제공에 대한 수수료 지불을 요구하지 아니하도록 장려된다. 만일 요구하는 경우 회원국은 수수료 및 부과금의 금액을 제공된 서비스의 대략적 비용으로 한정한다.
3.4 질의처는 각 회원국이 정한 합리적인 기간 내에 질의에 답하고 양식과 서류를 제공한다. 그러한 기간은 요청의 성격 또는 복잡성에 따라 달라질 수 있다.
4. 통보
각 회원국은 제23조제1.1항에 따라 설립된 무역원활화위원회(이 협정에서 "위원회"라 한다)에 다음을 통보한다.
가. 제1.1항가호부터 차호까지의 사항이 공표된 공식 장소
나. 제2.1항에 언급된 웹사이트 주소(URL), 그리고
다. 제3.1항에 언급된 질의처의 연락 정보

제2조【의견제시 기회, 발효 전 정보 및 협의】
1. 의견제시 기회 및 발효 전 정보
1.1 각 회원국은, 실행 가능한 한도 내에서, 그리고 자국의 국내법 및 법제도와 합치하는 방식으로, 무역업자 및 그 밖의 이해당사자에게 통과 중인 상품을 포함한 상품의 이동, 반출 및 통관과 관련하여 일반적으로 적용되는 법 및 규정의 도입 또는 개정 제안에 대한 의견을 제시할 기회와 적절한 기간을 제공한다.
1.2 각 회원국은, 실행 가능한 한도 내에서, 그리고 자국의 국내법 및 법제도와 합치하는 방식으로, 통과 중인 상품을 포함한 상품의 이동, 반출 및 통관과 관련하여 일반적으로 적용되는 새로운 또는 개정된 법 및 규정이 발효되기 전 가능한 한 빠른 시기에 무역업자 및 그 밖의 이해당사자가 알 수 있도록 공표되거나, 이에 관한 정보가 달리 공개적으로 이용 가능하도록 보장한다.
1.3 관세율의 변경, 경감 효과를 지닌 조치, 제1.1항 또는 제1.2항의 준수 결과로서 그 효과가 저해될 수 있는 조치, 긴급 상황에서 적용되는 조치 또는 국내법 및 법제도의 사소한 변경은 제1.1항 및 제1.2항에서 각각 제외된다.
2. 협의
각 회원국은 자국 영역 내에 소재한 자국 국경 기관과 무역업자 또는 그 밖의 이해당사자 간 정기적인 협의를 갖도록 적절하게 규정한다.

제3조【사전심사】
1. 각 회원국은 모든 필요한 정보가 포함된 서면 요청을 제출한 신청인에게 합리적인 방식으로 설정한 기한 내에 사전심사서를 발급한다. 회원국이 사전심사서 발급을 거부하는 경우, 그 회원국은 거부 결정에 관한 관련 사실 및 근거를 적시하여 신청인에게 서면으로 신속하게 통보한다.
2. 신청서에 제기된 질문이 다음과 같은 경우, 회원국은 신청인에 대한 사전심사서 발급을 거부할 수 있다.
가. 정부기관, 불복 심판기관 또는 법원에 신청인의 사건으로 이미 계류 중인 경우, 또는
나. 불복 심판기관 또는 법원에서 이미 결정이 내려진 경우
3. 사전심사서는 그 심사의 근거가 되는 법, 사실 또는 상황에 변동이 없는 한, 발급 후 합리적인 기간 동안 유효하다.
4. 회원국이 사전심사를 취소, 수정 또는 무효화하는 경우, 그 회원국은 자국의 결정에 관한 관련 사실 및 근거를 적시한 서면 통보를 신청인에게 제공한다. 회원국이 사전심사를 소급적으로 취소, 변경 또는 무효화하는 경우, 그 회원국은 해당 심사가 불완전 또는 부정확한 정보나 허위 또는 오해의 소지가 있는 정보에 근거하여 이루어진 경우에만 한정하여 그렇게 할 수 있다.
5. 어느 한 회원국이 발급한 사전심사서는 그 심사를 청구한 신청인과 관련하여 해당 회원국에 구속력이 있다. 해당 회원국은 사전심사가 그 신청인에게 구속력이 있다고 규정할 수 있다.
6. 각 회원국은 최소한 다음을 공표한다.
가. 제공되어야 할 정보와 형식을 포함한 사전심사 신청을 위한 요건
나. 사전심사서가 발급될 때까지의 기한, 그리고
다. 해당 사전심사의 유효기간
7. 각 회원국은 신청인의 서면 요청이 있는 경우, 사전심사 또는 사전심사를 취소, 수정 또는 무효화하는 결정에 대하여 재심을 제공한다.〔주 : 이 항에 따라 가) 재심은 심사가 실행되기 전이나 실행된 후에, 심사서를 발급한 직원, 부서 또는 당국, 그 보다 상위의 또는 독립적인 행정 당국이나 사법 당국에 의하여 제공될 수 있고, 나) 회원국은 신청인에게 제4조제1항에 따른 구제를 제공하도록 요구되지 아니한다〕
8. 각 회원국은 상업적 비밀 정보를 보호할 필요를 고려하여 그 밖의 이해당사자에게 중요한 이해가 있다고 판단하는 사전심사에 관한 모든 정보를 공개하도록 노력한다.
9. 정의 및 범위
가. 사전심사서는 신청의 적용 대상이 되는 상품의 수입 이전에 회원국에 의하여 신청인에게 제공되는 서면결정으로서, 회원국은 다음에 대하여 수입 시 그 상품에 제공하여야 하는 대우를 적시한다.
(1) 상품의 품목분류, 그리고
(2) 상품의 원산지〔주 : 상품의 원산지에 대한 사전심사는 그 심사가 이 협정 및 「원산지규정에 관한 협정」의 요건을 충족시키는 경우, 「원산지규정에 관한 협정」의 목적상 원산지 평가가 될 수 있다고 양해된다. 마찬가지로 「원산지규정에 관한 협정」에 따른 원산지 평가는, 그 심사가 두 협정의 요건을 모두 충족시키는 경우, 이 협정의 목적상 상품의 원산지에 대한 사전심사가 될 수 있다. 이 조의 요건이 충족된 경우에 한하여 회원국들은 원산지 평가와 관련하여 「원산지규정에 관한 협정」에 따라 수립된 제도에 더하여 이 규정에 따른 별도의 제도를 수립하도록 요구되지 아니한다〕
나. 가호에 정의된 사전심사서에 더하여, 회원국은 다음에 대한 사전심사를 제공하도록 장려된다.
(1) 특정한 일련의 사실에 따른 과세가격을 결정하는 데 사용되는 적절한 방법 또는 기준, 그리고 그 적용
(2) 관세 경감 또는 면제를 위한 회원국 요건의 적용 가능성
(3) 관세 할당을 포함하여 할당에 대한 회원국 요건의 적용, 그리고
(4) 회원국이 사전심사서를 발급하는 데 적절하다고 간주하는 모든 추가적인 사항

다. 신청인은 수출자, 수입자 또는 정당한 이유를 가진 모든 인 또는 그 대리인이다.
라. 회원국은 신청인이 자국 영역 내에 법정대리 또는 등록을 가질 것을 요구할 수 있다. 가능한 한도 내에서 그러한 요건은, 중소기업의 특정 수요를 특별히 고려하여, 사전심사 신청 자격을 가진 인의 범주를 제한하지 아니한다. 이러한 요건은 명확하고 투명해야 하며 자의적이거나 부당한 차별의 수단을 구성하지 아니한다.

제4조【불복청구 또는 재심을 위한 절차】

1. 각 회원국은 세관이 행정적 결정〔주 : 이 조의 행정적 결정은 개별 사안에서 특정인의 권리 및 의무에 영향을 미치는 법적 효력을 지닌 결정을 말한다. 이 조의 행정적 결정은「1994년도 GATT」제10조의 의미 내의 행정 조치를 포함하거나 회원국의 국내법 및 법제도에 규정된 행정 조치나 행정적 결정을 내리지 못하는 것을 포함하는 것으로 양해된다. 그렇게 행정 조치나 결정을 내리지 못하는 것을 처리하기 위하여, 회원국은 제1항 가호에 따른 불복청구 또는 재심에 대한 권리를 대신하여 관세 당국이 신속하게 행정적 결정을 내리지 못하는 것을 처리하기 위하여, 회원국은 제1항가호에 따른 불복청구 또는 재심에 대한 권리를 대신하여 관세 당국이 신속하게 행정적 결정을 내리도록 지시하는 대안적인 행정적 매커니즘 또는 사법적 구제를 유지할 수 있다〕을 내리는 모든 인이 자국 영역 내에서 다음의 권리를 가질 것을 규정한다.
가. 결정을 내린 직원 또는 부서보다 높은 또는 그로부터 독립적인 행정 당국에 대한 행정적 불복청구 또는 그러한 행정 당국에 의한 재심, 그리고/또는
나. 결정에 대한 사법적 불복청구 또는 재심
2. 회원국의 법률은 사법적 불복청구 또는 재심 이전에 행정적 불복청구 또는 재심이 개시되도록 요구할 수 있다.
3. 각 회원국은 자국의 불복청구 또는 재심 절차가 비차별적인 방식으로 진행되도록 보장한다.
4. 각 회원국은 제1항가호에 따른 불복청구나 재심에 관한 결정이
가. 자국의 법 또는 규정에 명시된 기간 이내에 내려지지 못한 경우, 또는
나. 부당하게 지연되어 내려진 경우,
신청인이 행정 당국 또는 사법 당국에 대하여 추가적인 불복청구 또는 사법 당국에 의한 재심을 청구할 권리 또는 사법 당국에 그 밖의 모든 구제를 청구할 수 있는 권리를 가지도록 보장한다.〔주 : 이 항의 어떤 규정도 회원국이 자국의 법 및 규정에 따라 불복청구 또는 재심에 대한 행정적 침묵을 신청인에게 유리한 결정으로 인정하는 것을 방해하지 아니한다〕
5. 각 회원국은 제1항에 언급된 인이 행정적 결정의 이유를 제공받아 필요한 경우 그러한 인이 불복청구 또는 재심 절차를 이용할 수 있도록 보장한다.
6. 각 회원국은 세관 이외의 관련 국경기관이 행정적 결정을 내리는 경우에도 이 조의 규정들을 적용 가능하게 하도록 장려된다.

제5조【공정성, 비차별성 및 투명성 제고를 위한 그 밖의 조치】

1. 제고된 통제 또는 검사의 통보
회원국이 자국 영역 내의 사람, 동물 또는 식물의 생명 또는 건강을 보호하기 위한 통보 또는 지침의 적용 대상이 되는 식품, 음료 또는 사료에 대한 국경에서의 통제 또는 검사 수준을 제고하기 위하여 자국의 관련 당국에 통보 또는 지침을 발급하는 제도를 채택 또는 유지하는 경우, 다음의 규율들이 그 발급, 종료 또는 정지의 방식에 적용된다.
가. 회원국은 위험에 근거한 통보 또는 지침을 적절하게 발급할 수 있다.
나. 회원국은 통보 또는 지침이 그것의 근거가 되는 위생 및 식물위생 조건이 적용되는 반입 지점에서만 통일되게 적용되도록 그 통보 또는 지침을 발급할 수 있다.
다. 회원국은 통보 또는 지침을 야기한 상황이 더 이상 존재하지 아니하거나, 또는 변화된 상황이 더 낮은 무역 제한 방식으로 다루어질 수 있는 경우 통보 또는 지침을 신속히 종료 또는 정지한다. 그리고
라. 회원국이 통보 또는 지침을 종료하거나 정지하기로 결정하는 때에, 그 회원국은 적절하게 그 종료 또는 정지를 비차별적이고 쉽게 접근 가능한 방식으로 신속히 공표하거나 수출 회원국 또는 수입자에게 통보한다.
2. 유치
회원국은 수입 신고된 상품이 세관 또는 그 밖의 모든 권한 있는 당국에 의한 검사를 위하여 유치된 경우에는 그 운송업자 또는 수입자에게 신속히 통보한다.
3. 시험 절차
3.1 회원국은 요청이 있는 경우 수입신고 된 상품의 도착 시 채택한 견본의 첫 번째 시험 결과가 불리한 결과를 나타내는 경우 두 번째 시험 기회를 부여할 수 있다.
3.2 회원국은 시험이 수행될 수 있는 실험실의 명칭과 주소를 비차별적이고 쉽게 접근 가능한 방식으로 공표하거나 제3.1항에 규정된 기회가 수입자에게 부여된 경우 이러한 정보를 수입자에게 제공한다.
3.3 회원국은 상품의 반출 및 통관을 위하여 제3.1항에 따라 수행된 두 번째 시험 결과가 있다면 이를 고려하여야 하며, 적절하다면 그 시험 결과를 수용할 수 있다.

제6조【수입 및 수출에 대하여 또는 이와 관련하여 부과되는 수수료 및 부과금 그리고 벌금에 대한 규율】

1. 수입 및 수출에 대하여 또는 이와 관련하여 부과되는 수수료 및 부과금에 대한 일반 규율
1.1 제1항의 규정은 수입 및 수출 관세 및「1994년도 GATT」제3조의 범위 내에서의 조세를 제외하고 상품의 수입 또는 수출에 대하여 또는 이와 관련하여 회원국에 의하여 부과되는 모든 수수료 및 부과금에 대하여 적용된다.
1.2 수수료 및 부과금에 관한 정보는 제1조에 따라 공표된다. 이 정보는 적용될 수수료 및 부과금, 그러한 수수료 및 부과금에 대한 이유, 담당 당국, 그리고 지급될 시기 및 방법을 포함한다.
1.3 새로운 또는 개정된 수수료 및 부과금의 공표와 그 시행 간에는, 긴급한 상황을 제외하고, 적절한 기간이 부여된다. 그러한 수수료 및 부과금은 이에 대한 정보가 공표될 때까지 적용되지 아니한다.
1.4 각 회원국은 실행 가능한 경우 수수료 및 부과금의 수와 종류를 줄이기 위하여 정기적으로 자국의 수수료 및 부과금을 검토한다.
2. 수입 및 수출에 대하여 또는 이와 관련하여 부과되는 세관 처리를 위한 수수료 및 부과금에 대한 특별규율
세관 처리를 위한 수수료 및 부과금은
(1) 해당 특정 수입 또는 수출 활동에 대하여 또는 이와 관련하여 제공된 서비스의 대략적 비용에 대한 금액으로 제한된다. 그리고
(2) 그러한 수수료 및 부과금이 상품의 세관 처리와 밀접히 관련된 서비스를 위하여 부과된 경우에는 특정 수입 또는 수출 활동과 연결되도록 요구되지 아니한다.
3. 벌금 규율
3.1 제3항의 목적상 "벌금"이라는 용어는 회원국의 관세 법, 규정 또는 절차 요건의 위반에 대하여 회원국의 관세행정기관에 의하여 부과되는 것을 말한다.
3.2 각 회원국은 관세 법, 규정 또는 절차 요건의 위반에 대한 벌금이 자국의 법에 따라 그 위반에 책임이 있는 인(들)에게만 부과되도록 보장한다.
3.3 부과되는 벌금은 사건의 사실 및 상황에 따라 결정되고 위반의 정도와 심각성에 상응한다.
3.4 각 회원국은 다음을 피하기 위한 조치들을 유지하도록 보장한다.
가. 벌금과 관세의 산정 및 징수에 있어서의 이익의 충돌, 그리고
나. 제3.3항과 합치하지 아니하는 벌금의 산정 또는 징수에 대한 유인 창출
3.5 각 회원국은 관세 법, 규정 또는 절차 요건의 위반에 대하여 벌금이 부과되는 경우, 위반의 성격 그리고 위반에 대한 벌금의 금액과 범위가 규정된 적용 가능한 법, 규정 또는 절차를 명시한 서면 설명이 벌금이 부과된 인(들)에게 제공되도록 보장한다.
3.6 어떤 인이 관세행정기관에 의한 위반의 적발 이전에 관세 법, 규정 또는 절차 요건의 위반 상황을 회원국의 관세행정기관에 자발적으로 공개하는 경우, 그 회원국은 적절한 경우 그 인에 대한 벌금을 결정할 때 잠재적 경감 요소로 이 사실을 고려하도록 장려된다.
3.7 이 항의 규정들은 제3.1항에 언급된 통과 교통에 대한 벌금에 적용된다.

제7조【상품의 반출 및 통관】

1. 도착 전 처리
1.1 각 회원국은 도착 시 상품의 반출을 신속하게 하기 위하여 상품의 도착 이전에 처리를 개시할 수 있도록 적하 목록을 포함하는 수입 서류 및 그 밖의 필요한 정보의 제출을 위한 절차를 채택하거나 유지한다.
1.2 각 회원국은 그러한 서류의 도착 전 처리를 위하여 전자적 형태의 서류의 사전 제출을 적절하게 규정한다.
2. 전자적 지급
각 회원국은 실행 가능한 한도 내에서 수입 및 수출에 대하여 발생하고 세관에 의하여 징수되는 관세, 조세, 수수료 및 부과금의 전자적 지급 선택권을 허용하는 절차를 채택하거나 유지한다.
3. 반출과 관세, 조세, 수수료 및 부과금에 대한 최종 결정의 분리
3.1 각 회원국은 관세, 조세, 수수료 및 부과금의 최종 결정이 도착 전이나 도착 시 또는 도착 후 가능한 한 신속히 이루어지지 아니한 경우, 그리고 그 밖의 모든 규제 요건이 충족된 경우에 한하여, 그 최종 결정 이전에 상품의 반출을 허용하는 절차를 채택하거나 유지한다.
3.2 그러한 반출의 조건으로 회원국은 다음을 요구할 수 있다.
가. 상품 도착 전 또는 도착 시 결정된 관세, 조세, 수수료 및 부과금의 지급 및 아직 결정되지 아니한 모든 금액에 대한 담보, 예치 또는 자국의 법과 규정에 규정된 그 밖의 적절한 증서 형태의 보증, 또는
나. 담보, 예치 또는 자국의 법과 규정에 규정된 그 밖의 적절한 증서 형태의 보증
3.3 그러한 보증은 보증의 적용 대상이 되는 상품에 대하여 궁극적으로 예정된 관세, 조세, 수수료 및 부과금의 지급을 보장하기 위하여 회원국이 요구하는 금액보다 커서는 아니 된다.
3.4 벌금형 또는 과태료 부과를 요구하는 위법이 감지된 경우, 부과될 수 있는 벌금과 과태료에 대하여 보증이 요구될 수 있다.
3.5 제3.2항과 제3.4항에 규정된 보증은 그것이 더 이상 요구되지 아니하는 경우 해제된다.
3.6 이 규정의 어떤 것도 회원국의 세계무역기구 권리 및 의무와 합치하는 방식으로 상품을 검사, 유치, 압수 또는 몰수하거나 다룰 수 있는 회원국의 권리에 영향을 미치지 아니한다.
4. 위험관리
4.1 각 회원국은 가능한 한도 내에서 세관 통제를 위한 위험관리 시스템을 채택하거나 유지한다.
4.2 각 회원국은 자의적이거나 불공정한 차별 또는 국제 무역에 대한 위장된 제한을 회피하는 방식으로 위험관리를 고안하고 적용한다.
4.3 각 회원국은 세관 통제와 가능한 한도 내에서의 그 밖의 관련 국경 통제를 고위험 화물에 집중하고, 저위험 화물의 반출은 신속하게 한다. 회원국은 또한 자국의 위험관리의 일부로서 그러한 통제를 위한 화물을 무작위로 선별할 수 있다.
4.4 각 회원국은 위험관리를 적절한 선별기준을 통한 위험평가에 기초하게 한다. 그러한 선별기준은 특히 HS 코드, 상품의 성격과 설명, 원산지 국가, 상품이 선적된 국가, 상품의 가치, 무역업자의 준수 기록 및 운송수단의 종류를 포함할 수 있다.
5. 통관 후 심사
5.1 상품의 반출을 신속하게 하기 위하여 각 회원국은 관세법령과 그 밖의 관련 법 및 규정의 준수를 보장하기 위한 통관 후 심사를 채택하거나 유지한다.
5.2 각 회원국은 적절한 선별 기준을 포함할 수 있는 위험에 근거한 방식으로 통관 후 심사를 위한 인 또는 화물을 선별한다. 각 회원국은 투명한 방식으로 통관 후 심사를 수행한다. 심사 과정에 그 인이 관련되고 확정적인 결과가 획득된 경우 회원국은 그 결과, 그 인의 권리 및 의무, 그리고 그 결과의 이유를 그 기록이 심사된 인에게 지체 없이 통보한다.
5.3 통관 후 심사에서 획득된 정보는 추가적인 행정적 또는 사법적 절차에 이용될 수 있다.
5.4 회원국은 실행 가능한 경우 위험관리를 적용하는 데에 있어 통관 후 심사 결과를 이용한다.
6. 평균 반출시간의 수립 및 공표
6.1 회원국은 특히 세계관세기구(이 협정에서 "WCO"라 한다)의 반출시간 연구와 같은 수단을 이용하여 정기적으로 그리고 일관된 방식으로 상품의 평균 반출시간을 측정하고 공표하도록 장려된다.〔주 : 각 회원국은 그 필요한 능력에 따라 그러한 평균 반출시간 측정의 범위 및 방법론을 결정할 수 있다〕
6.2 회원국은 이용된 방법론, 확인된 병목점 그리고 효율성에 대한 모든 결과적인 영향을 포함하여 자국의 평균 반출시간 측정 경험을 위원회와 공유하도록 장려된다.
7. 인가된 영업자를 위한 무역원활화 조치
7.1 각 회원국은 이하 인가된 영업자라 불리는, 명시된 기준을 충족하는 영업자에게, 제7.3항에 따라 수입, 수출 또는 통과 형식 및 절차와 관련되는 추가적인 무역원활화 조치를 제공한다. 또는, 회원국은 그러한 무역원활화 조치를 모든 영업자에게 일반적으로 이용 가능한 세관 절차를 통하여 제공할 수 있으며, 별도의 제도를 수립하도록 요구되지 아니한다.
7.2 인가된 영업자로서의 자격을 갖추기 위한 명시된 기준은 회원국의 법과 규정 또는 절차에 명시된 요건의 준수 또는 비준수의 위험과 관련된다.
가. 그러한 기준은 공표되며, 다음을 포함할 수 있다.
(1) 관세법령과 그 밖의 관련 법 및 규정의 적절한 준수 기록
(2) 필요한 내부 통제를 가능하게 하는 기록 관리 시스템
(3) 적절한 경우 충분한 보안 또는 보증의 제공을 포함하는 재무 건전성, 그리고
(4) 공급망 보안
나. 그러한 기준은
(1) 동일한 여건 하에 있는 영업자 간의 자의적이거나 부당한 차별을 부여하거나 초래하기 위하여 고안되거나 적용되지 아니한다. 그리고
(2) 가능한 한도 내에서 중소기업의 참여를 제한하지 아니한다.
7.3 제7.1항에 따라 제공되는 무역원활화 조치는 다음 조치 중 최소한 세 가지를 포함한다.〔주 : 제7.3항가호부터 사호까지에 기재된 조치가 모든 영업자에게 일반적으로 이용 가능한 경우 이는 인가된 영업자에게 제공되는 것으로 간주될 것이다〕
가. 적절하게, 낮은 수준의 서류 및 자료 요건
나. 적절하게, 낮은 비율의 물리적 조사 및 검사
다. 적절하게, 신속한 반출시간
라. 관세, 조세, 수수료 및 부과금의 납부 유예
마. 종합 보증 또는 축소된 보증의 사용
바. 주어진 기한 내의 모든 수입 또는 수출에 대한 단일 세관 신고, 그리고
사. 인가된 영업자의 사업장 또는 세관에 의하여 인가된 그 밖의 장소에서의 상품 통관
7.4 회원국들은 인가된 영업자 제도를, 국제 표준이 존재하는 경우 그러한 표준에 기초하여 개발하도록 장려된다. 다만, 그러한 표준이 추구하는 정당한 목적을 충족하기에 부적절하거나 비효과적인 수단일 경우는 제외한다.
7.5 영업자에게 제공되는 무역원활화 조치를 증진하기 위하여, 회원국들은 다른 회원국들에게 인가된 영업자 제도의 상호 인정을 협상할 수 있는 가능성을 제공한다.
7.6 회원국들은 시행 중인 인가된 영업자 제도에 대한 관련 정보를 위원회 내에서 교환한다.
8. 특송 화물
8.1 각 회원국은 세관 통제를 유지하면서, 적어도 항공 화물 시설을 통하여 반입된 상품의 신속한 반출을 그러한 대우를 신청한 인에게 허용하는 절차를 채택하거나 유지한다.〔주 : 회원국이 제8.2항의 대우를 제공하는 기존 절차를 가지는 경우, 이 규정은 그 회원국이 별도의 신속한 반출 절차를 도입하도록 요구하지 아니한다〕 회원국이 신청인을 제한하는 기준〔주 : 그러한 적용 기준이 있다면 이는 항공 화물 시설을 통하여 반입된 모든 상품 또는 화물에 대한 회원국의 운영 요건에 추가된다〕을 적용하는 경우, 그 회원국은 공표된 기준을 통하여 제8.2항에 기술된 대우를 신청인의 특송 화물에 적용하기 위한 자격 조건으로 신청인에게 다음을 요구할 수 있다.
가. 신청인이 지정된 시설에서 수행될 특송 화물 처리를 위한 회원국의 요건을 충족하는 경우, 그러한 처리에 관련된 충분한 기반시설 및 세관 비용의 지급 제공
나. 특송 화물의 도착 전에 반출에 필요한 정보의 제출
다. 제8.2항에 기술된 대우를 제공하는 데 사용된 서비스의 대략적 비용으로 금액이 한정된 수수료를 지불
라. 내부보안, 물류 및 수거부터 배달까지의 추적 기술의 사용을 통한 특송 화물에 대한 높은 수준의 통제 유지
마. 수거부터 배달까지의 특송 화물 제공
바. 상품에 대하여 관세 당국에 대한 모든 관세, 조세, 수수료 및 부과금의 지급 책임 부담
사. 관세법령과 그 밖의 관련 법 및 규정의 준수에 관한 좋은 기록
아. 제8.2항에 기술된 대우의 제공과 구체적으로 관련되는 회원국의 법, 규정 및 절차 요건의 효과적인 집행과 직접적으로 관련되는 그 밖의 조건들의 준수
8.2 제8.1항 및 제8.3항을 조건으로 회원국들은
가. 제10조제1항에 따라 특송 화물의 반출을 위하여 요구되는 서류를 최소화하고 가능한 한도 내에서 특정 화물에 대하여 정보의 단일 제출에 근거한 반출을 규정한다.
나. 반출을 위하여 요구되는 정보가 제출된 경우에 한하여 통상적인 상황에서 특송 화물의 도착 후 가능한 한 신속하게 반출되도록 규정한다.
다. 회원국이 신고와 근거 서류, 그리고 관세와 조세의 지급을 포함한 추가적인 반입 절차를 요구하는 것이 허용되고, 그러한 대우가 서류와 같은 낮은 가치의 상품에만 제한되지 아니하는 경우에 한하여, 그러한 대우를 상품의 종류에 근거하여 제한하도록 허용된다는 것을 인정하면서, 가호 및 나호의 대우를 모든 중량이나 가치의 화물에 적용하도록 노력한다. 그리고
라. 특정한 기술된 상품을 제외하고 가능한 한도 내에서 관세와 조세가 징수되지 아니할 미소 화물가치 또는 관세부과대상

금액을 규정한다. 「1994년도 GATT」 제3조에 합치하게 수입에 대하여 적용되는 부가가치세 및 소비세와 같은 내국세는 이 규정의 대상이 되지 아니한다.

8.3 제8.1항 및 제8.2항의 어떤 규정도 상품을 검사, 유치, 압수, 몰수 또는 반입 거부하거나 위험관리 시스템의 사용과 관련된 것을 포함하여 통관 후 심사를 수행할 수 있는 회원국의 권리에 영향을 미치지 아니한다. 나아가 제8.1항 및 제8.2항의 어떤 규정도 회원국이 반출의 조건으로, 추가적인 정보의 제출과 비자동(非自動) 면허 요건의 충족을 요구하는 것을 금지하지 아니한다.

9. 부패성 상품〔주 : 이 규정의 목적상, 부패성 상품은, 특히 적절한 저장 조건이 결여되는 경우, 그 자연적 특성 때문에 급속히 부패되는 상품이다〕

9.1 부패성 상품의 회피 가능한 손실 또는 품질 저하를 방지할 목적으로 그리고 모든 규제 요건이 충족된 경우, 각 회원국은 다음과 같이 부패성 상품의 반출을 규정한다.

가. 통상적인 상황에서는 가능한 한 가장 짧은 시간 이내에, 그리고

나. 그렇게 하는 것이 적절한 예외적인 상황에서는 세관과 그 밖의 관련 당국의 영업시간 외에

9.2 각 회원국은 요구될 수 있는 모든 검사 일정을 정할 때 부패성 상품에 적절한 우선권을 제공한다.

9.3 각 회원국은 반출을 기다리는 부패성 상품에 대한 적절한 저장 시설을 마련하거나 수입자가 마련하는 것을 허용한다. 회원국은 수입자에 의하여 마련된 저장 시설이 자국의 관련 당국에 의하여 승인 받거나 지정되도록 요구할 수 있다. 상품을 이동시키는 영업자에 대한 승인을 포함하여 그러한 저장 시설로의 부패성 상품의 이동은, 요구되는 경우, 관련 당국의 승인을 조건으로 할 수 있다. 회원국은, 실행 가능하고 국내법에 합치하는 경우, 수입자의 요구에 따라 그러한 저장 시설에서 반출이 발생하기 위하여 필요한 모든 절차를 규정한다.

9.4 부패성 상품의 반출에 중대한 지연이 있고 서면 요청이 있는 경우, 수입 회원국은 실행 가능한 한도 내에서 지연 이유에 대한 통지를 제공한다.

제8조【국경 기관 협력】

1. 각 회원국은 국경 통제와 상품의 수입, 수출 및 통과를 다루는 절차를 책임지는 자국의 당국 및 기관이 무역을 원활화하기 위하여 서로 협력하고 그들의 활동을 조정하도록 보장한다.

2. 각 회원국은, 가능하고 실행 가능한 한도 내에서, 국경을 공유하는 다른 회원국과 국경 간 무역을 원활히 하기 위하여 국경 교차지점에서의 절차를 조정할 목적으로 상호 합의된 조건 하에서 협력한다. 이러한 협력과 조정은 다음을 포함할 수 있다.

가. 근무일과 근무시간의 일치
나. 절차와 형식의 일치
다. 공통 시설의 개발 및 공유
라. 공동 통제
마. 원스톱 국경 사후 통제 수립

제9조【수입을 위한 상품의 세관 통제 하의 이동】

각 회원국은 실행 가능한 한도 내에서, 모든 규제 요건이 충족된 경우에 한하여, 자국 영역 내에서 세관 통제 하에 수입을 위한 상품이 반입 세관으로부터 상품이 반출 또는 통관될 그 영역 내의 다른 세관으로 이동되도록 허용한다.

제10조【수입, 수출 및 통과 관련 형식】

1. 형식 및 서류 요건

1.1 수입, 수출 및 통과 형식의 횟수 및 복잡성을 최소화하고 수입, 수출 및 통과 서류 요건을 줄이고 간소화하며, 정당한 정책 목적과 상황 변화, 새로운 관련 정보, 사업 관행, 기법·기술의 이용 가능성, 국제적인 모범 관행 및 이해당사자의 조언과 같은 그 밖의 요소들을 고려하여, 각 회원국은 그러한 형식 및 서류요건을 검토하며, 검토 결과에 근거하여 적절하게 그러한 형식과 서류 요건이 다음과 같도록 보장한다.

가. 상품, 특히 부패성 상품의 신속한 반출 및 통관을 위하여 채택 및/또는 적용된다.

나. 무역업자와 영업자의 준수 시간 및 비용의 감축을 목적으로 하는 방식으로 채택 및/또는 적용된다.

다. 둘 이상의 대안적인 조치가 해당 정책 목적을 충족하기 위하여 합리적으로 이용 가능한 경우, 최소한의 무역 제한적 조치가 선택된다. 그리고

라. 더 이상 요구되지 아니하는 경우, 그 일부를 포함하여, 유지되지 아니한다.

1.2 위원회는 적절하게 관련 정보 및 모범 관행에 대한 회원국간 공유를 위한 절차를 개발한다.

2. 사본의 수용

2.1 각 회원국은 적절한 경우 수입, 수출 또는 통과 형식에 요구되는 근거 서류의 종이 또는 전자 사본을 수용하도록 노력한다.

2.2 회원국 정부기관이 그러한 서류의 원본을 이미 보유하고 있는 경우, 그 회원국의 다른 기관은 적용 가능한 경우 원본을 보유하고 있는 기관으로부터 그 원본 서류 대신 종이 또는 전자 사본을 수용한다.

2.3 회원국은 수입 요건으로 수출 회원국의 관세 당국에 제출된 수출 신고서의 원본 또는 사본을 요구하지 아니한다.〔주 : 이 항의 어떠한 규정도 회원국이 통제되거나 규제되는 상품의 수입 요건으로 인증서, 허가서 또는 면허증과 같은 서류를 요구하는 것을 배제하지 아니한다〕

3. 국제 표준의 사용

3.1 회원국들은 이 협정에 달리 규정된 경우를 제외하고 수입, 수출 또는 통과 형식 및 절차의 근거로 관련 국제 표준 또는 그 일부를 사용하도록 장려된다.

3.2 회원국들은 자국의 자원 한도 내에서 적절한 국제기구에 의한 관련 국제 표준의 준비 및 주기적 검토에 참여하도록 장려된다.

3.3 위원회는 적절하게 국제 표준의 이행에 관한 관련 정보 및 모범 관행을 회원국들이 공유하기 위한 절차를 개발한다. 위원회는 또한 국제 표준에 관한 그들의 작업을 논의하기 위하여 관련 국제기구를 초청할 수 있다. 위원회는 적절하게 회원국에게 특별히 가치가 있는 특정 표준을 규명할 수 있다.

4. 싱글윈도우

4.1 회원국들은 무역업자가 상품의 수입, 수출 또는 통과를 위한 서류 및/또는 자료 요건을 단일 접수 지점을 통하여 참여 당국 또는 기관에 제출할 수 있도록 하는 싱글윈도우를 설치하거나 유지하도록 노력한다. 참여 당국 또는 기관에 의한 서류 및/또는 자료의 조사 후, 그 결과는 싱글윈도우를 통하여 신청인에게 적시에 통보된다.

4.2 서류 및/또는 자료 요건이 싱글윈도우를 통하여 이미 접수된 경우, 긴급한 상황 및 공개된 그 밖의 제한적 예외 상황을 제외하고는 동일한 서류 및/또는 자료 요건이 참여 당국 또는 기관에 의하여 요구되지 아니한다.

4.3 회원국들은 싱글윈도우의 운영에 관한 세부사항을 위원회에 통보한다.

4.4 회원국들은 가능하고 실제적인 한도 내에서, 싱글윈도우를 지원하기 위하여 정보기술을 사용한다.

5. 선적 전 검사

5.1 회원국들은 품목분류 및 관세평가와 관련하여 선적 전 검사의 사용을 요구하지 아니한다.

5.2 제5.1항의 적용 대상이 아닌 다른 종류의 선적 전 검사를 사용할 회원국들의 권리를 저해함이 없이, 회원국들은 선적 전 검사 사용과 관련하여 새로운 요건을 도입하거나 적용하지 아니하도록 장려된다.〔주 : 이 항은 「선적 전 검사에 관한 협정」의 적용 대상이 되는 선적 전 검사를 말하며, 위생 및 식물위생 목적의 선적 전 건사를 배제하지 아니한다〕

6. 관세사의 사용

6.1 현재 관세사의 특별한 역할을 유지하고 있는 일부 회원국들의 중요한 정책적 우려를 저해함이 없이, 이 협정의 발효일부터 회원국들은 관세사의 의무적 사용을 도입하지 아니한다.

6.2 각 회원국은 관세사의 사용에 관한 자국의 조치들을 위원회에 통보하고 공표한다. 이에 대한 이후의 모든 수정사항은 신속하게 통보되고 공표된다.

6.3 회원국은 관세사의 면허와 관련하여 투명하고 객관적인 규칙을 적용한다.

7. 공통 국경절차 및 통일된 서류 요건

7.1 각 회원국은 제7.2항을 조건으로 자국의 영역에 걸쳐 상품의 반출 및 통관을 위한 공통의 세관 절차 및 통일된 서류 요건을 적용한다.

7.2 이 조의 어떤 규정도 회원국이 다음을 행하는 것을 방해하지 아니한다.

가. 상품의 성격 및 종류나 그 운송수단에 근거하여 자국의 절차 및 서류요건을 달리하는 것

나. 위험 관리에 근거하여 상품을 위한 자국의 절차 및 서류 요건을 달리하는 것

다. 수입 관세 또는 조세의 전부 또는 일부의 면제를 제공하기 위하여 자국의 절차 및 서류 요건을 달리하는 것

라. 전자적 기록 또는 처리를 적용하는 것, 또는

마. 「위생 및 식물위생 조치의 적용에 관한 협정」에 합치하는 방식으로 자국의 절차 및 서류 요건을 달리하는 것

8. 거부된 상품

8.1 수입을 위하여 제시된 상품이 미리 정해진 위생 또는 식물위생 규정 또는 기술 규정을 충족시키지 못하여 회원국의 권한 있는 당국에 의하여 거절되는 경우, 회원국은 자국의 법 및 규정을 조건으로 그리고 이와 합치되게, 수입자가 수출자 또는 수출자에 의하여 지정된 그 밖의 인에게 거부된 상품을 재발송 또는 반환하도록 허용한다.

8.2 제8.1항에 따라 그러한 선택권이 주어지고 수입자가 합리적인 기간 이내에 이를 행사하지 못하는 경우, 권한 있는 당국은 그러한 비준수 상품을 다루기 위하여 다른 행동방침을 취할 수 있다.

9. 상품의 일시 반입과 역내 및 역외 가공

9.1 상품의 일시 반입

각 회원국은 자국의 법 및 규정에 규정된 바에 따라, 상품이 특정한 목적으로 자국의 관세 영역에 반입되고 특정 기간 내에 재수출될 예정이며 상품의 사용에 따른 통상적인 가치 감소 및 손실을 제외한 어떠한 변화도 없는 경우, 그러한 상품이 수입 관세 및 조세의 전부 또는 일부의 지급을 조건부로 감면 받고 자국의 관세 영역으로 반입되는 것을 허용한다.

9.2 역내 및 역외 가공

가. 각 회원국은 자국의 법 및 규정에서 규정된 바에 따라 상품의 역내 및 역외 가공을 허용한다. 역외 가공이 허용된 상품은 그 회원국의 법 및 규정에 따라 수입 관세 및 조세의 전부 또는 일부를 면제받고 재수입될 수 있다.

나. 이 조의 목적상 "역내 가공"이라는 용어는 특정 상품이 제조, 가공 또는 수리 이후 수출이 예정되어 있다는 근거 하에, 그러한 상품이 수입 관세 및 조세 지급의 전부 또는 일부를 조건부로 감면 받거나 관세 환급을 받을 수 있는 자격으로 회원국의 관세 영역으로 반입될 수 있는 세관절차를 말한다.

다. 이 조의 목적상 "역외 가공"이라는 용어는 회원국의 관세 영역에서 자유로이 유통되는 상품이 외국에서의 제조, 가공 또는 수리를 위하여 일시적으로 수출된 뒤 재수입될 수 있는 세관절차를 말한다.

제11조【통과의 자유】

1. 회원국에 의하여 부과되는 통과 교통 관련 모든 규정 또는 형식은

가. 그 채택을 야기한 상황 또는 목적이 더 이상 존재하지 아니하는 경우, 또는 변경된 상황 또는 목적이 합리적으로 이용 가능하고 더 낮은 무역 제한 방식으로 다루어질 수 있는 경우, 유지되지 아니한다.

나. 통과 교통에 대한 위장된 제한을 구성하는 방식으로 적용되지 아니한다.

2. 통과 교통은 운송 요금 또는 통과에 수반되는 행정 비용 또는 제공된 서비스 비용에 상응하는 요금을 제외하고, 통과에 대하여 부과된 수수료 또는 부과금의 징수를 조건으로 하지 아니한다.

3. 회원국들은 통과 교통에 관한 어떤 자발적 제한 또는 그 밖의 모든 유사한 조치를 추구하거나 취하거나 유지하지 아니한다. 이는 세계무역기구 규정과 합치하는 기존과 미래의 국내 규정 및 운송을 규제하는 것과 관련된 양자 또는 다자 협약을 침해하지 아니한다.

4. 각 회원국은 다른 모든 회원국의 영역을 통하여 통과할 상품에 대하여 그 상품이 그러한 다른 회원국의 영역을 거치지 아니하고 그 원산지로부터 목적지로 운송될 경우 그 상품에 부여될 대우보다 불리하지 아니한 대우를 부여한다.

5. 회원국들은 실행 가능한 경우 통과 교통을 위한 물리적인 별도의 기반시설(통로, 정박지 및 그 밖의 유사한 것 등)을 이용 가능하게 하도록 장려된다.

6. 통과 교통 관련 형식, 서류 요건 및 세관 통제는 다음을 위하여 필요한 이상으로 부담이 되어서는 아니 된다.

가. 상품의 확인, 그리고
나. 통과 요건의 충족 보장

7. 상품이 일단 통과 절차 중에 있고 회원국 영역 내 원산지로부터 진행 승인을 받은 경우, 그 상품은 회원국 영역 내 도착지에서 통과를 종료할 때까지 어떤 관세 부과 및 불필요한 지연 또는 제한의 대상도 되지 아니한다.

8. 회원국들은 통과 중인 상품에 대하여 「무역에 대한 기술장벽에 관한 협정」상 의미의 기술 규제 및 적합성 평가 절차를 적용하지 아니한다.

9. 회원국들은 상품의 도착 전에 통과 서류 및 자료의 사전 기록 및 처리를 허용하고 규정한다.

10. 통과 교통이 일단 회원국 영역을 벗어나는 세관에 도착한 경우, 통과 요건이 충족되었다면 그 세관은 신속하게 통과 운영을 종료한다.

11. 회원국이 통과 교통에 대하여 담보, 예치 또는 그 밖의 적절한 화폐 또는 비화폐 증서의 형태로 보증을 요구하는 경우, 그 보증은 그 통과 교통으로부터 야기된 요건이 충족됨을 보장하는 수준으로 제한된다.〔주 : 이 규정의 어떠한 것도 운송 수단이 통과 교통을 위한 보증으로 사용될 수 있는 기존 절차를 회원국이 유지하는 것을 배제하지 아니한다〕

12. 그 회원국이 일단 자국의 통과 요건이 만족되었다고 판정하는 경우, 그 보증은 지체 없이 해제된다.

13. 각 회원국은 자국의 법 및 규정과 합치하는 방식으로 동일한 영업자에 대한 다중 거래를 포함하는 종합 보증 또는 그 이후의 배송에 대하여 해제 없이 보증을 갱신하는 것을 허용한다.

14. 각 회원국은 단일 거래 및 적용 가능한 경우 다중 거래 보증을 포함하여, 보증을 설정하기 위하여 자국이 사용하는 관련 정보를 공개한다.

15. 각 회원국은 고위험을 나타내는 상황 또는 관세 법 및 규정의 준수가 보증의 사용을 통하여 보장될 수 없는 경우에만 통과 교통을 위한 세관 호송 또는 세관 호위의 사용을 요구할 수 있다. 세관 호송 또는 세관 호위에 적용 가능한 일반적인 규칙은 제1조에 따라 공표된다.

16. 회원국들은 통과의 자유를 증진할 목적으로 서로 협력하고 조정하기 위하여 노력한다. 그러한 협력 및 조정은 다음에 대한 양해를 포함할 수 있으나 이에 한정되지 아니한다.

가. 부과금
나. 형식 및 법적 요건, 그리고
다. 통과 제도의 실제적인 운영

17. 각 회원국은 통과 운영의 원활한 기능과 관련하여 다른 회원국에 의한 모든 질의 및 제안을 다룰 국가별 통과 조정자를 임명하도록 노력한다.

제12조【세관 협력】

1. 준수 및 협력을 증진하는 조치

1.1 회원국들은 무역업자들이 그들의 준수 의무를 인지하도록 보장하고, 수입자들이 적절한 상황에서 벌칙 없이 스스로 정정하도록 허용하는 자발적 준수를 장려하며, 비준수 무역업자들에 대한 보다 강력한 조치들을 개시하기 위한 준수 조치들을 적용하는 것의 중요성에 동의한다.〔주 : 그러한 활동은 비준수의 빈도를 낮추고, 이에 따라 집행을 수행하는 데 있어 정보 교환의 필요성을 줄이는 것을 전반적인 목표로 한다〕

1.2 회원국들은 위원회를 통한 정보 공유 등 세관 준수를 다루는 데 있어 모범 관행에 대한 정보를 공유하도록 장려된다. 회원국들은 준수 조치들을 집행하고 그 효과를 증진하기 위한 기술 지도 또는 능력 배양에 대한 원조 및 지원에 있어 협력하도록 장려된다.

2. 정보의 교환

2.1 요청이 있는 경우 이 조의 규정에 따라, 회원국들은 수입 또는 수출 신고의 진위 또는 정확성을 의심할만한 합리적인 근거가 확인된 사례에 있어 그 신고를 검증하기 위하여, 제6.1항 나호 및/또는 다호에 규정된 정보를 교환한다.

2.2 각 회원국은 이 정보의 교환을 위한 자국의 접촉선의 세부사항을 위원회에 통보한다.

3. 검증

회원국은 수입 또는 수출 신고의 적절한 검증 절차를 수행하고 이용 가능한 관련 서류를 검사한 이후에만 정보를 요청한다.

4. 요청

4.1 요청 회원국은 피요청 회원국에게 상호 합의된 세계무역기구 공식 언어 또는 그 밖의 상호 합의된 언어로 종이 또는 전자적 수단을 통하여 서면 요청서를 제공하며 이는 다음을 포함한다.

가. 적절하고 이용 가능한 경우, 해당 수입 신고에 해당하는 수출 신고를 확인하는 번호를 포함한 문제가 된 사안

나. 알려진 경우, 요청과 관련된 인의 성명 및 세부 연락처와 함께 요청 회원국이 정보 또는 서류를 구하는 목적

다. 피요청 회원국에 의하여 요구되는 경우, 적절한 경우 검증의 확인〔주 : 이는 제3항에 따라 수행된 검증에 관한 적절한 정보를 포함할 수 있다. 그러한 정보는 그 검증을 수행하는 회원국에 의하여 명시된 보호 및 비밀 유지 수준을 조건으로 한다〕

라. 요청된 특정 정보 또는 서류

마. 요청하는 기관의 신원

바. 비밀 정보 및 개인 자료의 수집, 보호, 사용, 공개, 보유 및 폐기를 규율하는 요청 회원국의 국내법 및 법제도의 규정에 대한 언급

4.2 요청 회원국이 제4.1항의 어떤 호라도 준수할 수 없는 입장인 경우, 이를 요청서에 명시한다.

5. 보호 및 비밀 유지

5.1 요청 회원국은 제5.2항을 조건으로

가. 피요청 회원국에 의하여 제공된 모든 정보 또는 서류를 철저히 비밀로 유지하고, 제6.1항나호 또는 다호에서 기술된 바와 같이, 피요청 회원국의 국내법 및 법제도에 규정된 보호 및 비밀 유지와 최소한 동일한 수준의 보호 및 비밀 유지를 부여한다.

나. 문제가 된 사안을 다루는 관세 당국에만 정보 또는 서류를 제공하며, 피요청 회원국이 달리 서면으로 동의하지 아니하

는 한, 요청서에 언급된 목적을 위해서만 정보 또는 서류를 사용한다.
다. 피요청 회원국의 특정 서면 허가 없이 정보 또는 서류를 공개하지 아니한다.
라. 피요청 회원국으로부터 받은 검증되지 아니한 어떤 정보 또는 서류도, 어떠한 상황에서라도 의심을 경감시키는 결정적 요소로 사용하지 아니한다.
마. 비밀 정보 또는 서류 및 개인 자료의 보유 및 폐기에 관하여 피요청 회원국이 규정한 모든 사안별 조건을 존중한다. 그리고
바. 요청이 있는 경우, 제공된 정보 또는 서류의 결과로 그 사안에 대하여 취하여진 모든 결정 및 조치를 피요청 회원국에 통보한다.

5.2 요청 회원국은 자국의 국내법 및 법제도 하에서 제5.1항의 어떤 호를 준수하지 못할 수 있다. 이 경우 요청 회원국은 이를 요청서에 명시한다.

5.3 피요청 회원국은 제4항에 따라 접수한 모든 요청 및 검증정보를, 피요청 회원국이 자국의 유사한 정보에 부여하는 것과 최소한 동일한 보호 및 비밀 유지 수준으로 다룬다.

6. 정보의 제공

6.1 이 조의 규정을 조건으로 피요청 회원국은 신속하게
가. 종이 또는 전자적 수단을 통하여 서면으로 응답한다.
나. 수입 또는 수출 신고에 규정된 특정 정보, 또는 신고를 이용 가능한 한도 에서, 요청 회원국에게 요구되는 보호 및 비밀 유지 수준에 대한 기술과 함께 제공한다.
다. 요청되는 경우 이용 가능한 한도 내에서, 수입 또는 수출 신고를 뒷받침하기 위하여 제출된 다음의 서류, 즉 상업 송장, 포장 목록, 원산지 증명 및 선하증권에 규정된 특정 정보 또는 그 서류를, 종이나 전자 형태인지 여부를 불문하고 이들 서류가 제출된 형태로, 요청 회원국에게 요구되는 보호 및 비밀 유지 수준에 대한 기술과 함께 제공한다.
라. 제공된 서류가 정본임을 확인한다.
마. 가능한 한도 내에서, 요청일부터 90일 이내에 정보를 제공하거나 그 요청에 달리 대응한다.

6.2 피요청 회원국은 자국의 국내법 및 법제도에 따라 특정한 정보가 피요청 회원국의 특정 서면 허가 없이 범죄 수사, 사법 소송 절차 또는 비세관 절차에 증거로 이용되지 아니할 것이라는 보장을 정보 제공에 앞서 요구할 수 있다. 요청 회원국이 이러한 요건을 준수할 수 없는 입장인 경우, 이를 피요청 회원국에게 명시하여야 할 것이다.

7. 요청의 연기 또는 거절

7.1 피요청 회원국은 다음의 경우, 정보 제공 요청의 일부 또는 전부를 연기 또는 거절할 수 있으며 그 이유를 요청 회원국에 통보한다.
가. 피요청 회원국의 국내법 및 법제도에 반영된 공익에 반하는 경우
나. 피요청 회원국의 국내법 및 법제도가 정보의 공개를 금지하는 경우. 그러한 경우에는 관련된 특정 문헌의 사본을 요청 회원국에 제공한다.
다. 정보의 제공이 법 집행을 방해하거나 진행 중인 행정 또는 사법 조사, 기소 또는 소송을 달리 방해하는 경우
라. 비밀 정보 또는 개인 자료의 수집, 보호, 사용, 공개, 보유 및 폐기를 규율하는 자국의 국내법 및 법제도에 의하여 수입자 또는 수출자의 동의가 요구되고, 그러한 동의가 이루어지지 아니한 경우, 또는
마. 서류 보관을 위한 피요청 회원국의 법적 요건이 만료된 후 정보 요청을 받은 경우

7.2 제4.2항, 제5.2항 또는 제6.2항의 상황에서 그러한 요청의 집행은 피요청 회원국의 재량에 달려있다.

8. 상호주의

요청 회원국이 유사한 요청을 피요청 회원국으로부터 받는 경우 이를 준수하지 못할 것이라는 의견이거나 이 조를 아직 이행하지 아니한 경우, 그 사실을 요청서에 명시한다. 그러한 요청의 집행은 피요청 회원국의 재량에 달려있다.

9. 행정 부담

9.1 요청 회원국은 정보 요청에 응하는 데 있어 피요청 회원국에 대한 관련 자원 및 비용 영향을 고려한다. 요청 회원국은 자국의 요청 추구에 따른 재정적 이익과 피요청 회원국이 정보를 제공하는 데 드는 노력 간의 비례성을 고려한다.

9.2 피요청 회원국이 하나 또는 그 이상의 요청 회원국으로부터 처리하기 힘든 수의 정보 요청을 받거나 처리하기 힘든 범위의 정보를 요청받고 합리적인 기간 이내에 그러한 요청을 충족시킬 수 없는 경우, 피요청 회원국은 하나 또는 그 이상의 요청 회원국에 자국의 자원 제약 내의 실질적 제한에 합의하기 위하여 우선순위를 매길 것을 요청할 수 있다. 상호 합의된 접근의 부재 시, 그러한 요청의 집행은 자국의 우선순위 책정 결과에 근거하는 피요청 회원국의 재량에 달려 있다.

10. 제한

피요청 회원국은 다음을 요구받지 아니한다.
가. 피요청 회원국의 수입 또는 수출 신고 또는 절차 양식의 수정
나. 제6.1항다호에 명시된 수입 또는 수출 신고와 함께 제출된 서류 이외의 서류 요청
다. 정보 획득을 위한 질의 개시
라. 그러한 정보의 보유 기간 수정
마. 전자적 양식이 이미 도입된 경우 종이 서류의 도입
바. 정보의 번역
사. 정보의 정확성 검증, 또는
아. 공기업이든 사기업이든, 특정 기업의 정당한 상업적 이익을 침해하는 정보의 제공

11. 승인되지 아니한 사용 또는 공개

11.1 이 조에 따라 교환된 정보의 사용 또는 공개 조건이 위반된 경우, 정보를 받은 요청 회원국은 그러한 승인되지 아니한 사용 또는 공개의 세부사항을 정보를 제공한 피요청 회원국에게 신속하게 알리고,
가. 그 위반을 바로잡기 위하여 필요한 조치를 한다.
나. 추가 위반을 예방하기 위하여 필요한 조치를 한다. 그리고
다. 피요청 회원국에게 가호 및 나호에 따라 취하여진 조치를 통보한다.

12. 양자 및 지역 협정

12.1 이 조의 어떤 규정도 회원국이 자동적인 방식이나 화물 도착 전 방식과 같이 안전하고 신속한 방식을 포함하여 세관 정보 및 자료의 공유 또는 교환을 위하여 양자 협정, 복수국 간 협정 또는 지역 협정을 맺거나 유지하는 것을 방해하지 아니한다.

12.2 이 조의 어떠한 규정도 그러한 양자 협정, 복수국 간 협정 또는 지역 협정에 따른 회원국의 권리 또는 의무를 변경하거나 이에 영향을 미치거나 그러한 협정에 따른 세관 정보 및 자료 교환을 규율하는 것으로 해석되지 아니한다.

제2절 개발도상회원국 및 최빈개도회원국에 대한 특별 및 차등 대우 규정

제13조【일반 원칙】

1. 이 협정의 제1조부터 제12조까지의 규정은 2004년 7월 기본협정(WT/L/579) 부속서 라와 홍콩 각료 선언(WT/MIN(05)/DEC) 제33항 및 부속서 마에서 합의된 세부 원칙에 근거한 이 절에 따라 개발도상회원국 및 최빈개도회원국에 의하여 이행된다.

2. 능력 배양을 위한 원조 및 지원〔주 : 이 협정의 목적상, "능력 배양을 위한 원조 및 지원"은 기술, 재정 또는 상호 합의된 그 밖의 모든 지원 제공의 형태를 취할 있다〕은 개발도상회원국 및 최빈개도회원국이 이 협정의 규정을 이행하는 것을 돕기 위하여 그 성격 및 범위에 따라 제공되어야 할 것이다. 이 협정의 규정을 이행하는 한도와 시기는 개발도상회원국과 최빈개도회원국의 이행 능력과 관련된다. 개발도상회원국 또는 최빈개도회원국이 필요한 능력이 계속해서 결여되는 경우, 해당 규정(들)의 이행은 이행 능력이 획득될 때까지 요구되지 아니할 것이다.

3. 최빈개도회원국은 그들의 개별적인 개발, 금융 및 무역 필요 또는 그들의 행정적이고 제도적인 능력에 합치하는 한도 내에서만 약속을 하도록 요구될 것이다.

4. 이 원칙들은 제2절에 기술된 규정들을 통하여 적용된다.

제14조【규정의 유형】

1. 세 가지 유형의 규정은 다음과 같다.
가. A유형은 개발도상회원국 또는 최빈개도회원국이 이 협정의 발효 시 이행을 지정하는 규정, 또는 최빈개도회원국의 경우 제15조에 규정된 바에 따라 발효 후 1년 이내 이행을 지정하는 규정을 포함한다.
나. B유형은 제16조에 규정된 바와 같이 개발도상회원국이나 최빈개도회원국이 이 협정의 발효 이후 과도 기간 후의 일자에 이행을 지정한 규정을 포함한다.
다. C유형은 제16조에 규정된 바와 같이 개발도상회원국이나 최빈개도회원국이 이 협정의 발효 이후 과도 기간 후의 일자에 이행을 지정하고 능력 배양을 위한 원조 및 지원 제공을 통한 이행 능력 획득을 요구하는 규정을 포함한다.

2. 각 개발도상회원국과 최빈개도회원국은 개별적으로 각 A, B 및 C유형에 포함시킬 규정을 스스로 지정한다.

제15조【A유형의 통보 및 이행】

1. 이 협정의 발효 시 각 개발도상회원국은 자국의 A유형 의무를 이행한다. A유형으로 지정한 의무들은 이로써 이 협정의 불가분의 일부가 될 것이다.

2. 최빈개도회원국은 이 협정의 발효 후 1년까지 자국이 A유형으로 지정한 규정들을 위원회에 통보할 수 있다. A유형으로 지정된 각 최빈개도회원국의 의무는 이로써 이 협정의 불가분의 일부가 될 것이다.

제16조【B유형 및 C유형 확정 이행일의 통보】

1. 개발도상회원국이 A유형으로 지정하지 아니한 규정에 대해서는, 그 회원국이 이 조에 규정된 절차에 따라 이행을 연기할 수 있다.

개발도상회원국 B유형

가. 이 협정의 발효 시 각 개발도상회원국은 자국이 B유형으로 지정한 규정 및 해당하는 잠정 이행일을 위원회에 통보한다. 〔주 : 제출된 통보는 통보하는 회원국이 적절하다고 간주하는 추가적인 정보도 포함할 수 있다. 회원국들은 이행의 책임이 있는 국내 기관 또는 실체에 관한 정보를 제공하도록 장려된다〕
나. 이 협정의 발효 후 1년 이내에 각 개발도상회원국은 자국이 B유형으로 지정한 규정의 확정 이행일을 위원회에 통보한다. 개발도상회원국이 자국의 확정일을 통보하기 위하여 이 시한 전에 추가적인 시간이 필요하다고 생각하는 경우, 위원회에 이행일 통보를 위하여 충분한 기간을 연장하여 줄 것을 요청할 수 있다.

개발도상회원국 C유형

다. 이 협정의 발효 시 각 개발도상회원국은 자국이 C유형으로 지정한 규정들과 그 규정들의 잠정 이행일을 위원회에 통보한다. 투명성 목적을 위하여, 제출된 통보는 그 회원국이 이행을 위하여 요구하는 능력 배양을 위한 원조 및 지원에 관한 정보를 포함한다.〔주 : 회원국은 국내의 무역원활화 이행 계획 또는 프로젝트, 이행을 책임지는 국내 기관 또는 실체, 그리고 그 회원국과 원조를 제공하기 위하여 실행 중인 약정을 체결한 공여국에 관한 정보도 포함시킬 수 있다〕
라. 이 협정의 발효 후 1년 이내에 개발도상회원국과 관련 공여회원국은 이미 시행 중인 모든 기존 약정, 제22조제1항에 따른 통보, 그리고 위의 다호에 따라 제출된 정보를 고려하여, C유형의 이행을 가능하게 하는 능력 배양을 위한 원조 및 지원 제공을 위하여 필요한 유지 중이거나 체결된 약정에 관한 정보를 위원회에 제공한다.〔주 : 그러한 약정은 제21조제3항에 합치하게, 양자적으로 또는 적절한 국제기구를 통하여 상호 합의된 조건에 근거할 것이다〕 참여 개발도상회원국은 그러한 약정을 위원회에 신속하게 알린다. 위원회는 기존의 또는 타결된 약정에 관한 정보를 제공하기 위하여 비회원 공여국도 초청한다.
마. 라호에 명시된 정보의 제공일부터 18개월 이내에 공여 회원국 및 각 개발도상회원국은 능력 배양을 위한 원조 및 지원 제공의 진전 사항을 위원회에 알린다. 각 개발도상회원국은 이와 동시에 자국의 확정 이행일 목록을 통보한다.

2. 최빈개도회원국이 A유형으로 지정하지 아니한 규정들에 대해서는 이 조에 규정된 절차에 따라 이행을 연기할 수 있다.

최빈개도회원국 B유형

가. 최빈개도회원국을 위한 최대한의 유연성을 고려하여 최빈개도회원국은 이 협정의 발효 후 1년 이내에 자국의 B유형 규정들을 위원회에 통보하고 이에 해당하는 이러한 규정들의 잠정 이행일을 통보할 수 있다.
나. 위의 가호에 규정된 통보일 후 2년 이내에 각 최빈개도회원국은 위원회에 규정의 지정을 확정하기 위하여 통보하고 그 이행일을 통보한다. 최빈개도회원국이 자국의 확정일을 통보하기 위하여 이 시한 전에 추가적인 시간이 필요하다고 생각하는 경우, 그 회원국은 위원회에 이행일 통보를 위하여 충분한 기간을 연장하여 줄 것을 요청할 수 있다.

최빈개도회원국 C유형

다. 투명성 목적과 공여국과의 약정의 원활화를 위하여 각 최빈개도회원국은 최빈개도회원국을 위한 최대한의 유연성을 고려하여, 이 협정 발효로부터 1년 후에 자국이 C유형으로 지정한 규정들을 위원회에 통보한다.
라. 최빈개도회원국은 위의 다호에 규정된 날부터 1년 후에, 이행을 위하여 그 회원국이 요구하는 능력 배양을 위한 원조 및 지원에 관한 정보를 통보한다.〔주 : 회원국은 국내의 무역원활화 이행 계획 또는 프로젝트, 이행을 책임지는 국내 기관 또는 실체, 그리고 그 회원국이 원조를 제공하기 위하여 약정을 마련하였을 수 있는 공여국에 관한 정보도 포함시킬 수 있다〕
마. 위의 라호에 따른 통보 후 2년 이내에 최빈개도회원국 및 관련 공여 회원국은 위의 라호에 따라 제출된 정보를 고려하여, C유형의 이행을 가능하게 하기 위한 능력 배양을 위한 원조 및 지원을 제공하기 위하여 필요한 유지 중이거나 체결된 약정에 관한 정보를 위원회에 제공한다.〔주 : 그러한 약정은 제21조제3항에 합치하게, 양자적으로 또는 적절한 국제기구를 통하여, 상호 합의된 조건에 근거할 것이다〕 참여 최빈개도회원국은 위원회에 그러한 약정에 대하여 신속하게 알린다. 최빈개도회원국은 이와 동시에 원조 및 지원 약정에 포함된 상응하는 C유형 의무의 잠정 이행일을 통보한다. 위원회는 기존의 그리고 타결된 약정에 관한 정보를 제공하기 위하여 비회원 공여국도 초청한다.
바. 마호에 명시된 정보의 제공일부터 18개월 이내에 관련 공여 회원국 및 각 최빈개도회원국은 능력 배양을 위한 원조 및 지원 제공의 진전 사항을 위원회에 알린다. 각 최빈개도회원국은 이와 동시에 자국의 확정 이행일 목록을 위원회에 통보한다.

3. 공여국의 지원 부족 또는 능력 배양을 위한 원조 및 지원 제공의 진전 부족으로 인하여 제1항 및 제2항에 규정된 기한 이내에 확정 이행일을 제출하는 데 어려움을 겪는 개발도상회원국 및 최빈개도회원국은 그러한 기한의 만료 전에 가능한 한 빠른 시기에 위원회에 통보한다. 회원국들은 해당 회원국이 당면한 특정 상황 및 특정 문제를 고려하여 그러한 어려움을 다루는 것을 돕기 위하여 협력하는 데에 동의한다. 위원회는 필요한 경우 해당 회원국이 자국의 확정 이행일을 통보하는 기한을 연장하는 것을 포함하여, 적절하게 그 어려움을 다루기 위하여 조치를 취한다.

4. 제1항나호 또는 마호, 또는 최빈개도회원국의 경우 제2항나호 또는 바호에 명시된 기한의 3개월 전에 사무국은 회원국이 B유형 또는 C유형으로 지정한 규정의 확정 이행일을 통보하지 아니한 경우 그 회원국에게 이를 상기시킨다. 그 회원국이 기한을 연장하기 위하여 제3항, 또는 개발도상회원국의 경우 제1항나호, 또는 최빈개도회원국의 경우 제2항나호를 원용하지 아니하고 여전히 확정 이행일을 통보하지 아니한 경우, 그 회원국은 제1항나호 또는 마호, 또는 최빈개도회원국의 경우 제2항나호 또는 바호에 규정된 기한, 또는 제3항에 의하여 연장된 기한 후 1년 이내에 그 규정을 이행한다.

5. 위원회는 제1항, 제2항 또는 제3항에 따른 B유형 및 C유형 규정의 확정 이행일 통보일 후 60일 이내에 제4항에 규정된 모든 일자를 포함하여 각 회원국의 B유형 및 C유형 규정의 확정 이행일을 포함한 부속서를 작성하며, 이로써 이 부속서는 이 협정의 불가분의 일부가 된다.

제17조【조기 경보 메커니즘 : B유형 및 C유형 규정 이행일의 연장】

1. 가. 자국이 B유형 또는 C유형으로 지정한 규정을 제16조제1항나호 또는 마호, 또는 최빈개도회원국의 경우 제16조제2항나호 또는 바호에 따라 설정한 확정일까지 이행하는 데 어려움을 겪고 있다고 생각하는 개발도상회원국 또는 최빈개도회원국은 이를 위원회에 통보하여야 한다. 개발도상회원국은 이행일 만료 120일 전까지 위원회에 통보한다. 최빈개도회원국은 이행일 만료 90일 전까지 위원회에 통보한다.
나. 위원회에 대한 통보는 개발도상회원국 또는 최빈개도회원국이 해당 규정을 이행할 수 있다고 예상하는 새로운 일자를 나타낸다. 그 통보는 또한 이행 지연이 예상되는 이유를 나타낸다. 그러한 이유는 이전에 예상되지 못한 능력 배양을 위한 원조 및 지원의 필요 또는 능력 배양을 돕기 위한 추가적인 원조 및 지원을 포함할 수 있다.

2. 개발도상회원국의 추가적인 이행 시간 요청이 18개월을 초과하지 아니하는 경우 또는 최빈개도회원국의 추가적인 시간 요청이 3년을 초과하지 아니하는 경우, 요청 회원국은 위원회의 어떤 추가적인 조치 없이도 그러한 추가적인 시간을 부여받을 자격이 있다.

3. 개발도상회원국 또는 최빈개도회원국이 제2항에 규정된 것보다 긴 첫 번째 연장 또는 두 번째 또는 그 이후의 어떠한 연장을 필요로 한다고 생각하는 경우, 그 회원국은 개발도상회원국의 경우 원래의 확정 이행일 또는 이후에 연장된 일자의 만료 120일 전까지, 그리고 최빈개도회원국의 경우 90일 전까지 제1항나호에 기술된 정보를 포함한 연장 요청을 위원회에 제출한다.

4. 위원회는 요청을 제출하는 회원국의 특정 상황을 고려하여 연장 요청을 허용하는 데에 있어 호의적인 고려를 한다. 이러한 상황은 능력 배양을 위한 원조 및 지원 획득의 어려움 및 지연을 포함할 수 있다.

제18조【B유형 및 C유형의 이행】

1. 제13조제2항에 따라 개발도상회원국 또는 최빈개도회원국이 제16조제1항 또는 제2항 및 제17조에 규정된 절차를 충족하였고, 요청된 연장이 허용되지 아니하였거나 제17조에 따라 허용되는 연장을 방해하는 예기치 못한 상황을 달리 경험하고 있고 C유형 규정을 이행하기 위한 자국의 능력이 계속해서 부족

하다고 스스로 평가하는 경우, 그 회원국은 관련 규정을 이행할 능력이 없음을 위원회에 통보한다.

2. 위원회는 즉시 그리고 어떤 경우에도 위원회가 관련 개발도상회원국 또는 최빈개도회원국으로부터 통보를 받은 후 60일 이내에 전문가 그룹을 설치한다. 전문가 그룹은 그 문제를 조사하고 그 구성으로부터 120일 이내에 위원회에 권고할 것이다.

3. 전문가 그룹은 무역원활화 및 능력 배양을 위한 원조 및 지원 분야에서 고도의 자격을 갖춘 5명의 독립된 인으로 구성된다. 전문가 그룹의 구성은 개발도상회원국과 선진회원국 국민 간의 균형을 보장한다. 최빈개도회원국이 관련된 경우 전문가 그룹은 최소한 한명의 최빈개도회원국의 국민을 포함한다. 위원회가 전문가 그룹의 설치로부터 20일 이내에 그 구성에 합의할 수 없는 경우 사무총장은 위원회의 의장과 협의하여 이 항의 조건에 따라 전문가 그룹의 구성을 결정한다.

4. 전문가 그룹은 능력 부족에 대한 회원국의 자체 평가를 고려하고 위원회에 권고한다. 최빈개도회원국에 대한 전문가 그룹의 권고를 고려하여 위원회는 적절하게 지속가능한 이행 능력 획득을 원활히 할 조치를 취한다.

5. 개발도상회원국이 관련 규정을 이행할 능력이 없음을 위원회에 통보한 때부터 위원회가 전문가 그룹의 권고를 받은 후 첫 번째 회의까지 그 회원국은 그 문제에 관하여 분쟁해결양해에 따른 절차의 대상이 되지 아니한다. 그 회의에서 위원회는 전문가 그룹의 권고를 고려한다. 최빈개도회원국의 경우, 해당 규정을 이행할 능력이 없음을 위원회에 통보한 날부터 위원회가 그 문제에 대한 결정을 내릴 때까지 또는 위에 명시된 첫 번째 위원회 회의일 후 24개월 이내 중 더 이른 시기까지 분쟁해결양해에 따른 절차는 각 규정에 대하여 적용되지 아니한다.

6. 최빈개도회원국이 C유형 의무를 이행할 능력을 상실하는 경우 그 회원국은 위원회에 이를 알리고 이 조에 명시된 절차를 따를 수 있다.

제19조【B유형 및 C유형 간 이동】

1. B유형 및 C유형 규정을 통보한 개발도상회원국 및 최빈개도회원국은 위원회에 대한 통보 제출을 통하여 그러한 유형 간에 규정을 이동시킬 수 있다. 회원국이 규정을 B유형에서 C유형으로 이동시킬 것을 제안하는 경우 그 회원국은 능력을 배양하기 위하여 요구되는 원조 및 지원에 관한 정보를 제공한다.

2. B유형에서 C유형으로 이동된 규정의 이행을 위하여 추가적인 시간이 요구되는 경우 그 회원국은

가. 자동 연장 기회를 포함하여 제17조의 규정을 이용할 수 있다. 또는

나. 그 규정을 이행하기 위한 회원국의 추가 시간 요청과, 필요한 경우 제18조에 따른 전문가 그룹에 의한 검토 및 권고 가능성을 포함한 능력 배양을 위한 원조 및 지원 요청에 대하여 위원회의 조사를 요청할 수 있다. 또는

다. 최빈개도회원국의 경우, B유형에 따라 통보된 원래 날짜 후 4년을 초과하는 새로운 이행일은 위원회의 승인을 필요로 한다. 또한 최빈개도회원국은 제17조를 계속해서 이용한다. 능력 배양을 위한 원조 및 지원은 그러한 이동을 하는 최빈개도회원국에게 필요한 것으로 이해된다.

제20조【분쟁해결규칙 및 절차에 관한 양해의 적용 유예기간】

1. 「분쟁해결규칙 및 절차에 관한 양해」에 의하여 구체화되고 적용되는 「1994년도 GATT」 제22조 및 제23조의 규정은 이 협정의 발효 후 2년 동안 개발도상회원국이 A유형으로 지정한 모든 규정에 관하여 그 개발도상회원국에 대한 분쟁해결에 적용되지 아니한다.

2. 「분쟁해결규칙 및 절차에 관한 양해」에 의하여 구체화되고 적용되는 「1994년도 GATT」 제22조 및 제23조의 규정은 이 협정의 발효 후 6년 동안 최빈개도회원국이 A유형으로 지정한 모든 규정에 관하여 그 최빈개도회원국에 대한 분쟁해결에 적용되지 아니한다.

3. 「분쟁해결규칙 및 절차에 관한 양해」에 의하여 구체화되고 적용되는 「1994년도 GATT」 제22조 및 제23조의 규정은 최빈개도회원국에 의한 B유형 또는 C유형 규정의 이행 후 8년 동안 그러한 규정에 관하여 그 최빈개도회원국에 대한 분쟁해결에 적용되지 아니한다.

4. 「분쟁해결규칙 및 절차에 관한 양해」의 적용에 대한 유예기간에도 불구하고, 「1994년도 GATT」 제22조 또는 제23조에 따른 협의 요청을 하기 전과 최빈개도회원국의 조치와 관련된 분쟁해결 절차의 모든 단계에서 회원국은 최빈개도회원국의 특수 사정을 특별히 고려한다. 이에 따라 회원국은 최빈개도회원국과 관련하여 「분쟁해결규칙 및 절차에 관한 양해」에 따른 사안을 제기하는 것을 적절히 자제한다.

5. 각 회원국은 요청이 있는 경우 이 조에 따라 허용되는 유예기간 동안 이 협정의 이행과 관련된 문제에 대한 적절한 논의 기회를 다른 회원국들에게 제공한다.

제21조【능력 배양을 위한 원조 및 지원의 제공】

1. 공여 회원국은 상호 합의된 조건에 따라 양자적으로 또는 적절한 국제기구를 통하여 개발도상회원국 및 최빈개도회원국에 대한 능력 배양을 위한 원조 및 지원의 제공을 원활히 하기로 합의한다. 그 목적은 개발도상회원국 및 최빈개도회원국이 이 협정의 제1절의 규정을 이행하도록 돕는 것이다.

2. 최빈개도회원국의 특정 필요를 고려하여, 특정 원조 및 지원은 최빈개도회원국이 그들의 의무를 이행하기 위한 지속가능한 능력을 배양하는 것을 돕기 위하여 제공되어야 할 것이다. 관련 개발 협력 메커니즘을 통하여 그리고 제3항에 언급된 능력 배양을 위한 기술 원조 및 지원의 원칙과 합치되게 개발 협력자들은 기존의 개발 우선순위를 손상하지 아니하는 방식으로 이 분야에서 능력 배양을 위한 원조 및 지원을 제공하도록 노력한다.

3. 회원국은 이 협정의 이행과 관련하여 능력 배양을 위한 원조 및 지원을 제공하기 위하여 다음의 원칙을 적용하도록 노력한다.

가. 수혜 국가 및 지역의 전반적인 개발 체계와, 관련되고 적절한 경우 진행 중인 개혁 및 기술 원조 프로그램을 고려

나. 관련되고 적절한 경우 지역과 소지역의 어려움을 다루고 지역과 소지역의 통합을 증진하기 위한 활동을 포함

다. 민간 분야의 진행 중인 무역원활화 개혁 활동이 원조 활동에 고려되도록 보장

라. 원조에 따른 최대한의 효과 및 결과를 보장하기 위하여 회원국 간 그리고 지역 경제 공동체를 포함한 그 밖의 관련 기관 간의 조정 증진, 이를 위하여

(1) 주로 원조가 제공될 국가 또는 지역에서 협력 회원국과 공여국 간 그리고 양자와 다자 공여국 간 조정은 기술 원조 및 능력 배양 개입의 긴밀한 조정을 통하여 원조 프로그램의 중복 및 모방과 개혁 활동에서의 비일관성을 회피하는 것을 목표로 하여야 함.

(2) 최빈개도회원국과 관련, 최빈개도회원국에 대한 무역 관련 원조를 위한 향상된 통합 체제는 이러한 조정 과정의 일부가 되어야 할 것임. 그리고

(3) 이 협정 이행 및 기술 원조에 있어 회원국들은 수도와 제네바 모두에서 무역 및 개발 공무원 간의 내부 조정을 증진하여야 함.

마. 이행 활동을 조정하고 감독하기 위하여 원탁회의 및 자문그룹과 같은 기존의 국가 내 및 지역적 조정 체제의 이용을 장려, 그리고

바. 개발도상회원국이 다른 개발도상회원국 및 최빈개도회원국에 능력 배양을 제공하고 가능한 경우 그러한 활동을 지원하는 것을 고려하도록 장려

4. 위원회는 최소 1년에 한 번 다음을 위한 전담 회의를 개최한다.

가. 이 협정의 규정 또는 하부 규정의 이행에 관한 문제 논의

나. 능력 배양을 위한 충분한 원조 및 지원을 받지 못하고 있는 개발도상회원국 또는 최빈개도회원국을 포함하여 이 협정의 이행을 지원하기 위한 능력 배양을 위한 원조 및 지원 제공에 있어서의 진전 검토

다. 어려움과 성공을 포함하여, 진행 중인 능력 배양을 위한 원조와 지원 및 이행 프로그램에 관한 경험과 정보 공유

라. 제22조에 규정된 공여국의 통보 검토, 그리고

마. 제2항의 운영 검토

제22조【위원회에 제출될 능력 배양을 위한 원조 및 지원에 관한 정보】

1. 제1절의 이행을 위한 능력 배양을 위한 원조 및 지원의 제공에 관하여 개발도상회원국 및 최빈개도회원국에게 투명성을 제공하기 위하여, 개발도상회원국 및 최빈개도회원국의 이 협정 이행을 원조하는 각 공여 회원국은 이 협정의 발효 시 그리고 그 후 매년, 이전 12개월 동안 지출된 그리고 가능한 경우 향후 12개월 동안 지출이 약속된 능력 배양을 위한 원조 및 지원에 관한 다음의 정보를 위원회에 제출한다.〔주 : 제공된 정보는 능력 배양을 위한 원조 및 지원 제공의 수요 견인 특성을 반영할 것이다〕

가. 능력 배양을 위한 원조 및 지원에 대한 설명

나. 약속된/지출된 상태 및 금액

다. 원조 및 지원의 지출 절차

라. 수혜국 또는 필요한 경우 수혜지역, 그리고

마. 원조 및 지원을 제공하는 회원국의 이행 기관

정보는 부속서 1에 명시된 형식으로 제공된다. 경제협력개발기구(이 협정에서 "OECD"라 한다) 회원국의 경우, 제출되는 정보는 OECD 통계보고지침으로부터의 관련 정보에 근거할 수 있다. 자국이 능력 배양을 위한 원조 및 지원을 제공하는 위치에 있는 것으로 선언하는 개발도상회원국은 위의 정보를 제공하도록 장려된다.

2. 개발도상회원국 및 최빈개도회원국을 원조하는 공여 회원국은 위원회에 다음을 제출한다.

가. 이 협정의 제1절의 이행과 관련된 능력 배양을 위한 원조 및 지원 제공을 담당하는 기관의 접촉선. 실행 가능한 경우, 그 원조 및 지원이 제공될 국가 또는 지역 내의 그러한 접촉선에 관한 정보를 포함함. 그리고

나. 능력 배양을 위한 원조 및 지원 요청을 위한 절차 및 메커니즘에 관한 정보

자국이 원조 및 지원을 제공하는 위치에 있는 것으로 선언하는 개발도상회원국은 위의 정보를 제공하도록 장려된다.

3. 능력 배양을 무역원활화 관련 위한 원조 및 지원을 이용하고자 하는 개발도상회원국 및 최빈개도회원국은 그러한 원조 및 지원을 조정하고 우선순위를 정하는 일을 담당하는 사무소의 접촉선에 관한 정보를 위원회에 제출한다.

4. 회원국은 제2항 및 제3항에 언급된 정보를 인터넷 참조를 통하여 제공할 수 있고 필요한 경우 그 정보를 갱신한다. 사무국은 그러한 모든 정보를 공표한다.

5. 위원회는 제1항, 제2항 및 제4항에 언급된 정보를 제공하기 위하여 국제 및 지역 기구(예를 들어, 국제통화기금, OECD, 유엔무역개발회의, WCO, 유엔지역이사회, 세계은행 또는 그 보조기구, 그리고 지역 개발 은행)와 그 밖의 협력 기관을 초청한다.

제3절 제도적 장치 및 최종 규정

제23조【제도적 장치】

1. 무역원활화위원회

1.1 무역원활화위원회가 이에 설립된다.

1.2 위원회는 모든 회원국의 참여를 위하여 개방되고 자체 위원장을 선출한다. 위원회는 이 협정의 관련 규정에 의한 필요 및 예상에 따라 회원국에게 이 협정의 운영 또는 그 목표 증진과 관련된 모든 사안에 대하여 협의할 기회를 부여하기 위하여 연 1회 이상 회합한다. 위원회는 이 협정에 따라 또는 회원국에 의하여 부여된 책임을 수행한다. 위원회는 자체의 절차규칙을 수립한다.

1.3 위원회는 필요 시 보조 기구를 설립할 수 있다. 그러한 모든 기구는 위원회에 보고한다.

1.4 위원회는 적절하게 회원국들이 관련 정보 및 모범 관행을 공유하기 위한 절차를 개발한다.

1.5 위원회는 이 협정의 이행 및 집행에 있어 최고의 이용 가능한 조언을 확보할 목적으로 또한 불필요한 노력의 중복의 회피를 보장하기 위하여 WCO와 같은 무역원활화 분야의 다른 국제기구와 긴밀한 접촉을 유지한다. 이러한 목적으로 위원회는 그러한 기구 또는 그 보조 기구의 대표자들을 다음을 위하여 초청할 수 있다.

가. 위원회의 회의 참석, 그리고

나. 이 협정의 이행에 관련된 특정한 사안에 관한 논의

1.6 위원회는 이 협정의 발효로부터 4년째에 그리고 그 후 주기적으로 이 협정의 운영 및 이행을 검토한다.

1.7 회원국들은 이 협정의 이행 및 적용에 대한 사안과 관련된 문제를 위원회에 제기하도록 장려된다.

1.8 위원회는 신속하게 상호 만족할만한 해결책에 도달할 목적으로 이 협정에 따른 특정한 사안에 관한 회원국 간의 비상설 논의를 장려하고 원활히 한다.

2. 국별 무역원활화위원회

각 회원국은 이 협정 규정의 국내적 조정 및 이행을 원활히 하기 위하여 국별 무역원활화위원회를 설립 및/또는 유지하거나 기존의 메커니즘을 지정한다.

제24조【최종 규정】

1. 이 협정의 목적상, "회원국"이라는 용어는 그 회원국의 권한 있는 당국을 포함하는 것으로 간주된다.

2. 이 협정의 모든 규정은 모든 회원국에게 구속력이 있다.

3. 회원국은 이 협정을 그 발효일부터 이행한다. 제2절의 규정을 사용하기로 선택한 개발도상회원국 및 최빈개도회원국은 이 협정을 제2절에 따라 이행한다.

4. 이 협정을 그 발효 후에 수락하는 회원국은 이 협정 발효일부터 관련 기간을 기산하여 B유형 및 C유형의 의무를 이행한다.

5. 관세동맹 또는 지역경제약정의 회원국은 이 협정상 의무의 이행을 돕기 위하여 지역 기구의 설립 및 이용을 통한 것을 포함하여 지역적 접근을 채택할 수 있다.

6. 「세계무역기구 설립을 위한 마라케쉬 협정」의 부속서 1가에 대한 일반 주해에도 불구하고 이 협정상의 어떠한 규정도 「1994년도 GATT」에 따른 회원국의 의무를 감소시키는 것으로 해석되지 아니한다. 또한 이 협정상의 어떠한 규정도 「무역에 대한 기술 장벽에 관한 협정」 및 「위생 및 식물위생 조치의 적용에 관한 협정」상의 회원국의 권리 및 의무를 감소시키는 것으로 해석되지 아니한다.

7. 「1994년도 GATT」상의 모든 예외 및 면제〔주 : 이는 「1994년도 GATT」 제5조제7항 및 제10조제1항과 「1994년도 GATT」 제8조에 대한 주해를 포함한다〕는 이 협정의 규정에 적용된다. 「세계무역기구 설립을 위한 마라케쉬 협정」의 제9조제3항 및 제9조제4항과 이 협정의 발효일을 기준으로 마라케쉬 협정에 대한 개정에 따라 부여되는 「1994년도 GATT」 또는 그 일부에 적용 가능한 의무면제는 이 협정의 규정에 적용된다.

8. 분쟁해결 양해에 의하여 구체화되고 적용되는 「1994년도 GATT」 제22조 및 제23조의 규정은 이 협정에 달리 특별히 규정된 경우를 제외하고 이 협정상의 협의 및 분쟁해결에 적용된다.

9. 다른 회원국의 동의 없이는 이 협정의 어떤 규정에 대해서도 유보는 삽입될 수 없다.

10. 제15조제1항 및 제2항에 따라 이 협정에 부속된 개발도상회원국 및 최빈개도회원국의 A유형 의무는 이 협정의 불가분의 일부를 구성한다.

11. 제16조제5항에 따라 위원회에 의하여 작성되고 이 협정에 부속된 개발도상회원국 및 최빈개도회원국의 B유형 및 C유형 의무는 이 협정의 불가분의 일부를 구성한다.

부속서1 : 제22조제1항에 따른 통보 형식

공여 회원국 :

통보 대상 기간 :

기술 및 재정 원조 및 능력 배양 자원의 설명	약속된/지출된 상태 및 금액	수혜 국가/지역 (필요한 경우)	원조를 제공하는 회원국의 이행 기관	원조 지출 절차

민사 또는 상사의 재판상 및 재판외 문서의 해외송달에 관한 협약

(2000년 8월 16일
조 약 제1528호)

1965.11.15(헤이그에서 작성)
2000. 8. 1(대한민국에 대하여 발효)

이 협약의 서명국은 해외에 송달되는 재판상 및 재판외 문서가 충분한 기일내에 수신인에게 전달되도록 이를 확보하는 적절한 수단의 창설을 희망하고, 그 절차를 단순화·신속화함으로써 그 목적을 위한 사법공조 조직의 개선을 희망하여, 이러한 취지로 협약을 체결하기로 결정하고, 다음의 규정에 합의하였다.

제1조 이 협약은 민사 또는 상사에 있어서 재판상 또는 재판외 문서를 해외에 송달하는 모든 경우에 적용된다.
이 협약은 문서를 송달받을 자의 주소가 불명인 경우에는 적용되지 아니한다.

제1장 재판상 문서

제2조 각 체약국은 다른 체약국으로부터의 송달요청을 수령하고 제3조 내지 제6조의 규정에 따라 이를 처리할 중앙당국을 지정한다. 각국은 자국법에 따라 중앙당국을 조직한다.
제3조 촉탁국의 법상 권한있는 당국이나 사법공무원은 인증 또는 기타 이에 상응하는 절차의 수속없이 이 협약에 부속된 양식에 일치하는 요청서를 피촉탁국의 중앙당국에 송부한다. 송달되는 문서 또는 그 사본은 요청서에 첨부된다. 요청서와 문서는 각각 2부씩 제공되어야 한다.
제4조 중앙당국은 요청서가 이 협약의 규정에 일치하지 아니한다고 판단하는 경우에는 그 이의를 명시하여 즉시 신청인에게 통보한다.
제5조 피촉탁국의 중앙당국은 문서를 스스로 송달하거나 또는 적절한 기관으로 하여금 다음 각호의 방식에 의하여 이를 송달하도록 조치한다.
1. 국내소송에 있어서 자국의 영역안에 소재하는 자에 대한 문서의 송달에 대하여 자국법이 정하는 방식, 또는
2. 피촉탁국의 법에 저촉되는 아니하는 한, 신청인이 요청한 특정의 방식

이 조의 제1단제2호의 적용을 전제로, 문서는 이를 임의로 수령하는 수신인에 대한 교부에 의하여 송달될 수 있다. 문서가 위의 제1단에 따라 송달되는 경우, 중앙당국은 그 문서가 피촉탁국의 공용어 또는 공용어중의 하나로 기재되거나 번역되도록 요청할 수 있다. 이 협약에 부속된 양식에 따라 송달될 문서의 요지를 담은 요청서의 해당부분은 문서와 함께 송달된다.
제6조 피촉탁국의 중앙당국 또는 피촉탁국이 지정하는 당국은 이 협약에 부속된 양식의 형태로 증명서를 작성한다. 증명서에는 문서가 송달되었다는 취지, 송달방식, 송달지, 송달일자, 그리고 그 해당 문서를 교부받은 자를 기재한다. 문서가 송달되지 못한 경우, 증명서에는 송달되지 못한 이유를 명시한다. 신청인은 중앙당국 또는 사법당국에 의하여 작성되지 아니한 증명서가 이러한 당국들중 어느 한 당국에 의하여 부서되도록 요청할 수 있다. 증명서는 신청인에게 직접 송부된다.
제7조 이 협약에 부속된 양식의 표준문언은 반드시 불어 또는 영어로 기재된다. 이 문언은 촉탁국의 공용어 또는 공용어중의 하나로 병기될 수 있다. 문언에 대응하는 공란은 수신국 언어, 불어 또는 영어로 기재된다.
제8조 각 체약국은 강제력의 사용없이 자국의 외교관 또는 영사관원을 통하여 직접 해외소재자에게 재판상 문서를 송달할 수 있다. 촉탁국의 국민에게 그 문서가 송달되는 경우를 제외하고 모든 국가는 자국영역안에서의 그러한 송달에 반대한다고 선언할 수 있다.
제9조 각 체약국은 또한 문서송달의 목적을 위하여 다른 체약국이 지정하는 당국에 재판상 문서를 전달하기 위하여 영사관의 경로를 이용할 수 있다. 각 체약국은 예외적인 사정으로 인하여 필요한 경우, 동일한 목적을 위하여 외교경로를 이용할 수 있다.
제10조 목적지국이 반대하지 아니하는 한 이 협약은 다음의 권능을 방해하지 아니한다.
1. 외국에 소재하는 자에게 재판상 문서를 우편으로 직접 송부할 권능
2. 촉탁국의 사법공무원·관리 또는 기타 권한있는 자가 목적지국의 사법공무원·관리 또는 기타 권한있는 자를 통하여 재판상 문서를 송달할 권능
3. 재판절차의 모든 이해관계인이 목적지국의 사법공무원·관리 또는 기타 권한있는 자를 통하여 재판상 문서를 직접 송달할 권능

제11조 이 협약은 2 이상의 체약국이 재판상 문서의 송달을 위하여 이상의 조항에서 규정한 방식외의 전달경로와 특히 그들 각각의 당국간에 직접적인 통신을 허가한다는 합의를 하는 것을 방해하지 아니한다.
제12조 체약국에서 발송되는 재판상 문서의 송달에 관하여 피촉탁국이 제공한 역무에 대하여는 요금이나 비용의 지불 또는 상환이 발생하지 아니한다. 신청인은 다음 각호로 인한 비용을 지불 또는 상환한다.
1. 사법공무원 또는 목적지국의 법에 따른 권한있는 자의 고용
2. 특정송달방식의 이용

제13조 송달요청서가 이 협약의 규정과 일치할 때, 피촉탁국은 이를 이행하는 것이 자국의 주권 또는 안보를 침해할 것이라고 판단하는 경우에 한하여서만 이를 거부할 수 있다. 피촉탁국은 자국법상 당해 소송의 주요쟁점에 대하여 전속적 재판관할권을 보유하거나 자국법이 송달요청의 기초가 되는 소송을 인정하지 아니한다는 근거만으로 송달요청의 이행을 거부할 수 없다. 중앙당국은 송달요청을 거부하는 경우 신청인에게 즉시 그 거부의 사유를 통지한다.
제14조 송달할 재판상 문서의 전달과 관련하여 발생하는 애로사항은 외교경로를 통하여 해결한다.
제15조 소환장 또는 이에 상응하는 문서가 이 협약의 규정에 의하여 송달할 목적으로 해외에 송부되었으나 피고가 출석하지 아니한 경우, 다음 각호의 사항이 확정되기 전까지는 판결을 하여서는 아니된다.
1. 그 문서가 국내소송에서의 문서송달을 위하여 피촉탁국의 국내법에 규정된 방식에 의하여 동 국의 영역안에 소재하는 자에게 송달되었을 것
2. 그 문서가 이 협약에 규정된 다른 방식에 의하여 피고 또는 그의 거주지에 실제 교부되었을 것 또한 상기 각호의 경우에 있어서 송달 또는 교부는 피고가 자신을 변호할 수 있도록 충분한 시간을 두고 이루어졌을 것

각 체약국은 판사가 이 조 제1단의 규정에도 불구하고 송달 또는 교부가 있었다는 증명을 접수하지 아니하더라도 다음 각호의 제조건이 충족되는 경우에는 판결을 내릴 수 있다고 선언할 수 있다.
1. 문서가 이 협약에 규정된 방식중 하나로 송부되었을 것
2. 문서의 송부일부터 최소한 6월 이상으로서 구체적 사안에 따라 판사가 적절하다고 보는 기간이 경과하였을 것
3. 피촉탁국의 권한있는 당국을 통하여 어떤 종류의 증명이라도 취득하려고 상당한 노력을 하였음에도 불구하고 이를 얻지 못하였을 것

상기의 규정에도 불구하고 판사는, 긴급한 경우, 보전 또는 보호처분을 명할 수 있다.
제16조 소환장 또는 이에 상응하는 문서가 이 협약의 규정에 따라 송달목적으로 해외에 송부되었으나 출석하지 아니한 피고에 대하여 판결이 내려진 경우, 판사는 다음 각호의 제조건이 충족되는 경우에 한하여 항소기간의 만료로부터 피고를 구제할 수 있다.
1. 피고가 자신의 귀책사유없이 방어할 충분한 기간내에 문서에 대한 인지가 없었거나 또는 항소하기에 충분한 기간내에 판결에 대한 인지가 없었을 것
2. 피고가 반증이 없는 한 승소가 확실시될 만한 변론을 제시할 것

구제신청은 피고가 판결을 인지한 후부터 합리적인 기간내에 접수되어야 한다. 각 체약국은 선언에 명시한 기일의 만료후에 접수된 신청은 수리되지 아니한다고 선언할 수 있으나, 그 기간은 어떠한 경우에도 재판일부터 1년 이상이어야 한다. 이 조는 자연인의 지위 또는 행위능력에 관한 재판에는 적용되지 아니한다.

제2장 재판외 문서

제17조 체약국의 당국 및 사법공무원이 작성하는 재판외 문서는 다른 체약국으로의 송달을 위하여 이 협약에 의한 방식과 규정에 따라 전달될 수 있다.

제3장 일반규정

제18조 각 체약국은 중앙당국외에 기타 당국을 지정할 수 있으며, 이 경우 그 권한범위를 정한다. 그러나 신청인은 모든 경우에 있어 요청서를 직접 중앙당국에 제출할 권리를 가진다. 연방국가는 2 이상의 중앙당국을 지정할 수 있다.
제19조 이 협약은 체약국의 국내법이 자국영역안에서의 송달을 위하여 해외로부터 발송되는 문서의 전달방식에 대하여 이상의 조항에서 규정한 방식외의 전달방식을 허용하는 데 영향을 미치지 아니한다.
제20조 이 협약은 2 이상의 체약국간의 협정으로 다음 각호를 면제하는 것을 막지 아니한다.
1. 전달되는 문서 및 요청서 각 2통을 요구하는 제3조제2단의 규정
2. 사용언어에 관한 제5조제3단 및 제7조의 규정
3. 제5조제4단의 규정
4. 제12조제2단의 규정

제21조 각 체약국은 비준서 또는 가입서의 기탁시 또는 그 이후에 네덜란드 외무부에 다음 각호의 사항을 통보한다.
1. 제2조 및 제18조에 따른 당국의 지정
2. 제6조에 의하여 증명서를 작성할 권한을 가진 당국의 지정
3. 제9조에 의하여 영사관을 통하여 전달되는 문서를 수령할 권한을 갖는 당국의 지정

마찬가지로 각 체약국은 적절한 경우 네덜란드 외무부에 다음 각호의 사항을 통보한다.
1. 제8조 및 제10조에 의한 송부방식의 이용에 대한 이의
2. 제15조제2단 및 제16조제3단에 의한 선언
3. 상기의 지정·이의 및 선언에 대한 일체의 변경

제22조 이 협약의 당사국이 또한 1905년 7월 17일 및 1954년 3월 1일 헤이그에서 서명된 민사절차에 관한 협약중의 어느 하나 또는 양자의 당사국인 경우, 이 협약은 동 당사국간에 있어서 상기 협약들의 제1조 내지 제7조를 대체한다.
제23조 이 협약은 1905년 7월 17일 헤이그에서 서명된 민사절차에 관한 협약 제23조 또는 1954년 3월 1일 헤이그에서 서명된 민사절차에 관한 협약 제24조의 적용에 영향을 미치지 아니한다. 그러나 이들 조문은 이러한 협약들에 규정된 통신방법과 동일한 방법이 이용되는 경우에만 적용된다.
제24조 1905년 협약 및 1954년 협약의 당사국들간의 보조협정들은 당사국들이 달리 합의하지 아니하는 한, 이 협약에도 동등하게 적용되는 것으로 본다.
제25조 제22조 및 제24조의 규정을 저해함이 없이, 이 협약의 체약국이 당사자이거나 당사자가 될 협약들이 이 협약의 규율사항에 관련된 규정을 포함하게 되는 경우, 이 협약은 그로부터 벗어날 수 없다.
제26조 이 협약은 헤이그 국제사법회의의 제10차 회기에 대표를 파견한 국가들의 서명을 위하여 개방된다. 이 협약은 비준되어야 하며 비준서는 네덜란드 외무부에 기탁된다.
제27조 이 협약은 제26조제2단에 규정된 세번째 비준서가 기탁된 날부터 60일이 되는 날에 발효한다. 이 협약은 추후에 비준한 각 서명국에 대하여는 그 비준서가 기탁된 날부터 60일이 되는 날에 발효한다.
제28조 헤이그 국제사법회의 제10차 회기에 대표를 파견하지 아니한 국가는 제27조제1단에 따라 협약이 발효한 후에 이 협약에 가입할 수 있다. 가입서는 네덜란드 외무부에 기탁된다. 협약은 이러한 가입국에 대하여는 가입서의 기탁 전에 협약을 비준한 국가가 네덜란드 외무부에서 그 가입을 통보한 날부터 6월 이내에 가입에 이의를 제기하지 아니한 경우에 발효한다. 그러한 이의제기가 없는 경우에는 이 협약은 가입국에 대하여 전단에 규정된 기간이 경과한 다음 달의 초일부터 발효한다.
제29조 모든 국가는 서명·비준 또는 가입시에 이 협약이 자국이 국제관계에 대하여 책임을 지는 모든 영역 또는 그 일부에 적용된다고 선언할 수 있다. 이러한 선언은 그 국가에 대하여 협약이 발효한 날부터 효력이 발생한다. 그 이후에 있어서는 그러한 적용의 확장은 네덜란드 외무부에 이를 통지하여야 한다. 이 협약이 확장 적용되는 영역에 대하여 협약은 전단에 규정된 통지일부터 60일이 되는 날에 발효한다.
제30조 이 협약은 추후에 이를 비준 또는 가입한 국가에 대하여도 제27조제1단에 따라 협약이 발효한 날부터 5년간 유효하다. 협약은 어떠한 폐기통고도 없는 경우 5년마다 묵시적으로 갱신된다. 폐기통고는 적어도 5년의 기간이 경과하기 6월전까지 네덜란드 외무부에 통지되어야 한다. 폐기통고는 협약이 적용되는 특정한 영역에 대하여 국한될 수 있다. 폐기통고는 이를 통지받은 국가에 대하여서만 효력을 가진다. 협약은 다른 체약국에 대하여는 계속하여 유효하다.
제31조 네덜란드 외무부는 제26조에 규정된 국가 및 제28조에 따라 가입한 국가에 대하여 다음 각 호의 사항을 통지하여야 한다.
1. 제26조에 규정된 서명 및 비준
2. 제27조제1단에 따라 이 협약이 발효하는 날
3. 제28조에 규정된 가입 및 그 가입이 발효하는 날
4. 제29조에 규정된 확대적용 및 그것이 발효하는 날
5. 제21조에 규정된 지정행위·이의 및 선언
6. 제30조제3단에 규정된 폐기통고

이상의 증거로서 정당한 권한을 위임받은 하기 서명자는 이 협약에 서명하였다.
1965년 11월 15일 헤이그에서 동등하게 정본인 영어 및 불어로 본서 1통을 작성하였다. 본서는 네덜란드 정부보관소에 기탁하고 그 인증등본은 외교경로를 통하여 제10차 헤이그 국제사법회의에 대표를 파견한 각 국가에 송부된다.

협약부속서(생략)

세계인권선언

(1948년 12월 10일
제3회 국제연합총회에서 채택)

인류 가족 모든 구성원의 고유한 존엄성과 평등하고 양도할 수 없는 권리를 인정하는 것이 세계의 자유, 정의, 평화의 기초가 됨을 인정하며, 인권에 대한 무시와 경멸은 인류의 양심을 짓밟는 야만적 행위를 결과하였으며, 인류가 언론의 자유, 신념의 자유, 공포와 궁핍으로부터의 자유를 향유하는 세계의 도래가 일반인의 지고한 열망으로 천명되었으며, 사람들이 폭정과 억압에 대항하는 마지막 수단으로서 반란에 호소하도록 강요받지 않으려면, 인권이 법에 의한 지배에 의하여 보호 되어야 함이 필수적이며, 국가간의 친선관계의 발전을 촉진시키는 것이 긴요하며, 국제연합의 여러 국민들은 그 헌장에서 기본적 인권과, 인간의 존엄과 가치, 남녀의 동등한 권리에 대한 신념을 재확인하였으며, 더욱 폭넓은 자유 속에서 사회적 진보와 생활수준의 개선을 촉진할 것을 다짐하였으며, 회원국들은 국제연합과 협력하여 인권과 기본적 자유에 대한 보편적 존중과 준수의 증진을 달성할 것을 서약하였으며, 이들 권리와 자유에 대한 공통의 이해가 이러한 서약의 이행을 위하여 가장 중요하므로, 따라서 이제 국제연합 총회는 모든 개인과 사회의 각 기관은 세계인권선언을 항상 마음속에 간직한 채, 교육과 학업을 통하여 이러한 권리와 자유에 대한 존중을 신장시키기 위하여 노력하고, 점진적인 국내적 및 국제적 조치를 통하여 회원국 국민 및 회원국 관할하의 영토의 국민들 양자 모두에게 권리와 자유의 보편적이고 효과적인 인정과 준수를 보장하기 위하여 힘쓰도록, 모든 국민들과 국가에 대한 공통의 기준으로서 본 세계인권선언을 선포한다.

제1조 모든 사람은 태어날 때부터 자유롭고, 존엄성과 권리에 있어서 평등하다. 사람은 이성과 양심을 부여받았으며 서로에게 형제의 정신으로 대하여야 한다.
제2조 모든 사람은 인종, 피부색, 성, 언어, 종교, 정치적 또는 그 밖의 견해, 민족적 또는 사회적 출신, 재산, 출생, 기타의 지위 등에 따른 어떠한 종류의 구별도 없이, 이 선언에 제시된 모든 권리와 자유를 누릴 자격이 있다.
나아가 개인이 속한 나라나 영역이 독립국이든 신탁통치지역이든, 비자치지역이든 또는 그 밖의 다른 주권상의 제한을 받고 있는 지역이든, 그 나라나 영역의 정치적, 사법적, 국제적 지위를 근거로 차별이 행하여져서는 아니된다.
제3조 모든 사람은 생명권과 신체의 자유와 안전을 누릴 권리가 있다.
제4조 어느 누구도 노예나 예속상태에 놓여지지 아니한다. 모든 형태의 노예제도 및 노예매매는 금지된다.
제5조 어느 누구도 고문이나, 잔혹하거나, 비인도적이거나, 모욕적인 취급 또는 형벌을 받지 아니한다.
제6조 모든 사람은 어디에서나 법 앞에 인간으로서 인정받을 권리를 가진다.
제7조 모든 사람은 법 앞에 평등하고, 어떠한 차별도 없이 법의 평등한 보호를 받을 권리를 가진다. 모든 사람은 이 선언을 위반하는 어떠한 차별에 대하여도, 또한 어떠한 차별의 선동에 대하여도 평등한 보호를 받을 권리를 가진다.
제8조 모든 사람은 헌법 또는 법률이 부여하는 기본권을 침해하는 행위에 대하여 담당 국가법원에 의하여 효과적인 구제를 받을 권리를 가진다.
제9조 어느 누구도 자의적인 체포, 구금 또는 추방을 당하지 아니한다.
제10조 모든 사람은 자신의 권리와 의무, 그리고 자신에 대한 형사상의 혐의를 결정함에 있어서, 독립적이고 편견 없는 법정에서 공정하고도 공개적인 심문을 전적으로 평등하게 받을 권리를 가진다.
제11조 1. 형사범죄로 소추당한 모든 사람은 자신의 변호를 위하여 필요한 모든 장치를 갖춘 공개된 재판에서 법률에 따라 유죄로 입증될 때까지 무죄로 추정받을 권리를 가진다.
2. 어느 누구도 행위시의 국내법 또는 국제법상으로 범죄를 구성하지 아니하는 작위 또는 부작위를 이유로 유죄로 되지 아니한다. 또한 범죄가 행하여진 때에 적용될 수 있는 형벌보다 무거운 형벌이 부과되지 아니한다.
제12조 어느 누구도 자신의 사생활, 가정, 주거 또는 통신에 대하여 자의적인 간섭을 받지 않으며, 자신의 명예와 신용에 대하여 공격을 받지 아니한다. 모든 사람은 그러한 간섭과 공격에 대하여 법률의 보호를 받을 권리를 가진다.
제13조 1. 모든 사람은 각국의 영역 내에서 이전과 거주의 자유에 관한 권리를 가진다.
2. 모든 사람은 자국을 포함한 어떤 나라로부터도 출국할 권리가 있으며, 또한 자국으로 돌아올 권리를 가진다.
제14조 1. 모든 사람은 박해를 피하여 타국에서 피난처를 구하고 비호를 향유할 권리를 가진다.
2. 이 권리는 비정치적인 범죄 또는 국제연합의 목적과 원칙에 반하는 행위만으로 인하여 제기된 소추의 경우에는 활용될 수 없다.
제15조 1. 모든 사람은 국적을 가질 권리를 가진다.
2. 어느 누구도 자의적으로 자신의 국적을 박탈당하거나 그의 국적을 바꿀 권리를 부인당하지 아니한다.
제16조 1. 성년에 이른 남녀는 인종, 국적 또는 종교에 따른 어떠한 제한도 받지 않고 혼인하여 가정을 이룰 권리를 가진다. 이들은 혼인 기간 중 및 그 해소시 혼인에 관하여 동등한 권리를 가진다.
2. 결혼은 양당사자의 자유롭고도 완전한 합의에 의하여만 성립된다.
3. 가정은 사회의 자연적이며 기초적인 구성단위이며, 사회와 국가의 보호를 받을 권리를 가진다.
제17조 1. 모든 사람은 단독으로는 물론 타인과 공동으로 자신의 재산을 소유할 권리를 가진다.
2. 어느 누구도 자신의 재산을 자의적으로 박탈당하지 아니한다.
제18조 모든 사람은 사상, 양심 및 종교의 자유에 대한 권리를 가진다. 이러한 권리는 자신의 종교 또는 신념을 바꿀 자유와 선교, 행사, 예배, 의식에 있어서 단독으로 또는 다른 사람과 공동으로, 공적으로 또는 사적으로 자신의 종교나 신념을 표명하는 자유를 포함한다.
제19조 모든 사람은 의견과 표현의 자유에 관한 권리를 가진다. 이 권리는 간섭받지 않고 의견을 가질 자유와 모든 매체를 통하여 국경에 관계없이 정보와 사상을 추구하고, 접수하고, 전달하는 자유를 포함한다.
제20조 1. 모든 사람은 평화적 집회와 결사의 자유에 관한 권리를 가진다.
2. 어느 누구도 어떤 결사에 소속될 것을 강요받지 아니한다.
제21조 1. 모든 사람은 직접 또는 자유롭게 선출된 대표를 통하여 자국의 통치에 참여할 권리를 가진다.
2. 모든 사람은 자국의 공무에 취임할 동등한 권리를 가진다.
3. 국민의 의사는 정부의 권위의 기초가 된다. 이 의사는 보통 및 평등 선거권에 의거하며, 또한 비밀투표 또는 이와 동등한 자유로운 투표 절차에 따라 실시되는 정기적이고 진정한 선거를 통하여 표현된다.
제22조 모든 사람은 사회의 일원으로서 사회보장제도에 관한 권리를 가지며, 국가적 노력과 국제적 협력을 통하여 그리고 각국의 조직과 자원에 따라 자신의 존엄성과 인격의 자유로운 발전을 위하여 불가결한 경제적, 사회적 및 문화적 권리의 실현에 관한 권리를 가진다.
제23조 1. 모든 사람은 근로의 권리, 자유로운 직업 선택권, 공정하고 유리한 근로조건에 관한 권리 및 실업으로부터 보호받을 권리를 가진다.
2. 모든 사람은 어떠한 차별도 받지 않고 동등한 노동에 대하여 동등한 보수를 받을 권리를 가진다.
3. 모든 근로자는 자신과 가족에게 인간적 존엄에 합당한 생활을 보장하여 주며, 필요할 경우 다른 사회적 보호의 수단에 의하여 보완되는, 정당하고 유리한 보수를 받을 권리를 가진다.
4. 모든 사람은 자신의 이익을 보호하기 위하여 노동조합을 결성하고, 가입할 권리를 가진다.
제24조 모든 사람은 근로시간의 합리적 제한과 정기적인 유급휴일을 포함한 휴식과 여가에 관한 권리를 가진다.
제25조 1. 모든 사람은 식량, 의복, 주택, 의료, 필수적인 사회역무를 포함하여 자신과 가족의 건강과 안녕에 적합한 생활수준을 누릴 권리를 가지며, 실업, 질병, 불구, 배우자와의 사별, 노령, 그 밖의 자신이 통제할 수 없는 상황에서의 다른 생계결핍의 경우 사회보장을 누릴 권리를 가진다.
2. 모자는 특별한 보살핌과 도움을 받을 권리를 가진다. 모든 어린이는 부모의 혼인 여부에 관계없이 동등한 사회적 보호를 향유한다.
제26조 1. 모든 사람은 교육을 받을 권리를 가진다. 교육은 최소한 초등기초단계에서는 무상이어야 한다. 초등교육은 의무적이어야 한다. 기술교육과 직업교육은 일반적으로 이용할 수 있어야 하며, 고등교육도 능력에 따라 모든 사람에게 평등하게 개방되어야 한다.
2. 교육은 인격의 완전한 발전과 인권 및 기본적 자유에 대한 존중의 강화를 목표로 하여야 한다. 교육은 모든 국가들과 인종적 또는 종교적 집단간에 있어서 이해, 관용 및 친선을 증진시키고 평화를 유지하기 위한 국제연합의 활동을 촉진시켜야 한다.
3. 부모는 자녀에게 제공되는 교육의 종류를 선택함에 있어서 우선권을 가진다.
제27조 1. 모든 사람은 공동체의 문화생활에 자유롭게 참여하고, 예술을 감상하며, 과학의 진보와 그 혜택을 향유할 권리를 가진다.
2. 모든 사람은 자신이 창조한 모든 과학적, 문학적, 예술적 창작물에서 생기는 정신적, 물질적 이익을 보호받을 권리를 가진다.
제28조 모든 사람은 이 선언에 제시된 권리와 자유가 완전히 실현될 수 있는 사회적 및 국제적질서에 대한 권리를 가진다.
제29조 1. 모든 사람은 그 안에서만 자신의 인격을 자유롭고 완전하게 발전시킬 수 있는 공동체에 대하여 의무를 부담한다.
2. 모든 사람은 자신의 권리와 자유를 행사함에 있어서, 타인의 권리와 자유에 대한 적절한 인정과 존중을 보장하고, 민주사회에서의 도덕심, 공공질서, 일반의 복지를 위하여 정당한 필요를 충족시키기 위한 목적에서만 법률에 규정된 제한을 받는다.
3. 이러한 권리와 자유는 어떤 경우에도 국제연합의 목적과 원칙에 반하여 행사될 수 없다.
제30조 이 선언의 그 어떠한 조항도 특정 국가, 집단 또는 개인이 이 선언에 규정된 어떠한 권리와 자유를 파괴할 목적의 활동에 종사하거나, 또는 그와 같은 행위를 행할 어떠한 권리도 가지는 것으로 해석되지 아니한다.

경제적, 사회적 및 문화적 권리에 관한 국제규약(A규약)

(1990년 6월 13일
조 약 제1006호)

1966.12.16(국제연합 총회에서 채택)
1990. 7.10(대한민국에 대하여 발효)

이 규약의 당사국은, 국제연합헌장에 선언된 원칙에 따라 인류사회의 모든 구성원의 고유의 존엄성 및 평등하고 양도할 수 없는 권리를 인정하는 것이 세계의 자유, 정의 및 평화의 기초가 됨을 고려하고, 이러한 권리는 인간의 고유한 존엄성으로부터 유래함을 인정하며, 세계인권선언에 따라 공포와 결핍으로부터의 자유를 향유하는 자유 인간의 이상은 모든 사람이 자신의 시민적, 정치적 권리 뿐만 아니라 경제적, 사회적 및 문화적 권리를 향유할 수 있는 여건이 조성되는 경우에만 성취될 수 있음을 인정하며, 인권과 자유에 대한 보편적 존중과 준수를 촉진시킬 국제연합헌장상의 국가의 의무를 고려하며, 타 개인과 자기가 속한 사회에 대한 의무를 지고 있는 개인은, 이 규약에서 인정된 권리의 증진과 준수를 위하여 노력하여야 할 책임이 있음을 인식하여, 다음 조문들에 합의한다.

〈제1부〉

제1조 1. 모든 사람은 자결권을 가진다. 이 권리에 기초하여 모든 사람은 그들의 정치적 지위를 자유로이 결정하고, 또한 그들의 경제적, 사회적 및 문화적 발전을 자유로이 추구한다.
2. 모든 사람은, 호혜의 원칙에 입각한 국제경제협력으로부터 발생하는 의무 및 국제법상의 의무에 위반하지 아니하는 한, 그들 자신의 목적을 위하여 그들의 천연의 부와 자원을 자유로이 처분할 수 있다. 어떠한 경우에도 사람은 그들의 생존수단을 박탈 당하지 아니한다.
3. 비자치지역 및 신탁통치지역의 행정책임을 맡고 있는 국가들을 포함하여 이 규약의 당사국은 국제연합헌장의 규정에 따라 자결권의 실현을 촉진하고 동 권리를 존중하여야 한다.

〈제2부〉

제2조 1. 이 규약의 각 당사국은 특히 입법조치의 채택을 포함한 모든 적절한 수단에 의하여 이 규약에서 인정된 권리의 완전한 실현을 점진적으로 달성하기 위하여, 개별적으로 또한 특히 경제적, 기술적인 국제지원과 국제협력을 통하여, 자국의 가용자원이 허용하는 최대한도까지 조치를 취할 것을 약속한다.
2. 이 규약의 당사국은 이 규약에서 선언된 권리들이 인종, 피부색, 성, 언어, 종교, 정치적 또는 기타의 의견, 민족적 또는 사회적 출신, 재산, 출생 또는 기타의 신분등에 의한 어떠한 종류의 차별도 없이 행사되도록 보장할 것을 약속한다.
3. 개발도상국은, 인권과 국가 경제를 충분히 고려하여 이 규약에서 인정된 경제적 권리를 어느정도까지 자국의 국민이 아닌 자에게 보장할 것인가를 결정할 수 있다.
제3조 이 규약의 당사국은 이 규약에 규정된 모든 경제적, 사회적 및 문화적 권리를 향유함에 있어서 남녀에게 동등한 권리를 확보할 것을 약속한다.
제4조 이 규약의 당사국은, 국가가 이 규약에 따라 부여하는 권리를 향유함에 있어서, 그러한 권리의 본질과 양립할 수 있는 한도 내에서, 또한 오직 민주 사회에서의 공공복리증진의 목적으로 반드시 법률에 의하여 정하여지는 제한에 의해서만, 그러한 권리를 제한할 수 있음을 인정한다.
제5조 1. 이 규약의 어떠한 규정도 국가, 집단 또는 개인이 이 규약에서 인정되는 권리 및 자유를 파괴하거나, 또는 이 규약에서 규정된 제한의 범위를 넘어 제한하는 것을 목적으로 하는 활동에 종사하거나 또는 그와 같은 것을 목적으로 하는 행위를 행할 권리를 가지는 것으로 해석되지 아니한다.
2. 이 규약의 어떠한 당사국에서 법률, 협정, 규칙 또는 관습에 의하여 인정되거나 또는 현존하고 있는 기본적 인권에 대하여는, 이 규약이 그러한 권리를 인정하지 아니하거나 또는 그 인정의 범위가 보다 협소하다는 것을 구실로 동 권리를 제한하거나 또는 훼손하는 것이 허용되지 아니한다.

〈제3부〉

제6조 1. 이 규약의 당사국은, 모든 사람이 자유로이 선택하거나 수락하는 노동에 의하여 생계를 영위할 권리를 포함하는 근로의 권리를 인정하며, 동 권리를 보호하기 위하여 적절한 조치를 취한다.
2. 이 규약의 당사국이 근로권의 완전한 실현을 달성하기 위하여 취하는 제반조치에는 개인에게 기본적인 정치적, 경제적 자유를 보장하는 조건하에서 착실한 경제적, 사회적, 문화적 발전과 생산적인 완전고용을 달성하기 위한 기술 및 직업의 지도, 훈련계획, 정책 및 기술이 포함되어야 한다.
제7조 이 규약의 당사국은 특히 다음 사항이 확보되는 공정하고 유리한 근로조건을 모든 사람이 향유할 권리를 가지는 것을 인정한다.
(a) 모든 근로자에게 최소한 다음의 것을 제공하는 보수
(i) 공정한 임금과 어떠한 종류의 차별도 없는 동등한 가치의 노동에 대한 동등한 보수, 특히 여성에게 대하여는 동등한 노동에 대한 동등한 보수와 함께 남성이 향유하는 것보다 열등하지 아니한 근로조건의 보장
(ii) 이 규약의 규정에 따른 자신과 그 가족의 품위 있는 생활
(b) 안전하고 건강한 근로조건
(c) 연공서열 및 능력이외의 다른 고려에 의하지 아니하고, 모든 사람이 자기의 직장에서 적절한 상위직으로 승진할 수 있는 동등한 기회
(d) 휴식, 여가 및 근로시간의 합리적 제한, 공휴일에 대한 보수와 정기적인 유급휴일
제8조 1. 이 규약의 당사국은 다음의 권리를 확보할 것을 약속한다.
(a) 모든 사람은 그의 경제적, 사회적 이익을 증진하고 보호하기 위하여 관계단체의 규칙에만 따를 것을 조건으로 노동조합을 결성하고, 그가 선택한 노동조합에 가입하는 권리. 그러한

권리의 행사에 대하여는 법률로 정하여진 것 이외의 또한 국가안보 또는 공공질서를 위하여 또는 타인의 권리와 자유를 보호하기 위하여 민주 사회에서 필요한 것 이외의 어떠한 제한도 과할 수 없다.

(b) 노동조합이 전국적인 연합 또는 총연합을 설립하는 권리 및 총연합이 국제노동조합조직을 결성하거나 또는 가입하는 권리

(c) 노동조합은 법률로 정하여진 것 이외의 또한 국가안보, 공공질서를 위하거나 또는 타인의 권리와 자유를 보호하기 위하여 민주사회에서 필요한 제한이외의 어떠한 제한도 받지 아니하고 자유로이 활동할 권리

(d) 특정국가의 법률에 따라 행사될 것을 조건으로 파업을 할 수 있는 권리

2. 이 조는 군인, 경찰 구성원 또는 행정관리가 전기한 권리들을 행사하는 것에 대하여 합법적인 제한을 부과하는 것을 방해하지 아니한다.

3. 이 조의 어떠한 규정도 결사의 자유 및 단결권의 보호에 관한 1948년의 국제노동기구협약의 당사국이 동 협약에 규정된 보장을 저해하려는 입법조치를 취하도록 하거나, 또는 이를 저해하려는 방법으로 법률을 적용할 것을 허용하지 아니한다.

제9조 이 규약의 당사국은 모든 사람이 사회보험을 포함한 사회보장에 대한 권리를 가지는 것을 인정한다.

제10조 이 규약의 당사국은 다음 사항을 인정한다.

1. 사회의 자연적이고 기초적인 단위인 가정에 대하여는, 특히 가정의 성립을 위하여 그리고 가정이 부양 어린이의 양육과 교육에 책임을 맡고 있는 동안에는 가능한 한 광범위한 보호와 지원이 부여된다. 혼인은 혼인의사를 가진 양 당사자의 자유로운 동의하에 성립된다.

2. 임산부에게는 분만 전후의 적당한 기간동안 특별한 보호가 부여된다. 동 기간중의 근로 임산부에게는 유급휴가 또는 적당한 사회보장의 혜택이 있는 휴가가 부여된다.

3. 가문 또는 기타 조건에 의한 어떠한 차별도 없이, 모든 어린이와 연소자를 위하여 특별한 보호와 원조의 조치가 취하여 진다. 어린이와 연소자는 경제적, 사회적 착취로부터 보호된다. 어린이와 연소자를 도덕 또는 건강에 유해하거나 또는 생명에 위험하거나 또는 정상적 발육을 저해할 우려가 있는 노동에 고용하는 것은 법률에 의하여 처벌할 수 있다. 당사국은 또한 연령제한을 정하여 그 연령에 달하지 않은 어린이에 대한 유급노동에의 고용이 법률로 금지되고 처벌될 수 있도록 한다.

제11조 1. 이 규약의 당사국은 모든 사람이 적당한 식량, 의복 및 주택을 포함하여 자기자신과 가정을 위한 적당한 생활수준을 누릴 권리와 생활조건을 지속적으로 개선할 권리를 가지는 것을 인정한다. 당사국은 그러한 취지에서 자유로운 동의에 입각한 국제적 협력의 본질적인 중요성을 인정하여, 그 권리의 실현을 확보하기 위한 적당한 조치를 취한다.

2. 이 규약의 당사국은 기아로부터의 해방이라는 모든 사람의 기본적인 권리를 인정하고, 개별적으로 또는 국제협력을 통하여 아래 사항을 위하여 구체적 계획을 포함하는 필요한 조치를 취한다.

(a) 과학·기술 지식을 충분히 활용하고, 영양에 관한 원칙에 대한 지식을 보급하고, 천연자원을 가장 효율적으로 개발하고 이용할 수 있도록 농지제도를 발전시키거나 개혁함으로써 식량의 생산, 보존 및 분배의 방법을 개선할 것.

(b) 식량수입국 및 식량수출국 쌍방의 문제를 고려하여 필요에 따라 세계식량공급의 공평한 분배를 확보할 것.

제12조 1. 이 규약의 당사국은 모든 사람이 도달 가능한 최고 수준의 신체적·정신적 건강을 향유할 권리를 가지는 것을 인정한다.

2. 이 규약당사국이 동 권리의 완전한 실현을 달성하기 위하여 취할 조치에는 다음 사항을 위하여 필요한 조치가 포함된다.

(a) 사산율과 유아사망율의 감소 및 어린이의 건강한 발육

(b) 환경 및 산업위생의 모든 부문의 개선

(c) 전염병, 풍토병, 직업병 및 기타 질병의 예방, 치료 및 통제

(d) 질병 발생시 모든 사람에게 의료와 간호를 확보할 여건의 조성

제13조 1. 이 규약의 당사국은 모든 사람이 교육에 대한 권리를 가지는 것을 인정한다. 당사국은 교육이 인격과 인격의 존엄성에 대한 의식이 완전히 발전되는 방향으로 나아가야 하며, 교육이 인권과 기본적 자유를 더욱 존중하여야 한다는 것에 동의한다. 당사국은 나아가서 교육에 의하여 모든 사람이 자유사회에 효율적으로 참여하며, 민족간에 있어서나 모든 인종적, 종족적 또는 종교적 집단간에 있어서 이해, 관용 및 친선을 증진시키고, 평화유지를 위한 국제연합의 활동을 증진시킬 수 있도록 하는 것에 동의한다.

2. 이 규약의 당사국은 동 권리의 완전한 실현을 달성하기 위하여 다음 사항을 인정한다.

(a) 초등교육은 모든 사람에게 무상 의무교육으로 실시된다.

(b) 기술 및 직업 중등교육을 포함하여 여러가지 형태의 중등교육은, 모든 적당한 수단에 의하여, 특히 무상교육의 점진적 도입에 의하여 모든 사람이 일반적으로 이용할 수 있도록 하고, 또한 모든 사람에게 개방된다.

(c) 고등교육은, 모든 적당한 수단에 의하여, 특히 무상교육의 점진적 도입에 의하여, 능력에 기초하여 모든 사람에게 동등하게 개방된다.

(d) 기본교육은 초등교육을 받지 못하였거나 또는 초등교육의 전기간을 이수하지 못한 사람들을 위하여 가능한 한 장려되고 강화된다.

(e) 모든 단계에 있어서 학교제도의 발전이 적극적으로 추구되고, 적당한 연구·장학제도가 수립되며, 교직원의 물질적 처우는 계속적으로 개선된다.

3. 이 규약의 당사국은 부모 또는 경우에 따라서 법정후견인이 그들 자녀를 위하여 공공기관에 의하여 설립된 학교 이외의 학교로서 국가가 정하거나 승인하는 최소한도의 교육수준에 부합하는 학교를 선택하는 자유 및 그들의 신념에 따라 자녀의 종교적, 도덕적 교육을 확보할 수 있는 자유를 존중할 것을 약속한다.

4. 이 조의 어떠한 부분도 항상 이 조 제1항에 규정된 원칙을 준수하고, 그 교육기관에서의 교육이 국가가 결정하는 최소한의 기준에 일치한다는 요건하에서, 개인과 단체가 교육기관을 설립, 운영할 수 있는 자유를 간섭하는 것으로 해석되지 아니한다.

제14조 이 규약의 당사국이 되는 때 그 본토나 자국 관할내에 있는 기타 영토에서 무상으로 초등의무교육을 확보할 수 없는 각 당사국은 계획상에 정해질 합리적인 연한이내에 모든 사람에 대한 무상의무교육 원칙을 점진적으로 시행하기 위한 세부 실천계획을 2년이내에 입안, 채택할 것을 약속한다.

제15조 1. 이 규약의 당사국은 모든 사람의 다음 권리를 인정한다.

(a) 문화생활에 참여할 권리

(b) 과학의 진보 및 응용으로부터 이익을 향유할 권리

(c) 자기가 저작한 모든 과학적, 문학적 또는 예술적 창작품으로부터 생기는 정신적, 물질적 이익의 보호로부터 이익을 받을 권리

2. 이 규약의 당사국이 그러한 권리의 완전한 실현을 달성하기 위하여 취하는 조치에는 과학과 문화의 보존, 발전 및 보급에 필요한 제반조치가 포함된다.

3. 이 규약의 당사국은 과학적 연구와 창조적 활동에 필수불가결한 자유를 존중할 것을 약속한다.

4. 이 규약의 당사국은 국제적 접촉의 장려와 발전 및 과학과 문화분야에서의 협력으로부터 이익이 초래됨을 인정한다.

〈제4부〉

제16조 1. 이 규약의 당사국은 규약에서 인정된 권리의 준수를 실현하기 위하여 취한 조치와 성취된 진전 사항에 관한 보고서를 이 부의 규정에 따라 제출할 것을 약속한다.

2. (a) 모든 보고서는 국제연합사무총장에게 제출된다. 사무총장은 이 규약의 규정에 따라, 경제사회이사회가 심의할 수 있도록 보고서 사본을 동 이사회에 송부한다.

(b) 국제연합사무총장은 이 규약의 당사국으로서 국제연합전문기구의 회원국인 국가가 제출한 보고서 또는 보고서 내용의 일부가 전문기구의 창설규정에 따라 동 전문기구의 책임에 속하는 문제와 관계가 있는 경우, 동 보고서 사본 또는 그 내용중의 관련 부분의 사본을 동 전문기구에 송부한다.

제17조 1. 이 규약의 당사국은 경제사회이사회가 규약당사국 및 관련 전문기구와 협의한후, 이 규약의 발효 후 1년 이내에 수립하는 계획에 따라, 자국의 보고서를 각 단계별로 제출한다.

2. 동 보고서는 이 규약상의 의무의 이행정도에 영향을 미치는 요소 및 장애를 지적할 수 있다.

3. 이 규약의 당사국이 이미 국제연합 또는 전문기구에 관련 정보를 제출한 경우에는, 동일한 정보를 다시 작성하지 않고 동 정보에 대한 정확한 언급으로서 족하다.

제18조 경제사회이사회는 인권과 기본적 자유의 분야에서의 국제연합헌장상의 책임에 따라, 전문기구가 동기구의 활동영역에 속하는 이 규약 규정의 준수를 달성하기 위하여 성취된 진전사항을 이사회에 보고하는 것과 관련하여, 당해 전문기구와 협정을 체결할 수 있다. 그러한 보고서에는 전문기구의 권한 있는 기관이 채택한 규정의 행에 관한 결정 및 권고의 상세를 포함할 수 있다.

제19조 경제사회이사회는 제16조 및 제17조에 따라 각국이 제출하는 인권에 관한 보고서 및 제18조에 따라 전문기구가 제출하는 인권에 관한 보고서중 국제연합 인권위원회의 검토, 일반적 권고, 또는 정보를 위하여 적당한 보고서를 인권위원회에 송부할 수 있다.

제20조 이 규약의 당사국과 관련 전문기구는 제19조에 의한 일반적 권고에 대한 의견 또는 국제연합인권위원회의 보고서 또는 보고서에서 언급된 어떠한 문서에서도 그와 같은 일반적 권고에 대하여 언급하고 있는 부분에 관한 의견을 경제사회이사회에 제출할 수 있다.

제21조 경제사회이사회는 일반적 성격의 권고를 포함하는 보고서와 이 규약에서 인정된 권리의 일반적 준수를 달성하기 위하여 취한 조치 및 성취된 진전사항에 관하여 이 규약의 당사국 및 전문기구로부터 입수한 정보의 개요를 수시로 총회에 제출할 수 있다.

제22조 경제사회이사회는 이 규약의 제4부에서 언급된 보고서에서 생기는 문제로서, 국제연합의 타기관, 그 보조기관 및 기술원조의 제공에 관여하는 전문기구가 각기 그 권한내에서 이 규약의 효과적, 점진적 실시에 기여할 수 있는 국제적 조치의 타당성을 결정하는 데 도움이 될 수 있는 문제에 대하여 그들의 주의를 환기시킬 수 있다.

제23조 이 규약의 당사국은 이 규약에서 인정된 권리의 실현을 위한 국제적 조치에는 협약의 체결, 권고의 채택, 기술원조의 제공 및 관계정부와 협력하여 조직된 협의와 연구를 목적으로 하는 지역별 회의 및 기술적 회의의 개최와 같은 방안이 포함된다는 것에 동의한다.

제24조 이 규약의 어떠한 규정도 이 규약에서 취급되는 문제에 관하여 국제연합의 여러기관과 전문기구의 책임을 각각 명시하고 있는 국제연합헌장 및 전문기구헌장의 규정을 침해하는 것으로 해석되지 아니한다.

제25조 이 규약의 어떠한 규정도 모든 사람이 그들의 천연적 부와 자원을 충분히, 자유로이 향유하고, 이용할 수 있는 고유의 권리를 침해하는 것으로 해석되지 아니한다.

〈제5부〉

제26조 1. 이 규약은 국제연합의 모든 회원국, 전문기구의 모든 회원국, 국제사법재판소 규정의 모든 당사국 또한 국제연합 총회가 이 규약에 가입하도록 초청한 기타 모든 국가들의 서명을 위하여 개방된다.

2. 이 규약은 비준되어야 한다. 비준서는 국제연합사무총장에게 기탁된다.

3. 이 규약은 이 조 제1항에서 언급된 모든 국가들의 가입을 위하여 개방된다.

4. 가입은 가입서를 국제연합사무총장에게 기탁함으로써 이루어진다.

5. 국제연합사무총장은 이 규약에 서명 또는 가입한 모든 국가들에게 각 비준서 또는 가입서의 기탁을 통보한다.

제27조 1. 이 규약은 35번째의 비준서 또는 가입서가 국제연합사무총장에게 기탁된 날로부터 3개월 후에 발효한다.

2. 35번째 비준서 또는 가입서의 기탁후에 이 규약을 비준하거나 또는 이 규약에 가입하는 국가에 대하여는, 이 규약은 그 국가의 비준서 또는 가입서가 기탁된 날로부터 3개월 후에 발효한다.

제28조 이 규약의 규정은 어떠한 제한이나 예외없이 연방국가의 모든 지역에 적용된다.

제29조 1. 이 규약의 당사국은 개정안을 제안하고 이를 국제연합사무총장에게 제출할 수 있다. 사무총장은 개정안을 접수하는 대로, 각 당사국에게 동 제안을 심의하고 표결에 회부하기 위한 당사국회의 개최에 찬성하는지에 관한 의견을 사무총장에게 통보하여 줄 것을 요청하는 것과 함께, 개정안을 이 규약의 각 당사국에게 송부한다. 당사국중 최소 3분의 1이 당사국회의 개최에 찬성하는 경우, 사무총장은 국제연합의 주관하에 동 회의를 소집한다. 동 회의에 출석하고 표결한 당사국의 과반수에 의하여 채택된 개정안은 그 승인을 위하여 국제연합총회에 제출된다.

2. 개정안은 국제연합총회의 승인을 얻고, 각기 자국의 헌법절차에 따라 이 규약당사국의 3분의 2의 다수가 수락하는 때 발효한다.

3. 개정안은 발효시 이를 수락한 당사국을 구속하며, 여타 당사국은 계속하여 이 규약의 규정 및 이미 수락한 그 이전의 모든 개정에 의하여 구속된다.

제30조 제26조제5항에 의한 통보에 관계없이, 국제연합사무총장은 동조제1항에서 언급된 모든 국가에 다음을 통보한다.

(a) 제26조에 의한 서명, 비준 및 가입

(b) 제27조에 의한 이 규약의 발효일자 및 제29조에 의한 모든 개정의 발효일자

제31조 1. 이 규약은 중국어, 영어, 불어, 러시아어 및 서반아어본이 동등히 정본이며, 국제연합 문서보존소에 기탁된다.

2. 국제연합사무총장은 제26조에서 언급된 모든 국가들에게 이 규약의 인증등본을 송부한다.

이상의 증거로, 하기 서명자들은 각자의 정부에 의하여 정당히 권한을 위임받아 일천구백육십육년 십이월 십구일 뉴욕에서 서명을 위하여 개방된 이 규약에 서명하였다.

시민적 및 정치적 권리에 관한 국제규약(B규약)

(1990년 6월 13일
조 약 제1007호)

1966.12.16(국제연합 총회에서 채택)
1966.12.19(뉴욕에서 서명)
1990. 7.10(대한민국에 대하여 발효 ; 규약 제14조제5항, 제14조제7항, 제22조 및 제23조제4항은 유보함)
1991. 3.15조약1042호(규약 제23조제4항 유보철회)
1993. 1.21조약1122호(규약 제14조제7항 유보철회)
2007. 3.29조약1840호(규약 제14조제5항 유보철회)

이 규약의 당사국은, 국제연합헌장에 선언된 원칙에 따라 인류사회의 모든 구성원의 고유의 존엄성 및 평등하고 양도할 수 없는 권리를 인정하는 것이 세계의 자유, 정의 및 평화의 기초가 됨을 고려하고, 이러한 권리는 인간의 고유한 존엄성으로부터 유래함을 인정하며, 세계인권선언에 따라 시민적, 정치적 자유 및 공포와 결핍으로부터의 자유를 향유하는 자유인간의 이상은 모든 사람이 자신의 경제적, 사회적 및 문화적 권리뿐만 아니라 시민적 및 정치적 권리를 향유할 수 있는 여건이 조성되는 경우에만 성취될 수 있음을 인정하며, 인권과 자유에 대한 보편적 존중과 준수를 촉진시킬 국제연합헌장상의 국가의 의무를 고려하며, 타 개인과 자기가 속한 사회에 대한 의무를 지고 있는 개인은, 이 규약에서 인정된 권리의 증진과 준수를 위하여 노력하여야 할 책임이 있음을 인식하여, 다음의 조문들에 합의한다.

〈제1부〉

제1조 1. 모든 사람은 자결권을 가진다. 이 권리에 기초하여 모든 사람은 그들의 정치적 지위를 자유로이 결정하고, 또한 그들의 경제적, 사회적 및 문화적 발전을 자유로이 추구한다.

2. 모든 사람은, 호혜의 원칙에 입각한 국제적 경제협력으로부터 발생하는 의무 및 국제법상의 의무에 위반하지 아니하는 한, 그들 자신의 목적을 위하여 그들의 천연의 부와 자원을 자유로이 처분할 수 있다. 어떠한 경우에도 사람은 그들의 생존수단을 박탈당하지 아니한다.

3. 비자치지역 및 신탁통치지역의 행정책임을 맡고 있는 국가들을 포함하여 이 규약의 당사국은 국제연합헌장의 규정에 따라 자결권의 실현을 촉진하고 동 권리를 존중하여야 한다.

〈제2부〉

제2조 1. 이 규약의 각 당사국은 자국의 영토내에 있으며, 그 관할권하에 있는 모든 개인에 대하여 인종, 피부색, 성, 언어, 종교, 정치적 또는 기타의 의견, 민족적 또는 사회적 출신, 재산, 출생 또는 기타의 신분 등에 의한 어떠한 종류의 차별도 없이 이 규약에서 인정되는 권리들을 존중하고 확보할 것을 약속한다.

2. 이 규약의 각 당사국은 현행의 입법조치 또는 기타 조치에 의하여 아직 규정되어 있지 아니한 경우, 이 규약에서 인정되는 권리들을 실현하기 위하여 필요한 입법조치 또는 기타 조치를 취하기 위하여 자국의 헌법상의 절차 및 이 규약의 규정에 따라 필요한 조치를 취할 것을 약속한다.

3. 이 규약의 각 당사국은 다음의 조치를 취할 것을 약속한다.

(a) 이 규약에서 인정되는 권리 또는 자유를 침해당한 사람에 대하여, 그러한 침해가 공무집행중인 자에 의하여 자행된 것이라 할지라도 효과적인 구제조치를 받도록 확보할 것.

(b) 그러한 구제조치를 청구하는 개인에 대하여, 권한있는 사법, 행정 또는 입법 당국 또는 당해 국가의 법률제도가 정하는 기타 권한있는 당국에 의하여 그 권리가 결정될 것을 확보하고, 또한 사법적 구제조치의 가능성을 발전시킬 것.

(c) 그러한 구제조치가 허용되는 경우, 권한있는 당국이 이를 집행할 것을 확보할 것.

제3조 이 규약의 당사국은 이 규약에서 규정된 모든 시민적 및 정치적 권리를 향유함에 있어서 남녀에게 동등한 권리를 확보할 것을 약속한다.

제4조 1. 국민의 생존을 위협하는 공공의 비상사태의 경우에 있어서 그러한 비상사태의 존재가 공식으로 선포되어 있을 때에는 이 규약의 당사국은 당해 사태의 긴급성에 의하여 엄격히 요구되는 한도내에서 이 규약상의 의무를 위반하는 조치를 취할 수 있다. 다만, 그러한 조치는 당해국의 국제법상의 여타 의무에 저촉되어서는 아니되며, 또한 인종, 피부색, 성, 언어, 종교 또는 사회적 출신만을 이유로 하는 차별을 포함하여서는 아니된다.

2. 전항의 규정은 제6조, 제7조, 제8조(제1항 및 제2항), 제11조, 제15조, 제16조 및 제18조에 대한 위반을 허용하지 아니한다.

3. 의무를 위반하는 조치를 취할 권리를 행사하는 이 규약의 당사국은, 위반하는 규정 및 위반하게 된 이유를, 국제연합사무총장을 통하여 이 규약의 타 당사국들에게 즉시 통지한다. 또한 당사국은 그러한 위반이 종료되는 날에 동일한 경로를 통하여 그 내용을 통지한다.

제5조 1. 이 규약의 어떠한 규정도 국가, 집단 또는 개인이 이 규약에서 인정되는 권리 및 자유를 파괴하거나, 또는 이 규약에서 규정된 제한의 범위를 넘어 제한하는 것을 목적으로 하는 활동에 종사하거나 또는 그와같은 것을 목적으로 하는 행위를 행할 권리를 가지는 것으로 해석되지 아니한다.

2. 이 규약의 어떠한 당사국에서 법률, 협정, 규칙 또는 관습에 의하여 인정되거나 또는 현존하고 있는 기본적 인권에 대하여는, 이 규약이 그러한 권리를 인정하지 아니하거나 또는 그 인정의 범위가 보다 협소하다는 것을 구실로 동 권리를 제한하거나 또는 훼손하여서는 아니된다.

〈제3부〉

제6조 1. 모든 인간은 고유한 생명권을 가진다. 이 권리는 법률에 의하여 보호된다. 어느 누구도 자의적으로 자신의 생명을 박탈당하지 아니한다.

2. 사형을 폐지하지 아니하고 있는 국가에 있어서 사형은 범죄 당시의 현행법에 따라서 또한 이 규약의 규정과 집단살해죄의 방지 및 처벌에 관한 협약에 저촉되지 아니하는 법률에 의하여 가장 중한 범죄에 대해서만 선고될 수 있다. 이 형벌은 권한있는 법원이 내린 최종판결에 의하여서만 집행될 수 있다.

3. 생명의 박탈이 집단살해죄를 구성하는 경우에는 이 조의 어떠한 규정도 이 규약의 당사국이 집단살해죄의 방지 및 처벌에 관한 협약의 규정에 따라 지고 있는 의무를 어떠한 방법으로도 위반하는 것을 허용하는 것은 아니라고 이해한다.

4. 사형을 선고받은 사람은 누구나 사면 또는 감형을 청구할 권리를 가진다. 사형선고에 대한 일반사면, 특별사면 또는 감형은 모든 경우에 부여될 수 있다.

5. 사형선고는 18세미만의 자가 범한 범죄에 대하여 과하여져서는 아니되며, 또한 임산부에 대하여 집행되어서는 아니된다.

6. 이 규약의 어떠한 규정도 이 규약의 당사국에 의하여 사형의 폐지를 지연시키거나 또는 방해하기 위하여 원용되어서는 아니된다.

제7조 어느 누구도 고문 또는 잔혹한, 비인도적인 또는 굴욕적인 취급 또는 형벌을 받지 아니한다. 특히 누구든지 자신의 자유로운 동의없이 의학적 또는 과학적 실험을 받지 아니한다.

제8조 1. 어느 누구도 노예상태에 놓여지지 아니한다. 모든 형태의 노예제도 및 노예매매는 금지된다.

2. 어느 누구도 예속상태에 놓여지지 아니한다.

3. (a) 어느 누구도 강제노동을 하도록 요구되지 아니한다.

(b) 제3항 "(a)"의 규정은 범죄에 대한 형벌로 중노동을 수반한 구금형을 부과할 수 있는 국가에서, 권한있는 법원에 의하여 그러한 형의 선고에 따른 중노동을 시키는 것을 금지하는 것으로 해석되지 아니한다.

(c) 이 항의 적용상 "강제노동"이라는 용어는 다음 사항을 포함하지 아니한다.

(ⅰ) "(b)"에서 언급되지 아니한 작업 또는 역무로서 법원의 합법적 명령에 의하여 억류되어 있는 자 또는 그러한 억류로부터 조건부 석방중에 있는 자에게 통상적으로 요구되는 것

(ⅱ) 군사적 성격의 역무 및 양심적 병역거부가 인정되고 있는 국가에 있어서는 양심적 병역거부자에게 법률에 의하여 요구되는 국민적 역무

(ⅲ) 공동사회의 존립 또는 복지를 위협하는 긴급사태 또는 재난시에 요구되는 역무

(ⅳ) 시민으로서 통상적인 의무를 구성하는 작업 또는 역무

제9조 1. 모든 사람은 신체의 자유와 안전에 대한 권리를 가진다. 누구든지 자의적으로 체포되거나 또는 억류되지 아니한다. 어느 누구도 법률로 정한 이유 및 절차에 따르지 아니하고는 그 자유를 박탈당하지 아니한다.

2. 체포된 사람은 누구든지 체포시에 체포이유를 통고받으며, 또한 그에 대한 피의 사실을 신속히 통고받는다.

3. 형사상의 죄의 혐의로 체포되거나 또는 억류된 사람은 법관 또는 법률에 의하여 사법권을 행사할 권한을 부여받은 기타 관헌에게 신속히 회부되어야 하며, 또한 그는 합리적인 기간내에 재판을 받거나 또는 석방될 권리를 가진다. 재판에 회부되는 사람을 억류하는 것이 일반적인 원칙이 되어서는 아니되며, 석방은 재판 기타 사법적 절차의 모든 단계에서 출두 및 필요한 경우 판결의 집행을 위하여 출두할 것이라는 보증을 조건으로 이루어질 수 있다.

4. 체포 또는 억류에 의하여 자유를 박탈당한 사람은 누구든지, 법원이 그의 억류의 합법성을 지체없이 결정하고, 그의 억류가 합법적이 아닌 경우에는 그의 석방을 명령할 수 있도록 하기 위하여, 법원에 절차를 취할 권리를 가진다.

5. 불법적인 체포 또는 억류의 희생이 된 사람은 누구든지 보상을 받을 권리를 가진다.

제10조 1. 자유를 박탈당한 모든 사람은 인도적으로 또한 인간의 고유한 존엄성을 존중하여 취급된다.

2. (a) 피고인은 예외적인 사정이 있는 경우를 제외하고는 기결수와 격리되며, 또한 유죄의 판결을 받고 있지 아니한 자로서의 지위에 상응하는 별도의 취급을 받는다.

(b) 미성년 피고인은 성인과 격리되며 또한 가능한 한 신속히 재판에 회부된다.

3. 교도소 수감제도는 재소자들의 교정과 사회복귀를 기본적인 목적으로 하는 처우를 포함한다. 미성년 범죄자는 성인과 격리되며 또한 그들의 연령 및 법적 지위에 상응하는 대우가 부여된다.

제11조 어느 누구도 계약상 의무의 이행불능만을 이유로 구금되지 아니한다.

제12조 1. 합법적으로 어느 국가의 영역내에 있는 모든 사람은, 그 영역내에서 이동의 자유 및 거주의 자유에 관한 권리를 가진다.

2. 모든 사람은 자국을 포함하여 어떠한 나라로부터도 자유로이 퇴거할 수 있다.

3. 상기 권리는 법률에 의하여 규정되고, 국가안보, 공공질서, 공중보건 또는 도덕 또는 타인의 권리와 자유를 보호하기 위하여 필요하고, 또한 이 규약에서 인정되는 기타 권리와 양립되는 것을 제외하고는 어떠한 제한도 받지 아니한다.

4. 어느 누구도 자국에 돌아올 권리를 자의적으로 박탈당하지 아니한다.

제13조 합법적으로 이 규약의 당사국의 영역내에 있는 외국인은, 법률에 따라 이루어진 결정에 의하여서만 그 영역으로부터 추방될 수 있으며, 또한 국가안보상 불가피하게 달리 요구되는 경우를 제외하고는 자기의 추방에 반대하는 이유를 제시할 수 있고 또한 권한있는 당국 또는 동 당국에 의하여 특별히 지명된 자에 의하여 자기의 사안이 심사되는 것이 인정되며, 또한 이를 위하여 그 당국 또는 사람앞에서 다른 사람이 그를 대리하는 것이 인정된다.

제14조 1. 모든 사람은 재판에 있어서 평등하다. 모든 사람은 그에 대한 형사상의 죄의 결정 또는 민사상의 권리 및 의무의 다툼에 관한 결정을 위하여 법률에 의하여 설치된 권한있는 독립적이고 공평한 법원에 의한 공정한 공개심리를 받을 권리를 가진다. 보도기관 및 공중에 대하여서는, 민주 사회에 있어서 도덕, 공공질서 또는 국가안보를 이유로 하거나 또는 당사자들의 사생활의 이익을 위하여 필요한 경우, 또는 공개가 사법상 이익을 해할 특별한 사정이 있는 경우 법원의 견해로 엄격히 필요하다고 판단되는 한도에서 재판의 전부 또는 일부를 공개하지 않을 수 있다. 다만, 형사소송 기타 소송에서 선고되는 판결은 미성년자의 이익을 위하여 필요한 경우 또는 당해 절차가 혼인관계의 분쟁이나 아동의 후견문제에 관한 경우를 제외하고는 공개된다.

2. 모든 형사피의자는 법률에 따라 유죄가 입증될 때까지 무죄로 추정받을 권리를 가진다.

3. 모든 사람은 그에 대한 형사상의 죄를 결정함에 있어서 적어도 다음과 같은 보장을 완전 평등하게 받을 권리를 가진다.

(a) 그에 대한 죄의 성질 및 이유에 관하여 그가 이해하는 언어로 신속하고 상세하게 통고받을 것

(b) 변호의 준비를 위하여 충분한 시간과 편의를 가질 것과 본인이 선임한 변호인과 연락을 취할 것

(c) 부당하게 지체됨이 없이 재판을 받을 것

(d) 본인의 출석하에 재판을 받으며, 또한 직접 또는 본인이 선임하는 자의 법적 조력을 통하여 변호할 것. 만약 법적 조력을 받지 못하는 경우 변호인의 조력을 받을 권리에 대하여 통지를 받을 것. 사법상의 이익을 위하여 필요한 경우 및 충분한 지불수단을 가지고 있지 못하는 경우 본인이 그 비용을 부담하지 아니하고 법적 조력이 그에게 주어지도록 할 것.

(e) 자기에게 불리한 증인을 신문하거나 또는 신문받도록 할 것과 자기에게 불리한 증인과 동일한 조건으로 자기를 위한 증인을 출석시키도록 하고 또한 신문받도록 할 것

(f) 법정에서 사용되는 언어를 이해하거나 못하거나 또는 말할 수 없는 경우에는 무료로 통역의 조력을 받을 것

(g) 자기에게 불리한 진술 또는 유죄의 자백을 강요 당하지 아니할 것.

4. 미성년자의 경우에는 그 절차가 그들의 연령을 고려하고 또한 그들의 갱생을 촉진하고자 하는 요망을 고려한 것이어야 한다.

5. 유죄판결을 받은 모든 사람은 법률에 따라 그 판결 및 형벌에 대하여 상급 법원에서 재심을 받을 권리를 가진다.

6. 어떤 사람이 확정판결에 의하여 유죄판결을 받았거나, 그후 새로운 사실 또는 새로 발견된 사실에 의하여 오심이 있었음을 결정적으로 입증함으로써 그에 대한 유죄판결이 파기되었거나 또는 사면을 받았을 경우에는 유죄판결의 결과 형벌을 받은 자는 법률에 따라 보상을 받는다. 다만, 그 알지 못한 사실이 적시에 밝혀지지 않은 것이 전체적으로 또는 부분적으로 그에게 책임이 있었다는 것이 증명된 경우에는 그러하지 아니한다.

7. 어느 누구도 각국의 법률 및 형사절차에 따라 이미 확정적으로 유죄 또는 무죄선고를 받은 행위에 관하여서는 다시 재판 또는 처벌을 받지 아니한다.

제15조 1. 어느 누구도 행위시의 국내법 또는 국제법에 의하여 범죄를 구성하지 아니하는 작위 또는 부작위를 이유로 유죄로 되지 아니한다. 또한 어느 누구도 범죄가 행하여진 때에 적용될 수 있는 형벌보다도 중한 형벌을 받지 아니한다. 범죄인은 범죄가 행하여진 후에 보다 가벼운 형을 부과하도록 하는 규정이 법률에 정해진 경우에는 그 혜택을 받는다.

2. 이 조의 어떠한 규정도 국제사회에 의하여 인정된 법의 일반원칙에 따라 그 행위시에 범죄를 구성하는 작위 또는 부작위를 이유로 당해인을 재판하고 처벌하는 것을 방해하지 아니한다.

제16조 모든 사람은 어디에서나 법앞에 인간으로서 인정받을 권리를 가진다.

제17조 1. 어느 누구도 그의 사생활, 가정, 주거 또는 통신에 대하여 자의적이거나 불법적인 간섭을 받거나 또는 그의 명예와 신용에 대한 불법적인 비난을 받지 아니한다.

2. 모든 사람은 그러한 간섭 또는 비난에 대하여 법의 보호를 받을 권리를 가진다.

제18조 1. 모든 사람은 사상, 양심 및 종교의 자유에 대한 권리를 가진다. 이러한 권리는 스스로 선택하는 종교나 신념을 가지거나 받아들일 자유와 단독으로 또는 다른 사람과 공동으로, 공적 또는 사적으로 예배, 의식, 행사 및 선교에 의하여 그의 종교나 신념을 표명하는 자유를 포함한다.

2. 어느 누구도 스스로 선택하는 종교나 신념을 가지거나 받아들일 자유를 침해하게 될 강제를 받지 아니한다.

3. 자신의 종교나 신념을 표명하는 자유는, 법률에 규정되고 공공의 안전, 질서, 공중보건, 도덕 또는 타인의 기본적 권리 및 자유를 보호하기 위하여 필요한 경우에만 제한받을 수 있다.

4. 이 규약의 당사국은 부모 또는 경우에 따라 법정 후견인이 그들의 신념에 따라 자녀의 종교적, 도덕적 교육을 확보할 자유를 존중할 것을 약속한다.

제19조 1. 모든 사람은 간섭받지 아니하고 의견을 가질 권리를 가진다.

2. 모든 사람은 표현의 자유에 대한 권리를 가진다. 이 권리는 구두, 서면 또는 인쇄, 예술의 형태 또는 스스로 선택하는 기타의 방법을 통하여 국경에 관계없이 모든 종류의 정보와 사상을 추구하고 접수하며 전달하는 자유를 포함한다.

3. 이 조 제2항에 규정된 권리의 행사에는 특별한 의무와 책임이 따른다. 따라서 그러한 권리의 행사는 일정한 제한을 받을 수 있다. 다만, 그 제한은 법률에 의하여 규정되고 또한 다음 사항을 위하여 필요한 경우에만 한정된다.

(a) 타인의 권리 또는 신용의 존중

(b) 국가안보 또는 공공질서 또는 공중보건 또는 도덕의 보호

제20조 1. 전쟁을 위한 어떠한 선전도 법률에 의하여 금지된다.

2. 차별, 적의 또는 폭력의 선동이 될 민족적, 인종적 또는 종교적 증오의 고취는 법률에 의하여 금지된다.

제21조 평화적인 집회의 권리가 인정된다. 이 권리의 행사에 대하여는 법률에 따라 부과되고, 또한 국가안보 또는 공공의 안전, 공공질서, 공중보건 또는 도덕의 보호 또는 타인의 권리 및 자유의 보호를 위하여 민주사회에서 필요한 것 이외의 어떠한 제한도 과하여져서는 아니된다.

제22조 1. 모든 사람은 자기의 이익을 보호하기 위하여 노동조합을 결성하고 이에 가입하는 권리를 포함하여 다른 사람과의 결사의 자유에 대한 권리를 갖는다.

2. 이 권리의 행사에 대하여는 법률에 의하여 규정되고, 국가안보 또는 공공의 안전, 공공질서, 공중보건 또는 도덕의 보호 또는 타인의 권리 및 자유의 보호를 위하여 민주사회에서 필요한 것 이외의 어떠한 제한도 과하여져서는 아니된다. 이 조는 군대와 경찰의 구성원이 이 권리를 행사하는 데 대하여 합법적인 제한을 부과하는 것을 방해하지 아니한다.

3. 이 조의 어떠한 규정도 결사의 자유 및 단결권의 보호에 관한 1948년의 국제노동기구협약의 당사국이 동 협약에 규정하는 보장을 저해하려는 입법조치를 취하도록 하거나 또는 이를 저해하려는 방법으로 법률을 적용할 것을 허용하는 것은 아니다.

제23조 1. 가정은 사회의 자연적이며 기초적인 단위이고, 사회와 국가의 보호를 받을 권리를 가진다.

2. 혼인적령의 남녀가 혼인을 하고, 가정을 구성할 권리가 인정된다.

3. 혼인은 양당사자의 자유롭고 완전한 합의없이는 성립되지 아니한다.

4. 이 협약의 당사국은 혼인기간중 및 혼인해소시에 혼인에 대한 배우자의 권리 및 책임의 평등을 확보하기 위하여 적절한 조치를 취한다. 혼인해소의 경우에는 자녀에 대한 필요한 보호를 위한 조치를 취한다.

제24조 1. 모든 어린이는 인종, 피부색, 성, 언어, 종교, 민족적 또는 사회적 출신, 재산 또는 출생에 관하여 어떠한 차별도 받지 아니하고 자신의 가족, 사회 및 국가에 대하여 미성년자로서의 지위로 인하여 요구되는 보호조치를 받을 권리를 가진다.

2. 모든 어린이는 출생후 즉시 등록되고, 성명을 가진다.

3. 모든 어린이는 국적을 취득할 권리를 가진다.

제25조 모든 시민은 제2조에 규정하는 어떠한 차별이나 또는 불합리한 제한도 받지 아니하고 다음의 권리 및 기회를 가진다.

(a) 직접 또는 자유로이 선출한 대표자를 통하여 정치에 참여하는 것

(b) 보통, 평등 선거권에 따라 비밀투표에 의하여 행하여 지고, 선거인의 의사의 자유로운 표명을 보장하는 진정한 정기적 선거에서 투표하거나 피선되는 것

(c) 일반적인 평등 조건하에 자국의 공무에 취임하는 것.

제26조 모든 사람은 법앞에 평등하고 어떠한 차별도 없이 법의 평등한 보호를 받을 권리를 가진다. 이를 위하여 법률은 모든 차별을 금지하고, 인종, 피부색, 성, 언어, 종교, 정치적, 또는 기타의 의견, 민족적 또는 사회적 출신, 재산, 출생 또는 기타의 신분 등의 어떠한 이유에 의한 차별에 대하여도 평등하고 효과적인 보호를 모든 사람에게 보장한다.

제27조 종족적, 종교적 또는 언어적 소수민족이 존재하는 국가에 있어서는 그러한 소수민족에 속하는 사람들에게 그 집단의 다른 구성원들과 함께 그들 자신의 문화를 향유하고, 그들 자신의 종교를 표명하고 실행하거나 또는 그들 자신의 언어를 사용할 권리가 부인되지 아니한다.

〈제4부〉

제28조 1. 인권이사회(이하 이 규약에서 이사회라 한다)를 설치한다. 이사회는 18인의 위원으로 구성되며 이하에 규정된 임무를 행한다.

2. 이사회는 고매한 인격을 가지고 인권분야에서 능력이 인정된 이 규약의 당사국의 국민들로 구성하고, 법률적 경험을 가진 약간명의 인사의 참여가 유익할 것이라는 점을 고려한다.

3. 이사회의 위원은 개인적 자격으로 선출되고, 직무를 수행한다.

제29조 1. 이사회의 위원은 제28조에 규정된 자격을 가지고 이 규약의 당사국에 의하여 선거를 위하여 지명된 자의 명단중에서 비밀투표에 의하여 선출된다.

2. 이 규약의 각 당사국은 2인이하의 자를 지명할 수 있다. 이러한 자는 지명하는 국가의 국민이어야 한다.

3. 동일인이 재지명받을 수 있다.

제30조 1. 최초의 선거는 이 규약의 발효일로부터 6개월 이내에 실시된다.

2. 국제연합사무총장은, 제34조에 따라 선언된 결원의 보충선거를 제외하고는, 이사회의 구성을 위한 각 선거일의 최소 4개월 전에, 이 규약당사국이 3개월 이내에 위원회의 위원후보 지명을 제출하도록 하기 위하여 당사국에 서면 초청장을 발송한다.

3. 국제연합사무총장은, 이와 같이 지명된 후보들을 지명국 이름의 명시와 함께 알파벳 순으로 명단을 작성하여 늦어도 선거일 1개월 전에 동 명단을 이 규약당사국에게 송부한다.

4. 이사회 위원의 선거는 국제연합사무총장이 국제연합 본부에서 소집한 이 규약당사국회합에서 실시된다. 이 회합은 이 규약당사국의 3분의 2를 정족수로 하고, 출석하여 투표하는 당사국 대표의 최대다수표 및 절대다수표를 획득하는 후보가 위원으로 선출된다.

제31조 1. 이사회는 동일국가의 국민을 2인이상 포함할 수 없다.

2. 이사회의 선거에 있어서는 위원의 공평한 지리적 안배와 상이한 문명형태 및 주요한 법률체계가 대표되도록 고려한다.

제32조 1. 이사회의 위원은 4년 임기로 선출된다. 모든 위원은 재지명된 경우에 재선될 수 있다. 다만, 최초의 선거에서 선출된 위원 중 9인의 임기는 2년후에 종료된다. 이들 9인 위원의 명단은 최초 선거후 즉시 제30조제4항에 언급된 회합의 의장에 의하여 추첨으로 선정된다.

2. 임기 만료시의 선거는 이 규약 제4부의 전기 조문들의 규정에 따라 실시된다.

제33조 1. 이사회의 어느 한 위원이 그의 임무를 수행할 수 없는 것이 일시적 성격의 결석이 아닌 다른 이유로 인한 것이라고 다른 위원 전원이 생각할 경우, 이사회의 의장은 국제연합사무총장에게 이를 통보하며, 사무총장은 이때 동 위원의 궐석을 선언한다.

2. 이사회의 위원이 사망 또는 사임한 경우, 의장은 국제연합사무총장에게 이를 즉시 통보하여야 하며, 사무총장은 사망일 또는 사임의 효력발생일로부터 그 좌석의 궐석을 선언한다.

제34조 1. 제33조에 의해 궐석이 선언되고, 교체될 궐석위원의 잔여임기가 궐석 선언일로부터 6개월 이내에 종료되지 아니할 때에는, 국제연합사무총장은 이 규약의 각 당사국에게 이를 통보하며, 각 당사국은 궐석을 충원하기 위하여 제29조에 따라서 2개월 이내에 후보자의 지명서를 제출할 수 있다.

2. 국제연합사무총장은 이와 같이 지명된 후보들의 명단을 알파벳순으로 작성, 이를 이 규약의 당사국에게 송부한다. 보궐선거는 이 규약 제4부의 관계규정에 따라 실시된다.

3. 제33조에 따라 선언되는 궐석을 충원하기 위하여 선출되는 위원은 동조의 규정에 따라 궐석위원의 잔여임기 동안 재직한다.

제35조 이사회의 위원들은 국제연합총회가 이사회의 책임의 중요성을 고려하여 결정하게 될 조건에 따라, 국제연합의 재원에서 동 총회의 승인을 얻어 보수를 받는다.

제36조 국제연합사무총장은 이 규정상 이사회의 효과적인 기능수행을 위하여 필요한 직원과 편의를 제공한다.

제37조 1. 국제연합사무총장은 이사회의 최초 회의를 국제연합본부에서 소집한다.

2. 최초회의 이후에는, 이사회는 이사회의 절차규칙이 정하는 시기에 회합한다.

3. 이사회는 통상 국제연합본부나 제네바 소재 국제연합사무소에서 회합을 가진다.

제38조 이사회의 각 위원은 취임에 앞서 이사회의 공개석상에서 자기의 직무를 공평하고 양심적으로 수행할 것을 엄숙히 선언한다.

제39조 1. 이사회는 임기 2년의 임원을 선출한다. 임원은 재선될 수 있다.

2. 이사회는 자체의 절차규칙을 제정하며 이 규칙은 특히 다음 사항을 규정한다.

(a) 의사정족수는 위원 12인으로 한다.

(b) 이사회의 의결은 출석위원 과반수의 투표로 한다.

제40조 1. 이 규약의 당사국은 규약에서 인정된 권리를 실현하기 위하여 취한 조치와 그러한 권리를 향유함에 있어서 성취된 진전사항에 관한 보고서를 다음과 같이 제출할 것을 약속한다.

(a) 관계당사국에 대하여는 이 규약의 발효후 1년 이내

(b) 그 이후에는 이사회가 요청하는 때

2. 모든 보고서는 국제연합사무총장에게 제출되며 사무총장은 이를 이사회가 심의할 수 있도록 이사회에 송부한다. 동 보고서에는 이 규약의 이행에 영향을 미치는 요소와 장애가 있을 경우, 이를 기재한다.

3. 국제연합사무총장은 이사회와의 협의후 해당전문기구에 그 전문기구의 권한의 분야에 속하는 보고서 관련 부분의 사본을 송부한다.

4. 이사회는 이 규약의 당사국에 의하여 제출된 보고서를 검토한다. 이사회는 이사회 자체의 보고서와 이사회가 적당하다고 간주하는 일반적 의견을 당사국에게 송부한다. 이사회는 또한 이 규약의 당사국으로부터 접수한 보고서 사본과 함께 동 일반적 의견을 경제사회이사회에 제출할 수 있다.

5. 이 규약의 당사국은 본조제4항에 따라 표명된 의견에 대한 견해를 이사회에 제출할 수 있다.

제41조 1. 이 규약의 당사국은 타 당사국이 이 규약상의 의무를 이행하지 아니하고 있다고 주장하는 일 당사국의 통보를 접수, 심리하는 이사회의 권한을 인정한다는 것을 이 조에 의하여 언제든지 선언할 수 있다. 이 조의 통보는 이 규약의 당사국중 자국에 대한 이사회의 그러한 권한의 인정을 선언한 당사국에 의하여 제출될 경우에만 접수, 심리될 수 있다. 이사회는 그러한 선언을 행하지 아니한 당사국에 관한 통보는 접수하지 아니한다. 이 조에 따라 접수된 통보는 다음의 절차에 따라 처리된다.

(a) 이 규약의 당사국은 타 당사국이 이 규약의 규정을 이행하고 있지 아니하다고 생각할 경우에는, 서면통보에 의하여 이 문제에 관하여 그 당사국의 주의를 환기시킬 수 있다. 통보를 접수한 국가는 통보를 접수한 후 3개월 이내에 당해문제를 해명하는 설명서 또는 기타 진술을 서면으로 통보한 국가에 송부한다. 그러한 해명서에는 가능하고 적절한 범위내에서, 동 국가가 당해문제와 관련하여 이미 취하였든가, 현재 취하고 있든가 또는 취할 국내절차와 구제수단에 관한 언급이 포함된다.

(b) 통보를 접수한 국가가 최초의 통보를 접수한 후 6개월 이내에 당해문제가 관련당사국 쌍방에게 만족스럽게 조정되지 아니할 경우에는, 양 당사국중 일방에 의한 이사회와 타 당사국에 대한 통고로 당해문제를 이사회에 회부할 권리를 가진다.

(c) 이사회는, 이사회에 회부된 문제의 처리에 있어서, 일반적으로 승인된 국제법의 원칙에 따라 모든 가능한 국내적 구제절차가 원용되고 완료되었음을 확인한 다음에만 그 문제를 처리한다. 다만, 구제수단의 적용이 부당하게 지연되고 있을 경우에는 그러하지 아니한다.

(d) 이사회가 이 조에 의한 통보를 심사할 경우에는 비공개토의를 가진다.

(e) "(c)"의 규정에 따를 것을 조건으로, 이사회는 이 규약에서 인정된 인권과 기본적 자유에 대한 존중의 기초위에서 문제를 우호적으로 해결하기 위하여 관계당사국에게 주선을 제공한다.

(f) 이사회는 회부받은 어떠한 문제에 관하여도 "(b)"에 언급된 관계당사국들에게 모든 관련정보를 제출할 것을 요청할 수 있다.

(g) "(b)"에서 언급된 관계당사국은 당해문제가 이사회에서 심의되고 있는 동안 자국의 대표를 참석시키고 구두 또는 서면으로 의견을 제출할 권리를 가진다.

(h) 이사회는 "(b)"에 의한 통보의 접수일로부터 12개월 이내에 보고서를 제출한다.

(ⅰ) "(e)"의 규정에 따라 해결에 도달한 경우에는 이사회는 보고서를 사실과 도달된 해결에 관한 간략한 설명에만 국한시킨다.

(ⅱ) "(e)"의 규정에 따라 해결에 도달하지 못한 경우에는 이사회는 보고서를 사실에 관한 간략한 설명에만 국한시키고 관계당사국이 제출한 서면 의견과 구두 의견의 기록을 동 보고서에 첨부시킨다. 모든 경우에 보고서는 관계당사국에 통보된다.

2. 이 조의 제규정은 이 규약의 10개 당사국이 이 조 제1항에 따른 선언을 하였을 때 발효된다. 당사국은 동 선언문을 국제연합사무총장에게 기탁하며, 사무총장은 선언문의 사본을 타 당사국에게 송부한다. 이와 같은 선언은 사무총장에게 대한 통고에 의하여 언제든지 철회될 수 있다. 이 철회는 이 조에 의하여 이미 송부된 통보에 따른 어떠한 문제의 심의도 방해하지 아니한다. 어떠한 당사국에 의한 추후의 통보는 사무총장이 선언 철회의 통고를 접수한 후에는 관계당사국이 새로운 선언을 하지 아니하는 한 접수되지 아니한다.

제42조 1. (a) 제41조에 따라 이사회에 회부된 문제가 관계당사국들에 만족스럽게 타결되지 못하는 경우에는 이사회는 관계당사국의 사전 동의를 얻어 특별조정위원회(이하 조정위원회라 한다)를 임명할 수 있다. 조정위원회는 이 규약의 존중에 기초하여 당해문제를 우호적으로 해결하기 위하여 관계당사국에게 주선을 제공한다.

(b) 조정위원회는 관계당사국에게 모두 수락될 수 있는 5인의 위원으로 구성된다. 관계당사국이 3개월 이내에 조정위원회의 전부 또는 일부의 구성에 관하여 합의에 이르지 못하는 경우에는, 합의를 보지 못하는 조정위원회의 위원은 비밀투표에 의하여 인권이사회 위원중에서 인권이사회 위원 3분의 2의 다수결 투표로 선출된다.

2. 조정위원회의 위원은 개인자격으로 직무를 수행한다. 동 위원은 관계당사국, 이 규약의 비당사국 또는 제41조에 의한 선언을 행하지 아니한 당사국의 국민이어서는 아니된다.

3. 조정위원회는 자체의 의장을 선출하고 또한 자체의 절차규칙을 채택한다.

4. 조정위원회의 회의는 통상 국제연합본부 또는 제네바 소재 국제연합사무소에서 개최된다. 그러나, 동 회의는 조정위원회가 국제연합사무총장 및 관계당사국과 협의하여 결정하는 기타 편리한 장소에서도 개최될 수 있다.

5. 제36조에 따라 설치된 사무국은 이 조에서 임명된 조정위원회에 대하여도 역무를 제공한다.

6. 이사회가 접수하여 정리한 정보는 조정위원회가 이용할 수 있으며, 조정위원회는 관계당사국에게 기타 관련자료의 제출을 요구할 수 있다.

7. 조정위원회는 문제를 충분히 검토한 후, 또는 당해문제를 접수한 후, 어떠한 경우에도 12개월 이내에, 관계당사국에 통보하기 위하여 인권이사회의 위원장에게 보고서를 제출한다.

(a) 조정위원회가 12개월 이내에 당해문제에 대한 심의를 종료할 수 없을 경우, 조정위원회는 보고서를 당해문제의 심의현황에 관한 간략한 설명에 국한시킨다.

(b) 조정위원회가 이 규약에서 인정된 인권의 존중에 기초하여 당해문제에 대한 우호적인 해결에 도달한 경우, 조정위원회는 보고서를 사실과 도달한 해결에 관한 간략한 설명에 국한시킨다.

(c) 조정위원회가 "(b)"의 규정에 의한 해결에 도달하지 못한 경우, 조정위원회의 보고서는 관계당국간의 쟁점에 관계되는 모든 사실문제에 대한 자체의 조사결과 및 문제의 우호적인 해결 가능성에 관한 견해를 기술한다. 동 보고서는 또한 관계당사국이 제출한 서면 의견 및 구두의견의 기록을 포함한다.

(d) "(c)"에 의하여 조정위원회의 보고서가 제출되는 경우, 관계당사국은 동 보고서의 접수로부터 3개월 이내에 인권이사회의 위원장에게 조정위원회의 보고서 내용의 수락여부를 통고한다.

8. 이 조의 규정은 제41조에 의한 이사회의 책임을 침해하지 아니한다.

9. 관계당사국은 국제연합사무총장이 제출하는 견적에 따라 조정위원회의 모든 경비를 균등히 분담한다.

10. 국제연합사무총장은 필요한 경우, 이 조 제9항에 의하여 관계당사국이 분담금을 납입하기 전에 조정위원회의 위원의 경비를 지급할 수 있는 권한을 가진다.

제43조 이사회의 위원과 제42조에 의하여 임명되는 특별조정위원회의 위원은 국제연합의 특권 및 면제에 관한 협약의 관계조항에 규정된 바에 따라 국제연합을 위한 직무를 행하는 전문가로서의 편의, 특권 및 면제를 향유한다.

제44조 이 규약의 이행에 관한 규정은 국제연합과 그 전문기구의 설립헌장 및 협약에 의하여 또는 헌장 및 협약 하에서의 인권분야에 규정된 절차의 적용을 방해하지 아니하고, 이 규약당사국이 당사국간에 발효중인 일반적인 또는 특별한 국제협정에 따라 분쟁의 해결을 위하여 다른 절차를 이용하는 것을 방해하지 아니한다.

제45조 이사회는 그 활동에 관한 연례보고서를 경제사회이사회를 통하여 국제연합총회에 제출한다.

〈제5부〉

제46조 이 규약의 어떠한 규정도 이 규약에서 취급되는 문제에 관하여 국제연합의 여러 기관과 전문기구의 책임을 각각 명시하고 있는 국제연합헌장 및 전문기구헌장의 규정을 침해하는 것으로 해석되지 아니한다.

제47조 이 규약의 어떠한 규정도 모든 사람이 그들의 천연적 부와 자원을 충분히 자유로이 향유하고, 이용할 수 있는 고유의 권리를 침해하는 것으로 해석되지 아니한다.

〈제6부〉

제48조 1. 이 규약은 국제연합의 모든 회원국, 전문기구의 모든 회원국, 국제사법재판소 규정의 모든 당사국 또한 국제연합총회가 이 규약에 가입하도록 초청한 기타 모든 국가들의 서명을 위하여 개방된다.

2. 이 규약은 비준되어야 한다. 비준서는 국제연합사무총장에게 기탁된다.

3. 이 규약은 이 조 제1항에서 언급된 모든 국가들의 가입을 위하여 개방된다.

4. 가입은 가입서를 국제연합사무총장에게 기탁함으로써 이루어진다.

5. 국제연합사무총장은 이 규약에 서명 또는 가입한 모든 국가들에게 각 비준서 또는 가입서의 기탁을 통보한다.

제49조 1. 이 규약은 35번째의 비준서 또는 가입서가 국제연합사무총장에게 기탁되는 날로부터 3개월 후에 발효한다.

2. 35번째의 비준서 또는 가입서의 기탁후에 이 규약을 비준하거나 또는 이 조약에 가입하는 국가에 대하여는, 이 규약은 그 국가의 비준서 또는 가입서가 기탁된 날로부터 3개월 후에 발효한다.

제50조 이 규약의 규정은 어떠한 제한이나 예외없이 연방국가의 모든 지역에 적용된다.

제51조 1. 이 규약의 당사국은 개정안을 제안하고 이를 국제연합사무총장에게 제출할 수 있다. 사무총장은 개정안을 접수하는대로, 각 당사국에게 동 제안을 심의하고 표결에 회부하기 위한 당사국회의 개최에 찬성하는지에 관한 의견을 사무총장에게 통보하여 줄 것을 요청하는 것과 함께, 개정안을 이 규약의 각 당사국에게 송부한다. 당사국 중 최소 3분의 1이 당사국회의 개최에 찬성하는 경우, 사무총장은 국제연합의 주관하에 동 회의를 소집한다. 동 회의에 출석하고 표결한 당사국의 과반수에 의하여 채택된 개정안은 그 승인을 위하여 국제연합총회에 제출된다.

2. 개정안은 국제연합총회의 승인을 얻고, 각기 자국의 헌법상 절차에 따라 이 규약당사국의 3분의 2의 다수가 수락하는 때 발효한다.

3. 개정안은 발효시 이를 수락한 당사국을 구속하고, 여타 당사국은 계속하여 이 규약의 규정 및 이미 수락한 그 이전의 모든 개정에 의하여 구속된다.

제52조 제48조제5항에 의한 통보에 관계없이, 국제연합사무총장은 동조제1항에서 언급된 모든 국가에 다음을 통보한다.

(a) 제48조에 의한 서명, 비준 및 가입

(b) 제49조에 의한 이 규약의 발효일자 및 제51조에 의한 모든 개정의 발효일자

제53조 1. 이 규약은 중국어, 영어, 불어, 러시아어 및 서반아어본이 동등히 정본이며 국제연합 문서보존소에 기탁된다.

2. 국제연합사무총장은 제48조에서 언급된 모든 국가들에게 이 규약의 인증등본을 송부한다.

이상의 증거로, 하기서명자들은 각자의 정부에 의하여 정당히 권한을 위임받아 일천구백육십육년 십이월 십구일 뉴욕에서 서명을 위하여 개방된 이 규약에 서명하였다.

유보선언

대한민국 정부는 동 규약을 심의한 후, 동 규약의 제14조5항, 제14조7항, 제22조 및 제23조4항의 규정이 대한민국 헌법을 포함한 관련 국내법 규정에 일치되도록 적용될 것임과 동 규약 제41조상의 인권이사회의 권한을 인정함을 선언하며, 이에 동 규약에 가입한다.

유보철회

상기 유보선언에 대해 대한민국은 동 규약 제23조 제4항을 1991년 3월 15일 유보철회하였으며(조약 제1042호), 제14조 제7항에 대해 1993년 1월 21일 유보철회하였음(조약 제1122호). 제14조 제5항에 대해 2007년 3월 29일 유보철회하였음(조약 제1840호 : 2007.4.2 대한민국에 대하여 발효).

여성에 대한 모든 형태의 차별철폐에 관한 협약

(1985년 1월 7일 조 약 제855호)

1984.12.27(유엔사무총장에게 비준서 기탁)
1985. 1.26(대한민국에 대하여 발효 ; 협약 제9조와 제16조제1항중 (다),(라),(바),(사)호는 대한민국에 대한 적용을 유보함)
1991. 3.15조약1041호(협약 제16조제1항중 (다),(라),(바)호 유보철회)
1999. 9.10조약1492호(협약 제9조 유보철회)

본 협약 당사국은, 국제연합헌장이 기본적 인권, 인간의 존엄과 가치 및 남녀평등권에 대한 신뢰를 재확인하고 있음에 유의하고, 세계인권선언은 차별이 허용될 수 없다는 원칙을 확인하고 있으며 모든 인간은 자유롭게 그리고 존엄과 제반 권리에 있어 평등하게 출생하며 성에 기인한 차별을 포함한 어떠한 종류의 차별도 받지 아니하고 동 선언에 규정된 모든 권리와 자유를 누릴 권리가 있다고 선언하고 있음에 유의하고, 국제인권규약 당사국은 모든 경제적, 사회적, 문화적, 시민적 및 정치적 권리를 향유할 남녀의 평등권을 보장할 의무를 지고 있음에 유의하고, 국제연합 및 전문기구의 후원하에 체결된 남녀권리의 평등을 촉진하는 제 국제협약을 고려하고, 국제연합 및 전문기구에 의해 채택된 남녀권리의 평등을 촉진하는 결의, 선언 및 권고에도 유의하고, 그러나 이러한 제도에도 불구하고 여성에 대한 광범위한 차별이 계속 존재하고 있음을 우려하고, 여성에 대한 차별은 권리평등 및 인간의 존엄성의 존중원칙에 위배되며, 여성이 남성과 동등한 조건하에 국가의 정치적, 사회적, 경제적 및 문화적 생활에 참여하는 데 장애가 되며, 사회와 가정의 번영의 증진을 어렵게 하며, 그들 국가와 인류에 대한 봉사에 있어 여성의 잠재력의 완전한 개발을 더욱 어렵게 함을 상기하고, 궁핍한 상황하에서는 식량, 건강, 교육, 훈련 및 취업 기회와 기타의 필요에 있어 여성이 가장 혜택받기 어려운 점을 우려하고, 형평과 정의에 기초를 둔 신국제경제질서의 수립이 남녀평등을 도모하는 데 크게 기여할 것임을 확신하고, 인종격리정책, 모든 형태의 인종주의, 인종차별, 식민주의, 신식민주의, 침략, 외국의 점령 및 지배와 국내문제에 대한 간섭 등의 제거가 남성과 여성의 권리의 완전한 향유에 필수적임을 강조하고, 국제 평화와 안전의 강화, 국제긴장의 완화, 국가의 사회적, 경제적 체제에 관계없이 국가간의 상호 협력, 전반적이고 완전한 군비축소, 특히 엄격하고 효과적인 국제적 통제하의 핵군축, 국제관계에 있어서의 정의 평등 및 호혜의 원칙의 확인, 외국의 식민 지배와 외국의 점령하에 있는 인민의 자결권 및 독립권의 실현 그리고 국가주권 및 영토보전에 대한 존중 등이 사회 진보와 발전을 촉진하며 결과적으로 남성과 여성사이의 완전한 평등의 성취에 기여할 것임을 확인하고, 국가의 완전한 발전과 인류의 복지 및 평화를 위해서는 여성이 모든 분야에 남성과 평등한 조건으로 최대한 참여하는 것이 필요함을 확신하고, 현재까지 충분히 인식되지 못하고 있는 가정의 복지와 사회의 발전에 대한 여성의 지대한 공헌, 모성의 사회적 중요성 및 가정과 자녀양육에 있어서의 부모의 역할을 명심하며, 또한 출산에 있어서의 여성의 역할이 차별의 근거가 될 수 없으며, 아동의 양육에는 남성, 여성 및 사회전체가 책임을 분담해야 함을 인식하고, 남성과 여성 사이에 완전한 평등을 달성하기 위하여는 사회와 가정에서의 여성의 역할뿐만 아니라 남성의 전통적 역할에도 변화가 필요함을 인식하고, 여성에 대한 차별의 철폐에 관한 선언에 명시된 제 원칙을 이행하며, 이러한 목적으로 모든 형태 및 양태에 있어서의 차별을 철폐하는데 필요한 조치를 취할 것을 결의하면서, 다음과 같이 합의하였다.

제1부

제1조 본 협약의 목적을 위하여 "여성에 대한 차별"이라 함은 정치적, 경제적, 사회적, 문화적, 시민적 또는 기타 분야에 있어서 결혼여부에 관계없이 남녀 동등의 기초위에서 인권과 기본적 자유를 인식, 향유 또는 행사하는 것을 저해하거나 무효화하는 효과 또는 목적을 가지는 성에 근거한 모든 구별, 배제 또는 제한을 의미한다.

제2조 당사국은 여성에 대한 모든 형태의 차별을 규탄하고, 여성에 대한 차별을 철폐하기 위한 정책을 모든 적절한 수단을 통해 지체없이 추진하기로 합의하며, 이러한 목적으로 다음을 약속한다.

(가) 남녀평등의 원칙이 헌법 또는 기타 적절한 입법에 아직 규정되지 않았다면, 이를 구현하며 법 또는 기타 적절한 수단을 통해 동 원칙의 실제적 실현을 확보할 것

(나) 여성에 대한 모든 차별을 금지하는 적절한 입법 및 기타조치를 채택하고 필요한 경우 제재를 포함시킬 것

(다) 남성과 동등한 기초위에서 여성의 권리에 대한 법적 보호를 확립하며 권한있는 국내법정과 기타 공공기관을 통하여 여성을 여하한 차별행위로부터 효과적으로 보호하도록 확보할 것

(라) 여성에 대한 여하한 차별 행위 또는 관행에 따르는 것을 삼가하며 공공 당국과 기관이 동 의무와 부합되게 행동하도록 확보할 것

(마) 여하한 개인, 조직 또는 기업에 의한 여성 차별도 철폐되도록 모든 적절한 조치를 취할 것

(바) 여성에 대한 차별을 구성하는 현행 법률, 규칙, 관습 및 관행을 수정 또는 폐지하도록 입법을 포함한 모든 적절한 조치를 취할 것

(사) 여성에 대한 차별을 구성하는 모든 국내형사법 규정을 폐지할 것

제3조 당사국은 여성이 남성과 동등하게 인권과 기본적 자유를 행사하고 향유하는 것을 보장하기 위한 목적으로 모든 분야, 특히 정치적, 사회적, 경제적 및 문화적 분야에서 여성의 완전한 발전 및 진보를 확보해 줄 수 있는 입법을 포함한 모든 적절한 조치를 취하여야 한다.

제4조 1. 남성과 여성 사이의 사실상의 평등을 촉진할 목적으로 당사국이 채택한 잠정적 특별조치는 본 협약에서 정의한 차별로 보지 아니하나, 그 결과 불평등한 또는 별도의 기준이 유지 되어서는 결코 아니된다. 기회와 대우의 평등이라는 목적이 달성되었을 때 이러한 조치는 중지되어야 한다.

2. 당사국이 모성을 보호할 목적으로 본 협약에 수록된 제 조치를 포함한 특별조치를 채택하는 것은 차별적인 것으로 보아서는 아니된다.

제5조 당사국은 다음을 위하여 모든 적절한 조치를 취하여야 한다.

(가) 일방의 성이 열등 또는 우수하다는 관념 또는 남성과 여성의 고정적 역할에 근거한 편견, 관습 및 기타 모든 관행을 없앨 목적으로, 남성과 여성의 사회적 및 문화적 행동양식을 수정할 것

(나) 사회적 기능의 하나로서의 모성에 대한 적절한 이해와 자녀의 양육과 발전에 있어서 남녀의 공동책임에 대한 인식이 가정교육에 포함되도록 확보하되, 모든 경우에 있어서 자녀의 이익이 최우선적으로 고려되도록 할 것

제6조 당사국은 여성에 대한 모든 형태의 인신매매 및 매춘에 의한 착취를 금지하기 위하여 입법을 포함한 모든 적절한 조치를 취하여야 한다.

제2부

제7조 당사국은 국가의 정치적 및 공적생활에서 여성에 대한 차별을 철폐하기 위하여 모든 적절한 조치를 취하여야 하며, 특히 남성과 동등한 조건으로 다음의 권리를 여성에게 확보하여야 한다.

(가) 모든 선거 및 국민투표에서의 투표권 및 선거에 의해 선출되는 모든 공공기구에의 피선거권

(나) 정부정책의 입안 및 동 정책의 시행에 참여하며 공직에 봉직하여 정부의 모든 직급에서 공공직능을 수행할 권리

(다) 국가의 공적, 정치적 생활과 관련된 비정부 기구 및 단체에 참여할 권리

제8조 당사국은 여성이 남성과 동등한 조건으로 또한 아무런 차별없이, 국제적 수준에서 그들 정부를 대표하며 국제기구의 업무에 참여할 기회를 확보하기 위한 모든 적절한 조치를 취하여야 한다.

제9조 1. 당사국은 여성이 국적을 취득, 변경 또는 보유함에 있어 남성과 동등한 권리를 부여하여야 한다. 당사국은 특히 외국인과의 결혼 또는 혼인중 부에 의한 국적의 변경으로 처의 국적이 자동적으로 변경되거나, 처가 무국적으로 되거나 또는 부의 국적이 처에게 강제되지 아니하도록 보장하여야 한다.

2. 당사국은 자녀의 국적에 관하여 남성과 동등한 권리를 여성에게 부여하여야 한다.

제3부

제10조 당사국은 교육분야에서 여성에게 남성과 동등한 권리를 확보하기 위하여, 특히 남녀 평등의 기초위에 다음을 확보할 목적으로 여성에 대한 차별을 철폐하기 위한 모든 적절한 조치를 취하여야 한다.

(가) 도시 및 시골의 각종 교육기관에서 취업과 직업보도, 학문의 혜택 및 학위취득에 있어서의 동등한 조건 ; 이러한 평등은 취학전 교육, 일반교육, 기술교육, 전문교육 및 고등기술 교육에서 뿐만 아니라 모든 형태의 직업훈련에서 확보되어야 함

(나) 동일한 교과과정, 동일한 시험, 동일 수준의 자격요건을 가진 교수진, 동질의 학교건물 및 장비의 수혜

(다) 모든 수준 및 모든 형태의 교육에 있어서 남성과 여성의 역할에 관한 고정관념을 제거하기 위해 본 목적을 달성하는 데 기여할 수 있는 남녀공학 및 기타 형태의 교육을 장려하며, 특히 교과서와 교과과정의 개편 및 교수방법의 개선을 기할

(라) 장학금 기타 연구장려금의 혜택을 받을 수 있는 동일한 기회

(마) 성인용 및 문맹자용 교과과정을 포함한 계속교육과정, 특히 교육에 있어서의 남녀간의 격차를 가능한 한 조속히 감소시키기 위한 교과과정의 혜택을 받을 수 있는 동일한 기회

(바) 여학생 중퇴율의 감소 및 일찍이 학업을 포기한 소녀 및 여성을 위한 교과과정의 마련

(사) 스포츠와 체육교육에 적극적으로 참여할 수 있는 동일한 기회

(아) 가족계획에 관한 정보 및 조언을 포함하여 가족의 건강과 복지를 확보하는 데 도움을 주는 구체적인 교육정보의 수혜

제11조 1. 당사국은 고용분야에서 남녀 평등의 기초위에 동일한 권리 특히 다음의 권리를 확보할 목적으로 여성에 대한 차별을 철폐하기 위한 모든 적절한 조치를 취하여야 한다.

(가) 모든 인간의 불가침의 권리로서의 근로의 권리

(나) 동일한 채용기준의 적용을 포함한 동일한 고용기회를 보장받을 권리

(다) 직업과 고용의 자유로운 선택권, 승진, 직장안정 및 역무에 관련된 모든 혜택과 조건을 누릴 권리, 그리고 견습, 고등직업훈련 및 반복훈련을 포함한 직업훈련 및 재훈련을 받을 권리

(라) 수당을 포함하여 동등한 보수를 받을 권리 및 노동의 질의 평가에 있어 동등한 처우와 동등한 가치의 노동에 대한 동등한 처우를 받을 권리

(마) 유급휴가를 받을 권리 및 사회보장, 특히 퇴직, 실업, 질병, 병약, 노령 및 기타 노동 무능력의 경우에 사회보장에 대한 권리

(바) 건강보호에 대한 권리 및 생식기능의 보호조치를 포함한 노동조건의 안전에 대한 권리

2. 당사국은 결혼 또는 모성을 이유로 한 여성에 대한 차별을 방지하며 여성의 근로에 대한 유효한 권리를 확보하기 위하여 다음을 위한 적절한 조치를 취하여야 한다.

(가) 임신 또는 출산휴가를 이유로 한 해고 및 혼인여부를 근거로 한 해고에 있어서의 차별을 금지하고, 위반시 제재를 가하도록 하는 것

(나) 종전의 직업, 선임순위 또는 사회보장 수당을 상실함이 없이 유급 또는 이에 상당하는 사회보장급부를 포함하는 출산휴가제를 도입하는 것

(다) 특히 아동보육 시설망의 확립과 발전의 촉진을 통하여, 부모가 직장에서의 책임 및 사회생활에의 참여를 가사의 의무와 병행시키는 데 도움이 될 필요한 사회보장혜택의 제공을 장려하는 것

(라) 임신중의 여성에게 유해한 것이 증명된 유형의 작업에는 동 여성에 대한 특별한 보호를 제공하는 것

3. 본조에 취급된 문제와 관련한 보호적 입법은 과학적 및 기술적 지식에 비추어 정기적으로 검토되어야 하며, 필요하다면 개정, 폐기 또는 연장되어야 한다.

제12조 1. 당사국은 남녀 평등의 기초위에 가족계획에 관련된 것을 포함한 보건사업의 혜택을 확보하기 위하여 보건분야에서의 여성에 대한 차별을 철폐하기 위한 모든 적절한 조치를 취하여야 한다.

2. 본조제1항의 규정에도 불구하고 당사국은 여성에 대해 임신 및 수유기 동안의 적절한 영양 섭취를 확보하고 임신, 해산 및 산후조리기간과 관련하여 적절한 역무제공을 확보하여야 하며, 필요한 경우에는 무상으로 이를 제공하여야 한다.

제13조 당사국은 경제적, 사회적 생활의 다른 영역에 있어 남녀 평등의 기초위에 동일한 권리, 특히 다음의 권리를 확보할 목적으로 여성에 대한 차별을 철폐하기 위한 모든 적절한 조치를 취하여야 한다.

(가) 가족급부금에 대한 권리

(나) 은행대부, 저당 및 기타 형태의 금융대부에 대한 권리

(다) 레크레이션 활동, 체육과 각종 문화생활에 참여할 권리

제14조 1. 당사국은 시골여성이 직면하고 있는 특수한 문제와 화폐로 표시되지 않는 경제 부문에서의 노동을 포함하여 시골여성이 가족의 경제적 생존을 위하여 수행하는 중요한 역할을 고려하여야 하며, 시골여성에게 본 협약의 제조항의 적용을 확보하도록 모든 적절한 조치를 취하여야 한다.

2. 당사국은 남녀 평등의 기초위에 시골여성이 지역개발에 참여하며 그 개발에 따른 이익을 향유할 수 있도록 보장하기 위하여 시골여성에 대한 차별을 철폐하기 위한 모든 적절한 조치를 취하여야 하며, 특히 시골여성에 대하여 다음의 권리를 확보하여야 한다.

(가) 모든 수준에서 개발계획의 작성 및 실시에 참여하는 것

(나) 가족계획에 대한 정보, 상담 및 서비스를 포함한 적절한 보건시설의 혜택을 받는 것

(다) 사회보장 계획으로부터 직접적인 혜택을 받는 것

(라) 기술적 능력을 향상시키기 위하여 기능적문자 해독능력에 관한 것을 포함한 모든 형태의 공식, 비공식 훈련 및 교육과, 특히 지역사회교육 및 특별교육의 혜택을 받는 것

(마) 취업 또는 자가경영을 통한 경제적 기회에 있어 평등한 혜택을 받을 수 있도록 자조집단 및 협동조합을 결성하는 것

(바) 모든 지역사회활동에 참여하는 것

(사) 농업신용 및 대부, 매매시설, 적절한 공업기술의 혜택을 받으며, 토지 및 농지개혁과 재정착계획에 있어 동등한 대우를 받는 것

(아) 적절한 생활조건, 특히 주거, 위생시설, 전력 및 용수 공급, 운송 및 통신등과 관련한 생활조건을 향유하는 것

제4부

제15조 1. 당사국은 여성에 대하여 법앞에서의 남성과의 평등을 부여하여야 한다.

2. 당사국은 민사문제에 있어서, 여성에게 남성과 동등한 법적 능력 및 동능력을 행사할 동일한 기회를 부여하여야 한다. 특히, 당사국은 계약을 체결하고 재산을 관리할 동등권을 여성에게 부여하여야 하며 법원과 법정의 절차상 모든 단계에서 여성을 동등히 취급하여야 한다.

3. 당사국은 여성의 법적 능력을 제한하는 법적 효과를 가지는 모든 계약과 기타 모든 종류의 사적문서를 무효로 간주하는 데 동의한다.

4. 당사국은 사람의 이전에 관한 법과 그들의 주거 및 주소 선택의 자유와 관련하여 남성과 여성에게 동일한 권리를 부여하여야 한다.

제16조 1. 당사국은 혼인과 가족관계에 관한 모든 문제에 있어 여성에 대한 차별을 철폐하기 위한 모든 적절한 조치를 취하여야 하며, 특히 남녀 평등의 기초위에 다음을 보장하여야 한다.

(가) 혼인을 할 동일한 권리

(나) 자유로이 배우자를 선택하고 상호간의 자유롭고 완전한 동의에 의해서만 혼인을 할 동일한 권리

(다) 혼인중 및 혼인을 해소할 때의 동일한 권리와 책임

(라) 부모의 혼인상태를 불문하고 자녀에 관한 문제에 있어 부모로서의 동일한 권리와 책임 : 모든 경우에 있어서 자녀의 이익이 최우선적으로 고려되어야 함

(마) 자녀의 수 및 출산간격을 자유롭고 책임감있게 결정할 동일한 권리와 이 권리를 행사할 수 있게 하는 정보, 교육 및 제 수단의 혜택을 받을 동일한 권리

(바) 아동에 대한 보호, 후견, 재산관리 및 자녀입양 또는 국내법제상 존재하는 개념중에 유사한 제도와 관련하여 동일한 권리와 책임 : 모든 경우에 있어서 아동의 이익이 최우선적으로 고려되어야 함

(사) 가족성(姓) 및 직업을 선택할 권리를 포함하여 부부로서의 동일한 개인적 권리

(아) 무상이든 혹은 유상이든간에 재산의 소유, 취득, 운영, 관리, 향유 및 처분에 관한 양 배우자의 동일한 권리

2. 아동의 약혼과 혼인은 아무런 법적효과가 없으며 혼인을 위한 최저 연령을 정하고 공공등기소에 혼인등록을 의무화하기 위하여 입법을 포함한 모든 필요한 조치를 취하여야 한다.

제5부

제17조 1. 본 협약의 이행상 행하여진 진전을 심의할 목적으로 여성에 대한 차별 철폐위원회(이하 위원회라 함)를 설치하며, 위원회는 협약의 발효시에는 18인, 그리고 35번째 당사국이 비준 또는 가입한 후에는 23인의 본 협약의 규율분야에서 높은 도덕적 명성과 능력을 갖춘 전문가로서 구성한다. 동 전문가는 당사국에 의해 그들의 국민중에서 선출되어 개인 자격으로 봉사하여야 하며, 선출에 있어서는 공평한 지리적 배분과 주요 법체계 및 상이한 문명형태가 대표될 수 있도록 고려되어야 한다.

2. 위원회의 구성원은 당사국에 의해 지명된 자의 명부중에서 비밀투표로 선출한다. 각 당사국은 그 국민중에서 1인을 지명할 수 있다.

3. 최초선거는 본 협약의 발효일로부터 6개월 후에 행한다. 국제연합 사무총장은 최소한 각 선거 3개월이전에 당사국에 서한을 발송하여 2개월이내에 그들의 지명자를 제출해 줄 것을 요청하여야 한다. 사무총장은 이렇게 지명된 전원의 명단을 알파벳 순으로, 그들을 지명한 당사국을 명시하여, 작성하여 당사국에 송부하여야 한다.

4. 위원회 구성원의 선거는 사무총장에 의해 소집되어 국제연합본부에서 열리는 당사국회의에서 행한다. 당사국은 3분의 2가 정족수를 구성하는 동 회의에서 참석 및 투표한 당사국 대표의 최다수표 및 절대다수표를 획득한 피지명자가 위원회 구성원으로 선출된다.

5. 위원회의 구성원은 4년 임기로 선출된다. 그러나 최초선거에서 선출된 구성원중 9인의 임기는 2년으로 만료되며 최초선

거후 즉시 동 9인 구성원의 명단을 위원회 의장이 추첨으로 선정한다.
6. 위원회는 추가 구성원 5인의 선거는 35번째 비준 또는 가입 후 본조 제2항, 제3항 및 제4항의 규정에 따라 행한다. 동 기회에 선출된 추가 구성원중 위원회 의장이 추첨으로 선정한 2인의 임기는 2년으로 만료된다.
7. 불시의 공석을 보충하기 위하여, 자국의 전문가가 위원회 구성원으로서의 기능을 종료한 당사국은 위원회의 승인을 조건으로 그 국민중에서 다른 전문가를 임명하여야 한다.
8. 위원회 구성원은, 위원회 책무의 중요성을 고려하여 총회가 승인하고 결정하는 조건에 따라 국제연합 재원으로부터 보수를 받는다.
9. 국제연합 사무총장은 본 협약에 따른 위원회 임무의 효율적 수행을 위하여 필요한 직원 및 시설을 제공한다.

제18조 1. 당사국은 그들이 본 협약의 규정을 실시하기 위하여 채택한 입법, 사법, 행정 또는 기타 조치와 이와 관련하여 이루어진 진전에 대한 보고서를 위원회가 심의하도록 국제연합 사무총장에게 제출할 의무를 진다. 즉,
(가) 관계국에 대하여 발효한 후 1년이내에 제출하며
(나) 그 이후에는 최소한 매 4년마다 제출하며 위원회가 요구하는 때는 언제든지 제출한다.
2. 보고서에는 본 협약상 의무의 이행정도에 영향을 주는 요인 및 애로점을 지적할 수 있다.

제19조 1. 위원회는 자체의 의사규칙을 채택하여야 한다.
2. 위원회는 2년임기의 자체직원을 선출하여야 한다.

제20조 1. 위원회는 본 협약 제18조에 따라 제출되는 보고서를 심의하기 위하여 매년 2주를 넘지 않는 기간동안 정규로 회합한다.

1. 위원회는 본 협약 제18조에 따라 제출되는 보고서를 심의하기 위하여 매년 정규적으로 회합한다. 위원회의 회기는 총회의 승인을 받는 것을 조건으로 본 협약 당사국 회의에서 정한다.(1995.12.22 본항개정. 발효요건 : 협약 당사국의 3분의 2 수락시 발효)

2. 위원회 회의는 국제연합본부 또는 위원회가 정하는 다른 편리한 장소에서 정규로 개최된다.

제21조 1. 위원회는 경제사회이사회를 통하여 그 활동에 관한 보고서를 매년 국제연합총회에 제출하며, 당사국으로부터 접수한 보고서 및 정보에 대한 심사를 기초로 하여 제안 및 일반적 권고를 할 수 있다. 동 제안 및 일반적 권고는 당사국으로부터의 논평이 있는 경우 이와 함께 위원회의 보고서에 수록하여야 한다.
2. 사무총장은 위원회의 보고서를 참고용으로 여성지위위원회에 송부하여야 한다.

제22조 전문기구는 본 협약 규정중 그 활동 범위에 속하는 규정의 시행에 대한 심의에 참가할 권한이 있다. 위원회는 전문기구에 그 활동범위에 속하는 분야에서의 협약의 시행에 관한 보고서를 제출하도록 권유할 수 있다.

제6부

제23조 본 협약상 어떠한 것도 아래에 포함될 수 있는 남녀평등의 달성에 더욱 이바지하는 규정에 영향을 미치지 아니한다.
(가) 당사국의 법령, 또는
(나) 동 국에 대하여 발효중인 여하한 기타 국제 협약, 조약 또는 협정

제24조 당사국은 본 협약상 인정된 권리의 완전한 실현을 달성할 목적으로 국가적 수준에서 모든 필요한 조치를 취할 의무를 진다.

제25조 1. 본 협약은 모든 국가의 서명을 위하여 개방된다.
2. 국제연합 사무총장은 본 협약의 수탁자로 지정된다.
3. 본 협약은 비준되어야 한다. 비준서는 국제연합 사무총장에게 기탁되어야 한다.
4. 본 협약은 모든 국가의 가입을 위하여 개방된다. 가입은 국제연합사무총장에게 가입서를 기탁함으로써 이루어진다.

제26조 1. 본 협약의 개정요구는 국제연합 사무총장에 대한 서면통고의 방법으로 당사국이 언제든지 행할 수 있다.
2. 국제연합총회는 동 요구가 있으면 이에 대하여 취할 조치를 결정한다.

제27조 1. 본 협약은 국제연합 사무총장에게 20번째의 비준서 또는 가입서가 기탁된 날로부터 30일후에 발효한다.
2. 본 협약은 20번째의 비준서 또는 가입서가 기탁된 후에 본 협약을 비준하거나 가입한 각 국가에 대하여는 비준서 또는 가입서가 기탁된 날로부터 30일후에 발효한다.

제28조 1. 국제연합 사무총장은 비준 또는 가입시에 각국이 행한 유보문을 접수하고 이를 모든 국가에 회람시켜야 한다.
2. 본 협약의 대상 및 목적과 양립하지 아니하는 유보는 허용되지 아니한다.
3. 유보는 국제연합사무총장에 대한 통고로서 언제든지 철회할 수 있으며, 사무총장은 이를 모든 국가에 회람시켜야 한다. 그러한 통고는 접수된 날에 발효한다.

제29조 1. 본 협약의 해석 또는 적용에 관한 둘 또는 그 이상 당사국간의 분쟁이 직접교섭에 의해 해결되지 아니하는 경우 그들중 하나의 요구가 있으면 중재재판에 회부되어야 한다. 중재재판 요구일로부터 6개월이내 당사국이 중재재판 구성에 합의하지 못하면 동 당사국중 일방은 국제사법재판소 규정에 부합하는 요청에 의해 동 분쟁을 국제재판소에 회부할 수 있다.
2. 각 당사국은 이 협약의 서명, 비준 또는 가입시에 동 국이 본조 제1항에 기속되는 것으로 보지 않는다고 선언할 수 있다. 타 당사국은 그러한 유보를 행한 당사국에 대하여는 전항에 기속되지 아니한다.
3. 본조제2항에 따라 유보를 행한 당사국은 국제연합 사무총장에 대한 통고로써 언제든지 동 유보를 철회할 수 있다.

제30조 본 협약은 아랍어, 중국어, 영어, 불어, 노어 및 서반아어본이 동등히 정본이며 국제연합 사무총장에게 기탁된다.

이상의 증거로, 정당히 권한이 주어진 하기 서명자는 본 협약에 서명하였다.

여성에 대한 모든 형태의 차별철폐에 관한 협약 선택의정서

(2007년 1월 15일
조 약 제1828호)

2006.10.18(유엔사무총장에게 비준서 기탁)
2007. 1.18(대한민국에 대하여 발효)

이 의정서의 당사국은, 국제연합헌장이 기본적 인권, 인간의 존엄과 가치 및 남녀의 평등한 권리에 대한 신념을 재확인하고 있음에 유의하고, 또한, 세계인권선언이 모든 인간은 자유롭게 그리고 존엄과 권리에 있어 평등하게 태어나며 성에 기인한 구별을 포함한 어떠한 종류의 구별도 없이 동 선언에 규정된 모든 권리와 자유를 누릴 자격이 있다고 선언하고 있음에 유의하며, 국제인권규약들과 다른 국제인권문서들이 성에 기인한 차별을 금지하고 있음을 상기하고, 또한, 여성에 대한 모든 형태의 차별철폐에 관한 협약(이하 "협약"이라 한다)에서 동 협약 당사국들이 여성에 대한 모든 형태의 차별을 규탄하고 여성에 대한 차별철폐정책을 모든 적절한 수단으로 지체없이 추구하기로 동의한 점을 상기하며, 여성이 모든 인권과 기본적 자유를 완전하고 평등하게 향유하도록 보장하고, 이러한 권리와 자유에 대한 침해를 방지하기 위하여 효과적인 조치를 취하겠다는 협약 당사국의 결의를 재확인하고, 다음과 같이 합의하였다.

제1조 이 의정서의 당사국(이하 "당사국"이라 한다)은 제2조의 규정에 따라 제출되는 통보를 접수하고 심리하는 여성차별철폐위원회(이하 "위원회"라 한다)의 권한을 인정한다.

제2조 통보는 당사국에 의한 협약상 권리의 침해로 피해를 입었다고 주장하는 그 당사국 관할 하의 개인 또는 개인의 집단에 의하거나 그들을 대리하여 제출될 수 있다. 통보가 개인 또는 집단을 대리하여 제출된 경우에는 그들의 동의없이 대리행위를 하는 것을 정당화할 수 있지 아니하는 한, 그러한 동의를 수반한다.

제3조 통보는 서면으로 제출되며 익명이어서는 아니된다. 통보가 이 의정서의 당사국이 아닌 협약당사국에 관한 것인 경우에는 어떠한 통보도 위원회에 접수되지 아니한다.

제4조 1. 위원회는 국내구제절차의 이용이 불합리하게 지연되거나 효과적인 구제수단이 되지 못하는 경우가 아닌 한, 이용가능한 모든 국내구제절차가 완료되었음을 확인할 때까지는 통보를 심리하지 아니한다.
2. 위원회는 다음의 경우에는 통보를 심리할 수 없다고 선언한다.
(가) 동일한 사안이 이미 위원회에서 검토되었거나, 또는 다른 국제적 조사절차나 해결절차에서 심사되었거나 심사중인 경우
(나) 그것이 협약의 규정과 양립할 수 없는 경우
(다) 그것이 명백하게 근거가 박약하거나 그 사안의 실체적 존재가 충분하게 소명되지 못하는 경우
(라) 그것이 통보 제출권의 남용인 경우
(마) 통보의 대상이 되는 사실이 이 의정서가 관련 당사국에게 발효된 후까지 지속되는 경우를 제외하고 동 발효 이전에 발생한 경우

제5조 1. 위원회는 통보를 접수한 후에 본안을 결정하기 전까지는 언제든지 주장된 권리침해의 피해자 또는 피해자들에게 발생할 수 있는 회복이 불가능한 손해를 방지하기 위하여 필요한 잠정조치를 취하라는 요청을 긴급한 고려사항으로 관련 당사국에게 송부할 수 있다.
2. 위원회가 이 조 제1항의 권한을 행사하더라도 이것은 통보의 심리가능성이나 본안에 대한 결정을 함의하는 것은 아니다.

제6조 1. 위원회가 관련 당사국을 거명하지 아니한 채 통보를 심리가 불가능하다고 판단하지 아니하는 한, 그리고 해당 개인이나 개인들이 그들의 신원을 관련 당사국에게 밝히는 것에 대하여 동의한다면, 위원회는 이 의정서에 따라 제출된 모든 통보에 대하여 비공개적으로 관련 당사국의 주의를 환기한다.
2. 접수 당사국은 이러한 사안과 자국이 제공한 구제조치가 있는 경우, 동 구제조치를 소명하는 서면 설명서 또는 진술서를 6월 이내에 위원회에 제출한다.

제7조 1. 위원회는 개인이나 개인의 집단에 의하여 또는 그들을 대리하여, 그리고 관련 당사국에 의하여 제출되어 위원회에 이용가능한 모든 정보가 관련 당사자들에게 전달되는 조건 하에서 이 정보를 고려하여 이 의정서에 따라 접수된 통보를 심리한다.
2. 위원회는 이 의정서에 따라 통보를 심사할 때에는 비공개회의를 갖는다.
3. 위원회는 통보를 심사한 후, 권고사항이 있는 경우에는 권고사항과 함께 동 통보에 대한 위원회의 견해를 관련 당사자들에게 전달한다.
4. 당사국은 위원회의 권고사항이 있는 경우에는 그 권고사항을 포함하여 위원회의 견해를 적정하게 고려하며, 위원회의 견해와 권고사항을 고려하여 취한 모든 조치에 관한 정보를 포함한 서면답변을 6월 이내에 위원회에 제출한다.
5. 위원회는 위원회의 견해에 따라 또는 권고사항이 있는 경우에는 그 권고사항에 따라 위원회가 적절하다고 판단하는 것을 포함하여 당사국이 취한 조치에 관한 추가 정보를 협약 제18조의 규정에 따라 당사국이 제출하는 후속 보고서를 통하여 제출하도록 당사국에게 요청할 수 있다.

제8조 1. 당사국이 협약에 규정된 권리를 중대하게 또는 체계적으로 침해하였음을 보여주는 신빙성 있는 정보를 입수한 경우, 위원회는 해당 당사국에게 동 정보의 심사에 협조하고 이를 위하여 관련 정보에 관한 의견을 제출하도록 요청한다.
2. 위원회는 관련 당사국이 제출한 의견과 위원회가 이용할 수 있는 다른 신빙성 있는 정보를 고려하여 조사를 수행하고 긴급히 위원회에 보고하는 위원회 위원 중 한명 또는 수명을 지명할 수 있다. 정당한 사유가 있는 경우에 당사국의 동의 하에 이러한 조사는 당사국의 영역에 대한 방문을 포함할 수 있다.
3. 위원회는 조사결과를 심사한 후, 동 결과를 논평 및 권고사항과 함께 관련 당사국에게 전달한다.
4. 관련 당사국은 위원회로부터 조사결과・논평 및 권고사항을 전달받은 후 6개월 이내에 자국의 견해를 위원회에 제출한다.
5. 이러한 조사는 비공개로 진행되며, 절차의 모든 단계에서 당사국의 협력이 요청된다.

제9조 1. 위원회는 관련 당사국에게 이 의정서 제8조의 규정에 따라 행하여진 조사에 대응하여 취한 모든 조치에 대한 상세한 내용을 협약 제18조의 규정에 따른 보고서에 포함하도록 요청할 수 있다.
2. 위원회는 필요한 경우 제8조제4항에 언급된 6월의 기간이 종료된 후에 관련 당사국에게 동 조사에 대응하여 취한 조치를 위원회에 알려주도록 요청할 수 있다.

제10조 1. 각 당사국은 제8조 및 제9조에 규정된 위원회의 권한을 인정하지 아니한다고 이 의정서의 서명・비준 또는 가입시 선언할 수 있다.
2. 제1항의 규정에 따라 선언을 한 당사국은 언제든지 사무총장에 대한 통고로써 동 선언을 철회할 수 있다.

제11조 당사국은 그 관할 하의 개인이 이 의정서에 따라 위원회에 통보를 제출하였다는 이유로 부당한 대우 또는 협박을 받지 아니하도록 보장하기 위하여 모든 적절한 조치를 취한다.

제12조 위원회는 협약 제21조의 규정에 따른 위원회의 연례보고서에 이 의정서에 따른 자신의 활동을 요약하여 포함한다.

제13조 각 당사국은 협약 및 이 의정서를 널리 알리고 홍보하며, 특히 그 당사국과 관련된 문제에 관한 위원회의 견해 및 권고에 관한 정보에 대한 접근을 용이하게 한다.

제14조 위원회는 이 의정서에 따라 부여된 직무를 수행할 때 따르는 의사규칙을 마련한다.

제15조 1. 이 의정서는 협약에 서명・비준 또는 가입한 모든 국가들의 서명을 위하여 개방된다.
2. 이 의정서는 협약을 비준하였거나 이에 가입한 국가의 비준을 받아야 한다. 비준서는 국제연합사무총장에게 기탁된다.
3. 이 의정서는 협약을 비준하였거나 이에 가입한 국가들의 가입을 위하여 개방된다.
4. 가입은 국제연합사무총장에게 가입서를 기탁함으로써 발효한다.

제16조 1. 이 의정서는 열 번째 비준서 또는 가입서가 국제연합사무총장에게 기탁된 날부터 3월 후에 발효한다.
2. 이 의정서는 이 의정서가 발효된 후에 이 의정서를 비준하거나 또는 이에 가입하는 국가에 대하여는 그 국가의 비준서 또는 가입서가 기탁된 날부터 3월 후에 발효한다.

제17조 이 의정서에 대한 어떠한 유보도 허용되지 아니한다.

제18조 1. 모든 당사국은 이 의정서의 개정안을 제안하고 이를 국제연합사무총장에게 제출할 수 있다. 사무총장은 개정안을 접수하는 대로, 각 당사국에게 동 제안을 심의하고 표결에 회부하기 위한 당사국회의 개최에 찬성하는지 여부를 사무총장에게 통보하여 줄 것을 요청하는 것과 함께 개정안을 이 의정서의 각 당사국에게 송부한다. 당사국 중 최소한 3분의 1이 회의 개최에 찬성하는 경우에, 사무총장은 국제연합의 주관 하에 이 회의를 소집한다. 이 회의에 출석하여 표결하는 당사국의 과반수에 의하여 채택된 개정안은 그 승인을 위하여 국제연합총회에 제출된다.
2. 개정안은 국제연합총회의 승인을 받고 이 의정서 당사국의 3분의 2가 자국의 헌법절차에 따라 수락하는 때 발효한다.
3. 개정안이 발효하는 때 이를 수락한 당사국을 구속한다. 그러나 다른 당사국은 여전히 이 의정서의 규정 및 그 당사국이 이미 수락한 그 이전의 모든 개정에 의하여 구속된다.

제19조 1. 당사국은 언제든지 국제연합사무총장에 대한 서면통보에 의하여 이 의정서를 폐기할 수 있다. 폐기는 사무총장이 통보를 접수한 날부터 6월 후에 효력을 발생한다.
2. 폐기는 폐기 발효일 이전에 제2조의 규정에 따라 제출된 통보나 제8조의 규정에 따라 개시된 조사에 이 의정서의 규정이 계속 적용되는 것에 영향을 미치지 아니한다.

제20조 국제연합사무총장은 모든 국가에 다음 사항을 통보한다.
(가) 이 의정서에 따른 서명・비준 및 가입
(나) 이 의정서의 발효일 및 제18조의 규정에 따른 개정의 발효일
(다) 제19조의 규정에 따른 폐기

제21조 1. 이 의정서는 아랍어・중국어・영어・불어・러시아어 및 서반아어본이 동등하게 정본이며 국제연합문서보존소에 기탁된다.
2. 국제연합사무총장은 협약 제25조에 언급된 모든 국가들에게 이 의정서의 인증등본을 송부한다.

세계보건기구(WHO)헌장

(1949년 8월 17일
조　약　제6호)

1946. 7.22(뉴욕에서 서명)
1949. 8.17(대한민국에 대하여 발효)
1960.10.25(개정 발효 ; 조약 제1390호)
1975. 5.21(개정 발효 ; 조약 제1395호)
1977. 2. 3(개정 발효 ; 외무부고시 제10호)
1984. 1.20(개정 발효 ; 외무부고시 제95호)
1994. 7.11(개정 발효 ; 외무부고시 제309호)
2005. 9.15(개정 발효 ; 고시 제544호)
2008. 5.22(관보게재)

본 헌장 당사국은 국제연합 헌장에 따라 다음의 원칙이 모든 국민의 행복, 조화로운 관계 및 안전의 기초임을 천명한다. 건강이라는 것은 완전한 육체적, 정신적 및 사회적 복리의 상태를 뜻하고, 단순히 질병 또는 병약이 존재하지 않는 것이 아니다. 도달할 수 있는 최고 수준의 건강을 향유한다는 것은 인종, 종교, 정치적 신념과, 경제적 또는 사회적 조건의 구별 없이 만인이 가지는 기본적 권리의 하나이다. 모든 국민의 건강은 평화와 안전을 달성하는 기초이고, 개인과 국가의 최대한의 협력에 의존한다. 어떠한 국가가 건강을 증진하고 보호한다는 것은 모두에 대하여 가치를 갖는다. 건강의 증진과 질병 특히 전염병의 억제가 여러 국가간에 불균등하게 발달하는 것은 공통의 위험이다. 아동의 건강한 발육은 근본적 중요성을 가지며, 변화하는 전반적 환경 속에서 조화롭게 생활할 수 있는 능력은 이러한 발육에 필수적인 것이다. 의학적 및 심리학적 혜택과 관련 지식을 모든 국민에게 보급하는 것은 건강을 최대한 달성하는 데 있어서 필수적인 것이다. 정보를 제공받은 공중이 의견을 가지고 적극적으로 협력하는 것은 건강을 향상하는 데 가장 중요한 것이다. 국가는 자국민의 건강에 관하여 적절한 보건 및 사회적 조치를 제공함으로써만 성취될 수 있는 책임을 가진다. 체약국은 이러한 원칙을 수락하고 모든 국민의 건강을 증진하고 보호하기 위하여 상호간 및 다른 국가와 협력할 목적으로 이 헌장에 동의하고, 이에 국제연합 헌장 제57조 범위 내의 전문기구로서 세계보건기구를 설립한다.

제1장 목　적

제1조 세계보건기구(이하 「기구」라고 한다)의 목적은 모든 국민이 가능한 최고 수준의 건강에 도달하는 데 있다.

제2장 임　무

제2조 본 기구가 그 목적을 달성하기 위한 임무는 다음과 같다.
(a) 국제보건사업에 있어서 지도적, 조정적 기구로서 활동하는 것
(b) 국제연합, 전문기구, 정부의 보건행정기구, 전문가 단체 및 적당하다고 생각되는 타 기관과의 효율적인 협력을 수립하고 유지하는 것
(c) 요청이 있을 경우에 보건사업의 강화에 관하여 각국 정부를 원조하는 것
(d) 각국 정부의 요청 또는 수락이 있을 경우에, 적당한 기술적 원조 및 긴급한 때에는 필요한 조력을 제공하는 것
(e) 국제연합의 요청이 있을 경우에 신탁통치지역의 주민과 같은 특수한 집단에 대하여 보건상의 서비스 및 편익을 제공하거나 그 제공을 원조하는 것
(f) 역학 및 통계 서비스를 포함하여 필요한 행정적 및 기술적 서비스를 확립하고 유지하는 것
(g) 전염병, 풍토병 및 다른 질병을 퇴치하기 위한 사업을 장려하고 촉진하는 것
(h) 필요한 경우에는 다른 전문기구와 협력하여 불의의 상해를 방지하기 위해 노력하는 것
(i) 필요한 경우에는 다른 전문기구와 협력하여 영양, 주택, 위생, 오락, 경제상 또는 노무상의 조건 및 환경 위생의 여러 측면에 대한 개선을 촉진하는 것
(j) 건강의 증진에 공헌하는 과학적 및 전문적 단체 상호간의 협력을 촉진하는 것
(k) 국제적으로 보건과 관련된 사항에 대해 조약, 협정 및 규칙을 제안하고 권고를 행하며 이러한 조약, 협정, 규칙 및 권고 등으로 인하여 본 기구에 대하여 부과되는 의무 및 본 기구의 목적에 합치되는 의무를 수행하는 것
(l) 모자의 건강과 복리를 증진하고 변화하는 전반적으로 변화하는 환경 속에서 조화롭게 생활하는 능력을 육성하는 것
(m) 정신건강 분야에 있어서의 활동, 특히 인간 상호간의 조화에 영향을 미치는 활동을 육성하는 것
(n) 보건 분야에 있어서 연구를 촉진하고 지도하는 것
(o) 보건, 의료 및 관련 직업에 대한 교육 및 훈련 기준의 개선을 촉진하는 것
(p) 필요한 경우에는 다른 전문기구와 협력하여 병원업무 및 사회보장을 포함하여 예방 및 치료적 견지에서 공중보건 및 의료에 영향을 미치는 행정적 및 사회적 기술을 연구하고 보고하는 것
(q) 보건 분야에 있어서 정보, 조언 및 원조를 제공하는 것
(r) 보건 관련 사항에 관하여 전국민이 정보를 제공받고 그에 따라 의견을 발전시킬 수 있도록 원조하는 것
(s) 필요에 따라 질병, 사인 및 공중위생업무에 관한 국제용어표를 작성하고 개정하는 것
(t) 필요에 따라 진단방법을 표준화하는 것
(u) 식품과, 생물학적, 약학적 및 이와 유사한 제품에 관한 국제적 기준을 발전·확립하고 향상시키는 것
(v) 일반적으로 본 기구의 목적을 달성하기 위하여 필요한 모든 행동을 취하는 것

제3장 회원국 및 준회원국

제3조 본 기구의 회원국 자격은 모든 국가에 개방된다.
제4조 국제연합의 회원국은 본 헌장 제19장의 규정 및 자국의 헌법상 절차에 따라서 본 헌장에 서명하거나 또는 별도로 이를 수락함으로써 본 기구의 회원국이 될 수 있다.
제5조 1946년에 뉴욕에서 개최된 국제보건회의에 옵서버를 파견하도록 초청받은 국가는 본 헌장 제19장의 규정 및 자국의 헌법상 절차에 따라서 본 헌장에 서명하거나 또는 별도로 이를 수락함으로써 본 기구의 회원국이 될 수 있다. 다만 이러한 서명 또는 수락은 보건총회의 제1차 회기 이전에 완료되어야 한다.
제6조 제4조 및 제5조에 의하여 회원국이 되지 않은 국가는 제16장에 따라 승인된 국제연합과 본 기구간의 협정의 조건에 따를 것을 조건으로 하여 회원국이 되기 위해 신청할 수 있고, 이 신청이 보건총회의 단순과반수의 투표에 의하여 승인되었을 경우에는 회원국으로 인정된다.
제7조 회원국이 본 기구에 대한 재정적 의무를 이행하지 않은 경우 또는 다른 예외적 경우에, 보건총회는 적당하다고 인정하는 조건으로서 회원국이 가지는 투표권 및 받을 수 있는 서비스를 정지할 수 있다. 보건총회는 이 투표권 또는 서비스를 회복하는 권한을 가진다.
제8조 보건총회는 국제관계에 있어서 스스로의 활동에 대하여 책임을 가지지 아니하는 영역 또는 영역의 집단에 대하여 그 국제관계에 대하여 책임을 가지는 회원국 또는 다른 통치권한이 동 영역 또는 영역의 집단을 위하여 신청을 행한 경우에 이를 준회원국으로 가입시킬 수 있다. 보건총회에 파견되는 준회원국의 대표는 보건 분야에 있어서 기술적 권한을 갖는 자격있는 토착주민 중에서 선정된다. 보건총회는 준회원국의 권리·의무의 성질 및 범위를 결정한다.

제4장 기　관

제9조 다음의 각 기관은 본 기구의 사업을 수행한다.
(a) 세계보건총회(이하 「보건총회」라고 칭한다)
(b) 집행이사회(이하 「이사회」라고 칭한다)
(c) 사무국

제5장 세계보건총회

제10조 보건총회는 회원국의 대표로 구성한다.
제11조 각 회원국은 3명을 초과하지 않는 대표로써 대표되며, 동 회원국은 대표 중 1명은 수석대표로써 임명한다. 대표는 보건 분야에 있어서 기술적 권한을 갖으며 자격이 있고, 가능한 회원국의 보건행정관청을 대표하는 자 중에서 선정된다.
제12조 대표는 교체대표 및 고문을 동반할 수 있다.
제13조 보건총회는 정기적 연례회기 및 필요에 따라 임시회기로 개최된다. 임시회기는 이사회의 요청 또는 회원국 과반수의 요청에 의하여 소집된다.
제14조 보건총회는 각 연례회기에서 차기 연례회기가 개최될 국가 또는 지역을 선정하고, 이어서 이사회는 장소를 확정한다. 임시회기의 개최지는 이사회가 결정한다.
제15조 이사회는 국제연합 사무총장과의 협의를 거쳐 각 연례회기 및 임시회기의 기일을 결정한다.
제16조 보건총회는 각 연례회기 초에 의장 및 다른 임원을 선정한다. 의장 및 임원은 후임자가 선출될 때까지 재임한다.
제17조 보건총회는 자체의 절차규칙을 채택한다.
제18조 보건총회의 임무는 다음과 같다.
(a) 본 기구의 정책을 결정하는 것
(b) 이사회의 이사를 임명할 권리를 가지는 회원국을 지명하는 것
(c) 사무국장을 임명하는 것
(d) 이사회 및 사무국장의 보고 및 활동을 검토하고 승인하며, 활동·연구·조사 또는 보고가 필요하다고 인정되는 사항에 관하여 이사회를 지도하는 것
(e) 기구의 사업을 위해 필요하다고 인정되는 위원회를 설치하는 것
(f) 기구의 재정정책을 감독하며 예산을 검토하고 승인하는 것
(g) 보건총회가 적당하다고 인정하는 보건에 관한 사항에 관하여 회원국 및 정부간 또는 비정부간 국제기구의 주의를 환기하기 위해 이사회 및 이사국장을 지도하는 것
(h) 국제 또는 국내기구, 정부간 또는 비정부간기구 여하를 불문하고 본 기구의 책임과 관련하여 책임을 가지고 있는 기구에 대하여 보건총회가 정하는 조건에 따라 보건총회 또는 그 권위하에 소집되는 위원회 및 회의의 회합에 투표권 없이 참가할 대표자를 임명하도록 요청하는 것. 다만 국내기구의 경우에는 관련 정부의 동의가 있는 경우에 한하여 이러한 초청이 발급될 수 있다.
(i) 국제연합의 총회, 경제사회이사회, 안전보장이사회 또는 신탁통치이사회가 행한 보건에 관한 권고를 심의하고, 이러한 권고를 시행하기 위하여 본 기구가 취한 조치를 이들 기관에게 보고하는 것
(j) 기구와 국제연합간의 협정에 따라서 경제사회이사회에 보고하는 것
(k) 기구의 자체적인 기관의 설치, 또는 회원국 정부의 동의를 얻어 동 회원의 공공 또는 비공공기관과의 협력에 의하여 보건분야에 있어서의 연구를 촉진하고 지도하는 것
(l) 기구가 필요하다고 인정하는 다른 시설을 설치하는 것
(m) 기구의 목적을 촉진하기 위해 다른 적절한 조치를 취하는 것
제19조 보건총회는 본 기구의 권능에 속하는 사항에 관하여 협약 또는 협정을 채택하는 권한을 가진다. 이러한 협약 또는 협정은 보건총회의 3분의 2 이상의 투표가 요구되며, 각 회원국에 대해서는 자국의 헌법상의 절차에 따라 이를 수락하였을 때 효력이 발생한다.
제20조 각 회원국은 보건총회가 협약 또는 협정을 채택한 일자로부터 18개월 이내에 그러한 협약 또는 협정의 수락에 관한 절차를 취할 것을 약속한다. 각 회원국은 취한 조치를 사무국장에게 통고하여야 하며, 전기 기한 내에 협약 또는 협정을 수락하지 않을 때에는 불수락에 대한 이유서를 제출한다. 각 회원국은 수락할 경우에 제14장에 따라서 사무국장에게 연례보고서를 제출하는 데 동의한다.
제21조 보건총회는 다음의 사항에 관한 규칙을 채택하는 권한을 가진다.
(a) 질병의 국제적 확산을 방지하는 것을 목적으로 하는 위생상 및 검역상의 요건 및 기타 절차
(b) 질병, 사인 및 공중위생 업무에 관한 용어표
(c) 국제적으로 사용되는 진단절차에 관한 기준
(d) 국제무역에 있어서 취급되는 생물학적 제제, 약학적 제제 및 유사한 제품의 안전성, 순도 및 효력에 관한 기준
(e) 국제무역에 있어서 취급되는 생물학적 제제, 약학적 제제 및 유사한 제품의 광고 및 표시
제22조 제21조에 따라 채택된 규칙은 보건총회가 채택에 관하여 적절한 통고를 행한 후에 전회원국에 대하여 효력을 발생한다. 다만 통고서에 기재된 기한 내에 사무국장에게 거절 또는 유보를 통고한 회원국에 대하여는 효력을 발생하지 아니한다.
제23조 보건총회는 본 기구의 권능에 속하는 사항에 관하여 회원국에 권고를 행할 권한을 갖는다.

제6장 집행이사회

제24조 이사회는 34개 회원국이 임명한 34명으로서 구성된다. 보건총회는 이사회의 이사를 임명하는 권한을 가진 회원국을 공평한 지리적 분포를 고려하여 선출하되, 제44조에 따라 정하여진 각 지역적 기구로부터 최소한 3개국 이상의 회원국이 선출되도록 한다. 이러한 각 회원국은 이사회에 대하여 보건분야에 있어서 기술적 자격이 있는 자를 임명하여야 한다. 이 자는 대리 및 고문을 대동할 수 있다.(2005.9.15 본조개정)
제25조 1. 전기 회원국은 3년의 임기로서 선출되며 재선될 수 있다. 단, 이사회의 회원국 수를 32개국으로부터 34개국으로 증가하는 본 헌장 개정이 효력을 발생한 후 최초로 개최되는 보건총회에서 선출하는 회원국중, 추가로 선출되는 회원국의 임기는 매년 각 지역적 기구로부터 최소한 1개 회원국의 선출을 용이하게 하기 위하여 필요한 만큼 단축할 수 있다.
2. 이 결의문 등본 2부는 제51차 세계보건총회 의장 및 세계보건기구 사무총장의 서명에 의하여 정본으로 인증된다. 이 중 1부는 헌장의 수탁자인 국제연합 사무총장에게 송부되며, 나머지 1부는 세계보건기구의 문서보관소에 보관된다.
3. 헌장 제73조의 규정에 따른 회원국의 개정 수락 통고는 헌장의 수락을 위해 요구되는 바와 같이 국제연합 사무총장에게 정식문서를 기탁함으로써 효력을 발생한다.
(2005.9.15 본조개정)
제26조 이사회는 적어도 매년 2회 회합하고 각 회합의 장소를 결정한다.
제27조 이사회는 이사 중에서 의장을 선거하고 그 자체의 절차규칙을 채택한다.
제28조 이사회의 임무는 다음과 같다.
(a) 보건총회의 결정 및 정책을 실시하는 것
(b) 보건총회의 집행기관으로서 행동하는 것
(c) 보건총회가 위탁한 기타의 임무를 수행하는 것
(d) 보건총회가 이사회에 부탁한 문제 및 협약, 협정 및 규칙에 의하여 본 기구에 부여된 사항에 관하여 보건총회에 조언하는 것
(e) 보건총회에 대하여 자발적으로 조언 또는 제안하는 것
(f) 보건총회의 회의 안건을 준비하는 것
(g) 특정기간 동안의 일반사업계획의 심의 및 승인을 위하여 보건총회에 제출하는 것
(h) 이사회의 권한 내의 모든 문제를 연구하는 것
(i) 신속한 조치를 필요로 하는 사안에 대처하기 위해서 본 기구의 임무 및 재정적 자원 범위 내에서 긴급조치를 취하는 것. 특히 이사회는 사무국장에게 전염병을 퇴치하는 데 필요한 조치를 취하고, 천재지변의 희생자를 위하여 보건상의 구제 마련에 참가하며, 또한 회원국 또는 사무국장이 그 긴급성에 관하여 이사회의 주의를 환기시킨 연구 및 조사를 행하는 권한을 부여할 수 있다.
제29조 이사회는 보건총회가 위임한 권한을 보건총회 전체를 대신하여 행사한다.

제7장 사무국

제30조 사무국은 사무국장 및 본 기구가 필요로 하는 기술 및 사무직원으로 구성한다.
제31조 보건총회는 보건총회가 결정하는 조건에 따라 이사회의 지명에 의해 사무국장을 임명한다. 사무국장은 이사회의 권한 하에 종속되며, 본 기구의 최고의 기술 및 사무직원이다.
제32조 사무국장은 직권으로 보건총회, 이사회, 본 기구의 모든 위원회 및 소위원회와, 본 기구가 소집하는 회의의 간사가 된다. 사무국장은 이러한 임무를 위임할 수 있다.
제33조 사무국장 또는 그 대리인은 그 의무를 수행하기 위하여, 회원국의 여러 관청, 특히 보건행정관청과 정부 또는 민간 국내보건단체에 직접적 접근하는 것을 허락하는 절차를 회원국과의 협정에 의하여 정할 수 있다. 사무국장은 또한 기구의 권한 내에 있는 활동을 행하는 국제기구와 직접적인 관계를 맺을 수 있다. 사무국장은 항상 해당 지역에 관한 모든 문제에 관하여 지역사무국에 정보를 제공하여야 한다.
제34조 사무국장은 기구의 재정보고 및 예산안을 작성하여 이사회에 제출한다.(1977.2.3 본조개정)
제35조 사무국장은 보건총회가 정하는 직원규칙에 따라 사무국의 직원을 임명한다. 직원을 고용함에 있어서 가장 중요한 고려사항은 사무국의 능률성, 청렴성 및 국제적 대표성이 최고

도로 유지되도록 보장하는 것이다. 또한 직원을 가능한 한 넓은 지리적 범위로부터 채용하는 것이 중요하다는 점이 충분히 고려되어야 한다.
제36조 기구의 직원의 근무조건은 가능한 한 국제연합 기타 기구의 근무조건과 일치하여야 한다.
제37조 사무국장 및 직원은 임무의 수행에 있어서 일국의 정부 또는 기구 외의 어떠한 기관으로부터 지시를 구하고 또는 받지 않는다. 이들은 국제공무원으로서의 지위를 손상할 염려가 있는 일체의 행동을 삼가한다. 기구의 회원국은 사무국장 및 직원이 배타적으로 국제적인 성질을 가진다는 점을 존중하고, 이들에게 영향력을 미치려고 노력하지 아니할 것을 약속한다.

제8장 위원회

제38조 이사회는 보건총회의 지시에 의하여 위원회를 설치하고, 기구의 권한 내에 있는 목적 달성을 위하여 필요하다고 인정하는 기타 위원회를 자발적으로 또는 사무국장의 제안에 의하여 설치할 수 있다.
제39조 이사회는 수시로, 또한 어떠한 경우에도 매년, 각 위원회를 계속시킬 필요성에 대해 검토한다.
제40조 이사회는 다른 기구와의 합동위원회 또는 혼합위원회의 창설 및 기구의 이러한 위원회에 대한 참가, 그리고 이러한 다른 기구가 설치한 위원회에 있어서의 기구의 대표성에 관하여 규정할 수 있다.

제9장 회 의

제41조 보건총회 또는 이사회는 기구의 권한 내에 있는 사항을 심의하기 위하여 지방적, 일반적, 기술적 또는 다른 특별회의를 소집할 수 있으며, 또한 국제기구의 회의 및 국내기구인 경우에는 정부기구 또는 민간기구 여하를 불문하고 관계국 정부의 동의를 얻어 동 회의에 대표를 파견하는 필요한 조치를 할 수 있다. 보건총회 또는 이사회는 이러한 대표성에 관한 방식을 스스로 결정한다.
제42조 이사회는 본 기구가 이해관계를 가진다고 인정하는 회의에 기구의 대표를 파견하는 데 필요한 조치를 취할 수 있다.

제10장 본 부

제43조 기구의 본부소재지는 보건총회가 국제연합과 협의하여 결정한다.

제11장 지역적 약정

제44조 (a) 보건총회는 지역적 기구의 설치가 바람직하다고 인정하는 지역을 수시로 정한다.
(b) 보건총회는 이와 같이 정한 각 지역 내의 회원국 과반수의 동의를 얻어 당해 지역의 특별한 필요에 응하기 위하여 지역적 기구를 설치할 수 있다. 각 지역에는 2개 이상의 지역적 기구를 두지 아니한다.
제45조 각 지역적 기구는 본 헌장에 따라서 기구의 불가분한 일부가 된다.
제46조 각 지역적 기구는 지역위원회 및 지역사무국으로 구성된다.
제47조 지역위원회는 당해 지역 내의 회원국 및 준회원국의 대표자로 구성된다. 국제관계의 처리에 관하여 책임을 가지지 않으며 준회원국이 아닌 당해 지역 내의 영역 또는 영역의 집단은 지역위원회에 대표를 파견하고 참여할 권리를 가진다. 지역위원회에 있어서 이러한 영역의 집단이 가지는 권리 의무의 성질 및 범위는 이러한 영역의 국제관계에 관하여 책임을 가지는 회원국 또는 다른 통치 및 그 지역 내의 회원국과 협의하여 보건총회가 결정한다.
제48조 지역위원회는 필요가 있을 때마다 회합하고 각 회합의 장소를 결정한다.
제49조 지역위원회는 그 자체의 절차규칙을 채택한다.
제50조 지역위원회의 임무는 다음과 같다.
(a) 지역적 성질만을 가지는 사항에 관한 정책을 수립하는 것
(b) 지역사무국의 활동을 감독하는 것
(c) 지역사무국에 대하여 기술회의의 소집을 제시하고, 지역위원회의 의견에 의하면 당해 지역 내에서 기구의 목적을 촉진하리라 생각되는 보건문제에 관한 추가적인 사업 또는 조사를 제시하는 것
(d) 국제연합 및 기타 전문기구의 각 지역위원회 및 기구와 공통의 이해관계를 가지는 다른 지역적 국제기구와 협력하는 것
(e) 사무국장을 통하여 지역적 중요성보다 더욱 폭넓은 중요성을 가지는 국제적 보건 문제에 관하여 기구에 조언하는 것
(f) 각 지역에 할당된 기구의 중앙예산의 비율이 지역적 임무의 수행에 불충분할 경우에는 당해 지역 내 국가들의 추가적인 지역적 분담금 제공을 권고하는 것
(g) 보건총회, 이사회 또는 사무국장이 지역위원회에 위임하는 기타 임무
제51조 지역사무국은, 기구 사무국장의 일반적 권능에 예속되어 지역위원회의 행정기관이 되며 또한 보건총회 및 이사회의 결정을 지역 내에서 수행한다.
제52조 지역사무국의 장은 지역위원회와의 합의에 의하여 이사회가 임명하는 지역국장이 된다.
제53조 지역사무국의 직원은 사무국장과 지역국장과의 합의에 의하여 결정된 방법에 의하여 임명된다.
제54조 범미위생사무국으로 대표되는 범미위생기구, 미주위생회의 및 본 헌장의 서명일 전에 존재한 다른 모든 정부간 지역적 보건기구는 점차적으로 본 기구에 통합된다. 이러한 통합은 관련 기구가 표명한 권한 있는 당국 상호간의 동의에 의한 공동행동에 의하여 가능한 한 조속히 실시하여야 한다.

제12장 예산 및 경비

제55조 사무국장은 기구의 예산안을 작성하여 이사회에 제출한다. 이사회는, 자신이 필요하다고 생각하는 권고와 함께, 동 예산안을 심의하여 보건총회에 제출한다.
(1977.2.3 본조개정)
제56조 보건총회는 기구와 국제연합간의 합의에 따를 것을 조건으로, 예산안을 검토하여 승인하고 보건총회가 결정하는 비율에 따라 회원국간에 경비를 할당한다.
제57조 보건총회 또는 이를 대리하는 이사회는 기구에 대하여 행하여지는 기부 및 유증을 수락하고 관리할 수 있다. 다만 이러한 기부 또는 유증에 부대된 조건은 보건총회 또는 이사회가 수락할 수 있어야 하고, 기구의 목적 및 정책에 합치하여야 한다.
제58조 이사회의 재량에 의하여 사용되는 특별자금은 긴급사태 및 불의의 사건에 대처하기 위하여 설치되어야 한다.

제13장 표 결

제59조 각 회원국은 보건총회에 있어서 1개의 투표권을 가진다.
제60조 (a) 중요 문제에 관한 보건총회의 결정은 출석하고 투표하는 회원국의 3분의 2의 다수로써 행한다. 이러한 문제는 협약 또는 협정의 채택, 제69조, 제70조 및 제72조에 따라 기구가 국제연합 및 정부간 기구와 관계를 갖는 협정의 승인 및 본 헌장의 개정을 포함한다.
(b) 3분의 2의 다수에 의하여 결정할 문제의 추가적인 분류를 결정하는 것을 포함하는 기타 문제에 관한 결정은 출석하고 투표하는 회원국의 과반수에 의하여 행한다.
(c) 이사회 및 본 기구의 위원회에 있어서 유사한 사항에 관한 표결은 본조 (a)항 및 (b)항에 따라 행한다.

제14장 국가가 제출하는 보고서

제61조 각 회원국은 자국민의 건강을 향상시키기 위하여 취한 조치 및 달성한 진보에 관하여 기구에 대해 매년 보고한다.
제62조 각 회원국은 본 기구가 자국에 대하여 행한 권고 및 조약, 협정과 규칙에 관하여 취한 조치를 매년 보고한다.
제63조 각 회원국은 동 국가에서 발표한 보건과 관련된 중요한 법률, 규칙, 공식 보고서 및 통계를 기구에 조속히 통고한다.
제64조 각 회원국은 보건총회가 결정한 방법에 따라 통계적 및 역학적 보고서를 제출한다.
제65조 각 회원국은 이사회의 요청이 있을 때에는 보건에 관하여 실제적인 추가정보를 전달한다.

제15장 법적 능력 및 특권과 면제

제66조 기구는 각 회원국의 영역 내에서 그 목적달성 및 임무수행을 위하여 필요한 법적 능력을 향유한다.
제67조 (a) 기구는 각 회원국의 영역 내에서 그 목적달성 및 임무수행을 위하여 필요한 특권 및 면제를 향유한다.
(b) 회원국의 대표, 이사회의 이사 및 기구의 기술 및 사무직원 또한 기구와 관계있는 임무를 독립적으로 수행하기 위하여 필요한 특권 및 면제를 향유한다.
제68조 이러한 법적 능력과 특권 및 면제는 기구가 국제연합의 사무총장과 협의하여 작성하고 회원국간에 체결되는 별도의 협정으로 규정한다.

제16장 다른 기구와의 관계

제69조 본 기구는 국제연합헌장 제57조에 의한 전문기구의 하나로서 국제연합과 관계를 갖는다. 본 기구와 국제연합간 관계를 창설하는 협정은 보건총회에서 3분의 2의 투표에 의하여 승인된다.
제70조 기구는 필요한 경우에 다른 정부간기구와 효과적인 관계를 확립하고 긴밀히 협조한다. 이러한 기구와 체결하는 정식협정은 보건총회에서 3분의 2의 투표에 의하여 승인된다.
제71조 기구는 그 권한 내의 사항에 관하여 비정부간국제기구 및 관련국 정부의 동의가 있는 경우에는 정부 또는 비정부국내기구와의 협의 및 협력을 위하여 적합한 약정을 체결할 수 있다.
제72조 기구는 보건총회의 3분의 2의 투표에 의한 승인을 조건으로, 그 목적 및 활동이 기구의 권한 분야 내에 있는 다른 국제기구로부터 임무, 자산 및 의무를 인수할 수 있다. 그러한 임무, 자산 및 의무는 국제협정 또는 각 기구의 권한있는 당국간에 체결된 상호간에 수락할 수 있는 약정에 인수될 수 있다.

제17장 개 정

제73조 사무국장은 보건총회에서 본 헌장에 대한 개정안을 검토하기 최소한 6개월 전에 이를 회원국에 통고한다. 개정은 보건총회에서 3분의 2의 투표에 의하여 채택되고 회원국의 3분의 2가 자국의 헌법상 절차에 따라 이를 수락하였을 때 모든 회원국에 대하여 효력을 발생한다.

제18장 해 석

제74조 본 헌장의 중국어, 영어, 불어, 노어 및 서반아어본은 동등히 정본이다.
제75조 협상 또는 보건총회에서 해결되지 아니한 본 헌장의 해석 또는 적용에 관한 일체의 문제 또는 분쟁은 국제사법재판소규정에 따라 동 재판소에 회부된다. 다만 관계당사자가 다른 해결방법에 합의하였을 경우에는 그러하지 아니하다.
제76조 기구는, 국제연합 총회의 허가 또는 본 기구와 국제연합간의 협정에 의한 허가에 의거하여, 그 권한 내에서 발생하는 법률문제에 관하여 국제사법재판소에 대하여 권고적 의견을 요청할 수 있다.
제77조 사무국장은 국제사법재판소에 대한 권고적 의견의 요청으로부터 발생하는 절차와 관련하여 본 기구에 대한 소송대리인이 될 수 있다. 사무국장은 문제에 관한 상이한 견해의 주장을 정리하는 것을 포함하여 동 재판소에 사안을 제기하기 위하여 필요한 준비를 한다.

제19장 효력발생

제78조 제3장의 규정에 따라 본 헌장은 서명 또는 수락을 위하여 모든 국가에 개방된다.
제79조 (a) 국가는 다음의 방법에 의하여 본 헌장의 당사국이 될 수 있다.
(i) 승인을 필요로 하는 유보를 붙이지 않은 서명
(ii) 승인을 조건으로 한 서명과 후속적인 수락, 또는
(iii) 수락
(b) 수락은 국제연합 사무총장에게 정식문서를 기탁함으로써 효력을 발생한다.
제80조 본 헌장은 26개 국제연합 회원국이 제79조의 규정에 따라 본 헌장의 당사국이 되었을 때 효력을 발생한다.
제81조 국제연합헌장 제102조에 따라서, 국제연합사무총장은 본 헌장이 승인을 필요로 하는 유보를 붙이지 않은 채로 일국을 위하여 서명되었거나 최초의 수락서가 기탁되었을 때에 본 헌장을 등록한다.
제82조 국제연합 사무총장은 본 헌장의 효력 발생일을 본 헌장의 당사국에 대해 통고한다. 사무총장은 또한 다른 국가가 본 헌장의 당사국이 된 일자를 본 헌장의 당사국에 대해 통고한다.

이상의 증거로서 그러한 목적을 위하여 정당한 위임을 받은 이하의 대표는 본 헌장에 서명하였다.
1946년 7월 22일 뉴욕에서 중국어, 영어, 불어, 노어 및 서반아어로써 단일본을 작성하였으며, 각 본문은 동등하게 정본이다. 원본은 국제연합의 문서보관소에 기탁한다. 국제연합 사무총장은 이 회의에 대표를 파견한 각 정부에 인증등본을 송부한다.

아동의 권리에 관한 협약

(1991년 12월 23일
조 약 제1072호)

1989.11.20(뉴욕에서 작성)
1991.12.20(대한민국에 대하여 발효 ; 협약 제9조제3항, 제21조가항, 제40조제2항나호(5)는 대한민국에 대하여 적용을 유보함)
2004. 6.15고시499호(협약 제43조제2항개정 ; 2002년 11월 18일자로 대한민국에 대하여 발효)
2008.11. 7조약1913호(제9조제3항 유보철회)
2017. 9. 5조약2361호(제21조가항 유보철회)

전 문

이 협약의 당사국은, 국제연합헌장에 선언된 원칙에 따라, 인류사회의 모든 구성원의 고유의 존엄성 및 평등하고 양도할 수 없는 권리를 인정하는 것이 세계의 자유·정의 및 평화의 기초가 됨을 고려하고, 국제연합체제하의 모든 국민들은 기본적인 인권과 인간의 존엄성 및 가치에 대한 신념을 헌장에서 재확인하였고, 확대된 자유속에서 사회진보와 생활수준의 향상을 촉진하기로 결의하였음에 유념하며, 국제연합이 세계인권선언과 국제인권규약에서 모든 사람은 인종, 피부색, 성별, 언어, 종교, 정치적 또는 기타의 의견, 민족적 또는 사회적 출신, 재산, 출생 또는 기타의 신분등 어떠한 종류 구분에 의한 차별없이 동 선언 및 규약에 규정된 모든 권리와 자유를 누릴 자격이 있음을 선언하고 동의하였음을 인정하고, 국제연합이 세계인권선언에서 아동기에는 특별한 보호와 원조를 받을 권리가 있다고 선언하였음을 상기하며, 사회의 기초집단이며 모든 구성원 특히 아동의 성장과 복지를 위한 자연적 환경으로서의 가족에게는 공동체안에서 그 책임을 충분히 감당할 수 있도록 필요한 보호와 원조가 부여되어야 함을 확신하며, 아동은 완전하고 조화로운 인격 발달을 위하여 가족적 환경과 행복, 사랑 및 이해의 분위기 속에서 성장하여야 함을 인정하고, 아동은 사회에서 한 개인으로서의 삶을 영위할 수 있도록 충분히 준비되어져야 하며, 국제연합헌장에 선언된 이상의 정신과 특히 평화·존엄·관용·자유·평등·연대의 정신 속에서 양육되어야 함을 고려하고, 아동에게 특별한 보호를 제공하여야 할 필요성은 1924년 아동권리에관한제네바선언과 1959년 11월 20일 총회에 의하여 채택된 아동권리선언에 명시되어 있으며, 세계인권선언, 시민적및정치적권리에관한국제규약(특히 제23조 및 제24조), 경제적·사회적및문화적권리에관한국제규약(특히 제10조) 및 아동의 복지와 관련된 전문기구와 국제기구의 규정 및 관련문서에서 인정되었음을 유념하고, 아동권리선언에 나타나 있는 바와 같이, "아동은 신체적·정신적 미성숙으로 인하여 출생전후를 막론하고 적절한 법적 보호를 포함한 특별한 보호와 배려를 필요로 한다"는 점에 유념하고, "국내적또는국제적양육위탁과 입양을별도로규정하는아동의보호와복지에관한사회적및법적원칙에관한선언"의 제규정, "소년법운영을위한국제연합최소표준규칙"(베이징규칙) 및 "비상시및무력충돌시부녀자와아동의보호에관한선언"을 상기하고, 세계 모든 국가에 예외적으로 어려운 여건하에 생활하고 있는 아동들이 있으며, 이 아동들은 특별한 배려를 필요로 함을 인정하고, 아동의 보호와 조화로운 발전을 위하여 각 민족의 전통과 문화적 가치의 중요성을 충분히 고려하고, 모든 국가, 특히 개발도상국가 아동의 생활여건을 향상시키기 위한 국제협력의 중요성을 인정하면서, 다음과 같이 협의하였다.

제1부

제1조 이 협약의 목적상, "아동"이라 함은 아동에게 적용되는 법에 의하여 보다 조기에 성인 연령에 달하지 아니하는 한 18세미만의 모든 사람을 말한다.

제2조 1. 당사국은 자국의 관할권 안에서 아동 또는 그의 부모나 후견인의 인종, 피부색, 성별, 언어, 종교, 정치적 또는 기타의 의견, 민족적, 인종적 또는 사회적 출신, 재산, 무능력, 출생 또는 기타의 신분에 관계없이 그리고 어떠한 종류의 차별을 함이 없이 이 협약에 규정된 권리를 존중하고, 각 아동에게 보장하여야 한다.

2. 당사국은 아동이 그의 부모나 후견인 또는 가족 구성원의 신분, 활동, 표명된 의견 또는 신념을 이유로 하는 모든 형태의 차별이나 처벌로부터 보호되도록 보장하는 모든 적절한 조치를 취하여야 한다.

제3조 1. 공공 또는 민간 사회복지기관, 법원, 행정당국, 또는 입법기관등에 의하여 실시되는 아동에 관한 모든 활동에 있어서 아동의 최선의 이익이 최우선적으로 고려되어야 한다.

2. 당사국은 아동의 부모, 후견인, 기타 아동에 대하여 법적 책임이 있는 자의 권리와 의무를 고려하여, 아동복지에 필요한 보호와 배려를 아동에게 보장하고, 이를 위하여 모든 적절한 입법적·행정적 조치를 취하여야 한다.

3. 당사국은 아동에 대한 배려와 보호에 책임있는 기관, 편의 및 시설이 관계당국이 설정한 기준, 특히 안전과 위생분야 그리고 직원의 수 및 적격성은 물론 충분한 감독면에서 기준에 따를 것을 보장하여야 한다.

제4조 당사국은 이 협약에서 인정된 권리를 실현하기 위하여 모든 적절한 입법적·행정적 및 여타의 조치를 취하여야 한다. 경제적·사회적 및 문화적 권리에 관하여 당사국은 가용자원의 최대한도까지 그리고 필요한 경우에는 국제협력의 테두리안에서 이러한 조치를 취하여야 한다.

제5조 아동이 이 협약에서 인정된 권리를 행사함에 있어서 당사국은 부모 또는 적용가능한 경우 현지 관습에 의하여 인정되는 확대가족이나 공동체의 구성원, 후견인 기타 아동에 대한 법적 책임자들이 아동의 능력발달에 상응하는 방법으로 적절한 감독과 지도를 행할 책임과 권리 및 의무를 가지고 있음을 존중하여야 한다.

제6조 1. 당사국은 모든 아동이 생명에 관한 고유의 권리를 가지고 있음을 인정한다.

2. 당사국은 가능한 한 최대한도로 아동의 생존과 발전을 보장하여야 한다.

제7조 1. 아동은 출생 후 즉시 등록되어야 하며, 출생시부터 성명권과 국적취득권을 가지며, 가능한 한 자신의 부모를 알고 부모에 의하여 양육받을 권리를 가진다.

2. 당사국은 이 분야의 국내법 및 관련국제문서상의 의무에 따라 이러한 권리가 실행되도록 보장하여야 하며, 권리가 실행되지 아니하여 아동이 무국적으로 되는 경우에는 특히 그러하다.

제8조 1. 당사국은 위법한 간섭을 받지 아니하고, 국적, 성명 및 가족관계를 포함하여 법률에 의하여 인정된 신분을 보존할 수 있는 아동의 권리를 존중한다.

2. 아동이 그의 신분요소 중 일부 또는 전부를 불법적으로 박탈당한 경우, 당사국은 그의 신분을 신속하게 회복하기 위하여 적절한 원조와 보호를 제공하여야 한다.

제9조 1. 당사국은 사법적 심사의 구속을 받는 관계당국이 적용가능한 법률 및 절차에 따라서 분리가 아동의 최상의 이익을 위하여 필요하다고 결정하는 경우외에는, 아동이 그의 의사에 반하여 부모로부터 분리되지 아니하도록 보장하여야 한다. 위의 결정은 부모에 의한 아동 학대 또는 유기의 경우나 부모의 별거로 인하여 아동의 거소에 관한 결정이 내려져야 하는 등 특별한 경우에 필요할 수 있다.

2. 제1항의 규정에 의한 어떠한 절차에서도 모든 이해당사자는 그 절차에 참가하여 자신의 견해를 표시할 기회가 부여되어야 한다.

3. 당사국은 아동의 최선의 이익에 반하는 경우 외에는, 부모의 일방 또는 쌍방으로부터 분리된 아동이 정기적으로 부모와 개인적 관계 및 직접적인 면접교섭을 유지할 권리를 가짐을 존중하여야 한다.

4. 그러한 분리가 부모의 일방이나 쌍방 또는 아동의 감금, 투옥, 망명, 강제퇴거 또는 사망(국가가 억류하고 있는 동안 어떠한 원인에 기인한 사망을 포함한다) 등과 같이 당사국에 의하여 취하여진 어떠한 조치의 결과인 경우에는, 당사국은 그 정보의 제공이 아동의 복지에 해롭지 아니하는 한, 요청이 있는 경우, 부모, 아동 또는 적절한 경우 다른 가족 구성원에게 부재중인 가족구성원의 소재에 관한 필수적인 정보를 제공하여야 한다. 또한 당사국은 그러한 요청의 제출이 그 자체로 관계인에게 불리한 결과를 초래하지 아니하도록 보장하여야 한다.

제10조 1. 제9조제1항에 규정된 당사국의 의무에 따라서, 가족의 재결합을 위하여 아동 또는 그 부모가 당사국에 입국하거나 출국하기 위한 신청은 당사국에 의하여 긍정적이며 인도적인 방법으로 그리고 신속하게 취급되어야 한다. 또한 당사국은 이러한 요청의 제출이 신청자와 그의 가족구성원들에게 불리한 결과를 수반하지 아니하도록 보장하여야 한다.

2. 부모가 타국에 거주하는 아동은 예외적 상황외에는 정기적으로 부모와 개인적 관계 및 직접적인 면접교섭을 유지할 권리를 가진다. 이러한 목적에 비추어 그리고 제9조제2항에 규정된 당사국의 의무에 따라서, 당사국은 아동과 그의 부모가 본국을 포함하여 어떠한 국가로부터 출국할 수 있고 또한 본국으로 입국할 수 있는 권리를 존중하여야 한다. 어떠한 국가로부터 출국할 수 있는 권리는 법률에 의하여 규정되고, 국가안보, 공공질서, 공중보건이나 도덕 또는 타인의 권리와 자유를 보호하기 위하여 필요하며 이 협약에서 인정된 그 밖의 권리에 부합되는 제한에 의하여만 구속된다.

제11조 1. 당사국은 아동의 불법 해외이송 및 미귀환을 퇴치하기 위한 조치를 취하여야 한다.

2. 이 목적을 위하여 당사국은 양자 또는 다자협정의 체결이나 기존 협정에의 가입을 촉진하여야 한다.

제12조 1. 당사국은 자신의 견해를 형성할 능력이 있는 아동에 대하여 본인에게 영향을 미치는 모든 문제에 있어서 자신의 견해를 자유스럽게 표시할 권리를 보장하며, 아동의 견해에 대하여는 아동의 연령과 성숙도에 따라 정당한 비중이 부여되어야 한다.

2. 이러한 목적을 위하여, 아동에게는 특히 아동에게 영향을 미치는 어떠한 사법적·행정적 절차에 있어서도 직접 또는 대표자나 적절한 기관을 통하여 진술할 기회가 국내법적 절차에 합치되는 방법으로 주어져야 한다.

제13조 1. 아동은 표현에 대한 자유권을 가진다. 이 권리는 구두, 필기 또는 인쇄, 예술의 형태 또는 아동이 선택하는 기타의 매체를 통하여 모든 종류의 정보와 사상을 국경에 관계없이 추구하고 접수하며 전달하는 자유를 포함한다.

2. 이 권리의 행사는 일정한 제한을 받을 수 있다. 다만 이 제한은 오직 법률에 의하여 규정되고 또한 다음 사항을 위하여 필요한 것이어야 한다.

가. 타인의 권리 또는 신망의 존중

나. 국가안보, 공공질서, 공중보건 또는 도덕의 보호

제14조 1. 당사국은 아동의 사상·양심 및 종교의 자유에 대한 권리를 존중하여야 한다.

2. 당사국은 아동이 권리를 행사함에 있어 부모 및 경우에 따라서는, 후견인이 아동의 능력발달에 부합하는 방식으로 그를 감독할 수 있는 권리와 의무를 존중하여야 한다.

3. 종교와 신념을 표현하는 자유는 오직 법률에 의하여 규정되고 공공의 안전, 질서, 보건이나 도덕 또는 타인의 기본권적 권리와 자유를 보호하기 위하여 필요한 경우에만 제한될 수 있다.

제15조 1. 당사국은 아동의 결사의 자유와 평화적 집회의 자유에 대한 권리를 인정한다.

2. 이 권리의 행사에 대하여는 법률에 따라 부과되고 국가안보 또는 공공의 안전, 공공질서, 공중보건이나 도덕의 보호 또는 타인의 권리와 자유의 보호를 위하여 민주사회에서 필요한 것외의 어떠한 제한도 과하여져서는 아니된다.

제16조 1. 어떠한 아동도 사생활, 가족, 가정 또는 통신에 대하여 자의적이거나 위법적인 간섭을 받지 아니하며 또한 명예나 신망에 대한 위법적인 공격을 받지 아니한다.

2. 아동은 이러한 간섭 또는 비난으로부터 법의 보호를 받을 권리를 가진다.

제17조 당사국은 대중매체가 수행하는 중요한 기능을 인정하며, 아동이 다양한 국내적 및 국제적 정보원으로부터의 정보와 자료, 특히 아동의 사회적·정신적·도덕적 복지와 신체적·정신적 건강의 향상을 목적으로 하는 정보와 자료에 대한 접근권을 가짐을 보장하여야 한다. 이 목적을 위하여 당사국은,

가. 대중매체가 아동에게 사회적·문화적으로 유익하고 제29조의 정신에 부합되는 정보와 자료를 보급하도록 장려하여야 한다.

나. 다양한 문화적·국내적 및 국제적 정보원으로부터의 정보와 자료를 제작·교환 및 보급하는 데 있어서의 국제협력을 장려하여야 한다.

다. 아동도서의 제작과 보급을 장려하여야 한다.

라. 대중매체로 하여금 소수집단에 속하거나 원주민인 아동의 언어상의 곤란에 특별한 관심을 기울이도록 장려하여야 한다.

마. 제13조와 제18조의 규정을 유념하며 아동 복지에 해로운 정보와 자료로부터 아동을 보호하기 위한 적절한 지침의 개발을 장려하여야 한다.

제18조 1. 당사국은 부모 쌍방이 아동의 양육과 발전에 공동책임을 진다는 원칙이 인정받을 수 있도록 최선의 노력을 기울여야 한다. 부모 또는 경우에 따라서 후견인은 아동의 양육과 발달에 일차적 책임을 진다. 아동의 최선의 이익이 그들의 기본적 관심이 된다.

2. 이 협약에 규정된 권리를 보장하고 촉진시키기 위하여, 당사국은 아동의 양육책임 이행에 있어서 부모와 후견인에게 적절한 지원을 제공하여야 하며, 아동 보호를 위한 기관·시설 및 편의의 개발을 보장하여야 한다.

3. 당사국은 취업부모의 아동들이 이용할 자격이 있는 아동보호를 위한 편의 및 시설로부터 이익을 향유할 수 있는 권리가 있음을 보장하기 위하여 모든 적절한 조치를 취하여야 한다.

제19조 1. 당사국은 아동이 부모·후견인 기타 아동양육자의 양육을 받고 있는 동안 모든 형태의 신체적·정신적 폭력, 상해나 학대, 유기나 유기적 대우, 성적 학대를 포함한 혹사나 착취로부터 아동을 보호하기 위하여 모든 적절한 입법적·행정적·사회적 및 교육적 조치를 취하여야 한다.

2. 이러한 보호조치는 아동 및 아동양육자에게 필요한 지원을 제공하기 위한 사회계획의 수립은 물론, 제1항에 규정된 바와 같은 아동학대 사례를 다른 형태로 방지하거나 확인·보고·조회·조사·처리 및 추적하고 또한 적절한 경우에는 사법적 개입을 가능하게 하는 효과적 절차를 적절히 포함하여야 한다.

제20조 1. 일시적 또는 항구적으로 가정환경을 박탈당하거나 가정환경에 있는 것이 스스로의 최선의 이익을 위하여 허용될 수 없는 아동은 국가로부터 특별한 보호와 원조를 부여받을 권리가 있다.

2. 당사국은 자국의 국내법에 따라 이러한 아동을 위한 보호의 대안을 확보하여야 한다.

3. 이러한 보호는 특히 양육위탁, 회교법의 카팔라, 입양, 또는 필요한 경우 적절한 아동 양육기관에 두는 것을 포함한다. 해결책을 모색하는 경우에는 아동 양육에 있어 계속성의 보장이 바람직하다는 점과 아동의 인종적·종교적·문화적 및 언어적 배경에 대하여 정당한 고려가 베풀어져야 한다.

제21조 입양제도를 인정하거나 허용하는 당사국은 아동의 최선의 이익이 최우선적으로 고려되도록 보장하여야 하며, 또한 당사국은

가. 아동의 입양은, 적용가능한 법률과 절차에 따라서 그리고 적절하고 신빙성 있는 모든 정보에 기초하여, 입양이 부모·친척 및 후견인에 대한 아동의 신분에 비추어 허용될 수 있음을, 그리고 요구되는 경우 관계자들이 필요한 협의에 의하여 입양에 대한 분별있는 승낙을 하였음을 결정하는 관계당국에 의하여만 허가되도록 보장하여야 한다.

나. 국제입양은, 아동이 위탁양육자나 입양가족에 두어질 수 없거나 또는 어떠한 적절한 방법으로도 출신국에서 양육되어질 수 없는 경우, 아동양육의 대체수단으로서 고려될 수 있음을 인정하여야 한다.

다. 국제입양에 관계되는 아동이 국내입양의 경우와 대등한 보호와 기준을 향유하도록 보장하여야 한다.

라. 국제입양에 있어서 양육지정이 관계자들에게 부당한 재정적 이익을 주는 결과가 되지 아니하도록 모든 적절한 조치를 취하여야 한다.

마. 적절한 경우에는 양자 또는 다자약정이나 협정을 체결함으로써 이 조의 목적을 촉진시키며, 이러한 테두리안에서 아동의 타국내 양육지정이 관계당국이나 기관에 의하여 실시되는 것을 확보하기 위하여 노력하여야 한다.

제22조 1. 당사국은 난민으로서의 지위를 구하거나 또는 적용가능한 국제법 및 국내법과 절차에 따라 난민으로 취급되는 아동이, 부모나 기타 다른 사람과의 동반 여부에 관계없이, 이 협약 및 당해 국가가 당사국인 다른 국제 인권 또는 인도주의 관련 문서에 규정된 적용가능한 권리를 향유함에 있어서 적절한 보호와 인도적 지원을 받을 수 있도록 하기 위하여 적절한 조치를 취하여야 한다.

2. 이 목적을 위하여, 당사국은 국제연합 및 국제연합과 협력하는 그밖의 권한 있는 정부간 또는 비정부간 기구들이 그러한 아동을 보호, 원조하고 가족재결합에 필요한 정보를 얻기 위하여 난민 아동의 부모나 다른 가족구성원을 추적하는 데 기울이는 모든 노력에 대하여도 적절하다고 판단되는 협조를 제공하여야 한다. 부모나 다른 가족구성원을 발견할 수 없는 경우, 그 아동은 어떠한 이유로 인하여 영구적 또는 일시적으로 가정환경을 박탈당한 다른 아동과 마찬가지로 이 협약에 규정된 바와 같은 보호를 부여받아야 한다.

제23조 1. 당사국은 정신적 또는 신체적 장애아동이 존엄성이 보장되고 자립이 촉진되며 적극적 사회참여가 조장되는 여건 속에서 충분히 품위있는 생활을 누려야 함을 인정한다.

2. 당사국은 장애아동의 특별한 보호를 받을 권리를 인정하며, 신청에 의하여 그리고 아동의 여건과 부모나 다른 아동양육자의 사정에 적합한 지원이, 활용가능한 재원의 범위안에서, 이를 받을만한 아동과 그의 양육 책임자에게 제공될 것을 장려하고 보장하여야 한다.

3. 장애아동의 특별한 어려움을 인식하며, 제2항에 따라 제공된 지원은 부모나 다른 아동양육자의 재산을 고려하여 가능한 한 무상으로 제공되어야 하며, 장애아동의 가능한 한 전면적인 사회참여와 문화적·정신적 발전을 포함한 개인적

발전의 달성에 이바지하는 방법으로 그 아동이 교육, 훈련, 건강관리지원, 재활지원, 취업준비 및 오락기회를 효과적으로 이용하고 제공받을 수 있도록 계획되어야 한다.
4. 당사국은 국제협력의 정신에 입각하여, 그리고 당해 분야에서의 능력과 기술을 향상시키고 경험을 확대하기 위하여 재활, 교육 및 직업보도 방법에 관한 정보의 보급 및 이용을 포함하여, 예방의학분야 및 장애아동에 대한 의학적·심리적·기능적 처치분야에 있어서의 적절한 정보의 교환을 촉진하여야 한다. 이 문제에 있어서 개발도상국의 필요에 대하여 특별한 고려가 베풀어져야 한다.
제24조 1. 당사국은 도달가능한 최상의 건강수준을 향유하고, 질병의 치료와 건강의 회복을 위한 시설을 사용할 수 있는 아동의 권리를 인정한다. 당사국은 건강관리지원의 이용에 관한 아동의 권리가 박탈되지 아니하도록 노력하여야 한다.
2. 당사국은 이 권리의 완전한 이행을 추구하여야 하며, 특히 다음과 같은 적절한 조치를 취하여야 한다.
가. 유아와 아동의 사망율을 감소시키기 위한 조치
나. 기초건강관리의 발전에 중점을 두면서 모든 아동에게 필요한 의료지원과 건강관리의 제공을 보장하는 조치
다. 환경오염의 위험과 손해를 감안하면서, 기초건강관리 체계 안에서 무엇보다도 쉽게 이용가능한 기술의 적용과 충분한 영양식 및 깨끗한 음료수의 제공 등을 통하여 질병과 영양실조를 퇴치하기 위한 조치
라. 산모를 위하여 출산 전후의 적절한 건강관리를 보장하는 조치
마. 모든 사회구성원, 특히 부모와 아동은 아동의 건강과 영양, 모유·수유의 이익, 위생 및 환경정화 그리고 사고예방에 관한 기초지식의 활용에 있어서 정보를 제공받고 교육을 받으며 지원을 받을 것을 확보하는 조치
바. 예방적 건강관리, 부모를 위한 지도 및 가족계획에 관한 교육과 편의를 발전시키는 조치
3. 당사국은 아동의 건강을 해치는 전통관습을 폐지하기 위하여 모든 효과적이고 적절한 조치를 취하여야 한다.
4. 당사국은 이 조에서 인정된 권리의 완전한 실현을 점진적으로 달성하기 위하여 국제협력을 촉진하고 장려하여야 한다. 이 문제에 있어서 개발도상국의 필요에 대하여 특별한 고려가 베풀어져야 한다.
제25조 당사국은 신체적·정신적 건강의 관리, 보호 또는 치료의 목적으로 관계당국에 의하여 양육지정 조치된 아동이, 제공되는 치료 및 양육지정과 관련된 그밖의 모든 사정을 정기적으로 심사받을 권리를 가짐을 인정한다.
제26조 1. 당사국은 모든 아동이 사회보험을 포함한 사회보장제도의 혜택을 받을 권리를 가짐을 인정하며, 자국의 국내법에 따라 이 권리의 완전한 실현을 달성하기 위하여 필요한 조치를 취하여야 한다.
2. 이러한 혜택은 아동 및 아동에 대한 부양책임자의 자력과 주변사정은 물론 아동에 의하여 직접 행하여지거나 또는 아동을 대신하여 행하여지는 혜택의 신청과 관련된 그밖의 사정을 참작하여 적절한 경우에 부여되어야 한다.
제27조 1. 당사국은 모든 아동이 신체적·지적·정신적·도덕적 및 사회적 발달에 적합한 생활수준을 누릴 권리를 가짐을 인정한다.
2. 부모 또는 기타 아동에 대하여 책임이 있는 자는 능력과 재산의 범위안에서 아동 발달에 필요한 생활여건을 확보할 일차적 책임을 진다.
3. 당사국은 국내여건과 재정의 범위안에서 부모 또는 기타 아동에 대하여 책임있는 자가 이 권리를 실현하는 것을 지원하기 위한 적절한 조치를 취하여야 하며, 필요한 경우에는 특히 영양, 의복 및 주거에 대하여 물질적 보조 및 지원계획을 제공하여야 한다.
4. 당사국은 국내외에 거주하는 부모 또는 기타 아동에 대하여 재정적으로 책임있는 자로부터 아동양육비의 회부를 확보하기 위한 모든 적절한 조치를 취하여야 한다. 특히 아동에 대하여 재정적으로 책임있는 자가 아동이 거주하는 국가와 다른 국가에 거주하는 경우, 당사국은 국제협약의 가입이나 그러한 협약의 체결은 물론 다른 적절한 조치의 강구를 촉진하여야 한다.
제28조 1. 당사국은 아동의 교육에 대한 권리를 인정하며, 점진적으로 그리고 기회균등의 기초 위에서 이 권리를 달성하기 위하여 특히 다음의 조치를 취하여야 한다.
가. 초등교육은 의무적이며, 모든 사람에게 무료로 제공되어야 한다.
나. 일반교육 및 직업교육을 포함한 여러 형태의 중등교육의 발전을 장려하고, 이에 대한 모든 아동의 이용 및 접근이 가능하도록 하며, 무료교육의 도입 및 필요한 경우 재정적 지원을 제공하는 등의 적절한 조치를 취하여야 한다.
다. 고등교육의 기회가 모든 사람에게 능력에 입각하여 개방될 수 있도록 모든 적절한 조치를 취하여야 한다.
라. 교육 및 직업에 관한 정보와 지도를 모든 아동이 이용하고 접근할 수 있도록 조치하여야 한다.
마. 학교에의 정기적 출석과 탈락율 감소를 장려하기 위한 조치를 취하여야 한다.
2. 당사국은 학교 규율이 아동의 인간적 존엄성과 합치하고 이 협약에 부합하도록 운영되는 것을 보장하기 위한 모든 적절한 조치를 취하여야 한다.
3. 당사국은, 특히 전세계의 무지와 문맹의 퇴치에 이바지하고, 과학적·기술적 지식과 현대적 교육방법에의 접근을 쉽게 하기 위하여, 교육에 관련되는 사항에 있어서 국제협력을 촉진하고 장려하여야 한다. 이 문제에 있어서 개발도상국의 필요에 대하여 특별한 고려가 베풀어져야 한다.
제29조 1. 당사국은 아동교육이 다음의 목표를 지향하여야 한다는 데 동의한다.
가. 아동의 인격, 재능 및 정신적·신체적 능력의 최대한의 계발
나. 인권과 기본적 자유 및 국제연합헌장에 규정된 원칙에 대한 존중의 진전
다. 자신의 부모, 문화적 주체성, 언어 및 가치 그리고 현거주국과 출신국의 국가적 가치 및 이질문명에 대한 존중의 진전
라. 아동이 인종적·민족적·종교적 집단 및 원주민 등 모든 사람과의 관계에 있어서 이해, 평화, 관용, 성(性)의 평등 및 우정의 정신에 입각하여 자유사회에서 책임있는 삶을 영위하도록 하는 준비
마. 자연환경에 대한 존중의 진전
2. 이 조 또는 제28조의 어떠한 부분도 개인 및 단체가, 언제나 제1항에 규정된 원칙들을 준수하고 당해교육기관에서 실시되는 교육이 국가에 의하여 설정된 최소한의 기준에 부합하여야 한다는 조건하에, 교육기관을 설립하여 운영할 수 있는 자유를 침해하는 것으로 해석되어서는 아니된다.
제30조 인종적·종교적 또는 언어적 소수자나 원주민이 존재하는 국가에서 이러한 소수자에 속하거나 원주민인 아동은 자신이 집단의 다른 구성원과 함께 고유문화를 향유하고, 고유의 종교를 신앙하고 실천하며, 고유의 언어를 사용할 권리를 부인당하지 아니한다.
제31조 1. 당사국은 휴식과 여가를 즐기고, 자신의 연령에 적합한 놀이와 오락활동에 참여하며, 문화생활과 예술에 자유롭게 참여할 수 있는 아동의 권리를 인정한다.
2. 당사국은 문화적·예술적 생활에 완전하게 참여할 수 있는 아동의 권리를 존중하고 촉진하며, 문화, 예술, 오락 및 여가활동을 위한 적절하고 균등한 기회의 제공을 장려하여야 한다.
제32조 1. 당사국은 경제적 착취 및 위험하거나, 아동의 교육에 방해되거나, 아동의 건강이나 신체적·지적·정신적·도덕적 또는 사회적 발전에 유해한 여하한 노동의 수행으로부터 보호받을 아동의 권리를 인정한다.
2. 당사국은 이 조의 이행을 보장하기 위한 입법적·행정적·사회적 및 교육적 조치를 강구하여야 한다. 이 목적을 위하여 그리고 그밖의 국제문서의 관련 규정을 고려하여 당사국은 특히 다음의 조치를 취하여야 한다.
가. 단일 또는 복수의 최저 고용연령의 규정
나. 고용시간 및 조건에 관한 적절한 규정의 마련
다. 이 조의 효과적인 실시를 확보하기 위한 적절한 처벌 또는 기타 제재수단의 규정
제33조 당사국은 관련 국제조약에서 규정하고 있는 마약과 향정신성 물질의 불법적 사용으로부터 아동을 보호하고 이러한 물질의 불법적 생산과 거래에 아동이 이용되는 것을 방지하기 위하여 입법적·행정적·사회적·교육적 조치를 포함한 모든 적절한 조치를 취하여야 한다.
제34조 당사국은 모든 형태의 성적 착취와 성적 학대로부터 아동을 보호할 의무를 진다. 이 목적을 달성하기 위하여 당사국은 특히 다음의 사항을 방지하기 위한 모든 적절한 국내적·양국간·다국간 조치를 취하여야 한다.
가. 아동을 모든 위법한 성적 활동에 종사하도록 유인하거나 강제하는 행위
나. 아동을 매음이나 기타 위법한 성적 활동에 착취적으로 이용하는 행위
다. 아동을 외설스러운 공연 및 자료에 착취적으로 이용하는 행위
제35조 당사국은 모든 목적과 형태의 아동의 약취유인이나 매매 또는 거래를 방지하기 위한 모든 적절한 국내적, 양국간, 다국간 조치를 취하여야 한다.
제36조 당사국은 아동복지의 어떠한 측면에 대하여라도 해로운 기타 모든 형태의 착취로부터 아동을 보호하여야 한다.
제37조 당사국은 다음의 사항을 보장하여야 한다.
가. 어떠한 아동도 고문 또는 기타 잔혹하거나 비인간적이거나 굴욕적인 대우나 처벌을 받지 아니한다. 사형 또는 석방의 가능성이 없는 종신형은 18세미만의 사람이 범한 범죄에 대하여 과하여져서는 아니된다.
나. 어떠한 아동도 위법적 또는 자의적으로 자유를 박탈당하지 아니한다. 아동의 체포, 억류 또는 구금은 법률에 따라 행하여져야 하며, 오직 최후의 수단으로서 또한 적절한 최단기간 동안만 사용되어야 한다.
다. 자유를 박탈당한 모든 아동은 인도주의와 인간 고유의 존엄성에 대한 존중에 입각하여 그리고 그들의 연령상의 필요를 고려하여 처우되어야 한다. 특히 자유를 박탈당한 모든 아동은, 성인으로부터 격리되지 아니하는 것이 아동의 최선의 이익에 합치된다고 생각되는 경우를 제외하고는 성인으로부터 격리되어야 하며, 예외적인 경우를 제외하고는 서신과 방문을 통하여 자기 가족과의 접촉을 유지할 권리를 가진다.
라. 자유를 박탈당한 모든 아동은 법률적 및 기타 적절한 구조에 신속하게 접근할 권리를 가짐은 물론 법원이나 기타 권한있고 독립적이며 공정한 당국 앞에서 자신에 대한 자유박탈의 합법성에 이의를 제기하고 이러한 소송에 대하여 신속한 결정을 받을 권리를 가진다.
제38조 1. 당사국은 아동과 관련이 있는 무력분쟁에 있어서, 당사국에 적용가능한 국제인도법의 규칙을 존중하고 동 존중을 보장할 의무를 진다.
2. 당사국은 15세에 달하지 아니한 자가 적대행위에 직접 참여하지 아니할 것을 보장하기 위하여 실행가능한 모든 조치를 취하여야 한다.
3. 당사국은 15세에 달하지 아니한 자의 징병을 삼가야 한다. 15세에 달하였으나 18세에 달하지 아니한 자 중에서 징병하는 경우, 당사국은 최연장자에게 우선순위를 두도록 노력하여야 한다.
4. 무력분쟁에 있어서 민간인 보호를 위한 국제인도법상의 의무에 따라서, 당사국은 무력분쟁의 영향을 받는 아동의 보호 및 배려를 확보하기 위하여 실행가능한 모든 조치를 취하여야 한다.
제39조 당사국은 모든 형태의 유기, 착취, 학대, 또는 고문이나 기타 모든 형태의 잔혹하거나 비인간적이거나 굴욕적인 대우나 처벌, 또는 무력분쟁으로 인하여 희생이 된 아동의 신체적·심리적 회복 및 사회복귀를 촉진시키기 위한 모든 적절한 조치를 취하여야 한다.
제40조 1. 당사국은 형사피의자나 형사피고인 또는 유죄로 인정받은 모든 아동에 대하여, 아동의 연령 그리고 아동의 사회복귀 및 사회에서의 건설적 역할 담당을 촉진하는 것이 바람직스럽다는 점을 고려하고, 인권과 타인의 기본적 자유에 대한 아동의 존중심을 강화시키며, 존엄과 가치에 대한 아동의 자각을 촉진시키는 데 부합하도록 처우받을 권리를 가짐을 인정한다.
2. 이 목적을 위하여 그리고 국제문서의 관련규정을 고려하며, 당사국은 특히 다음 사항을 보장하여야 한다.
가. 모든 아동은 행위시의 국내법 또는 국제법에 의하여 금지되지 아니한 작위 또는 부작위를 이유로 하여 형사피의자가 되거나 형사기소되거나 유죄로 인정받지 아니한다.
나. 형사피의자 또는 형사피고인인 모든 아동은 최소한 다음 사항을 보장받는다.
(1) 법률에 따라 유죄가 입증될 때까지는 무죄로 추정받는다.
(2) 피의사실을 신속하게 그리고 직접 또는, 적절한 경우, 부모나 후견인을 통하여 통지받으며, 변론의 준비 및 제출시 법률적 또는 기타 적절한 지원을 받는다.
(3) 권한있고 독립적이며 공평한 기관 또는 사법기관에 의하여 법률적 또는 기타 적당한 지원하에 법률에 따른 공정한 심리를 받아 지체없이 사건이 판결되어야 하며, 아동의 최선의 이익에 반한다고 판단되지 아니하는 경우, 특히 그의 연령이나 주변환경, 부모 또는 후견인등을 고려하여야 한다.
(4) 증언이나 유죄의 자백을 강요당하지 아니하며, 자신에게 불리한 증인을 신문하거나 또는 신문받도록 하며, 대등한 조건하에 자신을 위한 증인의 출석과 신문을 확보한다.
(5) 형법위반으로 간주되는 경우, 그 판결 및 그에 따라 부과된 여하한 조치는 법률에 따라 권한있고 독립적이며 공정한 상급당국이나 사법기관에 의하여 심사되어야 한다.
(6) 아동이 사용되는 언어를 이해하지 못하거나 말하지 못하는 경우, 무료로 통역원의 지원을 받는다.
(7) 사법절차의 모든 단계에서 아동의 사생활은 충분히 존중되어야 한다.
3. 당사국은 형사피의자, 형사피고인 또는 유죄로 인정받은 아동에게 특별히 적용될 수 있는 법률, 절차, 기관 및 기구의 설립을 촉진하도록 노력하며, 특히 다음 사항에 노력하여야 한다.
가. 형법위반능력이 없다고 추정되는 최저 연령의 설정
나. 적절하고 바람직스러운 경우, 인권과 법적 보장이 완전히 존중된다는 조건하에 이러한 아동을 사법절차에 의하지 아니하고 다루기 위한 조치
4. 아동이 그들의 복지에 적절하고 그들의 여건 및 범행에 비례하여 취급될 것을 보장하기 위하여 보호, 지도 및 감독명령, 상담, 보호관찰, 보호양육, 교육과 직업훈련계획 및 제도적 보호에 대한 그밖의 대체방안등 여러가지 처분이 이용가능하여야 한다.
제41조 이 협약의 규정은 다음 사항에 포함되어 있는 아동권리의 실현에 보다 공헌할 수 있는 어떠한 규정에도 영향을 미치지 아니한다.
가. 당사국의 법
나. 당사국에 대하여 효력을 가지는 국제법

제2부

제42조 당사국은 이 협약의 원칙과 규정을 적절하고 적극적인 수단을 통하여 성인과 아동 모두에게 널리 알릴 의무를 진다.
제43조 1. 이 협약상의 의무이행을 달성함에 있어서 당사국이 이룩한 진전상황을 심사하기 위하여 이하에 규정된 기능을 수행하는 아동권리위원회를 설립한다.
2. 위원회는 고매한 인격을 가지고 이 협약이 대상으로 하는 분야에서 능력이 인정된 10명의 전문가로 구성된다. 위원회의 위원은 형평한 지리적 배분과 주요 법체계를 고려하여 당사국의 국민중에서 선출되며, 개인적 자격으로 임무를 수행한다.
3. 위원회의 위원은 당사국에 의하여 지명된 자의 명단중에서 비밀투표에 의하여 선출된다. 각 당사국은 자국민중에서 1인을 지명할 수 있다.
4. 위원회의 최초의 선거는 이 협약의 발효일부터 6월이내에 실시되며, 그 이후는 매 2년마다 실시된다. 각 선거일의 최소 4월이전에 국제연합사무총장은 당사국에 대하여 2월이내에 후보자 지명을 제출하라는 서한을 발송하여야 한다. 사무총장은 지명한 당사국의 표시와 함께 알파벳순으로 지명된 후보들의 명단을 작성하여, 이를 이 협약의 당사국에게 제시하여야 한다.
5. 선거는 국제연합 본부에서 사무총장에 의하여 소집된 당사국 회의에서 실시된다. 이 회의는 당사국의 3분의 2를 의사정족수로 하고, 출석하고 투표한 당사국 대표의 최대다수표 및 절대다수표를 얻는 자가 위원으로 선출된다.
6. 위원회의 위원은 4년 임기로 선출된다. 위원은 재지명된 경우에는 재선될 수 있다. 최초의 선거에서 선출된 위원 중 5인의 임기는 2년후에 종료된다. 이들 5인 위원의 명단은 최초선거후 즉시 동 회의의 의장에 의하여 추첨으로 선정된다.
7. 위원회 위원이 사망, 사퇴 또는 본인이 어떠한 이유로 인하여 위원회의 임무를 더 이상 수행할 수 없다고 선언하는 경우, 그 위원을 지명한 당사국은 위원회의 승인을 조건으로 자국민중에서 잔여 임기를 수행할 다른 전문가를 임명한다.
8. 위원회는 자체의 절차규정을 제정한다.
9. 위원회는 2년 임기의 임원을 선출한다.
10. 위원회의 회의는 통상 국제연합 본부나 위원회가 결정하는 그밖의 편리한 장소에서 개최된다. 위원회는 통상 매년 회의를 한다. 위원회의 회의기간은 필요한 경우 총회의 승인을 조건으로 이 협약 당사국 회의에 의하여 결정되고 재검토된다.
11. 국제연합 사무총장은 이 협약에 의하여 설립된 위원회의 효과적인 기능수행을 위하여 필요한 직원과 편의를 제공한다.
12. 이 협약에 의하여 설립된 위원회의 위원은 총회의 승인을 얻고 총회가 결정하는 기간과 조건에 따라 국제연합의 재원으로부터 보수를 받는다.
제44조 1. 당사국은 이 협약에서 인정된 권리를 실행하기 위하여 그들이 채택한 조치와 동 권리의 향유와 관련하여 이룩한 진전상황에 관한 보고서를 다음과 같이 국제연합 사무총장을 통하여 위원회에 제출한다.
가. 관계 당사국에 대하여 이 협약이 발효한 후 2년이내
나. 그 후 5년마다
2. 이 조에 따라 제출되는 보고서는 이 협약상 의무의 이행정도에 영향을 미치는 요소와 장애가 있을 경우 이를 적

시하여야 한다. 보고서는 또한 관계국에서의 협약이행에 관한 포괄적인 이해를 위원회에 제공하기 위한 충분한 정보를 포함하여야 한다.
3. 위원회에 포괄적인 최초의 보고서를 제출한 당사국은, 제1항 나호에 의하여 제출하는 후속보고서에 이미 제출된 기초적 정보를 반복할 필요는 없다.
4. 위원회는 당사국으로부터 이 협약의 이행과 관련이 있는 추가정보를 요청할 수 있다.
5. 위원회는 위원회의 활동에 관한 보고서를 2년마다 경제사회이사회를 통하여 총회에 제출한다.
6. 당사국은 자국의 활동에 관한 보고서를 자국내 일반에게 널리 활용가능하도록 하여야 한다.
제45조 이 협약의 효과적인 이행을 촉진하고 이 협약이 대상으로 하는 분야에서의 국제협력을 장려하기 위하여
가. 전문기구, 국제연합아동기금 및 국제연합의 그밖의 기관은 이 협약 중 그들의 권한 범위안에 속하는 규정의 이행에 관한 논의에 대표를 파견할 권리를 가진다. 위원회는 전문기구, 국제연합아동기금 및 위원회가 적절하다고 판단하는 그밖의 권한있는 기구에 대하여 각 기구의 권한 범위에 속하는 분야에 있어서 이 협약의 이행에 관한 전문적인 자문을 제공하여 줄 것을 요청할 수 있다. 위원회는 전문기구, 국제연합아동기금 및 국제연합의 그밖의 기관에게 그들의 활동범위에 속하는 분야에서의 이 협약의 이행에 관한 보고서를 제출할 것을 요청할 수 있다.
나. 위원회는 적절하다고 판단되는 경우 기술적 자문이나 지원을 요청하거나 그 필요성을 지적하고 있는 당사국의 모든 보고서를 그러한 요청이나 지적에 대한 위원회의 의견이나 제안이 있으면 동 의견이나 제안과 함께 전문기구, 국제연합아동기금 및 그밖의 권한있는 기구에 전달하여야 한다.
다. 위원회는 사무총장이 위원회를 대신하여 아동권리와 관련이 있는 특정 문제를 조사하도록 요청할 것을 총회에 대하여 권고할 수 있다.
라. 위원회는 이 협약 제44조 및 제45조에 의하여 접수한 정보에 기초하여 제안과 일반적 권고를 할 수 있다. 이러한 제안과 일반적 권고는 당사국의 논평이 있으면 그 논평과 함께 모든 관계 당사국에 전달되고 총회에 보고되어야 한다.

제3부

제46조 이 협약은 모든 국가에 의한 서명을 위하여 개방된다.
제47조 이 협약은 비준되어야 한다. 비준서는 국제연합 사무총장에게 기탁되어야 한다.
제48조 이 협약은 모든 국가에 의한 가입을 위하여 개방된다. 가입서는 국제연합 사무총장에게 기탁되어야 한다.
제49조 1. 이 협약은 20번째의 비준서 또는 가입서가 국제연합 사무총장에게 기탁되는 날부터 30일째 되는 날 발효한다.
2. 20번째의 비준서 또는 가입서의 기탁 이후에 이 협약을 비준하거나 가입하는 각 국가에 대하여, 이 협약은 그 국가의 비준서 또는 가입서 기탁 후 30일째 되는 날 발효한다.
제50조 1. 모든 당사국은 개정안을 제안하고 이를 국제연합 사무총장에게 제출할 수 있다. 동 제출에 의하여 사무총장은 당사국에게 동 제안을 심의하고 표결에 붙이기 위한 당사국회의 개최에 대한 찬성 여부에 관한 의견을 표시하여 줄 것을 요청하는 것과 함께 개정안을 당사국에게 송부하여야 한다. 이러한 통보일부터 4월이내에 당사국중 최소 3분의 1이 회의 개최에 찬성하는 경우 사무총장은 국제연합 주관하에 동 회의를 소집하여야 한다. 동 회의에 출석하고 표결한 당사국의 과반수에 의하여 채택된 개정안은 그 승인을 위하여 국제연합 총회에 제출된다.
2. 제1항에 따라서 채택된 개정안은 국제연합 총회에 의하여 승인되고, 당사국의 3분의 2이상의 다수가 수락하는 때에 발효한다.
3. 개정안은 발효한 때에 이를 수락한 당사국을 구속하며, 그밖의 당사국은 계속하여 이 협약의 규정 및 이미 수락한 그 이전의 모든 개정에 구속된다.
제51조 1. 국제연합 사무총장은 비준 또는 가입시 각국이 행한 유보문을 접수하고 모든 국가에게 이를 배포하여야 한다.
2. 이 협약의 대상 및 목적과 양립할 수 없는 유보는 허용되지 아니한다.
3. 유보는 국제연합 사무총장에게 발송된 통고를 통하여 언제든지 철회될 수 있으며, 사무총장은 이를 모든 국가에게 통보하여야 한다. 그러한 통고는 사무총장에게 접수된 날부터 발효한다.
제52조 당사국은 국제연합 사무총장에 대한 서면통고를 통하여 이 협약을 폐기할 수 있다. 폐기는 사무총장이 통고를 접수한 날부터 1년 후에 발효한다.
제53조 국제연합 사무총장은 이 협약의 수탁자로 지명된다.
제54조 아랍어 · 중국어 · 영어 · 불어 · 러시아어 및 서반아어본이 동등하게 정본인 이 협약의 원본은 국제연합 사무총장에게 기탁된다.

이상의 증거로 아래의 서명 전권대표들은 각국 정부에 의하여 정당하게 권한을 위임받아 이 협약에 서명하였다.

고문 및 그 밖의 잔혹한 · 비인도적인 또는 굴욕적인 대우나 처벌의 방지에 관한 협약

(1995년 2월 8일
조 약 제1272호)

1984.12.10(뉴욕에서 작성)
1995. 2. 8(대한민국에 대하여 발효)
2008. 1. 3조약1878호(협약 제21조 및 제22조 ; 2007.11.9 수락선언 및 발효)

이 협약의 당사국은, 국제연합헌장에 천명된 원칙에 따라, 인류사회의 모든 구성원이 향유하는 평등하며 불가양한 권리를 인정하는 데서 세계의 자유 · 정의 및 평화의 기초가 이룩됨을 고려하고, 이러한 권리는 인간의 고유한 존엄성으로부터 유래함을 인정하며, 국제연합헌장 특히 제55조에 따라 인권 및 기본적 자유를 보편적으로 존중하고 이의 준수를 촉진하여야 하는 국가의 의무를 고려하고, 어느 누구도 고문 및 잔혹한 · 비인도적인 또는 굴욕적인 대우나 처벌의 대상이 되어서는 아니된다고 규정한 세계인권선언 제5조와 시민적및정치적권리에관한국제규약 제7조에 유의하며, 1975년 12월 9일 국제연합총회에서 채택된 고문및그밖의잔혹한 · 비인도적인또는굴욕적인대우나처벌로부터만인의보호에관한선언에 유의하고, 세계적으로 고문 및 그 밖의 잔혹한 · 비인도적인 또는 굴욕적인 대우나 처벌을 방지하기 위한 투쟁이 더욱 실효적이기를 희망하여, 다음과 같이 합의하였다.

제1장

제1조 1. 이 협약의 목적상 "고문"이라 함은 공무원이나 그 밖의 공무수행자가 직접 또는 이러한 자의 교사 · 동의 · 묵인 아래, 어떤 개인이나 제3자로부터 정보나 자백을 얻어내기 위한 목적으로, 개인이나 제3자가 실행하였거나 실행한 혐의가 있는 행위에 대하여 처벌을 하기 위한 목적으로, 개인이나 제3자를 협박 · 강요할 목적으로, 또는 모든 종류의 차별에 기초한 이유로, 개인에게 고의로 극심한 신체적 · 정신적 고통을 가하는 행위를 말한다. 다만, 합법적 제재조치로부터 초래되거나, 이에 내재하거나 이에 부수되는 고통은 고문에 포함되지 아니한다.
2. 이 조는 더 광범위하게 적용되는 규정을 포함하고 있거나 포함하게 될 국제문서나 국내입법을 해하지 아니한다.
제2조 1. 당사국은 자기나라 관할하의 영토내에서 고문행위를 방지하기 위하여 실효적인 입법 · 행정 · 사법 또는 그 밖의 조치를 취한다.
2. 전쟁상태, 전쟁의 위협, 국내의 정치불안정 또는 그 밖의 사회적 긴급상황 등 어떠한 예외적인 상황도 고문을 정당화하기 위하여 원용될 수 없다.
3. 상관 또는 당국의 명령은 고문을 정당화하기 위하여 원용될 수 없다.
제3조 1. 어떠한 당사국도 고문받을 위험이 있다고 믿을 만한 상당한 근거가 있는 다른 나라로 개인을 추방 · 송환 또는 인도하여서는 아니된다.
2. 위와 같이 믿을만한 근거가 있는지 여부를 결정하기 위하여, 권한있는 당국은 가능한 경우 관련국가에서 현저하며 극악한 또는 대규모 인권침해 사례가 꾸준하게 존재하여 왔는지 여부를 포함하여 모든 관련사항을 고려한다.
제4조 1. 당사국은 모든 고문행위가 자기나라의 형법에 따라 범죄가 되도록 보장하며, 고문 미수, 고문 공모 또는 가담에 해당하는 행위도 마찬가지로 다룬다.
2. 당사국은 이러한 범죄가 그 심각성이 고려된 적절한 형벌로 처벌될 수 있도록 한다.
제5조 1. 당사국은 다음의 경우에 제4조에 규정된 범죄에 대한 관할권을 확립하기 위하여 필요한 조치를 취한다.
가. 범죄가 자기나라 관할하의 영토내에서 또는 자기나라에 등록된 선박이나 항공기에서 실행된 경우
나. 범죄혐의자가 자기나라의 국민인 경우
다. 피해자가 자기나라의 국민이며 자기나라의 관할권 행사가 적절하다고 인정하는 경우
2. 당사국은 범죄혐의자가 자기나라 관할하의 영토내에 소재하나 이러한 범죄혐의자를 제1항에 규정된 어느 국가에도 제8조에 따라 인도하지 아니하는 경우에는 위와 마찬가지로 이러한 범죄에 대한 관할권을 확립하기 위하여 필요한 조치를 취한다.
3. 이 협약은 국내법에 따라 행사되는 어떠한 형사관할권도 배제하지 아니한다.
제6조 1. 당사국은 제4조에 규정된 범죄를 실행한 것으로 추정되는 혐의자가 자기나라 영토 안에 소재하는 경우에, 입수된 정보를 검토한 후 상황에 비추어 정당하다고 판단하게 되면, 즉시 범죄혐의자를 구금하거나 또는 그의 신병을 확보하기 위한 그 밖의 법적 조치를 취한다. 구금 또는 그 밖의 법적 조치는 당사국의 법에 따르나, 형사절차나 범죄인 인도 절차를 개시하는 데 필요한 기간만 지속될 수 있다.
2. 위의 조치를 취한 국가는 즉시 예비 사실조사를 실시한다.
3. 제1항에 따라 구금된 개인은 가장 인근에 소재하는 국적국의 적절한 대표, 무국적자인 경우에는 자신이 상주하고 있는 국가의 대표와 즉각적으로 연락을 취할 수 있도록 지원을 받는다.
4. 어느 국가가 이 조에 따라 개인을 구금하는 경우, 제5조제1항에 규정된 국가에 그 개인의 구금사실 및 구금을 정당화하는 상황을 즉시 통고한다. 제2항에 규정된 예비조사를 실시하는 국가는 조사결과를 제5조제1항에 규정된 국가에 신속히 통보하며, 관할권을 행사할 의도가 있는지 여부를 알린다.
제7조 1. 당사국은 제4조에 규정된 범죄를 실행한 것으로 추정되는 혐의자가 자기나라 영토 안에 소재하나, 제5조에 규정된 사건과 관련 이러한 범죄혐의자를 인도하지 아니하는 경우에는, 기소를 위하여 사건을 권한있는 당국에 회부한다.
2. 이러한 당국은 자기나라 법에 따라 통상적인 중범죄의 경우와 같은 방식으로 결정을 내린다. 제5조제2항에 해당하는 경우, 기소 및 유죄판결에 필요한 증거의 수준은 제5조제1항에 해당되는 경우에 적용되는 증거의 수준만큼 엄격하여야 된다.
3. 제4조에 규정된 범죄와 관련하여 제기된 소송에 관련된 자는 소송의 모든 단계에서 공정한 대우를 보장받는다.
제8조 1. 제4조에 규정된 범죄는 당사국 사이의 현행 범죄인 인도조약상 인도대상 범죄에 포함된 것으로 본다. 당사국은 향후 그들 사이에 체결될 모든 범죄인 인도조약에 이러한 범죄를 인도대상 범죄로 포함시킨다.
2. 조약의 존재를 범죄인 인도의 조건으로 하고 있는 당사국이 범죄인 인도조약을 체결하고 있지 아니한 다른 당사국으로부터 범죄인 인도 요청을 받는 경우, 당사국은 이 협약을 이러한 범죄에 대한 범죄인 인도의 법적 근거로 인정할 수 있다. 범죄인 인도는 피요청국의 법에 규정된 그 밖의 조건에 따른다.
3. 조약의 존재를 범죄인 인도의 조건으로 하지 아니하는 당사국은 피요청국의 법이 규정한 조건에 따라 위의 범죄를 그들 사이의 인도대상 범죄로 인정한다.
4. 당사국 사이의 범죄인 인도 목적상 위의 범죄는 범죄 발생지에서는 물론 제5조제1항에 따라 관할권을 확립하여야 하는 국가의 영토에서도 실행된 것으로 취급된다.
제9조 1. 제4조에 규정된 범죄에 대하여 제기된 형사절차와 관련하여, 당사국은 서로 최대한의 지원을 제공하며, 이러한 지원에는 당사국이 보유한 형사절차상 필요한 모든 증거의 제공이 포함된다.
2. 당사국은 당사국 사이에 체결된 사법공조 조약이 있을 경우 이에 따라 제1항에 따른 의무를 수행한다.
제10조 1. 당사국은 여하한 형태의 체포 · 구금 또는 징역의 대상이 된 개인의 구금 · 심문 또는 처리에 관여할 수 있는 민간이나 군의 법집행요원 · 의료인 · 공무원 및 그 밖의 요원들의 훈련과정에 고문방지에 관한 교육 및 정보가 충실하게 포함되도록 보장한다.
2. 당사국은 위 요원들의 임무 및 기능에 관한 규칙이나 지침에 고문금지 내용을 포함시킨다.
제11조 고문사례를 방지하기 위하여 당사국은 자기나라 관할하의 영토내에서 여하한 형태의 체포 · 구금 또는 징역의 대상이 된 개인을 구금 · 처리하는 각종 제도는 물론 심문 규칙 · 지침 · 방법 및 관행을 체계적으로 검토한다.
제12조 당사국은 자기나라 관할하의 영토내에서 고문이 자행되었다고 믿을만한 타당한 근거가 있는 경우에는 권한있는 당국이 신속하고 공평한 조사를 진행하도록 보장한다.
제13조 당사국은 자기나라 관할하의 영토내에서 고문을 받았다고 주장하는 개인이 권한있는 당국에 고소하여 신속하고 공평하게 조사를 받을 수 있는 권리를 보장하며, 고소인과 증인이 고소 또는 증거제공으로 인하여 부당한 취급이나 협박을 받지 아니하도록 보장조치를 취한다.
제14조 1. 당사국은 자기나라의 법체계 안에서 고문행위의 피해자가 구제를 받고, 또한 가능한 한 완전한 재활수단을 포함하여 공정하고 적절한 배상을 받을 수 있는 실효적인 권리를 보장한다. 고문행위의 결과로 피해자가 사망한 경우, 피해자의 부양가족이 배상받을 권리를 가진다.
2. 이 조의 어떠한 규정도 피해자나 그 밖의 개인들이 국내법에 따라 배상을 받을 수 있는 권리에 영향을 미치지 아니한다.
제15조 당사국은 고문의 결과 행해진 것으로 입증된 진술이 모든 소송에서 증거로 원용되지 아니하도록 보장한다. 다만, 위의 진술사실이 고문 혐의자에 대한 소송에서 그 진술이 행하여졌다는 증거로 원용되는 경우에는 제외한다.
제16조 1. 당사국은 자기나라 관할하의 영토내에서 제1조에 규정된 고문에 미치지 아니하는 그 밖의 잔혹한 · 비인도적인 또는 굴욕적인 대우나 처벌이 공무원이나 그 밖의 공무수행자에 의하여 직접 또는 이들의 교사 · 동의 · 묵인 아래 이루어지는 것을 방지한다. 특히 제10조 · 제11조 · 제12조 및 제13조에 규정된 의무는 "고문"이라는 표현 대신에 그 밖의 형태의 잔혹한 · 비인도적인 또는 굴욕적인 대우나 처벌이라는 표현으로 대체하여 그대로 적용된다.
2. 이 협약의 규정은 잔혹한 · 비인도적인 또는 굴욕적인 대우나 처벌을 금지하거나 범죄인 인도 · 추방과 관련된 그 밖의 국제문서나 국내법의 규정을 해하지 아니한다.

제2장

제17조 1. 다음에 규정된 기능을 수행하는 고문방지위원회(이하 "위원회"라 한다)를 설치한다. 위원회는 고매한 인격을 지니고 인권분야에서 능력이 인정된 10명의 전문가로 구성하며, 이들은 개인자격으로 직무를 수행한다. 이들 전문가는 당사국이 선출하며, 선출시에는 공평한 지역적 안배 및 법률적 경험을 가진 인사가 일부 포함되는 것이 유익하다는 점을 함께 고려한다.
2. 위원회의 위원은 당사국이 지명한 후보자 명부에서 비밀투표로 선출한다. 각 당사국은 자기나라 국민 중에서 후보자 1명을 지명할 수 있다. 당사국은 후보자 지명시 시민적및정치적권리에관한국제규약에 따라 설치된 인권이사회의 위원중 고문방지위원회에 재임하고자 하는 인사를 지명하는 것이 유익하다는 점을 유념한다.
3. 위원회의 위원은 국제연합 사무총장이 2년마다 소집하는 당사국회의에서 선출된다. 당사국의 3분의 2가 의사정족수를 구성하는 이 회의에서 위원회 위원은 출석하여 투표한 당사국 대표로부터 절대 다수표를 획득한 자중 최다득표자 순으로 선출된다.
4. 최초 선거는 이 협약 발효일로부터 6월 안에 실시한다. 국제연합 사무총장은 최소한 각 선거일 4월 전에 모든 당사국에 서한을 발송하여, 3월 안에 후보자 명단을 제출해 주도록 요청한다. 국제연합 사무총장은 이와 같이 지명된 모든 후보자의 명부를 지명국을 표시하여 알파벳 순으로 작성하며, 이 명부를 모든 당사국에 송부한다.
5. 위원회의 위원은 4년 임기로 선출된다. 위원은 후보로 재지명되는 경우 재선될 수 있다. 다만, 최초 선거에서 선출된 위원중 5명의 임기는 2년 만에 종료한다. 이들 위원 5명은 최초 선거 직후 제3항에 규정된 회의의 의장이 추첨으로 선정한다.
6. 위원회의 위원이 사망 · 사임하거나 또는 그 밖의 사유로 위원회의 임무를 더 이상 수행할 수 없는 경우, 이 위원을 지명한 당사국은 전체 당사국 과반수의 승인을 조건으로 이 위원의 잔여임기동안 재임할 다른 전문가를 자기나라 국민 중에서 지명한다. 국제연합 사무총장이 지명안을 당사국에 통지한 후 6주 안에 전체 당사국의 반 또는 그 이상이 반대를 표명하지 아니하는 한 이 지명안은 승인된 것으로 간주된다.

7. 당사국은 위원회 위원들의 임무수행중 발생하는 위원들의 경비를 부담한다.

제18조 1. 위원회는 2년 임기의 임원을 선출한다. 임원은 재선될 수 있다.

2. 위원회는 자체 의사규칙을 제정한다. 다만, 이 규칙은 특히 다음 사항을 규정한다.

가. 의사정족수는 위원 6인으로 한다.

나. 위원회의 결정은 출석위원 과반수의 찬성으로 한다.

3. 국제연합 사무총장은 위원회가 이 협약에 따른 기능을 효과적으로 수행하는 데 필요한 직원과 시설을 제공한다.

4. 국제연합 사무총장은 위원회의 제1차 회의를 소집한다. 제1차 회의 이후 위원회는 의사규칙에 규정되는 시기에 회합한다.

5. 당사국은 당사국 회의 및 위원회 회의 개최와 관련하여 발생하는 경비를 부담하며, 이러한 경비에는 제3항에 따라 국제연합이 부담한 인건비·시설비 등과 같은 제반경비로서 국제연합에 상환되는 비용이 포함된다.

제19조 1. 당사국은 이 협약에 따른 의무를 이행하기 위하여 취한 조치에 관하여 이 협약이 자기나라에 대하여 발효한 후 1년 안에 보고서를 작성하여 국제연합 사무총장을 통하여 위원회에 제출한다. 그 이후에 당사국은 새로이 취한 조치에 관하여 매 4년마다 추가보고서를 제출하며, 위원회가 요청하는 그 밖의 보고서를 제출한다.

2. 국제연합 사무총장은 보고서를 모든 당사국에 송부한다.

3. 위원회는 각 보고서를 검토하고, 보고서에 관하여 적절하다고 판단되는 일반적인 의견제시를 할 수 있으며, 이러한 의견제시를 관련 당사국에 송부한다. 관련당사국은 이에 대한 견해를 위원회에 제시할 수 있다.

4. 위원회는 제3항에 따라 행한 의견제시를 관련 당사국으로부터 접수한 견해와 함께 제24조에 따라 작성되는 위원회의 연례보고서에 포함시키도록 재량으로 결정할 수 있다. 관련당사국이 요청하는 경우, 위원회는 또한 제1항에 따라 제출된 보고서의 사본을 포함시킬 수 있다.

제20조 1. 위원회가 어떤 당사국의 영토내에서 고문이 조직적으로 자행되고 있다는 근거있는 내용을 포함하고 있는 것으로 추정되는 신뢰할 만한 정보를 접수하는 경우, 위원회는 그 당사국에 대하여 그러한 정보를 조사하는 데 협조할 것과, 또한 이를 위하여 관련 정보에 대한 의견을 제출하도록 요청한다.

2. 위원회는 관련당사국이 제출한 의견 및 그 밖에 입수 가능한 모든 관련 정보를 고려하여 정당하다고 결정하는 경우, 위원 중 1명 또는 그 이상을 지명하여 비공개 조사를 실시하고 이를 위원회에 긴급히 보고하게 할 수 있다.

3. 제2항에 따라 조사가 실시되는 경우, 위원회는 관련당사국에 협력을 요청한다. 관련당사국과 합의하는 경우 이러한 조사에는 관련당사국의 영토 방문이 포함될 수 있다.

4. 제2항에 따라 제출된 위원의 조사결과를 검토한 후, 위원회는 이러한 조사결과를 상황에 비추어 적절하다고 판단되는 의견제시 및 제안과 함께 관련당사국에 송부한다.

5. 제1항에서 제4항까지 규정된 위원회의 절차는 비공개로 진행되며, 절차의 모든 단계에서 당사국의 협력을 요청한다. 제2항에 따라 실시된 조사절차가 완료된 후, 위원회는 관련당사국과의 협의를 거쳐 조사결과 요지를 제24조에 따라 작성되는 연례보고서에 포함시키도록 결정할 수 있다.

제21조 1. 이 협약의 당사국은, 어떤 당사국이 이 협약에 따른 의무를 다른 당사국이 이행하지 아니하고 있다고 통보하는 경우에 위원회가 이러한 통보를 수리하여 심리할 권능을 가지고 있음을 인정한다는 선언을 이 조에 따라 언제든지 할 수 있다. 이러한 통보는, 위원회의 권능을 자기나라에 대하여 인정한다는 선언을 한 당사국이 제출한 경우에 한하여, 이 조에 규정된 절차에 따라 수리되어 심리될 수 있다. 위원회는 이러한 선언을 하지 아니한 당사국과 관련된 통보를 이 조에 따라 처리할 수 없다. 이 조에 따라 수리된 통보는 다음의 절차에 따라 처리된다.

가. 당사국은 다른 당사국이 이 협약의 규정을 이행하지 아니한다고 판단하는 경우에, 서면통보로 이 문제에 관하여 그 당사국의 주의를 환기시킬 수 있다. 통보접수국은 통보접수 3월 안에 통보국에 대하여 관련문제를 설명하는 설명서나 그 밖의 해명서를 제공한다. 이 설명서나 해명서는 가능하고 적절한 범위안에서 국내절차 및 이미 취해졌거나 계류 중이거나 이용 가능한 구제수단에 관한 설명을 포함하여야 한다.

나. 접수국이 최초 통보를 접수한 후 6월 안에 두 관련당사국 사이에 문제가 만족스럽게 조정되지 아니하는 경우, 일방 당사국은 위원회와 타방 당사국에 대한 통고를 통해, 위원회에 문제를 회부할 권리를 가진다.

다. 위원회는 모든 국내적 구제조치가 일반적으로 승인된 국제법의 원칙에 따라 시도되어 완료되었음을 확인한 후에 이 조에 따라 회부된 문제를 처리한다. 다만, 구제수단의 적용이 부당하게 지연되거나, 이 협약 위반으로 피해를 받은 자에게 효과적인 구제를 기대할 수 없는 경우에는 이 규정은 적용되지 아니한다.

라. 위원회는 이 조에 따른 통보를 비공개 회의를 개최하여 검토한다.

마. 다호의 규정에 따를 것을 조건으로, 위원회는 이 협약에 규정된 의무에 대한 존중에 기초하여 문제를 우호적으로 해결토록 하기 위하여 관련당사국에 주선을 제공한다. 이를 위하여 위원회는 적절한 경우 임시조정위원회를 설치할 수 있다.

바. 이 조에 따라 위원회에 회부된 모든 문제와 관련하여, 위원회는 나호에 규정된 관련당사국에게 모든 관련정보를 제공하도록 요청할 수 있다.

사. 나호에 규정된 관련당사국은 위원회에서 문제가 심리되는 동안 대표를 참석시킬 권리와 구두 및 서면진술권을 가진다.

아. 위원회는 나호에 따른 통고 접수일부터 12월 안에 다음과 같은 보고서를 제출한다.

(1) 마호의 규정에 따라 해결에 도달하는 경우, 위원회의 보고내용은 사실관계 및 해결내용에 관한 약술로 한정된다.

(2) 마호의 규정에 따라 해결에 도달하지 못한 경우, 위원회의 보고내용은 사실관계에 관한 약술로 한정되며, 관련당사국이 제출한 서면 진술 및 구두진술 기록이 보고서에 첨부된다. 어떤 문제와 관련된 것이든 보고서는 관련당사국에게 통보된다.

2. 이 조의 규정은 이 협약의 5개 당사국이 제1항에 따라 선언을 하는 때에 발효한다. 당사국은 이러한 선언을 국제연합 사무총장에게 기탁하며, 국제연합 사무총장은 선언의 사본을 그 밖의 당사국에게 송부한다. 선언은 언제든지 국제연합 사무총장에 대한 통고로 철회될 수 있다. 철회는 이 조에 따라 이미 송부되어 통보의 대상이 된 문제의 심리를 해하지 아니한다. 국제연합 사무총장이 선언철회에 관한 통고를 접수한 후에는, 관련당사국이 새로이 선언을 하지 아니하는 한, 이러한 당사국의 통보는 더 이상 이 조에 따라 수리되지 아니한다.

제22조 1. 이 협약의 당사국은, 자기나라의 관할권 내에 소재하는 개인이 당사국의 협약 규정 위반 때문에 피해를 받았다고 주장하는 경우에 위원회가 그 개인으로부터 직접 또는 그의 대리인으로부터 통보를 수리하고 심리할 권능을 가지고 있음을 인정한다는 선언을 이 조에 따라 언제든지 할 수 있다. 위원회는 이러한 선언을 하지 아니한 당사국과 관련된 통보는 수리하지 아니한다.

2. 위원회는 익명의 통보, 통보제출권의 남용 또는 이 협약의 규정과 양립되지 아니하는 것으로 판단되는 통보에 대하여는 이를 이 조에 따라 수리될 수 없는 통보로 간주한다.

3. 제2항의 규정에 따를 것을 조건으로, 위원회는 이 조에 따라 위원회에 제출된 통보에 대하여 제1항에 따라 선언을 하였으며 협약 규정을 위반한 혐의당사국에게 주의를 환기시킨다. 6월 안에 접수국은 사건의 내용과 스스로 취한 구제조치를 설명하는 설명서나 해명서를 위원회에 제출한다.

4. 위원회는 개인이 직접 또는 그의 대리인 및 관련당사국이 제공한 모든 정보를 고려하여, 이 조에 따라 수리된 통보를 심리한다.

5. 위원회는 다음 사항을 확인하기 전에는 이 조에 따른 개인의 통보를 심리하지 아니한다.

가. 동일한 문제가 다른 국제적인 조사 또는 해결절차에 따라 심리되지 않았거나 현재 심리되고 있지 아니할 것

나. 개인이 이용할 수 있는 모든 국내적 구제조치를 완료하였을 것. 다만, 구제수단의 적용이 부당하게 지연되거나 또는 이 협약 위반으로 피해를 받은 자에게 효과적인 구제를 기대할 수 없는 경우에는 이 규정이 적용되지 아니함.

6. 위원회는 이 조에 따른 통보를 비공개 회의를 개최하여 검토한다.

7. 위원회는 위원회의 의견을 관련당사국과 개인에게 송부한다.

8. 이 조의 규정은 이 협약의 5개 당사국이 제1항에 따라 선언을 하는 때에 발효한다. 당사국은 이러한 선언을 국제연합 사무총장에게 기탁하며, 국제연합 사무총장은 선언의 사본을 그 밖의 당사국에게 송부한다. 선언은 언제든지 국제연합 사무총장에 대한 통고로 철회될 수 있다. 철회는 이 조에 따라 이미 송부되어 통보의 대상이 된 문제의 심리를 해하지 아니한다. 국제연합 사무총장이 선언철회에 관한 통고를 접수한 후에는, 당사국이 새로이 선언을 하지 아니하는 한, 개인 또는 그의 대리인의 통보는 더 이상 이 조에 따라 수리되지 아니한다.

제23조 위원회의 위원 및 제21조제1항마호에 따라 임명되는 임시조정위원회의 위원은, 국제연합의 특권·면제에관한협약의 관련 부분에 규정된 바에 따라, 국제연합을 위하여 임무를 수행중인 전문가의 편의와 특권·면제를 향유한다.

제24조 위원회는 이 협약에 따른 활동에 관한 연례보고서를 모든 당사국과 국제연합 총회에 제출한다.

제3장

제25조 1. 이 협약은 모든 국가의 서명을 위하여 개방된다.

2. 이 협약은 비준되어야 한다. 비준서는 국제연합 사무총장에게 기탁된다.

제26조 이 협약은 모든 국가의 가입을 위하여 개방된다. 가입은 국제연합 사무총장에게 가입서를 기탁함으로써 이루어진다.

제27조 1. 이 협약은 스무번 째의 비준서나 가입서가 국제연합 사무총장에게 기탁된 날부터 30일째 되는 날 발효한다.

2. 스무번 째의 비준서나 가입서가 기탁된 후에 비준하거나 가입하는 국가에 대하여, 이 협약은 비준서나 가입서가 기탁된 날부터 30일째 되는 날 발효한다.

제28조 1. 당사국은 이 협약의 서명·비준 또는 가입시에 제20조에 규정된 위원회의 권능을 인정하지 아니한다고 선언할 수 있다.

2. 제1항에 따라 유보를 한 당사국은 국제연합 사무총장에 대한 통고로 언제든지 이러한 유보를 철회할 수 있다.

제29조 1. 이 협약의 당사국은 개정안을 제안할 수 있으며, 개정안을 국제연합 사무총장에게 제출할 수 있다. 국제연합 사무총장은 이러한 개정안을 즉시 모든 당사국에게 통보하며, 당사국들이 개정안의 심의·표결을 위하여 당사국회의 개최를 지지하는지 여부를 자신에게 통고하여 주도록 요청한다. 위의 통보일부터 4월 안에 최소한 당사국 3분의 1이 회의 개최에 찬성하는 경우, 국제연합 사무총장은 국제연합의 주관으로 회의를 소집한다. 개정안이 이 회의에 출석하여 투표한 당사국의 과반수로 채택되는 경우, 국제연합 사무총장은 채택된 개정안의 수락을 위해 모든 당사국에 송부한다.

2. 제1항에 따라 채택된 개정안은 이 협약의 당사국 3분의 2가 각자의 헌법절차에 따라 이를 수락하였다고 국제연합 사무총장에게 통보하는 때에 발효한다.

3. 개정안이 발효하는 경우 개정안은 이를 수락한 당사국을 구속하며, 그 밖의 당사국은 과거에 수락한 이 협약의 규정 및 개정안에 계속 구속된다.

제30조 1. 이 협약의 해석이나 적용과 관련하여 2개 또는 그 이상의 당사국 사이의 분쟁이 교섭에 의하여 해결될 수 없는 경우, 이러한 분쟁은 당사국 중 1국의 요청에 따라 중재재판에 회부된다. 당사국이 중재재판 요청일부터 6월 안에 중재재판부 구성에 합의하지 못하는 경우, 일방당사국은 이 분쟁을 국제사법재판소의 규정에 따라 국제사법재판소에 회부할 수 있다.

2. 각국은 이 협약의 서명·비준 또는 가입시에 자기나라는 제1항에 구속받지 아니하는 것으로 간주한다고 선언할 수 있다. 그 밖의 당사국은 이러한 유보를 행한 당사국과의 관계에서 제1항에 구속받지 아니한다.

3. 제2항에 따라 유보를 행한 당사국은 언제든지 국제연합 사무총장에 대한 통고로 유보를 철회할 수 있다.

제31조 1. 당사국은 국제연합 사무총장에 대한 서면통고로 이 협약을 탈퇴할 수 있다. 탈퇴는 국제연합 사무총장이 통고를 접수한 날부터 1년 후에 발효한다.

2. 이러한 탈퇴는 탈퇴 발효일 이전에 발생한 작위 또는 부작위와 관련된 당사국의 협약상 의무를 면제시키지 아니하며, 또한 탈퇴 발효일 이전에 위원회가 이미 심리중인 문제에 대한 계속적인 심리를 해하지 아니한다.

3. 위원회는 당사국의 탈퇴가 발효한 날 이후에 이러한 당사국과 관련된 새로운 문제의 심리를 개시하지 아니한다.

제32조 국제연합 사무총장은 국제연합의 모든 회원국 및 이 협약에 서명 또는 가입한 모든 국가에게 다음 사항을 통지한다.

가. 제25조와 제26조에 따른 서명·비준 및 가입

나. 제27조에 따른 이 협약의 발효일 및 제29조에 따른 개정의 발효일

다. 제31조에 따른 탈퇴

제33조 1. 아랍어·중국어·영어·불어·러시아어 및 서반아어본이 동등하게 정본인 이 협약은 국제연합 사무총장에게 기탁된다.

2. 국제연합 사무총장은 이 협약의 인증등본을 모든 국가에 송부한다.

집단살해죄의 방지와 처벌에 관한 협약

(1951년 1월 12일
조 약 제1382호)

1948.12. 9(파리에서 작성)
1951. 1.12(대한민국에 대하여 발효)
2008. 5.22(관보게재)

체약국은, 집단살해는 국제연합의 정신과 목적에 반하며 또한 문명세계에서 죄악으로 단정한 국제법상의 범죄라고 국제연합총회가 1947년 12월 11일자 결의 96(1)에서 행한 선언을 고려하고, 역사상의 모든 시기에서 집단살해가 인류에게 막대한 손실을 끼쳤음을 인지하고, 인류를 이와 같은 고뇌로부터 해방시키기 위하여는 국제협력이 필요함을 확신하고, 이에 동의하기에 규정된 바와 같이 동의하였다.

제1조
체약국은 집단살해가 평시에 행하여졌든가 전시에 행하여졌든가를 불문하고 이것을 방지하고 처벌할 것을 약속하는 국제법상의 범죄임을 확인한다.

제2조
본 협약에서 집단살해라 함은 국민적, 인종적, 민족적 또는 종교적 집단을 전부 또는 일부 파괴할 의도로서 행하여진 아래의 행위를 말한다.

(가) 집단구성원을 살해하는 것

(나) 집단구성원에 대하여 중대한 육체적 또는 정신적인 위해를 가하는 것

(다) 전부 또는 부분적으로 육체적 파괴를 초래할 목적으로 의도된 생활조건을 집단에게 고의로 과하는 것

(라) 집단 내에 있어서의 출생을 방지하기 위하여 의도된 조치를 과하는 것

(마) 집단의 아동을 강제적으로 타 집단에 이동시키는 것

제3조
다음의 제행위는 이를 처벌한다.

(가) 집단살해

(나) 집단살해를 범하기 위한 공모

(다) 집단살해를 범하기 위한 직접 또는 공연한 교사

(라) 집단살해의 미수

(마) 집단살해의 공범

제4조
집단살해 또는 제3조에 열거된 기타 행위의 어떤 것이라도 이를 범하는 자는 헌법상으로 책임 있는 통치자이거나 또는 사인이거나를 불문하고 처벌한다.

제5조
체약국은 각자의 헌법에 따라서 본 협약의 규정을 실시하기 위하여 특히 집단살해 또는 제3조에 열거된 기타의 행위의 어떤 것에 대하여도 죄가 있는 자에 대한 유효한 형벌을 규정하기 위하여 필요한 입법을 제정할 것을 약속한다.

제6조
집단살해 또는 제3조에 열거된 기타 행위의 어떤 것이라도 이로 인하여 고소된 자는 행위가 그 영토 내에서 범행된 국가의 당해재판소에 의하여 또는 국제형사재판소의 관할권을 수락하는 체약국에 관하여 관할권을 가지는 동 재판소에 의하여 심리된다.

제7조
집단살해 또는 제3조에 열거된 기타 행위는 범죄인 인도의 목적으로 정치적 범죄로 인정치 않는다. 체약국은 이러한 경우에 실시중인 법률 또는 조약에 따라서 범죄인 인도를 허가할 것을 서약한다.

제8조
체약국은 국제연합의 당해 기관이 집단살해 또는 제3조에 열거한 기타 행위의 어떤 것이라도 이를 방지 또는 억압하기 위하여 적당하다고 인정하는 국제연합헌장에 기한 조치를 취하도록 요구할 수 있다.

제9조
본 협약의 해석 적용 또는 이행에 관한 체약국간의 분쟁은 집단살해 또는 제3조에 열거된 기타 행위의 어떤 것이라도 이에 대한 국가책임에 관한 분쟁을 포함하여 분쟁 당사국 요구에 의하여 국제사법재판소에 부탁한다.

제10조
본 협약은 중국어, 영어, 불어, 노어, 서반아어의 원문을 동등히 정문으로 하며 1948년 12월 9일자로 한다.

제11조
본 협약은 국제연합의 가맹국과 총회로부터 서명 초청을 받은 비가맹국을 위하여 1949년 12월 31일까지 개방된다. 본 협약은 비준을 받아야 한다. 비준서는 국제연합사무총장에게 기탁한다. 1950년 1월 1일 이후 본 협약은 국제연합의 가맹국과 전기한 초청을 받은 비가맹국을 위하여 가입되어질 수 있다. 가입서는 국제연합사무총장에게 기탁한다.

제12조
체약국은 국제연합사무총장 앞으로의 통고로써 자국이 외교관계의 수행에 책임을 지고 있는 지역의 전부 또는 일부에 대하여 하시라도 본 협약의 적용을 확장할 수 있다.
제13조
최초의 20통의 비준서 또는 가입서가 기탁된 일자에 사무총장은 경위서를 작성하여 그 사본을 국제연합의 각 가맹국과 제11조에 규정된 비가맹 각국에 송부한다. 본 협약은 20통째의 비준서 또는 가입서가 기탁된 90일 후에 발효한다. 전기일 이후에 행하여진 비준이나 가입은 비준서 또는 가입서 기탁 90일 후에 효력을 발생한다.
제14조
본 협약은 발효일로부터 10년간 계속하여 효력을 갖는다. 전기 기간의 적어도 만료 6개월 전에 본 조약을 폐기하지 아니한 체약국에 대하여는 본 협약은 그 후 5년간씩 계속하여 효력을 가진다. 폐기는 국제연합사무총장 앞으로의 통고서에 의하여 행한다.
제15조
폐기의 결과 본 협약에의 가맹국수가 16 이하일 때에는 본 협약은 폐기의 최후의 것이 효력이 발생하는 날로부터 효력이 중지된다.
제16조
본 협약의 개정요청은 체약국이 사무총장 앞으로의 통고서에 의하여 언제나 행할 수 있다. 총회는 전기 요청에 관하여 취한 조치가 있을 때에는 이를 결정한다.
제17조
국제연합사무총장은 국제연합의 모든 가맹국과 제11조에 규정된 비가맹국에 대하여 다음 사항을 통고한다.
(가) 제11조에 의하여 수령한 서명 비준 또는 가입
(나) 제12조에 의하여 수령한 통고
(다) 제13조에 의하여 본 협약이 발효하는 일자
(라) 제14조에 의하여 수령한 폐기
(마) 제15조에 의한 협약의 폐지
(바) 제16조에 의하여 수령한 통고
제18조
본 협약의 원안은 국제연합의 문서보관소에 기탁한다. 본 협약의 인증등본은 국제연합의 모든 가맹국과 제11조에 규정된 비가맹국에 송부한다.
제19조
본 협약은 발효일자에 국제연합사무총장이 등록한다.

대한민국과 미합중국간의 상호방위조약

(1954년11월18일 조 약 제34호)

1953.10. 1(워싱턴에서 서명)
1954.11.18(발효)

본 조약의 당사국은,
모든 국민과 모든 정부가 평화적으로 생활하고자 하는 희망을 재확인하며 또한 태평양 지역에 있어서의 평화기구를 공고히 할 것을 희망하고, 회원국 중 어느 1국이 태평양 지역에 있어서 고립하여 있다는 환각을 어떠한 잠재적 침략자도 가지지 않도록 외부로부터의 무력공격에 대하여 자신을 방어하고자 하는 공동의 결의를 공공연히 또한 정식으로 선언할 것을 희망하고, 또한 태평양 지역에 있어서 더욱 포괄적이고 효과적인 지역적 안전보장조직이 발달될 때까지 평화와 안전을 유지하고자 집단적 방위를 위한 노력을 공고히 할 것을 희망하여, 다음과 같이 동의한다.
제1조 당사국은 관련될지도 모르는 어떠한 국제적 분쟁이라도 국제적 평화와 안전과 정의를 위태롭게 하지 않는 방법으로 평화적 수단에 의하여 해결하고 또한 국제관계에 있어서 국제연합의 목적이나 당사국이 국제연합에 대하여 부담한 의무에 배치되는 방법으로 무력으로 위협하거나 무력을 행사함을 삼가할 것을 약속한다.
제2조 당사국 중 어느 1국의 정치적 독립 또는 안전이 외부로부터의 무력공격에 의하여 위협을 받고 있다고 어느 당사국이든지 인정할 때에는 언제든지 당사국은 서로 합의한다. 당사국은 단독적으로나 공동으로나 자조와 상호원조에 의하여 무력공격을 저지하기 위한 적절한 수단을 지속하며 강화시킬 것이며 본 조약을 이행하고 그 목적을 추진할 적절한 조치를 협의와 합의하에 취할 것이다.
제3조 각 당사국은 타 당사국의 행정 지배하에 있는 영토와 각 당사국이 타 당사국의 행정 지배하에 합법적으로 들어갔다고 인정하는 금후의 영토에 있어서 타 당사국에 대한 태평양 지역에 있어서의 무력공격을 자국의 평화와 안전을 위태롭게 하는 것이라고 인정하고 공통한 위험에 대처하기 위하여 각자의 헌법상의 수속에 따라 행동할 것을 선언한다.
제4조 상호적 합의에 의하여 미합중국의 육군, 해군과 공군을 대한민국의 영토 내와 그 부근에 배치하는 권리를 대한민국은 이를 허여하고 미합중국은 이를 수락한다.
제5조 본 조약은 대한민국과 미합중국에 의하여 각자의 헌법상의 수속에 따라 비준되어야 하며 그 비준서가 양국에 의하여 「워싱턴」에서 교환되었을 때에 효력을 발생한다.
제6조 본 조약은 무기한으로 유효하다. 어느 당사국이든지 타 당사국에 통고한 후 1년 후에 본 조약을 종지시킬 수 있다.

이상의 증거로서 하기전권위원은 본 조약에 서명한다.
본 조약은 1953년 10월 1일에 「워싱턴」에서 한국문과 영문으로 두벌로 작성됨

대한민국을 위해서 변영태

미합중국을 위해서 존 포스터 덜레스

韓·美行政協定

本協定
合意議事錄
諒解覺書

次 例

大韓民國과아메리카合衆國間의相互防衛條約第4條에依한施設과區域및大韓民國에서의合衆國軍隊의地位에關한協定

同協定의合意議事錄

대한민국과 아메리카합중국간의 상호방위조약 제4조에 의한 시설과 구역 및 대한민국에서의 합중국 군대의 지위에 관한 협정과 관련 합의의사록에 관한 양해사항

환경보호에 관한 특별양해각서

한국인 고용원의 우선고용 및 가족구성원의 취업에 관한 양해각서

大韓民國과아메리카合衆國間의相互防衛條約第4條에의한施設과區域및大韓民國에서의合衆國軍隊의地位에관한協定(SOFA)

(1967年 2月 9日 條 約 第232號)

改正
1991. 2. 8條約1038號　　2001. 3.29條約1553號

아메리카合衆國은 1950年 6月 25日, 1950年 6月 27日 및 1950年 7月 7日의 國際聯合 安全保障理事會의 諸 決議와 1953年 10月 1日에 署名된 大韓民國과아메리카合衆國間의相互防衛條約 第4條에 따라, 大韓民國의 領域안 및 그 附近에 同 軍隊를 配置하였음에 비추어,
大韓民國과 아메리카合衆國은 兩 國家間의 緊密한 相互 利益의 紐帶를 鞏固히 하기 위하여, 施設과 區域 및 大韓民國에서의 合衆國 軍隊의 地位에 관한 本 協定을 아래와 같이 締結하였다.

第1條【定義】 本 協定에 있어서,
(가) "合衆國 軍隊의 構成員"이라 함은 大韓民國의 領域안에 있는 아메리카合衆國의 陸軍, 海軍 또는 空軍에 屬하는 人員으로서 現役에 服務하고 있는 者를 말한다. 다만, 合衆國 大使館에 附屬된 合衆國 軍隊의 人員과 改正된 1950年 1月 26日字 軍事顧問團協定에 그 身分이 規定된 人員은 除外한다.
(나) "軍屬"이라 함은 合衆國의 國籍을 가진 民間人으로서 大韓民國에 있는 合衆國 軍隊에 雇傭되거나 同 軍隊에 勤務하거나 또는 同伴하는 者를 말하나, 通常的으로 大韓民國에 居住하는 者, 또는 第15條第1項에 規定된 者는 除外한다. 本 協定의 適用에 관한 限 大韓民國 및 合衆國의 二重 國籍者로서 合衆國에 의하여 大韓民國에 들어온 者는 合衆國 國民으로 看做한다.
(다) "家族"이라 함은 다음의 者를 말한다.
(1) 配偶者 및 21歲未滿의 子女
(2) 父母 및 21歲以上의 子女 또는 기타 親戚으로서 그 生計費의 半額以上을 合衆國 軍隊의 構成員 또는 軍屬에 依存하는 者
第2條【施設과 區域—供與와 返還】
1. (가) 合衆國은 相互防衛條約 第4條에 따라 大韓民國안의 施設과 區域의 使用을 供與받는다. 個個의 施設과 區域에 관한 諸協定은 本 協定 第28條에 規定된 合同委員會를 통하여 兩 政府가 이를 締結하여야 한다. "施設과 區域"은 所在의 如何를 不問하고, 그 施設과 區域의 運營에 使用되는 現存의 設備, 備品 및 定着物을 包含한다.
(나) 本 協定의 效力發生時에 合衆國 軍隊가 使用하고 있는 施設과 區域 및 合衆國 軍隊가 이러한 施設과 區域을 再使用할 때에 合衆國 軍隊가 이를 再使用한다는 留保權을 가진 채 大韓民國에 返還한 施設과 區域은 前記 (가)項에 따라 兩 政府間에 合意된 施設과 區域으로 看做한다. 合衆國 軍隊가 使用하고 있거나 再使用權을 가지고 있는 施設과 區域에 관한 記錄은 本 協定의 效力發生 後에도 合同委員會를 통하여 이를 保存한다.
2. 大韓民國 政府와 合衆國 政府는 어느 一方政府의 要請이 있을 때에는 이러한 協定을 再檢討하여야 하며 또한 이러한 施設과 區域이나 그 一部를 大韓民國에 返還하여야 할 것인지의 與否 또는 새로이 施設과 區域을 提供하여야 할 것인지의 與否에 대하여 合意할 수 있다.
3. 合衆國이 使用하는 施設과 區域은 本 協定의 目的을 위하여 必要가 없게 되는 때에는 언제든지 合同委員會를 통하여 合意되는 條件에 따라 大韓民國에 返還되어야 하며, 合衆國은 그와 같이 返還한다는 見地에서 同 施設과 區域의 必要性을 繼續 檢討할 것에 同意한다.
4. (가) 施設과 區域이 一時的으로 使用되지 않고 또한 大韓民國 政府가 이러한 通告를 받을 때에는 大韓民國 政府는 暫定的으로 이러한 施設과 區域을 使用할 수 있거나 또는 大韓民國 國民으로 하여금 使用시킬 수 있다. 다만, 이러한 使用은 合衆國 軍隊에 의한 同 施設과 區域의 正常的인 使用目的에 有害하지 않을 것이라는 것이 合同委員會에 의하여 兩 政府間에 合意되는 경우에 한한다.
(나) 合衆國 軍隊가 一定한 期間에 한하여 使用할 施設과 區域에 관하여는 合同委員會는 이러한 施設과 區域에 관한 協定중에 本 協定의 規定이 適用되지 아니하는 限度를 明記하여야 한다.
第3條【施設과 區域—保安 措置】
1. 合衆國은 施設과 區域안에서 이러한 施設과 區域의 設定, 運營, 警護 및 管理에 必要한 모든 措置를 取할 수 있다. 大韓民國 政府는 合衆國 軍隊의 支援, 警護 및 管理를 위하여 同 施設과 區域에의 合衆國 軍隊의 出入의 便宜를 圖謀하기 위하여 合衆國 軍隊의 要請과 合同委員會를 통한 兩 政府間의 協議에 따라 同 施設과 區域에 隣接한 또는 그 周邊의 土地, 領海 및 領空에 대하여 關係法令의 範圍內에서 必要한 措置를 取하여야 한다. 合衆國은 또한 合同委員會를 통한 兩 政府間의 協議에 따라 前記의 目的上 必要한 措置를 取할 수 있다.
2. (가) 合衆國은 大韓民國의 領域으로의, 領域으로부터의 또는 領域안의 航海, 航空, 通信 및 陸上 交通을 不必要하게 妨害하는 方法으로 第1項에 規定된 措置를 取하지 아니할 것에 同意한다.
(나) 電磁波 放射裝置用「라디오」周波數 또는 이에 類似한 事項을 包含한 電氣通信에 관한 모든 問題는 兩 政府의 指定 通信當局間의 約定에 따라 最大의 調整과 協力의 精神으로 迅速히 繼續 解決하여야 한다.
(다) 大韓民國 政府는 關係 法令과 協定의 範圍內에서 電磁波 放射에 敏感한 장치, 電氣通信 장치 또는 合衆國 軍隊가 必要로 하는 기타 裝置에 대한 妨害를 防止하거나 除去시키기 위한 모든 合理的인 措置를 取하여야 한다.
3. 合衆國 軍隊가 使用하고 있는 施設과 區域에서의 運營은 公共 安全을 適切히 考慮하여 遂行되어야 한다.

第4條【施設과 區域—施設의 返還】

1. 合衆國 政府는 本 協定의 終了時나 그 以前에 大韓民國 政府에 施設과 區域을 返還할 때에 이들 施設과 區域이 合衆國 軍隊에 提供되었던 當時의 狀態로 同 施設과 區域을 原狀回復하여야 할 義務를 지지 아니하며, 또한 이러한 原狀回復 代身으로 大韓民國 政府에 補償하여야 할 義務도 지지 아니한다.

2. 大韓民國 政府는 本 協定의 終了時나 그 以前의 施設과 區域의 返還에 있어서, 同 施設과 區域에 加하여진 어떠한 改良에 대하여 또는 施設과 區域에 殘有한 建物 및 工作物에 대하여 合衆國 政府에 어떠한 補償도 行할 義務를 지지 아니한다.

3. 前2項의 規定은 合衆國 政府가 大韓民國 政府와의 特別한 約定에 依據하여 行할 수 있는 建設工事에는 適用되지 아니한다.

第5條【施設과 區域—經費와 維持】

1. 合衆國은 第2項에 規定된 바에 따라 大韓民國이 負擔하는 經費를 除外하고는 本 協定의 有效期間동안 大韓民國에 負擔을 課하지 아니하고 合衆國 軍隊의 維持에 따르는 모든 經費를 負擔하기로 合意한다.

2. 大韓民國은 合衆國에 負擔을 課하지 아니하고 本 協定의 有效期間동안 第2條 및 第3條에 規定된 飛行場과 港口에 있는 施設과 區域처럼 共同으로 使用하는 施設과 區域을 包含한 모든 施設, 區域 및 通行權을 提供하고, 相當한 경우에는 그들의 所有者와 提供者에게 補償하기로 合意한다. 大韓民國 政府는 이러한 施設과 區域에 대한 合衆國 政府의 使用을 保障하고, 또한 合衆國 政府 및 그 機關과 職員이 이러한 使用과 關聯하여 提起할 수 있는 第三者의 請求權으로부터 害를 받지 아니하도록 한다.

第6條【公益事業과 用役】

1. 合衆國 軍隊는 大韓民國 政府 또는 그 地方行政機關이 所有, 管理 또는 規制하는 모든 公益事業과 用役을 利用한다. "公益事業과 用役"이라 함은 輸送과 通信의 施設 및 機關, 電氣, 「까스」, 水道, 「스팀」, 電熱, 電燈, 動力 및 下水 汚物 處理를 包含하되, 이것에만 限定하는 것은 아니다. 本項에 規定된 公益事業과 用役의 利用은 合衆國이 軍用 交通施設, 通信, 動力 및 合衆國 軍隊의 運營에 必要한 其他 公益事業과 用役을 運營하는 權利를 侵害하는 것은 아니다. 前記 權利는 大韓民國 政府에 의한 同 政府의 公益事業과 用役의 運營과 合致하지 아니하는 方法으로 行使되어서는 아니된다.

2. 合衆國에 의한 이러한 公益事業과 用役의 利用은 어느 他利用者에게 附與된 것보다 不利하지 아니한 優先權, 條件 및 使用料나 料金에 따라야 한다.

第7條【接受國 法令의 尊重】 合衆國 軍隊의 構成員, 軍屬과 第15條에 따라 大韓民國에 居住하고 있는 者 및 그들의 家族은 大韓民國안에 있어서 大韓民國의 法令을 尊重하여야 하고, 또한 本 協定의 精神에 違背되는 어떠한 活動 特히 政治的 活動을 하지 아니하는 義務를 진다.

第8條【出入國】

1. 本條의 規定에 따를 것을 條件으로 合衆國은 合衆國 軍隊의 構成員, 軍屬 및 그들의 家族인 者를 大韓民國에 入國시킬 수 있다. 大韓民國 政府는 兩 政府間에 合意될 節次에 따라 入國者와 出國者의 數 및 種別을 定期的으로 通告받는다.

2. 合衆國 軍隊의 構成員은 旅券 및 査證에 관한 大韓民國 法令의 適用으로부터 免除된다. 合衆國 軍隊의 構成員, 軍屬 및 그들의 家族은 外國人의 登錄 및 管理에 관한 大韓民國 法令의 適用으로부터 免除된다. 그러나, 大韓民國 領域 안에서 永久的인 居所 또는 住所를 要求할 權利를 取得하는 것으로 認定되지 아니한다.

3. 合衆國 軍隊의 構成員은 大韓民國에 入國하거나 大韓民國으로부터 出國함에 있어서 다음 文書를 所持하여야 한다.

(가) 姓名, 生年月日, 階級과 軍番 및 軍의 區分을 記載하고 寫眞을 添附한 身分證明書 및

(나) 個人 또는 集團이 合衆國 軍隊의 構成員으로서 가지는 地位 및 命令받은 旅行을 證明하는 個別的 또는 集團的 旅行의 命令書

合衆國 軍隊의 構成員은 大韓民國에 있는 동안 그들의 身分을 證明하기 위하여 前記 身分證明書를 所持하여야 하며, 同 身分證明書는 大韓民國의 關係當局이 要求하면 이를 提示하여야 한다.

4. 軍屬, 그들의 家族 및 合衆國 軍隊의 構成員의 家族은 合衆國 當局이 發給한 適切한 文書를 所持하여, 大韓民國에 入國하거나 出國함에 있어서 또한 大韓民國에 滯留할 동안 그들의 身分이 大韓民國 當局에 의하여 確認되도록 하여야 한다.

5. 本條第1項에 따라 大韓民國에 入國한 者가 그 身分의 變更으로 인하여 前記 入國의 資格을 가지지 못하게 된 경우에는 合衆國 當局은 大韓民國 當局에 이를 通告하여야 하며, 또한 그 者가 大韓民國으로부터 退去할 것을 大韓民國 當局이 要請한 경우에는 大韓民國 政府의 負擔에 의하지 아니하고 相當한 期間內에 大韓民國으로부터 輸送하는 것을 保障하여야 한다.

6. 大韓民國 政府가 合衆國 軍隊의 構成員 또는 軍屬을 그 領域으로부터 移送시킬 것을 要請하거나 合衆國 軍隊의 前 構成員 또는 前 軍屬에 대하여 또는 이러한 軍隊 構成員, 軍屬, 前 構成員 또는 前 軍屬들의 家族에 대하여 追放 命令을 한 경우에는, 合衆國 當局은 그 者를 自國의 領域안에 받아들이거나 그러하지 아니하면 그 者를 大韓民國 領域 밖으로 내보내는 責任을 진다. 本項의 規定은 大韓民國의 國民이 아닌 合衆國 軍隊의 構成員이나 軍屬의 資格으로 또는 그러한 者가 될 目的으로 大韓民國에 入國한 者 및 이러한 者의 家族에 대하여서만 適用한다.

第9條【通關과 關稅】

1. 合衆國 軍隊의 構成員, 軍屬 및 그들의 家族은 本 協定에서 規定된 경우를 除外하고는 大韓民國 稅關當局이 執行하고 있는 法令에 따라야 한다.

2. 合衆國 軍隊(同 軍隊의 公認 調達機關과 第13條에 規定된 非歲出資金機關을 包含한다)가 合衆國 軍隊의 公用을 위하거나 또는 合衆國 軍隊, 軍屬 및 그들의 家族의 使用을 위하여 輸入하는 모든 資材, 需用品 및 備品과, 合衆國 軍隊가 專用할 資材, 需用品 및 備品 또는 合衆國 軍隊가 使用하는 物品이나 施設에 最終的으로 合體될 資材, 需用品 및 備品은 大韓民國에의 搬入이 許容된다. 이러한 搬入에는 關稅 및 其他의 課徵金이 賦課되지 아니한다. 前記의 資材, 需用品 및 備品은 合衆國 軍隊(同 軍隊의 公認 調達機關과 第13條에 規定된 非歲出資金機關을 包含한다)가 輸入한 것이라는 뜻의 適當한 證明書를 必要로 하거나, 또는 合衆國 軍隊가 專用할 資材, 需用品 및 備品 또는 同 軍隊가 使用하는 物品이나 施設에 最終的으로 合體될 資材, 需用品 및 備品에 있어서는 合衆國 軍隊가 前記의 目的을 위하여 受領할 뜻의 適當한 證明書를 必要로 한다. 本項에서 規定된 免除는 合衆國 軍隊가 同 軍隊로부터 軍需支援을 받는 統合司令部 傘下 駐韓 外國軍隊의 使用을 위하여 輸入한 資材, 需用品 및 備品에도 適用한다.

3. 合衆國 軍隊의 構成員, 軍屬 및 그들의 家族에게 託送되고 또한 이러한 者들의 私用에 提供되는 財産에는 關稅 및 其他의 課徵金을 賦課한다. 다만, 다음의 경우에는 關稅 및 기타의 課徵金을 賦課하지 아니한다.

(가) 合衆國 軍隊의 構成員이나 軍屬이 大韓民國에서 勤務하기 위하여 最初로 到着한 때에, 또한 그들의 家族이 이러한 軍隊의 構成員이나 軍屬과 同居하기 위하여 最初로 到着한 때에 私用을 위하여 輸入한 家具, 家庭用品 및 個人用品

(나) 合衆國 軍隊의 構成員이나 軍屬이 自己 또는 그들의 家族의 私用을 위하여 輸入하는 車輛과 附屬品

(다) 合衆國 軍隊의 構成員, 軍屬 및 그들의 家族의 私用을 위하여 合衆國안에서 通常的으로 購入되는 種類의 合理的인 量의 個人用品 및 家庭用品으로서 合衆國 軍事 郵便局을 통하여 大韓民國에 郵送되는 것

4. 第2項 및 第3項에서 許容한 免除는 物品 輸入의 경우에만 適用되며, 또한 當該 物品의 搬入時에 關稅와 內國消費稅가 이미 徵收된 物品을 購入하는 경우에는 稅關當局이 徵收한 關稅와 內國消費稅를 還拂하는 것으로 解釋되지 아니한다.

5. 稅關檢査는 다음의 경우에는 이를 行하지 아니한다.

(가) 休暇命令이 아닌 命令에 따라 大韓民國에 入國하거나 大韓民國으로부터 出國하는 合衆國 軍隊의 構成員

(나) 公用의 封印이 있는 公文書 및 公用의 郵便 封印이 있고 合衆國 軍事 郵便 經路에 있는 第1種 書狀

(다) 合衆國 軍隊에 託送된 軍事貨物

6. 關稅의 免除를 받고 大韓民國에 輸入된 物品은 大韓民國 當局과 合衆國 當局이 相互 合意하는 條件에 따라 處分을 認定하는 경우를 除外하고는 關稅의 免除로 當該 物品을 輸入하는 權利를 가지지 아니하는 者에 대하여 大韓民國안에서 이를 處分하여서는 아니된다.

7. 第2項 및 第3項에 依據하여 關稅 및 기타의 課徵金의 免除를 받고 大韓民國에 輸入된 物品은 關稅 및 기타의 課徵金의 免除를 받고 이를 再輸出할 수 있다.

8. 合衆國 軍隊는 大韓民國 當局과 協力하여 本條의 規定에 따라 合衆國 軍隊, 同 軍隊의 構成員, 軍屬 및 그들의 家族에게 賦與된 特權의 濫用을 防止하기 위하여 必要한 措置를 取하여야 한다.

9. (가) 大韓民國 當局과 合衆國 軍隊는 大韓民國 政府의 稅關當局이 執行하는 法令에 違反하는 行爲를 防止하기 위하여 調査의 實施 및 證據의 蒐集에 있어서 相互 協助하여야 한다.

(나) 合衆國 軍隊는 大韓民國 政府의 稅關當局에 의하여 또는 이에 代身하여 행하여지는 押留될 物品을 引渡하도록 確保하기 위하여 그의 權限內의 모든 援助를 提供하여야 한다.

(다) 合衆國 軍隊는 合衆國 軍隊의 構成員이나 軍屬 또는 그들의 家族이 納付할 關稅, 租稅 및 罰金의 納付를 確保하기 위하여 그의 權限內의 모든 援助를 提供하여야 한다.

(라) 合衆國 軍隊當局은 稅關檢査의 目的으로 軍事上 統制하는 埠頭와 飛行場에 派遣된 稅關 職員에게 가능한 모든 援助를 提供하여야 한다.

(마) 合衆國 軍隊에 屬하는 車輛 및 物品으로서 大韓民國 政府의 關稅 또는 財務에 관한 法令에 違反하는 行爲에 관련하여 大韓民國 政府의 稅關當局이 押留한 것은, 關係 部隊當局에 引渡하여야 한다.

第10條【船舶과 航空機의 寄着】

1. 合衆國에 의하여, 合衆國을 위하여 또는 合衆國의 管理下에서 公用을 위하여 運航되는 合衆國 및 外國의 船舶과 航空機는 大韓民國의 어떠한 港口 또는 飛行場에도 入港料 또는 着陸料를 負擔하지 아니하고 出入할 수 있다. 本 協定에 의한 免除가 賦與되지 아니한 貨物 또는 旅客이 이러한 船舶 또는 航空機에 의하여 運送될 때에는 大韓民國의 關係當局에 그 뜻을 通告하여야 하며, 그 貨物 또는 旅客의 大韓民國에의 出入國은 大韓民國의 法令에 따라야 한다.

2. 第1項에 規定된 船舶과 航空機, 機甲 車輛을 包含한 合衆國 政府 所有의 車輛 및 合衆國 軍隊의 構成員, 軍屬 및 그들의 家族은 合衆國 軍隊가 使用하고 있는 施設과 區域에 出入하고, 이들 施設과 區域間을 移動하고, 또한 이러한 施設과 區域 및 大韓民國의 港口 또는 飛行場間을 移動할 수 있다. 合衆國의 軍用 車輛의 施設과 區域에의 出入 및 이들 施設과 區域間의 移動에는 道路使用料 및 기타의 課徵金을 課하지 아니한다.

3. 第1項에 規定된 船舶이 大韓民國 港口에 入港하는 경우 通常的인 狀態下에서는 大韓民國의 關係當局에 대하여 適切한 通告를 하여야 한다. 이러한 船舶은 强制導船이 免除되나, 導船士를 使用하는 경우에는 適切한 率의 導船料를 支給하여야 한다.

第11條【氣象業務】

大韓民國 政府는 兩國 政府의 關係當局間의 約定에 따라 다음의 氣象業務를 合衆國 軍隊에 提供함을 約束한다.

(가) 船舶에 의한 觀測을 包含한 地上 및 海上에서의 氣象觀測

(나) 定期的 概況과 可能하다면 過去의 資料도 包含한 氣象資料

(다) 氣象 情報를 報道하는 電氣通信業務

(라) 地震 觀測의 資料

第12條【航空 交通 管制 및 運航 補助 施設】

1. 모든 民間 및 軍用 航空 交通 管制는 緊密한 協調를 통하여 發達을 이룩하여야 하며 또한 本 協定의 運營上 必要한 範圍까지 統合되어야 한다. 이러한 協調 및 統合을 이룩하는 데 必要한 節次 및 이에 대한 追後의 變更은 兩 政府의 關係當局間에 成立되는 約定에 의하여 設定된다.

2. 合衆國은 大韓民國 全域과 그 領海에 船舶 및 航空機의 運航 補助施設(所要되는 바에 따라 視覺型과 電子型)을 設置, 建立 및 維持할 權限을 가진다. 이러한 運航 補助施設은 大韓民國에서 使用되고 있는 體制에 大體로 合致하여야 한다. 運航 補助施設을 設置한 大韓民國 및 合衆國의 當局은 同 補助施設의 位置와 特徵을 適切히 相互 通告하여야 하며, 또한 이들 補助施設을 變更하거나 附加的인 運航 補助施設을 設置하기에 앞서 가능한 한 事前 通告를 하여야 한다.

第13條【非歲出資金機關】

1. (가) 合衆國 軍 當局이 公認하고 規制하는 軍 販賣店, 食堂, 社交「클럽」, 劇場, 新聞 및 기타 非歲出資金機關은 合衆國 軍隊의 構成員, 軍屬 및 그들의 家族의 利用을 위하여 合衆國 軍隊가 設置할 수 있다. 이러한 諸 機關은 本 協定에 달리 規定하는 경우를 제외하고는 大韓民國의 規制, 免許, 手數料, 租稅 또는 이에 類似한 管理를 받지 아니한다.

(나) 合衆國 軍 當局이 公認하고 規制하는 新聞이 一般 大衆에 販賣되는 때에는 그 配布에 관한 한 大韓民國의 規制, 免許, 手數料, 租稅 또는 이에 類似한 管理를 받는다.

2. 이러한 諸 機關에 의한 商品 및 用役의 販賣에는 本條 第1項 (나)에 規定된 바를 除外하고는 大韓民國의 租稅를 賦課하지 아니하나, 이러한 諸 機關에 의한 商品 및 需用品의 大韓民國안에서의 購入에는 兩 政府間에 달리 合意하지 아니하는 한 이러한 商品 및 需用品의 다른 購入者가 賦課받는 大韓民國의 租稅를 賦課한다.

3. 이러한 諸 機關이 販賣하는 物品은 大韓民國 및 合衆國의 當局이 相互 合意하는 條件에 따라 處分을 인정하는 경우를 除外하고는 이러한 諸 機關으로부터의 購入이 認定되지 아니한 者에 대하여 大韓民國안에서 이를 處分하여서는 아니된다.

4. 本條에 規定된 諸 機關은, 合同委員會에서의 兩 政府 代表間의 協議를 통하여 大韓民國 租稅當局에 大韓民國 稅法이 要求하는 情報를 提供하여야 한다.

第14條【課稅】

1. 合衆國 軍隊는 그가 大韓民國안에서 保有, 使用 또는 移轉하는 財産에 대하여 租稅 또는 이에 類似한 課徵金을 賦課받지 아니한다.

2. 合衆國 軍隊의 構成員, 軍屬 및 그들의 家族은 이들이 第13條에 規定된 諸 機關을 包含한 合衆國 軍隊에서 勤務하거나 雇傭된 結果로 取得한 所得에 대하여 大韓民國 政府 또는 大韓民國에 있는 기타 課稅機關에 대하여 어떠한 大韓民國의 租稅도 納付할 義務를 負擔하지 아니한다. 合衆國 軍隊의 構成員, 軍屬 또는 그들의 家族이라는 理由만으로써 大韓民國에 滯留하는 者는 大韓民國밖에서의 源泉으로부터 發生한 所得에 대하여, 大韓民國 政府 또는 大韓民國에 있는 어느 課稅機關에 대하여서도 어떠한 大韓民國의 租稅도 이를 納付할 義務를 負擔하지 아니하며, 또한 이러한 者가 大韓民國에 滯留하는 期間은 大韓民國 租稅의 賦課上 大韓民國에 居所나 住所를 가지는 期間으로 看做되지 아니한다. 本條의 規定은 이러한 者에 대하여 本項 첫段에서 規定하고 있는 源泉 이외의 大韓民國의 源泉에서 發生한 所得에 대하여, 大韓民國 租稅의 納付義務를 免除하지 아니하며, 또한 合衆國의 所得稅 때문에 大韓民國에 住所가 있다고 申立하는 合衆國 市民에 대하여는 所得에 대한 大韓民國 租稅의 納付를 免除하지 아니한다.

3. 合衆國 軍隊의 構成員, 軍屬 및 그들의 家族은 그들이 단지 一時的으로 大韓民國에 滯留한 것에 起因하여 大韓民國에 所在하는 動産 또는 無體財産權의 保有, 使用 및 이들 相互間의 移轉 또는 死亡에 의한 移轉에 대하여는 大韓民國에서의 課稅로부터 免除받는다. 다만, 이러한 免除는 大韓民國안에서 投資를 위하거나 事業을 행하기 위하여 保有한 財産 또는 大韓民國에서 登錄된 어떠한 無體財産權에도 適用되지 아니한다.

第15條【招請 契約者】

1. (가) 合衆國의 法律에 따라 組織된 法人,

(나) 通常的으로 合衆國에 居住하는 그의 雇傭員 및

(다) 前記한 者의 家族을 包含하여 合衆國 軍隊 또는 同 軍隊로부터 軍需支援을 받는 統合司令部 傘下 駐韓外國軍隊를 위한 合衆國과의 契約 履行만을 위하여 大韓民國에 滯留하고 또한 合衆國 政府가 下記 第2項의 規定에 따라 指定한 者는 本條에 規定된 경우를 除外하고는 大韓民國의 法令에 따라야 한다.

2. 前記 第1項에 規定된 指定은 大韓民國 政府와의 協議에 의하여 이루어져야 하고 또한 安全上의 考慮, 關係業者의 技術上의 適格要件, 合衆國의 標準에 合致하는 資材 또는 用役의 缺如 또는 合衆國의 法令上의 制限때문에 公開競爭入札을 實施할 수 없는 경우에만 행하여져야 한다. 그 指定은 다음의 경우에는 合衆國 政府는 이를 撤回하여야 한다.

(가) 合衆國 軍隊 또는 同 軍隊로부터 軍需支援을 받는 統合司令部 傘下 駐韓外國軍隊를 위한 合衆國과의 契約이 終了되는 때

(나) 이러한 者가 合衆國 軍隊 또는 同 軍隊로부터 軍需支援을 받는 統合司令部 傘下 駐韓外國軍隊關係의 事業活動 이외의 事業活動에 從事하고 있는 事實이 立證되는 때

(다) 이러한 者가 大韓民國에서 違法한 活動에 從事하는 事實이 立證되는 때

3. 이러한 者는 그의 身分에 관한 合衆國 關係當局의 證明이 있는 때에는 本 協定上의 다음의 利益이 賦與된다.

(가) 第10條第2項에 規定된 出入 및 移動

(나) 第8條의 規定에 따른 大韓民國에의 入國

(다) 合衆國 軍隊의 構成員, 軍屬 및 그들의 家族에 대하여 第9條第3項에 規定된 關稅 및 기타 課徵金의 免除

(라) 合衆國 政府에 의하여 認定되는 때에는 第13條에 規定된 機關의 用役 利用

(마) 合衆國 軍隊의 構成員, 軍屬 및 그들의 家族에 대하여 第18條第2項에 規定된 것

(바) 合衆國 政府에 의하여 認定되는 때에는 第19條에 規定된 바에 따른 軍票의 使用

(사) 第20條에 規定된 郵便施設의 利用

(아) 公益事業과 用役에 관하여, 第6條에 의하여 合衆國 軍隊에 賦與되는 優先權, 條件, 使用料나 料金에 따르는 公益事業과 用役의 利用

(자) 雇傭條件 및 事業과 法人의 免許와 登錄에 관한 大韓民國 法令의 適用으로부터의 免除

4. 이러한 者의 到着, 出發 및 大韓民國에 있는 동안의 居所는 合衆國 軍隊가 大韓民國 當局에 이를 隨時로 通告하여야 한다.

5. 이러한 者가 第1項에 規定된 契約 履行만을 위하여 保有하고 使用하며 또는 移轉하는 減價 消却 資産(家屋을 除外한다)에 대하여는 合衆國 軍隊의 權限있는 代表의 證明이 있는 때에는 大韓民國의 租稅 및 이에 類似한 課徵金을 賦課하지 아니한다.

6. 이러한 者는 合衆國 軍隊의 權限있는 代表의 證明이 있는 때에는 그들이 단지 一時的으로 大韓民國에 滯留한 것에 起因하여 大韓民國에 所在하는 動産 또는 無體財産權의 保有, 使用,

死亡에 의한 移轉 또는 本 協定에 따라 免稅받는 權利를 가지는 個人 또는 機關에의 移轉에 대하여 大韓民國에서의 課稅로부터 免除된다. 다만, 이러한 免除는 大韓民國안에서 投資를 위하거나 기타의 事業을 行하기 위하여 保有한 財産 또는 大韓民國에서 登錄된 어떠한 無體財産權에도 適用되지 아니한다.

7. 이러한 者는, 本 協定에 規定된 어느 것의 施設이나 區域의 建設, 維持 또는 運營에 관한 合衆國 政府와의 契約에 의하여 發生하는 所得에 대하여, 大韓民國 政府 또는 大韓民國에 있는 기타의 課稅機關에 所得稅 또는 法人稅를 納付할 義務를 지지 아니한다. 이러한 合衆國과의 契約의 履行과 關聯하여, 大韓民國에 滯留하는 者는 大韓民國밖의 源泉으로부터 發生하는 所得에 대하여 大韓民國 政府 또는 大韓民國에 있는 課稅機關에 어떠한 大韓民國 租稅도 納付할 義務를 지지 아니하며, 또한 이러한 者가 大韓民國에 滯留하는 期間은 大韓民國 租稅의 賦課上 大韓民國에 居所나 住所를 가지는 期間으로 看做되지 아니한다. 本項의 規定은 이러한 者에 대하여 本項의 첫段에 規定된 源泉 以外의 大韓民國의 源泉으로부터 發生하는 所得에 대하여 所得稅 또는 法人稅의 納付를 免除하는 것이 아니며, 또한 合衆國의 所得稅 때문에 大韓民國에 居所가 있다고 申立하는 者에 대하여는 大韓民國의 租稅 納付를 免除하지 아니한다.

8. 大韓民國 當局은 大韓民國안에서 發生한 犯罪로서 大韓民國 法令에 의하여 處罰할 수 있는 犯罪에 관하여 이러한 者에 대하여 裁判權을 行使할 權利를 가진다. 大韓民國의 防衛에 있어서의 이러한 者의 役割을 認定하여 그들은 第22條第5項, 第7項(나), 第9項 및 同 關係 合意議事錄의 規定에 따라야 한다. 大韓民國 當局이 裁判權을 行使하지 아니하기로 決定하는 경우에는 大韓民國 當局은 早速히 合衆國 軍 當局에 通告하여야 한다. 合衆國 軍 當局은 이러한 通告를 接受하면 合衆國 法令에 의하여 賦與된 바에 따라 前記의 者에 대하여 裁判權을 行使할 權利를 가진다.

第16條【現地調達】

1. 合衆國은 本 協定의 目的을 위하거나 本 協定에서 認定되는 바에 따라 大韓民國안에서 供給 또는 提供될 資材, 需用品, 備品 및 用役(建築工事를 包含한다)의 調達을 위하여 契約者, 供給者 또는 用役을 提供하는 者의 選擇에 관하여 制限을 받지 아니하고 契約할 수 있다. 이러한 資材, 需用品, 備品 및 用役은 兩 政府의 關係當局間에 合意되는 바에 따라 大韓民國 政府를 통하여 調達될 수 있다.

2. 合衆國 軍隊의 維持를 위하여 現地에서 供給될 必要가 있는 資材, 需用品, 備品 및 用役으로서 그 調達이 大韓民國의 經濟에 惡影響을 미칠 憂慮가 있는 것은 大韓民國의 關係當局과의 調整下에, 또한 要望되는 경우에는 大韓民國의 關係當局을 통하거나 그 援助를 얻어 調達되어야 한다.

3. 公認 調達機關을 包含한 合衆國 軍隊가 大韓民國안에서 公用을 위하여 調達하는 資材, 需用品, 備品 및 用役 또는 合衆國 軍隊의 最終 消費使用을 위하여 調達하는 資材, 需用品, 備品 및 用役은 同 合衆國 軍隊가 事前에 適切한 證明書를 提示하면, 다음의 大韓民國 租稅가 免除된다.

(가) 物品稅
(나) 通行稅
(다) 石油類稅
(라) 電氣「까스」稅
(마) 營業稅

兩國 政府는 本條에 明示하지 아니한 大韓民國의 現在 또는 將來의 租稅로서 合衆國 軍隊에 의하여 調達되거나 最終的으로 使用되기 위한 資材, 需用品, 備品 및 用役의 總 購入價格의 相當한 部分 및 容易하게 判別할 수 있는 部分을 이루는 것이라고 認定되는 것에 관하여, 本條의 目的에 合致하는 免稅 또는 減稅를 認定하기 위한 節次에 관하여 合意한다.

4. 合衆國 軍隊의 構成員, 軍屬 및 그들의 家族은 本條를 理由로 하여 大韓民國안에서 賦課할 수 있는 物品 및 用役의 個人的 購入에 대하여 租稅 또는 이에 類似한 公課金의 免除를 享有하는 것은 아니다.

5. 第3項에 規定된 租稅의 免除를 받아 大韓民國에서 購入한 物品은 大韓民國 當局과 合衆國 當局이 相互間에 合意하는 條件에 따라 處分을 認定하는 경우를 除外하고는 當該 物品을 免稅로 購入하는 權利를 가지지 아니하는 者에 대하여 大韓民國안에서 이를 處分하여서는 아니된다.

第17條【勞務】

1. 本條에 있어서

(가) "雇傭主"라 함은 合衆國 軍隊(非歲出資金機關을 包含한다) 및 第15條第1項에 規定된 者를 말한다.

(나) "雇傭員"이라 함은 雇傭主가 雇傭한 軍屬이나 第15條에 規定된 契約者의 雇傭員이 아닌 民間人을 말한다. 다만, (1) 韓國勞務團(「케이·에스·씨」)의 構成員 및 (2) 合衆國 軍隊의 構成員, 軍屬 또는 그들의 家族의 個人이 雇傭한 家事 使用人은 除外된다. 이러한 雇傭員은 大韓民國 國民이어야 한다.

2. 雇傭主는 그들의 人員을 募集하고 雇傭하며 管理할 수 있다. 大韓民國 政府의 募集事務機關은 可能한 限 利用된다. 雇傭主가 雇傭員을 直接 募集하는 경우에는 雇傭主는 勞動行政上 必要한 適切한 情報를 大韓民國 勞動廳에 提供한다.

3. 本條의 規定과 合衆國 軍隊의 軍事上 必要에 背馳되지 아니하는 限度內에서 合衆國 軍隊가 그들의 雇傭員을 위하여 設定한 雇傭條件, 補償 및 勞使關係는 大韓民國의 勞動法令의 諸規定에 따라야 한다.

4. (가) 雇傭主와 雇傭員이나 承認된 雇傭員 團體間의 爭議로서, 合衆國 軍隊의 不平處理 또는 勞動關係 節次를 통하여 解決될 수 없는 것은 大韓民國 勞動法令중 團體行動에 관한 規定을 考慮하여 다음과 같이 解決되어야 한다.

(1) 爭議는 調整을 위하여 大韓民國 勞動廳에 回附되어야 한다.

(2) 그 爭議가 前記 (1)에 規定된 節次에 의하여 解決되지 아니한 경우에는 그 問題는 合同委員會에 回附되며, 또한 合同委員會는 새로운 調整에 努力하고저 그가 指定하는 特別委員會에 그 問題를 回附할 수 있다.

(3) 그 爭議가 前記의 節次에 의하여 解決되지 아니한 경우에는 合同委員會는 迅速한 節次가 뒤따를 것이라는 確證下에 그 爭議를 解決한다. 合同委員會의 決定은 拘束力을 가진다.

(4) 어느 承認된 雇傭員 團體 또는 雇傭員이 어느 爭議에 대한 合同委員會의 決定에 不服하거나, 또는 解決節次의 進行중 正常的인 業務要件을 妨害하는 行動에 從事함은 前記 團體의 承認撤回 및 그 雇傭員의 解雇에 대한 正當한 事由로 看做된다.

(5) 雇傭員團體나 雇傭員은 爭議가 前記 (2)에 規定된 合同委員會에 回附된 後 적어도 70日의 期間이 經過되지 아니하는 限 正常的인 業務要件을 妨害하는 어떠한 行動에도 從事하여서는 아니된다.

(나) 雇傭員 또는 雇傭員團體는 勞動爭議가 前記 節次에 의하여 解決되지 아니하는 경우에는 繼續 團體行動權을 가진다. 다만, 合同委員會가 이러한 行動이 大韓民國의 共同防衛를 위한 合衆國 軍隊의 軍事作戰을 甚히 妨害한다고 決定하는 경우에는 除外한다. 合同委員會에서 이 문제에 관하여 合意에 도달할 수 없을 경우에는 그 문제는 大韓民國 政府의 關係官과 아메리카合衆國 外交使節間의 討議를 통한 再檢討의 대상이 될 수 있다.

(다) 本條의 適用은 戰爭, 敵對行爲 또는 戰爭이나 敵對行爲가 切迫한 狀態와 같은 國家 非常時에는 合衆國 軍 當局과의 協議下에 大韓民國 政府가 取하는 非常措置에 따라 制限된다.

5. (가) 大韓民國이 勞動力을 配定할 경우에는 合衆國 軍隊는 大韓民國 國軍이 가지는 것보다 不利하지 아니한 配定 特權이 賦與되어야 한다.

(나) 戰爭, 敵對行爲 또는 戰爭이나 敵對行爲가 切迫한 狀態와 같은 國家 非常時에는 合衆國 軍隊의 任務에 緊要한 技術을 習得한 雇傭員은 合衆國 軍隊의 要請에 따라 相互 協議를 통하여 大韓民國의 兵役이나 또는 기타 强制服務가 延期되어야 한다. 合衆國 軍隊는 緊要하다고 認定되는 雇傭員의 名單을 大韓民國에 事前에 提供하여야 한다.

6. 軍屬은 그들의 任用과 雇傭條件에 관하여 大韓民國의 諸法令에 따르지 아니한다.

第18條【外換管理】

1. 合衆國 軍隊의 構成員, 軍屬 및 그들의 家族은 大韓民國 政府의 外換管理에 따라야 한다.

2. 前項의 規定은 合衆國 "弗" 또는 "弗"證券으로서, 合衆國의 供給인 것 또는 合衆國 軍隊의 構成員 및 軍屬이 本 協定과 關聯하여 勤務하거나 雇傭된 結果로서 取得한 것 또는 이러한 者와 그들의 家族이 大韓民國밖의 源泉으로부터 取得한 것의 大韓民國으로의 또는 大韓民國으로부터의 移轉을 막는 것으로 解釋되지 아니한다.

3. 合衆國 當局은 前項에 規定된 特權의 濫用 또는 大韓民國의 外換管理의 回避를 防止하기 위한 必要한 措置를 取하여야 한다.

第19條【軍票】

1. (가) "弗"로 表示된 合衆國 軍票는 合衆國에 의하여 認可받은 者가 그들 相互間의 去來를 위하여 使用할 수 있다. 合衆國 政府는 合衆國의 規則이 許容하는 경우를 除外하고는 認可받은 者가 軍票를 使用하는 去來에 從事하는 것을 禁止하도록 保障하기 위한 適當한 措置를 取한다. 大韓民國 政府는 認可받지 아니한 者가 軍票를 使用하는 去來에 從事하는 것을 禁止하기 위한 必要한 措置를 取하며 또한 合衆國 當局의 援助를 얻어 軍票의 僞造 또는 僞造軍票의 使用에 關與하는 者로서 大韓民國 當局의 裁判權에 따르는 者를 逮捕하고 處罰할 것을 約束한다.

(나) 合衆國 當局은 合衆國의 法律이 許容하는 限度까지 認可받지 아니한 者에 대하여 軍票를 行使하는 合衆國 軍隊의 構成員, 軍屬 및 그들의 家族을 逮捕하고 處罰할 것에 合意하며, 또한 大韓民國안에서 許容되지 아니하는 使用의 結果로서 合衆國이나 그 機關이 이러한 認可를 받지 아니한 者 또는 大韓民國 政府나 그 機關에 대하여 어떠한 義務도 負擔시키지 아니할 것에 合意한다.

2. 合衆國은 軍票를 管理하기 위하여 合衆國의 監督下에 合衆國에 의하여 軍票使用을 認可받은 者의 使用을 위한 施設을 維持하고 運營하는 一定한 아메리카의 金融機關을 指定할 수 있다. 軍用銀行施設의 維持를 認可받은 金融機關은 이러한 施設을 當該 機關의 大韓民國의 商業金融業體로부터 場所的으로 分離하여 設置하고 維持할 것이며, 이러한 施設을 維持하고 運營하는 것을 唯一의 任務로 하는 職員을 둔다. 이러한 施設은 合衆國 通貨에 의한 銀行計定을 維持하고 또한 이러한 計定과 關聯된 모든 金融去來(本 協定 第18條第2項에 規定된 範圍內에서의 資金의 領受 및 送金을 包含한다)를 行하는 것이 許容된다.

第20條【軍事郵遞局】 合衆國은 大韓民國에 있는 合衆國 軍事郵遞局間 및 이러한 軍事郵遞局과 기타 合衆國 郵遞局間에 있어서의 郵便物의 送達을 위하여 合衆國 軍隊가 使用하고 있는 施設 및 區域안에 合衆國 軍隊의 構成員, 軍屬 및 그들의 家族이 利用하는 合衆國 軍事郵遞局을 設置하고 運營할 수 있다.

第21條【會計節次】 大韓民國 政府와 合衆國 政府는 本 協定으로부터 發生하는 金融去來에 適用할 수 있도록 會計節次를 위한 約定을 締結할 것에 合意한다.

第22條【刑事裁判權】

1. 本條의 規定에 따를 것을 條件으로,

(가) 合衆國 軍 當局은 合衆國 軍隊의 構成員, 軍屬 및 그들의 家族에 대하여 合衆國 法令이 賦與한 모든 刑事裁判權 및 懲戒權을 大韓民國안에서 行使할 權利를 가진다.

(나) 大韓民國 當局은 合衆國 軍隊의 構成員, 軍屬 및 그들의 家族에 대하여 大韓民國의 領域안에서 犯한 犯罪로서 大韓民國 法令에 의하여 處罰할 수 있는 犯罪에 관하여 裁判權을 가진다.

2. (가) 合衆國 軍 當局은 合衆國 軍隊의 構成員이나 軍屬 및 그들의 家族에 대하여 合衆國 法令에 의하여서는 處罰할 수 있으나 大韓民國 法令에 의하여서는 處罰할 수 없는 犯罪(合衆國의 安全에 관한 犯罪를 包含한다)에 관하여 專屬的 裁判權을 行使할 權利를 가진다.

(나) 大韓民國 當局은 合衆國 軍隊의 構成員이나 軍屬 및 그들의 家族에 대하여, 大韓民國 法令에 의하여서는 處罰할 수 있으나 合衆國 法令에 의하여서는 處罰할 수 없는 犯罪(大韓民國의 安全에 관한 犯罪를 包含한다)에 관하여 專屬的 裁判權을 行使할 權利를 가진다.

(다) 本條第2項 및 第3項의 適用上, 國家의 安全에 관한 犯罪라 함은 다음의 것을 包含한다.

(1) 當該國에 대한 反逆

(2) 妨害 行爲(「사보타아지」), 間諜行爲 또는 當該國의 公務上 또는 國防上의 秘密에 관한 法令의 違反

3. 裁判權을 行使할 權利가 競合하는 경우에는 다음의 規定이 適用된다.

(가) 合衆國 軍 當局은 다음의 犯罪에 관하여는 合衆國 軍隊의 構成員이나 軍屬 및 그들의 家族에 대하여 裁判權을 行使할 第一次的 權利를 가진다.

(1) 오로지 合衆國의 財産이나 安全에 대한 犯罪, 또는 오로지 合衆國 軍隊의 他 構成員이나 軍屬 또는 그들의 家族의 身體나 財産에 대한 犯罪

(2) 公務執行중의 作爲 또는 不作爲에 의한 犯罪

(나) 기타의 犯罪에 관하여는 大韓民國 當局이 裁判權을 行使할 第一次的 權利를 가진다.

(다) 第一次的 權利를 가지는 國家가 裁判權을 行使하지 아니하기로 決定한 때에는 可能한 한 迅速히 他方 國家當局에 그 뜻을 通告하여야 한다. 第一次的 權利를 가지는 國家의 當局은 他方國家가 이러한 權利抛棄를 特히 重要하다고 認定하는 경우에 있어서 그 他方國家의 當局으로부터 그 權利抛棄의 要請이 있으면 그 要請에 대하여 好意的 考慮를 하여야 한다.

4. 本條의 前記 諸 規定은 合衆國 軍 當局이 大韓民國의 國民인 者 또는 大韓民國에 通常的으로 居住하고 있는 者에 대하여 裁判權을 行使할 權利를 가진다는 것을 뜻하지 아니한다. 다만, 그들이 合衆國 軍隊의 構成員인 경우에는 그러하지 아니하다.

5. (가) 大韓民國 當局과 合衆國 軍 當局은 大韓民國 領域안에서 合衆國 軍隊의 構成員, 軍屬 또는 그들의 家族을 逮捕함에 있어서 그리고 다음의 規定에 따라 그들을 拘禁할 當局에 引渡함에 있어서 相互 助力하여야 한다.

(나) 大韓民國 當局은 合衆國 軍 當局에 合衆國 軍隊의 構成員, 軍屬 또는 그들의 家族의 逮捕를 卽時 通告하여야 한다. 合衆國 軍 當局은 大韓民國이 裁判權을 行使할 第一次的 權利를 가지는 경우에 있어서 合衆國 軍隊의 構成員, 軍屬 또는 그들의 家族의 逮捕를 大韓民國 當局에 卽時 通告하여야 한다.

(다) 대한민국이 재판권을 행사할 합중국 군대의 구성원·군속 또는 그들의 가족인 피의자의 구금은 그 피의자가 대한민국에 의하여 기소될 때까지 합중국 군당국이 계속 이를 행한다. (2001.3.29 개정)

(라) 第2項 (다)에 規定된 오로지 大韓民國의 安全에 대한 犯罪에 관한 被疑者는 大韓民國 當局의 拘禁下에 두어야 한다.

6. (가) 大韓民國 當局과 合衆國 軍 當局은 犯罪에 대한 모든 必要한 搜査의 實施 및 證據의 蒐集과 提出(犯罪에 관련된 物件의 押收 및 相當한 경우에는 그의 引渡를 包含한다)에 있어서 相互 助力하여야 한다. 그러나, 이러한 物件은 引渡를 하는 當局이 정하는 期間內에 還付할 것을 條件으로 引渡할 수 있다.

(나) 大韓民國 當局과 合衆國 軍 當局은 裁判權을 行使할 權利가 競合하는 모든 事件의 處理를 相互 通告하여야 한다.

7. (가) 死刑의 判決은 大韓民國의 法令이 같은 경우에 死刑을 規定하고 있지 아니한 때에는 合衆國 軍 當局이 大韓民國안에서 이를 執行하여서는 아니된다.

(나) 大韓民國 當局은 合衆國 軍 當局이 本條의 規定에 따라 宣告한 自由刑을 大韓民國 領域안에서 執行함에 있어서 合衆國 軍 當局으로부터 助力을 要請하면 이 要請에 대하여 好意的 考慮를 하여야 한다. 大韓民國 當局은 또한 大韓民國 法院이 宣告한 拘禁刑에 服役하고 있는 合衆國 軍隊의 構成員, 軍屬 또는 그들의 家族의 拘禁引渡를 合衆國 當局이 要請하면 이 要請에 대하여 好意的 考慮를 하여야 한다. 이와 같이 拘禁이 合衆國 軍 當局에 引渡된 경우에는 合衆國은 拘禁刑의 服役이 終了되거나 또는 이러한 拘禁으로부터의 釋放이 大韓民國 關係當局의 承認을 받을 때까지 合衆國의 適當한 拘禁施設안에서 그 個人의 拘禁을 繼續할 義務를 진다.
이러한 경우에 合衆國 當局은 大韓民國 當局에 關係 情報를 定規的으로 提供하여야 하며, 또한 大韓民國 政府의 代表는 大韓民國 法院이 宣告한 刑을 合衆國의 拘禁施設안에서 服役하고 있는 合衆國 軍隊의 構成員, 軍屬 또는 家族과 接見할 權利를 가진다.

8. 被告人이 本條의 規定에 따라 大韓民國 當局이나 合衆國 軍 當局중의 어느 一方當局에 의하여 裁判을 받은 경우에 있어서, 無罪判決을 받았을 때 또는 有罪判決을 받고 服役중에 있거나 服役을 終了하였을 때 또는 그의 刑이 減刑되었거나 執行停止되었을 때 또는 赦免되었을 때에는 그 被告人은 他方國家 當局에 의하여 大韓民國의 領域안에서 同一한 犯罪에 대하여 二重으로 裁判받지 아니한다. 그러나, 本項의 어떠한 規定도 合衆國 軍 當局이 合衆國 軍隊의 構成員을, 그 者가 大韓民國 當局에 의하여 裁判을 받은 犯罪를 構成한 行爲나 不作爲에 의한 軍紀違反에 대하여 裁判하는 것을 막는 것은 아니다.

9. 合衆國 軍隊의 構成員, 軍屬 또는 그들의 家族은 大韓民國의 裁判權에 의하여 公訴가 提起되는 때에는 언제든지 다음의 權利를 가진다.

(가) 遲滯없이 迅速한 裁判을 받을 權利
(나) 公判前에 自身에 대한 具體的인 公訴事實의 通知를 받을 權利
(다) 自身에 不利한 證人과 對面하고 그를 訊問할 權利
(라) 證人이 大韓民國의 管轄內에 있는 때에는 自身을 위하여 强制的 節次에 의하여 證人을 구할 權利
(마) 自身의 辯護를 위하여 自己가 選擇하는 辯護人을 가질 權利 또는 大韓民國에서 그 當時에 通常的으로 行하여지는 條件에 따라 費用을 要하지 아니하거나 또는 費用의 補助를 받는 辯護人을 가질 權利
(바) 被告人이 必要하다고 認定하는 때에는 有能한 通譯人의 助力을 받을 權利
(사) 合衆國의 政府代表와 接見 交通할 權利 및 自身의 裁判에 그 代表를 立會시킬 權利

10. (가) 合衆國 軍隊의 正規 編成部隊 또 編成隊는 本 協定 第2條에 따라 使用하는 施設이나 區域에서 警察權을 行使할 權利를 가진다. 合衆國 軍隊의 軍事警察은 同 施設 및 區域안에서 秩序 및 安全의 維持를 保障하기 위하여 모든 適切한 措置를 取할 수 있다.

(나) 이러한 施設 및 區域밖에서는 前記의 軍事警察은 반드시 大韓民國 當局과의 約定에 따를 것을 條件으로 하고 또한 大韓民國 當局과의 連絡下에 行使되어야 하며, 그 行使는 合衆國 軍隊의 構成員間의 規律과 秩序의 維持 및 그들의 安全保障을 위하여 必要한 範圍內에 局限된다.

11. 相互防衛條約 第2條가 適用되는 敵對行爲가 發生한 경우에는 刑事裁判權에 관한 本 協定의 規定은 즉시 그 適用이 停止되고 合衆國 軍 當局은 合衆國 軍隊의 構成員, 軍屬 및 그들의 家族에 대한 專屬的 裁判權을 行使할 權利를 가진다.

12. 本條의 規定은 本 協定의 效力發生前에 犯한 어떠한 犯罪에도 適用되지 아니한다. 이러한 事件에 대하여는 1950年 7月 12日字 大田에서 覺書 交換으로 效力이 發生된 大韓民國과合衆國間의協定의 規定을 適用한다.

판례 계엄령선포와 재판권 : 대한민국이 미합중국 군대 구성원에 대하여 재판권을 행사 심리중 대한민국내에 계엄령이 선포되면 이 협정의 합의의사록 제22조제1항(나)호에 의하여 대한민국의 재판권은 즉시 정지되나 그 정지기간은 계엄이 해제될 때까지로서 계엄기간중 미합중국 군당국이 동 합의의사록에 기한 전속적 재판권을 행사하지 않는 한, 계엄이 해제된 후부터는 대한민국법원이 계속 재판권을 행사하여야 한다. (대판 1973.8.31, 73도1440)

第23條【請求權】

1. 各 當事國은 自國이 所有하고 自國의 軍隊가 使用하는 財産에 대한 損害에 관하여 다음의 경우에는 他方當事國에 대한 모든 請求權을 抛棄한다.

(가) 損害가 他方當事國 軍隊의 構成員 또는 雇傭員에 의하여 그의 公務執行중에 일어난 경우, 또는

(나) 損害가 他方當事國이 所有하고 同國의 軍隊가 使用하는 車輛, 船舶 또는 航空機의 使用으로부터 일어난 경우. 다만, 損害를 일으킨 車輛, 船舶 또는 航空機가 公用을 위하여 使用되고 있었을 때, 또는 損害가 公用을 위하여 使用되고 있는 財産에 일어났을 때에만 限한다.

海難 救助에 관한 一方當事國의 他方當事國에 대한 請求權은 이를 抛棄한다. 다만, 救助된 船舶이나 船荷가 他方當事國이 所有하고 同國의 軍隊가 公用을 위하여 使用중이던 경우에 限한다.

2. (가) 第1項에 規定된 損害가 어느 一方當事國이 所有하는 기타 財産에 일어난 경우에는 兩 政府가 달리 合意하지 아니하는 限 本項 (나)의 規定에 따라 選定되는 一人의 仲裁人이 他方當事國의 責任問題를 決定하고 또한 損害額을 査定한다. 이 仲裁人은 또한 同一 事件으로부터 發生하는 어떠한 反對의 請求도 裁定한다.

(나) 前記 (가)에 規定된 仲裁人은 兩 政府間의 合意에 의하여, 司法關係의 上級 地位에 있거나 또는 있었던 大韓民國 國民중에서 이를 選定한다.

(다) 仲裁人이 行한 裁定은 兩 當事國에 대하여 拘束力이 있는 最終的인 것이다.

(라) 仲裁人이 裁定한 모든 賠償金은 本條第5項(마)의 (1), (2) 및 (3)의 規定에 따라 이를 分擔한다.

(마) 仲裁人의 報酬는 兩 政府間의 合意에 의하여 정하여지며, 兩 政府가 仲裁人의 任務遂行에 따르는 必要한 費用과 함께 均等한 比率로 分擔하여 이를 支給한다.

(바) 各 當事國은 이러한 어떠한 경우에도 壹千四百 合衆國 弗($1,400) 또는 大韓民國 通貨로 이에 該當되는 額數(請求가 提起된 때에 第18條의 合意議事錄에 規定된 換率에 의한다)以下의 金額에 대하여는 各己 請求權을 抛棄한다.

3. 本條第1項 및 第2項의 適用上, 船舶에 관하여 "當事國이 所有…"라 함은 그 當事國이 裸傭船契約에 의하여 賃借한 船舶, 裸船條件으로 徵發한 船舶 또는 拿捕한 船舶을 包含한다(다만, 損失의 危險 또는 責任이 當該 當事國 以外의 者에 의하여 負擔되는 限에 있어서는 그러하지 아니하다).

4. 各 當事國은 自國 軍隊의 構成員이 그의 公務 執行에 從事하고 있었을 때에 입은 負傷이나 死亡에 관한 他方當事國에 대한 모든 請求權을 抛棄한다.

5. 公務執行중의 合衆國 軍隊의 構成員이나 雇傭員(大韓民國 國民이거나 大韓民國에 通常的으로 居住하는 雇傭員을 包含한다)의 作爲 또는 不作爲 또는 合衆國 軍隊가 法律上 責任을 지는 기타의 作爲, 不作爲 또는 事故로서, 大韓民國안에서 大韓民國 政府 以外의 第三者에 損害를 加한 것으로부터 發生하는 請求權(契約에 의한 請求權 및 本條第6項이나 第7項의 適用을 받는 請求權은 除外된다)은, 大韓民國이 다음의 規定에 따라 이를 處理한다.

(가) 請求는 大韓民國 軍隊의 行動으로부터 發生하는 請求權에 관한 大韓民國의 法令에 따라 提起하고 審査하며 解決하거나 또는 裁判한다.

(나) 大韓民國은 前記한 어떠한 請求도 解決할 수 있으며, 또한 合意되거나 또는 裁判에 의하여 決定된 金額의 支給은 大韓民國이 "원"貨로써 이를 行한다.

(다) 이러한 支給(合意에 의한 解決에 따라 行하여지거나 또는 大韓民國의 管轄法院에 의한 判決에 따라 行하여지거나를 不問한다)이나 또는 支給을 認定하지 아니한다는 前記 法院에 의한 最終的 判決은 兩 當事國에 대하여 拘束力이 있는 最終的인 것이다.

(라) 大韓民國이 支給한 各 請求는 그 明細 및 下記 (마)의 (1) 및 (2)의 規定에 의한 分擔案과 함께 合衆國의 關係當局에 通知한다. 2個月以內에 回答이 없는 경우에는 그 分擔案은 受諾된 것으로 看做한다.

(마) 前記 (가) 내지 (라)의 規定 및 第2項의 規定에 따라 請求를 充足시키는 데 所要된 費用은 兩 當事國이 다음과 같이 이를 分擔한다.

(1) 合衆國만이 責任이 있는 경우에는 裁定되어 合意되거나 또는 裁判에 의하여 決定된 金額은 大韓民國이 그의 25「퍼센트」를, 合衆國이 그의 75「퍼센트」를 負擔하는 比率로 이를 分擔한다.

(2) 大韓民國과 合衆國이 損害에 대하여 責任이 있는 경우에는 裁定되어 合意되거나 또는 裁判에 의하여 決定된 金額은 兩 當事國이 均等히 이를 分擔한다. 損害가 大韓民國 軍隊나 合衆國 軍隊에 의하여 일어나고 그 損害를 이들 軍隊의 어느 一方 또는 雙方의 責任으로 特定할 수 없는 경우에는 裁定되어 合意되거나 또는 裁判에 의하여 決定된 金額은 大韓民國과 合衆國이 均等히 이를 分擔한다.

(3) 損害賠償責任, 賠償金額 및 比率에 의한 分擔案에 대하여 兩國 政府가 承認한 각 事件에 관하여 大韓民國이 6個月 期間에 支給한 金額의 明細書는 辨償要求書와 함께 每 6個月마다 合衆國 關係當局에 이를 送付한다. 이러한 辨償은 可能한 最短時日內에 "원"貨로써 하여야 한다. 本項에 規定된 兩國 政府의 承認은 第2項(다) 및 第5項(다)에 各各 規定되어 있는 仲裁人에 의한 어떠한 決定이나 또는 大韓民國의 管轄法院에 의한 判決을 侵害하여서는 아니된다.

(바) 合衆國 軍隊 構成員이나 雇傭員(大韓民國의 國籍을 가지거나 大韓民國에 通常的으로 居住하는 雇傭員을 包含한다)은 그들의 公務執行으로부터 일어난 事項에 있어서는 大韓民國안에서 그들에 대하여 行하여진 判決의 執行節次에 따르지 아니한다.

(사) 本項의 規定은 前記 (마)의 規定이 本條第2項에 規定된 請求權에 適用되는 範圍를 除外하고는 船舶의 航海나 運用 또는 貨物의 船積, 運送이나 揚陸에서 發生하거나 또는 이와 關聯하여 發生하는 請求權에 대하여는 適用되지 아니한다. 다만, 本條第4項이 適用되지 아니하는 死亡이나 負傷에 대한 請求權에 관하여는 그러하지 아니하다.

6. 大韓民國안에서 不法한 作爲 또는 不作爲로서 公務執行중에 行하여진 것이 아닌 것으로부터 發生한 合衆國 軍隊의 構成員 또는 雇傭員(大韓民國의 國民인 雇傭員 또는 大韓民國에 通常的으로 居住하는 雇傭員을 除外한다)에 대한 請求權은, 다음의 方法으로 이를 處理한다.

(가) 大韓民國 當局은 被害者의 行動을 包含한 當該 事件에 관한 모든 事情을 考慮하여, 公平하고 公正한 方法으로 請求를 審査하고 請求人에 대한 賠償金을 査定하며, 그 事件에 관한 報告書를 作成한다.

(나) 그 報告書는 合衆國 關係當局에 送付되며, 合衆國 當局은 遲滯없이 補償金 支給의 提議 與否를 決定하고, 또한 提議를 하는 경우에는 그 金額을 決定한다.

(다) 補償金 支給의 提議가 行하여진 경우 請求人이 그 請求를 完全히 充足시키는 것으로서 이를 受諾하는 때에는 合衆國 當局은 直接 支給하여야 하며 또한 그 決定 및 支給한 金額을 大韓民國 當局에 通告한다.

(라) 本項의 規定은 請求를 完全히 充足시키는 支給이 行하여지지 아니하는 限, 合衆國 軍隊의 構成員 또는 雇傭員에 대한 訴訟을 受理할 大韓民國 法院의 裁判權에 影響을 미치는 것은 아니다.

7. 合衆國 軍隊 車輛의 許可 받지 아니한 使用으로부터 發生하는 請求權은 合衆國 軍隊가 法律上 責任을 지는 경우를 除外하고는 本條第6項에 따라 이를 處理한다.

8. 合衆國 軍隊의 構成員 또는 雇傭員의 不法的인 作爲나 不作爲가 公務執行중에 行하여진 것인지의 與否 또는 合衆國 軍隊의 車輛使用이 許可받지 아니한 것인지의 與否에 관하여 紛爭이 發生한 경우에는 그 問題는 本條第2項(나)의 規定에 따라 選任된 仲裁人에게 回附하며, 이 點에 관한 同 仲裁人의 裁定은 最終的이며 確定的이다.

9. (가) 合衆國은 大韓民國 法院의 民事裁判權에 관하여 合衆國 軍隊의 構成員 또는 雇傭員의 公務執行으로부터 發生하는 問題에 있어서 大韓民國 안에서 그들에 대하여 行하여진 判決의 執行節次에 관한 경우 또는 請求를 完全히 充足시키는 支給을 한 後의 경우를 除外하고는 合衆國 軍隊의 構成員 또는 雇傭員에 대한 大韓民國 法院의 裁判權으로부터의 免除를 主張하여서는 아니된다.

(나) 合衆國 軍隊가 使用하고 있는 施設과 區域안에 大韓民國 法律에 依據한 强制執行에 따를 私有動産(合衆國 軍隊가 使用하고 있는 動産을 除外한다)이 있을 때에는 合衆國 當局은 大韓民國 法院의 要請에 따라 이러한 財産이 大韓民國 當局에 引渡되도록 그의 權限內의 모든 援助를 提供한다.

(다) 大韓民國 當局과 合衆國 當局은 本條의 規定에 의거한 請求의 公平한 處理를 위한 證據의 蒐集에 있어서 協力하여야 한다.

10. 合衆國 軍隊에 의한 또는 同 軍隊를 위한 資材, 需用品, 備品 및 用役의 調達에 관한 契約으로부터 發生하는 紛爭으로서, 그 契約當事者에 의하여 解決되지 아니하는 것은 調停을 위하여 合同委員會에 回附할 수 있다. 다만, 本項의 規定은 契約當事者가 가질 수 있는 民事訴訟을 提起할 權利를 侵害하지 아니한다.

11. 本條第2項 및 第5項의 規定은 非戰鬪行爲에 附隨하여 發生한 請求에 대하여서만 適用한다.

12. 合衆國 軍隊에 派遣勤務하는 大韓民國 增員軍隊(「카츄샤」)의 構成員은 本條의 適用上 合衆國 軍隊의 構成員으로 看做한다.

13. 本條의 規定은 本 協定의 效力發生 前에 發生한 請求權에는 適用하지 아니한다. 이러한 請求權은 合衆國 當局이 이를 處理하고 解決한다.

판례 국가배상법 제9조 소정의 전심절차와 그 하자의 치유 : 미합중국 군대의 구성원으로 간주되는 카츄샤의 운전사고로 인한 손해배상을 구하려면 법무부에 설치된 본부심의회 또는 본부심의회 소속 지구심의회에 그 지급신청을 해야 하는데 특별심의회에 배상신청을 한 후 소를 제기하였다 하더라도 기후 지구배상심의회에 배상신청을 하였다면 국가배상법 제9조 소정의 적법한 전심 절차를 경유하지 아니한 하자는 치유되었다고 할 것이다.(대판 1975.11.25, 75다647)

판례 대한민국의 배상책임 : 반드시 미군대의 구성원이나 그 고용원의 불법행위로 인한 손해배상만이 이에 해당한다고 할 것인바, 주한미군과 수송하청계약을 맺은 초청계약자인 회사의 고용원은 동조 소정의 고용원인 신분이 없다 할 것이므로, 동인의 불법행위로 인한 손해배상을 국가에 과할 수 없다.(대판 1973.6.26, 72다729)

판례 한국정부와 미국정부간의 합의가 법원을 기속하는지 여부 : 한국정부와 미합중국정부간에 이 사건사고가 공무집행중의 차량사고가 아니였다고 합의되었다하여 민사재판에 있어서, 위의 합의에 기속되어야 할 일종의 법적증거력이 부여되어 있는 것이라고 해석할 근거는 찾아볼 수 없다.(대판 1972.5.23, 72다1127)

판례 분쟁유무와 중재인의 재정 : ① 합중국 군대의 구성원 또는 고용원의 불법행위가 공무집행중의 것인지의 여부에 관하여 분쟁이 발생한 경우에는 반드시 위 협정 제23조제2항(나)의 규정에 의하여 선임된 중재인의 재정을 거쳐야 하고, 우리나라 법원이 독립적으로 이를 인정할 수 있는 것은 아니다.(대판 1971.6.30, 71다643)

② 분쟁이 없을 때에는 동규정에 의한 재정이 없다 하여도 이를 공무집행중으로 보아 책임을 인정한 원판결 판단을 위법이라 할 수 없다.(대판 1971.6.30, 71다1051)

③ 미합중국 군대의 공무집행중의 불법행위로 대한민국 국민이 손해를 입은 경우, 가해자와 피해자간의 과실분담문제는 중재인에게 회부하도록 되어 있는 것이 아니다.(대판 1973.6.26, 71다1191)

第24條【車輛과 運轉免許】

1. 大韓民國은 合衆國이나 그 下部 行政機關이 合衆國 軍隊의 構成員, 軍屬 및 그들의 家族에 대하여 發給한 運轉許可證이나 運轉免許證 또는 軍의 運轉許可證을 運轉試驗 또는 手數料를 課하지 아니하고 有效한 것으로 承認한다.

2. 合衆國 軍隊 및 軍屬의 公用車輛은 明確한 番號標 또는 이를 容易하게 識別할 수 있는 個別的인 記號를 붙여야 한다.

3. 大韓民國 政府는 合衆國 軍隊의 構成員, 軍屬 또는 그들의 家族의 私用車輛을 免許하고 登錄한다. 이러한 車輛所有者의 姓名 및 同 車輛의 免許와 登錄을 施行함에 있어서 大韓民國 法令의 要求하는 기타 關係資料는 合衆國 政府 職員이 合同委員會를 통하여 大韓民國 政府에 이를 提供한다. 免許鑑札 發給의 實費를 除外하고는 合衆國 軍隊의 構成員, 軍屬 및 그들의 家族은 大韓民國에서 車輛의 免許, 登錄 또는 運行에 關聯된 모든 手數料 및 課徵金의 納付가 免除되며, 또한 第14條의 規定에 따라 이에 關聯된 모든 租稅의 納付가 免除된다.

第25條【保安措置】 大韓民國과 合衆國은 合衆國 軍隊, 그 構成員, 軍屬, 第15條에 따라 大韓民國에 滯留하는 者, 그들의 家族 및 그들의 財産의 安全을 保障하는 데 隨時로 必要한 措置를 取함에 있어서 協力한다. 大韓民國 政府는 大韓民國 領域안에서 合衆國의 設備, 備品, 財産, 記錄 및 公務上의 情報의 適宜한 安全과 保護를 保障하기에 必要한 立法措置와 기타 措置를 取하며, 또한 第22條에 따라 大韓民國 關係法律에 의거하여 犯法者의 處罰을 保障하기로 同意한다.

第26條【保健과 衛生】 合衆國 軍隊, 軍屬 및 그들의 家族을 위한 醫療支援을 提供하는 合衆國의 權利와 竝行하여, 疾病의 管理와 豫防 및 기타 公衆保健, 醫療, 衛生과 獸醫業務의 調整에 관한 共同關心事는 第28條에 따라 設置된 合同委員會에서 兩國 政府의 關係當局이 이를 解決한다.

第27條【豫備役의 訓練】 合衆國은 大韓民國에 滯留하는 適格의 合衆國 市民을 大韓民國에서 豫備役 軍隊로 編入시키고 訓練시킬 수 있다.

第28條【合同委員會】

1. 달리 規定한 경우를 除外하고는 本 協定의 施行에 관한 相互協議를 必要로 하는 모든 事項에 관한 大韓民國 政府와 合衆國 政府間의 協議機關으로서 合同委員會를 設置한다. 특히 合同委員會는 本 協定의 目的을 遂行하기 위하여 合衆國의 使用에 所要되는 大韓民國안의 施設과 區域을 決定하는 協議機關으로서 役割한다.

2. 合同委員會는 大韓民國 政府代表 1名과 合衆國 政府代表 1名으로 構成하고, 各 代表는 1名 또는 그 以上의 代理人과 職員團을 둔다. 合同委員會는 그 自體의 節次規則을 정하고, 또한 必要한 補助機關과 事務機關을 設置한다. 合同委員會는 大韓民國 政府 또는 合衆國 政府중의 어느 一方 政府代表의 要請이 있을 때에는 어느 때라도 卽時 會合할 수 있도록 組織되어야 한다.

3. 合同委員會가 어떠한 問題를 解決할 수 없을 때에는 同 委員會는 이 問題를 適切한 經路를 통하여 그 以上의 檢討를 講究하기 위하여 各己 政府에 回附하여야 한다.

第29條【協定의 效力發生】

1. 本 協定은 大韓民國 政府가 合衆國 政府에 대하여 同 協定이 大韓民國의 國內法上의 節次에 따라 承認되었다는 書面通告를 한 날로부터 3個月만에 效力을 발생한다.

2. 大韓民國 政府는 本 協定의 規定을 施行하는 데 필요한 모든 立法上 및 豫算上의 措置를 立法機關에 구할 것을 約束한다.

3. 第22條第12項에 따를 것을 條件으로 本 協定은 同 協定의 效力發生과 同時에 1950年 7月 12日字 大田에서 覺書交換으로 效力이 發生된 裁判管轄權에 관한 大韓民國政府와 合衆國政府間의協定을 廢棄하고 이에 代置한다.

4. 1952年 5月 24日字 大韓民國과 統合司令部間의經濟調整에 관한 協定 第3條第13項은 本 協定의 範圍內에서 合衆國 軍隊의 構成員, 軍屬, 招請契約者 또는 그들의 家族에게는 適用되지 아니한다.

第30條【協定의 改正】 어느 一方 政府든지 本 協定의 어느 條項에 대한 改正을 어느 때든지 要請할 수 있으며, 이 경우에 兩國 政府는 適切한 經路를 통한 交涉을 開始하여야 한다.

第31條【協定의 有效期間】 本 協定 및 本 協定의 合意된 改正은 兩 政府間의 合意에 따라 그 以前에 終結되지 아니하는 한 大韓民國과合衆國間의相互防衛條約이 有效한 동안 效力을 가진다.

以上의 證據로서 下記 署名者는 그들 各自의 政府로부터 正當한 權限을 委任받아 本 協定에 署名하였다.

韓國語와 英語로 本書 2通을 作成하였다. 兩本은 同等히 正文이나 解釋에 相違가 있을 경우에는 英語本에 따른다.

1966年 7月 9日 서울에서 作成하였다.

大韓民國을 위하여	아메리카合衆國을 위하여
署名 李 東 元	署名 딘·러스크
閔 復 基	윈드롭·지·브라운

이 협정은 대한민국 정부가 아메리카합중국 정부에 대하여 동 협정이 대한민국의 국내법상의 절차에 따라 승인되었다는 서면통고를 한 날부터 1월 후에 그 효력을 발생한다.

이상의 증거로, 아래 서명자는, 그들 각자의 정부로부터 정당한 권한을 위임받아 이 협정에 서명하였다.

2001년 1월 18일 서울에서 동등하게 정본인 한국어와 영어로 각 2부씩 작성되었으며, 서로 차이가 있을 경우에는 영어본이 우선한다.

대한민국을 대표하여	아메리카합중국을 대표하여

同協定의 合意議事錄

大韓民國 全權委員과 아메리카合衆國 全權委員은 오늘 署名된 大韓民國과 아메리카合衆國間의 相互防衛條約 第4條에 의한 施設과 區域 및 大韓民國에서의 合衆國軍隊의 地位에 관한 協定의 交涉에 있어서 이루어진 다음의 諒解事項을 記錄한다.

第1條 (나)項에 관하여 大韓民國이나 合衆國에서 供給할 수 없는 特定한 技術을 가지고 있는 者로서 第三國의 國民인 者는 合衆國에 의한 雇傭만을 위하여 合衆國 軍隊에 의하여 大韓民國에 들어올 수 있음을 諒解한다. 이러한 者와 第三國의 國民으로서 本 協定이 效力發生時에 大韓民國에 있는 合衆國 軍隊에 雇傭되거나 同 軍隊에 勤務하거나 또는 同 軍隊에 同伴하는 者는 軍屬으로 看做한다.

第3條

1. 非常時의 경우에 合衆國 軍隊는 施設과 區域의 周邊에서 同 軍隊의 警護와 管理를 하는 데 必要한 措置를 取할 權限을 가지고 있음을 合意한다.

2. 대한민국 정부와 합중국 정부는 1953년 상호방위조약에 의한 대한민국에서의 방위활동과 관련하여 환경보호의 중요성을 인식하고 인정한다. 합중국 정부는 자연환경 및 인간건강의 보호에 부합되는 방식으로 이 협정을 이행할 것을 공약하고, 대한민국 정부의 관련 환경법령 및 기준을 존중하는 정책을 확인한다. 대한민국 정부는 합중국 인원의 건강 및 안전을 적절히 고려하여 환경법령과 기준을 이행하는 정책을 확인한다.
(2001.3.29 신설)

第4條

1. 合衆國에 의하여 또는 合衆國을 위하여 合衆國의 經費로 建立되었거나 建築된 모든 移動 可能한 施設 및 施設과 區域의 建築, 擴張, 運營, 維持, 警護 및 管理와 關聯하여, 合衆國에 의하여 또는 合衆國을 위하여 大韓民國으로 導入되었거나 또는 大韓民國에서 調達된 모든 備品, 資材 및 需用品은 繼續 合衆國의 財産으로 되며 또한 大韓民國으로부터 搬出시킬 수 있다.

2. 本 協定에 따라 大韓民國에 의하여 提供되고 또한 本條에 規定된 施設과 區域안에 있는 移動 可能한 모든 施設, 備品 및 資材 또는 그 一部는 그들이 本 協定의 目的을 위하여 더 이상 必要없게 되는 때에는 언제든지 大韓民國에 返還되어야 한다.

第6條

1. 合衆國 軍隊에 適用할 수 있는 優先權, 條件 및 使用料나 料金에 있어서 大韓民國 當局이 決定한 變更은 그 效力 發生日 前에 合同委員會의 協議對象이 될 것임을 諒解한다.

2. 本條는 1958年 12月 18日字 公益物에관한請求權請算을위한協定을 어느 意味로나 廢止하는 것으로 解釋하지 아니하며 同協定은 兩 政府가 달리 合意하지 아니하는 限 繼續 有效하다.

3. 非常時에는 大韓民國은 合衆國 軍隊의 需要를 充足시키는데 必要한 公益事業과 用役의 提供을 保障하기 위하여 適切한 措置를 取할 것에 合意한다.

第8條

1. 第3項(가)에 관하여 合衆國 軍隊의 法令執行 機關員(예컨대, 陸軍 憲兵, 海軍 憲兵, 空軍 憲兵, 特別捜査隊, 犯罪捜査隊 및 防諜隊)으로서 大韓民國에서 軍事 警察活動에 從事하는 者는 所持者의 姓名, 地位 및 그가 法令 執行機關의 一員이라는 事實을 兩 國語로 記載된 身分證明書를 所持한다. 同 身分證明書는 그 所持者의 公務執行중 關係當事者의 要請이 있는 때에는 이를 提示하여야 한다.

2. 合衆國 軍隊는 要請이 있는 때에는 合衆國 軍隊의 構成員, 軍屬 및 그들의 家族의 身分證明書의 樣式과 大韓民國에 있는 合衆國 軍隊의 各種 制服의 模樣을 大韓民國 當局에 提供한다.

3. 第3項의 終段은 合衆國 軍隊의 構成員의 要請이 있는 때에는 그 者의 身分證明書를 提示하되 이를 大韓民國 當局에 引渡할 必要가 없음을 말한다.

4. 第5項에 依據한 身分上의 變更으로 인하여 合衆國 當局이 지는 第6項에 의한 責任은 第5項에 依據한 通告가 大韓民國 當局에 傳達된 後 相當한 期間內에 追放命令이 發하여진 경우에만 發生한다.

第9條

1. 合衆國 軍隊의 非歲出資金機關이 第13條와 同條의 合意議事錄에 의하여 認定받은 者의 使用을 위하여 第2項에 따라 輸入한 物品의 量은 이러한 使用을 위하여 合理的으로 所要되는 限度에 限定되어야 한다.

2. 第3項(가)는, 貨物의 船積과 所有者의 施行이 同時에 行하여져야 할 것을 要하거나 또는 積荷나 船積이 1回이어야 할 것을 要하는 것은 아니다. 이와 關聯하여 合衆國 軍隊의 構成員이나 軍屬 및 그들의 家族은 그들이 最初로 到着한 날로부터 6個月동안에는 合理的인 量의 家具, 個人用品과 家庭用品을 關稅의 賦課없이 輸入할 수 있다.

3. 第5項(다)에 規定된 "軍事貨物"이라 함은 武器 및 備品에만 限定되는 것이 아니며, 合衆國 軍隊(同 軍隊의 公認 調達機關과 第13條에 規定된 非歲出資金機關을 包含한다)에 託送된 모든 貨物을 말한다. 非歲出資金機關에 託送된 貨物에 관한 適切한 情報는 定規的으로 大韓民國 當局에 提供된다. 適切한 情報의 範圍는 合同委員會가 이를 決定한다.

4. 合衆國 軍隊는 大韓民國에의 搬入이 大韓民國의 關稅에 관한 法令에 違反되는 物品을 合衆國 軍隊의 構成員, 軍屬 또는 그들의 家族에 의하여 또는 이러한 者를 위하여 大韓民國으로 搬入되지 아니하도록 確保하기 위하여 實行 可能한 모든 措置를 取한다. 合衆國 軍隊는 이러한 物品의 搬入이 發見된 때에는 언제든지 迅速히 그 뜻을 大韓民國 稅關當局에 通知한다.

5. 大韓民國 稅關當局은 第9條의 規定에 依據한 物品의 반입에 關聯되는 濫用 또는 違反이 있다고 認定하는 때에는 合衆國 軍隊當局에 대하여 그 問題를 提起할 수 있다.

6. 第9項(나) 및 (다)에 規定된 "合衆國 軍隊는 그의 權限內의 모든 援助를 提供하여야 한다"라 함은, 合衆國 軍隊에 의한 合理的이며 實行 可能한 措置를 말한다.

7. 本條第2項에 規定된 免稅 待遇는 合衆國 軍隊가 公布할 規則에 따라 販賣所와 非歲出資金 機關이 第13條 및 同條의 合意議事錄에 規定된 個人과 機關에 販賣하기 위하여 輸入한 資材, 需用品 및 備品에 適用하기로 諒解한다.

第10條

1. "合衆國에 의하여, 合衆國을 위하여 또는 合衆國의 管理下에서 公用을 위하여 運航되는 合衆國 및 外國의 船舶…"이라 함은 公用船舶과 傭船(裸傭船 契約, 運送 契約 및 時間 契約)을 말한다. 一部 傭船契約은 包含되지 아니한다. 商用貨物과 私人인 旅客은 例外的인 경우에만 前記 船舶에 의하여 運送된다.

2. 本條에 規定된 大韓民國의 港口라 함은 通常 "開港"을 말한다.

3. 第3項에 規定된 "適切한 通告"의 免除는 이러한 通告가 合衆國 軍隊의 安全을 위하거나 또는 이에 類似한 理由 때문에 要求되는 非正常的인 경우에만 適用된다.

4. 本條에서 特別히 別途로 規定하는 경우를 除外하고는 大韓民國 法令이 適用된다.

第12條 合衆國 軍隊가 船舶과 航空機의 恒久的인 運航 補助施設을 同 軍隊가 使用하고 있는 施設과 區域밖에 設置할 때에는 第3條第1項에 依據하여 設定된 節次에 따라 施行한다.

第13條 合衆國 軍隊는 다음 各號의 者에게 第13條第1項에 規定된 諸 機關의 使用을 許容할 수 있다.
(가) 通常的으로 이와 같은 特權이 賦與되는 合衆國 政府의 기타 公務員 및 職員
(나) 合衆國 軍隊로부터 軍需支援을 받는 統合司令部 傘下 駐韓外國軍隊 및 그 構成員
(다) 大韓民國 國民이 아닌 者로서 그의 大韓民國에서의 滯留目的이 合衆國政府에 의하여 財政的 支援을 받는 契約 用役의 履行만을 위한 者
(라) 美赤十字社, 「유 · 에스 · 오」와 같은 主로 合衆國 軍隊의 利益이나 用役을 위하여 大韓民國에 滯留하는 機關 및 大韓民國 國民이 아닌 職員
(마) 前 各號에 規定된 者의 家族 및
(바) 大韓民國 政府의 明示的인 同意를 얻은 기타 個人과 機關

第15條

1. 第15條第1項에 明示된 것에 附加하여 合衆國과의 契約의 履行은 第15條에 規定된 者를 本條의 適用으로부터 除外시키는 것은 아니다.

2. 契約者의 雇傭員으로서 本 協定의 效力發生日에 大韓民國에 滯留하고 있고 또한 그들이 合衆國에 通常的으로 居住하고 있지 아니한다는 事實이 없다면 第15條에 包含된 特權을 享有할 者는 그들의 滯留目的이 第15條第1項에 規定된 바에 符合하는 동안에 限하여 이러한 特權을 가진다.

第16條

1. 合衆國 軍隊는 同 軍隊의 大韓民國에서의 調達計劃에 있어서 豫想되는 重要한 變化에 관하여 實行 可能한 限 事前에 適切한 情報를 大韓民國 當局에 提供하여야 한다.

2. 大韓民國과 合衆國間의 經濟關係 法令과 商慣行의 差異에서 생기는 調達契約에 관한 困難한 點을 滿足하게 解決하는 問題는 合同委員會 또는 기타 適當한 代表들이 이를 硏究한다.

3. 合衆國 軍隊가 最終的으로 使用하려는 物品의 購入에 대하여, 課稅의 免除를 받는 節次는 다음과 같다.
(가) 合衆國 軍隊앞으로 託送되거나 送付된 資材, 需用品 및 備品이 合衆國 軍隊의 監督下에 第5條에 規定된 施設과 區域의 構築, 維持 또는 運營을 위한 契約 또는 이러한 施設과 區域안에 있는 軍隊의 支援을 위한 契約을 履行하기 위하여 全的으로 使用되거나, 그 全部 또는 一部가 消費될 것으로 되어 있거나, 또는 當該 軍隊가 使用하는 物品 또는 施設에 最終的으로 統合될 것이라는 適切한 證明을 合衆國 軍隊가 한 경우에는 合衆國 軍隊의 權限있는 代表가 生産者로부터 直接 當該 資材, 需用品, 備品의 引渡를 받는다. 이러한 경우에는 第16條第3項에 規定된 租稅徵收는 停止된다.
(나) 合衆國 軍隊의 公認된 代表는 大韓民國 當局에 대하여 施設과 區域안에서 이러한 資材, 需用品 및 備品을 受領하였다는 事實을 確認한다.
(다) 이러한 資材, 需用品 및 備品에 대한 租稅의 徵收는 다음의 時期까지 停止된다.
(1) 合衆國 軍隊가 前記의 資材, 需用品 및 備品을 消費한 量과 程度를 確認하고 證明하는 때, 또는
(2) 合衆國 軍隊가 前記의 資材, 需用品 및 備品으로서 同 軍隊가 使用하는 物品이나 施設에 統合한 量을 確認하고 證明하는 때
(라) (다)項의 (1) 또는 (2)에 따라 證明된 資材, 需用品 및 備品은 그 價格이 合衆國 政府의 歲出 豫算 또는 合衆國의 支給을 위하여 大韓民國 政府의 寄與金에서 支給되는 限 第16條第3項에 規定된 租稅가 免除된다.

4. 第3項에 관하여 "公用을 위하여 調達하는 資材, 需用品, 備品 및 用役"이라 함은 合衆國 軍隊 또는 그 公認 調達機關이 大韓民國 供給者로부터 直接 調達함을 말하는 것으로 諒解한다. "最終 消費使用을 위하여 調達하는 資材, 需用品, 備品 및 用役"이라 함은 合衆國 軍隊의 契約者가 統合될 品目이거나 또는 合衆國 軍隊와의 契約에 의하여 最終 生産品의 生産을 위하여 必要한 品目을 大韓民國 供給者로부터 調達함을 말한다.

第17條

1. 大韓民國 政府는 第2項에 따라 要請받은 援助를 提供함에 있어서 所要된 直接 經費에 대하여 辨償을 받아야 하는 것으로 諒解한다.

2. 합중국 정부가 대한민국 노동관계법령을 따른다는 약속은 합중국 정부가 국제법상 동 정부의 면제를 포기하는 것을 의미하지 아니한다. 합중국 정부는 정당한 이유가 없거나 혹은 그러한 고용이 합중국 군대의 군사상 필요에 배치되지 아니하는 경우에는 고용을 종료하여서는 아니 된다. 군사상 필요로 인하여 감원을 요하는 경우에는, 합중국 정부는 가능한 범위까지 고용의 종료를 최소화하기 위하여 노력하여야 한다.
(2001.3.29 개정)

3. 雇傭主는 大韓民國 所得稅 法令이 정하는 源泉課稅額을 그의 雇傭員의 給料로부터 控除하여 大韓民國 政府에 納付한다.

4. 雇傭主가 合衆國 軍隊의 軍事上 必要 때문에 本條에 따라 適用되는 大韓民國 勞動法令을 따를 수 없을 경우에는 그 問題는 事前에 檢討와 適當한 措置를 위하여 合同委員會에 回附되어야 한다. 合同委員會에서 適當한 措置에 관하여 相互合意가 이루어질 수 없을 경우에는 그 問題는 大韓民國 政府의 關係官과 아메리카合衆國의 外交使節間의 討議를 통한 再檢討의 對象이 될 수 있다.

5. 組合 또는 기타 雇傭員 團體는 그의 目的이 大韓民國과 合衆國의 共同利益에 背馳되지 아니하는 限 雇傭主에 의하여 承認되어야 한다. 이러한 團體에의 加入 또는 不加入은 雇傭이나 또는 雇傭員에게 影響을 미치는 기타 措置의 要因이 되어서는 아니된다.

第18條 第13條에 規定된 諸 機關을 包含하여 合衆國 軍隊가 大韓民國안에서 合衆國 軍隊의 構成員, 軍屬, 그들의 家族 및 第15條에 規定된 者 以外의 者에 대하여 행하는 支給은 大韓民國의 外換管理法 및 關係規程에 따라야 한다. 이러한 去來에 使用되는 資金은 換算되는 當時에 大韓民國안에서 違法이 아닌 合衆國 "弗" 對 大韓民國 "원"으로 表示되는 最高換率에 의하여 大韓民國 通貨로 換算되어야 한다.

第20條 通常的으로 海外에서 이러한 特權을 賦與받고 있는 合衆國政府의 기타 公務員, 職員 및 그들의 家族은 合衆國 軍事郵遞局을 利用할 수 있다.

第22條 本條의 規定은 合衆國 軍隊以外의 大韓民國에 있는 國際聯合 軍隊의 人員에 대한 裁判權의 行使에 관한 現行의 協定, 約定 또는 慣行에는 影響을 미치지 아니한다.

第1項(가)에 關하여

合衆國 法律의 現 狀態下에서 合衆國 軍 當局은 平和時에는 軍屬 및 家族에 대하여 有效한 刑事裁判權을 가지지 아니한다. 追後의 立法, 憲法改正 또는 合衆國 關係當局에 의한 決定의 結果로서 合衆國 軍事裁判權의 範圍가 變更된다면, 合衆國 政府는 外交經路를 통하여 大韓民國 政府에 通告하여야 한다.

第1項(나)에 關하여

1. 大韓民國이 戒嚴令을 宣布한 경우에는 本條의 規定은 戒嚴令下에 있는 大韓民國의 地域에 있어서는 그 適用이 즉시 停止되며, 合衆國 軍 當局은 戒嚴令이 解除될 때까지 이러한 地域에서 合衆國 軍隊의 構成員, 軍屬 및 그들의 家族에 대하여 專屬的 裁判權을 行使할 權利를 가진다.

2. 合衆國 軍隊의 構成員, 軍屬 및 그들의 家族에 대한 大韓民國 當局의 裁判權은 大韓民國 領域밖에서 犯한 어떠한 犯罪에도 미치지 아니한다.

第2項에 關하여

大韓民國은 合衆國 當局이 適當한 경우에 合衆國 軍隊의 構成員, 軍屬 및 그들의 家族에 대하여 課할 수 있는 行政的 및 懲戒的 制裁의 有效性을 認定하여, 合衆國 軍 當局의 要請에 의하여 第2項에 따라 裁判權을 行使할 權利를 抛棄할 수 있다.

第2項(다)에 關하여

各 政府는 本 細項에 規定된 安全에 관한 모든 犯罪의 明細와 自國法令上의 이러한 犯罪에 관한 規定을 通告하여야 한다.

第3項(가)에 關하여

1. 合衆國 軍隊의 構成員 또는 軍屬이 어느 犯罪로 立件된 경우에 있어서 그 犯罪가 그 者에 의하여 犯하여진 것이라면, 그 犯罪가 公務執行중의 行爲나 不作爲에 의한 것이라는 뜻을 記載한 證明書로서 合衆國의 主務軍當局이 發行한 것은 第1次的 裁判權을 決定하기 위한 事實의 充分한 證據가 된다. 本條 및 本 合意議事錄에서 使用된 "公務"라 함은 合衆國 軍隊의 構成員 및 軍屬이 公務執行 期間중에 行한 모든 行爲를 包含하는 것을 말하는 것이 아니고 그 者가 執行하고 있는 公務의 機能으로서 行하여질 것이 要求되는 行爲에만 適用되는 것을 말한다.

2. 大韓民國의 檢察總長이 公務執行證明書에 대한 反證이 있다고 認定하는 例外的인 경우에 있어서는 그 反證은 大韓民國 關係官과 駐韓合衆國 外交使節間의 討議를 통한 再檢討의 對象이 되어야 한다.

第3項(나)에 關하여

1. 大韓民國 當局은 合衆國 軍法에 服하는 者에 관하여 秩序와 規律을 維持함이 合衆國 軍 當局의 主된 責任임을 認定하여, 第3項(다)에 의한 合衆國 軍 當局의 要請이 있으면 大韓民國 當局이 裁判權을 行使함이 특히 重要하다고 決定하는 경우를 除外하고, 第3項(나)에 의한 裁判權을 行使할 그의 第1次的 權利를 抛棄한다.

2. 合衆國 軍 當局은 大韓民國 關係當局의 同意를 얻어 捜査, 審理 및 裁判을 위하여 合衆國이 裁判權을 가지는 特定 刑事事件을 大韓民國의 法院이나 當局에 移送할 수 있다.
大韓民國 關係當局은 合衆國 軍 當局의 同意를 얻어 捜査, 審理 및 裁判을 위하여 大韓民國이 裁判權을 가지는 特定 刑事事件을 合衆國 軍 當局에 移送할 수 있다.

3. (가) 合衆國 軍隊의 構成員, 軍屬 또는 家族이 大韓民國안에서 大韓民國의 利益에 反하여 犯한 犯罪때문에 合衆國 法院에 訴追되었을 경우에는 그 裁判은 大韓民國안에서 行하여야만 한다.
(1) 다만, 合衆國의 法律이 달리 要求하는 경우, 또는
(2) 軍事上 緊急事態의 경우 또는 司法上의 利益을 위한 경우에 合衆國 軍 當局이 大韓民國 領域밖에서 裁判을 行할 意圖가 있는 경우에는 除外된다. 이러한 경우 合衆國 軍 當局은 大韓民國 當局에 이러한 意圖에 대한 意見을 陳述할 수 있는 機會를 適時에 附與하여야 하며 大韓民國 當局이 陳述하는 意見에 대하여 充分한 考慮를 하여야 한다.
(나) 裁判이 大韓民國 領域밖에서 行하여질 경우에는 合衆國 軍 當局은 大韓民國 當局에 裁判의 場所와 日字를 通告하여야 한다. 大韓民國 代表는 그 裁判에 立會할 權利를 가진다. 合衆國 當局은 裁判과 訴訟의 最終結果를 大韓民國 當局에 通告하여야 한다.

4. 本條의 規定의 施行과 犯罪의 迅速한 處理를 위하여, 大韓民國 關係當局과 合衆國 軍 當局은 約定을 締結할 수 있다.

第5項(다)에 關하여

1. 대한민국 당국이 일차적 재판권을 행사할 사건과 관련하여 합중국 군대의 구성원 · 군속 또는 그들의 가족인 피의자를 체포한 경우, 대한민국 당국은, 대한민국 당국에 의한 수사와 재판이 가능할 것을 전제로, 요청에 따라 그 피의자를 합중국 군당국에 인도한다.

2. 대한민국 당국이 합중국 군대의 구성원 · 군속 또는 그들의 가족인 피의자를 범행현장에서, 또는 동 현장에서의 도주직후나 합중국 통제구역으로의 복귀 전에 체포한 경우, 그가 살인과 같은 흉악범죄 또는 죄질이 나쁜 강간죄를 범하였다고 믿을 상당한 이유가 있고, 증거인멸 · 도주 또는 피해자나 잠재적 증인의 생명 · 신체 또는 재산에 대한 가해 가능성을 이유로 구속하여야 할 필요가 있는 때에는, 합중국 군당국은 그 피의자의 구금인도를 요청하지 아니하면 공정한 재판을 받을 피의자의 권리가 침해될 우려가 있다고 믿을 적법한 사유가 없는 한 구금인도를 요청하지 아니하기로 합의한다.

3. 대한민국이 일차적 재판권을 가지고 기소시 또는 그 이후 구금인도를 요청한 범죄가 구금을 필요로 하기에 충분한 중대성을 지니는 아래 유형의 범죄에 해당하고, 그같은 구금의 상당한 이유와 필요가 있는 경우, 합중국 군당국은 대한민국 당국에 구금을 인도한다.
(가) 살인
(나) 강간(준강간 및 13세 미만의 미성년자에 대한 간음을 포함한다)
(다) 석방대가금 취득목적의 약취·유인
(라) 불법 마약거래
(마) 유통목적의 불법 마약제조
(바) 방화
(사) 흉기 강도
(아) 위의 범죄의 미수
(자) 폭행치사 및 상해치사
(차) 음주운전으로 인한 교통사고로 사망 초래
(카) 교통사고로 사망 초래 후 도주
(타) 위의 범죄의 하나 이상을 포함하는 보다 중한 범죄

4. 피의자가 혐의범죄를 범하였다는 "상당한 이유"라 함은 피의자가 그 죄를 범하였다고 믿을 합리적인 근거가 있다는 사법적 결정을 말한다. 이러한 사법적 결정은 대한민국의 법령에 따라 이루어진다.

5. 재판 전 구금의 "필요"라 함은, 피의자가 증거를 인멸하였거나 또는 인멸할 가능성이 있거나, 도주할 가능성이 있거나, 또는 피해자, 잠재적 증인, 또는 그들의 가족의 생명·신체 또는 재산에 해를 가할 우려가 있다고 의심할 합리적인 근거를 이유로 피의자의 구금이 요구된다는 사법적 결정을 말한다. 이러한 사법적 결정은 대한민국의 법령에 따라 이루어진다.

6. 대한민국의 법령상 허용되는 모든 경우, 피의자의 체포·구금 또는 체포·구금을 위한 청구의 적법성을 심사할 구속전피의자심문은 피의자에 의하여 그리고 피의자를 위하여 자동적으로 신청되고 개최된다. 피의자와 그의 변호인은 동 심문에 출석하며, 참여가 허용된다. 합중국 정부대표 또한 동 심문에 출석한다.

7. 보석 신청권과 법관에 의한 보석심사를 받을 권리는 모든 재판절차가 종결되기 전까지 피의자 또는 피고인, 그의 변호인 또는 그의 가족이 언제든지 주장할 수 있는 지속적인 권리이다.

8. 피의자 또는 피고인이 질병·부상 또는 임신중인 특별한 경우, 합중국 군당국이 재판전 구금의 포기 또는 연기를 요청하면 대한민국 당국은 호의적 고려를 하여야 한다.

9. 피의자 또는 피고인이 합중국 군당국의 구금하에 있는 경우, 합중국 군당국은, 요청이 있으면 즉시 대한민국 당국으로 하여금 이러한 피의자 또는 피고인에 대한 수사와 재판을 할 수 있게 하여야 하며, 또한 이러한 목적을 위하여 그리고, 사법절차의 진행에 대한 장애를 방지하기 위하여 모든 적절한 조치를 취하여야 한다.

10. 피의자 또는 피고인이 합중국 군당국의 구금하에 있는 경우 합중국 군당국은 어느 때든지 대한민국 당국에 구금을 인도할 수 있다. 합중국 군당국에 의하여 피의자 또는 피고인의 구금이 대한민국 당국으로 인도된 이후, 대한민국 당국은 어느 때든지 합중국 군당국에 구금을 인도할 수 있다.

11. 합중국 군당국은 특정한 사건에 있어서 대한민국 당국이 구금 인도를 요청하는 어떠한 경우에도 호의적인 고려를 하여야 한다.
(2001.3.29 신설)

第6項에 關하여

1. 大韓民國 當局과 合衆國 軍 當局은 大韓民國안에서 이러한 當局이 行하는 訴訟節次에 必要한 證人을 出席하도록 相互 助力하여야 한다.

大韓民國에 있는 合衆國 軍隊의 構成員이 證人이나 被告人으로서 大韓民國의 法廷에 出席하도록 召喚을 받는 때에는 合衆國 軍 當局은 軍事上의 緊急事態로 인하여 달리 要求되지 아니하는 限 이러한 出席이 大韓民國 法律上 强制的인 것을 條件으로 그를 出席하도록 하여야 한다. 軍事上의 緊急事態로 인하여 그가 出席할 수 없을 때에는 合衆國 軍 當局은 出席不能의 豫定期間을 記載한 證明書를 提出하여야 한다.

證人이나 被告人인 合衆國 軍隊의 構成員, 軍屬 또는 家族에 대하여 發付되는 訴訟書類는 英語로 作成하여 直接 送達되어야 한다. 訴訟書類의 送達이 軍事 施設이나 區域안에 있는 者에 대하여 大韓民國 送達人에 의하여 執行될 경우에는 合衆國 軍 當局은 大韓民國 送達人이 이러한 送達을 執行하도록 하는 데 必要한 모든 措置를 取하여야 한다.

이에 附加하여, 大韓民國 當局은 合衆國 軍隊의 構成員, 軍屬 또는 家族이 關聯된 大韓民國 刑事訴訟의 모든 段階에 있어서 卽時 모든 刑事上의 令狀(拘束 令狀, 召喚狀, 公訴狀 및 强制召喚狀을 包含한다)의 寫本을 前記 令狀을 領收할 合衆國 軍 當局이 指定한 代理人에게 送達하여야 한다.

大韓民國의 法院과 當局은 合衆國 軍 當局이 大韓民國의 國民이나 居住者를 證人이나 鑑定人으로서 必要로 할 때에는, 大韓民國 法令에 따라 이러한 者를 出席하도록 하여야 한다. 이러한 경우에는 合衆國 軍 當局은 大韓民國 法務部長官 또는 大韓民國 當局이 指定하는 기타機關을 통하여 行한다.

證人에 대한 費用과 報酬는 第28條에 의하여 設置된 合同委員會에서 이를 決定한다.

2. 證人의 特權과 免除는 그가 出席하는 法院, 裁判部 또는 기타 當局의 法律의 정하는 바에 따른다. 어떠한 경우에도 自己負罪의 憂慮가 있는 證言을 하도록 要求되지 아니한다.

3. 大韓民國이나 合衆國 當局의 刑事訴訟의 進行중에 어느 一方國家의 公務上의 秘密의 陳述 또는 어느 一方國家의 安全을 侵害할 憂慮가 있는 情報의 陳述이 訴訟節次의 正當한 處理上 必要한 경우에는 關係當局은 이러한 陳述에 대한 書面上의 承諾을 關係國家의 當局으로부터 얻어야 한다.

第7項(나)에 關하여

대한민국 당국은 특정한 사건에 있어서 형 집행에 관하여 합중국 군당국이 특별히 표명한 견해에 대하여 충분한 고려를 한다.(2001.3.29 신설)

第9項(가)에 關하여

大韓民國 法院에 의한 遲滯없이 迅速한 裁判을 받을 權利는 修習期間을 마친 法官으로써 全的으로 構成된 公正한 裁判部에 의한 公開裁判을 包含한다. 合衆國 軍隊의 構成員, 軍屬 또는 家族은 大韓民國의 軍法會議에 의한 裁判을 받지 아니한다.

第9項(나)에 關하여

合衆國 軍隊의 構成員, 軍屬 또는 家族은 正當한 事由가 없는 限 大韓民國 當局에 의하여 逮捕 또는 拘禁되지 아니하며, 또한 그는 自身과 그의 辯護人이 參與한 公開法廷에서 그러한 事由가 밝혀져야 하는 遲滯없는 審理를 받을 權利가 있다. 正當한 事由가 밝혀지지 않을 때에는 卽時 釋放을 命하여야 한다. 그는 逮捕되거나 拘禁되었을 때에는 卽時 그가 理解하는 言語로서 그에 대한 被疑事實을 通知받아야 한다. 그는 裁判에 앞서 相當한 期間前에 그에게 不利하게 利用될 證據의 內容을 通知받아야 한다. 當該 被疑者 또는 被告人의 辯護人은 그가 請求하면 當該 事件의 裁判을 擔當할 大韓民國 法院에 送付된 書類중 大韓民國 當局이 蒐集한 證人의 陳述書를 公判前에 調査하고 錄取할 機會가 賦與되어야 한다.

第9項(다) 및 (라)에 關하여

大韓民國 當局에 의하여 訴追된 合衆國 軍隊의 構成員, 軍屬 또는 家族은 모든 訴訟上의 調査, 裁判前의 審理, 裁判 自體 및 裁判後의 節次에 있어서 모든 證人이 有利하거나 不利한 證言을 하는 모든 過程에 參與할 權利를 가지며, 또한 證人을 訊問할 수 있는 充分한 機會를 賦與받아야 한다.

第9項(마)에 關하여

변호인의 조력을 받을 권리는 체포 또는 구금되는 때부터 존재하며, 피의자 또는 피고인이 참여하는 모든 예비수사, 조사, 재판전의 심리, 재판 자체 및 재판후의 절차에 변호인을 참여하게 하는 권리와 이러한 변호인과 비밀리에 상의할 권리를 포함한다. 변호인의 조력을 받을 권리는 모든 수사 및 재판절차에서 이 협정과 대한민국 국내법중 보다 유리한 범위내에서 존중된다.(2001.3.29 개정)

第9項(바)에 關하여

有能한 通譯人의 助力을 받는 權利는 逮捕 또는 拘禁되는 때로부터 存在한다.

第9項(사)에 關하여

합중국의 정부대표와 접견·교통하는 권리는 체포 또는 구금되는 때부터 존재하며, 또한 동 대표가 참여하지 아니한 때에 피의자 또는 피고인이 한 진술은 피의자 또는 피고인에 대한 유죄의 증거로서 채택되지 아니한다. 동 대표는 피의자 또는 피고인이 출석하는 모든 예비수사, 조사, 재판전의 심리, 재판 자체 및 재판후의 절차에 참여할 수 있는 권리를 가진다. 합중국 당국은 요청이 있을 때에는 예비수사 또는 어떠한 후속절차에도 불필요한 지연을 초래하지 아니하도록 합중국 정부대표의 신속한 출석을 보장한다.(2001.3.29 개정)

第9項에 關하여

大韓民國 當局에 의하여 裁判을 받는 合衆國 軍隊의 構成員, 軍屬 또는 家族은 大韓民國 國民에게 法律上 賦與한 모든 節次上 및 實體上의 權利가 保障되어야 한다. 大韓民國 國民에게 法律上 賦與한 어떠한 節次上 또는 實體上 權利가 當該 被疑者 또는 被告人에게 拒否되었거나 拒否될 憂慮가 있는 것으로 認定되는 경우에는 兩 政府의 代表는 그러한 權利의 拒否를 防止하거나 是正하기 위하여 必要한 措置에 관하여 合同委員會에서 協議한다.

本條本項(가) 내지 (사)에 列擧된 權利에 附加하여 大韓民國 當局에 의하여 訴追된 合衆國 軍隊의 構成員, 軍屬 또는 家族은 다음의 權利를 가진다.
(가) 有罪判決 또는 刑의 宣告에 대하여 上訴할 權利
(나) 大韓民國이나 合衆國의 拘禁 施設에서의 判決 宣告前의 拘禁期間을 拘禁刑에 算入받을 權利
(다) 行爲時 大韓民國 法律에 의하여 犯罪를 構成하지 아니하는 行爲 또는 不作爲로 인하여 有罪로 宣告받지 아니하는 權利
(라) 嫌疑 받는 犯罪의 犯行時 또는 第1審 法院의 原判決 宣告時에 適用되는 刑보다도 重한 刑을 받지 아니하는 權利
(마) 犯罪의 犯行後 被告人에게 不利하게 變更된 證據法則이나 證明要件에 의하여 有罪로 宣告받지 아니하는 權利
(바) 自己에게 不利한 證言을 强制當하거나 또는 달리 自己 負罪를 强制當하지 아니하는 權利
(사) 慘酷하거나 非正常的인 處罰을 받지 아니하는 權利
(아) 立法行爲나 行政行爲에 의하여 訴追를 받거나 處罰을 받지 아니하는 權利
(자) 同一犯罪에 대하여 二重으로 訴追를 받거나 處罰을 받지 아니하는 權利
(차) 審判에 出席하거나 自身의 辯護에 있어서 肉體的으로나 精神的으로 不適當한 때에는 審判에 出席하도록 要請받지 아니하는 權利
(카) 適切한 軍服이나 民間服으로 手匣을 채우지 아니할 것을 包含하여 合衆國 軍隊의 威信과 合當하는 條件이 아니면 審判을 받지 아니하는 權利

拷問, 暴行, 脅迫이나 欺罔에 의하거나 身體拘束의 長期化에 의하여 蒐集되거나 또는 任意로 行하여지지 아니한 自白, 自認 또는 기타 陳述 및 拷問, 暴行, 脅迫이나 欺罔에 의하거나 令狀없이 不合理하게 行한 搜索 및 押收의 結果로서 蒐集된 物的證據는 大韓民國 法院에 의하여 本條下에서 被告人의 有罪의 證據로 認定되지 아니한다.

本條에 의하여 大韓民國 當局이 訴追하는 어떠한 경우에도 檢察側에서 有罪가 아니거나 無罪釋放의 判決에 대하여 上訴하지 못하며, 被告人이 上訴하지 아니한 判決에 대하여 上訴하지 못한다. 다만, 法令의 錯誤를 理由로 하는 경우에는 그러하지 아니하다.

대한민국 당국은 합중국 군당국의 요청이 있을 경우, 그들로 하여금 합중국 군대의 구성원·군속 또는 가족이 구금되었거나 그러한 개인이 구금될 대한민국 구금시설의 구역을 방문 및 관찰하도록 허가하여야 한다.
(2001.3.29 개정)

敵對行爲의 경우에는 大韓民國은 裁判以前이거나 大韓民國 法院이 宣告한 刑의 服役중이거나를 不問하고 大韓民國 拘禁施設에 拘禁되어 있는 合衆國 軍隊의 構成員, 軍屬 및 家族을 保護하기 위한 모든 가능한 措置를 取한다. 大韓民國은 이러한 者를 責任있는 合衆國 軍 當局의 拘禁下에 둘 것을 合衆國 軍 當局이 要請하면 이 要請에 대하여 好意的 考慮를 하여야 한다. 施行에 必要한 規定은 合同委員會를 통하여 兩 政府가 이를 合意한다.

合衆國 軍隊의 構成員, 軍屬 및 家族에 대한 死刑의 執行 또는 拘禁, 禁錮나 懲役刑의 執行期間중 또는 留置를 위하여 利用되는 施設은 合同委員會에서 合意된 最少限度의 水準을 充足시켜야 한다. 合衆國 軍 當局은 要請하면 大韓民國 軍 當局에 의하여 拘禁되거나 留置된 合衆國 軍隊의 構成員, 軍屬 또는 그들의 家族과 언제든지 接見할 權利를 가진다. 合衆國 軍 當局은 大韓民國의 拘禁施設에 留置되고 있는 被拘禁者와 接見하는 동안 衣類, 飮食, 寢具, 醫療 및 齒牙 治療등 補助的인 保護와 物件을 供與할 수 있다.

第5項(다) 및 第9項에 關하여

1. 대한민국 당국 또는 합중국 군당국이 이 협정에 대한 위반이 발생하였다고 판단하는 경우 해당 지방검찰청·지청 또는 이에 상당하는 기관의 검사와 법무참모 또는 적절한 법무장교는 이러한 위반사실이 일방에 의하여 타방에 통보된 날부터 10일 이내에 해결되도록 노력한다. 이러한 문제가 동 10일 이내에 만족스럽게 해결되지 아니할 경우, 어느 측이든지 합동위원회에 당해 상황과 위반사실의 근거를 서면으로 통보할 수 있다.

2. 합동위원회가 서면통보를 접수한 날부터 21일 이내에 동 문제가 합동위원회에 의하여, 또는 양측에 의하여 해결되지 아니하는 경우, 합동위원회의 양측 대표는 제28조제3항에 따라 적절한 경로로 동 문제를 해결하기 위하여 이를 각자의 정부에 회부할 수 있다.
(2001.3.29 신설)

第10項(가) 및 第10項(나)에 關하여

1. 合衆國 軍 當局은 合衆國 軍隊가 使用하는 施設과 區域안에서 通常 모든 逮捕를 行한다. 이 規定은 合衆國 軍隊의 關係當局이 同意한 경우 또는 重大한 犯罪를 犯한 現行犯을 追跡하는 경우에 大韓民國 當局이 施設과 區域안에서 逮捕를 行하는 것을 막는 것은 아니다.

大韓民國 當局이 逮捕하고자 하는 者로서 合衆國 軍隊의 構成員, 軍屬 또는 家族이 아닌 者가 合衆國 軍隊가 使用하는 施設과 區域안에 있는 경우에는 合衆國 軍 當局은 大韓民國 當局의 要請에 따라 그 者를 逮捕할 것을 約束한다. 合衆國 軍 當局에 의하여 逮捕된 者로서 合衆國 軍隊의 構成員, 軍屬 또는 家族이 아닌 者는 卽時 大韓民國 當局에 引渡되어야 한다.

合衆國 軍 當局은 施設이나 區域의 周邊에서 同 施設이나 區域의 安全에 대한 犯罪의 旣遂 또는 未遂의 現行犯을 逮捕 또는 留置할 수 있다. 合衆國 軍隊의 構成員, 軍屬 또는 家族이 아닌 者는 卽時 大韓民國 當局에 引渡되어야 한다.

2. 大韓民國 當局은 合衆國 軍隊가 使用하는 施設과 區域안에서 사람이나 財産에 관하여 또는 所在 如何를 不問하고 合衆國의 財産에 관하여 搜索, 押收 또는 檢證할 權利를 通常 行使하지 아니한다. 다만, 合衆國의 關係 軍 當局이 大韓民國 當局의 이러한 사람이나 財産에 대한 搜索, 押收 또는 檢證에 同意한 때에는 그러하지 아니하다.

大韓民國 當局이 合衆國 軍隊가 使用하는 施設과 區域안에 있는 사람이나 財産 또는 大韓民國안에 있는 合衆國의 財産에 관하여 搜索, 押收 또는 檢證을 하고자 할 때에는 合衆國 軍 當局은 大韓民國 軍 當局의 要請에 따라 搜索, 押收 또는 檢證을 行할 것을 約束한다. 前記 財産에 관하여 裁判을 하는 경우에는 合衆國 政府나 그 附屬機關이 所有하거나 使用하는 財産을 除外하고는 合衆國은 合衆國 法律의 정하는 바에 따라 大韓民國 當局에 裁判에 의한 處理를 위하여 그 財産을 引渡한다.

第23條

1. 달리 規定하는 경우를 除外하고는 本條의 第5項, 第6項, 第7項 및 第8項의 規定은 서울特別市의 地域에서 일어난 事件으로부터 發生한 請求權에 관하여는 本 協定의 效力發生日 後 6個月만에, 그리고 大韓民國안 다른 곳에서 發生한 請求權에 관하여는 本 協定의 效力發生日 後 1年만에, 效力이 發生하게 된다.

2. 第5項, 第6項, 第7項 및 第8項의 規定이 一定地域에서 效力이 發生하게 될 時期까지,
(가) 合衆國은 同 軍隊의 構成員이나 雇傭員의 公務執行중의 行爲나 不作爲, 또는 同 國軍隊가 法律上 責任을 지는 기타의 行爲, 不作爲 또는 事故로서, 大韓民國안에서 兩國政府 이외의 第三者에 損害를 加한 것으로부터 發生하는 請求權(契約에 의한 請求權은 除外한다)을 處理하고 解決한다.
(나) 合衆國은 同 軍隊의 構成員이나 雇傭員에 대한 契約에 의하지 아니한 기타의 請求權을 受理하여야 하며, 또한 合衆國의 關係當局이 決定하는 그러한 事件과 金額으로 補償金의 支給을 提議할 수 있다. 그리고
(다) 各 當事國은 自國 軍隊의 構成員이나 雇傭員이 公務執行에 從事하였던 것인지의 與否 및 自國軍隊가 公用을 위하여 自國이 所有하는 財産을 使用하였던 것인지의 與否를 決定하는 權利를 가진다.

3. 第5項(마)의 規定은 第2項(라)의 適用上 本 協定의 效力發生日에 大韓民國 全域에 걸쳐 效力을 發生한다.

第25條

제25조의 규정은 합중국의 설비·비품·재산·기록 및 공무상의 정보에 적용되는 것과 같은 방식으로, 기술된 대상자와 그의 재산을 보호하기 위하여 적용된다.
(2001.3.29 신설)

第28條

第1項第1段에서 規定하고 있는 例外는 第3條第2項(나) 및 (다)에만 關聯된다.

서울에서, 1966年 7月 9日
이니시알 이니시알
李 東 元 윈드롭·지·브라운

이 개정합의의사록은 대한민국 정부가 아메리카합중국 정부에 대하여 동 개정합의의사록이 대한민국의 국내법상의 절차에 따라 승인되었다는 서면통고를 하는 날부터 1월 후에 효력을 발생한다.

이상의 증거로, 아래 서명자는, 그들 각자의 정부로부터 정당한 권한을 위임받아 이 협정에 서명하였다.

2001년 1월 18일 서울에서 동등하게 정본인 한국어와 영어로 각 2부씩 작성되었으며, 서로 차이가 있을 경우에는 영어본이 우선한다.

대한민국을 대표하여 아메리카합중국을 대표하여

대한민국과 아메리카합중국간의 상호방위조약 제4조에 의한 시설과 구역 및 대한민국에서의 합중국 군대의 지위에 관한 협정과 관련 합의의사록에 관한 양해사항

대한민국과 아메리카합중국은 다음 양해사항에 합의하였다.

제2조

제1항(나)

대한민국은 재사용권 유보하에 반환된 시설과 구역에 대하여 유보된 재사용권 포기를 합동위원회 또는 시설구역분과위원회를 통하여 합중국 군대에 요청할 수 있고, 합중국 군대는 그러한 시설과 구역이 가까운 장래에 재사용될 것으로 예견되지 아니하면 이러한 제의를 호의적으로 고려한다.

제3항

1. 대한민국과 합중국은 공여 당시 최초의 취득문서에 명시된 용도상 또는 장래의 사용계획상 더 이상 필요하지 아니한 시설 및 구역을 반환하기 위한 목적으로 주한미군지위협정 제2조에 따라 공여된 모든 시설 및 구역을 매해 1회 이상 검토한다. 이는 대한민국이 어느 때든지 합동위원회 또는 시설구역분과위원회를 통하여 합중국 군대에게 특정한 시설과 구역의 반환을 요청하는 것을 배제하지 아니한다.
2. 합중국은 공여를 기록하는 취득문서에 당초 등재된 용도가 변경된 시설 및 구역이 있을 때마다 대한민국에 이를 통보하고 협의한다.
(가) 합중국이 공여 구역 및 시설을 계속 사용할 필요성을 표명하는 경우, 시설구역분과위원회는 그 공여 구역의 실사를 실시한다. 그 공여 구역의 실사결과 및 새로운 용도는 취득문서에 적절하게 기록된다.
(나) 공여 구역 및 시설이 주요 군사건설 또는 부대 재배치와 같은 목적을 위하여 합중국에 의한 사용이 계획된 경우, 시설구역분과위원회는 공여 구역의 실사를 실시한다. 사용계획은 3년을 초과하지 아니하는 기간내에서 예상되는 계획 착수일과 함께 취득문서에 적절하게 기록된다. 내부적인 법적 제약으로 인하여 사용계획이 3년을 초과할 것으로 예상되는 경우, 합동위원회는 이를 통보받고 계획 착수일의 연장을 허가할 것인지 여부를 결정한다.
(다) 시설구역분과위원회가 구역 또는 시설에 대하여 현재 사용되지 아니하거나 사용계획이 없다고 결정하는 경우, 시설구역분과위원회는 그 구역이 반환되어야 한다는 건의와 함께 검토결과를 합동위원회에 보고한다. 합동위원회는 건의를 검토하고 그 구역 또는 시설의 반환을 지시한다. 합중국은 합동위원회가 승인한 조건에 따라 그 구역 또는 시설을 반환한다.
3. 이 양해사항 제1항에서 상정된 바와 같이 공여 시설 및 구역에 대한 정확한 연례적인 검토를 지원하기 위하여, 합동위원회는 기존의 시설 및 구역을 합동으로 실사하기 위한 절차를 개발한다. 합동실사 절차는 공여 구역의 경계 및 규모(면적), 공여 구역상의 건물 및 구조물의 수, 그러한 건물 및 구조물의 규모와 면적을 확정하고, 개개의 공여 시설 및 구역의 일반적인 범주의 용도를 확인하는 결과를 가져와야 한다. 합동실사의 결과는 적정하게 작성된 취득문서가 존재하는지, 양 당사국의 부동산담당 대표 및 기록사무소가 적절하게 편철하고 있는지를 확인하고 시설 또는 구역을 반환할 필요성이 있는지 여부를 결정하기 위하여 사용된다.
4. 공여 구역 또는 시설의 사용이 침해와 같은 제약으로 인하여 손상되는 사례가 합동위원회에 보고되는 경우, 시설구역분과위원회는 그러한 제약을 합동위원회에 보고하고 이를 제거할 목적으로 즉시 협의에 착수한다. 대한민국은 양측이 수용 가능한 행정적 조치를 취하는 것을 포함하여 제약을 제거하기 위한 조치에 신속히 착수한다. 합중국 군대도 합중국이 모든 사용권을 가지는 공여 구역 및 시설을 적절히 관리하고 가능한 범위까지 침해를 방지하기 위하여 필요한 조치를 취하며, 대한민국은 합중국 군대의 요청이 있으면 행정적 지원을 제공한다.

제3조

제1항

공여 시설 및 구역 안에서 "설정·운영·경호 및 관리에 관한 필요한 모든 조치"를 취하는 합중국의 권리에 부합하여, 합중국은 계획된 (1) 당초 건물의 개조 또는 철거(이전) 및 (2) 관련 공익사업과 용역을 제공하는 지역 한국업체 또는 지역사회의 능력에 영향을 미칠 수 있거나 지역사회의 건강 및 공공안전에 영향을 미칠 수 있는, 합동위원회에 의하여 범위가 정하여진, 신축 또는 개축을 대한민국 정부에 대하여 적시에 통보하고 협의한다. 합중국은 대한민국 정부가 지방정부와의 조정하에 건축계획을 검토할 수 있도록 충분한 시간을 두고 대한민국 정부에 대하여 통보하고 협의하며, 이러한 통보 및 협의에는 최초 계획서의 제공이 포함될 수 있다. 합동위원회는 "최초계획서"의 형식을 개발한다. 대한민국 정부는 지방정부와의 어떤 조정결과에 관하여도 합중국 군대와 협의한다. 합중국은 대한민국이 표명한 견해에 대하여 적절히 고려한다. 이러한 절차는 합중국 군대가 계획목적을 위하여 지방정부와 직접 조정하는 것을 배제하지 아니한다.

제9조

제5항

1. 합중국 군사우체국 경로를 통하여 배달되는 우편물에 대한 대한민국 세관 검사관의 검사에 관한 세부절차는 별도의 시행합의서에 규정된다.
2. 대한민국 세관당국은 이사 물품이나 개인선적화물이 군대 구성원 개인·군속 또는 그들의 가족에게 우송될 때 그들의 숙소에서, 그들의 입회하에서 합중국 당국의 검사에 참석할 수 있다. 이러한 대한민국 세관당국은 합중국 당국의 어떠한 예정된 검사도 입회할 수 있다. 특정한 화물에 금수품 또는 합리적인 범위를 벗어난 양의 물품이 포함된 것이 심각하게 의심된다는 대한민국 세관당국의 적절한 사전통보가 있으면 합중국 당국은 예정되지 아니한 검사를 준비한다. 대한민국 세관당국은 숙소에서 그리고 구성원 개인·군속 또는 허가된 요원의 입회하에서 그러한 예정되지 아니한 검사에 참관할 기회가 부여된다.
3. 대한민국 세관당국은 주한미군의 공인된 조달기관과 제13조에 규정된 비세출자금기관을 포함한 주한미군에 탁송된 군사화물에 대한 세관검사를 하지 아니한다. 비세출자금기관에 탁송된 화물에 대하여는 합중국 당국이 대한민국 당국에 정기적으로 화물목록과 선적서류를 포함한 관련 정보를 제공한다. 기타 관련 정보는 요청에 따라 합동위원회 또는 면세물품불법거래임시분과위원회를 통하여 제공된다.

제6항

합중국 당국은 대한민국 정부에 만족스럽고 대한민국 정부의 모든 관련 관세법령에 합치되는 시행절차에 관하여 대한민국 당국과 협의한다. 합중국 당국은 언제라도 그 군대의 구성원·군속, 초청계약자의 고용원과 이들의 가족에 대하여 대한민국이 요구하는 것보다 더욱 엄격한 제한을 가할 수 있으나, 덜 엄격한 제한을 가할 수는 없다.

합의의사록 제4

대한민국의 적절한 관계자는 명령에 따라 대한민국에 입국하는 합중국 군대 구성원에 대한 합중국 관계자의 검사에 입회자로 참석할 수 있다.

제13조

합중국 당국은 비자격자의 주한미군 비세출자금기관 이용을 통제하기 위하여 합리적이고 실제적인 노력을 한다. 주한미군지위협정의 관련규정을 준수하기 위하여 합중국 당국은 주한미군 비세출자금기관의 모든 한국 민간인 회원자격과 그 보고절차를 연 2회 검토한다.

제15조

제1항

1. 주한미군이 하나 또는 그 이상의 제3국 법인을 주한미군의 초청계약자로 사용함이 대한민국과 합중국간의 상호 방위를 위하여 중대한 이익이 될 것이라고 결정하는 경우, 대한민국 정부 당국은 이러한 비합중국 법인에게 이 협정의 혜택을 확대하기 위한 합중국의 요청을 호의적으로 고려한다.
2. 주한미군은 대한민국 노동력으로부터 획득할 수 없는 특수기술을 보유하고 있는 제3국 계약자의 고용원을 특권없이 대한민국으로 데리고 올 수 있다.

제16조

1. 주한미군의 계약활동은 현지 계약회사의 등록에 관한 대한민국 정부의 행정적 요구사항을 존중한다. 주한미군과의 영업계약자에 대하여서만 특별히 요구사항이 부과되지 아니한다. 주한미군과 계약이 허용된 계약자는 군납협회나 유사기구에 가입할 것이 요구되지 아니한다.
2. "현지 계약회사 등록에 관한 행정적 요구사항"은 현지 회사의 등록과 면허에 관한 대한민국 정부의 법적기준과 절차를 의미한다.

제17조

제3항과 합의의사록 제2와 제4

1. 제3항에 사용된 "주한미군"은 제15조제1항에 규정된 인원을 포함하는 것으로 이해한다.
2. 제3항에 사용된 "따라야 한다"는 고용조건·보상·노사관계가 이 조항 또는 합의의사록 제4에 규정된 절차에 따라 합동위원회에 의하여 별도로 합의되지 아니하는 한 대한민국의 노동법에 의하여 정하여지는 조건과 실질적으로 일치하여야 함을 의미한다. 고용조건·보상·노사관계가 실질적으로 일치하는지 여부에 관한 문제가 있는 경우에는, 양국 정부의 일방은 합의의사록 제4에 규정된 절차에 따라 합동위원회에 동 문제를 회부할 수 있다.
3. 제3항과 합의의사록 제2 및 제4에 사용된 "군사상 필요"는 합중국 군대의 군사목적 수행을 위하여 해결조치가 긴급히 요구되는 경우를 지칭하는 것으로 이해한다. 이 용어는 전쟁, 전쟁에 준하는 비상사태, 그리고 미국 법률에 의하여 부과되는 군의 임무변경이나 자원제약과 같은 상황에 대처하기 위한 합중국 군대의 준비태세 유지능력에 영향을 미치는 상황을 말한다.
4. 합의의사록 제4에 규정된 대한민국 노동법령으로부터의 이탈은 이의 합동위원회 회부가 비상사태시 군사작전을 심각히 저해할 경우 반드시 회부되지 아니하여도 된다.

제4항(가)

1. 대한민국과 주한미군은 이 항하에서 발생하는 노동쟁의의 정당하고 공정한 해결을 촉진시키기 위하여 최대의 노력을 한다.
2. 주한미군은 주한미군 노동조합의 간부에 대하여 불리한 조치를 취하기 전에 대한민국 노동부의 적절한 관계자에게 이를 통보한다.

제4항(가)(1)

제17조제4항(가)(1)에 규정된 노사쟁의 해결절차와 노동청의 역할이 변경됨에 따라, 관계 당사자는 대한민국 노동위원회에 조정을 신청하여야 하며, 노동위원회는 쟁의조정을 관할한다.

그 절차는 다음과 같다.

1. 노동위원회는 각각의 쟁의를 조정하기 위한 위원회를 구성한다.
2. 조정위원회는 3인의 위원으로 구성된다.
3. 쟁의 당사자는 중앙노동위원회의 공익조정위원 명단에서 교대로 이름을 배제하는 방식으로 3인의 위원을 선정한다.
4. 조정은 노동위원회에 조정신청을 접수한 날부터 15일 이내에 완료되어야 한다.
5. 관계 당사자는 노동위원회의 조정기간을 추가로 15일간 연장하는 데 합의할 수 있다.
6. 조정절차의 세부사항은 합동위원회에서 합의되는 바에 의한다.
7. 노동위원회 조정위원회의 조정은 권고적이며 당사자를 구속하는 것은 아니다.
8. 조정위원회가 합의에 도달하지 못하는 경우, 그 문제는 합동위원회에 회부된다.

제4항(가)(2)

1. 조정노력을 원활히 하기 위하여 특별위원회는 문제된 쟁의를 조사함에 있어서 고용주 대표를 포함하여 당해 쟁의를 알고 있는 인원과 관련 정보에 접할 수 있다.
2. (가) 이 항하에서 특별위원회에 회부되는 쟁의는 주로 단체행동 사안에 관련된 것으로 이해한다. 그러나 대한민국 노동부는 개인사안도 고용원이 그 사안에 대한 고용주의 최종결정을 접수한 후 60일 이내에 추가검토를 소청하고, 이에 따라 합중국 군대의 관련 서류를 검토한 결과 아래와 같은 사실을 발견하면 합동위원회 또는 노무분과위원회를 통하여 이 특별위원회에 이를 회부할 수 있다.
(1) 고용주의 최종결정이 통상적인 청원절차를 마친 후에 내려졌고,
(2) 당해 고용원이 소청에 동의하고 특별위원회의 결정을 최종적인 것으로 받아들일 것임을 서면으로 합의하였으며, 그리고,
(3) 현저히 불공정한 결정이나 적정한 행정절차를 거치지 아니하였다고 믿을 만한 이유가 있는 경우, 합중국 군대는 노동부의 회부 요청에 대하여 적시에 응한다.
(나) 이러한 절차에 있어 고용원은 자신이 선택한 변호인 또는 개인대표에 의하여 대표될 수 있다. 회부되는 개인사안에 대한 특별위원회의 결정의 구속력을 감안하여, 특별위원회는 최종결정에 이르러야 하며, 이러한 사안은 제4항(가)(3)에 규정된 바와 같이 추가 검토를 위하여 합동위원회에 상정되지 아니한다. 특별위원회의 개인사안에 대한 검토는 사안에 대한 행정기록과 고용원 또는 고용주에 의하여 제출된 서면기록이나 구두 논의에 한정된다. 특별위원회는 복직과 보수의 소급지급까지를 포함하여 적절한 구제조치를 명령할 전권을 가진다.
(다) 특별위원회는 대한민국 정부와 주한미군에서 각각 동수로 대표되는 6인 이하의 위원으로 구성된다. 모든 위원은 공정하고 공평한 결정을 내릴 수 있어야 하며, 따라서 검토중인 사안에 참여하지 아니한 자이어야 한다. 모든 결정은 다수결에 의한다.

제4항(가)(5)

제17조제4항(가)(5)와 관련하여 그리고 변화된 노동관행을 고려하여, 고용원 단체나 고용원은 노동위원회에 조정신청이 접수된 날부터 최소한 45일간은 정상적인 업무요건을 방해하는 어떠한 행위에도 종사할 수 없으며, 그 기간이 끝날 때 주한미군지위협정에 부합하여, 그 문제는 합동위원회에 회부되는 것으로 이해한다.

제22조

제1항(가)에 관한 합의의사록

1. 대한민국 정부는 제1항(가)에 관한 합의의사록의 후단에 의한 통보가 있으면 합중국 군당국이 형사재판권 조항의 규정에 의하여 그러한 자에 대하여 재판권을 행사할 수 있음에 합의한다.
2. 대한민국의 계엄령으로 인하여 어느 국가도 평시 대한민국의 민간법원에서 처벌할 수 있는 합중국 군속과 가족의 범죄에 대하여 관할권을 행사할 수 없는 경우를 방지하고 동시에 이들에게 공정한 재판의 권리를 보장하기 위하여 주한미군은 대한민국이 이들을 주한미군지위협정의 일반적인 안전기준에 따라 정상적으로 구성된 민간법원에서 재판할 것을 보장하면 합중국 군속 및 가족에 대한 대한민국의 재판권 행사요청을 호의적으로 고려한다.

제1항(나)

대한민국 민간당국은 합중국 군대의 구성원·군속 또는 가족의 체포·수사 및 재판에 대한 완전한 통할권을 보유한다.

제2항에 관한 합의의사록

합중국 당국은 전속적 재판권의 포기를 요청함에 있어서 최대한으로 자제할 것을 양해한다.

제3항(가)에 관한 합의의사록

1. 어떤 자가 특정한 임무수행을 요구하는 행위로부터 실질적으로 이탈한 경우, 이는 통상 그 자의 "공무" 밖의 행위를 뜻한다.
2. 공무증명서는 법무참모의 조언에 따라서만 발급되어야 하며, 장성급 장교만이 공무증명서를 발급할 권한이 있다.
3. (가) 수정이 합의되지 아니하는 한, 증명서는 결정적이다. 그러나 대한민국 당국은 합중국 군대의 어떠한 공무증명서에 대하여도 토의·질문 또는 거부할 수 있다. 합중국 당국은 이와 관련하여 대한민국 당국이 제기하는 여하한 의견에 대하여도 정당한 고려를 하여야 한다.
(나) 대한민국의 하위 당국이 합중국 군대의 어떠한 공무증명서에 대하여, 토의·질문 또는 거부할 수 있는 권한과 관련하여, 해당 지방검찰청·지청 또는 이에 상당하는 기관의 검사는 어떠한 의문시되는 공무증명서에 대하여도 이를 접수한 날부터 10일 이내에 법무참모 또는 적절한 법무장교와 토의할 수 있다. 만일 검사의 동 증명서 접수일부터 10일 이내에 만족할 만한 해결에 도달하지 못하였을 경우에는 법무부의 해당 당국자는 어떠한 남아 있는 미합의 사항도 주한미군 법무감 또는 그가 지정하는 대리인과 토의할 수 있다. 만일 공무증명서가 지역의 검사에게 최초로 제출된 후 20일 이내에 합의에 도달하지 못하면, 남아 있는 미합의 사항은 합동위원회 또는 형사재판권분과위원회에 회부될 수 있다. 만일 합동위원회 또는 형사재판권분과위원회가 합당한 기간내에 남아 있는 미합의 사항을 해결할 수 없는 경우에는 외교경로를 통하여 해결하도록 회부될 수 있다. 피고인이 지체없이 신속한 재판을 받을 권리가 공무증명서의 검토지연으로 박탈되지 아니하도록 하기 위하여 공무증명서가 최초로 제출된 후 30일 이내에 상호 합의에 도달하지 못할 경우에는 동 협의의 계속과는 관계없이 합중국 군당국은 피의사실에 대하여 군법회의에 의한 재판, 비사법적 징벌 부과 또는 기타의 적절한 조치를 취할 수 있다.

제3항(나)에 관한 합의의사록 제3(나)

이 조항에서 대한민국 대표가 대한민국 영역 밖에서 행하여지는 군대 구성원·군속 또는 이들의 가족을 대상으로 한 재판에 참여할 수 있도록 명기한 것은, 이러한 재판이 대한민국 영역내에서 행하여질 때 이에 참관할 권리가 배제되는 것으로 해석되지 아니한다.

제3항(다)

1. 일방 당사국이 타방 당사국의 일차적 관할권 포기를 요청하고자 할 경우, 해당 범죄의 발생을 통보받거나 달리 알게 된 후 21일을 넘지 아니하도록 가능한 한 빠른 시일 내에 이를 서면으로 요청하여야 한다.

2. 일차적 관할권을 가지는 당사국은 서면 요청을 접수한 후 28일 이내에 동 요청에 대한 결정을 하고, 이를 타방 당사국에게 알려 주어야 한다.
3. 특별한 이유가 있을 때, 일차적 관할권을 가지는 당사국은 본래의 28일의 기간이 종료되기 전에 당해 사안을 확인하면서 통상 14일을 넘지 아니하는 특정 기간의 연장을 요구할 수 있다.
4. 일차적 관할권을 가지는 당사국이 관할권을 행사하지 아니하기로 결정하거나 연장 기간을 포함하여 정하여진 기간 이내에 그 결정을 타방 당사국에 통보하지 아니할 때에는 요청 당사국이 경합적 관할권을 행사할 수 있다.

제5항(다)

1. 대한민국 당국은 적절히 임명된 합중국 대표의 입회하에 합중국 군대 구성원·군속 또는 가족을 신문할 수 있으며 체포 후 신병을 합중국 군당국에 인도하기 전에 사건에 대하여 예비수사를 할 수 있다. 법적대표의 권리는 체포 또는 구금의 순간부터 존재하며 동 권리는 변호인을 출석시킬 권리, 피의자가 출석하는 모든 예비적 수사, 조사, 재판전 신문, 재판절차 자체 그리고 후속절차에서 그러한 변호인과 비밀리에 상의할 권리들을 포함한다. 합중국 대표는 불편부당한 입회자이어야 하며 합중국 대표와 변호인은 어떠한 신문에도 개입할 수 없다.
2. 대한민국이 일차적 재판권을 갖는 사건에 관하여 기소시 또는 기소후 합중국 군대의 구성원·군속 또는 그들의 가족에 대하여 이루어지는 "재판전 구금" ("최종판결 전의 구금"을 의미한다)의 인도요청은 이러한 구금의 상당한 이유와 필요가 있는 경우, 제22조제5항(다)에 관한 합의의사록에 규정되어 있거나 추후 합동위원회에서 합의되는 유형의 범죄에 대하여 이루어질 수 있다.
3. 대한민국이 일차적 재판권을 갖는 사건에 관하여 합중국 군대의 구성원·군속 또는 그들의 가족인 피의자 또는 피고인의 구금은, 제22조제5항(다)에 관한 합의의사록의 제2항·제3항·제10항 또는 제11항에 따라 대한민국 당국에 인도되거나 대한민국 당국에 의하여 구금되지 아니하고 합중국 군당국의 수중에 있는 경우, 모든 재판절차가 종결되고 대한민국 당국이 구금을 요청할 때까지 합중국 군당국이 이를 계속 행한다.
4. 합중국 군당국은, 대한민국 당국이 일차적 재판권을 갖는 중대 범죄에 관하여 대한민국 당국으로부터 피의자 또는 피고인의 "재판전 구속"("최종판결 전의 구속"을 의미한다)을 요청받는 경우 이에 대하여 충분히 고려한다.
5. 대한민국 당국은 합중국 군당국으로부터 그 군대 구성원·군속 또는 그들의 가족인 피의자 또는 피고인의 구금 계속에 관한 협조 요청을 받는 경우 이에 대하여 호의적 고려를 한다. 이는 합중국 군대의 구성원·군속 또는 가족인 피의자 또는 피고인의 구금 계속을 위하여 대한민국 당국이 합중국 군당국에게 협조를 제공할 의무를 부과하는 것이 아니다. 오히려, 이 규정은 합중국 군당국이 수사와 재판을 위한 대한민국 당국의 요청이 있을 때 피의자 또는 피고인을 출석시킬 수가 없다고 생각할 경우 구금을 인도하기 위한 절차를 제공하기 위한 것이다.
6. 대한민국 당국은 기소 후 그 구금하의 피고인을 상대로, 기소된 범죄사실 또는 그와 동일한 사실관계에 근거하여 기소될 수 있었던 범죄사실의 기초를 이루는 사실·상황 또는 사건에 관하여 신문하지 아니한다. 대한민국 당국은 기소된 범죄와는 별개의 범죄사실의 기초를 이루거나 이룰 수 있는 전혀 관련이 없는 사실·상황 또는 사건에 관하여서는 동 피고인을 신문할 수 있다. 이러한 경우 대한민국 당국은 주한미군 법무감에게 통보하여야 한다. 기소 전에 이루어진 변호인 참여 요청은 어떠한 신문에도 적용된다.
7. 제22조제5항(다)에 관한 합의의사록 제2항에 따라 대한민국 당국이 피의자를 계속 구금하고 있는 경우, 피의자가 변호인 참여를 원하면 대한민국 당국은 변호인이 선임되어 합중국 대표와 함께 예비조사에 참여할 때까지 피의자의 신분과 신원을 확인하기 위하여 필요한 것 이상의 신문을 하지 아니한다. 이러한 경우, 대한민국의 법상 체포 후 48시간내에 구속영장을 청구하여야 한다는 요건은 변호인 참여가 가능할 때까지 정지된다.
8. 대한민국 당국의 구금 하에 있는 동안 피의자는 그의 권리에 관하여 고지를 받은 후 포기서면에 서명하지 아니하는 한 어떠한 조사나 신문에의 변호인 참여도 포기되지 아니한다. 합중국 대표는 또한 피의자가 그의 권리에 관하여 고지를 받은 후 이를 알고 자발적으로 포기서면에 서명하였다는 사실을 인증하기 위하여, 동 포기 서면에 서명한다. 이러한 경우, 대한민국 당국은 이 항에 따라 변호인의 참여가 적절히 포기되지 아니하는 한, 변호인의 참여 없이 취득된 진술과 이러한 진술로부터 나온 증거는 어떠한 후속 절차에서도 채택되지 아니한다는 것을 보증한다.
9. 피의자 또는 피고인의 프라이버시와 무죄 추정은 수사 및 재판절차를 통하여, 특히 현장검증시에 존중된다. 이러한 모든 절차는 피의자 또는 피고인의 공정한 재판을 받을 권리가 침해되지 아니하는 방향으로 이루어져야 한다. 이 항은 대한민국 수사당국에 의한 어떠한 신문도 제한하는 근거가 되지 아니한다.
10. 대한민국 당국은 재판전 구금 또는 구속의 시설이 합동위원회에 의하여 설정된 기준에 합치하거나 그 이상일 것과, 합동위원회에 의하여 사전 승인될 것을 보장한다. 피의자 또는 피고인은 합중국의 적절한 대표·변호인 및 가족과의 통상적인 연락 및 접견이 허용되고, 형확정자와 혼재수감되지 아니하며, 최종형의 선고 전에 징역 또는 노역에 처하여지지 아니한다. 대한민국은 가족접견의 횟수와 시간에 관한 특별 요청에 대하여 호의적 고려를 하여야 한다. 변호인은 정상근무시간 중 언제든지 피의자 또는 피고인과 접견하여, 그들이 필요하다고 생각하는 시간동안 비밀리에 상의할 권리를 가진다.
11. 제22조제9항(가)의 요건에 따라
(가) 피의자는 대한민국 당국에 의하여 최초로 재판전 구금에 처하여진 날부터 30일 이내에 또는 대한민국 법령이 정하는 보다 짧은 기간내에 기소되거나 석방되어야 한다.
(나) 1심 재판이 완료되기 전 피고인의 구금은 6월 또는 대한민국 법령이 정하는 보다 짧은 기간을 초과하여서는 아니된다. 그러하지 아니하면 피고인은 대한민국 당국에 의한 구금으로부터 석방되어야 한다.
(다) 항소심 재판중의 피고인의 구금은 1심 법원의 결정에 따른 구금 만료일부터 4월 또는 대한민국 법령이 정하는 보다 짧은 기간을 초과하여서는 아니된다. 그러하지 아니하면 피고인은 대한민국 당국에 의한 구금으로부터 석방되어야 한다. 그리고,
(라) 상고심 재판중의 피고인의 구금은 항소심 법원의 결정에 따른 구금 만료일부터 4월 또는 대한민국 법령이 정하는 보다 짧은 기간을 초과하여서는 아니된다. 그러하지 아니하면 피고인은 대한민국 당국에 의한 구금으로부터 석방되어야 한다.
12. 아래의 사유로 재판절차가 정지된 기간은 전항 (나), (다), (라)에 규정된 기간에 포함되지 아니한다.
(가) 피고인이 판사에 대하여 기피신청을 한 경우
(나) 공소사실 또는 적용법조의 추가·철회 또는 변경시 피고인의 방어준비를 위한 경우, 또는
(다) 피고인이 정신적 또는 육체적으로 무능력한 경우

제5항(라)

안전에 관한 범죄와 관련하여 대한민국 당국의 수중에 있는 피의자의 구금에 관하여는 그러한 구금을 하기에 적절한 경우에 대한 대한민국과 합중국간의 상호 합의가 있어야 한다.

제9항에 관한 합의의사록의 번호없는 2번째 문단(가)

대한민국 법원의 항소절차에 의하여, 피고인은 항소법원에 의한 새로운 사실의 발견을 위한 근거로서 새로운 증거와 증인을 포함한 증거의 재조사를 요청할 수 있다.

제23조

제5항 및 제6항

1. 합동위원회는 대한민국 법원에 의한 민사재판권의 행사를 위한 절차를 제정하여야 한다.
2. 청구절차를 담당하는 합중국과 대한민국 당국은, 적절한 경우 치료비 사전 지급의 고려를 포함하여, 교통사고로 인한 피해배상청구의 판정과 지급이 신속히 이루어지도록 상호 노력한다.

제26조

1. 미군 당국은 주한미군지위협정에 따라 허가된 모든 입국항에서 격리대상 질병이 발견되지 아니하였다는 확인서를 분기별로 대한민국 보건복지부에 제출한다. 그러나, 그러한 질병이 발견되면 주한미군은 적절한 격리조치를 취하고 대한민국 관계 보건당국에 즉시 통보할 것을 양해한다.
2. 동물·식물의 해충 및 질병이 한국으로 유입되는 것을 방지하기 위하여, 그리고 합중국 군대 구성원·군속 및 그들의 가족을 위한 식료품이 부적절한 중단 없이 공급되도록 보장하기 위하여, 양국 정부당국은 합동위원회에 의하여 설정되는 절차에 따라 합동검역을 실시하는 것에 합의한다.
3. 미군 당국은 후천성면역결핍증 환자 또는 인체 면역결핍바이러스 감염자로 판명된 주한미군 요원의 한국인 접촉선에 관한 적절한 정보를 즉시 대한민국 관계 보건당국에 제공한다. 나아가, 미군 당국은 전염병 관계정보를 주기적으로 그리고 질병 발생시 수시로 제18의무단 방역부대 참모 또는 적절한 후속 부대와 직접 접촉하여 대한민국 정부에 제공한다.

대한민국과 합중국은 장래에 주한미군지위협정에 관한 새로운 문제가 제기될 때, 이의 해결을 위하여 합동위원회 또는 분과위원회에 계속 회부할 것을 합의한다.

이 양해사항은 대한민국 정부가 아메리카합중국 정부에 대하여 동 양해사항이 대한민국 국내법상의 절차에 따라 승인되었다는 서면통고를 한 날부터 1월 후에 효력을 발생한다.

이상의 증거로, 아래 서명자는, 그들 각자의 정부로부터 정당한 권한을 위임받아 이 양해사항에 서명하였다.

2001년 1월 18일, 서울에서 동등하게 정본인 한국어와 영어로 각 2부씩 작성되었으며, 서로 차이가 있을 경우에는 영어본이 우선한다.

대한민국을 대표하여　　　　　　아메리카합중국을 대표하여

환경보호에 관한 특별양해각서

한·미 주한미군지위협정 제3조의 합의의사록 제2항에 부합하여,

1953년의 상호방위조약, 대한민국과 합중국간의 주한 미군지위협정(SOFA)에 따라 주한미군에게 공여된 시설 및 구역, 그리고 그러한 시설 및 구역에 인접한 지역사회에서의 오염의 방지를 포함하여 환경보호의 중요성을 인식하면서,

대한민국 정부와 합중국 정부는 그들의 정책에 부합하게 환경관리기준, 정보공유 및 출입, 환경이행실적 및 환경협의에 관하여 아래 양해사항에 합의하였다.

【환경관리기준】

대한민국 정부와 합중국 정부는 환경관리기준(EGS)의 주기적인 검토 및 갱신에 협조함으로써 환경을 보호하기 위한 노력을 계속한다. 이러한 기준은 관련 합중국의 기준 및 정책과 주한미군을 해함이 없이 대한민국 안에서 일반적으로 집행되고 적용되는 대한민국의 법령중에서 보다 보호적인 기준을 참조하여 계속 개발되며, 이는 새로운 규칙 및 기준을 수용할 목적으로 환경관리기준을 2년마다 검토함으로써 이루어진다. 합중국 정부는 새로운 규칙 및 기준을 수용할 목적으로 환경관리기준의 주기적 검토를 수행하는 정책을 확인한다. 검토사이에 보다 보호적인 규칙 및 기준이 발효되는 경우, 대한민국 정부와 합중국 정부는 환경관리기준의 갱신을 신속히 논의한다.

【정보공유 및 출입】

대한민국 정부와 합중국 정부는 주한미군지위협정 제28조에 의하여 설치된 합동위원회의 체제를 통하여 대한민국 국민과 합중국 군인·군속 및 그들의 가족의 건강 및 환경에 영향을 미칠 수 있는 문제에 관한 적절한 정보를 교환하기 위하여 공동으로 작업한다. 시설 및 구역에 대한 적절한 출입은 합동위원회에서 수립되는 절차에 따라 이루어진다. 대한민국 정부와 합중국 정부는 합동위원회의 환경분과위원회를 통하여 1953년 상호방위조약하에 대한민국에서의 방위활동과 관련된 환경문제를 정기적으로 계속 논의한다. 환경분과위원회는 정보교환을 위한 분야, 시설 및 구역에 대한 한국 공무원의 적절한 출입, 그리고 합동실사·모니터링 및 사고후속조치의 평가를 검토하기 위하여 정기적으로 회합한다.

【환경이행실적】

대한민국 정부와 합중국 정부는 주한미군 시설 및 구역 또는 그러한 시설 및 구역에 인접한 지역사회에서 환경오염에 의하여 제기되는 어떠한 위험에 대하여서도 논의한다. 합중국 정부는 주한미군 활동의 환경적 측면을 조사하고 확인하며 평가하는 주기적 환경이행실적 평가를 수행하는 정책을 확인하며, 이는 환경에의 악영향을 최소화하고, 계획·프로그램을 마련하여 이에 따라 소요되는 예산을 확보하며, 주한미군에 의하여 야기되는 인간건강에 대한 공지의 급박하고 실질적인 위험을 초래하는 오염의 치유를 신속하게 수행하며, 그리고 인간건강을 보호하기 위하여 필요한 추가적 치유조치를 검토하기 위한 것이다. 대한민국 정부는 주한미군의 시설 및 구역 외부의 원인에 의하여 야기되어 인간 건강에 대한 공지의 급박하고 실질적인 위험을 초래하는 오염에 대응하기 위하여 관계법령에 따라 적절한 조치를 취하는 정책을 확인한다.

【환경협의】

합동위원회의 환경분과위원회와 다른 관련 분과위원회는 주한미군의 시설 및 구역과 관련된 환경문제와 그와 같은 시설 및 구역에 인접한 지역사회와 관련되는 환경문제를 논의하기 위하여 정기적으로 회합한다.

대한민국 정부와 합중국 정부는 합동위원회를 통하여 환경보호에 관한 위의 양해사항을 실행하기 위한 적절한 절차를 마련한다.

2001년 1월 18일, 대한민국 서울에서 서명되었다.

한국인 고용원의 우선고용 및 가족구성원의 취업에 관한 양해각서

대한민국과 아메리카합중국은 다음에 합의한다.

1. 주한미군은 이 양해각서 발효일 현재 주한미군에 의하여 대한민국 국민으로 충원되는 것으로 지정되어 있는 민간인 직위에 대하여는 대한민국 국민의 독점적인 고용을 보장한다. 이러한 직위는 합중국 군대 가족 및 군속 가족에게 개방될 수 있으나, 이들 가족은 가용한 그리고 자격을 갖춘 대한민국 국민 후보자가 없는 경우에 한하여 공석인 동 직위에 고려될 수 있다. 대한민국 국민으로 충원되도록 지정된 직위는 국가안보상 이유가 있는 경우에 한하여 다른 사람으로 충원하는 직위로 변경할 수 있다.
2. 대한민국은 합중국 군대 가족 및 군속의 가족이 A-3사증을 소지하고 대한민국에 입국하여 동 사증상의 지위를 유지하면서 체류하는 동안 이들 가족에 대하여 취업허가를 하여 주는 것을 긍정적으로 검토한다. 합중국 군대 가족 및 군속 가족의 취업대상은 대한민국 출입국관리법에 의하여 규정된 자격요건을 갖춘 경우에 한하여 8개 체류자격분야(E1-E8)에 해당될 수 있다. 대한민국과 합중국간의 주한미군지위협정(SOFA) 제14조제2항에 의하여 면세되지 아니하는 모든 소득에 대하여는 대한민국의 세법과 관련규정을 적용한다.

이 양해각서는 대한민국 정부가 아메리카합중국 정부에 대하여 이 양해각서가 대한민국의 국내법상의 절차에 따라 승인되었다는 서면통고를 한 날부터 1월 후에 그 효력이 발생한다.

2001년 1월 18일, 서울에서 한국어와 영어로 각 2부씩 서명되었다.

외국 중재판정의 승인 및 집행에 관한 협약

(1973년 2월 19일
조 약 제471호)

1958. 6.10(뉴욕에서 작성)
1973. 5. 9(대한민국에 대하여 발효)

제1조 1. 이 협약은 중재판정의 승인 및 집행을 요구받은 국가 이외의 국가의 영역 내에서 내려진 판정으로서, 자연인 또는 법인 간의 분쟁으로부터 발생하는 중재판정의 승인 및 집행에 적용된다. 이 협약은 또한 그 승인 및 집행을 요구받은 국가에서 국내판정으로 간주되지 아니하는 중재판정에도 적용된다.
2. "중재판정"이란 개개의 사건을 위하여 선정된 중재인이 내린 판정뿐만 아니라 당사자가 회부한 상설 중재기관이 내린 판정도 포함한다.
3. 어떠한 국가든지 이 협약에 서명, 비준 또는 가입할 때, 또는 이 협약 제10조에 따라 적용을 통고할 때에는, 상호주의에 기초하여 다른 체약국의 영역 내에서 내려진 판정의 승인 및 집행에 한하여 이 협약을 적용할 것을 선언할 수 있다. 또한 어떠한 국가든지, 계약적 성질의 것인지 여부를 불문하고, 그러한 선언을 행하는 국가의 국내법상 상사상의 것이라고 간주되는 법률관계로부터 발생하는 분쟁에 한하여 이 협약을 적용할 것을 선언할 수 있다.
제2조 1. 각 체약국은, 계약적 성질의 것인지 여부를 불문하고, 중재에 의하여 해결이 가능한 사항에 관한 일정한 법률관계와 관련하여 당사자 간에 발생하였거나 또는 발생할 수 있는 분쟁의 전부 또는 일부를 중재에 회부하기로 약정하는 당사자 간의 서면에 의한 합의를 승인한다.
2. "서면에 의한 합의"란 당사자 간에 서명되었거나 교환된 서신이나 전보에 포함되어 있는 계약서상의 중재조항 또는 중재합의를 포함한다.
3. 당사자들이 이 조에서 의미하는 합의를 한 사항에 관한 소송이 제기되었을 때에는 체약국의 법원은, 전기 합의를 무효, 실효 또는 이행불능이라고 인정하는 경우를 제외하고, 어느 한 쪽 당사자의 요청에 따라서 중재에 회부할 것을 당사자에게 명한다.
제3조 각 체약국은 중재판정을 다음 제 조항에 규정된 조건하에서 구속력 있는 것으로 승인하고 그 판정이 원용되는 영역의 절차 규칙에 따라서 집행한다. 이 협약이 적용되는 중재판정의 승인 또는 집행에 대해서는 국내 중재판정의 승인 또는 집행에 대하여 부과하는 것보다 실질적으로 더 엄격한 조건이나 더 높은 비용을 부과하여서는 아니 된다.
제4조 1. 위 조항에 언급된 승인과 집행을 얻기 위하여 승인과 집행을 신청하는 당사자는 신청 시 다음의 서류를 제출한다.
가. 정당하게 인증된 판정정본 또는 정당하게 인증된 그 등본
나. 제2조에 언급된 합의의 원본 또는 정당하게 인증된 그 등본
2. 전기 판정이나 합의가 원용되는 국가의 공식 언어로 작성되지 않은 경우, 판정의 승인과 집행을 신청하는 당사자는 그 문서의 공식 언어 번역문을 제출한다. 번역문은 공식 또는 선서한 번역사에 의하여, 또는 외교관 또는 영사관원에 의하여 인증된다.
제5조 1. 판정의 승인과 집행은 판정의 피원용 당사자의 요청에 따라서, 그 당사자가 판정의 승인 및 집행을 요구받은 국가의 권한 있는 당국에 다음의 증거를 제출하는 경우에 한하여 거부될 수 있다.
가. 제2조에 언급된 합의의 당사자가 그들에게 적용가능한 법에 따라 무능력자이었거나, 또는 당사자가 준거법으로서 지정한 법에 따라 또는 그러한 지정이 없는 경우에는 판정을 내린 국가의 법에 따라 전기 합의가 유효하지 않은 경우, 또는
나. 판정의 피원용 당사자가 중재인의 선정이나 중재절차에 관하여 적절한 통고를 받지 아니하였거나 또는 그 밖의 이유에 의하여 응할 수 없었을 경우, 또는
다. 판정이 중재회부조항에 규정되어 있지 아니하거나 그 조항의 범위에 속하지 아니하는 분쟁에 관한 것이거나, 또는 그 판정이 중재회부의 범위를 벗어나는 사항에 관한 결정을 포함하는 경우. 다만, 중재에 회부한 사항에 관한 결정이 중재에 회부하지 아니한 사항과 분리될 수 있는 경우에는 중재에 회부한 사항에 관한 결정을 포함하는 판정의 부분은 승인 및 집행될 수 있다. 또는
라. 중재판정부의 구성이나 중재절차가 당사자 간의 합의와 합치하지 아니하거나, 또는 이러한 합의가 없는 경우에는 중재가 행해진 국가의 법과 합치하지 아니하는 경우, 또는
마. 당사자에 대하여 판정의 구속력이 아직 발생하지 아니하였거나 또는 판정이 내려진 국가의 권한 있는 당국에 의하여 또는 그 국가의 법에 따라 판정이 취소 또는 정지된 경우.
2. 중재판정의 승인 및 집행을 요구 받은 국가의 권한 있는 당국이 다음의 사항을 인정하는 경우에도 중재판정의 승인과 집행이 거부될 수 있다.
가. 분쟁의 대상인 사항이 그 국가의 법에 따라서는 중재에 의해 해결될 수 없는 것일 경우, 또는
나. 판정의 승인이나 집행이 그 국가의 공공의 질서에 반하는 경우.
제6조 판정의 취소 또는 정지를 요구하는 신청이 제5조제1항의 마에 언급된 권한 있는 당국에 제기되었을 경우에는, 판정의 원용을 신청받은 당국은, 그것이 적절하다고 간주하는 때에는 판정의 집행에 관한 판결을 연기할 수 있고 또한 판정의 집행을 요구하는 당사자의 신청이 있는 경우 적절한 담보를 제공할 것을 다른 쪽 당사자에 명할 수 있다.
제7조 1. 이 협약의 규정은 체약국에 의하여 체결된 중재판정의 승인 및 집행에 관한 다자 또는 양자 협정의 효력에 영향을 미치지 아니하며, 또한 어떠한 이해 당사자가, 중재판정의 원용이 요구된 국가의 법이나 조약에서 허용한 방법 및 한도 내에서, 판정을 원용할 수 있는 권리를 박탈하지도 아니한다.
2. 1923년 중재조항에 관한 제네바 의정서 및 1927년 외국중재판정의 집행에 관한 제네바협약은 체약국이 이 협약에 의한 구속을 받게 되는 때부터, 그리고 그 구속을 받는 한도 내에서 체약국 간에 있어 효력을 상실한다.
제8조 1. 이 협약은 국제연합회원국, 또한 현재 또는 장래의 국제연합 전문기구의 회원국, 또는 현재 또는 장래의 국제사법재판소 규정의 당사국, 또는 국제연합총회로부터 초청을 받은 그 밖의 국가의 서명을 위하여 1958년 12월 31일까지 개방된다.
2. 이 협약은 비준되어야 하며 비준서는 국제연합사무총장에게 기탁된다.
제9조 1. 이 협약은 제8조에 언급된 모든 국가의 가입을 위하여 개방된다.
2. 가입은 국제연합사무총장에게 가입서를 기탁함으로써 발효한다.
제10조 1. 어떠한 국가든지 서명, 비준 또는 가입 시에 국제관계에 있어서 자국이 책임을 지는 전부 또는 일부의 영역에 이 협약을 적용함을 선언할 수 있다. 그러한 선언은 이 협약이 관련국가에 대하여 발효할 때 효력이 발생한다.
2. 그러한 적용은 그 후 언제든지 국제연합사무총장에게 통고함으로써 행할 수 있으며, 그 효력은 국제연합사무총장이 이 통고를 접수한 날부터 90일 후 또는 관련국가에 대하여 이 협약이 발효하는 날 중 늦은 일자에 발생한다.
3. 서명, 비준 또는 가입 시에 이 협약이 적용되지 아니하는 영역에 관하여는, 각 관련국가는 헌법상의 이유로 필요한 경우에는 그 영역을 관할하는 정부의 동의를 얻을 것을 조건으로, 이 협약을 그러한 영역에 적용하기 위하여 필요한 조치를 취할 수 있는 가능성을 고려한다.
제11조 연방국가 또는 비단일국가의 경우에는 다음의 규정이 적용된다.
가. 이 협약의 조항 중 연방정부의 입법 관할권 내에 속하는 것에 관해서는, 연방정부의 의무는 이러한 한도 내에서 연방국가가 아닌 다른 체약국의 의무와 동일하다.
나. 이 협약의 조항 중 연방의 헌법체제 하에서 입법조치를 취할 의무가 없는 주 또는 지방의 입법관할권 내에 속하는 것에 관하여는, 연방정부는 가급적 조속히 주 또는 지방의 적절한 당국에 대하여 호의적 권고를 포함하여 그러한 조항에 대한 주의를 환기시킨다.
다. 이 협약의 당사국인 연방국가는, 국제연합사무총장을 통하여 전달된 다른 체약국의 요청에 따라서, 이 협약의 어떠한 특정 규정에 관하여 입법 또는 그 밖의 조치를 통해 그 규정이 이행되고 있는 범위를 보여주는 연방과 그 구성단위의 법과 관행에 대한 정보를 제공한다.
제12조 1. 이 협약은 세 번째의 비준서 또는 가입서의 기탁일 후 90일째 되는 날에 발효한다.
2. 세 번째의 비준서 또는 가입서의 기탁일 후에 이 협약을 비준하거나 이 협약에 가입하는 국가에 대하여는, 이 협약은 그 국가의 비준서 또는 가입서의 기탁일 후 90일째 되는 날에 효력을 발생한다.
제13조 1. 어떠한 체약국이든지 국제연합사무총장에게 서면으로 통고함으로써 이 협약을 탈퇴할 수 있다. 탈퇴는 사무총장이 통고를 접수한 일자부터 1년 후에 발효한다.
2. 제10조에 따라 선언 또는 통고를 한 국가는, 그 후 언제든지 국제연합사무총장에게 통고함으로써, 사무총장이 통고를 접수한 일자부터 1년 후에 관련 영역에 대한 이 협약의 적용이 종결됨을 선언할 수 있다.
3. 탈퇴가 발효되기 전에 승인이나 집행절차가 개시된 중재판정에 대해서는 이 협약이 계속하여 적용된다.
제14조 체약국은 자국이 이 협약을 적용하여야 할 의무가 있는 범위 외에는 다른 체약국에 대하여 이 협약을 원용할 권리를 가지지 아니한다.
제15조 국제연합사무총장은 제8조에 규정된 국가에 대하여 다음의 사항에 관하여 통고한다.
가. 제8조에 따른 서명 및 비준,
나. 제9조에 따른 가입,
다. 제1조, 제10조 및 제11조에 따른 선언 및 통고,
라. 제12조에 따라 이 협약이 발효한 일자,
마. 제13조에 따른 탈퇴 및 통고
제16조 1. 중국어본, 영어본, 프랑스어본, 러시아어본 및 스페인어본이 동등하게 정본인 이 협약은 국제연합 기록보관소에 보관된다.
2. 국제연합사무총장은 이 협약의 인증등본을 제8조에 규정된 국가에 송부한다.

대한민국의 선언

이 협약 제1조제3항에 따라, 대한민국 정부는 오직 다른 체약국의 영역 내에서 내려진 중재판정의 승인과 집행에 한하여만 이 협약을 적용할 것을 선언한다. 또한 대한민국 정부는, 계약적 성질의 것인지 여부를 불문하고, 국내법상 상사상의 것이라고 간주되는 법률관계로부터 발생하는 분쟁에 한하여 이 협약을 적용할 것을 선언한다.

항공기내에서 행한 범죄 및 기타 행위에 관한 협약

(1971년 5월 6일
조 약 제385호)

1963. 9.14(동경에서 작성)
1971. 5.20(대한민국에 대하여 발효)

본 협약의 당사국은 다음과 같이 합의하였다.

제1장 협약의 범위

제1조 1. 본 협약은 다음 사항에 대하여 적용된다.
(a) 형사법에 위반하는 범죄
(b) 범죄의 구성여부를 불문하고 항공기와 기내의 인명 및 재산의 안전을 위태롭게 할 수 있거나 하는 행위 또는 기내의 질서 및 규율을 위협하는 행위
2. 제3장에 규정된 바를 제외하고는 본 협약은 체약국에 등록된 항공기가 비행중이거나 공해 수면상에 있거나 또는 어느 국가의 영토에도 속하지 않는 지역의 표면에 있을 때에 동 항공기에 탑승한 자가 범한 범죄 또는 행위에 관하여 적용된다.
3. 본 협약의 적용상 항공기는 이륙의 목적을 위하여 시동이 된 순간부터 착륙 활주가 끝난 순간까지를 비행중인 것으로 간주한다.
4. 본 협약은 군용, 세관용, 경찰용 업무에 사용되는 항공기에는 적용되지 아니한다.
제2조 제4조의 규정에도 불구하고, 또한 항공기와 기내의 인명 및 재산의 안전이 요청하는 경우를 제외하고는 본 협약의 어떠한 규정도 형사법에 위반하는 정치적 성격의 범죄나 또는 인종 및 종교적 차별에 기인하는 범죄에 관하여 어떠한 조치를 허용하거나 요구하는 것으로 해석되지 아니한다.

제2장 재판관할권

제3조 1. 항공기의 등록국은 동 항공기내에서 범하여진 범죄나 행위에 대한 재판관할권을 행사할 권한을 가진다.
2. 각 체약국은 자국에 등록된 항공기내에서 범하여진 범죄에 대하여 등록국으로서의 재판관할권을 확립하기 위하여 필요한 조치를 취하여야 한다.
3. 본 협약은 국내법에 따라 행사하는 어떠한 형사재판관할권도 배제하지 아니한다.
제4조 체약국으로서 등록국이 아닌 국가는 다음의 경우를 제외하고는 기내에서의 범죄에 관한 형사재판관할권의 행사를 위하여 비행중의 항공기에 간섭하지 아니하여야 한다.
(a) 범죄가 상기 국가의 영역에 영향을 미칠 경우,
(b) 상기 국가의 국민이나 또는 영주자에 의하여 또는 이들에 대하여 범죄가 범하여진 경우,
(c) 범죄가 상기 국가의 안전에 반하는 경우,
(d) 상기 국가에서 효력을 발생하고 있는 비행 및 항공기의 조종에 관한 규칙이나 법규를 위반한 범죄가 범하여진 경우,
(e) 상기 국가가 다변적인 국제협정하에 부담하고 있는 의무의 이행을 보장함에 있어서 재판관할권의 행사가 요구되는 경우.

제3장 항공기 기장의 권한

제5조 1. 본 장의 규정들은 최종 이륙지점이나 차기 착륙예정지점이 등록국 이외의 국가에 위치하거나 또는 범인이 탑승한 채로 동 항공기가 등록국 이외 국가의 공역으로 계속적으로 비행하는 경우를 제외하고는 등록국의 공역이나 공해상공 또는 어느 국가의 영역에도 속하지 아니하는 지역 상공을 비행하는 중에 항공기에 탑승한 자가 범하였거나 범하려고 하는 범죄 및 행위에는 적용되지 아니한다.
2. 제1조제3항에 관계없이 본장의 적용상 항공기는 승객의 탑승이후 외부로 통하는 모든 문이 폐쇄된 순간부터 승객이 내리기 위하여 상기 문들이 개방되는 순간까지를 비행중인 것으로 간주한다. 불시착의 경우에는 본장의 규정은 당해국의 관계당국이 항공기 및 기내의 탑승자와 재산에 대한 책임을 인수할 때까지 기내에서 범하여진 범죄와 행위에 관하여 계속 적용된다.
제6조 1. 항공기 기장은 항공기내에서 어떤 자가 제1조제1항에 규정된 범죄나 행위를 범하였거나 범하려고 한다는 것을 믿을만한 상당한 이유가 있는 경우에는 그 자에 대하여 다음을 위하여 요구되는 감금을 포함한 필요한 조치를 부과할 수 있다.
(a) 항공기와 기내의 인명 및 재산의 안전의 보호
(b) 기내의 질서와 규율의 유지
(c) 본장의 규정에 따라 상기 자를 관계당국에 인도하거나 또는 항공기에서 하기조치(Disembarkation)를 취할 수 있는 기장의 권한 확보
2. 항공기 기장은 자기가 감금할 권한이 있는 자를 감금하기 위하여 다른 승무원의 원조를 요구하거나 권한을 부여할 수 있으며, 승객의 원조를 요청하거나 권한을 부여할 수 있으나 이를 요구할 수는 없다. 승무원이나 승객도 누구를 막론하고 항공기와 기내의 인명 및 재산의 안전을 보호하기 위하여 합리적인 예방조치가 필요하다고 믿을만한 상당한 이유가 있는 경우에는 기장의 권한부여가 없어도 즉각적으로 상기 조치를 취할 수 있다.
제7조 1. 제6조에 따라서 특정인에게 가하여진 감금조치는 다음 경우를 제외하고는 항공기가 착륙하는 지점을 넘어서까지 계속되어서는 아니된다.
(a) 착륙지점이 비체약국의 영토내에 있으며, 동 국가의 당국이 상기 특정인의 상륙을 불허하거나, 제6조제1항(c)에 따라서 관계당국에 대한 동인의 인도를 가능하게 하기 위하여 이와 같은 조치가 취하여진 경우,
(b) 항공기가 불시착하여 기장이 상기 특정인을 관계당국에 인도할 수 없는 경우,
(c) 동 특정인이 감금상태하에서 계속 비행에 동의하는 경우.

2. 항공기 기장은 제6조의 규정에 따라 기내에 특정인을 감금한 채로 착륙하는 경우 가급적 조속히 그리고 가능하면 착륙이전에 기내에 특정인이 감금되어 있다는 사실과 그 사유를 당해국의 당국에 통보하여야 한다.
제8조 1. 항공기 기장은 제6조제1항의(a) 또는 (b)의 목적을 위하여 필요한 경우에는 기내에서 제1조제1항(b)의 행위를 범하였거나 범하려고 한다는 믿을만한 상당한 이유가 있는 자에 대하여 누구임을 막론하고 항공기가 착륙하는 국가의 영토에 그 자를 하기시킬 수 있다.
2. 항공기 기장은 본조에 따라서 특정인을 하기시킨 국가의 당국에 대하여 특정인을 하기시킨 사실과 그 사유를 통보하여야 한다.
제9조 1. 항공기 기장은 자신의 판단에 따라 항공기의 등록국의 형사법에 규정된 중대한 범죄를 기내에서 범하였다고 믿을 만한 상당한 이유가 있는 자에 대하여 누구임을 막론하고 항공기가 착륙하는 영토국인 체약국의 관계당국에 그 자를 인도할 수 있다.
2. 항공기 기장은 전항의 규정에 따라 인도하려고 하는 자를 탑승시킨 채로 착륙하는 경우 가급적 조속히 그리고 가능하면 착륙이전에 동 특정인을 인도하겠다는 의도와 그 사유를 동 체약국의 관계당국에 통보하여야 한다.
3. 항공기 기장은 본조의 규정에 따라 범죄인 혐의자를 인수하는 당국에게 항공기등록국의 법률에 따라 기장이 합법적으로 소지하는 증거와 정보를 제공하여야 한다.
제10조 본 협약에 따라서 제기되는 소송에 있어서 항공기 기장이나 기타 승무원, 승객, 항공기의 소유자나 운항자는 물론 비행의 이용자는 피소된 자가 받은 처우로 인하여 어떠한 소송상의 책임도 부담하지 아니한다.

제4장 항공기의 불법점유

제11조 1. 기내에 탑승한 자가 폭행 또는 협박에 의하여 비행중인 항공기를 방해하거나 점유하는 행위 또는 기타 항공기의 조종을 부당하게 행사하는 행위를 불법적으로 범하였거나 또는 이와 같은 행위가 범하여지려고 하는 경우에는 체약국은 동 항공기가 합법적인 기장의 통제하에 들어가고, 그가 항공기의 통제를 유지할 수 있도록 모든 적절한 조치를 취하여야 한다.
2. 전항에 규정된 사태가 야기되는 경우 항공기가 착륙하는 체약국은 승객과 승무원이 가급적 조속히 여행을 계속하도록 허가하여야 하며, 또한 항공기와 화물을 각각 합법적인 소유자에게 반환하여야 한다.

제5장 체약국의 권한과 의무

제12조 체약국은 어느 국가를 막론하고 타 체약국에 등록된 항공기의 기장에게 제8조제1항에 따른 특정인의 하기조치를 인정하여야 한다.
제13조 1. 체약국은 제9조제1항에 따라 항공기 기장이 인도하는 자를 인수하여야 한다.
2. 사정이 그렇게 함을 정당화한다고 확신하는 경우에는 체약국은 제11조제1항에 규정된 행위를 범한 피의자와 동국이 인수한 자의 신병을 확보하기 위하여 구금 또는 기타 조치를 취하여야 한다. 동 구금과 기타 조치는 동국의 법률이 규정한 바에 따라야 하나, 형사적 절차와 범죄인 인도에 따른 절차의 착수를 가능하게 하는 데에 합리적으로 필요한 시기까지에만 계속되어야 한다.
3. 전항에 따라 구금된 자는 동인의 국적국의 가장 가까이 소재하고 있는 적절한 대표와 즉시 연락을 취할 수 있도록 도움을 받아야 한다.
4. 제9조제1항에 따라 특정인을 인수하거나 또는 제11조제1항에 규정된 행위가 범하여진 후 항공기가 착륙하는 영토국인 체약국은 사실에 대한 예비조사를 즉각 취하여야 한다.
5. 본 조에 따라 특정인을 구금한 국가는 항공기의 등록국 및 피구금자의 국적국과 타당하다고 사료할 경우에는 이해관계를 가진 기타 국가에 대하여 특정인이 구금되고 있으며 그의 구금을 정당화하는 상황등에 관한 사실을 즉시 통보하여야 한다. 본 조 제4항에 따라 예비조사를 취하는 국가는 조사의 결과와 재판권을 행사할 의사가 있는가의 여부에 대하여 상기 국가들에게 즉시 통보하여야 한다.
제14조 1. 제8조제1항에 따라 특정인이 하기조치를 당하였거나 또는 제9조제1항에 따라 인도되었거나 제11조제1항에 규정된 행위를 범한 후 항공기에서 하기조치를 당하였을 경우, 또한 동인이 여행을 계속할 수 없거나 계속할 의사가 없는 경우에 항공기가 착륙한 국가가 그의 입국을 허가하지 아니할 때에는 동인이 착륙국가의 국민이거나 영주자가 아니라면 착륙국가는 동인이 국적을 가졌거나 영주권을 가진 국가의 영토에 송환하거나 동인이 항공여행을 시작한 국가의 영토에 송환할 수 있다.
2. 특정인의 상륙, 인도 및 제13조제2항에 규정된 구금 또는 기타 조치나 동인의 송환은 당해 체약국의 입국관리에 관한 법률의 적용에 따라 동국 영토에 입국이 허가된 것으로 간주되지 아니하며, 본 협약의 어떠한 규정도 자국 영토로부터의 추방을 규정한 법률에 영향을 미치지 아니한다.
제15조 1. 제14조의 규정에도 불구하고 제8조제1항에 따라 항공기에서 하기조치를 당하였거나, 제9조제1항에 따라 인도되었거나, 제11조제1항에 규정된 행위를 범한 후 항공기에서 내린 자가 여행을 계속할 것을 원하는 경우에는 범죄인 인도나 형사적 절차를 위하여 착륙국의 법률이 그의 신병확보를 요구하지 않는 한 그가 선택하는 목적지로 향발할 수 있도록 가급적 조속히 자유롭게 행동할 수 있게 하여야 한다.
2. 입국관리와 자국 영토로부터의 추방 및 범죄인 인도에 관한 법률에도 불구하고, 제8조제1항에 따라 특정인이 하기조치를 당하였거나 제9조제1항에 따라 인도되었거나 제11조제1항에 규정된 행위를 범한 것으로 간주된 자가 항공기에서 내린 경우에는 체약국은 동인의 보호와 안전에 있어 동국이 유사한 상황하에서 자국민에게 부여하는 대우보다 불리하지 않은 대우를 부여하여야 한다.

제6장 기타 규정

제16조 1. 체약국에서 등록된 항공기내에서 범하여진 범행은 범죄인 인도에 있어서는 범죄가 실제로 발생한 장소에서 뿐만 아니라 항공기 등록국의 영토에서 발생한 것과 같이 취급되어야 한다.
2. 전항의 규정에도 불구하고 본 협약의 어떠한 규정도 범죄인 인도를 허용하는 의무를 창설하는 것으로 간주되지 아니한다.
제17조 항공기내에서 범하여진 범죄와 관련하여 수사 또는 체포 조치를 취하거나 재판권을 행사함에 있어서 체약국은 비행의 안전과 이에 관련된 기타 권익에 대하여 상당한 배려를 하여야 하며 항공기, 승객, 승무원 및 화물의 불필요한 지연을 피하도록 노력하여야 한다.
제18조 여러 체약국들이 이들중 어느 한 국가에도 등록되지 아니한 항공기를 운항하는 공동 항공운송 운영기구나 국제적인 운영기구를 설치할 경우에는 이들 체약국은 그때 그때의 상황에 따라서 본 협약의 적용상 등록국으로 간주될 국가를 그들중에서 지정하여야 하며, 이 사실을 국제민간항공기구에 통보하여 본 협약의 모든 당사국에게 통보하도록 하여야 한다.

제7장 최종 조항

제19조 제21조에 따라 효력을 발생하는 날까지 본 협약은 서명시에 국제연합 회원국이거나 또는 전문기구의 회원국인 모든 국가에게 서명을 위하여 개방된다.
제20조 1. 본 협약은 각국의 헌법절차에 따라서 서명국이 비준하여야 한다.
2. 비준서는 국제민간항공기구에 기탁된다.
제21조 1. 12개의 서명국이 본 협약에 대한 비준서를 기탁한 후 본 협약은 12번째의 비준서 기탁일부터 90일이 되는 날에 동 국가들간에 발효한다. 이후 본 협약은 이를 비준하는 국가에 대하여 비준서 기탁이후 90일이 되는 날에 발효한다.
2. 본 협약이 발효하면 국제민간항공기구는 본 협약을 국제연합사무총장에게 등록한다.
제22조 1. 본 협약은 효력 발생후 국제연합 회원국이나 전문기구의 회원국이 가입할 수 있도록 개방된다.
2. 상기 국가의 가입은 국제민간항공기구에 가입서를 기탁함으로써 효력을 발생하며, 동 기탁이후 90일이 되는 날에 동국에 대하여 발효한다.
제23조 1. 체약국은 국제민간항공기구 앞으로 된 통고로서 본 협약을 폐기할 수 있다.
2. 상기 폐기는 국제민간항공기구 앞으로 된 폐기통고가 접수된 날로부터 6개월 이후에 효력을 발생한다.
제24조 1. 본 협약의 해석이나 적용에 있어서 둘 또는 그 이상의 체약국간에 협상을 통한 해결을 볼 수 없는 분쟁이 있을 경우에는 이중 어느 국가이든지 중재회부를 요청할 수 있다. 중재요청의 날로부터 6개월 이내에 당사자들이 중재기구에 관한 합의에 도달하지 못하는 경우에는 이중 어느 당사자든지 국제사법재판소의 규정에 따른 요청으로 동 분쟁을 국제사법재판소에 제소할 수 있다.
2. 각국은 본 협약에 대한 서명, 비준 또는 가입시에 자국이 전항에 구속되지 아니한다는 바를 선언할 수 있다. 기타 체약국은 상기와 같은 유보를 선언한 체약국과의 관계에서는 전항에 구속되지 아니한다.
3. 전항에 따라 유보를 선언한 체약국은 언제든지 국제민간항공기구에 대한 통고로서 동 유보를 철회할 수 있다.
제25조 제24조에 규정한 이외에는 본 협약에 대한 유보를 할 수 없다.
제26조 국제민간항공기구는 모든 국제연합 회원국과 전문기구의 회원국에 대하여 다음 사항을 통보한다.
(a) 본 협약에 대한 서명과 그 일자.
(b) 비준서 또는 가입서의 기탁과 그 일자.
(c) 제21조제1항에 따른 본 협약의 발효 일자.
(d) 폐기통고의 접수와 그 일자.
(e) 제24조에 따른 선언 또는 통고의 접수와 그 일자.

이상의 증거로서 하기 전권위원은 정당히 권한을 위임받고 본 협약에 서명하였다.
1963년 9월 14일 도쿄에서 동등히 정본인 영어, 불어 및 서반아어본의 3부를 작성하였다.
본 협약은 국제민간항공기구에 기탁되고 제19조에 따라 서명이 개방되며, 동 기구는 모든 국제연합 회원국과 전문기구의 회원국에게 협약의 인증등본을 송부하여야 한다.

대한민국 정부와 미합중국 정부간의 범죄인인도조약

(1999년 12월 24일
조 약 제1500호)

1998. 6. 9(워싱턴에서 서명)
1999.12.20(발효)

대한민국 정부와 미합중국 정부는, 범죄인인도조약을 체결함으로써 범죄의 예방과 억제에 있어 양국간에 보다 효율적인 협력을 제공하고, 범죄인인도 분야에서 양국간의 관계를 증진하기를 희망하여, 다음과 같이 합의하였다.

제1조【인도의무】 체약당사국은 청구국에서 인도대상범죄에 대한 기소, 재판 또는 형의 부과나 집행을 위하여 수배된 자를 이 조약의 규정에 따라 상호 인도하기로 합의한다.
제2조【인도대상범죄】 1. 인도대상범죄는 인도청구시에 양 체약당사국의 법률에 의하여 1년 이상의 자유형 또는 그 이상의 중형으로 처벌할 수 있는 범죄로 한다.
2. 제1항에 규정된 범죄의 미수범, 음모범 또는 공범도 제1항의 요건이 충족되는 한 인도대상범죄로 한다.
3. 이 조의 목적상 인도가 청구된 자에 대한 혐의행위는 총체적으로 고려되어야 하며, 다음에는 관계없이 인도대상범죄가 된다.
가. 체약당사국의 법률이 그 범죄를 같은 범죄유형으로 분류하거나 같은 죄명으로 규정하는지 여부
나. 양 체약당사국의 법률상 본질적으로 유사한 범죄인 경우 양국의 법률상 그 범죄 구성요건이 상이한지 여부, 그리고
다. 미합중국 연방법이 당해범죄에 대하여 단지 미합중국 연방법원의 재판권을 성립시킬 목적으로 요구되는 것에 불과한 주간 교통수단의 제시 또는 다른 주간 통상이나 외국과의 통상에 영향을 미치는 우편이나 다른 시설의 이용 등을 요건으로 하고 있는지 여부
4. 당해범죄가 청구국의 영토 밖에서 발생한 때에는, 피청구국의 법률상 자국 영토 밖에서 그와 유사한 상황하에서 발생한 범죄에 대하여 처벌을 규정하고 있거나 또는 그 범죄가 청구국의 국민에 의하여 행하여진 경우라면, 이 조약에 따라 범죄인인도가 허용되어야 한다. 피청구국의 법률상 그와 같은 규정이 없는 경우에는 피청구국의 행정당국은 이 조약상의 요건이 충족되는 한 재량에 의하여 범죄인인도를 허용할 수 있다. 인도청구의 대상이 된 범죄의 일부 또는 전부가 피청구국의 법에 의하여 피청구국의 영토내에서 발생한 것으로 판단되고 피청구국에서 그 범죄에 대한 기소가 계속중인 경우에는 범죄인인도를 거절할 수 있다.
5. 특정의 인도범죄에 대하여 인도가 이루어진 경우에는 청구서에 명기된 다른 범죄가 1년 이하의 자유형으로 처벌되는 것이라 하더라도 인도에 관한 다른 요건이 충족되면 그 범죄에 대하여도 범죄인인도가 이루어져야 한다.
6. 조세, 관세, 외국환관리 또는 다른 재정에 관한 법률을 위반한 범죄에 대하여 범죄인인도가 청구되는 경우 피청구국의 법률이 청구국의 법률과 동일한 종류의 조세, 관세 또는 외국환규정을 두고 있지 아니하다는 이유로 인도가 거절되어서는 아니된다.
7. 범죄인인도 요청이 청구국의 법원에서 인도가능한 범죄로 자유형을 받은 자에 관련된 경우 잔여형기가 4월 이하이면 이를 거절할 수 있다.
제3조【국적】 1. 어느 체약당사국도 자국민을 인도할 의무는 없으나 피청구국은 재량에 따라 인도하는 것이 적합하다고 판단되는 경우 자국민을 인도할 권한을 가진다.
2. 단지 국적만을 이유로 인도청구된 자의 인도를 거절하는 때에는, 피청구국은 청구국의 요청에 따라 자국의 기소당국에 사건을 회부하여야 한다.
3. 국적은 인도청구된 범죄의 행위시를 기준으로 판단한다.
제4조【정치적 범죄 및 군사적 범죄】 1. 피청구국이 인도청구 범죄를 정치적 범죄라고 판단하는 경우 인도는 허용되지 아니한다.
2. 이 조약의 목적상 다음과 같은 범죄는 정치적 범죄로 간주되지 아니한다.
가. 체약당사국중 일방의 국가원수 또는 그의 가족에 대한 살인 또는 기타 고의적 폭력범죄
나. 양 체약당사국이 집단살해, 테러 또는 납치에 관한 협정등을 포함한 다자간 국제협정에 따라 당해 범죄인을 인도하거나 기소여부의 결정을 위하여 관할당국에 사건을 회부할 의무가 있는 범죄, 그리고
다. 위에 기재한 범죄에 대한 음모범, 미수범 또는 공범
3. 피청구국의 행정당국이 다음과 같이 결정하는 경우 인도는 허용되지 아니한다.
가. 인도가 허용될 수 있는 범죄를 사유로 인도청구를 한 경우라도 청구된 자의 인종, 종교, 국적 또는 정치적 의견을 이유로 당해인을 기소 또는 처벌할 것을 주요목적으로 사실상 인도가 청구된 경우, 또는
나. 정치적 목적을 위하여 범죄인인도가 청구된 경우
4. 피청구국의 행정당국은 일반 형사법상의 범죄가 아닌 군법상의 범죄에 대하여는 인도를 거절할 수 있다.
제5조【이전의 기소】 인도청구된 자가 인도청구된 범죄에 관하여 피청구국에서 이미 유죄 또는 무죄선고를 받은 경우 인도는 허용되지 아니한다.
제6조【시효】 인도청구된 범죄와 동일한 범죄가 피청구국에서 발생하였다면 피청구국의 공소시효의 규정에 의하여 인도청구된 범죄에 대한 기소 또는 처벌이 금지된다고 인정되는 때에는 이 조약에 의거하여 인도를 거절할 수 있다. 인도청구된 자가 법집행을 면하기 위하여 도피한 기간동안에는 공소시효가 진행되지 아니한다. 일방당사국에서 공소시효의 만료를 정지시키는 행위 또는 사유는 피청구국에 의하여 효력이 부여되어야 한다. 이 점과 관련하여 청구국은 공소시효 관련규정에 대한 설명을 서면으로 제공하여야 하며, 이에 대하여는 다툴 수 없다.
제7조【사형】 1. 인도청구된 범죄가 청구국 법률상 사형에 처해질 수 있으나 피청구국 법률상 사형에 처할 수 없는 경우 피청구국은 다음의 경우를 제외하고는 인도를 거절할 수 있다.

가. 당해범죄가 피청구국의 법률상 살인죄를 구성하는 경우, 또는
나. 사형이 선고되지 아니하거나 또는 사형선고가 있는 경우에도 이를 집행하지 아니한다는 청구국의 보증이 있고 피청구국이 이를 충분하다고 인정하는 경우
2. 청구국이 제1항에 의한 보증을 하는 경우, 청구국 법원에 의하여 선고된 사형은 집행되어서는 아니된다.

제8조【인도절차 및 필요서류】 1. 모든 인도청구는 외교경로를 통하여 서면으로 이루어져야 한다.
2. 인도청구에는 다음이 첨부되어야 한다.
가. 청구된 자의 국적을 포함한 신원과 추정 소재지를 기재한 서류, 설명 또는 다른 형태의 정보
나. 범죄사실 및 그 사건에 대하여 진행된 절차의 과정을 기재한 정보
다. 인도청구된 범죄의 구성요건이 기재된 법령
라. 인도청구된 범죄에 대한 형벌이 기재된 법령
마. 상당한 경우 이 조 제3항 또는 제4항에 규정된 서류, 진술 또는 다른 형태의 정보, 그리고
바. 당해범죄에 대한 기소 또는 형의 집행에 관한 시효규정에 대한 관련규정의 설명
3. 인도청구가 기소를 위한 것인 경우에는 다음이 첨부되어야 한다.
가. 법관 또는 다른 권한있는 당국이 발부한 구속 또는 체포영장의 사본
나. 기소관련 서류가 있는 경우 그 사본, 그리고
다. 인도청구된 자가 청구된 범죄를 행하였다고 믿을 만한 상당한 근거를 제공하는 정보
4. 청구된 범죄에 관하여 유죄판결을 받은 자에 대한 청구가 있는 경우에는 다음이 첨부되어야 한다.
가. 판결문 사본 또는 사본을 발급받을 수 없는 경우 그 자가 유죄판결을 받은 자라는 사법당국의 설명
나. 청구된 자가 유죄판결을 받은 자와 동일하다는 것을 입증하는 자료
다. 청구된 자가 형의 선고를 받은 경우 선고형량을 기재한 서류의 사본 및 그 선고가 어느 정도 집행되었는지를 기재한 설명, 그리고
라. 당해인이 유죄의 궐석재판을 받은 경우 제3항에 의하여 요구되는 서류
5. 피청구국은 청구를 위하여 제출된 정보가 이 조약의 요건을 충족하기에 불충분하다고 판단되는 경우 피청구국이 상당한 기간을 특정하여 추가자료를 제출할 것을 요구할 수 있다.
6. 청구국이 제출하는 모든 서류는 피청구국의 언어로 번역되어야 한다.

제9조【서류의 적격성】 범죄인인도청구에 첨부되는 서류는 다음의 경우에 인도절차에서 증거로 접수되고 인정되어야 한다.
가. 동 서류가 청구국에 주재하고 있는 피청구국의 주요 외교관이나 영사관원에 의하여 확인된 경우, 또는
나. 동 서류가 피청구국의 법에 의하여 인정되는 기타 방식으로 확인 또는 인증된 경우

제10조【긴급인도구속】 1. 긴급한 경우 체약당사국은 인도청구서를 송부하기 전에 범죄인에 대한 긴급인도구속을 청구할 수 있다. 긴급인도구속 청구서는 대한민국 법무부와 미합중국 법무부간에 외교경로를 통하여 또는 직접 송부될 수 있다.
2. 긴급인도구속에 대한 청구는 서면으로 이루어져야 하며 다음 사항이 포함되어야 한다.
가. 청구된 자의 국적에 관한 정보를 포함한 동인에 대한 설명
나. 청구된 자의 소재지를 알고 있는 경우 그 소재지
다. 가능한 경우 범행의 시간과 장소를 포함한 사건의 사실에 대한 간략한 설명
라. 위반한 법령에 대한 설명
마. 청구된 자에 대한 구속영장이나 유죄판결이 있는지에 대한 설명, 그리고
바. 당해인에 대한 범죄인인도청구가 추후 이루어질 것이라는 설명
3. 청구국에 대하여 긴급인도구속청구의 처리내용과 청구 거절의 경우에는 그 이유를 지체없이 통지하여야 한다.
4. 이 조약에 의하여 긴급인도구속된 자에 대하여 피청구국의 행정당국이 긴급인도 구속일부터 2월이 경과한 때까지 정식인도청구서 및 제8조에 의하여 요구되는 첨부서류를 받지 못하면 석방할 수 있다.
5. 청구된 자가 이 조 제4항에 따라 석방되었다는 사실은 정식인도청구서 및 첨부서류가 추후에 접수된 경우에 그 사람에 대한 재구속과 인도를 방해하지 아니한다.

제11조【결정 및 인도】 1. 피청구국은 범죄인인도 청구에 대한 결정을 외교경로를 통하여 청구국에 신속히 서면으로 통지하여야 한다.
2. 인도청구의 전부 또는 일부가 거절되었을 경우 피청구국은 거절사유에 대한 설명을 제공하여야 한다. 사법당국에 의하여 결정이 이루어지는 경우 피청구국은 요청이 있을 경우 관련 사법결정의 사본을 제공하여야 한다.
3. 범죄인인도가 허용되는 경우 체약당사국들의 각 주무당국은 청구된 자의 인도일시와 장소에 대하여 합의하여야 한다.
4. 청구된 자가 피청구국의 법에 규정된 기간내에 피청구국의 영토밖으로 이송되지 아니하는 경우 당해인을 석방할 수 있고 피청구국은 동일한 범죄에 대한 추후 인도청구를 거부할 수 있다.

제12조【일시인도 및 인도연기】 1. 인도청구된 범죄 이외의 다른 범죄로 피청구국에서 재판중이거나 형을 복역하고 있는 자에 대한 인도청구가 허용되는 경우 피청구국은 기소를 위하여 당해인을 청구국으로 일시 인도할 수 있다. 이와 같이 인도되는 자는 체약당사국의 상호합의에 의하여 결정되는 조건에 따라 청구국에서 계속 구금되어야 하며 재판절차가 종결된 후 피청구국으로 송환되어야 한다.
2. 피청구국은 인도청구된 범죄 이외의 범죄로 자국에서 형을 복역하고 있거나 기소된 자에 대한 인도절차를 연기할 수 있다. 청구된 자에 대한 기소가 완결될 때까지 또는 당해인이 선고된 형의 복역을 마칠 때까지 인도를 연기할 수 있다.

제13조【다수국에 의한 범죄인인도청구】 피청구국이 타방체약국과 여타의 다른 국가 또는 국가들로부터 동일인에 대하여 동일한 범죄 또는 동일하지 아니한 범죄와 관련하여 인도청구를 받은 경우, 피청구국의 행정당국은 당해인을 인도할 국가를 결정하여야 한다. 동 결정을 함에 있어 피청구국은 다음의 사항을 포함한 모든 관련요소를 고려하여야 한다.
가. 인도청구가 조약에 의거한 것인지 여부
나. 각 범죄가 발생한 일시와 장소
다. 각 청구국의 이해관계
라. 범죄의 중함
마. 피해자의 국적
바. 청구국들간의 추후 인도 가능성, 그리고
사. 각 인도청구 일자

제14조【물건의 압수 및 인도】 1. 피청구국은 자국법률이 허용하는 범위내에서 인도가 허용된 범죄와 관련된 모든 물건, 서류 및 증거를 압수하여 청구국에 인도할 수 있다. 피청구국은 인도청구된 자의 사망, 실종 또는 도피로 인하여 인도가 이루어질 수 없는 경우라 하더라도 이 조에 언급된 것들을 인도할 수 있다.
2. 피청구국은 물건을 인도함에 있어 청구국이 실무적으로 가능한 한 신속히 이를 무상 반환할 것을 충분히 보증할 것을 조건으로 할 수 있다. 피청구국은 그 물건이 자국내에서 증거로 필요한 경우 그 인도를 연기할 수 있다.
3. 그와 같은 물건에 대한 제3자의 권리는 적절히 존중되어야 한다.

제15조【특정성의 원칙】 1. 이 조약에 따라 인도되는 자는 다음 범죄 이외의 범죄로 청구국에서 구금되거나 재판받거나 처벌될 수 없다.
가. 인도가 허용된 범죄, 또는 다른 죄명으로 규정되어 있으나 인도의 근거가 된 범죄사실과 같은 사실에 기초한 범죄로서 인도범죄이거나 인도가 허용된 범죄의 일부를 이루는 범죄
나. 당해인의 인도 이후에 발생한 범죄, 그리고
다. 피청구국의 행정당국이 당해인의 구금, 재판 또는 처벌에 동의하는 범죄. 본호의 목적상
(1) 피청구국은 제8조에 의하여 요구되는 서류의 제출을 요구할 수 있다.
(2) 인도되는 자가 범죄와 관련하여 진술한 법적 기록이 있는 경우 그 기록은 피청구국에 제출되어야 한다. 그리고,
(3) 인도되는 자는 청구가 처리되는 중에 피청구국이 허가하는 기간동안 청구국에 의하여 구금될 수 있다.
2. 이 조약에 따라 인도되는 자는 인도하는 국가가 동의하지 아니하는 한 그 인도 이전에 범한 범죄로 인하여 제3국으로 인도될 수 없다.
3. 이 조의 제1항 및 제2항은 다음의 경우에 있어 인도된 자의 구금, 재판 및 처벌이나 제3국으로의 인도를 방해하지 아니한다.
가. 당해인이 인도된 후 청구국의 영토를 떠났다가 자발적으로 청구국에 재입국한 경우, 또는
나. 당해인이 자유로이 청구국을 떠날 수 있게 된 날부터 25일 이내에 청구국의 영토를 떠나지 아니한 경우

제16조【약식인도】 인도청구된 자가 청구국으로의 인도에 대하여 동의하는 경우 피청구국은 자국 법률상 허용되는 범위내에서 추가적 절차없이 가능한 한 신속하게 당해인을 인도할 수 있다. 그러한 경우에 이 조약 제15조는 적용되지 아니한다.

제17조【통과】 1. 어느 체약당사국도 제3국에 의하여 타방 체약당사국으로 인도되는 자가 자국의 영역을 통과하여 호송되는 것을 허가할 수 있다. 통과의 요청은 대한민국 법무부와 미합중국 법무부간에 외교경로를 통하여 또는 직접 이루어져야 한다. 통과요청서에는 호송되는 자에 대한 설명과 사건사실에 대한 간략한 진술이 포함되어야 한다. 호송되는 자는 통과기간 동안 구금될 수 있다.
2. 항공수송이 이용되고 통과당사국의 영역내에 착륙이 예정되지 아니하는 경우에는 통과허가를 받지 않아도 된다. 그 통과당사국의 영토안에서 예정되지 아니한 착륙이 이루어지는 경우 그 국가는 타방당사국에 대하여 이 조 제1항에 규정된 통과요청서의 제출을 요구할 수 있다. 통과당사국은 예정되지 아니한 착륙으로부터 96시간내에 요청서가 접수되는 것을 조건으로 호송재개때까지 호송될 자를 구금하여야 한다.
3. 인도되는 자에 대한 통과허가에는 호송관이 통과국 관련기관으로부터 그 구금상태를 유지함에 있어서 필요한 지원을 얻기 위한 허가가 포함되어야 한다.
4. 이 조 제3항의 규정에 의하여 구금된 자가 자국 영역내에 있는 체약당사국은 상당한 기간내에 호송이 재개되지 아니하는 때에는 그의 석방을 지시할 수 있다.

제18조【대표 및 비용】 1. 피청구국은 인도청구로부터 발생하는 모든 절차에 있어 청구국을 대표하여 조언과 조력을 제공하고 법원에 출석하며 청구국의 이익을 대변하여야 한다.
2. 청구국은 서류의 번역과 피청구국으로부터 청구국으로 인도되는 자의 호송관련 비용을 부담하여야 한다. 피청구국은 인도절차로 인하여 자국내에서 발생하는 모든 다른 비용을 부담하여야 한다.
3. 체결당사국은 이 조약에 따라 청구되는 자의 체포, 구금, 심문 또는 인도와 관련하여 타방당사국에게 어떠한 금전적 청구도 할 수 없다.

제19조【협의】 1. 어느 일방당사국의 요청에 따라 체약당사국은 이 조약의 해석과 적용에 관하여 협의하여야 한다.
2. 대한민국 법무부와 미합중국 법무부는 개별사건의 처리와 관련하여 또한 이 조약을 이행하기 위한 절차의 유지 및 개선을 촉진하기 위하여 직접 협의할 수 있다.

제20조【적용】 이 조약은 발효후 발생한 범죄뿐만 아니라 발효 이전에 발생한 범죄에도 적용된다.

제21조【비준, 발효 및 종료】 1. 이 조약은 비준되어야 한다. 비준서는 가능한 한 신속히 교환되어야 한다.
2. 이 조약은 비준서의 교환으로 발효한다.
3. 어느 체약당사국도 타방 체약당사국에 대한 서면 통고로써 언제든지 이 조약을 종료할 수 있으며 그 통고일부터 6월후에 종료한다.

이상의 증거로, 하기 서명자는 그들 각자의 정부로부터 정당히 권한을 위임받아 이 조약에 서명하였다.
1998년 6월 9일 워싱턴에서 동등히 정본인 한국어와 영어로 각 2부를 작성하였다.

대한민국 정부를 위하여	미합중국 정부를 위하여

대한민국과 일본국간의 일본에 거주하는 대한민국 국민의 법적지위와 대우에 관한 협정

(1965년 12월 18일 / 조 약 제164호)

1965. 6.22(동경에서 서명)
1966. 1.17(발효)

대한민국과 일본국은, 다년간 일본국에 거주하고 있는 대한민국 국민이 일본국의 사회와 특별한 관계를 가지게 되었음을 고려하고, 이들 대한민국 국민이 일본국의 사회질서 하에서 안정된 생활을 영위할 수 있게 하는 것이 양국간 및 국민간의 우호관계 증진에 기여함을 인정하여, 다음과 같이 합의하였다.

제1조 1. 일본국 정부는 다음의 어느 하나에 해당하는 대한민국 국민이 본 협정의 실시를 위하여 일본국 정부가 정하는 절차에 따라 본 협정의 효력발생일로부터 5년이내에 영주허가의 신청을 하였을 때에는 일본국에서의 영주를 허가한다.
(a) 1945년 8월 15일이전부터 신청시까지 계속하여 일본국에 거주하고 있는 자
(b) (a)에 해당하는 자의 직계 비속으로서 1945년 8월 16일이후 본 협정의 효력발생일부터 5년이내에 일본국에서 출생하고, 그 후 신청시까지 계속하여 일본국에 거주하고 있는 자
2. 일본국 정부는 1의 규정에 의거하여 일본국에서의 영주가 허가되어 있는 자의 자녀로서 본 협정의 효력발생일로부터 5년이 경과한 후에 일본국에서 출생한 대한민국 국민이 본 협정의 실시를 위하여 일본국 정부가 정하는 절차에 따라 그의 출생일로부터 60일이내에 영주허가의 신청을 하였을 때에는 일본국에서의 영주를 허가한다.
3. 1(b)에 해당하는 자로서 본 협정의 효력발생일로부터 4년 10개월이 경과한 후에 출생하는 자의 영주허가의 신청기한은 1의 규정에 불구하고 그의 출생일로부터 60일이내로 한다.
4. 전기의 신청 및 허가에 대하여는 수수료는 징수되지 아니한다.

제2조 1. 일본국 정부는 제1조의 규정에 의거하여 일본국에서의 영주가 허가되어 있는 자의 직계 비속으로서 일본국에서 출생한 대한민국 국민의 일본국에서의 거주에 관하여는 대한민국 정부의 요청이 있으면, 본 협정의 효력발생일로부터 25년이 경과할 때까지는 협의를 행함에 동의한다.
2. 1의 협의에 있어서는 본 협정의 기초가 되고 있는 정신과 목적을 존중한다.

제3조 제1조의 규정에 의거하여 일본국에서의 영주가 허가되어 있는 대한민국 국민은 본 협정의 효력발생일 이후의 행위에 의하여 다음의 어느 하나에 해당되는 경우를 제외하고는 일본국으로부터의 퇴거를 강제당하지 아니한다.
(a) 일본국에서 내란에 관한 죄 또는 외환에 관한 죄로 인하여 금고이상의 형에 처하여진 자(집행유예의 언도를 받은 자 및 내란에 부화 수행한 것으로 인하여 형에 처하여진 자를 제외한다)
(b) 일본국에서 국교에 관한 죄로 인하여 금고이상의 형에 처하여진 자, 또는 외국의 원수, 외교사절 또는 그 공관에 대한 범죄행위로 인하여 금고이상의 형에 처하여지고 일본국의 외교상의 중대한 이익을 해한 자
(c) 영리의 목적으로 마약류의 취체에 관한 일본국의 법령에 위반하여 무기 또는 3년이상의 징역 또는 금고에 처하여진 자(집행유예의 언도를 받은 자를 제외한다), 또는 마약류의 취체에 관한 일본국의 법령에 위반하여 3회(단, 본 협정의 효력발생일전의 행위에 의하여 3회이상 형에 처하여진 자에 대하여는 2회)이상 형에 처하여진 자
(d) 일본국의 법령에 위반하여 무기 또는 7년을 초과하는 징역 또는 금고에 처하여진 자

제4조 일본국 정부는 다음에 열거한 사항에 관하여, 타당한 고려를 하는 것으로 한다.
(a) 제1조의 규정에 의거하여 일본국에서 영주가 허가되어 있는 대한민국 국민에 대한 일본국에 있어서의 교육, 생활보험 및 국민건강보험에 관한 사항
(b) 제1조의 규정에 의거하여 일본국에서 영주가 허가되어 있는 대한민국 국민(동조의 규정에 따라 영주허가의 신청을 할 자격을 가지고 있는 자를 포함함)이 일본국에서 영주할 의사를 포기하고 대한민국으로 귀국하는 경우의 재산의 휴행 및 자금의 대한민국에의 송금에 관한 사항

제5조 제1조의 규정에 의거하여 일본국에서의 영주가 허가되어 있는 대한민국 국민은 출입국 및 거주를 포함하는 모든 사항에 관하여 본 협정에서 특히 정하는 경우를 제외하고 모든 외국인에게 동등히 적용되는 일본국의 법령의 적용을 받는 것이 확인된다.

제6조 본 협정은 비준되어야 한다. 비준서는 가능한 한 조속히 서울에서 교환한다. 본 협정은 비준서가 교환된 날로부터 30일 후에 효력을 발생한다.

이상의 증거로서, 하기 대표는 각자의 정부로부터 정당한 위임을 받아 본 협정에 서명하였다.
1965년 6월 22일 토오쿄오에서 동등히 정본인 한국어 및 일본어로 본서 2통을 작성하였다.

대한민국을 위하여	일본국을 위하여
서명 이동원	서명 시이나 에쓰사부로오
김동조	다까스기 싱이찌

조약법에 관한 비엔나협약

(1980년 1월 22일 조 약 제697호)

1969. 5.23(비엔나에서 작성)
1980. 1.27(대한민국에 대하여 발효)

이 협약의 당사국은, 국제관계의 역사에 있어서 조약의 근본적 역할을 고려하고, 제국가의 헌법상 및 사회적 제도에 관계없이 국제법의 법원으로서 또한 제국가간의 평화적 협력을 발전시키는 수단으로서의 조약의 점증하는 중요성을 인정하며, 자유로운 동의와 신의성실의 원칙 및 「약속은 준수하여야 한다」는 규칙이 보편적으로 인정되고 있음에 유의하며, 다른 국제분쟁과 같이 조약에 관한 분쟁은 평화적 수단에 의하여 또한 정의와 국제법의 원칙에 의거하여 해결되어야 함을 확인하며, 정의가 유지되며 또한 조약으로부터 발생하는 의무에 대한 존중이 유지될 수 있는 조건을 확립하고자 하는 국제연합의 제국민의 결의를 상기하며, 제국민의 평등권과 자결, 모든 국가의 주권평등과 독립, 제국가의 국내문제에 대한 불간섭, 힘의 위협 또는 사용의 금지 및 모든 자의 인권과 기본적 자유에 대한 보편적 존중과 그 준수의 제원칙등 국제연합 헌장에 구현된 국제법의 제원칙에 유념하며, 이 협약속에 성취된 조약법의 법전화와 점진적 발전은 국제연합헌장에 규정된 국제연합의 제목적 즉 국제평화와 안전의 유지, 국가간의 우호관계의 발전 및 협력의 달성을 촉진할 것임을 확신하며, 관습국제법의 제규칙은 이 협약의 제규정에 의하여 규제되지 아니하는 제문제를 계속 규율할 것임을 확인하여 다음과 같이 합의하였다.

제1부 총 강

제1조【협약의 범위】 이 협약은 국가간의 조약에 적용된다.

제2조【용어의 사용】 1. 이 협약의 목적상,

(a) "조약"이라 함은 단일의 문서에 또는 2 또는 그 이상의 관련문서에 구현되고 있는가에 관계없이 또한 그 특정의 명칭에 관계없이, 서면형식으로 국가간에 체결되며 또한 국제법에 의하여 규율되는 국제적 합의를 의미한다.

(b) "비준" "수락" "승인" 및 "가입"이라 함은, 국가가 국제적 측면에서 조약에 대한 국가의 기속적 동의를 확정하는 경우에, 각 경우마다 그렇게 불리는 국제적 행위를 의미한다.

(c) "전권위임장"이라 함은, 조약문을 교섭·채택 또는 정본인증하기 위한 목적으로 또는 조약에 대한 국가의 기속적 동의를 표시하기 위한 목적으로 또는 조약에 관한 기타의 행위를 달성하기 위한 목적으로, 국가를 대표하기 위하여 국가의 권한있는 당국이 1 또는 수명을 지정하는 문서를 의미한다.

(d) "유보"라 함은, 자구 또는 명칭에 관계없이 조약의 서명·비준·수락·승인 또는 가입시에, 국가가 그 조약의 일부 규정을 자국에 적용함에 있어서 그 조약의 일부 규정의 법적효과를 배제하거나 또는 변경시키고자 의도하는 경우에, 그 국가가 행하는 일방적 성명을 의미한다.

(e) "교섭국"이라 함은 조약문의 작성 및 채택에 참가한 국가를 의미한다.

(f) "체약국"이라 함은, 조약이 효력을 발생하였는지의 여부에 관계없이, 그 조약에 대한 기속적 동의를 부여한 국가를 의미한다.

(g) "당사국"이라 함은 조약에 대한 기속적동의를 부여하였으며 또한 그에 대하여 그 조약이 발효하고 있는 국가를 의미한다.

(h) "제3국"이라 함은 조약의 당사국이 아닌 국가를 의미한다.

(i) "국제기구"라 함은 정부간 기구를 의미한다.

2. 이 협약에 있어서 용어의 사용에 관한 상기 1항의 규정은 어느 국가의 국내법상 그러한 용어의 사용 또는 그러한 용어에 부여될 수 있는 의미를 침해하지 아니한다.

제3조【이 협약의 범위에 속하지 아니하는 국제적 합의】 국가와 국제법의 다른 주체간 또는 국제법의 그러한 다른 주체간에 체결되는 국제적 합의, 또는 서면형식에 의하지 아니한 국제적 합의에 대하여, 이 협약이 적용되지 아니한다는 사실은 다음의 것에 영향을 주지 아니한다.

(a) 그러한 합의의 법적 효력

(b) 이 협약과는 별도로 국제법에 따라 그러한 합의가 복종해야 하는 이 협약상의 규칙을 그러한 합의에 적용하는 것.

(c) 다른 국제법 주체도 당사자인 국제적 합의에 따라 그러한 국가간에서 그들의 관계에 이 협약을 적용하는 것.

제4조【협약의 불소급】 이 협약과는 별도로 국제법에 따라 조약이 복종해야 하는 이 협약상의 규칙의 적용을 침해함이 없이, 이 협약은 그 발효후에 국가에 의하여 체결되는 조약에 대해서만 그 국가에 대하여 적용된다.

제5조【국제기구를 성립시키는 조약 및 국제기구내에서 채택되는 조약】 이 협약은, 국제기구의 관계규칙을 침해함이 없이, 국제기구의 성립 문서가 되는 조약과 국제기구내에서 채택되는 조약에 적용된다.

제2부 조약의 체결 및 발효

제1절 조약의 체결

제6조【국가의 조약체결능력】 모든 국가는 조약을 체결하는 능력을 가진다.

제7조【전권위임장】 1. 누구나, 다음의 경우에는, 조약문의 채택 또는 정본인증을 위한 목적으로 또는 조약에 대한 국가의 기속적 동의를 표시하기 위한 목적으로 국가를 대표하는 것으로 간주된다.

(a) 적절한 전권위임장을 제시하는 경우, 또는

(b) 관계 국가의 관행 또는 기타의 사정으로 보아, 상기의 목적을 위하여 그 자가 그 국가를 대표하는 것으로 간주되었으며 또한 전권위임장을 필요로 하지 아니하였던 것이 관계 국가의 의사에서 나타나는 경우

2. 다음의 자는, 그의 직무상 또한 전권 위임장을 제시하지 않아도, 자국을 대표하는 것으로 간주된다.

(a) 조약의 체결에 관련된 모든 행위를 수행할 목적으로서는 국가원수·정부수반 및 외무부장관

(b) 파견국과 접수국간의 조약문을 채택할 목적으로서는 외교공관장

(c) 국제회의·국제기구 또는 그 국제기구의 어느 한 기관내에서 조약문을 채택할 목적으로서는, 국가에 의하여 그 국제회의 그 국제기구 또는 그 기구의 그 기관에 파견된 대표

제8조【권한없이 행한 행위의 추인】 제7조에 따라 조약체결의 목적으로 국가를 대표하기 위하여 권한을 부여받은 것으로 간주될 수 없는 자가 행한 조약체결에 관한 행위는, 그 국가에 의하여 추후 확인되지 아니하는 한, 법적효과를 가지지 아니한다.

제9조【조약문의 채택】 1. 조약문의 채택은, 하기 2항에 규정된 경우를 제외하고, 그 작성에 참가한 모든 국가의 동의에 의하여 이루어진다.

2. 국제회의에서의 조약문의 채택은, 출석하여 투표하는 국가의 3분의 2의 찬성에 의하여 그 국가들이 다른 규칙을 적용하기로 결정하지 아니하는 한, 3분의 2의 다수결에 의하여 이루어진다.

제10조【조약문의 정본인증】 조약문은 다음의 것에 의하여 정본으로 또한 최종적으로 확정된다.

(a) 조약문에 규정되어 있거나 또는 조약문의 작성에 참가한 국가가 합의하는 절차, 또는

(b) 그러한 절차가 없는 경우에는, 조약문의 작성에 참가한 국가의 대표에 의한 조약문 또는 조약문을 포함하는 회의의 최종의정서에의 서명·「조건부서명」 또는 가서명

제11조【조약에 대한 기속적 동의의 표시방법】 조약에 대한 국가의 기속적 동의는 서명, 조약을 구성하는 문서의 교환, 비준·수락·승인 또는 가입에 의하여 또는, 기타의 방법에 관하여 합의하는 경우에, 그러한 기타의 방법으로 표시된다.

제12조【서명에 의하여 표시되는 조약에 대한 기속적 동의】 1. 조약에 대한 국가의 기속적 동의는, 다음의 경우에, 국가 대표에 의한 서명에 의하여 표시된다.

(a) 서명이 그러한 효과를 가지는 것으로 그 조약이 규정하고 있는 경우

(b) 서명이 그러한 효과를 가져야 하는 것으로 교섭국간에 합의되었음이 달리 확정되는 경우, 또는

(c) 서명에 그러한 효과를 부여하고자 하는 국가의 의사가 그 대표의 전권위임장으로부터 나타나는 경우 또는 교섭중에 표시된 경우

2. 상기 1항의 목적상

(a) 조약문의 가서명이 그 조약의 서명을 구성하는 것으로 교섭국간에 합의되었음이 확정되는 경우에 그 가서명은 그 조약문의 서명을 구성한다.

(b) 대표에 의한 조약의 「조건부서명」은 대표의 본국에 의하여 확인되는 경우에 그 조약의 완전한 서명을 구성한다.

제13조【조약을 구성하는 문서의 교환에 의하여 표시되는 조약에 대한 기속적 동의】 국가간에 교환된 문서에 의하여 구성되는 조약에 대한 국가의 기속적 동의는, 다음의 경우에 그 교환에 의하여 표시된다.

(a) 그 교환이 그러한 효과를 가지는 것으로 그 문서가 규정하고 있는 경우 또는

(b) 문서의 그러한 교환이 그러한 효과를 가져야 하는 것으로 관계국간에 합의되었음이 달리 확정되는 경우

제14조【비준·수락 또는 승인에 의하여 표시되는 조약에 대한 기속적 동의】 1. 조약에 대한 국가의 기속적 동의는 다음의 경우에 비준에 의하여 표시된다.

(a) 그러한 동의가 비준에 의하여 표시될 것을 그 조약이 규정하고 있는 경우

(b) 비준이 필요한 것으로 교섭국간에 합의되었음이 달리 확정되는 경우

(c) 그 국가의 대표가 비준되어야 할 것으로 하여, 그 조약에 서명한 경우, 또는

(d) 비준되어야 할 것으로 하여 그 조약에 서명하고자 하는 그 국가의 의사가 그 대표의 전권위임장으로부터 나타나거나 또는 교섭중에 표시된 경우

2. 조약에 대한 국가의 기속적 동의는 비준에 적용되는 것과 유사한 조건으로 수락 또는 승인에 의하여 표시된다.

제15조【가입에 의하여 표시되는 조약에 대한 기속적 동의】 조약에 대한 국가의 기속적 동의는 다음의 경우에 가입에 의하여 표시된다.

(a) 그러한 동의가 가입의 방법으로 그 국가에 의하여 표시될 수 있음을 그 조약이 규정하고 있는 경우

(b) 그러한 동의가 가입의 방법으로 그 국가에 의하여 표시될 수 있음을 교섭국간에 합의하였음이 달리 확정되는 경우

(c) 그러한 동의가 가입의 방법으로 그 국가에 의하여 표시될 수 있음을 모든 당사국이 추후 동의한 경우

제16조【비준서·수락서·승인서 또는 가입서의 교환 또는 기탁】 조약이 달리 규정하지 아니하는 한, 비준서·수락서·승인서 또는 가입서는, 다음의 경우에, 조약에 대한 국가의 기속적 동의를 확정한다.

(a) 체약국간의 그 교환

(b) 수탁자에의 그 기탁, 또는

(c) 합의되는 경우 체약국 또는 수탁자에의 그 통고

제17조【조약의 일부에 대한 기속적 동의 및 상이한 제 규정의 선택】 1. 제19조 내지 제23조를 침해함이 없이, 조약의 일부에 대한 국가의 기속적 동의는 그 조약이 이를 인정하거나 또는 다른 체약국이 이에 동의하는 경우에만 유효하다.

2. 상이한 제 규정의 선택을 허용하는 조약에 대한 국가의 기속적 동의는 그 동의가 어느 규정에 관련되는 것인가에 관하여 명백해지는 경우에만 유효하다.

제18조【조약의 발효 전에 그 조약의 대상과 목적을 저해하지 아니할 의무】 국가는 다음의 경우에, 조약의 대상과 목적을 저해하게 되는 행위를 삼가해야 하는 의무를 진다.

(a) 비준·수락 또는 승인되어야 하는 조약에 서명하였거나 또는 그 조약을 구성하는 문서를 교환한 경우에는, 그 조약의 당사국이 되지 아니하고자 하는 의사를 명백히 표시할 때까지, 또는

(b) 그 조약에 대한 그 국가의 기속적 동의를 표시한 경우에는, 그 조약의 발효시까지 그리고 그 발효가 부당하게 지연되지 아니할 것을 조건으로 함.

제2절 유 보

제19조【유보의 형성】 국가는, 다음의 경우에 해당하지 아니하는 한, 조약에 서명·비준·수락승인 또는 가입할 때에 유보를 형성할 수 있다.

(a) 그 조약에 의하여 유보가 금지된 경우

(b) 문제의 유보를 포함하지 아니하는 특정의 유보만을 행할 수 있음을 그 조약이 규정하는 경우, 또는

(c) 상기 세항 (a) 및 (b)에 해당되지 아니하는 경우에는 그 유보가 그 조약의 대상 및 목적과 양립하지 아니하는 경우

제20조【유보의 수락 및 유보에 대한 이의】 1. 조약에 의하여 명시적으로 인정된 유보는, 다른 체약국에 의한 추후의 수락이 필요한 것으로 그 조약이 규정하지 아니하는 한, 그러한 추후의 수락을 필요로 하지 아니한다.

2. 교섭국의 한정된 수와 또한 조약의 대상과 목적으로 보아, 그 조약의 전체를 모든 당사국간에 적용하는 것이 조약에 대한 각 당사국의 기속적 동의의 필수적 조건으로 보이는 경우에, 유보는 모든 당사국에 의한 수락을 필요로 한다.

3. 조약이 국제기구의 성립문서인 경우로서 그 조약이 달리 규정하지 아니하는 한, 유보는 그 기구의 권한있는 기관에 의한 수락을 필요로 한다.

4. 상기 제 조항에 해당되지 아니하는 경우로서 조약이 달리 규정하지 아니하는 한, 다음의 규칙이 적용된다.

(a) 다른 체약국에 의한 유보의 수락은, 그 조약이 유보국과 다른 유보 수락국에 대하여 유효한 경우에 또한 유효한 기간 동안, 유보국이 그 다른 유보 수락국과의 관계에 있어서 조약의 당사국이 되도록 한다.

(b) 유보에 다른 체약국의 이의는 이의 제기국이 확정적으로 반대의사를 표시하지 아니하는 한, 이의제기국과 유보국간에 있어서의 조약의 발효를 배제하지 아니한다.

(c) 조약에 대한 국가의 기속적 동의를 표시하며 또한 유보를 포함하는 행위는 적어도 하나의 다른 체약국이 그 유보를 수락한 경우에 유효하다.

5. 상기 2항 및 4항의 목적상 또는 조약이 달리 규정하지 아니하는 한, 국가가 유보의 통고를 받은 후 12개월의 기간이 끝날 때까지나 또는 그 조약에 대한 그 국가의 기속적 동의를 표시한 일자까지 중 어느 것이든 나중의 시기까지 그 유보에 대하여 이의를 제기하지 아니한 경우에는, 유보가 그 국가에 의하여 수락된 것으로 간주된다.

제21조【유보 및 유보에 대한 이의의 법적 효과】 1. 제19조, 제20조 및 제23조에 따라 다른 당사국에 대하여 성립된 유보는 다음의 법적효과를 가진다.

(a) 유보국과 그 다른 당사국과의 관계에 있어서, 유보국에 대해서는, 그 유보에 관련되는 조약규정을 그 유보의 범위내에서 변경한다.

(b) 다른 당사국과 유보국과의 관계에 있어서, 그 다른 당사국에 대해서는, 그러한 조약규정을 동일한 범위내에서 변경한다.

2. 유보는 「일정 국가간의」 조약에 대한 다른 당사국에 대하여 그 조약규정을 수정하지 아니한다.

3. 유보에 대하여 이의를 제기하는 국가가 동 이의제기국과 유보국간의 조약의 발효에 반대하지 아니하는 경우에, 유보에 관련되는 규정은 그 유보의 범위내에서 양국간에 적용되지 아니한다.

제22조【유보 및 유보에 대한 이의의 철회】 1. 조약이 달리 규정하지 아니하는 한, 유보는 언제든지 철회될 수 있으며 또한 그 철회를 위해서는 동 유보를 수락한 국가의 동의가 필요하지 아니하다.

2. 조약이 달리 규정하지 아니하는 한, 유보에 대한 이의는 언제든지 철회될 수 있다.

3. 조약이 달리 규정하지 아니하는 한 또는 달리 합의되지 아니하는 한, 다음의 규칙이 적용된다.

(a) 유보의 철회는 다른 체약국이 그 통고를 접수한 때에만 그 체약국에 관하여 시행된다.

(b) 유보에 대한 이의의 철회는 동 유보를 형성한 국가가 그 통고를 접수한 때에만 시행된다.

제23조【유보에 관한 절차】 1. 유보, 유보의 명시적 수락 및 유보에 대한 이의는 서면으로 형성되어야 하며 또한 체약국 및 조약의 당사국이 될 수 있는 권리를 가진 국가에 통고되어야 한다.

2. 유보가, 비준·수락 또는 승인에 따를 것으로 하여 조약에 서명한 때에 형성된 경우에는, 유보국이 그 조약에 대한 기속적 동의를 표시하는 때에 유보국에 의하여 정식으로 확인되어야 한다. 그러한 경우에 유보는 그 확인일자에 형성된 것으로 간주된다.

3. 유보의 확인 이전에 형성된 유보의 명시적 수락 또는 유보에 대한 이의는 그 자체 확인을 필요로 하지 아니한다.

4. 유보 또는 유보에 대한 이의의 철회는 서면으로 형성되어야 한다.

제3절 조약의 발효 및 잠정적 적용

제24조【발효】 1. 조약은 그 조약이 규정하거나 또는 교섭국이 협의하는 방법으로 또한 그 일자에 발효한다.

2. 그러한 규정 또는 합의가 없는 경우에는, 조약에 대한 기속적 동의가 모든 교섭국에 대하여 확정되는 대로 그 조약이 발효한다.

3. 조약에 대한 국가의 기속적 동의가 그 조약이 발효한 후의 일자에 확정되는 경우에는, 그 조약이 달리 규정하지 아니하는 한, 그 동의가 확정되는 일자에 그 조약은 그 국가에 대하여 발효한다.

4. 조약문의 정본인증, 조약에 대한 국가의 기속적 동의의 확정, 조약의 발효방법 또는 일자, 유보, 수탁자의 기능 및 조약의 발효 전에 필연적으로 발생하는 기타의 사항을 규율하는 조약 규정은 조약문의 채택시로부터 적용된다.

제25조【잠정적 적용】 1. 다음의 경우에 조약 또는 조약의 일부는 그 발효시까지 잠정적으로 적용된다.

(a) 조약자체가 그렇게 규정하는 경우, 또는

(b) 교섭국이 다른 방법으로 그렇게 합의한 경우

2. 조약이 달리 규정하지 아니하거나 또는 교섭국이 달리 합의하지 아니한 경우에는, 어느 국가가 조약이 잠정적으로 적용되고 있는 다른 국가에 대하여, 그 조약의 당사국이 되지 아니하고자 하는 의사를 통고한 경우에 그 국가에 대한 그 조약 또는 그 조약의 일부의 잠정적 적용이 종료된다.

제3부　조약의 준수 · 적용 및 해석

제1절　조약의 준수

제26조【약속은 준수하여야 한다】 유효한 모든 조약은 그 당사국을 구속하며 또한 당사국에 의하여 성실하게 이행되어야 한다.
제27조【국내법과 조약의 준수】 어느 당사국도 조약의 불이행에 대한 정당화의 방법으로 그 국내법규정을 원용해서는 아니된다. 이 규칙은 제46조를 침해하지 아니한다.

제2절　조약의 적용

제28조【조약의 불소급】 별도의 의사가 조약으로부터 나타나지 아니하거나 또는 달리 확정되지 아니하는 한, 그 조약 규정은 그 발효이전에 당사국에 관련하여 발생한 행위나 사실 또는 없어진 사태에 관하여 그 당사국을 구속하지 아니한다.
제29조【조약의 영토적 범위】 별도의 의사가 조약으로부터 나타나지 아니하거나 또는 달리 확정되지 아니하는 한, 조약은 각 당사국의 전체 영역에 관하여 각 당사국을 구속한다.
제30조【동일한 주제에 관한 계승적 조약의 적용】 1. 국제연합헌장 제103조에 따를 것으로 하여 동일한 주제에 관한 계승적 조약의 당사국의 권리와 의무는 아래의 조항에 의거하여 결정된다.
2. 조약이 전조약 또는 후조약에 따를 것을 명시하고 있거나, 또는 전조약 또는 후조약과 양립하지 아니하는 것으로 간주되지 아니함을 명시하고 있는 경우에는 그 다른 조약의 규정이 우선한다.
3. 전조약의 모든 당사국이 동시에 후조약의 당사국이나, 전조약이 제59조에 따라 종료되지 아니하거나 또는 시행정지되지 아니하는 경우에, 전조약은 그 규정이 후조약의 규정과 양립하는 범위내에서만 적용된다.
4. 후조약의 당사국이 전조약의 모든 당사국을 포함하지 아니하는 경우에는, 다음의 규칙이 적용된다.
(a) 양 조약의 당사국간에는 상기 3항과 같은 동일한 규칙이 적용된다.
(b) 양 조약의 당사국과 어느 한 조약의 당사국간에는, 그 양국이 다 같이 당사국인 조약이 그들 상호간의 권리와 의무를 규율한다.
5. 상기 4항은 제41조에 대하여, 또는 제60조의 규정에 따른 조약의 종료 또는 시행정지에 관한 문제에 대하여, 또는 다른 조약에 따른 다른 국가에 대한 어느 국가의 의무와 조약규정이 양립하지 아니하는 조약의 체결 또는 적용으로부터 그 어느 국가에 대하여 야기될 수 있는 책임문제를 침해하지 아니한다.

제3절　조약의 해석

제31조【해석의 일반규칙】 1. 조약은 조약문의 문맥 및 조약의 대상과 목적으로 보아, 그 조약의 문면에 부여되는 통상적 의미에 따라 성실하게 해석되어야 한다.
2. 조약의 해석 목적상 문맥은 조약문에 추가하여 조약의 전문 및 부속서와 함께 다음의 것을 포함한다.
(a) 조약의 체결에 관련하여 모든 당사국간에 이루어진 그 조약에 관한 합의
(b) 조약의 체결에 관련하여, 1 또는 그 이상의 당사국이 작성하고 또한 다른 당사국이 그 조약에 관련되는 문서로서 수락한 문서
3. 문맥과 함께 다음의 것이 참작되어야 한다.
(a) 조약의 해석 또는 그 조약규정의 적용에 관한 당사국간의 추후의 합의
(b) 조약의 해석에 관한 당사국의 합의를 확정하는 그 조약 적용에 있어서의 추후의 관행
(c) 당사국간의 관계에 적용될 수 있는 국제법의 관계규칙
4. 당사국의 특별한 의미를 특정용어에 부여하기로 의도하였음이 확정되는 경우에는 그러한 의미가 부여된다.
제32조【해석의 보충적 수단】 제31조의 적용으로부터 나오는 의미를 확인하기 위하여, 또는 제31조에 따라 해석하면 다음과 같이 되는 경우에 그 의미를 결정하기 위하여, 조약의 교섭 기록 및 그 체결시의 사정을 포함한 해석의 보충적 수단에 의존할 수 있다.
(a) 의미가 모호해지거나 또는 애매하게 되는 경우, 또는
(b) 명백히 불투명하거나 또는 불합리한 결과를 초래하는 경우
제33조【2 또는 그 이상의 언어가 정본인 조약의 해석】 1. 조약이 2 또는 그 이상의 언어에 의하여 정본으로 확정된 때에는, 상위가 있을 경우에 특정의 조약문이 우선함을 그 조약이 규정하지 아니하거나 또는 당사국이 합의하지 아니하는 한, 각 언어로 작성된 조약문은 동등히 유효하다.
2. 조약의 정본으로 사용된 언어중의 어느 하나 이외의 다른 언어로 작성된 조약의 번역문은 이를 정본으로 간주함을 조약이 규정하거나 또는 당사국이 이에 합의하는 경우에만 정본으로 간주된다.
3. 조약의 용어는 각 정본상 동일한 의미를 가지는 것으로 추정된다.
4. 상기 1항에 의거하여 특정의 조약문이 우선하는 경우를 제외하고, 제31조 및 제32조의 적용으로 제거되지 아니하는 의미의 차이가 정본의 비교에서 노정되는 경우에는, 조약의 대상과 목적을 고려하여 최선으로 조약문과 조화되는 의미를 채택한다.

제4절　조약과 제3국

제34조【제3국에 관한 일반 규칙】 조약은 제3국에 대하여 그 동의 없이는 의무 또는 권리를 창설하지 아니한다.
제35조【제3국에 대하여 의무를 규정하는 조약】 조약의 당사국이, 조약규정을 제3국에 대하여 의무를 설정하는 수단으로 의도하며 또한 그 제3국이 서면으로 그 의무를 명시적으로 수락하는 경우에는, 그 조약의 규정으로부터 그 제3국에 대하여 의무가 발생한다.
제36조【제3국에 대하여 권리를 규정하는 조약】 1. 조약의 당사국이 제3국 또는 제3국이 속하는 국가의 그룹 또는 모든 국가에 대하여 권리를 부여하는 조약규정을 의도하며 또한 그 제3국이 이에 동의하는 경우에는, 그 조약의 규정으로부터 그 제3국에 대하여 권리가 발생한다. 조약이 달리 규정하지 아니하는 한 제3국의 동의는 반대의 표시가 없는 동안 있은 것으로 추정된다.
2. 상기 1항에 의거하여 권리를 행사하는 국가는 조약에 규정되어 있거나 또는 조약에 의거하여 확정되는 그 권리행사의 조건에 따라야 한다.
제37조【제3국의 의무 또는 권리의 취소 또는 변경】 1. 제35조에 따라 제3국에 대하여 의무가 발생한 때에는 조약의 당사국과 제3국이 달리 합의하였음이 확정되지 아니하는 한, 그 의무는 조약의 당사국과 제3국의 동의를 얻는 경우에만 취소 또는 변경될 수 있다.
2. 제36조에 따라 제3국에 대하여 권리가 발생한 때에는, 그 권리가 제3국의 동의없이 취소 또는 변경되어서는 아니되는 것으로 의도되었음이 확정되는 경우에 그 권리는 당사국에 의하여 취소 또는 변경될 수 없다.
제38조【국제 관습을 통하여 제3국을 구속하게 되는 조약상의 규칙】 제34조 내지 제37조의 어느 규정도 조약에 규정된 규칙이 관습 국제법의 규칙으로 인정된 그러한 규칙으로서 제3국을 구속하게 되는 것을 배제하지 아니한다.

제4부　조약의 개정 및 변경

제39조【조약의 개정에 관한 일반규칙】 조약은 당사국간의 합의에 의하여 개정될 수 있다. 제2부에 규정된 규칙은 조약이 달리 규정하는 경우를 제외하고 그러한 합의에 적용된다.
제40조【다자조약의 개정】 1. 조약이 달리 규정하지 아니하는 한, 다자조약의 개정은 아래의 조항에 의하여 규율된다.
2. 모든 당사국간에서 다자조약을 개정하기 위한 제의는 모든 체약국에 통고되어야 하며, 각 체약국은 다음의 것에 참여할 권리를 가진다.
(a) 그러한 제의에 관하여 취하여질 조치에 관한 결정
(b) 그 조약의 개정을 위한 합의의 교섭 및 성립
3. 조약의 당사국이 될 수 있는 권리를 가진 모든 국가는 개정되는 조약의 당사국이 될 수 있는 권리를 또한 가진다.
4. 개정하는 합의는 개정하는 합의의 당사국이 되지 아니하는 조약의 기존 당사국인 어느 국가도 구속하지 아니한다. 그러한 국가에 관해서는 제30조4항(b)가 적용된다.
5. 개정하는 합의의 발효 후에 조약의 당사국이 되는 국가는 그 국가에 의한 별도 의사의 표시가 없는 경우에 다음과 같이 간주된다.
(a) 개정되는 조약의 당사국으로 간주된다.
(b) 개정하는 합의에 의하여 구속되지 아니하는 조약의 당사국과의 관계에 있어서는 개정되지 아니한 조약의 당사국으로 간주된다.
제41조【일부 당사국에서만 다자조약을 변경하는 합의】 1. 다자조약의 2 또는 그 이상의 당사국은 다음의 경우에 그 당사국간에서만 조약을 변경하는 합의를 성립시킬 수 있다.
(a) 그러한 변경의 가능성이 그 조약에 의하여 규정된 경우 또는
(b) 문제의 변경이 그 조약에 의하여 금지되지 아니하고 또한
(ⅰ) 다른 당사국이 그 조약에 따라 권리를 향유하며 또는 의무를 이행하는 것에 영향을 주지 아니하며
(ⅱ) 전체로서의 그 조약의 대상과 목적의 효과적 수행과 일부 변경이 양립하지 아니하는 규정에 관련되지 아니하는 경우
2. 상기 1항(a)에 해당하는 경우에 조약이 달리 규정하지 아니하는 한 문제의 당사국은 그 합의를 성립시키고자 하는 의사와 그 합의가 규정하는 그 조약의 변경을 타방 당사국에 통고하여야 한다.

제5부　조약의 부적법 · 종료 또는 시행정지

제1절　일반규정

제42조【조약의 적법성 및 효력의 계속】 1. 조약의 적법성 또는 조약에 대한 국가의 기속적 동의의 적법성은 이 협약의 적용을 통해서만 부정될 수 있다.
2. 조약의 종료, 그 폐기 또는 당사국의 탈퇴는 그 조약의 규정 또는 이 협약의 적용의 결과로서만 행하여질 수 있다. 동일한 규칙이 조약의 시행정지에 적용된다.
제43조【조약과는 별도로 국제법에 의하여 부과되는 의무】 이 협약 또는 조약규정의 적용의 결과로서, 조약의 부적법 · 종료 또는 폐기, 조약으로부터의 당사국의 탈퇴 또는 그 시행정지는 그 조약과는 별도로 국제법에 따라 복종해야 하는 의무로서 그 조약에 구현된 것을 이행해야 하는 국가의 책무를 어떠한 방법으로도 경감시키지 아니한다.
제44조【조약 규정의 가분성】 1. 조약에 규정되어 있거나 또는 제56조에 따라 발생하는 조약의 폐기 · 탈퇴 또는 시행 정지시킬 수 있는 당사국의 권리는, 조약이 달리 규정하지 아니하거나 또는 당사국이 달리 합의하지 아니하는 한, 조약 전체에 관해서만 행사될 수 있다.
2. 이 협약에서 인정되는 조약의 부적법화 · 종료 · 탈퇴 또는 시행정지의 사유는, 아래의 제 조항 또는 제60조에 규정되어 있는 것을 제외하고, 조약 전체에 관해서만 원용될 수 있다.
3. 그 사유가 특정의 조항에만 관련되는 경우에는, 다음의 경우에, 그러한 조항에 관해서만 원용될 수 있다.
(a) 당해 조항이 그 적용에 관련하여 그 조약의 잔여 부분으로부터 분리될 수 있으며
(b) 당해 조항의 수락이 전체로서의 조약에 대한 1 또는 그 이상의 다른 당사국의 기속적 동의의 필수적 기초가 아니었던 것이 그 조약으로부터 나타나거나 또는 달리 확정되며, 또한
(c) 그 조약의 잔여부분의 계속적 이행이 부당하지 아니한 경우
4. 제49조 및 제50조에 해당하는 경우에 기만 또는 부정을 원용하는 권리를 가진 국가는, 조약 전체에 관하여 또는 상기 3항에 따를 것으로 하여, 특정의 조항에 관해서만 그렇게 원용할 수 있다.
5. 제50조, 제52조 및 제53조에 해당하는 경우에는 조약규정의 분리가 허용되지 아니한다.
제45조【조약의 부적법화 · 종료 · 탈퇴 또는 그 시행정지의 사유를 원용하는 권리의 상실】 국가는, 다음의 경우에, 사실을 알게 된 후에는, 제46조 내지 제50조 또는 제60조 및 제62조에 따라 조약의 부적법화 · 종료 · 탈퇴 또는 시행정지의 사유를 원용할 수 없다.
(a) 경우에 따라, 그 조약이 적법하다는 것 또는 계속 유효하다는 것 또는 계속 시행된다는 것에 그 국가가 명시적으로 동의한 경우, 또는
(b) 그 국가의 행동으로 보아 조약의 적법성 또는 그 효력이나 시행의 존속을 묵인한 것으로 간주되어야 하는 경우

제2절　조약의 부적법

제46조【조약 체결권에 관한 국내법 규정】 1. 조약 체결권에 관한 국내법 규정의 위반이 명백하며 또한 근본적으로 중요한 국내법 규칙에 관련되지 아니하는 한, 국가는 조약에 대한 그 기속적 동의를 부적법화하기 위한 것으로 그 동의가 그 국내법 규정에 위반하여 표시되었다는 사실을 원용할 수 없다.
2. 통상의 관행에 의거하고 또한 성실하게 행동하는 어느 국가에 대해서도 위반이 객관적으로 분명한 경우에는 그 위반은 명백한 것이 된다.
제47조【국가의 동의 표시 권한에 대한 특정의 제한】 어느 조약에 대한 국가의 기속적 동의를 표시하는 대표의 권한이 특정의 제한에 따를 것으로 하여 부여된 경우에, 그 대표가 그 제한을 준수하지 아니한 것은, 그러한 동의를 표시하기 전에 그 제한을 다른 교섭국에 통고하지 아니한 한, 그 대표가 표시한 동의를 부적법화하는 것으로 원용될 수 없다.
제48조【착오】 1. 조약상의 착오는, 그 조약이 체결된 당시에 존재한 것으로 국가가 추정한 사실 또는 사태로서, 그 조약에 대한 국가의 기속적 동의의 본질적 기초를 구성한 것에 관한 경우에, 국가는 그 조약에 대한 그 기속적 동의를 부적법화하는 것으로 그 착오를 원용할 수 있다.
2. 문제의 국가가 자신의 행동에 의하여 착오를 유발하였거나 또는 그 국가가 있을 수 있는 착오를 감지할 수 있는 등의 사정하에 있는 경우에는 상기 1항이 적용되지 아니한다.
3. 조약문의 자구에만 관련되는 착오는 조약의 적법성에 영향을 주지 아니한다. 그 경우에는 제79조가 적용된다.
제49조【기만】 국가가 다른 교섭국의 기만적 행위에 의하여 조약을 체결하도록 유인된 경우에 그 국가는 조약에 대한 자신의 기속적 동의를 부적법화하는 것으로 그 기만을 원용할 수 있다.
제50조【국가 대표의 부정】 조약에 대한 국가의 기속적 동의의 표시가 직접적으로 또는 간접적으로 다른 교섭국에 의한 그 대표의 부정을 통하여 감행된 경우에, 그 국가는 조약에 대한 자신의 기속적 동의를 부적법화하는 것으로 그 부정을 원용할 수 있다.
제51조【국가 대표의 강제】 국가 대표에게 정면으로 향한 행동 또는 위협을 통하여 그 대표에 대한 강제에 의하여 감행된 조약에 대한 국가의 기속적 동의 표시는 법적 효력을 가지지 아니한다.
제52조【힘의 위협 또는 사용에 의한 국가의 강제】 국제연합헌장에 구현된 국제법의 제 원칙을 위반하여 힘의 위협 또는 사용에 의하여 조약의 체결이 감행된 경우에 그 조약은 무효이다.
제53조【일반국제법의 절대규범(강행규범)과 충돌하는 조약】 조약은 그 체결당시에 일반국제법의 절대규범과 충돌하는 경우에 무효이다. 이 협약의 목적상 일반 국제법의 절대규범은, 그 이탈이 허용되지 아니하며 또한 동일한 성질을 가진 일반 국제법의 추후의 규범에 의해서만 변경될 수 있는 규범으로, 전체로서의 국제 공동사회가 수락하며 또한 인정하는 규범이다.

제3절　조약의 종료 및 시행정지

제54조【조약규정 또는 당사국의 동의에 따른 조약의 종료 또는 조약으로부터의 탈퇴】 조약의 종료 또는 당사국의 탈퇴는 다음의 경우에 행하여질 수 있다.
(a) 그 조약의 규정에 의거하는 경우, 또는
(b) 다른 체약국과 협의한 후에 언제든지 모든 당사국의 동의를 얻는 경우
제55조【다자조약의 발효에 필요한 수 이하로의 그 당사국수의 감소】 조약이 달리 규정하지 아니하는 한, 다자조약은 그 당사국수가 발효에 필요한 수 이하로 감소하는 사실만을 이유로 종료하지 아니한다.
제56조【종료 · 폐기 또는 탈퇴에 관한 규정을 포함하지 아니하는 조약의 폐기 또는 탈퇴】 1. 종료에 관한 규정을 포함하지 아니하며 또한 폐기 또는 탈퇴를 규정하고 있지 아니하는 조약은, 다음의 경우에 해당되지 아니하는 한, 폐기 또는 탈퇴가 인정되지 아니한다.
(a) 당사국이 폐기 또는 탈퇴의 가능성을 인정하고자 하였음이 확정되는 경우, 또는
(b) 폐기 또는 탈퇴의 권리가 조약의 성질상 묵시되는 경우
2. 당사국은 상기 1항에 따라 조약의 폐기 또는 탈퇴 의사를 적어도 12개월전에 통고하여야 한다.
제57조【조약 규정 또는 당사국의 동의에 의한 조약의 시행정지】 모든 당사국 또는 특정의 당사국에 대하여 조약의 시행이 다음의 경우에 정지될 수 있다.
(a) 그 조약의 규정에 의거하는 경우, 또는
(b) 다른 체약국과 협의한 후에 언제든지 모든 당사국의 동의를 얻는 경우
제58조【일부 당사국간만의 합의에 의한 다자조약의 시행정지】 1. 다자조약의 2 또는 그 이상의 당사국은, 다음의 경우에, 일시적으로 또한 그 당사국간에서만 조약규정의 시행을 정지시키기 위한 합의를 성립시킬 수 있다.
(a) 그러한 정지의 가능성이 그 조약에 의하여 규정되어 있는 경우, 또는
(b) 문제의 정지가 조약에 의하여 금지되지 아니하고 또한,
(ⅰ) 다른 당사국에 의한 조약상의 권리 향유 또는 의무의 이행에 영향을 주지 아니하며,
(ⅱ) 그 조약의 대상 및 목적과 양립할 수 없는 것이 아닌 경우

2. 상기 1항(a)에 해당하는 경우에 조약이 달리 규정하지 아니하는 한 문제의 당사국은 합의를 성립시키고자 하는 그 의사 및 시행을 정지시키고자 하는 조약규정을 타방 당사국에 통고하여야 한다.

제59조【후조약의 체결에 의하여 묵시되는 조약의 종료 또는 시행정지】 1. 조약의 모든 당사국이 동일한 사항에 관한 후조약을 체결하고, 또한 아래의 것에 해당하는 경우에, 그 조약은 종료한 것으로 간주된다.

(a) 후조약에 의하여 그 사항이 규율되어야 함을 당사국이 의도하였음이 그 후조약으로부터 나타나거나 또는 달리 확정되는 경우, 또는

(b) 후조약의 규정이 전조약의 규정과 근본적으로 양립하지 아니하여 양 조약이 동시에 적용될 수 없는 경우

2. 전조약을 시행 정지시킨 것만이 당사국의 의사이었음이 후조약으로부터 나타나거나 또는 달리 확정되는 경우에, 전조약은 그 시행이 정지된 것만으로 간주된다.

제60조【조약 위반의 결과로서의 조약의 종료 또는 시행정지】 1. 양자조약의 일방당사국에 의한 실질적 위반은 그 조약의 종료 또는 시행의 전부 또는 일부의 정지를 위한 사유로서 그 위반을 원용하는 권리를 타방당사국에 부여한다.

2. 다자조약의 어느 당사국에 의한 실질적 위반은 관계 당사국이 다음의 조치를 취할 수 있는 권리를 부여한다.

(a) 다른 당사국이 전원일치의 협의에 의하여,

(ⅰ) 그 다른 당사국과 위반국간의 관계에서, 또는

(ⅱ) 모든 당사국간에서, 그 조약의 전부 또는 일부를 시행정지시키거나 또는 그 조약을 종료시키는 권리

(b) 위반에 의하여 특별히 영향을 받는 당사국이, 그 자신과 위반국간의 관계에 있어서 그 조약의 전부 또는 일부의 시행을 정지시키기 위한 사유로서 그 위반을 원용하는 권리

(c) 어느 당사국에 의한 조약규정의 실질적 위반으로 그 조약상의 의무의 추후의 이행에 관한 모든 당사국의 입장을 근본적으로 변경시키는 성질의 조약인 경우에, 위반국 이외의 다른 당사국에 관하여 그 조약의 전부 또는 일부의 시행정지를 위한 사유로서 그 다른 당사국에 그 위반을 원용하는 권리

3. 본 조의 목적상, 조약의 실질적 위반은 다음의 경우에 해당한다.

(a) 이 협약에 의하여 용인되지 아니하는 조약의 이행 거부 또는

(b) 조약의 대상과 목적의 달성에 필수적인 규정의 위반

4. 상기의 제 규정은 위반의 경우에 적용할 수 있는 조약상의 규정을 침해하지 아니한다.

5. 상기 1항 내지 3항은 인도적 성질의 조약에 포함된 인신의 보호에 관한 규정 특히 그러한 조약에 의하여 보호를 받는 자에 대한 여하한 형태의 복구를 금지하는 규정에 적용되지 아니한다.

제61조【후발적 이행불능】 1. 조약의 이행불능이 그 조약의 시행에 불가결한 대상의 영구적 소멸 또는 파괴로 인한 경우에, 당사국은 그 조약을 종료시키거나 또는 탈퇴하기 위한 사유로서 그 이행불능을 원용할 수 있다. 그 이행불능이 일시적인 경우에는 그 조약의 시행정지를 위한 사유로서만 원용될 수 있다.

2. 이행불능이 이를 원용하는 당사국에 의한 조약상의 의무나 또는 그 조약의 다른 당사국에 대하여 지고 있는 기타의 국제적 의무의 위반의 결과인 경우에 그 이행 불능은 그 조약을 종료시키거나 또는 탈퇴하거나 또는 그 시행을 정지시키기 위한 사유로서 그 당사국에 의하여 원용될 수 없다.

제62조【사정의 근본적 변경】 1. 조약의 체결 당시에 존재한 사정에 관하여 발생하였으며 또한 당사국에 의하여 예견되지 아니한 사정의 근본적 변경은, 다음 경우에 해당되지 아니하는 한, 조약을 종료시키거나 또는 탈퇴하기 위한 사유로서 원용될 수 없다.

(a) 그러한 사정의 존재가 그 조약에 대한 당사국의 기속적 동의의 본질적 기초를 구성하였으며, 또한

(b) 그 조약에 따라 계속 이행되어야 할 의무의 범위를 그 변경의 효과가 급격하게 변환시키는 경우

2. 사정의 근본적 변경은, 다음의 경우에는, 조약을 종료시키거나 또는 탈퇴하는 사유로서 원용될 수 없다.

(a) 그 조약이 경계선을 확정하는 경우, 또는

(b) 근본적 변경이 이를 원용하는 당사국에 의한 그 조약상의 의무나 또는 그 조약의 다른 당사국에 대하여 지고 있는 기타의 국제적 의무의 위반의 결과인 경우

3. 상기의 제 조항에 따라 당사국이 조약을 종료시키거나 또는 탈퇴하기 위한 사유로서 사정의 근본적 변경을 원용할 수 있는 경우에, 그 당사국은 그 조약의 시행을 정지시키기 위한 사유로서 그 변경을 또한 원용할 수 있다.

제63조【외교 또는 영사 관계의 단절】 조약 당사국간의 외교 또는 영사 관계의 단절은, 외교 또는 영사 관계의 존재가 그 조약의 적용에 불가결한 경우를 제외하고, 그 조약에 의하여 그 당사국간에 확립된 법적 관계에 영향을 주지 아니한다.

제64조【일반 국제법의 새 절대규범(강행규범)의 출현】 일반 국제법의 새 절대 규범이 출현하는 경우에, 그 규범과 충돌하는 현행 조약은 무효로 되어 종료한다.

제4절 절 차

제65조【조약의 부적법·종료·탈퇴 또는 시행정지에 관하여 취해지는 절차】 1. 이 협약의 규정에 따라, 조약에 대한 국가의 기속적 동의상의 하자를 원용하거나 또는 조약의 적법성을 부정하거나 조약을 종료시키거나 조약으로부터 탈퇴하거나 또는 그 시행을 정지시키기 위한 사유를 원용하는 당사국은, 다른 당사국에 대하여 그 주장을 통고하여야 한다. 그 통고에는 그 조약에 관하여 취하고자 제의하는 조치 및 그 이유를 표시하여야 한다.

2. 특별히 긴급한 경우를 제외하고, 그 통고의 접수 후 3개월 이상의 기간이 경과한 후에 어느 당사국도 이의를 제기하지 아니한 경우에는, 그 통고를 행한 당사국은 제67조에 규정된 방법으로 그 당사국이 제의한 조치를 실행할 수 있다.

3. 다만, 다른 당사국에 의하여 이의가 제기된 경우에, 당사국은 국제연합헌장 제33조에 열거되어 있는 수단을 통한 해결을 도모하여야 한다.

4. 상기 제 조항의 어느 규정도 분쟁의 해결에 관하여 당사국을 구속하는 유효한 규정에 따른 당사국의 권리 또는 의무에 영향을 주지 아니한다.

5. 제45조를 침해함이 없이, 어느 국가가 상기 1항에 규정된 통고를 사전에 행하지 아니한 사실은, 조약의 이행을 요구하거나 또는 조약의 위반을 주장하는 다른 당사국에 대한 회답으로서 그 국가가 그러한 통고를 행하는 것을 막지 아니한다.

제66조【사법적 해결·중재 재판 및 조정을 위한 절차】 이의가 제기된 일자로부터 12개월의 기간 내에 제65조3항에 따라 해결에 도달하지 못한 경우에는, 다음의 절차를 진행하여야 한다.

(a) 제53조 또는 제64조의 적용 또는 해석에 관한 분쟁의 어느 한 당사국은, 제 당사국이 공동의 동의에 의하여 분쟁을 중재재판에 부탁하기로 합의하지 아니하는 한, 분쟁을 국제사법재판소에, 결정을 위하여, 서면 신청으로써 부탁할 수 있다.

(b) 이 협약 제5부의 다른 제조항의 적용 또는 해석에 관한 분쟁의 어느 한 당사국은 협약의 부속서에 명시된 절차의 취지로 요구서를 국제연합 사무총장에게 제출함으로써 그러한 절차를 개시할 수 있다.

제67조【조약의 부적법선언·종료·탈퇴 또는 시행정지를 위한 문서】 1. 제65조1항에 따라 규정된 통고는 서면으로 행하여져야 한다.

2. 조약의 규정 또는 제65조2항 또는 3항의 규정에 따른 그 조약의 부적법선언·종료·탈퇴 또는 시행정지에 관한 행위는 다른 당사국에 전달되는 문서를 통하여 이행하여야 한다. 동 문서가 국가원수·정부수반 또는 외무부장관에 의하여 서명되지 아니한 경우에는 이를 전달하는 국가의 대표에게 전권위임장을 제시하도록 요구할 수 있다.

제68조【제65조 및 제67조에 규정된 통고와 문서의 철회】 제65조 또는 제67조에 규정된 통고 또는 문서는 그 효력을 발생하기 전에 언제든지 철회될 수 있다.

제5절 조약의 부적법·종료 또는 시행정지의 효과

제69조【조약의 부적법의 효과】 1. 이 협약에 의거하여 그 부적법이 확정되는 조약은 무효이다. 무효인 조약의 규정은 법적 효력을 가지지 아니한다.

2. 다만, 그러한 조약에 의존하여 행위가 실행된 경우에는 다음의 규칙이 적용된다.

(a) 각 당사국은, 그 행위가 실행되지 아니하였더라면 존재하였을 상태를, 당사국의 상호관계에 있어서, 가능한 한 확립하도록 다른 당사국에 요구할 수 있다.

(b) 부적법이 원용되기 전에 성실히 실행된 행위는 그 조약의 부적법만을 이유로 불법화되지 아니한다.

3. 제49조, 제50조, 제51조 또는 제52조에 해당하는 경우에는 기만·부정행위 또는 강제의 책임이 귀속되는 당사국에 관하여 상기 2항이 적용되지 아니한다.

4. 다자조약에 대한 특정 국가의 기속적 동의의 부적법의 경우에 상기의 제 규칙은 그 국가와 그 조약의 당사국간의 관계에 있어서 적용된다.

제70조【조약의 종료 효과】 1. 조약이 달리 규정하지 아니하거나 또는 당사국이 달리 합의하지 아니하는 한, 조약의 규정에 따르거나 또는 이 협약에 의거한 그 조약의 종료는 다음의 효과를 가져온다.

(a) 당사국에 대하여 추후 그 조약을 이행할 의무를 해제한다.

(b) 조약의 종료전에 그 조약의 시행을 통하여 생긴 당사국의 권리·의무 또는 법적 상태에 영향을 주지 아니한다.

2. 국가가 다자조약을 폐기하거나 또는 탈퇴하는 경우에는 그 폐기 또는 탈퇴가 효력을 발생하는 일자로부터 그 국가와 그 조약의 다른 각 당사국간의 관계에 있어서 상기 1항이 적용된다.

제71조【일반국제법의 절대규범과 충돌하는 조약의 부적법의 효과】 1. 제53조에 따라 무효인 조약의 경우에 당사국은 다음의 조치를 취한다.

(a) 일반 국제법의 절대규범과 충돌하는 규정에 의존하여 행하여진 행위의 결과를 가능한 한 제거하며, 또한

(b) 당사국의 상호관계를 일반국제법의 절대규범과 일치시키도록 한다.

2. 제64조에 따라 무효로 되어 종료하는 조약의 경우에 그 조약의 종료는 다음의 효과를 가져온다.

(a) 당사국에 대하여 추후 그 조약을 이행할 의무를 해제한다.

(b) 조약의 종료전에 그 조약의 시행을 통하여 생긴 당사국의 권리·의무 또는 법적 상태에 영향을 주지 아니한다. 다만, 그러한 권리·의무 또는 상태는 그 유지 자체가 일반국제법의 새 절대 규범과 충돌하지 아니하는 범위내에서만 그 이후 유지될 수 있을 것을 조건으로 한다.

제72조【조약의 시행정지 효과】 1. 조약이 달리 규정하지 아니하거나 또는 당사국이 달리 합의하지 아니하는 한, 조약의 규정에 따르거나 또는 이 협약에 의거한 그 조약의 시행정지는 다음의 효과를 가져온다.

(a) 그 조약의 시행이 정지되어 있는 당사국에 대해서는 동 정지기간동안 그 상호관계에 있어서 그 조약을 이행할 의무를 해제한다.

(b) 그 조약에 의하여 확립된 당사국간의 법적 관계에 달리 영향을 주지 아니한다.

2. 시행정지 기간동안 당사국은 그 조약의 시행 재개를 방해하게 되는 행위를 삼가하여야 한다.

제6부 잡 칙

제73조【국가의 계승·국가 책임 및 적대행위 발발의 경우】 이 협약의 규정은 국가의 계승·국가의 국제 책임 또는 국가간의 적대 행위의 발발로부터 조약에 관하여 발생될 수 있는 문제를 예단하지 아니한다.

제74조【외교 및 영사관계와 조약의 체결】 2 또는 그 이상의 국가간의 외교 또는 영사관계의 단절 또는 부재는 그러한 국가간의 조약체결을 막지 아니한다. 조약의 체결은 그 자체 외교 또는 영사관계에 관련된 상태에 영향을 주지 아니한다.

제75조【침략국의 경우】 이 협약의 규정은 국제연합헌장에 의거하여 침략국의 침략에 관하여 취해진 조치의 결과로서 그 침략국에 대하여 발생될 수 있는 조약상의 의무를 침해하지 아니한다.

제7부 수탁자·통고·정정 및 등록

제76조【조약의 수탁자】 1. 조약의 수탁자는 조약 그 자체 속에 또는 기타의 방법으로 교섭국에 의하여 지정될 수 있다. 수탁자는 1 또는 그 이상의 국가·국제기구 또는 국제기구의 수석 행정관이 될 수 있다.

2. 조약의 수탁자의 기능은 성질상 국제적이며 또한 수탁자는 그 기능을 수행함에 있어서 공평하게 행동할 의무를 진다. 특히, 조약이 일부 당사국간에 발효하지 아니하였거나 또는 수탁자의 기능의 수행에 관하여 국가와 수탁자간에 의견의 차이가 발생한 사실은 그러한 의무에 영향을 주지 아니한다.

제77조【수탁자의 기능】 1. 달리 조약에 규정되어 있지 아니하거나 또는 체약국이 합의하지 아니하는 한, 수탁자의 기능은 특히 다음의 것을 포함한다.

(a) 수탁자에 송달된 조약 및 전권위임장의 원본 보관

(b) 원본의 인증등본 작성, 조약에 의하여 요구될 수 있는 추가의 언어에 의한 조약문 작성 및 조약의 당사국과 당사국이 될 수 있는 권리를 가진 국가에의 그 전달

(c) 조약에 대한 서명의 접수 및 조약에 관련된 문서·통고 및 통첩의 접수와 보관

(d) 서명 또는 조약에 관련된 문서·통고 또는 통첩이 정당하고 또한 적절한 형식으로 된 것인가의 검토 및 필요한 경우에 문제점에 대하여 당해 국가의 주의 환기

(e) 조약의 당사국 및 당사국이 될 수 있는 권리를 가진 국가에 대한 그 조약에 관련된 행위의 통고 및 통첩의 통보

(f) 조약의 발효에 필요한 수의 서명, 또는 비준서·수락서·승인서 또는 가입서가 접수되거나 또는 기탁되는 경우에 조약의 당사국이 될 수 있는 권리를 가진 국가에의 통보

(g) 국제연합 사무국에의 조약의 등록

(h) 이 협약의 다른 규정에 명시된 기능의 수행

2. 수탁자의 기능의 수행에 관하여 국가와 수탁자간에 발생하는 의견의 차이의 경우에, 수탁자는 그 문제에 대하여 서명국과 체약국 또는, 적절한 경우에는 관계 국제기구의 권한있는 기관의 주의를 환기시킨다.

제78조【통고 및 통첩】 조약 또는 이 협약이 달리 규정하는 경우를 제외하고, 이 협약에 따라 국가가 행하는 통고 또는 통첩은 다음과 같이 취급된다.

(a) 수탁자가 없는 경우에는 통고 또는 통첩은 받을 국가에 직접 전달되며 수탁자가 있는 경우에는 수탁자에게 전달된다.

(b) 전달 대상 국가가 통고 또는 통첩을 접수한 때에만 또는 경우에 따라 수탁자가 접수한 때에만 문제의 국가가 그 통고 또는 통첩을 행한 것으로 간주된다.

(c) 수탁자에게 전달된 경우에는, 전달 대상 국가가 제77조1항 (e)에 의거하여 수탁자로부터 통보받은 경우에만 그 국가가 접수한 것으로 간주된다.

제79조【조약문 또는 인증등본상의 착오 정정】 1. 조약문의 정본인증후 그 속에 착오가 있다는 것에 서명국 및 체약국이 합의하는 경우에는, 그들이 다른 정정방법에 관하여 결정하지 아니하는 한, 그 착오는 다음과 같이 정정된다.

(a) 착오문에 적당한 정정을 가하고, 정당히 권한을 위임받은 대표가 그 정정에 가서명하는 것

(b) 합의된 정정을 기재한 1 또는 그 이상의 문서에 효력을 부여하거나 또는 이를 교환하는 것

(c) 원본의 경우와 동일한 절차에 의하여 조약 전체의 정정본을 작성하는 것

2. 수탁자가 있는 조약의 경우에, 수탁자는 서명국 및 체약국에 대하여 착오와 그 정정 제안을 통보하며 또한 제안된 정정에 대하여 이의를 제기할 수 있는 적절한 기한을 명시한다. 그 기한이 만료되면 다음의 조치가 취하여진다.

(a) 이의가 제기되지 아니한 경우에, 수탁자는 착오문에 정정을 가하고 이에 가서명하며 또한 착오문의 정정 「경위서」를 작성하여 그 사본을 조약의 당사국 및 조약의 당사국이 될 수 있는 권리를 가진 국가에 송부한다.

(b) 이의가 제기된 경우에 수탁자는 그 이의를 서명국 및 체약국에 송부한다.

3. 조약문이 2 또는 그 이상의 언어로 정본인증되고 또한 서명국 및 체약국간의 합의로써 정정되어야 할 합치의 결여가 있다고 보이는 경우에는 상기 1항 및 2항의 규칙이 또한 적용된다.

4. 정정본은 서명국 및 체약국이 달리 결정하지 아니하는 한, 「처음부터」 흠결본을 대치한다.

5. 등록된 조약문의 정정은 국제연합 사무국에 통고된다.

6. 조약의 인증등본에서 착오가 발견되는 경우에, 수탁자는 정정을 명시하는 「경위서」를 작성하며 또한 그 사본을 서명국 및 체약국에 송부한다.

제80조【조약의 등록 및 발간】 1. 조약은 그 발효 후에, 경우에 따라, 등록 또는 편철과 기록을 위하여 또한 발간을 위하여 국제연합사무국에 송부된다.

2. 수탁자의 지정은 상기 전항에 명시된 행위를 수탁자가 수행할 수 있는 권한을 부여하게 된다.

제8부 최종조항

제81조【서명】 이 협약은 국제연합 또는 전문기구 중의 어느 하나 또는 국제원자력기구의 모든 회원국 또는 국제사법재판소 규정의 당사국 및 국제연합총회에 의하여 이 협약의 당사국이 되도록 초청된 기타의 국가에 의한 서명을 위하여 다음과 같이 개방된다. 즉 1969년 11월 30일까지는 오스트리아 공화국의 연방외무부에서 개방되며 또한 그 이후 1970년 4월 30일까지는 뉴욕의 국제연합 본부에서 개방된다.

제82조【비준】 이 협약은 비준되어야 한다. 비준서는 국제연합 사무총장에게 기탁된다.

제83조【가입】 이 협약은 제81조에 언급된 카테고리의 어느 하나에 속하는 국가에 의한 가입을 위하여 계속 개방된다. 가입서는 국제연합 사무총장에게 기탁된다.

제84조【발효】 1. 이 협약은 35번째의 비준서 또는 가입서가 기탁된 날로부터 30일후에 발효한다.

2. 35번째의 비준서 또는 가입서가 기탁된 후 이 협약에 비준하거나 또는 가입하는 각 국가에 대하여, 이 협약은 그 국가에 의한 비준서 또는 가입서의 기탁된 후 30일 후에 발효한다.

제85조【정본】 중국어·영어·불어·노어 및 서반아어본이 동등히 정본인 이 협약의 원본은 국제연합 사무총장에게 기탁된다.

이상의 증거로, 하기 전권대표는 각자의 정부에 의하여 정당히 권한을 위임받아 이 협약에 서명하였다.

일천구백육십구년 오월 이십삼일 비엔나에서 작성되었다.

부 속 서

1. 국제연합 사무총장은 자격있는 법률가로 구성되는 조정관의 명부를 작성하여 유지한다. 이러한 목적으로 국제연합의 회원국 또는 이 협약의 당사국인 모든 국가는 2명의 조정관을 지명하도록 요청되며 또한 이렇게 지명된 자의 명단은 상기명부에 포함된다. 불시의 공석을 보충하기 위하여 지명된 조정관의 임기를 포함하여, 조정관의 임기는 5년이며 또한 연임될 수 있다. 임기가 만료되는 조정관은 하기 2항에 따라 그가 선임된 목적상의 직무를 계속 수행하여야 한다.

2. 제66조에 따라 국제연합 사무총장에게 요청이 제기된 경우에, 사무총장은 다음과 같이 구성되는 조정위원회에 분쟁을 부탁한다.

분쟁당사국의 일방을 구성하는 1 또는 그 이상의 국가는 다음과 같이 조정관을 임명한다.

(a) 상기 1항에 언급된 명부 또는 동 명부외에서 선임될 수 있는 자로서 당해국의 또는 당해 2이상의 국가중 어느 하나의 국가의 국적을 가진 1명의 조정관을 임명하며, 또한

(b) 상기 명부에서 선임되는 자로서 당해국 또는 당해 2이상의 국가중 어느 하나의 국가의 국적을 가지지 아니한 1명의 조정관을 임명한다.

분쟁 당사국의 타방을 구성하는 1 또는 그 이상의 국가는 동일한 방법으로 2명의 조정관을 임명한다. 분쟁당사국에 의하여 선임되는 4명의 조정관은 사무총장이 요청을 받는 날로부터 60일이내에 임명되어야 한다. 4명의 조정관은 그들 중 최후에 임명을 받는 자의 임명일자로부터 60일이내에, 상기명부로부터 선임되는 자로서 조정위원장이 될 제5조의 조정관을 임명한다.

위원장 또는 다른 조정관의 임명을 위하여 상기에 지정한 기간내에 그러한 임명이 행하여지지 아니한 경우에는 동 기간이 만료한 후 60일이내에 사무총장이 임명을 행한다. 위원장의 임명은 명부 중에서 또는 국제법위원회의 위원중에서 사무총장이 행할 수 있다. 임명이 행하여져야 하는 기간은 분쟁당사국의 합의에 의하여 연장될 수 있다. 공석은 처음의 임명에 관하여 지정된 방법으로 보충된다.

3. 조정위원회는 자체의 절차를 결정한다. 위원회는, 분쟁당사국의 동의를 얻어, 조약의 어느 당사국에 대하여 그 견해를 구두 또는 서면으로 동 위원회에 제출하도록 요청할 수 있다. 위원회의 결정 및 권고는 5명의 구성원의 다수결에 의한다.

4. 위원회는 우호적 해결을 촉진할 수 있는 조치에 대하여 분쟁당사국의 주의를 환기할 수 있다.

5. 위원회는 분쟁당사국의 의견을 청취하고, 청구와 이의를 심사하며 또한 분쟁의 우호적 해결에 도달할 목적으로 당사국에 대한 제안을 작성한다.

6. 위원회는 그 구성 후 12개월이내에 보고하여야 한다. 그 보고서는 사무총장에게 기탁되며 또한 분쟁당사국에 송부된다. 사실 또는 법적문제에 관하여 위원회의 보고서에 기술된 결론을 포함한 위원회의 보고서는 분쟁당사국을 구속하지 아니하며, 또한 분쟁의 우호적 해결을 촉진하기 위하여, 분쟁당사국에 의한 고려의 목적으로 제출된 권고 이외의 다른 성질을 가지지 아니한다.

7. 사무총장은 위원회가 필요로 하는 협조와 편의를 위원회에 제공한다. 위원회의 경비는 국제연합이 부담한다.

영사관계에 관한 비엔나협약

(1977년 4월 15일 / 조 약 제594호)

1963. 4.24(비엔나에서 작성)
1977. 4. 6(대한민국에 대하여 발효)

이 협약의 당사국은, 영사관계가 고래로부터 제국민간에 확립되어 왔음을 상기하고, 국가의 주권평등, 국제평화와 안전의 유지 및 제국가간의 우호관계의 증진에 관한 국제연합 헌장의 목적과 원칙을 유념하며, 외교 교섭과 면제에 관한 국제연합회의는 1961년 4월 18일 서명을 위하여 개방되었던 외교관계에 관한 비엔나협약을 채택하였음을 고려하며, 영사관계 및 특권과 면제에 관한 국제협약은, 제국가가 협의한 헌법상 및 사회적 제도에 관계없이, 제국가간의 우호관계에 기여하고 또한 기여할 것임을 확신하며, 그러한 특권과 면제의 목적은, 개인에게 혜택을 부여함에 있지 아니하고, 각자의 국가를 대표하는 영사기관에 의한 기능의 효과적 수행을 확보함에 있음을 인식하며, 또한 관습 국제법의 제규칙은 이 협약의 제규정에 의하여 명시적으로 규제되지 아니하는 문제들을 계속 규율함을 확인하여, 다음과 같이 합의하였다.

제1조【정의】 1. 이 협약의 목적상 하기의 표현은 아래에서 정한 의미를 가진다.

(a) "영사기관"이라 함은 총영사관, 영사관, 부영사관 또는 영사대리사무소를 의미한다.

(b) "영사관할구역"이라 함은 영사기능의 수행을 위하여 영사기관에 지정된 지역을 의미한다.

(c) "영사기관장"이라 함은 그러한 자격으로 행동하는 임무를 맡은 자를 의미한다.

(d) "영사관원"이라 함은 영사기관장을 포함하여 그러한 자격으로 영사직무의 수행을 위임받은 자를 의미한다.

(e) "사무직원"이라 함은 영사기관의 행정 또는 기술업무에 종사하는 자를 의미한다.

(f) "업무직원"이라 함은 영사기관의 관내 업무에 종사하는 자를 의미한다.

(g) "영사기관원"이라 함은 영사관원, 사무직원 및 업무직원을 의미한다.

(h) "영사직원"이라 함은 영사기관장 이외의 영사관원, 사무직원 및 업무직원을 의미한다.

(i) "개인사용인"이라 함은 영사기관원의 사용노무에만 종사하는 자를 의미한다.

(j) "영사관사"라 함은 소유권에 관계없이 영사기관의 목적에만 사용되는 건물 또는 그 일부와 그에 부속된 토지를 의미한다.

(k) "영사문서"라 함은 영사기관의 모든 문건서류, 서한, 서적, 필름, 녹음테이프, 등록대장, 전신암호와 기호 색인카드 및 이들을 보존하거나 또는 보관하기 위한 용기를 포함한다.

2. 영사관원은 직업영사관원과 명예영사관원의 두 가지 카테고리로 구분된다. 이 협약 제2장의 규정은 직업영사관원을 장으로 하는 영사기관에 적용되며, 또한 제3장의 규정은 명예영사관원을 장으로 하는 영사기관을 규율한다.

3. 접수국의 국민 또는 영주자인 영사기관원의 특별한 지위는 이 협약 제71조에 의하여 규율된다.

제1장 영사관계 일반

제1절 영사관계의 수립 및 수행

제2조【영사관계의 수립】 1. 국가간의 영사관계의 수립은 상호동의에 의하여 이루어진다.

2. 양국간의 외교관계의 수립에 부여된 동의는, 달리 의사를 표시하지 아니하는 한 영사관계의 수립에 대한 동의를 포함한다.

3. 외교관계의 단절은 영사관계의 단절을 당연히 포함하지 아니한다.

제3조【영사기능의 수행】 영사기능은 영사기관에 의하여 수행된다. 영사기능은 또한 이 협약의 규정에 따라 외교공관에 의하여 수행된다.

제4조【영사기관의 설치】 1. 영사기관은 접수국의 동의를 받는 경우에만 접수국의 영역내에 설치될 수 있다.

2. 영사기관의 소재지, 그 등급 및 영사관할구역은 파견국에 의하여 결정되며 또한 접수국의 승인을 받아야 한다.

3. 영사기관의 소재지, 그 등급 또는 영사관할구역은 접수국의 동의를 받는 경우에만 파견국에 의하여 추후 변경될 수 있다.

4. 총영사관 또는 영사관이, 그 총영사관 또는 영사관이 설치되어 있는 지방 이외의 다른 지방에, 부영사관 또는 영사대리사무소의 개설을 원하는 경우에는 접수국의 동의가 필요하다.

5. 영사기관의 소재지 이외의 다른 장소에 기존 영사기관의 일부를 이루는 사무소를 개설하기 위해서도 접수국의 명시적 사전 동의가 필요하다.

제5조【영사기능】 영사기능은 다음과 같다.

(a) 국제법이 인정하는 범위내에서 파견국의 이익과 개인 및 법인을 포함한 그 국민의 이익을 접수국내에서 보호하는 것

(b) 파견국과 접수국간의 통상, 경제, 문화 및 과학관계의 발전을 증진하며 또한 기타의 방법으로 이 협약의 규정에 따라 그들간의 우호관계를 촉진하는 것

(c) 모든 합법적 수단에 의하여 접수국의 통상, 경제, 문화 및 과학적 생활의 제조건 및 발전을 조사하고, 이에 관하여 파견국 정부에 보고하며 또한 이해 관계자에게 정보를 제공하는 것

(d) 파견국의 국민에게 여권과 여행증서를 발급하며, 또한 파견국에 여행하기를 원하는 자에게 사증 또는 적당한 증서를 발급하는 것

(e) 개인과 법인을 포함한 파견국 국민을 도와주며 협조하는 것

(f) 접수국의 법령에 위배되지 아니할 것을 조건으로 공증인 및 민사업무 서기로서 또한 유사한 종류의 자격으로 행동하며, 또한 행정적 성질의 일정한 기능을 수행하는 것

(g) 접수국의 영역내에서의 사망에 의한 상속의 경우에 접수국의 법령에 의거하여 개인과 법인을 포함한 파견국 국민의 이익을 보호하는 것

(h) 파견국의 국민으로서 미성년자와 완전한 능력을 결하고 있는 기타의 자들 특히 후견 또는 재산관리가 필요한 경우에, 접수국의 법령에 정해진 범위내에서, 그들의 이익을 보호하는 것

(i) 접수국내의 관행과 절차에 따를 것을 조건으로 하여, 파견국의 국민이 부재 또는 기타의 사유로 적절한 시기에 그 권리와 이익의 방어를 맡을 수 없는 경우에 접수국의 법령에 따라, 그러한 국민의 권리와 이익의 보전을 위한 가처분을 받을 목적으로 접수국의 재판소 및 기타의 당국에서 파견국의 국민을 위하여 적당한 대리행위를 행하거나 또는 동 대리행위를 주선하는 것

(j) 유효한 국제협정에 의거하여 또는 그러한 국제협정이 없는 경우에는 접수국의 법령과 양립하는 기타의 방법으로, 파견국의 법원을 위하여 소송서류 또는 소송 이외의 서류를 송달하거나 또는 증거조사 의뢰서 또는 증거조사위임장을 집행하는 것

(k) 파견국의 국적을 가진 선박과 파견국에 등록된 항공기 및 그 승무원에 대하여 파견국의 법령에 규정된 감독 및 검사권을 행사하는 것

(l) 본조 세항(k)에 언급된 선박과 항공기 및 그 승무원에게 협조를 제공하는 것, 선박의 항행에 관하여 진술을 받는 것, 선박의 서류를 검사하고 이에 날인하는 것, 접수국 당국의 권한을 침해함이 없이 항해중에 발생한 사고에 대하여 조사하는 것, 또한 파견국의 법령에 의하여 인정되는 경우에 선장, 직원 및 소속원간의 여하한 종류의 분쟁을 해결하는 것

(m) 파견국이 영사기관에 위임한 기타의 기능으로서 접수국의 법령에 의하여 금지되지 아니하거나 또는 접수국이 이의를 제기하지 아니하거나 또는 접수국과 파견국간의 유효한 국제협정에 언급된 기능을 수행하는 것

제6조【영사관할구역외에서의 영사직무의 수행】 영사관원은 특별한 사정하에서 접수국의 동의를 받아 그의 영사관할구역외에서 그의 직무를 수행할 수 있다.

제7조【제3국에서의 영사기능의 수행】 파견국은, 관계국가중 어느 한 국가의 명시적 반대가 없는 한, 관계 국가에 통고한 후, 특정국가내에 설치된 영사기관에 대하여 제3국내에서의 영사기능의 수행을 위임할 수 있다.

제8조【제3국을 대표하는 영사기능의 수행】 파견국의 영사기관은, 접수국이 반대하지 아니하는 한 접수국에 적절히 통고한 후, 제3국을 대표하여 접수국내에서 영사기능을 수행할 수 있다.

제9조【영사기관장의 계급】 1. 영사기관장은 다음의 네가지 계급으로 구분된다.

(a) 총영사
(b) 영사
(c) 부영사
(d) 영사대리

2. 본조 1항의 규정은 영사기관장 이외의 기타의 영사관원의 직명을 지정할 수 있는 체약당사국의 권리를 여하한 방법으로도 제한하지 아니한다.

제10조【영사기관장의 임명과 승인】 1. 영사기관장은 파견국에 의하여 임명되며 또한 접수국에 의하여 그 직무의 수행이 인정된다.

2. 이 협약의 제규정에 따를 것으로 하여, 영사기관장의 임명 및 인정에 관한 방식은 각기 파견국과 접수국의 법령과 관례에 의하여 결정된다.

제11조【영사위임장 또는 임명통고】 1. 영사기관장은, 임명될 때마다 작성되는 위임장 또는 유사한 증서의 형식으로, 그의 자격을 증명하고 또한 그의 성명, 카테고리, 계급, 영사관할구역 및 영사기관의 소재지를 일반적으로 표시하는 문서를 파견국으로부터 받는다.

2. 파견국은, 외교경로 또는 기타의 적절한 경로를 통하여, 영사기관장이 그 영역내에서 그 직무를 수행할 국가의 정부에 위임장 또는 이와 유사한 증서를 전달한다.

3. 파견국은, 접수국이 동의하는 경우에, 위임장 또는 유사한 증서 대신에 본조 1항에 의하여 요구되는 세부사항을 포함하는 통고를 접수국에 송부할 수 있다.

제12조【영사인가장】 1. 영사기관장은, 그 인가양식에 관계없이, 영사인가장으로 불리는 접수국의 인가에 의하여 그 직무의 수행이 인정된다.

2. 영사인가장의 부여를 거부하는 국가는 그 거부 이유를 파견국에 제시할 의무를 지지 않는다.

3. 제13조 및 제15조의 제규정에 따를 것으로 하여, 영사기관장은 영사인가장을 접수할 때까지 그 임무를 개시하여서는 아니된다.

제13조【영사기관장의 잠정적 인정】 영사기관장은, 영사인가장을 접수할 때까지, 잠정적으로 그 직무의 수행이 인정될 수 있다. 그 경우에는 이 협약의 규정이 적용된다.

제14조【당국에 대한 영사관할구역의 통고】 영사기관장이 잠정적으로 그 직무의 수행을 인정받는 경우에도, 접수국은 즉시 권한있는 당국에 대하여 영사관할구역을 통고하여야 한다. 접수국은 영사기관장이 그 임무를 수행할 수 있게 하며 또한 이 협약의 제규정상의 이익을 향유할 수 있도록 필요한 조치를 취하는 것을 또한 보장하여야 한다.

제15조【영사기관장의 직무의 일시적 수행】 1. 영사기관장이 그 직무를 수행할 수 없거나 또는 영사기관장의 직이 공석인 경우에는 기관장대리가 잠정적으로 영사기관장으로서 행동할 수 있다.

2. 기관장대리의 명단은 파견국의 외교공관에 의하여, 또는 접수국내에 외교공관을 두지 아니한 경우에는 영사기관장에 의하여 또는 영사기관장이 통고할 수 없는 경우에는 파견국의 권한있는 당국에 의하여, 접수국의 외무부 또는 외무부가 지정하는 당국에 통고된다. 이 통고는 일반적으로 사전에 행하여져야 한다. 접수국은 접수국내에 있는 파견국의 외교관도 아니며 또한 영사관원도 아닌 자를, 접수국의 동의에 따를 것을 조건으로, 기관장대리로서 인정할 수 있다.

3. 접수국의 권한있는 당국은 기관장 대리에 대하여 협조와 보호를 부여하여야 한다. 기관장 대리가 영사기관의 책임을 맡고 있는 동안 이 협약의 제규정은 관계 영사기관장에게 적용되는 것과 동일한 기초 위에서 동 대리에게 적용된다. 다만, 접수국은 기관장대리가 충족시키지 못하는 조건에 따를 것만으로 하여 영사기관장이 향유하는 편의, 특권 또는 면제를 기관장대리에게 부여할 의무를 지지 아니한다.

4. 본조 1항에 언급된 사정하에서, 접수국내에 있는 파견국의 외교공관의 외교직원이 파견국에 의하여 기관장대리로 지정된 경우에, 동 외교직원은 접수국이 반대하지 아니하는 한 외교특권과 면제를 계속 향유한다.

제16조【영사기관장간의 석차】 1. 영사기관장은 영사인가장의 부여 일자에 따라 각 계급내에서 그 석차가 정하여진다.

2. 다만, 영사인가장을 받기 전에 잠정적으로 영사기관장의 직무의 수행이 인정된 경우에, 그 석차는 동 잠정적 인정일자에 따라 결정된다. 이 석차는 영사인가장의 발급 후에도 유지된다.

3. 동일한 일자에 영사인가장 또는 잠정적 인정을 받은 2인 이상의 영사기관장간의 석차순위는 위임장 또는 유사한 증서 또는 제11조3항에 언급된 통고가 접수국에 제출된 일자에 따라 결정된다.

4. 기관장대리는 모든 영사기관장의 다음에 그 석차를 가지며 또한 기관장대리 상호간에는 제15조2항에 따른 통고에 표시되어 있는 기관장대리로서 그 직무를 맡은 일자에 따라 그 석차가 정하여진다.

5. 영사기관장으로서의 명예영사관원은 상기 각항에 규정된 순위와 규칙에 따라 직업 영사기관장의 다음에 각 계급내에서 그 석차가 정하여진다.

6. 영사기관장은 기관장의 지위를 가지지 아니하는 영사관원에 대하여 상위의 석차를 보유한다.

제17조【영사관원에 의한 외교활동의 수행】 1. 파견국이 외교공관을 가지지 아니하고 또한 제3국의 외교공관에 의하여 대표되지 아니하는 국가내에서 영사관원은, 접수국의 동의를 받아 또한 그의 영사지위에 영향을 미침이 없이, 외교활동을 수행하는 것이 허용될 수 있다. 영사관원에 의한 그러한 활동의 수행은 동 영사관원에게 외교특권과 면제를 요구할 수 있는 권리를 부여하는 것이 아니다.

2. 영사관원은, 접수국에 통고한 후, 정부간 국제기구에 대한 파견국의 대표로서 활동할 수 있다. 영사관원이 그러한 활동을 수행하는 경우에 동 영사관원은 국제관습법 또는 국제협정에 의하여 그러한 대표에게 부여되는 특권과 면제를 향유할 수 있는 권리가 부여된다. 다만, 동 영사관원에 의한 영사직무의 수행에 대하여 그는 이 협약에 따라 영사관원이 부여받을 권리가 있는 것보다 더 큰 관할권의 면제를 부여받지 아니한다.

제18조【2개국 이상에 의한 동일인의 영사관원 임명】 2개 이상의 국가는 접수국의 동의를 받아 동일인을 동 접수국내의 영사관원으로 임명할 수 있다.

제19조【영사직원의 임명】 1. 제20조, 제22조 및 제23조의 제규정에 따를 것으로 하여, 파견국은 영사직원을 자유로이 임명할 수 있다.

2. 영사기관장을 제외한 기타의 모든 영사관원의 명단, 카테고리 및 계급은, 접수국이 원하는 경우에, 제23조3항에 따른 접수국의 권리를 행사할 수 있는 충분한 시간적 여유를 두고, 파견국에 의하여 접수국에 통고되어야 한다.

3. 파견국은 그 법령상 필요한 경우에 영사기관장을 제외한 기타의 영사관원에게 영사인가장을 부여하도록 접수국에 요청할 수 있다.

4. 접수국은 그 법령상 필요한 경우에 영사기관장을 제외한 기타의 영사관원에게 영사인가장을 부여할 수 있다.

제20조【영사직원의 수】 영사직원의 수에 관한 명시적 합의가 없을 경우에 접수국은, 영사관할구역내의 사정과 조건 및 특정 영사기관의 필요성을 고려하여, 동 접수국이 합리적이며 정상적이라고 간주하는 범위내에서 직원의 수를 유지하도록 요구할 수 있다.

제21조【영사기관의 영사기관원간의 석차】 영사기관의 영사관원간의 석차 순위 및 그 변경은 파견국의 외교공관에 의하여, 또는 파견국이 접수국내에 외교공관을 두지 아니하는 경우에는 그 영사기관장에 의하여, 접수국의 외무부 또는 동 외무부가 지정하는 당국에 통고되어야 한다.

제22조【영사관원의 국적】 1. 영사관원은 원칙적으로 파견국의 국적을 가져야 한다.

2. 영사관원은, 언제든지 철회될 수 있는 접수국의 명시적 동의를 받는 경우를 제외하고, 접수국의 국적을 가진 자 중에서 임명되어서는 아니된다.

3. 접수국은 또한 파견국의 국민이 아닌 제3국의 국민에 대하여 동일한 권리를 유보할 수 있다.

제23조【불만으로 선언된 인물】 1. 접수국은 영사관원이 불만스러운 인물이거나 또는 기타의 영사직원이 수락할 수 없는 자임을 언제든지 파견국에 통고할 수 있다. 그러한 통고가 있는 경우에 파견국은 사정에 따라 관계자를 소환하거나 또는 영사기관에서의 그의 직무를 종료시켜야 한다.

2. 파견국이 본조 1항에 따른 의무의 이행을 적당한 기간내에 거부하거나 또는 이행하지 아니하는 경우에, 접수국은 사정에 따라 관계자로부터 영사인가장을 철회하거나 또는 그를 영사직원으로 간주하지 아니할 수 있다.

3. 영사기관원으로 임명된 자는 접수국의 영역에 도착하기 전에, 또는 이미 접수국내에 있을 경우에는 영사기관에서의 그의 임무를 개시하기 전에, 수락할 수 없는 인물로 선언될 수 있다. 그러한 경우에 파견국은 그의 임명을 철회하여야 한다.

4. 본조 제1항 및 제3항에 언급된 경우에 있어서 접수국은 파견국에 대하여 그 결정의 이유를 제시해야 할 의무를 지지 아니한다.

제24조【접수국에 대한 임명 도착 및 퇴거통고】 1. 접수국의 외무부 또는 동 외무부가 지정하는 당국은 다음의 사항에 관하여 통고를 받는다.

(a) 영사기관원의 임명, 영사기관에 임명된 후의 그 도착, 그 최종퇴거, 그 직무의 종료 및 영사기관에서의 근무중에 발생할 수 있는 기타의 그 지위에 영향을 미치는 변동

(b) 영사기관원의 가족으로서 그 세대의 일부를 이루는 자의 도착 및 최종퇴거, 또한 적절한 경우에, 특정인이 그 가족구성원이 되거나 또는 되지 아니하는 사실

(c) 개인사용인의 도착 및 최종퇴거, 또한 적절한 경우에, 동 개인사용인으로서의 노무 종료

(d) 특권과 면제를 부여받을 권리가 있는 영사기관원으로서 또는 개인사용인으로서의 접수국내 거주자의 고용 및 해고

2. 가능한 경우에 도착 및 최종퇴거의 사전통고가 또한 행하여져야 한다.

제2절 영사직무의 종료

제25조【영사기관원의 직무의 종료】 영사기관원의 직무는 특히 다음의 경우에 종료한다.

(a) 그의 직무가 종료하였음을 파견국이 접수국에 통고한 때

(b) 영사인가장의 철회시

(c) 접수국이 그를 영사직원으로 간주하지 아니함을 파견국에 통고한 때

제26조【접수국의 영역으로부터의 퇴거】 접수국은, 무력충돌의 경우에도, 접수국의 국민이 아닌 영사기관원과 개인사용인 및 국적에 관계없이 그 세대의 일부를 이루는 그 가족구성원에 대하여, 그들이 퇴거를 준비하고 또한 관계직원의 직무가 종료한 후 가능한 한 조속한 시일내에 퇴거할 수 있도록, 필요한 시간과 편의를 제공하여야 한다. 특히, 접수국은 필요한 경우 그들 및 그 재산으로서 접수국내에서 취득하여 퇴거시에 그 반출이 금지되는 것을 제외한 재산에 대한 필요한 수송 수단을 그들이 이용할 수 있도록 하여야 한다.

제27조【파견국의 영사관사와 문서 및 이익에 대한 비상시의 보호】 1. 양국간의 영사관계가 단절되는 경우에 다음의 규정이 적용된다.

(a) 접수국은, 무력충돌의 경우에도, 영사관사와 영사기관의 재산 및 영사문서를 존중하며 또한 보호하여야 한다.

(b) 파견국은 접수국이 수락하는 제3국에 대하여 영사관사와 그 재산 및 영사문서의 보관을 위탁할 수 있다.

(c) 파견국은 접수국이 수락하는 제3국에 대하여 그 이익과 그 국민의 이익에 대한 보호를 위탁할 수 있다.

2. 영사기관이 일시적으로 또는 영구적으로 폐쇄되는 경우에는 본조 1항의 세항(a)의 규정이 적용되며, 추가적으로 다음의 규정이 적용된다.

(a) 접수국에서 외교공관에 의하여 대표되지 아니하더라도 파견국이 동 접수국의 영역내에 다른 영사기관을 두고 있는 경우에, 동 영사기관은 폐쇄된 영사기관의 관사와 그 재산 및 영사문서의 보관을 위임받을 수 있으며, 또한 접수국의 동의를 받아 그 영사기관의 관할구역내에서의 영사기능의 수행을 위임받을 수 있다.

(b) 파견국이 접수국내에 외교공관을 두지 아니하며 또한 기타의 영사기관을 두지 아니하는 경우에는 본조 1항의 세항(b) 및 (c)의 규정이 적용된다.

제2장 영사기관, 직업영사관원 및 기타의 영사기관원에 관한 편의, 특권 및 면제

제1절 영사기관에 관한 편의, 특권 및 면제

제28조【영사기관의 활동에 대한 편의】 접수국은 영사기관의 기능의 수행을 위하여 충분한 편의를 제공하여야 한다.

제29조【국기와 문장의 사용】 1. 파견국은 본조의 규정에 의거하여 접수국내에서 자국의 국기와 문장의 사용권을 가진다.

2. 파견국의 국기와 그 문장은 영사기관이 점유하는 건물과 그 현관 및 영사기관장의 관저와 공용시의 그 교통수단에 게양될 수 있고 또한 부착될 수 있다.

3. 본조에 의하여 부여되는 권리를 행사함에 있어서는 접수국의 법령과 관례를 고려하여야 한다.

제30조【주거시설】 1. 접수국은 그 법령에 의거하여 동 파견국이 그 영사기관에 필요한 관사를 접수국의 영역내에서 취득하는 것에 편의를 제공하거나 또는 다른 방법으로 파견국이 주거시설을 구하는 것에 협조하여야 한다.

2. 접수국은, 필요한 경우에, 영사기관이 그 직원을 위한 적당한 주거시설을 구하는 것에 또한 협조하여야 한다.

제31조【영사관사의 불가침】 1. 영사관사는 본조에 규정된 범위내에서 불가침이다.

2. 접수국의 당국은, 영사기관장 또는 그가 지정한 자 또는 파견국의 외교공관장의 동의를 받는 경우를 제외하고, 전적으로 영사기관의 활동을 위하여 사용되는 영사관사의 부분에 들어가서는 아니된다. 다만, 화재 또는 신속한 보호조치를 필요로 하는 기타 재난의 경우에는 영사기관장의 동의가 있은 것으로 추정될 수 있다.

3. 본조 2항의 규정에 따를 것으로 하여, 접수국은 침입 또는 손괴로부터 영사관사를 보호하고 또한 영사기관의 평온에 대한 교란 또는 그 위엄의 손상을 방지하기 위한 모든 적절한 조치를 취해야 하는 특별한 의무를 진다.

4. 영사관사와 그 비품 및 영사기관의 재산과 그 교통수단은 국방상 또는 공익상의 목적을 위한 어떠한 형태의 징발로부터 면제된다. 그러한 목적을 위하여 수용이 필요한 경우에는 영사기능의 수행에 대한 방해를 회피하도록 모든 가능한 조치를 취하여야 하며, 또한 신속하고 적정하며 효과적인 보상이 파견국에 지불되어야 한다.

제32조【영사관사에 대한 과세 면제】 1. 파견국 또는 파견국을 대표하여 행동하는 자가 소유자이거나 또는 임차인으로 되어 있는 영사관사 및 직업 영사기관장의 관저는, 제공된 특별의 역무에 대한 급부로서의 성질을 가지는 것을 제외한 기타의 모든 형태의 국가 지역 또는 지방의 부과금과 조세로부터 면제된다.

2. 본조 1항에 언급된 과세의 면제는, 파견국 또는 파견국을 대표하여 행동하는 자와 계약을 체결한 자가 접수국의 법에 따라 동 부과금과 조세를 납부해야 하는 경우에는, 동 부과금과 조세에 적용되지 아니한다.

제33조【영사문서와 서류의 불가침】 영사문서와 서류는 언제 어디서나 불가침이다.

제34조【이전의 자유】 국가안보상의 이유에서 그 출입이 금지되거나 또는 규제되고 있는 지역에 관한 접수국의 법령에 따를 것으로 하여, 접수국은 모든 영사기관원에 대하여 접수국 영역내의 이전 및 여행의 자유를 보장한다.

제35조【통신의 자유】 1. 접수국은 영사기관에 대하여 모든 공용 목적을 위한 통신의 자유를 허용하며 또한 보호하여야 한다. 영사기관은, 파견국 정부 및 그 소재지에 관계 없이 파견국의 외교공관 및 다른 그 영사기관과 통신함에 있어서 외교 또는 영사신서사 외교 또는 영사행낭 및 기호 또는 전신암호에 의한 통신물을 포함한 모든 적절한 수단을 사용할 수 있다. 다만, 영사기관은 접수국의 동의를 받는 경우에만 무선 송신기를 설치하여 사용할 수 있다.

2. 영사기관의 공용서한은 불가침이다. 공용서한이라 함은 영사기관과 그 기능에 관한 모든 서한을 의미한다.

3. 영사행낭은 개방되거나 또는 억류되지 아니한다. 다만, 영사행낭속에 본조 4항에 언급된 서한, 서류 또는 물품을 제외한 기타의 것이 포함되어 있다고 믿을만한 중대한 이유를 접수국의 권한있는 당국이 가지고 있는 경우에, 동 당국은 그 입회하에 파견국이 인정한 대표가 동 행낭을 개방하도록 요청할 수 있다. 동 요청을 파견국의 당국이 거부하는 경우에 동 행낭은 발송지로 반송된다.

4. 영사행낭을 구성하는 포장용기에는 그 성질을 나타내는 명백한 외부의 표지를 부착하여야 하며 또한 공용서한과 서류 또는 전적으로 공용을 위한 물품만이 포함될 수 있다.

5. 영사신서사는 그 신분 및 영사행낭을 구성하는 포장용기의 수를 표시하는 공문서를 지참하여야 한다. 영사신서사는 접수국의 동의를 받는 경우를 제외하고, 접수국의 국민이어서는 아니되고 또한 그가 파견국의 국민이 아닌 경우에는 접수국의 영주자이어서는 아니된다. 영사신서사는 그 직무를 수행함에 있어서 접수국에 의하여 보호를 받는다. 영사신서사는 신체의 불가침을 향유하며 또한 어떠한 형태로도 체포 또는 구속되지 아니한다.

6. 파견국과 그 외교공관 및 영사기관은 임시 영사신서사를 임명할 수 있다. 그러한 경우에는, 동 임시 신서사가 맡은 영사행낭을 수취인에게 전달하였을 때에 본조 5항에 언급된 면제가 적용되지 아니하는 것을 제외하고, 동 조항의 제규정이 또한 적용된다.

7. 영사행낭은 공인 입국항에 기착되는 선박 또는 민간항공기의 기장에게 위탁될 수 있다. 동 기장은 행낭을 구성하는 포장용기의 수를 표시하는 공문서를 지참하여야 하나, 영사신서사로 간주되지 아니한다. 영사기관은 관계 지방당국과의 약정에 의하여 선박 또는 항공기의 기장으로부터 직접 자유로이 행낭을 수령하기 위하여 그 직원을 파견할 수 있다.

제36조【파견국 국민과의 통신 및 접촉】 1. 파견국의 국민에 관련되는 영사기능의 수행을 용이하게 할 목적으로 다음의 규정이 적용된다.

(a) 영사관원은 파견국의 국민과 자유로이 통신할 수 있으며 또한 접촉할 수 있다. 파견국의 국민은 파견국 영사관원과의 통신 및 접촉에 관하여 동일한 자유를 가진다.

(b) 파견국의 영사관할구역내에서 파견국의 국민이, 체포되는 경우, 또는 재판에 회부되기 전에 구금 또는 유치되는 경우, 또는 기타의 방법으로 구속되는 경우에, 그 국민이 파견국의 영사기관에 통보할 것을 요청하면, 접수국의 권한있는 당국은 지체없이 통보하여야 한다. 체포, 구금, 유치 또는 구속되어 있는 자가 영사기관에 보내는 어떠한 통신도 동 당국에 의하여 지체없이 전달되어야 한다. 동 당국은 관계자에게 본 세항에 따른 그의 권리를 지체없이 통보하여야 한다.

(c) 영사관원은 구금, 유치 또는 구속되어 있는 파견국의 국민을 방문하며 또한 동 국민과 면담하고 교신하며 또한 그의 법적 대리를 주선하는 권리를 가진다. 영사관원은 관할에 따라 그 관할구역내에 구금, 유치 또는 구속되어 있는 파견국의 국민을 방문하는 권리를 또한 가진다. 다만, 구금, 유치 또는 구속되어 있는 국민을 대신하여 영사관원이 조치를 취하는 것을 동 국민이 명시적으로 반대하는 경우에, 동 영사관원은 그러한 조치를 삼가하여야 한다.

2. 본조 1항에 언급된 권리는 접수국의 법령에 의거하여 행사되어야 한다. 다만, 동 법령은 본조에 따라 부여된 권리가 의도하는 목적을 충분히 실현할 수 있어야 한다는 조건에 따라야 한다.

제37조【사망, 후견, 재산관리, 난파 및 항공사고의 경우에 있어서 통보】 접수국의 권한있는 당국이 관계 정보를 입수하는 경우에 동 당국은 다음과 같은 의무를 진다.

(a) 파견국 국민의 사망의 경우에는 그 사망이 발생한 영사관할구역내의 영사기관에 지체없이 통보하는 것

(b) 파견국의 국민으로서 미성년자 또는 충분한 능력을 결하고 있는 기타의 자의 이익을 위하여, 후견인 또는 재산관리인을 지정하는 것이 필요하다고 생각되는 경우에는, 권한있는 영사기관에 지체없이 통보하는 것. 다만, 이러한 통보는 상기 지정에 관한 접수국의 법령의 시행을 침해해서는 아니된다.

(c) 파견국의 국적을 보유한 선박이 접수국의 영해 또는 내수에서 난파하거나 또는 좌초하는 경우, 또는 파견국에 등록된 항공기가 접수국의 영역에서 사고를 당하는 경우에는, 사고발생 현장에서 가장 가까운 영사기관에 지체 없이 통보하는 것

제38조【접수국 당국과의 통신】 영사관원은 그 직무를 수행함에 있어서 아래의 당국과 통신할 수 있다.

(a) 그 영사관할구역내의 권한있는 지방당국

(b) 접수국의 권한있는 중앙당국. 다만, 이 경우에는 접수국의 법령과 관례 또는 관계 국제협정에 의하여 허용되며 또한 허용되는 범위에 한한다.

제39조【영사 수수료와 요금】 1. 영사기관은 접수국의 영역내에서 영사활동에 관한 파견국의 법령이 규정하는 수수료와 요금을 부과할 수 있다.

2. 본조 1항에 언급된 수수료와 요금의 형식으로 징수한 총액과 동 수수료 및 요금의 수령액은 접수국의 모든 부과금과 조세로부터 면제된다.

제2절 직업영사관원과 기타의 영사기관원에 관한 편의, 특권 및 면제

제40조【영사관원의 보호】 접수국은 상당한 경의로써 영사관원을 대우하여야 하며 또한 영사관원의 신체자유 또는 위엄에 대한 침해를 방지하기 위한 모든 적절한 조치를 취하여야 한다.

제41조【영사관원의 신체의 불가침】 1. 영사관원은, 중대한 범죄의 경우에 권한있는 사법당국에 의한 결정에 따르는 것을 제외하고, 재판에 회부되기 전에 체포되거나 또는 구속되지 아니한다.

2. 본조 1항에 명시된 경우를 제외하고 영사관원은 구금되지 아니하며 또한 그의 신체의 자유에 대한 기타 어떠한 형태의 제한도 받지 아니한다. 다만, 확정적 효력을 가진 사법상의 결정을 집행하는 경우는 제외된다.

3. 영사관원에 대하여 형사소송절차가 개시된 경우에 그는 권한있는 당국에 출두하여야 한다. 그러나 그 소송절차는, 그의

공적 직책상의 이유에서 그가 받아야 할 경의를 표하면서 또한, 본조 1항에 명시된 경우를 제외하고는, 영사직무의 수행에 가능한 최소한의 지장을 주는 방법으로 진행되어야 한다. 본조 1항에 언급된 사정하에서 영사관원을 구속하는 것이 필요하게 되었을 경우에 그에 대한 소송절차는 지체를 최소한으로 하여 개시되어야 한다.

제42조【체포, 구속 또는 소추의 통고】 재판에 회부되기 전에 영사직원을 체포하거나 또는 구속하는 경우 또는 동 영사직원에 대하여 형사소송절차가 개시되는 경우에, 접수국은 즉시 영사기관장에게 통고하여야 한다. 영사기관장 그 자신이 그러한 조치의 대상이 되는 경우에 접수국은 외교경로를 통하여 파견국에 통고하여야 한다.

제43조【관할권으로부터의 면제】 1. 영사관원과 사무직원은 영사직무의 수행 중에 행한 행위에 대하여 접수국의 사법 또는 행정당국의 관할권에 복종할 의무를 지지 아니한다.

2. 다만, 본조 1항의 규정은 다음과 같은 민사소송에 관하여 적용되지 아니한다.

(a) 영사관원 또는 사무직원이 체결한 계약으로서 그가 파견국의 대리인으로서 명시적으로 또는 묵시적으로 체결하지 아니한 계약으로부터 제기되는 민사소송

(b) 접수국내의 차량, 선박 또는 항공기에 의한 사고로부터 발생하는 손해에 대하여 제3자가 제기하는 민사소송

제44조【증언의 의무】 1. 영사기관원은 사법 또는 행정소송절차의 과정에서 증인 출두의 요청을 받을 수 있다. 사무직원 또는 업무직원은 본조 3항에 언급된 경우를 제외하고 증언을 거부해서는 아니된다. 영사관원이 증언을 거부하는 경우에 그에 대하여 강제적 조치 또는 형벌이 적용되어서는 아니된다.

2. 영사관원의 증언을 요구하는 당국은 그 직무의 수행에 대한 간섭을 회피하여야 한다. 동 당국은 가능한 경우에 영사관원의 주거 또는 영사기관내에서 증거를 수집하거나 또는 서면에 의한 그의 진술을 받을 수 있다.

3. 영사기관원은 그 직무의 수행에 관련되는 사항에 관하여 증언을 행하거나 또는 그에 관련되는 공용 서한과 서류를 제출할 의무를 지지 아니한다. 영사기관원은 파견국의 법에 관하여 감정인으로서 증언하는 것을 거부하는 권리를 또한 가진다.

제45조【특권 및 면제의 포기】 1. 파견국은 영사기관원에 관련하여 제41조, 제43조 및 제44조에 규정된 특권과 면제를 포기할 수 있다.

2. 동 포기는 본조 3항에 규정된 경우를 제외하고 모든 경우에 명시적이어야 하며 또한 서면으로 접수국에 전달되어야 한다.

3. 영사관원 또는 사무직원이, 제43조에 따라 관할권으로부터의 면제를 향유할 수 있는 사항에 관하여 그 자신이 소송절차를 개시하는 경우에는, 본소에 직접적으로 관련되는 반소에 대하여 관할권으로부터의 면제를 원용하지 못한다.

4. 민사 또는 행정소송절차의 목적상 관할권으로부터의 면제의 포기는 사법적 결정에서 나오는 집행조치로부터의 면제의 포기를 의미하는 것으로 간주되지 아니한다. 그러한 조치에 관해서는 별도의 포기가 필요하다.

제46조【외국인등록과 거주허가로부터의 면제】 1. 영사관원과 사무직원 및 그 세대의 일부를 이루는 가족은 외국인등록 및 거주허가에 관하여 접수국의 법령에 따른 모든 의무로부터 면제된다.

2. 다만, 본조 1항의 규정은 파견국의 고정된 고용원이 아니거나 또는 접수국내에서 영리적인 사적직업에 종사하는 사무직원 또는 그 가족 구성원에 대하여 적용되지 아니한다.

제47조【취업허가로부터의 면제】 1. 영사기관원은 파견국을 위하여 제공하는 역무에 관하여, 외국노동의 고용에 관한 접수국의 법령에 의하여 부과되는 취업허가에 관한 의무로부터 면제된다.

2. 영사관원과 사무직원의 개인 사용인은, 접수국내에서 다른 영리적 직업에 종사하지 아니하는 경우에, 본조 1항에 언급된 의무로부터 면제된다.

제48조【사회보장상의 면제】 1. 본조 3항의 규정에 따를 것으로 하여, 영사기관원은 파견국을 위하여 제공하는 역무에 관해서 또한 그 세대의 일부를 이루는 가족 구성원은 접수국내에서 시행되는 사회보장상의 제규정으로부터 면제된다.

2. 본조 1항에 규정된 면제는 다음의 조건하에서 영사기관원에게 전적으로 고용되어 있는 개인사용인에게도 적용된다.

(a) 그 사용인이 접수국의 국민이 아니거나 또는 접수국내의 영주자가 아닐 것

(b) 그 사용인이 파견국 또는 제3국에서 시행되는 사회보장규정의 적용을 받을 것

3. 본조 2항에 규정된 면제의 적용을 받지 아니하는 자를 고용하는 영사기관원은 접수국의 사회보장규정이 고용주에게 부과하는 의무를 준수하여야 한다.

4. 본조 1항 및 2항에 규정된 면제는, 접수국의 사회보장제도에의 참여가 동 접수국에 의하여 허용될 것을 조건으로 동 제도에의 자발적 참여를 배제하는 것이 아니다.

제49조【과세로부터의 면제】 1. 영사관원과 사무직원 및 그 세대의 일부를 이루는 가족구성원은, 다음의 것을 제외하고, 인적 또는 물적, 국가, 지역 또는 지방의 부과금과 조세로부터 면제된다.

(a) 상품 또는 용역의 가격속에 정상적으로 포함되어 있는 성질의 간접세

(b) 제32조의 규정에 따를 것으로 하여, 접수국의 영역내에 소재하는 개인의 부동산에 대한 부과금 또는 조세

(c) 제51조(b)항의 규정에 따를 것으로 하여, 접수국에 의하여 부과되는 재산세, 상속 또는 유산세 및 권리 이전에 대한 조세

(d) 자본이득을 포함하여 접수국내에 원천을 둔 개인소득에 대한 부과금 및 조세와 접수국내의 상업적 또는 금융사업에의 투자에 대한 자본세

(e) 제공된 특정 역무에 대한 과징금

(f) 제32조의 규정에 따를 것으로 하여, 등록수수료, 재판 또는 기록수수료, 담보세 및 인지세

2. 업무직원은 그 역무에 대하여 받는 임금에 대한 부과금과 조세로부터 면제된다.

3. 임금 또는 급료에 대하여 접수국에서 소득세의 면제를 받지 아니하는 자를 고용하는 영사기관원은 동 소득세의 과세에 관하여 접수국의 법령이 고용주에게 부과하는 의무를 준수하여야 한다.

제50조【관세 및 검사로부터의 면제】 1. 접수국은 자국이 채택하는 법령에 의거하여 다음의 물품에 대하여 그 반입을 허가하며 또한 그에 대한 모든 관세 및 조세와, 보관, 운반 및 유사한 역무에 대한 것을 제외한, 기타의 과징금을 면제하여야 한다.

(a) 영사기관의 공용물품

(b) 영사관원의 주거용 물품을 포함하여 영사관원 또는 그 세대의 일부를 이루는 가족 구성원의 사용물품 소비용 물품은 당해자의 직접 사용에 필요한 양을 초과하여서는 아니된다.

2. 사무직원은 최초의 부임시에 수입하는 물품에 관하여 본조 1항에 명시된 특권과 면제를 향유한다.

3. 영사관원과 그 세대의 일부를 이루는 가족 구성원이 휴대하는 수하물은 검사로부터 면제된다. 그 수하물중에 본조 1항의 세항(b)에 언급된 것을 제외한 기타의 물품 또는 그 수출입이 접수국의 법령에 의하여 금지되거나 또는 그 검역에 관한 법령에 따라야 하는 물품이 포함되어 있다고 믿을 만한 중대한 이유가 있는 경우에만 검사할 수 있다. 그러한 경우의 검사는 그 영사관원 또는 당해 가족구성원의 입회하에 행하여져야 한다.

제51조【영사기관원 또는 그 가족 구성원의 유산】 영사기관원 또는 그 세대의 일부를 이루는 가족구성원의 사망의 경우에 접수국은 다음의 의무를 진다.

(a) 사망자가 접수국내에서 취득한 재산으로서 그의 사망시에 반출이 금지된 것을 제외하고는 그의 동산의 반출을 허가하여야 한다는 것

(b) 사망자가 영사기관원으로서 또는 영사기관원의 가족구성원으로서 접수국내에 있게 된 이유만으로 동 접수국내에 소재하는 그의 동산에 대하여 국가, 지역 또는 지방의 재산세 및 상속 또는 유산세와 권리이전에 대한 조세를 부과하여서는 아니된다는 것

제52조【인적 역무 및 부담금으로부터의 면제】 접수국은 영사기관원과 그 세대의 일부를 이루는 가족 구성원에 대하여 모든 인적역무 및 여하한 종류의 모든 공공 역무와 징발군사적 부담금 및 숙사지정에 관련되는 것 등의 군사적 의무를 면제하여야 한다.

제53조【영사특권 및 면제의 개시와 종료】 1. 영사기관원은 부임하기 위하여 접수국의 영역에 입국하는 때부터, 또는 이미 접수국의 영역내에 있을 경우에는, 영사기관에서 그의 직무를 개시하는 때부터 이 협약에 규정된 특권과 면제를 향유한다.

2. 영사기관원의 세대의 일부를 이루는 그 가족 구성원과 그 개인 사용인은, 그 영사기관원이 본조 1항에 의거하여 특권과 면제를 향유하는 일자로부터, 또는 그들이 접수국의 영역에 입국하는 일자로부터, 또는 그 가족 구성원 또는 사용인이 되는 일자 중, 어느 것이든 최종 일자로부터 이 협약에 규정된 특권과 면제를 받는다.

3. 영사기관원의 직무가 종료한 경우에, 그의 특권과 면제 및 그 세대의 일부를 이루는 가족 구성원 또는 그 개인사용인의 특권과 면제는 당해인들이 접수국을 떠나는 때 또는 접수국을 떠나기 위하여 필요한 상당한 기간이 만료한 때 중에서, 어느 것이든 더 이른 시기부터 정상적으로 종료하나, 무력충돌의 경우에도 그때까지는 존속한다. 본조 2항에 언급된 자의 경우에, 그들의 특권과 면제는 그들이 영사기관원의 세대에 속하지 아니하는 때 또는 영사기관원의 역무에 종사하지 아니하는 때에 종료한다. 다만, 당해인들이 그 후 상당한 기간내에 접수국을 떠나고자 하는 경우에 그들의 특권과 면제는 그들의 퇴거시까지 존속할 것을 조건으로 한다.

4. 그러나 영사관원 또는 사무직원이 그 직무를 수행함에 있어서 행한 행위에 관해서는 관할권으로부터의 면제가 기한의 제한없이 계속 존속된다.

5. 영사기관원의 사망의 경우에 그 세대의 일부를 이루는 가족 구성원은, 그들이 접수국을 떠날 때까지 또는 그들이 접수국을 떠날 수 있도록 상당한 기간이 만료할 때까지 중, 어느 것이든 더 이른 시기까지 그들에게 부여된 특권과 면제를 계속 향유한다.

제54조【제3국의 의무】 1. 영사관원의 부임 또는 귀임도중 또는 귀국의 도중에, 사증이 필요한 경우 그에게 사증을 부여한 제3국을 통과하거나 또는 그 제3국의 영역내에 체재하는 경우에, 그 제3국은 그의 통과 또는 귀국을 보장하기 위하여 필요한 것으로서 이 협약의 다른 제조항에 규정된 모든 면제를 그에게 부여하여야 한다. 영사관원의 세대의 일부를 이루는 가족 구성원으로서 그러한 특권과 면제를 향유하는 자가, 그 영사관원을 동행하거나 또는 그 영사관원과 합류하기 위하여 또는 파견국에 귀국하기 위하여 개별적으로 여행하는 경우에도 동일하게 적용된다.

2. 본조 1항에 명시된 것과 유사한 사정하에서, 제3국은 다른 영사기관원 또는 그 세대의 일부를 이루는 가족 구성원의 당해 제3국 영역에의 통과를 방해하여서는 아니된다.

3. 제3국은, 기호 또는 전신암호에 의한 통신물을 포함하여 통과중인 공용 서한 및 기타의 공용 통신에 대하여, 접수국이 이 협약에 따라 부여할 의무를 지는 동일한 자유와 보호를 부여하여야 한다. 제3국은, 사증이 필요한 경우에 사증을 부여받은 영사신서사와 통과중인 영사행낭에 대하여, 접수국이 이 협약에 따라 부여할 의무를 지는 동일한 불가침 및 보호를 부여하여야 한다.

4. 본조 1항, 2항 및 3항에 따른 제3국의 의무는 각기 그러한 제조항에 언급된 자 및 공용 통신과 영사행낭이 불가항력으로 제3국의 영역내에 있게 되는 경우에도 적용된다.

제55조【접수국의 법령에 대한 존중】 1. 특권과 면제를 향유하는 모든 자는, 그들의 특권과 면제를 침해함이 없이, 접수국의 법령을 존중할 의무를 진다. 그들은 또한 접수국의 국내문제에 간여해서는 아니되는 의무를 진다.

2. 영사관사는 영사기능의 수행과 양립하지 아니하는 방법으로 사용되어서는 아니된다.

3. 본조 2항의 규정은 영사관사가 수용되어 있는 건물의 일부에 다른 기구 또는 기관의 사무소가 설치될 수 있는 가능성을 배제하지 아니한다. 다만, 다른 기관에 배정된 사무실은 영사기관이 사용하는 사무실과 구분된 것을 조건으로 한다. 그러한 경우에 상기 사무소는 이 협약의 목적상 영사관사의 일부를 이루는 것으로 간주되지 아니한다.

제56조【제3자의 위험에 대한 보험】 영사기관원은 차량, 선박 또는 항공기의 사용에서 야기되는 제3자의 위험에 대한 보험에 관하여 접수국의 법령이 부과하는 요건에 따라야 한다.

제57조【영리적인 사적직업에 관한 특별규정】 1. 직업영사관원은 접수국내에서 개인적 이득을 목적으로 전문직업적 또는 상업적 활동에 종사해서는 아니된다.

2. 본장에 규정된 특권과 면제는 하기인에게 부여되지 아니한다.

(a) 접수국내에서 영리적인 사적 직업에 종사하는 사무직원 또는 업무직원

(b) 본항의 세항(a)에 언급된 자의 가족 구성원 또는 그 개인사용인

(c) 영사기관원의 가족 구성원으로 접수국내에서 영리적인 사적 직업에 종사하는 자

제3장 명예영사관원과 명예영사관원을 장으로하는 영사기관에 관한 제도

제58조【편의, 특권 및 면제에 관한 일반규정】 1. 제28조, 제29조, 제30조, 제34조, 제35조, 제36조, 제37조, 제38조, 제39조, 제54조3항 및 제55조2항과 3항은 명예영사관원을 장으로 하는 영사기관에 적용된다. 또한 이러한 영사기관의 편의, 특권 및 면제는 제59조, 제60조, 제61조 및 제62조에 의하여 규율된다.

2. 제42조, 제43조, 제44조3항, 제45조, 제53조 및 제55조1항은 명예영사관원에게 적용된다. 또한 이러한 영사관원의 편의, 특권 및 면제는 제63조, 제64조, 제65조 및 제67조에 의하여 규율된다.

3. 이 협약에 규정된 특권과 면제는 명예영사관원의 가족 구성원 또는 명예영사관원을 장으로 하는 영사기관에 고용되어 있는 사무직원에게 부여되지 아니한다.

4. 명예영사관을 장으로 하는 상이한 국가내의 2개의 영사기관간의 영사행낭의 교환은 당해 2개 접수국의 동의없이 허용되지 아니한다.

제59조【영사관사의 보호】 접수국은 침입 또는 손괴로부터 명예영사관원을 장으로 하는 영사기관의 영사관사를 보호하며 또한 영사기관의 평온에 대한 교란 또는 그 위엄의 손상을 방지하기 위하여 필요한 조치를 취하여야 한다.

제60조【영사관사의 과세로부터의 면제】 1. 명예영사관원을 장으로 하는 영사기관의 영사관사의 소유자 또는 임차자가 파견국인 경우에, 동 영사관사는 제공된 특정역무에 대한 급부로서의 성질을 가지는 것을 제외한 다른 여하한 형태의 모든 국가, 지역 또는 지방의 부과금과 조세로부터 면제된다.

2. 본조 1항에 언급된 과세로부터의 면제는, 파견국과 계약을 체결한 자가 접수국의 법령에 따라 납부해야 하는 경우에는, 동 부과금과 조세에 대하여 적용되지 아니한다.

제61조【영사문서와 서류의 불가침】 명예영사관원을 장으로 하는 영사기관의 영사문서와 서류는 언제 어디서나 불가침이다. 다만, 이들 문서와 서류는 다른 문서 및 서류와 구분되며, 특히 영사기관장과 그와 같이 근무하는 자의 사용 서한과 구분되며, 또한 그들의 전문 직업 또는 거래에 관계되는 자료, 서적 및 서류와 구분되어야 한다.

제62조【관세로부터의 면제】 접수국은 자국이 채택하는 법령에 의거하여 다음의 물품에 대하여 그 반입을 허가하며 또한 모든 관세 및 조세와, 창고료, 운송료 및 유사한 역무에 대한 것을 제외한, 기타의 관계 과징금으로부터의 면제를 부여한다. 다만, 그 물품은 명예영사관원을 장으로 하는 영사기관의 공적 용도를 위한 것일 것을 조건으로 한다. 즉 문장, 국기, 간판, 인장과, 인지, 서적, 공용인쇄물, 사무실가구, 사무실 비품 및 파견국이 영사기관에 공급하거나 또는 파견국의 의뢰에 따라 영사기관에 공급되는 유사한 물품.

제63조【형사소송절차】 명예영사관원에 대하여 형사소송절차가 개시되는 경우에 그는 권한있는 당국에 출두하여야 한다. 그러나 그 소송절차는 그의 공적 직책상의 이유에서 그가 받아야 할 경의를 표하면서 집행되어야 하며, 또한 그가 체포 또는 구속된 경우를 제외하고 영사직무의 수행에 최소한의 지장을 주는 방법으로 행하여져야 한다. 명예영사관원을 구속하는 것이 필요하게 되었을 경우에 그에 대한 소송절차는 지체를 최소한으로 하여 개시되어야 한다.

제64조【명예영사관원의 보호】 접수국은 명예영사관원에 대하여 그의 공적 직책상의 이유에서 필요로 하는 보호를 부여할 의무를 진다.

제65조【외국인등록 및 거주허가로부터의 면제】 명예영사관원은, 사적 이득을 위하여 접수국에서 전문직업적 또는 상업적 활동에 종사하는 자를 제외하고, 외국인 등록 및 거주 허가에 관하여 접수국의 법령에 따른 모든 의무로부터 면제된다.

제66조【과세로부터의 면제】 명예영사관원은 영사직무의 수행에 관하여 그가 파견국으로부터 받는 보수와 급료에 대한 모든 부과금과 조세로부터 면제된다.

제67조【인적 역무 및 부담금으로부터의 면제】 접수국은 명예영사관원에 대하여 모든 인적 역무 및 여하한 성질의 모든 공공 역무와 징발 군사적 부담금 및 숙사지정에 관련되는 것등의 군사적 의무를 면제하여야 한다.

제68조【명예영사관원 제도의 임의성】 각국은 명예영사관원을 임명하거나 또는 접수하는 것을 결정하는 자유를 가진다.

제4장 일반조항

제69조【영사기관장이 아닌 영사대리】 1. 각국은 파견국에 의하여 영사기관장으로 지정되지 아니한 영사대리에 의하여 수행되는 영사대리사무소를 설치하거나 또는 인정하는 것을 결정하는 자유를 가진다.

2. 본조 1항에 언급된 영사대리사무소가 그 활동을 수행하는 조건 및 동 사무소를 관장하는 영사대리가 향유하는 특권 및 면제는 파견국과 접수국간의 합의에 의하여 결정된다.

제70조【외교공관에 의한 영사기능의 수행】 1. 이 협약의 제규정은, 문맥이 허용하는 한, 외교공관에의 영사기능의 수행에도 적용된다.

2. 외교공관원으로서 영사부서에 배속되거나 또는 동 공관의 영사기능의 수행을 달리 맡은 자의 명단은 접수국의 외무부 또는 동 외무부가 지정하는 당국에 통고되어야 한다.

3. 외교공관은 영사기능을 수행함에 있어서 아래의 당국과 통신을 가질 수 있다.

(a) 영사관할구역내의 지방당국
(b) 접수국의 법령 및 관례 또는 관계 국제협정에 의해 허용되는 경우에 접수국의 중앙당국
4. 본조 2항에 언급된 외교공관원의 특권과 면제는 외교관계에 관한 국제법의 규칙에 의하여 계속 규율된다.

제71조【접수국의 국민 또는 영주자】 1. 접수국에 의하여 추가의 편의, 특권 및 면제가 부여되는 경우를 제외하고, 접수국의 국민 또는 영주자인 영사관원은 그 직무수행에서 행한 공적행동에 관하여 관할권으로부터의 면제와 신체의 불가침만을 향유하며, 또한 제44조3항에 규정된 특권만을 향유한다. 접수국은 이들 영사관원에 관한 한 제42조에 규정된 의무에 의하여 또한 기속된다. 상기 영사관원에 대하여 형사소송 절차가 제기되는 경우에 그 소송절차는, 그가 체포 또는 구속되는 경우를 제외하고, 영사직무의 수행에 가능한 최소한의 지장을 주는 방법으로 진행되어야 한다.
2. 접수국의 국민 또는 영주자인 다른 영사기관원과 그 가족 구성원 및 본조 1항에 언급된 영사관원의 가족 구성원은 접수국이 그들에게 부여하는 경우에 있어서만 동 편의, 특권 및 면제를 향유한다. 접수국의 국민 또는 영주자인 영사기관원의 가족 구성원 및 그 개인 사용인은 접수국이 그들에게 부여하는 경우에 있어서만 편의, 특권 및 면제를 또한 향유한다. 다만, 접수국은 영사기관의 기능의 수행을 부당하게 방해하지 아니하는 방법으로 상기자들에 대한 관할권을 행사하여야 한다.

제72조【무차별】 1. 접수국은 이 협약의 제 규정을 적용함에 있어서 국가간에 차별을 두어서는 아니된다.
2. 그러나 다음의 경우에는 차별이 있는 것으로 간주되지 아니한다.
(a) 이 협약의 어느 규정이 파견국내의 접수국 영사기관에 제한적으로 적용되고 있음을 이유로 그 접수국이 이 협약의 그 규정을 제한적으로 적용하는 경우
(b) 제국이 관습 또는 협정에 의하여 이 협약의 제규정에 의하여 요구되는 것 보다 더 유리한 대우를 상호 부여하는 경우

제73조【이 협약과 다른 국제협정과의 관계】 1. 이 협약의 제 규정은 다른 국제협정의 당사국간에 유효한 그 국제협정에 영향을 주지 아니한다.
2. 이 협약의 어떠한 규정도 제국이 이 협약의 제 규정을 확인, 보충, 확대 또는 확장하는 국제협정을 체결하는 것을 배제하지 아니한다.

제5장 최종 조항

제74조【서명】 이 협약은 국제연합 또는 전문기구 중의 어느 하나의 모든 회원국 또는 국제사법재판소 규정의 당사국 및 국제연합총회에 의하여 이 협약의 당사국이 되도록 초청된 기타의 국가에 의한 서명을 위하여 다음과 같이 개방된다. 즉 1963년 10월 31일까지는 오스트리아 공화국의 연방외무부에서 개방되며 또한 그 이후 1964년 3월 31일까지는 뉴욕의 국제연합 본부에서 개방된다.

제75조【비준】 이 협약은 비준되어야 한다. 비준서는 국제연합 사무총장에게 기탁된다.

제76조【가입】 이 협약은 제74조에 언급된 네가지 카테고리의 어느 하나에 속하는 국가에 의한 가입을 위하여 계속 개방된다. 가입서는 국제연합 사무총장에게 기탁된다.

제77조【발효】 1. 이 협약은 스물두번째의 비준서 또는 가입서가 국제연합 사무총장에게 기탁된 날로부터 30일후에 발효한다.
2. 스물두번째의 비준서 또는 가입서가 기탁된 후 이 협약에 비준하거나 또는 가입하는 각 국가에 대하여, 이 협약은 그 국가에 의한 비준서 또는 가입서의 기탁으로부터 30일후에 발효한다.

제78조【사무총장에 의한 통고】 국제연합 사무총장은 제74조에 언급된 네가지 카테고리의 어느 하나에 속하는 모든 국가에 대하여 다음의 것을 통고한다.
(a) 제74조, 제75조 및 제76조에 의거한 이 협약의 서명 및 비준서 또는 가입서의 기탁
(b) 제77조에 의거하여 이 협약이 발효하는 일자

제79조【정본】 중국어, 영어, 불어, 노어 및 서반아어본이 동등히 정본인 이 협약의 원본은 국제연합 사무총장에게 기탁되며, 사무총장은 동 원본의 인증등본을 제74조에 언급된 네가지 카테고리의 어느 하나에 속하는 모든 국가에 송부한다.

이상의 증거로, 하기 전권대표는 각자의 정부에 의하여 정당히 권한을 위임받아 이 협약에 서명하였다.
1963년 4월 24일 비엔나에서 작성되었다.

외교관계에 관한 비엔나협약

(1971년 1월 21일 조 약 제365호)

1961. 4.18(비엔나에서 작성)
1971. 1.27(대한민국에 대하여 발효)

본 협약당사국은, 고대로부터 모든 국가의 국민이 외교관의 신분을 인정하였음을 상기하고, 국가의 주권평등, 국제평화와 안전의 유지 및 국가간의 우호관계의 증진에 관한 국제연합헌장의 목적과 원칙을 명심하고, 외교교섭, 특권 및 면제에 관한 국제협약의 여러 국가의 상이한 헌법체계와 사회제도에도 불구하고, 국가간의 우호관계의 발전에 기여할 것임을 확신하고, 이러한 특권과 면제의 목적이 개인의 이익을 위함이 아니라 국가를 대표하는 외교공관직무의 효율적 수행을 보장하기 위한 것임을 인식하고, 본 협약의 규정에 명시적으로 규제되지 아니한 문제에는 국제관습법의 규칙이 계속 지배하여야 함을 확인하며, 다음과 같이 합의하였다.

제1조 본 협약의 적용상, 하기 표현은 다음에서 정한 의미를 가진다.
(a) "공관장"이라 함은 파견국이 그러한 자격으로 행동할 임무를 부여한 자를 말한다.
(b) "공관원"이라 함은 공관장과 공관직원을 말한다.
(c) "공관직원"이라 함은 공관의 외교직원, 행정 및 기능직원 그리고 노무직원을 말한다.
(d) "외교직원"은 외교관의 직급을 가진 공관직원을 말한다.
(e) "외교관"이라 함은 공관장이나 공관의 외교직원을 말한다.
(f) "행정 및 기능직원"이라 함은 공관의 행정 및 기능업무에 고용된 공관직원을 말한다.
(g) "노무직원"이라 함은 공관의 관내역무에 종사하는 공관직원을 말한다.
(h) "개인 사용인"이라 함은 공관직원의 가사에 종사하며 파견국의 피고용인이 아닌 자를 말한다.
(i) "공관지역"이라 함은 소유자 여하를 불문하고, 공관장의 주거를 포함하여 공관의 목적으로 사용되는 건물과 건물의 부분 및 부속토지를 말한다.

제2조 국가간의 외교관계의 수립 및 상설 외교공관의 설치는 상호합의에 의하여 이루어진다.

제3조 1. 외교공관의 직무는 특히 아래와 같은 것을 포함한다.
(a) 접수국에서의 파견국의 대표
(b) 접수국에 있어서, 국제법이 허용하는 한도내에서, 파견국과 파견국 국민의 이익 보호.
(c) 접수국 정부와의 교섭
(d) 모든 합법적인 방법에 의한 접수국의 사정과 발전의 확인 및 파견국 정부에 대한 상기 사항의 보고
(e) 접수국과 파견국간의 우호관계 증진 및 양국간의 경제, 문화 및 과학관계의 발전
2. 본 협약의 어떠한 규정도 외교공관에 의한 영사업무의 수행을 방해하는 것으로 해석되지 아니한다.

제4조 1. 파견국은 공관장으로 파견하고자 제의한 자에 대하여 접수국의 "아그레망(agrément)"이 부여되었음을 확인하여야 한다.
2. 접수국은 "아그레망"을 거절한 이유를 파견국에 제시할 의무를 지지 아니한다.

제5조 1. 파견국은 관계 접수국들에 적절한 통고를 행한 후 접수국중 어느 국가의 명백한 반대가 없는 한 사정에 따라서 1개국 이상의 국가에 1인의 공관장을 파견하거나 외교직원을 임명할 수 있다.
2. 파견국이 1개국 또는 그 이상의 국가에 1인의 공관장을 파견하는 경우, 파견국은 공관장이 상주하지 아니하는 각국에 대사 대리를 장으로 하는 외교공관을 설치할 수 있다.
3. 공관장이나 공관의 외교직원은 어떠한 국제기구에 대하여서도 파견국의 대표로서 행동할 수 있다.

제6조 2개국 또는 그 이상의 국가는, 접수국의 반대가 없는 한, 동일한 자를 공관장으로 타국에 파견할 수 있다.

제7조 제5조, 제8조, 제9조 및 제11조의 규정에 따를 것을 조건으로, 파견국은 자유로이 공관직원을 임명할 수 있다. 육, 해, 공군의 무관인 경우에는 접수국은 그의 승인을 위하여 사전에 그들의 명단 제출을 요구할 수 있다.

제8조 1. 공관의 외교직원은 원칙적으로 파견국의 국적을 가진 자이어야 한다.
2. 공관의 외교직원은 언제라도 철회할 수 있는 접수국측의 동의가 있는 경우를 제외하고는 접수국의 국적을 가진 자중에서 임명하여서는 아니된다.
3. 접수국은 파견국의 국민이 아닌 제3국의 국민에 관하여서도 동일한 권리를 유보할 수 있다.

제9조 1. 접수국은 언제든지 그리고 그 결정을 설명할 필요없이 공관장이나 또는 기타 공관의 외교직원이 "불만한 인물"(PERSONA NON GRATA)이며, 또는 기타의 공관직원을 "받아들일 수 없는 인물"이라고 파견국에 통고할 수 있다. 이와 같은 경우에, 파견국은 적절히 관계자를 소환하거나 또는 그의 공관직무를 종료시켜야 한다. 접수국은 누구라도 접수국의 영역에 도착하기 전에 "불만한 인물" 또는 "받아들일 수 없는 인물"로 선언할 수 있다.
2. 파견국이 본조 제1항에 의한 의무의 이행을 거절하거나 또는 상당한 기일내에 이행하지 못하는 경우에는 접수국은 관계자를 공관원으로 인정함을 거부할 수 있다.

제10조 1. 접수국의 외무부 또는 합의되는 기타 부처는 다음과 같은 통고를 받는다.
(a) 공관원의 임명, 그들의 도착과 최종출발 또는 그들의 공관직무의 종료
(b) 공관원의 가족에 속하는 자의 도착 및 최종출발, 그리고 적당한 경우, 어떤 사람이 공관원의 가족의 일원이 되거나, 또는 되지 않게 되는 사실
(c) 본항(a)에 언급된 자에게 고용된 개인 사용인의 도착과 최종출발 그리고 적당한 경우, 그들의 고용인과 해약을 하게 되는 사실
(d) 특권 및 면제를 받을 권리를 가진 공관원이나 개인 사용인으로서 접수국에 거주하는 자의 고용 및 해고
2. 가능하면 도착과 최종 출발의 사전 통고도 하여야 한다.

제11조 1. 공관의 규모에 관한 특별한 합의가 없는 경우에는, 접수국은 자국의 사정과 조건 및 당해 공관의 필요성을 감안하여 합리적이며 정상적이라고 인정되는 범위내에서 공관의 규모를 유지할 것을 요구할 수 있다.
2. 접수국은 또한 유사한 범위내에서 그리고 무차별의 기초위에서 특정 범주에 속하는 직원의 접수를 거부할 수 있다.

제12조 파견국은 접수국의 명시적인 사전 동의가 없이는, 공관이 설립된 이외의 다른 장소에 공관의 일부를 구성하는 사무소를 설치할 수 없다.

제13조 1. 공관장은 일률적으로 적용되는 접수국의 일반적 관행에 따라 자기의 신임장을 제정하였을 때 또는 그의 도착을 통고하고 신임장의 진정등본을 접수국의 외무부 또는 합의된 기타 부처에 제출하였을 때에 접수국에서 그의 직무를 개시한 것으로 간주된다.
2. 신임장이나 또는 신임장의 진정등본 제출순서는 공관장의 도착일자와 시간에 의하여 결정한다.

제14조 1. 공관장은 다음의 3가지 계급으로 구분된다.
(a) 국가원수에게 파견된 대사 또는 교황청대사, 그리고 동등한 계급을 가진 기타의 공관장
(b) 국가원수에게 파견된 공사 또는 교황청 공사
(c) 외무부장관에게 파견된 대리공사
2. 서열 및 의례에 관계되는 것을 제외하고는 그들의 계급으로 인한 공관장간의 차별이 있어서는 아니된다.

제15조 공관장에게 부여되는 계급은 국가간의 합의로 정한다.

제16조 1. 공관장은 제13조의 규정에 의거하여 그 직무를 개시한 일자와 시간의 순서로 각자의 해당계급내의 서열이 정하여 진다.
2. 계급의 변동에 관련되지 아니한 공관장의 신임장 변경은 그의 서열에 영향을 미치지 아니한다.
3. 본조는 교황청 대표의 서열에 관하여 접수국에 의하여 승인된 어떠한 관행도 침해하지 아니한다.

제17조 공관장은 공관의 외교직원의 서열을 외무부 또는 합의되는 기타 부처에 통고한다.

제18조 공관장의 접수를 위하여 각국에서 준수되는 절차는 각 계급에 관하여 일률적이어야 한다.

제19조 1. 공관장이 공석이거나 또는 공관장이 그의 직무를 수행할 수 없을 경우에는 대사대리가 잠정적으로 공관장으로서 행동한다. 대사대리의 성명은 공관장이나 또는 공관장이 할 수 없는 경우에는, 파견국의 외무부가 접수국의 외무부 또는 합의된 기타 부처에 통고한다.
2. 접수국에 공관의 외교직원이 없는 경우에는, 파견국은 접수국의 동의를 얻어 행정 및 기능직원을 공관의 일상관리 사무를 담당하도록 지명할 수 있다.

제20조 공관과 공관장은 공관장의 주거를 포함한 공관지역 및 공관장의 수송수단에 파견국의 국기 및 문장을 사용할 권리를 가진다.

제21조 1. 접수국은 그 법률에 따라 파견국이 공관을 위하여 필요로 하는 공관지역을 접수국의 영토에서 취득함을 용이하게 하거나 또는 기타 방법으로 파견국이 시설을 획득하는 데 있어서 이를 원조하여야 한다.
2. 접수국은 또한 필요한 경우, 공관이 그들의 관원을 위하여 적당한 시설을 획득하는 데 있어서 이를 원조하여야 한다.

제22조 1. 공관지역은 불가침이다. 접수국의 관헌은 공관장의 동의없이는 공관지역에 들어가지 못한다.
2. 접수국은 어떠한 침입이나 손해에 대하여도 공관지역을 보호하며, 공관의 안녕을 교란시키거나 품위의 손상을 방지하기 위하여 모든 적절한 조치를 취할 특별한 의무를 가진다.
3. 공관지역과 동 지역내에 있는 비품류 및 기타 재산과 공관의 수송수단은 수색, 징발, 차압 또는 강제집행으로부터 면제된다.

제23조 1. 파견국 및 공관장은 특정 용역의 제공에 대한 지불의 성격을 가진 것을 제외하고는, 소유 또는 임차여하를 불문하고 공관지역에 대한 국가, 지방 또는 지방자치단체의 모든 조세와 부과금으로부터 면제된다.
2. 본조에 규정된 조세의 면제는, 파견국 또는 공관장과 계약을 체결하는 자가 접수국의 법률에 따라 납부하여야 하는 조세나 부과금에는 적용되지 아니한다.

제24조 공관의 문서 및 서류는 어느 때나 그리고 어느 곳에서나 불가침이다.

제25조 접수국은 공관의 직무수행을 위하여 충분한 편의를 제공하여야 한다.

제26조 접수국은, 국가 안전을 이유로 출입이 금지되어 있거나 또는 규제된 지역에 관한 법령에 따를 것을 조건으로 하여 모든 공관원에게 대하여 접수국 영토내에서의 이동과 여행의 자유를 보장하여야 한다.

제27조 1. 접수국은 공용을 위한 공관의 자유로운 통신을 허용하며 보호하여야 한다. 공관은 자국정부 및 소재여하를 불문한 기타의 자국 공관이나 영사관과 통신을 함에 있어서, 외교신서사 및 암호 또는 부호로 된 통신문을 포함한 모든 적절한 방법을 사용할 수 있다. 다만, 공관은 접수국의 동의를 얻어야만 무선송신기를 설치하고 사용할 수 있다.
2. 공관의 공용 통신문은 불가침이다. 공용 통신문이라 함은 공관 및 그 직무에 관련된 모든 통신문을 의미한다.
3. 외교행낭은 개봉되거나 유치되지 아니한다.
4. 외교행낭을 구성하는 포장물은 그 특성을 외부에서 식별할 수 있는 표지를 달아야 하며 공용을 목적으로 한 외교문서나 물품만을 넣을 수 있다.
5. 외교신서사는 그의 신분 및 외교 행낭을 구성하는 포장물의 수를 표시하는 공문서를 소지하여야 하며, 그의 직무를 수행함에 있어서 접수국의 보호를 받는다. 외교신서사는 신체의 불가침을 향유하며 어떠한 형태의 체포나 구금도 당하지 아니한다.

6. 파견국 또는 공관은 임시 외교신서사를 지정할 수 있다. 이러한 경우에는 본조 제5항의 규정이 또한 적용된다. 다만, 동신서사가 자신의 책임하에 있는 외교행낭을 수취인에게 인도하였을 때에는 제5항에 규정된 면제가 적용되지 아니한다.
7. 외교행낭은 공인된 입국항에 착륙하게 되어 있는 상업용 항공기의 기장에게 위탁할 수 있다. 동 기장은 행낭을 구성하는 포장물의 수를 표시하는 공문서를 소지하여야 하나 외교신서사로 간주되지는 아니한다. 공관은 항공기 기장으로부터 직접으로 또는 자유롭게 외교 행낭을 수령하기 위하여 공관직원을 파견할 수 있다.

제28조 공관이 자신의 공무를 수행함에 있어서 부과한 수수료와 요금은 모든 부과금과 조세로부터 면제된다.

제29조 외교관의 신체는 불가침이다. 외교관은 어떠한 형태의 체포 또는 구금도 당하지 아니한다. 접수국은 상당한 경의로서 외교관을 대우하여야 하며 또한 그의 신체, 자유 또는 품위에 대한 여하한 침해에 대하여도 이를 방지하기 위하여 모든 적절한 조치를 취하여야 한다.

제30조 1. 외교관의 개인주거는 공관지역과 동일한 불가침과 보호를 향유한다.
2. 외교관의 서류, 통신문 그리고 제31조제3항에 규정된 경우를 제외한 그의 재산도 동일하게 불가침권을 향유한다.

제31조 1. 외교관은 접수국의 형사재판 관할권으로부터의 면제를 향유한다. 외교관은 또한, 다음 경우를 제외하고는, 접수국의 민사 및 행정재판 관할권으로부터의 면제를 향유한다.
(a) 접수국의 영역내에 있는 개인부동산에 관한 부동산 소송. 단, 외교관이 공관의 목적을 위하여 파견국을 대신하여 소유하는 경우는 예외이다.
(b) 외교관이 파견국을 대신하지 아니하고 개인으로서 유언집행인, 유산관리인, 상속인 또는 유산수취인으로서 관련된 상속에 관한 소송
(c) 접수국에서 외교관이 그의 공적직무 이외로 행한 직업적 또는 상업적 활동에 관한 소송
2. 외교관은 증인으로서 증언을 행할 의무를 지지 아니한다.
3. 본조 제1항(a), (b) 및 (c)에 해당되는 경우를 제외하고는, 외교관에 대하여 여하한 강제 집행조치도 취할 수 없다. 전기의 강제 집행조치는 외교관의 신체나 주거의 불가침을 침해하지 않는 경우에 취할 수 있다.
4. 접수국의 재판관할권으로부터 외교관을 면제하는 것은 파견국의 재판관할권으로부터 외교관을 면제하는 것은 아니다.

제32조 1. 파견국은 외교관 및 제37조에 따라 면제를 향유하는 자에 대한 재판관할권의 면제를 포기할 수 있다.
2. 포기는 언제나 명시적이어야 한다.
3. 외교관과 제37조에 따라 재판관할권의 면제를 향유하는 자가 소송을 제기한 경우에는 본소에 직접 관련된 반소에 관하여 재판관할권의 면제를 원용할 수 없다.
4. 민사 또는 행정소송에 관한 재판관할권으로부터의 면제의 포기는 동 판결의 집행에 관한 면제의 포기를 의미하는 것으로 간주되지 아니한다. 판결의 집행으로부터의 면제를 포기하기 위하여서는 별도의 포기를 필요로 한다.

제33조 1. 본조 제3항의 규정에 따를 것을 조건으로 외교관은 파견국을 위하여 제공된 역무에 관하여 접수국에서 시행되는 사회보장의 제 규정으로부터 면제된다.
2. 본조 제1항에 규정된 면제는, 아래의 조건으로 외교관에게 전적으로 고용된 개인사용인에게도 적용된다.
(a) 개인사용인이 접수국의 국민이거나 또는 영주자가 아닐 것
(b) 개인사용인이 파견국이나 또는 제3국에서 시행되는 사회보장규정의 적용을 받고 있을 것
3. 본조 제2항에 규정된 면제가 적용되지 아니하는 자를 고용하는 외교관은 접수국의 사회보장 규정이 고용주에게 부과하는 제 의무를 준수하여야 한다.
4. 본조 제1항 및 제2항에 규정된 면제는, 접수국의 승인을 받는다는 조건으로, 접수국의 사회보장제도에 자발적으로 참여함을 방해하지 아니한다.
5. 본조의 규정은 사회보장에 관하여 이미 체결된 양자 또는 다자협정에 영향을 주지 아니하며 또한 장차의 이러한 협정의 체결도 방해하지 아니한다.

제34조 외교관은, 다음의 경우를 제외하고는 국가, 지방 또는 지방자치단체의 모든 인적 또는 물적 부과금과 조세로부터 면제된다.
(a) 상품 또는 용역의 가격에 통상 포함되는 종류의 간접세
(b) 접수국의 영역내에 있는 사유 부동산에 대한 부과금 및 조세. 단, 공관의 목적을 위하여 파견국을 대신하여 소유하는 경우는 예외이다.
(c) 제39조제4항의 규정에 따를 것을 조건으로, 접수국이 부과하는 재산세, 상속세 또는 유산세
(d) 접수국에 원천을 둔 개인소득에 대한 부과금과 조세 및 접수국에서 상업상의 사업에 행한 투자에 대한 자본세
(e) 특별한 용역의 제공에 부과된 요금
(f) 제23조의 규정에 따를 것을 조건으로, 부동산에 관하여 부과되는 등기세, 법원의 수수료 또는 기록 수수료, 담보세 및 인지세

제35조 접수국은 외교관에 대하여 모든 인적역무와 종류 여하를 불문한 일체의 공공역무 및 징발, 군사상의 기부 그리고 숙사제공 명령에 관련된 군사상의 의무로부터 면제하여야 한다.

제36조 1. 접수국은 동국이 제정하는 법령에 따라서, 하기 물품의 반입을 허용하며 모든 관세 및 조세와 기타 관련되는 과징금을 면제한다. 단, 보관, 운반 및 이와 유사한 역무에 대한 과징금은 그러하지 아니하다.
(a) 공관의 공용을 위한 물품
(b) 외교관의 거주용 물품을 포함하여 외교관이나 또는 그의 세대를 구성하는 가족의 개인사용을 위한 물품
2. 외교관의 개인수하물은 검열에서 면제된다. 단, 본조제1항에서 언급한 면제에 포함되지 아니하는 물품이 있거나, 또는 접수국의 법률로서 수출입이 금지되어 있거나 접수국의 검역 규정에 의하여 통제된 물품을 포함하고 있다고 추정할 만한 중대한 이유가 있는 경우에는 그러하지 아니하다. 전기의 검열은 외교관이나 또는 그가 권한을 위임한 대리인의 입회하에서만 행하여야 한다.

제37조 1. 외교관의 세대를 구성하는 그의 가족은, 접수국의 국민이 아닌 경우, 제29조에서 제36조까지 명시된 특권과 면제를 향유한다.
2. 접수국의 행정 및 기능직원은 그들의 각 세대를 구성하는 가족과 더불어, 접수국의 국민이나 영주자가 아닌 경우, 제29조에서 제35조까지 명시된 특권과 면제를 향유한다. 단, 제31조제1항에 명시된 접수국의 민사 및 행정재판 관할권으로부터의 면제는 그들의 직무 이외에 행한 행위에는 적용되지 아니한다. 그들은 또한 처음 부임할 때에 수입한 물품에 관하여 제36조제1항에 명시된 특권을 향유한다.
3. 접수국의 국민이나 영주자가 아닌 공관의 노무직원은, 그들의 직무중에 행한 행위에 관하여 면제를 향유하며 그들이 취업으로 인하여 받는 보수에 대한 부과금이나 조세로부터 면제되고, 제33조에 포함된 면제를 향유한다.
4. 공관원의 개인사용인은, 접수국의 국민이나 영주자가 아닌 경우, 그들이 취업으로 인하여 받는 보수에 대한 부과금이나 조세로부터 면제된다. 그 이외의 점에 대하여, 그들은 접수국이 인정하는 범위에서만 특권과 면제를 향유할 수 있다. 단, 접수국은 공관의 직무수행을 부당하게 간섭하지 않는 방법으로 이러한 자에 대한 관할권을 행사하여야 한다.

제38조 1. 접수국이 추가로 특권과 면제를 부여하는 경우를 제외하고는, 접수국의 국민이나 영주자인 외교관은 그의 직무수행 중에 행한 공적행위에 대하여서만 재판관할권면제 및 불가침권을 향유한다.
2. 접수국의 국민이나 영주자인 기타의 공관직원과 개인사용인은 접수국이 인정하는 범위에서만 특권과 면제를 향유한다. 단, 접수국은 공관의 직무수행을 부당하게 간섭하지 않는 방법으로 이러한 자에 대한 관할권을 행사하여야 한다.

제39조 1. 특권 및 면제를 받을 권리가 있는 자는, 그가 부임차 접수국의 영역에 들어간 순간부터, 또는 이미 접수국의 영역내에 있을 경우에는, 그의 임명을 외무부나 또는 합의되는 기타 부처에 통고한 순간부터 특권과 면제를 향유한다.
2. 특권과 면제를 향유하는 자의 직무가 종료하게 되면, 여사한 특권과 면제는 통상 그가 접수국에서 퇴거하거나 또는 퇴거에 요하는 상당한 기간이 만료하였을 때에 소멸하나, 무력분쟁의 경우일지라도 그 시기까지는 존속한다. 단, 공관원으로서의 직무 수행중에 그가 행한 행위에 관하여는 재판관할권으로부터의 면제가 계속 존속한다.
3. 공관원이 사망하는 경우에, 그의 가족은 접수국을 퇴거하는 데 요하는 상당한 기간이 만료할 때까지 그들의 권리인 특권과 면제를 계속 향유한다.
4. 접수국의 국민이나 영주자가 아닌 공관원이나 또는 그의 세대를 구성하는 가족이 사망하는 경우에, 접수국은 자국에서 취득한 재산으로서 그 수출이 그의 사망시에 금지된 재산을 제외하고는 사망인의 동산의 반출을 허용하여야 한다. 사망자가 공관원 또는 공관원의 가족으로서 접수국에 체재하였음에 전적으로 연유하여 동국에 존재하는 동산에는 재산세, 상속세 및 유산세는 부과되지 아니한다.

제40조 1. 외교관이 부임, 귀임 또는 본국으로 귀국하는 도중 여권사증이 필요한 경우, 그에게 여권사증을 부여한 제3국을 통과하거나 또는 제3국의 영역내에 있을 경우에, 제3국은 그에게 불가침권과 그의 통과나 귀국을 보장함에 필요한 기타 면제를 부여하여야 한다. 동 규정은, 특권이나 면제를 향유하는 외교관의 가족이 동 외교관을 동반하거나 그와 합류하거나 자국에 귀국하기 위하여 별도로 여행하는 경우에도 적용된다.
2. 본조 제1항에 명시된 것과 유사한 사정하에서 제3국은, 공관의 행정 및 기능직원 또는 노무직원과 그들 가족이 그 영토를 통과함을 방해하여서는 아니된다.
3. 제3국은 암호 또는 부호로 된 통신문을 포함하여 통과중인 공문서와 기타 공용통신에 대하여 접수국이 허여하는 동일한 자유와 보호를 부여하여야 한다. 제3국은, 사증이 필요한 경우 여권사증이 부여된 외교신서사와 통과중인 외교행낭에 대하여 접수국이 부여하여야 하는 동일한 불가침권과 보호를 부여하여야 한다.
4. 본조 제1항, 제2항, 및 제3항에 따른 제3국의 의무는, 전기 각항에서 언급한 자와 공용통신 및 외교행낭이 불가항력으로 제3국의 영역내에 들어간 경우에도 적용된다.

제41조 1. 그들의 특권과 면제를 침해하지 아니하는 한, 접수국의 법령을 존중하는 것은 이와 같은 특권과 면제를 향유하는 모든 자의 의무이다. 그들은 또한 접수국의 내정에 개입하여서는 아니될 의무를 진다.
2. 파견국이 공관에 위임한 접수국과의 모든 공적 사무는 접수국의 외무부 또는 합의되는 기타 부처를 통해서 행하여진다.
3. 공관지역은 본 협약, 일반국제법상의 기타 규칙 또는 파견국과 접수국간에 유효한 특별 협정에 규정된 공관의 직무와 양립할 수 없는 여하한 방법으로도 사용되어서는 아니된다.

제42조 외교관은 접수국에서 개인적 영리를 위한 어떠한 직업적 또는 상업적 활동도 하여서는 아니된다.

제43조 외교관의 직무는 특히 다음의 경우에 종료한다.
(a) 파견국이 당해 외교관의 직무가 종료되었음을 접수국에 통고한 때
(b) 접수국이 제9조제2항에 따라 당해 외교관을 공관원으로서 인정하기를 거부함을 파견국에 통고한 때

제44조 접수국은 무력충돌의 경우에라도, 접수국의 국민이 아닌 자로서 특권과 면제를 향유하는 자와 국적에 관계없이 이러한 자의 가족이 가능한 한 조속히 퇴거할 수 있도록 편의를 제공하여야 한다. 특히 필요한 경우에는, 그들 자신과 그들의 재산을 위하여 필요한 수송수단을 수의로 사용할 수 있도록 제공하여야 한다.

제45조 2개국간의 외교관계가 단절되거나, 또는 공관이 영구적으로 또는 잠정적으로 소환되는 경우에,
(a) 접수국은 무력충돌의 경우에라도, 공관의 재산 및 문서와 더불어 공관지역을 존중하고 보호하여야 한다.
(b) 파견국은 공관의 재산 및 문서와 더불어 공관지역의 보관을 접수국이 수락할 수 있는 제3국에 위탁할 수 있다.
(c) 파견국은 자국 및 자국민의 이익보호를, 접수국이 수락할 수 있는 제3국에 위탁할 수 있다.

제46조 파견국은, 접수국의 사전 동의를 얻고 또한 그 접수국에 공관을 가지지 아니한 제3국의 요청에 따라 제3국과 그 국민의 이익을 잠정적으로 보호할 수 있다.

제47조 1. 접수국은, 본 협약의 조항을 적용함에 있어서 국가간에 차별을 두어서는 아니된다.
2. 다만, 다음의 경우에는 차별을 두는 것으로 간주되지 아니한다.
(a) 파견국이 본 협약의 어느 조항을 파견국내에 있는 접수국의 공관에 제한적으로 적용한다는 것을 이유로, 접수국이 동 조항을 제한적으로 적용하는 경우
(b) 관습이나 합의에 의하여 각 국이 본 협약의 조항이 요구하는 것보다 더욱 유리한 대우를 상호부여하는 경우

제48조 본 협약은, 모든 국제연합 회원국 또는 국제연합 전문기구의 회원국과 국제사법재판소 규정의 당사국, 그리고 국제연합 총회가 본 협약의 당사국이 되도록 초청한 기타 국가에 의한 서명을 위하여 다음과 같이 즉, 1961년 10월 31일까지는 "오스트리아"외무성에서 그리고 그후 1962년 3월 31일까지는 "뉴욕"에 있는 국제연합본부에서 개방된다.

제49조 본 협약은 비준되어야 한다. 비준서는 국제연합 사무총장에게 기탁된다.

제50조 본 협약은 제48조에 언급된 4개의 범주중 어느 하나에 속하는 국가의 가입을 위하여 개방된다. 가입서는 국제연합 사무총장에게 기탁된다.

제51조 1. 본 협약은 22번째 국가의 비준서 또는 가입서가 국제연합 사무총장에게 기탁한 일자로부터 30일이 되는 날에 발효한다.
2. 22번째 국가의 비준서 또는 가입서가 기탁된 후에 본 협약을 비준하거나 이에 가입하는 각 국가에 대하여는, 본 협약은 이러한 국가가 비준서나 가입서를 기탁한 일자로부터 30일이 되는 날에 발효한다.

제52조 국제연합 사무총장은 제48조에 언급된 4개의 범주 중 어느 하나에 속하는 모든 국가에 대하여 다음 사항을 통고하여야 한다.
(a) 제48조, 제49조 및 제50조에 따른 본 협약에 대한 서명과 비준서 또는 가입서의 기탁
(b) 제51조에 따른 본 협약의 발효 일자

제53조 중국어, 영어, "프랑스"어, "러시아"어, "스페인"어본이 동등히 정본인 본 협약의 원본은 국제연합 사무총장에게 기탁되어야 하며, 국제연합 사무총장은 본 협약의 인증등본을 제48조에 언급된 4개의 범주중 어느 하나에 속하는 모든 국가에 송부하여야 한다.

이상의 증거로서 각기 자국정부에 의하여 정당한 권한을 위임받은 하기 전권위원은 본 협약에 서명하였다.
1961년 4월 18일 "비엔나"에서 작성하였다.

세계저작권협약

(1987년 10월 5일
조 약 제936호)

1952. 9. 6(제네바에서 작성)
1987.10. 1(대한민국에 대하여 발효)

체약국은 문학적, 학술적 및 예술적 저작물의 저작권 보호를 모든 나라에 있어서 확보할 것을 희망하고, 세계 협약에 표명되어 있으며 세계의 모든 국민에게 적절한 저작권 보호제도가 현행의 국제제도를 해하지 아니하고 더 나아가 개인 권리의 존중을 확보하는 동시에 아울러 문학, 학술 및 예술의 발달을 촉진하는 것임을 확신하며, 이와 같은 세계저작권 보호제도가 인간 정신의 산물에 대한 보급을 한층 더 용이하게 하고 또한 국제 이해를 증진시킬 것임을 양해하며, 다음과 같이 합의하였다.

제1조 [보호의 대상]
각 체약국은 어문저작물, 음악 · 연극 · 영화저작물, 회화, 판화와 조각등을 포함하여 문학적, 학술적 및 예술적 저작물에 있어서, 저작자 및 여타의 모든 저작 재산권자의 권리에 대하여 충분하고 효과적인 보호를 부여한다.

제2조 [상호보호]
1. 체약국 국민이 발행한 저작물과 체약국내에서 최초로 발행된 저작물은, 다른 모든 체약국에서도 각 체약국이 자국의 영토내에서 최초로 발행된 자국민의 저작물에 부여하는 보호와 동일한 보호를 향유한다.
2. 체약국 국민의 미발행 저작물은, 다른 모든 체약국에서도 각 체약국이 자국민의 미발행 저작물에 부여하는 보호와 동일한 보호를 향유한다.
3. 체약국은 이 협약을 적용함에 있어서 그 국가내에 주소를 가지고 있는 모든 사람을 자국의 국내법에 의하여 자국민과 동등하게 대우할 수 있다.

제3조 [보호의 표시등]
1. 자국의 국내법에 의거하여 저작권보호의 조건으로 납본, 등록, 고시, 공증인에 의한 증명, 수수료의 지불 또는 자국내에서의 의거하여 보호를 받는 저작물로서 그 국가의 영토밖에서 최초로 발행되고 또한 저작자가 자국민이 아닌 저작물에 대하여, 저작자 또는 여타 저작재산권자의 허락을 받아 발행된 저작물의 모든 복제물에 최초 발행시로부터 ⓒ의 기호가 저작재산권자의 성명 및 최초의 발행연도와 더불어 저작권을 주장할 수 있는 적당한 방법과 위치에 표시되어 있는 한, 이러한 요구가 충족된 것으로 인정하여야 한다.
2. 제1항의 규정은, 체약국이 자국내에서 최초로 발행된 저작물이나 또는 발행장소를 불문하고 자국민이 발행한 저작물에 대하여, 저작권을 취득하고 보전하기 위하여 어떤 방식 또는 여타의 조건을 요구하는 것을 배제하는 것은 아니다.
3. 제1항의 규정은, 사법상의 구제를 요구하는 자가 소를 제기함에 있어서 국내의 변호사에게 의뢰하여야 한다든가, 법원이나 행정기관에 또는 양쪽 모두에 소송에 관련되는 저작물의 복제물 일부를 납본하여야 한다고 하는 등의 절차상의 요건에 따를 것을 체약국이 정하는 것을 배제하지 아니한다. 다만, 이러한 요건의 불이행은 저작권의 효력에 영향을 미치지는 아니하며, 또한 동 요건이 보호가 요구되는 국가의 국민에게 부과되어 있지 아니할 때에는 다른 체약국의 국민에게 그것을 부과하여서는 아니된다.
4. 각 체약국에 있어서 다른 체약국 국민의 미발행 저작물에 대하여 방식의 이행을 요하지 아니하고 보호하기 위한 법적수단이 마련되어 있어야 한다.
5. 어떤 체약국이 저작권에 대하여 두개 이상의 보호기간을 부여하고 있고 최초의 보호기간이 제4조에서 정하는 최단의 기간보다 긴 때에는, 그 국가는 두번째 이후의 저작권 보호기간에 관하여 본 조 제1항의 규정에 따를 필요가 없다.

제4조 [보호기간등]
1. 저작물의 보호기간은 제2조 및 본 조의 규정에 따라 보호가 요구되는 체약국의 법에 정해진 바에 따른다.
2. 이 협약에 의거하여 보호받는 저작물의 보호기간은 저작자의 생존기간 및 사후 25년보다 짧아서는 아니된다. 다만, 어느 체약국이 그 국가에 있어서 이 협약의 효력발생일에 어떤 종류의 저작물에 대한 보호기간을 저작물의 최초 발행일로부터 기산하는 것으로 규정한 경우에는, 그 체약국은 이 예외를 유지할 수 있으며, 이를 다른 종류의 저작물에 대하여서도 확대할 수 있다. 이 모든 종류에 대한 보호기간은 그 최초 발행일로부터 25년의 기간보다 짧아서는 아니된다.
이 협약의 그 국가에 대한 효력발생일에 보호기간을 저작자의 생존을 기준으로 하여 산정하지 아니하는 체약국은, 그 보호기간을 저작물의 최초 발행일 또는 발행에 앞선 저작물의 등록일로부터 기산할 수 있다. 이 보호기간은 각각 최초 발행일 또는 발행에 앞선 저작물의 등록일로부터 25년의 기간보다 짧아서는 아니된다.
어느 체약국의 법령에 의하여 둘 이상의 계속적인 보호기간을 허용하는 경우에는 최초의 기간은 가. 및 나.호에서 정한 최단기간보다 짧아서는 아니된다.
3. 제2항의 규정은 사진저작물이나 응용미술저작물에는 적용되지 아니한다. 다만, 사진저작물 또는 응용미술저작물을 예술적 저작물로서 보호하는 체약국에서는, 이들 종류의 저작들에 대한 보호기간이 10년보다 짧아서는 아니된다.
4. 어느 체약국도, 미발행 저작물의 경우 그 저작자가 국민인 체약국의 법령에 의하여, 발행된 저작물의 경우 그 저작물이 최초로 발행된 체약국의 법령에 의하여 당해 종류의 저작물에 대하여 정해진 기간보다 더 긴 보호기간을 부여할 의무를 지지 아니한다.
가.호의 적용상, 어느 체약국이 법령에 의하여 둘 이상의 연속적인 보호기간을 부여한 경우 이들 기간을 합산한 기간을 당해 국가의 보호기간으로 본다. 다만, 특정 저작물이 어떠한 이유에서든지 두번째 이후의 기간동안 당해국가의 보호를 받지 아니할 때에는, 다른 체약국은 두번째 이후의 기간에는 그 저작물을 보호할 의무를 지지 아니한다.
5. 제4항의 적용상, 비체약국에서 최초로 발행된 체약국 국민의 저작물은 그 저작자가 국민인 체약국에서 최초로 발행된 것으로 본다.
6. 제4항의 적용상, 둘 이상의 체약국에서 동시에 발행된 저작물은, 가장 짧은 보호기간을 부여하는 체약국에서 최초로 발행된 것으로 본다. 최초 발행일로부터 30일 이내에 둘 이상의 체약국에서 발행된 저작물은 이들 체약국에서 동시에 발행된 것으로 본다.

제5조 [번역권]
1. 제1조에서 정한 권리는, 이 협약에 의거하여 보호받는 저작물을 번역하고 그 번역을 발행하거나 번역 및 발행을 허락할 수 있는 저작자의 배타적인 권리를 포함한다.
2. 다만, 각 체약국은 자국의 국내법령에 의거, 다음의 규정에 따를 것을 조건으로 하여 어문저작물의 번역권을 제한할 수 있다.
어문저작물이 최초 발행일로부터 7년의 기간이 경과되었을 때, 번역권자에 의하거나 또는 그 번역권자의 허락을 받아 체약국에 있어서 일반적으로 사용되고 있는 언어로 그 어문저작물의 번역이 발행되지 아니하였을 때에는, 그 체약국의 국민은 당해저작물을 그 사용어로 번역하여 발행하기 위하여 자국의 권한있는 기관으로부터 비배타적인 허가를 받을 수 있다.
다만, 허가를 받고자 하는 국민은 번역권자에게 번역하여 그 발행하는 것에 대한 허락을 구하였으나 거부되었다든가, 또는 상당한 노력을 기울였으나 번역권자와 연락할 수 없었다는 내용을 당해체약국의 절차에 따라서 입증하여야 한다. 이 허가는 체약국에 있어서 일반적으로 사용되고 있는 언어로서 이미 발행된 번역판이 모두 절판되어 있을 때에도 동일한 조건으로 부여될 수 있다.
이 허가를 신청하는 자가 번역권자와 연락이 될 수 없는 경우에는, 저작물에 성명이 표기되어 있는 발행자에 대하여, 그리고 번역권자의 국적이 알려진 때에는 그 번역권자가 국적을 가진 국가의 외교 및 영사대표 또는 그 국가의 정부가 지정하는 기관에 신청서의 사본을 송부하여야 한다. 이 경우의 번역허가는 신청서 사본의 발송일로부터 2개월의 기간이 경과할 때까지는 부여해서는 아니된다. 번역권자에게 공정하고 국제관행에 합치하는 보상금과 동 보상액의 지불 및 송금, 그리고 저작물의 정확한 번역을 확보하기 위하여 국내법령에 적절한 조치가 취하여져야 한다.
번역 발행된 모든 복제물에는 저작물의 본 제명 및 원저작자의 성명이 인쇄되어야 한다. 이러한 허가는, 그 허가가 신청된 체약국내에서의 번역물 발행에 대하여서만 유효하다. 이와같이 발행된 번역물은, 그 번역물과 동일한 언어를 일반적으로 사용하고 있는 다른 체약국이 그 국내 법령에 번역 허가규정만 두고 그 수입 및 판매의 금지 규정이 없는 경우 그 국가에 수입되고 판매될 수 있다. 전술한 조건이 규정되지 아니한 국가에 있어서는 이들 번역물의 수입 및 판매는, 당해국가의 국내법령 및 그 국가가 체결하는 협정에 따라야 한다.
번역허가를 받은 자는 그 허가를 양도하지 못한다. 번역 허가는 저작자가 배포중인 저작물의 모든 복제물을 회수하였을 때에는 부여해서는 아니된다.

제6조 [발행의 의의]
이 협약에서 "발행"이란 읽을 수 있거나 또는 시각적으로 인지될 수 있도록 저작물을 유형적인 형태로 복제하여 그 복제물을 공중에게 배포하는 것을 말한다.

제7조 [적용안되는 저작물]
이 협약은 보호가 요구되는 체약국에 있어서 이 협약의 효력 발생일을 기준으로 그 체약국에서 영구히 공중의 자유이용상태에 놓여진 저작물이나 저작물의 권리에는 적용되지 아니한다.

제8조 [비준 · 수락 · 가입]
1. 1952년 9월 26일부로 작성된 이 협약은 국제연합교육과학문화기구 사무총장에게 기탁되며, 이 협약의 채택일로부터 120일의 기간동안 모든 국가에 서명을 위하여 개방된다. 이 협약은 서명국에 의한 비준 또는 수락을 요한다.
2. 이 협약에 서명하지 아니한 여하한 국가도 이에 가입할 수 있다.
3. 비준, 수락 또는 가입은 그러한 취지의 문서를 국제연합교육과학문화기구 사무총장에게 기탁함으로써 효력이 발생한다.

제9조 [효력발생시기]
1. 이 협약은 12개국이 비준, 수락 또는 가입문서를 기탁한 날로부터 3개월후에 효력이 발생한다. 12개국 중에는 문학적 · 예술적 저작물의 보호에 관한 국제동맹의 당사국이 아닌 4개국이 포함되어야 한다.
2. 그 후에는, 이 협약은 각국에 대하여, 동 국가가 비준, 수락 또는 가입서를 기탁한 날로부터 3개월후에 효력이 발생한다.

제10조 [동전]
1. 각 체약국은 자국의 헌법에 따라 이 협약의 적용을 확보하기 위하여 필요한 조치를 취한다.
2. 이 협약이 자국에 대하여 효력을 발생하는 일자에, 체약국은 자국의 법령에 의거하여 이 협약을 실시할 수 있는 상태에 있어야 한다.

제11조 [정부간 위원회]
1. 다음의 임무를 수행하기 위하여 정부간 위원회를 설치한다.
가. 세계저작권협약의 적용 및 운영에 관한 문제의 연구
나. 이 협약의 정기적인 개정의 준비
다. 국제연합교육과학문화기구, 문학적 · 예술적 저작물 보호를 위한 국제동맹, 미주국가기구 등 관련 국제기구와의 협력하에 저작권의 국제적 보호에 관한 여타문제 연구
라. 세계저작권협약 당사국에 대한 위원회의 활동 통보
2. 위원회의 위원은 지리적 위치, 인구, 언어 및 발전단계를 기초로 하고 국가적 이해의 공정한 균형을 고려한 후 선출된 12개국의 대표로 구성된다.
국제연합교육과학문화기구 사무총장, 문학적 · 예술적 저작물의 보호에 관한 국제동맹 사무국장 및 미주국가기구 사무총장 또는 이들의 대표자는 고문의 자격으로 위원회의 회의에 참석할 수 있다.

제12조 [동전]
정부간 위원회는 필요하다고 인정할 때, 이 협약의 당사국중 10개국 이상의 요청이 있을 때, 또는 당사국이 20개국 미만일 경우에는 과반수의 요청이 있을 때에 개정을 위한 회의를 소집한다.

제13조 [가입국가에서의 적용지역]
어느 체약국도 비준, 수락, 가입서의 기탁시에 또는 그 후에 언제라도, 국제연합교육과학문화기구 사무총장에게 송부하는 통고에 의하여, 자국이 국제관계에 대하여 책임을 지는 국가 또는 영토의 전부 내지 일부에 이 협약을 적용함을 선언할 수 있다. 이에 따라 이 협약은 그 통고에서 지정된 국가 또는 영토에 대하여, 제9조에 규정된 3개월의 기간완료 후에 적용된다. 이러한 통고가 없는 경우에, 이 협약은 이들 국가 또는 영토에 적용되지 아니한다.

제14조 [폐기]
1. 체약국은 자국에 대하여 또는 제13조의 규정에 의한 통고로 지정된 국가 또는 영토의 전부 내지 일부에 대하여 이 협약을 폐기할 수 있다. 폐기는 국제연합교육과학문화기구 사무총장에게 송부한 통고에 의하여 행한다.
2. 이 폐기는, 폐기의 통고가 행하여진 국가 또는 나라 내지 영토에 대하여서만 효력이 있으며, 통고가 수령된 날로부터 12개월이 경과하기까지는 효력이 발생하지 아니한다.

제15조 [국제사법재판]
이 협약의 해석 또는 적용에 관하여 둘 이상의 체약국 사이의 분쟁이 교섭에 의하여 해결되지 아니할 경우, 동 분쟁은 분쟁당사국이 다른 해결방법에 동의하지 아니하는 한 국제사법재판소의 결정을 위하여 동 재판소에 회부된다.

제16조 [협약의 언어]
1. 이 협약은 불어, 영어, 스페인어로 작성된다. 이들 3개 본은 서명될 것이며, 동등히 정본이 된다.
2. 사무총장은 관계정부와 협의한 후 독일어, 이탈리아어 및 포르투갈어로 이 협약의 공식번역문을 작성한다.
모든 체약국은 단독 또는 공동으로 사무총장과의 합의에 의하여, 그 국가가 선택하는 언어로 여타 번역문을 국제연합교육과학문화기구 사무총장에게 작성시킬 권한이 있다.
이러한 번역문은 서명된 본 협약의 본문에 첨부한다.

제17조 [베른협약과의 관계]
1. 이 협약은 문학적 · 예술적 저작물의 보호에 관한 베른협약의 규정 및 동 협약에 의하여 창설된 동맹에 아무런 영향을 미치지 아니한다.
2. 전항의 규정을 적용함에 있어서 본 조에 부속선언이 첨부되어 있다. 이 부속선언은 1951년 1월 1일에 베른협약에 의하여 기속되어 있거나 또는 그 후에 기속되는 국가에 대하여는, 이 협약의 불가분의 일부를 이룬다. 이들 국가에 의한 이 협약에의 서명은, 이 선언의 서명을 수반하며, 이들 국가에 의한 이 협약의 비준이나 수락 또는 가입은 각각 이 선언의 비준이나 수락 또는 가입을 포함한다.

제18조 [국가간의 기존협약]
이 협약은, 둘 이상의 미주국가들 사이에서만 전적으로 효력을 가지거나, 또는 장래 효력을 가지게 되는 다수국간 또는 2국간의 저작권협약 및 약정을 무효로 하지 아니한다. 현재 효력을 가지고 있는 이들 협약 및 약정의 규정과 이 협약의 규정이 저촉되는 경우, 또는 이 협약의 규정과 이 협약이 효력 발생후에 둘 이상의 미주국가 사이에 작성되는 새로운 협약 및 약정의 규정이 저촉되는 경우에는 가장 최근에 작성된 협약 및 약정이 당사국 사이에서 우선한다. 이 협약의 효력발생일 전에 어느 체약국에서 취득된 저작물에 대한 권리는 아무런 영향을 받지 아니한다.

제19조 [동전]
이 협약은 둘 이상의 체약국 사이에서 효력을 가지는 다수국간 또는 2국간의 협약 및 약정을 무효로 하지 아니한다. 이들 협약 및 약정의 규정과 이 협약의 규정이 저촉되는 경우에는 이 협약의 규정이 우선한다. 이 협약의 효력발생일 전에 어느 체약국에 있어서 기존의 협약 또는 약정에 따라 그 국가에서 취득된 저작물에 대한 권리는 아무런 영향을 받지 아니한다. 본 조의 규정은 제17조 및 제18조의 규정에 아무런 영향을 미치지 아니한다.

제20조 [유보]
이 협약에 대한 유보는 허용되지 아니한다.

제21조 [국제연합등록등]
국제연합교육과학문화기구 사무총장은 관계국 및 스위스 연방정부에 대하여, 그리고 등록을 위하여 국제연합 사무총장에게 대하여 이 협약의 인증등본을 송부하여야 한다.
사무총장은 모든 관계국에 비준, 수락 또는 가입서의 기탁, 협약의 효력발생일, 협약 제13조에 의한 통고 및 제14조의 규정에 의한 폐기를 통보하여야 한다.

제17조에 관한 부속선언

문학적 · 예술적 저작물 보호를 위한 국제동맹(이하 "베른동맹"이라 한다)의 당사국이며, 이 협약의 서명국인 국가는, 전기 동맹을 기반으로 그들의 상호관계를 공고히 하고, 베른협약과 세계저작권협약과의 병존으로 발생될 수 있는 여하한 분쟁도 피할 것을 희망하여, 합의에 의하여 다음의 선언조항을 수락하였다.
가. 1951년 1월 1일 이후에 베른동맹으로부터 탈퇴한 나라를 베른협약에 따라 본국으로 하는 저작물은 베른동맹국에 있어서는 세계저작권협약에 의한 보호를 받지 못한다.
나. 세계저작권협약은, 동 베른협약에 따라 동 협약에 의해 창설된 국제동맹국을 본국으로 하는 저작물의 보호에 관련되는 한 베른동맹국 사이의 관계에 있어서는 적용되지 아니한다.

제11조에 관한 결의

정부간 저작권회의는, 이 결의가 부속되어 있는 이 협약의 제11조에서 규정하는 정부간위원회에 관한 문제를 고려하여, 다음 사항을 결의한다.
1. 위원회의 최초 위원은 다음 12개국 즉, 아르헨티나, 브라질, 프랑스, 독일, 인도, 이탈리아, 일본, 멕시코, 스페인, 스위스, 영국, 미국의 대표로 구성되며, 이들 국가는 1명의 대표와 1명의 교체대표를 임명할 수 있다.
2. 위원회는 이 협약이 효력을 발생하게 되면 협약 제11조의 규정에 따라 즉각 구성된 것으로 간주한다.
3. 위원회는 위원장 1인과 부위원장 2인을 선출한다. 위원회는 다음의 원칙을 고려하여 그 절차규칙을 정한다.
가. 위원회의 위원국의 정상 임기는 6년으로 하고 2년마다 그 3분의 1을 새로 선출한다.
나. 위원의 임기가 만료하기 전에, 위원회는 어느 국가의 임기가 종료하며 어느 국가가 대표를 임명할 수 있는 지를 결정한다.
협약에 비준, 수락 또는 가입하지 아니한 국가의 대표는 최초의 임기종료국이 된다.
다. 세계의 다른 지역이 공정히 대표되어야 한다.

국제연합교육과학문화기구가 위원회의 사무국을 제공할 것을 희망한다.
이상의 증거로서, 하기 서명자는 각자의 전권위임장을 기탁한 후 이 협약에 서명하였다.
1952년 9월 6일 제네바에서 단일본을 작성하였다.

1971년 7월 24일 파리에서 개정된 세계저작권협약(UCC)

(1987년 10월 5일 조 약 제933호)

1971. 7.24(파리에서 작성)
1987.10. 1(대한민국에 대하여 발효)

체약국은 문학적, 학술적 및 예술적 저작물의 저작권 보호를 모든 나라에 있어서 확보할 것을 희망하고, 세계 협약에 표명되어 있으며 세계의 모든 국민에게 적절한 저작권 보호제도가 현행의 국제제도를 해하지 아니하고 더 나아가 개인 권리의 존중을 확보하는 동시에 문학, 학술 및 예술의 발달을 촉진하는 것임을 확신하며, 이와 같은 세계저작권 보호제도가 인간정신의 산물에 대한 보급을 한층 더 용이하게 하고 또한 국제 이해를 증진시킬 것임을 양해하며, 1952년 9월 6일 제네바에서 서명된 세계저작권협약(이하 "1952년 협약"이라 한다)을 개정할 것을 결의하고, 따라서 다음과 같이 합의하였다.

제1조 [보호의 대상]

각 체약국은 어문저작물, 음악 · 연극 · 영화저작물, 회화, 판화와 조각 등을 포함하여 문학적, 학술적 및 예술적 저작물에 있어서, 저작자 및 여타의 모든 저작재산권자의 권리에 대하여 충분하고 효과적인 보호를 부여한다.

제2조 [저작물의 발행과 미발행물의 보호]

1. 체약국 국민이 발행한 저작물과 체약국내에서 최초로 발행된 저작물은 다른 모든 체약국에서도 이 협약이 특별히 부여하고 있는 보호는 물론 각 체약국이 자국의 영토내에서 최초로 발행된 자국민의 저작물에 부여하는 보호와 동일한 보호를 향유한다.

2. 체약국 국민의 미발행 저작물은, 다른 모든 체약국에서도 이 협약이 특별히 부여하고 있는 보호는 물론 각 체약국이 자국민의 미발행 저작물에 부여하는 보호와 동일한 보호를 향유한다.

3. 체약국은 이 협약을 적용함에 있어서 그 국가내에 주소를 가지고 있는 모든 사람을 자국의 국내법에 의하여 자국민과 동등하게 대우할 수 있다.

제3조 [저작물의 표시등]

1. 자국의 국내법에 의거하여 저작권 보호의 조건으로 납본, 등록, 고시, 공증인에 의한 증명, 수수료의 지불 또는 자국내에서의 제조나 발행등의 방식을 따를 것을 요구하는 체약국은, 이 협약에 의거하여 보호를 받는 저작물로서 그 국가의 영토밖에서 최초로 발행되고 또한 그 저작자가 자국민이 아닌 저작물에 대하여, 저작자 또는 여타 저작재산권자의 허락을 받아 발행된 저작물의 모든 복제물에 최초 발행시로부터 ⓒ의 기호가 저작재산권자의 성명 및 최초의 발행연도와 더불어 저작권을 주장할 수 있는 적당한 방법과 위치에 표시되어 있는 한, 이러한 요구가 충족된 것으로 인정하여야 한다.

2. 제1항의 규정은, 체약국이 자국내에서 최초로 발행된 저작물이나 또는 발행장소를 불문하고 자국민이 발행한 저작물에 대하여, 저작권을 취득하고 보전하기 위하여 어떤 방식 또는 여타의 조건을 요구하는 것을 배제하는 것은 아니다.

3. 제1항의 규정은, 사법상의 구제를 요구하는 자가 소를 제기함에 있어서 국내의 변호사에게 의뢰하여야 한다든가, 법원이나 행정기관에 또는 양쪽 모두에 소송에 관련되는 저작물의 복제물 일부를 납본하여야 한다고 하는 등의 절차상의 요건에 따를 것을 체약국이 정하는 것을 배제하지 아니한다. 다만, 이러한 요건의 불이행은 저작권의 효력에 영향을 미치지는 아니하며, 또한 동 요건이 보호가 요구되는 국가의 국민에게 부과되어 있지 아니할 때에는 다른 체약국의 국민에게 그것을 부과하여서는 아니된다.

4. 각 체약국에 있어서 다른 체약국 국민의 미발행 저작물에 대하여 방식의 이행을 요하지 아니하고 보호하기 위한 법적수단이 마련되어 있어야 한다.

5. 어떤 체약국이 저작권에 대하여 두 개 이상의 보호기간을 부여하고 있고 최초의 보호기간이 제4조에서 정하는 최단의 기간보다 긴 때에는, 그 국가는 두번째 이후의 저작권 보호기간에 관하여 본 조 제1항의 규정에 따를 필요가 없다.

제4조 [보호기간]

1. 저작물의 보호기간은 제2조 및 본 조의 규정에 따라, 보호가 요구되는 체약국의 법에 정해진 바에 따른다.

2. 가. 이 협약에 의거하여 보호받는 저작물의 보호기간은 저작자의 생존기간 및 사후 25년보다 짧아서는 아니된다. 다만, 어느 체약국이 그 국가에 있어서 이 협약의 효력발생일에 어떤 종류의 저작물에 대한 보호기간을 저작물의 최초 발행일로부터 기산하는 것으로 규정한 경우에는, 그 체약국은 이 예외를 유지할 수 있으며, 이를 다른 종류의 저작물에 대하여서도 확대할 수 있다. 이 모든 종류에 대한 보호기간은 그 최초 발행일로부터 25년의 기간보다 짧아서는 아니된다.

나. 이 협약의 그 국가에 대한 효력발생일에 보호기간을 저작자의 생존을 기준으로 하여 산정하지 아니하는 체약국은, 그 보호기간을 저작물의 최초 발행일 또는 발행에 앞선 저작물의 등록일로부터 기산할 수 있다. 이 보호기간은 각각 최초 발행일 또는 발행에 앞선 저작물의 등록일로부터 25년의 기간보다 짧아서는 아니된다.

다. 어느 체약국의 법령에 의하여 둘 이상의 계속적인 보호기간을 허용하는 경우에는 최초의 기간은 가.호 및 나.호에서 정한 최단기간보다 짧아서는 아니된다.

3. 제2항의 규정은 사진저작물이나 응용미술저작물에는 적용되지 아니한다. 다만, 사진저작물 또는 응용미술저작물을 예술적 저작물로서 보호하는 체약국에서는, 이들 종류의 저작물에 대한 보호기간이 10년보다 짧아서는 아니된다.

4. 가. 어느 체약국도, 미발행 저작물의 경우 그 저작자가 국민인 체약국의 법령에 의하여, 발행된 저작물의 경우 그 저작물이 최초로 발행된 체약국의 법령에 의하여 당해 종류의 저작물에 대하여 정해진 기간보다 더 긴 보호기간을 부여할 의무를 지지 아니한다.

나. 가.호의 적용상 어느 체약국이 법령에 의하여 둘 이상의 연속적인 보호기간을 부여한 경우 이들 기간을 합산한 기간을 당해 국가의 보호기간으로 본다. 다만, 특정저작물이 어떠한 이유에서든지 두번째 이후의 기간동안 당해 국가의 보호를 받지 아니할 때에는, 다른 체약국은 두번째 이후의 기간에는 그 저작물을 보호할 의무를 지지 아니한다.

5. 제4항의 적용상, 비체약국에서 최초로 발행된 체약국 국민의 저작물은 그 저작자가 국민인 체약국에서 최초로 발행된 것으로 본다.

6. 제4항의 적용상, 둘 이상의 체약국에서 동시에 발행된 저작물은, 가장 짧은 보호기간을 부여하는 체약국에서 최초로 발행된 것으로 본다. 최초 발행일로부터 30일 이내에 둘 이상의 체약국에서 발행된 저작물은 이들 체약국에서 동시에 발행된 것으로 본다.

제4조의2 [원저작물에서 파생된 것에의 확대적용]

1. 제1조에 규정된 권리는, 여하한 방법에 의한 복제와 공연 및 방송을 허락하는 배타적인 권리를 포함하여 저작자의 경제적 이익을 확보하는 기본적 권리를 내포한다. 본 조의 규정은 원저작물의 형식이든 또는 원저작물에서 파생된 것이라고 인정될 수 있는 여하한 형식이든지, 이 협약에 의거하여 보호를 받는 저작물에 확대 적용된다.

2. 다만, 각 체약국은 그 국내법령에 의하여 본 조 제1항에서 규정하는 권리에 대하여 이 협약의 정신 및 규정에 반하지 아니하는 예외를 정할 수 있다. 단, 국내 법령으로 이와 같은 예외를 정하는 체약국은, 예외가 규정된 각 권리에 대하여 합리적인 수준의 효과적인 보호를 부여하여야 한다.

제5조 [저작자의 번역허가]

1. 제1조에서 정한 권리는, 이 협약에 의거하여 보호받는 저작물을 번역하고 그 번역을 발행하거나 번역 및 발행을 허락할 수 있는 저작자의 배타적인 권리를 포함한다.

2. 다만, 각 체약국은 자국의 국내법령에 의거, 다음의 규정에 따를 것을 조건으로 하여 어문저작물의 번역권을 제한할 수 있다.

가. 어문저작물이 최초 발행일로부터 7년의 기간이 경과되었을 때, 번역권자에 의하거나 또는 그 번역권자의 허락을 받아 체약국에 있어서 일반적으로 사용되고 있는 언어로 그 어문저작물의 번역물이 발행되지 아니하였을 때에는, 그 체약국의 국민은 당해 저작물을 그 사용어로 번역하여 발행하기 위하여 자국의 권한있는 기관으로부터 비배타적인 허가를 받을 수 있다.

나. 허가를 받고자 하는 국민은, 번역권자에게 번역하여 발행하는 것에 대한 허락을 구하였으나 거부되었다든가, 또는 상당한 노력을 기울였으나 번역권자와 연락할 수 없었다는 내용을 당해 체약국의 절차에 따라서 입증하여야 한다. 이 허가는 체약국에 있어서 일반적으로 사용되고 있는 언어로서 이미 발행된 번역판이 모두 절판되어 있을 때에도 동일한 조건으로 부여될 수 있다.

다. 이 허가를 신청하는 자가 번역권자와 연락이 될 수 없는 경우에는, 저작물에 성명이 표기되어 있는 발행자에 대하여, 그리고 번역권자의 국적이 알려진 때에는 그 번역권자가 국적을 가진 국가의 외교 및 영사대표 또는 그 국가의 정부가 지정하는 기관에 신청서의 사본을 송부하여야 한다. 이 경우의 번역 허가는 신청서 사본의 발송일로부터 2개월의 기간이 경과할 때까지는 부여해서는 아니된다.

라. 번역권자에게 공정하고 국제관행에 합치하는 보상금과 동 보상금의 지불 및 송금, 그리고 저작물의 정확한 번역을 확보하기 위하여 국내법령에 적절한 조치가 취하여져야 한다.

마. 번역 발행된 모든 복제물에는 저작물의 본 제명 및 원저작자의 성명이 인쇄되어야 한다. 이러한 허가는 그 허가가 신청된 체약국내에서의 번역물 발행에 대하여서만 유효하다. 이와 같이 발행된 번역물은, 그 번역물과 동일한 언어를 일반적으로 사용하고 있는 다른 체약국이 그 국내법령에 번역허가 규정만 두고 그 수입 및 판매의 금지규정이 없는 경우 그 국가에 수입되고 판매될 수 있다. 전술한 조건이 규정되지 아니한 국가에 있어서는 이들 번역물의 수입 및 판매는, 당해 국가의 국내법령 및 그 국가가 체결하는 협정에 따라야 한다. 번역허가를 받은 자는 그 허가를 양도하지 못한다.

바. 번역허가는 저작자가 배포중인 저작물의 모든 복제물을 회수하였을 때에는 부여해서는 아니된다.

제5조의2 [개발도상국의 예외이용]

1. 국제연합 총회의 확립된 관행에 따라 개발도상국으로 간주되는 체약국은 이 협약의 비준, 수락 내지 가입시 또는 그 이후에, 국제연합교육과학문화기구 사무총장(이하 "사무총장"이라 한다)에게 기탁하는 통고에 따라 제5조의3 및 제5조의4에서 규정하는 예외의 일부 또는 전부를 이용할 수 있다.

2. 제1항의 통고는, 이 협약의 효력발생일로부터 10년의 기간 또는 그 10년의 기간중 통고기탁일로부터의 잔여기간동안 유효하며, 또한 현재 경과중인 10년의 기간만료전 15개월에서 3개월까지의 사이에 체약국이 사무총장에게 다시 통고를 기탁한 때에는 다시 10년씩 전체적 또는 부분적으로 갱신될 수 있다. 또한 최초의 통고는 본조의 규정에 따라서 새로운 10년의 갱신기간중에 행하여질 수도 있다.

3. 제2항의 규정에도 불구하고, 제1항에 규정된 개발도상국으로 더 이상 간주될 수 없게 된 체약국은 제1항 또는 제2항의 규정에 입각한 통고를 갱신할 수 없으며, 또한 그 통고의 공식적 철회여부를 불문하고 현재 경과중인 10년의 기간이 만료되거나 개발도상국으로 간주할 수 없게 된 후 3년의 기간이 만료되는 시점중에서 늦게 만료하는 시점에 제5조의3 및 제5조의4에서 규정하는 예외를 이용할 수 없다.

4. 제5조의3 및 제5조의4에서 규정하는 예외에 따라 이미 작성된 복제물은, 본 조의 규정에 의거한 통고의 유효기간 만료 후에도, 재고가 없어질 때까지 계속 배포할 수 있다.

5. 본 조 제1항에서 규정된 국가와 유사한 상태로 간주될 수 있는 특정국가 또는 영토에 이 협약을 적용함에 있어서 제13조의 규정에 따라서 통고를 기탁한 체약국은, 그 특정국가나 영토에 관하여도 본 조의 규정에 따라 통고의 기탁 및 갱신을 할 수 있다. 이 통고의 유효기간중에는 제5조의3 및 제5조의4의 규정은 그 특정국가 또는 영토에 적용될 수 있다. 그 특정국가 및 영토로부터 당해 체약국에 대한 복제물의 송부는 제5조의3 및 제5조의4에서 의미하는 수출로 간주한다.

제5조의3 [개발도상국에서의 번역허가등]

1. 가. 제5조의2제1항이 적용되는 체약국은, 제5조제2항에서 규정하는 7년의 기간을 자국의 국내법령에 의하여, 3년 또는 그 이상의 기간으로 대신할 수 있다. 다만, 이 협약의 당사국 또는 1952년 협약만의 당사국중 하나 이상의 선진국에서 일반적으로 사용되지 아니하는 언어로의 번역인 경우에는, 그 기간을 3년 대신 1년으로 한다.

나. 제5조의2제1항의 규정에 적용되는 체약국이, 이 협약의 당사국 또는 1952년 협약만의 당사국인 선진국에서 일반적으로 사용되는 언어로 번역하고자 하는 경우에는 그 선진국의 만장일치의 합의에 따라서 가호에서 정하는 3년의 기간 대신에 그 합의에 의하여 결정된 1년이상의 다른 기간으로 정할 수 있다. 그러나 전술한 규정은, 당해 언어가 영어, 불어 또는 스페인어인 경우에는 적용되지 아니한다. 이와 같은 합의는 사무총장에게 통고하여야 한다.

다. 번역허가는 허가신청자가 번역권자에게 허락을 구하였으나 거부되었다든가, 또는 상당한 노력을 기울였으나 번역권자와 연락할 수 없었다는 내용을 당해 체약국의 절차에 따라 입증하는 경우에 한하여 부여될 수 있다. 허가신청자는 그 허락을 신청하는 동시에 국제연합교육과학문화기구가 설치한 국제저작권 정보센터, 또는 발행자가 주된 사무소를 두고 있다고 생각되는 국가의 정부가 그러한 취지로 사무총장에게 기탁한 통고에서 지정한 국내 또는 지역정보센터에 이를 통보하여야 한다.

라. 허가신청자는 번역권자와 연락할 수 없는 경우, 저작물에 성명이 표기되어 있는 발행자 및 다.호에 규정된 국내 혹은 지역정보센터에 대하여 신청서의 사본을 항공등기우편으로 송부하여야 한다. 허가신청자는 이와같은 센터가 통고되어 있지 아니한 경우 국제저작권 정보센터에 대하여도 사본을 송부하여야 한다.

2. 가. 본 조에 규정된 3년의 기간이 경과한 후에 받을 수 있는 허가의 경우 추가로 6개월의 기간이 경과할 때까지는 부여될 수 없으며, 1년후에 받을 수 있는 허가는 추가로 9개월의 기간이 경과할 때까지는 부여될 수 없다. 추가기간은 제1항 다.호에 규정한 번역의 허락을 구한 날로부터 또는 번역권자의 신원 혹은 주소가 알려져 있지 아니한 경우에는 전항 라.호에서 규정한 허가신청자의 사본 발송일로부터 기산한다.

나. 번역허가는 가.호에 규정된 6개월 또는 9개월의 기간중에, 번역권자에 의하거나 또는 번역권자의 허락을 얻어 번역이 발행되었을 때에는 부여되지 아니한다.

3. 이 조의 규정에 의거하여 부여되는 번역허가는 교육, 연구 또는 조사를 목적으로 하는 경우에 한하여 부여된다.

4. 가. 본 조에 의거하여 부여된 번역허가는, 그 번역물의 수출에 대하여는 효력이 미치지 아니하며, 오로지 허가가 신청된 체약국에서의 발행에 대하여서만 유효하다.

나. 본 조에 의거하여 부여된 허가에 따라 발행된 모든 번역물에는 오로지 그 허가를 부여한 체약국에 있어서만 당해 번역물을 배포할 수 있다는 내용을 적당한 언어로 표시하여야 한다. 어문저작물에 제3조제1항에 규정된 표시를 하였을 경우, 그 번역물에도 동일한 표시를 기재하여야 한다.

다. 본 조에 의한 허가를 부여한 체약국의 정부기관 또는 기타의 공공기관이 그 허가에 의하여 작성된 번역물을 영어, 불어 또는 스페인어 이외의 언어로 저작물을 번역하기 위하여 다른 국가에 송부하는 경우에는, 가.호에 규정된 수출의 금지가 적용되지 아니한다. 다만, 다음 사항을 조건으로 한다.

(1) 수취인이 번역허가를 부여한 체약국의 국민이거나 또는 동 국민으로 구성된 단체일 것

(2) 번역물이 오로지 교육, 연구 또는 조사를 위하여 사용될 것

(3) 수취인에 대한 번역물의 송부 및 그 계속적 배포가 영리목적이 아닐 것

(4) 번역물을 송부받는 국가가 체약국과 수취, 배포 또는 그 모두를 허용하는 합의를 하고 그 합의를 한 당사국 정부중 어느 일방이 그 합의내용을 사무총장에게 통고하였을 것

5. 각 체약국은 다음 사항을 확보하기 위하여 국내적으로 적절한 규정을 두어야 한다.

가. 양국 당사자들간의 자유로운 교섭의 경우에 통상적으로 지불되는 사용료의 기준과 합치되는 공정한 보상금을 지불할 것

나. 보상금의 지불 및 송금, 다만 국내의 통화규제가 있는 경우에는 권한있는 기관이 국제적으로 교환 가능한 통화 또는 그 등가물로의 송금을 확보하기 위하여 국제기관을 이용한 모든 노력을 기울일 것

6. 체약국이 본 조에 의거하여 부여한 번역허가는, 그 번역허가가 부여된 번역판과 실질적으로 동일한 내용의 번역물이 번역권자나 또는 번역권자의 허락을 받은 자에 의하여 그 국가에서 그와 같은 종류의 저작물에 일반적으로 붙이는 합리적인 가격과 같은 정도의 가격으로 당해 국가내에서 동일 언어로 발행된 때에는 소멸한다. 허가가 소멸되기 전에 이미 제작된 복제물은 그 재고가 없어질 때까지 계속 배포할 수 있다.

7. 주로 도해로 구성되는 저작물에 대하여는, 본문을 번역하고 도해를 복제하기 위한 허가는 제5조의4의 조건도 충족하는 경우에 한하여 부여할 수 있다.

8. 가. 인쇄 또는 그에 유사한 복제의 형식으로 발행되고, 이 협약에 의거하여 보호받는 저작물을 번역하기 위한 허가는, 제5조의2제1항의 규정이 적용되는 체약국에 주사무소를 두고 있는 방송사업자에게도, 다음의 조건에 따른 신청에 의하여 부여할 수 있다.

(1) 그 번역이 체약국의 법률에 따라 작성되고 취득된 복제물로부터 이루어질 것

(2) 그 번역이 전적으로 교육을 위한 방송 또는 특정분야의 전문가를 위한 과학기술정보의 보급을 목적으로 하는 방송에만 사용될 것

(3) 그 번역이 오로지 방송목적을 위하여서만 적법하게 작성된 녹음 또는 녹화방송을 포함하여, 체약국 영토내에서 수신자용으로 적법하게 행하여지는 방송을 통하여 상기(2)의 목적을 위하여서만 전적으로 사용될 것

(4) 그 번역의 녹음 또는 녹화가, 허가를 부여한 체약국내에 주사무소를 갖는 방송사업자 사이에서만 교환될 것

(5) 그 번역의 모든 사용에 있어 여하한 영리목적도 없을 것

나. 가.호에서 규정한 모든 기준 및 조건이 충족되는 경우에는 오직 체계적인 교육활동과 관련된 목적으로 사용하기 위하여 작성되고 발행된 시청각고정물에 삽입된 본문의 번역을 위해서도 방송사업자에 그 번역허가를 부여할 수 있다.

다. 가.호 및 나.호의 규정을 조건으로 하여, 이 조의 다른 규정은 그 허가의 부여 및 행사에 관하여 적용한다.

9. 본 조의 규정을 전제조건으로 하여, 본 조에 의거하여 부여된 번역허가에 대하여는 제5조의 규정이 적용되며, 또한 제5조의2에서 규정한 7년이 경과한 후에도 계속 제5조 및 본 조의 규정이 적용된다. 다만, 7년이 경과한 후에는, 본 조의 번역허가를 받은 자는 전적으로 제5조의 규정에 의하여 적용되는 번역허가로 대치할 것을 청구할 수 있다.

제5조의4 [개발도상국에서의 특정판의 복제물등]

1. 제5조의2 제1항이 적용되는 체약국은 다음의 규정을 채택할 수 있다.

가. 제3항에 규정하는 문학적, 학술적 또는 예술적 저작물의 특정판의 복제물이,

(1) 그 판의 최초 발행일로부터 기산하여 다호에서 정한 기간, 또는

(2) 그 국가의 국내법령이 정하는 보다 더 긴 기간이 만료했을 때까지에,

그와 같은 판의 복제물이 복제권자나 또는 복제권자의 허락을 받은 자에 의하여, 그 국가에 있어서 그와 같은 종류의 저작물에 일반적으로 붙이는 합리적인 가격과 같은 정도의 가격으로 일반공중에 또는 교육적, 학술적 활동에 관련되어 배포되고 있지 아니한 때에는, 그 국가의 국민은 누구라도 교육적 또는 학술적 활동에 관련되는 사용을 위하여 같은 가격 또는 보다 낮은 가격으로 그 판을 발행하기 위한 비배타적인 허가를 권한 있는 기관으로부터 얻을 수 있다. 이 허가는, 허가신청자가 그 저작물의 발행권자에게 허락을 구하였으나 거부되었다든가 또는 상당한 노력을 기울였으나 복제권자와 연락할 수 없었다는 내용을 당해 체약국의 절차에 따라 입증하는 경우에 한하여 부여할 수 있다. 허가신청자는 그 허락을 구하는 동시에 국제연합교육과학문화기구가 설치한 국제저작권 정보센터나 또는 라.호에서 정하는 국내 혹은 지역정보센터에 이를 통보하여야 한다.

나. 이 허가는 허가대상이 되는 특정판의 복제물이 6개월간 당해 체약국에서 그와 같은 종류의 저작물에 일반적으로 붙이는 가격과 같은 정도의 가격으로, 일반공중에게 또는 교육적, 학술적 활동에 관련되어 판매되지 아니한 경우에도 동일한 조건으로 부여될 수 있다.

다. 가.호에서 언급된 기간은 5년으로 한다. 그러나,

(1) 자연과학 및 물리학 그리고 과학기술 저작물에 대한 기간은 3년으로 한다.

(2) 소설, 시, 연극 및 음악저작물 또는 미술서적에 대한 기간은 7년으로 한다.

라. 허가신청자는 복제권자와 연락할 수 없는 경우, 저작물에 성명이 표기되어 있는 발행자와 그 발행자가 주된 사무소를 두고 있다고 생각되는 국가가 사무총장에게 기탁한 통고에 지정되어 있는 국내 혹은 지역정보센터에 대하여 항공등기우편으로 신청서 사본을 송부하여야 한다. 기탁된 통고가 없는 경우에는, 허가신청자는 국제연합교육과학문화기구가 설치한 국제저작권 정보센터에 대하여서도 사본을 송부하여야 한다. 허가는 신청서 사본의 발송일로부터 3개월의 기간이 경과할 때까지는 부여될 수 없다.

마. 3년의 기간이 경과된 후에 받을 수 있는 허가는 다음의 경우에 본 조에 의하여 부여될 수 없다.

(1) 가.호에서 언급된 허락을 구한 날로부터, 또는 복제권자 또는 그의 신원 혹은 주소가 알려져 있지 아니한 때에는 라.호에서 언급된 허가신청서의 사본 발송일로부터 각각 6개월의 기간이 경과하지 아니한 경우

(2) 이 기간중에 가.호에서 언급된 판의 복제물 배포가 행하여진 경우

바. 발행된 저작물의 모든 복제물에는 저작자의 성명 및 저작물의 특정판의 제명이 인쇄되어야 한다. 허가는 복제물의 수출에는 효력이 미치지 아니하며, 허가가 신청된 체약국내에서의 발행에 대하여서만 유효하다. 허가를 받은 자는 그 허가를 양도하지 못한다.

사. 특정판의 정확한 복제를 확보하기 위하여 국내법령에 의하여 적당한 조치를 취하여야 한다.

아. 다음의 경우에는 저작물의 번역물을 복제하여 발행하기 위한 허가를 본조의 규정에 의하여 부여할 수 없다.

(1) 그 번역물이 번역권자나 또는 번역권자의 허락을 얻어 발행되지 아니한 경우

(2) 그 번역물이, 허가를 부여할 권한이 있는 국가에서 일반적으로 사용되고 있는 언어에 의하지 아니한 경우

2. 제1항에서 규정하는 예외에는 다음의 추가규정을 조건으로 한다.

가. 본 조의 규정에 의거하여 부여된 허가에 따라 발행된 모든 복제물에는 오로지 그 허가가 적용되는 체약국에 있어서만 그 복제물이 배포될 수 있다는 내용을 적당한 언어로 표기하여야 한다. 제3조제1항에서 규정된 표시가 그 출판물에 표기되어 있는 때에는, 그 복제물에도 그것과 동일한 표시를 표기하여야 한다.

나. 각 체약국은 다음 사항을 확보하기 위하여 국내적으로 적절한 규정을 두어야 한다.

(1) 양국 당사자들간의 자유로운 교섭의 경우 일반적으로 지불되는 사용료의 기준에 합치되는 공정한 보상금을 지불할 것

(2) 보상금의 지불 및 송금, 다만, 국내의 통화규제가 있는 경우에는 권한있는 기관이 국제적으로 교환 가능한 통화 또는 그 등가물로의 송금을 확보하기 위하여 국제기관을 이용한 모든 노력을 기울일 것

다. 저작물의 특정판의 복제물이, 복제권자 또는 복제권자의 허락을 얻은 자에 의하여 그 체약국내의 그와 같은 종류의 저작물에 일반적으로 붙이는 합리적인 가격과 같은 정도의 가격으로 일반공중에게 또는 교육적, 학술적 활동에 관련되어 당해 국가에서 배포되고 있는 경우에는 본 조에 의거하여 부여된 허가는 그 판이 허가에 의하여 발행된 판과 실질적으로 동일한 내용이며 동일한 언어에 의한 것일 경우 소멸된다. 허가의 소멸전에 이미 제작된 복제물은 그 재고가 없어질 때까지 계속 배포할 수 있다.

라. 허가는 저작자가 판매중인 당해 판의 모든 복제물을 회수하였을 때에는 부여될 수 없다.

3. 가. 나.호의 규정을 조건으로 하여 본 조가 적용되는 문학적, 학술적 또는 예술적 저작물은 인쇄 또는 그와 유사한 복제의 형식으로 발행된 저작물에 한정된다.

나. 본 조의 규정은 보호받는 저작물을 수록하여 적법하게 제작된 시청각적 고정물을 시청각적으로 복제하는 것과 허가를 부여할 권한이 있는 국가에서 일반적으로 사용되고 있는 언어로 동 시청각적 고정물에 삽입된 본문을 번역하는 것에 대하여서도 적용된다. 다만, 당해 시청각적 고정물은 오로지 교육적, 학술적 활동에 관련하여 사용될 목적으로 작성되어 발행된 것임을 조건으로 한다.

제6조 [용어의 정의]

이 협약에서 "발행"이란, 읽을 수 있거나 또는 시각적으로 인지될 수 있도록 저작물을 유형적인 형태로 복제하여 그 복제물을 공중에게 배포하는 것을 말한다.

제7조 [효력발생일 기준]

이 협약은 보호가 요구되는 체약국에 있어서 이 협약의 효력발생일을 기준으로 그 체약국에서 영구히 공중의 자유이용 상태에 놓여진 저작물이나 저작물의 권리에는 적용되지 아니한다.

제8조 [협약가입절차등]

1. 1971년 7월 24일부로 작성된 이 협약은 사무총장에게 기탁되며, 이 협약의 채택일로부터 120일의 기간동안 1952년 협약의 모든 당사국에 의한 서명을 위하여 개방된다. 이 협약은 서명국에 의한 비준 또는 수락을 요한다.

2. 이 협약에 서명하지 아니한 여하한 국가도 이에 가입할 수 있다.

3. 비준, 수락 또는 가입은 그러한 취지의 문서를 사무총장에게 기탁함으로써 효력이 발생한다.

제9조 [가입과 효력발생시기]

1. 이 협약은 12개국이 비준, 수락 또는 가입문서를 기탁한 날로부터 3개월후에 효력이 발생한다.

2. 그 후에는, 이 협약은 각국에 대하여 동 국가가 비준, 수락 또는 가입서를 기탁한 날로부터 3개월후에 효력이 발생한다.

3. 1952년 협약의 당사국이 아닌 국가에 의한 이 협약에의 가입은 1952년 협약의 가입을 수반한다. 다만, 이 협약의 발효전에 가입서를 기탁하는 국가는 1952년 협약에 대한 가입에 관하여 이 협약의 발효를 조건으로 할 수 있다. 이 협약의 발효후에는 어느 국가도 1952년 협약에만 가입할 수 없다.

4. 이 협약의 당사국과 1952년 협약만의 당사국과의 관계는 1952년 협약에 의하여 규율된다. 다만, 1952년 협약만의 체약국은 사무총장에게 기탁하는 통고에 의하여 이 협약의 모든 당사국이 자국인의 저작물 또는 자국 영토내에서 최초로 발행된 저작물에 대하여 1971년 협약을 적용하는 것을 인정한다는 내용을 선언할 수 있다.

제10조 [체약의 헌법절차]

1. 각 체약국은 자국의 헌법에 따라 이 협약의 적용을 확보하기 위하여 필요한 조치를 취한다.

2. 이 협약이 자국에 대하여 효력을 발생하는 일자에, 체약국은 자국의 법령에 의거하여 이 협약을 실시할 수 있는 상태에 있어야 한다.

제11조 [정부간 위원회]

1. 다음의 임무를 수행하기 위하여 정부간 위원회를 설치한다.

가. 세계저작권협약의 적용 및 운영에 관한 문제의 연구

나. 이 협약의 정기적인 개정의 준비

다. 국제연합교육과학문화기구, 문학적·예술적 저작물 보호를 위한 국제동맹, 미주국가기구 등 관련 국제기구와의 협력하에 저작권의 국제적 보호에 관한 여타문제 연구

라. 세계저작권협약 당사국에 대한 위원회의 활동 통보

2. 이 위원회는 이 협약의 당사국 또는 1952년 협약만의 당사국중 18개국의 대표로 구성된다.

3. 위원회의 위원은 지리적 위치, 인구, 언어 및 발전단계를 기초로 하고 국가적 이해의 공정한 균형을 고려한 후 선출된다.

4. 국제연합교육과학문화기구 사무총장, 세계지적소유권기구 사무총장 및 미주국가기구 사무총장 또는 이들의 대표자는 고문의 자격으로 위원회의 회의에 참석할 수 있다.

제12조 [협약개정회의]

정부간 위원회는 필요하다고 인정할 때 또는 이 협약의 당사국 중 10개국이상의 요청이 있을 때에 개정을 위한 회의를 소집한다.

제13조 [협약적용선언]

1. 어느 체약국도 비준, 수락, 가입서의 기탁시에 또는 그 후에 언제라도 사무총장에게 송부하는 통고에 의하여, 자국이 국제관계에 대하여 책임을 지는 국가 또는 영토의 전부 내지 일부에 이 협약을 적용함을 선언할 수 있다. 이에 따라 이 협약은 그 통고에서 지정된 국가 또는 영토에 대하여, 제9조에 규정된 3개월의 기간완료 후에 적용된다. 이러한 통고가 없는 경우에, 이 협약은 이들 국가 또는 영토에 적용되지 아니한다.

2. 다만, 본 조의 규정은 어느 체약국이 본 조의 규정에 따라서 이 협약을 적용하는 국가 또는 영토에 관한 사실 상태를 다른 체약국이 승인 또는 묵인하는 것으로 이해되어서는 아니된다.

제14조 [협약폐기]

1. 체약국은 자국에 대하여 또는 제13조의 규정에 의한 통고로 지정된 국가 또는 영토의 전부 내지 일부에 대하여 이 협약을 폐기할 수 있다. 폐기는 사무총장에게 송부한 통고에 의하여 행한다. 이 폐기는 1952년 협약의 폐기를 수반한다.

2. 이 폐기는, 폐기의 통고가 행하여진 체약국 또는 국가 내지 영토에 대하여서만 효력이 있으며, 통고가 수령된 날로부터 12개월이 경과하기까지는 효력이 발생하지 아니한다.

제15조 [협약의 해석]

이 협약의 해석 또는 적용에 관하여 둘 이상의 체약국 사이의 분쟁이 교섭에 의하여 해결되지 아니할 경우, 동 분쟁은 분쟁당사국이 다른 해결방법에 동의하지 아니하는 한 국제사법재판소의 결정을 위하여 동 재판소에 회부된다.

제16조 [협약의 언어]

1. 이 협약은 불어, 영어, 스페인어로 작성된다. 이들 3개 본은 서명될 것이며, 동등히 정본이 된다.

2. 사무총장은 관계정부와 협의한 후 독일어, 아랍어, 이탈리아어 및 포르투갈어로 이 협약의 공식 번역문을 작성한다.

3. 모든 체약국은 단독 또는 공동으로 사무총장과의 합의에 의하여, 그 국가가 선택하는 언어로 여타 번역문을 사무총장에게 작성시킬 권한이 있다.

4. 이러한 번역문은 서명된 본 협약의 본문에 첨부한다.

제17조 [베른협약과의 관계]

1. 이 협약은 문학적·예술적 저작물의 보호에 관한 베른협약의 규정 및 동 협약에 의하여 창설된 동맹에 아무런 영향을 미치지 아니한다.

2. 전항의 규정을 적용함에 있어서 본 조에 부속선언이 첨부되어 있다. 이 부속선언은 1951년 1월 1일에 베른협약에 의하여 기속되어 있거나 또는 그 후에 기속되는 국가에 대하여는, 이 협약의 불가분의 일부를 이룬다. 이들 국가에 의한 이 협약에의 서명은, 이 선언의 서명을 수반하며, 이들 국가에 의한 이 협약의 비준이나 수락 또는 가입은 각각 이 선언의 비준이나 수락 또는 가입을 포함한다.

제18조 [다른 협약과의 관계]

이 협약은, 둘 이상의 미주국가들 사이에서만 전적으로 효력을 가지거나, 또는 장래 효력을 가지게 되는 다수국간 또는 2국간의 저작권협약 및 약정을 무효로 하지 아니한다. 현재 효력을 가지고 있는 이들 협약 및 약정의 규정과 이 협약의 규정이 저촉되는 경우, 또는 이 협약의 규정과 이 협약의 효력발생후에 둘 이상의 미주국가 사이에 작성되는 새로운 협약 및 약정의 규정이 저촉되는 경우에는, 가장 최근에 작성된 협약 및 약정이 당사국 사이에서 우선한다. 이 협약의 효력발생일전에 어느 체약국에서 취득된 저작물에 대한 권리는 아무런 영향을 받지 아니한다.

제19조 [상동]

이 협약은 둘 이상의 체약국 사이에서 효력을 가지는 다수국간 또는 2국간의 협약 및 약정을 무효로 하지 아니한다. 이들 협약 및 약정의 규정과 이 협약의 규정이 저촉되는 경우에는 이 협약의 규정이 우선한다. 이 협약의 효력발생일 전에 어느 체약국에 있어서 기존의 협약 또는 약정에 따라 그 국가에서 취득된 저작물에 대한 권리는 아무런 영향을 받지 아니한다. 본 조의 규정은 제17조 및 제18조의 규정에 아무런 영향을 미치지 아니한다.

제20조 [협약에 대한 유보]

이 협약에 대한 유보는 허용되지 아니한다.

제21조 [사무총장의 임무]

1. 사무총장은 관계국에 대하여, 그리고 등록을 위하여 국제연합사무총장에 대하여 이 협약의 인증등본을 송부하여야 한다.

2. 사무총장은 모든 관계국에 비준, 수락 또는 가입서의 기탁, 협약의 효력발생일, 협약의 규정에 의한 통고 및 제14조의 규정에 의한 폐기를 통보하여야 한다.

제17조에 관한 부속선언

문학적·예술적 저작물 보호를 위한 국제동맹(이하 "베른동맹"이라 한다)의 당사국이며, 이 협약의 서명국인 국가는, 전기 동맹을 기반으로 그들의 상호관계를 공고히 하고, 베른협약과 세계저작권협약과의 병존으로 발생될 수 있는 여하한 분쟁도 피할 것을 희망하여, 저작권 보호의 수준을 자국의 문화적, 사회적 및 경제적 발전단계에 대응시킬 것을 잠정적으로 필요로 하는 국가가 일부 존재하고 있음을 인정하여, 합의에 의하여 다음의 선언조항을 수락하였다.

가. 나.호에서 규정하는 경우를 제외하고, 1951년 1월 1일 이후에 베른동맹으로부터 탈퇴한 나라를 베른협약에 따라 본국으로 하는 저작물은 베른동맹국에 있어서는 세계저작권협약에 의한 보호를 받지 못한다.

나. 국제연합총회의 확립된 관행에 따라 개발도상국으로 간주되는 체약국으로서, 자국을 개발도상국으로 간주한다는 내용의 통고를 베른연맹으로부터의 탈퇴시 국제연합교육과학문화기구 사무총장에게 기탁한 국가에 대하여는 가호의 규정은 그 체약국이 이 협약에서 규정하는 예외를 제5조의2의 규정에 따라서 이용할 수 있는 한 적용되지 아니한다.

다. 세계저작권협약은, 동 베른협약에 따라 어떤 베른동맹국을 본국으로 하는 저작물의 보호에 관련되는 한 베른동맹국 사이의 관계에 있어서는 적용되지 아니한다.

제11조에 관한 결의

세계저작권협약 개정회의는,

이 결의가 부속되어 있는 이 협약의 제11조에서 규정하는 정부간위원회에 관한 문제를 고려하여 다음 사항을 결의한다.

1. 위원회는, 당초 1952년 협약 제11조 및 동조에 부속된 결의에 의거하여 설치된 정부간위원회의 12개국가 대표자와 추가로 다음 국가들, 즉 알제리, 호주, 일본, 멕시코, 세네갈, 유고슬라비아의 대표자들을 포함한다.

2. 1952년 협약의 당사국이 아니면서 이 협약의 효력발생후 최초 위원회의 정기회의까지에 이 협약에 가입하지 아니한 국가는, 위원회가 그 최초의 정기회의에 제11조제2항 및 제3항의 규정에 따라 선출하는 다른 나라로 대치된다.

3. 제1항에서 규정한 위원회는 이 협약이 효력을 발생하게 되면 협약 제11조의 규정에 따라 즉각 구성된 것으로 간주한다.

4. 위원회의 회기는 이 협약의 효력발생후 1년이내에 개최한다. 그 후에는 적어도 2년에 한번 정기회의로서 회합을 갖는다.

5. 위원회는 위원장 1인과 부위원장 2인을 선출한다. 위원회는 다음의 원칙을 고려하여 그 절차규칙을 정한다.

가. 위원회의 위원국의 정상 임기는 6년으로 하고 2년마다 그 3분의 1을 새로 선출한다. 다만, 최초의 임기에 있는 위원국 가운데 3분의 1은 이 협약의 효력발생후에 있어서 두번째 정기회의말에, 다른 3분의 1은 세번째의 정기회의말에, 그 나머지 3분의 1은 네번째의 정기회의말에 각각 임기가 만료되는 것으로 양해된다.

나. 위원회의 결원을 보충하는 절차, 구성국의 임기만료의 순서, 개선자격 및 선출절차에 관련되는 규정은, 구성국 유지의 필요성 및 구성국 교대의 필요성과의 균형 그리고 제11조제1항에서 언급된 고려사항을 기초로 하여야 한다.

국제연합교육과학문화기구가 위원회의 사무국을 제공할 것을 희망한다.

이상의 증거로서, 하기 서명자는 각자의 전권위임장을 기탁한 후 이 협약에 서명하였다.

1971년 7월 24일 파리에서 단일본을 작성하였다.

무국적자 및 난민의 저작물에 대한 1971년 7월 24일 파리에서 개정된 세계저작권협약의 적용에 관한 동협약의 제1부속의정서(제934호)

1971년 7월 24일 파리에서 개정된 세계저작권협약(이하 "1971년 협약"이라 한다)의 당사국이며, 또한 이 의정서의 체약당사국인 국가는 다음의 규정을 수락하였다.

1. 이 의정서의 당사국에 상시 거주하는 무국적자 및 난민은 1971년 협약의 적용상, 그 국가의 국민으로 간주한다.

2. 가. 이 의정서는 1971년 협약 제8조의 규정이 협약에 적용되는 바와 같이, 서명되고 또한 비준 내지 수락을 요하며 이에 가입할 수 있다.

나. 이 의정서는 각 국가에 대하여, 각각 그 비준, 수락 내지 가입서의 기탁일과 그 국가에 대한 1971년 협약의 효력발생일중에서 늦은 일자에 효력이 발생한다.

다. 1952년 협약의 제1부속의정서는, 1952년 협약의 제1부속의정서의 당사국이 아닌 국가에 대하여 이 의정서가 효력을 발생한 날에, 그 국가에 대하여 효력이 발생한 것으로 본다.

이상의 증거로서, 하기 서명자는 정당히 권한을 위임받아 이 의정서에 서명하였다.

1971년 7월 24일 파리에서 동등히 정본인 영어, 불어 및 스페인어로 단일본을 작성하였다. 동 정본은 국제연합교육과학문화기구 사무총장에게 기탁된다.

사무총장은 서명국에 대하여, 그리고 등록을 위하여 국제연합사무총장에 대하여 인증등본을 송부한다.

일정 국제기구의 저작물에 대한 1971년 7월 24일 파리에서 개정된 세계저작권협약의 적용에 관한 동협약의 제2부속의정서(제935호)

1971년 7월 24일 파리에서 개정된 세계저작권협약(이하 "1971년 협약"이라 한다)의 당사국이며, 또한 이 의정서의 체약당사국인 국가는 다음의 규정을 수락하였다.

1. 가. 1971년 협약의 제2조 제1항에서 규정한 보호는 국제연합 및 국제연합과 제휴관계에 있는 전문기구 또는 미주국가기구가 최초로 발행한 저작물에 적용한다.

나. 마찬가지로, 1971년 협약 제2조의 제2항의 규정도 전항의 기구 또는 기관에 적용한다.

2. 가. 이 의정서는 1971년 협약 제8조의 규정이 협약에 적용되는 바와 같이, 서명되고 또한 비준 내지 수락을 요하며 이에 가입할 수 있다.

나. 이 의정서는 각 국가에 대하여 그 비준, 수락 또는 가입서의 기탁일과 그 국가에 대한 1971년 협약의 효력발생일중에서 늦은 일자에 효력이 발생한다.

이상의 증거로서, 하기 서명자는 정당히 권한을 위임받아 이 의정서에 서명하였다.

1971년 7월 24일 파리에서 동등히 정본인 영어, 불어, 스페인어로 단일본을 작성하였다. 동 정본은 국제연합교육과학문화기구 사무총장에게 기탁된다.

사무총장은 서명국에 대하여, 그리고 등록을 위하여 국제연합사무총장에 대하여 인증등본을 송부한다.

세계지적소유권기구설립협약(WIPO)

(1979년 3월 5일 조 약 제676호)

1967. 7.14(스톡홀름에서 작성)
1978.12. 1(가입서 기탁)
1979. 3. 1(대한민국에 대하여 발효)
1979. 9.28(제네바에서 개정 채택)
1984. 5.25(대한민국에 대하여 개정 발효)

체약당사국들은, 각국의 주권과 평등에 대한 존중의 기초위에서 상호 이익을 위한 국가간의 이해와 협조의 증진에 기여할 것을 희망하고, 창조적 활동을 장려하기 위하여 전세계를 통한 지적소유권의 보호를 촉진할 것을 희망하고, 각개 동맹의 독자성을 충분히 존중하면서 공업소유권의 보호와 문학 및 예술작품의 보호분야에 있어서 설립된 제 동맹의 행정을 현대화하고 보다 효율성을 부여할 것을 희망하여, 다음과 같이 합의한다.

제1조【기구의 설립】 세계지적소유권기구를 이에 설립한다.

제2조【정의】 이 협약의 목적을 위하여 :
(i) "기구"라 함은 세계지적소유권기구(WIPO)를 말하며 ;
(ii) "국제사무국"이라 함은 지적소유권 국제사무국을 말하며 ;
(iii) "파리협약"이라 함은 그 모든 개정을 포함한 1883년 3월 20일에 서명된 공업소유권 보호에 관한 협약을 말하며 ;
(iv) "베른협약"이라 함은 그 모든 개정을 포함한 1886년 9월 9일에 서명된 문학 및 예술작품 보호에 관한 협약을 말하며 ;
(v) "파리동맹"이라 함은 파리협약에 의해 설립된 국제동맹을 말하며 ;
(vi) "베른동맹"이라 함은 베른협약에 의해 설립된 국제연맹을 말하며 ;
(vii) "제 동맹"이라 함은 파리동맹 및 이 동맹과 관련하여 설립된 특별동맹 및 협정, 베른동맹 및 기타 어떤 국제협정으로서 제4조 (iii)항에 의거 기구가 그 관리를 담당하는 지적소유권 보호를 촉진하기 위한 것을 말하며 ;
(viii) "지적소유권"이라 함은 :
－문학, 예술 및 과학작품,
－연출 예술가의 공연, 음반 및 방송,
－인간 노력의 모든 분야에 있어서의 발명,
－과학적 발견,
－공업의장,
－등록상표, 써비스마크, 상호 및 기타 명칭,
－부당경쟁에 대한 보호등에 관한 권리와 공업, 과학, 문학 또는 예술분야의 지적활동에서 발생하는 기타 모든 권리를 포함한다.

제3조【기구의 목적】 기구의 목적은 :
(i) 국가간의 협조를 통하여 그리고 적당한 경우에는 기타 모든 국제기구와 공동으로 전세계를 통한 지적소유권의 보호를 촉진하고 ;
(ii) 제 동맹간의 행정적 협조를 확보함에 있다.

제4조【직무】 기구는 제3조에 기술된 목적을 달성하기 위하여 그의 적절한 기관을 통해서 또는 제 동맹 각각의 관할권에 따를 것을 조건으로 하여 :
(i) 전세계를 통한 지적소유권의 효율적 보호를 촉진시키고 이 분야에 있어서의 국가 입법을 조화시킬 것을 목적으로 하는 제반조치의 발전을 증진시키며 ;
(ii) 파리동맹, 이 동맹과 관련하여 설립된 특별동맹 및 베른동맹의 행정적 업무를 수행하며 ;
(iii) 지적소유권 보호의 증진을 목적으로 하는 기타 모든 국제협정의 관리를 담당하거나 또는 이에 참여하기로 동의할 수 있으며 ;
(iv) 지적소유권 보호의 증진을 목적으로 하는 국제협정의 체결을 장려하며 ;
(v) 지적소유권 분야에 있어서 법률적, 기술적 원조를 요청하는 국가에 협조를 제공하며 ;
(vi) 지적소유권 보호에 관한 정보를 수집·배포하고 이 분야의 연구를 수행, 촉진하며 동 연구의 결과를 공포하며 ;
(vii) 지적소유권의 국제적 보호를 촉진하는 역무를 유지하며 적절한 경우에는 이 분야에 있어서 등록과 등록에 관한 자료의 공표를 위한 준비를 하며 ;
(viii) 기타 적절한 모든 조치를 취한다.

제5조【회원자격】
(1) 기구의 회원자격은 제2조 (vii)항에서 정의한 제 동맹중 어느 한 동맹의 회원국인 어떤 국가에도 개방된다.
(2) 기구의 회원자격은 제 동맹중 어느 한 동맹의 회원국이 아닌 어떤 국가에도 평등하게 개방된다. 다만 :
(i) 동 국가가 국제연합, 국제연합과 관계를 맺고 있는 전문기구 또는 국제원자력기구의 회원국이거나 국제사법재판소 규정의 당사자이고, 또는
(ii) 본 협약의 당사국이 되도록 총회에 의해 초청받는 경우에 한한다.

제6조【총회】
(1) (a) 제 동맹중 어느 한 동맹의 회원국인 이 협약의 당사국으로 구성되는 총회를 둔다.
(b) 각국 정부는 1인의 대표에 의해 대표되며, 동 대표는 교체대표, 자문위원 및 전문가에 의해 보좌될 수 있다.
(c) 각 대표단의 비용은 이를 임명한 정부가 부담한다.
(2) 총회는 :
(i) 조정위원회의 지명에 따라 사무국장을 임명하고 ;
(ii) 기구에 관한 사무국장의 보고를 검토 및 승인하고 그에게 필요한 모든 지시를 하며 ;
(iii) 조정위원회의 보고와 활동을 검토, 승인하고 동 위원회에 지시를 하며 ;
(iv) 제 동맹에 공통된 경비의 매 2년간 예산을 채택하며 ; (1984.5.25 개정)
(v) 제4조 (iii)항에 언급한 국제협정의 관리에 관해 사무국장이 제안한 조치를 승인하며 ;
(vi) 기구의 재무 규칙을 채택하며 ;
(vii) 국제연합의 관행을 고려하여 사무국의 공용어를 결정하며 ;
(viii) 제5조 (2)(ii)항에 언급한 국가들을 이 협약의 당사자가 되도록 초청하며 ;
(ix) 기구의 회원국이 아닌 어느 국가와 정부간 및 비정부간 국제기구중 어느 기구를 옵서버로서 그의 회의에 참석시킬 것인가를 결정하며 ;
(x) 기타 이 협약하에서 적절한 직무를 수행한다.
(3) (a) 각국은 1개 또는 그 이상의 동맹의 회원국 여부를 불문하고 총회에서 1표를 가진다.
(b) 총회 회원국의 과반수는 의사 정족수를 구성한다.
(c) (b)항의 규정에도 불구하고 어떤 회기에서 대표파견 국가의 수가 과반수미만이지만 총회 회원국의 1/3이상인 경우에 총회는 결정을 할 수 있다. 다만, 그 자신의 절차에 관한 결정 이외에는 다음의 조건이 충족되는 경우에만 그러한 모든 결정이 효력을 발생한다. 국제사무국은 대표를 파견치 않은 총회 회원국들에게 상기결정을 통보하고 동 통보일로부터 3개월 기간이내에 그들의 찬부 또는 기권을 서면으로 표시하도록 권고한다. 동 기간의 만료시까지 자신의 찬부 또는 기권을 표시한 국가의 수가 동 회기자체의 정족수 획득에 미달됐던 국가의 수를 획득하게 되는 경우에도 동 결정은 동시에 필요한 다수를 계속 획득해야 할 것을 조건으로 효력을 발생한다.
(d) (e) 및 (f)항의 규정에 따를 것을 조건으로 하여 총회는 행사된 투표수의 2/3 다수에 의해 결정을 한다.
(e) 제4조 (iii)항에 언급한 국제협정의 관리에 관한 조치의 승인은 행사된 투표수의 3/4의 다수를 요한다.
(f) 국제연합헌장 제57조 및 제63조에 의거 국제연합과 체결한 협정의 승인은 행사된 투표수의 9/10의 다수를 요한다.
(g) 사무국장의 임명((2)(i)항), 국제협정의 관리에 관한 사무국장이 제안한 조치의 승인((2)(v)항) 및 본부의 이전(제10조)에 대해서는 총회뿐만 아니라 파리동맹회의 및 베른동맹회의에서도 요구되는 다수가 확보되어야 한다.
(h) 기권은 투표로 간주되지 않는다.
(i) 대표는 1개 국가만을 대표하고 동 국가만의 명의로 투표한다.
(4) (a) 총회는 사무국장의 소집에 따라 매 2년마다 1회씩 정기회기에 회합한다. (1984.5.25 개정)
(b) 총회는 조정위원회의 요청이나 총회 회원국 1/4의 요청에 따라 사무국장이 소집하는 특별회기에 회합한다.
(c) 회의는 기구의 본부에서 개최한다.
(5) 제 동맹중 어느 한 동맹의 회원국이 아닌 본 협약의 당사국은 옵서버로서 총회의 회의에 참석이 허용된다.
(6) 총회는 그 스스로의 절차 규칙을 채택한다.

제7조【당사국회의】
(1) (a) 제 동맹의 회원국 여부를 불문하고 이 협약의 당사국으로 구성되는 당사국 회의를 둔다.
(b) 각국 정부는 1인의 대표에 의해 대표되며 동 대표는 교체대표, 자문위원 및 전문가에 의해 보좌받을 수 있다.
(c) 각 대표단의 비용은 이를 임명한 정부가 부담한다.
(2) 당사국 회의는 :
(i) 지적소유권 분야에 있어서의 일반적 관심사항을 협의하고 제 동맹의 권한과 자치를 고려하여 동 사항에 관한 권고를 채택할 수 있고 ;
(ii) 당사국 회의의 2개년 예산을 채택하며 ; (1984.5.25 개정)
(iii) 당사국 회의 예산의 한도내에서 법률적 기술적 원조 2개년 계획을 수립하며 ; (1984.5.25 개정)
(iv) 제17조에 규정된 이 협약의 개정을 채택하며 ;
(v) 기구의 회원국이 아닌 어느 국가와 정부간 및 비정부간 국제기구중 어느 기구를 옵서버로서 그의 회의에 참석시킬 것인가를 결정하며 ;
(vi) 기타 이 협약하에서 적절한 직무를 수행한다.
(3) (a) 각 회원국은 당사국 회의에서 1표를 가진다.
(b) 회원국의 1/3은 의사 정족수를 구성한다.
(c) 당사국 회의는 제17조의 규정에 복종할 것을 조건으로 하여 행사된 투표수의 2/3의 다수에 의해 결정된다.
(d) 제 동맹중 어느 한 동맹의 회원국이 아닌 이 협약 당사국들의 부담금액은 동 국가들의 대표만이 투표권을 가지는 표결에 의하여 정해진다.
(e) 기권은 투표로 인정되지 않는다.
(f) 대표는 1개 국가만을 대표하며 동 국가만의 명의로 투표할 수 있다.
(4) (a) 당사국 회의는 총회와 동일한 기간 및 동일한 장소에서 사무국장이 소집하는 정기회기에 회합한다.
(b) 당사국 회의는 회원국 다수의 요청에 의해 사무국장이 소집하는 특별회기에 회합한다.
(5) 당사국 회의는 그 스스로의 절차 규칙을 채택한다.

제8조【조정위원회】
(1) (a) 파리동맹의 집행위원회나 베른동맹의 집행위원회 또는 이 양위원회의 회원국인 이 협약의 당사국으로 구성되는 조정위원회를 둔다. 그러나 이들 집행위원회중 어느 하나가 그를 선출한 동맹총회의 회원국수의 1/4이상으로 구성되는 경우에 동 집행위원회는 그 수가 전기 언급한 1/4을 초과하지 않는 방법으로 그의 회원국중에서 조정위원회의 회원국이 될 국가를 지명한다. 단, 그 영역내에 기구가 있는 국가는 상기 1/4의 계산에 포함되지 않는 것으로 양해된다.
(b) 조정위원회의 각 회원국 정부는 1인의 대표에 의해 대표되며 동 대표는 교체대표, 자문위원 및 전문가에 의해 보좌받을 수 있다.
(c) 조정위원회가 협의회의 계획이나 예산 및 그 의사일정에 직접 이해관계가 있는 문제 또는 제 동맹중 어느 한 동맹의 회원국이 아닌 본 협약의 당사국의 권리나 의무에 영향을 주는 본 협약의 개정안을 심의할 때는 동 당사국의 1/4은 조정위원회의 회원국과 동일한 권리를 가지고 동 위원회에 참가한다.
(d) 각 대표단의 비용은 이를 임명한 정부가 부담한다.
(2) 기구가 관리하는 기타 동맹이 조정위원회에 이상과 같이 대표를 파견하고자 희망하는 경우 동 대표는 조정위원회 회원국에서 임명되어야 한다.

(3) 조정위원회는 :
(i) 제 동맹의 2이상 또는 제 동맹의 1이상 및 기구에 공통의 이해관계가 있는 모든 행정적, 재정적 및 기타 사항, 특히 제 동맹에 공통되는 비용의 예산에 관하여 제 동맹의 기관, 총회, 당사국회의 및 사무국장에게 권고를 하며 ;
(ii) 총회의 의제안을 작성하며 ;
(iii) 당사국회의의 의제안, 의사일정안 및 예산안을 작성하며 ;
(iv) (1984.5.25 삭제)
(v) 사무국장의 임기가 종료할 때, 사무국장의 직위가 공석일 때, 총회가 동직에 임명할 후보자를 지명하고, 만약 총회가 동 지명자를 임명하지 않는 경우, 조정위원회는 다른 후보자를 지명하는 바 이러한 절차는 최종적으로 지명된 자가 총회에 의해 임명될 때까지 반복되며 ;
(vi) 사무국장의 직위가 총회의 2회기중 공석이 되는 경우 신임 사무국장이 취임하기이전의 기간을 위해 사무국장 대리를 임명하며 ;
(vii) 기타 이 협약하에서 그에 부과된 직무를 수행한다.
(4) (a) 조정위원회는 매년 1회 사무국장이 소집하는 정기회기에 회합한다. 동 위원회는 통상 기구의 본부에서 회합한다.
(b) 조정위원회는 사무국장의 발의에 의하거나 동 위원회의 의장 또는 그 회원국 1/4의 요청에 따라 사무국장이 소집하는 특별회기에 회합한다.
(5) (a) 각국은 (1)(a)항에 언급한 집행위원회의 일방의 회원국이냐 또는 쌍방의 회원국이냐를 불문하고 조정위원회에서 1표를 갖는다.
(b) 조정위원회 회원국의 과반수는 의사 정족수를 구성한다.
(c) 대표는 1개 국가만을 대표하며 동 국가만의 명의로 투표할 수 있다.
(6) (a) 조정위원회는 행사된 투표수의 단순과반수에 의해 그 의견을 표시하며 그의 결정을 한다. 기권은 투표로 간주되지 않는다.
(b) 비록 단순과반수를 득한다 하더라도 조정위원회는 투표 후 지체없이 다음의 방법으로 특별 재개표할 것을 요구할 수 있다. 즉 2개의 별도 목록을 작성하되 그 하나에는 파리동맹 집행위원회의 회원국 명칭을 기재하고 또 다른 하나에는 베른동맹집행위원회의 회원국의 명칭을 기재하여 각국의 찬부 표시를 동국의 명칭이 기재되어 있는 각 목록중 그 명칭의 반대편에 기재한다. 이러한 특별 재개표가 동 목록상 어느 쪽에도 단순과반수가 획득하지 않았음을 증명하였을 때에는 제안은 가결된 것으로 인정되지 않는다.
(7) 조정위원회의 회원국이 아닌 기구의 회원국은 토의 참가권은 있으나 투표권이 없는 옵서버를 동 위원회의 회의에 파견할 수 있다.
(8) 조정위원회는 그 스스로의 절차 규칙을 정한다.

제9조【국제사무국】
(1) 국제사무국은 기구의 사무국으로 한다.
(2) 국제사무국은 2인 또는 그 이상의 사무차장에 의해 보좌되는 사무국장이 통솔한다.
(3) 사무국장은 6년 이상의 고정된 임기를 위해 임명된다. 동인은 고정된 임기동안 재임명될 자격이 있다. 최초임명 및 추후에 있을 임명의 임기뿐만 아니라 임명의 기타 조건도 총회가 확정한다.
(4) (a) 사무국장은 기구의 수석 집행자가 된다.
(b) 사무국장은 기구를 대표한다.
(c) 사무국장은 기구의 대내외 문제에 관하여 총회에 보고하고 그 지시에 따른다.
(5) 사무국장은 활동에 관한 계획안, 예산안 및 정기보고서안을 작성한다. 사무국장은 관계당사국 정부와 제 동맹 및 기구의 관할기관에 이를 송달한다.
(6) 사무국장 및 그가 지명한 사무국 직원은 총회, 당사국회의, 조정위원회, 기타 위원회 또는 실무그룹의 모든 회의에 투표권 없이 참석한다. 사무국장 또는 그가 지명한 직원은 직권상 당연히 이들 단체의 서기가 된다.
(7) 사무국장은 국제사무국 업무의 효율적인 수행을 위해 필요한 직원을 임명한다. 사무국장은 조정위원회의 승인을 얻어 사무차장을 임명한다. 고용조건은 사무국장의 제안에 따라 조정위원회가 승인하는 인사규칙으로 정한다. 직원의 고용과 근무조건의 결정에 있어서는 최고 수준의 능률, 능력 및 성실성을 확보할 필요성에 가장 유의해야 한다. 가능한 한 광범위한 지리적 근거에 의하여 직원을 채용해야 할 중요성에 적절한 고려를 해야 한다.
(8) 사무국장과 그 직원의 직책의 성격은 전적으로 국제적이다. 이들은 그 직무를 수행함에 있어서 정부 또는 기구 이외의 여하한 권위로부터 지시를 구하거나 받지 않는다. 이들은 국제공무원으로서의 그들의 지위를 손상시키는 여하한 행위도 삼가하여야 한다. 각 회원국은 전적으로 국제적인 성격을 띠고 있는 사무국장 및 그 직원의 직책을 존중하며 직무수행중인 이들에게 영향력을 행사하지 않을 것을 약속한다.

제10조【본부】
(1) 기구의 본부는 제네바에 둔다.
(2) 본부의 이전은 제6조(3)(d) 및 (g)항에 규정된 바에 따라 결정될 수 있다.

제11조【재정】
(1) 기구는 2개의 별도예산, 즉 제 동맹에 공통되는 비용예산 및 당사국회의의 예산을 가진다.
(2) (a) 제 동맹에 공통되는 비용예산은 수개 동맹에 관계되는 비용에 관한 규정을 둔다.
(b) 동 예산은 다음의 원천으로부터 조달된다.
(i) 제 동맹의 부담금. 단, 각 동맹의 부담금액은 이 동맹이 공통비용중에 가지는 이해관계를 고려하여 이 동맹의 회의가 확정한다.
(ii) 제 동맹의 어느 하나와 직접 관계없이 국제사무국이 행한 역무에 대한 부과금 또는 법률적 기술적 원조의 분야에서 국제사무국이 제공한 역무에 대해 수령한 부과금 이외의 부과금 ;
(iii) 제 동맹의 어느 하나와 직접 관계가 없는 국제사무국 간행물의 매상금 또는 그 인세 ;
(iv) 기구에 제공된 증여, 유증 및 보조금. 단, 제(3)항 (b)(iv)에 언급한 것은 제외 ;
(v) 기구의 임대료, 이자 및 기타 잡수입.
(3) (a) 당사국회의 예산은 당사국회의 회기를 개최하는 비용 및 법률적 기술적 원조계획의 비용에 관한 규정을 포함한다.
(b) 동 예산은 다음 원천으로부터 조달된다.
(i) 제 동맹중 어느 한 동맹의 회원국이 아닌 본 협약 당사국의 부담금 ;
(ii) 제 동맹이 동 예산에의 계상을 허용한 금액. 단, 각 동맹이 허용한 금액은 이 동맹의 회의가 확정하며 각 동맹은 상기 예산에 대한 부담을 자유로이 회피할 수 있다 ;
(iii) 법률적 기술적 원조분야에서 국제사무국이 제공하는 역무에 대해 영수한 금액 ;
(iv) (a)항에 언급한 목적을 위하여 기구에 제공되는 증여, 유증 및 보조금.
(4) (a) 제 동맹중 어느 한 동맹의 회원국이 아닌 이 협약의 각 당사국은 당사국회의 예산에 대한 부담금을 확정하기 위하여 1개의 등급에 속하며 다음에서 정하는 단위수를 기초로 하여 그 연간 부담금을 지불한다.
등급 A……………………………………………10
등급 B……………………………………………3
등급 C……………………………………………1
(b) 이상의 각국은 제14조(1)항에서 정하는 조치를 취함과 동시에 그가 소속되기를 희망하는 등급을 지시하여야 한다. 이와 같은 국가도 등급을 변경할 수 있다. 만약 동 국가가 하위의 등급을 선택할 경우에는 당사국회의의 정기회의에서 이를 선언하여야 한다. 이러한 변경은 그 회기의 다음 연도초부터 효력을 발생한다.
(c) 이상과 같은 각국의 연차부담금은 그 단위수가 상기 모든 국가의 단위 총계에 비례하는 것과 동일하게 이상의 모든 국가가 당사국회의 예산에 부담하는 총액에 비례하는 액수이어야 한다.
(d) 부담금은 매년 1월초에 납입되어야 한다.
(e) 예산이 신회계연도 개시이전까지 채택되지 않는 경우, 예산은 재정규칙에 의거 전년도 예산과 동일한 수준으로 한다.
(5) 본조에 의거한 그 재정적 부담금의 납부를 지연하는 제 동맹중 어느 한 회원국이 아닌 이 협약에 당사국 및 제 동맹중 어느 한 동맹에 대한 그의 부담금 납부를 지연하는 제 동맹중 어느 한 동맹의 회원국인 이 협약의 당사국은 그 지연액이 그가 납부할 최후 2년분의 금액과 동일하거나 이를 초과할 경우 그가 회원국인 기구의 기관에서 투표권을 갖지 못한다. 그러나 특수하고 불가피한 사정으로 인하여 납부가 지연되었음을 증명하거나 또는 그러한 증명이 있는 한 이들 기관은 동 국가가 동 기관에서 투표권을 계속 행사할 수 있도록 허용할 수 있다.
(6) 법률적 기술적 원조의 분야에서 국제사무국이 제공한 역무에 대한 수수료 및 부과금액은 사무국장이 결정하여 조정위원회에 보고한다.
(7) 기구는 조정위원회의 승인을 얻어 정부, 공적 또는 사적기구, 단체 또는 개인으로부터 직접 증여, 유증 및 보조금을 접수할 수 있다.
(8) (a) 기구는 제 동맹 및 어느 동맹의 회원국이 아닌 본 협약의 각 당사국의 단일 납입금으로 구성되는 운영자본기금을 가진다. 이 기금이 불충분한 경우에는 증액하여야 한다.
(b) 각 동맹의 단일납부액 및 그 증액에 대한 가능한 분담액은 이 동맹의 회의가 결정한다.
(c) 어느 동맹의 회원국이 아닌 이 협약의 각 당사국의 단일 납부액 및 증액에 대한 그의 분담금액은 기금이 확립되거나 증액이 결정되는 연도에 있어서의 동 국가부담금의 일부분이 된다. 동 일부분 및 납부조건은 사무국장의 제안에 따라 또는 조정위원회의 권고를 청취한 후에 당사국 회의가 결정한다.
(9) (a) 그 영역에 기구의 본부가 있는 국가와 체결한 본부 협정에는 운영자본기금이 불충분할 때는 언제나 동 국가가 입체를 해야 한다고 규정되어야 한다. 동 입체금액 및 입체허용 조건은 동 국가와 기구간에 개별적으로 체결하는 별개 협정의 대상이 된다. 동 국가가 입체를 할 의무를 지고 있는 한 동 국가는 직권상 당연히 조정위원회에서 의석을 가진다.
(b) (a)항에 언급한 국가 및 기구는 각기 서면통고로써 입체의무를 폐기할 권한을 가진다. 폐기는 그것이 통고되는 연도 말로부터 3년후에 효력을 발생한다.
(10) 회계감사는 재무규칙이 정하는 바에 의하여 1개 또는 그 이상의 회원국 또는 독립감사가 실시한다. 이들은 그들의 협정에 의거 총회가 지명한다.

제12조【법적자격, 특권 및 면제】
(1) 기구는 그 목적의 달성 및 직무의 수행상 필요한 법적자격을 각 회원국의 영역내에서 그 법령에 따라 향유한다.
(2) 기구는 스위스연방 및 추후 본부가 이전될 가능성이 있는 국가와 본부협정을 체결한다.
(3) 기구는 그의 목적달성 및 직무 수행상 필요한 특권 및 면제를 기구, 그 직원 및 모든 회원국 대표들에게 향유시킬 것을 목적으로 기타 회원국과 양자 또는 다자협정을 체결할 수 있다.
(4) 사무국장은 기구를 대신하여 제(2) 및 (3)항에 언급한 협정을 교섭할 수 있으며 조정위원회의 승인을 얻어 이를 체결 및 서명한다.

제13조【기타 기구와의 관계】
(1) 기구는 필요시 기타 정부간 기구와 실무관계를 수립하며 협조한다. 이와 같은 취지로 동 기구들과 체결하는 일반협정은 조정위원회의 승인을 얻어 사무국장이 체결한다.
(2) 기구는 그 권한내의 사항에 관하여 비정부간 국제기구 및 관계국 정부의 동의를 얻은 경우 정부기구든 비정부기구든간에 국내기구와 협의 및 협조를 위한 적절한 약정을 체결한다. 동 약정은 조정위원회의 승인을 얻어 사무국장이 체결한다.

제14조【협약의 당사자자격】
(1) 제5조에 언급한 국가는 다음의 행위에 의하여 이 협약의 당사자 및 기구의 회원국이 될 수 있다.
(i) 비준에 대한 유보없는 서명 ; 또는
(ii) 비준을 조건으로 하여 서명한 후의 비준서 기탁 ;
(iii) 가입서 기탁.
(2) 이 협약의 다른 어떠한 규정에도 불구하고 파리협약, 베른협약 또는 이 양 협약의 당사국은 다음 사항을 동시에 비준하거나 가입할 때 또는 이를 비준했거나 가입한 후에 이 협약의 당사국이 될 수 있다. 즉, 파리협약의 스톡홀름의정서의 전부 또는 동 협약 제20조 (1)(b)(i)항에 규정된 제한만을 부가한 것
(3) 비준서 또는 가입서는 사무국장에게 기탁된다.

제15조【협약의 발효】
(1) 이 협약은 파리동맹의 10개 당사국 및 베른동맹의 7개 당사국이 제14조(1)항에 규정된 조치를 취한 후 3개월후에 발효한다. 어느 국가가 두 동맹의 회원국인 경우, 동 국가는 두 그룹에 모두 계산되는 것으로 양해한다. 이 협약은 두 동맹의 어느 한 회원국이 아니면서 동 일자보다 3개월 또는 그 이전에 제14조(1)항에 규정된 조치를 취한 국가에 대해서도 역시 동 일자에 발효한다.
(2) 이 협약은 기타 국가에 관하여도 동 국가가 제14조(1)항에 규정된 조치를 취한 일자로부터 3개월후에 발효한다.

제16조【유보】 이 협약에 대한 유보는 허용되지 아니한다.

제17조【개정】
(1) 이 협약의 개정안은 회원국, 조정위원회 또는 사무국장에 의하여 발의될 수 있다. 사무국장은 당사국회의가 동 개정안을 심의하기 최소한 6개월 이전에 동 개정안을 회원국들에게 송달한다.
(2) 개정은 당사자회의가 채택한다. 개정이 제 동맹중 어느 한 동맹의 회원국이 아닌 이 협약당사국의 권리의무에 영향을 주는 경우에는 이러한 국가도 투표한다. 기타의 모든 개정안에 대하여는 어느 동맹의 회원국인 이 협약 당사국들만이 투표한다. 개정은 행사된 투표수의 단순과반수에 의해 채택된다. 다만, 파리동맹의 회의 및 베른동맹의 회의가 각각 자체의 각 협약의 행정적 규정의 개정안 채택에 관하여 각 회의에 적용할 규칙에 따라 사전에 채택한 바 있는 개정안에 대해서만 당사국회의가 표결한다.
(3) 어떠한 개정도 당사국회의가 개정을 채택할 때 제(2)항에 따라 개정안에 대해 투표할 자격이 있는 기구 당사국의 3/4으로부터 그들 각자의 헌법절차에 따라 이행된 수락에 관한 서면통고를 사무국장이 접수한 후 1개월 후에 효력을 발생한다. 이와 같이 수락된 개정은 개정의 발효시 기구의 회원국이며 그 후일에 회원국이 된 모든 국가를 기속한다. 단, 회원국의 재정적 의무를 증가시키는 어떠한 개정도 동 개정에 대한 수락을 통보한 국가만을 구속한다.

제18조【탈퇴】
(1) 어떠한 회원국도 사무국장에게 통고함으로써 이 협약을 탈퇴할 수 있다.
(2) 탈퇴는 사무국장이 통고를 접수한 날로부터 6개월 후에 효력을 발생한다.

제19조【통고】 사무국장은 모든 회원국 정부에게 다음 사항을 통고한다. :
(i) 협약의 발효일 ;
(ii) 서명, 비준서 또는 가입서 기탁 ;
(iii) 이 협약개정의 수락 및 개정의 발효일 ;
(iv) 이 협약의 탈퇴 ;

제20조【최종 규정】
(1) (a) 이 협약은 모든 협약문이 동등히 정본인 영어, 불어, 노어 및 서반아어로 된 단일본으로 서명되며 스웨덴 정부에 기탁된다.
(b) 이 협약은 1968년 1월 13일까지 서명을 위해 개방된다.
(2) 사무국장은 관계정부와 협의한 후 독어, 이태리어, 폴튜갈어 및 당사국회의가 지정하는 기타 언어로 공식 협약문을 확정하다.
(3) 사무국장은 이 협약 및 당사국회의가 채택한 각 개정의 인증등본 각 2통을 파리동맹 또는 베른동맹의 회원국 정부와 이 협약에 가입하는 기타 국가의 정부 및 요청이 있을 경우에는 기타 어떤 국가의 정부에도 송부한다. 각국 정부에 송부된 협약의 서명본은 스웨덴 정부에 의하여 인증된다.
(4) 사무국장은 이 협약을 국제연합사무국에 등록한다.

제21조【경과규정】
(1) 이 협약상 국제사무국 또는 사무국장이라 함은 최초 사무국장이 취임하기 전까지는 공업, 문학 및 예술 소유권 보호에 관한 국제합동사무국〔지적소유권 보호에 관한 국제합동 사무국이라고도 칭함(BIRPI)〕 또는 그 국장을 각각 말하는 것으로 간주된다.
(2) (a) 제 동맹중 어느 한 동맹의 회원국이지만 본 협약의 당사국이 되지 못한 국가는 이 협약의 발효일로부터 5년간은 희망하는 경우 이 협약의 당사국이 된 것과 동일한 권리를 행사할 수 있다. 이러한 권리의 행사를 희망하는 국가는 이러한 취지의 서면통고를 사무국장에게 발송하며 동 통고는 그 접수일에 효력을 발생한다. 동 국가는 상기 기간의 종료시까지 총회 및 당사국회의의 회원국인 것으로 간주된다.
(b) 동 국가는 동 5년 기간의 종료와 동시에 총회, 당사국회의 및 조정위원회에서 투표권을 갖지 못한다.
(c) 동 국가는 이 협약의 당사국이 됨과 동시에 동 투표권을 회복한다.
(3) (a) 이 협약의 당사국이 되지 못한 파리동맹 또는 베른동맹의 회원국이 있는 한 국제사무국 및 사무국장은 공업, 문학 및 예술소유권 보호에 관한 국제합동사무국 및 그 국장으로도 각각 역할을 한다.
(b) 이 협약의 발효일에 상기 사무국에 고용되어 있는 직원은 (a)항에 언급한 경과기간 중에는 국제사무국에 의해 또한 고용된 것으로 간주된다.
(4) (a) 파리동맹의 모든 회원국이 기구의 회원국이 될 때에는 동 동맹사무국의 권리, 의무 및 재산은 기구의 국제사무국에 귀속된다.
(b) 베른동맹의 모든 회원국이 기구의 회원국이 될 때에는 동 동맹사무국의 권리, 의무 및 재산은 기구의 국제사무국에 귀속된다.

세계지적재산권기구 저작권 조약

(2004년 6월 15일
조 약 제1676호)

1996.12.20(제네바에서 채택)
2004. 6.24(대한민국에 대하여 발효)

체약당사자는 문학·예술적 저작물에 대한 저작자의 권리 보호를 가능한 한 효과적이고 통일된 방식으로 신장·유지하기를 희망하고, 새로운 경제·사회·문화 및 기술의 발전으로 제기된 문제를 충분히 해결하기 위하여 새로운 국제 규칙을 도입하고 일부 기존 규칙의 해석을 명확히 할 필요성을 인식하고, 정보 통신 기술의 발전과 융합이 문학·예술적 저작물의 창작과 이용에 미치는 심대한 영향을 인식하고, 문학·예술적 창작의 촉진을 위하여 저작권 보호가 특별히 중요하다는 점을 강조하며, 베른 협약에 반영된 필요와 같이 저작자의 권리와 교육·연구 및 정보 접근 등 공공이익 사이에 균형 유지 필요성을 인식하여 다음과 같이 합의하였다.

제1조【베른협약과의 관계】
1. 이 조약은 "문학·예술적저작물의보호를위한베른협약"의 동맹국인 체약당사자에 대하여 동 협약 제20조에 따른 특별 협정이 된다. 이 조약은 베른 협약 외의 조약과 관계가 없으며 다른 조약의 권리·의무에 영향을 미치지 아니한다.
2. 이 조약의 규정은 "문학·예술적저작물의보호를위한베른협약"에 따라 체약 당사자가 서로 부담하는 기존의 의무를 저해하지 아니한다.
3. "베른협약"이라 함은 "문학·예술적저작물의보호를위한베른협약의 1971년7월24일파리의정서"를 말한다.
4. 체약 당사자는 베른협약 제1조 내지 제21조 및 부속서를 준수하여야 한다.

제2조【저작권 보호 범위】 저작권의 보호는 표현에 대한 보호를 포함하지만 사상·절차·운용 방법 또는 수학적 개념 그 자체는 포함하지 아니한다.

제3조【베른협약 제2조 내지 제6조의 적용】 체약당사자는 이 조약에 규정된 보호에 관하여 베른 협약 제2조 내지 제6조의 규정을 준용한다.

제4조【컴퓨터프로그램】 컴퓨터프로그램은 베른협약 제2조에 규정된 문학적 저작물로서 보호된다. 이러한 보호는 컴퓨터프로그램의 표현 방식 또는 형태와 관계없이 적용된다.

제5조【데이터의 편집물(데이터베이스)】 내용 선택 또는 배열로 인하여 지적 창작물의 성격을 갖는 데이터 또는 다른 소재의 편집물은 형태와 관계없이 그 자체로서 보호된다. 이러한 보호는 당해 데이터 또는 소재 그 자체에는 적용되지 아니하며 편집물에 수록된 데이터 또는 소재에 대한 저작권에 영향을 미치지 아니한다.

제6조【배포권】
1. 문학·예술적 저작물의 저작자는 판매 또는 그 밖의 소유권 이전을 통하여 저작물의 원본이나 복제물을 공중이 이용할 수 있도록 허가할 배타적 권리를 향유한다.
2. 이 조약의 규정은 체약당사자가 저작자의 허가를 받아 이루어진 저작물 또는 복제물의 최초 판매 또는 그 밖의 소유권 이전 후 제1항의 권리가 소진되는 적용 조건을 결정할 자유에 영향을 미치지 아니한다.

제7조【대여권】
1. 다음과 같은 저작물의 저작자는 저작물 또는 복제물의 공중에 대한 상업적 대여를 허가할 배타적 권리를 향유한다.
가. 컴퓨터프로그램
나. 영상저작물
다. 체약 당사자의 국내법에 따라 음반에 수록된 저작물
2. 제1항의 규정은 다음과 같은 경우 적용되지 아니한다.
가. 프로그램 자체가 대여의 본질적 대상이 아닌 컴퓨터프로그램
나. 상업적 대여로 저작물의 광범위한 복제가 이루어져 배타적 복제권이 실질적으로 침해된 경우를 제외한 영상저작물
3. 제1항의 규정에도 불구하고 1994년 4월 15일 음반에 수록된 저작물의 대여와 관련하여 저작자에 대한 공정한 보상 제도가 존재하였고 그 이후 이러한 제도를 계속 시행중인 체약당사자는 음반에 수록된 저작물의 상업적 대여가 저작자의 배타적 복제권을 실질적으로 침해하지 아니한다는 조건으로 이 제도를 계속 유지할 수 있다.

제8조【공중 전달권】 베른협약 제11조제1항(ⅱ)호, 제11조의2제1항(ⅰ)호 및 (ⅱ)호, 제11조의3제1항(ⅱ)호, 제14조제1항(ⅱ)호 그리고 제14조의2제1항의 규정에 영향을 미치지 아니하고 문학·예술적 저작물의 저작자는, 공중의 구성원이 개별적으로 선택한 장소와 시간에 이러한 저작물에 접근할 수 있게 저작물을 공중에 전달하는 것을 포함하여, 유선 또는 무선의 수단에 의하여 자신의 저작물을 공중에 전달할 수 있도록 허가할 배타적 권리를 향유한다.

제9조【사진저작물의 보호기간】 체약당사자는 사진저작물에 관하여 베른협약 제7조제4항의 규정을 적용하지 아니한다.

제10조【제한과 예외】
1. 체약당사자는 저작물의 통상적 이용과 상충하지 아니하고 저작자의 정당한 이익에 불합리한 영향을 주지 않는 일부 특별한 경우 이 조약이 문학·예술적 저작물의 저작자에게 부여한 권리에 대한 제한 또는 예외를 국내법으로 규정할 수 있다.
2. 체약당사자는 베른협약 적용시 동 협약에 규정된 권리에 대한 제한 또는 예외를 저작물의 통상적 이용과 상충하지 아니하고 저작자의 정당한 이익에 불합리한 영향을 주지 않는 일부 특별한 경우로 한정하여야 한다.

제11조【기술 조치에 관한 의무】 체약당사자는 이 조약 또는 베른협약상의 권리 행사를 위하여 저작자가 이용하고 관련 저작자 또는 법에 의한 허가 없이 이루어지는 저작물 관련 행위를 제한하는 유효적 기술 조치를 회피하는 행위에 대한 충분한 법적 보호와 효과적인 법적 구제에 대하여 규정하여야 한다.

제12조【권리관리정보에 관한 의무】
1. 체약당사자는 이 조약 또는 베른 협약상의 권리의 침해를 유도·방조·조장 또는 은닉할 것이라는 사실을 알면서 또는 민사 구제와 관련하여 이러한 사실을 알았을 합리적 근거가 있음에도 다음과 같은 행위를 한 자에 대한 충분하고 효과적인 법적 조치에 대하여 규정하여야 한다.
가. 전자적 권리관리정보를 권한 없이 제거·변경하는 행위
나. 전자적 권리관리정보가 권한 없이 제거·변경된 것을 알면서 저작물 또는 복제물을 권한 없이 배포하거나 배포하기 위하여 수입하거나 방송 또는 공중에 전달하는 행위
2. 이 조에서 사용된 바와 같이 "권리관리정보"라 함은 저작물·저작물의 저작자·저작물에 대한 권리 소유자를 식별하는 정보 또는 저작물의 이용 조건에 관한 정보 및 이러한 정보를 나타내는 숫자나 부호로서 이러한 정보의 한 항목이라도 저작물의 복제물에 부착되거나 저작물의 공중 전달과 관련하여 나타나는 경우를 말한다.

제13조【시간적 적용】 체약 당사자는 이 조약이 규정한 모든 보호에 대하여 베른협약 제18조의 규정을 적용하여야 한다.

제14조【권리 시행에 관한 규정】
1. 체약당사자는 자국의 법령체계에 따라 이 조약의 적용을 보장하기 위하여 필요한 조치를 취할 것을 약속한다.
2. 체약당사자는 침해를 예방하기 위한 신속한 구제와 추가 침해를 억제하기 위한 구제를 포함하여 이 조약상의 모든 권리의 침해행위에 대한 효과적 대처를 가능하게 하는 시행절차를 자국의 법으로 보장하여야 한다.

제15조【총회】
1. 가. 체약당사자는 총회를 구성한다.
나. 각 체약당사자는 1인의 대표가 대표하고, 대표는 교체대표·자문 및 전문가의 보좌를 받을 수 있다.
다. 각 대표단의 경비는 그 대표단을 임명한 체약당사자가 부담한다. 총회는 세계지적재산권기구(이하 "기구"라 한다)에 대하여 국제연합 총회의 확립된 관행에 따라 개발도상국으로 보는 체약당사자 또는 시장경제로 전환중인 국가인 체약당사자 대표단의 참여를 촉진하기 위한 재정적 후원을 요청할 수 있다.
2. 가. 총회는 이 조약의 유지·발전과 이 조약의 적용·운영에 관한 모든 사항을 다룬다.
나. 총회는 특정 정부간기구의 이 조약 당사자로서의 수락에 관하여 제17조제2항에 의하여 총회에 부여된 기능을 행사한다.
다. 총회는 이 조약의 개정을 위한 외교회의의 소집을 결정하고 외교회의 준비를 위하여 기구 사무총장에게 필요한 지침을 준다.
3. 가. 국가인 체약당사자는 각 1표의 투표권을 가지며 자국의 명의로만 투표한다.
나. 정부간기구인 체약당사자는 그 회원국을 대신하여 이 조약의 당사국인 회원국의 수만큼 투표권을 행사할 수 있다. 이러한 정부간 기구는 그 회원국이 투표권을 행사하는 경우 투표에 참여할 수 없고, 그 반대의 경우에도 마찬가지이다.
4. 총회는 2년에 1회 기구 사무총장이 소집하는 정기회기에 회합한다.
5. 총회는 임시회기 소집·정족수 요건 및 이 조약 규정에 따른 각종 결정에 있어서의 다수결 요건 등에 관한 자체 절차 규칙을 채택한다.

제16조【국제사무국】 기구 국제사무국은 이 조약과 관련된 행정 업무를 수행한다.

제17조【조약의 당사자 자격】
1. 기구 회원국은 이 조약의 당사자가 될 수 있다.
2. 총회는 이 조약 내용을 다룰 능력과 이에 관하여 그 회원국을 구속하는 입법이 있고 그 내부 절차에 따라 이 조약의 당사자가 되도록 정당하게 권한을 위임받았음을 선언하는 정부간 기구의 조약 당사자로서의 수락 여부를 결정할 수 있다.
3. 유럽공동체는 이 조약이 채택된 외교회의에서 전항의 규정에 따라 선언하였으므로 이 조약의 당사자가 될 수 있다.

제18조【조약상의 권리와 의무】 이 조약의 세부 조항에 달리 규정된 경우를 제외하고 각 체약당사자는 이 조약상의 모든 권리를 향유하고 모든 의무를 부담한다.

제19조【조약 서명】 이 조약은 1997년 12월 31일까지 서명을 위하여 모든 기구 회원국과 유럽공동체에 개방된다.

제20조【조약의 효력 발생】 이 조약은 30개국의 비준서 또는 가입서가 기구 사무총장에게 기탁된 때부터 3월 후 효력을 발생한다.

제21조【조약 당사자에 대한 효력 발생일】 이 조약은 다음과 같은 날부터 체약당사자를 기속한다.
가. 제20조에 언급된 30개국은 이 조약의 효력 발생일
나. 다른 국가는 그 국가가 기구 사무총장에게 가입 문서를 기탁한 날부터 3월이 경과한 때
다. 유럽공동체는 제20조에 따른 조약의 효력 발생 후 비준서 또는 가입서를 기탁한 경우 그 비준서 또는 가입서의 기탁 후 3월이 경과한 때, 가입문서가 조약의 효력 발생 전에 기탁된 경우 조약의 효력 발생일부터 3월이 경과한 때
라. 이 조약에 당사자로서의 가입이 허락된 다른 정부간기구는 가입서 기탁 후 3월이 경과한 때

제22조【조약에 대한 유보 불가】 이 조약에 대한 유보는 인정되지 아니한다.

제23조【조약의 폐기】 모든 체약당사자는 기구 사무총장에 대한 통고로써 이 조약을 폐기할 수 있다. 이러한 폐기는 기구 사무총장이 통고를 접수한 날부터 1년이 경과한 때 효력을 발생한다.

제24조【조약의 언어】
1. 이 조약은 동등히 정본인 영어·아랍어·중국어·프랑스어·러시아어·스페인어로 작성된 단일 원본에 서명된다.
2. 기구 사무총장은 이해관계자의 요청에 따라 모든 이해관계자와의 협의 후 제1항 외의 언어로 작성된 공식문서를 확정한다. 이 항에서 "이해관계자"라 함은 자국의 공용어 또는 다수의 공용어 중 하나가 관련된 기구 회원국·유럽공동체·그 공용어 중 하나가 관련되고 이 조약의 당사자가 될 수 있는 다른 정부간기구를 말한다.

제25조【기탁】 기구 사무총장은 이 조약의 수탁자이다.

세계지적재산기구 실연 및 음반 조약

(2009년 3월 18일
조 약 제1940호)

1996.12.20(제네바에서 채택)
2009. 3.18(대한민국에 대하여 발효)

체약당사자는, 실연자 및 음반제작자의 권리 보호를 가능한 한 효과적이고 일관된 방식으로 신장하고 유지하기를 희망하고, 새로운 경제, 사회, 문화 및 기술의 발전으로 인하여 제기된 문제에 대하여 적절한 해결책을 제시하기 위하여 새로운 국제 규칙을 도입할 필요성을 인식하며, 정보·통신 기술의 발전 및 융합이 실연과 음반의 제작과 이용에 미치는 중대한 영향을 인식하고, 실연자와 음반제작자의 권리와 특히 교육, 연구 및 정보의 접근과 같은 공공의 이익 사이의 균형을 유지할 필요성을 인식하며, 다음과 같이 합의하였다.

제1장 총 칙

제1조【다른 협약과의 관계】
1. 이 조약의 어떤 규정도 1961년 10월 26일 로마에서 체결된 「실연자, 음반제작자 및 방송사업자의 보호를 위한 국제협약」(이하 「로마협약」이라 한다)에 의하여 체약당사자 상호간에 부담하는 기존의 의무를 저해하지 아니한다.
2. 이 조약상의 보호는 그대로 유지되며, 어떠한 경우에도 문학·예술 저작물에 대한 저작권 보호에 영향을 미치지 아니한다. 따라서 이 조약상의 어떠한 규정도 이러한 보호를 해하는 것으로 해석되지 아니한다.
3. 이 조약은 다른 조약과는 아무런 관련성을 가지지 않으며, 다른 조약상의 권리와 의무를 해하지 아니한다.

제2조【정의】 이 조약의 목적상,
가. "실연자"란 배우·가수·연주자·무용가와 그 밖의 문학 또는 예술저작물 또는 민속물의 표현을 연기·가창·전달·표현·연주·해석 또는 달리 실연하는 자를 말한다.
나. "음반"이란 영화 또는 그 밖의 영상저작물에 수록된 고정물의 형태 이외의 실연의 소리, 그 밖의 소리 또는 소리의 표현물의 고정물을 말한다.
다. "고정"이란 소리 또는 소리의 표현물의 체화로서, 장치를 통하여 소리 또는 소리의 표현물이 인지·복제 또는 전달될 수 있는 것을 말한다.
라. "음반제작자"란 실연의 소리, 그 밖의 소리 또는 소리의 표현물을 최초로 고정하는 것을 기획하고 이를 책임지는 자연인 또는 법인을 말한다.
마. 고정된 실연이나 음반의 "발행"이란 고정된 실연 또는 음반의 복제물을 권리자의 동의를 받아 공중에 제공하는 것을 말한다. 다만, 복제물은 합리적인 수량으로 공중에 제공되어야 한다.
바. "방송"이란 공중이 수신하도록 무선 수단에 의하여 소리, 소리와 이미지, 또는 그의 표현을 공중에게 송신하는 것을 말한다. 위성에 의한 송신도 또한 "방송"이다. 암호화된 신호의 송신은 복호화된 수단이 방송기관에 의하여 또는 방송기관의 동의를 받아 공중에게 제공된 경우에 "방송"이다.
사. 실연이나 음반의 "공중 전달"이란 방송이외의 매체에 의하여 실연의 소리, 음반에 고정된 소리 또는 소리의 표현물을 공중에게 송신하는 것을 말한다. 제15조의 목적상 "공중 전달"은 음반에 고정된 소리 또는 소리의 표현물을 공중이 청취할 수 있도록 제공하는 것을 포함한다.

제3조【조약의 보호 대상】
1. 체약당사자는 다른 체약당사자의 국민인 실연자와 음반제작자에게 이 조약이 규정하는 보호를 부여한다.
2. 다른 체약당사자의 국민은 이 조약의 체약당사자가 모두 「로마협약」의 체약국인 경우에 「로마협약」상 보호의 적격 기준을 충족하는 실연자와 음반제작자로 이해된다. 체약당사자는 이 적격 기준에 관하여 이 조약 제2조의 관련 정의를 적용한다.
3. 「로마협약」 제5조제3항에 규정된 가능성 또는 같은 협약 제5조의 목적상 같은 협약 제17조의 가능성을 원용하는 체약당사자는 이들 조항에 규정된 바와 같이 세계지적재산기구 사무총장에게 통고한다.

제4조【내국민대우】
1. 각 체약당사자는 이 조약에서 특별히 부여한 배타적 권리 및 이 조약 제15조에서 규정한 공정한 보상에 관하여 자국의 국민에게 부여하는 대우를 제3조제2항에서 규정한 바와 같이 다른 체약국의 국민에게 부여한다.
2. 제1항에서 규정한 의무는 다른 체약당사자가 이 조약 제15조 제3항에서 허용한 유보를 이용하는 경우에는 적용되지 아니한다.

제2장 실연자의 권리

제5조【실연자의 인격권】
1. 실연의 이용 방법상 생략이 요구되는 경우를 제외하고는, 실연자는 자신의 경제적 권리와 별개로, 그리고 이러한 권리의 이전 후에도, 자신의 청각적 생실연 또는 음반에 고정된 실연에 관하여 자신이 한 실연의 실연자로 인정하여 달라는 주장과 자신의 명성을 해할 수 있는 실연의 왜곡, 훼손, 그 밖의 변경에 대하여 이의를 제기할 권리를 가진다.
2. 제1항에 따라 실연자에게 부여되는 권리는 그의 사망 후, 적어도 그 경제적 권리가 종료할 때까지 존속하고, 보호가 주장되는 체약당사자의 입법에 의하여 권한 있는 사람이나 단체에 의하여 행사될 수 있다. 다만, 이 조약의 비준 또는 가입시에 체약당사자가 자국의 입법으로 이전 항에서 규정한 모든 권리를 실연자의 사망 후에는 보호하지 아니하는 체약국은 이러한 권리 중 일부가 그의 사망 후에는 존속하지 아니한다고 규정할 수 있다.
3. 이 조에서 부여한 권리를 보장하기 위한 구제 수단은 보호가 주장되는 체약당사자의 입법에 따른 지배를 받는다.

제6조【고정되지 아니한 실연에 대한 실연자의 경제적 권리】 실연자는 자신의 실연에 관하여 다음을 허락할 배타적인 권리를 향유한다.
(1) 실연이 이미 방송된 실연인 경우를 제외하고, 자신의 고정되지 아니한 실연을 방송하거나 공중에 전달하는 것, 그리고
(2) 자신의 고정되지 아니한 실연을 고정하는 것

제7조【복제권】 실연자는 그 방법 또는 형태를 불문하고 음반에 고정된 자신의 실연에 대한 직접적 또는 간접적 복제를 허락할 배타적인 권리를 향유한다.

제8조【배포권】
1. 실연자는 판매 또는 그 밖의 소유권의 이전을 통하여 음반에 고정된 자신의 실연의 원본이나 복제물을 공중이 이용가능하게 하는 것을 허락할 배타적인 권리를 향유한다.
2. 이 조약의 어떠한 규정도 체약당사자가 고정된 실연의 원본이나 복제물이 실연자의 허락 하에 최초 판매되거나 또는 그 밖의 소유권이 이전된 후에 제1항의 권리가 소진되는 적용조건을 결정할 자유에 영향을 미치지 아니한다.

제9조【대여권】
1. 실연자는 음반에 고정된 자신의 실연의 원본이나 복제물이 자신의 허락에 의하여, 또는 자신의 허락에 따라 배포된 후에도, 체약당사자의 국내법이 정하는 바대로 이를 공중에 상업적으로 대여하는 것을 허락할 배타적인 권리를 향유한다.
2. 제1항에도 불구하고, 1994년 4월 15일 당시에 음반에 고정된 실연의 복제물의 대여와 관련하여 실연자에 대한 공정한 보상 제도가 존재하였고, 그 이후 이러한 제도를 계속 시행중인 체약당사자는 음반의 상업적 대여가 실연자의 배타적 복제권을 실질적으로 침해하지 아니한다는 조건으로 이 제도를 계속 유지할 수 있다.

제10조【고정된 실연을 이용가능하게 할 권리】 실연자는 공중의 구성원이 개별적으로 선택한 장소와 시간에 음반에 고정된 실연에 접근할 수 있는 방법으로, 유선 또는 무선의 수단에 의하여 음반에 고정된 실연을 공중이 이용가능하게 하는 것을 허락할 배타적인 권리를 향유한다.

제3장 음반제작자의 권리

제11조【복제권】 음반제작자는 그 방법 또는 형태를 불문하고 음반의 직접적 또는 간접적 복제를 허락할 배타적인 권리를 향유한다.

제12조【배포권】
1. 음반제작자는 판매 또는 그 밖의 소유권의 이전을 통하여 자신의 음반의 원본이나 복제물을 공중이 이용가능하게 하는 것을 허락할 배타적인 권리를 향유한다.
2. 이 조약의 어떠한 규정도 체약당사자가 음반 제작자의 허락을 받아 이루어진 음반의 원본이나 복제물이 최초로 판매되거나 또는 그 밖의 소유권이 이전된 후에 제1항의 권리가 소진되는 적용조건을 결정할 자유에 영향을 미치지 아니한다.

제13조【대여권】
1. 음반제작자는 음반의 원본이나 복제물이 자신의 허락에 의하여 또는 자신의 허락에 따라 배포된 후에도 체약당사자의 국내법이 정한 바대로 이를 공중에 상업적으로 대여하는 것을 허락할 배타적인 권리를 향유한다.
2. 제1항에도 불구하고, 1994년 4월 15일 당시에 음반의 복제물의 대여와 관련하여 음반 제작자에 대한 공정한 보상 제도가 존재하였고, 그 이후 이러한 제도를 계속 시행중인 체약당사자는 음반의 상업적 대여가 음반제작자의 배타적 복제권을 실질적으로 침해하지 아니한다는 조건으로 이 제도를 계속 유지할 수 있다.

제14조【음반을 이용가능하게 할 권리】 음반제작자는 공중의 구성원이 개별적으로 선택한 장소와 시간에 음반에 접근할 수 있는 방법으로, 유선 또는 무선의 수단에 의하여 음반을 공중이 이용가능하게 하는 것을 허락할 배타적인 권리를 향유한다.

제4장 공통 규정

제15조【방송과 공중전달에 대한 보상청구권】
1. 실연자와 음반제작자는 상업적인 목적으로 발행된 음반이 방송이나 공중에 대한 전달을 위하여 직접적 또는 간접적으로 이용되는 경우에 공정한 단일 보상에 대한 권리를 향유한다.
2. 체약당사자는 실연자나 음반제작자 또는 양자가 이용자에게 공정한 단일 보상을 청구하도록 국내입법으로 정할 수 있다. 체약당사자는 실연자와 음반제작자 사이에 합의가 없는 경우에 실연자와 음반제작자가 공정한 단일 보상금을 분배하는 조건을 정하는 국내입법을 제정할 수 있다.
3. 체약당사자는 세계지적재산권기구 사무총장에게 통고를 기탁함으로써 제1항의 규정을 특정한 이용에 대해서만 적용하거나, 다른 방법으로 그 적용을 제한하거나 또는 동 규정을 적용하지 아니한다는 선언을 할 수 있다.
4. 이 조의 목적상, 공중의 구성원이 개별적으로 선택한 장소와 시간에 접근할 수 있는 방법으로 유선이나 무선 수단에 의하여 공중이 이용가능하게 된 음반은 상업적인 목적으로 발행된 것으로 간주한다.

제16조【제한과 예외】
1. 체약당사자는 실연자와 음반제작자의 보호에 관하여, 문학·예술 저작물에 대한 저작권 보호와 관련하여 국내법에서 규정한 바와 같은 종류의 제한이나 예외를 국내법으로 규정할 수 있다.
2. 체약당사자는 이 조약에서 규정한 권리에 대한 제안이나 예외를 실연이나 음반의 통상적 이용과 상충하지 아니하고 실연자나 음반 제작자의 정당한 이익에 불합리한 영향을 주지 아니하는 일부 특별한 경우로 한정한다.

제17조【보호기간】
1. 이 조약에 따라 실연자에게 부여되는 보호기간은 실연이 음반으로 고정된 연도의 말부터 기산하여 적어도 50년의 기간이 종료하는 때까지 존속한다.
2. 이 조약에 따라 음반제작자에게 부여되는 보호기간은 음반이 발행된 연도의 말부터 기산하여 적어도 50년의 기간이 종료할 때까지, 또는 그 음반의 고정으로부터 50년 내에 발행이 행하여지지 아니하였을 경우에는 그 고정이 이루어진 연도의 말부터 50년의 기간이 종료하는 때까지 존속한다.

제18조【기술 조치에 관한 의무】 체약당사자는 실연자 또는 음반제작자가 이 조약상의 권리 행사와 관련하여 사용하고, 그의 실연 및 음반과 관련하여 실연자 또는 음반제작자에게 허락받지 아니하거나 법에서 허용하지 아니하는 행위를 제한하는 효과적인 기술 조치의 우회에 대하여 충분한 법적 보호와 효과적인 법적 구제를 제공한다.

제19조【권리관리정보에 관한 의무】
1. 체약당사자는 다음의 행위가 이 조약상의 권리의 침해를 유인·가능·용이 또는 은폐할 것을 알면서, 또는 민사구제에 대하여는 이를 알만한 합리적인 근거가 있음에도 이를 고의로 행하는 자에 대하여 충분하고 효과적인 법적 구제를 제공한다.
(1) 전자적인 권리관리정보를 권한 없이 제거하거나 변경하는 것
(2) 전자적인 권리관리정보가 권한 없이 제거되었거나 변경되었다는 것을 알면서 실연, 고정된 실연의 복제물 또는 음반을 권한 없이 배포, 배포를 위하여 수입, 방송하거나 공중이 이용가능하게 하는 것
2. 이 조의 목적상, "권리관리정보"란 실연자, 실연자의 실연, 음반제작자, 음반, 실연이나 음반의 권리자를 식별하는 정보 또는 실연이나 음반의 이용 조건에 관한 정보 및 그러한 정보를 나타내는 어떠한 숫자나 부호로서, 이들 정보의 어느 항목이 고정된 실연의 복제물이나 음반에 부착되거나, 고정된 실연·음반의 공중전달 또는 공중에게 이용가능하게 하는 것과 관련하여 나타나는 것을 말한다.

제20조【형식】 이 조약에서 규정한 권리의 향유와 행사는 어떠한 형식에 따를 것을 조건으로 하지 아니한다.

제21조【유보】 제15조제3항의 규정에 따를 것을 조건으로, 이 조약에 대한 유보는 허용되지 아니한다.

제22조【시간적 적용】
1. 체약당사자는 이 조약에서 규정한 실연자와 음반제작자의 권리에 대하여 「베른협약」 제18조의 규정을 준용한다.
2. 제1항에도 불구하고, 체약당사자는 이 조약의 발효 후에 자국에 대하여 행하여지는 실연에 이 조약 제5조의 적용을 한정할 수 있다.

제23조【권리 집행에 관한 규정】
1. 체약당사자는 자국의 법령체계에 따라 이 조약의 적용을 보장하기 위하여 필요한 조치를 취할 것을 약속한다.
2. 체약당사자는 침해를 예방하기 위한 신속한 구제와 추가 침해를 억제하기 위한 구제를 포함하여 이 조약상의 모든 권리의 침해행위에 대한 효과적인 대처를 가능하게 하는 집행절차를 자국의 법으로 보장한다.

제5장 행정 및 종결 조항

제24조【총회】
1. 가. 체약당사자는 총회를 구성한다.
나. 각 체약당사자는 1명의 대표가 대표하고, 그 대표는 교체대표·자문 및 전문가의 보좌를 받을 수 있다.
다. 각 대표단의 경비는 그 대표단을 임명한 체약당사자가 부담한다. 총회는 세계지적재산기구에 대하여 국제연합 총회의 확립된 관행에 따라 개발도상국으로 보는 체약당사자 또는 시장 경제로 전환중인 국가인 체약당사자 대표단의 참여를 촉진하기 위한 재정적 후원을 요청할 수 있다.
2. 가. 총회는 이 조약의 유지·발전과 이 조약의 적용·운영에 관한 사항을 다룬다.
나. 총회는 특정 정부간 기구의 이 조약 당사자로서의 수락에 관하여 제26조제2항에 의하여 총회에 부여된 기능을 행사한다.
다. 총회는 이 조약의 개정을 위한 외교회의의 소집을 결정하고, 이러한 외교회의의 준비에 관하여 세계지적재산기구 사무총장에게 필요한 지침을 준다.
3. 가. 국가인 체약당사자는 각 1표의 투표권을 가지며 자국의 명의로만 투표한다.
나. 정부간 기구인 체약당사자는 그 회원국을 대신하여 이 조약의 당사국인 회원국의 수만큼 투표권을 행사할 수 있다. 이러한 정부간 기구는 그 회원국이 투표권을 행사하는 경우 투표에 참여할 수 없고, 그 반대의 경우에도 마찬가지이다.
4. 총회는 2년에 1회 세계지적재산기구 사무총장이 소집하는 정기회의에 회합한다.
5. 총회는 임시회기 소집·정족수 요건 및 이 조약 규정에 따른 각종 결정에 있어서의 다수결 요건 등에 관한 자체 절차 규칙을 채택한다.

제25조【국제사무국】 세계지적재산기구 국제사무국은 이 조약과 관련된 행정 업무를 수행한다.

제26조【조약 당사자 적격】
1. 세계지적재산기구의 회원국은 이 조약의 당사자가 될 수 있다.
2. 총회는 이 조약 내용을 다룰 권한과 이에 관하여 그 회원국을 구속하는 입법이 있고 그 내부 절차에 따라 이 조약의 당사자가 되도록 정당하게 권한을 위임받았음을 선언하는 정부간 기구의 조약 당사자로서의 수락 여부를 결정할 수 있다.
3. 유럽공동체는 이 조약이 채택된 외교회의에서 이전 항의 규정에 따라 선언함에 따라 이 조약의 당사자가 될 수 있다.

제27조【조약상의 권리와 의무】 이 조약에서 달리 특별히 규정된 경우를 제외하고 각 체약당사자는 이 조약상의 모든 권리를 향유하고 모든 의무를 부담한다.

제28조【조약에의 서명】 이 조약은 1997년 12월 31일까지 서명을 위하여 세계지적재산기구의 회원국과 유럽공동체에 개방된다.

제29조【조약의 발효】 이 조약은 30개국의 비준서 또는 가입서가 세계지적재산기구 사무총장에게 기탁된 때부터 3개월 후 효력을 발생한다.

제30조【조약당사자에 대한 효력 발생일】 이 조약은 다음과 같은 날부터 당사자를 기속한다.
(1) 제29조에 언급된 30개국은 이 조약의 효력 발생일
(2) 다른 국가는 그 국가가 세계지적재산기구 사무총장에게 가입 문서를 기탁한 날부터 3개월이 경과한 때
(3) 유럽 공동체는 제29조에 따른 조약의 효력 발생 후 비준서 또는 가입서를 기탁한 경우 그 비준서 또는 가입서의 기탁 후 3개월이 경과한 때, 가입문서가 조약의 효력 발생 전에 기탁된 경우 조약의 효력 발생일로부터 3개월이 경과한 때
(4) 이 조약에 당사자로서의 가입이 허락된 다른 정부간 기구는 가입서 기탁 후 3개월이 경과한 때

제31조【조약의 폐기】 모든 체약당사자는 세계지적재산기구 사무총장에 대해 통고함으로써 이 조약을 폐기할 수 있다. 이러한 폐기는 세계지적재산기구 사무총장이 통고를 접수한 날부터 1년 후에 효력을 발생한다.

제32조【조약의 언어】
1. 이 조약은 동등하게 정본인 영어, 아랍어, 중국어, 프랑스어, 러시아어 및 스페인어로 된 단일의 원본에 의하여 서명되었다.
2. 세계지적재산기구 사무총장은 이해 관계자의 요청에 따라 모든 이해 관계자와의 협의 후 제1항외의 언어로 작성된 공식문서를 확정한다. 이 항에서 "이해 관계자"란 자국의 공식 언어 또는 다수의 공식 언어 중 하나가 관련된 세계지적재산기구 회원국, 유럽공동체, 또는 그 공식 언어 중 하나가 관련되고 이 조약의 당사자가 될 수 있는 다른 정부간 기구를 말한다.

제33조【기탁】 세계지적재산기구 사무총장은 이 조약의 수탁자이다.

선 언

대한민국은 세계지적재산기구 실연 및 음반에 관한 조약의 제3조제3항에 따라 발행 기준을 적용하지 아니한다.

대한민국은 세계지적재산기구 실연 및 음반에 관한 조약의 제15조제3항에 따라 상업용 음반이 무선 및 유선방송을 통하여 이용되는 경우에 한하여 동 조약 제15조제1항의 규정을 적용한다. 유선방송에 인터넷을 통한 방송은 포함하지 아니한다.

대한민국은 세계지적재산기구 실연 및 음반에 관한 조약의 제15조제3항에 따라 동 조약의 제15조제3항에 따른 선언을 한 다른 체약국의 국민인 자가 제작하거나 실연한 음반에 대하여 부여하는 동 조약의 제15조제1항에 규정된 보호는 그 다른 체약국이 동 조약의 제15조제1항에 따라 우리 국민인 자가 제작하거나 실연한 음반에 대하여 부여하는 보호의 범위와 기간 내로 제한한다.

실연자, 음반제작자 및 방송사업자의 보호를 위한 국제협약

(2009년 3월 18일
조 약 제1941호)

1961.10.26(로마에서 채택)
2009. 3.18(대한민국에 대하여 발효)

체약국은 실연자, 음반제작자 및 방송사업자의 권리 보호를 희망하며, 다음과 같이 합의하였다.

제1조 이 협약에 의하여 부여되는 보호는 문학·예술 저작물에 대한 저작권 보호를 손상시키지 아니하고, 어떠한 경우에도 이에 영향을 미치지 아니한다. 따라서 이 협약의 어떠한 규정도 그러한 보호를 해하는 것으로 해석되지 아니한다.

제2조 1. 이 협약의 목적상, 내국민대우란 보호가 요구되는 체약국의 국내법에 의하여 다음의 사람에게 주어지는 대우를 말한다.
가. 그 영역 내에서 행해지거나, 방송되거나 또는 최초로 고정된 실연에 관하여, 자국민인 실연자
나. 그 영역 내에서 최초로 고정되거나 최초로 발행된 음반에 관하여, 자국민인 음반제작자
다. 그 영역 내에 소재하고 있는 송신기로부터 송신된 방송에 관하여, 자국 내에 주사무소를 가지는 방송사업자
2. 내국민대우는 이 협약이 특별히 보장하는 보호 및 특별히 정하는 제한에 따를 것을 조건으로 한다.

제3조 이 협약의 목적상,
가. "실연자"란 배우·가수·연주자·무용가와 그 밖의 문학 또는 예술저작물을 연기·가창·전달·표현·연주 또는 달리 실연하는 자를 말한다.
나. "음반"이란 실연의 소리 또는 그 밖의 소리를 오로지 청각적으로 고정한 것을 말한다.
다. "음반제작자"란 실연의 또는 그 밖의 소리를 최초로 고정한 자연인이나 법인을 말한다.
라. "발행"이란 음반의 복제물을 합리적인 수량으로 공중에게 제공하는 것을 말한다.
마. "복제"란 고정물을 하나 또는 그 이상의 복제물로 만드는 것을 말한다.
바. "방송"이란 공중이 수신하도록 무선의 수단에 의하여 소리 또는 영상과 소리를 송신하는 것을 말한다.
사. "재방송"이란 어느 방송사업자가 다른 방송사업자의 방송을 동시에 방송하는 것을 말한다.

제4조 각 체약국은 다음의 조건 중 하나 이상이 충족되는 경우, 실연자에게 내국민대우를 부여한다.
가. 실연이 다른 체약국 내에서 행하여지거나
나. 실연이 이 협약 제5조에 따라 보호되는 음반에 수록되거나,
다. 음반으로 고정되어 있지 아니한 실연이 이 협약 제6조에 따라 보호되는 방송에 의하여 전해지는 경우

제5조 1. 각 체약국은 다음의 조건 중 하나 이상이 충족되는 경우, 음반제작자에게 내국민대우를 부여한다.
가. 음반제작자가 다른 체약국의 국민이거나(국적 기준),
나. 소리의 최초의 고정이 다른 체약국 내에서 이루어지거나(고정기준),
다. 음반이 다른 체약국에서 최초로 발행된 경우(발행 기준)
2. 비체약국에서 최초로 발행된 음반이 그 최초 발행일부터 30일 이내에 체약국에서도 발행(동시발행)된 때에는, 그 음반은 그 체약국 내에서 최초로 발행된 것으로 본다.

3. 체약국은 국제연합 사무총장에게 기탁하는 통고를 통하여 발행의 기준 또는 이에 대신하여 고정의 기준을 적용하지 아니한다고 선언할 수 있다. 이러한 통고는 비준, 수락 또는 가입시에 기탁할 수 있으며, 또는 그 후에 언제든지 기탁할 수 있다. 마지막 경우에는 그 통고가 기탁된 때부터 6개월 후에 효력이 발생한다.

제6조 1. 각 체약국은 다음의 조건 중 어느 하나 이상이 충족되는 경우, 방송사업자에게 내국민대우를 부여한다.
가. 방송사업자의 주사무소가 다른 체약국 내에 소재하고 있거나,
나. 방송이 다른 체약국 내에 소재하고 있는 송신기로부터 송신되는 경우

2. 체약국은 국제연합 사무총장에게 기탁하는 통고를 통하여 방송사업자의 주사무소가 다른 체약국 내에 소재하고 있고 방송이 그 체약국 내에 있는 송신기로부터 송신되는 경우에 한하여 방송을 보호한다고 선언할 수 있다. 이러한 통고는 비준, 수락 또는 가입시에 기탁할 수 있으며, 또는 그 후에 언제든지 기탁할 수 있다. 마지막 경우에는 그 통고가 기탁된 때부터 6개월 후에 효력이 발생한다.

제7조 1. 이 협약이 실연자에게 부여하는 보호는 다음을 방지하는 가능성을 포함한다.
가. 실연자의 동의를 받지 아니한 실연의 방송 또는 공중 전달. 다만, 방송이나 공중 전달에 이용되는 실연 그 자체가 이미 방송 실연이거나 또는 고정물로부터 행하여지는 경우는 예외로 한다.
나. 실연자의 동의를 받지 아니한 고정되지 아니한 실연의 고정,
다. 다음의 경우에 실연자의 동의를 받지 아니한 실연의 고정물의 복제
(1) 원고정물 자체가 동의 없이 만들어졌거나,
(2) 실연자가 동의한 목적과 다르게 복제가 되거나,
(3) 원고정물이 제15조의 규정에 따라 만들어졌고 복제가 그 규정에서 언급한 목적과 다르게 이루어지는 경우

2. 1) 실연자가 방송에 동의한 경우에, 재방송, 방송 목적을 위한 고정 및 방송을 목적으로 그러한 고정물의 복제로부터의 보호를 규율하는 것은 보호가 주장되는 체약국 국내법의 관할사항이다.
2) 방송 목적을 위하여 만들어진 고정물의 방송사업자에 의한 사용을 관할하는 조건은 보호가 주장되는 체약국의 국내법에 따라 결정된다.
3) 다만, 제1호와 제2호에서 언급한 국내법은 실연자가 계약에 의하여 방송사업자와의 관계를 정할 권한을 빼앗을 목적으로 작용하지 아니한다.

제8조 동일한 실연에 다수의 실연자가 참가하는 경우에, 체약국은 국내 법령에 의하여 그들의 권리 행사와 관련하여 대표를 결정하는 방법을 규정할 수 있다.

제9조 체약국은 국내 법령에 의하여 이 협약에서 규정한 보호를 문학·예술 저작물을 실연하지 아니하는 예술가에게 확장할 수 있다.

제10조 음반제작자는 그의 음반을 직접 또는 간접으로 복제하는 것을 허가하거나 금지할 권리를 향유한다.

제11조 어떤 체약국이 음반과 관련하여 음반제작자나 실연자 또는 이들 양자의 권리를 보호하는 조건으로 자국의 국내법으로 특정한 형식에 따를 것을 요구하는 경우에, 발행된 음반의 모든 상업적 복제물이나 그 용기에 최초의 발행연도와 더불어 보호의 주장을 합리적으로 표시하는 방법으로 Ⓟ의 기호가 표시되어 있으면 이러한 요건은 충족된 것으로 간주된다. 다만, 그 복제물이나 용기로부터 (성명, 상표 또는 그 밖의 적절한 표시에 의하여) 제작자나 제작자의 허락을 받은 사람이 식별되지 아니하는 경우에는 제작자의 권리의 소유자의 성명도 그 표시에 넣어야 한다. 또한, 그 복제물이나 용기로부터 주요 실연자가 식별되지 아니하는 경우에는 고정이 이루어진 국가에서 그 실연자의 권리를 소유한 사람의 성명도 그 표시에 넣어야 한다.

제12조 상업적인 목적으로 발행된 음반 또는 그러한 음반의 복제물이 방송 또는 공중전달에 직접적으로 사용되는 경우에, 단일의 공정한 보상이 사용자에 의하여 실연자나 음반제작자 또는 이들 양자에게 지급되어야 한다. 당사자 사이에 약정이 없는 경우에는 국내법으로 이 보상금의 배분 조건을 정할 수 있다.

제13조 방송사업자는 다음을 허가하거나 금지할 권리를 향유한다.
가. 자신의 방송물의 재방송
나. 자신의 방송물의 고정
다. 아래에 해당하는 복제
(1) 방송사업자의 동의를 받지 아니하고 만들어진 방송 고정물의 복제
(2) 제15조에 따라 만들어진 방송물의 고정물의 복제로서 그 규정에서 언급하고 있는 목적과 다른 목적으로 복제가 이루어진 경우, 그 복제
라. 입장료를 지급함으로써 공중이 입장할 수 있는 장소에서 텔레비전 방송물이 공중에 전달되는 경우의 그 전달. 다만, 이러한 권리를 행사할 수 있는 조건의 결정은 이러한 권리의 보호가 주장되는 국가의 국내법의 관할사항이다.

제14조 이 협약에 따라 부여되는 보호의 기간은 다음의 연도 말부터 기산하여 적어도 20년의 기간 만료시까지 존속한다.
가. 음반 및 음반에 수록된 실연에 대해서는, 고정이 이루어진 때
나. 음반에 수록되지 아니한 실연에 대해서는, 실연이 행하여진 때
다. 방송물에 대해서는, 방송이 이루어진 때

제15조 1. 체약국은 다음과 관련하여 이 협약에 보장된 보호에 대한 예외를 국내 법령으로 정할 수 있다.
가. 사적 이용
나. 시사 사건의 보도와 관련하여 짧은 발췌의 사용
다. 자신의 방송을 위하여 자체의 시설을 사용하여 행하여진 방송사업자의 일시적 고정
라. 오직 교육이나 학술 연구의 목적을 위한 사용.

2. 본 조의 제1항에도 불구하고, 체약국은 국내 법령으로 문학·예술 저작물의 저작권의 보호와 관련하여 규정하고 있는 바와 같이, 국내 법령으로 실연자, 음반제작자 및 방송사업자의 보호에 관하여 같은 종류의 제한을 규정할 수 있다. 다만, 강제허락은 이 협약과 양립하는 범위 내에서만 규정될 수 있다.

제16조 1. 이 협약의 당사국이 된 국가는 이 협약상의 모든 의무에 구속되고 그로 인한 모든 이익을 향유한다. 다만, 어느 국가든지 국제연합 사무총장에게 통고를 기탁함으로써 언제든지 다음과 같이 선언할 수 있다.
가. 제12조에 관하여,
(1) 같은 조의 규정을 적용하지 아니한다는 것
(2) 같은 조의 규정을 어떤 특정의 사용에 관하여 적용하지 아니한다는 것
(3) 다른 체약국의 국민이 아닌 자가 제작한 음반의 경우에 관하여, 같은 조의 규정을 적용하지 아니한다는 것
(4) 다른 체약국의 국민인 자가 제작한 음반의 경우에 관하여, 이 선언을 한 국가의 국민이 최초로 고정한 음반에 대하여 그 다른 체약국이 부여하는 보호의 범위와 기간 내에서, 같은 조에 의하여 규정된 보호를 제한할 수 있다는 것. 다만, 동일한 수혜자에 대하여 제작자가 자국민인 체약국이 선언을 행한 국가와 같은 보호를 부여하지 아니한다는 사실은 보호의 범위에 있어서의 차이로 간주되지 아니한다.
나. 제13조에 관하여, 같은 조 라호를 적용하지 아니한다는 것. 체약국이 이러한 선언을 하는 경우에, 다른 체약국은 주사무소가 그 체약국 내에 있는 방송사업자에게 제13조라호에서 언급하고 있는 권리를 부여할 의무를 지지 아니한다.

2. 제1항에서 언급하고 있는 통고가 비준, 수락 또는 가입서의 기탁일 이후에 이루어진 경우에, 이러한 선언은 기탁 후 6개월 후에 효력을 발생한다.

제17조 1961년 10월 26일에 오로지 고정의 기준에 근거하여 음반제작자에 대하여 보호를 부여하고 있는 국가는 비준, 수락 또는 가입시에 국제연합 사무총장에게 통고를 기탁함으로써, 제5조의 목적상 고정의 기준만을, 그리고 제16조제1항가호(3)목과 (4)목의 목적상 국적의 기준 대신에 고정의 기준을 적용한다고 선언할 수 있다.

제18조 제5조제3항, 제6조제2항, 제16조 또는 제17조의 규정에 따라 통고를 기탁한 국가는 국제연합 사무총장에게 새로운 통고를 기탁함으로써 그 범위를 축소하거나 이를 철회할 수 있다.

제19조 이 협약에도 불구하고, 제7조의 규정은 실연자가 그의 실연을 시각이나 시청각고정물에 싣는 것을 동의한 경우에는 더 이상 적용되지 아니한다.

제20조 1. 이 협약은 그 효력 발생일 전에 체약국이 획득한 권리를 해하지 아니한다.

2. 체약국은 이 협약의 효력 발생일 전에 행하여진 실연이나 방송 또는 고정된 음반에 관하여 이 협약의 규정을 적용하도록 구속되지 아니한다.

제21조 이 협약에서 규정하는 보호는 실연자, 음반제작자 및 방송사업자에 대하여 달리 보장된 보호를 해하지 아니한다.

제22조 체약국은 체약국 간의 특별 협정으로 실연자, 음반제작자 또는 방송사업자에게 이 협약에 의하여 부여되는 권리보다 광범위한 권리를 부여하거나 이 협약에 저촉되지 아니하는 다른 규정을 둘 권리를 유보한다.

제23조 이 협약은 국제연합 사무총장에게 기탁한다. 이 협약은 1962년 6월 30일까지 세계저작권협약의 당사국 또는 문학·예술 저작물의 보호를 위한 국제동맹의 회원국이며 실연자, 음반제작자 및 방송사업자의 국제적 보호에 관한 외교회의에 초청받은 모든 국가에 대하여 서명을 위하여 개방된다.

제24조 1. 이 협약은 서명국에 의하여 비준이나 수락을 받아야 한다.

2. 이 협약은 제23조에서 언급한 회의에 초청받은 국가 및 국제연합 회원국의 가입을 위하여 개방된다. 다만, 그러한 국가는 어느 경우에도 세계저작권협약의 당사국 또는 문학·예술 저작물의 보호를 위한 국제동맹의 회원국이어야 한다.

3. 비준, 수락 또는 가입은 국제연합 사무총장에게 이러한 목적을 위하여 문서를 기탁함으로써 효력이 발생한다.

제25조 1. 이 협약은 여섯 번째의 비준, 수락 또는 가입서의 기탁일부터 3개월 후에 발효한다.

2. 그 후에, 이 협약은 각국에 대하여 비준, 수락 또는 가입 문서의 기탁일부터 3개월 후에 발효한다.

제26조 1. 각 체약국은 자국의 헌법에 따라 이 협약의 적용을 확보하기 위하여 필요한 조치를 취한다.

2. 비준, 수락 또는 가입서의 기탁시에 각국은 자국의 국내법에 따라 이 협약의 규정을 실시할 수 있는 상태이어야 한다.

제27조 1. 국가는 비준, 수락 또는 가입시 또는 그 후에 언제든지, 국제연합 사무총장에 대한 통고에 의하여 이 협약이 외교관계에 대하여 자국이 책임지는 영역의 전부나 일부에 확대 적용된다고 선언할 수 있다. 다만, 세계저작권협약이나 문학·예술 저작물의 보호를 위한 국제협약이 그 영역이나 관련 영역에 대하여 적용되는 경우에 한한다. 이러한 통고는 수령일부터 3개월 후에 효력을 발생한다.

2. 제5조제3항, 제6조제2항, 제16조제1항, 제17조 및 제18조에서 언급한 통고는 본 조 제1항에서 언급한 영역의 전부나 일부를 포함하도록 확대 적용될 수 있다.

제28조 1. 체약국은 자국을 위하여 또는 제27조에서 언급한 영역의 전부나 일부를 위하여 이 협약을 폐기할 수 있다.

2. 폐기는 국제연합 사무총장에 대한 통고에 의하여 효력이 발생하며, 이러한 폐기는 통고의 수령일부터 12개월 후에 발효한다.

3. 체약국은 그 국가에 대한 이 협약의 효력 발생일부터 5년의 기간이 만료하기 전에는 폐기권을 행사할 수 없다.

4. 체약국은 세계저작권협약의 당사국 또는 문학·예술 저작물의 보호를 위한 국제동맹의 회원국이 아닌 때부터 이 협약의 당사국 지위를 상실한다.

5. 제27조에서 언급한 영역에 대하여 세계저작권협약과 문학·예술 저작물의 보호를 위한 국제협약이 적용되지 아니하는 때부터 이 협약은 적용되지 아니한다.

제29조 1. 이 협약이 5년간 효력을 발생한 후, 체약국은 국제연합 사무총장에 대한 통고에 의하여 이 협약의 개정을 위한 회의를 소집하도록 요청할 수 있다. 사무총장은 이 요청을 모든 체약국에게 통고한다. 국제연합 사무총장의 통고일부터 6개월의 기간 내에 체약국의 2분의 1 이상이 이러한 요청에 찬성한다고 사무총장에게 통고한 경우에, 사무총장은 이를 국제노동기구 사무총장, 국제연합 교육과학문화기구 사무총장과 문학·예술 저작물의 보호를 위한 국제동맹 사무총장에게 통보하여 이들 사무총장들은 제32조에서 규정된 정부간 위원회와 협의하여 개정 회의를 개최한다.

2. 이 협약의 개정을 채택하기 위해서는 개정 회의 당시에 이 협약 당사국의 3분의 2를 포함하여 개정 회의에 출석한 국가의 3분의 2의 찬성투표를 필요로 한다.

3. 이 협약의 전부나 일부를 개정하는 협약이 채택된 경우, 그 개정 협약이 별도로 규정하지 아니하는 한,
가. 이 협약은 그 개정 협약의 발효일부터 비준, 수락 또는 가입을 위하여 개방되지 아니한다.
나. 개정 협약의 당사국이 되지 아니한 체약국들 사이에 또는 그들과의 관계에 있어서 이 협약은 효력을 유지한다.

제30조 이 협약의 해석이나 적용에 관하여 둘 또는 그 이상의 체약국 사이에 발생하여 협의로 해결할 수 없는 분쟁은 그들이 다른 해결방법에 대하여 동의하지 아니하는 한, 그 중 어느 한 분쟁당사국의 요청으로 국제사법재판소에 회부하여 결정하도록 한다.

제31조 제5조제3항, 제6조제2항, 제16조제1항 및 제17조의 규정을 해하지 아니하는 범위 내에서, 이 협약에 대한 유보는 허용되지 아니한다.

제32조 1. 이 협약에 의하여 다음의 임무를 갖는 정부간 위원회를 설치한다.
가. 이 협약의 적용과 운영에 관한 문제를 연구하는 것
나. 이 협약의 장래의 개정을 위한 제안을 수집하고 자료를 준비하는 것

2. 위원회는 공평한 지리적 분배를 고려하여 선출되는 체약국의 대표자로 구성된다. 위원의 수는 체약국이 12개국 이하인 때에는 6명, 13개국 이상 18개국 이하인 때에는 9명, 18개국을 초과하는 때에는 12명으로 한다.

3. 위원회는 이 협약의 효력이 발생한 때부터 12개월 후에, 모든 체약국의 다수결에 의하여 미리 승인된 규칙에 따라, 각 1표를 가지는 체약국들 사이에 선출된 위원들과 국제노동기구 사무총장, 국제연합 교육과학문화기구 사무총장 및 문학·예술 저작물의 보호를 위한 국제동맹의 사무총장으로 구성된다.

4. 위원회는 의장과 임원을 선출한다. 위원회는 자체의 절차 규칙을 형성한다. 이 규칙은 특히 위원회의 장래의 운영과, 여러 체약국 간에 향후 교대를 보장할 수 있도록 그 위원을 선출하는 방법을 정한다.

5. 위원회의 사무국은 국제노동기구, 국제연합 교육과학문화기구와 문학·예술 저작물의 보호를 위한 국제동맹 사무국의 직원 중 위 사무총장들이 지명한 직원으로 구성한다.

6. 위원회의 회의는 위원의 다수결로 필요한 경우에 소집하고, 국제노동기구, 국제연합 교육과학문화기구와 문학·예술 저작물의 보호를 위한 국제동맹 사무국의 본부에서 순차적으로 개최한다.

7. 위원회 위원의 경비는 각 위원의 정부가 부담한다.

제33조 1. 이 협약은 동등하게 정본인 영어, 프랑스어 및 스페인어로 작성되었다.

2. 또한, 이 협약의 공식문은 독일어, 이탈리아어 및 포르투갈어로 작성된다.

제34조 1. 국제연합 사무총장은 국제노동기구 사무총장, 국제연합 교육과학문화기구 사무총장 및 문학·예술 저작물의 보호를 위한 국제동맹 사무총장뿐만 아니라 제23조의 회의에 초청받은 국가와 국제연합의 모든 회원국에게 다음의 사항을 통고한다.
가. 비준, 수락 또는 가입서의 기탁
나. 이 협약의 발효일
다. 이 협약에서 규정한 모든 통고, 선언 또는 통보
라. 제28조제4항과 제5항에서 언급한 상황의 발생 여부

2. 국제연합 사무총장은 또한 제29조에 따라 그가 이 협약의 개정에 관하여 체약국으로부터 수령한 통보를 포함한 모든 요청을 국제노동기구 사무총장, 국제연합 교육과학문화기구 사무총장 및 문학·예술 저작물의 보호를 위한 국제동맹 사무총장에게 통고한다.

이상의 증거로, 아래 서명자는 정당한 권한을 위임받아 이 협약에 서명하였다.

1961년 10월 26일에, 로마에서 영어, 프랑스어 및 스페인어로 단일본을 작성하였다. 국제연합 사무총장은 국제노동기구 사무총장, 국제연합 교육과학문화기구 사무총장 및 문학·예술 저작물의 보호를 위한 국제동맹 사무총장뿐만 아니라 제23조의 회의에 초청받은 국가와 국제연합의 모든 회원국에게 인증등본을 송부한다.

선 언

대한민국은 실연자, 음반 제작자 및 방송사업자의 보호를 위한 국제협약의 제5조제3항에 따라 발행의 기준을 적용하지 아니한다.

대한민국은 실연자, 음반 제작자 및 방송사업자의 보호를 위한 국제협약의 제6조제2항에 따라 방송사업자의 주사무소가 다른 체약국 내에 소재하고 있고, 방송이 그 체약국 내에 소재하고 있는 송신기로부터 송신되는 경우에 한하여 방송을 보호한다.

대한민국은 실연자, 음반 제작자 및 방송사업자의 보호를 위한 국제협약의 제16조제1항가호(2)목에 따라 상업용 음반이 무선 및 유선방송을 통하여 이용되는 경우에 한하여 제12조의 규정을 적용한다. 유선방송에 인터넷을 통한 방송은 포함하지 아니한다.

대한민국은 실연자, 음반 제작자 및 방송사업자의 보호를 위한 국제협약의 제16조제1항가호(3)목에 따라 다른 체약국의 국민이 아닌 자가 제작한 음반의 경우에는 제12조의 규정을 적용하지 아니한다.

대한민국은 실연자, 음반 제작자 및 방송사업자의 보호를 위한 국제협약의 제16조제1항가호(4)목에 따라 다른 체약국의 국민인 자가 제작한 음반에 대하여 부여하는 제12조에 규정된 보호는 대한민국 국민이 최초로 고정한 음반에 대하여 그 다른 체약국이 부여하는 보호의 범위와 기간 내로 제한한다.

대한민국은 실연자, 음반 제작자 및 방송사업자의 보호를 위한 국제협약의 제16조제1항나호에 따라 제13조라호를 적용하지 아니한다.

음반의 무단복제로부터 음반제작자를 보호하기 위한 협약

(1987년 10월 5일
조 약 제937호)

1971.10.29(제네바에서 작성)
1987.10.10(대한민국에 대하여 발효)

체약국은, 무단으로 음반의 복제가 널리 행하여지고 또한 증가하고 있으며 그리고 이러한 행위가 저작자, 실연자 및 음반제작자의 이익을 해하고 있음을 우려하고, 이러한 행위로부터 음반제작자를 보호하는 것이 음반에 실연이 녹음되어 있는 실연자와 저작물이 녹음되어 있는 저작자에게도 이익이 되는 것임을 확신하며, 국제연합교육과학문화기구와 세계지적소유권기구가 이 분야에 있어서 이루어 온 작업의 가치를 인정하며, 이미 효력을 가지고 있는 국제협정을 결코 해하지 아니하고 특히, 음반제작자는 물론 실연자와 방송사업자를 보호하고 있는 1961년 10월 26일의 로마협약을 더욱 광범위하게 수락하는 것을 해하지 아니할 것을 희망하면서, 다음과 같이 합의하였다.

제1조 [용어의 정의] 이 협약의 적용상,
(가) "음반"이란 실연의 음 또는 여타 음을 오직 청각적으로 고정한 것을 말한다.
(나) "음반제작자"란 실연의 음 또는 여타 음을 최초로 고정한 자연인 또는 법인을 말한다.
(다) "복제물"이란 음반으로부터 직접 또는 간접으로 취한 음을 수록하고 있는 물품으로서, 동 음반에 고정된 음의 전부 또는 실질적인 부분을 수록하고 있는 것을 말한다.
(라) "공중에게의 배포"란 음반의 복제물을 직접 또는 간접으로 일반공중에게 또는 그 일부에게 제공하는 행위를 말한다.
제2조 [보호] 각 체약국은 음반제작자의 동의가 없이 행하여지는 복제물의 작성, 그러한 복제물의 수입 그리고 그러한 복제물의 공중에 대한 배포로부터 다른 체약국 국민인 음반제작자를 보호한다. 다만, 전술한 복제물의 작성 또는 수입의 경우에는, 동 작성 또는 수입이 공중에 대한 배포를 목적으로 하는 경우에 한한다.
제3조 [협약실시를 위한 수단] 이 협약을 실시하기 위한 수단은 각 체약국의 국내법이 정하는 바에 따르며, 그 수단은 저작권 기타 특정권리의 부여에 의한 보호, 불공정경쟁에 관련되는 법률에 의한 보호 또는 형벌에 의한 보호 중 하나이상을 포함하여야 한다.
제4조 [보호기간] 보호기간은 각 체약국의 국내법이 정하는 바에 의한다. 그러나 국내법이 특정의 보호기간을 정하는 경우 당해 보호기간은 음반에 수록되어 있는 음이 최초로 고정된 연도의 말로부터 또는 음반이 최초로 발행된 연도의 말로부터 20년 이상이라야 한다.
제5조 [보호요구의 표시등] 어느 체약국이 음반제작자를 보호하는 조건으로서 국내법에 의하여 방식의 이행을 요구할 경우, 공중에게 배포되는 음반의 모든 복제물이나 또는 그 용기에 최초의 발행연도와 함께 Ⓟ의 기호가 합리적인 보호요구의 표시로서 적당한 방법으로 표시되어 있을 때에는 방식의 요구가 충족된 것으로 간주한다. 또한 복제물이나 그 용기로는 음반제작자, 그의 권리 승계인 또는 배타적 허락을 받은 자를 (성명, 상표, 기타 적당한 표시에 의하여) 알 수 없는 경우, 동 표시는 제작자, 그의 권리 승계인 또는 배타적 허락을 받은 자의 성명을 아울러 포함하여야 한다.
제6조 [보호에 관한 제한등] 저작권 기타 특정의 권리에 의한 보호 또는 형벌에 의한 보호를 부여하는 체약국은 음반제작자의 보호에 관하여 문학적 및 예술적 저작물의 보호에 관해서 인정되는 제한과 같은 종류의 제한을 국내법으로 정할 수 있다. 그러나 강제허락은 다음의 모든 조건을 충족하지 아니하는 한 인정할 수 없다.
(가) 복제가 교육 또는 학술적 연구만을 목적으로 사용될 것
(나) 강제허락에 관한 허가는 그 허가를 부여한 권한있는 기관이 속한 체약국의 영역내에서 행하여지는 당해 복제에 대하여서만 유효하고, 또한 당해 복제물의 수출에 대해서는 적용되지 아니할 것
(다) 강제허락에 관한 허가에 의해서 행하여지는 복제에 대하여, 특히 제조된 당해 복제물의 수를 고려하여 전술한 권한있는 기관이 정하는 공정한 보상금이 지급될 것
제7조 [이 협약의 해석등] (1) 이 협약은 국내법 또는 국제협정에 따라 저작자, 실연자, 음반제작자 또는 방송사업자에게 보장되는 보호를 제한하거나 또는 해하는 것으로 해석되지 아니한다.
(2) 음반에 그의 실연이 고정되어 있는 실연자가 보호를 받는 범위와 조건은 각 체약국의 국내법이 정하는 바에 의한다.
(3) 어느 체약국에게도 자국에 대해서 이 협약이 효력을 발생하기 전에 고정된 음반에 대하여 이 협약을 적용하는 것이 요구되지 아니한다.
(4) 1971년 10월 29일 당시 음반제작자에 대하여 최초의 고정장소만을 근거로 하여 보호를 하고 있는 체약국은 세계지적소유권기구 사무국장에게 기탁하는 통고에 의하여 음반제작자의 국적기준 대신에 최초 고정장소 기준을 적용할 것임을 선언할 수 있다.
제8조 [세계지적소유권기구와 정보송부] (1) 세계지적소유권기구 사무국은 음반의 보호에 관한 정보를 수집 및 공표하며, 각 체약국은 음반의 보호에 관한 모든 새로운 법령과 공문서를 조속히 사무국에 송부한다.
(2) 사무국은 이 협약에 관한 사항에 대한 정보를 요청에 따라 체약국에 제공하여야 하며, 이 협약에 규정된 보호를 촉진하기 위하여 연구를 행하고 필요한 용역을 제공한다.
(3) 사무국은 국제연합교육과학문화기구와 국제노동기구의 각각의 권한에 속하는 문제에 대하여는 동 기구와 협력하여 제1항 및 제2항에 규정된 임무를 수행한다.
제9조 [비준등] (1) 이 협약은 국제연합사무총장에게 기탁된다. 이 협약은 국제연합, 국제연합과 관련 있는 전문기구, 국제원자력기구의 회원국 또는 국제사법재판소규정의 당사국에 의한 서명을 위하여 1972년 4월 30일까지 개방된다.
(2) 이 협약은 서명국에 의한 비준 또는 수락을 요한다. 이 협약은 본조 제1항에 언급되어 있는 국가에 의한 가입을 위하여 개방된다.
(3) 비준서, 수락서 또는 가입서는 국제연합사무총장에게 기탁한다.
(4) 어느 국가도 이 협약에 의하여 기속된 때에, 국제법에 따라 이 협약의 규정을 실시할 수 있는 상태가 되어 있는 것으로 이해된다.
제10조 [협약에 대한 유보] 이 협약에 대하여는 어떠한 유보도 허용되지 아니한다.
제11조 [효력발생시기] (1) 이 협약은 다섯번째의 비준서, 수락서 또는 가입서가 기탁된 날로부터 3개월후에 효력을 발생한다.
(2) 이 협약은 다섯번째의 비준서, 수락서 또는 가입서가 기탁된 후에 비준, 수락 또는 가입하는 국가에 대하여는 세계지적소유권기구 사무국장이 제13조제4항의 규정에 따라 당해국의 문서 기탁을 각국에 통보한 날로부터 3개월후에 효력을 발생한다.
(3) 어느 국가도 비준, 수락 내지 가입시에 또는 그 후에 언제라도 국제연합사무총장에 대한 통고에 의하여 자국이 국제관계에 대해서 책임을 지는 영토의 전부 또는 일부에 대하여 이 협약을 적용할 것을 선언할 수 있다. 이와같은 통고는 수령일로부터 3개월후에 효력을 발생한다.
(4) 다만, 제3항의 규정은 어느 체약국이 제3항의 규정에 의하여 이 협약을 적용하는 영토의 사실상태를 다른 체약국이 승인하거나 묵시적으로 용인하는 것을 의미하는 것으로 해석될 수 없다.
제12조 [협약의 폐기] (1) 어느 체약국도 국제연합사무총장에 대한 서면통고로써 자국에 대해서 또는 전조 제3항에서 언급한 영역의 전부 혹은 일부에 대하여 이 협약을 폐기할 수 있다.
(2) 폐기는 국제연합사무총장이 통고를 수령한 날로부터 12개월후에 효력을 발생한다.
제13조 [협약의 언어와 작성등] (1) 이 협약은 동등히 정본인 영어, 불어, 러시아어, 스페인어로 작성된 단일본에 서명된다.
(2) 세계지적소유권기구 사무국장은 관계정부와 협의하여 아랍어, 네델란드어, 독어, 이탈리아어 및 포르투갈어로 공식번역본을 작성한다.
(3) 국제연합사무총장은 세계지적소유권기구 사무국장, 국제연합교육과학문화기구 사무총장 및 국제노동기구 사무총장에 대하여 다음 사항을 통고한다.
가. 협약의 서명
나. 비준서, 수락서 또는 가입서의 기탁
다. 협약의 효력발생일
라. 제11조제3항의 규정에 따라 통고된 선언
마. 폐기통고의 수령
(4) 세계지적소유권기구 사무국장은 제9조제1항에 언급된 국가, 또는 당사국에 대하여 전항의 규정에 의하여 수령한 통고와 제7조제4항의 규정에 의하여 행하여지는 선언을 통보한다. 또한 동 사무총장은 그러한 선언을 국제연합교육과학문화기구 사무총장 및 국제노동기구 사무총장에게 통고한다.
(5) 국제연합사무총장은 제9조제1항에 언급된 국가에 대하여 이 협약의 인증등본 2부를 송부한다.

이상의 증거로, 하기 서명자는 정당히 권한을 위임받아 이 협약에 서명하였다.
1971년 10월 29일 제네바에서 작성되었다.

대한민국과 일본국 간의 어업에 관한 협정

(1999년 1월 27일
조 약 제1477호)

1998.11.28(가고시마에서 서명)
1999. 1.22(발효)

대한민국과 일본국은, 해양생물자원의 합리적인 보존·관리 및 최적이용의 중요성을 인식하고, 1965년 6월 22일 도오쿄오에서 서명된 "대한민국과일본국간의어업에관한 협정"을 기초로 유지되어 왔던 양국간 어업분야에 있어서의 협력관계의 전통을 상기하고, 양국이 1982년 12월 10일 작성된 "해양법에관한국제연합협약"(이하 "국제연합해양법협약"이라 한다)의 당사국임을 유념하고, 국제연합해양법협약에 기초하여, 양국간 새로운 어업질서를 확립하고, 양국간에 어업분야에서의 협력관계를 더욱 발전시킬 것을 희망하여, 다음과 같이 합의하였다.

제1조 이 협정은 대한민국의 배타적경제수역과 일본국의 배타적경제수역(이하 "협정수역"이라 한다)에 적용한다.
제2조 각 체약국은 호혜의 원칙에 입각하여 이 협정 및 자국의 관계법령에 따라 자국의 배타적경제수역에서 타방체약국 국민 및 어선이 어획하는 것을 허가한다.
제3조 1. 각 체약국은 자국의 배타적경제수역에서의 타방체약국 국민 및 어선의 어획이 인정되는 어종·어획할당량·조업구역 및 기타 조업에 관한 구체적인 조건을 매년 결정하고, 이 결정을 타방체약국에 서면으로 통보한다.
2. 각 체약국은 제1항의 결정을 함에 있어서, 제12조의 규정에 의하여 설치되는 한·일어업공동위원회의 협의결과를 존중하고, 자국의 배타적경제수역에서의 해양생물자원의 상태, 자국의 어획능력, 상호입어의 상황 및 기타 관련요소를 고려한다.
제4조 1. 각 체약국의 권한있는 당국은 타방체약국으로부터 제3조에서 규정하는 결정에 관하여 서면에 의한 통보를 받은 후, 타방체약국의 배타적경제수역에서 어획하는 것을 희망하는 자국의 국민 및 어선에 대한 허가증 발급을 타방체약국의 권한있는 당국에 신청한다. 해당 타방체약국의 권한있는 당국은 이 협정 및 어업에 관한 자국의 관계법령에 따라 이 허가증을 발급한다.
2. 허가를 받은 어선은 허가증을 조타실의 보이기 쉬운 장소에 게시하고 어선의 표지를 명확히 표시하여 조업한다.
3. 각 체약국의 권한있는 당국은 허가증의 신청 및 발급, 어획실적에 관한 보고, 어선의 표지 및 조업일지의 기재에 관한 규칙을 포함하는 절차규칙을 타방체약국의 권한있는 당국에 서면으로 통보한다.
4. 각 체약국의 권한있는 당국은 입어료 및 허가증 발급에 관한 타당한 요금을 징수할 수 있다.
제5조 1. 각 체약국의 국민 및 어선이 타방체약국의 배타적경제수역에서 어획할 때에는 이 협정 및 어업에 관한 타방체약국의 관계법령을 준수한다.
2. 각 체약국은 자국의 국민 및 어선이 타방체약국의 배타적경제수역에서 어획할 때에는 제3조의 규정에 따라 타방체약국이 결정하는 타방체약국의 배타적경제수역에서의 조업에 관한 구체적인 조건과 이 협정의 규정을 준수하도록 필요한 조치를 취한다. 이 조치는 타방체약국의 배타적경제수역에서의 자국의 국민 및 어선에 대한 임검·정선 및 기타의 단속을 포함하지 아니한다.
제6조 1. 각 체약국은 타방체약국의 국민 및 어선이 자국의 배타적경제수역에서 어획할 때에는 제3조의 규정에 따라 자국이 결정하는 자국의 배타적경제수역에서의 조업에 관한 구체적인 조건과 이 협정의 규정을 준수하도록 국제법에 따라 자국의 배타적경제수역에서 필요한 조치를 취할 수 있다.
2. 각 체약국의 권한있는 당국은 제1항의 조치로서 타방체약국의 어선 및 그 승무원을 나포 또는 억류한 경우에는 취하여진 조치 및 그 후 부과된 벌에 관하여 외교경로를 통하여 타방체약국에 신속히 통보한다.
3. 나포 또는 억류된 어선 및 그 승무원은 적절한 담보금 또는 그 제공을 보증하는 서류를 제출한 후에는 신속히 석방된다.
4. 각 체약국은 어업에 관한 자국의 관계법령에서 정하는 해양생물자원의 보존조치 및 기타 조건을 타방체약국에 지체없이 통보한다.
제7조 1. 각 체약국은 다음 각목의 점을 순차적으로 직선으로 연결하는 선에 의한 자국측의 협정수역에서 어업에 관한 주권적 권리를 행사하며, 제2조 내지 제6조의 규정의 적용상도 이 수역을 자국의 배타적경제수역으로 간주한다.
가. 북위 32도 57.0분, 동경 127도 41.1분의 점
나. 북위 32도 57.5분, 동경 127도 41.9분의 점
다. 북위 33도 01.3분, 동경 127도 44.0분의 점
라. 북위 33도 08.7분, 동경 127도 48.3분의 점
마. 북위 33도 13.7분, 동경 127도 51.6분의 점
바. 북위 33도 16.2분, 동경 127도 52.3분의 점
사. 북위 33도 45.1분, 동경 128도 21.7분의 점
아. 북위 33도 47.4분, 동경 128도 25.5분의 점
자. 북위 33도 50.4분, 동경 128도 26.1분의 점
차. 북위 34도 08.2분, 동경 128도 41.3분의 점
카. 북위 34도 13.0분, 동경 128도 47.6분의 점
타. 북위 34도 18.0분, 동경 128도 52.8분의 점
파. 북위 34도 18.5분, 동경 128도 53.3분의 점
하. 북위 34도 24.5분, 동경 128도 57.3분의 점
거. 북위 34도 27.6분, 동경 128도 59.4분의 점
너. 북위 34도 29.2분, 동경 129도 00.2분의 점
더. 북위 34도 32.1분, 동경 129도 00.8분의 점
러. 북위 34도 32.6분, 동경 129도 00.8분의 점
머. 북위 34도 40.3분, 동경 129도 03.1분의 점
버. 북위 34도 49.7분, 동경 129도 12.1분의 점

서. 북위 34도 50.6분, 동경 129도 13.0분의 점
어. 북위 34도 52.4분, 동경 129도 15.8분의 점
저. 북위 34도 54.3분, 동경 129도 18.4분의 점
처. 북위 34도 57.0분, 동경 129도 21.7분의 점
커. 북위 34도 57.6분, 동경 129도 22.6분의 점
터. 북위 34도 58.6분, 동경 129도 25.3분의 점
퍼. 북위 35도 01.2분, 동경 129도 32.9분의 점
허. 북위 35도 04.1분, 동경 129도 40.7분의 점
고. 북위 35도 06.8분, 동경 130도 07.5분의 점
노. 북위 35도 07.0분, 동경 130도 16.4분의 점
도. 북위 35도 18.2분, 동경 130도 23.3분의 점
로. 북위 35도 33.7분, 동경 130도 34.1분의 점
모. 북위 35도 42.3분, 동경 130도 42.7분의 점
보. 북위 36도 03.8분, 동경 131도 08.3분의 점
소. 북위 36도 10.0분, 동경 131도 15.9분의 점

2. 각 체약국은 제1항의 선에 의한 타방체약국측의 협정수역에서 어업에 관한 주권적 권리를 행사하지 아니하며, 제2조 내지 제6조의 규정의 적용상도 이 수역을 타방체약국의 배타적경제수역으로 간주한다.

제8조 제2조 내지 제6조의 규정은 협정수역중 다음 가목 및 나목의 수역에는 적용하지 아니한다.
가. 제9조제1항에서 정하는 수역
나. 제9조제2항에서 정하는 수역

제9조 1. 다음 각목의 점을 순차적으로 직선으로 연결하는 선에 의하여 둘러싸이는 수역에 있어서는 부속서 I 의 제2항의 규정을 적용한다.
가. 북위 36도 10.0분, 동경 131도 15.9분의 점
나. 북위 35도 33.75분, 동경 131도 46.5분의 점
다. 북위 35도 59.5분, 동경 132도 13.7분의 점
라. 북위 36도 18.5분, 동경 132도 13.7분의 점
마. 북위 36도 56.2분, 동경 132도 55.8분의 점
바. 북위 36도 56.2분, 동경 135도 30.0분의 점
사. 북위 38도 37.0분, 동경 135도 30.0분의 점
아. 북위 39도 51.75분, 동경 134도 11.5분의 점
자. 북위 38도 37.0분, 동경 132도 59.8분의 점
차. 북위 38도 37.0분, 동경 131도 40.0분의 점
카. 북위 37도 25.5분, 동경 131도 40.0분의 점
타. 북위 37도 08.0분, 동경 131도 34.0분의 점
파. 북위 36도 52.0분, 동경 131도 10.0분의 점
하. 북위 36도 52.0분, 동경 130도 22.5분의 점
거. 북위 36도 10.0분, 동경 130도 22.5분의 점
너. 북위 36도 10.0분, 동경 131도 15.9분의 점

2. 다음 각목의 선에 의하여 둘러싸이는 수역중 대한민국의 배타적경제수역의 최남단의 위도선 이북의 수역에 있어서는 부속서 I 의 제3항의 규정을 적용한다.
가. 북위 32도 57.0분, 동경 127도 41.1분의 점과 북위 32도 34.0분, 동경 127도 9.0분의 점을 연결하는 직선
나. 북위 32도 34.0분, 동경 127도 9.0분의 점과 북위 31도 0.0분, 동경 125도 51.5분의 점을 연결하는 직선
다. 북위 31도 0.0분, 동경 125도 51.5분의 점에서 시작하여 북위 30도 56.0분, 동경 125도 52.0분의 점을 통과하는 직선
라. 북위 32도 57.0분, 동경 127도 41.1분의 점과 북위 31도 20.0분, 동경 127도 13.0분의 점을 연결하는 직선
마. 북위 31도 20.0분, 동경 127도 13.0분의 점에서 시작하여 북위 31도 0.0분, 동경 127도 5.0분의 점을 통과하는 직선

제10조 양 체약국은 협정수역에서의 해양생물자원의 합리적인 보존·관리 및 최적 이용에 관하여 상호 협력한다. 이 협력은 해당 해양생물자원의 통계학적 정보와 수산업 자료의 교환을 포함한다.

제11조 1. 양 체약국은 각각 자국의 국민과 어선에 대하여 항행에 관한 국제법규의 준수, 양 체약국 어선간 조업의 안전과 질서의 유지 및 해상에서의 양 체약국 어선간 사고의 원활하고 신속한 해결을 위하여 적절한 조치를 취한다.
2. 제1항에 열거한 목적을 위하여 양 체약국의 관계당국은 가능한 한 긴밀하게 상호 연락하고 협력한다.

제12조 1. 양 체약국은 이 협정의 목적을 효율적으로 달성하기 위하여 한·일 어업공동위원회(이하 "위원회"라 한다)를 설치한다.
2. 위원회는 양 체약국 정부가 각각 임명하는 1인의 대표 및 1인의 위원으로 구성되며, 필요한 경우 전문가로 구성되는 하부기구를 설치할 수 있다.
3. 위원회는 매년 1회 양국에서 교대로 개최하고 양 체약국이 합의할 경우에는 임시로 개최할 수 있다. 제2항의 하부기구가 설치되는 경우에는 해당 하부기구는 위원회의 양 체약국 정부대표의 합의에 의하여 언제라도 개최할 수 있다.
4. 위원회는 다음 사항에 관하여 협의하고, 협의결과를 양 체약국에 권고한다. 양 체약국은 위원회의 권고를 존중한다.
가. 제3조에 규정하는 조업에 대한 구체적인 조건에 관한 사항
나. 조업질서유지에 관한 사항
다. 해양생물자원의 실태에 관한 사항
라. 양국간 어업분야에서의 협력에 관한 사항
마. 제9조제1항에서 정하는 수역에서의 해양생물자원의 보존·관리에 관한 사항
바. 기타 이 협정의 실시와 관련되는 사항
5. 위원회는 제9조제2항에서 정하는 수역에서의 해양생물자원의 보존·관리에 관한 사항에 관하여 협의하고 결정한다.
6. 위원회의 모든 권고 및 결정은 양 체약국 정부의 대표간의 합의에 의하여서만 이를 한다.

제13조 1. 이 협정의 해석이나 적용에 관한 양 체약국간의 분쟁은 먼저 협의에 의하여 해결한다.
2. 제1항에서 언급하는 분쟁이 협의에 의하여 해결되지 아니하는 경우에는 그러한 분쟁은 양 체약국의 동의에 의하여 다음에 정하는 절차에 따라 해결한다.
가. 어느 일방체약국의 정부가 타방체약국의 정부로부터 분쟁의 원인이 기재된 당해 분쟁의 중재를 요청하는 공문을 받은 경우에 있어서 그 요청에 응하는 통보를 타방체약국 정부에 대하여 행할 때에는 그 분쟁은 그 통보를 받은 날부터 30일의 기간내에 각 체약국 정부가 임명하는 각 1인의 중재위원과 이와 같이 선정된 2인의 중재위원이 그 기간후 30일이내에 합의하는 제3의 중재위원 또는 그 기간후 30일이내에 그 2인의 중재위원이 합의하는 제3국의 정부가 지명하는 제3의 중재위원과의 3인의 중재위원으로 구성된 중재위원회에 결정을 위하여 회부된다. 다만, 제3의 중재위원은 어느 일방체약국의 국민이어서는 아니된다.
나. 어느 일방체약국의 정부가 가.에서 정하고 있는 기간내에 중재위원을 임명하지 못한 경우, 또는 제3의 중재위원 또는 제3국에 대하여 가.에서 정하고 있는 기간내에 합의되지 아니하는 경우, 중재위원회는 각 경우에 있어서의 가.에서 정하고 있는 기간후 30일이내에 각 체약국 정부가 선정하는 국가의 정부가 지명하는 각 1인의 중재위원과 이들 정부가 협의에 의하여 결정하는 제3국 정부가 지명하는 제3의 중재위원으로 구성된다.
다. 각 체약국은 자국의 정부가 임명한 중재위원 또는 자국의 정부가 선정하는 국가의 정부가 지명하는 중재위원에 관한 비용 및 자국의 정부가 중재에 참가하는 비용을 각각 부담한다. 제3의 중재위원이 그 직무를 수행하기 위한 비용은 양 체약국이 절반씩 부담한다.
라. 양 체약국 정부는 이 조의 규정에 의한 중재위원회의 다수결에 의한 결정에 따른다.

제14조 이 협정의 부속서 I 및 부속서 II 는 이 협정의 불가분의 일부를 이룬다.

제15조 이 협정의 어떠한 규정도 어업에 관한 사항외의 국제법상 문제에 관한 각 체약국의 입장을 해하는 것으로 간주되어서는 아니된다.

제16조 1. 이 협정은 비준되어야 한다. 비준서는 가능한 한 신속히 서울에서 교환한다. 이 협정은 비준서를 교환하는 날부터 효력을 발생한다.
2. 이 협정은 효력이 발생하는 날부터 3년간 효력을 가진다. 그 이후에는 어느 일방체약국도 이 협정을 종료시킬 의사를 타방체약국에 서면으로 통고할 수 있으며, 이 협정은 그러한 통고가 있는 날부터 6월후에 종료하며, 그와 같이 종료하지 아니하는 한 계속 효력을 가진다.

제17조 1965년 6월 22일 도오쿄오에서 서명된 "대한민국과일본국간의어업에관한 협정"은 이 협정이 발효하는 날에 그 효력을 상실한다.

이상의 증거로 아래 대표는 각자의 정부로부터 정당한 위임을 받아 이 협정에 서명하였다.
1998년 11월 28일 가고시마에서 동등하게 정본인 한국어 및 일본어로 각 2부를 작성하였다.
(서명란 생략)

부속서 I

1. 양 체약국은 배타적경제수역의 조속한 경계획정을 위하여 성의를 가지고 계속 교섭한다.
2. 양 체약국은 이 협정 제9조제1항에서 정하는 수역에서 해양생물자원의 유지가 과도한 개발에 의하여 위협받지 아니하도록 하기 위하여 다음 각목의 규정에 따라 협력한다.
가. 각 체약국은 이 수역에서 타방체약국 국민 및 어선에 대하여 어업에 관한 자국의 관계법령을 적용하지 아니한다.
나. 각 체약국은 이 협정 제12조의 규정에 의하여 설치되는 한·일어업공동위원회(이하 "위원회"라 한다)의 협의결과에 따른 권고를 존중하여, 이 수역에서의 해양생물자원의 보존 및 어업종류별 어선의 최고조업척수를 포함하는 적절한 관리에 필요한 조치를 자국 국민 및 어선에 대하여 취한다.
다. 각 체약국은 이 수역에서 각각 자국 국민 및 어선에 대하여 실시하고 있는 조치를 타방체약국에 통보하고, 양 체약국은 위원회의 자국 정부대표를 나목의 권고를 위한 협의에 참가시킴에 있어서 그 통보내용을 충분히 배려하도록 한다.
라. 각 체약국은 이 수역에서 어획하는 자국의 국민 및 어선에 의한 어업 종류별 및 어종별 어획량 기타 관련정보를 타방체약국에 제공한다.
마. 일방체약국은 타방체약국의 국민 및 어선이 이 수역에서 타방체약국이 나목의 규정에 따라 실시하는 조치를 위반하고 있는 것을 발견한 경우, 그 사실 및 관련상황을 타방체약국에 통보할 수 있다. 해당 타방체약국은 자국의 국민 및 어선을 단속함에 있어서 그 통보와 관련된 사실을 확인하고 필요한 조치를 취한 후 그 결과를 해당 일방체약국에 통보한다.
3. 양 체약국은 이 협정 제9조제2항에서 정하는 수역에서 해양생물자원의 유지가 과도한 개발에 의하여 위협받지 아니하도록 하기 위하여 다음 각목의 규정에 따라 협력한다.
가. 각 체약국은 이 수역에서 타방체약국 국민 및 어선에 대하여 어업에 관한 자국의 관계법령을 적용하지 아니한다.
나. 각 체약국은 위원회의 결정에 따라, 이 수역에서의 해양생물자원의 보존 및 어업종류별 어선의 최고조업척수를 포함하는 적절한 관리에 필요한 조치를 자국 국민 및 어선에 대하여 취한다.
다. 각 체약국은 이 수역에서 각각 자국 국민 및 어선에 대하여 실시하고 있는 조치를 타방체약국에 통보하고, 양 체약국은 위원회의 자국 정부대표를 나목의 결정을 위한 협의에 참가시킴에 있어서 그 통보내용을 충분히 배려하도록 한다.
라. 각 체약국은 이 수역에서 어획하는 자국의 국민 및 어선에 의한 어업 종류별 및 어종별 어획량 기타 관련정보를 타방체약국에 제공한다.
마. 일방체약국은 타방체약국의 국민 및 어선이 이 수역에서 타방체약국이 나목의 규정에 따라 실시하는 조치를 위반하고 있는 것을 발견한 경우, 그 사실 및 관련상황을 타방체약국에 통보할 수 있다. 해당 타방체약국은 자국의 국민 및 어선을 단속함에 있어서 그 통보와 관련된 사실을 확인하고 필요한 조치를 취한 후 그 결과를 해당 일방체약국에 통보한다.

부속서 II

1. 각 체약국은 이 협정 제9조제1항 및 제2항에서 정하는 수역을 기준으로 자국측의 협정수역에서 어업에 관한 주권적 권리를 행사하며, 이 협정 제2조 내지 제6조의 규정의 적용상도 이 수역을 자국의 배타적경제수역으로 간주한다.
2. 각 체약국은 이 협정 제9조제1항 및 제2항에서 정하는 수역을 기준으로 타방체약국측의 협정수역에서 어업에 관한 주권적 권리를 행사하지 아니하며, 이 협정 제2조 내지 제6조의 규정의 적용상도 이 수역을 타방체약국의 배타적경제수역으로 간주한다.
3. 제1항 및 제2항의 규정은 다음 각목의 점을 순차적으로 직선으로 연결하는 선의 북서쪽 수역의 일부 협정수역에는 적용되지 아니한다. 또한 각 체약국은 이 수역에 있어서는 어업에 관한 자국의 관계법령을 타방체약국의 국민 및 어선에 대하여 적용하지 아니한다.
가. 북위 38도 37.0분, 동경 131도 40.0분의 점
나. 북위 38도 37.0분, 동경 132도 59.8분의 점
다. 북위 39도 51.75분, 동경 134도 11.5분의 점

합의의사록

대한민국 정부 대표 및 일본국 정부 대표는 금일 서명된 대한민국과 일본국간의 어업에 관한 협정(이하 "협정"이라 한다)의 관계 조항과 관련하여 다음 사항을 기록하는 것에 합의하였다.

1. 양국 정부는 동중국해에 있어서 원활한 어업질서를 유지하기 위하여 긴밀히 협력한다.
2. 대한민국 정부는 협정 제9조제2항에서 정하는 수역의 설정과 관련하여, 동중국해의 일부 수역에 있어서 일본국이 제3국과 구축한 어업관계가 손상되지 않도록 일본국 정부에 대하여 협력할 의향을 가진다. 다만 이는 일본국이 당해 제3국과 체결한 어업협정에 관한 대한민국의 입장을 해하는 것으로 간주되어서는 아니된다.
3. 일본국 정부는 협정 제9조제2항에서 정하는 수역의 설정과 관련하여, 대한민국의 국민 및 어선이 동중국해의 다른 일부 수역에 있어서 일본국이 제3국과 구축한 어업관계하에서 일정 어업활동이 가능하도록 당해 제3국 정부에 대하여 협력을 구할 의향을 가진다.
4. 양국 정부는 협정 및 양국이 각각 제3국과 체결하였거나 또는 체결할 어업협정에 기초하여 동중국해에 있어서 원활한 어업질서를 유지하기 위한 구체적인 방안을 협정 제12조에 의거하여 설치되는 한·일 어업공동위원회 및 당해 제3국과의 어업협정에 의거하여 설치되는 유사한 공동위원회를 통하여 협의할 의향을 가진다.

대한민국 정부와 중화인민공화국 정부간의 어업에 관한 협정

(2001년 6월 30일
조 약 제1567호)

2000. 8. 3(북경에서 서명)
2001. 6.30(발효)

대한민국 정부와 중화인민공화국 정부는, 1982년 12월 10일자 "해양법에 관한 국제연합협약"의 관련규정에 따라, 공동관심사항인 해양생물자원의 보존과 합리적 이용을 도모하고, 해상에서의 정상적인 조업질서를 유지하며, 어업분야에서의 상호협력을 강화·증진하기 위하여, 우호적인 협상을 통하여, 다음과 같이 합의하였다.

제1조 이 협정이 적용되는 수역(이하 "협정수역"이라 한다)은 대한민국의 배타적경제수역과 중화인민공화국의 배타적경제수역으로 한다.

제2조 1. 각 체약당사자는 이 협정과 자국의 관계법령의 규정에 따라, 자국의 배타적경제수역에서 타방체약당사자의 국민 및 어선이 어업활동을 하는 것을 허가한다.

2. 각 체약당사자의 권한있는 당국은 이 협정의 부속서 Ⅰ 및 자국의 관계법령의 규정에 따라 타방체약당사자의 국민 및 어선에 대하여 입어허가증을 발급한다.

제3조 1. 각 체약당사자는 자국의 배타적경제수역에서 타방체약당사자의 국민 및 어선에게 허용하는 어획가능어종·어획할당량·조업기간·조업구역 및 기타 조업조건을 매년 결정하고, 이를 타방체약당사자에게 통보한다.

2. 각 체약당사자는 제1항에 정한 사항을 결정함에 있어서 자국의 배타적경제수역내 해양생물자원의 상태, 자국의 어획능력, 전통적 어업활동, 상호입어의 상황 및 기타 관련요소를 고려하여야 하며, 제13조의 규정에 의하여 설치되는 한·중 어업공동위원회의 협의결과를 존중하여야 한다.

제4조 1. 일방체약당사자의 국민 및 어선은 타방체약당사자의 배타적경제수역에서 어업활동을 함에 있어서 이 협정과 타방체약당사자의 관계법령의 규정을 준수하여야 한다.

2. 각 체약당사자는 자국의 국민 및 어선이 타방체약당사자의 배타적경제수역에서 어업활동을 함에 있어서 타방체약당사자의 관계법령에 규정된 해양생물자원의 보존조치 및 기타 조건과 이 협정의 규정을 준수하도록 필요한 조치를 취하여야 한다.

3. 각 체약당사자는 자국의 관계법령에 규정된 해양생물자원의 보존조치와 기타 조건을 타방체약당사자에게 지체없이 통보하여야 한다.

제5조 1. 각 체약당사자는 자국의 관계법령에 규정된 해양생물자원의 보존조치와 기타 조건을 타방체약당사자의 국민 및 어선이 준수하도록 국제법에 따라 자국의 배타적경제수역에서 필요한 조치를 취할 수 있다.

2. 나포되거나 억류된 어선 또는 승무원은 적절한 보증금이나 기타 담보를 제공한 후에는 즉시 석방되어야 한다.

3. 일방체약당사자는 타방체약당사자의 어선 또는 승무원을 나포하거나 억류한 경우에는 취하여진 조치와 그 후에 부과된 처벌에 관하여 타방체약당사자에게 적절한 경로를 통하여 신속하게 통보하여야 한다.

제6조 제2조 내지 제5조의 규정은 협정수역중 제7조·제8조 및 제9조에서 규정한 수역을 제외한 부분에 대하여 적용한다.

제7조 1. 다음 각목의 점을 순차적으로 직선으로 연결하는 선에 의하여 둘러싸이는 수역(이하 "잠정조치수역"이라 한다)에 대하여는 제2항 및 제3항의 규정을 적용한다.

가. 북위 37도 00분, 동경 123도 40분의 점 (A1)
나. 북위 36도 22분 23초, 동경 123도 10분 52초의 점 (A2)
다. 북위 35도 30분, 동경 122도 11분 54초의 점 (A3)
라. 북위 35도 30분, 동경 122도 01분 54초의 점 (A4)
마. 북위 34도 00분, 동경 122도 01분 54초의 점 (A5)
바. 북위 34도 00분, 동경 122도 11분 54초의 점 (A6)
사. 북위 33도 20분, 동경 122도 41분의 점 (A7)
아. 북위 32도 20분, 동경 123도 45분의 점 (A8)
자. 북위 32도 11분, 동경 123도 49분 30초의 점 (A9)
차. 북위 32도 11분, 동경 125도 25분의 점 (A10)
카. 북위 33도 20분, 동경 124도 08분의 점 (A11)
타. 북위 34도 00분, 동경 124도 00분 30초의 점 (A12)
파. 북위 35도 00분, 동경 124도 07분 30초의 점 (A13)
하. 북위 35도 30분, 동경 124도 30분의 점 (A14)
거. 북위 36도 45분, 동경 124도 30분의 점 (A15)
너. 북위 37도 00분, 동경 124도 20분의 점 (A16)
더. 북위 37도 00분, 동경 123도 40분의 점 (A17)

2. 양 체약당사자는 해양생물자원의 보존과 합리적 이용을 위하여, 제13조의 규정에 의하여 설치되는 한·중 어업공동위원회의 결정에 따라 잠정조치수역에서 공동의 보존조치 및 양적인 관리조치를 취하여야 한다.

3. 각 체약당사자는 잠정조치수역에서 어업활동을 하는 자국의 국민 및 어선에 대하여 관리 및 기타 필요한 조치를 취하고, 타방체약당사자의 국민 및 어선에 대하여는 관리 및 기타 조치를 취하지 아니한다. 일방체약당사자가 타방체약당사자의 국민 및 어선이 한·중 어업공동위원회의 결정을 위반하는 것을 발견한 경우, 그 사실에 대하여 해당 국민 및 어선의 주의를 환기시킬 수 있으며, 그 사실 및 관련 정황을 타방체약당사자에게 통보할 수 있다. 타방체약당사자는 그 통보를 존중하여야 하며, 필요한 조치를 취한 후 그 결과를 상대방에게 통보한다.

제8조 1. 이 협정이 발효한 날부터 4년까지 다음 (1) 및 (2)의 각 점을 순차적으로 직선으로 연결하는 선에 의하여 둘러싸이는 수역(이하 "과도수역"이라 한다)에 대하여는 제2항 내지 제4항의 규정을 적용한다.

(1) 한국측 과도수역 좌표
가. 북위 35도 30분, 동경 124도 30분의 점 (K1)
나. 북위 35도 00분, 동경 124도 07분 30초의 점 (K2)
다. 북위 34도 00분, 동경 124도 00분 30초의 점 (K3)
라. 북위 33도 20분, 동경 124도 08분의 점 (K4)
마. 북위 32도 11분, 동경 125도 25분의 점 (K5)
바. 북위 32도 11분, 동경 126도 45분의 점 (K6)
사. 북위 32도 40분, 동경 127도 00분의 점 (K7)
아. 북위 32도 24분 30초, 동경 126도 17분의 점 (K8)
자. 북위 32도 29분, 동경 125도 57분 30초의 점 (K9)
차. 북위 33도 20분, 동경 125도 28분의 점 (K10)
카. 북위 34도 00분, 동경 124도 35분의 점 (K11)
타. 북위 34도 25분, 동경 124도 33분의 점 (K12)
파. 북위 35도 00분, 동경 124도 48분의 점 (K13)
하. 북위 35도 30분, 동경 124도 30분의 점 (K14)

(2) 중국측 과도수역 좌표
가. 북위 35도 30분, 동경 121도 55분의 점 (C1)
나. 북위 35도 00분, 동경 121도 30분의 점 (C2)
다. 북위 34도 00분, 동경 121도 30분의 점 (C3)
라. 북위 33도 20분, 동경 122도 00분의 점 (C4)
마. 북위 31도 50분, 동경 123도 00분의 점 (C5)
바. 북위 31도 50분, 동경 124도 00분의 점 (C6)
사. 북위 32도 20분, 동경 123도 45분의 점 (C7)
아. 북위 33도 20분, 동경 122도 41분의 점 (C8)
자. 북위 34도 00분, 동경 122도 11분 54초의 점 (C9)
차. 북위 34도 00분, 동경 122도 01분 54초의 점 (C10)
카. 북위 35도 30분, 동경 122도 01분 54초의 점 (C11)
타. 북위 35도 30분, 동경 121도 55분의 점 (C12)

2. 각 체약당사자는 과도수역에서 점진적으로 배타적경제수역 제도를 실시하기 위하여 적절한 조치를 취하여야 하며, 타방체약당사자측 과도수역에서 조업을 하는 자국의 국민 및 어선의 어업활동을 점진적으로 조정·감축하여 균형을 이루도록 노력한다.

3. 양 체약당사자는 과도수역에서 제7조제2항 및 제3항과 동일한 보존 및 관리조치를 취하여야 하고, 또한 공동승선·정선·승선검색 등을 포함한 공동감독검사 조치를 취할 수 있다.

4. 양 체약당사자는 각각 타방체약당사자측 과도수역에서 조업하는 자국 어선에게 허가증을 발급하고, 또한 그 어선의 명부를 상호 교환한다.

5. 이 협정이 발효한 날부터 4년이 경과한 후에는 과도수역에 대하여 제2조 내지 제5조의 규정이 적용된다.

제9조 양 체약당사자는 제7조제1항에 지정된 잠정조치수역의 북단이 위치한 위도선 이북의 일부수역과 제7조제1항에 지정된 잠정조치수역 및 제8조제1항에 지정된 과도수역 이남의 일부수역에서는 양 체약당사자간에 별도의 합의가 없는 한 현행 어업활동을 유지하며 어업에 관한 자국의 법령을 타방체약당사자의 국민과 어선에 대하여 적용하지 아니한다.

제10조 각 체약당사자는 항행 및 조업의 안전을 확보하고, 해상에서의 정상적인 조업질서를 유지하며, 해상사고를 원활하고 신속하게 처리하기 위하여 자국의 국민 및 어선에 대하여 지도 기타 필요한 조치를 취하여야 한다.

제11조 1. 일방체약당사자의 국민 및 어선이 타방체약당사자의 연안에서 해난이나 기타 긴급사태를 당한 경우, 타방체약당사자는 가능한 한 구조 및 보호를 제공함과 동시에 이에 관한 상황을 일방체약당사자의 관계당국에게 신속히 통보하여야 한다.

2. 일방체약당사자의 국민 및 어선은 악천후나 기타 긴급한 사태로 피난할 필요가 있을 때에는 이 협정의 부속서 Ⅱ의 규정에 따라 타방체약당사자의 관계당국에 연락을 취하고 타방체약당사자의 항구 등에 피난할 수 있다. 해당 국민 및 어선은 타방체약당사자의 관계법령을 준수하고 관계당국의 지시를 따라야 한다.

제12조 양 체약당사자는 해양생물자원의 보존과 합리적 이용에 관한 과학적 연구(필요한 자료교환을 포함한다)를 위하여 협력을 강화하여야 한다.

제13조 1. 양 체약당사자는 이 협정의 실시를 더욱 용이하게 하기 위하여 한·중 어업공동위원회(이하 "위원회"라 한다)를 설치한다. 위원회는 양 체약당사자가 각각 임명하는 1인의 대표 및 약간명의 위원으로 구성되며, 필요한 경우 전문분과위원회를 설치할 수 있다.

2. 위원회의 임무는 다음과 같다.

(1) 아래 사항을 협의하고 양 체약당사자의 정부에게 권고한다.
가. 제3조의 규정에 의하여 타방체약당사자의 국민 및 어선에게 허용하는 어획가능어종·어획할당량 기타 구체적 조업조건에 관한 사항
나. 조업질서의 유지에 관한 사항
다. 해양생물자원의 상태와 보존에 관한 사항
라. 양국간 어업협력에 관한 사항

(2) 필요한 경우, 이 협정의 부속서의 개정과 관련하여 양 체약당사자의 정부에게 권고할 수 있다.

(3) 제7조 및 제8조의 규정에 관한 사항을 협의하고 결정한다.

(4) 이 협정의 집행현황과 기타 이 협정과 관련된 사항을 연구한다.

3. 위원회의 모든 권고와 결정은 양 체약당사자 대표간의 합의에 의하여서만 이를 한다.

4. 양 체약당사자의 정부는 제2항(1)의 권고를 존중하고, 제2항(3)의 결정에 따라 필요한 조치를 취하여야 한다.

5. 위원회는 대한민국과 중화인민공화국에서 교대로 매년 한 차례씩 회의를 개최한다. 필요한 경우 양 체약당사자의 합의를 거쳐 임시회의를 개최할 수 있다.

제14조 이 협정의 어떠한 규정도 해양법상의 제반 사안에 관한 각 체약당사자의 입장을 저해하는 것으로 해석되어서는 아니된다.

제15조 이 협정의 부속서는 이 협정의 불가분의 일부를 구성한다.

제16조 1. 이 협정은 양 체약당사자가 각자 국내법상의 절차를 완료한 후, 이를 통보하는 공한을 서로 교환하는 날부터 그 효력이 발생한다.

2. 이 협정은 5년간 유효하며, 그 후에는 제3항의 규정에 따라 종료될 때까지 계속하여 유효하다.

3. 일방체약당사자는 타방체약당사자에게 1년전에 서면으로 통보하여 최초 5년 기한의 만료시 또는 그 후 언제라도 이 협정을 종료시킬 수 있다.

이상의 증거로서 아래 대표는 각자의 정부로부터 정당하게 권한을 위임받아 이 협정에 서명하였다.

2000년 8월 3일 북경에서 서명하였으며, 동등하게 정본인 한국어 및 중국어로 각 2부 작성하였다.

부속서 Ⅰ

각 체약당사자는 이 협정 제2조제2항의 규정에 의하여 입어허가에 관한 아래 조치를 취한다.

1. 각 체약당사자의 권한있는 당국은 타방체약당사자의 권한있는 당국으로부터 이 협정 제3조에 정한 결정을 서면으로 통보받은 후 타방체약당사자의 권한있는 당국에게 타방체약당사자의 배타적경제수역에서 어업활동을 하고자 하는 자국의 국민과 어선에 대한 입어허가증의 발급을 신청한다. 타방체약당사자의 권한있는 당국은 이 협정 및 자국의 관계법령의 규정에 따라 허가증을 발급한다. 각 체약당사자의 권한있는 당국은 허가증의 발급에 있어 적절한 요금을 징수할 수 있다.

2. 각 체약당사자의 권한있는 당국은 입어에 관한 절차규정(허가증의 신청과 발급, 어획량에 관한 통계자료제출, 어선의 표지 및 조업일지의 기재 등)을 타방체약당사자의 권한있는 당국에게 서면으로 통보하여야 한다.

3. 허가를 받은 어선은 허가증을 조타실의 보이기 쉬운 장소에 부착하고, 타방체약당사자가 규정한 어선 표지를 명확히 표시하여야 한다.

부속서 Ⅱ

이 협정 제11조제2항의 규정은 아래 규정에 따라 실시한다.

1. 대한민국 정부가 지정하는 연락처는 해양경찰관서로 한다. 중화인민공화국 정부가 지정하는 연락처는 관련 항구를 관할하는 항구감독기관으로 한다.

2. 구체적인 연락방법에 대하여는 이 협정 제13조의 규정에 의하여 설치되는 한·중 어업공동위원회에서 상호 통보한다.

3. 각 체약당사자의 어선이 타방체약당사자가 지정하는 연락처에 연락하는 내용은 다음과 같다.
선박명·호출신호·현재위치(위도·경도)·선적항·총톤수·전장·선장의 성명·선원수·피난이유·피난요청목적지·도착예정시각 및 통신연락방법

공업소유권의 보호를 위한 파리 협약

(1980년 4월 14일
조 약 제707호)

1883. 3.20(파리에서 작성)
1980. 5. 4(대한민국에 대하여 발효)

제1조【동맹의 성립 : 공업 소유권의 범위】
1. 본 협약에 적용되는 국가는 공업소유권의 보호를 위한 동맹을 구성한다.
2. 공업소유권의 보호는 특허, 실용신안, 의장, 상표, 서어비스마아크, 상호, 원산지표시 또는 원산지명칭 및 부당경쟁의 방지를 그 대상으로 한다.
3. 공업소유권은 최광의로 해석되며 본래의 공업 및 상업 뿐만 아니라 농업 및 채취 산업과 포도주, 곡물, 연초엽, 과일, 가축, 광물, 광수, 맥주, 꽃 및 곡분과 같은 모든 제조 또는 천연산품에 대해서도 적용된다.
4. 특허에는 수입특허, 개량특허, 추가특허 또는 증명등 동맹국의 법에 의하여 인정되는 각종의 특허가 포함된다.

제2조【동맹국 국민에 대한 내국민 대우】
1. 동맹국의 국민은 모든 동맹국에서 공업소유권의 보호에 관하여, 본 협약에서 특별히 정하는 권리를 침해하지 아니하고 각 동맹국의 법령이 내국민에 대하여 현재 부여하고 있거나 또한 장래 부여할 이익을 향유한다. 따라서 동맹국의 국민은 내국민에게 과하는 조건 및 절차에 따를 것을 조건으로 내국민과 동일한 보호를 받으며 또한 권리의 침해에 대하여 내국민과 동일한 법률상의 구제를 받을 수 있다.
2. 그러나, 동맹국의 국민에 의한 공업소유권의 향유에 있어서는 보호의 청구를 하는 국내에 주소 또는 영업소를 가질 것을 조건으로 하지 아니한다.
3. 사법상 또는 행정상의 절차, 재판 관할권 및 공업소유권에 관한 법령상 필요로 하는 주소의 선정 또는 대리인의 선임에 대해서는 각 동맹국의 법령이 정하는 바에 따른다.

제3조【일정분야의 개인에 대한 동맹국 국민과의 동일한 대우】 비동맹국의 국민으로서 어느 동맹국의 영역내에 주소 또는 진정하고 실효적인 공업상 또는 상업상의 영업소를 가진 자는 동맹국의 국민과 같이 취급된다.

제4조【A-I 특허, 실용신안, 산업의장, 상표 발명자증 : 우선권-G 특허 · 적용범위】
A. 1. 어떠한 동맹국에서 정식으로 특허출원을 하거나 실용신안, 의장 또는 상표의 등록출원을 한 자 또는 그 승계인은 타 동맹국에서 출원의 목적상 이하에 정하는 기간중 우선권을 가진다.
2. 각 동맹국의 국내법령 또는 동맹국간에 체결된 2국간 혹은 다수국간의 조약에 따라 정규의 국내출원에 해당되는 여하한 출원도 우선권을 발생시키는 것으로 인정된다.
3. 정규의 국내출원이라 함은 출원의 결과 여부에 불구하고 당해 국에 출원을 한 일부를 확정하기에 적합한 모든 출원을 의미한다.
B. 따라서 위에 언급된 기간의 만료전에 타 동맹국에 낸 후출원은 그 기간중에 행하여진 행위, 특허, 타출원, 당해 발명의 공표 또는 실시, 당해 의장으로 된 물품의 판매 또는 당해 상표의 사용으로 인하여 무효로 되지 아니하며 또한 이러한 행위는 제3자의 권리 또는 여하한 개인 소유의 권리를 발생시키지 아니한다. 우선권의 기초가 되는 최초의 출원일전에 제3자가 취득한 권리는 각 동맹국의 국내법령에 따라 유보된다.
C. 1. 위에 언급된 우선기간은 특허 및 실용신안에 대하여는 12개월, 의장 및 상표에 대하여는 6개월로 한다.
2. 이러한 기간은 최초의 출원일로부터 개시한다. 출원일은 기간에 산입하지 아니한다.
3. 그 말일이 보호의 청구를 할 국가에서 법정의 휴일이거나 또는 관할청이 출원을 접수할 수 없는 날인 경우에는 그 기간은 그 다음 최초의 집무일까지 연장된다.
4. 위 2항에서 말하는 최초의 출원과 동일한 대상에 대하여 같은 동맹국에서 낸 후출원은 전출원이 공중의 열람에 제공되지 아니하였으며 또한 여하한 권리도 존속시키지 아니하고 후출원일 당시에 취소, 방기 또는 거절되어 있으며 또한 동 전출원이 우선권 주장의 근거로 되지 아니한 경우에는 최초출원으로 간주되며 그 출원일이 우선기간의 출발점이 된다. 그 후로부터 전출원은 우선권 주장의 근거가 될 수 없다.
D. 1. 전출원의 우선권을 이용하려는 자는 그 출원의 일부 및 그 출원을 한 동맹국의 국명을 명시한 선언을 할 것이 요구된다. 각 동맹국은 그러한 선언을 하여야 할 최종일을 결정한다.
2. 일부 및 국명은 권한있는 당국이 발행하는 간행물 특히, 특허 및 명세서에 관한 간행물에 게재한다.
3. 동맹국은 우선권을 신청하는 자에 대하여 최초의 출원에 관한 출원 서류(명세서, 도면등을 포함)의 등본의 제출을 요구할 수 있다. 그러한 출원을 접수한 당국에 의하여 인증된 등본은 여하한 공증도 필요로 하지 않으며 여하한 경우에도 그 후출원일로부터 3개월의 기간내에 언제든지 무료로 제출될 수 있다. 동맹국은 그 등본에 같은 당국이 교부하는 출원의 일부를 표시하는 증명서 및 역문을 첨부하도록 요구할 수 있다.
4. 출원을 할 때에는 우선권의 선언에 대하여 여타의 형식적 요건을 요구할 수 없다. 각 동맹국은 이 조항에 정하는 형식적 요건을 따르지 않았을 경우의 효과에 대하여 정한다. 다만, 그 효과는 우선권의 상실을 초과하지 아니한다.
5. 그 이후에는 다른 증거 서류가 요구될 수 있다. 전출원의 우선권을 이용하는 자는 그 출원의 번호를 명시하도록 요구될 수 있으며 그 번호는 위 2항에 정하는 방법으로 공표된다.
E. 1. 어느 동맹국에 있어서 의장이 실용신안의 출원을 근거로 하는 우선권에 기하여 출원된 경우에 그 우선 기간은 의장에 대하여 정하여진 것과 같은 기간으로 한다.
2. 또한 어느 동맹국에 있어서나 특허출원을 근거로 하는 우선권에 기하여 실용신안을 출원할 수 있으며 또한 그 역으로도 가능하다.
F. 어느 동맹국은 특허 출원인이 복수의 우선권(2이상의 국가에서 한 출원에 기한 것을 포함한다)을 주장한다는 것 또는 일또는 그 이상의 우선권을 주장하는 출원이 그 우선권이 주장되는 출원에 포함되지 않은 일 또는 그 이상의 구성요소를 포함한다는 것을 이유로 하여 당해 우선권 또는 당해 특허신청을 거절할 수 없다. 단, 이 두 경우에 당해 동맹국의 법령상 발명의 단일성이 있는 경우에 한한다. 우선권이 주장되는 출원에 포함되지 않았던 구성요소에 대하여는 후출원이 통상의 조건에 따라 우선권을 발생시킨다.
G. 1. 심사에 의하여 하나의 특허를 위한 출원이 1이상의 발명을 포함하고 있음이 밝혀진 경우에 출원인은 그 출원을 수개의 출원으로 분할시킬 수 있으며 또한 당초 출원일을 그 각각의 출원일로 유지하고 또한 우선권의 혜택이 있는 경우 이를 보유할 수 있다.
2. 출원인은 또한 그 스스로 특허출원을 분할시킬 수 있으며 또한 당초의 출원일을 각 분할출원의 일부로 하여 우선권의 혜택이 있는 경우 이를 보유할 수 있다. 각 동맹국은 그러한 분할이 인정될 수 있는 조건을 정한다.
H. 우선권이 주장되는 발명의 특정요소가 원 국가에서의 출원에 제시된 청구중에 포함되어 있지 않다는 것을 이유로 하여 우선권을 거부할 수 없다. 단, 출원서류가 전체로서 그러한 구성요소를 명시하고 있어야 한다.
I. 1. 출원인이 그 재량으로 특허 또는 발명자 증명중 어느 하나를 신청할 수 있도록 되어 있는 국가에서 행하여진 발명자 증명의 출원은 특허출원과 동일한 조건 및 동일한 효과로 본조에 규정된 우선권을 발생시킨다.
2. 출원인이 그 재량으로 특허 또는 발명자 증명중 어느 하나를 신청할 수 있도록 되어 있는 국가에서 발명자 증명을 출원한 자는 특허출원에 관련된 본조의 제 규정에 따라 특허, 실용신안 또는 발명자 증명의 신청에 기하는 우선권을 향유할 수 있다.

제4조의2【특허 : 동일한 발명에 대해 상이한 국가에서 획득한 특허의 독립】
1. 동맹국의 국민에 의하여 여러 동맹국에서 출원된 특허는 동일한 발명에 대하여 동맹국 또는 비동맹국인가에 관계없이 타국에서 획득된 특허와 독립적이다.
2. 전항의 규정은 비제한적인 의미로 이해되며 특히 우선 기간중에 출원된 제 특허는 무효 또는 몰수의 근거에 관하여 그리고 통상의 존속기간에 관하여 서로 독립적이라는 의미로서 이해된다.
3. 동 규정은 그것이 효력을 갖게 되는 때에 존재하는 모든 특허에 대하여 적용된다.
4. 그것은 신규 국가의 가입의 경우에 있어 가입시 양측에 존재하는 특허에 대하여도 동일하게 적용된다.
5. 우선권의 혜택으로써 획득된 특허는 각 동맹국에서 우선권의 혜택없이 출원 또는 부여된 특허와 같은 존속기간을 갖는다.

제4조의3【특허 : 특허에 있어 발명자의 명시】 발명자는 특허에 발명자로서 명시될 권리를 갖는다.

제4조의4【특허 : 법에 의한 판매규제 경우에 있어서의 특허성】 특허된 상품 또는 특허된 공정에 의하여 생산된 상품의 판매가 국내법으로 인한 계약이나 제한을 받고 있음을 근거로 하여 특허의 부여를 거절하거나 또는 특허를 무효로 할 수 없다.

제5조
A. 특허 : 상품의 수입, 불실시 또는 불충분한 실시, 강제실시권
B. 의장 : 불실시, 상품의 수입
C. 상표 : 불사용, 다른 형태, 공동소유자에 의한 사용
D. 특허, 실용신안, 상표, 의장 : 표식
A. 1. 특허는 특허권자가 어느 동맹국내에서 제조된 상품을 그 특허를 부여한 국가로 수입함으로 인하여 몰수되지 아니한다.
2. 각 동맹국은 불실시와 같은 특허에 의하여 부여되는 배타적 권리의 행사로부터 발생할 수 있는 남용을 방지하기 위하여 강제 실시권의 부여를 규정하는 입법조치를 취할 수 있다.
3. 강제 실시권의 부여가 그러한 남용을 방지하기에 충분하지 아니한 경우를 제외하고는 특허의 몰수를 규정할 수 없다. 최초의 강제 실시권의 부여로부터 2년이 만료되기 전에는 특허의 몰수 또는 철회를 위한 절차를 진행시킬 수 없다.
4. 특허 출원일로부터 4년 기간의 만료일 또는 특허 부여일로부터 3년 기간의 만료일 중 늦은 기일이전에 불실시 또는 불충분한 실시를 이유로 강제 실시권을 출원할 수 없다. 그러한 출원은 특허권자가 정당한 이유로써 그의 불실시를 정당화하는 경우에 거절된다. 그러한 강제 실시권은 비배타적이며 또한 공여의 형태로써도 이전될 수 없으나 그러한 강제 실시권을 이용하는 기업 또는 영업권의 일부와 함께 이전되는 경우에는 예외로 한다.
5. 앞의 제 규정은 필요한 변경을 가하여 실용신안에도 적용된다.
B. 여하한 경우에도 의장의 보호는 불실시 또는 보호되는 물품에 상응하는 물품의 수입을 이유로 몰수되지 아니한다.
C. 1. 어느 국가에서나 등록상표의 사용이 강제적인 경우 그 등록은 합당한 기간이 경과한 후 그리고 당해 인이 그의 불실시를 정당화하지 못하는 경우에만 취소될 수 있다.
2. 상표의 소유자가 그 상표가 일 동맹국에 등록될 때의 형태에 있어서의 두드러진 특징을 변경하지 아니하는 다른 요소를 포함하는 형태로 그 상표를 사용함으로 인하여 그 등록이 무효되거나 그 상표에 부여된 보호가 감소되지 아니한다.
3. 보호가 주장되는 국가의 국내법에 의하여 상표의 공유자로 간주되는 공업상 또는 상업상의 영업소가 동일 또는 유사한 상품에 동일한 상표를 동시에 사용함으로 인하여 어떠한 동맹국에서도 동 상표에 부여된 보호가 여하한 방법으로도 경감되지 아니한다. 다만, 그것은 그러한 사용이 공중을 오도하거나 또는 공공의 이익에 반하는 것이 아닌 경우에 한한다.
D. 보호받을 권리를 인정할 조건으로서 특허, 실용신안, 상표의 등록 또는 의장의 기탁을 상품에 표시 또는 언급할 것을 요구할 수 없다.

제5조의2【모든 공업소유권 : 권리 유지를 위한 요금지불 허여기간 ; 특허 : 회복】
1. 공업소유권의 유지를 위하여 정한 수수료의 지불에 있어 국내법에 규정된 과징금을 지불할 것을 조건으로 6개월 이상의 은혜 기간이 허여된다.
2. 동맹국은 불지급으로 인하여 상실된 특허의 회복을 규정할 권리를 갖는다.

제5조의3【선박, 항공기 또는 육상운송수단의 일부를 구성하는 특허된 고안】 동맹국내에서 다음은 특허권자의 권리에 대한 침해로 간주되지 아니한다.
1. 타 동맹국의 선박이 일시적 또는 우발적으로 그 동맹국의 영수에 들어온 경우에 그 선박상에서 그의 특허의 대상을 이루는 장치를 선체 · 기계 · 선구 · 기관 또는 기타 부속물에 사용하는 것. 단, 그러한 장치가 다만 선박의 필요를 위하여 사용되는 경우에 한함.
2. 타 동맹국의 항공기나 육상 운송체가 일시적 또는 우발적으로 그 동맹국에 들어온 경우에 그 항공기 또는 육상운송체 또는 그 부속물의 건조 또는 운항에 그의 특허의 대상을 이루는 장치를 사용하는 것

제5조의4【특허 : 수입국에서 특허된 방법에 의하여 제조된 물건의 수입】 산품이 그 산품의 제조 공정을 보호하는 특허가 존재하는 동맹국으로 수입된 경우에는 그 특허권자는 그 수입된 산품에 관하여 그 국가의 법에 따라 그 공정 특허를 근거로 하여 수입국에서 제조된 산품에 관하여 그에게 부여된 모든 권리를 유보한다.

제5조의5【의장】 의장은 모든 동맹국에서 보호된다.

제6조【상표 : 등록조건, 상이한 국가에서의 동일한 상표 보호의 독립】
1. 상표의 출원과 등록조건은 각 동맹국에서 그 국내법에 따라 정한다.
2. 그러나, 어느 동맹국 국민에 의하여 여하한 동맹국에서 출원된 상표의 등록신청도 그 출원, 등록 또는 갱신이 원국가에서 실시되지 않았음을 이유로 거절될 수 없으며 또한 그 등록이 무효화될 수도 없다.
3. 일 동맹국에서 정당하게 등록된 상표는 원국가를 포함하는 타 동맹국에서 등록된 상표와 독립적인 것으로 간주된다.

제6조의2【상표 : 잘 알려진 상표】
1. 동맹국은 국내법에 따라 직권상으로 또는 관계국의 요청으로 이 협약의 혜택을 받을 권리가 있는 사람의 상품으로서 동일 또는 유사한 상품에 사용되고 있음이 이미 그 나라에서 잘 알려진 것으로 등록 또는 사용국의 권한있는 당국에 의하여 간주되는 그러한 상품의 복제, 모방, 번역을 구성하여 혼동을 일으키기 쉬운 상표의 등록을 거절 또는 취소하며 또한 그 사용을 방지할 것을 약속한다. 이 규정은 상표의 중요 구성요소가 그러한 잘 알려진 상품의 복제 또는 그것과 혼동하기 쉬운 모방을 구성하는 경우에도 적용된다.
2. 그러한 상표의 취소를 요청하는 데에 등록일로부터 최소한 5년의 기간이 허용된다. 동맹국은 사용의 금지를 요청할 수 있는 기간을 정할 수 있다.
3. 성실에 반하여 등록 또는 사용되는 상표의 취소 또는 사용금지를 요청하는 데는 기간의 제한이 붙여지지 아니한다.

제6조의3【마아크 : 국가표장, 공공인장 및 정부간 기구의 표장에 관한 금지】
1. (a) 동맹국은 동맹국의 국가문장, 기, 기타의 기장 및 동맹국이 택한 감독용 및 증명용의 공공의 기호와 인장 또는 문장학상 이러한 것들의 모방이라고 인정되는 것의 상표 또는 그 구성부분으로서의 등록을 거절 또는 무효로 하고 또한 권한있는 당국의 허가를 받지 않고 이를 상표 또는 그 구성부분으로 하여 사용하는 것을 적당한 방법으로 금지할 것에 합의한다.
(b) 세항 (a)의 규정은 1 혹은 그 이상의 동맹국이 가입하고 있는 정부간 국제기구의 문장, 기, 기타의 기장, 약칭 및 명칭에 대하여도 적용된다. 다만, 이미 그의 보호를 보장하기 위한 현행 국제협정의 대상이 되고 있는 문장, 기, 기타의 기장, 약칭 및 명칭등은 이에 해당하지 않는다.
(c) 동맹국은 이 조약이 그 동맹국에 있어서 효력을 발생하기 전에 선의로 취득한 권리의 소유자의 이익을 침해하는 경우에는 세항 (b)의 규정을 적용하지 아니할 수 있다. 세항 (a)에 언급된 사용 또는 등록이 당해 국제기구의 당해 문장, 기, 기장, 약칭 또는 명칭과 관계가 있는 것으로서 공중에게 암시되는 것이 아닌 경우 또는 당해 사용자와 당해 국제기구간에 관계가 있는 것으로 공중을 오도하지 아니하는 것이라고 인정되는 경우에는 동맹국은 세항 (b)의 규정을 적용하지 아니할 수 있다.
2. 감독용 및 증명용의 공공의 기호 및 인장의 금지는 당해 기호 및 인장을 포함한 상표가 당해 기호 및 인장을 사용하고 있는 상품과 동일 또는 유사한 종류의 상품에 대하여 사용되고 있는 경우에 한하여 적용된다.
3. (a) 이러한 규정을 적용하기 위하여 동맹국은 국가 기장과 감독용 및 증명용의 공공의 기호 및 인장으로서 각국이 전면적으로 또는 일정 한도까지 이 조항의 규정에 의한 보호하에 둘 것을 현재에 요구하거나 또는 장래 요구하려는 것의 일람표 및 이 일람표에 첨가될 그 후의 모든 변경을 국제사무국을 통하여 상호 통지할 것에 동의한다. 각 동맹국은 통지된 일람표를 적절히 공중의 이용에 제공한다. 다만, 그 통지는 국가의 기장에 관하여는 의무적이 아니다.
(b) 본 조 1항 세항 (b)의 규정은 정부간 국제기구가 국제사무국을 통하여 동맹국에 통지한 당해 국제기구의 문장, 기, 기타의 기장 및 명칭에 한하여 적용된다.
4. 동맹국은 이의가 있을 경우에는 3항의 통지를 수령한 때로부터 12개월의 기간내에 그 이의를 국제사무국을 통하여 관계국 또는 관계 정부간 국제기구에 통보할 수 있다.
5. 위 1항의 규정은 국가의 기장에 관하여는 1925년 11월 6일 이후에 등록되는 상표에 대하여서만 적용된다.
6. 앞의 제 규정은 동맹국의 기를 제외한 국가 기장, 공공의 기호 및 인장과 정부간 국제기구의 문장, 기, 기타의 기장, 약칭 및 명칭에 관하여 위 제3항의 통지를 수령한 때로부터 2개월이 경과된 후에 등록되는 상표에 대하여서만 적용된다.
7. 동맹국은 국가의 기장, 기호 또는 인장을 포함한 상표로서 1925년 11월 6일 이전에 등록된 것에 대하여도 그 등록출원이 악의로 된 경우에는 당해 등록을 무효로 할 수 있다.
8. 각 동맹국의 국민으로서 자국의 국가 기장, 기호 또는 인장의 사용을 허가받은 자는 당해 기장, 기호 또는 인장이 타 동맹국의 국가 기장, 기호 또는 인장과 유사한 경우에도 이를 사용할 수 있다.
9. 동맹국은 타 동맹국의 국가 문장의 사용이 상품의 원산지의 오인을 일으키게 할 염려가 있는 경우에는 허가를 받지 아니하고 그 문장을 상업거래에 사용하는 것을 금지할 것을 약속한다.
10. 앞의 제 규정에 불구하고 각 동맹국은 국가 문장, 기, 기장, 동맹국에 의하여 채용된 공공의 기호와 인장 및 위 제1항에 언급된 정부간 국제기구의 식별 기호를 허가받지 아니하고 상표로 사용하고 있는 경우에는 그 상표에 대하여 제6조의5, B의 제3항에 규정된 것과 같이 그 등록을 거절 또는 무효로 하는 권리를 행사할 수 있다.

제6조의4【상표 : 상표의 양도】
1. 상표의 양도가 동맹국의 법령에 의하여 그 상표가 속하는 기업 또는 영업권과 동시에 이동하는 경우에 한하여 유효한 때에는 그 상표의 양도를 유효한 것으로 인정받기 위하여는 양도된 상표를 붙인 상품을 당해 동맹국에서 제조 또는 판매할 배타적 권리와 더불어 당해 동맹국에 있는 기업 또는 영업권의 구성부분을 양수인에게 이전함으로써 족하다.
2. 전항의 규정은 양수인에 의한 상표의 사용이 당해 상표를 붙인 상품의 원산지, 성질, 품질등에 대하여 실제로 공중을 오도할 우려가 있는 경우에 그 상표의 양도를 유효한 것으로 인정해야 할 의무를 동맹국에 부과하는 것은 아니다.

제6조의5【상표 : 일방 동맹국에 등록된 상표의 타방 동맹국 내에서의 보호】
A. 1. 본국에서 정당하게 등록된 상표는 본 조에서 명시된 유보에 따를 것을 조건으로 타 동맹국에 있어서도 출원을 위하여 수락되고 보호된다. 당해 타 동맹국은 최종적인 등록을 하기 전에 본국에서 등록한 증명서로서 그 본국의 권한이 있는 당국이 교부한 것을 제출하도록 요구할 수 있다. 그 증명서에는 여하한 공증도 필요로 하지 아니한다.
2. 본국이라 함은 출원인이 동맹국에 진정하고 유효한 공업상 또는 상업상의 영업소를 가진 경우에는 그 동맹국을, 출원인이 동맹국에 그러한 영업소를 가지지 아니한 경우에는 그의 주소가 있는 동맹국을 또한 출원인이 동맹국의 국민으로서 그 동맹국에 주소를 가지지 아니한 경우에는 그의 국적이 있는 국가를 말한다.
B. 본 조에 규정하는 상표는 다음의 경우를 제외하고는 그 등록을 거절 또는 무효로 할 수는 없다.
1. 당해 상표의 보호가 주장되는 국가에 있어서 제3자의 기득권을 침해하게 되는 경우
2. 당해 상표가 두드러진 특징을 가지지 못할 경우 또는 상품의 종류, 품질, 수량, 용도, 가격, 원산지 또는 생산의 시기를 표시하기 위하여 거래상 사용되거나 또는 보호가 주장되는 국가의 거래상의 통용어 또는 그 국가의 선의의 확립된 상관행에 있어서 상용되고 있는 기호 또는 표시만으로 구성되어 있는 경우
3. 당해 상표가 도덕 또는 공중질서에 반하거나 특히 공중을 기만하기 쉬운 경우. 다만, 상표에 관한 법령의 규정(공공질서에 관한 것은 제외)에 적합하지 아니하다는 이유만으로 당해 상표를 공공의 질서를 반하는 것이라고 인정하여서는 아니된다. 다만, 제10조의2의 규정의 적용을 받는다.
C. 1. 상표가 보호를 받기에 적합한가의 여부를 판단함에 있어서는 모든 사정 특히 당해 상표를 사용하여 온 기간을 고려하지 않으면 아니된다.
2. 본국에서 보호되고 있는 상표의 구성부분에 변경을 가한 상표는 그 변경이 본국에 등록된 형태대로의 상표의 두드러진 특징을 변경하지 아니하고 또한 상표의 동일성에 영향을 주지 아니하는 한 타 동맹국에서 그 변경을 유일한 이유로 하여 등록을 거절당하지 않는다.
D. 어떠한 자도 보호를 주장하고 있는 상표가 본국에서 등록되어 있지 아니한 경우에는 본조의 규정에 의한 이익을 받을 수 없다.
E. 그러나 여하한 경우에도 본국에서 상표의 등록이 갱신되었다고 해서 그 상표가 등록된 타 동맹국에게 그 상표에 대한 등록갱신의 의무를 지우는 것은 아니다.
F. 제4조에 정한 우선기간내에 행한 상표의 등록출원에 있어 그 우선권의 이익은 본국에서의 등록이 당해 우선기간의 만료 후인 경우에도 그대로 존속한다.

제6조의6【상표 : 서어비스 마아크】 동맹국은 서어비스 마아크를 보호할 것을 약속한다. 동맹국은 서어비스 마아크의 등록에 관한 규정을 설정함을 요하지 아니한다.

제6조의7【상표 : 소유권자의 허가를 받지 않은 대리인 또는 대표자의 명의의 등록】
1. 일 동맹국에서 상표에 관한 권리를 가진 자의 대리인 또는 대표자가 그 상표에 관한 권리를 가진 자의 허락을 얻지 아니하고 1 또는 2이상의 동맹국에서 자기의 명의로 그 상표의 등록을 출원한 경우에는 그 상표에 관한 권리를 가진 자는 등록에 대하여 이의 신청 또는 등록의 취소 또는 그 국가의 법령이 허용하는 경우에는 등록을 자기에게 이전할 것을 청구할 수 있다. 다만, 그 대리인 또는 대표자가 그 행위를 정당화하는 경우에는 예외로 한다.
2. 상표에 관한 권리를 가진 자는 위 1항의 규정에 따를 것을 조건으로 그가 허락을 하지 않는 경우에 그 대리인 또는 대표자가 그의 상표를 사용할 것을 저지할 권리를 가진다.
3. 상표에 관한 권리를 가진 자가 본 조에 정하는 권리를 행사할 수 있는 적절한 기간은 국내법령으로 정할 수 있다.

제7조【상표 : 상표가 사용되는 상품의 성격】 어느 경우에도 상품의 성질은 그 상품에 대하여 사용되는 상표의 등록에 대한 장애를 구성하지 아니한다.

제7조의2【상표 : 단체 상표】
1. 동맹국은 본국의 법령에 반하지 아니하는 한 단체에 속하는 단체 상표의 등록을 인정하며 또한 보호할 것을 약속한다. 그 단체가 공업상 또는 상업상의 영업소를 가지지 않는 경우에도 같다.
2. 각 동맹국은 단체 상표가 보호되어야 할 특별한 조건을 판단하며 또한 공공의 이익에 반하는 단체 상표에 대하여는 그 보호를 거절할 수 있다.
3. 그러나, 그 존재가 본국의 법령에 반하지 아니하는 단체에 대하여 보호가 주장되는 동맹국에서 설립되지 아니하였다는 것 또는 보호가 주장되는 동맹국의 법령에 따라 구성되지 아니하였다는 것을 이유로 이 단체에 속하는 단체 상표의 보호를 거절할 수 없다.

제8조【상호】 상호는 상표의 일부이거나 아니거나를 불문하고 모든 동맹국에서 보호되며 등록의 신청 또는 등록되어 있는 것을 그 요건으로 하지 아니한다.

제9조【상표, 상호 : 불법하게 상표 또는 상호를 부착한 상품의 수입 등에 관한 압류】
1. 불법하게 상표 또는 상호를 붙인 상품은 그 상표 또는 상호에 대한 법률상의 보호가 인정되고 있는 동맹국에 수입될 때 압류된다.
2. 압류는 또한 상품에 불법하게 상표 또는 상호를 붙이는 행위가 행하여진 동맹국 또는 그 상품이 수입된 동맹국에서도 행하여진다.
3. 압류는 검찰관 기타의 권한있는 당국 또는 이해관계인(자연인이거나 법인을 불문한다)의 청구에 의하며, 각 동맹국의 국내법령에 따라 행하여진다.
4. 당국은 통과의 경우에는 압류함을 요하지 아니한다.
5. 동맹국의 법령이 수입시의 압류를 인정하지 않는 경우에는 수입의 금지 또는 국내에서 행하는 압류로 이를 대신한다.
6. 동맹국의 법령이 수입시의 수입의 금지 및 국내에 있어서 압류를 인정하지 아니하는 경우에는 이에 필요한 법령이 개정될 때까지 그 동맹국의 법령이 동일한 경우에 내국민에 대하여 보장하는 소송 및 구제절차가 이를 대신한다.

제10조【허위 표시 : 원산지 또는 생산자에 관하여 허위표시를 부착한 상품의 수입 등에 관한 압류】
1. 전조의 규정은 상품의 원산지 또는 생산지, 제조자 혹은 판매인에 관하여 허위 표시의 직접적 또는 간접적 사용의 경우에도 적용된다.
2. 산품의 생산, 제조 또는 판매에 종사하는 생산자, 제조자 또는 판매인으로서 원산지라고 허위로 표시된 지역, 그 지역이 있는 지방, 원산국이라고 허위로 표시된 국가 또는 원산지에 관한 허위의 표시가 행하여지고 있는 국가에 있는 자는 자연인이건 법인이건 불문하고 모든 경우에 있어서 이해관계인으로 인정한다.

제10조의2【부당 경쟁】
1. 각 동맹국은 동맹국의 국민에게 부당경쟁으로부터의 효과적인 보호를 보장한다.
2. 공업상 또는 상업상의 공정한 관습에 반하는 모든 경쟁행위는 부당 경쟁행위를 구성한다.
3. 특히 다음과 같은 것은 금지된다.
(a) 여하한 방법에 의함을 불문하고 경쟁자의 영업소, 산품 또는 공업상 혹은 상업상의 활동과 혼동을 일으키게 하는 모든 행위
(b) 거래의 과정에 있어 경쟁자의 영업소, 산품 또는 공업상 혹은 상업상의 활동에 관하여 신용을 해하게 할 허위의 주장
(c) 거래의 과정에 있어 산품의 성질, 제조방법, 특징, 용도 또는 수량에 대하여 공중을 오도할 표시 또는 주장

제10조의3【상표, 상호, 허위표시, 부당경쟁 : 구제수단, 청구권】
1. 동맹국은 제9조, 제10조 및 제10조의2에 언급된 모든 행위를 효과적으로 억제하기 위하여 적절한 법률상의 구제수단을 타 동맹국의 국민에게 부여할 것을 약속한다.
2. 제9조, 제10조 및 제10조의2에 언급된 행위를 억제할 목적으로 동맹국은 이해관계를 가진 생산자, 제조자 또는 판매인을 대표하며 또한 그 존재가 본국의 법에 배치되지 아니하는 조합 또는 단체에 대하여 그 법령에 국내의 조합 또는 단체에게 인정되고 있는 한도내에서 사법적 수단으로 제소하거나 또는 행정기관에 이의 신청을 할 수 있도록 하는 조치를 규정할 것을 약속한다.

제11조【발명, 실용신안, 산업의장, 상표 : 특정 국제 박람회에서의 잠정적 보호】
1. 동맹국은 동맹국의 영역내에서 개최되는 공적 또는 공적으로 인정된 국제 박람회에 출품되는 상품에 대하여 특허를 받을 수 있는 발명, 실용신안, 산업의장 및 상표에 대하여 국내법령에 따라 가보호를 부여한다.
2. 그러한 가보호는 제4조에서 정한 우선기간을 연장하는 것은 아니다. 후에 우선권이 주장되는 경우에는 각 동맹국의 당국은 그 산품을 박람회에 반입한 날로부터 우선기간이 개시되는 것으로 규정할 수 있다.
3. 각 동맹국은 해당 산품이 전시된 사실 및 반입의 일부를 증명하기 위하여 필요하다고 인정되는 증거서류를 요구할 수 있다.

제12조【공업소유권에 관한 특별 사무소】
1. 각 동맹국은 공업소유권에 관한 특별사무소와 특허, 실용신안, 산업의장 및 상표를 공중에게 알리기 위한 중앙 사무소를 설치할 것을 약속한다.
2. 그러한 사무소는 정기적인 공보를 발행하고 다음을 규칙적으로 공시한다.
(a) 특허권자의 성명 및 그 특허 발명의 간단한 표시
(b) 등록된 상표의 복제

제13조【동맹 총회】
1. (a) 동맹은 제13조에서 제17조까지의 규정에 의하여 구속되는 동맹국으로 구성되는 총회를 가진다.
(b) 각 동맹국의 정부는 1인의 대표에 의하여 대표되며 대표는 교체대표, 자문위원 및 전문가의 보좌를 받을 수 있다.
(c) 각 대표단의 비용은 그 대표단을 임명한 정부가 부담한다.
2. (a) 총회는 다음 사항을 행한다.
(ⅰ) 동맹의 유지 및 발전과 본 협약의 실시에 관한 모든 문제를 처리한다.
(ⅱ) 세계지적소유권기구(이하 "기구"라 한다) 설립에 관한 협약에 언급된 지적소유권 국제사무국(이하 "국제사무국"이라 한다)에 대하여 개정회의의 준비에 관하여 지시한다. 다만, 제13조에서 제17조까지의 규정에 구속되지 아니하는 동맹국의 의견을 충분히 참작하여야 한다.
(ⅲ) 동맹에 관한 "기구"사무국장의 보고 및 활동에 관하여 검토하고 승인하며 또한 "기구"사무국장에게 동맹의 권한내의 사항에 관하여 필요한 지시를 한다.
(ⅳ) 집행위원회의 구성국을 선출한다.
(ⅴ) 집행위원회의 보고 및 활동을 검토하고 승인하며 또한 집행위원회에 지시한다.
(ⅵ) 동맹의 사업계획을 결정하고 3개년 예산을 채택하며 또한 결산을 승인한다.
(ⅶ) 동맹의 재정규칙을 채택한다.
(ⅷ) 동맹의 목적을 달성하기 위하여 필요하다고 인정하는 전문가위원회 및 실무작업반을 설치한다.
(ⅸ) 동맹의 구성국이 아닌 국가 및 정부간 기구 및 비정부간 국제기구로서 총회의 회합에 업저어버로써 출석하는 것에 대한 인정 여부를 결정한다.
(ⅹ) 제13조에서 제17조까지의 규정에 대한 수정을 채택한다.
(xi) 동맹국의 목적을 증진하기 위하여 다른 적절한 조치를 취한다.
(xii) 기타 본 협약상 적절한 기능을 수행한다.
(xiii) 총회의 수락을 조건으로 "기구"의 설립에 관한 협약에 의하여 총회에 부여된 권리를 행사한다.
(b) 총회는 "기구"가 관리 업무를 집행하고 있는 타 동맹에도 이해관계가 있는 사항에 관하여는 기구의 조정위원회의 조언을 들은 후에 결정한다.
3. (a) 세항 (b)의 규정에 따를 것을 조건으로 대표는 일개국만을 대표할 수 있다.
(b) 제12조에 언급된 공업소유권에 관한 각국의 특별사무소의 성격을 가진 공동사무소를 설립하기 위한 특별 약정에 의하여 결성된 동맹국은 토의에 있어서 이를 국가중 일국으로써 공동의 대표로 할 수 있다.
4. (a) 총회의 각 구성국은 1의 투표권을 가진다.
(b) 총회의 구성국의 2분의 1을 정족수로 한다.
(c) 총회는 세항 (b)의 규정에 불구하고 어느 회기에 있어서도 대표를 낸 국가의 수가 총회의 구성국의 2분의 1미만이나 3분의 1이상인 경우에 결정은 할 수 있으나 그 결정은 총회의 절차에 관한 결정을 제외하고는 다음의 조건이 충족된 경우에 한하여 효력을 발생한다. 즉, 국제사무국은 대표를 내지 않은 총회의 구성국에 대하여 그 결정을 통지하고 그 통지일로부터 3개월의 기간내에 찬부 또는 기권을 서면으로서 표명할 것을 요청한다. 그 기간의 만료시에 찬부 또는 기권을 표명한 국가의 수가 당해 회기의 정족수의 부족을 보충하고 또한 결정에 필요한 다수의 찬성이 있는 경우에는 그 결정은 효력을 발생한다.
(d) 제17조2항의 규정에 따를 것으로 하여 총회의 결정은 투표의 3분의 2이상의 다수에 의하여 의결된다.
(e) 기권은 투표로 보지 아니한다.
5. (a) 세항 (b)의 규정에 따를 것으로 하여 대표는 일 국가만의 대표로서 투표할 수 있다.
(b) 세항 3 (b)에 언급된 동맹국은 원칙으로 총회의 회기에 국가의 대표를 출석시키도록 노력한다. 다만, 예외적인 불가피한 이유로 자국의 대표가 출석하지 못할 경우에는 다른 그러한 동맹국의 대표에게 자국의 명의로써 투표할 권한을 부여할 수 있다. 단, 각 대표는 대리투표의 경우 일국의 투표권만을 대리할 수 있다. 대리투표의 권한은 국가의 원수 또는 권한이 있는 장관이 지명하는 문서로써 부여한다.
6. 총회의 구성국이 아닌 동맹국은 총회의 회합에 업저어버로 출석하는 것을 인정한다.
7. (a) 총회는 사무국장의 소집에 의하여 3년마다 1회씩 통상회기로써 회합하며 예외적인 경우를 제외하고 기구의 총회와 동일한 기간중에 동일한 장소에서 회합한다.
(b) 총회는 집행위원회의 요청 또는 총회의 구성국의 4분의 1이상의 요청이 있을 때는 사무국장의 소집에 의하여 임시회기로써 회합한다.
8. 총회는 그 절차규칙을 채택한다.

제14조【집행 위원회】
1. 총회는 집행위원회를 가진다.
2. (a) 집행위원회는 총회의 구성국중에서 총회에서 선출된 국가로 구성된다. 또한 그 영역내에 "기구"의 본부가 있는 국가는 제16조7(b)의 규정에 따를 것을 조건으로 집행위원회에 직권상 1의석을 가진다.
(b) 집행위원회의 각 구성국의 정부는 1인의 대표에 의하여 대표되며 대표는 교체대표, 자문위원 및 전문가의 보좌를 받을 수 있다.
(c) 각 대표단의 비용은 대표단을 임명한 정부가 부담한다.
3. 집행위원회의 구성국의 수는 총회의 구성국의 수의 4분의 1로 한다. 의석수의 결정에 있어서 4로 나눈 나머지 수는 고려하지 아니한다.
4. 총회는 집행위원회의 구성국의 선출에 있어서 공평한 지리적 배분을 참작하고 또한 동맹에 관련하여 작성되는 특별약정의 체약국이 집행위원회의 구성국이 되어야 할 필요성을 참작한다.
5. (a) 집행위원회의 구성국의 임기는 그를 선출한 총회의 종료 시로부터 다음 총회의 통상회기의 종료시까지로 한다.
(b) 집행위원회의 구성국은 최대한 그 구성국의 3분의 2까지 재선할 수 있다.
(c) 총회는 집행위원회의 구성국의 선출 및 재선에 관한 규칙을 정한다.
6. (a) 집행위원회는 다음의 사항을 행한다.
(ⅰ) 총회의 의사 일정안을 작성한다.
(ⅱ) 사무국장이 작성한 동맹의 사업계획안 및 3개년 예산안에 관하여 총회에 제안한다.
(ⅲ) 사무국장이 작성한 연차 사업계획 및 3연차 예산에 관하여 사업계획 및 3개년 예산의 범위내에서 결정한다.
(ⅳ) 사무국장의 정기보고 및 연차회기검사보고에 적절한 의견을 붙여 총회에 제출한다.
(ⅴ) 총회의 결정에 따르고 또한 총회의 두 통상회기 사이에서 발생하는 상황을 고려하여 사무국장이 동맹의 사업계획의 시행에 필요한 모든 조치를 취한다.
(ⅵ) 기타 본 협약상 집행위원회에 부여된 기능을 수행한다.
(b) 집행위원회는 "기구"에 의하여 관리되는 다른 동맹과도 이해관계가 있는 사항에 대하여는 "기구"의 조정위원회의 조언을 들은 후에 결정한다.
7. (a) 집행위원회는 사무국장의 소집에 의하여 매년 1회의 통상회기로써 회합하고 가능한 한 기구의 조정위원회와 동일한 기간중에 동일한 장소에서 회합한다.
(b) 집행위원회는 사무국장의 발의에 의하여 또는 집행위원회의 의장 혹은 그 구성국의 4분의 1이상의 요청에 따라 사무국장의 소집에 의하여 임시회기로써 회합한다.
8. (a) 집행위원회의 각 구성국은 하나의 투표권을 가진다.
(b) 집행위원회의 구성국의 2분의 1을 정족수로 한다.
(c) 결정은 투표의 단순 다수에 의한 의결로써 한다.
(d) 기권은 투표로 보지 아니한다.
(e) 대표는 일 국가만을 대표하고 그 국가의 명의로써만 투표할 수 있다.
9. 집행위원회의 구성국이 아닌 동맹국은 집행위원회의 회합에 업저어버로 출석하는 것을 인정한다.
10. 집행위원회는 그 회의의 절차규칙을 채택한다.

제15조【국제 사무소】
1. (a) 동맹의 관리업무는 "문학및예술상의저작권의보호에관한국제조약"에 의하여 설립된 동맹사무국과 합동한 동맹사무국의 승계기관인 국제사무국이 행한다.
(b) 국제사무국은 특히 동맹의 모든 기관의 사무적인 직무를 행한다.

(c) "기구"의 사무국장은 동맹의 수석행정관으로서 동맹을 대표한다.
2. 국제사무국은 공업소유권의 보호에 관한 정보를 수집하고 발행한다. 각 동맹국은 공업소유권의 보호에 관한 모든 새로운 법령 및 공문서를 가급적 신속히 국제사무국에 송부하여야 하며 또한 공업소유권에 관한 자국의 사무소 간행물중 공업소유권보호에 직접 관계가 있는 것으로서 국제사무국의 업무에 유익하다고 인정되는 모든 것을 국제사무국에 제공한다.
3. 국제사무국은 월간 정기간행물을 발행한다.
4. 국제사무국은 동맹국의 요청에 의하여 공업소유권의 보호에 관한 문제에 관한 정보를 제공한다.
5. 국제사무국은 공업소유권의 보호를 촉진하기 위한 연구를 행하며 또한 역무를 제공한다.
6. 사무국장 및 그가 지명하는 직원은 총회, 집행위원회, 기타 전문가위원회 또는 실무 작업반 회합에 투표권없이 참가한다. 사무국장 또는 그가 지명하는 직원은 직무상 이러한 기관의 서기가 된다.
7. (a) 국제사무국은 총회의 지시에 따라 또한 집행위원회와 협력하여 본 협약(제13조에서 제17조까지의 규정은 제외)의 개정회의의 준비를 한다.
(b) 국제사무국은 개정회의의 준비에 관하여 정부간 기구 및 비정부간 국제기구와 협의할 수 있다.
(c) 사무국장 및 그가 지명하는 자는 개정회의의 심의에 투표권없이 참가한다.
8. 국제사무국은 기타 국제사무국에 부여되는 임무를 수행한다.

제16조【재정】
1. (a) 동맹은 예산을 가진다.
(b) 동맹의 예산은 수입, 동맹의 고유한 지출, 제 동맹의 공통경비의 예산을 위한 그 분담금 및 경우에 따라 기구의 회의의 예산을 위한 지출금으로 편성된다.
(c) 제 동맹의 공통경비라 함은 동맹뿐만 아니라 기구가 관리업무를 맡고 있는 1 또는 그 이상의 타 동맹에 귀속되는 경비를 말한다. 공통경비에 대한 동맹의 분담비율은 공통경비가 그 동맹에 주는 이익에 비례한다.
2. 동맹의 예산은 기구가 관리 업무를 맡고 있는 타 동맹 예산과의 조정을 위한 요건을 충분히 고려하여 결정한다.
3. 동맹의 예산은 다음을 재원으로 한다.
(ⅰ) 동맹국의 분담금
(ⅱ) 국제사무국이 동맹의 이름으로 제공하는 역무에 대한 요금
(ⅲ) 동맹에 관한 국제사무국의 간행물의 판매대금 및 이러한 간행물에 관한 권리의 사용료
(ⅳ) 증여, 유증 및 보조금
(ⅴ) 임대료, 이자 및 기타 잡수입
4. (a) 각 동맹국은 예산에 대한 자국의 분담액을 결정하는데 있어서 다음 등급에 속하는 것으로 하고 다음에 정하는 단위수에 기하여 연차 분담금을 지불한다.

등급Ⅰ	25
등급Ⅱ	20
등급Ⅲ	15
등급Ⅳ	10
등급Ⅴ	5
등급Ⅵ	3
등급Ⅶ	1

(b) 각국은 이미 지정한 경우를 제외하고는 비준서 또는 가입을 기탁할 때에 자국이 속하고자 하는 등급을 지정한다. 어느 국가든 자국의 등급을 변경할 수 있다. 보다 낮은 등급을 선택하는 국가는 그 변경을 총회의 통상회기에서 표명하여야 한다. 그 변경은 그 회기의 익년초에 효력을 발생한다.
(c) 각 동맹국의 연차 분담액은 그 금액과 모든 동맹국의 동맹 예산에의 연차 분담금의 총액과의 비율이 그 국가가 속하는 등급의 단위수와 모든 동맹국의 단위수의 총수와의 비율이 같도록 정한다.
(d) 분담금은 매년 1월 1일에 납부하여야 한다.
(e) 분담금의 납부를 연체하고 있는 동맹국은 그 미불액이 당해 연도의 전 2년간 그 국가가 납부하여야 할 분담금의 액수이상일 경우에는 그 국가가 구성국으로 되어 있는 동맹의 기관에서 투표권을 행사할 수 없다. 다만, 그 기관이 지불의 연체가 예외적으로 불가피한 사정으로 인한 것이라고 인정하는 동안 기관은 그 국가가 그 기관에서 투표권을 계속 행사하도록 허용할 수 있다.
(f) 예산이 신회계연도의 개시전에 채택되지 아니한 경우에는 재정규칙의 정하는 바에 따라 전년도의 예산의 수준으로 한다.
5. 국제사무국이 동맹의 명의로 제공하는 역무에 대하여 받는 요금액은 사무국장이 정하고, 사무국장은 그를 총회 및 집행위원회에 보고한다.
6. (a) 동맹은 각 동맹국의 1회에 한한 납부금으로 구성되는 운용자금을 가진다. 운용자금이 부족할 때에는 총회가 그 증액을 결정한다.
(b) 운용자금에 대한 각 동맹국의 지불금액 및 운용자금의 증액분에 대한 각 동맹국의 분담금은 운용자금이 설정되거나 또는 그 증액이 결정된 연도의 그 국가의 분담금에 비례한다.
(c) 비율 및 지불의 조건은 총회가 사무국장의 제안에 의하여 또한 기구의 조정위원회의 조언을 들은 후에 결정한다.
7. (a) 그 영역내에 기구의 본부가 있는 국가와 체결한 본부협정에 운용자금이 부족한 경우에는 그 국가가 입체를 허용한다는 규정을 둔다. 입체할 금액 및 조건은 그 국가와 기구와의 사이의 별도 약정에 의하여 그 때마다 정한다. 그 국가는 입체를 허용할 의무가 있는 동안 집행위원회에 직권상 의석을 가진다.
(b) 세항 (a)에 언급된 국가 및 기구는 각각 서면에 의한 통고에 의하여 입체를 허용한다는 약속을 폐기하는 권리를 가진다. 폐기는 통고가 있는 연도말로부터 3년이 경과한 후에 효력을 발생한다.
8. 회계감사는 재정규칙의 정하는 바에 의하여 일 또는 그 이상, 동맹국 또는 외부의 회계감사 전문가가 행한다. 동맹국 또는 회계감사 전문가는 총회가 이들의 동의를 얻어 지정한다.

제17조【제13조 내지 제17조의 개정】
1. 제13조, 제14조, 제15조, 제16조 및 본 조의 규정에 대한 수정 제안은 총회의 구성국, 집행위원회 또는 사무국장이 발의할 수 있다. 그 제안은 늦어도 총회 심의 6개월 전까지 사무국장이 총회의 구성국에 송부한다.
2. 위 1항에 언급된 제 조항의 수정은 총회가 채택한다. 채택에는 투표의 4분의 3이상의 다수에 의한 의결이 필요하다. 다만, 제13조 및 본항 규정의 수정에는 투표수의 5분의 4이상의 다수에 의한 의결이 필요하다.
3. 위 1항에 언급된 제 조항의 수정은 그 수정이 채택된 때에 총회의 구성국의 4분의 3으로부터 각자의 헌법상의 절차에 따라 행하여진 수락의 통고를 사무국장이 접수한 때로부터 1개월후에 효력을 발생한다. 이와 같이 하여 수락된 상기 제 조항의 수정은 그 수정이 효력을 발생할 때에 총회의 구성국인 모든 국가 및 그 후에 총회의 구성국이 되는 모든 국가를 구속한다.

제18조【제1조 내지 제12조 및 제18조 내지 제30조의 수정】
1. 본 협약은 동맹의 체제를 개선하기 위한 개정을 목적으로 개정 회의에 회부된다.
2. 이를 위하여 순차적으로 동맹국 대표간에 회의를 한다.
3. 제13조에서 제17조까지의 규정의 개정은 제17조의 규정에 의한다.

제19조【특별 협정】 동맹국은 본 협약의 규정에 배치되지 아니하는 한 별도로 상호간에 공업소유권의 보호에 관한 특별한 협정을 체결할 권리를 유보한다.

제20조【동맹국에 의한 비준 또는 가입 ; 발효】
1. (a) 각 동맹국은 본 개정협약에 서명한 경우에는 이를 비준할 수 있으며 서명하지 아니한 경우에는 이에 가입할 수 있다. 비준서 및 가입서는 사무국장에게 기탁한다.
(b) 각 동맹국은 그 비준서 또는 가입서에 비준 또는 가입의 효과가 다음의 규정에는 적용되지 아니한다는 것을 선언할 수 있다.
(ⅰ) 제1조에서 제12조까지의 규정, 또는
(ⅱ) 제13조에서 제17조까지의 규정
(c) 세항 (b)의 규정에 따라 동 세항에 언급된 2군의 조항중 1군의 조항에 대하여 비준 또는 가입의 효과를 배제한 국가는 언제든지 그 비준 또는 가입이 그 군의 조항에 확대한다는 것을 선언할 수 있다. 그 선언은 사무국장에게 기탁한다.
2. (a) 제1조에서 제12조까지의 규정은 1항 세항 (b)(ⅰ)에서 허용된 선언을 행하지 아니하고 비준서 또는 가입서를 기탁한 최초의 10개 동맹국에 대하여는 그 10번째의 비준서 또는 가입서가 기탁된 날로부터 3개월후에 효력을 발생한다.
(b) 제13조에서 제17조까지의 규정은 1항 세항 (b)(ⅱ)에서 허용된 선언을 행하지 아니하고 비준서 또는 가입서를 기탁한 최초의 10개 동맹국에 대하여는 그 10번째의 비준서 또는 가입서가 기탁된 날로부터 3개월후에 효력을 발생한다.
(c) 1항 세항 (b)(ⅰ) 및 1항 세항 (b)(ⅱ)에 언급된 2군의 제 조항이 세항 (a) 또는 (b)의 규정에 따라 각각 최초에 효력을 발생하는 것을 조건으로, 및 1항 세항 (b)의 규정에 따를 것을 조건으로, 제1조에서 제17조까지의 규정은 세항 (a) 및 (b)에 언급된 동맹국 이외의 동맹국으로서 비준서 혹은 가입서를 기탁한 국가 또는 1항 세항 (c)에 따라 선언을 기탁한 국가에 대하여는 사무국장이 그 기탁을 통고한 날로부터 3개월후에 효력을 발생한다. 단, 기탁된 비준서, 가입서 또는 선언에 있어서 그 날짜이후의 날을 지정한 경우에는 본 개정협약은 그 국가에 대하여 그 지정된 날에 효력을 발생한다.
3. 제18조에서 제30조까지의 규정은 비준서 또는 가입서를 기탁한 각 동맹국에 대하여 1항 세항 (b)의 제 조항이 각각 2항 세항 (a)(b) 또는 세항 (c)의 규정에 따라 그 국가에 대하여 효력을 발생하는 날 중 빠른 날짜에 효력을 발생한다.

제21조【동맹 역외 국가에 의한 가입 : 발효】
1. 동맹에 속하지 아니한 국가도 본 개정협약에 가입할 수 있으며 그 가입으로 동맹의 구성국이 될 수 있다. 가입서는 사무국장에게 기탁한다.
2. (a) 그 개정협약의 효력발생일 1개월 전까지 가입서를 기탁한 동맹에 속하지 아니한 국가에 대하여는 본 개정협약은 그 가입서에서 보다 늦은 날을 지정하고 있지 아니하는 한 전조 2항 세항 (a) 또는 (b)의 규정에 의하여 본 개정협약이 최초로 효력을 발생하는 날에 효력을 발생한다. 다만,
(ⅰ) 본 개정협약의 효력발생일에 제1조에서 제12조까지의 규정이 효력을 발생하지 아니하는 경우에 그러한 국가는 이들 규정이 효력을 발생할 때까지의 잠정 기간 중에는 그러한 규정에 대신하여「리스본」개정협약 제1조에서 제12조까지의 규정에 의하여 구속된다.
(ⅱ) 본 개정협약의 효력발생일에 제13조 내지 제17조의 규정이 효력을 발생하지 아니하는 경우에 그러한 국가는 이들 규정이 효력을 발생할 때까지의 잠정 기간 중에는 그러한 규정에 대신하여「리스본」개정협약 제13조와 제14조 3, 4 및 5까지의 규정에 의하여 구속된다. 가입서에서 보다 늦은 날을 지정한 국가에 대하여는 본 개정협약은 그 지정한 날에 효력을 발생한다.
(b) 본 개정협약의 1군의 규정이 효력을 발생한 날 이후 또는 그전 1개월 미만의 기간내에 가입서를 기탁한 동맹에 속하지 아니하는 국가에 대하여는 본 개정협약은 세항 (a)의 단서 규정에 따를 것을 조건으로 사무국장이 그 가입을 통고한 날로부터 3개월후에 효력을 발생한다. 단, 가입서에서 보다 늦은 날을 지정한 경우에는 본 개정협약은 그 국가에 대하여 그 지정한 날에 효력을 발생한다.
3. 본 개정협약이 전체로서 효력을 발생하는 날 이후 또는 그전 1개월미만의 기간내에 가입서를 기탁한 동맹에 속하지 아니하는 국가에 대하여는 본 개정협약은 사무국장이 그 가입을 통고한 날로부터 3개월후에 효력을 발생한다. 단, 가입서에서 보다 늦은 날을 지정한 경우에는 본 개정협약은 그 국가에 대하여는 그 지정한 날에 효력을 발생한다.

제22조【비준 또는 가입의 효과】 비준 또는 가입은 제20조1항 세항 (b) 및 제28조2항에 규정된 예외가 적용되는 경우를 제외하고는 자동적으로 본 개정협약의 모든 조항을 수락한 것으로 되며 본 개정협약에서 정하는 모든 이익을 향유하게 된다.

제23조【종전 협약에의 가입】 본 개정협약이 전체로서 효력을 발생한 후에는 어느 국가도 본 협약의 종전의 개정협약에 가입할 수 없다.

제24조【영토】
1. 어느 국가도 자국이 대외관계에 대하여 책임을 지는 영역의 전부 또는 일부에 대하여 본 협약을 적용한다는 뜻을 비준서 또는 가입서에서 당해 영역을 지정하여 선언하거나 또는 그 후에도 언제든지 서면에 의하여 이를 사무국장에 통고할 수 있다.
2. 1항의 선언 또는 통고를 한 국가는 당해 영역의 전부 또는 일부에 대하여 본 협약의 적용이 정지된다는 것을 언제든지 사무국장에게 통고할 수 있다.
3. (a) 1항에 따라 행하여진 선언은 그 선언이 포함된 비준 또는 가입과 동일한 날에 효력을 발생하며 동항에 따라 행하여진 통고는 사무국장에 의한 통보로부터 3개월후에 효력을 발생한다.
(b) 2항에 따라 행하여진 통고는 사무국장이 이를 접수한 날로부터 12개월후에 효력을 발생한다.

제25조【협약의 국내적 실시】
1. 본 협약의 당사국은 자국의 헌법에 따라 본 협약의 적용을 보장하기 위하여 필요한 조치를 취할 것을 약속한다.
2. 어느 국가도 그 비준서 또는 가입서를 기탁할 때에는 자국의 국내법령에 따라 본 협약을 시행할 수 있는 상태에 있는 것으로 양해된다.

제26조【폐기】
1. 본 협약은 무기한으로 효력을 가진다.
2. 어느 동맹국이든 사무국장에게 제출하는 통고에 의하여 본 개정협약을 폐기할 수 있다. 그러한 폐기는 종전의 모든 개정협약의 폐기를 수반하는 것으로 폐기를 한 국가에 대하여만 효력을 발생한다. 타 동맹국에 대하여는 본 협약은 계속 효력을 가진다.
3. 폐기는 사무국장이 그 통고를 접수한 날로부터 1년후에 효력을 발생한다.
4. 어느 국가도 동맹의 구성국이 된 날로부터 5년의 기간이 만료될 때까지는 본조에 정하는 폐기의 권리를 행사할 수 없다.

제27조【종전 협약의 적용】
1. 본 개정협약은 이를 적용하는 동맹국 상호간에 있어 그것이 적용되는 한도내에서 1883년 3월 20일자의「파리」협약 및 그 후의 제 개정협약을 대치한다.
2. (a) 본 개정협약이 적용되지 아니하거나 또는 전체로서 적용되지는 아니하나 1958년 10월 31일자의「리스본」개정협약이 적용되는 동맹국에 대해서는「리스본」개정협약이 전체로서 또는 1항의 규정에 의하여 본 개정협약에 의하여 대치되지 아니하는 한도내에서 계속하여 효력을 가진다.
(b) 마찬가지로 본 개정협약 또는 그 일부 또는「리스본」개정협약의 어느 것도 적용되지 아니하는 동맹국에 대하여는 1934년 6월 2일자의「런던」개정협약이 전체로서 또는 1항의 규정에 의하여 본 개정협약에 의하여 대치되지 아니하는 한도내에서 계속 효력을 가진다.
(c) 마찬가지로 본 개정협약 또는 그 일부 또는「리스본」개정협약 또는「런던」개정협약의 어느 것도 적용되지 아니하는 동맹국에 대하여는 1925년 11월 6일자의「헤이그」개정협약이 전체로서 또는 1항의 규정에 의하여 본 개정협약에 의하여 대치되지 아니하는 한도내에서 계속 효력을 가진다.
3. 동맹에 속하지 아니하는 국가도 본 개정협약의 당사국으로 된 경우에는 본 개정협약의 당사국이 아닌 동맹국 또는 본 개정협약의 당사국이면서 제20조1항 세항 (b)(ⅰ)에 따라 선언을 한 동맹국과의 관계에 있어 본 개정협약을 적용한다. 그러한 국가는 당해 동맹국이 그들의 국가와의 관계에 있어서 당해 동맹국이 당사국으로 되어 있는 최신 개정협약을 적용할 것을 인정한다.

제28조【분쟁】
1. 본 협약의 해석 또는 적용에 관한 2이상의 동맹국간의 분쟁으로서 교섭에 의하여 해결되지 아니하는 것은 분쟁 당사국이 다른 해결 방법에 합의하는 경우를 제외하고는 어느 일분쟁 당사국이 국제사법재판소 규정에 따른 청구로써 국제사법재판소에 이를 제기할 수 있다. 분쟁을 국제사법재판소에 제기하는 국가는 국제사무국에 이를 통보하고 국제사무국은 여타의 동맹국에 이에 관한 주의를 환기시킨다.
2. 각국은 본 개정협약에 서명할 때 또는 비준서나 가입서를 기탁할 때 1항의 규정에 구속되지 아니한다는 것을 선언할 수 있다. 1항의 규정은 그 선언을 한 국가와 타 동맹국간의 분쟁에 대하여는 적용되지 아니한다.
3. 2항의 규정에 따라 선언을 한 국가는 사무국장에게 제출하는 통고로써 그 선언을 언제든지 철회할 수 있다.

제29조【서명, 언어, 수탁자의 기능】
1. (a) 본 개정협약은 불란서어로 된 정본 1부에 서명되어 스웨덴 정부에 기탁된다.
(b) 사무국장은 관계 정부와 협의한 후에 영어, 독일어, 서반아어, 이탈리아어, 폴투갈어, 러시아어 및 총회가 지정하는 다른 언어로써 공식 역문을 작성한다.
(c) 협약문에 해석상의 상위가 있을 경우에는 불란서어본에 따른다.
2. 본 개정협약은 1968년 1월 13일까지 서명을 위하여 스톡홀름에서 개방된다.
3. 사무국장은 모든 동맹국 정부 및 요청에 따라 다른 국가의 정부에 스웨덴 정부가 인증한 본 개정협약의 서명본의 인증등본 2부를 송부한다.
4. 사무국장은 본 개정협약을 국제연합사무국에 등록한다.
5. 사무국장은 모든 동맹국 정부에 대하여 서명, 비준서 또는 가입서의 기탁 비준서 또는 가입서에 첨부한 선언 또는 제20조 1항 세항 (c)의 규정에 따라 행하여진 선언의 기탁, 본 개정 협약중 어떤 규정의 발효, 폐기의 통고 및 제24조의 규정에 따라 행한 통고를 통보한다.

제30조【경과 조항】
1. 최초의 사무국장이 취임할 때까지는 본 개정협약에서 기구의 국제사무국 또는 사무국장이라고 한은 각각 동맹사무국 또는 그 사무국장을 말하는 것으로 한다.
2. 제13조에서 제17조까지의 규정에 구속되지 아니하는 동맹국은 희망에 따라 기구의 설립에 관한 협약의 효력 발생일로부터 5년 후까지, 제13조에서 제17조까지의 규정에 구속되는 것처럼 동 규정에서 정하는 권리를 행사할 수 있다. 동 권리를 행사할 것을 희망하는 국가는 그러한 취지를 사무국장에게 통고하여야 하며 그러한 통고는 그 접수일에 효력을 발생한다. 이들 국가는 그 기간이 만료될 때까지 총회의 구성국으로 간주된다.
3. 모든 동맹국이 기구의 가맹국이 되지 아니한 동안은 기구의 국제사무국은 동맹사무국으로서, 사무국장은 동맹사무국의 사무국장으로서의 기능을 겸한다.
4. 모든 동맹국이 기구의 가맹국이 된 경우에는 동맹사무국의 권리, 의무 및 재산은 기구의 국제사무국이 승계한다.

특허협력조약(PCT)

(1984년 5월 15일
조 약 제840호)

1970. 6.19(워싱턴에서 작성)
1984. 2. 3(제네바에서 개정 채택)
1984. 8.10(대한민국에 대하여 발효)
(대한민국에 대하여 개정 발효 ; 외무부고시 제111호)
1985. 1. 1(원조약 발효)
1990. 9. 1(제2장 제31조～제42조 유보 철회 ; 외무부고시 제194호)
2001.10. 3(제30차 PCT동맹 총회에서 개정 채택)
2002. 4. 1(대한민국에 대하여 개정 발효 ; 외무부고시 제516호)

이 조약의 체약국은, 과학과 기술의 진보에 기여할 것을 희망하고, 발명에 대하여 법적으로 완전한 보호를 할 것을 희망하며, 수개의 국가에서 발명을 보호하고자 할 때 발명의 보호를 더욱 간편하고 경제적으로 확보할 것을 희망하며, 새로운 발명에 관한 문서상의 기술정보에 대한 공중의 접근을 용이하게 하고 촉진할 것을 희망하며, 개발도상국가의 특별한 필요에 적용 가능한 기술적 해결책의 구득에 관한 입수 용이한 정보를 제공하고 계속적으로 확대하는 현대기술에 대한 접근을 용이하게 하며, 발명의 보호를 위하여 개발도상국가에서 마련한 국내 또는 지역적 법제도의 효율을 높이기 위한 조치를 채택함으로써, 개발도상국가의 경제발전을 조성하고 촉진시킬 것을 희망하며, 제국간의 협력이 이와 같은 목적의 달성을 더욱 용이하게 할 것임을 확신하여, 이 조약을 체결하였다.

총 강

제1조【동맹의 설립】
(1) 이 조약의 당사국(이하 "당사국"이라 칭함)은 발명의 보호를 위한 출원의 제출, 조사 및 심사에 있어서의 협력 및 특별한 기술용역의 제공을 위한 동맹을 구성한다. 이 동맹은 국제특허협력동맹이라 한다.
(2) 이 조약의 어떠한 규정도 공업소유권의 보호를 위한 파리협약당사국 국민 또는 거주자의 동 협약상의 권리를 축소하는 것으로 해석되지 아니한다.

제2조【정의】 이 조약과 규칙의 목적상, 그리고 명시적으로 별도의 규정이 있는 경우를 제외하고,
(i) "출원"은 발명의 보호를 위한 신청을 의미한다. "출원"이라 할 때에는 발명특허, 발명자증, 실용증, 실용신안, 추가특허 또는 증서, 추가발명자증, 추가실용증의 출원을 지칭하는 것으로 해석된다.
(ii) "특허"라 할 때에는 발명특허, 발명자증, 실용증, 실용신안, 추가특허, 추가발명자증 및 추가실용증을 지칭하는 것으로 해석된다.
(iii) "국내특허"라 함은 국내당국이 허여하는 특허를 의미한다.
(iv) "지역특허"라 함은 2개이상의 국가에서 효력을 가지는 특허를 허여하는 권한을 가진 국내당국 또는 정부간당국이 허여하는 특허를 의미한다.
(v) "지역출원"이라 함은 지역특허의 출원을 의미한다.
(vi) "국내출원"이라 할 때에는 이 조약에 따라 제출되는 출원 이외의 국내특허의 출원을 지칭하는 것으로 해석된다.
(vii) "국제출원"이라 함은 이 조약에 따라 제출되는 출원을 의미한다.
(viii) "출원"이라 할 때에는 국제출원과 국내출원을 지칭하는 것으로 해석된다.
(ix) "특허"라 할 때에는 국내특허와 지역특허를 지칭하는 것으로 해석된다.
(x) "국내법"이라 할 때에는 체약국의 국내법 또는 지역출원이나 지역특허에 관련되는 경우에는 지역출원의 제출 또는 지역특허의 허여에 관한 조약을 지칭하는 것으로 해석된다.
(xi) "우선일"이라 함은 기간의 계산상 다음을 의미한다.
(a) 국제출원이 제8조상의 우선권 주장을 수반하는 경우에는 동 우선권이 주장되는 출원의 제출일
(b) 국제출원이 제8조의 규정에 의한 두개이상의 우선권의 주장을 수반하는 경우에는 우선권을 가장 먼저 주장한 출원의 제출일
(c) 국제출원이 제8조의 규정에 의한 우선권의 주장을 수반하지 아니하는 경우에는 동 국제출원의 제출일
(xii) "국내관청"이라 함은 특허를 허여하는 임무를 가지는 체약국의 정부당국을 의미한다. "국내관청"이라 할 때에는 둘이상의 국가로부터 지역특허를 허여하는 임무가 위임되어 있는 정부간 당국도 의미한다. 다만, 이들 국가중에 적어도 하나의 국가가 당사국이며 이들 국가가 이 조약과 규칙상 국내관청의 임무를 부담하고 권한을 행사할 것을 당해 정부간 당국에 위임하고 있는 경우에 한한다.
(xiii) "지정관청"이라 함은 제1장의 규정에 따라 출원인에 의하여 지정된 국가의 국내관청 또는 그 국가를 위하여 행동하는 국내관청을 의미한다.
(xiv) "선택관청"이란 제2장의 규정에 따라 출원인에 의하여 선택된 국가의 국내관청 또는 그 국가를 위하여 행동하는 국내관청을 의미한다.
(xv) "수리관청"이란 국제출원이 수리된 국내 관청 또는 정부간 기구를 의미한다.
(xvi) "동맹"이란 국제특허협력동맹을 의미한다.
(xvii) "총회"란 동맹의 총회를 의미한다.
(xviii) "기구"란 세계지적소유권기구를 의미한다.
(xix) "국제사무국"이란 세계지적소유권기구의 국제사무국을 의미하며, 지적소유권보호 합동국제사무국이 존속하는 한 동 국제사무국을 의미한다.
(xx) "사무국장"이란 기구의 사무국장을 의미하며 지적소유권보호 합동국제사무국이 존속하는 한 동 사무국장을 의미한다.

제1장 국제출원과 국제조사

제3조【국제출원】
(1) 당사국에서의 발명의 보호를 위한 출원은 이 조약에 의한 국제출원으로서 할 수 있다.
(2) 국제출원은 이 조약과 규칙이 정하는 바에 따라 출원서, 명세서, 청구의 범위, 필요한 도면 및 초록을 포함하여야 한다.
(3) 초록은 기술정보로서만 사용하며 기타 다른 목적을 위하여 특히 요구되는 보호의 범위를 해석하는 데 참고할 수 없다.
(4) 국제출원은 다음 요건을 충족하여야 한다.
(i) 소정의 언어로 작성될 것
(ii) 소정의 서식상의 요건을 충족할 것
(iii) 소정의 발명의 단일성에 대한 요건을 충족할 것
(iv) 소정의 수수료를 지불할 것

제4조【출원서】
(1) 출원서에는 다음 사항을 기재한다.
(i) 국제출원이 이 조약에 따라 처리될 것을 요망하는 신청
(ii) 국제출원에 기초하여 발명의 보호가 요구되는 하나 또는 둘 이상의 당사국의 지정(이와 같이 지정되는 당사국을 "지정국"이라 한다) 모든 지정국에 대하여 지역특허를 취득할 수 있으며 국내특허 대신 지역특허를 받을 것을 희망하는 경우에는 출원서에 그러한 의사를 표시한다. 지역특허에 관한 조약에 의하여 출원인이 동 조약당사국중 일부의 국가에 출원을 한정할 수 없는 경우에는, 동 조약당사국중 하나의 국가의 지정과 지역특허를 받을 것을 희망하는 의사의 표시는 동 조약의 모든 당사국을 지정하는 것으로 본다. 지정국의 국내법령에 의하여 그 국가의 지정이 지역특허의 출원과 같은 효과를 가지는 경우에는 그 국가의 지정은 지역특허를 받을 것을 희망하는 의사표시로 본다.
(iii) 출원인과 대리인이 있는 경우에는 대리인의 성명 및 이들에 관한 기타의 소정사항
(iv) 발명의 명칭
(v) 지정국중 적어도 1개 국가의 국내법령이 국내출원을 할 때 발명자의 성명과 기타 발명자에 관한 소정사항을 갖출 것을 요구하고 있는 경우에 그러한 사항. 기타 지정관청 소속국가의 국내법령이 그러한 사항을 갖출 것을 요구하고 있으나 국내출원 일시보다 나중에 갖출 것을 인정하고 있을 때에는 동 사항을 출원서나 당해 지정관청에 제출하는 별도의 통보서에 표시할 수 있다.
(2) 모든 지정을 할 때에는 소정 기간내에 소정의 수수료를 지불하여야 한다.
(3) 출원인이 제43조에 규정하는 다른 종류의 보호를 요청하지 않는 경우에는 지정은 요구된 발명의 보호가 지정국에 의하여 또는 지정국을 위하여 허여된 특허를 의미한다. 본 항의 목적상 제2조(ii)의 규정은 적용되지 아니한다.
(4) 발명자의 성명과 기타 발명자에 관한 소정사항이 출원서에 표시되어 있지 아니한 것은, 지정국의 국내법령이 그러한 사항을 갖출 것을 정하고 있으나 국내출원 일시보다 늦게 갖추는 것을 인정하고 있는 경우에는 당해 지정국에 있어서 어떠한 영향도 미치지 아니한다. 별도의 통보서에 그러한 사항을 갖추지 아니한 것도 지정국의 국내법령이 그러한 사항을 갖출 것을 정하고 있지 아니하는 경우에는 당해 지정국에 있어서 어떠한 영향도 미치지 아니한다.

제5조【명세서】 명세서에는 당해 기술분야의 전문가가 동 발명을 실시할 수 있을 정도로 명확하고 또한 완벽하게 발명을 기술한다.

제6조【청구의 범위】 청구의 범위는 보호를 받고자 하는 사항을 명시한다. 청구의 범위는 명확하고 또한 간결하게 기재되어야 한다. 청구의 범위는 명세서에 의하여 충분히 뒷받침되어야 한다.

제7조【도면】
(1) 제2항(ii)의 규정이 적용되는 경우를 제외하고 도면은 발명의 이해에 필요한 경우에 요구된다.
(2) 도면이 발명의 이해에 필요하지 아니하는 경우에도 발명의 성질상 도면에 의하여 설명할 수 있을 때에는
(i) 출원인은 국제출원을 할 때에 도면을 국제출원에 포함할 수 있다.
(ii) 지정관청은 출원인에 대하여 소정의 기간내에 도면을 제출할 것을 요구할 수 있다.

제8조【우선권 주장】
(1) 국제출원은 규칙에 정하는 바에 따라 공업소유권의 보호를 위한 파리협약의 당사국에서 또는 동 조약의 당사국에 대하여 행하여진 선출원에 의한 우선권을 주장하는 선언을 수반할 수 있다.
(2) (a) (b)의 규정이 적용되는 경우를 제외하고 제1항의 규정에 의하여 신청된 우선권주장의 조건과 효과는 공업소유권의 보호를 위한 파리협약의 스톡홀름 의정서 제4조의 정하는 바에 의한다.
(b) 어느 당사국에서 또는 어느 당사국에 대하여 행하여진 선출원에 의한 우선권주장을 수반하는 국제출원에는 당해 체약국의 지정을 포함할 수 있다. 국제출원이 어느 지정국에서 또는 어느 지정국에 대하여 행하여진 국내출원에 의한 우선권주장을 수반하는 경우 또는 하나의 국가만의 지정을 포함한 국제출원에 의한 우선권주장을 수반하는 경우에는 당해 지정국에서의 우선권주장의 조건 및 효과는 당해 지정국의 국내법령이 정하는 바에 의한다.

제9조【출원인】
(1) 체약국의 거주자와 국민은 국제출원을 할 수 있다.
(2) 총회는 이 조약의 당사국은 아니나 공업소유권의 보호를 위한 파리협약의 당사국인 어느 국가의 거주자와 국민이 국제출원을 하는 것을 인정하도록 결정할 수 있다.
(3) 주소와 국적의 개념과 2인이상의 출원인이 있는 경우 또는 출원인이 모든 지정국에 대하여 동일하지 아니하는 경우에 있어서의 이러한 개념의 적용에 대하여는 규칙에 정한다.

제10조【수리관청】 국제출원은 소정의 수리관청에 하며 수리관청은 이 조약과 규칙의 정하는 바에 따라 국제출원을 검토하고 처리한다.

제11조【국제출원일 및 국제출원의 효과】
(1) 수리관청은 다음의 요건이 수리시에 충족되어 있음을 확인하는 것을 조건으로 하여 국제출원을 수리한 날을 국제출원일로 인정한다.
(i) 출원인이 당해 수리관청에 국제출원을 할 권리에 주소 또는 국적상의 이유에 의하여 명백한 흠결이 없는 자일 것
(ii) 국제출원이 소정의 언어로 작성되어 있을 것
(iii) 국제출원에 적어도 다음 사항이 포함되어 있을 것
(a) 국제출원이라는 표시
(b) 적어도 하나의 체약국 지정
(c) 출원인 성명의 소정의 표시
(d) 명세서라는 것이 외견상 인정되는 부분
(e) 청구의 범위라는 것이 외견상 인정되는 부분
(2) (a) 수리관청은 국제출원이 제1항에 열거된 요건을 수리시에 충족하지 아니함을 발견하는 경우에는 규칙이 정하는 바에 따라 출원인에 의하여 보완할 것을 요구한다.
(b) 수리관청은 출원인이 규칙이 정하는 바에 따라 (a)의 요구에 호응하는 경우에는 당해 보완을 수리한 날을 국제출원일로 인정한다.
(3) 제64조제4항의 규정에 따를 것을 조건으로, 제1항(i)에서 (iii)까지 열거된 요건을 충족하고 또한 국제출원일이 부여된 국제출원은 국제출원일로부터 각 지정국에서 정규의 국내출원의 효과를 가지며 동 국제출원일은 각 지정국에서 실제의 출원일로 간주된다.
(4) 제1항(i)에서 (iii)까지에 열거된 요건을 충족하는 국제출원은 공업소유권의 보호를 위한 파리협약에서 의미하는 정규의 국내출원에 해당하는 것으로 본다.

제12조【국제사무국과 국제조사 기관에의 송부】
(1) 규칙에 정하는 바에 따라 국제출원의 1통(수리관청용 사본)은 수리관청이 보유하고 1통(기록원본)은 국제사무국에 송부되고 다른 1통(조사용 사본)은 제16조에 규정하는 관할 국제조사기관에 송부된다.
(2) 기록원본이 국제출원의 정본이 된다.
(3) 국제사무국이 소정의 기간내에 기록원본을 수리하지 아니하였을 때에는 국제출원은 취하된 것으로 본다.

제13조【국제출원사본의 지정관청에 의한 입수 가능성】
(1) 지정관청은 제20조에 규정된 송달에 앞서 국제출원의 사본을 송부할 것을 국제사무국에 요청할 수 있으며, 국제사무국은 우선일로부터 1년이 경과한 후 될 수 있는 한 신속히 동 사본을 동 지정관청에 송부한다.
(2) (a) 출원인은 언제든지 국제출원의 사본을 지정관청에 송부할 수 있다.
(b) 출원인은 언제든지 국제출원의 사본을 지정관청에 송부할 것을 국제사무국에 요청할 수 있으며, 국제사무국은 될 수 있는 한 신속히 동 사본을 동 지정관청에 송부한다.
(c) 모든 국내관청은 (b)의 규정에 의한 사본의 수령을 희망하지 아니한다는 취지를 국제사무국에 통고할 수 있다. 이 경우에는 (b)의 규정은 그 국내관청에 대하여는 적용되지 아니한다.

제14조【국제출원의 결함】
(1) (a) 수리관청은 국제출원에 다음중 어느 결함이 포함되어 있는지 여부를 점검한다.
(i) 규정이 정하는 바에 따라 서명되지 않음.
(ii) 출원인에 관한 소정의 기재를 포함하지 않음.
(iii) 명칭을 포함하지 않음.
(iv) 초록을 포함하지 않음.
(v) 소정의 서식상의 요건이 규칙에 정하는 범위까지 부합되지 않음.
(b) 수리관청은 (a)의 어느 결함을 발견하였을 경우에는 출원인에 대하여 소정의 기간내에 국제출원을 보완할 것을 요청한다. 보완을 하지 아니하였을 때에는 그 국제출원을 취하한 것으로 보고 수리관청은 그러한 취지를 선언한다.
(2) 국제출원이 실제 그 국제출원에 포함되어 있지 아니한 도면에 언급하고 있는 경우에는 수리관청은 출원인에 대하여 그 취지를 통지하여야 하며 출원인은 소정의 기간내에 그 도면을 제출할 수 있다. 출원인이 소정의 기간내에 그 도면을 제출할 경우에는 수리관청이 그 도면을 수리한 날을 국제출원일로 한다. 기타의 경우에는 그 도면에의 언급은 없는 것으로 본다.
(3) (a) 제3조제4항(iv)에 규정된 소정의 수수료가 소정기간내에 또한 어느 지정국에 대하여서도 제4조제2항에 규정된 소정의 수수료가 소정기간내에 지불되지 아니하였다고 수리관청이 인정한 경우에는 국제출원은 취하된 것으로 보고 수리관청은 이러한 의사를 선언한다.
(b) 제4조제2항에 규정된 소정의 수수료가 소정의 기간내에 하나 또는 둘이상의 지정국에 대하여 지불되었으나 모든 지정국에 대하여는 지불되지 아니하였다고 수리관청이 인정한 경우에는 그 수수료가 소정의 기간내에 지불되지 아니한 지정국의 지정은 취하된 것으로 보고 수리관청은 그 취지를 선언한다.
(4) 수리관청이 국제출원일을 인정한 후 소정의 기간내에 당해 국제출원이 제11조제1항(i)에서 (iii)까지 열거한 어느 요건을 그 국제출원일에 있어서 충족하지 아니하였다고 인정한 경우에는 당해 국제출원은 취하된 것으로 보고 수리관청은 그 취지를 선언한다.

제15조【국제조사】
(1) 모든 국제출원은 국제조사의 대상이 된다.
(2) 국제조사는 관련이 있는 선행기술을 발견하는 것을 목적으로 한다.
(3) 국제조사는 명세서와 도면을 적당히 고려하여 청구의 범위에 기준을 두고 행한다.
(4) 제16조에 규정된 국제조사기관은 동 시설이 허용하는 한 많은 관련 선행기술을 발견하도록 노력하고 모든 경우에 규칙에 정하는 자료를 참고한다.
(5) (a) 당사국의 국내법령이 인정하는 경우에는 당해 당사국의 국내관청 또는 당해 당사국을 위하여 행동하는 국내관청에 국내출원을 한 출원인은 국내법령이 정하는 조건에 따라 국제조사와 유사한 조사(국제형조사)가 동 국내출원에 대하여 행하여질 것을 청구할 수 있다.
(b) 체약국의 국내법령이 인정하는 경우에는 당해 당사국의 국내관청 또는 당해 체약국을 위하여 행동하는 국내관청은 당해 국내관청에 출원된 국내출원을 국제형조사에 의뢰할 수 있다.
(c) 국제형조사는 국내출원이 국제출원으로서 (a) 및 (b)에 규정하는 국내관청에 출원되었을 경우 국제조사를 할 권능이 있는 제16조에 규정하는 국제조사기관이 행한다. 국제조사기관이 처리할 수 없다고 인정되는 언어로 국내출원이 되어 있는 경우에는 국제형조사는 국제출원을 위한 소정의 언어로서 당해 국제조사기관이 국제출원의 언어로 인정할 것을 약속하고 있는 출원인이 작성한 번역문에 의하여 행한다. 국내출원과 필요한 경우 번역문은 국제출원을 위한 소정의 형식으로 제출한다.

제16조 【국제조사기관】
(1) 국제조사는 국제조사기관이 행하며 국내관청 또는 출원대상인 발명에 관한 선행기술에 대하여 자료조사보고를 작성하는 임무를 가지는 정부간지구(예를 들면 국제특허협회)를 국제조사기관으로 할 수 있다.
(2) 단일의 국제조사기관이 설립되기 전에 둘이상의 국제조사기관이 존재하는 경우에는, 각 수리관청은 제3항(b)에 규정하는 적용가능한 협정조항에 따라 국제출원의 국제조사를 행할 권능이 있는 하나 또는 둘이상의 국제조사기관을 지정한다.
(3) (a) 국제조사기관은 총회가 선정한다. 국내관청 및 정부간기구는 (c)에 규정하는 요건을 충족하고 있는 경우에는 국제조사기관으로 선정될 수 있다.
(b) 선정은 선정되는 국내관청 또는 정부간기구의 동의를 얻을 것과 총회의 승인을 얻어 당해 국내관청 또는 당해 정부간기구와 국제사무국과의 사이에 협정이 체결될 것을 조건으로 한다. 이 협정은 당사국의 권리 및 의무 특히 국제조사의 모든 공동의 준칙을 적용하고 또한 준수한다는 취지의 당해 국내관청 또는 당해 정부간기구의 공식약속을 명기한다.
(c) 규칙은 국내관청 또는 정부간기구가 국제조사기관으로 선정되고 또한 국제기관으로 활약하는 한 충족하여야 할 최소한의 요건, 특히 인원 및 자료에 관한 요건을 정한다.
(d) 선정은 일정 기간의 임기를 가지며 동 기간은 갱신할 수 있다.
(e) 총회는 국내관청이나 정부간기구의 선정 또는 선정기간의 갱신에 대하여 결정하기 전이나 선정기간의 만료전에 당해 국내관청 또는 당해 정부간기구의 의견을 청취하고 제56조에 규정하는 기술협력위원회가 설치될 경우에는 동위원회의 조언을 구한다.

제17조 【국제조사기관에서의 절차】
(1) 국제조사기관에서의 절차는 이 조약의 규정, 규칙 및 국제사무국이 이 조약과 규칙에 따라 당해 국제조사기관과 체결하는 협정이 정하는 바에 의한다.
(2) (a) 국제조사기관은 국제출원에 대하여는 다음과 같은 사유가 있는 경우에는 그러한 취지를 선언하며 출원인과 국제사무국에 대하여 국제조사보고를 작성하지 아니한다는 취지를 통지한다.
(i) 국제출원이 규칙에 따라 국제조사기관에 의한 조사를 요하지 아니하는 대상에 관련되고 또한 특수한 경우에 국제출원에 대해 조사를 행하지 아니할 것을 결정할 경우
(ii) 국제조사기관이 명세서, 청구의 범위 또는 도면이 의미있는 조사를 행할 수 있는 정도의 소정의 요건을 충족하지 아니한다고 판단한 경우
(b) (a)에 규정하는 사유가 오직 일부의 청구와 관련하여 존재하는 경우에는 국제조사보고는 그러한 청구의 범위에 대하여는 동 사실을 나타내고, 기타 다른 청구의 범위에 대하여는 제18조의 규정에 따라 작성한다.
(3) (a) 국제조사기관은 국제출원이 규정에 정하는 발명의 단일성의 요건을 충족하지 아니하다고 간주되는 경우에는 출원인에 대하여 추가수수료의 지불을 요구한다. 국제조사기관은 청구의 범위에 최초로 언급된 발명(주발명)에 관계되는 국제출원 부분과 필요한 추가수수료가 소정의 기간내에 지불된 경우에는 추가수수료가 지불된 발명에 관계되는 국제출원 부분에 관하여 국제조사보고를 작성한다.
(b) 지정국의 국내법령은 당해 지정국의 국내관청이 (a)에 규정한 국제조사기관의 요구가 정당하다고 인정하고 출원인이 추가수수료를 완불하지 않았을 경우에는 국제조사가 행하여지지 아니한 국제출원의 부분은, 당해 지정국에서의 효과에 관한 한, 출원인이 당해 지정국의 국내관청에 특별수수료를 지불하는 경우를 제외하고는 취하된 것으로 본다고 규정할 수 있다.

제18조 【국제조사보고】
(1) 국제조사보고는 소정의 기간내에 소정의 형식으로 작성한다.
(2) 국제조사기관은 국제조사보고를 작성후 신속히 출원인과 국제사무국에 송부한다.
(3) 국제조사보고 또는 제17조제2항(a)의 선언은 규칙이 정하는 바에 의하여 번역된다. 번역문은 국제사무국이 직접 또는 그 책임하에 작성한다.

제19조 【국제사무국에 제출하는 청구범위의 보정서】
(1) 출원인은 국제조사보고를 받은 후, 소정의 기간내에 국제사무국에 보정서를 제출함으로써 국제출원의 요구범위에 대하여 일차에 한하여 보정할 수 있다. 동시에 출원인은 보정의 내용 및 동 보정이 명세서와 도면에 미칠 수 있는 영향에 대하여 규칙이 정하는 바에 따라 간단한 설명서를 제출할 수 있다.
(2) 보정은 출원시 국제출원의 공개된 범위를 넘어서는 아니된다.
(3) 지정국의 국내법령이 제2항의 공개된 범위를 넘어서는 보정을 허용하고 있는 경우에는, 제2항의 규정위반은 당해 지정국에 있어서는 어떠한 영향도 미치지 아니한다.

제20조 【지정관청에의 송달】
(1) (a) 국제출원은 국제조사보고(제17조제2항(b)에 언급된 표시를 포함한다) 또는 제17조제2항(a)에 언급된 선언과 함께 규칙이 정하는 바에 따라 각 지정관청에 송달된다. 다만 당해 지정관청이 송달의무의 전부 또는 일부를 면제하는 경우에는 그러하지 아니한다.
(b) 송달되는 문서는 (a)의 국제조사보고 또는 선언의 소정의 번역문을 포함한다.
(2) 청구범위가 제19조제1항의 규정에 의하여 보정된 경우에 송달되는 문서는 출원시에 있어서의 청구범위의 전문과 보정후에 청구범위의 전문을 포함하거나 출원시에 있어서의 청구범위의 전문과 보정을 명기하는 기재를 포함하며 또 제19조제1항에 규정하는 설명서가 있는 경우에는 동 설명서를 포함한다.
(3) 국제조사기관은 지정관청 또는 출원인의 청구에 응하여 규칙이 정하는 바에 따라 동 지정관청 또는 출원인에게 국제조사보고에 기재된 문헌의 사본을 송부한다.

제21조 【국제공개】
(1) 국제사무국은 국제출원을 국제공개한다.
(2) (a) 국제출원의 국제공개는 (b)와 제64조제3항에 정하는 경우를 제외하고 국제출원의 우선일로부터 18개월이 경과한 후 신속히 한다.
(b) 출원인은 (a)에 정하는 기간의 만료전 어느 때라도 국제출원의 국제공개를 행할 것을 국제사무국에 청구할 수 있으며 국제사무국은 규칙이 정하는 바에 따라 절차를 밟는다.
(3) 국제조사보고 또는 제17조제2항(a)의 선언은 규칙이 정하는 바에 따라 공개한다.
(4) 국제공개의 언어, 형식 기타 세부사항은 규칙에 따른다.
(5) 국제공개의 기술적 준비가 완료되기 전에 국제출원이 취하되거나 또는 취하된 것으로 보이는 경우에는 국제공개는 하지 아니한다.
(6) 국제사무국은 국제출원이 선량한 풍속이나 공공의 질서에 반하는 표현이나 도면을 포함하고 있거나 규칙에 규정된 비방하는 기재사항을 포함하고 있다고 인정하는 경우에는 그 간행물에서 그와 같은 표현, 도면 및 기재사항을 삭제할 수 있다. 이 경우에는 삭제한 표현 또는 도면의 장소와 숫자를 표시하며 삭제된 부분의 별도 사본은 청구할 경우 교부한다.

제22조 【지정관청에 국제출원의 사본과 번역문의 제출 및 수수료의 지불】
(1) 출원인은 우선일로부터 30개월이 경과할 때까지 각 지정관청에 국제출원의 사본(제20조의 송달이 이미 되어 있는 경우는 제외한다)과 소정의 번역문을 제출하고 이와 더불어 해당하는 경우에는 국내수수료를 지불한다. 지정국의 국내법령이 발명자의 성명과 기타 발명자에 관한 소정의 사항을 표시할 것을 규정하고 있으나 국내출원을 할 때보다 늦게 표시하는 것을 인정하고 있는 경우에 출원인은 동 사항이 출원서에 포함되어 있지 아니하는 경우에는 당해 지정국의 국내관청이나 지정국을 위하여 행동하는 국내관청에 우선일로부터 30개월이 경과하기 전에 동 사항을 제출한다.(이하 생략)(2002.4.1 개정)
(2) 국제조사기관이 제17조제2항(a)의 규정에 의하여 국제조사보고를 작성하지 아니한다는 취지를 선언하였을 때에는 1항에 규정하는 행위를 하여야 할 기간은 (1)에서 규정하는 기간과 동일하다.(1985.1.1 개정)
(3) 국내 법령은 제1항 또는 제2항에 규정하는 행위를 하여야 할 기간으로서 동 조항들에 정하는 기간보다 늦게 만료하는 기간을 정할 수 있다.

제23조 【국내절차의 연기】
(1) 지정관청은 제22조에 규정하는 적용기간의 만료전에 국제출원의 처리 또는 심사를 하여서는 아니된다.
(2) 제1항의 규정에 불구하고 지정관청은 출원인의 명시적 청구에 따라 국제출원의 처리 또는 심사를 언제든지 할 수 있다.

제24조 【지정국에서의 효과의 상실】
(1) 제11조제3항에 정하는 국제출원의 효과는, 아래(ii)의 경우에는 제25조의 규정에 따를 것을 조건으로, 지정국에서 해당 지정국에서의 국내출원의 취하와 동일한 효과를 가지고 소멸한다.
(i) 출원인이 국제출원 또는 해당지정국의 지정을 취하한 경우
(ii) 국제출원이 제12조제3항, 제14조제1항(b), 제3항(a) 또는 제4항의 규정에 따라 취하된 것으로 보는 경우, 또는 해당지정국의 지정이 제14조제3항(b)의 규정에 따라 취하된 것으로 보는 경우
(iii) 출원인이 제22조에 규정하는 행위를 해당기간내에 하지 아니한 경우
(2) 제1항의 규정에 불구하고 제25조제2항의 규정에 따라 효과를 유지할 필요가 없는 경우에도 지정관청은 제11조제3항에 규정하는 효과를 유지할 수 있다.

제25조 【지정관청에 의한 검사】
(1) (a) 수리관청이 국제출원일의 인정을 거부한 경우, 국제출원이 취하된 것으로 보는 취지를 선언한 경우, 또는 국제사무국이 제12조제3항의 규정에 따라 소정의 기간내에 기록원본을 수리하지 아니하였음을 인정한 경우에는 국제사무국은 출원인의 청구에 따라 출원인이 지정한 지정관청에게 해당 출원에 관한 서류의 사본을 신속히 송부한다.
(b) 수리관청이 어느 국가의 지정이 취하된 것으로 보는 취지를 선언한 경우에는 국제사무국은 출원인의 청구에 따라 당해 국가의 국내관청에 해당 출원에 관한 서류의 사본을 신속히 송부한다.
(c) (a) 또는 (b)에서 말하는 청구는 소정의 기간내에 행한다.
(2) (a) (b)의 규정에 따를 것을 조건으로 각 지정관청은 필요한 국내수수료의 지불과 소정의 적당한 번역문의 제출이 소정의 기간내에 있었을 경우에는 제1항의 거부, 선언 또는 인정이 조약 및 규칙에 비추어 정당한지의 여부를 결정하고, 동 거부 또는 선언이 수리관청의 과실이나 태만의 결과이고 동 인정이 국제사무국의 과실이나 태만의 결과임을 인정한 경우에는 해당 국제출원의 해당 지정관청이 소재하는 국가에서의 효과에 관한 한, 이와 같은 과실이나 태만이 발생하지 아니한 것으로 취급한다.
(b) 기록원부가 출원인의 과실이나 태만에 의하여 제12조제3항에서 말하는 소정기관의 만료 후에 국제사무국에 도달한 경우에는 (a)의 규정은 다만 제48조제2항의 규정이 적용되는 경우에 한하여 적용한다.

제26조 【지정관청에서의 보완의 기회】 지정관청은 동일 또는 유사한 경우의 국내출원에 대하여 국내 법령에 정하는 범위내에서 또는 절차에 따라 국제출원을 보완할 기회를 미리 출원인에게 부여하지 않고 이 조약 및 규칙에 정하는 요건이 충족되지 아니하였다는 것을 이유로 하여 국제출원을 거절하여서는 아니된다.

제27조 【국내적 요건】
(1) 국내법령은 국제출원이 그 형식 또는 내용에 대하여 이 조약 및 규칙에 정하는 요건과 다르거나 이에 추가하는 요건을 충족할 것을 요구하여서는 아니된다.
(2) 제1항의 규정은 제7조제2항 규정의 적용에 영향을 주지 아니하며 또한 지정관청에서의 국제출원의 처리가 개시된 후에 국내법령이
(i) 출원인이 법인인 경우에 그 법인을 대표하는 자격을 가지는 임원의 성명을 제출할 것, 또는
(ii) 국제출원의 일부는 아니나 국제출원에서 행한 주장이나 진술의 증거가 되는 서류(출원시에 출원인의 대표자 또는 대리인이 국제출원에 서명하고 있는 경우에 출원인이 자기의 서명에 의하여 국제출원을 확인하는 것을 포함한다)를 제출할 것을 요구하는 것을 배제하지 아니한다.
(3) 출원인이 발명자가 아니라는 이유로 해당지정국의 국내법령에 의하여 국내출원을 할 자격을 가지고 있지 아니하는 경우에는 해당지정관청은 해당국제출원을 거절할 수 있다.
(4) 지정국의 국내법령이 국내출원의 형식 또는 내용에 대하여 이 조약 및 규칙이 국제출원에 대하여 정하는 요건보다 출원인측에서 보아 유리한 요건을 정하고 있는 경우에도 해당지정국의 국내관청, 법원 기타의 권한있는 기관 또는 해당지정국을 위하여 행동하는 이들 기관은 이 조약 및 규칙이 정하는 요건에 대신하여 해당 국내법령이 정하는 요건을 국제출원에 대하여 적용할 수 있다. 다만, 출원인이 이 조약 및 규칙에 정하는 요건이 국제출원에 대하여 적용되는 것을 요구할 때에는 그러하지 아니한다.
(5) 이 조약 및 규칙의 어떠한 규정도 각 당사국이 희망하는 바대로 특허성의 실질적인 조건을 규정하는 자유를 제한하는 것으로 해석되어서는 아니된다. 특히 선행기술의 정의에 관한 이 조약 및 규칙의 규정은 오로지 국제적 절차에 대하여 적용되는 것이며 따라서 어느 당사국도 국제출원에서 주장된 발명의 특허성을 판단함에 있어서 선행기술과 출원의 형식 및 내용에 관한 요건을 구성하지 아니하는 기타의 특허성의 조건에 관한 국내법령상의 기준을 적용하는 자유를 가진다.
(6) 국내법령은 그가 정하는 특허성의 실질적인 조건에 관한 증거를 출원인이 제출할 것을 요구할 수 있다.
(7) 수리관청 또는 국제출원의 처리를 개시한 지정관청은 동 수리인에 의하여 출원인이 대표되어야 하고 출원인은 통지를 받기 위한 주소를 지정국내에 가지고 있어야 한다는 요건에 관련된 한 국내법령을 적용할 수 있다.
(8) 이 조약 및 규칙의 어떠한 규정도 당사국이 자국의 국가안보를 유지하기 위하여 필요하다고 판단되는 조치를 취할 자유나 당사국이 자국의 일반적인 경제적 이익의 보호를 위하여 자국의 거주자 또는 국민이 국제출원을 할 권리를 제한하는 것으로 해석되어서는 아니된다.

제28조 【지정관청에서의 청구의 범위, 명세서 및 도면의 보정】
(1) 출원인은 각 지정관청에서 소정의 기간내에 청구의 범위, 명세서 및 도면에 대하여 보정을 할 기회가 부여된다. 지정관청은 출원인의 명시적 동의가 없는 한, 그 기간의 만료전에 특허를 허여하여서는 아니되며 특허를 거절하여서도 아니된다.
(2) 보정은 출원시의 국제출원에 기술된 범위를 넘어 하여서는 아니된다. 다만 지정국의 국내법령이 인정하는 경우에는 그러하지 아니한다.
(3) 보정은 이 조약 및 규칙에 규정하지 아니한 기타 사항에 대하여는 지정국의 국내법령이 정하는 바에 따른다.
(4) 지정관청이 국제출원의 번역문을 필요로 하는 경우에는 보정서는 그 번역문의 언어로 작성한다.

제29조 【국제공개의 효과】
(1) 지정국에서 출원인의 권리의 보호에 관한 한, 지정국에서의 국제출원의 국제공개 효과는 제2항에서 제4항까지의 규정에 따를 것을 조건으로, 심사를 거치지 아니한 국내출원의 강제적인 국내공개에 대한 해당지정국의 국내법령이 정하는 효과와 동일하다.
(2) 해당 지정국에서 국내법령에 의한 공개에 사용되는 언어와 다른 언어로 국제공개가 행하여진 경우에는 지정국의 국내법령은 제1항에 정하는 효과가 다음의 어느 때로부터만 발생한다고 정할 수 있다.
(i) 공개에 사용되는 언어에 의한 번역문이 국내법령이 정하는 바에 의하여 공표되었을 때
(ii) 공개에 사용되는 언어에 의한 번역문이 국내법령이 정하는 바에 의하여 공중에게 열람되어서 공중이 이용할 수 있도록 되어 있을 때
(iii) 출원인이 공개에 사용되는 언어에 의한 번역문을 국제출원에서 주장된 발명을 허락을 받지 아니하고 현재 사용하고 있거나 사용할 것으로 예상되는 자에게 송부하였을 때
(iv) (i)와 (iii)에 규정하는 조치나 (ii)와 (iii)에 규정하는 조치를 모두 취하였을 때
(3) 지정국의 국내법령은 국제공개가 출원인의 청구에 의하여 우선일로부터 18개월을 경과하기 전에 행하여진 경우에는 제1항에 정하는 효과는 우선일로부터 18개월을 경과한 때로부터만 발생한다고 규정할 수 있다.
(4) 지정국의 국내법령은 제1항에 정하는 효과가 제21조의 규정에 따라 공개된 국제출원의 사본을 당해 지정국의 국내관청이나 당해 지정국을 위하여 행동하는 국내관청이 수령한 날로부터 발생하도록 규정할 수 있다. 해당 국내관청은 관보에 동 국제출원의 수령일을 가능한 한 신속히 게재한다.

제30조 【국제출원의 비밀유지】
(1) (a) (b)규정이 적용되는 경우를 제외하고, 국제사무국 및 국제조사기관은 국제출원의 국제공개가 행하여지기 전에 어떠한 자 또는 당국에 대하여서도 국제출원을 공개하여서는 아니된다. 다만, 출원인의 청구에 의한 경우 또는 그의 승낙을 얻은 경우는 예외로 한다.
(b) (a)의 규정은 관할 국제조사기관에의 송부, 제13조에 의한 송부 및 제20조에 의한 송달에 대하여는 적용하지 아니한다.
(2) (a) 국내관청은 다음 중 가장 빠른 날 이전에 제3자에게 국제출원이 공개되도록 허용하여서는 아니된다. 다만, 출원인의 청구에 의한 경우 또는 그의 승낙을 얻은 경우는 예외로 한다.
(i) 국제출원의 국제공개일
(ii) 제20조의 규정에 따라 송달되는 국제출원의 수리일
(iii) 제22조의 규정에 의한 국제출원의 사본의 수리일
(b) (a)의 규정은 국내관청이 자기가 지정관청으로 지정된 사실을 제3자에 통지하거나 동 사실을 공표하는 것을 방해하는 것은 아니다. 다만, 그런 통지 또는 공표에는 수리관청의 신분, 출원인의 성명, 국제출원일, 국제출원번호 및 발명의 명칭 이외의 사항을 포함할 수 없다.
(c) (a)의 규정은 지정관청이 사법당국의 목적을 위하여 국제출원을 공개하는 것을 방해하는 것은 아니다.
(3) (2)(a)의 규정은 제12조1항에 의한 송부의 경우를 제외하고 모든 수리관청에 대하여 적용한다.
(4) 본조 규정의 목적상 "공개"란 제3자가 알 수 있도록 하는 모든 방법을 의미하며 개별통보나 일반적인 공표를 포함한다. 다만, 국내관청의 국제공개전 또는 국제공개가 우선일로부터 20개월을 경과하기 전에는 국제출원이나 그 번역문을 일반에 공표하여서는 아니된다는 것을 조건으로 한다.

제2장 국제예비심사

제31조 【국제예비심사의 청구】
(1) 국제출원은 출원인의 청구에 의하여 다음의 제조항 및 규칙이 정하는 바에 의하여 국제예비심사의 대상이 된다.

(2) (a) 출원인이 규칙이 정하는 바에 의하여 제2장의 규정에 구속되는 당사국의 거주자 또는 국민인 경우에 그와 같은 체약국의 수리관청 또는 그와 같은 체약국을 위하여 행동하는 수리관청에 국제출원을 하였을 때에는 동 출원인은 국제예비심사의 청구를 할 수 있다.
(b) 총회는 국제출원을 할 자격을 가지는 자에 대하여 동인이 본 조약의 비당사국 또는 제2장의 규정에 구속되지 아니하는 당사국의 거주자나 국민인 경우에 있어서도 국제예비심사의 청구를 요청할 수 있도록 허용하도록 결정할 수 있다.
(3) 국제예비심사의 청구는 국제출원과는 별도로 행한다. 이 청구서에는 소정의 사항을 기재하여 소정의 언어 및 형식으로 작성된다.
(4) (a) 국제예비심사의 청구서에는 국제예비심사의 결과를 이용하는 것을 출원인이 의도하는 하나 또는 둘이상의 체약국(선택국)을 표시한다. 선택국은 추후 선택에 의하여 추가할 수 있다. 선택의 대상은 제4조의 규정에 의하여 이미 지정된 체약국에 한정할 수 있다.
(b) 2항(a)의 출원인은 제2장의 규정에 기속되는 어느 체약국도 선택할 수 있다. 제2항(b)의 출원인은 제2항의 규정에 기속되는 당사국으로서 제2항(b)의 출원인에 의하여 선택될 준비가 되어 있다고 선언한 국가만을 선택할 수 있다.
(5) 국제예비심사를 청구하기 위하여서는 소정의 기간내에 소정의 수수료를 지불하여야 한다.
(6) (a) 국제예비심사의 청구는 제32조에 규정하는 관할 국제예비심사기관에 제출한다.
(b) 추후 선택은 국제사무국에 제출한다.
(7) 각 선택관청은 자기가 선택관청으로 된 사실을 통지 받는다.

제32조【국제예비심사기관】
(1) 국제예비심사는 국제예비심사기관이 행한다.
(2) 제31조제2항(a)에서 말하는 국제예비심사의 청구의 경우에는 수리관청이 동조제2항(b)에서 말하는 국제예비심사의 청구의 경우에는 총회가 관계 예비심사기관과 국제사무국간 적용협정에 따라 국제예비심사를 관할하게 될 하나 또는 둘 이상의 국제예비심사기관을 지정한다.
(3) 제16조제3항의 규정은 국제예비심사기관에 대하여 준용한다.

제33조【국제예비심사】
(1) 국제예비심사는 청구의 범위에 기재되어 있는 발명이 신규성, 진보성(자명한 것이 아닌 것) 및 산업상의 이용 가능성을 가지는 여부에 대한 예비적이고 구속력이 없는 견해를 표시하는 것을 목적으로 한다.
(2) 국제예비심사의 목적상, 청구의 범위에 기재되어 있는 발명은 규칙에 정의된 선행기술에 의하여 예상되지 아니한 경우에는 신규성을 가지는 것으로 본다.
(3) 국제예비심사의 목적상, 청구의 범위에 기재되어 있는 발명은 규칙에 정의된 선행기술을 고려할 때 소정의 기준일에 당해 기술분야의 전문가에게 명백한 것이 아닌 경우에는 진보성을 가지는 것으로 한다.
(4) 국제예비심사의 목적상, 청구의 범위에 기재되어 있는 발명은 어떠한 종류의 산업분야에서든지 동 발명의 실정에 따라 기술적인 의미에서 생산되고 사용될 수 있는 것일 경우에는 산업상의 이용가능성을 가지는 것으로 한다. "산업"은 공업소유권의 보호를 위한 파리협약에 있어서와 같이 가장 광의로 해석된다.
(5) 제1항에서 제4항까지에 규정하는 기준은 국제예비심사에만 사용한다. 체약국은 청구의 범위에 기재되어 있는 발명이 자국에서 특허를 받을 수 있는 발명인지의 여부를 결정함에 있어서는 추가 또는 다른 기준을 적용할 수 있다.
(6) 국제예비심사는 국제조사보고에 인용된 모든 문헌을 참고할 것이며, 또한 해당 사안에 관련이 있다고 인정되는 문헌도 참고할 수 있다.

제34조【국제예비심사기관에서의 절차】
(1) 국제예비심사기관에서의 절차는 이 조약, 규칙 및 국제사무국이 조약과 규칙에 따라 당해 국제예비심사기관과 체결하는 협정이 정하는 바에 의한다.
(2) (a) 출원인은 국제예비심사기관과 구두와 서면으로 연락할 권리를 가진다.
(b) 출원인은 국제예비심사보고가 작성되기 전에 소정의 방법으로 소정의 기간내에 청구의 범위, 명세서 및 도면을 보정할 권리를 가진다. 이 보정은 출원시에 있어서 국제출원에 기술된 범위를 넘어서는 아니된다.
(c) 출원인은 국제예비심사기관이 다음의 모든 조건이 충족되어 있다고 인정하지 않는 경우에는 적어도 1회 당해 국제예비심사기관으로부터 서면에 의한 견해를 통보받는다.
(i) 발명이 제33조제1항에 규정하는 기준을 충족할 것
(ii) 국제출원이 당해 국제예비심사기관이 점검한 범위내에서 이 조약과 규칙이 정하는 요건을 충족할 것
(iii) 제35조제2항의 최종문장에 따른 의견 진술을 의도하고 있지 아니할 것
(d) 출원인은 국제예비심사기관의 서면에 의한 견해피력에 대하여 응답을 할 수 있다.
(3) (a) 국제예비심사기관은 국제출원이 규칙에 정하는 발명의 단일성의 요건을 충족하고 있지 아니하다고 인정하는 경우에는 출원인에게 그의 선택에 의하여 요건을 충족하도록 청구의 범위를 제한하거나 또는 추가수수료를 지불할 것을 요구할 수 있다.
(b) (a)의 규정에 의하여 출원인이 청구의 범위를 제한하기로 선택하는 경우에는 해당 선택국에서의 효과에 관한 한, 출원인이 해당 선택국의 국내관청에 특별수수료를 지불한 경우를 제외하고는 그 제한의 결과 국제예비심사의 대상이 되지 아니하는 국제출원의 부분은 취하된 것으로 본다고 선택국의 국내법령은 규정할 수 있다.
(c) 출원인이 소정의 기간내에 (a)의 요구에 응하지 아니하는 경우에는 국제예비심사기관은 국제출원중 주발명이라고 간주되는 발명에 관계되는 부분에 대하여 국제예비심사보고를 작성하여 이 보고에 관계사실을 기재한다. 선택국의 국내법령은 해당 선택국의 국내관청이 국제예비심사기관의 요구를 정당하다고 인정하는 경우에는 주발명에 관계되는 부분 이외의 국제출원의 부분은 해당 선택국에서의 효과에 관한 한, 출원인이 해당 국내관청에 특별수수료를 지불한 경우를 제시하고 취하된 것으로 본다고 규정할 수 있다.
(4) (a) 국제예비심사기관은 국제출원에 대하여 다음의 어느 사유가 있는 경우에는 제33조제1항의 문제를 검토하지 아니하며 출원인에 대하여 그러한 취지의 견해 및 이유를 통지한다.
(i) 국제예비심사기관이 동 국제출원을 규칙에 따라 국제예비심사를 요하지 아니하는 주제에 관한 것으로 간주하며 특별한 경우 국제예비심사를 행하지 아니할 것을 결정한 경우
(ii) 국제예비심사기관이 명세서, 청구의 범위 및 도면이 명료하지 아니하기 때문에 또는 청구의 범위가 명세서에 의하여 충분한 뒷받침이 되어 있지 아니하기 때문에 청구의 범위에 기재되어 있는 발명의 신규성, 진보성(자명한 것이 아닐 것) 또는 산업상의 이용가능성에 대하여 의의있는 견해를 표시할 수 없다고 인정한 경우
(b) (a)에 규정한 어느 사유가 일부의 청구의 범위에만 존재하거나 또는 일부의 청구에만 관련이 있는 경우에는 (a)의 규정은 해당되는 청구의 범위에 대하여서만 적용한다.

제35조【국제예비심사보고】
(1) 국제예비심사보고는 소정의 기간내에 소정의 형식으로 작성한다.
(2) 국제예비심사보고는 청구의 범위에 기재되어 있는 발명이 어느 국내법령에 의하여 특허를 받을 수 있는 발명인지의 여부 또는 특허를 받을 수 있는 발명이라고 생각되는지의 여부의 문제에 대한 어떠한 진술도 하여서는 아니된다. 국제예비심사보고는 제3항의 규정에 따라 각 청구의 범위에 있어서 청구의 범위가 국제예비심사에 있어서의 제33조제1항에서 제4항까지에 규정하는 신규성, 진보성(자명한 것이 아닐 것) 및 산업상의 이용가능성의 기준에 적합하다고 인정되는지의 여부를 진술한다. 동 진술에는 진술의 결론을 뒷받침하는 것으로 믿어지는 문헌을 이용하며, 경우에 따라 필요한 설명을 붙인다. 동 진술은 또한 규칙이 규정하는 기타 견해들을 수반한다.
(3) (a) 국제예비심사기관은 국제예비심사보고의 작성시 제34조제4항(a)에 규정한 어느 사유가 있다고 인정하는 경우에는 국제예비심사보고에 그러한 취지의 견해 및 이에 대한 이유를 진술한다. 동 국제예비심사보고는 제2항의 어떠한 진술도 포함하지 아니한다.
(b) 제34조제4항(b)에 규정하는 사정이 있다고 인정되는 경우에는 국제예비심사보고는 당해 청구범위에 대하여는 (a)의 진술을 포함하며 다른 청구범위에 대하여는 제2항의 진술을 포함한다.

제36조【국제예비심사보고의 송부, 번역 및 송달】
(1) 국제예비심사보고는 소정의 부속서류와 함께 출원인 및 국제사무국에 송부된다.
(2) (a) 국제예비심사보고 및 부속서류는 소정의 언어로 번역된다.
(b) 국제예비심사보고의 번역문은 국제사무국에 의하여 또는 그의 책임하에 작성되며 부속서류의 번역문은 출원인이 작성한다.
(3) (a) 국제예비심사보고는 소정의 번역문 및 원어로 된 부속서류와 함께 국제사무국이 각 선택관청에 송달한다.
(b) 부속서류의 소정의 번역문은 출원인이 소정의 기간내에 선택관청에 송부한다.
(4) 제20조제3항의 규정은 국제예비심사보고에 인용한 문헌으로서 국제조사보고에는 인용되지 아니한 문서의 사본에 대하여 준용한다.

제37조【국제예비심사보고의 청구 또는 선택의 취하】
(1) 출원인은 일부 또는 모든 선택을 취하할 수 있다.
(2) 모든 선택국의 선택이 취하된 경우에는 국제예비심사의 청구는 취하된 것으로 본다.
(3) (a) 모든 취하는 국제사무국에 통보된다.
(b) 국제사무국은 관계 선택관청 및 관계 국제예비심사기관에 동 사실을 통지한다.
(4) (a) (b)의 규정이 적용되는 경우를 제외하고 국제예비심사의 청구 또는 체약국의 선택의 취하는 관계 체약국의 국내법령에 별도의 규정이 없는 한 관계 체약국에 있어서 국제출원의 취하로 본다.
(b) 국제예비심사의 청구나 선택의 취하는 제22조에 규정하는 적용기간의 만료전에 행하여진 경우에는 국제출원의 취하로 보지 아니한다. 특히 당사국은 자국의 국내관청이 동 기간내에 국제출원의 사본, 소정의 번역문 및 국내 수수료를 받은 경우에만 앞의 규정이 적용된다고 국내법령에 규정할 수 있다.

제38조【국제예비심사의 비밀유지】
(1) 국제사무국 및 국제예비심사기관은 어떠한 때에도 어떠한 자 또는 당국(국제예비심사보고의 작성후에는 선택관청은 제외)에게도 국제예비심사의 일건서류를 제30조제4항(단서를 포함)에 정의하는 의미에서 공개하여서는 아니된다. 다만, 출원인의 청구에 의하는 경우 또는 그의 승낙을 얻을 경우는 예외로 한다.
(2) 상기 제1항, 제36조제1항과 제3항 및 제37조제3항(b)의 규정에 따를 것을 조건으로 국제사무국 및 국제예비심사기관은 국제예비심사보고의 작성유무 및 국제예비심사의 청구 또는 선택의 취하 유무에 대하여 정보를 제공하여서는 아니된다. 다만, 출원인의 청구에 의하는 경우 또는 그의 승낙을 얻은 경우는 예외로 한다.

제39조【선택관청에 대한 국제출원의 사본과 번역문의 제출 및 수수료의 지불】
(1) (a) 체약국의 선택이 우선일로부터 19개월을 경과하기 전에 행하여진 경우에는 제22조의 규정은 당해 체약국에 대하여는 적용하지 아니하며, 출원인은 우선일로부터 30개월이 경과하기 전까지 각 선택관청에게 국제출원의 사본(제20조의 송달이 이미 되어 있는 경우는 제외)과 소정의 번역문을 제출하고 해당하는 경우에는 국내 수수료를 지불한다.(1985.1.1 개정)
(b) 국내법령은 (a)에 규정하는 행위를 하기 위하여 (a)에 정하는 기간보다 나중에 만료되는 기간을 정할 수 있다.
(2) 제11조제3항에 정하는 효과는 출원인이 제1항(a)에 규정하는 행위를 제1항 (a) 또는 (b)에 규정하는 기한내에 하지 아니한 경우에는 선택국에서 해당 선택국에서의 국내출원의 취하효과와 동일한 결과를 가지고 소멸한다.
(3) 선택관청은 출원인이 제1항(a) 또는 (b)요건을 충족하지 아니한 경우에도 제11조제3항에 규정하는 효과를 유지할 수 있다.

제40조【국내심사와 다른 절차의 연기】
(1) 당사국의 선택이 우선일로부터 19개월을 경과하기 전에 행하여진 경우에는 제23조의 규정은 해당 체약국에 대하여는 적용하지 아니하며 해당 체약국의 국내관청 또는 해당 체약국을 위하여 행동하는 국내관청은 제2항의 규정이 적용되는 경우를 제외하고 제39조에 규정하는 해당 기간의 만료전에 국제출원의 심사와 다른 절차를 개시하여서는 아니된다.
(2) 제1항의 규정에 불구하고 선택관청은 출원인의 명시적 청구에 의하여 국제출원의 심사와 다른 절차를 언제든지 개시할 수 있다.

제41조【선택관청에서의 청구의 범위, 명세서 및 도면의 보정】
(1) 출원인은 각 선택관청에서 소정의 기간내에 청구의 범위, 명세서 및 도면에 대하여 보정을 할 기회가 부여된다. 선택관청은 출원인의 명시적 동의가 없는 한, 동 기간의 만료전에 특허를 허여하거나 거절하여서도 아니된다.
(2) 보정은 출원시 국제출원에 기술된 범위를 넘어서 하여서는 아니된다. 다만, 선택국의 국내법령이 인정하는 경우에는 예외로 한다.
(3) 보정은 이 조약과 규칙에 규정하지 아니하는 모든 사항에 대하여는 선택국의 국내법령이 정하는 바에 따른다.
(4) 보정서는 선택관청이 국제출원의 번역문의 제출을 요구하는 경우에는 동 번역문의 언어로 작성한다.

제42조【선택관청에서의 국내심사의 결과】 국제예비심사보고를 수령하는 선택관청은 출원인에게 다른 선택관청에서의 동일한 국제출원에 관한 심사에 관계되는 서류의 사본제출이나 동 서류의 내용에 관한 정보의 제공을 요구할 수 없다.

제3장 공동규정

제43조【특정한 종류의 보호를 요구하는 출원】 지정국 또는 선택국이 발명자증, 실용증, 실용신안, 추가특허, 추가발명자증 또는 추가실용증을 부여하는 것을 국내법령에 정하고 있는 경우에는, 출원인은 해당 지정국 또는 해당 선택국에 관한 한 국제출원이 특허가 아니고 발명자증, 실용증 및 실용신안을 요구하는 출원이라는 것, 또는 국제출원이 추가특허, 추가발명자증 및 추가실용증을 요구하는 출원이라는 것을 규칙이 정하는 바에 의하여 표시할 수 있다. 이러한 국제출원의 효과는 출원인의 이와 같은 선택에 따라 처리된다. 제2조(ii)의 규정은 본조 및 본조에 관한 규칙 규정에 대하여는 적용하지 아니한다.

제44조【두가지 종류의 보호를 요구하는 출원】 지정국 또는 선택국이 특허 또는 제43조에 규정하는 다른 종류의 보호중 하나를 요구하는 출원으로써 다른 종류의 보호도 요구할 수 있다는 것을 국내법령으로 인정하는 경우에는 출원인은 그가 요구하는 두가지 종류의 보호를 규칙이 정하는 바에 의하여 표시할 수 있으며, 이러한 국제출원의 효과는 출원인의 이와 같은 의사에 따라 처리된다. 제2조(ii)의 규정은 본조의 규정에 대하여는 적용하지 아니한다.

제45조【지역특허조약】
(1) 지역특허의 허여에 관한 조약(지역특허조약)으로서 제9조의 규정에 의하여 국제출원을 할 자격을 가지는 모든 자에 대하여 지역특허의 출원을 할 자격을 부여하는 모든 조약은 지역특허조약의 당사국이며 또한 이 조약의 당사국인 국가를 지정 또는 선택하는 국제출원을 지역 특허의 출원으로 등록할 수 있다고 규정할 수 있다.
(2) 제1항에 규정하는 지정국 또는 선택국의 국내법령은 국제출원에서의 해당 지정국 또는 해당 선택국의 지정 또는 선택이 지역특허조약에 의한 지역특허를 받는 것을 희망하는 의사표시의 효과를 갖는다고 규정할 수 있다.

제46조【국제출원의 오역】 국제출원이 정확히 번역되지 아니하였기 때문에 해당 국제출원에 의하여 허여된 특허의 범위가 원어의 국제출원의 범위를 초과하는 경우에는 당해 당사국의 권한있는 당국은 이에 대하여 특허의 범위를 소급하여 한정할 수 있으며 특허의 범위가 원어의 국제출원의 범위를 초과하는 부분에 대하여 특허가 무효라는 것을 선언할 수 있다.

제47조【기간】
(1) 이 조약이 규정하는 기간의 계산에 대하여는 규칙에 정한다.
(2) (a) 이 조약의 제1, 2장에 정하는 모든 기간은 제60조의 규정에 의한 개정 이외에 당사국의 결정에 의하여도 변경할 수 있다.
(b) (a)의 결정은 총회에서 또는 통신에 의한 투표에 의하여 만장일치에 의하여 취해진다.
(c) 절차의 세부사항은 규칙에 정한다.

제48조【준수되지 아니한 기간】
(1) 이 조약 또는 규칙에 정하는 기간이 우편업무의 중단 또는 피할 수 없는 우편물의 망실 또는 우편의 지연으로 인하여 준수되지 아니한 경우에 있어서 규칙에 정하는 경우에 해당하고 또한 규칙에 정하는 입증, 기타의 조건이 충족되어 있을 때에는 기간은 준수된 것으로 본다.
(2) (a) 당사국은 기간이 준수되지 아니한 것이 국내법령으로 인정되어 있는 지체의 사유와 동일한 사유에 의한 경우에는 자국에 관한 한 지체를 용인한다.
(b) 당사국은 기간이 준수되지 아니한 것이 (a)의 사유 이외의 사유에 의하는 경우일지라도 자국에 관한 한 지체를 용인할 수 있다.

제49조【국제기관에 대하여 직업적조치를 취할 권리】 변호사, 변리사, 기타의 자로서 해당 국제출원이 제출된 국내관청에 대하여 직업적조치를 취할 권리를 가지는 자는 해당 국제출원에 대하여 국제사무국, 관할 국제조사기구 및 관할 국제예비심사기관에 대하여도 직업적조치를 취할 권리를 가진다.

제4장 기술적 용역

제50조【특허정보제공용역】
(1) 국제사무국은 공표된 문서(주로 특허와 공표된 출원)에 기초하여 그가 입수할 수 있는 기술정보와 기타의 적절한 정보를 제공하는 용역(본조에서 "정보제공용역"이라 칭함)을 제공할 수 있다.
(2) 국제사무국은 직접 또는 그와 협정을 체결한 국제조사기관이나 기타 국내적 또는 국제적인 전문조직을 통하여 정보제공용역을 제공할 수 있다.
(3) 정보제공용역은 특히 개발도상당사국의 기술적 지식과 기술(입수가능한 공표된 지식과 기술을 포함한다)의 취득을 용이하게 하도록 행한다.

(4) 정보제공용역은 당사국의 정부와 국민 및 거주자에게 제공된다. 총회는 정보제공용역을 다른 자도 이용할 수 있도록 결정할 수 있다.
(5) (a) 당사국정부에 대한 용역은 실비로 제공한다. 개발도상 당사국 정부에 제공되는 용역은 실비와의 차액을 체약국정부 이외의 자에게 제공되는 용역에서 발생되는 이익이나 제51조제4항에 언급된 재원으로 보충할 수 있는 경우에는 실비에 미달하는 금액으로 제공한다.
(b) (a)의 실비는 국내관청의 용역제공이나 국제조사기관의 임무수행에 의하여 통상 발생하는 비용을 초과하는 경비로 양해된다.
(6) 본조 규정의 실시에 관한 세부사항은 총회나 총회가 정하는 범위내에서 총회가 설치하는 작업반이 행하는 결정에 의하여 규정된다.
(7) 총회는 필요하다고 인정할 때에는 제5항에 규정하는 재정조치를 보충하기 위한 재정조치를 권고한다.

제51조【기술원조】
(1) 총회는 기술원조위원회(본조에서 "위원회"라 칭함)를 설치한다.
(2) (a) 위원회의 구성국은 개발도상국가가 대표되도록 타당한 고려를 한 후 당사국중에서 선출한다.
(b) 사무국장은 자신의 주도 또는 위원회의 요청에 의하여 개발도상국가에 대한 기술원조에 관여하는 정부간 기구의 대표가 위원회의 작업에 참가하도록 초청한다.
(3) (a) 위원회의 임무는 개발도상당사국의 개별적 또는 지역적인 특허제도의 발전을 목적으로 공여되는 기술원조를 조직하고 감독하는 것이다.
(b) 기술원조는 특허 전문가의 훈련과 파견 및 전시용과 실무용 시설의 공여를 포함한다.
(4) 국제사무국은 본조 규정에 의한 사업계획의 자금조달을 위하여 일방에 있어서 국제금융기관 및 정부간 기구 특히 국제연합의 제 기구 및 기술원조에 관여하는 국제연합의 전문기구와 타방에 있어서 기술원조를 받는 국가의 정부와 협정을 체결하도록 노력한다.
(5) 본조 규정의 실시에 관한 세부사항은 총회의 결정과 총회가 정하는 범위내에서 총회가 설치하는 작업반의 결정에 의하여 규정된다.

제52조【조약의 다른 규정과의 관계】 본장의 어떠한 규정도 다른 장의 재정에 관한 규정에 영향을 미치지 아니한다. 동 재정관계규정은 본장의 규정 및 본장의 규정의 실시에 대하여는 적용되지 아니한다.

제5장 행정규정

제53조【총회】
(1) (a) 총회는 제57조제8항의 규정에 따를 것을 조건으로 당사국으로 구성한다.
(b) 각 당사국의 정부는 1인의 대표에 의하여 대표되며 대표는 교체대표, 자문위원 및 전문가의 보좌를 받을 수 있다.
(2) (a) 총회는 다음 사항을 행한다.
(i) 동맹의 유지 및 발전과 이 조약의 실시에 관한 모든 문제를 처리
(ii) 이 조약의 다른 규정에 의하여 명시적으로 총회에 부여된 임무를 수행
(iii) 국제사무국에 개정회의 준비에 관한 지시를 부여
(iv) 사무국장의 동맹에 관한 보고와 활동을 검토하고 승인하며, 사무국장에게 동맹의 권한내의 사항에 대한 모든 필요한 지시를 하달
(v) 제9항의 규정에 따라 설치되는 집행위원회의 보고와 활동을 검토하고 승인하며, 집행위원회에 대하여 지시를 하달
(vi) 동맹의 사업계획을 결정하고 3개년 예산을 채택하며 결산을 승인
(vii) 동맹의 재정규칙을 채택
(viii) 동맹의 목적을 달성하기 위하여 필요하다고 인정되는 위원회 및 작업반을 설치
(ix) 비당사국 및 제8항의 규정에 따를 것을 조건으로 정부간 기구와 비정부간 국제기구가 총회의 회합에 옵저버로서 참석하는 것을 인정할지 여부 결정
(x) 동맹의 목적을 달성하기 위하여 기타 적절한 조치를 취하고 또한 기타 이 조약에 의한 적절한 기능을 수행
(b) 총회는 세계지적소유권기구가 관리하고 있는 다른 동맹에도 이해관계가 있는 사항에 대하여는, 동 기구의 조정위원회의 조언을 들은 후에 결정한다.
(3) 대표는 일개국가만을 대표하며 그 국가의 명의로서만 투표할 수 있다.
(4) 각 당사국은 각기 한표를 가진다.
(5) (a) 당사국의 과반수를 정족수로 한다.
(b) 총회는 정족수에 미달하는 경우에도 결정을 할 수 있다. 그러나 총회의 절차에 관한 결정을 제외하고 그 결정은 규칙에 정하는 통신에 의한 투표로 정족수가 충족되고 또한 필요한 다수가 얻어진 경우에만 효력이 발생한다.
(6) (a) 제47조제2항(b), 제58조제2항(b)와 제3항 및 제61조제2항(b)의 규정이 적용되는 경우를 제외하고 총회의 결정은 투표의 3분의 2이상의 다수결에 의한다.
(b) 기권은 투표로 보지 아니한다.
(7) 제2장의 규정에 기속되는 당사국에만 이해관계가 있는 사항에 대하여는 제4항, 제5항, 제6항에서 언급하는 당사국이란 제2장에 규정에 기속되는 당사국만을 말한다.
(8) 국제조사기관이나 국제예비심사기관으로 지정된 정부간 기구는 총회에 옵저버로서 참석하는 것이 허용된다.
(9) 총회는 당사국의 수가 40개국을 초과하는 경우에는 집행위원회를 설치한다. 이 조약 및 규칙에서 말하는 집행위원회라 함은 동 집행위원회가 설치된 경우 이를 의미한다.
(10) 총회는 집행위원회가 설치되기 이전에는 사무국장이 작성한 연차사업계획과 연차예산을 사업계획 및 3개년 예산의 범위내에서 승인한다.
(11) (a) 총회는 사무국장이 소집에 의하여 매2년마다 정기회기로서 회합하며, 예외적인 경우를 제외하고 기구의 총회와 동일기간중에 동일한 장소에서 회합한다.
(b) 총회는 집행위원회에 요청 또는 체약국의 4분의 1이상의 요청에 의하여 임시회기로서 회합한다.(1985.1.1 개정)
(12) 총회는 자신의 의사규칙을 채택한다.

제54조【집행위원회】
(1) 총회가 집행위원회를 설치하였을 때에는 동 집행위원회는 아래 규정에 따른다.
(2) (a) 집행위원회는 제57조제8항의 규정에 따를 것을 조건으로 총회의 구성국중에서 총회에 의하여 선출된 국가로 구성한다.
(b) 집행위원회의 각 구성국의 정부는 1인의 대표에 의하여 대표되며, 대표는 교체대표, 자문위원 및 전문가의 보좌를 받을 수 있다.
(3) 집행위원회 구성국의 수는 총회구성국수의 4분의 1로 한다. 의석수의 결정에 있어서는 4로 나머지의 수는 고려하지 아니한다.
(4) 총회는 집행위원회 구성국 선출에 있어서 공평한 지리적 배분을 고려한다.
(5) (a) 집행위원회의 구성국의 임기는 그가 선출된 총회회기의 종료시로부터 총회의 다음 통상회기의 종료시까지로 한다.
(b) 집행위원회 구성국은 최대한 그 구성국의 3분의 2까지 재선될 수 있다.
(c) 총회는 집행위원회 구성국의 선출과 재선에 관한 규칙의 세부사항을 정한다.
(6) (a) 집행위원회는 다음 사항을 행한다.
(i) 총회의 의사일정안 작성
(ii) 사무국장이 작성한 동맹의 사업계획안과 2개년 예산안을 총회에 제출
(iii) 사무국장의 정기보고와 연차회계 검사보고에 적절한 의견을 붙여 총회에 제출
(iv) 총회의 결정에 따르고 총회의 통상회기 사이에 발생하는 상황을 고려하여 사무국장이 동맹의 사업계획을 실시할 수 있도록 모든 필요한 조치를 취함.
(v) 기타 이 조약에 의하여 집행위원회에 부여되는 임무를 수행
(1985.1.1 개정)
(b) 집행위원회는 기구가 관리업무를 행하고 있는 다른 동맹에도 이해관계가 있는 사항에 대하여는 동 기구의 조정위원회의 조언을 들은 후에 결정한다.
(7) (a) 집행위원회는 사무국장의 소집에 의하여 매년 1회 통상회기로서 회합하며, 될 수 있는 한 기구의 조정위원회와 동일한 기간중에 동일한 장소에서 회합한다.
(b) 집행위원회는 사무국장의 발의에 의하여 또는 집행위원회의 의장 또는 그 구성국의 4분의 1이상의 요청에 의하여 사무국장이 소집하여 임시회기로서 회합한다.
(8) (a) 집행위원회의 각 구성국은 하나의 투표권을 가진다.
(b) 집행위원회의 구성국의 과반수를 정족수로 한다.
(c) 결정은 투표의 단순다수에 의한 의결로써 한다.
(d) 기권은 투표로 보지 아니한다.
(e) 대표는 일개국가만을 대표하고 그 국가의 명의로서만 투표할 수 있다.
(9) 집행위원회의 구성국이 아닌 당사국 및 국제조정기관이나 국제예비심사기관으로 선정된 정부간기구는 집행위원회의 회합에 옵저버로 참석하는 것이 허용된다.
(10) 집행위원회는 자신의 의사규칙을 채택한다.

제55조【국제사무국】
(1) 동맹의 행정업무는 국제사무국이 행한다.
(2) 국제사무국은 동맹의 제기구의 사무국의 직무를 행한다.
(3) 사무국장은 동맹의 수석행정직원으로서 동맹을 대표한다.
(4) 국제사무국은 회보, 기타 규칙이 정하거나 총회가 요구하는 간행물을 발행한다.
(5) 국내관청이 국제사무국, 국제조사기관 및 국제예비심사기관의 이 조약에 의한 임무수행을 지원하기 위하여 제공하는 용역에 대하여는 규칙에 정한다.
(6) 사무국장 및 그가 지명하는 직원은 총회, 집행위원회, 기타 이 조약이나 규칙에 의하여 설치되는 위원회 또는 작업반의 모든 회합에 투표권없이 참가한다. 사무국장 또는 그가 지명하는 직원 1인은 이들 기관의 당연직 서기가 된다.
(7) (a) 국제사무국은 총회의 지시에 따라 또한 집행위원회와 협력하여 개정회의의 준비를 한다.
(b) 국제사무국은 개정회의의 준비에 관하여 정부간기구 및 비정부간 국제기구와 협의할 수 있다.
(c) 사무국장 및 그가 지명하는 자는 개정회의에서의 심의에 투표권없이 참가한다.
(8) 국제사무국은 기타 국제사무국에 부여되는 임무를 수행한다.

제56조【기술협력위원회】
(1) 총회는 기술협력위원회(본조에서 "위원회"라고 칭함)를 설치한다.
(2) (a) 총회는 개발도상에 있는 국가가 형평하게 대표되도록 타당한 고려를 하여 위원회를 구성하고 그 구성원을 임명한다.
(b) 국제조사기관 및 국제예비심사기관은 위원회의 당연직 구성원이 된다. 국제조사기관 또는 국제예비심사기관이 당사국의 국내관청인 경우에는 동 당사국은 위원회에서 중복하여 대표를 낼 수 없다.
(c) 당사국의 수가 허용하는 경우에는 위원회의 구성원의 총수는 위원회의 당연직 구성원 수의 두배이상으로 한다.
(d) 사무국장은 그의 발의 또는 위원회의 요청에 의하여 관계기관에 이해관계가 있는 토의에 당해 관계기관의 대표가 참가하도록 초청한다.
(3) 위원회는 조언 또는 권고를 통하여 다음 사항에 기여함을 목적으로 한다.
(i) 이 조약에 의하여 제공되는 용역의 꾸준한 개선
(ii) 둘이상의 국제조사기관 또는 국제예비심사기관이 존재하는 경우, 그들의 자료작성 및 작업방법에 있어서 최대한의 통일성을 확보하고 그들의 보고의 질을 최대한 높고 균일하게 확보
(iii) 총회 또는 집행위원회의 발의에 의하여 특히 단일의 국제조사기관의 설립에 관한 기술적 문제의 해결
(4) 당사국 및 관련국제기구는 위원회에 위원회의 권한내에 있는 문제에 대하여 서면에 의하여 의견을 진술할 수 있다.
(5) 위원회는 사무국장에 대하여 또는 사무국장을 통하여 총회, 집행위원회, 전체 또는 일부의 국제조사기관, 국제예비심사기관 및 수리관청에 대하여 조언과 권고를 할 수 있다.
(6) (a) 사무국장은 어떠한 경우에도 위원회의 모든 조언과 권고를 집행위원회에 송부한다. 사무국장은 그 조언과 권고에 대하여 자신의 의견을 붙일 수 있다.
(b) 집행위원회는 위원회의 조언, 권고 또한 기타의 활동에 대하여 견해를 표명할 수 있으며, 위원회에 위원회의 권한내에 있는 문제에 대하여 연구하고 보고하도록 요구할 수 있다. 집행위원회는 적당한 의견을 붙여서 위원회의 조언, 권고와 보고를 총회에 제출할 수 있다.
(7) 집행위원회가 설치될 때까지는 제6항에서 말하는 집행위원회란 총회를 의미한다.
(8) 위원회절차의 세부사항은 총회의 결정에 의한다.

제57조【재정】
(1) (a) 동맹은 예산을 가진다.
(b) 동맹의 예산은 수입, 동맹의 고유경비 및 기구가 관리하고 있는 제 동맹의 공동경비예산에 대한 동맹의 분담금을 포함한다.
(c) 제 동맹의 공동경비란 동맹뿐만 아니라, 기구가 관리하고 있는 다른 동맹에도 귀속될 수 있는 경비를 말한다. 공동경비에 대한 동맹의 분담의 비율은 공동경비가 동맹에 가져올 이익에 비례한다.
(2) 동맹의 예산은 기구가 관리하고 있는 다른 동맹의 예산과 조정할 필요성을 고려하여 결정한다.
(3) 제5항의 규정에 따르는 것을 조건으로 동맹의 예산은 다음을 재원으로 한다.
(i) 국제사무국이 동맹과 관련하여 제공하는 용역에 대하여 납부되는 수수료 및 요금
(ii) 국제사무국의 동맹에 관한 간행물의 판매대금 및 이들 간행물에 대한 사용료
(iii) 증여, 유증 및 보조금
(iv) 임대료, 이자, 기타의 잡수입
(4) 국제사무국에 납부되는 수수료와 요금의 액수 및 국제사무국의 간행물의 가격은 본 조약의 관리업무에 관계되는 국제사무국의 모든 경비를 통상의 상태에서 충분히 부담할 수 있도록 정한다.
(5) (a) 회계연도가 결손으로 종료하는 경우에는 당사국은 (b) 및 (c)의 규정에 따를 것을 조건으로 동 결손을 보충하기 위하여 분담금을 납부한다.
(b) 각 체약국의 분담금액은 해당연도에서의 각 체약국으로부터의 국제출원의 수에 타당한 고려를 하여 총회가 정한다.
(c) 총회는 결손의 전부 또는 일부를 다른 방법에 의하여 잠정적으로 보충할 수 있는 경우에는 그 결손을 이월하여 체약국에 분담금의 납부를 요구하지 아니하도록 결정할 수 있다.
(d) 총회는 동맹의 재정상태가 허용하는 경우에는 (a)의 규정에 납부된 분담금은 이를 납부한 당사국에 환불하도록 결정할 수 있다.
(e) (b)의 규정에 의한 분담금은 총회가 정하는 납부기일로부터 2년이내에 납부하지 아니한 당사국은 동맹의 어느 기관에서도 투표권을 행사할 수 없다. 다만, 동맹의 어느 기관도 납부의 연체가 예외적이며 피할 수 없는 사정에 의한 것이라고 인정되는 경우, 당해 당사국이 당해 기관에서 계속하여 투표권을 행사하도록 허용할 수 있다.
(6) 예산이 신회계연도 개시전에 채택되지 아니하는 경우에는 재정규칙이 정하는 바에 의하여 전년도의 예산과 같은 수준의 예산으로 한다.
(7) (a) 동맹은 각 당사국의 1회 납부금으로 구성되는 운용자금을 가진다. 운용자금이 충분하지 아니한 경우에는 총회는 그 증액을 위한 조치를 취한다. 운용자금의 일부가 필요하지 아니하게 된 경우에는 동 운용자금의 일부를 환불한다.
(b) 운용자금에 대한 각 당사국의 당초의 납부금액 및 운용자금의 증액부분에 대한 각 당사국의 분담금은 제5항(b)에 정하는 원칙과 동일한 원칙에 의하여 총회가 정한다.
(c) 납부조건은 사무국장의 제안에 의하여 기구의 조정위원회의 조언을 들은 후에 총회가 정한다.
(d) 환불액은 각 당사국이 납부한 날을 고려하고 각 당사국이 납부한 금액에 비례한다.
(8) (a) 자국영역내에 기구의 본부가 소재하는 국가와 체결하는 본부협정은 운용자금이 충분하지 아니하는 경우에는 동 국가에서 입체하도록 규정한다. 입체금액과 조건은 동 국가와 기구간의 별도 협정에 의하여 수시로 정한다. 동 국가는 입체하여 줄 의무를 가지는 한 당연히 총회와 집행위원회에 의석을 가진다.
(b) (a)의 국가 및 기구는 서면통고에 의하여 입체를 하여 줄 의무를 폐기할 권리를 가진다. 폐기는 통고가 행하여진 연도 말부터 3년이 경과한 후에 효력이 발생한다.
(9) 회계감사는 재정규칙이 정하는 바에 의하여 하나 또는 둘 이상의 체약국이나 외부의 회계감사 전문가가 한다. 이들 당사국 또는 회계감사 전문가는 총회가 이들의 동의를 얻어서 지정한다.

제58조【규칙】
(1) 이 조약에 부속하는 규칙에는 다음 사항에 관한 세부규칙을 둔다.
(i) 이 조약이 명시적으로 규칙에 위임한 사항 또는 규칙 소관 사항이라는 것이 명시적으로 규정되어 있는 사항
(ii) 업무상의 요건, 사항 또는 절차
(iii) 이 조약의 규정을 시행하는 데 유용한 세부사항
(2) (a) 총회는 규칙을 개정할 수 있다.
(b) 제3항의 규정에 따른 것을 조건으로, 개정은 투표수의 4분의 3이상의 다수결에 의한다.
(3) (a) 규칙에는 다음 경우에만 개정할 수 있는 세부규칙을 둔다.
(i) 전원일치의 합의가 있는 경우
(ii) 자국의 국내관청이 국제조사기관 또는 국제예비심사기관으로 활동하는 모든 체약국이 반대하지 아니하며 동 기관들이 정부 기구인 경우에는 동 정부간기구의 권한 있는 기관에서 다른 회원국으로부터 위임을 받은 당해 정부간기구의 회원국인 당사국이 이의를 제기하지 아니하는 경우
(b) 장래에 적용할 수 있는 요건으로 상기 규정을 삭제하기 위해서는 경우에 따라 (a)(i) 또는 (ii)에서 정하는 조건을 충족하여야 한다.

(c) 장래에 (a)에 언급한 요건에 어떤 규정을 첨가하기 위하여는 전원일치의 합의가 있어야 한다.
(4) 규칙은 총회의 통제하에 사무국장이 행정적 지시사항을 작성하는 것에 관하여 규정한다.
(5) 이 조약의 규정과 규칙의 규정이 상충되는 경우에는 이 조약의 규정이 우선한다.

제6장 분 쟁

제59조【분쟁】 제64조제5항의 규정이 적용되는 경우를 제외하고, 이 조약이나 규칙의 해석 또는 적용에 관한 둘이상의 당사국 사이의 분쟁이 교섭에 의하여 해결되지 아니하는 경우 분쟁당사국이 다른 해결 방법에 합의하지 아니하는 한 어느 일방 당사국이 국제사법재판소규정에 따라 신청함으로써 동 분쟁을 국제사법재판소에 부탁할 수 있다. 분쟁을 국제사법재판소에 부탁하는 당사국은 그 취지를 국제사무국에 통보하여야 하며 국제사무국은 그 사실을 다른 체약국에 통보한다.

제7장 개정 및 수정

제60조【조약의 개정】
(1) 이 조약은 당사국의 특별회의에 의하여 수시 개정할 수 있다.
(2) 개정회의의 소집은 총회가 결정한다.
(3) 국제조사기관이나 국제예비심사기관으로 선정된 정부간 기구는 개정회의에 옵저버로 참석하는 것이 인정된다.
(4) 제53조제5항, 제9항 및 제11항, 제54조, 제55조제4항에서 제8항까지, 제56조와 제57조의 규정은 개정회의에 의하여 또는 제61조의 규정에 따라 수정될 수 있다.

제61조【조약의 특정조항의 수정】
(1) (a) 제53조(a) 및 제11항, 제54조, 제55조제4항에서 제8항까지, 제56조 및 제57조 규정의 수정 제안은 총회의 구성국, 집행위원회 또는 사무국장이 할 수 있다.
(b) (a)의 제안은 늦어도 총회심의 6개월전까지 사무국장이 체약국에 송부한다.
(2) (a) 제1항에 언급한 조항의 수정은 총회가 채택한다.
(b) 채택은 투표한 수의 4분의 3이상의 다수를 요한다.
(3) (a) 제1항에 언급된 조항의 수정은 그 수정이 채택된 때에 총회의 회원국이었던 국가의 4분의 3으로부터 각자의 헌법상 절차에 따른 수락에 관한 서면통고를 사무국장이 수령한 1개월 후 효력을 발생한다.
(b) 상기 언급된 조항의 수락된 수정은 그 수정이 효력을 발생할 때에 총회의 회원국인 모든 국가를 구속한다. 다만, 당사국의 재정상의 의무를 증가시키는 수정은 그 수정의 수락을 통고한 당사국만을 구속한다.
(c) (a)의 규정에 따라 수락된 수정은 그 수정이 (a)의 규정에 따라 효력을 발생한 날 이후에 총회의 회원국이 되는 모든 국가를 구속한다.

제8장 최종규정

제62조【조약 당사국이 되기 위한 절차】
(1) 공업소유권의 보호를 위한 국제동맹의 회원국은 다음 중 어느 절차에 의하여 당사국이 될 수 있다.
(i) 서명한 후 비준서 기탁, 또는
(ii) 가입서 기탁
(2) 비준서 또는 가입서는 사무국장에게 기탁한다.
(3) 공업소유권의 보호를 위한 파리협약의 스톡홀름개정의정서 제24조의 규정은 이 조약에 적용된다.
(4) 제3항의 규정은 동항 규정에 의하여 어느 당사국이 동 조약을 적용할 수 있도록 한 영토에 관한 실제상황을 다른 당사국이 승인하거나 묵시적으로 수락하는 것을 의미하는 것으로 이해되어서는 아니된다.

제63조【조약의 발효】
(1) (a) 이 조약은 제3항의 규정에 따를 것을 조건으로 8개 국가가 비준서 또는 가입서를 기탁한 3개월후에 효력을 발생한다. 다만, 그들 적어도 4개 국가가 각각 다음의 어느 조건을 충족하여야 한다.
(i) 당사국에서 행하여진 출원의 수가 국제사무국이 공표한 가장 최근의 연차통계상 4만이상
(ii) 당사국의 국민 또는 거주자가 일개의 외국에 제출한 출원의 수가 국제사무국이 공표한 가장 최근의 연차통계상 1천이상
(iii) 당사국의 국내관청이 외국의 국민 또는 거주자로부터 접수한 출원수가 국제사무국이 공표한 가장 최근의 연차통계상 1만이상
(b) 동항 규정의 목적상, 출원은 실용신안의 출원을 포함하지 아니한다.
(2) 제3항의 규정에 따를 것을 조건으로, 이 조약이 제1항의 규정에 따라 효력을 발생한 때에 당사국이 되지 아니하는 국가는 비준서 또는 가입서를 기탁한 날로부터 3개월후에 이 조약에 기속된다.
(3) 제2장의 규정과 이 조약에 부속된 규칙중 동장의 규정에 상응하는 규정은, 제1항의 3가지 조건중 적어도 하나의 조건을 충족하는 3개의 국가가 동장의 규정에 기속될 의사가 없다는 것을 제64조제1항의 규정에 의하여 선언하지 않고 당사국이 된 날로부터 적용한다. 그러나 그 날은 제1항의 규정에 의한 최초의 효력발생일 이전이 아니어야 한다.

제64조【유보】
(1) (a) 모든 국가는 제2장의 규정에 기속되지 아니한다는 것을 선언할 수 있다.
(b) (a)의 선언을 행한 국가는 제2장의 규정 및 규칙중 동장의 규정에 상응하는 조항에 기속되지 아니한다.
(2) (a) 제1항의 선언을 하지 아니하는 국가는 아래 사항을 선언할 수 있다.
(i) 국제출원의 사본과 소정의 번역문의 제출에 대하여는 제39조(1)의 규정에 기속되지 아니한다는 것
(ii) 제40조에 규정하는 국내절차를 연기할 의무가 자국의 국내관청에 의하거나 이를 통한 국제출원 또는 동 출원의 번역문의 공표를 방해하지 않을 것. 그러나 이는 제30조 및 제38조에 규정된 제한으로부터 면제되지는 아니한다.
(b) (a)의 선언을 한 국가는 이에 따라 당해 규정에 기속된다.
(3) (a) 어느 국가도 자국에 관한 한 국제출원을 국제공개할 필요가 없다고 선언할 수 있다.
(b) 우선일로부터 18개월을 경과한 때에 국제출원이 (a)의 선언을 행한 국가만을 지정하고 있는 경우에는 제21조제2항의 규정에 의한 국제공개는 하지 아니한다.
(c) (b)의 규정이 적용되는 경우일지라도 국제사무국은
(i) 출원인으로부터 청구가 있을 때에는 규칙이 정하는 바에 의하여 당해 국제출원을 국제공개한다.
(ii) 국제출원에 기초한 특허 또는 국내출원이 (a)의 선언을 행한 어느 지정국의 국내관청에 의하여 또는 동 국내관청을 대신하며 공표된 때에는 그 공표후 신속히 당해 국제출원을 국제공개한다. 다만, 우선일로부터 18개월이 경과하기 전에 공개하여서는 아니된다.
(4) (a) 자국의 국내법이 자국특허의 선행기술효과를 공표이전부터 인정하고 있으나 공업소유권의 보호를 위한 파리협약에 의하여 주장되는 우선일을 선행기술의 목적상 자국에서의 실제의 출원일과 동일하게 하지 아니하는 국가는 자국을 지정하는 타국에서의 국제출원을 선행기술의 목적상 자국에서의 실제의 출원과 동등하게 취급하지 아니한다고 선언할 수 있다.
(b) (a)의 선언을 하는 국가는 그 범위내에서 제11조제3항의 규정에 기속되지 아니한다.
(c) (a)의 선언을 하는 국가는 동시에 자국을 지정하는 국제출원이 자국에서 선행기술로서의 효력을 발생하게 되는 날과 이를 위한 조건을 서면으로 선언한다. 동 선언은 사무국장에게 보내는 통지에 의하여 언제든지 변경할 수 있다.
(5) 각국은 제59조의 규정에 기속되지 아니한다는 것을 선언할 수 있으며, 이러한 경우 동조의 규정은 동 선언을 행한 당사국과 다른 당사국 사이의 분쟁에 대하여는 적용하지 아니한다.
(6) (a) 본조 규정에 의한 모든 선언은 서면으로 한다. 동 선언은 이 조약의 서명시, 비준서 또는 가입서의 기탁시 또는 제5항에 언급된 경우를 제외하고는, 사무국장에게 보내는 통고에 의하여 그 후 언제든지 할 수 있다. 통고에 의한 선언은 사무국장이 그 통고를 수령한 후에 효력을 발생하며 그 6개월의 만료전에 접수된 국제출원에는 영향을 미치지 아니한다.
(b) 본조 규정에 의한 선언은 사무국장에게 보내는 통고로 언제든지 철회할 수 있다. 철회는 사무국장이 그 통고를 수령한 3개월후에 효력을 발생하며, 제3항에 의한 선언을 철회하는 경우에는 그 3개월의 기간만료전에 접수된 국제출원에는 영향을 미치지 아니한다.
(7) 본 조약에 대한 유보는 본조제1항에서 제5항까지의 규정에 의한 유보를 제외하고는 어떠한 규정에 대해서도 허용되지 아니한다.

제65조【단계적 적용】
(1) 국제조사기관 또는 국제예비심사기관과의 협정이 동 기관이 처리를 담당하는 국제출원의 수 또는 종류를 잠정적으로 제한하는 경우에는 총회는 특정한 범위의 국제출원에 대한 이 조약 및 규칙의 점진적 적용을 위하여 필요한 조치를 취한다. 이 조항은 제15조제5항 규정에 의한 국제형조사의 청구에 대하여도 준용한다.
(2) 총회는 제1항에 규정한 조건하에서 국제출원을 할 수 있는 일자와 국제예비심사의 청구를 전출할 수 있는 일자를 정한다. 이들 일자는 각각 제63조제1항에 따라 이 조약이 효력을 발생한 후 6개월이내와 동조 제3항에 따라 제2항의 규정이 적용되게 된 후 6개월 이내의 일자로 한다.

제66조【폐기】
(1) 모든 당사국은 사무국장에게 보내는 통고에 의하여 이 조약을 폐기할 수 있다.
(2) 폐기는 사무국장이 동 통고를 수령한 6개월후에 효력을 발생한다. 폐기는 국제출원이 상기 6개월 기간만료전에 제출되고, 폐기국이 선택된 경우에 그 선택이 동 6개월의 기간만료전에 행하여진 경우에는 폐기국에서의 당해 국제출원의 효력에 영향을 미치지 아니한다.

제67조【서명과 언어】
(1) (a) 이 조약은 동등히 정본인 영어와 불란서어로 된 원본 1부에 서명된다.
(b) 사무국장은 관계정부와의 협의하에 독일어, 일본어, 포르투갈어, 노어, 스페인어, 기타 총회가 지정하는 언어로 된 공식번역본을 작성한다.
(2) 이 조약은 1970년 12월 31일까지 워싱턴에서 서명을 위하여 개방된다.

제68조【기탁】
(1) 이 조약의 원본은 서명을 위한 개방이 종료한 때 사무국장에게 기탁된다.
(2) 사무국장은 공업소유권의 보호를 위한 파리협약의 모든 당사국 정부와, 요청이 있을 때에는 기타 국가의 정부에게 이 조약 및 이 조약에 부속되는 규칙의 사본 2부를 인증하여 송부한다.
(3) 사무국장은 이 조약을 국제연합사무국에 등록한다.
(4) 사무국장은 모든 당사국의 정부와 요청이 있을 때에는 기타 국가의 정부에게 이 조약 및 규칙의 수정된 사본 2통을 인증하여 송부한다.

제69조【통보】 사무국장은 공업소유권의 보호를 위한 파리협약의 모든 당사국 정부에 다음 사항을 통보한다.
(i) 제62조에 의한 서명
(ii) 제62조에 의한 비준서 또는 가입서의 기탁
(iii) 이 조약의 효력발생일 및 제63조제3항에 따라 제2장의 규정이 적용하게 되는 일자
(iv) 제64조제1항에서 제5항까지의 규정에 의한 모든 선언
(v) 제64조제6항(b)의 규정에 의한 선언의 철회
(vi) 제66조의 규정에 의하여 접수한 폐기
(vii) 제31조제4항의 규정에 의한 모든 선언

상표법조약

(2003년 2월 8일 / 조 약 제1621호)

1994.10.27(제네바에서 채택)
2003. 2.25(대한민국에 대하여 발효)

제1조【약칭】 이 조약의 목적상, 명시적으로 별도의 규정이 없는 한,
1) "관청"이라 함은 체약당사자에 의해 표장의 등록에 관하여 위임을 받은 기관을 말한다.
2) "등록"이라 함은 관청에 의한 표장의 등록을 말한다.
3) "출원"이라 함은 등록을 위한 출원을 말한다.
4) "인(人)" 또는 "자(者)"라 할 때는 자연인과 법인 양자를 지칭하는 것으로 해석한다.
5) "권리자"라 함은 표장등록원부에 등록권리자로 표시된 자를 말한다.
6) "표장등록원부"라 함은 당해 자료보관의 수단을 불문하고, 모든 등록의 내용과 모든 등록에 관한 사항을 기록한 자료를 포함하는 것으로, 관청에 의해 보관되는 자료집을 말한다.
7) "파리협약"은 1883년 3월 20일 파리에서 서명된 후 개정되고 수정된 산업재산권보호를 위한 파리협약을 말한다.
8) "니스분류"는 1957년 6월 15일 니스에서 서명된 후 개정되고 수정된 표장등록을 위한 상품 및 서비스의 국제분류에 관한 니스협정에 따른 분류를 말한다.
9) "체약당사자"라 함은 이 조약에 비준 또는 가입한 국가나 정부간기구를 말한다.
10) "비준서"라 할 때에는 수락서와 승인서를 포함하는 것으로 해석한다.
11) "기구"라 함은 세계지적재산권기구를 말한다.
12) "사무총장"이라 함은 기구의 사무총장을 말한다.
13) "규칙"이라 함은 제17조에서 규정하는 이 조약에 의거한 규칙을 말한다.

제2조【이 조약의 적용 표장】
1. [표장의 성질] 가. 이 조약은 시각적으로 인식할 수 있는 표시로 구성된 표장에 적용한다. 다만 입체표장의 등록을 허용하는 체약당사자만이 당해 표장에도 이 조약을 적용할 의무가 있다.
나. 이 조약은 홀로그램 표장과 특히, 소리표장 및 냄새표장과 같이 시각적으로 인식할 수 없는 표장에는 적용하지 아니한다.
2. [표장의 종류] 가. 이 조약은 상품에 관한 표장(상표)이나 서비스에 관한 표장(서비스 표장) 또는 상품 및 서비스 양자에 관한 표장에 적용한다.
나. 이 조약은 단체표장, 증명표장 및 보증표장에는 적용하지 아니한다.

제3조【출원】
1. [출원서에 포함 또는 첨부되는 표시 또는 사항 ; 수수료] 가. 체약당사자는 출원서에 다음의 표시나 사항의 일부 또는 전부가 포함될 것을 요구할 수 있다.
1) 등록신청
2) 출원인의 성명 및 주소
3) 출원인이 어느 국가의 국민인 경우 당해 국가명, 출원인이 어느 국가에 주된 거주지를 두고 있는 경우 당해 국가명, 출원인이 어느 국가에 진정하고 실효적인 산업상 또는 상업상의 영업소를 두고 있는 경우 당해 국가명
4) 출원인이 법인인 경우, 법인의 법적 성질과 동 법인이 관련 법령에 따라 조직된 당해 국가 및, 해당되는 경우, 당해 국가 내 지역단위
5) 출원인의 대리인이 있는 경우, 동 대리인의 성명 및 주소
6) 제4조제2항 나호의 규정에 따라 송달을 위한 주소가 요구되는 경우 당해 주소
7) 출원인이 선출원에 의한 우선권을 주장하고자 하는 경우, 그 선출원에 의한 우선권주장의 선언 및 파리협약 제4조에 따라 요구될 수 있는 우선권주장을 뒷받침하는 표시 및 증거
8) 출원인이 박람회에서의 상품 및/또는 서비스의 전시에 따른 보호를 주장하고자 하는 경우, 그러한 취지의 선언 및 체약당사자의 법령이 요구하는 바에 따른 당해 선언을 뒷받침하는 표시
9) 체약당사자의 관청이 표준으로 지정한 문자(문자 및 숫자)를 사용하고 있으며, 출원인이 그 표장이 동 표준문자로 등록되고 공고되도록 희망하는 경우, 그러한 취지의 진술
10) 출원인이 표장의 변별요소의 하나로서 색채를 주장하고자 하는 경우, 그러한 취지의 진술 및 주장하는 색채의 명칭, 각 색채별로 그 색채로 된 표장의 주요부분의 표시
11) 표장이 입체표장인 경우 그러한 취지의 진술
12) 하나 또는 그 이상의 표장 견본
13) 표장의 전부 또는 일부의 자역
14) 표장의 전부 또는 일부의 번역
15) 니스분류상의 류에 따라 분류되고, 각 분류 앞에 당해 상품 또는 서비스가 속하는 류의 번호를 명기하여 동 분류의 류의 순서에 따라 기재한 등록 출원 상품 및/또는 서비스의 명칭
16) 제4항에 언급된 자의 서명
17) 체약당사자의 법령이 요구하는 바에 따른 표장의 사용의사에 관한 선언
나. 출원인은 가호17)의 규정에서 언급된 표장의 사용의사에 관한 선언을 대신하거나 또는 그에 추가하여, 체약당사자의 법령이 요구하는 바에 따라 그 표장의 실제 사용에 관한 선언 및 그러한 내용의 증거를 제출할 수 있다.
다. 체약당사자는 출원과 관련하여 수수료를 관청에 납부하도록 요구할 수 있다.
2. [제출] 출원서의 제출에 관한 요건과 관련하여 어떠한 체약당사자도 다음의 경우에는 그 출원을 거부할 수 없다.
1) 출원서가 서면으로 제출되고, 제3항의 규정을 조건으로, 규칙에서 정하는 출원서 양식에 합치하는 양식으로 제출된 경우
2) 체약당사자가 관청에 대하여 팩시밀리에 의한 서류의 전송을 허용하고 출원서가 그러한 방식으로 전송된 경우, 제3항의 규정을 조건으로, 그 전송된 서면의 사본이 1)의 규정에 따른 출원서 양식에 합치하는 경우

3. [언어] 체약당사자는 출원서가 관청이 허용하는 언어 또는 언어들 중 하나의 언어로 작성될 것을 요구할 수 있다. 관청이 둘 이상의 언어를 허용하는 경우 출원인에게 당해 관청에 관하여 적용되는 언어상의 기타 요건에 따를 것을 요구할 수 있다. 다만 출원서를 둘 이상의 언어로 작성하도록 요구할 수는 없다.
4. [서명] 가. 제1항 가호16)에서 언급된 서명은 출원인 또는 그 대리인의 서명을 말한다.
나. 가호의 규정에도 불구하고, 체약당사자는 제1항 가호17) 및 나호의 규정에서 언급된 선언은 비록 대리인이 있더라도 출원인 자신이 서명할 것을 요구할 수 있다.
5. [둘이상의 류에 속하는 상품 및/또는 서비스의 단일출원] 니스분류상 하나 또는 다수의 류에 속하는가에 관계없이 다수의 상품 및/또는 서비스에 관하여 하나의 단일출원으로 할 수 있다.
6. [실제 사용] 체약당사자는 사용의사에 관한 선언이 제1항 가호17)의 규정에 따라 제출된 경우, 출원인에게 자국의 법령이 요구하는 표장의 실제 사용에 관한 증거를, 규칙에서 정하는 최소기한을 따를 것을 조건으로, 당해 법령이 정하는 기간내에 관청에 제출할 것을 요구할 수 있다.
7. [기타 요건의 금지] 어떠한 체약당사자도 출원과 관련하여 제1항 내지 제4항과 제6항에서 정하는 사항 이외의 요건을 요구할 수 없다. 특히, 출원과 관련하여 다음의 요건은 출원이 계류중인 동안에 요구하지 못한다.
1) 상업등기부의 증명서 또는 초본의 제출
2) 출원인이 수행하는 산업상 또는 상업상의 업무활동의 표시 및 그 증거의 제출
3) 출원서에 기재한 상품 및/또는 서비스와 관련하여 출원인이 수행하는 업무활동의 표시 및 그 증거의 제출
4) 표장이 다른 체약당사자 또는 이 조약의 체약당사자가 아닌 파리협약 체약 국가의 표장등록원부에 등록되어 있다는 증거의 제출. 다만 출원인이 파리협약 제6조의5 규정의 적용을 주장하는 경우는 예외로 한다.
8. [증거] 체약당사자는 관청이 출원서에 기재된 표시 또는 사항의 진실성에 대하여 합리적인 의심을 가질 수 있는 경우 출원의 심사중에 증거를 당해 관청에 제출할 것을 요구할 수 있다.

제4조【대리 ; 송달을 위한 주소】
1. [업무수행을 허가받은 대리인] 체약당사자는 관청에 대한 절차를 위한 대리인으로 선임된 자가 당해 관청에 대하여 업무를 수행하도록 허가받은 대리인일 것을 요구할 수 있다.
2. [강제대리 ; 송달을 위한 주소] 가. 체약당사자는 자국의 영역내에 주된 거주지나 진정하고 실효적인 산업상 또는 상업상의 영업소를 두고 있지 않은 자에게 관청에 대한 절차를 위하여 대리인을 선임할 것을 요구할 수 있다.
나. 체약당사자가 가호의 규정에 따른 대리인을 요구하지 않는 경우에는, 자국의 영역내에 주된 거주지나 진정하고 실효적인 산업상 또는 상업상의 영업소를 두고 있지 않은 자에게 관청에 대한 절차를 위하여 자국의 영역내에 송달을 위한 주소를 둘 것을 요구할 수 있다.
3. [위임장] 가. 체약당사자가 출원인, 권리자 또는 기타 이해관계인에게 관청에 대하여 대리인 선임을 허용하거나 요구하는 경우, 체약당사자는 출원인, 권리자 또는 기타 이해관계인의 성명이 표시되고 서명이 있는 별개의 서류(이하 "위임장"이라 한다)에 의하여 대리인이 선임될 것을 요구할 수 있다.
나. 위임장은 당해 위임장에 특정된 하나 또는 둘 이상의 출원 및/또는 등록과 관련되거나 또는 위임인이 기재하는 예외를 조건으로, 위임인의 현재 및 장래의 모든 출원 및/또는 등록과 관련될 수 있다.
다. 위임장은 대리인의 권한을 특정한 행위로 한정시킬 수 있다. 체약당사자는 대리인이 출원의 철회나 등록의 포기 권한을 가지는 위임장에 그러한 취지가 명시될 것을 요구할 수 있다.
라. 관청에의 통보가 그 통보상에서 대리인으로 언급된 자에 의하여 이루어졌으나 당해 관청이 그 통보를 수령할 당시 필요한 위임장이 없는 경우, 체약당사자는 그 체약당사자가 정하는 기한내에(다만, 그 최소기한은 규칙에서 정한다) 당해 관청에 위임장을 제출할 것을 요구할 수 있다. 체약당사자는 위임장이 그 체약당사자가 정한 기한내에 관청에 제출되지 않은 경우, 상기 대리인에 의한 통보는 효력이 없음을 규정할 수 있다.
마. 위임장의 제출 및 내용에 관한 요건과 관련하여 어떠한 체약당사자도 다음의 경우에는 그 위임장의 효력을 부인하지 못한다.
1) 위임장이 서면으로 제출되고, 제4항의 규정을 조건으로, 규칙에서 정하는 위임장 양식에 합치하는 양식으로 제출된 경우
2) 당해 체약당사자가 관청에 대하여 팩시밀리에 의한 서류의 전송을 허용하고 위임장이 그러한 방식으로 전송된 경우, 그 전송된 서면의 사본이 제4항의 규정을 조건으로, 1)의 규정에 의한 위임장 양식에 합치하는 경우
4. [언어] 체약당사자는 위임장이 관청이 허용하는 언어 또는 언어들 중 하나의 언어로 작성될 것을 요구할 수 있다.
5. [위임장 언급] 체약당사자는 관청에 대한 절차를 위하여 대리인이 당해 관청에 제출하는 서류에 당해 대리행위의 근거가 되는 위임장에 대한 언급을 포함할 것을 요구할 수 있다.
6. [기타 요건의 금지] 어떠한 체약당사자도 제3항 내지 제5항이 규율하고 있는 사안에 관련하여 제3항 내지 제5항에서 규정하는 사항 이외의 요건을 충족할 것을 요구할 수 없다.
7. [증거] 체약당사자는 관청이 제2항 내지 제5항의 규정에 따른 서류에 기재된 사항의 진실성에 대하여 합리적인 의심을 가질 수 있는 경우 증거를 당해 관청에 제출할 것을 요구할 수 있다.

제5조【출원일】
1. [허용되는 요건] 가. 체약당사자는 나호와 제2항의 규정을 따를 것을 조건으로, 제3조제3항의 규정에서 요구하는 언어로 기재된 다음의 표시 및 사항을 자국 관청이 수령한 날을 출원일로 인정한다.
1) 표장의 등록을 원하는 명시적 또는 묵시적 표시
2) 출원인을 특정하는 표시
3) 출원인 또는 대리인이 있는 경우 당해 대리인에게 우편으로 연락가능한 표시
4) 등록하려는 표장의 충분히 선명한 견본 1부
5) 등록 상품 및/또는 서비스의 목록
6) 제3조제1항 가호17) 또는 나호의 규정이 적용되는 경우, 체약당사자의 법령이 요구하는 바에 따라 동조제1항 가호17)의 규정상의 선언 또는 동조제1항 나호의 규정상의 선언 및 그 증거. 단, 동 선언은 당해 체약당사자의 법령이 요구하는 경우 대리인이 있더라도 출원인 본인이 서명하여야 한다.
나. 체약당사자는 가호의 규정에 언급된 표시와 사항의 전부가 아닌 일부만을 수령하거나 제3조제3항의 규정에서 요구하는 언어 이외의 다른 언어로 작성된 것을 관청이 수령한 날을 출원일로 인정할 수 있다.
2. [허용되는 추가적인 요건] 가. 체약당사자는 수수료의 납부가 있을 때까지 출원일을 부여하지 않는다고 규정할 수 있다.
나. 체약당사자는 이 조약에 가입할 당시 가호의 요건을 적용하였을 경우에 한하여 당해 요건을 적용할 수 있다.
3. [보완과 기한] 제1항 및 제2항의 규정에 따른 보완의 방법과 기한은 규칙에서 정한다.
4. [기타 요건의 금지] 어떠한 체약당사자도 출원일과 관련하여 제1항 및 제2항에서 언급된 사항 이외의 요건을 요구할 수 없다.

제6조【둘이상의 류에 속하는 상품 및/또는 서비스의 단일등록】 니스분류상 둘이상의 류에 속하는 상품 및/또는 서비스가 하나의 동일한 출원서에 기재된 경우 그 출원은 하나의 동일한 등록으로 한다.

제7조【출원 및 등록의 분할】
1. [출원의 분할] 가. 둘이상의 상품 및/또는 서비스를 기재한 출원(이하 "최초출원"이라 한다)은, 다음 기간 중에 출원인에 의하여, 또는 출원인의 신청에 의하여 최초출원에 기재된 상품 및/또는 서비스를 분할하여 둘 또는 그 이상의 출원(이하 "분할출원"이라 한다)으로 할 수 있다. 동 분할출원은 최초출원의 출원일과 우선권이 있는 경우 그 이익을 그대로 유지한다.
1) 최소한 표장의 등록을 관할하는 관청의 결정이 있을 때까지,
2) 표장의 등록 권한이 있는 관청의 결정에 대한 이의신청절차 중에,
3) 표장등록에 관한 결정에 대한 불복절차중에,
나. 체약당사자는 상기 가호의 규정을 따를 것을 조건으로, 수수료의 납부를 포함하여, 출원의 분할에 관한 요건을 자유롭게 규정할 수 있다.
2. [등록의 분할] 등록의 분할에 관하여서는 제1항의 규정을 준용한다. 등록의 분할은 다음의 경우에 허용된다.
1) 제3자가 관청에 대하여 등록의 유효성을 다투는 절차 중에,
2) 앞의 절차중 관청이 행한 결정에 대한 불복절차중에,
다만 체약당사자는 자국의 법령이 제3자에게 표장의 등록이전에 당해 표장의 등록에 대한 이의제기를 허용하는 경우에는, 등록의 분할 가능성을 배제할 수 있다.

제8조【서명】
1. [서면에 의한 통보] 체약당사자의 관청에 대한 통보가 서면에 의한 것이고 서명이 요구되는 경우 당해 체약당사자는,
1) 3)의 규정이 적용되는 경우를 제외하고는 자필서명을 인정하여야 한다.
2) 자필서명 대신 인쇄되거나 날인된 서명 같은 기타 형식의 서명 또는 도장의 사용을 인정할 수 있다.
3) 통보에 서명하는 자연인이 자국민이고 동인의 주소가 자국의 영역내에 있는 경우, 자필서명 대신 도장을 사용할 것을 요구할 수 있다.
4) 도장이 사용되는 경우, 그 도장을 사용하는 자연인의 성명을 문자표시로 부기할 것을 요구할 수 있다.
2. [팩시밀리에 의한 통보] 가. 체약당사자가 관청에 대하여 팩시밀리에 의한 서류의 전송을 허용하는 경우, 그 체약당사자는 팩시밀리에 의하여 출력된 인쇄물상에 서명이 복제되었거나, 또는 제1항 4)의 규정에 따라 도장을 사용하는 자연인의 성명의 문자표시와 함께 도장이 복제된 경우에는, 당해 서류는 서명된 것으로 간주한다.
나. 가호에 언급된 체약당사자는 팩시밀리에 의하여 전송된 서류의 원본을 규칙에서 정하는 최소 기한을 따를 것을 조건으로 일정한 기간내에 관청에 제출할 것을 요구할 수 있다.
3. [전자적 수단에 의한 통보] 체약당사자가 관청에 대하여 전자적 수단에 의한 서류의 전송을 허용하는 경우, 체약당사자는 당해 통보가 자국이 정하는 바에 따른 전자적 수단에 의한 서류의 제출자를 특정할 수 있는 경우, 당해 서류를 서명된 것으로 간주한다.
4. [증명요구의 금지] 어떠한 체약당사자도 제1항 내지 제3항의 규정에서 언급된 서명 또는 본인 확인을 위한 여타 방법에 대하여 성립의 진정증명, 공증, 인증, 인가, 기타의 증명을 요구할 수 없다. 다만, 서명이 등록의 포기에 관한 것인 경우, 체약당사자의 법령상 그 서명에 대한 증명을 요구하는 것을 규정하고 있는 경우는 예외로 한다.

제9조【상품 및/또는 서비스의 분류】
1. [상품 및/또는 서비스의 표시] 등록 및 출원이나 등록에 관하여 상품 및/또는 서비스를 표시하는 것으로서 관청에 의하여 수행되는 공고는 상품 및/또는 서비스의 명칭을 니스분류상의 류에 따라 구분하고, 각 구분 앞에 당해 상품 또는 서비스가 속하는 니스분류상의 류의 번호를 명기하여 동 분류상의 류의 순서에 따라 기재한다.
2. [동일 류 또는 다른 류의 상품 또는 서비스] 가. 상품 또는 서비스는 관청에 의한 등록이나 공고에서 니스분류상 동일 류로 분류된다는 이유로 서로 유사한 것으로 간주되지 아니한다.
나. 상품 또는 서비스는 관청에 의한 등록이나 공고에서 니스분류상 다른 류로 분류된다는 이유로 서로 유사하지 않은 것으로 간주되지 아니한다.

제10조【성명 또는 주소의 변경】
1. [권리자의 성명 또는 주소의 변경] 가. 권리자의 변경은 없으나 그의 성명 및/또는 주소의 변경이 있는 경우, 각 체약당사자는 관청에 대한 표장등록원부상의 등록변경신청서는 권리자 또는 그 대리인에 의하여 서명되고 당해 등록의 등록번호와 변경되어야 할 사항을 표시하는 통보에 의할 경우에는 이를 인정하여야 한다. 당해 신청서의 제출에 관한 요건과 관련하여 어떠한 체약당사자도 다음의 경우 그 신청을 거부할 수 없다.
1) 신청서가 서면으로 제출되고, 다호의 규정을 조건으로, 규칙에서 정하는 신청서 양식에 합치하는 양식으로 제출된 경우
2) 당해 체약당사자가 관청에 대하여 팩시밀리에 의한 서류의 전송을 허용하고 신청서가 그러한 방식으로 전송된 경우, 다호의 규정을 조건으로, 그 전송된 서면의 사본이 1)의 규정에 따른 신청서 양식에 합치하는 경우
나. 체약당사자는 신청서에 다음 사항을 표시할 것을 요구할 수 있다.
1) 권리자의 성명 및 주소
2) 권리자의 대리인이 있는 경우, 동 대리인의 성명 및 주소
3) 권리자가 송달을 위한 주소를 두고 있는 경우, 당해 주소
다. 체약당사자는 신청서가 관청이 허용하는 언어 또는 언어들 중 하나의 언어로 작성될 것을 요구할 수 있다.
라. 체약당사자는 신청과 관련하여 수수료를 관청에 납부하도록 요구할 수 있다.
마. 변경이 둘 이상의 등록에 관련된 경우에도 하나의 신청서로 충분한 것으로 한다. 다만, 이 경우 관련된 모든 등록의 등록번호들이 당해 신청서에 표시되어야 한다.
2. [출원인의 성명 또는 주소의 변경] 변경이 하나의 출원이나 다수의 출원, 또는 하나의 출원이나 다수의 출원 및 하나의 등록이나 다수의 등록 양자와 관련되는 경우에 제1항의 규정을 준용한다. 다만, 이 경우 관련된 출원의 출원번호가 아직 발급되지 않았거나 출원인 또는 그 대리인이 당해 출원번호를 알지 못하는 경우, 동 신청은 규칙에서 정하는 다른 방법에 의하여 당해 출원을 특정하여야 한다.
3. [대리인의 성명, 주소의 변경 또는 송달을 위한 주소의 변경] 대리인이 있는 경우, 그 대리인의 성명 또는 주소의 변경 및 송달을 위한 주소가 있는 경우, 당해 송달을 위한 주소의 변경에 관하여 제1항의 규정을 준용한다.
4. [기타 요건의 금지] 어떠한 체약당사자도 이 조의 규정에 따른 신청과 관련하여 제1항 내지 제3항에서 언급한 사항 이외의 요건을 요구할 수 없다. 특히 변경과 관련된 어떠한 증명서의 제출도 요구할 수 없다.
5. [증거] 체약당사자는 관청이 신청서에 기재된 표시의 진실성에 대하여 합리적인 의심을 가질 수 있는 경우 증거를 당해 관청에 제출할 것을 요구할 수 있다.

제11조【상표권의 명의이전】
1. [등록 상표권의 명의이전] 가. 상표권의 명의이전이 있을 시, 각 체약당사자는 관청에 대한 표장등록원부상의 등록변경신청서가 권리자 혹은 그 대리인 또는 상표권을 취득한 자(이하 "신권리자"라 한다) 또는 그 대리인에 의하여 서명되고, 당해 등록의 등록번호와 변경되어야 할 사항을 표시하고 있는 경우 이를 인정하여야 한다. 당해 신청서의 제출에 관한 요건에 관련하여 어떠한 체약당사자도 다음의 경우 그 신청을 거부할 수 없다.
1) 신청서가 서면으로 제출되고, 제2항 가호의 규정을 따를 것을 조건으로, 규칙에서 정하는 신청서 양식에 합치하는 양식으로 제출된 경우
2) 당해 체약당사자가 관청에 대하여 팩시밀리에 의한 서류의 전송을 허용하고 신청서가 그러한 방식으로 전송되었을 때, 제2항 가호의 규정을 따를 것을 조건으로, 그 전송된 서면의 사본이 1)의 규정에 따른 신청서 양식에 합치하는 경우
나. 상표권의 명의이전이 계약에 의하는 경우, 체약당사자는 신청인이 신청서에 그러한 사실을 표시하고 신청인의 선택에 따라 다음 중 하나를 첨부하도록 요구할 수 있다.
1) 계약서 사본, 당해 사본이 원본과 동일한 내용이라는 것을 공증인 또는 기타 권한있는 관청에 의해 인증받을 것을 요구할 수 있다.
2) 당해 상표권의 명의이전을 표시하는 계약서 초본, 당해 초본이 당해 계약서의 진정한 초본이라는 것을 공증인 또는 기타 권한있는 관청에 의해 인증받을 것을 요구할 수 있다.
3) 규칙에서 정하는 양식과 내용으로 작성되고 권리자와 신권리자 쌍방이 서명한 인증되지 않은 양도증명서
4) 규칙에서 정하는 양식과 내용으로 작성되고 권리자와 신권리자 쌍방이 서명한 인증되지 않은 양도문서
다. 상표권의 명의이전이 합병에 의하는 경우, 체약당사자는 신청서에 그러한 사실을 표시하고, 권한있는 관청이 발행하는 합병을 증명하는 문서의 사본(예를 들면 상업등기부초본의 사본)을 첨부할 것을 요구할 수 있다. 당해 사본은 당해 문서를 발행한 관청이나 공증인 또는 기타 권한있는 관청에 의하여 원본과 동일함을 인증받을 것을 요구할 수 있다.
라. 다수의 공동권리자 중 일부만이 변경되고 당해 상표권의 명의이전이 계약이나 합병에 의하는 경우, 체약당사자는 상표권의 명의이전이 없는 공동권리자가 그 자신이 서명한 문서를 통해 상표권의 명의이전에 명시적으로 동의할 것을 요구할 수 있다.
마. 상표권의 명의이전이 계약이나 합병에 의하지 않고 법령이나 법원의 판결의 집행 등과 같은 다른 이유에 의하는 경우, 체약당사자는 신청서에 그러한 사실을 표시하고 당해 상표권의 명의이전을 증명하는 문서의 사본을 첨부할 것을 요구할 수 있다. 당해 사본은 당해 문서를 발행한 관청이나 공증인 또는 기타 권한있는 관청에 의하여 원본과 동일함을 인증받을 것을 요구할 수 있다.
바. 체약당사자는 신청서에 다음 사항을 표시할 것을 요구할 수 있다.
1) 권리자의 성명 및 주소
2) 신권리자의 성명 및 주소
3) 신권리자가 어느 국가의 국민인 경우 당해 국가명, 신권리자가 어느 국가에 주된 거주지를 두고 있는 경우 당해 국가명, 또한 신권리자가 어느 국가에 진정하고 실효적인 산업상 또는 상업상의 영업소를 두고 있는 경우 당해 국가명
4) 신권리자가 법인인 경우, 당해 법인의 법적 성질과 동 법인이 관련 법령에 따라 조직된 당해국 및 해당되는 경우, 당해 국가내 지역단위
5) 권리자의 대리인이 있는 경우, 동 대리인의 성명 및 주소
6) 권리자의 송달을 위한 주소가 있는 경우, 그 주소
7) 신권리자의 대리인이 있는 경우, 동 대리인의 성명 및 주소
8) 신권리자에게 제4조제2항나호의 규정에 따라 송달을 위한 주소가 요구되는 경우, 당해 주소
사. 체약당사자는 신청과 관련하여 수수료를 관청에 납부하도록 요구할 수 있다.
아. 변경이 둘 이상의 등록에 관련되는 경우에도 하나의 신청서로 충분한 것으로 한다. 다만, 이 경우 권리자와 신권리자가 각 등록에 있어서 동일하고, 관련된 모든 등록의 등록번호들이 당해 신청서에 표시되어야 한다.

자. 상표권의 명의이전이 권리자의 등록에 기재된 상품 및/또는 서비스의 전부에 영향을 미치지 않고 그 관계법령이 부분변경을 허용하는 경우, 당해 관청은 상표권의 명의가 이전된 상품 및/또는 서비스에 대해서는 별도의 등록을 부여하여야 한다.

2. [언어 ; 번역] 가. 체약당사자는 제1항의 규정에서 언급된 신청서, 양도증명서 또는 양도문서가 관청이 허용하는 언어 또는 언어들 중 하나의 언어로 작성될 것을 요구할 수 있다.

나. 제1항나호1)과 동항나호2) 및 동항다호와 동항마호에서 규정하는 문서가 체약국의 관청이 허용하는 언어 또는 언어들중 하나의 언어로 작성되지 아니한 경우, 당해 체약당사자는 관청이 허용하는 언어 또는 언어들 중 하나의 언어로 작성한 당해 문서의 번역문이나 인증된 번역문을 신청서에 첨부할 것을 요구할 수 있다.

3. [출원 상표권의 명의이전] 상표권의 명의이전이 하나의 출원이나 다수의 출원 또는 하나의 출원이나 다수의 출원 및 하나의 등록이나 다수의 등록 양자와 관련되는 경우에 제1항 및 제2항의 규정을 준용한다. 다만, 이 경우 관련된 출원의 출원번호가 아직 발급되지 않았거나 출원인 또는 그 대리인이 당해 출원번호를 알지 못하는 경우, 그 신청은 규칙에서 정하는 다른 방법에 의하여 당해 출원을 특정하여야 한다.

4. [기타 요건의 금지] 어떠한 체약당사자도 이 조의 규정에 따른 신청과 관련하여 제1항 내지 제3항에서 정하는 사항 이외의 요건을 요구할 수 없다. 특히 다음의 사항을 요구하지 못한다.

1) 제1항 다호에 해당하는 경우, 상업등기부의 증명서나 그 초본의 제출

2) 신권리자가 수행하는 산업상 또는 상업상의 업무활동의 표시 및 그 증거의 제출

3) 상표권의 명의이전으로 인하여 영향을 받는 상품 및/또는 서비스와 관련하여 신권리자가 수행하는 업무활동의 표시 및 그 증거의 제출

4) 권리자가 영업 또는 관련 신용의 전부 또는 일부를 신권리자에게 양도하였다는 취지의 표시 및 그 증거의 제출

5. [증거] 체약당사자는 관청이 이 조에서 언급하는 신청서 또는 문서에 기재된 표시의 진실성에 대하여 합리적인 의심을 가질 수 있는 경우, 증거 또는 제1항 다호 또는 제1항 마호의 규정에 따르는 추가적인 증거를 당해 관청에 제출할 것을 요구할 수 있다.

제12조【오류의 보정】

1. [등록의 오류 보정] 가. 각 체약당사자는 관청에 제출한 출원서 또는 기타 신청서에 오류가 있고 그 오류가 표장등록원부 및/또는 당해 관청이 행하는 공고에 반영된 경우, 그 오류의 보정신청서를 수락하여야 한다. 이 신청서는 권리자 또는 그 대리인에 의하여 서명되고, 당해 등록의 등록번호, 보정되어야 하는 오류 및 보정내용을 표시하는 통보에 의한 경우 이를 인정하여야 한다. 당해 신청서의 제출에 관한 요건과 관련하여 어떠한 체약당사자도 다음의 경우 그 신청을 거부할 수 없다.

1) 신청서가 서면으로 제출되고, 다호의 규정을 조건으로, 규칙에서 정하는 신청서 양식에 합치하는 양식으로 제출된 경우

2) 당해 체약당사자가 관청에 대하여 팩시밀리에 의한 서류의 전송을 허용하고 신청서가 그러한 방식으로 전송된 경우, 다호의 규정을 조건으로, 그 전송된 서면의 사본이 1)의 규정에서 언급된 신청서 양식에 합치하는 경우

나. 체약당사자는 신청서에 다음 사항을 표시할 것을 요구할 수 있다.

1) 권리자의 성명 및 주소

2) 권리자의 대리인이 있는 경우, 동 대리인의 성명 및 주소

3) 권리자의 송달을 위한 주소가 있는 경우, 당해 주소

다. 체약당사자는 신청서가 관청이 허용하는 언어 또는 언어들 중 하나의 언어로 작성될 것을 요구할 수 있다.

라. 체약당사자는 신청과 관련하여 수수료를 관청에 납부할 것을 요구할 수 있다.

마. 오류의 보정이 동일인의 둘이상의 등록에 관련되는 경우에도 하나의 신청서로 충분한 것으로 한다. 다만, 이 경우 각 등록에 있어서 오류와 신청된 보정내용이 동일하고, 관련된 모든 등록의 등록번호들이 당해 신청서에 표시되어야 한다.

2. [출원 오류의 보정] 오류가 하나의 출원이나 다수의 출원 또는 하나의 출원이나 다수의 출원 및 하나의 등록이나 다수의 등록 양자와 관련되는 경우에 제1항의 규정을 준용한다. 다만, 이 경우 관련된 출원의 출원번호가 아직 발급되지 않았거나 출원인 또는 그 대리인이 당해 출원번호를 알지 못하는 경우, 그 신청은 규칙에서 정하는 다른 방법에 의하여 당해 출원을 특정하여야 한다.

3. [기타 요건의 금지] 어떠한 체약당사자도 이 조의 규정에 따른 신청과 관련하여 제1항과 제2항에서 정하는 사항 이외의 요건을 요구할 수 없다.

4. [증거] 체약당사자는 관청이 오류라고 주장되는 것의 오류여부에 대하여 합리적인 의심을 가질 수 있는 경우 증거를 당해 관청에 제출할 것을 요구할 수 있다.

5. [관청에 의한 오류] 체약당사자의 관청은 직권이나 신청에 의하여 자신의 오류를 수수료 없이 보정하여야 한다.

6. [보정할 수 없는 오류] 체약당사자는 자국의 법령하에서 보정할 수 없는 오류에 대하여는 제1항, 제2항 및 제5항의 규정을 적용할 의무를 부담하지 아니한다.

제13조【등록의 존속기간 및 갱신】

1. [갱신신청서에 포함 또는 첨부되는 표시 또는 사항 ; 수수료] 가. 체약당사자는 등록의 갱신은 갱신신청서의 제출에 의하고, 당해 신청서에 다음 사항의 전부 또는 일부가 포함될 것을 요구할 수 있다.

1) 갱신하고자 하는 취지의 표시

2) 권리자의 성명 및 주소

3) 관련되는 등록의 등록번호

4) 체약당사자의 선택에 따라, 관련되는 등록을 결과 한 출원일 또는 관련되는 등록의 등록일

5) 권리자의 대리인이 있는 경우, 동 대리인의 성명 및 주소

6) 권리자의 송달을 위한 주소가 있는 경우, 당해 주소

7) 체약당사자가 표장의 등록원부에 포함되어 있는 상품 및/또는 서비스의 일부만에 대한 등록의 갱신을 허용하고 그러한 갱신이 신청된 경우, 갱신을 신청하는 상품 및/또는 서비스의 명칭 또는 갱신을 신청하지 않는 상품 및/또는 서비스의 명칭. 이는 니스분류상의 류에 따라 구분하고, 각 구분 앞에 당해 상품 또는 서비스가 속하는 동 분류상의 류의 번호를 명기하여 동 분류상의 류의 순서에 따라 기재한다.

8) 체약당사자가 권리자 또는 그 대리인 이외의 인(人)에 의한 갱신신청서의 제출을 인정하고 동 인에 의한 갱신신청서가 제출된 경우, 당해인의 성명 및 주소

9) 권리자나 그 대리인의 서명 또는 8)의 규정이 적용되는 경우, 이 규정에서 언급된 인의 서명

나. 체약당사자는 갱신신청과 관련하여 수수료를 관청에 납부할 것을 요구할 수 있다. 등록의 최초기간이나 갱신기간에 대하여 일단 수수료가 납부된 경우에는, 그 기간에 대하여는 등록의 유지를 위한 추가적인 수수료의 납부를 요구할 수 없다. 사용선언 및/또는 사용증거의 제출과 관련되는 수수료는, 이 호의 목적상, 등록의 유지를 위한 수수료의 납부로 간주되지 아니하며 본 호의 영향을 받지 아니한다.

다. 체약당사자는, 규칙에서 정하는 최소한의 기한을 따를 것을 조건으로, 그 법령이 정하는 기간내에 갱신신청서를 관청에 제출하고 나호에서 언급된 수수료를 납부할 것을 요구할 수 있다.

2. [제출] 갱신신청서의 제출에 관한 요건과 관련하여 어떠한 체약당사자도 다음의 경우에는 그 신청을 거부할 수 없다.

1) 갱신신청서가 서면으로 제출되고, 제3항의 규정을 조건으로, 규칙에서 정하는 갱신신청서 양식에 합치하는 양식으로 제출된 경우

2) 당해 체약당사자가 관청에 대하여 팩시밀리에 의한 서류의 전송을 허용하고 갱신신청서가 그러한 방식으로 전송된 경우, 제3항의 규정을 조건으로, 그 전송된 서면의 사본이 1)의 규정에 따른 양식에 합치하는 경우

3. [언어] 체약당사자는 갱신신청서가 관청이 허용하는 언어 또는 언어들중 하나의 언어로 작성될 것을 요구할 수 있다.

4. [기타 요건의 금지] 어떠한 체약당사자도 갱신신청과 관련하여 이 조 제1항 내지 제3항에 규정된 사항 이외의 요건을 요구할 수 없다. 특히 다음 사항은 요구하지 못한다.

1) 표장의 견본 또는 표장을 특정할 수 있는 기타 사항의 제출

2) 표장이 다른 체약당사자의 표장등록원부에 등록되었거나 그 등록이 갱신되었다는 취지의 증거 제출

3) 표장의 사용과 관련한 선언 및/또는 그 증거의 제출

5. [증거] 체약당사자는 관청이 갱신신청에 포함된 표시 또는 사항의 진실성에 합리적인 의심을 가질 수 있는 경우, 갱신신청의 심사중에 증거를 당해 관청에 제출할 것을 요구할 수 있다.

6. [실체심사의 금지] 체약당사자의 관청은 등록의 갱신을 위한 목적으로 당해 등록에 대한 실체심사를 행할 수 없다.

7. [존속기간] 등록의 최초 존속기간 및 각 갱신의 존속기간은 10년으로 한다.

제14조【예정된 거부에 대한 의견】 관청은 출원 또는 제10조 내지 제13조의 규정에 의한 신청과 관련하여, 그 사안에 따라 합리적인 기한내에 예정된 거부에 대한 의견을 진술할 수 있는 기회를 출원인이나 신청인에게 부여하지 아니하고는 전부 또는 일부를 거부할 수 없다.

제15조【파리협약 준수의무】 체약당사자는 파리협약의 규정중 표장에 관련되는 조항을 준수하여야 한다.

제16조【서비스표장】 체약당사자는 서비스표장을 등록하고 파리협약의 규정중 상표에 관련되는 규정을 서비스표장에도 적용하여야 한다.

제17조【규칙】

1. [내용] 가. 이 조약에 부속된 규칙은 다음 사항에 관하여 규정한다.

1) 이 조약에서 명시적으로 "규칙에서 정하는"이라고 규정한 사항

2) 이 조약을 시행하는 데 유용한 세부사항

3) 행정적인 요건, 사항 또는 절차

나. 규칙은 국제표준서식을 포함한다.

2. [조약과 규칙의 충돌] 이 조약의 규정과 규칙의 규정이 서로 충돌하는 경우에는 조약의 규정이 우선한다.

제18조【개정 ; 의정서】

1. [개정] 이 조약은 외교회의에 의해서 개정될 수 있다.

2. [의정서] 표장에 관한 법령의 통일화를 촉진하기 위하여, 이 조약의 규정에 저촉되지 않는 범위 내에서 의정서를 외교회의에서 채택할 수 있다.

제19조【체약당사자가 되기 위한 절차】

1. [자격] 다음의 국가나 정부간기구는 이 조약에 서명할 수 있고, 제2항과 제3항 및 제20조제1항과 제3항의 규정을 조건으로 체약당사자가 될 수 있다.

1) 기구의 회원국으로서 자국의 관청이 표장의 등록을 할 수 있는 국가

2) 정부간기구로서 그 모든 회원국, 관계되는 출원에 서 등록목적을 위하여 지정된 일부 회원국 또는 그 정부간기구의 설립조약이 적용되는 전 영역에서 효력을 갖는 표장을 등록할 수 있는 관청을 운영하고 있는 정부간기구, 다만 그 정부간기구의 모든 회원국이 기구의 회원국이어야 한다.

3) 기구의 회원국으로서 기구의 회원국인 다른 특정한 국가의 관청을 통해서만 표장의 등록을 인정하고 있는 국가

4) 기구의 회원국으로서 당해국이 회원국이 되는 정부간기구가 운영하는 관청을 통해서만 표장의 등록을 인정하고 있는 국가

5) 기구의 회원국으로서 기구의 일단의 회원국들에 공통된 관청을 통해서만 표장의 등록을 인정하고 있는 국가

2. [비준 또는 가입] 제1항의 규정에서 언급된 국가나 정부간기구는 다음을 기탁할 수 있다.

1) 이 조약에 서명한 경우 비준서

2) 이 조약에 서명을 하지 않은 경우 가입서

3. [기탁의 효력발생일]

가. 나호의 규정을 조건으로, 비준서나 가입서 기탁의 효력발생일은 다음과 같다.

1) 제1항 1)에 언급된 국가의 경우, 당해 국가의 비준 서나 가입서가 기탁되는 날

2) 정부간기구의 경우, 당해 정부간기구의 비준서나 가입서가 기탁되는 날

3) 제1항 3)에 언급된 국가의 경우, 다음의 조건이 충족되는 날 : 당해국의 비준서나 가입서가 기탁되고 다른 특정된 국가의 비준서나 가입서가 기탁되는 날

4) 제1항 4)에 언급된 국가의 경우, 2)에 의한 날

5) 제1항 5)에 언급된 일단의 회원국의 한 구성국인 경우, 일단의 회원국의 모든 구성국들의 비준서나 가입서가 기탁되는 날

나. 한 국가의 비준서 또는 가입서(이하 "문서"라 한다)는 그 명칭이 특정되고 이 조약의 체약당사자가 될 수 있는 자격을 구비한 다른 한 국가나 한 정부간기구 또는 다른 두 국가 또는 다른 하나의 국가와 다른 하나의 정부간기구의 문서가 기탁되는 것을 조건으로 당해 국가 문서도 기탁되는 것으로 간주하도록 하는 선언을 수반할 수 있다. 그러한 선언을 포함한 문서는 그 선언에 명시된 조건이 충족되는 날에 기탁된 것으로 간주된다. 그러나 선언에서 지정된 어느 문서의 기탁 자체가 그러한 선언을 수반할 때에는 당해 문서는 당해 문서의 선언에 특정된 조건이 충족되는 날에 기탁된 것으로 간주된다.

다. 나호의 규정에 의한 선언은 전부 또는 일부를 언제든지 철회할 수 있다. 그 철회는 사무총장이 철회의 통고를 수령한 날에 효력이 발생한다.

제20조【비준 및 가입의 효력발생일】

1. [고려되는 문서] 이 조항의 목적상, 제19조제1항에서 언급된 국가나 정부간기구에 의해 기탁되고, 그 효력발생일이 제19조제3항의 규정에 따르는 비준서 또는 가입서만을 고려의 대상으로 한다.

2. [조약의 효력발생] 이 조약은 5개 국가가 비준서 또는 가입서를 기탁한 날부터 3개월후에 효력이 발생한다.

3. [이 조약의 효력발생 이후의 비준 및 가입의 효력발생] 제2항에 포함되지 않는 국가나 정부간기구는 비준서 또는 가입서를 기탁한 날부터 3개월후에 이 조약에 기속된다.

제21조【유보】

1. [특별한 종류의 표장] 국가나 정부간기구는 유보를 통하여, 제2조제1항가호와 제2항가호의 규정에도 불구하고, 제3조제1항 및 제2항, 제5조, 제7조, 제11조 및 제13조의 규정은 연합표장, 방호표장 또는 파생표장에 적용되지 않는다는 취지의 선언을 할 수 있다. 그러한 유보선언에서 앞의 규정 중 당해 유보와 관련된 규정을 명시하여야 한다.

2. [방법] 제1항에 의한 유보는 유보하는 국가나 정부간기구가 이 조약의 비준서 또는 가입서에 수반하는 선언을 통하여 하여야 한다.

3. [철회] 제1항에 의한 유보는 언제든지 철회할 수 있다.

4. [기타 유보의 금지] 제1항에 의해 인정되는 유보를 제외하고는, 이 조약에 대한 다른 어떠한 유보도 인정되지 아니한다.

제22조【경과규정】

1. [둘이상의 류에 속하는 상품 및 서비스의 단일출원 ; 출원의 분할] 가. 국가나 정부간기구는 제3조제5항의 규정에도 불구하고, 출원서에는 니스분류상 하나의 류에 속하는 상품 또는 서비스만을 지정하여 당해 관청에 제출할 수 있다는 것을 선언할 수 있다.

나. 국가나 정부간기구는 제6조의 규정에도 불구하고, 니스분류상 둘이상의 류에 속하는 상품 및/또는 서비스가 하나의 동일한 출원에 포함된 경우, 그러한 출원은 표장등록원부에 두개 이상으로 등록될 수 있다는 것을 선언할 수 있다. 다만, 그러한 각각의 등록은 상기 출원으로부터 발생한 다른 모든 등록을 언급하여야 한다.

다. 가호의 규정에 따른 선언을 한 국가나 정부간기구는 제7조 제1항의 규정에 불구하고, 출원을 분할할 수 없다는 선언을 행할 수 있다.

2. [둘이상의 출원 및/또는 등록을 위한 단일위임장] 국가나 정부간기구는 제4조제3항나호의 규정에 불구하고 하나의 위임장이 하나의 출원 또는 하나의 등록에만 관련될 수 있음을 선언할 수 있다.

3. [위임장 및 출원서의 서명에 대한 증명요구의 금지] 국가나 정부간기구는 제8조제4항의 규정에도 불구하고, 위임장의 서명 또는 출원서상의 출원인의 서명에 성립의 진정증명, 공증, 인증, 인가 또는 기타의 증명이 요구될 수 있음을 선언할 수 있다.

4. [둘이상의 출원 및/또는 등록에 대한 성명 및/또는 주소의 변경, 상표권의 명의이전 또는 오류의 보정에 관한 단일신청] 국가나 정부간기구는 제10조제1항 마호, 동조제2항과 동조제3항, 제11조제1항 아호와 동조제3항, 제12조제1항 마호와 동조제2항의 규정에도 불구하고, 성명 및/또는 주소의 변경신청, 상표권 명의이전신청 및 오류의 보정신청은 하나의 출원 또는 하나의 등록에만 관련될 수 있음을 선언할 수 있다.

5. [갱신시 표장의 사용에 관한 선언 및/또는 증거의 제출] 국가 또는 정부간기구는 제13조제4항 3)의 규정에도 불구하고, 갱신시 그 표장의 사용과 관련한 선언 및/또는 그 증거의 제출을 요구할 것이라는 선언을 할 수 있다.

6. [갱신시 실체심사] 국가 또는 정부간기구는 제13조제6항의 규정에도 불구하고, 당해 관청이 서비스에 관한 등록을 최초로 갱신하는 경우에, 당해 등록에 관한 실체심사를 할 수 있음을 선언할 수 있다. 다만 그러한 심사는 이 조약의 효력발생 전에 서비스표장의 등록을 도입한 국가 또는 정부간기구의 법령이 발효된 후 6월의 기간 내에 제출된 출원에 기초한 중복등록을 제거하기 위한 것에 한정된다.

7. [공통규정] 가. 국가 또는 정부간기구는 이 조약에의 비준서 또는 가입서를 기탁할 당시 제1항 내지 제6항에 의한 선언없이는, 그 국가 또는 정부간기구의 법령의 계속적 적용이 이 조약의 관련규정에 저촉되는 경우에만 동 규정에 따르는 선언을 할 수 있다.

나. 제1항 내지 제6항에 의한 선언은 그러한 선언을 하는 국가 또는 정부간기구의 이 조약에 대한 비준서 또는 가입서에 수반되어야 한다.

다. 제1항 내지 제6항에 의한 선언은 언제든지 철회될 수 있다.

8. [선언의 효력상실] 가. 다호의 규정을 조건으로, 국제연합총회의 확립된 관행에 따라 개발도상국으로 간주되는 국가 또는 그러한 국가가 각 회원국인 정부간기구에 의한 제1항 내지 제5항에 따른 선언은 이 조약의 발효일로부터 8년이 경과하는 때에 효력을 상실한다.

나. 다호의 규정을 조건으로, 가호의 규정에 따른 국가 또는 정부간기구 이외의 국가 또는 정부간기구가 제1항 내지 제5항에 따라 행한 선언은 이 조약의 발효일로부터 6년이 경과하는 때에 효력을 상실한다.

다. 제1항 내지 제5항의 규정에 의한 선언이 제7항 다호의 규정에 따라 철회되지 않았거나 가호 또는 나호의 규정에 따라 2004년 10월 28일 이전에 그 효력이 상실되지 않은 경우, 당해 선언은 2004년 10월 28일에 그 효력을 상실한다.
9. [조약에의 가입] 이 조약의 채택 당시 기구의 회원국은 아니나 산업재산권 보호를 위한 국제(파리)동맹의 회원국인 국가는 제19조제1항 1)의 규정에 불구하고, 표장이 당해 국가의 관청에 등록될 수 있는 경우 1999년 12월 31일까지 이 조약에 가입할 수 있다.

제23조【조약의 폐기】
1. [통고] 체약당사자는 사무총장에게 통고함으로써 이 조약을 폐기할 수 있다.
2. [효력발생일] 폐기는 사무총장이 통고를 수령한 날로부터 1년후에 효력을 발생한다. 상기 1년의 기간의 만료시점에 조약을 폐기하는 체약당사자에 계류중인 출원 또는 당해 국가에 등록된 표장에 대해서는 이 조약이 계속 적용된다. 다만 조약을 폐기하는 체약당사자는 상기 1년의 기간의 만료후에 여하한 등록에 대한 이 조약의 적용을 당해 등록의 갱신도래일로부터 중지할 수 있다.

제24조【조약의 언어 : 서명】
1. [원본 ; 공식본] 가. 이 조약은 영어, 아랍어, 중국어, 불어, 러시아어 및 스페인어로 서명된 단일원본이며, 모든 공식본은 동일하게 인정된 정본이다.
나. 체약당사자가 요청할 경우 사무총장은 그 체약당사자 및 기타 이해관계있는 체약당사자와 협의하에 체약당사자의 공식언어이나 가호의 규정에서 언급되지 않은 언어로 된 공식본을 결정한다.
2. [서명 기한] 이 조약은 채택 후 1년간 기구의 본부에서 서명을 위하여 개방된다.

제25조【수탁】 사무총장은 이 조약의 수탁자이다.

〈상표법조약 규칙〉

제1조【약칭】
1. ["조약" ; "조"] 가. 이 규칙에서 "조약"이라 함은 상표법조약을 말한다.
나. 이 규칙에서 "조"라 함은 상표법조약의 당해 조항을 말한다.
2. [조약에서 정의하는 약칭] 조약 제1조에서 정의된 약칭은 이 규칙의 목적상 동일한 의미를 가진다.

제2조【성명 및 주소의 표시방법】
1. [성명] 가. 성명을 표시할 경우, 체약당사자는 다음 사항을 요구할 수 있다.
1) 자연인인 경우, 성명은 동인의 성과 이름을 표시하거나, 동인의 선택에 따라, 동인이 통상적으로 사용하는 성명을 표시
2) 법인인 경우, 명칭은 동 법인의 완전한 공식명칭을 표시
나. 회사 또는 조합인 대리인의 성명이 표시될 경우, 체약당사자는 그 회사 또는 조합이 통상적으로 사용하는 표시를 그 명칭의 표시로 받아들여야 한다.
2. [주소] 가. 주소를 표시하는 경우, 체약당사자는 그 주소가 표시된 주소로 신속한 우편배달을 위한 관례적인 요구사항을 충족시키는 방식으로 표시되고, 집 또는 건물번호가 있다면 이를 포함하여 관련되는 모든 행정구역 단위까지 표시되도록 요구할 수 있다.
나. 체약당사자의 관청에 대한 통보가 서로 다른 주소를 가진 두명 이상의 이름으로 이루어지는 경우, 그 체약당사자는 그러한 통보에 연락을 위한 단일의 주소를 표시하도록 요구할 수 있다.
다. 주소의 표시는 전화번호와 팩시밀리번호, 그리고 연락을 위하여 가호의 규정에 따라 표시된 것과 다른 주소를 포함할 수 있다.
라. 송달을 위한 주소에 대하여 가호 및 다호의 규정을 준용한다.
3. [사용 활자체] 체약당사자는 제1항 및 제2항에 언급된 표시가 당해 관청에 의하여 사용되는 활자체로 표시되도록 요구할 수 있다.

제3조【출원에 관한 세부사항】
1. [표준문자] 조약 제3조제1항 가호9)의 규정에 따라, 출원인이 표장을 체약당사자의 관청에 의해 사용되는 표준문자로 등록하고 공고하기를 원한다는 취지의 진술을 출원서에 포함하는 경우, 당해 관청은 그 표장을 그러한 표준문자로 등록하고 공고하여야 한다.
2. [견본수] 가. 출원서에 출원인이 표장의 변별요소의 하나로서 색채를 주장하는 취지의 진술이 포함되어 있지 않은 경우, 체약당사자는 다음 사항 이외의 것을 요구할 수 없다.
1) 출원인이 당해 표장을 체약당사자의 관청에 의해 사용되는 표준문자로 등록하고 공고하기를 원한다는 취지의 진술을 그 체약당사자의 법령에 따라서 출원서에 포함할 수 없거나, 또는 출원서에 그러한 진술을 포함하지 않은 경우, 표장의 흑백견본 5매
2) 출원인이 당해 표장을 체약당사자의 관청에 의해 사용되는 표준문자로 등록하고 공고하기를 원한다는 취지의 진술을 출원서에 포함하고 있는 경우, 표장의 흑백견본 1매
나. 출원인이 표장의 변별요소의 하나로서 색채를 주장한다는 취지의 진술이 출원서에 포함되어 있는 경우, 체약당사자는 표장의 흑백견본 5매와 표장의 색채견본 5매를 초과하여 요구할 수 없다.
3. [입체표장의 견본] 가. 조약 제3조제1항 가호11)의 규정에 따라 출원서에 표장이 입체표장이라는 취지의 진술이 포함되어 있는 경우, 그 표장의 견본은 평면적인 그림견본 또는 사진견본으로 한다.
나. 상기 가호의 규정에 따라 제출된 견본은 출원인의 선택에 따라 표장의 일면 또는 다면도로 구성될 수 있다.
다. 상기 가호의 규정에 따라 제출된 표장의 견본이 입체표장의 특징을 충분히 나타내지 못한다고 관청이 판단할 경우에는, 당해 관청은 출원인에게 당해 요청에서 정한 합리적인 기한내에, 그 표장의 다른 측면들을 6매까지 견본으로 제출 및/또는 글로써 그 표장을 묘사하여 제출할 것을 요청할 수 있다.
라. 다호의 규정에서 언급한 표장의 다른 측면들 및/또는 묘사가 입체표장의 특징을 여전히 충분하게 나타내고 있지 못한다고 관청이 판단할 경우에는, 당해 관청은 출원인에게 당해 요청에서 정한 합리적인 기한내에 그 표장의 표본을 제출할 것을 요청할 수 있다.
마. 제2항 가호1)과 제2항 나호의 규정을 준용한다.
4. [표장의 자역] 조약 제3조제1항 가호13)의 목적상, 표장이 그 관청에서 사용하는 활자체 이외의 활자체로 된 것 또는 그 관청에서 사용하는 숫자 이외의 숫자로 표현된 수로 구성되어 있거나 이를 포함하고 있는 경우에는, 이를 당해 관청에서 사용하는 활자체와 숫자체계로 고칠 것을 요구할 수 있다.
5. [표장의 번역] 조약 제3조제1항 가호14)의 목적상, 표장이 그 관청에서 허용하는 언어 또는 언어중의 하나 이외의 언어로 된 단어(들)로 구성되어 있거나 이를 포함하고 있는 경우에는, 그러한 단어(들)를 그 관청이 허용하는 언어 또는 언어중의 하나로 번역할 것을 요구할 수 있다.
6. [표장의 실제사용 증거의 제출 기한] 조약 제3조제6항에 언급된 기한은, 출원서가 제출된 체약당사자의 관청에 의하여 출원이 인정되는 날로부터 기산하여 6월 미만이어서는 아니된다. 출원인 또는 권리자는 그 체약당사자의 법령에 규정된 조건에 따를 것을 조건으로, 최소한 2년 6월의 총연장기한까지 최소 6월씩 그 기한을 연장할 권리를 가진다.

제4조【대리에 관한 세부사항】 조약 제4조제3항라호에 언급된 기한은 당해 조항에서 언급된 통보가 관련 체약당사자의 관청에 의하여 수령된 날로부터 기산되며, 통보에서 대리되는 자의 주소가 당해 체약당사자의 영역내에 있는 경우에는 1월미만이어서는 아니되고, 그러한 주소가 당해 체약당사자의 영역밖에 있는 경우에는 2월미만이어서는 아니된다.

제5조【출원일에 관한 세부사항】
1. [요건을 충족시키지 못할 경우의 절차] 관청이 출원서를 수령할 당시에 출원이 조약 제5조제1항 가호 또는 동조제2항 가호에서 정하는 요건을 충족하지 못하는 경우에는, 관청은 즉시 출원인에게 기한을 지정하여 그 기한내에 그러한 요건을 충족시키도록 요청하여야 한다. 그 기한은 출원인의 주소가 그 체약당사자의 영역내에 있는 경우에는 그 요청일로부터 최소 1월이어야 하며 출원인의 주소가 그 체약당사자의 영역밖에 있는 경우에는 최소 2월이어야 한다. 당해 요청의 이행에는 특별 수수료의 납부를 요할 수도 있다. 관청이 그러한 요청을 발송하지 않는 경우에도, 상기의 요건은 영향을 받지 아니한다.
2. [보정의 경우의 출원일] 만일, 요청시 표시된 기한내에, 출원인이 제1항에 언급된 요청에 응하고 요구되는 특별수수료를 납부하는 경우, 출원일은 조약 제5조제1항가호의 규정에 언급된 모든 표시나 사항이 당해 관청에 의하여 수령되고, 해당되는 경우, 조약 제5조제2항가호의 규정에 언급된 수수료가 동 관청에 납부된 날이 된다. 그러하지 아니하면, 출원은 없었던 것으로 한다.
3. [수령일] 각 체약당사자는 다음의 장소에서 실질적으로 서류가 수령되거나 또는 수수료가 납부되어지는 경우, 동 서류의 수령 또는 수수료의 납부가 당해 관청에 의한 수령 또는 당해 관청에의 납부로 간주되는 상황을 자유로이 정할 수 있다.
1) 그 관청의 지부 또는 부속관청
2) 체약당사자가 조약 제19조제1항 2)의 규정에 언급된 정부간 기구인 경우, 당해 체약당사자의 관청을 대리하는 일국의 관청
3) 우체국
4) 우체국이외의 체약당사자에 의해 지정된 배달서비스
4. [팩시밀리의 사용] 체약당사자가 팩시밀리에 의한 출원서의 제출을 허용하고 출원서가 팩시밀리에 의하여 제출된 경우, 그 체약당사자의 관청에 의한 팩시밀리의 수령일이 출원서의 수령일이 된다. 다만 체약당사자는 출원서 원본이 일정한 기한내에 관청에 도달할 것을 요구할 수 있으며 그 기한은 당해 관청이 팩시밀리를 수령한 날로부터 최소한 1월이어야 한다.

제6조【서명에 관한 세부사항】
1. [법인] 통보에 법인을 대표하는 서명이 있는 경우, 체약당사자는 서명하거나 도장을 사용하는 자연인의 서명 또는 날인은 활자로 표시한 동인의 성과 이름 또는 동인의 선택에 따라 그 통상적으로 사용하는 성명을 문자상의 표시로 부기할 것을 요구할 수 있다.
2. [팩시밀리에 의한 통보] 조약 제8조제2항나호의 규정에 언급된 기한은 팩시밀리에 의한 전송의 수령일로부터 1월 미만이어서는 아니된다.
3. [날짜] 체약당사자는 서명 또는 날인에 서명 또는 날인이 행해지는 날짜의 표시가 부기될 것을 요구할 수 있다. 그러한 날짜의 표시가 요구됨에도 이를 부기하지 아니한 경우, 서명 또는 날인이 되어있는 통보를 관청이 수령한 날 또는 체약당사자가 허용하는 경우, 통보를 관청이 수령한 날보다 앞서는 날이 그 서명 또는 날인을 행한 날로 간주된다.

제7조【출원번호 없는 출원의 특정방법】
1. [특정방법] 출원이 그 출원번호에 의하여 특정되도록 요구되지만, 그 출원번호가 아직 발급되지 않았거나 출원인 또는 그 대리인이 이를 알지 못하는 경우에는, 그 출원은 다음 사항이 제공될 경우 특정되는 것으로 본다.
1) 관청에 의하여 임시출원번호가 발급된 경우에는, 그 임시출원번호, 또는
2) 출원서의 사본, 또는
3) 표장의 견본으로써, 출원인 또는 그 대리인이 아는 한도내에서, 관청에 의해 출원서가 수령된 날짜 및 출원인 또는 그 대리인이 당해 출원서에 부여한 확인번호의 표시를 부기한 것
2. [기타 요건의 금지] 체약당사자는 출원번호가 아직 발급되지 않았거나 출원인 또는 그 대리인이 이를 알지 못하는 경우, 출원을 특정하기 위하여 제1항에서 정하는 사항 이외의 요건을 요구할 수 없다.

제8조【존속기간과 갱신에 관한 세부사항】 조약 제13조제1항 다호의 목적상, 갱신신청서를 제출할 수 있고 갱신수수료를 납부할 수 있는 기간은, 갱신되어야 하는 날로부터 최소한 6월전에 시작하여 그 날 이후부터 빠르면 6월이 경과된 후에 종료한다. 만일, 갱신신청서 및/또는 갱신수수료가 갱신되어야 하는 날 이후에 제출되거나 납부될 경우에는, 체약당사자는 갱신과 관련하여 추가수수료의 납부를 요구할 수 있다.

대한민국 정부와 일본국 정부간의 상표권의 상호보호에 관한 각서교환

(1968년 12월 5일)
(조 약 제290호)

1968.12. 3(동경에서 서명)
1968.12. 3(발효)

(일본국 외무성으로부터 주일 대한민국 대사관에)
일본국 외무성은 대한민국 대사관에 대하여 경의를 표하며 일본국 정부의 대표와 대한민국 정부의 대표간에 상표권의 상호 보호에 관련하여 최근에 있었던 회담에 언급하는 영광을 가지는 바입니다. 동 회담의 결과로서 도달된 합의사항은 다음과 같습니다.
1. 대한민국 국민은, 일본국의 영역내에서, 일본국의 관계 법령에 따를 것을 조건으로, 상표권의 향유에 관하여 일본국 국민에게 부여되는 것보다 불리하지 아니한 대우를 부여받는다.
2. 일본국 국민은, 대한민국의 영역내에서, 대한민국의 관계법령에 따를 것을 조건으로, 상표권의 향유에 관하여 대한민국 국민에게 부여되는 것보다 불리하지 아니한 대우를 부여받는다.
3. 전기의 각 항에서 언급한 "국민"은 법인을 포함한다.
4. 본 약정은, 타방 정부에 대한 6개월전의 서면 통고를 낸 후에, 일방 정부에 의하여 종료될 수 있다.
외무성은, 본 공한과 전기의 합의사항이 대한민국 정부에 수락될 수 있음을 확인하는 대사관의 회한이 양국 정부간의 협정을 구성하는 것으로 간주되고, 동 협정은 대사관의 회한 일자로부터 효력을 발생할 것을 제의하는 영광을 또한 가지는 바입니다.
외무성은 이 기회에 대한민국 대사관에 대하여 최고의 경의를 표하는 바입니다.

1968년 12월 3일 토오교오,

(주일 대한민국 대사관으로부터 일본국 외무성에)
대한민국 대사관은 외무성에 대하여 경의를 표하며, 다음과 같은 1968년 12월 3일자의 외무성의 공한을 접수하여 확인하는 영광을 가지는 바입니다.

"일본국 외무성은 대한민국 대사관에 대하여 경의를 표하며 일본국 정부의 대표와 대한민국 정부의 대표간에 상표권의 상호 보호에 관련하여 최근에 있었던 회담에 언급하는 영광을 가지는 바입니다.
동 회담의 결과로서 도달된 합의사항은 다음과 같습니다.
1. 대한민국 국민은, 일본국의 영역내에서, 일본국의 관계법령에 따를 것을 조건으로, 상표권의 향유에 관하여 일본국 국민에게 부여되는 것보다 불리하지 아니한 대우를 부여받는다.
2. 일본국 국민은, 대한민국의 영역내에서, 대한민국의 관계법령에 따를 것을 조건으로, 상표권의 향유에 관하여 대한민국 국민에게 부여되는 것보다 불리하지 아니한 대우를 부여받는다.
3. 전기의 각항에서 언급한 "국민"은 법인을 포함한다.
4. 본 약정은, 타방 정부에 대한 6개월전의 서면 통고를 낸 후에, 일방 정부에 의하여 종료될 수 있다.
외무성은, 본 공한과 전기의 합의사항이 대한민국 정부에 수락될 수 있음을 확인하는 대사관의 회한이 양국 정부간의 협정을 구성하는 것으로 간주되고, 동 협정은 대사관의 회한 일자로부터 효력을 발생할 것을 제의하는 영광을 또한 가지는 바입니다."

대사관은, 외무성의 공한에 규정되어 있는 합의사항이 대한민국 정부에 수락될 수 있음을 확인하고 또한 외무성의 공한과 본 회한이 양국 정부간의 협정을 구성하는 것으로 간주되고, 본 협정은 본 회한 일자로부터 효력을 발생할 것에 동의하는 영광을 가지는 바입니다.
대사관은 이 기회에 외무성에 대하여 최고의 경의를 표하는 바입니다.

1968년 12월 3일, 토오교오

대한민국 정부와 일본국 정부간의 특허권 및 실용신안권 상호보호에 관한 각서교환

(1973년 2월 1일
조 약 제463호)

1973. 1.25(동경에서 서명)
1973. 1.25(발효)

(일본 외상으로부터 주일 대한민국 대사에게)

각하, 본인은 특허권 및 실용신안권 상호 보호에 관한 일본 정부와 대한민국 정부 대표간에 있었던 최근 협의에 관하여 언급하고, 이들 협의의 결과 합의된 다음의 양해 사항을 확인하는 영광을 가지는 바입니다.

1. 대한민국 국민은, 일본 영토내에서, 일본국 관계법령에 따를 것을 조건으로 특허권 및 실용신안권 향유에 관하여 일본 국민에게 부여되어진 것보다 불리하지 않은 대우를 부여받는다.

2. 일본 국민은, 대한민국 영토 내에서, 대한민국 관계법령에 따를 것을 조건으로, 특허권 및 실용신안권 향유에 관하여 대한민국 국민에게 부여되어진 것보다 불리하지 않은 대우를 부여받는다.

3. 전기 각항에서 언급되어진 "국민"은 법인을 포함한다.

4. 전기 각항은 1974년 1월 1일부터 적용된다.

5. 본 협정은 일방정부가 타방정부에 대하여 6개월전의 서면통고를 함으로써 종료될 수 있다.

또한 본인은 본 각서와, 대한민국 정부를 대표하여 전기 양해 사항을 확인하는 각하의 회답각서로서, 양국 정부간의 협정이 체결되는 것으로 간주할 것을 제의하는 영광을 가지는 바입니다.

본인은 이 기회에 각하에 대하여 최고의 경의를 표하는 바입니다.

일본 외상 마사요시 오히라

(주일 대한민국대사로부터 일본 외상에게)

각하, 본인은 다음과 같은 금일자의 각하의 각서를 접수하였음을 확인하는 영광을 가지는 바입니다.

(일본측 각서)

본인은 또한 대한민국 정부를 대표하여 전기 양해 사항을 확인하고, 각하의 각서와 본 각서로 양국 정부간의 협정이 체결되는 것으로 간주하는 데 합의하는 영광을 가지는 바입니다.

본인은 이 기회에 각하에 대하여 최고의 경의를 표하는 바입니다.

주일 대한민국 대사 이 호

원자력안전에 관한 협약

(1996년 10월 25일
조 약 제1354호)

1994. 9.20(비엔나에서 작성)
1996.10.24(대한민국에 대하여 발효)

전 문

체약당사자는

가. 원자력 에너지의 이용이 안전하게, 잘 규제될 뿐 아니라, 환경적으로 건전하도록 보장하는 것이 국제사회에 중요함을 인식하고,

나. 전세계적으로 높은 원자력 안전수준을 지속적으로 증진시킬 필요성을 재확인하며,

다. 원자력 안전에 대한 책임은 원자력 시설에 대한 관할권을 갖고 있는 국가에게 있음을 재확인하며,

라. 효과적인 원자력 안전문화의 창달을 희망하며,

마. 원자력 시설의 사고는 국경을 초월하는 영향을 미칠 수 있음을 의식하며,

바. 핵물질의방호에관한협약(1979), 핵사고의조기통보에관한협약(1986) 그리고 핵사고또는방사능긴급사태시지원에관한협약(1986)을 명심하며,

사. 기존의 양국간 및 다자간 체제의 이용, 이 협약의 제정을 통한 원자력 안전의 제고를 위한 국제협력의 중요성을 확인하며,

아. 이 협약은 원자력 시설에 대한 상세한 안전기준보다 기본적인 안전원칙의 적용에 대한 언약을 수반하며, 또한 수시로 갱신된 국제안전지침을 포함하고 있어 높은 수준의 안전성을 달성하기 위한 현재의 수단에 대한 지침을 제공할 수 있음을 인정하며,

자. 폐기물 관리 안전성 기본원칙을 제정하기 위하여 현재 진행중인 작업의 결과로 광범위한 국제적 협정이 이루어지는 즉시, 방사성 폐기물 관리의 안전에 관한 국제협약의 제정작업을 시작할 필요성이 있음을 확인하며,

차. 핵연료주기의 다른 부분의 안전과 관련된 기술적인 작업을 계속하는 것이 유용하며, 이러한 작업이 결국 현재 또는 미래의 국제적인 장치의 개발을 촉진할 수 있을 것임을 인정하여, 다음과 같이 합의하였다.

제1장 목적, 정의 및 적용범위

제1조【목적】 이 협약의 목적은 다음과 같다.

가. 국가적 조치와 적절한 경우 안전과 관련된 기술협력을 포함한 국제협력의 증진을 통하여 전세계적으로 높은 수준의 원자력 안전을 달성·유지한다.

나. 원자력시설의 잠재적인 방사선 장해에 대한 효과적인 방어책을 도입, 운영함으로써 방사선의 유해한 영향으로부터 개인, 사회 그리고 주변 환경을 보호한다.

다. 방사선 문제를 수반하는 사고를 미연에 방지하고 사고가 일어나는 경우 그 영향을 완화한다.

제2조【정의】 이 협약의 목적상,

가. "원자력 시설"이라 함은 체약당사자의 관할권 아래 있는 지상의 상업용 원자력발전소 및 동일 부지에 있는 원자력발전소의 운전과 직접적으로 관련되어 있는 방사성 물질의 저장, 취급 및 처리시설을 말한다. 이러한 발전소는 원자로 노심으로부터 모든 핵연료요소가 영구히 제거되고 승인된 절차에 따라 안전하게 저장되고 해체계획이 규제기관에 의해 합의되었을 때, 원자력시설로 간주하지 아니한다.

나. "규제기관"이라 함은 원자력 시설의 부지선정, 설계, 건설, 시운전, 운전 또는 해체 등을 규제하고, 허가를 발급하는 법적권한을 각 체약당사자로부터 부여받은 기관 또는 기관들을 말한다.

다. "허가"라 함은 규제기관이 신청자에게 원자력시설의 부지선정, 설계, 건설, 시운전, 운전 또는 해체에 대한 책임을 지는 권한을 부여하는 것을 말한다.

제3조【적용범위】 이 협약은 원자력 시설의 안전에 적용한다.

제2장 의 무

제1절 일반규정

제4조【이행조치】 각 체약당사자는 이 협약에 따른 의무를 이행하기 위하여 그 국내법의 테두리내에서 입법적, 규제적 그리고 행정적인 조치와 그 밖의 필요한 조치를 취한다.

제5조【보고】 각 체약당사자는 이 협약의 제반 의무사항을 이행하기 위하여 취한 조치에 관한 보고서를 제20조에 언급된 회의가 개최되기 전에 검토를 위하여 제출한다.

제6조【현존 원자력 시설】 각 체약당사자는 이 협약이 자국에 대하여 발효하는 시점에서 현존하는 원자력 시설의 안전성이 가능한 한 빨리 검토되도록 적절한 조치를 취한다. 이 협약상 필요한 경우, 각 체약당사자는 시설의 안전성을 높이기 위하여 모든 합리적으로 실행 가능한 개선조치가 긴급히 취해지도록 보장한다. 만약 이러한 안전성 향상이 여의치 못하다면 그 원자력 시설의 운전을 중지하기 위한 계획이 가능한 한 빨리 시행되어야 한다. 폐쇄 시기는 전반적인 에너지 상황과 가능한 대안뿐만 아니라 사회적, 환경적 그리고 경제적인 영향을 고려할 수 있다.

제2절 입법 및 규제

제7조【입법 및 규제체제】 1. 각 체약당사자는 원자력 시설의 안전을 규율하기 위한 입법 및 규제체제를 마련·운영한다.

2. 입법 및 규제체제는 다음 사항을 규정한다.

가. 적절한 국가적인 안전요건과 규정의 설정

나. 원자력 시설에 관한 허가체계 및 허가없는 원자력 시설의 운전금지

다. 원자력 시설이 관련 규정과 허가조건을 준수하는 지 여부를 확인하기 위한 규제적 검사·평가체계

라. 관련규정과 허가의 중지, 변경 및 취소를 포함한 허가조건의 집행

제8조【규제기관】 1. 각 체약당사자는 제7조에 언급된 입법 및 규제체제의 이행을 위임받고 책임을 수행하기 위하여 적절한 권한, 능력, 재원 및 인력을 부여받은 규제기관을 설립 또는 지정한다.

2. 각 체약당사자는 규제기관의 기능을 원자력 에너지의 이용 또는 증진과 관련된 어떤 다른 기관이나 조직의 기능과 효과적으로 분리하도록 적절한 조치를 취한다.

제9조【허가소지자의 책임】 각 체약당사자는 원자력 시설의 안전에 대한 궁극적인 책임은 해당 허가소지자에게 있음을 보장하며, 이러한 각 허가소지자가 그 책임을 이행하도록 보장하기 위하여 적절한 조치를 취한다.

제3절 일반적 안전 고려사항

제10조【안전우선】 각 체약당사자는 원자력 시설에 직접 관련된 활동에 종사하는 모든 조직이 원자력 안전에 정당한 우선권을 부여하는 정책을 수립하도록 적절한 조치를 취한다.

제11조【재원 및 인력】 1. 각 체약당사자는 시설의 수명기간동안 각 원자력 시설의 안전성을 유지하기 위하여 충분한 재원이 이용가능하도록 적절한 조치를 취한다.

2. 각 체약당사자는 원자력 시설의 수명기간동안 각 원자력시설 자체의 또는 원자력시설을 위한 모든 안전관련 활동을 위하여 적절한 교육, 훈련 및 재교육을 받은 충분한 수의 유자격 요원을 확보하기 위한 적절한 조치를 취한다.

제12조【인적요소】 각 체약당사자는 원자력 시설의 수명기간동안 작업종사자의 업무능력과 그 한계가 고려되도록 보장하는 적절한 조치를 취한다.

제13조【품질보증】 각 체약당사자는 원자력 시설의 수명기간동안 원자력 안전에 중요한 구체적인 모든 활동요건이 충족되고 있다는 신뢰를 주기 위하여 품질보증 프로그램이 수립되어 시행되도록 적절한 조치를 취한다.

제14조【안전평가 및 검증】 각 체약당사자는 다음 사항을 보장하기 위하여 적절한 조치를 취한다.

가. 원자력 시설의 건설 및 시운전을 하기 전 그리고 동 시설의 수명기간동안 종합적이고 체계적인 안전성 평가를 하여야 한다. 이러한 평가는 적절히 문서화 되어야 하며, 운전경험과 중요한 최신 안전정보에 비추어 지속적으로 갱신되어야 하며, 규제기관의 감독하에 검토되어야 한다.

나. 원자력 시설의 물질적 상태와 운전이 지속적으로 그 설계, 적용가능한 국가의 안전요건, 운전제한조건과 운전조건에 부합하도록 보장하기 위하여 해석, 감시, 시험 및 검사에 의한 검증이 수행되어야 한다.

제15조【방사선방호】 각 체약당사자는 모든 운전상태에서 원자력 시설로 인해 작업종사자나 공중에게 끼치는 방사선 피폭을 합리적인 선에서 가능한 한 낮게 유지하여 어떠한 개인도 규정된 국가선량제한치를 초과하는 방사선에 노출되지 아니하도록 적절한 조치를 취한다.

제16조【비상대책】 1. 각 체약당사자는 원자력 시설을 정기적으로 점검하고 비상시에 수행하여야 할 활동을 포함하는 원자력 시설의 부지내외에 대한 비상계획이 수립되도록 적절한 조치를 취한다. 이러한 계획은 새로운 원자력 시설에 대하여는 규제기관이 합의한 저출력 준위 이상에서 운전을 시작하기 전에 수립·시험되어야 한다.

2. 각 체약당사자는 원자력 시설의 방사선 비상사고에 의하여 영향을 받을 가능성이 있는 경우 자국 주민은 물론 원자력시설의 주변에 위치한 국가의 관계당국에 방사선 비상계획 및 대응을 위한 충분한 정보가 제공되도록 적절한 조치를 취한다.

3. 자국 영토내에 원자력 시설을 가지고 있지 아니한 체약당사자는 주변의 원자력 시설에서의 방사선 비상사고시에 영향을 받을 가능성이 있는 경우 이러한 비상시에 수행되어야 할 활동을 포함한 자국 영토내에서의 비상계획을 준비하고 시험하기 위하여 적절한 조치를 취한다.

제4절 시설의 안전

제17조【부지선정】 각 체약당사자는 다음을 위한 적절한 절차가 수립되고 시행되도록 보장하기 위한 적절한 조치를 취한다.

가. 계획된 수명기간동안 원자력 시설의 안전에 영향을 미칠 수 있는 모든 부지관련 요소의 평가

나. 계획된 원자력 시설의 개인, 사회 및 환경에 대한 잠재적 안전영향 평가

다. 원자력시설의 지속적인 안전성 입증을 보장하기 위한 가호 및 나호에 언급된 모든 관련 요소에 대한 필요한 재평가

라. 계획된 원자력 시설 주변의 체약당사자가 그 시설에 의하여 영향을 받을 수 있는 경우 그 체약당사자와의 협의, 그리고 요청을 받는 경우 이러한 체약당사자 스스로가 동 시설의 잠재적인 안전영향을 평가할 수 있도록 필요한 정보의 제공

제18조【설계 및 건설】 각 체약당사자는 다음을 보장하기 위하여 적절한 조치를 취한다.

가. 원자력 시설의 설계와 건설은 사고의 발생방지 및 사고발생시 방사선영향을 완화할 목적으로 방사성물질의 방출에 대비한 다중 방호체제(심층방어)를 구비하여야 한다.

나. 원자력 시설의 설계와 건설에 응용되는 기술은 경험에 의하여 입증되거나 시험 또는 해석을 통하여 증명된 것이어야 한다.

다. 원자력 시설의 설계는 인적요소와 인간-기계 접속면에 대한 구체적인 고려와 더불어 신뢰성 있고, 안정적이며, 용이한 운전을 허용하여야 한다.

제19조【운전】 각 체약당사자는 다음을 보장하기 위하여 적절한 조치를 취한다.

가. 원자력 시설을 운전하기 위한 최초의 권한 부여는 건설된 시설이 설계 및 안전 요건에 부합함을 증명하는 적절한 안전해석과 시운전계획에 근거하여야 한다.
나. 안전해석, 시험 및 운전경험으로부터 도출된 운전제한조건과 운전조건은 안전운전경계의 식별을 위하여 필요에 따라 정의되고 수정되어야 한다.
다. 원자력 시설의 운전, 보수, 검사 및 시험은 승인된 절차서에 따라 수행되어야 한다.
라. 절차서는 예상되는 가상 운전사건과 사고에 대응할 수 있도록 마련되어야 한다.
마. 원자력 시설의 수명기간동안 모든 안전관련 분야에서 필요한 공학적, 기술적 지원이 가능하여야 한다.
바. 안전에 중요한 이상사태는 해당 허가소지자가 규제기관에 시의적절하게 보고하여야 한다.
사. 운전경험을 수집하고 해석하는 프로그램이 마련되어야 하며, 얻어진 결과 및 도출된 결론이 운전에 반영되어야 하며, 기존체제를 통하여 중요한 경험을 국제기구와 다른 운전기관 및 규제기관과 공유하여야 한다.
아. 원자력 시설의 운전과정에서 발생하는 방사성폐기물의 생성은 실행가능한 범위내에서 양적으로나 질적으로 모두 최소한으로 유지되어야 하며, 운전과 직접적으로 관련되고 원자력 시설과 동일 부지에 존재하는 사용후 핵연료 및 폐기물에 대한 필요한 처리 및 저장은 전처리와 처분을 고려하여야 한다.

제3장 체약당사자회의

제20조【이행검토회의】 1. 체약당사자는 제5조에 따라 제출된 보고서를 제22조에 따라 채택된 절차에 의거하여 검토하기 위한 회의(이하 "이행검토회의"라 한다)를 개최한다.
2. 보고서에 포함된 특정 주제를 검토하기 위하여 필요하다고 판단되는 경우 제24조의 규정에 따라 체약당사자의 대표로 구성된 소그룹을 이행검토회의중에 설치하여 운영할 수 있다.
3. 각 체약당사자는 다른 체약당사자가 제출한 보고서를 논의하고 그 보고서의 명확성을 확인할 충분한 기회를 가진다.

제21조【회의일정】 1. 체약당사자 준비회의는 이 협약의 발효일로부터 6월이내에 개최된다.
2. 준비회의에서 체약당사자는 제1차 이행검토회의 일자를 확정한다. 이행검토회의는 가능한 한 빨리, 늦어도 이 협약의 발효일로부터 30월이내에 개최된다.
3. 각 이행검토회의에서 체약당사자는 차기 이행검토회의 일자를 확정한다. 이행검토회의간의 간격은 3년을 초과하지 아니한다.

제22조【절차규칙】 1. 제21조에 따라 개최된 준비회의에서 체약당사자는 의사규칙과 재정규칙을 준비하여 총의로 채택한다. 체약당사자는 의사규칙에 따라 특히 다음 사항을 정한다.
가. 제5조에 따라 제출될 보고서의 양식과 구성에 관한 지침
나. 동 보고서의 제출일자
다. 동 보고서의 검토절차
2. 체약당사자는 필요한 경우 이행검토회의에서 가호－다호에 따라 수립된 규칙들을 검토할 수 있으며, 의사규칙에 달리 규정되어 있지 아니하는 한 총의로 그 개정을 채택할 수 있다. 체약당사자는 또한 의사규칙과 재정규칙을 총의로 개정할 수 있다.

제23조【특별회의】 특별회의는 다음의 경우에 개최한다.
가. 체약당사자 회의에 출석하여 투표하는 체약당사자의 과반수로 합의한 경우, 이때 기권은 투표한 것으로 간주된다.
나. 일방체약당사자의 서면요청이 있을 경우, 이때 서면요청은 다른 체약당사자에게 통보되고 체약당사자 과반수에 의하여 지지되었다는 통고를 제28조에 언급된 사무국에서 접수한 날로부터 6월 이내에 개최된다.

제24조【회의참석】 1. 각 체약당사자는 체약당사자회의에 참석하며, 동 회의에서 1인의 수석대표와 필요하다고 판단하는 만큼의 교체대표, 전문가 및 고문에 의하여 대표된다.
2. 체약당사자는 이 협약에 의하여 규율되는 사안에 관계되는 정부간 국제기구를 총의에 의하여 옵저버로 초청하여 어떤 회의 또는 그 회의의 특정 분과회의에 참석하게 할 수 있다. 옵저버는 사전에 제27조의 규정을 서면으로 수락할 것이 요구된다.

제25조【요약보고서】 체약당사자는 회의중에 토론된 문제와 도달된 결론에 대한 문서를 총의로 채택하고 공중의 이용이 가능하도록 한다.

제26조【언어】 1. 체약당사자회의의 언어는 의사규칙에 달리 규정되지 아니하는 한 아랍어, 중국어, 영어, 불어, 러시아어 및 스페인어로 한다.
2. 제5조에 따라 제출되는 보고서는 이를 제출하는 체약당사자의 국어 또는 의사규칙에서 합의될 단일의 지정언어로 작성된다. 보고서가 지정된 언어이외의 다른 국어로 제출되는 경우 그 체약당사자가 이를 지정언어로 번역한다.
3. 제2항의 규정에 불구하고, 보상을 받는 경우 사무국은 다른 회의언어로 제출된 보고서를 지정언어로 번역하는 작업을 맡는다.

제27조【기밀성】 1. 이 협약의 규정은 체약당사자가 자신의 법에 따라 정보의 공개를 방지하는 권리·의무에 아무런 영향을 미치지 아니한다. 이 조의 목적상 "정보"는 특히 다음을 포함한다.
가. 인적정보
나. 지적재산권 또는 산업·상업비밀에 의하여 보호되는 정보
다. 국가안보, 핵물질 또는 원자력 시설의 물리적 방호에 관련된 정보
2. 일방체약당사자가 이 협약의 문맥상 제1조에 따른 보호를 받는 것으로 확인된 정보를 제공하는 경우, 이러한 정보는 제공된 목적으로만 사용하고 그 기밀성을 존중하여야 한다.
3. 각 회의에서 체약당사자의 보고서를 검토하는 과정에서의 논의내용은 공개하지 아니한다.

제28조【사무국】 1. 국제원자력기구(이하 "기구"라 한다)는 체약당사자회의를 위한 사무국을 제공한다.
2. 사무국은 다음 기능을 수행한다.
가. 체약당사자회의를 소집, 준비 및 지원한다.
나. 이 협약의 규정에 따라 접수하거나 준비한 정보를 체약당사자에게 전달한다. 기구가 가호 및 나호를 수행하는 데 있어서 발생한 비용은 기구가 정규예산의 일부로 부담한다.
3. 체약당사자는 총의로 체약당사자회의를 위한 그 밖의 지원업무를 제공하여 줄 것을 기구에 요청할 수 있다. 기구는 그 지원업무가 자신의 사업계획 및 정규예산 내에서 수행될 수 있는 경우 이러한 지원업무를 제공한다. 이것이 불가능할 경우 기구는 자발적인 재원이 다른 출처로부터 제공되는 경우에 이러한 지원업무를 제공할 수 있다.

제4장 최종조항 및 그 밖의 규정

제29조【분쟁의 해결】 둘 또는 그 이상의 체약당사자 사이에 협약의 해석 또는 적용에 관한 분쟁이 발생하는 경우, 당사자는 그 분쟁을 해결하기 위하여 체약당사자회의의 테두리 안에서 협의한다.

제30조【서명, 비준, 수락, 승인, 가입】 1. 이 협약은 1994년 9월 20일부터 협약이 발효될 때까지 비엔나 소재 기구 본부에서 서명을 위하여 모든 국가에게 개방된다.
2. 이 협약은 서명국의 비준, 수락 또는 승인을 받아야 한다.
3. 이 협약은 발효 후에 모든 국가에 가입이 개방된다.
4. 가. 이 협약은 통합적 또는 그 밖의 성격을 가진 지역기구의 서명 또는 가입을 위하여 개방된다. 단, 동 지역기구는 주권국가로 구성되며, 이 협약의 적용을 받는 사안에 대한 국제협정의 교섭, 체결 및 적용 능력을 가지는 것을 조건으로 한다.
나. 그 권한내의 사안에 대하여 동 지역기구는 그 스스로 이 협약이 국가 당사자에게 부여하는 권리를 행사하고 책임을 수행한다.
다. 동 지역기구는 이 협약의 당사자가 되는 경우, 제34조에 언급된 수탁자에게 어떠한 국가들이 그 회원국인지, 이 협약의 어느 조항이 기구에 적용되는지, 그리고 그러한 조항이 적용되는 분야에서의 기구의 권한 범위를 명시하는 선언을 통지한다.
라. 동 지역기구는 그 회원국의 투표에 추가되는 투표권을 보유하지 아니한다.
5. 비준서, 수락서, 승인서 또는 가입서는 수탁자에게 기탁된다.

제31조【발효】 1. 이 협약은 노심이 임계에 도달한 원자력 시설을 적어도 1기 보유하고 있는 17개국의 문서를 포함하여 22번째의 비준서, 수락서 또는 승인서가 수탁자에게 기탁된 날로부터 90일째 되는 날 발효한다.
2. 제1항에 설정된 조건을 충족시키기 위하여 필요한 마지막 문서가 기탁된 후에 이 협약을 비준, 수락, 승인 또는 가입하는 각 국가나 통합적 또는 그 밖의 성격의 지역기구에 대하여 이 협약은 이러한 국가 또는 기구가 해당 문서를 기탁한 날로부터 90일째 되는 날 발효한다.

제32조【협약의 개정】 1. 모든 체약당사자는 이 협약의 개정안을 제출할 수 있다. 제안된 개정안은 이행검토회의 또는 특별회의에서 심의한다.
2. 제안된 개정안과 개정사유는 수탁자에게 제공되며, 수탁자는 동 제안을 신속하게 그리고 늦어도 그 제안을 심의하기 위한 회의가 개최되기 90일전에 체약당사자에게 전달한다. 수탁자는 이러한 제안에 대하여 접수된 어떠한 논평도 체약당사자에게 배포한다.
3. 체약당사자는 제안된 개정안을 심의한 후 총의로 개정안을 채택할 것인지 또는 이러한 총의가 이루어지지 아니하는 경우 외교회의에 제시할 것인지를 결정한다. 제안된 개정안을 외교회의에 제시하기 위한 결정은 적어도 체약당사자의 2분의 1이 투표에 참석하는 것을 조건으로 하여 회의에 출석하여 투표하는 당사자의 3분의 2 다수결을 필요로 한다. 기권은 투표를 행하는 것으로 간주된다.
4. 이 협약의 개정안을 심의하고 채택하기 위한 외교회의는 수탁자에 의하여 소집되며 제3항에 따라 적절한 결정이 이루어진 후 1년이내에 개최된다. 외교회의는 개정안이 총의로 채택되도록 모든 노력을 다한다. 이것이 불가능하다면 개정안은 전체 체약당사자의 3분의 2 다수결로 채택된다.
5. 제3항 및 제4항에 따라 채택된 이 협약의 개정안은 체약당사자에 의하여 비준, 수락, 승인 또는 확인되어야 하며, 수탁자가 적어도 체약당사자 4분의 3의 관련 문서를 접수한 날로부터 90일째 되는 날 동 개정안을 비준, 수락, 승인 또는 확인한 체약당사자에 대하여 발효한다. 그 후에 동 개정안을 비준, 수락, 승인 또는 확인하는 당사자에 대하여 동 개정안은 그 당사자가 관련문서를 기탁한 날로부터 90일째 되는 날 발효한다.

제33조【폐기】 1. 모든 체약당사자는 수탁자에게 서면으로 통지함으로써 이 협약을 폐기할 수 있다.
2. 폐기는 수탁자가 통지를 접수한 날로부터 1년째 되는 날, 또는 통지에 명시된 경우 그보다 더 늦은 날짜에 발효한다.

제34조【수탁자】 1. 기구의 사무총장이 이 협약의 수탁자가 된다.
2. 수탁자는 다음 사항을 체약당사자에게 통보한다.
가. 제30조에 따른 이 협약에 대한 서명 및 비준서, 수락서, 승인서 또는 가입서의 기탁
나. 제31조에 따라 협약이 발효한 날짜
다. 제33조에 따라 이루어진 협약에 대한 폐기통지 및 그 일자
라. 제32조에 따라 체약당사자가 제출한 이 협약의 개정안, 관련 외교회의 또는 체약당사자회의에서 채택된 개정안, 그리고 상기 개정안의 발효일자

제35조【정본】 아랍어, 중국어, 영어, 불어, 러시아어 및 스페인어본이 동등하게 정본인 이 협약의 원본은 수탁자에게 기탁되고, 수탁자는 그 인증등본을 체약당사자에게 송부한다.

이상의 증거로 정당하게 권한을 위임받은 아래 서명자가 이 협약에 서명하였다.(서명란 생략)

기후변화에 관한 국제연합 기본협약

(1994년 3월 15일 / 조 약 제1213호)

1992. 5. 9(뉴욕에서 작성)
1994. 3.21(대한민국에 대하여 발효)

이 협약의 당사자는, 지구의 기후변화와 이로 인한 부정적 효과가 인류의 공통 관심사임을 인정하고, 인간활동이 대기중의 온실가스 농도를 현저히 증가시켜 왔으며, 이로 인해 자연적 온실효과가 증대되고 이것이 평균적으로 지구표면 및 대기를 추가적으로 온난화시켜 자연생태계와 인류에게 부정적 영향을 미칠 수 있음을 우려하며, 과거와 현재의 지구전체 온실가스의 큰 부분이 선진국에서 배출되었다는 것과 개발도상국의 1인당 배출량은 아직 비교적 적으나 지구전체의 배출에서 차지하는 개발도상국의 배출비율이 그들의 사회적 및 개발의 요구를 충족시키기 위하여 증가할 것임을 주목하고, 육지와 해양 생태계에서 온실가스의 흡수원과 저장소가 하는 역할과 중요성을 인식하며, 기후변화에 대한 예측, 특히 그 시기·규모 및 지역적 양태에 대한 예측에 불확실성이 많음을 주목하고, 기후변화의 세계적 성격에 대응하기 위하여는 모든 국가가 그들의 공통적이면서도 그 정도에 차이가 나는 책임, 각각의 능력 및 사회적·경제적 여건에 따라 가능한 모든 협력을 다하여 효과적이고 적절한 국제적 대응에 참여하는 것이 필요함을 인정하며, 1972년 6월 16일 스톡홀름에서 채택된 국제연합인간환경회의선언의 관련규정을 상기하고, 국가는 국제연합헌장과 국제법의 원칙에 따라 고유의 환경정책과 개발정책에 입각하여 자기나라의 자원을 개발할 주권적 권리를 가지며, 자기나라의 관할 혹은 통제지역안의 활동때문에 다른 국가나 관할권 이원지역의 환경에 피해가 발생하지 아니하도록 보장할 책임이 있음을 또한 상기하며, 기후변화에 대응하기 위한 국제협력에 있어서 국가주권원칙을 재확인하고, 국가는 효과적인 환경법령을 제정하여야 하며, 환경기준과 관리의 목적 및 우선순위는 이들이 적용되는 환경 및 개발상황을 반영하여야 하며, 어떠한 국가에 의하여 적용된 기준이 다른 국가, 특히 개발도상국에 대해서는 부적절하며 또한 부당한 경제적·사회적 비용을 유발할 수도 있다는 것을 인식하며, 국제연합 환경개발회의에 관한 1989년 12월 22일 총회결의 44/228호, 인류의 현재 및 미래 세대를 위한 지구기후의 보호에 관한 1988년 12월 6일 결의 43/53호, 1989년 12월 22일 결의 44/207호, 1990년 12월 21일 결의 45/212호 및 1991년 12월 19일 결의 46/169호의 규정을 상기하고, 해수면 상승이 도서 및 해안지역, 특히 저지대 해안지역에 가져올 수 있는 부정적 효과에 관한 1989년 12월 22일 총회결의 44/206호의 규정과 사막화방지 실천계획의 이행에 관한 1989년 12월 19일의 총회결의 44/172호의 관련규정을 또한 상기하며, 1985년의 오존층보호를 위한비엔나협약, 1990년 6월 29일에 개정된 1987년의 오존층파괴물질에관한몬트리올의정서를 또한 상기하고, 1990년 11월 7일 채택된 제2차 세계기후회의 각료선언을 주목하며, 많은 국가가 행한 기후변화에 관한 귀중한 분석작업과 세계기상기구·국제연합환경계획 및 국제연합체제안의 그 밖의 기구들, 그리고 그 밖의 국제적 및 정부간 기구가 과학연구결과의 교환과 연구의 조정에서 이룩한 중요한 기여를 의식하고, 기후변화를 이해하고 이에 대응하기 위하여 필요한 조치는 관련 과학적·기술적 및 경제적 고려에 바탕을 두고 이러한 분야의 새로운 발견에 비추어 계속적으로 재평가될 경우에 환경적·사회적 및 경제적으로 가장 효과적이라는 것을 인식하며, 기후변화에 대응하기 위한 다양한 조치는 그 자체만으로도 경제적으로 정당화 될 수 있으며, 또한 그 밖의 환경문제를 해결하는 데 도움을 줄 수 있음을 인식하고, 선진국이 온실효과의 증대에 대한 자기나라의 상대적 책임을 정당히 고려하여 세계적·국가적 그리고 합의되는 경우 지역적 차원에서의 모든 온실가스에 대한 종합대응전략의 첫 단계로서 명확한 우선순위에 입각하여 신축성 있게 신속한 조치를 취할 필요성을 또한 인식하며, 저지대 국가 및 군소 도서국가, 저지대 연안지역·건조지역·반건조 지역 또는 홍수·가뭄 및 사막화에 취약한 지역을 가지고 있는 국가, 그리고 연약한 산악생태계를 가지고 있는 개발도상국이 특별히 기후변화의 부정적 효과에 취약하다는 것을 또한 인식하고, 그 경제가 특별히 화석연료의 생산·사용 및 수출에 의존하고 있는 국가, 특히 개발도상국이 온실가스 배출을 제한하기 위하여 취한 조치로 인해 겪을 특별한 어려움을 인식하며, 기후변화에 대한 대응은 사회적 및 경제적 발전에 대한 부정적인 영향을 피하기 위하여, 특히 개발도상국의 지속적인 경제성장 달성과 빈곤퇴치를 정당하고 우선적인 요구를 충분히 고려하여 사회적 및 경제적 발전과 통합적인 방식으로 조정되어야 한다는 것을 확인하고, 모든 국가, 특히 개발도상국은 지속가능한 사회적 및 경제적 발전을 달성하는 데 필요한 자원에의 접근을 필요로 하며, 개발도상국이 이러한 목적을 달성하기 위해서는, 경제적 및 사회적으로 유리한 조건의 신기술의 적용등을 통하여 더 높은 에너지 효율성을 달성하고 온실가스 배출량을 전반적으로 통제할 수 있으리라는 가능성을 고려하는 한편, 개발도상국의 에너지 소비가 증가할 필요가 있을 것임을 인식하며, 현재와 미래의 세대를 위하여 기후체계를 보호할 것을 결의하여, 다음과 같이 합의하였다.

제1조【정의】 이 협약의 목적상,
1. "기후변화의 부정적 효과"라 함은 기후변화에 기인한 물리적 환경 또는 생물상의 변화로서 자연적 생태계 및 관리되는 생태계의 구성·회복력 또는 생산성, 사회경제체제의 운용 또는 인간의 건강과 복지에 대하여 현저히 해로운 효과를 야기하는 것을 말한다.
2. "기후변화"라 함은 인간활동에 직접 또는 간접으로 기인하여 지구대기의 구성을 변화시키는 상당한 기간동안 관측된 자연적 기후 가변성에 추가하여 일어나는 기후의 변화를 말한다.
3. "기후체계"라 함은 대기권, 수권, 생물권과 지리권 그리고 이들의 상호작용의 총체를 말한다.

4. "배출"이라 함은 특정지역에 특정기간동안 온실가스 및/또는 그 전구물질을 대기중으로 방출하는 것을 말한다.

5. "온실가스"라 함은 적외선을 흡수하여 재방출하는 천연 및 인공의 기체성의 대기 구성물을 말한다.

6. "지역경제통합기구"라 함은 이 협약 및 부속의정서가 규율하는 사항에 관하여 권한을 가지며, 또한 내부절차에 따라 정당하게 권한을 위임받아 관련문서에 서명·비준·수락·승인 또는 가입할 수 있는 특정지역의 주권국가들로 구성된 기구를 말한다.

7. "저장소"라 함은 온실가스 또는 그 전구물질이 저장되는 기후체계의 하나 또는 그 이상의 구성요소들을 말한다.

8. "흡수원"이라 함은 대기로부터 온실가스, 그 연무질 또는 전구물질을 제거하는 모든 과정·활동 또는 체계를 말한다.

9. "배출원"이라 함은 대기중으로 온실가스, 그 연무질 또는 전구물질을 방출하는 모든 과정 또는 활동을 말한다.

제2조【목적】 이 협약과 당사자총회가 채택하는 모든 관련 법적문서의 궁극적 목적은, 협약의 관련규정에 따라, 기후체계가 위험한 인위적 간섭을 받지 않는 수준으로 대기중 온실가스 농도의 안정화를 달성하는 것이다. 그러한 수준은 생태계가 자연적으로 기후변화에 적응하고 식량생산이 위협받지 않으며 경제개발이 지속가능한 방식으로 진행되도록 할 수 있기에 충분한 기간내에 달성되어야 한다.

제3조【원칙】 협약의 목적을 달성하고 그 규정을 이행하기 위한 행동에 있어서, 당사자는 무엇보다도 다음 원칙에 따른다.

1. 당사자는 형평에 입각하고 공통적이면서도 그 정도에 차이가 나는 책임과 각각의 능력에 따라 인류의 현재 및 미래 세대의 이익을 위하여 기후체계를 보호해야 한다. 따라서, 선진국인 당사자는 기후변화 및 그 부정적 효과에 대처하는 데 있어 선도적 역할을 해야 한다.

2. 기후변화의 부정적 효과에 특별히 취약한 국가 등 개발도상국인 당사자와, 개발도상국인 당사자를 포함하여 이 협약에 따라 불균형적이며 지나친 부담을 지게 되는 당사자의 특수한 필요와 특별한 상황은 충분히 고려되어야 한다.

3. 당사자는 기후변화의 원인을 예견·방지 및 최소화하고 그 부정적 효과를 완화하기 위한 예방조치를 취하여야 한다. 심각하거나 회복할 수 없는 손상의 위협이 있는 경우, 충분한 과학적 확실성이 없다는 이유로 이러한 조치를 연기하여서는 아니되며, 기후변화를 다루는 정책과 조치는 최저비용으로 세계적 이익을 보장할 수 있도록 비용효과적이어야 한다. 이 목적을 달성하기 위하여, 이러한 정책과 조치는 서로 다른 사회경제적 상황을 고려하여야 하고, 종합적이어야 하며, 온실가스의 모든 관련 배출원·흡수원 및 저장소 그리고 적응 조치를 포함하여야 하며, 모든 경제분야를 포괄하여야 한다. 기후변화에 대한 대응노력은 이해 당사자가 협동하여 수행할 수 있다.

4. 당사자는 지속가능한 발전을 증진할 권리를 보유하며 또한 증진하여야 한다. 경제발전이 기후변화에 대응하는 조치를 취하는 데 필수적임을 고려하여, 인간활동으로 야기된 기후변화로부터 기후체계를 보호하기 위한 정책과 조치는 각 당사자의 특수한 상황에 적절하여야 하며 국가개발계획과 통합되어야 한다.

5. 당사자는 모든 당사자, 특히 개발도상국인 당사자가 지속적 경제 성장과 발전을 이룩하고 그럼으로써 기후변화문제에 더 잘 대응할 수 있도록 하는 지지적이며 개방적인 국제경제체제를 촉진하기 위하여 협력한다. 일방적 조치를 포함하여 기후변화에 대처하기 위하여 취한 조치는 국제무역에 대한 자의적 또는 정당화할 수 없는 차별수단이나 위장된 제한수단이 되어서는 아니된다.

제4조【공약】 1. 모든 당사자는 공통적이면서도 그 정도에 차이가 나는 책임과 자기나라의 특수한 국가적, 지역적 개발우선순위·목적 및 상황을 고려하여 다음 사항을 수행한다.

가. 당사자총회가 합의하는 비교가능한 방법론을 사용하여, 몬트리올의정서에 의하여 규제되지 않는 모든 온실가스의 배출원에 따른 인위적 배출과 흡수원에 따른 제거에 관한 국가통계를 제12조에 따라 작성, 정기적으로 갱신 및 공표하고 당사자총회에 통보한다.

나. 몬트리올의정서에 의하여 규제되지 않는 모든 온실가스의 배출원에 따른 인위적 배출의 방지와 흡수원에 따른 제거를 통하여 기후변화를 완화하는 조치와 기후변화에 충분한 적응을 용이하게 하는 조치를 포함한 국가적 및 적절한 경우 지역적 계획을 수립·실시·공표하고 정기적으로 갱신한다.

다. 에너지·수송·산업·농업·임업 그리고 폐기물관리분야를 포함한 모든 관련분야에서 몬트리올의정서에 의하여 규제되지 않는 온실가스의 인위적 배출을 규제·감축 또는 방지하는 기술·관행 및 공정을 개발·적용하고, 이전을 포함하여 확산시키는 것을 촉진하고 협력한다.

라. 생물자원·산림·해양과 그 밖의 육상·연안 및 해양 생태계 등 몬트리올의정서에 의하여 규제되지 않는 온실가스의 흡수원과 저장소의 지속가능한 관리를 촉진하고 또한 적절한 보존 및 강화를 촉진하며 이를 위해 협력한다.

마. 기후변화의 영향에 대한 적응을 준비하는 데 협력한다. 즉, 연안관리·수자원 및 농업을 위한 계획 그리고 특히 아프리카등 가뭄·사막화 및 홍수에 의하여 영향받는 지역의 보호와 복구를 위한 적절한 통합계획을 개발하고 발전시킨다.

바. 관련 사회·경제 및 환경정책과 조치에서 가능한 한 기후변화를 고려하며, 기후변화를 완화하고 이에 적응하기 위하여 채택한 사업과 조치가 경제·공중보건 및 환경의 질에 미치는 부정적 효과를 최소화할 수 있도록, 예를 들어 영향평가와 같은, 국가적으로 입안되고 결정된 적절한 방법을 사용한다.

사. 기후변화의 원인·결과·규모·시기 및 여러 대응전략의 경제적·사회적 결과에 관한 이해를 증진시키고 또한 이에 관한 잔존 불확실성을 축소·제거하기 위하여 기후체계와 관련된 과학적·기술적·기능적·사회경제적 및 그 밖의 조사, 체계적 관측 그리고 자료보관소의 설치를 촉진하고 협력한다.

아. 기후체계와 기후변화, 그리고 여러 대응전략의 경제적·사회적 결과와 관련된 과학적·기술적·기능적·사회경제적 및 법률적 정보의 포괄적, 공개적 그리고 신속한 교환을 촉진하고 협력한다.

자. 기후변화에 관한 교육, 훈련 및 홍보를 촉진하고 협력하며, 이러한 과정에서 비정부간기구등의 광범위한 참여를 장려한다.

차. 제12조에 따라 이행관련 정보를 당사자총회에 통보한다.

2. 부속서 1에 포함된, 선진국인 당사자와 그 밖의 당사자는 특히 다음에 규정된 사항을 수행할 것을 합의한다.

가. 당사자는 온실가스의 인위적 배출을 제한하고 온실가스의 흡수원과 저장소를 보호·강화함으로써 기후변화의 완화에 관한 국가정책(여기에는 지역경제통합기구가 채택한 정책 및 조치도 포함된다)을 채택하고 이에 상응하는 조치를 취한다. 이러한 정책과 조치를 취함으로써 선진국은 이 협약의 목적에 부합하도록 인위적 배출의 장기적 추세를 수정하는 데 선도적 역할을 수행함을 증명한다. 선진국은 이러한 역할을 수행함에 있어 이산화탄소와 몬트리올의정서에 의하여 규제되지 않는 그 밖의 온실가스의 인위적 배출을 1990년대말까지 종전 수준으로 회복시키는 것이 그러한 수정에 기여함을 인식하고 각 당사자의 출발점 및 접근방법·경제구조 그리고 자원기반의 차이, 강력하고 지속 가능한 경제성장을 유지할 필요성, 가용기술 그리고 여타 개별적 상황, 아울러 이 목적에 대한 세계적 노력에 각 당사자가 공평하고 적절하게 기여할 필요성을 고려한다. 선진국인 당사자는 그 밖의 당사자와 이러한 정책과 조치를 공동으로 이행할 수 있으며, 또한 그 밖의 당사자가 협약의 목적, 특히 본 호의 목적을 달성하는 데 기여하도록 지원할 수 있다.

나. 이러한 목적달성을 촉진하기 위하여 당사자는 이산화탄소와 몬트리올의정서에 의하여 규제되지 않는 그 밖의 온실가스의 인위적 배출을 개별적 또는 공동으로 1990년 수준으로 회복시키기 위한 목적으로, 가호에 언급된 정책 및 조치에 관한 상세한 정보와, 가호에 언급된 기간동안에 이러한 정책과 조치의 결과로 나타나는 몬트리올의정서에 의하여 규제되지 않는 온실가스의 배출원에 따른 인위적 배출과 흡수원에 따른 제거에 관한 상세한 정보를 협약이 자기나라에 대하여 발효한 후 6월 이내에, 또한 그 이후에는 정기적으로 제12조에 따라 통보한다. 당사자총회는 제7조에 따라 제1차 회기에서, 또한 그 이후에는 정기적으로 이러한 정보를 검토한다.

다. 나호의 목적상 온실가스의 배출원에 따른 배출과 흡수원에 따른 제거에 관한 계산은 흡수원의 유효용량 및 기후변화에 대한 가스종별 기여도를 포함하는 최대한으로 이용가능한 과학적 지식을 고려하여야 한다. 당사자총회는 제1차 회기에서 이러한 계산방식에 대해 심의, 합의하고 그 이후에는 정기적으로 이를 검토한다.

라. 당사자총회는 제1차 회기에서 가호와 나호의 조치가 충분한지를 검토한다. 이러한 검토는 기후변화와 그 영향에 대한 최대한으로 이용가능한 과학적 정보 및 평가와 아울러 관련 기술적·사회적 및 경제적 정보를 고려하여 수행한다. 이러한 검토에 입각하여 당사자총회는 적절한 조치를 취하며, 이에는 가호 및 나호의 공약에 대한 개정의 채택이 포함될 수 있다. 당사자총회는 제1차 회기에서 가호에 규정된 공동이행에 관한 기준을 또한 결정한다. 가호와 나호에 대한 제2차 검토는 1998년 12월 31일 이전에 실시하며, 그 이후에는 이 협약의 목적이 달성될 때까지 당사자총회가 결정하는 일정한 간격으로 실시한다.

마. 당사자는 다음을 수행한다.

(1) 협약의 목적을 달성하기 위하여 개발된 관련 경제적 및 행정적 수단들을 적절히 그 밖의 당사자와 조정한다.

(2) 몬트리올의정서에 의하여 규제되지 않는 온실가스의 인위적 배출수준의 증가를 초래하는 활동을 조장하는 정책과 관행을 찾아내어 정기적으로 검토한다.

바. 당사자총회는 관련 당사자의 승인을 얻어 부속서 1·2의 명단을 적절히 수정할지를 결정하기 위하여 1998년 12월 31일 이전에 이용 가능한 정보를 검토한다.

사. 부속서 1에 포함되지 않은 당사자는 비준서·수락서·승인서 또는 가입서에서, 그리고 그 이후에는 언제든지 가호와 나호에 구속받고자 하는 의사를 수탁자에게 통고할 수 있다. 수탁자는 그러한 통고를 서명자 또는 당사자에게 통보한다.

3. 부속서 2에 포함된, 선진국인 당사자와 그 밖의 선진당사자는 개발도상국이 제12조제1항에 따른 공약을 이행하는 데에서 부담하는 합의된 만큼의 모든 비용을 충족시키기 위하여 새로운 추가적 재원을 제공한다. 이러한 당사자는 또한 기술이전을 위한 비용을 포함하여, 본 조 제1항에 규정된 것으로서 개발도상국이 제11조에 언급된 국제기구 또는 국제기구들과 합의한 조치를 이행하는 데에서 발생하는, 합의된 만큼의 모든 부가비용을 충족시키기 위하여 제11조에 따라 개발도상국인 당사자가 필요로 하는 새로운 추가적 재원을 제공한다. 이러한 공약의 이행에는 자금 흐름의 충분성과 예측 가능성 및 선진국인 당사자간의 적절한 부담배분의 중요성을 고려한다.

4. 부속서 2에 포함된, 선진국인 당사자와 그 밖의 선진당사자는 또한 기후변화의 부정적 효과에 특히 취약한 개발도상국인 당사자가 이러한 부정적 효과에 적응하는 비용을 부담할 수 있도록 지원한다.

5. 부속서 2에 포함된, 선진국인 당사자와 그 밖의 선진당사자는 다른 당사자, 특히 개발도상국인 당사자가 이 협약의 규정을 이행할 수 있도록 환경적으로 건전한 기술과 노우하우의 이전 또는 이에 대한 접근을 적절히 증진·촉진하며, 그리고 이에 필요한 재원을 제공하기 위한 모든 실행 가능한 조치를 취한다. 이러한 과정에서 선진국인 당사자는 개발도상국인 당사자의 내생적 능력과 기술의 개발 및 향상을 지원한다. 지원할 수 있는 위치에 있는 그 밖의 당사자와 기구도 이러한 기술이전을 용이하게 하도록 지원할 수 있다.

6. 제2항의 공약을 이행하는 데 있어, 부속서 1에 포함된 당사자로서 시장경제로의 이행과정에 있는 당사자에 대해서는 기후변화에 대응하는 능력을 향상시키도록 당사자총회로부터 어느 정도의 융통성이 허용되며, 이에는 기준으로 선정된 몬트리올의정서에 의해 규제되지 않는 온실가스의 과거 인위적 배출수준에 관한 사항이 포함된다.

7. 개발도상국인 당사자의 협약에 따른 공약의 효과적 이행정도는 선진국인 당사자가 재원 및 기술이전에 관한 협약상의 공약을 얼마나 효과적으로 이행할지에 달려있으며, 경제적·사회적 개발과 빈곤 퇴치가 개발도상국의 제1차적이며 가장 앞서는 우선순위임을 충분히 고려한다.

8. 본 조의 공약을 이행하는 데 있어, 당사자는 특히 다음에 열거한 각 지역에 대한 기후변화의 부정적 효과 그리고/또는 대응조치의 이행에 따른 영향으로부터 발생하는 개발도상국인 당사자의 특수한 필요와 관심을 충족시키기 위하여 재원제공, 보험 그리고 기술이전과 관련된 조치를 포함하여 이 협약에 따라 어떠한 조치가 필요한지를 충분히 고려한다.

가. 소도서국가

나. 저지대 연안을 보유한 국가

다. 건조·반건조지역, 산림지역 및 산림황폐에 취약한 지역을 보유한 국가

라. 자연재해에 취약한 지역을 보유한 국가

마. 가뭄과 사막화에 취약한 지역을 보유한 국가

바. 도시대기가 고도로 오염된 지역을 보유한 국가

사. 산악 생태계를 포함하여 연약한 생태계 지역을 보유한 국가

아. 화석연료와 이에 연관된 에너지 집약적 생산품의 생산·가공 및 수출로부터 얻는 소득에, 그리고/또는 화석연료와 이에 연관된 에너지 집약적 생산품의 소비에 크게 의존하는 경제를 보유한 국가

자. 내륙국과 경유국

또한, 당사자총회는 본 항과 관련하여 적절한 조치를 취할 수 있다.

9. 당사자는 재원제공 및 기술이전과 관련된 조치에서 최빈국의 특수한 필요와 특별한 상황을 충분히 고려한다.

10. 당사자는, 협약의 공약을 이행함에 있어, 기후변화에 대응하기 위한 조치의 이행에 따라 발생하는 부정적 효과에 취약한 경제를 가진 당사자, 특히 개발도상국인 당사자의 여건을 제10조에 따라 고려한다. 이는 화석연료 및 이에 연관된 에너지 집약적 생산품의 생산·가공 및 수출로부터 발생하는 소득에 크게 의존하는, 그리고/또는 화석연료와 이에 연관된 에너지 집약적 생산품의 소비에 크게 의존하는, 그리고/또는 다른 대체에너지로 전환하는 데 심각한 어려움을 갖고 있는 화석연료 사용에 크게 의존하는 경제를 보유한 당사자에게 특히 적용된다.

제5조【조사 및 체계적 관측】 제4조제1항사호의 공약을 이행함에 있어, 당사자는 다음과 같이 한다.

가. 노력의 중복을 최소화할 필요성을 고려하여 조사·자료 수집 및 체계적 관측에 관한 정의 수립·실시·평가 및 경비지원을 목적으로 하는 국제적 및 정부간 계획·조직 또는 기구를 적절히 지원하고 더욱 발전시킨다.

나. 특히 개발도상국에 있어서 체계적 관측과 국가의 과학·기술 조사역량과 능력을 강화하며, 국가관할권 이원지역에서 획득된 자료 및 그 분석결과에의 접근 및 교환을 촉진하는 국제적 및 정부간 노력을 지원한다.

다. 개발도상국의 특별한 관심과 필요를 고려하며, 가호 및 나호에 언급된 노력에 참여하기 위한 개발도상국의 내생적 역량과 능력을 향상시키는 데 협력한다.

제6조【교육, 훈련 및 홍보】 제4조제1항자호의 공약을 이행함에 있어, 당사자는 다음과 같이 한다.

가. 국내적 차원 및 적절한 경우 소지역적 및 지역적 차원에서 국내법령에 따라, 또한 각자의 능력안에서 다음 사항을 촉진하고 장려한다.

(1) 기후변화와 그 효과에 관한 교육 및 홍보계획의 개발과 실시

(2) 기후변화와 그 효과에 관한 정보에의 공공의 접근

(3) 기후변화와 그 효과에 대응하고 적절한 대응책을 개발하는 데 대한 공공의 참여

(4) 과학·기술 및 관리요원의 양성

나. 국제적 차원에서 그리고 적절한 경우 기존기구를 이용하여 다음 사항에서 협력하고 이를 촉진한다.

(1) 기후변화와 그 효과에 관한 교육 및 홍보 자료의 개발과 교환

(2) 특히 개발도상국을 위하여 이 분야의 전문가를 양성할 국내기관의 강화와 요원의 교류 또는 파견을 포함하는 교육·훈련계획의 개발과 실시

제7조【당사자총회】 1. 당사자총회를 이에 설치한다.

2. 당사자총회는 협약의 최고기구로서 협약 및 당사자총회가 채택하는 관련 법적문서의 이행상황을 정기적으로 검토하며, 권한의 범위안에서 협약의 효과적 이행 촉진에 필요한 결정을 한다. 이를 위하여 당사자총회는 다음을 수행한다.

가. 협약의 목적, 협약의 이행과정에서 얻은 경험 및 과학·기술지식의 발전에 비추어 협약에 따른 당사자의 공약과 제도적 장치를 정기적으로 검토한다.

나. 당사자의 서로 다른 여건·책임 및 능력과 협약상의 각자의 공약을 고려하여, 기후변화와 그 효과에 대응하기 위하여 당사자가 채택한 조치에 관한 정보의 교환을 촉진하고 용이하게 한다.

다. 둘 또는 그 이상의 당사자의 요청이 있는 경우, 당사자의 서로 다른 여건·책임 및 능력과 협약에 따른 각자의 공약을 고려하여, 기후변화 및 그 효과에 대응하기 위하여 당사자가 채택한 조치의 조정을 용이하게 한다.

라. 협약의 목적과 규정에 따라, 특히 온실가스의 배출원에 따른 배출 및 흡수원에 따른 제거에 관한 목록을 작성하고, 온실가스의 배출을 제한하고 제거를 강화하는 조치의 유효성을 평가하기 위한, 당사자총회에서 합의될 비교 가능한 방법론의 개발 및 정기적 개선을 촉진하고 지도한다.

마. 협약의 규정에 따라 제공된 모든 정보에 입각하여 당사자의 협약 이행상황, 협약에 따라 취한 조치의 전반적 효과, 특히 누적적 효과를 포함한 환경적·경제적·사회적 효과 및 협약의 목적 성취도를 평가한다.

바. 협약의 이행에 관한 정기보고서를 심의, 채택하고 공표한다.

사. 협약의 이행에 필요한 모든 사항에 대하여 권고한다.

아. 제4조제3항·제4항·제5항 및 제11조에 따라 재원의 동원을 추구한다.
자. 협약의 이행에 필요하다고 판단되는 보조기관을 설치한다.
차. 보조기관이 제출하는 보고서를 검토하고 지침을 준다.
카. 총회 및 보조기관의 의사규칙 및 재정규칙을 콘센서스로 합의하여 채택한다.
타. 적절한 경우, 권한있는 국제기구·정부간기구 및 비정부간기구의 지원과 협력 및 이들 기구에 의해 제공되는 정보를 입수하여 이용한다.
파. 협약에 따라 부여된 모든 기능과 협약의 목적달성을 위하여 요구되는 그 밖의 기능을 수행한다.

3. 당사자총회는 제1차 회기에서 총회 및 협약에 의하여 설치되는 보조기관의 의사규칙을 채택하며, 이 의사규칙은 협약에 규정된 의사 결정절차에서 다루지 않는 문제에 관한 의사결정절차를 포함한다. 이 절차에는 특별한 결정의 채택에 필요한 특정 의결정족수를 포함할 수 있다.

4. 당사자총회 제1차 회기는 제21조에 규정된 임시사무국이 소집하며 협약 발효 후 1년이내에 개최한다. 그 이후에는 당사자총회가 달리 결정하지 아니하는 한, 당사자총회 정기회기는 매년 개최된다.

5. 당사자총회 특별회기는 총회가 필요하다고 인정하는 때에 또는 당사자의 서면요청에 의하여 개최한다. 다만, 이러한 서면요청은 사무국이 이를 당사자에게 통보한 후 6월이내에 최소한 당사자 3분의 1의 지지를 받아야 한다.

6. 국제연합·국제연합전문기구·국제원자력기구 및 이들 기구의 회원국 또는 옵서버인 비당사자는 당사자총회 회기에 옵서버로 참석할 수 있다. 협약과 관련된 분야에서 자격을 갖춘 국내적 또는 국제적 기구나 기관 및 정부간 또는 비정부간 기구나 기관이 당사자총회 회기에 옵서버로서 참석할 희망을 사무국에 통보한 경우, 최소한 출석당사자 3분의 1이 반대하지 아니하는 한 참석이 허용될 수 있다. 옵서버의 참석허용 및 회의참가는 당사자총회가 채택한 의사규칙에 따른다.

제8조【사무국】 1. 사무국을 이에 설치한다.

2. 사무국의 기능은 다음과 같다.
가. 당사자총회 및 협약에 따라 설치되는 총회 보조기관의 회의 준비와 이에 필요한 지원 제공
나. 사무국에 제출된 보고서의 취합 및 전달
다. 요청이 있을 경우, 당사자 특히 개발도상국인 당사자가 협약규정에 따라 요구되는 정보를 취합, 통보하는 데 있어 이에 대한 지원 촉진
라. 활동보고서의 작성 및 당사자총회에 대한 제출
마. 다른 유관 국제기구 사무국과의 필요한 협조 확보
바. 당사자총회의 전반적인 지침에 따라 효과적인 기능 수행에 필요한 행정적·계약적 약정 체결
사. 협약과 부속의정서에 규정된 그 밖의 사무국 기능과 당사자총회가 결정하는 그 밖의 기능 수행

3. 당사자총회는 제1차 회기에서 상설사무국을 지정하고 그 기능수행에 필요한 준비를 한다.

제9조【과학·기술자문 보조기관】 1. 당사자총회와 적절한 경우 그 밖의 보조기관에 협약과 관련된 과학·기술문제에 관한 시의적절한 정보와 자문을 제공하기 위하여 과학·기술자문 보조기관을 이에 설치한다. 이 기관은 모든 당사자의 참여에 개방되며 여러 전문분야로 이루어진다. 이 기관은 유관 전문분야의 권한 있는 정부대표로 구성된다. 이 기관은 모든 작업상황에 관하여 당사자총회에 정기적으로 보고한다.

2. 당사자총회의 지침에 따라, 그리고 권한있는 국제기구의 협력을 얻어 이 기관은 다음 사항을 수행한다.
가. 기후변화와 그 효과에 관한 과학지식의 현황에 대한 평가를 제공한다.
나. 협약의 이행과정에서 취한 조치의 효과에 대한 과학적 평가를 준비한다.
다. 혁신적·효율적인 첨단기술과 노우하우를 파악하고 그러한 기술의 개발 및/또는 이전을 촉진하는 방법과 수단에 관하여 자문한다.
라. 기후변화와 관련된 과학계획 및 연구개발을 위한 국제협력에 관한 자문과 개발도상국의 내생적 역량 형성을 지원하는 방법 및 수단에 관한 자문을 제공한다.
마. 당사자총회와 그 보조기관이 제기하는 과학적·기술적 및 방법론적 질문에 답변한다.

3. 이 기관의 기능과 권한은 당사자총회에서 더 구체화할 수 있다.

제10조【이행을 위한 보조기관】 1. 당사자총회가 협약의 효과적 이행상황을 평가하고 검토하는 것을 지원하기 위하여 이행을 위한 보조기관을 이에 설치한다. 이 기관은 모든 당사자의 참여에 개방되며 기후변화 분야의 전문가인 정부대표로 구성된다. 이 기관은 모든 작업상황에 관하여 당사자 총회에 정기적으로 보고한다.

2. 당사자총회의 지침에 따라, 이 기관은 다음 사항을 수행한다.
가. 당사자가 취한 조치의 전반적인 종합적 효과를 평가하기 위하여, 제12조제1항에 따라 통보된 정보를 기후변화에 관한 최신의 과학적 평가에 비추어 심의한다.
나. 당사자총회가 제4조제2항나호에 규정된 검토를 수행하는 것을 지원하기 위하여, 제12조제2항에 따라 통보된 정보를 심의한다.
다. 적절한 경우, 당사자총회가 결의를 준비하고 이행하는 데 있어 이를 지원한다.

제11조【재정지원체제】 1. 기술이전을 포함하여 무상 또는 양허성 조건의 재원제공을 위한 지원체제를 이에 규정한다. 이 지원체제는 협약에 관련되는 정책, 계획의 우선순위 및 자격기준을 결정하는 당사자총회의 지침에 따라 기능을 수행하고 총회에 책임을 진다. 그 운영은 하나 또는 그 이상의 기존 국제기구에 위탁된다.

2. 재정지원체제는 투명한 관리제도안에서 모든 당사자가 공평하고 균형있는 대표성을 갖는다.

3. 당사자총회와 재정지원체제의 운영을 위탁받은 기구는 상기 두 항에 효력을 부여하기 위하여 다음 사항을 포함하는 운영요령에 합의한다.
가. 기후변화를 다루기 위한 재원제공사업이 당사자총회가 마련한 정책, 계획의 우선순위 및 자격기준에 부합하도록 보장하는 방식
나. 특정 재원제공 결정을 이러한 정책, 계획의 우선순위 및 자격기준에 비추어 재심의하는 방식
다. 제1항에 규정된 책임요건과 부합하게, 운영을 맡은 기구가 재원제공활동에 관한 정기보고서를 당사자총회에 제출하는 것
라. 예측 가능하고 확인 가능한 방식으로 협약이행에 필요한 이용 가능한 재원제공액을 결정하고, 이 금액을 정기적으로 검토하는 조건에 관해 결정하는 것

4. 당사자총회는 제21조제3항에 언급된 임시조치를 검토, 심의하여 제1차 회기에서 상기 규정의 이행을 위한 준비를 하고 임시조치의 유지여부를 결정한다. 그로부터 4년이내에 당사자총회는 재정지원체제에 대해 검토하고 적절한 조치를 취한다.

5. 선진국인 당사자는 또한 협약이행과 관련된 재원을 양자적, 지역적 및 그 밖의 다자적 경로를 통하여 제공하고, 개발도상국인 당사자는 이를 이용할 수 있다.

제12조【이행관련 정보의 통보】 1. 제4조제1항에 따라, 당사자는 사무국을 통하여 다음 사항의 정보를 당사자총회에 통보한다.
가. 당사자총회에서 지지·합의할 비교 가능한 방법론을 이용하여 능력이 허용하는 한도내에서 작성한 몬트리올 의정서에 의해 규제되지 않는 모든 온실가스의 배출원에 따른 인위적 배출과 흡수원에 따른 제거에 관한 국가통계
나. 협약이행을 위하여 당사자가 취했거나 계획중인 조치의 일반적인 서술
다. 당사자가 협약 목적의 달성에 관련되는 통보에 포함시키는 것이 적합하다고 판단하는 그 밖의 정보. 이는 가능한 경우 세계적 배출추세 산출에 관련되는 자료를 포함함.

2. 부속서 1에 포함된, 선진국인 당사자와 그 밖의 당사자는 통보에 다음 사항의 정보를 포함한다.
가. 제4조제2항가호·나호의 공약이행을 위하여 채택한 정책 및 조치의 상세한 서술
나. 상기 가호에 언급된 정책 및 조치가 제4조제2항가호에 언급된 기간동안 온실가스의 배출원에 따른 인위적 배출 및 흡수원에 따른 제거에 미치는 효과에 대한 상세한 평가

3. 또한 부속서 2에 포함된, 선진국인 당사자와 그 밖의 선진 당사자는 제4조제3항·제4항 및 제5항에 따라 취한 조치의 상세내용을 포함한다.

4. 개발도상국인 당사자는 자발적으로 사업이행에 필요한 특정 기술·재료·장비·공법 또는 관행을 포함하는 재원제공사업을 제안할 수 있으며, 이러한 제안에는 가능한 경우 모든 부가비용에 대한 견적, 온실가스의 배출저감 및 제거증가에 대한 견적, 그리고 이로 인한 이익에 대한 평가를 포함한다.

5. 부속서 1에 포함된, 선진국인 당사자와 그 밖의 당사자는 그 당사자에 대하여 협약이 발효한 후 6월이내에 최초의 통보를 행한다. 그 밖의 당사자는 그 당사자에 대한 협약발효후 3년이내에, 또는 제4조제3항에 따른 재원을 이용할 수 있는 때로부터 3년이내에 최초의 통보를 행한다. 최빈국인 당사자는 자신의 재량에 따라 최초의 통보를 행한다. 모든 당사자의 그 후의 통보의 빈도는 당사자총회가 결정하며, 이에는 이 항에 규정된 차등적 일정을 고려한다.

6. 사무국은 본 조에 따라 당사자가 통보한 정보를 당사자총회와 유관 보조기관에 가급적 신속히 전달한다. 필요하다면, 당사자총회는 정보의 통보절차를 추가로 심의할 수 있다.

7. 당사자총회는 제1차 회기부터 개발도상국인 당사자가 본 조에 따라 정보를 취합 및 통보하고 제4조에 따른 제안사업 및 대응조치와 연관된 기술적·재정적 소요를 판단하는 데 필요한 기술·재정지원을 요청에 따라 개발도상국인 당사자에게 제공하는 것을 주선한다. 그 밖의 당사자, 권한있는 국제기구 및 사무국은 적절한 경우 이러한 지원을 제공할 수 있다.

8. 당사자로 구성된 집단은 당사자총회가 채택한 지침에 따르고 당사자총회에 사전통고하는 조건으로, 본 조에 따른 공약을 이행하기 위하여 공동으로 통보를 행할 수 있다. 단, 이러한 통보에는 협약에 따른 각 당사자의 개별적 공약이행에 관한 정보가 포함되는 것을 조건으로 한다.

9. 사무국이 접수한 정보중 당사자가 당사자총회에 의해 설정되는 기준에 따라 비밀로 지정한 정보는 정보통보와 검토에 관여하는 기관에 제공되기 전에 비밀보호를 위하여 사무국이 취합한다.

10. 제9항에 따를 것을 조건으로, 그리고 통보한 정보를 언제든지 공표할 수 있는 당사자의 능력에 영향을 미치지 아니하고, 사무국은 본 조에 따라 당사자가 통보한 정보가 당사자총회에 제출되는 시점에 공개적 이용이 가능하도록 한다.

제13조【이행관련 문제의 해결】 당사자총회는 제1차 회기에서 이 협약의 이행관련 문제의 해결을 위하여, 당사자의 요청으로 이용가능한, 다자간 협의절차의 수립을 심의한다.

제14조【분쟁해결】 1. 이 협약의 해석 또는 적용에 관하여 둘 또는 그 이상의 당사자간에 분쟁이 있는 경우, 관련 당사자는 교섭 또는 스스로 선택하는 그 밖의 평화적 방법을 통하여 분쟁의 해결을 모색한다.

2. 이 협약의 비준·수락·승인 또는 가입시, 그리고 그 후 언제든지, 지역경제통합기구가 아닌 당사자는 협약의 해석이나 적용에 관한 분쟁에 있어서 동일한 의무를 수락하는 당사자와의 관계에서 다음을 특별한 합의없이, 선언하였다는 사실만으로, 의무적인 것으로 인정함을 수탁자에게 서면으로 선언할 수 있다.
가. 분쟁의 국제사법재판소 회부 그리고/또는
나. 당사자총회가 가능한 한 신속히 중재에 관한 부속서 형태로 채택할 절차에 따른 중재지역경제통합기구인 당사자는 나호에서 언급된 절차에 따른 중재와 관련하여 유사한 효력을 가지는 선언을 행할 수 있다.

3. 제2항에 따라 행해진 선언은 선언의 조건에 따라 기한이 만료될 때까지, 또는 서면 철회통고가 수탁자에게 기탁된 후 3월까지 유효하다.

4. 새로운 선언, 선언의 철회통고 또는 선언의 기한만료는 분쟁 당사자가 달리 합의하지 아니하는 한, 국제사법재판소 또는 중재재판소에서 진행중인 소송에 대하여 어떠한 영향도 미치지 아니한다.

5. 제2항의 운용에 따를 것을 조건으로, 일방 당사자가 타방 당사자에게 그들간에 분쟁이 존재하고 있음을 통고한 후 12월동안 분쟁당사자가 제1항에 언급된 수단을 통하여 분쟁을 해결하지 못한 경우, 그 분쟁은 분쟁당사자 일방의 요청에 의하여 조정에 회부된다.

6. 조정위원회는 분쟁당사자 일방의 요청에 따라 설치된다. 위원회는 관련당사자 각각에 의하여 임명된 동수의 위원과 각 당사자에 의해 임명된 위원들이 공동으로 선출한 의장으로 구성된다. 위원회는 권고적 판정을 내리고, 당사자는 이를 성실히 고려한다.

7. 당사자총회는 가능한 한 신속히 조정에 관한 부속서 형태로 조정과 관련된 추가절차를 채택한다.

8. 본 조의 규정은 해당문서가 달리 규정하지 아니하는 한, 당사자총회가 채택하는 모든 관련 법적문서에 적용된다.

제15조【협약의 개정】 1. 모든 당사자는 협약의 개정안을 제안할 수 있다.

2. 협약 개정안은 당사자총회의 정기회기에서 채택된다. 사무국은 제안된 협약개정안을 늦어도 채택회의가 개최되기 6월전에 당사자에게 통보한다. 또한 사무국은 제안된 개정안을 이 협약 서명자 그리고 참고로 수탁자에게도 통보한다.

3. 당사자는 제안된 협약 개정안이 콘센서스에 의하여 합의에 도달하도록 모든 노력을 다한다. 콘센서스를 위한 모든 노력을 다하였으나 합의에 도달하지 못한 경우, 개정안은 최종적으로 회의에 출석·투표한 당사자 4분의 3의 다수결로 채택된다. 사무국은 채택된 개정안을 수탁자에게 통보하며, 수탁자는 수락을 위하여 이를 모든 당사자에게 배포한다.

4. 개정안에 대한 수락서는 수탁자에게 기탁된다. 제3항에 따라 채택된 개정안은 최소한 협약당사자 4분의 3의 수락서가 수탁자에게 접수된 후 90일째 되는 날부터 수락한 당사자에 대하여 발효한다.

5. 그 밖의 당사자가 그 후에 수탁자에게 수락서를 기탁하는 경우, 개정안은 기탁일 후 90일째 되는 날부터 그 당사자에 대하여 발효한다.

6. 본 조의 목적상 "출석·투표한 당사자"라 함은 회의에 출석하여 찬성 또는 반대 투표를 한 당사자를 말한다.

제16조【부속서의 채택 및 개정】 1. 협약의 부속서는 협약의 불가분의 일부를 구성하며, 협약이 언급되는 경우 명시적으로 달리 규정하지 아니하는 한, 이는 동시에 부속서도 언급되는 것으로 본다. 이러한 부속서는 제14조제2항나호 및 제7항의 규정에 영향을 미치지 아니하고, 목록·양식 및 과학적·기술적·절차적 또는 행정적 특성을 가진 서술적 성격의 그 밖의 자료에 제한된다.

2. 협약의 부속서는 제15조제2항·제3항 및 제4항에 규정된 절차에 따라 제안되고 채택된다.

3. 제2항에 따라 채택된 부속서는, 수탁자가 부속서의 채택을 당사국에 통보한 날부터 6월후에, 동 기간내에 부속서를 수락하지 않음을 수탁자에게 서면으로 통고한 당사자를 제외한 모든 당사자에 대하여 발효한다. 부속서는 불수락 통고를 철회한 당사자에 대하여는 수탁자의 통고철회 접수일 후 90일째 되는 날부터 발효한다.

4. 협약 부속서의 개정안의 제안·채택 및 발효는 제2항 및 제3항에 따른 협약 부속서의 제안·채택 및 발효와 동일한 절차를 따른다.

5. 부속서 또는 부속서 개정안의 채택이 협약의 개정을 수반하는 경우, 협약의 개정안이 발효할 때까지 부속서 또는 부속서 개정안은 발효하지 아니한다.

제17조【의정서】 1. 당사자총회는 정기회기에서 협약에 대한 의정서를 채택할 수 있다.

2. 사무국은 제안된 의정서의 문안을 늦어도 회기가 개최되기 6월전에 당사자에게 통보한다.

3. 의정서의 발효요건은 그 문서에 규정한다.

4. 협약 당사자만이 의정서의 당사자가 될 수 있다.

5. 의정서에 따른 결정은 관련 의정서의 당사자만이 할 수 있다.

제18조【투표권】 1. 협약의 당사자는 제2항에 규정된 경우를 제외하고는 하나의 투표권을 가진다.

2. 지역경제통합기구는 그 기구의 권한사항에 대하여 협약의 당사자인 기구 회원국의 수와 동수의 투표권을 행사한다. 기구 회원국의 어느 한 나라라도 투표권을 행사하는 경우, 기구는 투표권을 행사할 수 없으며 그 반대의 경우도 또한 같다.

제19조【수탁자】 국제연합사무총장은 이 협약과 협약 제17조에 따라 채택되는 의정서의 수탁자가 된다.

제20조【서명】 이 협약은 국제연합 환경개발회의 기간중에는 리우데자네이로에서, 1992년 6월 20일부터 1993년 6월 19일까지는 뉴욕의 국제연합본부에서 국제연합 또는 그 전문기구의 회원국, 국제사법재판소 규정 당사자 및 지역경제통합기구의 서명을 위하여 개방된다.

제21조【임시조치】 1. 제8조에 언급된 사무국의 기능은 당사자총회의 제1차 회기종료시까지는 1990년 12월 21일 국제연합 총회결의 제45/212호에 의해 설립된 사무국에 의하여 임시로 수행된다.

2. 제1항에 언급된 임시사무국의 장은 기후변화에 관한 정부간 협의체가 객관적인 과학적·기술적 자문의 요구에 따를 수 있도록 하기 위하여 협의체와 긴밀히 협력한다. 다른 관련 과학기술들과도 또한 협의할 수 있다.

3. 국제연합개발계획, 국제연합환경계획 및 국제부흥개발은행에 의하여 운영되고 있는 지구환경기금은 임시적으로 제11조에 언급된 재정지원체제의 운영을 위탁받는 국제기구가 된다. 이와 관련, 지구환경기금은 제11조의 요건을 충족할 수 있도록 적절히 재구성되어야 하고 그 회원자격을 보편화하여야 한다.

제22조【비준·수락·승인 또는 가입】 1. 협약은 국가 및 지역경제통합기구에 의해 비준·수락·승인 또는 가입된다. 협약은 서명기간이 종료된 다음 날부터 가입을 위하여 개방된다. 비준서·수락서·승인서 또는 가입서는 수탁자에게 기탁된다.

2. 협약의 당사자가 되는 지역경제통합기구는, 기구 회원국 중 어느 한 국가도 협약의 당사자가 아닌 경우, 협약에 따른 모든 의무에 구속된다. 기구의 하나 또는 그 이상의 회원국이 협약의 당사자인 경우, 기구와 기구 회원국은 협약에 따른 의무를 수행하기 위한 각각의 책임을 결정한다. 이러한 경우, 기구와 기구회원국은 협약에 따른 권리를 동시에 행사할 수는 없다.

3. 지역경제통합기구는 그 비준서·수락서·승인서 또는 가입서에 협약이 규율하는 사항에 관한 기구의 권한범위를 선언한다. 또한 기구는 권한범위의 실질적 변동에 관하여 수탁자에게 통보하며, 수탁자는 이를 당사자에게 통보한다.

제23조【발효】 1. 협약은 50번째의 비준서·수락서·승인서 또는 가입서의 기탁일 후 90일째 되는 날부터 발효한다.

2. 50번째의 비준서·수락서·승인서 또는 가입서가 기탁된 후 협약을 비준·수락·승인 또는 가입하는 국가 또는 지역경제통합기구에 대하여, 협약은 그 국가 또는 지역경제통합기구의 비준서·수락서·승인서 또는 가입서 기탁일 후 90일째 되는 날부터 발효한다.

3. 제1항 및 제2항의 목적상 지역경제통합기구가 기탁하는 문서는 기구 회원국이 기탁하는 문서에 추가되는 것으로 보지 아니한다.

제24조【유보】 협약에 대하여는 어떤 유보도 행할 수 없다.

제25조【탈퇴】 1. 당사자는 협약이 자기나라에 대하여 발효한 날부터 3년이 경과한 후에는 언제든지 수탁자에게 서면통고를 함으로써 협약으로부터 탈퇴할 수 있다.

2. 탈퇴는 수탁자가 탈퇴통고를 접수한 날부터 1년의 기한 만료일 또는 탈퇴통고서에 더 늦은 날짜가 명시된 경우에는 그 늦은 날에 발효한다.

3. 협약으로부터 탈퇴한 당사자는 당사자가 되어 있는 모든 의정서로부터도 탈퇴한 것으로 본다.

제26조【정본】 아랍어·중국어·영어·불어·러시아어 및 서반아어본이 동등하게 정본인 이 협약의 원본은 국제연합사무총장에게 기탁된다.

이상의 증거로 정당하게 권한을 위임받은 아래 서명자가 협약에 서명하였다. 일천구백구십이년 오월 구일 뉴욕에서 작성하였다.

(서명란 생략)

부속서 (생략)

기후변화에 관한 국제연합 기본협약에 대한 교토의정서

(2005년 1월 17일
조 약 제1706호)

1997.12.11(교토에서 작성)
2005. 2.16(대한민국에 대하여 발효)

이 의정서의 당사자는, 기후변화에관한국제연합기본협약(이하 "협약"이라 한다)의 당사자로서, 협약 제2조에 규정된 협약의 궁극적 목적을 추구하고, 협약의 규정을 상기하며, 협약 제3조와, 협약의 규정에 의한 당사자총회 제1차 회기에서 결정 1/CP.1호로 채택된 베를린위임에 따라, 다음과 같이 합의하였다.

제1조 이 의정서의 목적상, 협약 제1조의 정의규정이 적용된다. 추가로,

1. "당사자총회"라 함은 협약의 규정에 의한 당사자총회를 말한다.

2. "협약"이라 함은 1992년 5월 9일 뉴욕에서 채택된 기후변화에관한국제연합기본협약을 말한다.

3. "기후변화에 관한 정부간 패널"이라 함은 세계기상기구 및 국제연합 환경계획이 1988년에 공동으로 설립한 기후변화에 관한 정부간 패널을 말한다.

4. "몬트리올의정서"라 함은 1987년 9월 16일 몬트리올에서 채택되고 그 이후 조정·개정된 오존층파괴물질에관한 몬트리올의정서를 말한다.

5. "출석하여 투표하는 당사자"라 함은 회의에 출석하여 찬성이나 반대 투표를 하는 당사자를 말한다.

6. "당사자"라 함은 문맥상 다른 의미로 사용되지 아니하는 한, 이 의정서의 당사자를 말한다.

7. "부속서 1의 당사자"라 함은 협약의 부속서 1(당해 부속서가 개정되는 경우에는 그 개정 부속서를 말한다)에 포함된 당사자 및 협약 제4조제2항사목에 의하여 통고한 당사자를 말한다.

제2조 1. 부속서 1의 당사자는 제3조의 규정에 의한 수량적 배출량의 제한·감축을 위한 공약을 달성함에 있어 지속가능한 개발을 촉진하기 위하여 다음 각목의 사항을 수행한다.

가. 자국의 여건에 따라 다음과 같은 정책·조치를 이행하고/이행하거나 더욱 발전시킨다.

(1) 자국 경제의 관련 부문에서 에너지의 효율성을 향상시킬 것

(2) 관련 국제환경협정상 자국의 공약을 고려하면서, 온실가스(몬트리올의정서에 의하여 규제되는 것을 제외한다)의 흡수원 및 저장소를 보호·강화하고, 지속가능한 산림관리작업과 신규조림 및 재조림을 촉진할 것

(3) 기후변화요소를 고려한 지속가능한 형태의 농업을 촉진할 것

(4) 신규 및 재생가능한 형태의 에너지와 이산화탄소의 격리기술 및 선진적·혁신적이며 환경적으로 건전한 기술에 대한 연구·촉진·개발 및 그 이용을 증진할 것

(5) 모든 온실가스의 배출부문에 있어서 협약의 목적에 위배되는 시장의 불완전성, 재정적 유인, 세금·관세의 면제 및 보조금 등을 점진적으로 감축하거나 단계적으로 폐지하며, 시장적 기제를 적용할 것

(6) 온실가스(몬트리올의정서에 의하여 규제되는 것을 제외한다)의 배출량을 제한·감축하는 정책 및 조치를 촉진하기 위하여 관련 부문의 적절한 개선을 장려할 것

(7) 수송부문에서 온실가스(몬트리올의정서에 의하여 규제되는 것을 제외한다)의 배출량을 제한 및/또는 감축하는 조치를 취할 것

(8) 폐기물의 관리와 에너지의 생산·수송·분배 과정에서의 회수 및 사용을 통하여 메탄의 배출량을 제한 및/또는 감축할 것

나. 이 조에서 채택되는 정책 및 조치의 개별적·복합적 효과를 증대하기 위하여 협약 제4조제2항마목(1)에 따라 다른 부속서 1의 당사자들과 협력한다. 이를 위하여, 이들 당사자는 이러한 정책 및 조치에 관한 경험을 공유하고 정보를 교환하기 위한 조치를 이행하되, 이에는 정책 및 조치의 비교가능성·투명성 및 그 효과를 개선하기 위한 방안의 개발이 포함된다. 이 의정서의 당사자회의의 역할을 수행하는 당사자총회는 제1차 회기 또는 그 이후에 가능한 한 신속히 모든 관련 정보를 고려하여, 이러한 협력을 촉진하기 위한 방안을 검토한다.

2. 부속서 1의 당사자는 국제민간항공기구 및 국제해사기구에서의 활동을 통하여, 항공기용 및 선박용 연료로부터 각각 발생하는 온실가스(몬트리올의정서에 의하여 규제되는 것을 제외한다) 배출량의 제한·감축을 추구한다.

3. 부속서 1의 당사자는 이 조의 규정에 의한 정책 및 조치를 이행하기 위하여 노력하되, 협약 제3조를 고려하여 기후변화의 부정적 효과, 국제통상에 미치는 영향, 다른 당사자들, 특히 개발도상국인 당사자들과 그 중에서도 협약 제4조제8항 및 제9항에 규정된 당사자들에 대한 사회적·환경적·경제적 영향 등을 포함한 부정적 영향을 최소화하는 방식으로 이행하기 위하여 노력한다. 이 의정서의 당사자회의의 역할을 수행하는 당사자총회는 이 항의 이행을 촉진하기 위하여 적절한 경우 추가적 조치를 취할 수 있다.

4. 이 의정서의 당사자회의의 역할을 수행하는 당사자총회는, 각국의 상이한 여건과 잠재적 영향을 고려하여 제1항가목의 정책 및 조치를 조정하는 것이 유익하다고 결정하는 경우에는, 이러한 정책 및 조치를 조정하기 위한 방안 및 수단을 검토한다.

제3조 1. 부속서 1의 당사자는, 이들 당사자에 의한 부속서 가에 규정된 온실가스의 총 인위적 배출량을 이산화탄소를 기준으로 환산한 배출량에 대하여 이를 2008년부터 2012년까지의 공약기간동안 1990년도 수준의 5퍼센트 이상 감축하기 위하여, 이러한 총 배출량이 이 조 및 부속서 나에 규정된 이들 당사자의 수량적 배출량의 제한·감축을 위한 공약에 따라 계산된 배출허용량을 초과하지 아니하도록 개별 또는 공동으로 보장한다.

2. 부속서 1의 당사자는 2005년까지 이 의정서상의 공약을 달성하는 데 따른 가시적 진전을 제시하여야 한다.

3. 인위적·직접적인 토지이용의 변화와 임업활동(1990년 이후의 신규조림·재조림 및 산림전용에 한한다)에 기인하는 온실가스의 배출원에 의한 배출량과 흡수원에 의한 제거량간의 순변화량은, 각 공약기간마다 탄소저장량의 검증가능한 변화량으로 측정되며, 부속서 1의 당사자가 이 조의 공약을 달성하는 데 사용된다. 이러한 활동과 연관되는 온실가스의 배출원에 의한 배출량 및 흡수원에 의한 제거량은 투명하고 검증가능한 방식으로 보고되며, 제7조 및 제8조에 따라 검토된다.

4. 이 의정서의 당사자회의의 역할을 수행하는 당사자총회의 제1차 회기 전에 부속서 1의 당사자는 과학·기술자문 보조기관의 검토를 위하여 자국의 1990년도 탄소저장량의 수준을 설정하고, 다음 연도의 탄소저장량의 변화에 대한 추산을 가능하게 하는 자료를 제공한다. 이 의정서의 당사자회의의 역할을 수행하는 당사자총회는 제1차 회기 또는 그 이후에 가능한 한 조속히 농지·토지이용변화 및 임업부문에서 온실가스의 배출원에 의한 배출량 및 흡수원에 의한 제거량의 변화와 관련된 추가적인 인위적 활동중 어느 활동을 어떤 방법으로 부속서 1의 당사자의 배출허용량에 추가하거나 공제할 것인지에 관한 방식·규칙 및 지침을 결정한다. 이러한 결정을 함에 있어서는 불확실성, 보고의 투명성, 검증가능성, 기후변화에 관한 정부간 패널의 방법론적 작업, 제5조에 따른 과학·기술자문 보조기관의 자문 및 당사자총회의 결정들이 고려되며, 동 결정은 제2차 공약기간 및 후속의 공약기간에 대하여 적용된다. 당사자는 추가적인 인위적 활동이 1990년 이후에 이루어진 경우에는, 위의 결정을 제1차 공약기간에 대하여 적용하는 것을 선택할 수 있다.

5. 시장경제로의 이행과정에 있는 부속서 1의 당사자로서 당사자총회 제2차 회기의 결정 9/CP.2에 따라 그 이행의 기준연도 또는 기간이 설정된 당사자는 이 조에 따른 공약을 이행함에 있어 그 기준연도 또는 기간을 사용한다. 시장경제로의 이행과정에 있는 부속서 1의 당사자로서 협약 제12조에 따른 제1차 국가보고서를 제출하지 아니한 그 밖의 당사자는 이 조에 따른 공약을 이행함에 있어 1990년도 이외의 역사적 기준연도 또는 기간을 사용할 의사가 있음을 이 의정서의 당사자회의의 역할을 수행하는 당사자총회에 통고할 수 있다. 동 당사자총회는 이러한 통고의 수락여부를 결정한다.

6. 이 의정서의 당사자회의의 역할을 수행하는 당사자총회는 협약 제4조제6항을 고려하여, 시장경제로의 이행과정에 있는 부속서 1의 당사자에 대하여 이 의정서상의 공약(이 조에 따른 공약을 제외한다)을 이행함에 있어 일정한 융통성을 허용한다.

7. 제1차 수량적 배출량의 제한·감축을 위한 공약기간인 2008년부터 2012년까지 부속서 1의 당사자별 배출허용량은 1990년도나 제5항에 따라 결정된 기준연도 또는 기간에 당해 당사자가 배출한 부속서 가에 규정된 온실가스의 총 인위적 배출량을 이산화탄소를 기준으로 환산한 배출량에 부속서 나에 규정된 당사자별 백분율을 곱한 후 다시 5를 곱하여 산정한다. 토지이용변화와 임업이 1990년도에 온실가스의 순 배출원을 구성한 부속서 1의 당사자는 자국의 배출허용량을 산정함에 있어서 1990년도의 토지이용변화에 기인한, 배출원에 의한 총 인위적 배출량을 이산화탄소를 기준으로 환산한 배출량에서 흡수원에 의한 제거량을 공제한 양을 자국의 1990년도나 기준연도 또는 기간의 배출량에 포함시킨다.

8. 부속서 1의 당사자는 제7항에 규정된 계산을 위하여 수소불화탄소·과불화탄소 및 육불화황에 대하여 1995년도를 기준연도로 사용할 수 있다.

9. 후속기간에 대한 부속서 1의 당사자의 공약은 제21조제7항에 따라 채택되는 이 의정서 부속서 나의 개정을 통하여 정하여지며, 이 의정서의 당사자회의의 역할을 수행하는 당사자총회는 제1항에 규정된 제1차 공약기간이 종료하기 최소 7년전에 이러한 공약에 대한 검토를 개시한다.

10. 제6조 또는 제17조의 규정에 따라 일방당사자가 타방당사자로부터 취득하는 배출량의 감축단위 또는 배출허용량의 일부는 이를 취득하는 당사자의 배출허용량에 추가된다.

11. 제6조 또는 제17조의 규정에 따라 일방당사자가 타방당사자에게 이전하는 배출량의 감축단위 또는 배출허용량의 일부는 이를 이전하는 당사자의 배출허용량에서 공제된다.

12. 제12조의 규정에 따라 일방당사자가 타방당사자로부터 취득하는 인증받은 배출감축량은 이를 취득하는 당사자의 배출허용량에 추가된다.

13. 일정 공약기간동안 부속서 1의 당사자의 배출량이 이 조에 따른 배출허용량보다 적을 경우, 그 차이는 당해 당사자의 요청에 따라 동 당사자의 후속 공약기간의 배출허용량에 추가된다.

14. 부속서 1의 당사자는 제1항에 규정된 공약을 이행함에 있어서 개발도상국인 당사자들, 특히 협약 제4조제8항 및 제9항에 규정된 당사자들에게 미치는 사회적·환경적·경제적인 부정적 영향을 최소화하는 방식으로 이행하기 위하여 노력하여야 한다. 협약 제4조제8항 및 제9항의 이행에 관한 당사자총회의 관련 결정들에 따라, 이 의정서의 당사자회의의 역할을 수행하는 당사자총회는 제1차 회기에서 협약 제4조제8항 및 제9항에 규정된 당사자들에 대하여 기후변화의 부정적 효과 및/또는 대응조치의 영향을 최소화하기 위하여 어떠한 조치가 필요한지를 검토하며, 그 검토사항에는 기금의 설립, 보험 및 기술이전이 포함된다.

제4조 1. 제3조상의 공약을 공동으로 이행하기로 합의한 부속서 1의 당사자들은, 이들 당사자에 의한 부속서 가에 규정된 온실가스의 총 인위적 배출량을 이산화탄소 기준으로 환산하여 합산한 총 배출량이 제3조 및 부속서 나에 규정된 수량적 배출량의 제한·감축을 위한 공약에 따라 계산된 그들의 배출허용량을 초과하지 아니하는 경우에는, 당해 공약을 이행한 것으로 간주된다. 그러한 합의를 한 각 당사자의 배출허용량의 수준은 그 합의에서 정하여진다.

2. 그러한 합의를 한 당사자들은 이 의정서의 비준서·수락서·승인서 또는 가입서의 기탁일에 합의된 내용을 사무국에 통고한다. 사무국은 협약의 당사자 및 서명자에게 그 합의된 내용을 통보한다.

3. 그러한 합의는 제3조제7항에 명시된 공약기간동안에만 유효하다.

4. 공동으로 공약을 이행하는 당사자들이 지역경제통합기구의 틀 안에서 동 기구와 함께 공약을 이행하는 경우, 이 의정서의 채택 이후에 이루어지는 동 기구 구성상의 변동은 동 의정서상의 기존 공약에 아무런 영향을 미치지 아니한다. 지역경제통합기구의 구성상의 모든 변동은 그 변동 이후에 채택되는 제3조상의 공약에 대하여만 적용된다.

5. 그러한 합의의 당사자들이 그들 각각의 배출감축량을 합산한 감축량수준을 달성하지 못하는 때에는, 그러한 합의를 한 각 당사자는 그 합의에서 정하여진 자국의 배출량 수준에 대하여 책임을 진다.

6. 공동으로 공약을 이행하는 당사자들이 이 의정서의 당사자인 지역경제통합기구의 틀 안에서 동 기구와 함께 공약을 이행하는 경우, 그들 각각의 배출감축량을 합산한 감축량 수준을 달성하지 못하는 때에는, 지역경제통합기구의 각 회원국은 개별적으로, 또한 제24조에 따라 행동하는 지역경제통합기구와 함께, 이 조에 따라 통고된 자국의 배출량 수준에 대하여 책임을 진다.

제5조 1. 부속서 1의 당사자는 늦어도 제1차 공약기간이 개시되기 일년 전까지 모든 온실가스(몬트리올의정서에 의하여 규제되는 것을 제외한다)의 배출원에 의한 인위적 배출량과 흡수원에 의한 제거량을 추산하기 위한 국가제도를 마련한다. 이 의정서의 당사자회의의 역할을 수행하는 당사자총회는 제1차 회기에서 제2항에 규정된 방법론이 반영된 국가제도에 관한 지침을 결정한다.

2. 모든 온실가스(몬트리올의정서에 의하여 규제되는 것을 제외한다)의 배출원에 의한 인위적 배출량과 흡수원에 의한 제거량을 추산하기 위한 방법론은 기후변화에 관한 정부간 패널이 수락하고 당사자총회가 제3차 회기에서 합의한 것으로 한다. 이러한 방법론이 사용되지 아니하는 경우에는, 이 의정서의 당사자회의의 역할을 수행하는 당사자총회가 제1차 회기에서 합의한 방법론에 따른 적절한 조정이 적용된다. 이 의정서의 당사자회의의 역할을 수행하는 당사자총회는, 특히 기후변화에 관한 정부간 패널의 작업과 과학·기술자문 보조기관의 자문에 기초하고 당사자총회의 관련 결정들을 충분히 고려하여, 이러한 방법론과 조정을 정기적으로 검토하고 적절한 경우에는 이를 수정한다. 이러한 방법론과 조정에 대한 수정은 그러한 수정 이후에 채택되는 제3조상의 공약의 준수를 확인하기 위하여만 사용된다.

3. 부속서 가에 규정된 온실가스의 배출원에 의한 인위적 배출량과 흡수원에 의한 제거량에 대하여 이산화탄소를 기준으로 한 환산치를 계산하는 데 사용되는 지구온난화지수는 기후변화에 관한 정부간 패널이 수락하고 당사자총회가 제3차 회기에서 합의한 것으로 한다. 이 의정서의 당사자회의의 역할을 수행하는 당사자총회는, 특히 기후변화에 관한 정부간 패널의 작업과 과학·기술자문 보조기관의 자문에 기초하고 당사자총회의 관련 결정들을 충분히 고려하여, 각 온실가스의 지구온난화지수를 정기적으로 검토하고 적절한 경우에는 이를 수정한다. 지구온난화지수에 대한 수정은 그러한 수정 이후에 채택되는 제3조상의 공약에 대하여만 적용된다.

제6조 1. 부속서 1의 당사자는 제3조상의 공약을 이행하기 위하여, 모든 경제 부문에서 온실가스의 배출원에 의한 인위적 배출량의 감축이나 흡수원에 의한 인위적 제거량의 증대를 목표로 하는 사업으로부터 발생하는 배출량의 감축단위를 다른 부속서 1의 당사자에게 이전하거나 그들로부터 취득할 수 있다. 이 경우, 다음 각목의 요건을 충족하여야 한다.

가. 이러한 사업에 대하여 관련 당사자들의 승인이 있을 것

나. 이러한 사업은 그 사업이 시행되지 아니하는 경우와 대비하여, 배출원에 의한 배출량의 추가적 감축이나 흡수원에 의한 제거량의 추가적 증대를 제공할 것

다. 당사자가 제5조 및 제7조상의 의무를 준수하지 아니하는 경우, 그 당사자는 배출량의 감축단위를 취득하지 못하도록 할 것

라. 배출량의 감축단위의 취득은 제3조상의 공약의 이행을 위한 국내 조치의 보조수단으로 활용되어야 할 것

2. 이 의정서의 당사자회의의 역할을 수행하는 당사자총회는 제1차 회기 또는 그 이후에 가능한 한 조속히 이 조의 검증·보고 및 이행을 위한 지침을 더욱 발전시킬 수 있다.

3. 부속서 1의 당사자는 자국의 책임하에 법인이 이 조의 규정에 의한 배출량의 감축단위의 발생·이전 및 취득을 초래하는 활동에 참여하는 것을 허가할 수 있다.

4. 부속서 1의 당사자에 의한 이 조에 규정된 요건의 이행문제가 제8조의 관련 규정에 따라 확인되는 경우, 배출량의 감축단위의 이전과 취득은 그러한 문제가 확인된 이후에도 계속 이루어질 수 있다. 다만, 당사자는 준수에 관한 모든 문제가 해결될 때까지는 이러한 감축단위를 제3조상의 공약을 이행하는 데 사용할 수 없다.

제7조 1. 부속서 1의 당사자는 당사자총회의 관련 결정에 따라 제출하는 온실가스(몬트리올의정서에 의하여 규제되는 것을 제외한다)의 배출원에 의한 인위적 배출량과 흡수원에 의한 제거량에 관한 자국의 연례통계목록에, 제3조의 준수를 보장하기 위하여 필요한 보충정보로서 제4항에 따라 결정되는 것을 포함시킨다.

2. 부속서 1의 당사자는 협약 제12조에 따라 제출하는 자국의 국가보고서에, 이 의정서상의 공약의 준수를 증명하기 위하여 필요한 보충정보로서 제4항에 따라 결정되는 것을 포함시킨다.

3. 부속서 1의 당사자는 이 의정서가 자국에 대하여 발효한 이후의 공약기간의 첫째 연도에 대하여 협약상 제출하여야 하는 제1차 통계목록을 시작으로 제1항에서 요구하는 정보를 매년 제출한다. 동 당사자는 이 의정서가 자국에 대하여 발효하고 제4항에 규정된 지침이 채택된 이후에, 협약상 제출하여야 하는 제1차 국가보고서의 일부로서 제2항에서 요구하는 정보를 제출한다. 이 조에서 요구하는 정보의 후속 제출빈도는 당사자총회에서 결정되는 국가보고서의 제출일정을 고려하여, 이 의정서의 당사자회의의 역할을 수행하는 당사자총회가 결정한다.

4. 이 의정서의 당사자회의의 역할을 수행하는 당사자총회는 제1차 회기에서, 당사자총회에서 채택되는 부속서 1의 당사자의 국가보고서 작성을 위한 지침을 고려하여, 이 조에서 요구하는 정보의 작성지침을 채택하고, 그 후 정기적으로 이를 검토한다. 또한 이 의정서의 당사자회의의 역할을 수행하는 당사자총회는 제1차 회기 이전에 배출허용량의 계산방식을 결정한다.

제8조 1. 부속서 1의 당사자가 제7조에 따라 제출하는 정보에 대하여는 당사자총회의 관련 결정들과 이 의정서의 당사자회의의 역할을 수행하는 당사자총회가 제4항의 규정에 의하여 그 목적을 위하여 채택한 지침에 따라 전문가 검토반이 이를 검토한다. 부속서 1의 당사자가 제7조제1항에 따라 제출하는 정보는 배출량의 통계목록과 배출허용량의 연례 취합 및 계산의 일부로서 검토된다. 추가적으로, 부속서 1의 당사자가 제7조제2항에 따라 제출하는 정보는 보고서 검토의 일부로서 검토된다.

2. 전문가 검토반은, 당사자총회가 정한 방침에 따라, 사무국에 의하여 조정되며, 협약의 당사자가, 적절한 경우에는 정부간 기구가, 지명하는 인사중에서 선정되는 전문가로 구성된다.

3. 검토과정에서는 이 의정서의 당사자에 의한 이행의 모든 측면에 대하여 철저하고 포괄적인 기술적 평가가 이루어진다. 전문가 검토반은 당사자의 공약이행을 평가하고, 그 이행과정에 있어서의 모든 잠재적 문제점과 공약의 이행에 영향을 미치는 모든 요소들을 확인하여, 이 의정서의 당사자회의의 역할을 수행하는 당사자총회에 제출할 보고서를 작성한다. 사무국은 이러한 보고서를 협약의 모든 당사자에게 배포하는 한편, 이 의정서의 당사자회의의 역할을 수행하는 당사자총회가 보다 심층적으로 이를 검토할 수 있도록 그 보고서에서 지적된 이행상의 문제점을 목록화한다.

4. 이 의정서의 당사자회의의 역할을 수행하는 당사자총회는 제1차 회기에서, 당사자총회의 관련 결정들을 고려하여, 전문가 검토반이 이 의정서의 이행을 검토하기 위한 지침을 채택하고 그 후 정기적으로 이를 검토한다.

5. 이 의정서의 당사자회의의 역할을 수행하는 당사자총회는 이행보조기관, 적절한 경우에는 과학·기술자문 보조기관의 지원을 받아 다음 사항을 검토한다.

가. 당사자가 제7조에 따라 제출한 정보 및 이 조의 규정에 의하여 그 정보에 대하여 행하여진 전문가의 검토보고서

나. 사무국이 제3항에 따라 목록화한 이행상의 문제점 및 당사자가 제기한 모든 문제점

6. 이 의정서의 당사자회의의 역할을 수행하는 당사자총회는 제5항에 규정된 정보에 대한 검토에 따라 이 의정서의 이행을 위하여 필요한 모든 사항에 관하여 결정한다.

제9조 1. 이 의정서의 당사자회의의 역할을 수행하는 당사자총회는 기후변화와 그 영향에 대하여 이용가능한 최선의 과학적 정보·평가와 기술적·사회적·경제적 관련 정보에 비추어 이 의정서를 정기적으로 검토한다. 이러한 검토는 협약상의 관련 검토, 특히 협약 제4조제2항라목 및 제7조제2항가목에서 요구되는 관련 검토와 조정된다. 이 의정서의 당사자회의의 역할을 수행하는 당사자총회는 이러한 검토에 기초하여 적절한 조치를 취한다.

2. 제1차 검토는 이 의정서의 당사자회의의 역할을 수행하는 당사자총회의 제2차 회기에서 이루어진다. 추가적 검토는 적절한 방식에 의하여 정기적으로 이루어진다.

제10조 모든 당사자는, 공통적이지만 그 정도에는 차이가 있는 각자의 책임과 국가 및 지역에 고유한 개발우선순위·목적·상황을 고려하고, 부속서 1에 포함되지 아니한 당사자에 대하여는 어떠한 새로운 공약도 도입하지 아니하나 협약 제4조제1항의 기존 공약에 대하여는 이를 재확인하며, 지속가능한 개발을 달성하기 위하여 이들 공약의 이행을 계속 진전시키고, 협약 제4조제3항·제5항 및 제7항을 고려하여 다음 사항을 수행한다.

가. 당사자총회가 채택한 국가보고서의 작성을 위한 지침에 부합하고 당사자총회가 합의한 비교가능한 방법론을 사용하여, 모든 온실가스(몬트리올의정서에 의하여 규제되는 것을 제외한다)의 배출원에 의한 인위적 배출량과 흡수원에 의한 제거량에 관한 국가통계목록을 작성하고 이를 정기적으로 갱신하기 위하여, 각 당사자의 사회·경제적 여건을 반영하는 국내 배출요소·활동자료 및/또는 모델의 질을 개선하기 위한 비용효율적인 국가적 계획, 적절한 경우에는 지역적 계획을 타당하고 가능한 범위안에서 수립할 것

나. 기후변화를 완화하는 조치와 기후변화에 대한 충분한 적응을 용이하게 하는 조치를 그 내용으로 하는 국가적 계획, 적절한 경우에는 지역적 계획을 수립·실시·공표하고 정기적으로 이를 갱신할 것

(1) 이러한 계획은, 특히 에너지·수송·산업·농업·임업 및 폐기물관리에 관한 것이며, 적응기술 및 국토관리계획을 개선하기 위한 방법은 기후변화에 대한 적응을 향상시킨다.

(2) 부속서 1의 당사자는 제7조에 따라 국가적 계획과 이 의정서에 따른 조치에 관한 정보를 제출한다. 그 밖의 당사자는 기후변화 및 그 부정적 영향에 대한 대응에 기여하리라고 생각되는 조치(온실가스 배출량의 증가 완화, 흡수원의 증진 및 흡수원에 의한 제거, 능력형성 및 적응조치를 포함한다)를 내용으로 하는 계획에 관한 정보를 자국의 국가보고서에 적절히 포함시키도록 노력한다.

다. 기후변화와 관련된 환경적으로 건전한 기술·노우하우·관행 및 공정의 개발·적용·확산을 위한 효과적인 방식을 증진하는 데 협력한다. 특히 개발도상국에 대하여, 기후변화와 관련된 환경적으로 건전한 기술·노우하우·관행 및 공정의 이전이나 이에 대한 접근을 적절히 증진·촉진하며, 이에 필요한 재원을 제공하기 위하여 실행가능한 모든 조치를 행한다. 이러한 조치는 공공소유 또는 사적 권리가 소멸된 환경적으로 건전한 기술의 효과적인 이전을 위한 정책 및 계획의 수립과 민간부문으로 하여금 환경적으로 건전한 기술의 이전과 이에 대한 접근을 증진시키고 향상시킬 수 있도록 하는 환경의 조성을 포함한다.

라. 협약 제5조를 고려하여, 기후체계 및 기후변화의 부정적 영향이나 다양한 대응전략의 경제적·사회적 영향에 관한 불확실성을 줄이기 위하여 과학적·기술적 연구에서 협력하고, 체계적 관측체제의 유지·발전 및 자료보관제도의 정비를 증진하며, 연구 및 체계적 관측에 관한 국가간 및 정부간 노력·계획 및 협력망에 참여하기 위한 고유한 역량과 능력의 개발·강화를 증진한다.

마. 국제적 차원에서, 적절한 경우에는 기존 기구를 활용하여, 교육·훈련계획(국가적 능력, 특히 인적·제도적 능력형성의 강화, 특히 개발도상국에 있어서 이 분야의 전문가를 양성할 요원의 교류나 파견에 관한 것을 포함한다)의 개발·실시에 협력하고 이를 증진한다. 국가적 차원에서 기후변화에 관한 공중의 인식을 제고하고 관련 정보에 대한 공중의 접근을 용이하게 한다. 이러한 활동을 수행하기 위한 적절한 방식은, 협약 제6조를 고려하여, 이 협약의 관련기구를 통하여 개발된다.

바. 당사자총회의 관련 결정들에 따라, 이 조에 의하여 수행한 계획 및 활동에 관한 정보를 자국의 국가보고서에 포함시킨다.

사. 이 조의 공약을 이행함에 있어서 협약 제4조제8항을 충분히 고려한다.

제11조 1. 제10조의 이행에 있어, 당사자는 협약 제4조제4항·제5항 및 제7항 내지 제9항의 규정을 고려한다.

2. 협약 제4조제1항의 이행과 관련하여, 협약 부속서 2의 선진국인 당사자와 그 밖의 선진당사자는 협약 제4조제3항 및 제11조와 협약의 재정지원체제의 운영을 위임받은 기구를 통하여 다음을 행한다.

가. 협약 제4조제1항가목의 규정에 의한 기존 공약으로서 제10조가목에 규정된 사항의 이행을 진전시키기 위하여 개발도상국인 당사자가 부담하는 합의된 총비용을 충당하기 위하여 신규의 추가적 재원을 제공할 것

나. 협약 제4조제1항의 규정에 의한 기존 공약으로서 제10조에 규정되어 있고 개발도상국인 당사자와 협약 제11조에 규정된 국제기구간에 합의된 사항의 이행을 진전시키는 데 소요되는 합의된 총증가비용을 개발도상국인 당사자가 충당하는 데 필요한 신규의 추가적 재원(기술이전을 위한 재원을 포함한다)을 제11조에 따라 제공할 것

이러한 기존 공약의 이행에는 자금 흐름의 적정성 및 예측가능성이 필요하다는 점과 선진국인 당사자간에 적절한 부담배분이 중요하다는 점이 고려되어야 한다. 이 의정서의 채택 이전에 합의된 결정을 포함하여 당사자총회의 관련 결정에서 협약상의 재정지원체제를 운영하도록 위임받은 기구에 대한 지침은 이 항의 규정에 준용한다.

3. 협약 부속서 2의 선진국인 당사자와 그 밖의 선진당사자는 양자적·지역적 및 그 밖의 다자적 경로를 통하여 제10조의 이행을 위한 재원을 제공할 수 있고, 개발도상국인 당사자는 이를 이용할 수 있다.

제12조 1. 청정개발체제를 이에 규정한다.

2. 청정개발체제는 부속서 1에 포함되지 아니한 당사자가 지속가능한 개발을 달성하고 협약의 궁극적 목적에 기여할 수 있도록 지원하며, 부속서 1의 당사자가 제3조의 규정에 의한 수량적 배출량의 제한·감축을 위한 공약을 준수할 수 있도록 지원하는 것을 목적으로 한다.

3. 청정개발체제하에서,

가. 부속서 1에 포함되지 아니한 당사자는 인증받은 배출감축량을 발생시키는 사업활동으로부터 이익을 얻는다.

나. 부속서 1의 당사자는 제3조의 규정에 의한 수량적 배출량의 제한·감축을 위한 공약의 일부 준수에 기여하기 위하여 이러한 사업활동으로부터 발생하는 인증받은 배출감축량을 이 의정서의 당사자회의의 역할을 수행하는 당사자총회가 결정하는 바에 따라 사용할 수 있다.

4. 청정개발체제는 이 의정서의 당사자회의의 역할을 수행하는 당사자총회의 권한 및 지도에 따르며, 청정개발체제 집행이사회의 감독을 받는다.

5. 각 사업활동으로부터 발생하는 배출감축량은 다음에 기초하여, 이 의정서의 당사자회의의 역할을 수행하는 당사자총회가 지정하는 운영기구에 의하여 인증받는다.

가. 관련 각 당사자가 승인한 자발적 참여

나. 기후변화의 완화와 관련되는 실질적이고 측정가능한 장기적 이익

다. 인증받은 사업활동이 없는 경우에 발생하는 배출량의 감축에 추가적인 배출량의 감축

6. 청정개발체제는, 필요한 경우, 인증받은 사업활동을 위한 재원조달을 지원한다.

7. 이 의정서의 당사자회의의 역할을 수행하는 당사자총회는 제1차 회기에서 사업활동에 대한 독립적인 감사·검증을 통하여 투명성·효율성 및 책임성을 보장하기 위한 방식 및 절차를 발전시킨다.

8. 이 의정서의 당사자회의의 역할을 수행하는 당사자총회는 인증받은 사업활동의 수익중 일부가 행정경비로 지불되고, 기후변화의 부정적 영향에 특히 취약한 개발도상국인 당사자의 적응비용의 충당을 지원하는 데 사용되도록 보장한다.

9. 청정개발체제에의 참여(제3항가목에 규정된 활동에의 참여 및 인증받은 배출감축량의 취득에의 참여를 포함한다)는 민간 및/또는 공공 기구를 관여시킬 수 있으며, 이러한 참여는 청정개발체제의 집행이사회가 제공하는 지침에 따라 이루어진다.

10. 2000년부터 제1차 공약기간 개시전의 기간동안 취득된 인증받은 배출감축량은 제1차 공약기간동안의 공약준수를 지원하기 위하여 사용될 수 있다.

제13조 1. 협약의 최고기관인 당사자총회는 이 의정서의 당사자회의의 역할을 수행한다.

2. 이 의정서의 당사자가 아닌 협약의 당사자는 이 의정서의 당사자회의의 역할을 수행하는 당사자총회의 모든 회기의 심의에 참관인으로 참여할 수 있다. 당사자총회가 이 의정서의 당사자회의의 역할을 수행하는 경우, 이 의정서에 따른 결정은 이 의정서의 당사자만이 할 수 있다.

3. 당사자총회가 이 의정서의 당사자회의의 역할을 수행하는 경우, 그 당시 이 의정서의 당사자가 아닌 협약의 당사자를 대표하는 자가 당사자총회의 의장단의 구성원인 때에는, 동 구성원은 이 의정서의 당사자들이 그들중에서 선출한 추가구성원으로 대체된다.

4. 이 의정서의 당사자회의의 역할을 수행하는 당사자총회는 이 의정서의 이행상황을 정기적으로 검토하고, 그 권한의 범위안에서 이 의정서의 효과적 이행의 증진에 필요한 결정을 한다. 당사자총회는 이 의정서에 의하여 부여된 기능을 수행하며 다음을 행한다.

가. 이 의정서의 규정에 따라 제공되는 이용가능한 모든 정보에 입각하여, 당사자의 의정서 이행상황, 이 의정서에 따라 행한 조치의 전반적 효과, 특히 환경적·경제적·사회적 효과 및 이의 누적적 효과와 협약의 목적 성취도를 평가할 것

나. 협약 제4조제2항라목 및 제7조제2항에서 요구되는 모든 검토를 충분히 고려하고, 협약의 목적 및 협약의 이행과정에서 얻은 경험과 과학·기술 지식의 발전에 비추어, 이 의정서에 따른 당사자의 의무를 정기적으로 검토하고, 이러한 측면에서 이 의정서의 이행에 관한 정기보고서를 심의·채택할 것

다. 당사자의 서로 다른 여건·책임 및 능력과 이 의정서상의 각자의 공약을 고려하여, 기후변화와 그 효과에 대응하기 위하여 당사자가 채택한 조치에 관한 정보의 교환을 촉진하고 용이하게 할 것

라. 2 이상의 당사자의 요청이 있는 경우, 각 당사자의 서로 다른 여건·책임 및 능력과 이 의정서상의 각자의 공약을 고려하여, 기후변화와 그 효과에 대응하기 위하여 당사자가 채택한 조치의 조정을 용이하게 할 것

마. 협약의 목적 및 이 의정서의 규정에 따라, 그리고 당사자총회의 관련 결정을 충분히 고려하여, 이 의정서의 당사자회의의 역할을 수행하는 당사자총회가 합의한 방법론으로서 이 의정서의 효과적인 이행을 위한 비교가능한 방법론의 발전과 정기적인 개선을 촉진·지도할 것

바. 이 의정서의 이행에 필요한 사항에 대하여 권고할 것

사. 제11조제2항에 따라 추가적 재원의 동원을 위하여 노력할 것

아. 이 의정서의 이행에 필요하다고 판단되는 보조기관을 설치할 것

자. 적절한 경우, 권한있는 국제기구·정부간기구 및 비정부간기구로부터의 지원·협력 및 정보제공을 구하고 이를 활용할 것

차. 이 의정서의 이행을 위하여 필요한 그 밖의 기능을 수행하고, 당사자총회의 결정에 의하여 부여되는 모든 과제를 심의할 것

5. 이 의정서의 당사자회의의 역할을 수행하는 당사자총회가 컨센서스로 달리 결정하는 경우를 제외하고는, 당사자총회의 의사규칙 및 협약상 적용되는 재정절차는 이 의정서에 준용한다.

6. 이 의정서의 당사자회의의 역할을 수행하는 당사자총회의 제1차 회기는 사무국에 의하여 이 의정서의 발효일 이후에 예정되어 있는 당사자총회의 첫째 회기와 함께 소집된다. 이 의정서의 당사자회의의 역할을 수행하는 당사자총회의 후속 정기회기는, 동 당사자총회가 달리 결정하지 아니하는 한, 당사자총회의 정기회기와 함께 매년 개최된다.

7. 이 의정서의 당사자회의의 역할을 수행하는 당사자총회의 특별회기는 동 당사자총회가 필요하다고 인정하거나 당사자의 서면요청이 있는 때에 개최된다. 다만, 이러한 서면요청은 사무국이 이를 당사자들에게 통보한 후 6월 이내에 최소한 당사자 3분의 1이상의 지지를 받아야 한다.

8. 국제연합·국제연합전문기구·국제원자력기구 및 이들 기구의 회원국이나 참관인인 협약의 비당사자는 이 의정서의 당사자회의의 역할을 수행하는 당사자총회의 회기에 참관인으로 참석할 수 있다. 국내적·국제적 또는 정부간·비정부간 기구나 기관을 불문하고 이 의정서가 규율하는 사항에 대하여 전문성을 갖는 기구나 기관이 이 의정서의 당사자회의의 역할을 수행하는 당사자총회의 회기에 참관인으로 참석하고자 하는 의사를 사무국에 통보하는 경우, 출석당사자의 3분의 1 이상이 반대하지 아니하는 한 그 참석이 허용될 수 있다. 참관인의 참석 허용 및 회의 참가는 제5항에 규정된 의사규칙에 따라 이루어진다.

제14조 1. 협약 제8조에 의하여 설치되는 사무국은 이 의정서의 사무국의 역할을 수행한다.

2. 사무국의 기능에 관하여 규정하고 있는 협약 제8조제2항 및 사무국의 기능수행에 필요한 준비에 관하여 규정하고 있는 협약 제8조제3항은 이 의정서에 준용한다. 또한 사무국은 이 의정서에 의하여 부여된 기능을 수행한다.

제15조 1. 협약 제9조 및 제10조에 의하여 설치된 과학·기술자문 보조기관 및 이행을 위한 보조기관은 각각 이 의정서의 과학·기술자문 보조기관 및 이행을 위한 보조기관의 역할을 수행한다. 과학·기술자문 보조기관 및 이행을 위한 보조기관의 기능수행에 관한 협약의 규정은 이 의정서에 준용한다. 이 의정서의 과학·기술자문 보조기관 및 이행을 위한 보조기관 회의의 회기는 각각 협약의 과학·기술 보조기관 및 이행을 위한 보조기관의 회의와 함께 개최된다.

2. 이 의정서의 당사자가 아닌 협약의 당사자는 보조기관의 모든 회기의 심의에 참관인으로 참여할 수 있다. 보조기관이 이 의정서의 보조기관의 역할을 수행하는 경우, 이 의정서에 따른 결정은 이 의정서의 당사자만이 할 수 있다.

3. 협약 제9조 및 제10조에 의하여 설치된 보조기관이 이 의정서와 관련된 사항에 대하여 그 기능을 수행하는 경우, 그 당시 이 의정서의 당사자가 아닌 협약의 당사자를 대표하는 자가 보조기관의 의장단의 구성원인 때에는 동 구성원은 이 의정서의 당사자들이 그들중에서 선출한 추가구성원으로 대체된다.

제16조 이 의정서의 당사자회의의 역할을 수행하는 당사자총회는, 당사자총회가 채택한 모든 관련 결정에 비추어 가능한 한 조속히, 협약 제13조에 규정된 다자간 협의절차를 이 의정서에 적용하는 문제를 심의하고, 적절한 경우에는 이를 수정한다. 이 의정서에 적용될 수 있는 모든 다자간 협의절차는 제18조에 따라 마련된 절차 및 체제에 영향을 미치지 아니하도록 운영된다.

제17조 당사자총회는, 특히 검증·보고·책임 등에 관한 것을 비롯하여, 배출량거래에 관한 원칙·방식·규칙·지침을 규정한다. 부속서 나의 당사자는 제3조의 규정에 의한 공약을 이행하기 위하여 배출량거래에 참여할 수 있다. 이러한 모든 거래는 제3조의 규정에 의한 수량적 배출량의 제한·감축을 위한 공약의 이행을 위한 국내조치의 보조수단으로 활용되어야 한다.

제18조 이 의정서의 당사자회의의 역할을 수행하는 당사자총회는 제1차 회기에서, 이 의정서가 준수되지 아니하는 원인·형태·정도 및 빈도를 고려하여, 그 결과에 관한 예시목록의 개발 등 그 사례를 결정하고 이에 대응하기 위한 적절하고 효과적인 절차 및 체제를 승인한다. 이 조의 규정에 의한 절차 및 체제로서 기속력있는 결과를 수반하는 것은 이 의정서의 개정에 의하여 채택된다.

제19조 분쟁해결에 관한 협약 제14조의 규정은 이 의정서에 준용한다.

제20조 1. 모든 당사자는 이 의정서의 개정안을 제안할 수 있다.

2. 이 의정서의 개정안은 이 의정서의 당사자회의의 역할을 수행하는 당사자총회의 정기회기에서 채택된다. 사무국은 개정안의 채택여부가 상정되는 정기회기가 개최되기 최소 6월전에 동 개정안을 당사자들에게 통보하고, 협약의 당사자와 그 서명자에게도 통보하며, 참고용으로 수탁자에게도 통보한다.

3. 당사자는 이 의정서의 개정안에 대하여 컨센서스에 의한 합의에 도달하도록 모든 노력을 다한다. 컨센서스를 위한 모든 노력을 다하였으나 합의에 도달하지 못한 경우, 동 개정안은 최종적으로 회의에 출석하여 투표하는 당사자의 4분의 3 이상의 다수결로 채택된다. 사무국은 채택된 개정안을 수탁자에게 통보하며, 수탁자는 동 개정안의 수락을 위하여 이를 모든 당사자에게 배포한다.

4. 개정안에 대한 수락서는 수탁자에게 기탁된다. 제3항에 따라 채택된 개정안은 이 의정서의 당사자중 최소 4분의 3 이상의 수락서가 수탁자에게 접수된 날부터 90일째 되는 날에 수락한 당사자에 대하여 발효한다.

5. 그 밖의 당사자가 그 후에 수탁자에게 수락서를 기탁한 경우에는, 그 개정안은 수락서를 기탁한 날부터 90일째 되는 날에 동 당사자에 대하여 발효한다.

제21조 1. 이 의정서의 부속서는 의정서의 불가분의 일부를 구성하며, 명시적으로 달리 규정하지 아니하는 한, 이 의정서에 관한 언급은 동시에 그 부속서도 언급하는 것으로 본다. 이 의정서의 발효 이후에 채택되는 모든 부속서는 목록·양식이나 과학적·기술적·절차적·행정적 특성을 갖는 서술적 성격의 자료에 국한된다.

2. 모든 당사자는 이 의정서의 부속서안이나 이 의정서의 부속서의 개정안을 제안할 수 있다.

3. 이 의정서의 부속서안 및 이 의정서의 부속서의 개정안은 이 의정서의 당사자회의의 역할을 수행하는 당사자총회의 정기회기에서 채택된다. 사무국은 제안된 부속서안 또는 부속서의 개정안의 채택여부가 상정되는 정기회기가 개최되기 최소 6월전에 동 부속서안 또는 부속서의 개정안을 당사자들에게 통보하고, 협약의 당사자와 그 서명자에게도 통보하며, 참고용으로 수탁자에게도 통보한다.

4. 당사자는 부속서안 또는 부속서의 개정안에 대하여 컨센서스에 의한 합의에 도달하도록 모든 노력을 다한다. 컨센서스를 위한 모든 노력을 다하였으나 합의에 도달하지 못한 경우, 부속서안 또는 부속서의 개정안은 최종적으로 회의에 출석하여 투표하는 당사자의 4분의 3 이상의 다수결로 채택된다. 사무국은 채택된 부속서안 또는 부속서의 개정안을 수탁자에게 통보하며, 수탁자는 수락을 위하여 이를 모든 당사자에게 배포한다.

5. 제3항과 제4항에 따라 채택된 부속서안 또는 부속서(부속서 가 또는 나를 제외한다)의 개정안은 수탁자가 동 부속서안 또는 부속서의 개정안의 채택을 당사자에게 통보한 날부터 6월 후에 이 의정서의 모든 당사자(동 기간내에 이를 수락하지 아니함을 수탁자에게 서면으로 통고한 당사자를 제외한다)에 대하여 발효한다. 부속서안 또는 부속서의 개정안을 수락하지 아니한다는 서면통고를 한 당사자가 이를 철회한 경우에는, 동 당사자에 대하여는 그 철회통고가 수탁자에게 접수된 날부터 90일째 되는 날에 발효한다.

6. 부속서안 또는 부속서의 개정안의 채택이 이 의정서의 개정을 수반하는 경우에는, 그 부속서안 또는 부속서의 개정안은 이 의정서의 개정안이 발효할 때까지 발효하지 아니한다.

7. 이 의정서의 부속서 가 및 나의 개정안은 제20조에 규정된 절차에 따라 채택되고 발효한다. 다만, 부속서 나의 개정안은 관련 당사자의 서면동의가 있는 경우에만 채택된다.

제22조 1. 각 당사자는 제2항에 규정된 경우를 제외하고는 하나의 투표권을 가진다.

2. 지역경제통합기구는 그 기구의 권한사항에 대하여 이 의정서의 당사자인 기구 회원국의 수와 동수의 투표권을 행사한다. 기구 회원국중 어느 한 국가라도 투표권을 행사하는 경우, 기구는 투표권을 행사하지 아니하며, 그 반대의 경우도 또한 같다.

제23조 국제연합사무총장은 이 의정서의 수탁자가 된다.

제24조 1. 이 의정서는 협약의 당사자인 국가와 지역경제통합기구의 서명을 위하여 개방되며, 이들에 의하여 비준·수락·승인된다. 이 의정서는 1998년 3월 16일부터 1999년 3월 15일까지 뉴욕의 국제연합본부에서 서명을 위하여 개방되며, 그 서명기간이 종료한 다음 날부터 가입을 위하여 개방된다. 비준서·수락서·승인서·가입서는 수탁자에게 기탁된다.

2. 이 의정서의 당사자가 되는 지역경제통합기구는, 기구 회원국중 어느 한 국가도 이 의정서의 당사자가 아닌 경우에도 이 의정서상의 모든 의무에 구속된다. 기구의 1 이상의 회원국이 이 의정서의 당사자인 경우, 기구와 그 회원국은 이 의정서상의 의무를 수행하기 위한 각각의 책임을 결정한다. 이 경우, 기구와 그 회원국은 이 의정서상의 권리를 동시에 행사할 수 없다.

3. 지역경제통합기구는 그 비준서·수락서·승인서·가입서에서 이 의정서가 규율하는 사항에 관한 기구의 권한범위를 선언한다. 또한, 기구는 그 권한범위의 실질적 변동에 관하여 수탁자에게 통보하며, 수탁자는 이를 당사자에게 통보한다.

제25조 1. 이 의정서는 부속서 1의 당사자들의 1990년도 이산화탄소 총 배출량중 55퍼센트 이상을 차지하는 부속서 1의 당사자를 포함하여, 55 이상의 협약의 당사자가 비준서·수락서·승인서·가입서를 기탁한 날부터 90일째 되는 날에 발효한다.

2. 이 조의 목적상, "부속서 1의 당사자들의 1990년도 이산화탄소 총 배출량"이라 함은 부속서 1의 당사자들이 이 의정서의 채택일 또는 그 이전에 협약 제12조에 따라 제출한 제1차 국가보고서에서 통보한 양을 말한다.

3. 발효에 관한 제1항의 조건이 충족된 후 이 의정서를 비준·수락·승인·가입하는 국가 또는 지역경제통합기구의 경우에는, 그 비준서·수락서·승인서·가입서가 기탁된 날부터 90일째 되는 날에 동 국가 또는 기구에 대하여 발효한다.

4. 이 조의 목적상, 지역경제통합기구가 기탁하는 문서는 기구의 회원국이 기탁하는 문서에 추가되는 것으로 계산되지 아니한다.

제26조 이 의정서에 대하여는 어떠한 유보도 행할 수 없다.

제27조 1. 당사자는 의정서가 자신에 대하여 발효한 날부터 3년이 경과한 후에는 언제나 수탁자에게 서면통고를 함으로써 이 의정서로부터 탈퇴할 수 있다.

2. 탈퇴는 수탁자가 탈퇴 통고를 접수한 날부터 1년이 경과한 날이나 탈퇴통고서에 이보다 더 늦은 날짜가 명시된 경우에는 그 늦은 날에 발효한다.

3. 협약으로부터 탈퇴한 당사자는 이 의정서로부터도 탈퇴한 것으로 본다.

제28조 아랍어·중국어·영어·불어·러시아어 및 서반아어본이 동등하게 정본인 이 의정서의 원본은 국제연합 사무총장에게 기탁된다.

1997년 12월 11일에 교토에서 작성하였다.

이상의 증거로, 정당하게 권한을 위임받은 아래 서명자가 명시된 일자에 이 의정서에 서명하였다.

부속서(가)

온실가스
이산화탄소 (CO_2)
메탄 (CH_4)
아산화질소 (N_2O)
수소불화탄소 (HFCs)
과불화탄소 (PFCs)
육불화황 (SF6)

부문/배출원 범주
에너지
  연료 연소
    에너지 산업
    제조업 및 건설
    수송
    그 밖의 부문
    기타
  연료로부터의 탈루성 배출
    고체 연료
    석유 및 천연가스
    기타
산업 공정
  광물제품
  화학산업
  금속생산
  그 밖의 생산
  할로카본 및 육불화황 생산
  할로카본 및 육불화황 소비
  기타
솔벤트 및 여타 제품 사용
농업
  장내발효
  비료관리
  벼재배
  농경지
  초지의 계획적 소각
  농경지에서의 농부산물 소각
  기타
폐기물
  육상 고체 폐기물 처리
  폐수 처리
  폐기물 소각
  기타

부속서(나)

당 사 자	수량적 배출량의 제한·감축에 관한 공약(기준연도 또는 기간에 대한 백분율)
호주	108
오스트리아	92
벨기에	92
불가리아 *	92
캐나다	94
크로아티아 *	95
체크 공화국 *	92
덴마아크	92
에스토니아 *	92
구주공동체	92
핀랜드	92
프랑스	92
독일	92
그리스	92
헝가리 *	94
아이슬랜드	110
아일랜드	92
이탈리아	92
일본	94
라트비아 *	92
리히텐슈타인	92
리투아니아 *	92
룩셈부르그	92
모나코	92
네덜란드	92
뉴질랜드	100
노르웨이	101
폴란드 *	94
포르투갈	92
루마니아 *	92
러시아 *	100
슬로바키아 *	92
슬로베니아 *	92
스페인	92
스웨덴	92
스위스	92
우크라이나 *	100
영국	92
미국	93

* 시장경제로의 이행과정에 있는 국가

파리협정

(2016년 11월 10일 조 약 제2315호)

2015.12.12(파리에서 채택)
2016.12. 3(대한민국에 대하여 발효)

이 협정의 당사자는,

「기후변화에 관한 국제연합 기본협약(이하 "협약"이라 한다)」의 당사자로서, 제17차 협약 당사자총회에서 결정(1/CP.17)으로 수립된 「행동 강화를 위한 더반플랫폼」에 따라, 협약의 목적을 추구하고, 상이한 국내 여건에 비추어 형평의 원칙 및 공통적이지만 그 정도에 차이가 나는 책임과 각자의 능력의 원칙을 포함하는 협약의 원칙에 따라, 이용 가능한 최선의 과학적 지식에 기초하여 기후변화라는 급박한 위협에 대하여 효과적이고 점진적으로 대응할 필요성을 인식하며, 또한, 협약에서 규정된 대로 개발도상국인 당사자, 특히 기후변화의 부정적 영향에 특별히 취약한 개발도상국 당사자의 특수한 필요와 특별한 사정을 인식하고, 자금 제공 및 기술 이전과 관련하여 최빈개도국의 특수한 필요와 특별한 상황을 충분히 고려하며, 당사자들이 기후변화뿐만 아니라 그에 대한 대응 조치에서 비롯된 여파에 의해서도 영향을 받을 수 있음을 인식하고, 기후변화 행동, 대응 및 영향이 지속가능한 발전 및 빈곤 퇴치에 대한 형평한 접근과 본질적으로 관계가 있음을 강조하며, 식량안보 수호 및 기아 종식이 근본적인 우선 과제이며, 기후변화의 부정적 영향에 식량생산체계가 특별히 취약하다는 점을 인식하고, 국내적으로 규정된 개발우선순위에 따라 노동력의 정당한 전환과 좋은 일자리 및 양질의 직업 창출이 매우 필요함을 고려하며, 기후변화가 인류의 공통 관심사임을 인정하고, 당사자는 기후변화에 대응하는 행동을 할 때 양성평등, 여성의 역량 강화 및 세대 간 형평뿐만 아니라, 인권, 보건에 대한 권리, 원주민·지역공동체·이주민·아동·장애인·취약계층의 권리 및 발전권에 관한 각자의 의무를 존중하고 촉진하며 고려하여야 함을 인정하며, 협약에 언급된 온실가스의 흡수원과 저장고의 적절한 보전 및 증진의 중요성을 인식하고, 기후변화에 대응하는 행동을 할 때, 해양을 포함한 모든 생태계의 건전성을 보장하는 것과 일부 문화에서 어머니 대지로 인식되는 생물다양성의 보존을 보장하는 것의 중요성에 주목하고, 일각에게 "기후 정의"라는 개념이 갖는 중요성에 주목하며, 이 협정에서 다루어지는 문제에 대한 교육, 훈련, 공중의 인식, 공중의 참여, 공중의 정보 접근, 그리고 모든 차원에서의 협력이 중요함을 확인하고, 기후변화에 대한 대응에 당사자 각자의 국내 법령에 따라 모든 차원의 정부조직과 다양한 행위자의 참여가 중요함을 인식하며, 또한, 선진국인 당사자가 주도하고 있는 지속가능한 생활양식과 지속가능한 소비 및 생산 방식이 기후변화에 대한 대응에 중요한 역할을 함을 인식하면서, 다음과 같이 합의하였다.

제1조 이 협정의 목적상, 협약 제1조에 포함된 정의가 적용된다. 추가로,

가. "협약"이란 1992년 5월 9일 뉴욕에서 채택된 「기후변화에 관한 국제연합 기본협약」을 말한다.
나. "당사자총회"란 협약의 당사자총회를 말한다.
다. "당사자"란 이 협정의 당사자를 말한다.

제2조 1. 이 협정은, 협약의 목적을 포함하여 협약의 이행을 강화하는 데에, 지속가능한 발전과 빈곤 퇴치를 위한 노력의 맥락에서, 다음의 방법을 포함하여 기후변화의 위협에 대한 전지구적 대응을 강화하는 것을 목표로 한다.

가. 기후변화의 위험 및 영향을 상당히 감소시킬 것이라는 인식하에, 산업화 전 수준 대비 지구 평균 기온 상승을 섭씨 2도 보다 현저히 낮은 수준으로 유지하는 것 및 산업화 전 수준 대비 지구 평균 기온 상승을 섭씨 1.5도로 제한하기 위한 노력의 추구
나. 식량 생산을 위협하지 아니하는 방식으로, 기후변화의 부정적 영향에 적응하는 능력과 기후 회복력 및 온실가스 저배출 발전을 증진하는 능력의 증대, 그리고
다. 온실가스 저배출 및 기후 회복적 발전이라는 방향에 부합하도록 하는 재정 흐름의 조성

2. 이 협정은 상이한 국내 여건에 비추어 형평 그리고 공통적이지만 그 정도에 차이가 나는 책임과 각자의 능력의 원칙을 반영하여 이행될 것이다.

제3조 기후변화에 전지구적으로 대응하기 위한 국가결정기여로서, 모든 당사자는 제2조에 규정된 이 협정의 목적을 달성하기 위하여 제4조, 제7조, 제9조, 제10조, 제11조 및 제13조에 규정된 바와 같이 의욕적인 노력을 수행하고 통보하여야 한다. 이 협정의 효과적인 이행을 위해서는 개발도상국 당사자에 대한 지원이 필요함을 인식하면서, 모든 당사자는 시간의 경과에 따라 진전되는 노력을 보여줄 것이다.

제4조 1. 형평에 기초하고 지속가능한 발전과 빈곤 퇴치를 위한 노력의 맥락에서, 제2조에 규정된 장기 기온 목표를 달성하기 위하여, 개발도상국 당사자에게는 온실가스 배출최대치 달성에 더욱 긴 시간이 걸릴 것임을 인식하면서, 당사자는 전지구적 온실가스 배출최대치를 가능한 한 조속히 달성할 것을 목표로 하고, 그 후에는 이용 가능한 최선의 과학에 따라 급속한 감축을 실시하는 것을 목표로 하여 금세기의 하반기에 온실가스의 배출원에 의한 인위적 배출과 흡수원에 의한 제거 간에 균형을 달성할 수 있도록 한다.

2. 각 당사자는 달성하고자 하는 차기 국가결정기여를 준비하고, 통보하며, 유지한다. 당사자는 그러한 국가결정기여의 목적을 달성하기 위하여 국내적 완화 조치를 추구한다.

3. 각 당사자의 차기 국가결정기여는 상이한 국내 여건에 비추어 공통적이지만 그 정도에 차이가 나는 책임과 각자의 능력을 반영하고, 당사자의 현재 국가결정기여보다 진전되는 노력을 시현할 것이며 가능한 한 가장 높은 의욕 수준을 반영할 것이다.

4. 선진국 당사자는 경제 전반에 걸친 절대량 배출 감축목표를 약속함으로써 주도적 역할을 지속하여야 한다. 개발도상국 당사자는 완화 노력을 계속 강화하여야 하며, 상이한 국내 여건에 비추어 시간의 경과에 따라 경제 전반의 배출 감축 또는 제한 목표로 나아갈 것이 장려된다.

5. 개발도상국 당사자에 대한 지원 강화를 통하여 그들이 보다 의욕적으로 행동할 수 있을 것임을 인식하면서, 개발도상국 당사자에게 이 조의 이행을 위하여 제9조, 제10조 및 제11조에 따라 지원이 제공된다.

6. 최빈개도국과 소도서 개발도상국은 그들의 특별한 사정을 반영하여 온실가스 저배출 발전을 위한 전략, 계획 및 행동을 준비하고 통보할 수 있다.

7. 당사자의 적응 행동 그리고/또는 경제 다변화 계획으로부터 발생하는 완화의 공통이익은 이 조에 따른 완화 성과에 기여할 수 있다.

8. 국가결정기여를 통보할 때, 모든 당사자는 결정 1/CP.21과 이 협정의 당사자회의 역할을 하는 당사자총회의 모든 관련 결정에 따라 명확성, 투명성 및 이해를 위하여 필요한 정보를 제공한다.

9. 각 당사자는 결정 1/CP.21과 이 협정의 당사자회의 역할을 하는 당사자총회의 모든 관련 결정에 따라 5년마다 국가결정기여를 통보하며, 각 당사자는 제14조에 언급된 전지구적 이행점검의 결과를 통지받는다.

10. 이 협정의 당사자회의 역할을 하는 당사자총회는 제1차 회기에서 국가결정기여를 위한 공통의 시간 계획에 대하여 고려한다.

11. 이 협정의 당사자회의 역할을 하는 당사자총회가 채택하는 지침에 따라, 당사자는 자신의 의욕 수준을 증진하기 위하여 기존의 국가결정기여를 언제든지 조정할 수 있다.

12. 당사자가 통보한 국가결정기여는 사무국이 유지하는 공공등록부에 기록된다.

13. 당사자는 자신의 국가결정기여를 산정한다. 자신의 국가결정기여에 따른 인위적 배출과 제거를 산정할 때는, 당사자는 이 협정의 당사자회의 역할을 하는 당사자총회가 채택하는 지침에 따라, 환경적 건전성, 투명성, 정확성, 완전성, 비교가능성, 일관성을 촉진하며, 이중계산의 방지를 보장한다.

14. 국가결정기여의 맥락에서, 인위적 배출과 제거에 관한 완화 행동을 인식하고 이행할 때 당사자는, 이 조 제13항에 비추어, 협약상의 기존 방법론과 지침을 적절히 고려하여야 한다.

15. 당사자는 이 협정을 이행할 때, 대응조치의 영향으로 인하여 자국 경제가 가장 크게 영향을 받는 당사자, 특히 개발도상국 당사자의 우려사항을 고려한다.

16. 공동으로 이 조 제2항에 따라 행동할 것에 합의한 지역경제통합기구와 그 회원국을 포함하는 당사자는 자신의 국가결정기여를 통보할 때, 관련 기간 내에 각 당사자에 할당된 배출 수준을 포함하는 합의 내용을 사무국에 통고한다. 그 다음 순서로 사무국은 협약의 당사자 및 서명자에게 그 합의 내용을 통지한다.

17. 그러한 합의의 각 당사자는 이 조 제13항 및 제14항 그리고 제13조 및 제15조에 따라 이 조 제16항에서 언급된 합의에 규정된 배출 수준에 대하여 책임을 진다.

18. 공동으로 행동하는 당사자들이 이 협정의 당사자인 지역경제통합기구의 프레임워크 안에서 그리고 지역경제통합기구와 함께 공동으로 행동하는 경우, 그 지역경제통합기구의 각 회원국은 개별적으로 그리고 지역경제통합기구와 함께, 이 조 제13항 및 제14항 그리고 제13조 및 제15조에 따라 이 조 제16항에 따라 통보된 합의에서 명시된 배출 수준에 대하여 책임을 진다.

19. 모든 당사자는 상이한 국내 여건에 비추어, 공통적이지만 그 정도에 차이가 나는 책임과 각자의 능력을 고려하는 제2조를 유념하며 장기적인 온실가스 저배출 발전 전략을 수립하고 통보하기 위하여 노력하여야 한다.

제5조 1. 당사자는 협약 제4조제1항라목에 언급된 바와 같이, 산림을 포함한 온실가스 흡수원 및 저장고를 적절히 보전하고 증진하는 조치를 하여야 한다.

2. 당사자는, 협약하 이미 합의된 관련 지침과 결정에서 규정하고 있는 기존의 프레임워크 : 개발도상국에서의 산림 전용과 산림 황폐화로 인한 배출의 감축 관련 활동, 그리고 산림의 보전, 지속가능한 관리 및 산림 탄소 축적 증진 역할에 관한 정책적 접근 및 긍정적 유인과 ; 산림의 통합적이고 지속가능한 관리를 위한 완화 및 적응 공동 접근과 같은 대안적 정책 접근을, 이러한 접근과 연계된 비탄소 편익에 대하여 적절히 긍정적인 유인을 제공하는 것의 중요성을 재확인하면서, 결과기반지불 등의 방식을 통하여, 이행하고 지원하는 조치를 하도록 장려된다.

제6조 1.당사자는 일부 당사자가 완화 및 적응 행동을 하는 데에 보다 높은 수준의 의욕을 가능하게 하고 지속가능한 발전과 환경적 건전성을 촉진하도록 하기 위하여, 국가결정기여 이행에서 자발적 협력 추구를 선택하는 것을 인정한다.

2. 국가결정기여를 위하여 당사자가 국제적으로 이전된 완화 성과의 사용을 수반하는 협력적 접근에 자발적으로 참여하는 경우, 당사자는 지속가능한 발전을 촉진하고 거버넌스 등에서 환경적 건전성과 투명성을 보장하며, 이 협정의 당사자회의 역할을 하는 당사자총회가 채택하는 지침에 따라, 특히 이중계산의 방지 등을 보장하기 위한 엄격한 계산을 적용한다.

3. 이 협정에 따라 국가결정기여를 달성하기 위하여 국제적으로 이전된 완화 성과는 자발적으로 사용되며, 참여하는 당사자에 의하여 승인된다.

4. 당사자가 자발적으로 사용할 수 있도록 온실가스 배출 완화에 기여하고 지속가능한 발전을 지원하는 메커니즘을 이 협정의 당사자회의 역할을 하는 당사자총회의 권한과 지침에 따라 설립한다. 이 메커니즘은 이 협정의 당사자회의 역할을 하는 당사자총회가 지정한 기구의 감독을 받으며, 다음을 목표로 한다.

가. 지속가능한 발전 증진 및 온실가스 배출의 완화 촉진
나. 당사자가 허가한 공공 및 민간 실체가 온실가스 배출 완화에 참여하도록 유인 제공 및 촉진

다. 유치당사자 국내에서의 배출 수준 하락에 기여. 유치당사자는 배출 감축으로 이어질 완화 활동으로부터 이익을 얻을 것이며 그러한 배출 감축은 다른 당사자가 자신의 국가결정기여를 이행하는 데에도 사용될 수 있다. 그리고
라. 전지구적 배출의 전반적 완화 달성

5. 이 조 제4항에 언급된 메커니즘으로부터 발생하는 배출 감축을 다른 당사자가 자신의 국가결정기여 달성을 증명하는 데 사용하는 경우, 그러한 배출 감축은 유치당사자의 국가결정기여 달성을 증명하는 데 사용되지 아니한다.

6. 이 협정의 당사자회의 역할을 하는 당사자총회는 이 조 제4항에 언급된 메커니즘하에서의 활동 수익 중 일부가 행정 경비로 지불되고, 기후변화의 부정적 영향에 특별히 취약한 개발도상국 당사자의 적응 비용의 충당을 지원하는 데 사용되도록 보장한다.

7. 이 협정의 당사자회의 역할을 하는 당사자총회는 제1차 회기에서 이 조 제4항에 언급된 메커니즘을 위한 규칙, 방식 및 절차를 채택한다.

8. 당사자는 지속가능한 발전과 빈곤퇴치의 맥락에서, 특히 완화, 적응, 금융, 기술 이전 및 역량배양 등을 통하여 적절히 조율되고 효과적인 방식으로 국가결정기여의 이행을 지원하기 위하여 당사자가 이용 가능한 통합적이고, 전체적이며, 균형적인 비시장 접근의 중요성을 인식한다. 이러한 접근은 다음을 목표로 한다.
가. 완화 및 적응 의욕 촉진
나. 국가결정기여 이행에 공공 및 민간 부문의 참여 강화, 그리고
다. 여러 기제 및 관련 제도적 장치 전반에서 조정의 기회를 마련

9. 지속가능한 발전에 대한 비시장 접근 프레임워크를 이 조 제8항에 언급된 비시장 접근을 촉진하기 위하여 정의한다.

제7조 1. 당사자는 지속가능한 발전에 기여하고 제2조에서 언급된 기온 목표의 맥락에서 적절한 적응 대응을 보장하기 위하여, 적응 역량 강화, 회복력 강화 그리고 기후변화에 대한 취약성 경감이라는 전지구적 적응목표를 수립한다.

2. 당사자는 기후변화의 부정적 영향에 특별히 취약한 개발도상국 당사자의 급박하고 즉각적인 요구를 고려하면서, 적응이 현지적, 지방적, 국가적, 지역적 및 국제적 차원에서 모두가 직면한 전지구적 과제라는 점과, 적응이 인간, 생계 및 생태계를 보호하기 위한 장기적이며 전지구적인 기후변화 대응의 핵심 요소이며 이에 기여한다는 점을 인식한다.

3. 개발도상국 당사자의 적응 노력은 이 협정의 당사자회의 역할을 하는 당사자총회 제1차 회기에서 채택되는 방식에 따라 인정된다.

4. 당사자는 현재 적응에 대한 필요성이 상당하고, 더 높은 수준의 완화가 추가적인 적응 노력의 필요성을 줄일 수 있으며, 적응 필요성이 더 클수록 더 많은 적응 비용이 수반될 수 있다는 점을 인식한다.

5. 당사자는, 적절한 경우 적응을 관련 사회경제적 및 환경적 정책과 행동에 통합하기 위하여, 취약계층, 지역공동체 및 생태계를 고려하면서 적응 행동이 국가 주도적이고 성 인지적이며 참여적이고 전적으로 투명한 접근을 따라야 한다는 점과, 이용 가능한 최선의 과학, 그리고 적절히 전통 지식, 원주민 지식 및 지역 지식체계에 기반을 두고 따라야 한다는 점을 확인한다.

6. 당사자는 적응 노력에 대한 지원과 국제협력의 중요성을 인식하고, 개발도상국 당사자, 특히 기후변화의 부정적 영향에 특별히 취약한 국가의 요구를 고려하는 것의 중요성을 인식한다.

7. 당사자는 다음에 관한 것을 포함하여 「칸쿤 적응 프레임워크」를 고려하면서 적응 행동 강화를 위한 협력을 증진하여야 한다.
가. 적응 행동과 관련 있는 과학, 계획, 정책 및 이행에 관한 것을 적절히 포함하여, 정보, 모범관행, 경험 및 교훈의 공유
나. 관련 정보와 지식의 취합 및 당사자에 대한 기술적 지원 및 지침의 제공을 지원하기 위하여, 이 협정을 지원하는 협약상의 것을 포함한 제도적 장치의 강화
다. 기후 서비스에 정보를 제공하고 의사결정을 지원하는 방식으로, 연구, 기후체계에 관한 체계적 관측, 조기경보시스템 등을 포함하여 기후에 관한 과학적 지식의 강화
라. 개발도상국 당사자가 효과적인 적응 관행, 적응 요구, 우선순위, 적응 행동과 노력을 위하여 제공하고 제공받은 지원, 문제점과 격차를 파악할 수 있도록, 모범관행 장려에 부합하는 방식으로의 지원, 그리고
마. 적응 행동의 효과성 및 지속성 향상

8. 국제연합 전문기구 및 기관들은 이 조 제5항을 고려하면서 이 조 제7항에서 언급된 행동을 이행하기 위한 당사자의 노력을 지원하도록 장려된다.

9. 각 당사자는, 관련 계획, 정책 그리고/또는 기여의 개발 또는 강화를 포함하는 적응계획 과정과 행동의 이행에 적절히 참여하며, 이는 다음을 포함할 수 있다.
가. 적응 행동, 조치, 그리고/또는 노력의 이행
나. 국가별 적응계획을 수립하고 이행하는 절차
다. 취약인구, 지역 및 생태계를 고려하면서, 국가별로 결정된 우선 행동을 정하기 위하여 기후변화 영향과 취약성 평가
라. 적응 계획, 정책, 프로그램 및 행동에 대한 모니터링, 평가 및 그로부터의 학습, 그리고
마. 경제 다변화와 천연자원의 지속가능한 관리 등의 방식을 통하여 사회경제적 그리고 생태계의 회복력 구축

10. 각 당사자는 개발도상국 당사자에게 어떤 추가적 부담도 발생시키지 아니하면서 적절히 적응 보고서를 정기적으로 제출하고 갱신하여야 하며, 이 보고서는 당사자의 우선순위, 이행 및 지원 필요성, 계획 및 행동을 포함할 수 있다.

11. 이 조 제10항에 언급된 적응 보고서는 국가별 적응계획, 제4조제2항에 언급된 국가결정기여, 그리고/또는 국가별보고서를 포함하여 그 밖의 보고서나 문서의 일부로서 또는 이와 함께 정기적으로 적절히 제출되고 갱신된다.

12. 이 조 제10항에 언급된 적응 보고서는 사무국이 유지하는 공공 등록부에 기록된다.

13. 제9조, 제10조 및 제11조의 규정에 따라 이 조 제7항, 제9항, 제10항 및 제11항을 이행하기 위하여 지속적이고 강화된 국제적 지원이 개발도상국 당사자에게 제공된다.

14. 제14조에 언급된 전지구적 이행점검은 특히 다음의 역할을 한다.
가. 개발도상국 당사자의 적응 노력 인정
나. 이 조 제10항에 언급된 적응보고서를 고려하며 적응 행동의 이행 강화
다. 적응과 적응을 위하여 제공되는 지원의 적절성과 효과성 검토, 그리고
라. 이 조 제1항에 언급된 전지구적 적응목표를 달성하면서 나타난 전반적인 진전 검토

제8조 1. 당사자는 기상이변과 서서히 발생하는 현상을 포함한 기후변화의 부정적 영향과 관련된 손실 및 피해를 방지하고, 최소화하며, 해결해 나가는 것의 중요성과, 그 손실과 피해의 위험을 줄이기 위한 지속가능한 발전의 역할을 인식한다.

2. 기후변화의 영향과 관련된 손실 및 피해에 관한 바르샤바 국제 메커니즘은 이 협정의 당사자회의 역할을 하는 당사자총회의 권한 및 지침을 따르며, 이 협정의 당사자회의 역할을 하는 당사자총회가 결정하는 바에 따라 증진되고 강화될 수 있다.

3. 당사자는 협력과 촉진을 기반으로, 적절한 경우 바르샤바 국제 메커니즘 등을 통하여 기후변화의 부정적 영향과 관련된 손실 및 피해에 관한 이해, 행동 및 지원을 강화하여야 한다.

4. 이에 따라, 이해, 행동 및 지원을 강화하기 위한 협력과 촉진 분야는 다음을 포함할 수 있다.
가. 조기경보시스템
나. 비상준비태세
다. 서서히 발생하는 현상
라. 돌이킬 수 없고 영구적인 손실과 피해를 수반할 수 있는 현상
마. 종합적 위험 평가 및 관리
바. 위험 보험 제도, 기후 위험 분산 그리고 그 밖의 보험 해결책
사. 비경제적 손실, 그리고
아. 공동체, 생계 및 생태계의 회복력

5. 바르샤바 국제 메커니즘은 이 협정상의 기존 기구 및 전문가그룹, 그리고 이 협정 밖에 있는 관련 기구 및 전문가 단체와 협력한다.

제9조 1. 선진국 당사자는 협약상의 자신의 기존 의무의 연속선상에서 완화 및 적응 모두와 관련하여 개발도상국 당사자를 지원하기 위하여 재원을 제공한다.

2. 그 밖의 당사자는 자발적으로 그러한 지원을 제공하거나 제공을 지속하도록 장려된다.

3. 전지구적 노력의 일환으로, 선진국 당사자는 다양한 행동을 통하여 국가 주도적 전략 지원을 포함한 공적 재원의 중요한 역할에 주목하고 개발도상국 당사자의 요구와 우선순위를 고려하면서, 다양한 재원, 기제 및 경로를 통하여 기후재원을 조성하는 데 주도적 역할을 지속하여야 한다. 그러한 기후재원 조성은 이전보다 진전되는 노력을 보여주어야 한다.

4. 확대된 재원의 제공은 적응을 위한 공적 증여기반 재원의 필요성을 고려하고, 국가 주도적 전략과 개발도상국, 특히, 최빈개도국, 소도서 개발도상국과 같이 기후변화의 부정적 영향에 특별히 취약하고 그 역량상 상당한 제약이 있는 개발도상국 당사자의 우선순위와 요구를 감안하면서 완화와 적응 간 균형 달성을 목표로 하여야 한다.

5. 선진국 당사자는 가능하다면 개발도상국 당사자에게 제공될 공적 재원의 예상 수준을 포함하여, 이 조 제1항 및 제3항과 관련된 예시적인 성격의 정성적 · 정량적 정보를 적용 가능한 범위에서 2년마다 통보한다. 재원을 제공하는 그 밖의 당사자는 그러한 정보를 자발적으로 2년마다 통보하도록 장려된다.

6. 제14조에 언급된 전지구적 이행점검은 기후재원 관련 노력에 관하여 선진국 당사자 그리고/또는 협정상의 기구가 제공하는 관련 정보를 고려한다.

7. 선진국 당사자는, 제13조제13항에 명시된 바와 같이 이 협정의 당사자회의 역할을 하는 당사자총회 제1차 회기에서 채택되는 방식, 절차 및 지침에 따라, 공적 개입을 통하여 제공 및 조성된 개발도상국 당사자에 대한 지원에 관하여 투명하고 일관된 정보를 2년마다 제공한다. 그 밖의 당사자는 그와 같이 하도록 장려된다.

8. 운영 실체를 포함한 협약의 재정메커니즘은 이 협정의 재정메커니즘의 역할을 한다.

9. 협약의 재정메커니즘의 운영 실체를 포함하여 이 협정을 지원하는 기관은, 국가별 기후 전략과 계획의 맥락에서, 개발도상국 당사자, 특히 최빈개도국 및 소도서 개발도상국이 간소한 승인 절차 및 향상된 준비수준 지원을 통하여 재원에 효율적으로 접근하도록 보장하는 것을 목표로 한다.

제10조 1. 당사자는 기후변화에 대한 회복력을 개선하고 온실가스 배출을 감축하기 위하여 기술 개발 및 이전을 완전히 실현하는 것의 중요성에 대한 장기적 전망을 공유한다.

2. 당사자는, 이 협정상의 완화 및 적응 행동의 이행을 위한 기술의 중요성에 주목하고 기존의 효율적 기술 사용 및 확산 노력을 인식하면서, 기술의 개발 및 이전을 위한 협력적 행동을 강화한다.

3. 협약에 따라 설립된 기술메커니즘은 이 협정을 지원한다.

4. 이 조 제1항에 언급된 장기적 전망을 추구하면서, 이 협정의 이행을 지원하기 위하여 기술 개발 및 이전 행동 강화를 촉진하고 증진하는 데 기술메커니즘의 작업에 포괄적인 지침을 제공하도록 기술에 관한 프레임워크를 설립한다.

5. 혁신을 가속화하고 장려하고 가능하게 하는 것은 기후변화에 대한 효과적이고 장기적인 전지구적 대응과 경제 성장 및 지속가능한 발전을 촉진하는 데 매우 중요하다. 그러한 노력은, 연구개발에 대한 협업적 접근을 위하여 그리고 특히 기술 주기의 초기 단계에 개발도상국 당사자가 기술에 쉽게 접근할 수 있도록 하기 위하여, 기술메커니즘 등에 의하여, 그리고 재정적 수단을 통하여 협약의 재정메커니즘 등에 의하여 적절히 지원된다.

6. 이 조의 이행을 위하여 재정적 지원 등의 지원이 개발도상국 당사자에게 제공되며, 이에는 완화와 적응을 위한 지원 간의 균형을 이루기 위하여, 상이한 기술 주기 단계에서의 기술 개발 및 이전에 관한 협력 행동을 강화하기 위한 지원이 포함된다. 제14조에 언급된 전지구적 이행점검은 개발도상국 당사자를 위한 기술 개발 및 이전 지원 관련 노력에 대한 이용 가능한 정보를 고려한다.

제11조 1. 이 협정에 따른 역량배양은, 특히 적응 및 완화 행동의 이행을 포함한 효과적인 기후변화 행동을 위하여 최빈개도국과 같은 역량이 가장 부족한 개발도상국 및 소도서 개발도상국과 같은 기후변화의 부정적 효과에 특별히 취약한 개발도상국 당사자의 역량과 능력을 강화하여야 하고, 기술의 개발 · 확산 및 효과적 사용, 기후재원에 대한 접근, 교육 · 훈련 및 공중의 인식과 관련된 측면, 그리고 투명하고 시의적절하며 정확한 정보의 소통을 원활하게 하여야 한다.

2. 역량배양은 국가별 필요를 기반으로 반응하는 국가 주도적인 것이어야 하고, 국가적, 지방적 그리고 현지적 차원을 포함하여 당사자, 특히 개발도상국 당사자의 국가 주인의식을 조성하여야 한다. 역량배양은 협약상의 역량배양 활동을 통한 교훈을 포함하여 습득한 교훈을 따라야 하고, 참여적이고 종합적이며 성 인지적인 효과적 · 반복적 과정이 되어야 한다.

3. 모든 당사자는 이 협정을 이행하는 개발도상국 당사자의 역량을 강화하기 위하여 협력하여야 한다. 선진국 당사자는 개발도상국에서의 역량배양 행동에 대한 지원을 강화하여야 한다.

4. 지역적 · 양자적 및 다자적 접근 등의 수단을 통하여 이 협정의 이행을 위한 개발도상국 당사자의 역량을 강화하는 모든 당사자는, 역량배양을 위한 그러한 행동이나 조치에 대하여 정기적으로 통보한다. 개발도상국 당사자는 이 협정의 이행을 위한 역량배양 계획, 정책, 행동이나 조치를 이행하면서 얻은 진전을 정기적으로 통보하여야 한다.

5. 역량배양 활동은, 협약에 따라 설립되어 이 협정을 지원하는 적절한 제도적 장치 등 이 협정의 이행을 지원하기 위한 적절한 제도적 장치를 통하여 강화된다. 이 협정의 당사자회의 역할을 하는 당사자총회는 제1차 회기에서 역량배양을 위한 최초의 제도적 장치에 관한 결정을 고려하고 채택한다.

제12조 당사자는 이 협정상에서의 행동 강화와 관련하여 기후변화 교육, 훈련, 공중의 인식, 공중의 참여 그리고 정보에 대한 공중의 접근을 강화하기 위한 적절한 조치의 중요성을 인식하면서, 이러한 조치를 할 때 서로 협력한다.

제13조 1. 상호 신뢰와 확신을 구축하고 효과적 이행을 촉진하기 위하여, 당사자의 상이한 역량을 고려하고 공동의 경험에서 비롯된 유연성을 내재하고 있는, 행동 및 지원을 위하여 강화된 투명성 프레임워크를 설립한다.

2. 투명성 프레임워크는 각자의 역량에 비추어 유연성이 필요한 개발도상국 당사자가 이 조의 규정을 이행하는 데 유연성을 제공한다. 이 조 제13항에 언급된 방식, 절차 및 지침은 그러한 유연성을 반영한다.

3. 투명성 프레임워크는 최빈개도국과 소도서 개발도상국의 특수한 여건을 인식하면서 협약상의 투명성 장치를 기반으로 이를 강화하고, 국가주권을 존중하면서 촉진적 · 비침해적 · 비징벌적 방식으로 이행되며, 당사자에게 지나친 부담을 지우지 아니한다.

4. 국가별보고서, 격년보고서, 격년갱신보고서, 국제 평가 및 검토, 그리고 국제 협의 및 분석을 포함하는 협약상의 투명성 장치는 이 조 제13항에 따른 방식, 절차 및 지침을 개발하기 위하여 얻은 경험의 일부를 구성한다.

5. 행동의 투명성을 위한 프레임워크의 목적은, 제14조에 따른 전지구적 이행점검에 알려주기 위하여, 제4조에 따른 당사자의 국가결정기여와 모범관행 · 우선순위 · 필요 · 격차 등 제7조에 따른 당사자들의 적응 행동을 완수하도록 명확성 및 그 진전을 추적하는 것을 포함하여, 협약 제2조에 설정된 목적에 비추어 기후변화 행동에 대한 명확한 이해를 제공하는 것이다.

6. 지원의 투명성을 위한 프레임워크의 목적은, 제14조에 따른 전지구적 이행점검에 알려주기 위하여, 제4조, 제7조, 제9조, 제10조 및 제11조에 따른 기후변화 행동의 맥락에서 관련 개별 당사자가 제공하고 제공받은 지원과 관련하여 명확성을 제공하고, 제공된 총 재정지원의 전체적인 개관을 가능한 수준까지 제공하는 것이다.

7. 각 당사자는 다음의 정보를 정기적으로 제공한다.
가. 기후변화에 관한 정부 간 패널에서 수락되고 이 협정의 당사자회의 역할을 하는 당사자총회에서 합의된 모범관행 방법론을 사용하여 작성된 온실가스의 배출원에 의한 인위적 배출과 흡수원에 의한 제거에 관한 국가별 통계 보고서, 그리고
나. 제4조에 따른 국가결정기여를 이행하고 달성하는 데에서의 진전 추적에 필요한 정보

8. 각 당사자는 또한 제7조에 따라 기후변화의 영향과 적응에 관련된 정보를 적절히 제공하여야 한다.

9. 선진국 당사자는 제9조, 제10조 및 제11조에 따라 개발도상국 당사자에게 제공된 재정지원, 기술 이전 지원 및 역량배양 지원에 관한 정보를 제공하고, 지원을 제공하는 그 밖의 당사자는 이러한 정보를 제공하여야 한다.

10. 개발도상국 당사자는 제9조, 제10조 및 제11조에 따라 필요로 하고 제공받은 재정지원, 기술 이전 지원 및 역량배양 지원에 관한 정보를 제공하여야 한다.

11. 이 조 제7항과 제9항에 따라 각 당사자가 제출한 정보는 결정 1/CP.21에 따라 기술 전문가의 검토를 받는다. 개발도상국 당사자의 역량에 비추어 필요한 경우 역량배양 필요를 파악하기 위한 지원을 검토 절차에 포함한다. 또한 각 당사자는 제9조에 따른 노력과 관련하여 그리고 국가결정기여에 대한 당사자 각자의 이행 및 달성과 관련하여 그 진전에 대한 촉진적 · 다자적 고려에 참여한다.

12. 이 항에 따른 기술 전문가의 검토는, 관련이 있을 경우 당사자가 제공한 지원에 대한 고려와, 국가결정기여의 이행 및 달성에 대한 고려로 구성된다. 또한 검토는 당사자를 위한 개선

분야를 파악하고, 이 조 제2항에 따라 당사자에 부여된 유연성을 고려하여 이 조 제13항에 언급된 방식·절차 및 지침과 제출된 정보 간 일관성에 대한 검토를 포함한다. 검토는 개발도상국 당사자 각자의 국가적 능력과 여건에 특별한 주의를 기울인다.

13. 이 협정의 당사자회의 역할을 하는 당사자총회는 제1차 회기에서 협약상의 투명성과 관련된 장치로부터 얻은 경험을 기반으로 이 조의 규정을 구체화하여, 행동과 지원의 투명성을 위한 공통의 방식, 절차 및 지침을 적절히 채택한다.

14. 이 조의 이행을 위하여 개발도상국에 지원이 제공된다.

15. 또한 개발도상국 당사자의 투명성 관련 역량배양을 위하여 지속적인 지원이 제공된다.

제14조 1. 이 협정의 당사자회의 역할을 하는 당사자총회는 이 협정의 목적과 그 장기적 목표의 달성을 위한 공동의 진전을 평가하기 위하여 이 협정의 이행을 정기적으로 점검(이하 "전지구적 이행점검"이라 한다)한다. 이는 완화, 적응 및 이행 수단과 지원 수단을 고려하면서, 형평과 이용 가능한 최선의 과학에 비추어 포괄적이고 촉진적인 방식으로 행하여진다.

2. 이 협정의 당사자회의 역할을 하는 당사자총회는 이 협정의 당사자회의 역할을 하는 당사자총회에서 달리 결정하는 경우가 아니면 2023년에 첫 번째 전지구적 이행점검을 실시하고 그 후 5년마다 이를 실시한다.

3. 전지구적 이행점검의 결과는, 이 협정의 관련 규정에 따라 당사자가 국내적으로 결정한 방식으로 행동과 지원을 갱신하고 강화하도록 또한 기후 행동을 위한 국제 협력을 강화하도록 당사자에게 알려준다.

제15조 1. 이 협정 규정의 이행을 원활하게 하고 그 준수를 촉진하기 위한 메커니즘을 설립한다.

2. 이 조 제1항에 언급된 메커니즘은 전문가를 기반으로 한 촉진적 성격의 위원회로 구성되고, 이 위원회는 투명하고 비대립적이며 비징벌적인 방식으로 기능한다. 위원회는 당사자 각자의 국가적 능력과 여건에 특별한 주의를 기울인다.

3. 위원회는 이 협정의 당사자회의 역할을 하는 당사자총회 제1차 회기에서 채택되는 방식 및 절차에 따라 운영되며, 매년 이 협정의 당사자회의 역할을 하는 당사자총회에 보고한다.

제16조 1. 협약의 최고기구인 당사자총회는 이 협정의 당사자회의 역할을 한다.

2. 이 협정의 당사자가 아닌 협약의 당사자는 이 협정의 당사자회의 역할을 하는 당사자총회의 모든 회기 절차에 옵서버로 참석할 수 있다. 당사자총회가 이 협정의 당사자회의 역할을 할 때, 이 협정에 따른 결정권은 이 협정의 당사자만이 갖는다.

3. 당사자총회가 이 협정의 당사자회의 역할을 할 때, 당사자총회 의장단의 구성원으로서 해당 시점에 이 협정의 당사자가 아닌 협약의 당사자를 대표하는 자는 이 협정의 당사자들이 그들 중에서 선출한 추가 구성원으로 대체된다.

4. 이 협정의 당사자회의 역할을 하는 당사자총회는 이 협정의 이행상황을 정기적으로 검토하고, 그 권한의 범위에서 이 협정의 효과적 이행의 증진에 필요한 결정을 한다. 이 협정의 당사자회의 역할을 하는 당사자총회는 이 협정에 의하여 부여된 기능을 수행하며 다음을 한다.

가. 이 협정의 이행에 필요하다고 간주되는 보조기구의 설립, 그리고

나. 이 협정의 이행을 위하여 요구될 수 있는 그 밖의 기능의 수행

5. 이 협정의 당사자회의 역할을 하는 당사자총회가 만장일치로 달리 결정하는 경우를 제외하고는, 당사자총회의 절차규칙 및 협약에 따라 적용되는 재정 절차는 이 협정에 준용된다.

6. 이 협정의 당사자회의 역할을 하는 당사자총회의 제1차 회기는 이 협정의 발효일 후에 예정되어 있는 당사자총회의 제1차 회기와 함께 사무국에 의하여 소집된다. 이 협정의 당사자회의 역할을 하는 당사자총회의 후속 정기회기는, 이 협정의 당사자회의 역할을 하는 당사자총회가 달리 결정하는 경우가 아니면, 당사자총회의 정기회기와 함께 개최된다.

7. 이 협정의 당사자회의 역할을 하는 당사자총회의 특별회기는 이 협정의 당사자회의 역할을 하는 당사자총회에서 필요하다고 간주되는 다른 때에 또는 어느 당사자의 서면요청이 있는 때에 개최된다. 다만, 그러한 서면 요청은 사무국에 의하여 당사자들에게 통보된 후 6개월 이내에 최소한 당사자 3분의 1의 지지를 받아야 한다.

8. 국제연합, 국제연합 전문기구, 국제원자력기구 및 이들 기구의 회원국이나 옵서버인 협약의 비당사자는 이 협정의 당사자회의 역할을 하는 당사자총회의 회기에 옵서버로 참석할 수 있다. 이 협정이 다루는 문제와 관련하여 자격을 갖추고 이 협정의 당사자회의 역할을 하는 당사자총회의 회기에 옵서버로 참석하고자 하는 의사를 사무국에 통지한 기구나 기관은, 국내적 또는 국제적, 정부 간 또는 비정부 간인지를 불문하고, 출석 당사자의 3분의 1 이상이 반대하는 경우가 아니면 참석이 승인될 수 있다. 옵서버의 승인 및 참석은 이 조 제5항에 언급된 절차규칙에 따른다.

제17조 1. 협약 제8조에 의하여 설립되는 사무국은 이 협정의 사무국 역할을 한다.

2. 사무국의 기능에 관한 협약 제8조제2항 및 사무국의 기능 수행에 필요한 장치에 관한 협약 제8조제3항은 이 협정에 준용된다. 또한 사무국은 이 협정에 따라 부여된 기능과 이 협정의 당사자회의 역할을 하는 당사자총회에 의하여 부여된 기능을 수행한다.

제18조 1. 협약 제9조 및 제10조에 의하여 설립된 과학기술자문 보조기구와 이행보조기구는 각각 이 협정의 과학기술자문 보조기구와 이행보조기구의 역할을 한다. 이들 두 기구의 기능 수행에 관한 협약 규정은 이 협정에 준용된다. 이 협정의 과학기술자문 보조기구와 이행보조기구 회의의 회기는 각각 협약의 과학기술 보조기구 및 이행보조기구의 회의와 함께 개최된다.

2. 이 협정의 당사자가 아닌 협약의 당사자는 그 보조기구의 모든 회기의 절차에 옵서버로 참석할 수 있다. 보조기구가 이 협정의 보조기구의 역할을 할 때, 이 협정에 따른 결정권은 이 협정의 당사자만 가진다.

3. 협약 제9조 및 제10조에 의하여 설립된 보조기구가 이 협정에 대한 문제와 관련하여 그 기능을 수행할 때, 보조기구 의장단의 구성원으로서 해당 시점에 이 협정의 당사자가 아닌 협약의 당사자를 대표하는 자는 이 협정의 당사자들이 그들 중에서 선출한 추가 구성원으로 대체된다.

제19조 1. 이 협정에서 언급되지 아니한, 협약에 의하여 또는 협약에 따라 설립된 보조기구나 그 밖의 제도적 장치는 이 협정의 당사자회의 역할을 하는 당사자총회의 결정에 따라 이 협정을 지원한다. 이 협정의 당사자회의 역할을 하는 당사자총회는 그러한 보조기구나 장치가 수행할 기능을 명확히 한다.

2. 이 협정의 당사자회의 역할을 하는 당사자총회는 그러한 보조기구와 제도적 장치에 추가적인 지침을 제공할 수 있다.

제20조 1. 이 협정은 협약의 당사자인 국가와 지역경제통합기구의 서명을 위하여 개방되며, 이들에 의한 비준, 수락 또는 승인을 조건으로 한다. 이 협정은 뉴욕의 국제연합본부에서 2016년 4월 22일부터 2017년 4월 21일까지 서명을 위하여 개방된다. 그 후 이 협정은 서명기간이 종료한 날의 다음 날부터 가입을 위하여 개방된다. 비준서, 수락서, 승인서 또는 가입서는 수탁자에게 기탁된다.

2. 그 회원국 중 어느 국가도 이 협정의 당사자가 아니면서 이 협정의 당사자가 되는 모든 지역경제통합기구는, 이 협정상의 모든 의무에 구속된다. 하나 또는 둘 이상의 회원국이 이 협정의 당사자인 지역경제통합기구의 경우, 그 기구와 그 회원국은 이 협정상의 의무를 이행하기 위한 각자의 책임에 관하여 결정한다. 그러한 경우, 그 기구와 그 회원국은 이 협정상의 권리를 동시에 행사하지 아니한다.

3. 지역경제통합기구는 그 비준서, 수락서, 승인서 또는 가입서에서 이 협정이 규율하는 문제에 관한 기구의 권한범위를 선언한다. 또한, 이러한 기구는 그 권한범위의 실질적 변동을 수탁자에게 통지하며, 수탁자는 이를 당사자에게 통지한다.

제21조 1. 이 협정은 지구 온실가스 총 배출량 중 최소한 55퍼센트를 차지하는 것으로 추정되는 55개 이상의 협약 당사자가 비준서, 수락서, 승인서 또는 가입서를 기탁한 날부터 30일 후에 발효한다.

2. 오직 이 조 제1항의 제한적 목적상, "지구 온실가스 총 배출량"이란 협약의 당사자가 이 협정의 채택일에 또는 그 전에 통보한 가장 최신의 배출량을 말한다.

3. 발효에 관한 이 조 제1항의 조건이 충족된 후 이 협정을 비준, 수락 또는 승인하거나 이에 가입하는 국가 또는 지역경제통합기구의 경우, 이 협정은 그러한 국가 또는 지역경제통합기구의 비준서, 수락서, 승인서 또는 가입서가 기탁된 날부터 30일 후에 발효한다.

4. 이 조 제1항의 목적상, 지역경제통합기구가 기탁하는 모든 문서는 그 기구의 회원국이 기탁하는 문서에 추가하여 계산되지 아니한다.

제22조 협약의 개정안 채택에 관한 협약 제15조는 이 협정에 준용된다.

제23조 1. 협약의 부속서 채택 및 개정에 관한 협약 제16조는 이 협정에 준용된다.

2. 이 협정의 부속서는 이 협정의 불가분의 일부를 구성하며, 명시적으로 달리 규정되는 경우가 아니면, 이 협정을 언급하는 것은 이 협정의 모든 부속서도 언급하는 것으로 본다. 그러한 부속서는 목록, 양식 및 과학적·기술적·절차적 또는 행정적 특성을 갖는 서술적 성격의 그 밖의 자료에 국한된다.

제24조 분쟁해결에 관한 협약 제14조는 이 협정에 준용된다.

제25조 1. 각 당사자는 이 조 제2항에 규정된 경우를 제외하고는 하나의 투표권을 가진다.

2. 지역경제통합기구는 자신의 권한 범위의 문제에서 이 협정의 당사자인 그 기구 회원국의 수와 같은 수만큼의 투표권을 행사한다. 기구 회원국 중 어느 한 국가라도 투표권을 행사하는 경우, 그러한 기구는 투표권을 행사하지 아니하며, 그 반대의 경우에서도 또한 같다.

제26조 국제연합 사무총장은 이 협정의 수탁자가 된다.

제27조 이 협정에 대해서는 어떤 유보도 할 수 없다.

제28조 1. 당사자는 이 협정이 자신에 대하여 발효한 날부터 3년 후에는 언제든지 수탁자에게 서면통고를 하여 이 협정에서 탈퇴할 수 있다.

2. 그러한 탈퇴는 수탁자가 탈퇴통고서를 접수한 날부터 1년이 경과한 날 또는 탈퇴통고서에 그보다 더 나중의 날짜가 명시된 경우에는 그 나중의 날에 효력이 발생한다.

3. 협약에서 탈퇴한 당사자는 이 협정에서도 탈퇴한 것으로 본다.

제29조 아랍어, 중국어, 영어, 프랑스어, 러시아어 및 스페인어본이 동등하게 정본인 이 협정의 원본은 국제연합 사무총장에게 기탁된다.

2015년 12월 12일에 파리에서 작성되었다.

이상의 증거로, 정당하게 권한을 위임받은 아래의 서명자들이 이 협정에 서명하였다.

오존층 보호를 위한 비엔나협약

(1992년 5월 26일 조 약 제1089호)

1985. 3.22(비엔나에서 작성)
1992. 5.27(대한민국에 대하여 발효)

전 문

이 협약의 당사자는, 오존층의 변화가 인간의 건강과 환경에 대하여 잠재적으로 유해한 영향을 미침을 인식하고, 국제연합 인간환경회의선언의 관련규정중 특히 원칙 제21이 "국가는 국제연합헌장과 국제법 원칙에 따르고 고유의 환경정책에 입각하여 자기 나라 자원을 개발할 주권적 권리를 가지며, 자기 나라의 관할 또는 통제 지역안의 활동때문에 다른 국가나 또는 관할권 이원 지역의 환경에 피해가 발생하지 아니하도록 보장할 책임을 진다"고 규정하고 있음을 상기하며, 개발도상국의 사정과 특별한 요구사항을 고려하고, 국제기구와 국내기관에서 진행되는 작업 및 연구 특히 국제연합환경계획의 오존층에 관한 세계적 행동계획에 유념하며, 또한 국내적·국제적 차원에서 이미 취하여진 오존층 보호를 위한 예방조치에 유념하고, 인간활동 때문에 변화되는 오존층을 보호하기 위한 조치는 국제적 협력과 행동을 필요로 하며, 과학적·기술적 관련 요소에 기초하여야 함을 인식하며, 또한 오존층에 관한 과학적 지식과 오존층의 변화 때문에 초래될 수 있는 역효과에 관한 과학적 지식을 보다 발전시키기 위한 계속적 연구 및 체계적 관측이 필요함을 인식하고, 오존층의 변화 때문에 초래되는 역효과로부터 인간의 건강과 환경을 보호할 것을 결의하면서, 다음과 같이 합의하였다.

제1조【정의】 이 협약의 목적상,

1. "오존층"이라 함은 지구경계층 상부의 대기오존층을 말한다.

2. "역효과"라 함은 인간의 건강 또는 자연생태계와 관리생태계의 조성·복원력 및 생산성 또는 인류에게 유용한 물질에 현저히 해로운 영향을 미치는 기후변화를 포함한 물리적 환경 또는 생물계의 변화를 말한다.

3. "대체기술 또는 대체장비"라 함은 오존층에 대하여 역효과를 미치는 또는 미칠 수 있는 물질의 배출 감소나 효율적 제거에 사용되는 기술이나 장비를 말한다.

4. "대체물질"이라 함은 오존층에 대한 역효과를 감소·제거 또는 회피하는 물질을 말한다.

5. "당사자"라 함은 본문에 달리 표시하지 아니하는 한 이 협약의 당사자를 말한다.

6. "지역경제통합기구"라 함은 이 협약이나 의정서가 규율하는 사항에 관하여 권한을 가지며 또한 내부 절차에 따라 정당하게 권한을 위임받아 관련문서에 서명·비준·수락·승인 또는 가입을 할 수 있는 특정지역 주권국가들에 의하여 창설된 기구를 말한다.

7. "의정서"라 함은 이 협약의 의정서를 말한다.

제2조【일반적 의무】

1. 당사자는 이 협약의 규정과 현재 발효중이며 당사자가 되어 있는 의정서의 규정에 따라 오존층을 변화시키거나 변화시킬 수 있는 인간활동 때문에 초래되거나 초래될 수 있는 역효과로부터 인간의 건강과 환경을 보호하기 위하여 적절한 조치를 취한다.

2. 이 목적을 위하여, 당사자는 가능한 수단과 능력에 따라 다음과 같이 한다.

가. 인간활동의 오존층에 대한 영향 및 오존층의 변화가 인간의 건강과 환경에 미치는 영향을 보다 잘 이해하고 평가하기 위하여 체계적인 관측·연구 및 정보교환을 통하여 협력한다.

나. 인간활동이 오존층의 변화나 오존층의 가능한 변화 때문에 역효과를 유발하거나 또는 유발할 수 있다고 판명되는 경우, 당사자의 관할이나 통제를 받는 인간활동을 규제·제한·감소 또는 방지하기 위하여 적절한 입법 또는 행정조치를 채택하고 적절한 정책의 조화에 협력한다.

다. 의정서 및 부속서를 채택할 목적으로 이 협약의 이행을 위한 조치·절차 및 기준의 합의·작성에 협력한다.

라. 이 협약과 당사자가 되어 있는 의정서의 효과적 이행을 위하여 권한있는 국제기구와 협력한다.

3. 이 협약의 규정은 국제법에 따라 제1항 및 제2항에 규정된 조치에 추가하여 국내조치를 취할 수 있는 당사자의 권리와 특정 당사자가 이미 취한 추가적 국내조치를 침해하지 아니한다. 다만, 이러한 조치는 이 협약 상의 의무와 양립하여야 한다.

4. 이 조는 과학적·기술적 관련요소에 기초하여 적용된다.

제3조【연구 및 체계적 관측】

1. 당사자는 적절한 경우 직접적으로 또는 권한 있는 국제기구를 통하여 다음 사항에 대한 연구 및 과학적 평가를 수행하고, 이에 협력한다.

가. 오존층에 영향을 미칠 수 있는 물리적·화학적 작용

나. 오존층의 변화 때문에 초래되는 인간의 건강에 대한 영향과 다른 생물학적 영향, 특히 생물학적 작용을 하는 태양자외선(UV-B)의 변화로 초래되는 영향

다. 오존층의 변화 때문에 초래된 기후에 대한 영향

라. 오존층의 변화와 그에 따른 태양자외선(UV-B)의 변화가 인류에게 유용한 천연물질 및 합성물질에 미치는 영향

마. 오존층에 영향을 미칠 수 있는 물질·관행·작용 및 활동과 이들의 누적효과

바. 대체물질 및 대체기술

사. 사회 경제적 관련사항

그 밖에 부속서1과 2에 상술된 사항

2. 당사자는 적절한 경우 직접적으로 또는 권한있는 국제기구를 통하여 그리고 국내입법과 국내적·국제적 차원에서 진행중인 관련 활동을 충분히 고려하여, 부속서1에 상술된 대로 오존층의 상태 및 다른 변수의 체계적 관측을 위한 공동 또는 보완 계획을 촉진 또는 수립한다.

3. 당사자는 적절한 세계자료센터를 거쳐 연구 및 관측자료를 정기적으로 그리고 적기에 수집·확인 및 전달하도록 보장하기 위하여 직접적으로 또는 권한있는 국제기구를 통하여 협력한다.

제4조【법률·과학 및 기술 분야 협력】

1. 당사자는 부속서2에 상술된 대로 이 협약과 관련된 과학·기술·사회경제·상업 및 법률 정보의 교환을 촉진하고 장려한다. 이러한 정보는 당사자가 합의한 기구에 제공된다. 정보제공 당사자가 비밀로 간주하는 정보를 접수한 기구는 이러한 정보가 공개되지 아니하도록 보장하며, 모든 당사자에게 이용이 허용될 때까지 비밀보호를 위하여 정보를 집중 관리한다.

2. 당사자는 국내법·규칙 및 관행에 따르고 개발도상국의 필요를 특별히 고려하여, 직접적으로 또는 권한있는 국제기구를 통하여 기술과 지식의 개발 및 이전을 증진하는 데 협력한다. 이러한 협력은 특히 다음과 같이 수행된다.

가. 다른 당사자에 의한 대체기술의 습득 촉진

나. 대체기술 및 대체장비에 관한 정보와 전문적인 설명책자나 안내서의 제공

다. 연구 및 체계적 관측을 위하여 필요한 장비 및 설비의 제공

라. 과학·기술인력의 적절한 훈련

제5조【자료제출】 당사자는 이 협약과 당사자가 되어 있는 의정서의 이행을 위하여 채택된 조치에 관한 자료를 관련문서의 당사자 회의가 결정하는 형식과 기간에 따라 사무국을 통하여 제6조에 의하여 설치되는 당사자 총회에 제출한다.

제6조【당사자 총회】

1. 당사자 총회를 이에 설치한다. 당사자 총회 제1차 회의는 이 협약 발효후 1년안에 제7조에 의하여 임시로 지정된 사무국이 소집한다. 그후 당사자 총회 정기회의는 총회 제1차 회의의 결정에 따라 정기적으로 개최된다.

2. 당사자 총회 특별회의는 총회가 필요하다고 인정하는 때에 또는 당사자의 서면요청에 의하여 개최된다. 다만, 이러한 서면요청은 사무국이 이를 당사자에게 통보한 후 6월안에 최소한 당사자 3분의 1로부터 지지를 받아야 한다.

3. 당사자 총회는 사무국의 기능을 규율하는 재정규정과 총회와 총회가 설치하는 보조기관의 의사규칙 및 재정규칙을 콘센서스로 합의·채택한다.

4. 당사자 총회는 이 협약의 이행상황을 지속적으로 검토하며 다음 사항을 수행한다.

가. 제5조에 따라 제출되는 자료전달의 형식과 기간설정 및 이러한 자료와 보조기관이 제출한 보고서의 심의

나. 오존층과 오존층의 가능한 변화 그리고 이러한 변화가 미칠 수 있는 영향에 관한 과학적 정보의 검토

다. 제2조에 따라 오존층의 변화를 일으키거나 일으킬 수 있는 물질의 배출을 최소화하기 위한 적절한 정책·전략·조치의 조화 촉진 및 이 협약과 관련된 그 밖의 조치에 관한 권고

라. 제3조 및 제4조에 따라 연구·체계적 관측·과학 및 기술협력·정보교환·기술 및 지식이전 등을 위한 계획의 채택

마. 필요한 경우 제9조 및 제10조에 따라 이 협약 및 협약 부속서 개정안의 심의·채택

바. 의정서 및 의정서 부속서 개정안의 심의와 권고결정이 이루어진 경우, 관련 의정서 당사자에 대한 개정안의 채택·권고

사. 필요한 경우 제10조에 따라 이 협약 추가부속서의 심의·채택

아. 필요한 경우 제8조에 따라 의정서의 심의·채택

자. 이 협약의 이행을 위하여 필요하다고 인정되는 보조기관의 설치

차. 이 협약의 목표와 관련된 과학적 연구·체계적 관측 및 그 밖의 활동에 있어서, 적절한 경우 권한있는 국제기구 및 과학위원회 특히 오존층에 관한 조정위원회·세계기상기구 및 세계보건기구에 대한 협조요청과 이러한 기구 및 위원회 정보의 적절한 이용

카. 이 협약의 목적 달성에 필요한 추가 조치의 심의·수행

5. 이 협약의 비당사자인 국가와 국제연합·국제연합전문기구 및 국제원자력기구는 당사자 총회회의에 옵서버로 참석할 수 있다. 오존층 보호와 관련된 분야에서 자격을 갖춘 국내적 또는 국제적 기구나 기관·정부간 또는 비정부간 기구나 기관이 당사자 총회 회의에 옵서버로서 참가할 의사를 사무국에 통보한 경우, 최소한 출석 당사자 3분의 1이 반대하지 아니하는 한 참가를 허가할 수 있다. 옵서버의 참가허가 및 회의 참가는 당사자 총회가 채택한 의사규칙에 의한다.

제7조【사무국】

1. 사무국의 기능은 다음과 같다.

가. 제6조·제8조·제9조 및 제10조에 규정된 회의의 준비·지원

나. 제6조에 따라 설치된 보조기관의 회의자료와 제4조 및 제5조에 따라 접수한 자료에 기초한 보고서의 작성·제출

다. 의정서에 의하여 부여된 기능의 수행

라. 이 협약에 따른 사무국의 기능을 이행하기 위하여 수행된 활동에 관한 보고서의 작성 및 당사자 총회에의 제출

마. 다른 관련 국제기구와의 필요한 조정의 확보, 특히 사무국 기능의 효과적 수행에 필요한 행정약정 또는 계약의 체결

바. 당사자 총회가 결정하는 그 밖의 기능 수행

2. 사무국의 기능은 제6조에 따라 개최되는 당사자 총회 제1차 정기회의가 종료될 때까지 국제연합환경계획이 잠정적으로 수행한다. 당사자 총회는 제1차 정기회의에서 이 협약 사무국의 기능을 수행할 의사를 표명한 기존의 권한있는 국제기구중에서 사무국을 지정한다.

제8조【의정서 채택】

1. 당사자 총회는 회의에서 제2조에 따라 의정서를 채택할 수 있다.

2. 사무국은 제안된 의정서의 문안을 최소한 회의 개최 6월전에 당사자에게 통보한다.

제9조【협약 또는 의정서의 개정】

1. 당사자는 협약 또는 의정서의 개정안을 제안할 수 있다. 이러한 개정안은 특히 과학적·기술적 관련요소를 적절히 고려한다.

2. 이 협약의 개정안은 당사자 총회 회의에서 채택된다. 의정서 개정안은 해당 의정서의 당사자 회의에서 채택된다. 의정서가 달리 규정하고 있는 경우를 제외하고, 사무국은 이 협약 또는 의정서의 개정안을 개정안이 채택될 당사자 회의 개최 6월전에 당사자에게 통보한다. 또한 사무국은 제안된 개정안을 이 협약 서명자에게도 참고로 통보한다.

3. 당사자는 이 협약의 개정안이 콘센서스에 의하여 합의에 도달하도록 모든 노력을 한다. 콘센서스를 위하여 모든 노력을 하였으나 합의에 도달하지 못하는 경우, 개정안은 최종적으로 회의에 출석·투표한 당사자 4분의 3 다수결로 채택되며, 수탁자는 비준·승인 및 수락을 위하여 이를 모든 당사자에게 제출한다.

4. 제3항에 규정된 절차는 의정서 개정안에도 적용된다. 다만, 회의에 출석·투표한 의정서 당사자의 3분의 2 다수결로 개정안 채택이 충분한 경우에는 예외로 한다.

5. 개정안의 비준·승인 또는 수락은 수탁자에게 서면으로 통고한다. 제3항 또는 제4항에 따라 채택된 개정안은 관련 의정서에 달리 규정된 경우를 제외하고, 수탁자가 이 협약 당사자중 최소한 4분의 3 또는 의정서 당사자중 최소한 3분의 2로부터 비준·승인 또는 수락 통고를 접수한 후 90일부터 개정안을 수락한 당사자간에 발효한다. 그 밖의 당사자가 그 후에 개정안의 비준서·승인서 또는 수락서를 기탁하는 경우, 개정안은 기탁 후 90일부터 그 당사자에 대하여 발효한다.

6. 이 조의 목적상 "출석·투표한 당사자"라 함은 회의에 출석하여 찬성 또는 반대 투표를 한 당사자를 말한다.

제10조【부속서의 채택 및 개정】

1. 이 협약의 부속서 또는 의정서의 부속서는 이 협약 또는 의정서의 불가분의 일부를 구성하며, 이 협약 또는 의정서가 언급되는 경우 명시적으로 달리 규정하지 아니하는 한 이는 동시에 관련 부속서도 포함하는 것으로 본다. 이러한 부속서는 과학적·기술적 및 행정적 사항에 한한다.

2. 의정서가 부속서에 관하여 달리 규정하는 경우를 제외하고, 이 협약의 추가부속서 또는 의정서 부속서의 제안·채택·발효에 대하여는 다음 절차가 적용된다.

가. 이 협약의 부속서는 제9조제2항 및 제3항에 규정된 절차에 따라 제안·채택되나, 의정서의 부속서는 제9조제2항 및 제4항에 규정된 절차에 따라 제안·채택된다.

나. 이 협약의 추가부속서 또는 당사자가 되어 있는 의정서의 부속서를 승인할 수 없는 당사자는 수탁자로부터 부속서 채택을 통보받은 날부터 6월내에 승인할 수 없음을 수탁자에게 서면으로 통고한다. 수탁자는 접수된 통고를 지체없이 모든 당사자에게 통고한다. 당사자는 언제든지 이전의 반대 선언을 대체하는 수락을 할 수 있으며, 부속서는 그 때부터 그 당사자에 대하여 발효한다.

다. 수탁자가 채택통보를 회람한 날부터 6월이 경과하는 즉시, 부속서는 나호의 규정에 따라 통고서를 제출하지 아니한 이 협약 또는 관련 의정서의 모든 당사자에 대하여 발효한다.

3. 이 협약의 부속서 또는 의정서 부속서에 대한 개정안의 제출·채택 및 발효는 협약의 부속서 또는 의정서 부속서의 제출·채택 및 발효와 동일한 절차에 준한다. 부속서 및 부속서 개정안은 특히 과학적·기술적 관련 요소를 적절히 고려한다.

4. 추가부속서 또는 부속서의 개정이 이 협약 또는 의정서의 개정을 수반하는 경우, 이 협약 또는 관련 의정서의 개정안이 발효할 때까지 추가 부속서 또는 개정부속서는 발효하지 아니한다.

제11조【분쟁의 해결】

1. 이 협약의 해석 또는 적용에 관하여 당사자간에 분쟁이 있는 경우, 관련 당사자는 교섭을 통하여 해결책을 모색한다.

2. 관련 당사자가 교섭을 통하여 합의에 도달할 수 없는 경우, 공동으로 제3자의 주선을 모색하거나 또는 중개를 요청할 수 있다.

3. 국가 또는 지역경제통합기구는 제1항 및 제2항에 따라 분쟁이 해결되지 아니한 경우, 아래 분쟁해결 방안중 하나 또는 양자를 의무적인 것으로 수락함을 수탁자에게 서면으로 선언할 수 있다.

가. 당사자 총회 제1차 회의에서 채택되는 절차에 따른 중재

나. 분쟁의 국제사법재판소 회부

4. 당사자가 제3항에 따른 동일한 절차나 다른 절차를 수락하지 아니한 경우, 당사자가 달리 합의하지 아니하는 한, 분쟁은 제5항에 따라 조정에 회부된다.

5. 조정위원회는 분쟁당사자 일방의 요청에 따라 설치된다. 위원회는 관련 당사자 각각에 의하여 임명된 동수의 위원과 이 위원들이 공동으로 선출한 의장으로 구성된다. 위원회는 최종적이며 권고적인 판정을 내리고, 당사자는 이를 성실히 존중한다.

6. 이 조의 규정은 관련 의정서가 달리 규정하지 아니하는 한 모든 의정서에 적용된다.

제12조【서명】 이 협약은 1985년 3월 22일부터 1985년 9월 21일까지는 비엔나의 오스트리아공화국의 연방외무부에서, 1985년 9월 22일부터 1986년 3월 21일까지는 뉴욕의 국제연합본부에서 국가 및 지역경제통합기구의 서명을 위하여 개방된다.

제13조【비준·수락 또는 승인】

1. 이 협약과 의정서는 국가 및 지역경제통합기구의 비준·수락 또는 승인을 받아야 한다. 비준서·수락서 또는 승인서는 수탁자에게 기탁된다.

2. 제1항에 규정된 기구로서 이 협약 또는 의정서의 당사자가 되어 있는 기구는 이 기구 회원국이 당사자가 아닌 경우에도 협약 또는 의정서에 따른 모든 의무에 구속된다. 이 기구의 하나 또는 그 이상의 회원국이 협약 또는 관련 의정서의 당사자가 되어 있는 경우, 기구와 기구의 회원국은 경우에 따라 이 협약 또는 의정서에 따른 의무를 이행하기 위하여 각각의 책임범위를 결정한다. 이러한 경우에 기구와 기구의 회원국은 이 협약 또는 관련 의정서에 따른 권리를 동시에 행사할 수 없다.

3. 제1항에 규정된 기구는 이 협약 또는 관련 의정서가 규율하는 사항에 관하여 비준서·수락서 또는 승인서에서 기구의 권한범위를 선언한다. 또한 기구는 권한범위의 실질적 변동에 관하여 수탁자에게 통보한다.

제14조【가입】

1. 이 협약 및 의정서는 협약 또는 관련 의정서에 대한 서명이 마감된 날부터 국가 및 지역경제통합기구의 가입을 위하여 개방된다. 가입서는 수탁자에게 기탁된다.

2. 제1항에 규정된 기구는 협약 또는 관련 의정서가 규율하는 사항에 관하여 가입서에서 기구의 권한범위를 선언한다. 또한 기구는 권한범위의 실질적 변동에 관하여 수탁자에게 통보한다.

3. 제13조제2항의 규정은 이 협약 또는 의정서에 가입하는 지역경제통합기구에 적용된다.

제15조【투표권】

1. 이 협약 또는 의정서의 당사자는 하나의 투표권을 가진다.

2. 제1항에 규정된 경우를 제외하고, 지역경제통합기구는 기구의 권한 사항에 대하여 협약 또는 관련 의정서의 당사자가 되어 있는 기구 회원국의 수와 동수의 투표권을 행사한다. 기구 회원국이 투표권을 행사하는 경우, 기구는 투표권을 행사하지 아니하며, 그 반대의 경우도 또한 같다.

제16조【협약과 의정서의 관계】

1. 국가 또는 지역경제통합기구는 협약의 당사자가 아니거나, 동시에 당사자가 되지 아니하는 경우 의정서의 당사자가 될 수 없다.

2. 의정서에 관한 결정은 관련 의정서의 당사자만이 할 수 있다.

제17조【발효】

1. 이 협약은 20번째 비준서·수락서·승인서 또는 가입서의 기탁일 후 90일부터 발효한다.

2. 의정서는 의정서가 달리 규정하는 경우를 제외하고 11번째 비준서·수락서·승인서 또는 가입서의 기탁일 후 90일부터 발효한다.

3. 20번째의 비준서·수락서·승인서 또는 가입서 기탁후 이 협약을 비준·수락·승인 또는 가입하는 당사자에 대하여, 협약은 그 당사자의 비준서·수락서·승인서 또는 가입서 기탁일 후 90일부터 발효한다.

4. 의정서는 의정서가 달리 규정하고 있는 경우를 제외하고, 제2항에 따라 의정서 발효후에 의정서를 비준·수락·승인 또는 가입하는 당사자에 대하여, 비준서·수락서·승인서 또는 가입서 기탁일 후 90일부터 또는 그 당사자에 대하여 협약이 발효하는 날 가운데 더 늦은 날부터 발효한다.

5. 제1항 및 제2항의 목적상 지역경제통합기구가 기탁하는 문서는 기구의 회원국이 기탁하는 문서에 추가되는 것으로 보지 아니한다.

제18조【유보】 이 협약에 대하여는 어떤 유보도 할 수 없다.

제19조【탈퇴】

1. 당사자는 협약이 그 당사자에 대하여 발효한 날부터 4년 후에는 언제든지 수탁자에게 서면통고를 함으로써 협약으로부터 탈퇴할 수 있다.

2. 의정서 당사자는 의정서가 달리 규정하고 있는 경우를 제외하고, 그 당사자에 대하여 의정서가 발효한 날부터 4년 후에는 언제든지 수탁자에게 서면통고를 함으로써 의정서로부터 탈퇴할 수 있다.

3. 탈퇴는 수탁자의 탈퇴통고 접수일 후 1년이 경과하는 즉시 또는 탈퇴통고에 그 이후의 날이 정해진 경우 그 날부터 효력을 발생한다.

4. 협약으로부터 탈퇴한 당사자는 당사자가 되어 있는 모든 의정서로부터도 탈퇴한 것으로 본다.

제20조【수탁자】

1. 국제연합사무총장은 이 협약과 의정서의 수탁자 기능을 수행한다.

2. 수탁자는 당사자에게 특히 다음 사항을 통보한다.

가. 이 협약 및 의정서에 대한 서명과 제13조 및 제14조에 따른 비준서·수락서·승인서 및 가입서의 기탁

나. 제17조에 따른 협약 및 의정서의 발효일

다. 제19조에 따른 탈퇴 통고

라. 제9조에 따른 협약 및 의정서의 채택개정안과 당사자의 개정안 수락 및 개정안 발효일

마. 제10조에 따른 부속서의 채택·승인 및 부속서의 개정안에 관련된 모든 통보사항

바. 이 협약 및 의정서가 규율하는 사항에 관한 지역경제통합기구의 권한범위 및 그 범위의 변동에 관한 통고

사. 제11조제3항에 따른 선언

제21조【정본】 아랍어·중국어·영어·불어·러시아어 및 서반아어본이 동등하게 정본인 이 협약의 원본은 국제연합사무총장에게 기탁된다.

이상의 증거로 정당하게 권한을 위임받은 아래 서명자가 이 협약에 서명하였다. 비엔나에서 1985년 3월 22일 작성되었다.
(서명란 생략)

부속서 1

연구 및 체계적 관측

1. 협약당사자는 다음 사항들이 주요한 과학적 쟁점임을 인정한다.

가. 지구표면에 도달하는 생물학적 영향을 가지는 태양자외선(UV-B)의 양에 변화를 초래하게 될 오존층의 변화와 그에 따른 인간의 건강·유기체·생태계 및 인류에게 유용한 물질에 대한 잠재적 영향

나. 대기의 온도구조를 변화시킬 수 있는 오존의 수직분포 변화와 그에 따른 기상 및 기후에 대한 잠재적 영향

2. 협약당사자는 제3조에 따라 다음 분야에 대한 연구 및 체계적 관측의 수행과 장래의 연구 및 관측을 위한 권고안의 작성에 협력한다.

가. 대기의 물리학적·화학적 연구
(1) 포괄적 이론모델 : 복사적·역학적·화학적 과정간의 상호작용을 고려한 모델의 추가 개발, 다양한 인위적·자연발생적 물질이 대기의 오존에 미치는 동시적 효과에 관한 연구, 위성을 이용한 측정자료 및 위성을 이용하지 아니한 측정자료의 해석, 대기 및 지구 물리학적 변수의 동향에 관한 평가 및 이 변수가 변화하는 특정 원인을 규명하는 방법의 개발
(2) 실험실 연구 : 대류권 및 성층권에서 화학적·광화학적 과정의 비율계수·흡수횡단면 및 메카니즘, 모든 관련 스펙트럼 영역에서의 현장측정을 보조하기 위한 분광기 자료
(3) 현장측정 : 자연적·인위적으로 발생한 주요 근원 가스의 농도 및 양, 대기의 역학적 연구, 현장측정장비 및 원거리 감지기를 이용한 지구경계층까지 광화학적으로 관련된 물질들에 대한 동시 측정, 위성 탑재장비를 위한 조정된 상관관계 측정을 포함하여 상이한 감지기의 상호비교, 대기의 주요 미량성분·태양 스펙트럼의 양 및 기상변수등 3차원분야
(4) 대기 미량성분·태양광의 양·기상 변수들을 측정하기 위한 위성을 이용한 감지기 및 위성을 이용하지 아니한 감지기를 포함하는 장비의 개발
나. 건강·생물학적·광분해 효과에 관한 연구
(1) 태양가시광선과 태양자외선에 대한 인간의 노출정도와
(가) 비흑색종·흑색종 피부암의 발병
(나) 면역체계에 대한 영향간의 관계
(2) 파장의 변화에 따른 영향을 포함하여 자외선(UV-B) 방출의
(가) 농작물·산림 및 다른 육지생태계
(나) 해양 식물 플랑크톤에 의한 산소생성 방해 여부와 해양 먹이사슬 및 어업에 대한 영향
(3) 조사량·조사율·반응과 광회복·적응·보호간의 관계를 포함하여 자외선(UV-B)이 생물학적 물질·종·생태계에 영향을 미치는 메카니즘
(4) 생물학적 작용 스펙트럼에 관한 연구 및 다양한 파장 구역간의 가능한 상호작용을 포함시킬 목적으로 다색광선을 이용하는 스펙트럼 반응에 관한 연구
(5) 자외선(UV-B)의 다음에 관한 영향 : 생물권의 균형에 중요한 생물종의 민감성 및 활동, 광합성 및 생합성과 같은 일차 작용
(6) 자외선(UV-B)의 오염물질·농업용 화학물질 및 다른 물질의 광분해에 관한 영향
다. 기후에 미치는 영향에 관한 연구
(1) 오존과 다른 미량물질에 의한 복사 효과와 지표 및 해표면 온도·강수패턴·대류권·성층권간의 교류 등 기후적 변수에 미치는 영향에 관한 이론적·관측적 연구
(2) 이러한 기후영향이 인간활동의 다양한 측면에 미치는 효과에 대한 조사
라. 다음 사항에 관한 체계적 관측
(1) 위성과 지상시스템의 통합에 기초한 "지구오존관측시스템"의 완전가동을 통한 오존층의 상태(즉 컬럼의 총량과 수직분포의 공간적·시간적 변동성)에 관한 관측
(2) 수소산화물(HOx)·질소산화물(NOx)·염소산화물(ClOx) 및 탄소족에 대한 근원 가스의 대류권과 성층권에서의 농도 관측
(3) 지표면으로부터 중간층까지의 온도에 관한 지상 및 위성시스템을 이용한 관측
(4) 지구대기권에 도달하는 파장이 변형된 태양광의 양과 지구대기권으로부터의 열복사에 관한 위성기구를 이용한 관측
(5) 생물학적 영향을 미치는 자외선(UV-B)중 지표면에 도달하는 파장이 변형된 태양광의 양에 관한 관측
(6) 지상·공중 및 위성시스템을 이용하여 지표면으로부터 중간층까지의 에어로졸의 성질 및 분포에 관한 관측
(7) 기상학적 고성능 지표 측정 프로그램의 유지를 통한 기후적으로 중요한 변수에 관한 관측
(8) 지구데이타의 개선된 분석방법을 이용한 미량물질·온도·태양광의 양 및 에어로졸에 관한 관측
3. 협약당사자는 개발도상국의 특별한 수요를 고려하여 이 부속서에 개략적으로 기술된 연구 및 체계적 관측에 참가하기 위하여 요구되는 적절한 과학적·기술적 훈련을 증진시키는 데 협력한다. 비교 가능하거나 표준화된 과학적 자료의 작성을 위하여 관측기구 사용 및 관측 방법의 상호 검증에 특별히 유의한다.
4. 자연적·인위적으로 생성된 다음의 화학물질은, 우선순위대로 열거한 것은 아니나, 오존층의 화학적·물리적 특성을 변화시키는 잠재력이 있는 것으로 추정된다.
가. 탄소물질
(1) 일산화탄소(CO)
일산화탄소는 자연적·인위적으로 다량 생성되며, 대류권의 광화학 작용에 주요한 직접적 역할을 하고 성층권의 광화학 작용에 간접적 역할을 하는 것으로 추정된다.
(2) 이산화탄소(CO_2)
이산화탄소는 자연적·인위적으로 다량 생성되며, 대기권의 열구조에 영향을 미침으로써 성층권의 오존에 영향을 미친다.
(3) 메탄(CH_4)
메탄은 자연적·인위적으로 생성되며, 대류권·성층권의 오존에 영향을 미친다.
(4) 비메탄계열 탄화수소 물질
다수의 화학물질로 구성되는 비메탄계열 탄화수소 물질은 자연적·인위적으로 생성되며, 대류권의 광화학 작용에 직접적 역할을 하고 성층권의 광화학 작용에 간접적 역할을 한다.
나. 질소물질
(1) 일산화질소(N_2O)
일산화질소는 주로 자연적으로 생성되나, 인위적 생성량이 점증하고 있다. 일산화질소는 성층권 질소산화물(NOx)의 1차적 원천이다.
(2) 질소산화물(NOx)
지표에서 생성되는 질소산화물(NOx)은 대류권의 광화학작용에만 주요한 직접적 역할을 하며 성층권의 광화학작용에는 간접적 역할을 한다. 그러나 질소산화물을 권계면 가까이에 주입시킬 경우 대류권의 상부 및 성층권의 오존에 직접적으로 변화를 야기할 수 있다.
다. 염소물질
(1) 완전 할로겐화된 알칸계, 예 : CCl_4, $CFCl_3$(CFC-11), CF_2Cl_2(CFC-12), $C_2F_3Cl_3$(CFC-113), $C_2F_4Cl_2$ (CFC-114)
완전히 할로겐화된 알칸계는 인위적으로 생성되며, 특히 고도 30~50km에서 오존의 광화학 작용에 중요한 역할을 하는 염소산화물(ClOx)의 근원물질로 작용한다.
(2) 부분적으로 할로겐화된 알칸계, 예 : CH_3Cl, CHF_2Cl (CFC-22), CH_3CCl_3, $CHFCl_2$(CFC-21)
염화메탄(CH_3Cl)은 자연적으로 생성되나, 나머지 부분적으로 할로겐화된 알칸계는 인위적으로 발생한다. 이러한 가스도 또한 성층권 염소산화물(ClOx)의 근원물질로 작용한다.
라. 브롬물질
완전 할로겐화된 알칸계, 예 : CF_3Br
이러한 가스는 인위적으로 생성되며, 염소산화물(ClOx)과 유사한 역할을 하는 브롬산화물(BrOx)의 근원물질로 작용한다.
마. 수소물질
(1) 수소(H_2)
자연적·인위적으로 생성되는 수소는 성층권의 광화학작용에 미미한 역할을 한다.
(2) 물(H_2O)
자연적으로 생성되는 물은 대류권 및 성층권의 광화학작용에 중요한 역할을 한다. 성층권의 수증기 발생원에는 메탄의 산화 및 보다 낮은 정도의 수소의 산화를 포함한다.

부속서 2

정보교환
1. 협약당사자는 정보의 수집 및 공유가 이 협약의 목표를 수행하며, 적절하고 공평한 조치를 보장하는 중요 수단임을 인정한다. 이에 따라 당사자는 과학·기술·사회경제·사업·상업 및 법률정보를 교환한다.
2. 협약당사자는 어떠한 정보를 수집·교환할 것인지를 결정함에 있어서 정보의 유용성과 정보수집비용을 고려하여야 한다. 또한 당사자는 이 부속서에 따른 협력이 특허·영업비밀·비밀정보 및 소유권의 대상이 되는 정보에 관한 국가의 법률·규칙 및 관행을 따라야 함을 인정한다.
3. 과학정보
이는 다음과 같은 정보를 포함한다.
가. 국가적·국제적 가용 자원을 가장 효과적으로 이용하도록 연구 계획의 조성을 촉진하기 위하여 정부차원 및 민간차원에서 계획된 또는 진행중인 연구
나. 연구에 필요한 배출자료
다. 지구대기권의 물리학적·화학적 이해 및 지구대기권 변화에 대한 민감성에 관하여 전문학술지에 게재된 과학적 연구 결과, 특히 오존층의 상태와 오존의 컬럼총량 또는 수직 분포상의 모든 시차별 변화로부터 초래되는 인간의 건강·환경 및 기후에 대한 영향에 관하여 전문학술지에 게재된 과학적 연구 결과
라. 연구결과에 대한 평가 및 장래 연구과제에 대한 권고
4. 기술정보
이는 다음과 같은 정보를 포함한다.
가. 오존변화물질의 배출을 감축시키기 위한 대체화학물질과 대체기술의 가용성·비용 및 계획된 또는 진행중인 관련 연구
나. 대체화학물질이나 다른 대체물질 및 대체기술의 사용에 수반되는 제한 및 위험
5. 부속서1에 규정된 물질에 관한 사회경제적·상업적 정보
이는 다음과 같은 정보를 포함한다.
가. 생산 및 생산용량
나. 사용 및 사용방식
다. 수입/수출
라. 오존층을 간접적으로 변화시킬 수 있는 인간활동의 비용·위험 및 이익 그리고 이러한 활동을 규제하기 위하여 취하여졌거나 고려되고 있는 규제조치가 미치는 영향의 비용·위험 및 이익
6. 법률정보
이는 다음과 같은 정보를 포함한다.
가. 오존층의 보호와 관련된 국가의 법률·행정조치 및 법률연구
나. 오존층의 보호와 관련된 양자협정을 포함한 국제협정
다. 오존층의 보호와 관련된 특허의 부여·사용에 관한 방법 및 조건

폐기물 및 그밖의 물질의 투기에 의한 해양오염방지에 관한 협약

(1994년 1월 21일 조 약 제1211호)

1972.12.29(런던, 멕시코, 모스크바, 워싱턴에서 작성)
1993.11.12(런던에서 개정 채택)
1994. 1.20(대한민국에 대하여 발효)
1994. 2.20(대한민국에 대하여 개정 발효 ; 외무부고시 제237호)

이 협약의 체약당사국은, 해양환경과 해양에서 서식하는 생물체가 인류에게 지극히 중요하며, 모든 인류가 해양환경의 질과 자원이 손상되지 아니하도록 관리하는 데 이해관계를 가지고 있음을 인정하고, 폐기물을 동화하여 무해하게 하는 해양의 용량과 천연자원을 재생시키는 해양의 능력은 무한한 것이 아님을 인정하고, 국가는 국제연합헌장과 국제법의 원칙에 따라 고유의 환경정책에 입각하여 자기나라의 자원을 개발할 주권적 권리를 가지며, 자기나라의 관할 또는 통제지역 안의 활동때문에 다른 국가나 관할권 이원지역의 환경에 피해가 발생하지 아니하도록 보장할 책임이 있음을 인정하고, 국가관할권의 이원의 해저, 대양저 및 하층토를 규율하는 원칙에 관한 국제연합총회결의 제2749호(25)를 상기하고, 해양오염은 대기·하천·하구·배출구 및 파이프라인을 통한 투기·배출 등과 같이 여러 오염원에서 발생하며, 국가는 이러한 오염을 방지하기 위하여 실행가능한 최선의 수단을 이용하고 또한 처리할 유해폐기물량을 감소시키는 제품 및 공정 개발이 중요함을 유의하고, 투기에 의한 해양오염을 규제하기 위한 국제적인 조치를 지체없이 취할 수 있고 취하여야 하나, 이 조치로 말미암아 그 밖의 다른 해양오염원을 가능한 한 신속히 규제하기 위한 조치에 대한 논의가 배제되어서는 아니됨을 확신하고, 특정한 지역에 공통이해를 가진 국가들이 이 협약을 보완하는 적절한 협정을 체결하도록 권장함으로써 해양환경 보호를 증진하기를 희망하여, 다음과 같이 합의하였다.

제1조 체약당사국은 개별적으로 또한 집단적으로 해양환경의 모든 오염원에 대한 효과적인 규제를 촉진하여야 하며, 특히 인간의 건강에 위해를 야기하고, 생물자원과 해양생물에 해를 끼치며, 생활의 편의에 손상을 주거나 해양의 합법적인 이용을 저해할 우려가 있는 폐기물 및 그 밖의 물질의 투기에 의한 해양오염을 방지하기 위하여 실행 가능한 모든 조치를 취할 것을 서약한다.
제2조 체약당사국은 다음의 조항에 규정된 바와 같이, 투기에 의한 해양오염을 방지하기 위하여 각자의 과학적·기술적 및 경제적 능력에 따라 개별적으로 그리고 집단적으로 효과적인 조치를 취하며 이와 관련한 국가간 정책을 조화시킨다.
제3조 1. 이 협약상,
(가) "투기"라 함은 다음을 의미한다.
(1) 선박·항공기·플랫폼 또는 그 밖의 인공해양구조물로부터 폐기물이나 그 밖의 물질의 고의적인 해상폐기
(2) 선박·항공기·플랫폼 또는 그 밖의 인공해양구조물의 고의적인 해상폐기
(나) "투기"는 다음을 포함하지 아니한다.
(1) 선박·항공기·플랫폼 또는 그 밖의 인공해양구조물 및 그 부속설비의 통상적인 운용에 수반되거나 그로부터 파생되는 폐기물이나 그 밖의 물질의 해상폐기. 다만, 이러한 물질의 처리를 목적으로 운용되는 선박·항공기·플랫폼 또는 그 밖의 인공해양 구조물에 의해 운송되거나 이들에게 운송된 폐기물이나 그 밖의 물질, 또한 선박·항공기·플랫폼 또는 그 밖의 인공해양구조물에서 이러한 폐기물이나 그 밖의 물질을 처리함에 따라 파생되는 폐기물이나 그 밖의 물질은 제외함.
(2) 폐기가 아닌 다른 목적을 위한 물질의 배치. 다만, 이러한 배치는 이 협약의 목적에 위반하지 아니하여야 함.
(다) 해저광물자원의 탐사·개발 및 이에 따른 해상 가공으로부터 직접적으로 발생하거나 또는 그와 관련된 폐기물이나 그 밖의 물질의 처리는 이 협약의 규정을 적용받지 아니한다.
2. "선박 및 항공기"라 함은 모든 유형의 수상운송 또는 공중운송 장치를 말한다. 이는 자체추진 여부에 관계없이 공기부양선 및 부선을 포함한다.
3. "해양"이라 함은 국가의 내수를 제외한 모든 수역을 말한다.
4. "폐기물이나 그 밖의 물질"이라 함은 모든 종류, 형태 또는 부류의 재료 및 물질을 말한다.
5. "특별허가"라 함은 사전신청에 따라 부속서 2 및 부속서 3에 따라 특별히 부여되는 허가를 말한다.
6. "일반허가"라 함은 사전에 부속서 3에 따라서 부여되는 허가를 말한다.
7. "기구"라 함은 제14조제2항에 따라서 체약당사국이 지정하는 기구를 말한다.
제4조 1. 이 협약의 규정에 따라서, 체약당사국은 다음과 같이 달리 규정한 경우를 제외하고는 어떠한 형태 또는 상태의 폐기물이나 그 밖의 물질의 투기를 금지한다.
(가) 부속서 1에 열거된 폐기물이나 그 밖의 물질의 투기는 금지된다.
(나) 부속서 2에 열거된 폐기물이나 그 밖의 물질의 투기는 사전의 특별허가증을 요한다.
(다) 그 밖의 다른 모든 폐기물이나 물질의 투기는 사전의 일반허가증을 요한다.
2. 모든 허가는 부속서 3의 나항 및 다항에서 규정하고 있는 투기장소의 특성에 대한 사전연구를 포함하여 부속서 3에서 규정하고 있는 모든 요소를 신중히 검토한 후 발급한다.

3. 이 협약의 어떠한 규정도 어느 체약당사국이 자기나라에 대하여 부속서 1에 열거되지 아니한 폐기물이나 그 밖의 물질의 투기를 금지하는 것을 저지하는 것으로 해석되지 아니한다. 이러한 당사국은 그러한 조치를 기구에 통고한다.

제5조 1. 제4조의 규정은 악천후에 기인하는 불가항력의 경우이거나, 인명에 대한 위험이나 선박·항공기·플랫폼 또는 그 밖의 인공해상구조물에 절박한 위협이 있는 경우에 인명의 안전이나 선박·항공기·플랫폼 또는 그 밖의 인공해양구조물의 안전을 확보하기 위하여 필요한 경우에는 적용하지 아니한다. 다만, 그러한 투기가 위협을 회피하는 유일한 방법이며 투기로 인한 피해가 투기하지 아니한 경우 발생하는 피해에 비하여 적다는 확실성이 있어야 한다. 이와 같은 투기는 인간 및 해양생물에 대한 피해 가능성을 최소화시키도록 행하며 즉시 기구에 통보한다.

2. 체약당사국은 인간의 건강과 관련하여 수용할 수 없는 위험을 야기하며 달리 실행가능한 해결책이 없는 비상시에 제4조제1항(가)호에 대한 예외로서 특별허가증을 발급할 수 있다. 특별허가증 발급에 앞서 이러한 당사국은 영향을 받을 가능성이 있는 다른 나라 및 기구와 협의하며 기구는 다른 당사국 및 필요시 국제기구와 협의한 후 제14조에 따라 가장 적절한 조치를 취하도록 그 당사국에게 신속히 권고한다. 그 당사국은 조치를 취하여야 할 시간을 고려하며 또한 해양환경에 대한 피해를 회피하여야 할 일반적 의무에 합치되도록 최대한 가능한 범위 안에서 권고를 따르며 자기나라가 취하는 조치를 기구에 통지한다. 당사국은 이러한 상황에서 서로 지원하기로 서약한다.

3. 체약당사국은 이 협약의 비준·가입시에 또는 그 후에 제2항에 따른 권리를 포기할 수 있다.

제6조 1. 체약당사국은 다음의 업무를 수행하기 위한 적절한 당국을 지정한다.

(가) 부속서 2에 열거된 물질의 투기를 위하여 사전에 필요한, 또는 제5조제2항에 규정된 상황에서 필요로 하는 특별허가증의 발급

(나) 그 밖의 모든 물질의 투기를 위하여 사전에 필요로 하는 일반허가증의 발급

(다) 투기가 허용되는 모든 물질의 성분과 양, 투기의 장소·시간 및 방법에 관한 기록의 유지

(라) 개별적으로 또는 다른 당사국 및 권한있는 국제기구와 협력하여 이 협약의 목적을 위한 해양상태의 관찰

2. 체약당사국의 적절한 당국은 투기하려고 하는 다음 물질에 대하여 제1항에 의해 사전에 특별허가증 또는 일반허가증을 발행한다.

(가) 자기나라의 영토 안에서 선적된 물질

(나) 선적이 이 협약의 당사국이 아닌 국가의 영토내에서 이루어지는 경우에는 자기나라 영토 안에 등록되어 있거나 또는 자기나라의 국기를 게양하고 있는 선박 또는 항공기에 의하여 선적된 물질

3. 제1항(가)호 및 (나)호에 의거하여 허가증을 발급함에 있어서 적절한 당국은 부속서 3을 준수하며 또한 적절하다고 판단하는 추가적인 기준·조치 및 요건에 따른다.

4. 체약당사국은 직접적으로 또는 지역협정에 따라 설치된 사무국을 통하여 제1항(다)호 및 (라)호에 규정된 정보와 제3항에 따라 자기나라가 채택하는 기준·조치 및 요건을 기구 및 다른 당사국에 통보한다. 관련절차 및 이러한 보고의 내용은 당사국간에 협의하여 합의한다.

제7조 1. 체약당사국은 다음의 모든 것에 대하여 이 협약을 이행하기 위하여 필요한 조치를 취한다.

(가) 자기나라의 영토 안에 등록되어 있거나 또는 자기나라의 국기를 게양하고 있는 선박과 항공기

(나) 투기되어질 물질을 자기나라의 영토 또는 영해에서 선적하는 선박과 항공기

(다) 투기에 개입되어 있다고 믿어지는 자기나라의 관할권하에 있는 선박과 항공기, 그리고 고정되어 있거나 부유하는 플랫폼

2. 당사국은 자기나라의 영토 안에서 이 협약 규정에 대한 위반 행위를 방지하고 처벌하기 위한 적절한 조치를 취한다.

3. 당사국은 특히 공해상에서 이 협약의 효과적인 적용을 위한 절차를 개발함에 있어 협조하기로 합의하며, 이러한 절차에는 이 협약에 위반하여 투기를 하고 있는 것으로 관찰된 선박과 항공기에 대해 보고하는 절차가 포함된다.

4. 이 협약은 국제법에 따라 주권면제가 부여되는 선박 및 항공기에 대하여는 적용하지 아니한다. 다만, 당사국은 적절한 조치를 채택함으로써 자기나라가 소유하거나 또는 운영하는 선박 및 항공기가 이 협약의 목적과 의도에 부합되게 행동하도록 보장하여야 하며, 이러한 조치사항을 기구에 통보한다.

5. 이 협약의 어떠한 규정도 당사국이 국제법의 원칙에 따라서 해상투기를 방지하기 위한 다른 조치를 취할 권리에 영향을 주지 아니한다.

제8조 이 협약의 목표달성을 촉진하기 위하여, 일정한 지역 안의 해양 환경 보호에 대하여 공통된 이해관계를 가진 체약당사국은, 특유한 지역적 특성을 참작하여, 특히 투기에 의한 오염의 방지를 위하여 이 협약에 부합하는 지역협정을 체결하도록 노력한다. 이러한 지역협정은 기구에 의하여 체약당사국에게 통보되며, 이 협약의 당사국은 지역협정의 목표와 규정에 부합하여 행동하도록 노력한다. 체약당사국은 다른 관련 협약들의 당사국이 준수해야 할 통일된 절차를 개발하기 위하여 지역협정 당사국과의 협조를 모색한다. 감시 및 과학적 연구 분야에서의 협조에 특별한 관심을 기울인다.

제9조 체약당사국은 기구와 다른 국제기구와 협력하여, 다음 각 호에 대한 지원을 요청하는 당사국에 대한 지원을 증진한다.

(가) 과학 및 기술요원의 훈련

(나) 연구 및 감시에 필요한 장비와 시설의 공급

(다) 폐기물의 처리와 취급, 투기에 의하여 야기되는 오염을 방지 또는 경감하기 위한 그 밖의 조치

이와 같은 지원은 가급적 관련 국가내에서 제공함으로써 협약의 목표와 목적을 촉진한다.

제10조 폐기물과 그 밖의 모든 종류의 물질의 투기에 의하여 다른 국가의 환경 또는 다른 환경분야에 미치는 피해의 국가책임에 관한 국제법의 원칙에 따라, 체약당사국은 투기에 관한 책임의 조사 및 분쟁해결을 위한 절차를 개발한다.

제11조 체약당사국은 제1차 협의 회의에서 이 협약의 해석과 적용에 관한 분쟁해결을 위한 절차를 검토한다.

제12조 체약당사국은 권한있는 전문기관 및 다른 국제기구에서, 다음에 의하여 야기되는 오염으로부터 해양환경을 보호하기 위한 조치를 증진한다.

(가) 기름을 포함한 탄화수소 및 그 폐기물

(나) 투기 이외의 목적으로 선박에 의하여 운송되는 그 밖의 유독물질 또는 유해물질

(다) 선박·항공기·플랫폼 및 그 밖의 인공해양구조물의 운용과정에서 발생하는 폐기물

(라) 선박을 포함한 모든 원천으로부터 나오는 방사성 오염물질

(마) 화학전 및 생물학전의 작용제

(바) 해저광물자원의 탐사·개발 및 이에 따른 해상가공으로부터 직접적으로 발생하거나 그와 관련된 폐기물 또는 그 밖의 물질

당사국은 또한 적절한 국제기구에서 투기에 종사하는 선박이 사용할 신호의 규정화를 촉진한다.

제13조 이 협약의 어떠한 규정도 국제연합 총회결의 제2750호(25)에 따라서 소집되는 국제연합 해양법회의에 의한 해양법의 성문화 및 발전을 저해하지 아니하며, 해양법 및 연안국과 기국의 관할권의 성격과 범위에 관한 어느 국가의 현재 혹은 장래의 권리주장 및 법적 견해에 영향을 주지 아니한다. 체약당사국은 연안과 인접하는 지역에 이 협약을 적용하는 연안국의 권리 및 책임의 성격과 범위를 규정하기 위하여 해양법회의 이후에 그러나 1976년 이전에 기구가 소집하는 회의에서 협의하기로 합의한다.

제14조 1. 영국정부는 수탁자로서 이 협약이 효력을 발생한 후 3월이내에 조직에 관한 사항을 결정하기 위한 체약당사국 회의를 소집한다.

2. 체약당사국은 그 회의 당시 현존하는 권한있는 기구로 하여금 이 협약에 관련된 사무국의 임무를 담당하도록 지정한다. 이 기구의 회원국이 아닌 협약당사국은 이 임무를 수행함에 있어서 기구가 지출한 경비에 적절한 기여금을 부담한다.

3. 기구의 사무국으로서 임무는 다음 사항을 포함한다.

(가) 적어도 2년에 한번씩 개최되는 체약당사국 협의회의 및 당사국의 3분의 2의 요청에 따라 수시로 개최되는 특별회의를 소집함.

(나) 당사국 및 적절한 국제기구와 협의하여 제4항(마)호에 규정된 절차의 개발과 이행을 준비하고 지원함.

(다) 체약당사국에 의한 질의 및 체약당사국으로부터 얻은 정보를 심의하고 당사국 및 관련 국제기구와 협의하며, 또한 협약에 관련되나 협약이 명시적으로 다루고 있지 않은 문제에 관하여 당사국에 권고함.

(라) 제4조제3항, 제5조제1항 및 제2항, 제6조제4항, 제15조, 제20조 그리고 제21조에 따라 기구가 접수한 모든 관련 통지사항을 당사국에게 전달함.

기구가 지정되기 이전에는 이러한 기능은, 필요한 경우, 수탁자가 수행하여야 하며 이 목적을 위한 수탁자는 영국정부이다.

4. 체약당사국의 협의회의 또는 특별회의에서는 이 협약의 이행을 계속하여 검토하며, 특히 다음 사항을 행할 수 있다.

(가) 제15조에 따라 이 협약과 부속서의 개정을 검토하고 채택함.

(나) 적합한 과학단체를 초청, 특히 부속서의 내용을 포함한 이 협약과 관련된 과학적·기술적 사항에 대하여 당사국이나 기구와 협력하고 이들에게 조언하도록 함.

(다) 제6조제4항에 따라 이루어지는 보고서를 접수하고 심의함.

(라) 해양오염방지에 관계되는 지역기구와의 협력과 이러한 지역기구간의 협력을 촉진함.

(마) 적절한 국제기구와 협의하여, 예외적이고 긴급한 사태를 결정하는 기본적 기준을 포함한 제5조제2항에 언급된 절차, 그리고 적절한 투기구역의 지정을 포함하여 그러한 상황하에서의 자문적 조언과 물질의 안전한 처분을 위한 절차를 개발하거나 채택하고 그에 따라 권고함.

(바) 추가적으로 필요한 조치사항을 심의함.

5. 체약당사국은 제1차 협의회의에서 필요한 의사규칙을 마련한다.

제15조 1. (가) 이 협약에 대한 개정안은 제14조에 따라서 소집되는 체약당사국 회의에서 출석자의 3분의 2의 다수결에 의하여 채택될 수 있다. 개정안은 3분의 2의 당사국이 개정안의 수락서를 기구에 기탁한 후 60일째 되는 날에 수락한 당사국에 대하여 효력을 발생한다. 그 이후에는 어느 당사국이 개정안에 대한 수락서를 기탁한 날로부터 30일후에 그 당사국에 대하여 효력을 발생한다.

(나) 기구는 제14조에 의거한 특별회의 개최 요청과 당사국 회의에서 채택된 개정안과 그 개정안이 각 당사국에 대하여 효력을 발생하는 일자를 모든 체약당사국에게 통보한다.

2. 부속서에 대한 개정은 과학적인 또는 기술적인 고려에 의거한다. 제14조에 따라서 소집되는 회의에서 출석한 당사국의 3분의 2의 다수결에 의하여 승인된 부속서의 개정안은 그의 수락을 기구에 통보하는 당사국에 대하여는 즉시 효력을 발생하며 그 밖의 모든 당사국에 대하여는 회의가 개정안을 승인한 날로부터 100일후에 효력을 발생한다. 다만, 100일이 경과하기 전에 그 시점에 있어서 개정안을 수락할 수 없음을 선언한 당사국에 대하여는 그러하지 아니하다. 당사국은 회의에서 개정이 승인된 후 가능한 한 신속하게 개정에 대한 그의 수락을 기구에 통보하도록 노력한다. 당사국은 언제든지 이전의 반대 선언을 수락으로 대체할 수 있으며, 이전에 반대하였던 개정은 그때로부터 그 당사국에 대하여 효력을 발생한다.

3. 이 조에 따른 수락 또는 반대선언은 기구에 문서를 기탁함으로써 이루어진다. 기구는 모든 체약당사국에게 그러한 문서의 접수를 통보한다.

4. 기구가 지정되기 이전에 이 협약상 기구에 속하는 사무국의 기능은 이 협약 수탁자의 하나인 영국정부가 임시로 수행한다.

제16조 이 협약은 1972년 12월 29일부터 1973년 12월 31일까지 런던, 멕시코 시티, 모스크바 및 워싱톤에서 모든 국가의 서명을 위하여 개방된다.

제17조 이 협약은 비준되어야 한다. 비준서는 멕시코, 소련, 영국 및 미국 정부에 기탁한다.

제18조 1973년 12월 31일 이후 이 협약은 모든 국가의 가입을 위하여 개방된다. 가입서는 멕시코, 소련, 영국 및 미국정부에 기탁한다.

제19조 1. 이 협약은 제15번째 비준서 또는 가입서가 기탁된 후 30일째 되는 날 발효한다.

2. 제15번째 비준서 또는 가입서가 기탁된 후에 협약을 비준하거나 또는 가입하는 체약당사국에 대하여 협약은 그 당사국이 비준서 또는 가입서를 기탁한 후 30일째 되는 날에 발효한다.

제20조 수탁자는 다음 사항을 체약당사국에 통보한다.

(가) 제16조, 제17조, 제18조 및 제21조에 따른 이 협약에 대한 서명 및 비준서, 가입서 또는 탈퇴서의 기탁

(나) 제19조에 따라서 이 협약이 발효하는 일자

제21조 체약당사국은 수탁자에게 문서로 6월전에 통보함으로써 이 협약으로부터 탈퇴할 수 있으며, 수탁자는 그러한 통보를 모든 당사국에게 신속하게 통보한다.

제22조 동등하게 정본인 영어, 불어, 러시아어 및 서반아어로 된 이 협약의 원본은 멕시코, 소련, 영국 및 미국정부에 기탁되며 이들 정부는 인증등본을 모든 국가에 송부한다.

이상의 증거로서 각각의 정부로부터 정당하게 권한을 위임받은 아래 전권위원이 이 협약에 서명하였다.

일천구백칠십이년 십이월 이십구일 런던, 멕시코시티, 모스크바 및 워싱톤에서 4부가 작성되었다.

(서명란 생략)

부속서 1

1. 유기할로겐화합물

2. 수은과 수은화합물

3. 카드뮴과 카드뮴화합물

4. 지속성 플래스틱류 및 그 밖의 지속성 합성물, 예를 들면, 어망과 로프 등 어업, 항해 또는 그 밖의 해양의 합법적인 이용을 실질적으로 방해하는 형태로 해양에서 부유하거나 혹은 수중에 떠 있는 것

5. 원유와 그 폐기물, 정제된 석유제품, 석유증류 찌꺼기 및 이러한 물질을 함유하는 그 밖의 혼합물로서 투기할 목적으로 선적되어 있는 것

6. 방사성 폐기물 또는 그 밖의 방사성 물질(1994.2.20 개정)

7. 어떠한 형태로든지(예를 들면 고체, 액체, 반액체, 기체 또는 살아있는 상태) 생물학전 및 화학전을 위하여 생산된 물질

8. 제6항을 제외한 이 부속서 상기 조항들은 바다에서 물리적·화학적 또는 생물학적 과정에 의하여 급속하게 무해한 것으로 되는 물질에 대하여는 적용하지 아니한다. 다만, 이러한 물질이

(가) 식용의 해양생물을 맛이 없게 만드는 것이 아니어야 하며,

(나) 사람의 건강 또는 가축의 건강에 위해를 주지 않아야 한다.

당사국은 그 물질의 무해성에 대하여 의문이 있는 경우 제14조의 규정에 의한 협의절차에 따른다.

(1994.2.20 개정)

9. 아래 제11항에서 정의된 산업폐기물을 제외하고 이 부속서는 상기 제1항 내지 제5항에 규정한 물질을 미량으로 함유하는 폐기물이나 그 밖의 물질(예를 들면 하수오니 및 준설한 물질)에 대하여는 적용하지 아니한다. 제6항은 국제원자력기구에 의하여 정의되고 체약당사국에 의하여 채택된 면제수준의 방사능을 포함한 폐기물이나 그 밖의 물질(예를 들면 하수오니 및 준설한 물질)에 대하여는 적용하지 아니한다. 부속서 1에서 달리 금지하지 아니하는 한 이러한 폐기물은 부속서 2 및 부속서 3의 규정에 적절히 따른다.(1994.2.20 개정)

10. (가) 아래 제11항에서 정의된 산업폐기물 및 하수오니의 해상소각을 금지한다.

(나) 그 밖의 폐기물 또는 물질의 해상소각은 특별허가를 발급받아야 한다.

(다) 해상소각에 대한 특별허가를 발급함에 있어 체약당사국은 이 협약에 따라 개발되는 규정을 적용한다.

(라) 부속서의 목적상 :

① "해상소각설비"라 함은 해상에서의 소각을 목적으로 운용하는 선박·플랫폼 또는 그 밖의 인공구조물을 말한다.

② "해상에서의 소각"이라 함은 폐기물 및 그 밖의 물질을 열을 이용하여 파괴할 목적으로 해상소각설비에서 이를 의도적으로 연소시키는 것을 말한다. 선박·플랫폼 또는 그 밖의 인공구조물의 통상적인 운영에 수반되는 행위는 이 범위에서 제외된다.

(1994.2.20 개정)

11. 1996년 1월 1일 이후의 산업폐기물

이 부속서의 목적상 "산업폐기물"이란 제조 또는 가공과정에서 발생하는 폐기물로서 다음의 것은 포함하지 아니한다.

(가) 준설물질

(나) 하수오니

(다) 생선폐기물 또는 산업적 생선가공과정에서 발생한 유기물질

(라) 부유물질을 발생시키거나 또는 해양환경오염을 초래할 수 있는 물질이 최대한 제거된 선박·플랫폼 또는 그 밖의 해상인공구조물

(마) 화학적 성분이 해양환경에 방출될 가능성이 없는 비오염 불활성 지질물질

(바) 자연발생의 비오염 유기물질
상기 (가)에서 (바)까지 명시된 폐기물 또는 그 밖의 물질의 투기는 부속서 1의 다른 모든 규정과 부속서 2 및 3의 규정에 따른다.
이 조항은 이 부속서 제6항에서 언급된 방사성 폐기물 또는 그 밖의 방사성 물질에 적용되지 아니한다.
(1994.2.20 개정)
12. 제6항에 대한 개정이 발효된 날로부터 25년이내 및 그로부터 25년마다 체약당사국은 적절하다고 판단되는 그 밖의 요인을 고려하여 고준위 방사성 폐기물 또는 물질을 제외한 모든 방사성 폐기물 및 그 밖의 방사성 물질에 관한 과학적인 연구를 완료하고 제15조에 규정된 절차에 따라 부속서 1에 있는 물질의 위치를 검토한다.
(1994.2.20 개정)

부속서 1의 부 록

해상에서의폐기물및그밖의기타물질의소각을관리하기위한규칙

제1편

제1규칙【정의】
이 부록의 목적상,
(1) "해상소각설비"라 함은 해상에서의 소각을 목적으로 운용하는 선박·플랫폼 또는 그 밖의 인공구조물을 말한다.
(2) "해상에서의 소각"이라 함은 폐기물 및 그 밖의 물질을 열을 이용하여 파괴할 목적으로 해상소각설비에서 이를 의도적으로 연소시키는 것을 말한다. 선박·플랫폼 또는 그 밖의 인공구조물의 통상적인 운용에 수반되는 행위는 이 범위에서 제외된다.
제2규칙【적용】
(1) 이 규칙의 제2편은 다음의 폐기물이나 그 밖의 물질에 적용된다.
(가) 부속서 1의 1항에 언급된 것
(나) 부속서 1에 규정되어 있지 않은 살충제 및 그 부산물
(2) 체약당사국은 이 규칙에 따라 해상에서의 소각을 위한 허가증을 발행하기 전에 육상에서 처리·폐기 또는 제거하는 방법이나 폐기물이나 그 밖의 물질을 덜 해롭게 만드는 방법이 실질적으로 있는지를 먼저 고려한다. 해상에서의 소각은 새로운 기술의 개발을 포함하여 환경적으로 더 나은 해결책을 발전시키는 것을 위축시키는 것으로 해석되어서는 안된다.
(3) 이 규칙의 (1)항에 언급된 것이 아닌 부속서 1의 10항과 부속서 2의 마항에 언급된 폐기물이나 그 밖의 물질의 해상에서의 소각은 특별허가증을 발행하는 체약당사국을 만족시키는 수준에서 관리되어야 한다.
(4) 이 규칙의 (1)항 및 (3)항에서 언급되지 않은 폐기물이나 그 밖의 물질의 해상에서의 소각은 일반허가에 따른다.
(5) 이 규칙의 (3)항 및 (4)항에 언급된 허가증을 발행하는데 있어서 체약당사국은 소각 대상의 폐기물에 따라 이 규칙과 해상에서의폐기물및그밖의물질의소각을관리하기위한기술 지침서의 모든 적용가능한 규정을 충분히 고려한다.

제2편

제3규칙【소각장치의 승인 및 검사】
(1) 제안된 모든 해상소각설비에 설치된 소각장치는 아래에 규정된 검사를 받는다. 협약의 제7조제1항에 따라서, 소각허가증을 발행코자 하는 체약당사국은 사용예정인 해상소각설비의 검사가 완료되고 소각장치가 이 규칙의 규정에 부합되도록 보장한다. 만일 최초 검사가 체약당사국의 감독에 따라 실행되었다면, 당사국은 시험요건을 열거하고 있는 특별허가증을 발행한다. 각 검사의 결과는 검사보고서에 기록한다.
(가) 최초 검사는 폐기물 및 그 밖의 물질이 소각되는 동안에 연소 및 파괴효율이 99.9퍼센트를 초과하는 것을 보장하도록 실시된다.
(나) 검사를 감독하는 국가는 최초 검사의 일부로서 다음 사항을 이행한다.
(1) 온도측정기의 설치장소, 형식 및 사용방법을 승인하는 것
(2) 검사위치, 분석장치 및 기록방법을 포함한 가스시료 채취방식을 승인하는 것
(3) 온도가 승인된 최저온도이하로 떨어지는 경우 소각로에 폐기물의 공급을 자동적으로 중단시키기 위하여 승인된 장치가 설치되도록 보장하는 것
(4) 통상운용중에는 소각로에 의한 것을 제외하고는 해상소각설비로부터 폐기물이나 그 밖의 물질을 처분하는 방법이 없음을 보장하는 것
(5) 폐기물과 연료의 투입율을 조절하고 기록하는 장치를 승인하는 것
(6) 전형적으로 소각될 폐기물을 사용하여 O_2, CO, CO_2, 유기할로겐물 및 총탄화수소물을 측정하는 것을 포함하는 집중적 연돌감시방법으로 검사하여 소각장치의 성능을 확인하는 것
(다) 소각장치는 소각로가 이 규칙에 계속 부합되는지 보장하도록 최소한 매 2년마다 검사되어야 한다. 이 2년마다의 검사범위는 이전 2년동안의 작업데이타와 수리 기록의 평가를 기초로 하여 이루어져야 한다.
(2) 충분한 검사를 마친 다음 소각장치가 이 규칙에 합당하다고 판단되면 체약당사국은 일정한 양식의 승인서를 발행한다. 검사보고서의 사본을 승인서에 첨부한다. 체약당사국이 발행한 승인서는 소각장치가 이 규칙에 합당하지 않다고 믿을만한 명확한 근거가 없는 한 다른 체약당사국도 이를 인정한다. 승인서와 검사보고서의 사본을 기구에 제출한다.
(3) 어떠한 검사가 완료된 후에는 승인서를 발행한 체약당사국의 승인없이는 소각장치의 성능에 영향을 줄 수 있는 중대한 변경을 하여서는 안된다.

제4규칙【특별연구를 요하는 폐기물】
(1) 체약당사국이 소각하려는 폐기물이나 그 밖의 물질의 열에 의한 파괴가능성에 대하여 의문이 있는 경우에는 실험규모의 검사를 실시한다.
(2) 체약당사국이 소각효율에 대하여 의문이 있는 폐기물이나 그 밖의 물질의 소각을 허가할 경우에는 소각장치는 최초 소각장치 검사시와 동일한 집중적 연돌감시방법에 따라 검사된다. 폐기물의 고체내용물을 참작하여 미립자의 시료 채취에 유의한다.
(3) 해상소각설비에 대한 검사결과 필요한 연소 및 파괴효율이 더 낮은 온도에서 얻어질 수 있다고 나타난 경우 이외에는, 승인된 최저화염 온도는 제5규칙의 규정에 의한다.
(4) 이 규칙 제(1)항, 제(2)항 및 제(3)항에 의한 특별연구의 결과는 기록되고 검사보고서에 첨부된다. 그 사본을 기구에 전달한다.
제5규칙【운용요건】
(1) 소각장치의 운용은 제4규칙에서 규정된 경우를 제외하고는 폐기물 또는 그 밖의 물질의 소각이 섭씨 1250°미만의 화염 온도에서 이루어지지 않도록 통제한다.
(2) 연소효율은 다음에 근거하여 최소한 99.95±0.05퍼센트 이상이어야 한다.

$$연소효율 = \frac{{}^{C}CO_2 - {}^{C}CO}{{}^{C}CO_2} \times 100$$

여기서, ${}^{C}CO_2$ = 연소가스에서 이산화탄소의 농도
${}^{C}CO$ = 연소가스에서 일산화탄소의 농도

(3) 연돌면 위로 검은 연기나 화염의 확산이 없어야 한다.
(4) 해상소각설비는 소각중 항상 무선호출에 신속히 응답한다.
제6규칙【기록장치 및 기록】
(1) 해상소각설비는 제3규칙에 따라 승인된 기록장치나 방법을 사용한다. 소각작업시마다 최소한 다음의 자료를 기록하고, 허가증을 발행한 체약당사국의 검사를 위해 보관한다.
(가) 승인된 온도측정장치에 의한 계속적인 온도측정
(나) 소각일시 및 소각된 폐기물의 기록
(다) 적절한 항해수단에 의한 선박위치
(라) 폐기물 및 연료의 투입율. 액체폐기물과 연료에 대해서는 그 유입율이 계속적으로 기록되어야 함. 후자의 요건은 1979년 1월 1일이나 그 이전에 운용되는 선박에는 적용되지 않음.
(마) 연소가스에서 CO 및 CO_2 농도
(바) 선박의 항로 및 속도
(2) 발행된 승인서, 제3규칙에 따라 작성된 검사보고서의 사본 및 체약당사국이 폐기물 또는 그 밖의 물질을 소각설비에서 소각할 수 있도록 발행한 소각허가증의 사본은 해상소각설비에 보관한다.
제7규칙【소각된 폐기물의 특성에 대한 관리】
해상에서의 폐기물 또는 그 밖의 물질의 소각에 대한 허가신청서에는 제9규칙의 요건을 준수하기에 충분한 폐기물이나 그 밖의 물질의 특성에 대한 정보가 포함되어야 한다.
제8규칙【소각장소】
(1) 소각장소의 선택을 결정하는 기준을 수립하는 데 고려되어야 할 규정에는 이 협약 부속서 3에 열거된 것 이외에 다음 사항을 포함한다.
(가) 풍속과 풍향, 대기안정성, 대기역전 및 안개의 빈도, 강수형태와 강수량, 습도를 포함한 그 지역의 대기확산특성(오염물질의 연안지역으로의 대기이동가능성에 특히 유의하여 해상소각시설로부터 방출된 오염물질의 주위환경에 대한 잠재적 영향을 결정하기 위한 것임)
(나) 연기기둥과 해수면의 상호작용에 의한 잠재적 영향을 평가하기 위한 그 지역의 해양확산 특성
(다) 항행보조기구의 구비여부
(2) 지정된 상설 소각구역의 좌표는 광범위하게 홍보하고 기구에 통보한다.
제9규칙【통보】
체약당사국은 당사국들이 협의하여 채택한 통보절차에 따른다.

부속서 2

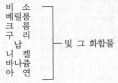

제6조제1항(가)호의 목적을 위하여 특별한 주의를 요하는 물질을 다음과 같이 열거하였다.
가. 아래에 열거된 물질을 다량으로 함유하고 있는 폐기물
비소
베릴륨
크롬
구리
납
니켈
바나듐
아연
— 및 그 화합물

유기실리콘 화합물
시안화물
불화물
부속서 1에 들어있지 아니하는 살충제 및 그 부산물
(1994.2.20 개정)
나. 컨테이너, 철편 및 그 밖의 부피가 큰 폐기물로서 해저에 가라앉아 어업 또는 항해에 중대한 장애를 일으킬 수 있는 것(1994.2.20 개정)
다. 이 부속서에 열거된 물질의 소각을 위한 특별허가증을 발행함에 있어서 체약당사국은 부속서 1의 부록에 있는 폐기물 및 그 밖의 물질의 해상에서의 소각을 관리하기 위한 규정에 따라야 하며, 당사국과 협의하여 채택된 해상에서의 폐기물 및 그 밖의 물질의 소각을 관리하기 위한 기술지침서를 고려하되, 이 규정과 지침서에 명시된 범위까지로 한다.(1994.2.20 개정)
라. 독성이 없음에도 불구하고 투기되는 양에 따라 해롭게 되거나 생활의 편의를 심각하게 감소시킬 우려가 있는 물질
(1994.2.20 개정)
마. 이 부속서에 열거된 물질의 소각을 위한 특별허가증을 발행함에 있어서 체약당사국은 부속서 1의 부록에 있는 폐기물 및 그 밖의 물질의 해상에서의 소각을 관리하기 위한 규정에 따라야 하며, 당사국과 협의하여 채택된 해상에서의 폐기물 및 그 밖의 물질의 소각을 관리하기 위한 기술지침서를 고려하되, 이 규정과 지침서에 명시된 범위까지로 함
바. 독성이 없음에도 불구하고 투기되는 양에 따라 해롭게 되거나 생활의 편의를 심각하게 감소시킬 우려가 있는 물질

부속서 3

물질의 해양투기에 대한 허가증의 발행을 결정하는 기준을 수립함에 있어서 고려해야 할 규정은 제4조제2항을 참작하여 다음 사항을 포함한다.
가. 물질의 특성 및 성분
(1) 투기되는 물질의 총량과 평균적 성분(예 : 연간)
(2) 형태, 예를 들면, 고체, 오니, 액체 또는 기체
(3) 속성 : 물리적(예 : 가용성 및 밀도), 화학적 및 생화학적(예 : 산소요구량, 영양염) 그리고 생물학적(예 : 바이러스, 박테리아, 효모, 기생물의 존재)
(4) 독성
(5) 지속성 : 물리적, 화학적 및 생물학적
(6) 생물학적인 물질 또는 침전물의 축적과 생물변이
(7) 물리적, 화학적 및 생화학적 변화에 대한 감수성 및 수중환경에 있어서 다른 용해된 유기물과 무기물과의 상호작용
(8) 자원(어류, 패류 등)의 시장성을 감소시키는 오염 또는 그 밖의 변화를 일으킬 가능성
(9) 투기허가증을 발급하는 경우, 체약당사국은 해양생물 및 인간건강에 대한 물질의 영향을 평가하기에 충분한 투기되는 물질의 특성 및 성분에 관한 과학적 근거가 있는지를 고려한다.
나. 투기장소의 특성과 처분방법
(1) 위치(예 : 투기구역의 좌표, 깊이 및 해안으로부터의 거리), 다른 구역과 관련된 위치(예 : 유원지, 산란장, 양식장 및 어장 그리고 개발가능한 자원)
(2) 일정기간당 처분율(예 : 매일, 매주, 매월분의 양)
(3) 포장 및 밀봉되었을 경우, 그 방법
(4) 계획된 방출방법에 의하여 달성되는 초기의 희석도
(5) 분산하는 특성(예 : 수평이동과 수직혼합에 대한 해류, 조류 및 바람의 영향)
(6) 물의 특성(예 : 온도, 수소이온농도, 염도, 성층화, 오염의 산소지수 - 용존산소(DO), 화학적 산소요구량(COD), 생물화학적 산소요구량(BOD) - 암모니아를 포함한 유기성 및 무기성 형태의 질소, 부유물, 그 밖의 영양염 및 생산성)
(7) 해저의 특성(예 : 지형구조, 지구화학 및 지질학적 특성과 생물학적 생산성)
(8) 투기구역에 행하여진 다른 투기의 존재여부와 영향(예 : 중금속의 배경판독 및 유기탄소성분)
(9) 투기허가증을 발급하는 경우, 체약당사국은 계절적 변화를 감안하여 그러한 투기의 결과를 이 부속서에 규정된 바와 같이 평가하기에 충분한 과학적 근거가 있는지를 고려한다.
다. 일반적인 고려사항과 조건
(1) 생활의 편의에 대하여 미칠 수 있는 영향(예 : 부유하거나 해변에 얹혀진 물질의 존재, 탁도, 불쾌한 냄새, 변색 및 거품의 형성)
(2) 해양생물, 어류 및 패류의 양식, 어군 및 어업, 해초의 수확 및 양식에 미칠 수 있는 영향
(3) 해양의 그 밖의 이용에 미칠 수 있는 영향(예 : 공업용 수질의 손상, 구조물의 수면하의 부식, 부유물로 인한 선박운항에 대한 방해, 폐기물 또는 고체물의 해저상 퇴적을 통한 어업 또는 항해에 대한 방해, 과학적 혹은 보존목적에 특별히 중요한 구역의 보호)
(4) 대안으로 육상에서 처리, 폐기, 제거하는 방법 또는 그 물질을 해양에 투기할 경우 덜 유해하도록 처리하는 방법의 실제적인 이용 가능성

국제물품매매계약에 관한 국제연합 협약

(2005년 2월 28일
조 약 제1711호)

1980. 4.11(비엔나에서 채택)
2005. 3. 1(대한민국에 대하여 발효)

이 협약의 당사국은, 신국제경제질서의 수립에 관하여 국제연합총회의 제6차 특별회의에서 채택된 결의의 광범한 목적에 유념하고, 평등과 상호이익을 기초로 한 국제거래의 발전이 국가간의 우호관계를 증진하는 중요한 요소임을 고려하며, 국제물품매매계약을 규율하고 상이한 사회적·경제적 및 법적 제도를 고려한 통일규칙을 채택하는 것이 국제거래상의 법적 장애를 제거하는 데 기여하고 국제거래의 발전을 증진하는 것이라는 견해하에, 다음과 같이 합의하였다.

제1편 적용범위와 총칙

제1장 적용범위

제1조 (1) 이 협약은 다음의 경우에, 영업소가 서로 다른 국가에 있는 당사자간의 물품매매계약에 적용된다.
(가) 해당 국가가 모두 체약국인 경우, 또는
(나) 국제사법 규칙에 의하여 체약국법이 적용되는 경우
(2) 당사자가 서로 다른 국가에 영업소를 가지고 있다는 사실은, 계약으로부터 또는 계약체결 전이나 그 체결시에 당사자간의 거래나 당사자에 의하여 밝혀진 정보로부터 드러나지 아니하는 경우에는 고려되지 아니한다.
(3) 당사자의 국적 또는 당사자나 계약의 민사적·상사적 성격은 이 협약의 적용 여부를 결정하는 데에 고려되지 아니한다.
제2조 이 협약은 다음의 매매에는 적용되지 아니한다.
(가) 개인용·가족용 또는 가정용으로 구입된 물품의 매매. 다만, 매도인이 계약체결 전이나 그 체결시에 물품이 그와 같은 용도로 구입된 사실을 알지 못하였고, 알았어야 했던 것도 아닌 경우에는 그러하지 아니하다.
(나) 경매에 의한 매매
(다) 강제집행 그 밖의 법령에 의한 매매
(라) 주식, 지분, 투자증권, 유통증권 또는 통화의 매매
(마) 선박, 소선(小船), 부선(浮船), 또는 항공기의 매매
(바) 전기의 매매
제3조 (1) 물품을 제조 또는 생산하여 공급하는 계약은 이를 매매로 본다. 다만, 물품을 주문한 당사자가 그 제조 또는 생산에 필요한 재료의 중요한 부분을 공급하는 경우에는 그러하지 아니하다.
(2) 이 협약은 물품을 공급하는 당사자의 의무의 주된 부분이 노무 그 밖의 서비스의 공급에 있는 계약에는 적용되지 아니한다.
제4조 이 협약은 매매계약의 성립 및 그 계약으로부터 발생하는 매도인과 매수인의 권리의무만을 규율한다. 이 협약에 별도의 명시규정이 있는 경우를 제외하고, 이 협약은 특히 다음과 관련이 없다.
(가) 계약이나 그 조항 또는 관행의 유효성
(나) 매매된 물품의 소유권에 관하여 계약이 미치는 효력
제5조 이 협약은 물품으로 인하여 발생한 사람의 사망 또는 상해에 대한 매도인의 책임에는 적용되지 아니한다.
제6조 당사자는 이 협약의 적용을 배제할 수 있고, 제12조에 따를 것을 조건으로 하여 이 협약의 어떠한 규정에 대하여도 그 적용을 배제하거나 효과를 변경할 수 있다.

제2장 총 칙

제7조 (1) 이 협약의 해석에는 그 국제적 성격 및 적용상의 통일과 국제거래상의 신의 준수를 증진할 필요성을 고려하여야 한다.
(2) 이 협약에 의하여 규율되는 사항으로서 협약에서 명시적으로 해결되지 아니하는 문제는, 이 협약이 기초하고 있는 일반원칙, 그 원칙이 없는 경우에는 국제사법 규칙에 의하여 적용되는 법에 따라 해결되어야 한다.
제8조 (1) 이 협약의 적용상, 당사자의 진술 그 밖의 행위는 상대방이 그 당사자의 의도를 알았거나 모를 수 없었던 경우에는 그 의도에 따라 해석되어야 한다.
(2) 제1항이 적용되지 아니하는 경우에 당사자의 진술 그 밖의 행위는, 상대방과 동일한 부류의 합리적인 사람이 동일한 상황에서 이해하였을 바에 따라 해석되어야 한다.
(3) 당사자의 의도 또는 합리적인 사람이 이해하였을 바를 결정함에 있어서는 교섭, 당사자간에 확립된 관례, 관행 및 당사자의 후속 행위를 포함하여 관련된 모든 사항을 적절히 고려하여야 한다.
제9조 (1) 당사자는 합의한 관행과 당사자간에 확립된 관례에 구속된다.
(2) 별도의 합의가 없는 한, 당사자가 알았거나 알 수 있었던 관행으로서 국제거래에서 당해 거래와 동종의 계약을 하는 사람에게 널리 알려져 있고 통상적으로 준수되고 있는 관행은 당사자의 계약 또는 그 성립에 묵시적으로 적용되는 것으로 본다.
제10조 이 협약의 적용상,
(가) 당사자 일방이 둘 이상의 영업소를 가지고 있는 경우에는, 계약체결 전이나 그 체결시에 당사자 쌍방에 알려지거나 예기된 상황을 고려하여 계약 및 그 이행과 가장 밀접한 관련이 있는 곳이 영업소로 된다.
(나) 당사자 일방이 영업소를 가지고 있지 아니한 경우에는 그의 상거소를 영업소로 본다.
제11조 매매계약은 서면에 의하여 체결되거나 입증될 필요가 없고, 방식에 관한 그 밖의 어떠한 요건도 요구되지 아니한다. 매매계약은 증인을 포함하여 어떠한 방법에 의하여도 입증될 수 있다.
제12조 매매계약, 합의에 의한 매매계약의 변경이나 종료, 청약·승낙 그 밖의 의사표시를 서면 이외의 방법으로 할 수 있도록 허용하는 이 협약 제11조, 제29조 또는 제2편은 당사자가 이 협약 제96조에 따라 유보선언을 한 체약국에 영업소를 가지고 있는 경우에는 적용되지 아니한다. 당사자는 이 조를 배제하거나 그 효과를 변경할 수 없다.
제13조 이 협약의 적용상 「서면」에는 전보와 텔렉스가 포함된다.

제2편 계약의 성립

제14조 (1) 1인 또는 그 이상의 특정인에 대한 계약체결의 제안은 충분히 확정적이고, 승낙시 그에 구속된다는 청약자의 의사가 표시되어 있는 경우에 청약이 된다. 제안이 물품을 표시하고, 명시적 또는 묵시적으로 수량과 대금을 지정하거나 그 결정을 위한 조항을 두고 있는 경우에, 그 제안은 충분히 확정적인 것으로 한다.
(2) 불특정 다수인에 대한 제안은 제안자가 반대 의사를 명확히 표시하지 아니하는 한, 단지 청약의 유인으로 본다.
제15조 (1) 청약은 상대방에게 도달한 때에 효력이 발생한다.
(2) 청약은 철회될 수 없는 것이더라도, 회수의 의사표시가 청약의 도달 전 또는 그와 동시에 상대방에게 도달하는 경우에는 회수될 수 있다.
제16조 (1) 청약은 계약이 체결되기까지는 철회될 수 있다. 다만, 상대방이 승낙의 통지를 발송하기 전에 철회의 의사표시가 상대방에게 도달되어야 한다.
(2) 그러나 다음의 경우에는 청약은 철회될 수 없다.
(가) 승낙기간의 지정 그 밖의 방법으로 청약이 철회될 수 없음이 청약에 표시되어 있는 경우, 또는
(나) 상대방이 청약이 철회될 수 없음을 신뢰하는 것이 합리적이고, 상대방이 그 청약을 신뢰하여 행동한 경우
제17조 청약은 철회될 수 없는 것이더라도, 거절의 의사표시가 청약자에게 도달한 때에는 효력을 상실한다.
제18조 (1) 청약에 대한 동의를 표시하는 상대방의 진술 그 밖의 행위는 승낙이 된다. 침묵 또는 부작위는 그 자체만으로 승낙이 되지 아니한다.
(2) 청약에 대한 승낙은 동의의 의사표시가 청약자에게 도달하는 시점에 효력이 발생한다. 동의의 의사표시가 청약자가 지정한 기간 내에, 기간의 지정이 없는 경우에는 청약자가 사용한 통신수단의 신속성 등 거래의 상황을 적절히 고려하여 합리적인 기간 내에 도달하지 아니하는 때에는, 승낙은 효력이 발생하지 아니한다. 구두의 청약은 특별한 사정이 없는 한 즉시 승낙되어야 한다.
(3) 청약에 의하여 또는 당사자간에 확립된 관례나 관행의 결과로 상대방이 청약자에 대한 통지없이, 물품의 발송이나 대금지급과 같은 행위를 함으로써 동의를 표시할 수 있는 경우에는, 승낙은 그 행위가 이루어진 시점에 효력이 발생한다. 다만, 그 행위는 제2항에서 정한 기간 내에 이루어져야 한다.
제19조 (1) 승낙을 의도하고 있으나, 부가, 제한 그 밖의 변경을 포함하는 청약에 대한 응답은 청약에 대한 거절이면서 또한 새로운 청약이 된다.
(2) 승낙을 의도하고 있고, 청약의 조건을 실질적으로 변경하지 아니하는 부가적 조건 또는 상이한 조건을 포함하는 청약에 대한 응답은 승낙이 된다. 다만, 청약자가 부당한 지체없이 그 상위(相違)에 구두로 이의를 제기하거나 그러한 취지의 통지를 발송하는 경우에는 그러하지 아니하다. 청약자가 이의를 제기하지 아니하는 경우에는 승낙에 포함된 변경이 가하여진 청약 조건이 계약 조건이 된다.
(3) 특히 대금, 대금지급, 물품의 품질과 수량, 인도의 장소와 시기, 당사자 일방의 상대방에 대한 책임범위 또는 분쟁해결에 관한 부가적 조건 또는 상이한 조건은 청약 조건을 실질적으로 변경하는 것으로 본다.
제20조 (1) 청약자가 전보 또는 서신에서 지정한 승낙기간은 전보가 발송을 위하여 교부된 시점 또는 서신에 표시되어 있는 일자, 서신에 일자가 표시되지 아니한 경우에는 봉투에 표시된 일자로부터 기산한다. 청약자가 전화, 텔렉스 그 밖의 同時的 통신수단에 의하여 지정한 승낙기간은 청약이 상대방에게 도달한 시점으로부터 기산한다.
(2) 승낙기간중의 공휴일 또는 비영업일은 기간의 계산에 산입한다. 다만, 기간의 말일이 청약자의 영업소 소재지의 공휴일 또는 비영업일에 해당하여 승낙의 통지가 기간의 말일에 청약자에게 도달될 수 없는 경우에는, 기간은 그 다음의 최초 영업일까지 연장된다.
제21조 (1) 연착된 승낙은 청약자가 상대방에게 지체 없이 승낙으로서 효력을 가진다는 취지를 구두로 통고하거나 그러한 취지의 통지를 발송하는 경우에는 승낙으로서의 효력이 있다.
(2) 연착된 승낙이 포함된 서신 그 밖의 서면에 의하여, 전달이 정상적이었다면 기간 내에 청약자에게 도달되었을 상황에서 승낙이 발송되었다고 인정되는 경우에는, 그 연착된 승낙은 승낙으로서의 효력이 있다. 다만, 청약자가 상대방에게 지체 없이 청약이 실효되었다는 취지를 구두로 통고하거나 그러한 취지의 통지를 발송하는 경우에는 그러하지 아니하다.
제22조 승낙은 그 효력이 발생하기 전 또는 그와 동시에 회수의 의사표시가 청약자에게 도달하는 경우에는 회수될 수 있다.
제23조 계약은 청약에 대한 승낙이 이 협약에 따라 효력을 발생하는 시점에 성립된다.
제24조 이 협약 제2편의 적용상, 청약, 승낙 그 밖의 의사표시는 상대방에게 구두로 통고된 때 또는 그 밖의 방법으로 상대방 본인, 상대방의 영업소나 우편주소에 전달된 때, 상대방이 영업소나 우편주소를 가지지 아니한 경우에는 그의 상거소에 전달된 때에 상대방에게 "도달"된다.

제3편 물품의 매매

제1장 총 칙

제25조 당사자 일방의 계약위반은, 그 계약에서 상대방이 기대할 수 있는 바를 실질적으로 박탈할 정도의 손실을 상대방에게 주는 경우에 본질적인 것으로 한다. 다만, 위반 당사자가 그러한 결과를 예견하지 못하였고, 동일한 부류의 합리적인 사람도 동일한 상황에서 그러한 결과를 예견하지 못하였을 경우에는 그러하지 아니하다.
제26조 계약해제의 의사표시는 상대방에 대한 통지로 행하여진 경우에만 효력이 있다.
제27조 이 협약 제3편에 별도의 명시규정이 있는 경우를 제외하고, 당사자가 이 협약 제3편에 따라 상황에 맞는 적절한 방법으로 통지, 청구 그 밖의 통신을 한 경우에, 당사자는 통신의 전달 중에 지연이나 오류가 있거나 또는 통신이 도달되지 아니하더라도 그 통신을 주장할 권리를 상실하지 아니한다.
제28조 당사자 일방이 이 협약에 따라 상대방의 의무이행을 요구할 수 있는 경우에도, 법원은 이 협약이 적용되지 아니하는 유사한 매매계약에 관하여 자국법에 따라 특정이행을 명하는 판결을 하여야 하는 경우가 아닌 한, 특정이행을 명하는 판결을 할 의무가 없다.
제29조 (1) 계약은 당사자의 합의만으로 변경 또는 종료될 수 있다.
(2) 서면에 의한 계약에 합의에 의한 변경 또는 종료는 서면에 의하여야 한다는 규정이 있는 경우에, 다른 방법으로 합의 변경 또는 합의 종료될 수 없다. 다만, 당사자는 상대방이 자신의 행동을 신뢰한 한도까지는 그러한 규정을 원용할 수 없다.

제2장 매도인의 의무

제30조 매도인은 계약과 이 협약에 따라 물품을 인도하고, 관련 서류를 교부하며 물품의 소유권을 이전하여야 한다.

제1절 물품의 인도와 서류의 교부

제31조 매도인이 물품을 다른 특정한 장소에서 인도할 의무가 없는 경우에, 매도인의 인도의무는 다음과 같다.
(가) 매매계약에 물품의 운송이 포함된 경우에는, 매수인에게 전달하기 위하여 물품을 제1운송인에게 교부하는 것.
(나) (가)호에 해당되지 아니하는 경우로서 계약이 특정물에 관련되거나 또는 특정한 재고품에서 인출되는 불특정물이나 제조 또는 생산되는 불특정물에 관련되어 있고, 당사자 쌍방이 계약 체결시에 그 물품이 특정한 장소에 있거나 그 장소에서 제조 또는 생산되는 것을 알고 있었던 경우에는, 그 장소에서 물품을 매수인의 처분 하에 두는 것.
(다) 그 밖의 경우에는, 계약 체결시에 매도인이 영업소를 가지고 있던 장소에서 물품을 매수인의 처분 하에 두는 것.
제32조 (1) 매도인이 계약 또는 이 협약에 따라 물품을 운송인에게 교부한 경우에, 물품이 하인(荷印), 선적서류 그 밖의 방법에 의하여 그 계약의 목적물로서 명확히 특정되어 있지 아니한 때에는, 매도인은 매수인에게 물품을 특정하는 탁송통지를 하여야 한다.
(2) 매도인이 물품의 운송을 주선하여야 하는 경우에, 매도인은 상황에 맞는 적절한 운송수단 및 그 운송에서의 통상의 조건으로, 지정된 장소까지 운송하는 데 필요한 계약을 체결하여야 한다.
(3) 매도인이 물품의 운송에 관하여 부보(附保)할 의무가 없는 경우에도, 매도인은 매수인의 요구가 있으면 매수인이 부보하는 데 필요한 가능한 정보를 매수인에게 제공하여야 한다.
제33조 매도인은 다음의 시기에 물품을 인도하여야 한다.
(가) 인도기일이 계약에 의하여 지정되어 있거나 확정될 수 있는 경우에는 그 기일
(나) 인도기간이 계약에 의하여 지정되어 있거나 확정될 수 있는 경우에는 그 기간 내의 어느 시기. 다만, 매수인이 기일을 선택하여야 할 사정이 있는 경우에는 그러하지 아니하다.
(다) 그 밖의 경우에는 계약 체결후 합리적인 기간 내.
제34조 매도인이 물품에 관한 서류를 교부하여야 하는 경우에, 매도인은 계약에서 정한 시기, 장소 및 방식에 따라 이를 교부하여야 한다. 매도인이 교부하여야 할 시기 전에 서류를 교부한 경우에는, 매도인은 매수인에게 불합리한 불편 또는 비용을 초래하지 아니하는 한, 계약에서 정한 시기까지 서류상의 부적합을 치유할 수 있다. 다만, 매수인은 이 협약에서 정한 손해배상을 청구할 권리를 보유한다.

제2절 물품의 적합성과 제3자의 권리주장

제35조 (1) 매도인은 계약에서 정한 수량, 품질 및 종류에 적합하고, 계약에서 정한 방법으로 용기에 담겨지거나 포장된 물품을 인도하여야 한다.
(2) 당사자가 달리 합의한 경우를 제외하고, 물품은 다음의 경우에 계약에 적합하지 아니한 것으로 한다.
(가) 동종 물품의 통상 사용목적에 맞지 아니한 경우,
(나) 계약 체결시 매도인에게 명시적 또는 묵시적으로 알려진 특별한 목적에 맞지 아니한 경우. 다만, 그 상황에서 매수인이 매도인의 기술과 판단을 신뢰하지 아니하였거나 또는 신뢰하는 것이 불합리하였다고 인정되는 경우에는 그러하지 아니하다.
(다) 매도인이 견본 또는 모형으로 매수인에게 제시한 물품의 품질을 가지고 있지 아니한 경우.
(라) 그러한 물품에 대하여 통상의 방법으로, 통상의 방법이 없는 경우에는 그 물품을 보존하고 보호하는 데 적절한 방법으로 용기에 담겨지거나 포장되어 있지 아니한 경우.
(3) 매수인이 계약 체결시에 물품의 부적합을 알았거나 또는 모를 수 없었던 경우에는, 매도인은 그 부적합에 대하여 제2항의 (가)호 내지 (라)호에 따른 책임을 지지 아니한다.
제36조 (1) 매도인은 위험이 매수인에게 이전하는 때에 존재하는 물품의 부적합에 대하여, 그 부적합이 위험 이전 후에 판명된 경우라도, 계약과 이 협약에 따라 책임을 진다.
(2) 매도인은 제1항에서 정한 때보다 후에 발생한 부적합이라도 매도인의 의무위반에 기인하는 경우에는 그 부적합에 대하여 책임을 진다. 이 의무위반에는 물품이 일정기간 통상의 목적이나 특별한 목적에 맞는 상태를 유지한다는 보증 또는 특정한 품질이나 특성을 유지한다는 보증에 위반한 경우도 포함된다.
제37조 매도인이 인도기일 전에 물품을 인도한 경우에는, 매수인에게 불합리한 불편 또는 비용을 초래하지 아니하는 한, 매도인은 그 기일까지 누락분을 인도하거나 부족한 수량을 보

충하거나 부적합한 물품에 갈음하여 물품을 인도하거나 또는 물품의 부적합을 치유할 수 있다. 다만, 매수인은 이 협약에서 정한 손해배상을 청구할 권리를 보유한다.

제38조 (1) 매수인은 그 상황에서 실행가능한 단기간 내에 물품을 검사하거나 검사하게 하여야 한다.

(2) 계약에 물품의 운송이 포함되는 경우에는, 검사는 물품이 목적지에 도착한 후까지 연기될 수 있다.

(3) 매수인이 검사할 합리적인 기회를 가지지 못한 채 운송중에 물품의 목적지를 변경하거나 물품을 전송(轉送)하고, 매도인이 계약 체결시에 그 변경 또는 전송의 가능성을 알았거나 알 수 있었던 경우에는, 검사는 물품이 새로운 목적지에 도착한 후까지 연기될 수 있다.

제39조 (1) 매수인이 물품의 부적합을 발견하였거나 발견할 수 있었던 때로부터 합리적인 기간 내에 매도인에게 그 부적합한 성질을 특정하여 통지하지 아니한 경우에는, 매수인은 물품의 부적합을 주장할 권리를 상실한다.

(2) 매수인은 물품이 매수인에게 현실로 교부된 날부터 늦어도 2년 내에 매도인에게 제1항의 통지를 하지 아니한 경우에는, 물품의 부적합을 주장할 권리를 상실한다. 다만, 이 기간제한이 계약상의 보증기간과 양립하지 아니하는 경우에는 그러하지 아니하다.

제40조 물품의 부적합이 매도인이 알았거나 모를 수 없었던 사실에 관한 것이고, 매도인이 매수인에게 이를 밝히지 아니한 경우에는, 매도인은 제38조와 제39조를 원용할 수 없다.

제41조 매수인이 제3자의 권리나 권리주장의 대상이 된 물품을 수령하는 데 동의한 경우를 제외하고, 매도인은 제3자의 권리나 권리주장의 대상이 아닌 물품을 인도하여야 한다. 다만, 그러한 제3자의 권리나 권리주장이 공업소유권 그 밖의 지적재산권에 기초하는 경우에는, 매도인의 의무는 제42조에 의하여 규율된다.

제42조 (1) 매도인은, 계약 체결시에 자신이 알았거나 모를 수 없었던 공업소유권 그 밖의 지적재산권에 기초한 제3자의 권리나 권리주장의 대상이 아닌 물품을 인도하여야 한다. 다만, 제3자의 권리나 권리주장이 다음 국가의 법에 의한 공업소유권 그 밖의 지적재산권에 기초한 경우에 한한다.

(가) 당사자 쌍방이 계약 체결시에 물품이 어느 국가에서 전매되거나 그 밖의 방법으로 사용될 것을 예상하였던 경우에는, 물품이 전매되거나 그 밖의 방법으로 사용될 국가의 법

(나) 그 밖의 경우에는 매수인이 영업소를 가지는 국가의 법

(2) 제1항의 매도인의 의무는 다음의 경우에는 적용되지 아니한다.

(가) 매수인이 계약 체결시에 그 권리나 권리주장을 알았거나 모를 수 없었던 경우

(나) 그 권리나 권리주장이 매수인에 의하여 제공된 기술설계, 디자인, 방식 그 밖의 지정에 매도인이 따른 결과로 발생한 경우

제43조 (1) 매수인이 제3자의 권리나 권리주장을 알았거나 알았어야 했던 때로부터 합리적인 기간 내에 매도인에게 제3자의 권리나 권리주장의 성질을 특정하여 통지하지 아니한 경우에는, 매수인은 제41조 또는 제42조를 원용할 권리를 상실한다.

(2) 매도인이 제3자의 권리나 권리주장 및 그 성질을 알고 있었던 경우에는 제1항을 원용할 수 없다.

제44조 제39조 제1항과 제43조 제1항에도 불구하고, 매수인은 정하여진 통지를 하지 못한 데에 합리적인 이유가 있는 경우에는 제50조에 따라 대금을 감액하거나 이익의 상실을 제외한 손해배상을 청구할 수 있다.

제3절 매도인의 계약위반에 대한 구제

제45조 (1) 매도인이 계약 또는 이 협약상의 의무를 이행하지 아니하는 경우에 매수인은 다음을 할 수 있다.

(가) 제46조 내지 제52조에서 정한 권리의 행사

(나) 제74조 내지 제77조에서 정한 손해배상의 청구

(2) 매수인이 손해배상을 청구하는 권리는 다른 구제를 구하는 권리를 행사함으로써 상실되지 아니한다.

(3) 매수인이 계약위반에 대한 구제를 구하는 경우에, 법원 또는 중재판정부는 매도인에게 유예기간을 부여할 수 없다.

제46조 (1) 매수인은 매도인에게 의무의 이행을 청구할 수 있다. 다만, 매수인이 그 청구와 양립하지 아니하는 구제를 구한 경우에는 그러하지 아니하다.

(2) 물품이 계약에 부적합한 경우에, 매수인은 대체물의 인도를 청구할 수 있다. 다만, 그 부적합이 본질적 계약위반을 구성하고, 그 청구가 제39조의 통지와 동시에 또는 그 후 합리적인 기간 내에 행하여진 경우에 한한다.

(3) 물품이 계약에 부적합한 경우에, 매수인은 모든 상황을 고려하여 불합리한 경우를 제외하고, 매도인에게 수리에 의한 부적합의 치유를 청구할 수 있다. 수리 청구는 제39조의 통지와 동시에 또는 그 후 합리적인 기간 내에 행하여져야 한다.

제47조 (1) 매수인은 매도인의 의무이행을 위하여 합리적인 부가기간을 정할 수 있다.

(2) 매도인으로부터 그 부가기간 내에 이행을 하지 아니하겠다는 통지를 수령한 경우를 제외하고, 매수인은 그 기간중 계약위반에 대한 구제를 구할 수 없다. 다만, 매수인은 이행지체에 대한 손해배상을 청구할 권리를 상실하지 아니한다.

제48조 (1) 제49조를 따를 것을 조건으로, 매도인은 인도기일 후에도 불합리하게 지체하지 아니하고 매수인에게 불합리한 불편 또는 매수인의 선급 비용을 매도인으로부터 상환받는 데 대한 불안을 초래하지 아니하는 경우에는, 자신의 비용으로 의무의 불이행을 치유할 수 있다. 다만, 매수인은 이 협약에서 정한 손해배상을 청구할 권리를 보유한다.

(2) 매도인이 매수인에게 이행의 수령 여부를 알려 달라고 요구하였으나 매수인이 합리적인 기간 내에 그 요구에 응하지 아니한 경우에는, 매도인은 그 요구에서 정한 기간 내에 이행을 할 수 있다. 매수인은 그 기간중에는 매도인의 이행과 양립하지 아니하는 구제를 구할 수 없다.

(3) 특정한 기간 내에 이행을 하겠다는 매도인의 통지는 매수인이 그 결정을 알려야 한다는 제2항의 요구를 포함하는 것으로 추정한다.

(4) 이 조 제2항 또는 제3항의 매도인의 요구 또는 통지는 매수인에 의하여 수령되지 아니하는 한 그 효력이 발생하지 아니한다.

제49조 (1) 매수인은 다음의 경우에 계약을 해제할 수 있다.

(가) 계약 또는 이 협약상 매도인의 의무 불이행이 본질적 계약위반으로 되는 경우

(나) 인도 불이행의 경우에는, 매도인이 제47조 제1항에 따라 매수인이 정한 부가기간 내에 물품을 인도하지 아니하거나 그 기간 내에 인도하지 아니하겠다고 선언한 경우

(2) 그러나 매도인이 물품을 인도한 경우에는, 매수인은 다음의 기간 내에 계약을 해제하지 아니하는 한 계약해제권을 상실한다.

(가) 인도지체의 경우, 매수인이 인도가 이루어진 것을 안 후 합리적인 기간 내

(나) 인도지체 이외의 위반의 경우, 다음의 시기로부터 합리적인 기간 내

(1) 매수인이 그 위반을 알았거나 또는 알 수 있었던 때

(2) 매수인이 제47조 제1항에 따라 정한 부가기간이 경과한 때 또는 매도인이 그 부가기간 내에 의무를 이행하지 아니하겠다고 선언한 때

(3) 매도인이 제48조 제2항에 따라 정한 부가기간이 경과한 때 또는 매수인이 이행을 수령하지 아니하겠다고 선언한 때

제50조 물품이 계약에 부적합한 경우에, 대금의 지급 여부에 관계없이 매수인은 현실로 인도된 물품이 인도시에 가지고 있던 가액이 계약에 적합한 물품이 그때에 가지고 있었을 가액에 대하여 가지는 비율에 따라 대금을 감액할 수 있다. 다만, 매도인이 제37조나 제48조에 따라 의무의 불이행을 치유하거나 매수인이 동 조항에 따라 매도인의 이행 수령을 거절한 경우에는 대금을 감액할 수 없다.

제51조 (1) 매도인이 물품의 일부만을 인도하거나 인도된 물품의 일부만이 계약에 적합한 경우에, 제46조 내지 제50조는 부족 또는 부적합한 부분에 적용된다.

(2) 매수인은 인도가 완전하게 또는 계약에 적합하게 이루어지지 아니한 것이 본질적 계약위반으로 되는 경우에 한하여 계약 전체를 해제할 수 있다.

제52조 (1) 매도인이 이행기 전에 물품을 인도한 경우에, 매수인은 이를 수령하거나 거절할 수 있다.

(2) 매도인이 계약에서 정한 것보다 다량의 물품을 인도한 경우에, 매수인은 초과분을 수령하거나 이를 거절할 수 있다. 매수인이 초과분의 전부 또는 일부를 수령한 경우에는 계약대금의 비율에 따라 그 대금을 지급하여야 한다.

제3장 매수인의 의무

제53조 매수인은 계약과 이 협약에 따라, 물품의 대금을 지급하고 물품의 인도를 수령하여야 한다.

제1절 대금의 지급

제54조 매수인의 대금지급의무에는 그 지급을 위하여 계약 또는 법령에서 정한 조치를 취하고 절차를 따르는 것이 포함된다.

제55조 계약이 유효하게 성립되었으나 그 대금을 명시적 또는 묵시적으로 정하고 있지 아니하거나 이를 정하기 위한 조항을 두지 아니한 경우에는, 당사자는 반대의 표시가 없는 한, 계약 체결시에 당해 거래와 유사한 상황에서 매도되는 그러한 종류의 물품에 대하여 일반적으로 청구되는 대금을 묵시적으로 정한 것으로 본다.

제56조 대금이 물품의 중량에 따라 정하여지는 경우에, 의심이 있는 때에는 순중량에 의하여 대금을 결정하는 것으로 한다.

제57조 (1) 매수인이 다른 특정한 장소에서 대금을 지급할 의무가 없는 경우에는, 다음의 장소에서 매도인에게 이를 지급하여야 한다.

(가) 매도인의 영업소, 또는

(나) 대금이 물품 또는 서류의 교부와 상환하여 지급되어야 하는 경우에는 그 교부가 이루어지는 장소

(2) 매도인은 계약 체결후에 자신의 영업소를 변경함으로써 발생하는 대금지급에 대한 부수비용의 증가액을 부담하여야 한다.

제58조 (1) 매수인이 다른 특정한 시기에 대금을 지급할 의무가 없는 경우에는, 매수인은 매도인이 계약과 이 협약에 따라 물품 또는 그 처분을 지배하는 서류를 매수인의 처분하에 두는 때에 대금을 지급하여야 한다. 매도인은 그 지급을 물품 또는 서류의 교부를 위한 조건으로 할 수 있다.

(2) 계약에 물품의 운송이 포함되는 경우에는, 매도인은 대금의 지급과 상환하여서만 물품 또는 그 처분을 지배하는 서류를 매수인에게 교부한다는 조건으로 물품을 발송할 수 있다.

(3) 매수인은 물품을 검사할 기회를 가질 때까지는 대금을 지급할 의무가 없다. 다만, 당사자간에 합의된 인도 또는 지급절차가 매수인이 검사 기회를 가지는 것과 양립하지 아니하는 경우에는 그러하지 아니하다.

제59조 매수인은 계약 또는 이 협약에서 지정되거나 확정될 수 있는 기일에 대금을 지급하여야 하며, 이 경우 매도인의 입장에서는 어떠한 요구를 하거나 절차를 따를 필요가 없다.

제2절 인도의 수령

제60조 매수인의 수령의무는 다음과 같다.

(가) 매도인의 인도를 가능하게 하기 위하여 매수인에게 합리적으로 기대될 수 있는 모든 행위를 하는 것, 및

(나) 물품을 수령하는 것

제3절 매수인의 계약위반에 대한 구제

제61조 (1) 매수인이 계약 또는 이 협약상의 의무를 이행하지 아니하는 경우에 매도인은 다음을 할 수 있다.

(가) 제62조 내지 제65조에서 정한 권리의 행사

(나) 제74조 내지 제77조에서 정한 손해배상의 청구

(2) 매도인이 손해배상을 청구하는 권리는 다른 구제를 구하는 권리를 행사함으로써 상실되지 아니한다.

(3) 매도인이 계약위반에 대한 구제를 구하는 경우에, 법원 또는 중재판정부는 매수인에게 유예기간을 부여할 수 없다.

제62조 매도인은 매수인에게 대금의 지급, 인도의 수령 또는 그 밖의 의무의 이행을 청구할 수 있다. 다만, 매도인이 그 청구와 양립하지 아니하는 구제를 구한 경우에는 그러하지 아니하다.

제63조 (1) 매도인은 매수인의 의무이행을 위하여 합리적인 부가기간을 정할 수 있다.

(2) 매수인으로부터 그 부가기간 내에 이행을 하지 아니하겠다는 통지를 수령한 경우를 제외하고, 매도인은 그 기간중 계약위반에 대한 구제를 구할 수 없다. 다만, 매도인은 이행지체에 대한 손해배상을 청구할 권리를 상실하지 아니한다.

제64조 (1) 매도인은 다음의 경우에 계약을 해제할 수 있다.

(가) 계약 또는 이 협약상 매수인의 의무 불이행이 본질적 계약위반으로 되는 경우

(나) 매수인이 제63조 제1항에 따라 매도인이 정한 부가기간 내에 대금지급 또는 물품수령 의무를 이행하지 아니하거나 그 기간 내에 그러한 의무를 이행하지 아니하겠다고 선언한 경우.

(2) 그러나 매수인이 대금을 지급한 경우에는, 매도인은 다음의 기간 내에 계약을 해제하지 아니하는 한 계약해제권을 상실한다.

(가) 매수인의 이행지체의 경우, 매도인이 이행이 이루어진 것을 알기 전

(나) 매수인의 이행지체 이외의 위반의 경우, 다음의 시기로부터 합리적인 기간 내

(1) 매도인이 그 위반을 알았거나 또는 알 수 있었던 때

(2) 매도인이 제63조 제1항에 따라 정한 부가기간이 경과한 때 또는 매수인이 그 부가기간 내에 의무를 이행하지 아니하겠다고 선언한 때.

제65조 (1) 계약상 매수인이 물품의 형태, 규격 그 밖의 특징을 지정하여야 하는 경우에, 매수인이 합의된 기일 또는 매도인으로부터 요구를 수령한 후 합리적인 기간 내에 그 지정을 하지 아니한 경우에는, 매도인은 자신이 보유하는 다른 권리를 해함이 없이, 자신이 알고 있는 매수인의 필요에 따라 스스로 지정할 수 있다.

(2) 매도인은 스스로 지정하는 경우에 매수인에게 그 상세한 사정을 통고하고, 매수인이 그와 다른 지정을 할 수 있도록 합리적인 기간을 정하여야 한다. 매수인이 그 통지를 수령한 후 정하여진 기간 내에 다른 지정을 하지 아니하는 경우에는, 매도인의 지정이 구속력을 가진다.

제4장 위험의 이전

제66조 위험이 매수인에게 이전된 후에 물품이 멸실 또는 훼손되더라도 매수인은 대금지급의무를 면하지 못한다. 다만, 그 멸실 또는 훼손이 매도인의 작위 또는 부작위로 인한 경우에는 그러하지 아니하다.

제67조 (1) 매매계약에 물품의 운송이 포함되어 있고, 매도인이 특정한 장소에서 이를 교부할 의무가 없는 경우에, 위험은 매매계약에 따라 매수인에게 전달하기 위하여 물품이 제1운송인에게 교부된 때에 매수인에게 이전한다. 매도인이 특정한 장소에서 물품을 운송인에게 교부하여야 하는 경우에는, 위험은 그 장소에서 물품이 운송인에게 교부될 때까지 매수인에게 이전하지 아니한다. 매도인이 물품의 처분을 지배하는 서류를 보유할 권한이 있다는 사실은 위험의 이전에 영향을 미치지 아니한다.

(2) 제1항에도 불구하고 위험은 물품이 하인(荷印), 선적서류, 매수인에 대한 통지 그 밖의 방법에 의하여 계약상 명확히 특정될 때까지 매수인에게 이전하지 아니한다.

제68조 운송중에 매도된 물품에 관한 위험은 계약 체결시에 매수인에게 이전한다. 다만, 특별한 사정이 있는 경우에는, 위험은 운송계약을 표창하는 서류를 발행한 운송인에게 물품이 교부된 때부터 매수인이 부담한다. 그럼에도 불구하고, 매도인이 매매계약의 체결시에 물품이 멸실 또는 훼손된 것을 알았거나 알았어야 했고, 매수인에게 이를 밝히지 아니한 경우에는, 그 멸실 또는 훼손은 매도인의 위험으로 한다.

제69조 (1) 제67조와 제68조가 적용되지 아니하는 경우에, 위험은 매수인이 물품을 수령한 때, 매수인이 적시에 이를 수령하지 아니한 경우에는 물품이 매수인의 처분 하에 놓여지고 매수인이 이를 수령하지 아니하여 계약을 위반하는 때에 매수인에게 이전한다.

(2) 매수인이 매도인의 영업소 이외의 장소에서 물품을 수령하여야 하는 경우에는, 위험은 인도기일이 도래하고 물품이 그 장소에서 매수인의 처분 하에 놓여진 것을 매수인이 안 때에 이전한다.

(3) 불특정물에 관한 계약의 경우에, 물품은 계약상 명확히 특정될 때까지 매수인의 처분하에 놓여지지 아니한 것으로 본다.

제70조 매도인이 본질적 계약위반을 한 경우에는, 제67조, 제68조 및 제69조는 매수인이 그 위반을 이유로 구할 수 있는 구제를 방해하지 아니한다.

제5장 매도인과 매수인의 의무에 공통되는 규정

제1절 이행이전의 계약위반과 분할인도계약

제71조 (1) 당사자는 계약체결 후 다음의 사유로 상대방이 의무의 실질적 부분을 이행하지 아니할 것이 판명된 경우에는, 자신의 의무 이행을 정지할 수 있다.

(가) 상대방의 이행능력 또는 신용도의 중대한 결함

(나) 계약의 이행 준비 또는 이행에 관한 상대방의 행위

(2) 제1항의 사유가 명백하게 되기 전에 매도인이 물품을 발송한 경우에는, 매수인이 물품을 취득할 수 있는 증권을 소지하고 있더라도 매도인은 물품이 매수인에게 교부되는 것을 저지할 수 있다. 이 항은 매도인과 매수인간의 물품에 관한 권리에 대하여만 적용된다.

(3) 이행을 정지한 당사자는 물품의 발송 전후에 관계없이 즉시 상대방에게 그 정지를 통지하여야 하고, 상대방이 그 이행에 관하여 적절한 보장을 제공한 경우에는 이행을 계속하여야 한다.

제72조 (1) 계약의 이행기일 전에 당사자 일방이 본질적 계약위반을 할 것이 명백한 경우에는, 상대방은 계약을 해제할 수 있다.

(2) 시간이 허용하는 경우에는, 계약을 해제하려고 하는 당사자는 상대방이 이행에 관하여 적절한 보장을 제공할 수 있도록 상대방에게 합리적인 통지를 하여야 한다.
(3) 제2항의 요건은 상대방이 그 의무를 이행하지 아니하겠다고 선언한 경우에는 적용되지 아니한다.
제73조 (1) 물품을 분할하여 인도하는 계약에서 어느 분할부분에 관한 당사자 일방의 의무 불이행이 그 분할부분에 관하여 본질적 계약위반이 되는 경우에는, 상대방은 그 분할부분에 관하여 계약을 해제할 수 있다.
(2) 어느 분할부분에 관한 당사자 일방의 의무 불이행이 장래의 분할부분에 대한 본질적 계약위반의 발생을 추단하는 데에 충분한 근거가 되는 경우에는, 상대방은 장래에 향하여 계약을 해제할 수 있다. 다만, 그 해제는 합리적인 기간 내에 이루어져야 한다.
(3) 어느 인도에 대하여 계약을 해제하는 매수인은, 이미 행하여진 인도 또는 장래의 인도가 그 인도와의 상호 의존관계로 인하여 계약 체결시에 당사자 쌍방이 예상했던 목적으로 사용될 수 없는 경우에는, 이미 행하여진 인도 또는 장래의 인도에 대하여도 동시에 계약을 해제할 수 있다.

제2절 손해배상액

제74조 당사자 일방의 계약위반으로 인한 손해배상액은 이익의 상실을 포함하여 그 위반의 결과 상대방이 입은 손실과 동등한 금액으로 한다. 그 손해배상액은 위반 당사자가 계약 체결시에 알았거나 알 수 있었던 사실과 사정에 비추어, 계약위반의 가능한 결과로서 발생할 것을 예견하였거나 예견할 수 있었던 손실을 초과할 수 없다.
제75조 계약이 해제되고 계약해제 후 합리적인 방법으로, 합리적인 기간 내에 매수인이 대체물을 매수하거나 매도인이 물품을 재매각한 경우에, 손해배상을 청구하는 당사자는 계약대금과 대체거래대금과의 차액 및 그 외에 제74조에 따른 손해액을 배상받을 수 있다.
제76조 (1) 계약이 해제되고 물품에 시가가 있는 경우에, 손해배상을 청구하는 당사자는 제75조에 따라 구입 또는 재매각하지 아니하였다면 계약대금과 계약해제시의 시가와의 차액 및 그 외에 제74조에 따른 손해액을 배상받을 수 있다. 다만, 손해배상을 청구하는 당사자가 물품을 수령한 후에 계약을 해제한 경우에는, 해제시의 시가에 갈음하여 물품 수령시의 시가를 적용한다.
(2) 제1항의 적용상, 시가는 물품이 인도되었어야 했던 장소에서의 지배적인 가격, 그 장소에 시가가 없는 경우에는 물품 운송비용의 차액을 적절히 고려하여 합리적으로 대체할 수 있는 다른 장소에서의 가격을 말한다.
제77조 계약위반을 주장하는 당사자는 이익의 상실을 포함하여 그 위반으로 인한 손실을 경감하기 위하여 그 상황에서 합리적인 조치를 취하여야 한다. 계약위반을 주장하는 당사자가 그 조치를 취하지 아니한 경우에는, 위반 당사자는 경감되었어야 했던 손실액만큼 손해배상액의 감액을 청구할 수 있다.

제3절 이 자

제78조 당사자가 대금 그 밖의 연체된 금액을 지급하지 아니하는 경우에, 상대방은 제74조에 따른 손해배상청구권을 해함이 없이, 그 금액에 대한 이자를 청구할 수 있다.

제4절 면 책

제79조 (1) 당사자는 그 의무의 불이행이 자신이 통제할 수 없는 장애에 기인하였다는 것과 계약 체결시에 그 장애를 고려하거나 또는 그 장애나 그로 인한 결과를 회피하거나 극복하는 것이 합리적으로 기대될 수 없었다는 것을 증명하는 경우에는, 그 의무불이행에 대하여 책임이 없다.
(2) 당사자의 불이행이 계약의 전부 또는 일부의 이행을 위하여 사용한 제3자의 불이행으로 인한 경우에는, 그 당사자는 다음의 경우에 한하여 그 책임을 면한다.
(가) 당사자가 제1항의 규정에 의하여 면책되고, 또한
(나) 당사자가 사용한 제3자도 그에게 제1항이 적용된다면 면책되는 경우
(3) 이 조에 규정된 면책은 장애가 존재하는 기간 동안에 효력을 가진다.
(4) 불이행 당사자는 장애가 존재한다는 것과 그 장애가 자신의 이행능력에 미치는 영향을 상대방에게 통지하여야 한다. 불이행 당사자가 장애를 알았거나 알았어야 했던 때로부터 합리적인 기간 내에 상대방이 그 통지를 수령하지 못한 경우에는, 불이행 당사자는 불수령으로 인한 손해에 대하여 책임이 있다.
(5) 이 조는 어느 당사자가 이 협약에 따라 손해배상 청구권 이외의 권리를 행사하는 것을 방해하지 아니한다.
제80조 당사자는 상대방의 불이행이 자신의 작위 또는 부작위에 기인하는 한, 상대방의 불이행을 주장할 수 없다.

제5절 해제의 효력

제81조 (1) 계약의 해제는 손해배상의무를 제외하고 당사자 쌍방을 계약상의 의무로부터 면하게 한다. 해제는 계약상의 분쟁해결조항 또는 해제의 결과 발생하는 당사자의 권리의무를 규율하는 그 밖의 계약조항에 영향을 미치지 아니한다.
(2) 계약의 전부 또는 일부를 이행한 당사자는 상대방에게 자신이 계약상 공급 또는 지급한 것의 반환을 청구할 수 있다. 당사자 쌍방이 반환하여야 하는 경우에는 동시에 반환하여야 한다.
제82조 (1) 매수인이 물품을 수령한 상태와 실질적으로 동일한 상태로 그 물품을 반환할 수 없는 경우에는, 매수인은 계약을 해제하거나 매도인에게 대체물을 청구할 권리를 상실한다.
(2) 제1항은 다음의 경우에는 적용되지 아니한다.
(가) 물품을 반환할 수 없거나 수령한 상태와 실질적으로 동일한 상태로 반환할 수 없는 것이 매수인의 작위 또는 부작위에 기인하지 아니한 경우
(나) 물품의 전부 또는 일부가 제38조에 따른 검사의 결과로 멸실 또는 훼손된 경우
(다) 매수인이 부적합을 발견하였거나 발견하였어야 했던 시점 전에, 물품의 전부 또는 일부가 정상적인 거래과정에서 매각되거나 통상의 용법에 따라 소비 또는 변형된 경우
제83조 매수인은, 제82조에 따라 계약해제권 또는 대체물인도청구권을 상실한 경우에도, 계약과 이 협약에 따른 그 밖의 모든 구제권을 보유한다.
제84조 (1) 매도인은 대금을 반환하여야 하는 경우에, 대금이 지급된 날부터 그에 대한 이자도 지급하여야 한다.
(2) 매수인은 다음의 경우에는 물품의 전부 또는 일부로부터 발생된 모든 이익을 매도인에게 지급하여야 한다.
(가) 매수인이 물품의 전부 또는 일부를 반환하여야 하는 경우
(나) 물품의 전부 또는 일부를 반환할 수 없거나 수령한 상태와 실질적으로 동일한 상태로 전부 또는 일부를 반환할 수 없음에도 불구하고, 매수인이 계약을 해제하거나 매도인에게 대체물의 인도를 청구한 경우

제6절 물품의 보관

제85조 매수인이 물품 인도의 수령을 지체하거나 또는 대금지급과 물품 인도가 동시에 이루어져야 함에도 매수인이 대금을 지급하지 아니한 경우로서, 매도인이 물품을 점유하거나 그 밖의 방법으로 그 처분을 지배할 수 있는 경우에는, 매도인은 물품을 보관하기 위하여 그 상황에서 합리적인 조치를 취하여야 한다. 매도인은 매수인으로부터 합리적인 비용을 상환 받을 때까지 그 물품을 보유할 수 있다.
제86조 (1) 매수인이 물품을 수령한 후 그 물품을 거절하기 위하여 계약 또는 이 협약에 따른 권리를 행사하려고 하는 경우에는, 매수인은 물품을 보관하기 위하여 그 상황에서 합리적인 조치를 취하여야 한다. 매수인은 매도인으로부터 합리적인 비용을 상환받을 때까지 그 물품을 보유할 수 있다.
(2) 매수인에게 발송된 물품이 목적지에서 매수인의 처분하에 놓여지고, 매수인이 그 물품을 거절하는 권리를 행사하는 경우에, 매수인은 매도인을 위하여 그 물품을 점유하여야 한다. 다만, 대금 지급 및 불합리한 불편이나 경비소요없이 점유할 수 있는 경우에 한한다. 이 항은 매도인이나 그를 위하여 물품을 관리하는 자가 목적지에 있는 경우에는 적용되지 아니한다. 매수인이 이 항에 따라 물품을 점유하는 경우에는, 매수인의 권리와 의무에 대하여는 제1항이 적용된다.
제87조 물품을 보관하기 위한 조치를 취하여야 하는 당사자는 그 비용이 불합리하지 아니하는 한, 상대방의 비용으로 물품을 제3자의 창고에 임치할 수 있다.
제88조 (1) 제85조 또는 제86조에 따라 물품을 보관하여야 하는 당사자는 상대방이 물품을 점유하거나 반환받거나 또는 대금이나 보관비용을 지급하는 데 불합리하게 지체하는 경우에는, 상대방에게 매각의사를 합리적으로 통지하는 한, 적절한 방법으로 물품을 매각할 수 있다.
(2) 물품이 급속히 훼손되기 쉽거나 그 보관에 불합리한 경비를 요하는 경우에는, 제85조 또는 제86조에 따라 물품을 보관하여야 하는 당사자는 물품을 매각하기 위하여 합리적인 조치를 취하여야 한다. 이 경우에 가능한 한도에서 상대방에게 매각의사가 통지되어야 한다.
(3) 물품을 매각한 당사자는 매각대금에서 물품을 보관하고 매각하는 데 소요된 합리적인 비용과 동일한 금액을 보유할 권리가 있다. 그 차액은 상대방에게 반환되어야 한다.

제4편 최종규정

제89조 국제연합 사무총장은 이 협약의 수탁자가 된다.
제90조 이미 발효하였거나 또는 앞으로 발효하게 될 국제협정이 이 협약이 규율하는 사항에 관하여 규정을 두고 있는 경우에, 이 협약은 그러한 국제협정에 우선하지 아니한다. 다만, 당사자가 그 협정의 당사국에 영업소를 가지고 있는 경우에 한한다.
제91조 (1) 이 협약은 국제물품매매계약에 관한 국제연합회의의 최종일에 서명을 위하여 개방되고, 뉴욕의 국제연합 본부에서 1981년 9월 30일까지 모든 국가에 의한 서명을 위하여 개방된다.
(2) 이 협약은 서명국에 의하여 비준, 수락 또는 승인되어야 한다.
(3) 이 협약은 서명을 위하여 개방된 날부터 서명하지 아니한 모든 국가의 가입을 위하여 개방된다.
(4) 비준서, 수락서, 승인서 또는 가입서는 국제연합 사무총장에게 기탁되어야 한다.
제92조 (1) 체약국은 서명, 비준, 수락, 승인 또는 가입시에 이 협약 제2편 또는 제3편에 구속되지 아니한다는 취지의 선언을 할 수 있다.
(2) 제1항에 따라 이 협약 제2편 또는 제3편에 관하여 유보선언을 한 체약국은, 그 선언이 적용되는 편에 의하여 규율되는 사항에 관하여는 이 협약 제1조 제1항에서 말하는 체약국으로 보지 아니한다.
제93조 (1) 체약국이 그 헌법상 이 협약이 다루고 있는 사항에 관하여 각 영역마다 다른 법체계가 적용되는 2개 이상의 영역을 가지고 있는 경우에, 그 국가는 서명, 비준, 수락, 승인 또는 가입시에 이 협약을 전체 영역 또는 일부영역에만 적용한다는 취지의 선언을 할 수 있으며, 언제든지 새로운 선언을 함으로써 전의 선언을 수정할 수 있다.
(2) 제1항의 선언은 수탁자에게 통고하여야 하며, 이 협약이 적용되는 영역을 명시하여야 한다.
(3) 이 조의 선언에 의하여 이 협약이 체약국의 전체영역에 적용되지 아니하고 하나 또는 둘 이상의 영역에만 적용되며 또한 당사자의 영업소가 그 국가에 있는 경우에는, 그 영업소는 이 협약의 적용상 체약국에 있지 아니한 것으로 본다. 다만, 그 영업소가 이 협약이 적용되는 영역에 있는 경우에는 그러하지 아니하다.
(4) 체약국이 제1항의 선언을 하지 아니한 경우에 이 협약은 그 국가의 전체영역에 적용된다.
제94조 (1) 이 협약이 규율하는 사항에 관하여 동일하거나 또는 밀접하게 관련된 법규를 가지는 둘 이상의 체약국은, 양당사자의 영업소가 그러한 국가에 있는 경우에 이 협약을 매매계약과 그 성립에 관하여 적용하지 아니한다는 취지의 선언을 언제든지 행할 수 있다. 그러한 선언은 공동으로 또는 상호간에 단독으로 할 수 있다.
(2) 이 협약이 규율하는 사항에 관하여 하나 또는 둘 이상의 비체약국과 동일하거나 또는 밀접하게 관련된 법규를 가지는 체약국은 양 당사자의 영업소가 그러한 국가에 있는 경우에 이 협약을 매매계약과 그 성립에 대하여 적용하지 아니한다는 취지의 선언을 언제든지 행할 수 있다.
(3) 제2항에 의한 선언의 대상이 된 국가가 그 후 체약국이 된 경우에, 그 선언은 이 협약이 새로운 체약국에 대하여 효력이 발생하는 날부터 제1항의 선언으로서 효력을 가진다. 다만, 새로운 체약국이 그 선언에 가담하거나 또는 상호간에 단독으로 선언하는 경우에 한한다.
제95조 어떤 국가든지 비준서, 수락서, 승인서 또는 가입서를 기탁할 때, 이 협약 제1조제1항(나)호에 구속되지 아니한다는 취지의 선언을 행할 수 있다.
제96조 그 국가의 법률상 매매계약의 체결 또는 입증에 서면을 요구하는 체약국은 제12조에 따라 매매계약, 합의에 의한 매매계약의 변경이나 종료, 청약, 승낙 기타의 의사표시를 서면 이외의 방법으로 하는 것을 허용하는 이 협약 제11조, 제29조 또는 제2편의 어떠한 규정도 당사자 일방이 그 국가에 영업소를 가지고 있는 경우에는 적용하지 아니한다는 취지의 선언을 언제든지 행할 수 있다.
제97조 (1) 서명시에 이 협약에 따라 행한 선언은 비준, 수락 또는 승인시 다시 확인되어야 한다.
(2) 선언 및 선언의 확인은 서면으로 하여야 하고, 또한 정식으로 수탁자에게 통고하여야 한다.
(3) 선언은 이를 행한 국가에 대하여 이 협약이 발효함과 동시에 효력이 생긴다. 다만, 협약의 발효 후 수탁자가 정식으로 통고를 수령한 선언은 수탁자가 이를 수령한 날부터 6월이 경과된 다음달의 1일에 효력이 발생한다. 제94조에 따른 상호간의 단독선언은 수탁자가 최후의 선언을 수령한 후 6월이 경과한 다음달의 1일에 효력이 발생한다.
(4) 이 협약에 따라 선언을 행한 국가는 수탁자에게 서면에 의한 정식의 통고를 함으로써 언제든지 그 선언을 철회할 수 있다. 그러한 철회는 수탁자가 통고를 수령한 날부터 6월이 경과된 다음달의 1일에 효력이 발생한다.
(5) 제94조에 따라 선언이 철회된 경우에는 그 철회의 효력이 발생하는 날부터 제94조에 따라 다른 국가가 행한 상호간의 선언의 효력이 상실된다.
제98조 이 협약에 의하여 명시적으로 인정된 경우를 제외하고는 어떠한 유보도 허용되지 아니한다.
제99조 (1) 이 협약은 제6항의 규정에 따를 것을 조건으로, 제92조의 선언을 포함하고 있는 문서를 포함하여 10번째의 비준서, 수락서, 승인서 또는 가입서가 기탁된 날부터 12월이 경과된 다음달의 1일에 효력이 발생한다.
(2) 10번째의 비준서, 수락서, 승인서 또는 가입서가 기탁된 후에 어느 국가가 이 협약을 비준, 수락, 승인 또는 가입하는 경우에, 이 협약은 적용이 배제된 편을 제외하고 제6항에 따를 것을 조건으로 하여 그 국가의 비준서, 수락서, 승인서 또는 가입서가 기탁된 날부터 12월이 경과된 다음달의 1일에 그 국가에 대하여 효력이 발생한다.
(3) 1964년 7월 1일 헤이그에서 작성된 「국제물품매매계약의 성립에 관한 통일법」(1964년 헤이그성립협약)과 「국제물품매매계약에 관한 통일법」(1964년 헤이그매매협약)중의 하나 또는 모두의 당사국이 이 협약을 비준, 수락, 승인 또는 이에 가입하는 경우에는 네덜란드 정부에 통고함으로써 1964년 헤이그매매협약 및/또는 1964년 헤이그성립협약을 동시에 폐기하여야 한다.
(4) 1964년 헤이그매매협약의 당사국으로서 이 협약을 비준, 수락, 승인 또는 가입하는 국가가 제92조에 따라 이 협약 제2편에 구속되지 아니한다는 뜻을 선언하거나 또는 선언한 경우에, 그 국가는 이 협약의 비준, 수락, 승인 또는 가입시에 네덜란드 정부에 통고함으로써 1964년 헤이그매매협약을 폐기하여야 한다.
(5) 1964년 헤이그성립협약의 당사국으로서 이 협약을 비준, 수락, 승인 또는 가입하는 국가가 제92조에 따라 이 협약 제3편에 구속되지 아니한다는 뜻을 선언하거나 또는 선언한 경우에, 그 국가는 이 협약의 비준, 수락, 승인 또는 가입시 네덜란드정부에 통고함으로서 1964년 헤이그성립협약을 폐기하여야 한다.
(6) 이 조의 적용상, 1964년 헤이그성립협약 또는 1964년 헤이그매매협약의 당사국에 의한 이 협약의 비준, 수락, 승인 또는 가입은 이들 두 협약에 관하여 당사국에게 요구되는 폐기의 통고가 효력을 발생하기까지 그 효력이 발생하지 아니한다. 이 협약의 수탁자는 이에 관한 필요한 상호조정을 확실히 하기 위하여 1964년 협약들의 수탁자인 네덜란드 정부와 협의하여야 한다.
제100조 (1) 이 협약은 제1조제1항(가)호 또는 (나)호의 체약국에게 협약의 효력이 발생한 날 이후에 계약체결을 위한 제안이 이루어진 경우에 한하여 계약의 성립에 대하여 적용된다.
(2) 이 협약은 제1조제1항(가)호 또는 (나)호의 체약국에게 협약의 효력이 발생한 날 이후에 체결된 계약에 대하여만 적용된다.
제101조 (1) 체약국은 수탁자에게 서면에 의한 정식의 통고를 함으로써 이 협약 또는 이 협약 제2편 또는 제3편을 폐기할 수 있다.
(2) 폐기는 수탁자가 통고를 수령한 후 12월이 경과한 다음달의 1일에 효력이 발생한다. 통고에 폐기의 발효에 대하여 보다 장기간이 명시된 경우에 폐기는 수탁자가 통고를 수령한 후 그 기간이 경과되어야 효력이 발생한다.

1980년 4월 11일에 비엔나에서 동등하게 정본인 아랍어, 중국어, 영어, 프랑스어, 러시아어 및 스페인어로 각 1부가 작성되었다.

그 증거로서 각국의 전권대표들은 각국의 정부로부터 정당하게 위임을 받아 이 협약에 서명하였다.

別表編

菩提樹紋銅鏡

<헌법편>

■ 영해 및 접속수역법 시행령

〔별표1〕

직선을 기선으로 하는 수역과 그 기점(제2조 관련)

(2002.12.18 개정)
(좌표체계 : 세계측지계)

수역	기점	지 명	경 위 도
영일만	1.	달만갑	북위 36도 06분 20초 동경 129도 26분 00초
	2.	호미곶	북위 36도 05분 29초 동경 129분 33분 28초
울산만	3.	화암추	북위 35도 28분 17초 동경 129도 24분 40초
	4.	범월갑	북위 35도 25분 56초 동경 129도 22분 08초
남해안	5.	1.5 미이터암	북위 35도 10분 09초 동경 129도 13분 03초
	6.	생도	북위 35도 02분 13초 동경 129도 05분 35초
	7.	홍도	북위 34도 32분 05초 동경 128도 43분 59초
	8.	간여암	북위 34도 17분 16초 동경 127도 51분 18초
	9.	하백도	북위 34도 01분 42초 동경 127도 36분 33초
	10.	거문도	북위 34도 00분 17초 동경 127도 19분 28초
	11.	여서도	북위 33도 58분 06초 동경 126도 55분 26초
	12.	장수도	북위 33도 55분 04초 동경 126도 38분 16초
	13.	절명서	북위 33도 52분 01초 동경 126도 18분 44초
서해안	14.	소흑산도	북위 34도 02분 49초 동경 125도 07분 22초
	15.	소국흘도(소흑산도북서방)	북위 34도 07분 07초 동경 125도 04분 35초
	16.	홍도	북위 34도 40분 29초 동경 125도 10분 22초
	17.	고서(홍도북서방)	북위 34도 43분 15초 동경 125도 11분 17초
	18.	횡도	북위 35도 20분 12초 동경 125도 59분 05초
	19.	상왕등도	북위 35도 39분 36초 동경 126도 06분 01초
	20.	직도	북위 35도 53분 22초 동경 126도 04분 01초
	21.	어청도	북위 36도 07분 16초 동경 125도 58분 03초
	22.	서격렬비도	북위 36도 36분 47초 동경 125도 32분 29초
	23.	소령도	북위 36도 58분 56초 동경 125도 44분 58초

〔별표2〕

대한해협에 있어서의 영해의 외측한계

(2018.6.5 개정)

1.	별표1에 따른 기점중 기점 5(1.5미이터암)와 기점 6(생도) 및 기점 7(홍도)을 차례로 연결하는 직선기선으로부터 측정하여 그 외측 3해리의 선
2.	별표1에 따른 기점중 기점 5(1.5미이터암)에서 127도로 그은 선과 제1호에 따른 선의 교점으로부터 93도로 그은 선이 12해리선과 교차하는 점까지의 선
3.	별표1에 따른 기점중 기점 7(홍도)에서 120도로 그은 선과 제1호에 따른 선의 교점으로부터 172도로 그은 선이 12해리선과 교차하는 점까지의 선

■ 공직선거법

〔별표1〕

국회의원지역선거구구역표(지역구 : 253)

(2023.12.26 개정)

선거구명	선 거 구 역
서울특별시(지역구 : 49)	
종로구 선거구	종로구 일원
중구 성동구 갑선거구	성동구 왕십리제2동, 왕십리도선동, 마장동, 사근동, 행당제1동, 행당제2동, 응봉동, 성수1가제1동, 성수1가제2동, 성수2가제1동, 성수2가제3동, 송정동, 용답동
중구 성동구 을선거구	성동구 금호1가동, 금호2·3가동, 금호4가동, 옥수동, 중구 일원
용산구 선거구	용산구 일원
광진구 갑선거구	중곡제1동, 중곡제2동, 중곡제3동, 중곡제4동, 능동, 구의제2동, 광장동, 군자동
광진구 을선거구	구의제1동, 구의제3동, 자양제1동, 자양제2동, 자양제3동, 자양제4동, 화양동
동대문구 갑선거구	용신동, 제기동, 청량리동, 회기동, 휘경제1동, 휘경제2동, 이문제1동, 이문제2동
동대문구 을선거구	전농제1동, 전농제2동, 답십리제1동, 답십리제2동, 장안제1동, 장안제2동
중랑구 갑선거구	면목본동, 면목제2동, 면목제3·8동, 면목제4동, 면목제5동, 면목제7동, 상봉제2동, 망우제3동
중랑구 을선거구	상봉제1동, 중화제1동, 중화제2동, 묵제1동, 묵제2동, 망우본동, 신내제1동, 신내제2동
성북구 갑선거구	성북동, 삼선동, 동선동, 돈암제2동, 안암동, 보문동, 정릉제1동, 정릉제2동, 정릉제3동, 정릉제4동, 길음제1동
성북구 을선거구	돈암제1동, 길음제2동, 종암동, 월곡제1동, 월곡제2동, 장위제1동, 장위제2동, 장위제3동, 석관동
강북구 갑선거구	번1동, 번2동, 수유1동, 수유2동, 수유3동, 우이동, 인수동
강북구 을선거구	삼양동, 미아동, 송중동, 송천동, 삼각산동, 번3동
도봉구 갑선거구	쌍문1동, 쌍문3동, 창1동, 창2동, 창3동, 창4동, 창5동
도봉구 을선거구	쌍문2동, 쌍문4동, 방학1동, 방학2동, 방학3동, 도봉1동, 도봉2동
노원구 갑선거구	월계1동, 월계2동, 월계3동, 공릉1동, 공릉2동
노원구 을선거구	하계1동, 하계2동, 중계본동, 중계1동, 중계2·3동, 중계4동, 상계6·7동
노원구 병선거구	상계1동, 상계2동, 상계3·4동, 상계5동, 상계8동, 상계9동, 상계10동
은평구 갑선거구	녹번동, 응암제1동, 응암제2동, 응암제3동, 역촌동, 신사제1동, 신사제2동, 증산동, 수색동
은평구 을선거구	불광제1동, 불광제2동, 갈현제1동, 갈현제2동, 구산동, 대조동, 진관동
서대문구 갑선거구	충현동, 천연동, 북아현동, 신촌동, 연희동, 홍제제1동, 홍제제2동
서대문구 을선거구	홍제제3동, 홍은제1동, 홍은제2동, 남가좌제1동, 남가좌제2동, 북가좌제1동, 북가좌제2동
마포구 갑선거구	공덕동, 아현동, 도화동, 용강동, 대흥동, 염리동, 신수동
마포구 을선거구	서강동, 서교동, 합정동, 망원1동, 망원2동, 연남동, 성산1동, 성산2동, 상암동
양천구 갑선거구	목1동, 목2동, 목3동, 목4동, 목5동, 신정1동, 신정2동, 신정6동, 신정7동
양천구 을선거구	신월1동, 신월2동, 신월3동, 신월4동, 신월5동, 신월6동, 신월7동, 신정3동, 신정4동
강서구 갑선거구	화곡제1동, 화곡제2동, 화곡제3동, 화곡제8동, 발산제1동, 우장산동
강서구 을선거구	등촌제3동, 가양제1동, 가양제2동, 공항동, 방화제1동, 방화제2동, 방화제3동
강서구 병선거구	염창동, 등촌제1동, 등촌제2동, 화곡제4동, 화곡본동, 화곡제6동, 가양제3동
구로구 갑선거구	고척제1동, 고척제2동, 개봉제1동, 개봉제2동, 개봉제3동, 오류제1동, 오류제2동, 수궁동, 항동
구로구 을선거구	신도림동, 구로제1동, 구로제2동, 구로제3동, 구로제4동, 구로제5동, 가리봉동
금천구 선거구	금천구 일원
영등포구 갑선거구	영등포본동, 영등포동, 당산제1동, 당산제2동, 도림동, 문래동, 양평제1동, 양평제2동, 신길제3동
영등포구 을선거구	여의동, 신길제1동, 신길제4동, 신길제5동, 신길제6동, 신길제7동, 대림제1동, 대림제2동, 대림제3동
동작구 갑선거구	노량진제1동, 노량진제2동, 상도제2동, 상도제3동, 상도제4동, 대방동, 신대방제1동, 신대방제2동
동작구 을선거구	상도제1동, 흑석동, 사당제1동, 사당제2동, 사당제3동, 사당제4동, 사당제5동
관악구 갑선거구	보라매동, 은천동, 성현동, 중앙동, 청림동, 행운동, 청룡동, 낙성대동, 인헌동, 남현동, 신림동
관악구 을선거구	신사동, 조원동, 미성동, 난곡동, 난향동, 서원동, 신원동, 서림동, 삼성동, 대학동
서초구 갑선거구	잠원동, 반포본동, 반포1동, 반포2동, 반포3동, 반포4동, 방배본동, 방배1동, 방배4동
서초구 을선거구	서초1동, 서초2동, 서초3동, 서초4동, 방배2동, 방배3동, 양재1동, 양재2동, 내곡동
강남구 갑선거구	신사동, 논현1동, 논현2동, 압구정동, 청담동, 역삼1동, 역삼2동
강남구 을선거구	개포1동, 개포2동, 개포4동, 세곡동, 일원본동, 일원1동, 일원2동, 수서동
강남구 병선거구	삼성1동, 삼성2동, 대치1동, 대치2동, 대치4동, 도곡1동, 도곡2동
송파구 갑선거구	풍납1동, 풍납2동, 방이1동, 방이2동, 오륜동, 송파1동, 송파2동, 잠실4동, 잠실6동
송파구 을선거구	석촌동, 삼전동, 가락1동, 문정2동, 잠실본동, 잠실2동, 잠실3동, 잠실7동
송파구 병선거구	거여1동, 거여2동, 마천1동, 마천2동, 오금동, 가락본동, 가락2동, 문정1동, 장지동, 위례동
강동구 갑선거구	강일동, 상일동, 명일제1동, 명일제2동, 고덕제1동, 고덕제2동, 암사제1동, 암사제2동, 암사제3동, 길동
강동구 을선거구	천호제1동, 천호제2동, 천호제3동, 성내제1동, 성내제2동, 성내제3동, 둔촌제1동, 둔촌제2동
부산광역시(지역구 : 18)	
중구 영도구 선거구	중구 일원, 영도구 일원
서구동구 선거구	서구 일원, 동구 일원
부산진구 갑선거구	부전제1동, 연지동, 초읍동, 양정제1동, 양정제2동, 부암제1동, 부암제3동, 당감제1동, 당감제2동, 당감제4동
부산진구 을선거구	부전제2동, 전포제1동, 전포제2동, 가야제1동, 가야제2동, 개금제1동, 개금제2동, 개금제3동, 범천제1동, 범천제2동
동래구 선거구	동래구 일원
남구 갑선거구	대연제4동, 대연제5동, 대연제6동, 용당동, 감만제1동, 감만제2동, 우암동, 문현제1동, 문현제2동, 문현제3동, 문현제4동
남구 을선거구	대연제1동, 대연제3동, 용호제1동, 용호제2동, 용호제3동, 용호제4동
북구 강서구 갑선거구	북구 구포제1동, 구포제2동, 구포제3동, 덕천제1동, 덕천제2동, 덕천제3동, 만덕제1동, 만덕제2동, 만덕제3동
북구 강서구 을선거구	북구 금곡동, 화명제1동, 화명제2동, 화명제3동, 강서구 일원
해운대구 갑선거구	우제1동, 우제2동, 우제3동, 중제1동, 중제2동, 좌제1동, 좌제2동, 좌제3동, 좌제4동, 송정동
해운대구 을선거구	반여제1동, 반여제2동, 반여제3동, 반여제4동, 반송제1동, 반송제2동, 재송제1동, 재송제2동
사하구 갑선거구	괴정제1동, 괴정제2동, 괴정제3동, 괴정제4동, 당리동, 하단제1동, 하단제2동
사하구 을선거구	신평제1동, 신평제2동, 장림제1동, 장림제2동, 다대제1동, 다대제2동, 구평동, 감천제1동, 감천제2동
금정구 선거구	금정구 일원
연제구 선거구	연제구 일원
수영구 선거구	수영구 일원
사상구 선거구	사상구 일원
기장군 선거구	기장군 일원
대구광역시(지역구 : 12)	
중구 남구 선거구	중구 일원, 남구 일원
동구 갑선거구	신암1동, 신암2동, 신암3동, 신암4동, 신암5동, 신천1·2동, 신천3동, 신천4동, 효목1동, 효목2동, 지저동, 동촌동
동구 을선거구	도평동, 불로·봉무동, 방촌동, 해안동, 안심1동, 안심2동, 안심3·4동, 공산동
서구 선거구	서구 일원
북구 갑선거구	고성동, 칠성동, 침산1동, 침산2동, 침산3동, 산격1동, 산격2동, 산격3동, 산격4동, 대현동, 복현1동, 복현2동, 검단동, 노원동
북구 을선거구	무태조야동, 관문동, 태전1동, 태전2동, 구암동, 관음동, 읍내동, 동천동, 국우동
수성구 갑선거구	범어1동, 범어2동, 범어3동, 범어4동, 만촌1동, 만촌2동, 만촌3동, 황금1동, 황금2동, 고산1동, 고산2동, 고산3동
수성구 을선거구	수성1가동, 수성2·3가동, 수성4가동, 중동, 상동, 파동, 두산동, 지산1동, 지산2동, 범물1동, 범물2동
달서구 갑선거구	죽전동, 장기동, 용산1동, 용산2동, 이곡1동, 이곡2동, 신당동
달서구 을선거구	월성1동, 월성2동, 진천동, 상인1동, 상인2동, 상인3동, 도원동
달서구 병선거구	성당동, 두류1·2동, 두류3동, 본리동, 감삼동, 송현1동, 송현2동, 본동
달성군 선거구	달성군 일원
인천광역시(지역구 : 13)	
중구 강화군 옹진군 선거구	중구 일원, 강화군 일원, 옹진군 일원
동구 미추홀구 갑선거구	미추홀구 도화1동, 도화2·3동, 주안1동, 주안2동, 주안3동, 주안4동, 주안5동, 주안6동, 주안7동, 주안8동, 동구 일원
동구 미추홀구 을선거구	미추홀구 숭의1·3동, 숭의2동, 숭의4동, 용현1·4동, 용현2동, 용현3동, 용현5동, 학익1동, 학익2동, 관교동, 문학동

연수구갑선거구	옥련2동, 선학동, 연수1동, 연수2동, 연수3동, 청학동, 동춘3동
연수구을선거구	옥련1동, 동춘1동, 동춘2동, 송도1동, 송도2동, 송도3동, 송도4동
남동구갑선거구	구월1동, 구월3동, 구월4동, 간석1동, 간석4동, 남촌도림동, 논현1동, 논현2동, 논현고잔동
남동구을선거구	구월2동, 간석2동, 간석3동, 만수1동, 만수2동, 만수3동, 만수4동, 만수5동, 만수6동, 장수서창동, 서창2동
부평구갑선거구	부평1동, 부평2동, 부평3동, 부평4동, 부평5동, 부평6동, 산곡3동, 산곡4동, 부개1동, 일신동, 십정1동, 십정2동
부평구을선거구	산곡1동, 산곡2동, 청천1동, 청천2동, 갈산1동, 갈산2동, 삼산1동, 삼산2동, 부개2동, 부개3동
계양구갑선거구	효성1동, 효성2동, 작전1동, 작전2동, 작전서운동
계양구을선거구	계산1동, 계산2동, 계산3동, 계산4동, 계양1동, 계양2동, 계양3동
서구갑선거구	청라1동, 청라2동, 가정1동, 가정2동, 가정3동, 석남1동, 석남2동, 석남3동, 신현원창동, 가좌1동, 가좌2동, 가좌3동, 가좌4동
서구을선거구	검암경서동, 연희동, 청라3동, 검단동, 불로대곡동, 원당동, 당하동, 오류왕길동, 마전동

광주광역시(지역구 : 8)

동구남구갑선거구	남구 봉선1동, 봉선2동, 월산동, 월산4동, 월산5동, 주월1동, 주월2동, 효덕동, 송암동, 대촌동
동구남구을선거구	남구 양림동, 방림1동, 방림2동, 사직동, 백운1동, 백운2동, 동구 일원
서구갑선거구	양동, 양3동, 농성1동, 농성2동, 광천동, 유덕동, 치평동, 상무1동, 화정1동, 화정2동, 동천동
서구을선거구	화정3동, 화정4동, 서창동, 금호1동, 금호2동, 풍암동, 상무2동
북구갑선거구	중흥1동, 중흥2동, 중흥3동, 중앙동, 임동, 신안동, 우산동, 풍향동, 문화동, 문흥1동, 문흥2동, 두암1동, 두암2동, 두암3동, 오치1동, 오치2동, 석곡동
북구을선거구	용봉동, 운암1동, 운암2동, 운암3동, 동림동, 삼각동, 일곡동, 매곡동, 건국동, 양산동
광산구갑선거구	송정1동, 송정2동, 도산동, 신흥동, 어룡동, 우산동, 월곡1동, 월곡2동, 운남동, 동곡동, 평동, 삼도동, 본량동
광산구을선거구	비아동, 첨단1동, 첨단2동, 신가동, 신창동, 수완동, 하남동, 임곡동

대전광역시(지역구 : 7)

동구선거구	동구 일원
중구선거구	중구 일원
서구갑선거구	복수동, 도마1동, 도마2동, 정림동, 변동, 괴정동, 가장동, 내동, 가수원동, 관저1동, 관저2동, 기성동
서구을선거구	용문동, 탄방동, 둔산1동, 둔산2동, 둔산3동, 갈마1동, 갈마2동, 월평1동, 월평2동, 월평3동, 만년동
유성구갑선거구	진잠동, 온천1동, 온천2동, 노은1동, 원신흥동
유성구을선거구	노은2동, 노은3동, 신성동, 전민동, 구즉동, 관평동
대덕구선거구	대덕구 일원

울산광역시(지역구 : 6)

중구선거구	중구 일원
남구갑선거구	신정1동, 신정2동, 신정3동, 신정4동, 신정5동, 삼호동, 무거동, 옥동
남구을선거구	달동, 삼산동, 야음장생포동, 대현동, 수암동, 선암동
동구선거구	동구 일원
북구선거구	북구 일원
울주군선거구	울주군 일원

세종특별자치시(지역구 : 2)

세종특별자치시갑선거구	부강면, 금남면, 장군면, 한솔동, 새롬동, 도담동, 소담동, 보람동, 대평동
세종특별자치시을선거구	조치원읍, 연기면, 연동면, 연서면, 전의면, 전동면, 소정면, 아름동, 종촌동, 고운동

경기도(지역구 : 59)

수원시갑선거구	수원시 장안구 파장동, 정자1동, 정자2동, 정자3동, 영화동, 송죽동, 조원1동, 조원2동, 연무동
수원시을선거구	수원시 장안구 율천동, 수원시 권선구 평동, 서둔동, 구운동, 금곡동, 호매실동, 입북동
수원시병선거구	수원시 팔달구 일원
수원시정선거구	수원시 영통구 매탄1동, 매탄2동, 매탄3동, 매탄4동, 원천동, 영통1동, 광교1동, 광교2동
수원시무선거구	수원시 권선구 세류1동, 세류2동, 세류3동, 권선1동, 권선2동, 곡선동, 수원시 영통구 영통2동, 영통3동, 망포1동, 망포2동
성남시수정구선거구	성남시 수정구 일원
성남시중원구선거구	성남시 중원구 일원
성남시분당구갑선거구	성남시 분당구 서현1동, 서현2동, 이매1동, 이매2동, 야탑1동, 야탑2동, 야탑3동, 판교동, 삼평동, 백현동, 운중동
성남시분당구을선거구	성남시 분당구 분당동, 수내1동, 수내2동, 수내3동, 정자동, 정자1동, 정자2동, 정자3동, 금곡동, 구미1동, 구미동
의정부시갑선거구	의정부1동, 의정부2동, 호원1동, 호원2동, 가능동, 흥선동, 녹양동
의정부시을선거구	장암동, 신곡1동, 신곡2동, 송산1동, 송산2동, 송산3동, 자금동
안양시만안구선거구	안양시 만안구 일원
안양시동안구갑선거구	안양시 동안구 비산1동, 비산2동, 비산3동, 부흥동, 달안동, 관양1동, 관양2동, 부림동
안양시동안구을선거구	안양시 동안구 평촌동, 평안동, 귀인동, 호계1동, 호계2동, 호계3동, 범계동, 신촌동, 갈산동
부천시갑선거구	심곡동, 부천동
부천시을선거구	중동, 신중동, 상동
부천시병선거구	대산동, 소사본동, 범안동
부천시정선거구	성곡동, 오정동
광명시갑선거구	광명1동, 광명2동, 광명3동, 광명4동, 광명5동, 광명6동, 광명7동, 철산1동, 철산2동, 철산3동, 철산4동
광명시을선거구	하안1동, 하안2동, 하안3동, 하안4동, 소하1동, 소하2동, 학온동
평택시갑선거구	진위면, 서탄면, 중앙동, 서정동, 송탄동, 지산동, 송북동, 신장1동, 신장2동, 통복동, 비전1동, 세교동
평택시을선거구	팽성읍, 안중읍, 포승읍, 청북읍, 고덕면, 오성면, 현덕면, 신평동, 원평동, 비전2동, 용이동
동두천시연천군선거구	동두천시 일원, 연천군 일원
안산시상록구갑선거구	안산시 상록구 사동, 사이동, 해양동, 본오1동, 본오2동, 본오3동, 반월동
안산시상록구을선거구	안산시 상록구 일동, 이동, 부곡동, 월피동, 성포동, 안산동
안산시단원구갑선거구	안산시 단원구 와동, 원곡동, 백운동, 신길동, 선부1동, 선부2동, 선부3동
안산시단원구을선거구	안산시 단원구 고잔동, 중앙동, 호수동, 초지동, 대부동
고양시갑선거구	고양시 덕양구 주교동, 원신동, 흥도동, 성사1동, 성사2동, 고양동, 관산동, 화정1동, 화정2동
고양시을선거구	고양시 덕양구 효자동, 삼송동, 창릉동, 능곡동, 행주동, 행신1동, 행신2동, 행신3동, 화전동, 대덕동, 고양시 일산동구 백석1동, 백석2동
고양시병선거구	고양시 일산동구 식사동, 중산동, 정발산동, 풍산동, 마두1동, 마두2동, 장항1동, 장항2동, 고봉동, 고양시 일산서구 일산2동
고양시정선거구	고양시 일산서구 일산1동, 일산3동, 탄현동, 주엽1동, 주엽2동, 대화동, 송포동, 송산동
의왕시과천시선거구	의왕시 일원, 과천시 일원
구리시선거구	구리시 일원
남양주시갑선거구	화도읍, 수동면, 호평동, 평내동
남양주시을선거구	진접읍, 오남읍, 별내면, 별내동
남양주시병선거구	와부읍, 진건읍, 퇴계원읍, 조안면, 금곡동, 양정동, 다산1동, 다산2동
오산시선거구	오산시 일원
시흥시갑선거구	대야동, 신천동, 신현동, 은행동, 매화동, 목감동, 과림동, 연성동, 장곡동, 능곡동
시흥시을선거구	군자동, 월곶동, 정왕본동, 정왕1동, 정왕2동, 정왕3동, 정왕4동, 배곧동
군포시선거구	군포시 일원
하남시선거구	하남시 일원
용인시갑선거구	용인시 처인구 일원
용인시을선거구	용인시 기흥구 신갈동, 영덕1동, 영덕2동, 구갈동, 상갈동, 보라동, 기흥동, 서농동, 동백3동, 상하동
용인시병선거구	용인시 수지구 풍덕천1동, 풍덕천2동, 신봉동, 죽전2동, 동천동, 상현1동, 성복동
용인시정선거구	용인시 기흥구 구성동, 마북동, 동백1동, 동백2동, 보정동, 용인시 수지구 죽전1동, 상현2동
파주시갑선거구	조리읍, 광탄면, 탄현면, 교하동, 운정1동, 운정2동, 운정3동
파주시을선거구	문산읍, 법원읍, 파주읍, 월롱면, 적성면, 파평면, 군내면, 진동면, 금촌1동, 금촌2동, 금촌3동
이천시선거구	이천시 일원
안성시선거구	안성시 일원
김포시갑선거구	고촌읍, 김포본동, 사우동, 풍무동, 장기동
김포시을선거구	통진읍, 양촌읍, 대곶면, 월곶면, 하성면, 장기본동, 구래동, 마산동, 운양동
화성시갑선거구	봉담읍(분천리, 왕림리, 세곡리, 당하리, 마하리, 유리, 덕리, 덕우리, 하가등리, 상기리), 우정읍, 향남읍, 남양읍, 매송면, 비봉면, 마도면, 송산면, 서신면, 팔탄면, 장안면, 양감면, 정남면, 새솔동
화성시을선거구	동탄1동, 동탄2동, 동탄4동, 동탄5동, 동탄6동, 동탄7동, 동탄8동
화성시병선거구	봉담읍(상리, 내리, 수영리, 동화리, 와우리, 수기리), 진안동, 병점1동, 병점2동, 반월동, 기배동, 화산동, 동탄3동
광주시갑선거구	퇴촌면, 남종면, 남한산성면, 경안동, 송정동, 광남동
광주시을선거구	오포읍, 초월읍, 곤지암읍, 도척면
양주시선거구	양주시 일원
포천시가평군선거구	포천시 일원, 가평군 일원
여주시양평군선거구	여주시 일원, 양평군 일원

강원도(지역구 : 8)

춘천시철원군화천군양구군갑선거구	춘천시 동산면, 신동면, 남면, 동내면, 남산면, 교동, 조운동, 약사명동, 근화동, 소양동, 후평1동, 후평2동, 후평3동, 효자1동, 효자2동, 효자3동, 석사동, 퇴계동, 강남동
춘천시철원군화천군양구군을선거구	춘천시 신북읍, 동면, 서면, 사북면, 북산면, 신사우동, 철원군 일원, 화천군 일원, 양구군 일원
원주시갑선거구	문막읍, 호저면, 지정면, 부론면, 귀래면, 중앙동, 원인동, 일산동, 학성동, 단계동, 우산동, 태장1동, 태장2동, 무실동
원주시을선거구	소초면, 흥업면, 판부면, 신림면, 개운동, 명륜1동, 명륜2동, 단구동, 봉산동, 행구동, 반곡관설동
강릉시선거구	강릉시 일원
동해시태백시삼척시정선군선거구	동해시 일원, 태백시 일원, 삼척시 일원, 정선군 일원
속초시인제군고성군양양군선거구	속초시 일원, 인제군 일원, 고성군 일원, 양양군 일원
홍천군횡성군영월군평창군선거구	홍천군 일원, 횡성군 일원, 영월군 일원, 평창군 일원

충청북도(지역구 : 8)

청주시상당구선거구	청주시 상당구 일원
청주시서원구선거구	청주시 서원구 일원
청주시흥덕구선거구	청주시 흥덕구 일원
청주시청원구선거구	청주시 청원구 일원
충주시선거구	충주시 일원
제천시단양군선거구	제천시 일원, 단양군 일원
보은군옥천군영동군괴산군선거구	보은군 일원, 옥천군 일원, 영동군 일원, 괴산군 일원
증평군진천군음성군선거구	증평군 일원, 진천군 일원, 음성군 일원

충청남도(지역구 : 11)

천안시갑선거구	천안시 동남구 목천읍, 북면, 성남면, 수신면, 병천면, 동면, 중앙동, 문성동, 원성1동, 원성2동, 봉명동, 일봉동, 신안동, 천안시 서북구 성정1동, 성정2동
천안시을선거구	천안시 서북구 성환읍, 성거읍, 직산읍, 입장면, 백석동, 불당동, 부성1동, 부성2동
천안시병선거구	천안시 동남구 풍세면, 광덕면, 신방동, 청룡동, 천안시 서북구 쌍용1동, 쌍용2동, 쌍용3동
공주시부여군청양군선거구	공주시 일원, 부여군 일원, 청양군 일원
보령시서천군선거구	보령시 일원, 서천군 일원
아산시갑선거구	선장면, 도고면, 신창면, 온양1동, 온양2동, 온양3동, 온양4동, 온양5동, 온양6동
아산시을선거구	염치읍, 배방읍, 송악면, 탕정면, 음봉면, 둔포면, 영인면, 인주면
서산시태안군선거구	서산시 일원, 태안군 일원
논산시계룡시금산군선거구	논산시 일원, 계룡시 일원, 금산군 일원
당진시선거구	당진시 일원
홍성군예산군선거구	홍성군 일원, 예산군 일원

전북특별자치도(지역구 : 10)

전주시갑선거구	전주시 완산구 중앙동, 풍남동, 노송동, 완산동, 동서학동, 서서학동, 중화산1동, 중화산2동, 평화1동, 평화2동, 전주시 덕진구 인후3동
전주시을선거구	전주시 완산구 서신동, 삼천1동, 삼천2동, 삼천3동, 효자1동, 효자2동, 효자3동, 효자4동, 효자5동

전주시병선거구	전주시 덕진구 진북동, 인후1동, 인후2동, 덕진동, 금암1동, 금암2동, 팔복동, 우아1동, 우아2동, 호성동, 송천1동, 송천2동, 조촌동, 여의동, 혁신동
군산시선거구	군산시 일원
익산시갑선거구	함열읍, 오산면, 황등면, 함라면, 웅포면, 성당면, 용안면, 망성면, 용동면, 중앙동, 평화동, 남중동, 모현동, 송학동, 신동, 인화동, 마동
익산시을선거구	낭산면, 여산면, 금마면, 왕궁면, 춘포면, 삼기면, 동산동, 영등1동, 영등2동, 어양동, 팔봉동, 삼성동
정읍시고창군선거구	정읍시 일원, 고창군 일원
남원시임실군순창군선거구	남원시 일원, 임실군 일원, 순창군 일원
김제시부안군선거구	김제시 일원, 부안군 일원
완주군진안군무주군장수군선거구	완주군 일원, 진안군 일원, 무주군 일원, 장수군 일원

전라남도(지역구 : 10)	
목포시선거구	목포시 일원
여수시갑선거구	돌산읍, 남면, 삼산면, 동문동, 한려동, 중앙동, 충무동, 광림동, 서강동, 대교동, 국동, 월호동, 여서동, 문수동, 미평동, 만덕동, 삼일동, 묘도동
여수시을선거구	소라면, 율촌면, 화양면, 화정면, 둔덕동, 쌍봉동, 시전동, 여천동, 주삼동
순천시광양시곡성군구례군갑선거구	순천시 승주읍, 서면, 황전면, 월등면, 주암면, 송광면, 외서면, 낙안면, 별량면, 상사면, 향동, 매곡동, 삼산동, 조곡동, 덕연동, 풍덕동, 남제동, 저전동, 장천동, 중앙동, 도사동, 왕조1동, 왕조2동
순천시광양시곡성군구례군을선거구	순천시 해룡면, 광양시 일원, 곡성군 일원, 구례군 일원
나주시화순군선거구	나주시 일원, 화순군 일원
담양군함평군영광군장성군선거구	담양군 일원, 함평군 일원, 영광군 일원, 장성군 일원
고흥군보성군장흥군강진군선거구	고흥군 일원, 보성군 일원, 장흥군 일원, 강진군 일원
해남군완도군진도군선거구	해남군 일원, 완도군 일원, 진도군 일원
영암군무안군신안군선거구	영암군 일원, 무안군 일원, 신안군 일원

경상북도(지역구 : 13)	
포항시북구선거구	포항시 북구 일원
포항시남구울릉군선거구	포항시 남구 일원, 울릉군 일원
경주시선거구	경주시 일원
김천시선거구	김천시 일원
안동시예천군선거구	안동시 일원, 예천군 일원
구미시갑선거구	송정동, 원평1동, 원평2동, 지산동, 도량동, 선주원남동, 형곡1동, 형곡2동, 공단1동, 공단2동, 광평동, 상모사곡동, 임오동, 신평1동, 신평2동, 비산동
구미시을선거구	선산읍, 고아읍, 무을면, 옥성면, 도개면, 해평면, 산동면, 장천면, 인동동, 진미동, 양포동
영주시영양군봉화군울진군선거구	영주시 일원, 영양군 일원, 봉화군 일원, 울진군 일원
영천시청도군선거구	영천시 일원, 청도군 일원
상주시문경시선거구	상주시 일원, 문경시 일원
경산시선거구	경산시 일원
군위군의성군청송군영덕군선거구	군위군 일원, 의성군 일원, 청송군 일원, 영덕군 일원
고령군성주군칠곡군선거구	고령군 일원, 성주군 일원, 칠곡군 일원

경상남도(지역구 : 16)	
창원시의창구선거구	창원시 의창구 일원
창원시성산구선거구	창원시 성산구 일원
창원시마산합포구선거구	창원시 마산합포구 일원
창원시마산회원구선거구	창원시 마산회원구 일원
창원시진해구선거구	창원시 진해구 일원
진주시갑선거구	문산읍, 내동면, 정촌면, 금곡면, 명석면, 대평면, 수곡면, 천전동, 성북동, 평거동, 신안동, 이현동, 판문동, 가호동, 충무공동
진주시을선거구	진성면, 일반성면, 이반성면, 사봉면, 지수면, 대곡면, 금산면, 집현면, 미천면, 중앙동, 상봉동, 상대동, 하대동, 상평동, 초장동
통영시고성군선거구	통영시 일원, 고성군 일원
사천시남해군하동군선거구	사천시 일원, 남해군 일원, 하동군 일원
김해시갑선거구	진영읍, 한림면, 생림면, 상동면, 대동면, 동상동, 부원동, 북부동, 활천동, 삼안동, 불암동
김해시을선거구	주촌면, 진례면, 회현동, 내외동, 칠산서부동, 장유1동, 장유2동, 장유3동
밀양시의령군함안군창녕군선거구	밀양시 일원, 의령군 일원, 함안군 일원, 창녕군 일원
거제시선거구	거제시 일원
양산시갑선거구	물금읍, 원동면, 상북면, 하북면, 중앙동, 삼성동, 강서동
양산시을선거구	동면, 양주동, 서창동, 소주동, 평산동, 덕계동
산청군함양군거창군합천군선거구	산청군 일원, 함양군 일원, 거창군 일원, 합천군 일원

제주특별자치도(지역구 : 3)	
제주시갑선거구	한림읍, 애월읍, 한경면, 추자면, 삼도1동, 삼도2동, 용담1동, 용담2동, 오라동, 연동, 노형동, 외도동, 이호동, 도두동
제주시을선거구	구좌읍, 조천읍, 우도면, 일도1동, 일도2동, 이도1동, 이도2동, 건입동, 화북동, 삼양동, 봉개동, 아라동
서귀포시선거구	서귀포시 일원

〔별표2·3〕 ➡ 「www.hyeonamsa.com」 참조

■ 공직선거관리규칙

〔별표1〕

거소투표신고를 할 수 있는 섬

(「공직선거법」 제38조제4항제4호에 따라 그 거주자가 거소투표신고를 할 수 있는 섬)

(2020.1.17 개정)

시·도명	관할 선거관리위원회명	섬의 명칭	소재지
인천광역시	중구선거관리위원회	팔미도(八尾島)	중구 무의동
	옹진군선거관리위원회	굴업도(掘業島)	옹진군 덕적면 굴업리
		지도(池島)	옹진군 덕적면 백아리
		선미도(善尾島)	옹진군 덕적면 북리
		부도(鳧島)	옹진군 영흥면 외리
경기도	안산시단원구선거관리위원회	풍도(豊島)	안산시 대부동
		육도(六島)	안산시 대부동
	화성시선거관리위원회	국화도(菊花島)	화성시 우정읍 국화리
충청남도	서천군선거관리위원회	유부도(有父島)	서천군 장항읍 송림리
전라북도	부안군선거관리위원회	상왕등도(上旺嶝島)	부안군 위도면 상왕등리
		하왕등도(下旺嶝島)	부안군 위도면 하왕등리
전라남도	여수시선거관리위원회	소두라도(小斗羅島)	여수시 남면 두라리
		소횡간도(小横看島)	여수시 남면 횡간리
	완도군선거관리위원회	황제도(皇帝島)	완도군 금일읍 동백리
		장도(長島)	완도군 금일읍 장원리
		원도(圓島)	완도군 금일읍 장원리
		서화도(西花島)	완도군 군외면 당인리
		허우도(許牛島)	완도군 금당면 차우리
		덕우도(德牛島)	완도군 생일면 봉선리
		충도(忠島)	완도군 금일읍 충동리
		신도(身島)	완도군 금일읍 척치리
		백일도(白日島)	완도군 군외면 당인리
		흑일도(黑日島)	완도군 군외면 당인리
		동화도(東花島)	완도군 군외면 당인리
		여서도(麗瑞島)	완도군 청산면 여서리
		당사도(唐寺島)	완도군 소안면 당사리
		횡간도(横看島)	완도군 소안면 횡간리
		다랑도(多浪島)	완도군 금일읍 사동리
		우 도(牛島)	완도군 금일읍 사동리
		섭 도(攝島)	완도군 금일읍 사동리
		어룡도(魚龍島)	완도군 노화읍 어룡리
	진도군선거관리위원회	슬도(瑟島)	진도군 조도면 독거도리
		탄항도(灘項島)	진도군 조도면 독거도리
		혈도(穴島)	진도군 조도면 독거도리
		독거도(獨巨島)	진도군 조도면 독거도리
		맹골도(孟骨島)	진도군 조도면 맹골도리
		죽도(竹島)	진도군 조도면 맹골도리
		곽도(藿島)	진도군 조도면 맹골도리
		진목도(進木島)	진도군 조도면 진목도리
		갈목도(乫木島)	진도군 조도면 진목도리
		눌옥도(訥玉島)	진도군 조도면 눌옥도리
		내병도(內竝島)	진도군 조도면 내병도리
		외병도(外竝島)	진도군 조도면 외병도리
		성남도(城南島)	진도군 조도면 성남도리
		소성남도(小城南島)	진도군 조도면 성남도리
	영광군선거관리위원회	소각씨도(小角氏島)	영광군 낙월면 임병리
		대각이도(大角耳島)	영광군 낙월면 각이리
		석만도(石蔓島)	영광군 낙월면 석만리
		횡도(横島)	영광군 낙월면 오도리
	신안군선거관리위원회	기 도(箕島)	신안군 신의면 상태서리
		고사도(高沙島)	신안군 신의면 고평사도리
		평사도(平沙島)	신안군 신의면 고평사도리
		율 도(栗島)	신안군 장산면 마진도리
경상북도	울릉군선거관리위원회	독도(獨島)	울릉군 울릉읍 독도리
경상남도	통영시선거관리위원회	국도(國島)	통영시 욕지면 동항리
		갈도(葛島)	통영시 욕지면 서산리
		가왕도(加王島)	통영시 한산면 매죽리
제주특별자치도	제주시선거관리위원회	횡간도(横干島)	제주시 추자면 대서리
		추포도(秋浦島)	제주시 추자면 예초리

〔별표1의2〕 ➡ 「www.hyeonamsa.com」 참조

〔별표1의3〕

딥페이크영상등 표시사항 및 표시방법(규칙 제45조의6 관련)

(2024.1.19 신설)

구 분		내 용
1. 음향	표시사항	이 음향은 실제가 아닌 인공지능 기술 등을 이용하여 만든 가상의 정보입니다.
	표시방법	누구든지 쉽게 인식할 수 있도록 시작과 끝부분에 음성으로 각각 표시한다. 이 경우 재생 시간이 5분을 초과하는 때에는 5분마다 1회씩 전단의 표시를 추가하되 음향 중간에 적절히 표시하여야 한다.
2. 이미지	표시사항	이 이미지는 실제가 아닌 인공지능 기술 등을 이용하여 만든 가상의 정보입니다.
	표시방법	누구든지 쉽게 인식할 수 있도록 전체크기의 100분의 10 이상의 테두리 안에 배경과 구분되도록 표시한다. 이 경우 테두리 안에는 표시사항 이외에는 표시할 수 없으며, 음향을 포함한 경우 제1호의 표시를 추가하여야 한다(이하 제3호에서 같다).
3. 영상	표시사항	이 영상은 실제가 아닌 인공지능 기술 등을 이용하여 만든 가상의 정보입니다.
	표시방법	누구든지 쉽게 인식할 수 있도록 전체크기의 100분의 10 이상의 테두리 안에 배경과 구분되도록 상시 표시한다.
4. 기타		해당 정보가 인공지능 기술 등을 이용하여 만든 가상의 정보라는 사실을 누구든지 쉽게 인식할 수 있도록 위에 준하는 방법으로 표시한다.

〔별표2〕 ➡「www.hyeonamsa.com」 참조

〔별표2의2〕

투표용지의 색도

(2018.1.19 신설)

선 거 명		색 명
대 통 령 선 거		흰 색
임기만료에 의한 국회의원선거	지역구국회의원선거	흰 색
	비례대표국회의원선거	연 두 색
임기만료에 의한 지방자치단체의 의회의원 및 장의 선거, 임기만료에 의한 지방자치단체의 의회의원 및 장의 선거와 동시에 실시하는 다른 법률에 따른 선거	시·도지사선거	흰 색
	자치구·시·군의 장선거	계 란 색
	비례대표시·도의원선서	하 늘 색
	지역구시·도의원선거	연분홍색
	비례대표자치구·시·군의원선거	연 미 색
	지역구자치구·시·군의원선거	스카이그레이
	교육감선거	연 두 색
	교육의원선거	연 미 색
임기만료에 의한 선거와 동시에 실시하는 보궐선거등	지역구국회의원선거	스카이그레이
	시·도지사선거	하 늘 색
	자치구·시·군의 장선거	계 란 색
	지역구시·도의원선거	연분홍색
	지역구자치구·시·군의원선거	스카이그레이
	교육감선거	하 늘 색
	교육의원선거	연 미 색

주 : 색도의 기준은 「산업표준화법」 제11조에 따라 산업통상자원부장관이 고시한 산업표준에 준한다.

〔별표3〕

과태료부과기준

(2024.1.19 개정)
(단위 : 만원)

처분대상	관계법조	법정 상한액	부과기준
1. 법 제231조제1항제1호에 규정된 행위를 하는 것을 조건으로 정당 또는 후보자(후보자가 되려는 사람을 포함한다)에게 금전·물품, 그 밖의 재산상의 이익 또는 공사의 직의 제공을 요구한 행위	○ 법 제261조제1항·법 제230조제1항·법 제231조제1항	5,000	가. 금전·물품, 그 밖의 재산상 이익의 요구액을 알 수 있거나 확정할 수 있는 경우 : 요구한 가액의 50배 나. 금전·물품, 그 밖의 재산상 이익의 요구액을 알 수 없거나 확정할 수 없는 경우 ① 2회 이상 계속적으로 요구한 경우 : 5,000 ② 1회성으로 요구한 경우 : 2,500 다. 공사의 직을 요구한 경우 ① 구체적인 직을 제시하여 계속적으로 요구한 경우 : 5,000 ② 1회성으로 요구한 경우 : 2,500
2. 선거여론조사심의위원회의 시정명령·정정보도문의 게재명령 통보를 받고 이를 이행하지 않는 행위	○ 법 제261조제2항제1호·법 제8조의8제10항	3,000	가. 시정명령·정정보도문의 게재명령 통보를 받고 정해진 기한까지 이를 이행하지 아니한 때 : 1,500 나. 이행기간을 경과하는 매 1일마다 가산액 : 100
2의2. 선거여론조사기준으로 정한 사항을 중앙선거여론조사심의위원회 홈페이지에 등록하지 않는 행위(여론조사 의뢰자로부터 공표·보도 예정일시를 통보받고도 중앙선거여론조사심의위원회 홈페이지에 등록하지 않거나, 여론조사 의뢰자가 여론조사를 실시한 선거여론조사기관에 공표·보도 예정일시를 통보하지 않는 행위 포함)	○ 법 제261조제2항제3호·법 제108조제7항	3,000	가. 제108조제7항 전단에 따라 선거여론조사기준으로 정한 사항을 등록하지 아니하거나, 같은 조 같은 항 후단에 따른 통보를 받고도 선거여론조사기준으로 정하는 사항을 등록하지 아니한 때 : 1,500 나. 이행명령 후 이행기한까지 이행하지 아니한 때 매 1일마다 가산액 : 100 다. 제108조제7항 후단에 따른 통보를 하지 아니한 때 : 1,500
2의3. 선거여론조사기준으로 정한 사항을 함께 공표 또는 보도하지 아니하거나, 중앙선거여론조사심의위원회 홈페이지에 등록되지 아니한 선거에 관한 여론조사결과를 공표 또는 보도하거나, 선거여론조사기준을 따르지 아니하고 공표 또는 보도를 목적으로 선거에 관한 여론조사를 하거나 그 결과를 공표 또는 보도하는 행위	○ 법 제261조제2항제2호 및 제4호·법 제108조제6항·법 제108조제8항	3,000	가. 선거여론조사기준으로 정하는 사항을 함께 공표 또는 보도하지 아니한 때 ① 모든 사항을 공표 또는 보도하지 아니한 경우 : 1,500 ② 일부 사항을 공표 또는 보도하지 아니한 경우 : 750 나. 중앙선거여론조사심의위원회 홈페이지에 등록되지 아니한 선거에 관한 여론조사결과를 공표 또는 보도한 때 : 3,000 다. 선거여론조사기준을 따르지 아니하고 여론조사를 실시하여 공표 또는 보도한 때 ① 조사대상의 전 계층을 대표할 수 있는 피조사자 선정과정을 거치지 않거나 특정 정당·후보자에게 유·불리한 결과를 가져올 수 있는 표본추출틀을 사용하거나 특정 정당·후보자에게 편향될 수 있는 질문지를 작성하거나 질문하는 등 여론조사 결과를 왜곡할 수 있는 조사·분석 방법을 사용한 경우 : 3,000 ② ①의 경우를 제외하고 중앙선거여론조사심의위원회 홈페이지에 사실과 다르게 등록하는 등 선거여론조사기준을 따르지 아니하고 여론 조사를 실시하여 공표 또는 보도한 경우 : 1,500 라. 선거여론조사기준에 따르지 아니하고 공표 또는 보도 목적으로 여론조사를 실시하였으나 공표 또는 보도하지 않은 경우 : 1,000
3. 고용된 사람이 사전투표기간 및 선거일에 모두 근무하는 경우 투표하기 위하여 필요한 시간을 청구하였음에도 정당한 사유 없이 투표하는데 필요한 시간을 보장해주지 않은 행위	○ 법 제261조제3항제1호·법 제6조의2제2항	1,000	가. 근무시간(출퇴근 시간 포함)이 투표시간을 모두 포함하고 있는 때에 투표시간을 보장하지 않은 경우 : 1,000 나. 근무시간(출퇴근 시간 포함)이 투표시간을 일부만 포함하고 있는 때에 투표시간을 보장하지 않은 경우 : 500
3의2. 자동 동보통신 방법에 따른 문자메시지 전송시 신고하지 않은 전화번호를 정당한 이유없이 사용한 행위	○ 법 제261조제3항제2호·법 제59조제2호	1,000	1,000
3의3. 대통령선거·지역구국회의원선거 및 지방자치단체의 장선거의 후보자가 점자형 선거공보의 전부 또는 일부를 제출하지 아니한 행위	○ 법 제261조제3항제3호·법 제65조제4항	1,000	가. 점자형 선거공보를 전부 제출하지 아니한 때 : 1,000 나. 점자형 선거공보의 일부를 제출하지 아니한 때 ① 제출하여야 할 수량의 1/2 이상을 제출하지 아니한 경우 : 750 ② 제출하여야 할 수량의 1/2 미만을 제출하지 아니한 경우 : 500
3의4. 소음기준을 초과한 확성장치를 사용하거나 사용하게 한 행위	○ 법 제261조제3항제3호의2·법 제79조제8항·법 제216조제1항	1,000	가. 위반한 때마다 : 500 나. 허위의 시험성적서등을 첨부하거나 확성장치를 임의로 조작하는 등 위계·사술의 방법으로 사용한 때 : 1,000
3의5. 정당한 사유 없이 대담·토론회에 참석하지 아니한 행위	○ 법 제261조제3항제3호의3·법 제82조의2제4항	1,000	가. 매회 : 1,000
4. (2024.1.19 삭제)			
4의2. 오후 9시부터 오후 11시까지의 사이에 소리를 출력하여 녹화기를 사용한 행위	○ 법 제261조제3항제4호의2·법 제102조제2항	1,000	가. 1회 위반한 때 : 500 나. 2회 이상 위반한 경우 매회마다 : 1,000
5. 선거에 관하여 여론조사를 실시하려는 자(여론조사 기관·단체에 여론조사를 의뢰한 자를 포함함)가 관할 선거여론조사심의위원회에 신고하지 아니하거나 신고내용과 다르게 여론조사를 실시하는 행위 또는 관할 선거여론조사심의위원회의 보완요구에 응하지 않고 여론조사를 실시하는 행위	○ 법 제261조제3항제5호·법 제108조제3항 및 제4항	1,000	가. 여론조사 개시일 전 2일까지 신고하지 아니하고 이 법에 위반되는 내용으로 여론조사를 한 때 : 1,000 나. 여론조사 실시 전까지 신고하지 아니하거나 관할 선거여론조사심의위원회의 보완요구에 응하지 않고 여론조사를 한 때 : 750 다. 여론조사 개시일 전 2일까지 신고하지 아니한 때 : 500 라. 신고내용과 다르게 여론조사를 하였으나 여론조사 내용이 이 법에 위반되지 아니한 때 : 250
6. 학교, 관공서 및 공공기관·단체의 장이 선거관리위원회로부터 투표소·사전투표소·개표소 설치를 위한 장소사용 협조요구에 정당한 사유없이 응하지 아니하는 행위	○ 법 제261조제4항·법 제147조제3항·법 제148조제4항(법 제147조제3항을 준용하는 경우)·법 제173조제3항(법 제147조제3항을 준용하는 경우)	500	500
7. (2018.4.6 삭제)			
8. (2024.1.19 삭제)			

9. 방송시설을 경영하는 자가 후보자의 방송광고일시와 내용 등을 그 방송일 전일까지 관할 선거구선거관리위원회에 통보하지 아니하는 행위	○ 법 제261조제6항제1호·법 제70조제3항	300	가. 방송일 전일까지 통보하지 아니한 때 : 100 나. 방송광고시작시각까지 통보하지 아니한 때 : 100
10. 국회의원선거, 비례대표시·도의원선거 및 지방자치단체의 장선거에서 후보자가 방송시설을 이용한 연설을 하고자 하는 때에 방송시설 이용계약서 사본을 첨부하여 이용일시·이용방법 등을 방송일 전 3일까지 해당 선거구선거관리위원회에 신고하지 아니하는 행위	○ 법 제261조제6항제1호·법 제71조제10항	300	가. 방송일 전 3일까지 신고하지 아니한 때 : 100 나. 신고기한을 초과하는 매 1일마다 : 100
11. 방송시설을 경영 또는 관리하는 자가 방송시설주관 후보자의 방송연설 또는 경력방송의 일시와 소요시간 등을 그 방송일 전 2일까지 관할 선거구선거관리위원회에 통보하지 아니하는 행위	○ 법 제261조제6항제1호·법 제72조제3항·법 제74조제2항(법 제72조제3항을 준용하는 경우)	300	가. 방송일 전 2일까지 통보하지 아니한 때 : 100 나. 통보기한을 초과하는 매 1일마다 : 100
12. 한국방송공사가 관할 선거구선거관리위원회가 제공한 내용에 의하지 아니한 경력방송을 하거나, 경력방송을 법정횟수에 미달하게 하거나 하지 아니하는 행위	○ 법 제261조제6항제1호·법 제73조제1항·제2항	300	가. 경력방송을 하지 아니한 때 : 300 나. 방송횟수가 법정횟수에 미달한 때 : 300×미달한 횟수/법정횟수 다. 관할 선거구선거관리위원회가 제공한 내용에 의하지 아니한 경력방송을 한 때 : 100
13. 해당 정보 게시자, 인터넷 홈페이지 관리·운영자 또는 정보통신서비스제공자가 선거관리위원회로부터 위법한 정보의 삭제요청 또는 취급의 거부·정지·제한을 요청받고 이행하지 아니하는 행위	○ 제261조제6항제4호·법 제82조의4제4항	300	300
14. 통신관련 선거범죄 조사를 위한 자료제출 요구에 응하지 아니하는 행위	○ 법 제261조제6항제1호·법 제272조의3제4항	300	가. 매회 : 300
15. 무투표사유가 확정된 선거구에서 무투표확정 후에 선거운동을 계속하는 행위	○ 법 제261조제6항제1호·법 제275조	300	가. 매회 : 300
16. 현행범인 또는 준현행범인 자가 선거관리위원회 위원·직원의 선거범죄 조사를 위한 동행요구에 응하지 아니하는 행위	○ 법 제261조제6항제2호·법 제272조의2제4항·법 제8조의8제11항	300	가. 매회 : 300
17. 선거에 관하여 법에 규정된 신고·제출의무를 게을리 하는 행위	○ 법 제261조제7항제1호 ○ 법 제261조제7항제2호	200	가. 신고·제출 후 비로소 그 다음의 행위를 하게 되어 있는 경우 ① 신고·제출기한 경과 후 그 다음의 행위 전까지 신고·제출한 때 : 30 ② 신고·제출 없이 그 다음의 행위를 한 때 : 해당 벌칙에 따름 나. 신고·제출로 끝나는 경우 그 의무를 게을리 한 때 : 30(다만, 신고·제출의무 불이행시 벌칙이 있는 경우에는 해당 벌칙에 따름) 다. 선거벽보·선거공보·방송연설 신청서를 제출마감시각 후 제출한 때 : 50
18. 10명 이상의 거소투표신고인을 수용하고 있는 기관·시설의 장이 기표소를 설치하지 아니하거나, 10명 미만의 거소투표신고인을 수용하고 있는 기관·시설의 장이 후보자 등으로부터 거소투표를 위한 기표소 설치의 요청을 받고 정당한 사유 없이 기표소를 설치하지 아니한 행위	○ 법 제261조제7항제2호·법 제149조제3항·제4항	200	가. 신고된 일시와 다른 일시에 기표소를 설치한 때 : 30 나. 기표소를 설치하지 아니한 때 : 100 다. 기표소 설치 명령을 받은 후에도 설치하지 아니한 때 : 200
19. 같은 정당의 추천을 받은 2인 이상 후보자가 공동으로 가. 선거사무소·선거연락소의 설치 나. 선거사무장·선거연락소장·선거사무원의 선임 다. 책자형선거공보 작성 라. 신문광고·인터넷광고를 하는 경우 그 비용분담 내역을 신고서·제출서 또는 계약서에 명시하지 아니하는 행위	○ 법 제261조제7항제2호가목·나목·다목·마목·법 제69조제3항 후단·법 제82조의7제3항 후단·법 제205조제3항·법 제207조제3항 후단	200	가. 보완명령 후 보완기한까지 보완하지 아니한 때 : 50 나. 보완기한을 초과하는 매 1일마다 가산액 : 10
20. 국가기관·지방자치단체·각급학교 등 기관·단체의 장이 선거관리위원회로부터 투표관리관·사전투표관리관·투표사무원·사전투표사무원·개표사무원의 추천 협조요구에 정당한 사유없이 응하지 아니하는 행위	○ 법 제261조제7항·법 제146조의2제3항·법 제147조제10항·법 제148조제4항(법 제147조제10항을 준용하는 경우)·법 제174조제3항	200	200
21. 구·시·군선거관리위원회가 공고한 투표용지 모형을 훼손·오손하는 행위	○ 법 제261조제7항제4호·법 제152조제1항	200	200
22. 각급선거관리위원회가 위법한 선거에 관한 벽보·인쇄물·현수막 기타 선전물(정당의 당사선전물 포함)이나 유사기관·시설 등을 발견하여 철거·수거·폐쇄 등을 명하였으나 이에 불응하여 대집행을 한 것으로서 사안이 경미한 행위	○ 법 제261조제7항제5호·법 제271조제1항	200	가. 대집행시 매회마다 : 200
23. 선거운동을 위하여 선전물이나 시설물을 첩부·게시 또는 설치한 자가 선거일 후 지체 없이 이를 철거하지 아니하는 행위	○ 법 제261조제7항제6호·법 제276조	200	가. 철거명령 후 철거기한까지 철거하지 아니한 때 : 100 나. 철거기한을 초과하는 매 1일마다 가산액 : 50
24. 선거관리위원회 또는 재외선거관리위원회가 선정한 투표참관인·사전투표참관인 및 개표참관인이 정당한 사유없이 참관을 거부하거나 게을리하는 행위	○ 법 제261조제8항제1호·법 제161조제3항 단서·법 제162조제3항·법 제181조제3항·법 제218조의20제4항	100	가. 참관거부 : 100 나. 참관해태 : 50
24의2. 선거여론조사기관의 등록신청 변경사항에 대해 14일 이내에 변경등록 신청을 하지 않은 행위	○ 법 제261조제8항제1호의2·법 제8조의9제4항	100	가. 신청기한까지 변경등록 신청을 하지 아니한 때 : 30 나. 변경등록 신청기한을 경과하는 매 1일마다 가산액 : 10
25. 선거사무소·선거연락소·선거대책기구 또는 정당선거사무소가 있는 건물이나 그 담장을 벗어난 장소에 간판·현판·현수막을 설치·게시하는 행위	○ 법 제261조제8항제2호가목·나목·법 제61조제6항·법 제61조의2제4항	100	가. 위반한 때마다 : 50 나. 이행명령 후 이행기한까지 이행하지 아니한 매 1일 마다 : 10
26. 선거사무장·선거연락소장·선거사무원·활동보조인 및 회계책임자가 선거운동을 하면서 표지를 달지 아니하는 행위	○ 법 제261조제8항제2호다목·법 제63조제2항	100	가. 달지 아니한 때마다 : 50
27. 공개장소에서의 연설·대담용 자동차, 확성장치, 녹음기 또는 녹화기에 표지를 부착하지 아니하고 연설·대담을 하는 행위	○ 법 제261조제8항제2호라목·법 제79조제6항·제10항	100	가. 부착하지 아니한 때마다 : 50
28. 선거벽보 등 선전인쇄물을 첩부한 자동차 또는 선박에 표지를 부착하지 아니하고 운행하는 행위	○ 법 제261조제8항제2호마목·법 제91조제4항	100	가. 부착하지 아니하고 운행하는 때마다 : 50
29. 투표사무원·사전투표사무원 또는 개표사무원으로 위촉된 자가 정당한 사유없이 그 직무수행을 거부·유기하거나 해태하는 행위	○ 법 제261조제8항제2호바목·법 제147조제9항·법 제148조제3항·법 제174조제2항	100	가. 직무거부·유기 : 100 나. 직무해태 : 50
30. 예비후보자공약집을 발간하여 판매할 때에 발간 즉시 관할 선거구위원회에 예비후보자공약집을 제출하지 아니하는 행위 또는 선거공약서를 배부할 때에 배부 전까지 배부할 지역을 관할하는 구·시·군위원회에 선거공약서를 제출하지 아니하는 행위	○ 법 제261조제8항제2호의2·법 제60조의4제3항·법 제66조제6항	100	가. 제출하지 아니하고 판매하거나 배부한 때 : 100
31. 의정보고회의 고지벽보·장소표지의 규격이나 수량을 위반하여 첩부·게시하거나 고지벽보 또는 장소표지를 의정보고회가 끝난 후 지체 없이 철거하지 아니하는 행위	○ 법 제261조제8항제3호·법 제111조제2항	100	가. 규격·수량을 위반하여 첩부·게시한 때 : 50 나. 시정명령후 그 시정기한을 초과하는 매 1일 마다 가산액 : 30 다. 의정보고회 종료후 2일까지 법정매수의 2분의 1이상 미철거 : 50 라. 보고회 종료후 2일후에도 철거하지 아니한 고지벽보 또는 장소표지가 있는 때에는 매 1일마다 가산액 : 30(다만, 미철거된 고지벽보가 소수로서 뒷골목 등에 산재되어 철거시 누락된 것으로 인정되는 경우 직권철거로 종결)
32. 정강·정책홍보물 또는 정당기관지를 선거기간 중에 소속당원에게 배부하기 전에 중앙위원회에 제출 하지 아니하는 행위	○ 법 제261조제8항제4호가목·다목·법 제138조제4항·법 제139조제3항	100	가. 제출하지 아니하고 배부한 때 : 100
33. 정당이 정책공약집을 판매하고자 하는 때에 발간 즉시 해당 정당의 등록사무를 처리하는 관할 선거관리위원회에 정책공약집을 제출하지 아니하는 행위	○ 법 제261조제8항제4호나목 ○ 법 제138조의2제3항	100	가. 제출하지 아니하고 판매한 때 : 100
34. 창당대회·합당대회·개편대회·후보자선출대회의 장소표지를 당해 집회후 지체 없이 철거하지 아니하는 행위	○ 법 제261조제8항제4호라목·법 제140조제4항	100	가. 대회(집회)종료후 2일까지 미철거 : 50 나. 대회(집회)종료후 2일후에도 철거하지 아니한 장소표지가 있는 때에는 매 1일마다 가산액 : 30

35. 당원집회(중앙당이 그 연수시설에서 개최하는 경우 제외)를 해당 정당의 사무소, 주민회관, 공공기관·단체의 사무소 기타 공공시설이 아닌 장소에서 개최하거나 다수인이 왕래하는 장소 또는 공개된 장소가 아닌 장소에서 개최하거나, 당원집회의 장소표지를 집회후 지체 없이 철거하지 아니하는 행위	○ 법 제261조제8항제4호마목·법 제141조제2항·제4항	100	다. 당원집회를 정당의 사무소, 주민회관, 공공기관·단체의 사무소 기타 공공시설이 아닌 장소, 다수인이 왕래하는 장소 또는 공개된 장소가 아닌 장소에서 개최한 때 : 100
36. 정당의 사무소 또는 후원회의 사무소가 있는 건물이나 그 담장을 벗어난 장소에 간판·현판·현수막을 설치·게시하는 행위	○ 법 제261조제8항제4호사목·법 제145조	100	가. 위반한 때마다 : 50 나. 이행명령후 이행기한까지 이행하지 아니한 매 1일마다 : 10
37. 언론사가 선거기사심의위원회에 정당한 사유없이 정기간행물을 제출하지 아니하는 행위	○ 법 제261조제8항제5호·법 제8조의3제4항	100	가. 서면에 의한 제출요구를 받고 제출하지 아니한 때마다 : 30
38. 선거범죄의 조사를 위한 출석요구에 정당한 사유없이 응하지 아니하는 행위	○ 법 제261조제8항제6호·법 제272조의2제4항·법 제8조의8제11항	100	가. 당사자는 매회 : 100 나. 기타 관계인은 매회 : 50

〔별표3의2〕

10배 이상 50배 이하 과태료 부과기준(자수하지 아니한 경우)

(규칙 제143조제5항 관련)

(2019.5.30 개정)

위반행위 및 양태	부과기준액	부과기준액 가감기준
1. 법 제261조제9항제1호 또는 제2호에 해당하는 사람으로서 다음 각 목의 어느 하나에 해당하는 행위를 한 경우 가. 금전·물품 등의 제공을 알선·권유·요구하는 행위 나. 금전·물품 등이 제공된 각종 모임·집회 및 행사를 주관·주최하는 행위 다. 금전·물품 등이 제공된 각종 모임·집회 및 행사에 참석할 것을 연락하거나 독려하는 등 다른 사람에 앞장서서 행동하는 행위	제공받은 가액의 50배	해당 위반행위의 동기와 그 결과 및 선거에 미치는 영향, 위반기간·금액, 위반행위와 관련된 후보자가 되려는 사람의 입후보 여부, 위반정도 및 조사에 협조한 정도 등을 고려하여 부과기준액의 2분의 1의 범위에서 이를 감경하거나 가중할 수 있음. 이 경우 부과금액은 제공받은 가액의 10배 미만이거나 50배를 초과할 수 없음.
2. 제1호에 해당되지 아니하는 사람으로서 법 제261조제9항제1호 또는 제2호에 해당하는 금전·물품 등을 제공받은 경우	제공받은 가액의 30배	
3. 제2호에 해당되는 사람으로서 기부행위가 행해지는 모임·집회 및 행사라는 사정을 모르고 참석하였다가 현장에서 이를 인지한 경우	제공받은 가액의 20배	
4. 제2호에 해당되는 사람으로서 다음 각 목의 어느 하나에 해당하는 경우 가. 경조사에 축의·부의금을 제공받거나 법 제261조제9항제1호 또는 제2호에 해당하는 금전·물품 등을 우편·운송회사 등을 통하여 본인의 수령의 사와 무관하게 제공받은 사람이 지체 없이 이를 반환하지 아니한 경우 나. 선거관리위원회의 조사 과정에서 금품·음식물 등을 제공한 사람과 제공받은 일시·장소·방법·상황 등을 자세하게 알린 경우	제공받은 가액의 10배	

〔별표3의3〕

자수자에 대한 과태료 감경기준(규칙 제143조제6항 관련)

(2019.5.30 개정)

감경대상	감경사유	부과기준액	부과기준액 감경기준
1. 법 제261조제9항제1호 또는 제2호에 해당하는 사람으로서 다음 각 목의 어느 하나에 해당하는 행위를 하고 자수한 경우 가. 금전·물품 등의 제공을 알선·권유·요구하는 행위 나. 금전·물품 등이 제공된 각종 모임·집회 및 행사를 주관·주최하는 행위 다. 금전·물품 등이 제공된 각종 모임·집회 및 행사에 참석할 것을 연락하거나 독려하는 등 다른 사람에 앞장서서 행동하는 행위	가. 선거관리위원회가 금전·물품 등의 제공사실을 알게 된 후 고발 등 조치(수사기관이 알게 된 후 기소 또는 기소유예 처분을 한 경우를 포함한다. 이하 같다) 전까지 자수하였으나 금전·물품 등을 제공한 사람과 제공받은 일시·장소·방법·상황 등을 선거관리위원회 또는 수사기관에 자세하게 알리지 않은 경우	제공받은 가액의 5배	금품 등을 제공받은 경위, 자수의 동기와 시기, 선거에 미치는 영향 및 조사에 협조한 정도 등을 고려하여 부과기준액의 2분의 1의 범위에서 추가적으로 감경할 수 있음.
	나. 고발 등 조치 후 자수한 경우	제공받은 가액의 10배	
2. 제1호에 해당되지 아니하는 사람으로서 법 제261조제9항제1호 또는 제2호에 해당하는 금전·물품 등을 제공받고 자수한 경우	가. 제1호의 감경사유 가목과 같음.	제공받은 가액의 2배	
	나. 제1호의 감경사유 나목과 같음.	제공받은 가액의 5배	
3. 제2호에 해당되는 사람으로서 기부행위가 행해지는 모임·집회 및 행사라는 사정을 모르고 참석하였다가 현장에서 이를 인지하고 자수한 경우	가. 제1호의 감경사유 가목과 같음.	제공받은 가액	
	나. 제1호의 감경사유 나목과 같음.	제공받은 가액의 2배	
4. 제2호에 해당되는 사람으로서 경조사에 축의·부의금을 제공받거나 법 제261조제9항제1호 또는 제2호에 해당하는 금전·물품 등을 우편·운송회사 등을 통하여 본인의 수령의사와 무관하게 제공받은 사람이 지체없이 이를 반환하지 아니하고 자수한 경우			

주 : "고발 등 조치"란 각급선거관리위원회가 「선거관리위원회법」 제14조의2에 따라 선거법위반행위에 대하여 취하는 조치를 말함.

〔별표4〕 ➡ 「www.hyeonamsa.com」 참조

〔별표5〕

신체장애등급표(규칙 제146조의6제1항 관련)

(2023.7.31 개정)

장애등급	신체장애의 정도
제1급	1. 두 눈이 실명된 사람 2. 말하는 기능과 음식물을 씹는 기능을 완전히 영구적으로 잃은 사람 3. 신경계통의 기능 또는 정신에 뚜렷한 장해가 남아 항상 보호를 받아야 하는 사람 4. 흉복부장기의 기능에 뚜렷한 장해가 남아 항상 보호를 받아야 하는 사람 5. 두 팔을 팔꿈치관절 이상에서 잃은 사람 6. 두 팔을 완전히 영구적으로 사용하지 못하게 된 사람 7. 두 다리를 무릎관절 이상에서 잃은 사람 8. 두 다리를 완전히 영구적으로 사용하지 못하게 된 사람
제2급	1. 한 눈이 실명되고 다른 눈의 시력이 0.02 이하로 된 사람 2. 두 눈의 시력이 0.02 이하로 된 사람 3. 신경계통의 기능 또는 정신에 뚜렷한 장해가 남아 수시로 보호를 받아야 하는 사람 4. 흉복부장기의 기능에 뚜렷한 장해가 남아 수시로 보호를 받아야 하는 사람 5. 두 팔을 손목관절 이상에서 잃은 사람 6. 두 다리를 발목관절 이상에서 잃은 사람
제3급	1. 한 눈이 실명되고 다른 눈의 시력이 0.06 이하로 된 사람 2. 말하는 기능 또는 음식물을 씹는 기능을 완전히 영구적으로 잃은 사람 3. 신경계통의 기능 또는 정신에 뚜렷한 장해가 남아 일생 동안 노무에 종사하지 못하는 사람 4. 흉복부장기의 기능에 뚜렷한 장해가 남아 일생 동안 노무에 종사하지 못하는 사람 5. 두 손의 손가락을 모두 잃은 사람
제4급	1. 두 눈의 시력이 0.06 이하로 된 사람 2. 말하는 기능과 음식물을 씹는 기능에 뚜렷한 장해가 남은 사람 3. 두 귀의 청력을 완전히 잃은 사람 4. 한 팔을 팔꿈치관절 이상에서 잃은 사람 5. 한 다리를 무릎관절 이상에서 잃은 사람 6. 두 손의 손가락을 완전히 영구적으로 사용하지 못하게 된 사람 7. 두 발을 발목발허리관절(족근중족관절) 이상에서 잃은 사람
제5급	1. 한 눈이 실명되고 다른 눈의 시력이 0.1 이하로 된 사람 2. 신경계통의 기능 또는 정신에 뚜렷한 장해가 남아 특별히 손쉬운 노무 외에는 종사하지 못하는 사람 3. 흉복부장기의 기능에 뚜렷한 장해가 남아 특별히 손쉬운 노무 외에는 종사하지 못하는 사람 4. 한 팔을 손목관절 이상에서 잃은 사람 5. 한 다리를 발목관절 이상에서 잃은 사람 6. 한 팔을 완전히 영구적으로 사용하지 못하게 된 사람 7. 한 다리를 완전히 영구적으로 사용하지 못하게 된 사람 8. 두 발의 발가락을 모두 잃은 사람
제6급	1. 두 눈의 시력이 0.1 이하로 된 사람 2. 말하는 기능 또는 음식물을 씹는 기능에 뚜렷한 장해가 남은 사람 3. 두 귀의 청력이 귓바퀴에 대고 말하지 않으면 큰 말소리를 알아듣지 못하는 사람 4. 한 귀의 청력을 완전히 잃고 다른 귀의 청력이 40센티미터 이상의 거리에서는 보통의 말소리를 알아듣지 못하는 사람 5. 다음 각 목의 어느 하나에 해당하는 사람 가. 척주(脊柱)에 극도의 기능장해와 극도의 척추 신경근장해가 동시에 남은 사람 나. 척주에 고도의 기능장해와 극도의 척추 신경근장해가 동시에 남은 사람 6. 한 팔의 3대 관절 중 2개 관절이 못 쓰게 된 사람 7. 한 다리의 3대 관절 중 2개 관절이 못 쓰게 된 사람 8. 한 손의 다섯 손가락 또는 엄지손가락과 둘째 손가락을 포함하여 네 손가락을 잃은 사람
제7급	1. 한 눈이 실명되고 다른 눈의 시력이 0.6 이하인 사람 2. 두 귀의 청력이 40센티미터의 거리에서는 보통의 말소리를 알아듣지 못하는 사람 3. 한 귀의 청력을 완전히 잃고 다른 귀의 청력이 1미터 이상의 거리에서는 보통의 말소리를 알아듣지 못하는 사람 4. 신경계통의 기능 또는 정신에 뚜렷한 장해가 남아 손쉬운 노무 외에는 종사하지 못하는 사람 5. 흉복부장기의 기능에 뚜렷한 장해가 남아 손쉬운 노무 외에는 종사하지 못하는 사람 6. 한 손의 엄지손가락과 둘째 손가락을 잃은 사람 또는 엄지손가락이나 둘째 손가락을 포함하여 세 손가락 이상을 잃은 사람 7. 한 손의 다섯 손가락 또는 엄지손가락과 둘째 손가락을 포함하여 네 손가락이 못 쓰게 된 사람 8. 한 발을 발목발허리관절(족근중족관절) 이상에서 잃은 사람 9. 한 팔에 가관절(假關節, 부러진 뼈가 완전히 아물지 못하여 그 부분이 마치 관절처럼 움직이는 상태)이 남아 뚜렷한 운동장해가 남은 사람 10. 한 다리에 가관절이 남아 뚜렷한 운동장해가 남은 사람 11. 두 발의 발가락이 모두 못 쓰게 된 사람 12. 외모에 극도의 흉터가 남은 사람 13. 생식기의 기능을 완전히 상실한 사람 14. 다음 각 목의 어느 하나에 해당하는 사람 가. 척주에 극도의 기능장해와 고도의 척추 신경근장해가 동시에 남은 사람 나. 척주에 고도의 기능장해와 고도의 척추 신경근장해가 동시에 남은 사람 다. 척주에 중증도의 기능장해와 극도의 척추 신경근장해가 동시에 남은 사람 라. 척주에 극도의 변형장해와 극도의 척추 신경근장해가 동시에 남은 사람

8급	1. 한 눈이 실명되거나 한 눈의 시력이 0.02 이하로 된 사람 2. 다음 각 목의 어느 하나에 해당하는 사람 가. 척주에 극도의 기능장해가 남은 사람 나. 척주에 고도의 기능장해와 중증도의 척추 신경근장해가 동시에 남은 사람 다. 척주에 중증도의 기능장해와 고도의 척추 신경근장해가 동시에 남은 사람 라. 척주에 극도의 변형장해와 고도의 척추 신경근장해가 동시에 남은 사람 마. 척주에 경미한 기능장해와 극도의 척추 신경근장해가 동시에 남은 사람 바. 척주에 중증도의 변형장해와 극도의 척추 신경근장해가 동시에 남은 사람 3. 한 손의 엄지손가락을 포함하여 두 손가락을 잃은 사람 4. 한 손의 엄지손가락과 둘째 손가락이 못 쓰게 되거나 엄지손가락 또는 둘째 손가락을 포함하여 세 손가락 이상이 못 쓰게 된 사람 5. 한 다리가 5센티미터 이상 짧아진 사람 6. 한 팔의 3대 관절 중 1개 관절을 못 쓰게 된 사람 7. 한 다리의 3대 관절 중 1개 관절을 못 쓰게 된 사람 8. 한 팔에 가관절이 남은 사람 9. 한 다리에 가관절이 남은 사람 10. 한 발의 발가락을 모두 잃은 사람 11. 비장 또는 한쪽 신장을 잃은 사람
9급	1. 두 눈의 시력이 0.6 이하로 된 사람 2. 한 눈의 시력이 0.06 이하로 된 사람 3. 두 눈에 반맹증·시야협착 또는 시야이상이 남은 사람 4. 두 눈의 눈꺼풀이 뚜렷하게 상실된 사람 5. 코가 고도로 상실된 사람 6. 말하는 기능과 음식물을 씹는 기능에 장해가 남은 사람 7. 두 귀의 청력이 1미터 이상의 거리에서는 보통의 말소리를 알아듣지 못하는 사람 8. 한 귀의 청력이 귓바퀴에 대고 말하지 않으면 큰 말소리를 알아듣지 못하고 다른 귀의 청력이 1미터 이상의 거리에서는 보통의 말소리를 알아듣기 어려운 사람 9. 한 귀의 청력을 완전히 잃은 사람 10. 신경계통의 기능 또는 정신에 장해가 남아 노무가 상당한 정도로 제한되는 사람 11. 흉복부장기의 기능에 장해가 남아 노무가 상당한 정도로 제한되는 사람 12. 한 손의 엄지손가락을 잃은 사람 또는 둘째 손가락을 포함하여 두 손가락을 잃었거나 엄지손가락과 둘째 손가락 외에 세 손가락을 잃은 사람 13. 한 손의 엄지손가락을 포함하여 두 손가락이 못 쓰게 된 사람 14. 한 발의 엄지발가락을 포함하여 두 발가락 이상을 잃은 사람 15. 한 발의 발가락 모두가 못 쓰게 된 사람 16. 생식기에 뚜렷한 장해가 남은 사람 17. 다음 각 목의 어느 하나에 해당하는 사람 가. 척주에 고도의 기능장해가 남은 사람 나. 척주에 중증도의 기능장해와 중증도의 척추 신경근장해가 동시에 남은 사람 다. 척주에 극도의 변형장해와 중증도의 척추 신경근장해가 동시에 남은 사람 라. 척주에 경미한 기능장해와 고도의 척추 신경근장해가 동시에 남은 사람 마. 척주에 중증도의 변형장해와 고도의 척추 신경근장해가 동시에 남은 사람 바. 척주에 극도의 척추 신경근장해가 남은 사람 18. 외모에 고도의 흉터가 남은 사람
10급	1. 한 눈의 시력이 0.1 이하로 된 사람 2. 한 눈의 눈꺼풀이 뚜렷하게 상실된 사람 3. 코가 중등도로 상실된 사람 4. 말하는 기능 또는 음식물을 씹는 기능에 장해가 남은 사람 5. 14개 이상의 치아에 치과 보철을 한 사람 6. 두 귀의 청력이 1미터 이상의 거리에서는 보통의 말소리를 알아듣기 어려운 사람 7. 한 귀의 청력이 귓바퀴에 대고 말하지 않으면 큰 말소리를 알아듣지 못하는 사람 8. 한 손의 둘째 손가락을 잃은 사람 또는 엄지손가락과 둘째 손가락 외의 두 손가락을 잃은 사람 9. 한 손의 엄지손가락이 못 쓰게 된 사람, 둘째 손가락을 포함하여 두 손가락이 못 쓰게 된 사람 또는 엄지손가락과 둘째 손가락 외의 세 손가락이 못 쓰게 된 사람 10. 한 다리가 3센티미터 이상 짧아진 사람 11. 한 발의 엄지발가락 또는 그 외의 네 발가락을 잃은 사람 12. 한 팔의 3대 관절 중 1개 관절의 기능에 뚜렷한 장해가 남은 사람 13. 한 다리의 3대 관절 중 1개 관절의 기능에 뚜렷한 장해가 남은 사람 14. 다음 각 목의 어느 하나에 해당하는 사람 가. 척주에 중증도의 기능장해가 남은 사람 나. 척주에 극도의 변형장해가 남은 사람 다. 척주에 경미한 기능장해와 중증도의 척추 신경근장해가 동시에 남은 사람 라. 척주에 중증도의 변형장해와 중증도의 척추 신경근장해가 동시에 남은 사람 마. 척주에 고도의 척추 신경근장해가 남은 사람
11급	1. 두 눈의 안구의 조절기능에 뚜렷한 장해가 있거나 운동장해가 남은 사람 2. 두 눈의 눈꺼풀에 뚜렷한 운동장해가 남은 사람 3. 두 눈의 눈꺼풀의 일부가 상실된 사람 4. 10개 이상의 치아에 치과 보철을 한 사람 5. 두 귀의 청력이 1미터 이상의 거리에서는 작은 말소리를 알아듣지 못하는 사람 6. 한 귀의 청력이 40센티미터 이상의 거리에서는 보통의 말소리를 알아듣지 못하는 사람 7. 두 귀의 귓바퀴가 고도로 상실된 사람 8. 한 손의 가운뎃손가락 또는 넷째 손가락을 잃은 사람 9. 한 손의 둘째 손가락이 못 쓰게 되거나 엄지손가락과 둘째 손가락 외의 두 손가락이 못 쓰게 된 사람 10. 한 발의 엄지발가락을 포함하여 두 발가락 이상이 못 쓰게 된 사람 11. 흉복부장기에 장해가 남은 사람 12. 다음 각 목의 어느 하나에 해당하는 사람 가. 척주에 경도의 기능장해가 남은 사람 나. 척주에 고도의 변형장해가 남은 사람 다. 척주에 경미한 기능장해와 경도의 척추 신경근장해가 동시에 남은 사람 라. 척주에 중등도의 변형장해와 경도의 척추 신경근장해가 동시에 남은 사람 마. 척주에 중증도의 척추 신경근장해가 남은 사람 13. 외모에 중등도의 흉터가 남은 사람 14. 두 팔의 노출된 면에 극도의 흉터가 남은 사람 15. 두 다리의 노출된 면에 극도의 흉터가 남은 사람
12급	1. 한 눈의 안구의 조절기능에 뚜렷한 장해가 있거나 운동장해가 남은 사람 2. 한 눈의 눈꺼풀에 뚜렷한 운동장해가 남은 사람 3. 한 눈의 눈꺼풀의 일부가 상실된 사람 4. 코가 경도로 상실된 사람 5. 코로 숨쉬기가 곤란하게 된 사람 또는 냄새를 맡지 못하게 된 사람 6. 7개 이상의 치아에 치과 보철을 한 사람 7. 한 귀의 귓바퀴가 고도로 상실된 사람 또는 두 귀의 귓바퀴가 중등도로 상실된 사람 8. 빗장뼈(쇄골)·복장뼈(흉골)·갈비뼈(늑골)·어깨뼈(견갑골) 또는 골반뼈에 뚜렷한 변형이 남은 사람 9. 한 팔의 3대 관절 중 1개 관절의 기능에 장해가 남은 사람 10. 한 다리의 3대 관절 중 1개 관절의 기능에 장해가 남은 사람 11. 팔과 다리의 긴뼈에 변형이 남은 사람 12. 한 손의 가운뎃손가락 또는 넷째 손가락이 못 쓰게 된 사람 13. 한 발의 둘째 발가락을 잃은 사람, 한 발의 둘째 발가락을 포함하여 두 발가락을 잃은 사람 또는 한 발의 가운뎃발가락 이하의 세 발가락을 잃은 사람 14. 한 발의 엄지발가락 또는 그 외의 네 발가락이 못 쓰게 된 사람 15. 신체 일부에 뚜렷한 신경증상이 남은 사람 16. 척주에 경미한 기능장해가 남은 사람, 척주에 중등도의 변형장해가 남은 사람 또는 척주에 경도의 척추 신경근장해가 남은 사람 17. 두 팔의 노출된 면에 고도의 흉터가 남은 사람 18. 두 다리의 노출된 면에 고도의 흉터가 남은 사람
13급	1. 한 눈의 시력이 0.6 이하로 된 사람 2. 한 눈에 반맹증·시야협착 또는 시야이상이 남은 사람 3. 5개 이상의 치아에 치과 보철을 한 사람 4. 한 귀의 귓바퀴가 중등도로 상실된 사람 또는 두 귀의 귓바퀴가 경도로 상실된 사람 5. 한 손의 새끼손가락을 잃은 사람 6. 한 손의 엄지손가락의 마디뼈의 일부를 잃은 사람 7. 한 손의 둘째 손가락의 마디뼈의 일부를 잃은 사람 8. 한 손의 둘째 손가락의 손가락뼈 사이 관절을 굽히고 펼 수 없게 된 사람 9. 한 다리가 1센티미터 이상 짧아진 사람 10. 한 발의 가운뎃발가락 이하의 한 발가락 또는 두 발가락을 잃은 사람 11. 한 발의 둘째 발가락이 못 쓰게 된 사람, 한 발의 둘째 발가락을 포함하여 두 발가락이 못 쓰게 된 사람 또는 한 발의 가운뎃발가락 이하의 세 발가락이 못 쓰게 된 사람 12. 척주에 경도의 변형장해가 남은 사람 또는 척주의 수상 부위에 기질적 변화가 남은 사람 13. 외모에 경도의 흉터가 남은 사람 14. 두 팔의 노출된 면에 중등도의 흉터가 남은 사람 15. 두 다리의 노출된 면에 중등도의 흉터가 남은 사람
14급	1. 3개 이상의 치아에 치과 보철을 한 사람 2. 한 귀의 귓바퀴가 경도로 상실된 사람 3. 한 귀의 청력이 1미터 이상의 거리에서는 보통의 말소리를 알아듣지 못하는 사람 4. 두 팔의 노출된 면에 경도의 흉터가 남은 사람 5. 두 다리의 노출된 면에 경도의 흉터가 남은 사람 6. 한 손의 새끼손가락이 못 쓰게 된 사람 7. 한 손의 엄지손가락과 둘째 손가락 외의 손가락 중 손가락뼈의 일부를 잃은 사람 8. 한 손의 엄지손가락과 둘째 손가락 외의 손가락 중 손가락뼈 사이 관절을 굽히고 펼 수 없게 된 사람 9. 한 발의 가운뎃발가락 이하의 한 발가락 또는 두 발가락이 못 쓰게 된 사람 10. 신체 일부에 신경증상이 남은 사람 11. 척주에 경미한 변형장해가 남은 사람 또는 척주의 수상 부위에 비기질적 변화가 남은 사람

※ 비고 : 위 표에서의 시력은 교정시력을 기준으로 한다.

〔별표6〕

신체장애등급별 장애보상표(규칙 제146조의6제1항 관련)

(2023.7.31 개정)

장애등급	보상한도	
제1급	「공직선거관리규칙」 제1항제1호 각목에서 정한 금액의 10년분	1000/1000 이내
제2급		927/1000 이내
제3급		854/1000 이내
제4급		781/1000 이내
제5급		708/1000 이내
제6급		635/1000 이내
제7급		561/1000 이내
제8급		488/1000 이내
제9급		415/1000 이내
제10급		342/1000 이내
제11급		269/1000 이내
제12급		196/1000 이내
제13급		123/1000 이내
제14급		50/1000 이내

■ 대한민국국기법 시행령

〔별표1〕

국기의 호수별 표준규격(제7조 관련)

호 수	깃면의 표준규격(길이×너비)	비 고
특호	540㎝이상×360㎝이상	용도별 권장규격 • 건물게양대용 : 특호, 1호부터 7호까지 • 가정용 : 7호 또는 8호 • 차량용 : 9호 또는 10호
1호	450㎝×300㎝	
2호	306㎝×204㎝	
3호	270㎝×180㎝	
4호	225㎝×150㎝	
5호	180㎝×120㎝	
6호	153㎝×102㎝	
7호	135㎝×90㎝	
8호	90㎝×60㎝	
9호	45㎝×30㎝	
10호	27㎝×18㎝	

〔별표2〕

국기의 표준색도(제8조 관련)

색이름 / 색표시방법	빨간색	파란색	검은색	흰색
CIE 색좌표	x = 0.5640 y = 0.3194 Y = 15.3	x = 0.1556 y = 0.1354 Y = 6.5	–	–
Munsell 색표기	6.0R 4.5/14	5.0PB 3.0/12	N 0.5	N 9.5

비고 : 1. 인쇄물 등에 국기의 깃면을 별표2의 색으로 표시할 수 없는 경우에는 깃면 바탕과 태극의 윗 부분은 인쇄물 등의 바탕색으로, 태극의 아랫 부분과 4괘는 검은색으로 표시한다.
2. 외국인의 열람을 위한 인쇄물 등에 국기를 표시하는 때에는 특별한 사유가 없는 한 별표2의 색으로 표시한다.

〔별표3〕 ➡ 「www.hyeonamsa.com」 참조

〔별표4〕

국기의 깃면을 늘여서 게양하는 방법(제14조 관련)

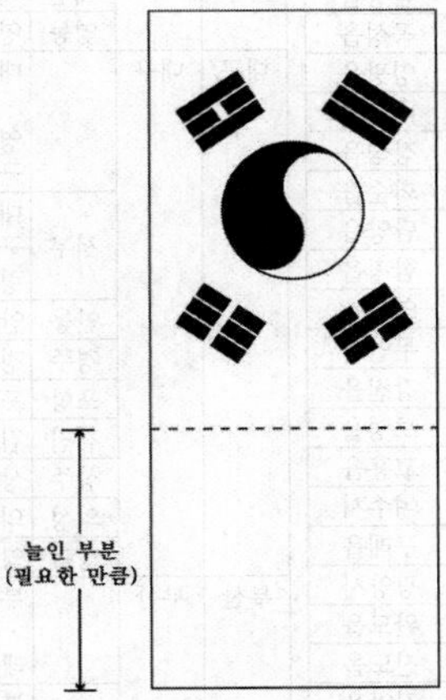

〔별표5〕

국기와 다른 기의 게양 방법(국기게양대를 높게 설치한 때)(15조제1항 본문 관련)

(2008.7.17 신설)

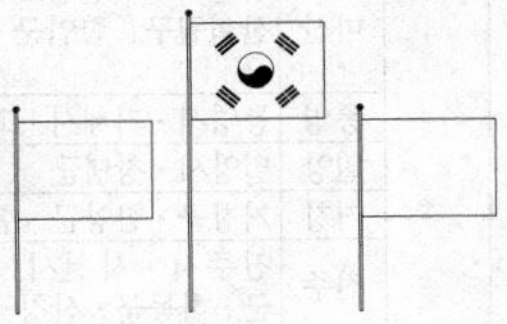
(게양대가 3개인 경우)

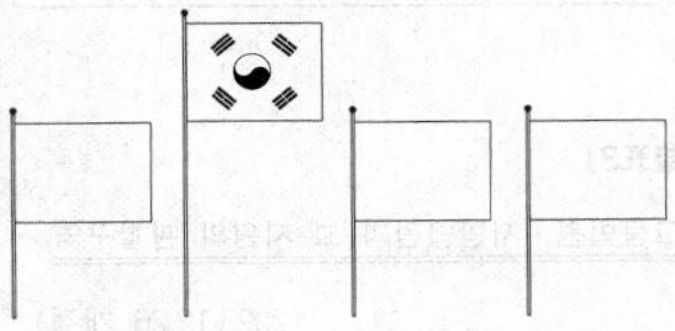
(게양대가 4개인 경우)

〔별표5의2〕

국기와 다른 기의 게양방법(게양대의 높이가 동일한 경우)(제15조제1항 단서 관련)

(2008.7.17 개정)

(홀수인 경우)

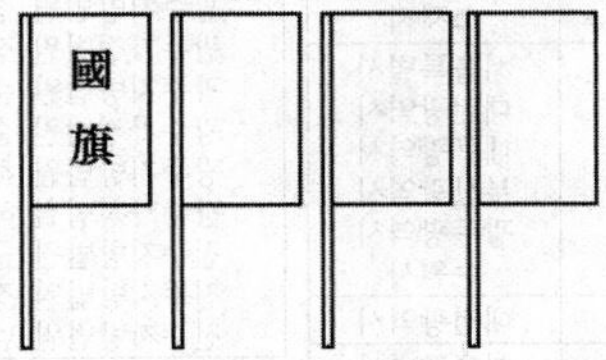

(짝수인 경우)

〔별표6〕

국기와 외국기의 게양방법(제16조제2항 관련)

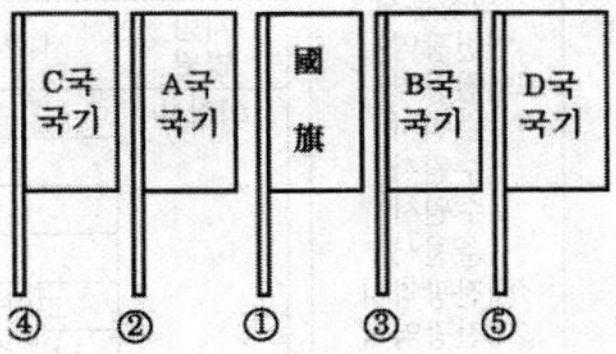

(홀수인 경우)

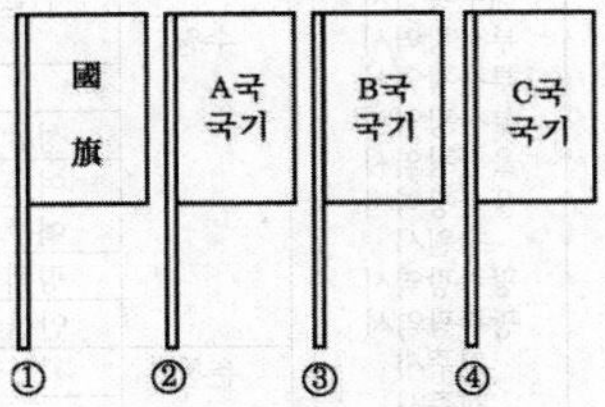

(짝수인 경우)

〔별표7〕

국기와 외국기를 교차시켜 게양하는 방법(제16조제3항 관련)

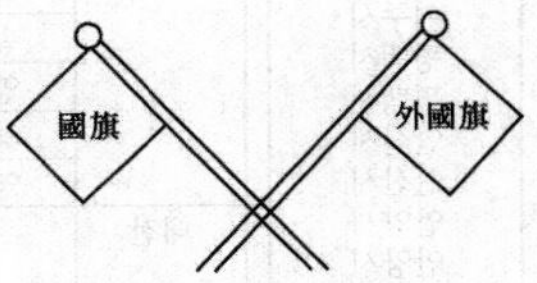

<법원 · 법무편>

■ 각급 법원의 설치와 관할구역에 관한 법률

〔별표1〕

각급 법원의 명칭 및 소재지

(2022.12.27 개정)

명 칭	소재지
서울고등법원	서울특별시
대전고등법원	대전광역시
대구고등법원	대구광역시
부산고등법원	부산광역시
광주고등법원	광주광역시
수원고등법원	수원시
특허법원	대전광역시
서울중앙지방법원	서울특별시
서울가정법원	서울특별시
서울행정법원	서울특별시
서울회생법원	서울특별시
서울동부지방법원	서울특별시
서울남부지방법원	서울특별시
서울북부지방법원	서울특별시
서울서부지방법원	서울특별시
의정부지방법원	의정부시
인천지방법원	인천광역시
인천가정법원	인천광역시
수원지방법원	수원시
수원가정법원	수원시
수원회생법원	수원시
춘천지방법원	춘천시
대전지방법원	대전광역시
대전가정법원	대전광역시
청주지방법원	청주시
대구지방법원	대구광역시
대구가정법원	대구광역시
부산지방법원	부산광역시
부산가정법원	부산광역시
부산회생법원	부산광역시
울산지방법원	울산광역시
울산가정법원	울산광역시
창원지방법원	창원시
광주지방법원	광주광역시
광주가정법원	광주광역시
전주지방법원	전주시
제주지방법원	제주시
의정부지방법원 고양지원	고양시
의정부지방법원 남양주지원	남양주시
인천지방법원 부천지원	부천시
인천가정법원 부천지원	부천시
수원지방법원 성남지원	성남시
수원가정법원 성남지원	성남시
수원지방법원 여주지원	여주시
수원가정법원 여주지원	여주시
수원지방법원 평택지원	평택시
수원가정법원 평택지원	평택시
수원지방법원 안산지원	안산시
수원가정법원 안산지원	안산시
수원지방법원 안양지원	안양시
수원가정법원 안양지원	안양시
춘천지방법원 강릉지원	강릉시
춘천지방법원 원주지원	원주시
춘천지방법원 속초지원	속초시
춘천지방법원 영월지원	영월읍
대전지방법원 홍성지원	홍성읍
대전가정법원 홍성지원	홍성읍
대전지방법원 공주지원	공주시
대전가정법원 공주지원	공주시
대전지방법원 논산지원	논산시
대전가정법원 논산지원	논산시
대전지방법원 서산지원	서산시
대전가정법원 서산지원	서산시
대전지방법원 천안지원	천안시
대전가정법원 천안지원	천안시
청주지방법원 충주지원	충주시
청주지방법원 제천지원	제천시
청주지방법원 영동지원	영동읍
대구지방법원 서부지원	대구광역시
대구지방법원 안동지원	안동시
대구가정법원 안동지원	안동시
대구지방법원 경주지원	경주시
대구가정법원 경주지원	경주시
대구지방법원 포항지원	포항시
대구가정법원 포항지원	포항시
대구지방법원 김천지원	김천시
대구가정법원 김천지원	김천시
대구지방법원 상주지원	상주시
대구가정법원 상주지원	상주시
대구지방법원 의성지원	의성읍
대구가정법원 의성지원	의성읍
대구지방법원 영덕지원	영덕읍
대구가정법원 영덕지원	영덕읍
부산지방법원 동부지원	부산광역시
부산지방법원 서부지원	부산광역시
창원지방법원 마산지원	창원시
창원지방법원 진주지원	진주시
창원지방법원 통영지원	통영시
창원지방법원 밀양지원	밀양시
창원지방법원 거창지원	거창읍
광주지방법원 목포지원	목포시
광주가정법원 목포지원	목포시
광주지방법원 장흥지원	장흥읍
광주가정법원 장흥지원	장흥읍
광주지방법원 순천지원	순천시
광주가정법원 순천지원	순천시
광주지방법원 해남지원	해남읍
광주가정법원 해남지원	해남읍
전주지방법원 군산지원	군산시
전주지방법원 정읍지원	정읍시
전주지방법원 남원지원	남원시

〔별표2〕

시 · 군법원의 명칭 및 소재지

(2013.7.30 개정)

명 칭			소재지
지방법원	지 원	시 · 군법원	
의정부		포천	포천시
		연천	연천읍
		철원	갈말읍
		동두천	동두천시
	고양	파주	파주시
	남양주	가평	가평읍
인천		강화	강화읍
	부천	김포	김포시
수원		용인	용인시
		오산	오산시
	성남	광주	광주시
	여주	양평	양평읍
	여주	이천	이천시
	평택	안성	안성시
	안산	광명	광명시
춘천		인제	인제읍
		홍천	홍천읍
		양구	양구읍
		화천	화천읍
	강릉	삼척	삼척시
	강릉	동해	동해시
	원주	횡성	횡성읍
	속초	고성	간성읍
	속초	양양	양양읍
	영월	정선	정선읍
	영월	태백	태백시
	영월	평창	평창읍
대전		세종특별자치	세종특별자치시
		금산	금산읍
	홍성	서천	장항읍
	홍성	보령	보령시
	홍성	예산	예산읍
	공주	청양	청양읍
	논산	부여	부여읍
	서산	태안	태안읍
	서산	당진	당진시
	천안	아산	아산시
청주		보은	보은읍
		괴산	괴산읍
		진천	진천읍
	충주	음성	음성읍
	제천	단양	단양읍
	영동	옥천	옥천읍
대구		청도	청도읍
		영천	영천시
		칠곡	왜관읍
		경산	경산시
	서부	성주	성주읍
	서부	고령	고령읍
	안동	영주	영주시
	안동	봉화	봉화읍
	김천	구미	구미시
	상주	예천	예천읍
	상주	문경	문경시
	의성	청송	청송읍
	의성	군위	군위읍
	영덕	울진	울진읍
	영덕	영양	영양읍
울산		양산	양산시
창원		창원남부	창원시 진해구
		김해	김해시
	마산	함안	가야읍
	마산	의령	의령읍
	진주	하동	하동읍
	진주	사천	사천시
	진주	남해	남해읍
	진주	산청	산청읍
	통영	거제	신현읍
	통영	고성	고성읍
	밀양	창녕	창녕읍
	거창	합천	합천읍
	거창	함양	함양읍
광주		곡성	곡성읍
		영광	영광읍
		나주	나주시
		장성	장성읍
		화순	화순읍
		담양	담양읍
	목포	함평	함평읍
	목포	영암	영암읍
	목포	무안	무안읍
	장흥	강진	강진읍
	순천	보성	보성읍
	순천	고흥	고흥읍
	순천	여수	여수시
	순천	구례	구례읍
	순천	광양	광양시
	해남	완도	완도읍
	해남	진도	진도읍
전주		진안	진안읍
		김제	김제시
		무주	무주읍
		임실	임실읍
	군산	익산	익산시
	정읍	부안	부안읍
	정읍	고창	고창읍
	남원	장수	장수읍
	남원	순창	순창읍
제주		서귀포	서귀포시

〔별표3〕

고등법원 · 지방법원과 그 지원의 관할구역

(2023.12.26 개정)

고등법원	지방법원	지 원	관 할 구 역
서울	서울중앙		서울특별시 종로구 · 중구 · 강남구 · 서초구 · 관악구 · 동작구
	서울동부		서울특별시 성동구 · 광진구 · 강동구 · 송파구
	서울남부		서울특별시 영등포구 · 강서구 · 양천구 · 구로구 · 금천구
	서울북부		서울특별시 동대문구 · 중랑구 · 성북구 · 도봉구 · 강북구 · 노원구
	서울서부		서울특별시 서대문구 · 마포구 · 은평구 · 용산구
	의정부		의정부시 · 동두천시 · 양주시 · 연천군 · 포천시, 강원도 철원군. 다만, 소년보호사건은 앞의 시 · 군 외에 고양시 · 파주시 · 남양주시 · 구리시 · 가평군
		고양	고양시 · 파주시
		남양주	남양주시 · 구리시 · 가평군
	인천		인천광역시
		부천	부천시 · 김포시
	춘천		춘천시 · 화천군 · 양구군 · 인제군 · 홍천군. 다만, 소년보호사건은 철원군을 제외한 강원도
		강릉	강릉시 · 동해시 · 삼척시
		원주	원주시 · 횡성군
		속초	속초시 · 양양군 · 고성군
		영월	태백시 · 영월군 · 정선군 · 평창군
대전	대전		대전광역시 · 세종특별자치시 · 금산군
		홍성	보령시 · 홍성군 · 예산군 · 서천군
		공주	공주시 · 청양군
		논산	논산시 · 계룡시 · 부여군
		서산	서산시 · 당진시 · 태안군
		천안	천안시 · 아산시
	청주		청주시 · 진천군 · 보은군 · 괴산군 · 증평군. 다만, 소년보호사건은 충청북도
		충주	충주시 · 음성군
		제천	제천시 · 단양군
		영동	영동군 · 옥천군
대구	대구		대구광역시 중구 · 동구 · 남구 · 북구 · 수성구 · 영천시 · 경산시 · 칠곡군 · 청도군
		서부	대구광역시 서구 · 달서구 · 달성군, 성주군 · 고령군
		안동	안동시 · 영주시 · 봉화군
		경주	경주시
		포항	포항시 · 울릉군
		김천	김천시 · 구미시
		상주	상주시 · 문경시 · 예천군
		의성	의성군 · 군위군 · 청송군
		영덕	영덕군 · 영양군 · 울진군
부산	부산		부산광역시 중구 · 동구 · 영도구 · 부산진구 · 동래구 · 연제구 · 금정구
		동부	부산광역시 해운대구 · 남구 · 수영구 · 기장군
		서부	부산광역시 서구 · 북구 · 사상구 · 사하구 · 강서구
	울산		울산광역시 · 양산시
	창원		창원시 의창구 · 성산구 · 진해구, 김해시. 다만, 소년보호사건은 양산시를 제외한 경상남도
		마산	창원시 마산합포구 · 마산회원구, 함안군 · 의령군
		통영	통영시 · 거제시 · 고성군
		밀양	밀양시 · 창녕군
		거창	거창군 · 함양군 · 합천군
		진주	진주시 · 사천시 · 남해군 · 하동군 · 산청군
광주	광주		광주광역시 · 나주시 · 화순군 · 장성군 · 담양군 · 곡성군 · 영광군
		목포	목포시 · 무안군 · 신안군 · 함평군 · 영암군
		장흥	장흥군 · 강진군
		순천	순천시 · 여수시 · 광양시 · 구례군 · 고흥군 · 보성군
		해남	해남군 · 완도군 · 진도군
	전주		전주시 · 김제시 · 완주군 · 임실군 · 진안군 · 무주군. 다만, 소년보호사건은 전북특별자치도
		군산	군산시 · 익산시
		정읍	정읍시 · 부안군 · 고창군
		남원	남원시 · 장수군 · 순창군
	제주		제주시 · 서귀포시
수원	수원		수원시 · 오산시 · 용인시 · 화성시. 다만, 소년보호사건은 앞의 시 외에 성남시 · 하남시 · 평택시 · 이천시 · 안산시 · 광명시 · 시흥시 · 안성시 · 광주시 · 안양시 · 과천시 · 의왕시 · 군포시 · 여주시 · 양평군

	성남	성남시·하남시·광주시
	여주	이천시·여주시·양평군
	평택	평택시·안성시
	안산	안산시·광명시·시흥시
	안양	안양시·과천시·의왕시·군포시

〔별표4〕

특허법원의 관할구역

(2011.4.5 개정)

명 칭	관할구역
특허법원	전 국

〔별표5〕

가정법원과 그 지원의 관할구역

(2014.3.18 개정)

고등법원	가정법원	지원	관 할 구 역	
서울	서울		가사·소년보호·가정보호	가족관계등록
			서울특별시	서울특별시 종로구·중구·강남구·서초구·관악구·동작구
	인천		인천광역시. 다만, 소년보호사건은 앞의 광역시 외에 부천시·김포시	
		부천	부천시·김포시	
대전	대전		대전광역시·세종특별자치시·금산군. 다만, 소년보호사건은 대전광역시·세종특별자치시·충청남도	
		홍성	보령시·홍성군·예산군·서천군	
		공주	공주시·청양군	
		논산	논산시·계룡시·부여군	
		서산	서산시·당진시·태안군	
		천안	천안시·아산시	
대구	대구		대구광역시, 영천시·경산시·칠곡군·성주군·고령군·청도군. 다만, 소년보호사건은 대구광역시·경상북도	
		안동	안동시·영주시·봉화군	
		경주	경주시	
		포항	포항시·울릉군	
		김천	김천시·구미시	
		상주	상주시·문경시·예천군	
		의성	의성군·군위군·청송군	
		영덕	영덕군·영양군·울진군	
부산	부산		부산광역시	
	울산		울산광역시·양산시	
광주	광주		광주광역시, 나주시·화순군·장성군·담양군·곡성군·영광군. 다만, 소년보호사건은 광주광역시·전라남도	
		목포	목포시·무안군·신안군·함평군·영암군	
		장흥	장흥군·강진군	
		순천	순천시·여수시·광양시·구례군·고흥군·보성군	
		해남	해남군·완도군·진도군	
수원	수원		수원시·오산시·용인시·화성시. 다만, 소년보호사건은 앞의 시 외에 성남시·하남시·평택시·이천시·안산시·광명시·시흥시·안성시·광주시·안양시·과천시·의왕시·군포시·여주시·양평군	
		성남	성남시·하남시·광주시	
		여주	이천시·여주시·양평군	
		평택	평택시·안성시	
		안산	안산시·광명시·시흥시	
		안양	안양시·과천시·의왕시·군포시	

〔별표6〕

행정법원의 관할구역

(2004.1.20 개정)

고등법원	행정법원	관할구역
서울	서울	서울특별시

〔별표7〕

시·군법원의 관할구역

(2023.12.26 개정)

명 칭			관 할 구 역	
지방법원	지원	시·군법원	시·도명	시·구·군명
의정부		포천	경기도	포천시
		연천	경기도	연천군
		철원	강원도	철원군
		동두천	경기도	동두천시
	고양	파주	경기도	파주시
	남양주	가평	경기도	가평군
인천		강화	인천광역시	강화군
	부천	김포	경기도	김포시
수원		용인	경기도	용인시
		오산	경기도	오산시·화성시
	성남	광주	경기도	하남시·광주시
	여주	양평	경기도	양평군
	여주	이천	경기도	이천시
	평택	안성	경기도	안성시
	안산	광명	경기도	광명시
춘천		인제	강원도	인제군
		홍천	강원도	홍천군
		양구	강원도	양구군
		화천	강원도	화천군
	강릉	삼척	강원도	삼척시
	강릉	동해	강원도	동해시
	원주	횡성	강원도	횡성군
	속초	고성	강원도	고성군
	속초	양양	강원도	양양군
	영월	정선	강원도	정선군
	영월	태백	강원도	태백시
	영월	평창	강원도	평창군
대전		세종특별자치	세종특별자치시	세종특별자치시
		금산	충청남도	금산군
	홍성	서천	충청남도	서천군
	홍성	보령	충청남도	보령시
	홍성	예산	충청남도	예산군
	공주	청양	충청남도	청양군
	논산	부여	충청남도	부여군
	서산	태안	충청남도	태안군
	서산	당진	충청남도	당진시
	천안	아산	충청남도	아산시
청주		보은	충청북도	보은군
		괴산	충청북도	괴산군·증평군
		진천	충청북도	진천군
	충주	음성	충청북도	음성군
	제천	단양	충청북도	단양군
	영동	옥천	충청북도	옥천군
대구		청도	경상북도	청도군
		영천	경상북도	영천시
		칠곡	경상북도	칠곡군
		경산	경상북도	경산시
	서부	성주	경상북도	성주군
	서부	고령	경상북도	고령군
	안동	영주	경상북도	영주시
	안동	봉화	경상북도	봉화군
	김천	구미	경상북도	구미시
	상주	예천	경상북도	예천군
	상주	문경	경상북도	문경시
	의성	청송	경상북도	청송군
	의성	군위	경상북도	군위군
	영덕	울진	경상북도	울진군
	영덕	영양	경상북도	영양군
울산		양산	경상남도	양산시
창원		창원남부	경상남도	창원시 진해구
		김해	경상남도	김해시
	마산	함안	경상남도	함안군
	마산	의령	경상남도	의령군
	진주	하동	경상남도	하동군
	진주	사천	경상남도	사천시
	진주	남해	경상남도	남해군
	진주	산청	경상남도	산청군
	통영	거제	경상남도	거제시
	통영	고성	경상남도	고성군
	밀양	창녕	경상남도	창녕군
	거창	합천	경상남도	합천군
	거창	함양	경상남도	함양군
광주		곡성	전라남도	곡성군
		영광	전라남도	영광군
		나주	전라남도	나주시
		장성	전라남도	장성군
		화순	전라남도	화순군
		담양	전라남도	담양군
	목포	함평	전라남도	함평군
	목포	영암	전라남도	영암군
	목포	무안	전라남도	무안군
	장흥	강진	전라남도	강진군
	순천	보성	전라남도	보성군
	순천	고흥	전라남도	고흥군
	순천	여수	전라남도	여수시
	순천	구례	전라남도	구례군
	순천	광양	전라남도	광양시
	해남	완도	전라남도	완도군
	해남	진도	전라남도	진도군
전주		진안	전북특별자치도	진안군
		김제	전북특별자치도	김제시
		무주	전북특별자치도	무주군
		임실	전북특별자치도	임실군
	군산	익산	전북특별자치도	익산시
	정읍	부안	전북특별자치도	부안군
	정읍	고창	전북특별자치도	고창군
	남원	장수	전북특별자치도	장수군
	남원	순창	전북특별자치도	순창군
제주		서귀포	제주도	서귀포시

〔별표8〕

항소사건 또는 항고사건을 심판하는 지방법원 본원 합의부 및 지방법원 지원 합의부의 관할구역

(2011.4.5 개정)

합의부명	관 할 구 역
춘천지방법원 본원 합의부	춘천지방법원의 관할구역 중 강릉시·동해시·삼척시·속초시·양양군·고성군을 제외한 지역
그 밖의 지방법원 본원 합의부	해당 지방법원의 관할구역
춘천지방법원 강릉지원 합의부	강릉시·동해시·삼척시·속초시·양양군·고성군

〔별표9〕

행정사건을 심판하는 춘천지방법원 및 춘천지방법원 강릉지원의 관할구역

(2005.3.24 신설)

명 칭	관 할 구 역
춘천지방법원	춘천지방법원의 관할구역 중 강릉시·동해시·삼척시·속초시·양양군·고성군을 제외한 지역
춘천지방법원 강릉지원	강릉시·동해시·삼척시·속초시·양양군·고성군

〔별표10〕

회생법원의 관할구역

(2022.12.27 개정)

고등법원	회생법원	관 할 구 역
서울	서울	서울특별시
수원	수원	수원시·오산시·용인시·화성시·성남시·하남시·평택시·이천시·안산시·광명시·시흥시·안성시·광주시·안양시·과천시·의왕시·군포시·여주시·양평군
부산	부산	부산광역시

■ 등기소의 설치와 관할구역에 관한 규칙

〔별표〕

등기소의 명칭 및 관할구역표

(2023.11.29 개정)

명칭			관할구역	
지방법원	지원	등기소	시·도명	시·구·군명
서울중앙		등기국	서울특별시	서초구, 관악구, 강남구, 동작구(단, 상업등기, 선박등기 및 동산·채권담보등기는 서울특별시 전지역)
		중부	〃	종로구, 중구
서울동부		등기국	서울특별시	성동구, 광진구, 강동구, 송파구
서울남부		등기국	서울특별시	양천구, 영등포구, 강서구, 구로구, 금천구
서울북부		등기국	서울특별시	동대문구, 중랑구, 성북구, 도봉구, 강북구, 노원구
서울서부		등기국	서울특별시	서대문구, 마포구, 은평구, 용산구
의정부		의정부	경기도	의정부시, 양주시
		연천	〃	연천군
		포천	〃	포천시
		동두천	〃	동두천시
		철원	강원특별자치도	철원군
	고양	고양	경기도	고양시
		파주	〃	파주시
	남양주	등기과	〃	남양주시, 구리시
		가평	〃	가평군
인천		등기국	인천광역시	미추홀구, 연수구, 중구, 동구, 옹진군, 부평구, 계양구, 남동구, 서구(단,상업등기 및 동산·채권담보등기는 인천광역시 전지역)
		강화	〃	강화군
	부천	등기과	경기도	부천시
		김포	〃	김포시
수원		동수원	〃	수원시 팔달구, 권선구, 영통구(단, 상업등기, 선박등기 및 동산·채권담보등기는 수원시 전지역)

		장안	〃	수원시 장안구
		양평	〃	양평군
		이천	〃	이천시
		용인	〃	용인시
		안성	〃	안성시
		화성	〃	오산시, 화성시
		송탄	〃	평택시 중 가재동, 도일동, 독곡동, 모곡동, 서정동, 신장동, 이충동, 장당동, 장안동, 지산동, 칠괴동, 칠원동, 고덕면, 서탄면, 진위면
	성남	등기과	〃	성남시 수정구, 중원구(단, 상업등기, 선박등기 및 동산·채권담보등기는 성남시 전지역)
		분당	〃	성남시 분당구
		광주	〃	광주시
		하남	〃	하남시
	안산	등기과	〃	안산시
		광명	〃	광명시
		시흥	〃	시흥시
	안양	안양	〃	안양시, 군포시, 의왕시, 과천시
	평택	등기과	〃	평택시 중 군문동, 동삭동, 비전동, 세교동, 소사동, 신대동, 용이동, 월곡동, 유천동, 죽백동, 지제동, 청룡동, 통복동, 평택동, 합정동, 팽성읍, 안중면, 오성면, 청북읍, 포승면, 현덕면(단, 상업등기, 선박등기 및 동산·채권담보등기는 평택시 전지역)
	여주	등기계	〃	여주시
춘천		등기과	강원특별자치도	춘천시
		화천	〃	화천군
		양구	〃	양구군
		인제	〃	인제군
		고성	〃	고성군
		양양	〃	양양군
		삼척	〃	삼척시
		동해	〃	동해시
		태백	〃	태백시
		정선	〃	정선군
		평창	〃	평창군
		횡성	〃	횡성군
		홍천	〃	홍천군
	강릉	등기과	〃	강릉시
	원주	등기과	〃	원주시
	속초	등기계	〃	속초시
	영월	등기계	〃	영월군
대전		등기국	대전광역시	전 지역
		금산	충청남도	금산군
		부여	〃	부여군
		장항	〃	서천군
		보령	〃	보령시
		청양	〃	청양군
		세종	세종특별자치시	세종특별자치시
		예산	충청남도	예산군
		당진	〃	당진시
		태안	〃	태안군
	천안	등기과	〃	천안시
		아산	〃	아산시
	홍성	등기계	〃	홍성군
	공주	〃	〃	공주시
	논산	〃	〃	논산시, 계룡시
	서산	등기과	〃	서산시
청주		등기과	충청북도	청주시
		보은	〃	보은군
		옥천	〃	옥천군
		진천	〃	진천군
		괴산	〃	괴산군, 증평군
		단양	〃	단양군
		음성	〃	음성군
	충주	등기계	〃	충주시
	제천	〃	〃	제천시
	영동	〃	〃	영동군
대구		등기국	대구광역시	수성구, 남구, 중구, 북구, 동구(단, 상업등기, 선박등기 및 동산·채권담보등기는 대구광역시 전지역)
		군위	〃	군위군
		청송	경상북도	청송군
		영양	〃	영양군
		영천	〃	영천시
		경산	〃	경산시
		청도	〃	청도군
		칠곡	〃	칠곡군
		구미	〃	구미시
		문경	〃	문경시
		예천	〃	예천군
		영주	〃	영주시
		봉화	〃	봉화군
		울진	〃	울진군
		울릉	〃	울릉군
	서부	등기과	대구광역시	달서구, 서구, 달성군
		고령	경상북도	고령군
		성주	〃	성주군
	포항	등기과	〃	포항시(남구, 북구)
	경주	등기계	〃	경주시
	안동	〃	〃	안동시
	김천	〃	〃	김천시
	상주	〃	〃	상주시
	의성	〃	〃	의성군
	영덕	〃	〃	영덕군
부산		등기국	부산광역시	중구, 동구, 영도구, 부산진구, 동래구, 연제구, 금정구, 서구(단, 상업등기, 선박등기 및 동산·채권담보등기는 부산광역시 전 지역)
	동부	등기과	〃	해운대구, 기장군
		남부산	〃	남구, 수영구
	서부	등기과	〃	사하구, 강서구
		북부산	〃	북구, 사상구
울산		등기과	울산광역시	전지역
		양산	경상남도	양산시
창원		등기과	〃	창원시 의창구, 성산구(단, 상업등기, 선박등기 및 동산·채권담보등기는 창원시 전지역)
		진해	〃	창원시 진해구
		함안	〃	함안군
		의령	〃	의령군
		남해	〃	남해군
		하동	〃	하동군
		산청	〃	산청군
		거제	〃	거제시
		고성	〃	고성군
		창녕	〃	창녕군
		함양	〃	함양군
		합천	〃	합천군
		사천	〃	사천시
		김해	〃	김해시
	마산	등기계	〃	창원시 마산합포구, 마산회원구
	진주	등기과	〃	진주시
	통영	등기계	〃	통영시
	밀양	〃	〃	밀양시
	거창	〃	〃	거창군
광주		등기국	광주광역시	전지역
		담양	전라남도	담양군
		곡성	〃	곡성군
		화순	〃	화순군
		강진	〃	강진군
		영암	〃	영암군
		나주	〃	나주시
		함평	〃	함평군
		무안	〃	무안군
		영광	〃	영광군
		장성	〃	장성군
		완도	〃	완도군
		진도	〃	진도군
	순천	등기과	〃	순천시
		구례	〃	구례군
		광양	〃	광양시
		여수	〃	여수시 중 종화동, 수정동, 공화동, 관문동, 고소동, 동산동, 중앙동, 교동, 군자동, 충무동, 연등동, 광무동, 서교동, 봉강동, 봉산동, 남산동, 국동, 신월동, 경호동, 여서동, 문수동, 오림동, 미평동, 둔덕동, 오천동, 만흥동, 덕충동, 돌산읍, 남면, 화정면, 삼산면(단, 선박등기는 여수시 전지역)
		여천	〃	여수시 중 쌍봉동, 시전동, 여천동, 주삼동, 삼일동, 묘도동, 상암동, 소라면, 화양면, 율촌면(단, 상업등기와 동산·채권담보등기는 여수시 전지역)
		고흥	〃	고흥군
		보성	〃	보성군
	목포	등기과	〃	목포시, 신안군
	장흥	등기계	〃	장흥군
	해남	〃	〃	해남군
전주		등기과	전북특별자치도	전주시, 완주군
		진안	〃	진안군
		무주	〃	무주군
		장수	〃	장수군
		임실	〃	임실군
		순창	〃	순창군
		고창	〃	고창군
		부안	〃	부안군
		김제	〃	김제시
		익산	〃	익산시
	군산	등기과	〃	군산시
	정읍	등기계	〃	정읍시
	남원	〃	〃	남원시
제주		등기과	제주특별자치도	제주시
		서귀포	〃	서귀포시

■ 법원재판사무 처리규칙

〔별표1〕 (2003.6.9 삭제)

〔별표2〕

재판서 기타 이에 준하는 문서의 보존기간

(2014.9.1 개정)

[영 구]
1. 민사·가사·행정·선거·특별·특허·비송사건에 관한 다음의 재판원본
   가. 판결(다만, 가압류·가처분에 대한 이의·취소신청사건에 대한 판결은 제외한다.)
   나. 확정된 지급명령, 이행권고결정, 화해권고결정, 조정에 갈음하는 결정
   다. 파산·개인회생사건의 면책결정
   라. 「채무자 회생 및 파산에 관한 법률」 제115조제1항, 제352조제1항에 따른 조사확정재판, 제170조, 제462조에 따른 채권조사확정재판, 제604조에 따른 개인회생채권조사확정재판, 제106조제2항, 제396조제4항, 제584조제1항에 따른 부인의 청구를 인용하는 결정
   마. 가사비송사건에 관한 재판
2. 형사 및 감호사건에 관한 다음의 재판등본
   가. 판결
   나. 「형법」 제36조 또는 제39조제3항에 따라 다시 형을 정하는 결정, 형의 집행유예 취소의 결정과 공소기각결정
3. 화해조서, 청구의 인낙·포기조서, 조정조서, 확정된 화해권고결정조서, 조정에 갈음하는 결정조서 및 양육비부담조서
4. 배당표, 공탁서원본, 회생사건의 회생채권자표·회생담보권자표, 파산사건의 파산채권자표·배당표, 개인회생사건의 개인회생채권자표
5. 인가결정이 있는 주주표

[준영구]
1. (2006.03.23 삭제)
2. 「채무자 회생 및 파산에 관한 법률」 제243조제1항에 따른 회생계획인가의 결정원본, 제614조제1항에 따른 변제계획인가의 결정원본

[10년]
1. 민사·가사·행정·선거·특별·특허·비송사건에 관하여 각 심급에서 사건을 종국하는 다음의 재판원본
   가. 가압류·가처분, 그 밖의 신청사건에 대한 결정
   나. 가압류·가처분에 대한 이의·취소신청사건에 대한 판결
   다. 압류명령·추심명령·전부명령, 그 밖의 집행사건에 대한 결정
   라. 그 밖에 이에 준하는 재판의 원본(다만, 이 별표에서 특별한 규정을 한 것은 제외)
2. 소년보호사건의 결정원본
3. 가정보호사건·성매매관련보호사건·아동보호사건(항고·재항고·신청사건 포함)의 결정등본
4. 피해자보호명령사건·피해아동보호명령사건(항고·재항고사건 포함)의 결정원본

[5년]
1. 「민사소송법」·「민사집행법」·「가사소송법」 및 「비송사건절차법」에 의한 감치·과태료사건의 재판원본
2. 「법정등의 질서유지를 위한 재판에 관한 규칙」에 의한 감치·과태료사건의 재판원본

■ 법원사무관리규칙

〔별표1〕

관인의 규격(제37조 관련)

(2017.2.2 개정)

구 분		한 변의 길이(㎜)
청인	대법원	60
	법원행정처, 사법연수원, 고등법원, 특허법원, 사법정책연구원, 법원공무원교육원, 법원도서관, 지방법원, 가정법원, 행정법원, 회생법원	54
	지원	45
	시·군 법원	40
	등기소	36
직인	대법원장	45
	법원행정처장, 사법연수원장, 고등법원장, 특허법원장	30
	사법정책연구원장, 법원공무원교육원장, 법원도서관장, 지방법원장, 가정법원장, 행정법원장, 회생법원장	27
	지원장	24

	시·군법원판사	21
	등기소장, 법원서기관, 법원사무관, 조사관, 법원주사, 법원주사보, 등기관, 후견등기관, 공탁관, 법원행정처 등기정보중앙관리소 전산운영책임관, 법원행정처 전산정보중앙관리소 전산운영책임관, 재외국민 가족관계등록사무소 가족관계등록관	18

〔별표2〕

보고기일표(제49조관련)

구분 / 보고주기	기산시점	제출기일 최초작성기관 → 1차경유기관	제출기일 1차경유기관 → 2차경유기관	제출기일 2차경유기관 → 최종수보기관
즉 보	발생시점부터	즉시	즉시	2일 이내
일 보	발생일부터	1일 이내	2일 이내	3일 이내
주 보	주말부터	1일 이내	2일 이내	3일 이내
순 보	순기말부터	1일 이내	2일 이내	4일 이내
반월보	반월기말부터	2일 이내	3일 이내	5일 이내
월 보	월말부터	4일 이내	6일 이내	10일 이내
기 보	분기말부터	5일 이내	10일 이내	15일 이내
반년보	반년기말부터	10일 이내	15일 이내	20일 이내
연 보	연말부터	15일 이내	20일 이내	30일 이내

〔별표3〕 ➡ 「www.hyeonamsa.com」 참조

■ 집행관규칙

〔별표〕

집행관인원표

(2021.12.31 개정)

법 원	인 원
서울중앙지방법원	16
서울동부지방법원	10
서울남부지방법원	11
서울북부지방법원	11
서울서부지방법원	9
의정부지방법원	16
고양지원	18
남양주지원	10
인천지방법원	33
부천지원	13
수원지방법원	25
성남지원	12
여주지원	8
평택지원	7
안산지원	14
안양지원	8
춘천지방법원	4
강릉지원	4
원주지원	4
속초지원	2
영월지원	3
대전지방법원	11
홍성지원	5
공주지원	2
논산지원	3
서산지원	8
천안지원	11
청주지방법원	9
충주지원	5
제천지원	2
영동지원	1
대구지방법원	13
서부지원	6
안동지원	2
경주지원	3
포항지원	4
김천지원	4
상주지원	2
의성지원	1
영덕지원	1
부산지방법원	9
동부지원	7
서부지원	7
울산지방법원	11
창원지방법원	11
마산지원	4
진주지원	5
통영지원	6
밀양지원	2
거창지원	2
광주지방법원	14
목포지원	6
장흥지원	1
순천지원	9
해남지원	2
전주지방법원	8
군산지원	7
정읍지원	2
남원지원	1
제주지방법원	5
계	450

■ 집행관수수료규칙

〔별표1〕

압류·가압류수수료표

(1990.8.21 개정)

집행할 채권액	수수료
50,000원까지	2,000원
100,000원까지	2,500원
250,000원까지	4,000원
500,000원까지	6,000원
750,000원까지	8,000원
1,000,000원까지	10,000원
3,000,000원까지	20,000원
5,000,000원까지	30,000원
5,000,000원 초과	40,000원

〔별표2〕

임의변제금의 수취·교부수수료표

(1990.8.21 개정)

변 제 금 액	수수료
100,000원까지	700원
1,000,000원까지	1,000원
5,000,000원까지	1,500원
5,000,000원 초과	2,000원

〔별표3〕 (1995.12.26 삭제)

■ 법무사규칙

〔별표1〕

제1차시험과목(제4조제2항관련)

(2007.11.28 개정)

제1과목	헌법(40), 상법(60)
제2과목	민법(80), 가족관계의 등록 등에 관한 법률(20)
제3과목	민사집행법(70), 상업등기법 및 비송사건절차법(30)
제4과목	부동산등기법(60), 공탁법(40)
(비고) 괄호 안의 숫자는 각 과목별 배점비율임	

〔별표2〕

제2차시험과목(제4조제2항관련)

(1997.8.4 신설)

제1과목	민법
제2과목	형법(50)·형사소송법(50)
제3과목	민사소송법(70)·민사사건관련서류의 작성(30)
제4과목	부동산등기법(70)·등기신청서류의 작성(30)
(비고) 괄호안의 숫자는 각 과목별 배점비율임	

〔별표3〕

법 제5조의2제2항의 규정에 의한 제2차시험의 일부면제자의 합격점수(제13조제3항관련)

(2004.1.24 신설)

$$= \text{전과목 응시자 중 최종 순위 합격자의 전과목 평균 점수} \times 2 \times \frac{\text{전과목 응시자의 3·4과목 평균 점수}}{\text{전과목 응시자의 1·2과목 평균 점수} + \text{전과목 응시자의 3·4과목 평균 점수}}$$

(합격점수 및 위 각 평균점수는 소수점 이하 둘째자리까지 계산한다)

■ 검사의 수사개시 범죄 범위에 관한 규정

〔별표1〕

부패범죄(제2조제1호 관련)

(2022.9.8 신설)

1. 「부패재산의 몰수 및 회복에 관한 특례법」 제2조제1호의 부패범죄에 해당하는 죄
2. 「부패방지 및 국민권익위원회의 설치와 운영에 관한 법률」 제2조제4호의 부패행위 관련 부패범죄 : 다음 각 목의 죄
   가. 「형법」 제122조, 제123조, 제127조, 제141조, 제227조 및 제229조(제227조의 죄에 의하여 만들어진 문서 또는 도화를 행사한 경우로 한정한다)에 해당하는 죄
   나. 「국가정보원법」 제22조에 해당하는 죄
   다. 「대통령기록물 관리에 관한 법률」 제30조에 해당하는 죄
   라. 「전자장치 부착 등에 관한 법률」 제36조제1항에 해당하는 죄
   마. 「형의 실효 등에 관한 법률」 제9조제2항 및 제10조제1항에 해당하는 죄
3. 부패방지 및 공직윤리 관련 부패범죄 : 다음 각 목의 죄
   가. 「공익신고자 보호법」 제30조에 해당하는 죄
   나. 「공직자윤리법」 제24조, 제24조의2, 제25조부터 제28조까지, 제28조의2 및 제29조에 해당하는 죄
   다. 「공직자의 이해충돌 방지법」 제27조제2항제2호, 같은 조 제3항 및 제4항에 해당하는 죄
   라. 「부정청탁 및 금품등 수수의 금지에 관한 법률」 제22조제1항부터 제3항까지에 해당하는 죄
   마. 「부패방지 및 국민권익위원회의 설치와 운영에 관한 법률」 제87조부터 제90조까지에 해당하는 죄
   바. 「특정범죄신고자 등 보호법」 제17조에 해당하는 죄
   사. 법률 제18191호 공직자의 이해충돌 방지법 부칙 제8조에 따라 적용되는 종전의 「부패방지 및 국민권익위원회의 설치와 운영에 관한 법률」(법률 제18191호 공직자의 이해충돌 방지법 부칙 제7조에 따라 개정되기 전의 것을 말한다) 제86조에 해당하는 죄
4. 정치자금 및 공직선거 관련 부패범죄 : 다음 각 목의 죄
   가. 「공직선거법」 제255조제1항제10호(제86조제1항제1호부터 제3호까지를 위반한 경우로 한정한다), 같은 조 제3항제2호, 같은 조 제5항 및 제257조에 해당하는 죄
   나. 「정당법」 제50조에 해당하는 죄
   다. 「정치자금법」 제46조부터 제49조까지에 해당하는 죄
5. 불법 금품 수수 관련 부패범죄 : 다음 각 목의 죄
   가. 「국제상거래에 있어서 외국공무원에 대한 뇌물방지법」 제3조제2항에 해당하는 죄
   나. 「병역법」 제92조제3항 및 제4항에 해당하는 죄
   다. 「약사법」 제94조제1항제5호의2에 해당하는 죄
   라. 「의료법」 제88조제2호 및 제89조제3호에 해당하는 죄
6. 보조금·학교회계 관련 부패범죄 : 다음 각 목의 죄
   가. 「고용보험법」 제116조제1항 및 같은 조 제2항제2호에 해당하는 죄
   나. 「보조금 관리에 관한 법률」 제40조제1호 및 제41조에 해당하는 죄
   다. 「사립학교법」 제73조 및 제73조의2에 해당하는 죄
   라. 「지방자치단체 보조금 관리에 관한 법률」 제37조 및 제38조에 해당하는 죄
7. 범죄수익·자금세탁 관련 부패범죄 : 다음 각 목의 죄
   가. 「범죄수익은닉의 규제 및 처벌 등에 관한 법률」 제3조 및 제4조에 해당하는 죄
   나. 「특정경제범죄 가중처벌 등에 관한 법률」 제4조에 해당하는 죄
8. 제1호부터 제7호까지의 범죄에 대하여 해당 법률 또는 다른 법률에서 가중하여 처벌하거나 준용 또는 신분을 의제하여 처벌하는 범죄

※ 제1호부터 제8호까지의 범죄에는 미수범으로 처벌하거나 그 위반행위에 대하여 양벌규정으로 처벌하는 경우를 포함한다.

〔별표2〕

경제범죄(제2조제2호 관련)

(2022.9.8 신설)

1. 「형법」상 경제범죄 : 「형법」 제2편제23장 도박과 복표에 관한 죄(제247조 및 제248조로 한정한다), 같은 편 제34장 신용, 업무와 경매에 관한 죄(제313조부터 제315조까지), 같은 편 제37장 권리행사를 방해하는 죄(제323조, 제324조 및 제327조로 한정한다), 같은 편 제39장 사기와 공갈의 죄(제347조, 제347조의2, 제348조, 제348조의2, 제349조, 제350조 및 제350조의2로 한정한다) 및 같은 편 제40장 횡령과 배임의 죄(제355조부터 제357조까지로 한정한다)에 해당하는 죄
2. 기업 관련 경제범죄 : 다음 각 목의 죄
   가. 「공인회계사법」 제53조 및 제54조에 해당하는 죄
   나. 「상법」 제622조부터 제624조까지, 제624조의2, 제625조, 제625조의2, 제626조부터 제629조까지 및 제634조에 해당하는 죄
   다. 「주식회사 등의 외부감사에 관한 법률」 제39조 및 제41조부터 제44조까지에 해당하는 죄
3. 조세 관련 경제범죄 : 다음 각 목의 죄
   가. 「관세법」 제268조의2, 제269조, 제270조, 제270조의2, 제271조, 제274조, 제275조의2부터 제275조의4까지 및 제276조에 해당하는 죄
   나. 「조세범 처벌법」 제3조, 제4조, 제4조의2 및 제5조부터 제16조까지에 해당하는 죄
   다. 「지방세기본법」 제102조부터 제107조까지 및 제133조에 해당하는 죄
   라. 법률 제16099호 국제조세조정에 관한 법률 일부개정법률 부칙 제4조에 따라 적용되는 종전의 「국제조세조정에 관한 법률」(법률 제16099호 국제조세조정에 관한 법률 일부개정법률로 개정되기 전의 것을 말한다) 제31조의2제1항 및 제34조의2제1항에 해당하는 죄
4. 금융 관련 경제범죄 : 다음 각 목의 죄
   가. 금융업 관련 경제범죄
      1) 「금융지주회사법」 제70조에 해당하는 죄
      2) 「농업협동조합법」 제170조 및 제171조에 해당하는 죄
      3) 「보험업법」 제197조부터 제200조까지, 제202조 및 제204조에 해당하는 죄
      4) 「새마을금고법」 제85조제1항 및 제2항에 해당하는 죄
      5) 「신용정보의 이용 및 보호에 관한 법률」 제50조에 해당하는 죄
      6) 「신용협동조합법」 제99조(같은 조 제3항은 같은 법 제3조제2항을 위반한 경우로 한정한다)에 해당하는 죄
      7) 「외국환거래법」 제27조, 제27조의2, 제28조 및 제29조에 해당하는 죄
      8) 「자본시장과 금융투자업에 관한 법률」 제443조부터 제446조까지에 해당하는 죄
      9) 「전자금융거래법」 제49조에 해당하는 죄
      10) 「협동조합 기본법」 제117조제1항 및 제2항에 해당하는 죄
   나. 금융거래 관련 경제범죄
      1) 「금융실명거래 및 비밀보장에 관한 법률」 제6조에 해당하는 죄
      2) 「대부업 등의 등록 및 금융이용자 보호에 관한 법률」 제19조에 해당하는 죄
      3) 「보험사기방지 특별법」 제8조 및 제14조에 해당하는 죄
      4) 「유사수신행위의 규제에 관한 법률」 제6조에 해당하는 죄
      5) 「전기통신금융사기 피해 방지 및 피해금 환급에 관한 특별법」 제15조의2 및 제16조에 해당하는 죄

6)「채무자 회생 및 파산에 관한 법률」제643조, 제644조, 제644조의2, 제647조부터 제654조까지, 제657조 및 제658조에 해당하는 죄
7)「특정경제범죄 가중처벌 등에 관한 법률」제14조제6항에 해당하는 죄

5. 공정거래 관련 경제범죄 : 다음 각 목의 죄
가.「가맹사업거래의 공정화에 관한 법률」제41조에 해당하는 죄
나.「농수산물 유통 및 가격안정에 관한 법률」제86조 및 제88조에 해당하는 죄
다.「대규모유통업에서의 거래 공정화에 관한 법률」제39조에 해당하는 죄
라.「대리점거래의 공정화에 관한 법률」제30조에 해당하는 죄
마.「대외무역법」제53조, 제53조의2 및 제54조에 해당하는 죄
바.「독점규제 및 공정거래에 관한 법률」제124조부터 제127조까지에 해당하는 죄
사.「물가안정에 관한 법률」제25조부터 제28조까지에 해당하는 죄
아.「방문판매 등에 관한 법률」제58조부터 제64조까지에 해당하는 죄
자.「표시·광고의 공정화에 관한 법률」제17조 및 제18조에 해당하는 죄
차.「하도급거래 공정화에 관한 법률」제29조 및 제30조에 해당하는 죄

6. 기술 및 자원 보호 관련 경제범죄 : 다음 각 목의 죄
가.「국가첨단전략산업 경쟁력 강화 및 보호에 관한 특별조치법」제50조에 해당하는 죄
나.「기술의 이전 및 사업화 촉진에 관한 법률」제41조에 해당하는 죄
다.「농업생명자원의 보존·관리 및 이용에 관한 법률」제31조에 해당하는 죄
라.「반도체집적회로의 배치설계에 관한 법률」제45조부터 제48조까지에 해당하는 죄
마.「방위산업기술 보호법」제21조 및 제22조에 해당하는 죄
바.「부정경쟁방지 및 영업비밀보호에 관한 법률」제18조 및 제18조의2부터 제18조의4까지에 해당하는 죄
사.「산업기술의 유출방지 및 보호에 관한 법률」제36조, 제36조의2 및 제37조에 해당하는 죄
아.「생명연구자원의 확보·관리 및 활용에 관한 법률」제24조 및 제25조에 해당하는 죄
자.「해양수산생명자원의 확보·관리 및 이용 등에 관한 법률」제40조부터 제42조까지에 해당하는 죄

7. 지식재산권 관련 경제범죄 : 다음 각 목의 죄
가.「디자인보호법」제220조부터 제225조까지에 해당하는 죄
나.「상표법」제230조부터 제234조까지에 해당하는 죄
다.「저작권법」제136조부터 제138조까지에 해당하는 죄
라.「특허법」제225조, 제226조, 제227조부터 제229조까지 및 제229조의2에 해당하는 죄

8. 개인정보·정보통신 관련 경제범죄 : 다음 각 목의 죄
가.「개인정보 보호법」제70조에 해당하는 죄
나.「정보통신망 이용촉진 및 정보보호 등에 관한 법률」제70조의2, 제71조, 제72조제1항제2호의2, 같은 항 제3호·제4호, 제73조제2호부터 제4호까지 및 제74조(같은 조 제1항 제3호는 제외한다)에 해당하는 죄

9. 부동산·건설 관련 경제범죄 : 다음 각 목의 죄
가.「개발제한구역의 지정 및 관리에 관한 특별조치법」제31조 및 제32조에 해당하는 죄
나.「건설산업기본법」제95조, 제95조의2, 제96조 및 제97조에 해당하는 죄
다.「공공주택 특별법」제57조, 제57조의2부터 제57조의4까지 및 제58조에 해당하는 죄
라.「공익사업을 위한 토지 등의 취득 및 보상에 관한 법률」제93조, 제93조의2, 제95조, 제95조의2, 제96조 및 제97조에 해당하는 죄
마.「국토의 계획 및 이용에 관한 법률」제140조, 제140조의2, 제141조 및 제142조에 해당하는 죄
바.「농지법」제57조부터 제61조까지에 해당하는 죄
사.「도시 및 주거환경정비법」제135조부터 제138조까지에 해당하는 죄
아.「도시개발법」제79조의2 및 제80조부터 제82조까지에 해당하는 죄
자.「부동산 실권리자명의 등기에 관한 법률」제7조 및 제10조에 해당하는 죄
차.「부동산등기 특별조치법」제8조 및 제9조에 해당하는 죄

10. 보건·마약 관련 경제범죄 : 다음 각 목의 죄
가.「마약류 관리에 관한 법률」제58조부터 제64조까지(마약류를 단순 소지·소유·사용·운반·관리·투약·보관한 범죄는 제외한다)에 해당하는 죄
나.「마약류 불법거래 방지에 관한 특례법」제6조부터 제11조까지에 해당하는 죄
다.「보건범죄 단속에 관한 특별조치법」제2조, 제3조, 제3조의2, 제4조 및 제5조에 해당하는 죄
라.「의료법」제87조, 제87조의2제2항, 제88조, 제88조의2, 제89조 및 제90조에 해당하는 죄

11. 경제범죄 관련 조직범죄 :「형법」제114조(이 표 제1호부터 제10호까지, 제12호 및 제13호의 범죄를 목적으로 하는 경우로 한정한다)에 해당하는 죄

12. 사행행위 관련 경제범죄 : 다음 각 목의 죄
가.「게임산업진흥에 관한 법률」제44조부터 제46조까지에 해당하는 죄
나.「경륜·경정법」제26조, 제27조 및 제34조에 해당하는 죄
다.「국민체육진흥법」제47조부터 제49조까지 및 제49조의2에 해당하는 죄
라.「사행행위 등 규제 및 처벌 특례법」제30조에 해당하는 죄
마.「한국마사회법」제50조, 제51조 및 제53조에 해당하는 죄

13. 제1호부터 제12호까지의 범죄에 대하여 해당 법률 또는 다른 법률에서 가중하여 처벌하거나 준용 또는 신분을 의제하여 처벌하는 범죄

※ 제1호부터 제13호까지의 범죄에는 미수범으로 처벌하거나 그 위반행위에 대하여 양벌규정으로 처벌하는 경우를 포함한다.

〔별표3〕

사법질서 저해 범죄(제2조제3호 관련)

(2022.9.8 신설)

1.「국민의 형사재판 참여에 관한 법률」제56조부터 제59조까지에 해당하는 죄
2.「특정범죄 가중처벌 등에 관한 법률」제5조의9에 해당하는 죄
3.「형법」제2편제9장 도주와 범인은닉의 죄(제145조부터 제151조까지), 같은 편 제10장 위증과 증거인멸의 죄(제152조, 제154조 및 제155조로 한정한다) 및 같은 편 제11장 무고의 죄(제156조로 한정한다)에 해당하는 죄
4. 제1호부터 제3호까지의 범죄에 대하여 해당 법률 또는 다른 법률에서 가중하여 처벌하거나 준용하여 처벌하는 범죄

■ 검찰압수물사무규칙

〔별표1〕

압수표의 처분명령요지란과 처분결과란의 기재요령(제24조 및 제82조 관련)

(2021.1.1 개정)

1. 검찰청 보관 압수물의 경우

구분	조항	처분명령요지란의 기재요령	처분결과란 기재요령
가. 몰수	제28조제1항	몰수·공매국고 귀속(공매된 경우)	공매통지
	제29조제1항	1) 몰수·무가물폐기 2) 몰수·파괴(폐기)	1) 폐기 2) 파괴(폐기)
	제30조제1항 제31조제1항 제32조 제33조제1항 제34조제1항	몰수·국고납입	국고납입
	제35조제1항 제37조제1항 제38조제2항	몰수·○○에게 인계	인계
	제39조제1항	몰수·처분촉탁	촉탁
나. 위조(변조)분의 몰수	제44조제1항	위조(변조)부분 몰수 표시한 후 제출인 ○○에 환부	환부
다. 소유권포기	제47조	(몰수의 경우에 준한다)	(몰수의 경우에 준한다)
라. 환부, 가환부	제49조제1항 제50조 제51조	제출인 소유자 피해자 } ○○○에 환부, 가환부	환부(가환부)
	제64조	제출인 소유자 피해자 } ○○○에 환부, 가환부	환부(가환부)
	제53조제1항 제53조제2항	제출인 소유자 피해자 } ○○○에 환부촉탁 (다른 검찰청에 환부촉탁할 경우)	환부촉탁
마. 환부불능	제49조제3항 제55조	관보공고 (몰수의 경우에 준한다)	공고의뢰 (몰수의 경우에 준한다)
바. 사건의 이송	제57조제1항 제57조제5항 제58조제1항 제59조제1항 제60조 제61조	○○검찰청(가정법원, 지방법원, 관할법원 등)에 송부	송부
사. 기소중지 사건·참고인중지사건	제62조제1항	보관(기록편철보관)	보관 (기록편철)
아. 사건종결전처분			
1) 반환	제63조의2	반환	반환
2) 환가처분	제65조	가) 멸실(파손,부패)우려·환가처분하여 대가보관 나) 보관불편, 환가처분하여 대가보관	환가통지
3) 위험물 폐기	제66조	위험발생 우려·폐기	폐기
자. 몰수물의 교부	제46조제1항	○○○에 교부	교부
차. 국제형사사법 공조사건	제77조의2 제2항	요청국 인도	법무부 송부
	제77조의2 제3항	요청국 반환보증부 인도	법무부 송부

2. 검찰청 외 보관압수물의 경우

구분	조항	처분명령요지란의 기재요령	처분결과란 기재요령
가. 몰수	제73조제1항	1) 몰수 공매촉탁 2) 몰수 폐기촉탁 3) 몰수○○에 인계촉탁 4) 몰수 처분촉탁	공매촉탁 폐기촉탁 인계촉탁 처분촉탁
	제73조제2항	1) 몰수 공매촉탁(공매대금 송부시) 2) 몰수 처분촉탁(세관의 경우 공매대금송부시)	국고납입
	제73조제4항 제74조	몰수 제출명령	제출명령
나. 소유권포기	제73조제1항	(몰수의 경우에 준함)	(몰수의 경우에 준한다)
다. 환부, 가환부, 피해자환부	제73조제1항	제출인 소유자 피해자 } ○○○에 환부, 가환부촉탁 (다만, 환부불능인 경우는 상당 처분촉탁)	환부촉탁 또는 가환부촉탁
라. 환부불능	제73조제1항	(검찰청보관 압수물의 환부불능에 준한다)	(검찰청 보관 압수물의 환부불능에 준한다)
마. 사건이송	제73조제1항	보관위탁한대로 ○○검찰청(가정법원, 지방법원, 관할법원 등)에 송부	송부
바. 사건결정 전의 처분			
1) 환가처분	제73조제1항	가. 멸실(파손, 부패)우려 환가처분 촉탁 나. 보관불편, 환가처분촉탁	환가처분촉탁 환가처분촉탁
2) 위험물의 폐기	제73조제1항	위험발생우려 폐기	폐기촉탁

3. 몰수물이 압수되어 있지 않은 경우

구분	조항	처분명령요지란의 기재요령	처분결과란 기재요령
가. 몰수물의 제출을 명하는 경우	제40조제1항	몰수·○○○에 제출명령	제출명령
나. 제출명령에 불응하는 경우	제40조제2항	몰수·집달관에 집행명령	집행명령
다. 공무소에 통지하여 위조(변조)부분을 표시하게 하는 경우	제44조제3항	위조(변조) 부분 몰수 ○○에 통지	통지

〔별표2〕

몰수물의 인계처분(제35조 및 제36조 관련)

(2021.1.1 개정)

몰수품	처분	비고
1. 검찰실무자료	검찰실무자료로 인계	(인계할 검찰사무 자료로 인정되는 경우에는 검찰실무자료 요지서를 작성하여 송부할 것)
2. 마약류	○○보건기관에 인계	시, 도 등 보건기관
3. 총기류		
가. 사용가능한 권총	경찰서에 인계	
나. 군용총기류	○○지구 군수품처리위원회에 인계	
다. 엽총, 공기총류	공매국고귀속	경락자로부터 취득신고각서를 받을 것
4. 포약류 및 수류탄	○○지구 군수품처리위원회에 인계	
5. 제3호 및 제4호 외의 것	사용불능, 폐기	
6. 문화재류	문화재청에 인계	

■ 검찰보존사무규칙

〔별표1〕

(2021.1.1 개정)

1. 판결
2. 약식명령
3. 사건이송 결정
4. 정식재판기각 결정
5. 공소기각 결정
6. 항소기각 결정
7. 상소기각 결정
8. 재심신청에 대한 결정
9. 소송비용에 관한 결정
10. 비용배상에 관한 결정
11. 집행유예 취소 결정
12. 선고유예 실효 결정
13. 누범가중청구에 대한 결정
14. 형 경정청구에 대한 결정
15. 재판의 집행에 관한 이의신청에 대한 결정
16. 형의 집행에 관한 이의신청에 대한 결정
17. 형사보상금에 관한 결정
18. 압수물 가환부에 관한 결정
19. 재정신청에 대한 결정
20. 형의 소멸에 관한 결정
21. 제3호 내지 제19호의 결정에 대한 항고·재항고 또는 준항고·재준항고에 대한 결정
22. 검사·사법경찰관의 결정에 대한 준항고·재준항고에 대한 결정

〔별표2〕 (2021.1.1 삭제)

■ 변호사보수의 소송비용 산입에 관한 규칙

〔별표〕

(2020.12.28 개정)

소송목적 또는 피보전권리의 값	소송비용에 산입되는 비율 또는 산입액
300만원까지 부분	30만원
300만원을 초과하여 2,000만원까지 부분 〔30만원 + (소송목적의 값 − 300만원) × $\frac{10}{100}$〕	10%
2,000만원을 초과하여 5,000만원까지 부분 〔200만원 + (소송목적의 값 − 2,000만원) × $\frac{8}{100}$〕	8%
5,000만원을 초과하여 1억원까지 부분 〔440만원 + (소송목적의 값 − 5,000만원) × $\frac{6}{100}$〕	6%
1억원을 초과하여 1억5천만원까지 부분 〔740만원 + (소송목적의 값 − 1억원) × $\frac{4}{100}$〕	4%
1억5천만원을 초과하여 2억원까지 부분 〔940만원 + (소송목적의 값 − 1억5천만원) × $\frac{2}{100}$〕	2%
2억원을 초과하여 5억원까지 부분 〔1,040만원 + (소송목적의 값 − 2억원) × $\frac{1}{100}$〕	1%
5억원을 초과하는 부분 〔1,340만원 + (소송목적의 값 − 5억원) × $\frac{0.5}{100}$〕	0.5%

■ 출입국관리법 시행령

〔별표1〕

단기체류자격(제12조 관련)

(2019.6.11 개정)

체류자격 (기호)	체류자격에 해당하는 사람 또는 활동범위
1. 사증면제 (B-1)	대한민국과 사증면제협정을 체결한 국가의 국민으로서 그 협정에 따른 활동을 하려는 사람
2. 관광·통과 (B-2)	관광·통과 등의 목적으로 대한민국에 사증 없이 입국하려는 사람
3. 일시취재 (C-1)	일시적인 취재 또는 보도활동을 하려는 사람
4. 단기방문 (C-3)	시장조사, 업무 연락, 상담, 계약 등의 상용(商用)활동과 관광, 통과, 요양, 친지 방문, 친선경기, 각종 행사나 회의 참가 또는 참관, 문화예술, 일반연수, 강습, 종교의식 참석, 학술자료 수집, 그 밖에 이와 유사한 목적으로 90일을 넘지 않는 기간 동안 체류하려는 사람(영리를 목적으로 하는 사람은 제외한다)
5. 단기취업 (C-4)	가. 일시 흥행, 광고·패션 모델, 강의·강연, 연구, 기술지도 등 별표1의2 중 14. 교수(E-1)부터 20. 특정활동(E-7)까지의 체류자격에 해당하는 분야에 수익을 목적으로 단기간 취업활동을 하려는 사람 나. 각종 용역계약 등에 의하여 기계류 등의 설치·유지·보수, 조선 및 산업설비 제작·감독 등을 목적으로 국내 공공기관·민간단체에 파견되어 단기간 영리활동을 하려는 사람 다. 법무부장관이 관계 중앙행정기관의 장과 협의하여 정하는 농작물 재배·수확(재배·수확과 연계된 원시가공 분야를 포함한다) 및 수산물 원시가공 분야에서 단기간 취업 활동을 하려는 사람으로서 법무부장관이 인정하는 사람

〔별표1의2〕

장기체류자격(제12조 관련)

(2023.12.12 개정)

체류자격 (기호)	체류자격에 해당하는 사람 또는 활동범위
1. 외교 (A-1)	대한민국정부가 접수한 외국정부의 외교사절단이나 영사기관의 구성원, 조약 또는 국제관행에 따라 외교사절과 동등한 특권과 면제를 받는 사람과 그 가족
2. 공무 (A-2)	대한민국정부가 승인한 외국정부 또는 국제기구의 공무를 수행하는 사람과 그 가족
3. 협정 (A-3)	대한민국정부와의 협정에 따라 외국인등록이 면제되거나 면제할 필요가 있다고 인정되는 사람과 그 가족
4. 문화예술 (D-1)	수익을 목적으로 하지 않는 문화 또는 예술 관련 활동을 하려는 사람(대한민국의 전통문화 또는 예술에 대하여 전문적인 연구를 하거나 전문가의 지도를 받으려는 사람을 포함한다)
5. 유학 (D-2)	전문대학 이상의 교육기관 또는 학술연구기관에서 정규과정의 교육을 받거나 특정 연구를 하려는 사람
6. 기술연수 (D-3)	법무부장관이 정하는 연수조건을 갖춘 사람으로서 국내의 산업체에서 연수를 받으려는 사람
7. 일반연수 (D-4)	법무부장관이 정하는 요건을 갖춘 교육기관이나 기업체, 단체 등에서 교육 또는 연수를 받거나 연구활동에 종사하려는 사람〔연수기관으로부터 체재비를 초과하는 보수(報酬)를 받거나 유학(D-2)·기술연수(D-3) 체류자격에 해당하는 사람은 제외한다〕
8. 취재 (D-5)	외국의 신문사, 방송사, 잡지사 또는 그 밖의 보도기관으로부터 파견되거나 외국 보도기관과의 계약에 따라 국내에 주재하면서 취재 또는 보도활동을 하려는 사람
9. 종교 (D-6)	가. 외국의 종교단체 또는 사회복지단체로부터 파견되어 대한민국에 있는 지부 또는 유관 종교단체에서 종교활동을 하려는 사람 나. 대한민국 내의 종교단체 또는 사회복지단체의 초청을 받아 사회복지활동을 하려는 사람 다. 그 밖에 법무부장관이 인정하는 종교활동 또는 사회복지활동에 종사하려는 사람
10. 주재 (D-7)	가. 외국의 공공기관·단체 또는 회사의 본사, 지사, 그 밖의 사업소 등에서 1년 이상 근무한 사람으로서 대한민국에 있는 그 계열회사, 자회사, 지점 또는 사무소 등에 필수 전문인력으로 파견되어 근무하려는 사람〔기업투자(D-8) 체류자격에 해당하는 사람은 제외하며, 국가기간산업 또는 국책사업에 종사하려는 경우나 그 밖에 법무부장관이 필요하다고 인정하는 경우에는 1년 이상의 근무요건을 적용하지 않는다〕 나. 「자본시장과 금융투자업에 관한 법률」 제9조제15항제1호에 따른 상장법인 또는 「공공기관의 운영에 관한 법률」 제4조제1항에 따른 공공기관이 설립한 해외 현지법인이나 해외지점에서 1년 이상 근무한 사람으로서 대한민국에 있는 그 본사나 본점에 파견되어 전문적인 지식·기술 또는 기능을 제공하거나 전수받으려는 사람(상장법인의 해외 현지법인이나 해외지점 중 본사의 투자금액이 미화 50만 달러 미만인 경우는 제외한다)
11. 기업투자 (D-8)	가. 「외국인투자 촉진법」에 따른 외국인투자기업의 경영·관리 또는 생산·기술 분야에 종사하려는 필수전문인력으로서 법무부장관이 인정하는 사람〔외국인이 경영하는 기업(법인은 제외한다)에 투자한 사람 및 국내에서 채용된 사람은 제외한다〕 나. 지식재산권을 보유하는 등 우수한 기술력으로 「벤처기업육성에 관한 특별조치법」 제2조의2제1항제2호다목에 따른 벤처기업을 설립한 사람 중 같은 법 제25조에 따라 벤처기업 확인을 받은 사람 또는 이에 준하는 사람으로서 법무부장관이 인정하는 사람 다. 다음의 어느 하나에 해당하는 사람으로서 지식재산권을 보유하거나 이에 준하는 기술력 등을 가진 사람 중 법무부장관이 인정한 법인 창업자 1) 국내에서 전문학사 이상의 학위를 취득한 사람 2) 외국에서 학사 이상의 학위를 취득한 사람 3) 관계 중앙행정기관의 장이 지식재산권 보유 등 우수한 기술력을 보유한 사람으로 인정하여 추천한 사람
12. 무역경영 (D-9)	대한민국에 회사를 설립하여 경영하거나 무역, 그 밖의 영리사업을 위한 활동을 하려는 사람으로서 필수 전문인력에 해당하는 사람〔수입기계 등의 설치, 보수, 조선 및 산업설비 제작·감독 등을 위하여 대한민국 내의 공공기관·민간단체에 파견되어 근무하려는 사람을 포함하되, 국내에서 채용하는 사람과 기업투자(D-8) 체류자격에 해당하는 사람은 제외한다〕
13. 구직 (D-10)	가. 교수(E-1)부터 특정활동(E-7)까지의 체류자격〔예술흥행(E-6) 체류자격 중 법무부장관이 정하는 공연업소의 종사자는 제외한다〕에 해당하는 분야에 취업하기 위하여 연수나 구직활동 등을 하려는 사람으로서 법무부장관이 인정하는 사람 나. 기업투자(D-8) 다목에 해당하는 법인의 창업 준비 등을 하려는 사람으로서 법무부장관이 인정하는 사람
14. 교수 (E-1)	「고등교육법」 제14조제1항·제2항 또는 제17조에 따른 자격요건을 갖춘 외국인으로서 전문대학 이상의 교육기관이나 이에 준하는 기관에서 전문 분야의 교육 또는 연구·지도 활동에 종사하려는 사람
15. 회화지도 (E-2)	법무부장관이 정하는 자격요건을 갖춘 외국인으로서 외국어전문학원, 초등학교 이상의 교육기관 및 부설어학연구소, 방송사 및 기업체 부설 어학연수원, 그 밖에 이에 준하는 기관 또는 단체에서 외국어 회화지도에 종사하려는 사람
16. 연구 (E-3)	대한민국 내 공공기관·민간단체으로부터 초청을 받아 각종 연구소에서 자연과학 분야의 연구, 사회과학·인문학·예체능 분야의 연구 또는 산업상 고도기술의 연구·개발에 종사하려는 사람〔교수(E-1) 체류자격에 해당하는 사람은 제외한다〕
17. 기술지도 (E-4)	자연과학 분야의 전문지식 또는 산업상 특수한 분야에 속하는 기술을 제공하기 위하여 대한민국 내 공공기관·민간단체로부터 초청을 받아 종사하려는 사람
18. 전문직업 (E-5)	대한민국 법률에 따라 자격이 인정된 외국의 변호사, 공인회계사, 의사, 그 밖에 국가공인 자격이 있는 사람으로서 대한민국 법률에 따라 할 수 있도록 되어 있는 법률, 회계, 의료 등의 전문업무에 종사하려는 사람〔교수(E-1) 체류자격에 해당하는 사람은 제외한다〕
19. 예술흥행 (E-6)	수익이 따르는 음악, 미술, 문학 등의 예술활동과 수익을 목적으로 하는 연예, 연주, 연극, 운동경기, 광고·패션 모델, 그 밖에 이에 준하는 활동을 하려는 사람
20. 특정활동 (E-7)	대한민국 내의 공공기관·민간단체 등과의 계약에 따라 법무부장관이 특별히 지정하는 활동에 종사하려는 사람
20의2. 계절근로 (E-8)	법무부장관이 관계 중앙행정기관의 장과 협의하여 정하는 농작물 재배·수확(재배·수확과 연계된 원시가공 분야를 포함한다) 및 수산물 원시가공 분야에서 취업 활동을 하려는 사람으로서 법무부장관이 인정하는 사람
21. 비전문취업 (E-9)	「외국인근로자의 고용 등에 관한 법률」에 따른 국내 취업요건을 갖춘 사람(일정 자격이나 경력 등이 필요한 전문직종에 종사하려는 사람은 제외한다)
22. 선원취업 (E-10)	다음 각 목에 해당하는 사람과 그 사업체에서 6개월 이상 노무를 제공할 것을 조건으로 선원근로계약을 체결한 외국인으로서 「선원법」 제2조제6호에 따른 부원(部員)에 해당하는 사람 가. 「해운법」 제3조제1호·제2호·제5호 또는 제23조제1호에 따른 사업을 경영하는 사람 나. 「수산업법」 제7조제1항제1호, 제40조제1항 또는 제51조제1항에 따른 사업을 경영하는 사람 다. 「크루즈산업의 육성 및 지원에 관한 법률」 제2조제7호에 따른 국적 크루즈사업자로서 같은 조 제4호에 따른 국제순항 크루즈선을 이용하여 사업을 경영하는 사람
23. 방문동거 (F-1)	가. 친척 방문, 가족 동거, 피부양(被扶養), 가사정리, 그 밖에 이와 유사한 목적으로 체류하려는 사람으로서 법무부장관이 인정하는 사람 나. 다음의 어느 하나에 해당하는 사람의 가사보조인 1) 외교(A-1), 공무(A-2) 체류자격에 해당하는 사람 2) 미화 50만 달러 이상을 투자한 외국투자가(법인인 경우 그 임직원을 포함한

	다)로서 기업투자(D-8), 거주(F-2), 영주(F-5), 결혼이민(F-6) 체류자격에 해당하는 사람 3) 인공지능(AI), 정보기술(IT), 전자상거래 등 기업정보화(e-business), 생물산업(BT), 나노기술(NT) 분야 등 법무부장관이 정하는 첨단·정보기술 업체에 투자한 외국투자가(법인인 경우 그 임직원을 포함한다)로서 기업투자(D-8), 거주(F-2), 영주(F-5), 결혼이민(F-6) 체류자격에 해당하는 사람 4) 취재(D-5), 주재(D-7), 무역경영(D-9), 교수(E-1)부터 특정활동(E-7)까지의 체류자격에 해당하거나 그 체류자격에서 거주(F-2) 바목 또는 별표1의3 영주(F-5) 제1호의 체류자격으로 변경한 전문인력으로서 법무부장관이 인정하는 사람 다. 외교(A-1)부터 협정(A-3)까지의 체류자격에 해당하는 사람의 동일한 세대에 속하지 않는 동거인으로서 그 체류의 필요성을 법무부장관이 인정하는 사람 라. 그 밖에 부득이한 사유로 직업활동에 종사하지 않고 대한민국에 장기간 체류하여야 할 사정이 있다고 인정되는 사람
24. 거주 (F-2)	가. 국민의 미성년 외국인 자녀 또는 별표1의3 영주(F-5) 체류자격을 가지고 있는 사람의 배우자 및 그의 미성년 자녀 나. 국민과 혼인관계(사실상의 혼인관계를 포함한다)에서 출생한 사람으로서 법무부장관이 인정하는 사람 다. 난민의 인정을 받은 사람 라. 「외국인투자 촉진법」에 따른 외국투자가 등으로 다음의 어느 하나에 해당하는 사람 1) 미화 50만 달러 이상을 투자한 외국인으로서 기업투자(D-8) 체류자격으로 3년 이상 계속 체류하고 있는 사람 2) 미화 50만 달러 이상을 투자한 외국법인이 「외국인투자 촉진법」에 따른 국내 외국인투자기업에 파견한 임직원으로서 3년 이상 계속 체류하고 있는 사람 3) 미화 30만 달러 이상을 투자한 외국인으로서 2명 이상의 국민을 고용하고 있는 사람 마. 별표1의3 영주(F-5) 체류자격을 상실한 사람 중 국내 생활관계의 권익보호 등을 고려하여 법무부장관이 국내에서 계속 체류하여야 할 필요가 있다고 인정하는 사람(강제퇴거된 사람은 제외한다) 바. 외교(A-1)부터 협정(A-3)까지의 체류자격 외의 체류자격으로 대한민국에 5년 이상 계속 체류하여 생활 근거지가 국내에 있는 사람으로서 법무부장관이 인정하는 사람 사. (2022.12.27 삭제) 아. 「국가공무원법」 또는 「지방공무원법」에 따라 공무원으로 임용된 사람으로서 법무부장관이 인정하는 사람 자. 나이, 학력, 소득 등이 법무부장관이 정하여 고시하는 기준에 해당하는 사람 차. 투자지역, 투자대상, 투자금액 등 법무부장관이 정하여 고시하는 기준에 따라 부동산 등 자산에 투자한 사람 또는 법인의 임원, 주주 등으로서 법무부장관이 인정하는 외국인. 이 경우 법인에 대해서는 법무부장관이 투자금액 등을 고려하여 체류자격 부여인원을 정한다. 카. 법무부장관이 대한민국에 특별한 기여를 했거나 공익의 증진에 이바지했다고 인정하는 사람 타. 자목부터 카목까지의 규정에 해당하는 사람의 배우자 및 자녀(법무부장관이 정하는 요건을 갖춘 자녀만 해당한다) 파. 「지방자치분권 및 지역균형발전에 관한 특별법」 제2조제12호에 따른 인구감소지역 등에서의 인력 수급과 지역 활력 회복을 지원하기 위하여 법무부장관이 대상 업종·지역, 해당 지역 거주·취업 여부 및 그 기간 등을 고려하여 고시하는 기준에 해당하는 사람
25. 동반 (F-3)	문화예술(D-1), 유학(D-2), 일반연수(D-4)부터 특정활동(E-7)까지, 거주(F-2), 재외동포(F-4) 및 방문취업(H-2)의 체류자격에 해당하는 사람의 배우자 및 미성년 자녀로서 배우자가 없는 사람. 다만, 거주(F-2)의 체류자격 중 타목의 체류자격에 해당하는 사람은 제외한다.
26. 재외동포 (F-4)	「재외동포의 출입국과 법적 지위에 관한 법률」 제2조제2호에 해당하는 사람
27. 결혼이민 (F-6)	가. 국민의 배우자 나. 국민과 혼인관계(사실상의 혼인관계를 포함한다)에서 출생한 자녀를 양육하고 있는 부 또는 모로서 법무부장관이 인정하는 사람 다. 국민인 배우자와 혼인한 상태로 국내에 체류하던 중 그 배우자의 사망이나 실종, 그 밖에 자신에게 책임이 없는 사유로 정상적인 혼인관계를 유지할 수 없는 사람으로서 법무부장관이 인정하는 사람
28. 관광취업 (H-1)	대한민국과 "관광취업"에 관한 협정이나 양해각서 등을 체결한 국가의 국민으로서 협정 등의 내용에 따라 관광과 취업활동을 하려는 사람(협정 등의 취지에 반하는 업종이나 국내법에 따라 일정한 자격요건을 갖추어야 하는 직종에 취업하려는 사람은 제외한다)
29. 방문취업 (H-2)	가. 체류자격에 해당하는 사람 : 「재외동포의 출입국과 법적 지위에 관한 법률」 제2조제2호에 따른 외국국적동포(이하 "외국국적동포"라 한다)에 해당하고, 다음의 어느 하나에 해당하는 18세 이상인 사람 중에서 나목의 활동범위 내에서 체류하려는 사람으로서 법무부장관이 인정하는 사람[재외동포(F-4) 체류자격에 해당하는 사람은 제외한다] 1) 출생 당시에 대한민국 국민이었던 사람으로서 가족관계등록부, 폐쇄등록부 또는 제적부에 등재되어 있는 사람 및 그 직계비속 2) 국내에 주소를 둔 대한민국 국민 또는 별표1의3 영주(F-5) 제5호에 해당하는 사람의 8촌 이내의 혈족 또는 4촌 이내의 인척으로부터 초청을 받은 사람 3) 「국가유공자 등 예우 및 지원에 관한 법률」 제4조에 따른 국가유공자와 그 유족 등에 해당하거나 「독립유공자예우에 관한 법률」 제4조에 따른 독립유공자와 그 유족 또는 그 가족에 해당하는 사람 4) 대한민국에 특별한 공로가 있거나 대한민국의 국익 증진에 기여한 사람 5) 유학(D-2) 체류자격으로 1학기 이상 재학 중인 사람의 부모 및 배우자 6) 국내 외국인의 체류질서 유지를 위하여 법무부장관이 정하는 기준 및 절차에 따라 자진하여 출국한 사람 7) 1)부터 6)까지의 규정에 준하는 사람으로서 나목의 활동범위 내에서 체류할 필요가 있다고 법무부장관이 정하여 고시하는 사람 나. 활동범위 1) 방문, 친척과의 일시 동거, 관광, 요양, 견학, 친선경기, 비영리 문화예술활동, 회의 참석, 학술자료 수집, 시장조사·업무연락·계약 등 상업적 용무, 그 밖에 이와 유사한 목적의 활동 2) 「통계법」 제22조에 따라 통계청장이 작성·고시하는 한국표준산업분류[대분류E 및 대분류G부터 대분류U까지의 산업분류(이하 이 표에서 "서비스업분류"라 한다)는 제외한다]에 따른 다음 산업 분야에서의 활동 가) 작물 재배업(011) 나) 축산업(012) 다) 작물재배 및 축산 관련 서비스업(014) 라) 연근해 어업(03112) 마) 양식 어업(0321) 바) 금속 광업(06) 사) 연료용을 제외한 비금속광물 광업(07) 아) (2022.12.27 삭제) 자) 광업 지원 서비스업(08) 차) 제조업(10~34). 다만, 상시 사용하는 근로자 수가 300명 미만이거나 자본금이 80억원 이하인 업체에 취업하는 경우로 한정한다. 카)~타) (2022.12.27 삭제) 파) 건설업(41~42). 다만, 발전소·제철소·석유화학 건설현장의 건설업체 중 업종이 산업·환경설비 공사인 업체에 취업하는 경우는 제외한다. 하)~루) (2022.12.27 삭제) 3) 「통계법」 제22조에 따라 통계청장이 작성·고시하는 한국표준산업분류 중 서비스업분류에 따른 산업 분야에서의 활동. 다만, 다음의 산업분야에서의 활동은 제외한다. 가) 수도업(36) 나) 환경 정화 및 복원업(39) 다) 자동차 및 부품 판매업(45) 라) 육상 운송 및 파이프라인 운송업(49). 다만, 육상 여객 운송업(492)은 허용한다. 마) 수상 운송업(50) 바) 항공 운송업(51) 사) 창고 및 운송 관련 서비스업(52). 다만, 다음의 산업분야는 허용한다. (1) 냉장·냉동창고업(52102). 다만, 내륙에 위치한 업체에 취업하는 경우로 한정한다. (2) 물류 터미널 운영업(52913). 다만, 「통계법」 제22조에 따라 통계청장이 작성·고시하는 한국표준직업분류에 따른 하역 및 적재 관련 단순 종사원(92101)으로 취업하는 경우로 한정한다. (3) 항공 및 육상 화물 취급업(52941). 다만, 다음의 경우로 한정한다. (가) 「축산물 위생관리법」 제2조제3호에 따른 식육을 운반하는 업체에 취업하는 경우 (나) 「생활물류서비스산업발전법」 제2조제3호가목에 따른 택배서비스사업을 하는 업체에 통계청장이 작성·고시하는 한국표준직업분류에 따른 하역 및 적재 관련 단순 종사원(92101)으로 취업하는 경우 아) 출판업(58). 다만, 서적, 잡지 및 기타 인쇄물 출판업(581)은 허용한다. 자) 우편 및 통신업(61) 차) 컴퓨터 프로그래밍, 시스템 통합 및 관리업(62) 카) 정보서비스업(63) 타) 금융업(64) 파) 보험 및 연금업(65) 하) 금융 및 보험 관련 서비스업(66) 거) 부동산업(68) 너) 연구개발업(70) 더) 전문 서비스업(71) 러) 건축기술, 엔지니어링 및 기타 과학기술 서비스업(72) 머) 사업시설 관리 및 조경 서비스업(74). 다만, 사업시설 유지관리 서비스업(741)과 건물 및 산업설비 청소업(7421)은 허용한다. 버) 고용 알선 및 인력 공급업(751). 다만, 「가사근로자의 고용개선 등에 관한 법률」 제2조제2호에 따른 가사서비스 제공기관에 취업하는 경우는 허용한다. 서) 공공행정, 국방 및 사회보장행정(84) 어) 교육 서비스업(85) 저) 국제 및 외국기관(99)
30. 기타 (G-1)	별표1, 이 표 중 외교(A-1)부터 방문취업(H-2)까지 또는 별표1의3의 체류자격에 해당하지 않는 사람으로서 법무부장관이 인정하는 사람

[별표1의3]

영주자격에 부합하는 사람(제12조의2제1항 관련)

(2023.12.12 개정)

체류자격 (기호)	영주자격에 부합하는 사람의 범위
영주 (F-5)	법 제46조제1항 각 호의 어느 하나에 해당하지 않는 사람으로서 다음 각 호의 어느 하나에 해당하는 사람 1. 대한민국 「민법」에 따른 성년으로서 별표1의2 중 10. 주재(D-7)부터 20. 특정활동(E-7)까지의 체류자격이나 별표1의2 중 24. 거주(F-2) 체류자격으로 5년 이상 대한민국에 체류하고 있는 사람 2. 국민 또는 영주자격(F-5)을 가진 사람의 배우자 또는 미성년 자녀로서 대한민국에 2년 이상 체류하고 있는 사람 및 대한민국에서 출생한 것을 이유로 법 제23조에 따라 체류자격 부여 신청을 한 사람으로서 출생 당시 그의 부 또는 모가 영주자격(F-5)으로 대한민국에 체류하고 있는 사람 중 법무부장관이 인정하는 사람 3. 「외국인투자 촉진법」에 따라 미화 50만 달러를 투자한 외국인투자가로서 5명 이상의 국민을 고용하고 있는 사람 4. 별표1의2 중 26. 재외동포(F-4) 체류자격으로 대한민국에 2년 이상 계속 체류하고 있는 사람으로서 대한민국에 계속 거주할 필요가 있다고 법무부장관이 인정하는 사람 5. 「재외동포의 출입국과 법적 지위에 관한 법률」 제2조제2호의 외국국적동포로서 「국적법」에 따른 국적 취득 요건(같은 법 제5조제1호의2에 따른 요건은 제외한다)을 갖춘 사람 6. 종전 「출입국관리법 시행령」(대통령령 제17579호로 일부개정되어 2002. 4. 18. 공포·시행되기 이전의 것을 말한다) 별표1 제27호란의 거주(F-2) 체류자격(이에 해당되는 종전의 체류자격을 가진 적이 있는 사람을 포함한다)이 있었던 사람으로서 대한민국에 계속 거주할 필요가 있다고 법무부장관이 인정하는 사람 7. 다음 각 목의 어느 하나에 해당하는 사람으로서 법무부장관이 인정하는 사람 가. 국외에서 일정 분야의 박사 학위를 취득한 사람으로서 영주자격(F-5) 신청 시 국내 기업 등에 고용된 사람 나. 국내 대학원에서 정규과정을 마치고 박사학위를 취득한 사람 8. 법무부장관이 정하는 분야의 학사 학위 이상의 학위증 또는 법무부장관이 정하는 기술자격증이 있는 사람으로서 국내 체류기간이 3년 이상이고, 영주자격(F-5) 신청 시 국내기업에 고용되어 법무부장관이 정하는 금액 이상의 임금을 받는 사람 9. 과학·경영·교육·문화예술·체육 등 특정 분야에서 탁월한 능력이 있는 사람 중 법무부장관이 인정하는 사람 10. 대한민국에 특별한 공로가 있다고 법무부장관이 인정하는 사람 11. 60세 이상으로서 법무부장관이 정하는 금액 이상의 연금을 국외로부터 받고 있는 사람 12. 별표1의2 중 29. 방문취업(H-2) 체류자격으로 취업활동을 하고 있는 사람으로서 근속기간이나 취업지역, 산업 분야의 특성, 인력 부족 상황 및 국민의 취업 선호도 등을 고려하여 법무부장관이 인정하는 사람 13. 별표1의2 중 24. 거주(F-2) 자목에 해당하는 체류자격으로 대한민국에서 3년 이상 체류하고 있는 사람으로서 대한민국에 계속 거주할 필요가 있다고 법무부장관이 인정하는 사람 14. 별표1의2 중 24. 거주(F-2) 차목에 해당하는 체류자격을 받은 후 5년 이상 계속 투자 상태를 유지하고 있는 사람으로서 대한민국에 계속 거주할 필요가 있다고 법무부장관이 인정하는 사람과 그 배우자 및 자녀(법무부장관이 정하는 요건을 갖춘 자녀만 해당한다) 15. 별표1의2 중 11. 기업투자(D-8) 다목에 해당하는 체류자격으로 대한민국에 3년 이상 계속 체류하고 있는 사람으로서 투자자로부터 3억원 이상의 투자금을 유치하고 2명 이상의 국민을 고용하는 등 법무부장관이 정하는 요건을 갖춘 사람 16. 5년 이상 투자 상태를 유지할 것을 조건으로 법무부장관이 정하여 고시하는 금액 이상을 투자한 사람과 그 배우자 및 자녀로서 법무부장관이 정하는 요건을

	갖춘 사람 17. 별표1의2 중 11. 기업투자(D-8) 가목에 해당하는 체류자격을 가지고 「외국인투자촉진법 시행령」 제25조제1항제4호에 따른 연구개발시설의 필수전문인력으로 대한민국에 3년 이상 계속 체류하고 있는 사람으로서 법무부장관이 인정하는 사람 18. 별표1의2 중 24. 거주(F-2) 다목에 해당하는 체류자격으로 2년 이상 대한민국에 체류하고 있는 사람 19. 별표1의2 중 24. 거주(F-2) 카목에 해당하는 체류자격으로 2년 이상 대한민국에 체류하고 있는 사람

〔별표2〕

과태료의 부과기준(제102조 관련)

(2020.12.8 개정)

1. 일반기준
  가. 위반행위가 둘 이상일 때에는 위반행위마다 부과한다.
  나. 하나의 위반행위가 둘 이상의 과태료 부과기준에 해당하면 과태료 금액이 가장 높은 위반행위를 기준으로 과태료를 부과한다.
  다. 청장·사무소장 또는 출장소장은 다음의 어느 하나에 해당하는 경우에는 제2호에 따른 과태료 금액의 2분의 1의 범위에서 그 금액을 줄일 수 있다. 다만, 과태료를 체납하고 있는 위반행위자의 경우에는 그렇지 않다.
    1) 위반행위자가 「질서위반행위규제법 시행령」 제2조의2제1항 각 호의 어느 하나에 해당하는 경우
    2) 자연재해나 화재 등으로 위반행위자의 재산에 현저한 손실이 발생하거나 사업 여건의 악화로 위반행위자의 사업이 중대한 위기에 처하는 등의 사정이 있는 경우
    3) 그 밖에 위반행위의 정도, 위반행위의 동기 및 그 결과, 위반행위자의 연령·환경 및 과태료 부담능력 등을 고려하여 과태료를 감경할 필요가 있다고 인정되는 경우
  라. 청장·사무소장 또는 출장소장은 다음의 어느 하나에 해당하는 경우에는 제2호에 따른 과태료 부과금액의 2분의 1의 범위에서 그 금액을 늘릴 수 있다. 다만, 법 제100조제1항부터 제3항까지의 규정에 따른 과태료 금액의 상한을 넘을 수 없다.
    1) 위반의 내용 및 정도가 중대하여 그 피해가 출입국관리나 외국인 체류관리 등에 미치는 영향이 크다고 인정되는 경우
    2) 최근 3년 이내 법 위반 사실이 있는 경우
    3) 그 밖에 위반행위의 정도, 위반행위의 동기 및 그 결과 등을 고려하여 과태료를 가중할 필요가 있다고 인정되는 경우
  마. 위반행위의 횟수에 따른 과태료의 가중된 부과기준은 최근 3년간(제2호차목의 경우에는 최근 1년간) 같은 위반행위로 과태료 부과처분을 받은 경우에 적용한다. 이 경우 기간의 계산은 위반행위에 대하여 과태료 부과처분을 받은 날과 그 처분 후 다시 같은 위반행위를 하여 적발된 날을 기준으로 한다.
  바. 마목에 따라 가중된 부과처분을 하는 경우 가중처분의 적용 차수는 그 위반행위 전 부과처분 차수(마목에 따른 기간 내에 과태료 부과처분이 둘 이상 있었던 경우에는 높은 차수를 말한다)의 다음 차수로 한다.
2. 개별기준

위반행위	근거 법조문	위반기간 또는 위반횟수	과태료 금액
가. 법 제19조에 따른 신고의무를 위반한 경우	법 제100조 제1항제1호	3개월 미만	10만원
		3개월 이상 6개월 미만	30만원
		6개월 이상 12개월 미만	50만원
		1년 이상 2년 미만	100만원
		2년 이상	200만원
나. 법 제19조의4제1항에 따른 통지의무를 위반한 경우	법 제100조 제1항제2호	1회	20만원
		2회	50만원
		3회	100만원
		4회 이상	200만원
다. 법 제19조의4제2항에 따른 신고의무를 위반한 경우	법 제100조 제1항제2호	3개월 미만	10만원
		3개월 이상 6개월 미만	30만원
		6개월 이상 12개월 미만	50만원
		1년 이상 2년 미만	100만원
		2년 이상	200만원
라. 법 제21조제1항 단서에 따른 신고의무를 위반한 경우	법 제100조 제1항제3호	3개월 미만	10만원
		3개월 이상 6개월 미만	30만원
		6개월 이상 12개월 미만	50만원
		1년 이상 2년 미만	100만원
		2년 이상	200만원
마. 법 제33조제2항을 위반하여 외국인등록증 발급신청을 하지 않은 경우	법 제100조 제3항제1호	3개월 미만	10만원
		3개월 이상 6개월 미만	20만원
		6개월 이상 12개월 미만	30만원
		1년 이상	50만원
바. 법 제33조제4항 또는 제33조의2제1항을 위반하여 영주증을 재발급받지 않은 경우	법 제100조 제1항제4호	3개월 미만	10만원
		3개월 이상 6개월 미만	30만원
		6개월 이상 12개월 미만	50만원
		1년 이상 2년 미만	100만원
		2년 이상	200만원
사. 법 제35조에 따른 외국인등록사항의 변경신고의무를 위반한 경우	법 제100조 제2항제1호	3개월 미만	10만원
		3개월 이상 6개월 미만	30만원
		6개월 이상 1년 미만	50만원
		1년 이상	100만원
아. 법 제37조제1항 또는 제2항에 따른 외국인등록증 반납의무를 위반한 경우	법 제100조 제2항제1호	1회	10만원
		2회	30만원
		3회	50만원
		4회 이상	100만원
자. 과실로 인하여 법 제75조제1항(법 제70조제1항 및 제2항에서 준용하는 경우를 포함한다) 또는 제2항(법 제70조제1항 및 제2항에서 준용하는 경우를 포함한다)에 따른 출·입항보고를 하지 않은 경우	법 제100조 제1항제5호	1회	20만원
		2회	50만원
		3회	100만원
		4회 이상	200만원
차. 과실로 인하여 법 제75조제1항(법 제70조제1항 및 제2항에서 준용하는 경우를 포함한다) 또는 제2항(법 제70조제1항 및 제2항에서 준용하는 경우를 포함한다)에 따른 출·입항보고서의 국적, 성명, 성별, 생년월일, 여권번호에 관한 항목을 최근 1년 이내에 3회 이상 사실과 다르게 보고한 경우	법 제100조 제1항제5호	3회	30만원
		4회	50만원
		5회	70만원
		6회	90만원
		7회	120만원
		8회	150만원
		9회 이상	200만원
카. 법 제79조에 따른 신청의무를 위반한 경우	법 제100조 제2항제2호	1년 미만	10만원
		1년 이상 2년 미만	30만원
		2년 이상 3년 미만	50만원
		3년 이상	100만원
타. 법 제81조제4항에 따른 출입국관리공무원의 장부 또는 자료 제출 요구를 거부하거나 기피한 경우	법 제100조 제2항제3호	1회	20만원
		2회	50만원
		3회 이상	100만원
파. 법 제81조의3제1항을 위반하여 여권 등 자료를 제공하지 않은 경우	법 제100조 제3항제1호의2	1회	10만원
		2회	20만원
		3회	30만원
		4회	40만원
		5회 이상	50만원
하. 법 제81조의3제2항을 위반하여 숙박외국인의 자료를 제출하지 않거나 허위로 제출한 경우	법 제100조 제3항제1호의3	1회	10만원
		2회	20만원
		3회	30만원
		4회	40만원
		5회 이상	50만원
거. 법에 따른 각종 신청이나 신고에서 거짓 사실을 적거나 보고한 경우(법 제94조제17호의2에 해당하는 경우는 제외한다)	법 제100조 제3항제2호	1회	30만원
		2회	40만원
		3회 이상	50만원

■ 공증 서류의 보존에 관한 규칙

〔별표1〕

보관창고의 시설기준(제4조제3항 관련)

(2021.2.1 개정)

1. 보관창고의 크기는 바닥면적 16.5m² 이상, 높이는 2m 이상, 용적은 33m³ 이상일 것
2. 보관창고의 벽은 다음 각 목의 어느 하나에 해당하는 것으로 할 것
  가. 두께 200mm 이상의 이중 내화벽돌조
  나. 두께 150mm 이상의 철근 콘크리트조
  다. 두께 2mm 이상의 철판 두 장 사이에 두께 25mm 이상의 세라믹 파이버 보드와 두께 75mm 이상의 고온용 실리카 보드를 삽입하여 전체 두께가 104mm 이상인 구조체(비내력벽인 경우에 한정한다)
  라. 내화능력을 시험할 수 있는 국가기관 또는 국가공인기관으로부터 1,010℃의 열에 대한 2시간 이상의 내화 및 이면온도 180℃ 미만 유지의 성능을 인정받은 구조체로서 도난방지 성능이 가목부터 다목까지에서 규정한 구조체의 성능에 상응하는 구조체
3. 보관창고의 문은 다음 각 목의 어느 하나에 해당하는 것으로 하고, 이중 잠금장치를 설치할 것
  가. 두께 2mm 이상의 철판 두 장 사이에 두께 25mm 이상의 세라믹 파이버 보드와 두께 75mm 이상의 고온용 실리카 보드를 삽입하여 전체 두께가 104mm 이상인 구조체
  나. 「건축물의 피난·방화구조 등의 기준에 관한 규칙」 제26조 각 호 외의 부분의 위임에 따라 국토교통부장관이 정하여 고시하는 기준에 따른 시험 결과 1시간 이상의 차열(遮熱) 성능이 있는 방화문
4. 보관창고 안에 설치하는 선반은 내화자재로 제작할 것
5. 보관창고에는 액체계 소화기가 아닌 소화기 중 「화재예방, 소방시설 설치·유지 및 안전관리에 관한 법률」 제36조제5항의 위임에 따라 소방청장이 정하여 고시하는 기준에 적합한 A급화재용소화기로서 능력단위의 수치가 3 이상인 소화기를 설치할 것

〔별표2〕

공증 서류 통합보관시설의 시설기준(제4조의2제3항 관련)

(2021.2.1 개정)

1. 공증 서류 통합보관시설(이하 "통합보관시설"이라 한다)의 크기는 바닥면적 49.5m² 이상, 높이는 2m 이상, 용적은 99m³ 이상일 것
2. 통합보관시설의 벽은 다음 각 목의 어느 하나에 해당하는 것으로 할 것
  가. 두께 200mm 이상의 이중 내화벽돌조
  나. 두께 150mm 이상의 철근 콘크리트조
  다. 두께 2mm 이상의 철판 두 장 사이에 두께 25mm 이상의 세라믹 파이버 보드와 두께 75mm 이상의 고온용 실리카 보드를 삽입하여 전체 두께가 104mm 이상인 구조체(비내력벽인 경우에 한정한다)
  라. 내화능력을 시험할 수 있는 국가기관 또는 국가공인기관으로부터 1,010℃의 열에 대한 2시간 이상의 내화 및 이면온도 180℃ 미만 유지의 성능을 인정받은 구조체로서 도난방지 성능이 가목부터 다목까지에서 규정한 구조체의 성능에 상응하는 구조체
3. 통합보관시설의 문은 두께 2mm 이상의 철판 두 장 사이에 두께 25mm 이상의 세라믹 파이버 보드와 두께 75mm 이상의 고온용 실리카 보드를 삽입하여 전체 두께가 104mm 이상인 구조체로 하고, 이중 잠금장치를 설치할 것
4. 통합보관시설 안에 설치하는 선반은 내화자재로 제작할 것
5. 통합보관시설에는 총중량이 18kg 이상인 분말소화기를 설치할 것

<행정일반편>

■ 개인정보 보호법 시행령

〔별표1〕~〔별표1의3〕 (2023.9.12 삭제)

〔별표1의4〕

손해배상책임의 이행을 위한 최저가입금액(최소적립금액)의 기준(제48조의7제2항 관련)

(2020.8.4 신설)

가입 대상 개인정보처리자의 가입금액 산정요소		최저가입금액 (최소적립금액)
매출액	이용자 수	
800억원 초과	100만명 이상	10억원
50억원 초과 800억원 이하		5억원
5천만원 이상 50억원 이하		2억원
800억원 초과	10만명 이상 100만명 미만	5억원
50억원 초과 800억원 이하		2억원
5천만원 이상 50억원 이하		1억원
800억원 초과	1천명 이상 10만명 미만	2억원
50억원 초과 800억원 이하		1억원
5천만원 이상 50억원 이하		5천만원

〔별표1의5〕

과징금의 산정기준과 산정절차(제60조의2제6항 관련)

(2023.9.12 개정)

1. 과징금의 산정단계

과징금은 법 제64조의2제4항 각 호에 따른 고려 사항과 이에 영향을 미치는 행위를 종합적으로 고려하여 제2호가목에 따라 산정된 기준금액에 같은 호 나목에 따른 1차 조정, 같은 호 다목에 따른 2차 조정, 같은 호 라목에 따른 부과과징금 결정을 순차적으로 거쳐 산정한다. 다만, 가중하는 경우에도 법 제64조의2제1항 각 호 외의 부분에 따른 과징금 금액의 상한을 넘을 수 없다.

2. 과징금의 산정단계에 따른 산정방식과 고려 사유

가. 기준금액의 산정

1) 기준금액은 제60조의2제1항에 따른 전체 매출액에서 같은 조 제3항에 따른 위반행위와 관련이 없는 매출액을 제외한 매출액에 위반행위의 중대성에 따라 다음과 같이 구분된 과징금의 산정비율(이하 "부과기준율"이라 한다)을 곱하여 산출한 금액으로 한다.

위반행위의 중대성	부과기준율
매우 중대한 위반행위	2.1% 이상 2.7% 이하
중대한 위반행위	1.5% 이상 2.1% 미만
보통 위반행위	0.9% 이상 1.5% 미만
약한 위반행위	0.03% 이상 0.9% 미만

2) 제60조의2제2항 각 호의 어느 하나에 해당하는 경우에는 1)에도 불구하고 위반행위의 중대성에 따라 기준금액을 다음과 같이 한다.

위반행위의 중대성	기준금액
매우 중대한 위반행위	7억원 이상 18억원 이하
중대한 위반행위	2억원 이상 7억원 미만
보통 위반행위	5천만원 이상 2억원 미만
약한 위반행위	5백만원 이상 5천만원 미만

3) 위반행위의 중대성은 다음의 사항을 종합적으로 고려하여 판단한다.

가) 위반행위의 내용 및 정도

나) 암호화 등 안전성 확보 조치 이행 노력

다) 개인정보가 분실·도난·유출·위조·변조·훼손된 경우 위반행위와의 관련성 및 분실·도난·유출·위조·변조·훼손의 규모

라) 개인정보처리자가 처리하는 개인정보의 유형과 정보주체에게 미치는 영향

마) 위반행위로 인한 정보주체의 피해 규모

나. 1차 조정

위반행위의 기간 및 횟수, 위반행위로 인하여 취득한 이익의 규모, 개인정보처리자의 업무 형태 및 규모를 고려하여 가목에 따른 기준금액의 100분의 90의 범위에서 보호위원회가 정하여 고시하는 기준에 따라 가중하거나 감경할 수 있다.

다. 2차 조정

다음의 사항(법 제64조의2제4항 각 호의 사항 중 가목에 따른 기준금액 산정 및 나목에 따른 1차 조정 단계에서 고려된 사항은 제외한다)을 종합적으로 고려하여 1차 조정을 거친 금액의 100분의 50의 범위에서 보호위원회가 정하여 고시하는 기준에 따라 가중하거나 감경할 수 있다.

1) 보호위원회와의 협조 등 위반행위를 시정하기 위한 조치 여부

2) 위반행위로 인한 피해의 회복 및 피해 확산 방지 조치의 이행 여부

3) 개인정보 보호 인증, 자율적인 보호 활동 등 개인정보 보호를 위한 노력

4) 위반행위의 주도 여부

5) 위반행위 사실의 자진신고 여부

라. 부과과징금의 결정

1) 다음의 사항을 고려하여 다목에 따라 산정된 과징금이 과중하다고 인정되는 경우에는 해당 금액의 100분의 90 범위에서 감경할 수 있다.

가) 위반행위자의 현실적인 부담능력

나) 경제위기 등으로 위반행위자가 속한 시장·산업 여건이 현저하게 변동되거나 지속적으로 악화된 상태인지 여부

2) 법 제64조의2제5항 각 호의 어느 하나에 해당하는 경우에는 과징금을 부과하지 않을 수 있다.

3. 세부 기준

매출액의 산정에 관한 세부 기준, 위반행위의 중대성 판단 기준, 1차 조정 및 2차 조정을 위한 세부 기준, 부과과징금의 결정을 위한 세부 기준과 그 밖에 과징금의 부과에 필요한 사항은 보호위원회가 정하여 고시한다.

〔별표2〕

과태료의 부과기준(제63조 관련)

(2023.9.12 개정)

1. 일반기준

가. 위반행위의 횟수에 따른 과태료의 가중된 부과기준은 최근 3년간 같은 위반행위로 과태료 부과처분을 받은 경우에 적용한다. 이 경우 기간의 계산은 위반행위에 대하여 과태료 부과처분을 받은 날과 그 처분 후 다시 같은 위반행위를 하여 적발된 날을 기준으로 한다.

나. 가목에 따라 가중된 부과처분을 하는 경우 가중처분의 적용 차수는 그 위반행위 전 부과처분 차수(가목에 따른 기간 내에 과태료 부과처분이 둘 이상 있었던 경우에는 높은 차수를 말한다)의 다음 차수로 한다.

다. 부과권자는 다음의 어느 하나에 해당하는 경우에는 제2호의 개별기준에 따른 과태료 금액을 줄이거나 면제할 수 있다. 다만, 과태료를 체납하고 있는 위반행위자에 대해서는 그렇지 않다.

1) 위반행위가 사소한 부주의나 오류로 인한 것으로 인정되는 경우

2) 위반의 내용·정도가 경미하다고 인정되는 경우

3) 위반행위자가 「중소기업기본법」 제2조에 따른 중소기업자인 경우 등 위반행위자의 업무 형태 및 규모에 비해 과중하다고 인정되는 경우

4) 위반행위자가 법 위반상태를 시정하거나 해소하기 위하여 노력한 것이 인정되는 경우

5) 위반행위자가 위반행위로 인한 피해의 회복 및 피해 확산 방지 조치를 이행한 경우

6) 위반행위자가 법 제32조의2에 따른 개인정보 보호 인증을 받거나 자율적인 보호 활동을 하는 등 개인정보 보호를 위하여 노력한 것이 인정되는 경우

7) 위반행위자가 위반행위 사실을 자진신고한 경우

8) 그 밖에 위반행위의 정도, 위반행위의 동기와 그 결과 등을 고려하여 과태료 금액을 줄이거나 면제할 필요가 있다고 인정되는 경우

라. 부과권자는 다음의 어느 하나에 해당하는 경우에는 제2호의 개별기준에 따른 과태료의 2분의 1 범위에서 그 금액을 늘려 부과할 수 있다. 다만, 늘려 부과하는 경우에도 법 제75조제1항부터 제4항까지의 규정에 따른 과태료 금액의 상한을 넘을 수 없다.

1) 위반의 내용·정도가 중대하여 정보주체 등에게 미치는 피해가 크다고 인정되는 경우

2) 그 밖에 위반행위의 정도·기간, 위반행위의 동기와 그 결과 등을 고려하여 과태료 금액을 늘릴 필요가 있다고 인정되는 경우

2. 개별기준

(단위 : 만원)

위반행위	근거 법조문	과태료 금액		
		1회 위반	2회 위반	3회 이상 위반
가. 법 제11조의2제2항을 위반하여 정당한 사유 없이 자료를 제출하지 않거나 거짓으로 제출한 경우	법 제75조 제4항제1호			
1) 자료를 제출하지 않은 경우		100	200	400
2) 자료를 거짓으로 제출한 경우		200	400	800
나. 법 제16조제3항·제22조제5항(법 제26조제8항에 따라 준용되는 경우를 포함한다)을 위반하여 재화 또는 서비스의 제공을 거부한 경우	법 제75조 제2항제1호	600	1,200	2,400
다. 법 제20조제1항·제2항을 위반하여 정보주체에게 같은 조 제1항 각 호의 사실을 알리지 않은 경우	법 제75조 제2항제2호	600	1,200	2,400
라. 법 제20조의2제1항을 위반하여 개인정보의 이용·제공 내역이나 이용·제공 내역을 확인할 수 있는 정보시스템에 접속하는 방법을 통지하지 않은 경우	법 제75조 제2항제3호	600	1,200	2,400
마. 법 제21조제1항(법 제26조제8항에 따라 준용되는 경우를 포함한다)을 위반하여 개인정보의 파기 등 필요한 조치를 하지 않은 경우	법 제75조 제2항제4호	600	1,200	2,400
바. 법 제21조제3항(법 제26조제8항에 따라 준용되는 경우를 포함한다)을 위반하여 개인정보를 분리하여 저장·관리하지 않은 경우	법 제75조 제4항제2호	200	400	800
사. 법 제22조제1항부터 제3항까지(법 제26조제8항에 따라 준용되는 경우를 포함한다)를 위반하여 동의를 받은 경우	법 제75조 제4항제3호	200	400	800
아. 법 제23조제2항·제24조제3항·제25조제6항(법 제25조의2제4항에 따라 준용되는 경우를 포함한다)·제28조의4제1항·제29조(법 제26조제8항에 따라 준용되는 경우를 포함한다)를 위반하여 안전성 확보에 필요한 조치를 하지 않은 경우	법 제75조 제2항제5호	600	1,200	2,400
자. 법 제23조제3항(법 제26조제8항에 따라 준용되는 경우를 포함한다)을 위반하여 민감정보의 공개 가능성 및 비공개를 선택하는 방법을 알리지 않은 경우	법 제75조 제2항제6호	600	1,200	2,400
차. 법 제24조의2제1항(법 제26조제8항에 따라 준용되는 경우를 포함한다)을 위반하여 주민등록번호를 처리한 경우	법 제75조 제2항제7호	600	1,200	2,400
카. 법 제24조의2제2항(법 제26조제8항에 따라 준용되는 경우를 포함한다)을 위반하여 암호화 조치를 하지 않은 경우	법 제75조 제2항제8호	600	1,200	2,400
타. 법 제24조의2제3항(법 제26조제8항에 따라 준용되는 경우를 포함한다)을 위반하여 정보주체가 주민등록번호를 사용하지 않을 수 있는 방법을 제공하지 않은 경우	법 제75조 제2항제9호	600	1,200	2,400
파. 법 제25조제1항(법 제26조제8항에 따라 준용되는 경우를 포함한다)을 위반하여 고정형 영상정보처리기기를 설치·운영한 경우	법 제75조 제2항제10호	600	1,200	2,400
하. 법 제25조제2항(법 제26조제8항에 따라 준용되는 경우를 포함한다)을 위반하여 고정형 영상정보처리기기를 설치·운영한 경우	법 제75조 제1항제1호	1,000	2,000	4,000
거. 법 제25조의2제1항(법 제26조제8항에 따라 준용되는 경우를 포함한다)을 위반하여 사람 또는 그 사람과 관련된 사물의 영상을 촬영한 경우	법 제75조 제2항제11호	600	1,200	2,400
너. 법 제25조의2제2항(법 제26조제8항에 따라 준용되는 경우를 포함한다)을 위반하여 이동형 영상정보처리기기로 사람 또는 그 사람과 관련된 사물의 영상을 촬영한 경우	법 제75조 제1항제2호	1,000	2,000	4,000
더. 법 제26조제1항을 위반하여 업무 위탁 시 같은 항 각 호의 내용이 포함된 문서로 하지 않은 경우	법 제75조 제4항제4호	200	400	800
러. 법 제26조제2항을 위반하여 위탁하는 업무의 내용과 수탁자를 공개하지 않은 경우	법 제75조 제4항제5호	200	400	800

머. 법 제26조제3항을 위반하여 정보주체에게 알려야 할 사항을 알리지 않은 경우	법 제75조 제2항제12호	600	1,200	2,400
버. 법 제26조제6항을 위반하여 위탁자의 동의를 받지 않고 제3자에게 다시 위탁한 경우	법 제75조 제3항제1호	400	800	1,600
서. 법 제27조제1항·제2항(법 제26조제8항에 따라 준용되는 경우를 포함한다)을 위반하여 정보주체에게 개인정보의 이전 사실을 알리지 않은 경우	법 제75조 제4항제6호	200	400	800
어. 법 제28조의4제3항(법 제26조제8항에 따라 준용되는 경우를 포함한다)을 위반하여 관련 기록을 작성하여 보관하지 않은 경우	법 제75조 제4항제7호	200	400	800
저. 법 제28조의5제2항(법 제26조제8항에 따라 준용되는 경우를 포함한다)을 위반하여 개인을 알아볼 수 있는 정보가 생성되었음에도 이용을 중지하지 않거나 이를 회수·파기하지 않은 경우	법 제75조 제2항제13호	600	1,200	2,400
처. 법 제28조의8제4항(법 제26조제8항 및 제28조의11에 따라 준용되는 경우를 포함한다)을 위반하여 보호조치를 하지 않은 경우	법 제75조 제2항제14호	600	1,200	2,400
커. 법 제30조제1항 또는 제2항(법 제26조제8항에 따라 준용되는 경우를 포함한다)을 위반하여 개인정보 처리방침을 정하지 않거나 이를 공개하지 않은 경우	법 제75조 제4항제8호	200	400	800
터. 법 제31조제1항(법 제26조제8항에 따라 준용되는 경우를 포함한다)을 위반하여 개인정보 보호책임자를 지정하지 않은 경우	법 제75조 제4항제9호	200	400	800
퍼. 법 제31조의2제1항을 위반하여 국내대리인을 지정하지 않은 경우	법 제75조 제3항제2호		2,000	
허. 법 제32조의2제6항을 위반하여 인증을 받지 않았음에도 거짓으로 인증의 내용을 표시하거나 홍보한 경우	법 제75조 제2항제15호	600	1,200	2,400
고. 법 제33조제1항을 위반하여 영향평가를 하지 않거나 그 결과를 보호위원회에 제출하지 않은 경우	법 제75조 제2항제16호	600	1,200	2,400
노. 법 제34조제1항(법 제26조제8항에 따라 준용되는 경우를 포함한다)을 위반하여 정보주체에게 같은 항 각 호의 사실을 알리지 않은 경우	법 제75조 제2항제17호	600	1,200	2,400
도. 법 제34조제3항(법 제26조제8항에 따라 준용되는 경우를 포함한다)을 위반하여 보호위원회 또는 전문기관에 신고하지 않은 경우	법 제75조 제2항제18호	600	1,200	2,400
로. 법 제35조제3항(법 제26조제8항에 따라 준용되는 경우를 포함한다)을 위반하여 열람을 제한하거나 거절한 경우	법 제75조 제2항제19호	600	1,200	2,400
모. 법 제35조제3항·제4항, 제36조제2항·제4항 또는 제37조제4항(법 제26조제8항에 따라 준용되는 경우를 포함한다)을 위반하여 정보주체에게 알려야 할 사항을 알리지 않은 경우	법 제75조 제4항제10호	200	400	800
보. 법 제35조의3제1항에 따른 지정을 받지 않고 같은 항 제2호의 업무를 수행한 경우	법 제75조 제2항제20호	600	1,200	2,400
소. 법 제35조의3제3항을 위반한 경우	법 제75조 제2항제21호	600	1,200	2,400
오. 법 제36조제2항(법 제26조제8항에 따라 준용되는 경우를 포함한다)을 위반하여 정정·삭제 등 필요한 조치를 하지 않은 경우	법 제75조 제2항제22호	600	1,200	2,400
조. 법 제37조제3항 또는 제5항(법 제26조제8항에 따라 준용되는 경우를 포함한다)을 위반하여 파기 등 필요한 조치를 하지 않은 경우	법 제75조 제2항제23호	600	1,200	2,400
초. 법 제37조의2제3항(법 제26조제8항에 따라 준용되는 경우를 포함한다)을 위반하여 정당한 사유 없이 정보주체의 요구에 따르지 않은 경우	법 제75조 제2항제24호	600	1,200	2,400
코. 법 제45조제1항에 따른 자료를 정당한 사유 없이 제출하지 않거나 거짓으로 제출한 경우	법 제75조 제4항제11호			
1) 자료를 제출하지 않은 경우		100	200	400
2) 자료를 거짓으로 제출한 경우		200	400	800
토. 법 제45조제2항에 따른 출입·조사·열람을 정당한 사유 없이 거부·방해 또는 기피한 경우	법 제75조 제4항제12호	200	400	800
포. 법 제63조제1항(법 제26조제8항에 따라 준용되는 경우를 포함한다)에 따른 관계 물품·서류 등 자료를 제출하지 않거나 거짓으로 제출한 경우	법 제75조 제2항제25호			
1) 자료를 제출하지 않은 경우		300	600	1,200
2) 자료를 거짓으로 제출한 경우		600	1,200	2,400
호. 법 제63조제2항(법 제26조제8항에 따라 준용되는 경우를 포함한다)에 따른 출입·검사를 거부·방해 또는 기피한 경우	법 제75조 제2항제26호	600	1,200	2,400
구. 법 제64조제1항에 따른 시정조치 명령에 따르지 않은 경우	법 제75조 제2항제27호	600	1,200	2,400

■ 외무공무원임용령

[별표1] (2007.11.12 삭제)

[별표2]

외무공무원 대외직명기준(제6조관련)

(2013.3.23 개정)

직렬 및 경력	직무 및 대외직명	외교	영사
참사관급 이상 직위 경력자	실장급 이상 직위 및 특명전권대사 경력자	특명전권대사·대사·특명전권공사·공사·대리대사	총영사
	공사급 직위(심의관을 제외한다) 및 총영사 경력자	특명전권대사·대사·특명전권공사·공사·대리대사·공사참사관	총영사·부총영사
	심의관·공사참사관 및 부총영사 경력자	특명전권대사·특명전권공사·공사·대리대사·공사참사관·참사관	총영사·부총영사
	참사관급 직위(공사참사관 및 부총영사를 제외한다) 경력자	공사·대리대사·공사참사관·참사관·1등서기관	총영사·부총영사·영사
참사관급 미만 직위 경력자	외교통상직렬	참사관·1등서기관·2등서기관·3등서기관	영사·부영사
	외무영사직렬	참사관·1등서기관·2등서기관·3등서기관	영사·부영사
	외교정보기술직렬	참사관·1등서기관·2등서기관·3등서기관	영사·부영사

비 고

1. 재외공관에 두는 별정직국가공무원의 대외직명 지정은 당해 공무원의 계급상당에 상응하는 외무공무원의 대외직명 지정기준에 따라 외교부령이 정하는 기준에 의한다.
2. 심의관의 범위에는 심의관급 파견자를 포함한다.

[별표2의2] (2019.3.12 삭제)

[별표3]

적격심사 외국어 어학검정 기준(제33조제2항 관련)

(2023.7.11 개정)

구 분	외국어 어학검정 기준
외교통상직	영어능력검정 50점(TOP/TWP), 700점(TEPS, 2018. 5. 12. 전에 실시된 시험), 385점(TEPS, 2018. 5. 12. 이후에 실시된 시험) 이상 또는 제2외국어능력검정 60점 이상
외무영사직	영어능력검정 40점(TOP/TWP), 550점(TEPS, 2018. 5. 12. 전에 실시된 시험), 296점(TEPS, 2018. 5. 12. 이후에 실시된 시험) 또는 제2외국어능력검정 50점 이상
외교정보기술직	영어능력검정 40점(TOP/TWP), 550점(TEPS, 2018. 5. 12. 전에 실시된 시험), 296점(TEPS, 2018. 5. 12. 이후에 실시된 시험) 또는 제2외국어능력검정 40점 이상

비 고

1. 영어능력검정 중 "TOP/TWP"란 국립외교원이 주관하여 서울대학교 TEPS관리위원회에 위탁·시행하는 영어 말하기/쓰기 시험을 의미한다.
2. 영어능력검정 중 "TEPS"란 서울대학교 언어교육원에서 개발한 영어능력검정시험으로서 국립외교원이 주관하여 서울대학교 TEPS관리위원회에 위탁·시행하는 것과 서울대학교 TEPS관리위원회가 자체 시행하는 것을 포함한다.
3. 제2외국어능력검정이란 국립외교원이 주관하는 제2외국어 어학능력검정시험을 의미한다.
4. 제33조제2항에도 불구하고, 재외공관근무·재외동포청근무·파견 및 휴직 중 외무공무원 적격심사를 위한 외국어 어학검정 점수의 유효기간(10년)이 지난 경우 또는 재외공관근무·재외동포청근무·파견 및 휴직 후 외교부 본부 귀임 시 위 표에 따른 어학검정 점수의 유효기간이 1년 미만으로 남는 경우에는 귀임 후 해당 어학검정 점수가 1년 동안 유효한 것으로 본다.
5. 신규채용자의 경우 채용 후 외교부 본부 실제 근무기간 5년 동안 위 표에 따른 외국어 어학검정 기준에 달하는 외국어 어학검정 점수가 없음을 사유로 적격심사에 회부되지 않는다.
6. 제33조제6항에도 불구하고 재외공관근무·재외동포청근무·파견 및 휴직 중인 외무공무원의 경우 부여된 유예기간이 지나더라도 외교부 본부 귀임 후 1년까지는 위 표에 따른 외국어 어학검정 기준에 해당하는 외국어 어학검정 점수가 없어도 적격심사에 회부되지 않는다.

[별표4] (2007.11.12 삭제)

[별표5]

정년초과 근무가능 직위(제41조제1항 관련)

(2021.11.11 개정)

1. 외교부 및 국립외교원 직위
   ○ 한반도평화교섭본부장·차관보·의전장·기획조정실장·다자외교조정관·경제외교조정관
2. 재외공관 직위

아시아·태평양	주일본국대사·주중화인민공화국대사·주말레이시아대사·주베트남사회주의공화국대사·주싱가포르공화국대사·주호주연방대사·주인도공화국대사·주인도네시아공화국대사·주태국대사·주상하이총영사·주필리핀공화국대사·주오사카총영사·주홍콩총영사·주타이베이대표
미주	주미합중국대사·주멕시코합중국대사·주브라질연방공화국대사·주아르헨티나공화국대사·주칠레공화국대사·주캐나다대사·주뉴욕총영사·주로스앤젤레스총영사
구주	주러시아연방대사·주네덜란드왕국겸주헤이그국제기구대표부대사·주덴마크왕국대사·주독일연방공화국대사·주벨기에왕국겸주유럽연합대표부대사·주스웨덴왕국대사·주스페인왕국대사·주영국대사·주오스트리아공화국겸주빈국제기구대표부대사·주이탈리아공화국대사·주폴란드공화국대사·주프랑스공화국대사
아프리카·중동	주나이지리아연방공화국대사·주남아프리카공화국대사·주사우디아라비아왕국대사·주이란이슬람공화국대사·주이스라엘국대사·주이집트아랍공화국대사·주이라크공화국대사
주요 국제기구 대표부	주유엔대표부대사·주오이시디대표부대사·주제네바유엔및국제기구대표부대사·주유네스코대표부대사·주아세안대표부대사

■ 공직자윤리법 시행령

〔별표1〕 (2009.2.3 삭제)

〔별표1의2〕

특별시·광역시·특별자치시·도·특별자치도
공직자윤리위원회 등의 관할(제15조의2 관련)

(2021.6.22 개정)

윤리위원회	관할 공무원
특별시·광역시·특별자치시·도·특별자치도 공직자윤리위원회	가. 시·군·구 의회의원 나. 특별시·광역시·특별자치시·도·특별자치도 또는 특별시·광역시·특별자치시·도·특별자치도의회 소속 4급 이하 일반직공무원 및 이에 상당하는 보수·직위의 별정직·연구직·지도직 등 공무원, 지방자치단체 소속 소방정 이하의 소방공무원과 그 퇴직공직자 다. 시·군·구 또는 시·군·구의회 소속 4급 일반직공무원 및 이에 상당하는 보수·직위의 별정직·연구직·지도직 등 공무원과 그 퇴직공직자 라. 가목부터 다목까지의 직급 및 직위 또는 이에 상당하는 직급 및 직위에 임용된 임기제공무원과 그 퇴직공직자 마. 특별시·광역시·특별자치시·도·특별자치도 관할 공직유관단체 임·직원 및 그 퇴직자
시·군·구 공직자윤리위원회	가. 시·군·구 또는 시·군·구의회 소속 5급 이하 일반직공무원 및 이에 상당하는 보수·직위의 별정직·연구직·지도직 등 공무원과 그 퇴직공직자 나. 가목의 직급 및 직위 또는 이에 상당하는 직급 및 직위에 임용된 임기제공무원과 그 퇴직공직자 다. 시·군·구관할 공직유관단체 임·직원 및 그 퇴직자
특별시·광역시·특별자치시·도·특별자치도교육청 공직자윤리위원회	가. 시·군·구의 교육장(「지방교육행정기관의 행정기구와 정원기준 등에 관한 규정」 별표3에 따라 국이 설치된 교육지원청의 교육장을 제외한다)과 그 퇴직공직자 나. 특별시·광역시·특별자치시·도·특별자치도교육청 소속 4급 이하 일반직공무원 및 이에 상당하는 보수·직위의 별정직·연구직·지도직·장학관·장학사·교육연구관 등 공무원과 그 퇴직공직자 다. 가목 및 나목의 직급 및 직위 또는 이에 상당하는 직급 및 직위에 임용된 임기제공무원과 그 퇴직공직자 라. 특별시·광역시·특별자치시·도·특별자치도교육청 관할 공직 유관단체 임·직원 및 그 퇴직자
정부 공직자윤리위원회	가. 지방자치단체의 장 등 지방자치단체 정무직공무원 및 특별시·광역시·특별자치시·도·특별자치도 의회의원과 그 퇴직공직자 나. 교육감, 「지방교육행정기관의 행정기구와 정원기준 등에 관한 규정」 별표3에 따라 국이 설치된 교육지원청의 교육장과 그 퇴직공직자 다. 지방자치단체 및 지방의회 소속 3급 이상 또는 고위공무원단 소속 일반직공무원 및 이에 상당하는 보수·직위의 별정직·연구직·지도직 등 공무원, 지방자치단체 소속 소방준감 이상의 소방공무원과 그 퇴직공직자 라. 특별시·광역시·특별자치시·도·특별자치도교육청 소속 3급 이상 또는 고위공무원단 소속 일반직공무원 및 이에 상당하는 보수·직위의 별정직·연구직·지도직 등 공무원, 장학관·교육연구관과 그 퇴직공직자 마. 다목 및 라목의 직급 및 직위 또는 이에 상당하는 직급 및 직위에 임용된 임기제공무원과 그 퇴직공직자 바. 법 제9조제2항제1호부터 제7호까지의 공직자 외의 공직자와 그 퇴직공직자

비 고
1. 제주특별자치도공직자윤리위원회의 관할에는 자치총경(자치경찰단장, 4급 상당) 이하의 자치경찰공무원 및 그 퇴직자를 포함한다.
2. "4급에 상당하는 연구직·지도직 공무원"이란 「지방 연구직 및 지도직공무원의 임용 등에 관한 규정」 별표2 제1호다목·제2호나목·제3호가목의 연구관, 별표2의2 제1호나목·제2호나목·제3호가목의 지도관을 말한다.
3. "3급 이상에 상당하는 연구직·지도직 공무원"이란 「국가공무원법」 제2조의2에 따른 고위공무원단에 속하는 연구직·지도직 공무원 및 「지방 연구직 및 지도직공무원의 임용 등에 관한 규정」 별표2 제1호가목·나목 및 제2호가목의 연구관, 별표2의2 제1호가목·제2호가목의 지도관을 말한다.

〔별표2〕 (2009.2.3 삭제)

■ 부정청탁 및 금품등 수수의 금지에 관한 법률 시행령

〔별표1〕

음식물·경조사비·선물 등의 가액 범위(제17조제1항 관련)

(2023.8.30 개정)

1. 음식물(제공자와 공직자등이 함께 하는 식사, 다과, 주류, 음료, 그 밖에 이에 준하는 것을 말한다) : 3만원
2. 경조사비 : 축의금·조의금은 5만원. 다만, 축의금·조의금을 대신하는 화환·조화는 10만원으로 한다.
3. 선물 : 다음 각 목의 금품등을 제외한 일체의 물품, 상품권(물품상품권 및 용역상품권만 해당하며, 이하 "상품권"이라 한다) 및 그 밖에 이에 준하는 것은 5만원. 다만, 「농수산물 품질관리법」 제2조제1항제1호에 따른 농수산물(이하 "농수산물"이라 한다) 및 같은 항 제13호에 따른 농수산가공품(농수산물을 원료 또는 재료의 50퍼센트를 넘게 사용하여 가공한 제품만 해당하며, 이하 "농수산가공품"이라 한다)과 농수산물·농수산가공품 상품권은 15만원(제17조제2항에 따른 기간 중에는 30만원)으로 한다.
   가. 금전
   나. 유가증권(상품권은 제외한다)
   다. 제1호의 음식물
   라. 제2호의 경조사비

비고
가. 제1호, 제2호 본문·단서 및 제3호 본문·단서에서 규정하는 각각의 가액 범위는 각각에 해당하는 것을 모두 합산한 금액으로 한다.
나. 제2호 본문의 축의금·조의금과 같은 호 단서의 화환·조화를 함께 받은 경우에는 그 가액을 합산한다. 이 경우 가액 범위는 10만원으로 하되, 제2호 본문 또는 단서의 가액 범위를 각각 초과해서는 안 된다.
다. 제3호에서 "상품권"이란 그 명칭 또는 형태에 관계없이 발행자가 특정한 물품 또는 용역의 수량을 기재(전자적 또는 자기적 방법에 의한 기록을 포함한다)하여 발행·판매하고, 그 소지자가 발행자 또는 발행자가 지정하는 자(이하 "발행자등"이라 한다)에게 이를 제시 또는 교부하거나 그 밖의 방법으로 사용함으로써 그 증표에 기재된 내용에 따라 발행자등으로부터 해당 물품 또는 용역을 제공받을 수 있는 증표인 물품상품권 또는 용역상품권을 말하며, 백화점상품권·온누리상품권·지역사랑상품권·문화상품권 등 일정한 금액이 기재되어 소지자가 해당 금액에 상응하는 물품 또는 용역을 제공받을 수 있는 증표인 금액상품권은 제외한다.
라. 제3호 본문의 선물과 같은 호 단서의 농수산물·농수산가공품 또는 농수산물·농수산가공품 상품권을 함께 받은 경우에는 그 가액을 합산한다. 이 경우 가액 범위는 15만원(제17조제2항에 따른 기간 중에는 30만원)으로 하되, 제3호 본문 또는 단서의 가액 범위를 각각 초과해서는 안 된다.
마. 제1호의 음식물, 제2호의 경조사비 및 제3호의 선물 중 2가지 이상을 함께 받은 경우에는 그 가액을 합산한다. 이 경우 가액 범위는 함께 받은 음식물, 경조사비 및 선물의 가액 범위 중 가장 높은 금액으로 하되, 제1호부터 제3호까지의 규정에 따른 가액 범위를 각각 초과해서는 안 된다.

〔별표1의2〕 (2021.1.19 삭제)

〔별표1의3〕 (2022.1.5 삭제)

〔별표2〕

외부강의등 사례금 상한액(제25조 관련)

(2018.1.17 개정)

1. 공직자등별 사례금 상한액
   가. 법 제2조제2호가목 및 나목에 따른 공직자등(같은 호 다목에 따른 각급 학교의 장과 교직원 및 같은 호 라목에 따른 공직자등에도 해당하는 사람은 제외한다) : 40만원
   나. 법 제2조제2호다목 및 라목에 따른 공직자등 : 100만원
   다. 가목 및 나목에도 불구하고 국제기구, 외국정부, 외국대학, 외국연구기관, 외국학술단체, 그 밖에 이에 준하는 외국기관에서 지급하는 외부강의등의 사례금 상한액은 사례금을 지급하는 자의 지급기준에 따른다.
2. 적용기준
   가. 제1호가목 및 나목의 상한액은 강의 등의 경우 1시간당, 기고의 경우 1건당 상한액으로 한다.
   나. 제1호가목에 따른 공직자등은 1시간을 초과하여 강의 등을 하는 경우에도 사례금 총액은 강의시간에 관계없이 1시간 상한액의 100분의 150에 해당하는 금액을 초과하지 못한다.
   다. 제1호가목 및 나목의 상한액에는 강의료, 원고료, 출연료 등 명목에 관계없이 외부강의등 사례금 제공자가 외부강의등과 관련하여 공직자등에게 제공하는 일체의 사례금을 포함한다.
   라. 다목에도 불구하고 공직자등이 소속기관에서 교통비, 숙박비, 식비 등 여비를 지급받지 못한 경우에는 「공무원 여비 규정」 등 공공기관별로 적용되는 여비 규정의 기준 내에서 실비수준으로 제공되는 교통비, 숙박비 및 식비는 제1호의 사례금에 포함되지 않는다.

■ 공익신고자 보호법

〔별표〕

공익침해행위 대상 법률(제2조제1호 관련)

(2024.2.6 개정)

「法典 別冊」 p.1287 참조

1. 「119구조·구급에 관한 법률」
2. 「가맹사업거래의 공정화에 관한 법률」
3. 「가정폭력방지 및 피해자보호 등에 관한 법률」
4. 「가정폭력범죄의 처벌 등에 관한 특례법」
5. 「가축 및 축산물 이력관리에 관한 법률」
6. 「가축분뇨의 관리 및 이용에 관한 법률」
7. 「가축전염병 예방법」
8. 「간선급행버스체계의 건설 및 운영에 관한 특별법」
9. 「감염병의 예방 및 관리에 관한 법률」
10. 「개발제한구역의 지정 및 관리에 관한 특별조치법」
11. 「개인정보 보호법」
12. 「갯벌 및 그 주변지역의 지속가능한 관리와 복원에 관한 법률」
13. 「건강검진기본법」
14. 「건강기능식품에 관한 법률」
15. 「건설근로자의 고용개선 등에 관한 법률」
16. 「건설기계관리법」
17. 「건설기술 진흥법」
18. 「건설산업기본법」
19. 「건설폐기물의 재활용촉진에 관한 법률」
20. 「건축물관리법」
21. 「건축물의 분양에 관한 법률」
22. 「건축법」
23. 「건축사법」
24. 「검역법」
25. 「게임산업진흥에 관한 법률」
26. 「결핵예방법」
27. 「경륜·경정법」
28. 「경비업법」
29. 「경찰관 직무집행법」
30. 「계량에 관한 법률」
31. 「고령친화산업 진흥법」
32. 「고압가스 안전관리법」
33. 「고용보험법」
34. 「고용상 연령차별금지 및 고령자고용촉진에 관한 법률」
35. 「골재채취법」
36. 「공간정보의 구축 및 관리 등에 관한 법률」
37. 「공공기관의 운영에 관한 법률」
38. 「공공보건의료에 관한 법률」
39. 「공공주택 특별법」
40. 「공동주택관리법」
41. 「공사중단 장기방치 건축물의 정비 등에 관한 특별조치법」
42. 「공연법」
43. 「공유수면 관리 및 매립에 관한 법률」
44. 「공유재산 및 물품 관리법」
45. 「공인중개사법」
46. 「공중 등 협박목적 및 대량살상무기확산을 위한 자금조달행위의 금지에 관한 법률」
47. 「공중위생관리법」
48. 「공중화장실 등에 관한 법률」
49. 「공항시설법」
50. 「관광진흥법」
51. 「광산안전법」
52. 「광산피해의 방지 및 복구에 관한 법률」
53. 「교통안전법」
54. 「교통약자의 이동편의 증진법」
55. 「국가기술자격법」
56. 「국가보안법」
57. 「국가통합교통체계효율화법」
58. 「국군포로의 송환 및 대우 등에 관한 법률」
59. 「국민건강보험법」
60. 「국민건강증진법」
61. 「국민기초생활 보장법」
62. 「국민연금법」
63. 「국민영양관리법」
64. 「국민체육진흥법」
65. 「국유림의 경영 및 관리에 관한 법률」
66. 「국유재산법」
67. 「국제상거래에 있어서 외국공무원에 대한 뇌물방지법」
68. 「국제항해선박 등에 대한 해적행위 피해예방에 관한 법률」
69. 「국제항해선박 및 항만시설의 보안에 관한 법률」
70. 「국제형사재판소 관할 범죄의 처벌 등에 관한 법률」
71. 「국토의 계획 및 이용에 관한 법률」
72. 「군보건의료에 관한 법률」
73. 「군복 및 군용장구의 단속에 관한 법률」
74. 「군사기밀 보호법」
75. 「군사기지 및 군사시설 보호법」
76. 「군형법」
77. 「궤도운송법」
78. 「귀속재산처리법」
79. 「근로복지기본법」
80. 「국민 평생 직업능력 개발법」
81. 「근로자퇴직급여 보장법」
82. 「금강수계 물관리 및 주민지원 등에 관한 법률」
83. 「금융산업의 구조개선에 관한 법률」
84. 「금융실명거래 및 비밀보장에 관한 법률」
85. 「금융지주회사법」

86. 「금융회사의 지배구조에 관한 법률」
87. 「급경사지 재해예방에 관한 법률」
88. 「기계설비법」
89. 「기초연금법」
90. 「낙동강수계 물관리 및 주민지원 등에 관한 법률」
91. 「낚시 관리 및 육성법」
92. 「남녀고용평등과 일·가정 양립 지원에 관한 법률」
93. 「내수면어업법」
94. 「노숙인 등의 복지 및 자립지원에 관한 법률」
95. 「노인복지법」
96. 「노인장기요양보험법」
97. 「노후준비 지원법」
98. 「농수산물 유통 및 가격안정에 관한 법률」
99. 「농수산물 품질관리법」
100. 「농수산물의 원산지 표시 등에 관한 법률」
101. 「농약관리법」
102. 「농어촌도로 정비법」
103. 「농어촌정비법」
104. 「농업기계화 촉진법」
105. 「농업생명자원의 보존·관리 및 이용에 관한 법률」
106. 「농지법」
107. 「다중이용업소의 안전관리에 관한 특별법」
108. 「담배사업법」
109. 「대·중소기업 상생협력 촉진에 관한 법률」
110. 「대규모유통업에서의 거래 공정화에 관한 법률」
111. 「대기관리권역의 대기환경개선에 관한 특별법」
112. 「대기환경보전법」
113. 「대리점거래의 공정화에 관한 법률」
114. 「대부업 등의 등록 및 금융이용자 보호에 관한 법률」
115. 「대외무역법」
116. 「대중교통의 육성 및 이용촉진에 관한 법률」
117. 「댐 주변지역 친환경 보전 및 활용에 관한 특별법」
118. 「댐건설·관리 및 주변지역지원 등에 관한 법률」
119. 「도로교통법」
120. 「도로법」
121. 「도선법」
122. 「도시 및 주거환경정비법」
123. 「도시가스사업법」
124. 「도시공원 및 녹지 등에 관한 법률」
125. 「도시교통정비 촉진법」
126. 「도시와 농어촌 간의 교류촉진에 관한 법률」
127. 「도시철도법」
128. 「독도 등 도서지역의 생태계 보전에 관한 특별법」
129. 「독립유공자예우에 관한 법률」
130. 「독점규제 및 공정거래에 관한 법률」
131. 「동물보호법」
132. 「디엔에이신원확인정보의 이용 및 보호에 관한 법률」
133. 「마약류 관리에 관한 법률」
134. 「말산업 육성법」
135. 「먹는물관리법」
136. 「모자보건법」
137. 「목재의 지속가능한 이용에 관한 법률」
138. 「무인도서의 보전 및 관리에 관한 법률」
139. 「문화산업진흥 기본법」
140. 「문화유산의 보존 및 활용에 관한 법률」, 「자연유산의 보존 및 활용에 관한 법률」
141. 「물가안정에 관한 법률」
142. 「물류시설의 개발 및 운영에 관한 법률」
143. 「물류정책기본법」
144. 「물의 재이용 촉진 및 지원에 관한 법률」
145. 「물환경보전법」
146. 「미세먼지 저감 및 관리에 관한 특별법」
147. 「민·군기술협력사업 촉진법」
148. 「민간임대주택에 관한 특별법」
149. 「민방위기본법」
150. 「발달장애인 권리보장 및 지원에 관한 법률」
151. 「방문판매 등에 관한 법률」
152. 「방사성폐기물 관리법」
153. 「방송광고판매대행 등에 관한 법률」
154. 「방송법」
155. 「방위사업법」
156. 「방위산업기술 보호법」
157. 「백두대간 보호에 관한 법률」
158. 「범죄수익은닉의 규제 및 처벌 등에 관한 법률」
159. 「병역법」
160. 「병원체자원의 수집·관리 및 활용 촉진에 관한 법률」
161. 「보건범죄 단속에 관한 특별조치법」
162. 「보건의료기술 진흥법」
163. 「보안관찰법」
164. 「보조금 관리에 관한 법률」
165. 「보행안전 및 편의증진에 관한 법률」
166. 「보험사기방지 특별법」
167. 「보험업법」
168. 「보호관찰 등에 관한 법률」
169. 「보훈보상대상자 지원에 관한 법률」
170. 「복권 및 복권기금법」
171. 「부동산 거래신고 등에 관한 법률」
172. 「부정경쟁방지 및 영업비밀보호에 관한 법률」
173. 「부정수표 단속법」
174. 「북한이탈주민의 보호 및 정착지원에 관한 법률」
175. 「불공정무역행위 조사 및 산업피해구제에 관한 법률」
176. 「비료관리법」
177. 「비상대비에 관한 법률」
178. 「비상사태등에 대비하기 위한 해운 및 항만 기능 유지에 관한 법률」
179. 「비파괴검사기술의 진흥 및 관리에 관한 법률」
180. 「사격 및 사격장 안전관리에 관한 법률」
181. 「사료관리법」
182. 「사방사업법」
183. 「사행행위 등 규제 및 처벌 특례법」
184. 「사회보장급여의 이용·제공 및 수급권자 발굴에 관한 법률」
185. 「사회복지공동모금회법」
186. 「사회복지사업법」
187. 「사회서비스 이용 및 이용권 관리에 관한 법률」
188. 「산림문화·휴양에 관한 법률」
189. 「산림보호법」
190. 「산림자원의 조성 및 관리에 관한 법률」
191. 「산업기술의 유출방지 및 보호에 관한 법률」
192. 「산업기술혁신 촉진법」
193. 「산업디자인진흥법」
194. 「산업안전보건법」
195. 「산업재해보상보험법」
196. 「산업표준화법」
197. 「산지관리법」
198. 「상표법」
199. 「상호저축은행법」
200. 「새마을금고법」
201. 「생명윤리 및 안전에 관한 법률」
202. 「생물다양성 보전 및 이용에 관한 법률」
203. 「생활주변방사선 안전관리법」
204. 「생활화학제품 및 살생물제의 안전관리에 관한 법률」
205. 「서민의 금융생활 지원에 관한 법률」
206. 「석면안전관리법」
207. 「석유 및 석유대체연료 사업법」
208. 「석탄산업법」
209. 「선박 및 해양구조물에 대한 위해행위의 처벌 등에 관한 법률」
210. 「선박안전법」
211. 「선박의 입항 및 출항 등에 관한 법률」
212. 「선박직원법」
213. 「선박평형수(船舶平衡水) 관리법」
214. 「선원법」
215. 「성매매방지 및 피해자보호 등에 관한 법률」
216. 「성매매알선 등 행위의 처벌에 관한 법률」
217. 「성폭력방지 및 피해자보호 등에 관한 법률」
218. 「성폭력범죄의 처벌 등에 관한 특례법」
219. 「소금산업 진흥법」
220. 「소나무재선충병 방제특별법」
221. 「소방기본법」
222. 「소방시설공사업법」
223. 「소방장비관리법」
224. 「소비자기본법」
225. 「소음·진동관리법」
226. 「소재·부품·장비산업 경쟁력강화를 위한 특별조치법」
227. 「소하천정비법」
228. 「송유관 안전관리법」
229. 「수도법」
230. 「수목원·정원의 조성 및 진흥에 관한 법률」
231. 「수산물 유통의 관리 및 지원에 관한 법률」
232. 「수산생물질병 관리법」
233. 「수산업법」
234. 「수산자원관리법」
235. 「수산종자산업육성법」
236. 「수상레저안전법」
237. 「수상에서의 수색·구조 등에 관한 법률」
238. 「수입식품안전관리 특별법」
239. 「수자원의 조사·계획 및 관리에 관한 법률」
240. 「수중레저활동의 안전 및 활성화 등에 관한 법률」
241. 「습지보전법」
242. 「승강기 안전관리법」
243. 「시설물의 안전 및 유지관리에 관한 특별법」
244. 「식물방역법」
245. 「식물신품종 보호법」
246. 「식품·의약품분야 시험·검사 등에 관한 법률」
247. 「식품 등의 표시·광고에 관한 법률」
248. 「식품산업진흥법」
249. 「식품안전기본법」
250. 「식품위생법」
251. 「신에너지 및 재생에너지 개발·이용·보급 촉진법」
252. 「신용정보의 이용 및 보호에 관한 법률」
253. 「신용협동조합법」
254. 「실내공기질 관리법」
255. 「아동·청소년의 성보호에 관한 법률」
256. 「아동복지법」
257. 「아동수당법」
258. 「아동학대범죄의 처벌 등에 관한 특례법」
259. 「아이돌봄 지원법」
260. 「악취방지법」
261. 「액화석유가스의 안전관리 및 사업법」
262. 「야생생물 보호 및 관리에 관한 법률」
263. 「약사법」
264. 「양곡관리법」
265. 「어린이 식생활안전관리 특별법」
266. 「어린이놀이시설 안전관리법」
267. 「어린이제품 안전 특별법」
268. 「어선법」
269. 「어장관리법」
270. 「어촌·어항법」
271. 「에너지법」
272. 「에너지이용 합리화법」
273. 「여객자동차 운수사업법」
274. 「여신전문금융업법」
275. 「연구실 안전환경 조성에 관한 법률」
276. 「연안관리법」
277. 「연안사고 예방에 관한 법률」
278. 「영산강·섬진강수계 물관리 및 주민지원 등에 관한 법률」
279. 「영유아보육법」
280. 「영해 및 접속수역법」
281. 「영화 및 비디오물의 진흥에 관한 법률」
282. 「예금자보호법」
283. 「예비군법」
284. 「오존층 보호 등을 위한 특정물질의 관리에 관한 법률」
285. 「옥외광고물 등의 관리와 옥외광고산업 진흥에 관한 법률」
286. 「온실가스 배출권의 할당 및 거래에 관한 법률」
287. 「외국환거래법」
288. 「외식산업 진흥법」
289. 「우편법」
290. 「원자력시설 등의 방호 및 방사능 방재 대책법」
291. 「원자력안전법」
292. 「원전비리 방지를 위한 원자력발전사업자등의 관리·감독에 관한 법률」
293. 「위생용품 관리법」
294. 「위치정보의 보호 및 이용 등에 관한 법률」
295. 「위험물안전관리법」
296. 「유사수신행위의 규제에 관한 법률」
297. 「유선 및 도선 사업법」
298. 「유아교육법」
299. 「유전자변형생물체의 국가간 이동 등에 관한 법률」
300. 「유통산업발전법」
301. 「은행법」
302. 「음악산업진흥에 관한 법률」
303. 「응급의료에 관한 법률」
304. 「의료급여법」
305. 「의료기기법」
306. 「의료기사 등에 관한 법률」
307. 「의료법」
308. 「의료사고 피해구제 및 의료분쟁 조정 등에 관한 법률」
309. 「의사상자 등 예우 및 지원에 관한 법률」
310. 「이동통신단말장치 유통구조 개선에 관한 법률」
311. 「인공조명에 의한 빛공해 방지법」
312. 「인삼산업법」
313. 「인체조직안전 및 관리 등에 관한 법률」
314. 「인터넷 멀티미디어 방송사업법」
315. 「인터넷전문은행 설립 및 운영에 관한 특례법」
316. 「임금채권보장법」
317. 「임업 및 산촌 진흥촉진에 관한 법률」
318. 「입양특례법」
319. 「자격기본법」
320. 「자동차관리법」
321. 「자본시장과 금융투자업에 관한 법률」
322. 「자연공원법」
323. 「자연재해대책법」
324. 「자연환경보전법」
325. 「순환경제사회 전환 촉진법」
326. 「자원의 절약과 재활용촉진에 관한 법률」
327. 「자유무역지역의 지정 및 운영에 관한 법률」
328. 「잔류성오염물질 관리법」
329. 「장기등 이식에 관한 법률」
330. 「장애아동 복지지원법」
331. 「장애인 건강권 및 의료접근성 보장에 관한 법률」
332. 「장애인 등에 대한 특수교육법」
333. 「장애인·고령자 등 주거약자 지원에 관한 법률」
334. 「장애인·노인·임산부 등의 편의증진 보장에 관한 법률」
335. 「장애인·노인 등을 위한 보조기기 지원 및 활용촉진에 관한 법률」
336. 「장애인고용촉진 및 직업재활법」
337. 「장애인기업활동 촉진법」
338. 「장애인복지법」
339. 「장애인연금법」
340. 「장애인차별금지 및 권리구제 등에 관한 법률」
341. 「장애인활동 지원에 관한 법률」
342. 「재난 및 안전관리 기본법」
343. 「재난적의료비 지원에 관한 법률」
344. 「재일교포 북송저지 특수임무수행자 보상에 관한 법률」
345. 「재해구호법」
346. 「재해위험 개선사업 및 이주대책에 관한 특별법」
347. 「저수지·댐의 안전관리 및 재해예방에 관한 법률」
348. 「저작권법」
349. 「저탄소 녹색성장 기본법」
350. 「전기·전자제품 및 자동차의 자원순환에 관한 법률」
351. 「전기공사업법」
352. 「전기사업법」
353. 「전기용품 및 생활용품 안전관리법」
354. 「전기통신금융사기 피해 방지 및 피해금 환급에 관한 특별법」
355. 「전기통신기본법」
356. 「전기통신사업법」
357. 「전력기술관리법」
358. 「전자금융거래법」
359. 「전자문서 및 전자거래 기본법」
360. 「전자상거래 등에서의 소비자보호에 관한 법률」
361. 「전자서명법」
362. 「전통 소싸움경기에 관한 법률」
363. 「전통주 등의 산업진흥에 관한 법률」
364. 「전파법」
365. 「정보통신공사업법」
366. 「정보통신기반 보호법」
367. 「정보통신망 이용촉진 및 정보보호 등에 관한 법률」
368. 「정신건강증진 및 정신질환자 복지서비스 지원에 관한 법률」
369. 「제대혈 관리 및 연구에 관한 법률」
370. 「제주특별자치도 설치 및 국제자유도시 조성을 위한 특별법」
371. 「제품안전기본법」
372. 「종자산업법」
373. 「주거급여법」
374. 「주민투표법」
375. 「주식회사 등의 외부감사에 관한 법률」
376. 「주차장법」
377. 「주택법」
378. 「중소기업은행법」
379. 「중소기업제품 구매촉진 및 판로지원에 관한 법률」
380. 「중소기업창업 지원법」
381. 「중증장애인생산품 우선구매 특별법」
382. 「지뢰 등 특정 재래식무기 사용 및 이전의 규제에 관한 법률」
383. 「지뢰피해자 지원에 관한 특별법」
384. 「지방세기본법」
385. 「지방재정법」
386. 「지역농산물 이용촉진 등 농산물 직거래 활성화에 관한 법률」
387. 「지역보건법」
388. 「지진·지진해일·화산의 관측 및 경보에 관한 법률」
389. 「지진·화산재해대책법」
390. 「지하수법」
391. 「지하안전관리에 관한 특별법」
392. 「직업안정법」
393. 「진폐의 예방과 진폐근로자의 보호 등에 관한 법률」
394. 「집단에너지사업법」
395. 「집회 및 시위에 관한 법률」
396. 「채용절차의 공정화에 관한 법률」
397. 「철도사업법」
398. 「철도안전법」
399. 「철도의 건설 및 철도시설 유지관리에 관한 법률」
400. 「청소년 기본법」
401. 「청소년 보호법」
402. 「청소년복지 지원법」
403. 「청소년활동 진흥법」
404. 「청원경찰법」
405. 「체외진단의료기기법」
406. 「체육시설의 설치·이용에 관한 법률」
407. 「초고층 및 지하연계 복합건축물 재난관리에 관한 특별법」
408. 「초지법」
409. 「총포·도검·화약류 등의 안전관리에 관한 법률」
410. 「축산물 위생관리법」
411. 「축산법」
412. 「출입국관리법」
413. 「출판문화산업 진흥법」
414. 「치료감호 등에 관한 법률」
415. 「친환경농어업 육성 및 유기식품 등의 관리·지원에 관한 법률」
416. 「택시운송사업의 발전에 관한 법률」
417. 「토양환경보전법」
418. 「통신비밀보호법」
419. 「특수임무수행자 보상에 관한 법률」
420. 「특정 금융거래정보의 보고 및 이용 등에 관한 법률」
421. 「전자장치 부착 등에 관한 법률」
422. 「폐기물관리법」
423. 「폐기물의 국가 간 이동 및 그 처리에 관한 법률」
424. 「표시·광고의 공정화에 관한 법률」
425. 「풍속영업의 규제에 관한 법률」
426. 「하도급거래 공정화에 관한 법률」
427. 「하수도법」
428. 「하천법」
429. 「학교급식법」
430. 「학교보건법」
431. 「학교폭력예방 및 대책에 관한 법률」
432. 「학원의 설립·운영 및 과외교습에 관한 법률」
433. 「한강수계 상수원수질개선 및 주민지원 등에 관한 법률」
434. 「한국마사회법」
435. 「한부모가족지원법」
436. 「할부거래에 관한 법률」
437. 「항공·철도 사고조사에 관한 법률」
438. 「항공보안법」
439. 「항공사업법」
440. 「항공안전법」
441. 「항로표지법」

442.「항만법」
443.「항만운송사업법」
444.「항만지역등 대기질 개선에 관한 특별법」
445.「해상교통안전법」
446.「해양경비법」
447.「해양사고의 조사 및 심판에 관한 법률」
448.「해양생태계의 보전 및 관리에 관한 법률」
449.「해양수산생명자원의 확보·관리 및 이용 등에 관한 법률」
450.「해양심층수의 개발 및 관리에 관한 법률」
451.「해양환경관리법」
452.「해운법」
453.「혈액관리법」
454.「호스피스·완화의료 및 임종과정에 있는 환자의 연명의료결정에 관한 법률」
455.「화물자동차 운수사업법」
456.「화염병 사용 등의 처벌에 관한 법률」
457.「화장품법」
458.「소방시설 설치 및 관리에 관한 법률」
459.「화학무기·생물무기의 금지와 특정화학물질·생물작용제 등의 제조·수출입 규제 등에 관한 법률」
460.「화학물질관리법」
461.「환경범죄 등의 단속 및 가중처벌에 관한 법률」
462.「환경보건법」
463.「환경분야 시험·검사 등에 관한 법률」
464.「환경영향평가법」
465.「환경오염시설의 통합관리에 관한 법률」
466.「환자안전법」
467.「후천성면역결핍증 예방법」
468.「초·중등교육법」
469.「고등교육법」
470.「사립학교법」
471.「근로기준법」
472.「해사안전기본법」
473.「금융소비자 보호에 관한 법률」
474.「재난안전통신망법」

■ 소방공무원임용령

〔별표1〕

특수기술부문(제15조제4항관련)

(1999.5.10 개정)

부 문 별	특 수 기 술
화재조사	화재원인 및 피해재산조사기술
통신	유선·무선 또는 전자통신기술
소방정·소방헬기 조종 및 정비	소방정·소방헬기의 조종기술 또는 소방정·소방헬기의 기관정비기술
장비	소방차량의 정비 또는 운전기술
전자계산	시스템 관리·조작·분석·설계 또는 프로그래밍기술
구급	응급처치기술
회계	경리·예산편성 또는 회계감사

〔별표2〕

소방공무원채용시험의 응시연령(제43조제1항관련)

(2022.4.5 개정)

계 급 별	공개경쟁채용시험	경력경쟁채용시험등
소방령 이상	25세 이상 40세 이하	20세 이상 45세 이하
소방경, 소방위		23세 이상 40세 이하
소방장, 소방교		20세 이상 40세 이하
소방사	18세 이상 40세 이하	18세 이상 40세 이하

비고
1. 위 표에도 불구하고 소방경·소방위의 경력경쟁채용시험등 중 사업·운송용조종사 또는 항공·항공공장정비사에 대한 경력경쟁채용시험의 경우에는 그 응시연령을 23세 이상 45세 이하로 한다.
2. 위 표에도 불구하고 소방장·소방교의 경력경쟁채용시험등 중 사업·운송용조종사 또는 항공·항공공장정비사에 대한 경력경쟁채용시험의 경우에는 그 응시연령을 23세 이상 40세 이하로 한다.
3. 위 표에도 불구하고 소방사의 경력경쟁채용시험등 중 의무소방원으로 임용되어 정해진 복무를 마친 것을 요건으로 하는 경력경쟁채용시험의 경우에는 그 응시연령을 20세 이상 30세 이하로 한다.

〔별표3〕

소방공무원 공개경쟁채용시험의 필기시험과목표(제44조 관련)

(2023.5.9 개정)

1. 소방령 공개경쟁채용시험

제1차 시험과목	제2차 시험과목	
	필수과목	선택과목
한국사, 헌법, 영어	행정법, 소방학개론	물리학개론, 화학개론, 건축공학개론, 형법, 경제학 중 2과목

2. 소방사 공개경쟁채용시험

제1차 시험과목(필수)
소방학개론, 소방관계법규, 행정법총론, 한국사, 영어

비고
1. 소방학개론은 소방조직, 재난관리, 연소·화재이론, 소화이론 분야로 하고, 분야별 세부내용은 소방청장이 정한다.
2. 소방관계법규
가.「소방기본법」 및 그 하위법령
나.「소방의 화재조사에 관한 법률」, 같은 법 시행령 및 같은 법 시행규칙
다.「소방시설공사업법」, 같은 법 시행령 및 같은 법 시행규칙
라.「소방시설 설치 및 관리에 관한 법률」 및 그 하위법령
마.「화재의 예방 및 안전관리에 관한 법률」 및 그 하위법령
바.「위험물안전관리법」, 같은 법 시행령 및 같은 법 시행규칙

〔별표4〕

소방간부후보생 선발시험의 필기시험과목표(제44조 관련)

(2017.7.26 개정)

구분 / 계열별	시 험 과 목	
	필수과목(4)	선택과목(2)
인문사회계열	헌법, 한국사 영어, 행정법	행정학, 민법총칙, 형사소송법, 경제학, 소방학개론
자연계열	헌법, 한국사 영어, 자연과학개론	화학개론, 물리학개론, 건축공학개론, 전기공학개론, 소방학개론

비고 : 소방학개론은 소방조직, 재난관리, 연소·화재이론, 소화이론 분야로 하고, 분야별 세부내용은 소방청장이 정한다.

〔별표5〕

소방공무원 경력경쟁채용시험등의 필기시험 과목 및 배점(제44조 관련)

(2023.5.9 개정)

계급	분야	일반	항공	구급	화학	정보통신
소방정·소방령	필수	한국사, 영어, 행정법, 소방학개론				
	선택	물리학개론, 화학개론, 건축공학개론, 형법, 경제학 중 2과목				
소방경·소방위	필수	한국사, 영어, 행정법, 소방학개론	항공법규, 항공영어			
	선택	물리학개론, 화학개론, 건축공학개론, 형법, 경제학 중 2과목	비행이론, 항공기상, 항공역학, 항공기체, 항공장비, 항공전자, 항공엔진 중 1과목			
소방장·소방교	필수	한국사, 영어, 소방학개론, 소방관계법규	항공법규, 항공영어	한국사, 영어, 소방학개론, 응급처치학개론	한국사, 영어, 소방학개론, 화학개론	한국사, 영어, 소방학개론, 컴퓨터일반
	선택		비행이론, 항공기상, 항공역학, 항공기체, 항공장비, 항공전자, 항공엔진 중 1과목			
소방사	필수	한국사, 영어, 소방학개론, 소방관계법규		한국사, 영어, 소방학개론, 응급처치학개론	한국사, 영어, 소방학개론, 화학개론	한국사, 영어, 소방학개론, 컴퓨터일반

비고
1. 각 과목의 배점은 100점으로 한다.
2. 필수과목 중 소방학개론, 소방관계법규 및 응급처치학개론의 시험 범위는 다음 각 목과 같다.
가. 소방학개론 : 소방조직, 재난관리, 연소·화재이론, 소화이론 분야로 하고, 분야별 세부 내용은 소방청장이 정한다.
나. 소방관계법규 :「소방기본법」,「소방의 화재조사에 관한 법률」,「소방시설공사업법」,「소방시설 설치 및 관리에 관한 법률」,「화재의 예방 및 안전관리에 관한 법률」,「위험물안전관리법」과 각 법률의 하위법령
다. 응급처치학개론 : 전문응급처치학총론, 전문응급처치학개론 분야로 하고, 분야별 세부 내용은 소방청장이 정한다.
3. 항공분야의 경력경쟁채용시험등은 행정안전부령으로 정하는 항공분야 자격증소지자를 대상으로 한다.

〔별표6〕

영어 과목을 대체하는 영어능력검정시험의 종류 및 기준점수(제44조제1호 관련)

(2022.4.5 개정)

시험의 종류		기준점수		
		소방정 소방령	소방경 소방위 (소방간부 후보생)	소방장 소방교 소방사
토익 (TOEIC)	아메리카합중국 이.티.에스.(ETS : Education Testing Service)에서 시행하는 시험(Test of English for International Communication)을 말한다.	700점 이상	625점 이상	550점 이상
토플 (TOEFL)	아메리카합중국 이.티.에스.(ETS : Education Testing Service)에서 시행하는 시험(Test of English as a Foreign Language)으로서 그 실시 방식에 따라 피.비.티.(PBT : Paper Based Test) 및 아이.비.티.(IBT : Internet Based Test)로 구분한다.	PBT 530점 이상	PBT 490점 이상	PBT 470점 이상
		IBT 71점 이상	IBT 58점 이상	IBT 52점 이상
텝스 (TEPS)	서울대학교 영어능력검정시험(Test of English Proficiency developed by Seoul National University)을 말한다.	340점 이상	280점 이상	241점 이상
지텔프 (G-TELP)	아메리카합중국 국제테스트연구원(International Testing Services Center)에서 주관하는 시험(General Test of English Language Proficiency)을 말한다.	Level 2의 65점 이상	Level 2의 50점 이상	Level 2의 43점 이상
플렉스 (FLEX)	한국외국어대학교 어학능력검정시험(Foreign Language Examination)을 말한다.	625점 이상	520점 이상	457점 이상
토셀 (TOSEL)	국제토셀위원회에서 주관하는 시험(Test of the Skills in the English Language)을 말한다.	Advanced 690점 이상	Advanced 550점 이상	Advanced 510점 이상

비고 : 위 표에서 정한 시험은 해당 채용시험의 최종시험 시행예정일부터 거꾸로 계산하여 3년이 되는 해의 1월 1일 이후에 실시된 시험으로서 해당 채용시험의 필기시험 시행예정일 전날까지 점수 또는 등급이 발표된 시험 중 기준점수가 확인된 시험으로 한정한다. 이 경우 그 확인방법은 시험실시권자가 정하여 고시한다.

〔별표7〕(2019.11.5 삭제)

〔별표8〕

특별위로금 지급금액 산정방식(제60조 관련)

(2014.12.9 신설)

1. 미출근기간이 6개월 이하인 경우

$$\text{지급금액} = \frac{\text{계급별 기준호봉}}{180\text{일}} \times 1.5 \times \text{미출근일수}$$

2. 미출근기간이 6개월을 초과하는 경우

$$\text{지급금액} = \frac{\text{계급별 기준호봉}}{180\text{일}} \times 1.5 \times 180\text{일} + \frac{\text{계급별 기준호봉}}{900\text{일}} \times 2 \times (\text{미출근일수} - 180\text{일})$$

비고 : 1개월은 30일로 계산한다.

〔별표9〕

한국사 과목을 대체하는 한국사능력검정시험의 종류 및 기준등급(제44조제2호 관련)

(2022.4.5 신설)

시험의 종류		기준등급	
		소방정 소방령 소방경 소방위 (소방간부후보생)	소방장 소방교 소방사
한국사능력검정시험	국사편찬위원회에서 주관하여 시행하는 시험(한국사능력검정시험)을 말한다.	2급 이상	3급 이상

비고 : 위 표에서 정한 시험은 해당 채용시험의 최종시험 시행예정일부터 거꾸로 계산하여 4년이 되는 해의 1월 1일 이후에 실시된 시험으로서 해당 채용시험의 필기시험 시행예정일 전날까지 등급이 발표된 시험 중 기준등급이 확인된 시험으로 한정한다. 이 경우 그 확인방법은 시험실시권자가 정하여 고시한다.

■ 공무원임용령

〔별표1〕

일반직공무원의 직급표(제3조제1항 관련)

(2023.8.30 개정)

직군	직렬	직류	3급	4급	5급	6급	7급	8급	9급
과학기술	공업	일반기계	부이사관	과학기술서기관	공업사무관	공업주사	공업주사보	공업서기	공업서기보
		농업기계							
		운전							
		항공우주							
		전기							
		전자							
		원자력							
		조선							
		금속							
		섬유							
		화공							
		자원							
		물리							
	농업	일반농업			농업사무관	농업주사	농업주사보	농업서기	농업서기보
		식물검역							
		축산							
		생명유전							
	임업	산림조경			임업사무관	임업주사	임업주사보	임업서기	임업서기보
		산림자원							
		산림보호							
		산림이용							
		산림환경							
	수의	수의			수의사무관	수의주사	수의주사보		
	해양수산	일반해양			해양수산사무관	해양수산주사	해양수산주사보	해양수산서기	해양수산서기보
		일반수산							
		어로							
		일반선박							
		선박항해							
		선박기관							
		선박관제							
		수로							
		해양교통시설							
	기상	기상			기상사무관	기상주사	기상주사보	기상서기	기상서기보
		지진							
	보건	보건			보건사무관	보건주사	보건주사보	보건서기	보건서기보
		방역							
	의료기술	의료기술			의료기술사무관	의료기술주사	의료기술주사보	의료기술서기	의료기술서기보
	식품위생	식품위생			식품위생사무관	식품위생주사	식품위생주사보	식품위생서기	식품위생서기보
	의무	일반의무			의무사무관				
		치무							
	약무	약무			약무사무관	약무주사	약무주사보		
	간호	간호			간호사무관	간호주사	간호주사보	간호서기	
	간호조무	간호조무			간호조무사무관	간호조무주사	간호조무주사보	간호조무서기	간호조무서기보
	환경	일반환경			환경사무관	환경주사	환경주사보	환경서기	환경서기보
		수질							
		대기							
		폐기물							
	항공	일반항공			항공사무관	항공주사	항공주사보	항공서기	항공서기보
		조종							
		정비							
		관제							
	시설	도시계획			시설사무관	시설주사	시설주사보	시설서기	시설서기보
		일반토목							
		농업토목							
		건축							
		지적							
		측지							
		교통시설							
		도시교통설계							
		시설조경디자인							
	방재안전	방재안전			방재안전사무관	방재안전주사	방재안전주사보	방재안전서기	방재안전서기보
	전산	전산개발			전산사무관	전산주사	전산주사보	전산서기	전산서기보
		전산기기							
		데이터							
		정보보호							
	방송통신	통신사			방송통신사무관	방송통신주사	방송통신주사보	방송통신서기	방송통신서기보
		통신기술							
		전송기술							
		전자통신기술							
		방송기술							
	방송무대	방송무대기술			방송무대사무관	방송무대주사	방송무대주사보	방송무대서기	방송무대서기보
		방송제작							
	운전	운전			운전사무관	운전주사	운전주사보	운전서기	운전서기보
	위생	위생			위생사무관	위생주사	위생주사보	위생서기	위생서기보
		사역							
	조리	조리			조리사무관	조리주사	조리주사보	조리서기	조리서기보
	교정	교정			교정관	교감	교위	교사	교도
	보호	보호			보호사무관	보호주사	보호주사보	보호서기	보호서기보
	검찰	검찰			검찰사무관	검찰주사	검찰주사보	검찰서기	검찰서기보
	마약수사	마약수사			마약수사사무관	마약수사주사	마약수사주사보	마약수사서기	마약수사서기보
	출입국관리	출입국관리			출입국관리사무관	출입국관리주사	출입국관리주사보	출입국관리서기	출입국관리서기보
	철도경찰	철도경찰			철도경찰사무관	철도경찰주사	철도경찰주사보	철도경찰서기	철도경찰서기보
행정	행정	일반행정	부이사관	서기관	행정사무관	행정주사	행정주사보	행정서기	행정서기보
		인사조직							
		법무행정							
		재경							
		국제통상							
		고용노동							
		문화홍보							
		교육행정							
		회계							
	직업상담	직업상담				직업상담주사	직업상담주사보	직업상담서기	직업상담서기보
	세무	세무				세무주사	세무주사보	세무서기	세무서기보
	관세	관세				관세주사	관세주사보	관세서기	관세서기보
	사회복지	사회복지			사회복지사무관	사회복지주사	사회복지주사보	사회복지서기	사회복지서기보
	통계	통계			통계사무관	통계주사	통계주사보	통계서기	통계서기보
	사서	사서			사서사무관	사서주사	사서주사보	사서서기	사서서기보
	감사	감사		감사관	부감사관	감사주사	감사주사보	감사서기	감사서기보
	방호	방호			방호사무관	방호주사	방호주사보	방호서기	방호서기보

관리운영	토목운영	토목운영				토목운영 주사	토목운영 주사보	토목운영 서기	토목운영 서기보
	건축운영	건축운영 목공운영				건축운영 주사	건축운영 주사보	건축운영 서기	건축운영 서기보
	통신운영	통신운영				통신운영 주사	통신운영 주사보	통신운영 서기	통신운영 서기보
	전화상담 운영	전화상담 운영				전화상담 운영 주사	전화상담 운영 주사보	전화상담 운영 서기	전화상담 운영 서기보
	전기운영	전기운영				전기운영 주사	전기운영 주사보	전기운영 서기	전기운영 서기보
	기계운영	기계운영 영사운영				기계운영 주사	기계운영 주사보	기계운영 서기	기계운영 서기보
	열관리 운영	열관리 운영				열관리 운영 주사	열관리 운영 주사보	열관리 운영 서기	열관리 운영 서기보
	화공운영	화공운영				화공운영 주사	화공운영 주사보	화공운영 서기	화공운영 서기보
	선박항해 운영	선박항해 운영				선박항해 운영 주사	선박항해 운영 주사보	선박항해 운영 서기	선박항해 운영 서기보
	선박기관 운영	선박기관 운영				선박기관 운영 주사	선박기관 운영 주사보	선박기관 운영 서기	선박기관 운영 서기보
	농림운영	영림운영 원예운영				농림운영 주사	농림운영 주사보	농림운영 서기	농림운영 서기보
	산림보호 운영	산림보호 운영				산림보호 운영 주사	산림보호 운영 주사보	산림보호 운영 서기	산림보호 운영 서기보
	보건운영	보건운영				보건운영 주사	보건운영 주사보	보건운영 서기	보건운영 서기보
	사무운영	조무운영 타자운영 전산운영 제도운영 필기운영 사서운영 편집운영 집배운영 기상관측 운영 감식운영				사무운영 주사	사무운영 주사보	사무운영 서기	사무운영 서기보

〔별표2〕

일반직 우정직군 직급표(제3조제4항 관련)

(2013.11.20 개정)

직군	직렬	직류	계급 및 직급								
			우정 1급	우정 2급	우정 3급	우정 4급	우정 5급	우정 6급	우정 7급	우정 8급	우정 9급
우정	우정	우정	우정 사무관	우정 사무관	우정 주사	우정 주사	우정 주사	우정 주사	우정 주사보	우정 서기	우정 서기보

〔별표3〕 (2013.11.20 삭제)

〔별표4〕

경력경쟁채용등의 경우 임용예정 계급별 소요경력연수(제16조제1항제10호 관련)

(2012.1.26 개정)

구 분	계 급	3급	4급	5급	6급 이하
근무경력 또는 연구경력	박사	8년	4년	–	–
	석사	12년	8년	4년	–

비고 : 근무경력 또는 연구경력은 박사학위 또는 석사학위 소지 후 근무경력 또는 연구경력을 말한다.

〔별표4의2〕

전문임기제공무원 및 한시임기제공무원의 경력경쟁채용등응시요건

(제16조제6항 및 제7항 관련)

(2023.12.26 개정)

1. 법 제28조제2항제2호에 따른 자격기준

종류	임용등급	자 격 기 준
전문임기제	가급	「국가기술자격법」에 따른 임용예정 직무분야와 관련된 기술사 자격을 취득한 사람
	나급	「국가기술자격법」에 따른 임용예정 직무분야와 관련된 기능장 자격을 취득한 사람 또는 기사 자격을 취득한 후 3년 이상 해당 분야의 경력이 있는 사람
	다급	「국가기술자격법」에 따른 임용예정 직무분야와 관련된 기사 자격을 취득한 사람
	라급	「국가기술자격법」에 따른 임용예정 직무분야와 관련된 산업기사 이상의 자격을 취득한 사람
	마급	「국가기술자격법」에 따른 임용예정 직무분야와 관련된 기능사 이상의 자격을 취득한 사람
한시임기제	5호	「공무원임용시험령」 제27조제1항, 별표7 및 별표8에 따른 일반직 5급 공무원의 경력경쟁채용요건에 해당하는 사람
	6호	「공무원임용시험령」 제27조제1항, 별표7 및 별표8에 따른 일반직 6급 공무원의 경력경쟁채용요건에 해당하는 사람
	7호	「공무원임용시험령」 제27조제1항, 별표7 및 별표8에 따른 일반직 7급 공무원의 경력경쟁채용요건에 해당하는 사람
	8호	「공무원임용시험령」 제27조제1항, 별표7 및 별표8에 따른 일반직 8급 공무원의 경력경쟁채용요건에 해당하는 사람
	9호	「공무원임용시험령」 제27조제1항, 별표7 및 별표8에 따른 일반직 9급 공무원의 경력경쟁채용요건에 해당하는 사람

※ 비고

1. 정규직 또는 상근직(常勤職)으로 근무한 경우가 아니더라도 임용예정 직무분야에서 활동한 실적이 있는 경우에는 인사혁신처장이 정하는 바에 따라 해당 기간의 전부 또는 일부를 임용자격기준에 해당하는 경력에 포함시킬 수 있다.
2. 상위 임용등급에 규정된 자격기준을 충족한 사람은 하위 임용등급의 자격기준을 충족한 것으로 본다.

2. 법 제28조제2항제3호에 따른 자격기준

종류	임용등급	자 격 기 준
전문임기제	가급	1. 학사학위를 취득한 후 9년 이상 임용예정 직무분야의 경력이 있는 사람 2. 12년 이상 임용예정 직무분야의 경력이 있는 사람 3. 5급 이상 또는 5급 이상에 상당하는 공무원으로서 2년 이상 임용예정 직무분야의 경력이 있는 사람
	나급	1. 학사학위를 취득한 후 6년 이상 임용예정 직무분야의 경력이 있는 사람 2. 9년 이상 임용예정 직무분야의 경력이 있는 사람 3. 6급 이상 또는 6급 이상에 상당하는 공무원으로서 2년 이상 임용예정 직무분야의 경력이 있는 사람
	다급	1. 학사학위를 취득한 후 4년 이상 임용예정 직무분야의 경력이 있는 사람 2. 7년 이상 임용예정 직무분야의 경력이 있는 사람 3. 7급 이상 또는 7급 이상에 상당하는 공무원으로서 2년 이상 임용예정 직무분야의 경력이 있는 사람
	라급	1. 학사학위를 취득한 후 2년 이상 임용예정 직무분야의 경력이 있는 사람 2. 5년 이상 임용예정 직무분야의 경력이 있는 사람 3. 8급 이상 또는 8급 이상에 상당하는 공무원으로서 2년 이상 임용예정 직무분야의 경력이 있는 사람
	마급	1. 전문대학 졸업자등으로서 졸업 또는 이와 같은 수준 이상의 학력이 인정된 후 1년 이상 임용예정 직무분야의 경력이 있는 사람 2. 2년 이상 임용예정 직무분야의 경력이 있는 사람 3. 9급 이상 또는 9급 이상에 상당하는 공무원으로서 2년 이상 임용예정 직무분야의 경력이 있는 사람
한시임기제	5호	1. 학사학위를 취득한 후 2년 6개월 이상 임용예정 직무분야의 실무경력이 있는 사람 2. 4년 이상 임용예정 직무분야의 실무경력이 있는 사람 3. 6급 이상 또는 6급 이상에 상당하는 공무원으로서 1년 이상 임용예정 직무분야의 실무경력이 있는 사람
	6호	1. 학사학위를 취득한 후 1년 6개월 이상 임용예정 직무분야의 실무경력이 있는 사람 2. 전문대학 졸업자등으로서 졸업 또는 이와 같은 수준 이상의 학력이 인정된 후 2년 이상 임용예정 직무분야의 실무경력이 있는 사람 3. 2년 6개월 이상 임용예정 직무분야의 실무경력이 있는 사람 4. 7급 이상 또는 7급 이상에 상당하는 공무원으로서 1년 이상 임용예정 직무분야의 실무경력이 있는 사람
	7호	1. 학사학위를 취득한 후 6개월 이상 임용예정 직무분야의 실무경력이 있는 사람 2. 전문대학의 졸업자등으로서 졸업 또는 이와 같은 수준 이상의 학력이 인정된 후 1년 이상 관련 분야의 실무경력이 있는 사람 3. 1년 6개월 이상 임용예정 직무분야의 실무경력이 있는 사람 4. 8급 이상 또는 8급 이상에 상당하는 공무원으로서 1년 이상 임용예정 직무분야의 실무경력이 있는 사람
	8호	1. 고등학교 졸업자등으로서 졸업 또는 이와 같은 수준 이상의 학력이 인정된 후 6개월 이상 임용예정 직무분야의 실무경력이 있는 사람 2. 1년 이상 임용예정 직무분야의 실무경력이 있는 사람 3. 9급 이상 또는 9급 이상에 상당하는 공무원으로서 6개월 이상 임용예정 직무분야의 실무경력이 있는 사람
	9호	6개월 이상 임용예정 직무분야와 관련된 실무경력이 있는 사람

※ 비고

1. 과장 직위(이에 상당하는 직위를 포함한다) 이상의 직위에 민간근무 경력자를 전문임기제공무원으로 임용하는 경우에는 법인 또는 「비영리민간단체지원법」에 따른 단체의 장이나 부서 단위의 책임자 또는 관리자로 근무한 경력이 있어야 한다.
2. 정규직 또는 상근직으로 근무한 경우가 아니더라도 임용예정 직무분야에서 활동한 실적이 있는 경우에는 인사혁신처장이 정하는 바에 따라 해당 기간의 전부 또는 일부를 임용자격기준에 해당하는 경력에 포함시킬 수 있다.
3. "졸업자등"이란 「초·중등교육법」에 따른 고등학교 또는 「고등교육법」에 따른 전문대학을 졸업한 사람 및 이와 같은 수준 이상의 학력이 있다고 인정되는 사람을 말한다.
4. 상위 임용등급에 규정된 자격기준을 충족한 사람은 하위 임용등급의 자격기준을 충족한 것으로 본다.

3. 법 제28조제2항제10호에 따른 자격기준

종류	임용등급	자 격 기 준
전문임기제	가급	1. 임용예정 직무분야와 관련된 박사학위를 취득한 후 1년 이상 해당 분야의 경력이 있는 사람 2. 임용예정 직무분야와 관련된 석사학위를 취득한 후 5년 이상 해당 분야의 경력이 있는 사람 3. 임용예정 직무분야와 관련된 학사학위를 취득한 후 7년 이상 해당 분야의 경력이 있는 사람
	나급	1. 임용예정 직무분야와 관련된 박사학위를 취득한 사람 2. 임용예정 직무분야와 관련된 석사학위를 취득한 후 2년 이상 해당 분야의 경력이 있는 사람 3. 임용예정 직무분야와 관련된 학사학위를 취득한 후 4년 이상 해당 분야의 경력이 있는 사람
	다급	1. 임용예정 직무분야와 관련된 석사학위 이상의 학위를 취득한 사람 2. 임용예정 직무분야와 관련된 학사학위를 취득한 후 2년 이상 해당 분야의 경력이 있는 사람
	라급	임용예정 직무분야와 관련된 학사학위 이상의 학위를 취득한 사람
	마급	전문대학의 관련 학과 졸업자등
한시임기제	5호	1. 임용예정 직무분야와 관련된 박사학위를 취득한 사람 2. 임용예정 직무분야와 관련된 석사학위를 취득한 후 6개월 이상 관련 분야의 실무경력이 있는 사람 3. 임용예정 직무분야와 관련된 학사학위를 취득한 후 1년 6개월 이상 관련 분야의 실무경력이 있는 사람
	6호	1. 임용예정 직무분야와 관련된 석사학위를 취득한 사람 2. 임용예정 직무분야와 관련된 학사학위를 취득한 후 6개월 이상 관련 분야의 실무경력이 있는 사람

	7호	임용예정 직무분야와 관련된 학사학위를 취득한 사람
	8호	임용예정 직무분야와 관련된 전문대학 관련 학과 졸업자등
	9호	임용예정 직무분야와 관련된 고등학교 졸업자등

※ 비고
1. 정규직 또는 상근직으로 근무한 경우가 아니더라도 임용예정 직무분야에서 활동한 실적이 있는 경우에는 인사혁신처장이 정하는 바에 따라 해당 기간의 전부 또는 일부를 임용자격기준에 해당하는 경력에 포함시킬 수 있다.
2. "졸업자등"이란 「초·중등교육법」에 따른 고등학교 또는 「고등교육법」에 따른 전문대학을 졸업한 사람 및 이와 같은 수준 이상의 학력이 있다고 인정되는 사람을 말한다.
3. 상위 임용등급에 규정된 자격기준을 충족한 사람은 하위 임용등급의 자격기준을 충족한 것으로 본다.

〔별표5〕

임용하려는 결원 수에 대한 승진심사 대상 범위(제33조 및 제34조 관련)

(2017.12.29 개정)

임용하려는 결원 수	승진심사 대상 범위
1명	결원 1명당 10배수
2명	결원 1명당 8배수
3명~5명	결원 1명당 6배수
6명~10명	결원 5명을 초과하는 1명당 3배수 + 30명
11명 이상	결원 10명을 초과하는 1명당 2배수 + 45명

비고 : 1명의 주당 총근무시간이 40시간 미만으로 소수점 단위로 산정하여 정원에 나타내는 시간선택제공무원의 경우에는 해당 결원을 1명으로 본다.

〔별표6〕 (2005.12.30 삭제)

〔별표7〕 (2011.3.7 삭제)

■ 국가공무원 복무규정

〔별표1〕

선서문(제2조제2항 관련)

(2010.7.15 개정)

선 서

나는 대한민국 공무원으로서 헌법과 법령을 준수하고, 국가를 수호하며, 국민에 대한 봉사자로서의 임무를 성실히 수행할 것을 엄숙히 선서합니다.

〔별표2〕

경조사별 휴가 일수표(제20조제1항 관련)

(2023.7.18 개정)

구분	대 상	일수
결혼	본인	5
	자녀	1
출산	배우자	10 (한 번에 둘 이상의 자녀를 출산한 경우에는 15일)
입양	본인	20
사망	배우자, 본인 및 배우자의 부모	5
	본인 및 배우자의 조부모·외조부모	3
	자녀와 그 자녀의 배우자	3
	본인 및 배우자의 형제자매	1

비고 : 입양은 「입양촉진 및 절차에 관한 특례법」에 따른 입양으로 한정하며, 입양 외의 경조사 휴가를 실시할 때 원격지일 경우에는 실제 왕복에 필요한 일수를 더할 수 있다.

〔별표3〕

시간선택제공무원등에 대한 휴가 기준(제24조의3 관련)

(2020.10.20 개정)

1. 휴가일수 계산 등
가. 근무시간에 비례하여 산정하는 등 특별한 규정이 있는 경우를 제외하고, 휴가는 일(日) 단위로 계산한다.
나. 휴가기간 중의 근무하지 않는 날과 토요일 및 공휴일은 그 휴가일수에 산입(算入)하지 아니한다. 다만, 연가를 제외한 휴가기간이 30일 이상 계속되는 경우에는 그 휴가 일수에 근무하지 않는 날과 토요일 및 공휴일을 산입한다.
다. 휴가기간 산정 시 소수점 이하는 반올림하고, 휴가일수를 초과한 휴가는 결근으로 본다.
2. 연가
가. 연가는 시간 단위로 실시하며, 근무시간에 비례하여 다음의 계산식에 따라 산정한다. 이 경우 시간선택제공무원등의 주당 근무시간이 연도 중 변경된 경우에는 주당 근무시간이 같은 기간별로 비례하여 계산한 연가 시간을 각각 합산하여 산정한다.

$$\text{제15조에 따른 재직기간별 연가일수} \times \frac{\text{시간선택제공무원등의 주당 근무시간}}{\text{공무원의 주당 근무시간}} \times 8\text{시간}$$

나. 질병이나 부상 외의 사유로 인한 지각·조퇴 및 외출은 이를 합산한 시간을 연가에서 공제한다.
다. 시간선택제공무원등의 권장 연가 시간은 해당 공무원의 근무시간에 비례하여 다음 계산식에 따라 산정한다.

$$\text{제16조의2제1항에 따라 공지한 권장 연가 일수} \times \frac{\text{시간선택제공무원등의 주당 근무시간}}{\text{공무원의 주당 근무시간}} \times 8\text{시간}$$

3. 병가
가. 병가는 시간 단위로 실시하며, 근무시간에 비례하여 다음 계산식에 따라 산정한다.

$$\text{제18조제1항 또는 제2항에 따른 병가일수} \times \frac{\text{시간선택제공무원등의 주당 근무시간}}{\text{공무원의 주당 근무시간}} \times 8\text{시간}$$

나. 가목의 경우 시간선택제공무원등의 1일 평균근무시간에 해당하는 질병이나 부상으로 인한 지각·조퇴 및 외출을 합산한 시간은 병가 1일로 계산하고, 제17조제5항에 따라 연가에서 공제하는 병가는 이를 병가일수에 포함하여 계산하지 않는다.

4. 특별휴가
가. 임신 중인 여성공무원은 연속하여 4시간을 초과하여 근무하는 날에는 1일 2시간의 범위에서, 4시간 이하 근무하는 날에는 1일 1시간의 범위에서 휴식이나 병원 진료 등을 위한 모성보호시간을 받을 수 있다. 이 경우 모성보호시간의 사용 기준 및 절차 등에 관하여 필요한 사항은 인사혁신처장이 정한다.
나. 5세 이하의 자녀가 있는 공무원은 자녀를 돌보기 위하여 24개월의 범위에서 4시간을 초과하여 근무하는 날에는 1일 최대 2시간의 육아시간을, 4시간 이하 근무하는 날에는 1일 최대 1시간의 육아시간을 받을 수 있다. 이 경우 육아시간의 사용 기준 및 절차 등에 관하여 필요한 사항은 인사혁신처장이 정한다.
다. (2019.12.31 삭제)
5. 시간외근무 및 공휴일 등 근무
가. 행정기관의 장은 시간외근무를 하거나 토요일 또는 공휴일, 정상근무일이 아닌 날(이하 "토요일등"이라 한다)에 근무를 한 공무원에 대해서는 그 다음 정상근무일을 휴무하게 할 수 있다. 다만, 해당 행정기관의 업무 사정이나 그 밖의 부득이한 사유가 있는 경우에는 다른 정상근무일을 지정하여 휴무하게 할 수 있다.
나. 시간외근무 시간이나 토요일등에 근무를 한 시간이 휴무하게 하는 정상근무일의 근무시간보다 적을 경우에는 가목을 적용하지 아니한다.

■ 공무원 징계령 시행규칙

〔별표1〕

징계기준(제2조제1항 관련)

(2023.10.12 개정)

비위의 정도 및 과실 여부 / 비위의 유형	비위의 정도가 심하고 고의가 있는 경우	비위의 정도가 심하고 중과실이거나, 비위의 정도가 약하고 고의가 있는 경우	비위의 정도가 심하고 경과실이거나, 비위의 정도가 약하고 중과실인 경우	비위의 정도가 약하고 경과실인 경우
1. 성실 의무 위반				
가. 「국가공무원법」 제78조의2제1항제2호에 해당하는 비위(자목에 따른 비위는 제외한다)	파면	파면 - 해임	해임 - 강등	정직 - 감봉
나. 직권남용으로 타인 권리침해	파면	해임	강등 - 정직	감봉
다. 부작위·직무태만(라목에 따른 소극행정은 제외한다) 또는 회계질서 문란	파면	해임	강등 - 정직	감봉 - 견책
라. 「적극행정 운영규정」 제2조제2호에 따른 소극행정	파면	파면 - 해임	강등 - 정직	감봉 - 견책
마. 「국가공무원법」 제78조의2제1항 각 호의 어느 하나에 해당하는 비위를 신고하지 않거나 고발하지 않은 행위	파면 - 해임	강등 - 정직	정직 - 감봉	감봉 - 견책
바. 「부정청탁 및 금품등 수수의 금지에 관한 법률」 제5조에 따른 부정청탁	파면	해임 - 강등	정직 - 감봉	견책
사. 「부정청탁 및 금품등 수수의 금지에 관한 법률」 제6조에 따른 부정청탁에 따른 직무수행	파면	파면 - 해임	강등 - 정직	감봉 - 견책
아. 「공무원수당 등에 관한 규정」 제7조의2제11항에 따른 성과상여금을 거짓이나 부정한 방법으로 지급받은 경우	파면 - 해임	강등 - 정직	정직 - 감봉	감봉 - 견책
자. 「공무원수당 등에 관한 규정」 제15조부터 제17조까지의 규정에 따른 수당 또는 「공무원 여비 규정」에 따른 여비를 거짓이나 부정한 방법으로 지급받은 경우	별표1의2와 같음			
차. 「공무원 행동강령」 제13조의3에 따른 부당한 행위	파면	파면 - 해임	강등 - 정직	감봉
카. 성 관련 비위 또는 「공무원 행동강령」 제13조의3에 따른 부당한 행위를 은폐하거나 필요한 조치를 하지 않은 경우	파면	파면 - 해임	강등 - 정직	감봉 - 견책
타. 성 관련 비위 피해자 등에게 2차 피해를 입힌 경우	파면	파면 - 해임	강등 - 정직	감봉 - 견책
파. 직무상 비밀 또는 미공개정보를 이용한 부당행위	파면	파면 - 해임	강등 - 정직	정직 - 감봉
하. 기타	파면 - 해임	강등 - 정직	감봉	견책
2. 복종의 의무 위반				
가. 지시사항 불이행으로 업무추진에 중대한 차질을 준 경우	파면	해임	강등 - 정직	감봉 - 견책
나. 기타	파면 - 해임	강등 - 정직	감봉	견책
3. 직장 이탈 금지 위반				
가. 집단행위를 위한 직장 이탈	파면	해임	강등 - 정직	감봉 - 견책
나. 무단결근	파면	해임 - 강등	정직 - 감봉	견책
다. 기타	파면 - 해임	강등 - 정직	감봉	견책
4. 친절·공정의 의무 위반	파면 - 해임	강등 - 정직	감봉	견책
5. 비밀 엄수의 의무 위반				
가. 비밀의 누설·유출	파면	파면 - 해임	강등 - 정직	감봉 - 견책
나. 개인정보 부정이용 및 무단유출	파면 - 해임	해임 - 강등	정직	감봉 - 견책
다. 비밀 분실 또는 해킹 등에 의한 비밀 침해 및 비밀유기 또는 무단방치	파면 - 해임	강등 - 정직	정직 - 감봉	감봉 - 견책
라. 개인정보 무단조회·열람 및 관리 소홀 등	파면 - 해임	강등 - 정직	감봉	견책
마. 그 밖의 보안관계 법령 위반	파면 - 해임	강등 - 정직	감봉	견책
6. 청렴의 의무 위반	별표1의3과 같음			
7. 품위 유지의 의무 위반				
가. 성 관련 비위	별표1의4와 같음			

나. 음주운전	별표1의5와 같음			
다. 우월적 지위 등을 이용하여 다른 공무원 등에게 신체적·정신적 고통을 주는 등의 부당행위	파면 – 해임	강등 – 정직	정직 – 감봉	감봉 – 견책
라. 기타	파면 – 해임	강등 – 정직	감봉	견책
8. 영리 업무 및 겸직 금지 의무 위반	파면 – 해임	강등 – 정직	감봉	견책
9. 정치 운동의 금지 위반	파면	해임	강등 – 정직	감봉 – 견책
10. 집단 행위의 금지 위반	파면	해임	강등 – 정직	감봉 – 견책

※ 비고
1. 제1호가목의 비위와 같은 호 자목의 비위가 경합하는 경우에는 제1호가목의 징계기준을 적용한다.
2. 제1호다목에서 "부작위"란 공무원이 상당한 기간 내에 이행해야 할 직무상 의무가 있는데도 이를 이행하지 아니하는 것을 말한다.
3. 제1호타목에서 "피해자 등"이란 성 관련 비위 피해자와 그 배우자, 직계친족, 형제자매 및 해당 피해 발생 사실을 신고한 사람을 말하고, "2차 피해"란 「여성폭력방지기본법」 제3조제3호가목·나목에 따른 피해(피해자가 남성인 경우를 포함한다) 및 「성희롱·성폭력 근절을 위한 공무원 인사관리규정」 제7조 각 호의 불이익 조치를 말하며, 2차 피해가 성 관련 비위에 해당하는 경우에는 제7호가목을 적용한다.
4. 제1호파목에서 "직무상 비밀 또는 미공개정보를 이용한 부당행위"란 다음 각 목의 행위를 말한다.
   가. 직무수행 중 알게 된 비밀 또는 소속된 기관의 미공개정보(재물 또는 재산상 이익의 취득 여부의 판단에 중대한 영향을 미칠 수 있는 정보로서 불특정 다수인이 알 수 있도록 공개되기 전의 것을 말한다. 이하 같다)를 이용하여 재물 또는 재산상의 이익을 취득하거나 제3자로 하여금 재물 또는 재산상의 이익을 취득하게 하는 행위
   나. 다른 공무원으로부터 직무상 비밀 또는 소속된 기관의 미공개정보임을 알면서도 제공받거나 부정한 방법으로 취득한 공무원이 이를 이용하여 재물 또는 재산상의 이익을 취득하는 행위
   다. 직무수행 중 알게 된 비밀 또는 소속된 기관의 미공개정보를 사적 이익을 위하여 이용하거나 제3자로 하여금 이용하게 하는 행위
5. 제7호다목에서 "우월적 지위 등을 이용하여 다른 공무원 등에게 신체적·정신적 고통을 주는 등의 부당행위"란 공무원이 자신의 우월적 지위나 관계 등의 우위를 이용하여 업무상 적정범위를 넘어 다음 각 목의 사람에게 신체적·정신적 고통을 주거나 근무환경을 악화시키는 행위를 말한다.
   가. 다른 공무원
   나. 다음의 어느 하나에 해당하는 기관·단체의 직원
      1) 징계처분등의 대상자가 소속된 기관(해당 기관의 소속기관을 포함한다)
      2) 「공공기관의 운영에 관한 법률」 제4조제1항에 따른 공공기관 중 1)의 기관이 관계 법령에 따라 업무를 관장하는 공공기관
      3) 「공직자윤리법」 제3조의2제1항에 따른 공직유관단체 중 1)의 기관이 관계 법령에 따라 업무를 관장하는 공직유관단체
   다. 「공무원 행동강령」 제2조제1호에 따른 직무관련자(직무관련자가 법인 또는 단체인 경우에는 그 법인 또는 단체의 소속 직원을 말한다)

〔별표1의2〕

초과근무수당 및 여비 부당수령 징계기준(제2조제1항 관련)

(2020.12.31 신설)

비위의 유형	부당수령 금액	비위의 정도 및 과실 여부	
		비위의 정도가 약하고 과실인 경우	비위의 정도가 심하거나, 고의가 있는 경우
「공무원수당 등에 관한 규정」 제15조부터 제17조까지의 규정에 따른 수당 또는 「공무원 여비 규정」에 따른 여비를 거짓이나 부정한 방법으로 지급받은 경우	100만원 미만	정직 – 견책	파면 – 정직
	100만원 이상	강등 – 감봉	파면 – 강등

비고
1. 부당수령 금액은 해당 비위로 취득한 총 금액을 말한다.
2. 비위의 정도 및 과실 여부는 해당 비위의 동기, 경위, 방법 및 행위 정도 등으로 판단한다.

〔별표1의3〕

청렴의 의무 위반 징계기준(제2조제1항 관련)

(2015.12.29 신설)

금품·향응 등 재산상 이익 / 비위의 유형	100만원 미만		100만원 이상
	수동	능동	
1. 위법·부당한 처분과 직접적인 관계없이 금품·향응 등 재산상 이익을 직무관련자 또는 직무관련공무원으로부터 받거나 직무관련공무원에게 제공한 경우	강등 – 감봉	해임 – 정직	파면 – 강등
2. 직무와 관련하여 금품·향응 등 재산상 이익을 받거나 제공하였으나, 그로 인하여 위법·부당한 처분을 하지 아니한 경우	해임 – 정직	파면 – 강등	파면 – 해임
3. 직무와 관련하여 금품·향응 등 재산상 이익을 받거나 제공하고, 그로 인하여 위법·부당한 처분을 한 경우	파면 – 강등	파면 – 해임	파면

※ 비고
1. "금품·향응 등 재산상 이익"이란 「국가공무원법」 제78조의2제1항제1호에 따른 금전, 물품, 부동산, 향응 또는 그 밖에 「공무원 징계령」 제17조의2제1항에서 정하는 재산상 이익(금전이 아닌 재산상 이득의 경우에는 금전으로 환산한 금액을 말한다)을 말한다.
2. "직무관련자"와 "직무관련공무원"이란 「공무원 행동강령」 제2조제1호에 따른 직무관련자와 같은 조 제2호에 따른 직무관련공무원을 말한다.

〔별표1의4〕

성 관련 비위 징계기준(제2조제1항 관련)

(2021.8.27 신설)

비위의 정도 및 과실 여부 / 비위의 유형	비위의 정도가 심하고 고의가 있는 경우	비위의 정도가 심하고 중과실이거나, 비위의 정도가 약하고 고의가 있는 경우	비위의 정도가 심하고 경과실이거나, 비위의 정도가 약하고 중과실인 경우	비위의 정도가 약하고 경과실인 경우
1. 성폭력범죄				
가. 미성년자 또는 장애인 대상 성폭력범죄	파면	파면 – 해임	해임 – 강등	강등
나. 업무상 위력 등에 의한 성폭력범죄	파면	파면 – 해임	해임 – 강등	강등 – 정직
다. 공연(公然)음란행위	파면	파면 – 해임	강등 – 정직	감봉
라. 통신매체를 이용한 음란행위	파면	파면 – 해임	강등 – 정직	감봉
마. 카메라 등을 이용한 촬영 등 행위	파면	파면 – 해임	강등 – 정직	감봉
바. 가목부터 마목까지 외의 성폭력범죄	파면	파면 – 해임	강등 – 정직	감봉 – 견책
2. 「양성평등기본법」 제3조제2호에 따른 성희롱	파면	파면 – 해임	강등 – 정직	감봉 – 견책
3. 「성매매알선 등 행위의 처벌에 관한 법률」 제2조제1항제1호에 따른 성매매	파면 – 해임	해임 – 강등	정직 – 감봉	견책

※ 비고
1. 제1호에서 "성폭력범죄"란 「성폭력범죄의 처벌 등에 관한 특례법」 제2조에 따른 성폭력범죄를 말한다.
2. 제1호나목에서 "업무상 위력 등"이란 업무, 고용이나 그 밖의 관계로 인하여 자기의 보호 또는 감독을 받는 사람에 대하여 위계 또는 위력을 행사한 경우를 말한다.
3. 제1호라목에서 "통신매체를 이용한 음란행위"란 「성폭력범죄의 처벌 등에 관한 특례법」 제13조에 따른 범죄에 해당하는 행위를 말한다.
4. 제1호마목에서 "카메라 등을 이용한 촬영 등 행위"란 「성폭력범죄의 처벌 등에 관한 특례법」 제14조에 따른 범죄에 해당하는 행위를 말한다.

〔별표1의5〕

음주운전 징계기준(제2조제1항 관련)

(2021.12.30 개정)

음주운전 유형			처리기준	비고
최초 음주운전을 한 경우	혈중알코올농도가 0.08퍼센트 미만인 경우		정직 - 감봉	1. "음주운전"이란 「도로교통법」 제44조제1항을 위반하여 음주운전을 한 것을 말한다. 2. "음주측정 불응"이란 「도로교통법」 제44조제2항을 위반하여 음주측정에 불응한 것을 말한다. 3. "운전업무 관련 공무원"이란 운전직류 및 집배운영직류 공무원 등 운전을 주요 업무로 하는 공무원을 말한다. 다만, 운전업무 관련 공무원이 음주운전을 하였더라도 운전면허취소나 운전면허정지 처분을 받지 않은 경우에는 혈중알코올농도에 따른 징계 처리기준을 적용한다. 4. 음주운전 횟수를 산정할 때에는 행정안전부령 제253호 공무원 징계령 시행규칙 일부개정령의 시행일인 2011년 12월 1일 이후 행한 음주운전부터 산정한다.
	혈중알코올농도가 0.08퍼센트 이상 0.2퍼센트 미만인 경우		강등 - 정직	
	혈중알코올농도가 0.2퍼센트 이상인 경우		해임 - 정직	
	음주측정 불응의 경우		해임 - 정직	
2회 음주운전을 한 경우			파면 - 강등	
3회 이상 음주운전을 한 경우			파면 - 해임	
음주운전으로 운전면허가 정지 또는 취소된 상태에서 운전을 한 경우			강등 - 정직	
음주운전으로 운전면허가 정지 또는 취소된 상태에서 음주운전을 한 경우			파면 - 강등	
음주운전으로 인적·물적 피해가 있는 교통사고를 일으킨 경우	상해 또는 물적 피해의 경우		해임 - 정직	
	사망사고의 경우		파면 - 해임	
	사고 후 「도로교통법」 제54조제1항에 따른 조치를 하지 않은 경우	물적 피해 후 도주한 경우	해임 - 정직	
		인적 피해 후 도주한 경우	파면 - 해임	
운전업무 관련 공무원이 음주운전을 한 경우	면허취소 처분을 받은 경우		파면 - 해임	
	면허정지 처분을 받은 경우		해임 - 정직	

〔별표1의6〕

징계부가금 부과 기준(제2조제1항 관련)

(2019.6.25 개정)

비위의 정도 및 과실 여부 / 비위의 유형	비위의 정도가 심하고 고의가 있는 경우	비위의 정도가 심하고 중과실이거나, 비위의 정도가 약하고 고의가 있는 경우	비위의 정도가 심하고 경과실이거나, 비위의 정도가 약하고 중과실인 경우	비위의 정도가 약하고 경과실인 경우
1. 「국가공무원법」 제78조의2제1항제1호의 행위	금품비위 금액등의 4~5배	금품비위 금액등의 3~4배	금품비위 금액등의 2~3배	금품비위 금액등의 1~2배
2. 「국가공무원법」 제78조의2제1항제2호의 행위	금품비위 금액등의 3~5배	금품비위 금액등의 2~3배	금품비위 금액등의 2배	금품비위 금액등의 1배

※ 비고
1. "금품비위금액등"이란 「국가공무원법」 제78조의2제1항 각 호의 어느 하나에 해당하는 행위로 취득하거나 제공한 금전 또는 재산상 이득(금전이 아닌 재산상 이득의 경우에는 금전으로 환산한 금액을 말한다)을 말한다.
2. 징계부가금 배수는 정수(整數)를 기준으로 한다. 다만, 징계부가금 감면 의결의 경우에는 정수로 하지 아니할 수 있다.
3. 「국가공무원법」 제78조의2제1항제1호의 행위가 「부정청탁 및 금품등 수수의 금지에 관한 법률」 제8조제2항을 위반한 경우로서 그 비위의 정도가 약하고 경과실인 경우에는 금품비위금액등의 2배의 징계부가금을 부과한다.

〔별표2〕

비위행위자와 감독자에 대한 문책기준(제3조 관련)

(2019.6.25 개정)

업무 관련도 / 업무의 성질			비위행위자 (담당자)	직근 상급 감독자	2단계 위의 감독자	최고감독자 (결재권자)
정책결정 사항	중요 사항 (고도의 정책사항)	고의 또는 중과실이 없는 경우	–	3	2	1
		고의 또는 중과실이 있는 경우	4	3	2	1
	일반적인 사항		3	1	2	4
단순·반복 업무	중요 사항		1	2	3	4
	경미한 사항		1	2	3	
단독 행위			1	2		

* 비고
1. 1, 2, 3, 4는 문책 정도의 순위를 말한다.
2. "고도의 정책사항"이란 국정과제 등 주요 정책결정으로 확정된 사항 및 다수 부처 관련 과제로 정책조정을 거쳐 결정된 사항 등을 말한다.
3. 고의 또는 중과실이 없는 경우란 제3조의2제2항에 해당하는 경우를 말한다.

〔별표3〕

징계의 감경기준(제4조 관련)

(2009.3.30 개정)

제2조제1항 및 제3조에 따라 인정되는 징계	제4조에 따라 감경된 징계
파면	해임
해임	강등
강등	정직
정직	감봉
감봉	견책
견책	불문(경고)

■ 공무원연금법 시행령

〔별표1〕

공무원 또는 공무원이었던 사람의 부양사실 인정기준(제3조제1항 관련)

(2021.6.22 개정)

대상자	인 정 기 준
가. 배우자	1. 가족관계기록사항에 관한 증명서상 배우자인 경우 : 인정 2. 가족관계기록사항에 관한 증명서상 배우자가 아닌 경우 : 사실상 혼인관계 존재 확인 판결에 따라 사실혼이 인정되는 경우에만 인정
나. 법 제3조제2항 제1호의 자녀	1. 가족관계기록사항에 관한 증명서상 자녀인 경우 : 인정 2. 가족관계기록사항에 관한 증명서상 자녀가 아닌 경우 : 친생자관계 존부 확인 판결 등 법원의 재판에 따라 친자관계가 인정되는 경우에만 인정
다. 부모	1. 가족관계기록사항에 관한 증명서상 부모인 경우 : 인정 2. 가족관계기록사항에 관한 증명서상 부모가 아닌 경우 : 다음 각 목의 어느 하나에 해당하는 경우에만 인정 가. 주민등록표상 주소가 같았던 경우 나. 주민등록표상 주소가 달랐던 경우에는 다음의 어느 하나에 해당하는 경우 1) 공무원 또는 공무원이었던 사람의 주소에서 사실상 주거와 생계를 같이 하였던 것으로 인정되는 경우 2) 취학·요양·주거의 형편 또는 근무형편 등으로 주거를 달리하고 있었으나 생활비·요양비 등 생계의 기반이 되는 경제적인 지원이 이루어지고 있었다고 인정되는 경우
라. 법 제3조제2항 제2호의 자녀·손자녀 및 조부모	1. 주민등록표상 주소가 같았던 경우 : 인정 2. 주민등록표상 주소가 달랐던 경우 : 다음 각 목의 어느 하나에 해당하는 경우에만 인정 가. 공무원 또는 공무원이었던 사람의 주소에서 사실상 주거와 생계를 같이 하였던 것으로 인정되는 경우 나. 취학·요양·주거의 형편 또는 근무형편 등으로 주거를 달리하고 있었으나 생활비·요양비 등 생계의 기반이 되는 경제적인 지원이 이루어지고 있었다고 인정되는 경우

〔별표2〕

연금취급기관장(제11조제1항 본문 관련)

(2020.12.31 개정)

구분	연금취급기관장
1. 입법부	국회사무총장, 국회도서관장, 국회예산정책처장, 국회입법조사처장
2. 사법부	법원행정처장, 각급 법원 및 법원 지원(支院)의 장
3. 행정부	가. 중앙행정기관의 장 나. 특별시장, 광역시장, 특별자치시장, 도지사, 특별자치도지사, 시장, 군수, 구청장 다. 경찰청장, 시·도경찰청장 라. 대학의 장, 교육감, 교육장 마. 각 군 참모총장
4. 헌법재판소	사무처장
5. 선거관리위원회	중앙선거관리위원회 사무총장, 특별시·광역시·특별자치시·도 및 특별자치도의 선거관리위원회 사무처장

※ 비고 : 국내에서 봉급이 지급되지 않는 국외 근무 공무원에 대해서는 인사혁신처장이 지정하는 기관의 장으로 한다.

〔별표3〕

공단이 자료를 요청할 수 있는 기관·법인·단체(제94조제1항 관련)

1. 「별정우체국법」에 따른 별정우체국 연금관리단
2. 「국민건강보험법」에 따른 요양기관, 국민건강보험공단과 건강보험심사평가원
3. 「한국장학재단 설립 등에 관한 법률」에 따른 한국장학재단
4. 「고등교육법」에 따른 학교
5. 「평생교육법」에 따른 국가평생교육진흥원
6. 「장사 등에 관한 법률」에 따른 장사시설을 설치·조성·운영 또는 관리하는 자
7. 「보험업법」에 따른 보험요율 산출기관 및 「보험업법」, 「선주상호보험조합법」에 따라 허가를 받아 보험업을 영위하는 자
8. 「여객자동차 운수사업법」, 「화물자동차 운수사업법」, 「건설기계관리법」, 「한국해운조합법」, 「수산업협동조합법」, 「원양산업발전법」, 「민법」 및 「선원법 시행령」에 따라 공제사업을 하는 자
9. 그 밖에 공무원연금 업무 수행에 필요하다고 공단이 인정하는 자료를 보유한 기관·법인·단체

〔별표4〕

공단이 요청할 수 있는 자료(제94조제2항 관련)

(2021.3.16 개정)

1. 「주민등록법」에 따른 주민등록 전산정보자료와 주민등록표 등본·초본
2. 「가족관계의 등록 등에 관한 법률」에 따른 가족관계등록 전산정보자료와 가족관계기록사항에 관한 증명서
3. 「국세기본법」, 「국세징수법」, 「소득세법」, 「법인세법」, 「상속세 및 증여세법」, 「부가가치세법」, 「지방세기본법」, 「지방세징수법」, 「지방세법」 및 「수출용 원재료에 대한 관세 등 환급에 관한 특례법」에 따른 소득·과세·환급자료, 직장 및 사업장의 종류 관련 자료
4. 「국민연금법」, 「사립학교교직원 연금법」, 「군인연금법」, 「군인 재해보상법」 및 「별정우체국법」의 적용을 받는 국민, 사립학교교직원, 군인 및 별정우체국 직원에 관한 자료와 각 법에 따른 급여에 관한 자료
5. 「국민건강보험법」 및 「노인장기요양보험법」에 따른 요양급여자료, 장기요양급여자료, 건강검진결과자료, 의료급여 관련 자료, 가입자와 피부양자의 관계에 관한 자료
6. 「국민건강보험법」에 따른 사업장 성립·적용·탈퇴·해지 및 가입자 자격의 취득·상실 등 부과·징수에 관한 자료와 급여에 관한 자료, 가입자 종류별 대상기관과 보수월액에 관한 자료
7. 「채무자 회생 및 파산에 관한 법률」에 따른 개인회생 및 개인파산 절차 관련 사건번호, 개시결정일, 면책결정일, 당사자 등에 관한 자료 및 「민사집행법」에 따른 채무불이행자명부의 등재·말소 결정에 관한 자료
8. 「가사소송법」에 따른 한정승인 및 상속포기에 관한 자료
9. 「형법」 및 「형사소송법」에 따른 수사 및 재판에 대한 범죄경력자료 또는 수사경력자료, 형사재판 판결문, 형사재판 확정증명서, 경찰서에 접수된 가출 또는 실종신고에 관한 자료
10. 「공간정보의 구축 및 관리 등에 관한 법률」에 따른 토지, 「부동산등기법」 및 「건축법」 등에 따른 건물, 「선박법」 및 「어선법」에 따른 선박 및 어선, 「자동차등록령」 및 「건설기계관리법」에 따른 자동차 및 건설기계, 「항공안전법」에 따른 항공기 등의 등기·등록 및 공시가격에 관한 자료
11. 「선원법」에 따른 선박 승선자에 관한 자료
12. 「형의 집행 및 수용자의 처우에 관한 법률」 및 「치료감호 등에 관한 법률」에 따른 교정시설·치료감호시설에의 수용에 관한 자료
13. 「출입국관리법」에 따른 외국인 등록자료 및 출입국에 관한 자료
14. 「국적법」에 따른 국적상실·국적취득 등에 관한 자료
15. 「여권법」에 따른 여권의 발급에 관한 자료
16. 「해외이주법」에 따른 해외이주자에 관한 자료
17. 「재외국민등록법」에 따른 재외국민에 관한 자료
18. 「국민기초생활 보장법」에 따른 수급자에 관한 자료
19. 「장사 등에 관한 법률」에 따른 매장·화장 등 장사에 관한 자료
20. 「장애인복지법」에 따른 장애인 등록, 장애인복지시설 입소 등에 관한 자료
21. 「병역법」에 따른 복무기간 등에 관한 자료
22. 「한국장학재단 설립 등에 관한 법률」에 따른 국가장학금 및 그 외의 장학금 지급내역 및 학사정보에 대한 전산정보자료
23. 「고등교육법」에 따른 학교에서 지급하는 교내장학금 및 그 외의 장학금 및 학사정보에 대한 전산정보자료
24. 「보험업법」에 따른 보험회사 및 보험요율 산출기관과 「보험업법」, 「선주상호보험조합법」에 따라 허가를 받아 보험업을 영위하는 자의 보험금 산출 및 지급에 관한 자료
25. 「여객자동차 운수사업법」, 「화물자동차 운수사업법」, 「건설기계관리법」, 「한국해운조합법」, 「수산업협동조합법」, 「원양산업발전법」, 「민법」 및 「선원법 시행령」에 따른 공제사업을 하는 자의 보험금 및 공제금의 산출 및 지급에 관한 자료
26. 그 밖에 국가기관, 지방자치단체, 사립학교교직원연금공단, 국민연금공단 및 별표3에 따른 기관·법인·단체가 보유한 자료로서 공무원연금 업무 수행에 필요하다고 공단이 인정하는 자료

〔별표5〕

공무원 또는 공무원이었던 사람에 대한 양육책임 불이행 판단 시 고려사항(제59조의2제6항 관련)

(2021.6.22 신설)

대상자	판단 시 고려사항
부모	1. 공무원 또는 공무원이었던 사람이 미성년이었던 기간(생후부터 19세가 되기 전까지의 기간을 말한다. 이하 이 표에서 같다) 동안 주민등록표상 주소를 같이 하였거나, 주민등록표상 주소가 달랐던 경우에는 사실상 주거와 생계를 같이 하였던 것으로 인정되는 기간 2. 공무원 또는 공무원이었던 사람이 미성년이었던 기간 동안 양육비 등 생계의 기반이 되는 경제적인 지원을 한 기간 및 정도 3. 공무원 또는 공무원이었던 사람이 미성년이었던 기간 동안 공무원 또는 공무원이었던 사람에 대해 범죄행위, 학대 등 부당한 대우를 하여 부모로서의 보호의무를 위반했는지 여부 및 위반 정도

■ 각종 기념일 등에 관한 규정

〔별표1〕

각종 기념일(제2조제1항 관련)

(2023.11.21 개정)

번호	기념일	날짜	주관 부처	행사 내용
1	2·28민주운동 기념일	2. 28.	국가보훈부	2·28민주운동의 역사적 의미와 숭고한 정신을 길이 계승·발전시키는 행사를 한다.
2	납세자의 날	3. 3.	기획재정부	국민의 성실 납세에 감사(感謝)하고, 세금의 중요성을 알리는 행사를 한다.
3	3·8민주의거 기념일	3. 8.	국가보훈부	3·8민주의거의 역사적 의미와 숭고한 정신을 길이 계승·발전시키는 행사를 한다.
4	3·15의거 기념일	3. 15.	국가보훈부	3·15의거를 기념하는 행사를 한다.
5	상공의 날	3월 셋째 수요일	산업통상자원부	상공업의 진흥을 촉진하는 행사를 한다.
6	서해수호의 날	3월 넷째 금요일	국가보훈부	서해수호를 위한 희생을 기리고, 국민의 안보의식을 북돋우며, 국토 수호 결의를 다지는 행사를 한다.
7	4·3희생자 추념일	4. 3.	행정안전부	제주4·3사건 희생자를 위령하는 추념 행사를 한다.
8	예비군의 날	4월 첫째 금요일	국방부	모든 예비군이 참가하여 국가방위의 임무를 새롭게 다짐하는 행사를 한다.
9	식목일	4. 5.	농림축산식품부	나무 심기를 통해 국민의 나무 사랑 정신을 북돋우고, 산지(山地)의 자원화를 위한 행사를 한다.

10	보건의 날	4. 7.	보건복지부	국민보건 향상을 위한 관련 분야의 각종 행사를 한다.
11	대한민국 임시정부 수립 기념일	4. 11.	국가보훈부	3·1운동으로 건립된 대한민국 임시정부의 법통(法統)과 역사적 의의를 기리는 행사를 한다.
12	4·19혁명 기념일	4. 19.	국가보훈부	4·19혁명을 기념하는 행사를 한다.
13	장애인의 날	4. 20.	보건복지부	장애인에 대한 국민의 이해를 깊게 하고, 장애인의 재활 의욕을 높이는 행사를 한다.
14	과학의 날	4. 21.	과학기술정보통신부	과학기술의 중요성을 높이고, 모든 국민생활의 과학화 추진과 관련된 행사를 한다.
15	정보통신의 날	4. 22.	과학기술정보통신부·방송통신위원회	정보통신의 중요성과 의의를 높이고, 정보통신사업의 발전을 다짐하며, 관계 종사원들의 노고를 위로하는 행사를 한다.
16	법의 날	4. 25.	법무부	국민의 준법정신을 함양하고, 법의 존엄성과 관련된 행사를 한다.
17	충무공 이순신 탄신일	4. 28.	문화체육관광부	충무공 이순신의 숭고한 충의를 길이 빛내는 행사를 한다.
18	순직의무 군경의 날	4월 넷째 금요일	국가보훈부	국방의무 수행 중 사망한 순직의무군경의 희생과 호국정신을 기리는 행사를 한다.
19	근로자의 날	5. 1.	고용노동부	근로자의 노고를 위로하고, 근로의욕을 더욱 높이는 행사를 한다.
20	어린이 날	5. 5.	보건복지부	어린이들이 올바르고 슬기롭고 씩씩하게 자라도록 하는 행사를 한다.
21	어버이 날	5. 8.	보건복지부	조상과 어버이에 대한 은혜를 헤아리고, 어른과 노인 보호와 관련된 행사를 한다.
22	동학농민혁명 기념일	5. 11.	문화체육관광부	동학농민혁명의 역사적 가치와 의미를 재조명하고 애국애족정신을 높이는 행사를 한다.
23	스승의 날	5. 15.	교육부	교권 존중의 사회적 분위기 조성과 스승공경과 관련된 행사를 한다.
24	5·18민주화 운동 기념일	5. 18.	국가보훈부	5·18민주화운동을 기념하는 행사를 한다.
25	부부의 날	5. 21.	여성가족부	건전한 가족문화의 정착과 가족 해체 예방을 위한 행사를 한다.
26	성년의 날	5월 셋째 월요일	여성가족부	국가와 민족의 장래를 짊어질 성인으로서의 자부심과 책임감을 갖게 하는 행사를 한다.
27	바다의 날	5. 31.	해양수산부	바다 관련 산업의 중요성과 의의를 높이고, 국민의 해양에 대한 인식을 북돋우며, 관계 종사원들의 노고를 위로하는 행사를 한다.
28	의병의 날	6. 1.	행정안전부	의병의 희생정신을 기리고, 국민의 나라사랑 정신을 북돋우는 행사를 한다.
29	환경의 날	6. 5.	환경부	국민의 환경보전의식 함양과 실천의 생활화를 위한 행사를 한다.
30	현충일	6. 6.	국가보훈부	호국영령의 명복을 빌고, 순국선열 및 전몰장병(戰歿將兵)의 숭고한 호국정신과 위훈(偉勳)을 기리는 행사를 한다.
31	6·10민주항쟁 기념일	6. 10.	행정안전부	6·10민주항쟁을 기념하는 행사를 한다.
32	6·10만세운동 기념일	6. 10.	국가보훈부	일제의 강제병합과 식민지배에 항거한 순국선열의 숭고한 독립정신과 희생정신을 계승하기 위한 행사를 한다.
33	6·25전쟁일	6. 25.	국가보훈부	6·25전쟁을 상기하여 국민의 안보의식을 북돋우는 행사를 한다.
34	철도의 날	6. 28.	국토교통부	기간(基幹) 교통수단인 철도의 의의를 높이고, 종사원들의 노고를 위로하는 행사를 한다.
35	정보보호의 날	7월 둘째 수요일	과학기술정보통신부·행정안전부·국가정보원	국가 차원의 정보보호 역량을 결집하고, 국민의 정보보호 생활화를 촉진하는 행사를 한다.
36	푸른 하늘의 날	9. 7.	외교부·환경부	유엔 기념일인 푸른 하늘을 위한 국제 맑은 공기의 날을 맞이하여 대기질 개선에 대한 국민의 이해와 관심을 제고하고 대기오염 저감활동에 범국가적인 참여를 촉진하는 행사를 한다.
37	국군의 날	10. 1.	국방부	국군의 위용 및 전투력을 국내외에 과시하고, 국군장병의 사기를 높이는 행사를 한다.
38	노인의 날	10. 2.	보건복지부	경로효친의 미풍양속을 확산하는 행사를 한다.
39	세계 한인의 날	10. 5.	재외동포청	세계 각지에 거주하는 재외동포의 민족적 의의를 되새기는 행사를 한다.
40	재향군인의 날	10. 8.	국가보훈부	재향군인 상호 간의 친목을 도모하고, 국가발전과 관련된 행사를 한다.
41	스포츠의 날	10. 15.	문화체육관광부	국민의 건강과 행복한 삶을 위한 각종 스포츠 행사 및 대회 개최와 더불어 올림픽의 이상(理想)을 구현하는 행사를 한다.
42	부마민주항쟁 기념일	10. 16.	행정안전부	부마민주항쟁을 기념하는 행사를 한다.
43	문화의 날	10월 셋째 토요일	문화체육관광부	방송·잡지·영화 등 대중매체의 사회적 가치를 새롭게 하고, 문화예술 진흥과 관련된 행사를 한다.
44	경찰의 날	10. 21.	행정안전부	모든 경찰공무원 및 관계관이 참석하여 민주경찰의 사명감 고취와 관련된 행사를 한다.
45	국제연합일	10. 24.	외교부	국제연합 창립과 6·25전쟁 중 국제연합군이 참전한 뜻을 기념하는 행사를 한다.
46	교정의 날	10. 28.	법무부	교정(矯正) 관련 종사자들의 사기를 높이고, 수용자의 건전한 사회복귀 의지를 북돋우는 행사를 한다.
47	지방자치 및 균형발전의 날	10. 29.	행정안전부·산업통상자원부	지방자치 및 균형발전에 관한 국민의 관심을 높이고, 그 성과를 공유하는 행사를 한다.
48	금융의 날	10월 마지막 화요일	금융위원회	금융에 대한 국민의 이해를 높이고, 금융의 역할과 책임을 되새기며, 금융권 종사자들의 노고를 격려하는 행사를 한다.
49	학생독립운동 기념일	11. 3.	교육부·국가보훈부	학생독립운동의 정신을 계승·발전시켜 학생들에게 자율역량과 애국심을 함양시키는 행사를 한다.
50	농업인의 날	11. 11.	농림축산식품부	농업이 국민경제의 근간임을 국민들에게 인식시키고, 농업인의 긍지와 자부심을 북돋우며, 노고를 위로하는 행사를 한다.
51	순국선열의 날	11. 17.	국가보훈부	국권 회복을 위해 헌신하신 순국선열의 독립정신과 희생정신을 후세에 길이 전하고, 선열의 위훈을 기리는 행사를 한다.
52	소비자의 날	12. 3.	공정거래위원회	소비자의 권리의식을 신장하고, 소비자보호에 관한 인식을 높이는 행사를 한다.
53	무역의 날	12. 5.	산업통상자원부	무역의 균형적 발전과 무역입국(貿易立國)의 의지를 다짐하는 행사를 한다.
54	원자력 안전 및 진흥의 날	12. 27.	과학기술정보통신부·산업통상자원부·원자력안전위원회	원자력 안전의 중요성을 널리 알리고, 원자력 산업의 진흥을 촉진하는 행사를 한다.

비 고
1. 제7호에서 "희생자"란 「제주4·3사건 진상규명 및 희생자 명예회복에 관한 특별법」 제2조제2호에 따른 희생자를 말한다.
2. 제54호의 원자력 안전 및 진흥의 날은 "원자력의 날"로 줄여서 사용할 수 있다.

[별표2]

기념일의 지정기준(제2조제2항 관련)

(2020.8.18 신설)

1. 다음 각 목의 어느 하나에 해당하는 날을 기념일로 지정할 수 있다.
   가. 국가의 정통성을 확립하는 날 또는 민족정기를 널리 알리거나 호국정신의 뜻을 기리는 날
   나. 과학기술·경제발전·국민복지 등 국가 주요 시책에 대한 기틀을 확립하는 데 의의가 큰 날
   다. 문화예술의 창달과 전통적 윤리가치의 계승·확립을 위해 국민적 인식을 같이 하는 날
   라. 국제적으로 인식을 같이하여 기념하고 있는 날
   마. 그 밖에 국민적 공감대가 형성되어 기념일로서 지정할 가치가 있는 날
2. 제1호에도 불구하고 다음 각 목의 어느 하나에 해당하는 경우에는 기념일로 지정해서는 안 된다.
   가. 의의나 성격이 기존 기념일과 유사하거나 중복되는 경우
   나. 의의나 성격이 특정 지역, 일부 집단 및 개별 이익단체 등에만 국한되는 경우
   다. 지방자치단체 또는 민간에서 주관하는 것이 적합하다고 판단되는 경우
   라. 그 밖에 민간자율성 신장이 요구되거나 순수 민간 분야의 기념일인 경우

■ 여권법 시행령

[별표]

여권발급 등에 관한 수수료(제39조 관련)

(2022.7.11 개정)

종 류	구 분		여권발급수수료 국 내	여권발급수수료 재외공관	여권발급 수수료 중 대행기관 수입액
1. 전자여권	가. 복수여권	5년 초과 10년 이내	26면 : 35,000원 58면 : 38,000원	26면 : 35달러 58면 : 38달러	26면 : 7,700원 58면 : 8,360원
		5년	26면 : 30,000원 58면 : 33,000원	26면 : 30달러 58면 : 33달러	26면 : 6,600원 58면 : 7,260원
		5년 미만	15,000원	15달러	3,300원
	나. 단수여권	1년 이내	15,000원	15달러	3,300원
2. 비전자여권	긴급여권	1년 이내	48,000원	48달러	10,560원
3. 기타	가. 여행증명서		23,000원	23달러	5,060원
	나. 남은 유효기간 부여 여권		25,000원	25달러	5,500원
	다. 기재사항 변경		5,000원	5달러	1,100원
	라. 여권 사실증명		1,000원	1달러	220원

비고
1. 위 표 제1호에서 "전자여권"이란 법 제7조제2항에 따라 같은 조 제1항의 정보를 여권에 전자적으로 수록하여 발급되는 여권을 말한다.
2. 위 표 제3호라목에서 "여권 사실증명"이란 여권 발급기록 또는 여권 발급 신청 시 제출한 서류 내용의 증명, 여권 사본의 유효성 증명, 여권의 실효확인 및 여권 명의인의 신원확인에 필요한 정보의 증명을 말한다.
3. 위 표 제2호에도 불구하고 긴급여권 발급 시 여행 목적이 발급지 국가 외에서 체류 중인 친족의 사망, 중대한 질병이나 부상으로 인한 경우 등 인도적 사유로 인한 것이라고 외교부장관이 인정하는 경우에는 다음 표에 따른 여권발급수수료 및 여권발급수수료 중 대행기관 수입액을 적용한다.

여권발급수수료 국내	여권발급수수료 재외공관	여권발급수수료 중 대행기관 수입액
15,000원	15달러	3,300원

4. 위 표 제3호라목에도 불구하고 「주민등록법」 제29조제3항에 따른 무인민원발급기 또는 「민원 처리에 관한 법률」 제12조의2제3항에 따른 통합전자민원창구를 통한 여권 사실증명의 발급은 수수료를 면제한다.

<지방자치편>

▣ 지방자치법 시행령

[별표1]

지방자치단체의 종류별 사무(제10조제1항 관련)

구 분	시·도 사무	시·군·자치구 사무
1. 지방자치단체의 구역, 조직, 행정관리 등에 관한 사무	법 제14조제1항 각 호 외의 부분 단서에 따라 시·도와 시·군 및 자치구에 각각 공통된다.	
2. 주민의 복지증진에 관한 사무		
가. 주민복지에 관한 사업	1) 주민복지 증진 및 주민보건 향상을 위한 종합계획 수립 및 지원 2) 시·군·자치구에 공통되는 복지업무의 연계·조정·지도 및 조언	1) 주민복지 증진사업계획의 수립·시행 2) 시·군·자치구 단위 주민복지시설의 운영·지원 3) 주민복지 상담 4) 환경위생 증진 등 주민보건 향상을 위한 사업 실시
나. 사회복지시설의 설치·운영 및 관리	1) 사회복지시설의 수요 판단과 지역별 배치 등 기본계획의 수립 2) 사회복지시설의 설치·운영 3) 사회복지법인의 지도·감독 및 지원 4) 사회복지시설 수혜자에게 비용 수납 및 승인	1) 사회복지시설의 설치·운영 2) 사회복지시설 수혜자에게 비용 수납 3) 사회복지법인에 대한 보조 및 지도 4) 사회복지법인 등의 시설 설치허가와 그 시설의 운영 지도
다. 생활이 어려운 사람의 보호 및 지원	1) 생활보호 실시에 따른 이의신청 심사 2) 생활보호비용의 일정액 지원 3) 시·군·자치구에 대한 생활보호보조금 지급 4) 생활보호기금의 적립 및 운용관리 5) 의료보호진료 지구의 설정 6) 의료보호시설의 지정 7) 의료보호기금의 설치·운용	1) 생활보호대상자 조사·선정 2) 생활보호대상자의 보호·관리 3) 생활보호의 실시(생업자금대여, 직업훈련, 공공근로사업, 수업료 지급, 장례보조비 지급 등) 4) 생활보호비용의 일정액 지원 5) 생활보호대상자의 부양의무자에게 보호비용 징수 6) 생활보호기금의 적립 및 운용관리 7) 생활보호의 변경과 중지 8) 의료보호대상자 관리와 의료보호의 실시(진료증 발급 등) 9) 의료보호기금의 설치·운용
라. 노인·아동·장애인·청소년 및 여성의 보호와 복지증진	1) 노인복지사업계획 수립·조정 2) 경로사업의 실시·지원 3) 노인복지시설의 설치·운영 및 지원 4) 아동복지사업 종합계획 수립·조정 5) 아동상담소의 설치·운영 6) 아동전용시설의 운영 7) 아동보호조치 8) 아동복지시설의 운영·지원 9) 아동복지단체의 지도·육성 10) 장애인복지사업 종합계획 수립·조정 11) 장애인의 검진, 재활상담과 시설에의 입소 12) 장애인의 고용 촉진 13) 장애인 편의시설의 설치 지도·권고 14) 장애인복지시설 운영·지원 15) 청소년사업 종합계획 수립·조정 16) 청소년시설의 설치·운영 17) 시·도 단위 지방청소년육성위원회 운영 18) 청소년육성 기본계획의 연도별 시행계획의 수립·시행 19) 청소년의 달 행사 추진 20) 청소년단체 육성·지원 21) 공공청소년 수련시설 설치·운영 22) 청소년복지 지원 23) 양성평등 기본계획의 연도별 시행계획 수립·시행 24) 모자보건사업계획의 수립·조정 25) 여성단체 육성·지원 26) 여성복지시설의 운영·지원 27) 성매매피해자 등의 선도 및 직업교육·지원	1) 노인복지사업계획 수립·시행 2) 노인복지사업의 시행 3) 경로행사 등 경로사업의 실시·지원 4) 노인복지시설의 설치·운영 및 지원 5) 아동복지사업계획 수립·시행 6) 아동상담소의 설치·운영 7) 아동전용시설의 운용 8) 아동보호조치 9) 아동복지시설의 운영·지원 10) 아동복지단체의 지도·육성 11) 보호시설에 있는 고아의 후견인 지정 12) 장애인복지에 관한 계획수립 및 시행 13) 장애인의 파악·관리 14) 장애인의 검진, 재활상담과 시설에의 입소 15) 장애인의 고용 촉진 16) 장애인 편의시설의 설치 지도 17) 장애인복지시설 운영·지원 18) 청소년사업계획 수립·시행 19) 청소년보호 조치 20) 청소년복지 지원 21) 청소년시설의 설치·운영 22) 시·군·자치구 단위 지방청소년육성위원회 운영 23) 청소년지도위원 위촉 24) 청소년의 달 행사 추진 25) 양성평등에 관한 계획 수립·시행 26) 모자보건사업의 세부계획 수립·시행 27) 모자보건기구의 설치·운영 28) 모자보건대상자의 선정(수첩의 발급 등) 29) 임산부 및 영유아의 건강관리 30) 여성교실 운영 및 여성 교육 31) 여성단체 육성·지원 32) 여성복지시설의 운영·지원 33) 성매매피해자 등의 선도 및 직업교육·지원
마. 주민건강증진사업	1) 주민건강의 증진에 관한 계획 수립 2) 건강생활실천협의회 구성·운영 3) 보건교육 지도·감독 4) 영양개선업무 지도·감독 5) 구강건강사업계획 수립	1) 주민건강증진업무 세부 계획 수립 2) 주민건강실천운동 지원 3) 건강생활실천협의회 구성·운영 4) 보건교육의 실시 및 지도·감독 5) 영양개선업무 수행 및 조사 6) 구강건강사업의 수행
바. 공공보건 의료기관의 설립·운영	1) 시·군·자치구 보건소 설치·운영비의 지원 2) 보건환경연구원의 설치 3) 시·도의료원의 설치·운영 4) 공중보건의사의 배치·지도 5) 보건진료소 설치·운영비의 지원	1) 보건소 및 지소의 설치·운영 2) 무의촌(無醫村) 및 오지 주민에 대한 순회 진료 3) 보건진료소의 설치·운영
사. 전염병 및 그 밖의 질병의 예방과 방역	1) 전염병 예방을 위한 종합대책의 수립 및 주민 홍보 2) 전염병 예방시설 설치 3) 전염병 예방·방역과 그에 따른 비용 지원 4) 전염병 진료를 위한 대용기관의 지정과 기관에 대한 경비 보조 5) 그 밖의 질병의 예방과 방역	1) 전염병 예방을 위한 주민 홍보·교육 2) 전염병 예방접종 실시 3) 전염병 예방대용시설 지정 및 운영 4) 전염병의 예방조치와 소독의 실시 5) 전염병환자의 격리수용 및 진료조치 6) 그 밖의 질병의 예방과 방역
아. 묘지·화장장 및 봉안당의 운영·관리	1) 공설묘지·공설화장장 및 공설봉안당의 설치·운영(도의 경우는 제외한다) 2) 재단법인이 설치하는 묘지·화장장 및 봉안당의 허가 3) 재단법인이 설치한 묘지·화장장 및 봉안당의 구역 및 시설변경과 폐지허가 4) 재단법인이 설치한 묘지·화장장·봉안당의 이전명령, 시설개수 또는 허가취소 5) 분묘의 일제신고 6) 시체운반업 허가	1) 공설묘지·공설화장장 및 공설봉안당의 설치·운영(자치구의 경우는 제외한다) 2) 매장·화장 및 개장신고와 묘적부(墓籍簿) 관리 3) 종중·문중 또는 자연인이 설치하는 묘지·화장장 및 봉안당의 허가 4) 종중·문중 또는 자연인이 설치한 묘지·화장장·봉안당의 구역 및 시설변경과 폐지허가 5) 종중·문중 또는 자연인이 설치한 묘지 등의 이전명령, 시설개수 또는 허가취소 6) 무연분묘(無緣墳墓)의 정리 7) 분묘의 개장명령 8) 무연분묘의 개장허가
자. 공중접객업소의 위생 개선을 위한 지도	공중접객업소의 위생 개선을 위한 종합계획 수립	1) 공중접객업소의 위생개선을 위한 종합지도계획 수립·시행 2) 식품접객업소 시설의 설치 지도 3) 식품접객업소의 위생등급 지정 4) 식품접객업소에 대한 현장검사·수거 등 5) 식품접객영업소의 영업 허가 및 취소 6) 위생접객업소의 등급 설정 7) 위생접객업 등의 허가 및 신고수리 8) 위생접객업 등의 휴업·폐업 신고수리 9) 위생접객업자 등에 대한 공중위생 지도·명령 10) 위생접객시설의 개선명령 11) 위생접객업 허가의 취소 등 제재처분 12) 공중이용시설 소유자 등의 신고수리 13) 공중이용시설 관리상태의 검사 및 시정지시
차. 청소, 생활폐기물의 수거 및 처리	1) 폐기물 처리 기본계획 수립 2) 생활폐기물(분뇨, 쓰레기 등) 처리시설의 설치·운영(도의 경우는 제외한다) 3) 생활폐기물 처리업의 허가와 지도·감독(일반폐기물 수집·운반업은 제외한다) 4) 광역 생활폐기물 처리시설의 설치·운영 5) 분뇨처리시설, 오수처리시설, 단독정화조 또는 축산폐수 처리시설의 설계 시공업의 등록 및 지도·감독 6) 생활폐기물 처리사업자가 받아야 하는 일반폐기물의 처리수수료 요율 결정 7) 생활폐기물의 처리수수료 요율 결정(도의 경우는 제외한다)	1) 생활폐기물 처리 기본계획 수립 2) 생활폐기물(분뇨, 쓰레기 등) 처리시설의 설치·운영(자치구의 경우는 제외한다) 3) 생활폐기물 처리업의 허가와 지도·감독(일반폐기물 수집·운반업만 해당한다) 4) 생활폐기물의 적정관리 조치 5) 생활폐기물 무단투기에 대한 지도 6) 생활폐기물 처리수수료의 요율 결정 7) 생활폐기물 다량배출자의 신고수리 및 관리 8) 생활폐기물 재활용신고의 수리 및 관리 9) 폐기물 처리에 관한 보고·검사 등 조치명령 10) 특별청소지역의 지정 및 조정 11) 특별청소지역 내의 일반폐기물 수집·처리 12) 특별청소지역 내의 분뇨사용 제한 13) 분뇨·쓰레기 처리시설에 대한 개선명령 등 14) 오수처리시설, 단독정화조 또는 축산폐수 처리시설의 설치 신고 수리 및 관리 15) 대청소 실시계획의 수립·시행 16) 공중화장실, 공중용 쓰레기용기 및 쓰레기 적환장(積換場: 매립장에 가기 전에 임시로 모아 두는 곳)의 설치·유지 관리
카. 지방공기업의 설치 및 운영	1) 지방공기업사업 운영계획 수립·시행 2) 지방공기업자산의 취득 관리·처분 3) 지방공기업 특별회계의 설치 4) 지방공기업 관련 지방채의 발행 5) 시·군·자치구 지방공기업에 대한 경영지도·조언 6) 지방공사의 설립·운영 7) 지방공단의 설립·운영	1) 지방공기업사업 운영계획 수립·시행 2) 지방공기업자산의 취득 관리·처분 3) 지방공기업 특별회계의 설치 4) 지방공기업 관련 지방채의 발행
타. 읍·면·동사무소의 주민자치센터 설치·운영	읍·면·동사무소의 주민자치센터 설치·운영 지원	읍·면·동사무소의 주민자치센터 설치·운영
3. 농림·수산·상공업 등 산업 진흥에 관한 사무		
가. 못·늪지·보(洑) 등 농업용수시설의 설치 및 관리	1) 농업용수 개발사업계획 수립·조정 2) 농업용수시설의 유지·관리 3) 전천후 농업용수원 개발 4) 관정·양수장비 관리 지침 통보·지원 5) 농업용수시설 사업의 보조금 지원	1) 농업용수 개발사업 추진 2) 관개시설의 유지·관리 3) 관정·양수장비 확보·관리 4) 소규모 농업용수시설의 유지·관리 5) 농업용수개발을 위한 농지개발계 조직·운영

나. 농산물·임산물·축산물·수산물의 생산 및 유통 지원	1) 농산물·임산물·축산물·수산물 생산사업의 지원 2) 농산물 생산기반 조성사업 지원 3) 양식사업 및 어업기반조성계획의 수립·조정 4) 농작물병충해 방제계획 수립·조정 5) 우량종자 보급의 권장과 안정 공급 6) 농수산물 도매시장 개설·운영(도의 경우는 제외한다) 7) 축산물 유통개선 지도 지원 8) 축산물 등급제 지도 지원 9) 도축장 허가 및 지도 감독 10) 경지이용도 제고대책 강구 지도 11) 농지 및 농지임대차의 관리 지도	1) 농산물·임산물·축산물·수산물 생산 지원 및 관리 지도 2) 농산물 생산기반 조성사업의 시행 3) 양식사업 및 어업기반 조성을 위한 지도 및 지원 4) 식량작물 생산 장려 5) 농작물병충해 방제계획 수립 및 조정 6) 농수산물 도매시장 개설·운영(군과 자치구의 경우는 제외한다) 7) 가축시장 개설·운영에 대한 지도·감독 8) 축산물 유통개선 지도 9) 축산물 등급제 지도 10) 관영(官營) 도축장 운영·관리 11) 경지이용계획 수립 추진 12) 농지 및 농지임대차의 관리
다. 농업자재의 관리	1) 농기계·비료·농약 등 농업자재의 공급계획·통보 2) 농업기계의 공동이용 촉진·연구개발 3) 농업기계화 공동이용 시범단지 조성	1) 농기계·비료·농약 등 농업자재의 원활한 공급관리 2) 농업자재의 보유량 파악 및 관리 지도 3) 농기계 수리센터의 설치 권장 4) 영농자재의 공급 알선
라. 복합영농의 운영·지도	1) 도단위 복합영농사업 세부 추진계획 수립·추진 2) 복합영농 시범단지 확정 3) 복합영농 시범사업 융자금 관리	1) 복합영농기획단 설치·운영 2) 복합영농권역 설정 및 시범단지 선정 3) 복합영농 시범마을 확정 4) 면 단위 복합영농지원협의회 구성과 마을단위 복합영농 지도반 편성 5) 복합영농 시범단지 사업계획수립 지도 6) 복합영농생산 지원 및 출하 조정
마. 농업 외 소득사업의 육성·지도	1) 농어촌 소득원 개발 기본계획수립 2) 농어촌 특산단지 육성계획 추진 3) 농어촌 특산품 전시판매장 설치계획 수립 4) 농어촌 휴양사업 추진	1) 농어촌 소득원 개발 시행계획 수립 2) 농어촌 특산단지 육성·지원·지도 3) 농어촌 특산품 전시판매장 설치 및 지도·운영 4) 농어촌 휴양사업 지정개발 및 지원과 운영·지도
바. 공유림 관리	1) 지역산림계획 작성 2) 산림병충해 방제 지도 3) 천연림 보육사업 지도 4) 농촌임산연료 수급계획 수립·추진 5) 특수조림지 관리 6) 공유림 관리를 위한 각종 사업소 운영	1) 산림경영계획의 인가 및 변경명령 2) 산림경영계획에 의한 시업(施業)신고 수리 3) 조림사업 추진 및 육림 관리 4) 산불예방, 도벌·남벌 단속 등 산림보호 5) 산림병충해 방제 6) 천연림 보육사업 추진 7) 입목벌채 등 산림 훼손 허가와 신고수리 8) 입산통제구역의 지정 및 해제 9) 입산허가 10) 농촌임산연료 수급 지도 11) 지역공동 산불예방 활동 전개 12) 부정임산물 단속 등 임산물 반출·반입 통제
사. 소규모 축산개발사업과 낙농 진흥사업	1) 소규모 축산 개발과 낙농진흥사업계획 수립·조정 2) 전업양축농가 육성사업 추진 3) 초지조성 및 사료작물재배 사업계획 등 수립·조정 4) 종축장(種畜場) 운영 5) 보호종축의 지정 6) 가축 개량·증식·보호	1) 축산진흥·지방특화사업 추진 2) 초지조성 관리와 사료작물재배사업 추진 3) 축산단지 조성 및 종축 관리 4) 가축개량·증식과 유축농가 조성 5) 가축인공수정소 등록수리 6) 우량종축의 보급 7) 종축검사
아. 가축전염병 예방	1) 가축전염병 예방을 위한 검진·투약조치 등 2) 전염병 발생 가축의 격리·이동제한 등 3) 가축전염병 예방을 위하여 필요한 시설 설비 명령 4) 가축위생시험소 운영 5) 가축방역관의 위촉과 지도·감독	1) 병든 가축의 신고수리 2) 가축전염병 예찰 및 발생보고 3) 가축전염병 예방 및 진료 4) 공수의(公獸醫)와 가축방역관의 위촉과 지도·감독 5) 동물병원 개설 신고수리
자. 지역산업의 육성·지원	1) 지역산업의 육성계획 수립추진 2) 지역산업에 관한 통계의 작성 유지와 보급 3) 지역산업의 발전방향 제시 4) 지역 내 기업의 정보, 기술 및 자금의 알선 지원 5) 지역산품전시회 개최와 구매자 유치 지원 6) 지역 내 노사관계 동향파악 및 지원 7) 지역산업 발전을 위한 공장 유치	1) 지역산업 육성을 위한 지원 2) 지역산업에 관한 통계의 작성·유지와 보급 3) 지역 내 기업의 정보·기술 및 자금 수요 파악 및 지원 4) 지역산품전시회 개최 및 구매자 유치 지원 5) 지역 내 노사관계 동향 파악 및 지원 6) 지역산업 발전을 위한 공장 유치
차. 소비자 보호와 저축의 장려	1) 소비자보호시책 수립 2) 물가 지도를 위한 시책 수립·추진 3) 소비자 교육 4) 소비자보호 전담기구 설치·운영 5) 소비자보호를 위한 시험·검사 시설의 지정 또는 설치 6) 지방소비자보호위원회 설치 7) 민간 소비자보호단체 육성 8) 국민저축운동의 전개	1) 소비자보호시책의 수립·시행 2) 가격표시제 실시업소 지정·관리 3) 물가지도 단속 4) 소비자 교육 5) 소비자고발센터 등 소비자보호 전담기구의 운영·관리 6) 민간 소비자보호단체의 육성 7) 저축장려 및 주민홍보
카. 중소기업의 육성	1) 지방중소기업 육성지원 계획 수립 2) 중소기업 창업 및 공장설립 민원실의 설치·운영 3) 중소기업협동화 사업단지 조성 지원 4) 중소기업이전 실시계획의 작성 5) 중소기업제품 구매 촉진 6) 중소기업 시범공단 조성 7) 중소기업 육성자금 융자	1) 지방중소기업 육성지원 세부 계획의 수립·추진 2) 중소기업 창업계획의 승인 3) 중소기업 창업 및 공장설립 민원실의 설치·운영 4) 중소기업협동화 사업단지 조성지원 5) 중소기업이전 실시계획의 작성 6) 해당 지역 중소기업 제품의 구매 촉진 7) 중소기업 육성보조금 지급 8) 중소기업 육성·지원업체의 선정·추천
타. 지역특화산업의 개발과 육성·지원	1) 지역특화산업 육성개발계획 수립·조정 2) 지역특화산업 업종선정 3) 지역특화산업 발전을 위한 지도 4) 지역특화산업 개발을 위한 연구 및 지원	1) 시·군·자치구 단위지역특화산업 육성개발계획 수립·시행 2) 지역특화산업체의 유치 3) 지역특화산업체의 육성·지원 4) 지역특화산업 생산물의 판로 개척
파. 우수지역특산품 개발과 관광민예품 개발	1) 민속공예산업 육성 실시계획 작성 2) 민속공예품 생산업체 지정 3) 공예품 전시판매장 운영 4) 우수지역특산품 개발·보급	1) 민속공예산업 육성 실시계획 수립·시행 2) 우수지역특산품 등의 개발·보급 3) 지역특산품 전시관 운영 4) 공예품 등 전문생산업체 지원 5) 지역특산품 등 생산기술전승자의 발굴·보호
4. 지역개발과 자연환경보전 및 생활환경시설 설치·관리에 관한 사무		
가. 지역개발사업	1) 지역개발사업계획의 수립·조정 2) 국가개발계획과 지역개발계획과의 연계·조정 3) 새마을사업 종합계획 수립·추진 4) 농어촌 새마을사업 지도 5) 도시 새마을운동 지도 6) 국토공원화 사업 지원 7) 취약지역 및 특수지역 개발	1) 지역개발사업계획의 수립·시행 2) 읍·면·동 개발위원회의 설치·운영 3) 새마을사업 추진계획 수립·시행 4) 새마을 광역권사업 추진 5) 새마을 가꾸기 사업 추진 6) 소도읍 가꾸기 사업 시행 7) 농어촌 휴양지의 개발 8) 도시 새마을운동 추진 9) 국토공원화 사업의 추진 10) 취약지역 및 특수지역의 개발사업 시행
나. 지방 토목·건설사업의 시행	1) 시·도 건설종합계획의 수립·조정 2) 토목·건설공사의 시행 및 지도 3) 국민주택 건설사업의 시행(도의 경우는 제외한다) 4) 국민주택사업 특별회계의 설치·운영(도의 경우는 제외한다) 5) 주택건설사업소 운영 6) 택지개발사업의 시행 7) 토지구획정리사업의 시행	1) 시·군·자치구 건설종합계획의 수립·시행 2) 토목·건설공사의 시행 및 지도 3) 해당 시·군·자치구가 시행하는 토목사업의 조사·측량·설계와 시공감독(일정 규모 이하) 4) 국민주택건설 사업의 시행 5) 택지개발사업의 시행 6) 국민주택사업 특별회계의 설치·운영(자치구의 경우는 제외한다) 7) 토지구획정리사업의 시행 8) 건축허가 등에 관한 업무 9) 무허가건축물 단속
다. 도시·군계획사업의 시행	1) 도시·군기본계획의 수립(도의 경우는 제외한다) 2) 도시·군계획시설의 입안(도의 경우는 제외한다) 3) 도시·군계획 용도지역·지구의 입안(도의 경우는 제외한다) 4) 도시·군계획에 관한 기초조사(도의 경우는 제외한다) 5) 도시·군계획사업의 시행(도의 경우는 제외한다) 6) 도시재개발사업 기본계획 수립 및 시행(도의 경우는 제외한다) 7) 도시·군계획도로의 유지·관리(도의 경우는 제외한다)	1) 도시·군기본계획의 수립(자치구의 경우는 제외한다) 2) 도시·군계획시설의 입안(자치구의 경우는 제외한다) 3) 도시·군계획 용도지역·지구의 입안(자치구의 경우는 제외한다) 4) 도시·군계획에 관한 기초조사(자치구의 경우는 제외한다) 5) 도시·군계획사업의 시행(자치구의 경우는 제외한다) 6) 도시재개발사업의 시행(자치구의 경우는 제외한다) 7) 도시·군계획도로의 유지·관리
라. 지방도, 시도·군도·구도의 신설·개선·보수 및 유지	1) 도로관리계획 수립 2) 특별시도 및 지방도의 노선 인정과 폐지·변경 3) 특별시도·지방도의 신설·개축 및 수선 4) 특별시도·지방도의 점용허가 및 점용료 징수 5) 도로통행료의 징수 6) 접도구역의 지정·관리 7) 도로부속물의 유지·관리 8) 도로관리사업소의 설치·운영 9) 도로유지 기동반 운영 및 수로원 관리	1) 시도·군도·구도관리계획 수립·시행 2) 시도·군도·구도의 노선 인정과 폐지·변경 3) 시도·군도·구도의 신설·개축 및 수선 4) 시도·군도·구도의 점용허가 및 점용료 징수 5) 도로통행료의 징수 6) 접도구역의 지정·관리 7) 도로부속물의 유지·관리 8) 도로정비 및 수로원 배치·관리
마. 주거생활환경 개선의 장려 및 지원	1) 주거생활환경 개선계획 수립·조정 2) 농촌쓰레기 수거계획 수립·지도 3) 위생화장실 개량사업계획 수립·통보 4) 새마을 환경정비사업 계획 수립 5) 생활개선사업 지원·지도 6) 광고물관리 기본지침 수립·조정 7) 농어촌정주권 개발사업계획의 수립·조정 8) 농어촌 생활용수 개발사업계획의 수립·조정 9) 지역별 대기보전관리계획 수립·집행 및 배출시설별 배출량 조사	1) 주거생활환경 개선실천계획 수립·시행 2) 농촌쓰레기 수거와 지도·단속 3) 위생화장실 개량사업 시행 4) 새마을 환경정비사업 추진 5) 생활개선사업 추진 6) 광고물 설치허가와 신고수리 7) 광고물 정비·단속 8) 광고물 제작업자 지도·단속 9) 농어촌정주권 개발사업 시행 10) 농어촌 생활용수 개발사업 시행
바. 농어촌주택 개량 및 취락구조 개선	1) 농어촌주택 개량 기본계획 수립·조정 2) 취락구조 개선사업 기본계획 수립·조정·지도 3) 취락구조 개선사업 추진 지도 4) 농어촌주택 개량 융자금 관리 5) 농어촌주택 개량 기술 보급·지도 6) 농어촌주택사업 특별회계 설치·운영 7) 농어촌주택 표준설계도서 및 자재의 연구·개발	1) 농어촌주택 개량 사업계획 수립·시행 2) 취락구조 개선사업 추진 3) 농어촌주택단지 조성 4) 농어촌주택 개량 융자금 관리 5) 농어촌주택사업 특별회계 설치·운영 6) 농어촌주택 표준설계도서 및 자재의 보급

사. 자연보호활동	1) 지역환경보전계획 수립·시행 2) 자연생태계 보전지역 등 보호지역 관리 3) 자연환경 개선지역 지정·관리 및 개선계획 수립·시행 4) 도시자연공원 조성계획 수립·시행 5) 특정 야생동식물 보호관리 대책 수립·시행 6) 자연보호계획 수립 7) 자연보호교육 및 홍보 8) 자연보호 시범학교 육성·지도 9) 심신수련장 조성·관리 10) 자연보호 명예감시관 위촉·관리 11) 자연보호 대상물 지정·관리 12) 자연학습원 조성·관리	1) 지역환경보전 세부 시행계획 수립·시행 2) 자연생태계 보전지역 등 보호지역 관리 3) 자연환경 개선지역 지정·관리 및 개선계획 수립·시행 4) 도시자연공원 조성계획 수립·시행 5) 특정 야생동식물 보호관리 대책 수립·시행 6) 자연보호계획 수립·추진 7) 자연보호 시설물 설치 및 유지·관리 8) 자연보호 시범학교 육성 9) 자연보호 명예감시관 위촉·관리 10) 자연보호 지도·교육 11) 자연보호 캠페인 실시 및 지도
아. 지방하천 및 소하천의 관리	1) 지방하천 정비기본계획 및 오염하천 정화사업에 대한 종합계획 수립 2) 하천예정지의 지정 3) 지방하천의 공사와 유지관리 4) 지방하천의 점용허가와 점용료 징수 5) 하천부속물의 관리규정 제정 6) 지방하천 연안구역의 지정·고시와 그 구역 내에서의 공작물(인공구조물) 설치 허가 등 7) 폐천 부지의 교환 및 양여 8) 하천 감시(자갈채취단속 등)	1) 오염하천 정화사업 및 소하천정비계획 수립·시행 2) 오염하천 정화사업 및 소하천정비사업 대상지구 선정 3) 오염하천 정화사업 및 소하천정비사업지구 측량·설계 4) 소하천정비사업 기술지도반 편성·운영 5) 소하천공사와 보수 등 유지·관리 6) 하천 감시
자. 상수도·하수도의 설치 및 관리	1) 상수도사업 기본계획 수립 2) 상수도의 신설·개축 및 수선(도의 경우는 제외한다) 3) 상수도공채 발행 4) 상수도사업 특별회계 설치·운영 5) 수도사업소 설치·운영(도의 경우는 제외한다) 6) 정수 및 수도시설관리소 운영(도의 경우는 제외한다) 7) 공공하수도 정비기본계획의 수립(둘 이상 도·시·군의 통합계획 수립만 해당한다) 8) 중수도 설치관리 권장 및 기술지원 9) 먹는물 공동시설의 위생관리계획 수립 10) 공공하수도의 설치·개축 및 수선(도의 경우는 제외한다) 11) 하수종말처리장의 설치와 유지·관리(도의 경우는 제외한다)	1) 상수도사업 기본계획 수립 2) 상수도의 신설·개축 및 수선과 이의 유지·관리(자치구의 경우는 제외한다) 3) 상수도공채 발행(자치구의 경우는 제외한다) 4) 상수도사업 특별회계 설치·운영(자치구의 경우는 제외한다) 5) 수도사업소 설치·운영(자치구의 경우는 제외한다) 6) 공공하수도정비 기본계획의 수립·시행(자치구의 경우는 제외한다) 7) 중수도 설치관리 권장 및 기술지원 8) 먹는물 공동시설의 위생관리 9) 공공하수도의 설치·개축 및 수선(자치구의 경우는 제외한다) 10) 하수종말처리장의 유지·관리(자치구의 경우는 제외한다) 11) 공공하수도의 점용료 및 사용료의 징수
차. 소규모급수시설의 설치 및 관리	1) 소규모급수시설 설치계획 수립·조정 2) 소규모급수시설사업 자금 지원과 기술 지도	1) 소규모급수시설 설치계획 수립·시행 2) 소규모급수시설사업장 선정 3) 소규모급수시설공사의 지도 4) 소규모급수시설의 위생 및 수질 관리 5) 소규모급수시설의 폐쇄 결정
카. 도립공원, 광역시립공원, 군립공원, 시립공원 및 구립공원 등의 지정 및 관리	1) 도립공원·광역시립공원(이하 "도립공원등"이라 한다)계획의 결정·고시 2) 도립공원등의 지정·고시 및 관리 3) 도립공원등 내 공원사업의 시행 및 공원시설 관리 4) 도립공원등 보호구역의 지정·고시 5) 도립공원등의 입장료·사용료 및 점용료 징수	1) 군립공원·시립공원·구립공원(이하 "군립공원등"이라 한다)계획의 결정·고시 2) 군립공원등의 지정·고시 및 관리 3) 군립공원등 내 공원사업 시행 및 공원시설 관리 4) 군립공원등 보호구역의 지정·고시 5) 군립공원등 입장료·사용료·점용료의 징수
타. 도시공원 및 공원시설, 녹지, 유원지 등과 그 휴양시설의 설치 및 관리	1) 도시공원 및 유원지 조성계획의 입안(도의 경우는 제외한다) 2) 도시공원·유원지의 설치 및 관리(도의 경우는 제외한다) 3) 도시공원·유원지의 입장료·사용료·점용료의 징수(도의 경우는 제외한다)	1) 도시공원 및 유원지 조성계획의 입안(자치구의 경우는 제외한다) 2) 도시공원·유원지의 설치 및 관리(자치구의 경우는 제외한다) 3) 녹지의 설치 및 관리 4) 도시공원·유원지의 입장료·사용료·점용료의 징수(자치구의 경우는 제외한다)
파. 관광지, 관광단지 및 관광시설의 설치 및 관리	1) 관광지 및 관광단지의 조성계획 수립·집행 2) 관광휴양지의 관리	1) 관광자원 개발·보존 2) 관광지 및 관광단지의 개발·시행 3) 관광휴양지의 관리 4) 유선·도선업의 안전관리 및 지도감독
하. 지방 궤도사업의 경영	1) 지방 궤도사업 운영계획 수립 2) 지방 궤도사업의 설치·운영 3) 지방 궤도사업의 경영 평가 4) 지방 궤도사업에 따른 요금징수 5) 지방 궤도사업 특별회계의 설치 6) 지하철도채권의 발행 7) 지하철도공사의 설립·운영	1) 지방 궤도사업 운영계획 수립(자치구의 경우는 제외한다) 2) 지방 궤도사업의 설치·운영(자치구의 경우는 제외한다) 3) 지방 궤도사업의 경영 평가 4) 지방 궤도사업 특별회계의 설치(자치구의 경우는 제외한다)
거. 주차장·교통표지 등 교통편의시설의 설치 및 관리	1) 주차장 정비 및 개발계획의 수립 2) 교통신호기, 안전표지 등의 설치지도 및 지원 3) 관할 도로에 도로표지 등 설치	1) 주차장 정비 및 개발계획의 추진 2) 관할 도로에 도로표지 등 설치 3) 버스정류소의 유지·관리 4) 가로등의 유지·관리 5) 교통신호기, 안전표지 등의 설치·관리
너. 재해대책의 수립 및 집행	1) 시·도 방재계획의 수립·집행 2) 시·도 재해대책본부의 설치·운영 3) 시장·군수 및 자치구의 구청장이 실행할 응급조치 대행 4) 재해예방 및 재해응급대책의 추진 5) 재해구호 6) 재해복구사업의 추진 7) 지역수질오염사고 대책본부 운영	1) 시·군·자치구 방재계획의 수립·집행 2) 시·군·자치구 재해대책본부의 설치·운영 3) 수방단(水防團)의 조직·운영 4) 방재훈련의 실시 5) 재해예방 및 재해응급대책의 추진 6) 재해방재를 위한 출동명령 등 행정조치 7) 재해발생 경계구역의 설정 8) 재해복구사업의 추진 9) 재해구호 10) 지역수질오염사고 대책반의 설치·운영 11) 지역수질오염사고 방재 및 대응체계 수립·운영
더. 지역경제의 육성 및 지원	1) 지역경제 육성계획의 수립 2) 지역경제 관련 정책의 종합조정 3) 공장정비 특별구역 내의 공업정비 실시계획 수립·시행 4) 지방공업단지의 조성·관리 5) 지방공업 장려지구 조성사업시행 6) 지역경제 육성을 위한 자금·세제 등의 지원 7) 농공지구 생산제품의 판매지원 8) 지역 민간경제 부문에 대한 산업기술정보의 제공 9) 상공회의소 등 상공단체의 육성·지원 10) 생산 및 유통시설의 적정배치 11) 유통산업 근대화 사업의 시행 및 지원 12) 유통단지의 조성 및 운영·관리(도의 경우는 제외한다) 13) 지방유통 근대화 추진위원회의 설치·운영 14) 대규모 소매점 개설허가(백화점, 쇼핑센터, 대형점) 15) 도매센터 개설허가 16) 연쇄화 사업자 지정 17) 지방도·소매업진흥 심의위원회의 설치·운영	1) 지역경제 육성 세부 계획의 수립·시행 2) 지방공업개발 장려 및 지원 3) 지방공업단지의 조성·관리 4) 지역경제 육성을 위한 자금·세제 등의 지원 5) 농공지구의 지정·공고 6) 농공지구의 조성·분양 및 관리 7) 농공지구 입주업체 승인과 그 사업계획 승인 8) 농공지구 생산제품의 판매지원 9) 지역상공단체의 지도·육성 10) 주민 지역경제 교육 및 홍보 11) 유통산업 근대화 사업의 시행 및 지원 12) 유통단지의 조성 및 운영관리(자치구의 경우는 제외한다) 13) 시장 개설허가 14) 시장관리자 지정
5. 교육·체육·문화·예술의 진흥에 관한 사무		
가. 어린이집·유치원·초등학교·중학교·고등학교 및 이에 준하는 각종 학교의 설치·운영·지도	1) 유아교육시행계획의 수립 2) 공립의 고등학교, 고등기술학교, 특수학교와 이에 준하는 각종 학교의 설립·경영 3) 공립·사립의 고등학교, 고등기술학교, 특수학교와 이에 준하는 각종 학교의 지휘·감독	1) 유아교육시행계획의 수립 2) 공립의 초등학교, 중학교, 기술학교, 공민학교, 고등공민학교, 유치원과 이에 준하는 각종 학교의 설립·경영 3) 공립·사립의 초등학교, 중학교, 기술학교, 공민학교, 고등공민학교, 유치원과 이에 준하는 각종 학교의 지휘·감독
나. 도서관·운동장·광장·체육관·박물관·공연장·미술관·음악당 등 공공교육·체육·문화시설의 설치 및 관리	1) 공공도서관·문고의 설립·운영 2) 공공체육시설의 운영·관리(운동장·체육관·수영장 등) 3) 공립박물관 및 미술관의 설치·운영 4) 시민회관의 운영·관리(도의 경우는 제외한다) 5) 공공교육·체육·문화시설 이용자로부터의 사용료 징수 6) 그 밖에 공공교육·체육·문화시설의 운영·관리 및 지원	1) 공공도서관·문고의 설립·운영 2) 공공체육시설의 운영·관리(운동장·체육관·수영장 등) 3) 공립박물관 및 미술관의 설치·운영 4) 시·군·자치구민회관 운영·관리 5) 문화원운영·관리(자치구의 경우는 제외한다) 6) 공공교육·체육·문화시설 이용자로부터의 사용료 징수 7) 그 밖에 공공교육·체육·문화시설의 운영·관리 및 지원
다. 지방문화재의 지정·등록·보존 및 관리	1) 시·도 지정·등록문화재와 문화재자료의 지정·보존 및 관리 2) 시·도 지정·등록문화재와 문화재자료의 보호물 또는 보호구역의 지정과 그 해제 3) 시·도무형문화재의 보유자 또는 보유단체의 인정과 그 해제 4) 시·도 지정·등록문화재의 반출 허가 5) 관할 구역 내 국유에 속하는 국가지정문화재 중 국가가 직접 관리하지 않는 문화재의 보존·관리	1) 시·도 지정·등록문화재와 문화재자료의 보존·관리 2) 비지정문화재(향토유적 등)의 보존·관리 3) 지방민속자료 발굴·조사 4) 관할 구역 내 국유에 속하는 국가지정문화재 중 국가가 직접 관리하지 않는 문화재의 보존·관리
라. 지방문화·예술의 진흥	1) 지방문화·예술의 진흥에 관한 시책강구·조정과 주민문화예술활동의 권장 및 보호 육성 2) 지방문화·예술위원회 설치·운영 3) 전문예술단체의 지정 및 지원·육성 4) 문화강좌 설치 기관 또는 단체의 지정·설치와 운영경비 지원 5) 문화산업의 육성·지원 6) 지역문화진흥기금의 조성 및 운용 7) 문화예술진흥 사업 및 활동이나 시설운영경비의 지원	1) 지방문화·예술의 진흥에 관한 시책강구·조정과 주민문화예술활동의 권장 및 보호 육성 2) 향토문화의 발굴·지원·육성 3) 문화강좌 설치 기관 또는 단체의 지정·설치와 운영경비 지원 4) 문화산업의 육성·지원 5) 문화예술진흥 사업 및 활동이나 시설 운영경비의 지원
마. 지방문화·예술단체의 육성	1) 지방문화·예술단체의 설치·운영 2) 민간문화·예술단체의 설치 권장과 지도·육성 3) 지방문화사업자에 대한 보조금 지원과 지도·감독	1) 지방문화·예술단체의 설치·운영 2) 민간문화·예술단체의 설치 권장과 지도·육성
6. 지역민방위 및 지방소방에 관한 사무		
가. 지역 및 직장민방위 조직(의용소방대를 포함한다)의 편성·운영과 지도·감독	1) 시·도 민방위계획의 작성 2) 시·도 민방위협의회의 설치 3) 민방위대 조직관리·지도 4) 민방위경보 발령	1) 시·군·자치구 민방위계획의 작성 2) 시·군·자치구 민방위협의 회의 설치 3) 직장민방위대의 편성 및 운영관리 4) 직장민방위대의 편성 신고수리와 그 지휘·감독 5) 민방위경보 발령 6) 민방위시설의 설치 및 관리 7) 민방위 기술지원대의 편성·관리 8) 주민신고망 조직·운영 9) 시범민방위대 육성 10) 민방위대 교육훈련
나. 지역의 화재예방·경계·진압·조사와 구조·구급	1) 소방기본계획 수립 2) 소방관서의 설치와 지휘·감독 3) 소방행정 기준 설정자료 작성관리 4) 소방장비의 수급관리	

	5) 소방용수시설의 확충관리 6) 화재진압·조사와 구조·구급 업무 지휘·감독 7) 소방지령실 설치·운영 8) 화재경계지구 지정·관리 9) 소방응원규약 제정 10) 화재 예방 활동 11) 소방홍보 및 교육 12) 소방시설의 설치와 유지관리의 지도·감독 13) 소방법령의 규정에 따른 인·허가와 업무의 지도·감독 14) 소방 관계 단체의 지도·감독
7. 국제교류 및 협력에 관한 사무	시·도 및 시·군·자치구에 공통된다.
가. 국제기구·행사·대회의 유치·지원	1) 국제기구·행사·대회의 유치·운영 2) 국제기구·행사·대회 운영경비의 지원
나. 외국 지방자치단체와의 교류·협력	1) 외국 지방자치단체와의 친선결연 체결 2) 외국 지방자치단체와의 국제행사 유치·개최

〔별표2〕

자치구에서 처리하지 않고 특별시·광역시에서 처리하는 사무(제10조제2항 관련)

1. 지방자치단체의 인사 및 교육 등에 관한 사무
   가. 지방공무원임용시험 및 각종 자격시험의 실시
   나. 지방공무원의 교육·훈련 실시(직장교육은 제외한다)
2. 지방재정에 관한 사무
   가. 토지등급 설정 및 수정의 승인
   나. 재산세 과세시가표준액의 결정승인
3. 매장 및 묘지 등에 관한 사무
   공설묘지·공설화장장 또는 공설봉안당의 설치·운영
4. 청소·생활폐기물에 관한 사무
   가. 생활폐기물(분뇨, 쓰레기 등) 처리시설의 설치·운영
   나. 생활폐기물의 처리 수수료 요율 결정
5. 지방토목·주택건설 등에 관한 사무
   가. 국민주택 건설사업의 시행
   나. 국민주택사업 특별회계의 설치·운영
   다. 아파트 지구개발에 관한 기본계획 수립
   라. 민영주택 투기과열지구 지정
6. 도시·군계획에 관한 사무
   가. 도시·군기본계획의 수립
   나. 도시·군계획시설의 입안
   다. 도시·군계획용도지구의 입안
   라. 도시·군계획에 관한 기초조사
   마. 도시·군계획사업의 시행
   바. 도시·군계획사업 수익자부담금 부과 징수
   사. 도시재개발사업(주택개량재개발사업은 제외한다)의 기본계획 수립 및 시행
7. 도로의 개설과 유지·관리에 관한 사무
   중로(12미터 이상 도로)로서 노폭과 노선의 중요도를 고려하여 특별시·광역시 조례로 정한 도로의 유지·관리
8. 상수도사업에 관한 사무
   가. 상수도의 신설·개축 및 수선과 이의 유지·관리
   나. 상수도 공채 발행
   다. 상수도사업 특별회계 설치·운영
   라. 수도사업소 설치·운영
9. 공공하수도에 관한 사무
   가. 공공하수도정비 기본계획의 수립·시행
   나. 공공하수도의 설치·개축 및 수선
   다. 하수종말 처리장의 설치와 유지·관리
10. 공원 등 관광·휴양시설의 설치·관리에 관한 사무
   가. 도시공원 및 유원지 조성계획의 입안
   나. 도시공원·유원지의 설치 및 관리
   다. 도시공원·유원지의 입장료·사용료·점용료의 징수
   라. 공원·유원지·야외공연장 등 시민휴양시설의 설치·유지에 관한 사무
   마. 공설운동장·체육관·박물관·도서관·미술관·시민회관 등의 설치·운영에 관한 사무(특별시·광역시 조례로 결정)
11. 지방 궤도사업에 관한 사무
   가. 지방 궤도사업 운영계획의 수립
   나. 지방 궤도사업의 설치·운영
   다. 지방 궤도사업 특별회계의 설치
12. 대중교통행정에 관한 사무
   가. 도시철도의 설치·운영과 시민 이용에 관한 행정
   나. 시내버스·시외직행버스의 운행 등 대중교통행정에 관한 사무
   다. 대중교통수단의 조정·통제에 관한 사무
13. 지역경제 육성에 관한 업무
   가. 지방공업단지의 조성·관리
   나. 공설시장·도축장·농수산물 공판장 등에 관한 사무
   다. 유통단지의 지정신청·조성 및 운영 관리
   라. 농수산물 도매시장 개설·운영
14. 교통신호기, 안전표시 등의 설치·관리 등에 관한 사무

〔별표3〕

인구 50만 이상의 시가 직접 처리할 수 있는 도의 사무(제10조제3항 관련)

1. 「공간정보의 구축 및 관리 등에 관한 법률」 제25조, 제44조, 제46조, 제48조, 제52조, 제66조, 제69조, 제83조, 제99조, 제100조 및 제111조에 따른 지적측량성과 검사, 측량업 등록 관리, 측량업자 지위승계 관리, 측량업의 휴업·폐업 등 신고 관리, 측량업 등록취소, 토지지번경정 승인, 지적공부 반출 승인, 축척변경 승인, 측량업자·지적측량수행자·성능검사대행업자의 보고·조사, 등록취소 시 청문과 과태료 부과·징수
2. 「공동주택관리법」 제67조, 제69조 및 제70조에 따른 주택관리사 자격증 발급 및 자격 취소, 주택관리업자 교육
3. 「국토의 계획 및 이용에 관한 법률」 제29조, 제32조, 제36조, 제37조, 제38조의2, 제48조, 제52조의2, 제88조, 제90조, 제91조 및 제98조에 따른 도시·군관리계획 결정·변경·고시, 도시·군관리계획에 관한 지형도면의 작성·고시, 용도지역의 지정·변경, 용도지구의 지정·변경, 도시자연공원구역의 지정·변경, 도시·군계획시설 결정 실효고시, 지구단위계획구역 안의 공공시설 등의 결정, 도시·군계획시설사업 실시계획 작성·인가, 실시계획 관계 서류 공람과 실시계획 고시, 공사완료 등 공고
4. 「대기환경보전법」 제16조 및 제44조에 따른 법률상 배출허용기준보다 강화된 배출허용기준 설정, 휘발성유기화합물 신고·변경신고 접수와 휘발성유기화합물 배출시설을 설치·운영하는 자에 대한 조업정지명령
5. 「도시개발법」 제3조, 제3조의2, 제4조, 제7조, 제9조, 제10조의2, 제11조, 제13조, 제17조, 제18조, 제20조, 제21조, 제50조, 제51조, 제56조, 제58조, 제66조 및 제71조의2에 따른 도시개발구역 지정·고시, 도시개발구역 분할·결합, 도시개발계획 수립·변경, 도시개발구역 지정 시 주민 등의 의견청취, 도시개발구역지정의 고시, 보안관리 및 부동산투기 방지대책 수립, 도시개발사업 시행자 지정, 조합설립 인가, 실시계획 작성·인가, 실시계획 고시, 도시개발사업 공사 감리를 할 자에 대한 지정 및 지도·감독, 도시개발사업의 시행방식 변경, 준공검사 및 공사 완료 공고, 지방자치단체의 비용부담 협의, 도시개발구역 밖의 기반시설 설치 비용에 대한 부담통지 및 가산금 징수, 공공시설의 귀속에 관한 관리청의 의견청취와 결합개발 등에 관한 적용기준 완화
6. 「도시공원 및 녹지 등에 관한 법률」 제3조, 제15조, 제17조 및 제28조에 따른 국토교통부장관에 대한 도시공원 또는 녹지의 조성계획의 시범실시 지정요청, 도시공원의 세분 및 규모에 관한 조례 제정, 도시공원 결정 실효 고시와 취락지구 지정
7. 「도시 및 주거환경정비법」 제2조, 제7조, 제11조 및 제142조에 따른 노후·불량건축물 규정, 도시·주거환경정비기본계획의 확정·고시, 기본계획 및 정비계획 수립 시 용적률 완화와 금품·향응 수수행위 등에 대한 신고포상금 지급
8. 「도시재정비 촉진을 위한 특별법」 제4조부터 제7조까지, 제9조, 제12조, 제13조의2, 제33조, 제34조, 및 제36조에 따른 재정비촉진지구 지정·변경, 재정비촉진지구 지정해제, 재정비촉진계획 결정, 재정비촉진계획 변경, 토지 등 분할거래 기준일 결정·고시, 도시재정비위원회의 설치와 재정비촉진사업에 대한 자료 제출요구
9. 「물환경보전법」 제9조, 제9조의2부터 제9조의4까지, 제19조, 제19조의3, 제32조 및 제67조에 따른 수질의 상시측정 및 수질관리조사, 측정망 설치계획 수립 및 결정·고시, 수생태계 현황 조사 및 보고, 수생태계현황 조사 계획 수립, 경작대상 농작물의 종류 및 경작방식 변경과 휴경 등 권고, 수변생태구역 을 매수하거나 생태적으로 조성·관리, 법률상 배출허용기준보다 엄격한 배출허용기준 설정과 폐수처리업에 종사하는 기술요원 또는 환경기술인에 대한 교육
10. 「박물관 및 미술관 진흥법」 제16조, 제17조, 제17조의2, 제17조의3, 제18조, 제22조 및 제28조부터 제32조까지의 규정에 따른 공립·사립·대학 박물관 및 미술관의 등록, 등록증 발급, 변경등록, 등록사실 통지, 사립 박물관 및 미술관의 설립 계획 승인, 폐관신고 및 등록취소, 시정요구 및 정관명령, 등록취소 및 등록증 수납, 운영현황 및 등록취소사항 보고, 설립 계획 승인취소 및 등록취소·정관명령 시 청문과 중요사항의 자문
11. 「벤처기업육성에 관한 특별조치법」 제18조, 제18조의4 및 제26조에 따른 벤처기업집적시설 지정, 중소벤처기업부장관에게 벤처기업육성촉진지구 지정 요청과 벤처기업집적시설 입주 현황 및 운영상황 제출요청
12. 「빈집 및 소규모주택 정비에 관한 특례법」 제13조에 따른 빈집정비 사업시행계획서의 작성에 관한 조례 제정
13. 「산업입지 및 개발에 관한 법률」 제5조, 제7조, 제7조의2 및 제8조에 따른 산업입지개발지침 수립의견 제출, 일반산업단지 지정, 도시첨단산업단지 지정과 농공단지 지정
14. 「산업집적활성화 및 공장설립에 관한 법률」 제33조의2, 제33조, 제36조 및 제37조에 따른 지역진흥 산업계획의 수립, 농공단지의 관리기본계획 승인, 농공단지 개발토지 등의 분양·임대 승인과 농공단지 공동부담금 징수 승인
15. 「소음·진동관리법」 제7조에 따른 법령상 공장소음·진동배출허용기준보다 강화된 배출허용기준 설정
16. 「악취방지법」 제4조, 제6조부터 제8조까지, 제8조의2, 제10조부터 제14조까지, 제16조의2, 제16조의7, 제17조, 제20조, 제22조 및 제30조에 따른 악취관리지역의 악취발생실태조사, 악취관리지역 지정, 법률상 배출허용기준보다 엄격한 배출허용기준 설정, 악취관리지역 내 악취배출시설 설치신고 접수, 악취관리지역 외 악취배출시설 신고대상시설 지정·고시, 악취 개선명령 및 개선명령 위반 시 조업정지·과징금처분, 위법시설에 대한 사용중지·폐쇄명령, 개선권고, 권고사항 불이행 시 조치명령, 악취배출시설에 대한 기술진단, 생활악취 방지대책 수립·시행, 악취배출시설 운영자 등에 대한 보고명령 및 자료제출·검사 요구, 악취방지를 위한 관계기관 장의 협조 요청, 조업정지명령·사용중지명령·폐쇄명령 시 청문과 과태료 부과·징수
17. 「어촌·어항법」 제16조, 제17조 및 제21조에 따른 지방어항 지정 및 지정협의, 지방어항 지정·변경·해제 시 의견청취와 지방어항 개발계획 수립 등의 협의
18. 「온천법」 제5조, 제9조 및 제10조에 따른 온천공보호구역 지정 및 변경, 보양온천 지정과 온천개발계획 수립
19. 「자동차관리법」 제53조에 따른 자동차관리사업에 관한 조례 제정
20. 「주택법」 제15조 및 제71조부터 제73조까지의 규정에 따른 대지면적 10만제곱미터 이상 주택건설사업 또는 대지조성사업 사업계획 승인과 리모델링 기본계획 수립·변경·고시
21. 「중소기업진흥에 관한 법률」 제29조 및 제31조에 따른 중소기업 협동화실천계획 승인과 단지조성사업 실시계획 승인
22. 「지역문화진흥법」 제18조 및 제24조에 따른 문화지구 지정·관리와 과태료 부과·징수
23. 「지적재조사에 관한 특별법」 제4조, 제4조의2, 제7조, 제29조, 제39조 및 제45조에 따른 기본계획 수립 시 의견제출, 시 종합계획 수립, 지적재조사지구 지정, 시 지적재조사위원회 운영, 지적재조사 사업 보고·감독과 과태료 부과·징수
24. 「환경분야 시험·검사 등에 관한 법률」 제16조, 제17조, 제17조의2, 제18조의4, 제28조, 제29조 및 제35조에 따른 실내공간오염물질, 악취, 수질오염물질, 소음·진동·빛공해 측정대행업 등록·취소, 측정대행업 기술인력의 자격정지 해당사실 통보, 정도관리 현장평가 수행 지원, 사후관리, 측정대행업의 등록취소 시 청문과 과태료 부과·징수
25. 「환경영향평가법」 제42조에 따른 조례에 따른 환경영향평가 실시

〔별표4〕

인구 100만 이상 대도시가 직접 처리할 수 있는 도의 사무(제10조제4항 관련)

1. 「건축법」 제11조제2항제1호에 따른 건축물에 대한 허가. 다만, 다음 각 목의 어느 하나에 해당하는 건축물의 경우에는 미리 도지사의 승인을 받아야 한다.
   가. 51층 이상인 건축물(연면적의 100분의 30 이상을 증축하여 층수가 51층 이상이 되는 경우를 포함한다)
   나. 연면적 합계가 20만제곱미터 이상인 건축물(연면적의 100분의 30 이상을 증축하여 연면적 합계가 20만제곱미터 이상이 되는 경우를 포함한다)
2. 「소방기본법」 제3조 및 제6조에 따른 화재 예방·경계·진압 및 조사와 화재, 재난·재해, 그 밖의 위급한 상황에서의 구조·구급 등의 업무(경상남도 창원시만 시범 실시한다)
3. 「지방공기업법」 제19조제2항에 따른 지역개발채권의 발행. 이 경우 미리 지방의회의 승인을 받아야 한다.
4. 「지방자치단체출연 연구원의 설립 및 운영에 관한 법률」 제4조에 따른 지방연구원의 설립 및 등기
5. 「택지개발촉진법」 제3조제1항에 따른 택지개발지구의 지정(도지사가 지정하는 경우로 한정한다. 이 경우 미리 관할 도지사와 협의해야 한다.
6. 도지사를 거치지 않고 「개발제한구역의 지정 및 관리에 관한 특별조치법」 제4조에 따른 개발제한구역의 지정 및 해제에 관한 도시·군관리계획 변경 결정 요청. 이 경우 미리 관할 도지사와 협의해야 한다.
7. 도지사를 거치지 않고 「농지법」 제34조에 따른 농지전용허가 신청서 제출
8. 법 제125조제2항에 따른 지방자치단체별 지방공무원의 정원의 범위에서 책정하는 5급 이하 직급별·기관별 정원

〔별표5〕

지방의회의원 의정활동비 지급범위(제33조제1항제1호 관련)

(2023.12.14 개정)

구분	의정활동비 지급범위	
	의정자료수집 · 연구비	보조활동비
시 · 도의회의원	월 1,500,000원 이내	월 500,000원 이내
시 · 군 · 자치구의회의원	월 1,200,000원 이내	월 300,000원 이내

〔별표6〕

지방의회의원 여비 지급기준(제33조제1항제3호 관련)

1. 국내 여비

구분	준용
시 · 도의회의원	「공무원 여비 규정」 별표2 제1호
시 · 군 · 자치구의회의원	

비고
1. 지방의회의 회의(위원회의 회의를 포함한다) 당일 출퇴근이 곤란한 원격지(육로 편도 60킬로미터 이상 지역을 말한다)나 도서지역(수로 편도 30킬로미터 이상 지역을 말한다)에 거주하는 지방의회의원이 회의에 출석하여 숙박하게 되는 경우에는 운임 · 숙박비 및 식비(기준 식비의 3분의 1을 말한다)를 지급할 수 있다.
2. 도서지역의 경우 비고 제1호에도 불구하고 회의시간이나 공식적 행사 등으로 통상적인 이동방법으로 출퇴근이 불가능하여 숙박하게 되는 경우에는 거리에 관계없이 지급할 수 있다.

2. 국외 항공운임

구분	준용
시 · 도의회의원	「공무원 여비 규정」 별표3의 별표1 제1호에 해당하는 공무원에 대한 항공운임
시 · 군 · 자치구의회 의장 · 부의장	
의장 · 부의장을 제외한 시 · 군 · 자치구의회의원	「공무원 여비 규정」 별표3의 별표1 제2호에 해당하는 공무원에 대한 항공운임

3. 국외 여비

구분	준용
시 · 도의회 의장 · 부의장	「공무원 여비 규정」 별표4 제3호
의장 · 부의장을 제외한 시 · 도의회의원	「공무원 여비 규정」 별표4 제4호
시 · 군 · 자치구의회 의장 · 부의장	
의장 · 부의장을 제외한 시 · 군 · 자치구의회의원	「공무원 여비 규정」 별표4 제5호

비고 : 준비금의 지급에 관하여는 「공무원 여비 규정」 제23조를 준용한다.

〔별표7〕

행정(1)부시장 · 행정(1)부지사와 행정(2)부시장 · 행정(2)부지사의 사무분장(제71조제6항 관련)

해당 시 · 도	행정(1)부시장 · 행정(1)부지사	행정(2)부시장 · 행정(2)부지사	비고
서울특별시	기획 · 예산관리, 감사, 비상기획, 행정관리, 보건복지, 산업경제, 문화관광, 환경, 교통 및 민방위분야 업무	도시계획 · 건설, 상하수도, 주택 및 소방 · 방재분야 업무	1. 시장은 필요하다고 인정하면 기획 · 예산관리업무를 직접 관장할 수 있다. 2. 시장은 행정업무의 효율과 주민 편의를 위하여 필요하다고 인정하는 일부 사무에 대해서는 행정(1)부시장과 행정(2)부시장의 사무분장을 달리 정할 수 있다.
경기도	수원시 · 성남시 · 안양시 · 부천시 · 광명시 · 평택시 · 안산시 · 과천시 · 오산시 · 시흥시 · 군포시 · 의왕시 · 하남시 · 용인시 · 이천시 · 안성시 · 김포시 · 여주시 · 화성시 · 광주시 · 양평군 지역에 대한 도 사무의 총괄	의정부시 · 동두천시 · 고양시 · 구리시 · 남양주시 · 파주시 · 양주시 · 연천군 · 포천시 · 가평군 지역에 대한 도 사무의 총괄	1. 도 단위로 통일성을 유지할 필요성이 있거나 지역적으로 구분하기 곤란한 사무의 경우에는 행정(1)부지사가 총괄하며, 행정(2)부지사와 미리 협의를 거쳐야 한다. 2. 도지사는 행정업무의 효율과 주민 편의를 위하여 필요하다고 인정하는 일부 사무에 대해서는 행정(1)부지사와 행정(2)부지사의 사무분장을 달리 정할 수 있다.

■ 주민등록법 시행령

〔별표1〕 ➡ 「www.hyeonamsa.com」 참조

〔별표2〕

채권 · 채무관계 등 정당한 이해관계가 있는 자의 범위(제47조제4항 관련)

(2023.11.21 개정)

1. 「민법」 제22조에 따른 부재자의 재산관리인 또는 이해관계인
2. 부동산 또는 이에 준하는 것에 관한 권리의 설정 · 변경 · 소멸에 관계되는 자
3. 연체대출금 회수와 보증채무의 구상권 행사 등 연체채권의 회수를 위하여 채무자 및 그 보증인에 대한 주민등록표 초본의 열람 또는 교부신청이 필요한 다음의 금융회사 등. 다만, 채권 · 채무관계에서 채무금액이 50만원(통신요금 관련 채무금액은 3만원) 이하인 경우는 제외한다.
가. 「건설산업기본법」에 따른 공제조합
나. 「한국자산관리공사 설립 등에 관한 법률」에 따른 한국자산관리공사
다. 「기술보증기금법」에 따른 기술보증기금
라. 「농림수산업자 신용보증법」에 따른 농림수산업자 신용보증기금
마. 「농업협동조합법」에 따른 조합과 농업협동조합중앙회
바. 「무역보험법」에 따른 한국무역보험공사
사. 「보험업법」에 따른 보험회사
아. 「산림조합법」에 따른 산림조합과 산림조합중앙회
자. 「상호저축은행법」에 따른 상호저축은행
차. 「새마을금고법」에 따른 새마을금고와 새마을금고중앙회
카. 「수산업협동조합법」에 따른 조합과 수산업협동조합중앙회
타. 「신용보증기금법」에 따른 신용보증기금
파. 「신용정보의 이용 및 보호에 관한 법률」 제2조제10호의2에 따른 채권추심회사
하. 「신용협동조합법」에 따른 신용협동조합과 신용협동조합중앙회
거. 「여신전문금융업법」에 따른 여신전문금융회사와 겸영여신업자
너. 「예금자보호법」에 따른 예금보험공사와 정리금융기관
더. 「은행법」 제8조제1항에 따라 인가받은 은행
러. 「은행법」 제58조제1항에 따라 인가를 받은 외국은행의 지점과 대리점
머. 「자산유동화에 관한 법률」에 따른 유동화전문회사
버. 「주택도시기금법」에 따른 주택도시보증공사
서. (2023.5.16 삭제)
어. 「중소기업은행법」에 따라 설립된 중소기업은행
저. 「중소기업진흥에 관한 법률」에 따른 중소벤처기업진흥공단
처. 「중소기업협동조합법」에 따른 중소기업협동조합
커. 「지역신용보증재단법」에 따른 지역신용보증재단과 신용보증재단중앙회
터. 「한국산업은행법」에 따라 설립된 한국산업은행
퍼. 「한국수출입은행법」에 따라 설립된 한국수출입은행
허. 「한국정책금융공사법」에 따른 한국정책금융공사
고. 「한국주택금융공사법」에 따른 한국주택금융공사
노. 「서민의 금융생활 지원에 관한 법률」 제3조에 따른 서민금융진흥원과 같은 법 제2조제6호에 따른 사업수행기관
도. 「소상공인 보호 및 지원에 관한 법률」에 따른 소상공인시장진흥공단
4. 개인 및 법인 등의 채권 · 채무와 관계되는 자(제3호에 따른 금융회사 등은 제외한다). 다만, 기한의 이익이 상실되었거나 변제기가 도래한 경우로 한정하며, 개인의 채권 · 채무관계에서 채무금액 50만원 이하인 경우는 제외한다.

〔별표3〕

자료 제공을 요청할 수 있는 국가기관, 지방자치단체 및 공공기관과 요청 자료의 범위(제31조의2 관련)

(2023.1.10 개정)

1. 자료 제공을 요청할 수 있는 국가기관, 지방자치단체 및 공공기관
가. 중앙행정기관(그 소속기관 및 책임운영기관을 포함한다)
나. 지방자치단체
다. 「국민건강보험법」 제13조에 따른 국민건강보험공단
라. 「국민연금법」 제24조에 따른 국민연금공단
마. 「사회보장급여의 이용 · 제공 및 수급권자 발굴에 관한 법률」 제29조에 따른 한국사회보장정보원
바. 교육청
사. 「초 · 중등교육법」 제2조에 따른 학교
아. 「고등교육법」 제2조에 따른 학교
자. 「공공기관의 운영에 관한 법률」 제4조에 따른 공공기관으로서 제2호의 제공요청 대상 자료를 보유한 기관
2. 요청 자료
가. 「국민건강보험법」 제6조에 따른 직장가입자 및 지역가입자에 관한 자료
나. 「국민건강보험법」 제47조에 따라 요양기관에서 제출하는 요양 개시 연월일 및 요양 일수에 관한 정보
다. 「국민건강보험법」 제69조에 따른 보험료 징수에 관한 정보
라. 「국민기초생활 보장법」 제26조제1항에 따라 급여 실시 및 급여 내용이 결정된 수급자에 관한 정보
마. 「국민연금법」 제7조에 따른 가입자에 관한 정보(사업장가입자의 경우 그 사업장에 관한 정보를 포함한다)
바. 「국민연금법」 제50조에 따른 급여의 지급에 관한 정보
사. 「국적법」 제14조에 따른 국적이탈신고 자료 및 같은 법 제16조에 따른 국적상실신고 자료
아. 「기초연금법」 제14조제1항에 따라 기초연금을 지급받는 기초연금 수급자에 관한 정보
자. 「병역법」 제77조의5에 따른 병역 정보
차. 「사회보장급여의 이용 · 제공 및 수급권자 발굴에 관한 법률」 제2조제2호에 따른 수급권자에 관한 정보
카. 「사회복지사업법」 제2조제6호 따른 사회복지서비스 제공에 관한 자료
타. 「아동수당법」 제2조제3호에 따른 수급아동에 관한 정보
파. 「영유아보육법」 제34조의2제1항에 따른 양육수당을 지원받는 영유아에 관한 정보
하. 「장사 등에 관한 법률」 제33조의3제1항에 따른 사망자정보
거. 「재외국민등록법」 제3조에 따른 등록사항에 관한 정보
너. 「초 · 중등교육법」 제11조의2에 따른 교육통계조사 자료
더. 「고등교육법」 제11조의3에 따른 교육통계조사 자료
러. 「출입국관리법」 제88조에 따른 출입국에 관한 자료
머. 「형의 집행 및 수용자의 처우에 관한 법률」 제2조제1호에 따른 수용자 및 「치료감호 등에 관한 법률」 제16조의2제1항에 따른 치료감호시설에 수용 중인 사람에 관한 정보

〔별표4〕

과태료의 부과기준(제58조의2 관련)

(2023.1.10 신설)

1. 일반기준
가. 위반행위의 횟수에 따른 과태료의 부과기준은 최근 1년간 같은 위반행위로 과태료를 부과받은 경우에 적용한다. 이 경우 기간의 계산은 위반행위에 대하여 과태료 부과처분을 받은 날과 그 처분 후 다시 같은 위반행위를 하여 적발된 날을 기준으로 한다.
나. 가목에 따라 가중된 부과처분을 하는 경우 가중처분의 적용 차수는 그 위반행위 전 부과처분 차수(가목에 따른 기간 내에 과태료 부과처분이 둘 이상 있었던 경우에는 높은 차수를 말한다)의 다음 차수로 한다.
다. 부과권자는 다음의 어느 하나에 해당하는 경우에는 제2호에 따른 과태료 금액의 2분의 1[1) 및 2)의 경우에는 4분의 3]의 범위에서 그 금액을 감경할 수 있다. 다만, 과태료를 체납하고 있는 위반행위자의 경우에는 그렇지 않다.
1) 위반행위자가 「질서위반행위규제법 시행령」 제2조의2제1항 각 호의 어느 하나에 해당하는 경우
2) 위반행위자의 경제적 사정 등을 고려해야 할 필요가 있는 경우
3) 위반행위가 사소한 부주의나 오류로 인한 것으로 인정되는 경우
4) 위반의 내용 · 정도가 경미하여 피해가 적다고 인정되는 경우
5) 법 위반상태를 시정하거나 해소하기 위한 노력이 인정되는 경우
6) 그 밖에 위반행위의 정도, 위반행위의 동기와 그 결과 등을 고려하여 감경할 필요가 있다고 인정되는 경우

2. 개별기준

위반행위	근거 법조문	과태료 금액		
		1차 위반	2차 위반	3차 이상 위반
가. 법 제7조의4제1항의 입증자료를 거짓으로 제출한 경우	법 제40조 제1항	200만원	600만원	1,000만원
나. 정당한 사유 없이 법 제20조제1항 또는 제20조의2제1항에 따른 사실조사를 거부 또는 기피한 경우	법 제40조 제2항	10만원	30만원	50만원
다. 정당한 사유 없이 법 제20조제2항·제3항(법 제20조의2제1항 후단에 따라 준용되는 경우를 포함한다) 및 제24조제4항 후단에 따른 최고를 받은 자 또는 공고된 자 중 기간 내에 신고 또는 신청을 하지 않은 경우				
1) 신고 또는 신청 기간이 지난 후 7일 이내에 신고 또는 신청한 경우	법 제40조 제3항		1만원	
2) 신고 또는 신청 기간이 지난 후 1개월 이내에 신고 또는 신청한 경우	법 제40조 제3항		3만원	
3) 신고 또는 신청 기간이 지난 후 3개월 이내에 신고 또는 신청한 경우	법 제40조 제3항		5만원	
4) 신고 또는 신청 기간이 지난 후 6개월 이내에 신고 또는 신청한 경우	법 제40조 제3항		7만원	
5) 신고 또는 신청 기간이 지난 후 6개월이 지나 신고·신청하거나 6개월이 지나도 신고·신청하지 않은 경우	법 제40조 제3항		10만원	
라. 정당한 사유 없이 법 제11조부터 제13조까지, 제16조제1항 또는 제24조제4항 전단에 따른 신고 또는 신청을 기간 내에 하지 않은 경우				
1) 신고 또는 신청 기간이 지난 후 7일 이내에 신고 또는 신청한 경우	법 제40조 제4항		5천원	
2) 신고 또는 신청 기간이 지난 후 1개월 이내에 신고 또는 신청한 경우	법 제40조 제4항		2만원	
3) 신고 또는 신청 기간이 지난 후 3개월 이내에 신고 또는 신청한 경우	법 제40조 제4항		3만원	
4) 신고 또는 신청 기간이 지난 후 6개월 이내에 신고 또는 신청한 경우	법 제40조 제4항		4만원	
5) 신고 또는 신청 기간이 지난 후 6개월이 지나 신고·신청하거나 6개월이 지나도 신고·신청하지 않은 경우	법 제40조 제4항		5만원	

■ 지방공무원 임용령

〔별표1〕

일반직공무원의 직급표(제3조제1항 관련)

(2021.11.30 개정)

직군	직렬	직류	계급								
			1급	2급	3급	4급	5급	6급	7급	8급	9급
1. 행정	행정	일반행정	지방관리관	지방이사관	지방부이사관	지방서기관	지방행정사무관	지방행정주사	지방행정주사보	지방행정서기	지방행정서기보
		법무행정									
		재경									
		국제통상									
		노동									
		문화홍보									
		감사									
		통계									
		기업행정									
	세무	지방세						지방세무주사	지방세무주사보	지방세무서기	지방세무서기보
	전산	전산						지방전산주사	지방전산주사보	지방전산서기	지방전산서기보
		데이터									
	교육행정	교육행정					지방교육행정사무관	지방교육행정주사	지방교육행정주사보	지방교육행정서기	지방교육행정서기보
	사회복지	사회복지					지방사회복지사무관	지방사회복지주사	지방사회복지주사보	지방사회복지서기	지방사회복지서기보
	사서	사서					지방사서사무관	지방사서주사	지방사서주사보	지방사서서기	지방사서서기보
	속기	속기					지방속기사무관	지방속기주사	지방속기주사보	지방속기서기	지방속기서기보
	방호	방호					지방방호사무관	지방방호주사	지방방호주사보	지방방호서기	지방방호서기보
2. 기술	공업	일반기계	지방관리관	지방이사관	지방부이사관	지방기술서기관	지방공업사무관	지방공업주사	지방공업주사보	지방공업서기	지방공업서기보
		농업기계									
		기계운전									
		조선									
		일반전기									
		전자									
		원자력									
		금속									
		섬유									
		일반화공									
		가스									
		자원									
	농업	일반농업					지방농업사무관	지방농업주사	지방농업주사보	지방농업서기	지방농업서기보
		식물검역									
		축산									
		생명유전									
	녹지	산림자원					지방녹지사무관	지방녹지주사	지방녹지주사보	지방녹지서기	지방녹지서기보
		산림보호									
		산림이용									
		조경									
	수의	수의					지방수의사무관	지방수의주사	지방수의주사보		
	해양수산	일반해양					지방해양수산사무관	지방해양수산주사	지방해양수산주사보	지방해양수산서기	지방해양수산서기보
		일반수산									
		어로									
		일반선박									
		선박항해									
		선박기관									
		해양교통시설									
	보건	보건					지방보건사무관	지방보건주사	지방보건주사보	지방보건서기	지방보건서기보
		방역									
	식품위생	식품위생					지방식품위생사무관	지방식품위생주사	지방식품위생주사보	지방식품위생서기	지방식품위생서기보
	의료기술	의료기술					지방의료기술사무관	지방의료기술주사	지방의료기술주사보	지방의료기술서기	지방의료기술서기보
	의무	일반의무					지방의무사무관				
		치무									
	약무	약무					지방약무사무관	지방약무주사	지방약무주사보		
	간호	간호					지방간호사무관	지방간호주사	지방간호주사보	지방간호서기	
	간호조무	간호조무					지방간호조무사무관	지방간호조무주사	지방간호조무주사보	지방간호조무서기	지방간호조무서기보
	보건진료	보건진료	지방관리관	지방이사관	지방부이사관	지방기술서기관	지방보건진료사무관	지방보건진료주사	지방보건진료주사보	지방보건진료서기	
	환경	일반환경					지방환경사무관	지방환경주사	지방환경주사보	지방환경서기	지방환경서기보
		수 질									
		대 기									
		폐기물									
	항공	일반항공					지방항공사무관	지방항공주사	지방항공주사보	지방항공서기	지방항공서기보
		조종									
		정비									
	시설	도시계획					지방시설사무관	지방시설주사	지방시설주사보	지방시설서기	지방시설서기보
		일반토목									
		농업토목									

		수도토목									
		건축									
		지적									
		측지									
		교통시설									
		도시교통설계									
		디자인									
	방재안전	방재안전					지방방재안전사무관	지방방재안전주사	지방방재안전주사보	지방방재안전서기	지방방재안전서기보
	방송통신	통신사					지방방송통신사무관	지방방송통신주사	지방방송통신주사보	지방방송통신서기	지방방송통신서기보
		통신기술									
		전송기술									
		전자통신기술									
	위생	위생					지방위생사무관	지방위생주사	지방위생주사보	지방위생서기	지방위생서기보
		사역									
	조리	조리					지방조리사무관	지방조리주사	지방조리주사보	지방조리서기	지방조리서기보
	시설관리	시설관리					지방시설관리사무관	지방시설관리주사	지방시설관리주사보	지방시설관리서기	지방시설관리서기보
	운전	운전					지방운전사무관	지방운전주사	지방운전주사보	지방운전서기	지방운전서기보
3. 관리운영	토목운영	토목운영						지방토목운영주사	지방토목운영주사보	지방토목운영서기	지방토목운영서기보
	건축운영	건축운영						지방건축운영주사	지방건축운영주사보	지방건축운영서기	지방건축운영서기보
		배관운영									
	통신운영	통신운영						지방통신운영주사	지방통신운영주사보	지방통신운영서기	지방통신운영서기보
	전화상담운영	전화상담운영						지방전화상담운영주사	지방전화상담운영주사보	지방전화상담운영서기	지방전화상담운영서기보
	전기운영	전기운영						지방전기운영주사	지방전기운영주사보	지방전기운영서기	지방전기운영서기보
	기계운영	기계운영						지방기계운영주사	지방기계운영주사보	지방기계운영서기	지방기계운영서기보
		영사운영									
	열관리운영	열관리운영						지방열관리운영주사	지방열관리운영주사보	지방열관리운영서기	지방열관리운영서기보
	화공운영	화공운영						지방화공운영주사	지방화공운영주사보	지방화공운영서기	지방화공운영서기보
	가스운영	가스운영						지방가스운영주사	지방가스운영주사보	지방가스운영서기	지방가스운영서기보
	기후환경운영	기후환경운영						지방기후환경운영주사	지방기후환경운영주사보	지방기후환경운영서기	지방기후환경운영서기보
	선박항해운영	선박항해운영						지방선박항해운영주사	지방선박항해운영주사보	지방선박항해운영서기	지방선박항해운영서기보
	선박기관운영	선박기관운영						지방선박기관운영주사	지방선박기관운영주사보	지방선박기관운영서기	지방선박기관운영서기보
	농림운영	영림운영						지방농림운영주사	지방농림운영주사보	지방농림운영서기	지방농림운영서기보
		원예운영									
	사육운영	사육운영						지방사육운영주사	지방사육운영주사보	지방사육운영서기	지방사육운영서기보
	보건운영	보건운영						지방보건운영주사	지방보건운영주사보	지방보건운영서기	지방보건운영서기보
	사무운영	워드운영						지방사무운영주사	지방사무운영주사보	지방사무운영서기	지방사무운영서기보
		필기운영									
		회계처리운영									
		사서운영									
		전산운영									

[별표2] (2013.11.20 삭제)

[별표3] ➡ 「**www.hyeonamsa.com**」 **참조**

[별표3의2] (1995.7.1 삭제)

[별표4]

임용하려는 결원 수에 대한 승진임용 범위(제30조제1항 및 제38조제3항 관련)

(2018.3.20 개정)

임용하려는 결원 수	승진후보자 명부에 따른 순위가 다음에 포함되는 사람
1명	결원 1명당 7배수
2명	결원 1명당 5배수
3명 이상 5명 이하	결원 1명당 4배수
6명 이상 10명 이하	결원 5명을 초과하는 각 1명당 3배수 + 20명
11명 이상	결원 10명을 초과하는 각 1명당 2배수 + 35명

비고 : 1명의 주당 총근무시간이 40시간 미만으로서 소수점 단위로 산정하여 정원에 나타내는 시간선택제공무원의 경우에는 해당 결원을 1명으로 본다.

[별표5] (2007.5.2 삭제)

[별표6] (2009.9.21 삭제)

[별표7] (2003.11.27 삭제)

[별표8]~**[별표9]** ➡ 「**www.hyeonamsa.com**」 **참조**

[별표9의2]

방호 · 운전 · 간호조무 · 위생 · 조리 · 시설관리 직렬의 각종 임용시험과목표(제46조 관련)

(2013.11.20 신설)

계급	시험과목		직렬	방호	운전	간호조무
			직류	방호 또는 경비	운전	간호조무
6급 및 7급	공개경쟁 임용	제1차	필수	국어, 한국사, 사회	국어, 한국사, 사회	국어, 한국사, 사회
		제2차	필수	임용권자가 지정하는 2과목	자동차구조원리 및 도로교통법규 임용권자가 지정하는 1과목	간호관리 임용권자가 지정하는 1과목
	경력경쟁임용시험등을 통한 임용 · 전직 · 승진	제1차	필수	사회	사회	사회
		제2차	필수	임용권자가 지정하는 2과목	자동차구조원리 및 도로교통법규 임용권자가 지정하는 1과목	간호관리 임용권자가 지정하는 1과목
8급 및 9급	공개경쟁 임용	제1차	필수	국어, 한국사	국어, 한국사	국어, 한국사
		제2차	필수	사회	자동차구조원리 및 도로교통법규	간호관리
	경력경쟁임용시험등을 통한 임용 · 전직 · 승진	제1차	필수	한국사	사회	사회
		제2차	필수	사회	자동차구조원리 및 도로교통법규	간호관리
계급	시험과목		직렬	위생	조리	시설관리
			직류	위생 또는 사역	조리	시설관리
6급 및 7급	공개경쟁 임용	제1차	필수	국어, 한국사, 사회	국어, 한국사, 사회	국어, 한국사, 사회
		제2차	필수	위생관계법규 임용권자가 지정하는 1과목	위생관계법규 임용권자가 지정하는 1과목	임용권자가 지정하는 2과목
	경력경쟁임용시험등을 통한 임용 · 전직 · 승진	제1차	필수	사회	사회	사회
		제2차	필수	위생관계법규 임용권자가 지정하는 1과목	위생관계법규 임용권자가 지정하는 1과목	임용권자가 지정하는 2과목
8급 및 9급	공개경쟁 임용	제1차	필수	국어, 한국사	국어, 한국사	국어, 한국사
		제2차	필수	위생관계법규	위생관계법규	임용권자가 지정하는 1과목
	경력경쟁임용시험등을 통한 임용 · 전직 · 승진	제1차	필수	사회	사회	한국사
		제2차	필수	위생관계법규	위생관계법규	사회

[별표10] (2019.11.5 삭제)

<치안편>

■ 경찰관 직무집행법 시행령

〔별표〕

생명·신체상의 손실에 대한 보상의 기준(제9조제3항 관련)

(2019.6.25 신설)

1. 사망자의 보상금액 기준
「의사상자 등 예우 및 지원에 관한 법률 시행령」 제12조제1항에 따라 보건복지부장관이 결정하여 고시하는 금액을 보상한다.
2. 부상등급의 기준
「의사상자 등 예우 및 지원에 관한 법률 시행령」 제2조 및 별표1에 따른 부상범위 및 등급을 준용하되, 같은 영 별표1에 따른 부상 등급 중 제1급부터 제8급까지의 등급에 해당하지 않는 신체상의 손실을 입은 경우에는 부상등급 외의 부상으로 본다.
3. 부상등급별 보상금액 기준
「의사상자 등 예우 및 지원에 관한 법률 시행령」 제12조제2항 및 별표2에 따른 의상자의 부상등급별 보상금을 준용하되, 제2호에 따른 부상등급 외의 부상에 대한 보상금액의 기준은 제4호와 같다.
4. 부상등급 외의 부상에 대한 보상금액 기준
가. 부상등급 외의 부상에 대한 보상금액은 제1호에 따른 보상금의 100분의 5를 최고 한도로 하여 그 범위에서 진료비, 치료비, 수술비, 약제비, 입원비 등 실제로 지출된 의료비를 지급한다.
나. 가목에도 불구하고 위원회가 최고 한도를 초과하여 보상이 필요하다고 인정하는 경우에는 가목에 따른 최고 한도를 초과하여 실제로 지출된 의료비를 지급할 수 있다.

■ 경찰공무원 승진임용 규정

〔별표〕

필기시험 선택과목의 조정점수 산출 방법(제33조의3제1항 관련)

(2019.12.24 신설)

$$\text{조정점수} = \left\{ \frac{(\text{응시자의 점수} - \text{응시자가 선택한 과목의 평균점})}{\text{응시자가 선택한 과목 점수의 표준편차}} \right\} \times 10 + 50$$

비고
1. 응시자가 선택한 과목 점수의 표준편차는 다음의 계산식에 따라 산출한다.

$$\sqrt{\frac{(\text{응시자가 선택한 과목의 점수} - \text{응시자가 선택한 과목의 평균점})^2\text{의 총합계}}{\text{응시자가 선택한 과목의 응시인원수} - 1}}$$

2. 조정점수 산출 결과 0점 미만은 0점으로 처리한다.

■ 집회 및 시위에 관한 법률 시행령

〔별표1〕

주요 도시의 주요 도로(제12조제1항 관련)

(2023.10.17 개정)

주요 도시명	주요 도로명	시점	경유지	종점
서울특별시	① 세종대로-한강대로	종로구 자하문로 219 (자하문터널 북단)	효자동-광화문-남대문-서울역-삼각지-한강대교	한강대교 남단
	② 경인로-여의대로-마포대로-종로-왕산로-망우로	구로구 경인로 90 (동부제강 입구)	오류동-영등포역-여의도-광화문 사거리-종로-청량리-상봉동-망우리	망우로 구리시 경계지점
	③ 하늘길-공항대로-성산로-율곡로-장충단로	강서구 하늘길 76 (공항 내 이마트)	양화교-성산대교-연세대-금화터널-광화문-동대문	중구 퇴계로 320 (광희 교차로)
	④ 청계천로-천호대로	종로구 청계천로 1 (동아일보)	청계천로 1가~7가-군자교-천호대교-길동-상일동	강동구 천호대로 1477 (서울상일초교)
	⑤ 경인고속도로-선유로-양화로-을지로-광나루로	양천구 지양로 140 (푸드원)	경인고속도로입구-양화대교-동교동-을지로 1가~6가-성동교-광장동	광진구 천호대로 813 (광장 사거리)
	⑥ 퇴계로	중구 세종대로 10-2 (연세빌딩 뒤)	퇴계로 1가~6가	중구 을지로 299 (한양공고 삼거리)
	⑦ 통일로-청파로-원효로-여의대방로-시흥대로	은평구 통일로 1190 (진관차고지)	홍은동-독립문-청파동-원효대교-대림동-시흥동	금천구 시흥대로 6 (석수역 1번 출구)
	⑧ 칠패로-남대문로-우정국로	중구 칠패로 16 (염천교 입구)	남대문 4가-남대문로 1가-종로빌딩타워	종로구 율곡로 33 (안국빌딩)
	⑨ 삼일대로	종로구 율곡로 64 (일본문화원)	낙원동-삼일빌딩	남산 1호터널 입구 북단
	⑩ 돈화문로-충무로	종로구 돈화문로 98 (돈화문)	종로 3가-을지로 3가-퇴계로 3가	중구 충무로 2 (매일경제)
	⑪ 창경궁로-동소문로-도봉로	중구 퇴계로 235 (퇴계로4가교차로)	을지로 4가-종로 4가-성대 입구-한성대 입구-송중동-수유동-도봉동	도봉구 도봉로 983 (청화자원)
	⑫ 대학로-동호로-장충단로-한남대로-강남대로	종로구 창경궁로 270 (우리은행 혜화점)	이화동-장충동-반얀트리호텔-한남더힐-한남대교-한남대교 남단-강남역사거리	서초구 강남대로2길 12 (염곡사거리)
	⑬ 소공로-녹사평대로-반포대로	중구 소공로 119 (플라자호텔)	한국은행-우리은행 본점-남산3호터널-녹사평대로-반포대교-예술의전당 앞 삼거리	서초구 남부 순환로 2406 (예술의 전당)
	⑭ 안암로-종암로	동대문구 안암로 6 (대광고교)	안암오거리-고려대역-종암사거리-미아 사거리	성북구 종암로 214-3 (미아사거리)
	⑮ 정릉로-세검정로-연희로	동소문로 215 (길음교 하단)	국민대-상명대-연희 교차로 입구	서대문구 연희로 78 (연희입체 교차로)
	⑯ 테헤란로-서초대로	강남구 테헤란로 629 (강남소방서)	포스코 사거리-선릉역 사거리-역삼역 사거리-법원검찰청사거리	서초구 반포대로 138 (서초역사거리)
	⑰ 백범로-이태원로-다산로	마포구 백범로 192 (공덕오거리)	삼각지 고가도로-녹사평역사거리-한강진역-버티고개역-청구역	중구 다산로 248 (신당파출소)
	⑱ 서빙고로	용산구 한강대로 60 (용산역앞교차로)	이촌역-서빙고동 주민센터-한남역	용산구 독서당로 14길 73-6 (한남대교 북단교차로)
	⑲ 영동대로	강남구 영동대로 741 (영동대교남단 교차로)	봉은사역-삼성역-대모산입구역	강남구 일원동 688 (일원터널 교차로)
	⑳ 남부순환로	강서구 남부순환로 11 (김포공항입구 교차로)	신월IC-오류IC-시흥IC-신림역-사당역-서초IC-도곡역-탄천1교교차로	강남구 남부순환로 3318 (강남자원회수시설)
부산광역시	① 구덕로	서구 망양로 57 (구덕운동장)	자갈치 역	중구 중앙대로 2 (롯데광복점)
	② 중앙대로-자성로-범일로	중구 중앙대로 2 (롯데광복점)	자성대 교차로-서면 교차로-양정 교차로-시청-연산 교차로-내성 교차로	금정구 중앙대로 1819 (금정경찰서)
	③ 중앙대로	금정구 중앙대로 1819 (금정경찰서)	남산역	금정구 중앙대로 2238 (노포역)
	④ 가야대로	부산진구 중앙대로 730 (서면 교차로)	주례 교차로-서부산 낙동강교	강서구 남해2지선 고속도로 19 (서부산휴게소)
	⑤ 수영로	남구 전포대로 5 (문현 교차로)	대남 교차로-수영 교차로	수영구 수영로 741번길 20 (수영교 사거리)
	⑥ 충장대로	중구 중앙대로 80 (중앙역)	부산세관-중앙부두-5부두	남구 전포대로 5 (문현 교차로)
	⑦ 황령대로	수영구 황령대로 473번길 15 (대남 교차로)	국민의 힘 부산시당-도시가스오거리	수영구 황령대로 521 (광안대교 입구)
	⑧ 낙동대로	서구 대영로 1 (서대신 교차로)	괴정 교차로-당리주민 센터 사거리- 하단 교차로	사하구 낙동대로 581 (하단강변 삼거리)
	⑨ 충렬대로	동래구 충렬대로 84 (미남 교차로)	내성 교차로-안락 교차로-원동교-해운대경찰서-삼호가든 앞 교차로	해운대구 해운대로 396 (올림픽 교차로)
	⑩ 해운대해변로	해운대구 센텀남대로 1 (수영교)	우동항삼거리-요트경기장-동백사거리-해운대해수욕장삼거리-해운대온천사거리-중동사거리	해운대구 해운대로 762 (오산공원)
대구광역시	① 중앙대로	북구 연암로 40 (대구시 산격청사)	중앙 네거리	남구 중앙대로 138 (영대병원 네거리)
	② 국채보상로	서구 달서로 108 (비산 네거리)	중앙 네거리	수성구 동대구로 405 (벤처벨리 네거리)
	③ 태평로	중구 태평로 25 (달성 네거리)	대구역 네거리	중구 국채보상로 703-7 (동인 네거리)
	④ 달구벌대로	서구 달구벌대로 1903 (반고개 네거리)	반월당 네거리	수성구 동대구로 311 (범어 네거리)
	⑤ 동대구로	동구 아양로 99 (파티마 삼거리)	벤처벨리 네거리	수성구 동대구로 311 (범어 네거리)
	⑥ 명덕로	달서구 명덕로 23 (내당 네거리)	명덕 네거리	중구 명덕로 333 (대봉교)
	⑦ 공평로-대봉로	중구 태평로 218 (교동 네거리)	봉산 육거리 (유신학원)	남구 중앙대로 22길 273 (중동교)
	⑧ 달성로-현충로	중구 태평로 25 (달성 네거리)	신남 네거리-삼각지 네거리	남구 현충로 87-1 (앞산 네거리)
	⑨ 아양로-신암로-동덕로	동구 아양로 99 (파티마 삼거리)	공고 네거리-동인 네거리	중구 달구벌대로 2191 (삼덕 네거리)
인천광역시	① 우현로	중구 참외전로 121 (동인천역 남측)	경동 사거리	중구 우현로 25 (답동 사거리)
	② 제물량로	동구 제물량로 437-1 (화수 사거리)	답동 사거리	남동구 남동대로 940 (간석 오거리)
	③ 참외전로	중구 제물량로 317 (남경포브 아파트 삼거리)	유동 삼거리	미추홀구 참외전로 288 (숭의시장 사거리)

	④ 부평대로	부평구 광장로 4 (코아빌딩)	산곡입구 삼거리	계양구 아나지로 282 (경인고속도로 부평 IC 서울방향)
	⑤ 인주대로	남동구 인주대로 604 (시청 삼거리)	승기 사거리	미추홀구 인주대로 384 (신기 사거리)
	⑥ 남동대로	남동구 남동대로 940 (간석 오거리)	석천 사거리	남동구 정각로 29 (시청)
	⑦ 주안로	미추홀구 주안로 8 (도화초교 사거리)	석암 지하차도	남동구 주안로 270 (주원 삼거리)
	⑧ 예술로	남동구 예술로 118 (터미널 사거리)	경찰청 앞 삼거리	남동구 예술로 174 (문예회관 사거리)
	⑨ 경원대로	미추홀구 경원대로 754 (숭기 사거리)	선학역 사거리	연수구 송도 1교 고가 밑 (외암도 사거리)
광주광역시	① 금남로	북구 금남로 99 (수창 초등학교)	금남로5가역-금남로4가역-문화전당역교차로-동구청앞교차로-전대의대앞	동구 제봉로 1 (남광주역)
	② 상무대로	광산구 상무대로 416-99 (공항역)	송정고가차도-송정공원역-광주송정역	광산구 상무대로 125-99 (도산역)
	③ 봉선로	남구 봉선동 1134-21 (봉선 광명 메이루즈 앞)	백운교차로	남구 대남대로 173 (김연우 한의원 앞)
	④ 우치로	북구 우치로 222 (오치한전)	전대후문-북구청	북구 서암대로 243-2 (중흥삼거리)
	⑤ 무진대로	서구 무진대로 93 (신세계백화점 광주점)	버스터미널 앞 교차로-상무주공아파트앞	서구 무진대로 714 (상무2-2 근린공원)
	⑥ 운천로	서구 운천로 213 (무등일보 앞 교차로)	KBS광주방송국-전남지방 우정청 앞 교차로	서구 무진대로 714 (상무2-2 근린공원)
대전광역시	① 중앙로	동구 중앙로 215 (대전역)	중앙로 네거리-중구청 네거리	중구 중앙로 8 (서대전 네거리)
	② 대전로	동구 대전로 691 (인동 네거리)	원동 네거리-대전역 네거리	동구 대전로 882 (삼성 네거리)
	③ 한밭대로	서구 월평로 13번길 84 (갑천대교 네거리)	누리 네거리-샘머리 네거리	서구 문정로 271 (재뜰 네거리)
	④ 대덕대로	서구 대덕대로 178 (큰 마을 네거리)	KT 충청본부-만년 네거리	서구 둔산대로 117 번길 128 (대덕대교 네거리)
울산광역시	① 삼산로	남구 삼산로 3번길 2 (공업탑로타리)	번영 사거리	남구 산업로 654 (태화강역)
	② 중앙로	남구 삼산로 74 (달동 사거리)	울산시청	남구 중앙로 313 (태화로타리)
수원시	① 매산로	팔달구 덕영대로 924 (육교 사거리)	교동 사거리	팔달구 정조로 910 (장안문)
	② 경수대로	권선구 경수대로 270 (터미널 사거리)	동수원 사거리	장안구 경수대로 1150 (경기도인재개발원)
	③ 중부대로	팔달구 중부대로 2 (중동 사거리)	동수원 사거리	영통구 중부대로 490 (삼성 삼거리)
	④ 도청로	영통구 센트럴타운로 107 (도청로 삼거리)	광교중앙역	영통구 도청로 10 (광교중앙로 사거리)
성남시	① 성남대로	수정구 성남대로 1543 (복정역)	태평역 사거리	분당구 성남대로 55 (오리역)
	② 수정로	수정구 성남대로 1233 (태평역 사거리)	성남시의료원 입구 삼거리	수정구 수정로 233 (성남초교 사거리)
	③ 산성대로	수정구 산성대로 91 (모란 사거리)	신흥 사거리	수정구 산성대로 365 (단대 오거리)
안양시	① 경수대로	만안구 경수대로 1431 (석수역)	비산 사거리	동안구 경수대로 426 (포도원 사거리)
부천시	① 길주로	원미구 소사로 482 (종합운동장 사거리)	부천시청	원미구 송내대로 236 (송내대로 사거리)
춘천시	① 중앙로	중앙로 1 (강원도청)	중앙로터리	중앙로 176 (근화 사거리)
	② 금강로	명동길 2 (중앙로터리)	춘천KT지사	금강로 1 (구 캠프 페이지 사거리)
	③ 금강로	명동길 2 (중앙로타리)	신한은행 강원영업부	금강로 110 (운교 사거리)
청주시	① 상당로-청남로	청원구 상당로 314 (내덕 칠거리)	청주교육대학	서원구 청남로 1853 (이마트청주점)
	② 가로수로-사직대로	흥덕구 가로수로 1174 (터미널 사거리)	산업단지 육거리	상당구 사직대로 379 (상당공원)
전주시	① 팔달로-기린대로	태조로 51 (풍남문 교차로)	한국은행 전북본부	덕진광장로 1-1 (덕진광장)
	② 충경로	관선3길 14 (지방병무청 오거리)	충경로4가	전주천동로 224 (다가교)
광양시	① 백운로-제철로-백운1로	백운로 1103 (컨테이너부두 사거리)	금호대교-제철1문 사거리-태인교-태인대교	진월면 백운 1로 518 (진월 TG 삼거리)
포항시	① 중앙로-동해안로	북구 삼호로 31 (포항중앙도서관)	육거리-오거리-고속버스터미널-형산교차로-포스코본사 사거리	남구 신항로 10 (청림동 주민센터)
창원시	① 창원대로	의창구 창원대로 1 (창원대로 입구)	내동상가	성산구 창원대로 1086 (7호광장)
	② 중앙대로-창이대로	성산구 창원대로 754 (공단본부 삼거리)	창원광장-도청 앞 교차로	성산구 창이대로 681 (창원지방법원)
	③ 원이대로	의창구 원이대로 450 (종합운동장 사거리)	용지더샵레이크파크아파트	의창구 원이대로 608 (시청 사거리)
	④ 3.15대로	마산합포구 3.15대로 295 (3.15기념탑)	마산중부경찰서	마산합포구 3.15대로 6 (월영광장 교차로)
	⑤ 합포로-허당로	마산합포구 3.15대로 295 (3.15기념탑)	서성광장 교차로-하나병원 앞 다리	마산합포구 허당로 84 (자유무역 정문 사거리)
	⑥ 3.15대로	마산합포구 3.15대로 457 (경남전자고 사거리)	석전 삼거리-마산시외버스 터미널	의창구 의창대로 41 (소계광장 교차로)
진주시	① 진주대로	향교로 3 (평안광장 교차로)	광미 사거리-진주교-고려병원	진주대로 594 (개양 오거리)
제주시	① 중앙로	남광북5길 3 (제주지방법원)	광양사거리-남문사거리-중앙사거리	중앙로 20 (탑동 사거리)
	② 산지로-관덕로-서문로	임항로 51 (용진교)	동문로터리-관덕정-서문사가로-용담사거리	용문로 157 (용문로터리)

〔별표2〕

확성기등의 소음기준(제14조 관련)

(2023.10.17 개정)

〔단위 : dB(A)〕

소음도 구분		대상 지역	시간대 주간 (07 : 00~해지기 전)	시간대 야간 (해진 후~24 : 00)	시간대 심야 (00 : 00~07 : 00)
대상 소음도	등가소음도 (Leq)	주거지역, 학교, 종합병원	65 이하	60 이하	55 이하
		공공도서관	65 이하	60 이하	
		그 밖의 지역	75 이하	65 이하	
	최고소음도 (Lmax)	주거지역, 학교, 종합병원	85 이하	80 이하	75 이하
		공공도서관	85 이하	80 이하	
		그 밖의 지역	95 이하		

비고

1. 확성기등의 소음은 관할 경찰서장(현장 경찰공무원)이 측정한다.
2. 소음 측정 장소는 피해자가 위치한 건물의 외벽에서 소음원 방향으로 1~3.5m 떨어진 지점으로 하되, 소음도가 높을 것으로 예상되는 지점의 지면 위 1.2~1.5m 높이에서 측정한다. 다만, 주된 건물의 경비 등을 위하여 사용되는 부속 건물, 광장ㆍ공원이나 도로상의 영업시설물, 공원의 관리사무소 등은 소음 측정 장소에서 제외한다.
3. 제2호의 장소에서 확성기등의 대상소음이 있을 때 측정한 소음도를 측정소음도로 하고, 같은 장소에서 확성기등의 대상소음이 없을 때 5분간 측정한 소음도를 배경소음도로 한다.
4. 측정소음도가 배경소음도보다 10dB 이상 크면 배경소음의 보정 없이 측정소음도를 대상소음도로 하고, 측정소음도가 배경소음도보다 3.0~9.9dB 차이로 크면 아래 표의 보정치에 따라 측정소음도에서 배경소음을 보정한 소음도를 대상소음도로 하며, 측정소음도가 배경소음도보다 3dB 미만으로 크면 다시 한 번 측정소음도를 측정하고, 다시 측정하여도 3dB 미만으로 크면 확성기등의 소음으로 보지 아니한다.

〔단위 : dB(A)〕

차이	3.0	3.1	3.2	3.3	3.4	3.5	3.6	3.7	3.8	3.9
보정치	-3.0	-2.9	-2.8	-2.7	-2.7	-2.6	-2.5	-2.4	-2.3	-2.3

차이	4.0	4.1	4.2	4.3	4.4	4.5	4.6	4.7	4.8	4.9
보정치	-2.2	-2.1	-2.1	-2.0	-2.0	-1.9	-1.8	-1.8	-1.7	-1.7

차이	5.0	5.1	5.2	5.3	5.4	5.5	5.6	5.7	5.8	5.9
보정치	-1.7	-1.6	-1.6	-1.5	-1.5	-1.4	-1.4	-1.4	-1.3	-1.3

차이	6.0	6.1	6.2	6.3	6.4	6.5	6.6	6.7	6.8	6.9
보정치	-1.3	-1.2	-1.2	-1.2	-1.1	-1.1	-1.1	-1.0	-1.0	-1.0

차이	7.0	7.1	7.2	7.3	7.4	7.5	7.6	7.7	7.8	7.9
보정치	-1.0	-0.9	-0.9	-0.9	-0.9	-0.9	-0.8	-0.8	-0.8	-0.8

차이	8.0	8.1	8.2	8.3	8.4	8.5	8.6	8.7	8.8	8.9
보정치	-0.7	-0.7	-0.7	-0.7	-0.7	-0.7	-0.6	-0.6	-0.6	-0.6

차이	9.0	9.1	9.2	9.3	9.4	9.5	9.6	9.7	9.8	9.9
보정치	-0.6	-0.6	-0.6	-0.5	-0.5	-0.5	-0.5	-0.5	-0.5	-0.5

5. 등가소음도는 10분간(소음 발생 시간이 10분 이내인 경우에는 그 발생 시간 동안을 말한다) 측정한다. 다만, 다음 각 목에 해당하는 대상 지역의 경우에는 등가소음도를 5분간(소음 발생 시간이 5분 이내인 경우에는 그 발생 시간 동안을 말한다) 측정한다.
   가. 주거지역, 학교, 종합병원
   나. 공공도서관
6. 최고소음도는 확성기등의 대상소음에 대해 매 측정 시 발생된 소음도 중 가장 높은 소음도를 측정하며, 동일한 집회ㆍ시위에서 측정된 최고소음도가 1시간 내에 3회 이상 위 표의 최고소음도 기준을 초과한 경우 소음기준을 위반한 것으로 본다. 다만, 다음 각 목에 해당하는 대상 지역의 경우에는 1시간 내에 2회 이상 위 표의 최고소음도 기준을 초과한 경우 소음기준을 위반한 것으로 본다.
   가. 주거지역, 학교, 종합병원
   나. 공공도서관
7. 다음 각 목에 해당하는 행사(중앙행정기관이 개최하는 행사만 해당한다)의 진행에 영향을 미치는 소음에 대해서는 그 행사의 개최시간에 한정하여 위 표의 주거지역의 소음기준을 적용한다.
   가. 「국경일에 관한 법률」 제2조에 따른 국경일의 행사
   나. 「각종 기념일 등에 관한 규정」 별표에 따른 각종 기념일 중 주관 부처가 국가보훈부인 기념일의 행사
8. 그 밖에 소음의 측정방법 등에 관한 사항은 「환경분야 시험ㆍ검사 등에 관한 법률」 제6조제1항제2호에 따른 소음 및 진동 분야 환경오염공정시험기준 중 생활소음 기준에 따른다.

〔별표3〕

과태료의 부과기준(제20조 관련)

(2016.12.13 신설)

1. 일반기준
가. 위반행위의 횟수에 따른 과태료의 부과기준은 최근 2년간 같은 위반행위로 과태료 부과처분을 받은 경우에 적용한다. 이 경우 기간의 계산은 위반행위에 대하여 과태료 부과처분을 받은 날과 그 처분 후 다시 같은 위반행위를 하여 적발된 날을 기준으로 한다.
나. 가목에 따라 가중된 부과처분을 하는 경우 가중처분의 적용 차수는 그 위반행위 전 부과처분 차수(가목에 따른 기간 내에 과태료 부과처분이 둘 이상 있었던 경우에는 높은 차수를 말한다)의 다음 차수로 한다.
다. 과태료 부과권자는 다음의 어느 하나에 해당하는 경우에는 제2호에 따른 과태료 금액의 2분의 1 범위에서 그 금액을 줄일 수 있다. 다만, 과태료를 체납하고 있는 위반행위자에 대해서는 그렇지 않다.
1) 위반행위자가 「질서위반행위규제법 시행령」 제2조의2제1항 각 호의 어느 하나에 해당하는 경우
2) 그 밖에 위반행위의 정도, 위반행위의 동기와 그 결과 등을 고려하여 과태료를 줄일 필요가 있다고 인정되는 경우
라. 과태료 부과권자는 다음의 어느 하나에 해당하는 경우에는 제2호에 따른 과태료 금액의 2분의 1 범위에서 그 금액을 늘릴 수 있다. 다만, 법 제26조제1항에 따른 과태료 금액의 상한을 넘을 수 없다.
1) 위반의 내용 및 정도가 중대하여 이로 인한 피해가 크다고 인정되는 경우
2) 그 밖에 위반행위의 정도, 위반행위의 동기와 그 결과 등을 고려하여 과태료를 늘릴 필요가 있다고 인정되는 경우

2. 개별기준

위 반 행 위	근거 법조문	과태료 금액(단위 : 만원)		
		1회 위반	2회 위반	3회 이상 위반
법 제8조제4항에 해당하는 먼저 신고된 옥외집회 또는 시위의 주최자가 법 제6조제3항을 위반하여 철회신고서를 제출하지 않은 경우	법 제26조제1항	30	50	80

(舊 : 옥외광고물 등 관리법 시행령)

▣ 옥외광고물 등의 관리와 옥외광고산업 진흥에 관한 법률 시행령

〔별표1〕

광고물등의 표시기간(제8조제3호 관련)

(2022.12.6 개정)

광고물의 종류	표시기간
1. 벽면 이용 간판	3년 이내
2. (2016.7.6 삭제)	
3. 돌출간판	3년 이내
4. 공연간판	2년 이내
5. 옥상간판	3년 이내
6. 지주 이용 간판	3년 이내
6의2. 입간판	3년 이내
7. 현수막	· 건물의 벽면을 이용하여 표시하는 현수막 : 1년 이내 · 시공 또는 철거 중인 건물의 가림막에 표시하는 현수막 : 해당 공사의 공사기간 이내 · 현수막 지정게시대에 표시하는 현수막 : 2개월의 범위에서 시장등이 정하는 기간 이내 · 그 밖의 현수막 : 15일 이내
7의2. 현수막 게시시설	3년 이내
8. 애드벌룬	· 공중에 띄우는 경우 : 60일 이내 · 옥상 또는 지면에 표시하는 경우 : 3년 이내
9. 벽보	15일 이내
10. 전단	15일 이내
11. 공공시설물 이용 광고물	3년 이내
12. 교통시설 이용 광고물	3년 이내
13. 교통수단 이용 광고물	
가. 「철도산업발전기본법」 제3조제4호에 따른 철도차량 및 「도시철도법」에 따른 도시철도차량, 「자동차관리법」 제2조제1호에 따른 자동차, 「선박법」 제1조의2제1항제1호 및 제2호에 따른 기선 및 범선, 「항공법」 제2조제1호 및 제28호에 따른 항공기 및 초경량비행장치(비행선은 제외한다)	3년 이내
나. 「항공법」에 따른 비행선	30일 이내
14. 선전탑	30일 이내
15. 아치광고물	30일 이내
16. 전기를 이용하는 광고물	3년 이내
17. 특정 광고물	3년의 범위에서 정책위원회의 심의를 거쳐 행정안전부장관이 정하여 고시하는 기간 이내

비고
1. 게시시설의 표시기간은 그 게시시설에 표시되는 광고물의 표시기간에 따른다.
2. 위 표 제1호, 제3호, 제6호 또는 제6호의2에도 불구하고 해당 광고물이 법 제3조제1항 전단에 따라 허가를 받거나 신고한 후 자사광고로 계속하여 사용하는 광고물등(제36조에 따른 안전점검 대상 광고물등은 제외한다)인 경우에는 표시기간의 제한을 받지 않는다.

〔별표2〕

주요 국제행사와 옥외광고사업 수익금의 산정 방법, 배분비율 및 배분방법 등(제30조제1항 및 제31조제1항 · 제4항 관련)

(2022.3.8 개정)

1. 주요 국제행사
가. 2022국가올림픽위원회연합회(ANOC)총회
나. 2023전북아시아태평양마스터스대회
다. 2023새만금세계스카우트잼버리
라. 2023순천만국제정원박람회
바. 2024부산세계탁구선수권대회
마. 2024강원동계청소년올림픽
2. 옥외광고사업 수익금의 산정방법
가. 광고물의 설치비용, 유지관리비, 영업비 등 광고물의 설치 · 운영에 직접 드는 경비는 옥외광고사업 수익금의 산정 대상에서 제외한다.
나. 제4호다목에 따라 한국옥외광고센터에 반납된 금액은 반납된 날이 속하는 해의 다음 연도 옥외광고사업 수익금에 반영한다.
3. 옥외광고사업 수익금의 배분비율 및 배분방법
가. 옥외광고사업 수익금의 100분의 50에 해당하는 금액은 다음의 구분에 따른 지원을 위하여 행정안전부장관이 정하는 바에 따라 배분한다.
1) 기금조성용 광고물등을 설치한 특별자치시 · 특별자치도 또는 시 · 군 · 구에 대한 지원
2) 광고물등의 정비사업을 하는 특별자치시 · 특별자치도 또는 시 · 군 · 구에 대한 지원
3) 한국옥외광고센터에 대한 법 제11조의4제4항 각 호의 사업의 운영 · 관리에 드는 비용의 지원
나. 옥외광고사업 수익금의 100분의 50에 해당하는 금액은 다음의 구분에 따라 배분한다.
1) 옥외광고사업 수익금의 100분의 50 이내에서 문화체육관광부장관이 정하는 금액은 제1호의 주요 국제행사의 조직위원회에 문화체육관광부장관이 정하는 바에 따라 분기별로 배분
2) 1)에 따라 문화체육관광부장관이 배분하기로 정한 금액을 제외한 나머지 금액은 법 제11조의4제4항 각 호의 사업 추진을 위하여 한국옥외광고센터에 배분
다. 주요 국제행사가 추가되는 경우에는 가목 및 나목에도 불구하고 다음의 구분에 따라 조정하여 배분한다.
1) 문화체육관광부 소관의 국제행사가 추가되는 경우 : 나목에 따른 옥외광고사업 수익금의 100분의 50 범위에서 문화체육관광부장관이 정하는 바에 따라 조정하여 배분
2) 그 밖의 중앙행정기관 소관의 국제행사가 추가되는 경우 : 문화체육관광부장관과 행정안전부장관은 관계 중앙행정기관의 장과 협의를 통해 해당 국제행사에 배분하기로 결정한 금액에 맞추어 가목 및 나목에 따른 배분 비율에서 각각 균등하게 조정하여 배분
라. 나목1) 및 다목에 따라 옥외광고사업 수익금을 제1호의 주요 국제행사에 지원하는 기간은 해당 국제행사가 끝나는 달이 속하는 분기의 다음 분기까지로 한다.
마. 문화체육관광부장관 및 관계 중앙행정기관의 장은 나목1) 및 다목에 따라 조정하여 배분한 수익금을 라목에 따른 기간 동안 제1호의 주요 국제행사에 지원하려는 경우 연도별 배분받을 수익금을 지원하는 해의 전년도 12월 31일까지 행정안전부장관에게 통보해야 한다. 다만, 제1호의 주요 국제행사에 추가되어 해당 연도에 수익금을 지원하려는 경우나 이미 통보한 금액을 불가피한 사유로 변경하려는 경우에는 통보하지 않을 수 있다.
4. 옥외광고사업 수익금을 사용 · 운용하고 남은 금액의 처리방법
가. 특별자치시 · 특별자치도 또는 시 · 군 · 구는 제3호가목2)에 따라 배분받아 광고물등의 정비사업에 사용하고 남은 금액을 다음 연도로 이월하여 사용할 수 있다.
나. 한국옥외광고센터는 제3호가목3) 및 나목2)에 따라 배분받아 해당 연도의 법 제11조의4제4항 각 호의 사업의 운영 · 관리에 드는 비용에 지원하고 남은 금액과 라목에 따라 반납된 금액을 다음 연도로 이월하여 사용할 수 있다.
다. 제1호의 주요 국제행사의 조직위원회는 제3호나목1) 및 같은 호 다목에 따라 배분받아 주요 국제행사의 준비 및 운영 등에 사용하고 남은 금액을 정산이 끝난 날의 다음 분기까지 한국옥외광고센터에 반납해야 한다.
라. 제3호가목3) 및 나목2)에 따라 한국옥외광고센터를 통해 사업의 운영 · 관리에 드는 비용을 지원받은 기관은 사용하고 남은 금액을 해당 사업이 종료 또는 취소된 날이 속하는 분기의 다음 분기까지 한국옥외광고센터에 반납해야 한다.

〔별표3〕

기금조성 옥외광고물의 종류 등(제30조제2항제2호 관련)

(2021.1.5 개정)

종류	규격, 형태 및 디자인	설치장소 및 방법
1. 지주 이용 간판	가. 광고면의 면적 또는 크기는 다음의 기준에 따른다. 1) 평면형 : 하나의 광고면의 크기는 가로 18m, 세로 8m 이내여야 하고, 총 광고면적은 288㎡ 이내로 해야 한다. 2) 입체형, 복합형 : 최대 외곽선을 사각형으로 가상 연결한 길이가 가로 20m, 세로 10m 이내 나. 광고물 윗부분까지의 높이는 게시시설의 높이를 포함하여 도로면 수평높이로부터 25m 이하여야 한다. 다만, 게시시설의 위치가 도로면 수평높이보다 낮은 경우에는 해당 높이만큼 더 높게 할 수 있다. 다. 광고물의 형태는 다음 각 목과 같다. 1) 평면형 : 광고판의 한 면 이상을 이용하여 광고내용을 문자, 그림, 이미지 등 평면적 형태로 표시하는 광고물 2) 입체형 : 원형, 사각기둥 등 입체형 도형이나 그 조합형태 또는 실물모형 등을 이용하여 광고내용을 입체적 · 조형적 형태로 표시하는 광고물 3) 복합형 : 평면형과 입체형을 조합한 형태로 광고내용을 표시하는 광고물 라. 게시시설은 구조확인 및 안전검사를 거쳐 하나 이상의 철골 또는 파이프 등 지주로 광고물을 지탱할 수 있도록 설치되어야 하고, 철재 게시시설은 주변 환경 및 자연경관과 조화될 수 있도록 철골모양이 외부로 드러나지 않게 해야 하며, 안전성에 지장이 없는 범위에서 입체적 · 조형적 형태의 게시시설을 설치할 수 있다. 마. 광고물의 디자인은 도시미관 및 자연환경과 조화될 수 있도록 하되, 광고의 창의성과 다양성을 구현할 수 있도록	가. 도로 · 제방 · 하천 등 시설물의 기능이 유지되고, 자연수목이나 농작물의 생육에 지장이 없으며, 자동차 등의 운전시계(視界)에 장애가 되지 않는 곳으로서 다음 각 목의 기준에 따라야 한다. 1) 「도로법」 제10조에 따른 고속국도, 일반국도, 특별시도 · 광역시도의 접도구역을 침범하지 않는 곳에 설치해야 하며, 접도구역이 없는 경우에는 도로의 갓길을 침범하지 말아야 한다. 2) 「철도안전법」 제45조에 따른 철도보호지구로부터 30m 밖의 지역에 설치해야 한다. 3) 「국토의 계획 및 이용에 관한 법률」에 따른 개발제한구역 및 녹지지역, 「하천법」에 따른 하천구역에도 설치할 수 있다. 나. 광고물등 간 간격은 주행방향을 기준으로 하여 200m 이상이 되게 설치해야 한다. 다. 「하천법」 제2조제2호에 따른 하천구역에 광고물을 설치하는 경우에는 다음 각 목의 사항에 유의해야 한다. 1) 홍수시 유수(流水)의 소통 및 하천관리에 지장이 없는 장소에 설치해야 하며, 광고물의 기초 바닥은 「하천법」 제10조제1항제4호에 따른 계획홍수위보다 낮아서는 안 된다. 2) 제방에 설치하는 경우에는 「엔지니어링산업 진흥법」 제2조제4호에 따른 엔지니어링사업자 또는 「기술사법」 제6조에 따라 기술사사무소 개설등록을 한 기술사가 작성한 안전검토서를 첨부하여 하천관리청으로부터 하천점용허가를 받아야 하며, 제방이 도로

	해야 한다. 이 경우 한국옥외광고센터는 광고물 디자인에 관하여 관계 전문가 등에게 자문해야 한다.	등 다른 기능을 겸하는 경우에는 다른 기능에 지장을 주지 않도록 설치해야 한다.
2. 홍보탑	가. 하나의 광고면의 크기는 가로 10m, 세로 5m(총 광고면적은 100㎡) 이내여야 하고, 광고물 윗부분까지의 높이는 10m 이내로 하되, 입체형·복합형 광고면적의 산정은 최대 외곽선을 사각형으로 가상연결한 면적 또는 단면적의 70%에 면수를 적용한다. 나. 고속국도 휴게소 부지 안에서만 광고물 면적이 12㎡ 이내, 광고물등의 윗부분까지 높이가 지면으로부터 8m 이내인 전광류 간판을 설치할 수 있다. 다. 그 밖의 사항에 대해서는 제1호 지주 이용 간판의 제3호부터 제5호까지의 규정을 준용한다.	가. 공항·철도역사·버스 및 항만터미널, 고속국도 휴게소(휴게소 진입로 및 출입로는 제외한다) 부지 안에만 설치할 수 있다. 나. 도로경계선으로부터 1m 이상의 거리를 두어야 하며, 보행자 및 차량 등의 통행에 방해가 되지 않아야 한다. 다. 적색·녹색·청색 등 각종 도로표지·교통안전표지 등의 색상과 혼동될 우려가 있는 색상은 사용할 수 없다. 라. 광고물등 간의 간격은 두지 않되, 이미 설치된 광고물과의 경합으로 인한 민원이 발생하지 않도록 해야 하며, 도시경관을 고려하여 설치해야 한다.
3. 옥상간판	표시규격은 제15조제6호를 준용한다.	가. 표시를 할 수 있는 건물 층수는 제15조제3호를 준용한다. 나. 광고물등 간 간격은 주행방향기준 200m 이상이어야 한다. 다만, 자기의 건물에 그 건물명이나 자기의 성명·주소·전화번호·상호 또는 이를 상징하는 도형을 표시하는 광고물과 공업지역에 있는 공장 및 그 부속건물에 표시하는 광고물은 이 목에 따른 광고물 간의 간격을 적용할 때 광고물로 보지 않는다. 다. 옥상간판은 고속국도변 지주 이용 간판의 설치가 어려운 지역의 50미터 이내에 인접한 건물에만 설치해야 한다.

비고

1. 전기를 이용하여 표시하는 경우에는 광원이 직접 노출되지 않도록 덮개를 씌워 표시해야 하며 빛이 점멸하지 않아야 한다. 다만, 정지화면 형태로 표출되어 한 화면의 지속시간이 9초 이상이고 다른 화면으로의 전환시간이 1초 이내인 디지털광고물은 제외한다.
2. 지역적 특성 등을 고려한 설치특례
  가. 나들목과 분기점, 올림픽대로, 인천국제공항고속국도, 경부고속국도(서울~안성 구간)에 대해서는 정책위원회의 심의를 거쳐 광고물등에 대한 안전성과 주변경관과의 조화가 충분히 확보되는 범위에서 도로 및 광고물간의 거리·높이 제한을 완화할 수 있다. 다만, 평면형 광고물등의 높이는 도로와의 간격을 초과할 수 없다.
  나. 산지지역에 설치하는 광고물의 총 광고면적 또는 크기는 지주 이용 간판 형태별 면적 또는 크기기준의 3분의 2 이내로 한다.
  다. 산지지역에 설치된 광고물등의 높이는 설치지점부터 산정한다.

〔별표4〕

광고물등의 안전점검의 기준(제37조제1항 관련)

(2021.1.5 개정)

기본사항		설계도서 및 허가사항과의 일치 여부(시설·구조·규격·내용 등의 무단변경 등)
법규		각종 법규 및 고시·명령 위반 여부
사용자재		부식을 방지하는 자재의 사용 또는 도장 시공 여부
		국가·공공기관이 공인한 규격품 및 자재의 사용 여부
		철근, 앵커볼트, 골조 등 주요 구조부에 사용한 자재의 규격·밀도·배치상태 등
접합부위	기초부분	콘크리트 기초 표면의 기울기, 노화, 균열, 변형 등 적합성 및 접합상태
		접합부분 건물의 강도 확보 : 건물의 균열, 파손, 변형 등(무게, 풍압력 등 고려)
	구성자재	접합상태, 볼트·리벳(둥근 버섯모양의 굵은 못을 말한다)·너트 등의 풀림, 마모 등
		변형, 휨, 균열, 이탈, 파손, 부식 여부 등
	용접상태	균열, 변형, 부식, 틈 발생 등
전기설비		배선상태 : 적정용량, 과열, 오손(汚損), 파손, 노후, 노출 등
		애자 연결 부위 등 각종 자재의 상태
		「전기용품안전 관리법」 제2조제3호에 따른 안전인증대상전기용품의 경우 안전인증을 받은 전기자재 사용 여부, 「산업표준화법」에 따라 한국산업규격의 표시인증을 받은 제품 사용 여부, 피뢰시설의 적정 설치 및 유지 등 여부
통행		교통신호기, 교통안전표지, 도로표지 등의 기능 장애 사항
		차량 및 보행자의 통행 장애
천재지변, 인위적 상황 변동 후의 점검사항		강풍, 폭우·폭설 후, 폭발·충격 후
그 밖의 사항		안전·미관·생활 환경의 저해여부, 광고물 퇴색(退色) 여부 등

〔별표5〕

이행강제금 부과기준(제43조제1항 관련)

(2017.12.29 개정)

1. 위반행위
  가. 법 제3조, 제3조의2, 제4조, 제4조의2, 제4조의3 및 제5조를 위반하여 제2호에 따른 광고물등을 표시하거나 설치한 경우
  나. 제2호에 따른 광고물등이 법 제9조에 따른 안전점검에 합격하지 못한 경우
2. 광고물등의 종류와 크기에 따른 이행강제금 산정기준

광 고 물 등	이 행 강 제 금
가. 벽면 이용 간판 및 공연간판	
1) 면적 5㎡ 미만	·20만원 이상 50만원 미만
2) 면적 5㎡ 이상 10㎡ 미만	·50만원 이상 100만원 미만
3) 면적 10㎡ 이상 20㎡ 미만	·100만원 이상 200만원 미만
4) 면적 20㎡ 이상	·200만원＋면적 20㎡를 초과하는 면적의 1㎡당 10만원을 더한 금액 미만
나. 돌출간판	
1) 연면적 5㎡ 미만	·20만원 이상 50만원 미만
2) 연면적 5㎡ 이상 10㎡ 미만	·50만원 이상 100만원 미만
3) 연면적 10㎡ 이상 20㎡ 미만	·100만원 이상 200만원 미만
4) 연면적 20㎡ 이상	·200만원＋연면적 20㎡를 초과하는 면적의 1㎡당 10만원을 더한 금액 미만
다. 지주 이용 간판 및 지면에 설치하는 애드벌룬	
1) 연면적 3㎡ 미만	·30만원 이상 50만원 미만
2) 연면적 3㎡ 이상 5㎡ 미만	·50만원 이상 100만원 미만
3) 연면적 5㎡ 이상 10㎡ 미만	·100만원 이상 200만원 미만
4) 연면적 10㎡ 이상	·200만원＋연면적 10㎡ 초과하는 면적의 1㎡당 10만원을 더한 금액 미만
라. 옥상간판, 옥상에 고정하여 설치하는 애드벌룬 및 건물 4층 이상 벽면에 표시하는 벽면 이용 간판	
1) 연면적 5㎡ 미만	·30만원 이상 50만원 미만
2) 연면적 5㎡ 이상 10㎡ 미만	·50만원 이상 100만원 미만
3) 연면적 10㎡ 이상 20㎡ 미만	·100만원 이상 200만원 미만
4) 연면적 20㎡ 이상 50㎡ 미만	·200만원 이상 300만원 미만
5) 연면적 50㎡ 이상	·300만원＋연면적 50㎡ 초과 면적의 1㎡당 10만원을 더한 금액 미만
마. 선전탑, 아치광고물 및 공중에 띄우는 애드벌룬	·30만원 이상 100만원 이하
바. 공공시설물 이용 광고물	
1) 시계탑·조명탑·안내탑·일기예보탑	·30만원 이상 100만원 이하
2) 교통안내소	·벽면 이용 간판에 준함
3) 안내게시판·지정벽보판·버스승강장·택시승강장·관광안내도	·지주 이용 간판에 준함
4) 제17조제1호라목에 따라 시장등이 인정한 편의시설물	·비슷한 유형의 광고물등에 준함
5) 가목부터 라목까지 외의 공공시설물	·20만원 이상 50만원 미만
사. 교통시설 이용 광고물	·비슷한 유형의 광고물등에 준함
아. 교통수단 이용 광고물	
1) 비행선	·100만원 이상 500만원 이하
2) 그 밖의 교통수단	
가) 연면적 3㎡ 미만	·10만원 이상 30만원 미만
나) 연면적 3㎡ 이상 5㎡ 미만	·30만원 이상 50만원 미만
3) 연면적 5㎡ 이상	·50만원＋연면적 5㎡ 초과 면적의 1㎡당 5만원을 더한 금액 미만
자. 그 밖의 유형의 광고물	·벽면 이용 간판에 준함

비고 : 이행강제금 부과금액의 계산방법

1. 이행강제금은 광고물의 표시면적을 기준으로 산정하되, 면적을 산정할 때 지주는 제외하고, 게시틀(광고물의 테두리)은 포함한다.
2. 광고물의 표시면적을 계산한 단위 소수점 이하는 반올림하여 산정한다.
3. 입체형·모형 등 변형된 광고물의 표시면적을 산정할 때에는 최대 외곽선을 사각형으로 가상연결한 면적 또는 단면적의 70%에 면수를 적용한다.
4. 전기를 이용하는 광고물등의 계산방법
  가. 백열등 또는 형광등을 이용하는 단순조명 광고물등과 광원이 직접 노출되지 않도록 덮개를 씌워 표시하는 네온류 또는 전광류(빛이 점멸하거나 동영상 변화가 있는 경우는 제외한다)를 사용하는 광고물등은 500만원 이하의 범위에서 해당 이행강제금의 1.5배를 적용한다.
  나. 광원이 직접 노출되어 표시되는 네온류 또는 전광류를 사용하는 광고물등은 500만원 이하의 범위에서 해당 이행강제금의 2배를 적용한다.
  다. 광고물등의 일부가 전기를 사용하는 경우에는 500만원 이하의 범위에서 이행강제금 산정금액에 전기사용 부분의 비율에 해당하는 금액을 가산한다.
5. 법 제10조의3제4항에 따라 이행강제금을 반복하여 부과하는 경우에는 500만원 이하의 범위에서 직전 이행강제금 부과금액의 30%를 가산하여 부과할 수 있다.
6. 한 업소에서 여러 개의 불법 광고물이 발견되어 이행강제금을 부과하는 경우에는 각 광고물 표시면적을 모두 합산하여 500만원 이하의 범위에서 계산한다.
7. 이행강제금의 총 금액에서 1천원 미만은 버린다.

〔별표6〕

옥외광고업의 기술능력 및 시설기준(제44조 관련)

(2019.4.30 개정)

기 술 능 력	시 설
다음 각 호의 어느 하나에 해당하는 자격증소지자 중 1명 이상 1. 「국가기술자격법」에 따른 광고도장기능사, 컴퓨터그래픽스운용기능사, 전기공사기사, 전기공사산업기사, 시각디자인기사, 시각디자인산업기사, 제품디자인기사, 제품디자인산업기사, 컬러리스트기사, 컬러리스트산업기사 2. 「자격기본법」 제19조에 따라 공인받은 옥외광고사 2급 이상 기술자격취득자	작업장(면적 제한 없음)

비고

1. 위 표 중 기술자격취득자는 상시 근무해야 한다.
2. 옥외광고사업 중 옥외광고물을 제작하지 않는 사업에 대해서는 위 표의 시설기준을 적용하지 않는다.
3. 작업장을 공동으로 사용하거나 임차하여 사용하는 경우에도 작업장을 갖춘 것으로 본다.

〔별표7〕

등록취소 및 영업정지 처분의 기준(제51조 관련)

(2017.12.29 개정)

위 반 행 위	근거 법조문	처 분 기 준		
		1차 위반	2차 위반	3차 위반
1. 거짓 그 밖의 부정한 방법으로 등록하거나 다른 사람에게 등록증을 대여한 경우	법 제14조제1호	등록취소		
2. 법 제10조제1항에 따른 명령을 위반한 경우	법 제14조제2호			
가. 무허가 옥외광고물인 경우(변경을 포함한다)		영업정지 30일 미만	영업정지 1개월 이상 3개월 이하	등록취소
나. 무신고 옥외광고물인 경우(변경을 포함한다)		영업정지 15일 미만	영업정지 15일 이상 3개월 이하	등록취소
다. 표시방법을 위반한 옥외광고물 등에 대한 조치		영업정지 30일 미만	영업정지 1개월 이상 3개월 이하	등록취소
라. 금지하는 지역·장소·물건에 옥외광고물을 표시·설치한 경우		영업정지 30일 미만	영업정지 1개월 이상 3개월 이하	등록취소
마. 금지 광고물등인 경우		영업정지 30일 미만	영업정지 1개월 이상 3개월 이하	등록취소
바. 안전점검에 불합격한 옥외광고물인 경우		영업정지 30일 미만	영업정지 1개월 이상 3개월 이하	등록취소
2의2. 법 제11조제1항 본문에 따른 기술능력과 시설 등을 갖추지 못하게 된 경우	법 제14조제2호의2			
가. 기술능력과 시설 등을 갖추지 못하게 된 경우		영업정지 30일 미만		
나. 가목에 따른 영업정지처분을 받고 해당 영업정지 기간 종료일까지 기술능력과 시설 등을 보완하지 않은 경우		영업정지 1개월 이상 3개월 이하		
다. 나목에 따른 영업정지처분을 받고 해당 영업정지 기간 종료일까지 기술능력과 시설 등을 보완하지 않은 경우		등록취소		
3. 법에 위반되는 옥외광고물 등을 설치하여 공중에 중대한 위해를 끼친 경우	법 제14조제3호	영업정지 3개월 미만	영업정지 3개월 이상 6개월 이하	등록취소
4. 1년에 2회 이상 영업정지 처분을 받은 경우	법 제14조제4호	등록취소		

비고
1. 위반행위의 횟수에 따른 행정처분의 기준은 위반일부터 소급하여 최근 1년간 같은 위반행위로 행정처분을 받은 경우에 적용한다.
2. 위반행위가 둘 이상인 경우에는 그 중 중한 처분기준을 적용하되, 처분기준이 같은 경우에는 해당 처분기준의 3분의 1을 가중하여 적용한다.

〔별표8〕

과태료의 부과기준(제55조 관련)

(2021.12.14 개정)

1. 일반기준
   가. 부과권자는 다음의 어느 하나에 해당하는 경우에는 제2호의 개별기준에 따른 과태료의 2분의 1 범위에서 그 금액을 줄여 부과할 수 있다. 다만, 과태료를 체납하고 있는 위반행위자에 대해서는 그렇지 않다.
      1) 위반행위자가 화재 등 재난으로 재산에 현저한 손실이 발생하거나 사업여건의 악화로 사업이 중대한 위기에 처하는 등의 사정이 있는 경우
      2) 위반행위가 고의나 중대한 과실이 아닌 사소한 부주의나 오류로 인한 것으로 인정되는 경우
      3) 위반행위자가 위법행위로 인한 결과를 시정하거나 해소한 경우
   나. 과태료는 광고물의 표시면적을 기준으로 산정하되, 면적을 산정할 때에는 지주는 제외하고 게시틀(광고물의 테두리를 말한다)은 포함한다.
   다. 광고물의 표시면적을 산정할 때에는 소수점 아래 둘째 자리에서 버림하여 산정한다.
   라. 입체형·모형 등 변형된 광고물의 표시면적을 산정할 때에는 최대 외곽선을 사각형으로 가상 연결한 면적 또는 단면적의 70퍼센트에 면수를 적용한다.
   마. 전기를 이용하는 광고물등에 대한 과태료 금액의 계산방법은 다음과 같다.
      1) 백열등 또는 형광등을 이용하는 단순조명 광고물등과 광원이 직접 노출되지 않도록 덮개를 씌워 표시하는 네온류 또는 전광류(빛이 점멸하거나 동영상 변화가 있는 경우는 제외한다)를 사용하는 광고물등은 500만원 이하의 범위에서 해당 과태료의 1.5배를 적용한다.
      2) 광원이 직접 노출되어 표시되는 네온류 또는 전광류 등을 사용하는 광고물등은 500만원 이하의 범위에서 해당 과태료의 2배를 적용한다.
      3) 광고물등의 일부가 전기를 사용할 때에는 500만원 이하의 범위에서 과태료 산정금액에 전기사용 부분의 비율에 해당하는 금액을 가산한다.
   바. 제2호가목1)에 해당하는 경우로서 도로(보도를 포함한다)에 표시 또는 설치했을 때와 같은 목 2)에 해당하는 경우로서 차량통행이나 일반인의 보행을 현저히 방해하도록 표시 또는 설치했을 때에는 500만원 이하의 범위에서 해당 과태료의 2배를 적용한다.
   사. 제2호가목·라목·마목을 적용할 때에는 위반행위의 횟수에 따른 과태료의 가중된 부과기준은 최근 1년간 같은 위반행위로 과태료 부과처분을 받은 경우에 적용한다. 이 경우 기간의 계산은 위반행위에 대하여 과태료 부과처분을 받은 날과 그 처분 후 다시 같은 위반행위를 하여 적발된 날을 기준으로 한다.
   아. 사목에 따라 가중된 부과처분을 하는 경우 가중처분의 적용 차수는 그 위반행위 전 부과처분 차수(사목에 따른 기간 내에 과태료 부과처분이 둘 이상 있었던 경우에는 높은 차수를 말한다)의 다음 차수로 한다.
   자. 과태료의 총 금액에서 1천원 미만은 버린다.

2. 개별기준

위 반 행 위	근거 법조문	과태료 금액		
		1차 위반	2차 위반	3차 이상 위반
가. 법 제3조 또는 제3조의2를 위반하여 입간판·현수막·벽보 및 전단을 표시하거나 설치한 경우 또는 법 제5조제2항제3호를 위반하여 금지광고물을 제작·표시한 경우	법 제20조제1항 제1호 및 제1호의2			
1) 입간판				
가) 연면적 $3m^2$ 이하		개당 14만원 이상 80만원 이하	개당 18만원 이상 105만원 이하	개당 23만원 이상 135만원 이하
나) 연면적 $3m^2$ 초과		개당 80만원+연면적 $3m^2$ 초과하는 면적의 $0.5m^2$당 8만원을 더한 금액 이하	개당 105만원+연면적 $3m^2$ 초과하는 면적의 $0.5m^2$당 10만원을 더한 금액 이하	개당 135만원+연면적 $3m^2$ 초과하는 면적의 $0.5m^2$당 13만원을 더한 금액 이하
2) 현수막				
가) 면적 $10m^2$ 이하		장당 14만원 이상 80만원 이하	장당 18만원 이상 105만원 이하	장당 23만원 이상 135만원 이하
나) 면적 $10m^2$ 초과		장당 80만원+면적 $10m^2$를 초과하는 면적의 $1m^2$당 15만원을 더한 금액 이하	장당 105만원+면적 $10m^2$를 초과하는 면적의 $1m^2$당 20만원을 더한 금액 이하	장당 135만원+면적 $10m^2$를 초과하는 면적의 $1m^2$당 25만원을 더한 금액 이하
3) 벽보		장당 8천원 이상 5만원 이하	장당 1만원 이상 6만원 이하	장당 1만3천원 이상 8만원 이하
4) 전단		장당 5천원 이상 5만원 이하	장당 6천원 이상 6만원 이하	장당 8천원 이상 8만원 이하
나. 법 제10조의4를 위반하여 손해배상 책임보험에 가입하지 않은 경우	법 제20조제1항 제1호의3			
1) 가입하지 않은 기간이 30일 이하인 경우		1만원 초과 10만원 이하		
2) 가입하지 않은 기간이 30일 초과 90일 이하인 경우		10만원 초과 70만원 이하		
3) 가입하지 않은 기간이 90일 초과인 경우		70만원 초과 500만원 이하		
다. 법 제11조제1항 단서를 위반하여 변경등록을 하지 않은 경우	법 제20조제1항 제2호			
1) 30일 이상 90일 미만		15만원 이상 80만원 미만		
2) 90일 이상 180일 미만		80만원 이상 150만원 미만		
3) 180일 이상 1년 미만		150만원 이상 300만원 미만		
4) 1년 이상		300만원 이상 500만원 이하		
라. 법 제12조제2항을 위반하여 교육을 이수하지 않은 경우	법 제20조제2항	10만원 이상 30만원 미만	30만원 이상 50만원 미만	50만원 이상 100만원 이하
마. 법 제16조를 위반하여 광고물에 허가 또는 신고번호 등의 표시를 하지 않거나 거짓으로 표시한 경우	법 제20조제1항 제5호	20만원 이상 100만원 미만	100만원 이상 250만원 미만	250만원 이상 500만원 이하

■ 도로교통법 시행령

〔별표1〕

전용차로의 종류와 전용차로로 통행할 수 있는 차(제9조제1항 관련)

(2020.12.31 개정)

전용차로의 종류	통행할 수 있는 차	
	고속도로	고속도로 외의 도로
1. 버스 전용차로	9인승 이상 승용자동차 및 승합자동차(승용자동차 또는 12인승 이하의 승합자동차는 6명 이상이 승차한 경우로 한정한다)	가. 「자동차관리법」 제3조에 따른 36인승 이상의 대형승합자동차 나. 「여객자동차 운수사업법」 제3조 및 같은 법 시행령 제3조제1호에 따른 36인승 미만의 사업용 승합자동차 다. 법 제52조에 따라 증명서를 발급받아 어린이를 운송할 목적으로 운행 중인 어린이통학버스 라. 대중교통수단으로 이용하기 위한 자율주행자동차로서 「자동차관리법」 제27조제1항 단서에 따라 시험·연구 목적으로 운행하기 위하여 국토교통부장관의 임시운행허가를 받은 자율주행자동차 마. 가목부터 라목까지에서 규정한 차 외의 차로서 도로에서의 원활한 통행을 위하여 시·도경찰청장이 지정한 다음의 어느 하나에 해당하는 승합자동차 1) 노선을 지정하여 운행하는 통학·통근용 승합자동차 중 16인승 이상 승합자동차 2) 국제행사 참가인원 수송 등 특히 필요하다고 인정되는 승합자동차(지방경찰청장이 정한 기간 이내로 한정한다) 3) 「관광진흥법」 제3조제1항제2호에 따른 관광숙박업자 또는 「여객자동차 운수사업법 시행령」 제3조제2호가목에 따른 전세버스운송사업자가 운행하는 25인승 이상의 외국인 관광객 수송용 승합자동차(외국인 관광객이 승차한 경우만 해당한다)
2. 다인승 전용차로	3명 이상 승차한 승용·승합자동차(다인승전용차로와 버스전용차로가 동시에 설치되는 경우에는 버스전용차로를 통행할 수 있는 차는 제외한다)	
3. 자전거 전용차로	자전거등	

비고
1. 경찰청장은 설날·추석 등의 특별교통관리기간 중 특히 필요하다고 인정할 때에는 고속도로 버스전용차로를 통행할 수 있는 차를 따로 정하여 고시할 수 있다.
2. 시장등은 고속도로 버스전용차로와 연결되는 고속도로 외의 도로에 버스전용차로를 설치하는 경우에는 교통의 안전과 원활한 소통을 위하여 그 버스전용차로를 통행할 수 있는 차의 종류, 설치구간 및 시행시기 등을 따로 정하여 고시할 수 있다.
3. 시장등은 교통의 안전과 원활한 소통을 위하여 고속도로 외의 도로에 설치된 버스전용차로로 통행할 수 있는 자율주행자동차의 운행 가능 구간, 기간 및 통행시간 등을 따로 정하여 고시할 수 있다.
4. 시장등은 차도의 일부 차로를 구간과 기간 및 통행시간 등을 정하여 자전거전용차로로 운영할 수 있다.

[별표2]

신호의 시기 및 방법(제21조 관련)

(2023.10.17 개정)

신호를 하는 경우	신호를 하는 시기	신호의 방법
1. 좌회전·횡단·유턴 또는 같은 방향으로 진행하면서 진로를 왼쪽으로 바꾸려는 때	그 행위를 하려는 지점(좌회전할 경우에는 그 교차로의 가장자리)에 이르기 전 30미터(고속도로에서는 100미터) 이상의 지점에 이르렀을 때	왼팔을 수평으로 펴서 차체의 왼쪽 밖으로 내밀거나 오른팔을 차체의 오른쪽 밖으로 내어 팔꿈치를 굽혀 수직으로 올리거나 왼쪽의 방향지시기 또는 등화를 조작할 것
2. 우회전 또는 같은 방향으로 진행하면서 진로를 오른쪽으로 바꾸려는 때	그 행위를 하려는 지점(우회전할 경우에는 그 교차로의 가장자리)에 이르기 전 30미터(고속도로에서는 100미터) 이상의 지점에 이르렀을 때	오른팔을 수평으로 펴서 차체의 오른쪽 밖으로 내밀거나 왼팔을 차체의 왼쪽 밖으로 내어 팔꿈치를 굽혀 수직으로 올리거나 오른쪽의 방향지시기 또는 등화를 조작할 것
3. 정지할 때	그 행위를 하려는 때	팔을 차체의 밖으로 내어 45도 밑으로 펴거나 자동차안전기준에 따라 장치된 제동등을 켤 것
4. 후진할 때	그 행위를 하려는 때	팔을 차체의 밖으로 내어 45도 밑으로 펴서 손바닥을 뒤로 향하게 하여 그 팔을 앞뒤로 흔들거나 자동차안전기준에 따라 장치된 후진등을 켤 것
5. 뒤차에게 앞지르기를 시키려는 때	그 행위를 시키려는 때	오른팔 또는 왼팔을 차체의 왼쪽 또는 오른쪽 밖으로 수평으로 펴서 손을 앞뒤로 흔들 것
6. 서행할 때	그 행위를 하려는 때	팔을 차체의 밖으로 내어 45도 밑으로 펴서 위아래로 흔들거나 자동차안전기준에 따라 장치된 제동등을 깜박일 것
7. 회전교차로에 진입하려는 때	그 행위를 하려는 지점에 이르기 전 30미터 이상의 지점에 이르렀을 때	왼팔을 수평으로 펴서 차체의 왼쪽 밖으로 내밀거나 오른팔을 차체의 오른쪽 밖으로 내어 팔꿈치를 굽혀 수직으로 올리거나 왼쪽의 방향지시기 또는 등화를 조작할 것
8. 회전교차로에서 진출하려는 때	그 행위를 하려는 때	오른팔을 수평으로 펴서 차체의 오른쪽 밖으로 내밀거나 왼팔을 차체의 왼쪽 밖으로 내어 팔꿈치를 굽혀 수직으로 올리거나 오른쪽의 방향지시기 또는 등화를 조작할 것

[별표3]

운전면허시험의 일부 면제 구분(제51조 관련)

(2021.5.11 개정)

면제대상자	근거 법조문(도로교통법)	받으려는 면허	면제되는 시험
1. 대학·전문대학 또는 공업계 고등학교의 기계과나 자동차와 관련된 학과를 졸업한 사람으로서 재학 중 자동차에 관한 과목을 이수한 사람 및 「국가기술자격법」 제10조에 따라 자동차의 정비 또는 검사에 관한 기술자격시험에 합격한 사람	제84조제1항제1호·제2호	모든 면허	점검
2. 국내면허 인정국가의 권한 있는 기관에서 발급한 자동차 운전면허증(이륜자동차 및 원동기장치자전거 면허는 제외한다)을 가진 사람	제84조제1항제3호, 제84조제2항	제2종 보통면허	기능·법령·점검·도로주행
3. 국내면허를 인정하지 않는 국가의 권한 있는 기관에서 발급한 자동차 운전면허증(이륜자동차 및 원동기장치자전거 면허는 제외한다)을 가진 사람	제84조제1항제3호, 제84조제2항	제2종 보통면허	기능·도로주행
4. 군 복무 중 자동차등에 상응하는 군 소속 차를 6개월 이상 운전한 경험이 있는 사람	제84조제1항제4호	제1종 보통면허 및 제2종 보통면허를 제외한 면허	기능·법령·점검
		제1종 보통면허 및 제2종 보통면허	기능·법령·점검·도로주행
5. 법 제87조제2항 또는 제88조에 따른 적성검사를 받지 않아 운전면허가 취소된 후 5년 이내에 다시 운전면허를 받으려는 사람	제84조제1항제5호	취소된 운전면허로 운전 가능한 범위(법 제80조제2항제1호 및 제2호 각 목에 해당하는 운전면허의 범위를 말한다. 이하 같다)에 포함된 운전면허	기능·도로주행. 다만, 도로주행은 제1종 보통면허 또는 제2종 보통면허를 받으려는 경우에만 면제된다.
6. 제1종 대형면허를 받은 사람	제84조제1항제6호	제1종 특수면허, 제1종 소형면허, 제2종 소형면허	적성·법령·점검
7. 제1종 보통면허를 받은 사람	제84조제1항제6호	제1종 대형면허, 제1종 특수면허	법령·점검
		제1종 소형면허, 제2종 소형면허	적성·법령·점검
8. 제1종 소형면허를 받은 사람	제84조제1항제6호	제1종 대형면허, 제1종 특수면허	적성·법령·점검
		제1종 보통면허, 제2종 보통면허	적성·법령·점검·기능
9. 제1종 특수면허를 받은 사람	제84조제1항제6호	제1종 대형면허, 제1종 소형면허, 제2종 소형면허	적성·법령·점검
		제1종 보통면허	적성·법령·점검·기능
10. 제2종 보통면허를 받은 사람	제84조제1항제6호	제1종 특수면허, 제1종 대형면허, 제1종 소형면허	법령·점검
		제2종 소형면허	적성·법령·점검
		제1종 보통면허	법령·점검·기능
11. 제2종 소형면허 또는 원동기장치자전거면허를 받은 사람	제84조제1항제6호	제2종 보통면허	적성
12. 원동기장치자전거면허를 받은 사람	제84조제1항제6호	제2종 소형면허	적성·법령·점검
13. 제2종 보통면허를 받은 사람으로서 면허 신청일부터 소급하여 7년간 운전면허가 취소된 사실과 교통사고(법 제54조제2항 각 호 외의 부분 단서에 해당하는 교통사고는 제외한다)를 일으킨 사실이 없는 사람	제84조제1항제6호	제1종 보통면허	기능·법령·점검·도로주행
14. 제1종 운전면허를 받은 사람으로서 신체장애 등으로 제45조에 따른 제1종 운전면허 적성검사 기준에 미달된 사람	제84조제1항제6호	제2종 보통면허	기능·법령·점검·도로주행
15. 신체장애 등의 사유로 운전면허 적성검사 기준에 미달되어 면허가 취소되고, 다른 종류의 면허를 발급받은 후에 취소된 운전면허의 적성검사 기준을 회복한 사람	제84조제1항제6호	취소된 운전면허와 같은 운전면허(제1종 보통면허는 제외한다)	법령·점검·기능
		취소된 운전면허와 같은 운전면허(제1종 보통면허만 해당한다)	법령·점검·기능·도로주행
16. 법 제93조제1항제15호·제16호 또는 제18호에 해당하는 사유로 운전면허가 취소되어 다시 면허를 받으려는 사람	제84조제1항제7호	취소된 운전면허로 운전 가능한 범위에 포함된 운전면허	기능·도로주행. 다만, 도로주행시험은 제1종 보통면허 또는 제2종 보통면허를 받으려는 경우에만 면제된다.
17. 법 제93조제1항제17호에 해당하는 사유로 운전면허가 취소되어 다시 면허를 받으려는 사람	제84조제1항제7호	제1종 보통면허, 제2종 보통면허	기능
18. 법 제108조제5항에 따른 전문학원의 수료증(연습운전면허를 취득하지 않은 경우만 해당한다)을 가진 사람	제84조제1항제8호	그 수료증에 해당하는 연습운전면허	기능
19. 법 제108조제5항에 따른 졸업증(면허를 취득하지 않은 경우만 해당한다)을 가진 사람	제84조제1항제8호	그 졸업증에 해당하는 운전면허	도로주행
20. 군사분계선 이북지역에서 운전면허를 받은 사실을 통일부장관이 확인서를 첨부하여 운전면허시험기관의 장에게 통지한 사람	제84조제1항제9호	제2종 보통면허	기능

비고
1. 위 표의 면제되는 시험란 가운데 "적성"이란 제45조에 따른 시험을, "법령"이란 제46조에 따른 시험을, "점검"이란 제47조에 따른 시험을, "기능"이란 제48조에 따른 시험을, "도로주행"이란 제49조에 따른 시험을 각각 말한다.
2. 제46조부터 제48조까지의 규정에 따른 시험을 모두 면제하는 경우에는 연습운전면허를 발급한다.
3. 국내면허 인정국가 가운데 대한민국과 운전면허 상호인정에 관한 약정을 체결한 국가에 대해서는 위 표 제2호에도 불구하고 그 약정에 따라 운전면허시험의 일부를 면제할 수 있다.
4. 위 표 제5호에 따라 운전면허를 다시 받은 경우에는 종전에 취소된 운전면허에 포함된 것으로서 법 제80조제2항제1호 및 제2호에 따른 순서상 새로 취득한 운전면허보다 아래 범위에 있는 운전면허도 부여된다.

[별표4]

수시 적성검사 대상자의 개인정보의 내용(제58조제2항 관련)

(2022.10.25 개정)

보유기관	보유내용	근거 법조문	장애 종류
1. 각 군 참모총장 및 해병대사령관	군 재직 중 정신질환으로 인하여 전역조치한 사람에 대한 자료	「군인사법」 제37조	시력장애, 치매, 조현병, 조현정동장애, 양극성 정동장애, 마약류 등 관련 장애(니코틴 관련 장애는 제외한다), 알코올 관련 장애, 뇌전증 등
2. 병무청장	정신질환 또는 시력장애로 징집이 면제된 사람에 대한 자료	「병역법」 제12조 및 제14조	
3. 특별자치시장·특별자치도지사·시장·군수·구청장	정신질환으로 보호의무자의 동의에 의하여 입원·치료 중인 사람으로서 입원기간이 6개월 이상인 사람에 대한 자료 및 정신질환으로 특별자치시장·특별자치도지사·시장·군수·	「정신건강증진 및 정신질환자 복지서비스 지원에 관한 법률」 제43조 및 제44조	

	구청장에 의하여 입원·치료 중인 사람에 대한 자료		
4. 특별시장·광역시장·도지사 및 특별자치도지사	마약류 중독으로 치료 중인 사람에 대한 자료	「마약류 관리에 관한 법률」 제40조	
5. 보건복지부장관	마약류 중독자로 판명되거나 마약류 중독으로 의료기관 또는 치료보호기관에서 치료 중인 사람에 대한 자료	「마약류 관리에 관한 법률」 제40조	
	시각장애인(시력으로 인한 장애에 한정한다)으로 등록된 사람에 대한 자료	「장애인복지법」 제32조	
6. 치료감호시설의 장	치료감호 후 완치되지 않고 출소한 사람에 대한 자료	「치료감호 등에 관한 법률」 제2조	
7. 국민연금공단 이사장	시력 감퇴로 장애연금을 지급받는 사람에 대한 장애등급 정보	「국민연금법」 제67조	
7의2. 국민건강보험공단 이사장	노인장기요양 등급을 받은 사람 중 치매질환이 있는 사람에 대한 자료	「노인장기요양보험법」 제15조	치매
8. 근로복지공단 이사장	산업재해로 인하여 장해 판정을 받아 보험금을 지급받은 사람에 대한 자료	「산업재해보상보험법」 제57조	「산업재해보상보험법 시행령」 별표6의 장해등급 중 다음 각 목의 장해 가. 제1급 중 제1호 및 제3호부터 제8호까지 나. 제2급 다. 제3급 중 제1호 및 제3호부터 제5호까지 라. 제4급 중 제1호 및 제3호부터 제7호까지 마. 제5급 중 제1호부터 제5호까지, 제7호 및 제8호 바. 제6급 중 제1호 및 제3호부터 제8호까지 사. 제7급 중 제1호부터 제10호까지 및 제14호 아. 제8급 중 제1호부터 제9호까지 자. 제9급 중 제1호부터 제4호까지, 제7호부터 제11호까지 및 제15호부터 제17호까지 차. 제10급 중 제1호 및 제7호부터 제14호까지 카. 제11급 중 제1호, 제2호 및 제5호 타. 제12급 중 제1호, 제2호, 제9호 및 제10호 파. 제13급 중 제1호 및 제2호
9. 보험료율 산출기관의 장(보험개발원장)	교통사고로 인한 피해로 장애 판정을 받아 보험금을 지급받은 사람에 대한 자료	「자동차손해배상 보장법」 제5조	「자동차손해배상 보장법 시행령」 별표2의 후유장애 등급 중 다음 각 목의 장애 가. 제1급 중 제1호 및 제3호부터 제9호까지 나. 제2급 다. 제3급 중 제1호 및 제3호부터 제5호까지 라. 제4급 중 제1호 및 제3호부터 제7호까지 마. 제5급 중 제1호부터 제5호까지, 제7호 및 제8호 바. 제6급 중 제1호 및 제3호부터 제8호까지 사. 제7급 중 제1호부터 제10호까지 아. 제8급 중 제1호부터 제9호까지 자. 제9급 중 제1호부터 제4호까지, 제7호부터 제11호까지, 제15호 및 제16호 차. 제10급 중 제1호 및 제5호부터 제11호까지 카. 제11급 중 제1호, 제2호 및 제5호 타. 제12급 중 제1호, 제2호, 제6호 및 제7호 파. 제13급 중 제1호 및 제2호
10. 「화물자동차 운수사업법」 제51조의2 또는 「여객자동차 운수사업법」 제61조에 따라 설립된 공제조합의 이사장	교통사고로 인한 피해로 장애 판정을 받아 공제금을 지급받은 사람에 대한 자료	「화물자동차 운수사업법」 제51조의2 또는 「여객자동차 운수사업법」 제61조	

〔별표5〕

학원 및 전문학원의 시설 및 설비 등의 기준(제63조제1항 및 제67조제2항 관련)

(2023.6.20 개정)

1. 강의실
  가. 학과교육 강의실의 면적은 60제곱미터 이상 135제곱미터 이하로 하되, 1제곱미터당 수용인원은 1명을 초과하지 않을 것
  나. 도로교통에 관한 법령·지식과 자동차의 구조 및 기능에 관한 강의를 위하여 필요한 책상·의자와 각종 보충교재를 갖출 것
2. 사무실 : 사무실에는 교육생이 제출한 서류 등을 접수할 수 있는 창구와 휴게실을 설치할 것
3. 화장실 및 급수시설 : 학원 또는 전문학원의 규모에 맞는 적절한 화장실 및 급수시설을 갖추되, 급수시설의 경우 상수도를 사용하는 경우 외에는 그 수질이 「먹는물관리법」 제5조제3항에 따른 기준에 적합할 것
4. 채광시설, 환기시설, 냉난방시설 및 조명시설 : 보건위생상 적절한 채광시설, 환기시설 및 냉난방시설을 갖추되, 야간교육을 하는 경우 그 조명시설은 책상면과 칠판면의 조도(照度 : 밝기)가 150럭스 이상일 것
5. 방음시설 및 소방시설 : 「소음·진동관리법」 제21조제2항에 따른 생활소음의 규제기준에 적합한 방음시설과 「소방시설 설치 및 관리에 관한 법률」에 따른 방화 및 소방에 필요한 시설을 갖출 것
6. 휴게실 및 양호실 : 교육생 정원이 500명 이상인 경우에는 제2호에 따른 사무실 안의 휴게실 외에 면적이 15제곱미터 이상인 휴게실과 면적이 7제곱미터(전문학원의 경우에는 16.5제곱미터) 이상으로서 응급처치시설이 포함된 양호실을 갖출 것
7. 기능교육장
  가. 면적이 2,300제곱미터 이상(전문학원의 경우에는 6,600제곱미터 이상)인 기능교육장을 갖출 것. 다만, 기능교육장을 2층으로 설치하는 경우 전체 면적 중 1층에 확보하여야 하는 부지의 면적은 2,300제곱미터(제1종 대형면허 교육을 병행하는 경우에는 4,125제곱미터) 이상이어야 하며, 상·하 연결차로의 너비를 7미터(상·하 연결차로를 분리할 경우에는 각각 3.5미터) 이상으로 하여야 한다.
  나. 제1종 보통면허 및 제2종 보통면허 교육 외의 교육을 하려는 경우에는 다음의 구분에 따라 부지를 추가로 확보할 것. 다만, 1)에 따른 제1종 대형면허 교육을 위한 부지를 추가로 확보한 경우에는 3)에 따른 소형견인차면허 및 구난차면허 교육에 대한 부지를 추가로 확보하지 않더라도 해당 기능교육장에서 소형견인차면허 교육 및 행정안전부령으로 정하는 구난차면허 교육을 할 수 있다.
    1) 제1종 대형면허 교육 : 8,250제곱미터(전문학원의 경우에는 2,000제곱미터) 이상
    2) 제2종 소형면허 및 원동기장치자전거면허 교육 : 1,000제곱미터 이상
    3) 소형견인차면허 및 구난차면허 교육 : 2,330제곱미터 이상
    4) 대형견인차면허 교육 : 1,610제곱미터 이상
  다. 기능교육장은 콘크리트나 아스팔트로 포장하고, 가목에 해당하는 기능교육장에는 다음의 시설을 갖추어야 한다.
    1) 너비가 3미터 이상인 1개 이상의 차로를 설치할 것
    2) 10~15센티미터 너비의 중앙선 또는 차선을 표시하고, 도로 중앙으로부터 3미터 되는 지점에 10~15센티미터 너비의 길가장자리선을 설치할 것
    3) 연석은 길가장자리선으로부터 25센티미터 이상 간격으로 높이 10센티미터 이상, 너비 10센티미터 이상으로 설치할 것
  라. 기능교육장 안에는 기능시험코스 등 기능교육시설, 기능검정을 통제하는 시설, 기능검정에 응시하는 사람이 대기하는 장소 및 조경시설 외에 다른 시설을 설치하지 않을 것
8. 정비장 및 주차시설
  가. 교육용 자동차의 일상점검에 필요한 정비장을 갖출 것
  나. 포장된 주차시설을 갖출 것
9. 교육용 자동차(전문학원의 기능검정용 자동차를 포함한다)
  가. 기능 및 도로주행 교육용 자동차의 공통기준
    1) 교육생이 교육 중 과실로 인하여 발생한 사고에 대하여 손해를 전액 보상받을 수 있는 보험에 가입할 것
    2) 강사가 위험을 방지할 수 있는 별도의 제동장치 등 필요한 장치를 갖출 것
    3) 전문학원의 경우 자동변속기, 수동가속페달, 수동브레이크, 왼쪽 보조 액셀러레이터, 오른쪽 방향지시기, 핸들선회장치 등이 장착된 장애인 기능교육용 자동차 및 도로주행교육용 자동차를 각각 1대 이상 확보할 것
    4) 제2종 소형 또는 원동기장치자전거 운전교육 시 필요한 안전모, 안전장갑, 관절보호대 등 보호장구를 갖출 것
  나. 기능교육용 자동차의 기준
    1) 교육생이 기능교육을 받는 데 지장이 없을 정도의 대수를 확보할 것
    2) 1)에 따른 대수를 확보하는 경우에 기능교육장의 면적 300제곱미터당 1대를 초과하지 않도록 할 것
    3) 「자동차관리법」 제44조에 따른 자동차검사대행자 또는 같은 법 제45조에 따른 지정정비사업자가 행정안전부령으로 정하는 바에 따라 실시하는 검사를 받은 자동차를 사용할 것
  다. 도로주행교육용 자동차의 기준
    1) 학원등 설립·운영자의 명의로 학원등의 소재지를 관할하는 행정기관에 등록된 자동차일 것. 다만, 관할 행정기관 외의 행정기관에 등록된 자동차의 경우에는 관할 시·도경찰청장의 승인을 받아 사용할 수 있다.
    2) 도로주행교육용 자동차의 대수는 해당 학원등 기능교육장에서 동시에 교육이 가능한 최대 자동차 대수의 3배를 초과하지 않을 것
    3) 「자동차관리법」 제43조제1항제2호에 따른 정기검사를 받은 자동차를 사용할 것
10. 학사관리 전산시스템 : 학사관리의 능률과 공정을 위하여 경찰청장이 정하는 학사관리 전산시스템(지문 등으로 본인 여부를 확인할 수 있는 장치를 포함한다)을 설치·운영할 것
11. 제1호부터 제10호까지의 시설 및 설비 등은 하나의 학원 또는 전문학원 부지 내에 설치할 것. 다만, 제10호의 학사관리 전산시스템 중 서버는 경찰청장이 정하는 바에 따라 학원 또는 전문학원 부지 밖에 설치할 수 있다.
12. 강의실 및 부대시설 등을 가설건축물로 설치할 경우에는 「건축법」 제20조제1항 및 같은 법 시행령 제15조제1항에 따른 기준에 적합할 것
13. 전문학원은 경찰청장이 고시한 규격에 적합한 전자채점기를 설치·관리할 것

〔별표6〕

과태료의 부과기준(제88조제4항 본문 관련)

(2023.6.20 개정)

위반행위 및 행위자	근거 법조문(도로교통법)	과태료 금액
1. 법 제5조를 위반하여 신호 또는 지시를 따르지 않은 차 또는 노면전차의 고용주등	제160조제3항	1) 승합자동차등 : 8만원 2) 승용자동차등 : 7만원 3) 이륜자동차등 : 5만원
1의2. 법 제6조제1항 및 제2항을 위반하여 통행을 금지하거나 제한한 도로를 통행한 차 또는 노면전차의 고용주등	제160조제3항	1) 승합자동차등 : 6만원 2) 승용자동차등 : 5만원 3) 이륜자동차등 : 4만원
1의3. 법 제11조제4항을 위반하여 어린이가 개인형 이동장치를 운전하게 한 어린이의 보호자	제160조제2항 제9호	10만원
1의4. 법 제13조제1항을 위반하여 보도를 침범한 차의 고용주등	제160조제3항	1) 승합자동차등 : 8만원 2) 승용자동차등 : 7만원 3) 이륜자동차등 : 5만원
2. 다음 각 목의 어느 하나에 해당하는 차의 고용주등 가. 법 제13조제3항을 위반하여 중앙선을 침범한 차 나. 법 제25조의2제1항을 위반하여 회전교차로에서 반시계방향으로 통행하지 않은 차 다. 법 제60조제1항을 위반하여 고속도로에서 갓길로 통행한 차 라. 법 제61조제2항에서 준용되는 제15조제3항을 위반하여 고속도로에서 전용차로로 통행한 차	제160조제3항	1) 승합자동차등 : 10만원 2) 승용자동차등 : 9만원 3) 이륜자동차등 : 7만원
2의2. 법 제13조제5항을 위반하여 안전지대 등 안전표지에 의하여 진입이 금지된 장소에 들어간 차의 고용주등	제160조제3항	1) 승합자동차등 : 8만원 2) 승용자동차등 : 7만원 3) 이륜자동차등 : 5만원

2의3. 다음 각 목의 어느 하나에 해당하는 차의 고용주등 가. 법 제14조제2항 본문을 위반하여 차로를 따라 통행하지 않은 차 나. 법 제14조제2항 단서를 위반하여 시·도경찰청장이 지정한 통행방법에 따라 통행하지 않은 차 다. 법 제14조제5항을 위반하여 안전표지가 설치되어 특별히 진로 변경이 금지된 곳에서 진로를 변경한 차 라. 법 제19조제3항을 위반하여 진로를 변경하려는 방향으로 오고 있는 다른 차의 정상적 통행에 장애를 줄 우려가 있음에도 진로를 변경한 차 마. 법 제38조제1항을 위반하여 방향전환·진로변경 및 회전교차로 진입·진출하는 경우에 신호하지 않은 차	제160조제3항	1) 승합자동차등 : 4만원 2) 승용자동차등 : 4만원 3) 이륜자동차등 : 3만원
3. 법 제15조제3항을 위반하여 일반도로에서 전용차로로 통행한 차의 고용주등	제160조제3항	1) 승합자동차등 : 6만원 2) 승용자동차등 : 5만원 3) 이륜자동차등 : 4만원
4. 법 제17조제3항을 위반하여 제한속도를 준수하지 않은 차 또는 노면전차의 고용주등	제160조제3항	
가. 60㎞/h 초과		1) 승합자동차등 : 14만원 2) 승용자동차등 : 13만원 3) 이륜자동차등 : 9만원
나. 40㎞/h 초과 60㎞/h 이하		1) 승합자동차등 : 11만원 2) 승용자동차등 : 10만원 3) 이륜자동차등 : 7만원
다. 20㎞/h 초과 40㎞/h 이하		1) 승합자동차등 : 8만원 2) 승용자동차등 : 7만원 3) 이륜자동차등 : 5만원
라. 20㎞/h 이하		1) 승합자동차등 : 4만원 2) 승용자동차등 : 4만원 3) 이륜자동차등 : 3만원
4의2. 다음 각 목의 어느 하나에 해당하는 차의 고용주등 가. 법 제18조를 위반하여 횡단·유턴·후진을 한 차 나. 법 제21조제1항 및 제3항을 위반하여 앞지르기를 한 차 다. 법 제22조를 위반하여 앞지르기가 금지된 시기 및 장소인 경우에 앞지르기를 한 차	제160조제3항	1) 승합자동차등 : 8만원 2) 승용자동차등 : 7만원 3) 이륜자동차등 : 5만원
라. 법 제62조를 위반하여 고속도로등에서 횡단·유턴·후진을 한 차		1) 승합자동차등 : 6만원 2) 승용자동차등 : 5만원 3) 이륜자동차등 : 4만원
4의3. 법 제23조를 위반하여 끼어들기를 한 차의 고용주등	제160조제3항	1) 승합자동차등 : 4만원 2) 승용자동차등 : 4만원 3) 이륜자동차등 : 3만원
4의4. 다음 각 목의 어느 하나에 해당하는 차 또는 노면전차의 고용주등 가. 법 제25조제1항을 위반하여 우회전을 한 차 나. 법 제25조제2항을 위반하여 좌회전을 한 차 다. 법 제25조제5항을 위반하여 다른 차 또는 노면전차의 통행에 방해가 될 우려가 있음에도 교차로(정지선이 설치되어 있는 경우에는 그 정지선을 넘은 부분을 말한다)에 들어간 차 또는 노면전차 라. 법 제25조의2제2항을 위반하여 회전교차로에 진입한 차	제160조제3항	1) 승합자동차등 : 6만원 2) 승용자동차등 : 5만원 3) 이륜자동차등 : 4만원
4의5. 다음 각 목의 어느 하나에 해당하는 차 또는 노면전차의 고용주등 가. 법 제27조제1항을 위반하여 보행자의 횡단을 방해하거나 위험을 줄 우려가 있음에도 일시정지하지 않은 차 또는 노면전차 나. 법 제27조제7항을 위반하여 어린이 보호구역 내의 횡단보도 앞에서 일시정지하지 않은 차 또는 노면전차	제160조제3항	1) 승합자동차등 : 8만원 2) 승용자동차등 : 7만원 3) 이륜자동차등 : 5만원
5. 법 제29조제4항 및 제5항을 위반하여 도로의 오른쪽 가장자리에 일시정지하지 않거나 진로를 양보하지 않은 차 또는 노면전차의 고용주등	제160조제3항	1) 승합자동차등 : 8만원 2) 승용자동차등 : 7만원 3) 이륜자동차등 : 5만원
6. 법 제32조(제6호는 제외한다)부터 제34조까지의 규정을 위반하여 정차 또는 주차를 한 차의 고용주등	제160조제3항	1) 승합자동차등 : 5만원 (6만원) 2) 승용자동차등 : 4만원 (5만원)
6의2. 법 제32조제6호를 위반하여 정차 또는 주차를 한 차의 고용주등	제160조제3항	
가. 제10조의3제2항에 따라 안전표지가 설치된 곳에 정차 또는 주차를 한 경우		1) 승합자동차등 : 9만원 (10만원) 2) 승용자동차등 : 8만원 (9만원)
나. 가목 외의 곳에 정차 또는 주차를 한 경우		1) 승합자동차등 : 5만원 (6만원) 2) 승용자동차등 : 4만원 (5만원)
6의3. 법 제37조제1항제1호·제3호 및 같은 조 제2항을 위반하여 등화점등·조작을 불이행(안개가 끼거나 비 또는 눈이 올 때는 제외한다)한 차 또는 노면전차의 고용주등	제160조제3항	1) 승합자동차등 : 3만원 2) 승용자동차등 : 3만원 3) 이륜자동차등 : 2만원
6의4. 다음 각 목의 어느 하나에 해당하는 차 또는 노면전차의 고용주등	제160조제3항	
가. 법 제39조제1항을 위반하여 승차 인원에 관한 운행상의 안전기준을 넘어선 상태로 운전한 차		1) 승합자동차등 : 8만원 2) 승용자동차등 : 7만원 3) 이륜자동차등 : 5만원
나. 법 제39조제1항을 위반하여 적재중량 및 적재용량에 관한 운행상의 안전기준을 넘어선 상태로 운전한 차 다. 법 제39조제4항을 위반하여 운전 중 실은 화물이 떨어지지 않도록 덮개를 씌우거나 묶는 등 확실하게 고정될 수 있도록 필요한 조치를 하지 않은 차 라. 법 제48조제1항을 위반하여 안전운전의무를 지키지 않은 차 또는 노면전차		1) 승합자동차등 : 6만원 2) 승용자동차등 : 5만원 3) 이륜자동차등 : 4만원
7. 법 제49조제1항제1호를 위반하여 고인 물 등을 튀게 하여 다른 사람에게 피해를 준 차 또는 노면전차의 운전자	제160조제2항 제1호	1) 승합자동차등 : 2만원 2) 승용자동차등 : 2만원 3) 이륜자동차등 : 1만원
8. 법 제49조제1항제3호를 위반하여 창유리의 가시광선 투과율 기준을 위반한 차의 운전자	제160조제2항 제1호	2만원
8의2. 다음 각 목의 어느 하나에 해당하는 차 또는 노면전차의 고용주등 가. 법 제49조제1항제10호를 위반하여 운전 중 휴대용 전화를 사용한 차 또는 노면전차 나. 법 제49조제1항제11호를 위반하여 운전 중 운전자가 볼 수 있는 위치에 영상을 표시한 차 또는 노면전차 다. 법 제49조제1항제11호의2를 위반하여 운전 중 영상표시장치를 조작한 차 또는 노면전차	제160조제3항	1) 승합자동차등 : 8만원 2) 승용자동차등 : 7만원 3) 이륜자동차등 : 5만원
9. 법 제50조제1항을 위반하여 동승자에게 좌석안전띠를 매도록 하지 않은 운전자	제160조제2항 제2호	
가. 동승자가 13세 미만인 경우		6만원
나. 동승자가 13세 이상인 경우		3만원
10. 법 제50조제3항 및 제4항을 위반하여 동승자에게 인명보호 장구를 착용하도록 하지 않은 운전자(자전거 운전자는 제외한다)	제160조제2항 제3호	2만원
10의2. 법 제50조제3항을 위반하여 운전자 또는 동승자가 인명보호 장구를 착용하지 않은 이륜자동차·원동기장치자전거(개인형 이동장치는 제외한다)의 고용주등	제160조제3항	3만원
10의3. 법 제52조제1항을 위반하여 어린이통학버스를 신고하지 않고 운행한 운영자	제160조제1항 제7호	30만원
11. 법 제52조제2항을 위반하여 어린이통학버스 안에 신고증명서를 갖추어 두지 않은 어린이통학버스의 운영자	제160조제2항 제4호	3만원
11의2. 법 제52조제3항에 따른 요건을 갖추지 아니하고 어린이통학버스를 운행한 운영자	제160조제1항 제8호	30만원
11의3. 법 제53조제2항을 위반하여 어린이통학버스에 탑승한 어린이나 유아의 좌석안전띠를 매도록 하지 않은 운전자	제160조제2항 제4호의2	6만원
11의4. 법 제53조제7항을 위반하여 안전운행기록을 제출하지 아니한 어린이통학버스 운영자	제160조제2항 제4호의5	8만원
11의5. 법 제53조의3제1항을 위반하여 어린이통학버스 안전교육을 받지 않은 사람	제160조제2항 제4호의3	8만원
11의6. 법 제53조의3제3항을 위반하여 어린이통학버스 안전교육을 받지 않은 사람에게 어린이통학버스를 운전하게 하거나 어린이통학버스에 동승하게 한 어린이통학버스의 운영자	제160조제2항 제4호의4	8만원
11의7. 법 제60조제1항을 위반하여 고속도로등에서 자동차의 고장 등 부득이한 사정이 없음에도 행정안전부령으로 정하는 차로에 따라 통행하지 않은 차의 고용주등	제160조제3항	1) 승합자동차등 : 6만원 2) 승용자동차등 : 5만원
11의8. 법 제60조제2항을 위반하여 고속도로에서 앞지르기 통행방법을 준수하지 않은 차의 고용주등	제160조제3항	1) 승합자동차등 : 8만원 2) 승용자동차등 : 7만원
12. 법 제67조제2항에 따른 고속도로등에서의 준수사항을 위반한 운전자	제160조제2항 제5호	1) 승합자동차등 : 2만원 2) 승용자동차등 : 2만원 3) 이륜자동차등 : 1만원
12의2. 법 제68조제3항제5호를 위반하여 도로를 통행하고 있는 차에서 밖으로 물건을 던지는 행위를 한 차의 고용주등	제160조제3항	6만원
12의3. 법 제73조제4항을 위반하여 긴급자동차의 안전운전 등에 관한 교육을 받지 않은 사람	제160조제2항 제6호	8만원
13. 법 제78조를 위반하여 교통안전교육기관 운영의 정지 또는 폐지 신고를 하지 않은 사람	제160조제1항 제1호	100만원
14. 법 제87조제1항을 위반하여 운전면허증 갱신기간에 운전면허를 갱신하지 않은 사람	제160조제2항 제7호	2만원
15. 법 제87조제2항 또는 제88조제1항을 위반하여 정기 적성검사 또는 수시 적성검사를 받지 않은 사람	제160조제2항 제8호	3만원
16. 법 제109조제2항을 위반하여 강사의 인적 사항과 교육 과목을 게시하지 않은 사람	제160조제1항 제2호	100만원
17. 법 제110조제2항을 위반하여 수강료등을 게시하지 않거나 같은 조 제3항을 위반하여 게시된 수강료등을 초과한 금액을 받은 사람	제160조제1항 제3호	100만원
18. 법 제111조를 위반하여 수강료등의 반환 등 교육생 보호를 위하여 필요한 조치를 하지 않은 사람	제160조제1항 제4호	100만원
19. 법 제112조를 위반하여 학원이나 전문학원의 휴원 또는 폐원 신고를 하지 않은 사람	제160조제1항 제5호	100만원
20. 법 제115조제1항에 따른 간판이나 그 밖의 표지물의 제거, 시설물의 설치 또는 게시문의 부착을 거부·방해 또는 기피하거나 게시문이나 설치한 시설물을 임의로 제거하거나 못 쓰게 만든 사람	제160조제1항 제6호	100만원

비고
1. 위 표에서 "승합자동차등"이란 승합자동차, 4톤 초과 화물자동차, 특수자동차, 건설기계 및 노면전차를 말한다.
2. 위 표에서 "승용자동차등"이란 승용자동차 및 4톤 이하 화물자동차를 말한다.
3. 위 표에서 "이륜자동차등"이란 이륜자동차 및 원동기장치자전거(개인형 이동장치는 제외한다)를 말한다.
4. 위 표 제6호 및 제6호의2의 과태료 금액에서 괄호 안의 것은 같은 장소에서 2시간 이상 정차 또는 주차 위반을 하는 경우에 적용한다.

[별표6의2] (2013.6.28 삭제)

〔별표7〕

어린이보호구역 및 노인·장애인보호구역에서의 과태료 부과기준

(제88조제4항 단서 관련)

(2020.12.1 개정)

위반행위 및 행위자	근거 법조문 (도로교통법)	차량 종류별 과태료 금액
1. 법 제5조를 위반하여 신호 또는 지시를 따르지 않은 차 또는 노면전차의 고용주등	제160조제3항	1) 승합자동차등 : 14만원 2) 승용자동차등 : 13만원 3) 이륜자동차등 : 9만원
2. 법 제17조제3항을 위반하여 제한속도를 준수하지 않은 차 또는 노면전차의 고용주등	제160조제3항	
가. 60km/h 초과		1) 승합자동차등 : 17만원 2) 승용자동차등 : 16만원 3) 이륜자동차등 : 11만원
나. 40㎞/h 초과 60㎞/h 이하		1) 승합자동차등 : 14만원 2) 승용자동차등 : 13만원 3) 이륜자동차등 : 9만원
다. 20㎞/h 초과 40㎞/h 이하		1) 승합자동차등 : 11만원 2) 승용자동차등 : 10만원 3) 이륜자동차등 : 7만원
라. 20㎞/h 이하		1) 승합자동차등 : 7만원 2) 승용자동차등 : 7만원 3) 이륜자동차등 : 5만원
3. 법 제32조부터 제34조까지의 규정을 위반하여 정차 또는 주차를 한 차의 고용주등	제160조제3항	
가. 어린이보호구역에서 위반한 경우		1) 승합자동차등 : 13만원(14만원) 2) 승용자동차등 : 12만원(13만원)
나. 노인·장애인보호구역에서 위반한 경우		1) 승합자동차등 : 9만원(10만원) 2) 승용자동차등 : 8만원(9만원)

비고
1. 위 표에서 "승합자동차등"이란 승합자동차, 4톤 초과 화물자동차, 특수자동차, 건설기계 및 노면전차를 말한다.
2. 위 표에서 "승용자동차등"이란 승용자동차 및 4톤 이하 화물자동차를 말한다.
3. 위 표에서 "이륜자동차등"이란 이륜자동차 및 원동기장치자전거(개인형 이동장치는 제외한다)를 말한다.
4. 위 표 제3호의 과태료 금액에서 괄호 안의 것은 같은 장소에서 2시간 이상 정차 또는 주차 위반을 하는 경우에 적용한다.

〔별표8〕

범칙행위 및 범칙금액(운전자)(제93조제1항 관련)

(2023.6.20 개정)

범 칙 행 위	근거 법조문 (도로교통법)	차량 종류별 범칙금액
1. 속도위반(60㎞/h 초과)	제17조제3항	1) 승합자동차등 : 13만원 2) 승용자동차등 : 12만원 3) 이륜자동차등 : 8만원
1의2. 어린이통학버스 운전자의 의무 위반(좌석안전띠를 매도록 하지 않은 경우는 제외한다)	제53조제1항·제2항, 제53조의5	
1의3. 인적 사항 제공의무 위반(주·정차된 차만 손괴한 것이 분명한 경우에 한정한다)	제54조제1항제2호	1) 승합자동차등 : 13만원 2) 승용자동차등 : 12만원 3) 이륜자동차등 : 8만원 4) 자전거등 및 손수레등 : 6만원
1의4. 개인형 이동장치 무면허 운전	제43조	자전거등 : 10만원
1의5. 약물의 영향과 그 밖의 사유로 정상적으로 운전하지 못할 우려가 있는 상태에서 자전거등을 운전	제50조제8항	
2. 속도위반(40㎞/h 초과 60㎞/h 이하)	제17조제3항	1) 승합자동차등 : 10만원 2) 승용자동차등 : 9만원 3) 이륜자동차등 : 6만원
3. 승객의 차 안 소란행위 방치 운전	제49조제1항제9호	
3의2. 어린이통학버스 특별보호 위반	제51조	
3의3. 제10조의3제2항에 따라 안전표지가 설치된 곳에서의 정차·주차 금지 위반	제32조제6호	1) 승합자동차등 : 9만원 2) 승용자동차등 : 8만원 3) 이륜자동차등 : 6만원 4) 자전거등 및 손수레등 : 4만원
3의4. 승차정원을 초과하여 동승자를 태우고 개인형 이동장치를 운전	제50조제10항	
4. 신호·지시 위반	제5조	1) 승합자동차등 : 7만원 2) 승용자동차등 : 6만원 3) 이륜자동차등 : 4만원 4) 자전거등 및 손수레등 : 3만원
5. 중앙선 침범, 통행구분 위반	제13조제1항부터 제3항까지 및 제5항	
5의2. 자전거횡단도 앞 일시정지의무 위반	제15조의2제3항	
6. 속도위반(20㎞/h 초과 40㎞/h 이하)		
7. 횡단·유턴·후진 위반	제17조제3항	
8. 앞지르기 방법 위반	제18조	
	제21조제1항·제3항, 제60조제2항	
9. 앞지르기 금지 시기·장소 위반	제22조	
10. 철길건널목 통과방법 위반	제24조	
10의2. 회전교차로 통행방법 위반	제25조의2제1항	
11. 횡단보도 보행자 횡단 방해(신호 또는 지시에 따라 도로를 횡단하는 보행자의 통행 방해와 어린이 보호구역에서의 일시정지 위반을 포함한다)	제27조제1항·제2항·제7항	
12. 보행자전용도로 통행 위반(보행자전용도로 통행방법 위반을 포함한다)	제28조제2항·제3항	
12의2. 긴급자동차에 대한 양보·일시정지 위반	제29조제4항·제5항	
12의3. 긴급한 용도나 그 밖에 허용된 사항 외에 경광등이나 사이렌 사용	제29조제6항	
13. 승차 인원 초과, 승객 또는 승하차자 추락 방지조치 위반	제39조제1항·제3항·제6항	
14. 어린이·앞을 보지 못하는 사람 등의 보호 위반	제49조제1항제2호	
15. 운전 중 휴대용 전화 사용	제49조제1항제10호	
15의2. 운전 중 운전자가 볼 수 있는 위치에 영상 표시	제49조제1항제11호	
15의3. 운전 중 영상표시장치 조작	제49조제1항제11호의2	
16. 운행기록계 미설치 자동차 운전 금지 등의 위반	제50조제5항제1호·제2호	
17.~18. (2014.12.31 삭제)		
19. 고속도로·자동차전용도로 갓길 통행	제60조제1항	
20. 고속도로버스전용차로·다인승전용차로 통행 위반	제61조제2항	
21. 통행 금지·제한 위반	제6조제1항·제2항·제4항	1) 승합자동차등 : 5만원 2) 승용자동차등 : 4만원 3) 이륜자동차등 : 3만원 4) 자전거등 및 손수레등 : 2만원
22. 일반도로 전용차로 통행 위반	제15조제3항	
22의2. 노면전차 전용로 통행 위반	제16조제2항	
23. 고속도로·자동차전용도로 안전거리 미확보	제19조제1항	
24. 앞지르기의 방해 금지 위반	제21조제4항	
25. 교차로 통행방법 위반	제25조	
25의2. 회전교차로 진입·진행방법 위반	제25조의2제2항·제3항	
26. 교차로에서의 양보운전 위반	제26조	
27. 보행자의 통행 방해 또는 보호 불이행	제27조제3항부터 제5항까지 및 같은 조 제6항제1호·제2호	
28. (2016.2.11 삭제)		
29. 정차·주차 금지 위반(제10조의3제2항에 따라 안전표지가 설치된 곳에서의 정차·주차 금지 위반은 제외한다)	제32조	
30. 주차금지 위반	제33조	
31. 정차·주차방법 위반	제34조	
31의2. 경사진 곳에서의 정차·주차방법 위반	제34조의3	
32. 정차·주차 위반에 대한 조치 불응	제35조제1항	
33. 적재 제한 위반, 적재물 추락 방지 위반 또는 영유아나 동물을 안고 운전하는 행위	제39조제1항 및 제4항부터 제6항까지	
34. 안전운전의무 위반	제48조제1항	
35. 도로에서의 시비·다툼 등으로 인한 차마의 통행 방해 행위	제49조제1항제5호	
36. 급발진, 급가속, 엔진 공회전 또는 반복적·연속적인 경음기 울림으로 인한 소음 발생 행위	제49조제1항제8호	
37. 화물 적재함에의 승객 탑승 운행 행위	제49조제1항제12호	
38. (2014.12.31 삭제)		
38의2. 개인형 이동장치 인명보호 장구 미착용	제50조제4항	
38의3. 자율주행자동차 운전자의 준수사항 위반	제50조의2제1항	
39. 고속도로 지정차로 통행 위반	제60조제1항	
40. 고속도로·자동차전용도로 횡단·유턴·후진 위반	제62조	
41. 고속도로·자동차전용도로 정차·주차 금지 위반	제64조	
42. 고속도로 진입 위반	제65조	
43. 고속도로·자동차전용도로에서의 고장 등의 경우 조치 불이행	제66조	
44. 혼잡 완화조치 위반	제7조	1) 승합자동차등 : 3만원 2) 승용자동차등 : 3만원 3) 이륜자동차등 : 2만원 4) 자전거등 및 손수레등 : 1만원
45. 차로통행 준수의무 위반, 지정차로 통행 위반, 차로 너비보다 넓은 차 통행금지 위반(진로 변경 금지 장소에서의 진로 변경을 포함한다)	제14조제2항·제3항·제5항	
46. 속도위반(20㎞/h 이하)	제17조제3항	
47. 진로 변경방법 위반	제19조제3항	
48. 급제동 금지 위반	제19조제4항	
49. 끼어들기 금지 위반	제23조	
50. 서행의무 위반	제31조제1항	
51. 일시정지 위반	제31조제2항	
52. 방향전환·진로변경 및 회전교차로 진입·진출 시 신호 불이행	제38조제1항	
53. 운전석 이탈 시 안전 확보 불이행	제49조제1항제6호	
54. 동승자 등의 안전을 위한 조치 위반	제49조제1항제7호	
55. 시·도경찰청 지정·공고 사항 위반	제49조제1항제13호	
56. 좌석안전띠 미착용	제50조제1항	
57. 이륜자동차·원동기장치자전거(개인형 이동장치는 제외한다) 인명보호 장구 미착용	제50조제3항	
57의2. 등화점등 불이행·발광장치 미착용(자전거 운전자는 제외한다)	제50조제9항	
58. 어린이통학버스와 비슷한 도색·표지 금지 위반	제52조제4항	
59. 최저속도 위반	제17조제3항	1) 승합자동차등 : 2만원 2) 승용자동차등 : 2만원 3) 이륜자동차등 : 1만원 4) 자전거등 및 손수레등 : 1만원
60. 일반도로 안전거리 미확보	제19조제1항	
61. 등화 점등·조작 불이행(안개가 끼거나 비 또는 눈이 올 때는 제외한다)	제37조제1항제1호·제3호 및 같은 조 제2항	
62. 불법부착장치 차 운전(교통단속용 장비의 기능을 방해하는 장치를 한 차의 운전은 제외한다)	제49조제1항제4호	
62의2. 사업용 승합자동차 또는 노면전차의 승차 거부	제50조제5항제3호	
63. 택시의 합승(장기 주차·정차하여 승객을 유치하는 경우로 한정한다)·승차거부·부당요금징수행위	제50조제6항	

64. 운전이 금지된 위험한 자전거등의 운전	제50조제7항	
64의2. 술에 취한 상태에서의 자전거등 운전	제44조제1항	1) 개인형 이동장치 : 10만원 2) 자전거 : 3만원
64의3. 술에 취한 상태에 있다고 인정할만한 상당한 이유가 있는 자전거등 운전자가 경찰공무원의 호흡조사 측정에 불응	제44조제2항	1) 개인형 이동장치 : 13만원 2) 자전거 : 10만원
65. 돌, 유리병, 쇳조각, 그 밖에 도로에 있는 사람이나 차마를 손상시킬 우려가 있는 물건을 던지거나 발사하는 행위 66. 도로를 통행하고 있는 차마에서 밖으로 물건을 던지는 행위	제68조제3항제4호 제68조제3항제5호	모든 차마 : 5만원
67. 특별교통안전교육의 미이수 가. 과거 5년 이내에 법 제44조를 1회 이상 위반하였던 사람으로서 다시 같은 조를 위반하여 운전면허효력 정지 처분을 받게 되거나 받은 사람이 그 처분기간이 끝나기 전에 특별교통안전교육을 받지 않은 경우 나. 가목 외의 경우	제73조제2항	차종 구분 없음 : 15만원 10만원
68. 경찰관의 실효된 면허증 회수에 대한 거부 또는 방해	제95조제2항	차종 구분 없음 : 3만원

비고
1. 위 표에서 "승합자동차등"이란 승합자동차, 4톤 초과 화물자동차, 특수자동차, 건설기계 및 노면전차를 말한다.
2. 위 표에서 "승용자동차등"이란 승용자동차 및 4톤 이하 화물자동차를 말한다.
3. 위 표에서 "이륜자동차등"이란 이륜자동차 및 원동기장치자전거(개인형 이동장치는 제외한다)를 말한다.
4. 위 표에서 "손수레등"이란 손수레, 경운기 및 우마차를 말한다.
5. 위 표 제65호 및 제66호의 경우 동승자를 포함한다.

〔별표9〕

범칙행위 및 범칙금액(보행자 등)(제93조제1항 관련)

(2023.10.17 개정)

범 칙 행 위	근거 법조문 (도로교통법)	범칙금액
1. 보행자가 돌·유리병·쇳조각이나 그 밖에 도로에 있는 사람이나 차마를 손상시킬 우려가 있는 물건을 던지거나 발사하는 행위	제68조제3항제4호	5만원
2. 보행자가 교통안전시설이 표시하는 신호 또는 지시와 법 제5조제2항에 따른 경찰공무원등이 하는 신호 또는 지시를 위반한 경우(실외이동로봇이 위반한 경우에는 실외이동로봇 운용자를 포함한다. 이하 제3호, 제5호, 제6호 및 제11호부터 제14호까지에서 같다) 3. 보행자가 보도와 차도가 구분된 도로에서 보도로의 통행 의무를 위반한 경우 4. 실외이동로봇의 운용자가 실외이동로봇의 운용 장치를 도로의 교통상황과 실외이동로봇의 구조 및 성능에 따라 차, 노면전차 또는 다른 사람에게 위험과 장해를 주는 방법으로 운용하는 경우 5. 보행자가 지하도 또는 육교가 설치되어 있는 도로에서 지하도 바로 위 또는 육교 바로 밑으로 횡단한 경우 6. 보행자가 안전표지 등에 의하여 횡단이 금지되어 있는 도로의 부분에서 그 도로를 횡단한 경우 7. 보행자가 술에 취하여 도로에서 갈팡질팡하는 행위 8. 보행자가 도로에서 교통에 방해되는 방법으로 눕거나 앉거나 서있는 행위 9. 보행자가 교통이 빈번한 도로에서 공놀이 또는 썰매타기 등의 놀이를 하는 행위 10. 보행자가 도로를 통행하고 있는 차마에 뛰어오르거나 매달리거나 차마에서 뛰어내리는 행위	제5조 제8조제1항 본문 제8조의2제2항 제10조제2항 본문 제10조제5항 제68조제3항제1호 제68조제3항제2호 제68조제3항제3호 제68조제3항제6호	3만원
11. 보행자가 법 제6조제1항에 따른 시·도경찰청장의 통행 금지 또는 제한, 같은 조 제2항에 따른 경찰서장의 통행 금지 또는 제한, 같은 조 제4항에 따른 경찰공무원의 통행 금지 또는 제한을 위반한 경우 12. 보행자가 횡단보도, 지하도, 육교나 그 밖의 도로 횡단시설이 설치되어 있는 도로에서 그 곳으로 횡단하지 않은 경우(제5호의 행위는 제외한다) 13. 보행자가 차의 바로 앞이나 뒤로 횡단한 경우	제6조 제10조제2항 본문 제10조제4항 본문	2만원
14. 보행자가 경찰공무원이 보행자, 차마 또는 노면전차의 통행이 밀려서 교통 혼잡이 뚜렷하게 우려될 때 혼잡을 덜기 위하여 한 조치를 위반한 경우 15. 법 제9조제1항에 따른 행렬등의 보행자나 지휘자가 차도의 우측 통행 의무를 위반한 경우	제7조 제9조제1항 후단	1만원

〔별표10〕

어린이보호구역 및 노인·장애인보호구역에서의 범칙행위 및 범칙금액
(제93조제2항 관련)

(2022.7.11 개정)

범칙행위	근거 법조문 (도로교통법)	차량 종류별 범칙금액
1. 신호·지시 위반 2. 횡단보도 보행자 횡단 방해	제5조 제27조제1항·제2항	1) 승합자동차등 : 13만원 2) 승용자동차등 : 12만원 3) 이륜자동차등 : 8만원 4) 자전거등 및 손수레등 : 6만원
3. 속도위반 가. 60km/h 초과 나. 40km/h 초과 60km/h 이하 다. 20km/h 초과 40km/h 이하 라. 20km/h 이하	제17조제3항	1) 승합자동차등 : 16만원 2) 승용자동차등 : 15만원 3) 이륜자동차등 : 10만원 1) 승합자동차등 : 13만원 2) 승용자동차등 : 12만원 3) 이륜자동차등 : 8만원 1) 승합자동차등 : 10만원 2) 승용자동차등 : 9만원 3) 이륜자동차등 : 6만원 1) 승합자동차등 : 6만원 2) 승용자동차등 : 6만원 3) 이륜자동차등 : 4만원
4. 통행 금지·제한 위반 5. 보행자 통행 방해 또는 보호 불이행	제6조제1항·제2항·제4항 제27조제3항부터 제5항까지 및 같은 조 제6항제1호·제2호	1) 승합자동차등 : 9만원 2) 승용자동차등 : 8만원 3) 이륜자동차등 : 6만원 4) 자전거등 및 손수레등 : 4만원
6. 정차·주차 금지 위반 가. 어린이보호구역에서 위반한 경우 나. 노인·장애인보호구역에서 위반한 경우	제32조	1) 승합자동차등 : 13만원 2) 승용자동차등 : 12만원 3) 이륜자동차등 : 9만원 4) 자전거등 및 손수레등 : 6만원 1) 승합자동차등 : 9만원 2) 승용자동차등 : 8만원 3) 이륜자동차등 : 6만원 4) 자전거등 및 손수레등 : 4만원
7. 주차금지 위반 가. 어린이보호구역에서 위반한 경우 나. 노인·장애인보호구역에서 위반한 경우	제33조	1) 승합자동차등 : 13만원 2) 승용자동차등 : 12만원 3) 이륜자동차등 : 9만원 4) 자전거등 및 손수레등 : 6만원 1) 승합자동차등 : 9만원 2) 승용자동차등 : 8만원 3) 이륜자동차등 : 6만원 4) 자전거등 및 손수레등 : 4만원
8. 정차·주차방법 위반 가. 어린이보호구역에서 위반한 경우 나. 노인·장애인보호구역에서 위반한 경우	제34조	1) 승합자동차등 : 13만원 2) 승용자동차등 : 12만원 3) 이륜자동차등 : 9만원 4) 자전거등 및 손수레등 : 6만원 1) 승합자동차등 : 9만원 2) 승용자동차등 : 8만원 3) 이륜자동차등 : 6만원 4) 자전거등 및 손수레등 : 4만원
9. 정차·주차 위반에 대한 조치 불응 가. 어린이보호구역에서의 위반에 대한 조치에 불응한 경우 나. 노인·장애인보호구역에서의 위반에 대한 조치에 불응한 경우	제35조제1항	1) 승합자동차등 : 13만원 2) 승용자동차등 : 12만원 3) 이륜자동차등 : 9만원 4) 자전거등 및 손수레등 : 6만원 1) 승합자동차등 : 9만원 2) 승용자동차등 : 8만원 3) 이륜자동차등 : 6만원 4) 자전거등 및 손수레등 : 4만원

비고
1. 위 표에서 "승합자동차등"이란 승합자동차, 4톤 초과 화물자동차, 특수자동차, 건설기계 및 노면전차를 말한다.
2. 위 표에서 "승용자동차등"이란 승용자동차 및 4톤 이하 화물자동차를 말한다.
3. 위 표에서 "이륜자동차등"이란 이륜자동차 및 원동기장치자전거(개인형 이동장치는 제외한다)를 말한다.
4. 위 표에서 "손수레등"이란 손수레, 경운기 및 우마차를 말한다.
5. 위 표 제3호가목을 위반하여 범칙금 납부 통고를 받은 운전자가 통고처분을 이행하지 않아 제99조제1항에 따라 가산금을 더할 경우 범칙금의 최대 부과금액은 20만원으로 한다.

<국방편>

■ 병역법 시행령

〔별표1〕

병역판정검사 직원의 구성, 임명권자 및 임무

(제12조제1항 관련)

(2022.11.22 개정)

구분	인원	임명권자	임무
병역판정관	1명	지방 병무청장	○지방병무청장의 병역판정검사업무 수행보좌 ○병역판정검사 직원에 대한 지휘·감독 ○병역처분
병역판정보좌관	1명	지방 병무청장	○병역판정관 보좌 ○병역판정검사장의 질서유지
수석병역판정검사전담의사·수석병역판정검사전문의사 또는 수석군의관	1명	병무청장 또는 지방병무청장	○병역판정관 보좌 ○신체등급의 판정 ○내과·정신건강의학과·신경과·피부과·비뇨의학과·일반외과·성형외과·심장혈관흉부외과·정형외과·신경외과·안과·이비인후과·영상의학과·치과·가정의학과 등 각 과별 검사
적성분류관	1명	지방 병무청장	○적성의 분류·결정
병역판정검사전담의사·병역판정검사전문의사 또는 군의관	12명 이내	병무청장 또는 지방병무청장	○신체등급의 판정 ○내과·정신건강의학과·신경과·피부과·비뇨의학과·일반외과·성형외과·심장혈관흉부외과·정형외과·신경외과·안과·이비인후과·영상의학과·치과·가정의학과 등 각 과별 검사
의료기술직요원	10명 이내	지방 병무청장	○방사선 촬영 ○임상병리검사 ○심리검사 ○혈압 측정
병역판정사무원	13명 이내	지방 병무청장	○심리검사 보조, 신장·체중·시력 측정, 민원상담, 중앙신체검사 관련 업무 ○병역증의 교부 ○그 밖의 병역판정검사업무의 처리

비고
1. 수석군의관 및 군의관은 국방부장관으로부터 파견을 받아 병무청장이 임명한다.
2. 병무청장은 병역판정검사업무를 효율적으로 수행하기 위하여 필요하다고 인정되는 경우에는 병역판정검사 직원의 인원을 조정하여 운영할 수 있다.

〔별표1의2〕

중앙신체검사기관의 구성, 임면권자 및 임무

(제12조제3항 관련)

(2022.12.13 개정)

구분	인원	임면권자	임무
수석병역판정검사전담의사·수석병역판정검사전문의사 또는 수석군의관	1명	병무청장 또는 중앙병역판정검사소장	○기관의 장의 신체검사업무 수행보좌 ○신체등급의 판정
병역판정검사전담의사·병역판정검사전문의사 또는 군의관	34명 이내	병무청장 또는 중앙병역판정검사소장	○내과·정신건강의학과·신경과·피부과·비뇨의학과·일반외과·성형외과·심장혈관흉부외과·정형외과·신경외과·안과·이비인후과·진단방사선과·병리학과·진단검사의학과·가정의학과·치과 등 각 과별 검사

비고
1. 병역판정전담의사를 제외한 중앙신체검사기관의 구성, 인원 및 임무는 「병무청과 그 소속기관 직제」에 따른다.
2. 병무청장은 필요하다고 인정하면 법 제12조의2에 따라 수석군의관 및 군의관을 국방부장관으로부터 파견받아 신체검사업무 등을 수행하게 할 수 있다.
3. 병무청장은 중앙신체검사업무를 효율적으로 수행하기 위하여 필요하다고 인정되는 경우에는 병역판정검사전담의사 또는 병역판정검사전문의사의 인원을 조정하여 운영할 수 있다.

〔별표1의3〕

임기제부사관 전문인력 양성기관의 지정기준

(제29조의3제1항 관련)

(2021.10.14 신설)

구 분	지정기준
조 직	1. 「초·중등교육법 시행령」 제90조에 따른 특수목적고등학교 또는 같은 영 제91조에 따른 특성화고등학교일 것 2. 임기제부사관 전문인력 양성기관 지정사업을 위한 전담 부장, 기획 교사 및 예산담당관을 각각 1명 이상 보유할 것
시 설	1. 임기제부사관 양성에 필요한 실험실습실, 교육실 및 기숙사 등 제반시설을 구비할 것 2. 주특기 분야 군 기술전문인력 양성에 필요한 기자재를 확보할 것
교육과정	1. 학년 교육과정의 40퍼센트 이상을 군 기술교육에 편성할 것 2. 구체적이고 실천 가능한 교육과정 운영계획을 갖출 것
전문 인력	1. 「초·중등교육법」 제22조에 따른 산학겸임교사 또는 이와 동등한 자격이 있다고 국방부장관이 인정하는 사람을 1명 이상 보유할 것 2. 제1호에 해당하는 인력에 관한 구체적인 활용 계획을 갖출 것
재 정	1. 임기제부사관 전문인력 양성기관 지정사업에 관한 구체적인 예산 편성 및 재정집행 계획을 갖출 것 2. 임기제부사관 전문인력 양성기관 지정사업을 위한 구체적이고 실천 가능한 투자 계획을 갖출 것

〔별표1의4〕

임기제부사관 전문인력 양성기관의 운영성과 평가기준(제29조의3제2항 관련)

(2021.10.14 신설)

구 분	평 가 항 목	배점(점)
일반사항	○ 국방부의 군특성화고 운영계획을 반영한 사업목적 달성 여부	5
	○ 국방부의 군특성화고 운영계획을 반영한 예산 편성 및 집행	10
	○ 학급정원 대비 임기제부사관 지원자로 선발된 학생의 비율(%)	10
졸업생 평가	○ 군특성화반 졸업생의 군 입대율(%)	15
	○ 군 입대인원 대비 부사관 또는 임기제부사관 임관율(%)	10
	○ 군특성화반 졸업생의 국방부와 협약을 맺은 전문대학(e-MU) 진학률(%)	5
	○ 군 입대자의 각 주특기 병과학교 교육성적	3
사업 성과	○ 자격증(군 직무향상 및 장기복무 등 선발에 도움되는 자격증으로 한정한다) 취득 실적	4
	○ 주특기 교과서(5년 이내 개정)·부교재 개발 실적, 실습교보재 개발·확보 실적 등	6
	○ 군 부대(병과학교) 위탁교육 계획 및 실적	5
	○ 군 적응 인성교육 계획 및 실적	5
	○ 체력단련(태권도 등) 계획 및 실적(체력검정기준 측정결과, 태권도 집체교육 및 단증 취득현황 등)	3
	○ 전문상담교사에 의한 인성검사·결과와 군병원 신체검사 결과	3
	○ 졸업생 추수지도(追隨指導) 계획 및 실적	4
	○ 임기제부사관 전문인력 양성기관 지정사업 투자 실적(실습기자재 구입, 실습실·기숙사 등 시설 증개축 등)	6
	○ 국방부(각 군본부 및 해병대를 포함한다)와의 협약내용 이행 여부	6
합계		100

<비고>
○ 각 배점에 따른 평가점수는 아래와 같이 5단계로 구분하여 매긴다.
  * 우수 : 100%, 양호 : 90%, 보통 : 80%, 미흡 : 70%, 불량 : 60%
○ 운영성과평가 결과는 다음과 같이 평가한다.
 - 평점평균 80점 이상 : 적합
  다만, 예산의 부정수급 및 집행으로 불량 평가된 경우 부적합으로 처리
 - 평점평균 80점 미만 : 부적합

〔별표2〕

학력별 기술자격 등급기준

(제79조제1항제1호 관련)

(2009.12.7 개정)

학 력	해당기술자격 등급
○학사학위를 취득하고 석사학위 이상의 과정에 진학하지 않은 사람(학사학위 전 과정을 이수한 사람 및 「학점인정 등에 관한 법률」 등에 따라 같은 수준 이상의 학력을 인정받은 사람을 포함한다)	○기사 ○해기사(소형선박조종사는 제외한다)
○전문학사 학위를 취득한 사람(학사학위 전 과정의 2분의 1 이상을 이수하고 중퇴·휴학한 사람, 전문학사 전 과정을 이수한 사람 및 「학점인정 등에 관한 법률」 등에 따라 같은 수준 이상의 학력을 인정받은 사람을 포함한다)	○기사 ○산업기사 ○해기사(소형선박조종사는 제외한다)
○고등학교 졸업 이하의 학력을 가진 사람(학사학위 전 과정의 2분의 1 이상 또는 전문학사 전 과정을 이수하지 못하고 중퇴·휴학한 사람을 포함한다)	○기사 ○산업기사 ○기능사(기능사보를 포함한다) ○해기사

비고 : 해당기술자격 등급은 「국가기술자격법」에 따른 서비스 분야를 제외한 기술·기능 분야의 등급 또는 「선박직원법」에 따른 해기사면허 등급을 말한다.

〔별표3〕

전문연구요원 및 산업기능요원의 의무복무기간 연장기준 등(제91조의3제2항 관련)

(2016.11.29 개정)

유형	내용	처리기준	
		위반기간	의무자
1. 편입 당시 병역지정업체가 아닌 다른 업체 근무	가. 전직·파견할 수 없는 업체에 근무한 경우		연장복무
	나. 승인 또는 신상변동 통보 없이 교육훈련, 출장, 파견근무를 한 경우	3개월 이상	연장복무
		1개월 이상 3개월 미만	경고
		1개월 미만	시정
2. 편입 당시 해당 분야가 아닌 분야 근무	가. 편입 당시의 연구·기술자격·면허분야가 아닌 분야(연구·제조·생산분야가 아닌 사무직, 영업직 등 다른 분야)에 근무한 경우		연장복무
	나. 편입 당시의 연구·기술자격·면허 분야가 아닌 다른 분야의 연구·제조·생산 분야에 근무하거나 편입 당시의 분야와 겸하여 근무한 경우	3개월 이상	연장복무
		1개월 이상 3개월 미만	경고
		1개월 미만	시정
3. 겸직금지규정 위반	병역지정업체의 이사·감사 등 임원을 겸직하거나 연구 또는 제조·생산에 지장이 있는 다른 영리활동을 한 경우	1개월 이상	연장복무
		1개월 미만	경고
4. 수학규정 위반	의무복무기간 중 신상변동 통보 없이 교육기관에서 수학한 경우		연장복무
5. 동일사항 반복 위반	가. 연장 복무 후 다시 연장 복무에 해당하는 행위를 한 경우		편입취소
	나. 경고 이후 다시 경고에 해당하는 행위를 한 경우		연장복무
	다. 시정 이후 다시 시정에 해당하는 행위를 한 경우		경고

〔별표4〕

과태료의 부과기준(제171조 관련)

(2021.10.14 개정)

1. 일반기준
 가. 위반행위의 횟수에 따른 과태료 부과기준은 최근 1년간 같은 위반행위로 과태료를 부과받은 경우에 적용한다. 이 경우 기간의 계산은 위반행위에 대하여 과태료 부과처분을 받은 날과 그 처분 후 다시 같은 위반행위를 하여 적발된 날을 기준으로 한다.
 나. 가목에 따라 가중된 부과처분을 하는 경우 가중처분의 적용 차수는 그 위반행위 전 부과처분 차수(가목에 따른 기간 내에 과태료 부과처분이 둘 이상 있었던 경우에는 높은 차수를 말한다)의 다음 차수로 한다.
 다. 병무청장은 다음의 어느 하나에 해당하는 경우에는 제2호에 따른 과태료 부과금액의 2분의 1의 범위에서 그 금액을 감경할 수 있다. 다만, 과태료를 체납하고 있는 위반행위자의 경우에는 그러하지 아니하다.
  1) 위반행위자가 「질서위반행위규제법 시행령」 제2조의2제1항 각 호의 어느 하나에 해당하는 경우
  2) 위반행위가 사소한 부주의나 오류로 인한 것으로 인정되는 경우

3) 위반행위자가 위법행위로 인한 결과를 시정하였거나 해소한 경우
4) 그 밖에 위반행위의 정도, 위반행위의 동기와 그 결과 등을 고려하여 과태료를 감경할 필요가 있다고 인정되는 경우

라. 병무청장은 다음의 어느 하나에 해당하는 경우에는 제2호에 따른 과태료 부과금액의 2분의 1의 범위에서 그 금액을 가중할 수 있다. 다만, 가중할 경우라도 법 제95조제1항 또는 제2항에 따른 과태료 금액의 상한을 넘을 수 없다.
1) 위반의 내용 및 정도가 중대하여 국민 등에게 미치는 피해가 크다고 인정되는 경우
2) 그 밖에 위반행위의 정도, 위반행위의 동기와 그 결과 등을 고려하여 과태료를 가중할 필요가 있다고 인정되는 경우

2. 개별기준

(단위 : 만원)

위반행위	근거 법조문	과태료 금액		
		1차 위반	2차 위반	3차 이상 위반
가. 법 제39조제3항을 위반하여 전문연구요원으로 의무복무중인 사람을 그 병역지정업체의 해당 분야에 복무하게 하지 않은 경우	법 제95조 제1항 제1호			
1) 편입 당시의 병역지정업체에 복무하게 하지 않은 경우				
가) 1개월 미만		300	400	500
나) 1개월 이상 3개월 미만		600	800	1,000
다) 3개월 이상		1,200	1,600	2,000
2) 편입 당시 병역지정업체의 해당 분야에 복무하게 하지 않은 경우				
가) 1개월 미만		150	200	250
나) 1개월 이상 3개월 미만		300	400	500
다) 3개월 이상		600	800	1,000
나. 정당한 사유 없이 법 제40조에 따른 전문연구요원의 신상변동 통보를 하지 않거나 거짓으로 통보한 경우	법 제95조 제1항 제2호			
1) 신상변동 통보를 거짓으로 한 경우		2,000	2,000	2,000
2) 법 제40조제1호부터 제3호까지에 따른 신상변동 통보를 하지 않은 경우				
가) 1개월 미만		300	400	500
나) 1개월 이상 3개월 미만		600	800	1,000
다) 3개월 이상		1,200	1,600	2,000
3) 법 제40조제5호부터 제7호까지에 따른 신상변동 통보를 하지 않은 경우				
가) 1개월 미만		50	100	150
나) 1개월 이상 3개월 미만		100	150	200
다) 3개월 이상		200	300	400
다. 법 제77조의4제2항을 위반하여 정당한 사유 없이 자료 제공을 거부한 경우	법 제95조 제2항	100	300	500
라. 법 제77조의4제3항을 위반하여 정당한 사유 없이 기한까지 변동사항을 통보하지 않은 경우	법 제95조 제2항	30	60	100
마. 고용주가 정당한 사유 없이 법 제81조제3항에 따른 자료제출 요구나 질문에 응하지 않은 경우	법 제95조 제3항	100	200	300

■ 군인사법 시행령

〔별표1〕

임기제 진급 대상 직위(제25조의2제1항 관련)

(2022.12.6 개정)

1. 국군방첩사령관
2. 국군방첩사령부 참모장
3. 국군방첩사령부 1처장
4. 국군방첩사령부 2처장
5. 국군방첩사령부 제810부대장
6. 국군방첩사령부 제830부대장
7. 국방시설본부장
8. 국군의무사령관
9. 합동참모본부 사이버·지휘통신부장
10. 육군사관학교 교수부장
11. 해군본부 감찰실장
12. 해군전력분석시험평가단장
13. 공군미사일방어사령관

〔별표2〕

정밀장비 기술자의 범위(제44조제1항 관련)

(2012.1.31 개정)

1. 토(tow)·벌컨·엘리콘·전차·자주포·호크·나이키 및 이에 준하는 특수장비의 정비기술자
2. 항공기 또는 함정의 조작·생산 또는 수리기술자
3. 항공전투요격 관제업무 기술자
4. 군의 공창(工廠)에 종사하는 중요 기술자
5. 「국가기술자격법」에 따른 기술사, 기사 1급 또는 기사 2급 자격자
6. 그 밖에 참모총장이 제1호부터 제5호까지의 자격과 비슷하거나 같은 수준이라고 인정하는 특수기술자

〔별표3〕

외국어에 능통한 사람의 범위(제44조제2항 관련)

(2012.1.31 개정)

대상 외국어	능통의 정도
프랑스어·독일어·스페인어·중국어·말레이-인도네시아어·포르투갈어·터키어·태국어·이탈리아어·미얀마어·이란어·러시아어 및 그 밖에 국방부장관이 지정하는 외국어	왼쪽 난의 외국어를 모국어로 사용하는 국민이 고등교육을 마치고 작문이나 회화를 하는 정도의 수준에 이른 경우를 말한다.

〔별표4〕

기술직 및 전문직 대위의 범위

(제44조제4항 관련)

(2012.1.31 개정)

다음 각 호의 어느 하나에 해당하는 사람 중 정해진 교육을 이수하거나 자격을 갖춘 사람으로서 해당 분야에서 5년 이상 근무한 사람
1. 항공기 조종사
2. 적 부대의 구성·배치·병력·전술·교육·군수 등 적 상황의 분석업무 종사자
3. 특수장비 정비업무 종사자
4. 특수함정 및 잠수업무 종사자
5. 항공전투요격 관제, 기상분석 및 예보 업무종사자
6. 그 밖에 참모총장이 제1호부터 제5호까지의 자격과 비슷하거나 같은 수준이라고 인정하는 기술직 및 전문직 종사자

〔별표5〕

군의 필수 기술 분야에 종사하는 사람의 범위

(제44조제5항 관련)

(2013.6.17 개정)

1. 토(tow)·벌컨·엘리콘·전차·자주포·호크·나이키 및 이에 준하는 특수장비의 정비기술자
2. 항공기 또는 함정의 조작·생산 또는 수리기술 분야 종사자
3. 항공전투요격 관제업무 분야 종사자
4. 군의 공창(工廠)에 종사하는 중요 기술자
5. 「국가기술자격법」에 따른 기술사, 기사 1급 또는 기사 2급 자격자
6. 3,300볼트 이상의 특수전류 분야, 탄약 개수(改修)의 특수 분야 또는 불발탄 제거처리를 주된 임무로 하는 사람
7. 전파탐지기·탐지시추기·마이크로웨이브 및 레이더의 정비기술자
8. 화생방독약·극약의 생산업무 종사자
9. 전자계산업무 종사자
10. 통역·번역업무 종사자
11. 그 밖에 참모총장이 제1호부터 제10호까지의 자격과 비슷하거나 같은 수준이라고 인정하는 특수 기술자

〔별표6〕 (2016.6.28 삭제)

〔별표7～10〕 ➡ 「www.hyeonamsa.com」 참조

■ 군사기밀 보호법 시행령

〔별표1〕

군사기밀의 등급 구분에 관한 세부 기준

(제3조제2항 관련)

(2022.11.1 개정)

구분	세부 기준
1. Ⅰ급비밀	가. 비밀 군사동맹 추진계획 또는 비밀 군사동맹조약 나. 전쟁 계획 또는 정책 다. 전략무기 개발계획 또는 운용계획 라. 극히 보안이 필요한 특수공작계획 마. 주변국에 대한 우리 측의 판단과 의도가 포함된 장기적이고 종합적인 군사전략
2. Ⅱ급비밀	가. 집단안보결성 추진계획 나. 비밀 군사외교활동 다. 전략무기 또는 유도무기의 사용지침서 및 완전한 제원 라. 특수공작계획 또는 보안이 필요한 특수작전계획 마. 주변국과 외교상 마찰이 우려되는 대외정책 및 정보보고 바. 군사령부급 이상까지 모두 포함된 편제 또는 장비 현황 사. 국가적 차원의 동원내용이 포함된 동원계획 아. 종합적이고 중장기적인 전력정비 및 운영·유지 계획 자. 간첩용의자를 내사 또는 수사 중인 수사기관 또는 군부대 활동내용 차. 암호화 프로그램 카. 군용 암호자재
3. Ⅲ급비밀	가. 전략무기 또는 유도무기 저장시설 또는 수송계획 나. 종합적인 연간 심리전 작전계획 다. 상황 발생에 따른 일시적인 작전활동 라. 사단(해군의 함대, 공군의 비행단을 포함한다. 이하 이 표에서 같다)급 이상 부대의 전체 편제 또는 장비 현황 마. 연대급 이상 증편 계획 바. 정보부대 또는 군 방첩 업무 수행 부대의 세부조직 및 세부 임무 사. 장성급 장교를 장으로 하는 전투부대, 정보부대 및 군 방첩 업무 수행 부대의 현직 지휘관의 인물 첩보 아. 종합적인 방위산업체의 생산 또는 수리 능력 자. 사단급 이상 통신망 운용지시 및 통신규정 차. 전산보호 소프트웨어 카. 군용 음어자재(陰語資材)

〔별표2·3〕 ➡ 「www.hyeonamsa.com」 참조

■ 군용물 등 범죄에 관한 특별조치법

〔별표〕

군용물의 범위(제2조제2항 관련)

(2009.12.29 개정)

분 류	세 목
화 력	개인화기(火器), 공용화기, 화포, 함포, 수중병기, 함정병기 및 사격 통제기기
특수무기	방공유도무기, 대공화기, 대전차유도무기, 지대지무기와 방공통제 장비(지상 및 함상)
기 동	전차, 장갑차, 토우차, 수륙양용장갑차, 사격통제차량, 트럭(지휘정찰, 작전연락, 장비가설, 병력 및 물자 수송용), 견인차, 구난차, 통신가설차, 중장비 운반차, 군용으로 사용하기 위하여 특수제작된 차량과 트레일러로서 군용의 표지가 있는 것
일 반	발연기(發煙機), 화생방장비, 지뢰(地雷)제거장비, 도하(渡河)장비
통신전자	무선통신기, 전파기기, 다중통신장비, 항법장비, 레이더장비, 음향탐지장비, 전자전장비, 전화기(야전용), 전신기, 교환장치, 전화중계장치, 반송장치, 중계대, 시험대, 원격조정장치 및 반송전화단말장치
함 정	함정, 소해(掃海)장비, 수뢰(水雷)장비, 항해광학장비, 수중공격 및 항만방어장비
항 공	항공기, 직접 지원장비, 무장장착(武裝裝着)장비
군용 식량	군용에 공하는 쌀, 보리, 콩 및 그 가공품과 부식물(副食物)
군복류	군복(내의를 포함한다) 및 군화
군용 유류	군용으로 사용되는 휘발유, 경유, 항공유 및 등유

■ 군사기지 및 군사시설 보호법

〔별표1〕

항공작전기지별 비행안전구역의 지정범위 등

(제6조제1항 관련)

(2022.12.13 개정)

1. 전술항공작전기지
가. 제1구역(장애제거구역)은 활주로 양끝에서 밖으로 각각 61미터의 거리에 있는 직선과 활주로 중심선 양쪽 밖으로 각각 300미터의 거리에 있는 직선으로 이루어지는 직사각형 내의 구역으로 하며, 이를 그림으로 나타내면 별표2의 제1구역과 같다.
나. 제2구역(접근경사표면)은 기본표면 양끝의 짧은 변 바깥쪽에 연접(連接)한 구역으로서 기본표면 양끝의 폭 600미터를 짧은 변으로 하고, 그 짧은 변으로부터 7,620미터의 거리에 있는 2,438.5미터의 평행선(활주로 중심선의 연장선에서 양쪽 밖으로 각각 1,219.25미터)을 긴 변으로 하여 이루어지는 사다리꼴형 내의 구역으로서 기본표면의 짧은 변에 접하고 바깥쪽 상부로 향하여 50분의 1의 경사도를 이루는 구역으로 하며, 이를 그림으로 나타내면 별표2의 제2구역과 같다.
다. 제3구역(접근수평표면)은 제2구역의 긴 변 바깥쪽에 연접한 구역으로서 제2구역의 긴 변을 짧은 변으로 하고, 그 짧은 변으로부터 7,620미터의 거리에 있는 4,877미터의 평행선(활주로 중심선의 연장선에서 양쪽 밖으로 각각 2,438.5미터)을 긴 변으로 하여 이루어지는 사다리꼴형 내의 구역으로서 기본표면 양 끝으로부터 152미터의 높이를 이루는 구역으로 하며, 이를 그림으로 나타내면 별표2의 제3구역과 같다.
라. 제4구역〔전이표면(轉移表面)〕은 기본표면의 긴 변을 짧은 변으로 하고, 활주로 중심선 양끝 지점을 중심으로 한 반지름 2,286미터의 원이 제2구역 바깥쪽 변과 각각 만나는 점을 연결한 직선(활주로 중심선과 평행선)을 긴 변으로 하여 이루어지는 사다리꼴형 내의 구역으로서 기본표면과 제2구역 외곽선으로부터 바깥쪽 상부로 향하는 7분의 1의 경사도를 이루는 구역으로 하며, 이를 그림으로 나타내면 별표2의 제4구역과 같다.
마. 제5구역(내부수평면)은 활주로 중심선 양끝 지점을 중심으로 한 반지름 2,286미터의 원이 제2구역 바깥쪽 변에서 시작하여 제1구

역 짧은 변 연장선 교차점까지의 두 원호를 연결(활주로 중심선과 평행하게 연결)하는 선과 제4구역의 긴 변으로 이루어지는 구역으로서 기본표면의 중심선의 높이 중 가장 높은 점을 기준으로 하여 수직상방으로 45미터의 높이를 이루는 수평인 평면구역으로 하며, 이를 그림으로 나타내면 별표2의 제5구역과 같다.

바. 제6구역(원추표면)은 제5구역의 바깥쪽 변으로부터 2,134미터의 폭으로 제2구역 바깥쪽 변까지 이루어지는 구역으로서 제5구역 외곽선으로부터 바깥쪽 상부로 향하는 20분의 1의 경사도를 이루는 구역으로 하며, 이를 그림으로 나타내면 별표2의 제6구역과 같다.

2. 지원항공작전기지

가. 제1구역(장애제거구역)은 활주로 양끝에서 밖으로 각각 60미터의 거리에 있는 직선과 국방부령으로 정하는 활주로 등급에 따른 폭으로 이루어지는 직사각형 내의 구역으로 하며, 이를 그림으로 나타내면 별표3의 제1구역과 같다.

나. 제2구역(접근경사표면)은 기본표면의 양끝 짧은 변 바깥쪽에 연접한 사다리꼴형의 경사진 표면으로서 국방부령으로 정하는 길이와 경사도를 가진 표면으로 하며, 이를 그림으로 나타내면 별표3의 제2구역과 같다.

다. 제3구역(전이표면)은 기본표면의 긴 변과 제2구역의 경사변에서 바깥쪽 상방 7분의 1의 경사도로 수평표면과 접하는 표면으로 하며, 이를 그림으로 나타내면 별표3의 제3구역과 같다.

라. 제4구역(수평표면)은 활주로 중심선 양끝 지점을 중심으로 국방부령으로 정하는 반지름을 가지는 원호들과 그 접선으로 이루어진 표면으로서 기본표면 중심선의 높이 중 가장 높은 점을 기준으로 하여 수직상방으로 45미터의 높이를 이루는 수평표면으로 하며, 이를 그림으로 나타내면 별표3의 제4구역과 같다.

마. 제5구역(원추표면)은 수평표면의 외측경계선으로부터 바깥쪽 상부로 20분의 1의 경사도로 국방부령으로 정하는 수평거리까지 연장한 표면으로 하며, 이를 그림으로 나타내면 별표3의 제5구역과 같다.

3. 헬기전용작전기지

가. 제1구역(장애제거구역)은 활주로 중심선에서 양쪽 밖으로 각각 40미터의 거리에 있는 직선과 활주로 양끝에서 밖으로 각각 30미터의 거리에 있는 직선으로 이루어지는 직사각형 내의 구역으로 하며, 이를 그림으로 나타내면 별표4의 제1구역과 같다.

나. 제2구역(접근경사표면)은 기본표면의 양쪽 짧은 변 바깥쪽에 연접한 구역으로서 제1구역 양끝의 폭 80미터를 짧은 변으로 하고, 그 짧은 변으로부터 1,000미터 떨어진 거리에 있는 480미터의 평행선(활주로 중심선의 연장선에서 양쪽 밖으로 각각 240미터)을 긴 변으로 하여 이루어지는 사다리꼴형 내의 구역으로서 기본표면의 양쪽 짧은 변으로부터 바깥쪽 상부로 향하여 20분의 1의 경사도를 이루는 구역으로 하며, 이를 그림으로 나타내면 별표4의 제2구역과 같다.

다. 제3구역(전이표면)은 기본표면의 양쪽 긴 변 바깥쪽에 연접한 구역으로서 기본표면의 긴 변을 짧은 변으로 하고 그 짧은 변으로부터 200미터의 거리에 있는 평행선을 긴 변으로 하여 이루어지는 사다리꼴형 내의 구역으로서 기본표면의 양쪽 긴 변으로부터 바깥쪽 상부로 향하여 4분의 1의 경사도를 이루는 구역으로 하며, 이를 그림으로 나타내면 별표4의 제3구역과 같다.

4. 예비항공작전기지

가. 비상활주로

(1) 제1구역은 비상활주로 중심선에서 양쪽 밖으로 각각 72.5미터 거리에 있는 직선과 비상활주로 양끝에서 밖으로 각각 300미터의 거리에 있는 직선으로 이루어지는 직사각형 내의 구역으로 하며, 이를 그림으로 나타내면 별표5의 제1구역과 같다.

(2) 제2구역은 기본표면의 양끝 짧은 변 바깥쪽에 연접한 구역으로서 기본표면 양끝의 폭 145미터를 짧은 변으로 하고, 그 짧은 변으로부터 2,000미터 떨어진 거리에 있는 945미터의 평행선(활주로 중심선의 연장선에서 양쪽 밖으로 각각 472.5미터)을 긴 변으로 하여 이루어지는 사다리꼴형 내의 구역으로서 기본표면 양끝으로부터 바깥쪽 상부로 향하는 35분의 1의 경사도를 이루는 구역으로 하며, 이를 그림으로 나타내면 별표5의 제2구역과 같다.

(3) 제3구역은 기본표면의 긴 변 바깥쪽에 연접한 구역으로서 기본표면의 긴 변을 짧은 변으로 하고 그 짧은 변으로부터 500미터의 거리에 있는 7,300미터 평행선을 긴 변으로 하여 이루어지는 육각형내의 구역으로서 기본표면의 긴 변의 외곽경계선으로부터 바깥쪽 상부로 7분의 1의 경사도를 이루는 구역으로 하며, 이를 그림으로 나타내면 별표5의 제3구역과 같다.

나. 헬기예비작전기지 : 헬기전용작전기지의 지정범위와 같다.

다. 민간비행장 : 「항공법」 제2조제16호의 장애물 제한표면의 설정기준에 따른다.

〔별표2~5〕 ➡ 「www.hyeonamsa.com」 참조

■ 군사법원법

〔별표1〕

군사법원의 소재지(제6조제1항 관련)

(2021.9.24 신설)

명 칭	소 재 지
중앙지역군사법원	서울특별시
제1지역군사법원	충청남도
제2지역군사법원	경기도
제3지역군사법원	강원도
제4지역군사법원	대구광역시

〔별표2〕

군사법원의 관할구역(제6조제2항 관련)

(2023.12.26 개정)

군사법원	관할구역
중앙지역 군사법원	서울특별시 및 해외 파병지역
제1지역 군사법원	대전광역시, 광주광역시, 세종특별자치시, 충청북도, 충청남도, 전북특별자치도, 전라남도 및 제주특별자치도
제2지역 군사법원	인천광역시 및 경기도
제3지역 군사법원	강원도
제4지역 군사법원	대구광역시, 부산광역시, 울산광역시, 경상북도 및 경상남도

■ 군사법원 사무규칙

〔별표〕

사건별 부호

형사제1심사건	고	약식사건	고약
형사항소사건	노	즉결심판사건	조
형사항고사건	로	감호제1심사건	감고
형사준항고사건	보	감호항소사건	감노
형사신청사건	초	감호항고사건	감로
형사보상청구사건	코	감호신청사건	감초
형사공조사건	토	감호공조사건	감토

■ 국가유공자 등 예우 및 지원에 관한 법률 시행령

〔별표1〕

국가유공자 요건의 기준 및 범위(제3조 관련)

(2022.1.13 개정)

1. 전투 또는 이에 준하는 직무수행 중 사망하거나 상이를 입은 사람

구분	기준 및 범위
1-1	전투 또는 이와 관련된 행위 중 사망하거나 상이를 입은 사람
1-2	국외에 파병 또는 파견되어 전투 또는 이와 관련된 행위 중 사망하거나 상이를 입은 사람
1-3	공비소탕작전 또는 대간첩작전에 동원되어 그 임무를 수행하는 행위 중 사망하거나 상이를 입은 사람
1-4	1-3의 작전을 수행하기 위하여 필요한 인원, 장비, 물자, 탄약 등을 보급하고 수송하는 등의 지원행위 중 사망하거나 상이를 입은 사람
1-5	적국지역이나 반국가단체가 배타적인 영향력을 행사하는 지역에서 임무를 수행하는 행위 중 사망하거나 상이를 입은 사람
1-6	적이나 반국가단체(이에 동조한 사람을 포함한다)에 의한 테러·무장폭동·반란 또는 치안교란을 방지하기 위한 전투 또는 이와 관련된 행위 중 사망하거나 상이를 입은 사람
1-7	전투 또는 이와 관련된 행위 중 적의 포로가 되거나 국외에 파병 또는 파견 중 전투 또는 이와 관련된 행위로 억류되어 사망하거나 상이를 입은 사람(적국 등에 동조한 사람은 제외한다)
1-8	가. 적이 설치한 위험물에 의하여 사망하거나 상이를 입은 사람 나. 적이 설치한 위험물을 제거하는 작업 중 사망하거나 상이를 입은 사람

2. 국가의 수호·안전보장 또는 국민의 생명·재산 보호와 직접적인 관련이 있는 직무수행이나 교육훈련 중 사망하거나 상이를 입은 사람(국가의 수호·안전보장 또는 국민의 생명·재산 보호와 직접적인 관련이 있는 직무수행이나 교육훈련으로 인하여 질병이 발생하거나 그 질병으로 사망한 사람을 포함한다)

구분	기준 및 범위
2-1	가. 다음의 어느 하나에 해당하는 직무수행(이와 직접 관련된 준비 또는 정리행위 및 직무수행을 위하여 목적지까지 이동하거나 직무수행 종료 후 소속부대 등으로 이동하는 행위를 포함한다)이 직접적인 원인이 되어 발생한 사고나 재해로 사망하거나 상이를 입은 사람 1) 군인(군무원을 포함한다)으로서 경계·수색·매복·정찰, 첩보활동, 강하 및 상륙 임무, 고압의 특수전류·화생방·탄약·폭발물·유류 등 위험물 취급, 장비·물자 등 군수품의 정비·보급·수송 및 관리, 대량살상무기(WMD)·마약 수송 등 해상불법행위 단속, 군 범죄의 수사·재판, 「군에서의 형의 집행 및 군수용자의 처우에 관한 법률」에 따른 계호업무, 검문활동, 범인 또는 피의자 체포, 주요 인사 경호, 재해 시 순찰활동, 해난구조·잠수작업, 화학물질·발암물질 등 유해물질 취급, 산불진화, 감염병 환자의 치료나 감염병의 확산방지, 인명구조·재해구호 등 대민지원 업무 2) 경찰공무원으로서 범인 또는 피의자 체포, 경비 및 주요 인사 경호, 교통의 단속과 위해의 방지, 대테러임무, 치안정보 수집 및 긴급신고 처리를 위한 현장 활동, 대량살상무기(WMD)·마약 수송 등 해상불법행위 단속, 해난구조·잠수작업, 화학물질·발암물질 등 유해물질 취급, 감염병 환자의 치료나 감염병의 확산방지, 범죄예방·인명구조·재산보호·재해구호 등을 위한 순찰활동 및 대민지원 업무 3) 소방공무원으로서 화재진압, 인명구조 및 구급 업무, 화재·재난·재해로 인한 피해복구, 감염병 환자의 치료나 감염병의 확산 방지, 화학물질·발암물질 등 유해물질 취급, 119에 접수된 생활안전 및 위험제거 행위(화재·재난·재해 또는 위험·위급한 상황에서의 생활안전 지원에 해당되는 경우를 말한다) 4) 공무원(군인, 경찰공무원 및 소방공무원은 제외한다)으로서 재난관리 및 안전관리, 산불진화, 산림병해충 항공 예찰·방제작업, 불법어업 지도·단속, 「형의 집행 및 수용자의 처우에 관한 법률」에 따른 계호업무, 주요 인사 경호, 감염병 환자의 치료나 감염병의 확산방지, 화학물질·발암물질 등 유해물질 취급, 국외 위험지역에서의 외교·통상·정보활동 등 생명과 신체에 고도의 위험이 따르는 업무 5) 비무장지대와 인접한 초소, 레이더기지·방공포대 및 도서·산간벽지 등에 위치한 근무지와 주거지를 이동하는 행위 나. 그 밖에 국가의 수호·안전보장 또는 국민의 생명·재산 보호와 직접적인 관련이 있는 행위로서 직무의 성질, 직무수행 당시의 상황 등을 종합적으로 고려하여 보훈심사위원회가 가목 1)부터 5)까지의 직무수행에 준한다고 인정하는 행위
2-2	2-1의 직무수행과 직접 관련된 실기·실습 교육훈련(이와 직접 관련된 준비 또는 정리행위, 전투력 측정, 직무수행에 필수적인 체력검정과 교육훈련을 위하여 목적지까지 이동하거나 교육훈련 종료 후 소속부대 등으로 이동하는 행위를 포함한다)이 직접적인 원인이 되어 발생한 사고 또는 재해로 사망하거나 상이를 입은 사람
2-3	간첩의 신고 및 체포와 관련된 행위 중 사망하거나 상이를 입은 사람
2-4	출장 또는 파견기간에 2-1의 직무수행 또는 2-2의 교육훈련이 직접적인 원인이 되어 사고나 재해로 사망하거나 상이를 입은 사람
2-5	국제평화유지 및 재난구조활동 등을 위하여 국외에 파병·파견되어 건설·의료지원·피해복구 등의 직무수행(이와 관련된 교육훈련을 포함한다)이 직접적인 원인이 되어 발생한 사고 또는 재해로 사망하거나 상이를 입은 사람
2-6	국외에서 천재지변·전쟁·교전·폭동·납치·테러·감염병 등의 위난상황이 발생하였을 경우 대한민국 국민에 대한 보호 또는 사고수습 등의 직무수행 중 그 직무수행이 직접적인 원인이 되어 발생한 사고 또는 재해로 사망하거나 상이를 입은 사람
2-7	국제회의, 국제행사, 정부합동특별대책, 비상재난대책, 국정과제 등 중요하고 긴급한 국가의 현안업무 수행 중 단기간의 현저한 업무량의 증가로 인한 육체적·정신적 위해가 직접적인 원인이 되어 사망하거나 상이를 입은 사람
2-8	다음 각 목의 어느 하나에 해당하는 질병에 걸린 사람 또는 그 질병으로 인하여 사망한 사람(기존의 질병이 원인이 되거나 악화된 경우는 제외한다) 가. 2-1부터 2-7까지의 직무수행 또는 교육훈련 중 입은 분명한 외상이 직접적인 원인이 되어 질병이 발생하였다고 의학적으로 인정된 질병 나. 2-1부터 2-7까지의 직무수행 또는 교육훈련이 직접적인 원인이 되어 질병이 발생하였다고 의학적으로 인정된 질병 다. 상당한 기간 동안 심해에서의 해난구조·잠수작업, 감염병 환자의 치료 또는 감염병의 확산방지 등 생명과 신체에 대한 고도의 위험을 무릅쓰고 직무를 수행하던 중 그 직무수행이 직접적인 원인이 되어 질병이 발생하였다고 의학적으로 인정된 질병 라. 화학물질·발암물질·감염병 등 유해물질을 취급하거나 이에 준하는 유해환경에서의 직무수행(이와 관련된 교육훈련을 포함한다) 중 이들 유해물질 또는 유해환경에 상당한 기간 직접적이고 반복적으로 노출되어 질병이 발생하였다고 의학적으로 인정된 질병

〔별표2〕

장애인장애구분표(제7조 및 제21조 관련)

(2021.1.5 개정)

구분/번호	신 체 상 이 별
1	두 눈이 실명된 자
2	1) 지능지수가 35 미만인 사람으로서 일상생활과 사회생활에 적응하는 것이 현저하게 곤란하여 일생 동안 다른 사람의 보호가 필요한 사람 2) ICD-10(International Classification of Diseases, 10th version, 이하 이 표에서 "ICD-10"이라 한다)의 진단기준에 따른 전반성발달장애(자폐증)로 정상 발달의 단계가 나타나지 아니하고, 지능지수가 70 이하이며, 기능 및 능력 장애로 인하여 주위의 전적인 도움이 없이는 일상생활을 해나가는 것이 거의 불가능한 사람 3) 그 밖에 정신에 현저한 장애가 있어 항상 다른 사람의 도움과 보호가 필요한 사람
3	1) 심장기능의 장애가 지속되며 안정 시에도 심부전증상이나 협심증증상 등이 나타나서 운동능력을 완전히 상실하여 상시적으로 돌보는 사람이 필요한 사람 2) 폐나 기관지 등 호흡기관의 만성적인 기능부전으로 안정 시에도 산소요법을 받아야 할 정도의 호흡곤란이 있고, 평상시의 폐환기 기능(1초시 강제호기량) 또는 폐확산능이 정상예측치의 25% 이하이거나 안정시 자연호흡상태에서의 동맥혈 산소분압이 55㎜Hg 이하인 사람 3) 만성 간질환(간경변증, 간세포암종 등)으로 진단받은 환자 중 잔여 간기능이 Child-Pugh 평가상 등급 C이면서 간성뇌증이 있거나 내과적 치료로 조절되지 아니하는 난치성 복수 등의 합병증이 있는 사람 4) 그 밖에 흉복부장기의 기능에 현저한 장애가 있어 항상 다른 사람의 도움과 보호가 필요한 사람

4	두 팔과 두 다리가 상실되거나 신경계통의 현저한 장애로 그 기능을 모두 잃은 자
5	두 팔과 한 다리 또는 한 팔과 두 다리가 상실되거나 신경계통의 현저한 장애로 그 기능을 모두 잃은 자
6	두 팔이 팔꿈치관절 이상 상실된 자
7	두 다리가 무릎관절 이상 상실된 자
8	두 팔의 기능을 모두 잃은 자
9	두 다리의 기능을 모두 잃은 자
10	양쪽손가락이 모두 상실되고 한 다리의 발목관절 이상이 상실된 자
11	상반신 또는 하반신의 마비로 활동 기능을 모두 잃어 항상 다른 사람의 도움과 보호가 필요한 자
12	한 팔과 한 다리가 팔꿈치관절 및 무릎관절 이상에서 상실되어 의수(義手) 및 의족(義足) 착용이 불가능한 자
13	음성기관이나 음식물 씹는 기관이 상실된 자
14	좌반신 또는 우반신이 마비된 자
15	두 팔이 손목관절 이상 상실된 자
16	두 다리가 발목관절 이상 상실된 자
17	한 눈이 실명되고 다른 눈의 교정시력이 0.06 이하이거나 두 눈의 교정시력이 각각 0.02 이하인 자
18	두 귀의 청력을 모두 잃은 자
19	음성기관이나 음식물 씹는 기관의 기능을 잃은 자
20	1) 지능지수가 35 이상 50 미만인 사람으로서 일상생활의 단순한 행동을 훈련시킬 수 있고, 어느 정도의 감독과 도움을 받으면 복잡하지 아니하고 특수기술이 필요하지 아니한 직업을 가질 수 있는 사람 2) ICD-10의 진단기준에 따른 전반성 발달장애(자폐증)로 정상 발달의 단계가 나타나지 아니하고, 지능지수가 70 이하이며, 기능 및 능력 장애로 인하여 주위의 많은 도움이 없으면 일상 생활을 해나가기 어려운 사람 3) 만성적인 뇌전증에 대한 적극적인 치료에도 불구하고 월 8회 이상의 중증발작이 연 6회 이상 있고, 발작할 때에 유발된 호흡장애, 흡인성 폐렴, 심한 탈진, 두통, 구역질, 인지기능의 장애 등으로 심각한 요양관리가 필요하며, 일상생활 및 사회 생활에 항상 다른 사람의 지속적인 보호와 관리가 필요한 사람 4) 그 밖에 정신이상으로 정상적인 취업이 불가능한 사람
21	1) 만성신부전증으로 인하여 3개월 이상 혈액투석이나 복막투석을 받고 있는 사람 2) 폐나 기관지 등 호흡기관의 만성적인 기능부전으로 집안에서 이동할 때에도 호흡곤란이 있고, 평상시의 폐환기 기능(1초시 강제호기량) 또는 폐확산능이 정상예측치의 30% 이하이거나 안정 시 자연호흡상태에서의 동맥혈 산소분압이 60㎜Hg 이하인 사람 3) 만성 간질환(간경변증, 간세포암종 등)으로 진단받은 환자 중 잔여 간기능이 Child-Pugh 평가상 등급 C이면서 과거 2년 이내의 간성뇌증 병력 또는 자발성 세균성 복막염 등의 병력이 있는 사람 4) 창자샛길과 함께 요로샛길 또는 방광샛길을 가지고 있으며, 그 중 하나 이상의 샛길에 합병증으로 장피부샛길 또는 배뇨기능장애가 있는 사람 5) 그 밖에 흉복부장기의 기능에 고도의 장애가 있어 일생 동안 노무(勞務)에 종사하지 못하는 사람
22	한 팔과 한 다리가 상실되거나 완전히 사용하지 못하게 된 자
23	두 다리를 발목관절 이상에서 완전히 사용하지 못하게 된 자
24	두 팔을 손목관절 이상에서 완전히 사용하지 못하게 된 자
25	양쪽 손가락이 모두 상실되거나 완전히 사용하지 못하게 된 자
26	한 다리가 무릎관절 이상 상실된 자 중 상처가 심하여 다리가 단축되었거나 고관절(엉덩관절)이 굳어 의족 착용이 불가능한 자
27	뇌골(뇌머리뼈) 부상으로 뇌탈장이 있는 자
28	한 팔이 손바닥 이상 상실되고 한 다리의 기능을 모두 잃은 자
29	한 팔이 손목관절 이상 상실되고 한 다리의 기능을 모두 잃은 자
30	두 다리 중 한 발이 상실되고 다른 쪽 다리가 무릎관절 이상 상실된 자
31	두 발이 상실되고 한쪽 팔이 손목관절 이상 상실된 자
32	얼굴에 현저한 흉터로 인한 흉한 모양이 남아 있고 두 귀와 코가 변형되거나 상실된 자
33	쇄골(빗장뼈), 견갑골(어깨뼈) 및 척추 전체가 현저하게 굳거나 굽어진 자
34	생식기의 기능을 모두 잃고 방광에 현저한 기능장애가 있는 자
35	한쪽 다리가 발목관절 이상 상실되고 다른 쪽 다리의 무릎관절 및 고관절이 굳은 자
36	한 다리의 기능을 모두 잃고 같은 쪽 궁둥뼈나 신경이 손상되어 정상적으로 앉을 수 없는 자
37	정상적인 음식물 섭취가 곤란한 식도협착이 있는 자
38	난치 또는 불치의 혈액병이 있는 자
39	내분비계통의 심한 장애로 항시 투약을 필요로 하는 자
40	난치성 저혈압이나 고혈압으로 항시 안정을 필요로 하는 자
41	난치성 심장혈관계통 장애가 있는 자
42	난치 또는 불치의 피부질환이 있는 자
43	장기(臟器)에 악성종양이 있거나 양성종양이라도 수술 후 합병증이 예상되는 자
44	병변(病變)으로 난치의 요도질환이나 치료후유증이 있어 노무에 종사하지 못하는 자
45	난치 또는 불치의 정신계통의 장애로 보조기를 사용할 필요가 있는 자
46	한 팔이 팔꿈치관절 이상에서 상실된 자
47	한 다리가 무릎관절 이상에서 상실된 자
48	한 팔이 손목관절 이하에서 상실된 자로서 다른 손의 네 손가락 이상의 손가락 수지절관절 이상에서 상실되거나 다른 다섯손가락의 기능을 잃은 자
49	한 눈이 실명되고 다른 눈의 교정시력이 0.1 이하이거나 두 눈의 교정시력이 각각 0.06 이하인 자

[별표3]

상이등급 구분표(제14조제3항 관련)

(2023.5.23 개정)

1. 눈의 장애

상이등급	분류번호	신 체 상 이 정 도
1급 1항	1101	두 눈이 실명되고 언어와 청각기능을 모두 잃어 항상 다른 사람의 도움과 보호가 필요한 사람
1급 2항	1102	두 눈이 실명된 사람
2급	1103	한 눈이 실명되고 다른 눈의 교정시력이 0.04 이하인 사람
	1104	두 눈의 교정시력이 각각 0.02 이하인 사람
3급	1105	한 눈이 실명되고 다른 눈의 교정시력이 0.1 이하인 사람
	1106	두 눈의 교정시력이 각각 0.06 이하인 사람
4급	1107	한 눈이 실명되고 다른 눈의 교정시력이 0.3 이하이면서, 시각신경 위축으로 시야가 중심 15도 이하이거나 반맹성(半盲性) 시야협착(시야좁아짐)이 있는 사람
	1108	두 눈의 교정시력이 각각 0.08 이하인 사람
5급	1109	한 눈이 실명되고 다른 눈의 교정시력이 0.3 이하인 사람
	1110	두 눈의 교정시력이 각각 0.1 이하인 사람
6급 1항	1111	한 눈의 교정시력이 0.02 이하이고, 다른 눈의 교정시력이 0.4 이하인 사람
	1112	한 눈이 실명된 사람
6급 2항	1113	한 눈의 교정시력이 0.02 이하인 사람
	1114	한 눈의 교정시력이 0.05 이하이고, 다른 눈의 교정시력이 0.5 이하인 사람
	1118	두 눈의 시각신경 위축으로 시야가 중심 30도 이하이거나 두 눈에 반맹증(한쪽시야결손)이 있는 사람
	1301	두 눈의 눈꺼풀에 고도의 결손이 남은 사람
7급	1115	한 눈의 교정시력이 0.1 이하인 사람
	1116	두 눈의 교정시력이 각각 0.6 이하인 사람
	1117	당뇨병성 망막 합병증이 있는 사람
	1204	사시로 인하여 정면 또는 하방 20도 이내 주시 시 겹보임[복시(複視)]이 있는 사람
	1205	한 눈 또는 두 눈의 동공의 대광반사(對光反射)기능이 완전 상실된 사람
	1302	한 눈의 눈꺼풀에 고도의 결손이 남은 사람

2. 귀, 코 및 입의 장애

상이등급	분류번호	신 체 상 이 정 도
2급	2401	음식물을 씹는 기관과 음성기관의 기능을 모두 잃은 사람
3급	2101	두 귀의 청력을 모두 잃은 사람
	2402	음식물을 씹는 기관의 기능을 모두 잃은 사람
	2501	음성기관의 기능을 모두 잃은 사람
4급	2102	두 귀의 청력에 최고도의 기능장애가 있는 사람
	2403	음식물을 씹는 기관과 음성기관에 고도의 기능장애가 있는 사람
5급	2103	두 귀의 청력에 고도의 기능장애가 있는 사람
	2404	음식물을 씹는 기관에 고도의 기능장애가 있는 사람
	2502	음성기관에 고도의 기능장애가 있는 사람
6급 1항	2104	두 귀의 청력에 중등도(重等度)의 기능장애가 있는 사람
	2405	음식물을 씹는 기관에 중등도의 기능장애가 있는 사람
	2406	치아가 21개 이상 상실되어 보철을 하거나 보철을 필요로 하는 사람
	2503	음성기관에 중등도의 기능장애가 있는 사람
6급 2항	2105	두 귀의 청력에 경도의 기능장애가 있는 사람
	2201	두 귀가 70퍼센트 이상 상실되거나 변형된 사람
	2302	외부 코의 70퍼센트 이상을 잃어 호흡에 고도의 기능장애가 있는 사람
	2407	음식물을 씹는 기관에 경도의 기능장애가 있는 사람
	2408	치아가 15개 이상 상실되어 보철을 하거나 보철을 필요로 하는 사람
	2504	음성기관에 경도의 기능장애가 있는 사람
6급 3항	2303	외부 코의 50퍼센트 이상을 잃어 호흡에 중등도의 기능장애가 있는 사람
	2409	치아가 10개 이상 상실되어 보철을 하거나 보철을 필요로 하는 사람
7급	2106	두 귀의 청력에 완고한 기능장애가 있는 사람
	2107	한 귀의 청력에 고도의 기능장애가 있는 사람
	2202	한 귀가 70퍼센트 이상 상실되거나 변형된 사람
	2304	외부 코의 30퍼센트 이상을 잃어 호흡에 경도의 기능장애가 있는 사람
	2410	치아가 5개 이상 상실되어 보철을 하거나 보철을 필요로 하는 사람
	2411	치아외상, 악안면(顎顔面 : 턱얼굴) 파편 조각 또는 흉터조직 등으로 치아의 기능에 경도의 장애가 남은 사람
	2505	음성기관에 악성종양으로 진단받은 후 경과를 관찰 중인 사람

3. 흉터의 장애

상이등급	분류번호	신 체 상 이 정 도
2급	3101	신체표면의 60퍼센트 이상 또는 전체 얼굴(이마·눈·코·귀·입을 포함한다. 이하 같다)에 3도 화상이나 이에 준하는 손상으로 인한 고도의 흉터로 인한 흉한 모양으로 통상적인 사회생활이 불가능한 사람
3급	3102	얼굴에 고도의 흉터로 인한 흉한 모양이 남아 있고 두 귀와 코가 변형되거나 상실된 사람
	3103	신체표면의 40퍼센트 이상에 화상이나 이에 준하는 손상으로 흉터가 남은 사람
5급	3104	신체표면의 30퍼센트 이상에 화상이나 이에 준하는 손상으로 흉터가 남은 사람
	3110	머리, 얼굴 또는 목에 고도의 흉터가 남은 사람
6급 2항	3105	신체표면의 20퍼센트 이상에 화상이나 이에 준하는 손상으로 흉터가 남은 사람
	3107	머리, 얼굴 또는 목에 중등도의 흉터가 남은 사람
7급	3106	신체표면의 10퍼센트 이상에 화상이나 이에 준하는 손상으로 흉터가 남은 사람
	3108	머리, 얼굴 또는 목에 경도의 흉터가 남은 사람
	3109	두 팔의 팔꿈치 관절 아래 또는 두 다리의 무릎관절 아래의 75퍼센트 이상의 부위에 화상이나 이에 준하는 손상으로 흉터가 남은 사람(다리의 경우 발목 아래는 제외한다)

4. 정신장애 또는 신경계통의 기능장애

상이등급	분류번호	신 체 상 이 정 도
1급 1항	4101	최고도의 신경계통의 기능장애로 다른 사람의 도움과 보호 없이는 혼자 힘으로 일상생활을 전혀 할 수 없는 사람
	4201	최고도의 정신장애로 다른 사람의 도움과 보호 없이는 혼자 힘으로 일상생활을 전혀 할 수 없는 사람
1급 2항	4116	최고도의 신경계통의 기능장애로 항상 다른 사람의 도움과 보호가 필요한 사람
1급 3항	4202	최고도의 정신장애로 항상 다른 사람의 도움과 보호가 필요한 사람
2급	4108	고도의 신경계통의 기능장애로 수시로 다른 사람의 도움과 보호가 필요한 사람
	4203	고도의 정신장애로 수시로 다른 사람의 도움과 보호가 필요한 사람
3급	4110	신경계통의 기능장애로 일생 동안 노무에 종사할 수 없는 사람
	4204	정신장애로 일생 동안 노무에 종사할 수 없는 사람
4급	4111	신경계통의 기능장애로 노동능력을 일반 평균인의 3분의 2 이상 잃은 사람

상이등급	분류번호	신 체 상 이 정 도
	4205	정신장애로 노동능력을 일반 평균인의 3분의 2 이상 잃은 사람
5급	4112	신경계통의 기능장애로 노동능력을 일반 평균인의 2분의 1 이상 잃은 사람
	4206	정신장애로 노동능력을 일반 평균인의 2분의 1 이상 잃은 사람
6급 1항	4113	신경계통의 기능장애로 노동능력을 일반 평균인의 5분의 2 이상 잃은 사람
	4207	정신장애로 노동능력을 일반 평균인의 5분의 2 이상 잃은 사람
6급 2항	4114	신경계통의 기능장애로 노동능력을 일반 평균인의 3분의 1 이상 잃은 사람
	4208	정신장애로 노동능력을 일반 평균인의 3분의 1 이상 잃은 사람
7급	4115	신경계통 기능장애로 노동능력을 일반 평균인의 4분의 1 이상 잃은 사람
	4209	정신장애로 노동능력을 일반 평균인의 4분의 1 이상 잃은 사람

5. 흉복부장기 등의 장애

상이등급	분류번호	신 체 상 이 정 도
1급 1항	5101	흉복부장기 등의 장애로 항상 침상에서 생활해야 하는 사람
1급 3항	5102	흉복부장기 등에 최고도의 기능장애가 있어 항상 다른 사람의 도움과 보호가 필요한 사람
2급	5103	흉복부장기 등의 장애로 수시로 다른 사람의 도움과 보호가 필요한 사람
3급	5104	흉복부장기 등의 장애로 일생 동안 노무에 종사할 수 없는 사람
	5201	생식기의 기능을 모두 잃고 방광에 고도의 기능장애가 있는 사람
4급	5105	흉복부장기 등의 장애로 인하여 노동능력을 일반 평균인의 3분의 2 이상 잃은 사람
5급	5106	흉복부장기 등의 장애로 인하여 노동능력을 일반 평균인의 2분의 1 이상 잃은 사람
	5202	생식기를 완전히 상실한 사람
6급 1항	5107	흉복부장기 등의 장애로 인하여 노동능력을 일반 평균인의 5분의 2 이상 잃은 사람
	5203	생식기의 기능에 고도의 장애가 있는 사람
6급 2항	5108	흉복부장기 등의 장애로 인하여 노동능력을 일반 평균인의 3분의 1 이상 잃은 사람
	5205	생식기 기능에 중등도의 장애가 있는 사람
6급 3항	5110	흉복부장기 등을 부분 절제 또는 적출하거나 흉복부장기 등에 악성 종양이 있어 노무에 경도의 제한을 받는 사람
7급	5111	흉복부장기 등의 장애로 인하여 노동능력을 일반 평균인의 4분의 1 이상 잃은 사람
	5204	생식기 기능에 경도의 장애가 있는 사람

6. 체간(體幹)의 장애

상이등급	분류번호	신 체 상 이 정 도
4급	6102	척추에 최고도의 기능장애가 있는 사람
5급	6103	척추에 고도의 기능장애가 있는 사람
	6104	척추에 고도의 변형장애가 있는 사람
6급 1항	6105	척추에 중등도의 기능장애가 있는 사람
	6106	척추에 중등도의 변형장애가 있는 사람
6급 2항	6107	척추에 경도의 기능장애가 있는 사람
	6108	척추에 경도의 변형장애가 있는 사람
	6201	쇄골(빗장뼈), 흉골(복장뼈) 또는 견갑골(어깨뼈)의 골절 등으로 한쪽 어깨운동에 50퍼센트 이상 제한을 받는 사람
	6202	늑골(갈비뼈) 6개 이상이 제거된 사람
7급	6109	척추에 경미한 기능장애가 있는 사람
	6110	척추에 경미한 변형장애가 있는 사람
	6203	쇄골(빗장뼈), 흉골(복장뼈), 늑골(갈비뼈), 견갑골(어깨뼈), 골반골(골반뼈)에 부정유합(뼈가 제 위치에 붙지 않은 것을 말한다)으로 인한 외관상 기형이 있는 사람

7. 팔 및 손가락의 장애

상이등급	분류번호	신 체 상 이 정 도
1급 1항	7101	두 팔을 손목관절 이상에서 잃고, 두 다리를 발목관절 이상에서 잃은 사람
1급 2항	7102	두 팔을 팔꿈치관절 이상에서 잃은 사람
	7103	두 팔과 한 다리 또는 한 팔과 두 다리를 손목관절이나 발목관절 이상에서 잃은 사람
	7104	두 팔과 한 다리 또는 한 팔과 두 다리의 기능을 모두 잃은 사람
1급 3항	7105	두 팔을 손목관절 이상에서 잃은 사람
	7106	한 팔은 어깨관절 이하의 기능을 모두 잃고, 다른 팔은 손목관절 이하의 기능을 모두 잃은 사람
	7107	양쪽 손가락 모두를 중수지관절(손허리손가락관절) 이상에서 잃고, 한 다리를 발목관절 이상에서 잃은 사람
2급	7108	한 팔을 어깨관절 이상에서 잃은 사람
3급	7109	한 팔을 팔꿈치관절 이상에서 잃은 사람
4급	7110	한 팔을 팔꿈치관절에 근접해서 잃어 인공 아래팔 착용이 불가능한 사람
	7111	한 팔의 3대 관절에 고도의 기능장애가 있는 사람
5급	7112	한 팔을 손목관절 이상에서 잃은 사람
	7113	한 팔에 신경마비, 혈행장애 등으로 고도의 기능장애가 있는 사람
	7114	한 팔의 3대 관절 중 2개 관절에 고도의 기능장애가 있는 사람
6급 1항	7115	한 팔의 팔꿈치관절 이하에 신경마비, 가관절(假關節 : 부러진 뼈가 완전히 아물지 못하여 그 부분이 마치 관절처럼 움직이는 상태를 말한다. 이하 같다), 뼈 손상, 흉터 구축 등으로 고도의 기능장애가 있는 사람
	7117	한 팔의 팔꿈치관절 부위에 신경마비로 인한 고도의 근위축이 있는 사람
	7118	한 팔의 3대 관절 중 2개 관절에 중등도의 기능장애가 있는 사람
	7119	한 팔의 3대 관절 중 1개 관절에 고도의 기능장애가 있는 사람
	7201	한 팔에 가관절이 남아 있어 고도의 기능장애가 있는 사람
	7301	한 손의 엄지손가락과 둘째손가락을 포함하여 4개 이상의 손가락을 잃은 사람
	7302	엄지손가락과 둘째손가락을 포함하여 5개 이상의 손가락을 잃은 사람
	7303	두 손의 엄지손가락을 중수지관절(손허리손가락관절) 이상에서 잃은 사람
	7314	한 손의 2개 이상 손가락을 중수지관절(손허리손가락관절) 이상에서 잃은 사람
6급 2항	7120	한 팔의 팔꿈치관절 부위에 신경마비로 인한 중등도의 근위축이 있는 사람
	7121	한 팔의 3대 관절 중 2개 관절에 경도의 기능장애가 있는 사람
	7122	신경손상에 의한 손바닥의 마비 또는 뼈 손상 등으로 집는 운동이 불가능한 사람
	7123	한 팔의 3대 관절 중 1개 관절에 중등도의 기능장애가 있는 사람
	7202	한 팔의 길이가 5센티미터 이상 짧아진 사람
	7203	한 팔의 요골(노뼈) 또는 척골(자뼈) 중 한쪽에 가관절이 남아 있는 사람
	7304	엄지손가락과 둘째손가락을 제외한 5개 손가락을 근위지관절(몸쪽뼈마디손가락관절) 이상에서 잃거나 5개 손가락의 모든 관절이 굳은 사람
	7305	두 손의 엄지손가락을 지관절(손가락관절) 이상에서 잃은 사람
	7306	두 손의 엄지손가락의 기능을 모두 잃은 사람
	7307	한 손의 손가락의 기능을 모두 잃은 사람
	7308	한 손의 엄지손가락과 둘째손가락을 잃은 사람
	7309	한 손의 엄지손가락이나 둘째손가락을 포함하여 3개의 손가락을 잃은 사람
6급 3항	7310	한 손의 엄지손가락이나 둘째손가락을 포함하여 2개의 손가락을 잃은 사람
7급	7124	한 팔의 3대 관절 중 1개 관절에 경도의 기능장애가 있는 사람
	7204	팔의 장관골(긴뼈)에 명백한 기형이 남은 사람
	7311	1개 이상의 손가락을 잃은 사람
	7312	한 손의 엄지손가락이나 둘째손가락의 기능을 모두 잃은 사람
	7313	한 손의 엄지손가락과 둘째손가락을 제외한 2개의 손가락의 기능을 모두 잃은 사람
	7315	엄지손가락과 둘째손가락을 제외한 2개 이상의 손가락을 원위지관절(끝쪽손가락뼈마디관절) 이상에서 잃은 사람
	7316	3개 이상 각 손가락 끝마디의 50퍼센트 이상 잃은 사람

8. 다리 및 발가락의 장애

상이등급	분류번호	신 체 상 이 정 도
1급 2항	8101	두 다리를 무릎관절 이상에서 잃은 사람
1급 3항	8102	두 다리를 발목관절 이상에서 잃은 사람
	8103	한 다리는 엉덩이관절 이하의 기능을 모두 잃고, 다른 다리는 발목관절 이하의 기능을 모두 잃은 사람
	8123	한 다리를 무릎관절 이상에서 잃고, 다른 다리를 발목관절 이상에서 잃은 사람
2급	8104	한 다리를 엉덩이관절 이상에서 잃은 사람
	8124	한 다리를 무릎관절 이상에서 잃고, 다른 다리를 발허리뼈(중족골) 이상에서 잃은 사람
3급	8105	한 다리를 무릎관절 이상에서 잃은 사람
	8106	두 다리의 무릎관절 이하에 고도의 기능장애가 있는 사람
4급	8108	한 다리를 무릎관절에 근접해서 잃어 인공다리(종아리 이하 부분을 말한다) 착용이 불가능한 사람
	8109	한 다리의 3대 관절에 고도의 기능장애가 있는 사람
	8125	한 다리를 발목관절 이상에서 잃고, 다른 다리를 발허리뼈(중족골) 이상에서 잃은 사람
5급	8110	한 다리를 발목관절 이상에서 잃은 사람
	8111	한 다리에 신경마비, 혈행장애 등으로 고도의 기능장애가 있는 사람
	8112	한 다리의 3대 관절 중 2개 관절에 고도의 기능장애가 있는 사람
	8301	두 발을 뒤꿈치뼈 또는 중족골(발허리뼈) 이상에서 잃은 사람
6급 1항	8114	한 다리의 무릎관절 이하에 신경마비, 가관절, 뼈 손상, 흉터 구축 등으로 고도의 기능장애가 있는 사람
	8115	한 다리의 무릎관절 부위에 신경마비로 인한 고도의 근위축이 있는 사람
	8116	한 다리의 3대 관절 중 2개 관절에 중등도의 기능장애가 있는 사람
	8117	한 다리의 3대 관절 중 1개 관절에 고도의 기능장애가 있는 사람
	8202	한 다리에 가관절이 남아 있어 고도의 기능장애가 있는 사람
	8302	양쪽 발가락 모두를 중족지관절(발허리발가락관절) 이상에서 잃은 사람
	8310	한 발을 뒤꿈치뼈 또는 중족골(발허리뼈) 이상에서 잃은 사람
6급 2항	8118	한 다리의 무릎관절 부위에 신경마비로 인한 중등도의 근위축이 있는 사람
	8119	한 다리의 3대 관절 중 2개 관절에 경도의 기능장애가 있는 사람
	8120	신경손상으로 발이 마비되거나 중족골(발허리뼈) 또는 뒤꿈치뼈 손상으로 보행에 지장이 있는 사람
	8121	한 다리의 3대 관절 중 1개 관절에 중등도의 기능장애가 있는 사람
	8203	한 다리의 길이가 5센티미터 이상 짧아진 사람
	8204	한 다리의 경골(정강이뼈)에 가관절이 남은 사람
	8303	양쪽 발가락 모두를 근위지관절(몸쪽발가락뼈마디관절) 이상에서 잃은 사람
	8304	양쪽 발가락 중 5개 발가락을 중족지관절(발허리발가락관절) 이상에서 잃은 사람
	8305	한 발의 발가락의 기능을 모두 잃은 사람
6급 3항	8306	한 발의 엄지발가락을 포함하여 2개 이상의 발가락을 잃은 사람

7급	8122	한 다리의 3대 관절 중 1개 관절에 경도의 기능장애가 있는 사람
	8205	다리의 장관골(긴뼈)에 명백한 기형이 남은 사람
	8206	한 다리의 길이가 3센티미터 이상 짧아진 사람
	8307	한 발의 엄지발가락을 중족지관절(발허리발가락관절) 이상에서 잃은 사람
	8308	한 발의 3개 이상의 발가락을 근위지관절(몸쪽발가락뼈마디관절) 이상〔엄지발가락의 경우에는 지관절(발가락관절) 이상을 말한다〕에서 잃은 사람
	8309	한 발의 엄지발가락을 포함하여 2개 이상의 발가락 기능을 모두 잃은 사람
	8311	한 발의 4개 이상의 발가락을 원위지관절(끝쪽발가락뼈마디관절) 이상〔엄지발가락의 경우에는 지관절(발가락관절) 이상을 말한다〕에서 잃은 사람
	8312	양쪽 발가락 중 4개 이상의 발가락을 근위지관절(몸쪽발가락뼈마디관절) 이상〔엄지발가락의 경우에는 지관절(발가락관절) 이상을 말한다〕에서 잃은 사람
	8313	양쪽 발가락 중 6개 이상의 발가락을 원위지관절(끝쪽발가락뼈마디관절) 이상〔엄지발가락의 경우에는 지관절(발가락관절) 이상을 말한다〕에서 잃은 사람

9. 2개 이상 상이처의 장애

상이등급	분류번호	신 체 상 이 정 도
1급 1항	9011	1급 2항 또는 1급 3항에 해당하는 상이처가 둘 이상인 사람으로서 항상 다른 사람의 도움과 보호를 필요로 하는 사람
1급 2항	9012	1급 3항에 해당하는 상이자 중 2급 이상의 상이처가 복합되어 1급 2항에 상당하는 기능장애가 있는 사람
1급 3항	9013	2개 부위 이상의 상이처가 국가보훈부령으로 정하는 상이처 종합판정 기준에 따라 1급 3항에 해당하는 사람
2급	9020	2개 부위 이상의 상이처가 국가보훈부령으로 정하는 상이처 종합판정 기준에 따라 2급에 해당하는 사람
3급	9030	2개 부위 이상의 상이처가 국가보훈부령으로 정하는 상이처 종합판정 기준에 따라 3급에 해당하는 사람
4급	9040	2개 부위 이상의 상이처가 국가보훈부령으로 정하는 상이처 종합판정기준에 따라 4급에 해당하는 사람
5급	9050	2개 부위 이상의 상이처가 국가보훈부령으로 정하는 상이처 종합판정 기준에 따라 5급에 해당하는 사람
6급 1항	9061	2개 부위 이상의 상이처가 국가보훈부령으로 정하는 상이처 종합판정 기준에 따라 6급 1항에 해당하는 사람
6급 2항	9062	3개 부위 이상의 상이처가 국가보훈부령으로 정하는 상이처 종합판정 기준에 따라 6급 2항에 해당하는 사람
6급 3항	9063	3개 부위 이상의 상이처가 국가보훈부령으로 정하는 상이처 종합판정 기준에 따라 6급 3항에 해당하는 사람
7급	9070	2개 부위 이상의 상이처가 국가보훈부령으로 정하는 상이처 종합판정 기준에 따라 7급에 해당하는 사람

〔**별표3의2**〕

직권 재판정신체검사 대상 상이 및 시기

(제17조제5항 관련)

(2021.1.5 개정)

구분	질 병 명	한국표준질병사인분류코드(KCD)	시기
1. 특정 감염성 및 기생충성 질환	결핵성 수막염	A17.0†	3년 이후
	바이러스 수막염	A87 ~ A87.9	3년 이후
2. 정신 및 행동장애	조현병	F20 ~ F20.9	3년 이후
	양극성 정동장애(조울병)	F31 ~ F31.9	3년 이후
	우울병 에피소드	F32 ~ F32.9	3년 이후
	재발성 우울병 장애	F33 ~ F33.9	3년 이후
	외상후 스트레스 장애	F43.1	3년 이후
	적응장애	F43.2	3년 이후
3. 신경계통의 질환	수막염	G00.9 ~ G03.9	3년 이후
	얼굴 신경마비	G51.0	2년 이후
4. 눈 및 눈 부속기의 질환	각막 혼탁	H17.1 ~ H17.9	2년 이후
	망막 질환	H33 ~ H42.8*	2년 이후
	유리체	H43 ~ H43.9	2년 이후
	무수정체안	H27.0	2년 이후
5. 귀 및 꼭지돌기의 질환	평형기능 장애	H81 ~ H81.9	2년 이후
6. 순환계통의 질환	뇌경색	I60.1 ~ I67.9	3년 이후
	만성 심부전	I50 ~ I50.9	3년 이후
7. 호흡계통의 질환	후두협착	J38.6	2년 이후
	기관협착	J39.8	2년 이후
8. 소화계통의 질환	턱관절내 장증	K07.60	2년 이후
9. 피부 및 피하조직의 질환	피부의 흉터 병태 및 섬유증	L90.5	3년 이후
	비대성 흉터	L91.0	3년 이후
10. 근골격계통 및 결합조직의 질환	결핵성 척추염	M49.0* ~ M49.09*	3년 이후
	교감신경 이영양증(복합부위통증 증후군)	M89.0 ~ M89.09	3년 이후
11. 손상, 중독 및 외인에 의한 특정 기타 결과	뇌출혈	S06.6 ~ S06.7	3년 이후
	화상	T20 ~ T25.7, T29 ~ T31.9	3년 이후

비고 : 위 표의 시기란의 기간의 기산시점은 상이등급의 판정을 받은 날로 한다.

〔**별표4**〕

보상금 지급 구분표(제22조 관련)

(2024.1.12 개정)

1. 전상군경, 공상군경, 4·19혁명부상자 및 특별공로상이자

상이등급별	월 지급액(천원)	상이등급별	월 지급액(천원)
1급 1항	3,681	5급	1,919
1급 2항	3,471	6급 1항	1,751
1급 3항	3,323	6급 2항	1,612
2급	2,955	6급 3항	1,083
3급	2,762	7급	608
4급	2,317		

2. 6·25참전 재일학도의용군인 : 월 161만2천원
3. 전몰군경, 순직군경, 4·19혁명사망자 및 특별공로순직자의 유족과 전상군경, 공상군경, 4·19혁명부상자, 특별공로상이자 및 6·25참전 재일학도의용군인에 해당하는 사람이 사망한 경우 그 유족

구 분	월 지급액(천원)
가. 전몰군경 및 순직군경의 유족 1) 배우자 2) 25세 미만 자녀 또는 미성년 제매 3) 부모 또는 조부모	 1,939 2,249 1,906
나. 4·19혁명사망자 및 특별공로순직자의 유족과 상이등급 1급부터 5급까지에 해당하는 전상군경, 공상군경, 4·19혁명부상자, 특별공로상이자와 6·25참전 재일학도의용군인에 해당하는 사람이 사망한 경우 그 유족 1) 배우자 2) 25세 미만 자녀 또는 미성년 제매 3) 부모 또는 조부모	 1,681 1,952 1,654
다. 상이등급 6급에 해당하는 전상군경, 공상군경, 4·19혁명부상자, 특별공로상이자가 사망한 경우 그 유족 1) 배우자 2) 25세 미만 자녀 또는 미성년 제매 3) 부모 또는 조부모	 617 890 585

비고 : 사망한 사람이 2명 이상인 유족에 대해서는 사망한 사람 1명당 보상금 지급 구분에 해당하는 월 지급액을 각각 합산하여 지급한다.

〔**별표4의2**〕

수당 지급 구분표(제23조 관련)

(2022.1.13 개정)

구 분	지급 대상	월 지급액(천원)
1. 고령수당	가. 법 제12조제1항제1호에 해당하는 사람 또는 같은 항 제2호의 재일학도의용군인 중 60세 이상인 사람 나. 법 제12조제1항제2호부터 제4호까지에 해당하는 사람 중 60세 이상인 배우자 다. 법 제12조제1항제2호부터 제4호까지에 해당하는 사람 중 60세 이상인 부모 또는 조부모	97 149 97
2. 2명 이상 사망수당	법 제12조제1항제2호부터 제4호까지의 어느 하나에 해당하는 유족이 국가유공자의 배우자 또는 부모인 경우로서 다음 각 목의 사망자가 2명 이상인 경우 해당 유족인 배우자 또는 부모 가. 법 제12조제1항제2호 또는 제3호에 해당하는 사망자 나. 법 제12조제1항제4호 및 이 영 제20조에 해당하는 사망자 다. 「보훈보상대상자 지원에 관한 법률」 제11조제1항제2호의 재해사망군경과 같은 항 제3호의 재해부상군경 중 상이등급 6급 이상으로 판정된 사망자	1) 사망자가 2명인 경우 : 274 2) 사망자가 3명 이상인 경우 : 1)의 금액에 2명을 초과하는 1명당 274천 원을 추가하여 지급한다.
3. 전상수당	법 제12조제1항제1호에 해당하는 사람 중 전상군경	90

〔**별표5**〕

생활조정수당 지급 구분표(제25조 관련)

(2024.1.12 개정)

구 분	월 지급액
국가유공자와 그 유족 중 국가보훈부장관이 정하여 고시하는 기준에 해당하는 사람	1. 가족이 1명 이하인 경우 가. 소득인정액이 가구당 가계지출비의 100분의 32 이하인 경우 : 31만1천원 나. 소득인정액이 가구당 가계지출비의 100분의 32 초과 100분의 40 이하인 경우 : 27만7천원 다. 소득인정액이 가구당 가계지출비의 100분의 40 초과 100분의 50 이하인 경우 : 24만2천원 2. 가족이 2명 이상 3명 이하인 경우 가. 소득인정액이 기준 중위소득의 100분의 32 이하인 경우 : 31만1천원 나. 소득인정액이 기준 중위소득의 100분의 32 초과 100분의 40 이하인 경우 : 27만7천원 다. 소득인정액이 기준 중위소득의 100분의 40 초과 100분의 50 이하인 경우 : 24만2천원 3. 가족이 4명 이상인 경우 가. 소득인정액이 기준 중위소득의 100분의 32 이하인 경우 : 37만원 나. 소득인정액이 기준 중위소득의 100분의 32 초과 100분의 40 이하인 경우 : 33만6천원 다. 소득인정액이 기준 중위소득의 100분의 40 초과 100분의 50 이하인 경우 : 30만원

비고
1. "소득인정액"이란 가구의 소득평가액과 재산의 소득환산액으로서 국가보훈부장관이 정하여 고시하는 금액을 말한다.
2. "가구당 가계지출비용"이란 「통계법」 제17조에 따라 통계청장이 고시하는 지정통계에 따른 전년도 가계조사의 도시근로자 가구원 수별 가구당 가계지출비에 근거하여 국가보훈부장관이 추계한 비용을 말한다.
3. "기준 중위소득"이란 「국민기초생활 보장법」 제2조제11호에 따른 기준 중위소득을 말한다.

〔**별표5의2**〕

간호수당 지급 구분표(제26조제1항 관련)

(2024.1.12 개정)

구 분	지급기준	월 지급액(천원)
1. 상시 간호수당	가. 상이등급 1급 1항에 해당하는 사람 나. 상이등급 1급 2항 4116호에 해당하는 사람 다. 상이등급 1급 3항 4202호 및 5102호에 해당하는 사람 라. 두 눈, 두 팔 또는 두 다리 중 어느 하나의 부위에 상이등급 1급에 해당하는 상이가 있고, 다른 부위에 5급 이상에 해당하는 상이가 있어 일상생활에 필요한 동작을 하기 위하여 항상 다른 사람의 간병이 필요하다고 국가보훈부장관이 정하여 고시하는 대상에 해당하는 사람	3,061
2. 수시 간호수당	가. 상이등급 2급 4108호, 4203호 및 5103호에 해당하는 사람 나. 상시 간호수당 지급대상이 아닌 상이등급 1급에 해당하는 사람. 다만, 별표3 제9호에 따른 2개 이상	2,041

	의 상이처 상이등급 판정기준에 따라 1급이 되는 사람으로서 국가보훈부장관이 정하여 고시하는 대상에 해당하는 사람은 제외한다. 다. 가목에 해당하지 않는 상이등급 2급 또는 상이등급 3급부터 5급까지에 해당하는 상이가 있어 일상생활에 필요한 동작을 하기 위하여 수시로 다른 사람의 간병이 필요하다고 국가보훈부장관이 정하여 고시하는 대상에 해당하는 사람

〔별표5의3〕

부양가족수당 지급 구분표(제26조의2제2항 관련)

(2018.12.31 개정)

구 분	부양가족	월 지급액(천원)
1. 법 제15조의2제1항제1호에 해당하는 사람	가. 배우자 나. 미성년 자녀 1명당	100 100
2. 법 제15조의2제1항제2호에 해당하는 사람	미성년 자녀 1명당	100
3. 법 제15조의2제1항제3호에 해당하는 사람	미성년 제매 1명당	200

〔별표5의4〕

무공영예수당 지급 구분표(제27조의2 관련)

(2024.1.12 개정)

구 분	월 지급액(천원)
1. 태극무공훈장	500
2. 을지무공훈장	495
3. 충무무공훈장	490
4. 화랑무공훈장	485
5. 인헌무공훈장	480

〔별표5의5〕

6·25전몰군경자녀수당 지급액 및 지급방법

(제27조의3제7항 관련)

(2024.1.12 개정)

지급 구분	월 지급액
1. 전몰군경 또는 순직군경의 유족이 보상금을 전혀 받지 못한 경우 2. 전몰군경 또는 순직군경의 미성년 자녀가 보상금을 받다가 성년이 되어 보상금 수급권이 소멸한 경우	기본급 : 1,613천원 위로가산금 : 80천원
3. 전몰군경 또는 순직군경의 유족 중 미성년 자녀를 제외한 유족이 보상금을 받다가 1997년 12월 31일 이전에 보상금 수급권이 소멸한 경우	기본급 : 1,372천원
4. 전몰군경 또는 순직군경의 유족 중 미성년 자녀를 제외한 유족이 보상금을 받다가 1998년 1월 1일 이후에 보상금 수급권이 소멸한 경우	기본급 : 516천원 추가지원금 : 114천원(법 제14조에 따른 생활조정수당 수급자, 「국민기초생활 보장법」 제2조제10호에 따른 차상위계층 및 같은 법 제7조제1항제1호부터 제4호까지에 따른 급여 수급권자에 해당하는 사람에 대해서만 지급한다)

비고

1. 보상금은 2006년 12월 31일까지는 연금을 말한다.
2. 법 제16조의3제1항제3호에 따른 수당의 분할 지급방법은 다음과 같다.
   가. 제1호 또는 제2호에 해당하는 경우에는 기본급과 위로가산금을 합산한 총액을 분할하여 지급한다.
   나. 제3호 또는 제4호에 해당하는 경우에는 기본급을 분할하여 지급하되, 추가지원금은 지급대상인 경우에만 개별 지급한다.
   다. 분할금액에 10원 미만의 끝수가 있는 경우에는 계산하지 않는다.

〔별표6〕

사망일시금 지급 구분표(제28조제1항 관련)

(2018.3.27 개정)

사 망 자 별	지급액(천원)
1. 전상군경, 공상군경, 4·19혁명부상자 및 특별공로상이자 가. 상이등급 1급에 해당하는 사람 나. 상이등급 2급부터 7급까지에 해당하는 사람으로서 유족이 보상금 지급대상이 아닌 사람 다. 상이등급 2급부터 7급까지에 해당하는 사람으로서 유족이 보상금 지급대상인 사람	 1,704 1,444 1,127
2. 재일학도의용군인	1,127
3. 보상금 지급대상인 유족	1,127

〔별표6의2〕

보상금 지급정지 구분표(제31조 관련)

(2024.1.12 개정)

1. 전상군경, 공상군경, 4·19혁명부상자 및 특별공로상이자

상이등급별	월 정지금액(천원)	상이등급별	월 정지금액(천원)
1급 1항	1,612	3급	1,150
1급 2항	1,612	4급	705
1급 3항	1,612	5급	307
2급	1,343	6급 1항	139

2. 전몰군경, 순직군경, 4·19혁명사망자 및 특별공로순직자의 유족과 전상군경, 공상군경, 4·19혁명부상자, 특별공로상이자 및 6·25참전 재일학도의용군인에 해당하는 사람이 사망한 경우의 그 유족

구 분	월 정지금액(천원)
가. 전몰군경, 순직군경의 유족 1) 배우자 2) 25세 미만 자녀 또는 미성년 제매 3) 부모 또는 조부모	 327 637 294
나. 4·19혁명사망자 및 특별공로순직자의 유족과 상이등급 1급부터 5급까지에 해당하는 전상군경, 공상군경, 4·19혁명부상자, 특별공로상이자와 6·25참전 재일학도의용군인의 유족 1) 배우자 2) 25세 미만 자녀 또는 미성년 제매 3) 부모 또는 조부모	 69 340 42
다. 상이등급 6급에 해당하는 전상군경, 공상군경, 4·19혁명부상자, 특별공로상이자의 유족 1) 배우자 2) 25세 미만 자녀 또는 미성년 제매	 9 282

비고 : 사망한 사람이 2명 이상인 유족에 대해서는 사망한 사람 1명당 보상금 지급정지 구분에 해당하는 월 정지금액을 각각 합산하여 정지한다.

〔별표6의3〕

외국교육기관 수업료등 보조금 지급 구분표

(제42조의3제1항 관련)

(2023.5.23 개정)

구 분	지급액
1. 법 제25조의2제1항제1호에 따른 외국인학교와 같은 항 제2호에 따른 외국교육기관 중 「초·중등교육법」 제2조에 따른 고등학교에 상응하는 외국교육기관	「초·중등교육법 시행령」 제76조의2제1호에 해당하는 고등학교의 전년도 평균 수업료등을 고려하여 국가보훈부장관이 정하여 고시하는 금액
2. 법 제25조의2제1항제2호에 따른 외국교육기관 중 대학에 상응하는 외국교육기관	「고등교육법」 제2조제1호에 따른 대학 중 사립학교의 전년도 평균 수업료등을 고려하여 국가보훈부장관이 정하여 고시하는 금액

〔별표7〕

학습보조비 지급 구분표(제43조제2항 관련)

(2016.1.7 개정)

구 분	중학교, 그 밖에 이에 준하는 학교	고등학교, 그 밖에 이에 준하는 학교		특수학교		대학, 그 밖에 이에 준하는 고등교육기관 및 학점이 인정되는 교육훈련기관
		인문	실업	유치원 및 초등학교에 준하는 과정	중학교 및 고등학교에 준하는 과정	
1명당 연 지급액(천원)	124	144	186	534	718	236

〔별표8〕

가점대상 계급 및 직급(제48조 관련)

(2020.12.1 개정)

구 분	가점대상 계급 및 직급
1. 국가기관·지방자치단체·군부대 및 국공립학교	가. 「국가공무원법」 제2조 및 「지방공무원법」 제2조에 따른 공무원 중 다음의 어느 하나에 해당하는 공무원 1) 일반직공무원 중 6급 이하 공무원 또는 연구사·지도사 2) 특정직공무원 가) 「경찰공무원법」 제2조에 따른 경찰공무원 중 경위 이하 나) 「소방공무원법」 제3조에 따른 소방공무원 중 소방경 이하 다) 「초·중등교육법」 제19조에 따른 교직원 중 교사 라) 「유아교육법」 제20조에 따른 교직원 중 교사 마) 「군인사법」 제3조에 따른 군인 중 준사관 및 부사관 바) 「군무원인사법」 제3조에 따른 일반군무원 중 6급 이하 사) 「국가정보원직원법」 제2조에 따른 직원 중 6급 이하 아) 그 밖에 다른 법률에서 특정직공무원으로 지정하는 공무원 중 6급 이하 나. 「기간제 및 단시간근로자 보호 등에 관한 법률」 제2조제1호에 따른 기간제근로자 및 같은 법 제5조에 따른 기간의 정함이 없는 근로계약을 체결한 근로자
2. 공사기업체·공사단체	• 채용 직원의 모든 직급
3. 사립학교	가. 교원 • 「초·중등교육법」 제19조에 따른 교사 • 「유아교육법」 제20조제1항에 따른 교사 나. 교원을 제외한 교직원 • 채용 직원의 모든 직급

〔별표8의2〕

특별채용대상 일반직공무원(제50조제1항 관련)

(2020.12.1 개정)

구분		특별채용대상 일반직공무원		
		직 군	직 렬	직 류
1. 국가공무원	가. 「국가공무원법」 제4조제1항 및 「공무원임용령」 제3조제1항·제4항	1) 행정	방호	방호 경비
		2) 기술	간호조무	간호조무
			운전	운전
			등대관리	등대관리
			위생	위생 사역
			조리	조리
		3) 우정	우정	우정
	나. 「국가공무원법」 제4조제4항 및 「국회인사규칙」 제4조제1항	1) 행정	방호	방호
			안내	안내
		2) 기술	운전	운전
			조경	조경
			후생	후생
	다. 「국가공무원법」 제4조제4항 및 「법원공무원규칙」 제4조제1항	1) 사법행정	행정사무	행정사무
			속기	속기
			보안관리	보안관리 보안
			병기	병기
		2) 기술	조경	조경
			환경	환경
			관리	관리운전
	라. 「국가공무원법」 제4조제4항 및 「헌법재판소 공무원 규칙」 제4조제1항	1) 행정	보안	보안
			교환	교환
		2) 기술	시설	시설조경
			방송통신	통신기술
			관리	운행관리
	마. 「국가공무원법」 제4조제4항 및 「선거관리위원회 공무원 규칙」 제4조제1항	1) 행정	방호	방호
		2) 기술	방송통신	통신사 통신기술
			운전	운전
			위생	위생 사역
			조리	조리
2. 지방공무원	「지방공무원법」 제4조제1항 및 「지방공무원 임용령」 제3조제1항	1) 행정	방호	방호 경비
		2) 기술	위생	위생 사역
			조리	조리
			간호조무	간호조무
			시설관리	시설관리 조례로 정하는 직류
			운전	운전

〔별표9〕

대상업체별 고용비율표(제53조제1항 관련)

(2015.11.30 개정)

분류번호	업 종	대상업체별 고용비율(%)
01	농업	5
02	임업	3
03	어업	3
05	석탄, 원유 및 천연가스 광업	3
06	금속 광업	5
07	비금속광물 광업(연료용 제외)	4
08	광업 지원 서비스업	3
10	식료품 제조업	5
11	음료 제조업	5
12	담배 제조업	7
13	섬유제품 제조업(의복 제외)	4
14	의복, 의복액세서리 및 모피제품 제조업	3
15	가죽, 가방 및 신발 제조업	3
16	목재 및 나무제품 제조업(가구 제외)	3
17	펄프, 종이 및 종이제품 제조업	4
18	인쇄 및 기록매체 복제업	3
19	코크스, 연탄 및 석유정제품 제조업	6
20	화학물질 및 화학제품 제조업(의약품 제외)	6
21	의료용 물질 및 의약품 제조업	6
22	고무제품 및 플라스틱제품 제조업	5
23	비금속 광물제품 제조업	7
24	1차 금속 제조업	6
25	금속가공제품 제조업(기계 및 가구 제외)	3
26	전자부품, 컴퓨터, 영상, 음향 및 통신장비 제조업	4
27	의료, 정밀, 광학기기 및 시계 제조업	3
28	전기장비 제조업	6
29	기타 기계 및 장비 제조업	5
30	자동차 및 트레일러 제조업	4
31	기타 운송장비 제조업	4

32	가구 제조업	3
33	기타 제품 제조업	3
35	전기, 가스, 증기 및 공기조절 공급업	8
36	수도사업	8
37	하수, 폐수 및 분뇨 처리업	3
38	폐기물 수집운반, 처리 및 원료 재생업	4
39	환경 정화 및 복원업	3
41	종합 건설업	5
42	전문직별 공사업	5
45	자동차 및 부품 판매업	5
46	도매 및 상품중개업	4
47	소매업(자동차 제외)	4
49	육상운송 및 파이프라인 운송업	3
49100	철도운송업	5
49211	도시철도 운송업	5
50	수상 운송업	4
51	항송 운송업	5
52	창고 및 운송 관련 서비스업	5
55	숙박업	4
56	음식점 및 주점업	4
58	출판업	3
59	영상·오디오 기록물 제작 및 배급업	3
60	방송업	3
61	통신업	5
62	컴퓨터 프로그래밍, 시스템 통합 및 관리업	4
63	정보서비스업	4
64	금융업	7
65	보험 및 연금업	7
6511	생명 보험업	5
65121	손해 보험업	5
66	금융 및 보험 관련 서비스업	7
68	부동산업	5
682	부동산 관련 서비스업	4
69	임대업(부동산 제외)	4
70	연구개발업	5
71	전문서비스업	3
72	건축기술, 엔지니어링 및 기타 과학기술 서비스업	3
73	기타 전문, 과학 및 기술 서비스업	3
74	사업시설 관리 및 조경 서비스업	3
75	사업지원 서비스업	3
84	공공행정, 국방 및 사회보장 행정	4
85	교육 서비스업	4
86	보건업	4
87	사회복지 서비스업	5
90	창작, 예술 및 여가 관련 서비스업	3
91	스포츠 및 오락 관련 서비스업	5
94	협회 및 단체	5
95	수리업	5
96	기타 개인 서비스업	3
97	가구내 고용활동	3

비고
1. 위 표의 업종별 분류번호는 「통계법」 제22조에 따라 통계청장이 작성·고시하는 한국표준산업분류에 따른다.
2. 위 표에 따른 분류번호란의 특정 중분류(2단위) 내에 소분류(3단위), 세분류(4단위) 또는 세세분류(5단위)별로 고용비율을 다르게 정하고 있는 경우에는 해당 업종별 고용비율에 대해서는 ① 세세분류(5단위), ② 세분류(4단위), ③ 소분류(3단위), ④ 중분류(2단위)의 순서로 적용한다.

〔별표9의2〕

요양지원 보조금 지급 구분표
(제84조의3제1항 관련)

(2023.5.23 개정)

구 분	지급대상	보조비율
1. 전상군경, 공상군경, 4·19혁명부상자, 공상공무원 및 특별공로상이자	소득·재산 등 생활수준이 국가보훈부장관이 정하는 기준에 해당하는 사람	100분의 80
	「의료급여법」 제3조제1항제5호에 따른 수급권자	
2. 무공수훈자, 보국수훈자, 6·25참전재일학도의용군인, 4·19혁명공로자 및 특별공로자, 국가유공자의 배우자 및 유족 중 부모	소득·재산 등 생활수준이 국가보훈부장관이 정하는 기준에 해당하는 사람	100분의 40
	「의료급여법」 제3조제1항제5호에 따른 수급권자	100분의 60

〔별표10〕

이용료가 감면되는 시설의 종류와 감면율
(제86조제2항 관련)

(2009.8.13 개정)

시설의 종류	감면율(일반요금에 대한 백분율)
1. 고궁 및 능원	100분의 100
2. 국공립 공원	100분의 100
3. 독립기념관	100분의 100
4. 전쟁기념관	100분의 100
5. 국공립 박물관 및 미술관	100분의 100
6. 국공립 수목원	100분의 100
7. 국공립 자연휴양림	100분의 100
8. 국공립 공연장(대관공연은 제외한다)	100분의 50
9. 국공립 공공체육시설	100분의 50

〔별표10의2〕

제공요청 대상 자료 또는 정보의 범위
(제97조의2 관련)

(2023.6.13 개정)

1. 「가족관계의 등록 등에 관한 법률」 제9조에 따른 가족관계 등록사항에 관한 전산정보자료
2. 「건축법」 제38조에 따른 건축물대장 정보
3. 「고용보험법」(이하 이 호에서 "법"이라 한다)에 따른 다음 각 목의 자료
   가. 고용보험 가입 사업장 및 사업장 소속 근로자에 관한 정보
   나. 법 제13조 및 제14조에 따른 피보험자격 취득일 및 상실일에 관한 자료
   다. 법 제37조에 따른 실업급여의 지급에 관한 정보
4. 「고용정책기본법」 제15조에 따른 고용·직업 정보 및 같은 법 제15조의2에 따른 근로자의 고용형태 현황
5. 「공간정보의 구축 및 관리 등에 관한 법률」 제71조에 따른 토지대장 및 임야대장의 등록정보
6. 「공무원연금법」(이하 이 호에서 "법"이라 한다) 및 「공무원 재해보상법」에 따른 다음 각 목의 자료
   가. 법 제3조제1항제4호에 따른 기준소득월액
   나. 법 제25조에 따른 재직기간 계산을 위한 임용일 및 퇴직일에 관한 정보
   다. 법 제28조에 따른 급여의 지급에 관한 자료
   라. 「공무원 재해보상법」 제8조제3호 및 제5호에 따른 장해급여 및 재해유족급여의 지급에 관한 자료
7. 「국민건강보험법」(이하 이 호에서 "법"이라 한다)에 따른 다음 각 목의 정보
   가. 법 제6조에 따른 지역가입자에 관한 정보
   나. 법 제47조에 따라 요양기관에서 제출하는 요양 개시 연월일에 관한 정보
   다. 법 제69조에 따른 보수월액 등 보험료 징수에 관한 자료
7의2. 「국민기초생활 보장법」 제2조제2호에 따른 수급자 및 같은 조 제10호에 따른 차상위계층에 관한 정보
8. 「국민연금과 직역연금의 연계에 관한 법률」 제9조에 따른 연계급여의 지급에 관한 정보
9. 「국민연금법」(이하 이 호에서 "법"이라 한다)에 따른 다음 각 목의 자료
   가. 법 제7조에 따른 가입자에 관한 정보(사업장가입자의 경우 사업장에 관한 정보를 포함한다)
   나. 법 제11조 및 제12조에 따른 사업장가입자 자격의 취득 및 상실에 관한 정보
   다. 법 제50조에 따른 급여의 지급에 관한 자료
10. 「국적법」 제14조에 따른 국적이탈 신고자료 및 같은 법 제16조에 따른 국적상실에 관한 자료
11. 「군인연금법」(이하 이 호에서 "법"이라 한다) 및 「군인 재해보상법」에 따른 다음 각 목의 자료
   가. 법 제3조제1항제1호에 따른 기준소득월액
   나. 법 제5조에 따른 복무기간 계산을 위한 임용일 및 퇴직일에 관한 정보
   다. 법 제7조 및 「군인 재해보상법」 제7조에 따른 급여의 지급에 관한 자료
12. 「농업·농촌 공익기능 증진 직접지불제도 운영에 관한 법률」 제7조에 따른 기본형공익직접지불금의 지급에 관한 자료
13. 「별정우체국법」(이하 이 호에서 "법"이라 한다)에 따른 다음 각 목의 자료
   가. 법 제2조제1항제5호에 따른 기준소득월액
   나. 법 제24조에 따른 장기급여 지급에 관한 자료
   다. 법 제24조의2에 따른 연금의 지급기간 계산을 위한 임용일 및 퇴직일에 관한 정보
14. 「병역법」 제77조의5에 따른 병역 정보
15. 「부가가치세법」 제8조에 따른 사업자등록정보
16. 「부동산등기법」에 따른 부동산 등기 정보
17. 「사립학교교직원 연금법」(이하 이 호에서 "법"이라 한다)에 따른 다음 각 목의 자료
   가. 법 제2조제1항제4호에 따른 기준소득월액
   나. 법 제31조에 따른 재직기간 계산을 위한 임용일 및 퇴직일에 관한 정보
   다. 법 제33조에 따른 장기급여 지급에 관한 자료
18. 「사회복지사업법」에 따른 사회복지서비스 제공 자료
19. 「산업재해보상보험법」에 따른 산업재해보상보험의 가입자에 관한 정보 및 같은 법 제36조에 따른 보험급여의 지급에 관한 자료
19의2. 「상속세 및 증여세법」 제3조에 따른 상속세의 과세대상에 관한 정보
20. 「소득세법」 제4조에 따른 종합소득 자료
21. 「자동차관리법」 제5조에 따른 자동차등록원부 등록자료
21의2. 「장애인복지법」 제32조제1항에 따른 장애인 등록 정보와 같은 법 제49조제1항에 따른 장애수당 수급자 및 같은 법 제50조제1항에 따른 장애아동수당 수급자에 관한 정보
21의3. 「장애인연금법」 제2조제4호에 따른 장애인연금 수급자에 관한 정보
22. 「재외국민등록법」 제3조에 따른 등록 정보
23. 「주민등록법」 제30조에 따른 주민등록전산정보자료
24. 「지방세기본법」에 따른 취득세, 등록면허세, 지방소득세, 재산세, 자동차세의 과세에 관한 정보
25. 「출입국관리법」 제3조 및 제6조에 따른 출입국정보
26. 종전의 「호적법」(법률 제8435호로 폐지되기 전의 것을 말한다) 제14조에 따른 제적부에 관한 정보
27. 법원의 확정 판결서 사본

〔별표11〕

과태료의 부과기준(제103조 관련)

(2023.5.23 개정)

1. 일반기준
   부과권자는 다음 각 목의 어느 하나에 해당하는 경우에는 제2호의 개별기준에 따른 과태료의 2분의 1 범위에서 그 금액을 줄일 수 있다. 다만, 과태료를 체납하고 있는 위반행위자의 경우에는 그렇지 않다.
   가. 위반행위자가 「질서위반행위규제법 시행령」 제2조의2제1항 각 호의 어느 하나에 해당하는 경우
   나. 위반행위가 사소한 부주의나 오류로 인한 것으로 인정되는 경우
   다. 위반행위자가 법 위반상태를 시정하거나 해소하기 위한 노력이 인정되는 경우
   라. 그 밖에 위반행위의 정도, 위반행위의 동기와 그 결과 등을 고려하여 과태료를 줄일 필요가 있다고 인정되는 경우
2. 개별기준

위반행위	근거 법조문	과태료 금액
가. 법 제33조의3제1항에 따른 신고를 하지 않거나 거짓으로 신고를 한 경우	법 제86조 제2항제1호	300만원
나. 법 제33조의3제2항에 따른 설명 요구를 따르지 않거나 거짓으로 진술을 한 경우 또는 자료의 제출을 거부·방해 또는 기피한 경우	법 제86조 제2항제2호	300만원
다. 법 제34조제3항에 따라 고용할 것을 명령하였으나 정당한 사유 없이 이에 따르지 않은 경우	법 제86조 제1항	1,000만원
라. 법 제36조제2항에 따른 시정요구를 따르지 않은 경우	법 제86조 제2항제3호	300만원
마. 법 제80조제2항을 위반하여 국가유공자단체와 유사한 명칭을 사용한 경우	법 제86조 제2항제4호	300만원

■ 참전유공자 예우 및 단체설립에 관한 법률

〔별표〕

제2조제1호에 따른 전투

(2020.3.24 개정)

구분	번호	지 역 명	기 간
육군	1	호남 및 영남지구 작전부대 전투지역(지리산지구 전투사령부 포함)	1948년 10월 19일부터 1950년 6월 24일까지
	2	제주도지구 작전부대 전투지역	1948년 8월 15일부터 1950년 6월 25일까지
	3	옹진지구 작전부대 전투지역	1948년 11월 1일부터 1950년 6월 25일까지
	4	태백산지구 작전부대 전투지역(오대산전투 포함)	1948년 10월 20일부터 1950년 6월 25일까지
	5	38선 경비사단 전투지역(제1, 6, 7, 8사단 전방)	1948년 11월 1일부터 1950년 6월 25일까지
	6	6·25전쟁 군단이하부대 작전지구 전투지역	1950년 6월 25일부터 1953년 7월 28일까지
	7	6·25전쟁 이후 호남지구 작전부대 전투지역	1953년 7월 28일부터 1954년 5월 25일까지
	8	6·25전쟁 이후 중부지구 경비사령부 작전지역	1953년 7월 28일부터 1954년 10월 25일까지
	9	6·25전쟁 이후 남부지구 경비사령부 작전지역(제1, 3, 8경비대대)	1954년 5월 26일부터 1955년 3월 31일까지
해군	1	공비토벌 및 여수반란진압 해상작전지역	1948년 8월 15일부터 1950년 6월 25일까지
	2	각 함대 해상작전지역	1950년 6월 25일부터 1950년 8월 10일까지
	3	제1함대 해상작전지역	1950년 8월 10일부터 1953년 7월 27일까지
	4	연합함대 파견	1950년 6월 25일부터 1953년 7월 26일까지
공군	1	호남지구 작전비행부대 전투지역	1948년 10월 19일부터 1950년 3월 31일까지
	2	제주도지구 작전비행부대 전투지역	1948년 8월 15일부터 1950년 6월 25일까지
	3	옹진지구 작전비행부대 전투지역	1948년 11월 1일부터 1950년 6월 25일까지
	4	태백산지구 작전비행부대 전투지역	1948년 10월 20일부터 1950년 6월 25일까지
	5	38선경비사단전투에 참가한 비행부대 전투지역	1948년 11월 1일부터 1950년 6월 25일까지
	6	6·25전쟁 중 전투에 참가한 비행부대 전투지역	1950년 6월 25일부터 1953년 7월 28일까지
해병대	1	진주지구 및 제주도지구 작전부대 전투지역(무장폭동 또는 반란진압 작전)	1949년 8월 1일부터 1950년 6월 25일까지
	2	6·25전쟁 중 전투에 참가한 작전부대 전투지역	1950년 6월 25일부터 1953년 7월 28일까지
경찰	1	제주도지구 전투지역	1948년 8월 15일부터 1950년 6월 25일까지
	2	여수·순천 10·19사건 진압작전지역 및 지리산지구 특별경찰대 전투지역	1948년 10월 19일부터 1950년 6월 24일까지
	3	서남지구 전투경찰대 전투지역	1953년 4월 18일부터 1955년 6월 30일까지

<민법편>

■ 주택임대차보호법 시행령

〔별표1〕

조정위원회의 설치 및 관할구역(제21조 관련)

(2022.12.20 개정)

기관	지부, 지사 또는 사무소	관할구역
공단	서울중앙지부	서울특별시, 강원도
	수원지부	인천광역시, 경기도
	대전지부	대전광역시, 세종특별자치시, 충청북도, 충청남도
	대구지부	대구광역시, 경상북도
	부산지부	부산광역시, 울산광역시, 경상남도
	광주지부	광주광역시, 전라북도, 전라남도, 제주특별자치도
공사	충북지역본부	충청북도
	제주지역본부	제주특별자치도
부동산원	서울동부지사	서울특별시
	전주지사	전라북도
	춘천지사	강원도
	고양지사	경기도
	성남지사	
	대전지사	세종특별자치시
	포항지사	경상북도
	인천지사	인천광역시
	창원지사	경상남도
	울산지사	울산광역시

〔별표2〕

수수료(제33조제1항 관련)

(2017.5.29 신설)

조정목적의 값	수수료
1억원 미만	10,000원
1억원 이상 3억원 미만	20,000원
3억원 이상 5억원 미만	30,000원
5억원 이상 10억원 미만	50,000원
10억원 이상	100,000원

비고

※ 조정목적의 값을 산정할 수 없는 경우 신청인이 내야 하는 수수료는 1만원으로 한다.

■ 상가건물 임대차보호법 시행령

〔별표〕

조정위원회의 설치 및 관할구역(제8조 관련)

(2022.12.20 개정)

기관	지부, 지사 또는 사무소	관할구역
공단	서울중앙지부	서울특별시, 강원도
	수원지부	인천광역시, 경기도
	대전지부	대전광역시, 세종특별자치시, 충청북도, 충청남도
	대구지부	대구광역시, 경상북도
	부산지부	부산광역시, 울산광역시, 경상남도
	광주지부	광주광역시, 전라북도, 전라남도, 제주특별자치도
공사	충북지역본부	충청북도
	제주지역본부	제주특별자치도
부동산원	서울동부지사	서울특별시
	전주지사	전라북도
	춘천지사	강원도
	고양지사	경기도
	성남지사	
	대전지사	세종특별자치시
	포항지사	경상북도
	인천지사	인천광역시
	창원지사	경상남도
	울산지사	울산광역시

■ 채권의 공정한 추심에 관한 법률 시행령

〔별표〕

과태료의 부과기준(제4조 관련)

(2014.11.21 개정)

1. 일반 기준
   가. 위반행위의 횟수에 따른 과태료의 부과기준은 최근 1년간 같은 위반행위로 과태료 부과처분을 받은 경우에 적용한다. 이 경우 기준 적용일은 위반행위에 대한 처분일과 그 처분 후에 한 위반행위가 다시 적발된 날을 기준으로 하고, 적발된 위반행위에 대해서는 위반행위 직전 처분의 다음 차수에 따른 처분을 한다.
   나. 과태료 금액란 중 괄호 안의 금액은 과태료 대상자가 법 제13조의2제1항의 사업자에 해당하지 않는 경우의 부과기준을 말한다(법 제17조제4항 관련).
2. 개별 기준

(단위 : 만원)

위 반 행 위	근거 법조문	과태료 금액		
		1차 위반	2차 위반	3차 이상 위반
가. 법 제5조제1항을 위반하여 채무확인서의 교부요청에 응하지 않은 경우(법 제2조제1호가목에 규정된 자만 해당한다)	법 제17조 제1항제1호	300	600	1,400
나. 법 제6조를 위반하여 채권자로부터 채권추심을 위임받은 사실을 서면(「전자문서 및 전자거래 기본법」 제2조제1호의 전자문서를 포함한다)으로 통지하지 않은 경우(법 제2조제1호라목에 규정된 자와 그 자를 위하여 채권추심을 하는 자만 해당한다)	법 제17조 제2항제1호	150	300	700
다. 법 제7조를 위반하여 동일 채권에 대하여 2인 이상의 자에게 채권추심을 위임한 경우	법 제17조 제2항제2호	150 (70)	300 (150)	600 (300)
라. 법 제8조를 위반하여 채무의 존재를 다투는 소송이 진행 중임에도 채무불이행자로 등록하거나 소송이 진행 중임을 알면서도 30일 이내에 채무불이행자 등록을 삭제하지 않은 경우(법 제2조제1호가목 및 라목에 규정된 자와 그 자를 위하여 채권추심을 하는 자만 해당한다)	법 제17조 제2항제3호	150	300	700
마. 법 제8조의2를 위반하여 채무자가 「변호사법」에 따른 변호사·법무법인·법무법인(유한) 또는 법무조합을 채권추심에 응하기 위한 대리인으로 선임하고 이를 서면으로 통지하였음에도 채무와 관련하여 채무자를 방문하거나 채무자에게 말·글·음향·영상 또는 물건을 도달하게 한 경우	법 제17조 제1항제2호	200	500	1,000
바. 법 제8조의3제2항을 위반하여 채권추심자가 관계인을 방문하거나 관계인에게 말·글·음향·영상 또는 물건을 도달하게 하는 경우 채권추심자의 성명·명칭 및 연락처(채권추심자가 법인인 경우에는 업무담당자의 성명 및 연락처를 포함한다), 채권자의 성명·명칭 및 방문 또는 말·글·음향·영상·물건을 도달하게 하는 목적을 관계인에게 밝혀지 아니하거나 관계인이 채무자의 채무 내용 또는 신용에 관한 사실을 알게 한 경우	법 제17조 제2항제4호	150	300	600
사. 법 제11조제3호를 위반하여 채권추심에 관한 법률적 권한이나 지위를 거짓으로 표시한 경우	법 제17조 제2항제5호	150 (70)	300 (150)	600 (300)
아. 법 제11조제4호를 위반하여 채권추심에 관한 민사상 또는 형사상 법적인 절차가 진행되고 있지 아니함에도 그러한 절차가 진행되고 있다고 거짓으로 표시한 경우	법 제17조 제2항제5호	150 (70)	300 (150)	600 (300)
자. 법 제11조제5호를 위반하여 채권추심을 위하여 다른 사람이나 단체의 명칭을 무단으로 사용한 경우	법 제17조 제2항제5호	150 (70)	300 (150)	600 (300)
차. 법 제12조제1호를 위반하여 혼인, 장례 등 채무자가 채권추심에 응하기 곤란한 사정을 이용하여 채무자 또는 관계인에게 채권추심의 의사를 공개적으로 표시한 경우	법 제17조 제1항제3호	300 (150)	600 (300)	1,400 (700)
카. 법 제12조제2호를 위반하여 채무자의 연락두절 등 소재파악이 곤란한 경우가 아님에도 채무자의 관계인에게 채무자의 소재, 연락처 또는 소재를 알 수 있는 방법 등을 문의한 경우	법 제17조 제1항제3호	200 (100)	500 (250)	1,000 (500)
타. 법 제12조제3호를 위반하여 정당한 사유 없이 수화자부담 전화료 등 통신비용을 채무자에게 발생하게 한 경우	법 제17조 제3항	100 (50)	200 (100)	400 (200)
파. 법 제12조제3호의2를 위반하여 「채무자 회생 및 파산에 관한 법률」 제593조제1항제4호 또는 제600조제1항제3호에 따라 개인회생채권에 대한 변제를 받거나 변제를 요구하는 일체의 행위가 중지 또는 금지되었음을 알면서 법령으로 정한 절차 외에서 반복적으로 채무변제를 요구한 경우	법 제17조 제3항	100 (50)	200 (100)	400 (200)
하. 법 제12조제4호를 위반하여 「채무자 회생 및 파산에 관한 법률」에 따른 회생절차, 파산절차 또는 개인회생절차에 따라 전부 또는 일부 면책되었음을 알면서 법령으로 정한 절차 외에서 반복적으로 채무변제를 요구한 경우	법 제17조 제3항	100 (50)	200 (100)	400 (200)
거. 법 제12조제5호를 위반하여 엽서에 의한 채무변제 요구 등 채무자 외의 자가 채무사실을 알 수 있게 한 경우(법 제9조제7호에 해당하는 경우는 제외한다)	법 제17조 제3항	100 (50)	200 (100)	400 (200)
너. 법 제13조를 위반하여 채무자 또는 관계인에게 지급할 의무가 없는 채권추심비용을 청구하거나 실제로 사용된 금액을 초과한 채권추심비용을 청구한 경우	법 제17조 제2항제6호	150 (70)	300 (150)	600 (300)
더. 법 제13조의2제2항을 위반하여 채무자 또는 관계인으로부터 비용명세서의 교부를 요청받고 정당한 사유가 없음에도 지체 없이 이를 교부하지 아니한 경우(법 제2조제1호가목 및 라목에 따른 자 및 그 자를 위하여 채권추심을 하는 자만 해당한다)	법 제17조 제2항제7호	150	300	600

■ 국가배상법 시행령

〔별표1〕 (2006.12.29 삭제)

〔별표2〕

신체장해의 등급과 노동력상실률표(제2조제1항 관련)

(2021.1.5 개정)

등 급	신 체 장 해	노동력 상실률 (%)
제1급	1. 두 눈이 실명된 자 2. 씹는 것과 언어의 기능이 전폐된 자 3. 정신에 현저한 장해가 남아 항상 간호를 요하는 자 4. 흉복부 장기에 현저한 장해가 남아 항상 간병을 요하는 자 5. 반신불수가 된 자 6. 두 팔을 주관절 이상에서 상실한 자 7. 두 팔의 기능이 전폐된 자 8. 두 다리를 슬관절 이상에서 상실한 자 9. 두 다리의 기능이 전폐된 자	100
제2급	1. 한 눈이 실명되고 다른 눈의 시력이 0.02이하로 된 자 2. 두 눈의 시력이 0.02이하로 된 자 3. 두 팔을 완관절 이상에서 상실한 자 4. 두 다리를 족관절 이상에서 상실한 자	100
제3급	1. 한 눈이 실명되고 다른 눈의 시력이 0.06이하로 된 자 2. 씹는 것 또는 언어의 기능이 전폐된 자 3. 정신에 현저한 장해가 남아 종신토록 노무에 종사하지 못하는 자 4. 흉복부 장기의 기능에 현저한 장해가 남아 종신토록 노무에 종사하지 못하는 자 5. 두 손의 수지를 모두 상실한 자	100
제4급	1. 두 눈의 시력이 0.06이하로 된 자 2. 씹는 것과 언어의 기능에 현저한 장해가 남은 자 3. 고막의 전부의 결손이나 그 외의 원인으로 인하여 두 귀의 청력을 전혀 상실한 자 4. 한 팔을 주관절 이상에서 상실한 자 5. 한 다리를 슬관절 이상에서 상실한 자 6. 두 손의 수지가 모두 폐용된 자 7. 두 발을 "리스푸랑" 관절 이상에서 상실한 자	90
제5급	1. 한 눈이 실명되고 다른 눈의 시력이 0.1이하로 된 자 2. 한 팔을 완관절 이상에서 상실한 자 3. 한 다리를 족관절 이상에서 상실한 자 4. 한 팔의 기능이 전폐된 자 5. 한 다리의 기능이 전폐된 자 6. 두 발의 족지를 모두 상실한 자	80
제6급	1. 두 눈의 시력이 0.1이하로 된 자 2. 씹는 것 또는 언어의 기능에 현저한 장해가 남은 자 3. 고막의 대부분의 결손이나 그 외의 원인으로 인하여 두 귀의 청력이 귓바퀴에 접하지 아니하고서는 큰 말소리를 이해하지 못하는 자 4. 척추에 현저한 기형이나 현저한 운동장해가 남은 자 5. 한 팔의 3대 관절중의 2개 관절이 폐용된 자 6. 한 다리의 3대 관절중의 2개 관절이 폐용된 자 7. 한 손의 5개의 수지 또는 무지와 시지를 포함하여 4개의 수지를 상실한 자	70
제7급	1. 한 눈이 실명되고 다른 눈의 시력이 0.6이하로 된 자 2. 고막의 중등도의 결손이나 그 외의 원인으로 두 귀의 청력이 40센티미터 이상의 거리에서는 보통 말소리를 이해하지 못하는 자 3. 정신에 장해가 남아 경이한 노무 이외에는 종사하지 못하는 자 4. 신경계통의 기능에 현저한 장해가 남아 경이한 노무 이외에는 종사하지 못하는 자 5. 흉복부 장기의 기능에 장해가 남아 경이한 노무 이외에는 종사하지 못하는 자 6. 한 손의 무지와 시지를 상실한 자 또는 무지나 시지를 포함하여 3개 이상의 수지를 상실한 자 7. 한 손의 5개의 수지 또는 무지와 시지를 포함하여 4개의 수지가 폐용된 자 8. 한 발을 "리스푸랑 관절" 이상에서 상실한 자 9. 한 팔에 가관절이 남아 현저한 운동장해가 남은 자 10. 한 다리에 가관절이 남아 현저한 운동장해가 남은 자 11. 두 발의 족지가 모두 폐용된 자 12. 외모에 현저한 추상이 남은 자 13. 양쪽의 고환을 상실한 자	60
제8급	1. 한 눈이 실명되거나 한 눈의 시력이 0.02이하로 된 자 2. 척추에 운동장해가 남은 자 3. 한 손의 무지를 포함하여 2개의 수지를 상실한 자 4. 한 손의 무지와 시지가 폐용된 자 또는 한 손의 무지나 시지를 포함하여 3개 이상의 수지가 폐용된 자 5. 한 다리가 5센티미터 이상 단축된 자 6. 한 팔의 3대 관절중의 1개 관절이 폐용된 자 7. 한 다리의 3대 관절중의 1개 관절이 폐용된 자 8. 한 팔에 가관절이 남은 자 9. 한 다리에 가관절이 남은 자 10. 한 발의 5개의 족지를 모두 상실한 자 11. 비장 또는 한쪽의 신장을 상실한 자 12. 전신의 40퍼센트 이상에 추상이 남은 자	50
제9급	1. 두 눈의 시력이 0.6이하로 된 자 2. 한 눈의 시력이 0.06이하로 된 자 3. 두 눈에 반맹증 · 시야협착 또는 시야변상이 남은 자 4. 두 눈의 눈꺼풀에 현저한 결손이 남은 자 5. 코가 결손되어 그 기능에 현저한 장해가 남은 자 6. 씹는 것과 언어의 기능에 장해가 남은 자 7. 고막의 전부가 결손이나 그 외의 원인으로 인하여 한 귀의 청력을 전혀 상실한 자 8. 한 손의 무지를 상실한 자 또는 시지를 포함하여 2개의 수지를 상실한 자 또는 무지와 시지외의 3개의 수지를 상실한 자 9. 한 손의 무지를 포함하여 2개의 수지가 폐용된 자 10. 한 발의 제1족지를 포함하여 2개 이상의 족지를 상실한 자 11. 한 발의 족지가 모두 폐용된 자 12. 생식기에 현저한 장해가 남은 자 13. 정신에 장해가 남아 종사할 수 있는 노무가 상당한 정도로 제한된 자 14. 신경계통의 기능에 장해가 남아 종사할 수 있는 노무가 상당한 정도로 제한된 자	40
제10급	1. 한 눈의 시력이 0.1 이하로 된 자 2. 씹는 것 또는 언어의 기능에 장해가 남은 자 3. 14개 이상의 치아에 대하여 치과 보철을 가한 자 4. 고막의 대부분의 결손이나 그 외의 원인으로 인하여 한 귀의 청력이 귓바퀴에 접하지 아니하고서는 큰 말소리를 이해하지 못하는 자 5. 한 손의 시지를 상실한 자 또는 무지와 시지 이외의 2개의 수지를 상실한 자 6. 한 손의 무지가 폐용된 자 또는 시지를 포함하여 2개의 수지가 폐용된 자 또는 무지와 시지 외의 3개의 수지가 폐용된 자 7. 한 다리가 3센티미터 이상 단축된 자 8. 한 발의 제1족지 또는 그 외의 4개의 족지를 상실한 자 9. 한 팔에 3대 관절중의 1개 관절의 기능에 현저한 장해가 남은 자 10. 한 다리의 3대 관절중의 1개 관절의 기능에 현저한 장해가 남은 자	30
제11급	1. 두 눈의 안구에 현저한 조절 기능장해나 또는 현저한 운동장해가 남은 자 2. 두 눈의 눈꺼풀에 현저한 운동장해가 남은 자 3. 한 눈의 눈꺼풀에 현저한 결손이 남은 자 4. 고막의 중등도의 결손이나 그 외의 원인으로 인하여 한 귀의 청력이 40센티미터 이상의 거리에서는 보통 말소리를 이해하지 못하는 자 5. 척추에 기형이 남은 자 6. 한 손의 중지 또는 약지를 상실한 자 7. 한 손의 시지가 폐용된 자 또는 무지와 시지 이외에 2개의 수지가 폐용된 자 8. 한 발의 제1족지를 포함하여 2개 이상의 족지가 폐용된 자 9. 흉복부 장기에 장해가 남은 자	20
제12급	1. 한 눈의 안구에 현저한 조절기능장해 또는 현저한 운동장해가 남은 자 2. 한 눈의 눈꺼풀에 현저한 운동장해가 남은 자 3. 7개 이상의 치아에 대하여 치과보철을 가한 자 4. 한 귀의 귓바퀴의 대부분이 결손된 자 5. 쇄골 · 흉골 · 늑골 · 견갑골이나 또는 골반골에 현저한 기형이 남은 자 6. 한 팔의 3대 관절중의 1개 관절의 기능에 장해가 남은 자 7. 한 다리의 3대 관절중의 1개 관절의 기능에 장해가 남은 자 8. 장관골에 기형이 남은 자 9. 한 손의 중지 또는 약지가 폐용된 자 10. 한 발의 제2족지를 상실한 자 또는 제2족지를 포함하여 2개의 족지를 상실한 자 또는 제3족지 이하의 3개의 족지를 상실한 자 11. 한 발의 제1족지 또는 그 외의 4개의 족지가 폐용된 자 12. 국부에 완고한 신경증상이 남은 자 13. 외모에 추상이 남은 자	15
제13급	1. 한 눈의 시력이 0.6이하로 된 자 2. 한 눈에 반맹증 · 시야협착 또는 시야변상이 남은 자 3. 두 눈의 눈꺼풀이 일부에 결손이 남거나 속눈썹에 결손이 남은 자 4. 한 손의 소지를 상실한 자 5. 한 손의 무지의 지골의 일부를 상실한 자 6. 한 손의 시지의 지골의 일부를 상실한 자 7. 한 손의 시지의 말관절을 굴신할 수 없는 자 8. 한 다리가 1센티미터 이상 단축된 자 9. 한 발의 제3족지 이하의 1개 또는 2개의 족지를 상실한 자 10. 한 발의 제2족지가 폐용된 자 또는 제2족지를 포함하여 2개의 족지가 폐용된 자 또는 제3족지 이하의 3개의 족지가 폐용된 자	10
제14급	1. 한 눈의 눈꺼풀의 일부에 결손이 남거나 또는 속눈썹에 결손이 남은 자 2. 3개 이상의 치아에 대하여 치과보철을 가한 자 3. 팔의 노출면에 수장대의 추흔이 남은 자 4. 다리의 노출면에 수장대의 추흔이 남은 자 5. 한 손의 소지가 폐용된 자 6. 한 손의 무지와 시지외의 수지의 지골의 일부를 상실한 자 7. 한 손의 무지와 사지외의 수지의 말관절을 굴신할 수 없는 자 8. 한 발의 제3족지 이하의 1개 또는 2개의 족지가 폐용된 자 9. 국부에 신경증상이 남은 자	5

(주)
1. 시력의 측정은 국제식시력표에 의하여 굴절이상이 있는 자에 대하여는 원칙적으로 교정시력을 측정한다.
2. 수지의 상실이란 무지에 있어서는 지관절, 기타의 수지에 있어서는 제1지관절 이상을 상실한 경우를 말한다.
3. 수지의 폐용이란 수지의 말단의 2분의 1 이상을 상실하거나 또는 중추지관절, 또는 제1지관절(무지에 있어서는 지관절)에 현저한 운동장해가 남은 경우를 말한다.
4. 족지의 상실이란 족지의 전부를 상실한 경우를 말한다.
5. 족지의 폐용이란 제1족지에 있어서는 말관절의 2분의 1 이상, 기타의 족지에 있어서는 말관절 이상을 상실한 경우 또는 중족지관절 또는 제1지관절(제1족지에 있어서는 지관절)에 현저한 운동장해가 남은 경우를 말한다.
6. 각 등급의 신체장해에 해당되지 아니하는 장해는 그 노동력상실률에 따라 당해 등급의 신체장해로 본다.

〔별표3〕

2개 부위 이상의 신체장해 종합평가 등급표(제2조제2항 및 제3항 관련)

(2019.11.5 개정)

등급	14	13	12	11	10	9	8	7	6	5	4	3	2
14	14	13	12	11	10	9	8	7	6	5	4	3	2
13	13	12	11	10	9	8	7	6	5	4	3	2	1
12	12	11	10	10	9	8	7	6	5	4	3	2	1
11	11	10	10	10	9	8	7	6	5	4	3	2	1
10	10	9	9	9	9	8	7	6	5	4	3	2	1
9	9	8	8	8	8	8	7	6	5	4	3	2	1
8	8	7	7	7	7	7	6	5	4	3	2	1	1
7	7	6	6	6	6	6	5	5	4	3	2	1	1
6	6	5	5	5	5	5	4	4	4	3	2	1	1
5	5	4	4	4	4	4	3	3	3	2	1	1	1
4	4	3	3	3	3	3	2	2	2	1	1	1	1
3	3	2	2	2	2	2	1	1	1	1	1	1	1
2	2	1	1	1	1	1	1	1	1	1	1	1	1

(주) : 별표2. 신체장해의 등급과 노동력상실률표에 의한 등급 7급과 8급에 해당하는 2개 부위의 신체장해자는 이 표에 의하여 5급이 되고, 다시 9급이 경합될 때에는 이 표에 의하여 4급이 된다.

〔별표4〕

사망에 대한 위자료 기준표(제5조 관련)

(2019.11.5 개정)

구 분	금 액
가. 피해자 본인	2천만원
나. 배우자(동거중인 사실혼 관계에 있는 자를 포함한다), 미혼자(이혼하거나 사별한 사람을 포함한다)의 부모	피해자 본인의 각 1/2
다. 부모·자녀	피해자 본인의 각 1/4
라. 기타 직계존속 및 직계비속, 형제자매, 동거중인 시부모·장인·장모	피해자 본인의 각 1/8

(주) : 1. 피해자 본인에 한하여 위 표의 금액에 세대주인 경우에는 50퍼센트를 가산하고, 10세 이하 또는 60세 이상인 경우에는 20퍼센트를 감액한다.
2. 위 표의 금액이 적당하지 아니하다고 인정되는 특별한 사정이 있는 경우에는 위자료를 가감할 수 있다.
3. 위 표 나목의 구분란 중 "미혼자(이혼하거나 사별한 사람을 포함한다)"에는 사실혼 관계에 있는 사람을 포함하지 않는다.

〔별표5〕

신체장해에 대한 위자료 기준표(제5조 관련)

(2019.11.5 개정)

구 분		금 액
가. 피해자 본인	노동력 100퍼센트 상실	2천만원
	그 외	2천만원×노동력 상실률
나. 배우자(동거중인 사실혼관계에 있는 자를 포함한다), 미혼자(이혼하거나 사별한 사람을 포함한다)의 부모		피해자 본인의 각 1/2
다. 부모·자녀		피해자 본인의 각 1/4
라. 기타 직계존속 및 직계비속, 형제자매, 동거중인 시부모·장인·장모		피해자 본인의 각 1/8

(주) : 1. 피해자 본인에 한하여 위 표의 금액에 세대주인 경우에는 50퍼센트를 가산하고, 10세 이하 또는 60세 이상인 경우에는 20퍼센트를 감액한다.
2. 위 표의 금액이 적당하지 아니하다고 인정되는 특별한 사정이 있는 경우에는 위자료를 가감할 수 있고, 위 표에 의한 위자료가 별표6에 의하여 계산한 위자료보다 적을 경우에는 별표6에 의한 위자료를 지급한다.
3. 위 표 나목의 구분란 중 "미혼자(이혼하거나 사별한 사람을 포함한다)"에는 사실혼 관계에 있는 사람을 포함하지 않는다.

〔별표6〕

상해에 대한 위자료 기준표(제5조 관련)

(2019.11.5 개정)

신체장해가 없는 상해의 경우 타당하다고 인정되는 요양기간에 대하여 1일에 2만원

〔별표6의2〕

명예 등의 침해에 대한 위자료 기준표 (제5조 관련)

(2019.11.5 개정)

명예를 침해당하거나 기타 정신상의 고통을 받은 자에 대하여는 별표4 내지 별표6에 의한 위자료가 지급되지 아니하는 경우에 한하여 1천만원을 초과하지 아니하는 범위안에서 상당하다고 인정되는 금액

〔별표7〕

사망자 본인의 생활비 비율표(제6조제1항관련)

(1998.2.19 개정)

구 분	생활비 비율표
부양가족이 없는 자	35퍼센트
부양가족이 있는 자	30퍼센트

〔별표8〕

본부배상심의회소속 지구배상심의회의 명칭 (제8조제1항관련)

(2006.12.29 개정)

명 칭
서울지구배상심의회
의정부지구배상심의회
인천지구배상심의회
수원지구배상심의회
춘천지구배상심의회
청주지구배상심의회
대전지구배상심의회
대구지구배상심의회
부산지구배상심의회
울산지구배상심의회
창원지구배상심의회
광주지구배상심의회
전주지구배상심의회
제주지구배상심의회

〔별표9〕

특별배상심의회소속 지구배상심의회의 명칭 및 관할구역(제8조제2항관련)

(2023.10.31 개정)

명 칭	관 할 구 역
육군본부지구배상심의회	대전광역시, 세종특별자치시 및 충청남도 일원
해군본부지구배상심의회	제주특별자치도를 제외한 전국 일원
공군본부지구배상심의회	제주특별자치도를 제외한 전국 일원
육군지상작전사령부지구배상심의회	강원특별자치도와 경기도 중 각 군단지구배상심의회의 관할구역을 제외한 전 지역
육군제2작전사령부지구배상심의회	대구광역시 및 경상북도 중 군단지구배상심의회의 관할구역을 제외한 전 지역
육군수도방위사령부지구배상심의회	서울특별시 일원
육군수도군단사령부지구배상심의회	인천광역시, 안양시, 광명시, 부천시, 과천시, 안산시, 의왕시, 군포시, 시흥시, 김포시
육군제1군단사령부지구배상심의회	육군제1군단 관할구역
육군제2군단사령부지구배상심의회	육군제2군단 관할구역
육군제3군단사령부지구배상심의회	육군제3군단 관할구역
육군제5군단사령부지구배상심의회	육군제5군단 관할구역
육군제31사단사령부지구배상심의회	광주광역시 및 전라남도 일원
육군제35사단사령부지구배상심의회	전북특별자치도 일원
육군제37사단사령부지구배상심의회	충청북도 일원
육군제53사단사령부지구배상심의회	부산광역시, 울산광역시 및 경상남도 일원
제9해병여단지구배상심의회	제주특별자치도 일원

■ 가족관계의 등록 등에 관한 규칙

〔별표1·2〕 ➡ 「www.hyeonamsa.com」 참조

〔별표3〕

과태료 부과기준

게을리한 기간	과 태 료	
	제122조 위반	제121조 위반
7일 미만	10,000원	20,000원
7일 이상 1월 미만	20,000원	40,000원
1월 이상 3월 미만	30,000원	60,000원
3월 이상 6월 미만	40,000원	80,000원
6월 이상	50,000원	100,000원

■ 부동산등기특별조치법에의한과태료부과·징수규칙

〔별표〕

과태료 부과 기준(제3조제1항 관련)

(2010.12.23 개정)

부 과 기 준	부 과 금 액
2개월 미만 해태한 경우	「지방세법」 제10조의 과세표준에 같은 법 제11조제1항의 표준세율(같은 법 제14조에 따라 조례로 세율을 달리 정하는 경우에는 그 세율을 말한다)에서 1천분의 20을 뺀 세율을 적용하여 산출한 금액(같은 법 제13조제2항 또는 제4항에 해당하는 경우에는 그 금액의 100분의 300을 말한다. 이하 이 표에서 "과태료 기준금액"이라 한다)의 100분의 5
2개월 이상 5개월 미만 해태한 경우	과태료 기준금액의 100분의 15
5개월 이상 8개월 미만 해태한 경우	과태료 기준금액의 100분의 20
8개월 이상 12개월 미만 해태한 경우	과태료 기준금액의 100분의 25
12개월 이상 해태한 경우	과태료 기준금액의 100분의 30

■ 부동산 실권리자명의 등기에 관한 법률 시행령

〔별표〕

과징금 부과기준(제3조의2·제4조의4 및 제8조 관련)

(2017.1.6 개정)

과징금의 금액은 제1호와 제2호의 과징금 부과율을 합한 과징금 부과율에 그 부동산평가액을 곱하여 산정한다.

1. 부동산평가액을 기준으로 하는 과징금 부과율

부동산평가액	과징금 부과율
5억원 이하	5%
5억원 초과 30억원 이하	10%
30억원 초과	15%

2. 의무위반 경과기간을 기준으로 하는 과징금 부과율

의무위반 경과기간	과징금 부과율
1년 이하	5%
1년 초과 2년 이하	10%
2년 초과	15%

■ 年金的利益의現在價格을호프만(Hoffmann)法에의하여求하기위한數値表

1. 序 文

筆者는 앞서 商業數學上의 問題에 있어서, 年金的 支拂額의 現價 卽 現在價格을 眞割引法 卽 호프만法에 의하여 求하는 경우에 計算을 容易하게 하기 위하여 單利年金現價表를 作成하여 公表한 것이 있는 바(註1) 그 表를 利用하면 法律上의 諸問題에 있어서, 때때로 나타나는 將來 一定期間에 걸쳐서 一年마다 發生하는 年金的 利益의 現價를 호프만法에 의한 法定利率로써 中間利息을 빼내고 求하는 때의 計算은 至極히 容易하게 되는 것이다.

그러나, 將來 一定期間에 걸쳐서 一月마다 發生하는 年金的 利益의 現價를 求하는 때에는, 그 表를 利用하여도 아직 計算하는 데에는 얼마간의 품이 들으므로, 筆者는 이 경우에도 計算을 容易하게 만들기 위하여 다시 法定利率에 의한 單利年金現價表를 作成하여 公表한 것이다(註2).

그러므로 이 表들을 利用하면, 從來에는 相當히 힘들었든 將來의 서로 같은 年金的 利益의 現價를 호프만法에 의하여 구하는 計算이 극히 容易하게 될 뿐만 아니라, 將來의 年金的 利益이 어떠한 期間을 經過할 때마다 變化할 때에 그 現價를 구하는 計算도 또한 容易하게 행할 수 있다.

여기 이 表等의 數値中, 民法上의 計算問題를 解決하는데 通常 필요한 範圍의 것을 들어(註3), 法律關係 諸賢의 利用에 供與하는 同時에 이 表의 使用法을 解說하는 것을 本稿의 目的으로 한다.

2. 年金的 利益의 現價

現在부터 一定期間 後에 얻는 利益의 現價를 구하는 方法에는 商業數學上 4種의 方法이 있다. 卽 利率에 의한 單割引法(이것을 眞割引法이라고도 한다). 割引率에 의한 單割引法(이것을 銀行割引法이라고도 한다). 利率에 의한 複割引法, 割引率에 의한 複割引法 등이 이것이다(註4).

그리하여, 法律學上은 이 方法들 중에서 利率에 의한 單割引法을 호프만法, 割引率에 의한 單割引法을 커르프초우(Carpzowsche)法 利率에 의한 複割引法을 라이프니츠(Leibniz)法이라고 일컫고 있는바, 日本國의 民法上의 計算問題로서는, 現價를 구할 때에는 最初의 호프만法을 쓰고 있는 경우가 극히 많다. 그러므로 이하는 將來의 利益의 現價를 호프만法에 의하여 구하는 경우만을 取扱코자 한다.

于先, 現在로부터 3年後에 얻을 利益 10萬원의 現價를 法定利率 年 5分의 호프만法에 의하여 中間利息을 빼내고 구하여 본다고 하면, 구하는 現價를 x로 表示할 때, 이것을 年 5分의 單利로써 3年間 불렸을 때의 利息은 x×0.05×3年이 되므로, 10萬원에서 빼낸 殘額이 x와 같게 되도록 x의 값을 정하면 된다. 그러므로

$$₩100{,}000 = x(1+0.05\times3)$$

를 풀면

$$x = \frac{100{,}000}{1+0.05\times3} = 86{,}957\text{이 된다.}$$

즉 이 경우의 現價는 ₩86,957(원未滿 4捨 5入)이다.

따라서, 中間利息은

₩100,000－₩86,957＝₩13,043이 된다.

一般的으로, 現在부터 n期間 後에 얻을 利益 s의 現價를 p라고 하고, 이것을 1期間에 대한 利率 i의 호프만法에 의하여 中間 利息을 빼내고 구한다면, 前例와 같이 생각하여

$$(1)\quad P = \frac{S}{1+ni}\text{가 된다.}$$

따라서 이 경우의 中間利息을 I라고 하면

$$I = S - P = \frac{sni}{1+ni} = pni\text{가 된다.}$$

다음에, 現在부터 5年間, 每年末에 10萬원씩의 利益을 얻는다고 할 때에, 그 年金的 利益의 現價를 法定利率에 年 5分의 호프만法에 의한 中間利息을 빼내고 구하여 본다고 하면, (1)式에서 $s = 100{,}000$, $i = 0.05$, $n = 1,2,3,4,5$라고 할 때

1年後의 利益 10萬원의 現價

$$\frac{₩100{,}000}{1+0.05} = ₩95{,}238.1$$

2年後의 利益 10萬원의 現價

$\frac{₩100,000}{1+2\times0.05}$ = ₩90,909.1

3年後의 利益 10萬원의 現價

$\frac{₩100,000}{1+3\times0.05}$ = ₩86,956.5

4年後의 利益 10萬원의 現價

$\frac{₩100,000}{1+4\times0.05}$ = ₩83,333.3

5年後의 利益 10萬원의 現價

$\frac{₩100,000}{1+5\times0.05}$ = ₩80,000.0이 되므로

이 5개의 現價를 合算하면 ₩436,437이 된다. 따라서 이것이 위와 같은 年金的 利益의 現價이다.

지금, 一般的으로 現在부터 n期間, 每期末 R씩의 利益을 얻을 때에, 이 年金的 利益의 現價를 P라고 하고, 이것을 1期間에 대하여 利率 i의 호프만法에 의하여 中間利息을 빼내고 구한다면, 前例와 같이 생각하여

現在부터 1期間後의 利益R의 現價

$\frac{R}{1+i}$

現在부터 2期間後의 利益R의 現價

$\frac{R}{1+2i}$

現在부터 3期間後의 利益R의 現價

$\frac{R}{1+3i}$

現在부터 n期間後의 利益R의 現價

$\frac{R}{1+ni}$ 이 되므로

(2) $P=R(\frac{1}{1+i}+\frac{1}{1+2i}+\frac{1}{1+3i}+\cdots\cdots+\frac{1}{1+ni})$이 된다.

여기서 (2)式의 위 右邊의 括弧內의 式은 計算이 簡單하게 되도록 變形할 수 없는 것이다.

또한, (2)式을 解說하기 위하여 基準으로 한 1期間은 1個年의 경우 뿐만이 아니라, 1個月, 2個月 · · · · · · 6個月등 어떤 때에도 물론 支障이 없는 것이다.

더욱 앞에서 揭示한 具體的인 計算例는 (2)式에서 R = 100,000, i = 5%, n=5의 경우에 相當하다는 것은 더 말할 나위도 없다.

3. 單利年金現價表

(2)式에 의하여 年金的 利益의 現價를 구할 때에는 그 右邊의 括弧內의 式의 數의 값을 計算하는 것이 필요하다.

여기서 그 式 卽

$\frac{1}{1+i}+\frac{1}{1+2i}+\frac{1}{1+3i}+\cdots\cdots+\frac{1}{1+ni}$를

商業數學上, 利率 i, 期數 n의 單利年金的現價率이라 한다.

따라서 單利年金 現價率에 의하여 (2)式을 表現한다면 다음과 같이 된다.

(3) 年金的 利益의 現價=每期末 利益×(利率 i, 期數 n의 單利年金現價率)

單利年金現價率의 값은, 期數 n의 값이 클 때에는 計算이 극히 많은 時間을 要하게 된다. 예를 들면 每月末 一定額씩의 利益이 30年間에 걸쳐서 얻을 때에 그 現價를 구하는 데는, n의 값이 360이 되므로, 計算에 있어서 莫大한 품이 들뿐만 아니라, 誤算의 危險도 늘 따르게 된다. 그러므로 筆者는, 위 計算을 容易하게 하기 위하여 利率 i, 期數 n의 單利年金現價率의 값을 i와 n의 여러 種類의 값에 대하여 計算한 結果의 表를 作成하였다. 이것이 **單利年金現價表**이고, 또 이것을 法律學上 用語로써 表現한다면, 年金的 利益의 現在價格을 호프만法에 의하여 求하기 위한 數値表에 다름이 없다.

本稿末尾에 揭示하는 **單利年金現價表**는 利率 i, 期數 n의 **單利年金現價率**의 값을, 利率 i가 法定利率 年 5分의 경우에는 期數 n은 1부터 100까지에 대하여 또 利率 i가 法定利率 月 5/12%의 경우에는 期數 n은 1부터 450까지에 대하여 각각 小數 第9位까지 正確하게 計算하여, 그 小數 第8位 미만을 4捨 5入한 結果表이다.

이 表의 보는 方法은 다음과 같다.

例 $\frac{1}{1+5\%}+\frac{1}{1+2\times5\%}+\frac{1}{1+3\times5\%}+\cdots\cdots+\frac{1}{1+60\times5\%}$의 값, 즉 利率 5% 期數 60의 單利年金現價率의 값은 뒤에 揭示하는 表의 i=5%의 欄內에서 n=60줄에 해당하는 數, 즉 27,354,792.44이다.

또 $\frac{1}{1+\frac{5}{12}\%}+\frac{1}{1+2\times\frac{5}{12}\%}+\frac{1}{1+3\times\frac{5}{12}\%}+\cdots\cdots+\frac{1}{1+360\times\frac{5}{12}\%}$의 값 卽 利率 5/12% 期數 360의 單利年金現價率의 값은, 뒤에 揭示하는 表의 i=5/12%의 欄內에서 n=360줄에 해당하는 數 즉 219,610,067.32이다.

4. 表에 의한 計算例

다음의 表에 의한 計算例를 揭示한다.

『例 1』 現在부터 28年間 每年末 60萬원씩의 收益이 있다고 豫想될 때, 이 年金的 收益의 現在價格을 法定利率 5分의 호프만法에 의하여 中間利息을 빼내고 求한다면, 얼마나 될까.

(3)式에서 1期를 1年으로 생각하고 每期末 利益을 60萬원으로 하고 또 I = 5%, n = 28이라 하면, 年金的收益의 現價 = ₩600,000×(利率 5%, 期數 28의 單利年金現價率)이 된다.

여기서 利率 5% 期數 28의 單利年金의 값은 뒤에 揭示하는 表에 의하여 구한다면 17.22115036이므로 年金的 收益의 現價 = ₩600,000 × 17.22115036 = ₩10,332,690(원未滿4捨5入)이 된다.

『例 2』 滿 38歲의 男子로서 平均月收 5萬원의 者가 事故에 의하여 死亡한 때 收入에 대한 生活費의 比率을 6割로 하고, 將來 얻을 수 있었을 純利益의 現在價格을 法定利率 年 5分의 호프만法에 의하여 中間利息을 빼내고 구하라. 但 平均餘命은 31.11年이다(註5).

于先, 將來 얻을 수 있었을 純利益은 1個月에 ₩50,000×(1−0.6)=₩20,000이다. 또 平均餘命 31.11年을 月 單位로 換算한다면 12月×31.11=373.32月이 되므로 1個月未滿을 4捨5入하면 373月이 된다. 다시 法定利率 年 5分을 月利로 換算한다면, 5/12%이 된다.

그러므로, (3)式에서 1期를 1月로 생각하고, 每期末 利益을 2萬원으로, 또 i=5/12%, n= 373으로 한다면 얻을 수 있었을 純利益의 現價=₩20,000×(利率 5/12%, 期數 373의 單利年金現價率)이 된다. 여기서 利率 5/12% 期數 373의 單利金現價率의 값은 뒤에 揭示하는 表에서 구하면, 224.75029558이므로 얻을 수 있었을 純利益의 現價= ₩20,000×224.75029558 = ₩4,495,006(원未滿4捨5入)이 된다.

또한 參考로서, 每月末 얻는 純利益, 2萬원의 12個月分 즉 24萬원이 每年末에 얻을 수 있는 것으로 假定하고, 얻을 수 있었을 純利益의 現價를 구하여 보자.

이 경우에, 平均餘命은 31.11年이므로 1年未滿은 4捨5入하여 31年으로 計算한다(註6).

따라서 (3)式에 있어서 1期를 1年으로 생각하고, 每期末 每益을 24萬원으로, 또 i = 5%, n=31로 한다면, 얻을 수 있었을 純利益의 現價=₩240,000×(利率 5%, 期數 31의 單利年金現價率)=₩240,000×18.42147049= ₩4,421,153(원未滿4捨5入)이 된다. 따라서 앞의 경우와 比較하면, 이 경우의 것이 얻을 수 있었을 純利益의 現價는 ₩4,495,006− ₩4,421,153=₩73,853만큼 적다.

『例 3』 現在부터 5年間은 純利益이 없고, 其後 25年間은 每年末 28萬원씩의 純益이 있다고 豫想되는 때, 이 年金的純益의 現在價格을 法定利益 年 5分의 호프만法에 의하여 中間利息을 빼고 구하라.

求하는 年金的 利益의 現價는, 每年末 28萬원씩 30年(5年+25年=30年)間 繼續하는 年金的 純益의 現價에서 每年末 28萬원씩 5年間 繼續하는 年金的 純益의 現價를 뺀 것과 같다.

于先, 每年末 28萬원씩 30年間 繼續하는 年金的 純益의 現價는 (3)式에서 1期를 1年으로 생각하고 每期末 利益을 28萬원으로 하고, 또 i = 5%, n = 30으로 하면,

₩280,000×(利率 5%, 期數 30의 單利年金現價率이 된다.

다음, 每年末 28萬원씩 5年間 繼續하는 年金的 純益의 現價는 같이 (3)式에서

₩280,000×(利率 5%, 期數 5)의 單利年金現價率이 된다.

따라서 구하는 年金的 純益의 現價는

₩280,000×{(年率 5%, 期數 30의 單利年金現價率)−(利率 5%, 期數 5의 單利年金現價率)}=₩280,000×(18.02931362− 4.36437041)=₩3,826,184가 된다.

『例 4』 現在부터 12年間은 純益이 없고, 其後 20年間은 每月末 2萬5千원씩의 純益이 있다고 豫想될 때에, 그 年金的 純益의 現在價格을 法定利率 年 5分의 호프만法에 의하여 中間利息을 빼내고 구하라.

구하는 年金的 純益의 現價는, 每月末 2萬5千원씩 32年(12年+20年=32年)間 繼續하는 年金的 純益의 現價에서 每月末 2萬5千원씩 12年間 繼續하는 年金的 純益의 現價를 빼낸 것과 같다.

于先, 每月末 2萬5千원씩 32年間 繼續하는 年金的 現價는 (3)式에서 1期를 1月로 생각하고 每期末 利益을 2萬5千원으로 하고 또 i = 5/12%, n = 12×32 = 384로 하면,

₩25,000.(利率 5/12%, 期數 384의 單利年金現價率)이 된다.

다음, 每月末 2萬5千원씩 12年間 繼續하는 年金的 純益의 現價는 (3)式에서(이 경우에는 n=12×12=144이다.)

₩25,000×(利率 5/12%, 期數 144의 單利年金現價率)이 된다.

따라서, 구하는 年金的 純益의 現價는, ₩25,000×{(利率 5/12%, 期數 384의 單期年金現價率)−(利率 5/12%, 期數 144의 單利年金現價率)}=₩25,000×(229.01535036− 112.61358261)=₩2,910,044가 된다.

『例 5』 滿 37歲의 男子가 事故로 인하여 死亡하였으나, 그 사람의 平均餘命이 32年이고, 그 月收는 每月末 支給으로서 最初의 8年間은 7萬원, 다음 8年間은 10萬원, 그 다음의 8年間은 6萬원, 最後의 8年間은 5萬원의 豫定이라고 한다.

收入에 대한 生活費의 比率은 6割로 하고, 將來 얻을 수 있었을 純利益의 現在 價格을 法定利率 年 5分의 호프만法에 의하여 中間利息을 빼내고 구하라.

우선, 將來 얻을 수 있었을 純利益은 1個月에 대하여 最初의 8年間은 70,000×(1− 0.6)=₩28,000 다음의 8年間은 ₩100,000 ×(1−0.6)=₩40,000, 그 다음의 8年間은 ₩60,000×(1−0.6)=₩24,000, 最後의 8年間은 ₩50,000×(1−0.6)=₩20,000이 된다.

다음에, 이것들의 純利益의 現價를 구한다고 하면, 最初의 8年間 每月末 2萬8千원씩 얻을 純利益의 現價는 (3)式에서 1期를 1月로 생각하고, 每期末 利益을 2萬8千원으로 하고, 또 i=5/12%, n=12×8=96으로 하면,

₩28,000×(利率 5/12%, 期數 96의 單利年金現價率)=₩28,000×80.61064971= ₩2,257,098.2가 된다.

다음의 8年間 每月末 4萬원씩 얻어지는 純利益의 現價는, 每月末 4萬원씩 16年(8年+8年=16年)間 繼續하는 年金的 純利益의 現價에서 每月末 4萬원씩 8年間 繼續하는 年金的 純利益의 現價를 뺀 것과 같다. 그러므로, 이것은 『例 4』의 경우와 같게 하여

₩40,000×{(利率 5/12%, 期數 192의 單利年金現價率)−(利率 5/12%, 期數 96의 單利年金現價率)}−40,000×(140.84681741− 80.61064971)=₩2,409,446.7이 된다.

다시 다음의 8年間 每月末 2萬4千원씩 얻어지는 純利益의 現價는, 每月末 2萬4千원씩 24年(8年+8年+8年=24年)間 繼續하는 年金的 純利益의 現價에서 每月末 2萬4千원씩 16年(8年+8年=16年)間 繼續하는 年金的 純利益의 現價를 뺀 것과 같다.

그러므로, 이것은

₩24,000×{(利率 5/12%, 期數 288의 單利年金現價率)−(利率 5/12%, 期數 192의 單利年金現價率)}=₩24,000×(188.95731470− 140.84681741)=₩1,154,651.9가 된다.

最後의 8年間 每月末 2萬원씩 얻어지는 純利益의 現價는, 每月末 2萬원씩 32年(8年+8年+8年+8年=32年)間 繼續하는 年金的 利益의 現價에서 每月末 2萬원씩 24年(8年+8年+8年=24年)間 繼續하는 年金的 利益의 現價를 빼낸 것과 같다. 그러므로, 이것은

₩20,000×{(利率 5/12%, 期數 384의 單利年金現價率)−(利率 5/12%, 期數 288의 單利年金現價率)}

=₩20,000×(229.01535036−188.95731470)= ₩801,160.7이 된다.

以上 4個의 경우로 나누어서 計算한 各 現價의 總計가 구하는 結果이다.

즉 이것은, ₩2,257,098.2+₩2,409,446.7+ ₩1,154,651.9+₩801,160.7=₩6,622,357.5가 되므로 원未滿은 4捨5入하여 ₩6,622,358이 된다.

또한, 本例에서는 月收가 平均餘命동안 8年마다 變化하는 경우를 取扱하였으나, 이것이 서로 같지 않은 期間을 經過할 때마다 變化하는 경우 例를 들면, 順次, 2年間 6萬원, 3年間 7萬원, 5年間 9萬원, 8年間 10萬원, 14年間 5萬원등과 같이 變化하는 경우에도 꼭 같은 形式으로 計算할 수 있음은 말할 것도 없다.

5. 結 論

우리들은 이상에서, 年金的 利率의 現在 價格을 호프만法에 의하여 구하기 위한 數値表로서의 單利年金現價表를 紹介함과 同時에, 이 表의 使用法을 說明하고 또한 그 計算例도 揭示하였다.

이 計算例에서 明白한 것과 같이 이 表를 利用한다면, 一年마다 發生하는 年金的 利益의 現價는 물론이거니와 從來는 거의 計算되어 있지 않았던 一月마다 發生하는 年金的 利益의 現價 혹은 어떤 期間을 經過한 때마다 變化하는 年金的 利益의 現價로, 特別한 假定을 設定함이 없이 原形대로 극히 容易하게 구할 수 있는 것이다.

그러나, 이 年金的 利益의 現價計算에 있어서 于先 注意하여야 할 것은, 利益의 發生期와 그 金額, 現價, 評價時點등의 關係를 明確하게 把握하는 것이 무엇보다도 重要한 것으로써 이것이 不充分할 때에는 誤算할 危險性이 多分히 있다고 하겠다.

그러므로 항상 이 危險을 피하기 위하여 利益의 發生期, 各 發生期의 利益額, 現價 評價時點등을 明示한 圖表(이것을 "Time Diagram"이라고 한다)을 그려서 計算의 參考로 삼는다(註7).

또한 앞에 揭記한 計算例에서는, 될 수 있는 한 쉽게 說明하였으므로 解說이 길어지고 不必要한 計算을 한 點등이 있으나 實務上에는, 公式을 使用하고 公式에다 表의 數値를 代入하여 可及的이면, 簡單한 計算으로 所要의 結果를 얻고자 希望하고 있다. 그리하여 그와 같은 目的을 充足시키기 위하여 公式도 이미 考案되어 筆者의 手中에 있으므로 別途機會가 있을 때 紹介하고자 생각한다.

또한 앞에 揭記한 『例 2』에서 指摘하여 있고 理論上 自明한 것이나, 一般的으로 將次 얻을 수 있었을 純利益의 現在價格을 구하는 경우 純利益이 一年마다 發生하는 것으로 計算하는 경우보다 1月마다 發生하는 것으로서 計算하는 경우가 항상 現在價格이 커지는 것은 注意하여야 한다.

日本橫濱國立大學 敎授 佐藤信吉 著

(註 1) 拙稿 「單利年金現價表의 擴張」 雜誌 「會計」 第69卷 第1號−第4號 所載參照, 혹은 拙著 「會計數理와 利潤計算」 (森山書店 發行) 附錄 會計數理用諸表 16面−19面 參照.

(註 2) 拙稿 「法定利率에 의한 單利年金現價表」 雜誌 「會計」 第69卷 第5號 所載 參照.

(註 3) 商法上의 計算問題를 解決하기 위한 必要한 數値表에 관하여, 前揭拙稿 또는 拙著를 參照.

(註 4) 利率 또는 割引率의 값이 같다고 하여도, 이것들의 4種의 方法에 의한 現價는 一般으로는 各各 다른 값을 取하는 것이다. 이 4種의 方法의 性質과 이로 말미암은 現價의 大小關係에 관하여는, 拙著 「商業數學」 現代商學全集 第2卷, 春秋社發行 38面−55面 또는 拙著 「會計數理와 利潤計算」 58面−72面을 參照.

(註 5) 厚生省 第9回 生命表(1955年 1月) 參照.

(註 6) 平均餘命의 1月未滿 혹은 1年未滿을 4捨5入하지 않고 그대로 使用하여 精密한 計算을 할 수 있으나 여기서는 簡單히 하기 위하여 4捨5入하여 計算하기로 하였다.

(註 7) 타임 · 다이어그램(Time Diagram)의 例에 관하여는 前揭拙著 「會計數理와 利潤計算」 75面−98面 參照.

『付記』 法定利率을 使用한 호프만法에 의하여 年金的 利益의 現價를 구하는 때, 어느 程度 이상의 期數의 現價를 計算하면 이것이 法定利率에 의한 每期의 利益額에 相當한 利息을 生하는 것과 같은 元本額보다도 커지는 것이다. 그리하여 이러한 경우에는 이 元本額을 가지고 이 年金的 利益의 現價로 하고 있는 모양이다.

위와 같은 限度期數에 관하여는 前揭 拙稿 「法定利率에 의한 單利年金現價表」 雜誌 「會計」 第69卷 第5號 61面을 參照.

또한 위와 같은 措置의 例로서 獨逸破産法 第70條, 日本破産法의 削除前의 第19條 但書를 參照.

法定利率에 의한 單利年金現價表(1)

$\frac{1}{1+i}+\frac{1}{1+2i}+\frac{1}{1+3i}+\cdots\cdots+\frac{1}{1+ni}$

法定利率에 의한 單利年金現價表(2)

$$\frac{1}{1+i}+\frac{1}{1+2i}+\frac{1}{1+3i}+\cdots\cdots+\frac{1}{1+ni}$$

n \ i	5%
1	0.9523 8095
2	1.8614 7186
3	2.7310 3708
4	3.5643 7041
5	4.3643 7041
6	5.1336 0118
7	5.8743 4192
8	6.5886 2764
9	7.2782 8281
10	7.9449 4948
11	8.5901 1077
12	9.2151 1077
13	9.8211 7137
14	10.4094 0667
15	10.9808 3524
16	11.5363 9079
17	12.0769 3133
18	12.6032 4712
19	13.1160 6764
20	13.6160 6764
21	14.1038 7251
22	14.5800 6299
23	15.0451 7927
24	15.4997 2472
25	15.9441 6917
26	16.3789 5178
27	16.8044 8369
28	17.2211 5036
29	17.6293 1362
30	18.0293 1362
31	18.4214 7049
32	18.8060 8587
33	19.1834 4436
34	19.5538 1473
35	19.9174 5110
36	20.2745 9395
37	20.6254 7115
38	20.9702 9873
39	21.3092 8178
40	21.6426 1512
41	21.9704 8397
42	22.2930 6461
43	22.6105 2493
44	22.9230 2493
45	23.2307 1724
46	23.5337 4754
47	23.8322 5500
48	24.1263 7265
49	24.4162 2772
50	24.7017 4201
51	24.9836 3215
52	25.2614 0993
53	25.5353 8253
54	25.8056 5280
55	26.0723 1947
56	26.3354 7736
57	26.5952 1762
58	26.8516 2788
59	27.1047 9244
60	27.3547 9244
61	27.6017 0602
62	27.8456 0846
63	28.0865 7231
64	28.3246 6755
65	28.5599 6167
66	28.7925 1981
67	29.0224 0486
68	29.2496 7759
69	29.4743 9669
70	29.6966 1891
71	29.9163 9913
72	30.1337 9044
73	30.3488 4420
74	30.5616 1016
75	30.7721 3647
76	30.9804 6981
77	31.1866 5538
78	31.5937 3701
79	31.5927 5721
80	31.7927 5721
81	31.9907 7701
82	32.1868 5544
83	32.3810 3020
84	32.5733 3789
85	32.7638 1408
86	32.9524 9333
87	33.1394 0922
88	33.3245 9440
89	33.5080 8064
90	33.6898 9882
91	33.8700 7900
92	34.0486 5043
93	34.2256 4158
94	34.4010 8018
95	34.5749 9322
96	34.7474 0701
97	34.9183 4719
98	35.0878 3871
99	35.2559 0594
100	35.4225 7260

n \ i	$\frac{5}{12}$%
1	0.9958 5062
2	1.9875 8616
3	2.9752 4048
4	3.9588 4704
5	4.9384 3887
6	5.9140 4863
7	6.8857 0855
8	7.8534 5049
9	8.8173 0591
10	9.7773 0591
11	10.7334 8121
12	11.6858 6216
13	12.6344 7876
14	13.5793 6066
15	14.5205 3712
16	15.4580 3712
17	16.3918 8926
18	17.3221 2182
19	18.2487 6274
20	19.1718 3967
21	20.0913 7990
22	21.0074 1043
23	21.9199 5796
24	22.8290 4887
25	23.7347 0925
26	24.6369 6489
27	25.5358 4129
28	26.4313 6368
29	27.3235 5699
30	28.2124 4588
31	29.0980 5473
32	29.9804 0767
33	30.8595 2855
34	31.7354 4096
35	32.6081 6823
36	33.4777 3345
37	34.3441 5944
38	35.2074 6880
39	36.0676 8385
40	36.9248 2671
41	37.7789 1923
42	38.6299 8306
43	39.4780 3960
44	40.3231 1002
45	41.1652 1529
46	42.0043 7613
47	42.8406 1306
48	43.6739 4639
49	44.5043 9622
50	45.3319 8243
51	46.1567 2469
52	46.9786 4250
53	47.7977 5513
54	48.6140 8166
55	49.4276 4098
56	50.2384 5179
57	51.0465 3260
58	51.8519 0173
59	52.6545 7732
60	53.4545 7732
61	54.2519 1951
62	55.0466 2149
63	55.8387 0070
64	56.6281 7439
65	57.4150 5963
66	58.1993 7336
67	58.9811 3232
68	59.7603 5309
69	60.5370 5212
70	61.3112 4567
71	62.0829 4985
72	62.8521 8062
73	63.6189 5378
74	64.3832 8499
75	65.1451 8976
76	65.9046 8343
77	66.6617 8122
78	67.4164 9820
79	68.1688 4930
80	68.9188 4930
81	69.6665 1285
82	70.4118 5446
83	71.1548 8852
84	71.8956 2926
85	72.6340 9080
86	73.3702 8712
87	74.1042 3207
88	74.8359 3939
89	75.5654 2267
90	76.2926 9540
91	77.0177 7093
92	77.7406 6249
93	78.4613 8321
94	79.1799 4609
95	79.8963 6400
96	80.6106 4971
97	81.3228 1589
98	82.0328 7506
99	82.7408 3966
100	83.4467 2201
101	84.1505 3433
102	84.8522 8871
103	85.5519 9717
104	86.2496 7159
105	86.9453 2376
106	87.6389 6538
107	88.3306 0803
108	89.0202 6320
109	89.7079 4229
110	90.3936 5657
111	91.0774 1726
112	91.7592 3544
113	92.4391 2212
114	93.1170 8823
115	93.7931 4456
116	94.4673 0187
117	95.1395 7078
118	95.8099 6184
119	96.4784 8551
120	97.1451 5218
121	97.8099 7212
122	98.4729 5555
123	99.1341 1257
124	99.7934 5323
125	100.4509 8748
126	101.1067 2519
127	101.7606 7614
128	102.4128 5005
129	103.0632 5656
130	103.7119 0521
131	104.3588 0547
132	105.0039 6676
133	105.6473 9840
134	106.2891 0963
135	106.9290 0963
136	107.5674 0750
137	108.2040 1228
138	108.8389 3291
139	109.4721 7829
140	110.1037 5724
141	110.7336 7850
142	111.3619 5075
143	111.9885 8261
144	112.6135 8261
145	113.2369 5923
146	113.8587 2089
147	114.4788 7593
148	115.0974 3263
149	115.7143 9921
150	116.3297 8382
151	116.9435 9457
152	117.5558 3946
153	118.1665 2649
154	118.7756 6354
155	119.3832 5848
156	119.9893 1909
157	120.5938 5309
158	121.1968 6817
159	121.7983 7193
160	122.3983 7193
161	122.9968 7567
162	123.5938 9059
163	124.1894 2409
164	124.7834 8350
165	125.3760 7609
166	125.9672 0909
167	126.5568 8968
168	127.1451 2498
169	127.7319 2204
170	128.3172 8790
171	128.9012 2950
172	129.4837 5377
173	130.0648 6758
174	130.6445 7772
175	131.2228 9097
176	131.7998 1405
177	132.3753 5362
178	132.9495 1630
179	133.5223 0866
180	134.0937 3723
181	134.6638 0849
182	135.2325 2887
183	135.7999 0476
184	136.3659 4249
185	136.9306 4838
186	137.4940 2866
187	138.0560 8955
188	138.6168 3721
189	139.1762 7777
190	139.7344 1731
191	140.2912 6185
192	140.8468 1741
193	141.4010 8993
194	141.9540 8532
195	142.5058 0946
196	143.0562 6817
197	143.6054 6726
198	144.1534 1246
199	144.7001 0950
200	145.2455 6405
201	145.7897 8173
202	146.3327 6816
203	146.8745 2888
204	147.4150 6942
205	147.9543 9526
206	148.4925 1186
207	149.0294 2461
208	149.5651 3889
209	150.0996 6005
210	150.6329 9338
211	151.1651 4416
212	151.6961 1761
213	152.2259 1894
214	152.7545 5330
215	153.2820 2582
216	153.8083 4161
217	154.3335 0573
218	154.8575 2320
219	155.3803 9901
220	155.9021 3814
221	156.4227 4552
222	156.9422 2604
223	157.4605 8457
224	157.9778 2595
225	158.4939 5498
226	159.0089 7644
227	159.5228 9507
228	160.0357 1558
229	160.5474 4266
230	161.0580 8096
231	161.5676 3510
232	162.0761 0968
233	162.5835 0925
234	163.0898 3837
235	163.5951 0152
236	164.0993 0320
237	164.6024 4786
238	165.1045 3991
239	165.6055 8375
240	166.1055 8375
241	166.6045 4425
242	167.1024 6956
243	167.5993 6397
244	168.0952 3174
245	168.5900 7710
246	169.0839 0426
247	169.5767 1740
248	170.0685 2068
249	170.5593 1823
250	171.0491 1415
251	171.5379 1252
252	172.0257 1739
253	172.5125 3281
254	172.9983 6277
255	173.4832 1125
256	173.9670 8222
257	174.4499 7961
258	174.9319 0732
259	175.4128 6924
260	175.8928 6924
261	176.3719 1116
262	176.8499 9881
263	177.3271 3598
264	177.8033 2646
265	178.2785 7398
266	178.7528 8228
267	179.2262 5507
268	179.6986 9601
269	180.1702 0878
270	180.6407 9702
271	181.1104 6434
272	181.5792 1434
273	182.0470 5059
274	182.5139 7666
275	182.9799 9608
276	183.4451 1236
277	183.9093 2899
278	184.3726 4946
279	184.8350 7720
280	185.2966 1566
281	185.7572 6826
282	186.2170 3837
283	186.6759 2938
284	187.1339 4465
285	187.5910 8751
286	188.0473 6127
287	188.5027 6924
288	188.9573 1470
289	189.4110 0090
290	189.8638 3109
291	190.3158 0849
292	190.7669 3631
293	191.2172 1773
294	191.6666 5593
295	192.1152 5406
296	192.5630 1526
297	193.0099 4263
298	193.4560 3929
299	193.9013 0830
300	194.3457 5275

n / i	$\frac{5}{12}\%$	n / i	$\frac{5}{12}\%$	n / i	$\frac{5}{12}\%$	n / i	$\frac{5}{12}\%$
301	194. 7893 7567	403	236. 2083 1626	505	271. 5202 5582	607	302. 2968 2096
302	195. 2321 8010	404	236. 5809 8706	506	271. 8419 7164	608	302. 5798 3983
303	195. 6741 6905	405	236. 9530 8009	507	272. 1632 5678	609	302. 8625 2534
304	196. 1153 4552	406	237. 3245 9712	508	272. 4841 1239	610	303. 1448 7828
305	196. 5557 1249	407	237. 6955 3993	509	272. 8045 3963	611	303. 4268 9944
306	196. 9952 7293	408	238. 0659 1030	510	273. 1245 3963	612	303. 7085 8958
307	197. 4340 2979	409	238. 4357 0999	511	273. 4441 1353	613	303. 9899 4948
308	197. 8719 8599	410	238. 8049 4076	512	273. 7632 6247	614	304. 2709 7993
309	198. 3091 4446	411	239. 1736 0435	513	274. 0819 8757	615	304. 5516 8168
310	198. 7455 0810	412	239. 5417 0251	514	274. 4002 8996	616	304. 8320 5551
311	199. 1810 7978	413	239. 9092 3697	515	274. 7181 7075	617	305. 1121 0219
312	199. 6158 6239	414	240. 2762 0945	516	275. 0356 3107	618	305. 3918 2247
313	200. 0498 5878	415	240. 6426 2166	517	275. 3526 7202	619	305. 6712 1711
314	200. 4830 7177	416	241. 0084 7532	518	275. 6692 9471	620	305. 9502 8688
315	200. 9155 0421	417	241. 3737 7212	519	275. 9855 0024	621	306. 2290 3253
316	201. 3471 5888	418	241. 7385 1377	520	276. 3012 8972	622	306. 5074 5480
317	201. 7780 3859	419	242. 1027 0193	521	276. 6166 6422	623	306. 7855 5445
318	202. 2081 4612	420	242. 4663 3829	522	276. 9316 2485	624	307. 0633 3223
319	202. 6374 8422	421	242. 8294 2453	523	277. 2461 7269	625	307. 3407 8888
320	203. 0660 5565	422	243. 1919 6229	524	277. 5603 0882	626	307. 6179 2514
321	203. 4938 6314	423	243. 5539 5324	525	277. 8740 3431	627	307. 8947 4174
322	203. 9209 0940	424	243. 9153 9902	526	278. 1873 5024	628	308. 1712 3944
323	204. 3471 9715	425	244. 2763 0128	527	278. 5002 5767	629	308. 4474 1896
324	204. 7727 2906	426	244. 6366 6164	528	278. 8127 5767	630	308. 7232 8103
325	205. 1975 0782	427	244. 9964 8173	529	279. 1248 5129	631	308. 9988 2638
326	205. 6215 3609	428	245. 3557 6317	530	279. 4365 3961	632	309. 2740 5573
327	206. 0448 1652	429	245. 7145 0756	531	279. 7478 2365	633	309. 5489 6982
328	206. 4673 5173	430	246. 0727 1652	532	280. 0587 0448	634	309. 8235 6937
329	206. 8891 4435	431	246. 4303 9163	533	280. 3691 8314	635	310. 0978 5508
330	207. 3101 9698	432	246. 7875 3449	534	280. 6792 6066	636	310. 3718 2768
331	207. 7305 1221	433	247. 1441 4667	535	280. 9889 3808	637	310. 6454 8789
332	208. 1500 9263	434	247. 5002 2976	536	281. 2982 1643	638	310. 9188 3641
333	208. 5689 4080	435	247. 8557 8531	537	281. 6070 9673	639	311. 1918 7395
334	208. 9870 5927	436	248. 2108 1490	538	281. 9155 8003	640	311. 4646 0122
335	209. 4044 5057	437	248. 5653 2007	539	282. 2236 6732	641	311. 7370 1893
336	209. 8211 1724	438	248. 9193 0237	540	282. 5313 5962	642	312. 0091 2777
337	210. 2370 6178	439	249. 2727 6334	541	282. 8386 5796	643	312. 2809 2845
338	210. 6522 8669	440	249. 6257 0452	542	283. 1455 6333	644	312. 5524 2167
339	211. 0667 9446	441	249. 9781 2742	543	283. 4520 7674	645	312. 8236 0811
340	211. 4805 8757	442	250. 3300 3358	544	283. 7581 9919	646	313. 0944 8847
341	211. 8936 6846	443	250. 6814 2450	545	284. 0639 3167	647	313. 3650 6344
342	212. 3060 3960	444	251. 0323 0170	546	284. 3692 7519	648	313. 6353 3371
343	212. 7177 0340	445	251. 3826 6666	547	284. 6742 3071	649	313. 9052 9996
344	213. 1286 6231	446	251. 7325 2089	548	284. 9787 9924	650	314. 1749 6289
345	213. 5389 1872	447	252. 0818 6587	549	285. 2829 8175	651	314. 4443 2315
346	213. 9484 7503	448	252. 4307 0308	550	285. 5867 7922	652	314. 7133 8145
347	214. 3573 3364	449	252. 7790 3399	551	285. 8901 9262	653	314. 9821 3845
348	214. 7654 9690	450	253. 1268 6008	552	286. 1932 2292	654	315. 2505 9483
349	215. 1729 6719	451	253. 4741 8280	553	286. 4958 7109	655	315. 5187 5125
350	215. 5797 4685	452	253. 8210 0361	554	286. 7981 3810	656	315. 7866 0839
351	215. 9858 3822	453	254. 1673 2395	555	287. 1000 2489	657	316. 0541 6692
352	216. 3912 4363	454	254. 5131 4528	556	287. 4015 3243	658	316. 3214 2750
353	216. 7959 6538	455	254. 8584 6902	557	287. 7026 6166	659	316. 5883 9079
354	217. 2000 0579	456	255. 2032 9661	558	288. 0034 1354	660	316. 8550 5746
355	217. 6033 6713	457	255. 5476 2946	559	288. 3037 8901	661	317. 1214 2816
356	218. 0060 5169	458	255. 8914 6900	560	288. 6037 8901	662	317. 3875 0355
357	218. 4080 6174	459	256. 2348 1664	561	288. 9034 1448	663	317. 6532 8428
358	218. 8093 9954	460	256. 5776 7379	562	289. 2026 6635	664	317. 9187 7100
359	219. 2100 6732	461	256. 9200 4183	563	289. 5015 4555	665	318. 1839 6437
360	219. 6100 6732	462	257. 2619 2217	564	289. 8000 5301	666	318. 4488 6504
361	220. 0094 0176	463	257. 6033 1620	565	290. 0981 8966	667	318. 7134 7364
362	220. 4080 7285	464	257. 9442 2529	566	290. 3959 5641	668	318. 9777 9082
363	220. 8060 8281	465	258. 2846 5082	567	290. 6933 5418	669	319. 2418 1722
364	221. 2034 3380	466	258. 6245 9416	568	290. 9903 8388	670	319. 5055 5348
365	221. 6001 2801	467	258. 9640 5668	569	291. 2870 4643	671	319. 7690 0024
366	221. 9961 6762	468	259. 3030 3973	570	291. 5833 4272	672	320. 0321 5814
367	222. 3915 5477	469	259. 6415 4467	571	291. 8792 7367	673	320. 2950 2780
368	222. 7862 9161	470	259. 9795 7284	572	292. 1748 4018	674	320. 5576 0986
369	223. 1803 8028	471	260. 3171 2558	573	292. 4700 4313	675	320. 8199 0494
370	223. 5738 2290	472	260. 6542 0423	574	292. 7648 8342	676	321. 0819 1367
371	223. 9666 2159	473	260. 9908 1012	575	293. 0593 6195	677	321. 3436 3668
372	224. 3587 7846	474	261. 3269 4458	576	293. 3534 7960	678	321. 6050 7459
373	224. 7502 9558	475	261. 6626 0891	577	293. 6472 3725	679	321. 8662 2802
374	225. 1411 7506	476	261. 9978 0444	578	293. 9406 3578	680	322. 1270 9758
375	225. 5314 1897	477	262. 3325 3248	579	294. 2336 7607	681	322. 3876 8390
376	225. 9210 2936	478	262. 6667 9431	580	294. 5263 5900	682	322. 6479 8759
377	226. 3100 0829	479	263. 0005 9126	581	294. 8186 8543	683	322. 9080 0926
378	226. 6983 5780	480	263. 3339 2459	582	295. 1106 5623	684	323. 1677 4952
379	227. 0860 7993	481	263. 6667 9560	583	295. 4022 7227	685	323. 4272 0898
380	227. 4731 7671	482	263. 9992 0557	584	295. 6935 3441	686	323. 6863 8824
381	227. 8596 5014	483	264. 3311 5578	585	295. 9844 4350	687	323. 9452 8792
382	228. 2455 0223	484	264. 6626 4749	586	296. 2750 0040	688	324. 2039 0861
383	228. 6307 3497	485	264. 9936 8198	587	296. 5652 0596	689	324. 4622 5091
384	229. 0153 5036	486	265. 3242 6049	588	296. 8550 6104	690	324. 7203 1543
385	229. 3993 5036	487	265. 6543 8428	589	297. 1445 6646	691	324. 9781 0275
386	229. 7827 3694	488	265. 9840 5461	590	297. 4337 2309	692	325. 2356 1348
387	230. 1655 1206	489	266. 3132 7272	591	297. 7225 3176	693	325. 4928 4821
388	230. 5476 7766	490	266. 6420 3984	592	298. 0109 9329	694	325. 7498 0753
389	230. 9292 3569	491	266. 9703 5722	593	298. 2991 0854	695	326. 0064 9202
390	231. 3101 8807	492	267. 2982 2607	594	298. 5868 7832	696	326. 2629 0227
391	231. 6905 3672	493	267. 6256 4763	595	298. 8743 0347	697	326. 5190 3888
392	232. 0702 8356	494	267. 9526 2310	596	299. 1613 8481	698	326. 7749 0242
393	232. 4494 3048	495	268. 2791 5372	597	299. 4481 2316	699	327. 0304 9347
394	232. 8279 7938	496	268. 6052 4067	598	299. 7345 1935	700	327. 2858 1262
395	233. 2059 3213	497	268. 9308 8518	599	300. 0205 7417	701	327. 5408 6044
396	233. 5832 9062	498	269. 2560 8843	600	300. 3062 8846	702	327. 7956 3751
397	233. 9600 5671	499	269. 5808 5162	601	300. 5916 6301	703	328. 0501 4441
398	234. 3362 3226	500	269. 9051 7595	602	300. 8766 9864	704	328. 3043 8170
399	234. 7118 1912	501	270. 2290 6259	603	301. 1613 9615	705	328. 5583 4995
400	235. 0868 1912	502	270. 5525 1272	604	301. 4457 5634	706	328. 8120 4974
401	235. 4612 3409	503	270. 8755 2753	605	301. 7297 8001	707	329. 0654 8163
402	235. 8350 6587	504	271. 1981 0817	606	302. 0134 6795	708	329. 3186 4618

n \ i	5/12 %
709	329. 5715 4397
710	329. 8241 7555
711	330. 0765 4148
712	330. 3286 4232
713	330. 5804 7863
714	330. 8320 5096
715	331. 0833 5986
716	331. 3344 0588
717	331. 5851 8958
718	331. 8357 1150
719	332. 0859 7219
720	332. 3359 7219
721	332. 5857 1204
722	332. 8351 9229
723	333. 0844 1348
724	333. 3333 7613
725	333. 5820 8080
726	333. 8305 2800
727	334. 0787 1828
728	334. 3266 5216
729	334. 5743 3018
730	334. 8217 5286
731	335. 0689 2073
732	335. 3158 3431
733	335. 5624 9413
734	335. 8089 0070
735	336. 0550 5454
736	336. 3009 5618
737	336. 5466 0613
738	336. 7920 0490
739	339. 0371 5301
740	337. 2820 5097
741	337. 5266 9929
742	337. 7710 9848
743	338. 0152 4904
744	338. 2591 5148
745	338. 5028 0630
746	338. 7462 1401
747	338. 9893 7510
748	339. 2322 9008
749	339. 4749 5944
750	339. 7173 8369
751	339. 9595 6330
752	340. 2014 9879
753	340. 4431 9063
754	340. 6846 3932
755	340. 9258 4535
756	341. 1668 0921
757	341. 4075 3137
758	341. 6480 1234
759	341. 8882 5258
760	342. 1282 5258
761	342. 3680 1282
762	342. 6075 3377
763	342. 8468 1593
764	343. 0858 5975
765	343. 3246 6572
766	343. 5632 3431
767	343. 8015 6599
768	344. 0396 6123
769	344. 2775 2049
770	344. 5151 4426
771	344. 7525 3298
772	344. 9896 8713
773	345. 2266 0717
774	345. 4632 9356
775	345. 6997 4676
776	345. 9359 6723
777	346. 1719 5543
778	346. 4077 1182
779	346. 6432 3684
780	346. 8785 3096
781	347. 1135 9462
782	347. 3484 2828
783	347. 5830 3239
784	347. 8174 0739
785	348. 0515 5373
786	348. 2854 7186
787	348. 5191 6222
788	348. 7526 2526
789	348. 9858 6141
790	349. 2188 7112
791	349. 4516 5482
792	349. 6842 1296
793	349. 9165 4597
794	350. 1486 5429
795	350. 3805 3835
796	350. 6121 9858
797	350. 8436 3541
798	351. 0748 4929
799	351. 3058 4063
800	351. 5366 0986
801	351. 7671 5741
802	351. 9974 8370
803	352. 2275 8917
804	352. 4574 7422
805	352. 6871 3930
806	352. 9165 8480
807	353. 1458 1116
808	353. 3748 1880
809	353. 6036 0812
810	353. 8321 7955

n \ i	5/12 %
811	354. 0605 3350
812	354. 2886 7038
813	354. 5165 9061
814	354. 7442 9459
815	354. 9717 8274
816	355. 1990 5547
817	355. 4261 1318
818	355. 6529 5628
819	355. 8795 8518
820	356. 1060 0027
821	356. 3322 0197
822	356. 5581 9067
823	356. 7839 6677
824	357. 0095 3068
825	357. 2348 8280
826	357. 4600 2351
827	357. 6849 5322
828	357. 9096 7232
829	358. 1341 8121
830	358. 3584 8027
831	358. 5825 6991
832	358. 8064 5051
833	359. 0301 2245
834	359. 2535 8614
835	359. 4768 4195
836	359. 6998 9028
837	359. 9227 3151
838	360. 1453 6602
839	360. 3677 9419
840	360. 5900 1641
841	360. 8120 3306
842	361. 0338 4452
843	361. 2554 5117
844	361. 4768 5339
845	361. 6980 5154
846	361. 9190 4602
847	362. 1398 3719
848	362. 3604 2542
849	362. 5808 1110
850	362. 8009 9458
851	363. 0209 7625
852	363. 2407 5647
853	363. 4603 3561
854	363. 6797 1404
855	363. 8988 9212
856	364. 1178 7022
857	364. 3366 4871
858	364. 5552 2794
859	364. 7736 0829
860	364. 9917 9011
861	365. 2097 7376
862	365. 4275 5960
863	365. 6451 4800
864	365. 8625 3930
865	366. 0797 3387
866	366. 2967 3207
867	366. 5135 3423
868	366. 7301 4073
869	366. 9465 5191
870	367. 1627 6813
871	367. 3787 8973
872	367. 5946 1707
873	367. 8102 5049
874	368. 0256 9035
875	368. 2409 3699
876	368. 4559 9075
877	368. 6708 5198
878	368. 8855 2104
879	369. 0999 9825
880	369. 3142 8396
881	369. 5283 7852
882	369. 7422 8226
883	369. 9559 9553
884	370. 1695 1866
885	370. 3828 5200
886	370. 5959 9587
887	370. 8089 5062
888	371. 0217 1657
889	371. 2342 9408
890	371. 4466 8346
891	371. 6588 8505
892	371. 8708 9918
893	372. 0827 2619
894	372. 2943 6640
895	372. 5058 2015
896	372. 7170 8775
897	372. 9281 6955
898	373. 1390 6586
899	373. 3497 7701
900	373. 5603 0332
901	373. 7706 4513
902	373. 9808 0274
903	374. 1907 7650
904	374. 4005 6671
905	374. 6101 7369
906	374. 8195 9778
907	375. 0288 3928
908	375. 2378 9851
909	375. 4467 7580
910	375. 6554 7145
911	375. 8639 8578
912	376. 0723 1912

n \ i	5/12 %
913	376. 2804 7176
914	376. 4884 4403
915	376. 6962 3624
916	376. 9038 4870
917	377. 1112 8171
918	377. 3185 3560
919	377. 5256 1066
920	377. 7325 0722
921	377. 9392 2556
922	378. 1457 6601
923	378. 3521 2886
924	378. 5583 1443
925	378. 7643 2302
926	378. 9701 5492
927	379. 1758 1045
928	379. 3812 8990
929	379. 5865 9358
930	379. 7917 2178
931	379. 9966 7481
932	380. 2014 5297
933	380. 4060 5655
934	380. 6104 8585
935	380. 8147 4117
936	381. 0188 2280
937	381. 2227 3105
938	381. 4264 6619
939	381. 6300 2853
940	381. 8334 1836
941	382. 0366 3597
942	382. 2396 8166
943	382. 4425 5571
944	382. 6452 5841
945	382. 8477 9006
946	383. 0501 5093
947	383. 2523 4133
948	383. 4543 6153
949	383. 6562 1183
950	383. 8578 9250
951	384. 0594 0383
952	384. 2607 4611
953	384. 4619 1963
954	384. 6629 2465
955	384. 8637 6147
956	385. 0644 3037
957	385. 2649 3162
958	385. 4652 6551
959	385. 6654 3232
960	385. 8654 3232
961	386. 0652 6579
962	386. 2649 3301
963	386. 4644 3426
964	386. 6637 6981
965	386. 8629 3993
966	387. 0619 4490
967	387. 2607 8500
968	387. 4594 6050
969	387. 6579 7167
970	387. 8563 1877
971	388. 0545 0209
972	388. 2525 2190
973	388. 4503 7845
974	388. 6480 7203
975	388. 8456 0289
976	389. 0429 7131
977	389. 2401 7756
978	389. 4372 2189
979	389. 6341 0458
980	389. 8308 2589
981	390. 0273 8609
982	390. 2237 8543
983	390. 4200 2419
984	390. 6161 0262
985	390. 8120 2099
986	391. 0077 7955
987	391. 2033 7858
988	391. 3988 1832
989	391. 5940 9903
990	391. 7892 2098
991	391. 9841 8443
992	392. 1789 8962
993	392. 3736 3682
994	392. 5681 2629
995	392. 7624 5827
996	392. 9566 3303
997	393. 1506 5082
998	393. 3445 1188
999	393. 5382 1648
1000	393. 7317 6487

〈參考判例〉

상고이유를 판단한다.

1. 호프만식계산법에 의하여 중간이자를 공제하여 장래의 일실이익의 현가를 산정하는 것은 위법한 것이 아니라는 것이 당원의 판례이다(대법원 1966년 11월 29일 선고 66다 1871판결, 1981년 9월 22일 선고 81다 588판결 참조). 원심이 그 판시 358개월동안의 일실이익의 현가를 산정함에 있어서 호프만식계산법에 의하여 중간이자를 공제하였다하여 이를 위법한 것이라고 할 수 없을 것이고 반대의 입장에서 원심판결을 공격하는 논지는 채용할 수 없다.
2. 원심판결 이유에 의하면 원고는 이사건 사고발생 당시부터 그의 여명까지 5백개월동안 성인여자 1명의 개호가 필요하여 그 개호비로서 이 사건 사고발생 당시부터 28개월동안은 매월 금 11만6천6백25원, 1984년 9월 27일부터 472개월동안은 매월금 13만3천8백33원씩을 지출하게 되어 동액 상당의 손해를 입게 된 사실을 확정하고 손해액의 현가를 호프만식계산법의 단리연금현가율을 그대로 적용하여 산정하고 있다. 그러나 호프만식계산법에 의하여 중간이자를 공제하는 경우에 단리연금현가율이 2백40을 넘는 중간이자 공제기간 414개월(연별 호프만식계산에 있어서는 그 율이 20을 넘는 36년)이후에 있어서는 그 단리연금현가율을 그대로 적용하여 그 현가를 산정하게 되면 현가로 받게 되는 금액의 이자가 매월 입게되는 손해액보다 많게 되는 것은 수리상 명백한 바 이와 같이 그 원금의 이자만으로 손해에 충당하고도 남게 되는 금원을 그대로 손해배상액으로 한다는 것은 피해자가 입은 손해액보다 더 많은 금원을 배상하게 되는 불합리한 결과를 가져오게 될 것이고 이는 피해자의 현실적 손해의 전보를 목적으로 하는 손해배상제도의 근본취지에 어긋나는 것으로서 위법한 것이라 할 것이다. 그러므로 호프만식계산법상의 단리연금현가율이 2백40을 넘는 중간이자 공제기간의 현가를 산정함에 있어서는 그 수치표상의 단리연금현가율이 얼마인지를 불문하고 모두 2백40을 적용 계산함으로서 현가의 원본으로부터 생기는 이자가 그 손해액을 초과하지 않도록 하여 피해자가 과잉배상을 받는 일이 없도록 하여야 할 것이다.

   원심이 그 판시 개호비지출로 인한 손해의 현가를 산정함에 있어서 240이 넘는 호프만식계산법상의 단리연금 현가율을 적용한 것은 손해배상액산정에 관한 법리를 오해하여 판결에 영향을 미쳤다 할 것이므로 이점을 지적하는 논지는 이유있다.
3. 그러므로 원심판결의 피고 패소부분중 재산상 손해에 관한 부분을 파기하고 이 부분 사건을 서울고등법원으로 환송하고, 피고의 나머지 상고는 이유 없으므로 이를 기각하며, 상고기각부분에 관한 상고비용은 피고의 부담으로 하기로 하여 관여법관의 일치된 의견으로 주문과 같이 판결한다.

(大判 1985.10.22, 85다카819)

■ 라이프니쯔式數値表

(月單位 · 年單位)

(1) 本數値는 라이프니쯔式의 年金的 收益의 現價率 $\frac{1-(1+i)^{-n}}{i}$ 에 $i=\frac{5}{12}\%$ n=月을 代入하여 소수점 이하 9자리까지 計算하여 마지막 자리를 4捨 5入한 것이다.

(2) 따라서 本數値는 每月末 一定한 額(等額)이 順次 發生하고 每月末 이를 支給받는 것을 前提로 한 것이다.

(3) 本數値는 政府 電子計算所 및 韓國科學技術硏究所에서 컴퓨터로 計算한 것이다.(자료제공 : 法務部)

1. 月單位數値表

n \ i	5/12 %
1	0.99585062
2	1.98756908
3	2.97517253
4	3.95867804
5	4.93810261
6	5.91346318
7	6.88477661
8	7.85205970
9	8.81532916
10	9.77460165
11	10.72989376
12	11.68122200
13	12.62860283
14	13.57205261
15	14.51158766
16	15.44722422
17	16.37897848
18	17.30686654
19	18.23090443
20	19.15110815
21	20.06749359
22	20.98007661
23	21.88887297
24	22.79389839
25	23.69516853
26	24.59269895
27	25.48650517
28	26.37660266
29	27.26300680
30	28.14573291

n \ i	$\frac{5}{12}$%	n \ i	$\frac{5}{12}$%	n \ i	$\frac{5}{12}$%	n \ i	$\frac{5}{12}$%
31	29.02479626	133	101.94894596	235	149.66666611	337	180.89062725
32	29.90021205	134	102.52177191	236	150.04149322	338	181.13589435
33	30.77199540	135	103.09222099	237	150.41476503	339	181.38014376
34	31.64016139	136	103.66030306	238	150.78648800	340	181.62337967
35	32.50472504	137	104.22602794	239	151.15666855	341	181.86560631
36	33.36570128	138	104.78940542	240	151.52531307	342	182.10682786
37	34.22310501	139	105.35044523	241	151.89242796	343	182.34704850
38	35.07695105	140	105.90915708	242	152.25801954	344	182.58627236
39	35.92725416	141	106.46555061	243	152.62209415	345	182.82450360
40	36.77402904	142	107.01963547	244	152.98465808	346	183.06174632
41	37.61729033	143	107.57142121	245	153.34571759	347	183.29800463
42	38.45705261	144	108.12091739	246	153.70527892	348	183.53328262
43	39.29333040	145	108.66813350	247	154.06334831	349	183.76758435
44	40.12613816	146	109.21307900	248	154.41993192	350	184.00091388
45	40.95549028	147	109.75576332	249	154.77503594	351	184.23327523
46	41.78140111	148	110.29619584	250	155.12866650	352	184.46467243
47	42.60388492	149	110.83438590	251	155.48082971	353	184.69510948
48	43.42295594	150	111.37034280	252	155.83153166	354	184.92459035
49	44.23862832	151	111.90407582	253	156.18077841	355	185.15311902
50	45.05091617	152	112.43559418	254	156.52857601	356	185.38069944
51	45.85983353	153	112.96490707	255	156.87493047	357	185.60733554
52	46.66539439	154	113.49202364	256	157.21984777	358	185.83303124
53	47.46761267	155	114.01695300	257	157.56333388	359	186.05779045
54	48.26650224	156	114.53970423	258	157.90539473	360	186.28161705
55	49.06207692	157	115.06028637	259	158.24603625	361	186.50451490
56	49.85435046	158	115.57870842	260	158.58526432	362	186.72648787
57	50.64333656	159	116.09497934	261	158.92308480	363	186.94753979
58	51.42904885	160	116.60910805	262	159.25950353	364	187.16767448
59	52.21150093	161	117.12110346	263	159.59452634	365	187.38689574
60	52.99070632	162	117.63097440	264	159.92815901	366	187.60520738
61	53.76667850	163	118.13872969	265	160.26040731	367	187.82261316
62	54.53943087	164	118.64437811	266	160.59127699	368	188.03911684
63	55.30897680	165	119.14792841	267	160.92077377	369	188.25472216
64	56.07532959	166	119.64938929	268	161.24890334	370	188.46943286
65	56.83850250	167	120.14876942	269	161.57567137	371	188.68325264
66	57.59850871	168	120.64607743	270	161.90108352	372	188.89618520
67	58.35536137	169	121.14132192	271	162.22514542	373	189.10823422
68	59.10907357	170	121.63451146	272	162.54786266	374	189.31940334
69	59.85965832	171	122.12565456	273	162.86924082	375	189.52969631
70	60.60712862	172	122.61475973	274	163.18928546	376	189.73911666
71	61.35149738	173	123.10183542	275	163.50800212	377	189.94766804
72	62.09277748	174	123.58689004	276	163.82539630	378	190.15535406
73	62.83098172	175	124.06993199	277	164.14147350	379	190.36217832
74	63.56612287	176	124.55096962	278	164.45623917	380	190.56814439
75	64.29821365	177	125.03001124	279	164.76969876	381	190.77325582
76	65.02726670	178	125.50706513	280	165.08185768	382	190.97751617
77	65.75329464	179	125.98213955	281	165.39272134	383	191.18092897
78	66.47631002	180	126.45524271	282	165.70229511	384	191.38349772
79	67.19632533	181	126.92638278	283	166.01058435	385	191.58522595
80	67.91335303	182	127.39556791	284	166.31759437	386	191.78611713
81	68.62740550	183	127.86280622	285	166.62333049	387	191.98617473
82	69.33849511	184	128.32810578	286	166.92779800	388	192.18540222
83	70.04663413	185	128.79147463	287	167.23100216	389	192.38380305
84	70.75183482	186	129.25292080	288	167.53294821	390	192.58138063
85	71.45410936	187	129.71245225	289	167.83364137	391	192.77813838
86	72.15346991	188	130.17007693	290	168.13308684	392	192.97407972
87	72.84992854	189	130.62580275	291	168.43128980	393	193.16920802
88	73.54349730	190	131.07963759	292	168.72825540	394	193.36352666
89	74.23418818	191	131.53158930	293	169.02398878	395	193.55703899
90	74.92201313	192	131.98166570	294	169.31849505	396	193.74974838
91	75.60698403	193	132.42987455	295	169.61177931	397	193.94165813
92	76.28911272	194	132.87622362	296	169.90384661	398	194.13277159
93	76.96841101	195	133.32072062	297	170.19470202	399	194.32309203
94	77.64489063	196	133.76337323	298	170.48435056	400	194.51262277
95	78.31856329	197	134.20418911	299	170.77279724	401	194.70136708
96	78.98944062	198	134.64317587	300	171.06004704	402	194.88932821
97	79.65753422	199	135.08034112	301	171.34610494	403	195.07650942
98	80.32285566	200	135.51569240	302	171.63097587	404	195.26291395
99	80.98541642	201	135.94923725	303	171.91466477	405	195.44854501
100	81.64522797	202	136.38098315	304	172.19717653	406	195.63340582
101	82.30230172	203	136.81093758	305	172.47851605	407	195.81749957
102	82.95664901	204	137.23910796	306	172.75868818	408	196.00082945
103	83.60828117	205	137.66550170	307	173.03769777	409	196.18339862
104	84.25720947	206	138.09012618	308	173.31554965	410	196.36521024
105	84.90344511	207	138.51298872	309	173.59224861	411	196.54626746
106	85.54699928	208	138.93409665	310	173.86779945	412	196.72657341
107	86.18788310	209	139.35345725	311	174.14220692	413	196.90613119
108	86.82610765	210	139.77107776	312	174.41547577	414	197.08494393
109	87.46168397	211	140.18696540	313	174.68761073	415	197.26301470
110	88.09462304	212	140.60112737	314	174.95861649	416	197.44034659
111	88.72493581	213	141.01357083	315	175.22849775	417	197.61694266
112	89.35263317	214	141.42430290	316	175.49725917	418	197.79280597
113	89.97772598	215	141.83333069	317	175.76490540	419	197.96793955
114	90.60022504	216	142.24066127	318	176.03144106	420	198.14234644
115	91.22014112	217	142.64630167	319	176.29687077	421	198.31602965
116	91.83748493	218	143.05025893	320	176.56119910	422	198.48899219
117	92.45226715	219	143.45254001	321	176.82443064	423	198.66123703
118	93.06449841	220	143.85315188	322	177.08656993	424	198.83276717
119	93.67418929	221	144.25210146	323	177.34762151	425	199.00358556
120	94.28135033	222	144.64939564	324	177.60758989	426	199.17369517
121	94.88599203	223	145.04504130	325	177.86647956	427	199.34309892
122	95.48812484	224	145.43904528	326	178.12429499	428	199.51179975
123	96.08775918	225	145.83141439	327	178.38104066	429	199.67980058
124	96.68490541	226	146.22215541	328	178.63672099	430	199.84710432
125	97.27957385	227	146.61127509	329	178.89134040	431	200.01371384
126	97.87177479	228	146.99878018	330	179.14490330	432	200.17963204
127	98.46151846	229	147.38467735	331	179.39741408	433	200.34486178
128	99.04881506	230	147.76897330	332	179.64887709	434	200.50940593
129	99.63367475	231	148.15167465	333	179.89929669	435	200.67326731
130	100.21610764	232	148.53278804	334	180.14867720	436	200.83644878
131	100.79612379	233	148.91232004	335	180.39702294	437	200.99895314
132	101.37373323	234	149.29027722	336	180.64433819	438	201.16078321

n \ i	$\frac{5}{12}$%
439	201.32194178
440	201.48243165
441	201.64225559
442	201.80141635
443	201.95991670
444	202.11775937
445	202.27494709
446	202.43148258
447	202.58736854
448	202.74260768
449	202.89720267
450	203.05115618
451	203.20447089
452	203.35714943
453	203.50919445
454	203.66060859
455	203.81139444
456	203.96155463
457	204.11109175
458	204.26000838
459	204.40830710
460	204.55599047
461	204.70306105
462	204.84952138
463	204.99537399
464	205.14062140
465	205.28526612
466	205.42931066
467	205.57275751
468	205.71560914
469	205.85786802
470	205.99953662
471	206.14061738
472	206.28111274
473	206.42102514
474	206.56035698
475	206.69911069
476	206.83728865
477	206.97489326
478	207.11192690
479	207.24839193
480	207.38429072
481	207.51962562
482	207.65439895
483	207.78861307
484	207.92227027
485	208.05537289
486	208.18792321
487	208.31992352
488	208.45137612
489	208.58228328
490	208.71264725
491	208.84247029
492	208.97175464
493	209.10050255
494	209.22871623
495	209.35639791
496	209.48354978
497	209.61017406
498	209.73627292
499	209.86184855
500	209.98690312
501	210.11143879
502	210.23545772
503	210.35896204
504	210.48195390
505	210.60443542
506	210.72640872
507	210.84787590
508	210.96883907
509	211.08930032
510	211.20926173
511	211.32872538
512	211.44769332
513	211.56616762
514	211.68415033
515	211.80164348
516	211.91864911
517	212.03516924
518	212.15120588
519	212.26676104
520	212.38183672
521	212.49643491
522	212.61055759
523	212.72420673
524	212.83738429
525	212.95009224
526	213.06233252
527	213.17410708
528	213.28541783
529	213.39626672
530	213.50665566
531	213.61658655
532	213.72606129
533	213.83508178
534	213.94364991
535	214.05176754
536	214.15943656
537	214.26665881
538	214.37343616
539	214.47977045
540	214.58566352

n \ i	$\frac{5}{12}$%
541	214.69111720
542	214.79613331
543	214.90071367
544	215.00486009
545	215.10857436
546	215.21185828
547	215.31471364
548	215.41714222
549	215.51914578
550	215.62072609
551	215.72188490
552	215.82262397
553	215.92294503
554	216.02284982
555	216.12234007
556	216.22141750
557	216.32008381
558	216.41834073
559	216.51618994
560	216.61363313
561	216.71067200
562	216.80730821
563	216.90354345
564	216.99937937
565	217.09481763
566	217.18985988
567	217.28450776
568	217.37876292
569	217.47262697
570	217.56610155
571	217.65918827
572	217.75188873
573	217.84420454
574	217.93613730
575	218.02768860
576	218.11886002
577	218.20965313
578	218.30006951
579	218.39011071
580	218.47977830
581	218.56907383
582	218.65799883
583	218.74655486
584	218.83474342
585	218.92256607
586	219.01002430
587	219.09711963
588	219.18385358
589	219.27022763
590	219.35624328
591	219.44190202
592	219.52720533
593	219.61215469
594	219.69675156
595	219.78099740
596	219.86489368
597	219.94844184
598	220.03164332
599	220.11449958
600	220.19701202
601	220.27918210
602	220.36101122
603	220.44250080
604	220.52365225
605	220.60446697
606	220.68494636
607	220.76509181
608	220.84490471
609	220.92438643
610	221.00353835
611	221.08236185
612	221.16085827
613	221.23902898
614	221.31687534
615	221.39439867
616	221.47160034
617	221.54848167
618	221.62504398
619	221.70128861
620	221.77721688
621	221.85283008
622	221.92812954
623	222.00311656
624	222.07779242
625	222.15215843
626	222.22621586
627	222.29996601
628	222.37341013
629	222.44654951
630	222.51938540
631	222.59191907
632	222.66415177
633	222.73608475
634	222.80771926
635	222.87905652
636	222.95009778
637	223.02084426
638	223.09129719
639	223.16145778
640	223.23132725
641	223.30090681
642	223.37019765

n \ i	$\frac{5}{12}$%
643	223.43920098
644	223.50791799
645	223.57634986
646	223.64449779
647	223.71236294
648	223.77994650
649	223.84724963
650	223.91427349
651	223.98101924
652	224.04748804
653	224.11368104
654	224.17959937
655	224.24524419
656	224.31061662
657	224.37571780
658	224.44054884
659	224.50511088
660	224.56940503
661	224.63343239
662	224.69719408
663	224.76069120
664	224.82392485
665	224.88689611
666	224.94960609
667	225.01205586
668	225.07424650
669	225.13617908
670	225.19785469
671	225.25927438
672	225.32043922
673	225.38135026
674	225.44200855
675	225.50241516
676	225.56257111
677	225.62247745
678	225.68213522
679	225.74154545
680	225.80070916
681	225.85962738
682	225.91830113
683	225.97673141
684	226.03491925
685	226.09286564
686	226.15057160
687	226.20803810
688	226.26526616
689	226.32225676
690	226.37901088
691	226.43552951
692	226.49181362
693	226.54786418
694	226.60368217
695	226.65926855
696	226.71462429
697	226.76975033
698	226.82464763
699	226.87931714
700	226.93375981
701	226.98797657
702	227.04196837
703	227.09573614
704	227.14928080
705	227.20260329
706	227.25570452
707	227.30858541
708	227.36124688
709	227.41368984
710	227.46591519
711	227.51792385
712	227.56971669
713	227.62129463
714	227.67265855
715	227.72380935
716	227.77474790
717	227.82547509
718	227.87599179
719	227.92629888
720	227.97639722

2. 年單位數值表

가. $\frac{1-(1+i)^{-n}}{i}$

n \ i	5%
1	0.95238095
2	1.85941043
3	2.72324803
4	3.54595050
5	4.32947667
6	5.07569207
7	5.78637340
8	6.46321276
9	7.10782168
10	7.72173493
11	8.30641422
12	8.86325164
13	9.39357299
14	9.89864094
15	10.37965804
16	10.83776956
17	11.27406625
18	11.68958690
19	12.08532086
20	12.46221034
21	12.82115271
22	13.16300258
23	13.48857388
24	13.79864179
25	14.09394457
26	14.37518530
27	14.64303362
28	14.89812726
29	15.14107358
30	15.37245103
31	15.59281050
32	15.80267667
33	16.00254921
34	16.19290401
35	16.37419429
36	16.54685171
37	16.71128734
38	16.86789271
39	17.01704067
40	17.15908635
41	17.29436796
42	17.42320758
43	17.54591198
44	17.66277331
45	17.77406982
46	17.88006650
47	17.98101571
48	18.07715782
49	18.16872173
50	18.25592546
51	18.33897663
52	18.41807298
53	18.49340284
54	18.56514556
55	18.63347196
56	18.69854473
57	18.76051879
58	18.81954170
59	18.87575400
60	18.92928953
61	18.98027574
62	19.02883404
63	19.07508003
64	19.11912384
65	19.16107033
66	19.20101936
67	19.23906606
68	19.27530101
69	19.30981048
70	19.34267665
71	19.37397776
72	19.40378834
73	19.43217937
74	19.45921845
75	19.48496995
76	19.50949519
77	19.53285257
78	19.55509768
79	19.57628351
80	19.59646048
81	19.61567665
82	19.63397776
83	19.65140739
84	19.66800704
85	19.68381623
86	19.69887260
87	19.71321200
88	19.72686857
89	19.73987483
90	19.75226174
91	19.76405880
92	19.77529410
93	19.78599438
94	19.79618512
95	19.80589059
96	19.81513390
97	19.82393705
98	19.83232100
99	19.84030571
100	19.84791020

나. $\frac{1}{(1+i)^{n}}$

n \ i	5%
1	0.95238095
2	0.90702948
3	0.86383760
4	0.82270247
5	0.78352617
6	0.74621540
7	0.71068133
8	0.67683936
9	0.64460892

n \ i	5%
10	0.61391325
11	0.58467929
12	0.55683742
13	0.53032135
14	0.50506795
15	0.48101710
16	0.45811152
17	0.43629669
18	0.41552065
19	0.39573396
20	0.37688948
21	0.35894236
22	0.34184987
23	0.32557131
24	0.31006791
25	0.29530277
26	0.28124073
27	0.26784832
28	0.25509364
29	0.24294632
30	0.23137745
31	0.22035947
32	0.20986617
33	0.19987254
34	0.19035480
35	0.18129029
36	0.17265741
37	0.16443563
38	0.15660536
39	0.14914797
40	0.14204568
41	0.13528160
42	0.12883962
43	0.12270440
44	0.11686133
45	0.11129651
46	0.10599668
47	0.10094921
48	0.09614211
49	0.09156391
50	0.08720373
51	0.08305117
52	0.07909635
53	0.07532986
54	0.07174272
55	0.06832640
56	0.06507276
57	0.06197406
58	0.05902291
59	0.05621230
60	0.05353552
61	0.05098621
62	0.04855830
63	0.04624600
64	0.04404381
65	0.04194648
66	0.03994903
67	0.03804670
68	0.03623495
69	0.03450948
70	0.03286617
71	0.03130111
72	0.02981058
73	0.02839103
74	0.02703908
75	0.02575150
76	0.02452524
77	0.02335737
78	0.02224512
79	0.02118582
80	0.02017698
81	0.01921617
82	0.01830111
83	0.01742963
84	0.01659965
85	0.01580919
86	0.01505637
87	0.01433940
88	0.01365657
89	0.01300626
90	0.01238691
91	0.01179706
92	0.01123530
93	0.01070028
94	0.01019074
95	0.00970547
96	0.00924331
97	0.00880315
98	0.00838395
99	0.00798471
100	0.00760449

<상법편>

■ 상업등기규칙

〔별표〕

상호의 가등기의 공탁금액

공탁금액 \ 상호의 가등기의 종류	상호의 가등기 신청시		예정기간 연장의 등기 신청시
	예정기간이 6월 이하인 경우	예정기간이 6월을 초과하는 경우	
「상법」 제22조의2제1항의 규정에 의한 상호의 가등기	200만원	200만원에다가 초과되는 예정기간 6월(6월미만의 기간은 6월로 봄)마다 100만원을 추가한 금액	연장기간 6월(6월미만의 기간은 6월로 봄)마다 100만원을 추가한 금액
「상법」 제22조의2제2항 및 제3항의 규정에 의한 상호의 가등기	150만원	150만원에다가 초과되는 예정기간 6월(6월미만의 기간은 6월로 봄)마다 70만원을 추가한 금액	연장기간 6월(6월미만의 기간은 6월로 봄)마다 70만원

■ 주식회사 등의 외부감사에 관한 법률

〔별표1〕

감사인에 대한 조치 사유

(제29조제3항 관련)

1. 제6조제6항을 위반하여 해당 회사의 재무제표를 대신하여 작성하거나 재무제표 작성과 관련된 회계처리에 대한 자문에 응하는 등의 행위를 한 경우
2. 제8조제6항을 위반하여 같은 조에서 정한 사항의 준수 여부 및 내부회계관리제도의 운영실태에 관한 보고내용을 검토 또는 감사하지 않은 경우
3. 제9조제2항을 위반하여 감사인이 회계감사할 수 없는 회사를 회계감사한 경우
4. 제9조제3항을 위반하여 감사인이 될 수 없는 회사의 감사인이 된 경우
5. 제9조제5항을 위반하여 감사업무를 한 경우
6. 제15조제3항을 위반하여 감사계약을 해지한 사실을 증권선물위원회에 보고하지 않은 경우
7. 제16조제1항을 위반하여 일반적으로 공정·타당하다고 인정되는 회계감사기준에 따르지 않고 감사를 실시한 경우
8. 제19조제2항을 위반하여 감사조서를 감사종료 시점부터 8년간 보존하지 않은 경우
9. 제19조제3항을 위반하여 감사조서를 위조·변조·훼손 또는 파기한 경우
10. 제20조를 위반하여 직무상 알게 된 비밀을 누설하거나 부당한 목적을 위하여 이용한 경우
11. 제22조제1항 또는 제7항을 위반하여 이사의 부정행위 또는 법령 위반사항 등에 대한 통보 또는 보고의무를 이행하지 않은 경우
12. 제22조제2항을 위반하여 회사의 회계처리기준 위반 사실을 감사 또는 감사위원회에 통보하지 않은 경우
13. 제23조제1항을 위반하여 감사보고서를 기간 내에 제출하지 않은 경우
14. 제24조를 위반하여 주주총회등의 출석요구 등에 응하지 않은 경우
15. 제25조제1항 또는 제5항을 위반하여 사업보고서 또는 수시보고서를 미제출 또는 지연제출하거나, 사업보고서 또는 수시보고서의 기재사항 중 중요사항에 관하여 거짓의 기재 또는 표시가 있거나 중요사항의 기재 또는 표시가 누락되어 있는 경우
16. 제25조제3항을 위반하여 사업보고서를 비치·공시하지 않은 경우
17. 제27조제1항을 위반하여 증권선물위원회의 자료제출 등의 요구·열람 또는 조사를 거부·방해·기피하거나 거짓 자료를 제출한 경우
18. 제31조제8항을 위반하여 손해배상공동기금의 적립 또는 보험가입 등 필요한 조치를 하지 않은 경우
19. 제32조제1항을 위반하여 손해배상공동기금을 적립하지 않은 경우
20. 그 밖에 이 법 또는 이 법에 따른 명령을 위반한 경우

〔별표2〕

감사인에 소속된 공인회계사에 대한 조치 사유(제29조제4항 관련)

1. 제6조제6항을 위반하여 해당 회사의 재무제표를 대신하여 작성하거나 재무제표 작성과 관련된 회계처리에 대한 자문에 응하는 등의 행위를 한 경우
2. 제8조제6항을 위반하여 같은 조에서 정한 사항의 준수 여부 및 내부회계관리제도의 운영실태에 관한 보고내용을 검토 또는 감사하지 않은 경우
3. 제9조제5항을 위반하여 감사업무를 한 경우
4. 제16조제1항을 위반하여 일반적으로 공정 타당하다고 인정되는 회계감사기준에 따르지 않고 감사를 실시한 경우
5. 회계법인의 대표이사 또는 품질관리업무 담당이사가 제17조제1항을 위반하여 품질관리기준에 따른 업무설계 운영을 소홀히 함으로써 금융위원회가 정하여 고시하는 회사에 대한 중대한 감사 부실이 발생한 경우. 이 경우 감사 부실의 중대성에 대한 판단기준은 위반행위의 동기, 내용 및 정도 등을 감안하여 금융위원회가 정하여 고시한다.
6. 제19조제2항을 위반하여 감사조서를 감사종료 시점부터 8년간 보존하지 않은 경우
7. 제19조제3항을 위반하여 감사조서를 위조·변조·훼손 또는 파기한 경우
8. 제20조를 위반하여 직무상 알게 된 비밀을 누설하거나 부당한 목적을 위하여 이용한 경우
9. 제22조제1항 또는 제7항을 위반하여 이사의 부정행위 또는 법령 위반사항 등에 대한 통보 또는 보고의무를 이행하지 않은 경우
10. 제22조제2항을 위반하여 회사의 회계처리기준 위반 사실을 감사 또는 감사위원회에 통보하지 않은 경우
11. 제23조제1항을 위반하여 감사보고서를 기간 내에 제출하지 않은 경우
12. 제24조를 위반하여 주주총회등의 출석요구 등에 응하지 않은 경우
13. 제27조제1항을 위반하여 증권선물위원회의 자료제출 등의 요구·열람 또는 조사를 거부·방해·기피하거나 거짓 자료를 제출한 경우
14. 그 밖에 이 법 또는 이 법에 따른 명령을 위반한 경우

■ 주식회사 등의 외부감사에 관한 법률 시행령

〔별표1〕

과징금 부과기준(제43조제1항 관련)

1. 과징금 산정방법
   과징금 부과금액은 기준금액에 부과기준율을 곱하여 기본과징금을 산출한 후 필요 시 가중하거나 감경하여 정한다. 이 경우 금융위원회는 위반행위의 정도, 위반행위의 동기와 그 결과 등을 고려하여 과징금 부과금액을 감경 또는 면제하거나 2분의 1의 범위에서 가중할 수 있다.
2. 기준금액의 정의
   가. 회사 : 재무제표에서 회계처리기준과 달리 작성된 금액을 기준으로 계정과목의 특성 및 중요성 등을 고려하여 금융위원회가 정하는 금액
   나. 회사관계자(「상법」 제401조의2 및 제635조제1항 각 호 외의 부분 본문에 규정된 자나 그 밖에 회사의 회계업무를 담당하는 자) : 회사의 재무제표가 회계처리기준을 위반하여 작성된 것에 대하여 회사관계자가 회사로부터 받았거나 받기로 한 보수, 배당 등 일체의 금전적 보상으로서 금융위원회가 정하는 금액
   다. 감사인 : 회계감사기준을 위반하여 작성된 감사보고서에 대하여 해당 회사로부터 받았거나 받기로 한 감사보수로서 금융위원회가 정하는 금액
3. 부과기준율의 적용
   "부과기준율"이란 회사의 상장 여부, 과징금 부과의 원인이 되는 위반행위의 내용, 정도, 기간 및 횟수, 위반행위로 인하여 취득한 이익의 규모 등을 반영하여 금융위원회가 정하는 비율을 말한다.
   가. 위반행위의 내용은 위반 동기가 고의인지, 위반행위가 사전에 공모되었는지, 그 밖에 금융위원회가 정하는 사항을 고려하여 판단한다.
   나. 위반행위의 정도는 위반금액, 그 밖에 금융위원회가 정하는 사항을 고려하여 판단한다.
4. 가중 또는 감면의 적용
   가. 부과금액의 가중 여부는 법 제26조제1항 각 호의 업무에 협조하지 않거나 거짓 자료를 제출하는 등 금융위원회가 정하는 바에 따라 판단한다.
   나. 부과금액의 감면 여부는 투자자 피해 배상 등 위반상태의 해소 및 예방을 위한 노력, 위반자의 객관적 부담능력, 내부회계관리규정의 준수 또는 품질관리기준 준수 등 예방노력, 경영여건 등 그 밖에 금융위원회가 정하는 바에 따라 판단한다.
5. 제1호부터 제4호까지에서 규정한 사항 외에 과징금 산정에 필요한 세부사항은 금융위원회가 정한다.

〔별표2〕

과태료 부과기준(제48조제2항 관련)

1. 일반기준
   증권선물위원회는 위반행위의 정도, 위반행위의 동기와 그 결과 등을 고려하여 과태료 부과금액을 감경 또는 면제하거나 2분의 1의 범위에서 가중할 수 있다. 다만, 가중하는 경우에도 법 제47조에 따른 과태료 부과금액의 상한을 초과할 수 없다.
2. 개별기준

(단위 : 만원)

위 반 행 위	근 거 법조문	금 액
가. 법 제8조제1항 또는 제3항을 위반하여 내부회계관리제도를 갖추지 않거나 내부회계관리자를 지정하지 않은 경우	법 제47조 제2항 제1호	3,000
나. 법 제8조제4항을 위반하여 내부회계관리제도의 운영실태를 보고하지 않거나 같은 조 제5항을 위반하여 운영실태를 평가하여 보고하지 않은 경우	법 제47조 제2항 제2호	3,000
다. 법 제8조제5항을 위반하여 내부회계관리제도의 운영실태 평가보고서를 본점에 비치하지 않은 경우	법 제47조 제2항 제2호	600
라. 법 제8조제6항 및 제7항을 위반하여 내부회계관리제도의 운영실태에 관한 보고내용 등에 대하여 검토 및 감사하지 않거나 감사보고서에 종합의견을 표명하지 않은 경우	법 제47조 제2항 제3호	3,000
마. 법 제12조제2항에 따른 보고를 하지 않은 경우	법 제47조 제4항 제1호	500
바. 법 제22조제5항을 위반하여 회사의 대표자가 감사 또는 감사위원회의 직무수행에 필요한 자료나 정보 및 비용의 제공 요청을 정당한 이유 없이 따르지 않은 경우	법 제47조 제2항 제4호	3,000
사. 법 제23조제5항을 위반하여 재무제표 또는 감사보고서를 비치·공시하지 않은 경우	법 제47조 제4항 제2호	100
아. 감사인 또는 그에 소속된 공인회계사가 법 제24조에 따른 주주총회등의 출석요구에 따르지 않은 경우	법 제47조 제3항	1,000
자. 법 제28조제2항을 위반하여 신고자등의 인적사항 등을 공개하거나 신고자등임을 미루어 알 수 있는 사실을 다른 사람에게 알려주거나 공개한 경우	법 제47조 제1항 제1호	5,000 다만, 직원의 경우에는 2,000만원으로 한다.
차. 법 제28조제3항을 위반하여 신고자등에게 불이익한 대우를 한 경우	법 제47조 제1항 제2호	5,000 다만, 직원의 경우에는 2,000만원으로 한다.

<민사소송편>

■ 민사집행규칙

〔별표〕

재산조회(제36조 관련)

(2018.12.31 개정)

순번	기관·단체	조회할 재산
1	법원행정처	토지·건물의 소유권
2	국토교통부	건물의 소유권
3	특허청	특허권·실용신안권·디자인권·상표권
4	(삭제)	(삭제)
5	「은행법」에 따른 은행, 「한국산업은행법」에 따른 한국산업은행 및 「중소기업은행법」에 따른 중소기업은행	「금융실명거래 및 비밀보장에 관한 법률」 제2조제2호에 따른 금융자산(다음부터 "금융자산"이라 한다) 중 계좌별로 시가 합계액이 50만원 이상인 것
6	「자본시장과 금융투자업에 관한 법률」에 따른 투자매매업자, 투자중개업자, 집합투자업자, 신탁업자, 증권금융회사, 종합금융회사 및 명의개서대행회사	금융자산 중 계좌별로 시가 합계액이 50만원 이상인 것
7	「상호저축은행법」에 따른 상호저축은행 및 상호저축은행중앙회	금융자산 중 계좌별로 시가 합계액이 50만원 이상인 것
8	「농업협동조합법」에 따른 지역조합 및 품목조합	금융자산 중 계좌별로 시가 합계액이 50만원 이상인 것
9	「수산업협동조합법」에 따른 조합 및 중앙회	금융자산 중 계좌별로 시가 합계액이 50만원 이상인 것
10	「신용협동조합법」에 따른 신용협동조합 및 신용협동조합중앙회	금융자산 중 계좌별로 시가 합계액이 50만원 이상인 것
11	「산림조합법」에 따른 지역조합, 전문조합 및 중앙회	금융자산 중 계좌별로 시가 합계액이 50만원 이상인 것
12	「새마을금고법」에 따른 금고 및 중앙회	금융자산 중 계좌별로 시가 합계액이 50만원 이상인 것
13	(삭제)	(삭제)
14	(삭제)	(삭제)
15	「보험업법」에 따른 보험회사	해약환급금이 50만원 이상인 보험계약
16	과학기술정보통신부	금융자산 중 계좌별로 시가 합계액이 50만원 이상인 것
17	한국교통안전공단	자동차·건설기계의 소유권

■ 민사소송 등에서의 전자문서 이용 등에 관한 규칙

〔별표1〕

전자기록의 열람 등에 따른 수수료

(2012.5.2 개정)

구분	비용산정방법
기록의 열람·출력	1건마다 500원(출력이 열람과 동시에 또는 열람한 뒤 이루어지는 경우에는 1건의 출력으로 본다)
기록의 출력서면교부	출력서면 1장마다 50원(다만, 100원 단위 미만 금액은 이를 계산하지 아니한다)
기록의 복제	700메가바이트 기준 1건마다 500원, 700메가바이트 초과 시 350메가바이트마다 300원(매체비용은 별도)

〔별표2〕

절차별 전자소송의 적용시기

(2014.4.3 개정)

적용일	절차를 정한 법률	사건의 범위
2011.5.2.	「민사소송법」, 「민사조정법」, 「특허법」(제9장에 한정한다)	본안 사건 및 조정신청사건
2012.1.2.	「민사소송법」, 「민사조정법」, 「특허법」(제9장에 한정한다)	「민사소송법」 제2편제4장, 제6편에 따른 사건을 제외한 모든 사건
2013.1.21.	「가사소송법」	제63조, 제6편에 따른 사건을 제외한 모든 사건
	「행정소송법」	모든 사건
2013.7.29.	「가사소송법」	제3편에 따른 사건 중 2013. 7. 1. 부터 시행되는 제도에 관한 사건
2013.9.16.	「민사소송법」	제2편제4장, 제6편에 따른 사건
	「민사집행법」	제4편에 따른 보전처분 신청사건과 그에 부수하는 보전처분 이의·취소 신청사건, 제소명령 신청사건, 담보에 관한 신청사건, 등기 또는 등록의 기입을 촉탁하거나 재판서 정본을 송달하는 방법으로 집행하는 보전처분의 집행취소 신청사건 및 선박가압류에 따른 감수·보존처분 신청사건
	「가사소송법」	제63조에 따른 사건 중 2015. 3. 22.까지 법이 적용되지 아니하는 「민사집행법」 제4편의 사건에 관한 규정을 준용하는 사건을 제외한 사건
2014.4.28.	「채무자회생 및 파산에 관한 법률」	모든 사건
2015.3.23.	「민사집행법」	2015. 3. 22.까지 법이 적용되지 아니하는 모든 사건
	「가사소송법」	제6편에 따른 사건, 제63조에 따른 사건 중 2015. 3. 22.까지 법이 적용되지 아니하는 「민사집행법」 제4편의 사건에 관한 규정을 준용하는 사건
	「비송사건절차법」과 같은 법을 준용하는 법률	모든 사건

■ 재산조회규칙

〔별표〕

재산조회할 기관·단체, 조회할 재산 및 조회비용

(2018.12.31 개정)

순번	기관·단체	조회할 재산	조회비용
1	법원행정처	토지·건물의 소유권	20,000원
2	국토교통부	건물의 소유권	없음
3	특허청	특허권·실용신안권·디자인권·상표권	20,000원
4	(삭제)	(삭제)	(삭제)
5	「은행법」에 따른 은행, 「한국산업은행법」에 따른 한국산업은행 및 「중소기업은행법」에 따른 중소기업은행	「금융실명거래 및 비밀보장에 관한 법률」 제2조제2호에 따른 금융자산(다음부터 "금융자산"이라 한다) 중 계좌별로 시가 합계액이 50만원 이상인 것	기관별 5,000원*
6	「자본시장과 금융투자업에 관한 법률」에 따른 투자매매업자, 투자중개업자, 집합투자업자, 신탁업자, 증권금융회사, 종합금융회사 및 명의개서대행회사	금융자산 중 계좌별로 시가 합계액이 50만원 이상인 것	기관별 5,000원*
7	「상호저축은행법」에 따른 상호저축은행 및 상호저축은행중앙회	금융자산 중 계좌별로 시가 합계액이 50만원 이상인 것	기관별 5,000원*
8	「농업협동조합법」에 따른 지역조합 및 품목조합	금융자산 중 계좌별로 시가 합계액이 50만원 이상인 것	기관별 5,000원*
9	「수산업협동조합법」에 따른 조합 및 중앙회	금융자산 중 계좌별로 시가 합계액이 50만원 이상인 것	기관별 5,000원*
10	「신용협동조합법」에 따른 신용협동조합 및 신용협동조합중앙회	금융자산 중 계좌별로 시가 합계액이 50만원 이상인 것	기관별 5,000원*
11	「산림조합법」에 따른 지역조합, 전문조합 및 중앙회	금융자산 중 계좌별로 시가 합계액이 50만원 이상인 것	기관별 5,000원*
12	「새마을금고법」에 따른 금고 및 중앙회	금융자산 중 계좌별로 시가 합계액이 50만원 이상인 것	기관별 5,000원*
13	(삭제)	(삭제)	(삭제)
14	(삭제)	(삭제)	(삭제)
15	「보험업법」에 따른 보험회사	해약환급금이 50만원 이상인 보험계약	기관별 5,000원*
16	과학기술정보통신부	금융자산 중 계좌별로 시가 합계액이 50만원 이상인 것	5,000원*
17	한국교통안전공단	자동차·건설기계의 소유권	5,000원

* 순번 5부터 12까지, 15 및 16 기재 "조회비용"란의 금액에는 「금융실명거래 및 비밀보장에 관한 법률」 제4조의2제4항, 같은 법 시행령 제10조의2에 따른 '명의인에의 통보에 소용되는 비용'이 포함되어 있음

■ 채무자 회생 및 파산에 관한 규칙

〔별표1〕

관리위원회를 설치하는 법원

(2023.1.31 개정)

관리위원회 설치법원	서울회생법원, 의정부지방법원, 인천지방법원, 수원회생법원, 춘천지방법원, 대전지방법원, 청주지방법원, 대구지방법원, 부산회생법원, 울산지방법원, 창원지방법원, 광주지방법원, 전주지방법원, 제주지방법원

* 법 부칙에 따라 회생법원이 설치되지 아니한 지역에는 지방법원에 관리위원회를 둠

〔별표2〕

관리위원의 보수

구분	보수
상임 관리위원	전임 전문계약직공무원(나급)에 해당하는 금액
비상임 관리위원	회의에 참석하는 경우에 한하여 지방법원장이 정하는 회의출석수당을 지급한다.

〔별표3〕

재산조회를 할 기관·단체 등

(2018.12.31 개정)

순번	기관·단체	조회할 재산	조회비용
1	법원행정처	토지·건물의 소유권	20,000원
2	국토교통부	건물의 소유권	없음
3	특허청	특허권·실용신안권·디자인권·상표권	20,000원
4	(삭제)	(삭제)	(삭제)
5	「은행법」에 따른 은행, 「한국산업은행법」에 따른 한국산업은행 및 「중소기업은행법」에 따른 중소기업은행	「금융실명거래 및 비밀보장에 관한 법률」 제2조제2호에 따른 금융자산(다음부터 "금융자산"이라 한다) 중 계좌별로 시가 합계액이 50만원 이상인 것	기관별 5,000원*
6	「자본시장과 금융투자업에 관한 법률」에 따른 투자매매업자, 투자중개업자, 집합투자업자, 신탁업자, 증권금융회사, 종합금융회사 및 명의개서대행회사	금융자산 중 계좌별로 시가 합계액이 50만원 이상인 것	기관별 5,000원*
7	「상호저축은행법」에 따른 상호저축은행 및 상호저축은행중앙회	금융자산 중 계좌별로 시가 합계액이 50만원 이상인 것	기관별 5,000원*
8	「농업협동조합법」에 따른 지역조합 및 품목조합	금융자산 중 계좌별로 시가 합계액이 50만원 이상인 것	기관별 5,000원*
9	「수산업협동조합법」에 따른 조합 및 중앙회	금융자산 중 계좌별로 시가 합계액이 50만원 이상인 것	기관별 5,000원*
10	「신용협동조합법」에 따른 신용협동조합 및 신용협동조합중앙회	금융자산 중 계좌별로 시가 합계액이 50만원 이상인 것	기관별 5,000원*
11	「산림조합법」에 따른 지역조합, 전문조합 및 중앙회	금융자산 중 계좌별로 시가 합계액이 50만원 이상인 것	기관별 5,000원*
12	「새마을금고법」에 따른 금고 및 중앙회	금융자산 중 계좌별로 시가 합계액이 50만원 이상인 것	기관별 5,000원*
13	(삭제)	(삭제)	(삭제)
14	(삭제)	(삭제)	(삭제)
15	「보험업법」에 따른 보험회사	해약환급금이 50만원 이상인 보험계약	기관별 5,000원*
16	과학기술정보통신부	금융자산 중 계좌별로 시가 합계액이 50만원 이상인 것	5,000원*
17	한국교통안전공단	자동차·건설기계의 소유권	5,000원

* 순번 5부터 12까지, 15 및 16 기재 "조회비용"란의 금액에는 「금융실명거래 및 비밀보장에 관한 법률」 제4조의2제4항, 같은 법 시행령 제10조의2에 따른 '명의인에의 통보에 소용되는 비용'이 포함되어 있음

<형사편>

■ 특정경제범죄 가중처벌 등에 관한 법률 시행령

[별표1]

국가가 자본금의 전부 또는 일부를 출자한 기관(제10조제1항 관련)

(2021.8.31 개정)

1. 한국조폐공사
2. 한국전력공사
3. 대한석탄공사
4. 한국광해광업공단
5. 한국석유공사
6. 한국토지주택공사
7. 한국도로공사
8. 한국수자원공사
9. 대한무역투자진흥공사
10. 한국농수산식품유통공사
11. 한국농어촌공사
12. 한국관광공사
13. 한국방송공사
14. 근로복지공단
15. 한국부동산원
16. 한국가스공사

[별표2]

지방자치단체가 자본금의 전부 또는 일부를 출자한 기관(제10조제1항 관련)

(2020.5.12 개정)

1. 서울교통공사
2. 서울특별시 서울의료원
3. 부산광역시의료원
4. 대구의료원
5. 경기도의료원(산하 병원 포함)
6. 강원도강릉의료원
7. 강원도원주의료원
8. 강원도속초의료원
9. 강원도영월의료원
10. 강원도삼척의료원
11. 충청북도 청주의료원
12. 충청북도 충주의료원
13. 충청남도 천안의료원
14. 충청남도 공주의료원
15. 충청남도 홍성의료원
16. 충청남도 서산의료원
17. 전라북도 군산의료원
18. 전라북도 남원의료원
19. 전라남도 순천의료원
20. 전라남도 강진의료원
21. 목포시의료원
22. 경상북도 포항의료원
23. 경상북도 안동의료원
24. 경상북도 김천의료원
25. 경상남도마산의료원
26. 제주특별자치도 제주의료원
27. 제주특별자치도 서귀포의료원

[별표3]

국가·지방자치단체로부터 출연이나 보조를 받는 기관(제10조제1항 관련)

(2020.5.12 개정)

1. 국방과학연구소
2. 한국국방연구원
3. 국방기술품질원
4. 중소벤처기업진흥공단
5. 한국과학기술정보연구원
6. 한국기계연구원
7. 한국에너지기술연구원
8. 한국지질자원연구원
9. 한국에너지공단
10. 국토연구원
11. 한국교육개발원
12. 한국한중앙연구원
13. 서울대학교병원
14. 한국산업인력공단
15. 한국과학기술원
16. 한국해양과학기술원
17. 한국원자력연구원
18. 한국표준과학연구원
19. 한국화학연구원
20. 한국전자통신연구원
21. 한국전기연구원
22. 한국연구재단
23. 재단법인 한국농촌경제연구원
24. 새마을운동중앙회 및 그 산하 조직단체
25. 한국개발연구원
26. 대한법률구조공단
27. 사단법인 자연보호중앙연맹
28. 한국과학기술단체총연합회
29. 한국해양수산연수원
30. 한국예술문화단체총연합회
31. 한국보건사회연구원
32. 한국법무보호복지공단
33. 한국해양교통안전공단
34. 대한체육회
35. 중소기업중앙회
36. 한국소아마비협회
37. 서울특별시 기술교육원
38. 한국한센복지협회
39. 어린이재단
40. 한국시각장애인복지재단
41. 한국방송통신전파진흥원
42. 공무원연금공단
43. 대한노인회
44. 대한결핵협회
45. 사회복지법인 에스알씨(SRC)
46. 한국자유총연맹
47. 한국건강관리협회
48. 한국청소년육성회
49. 민족통일협의회
50. 대한산악연맹
51. 마리아수녀회
52. 한국국제협력단

■ 경범죄 처벌법 시행령

[별표]

범칙행위 및 범칙금액(제2조 관련)

(2022.3.8 개정)

근거 법조문	범칙행위	범칙금액
법 제3조제1항제1호(빈집 등에의 침입)	다른 사람이 살지 않고 관리하지 않는 집 또는 그 울타리·건조물(建造物)·배·자동차 안에 정당한 이유 없이 들어간 경우	8만원
법 제3조제1항제2호(흉기의 은닉휴대)	칼·쇠몽둥이·쇠톱 등 사람의 생명 또는 신체에 중대한 위해를 끼치거나 집이나 그 밖의 건조물에 침입하는 데에 사용될 수 있는 연장이나 기구를 정당한 이유 없이 숨겨서 지니고 다니는 경우	8만원
법 제3조제1항제3호(폭행 등 예비)	다른 사람의 신체에 위해를 끼칠 것을 공모(共謀)하여 예비행위를 한 사람이 있는 경우 그 공모를 한 경우	8만원
(2013.10.30 삭제)		
법 제3조제1항제5호(시체 현장변경 등)	사산아(死産兒)를 감추거나 정당한 이유 없이 변사체 또는 사산아가 있는 현장을 바꾸어 놓은 경우	8만원
법 제3조제1항제6호(도움이 필요한 사람 등의 신고불이행)	자기가 관리하고 있는 곳에 도움을 받아야 할 노인, 어린이, 장애인, 다친 사람 또는 병든 사람이 있거나 시체 또는 사산아가 있는 것을 알면서 이를 관계 공무원에게 지체 없이 신고하지 않은 경우	8만원
법 제3조제1항제7호(관명사칭 등)	국내외의 공직(公職), 계급, 훈장, 학위 또는 그 밖에 법령에 따라 정해진 명칭이나 칭호 등을 거짓으로 꾸며 대거나 자격이 없으면서 법령에 따라 정해진 제복, 훈장, 기장 또는 기념장(記念章), 그 밖의 표장(標章) 또는 이와 비슷한 것을 사용한 경우	8만원
법 제3조제1항제8호(물품강매·호객행위)	가. 요청하지 않은 물품을 억지로 사라고 한 사람, 요청하지 않은 일을 해주거나 재주 등을 부리고 그 대가로 돈을 달라고 한 경우	8만원
	나. 여러 사람이 모이거나 다니는 곳에서 영업을 목적으로 떠들썩하게 손님을 부른 경우	5만원
법 제3조제1항제9호(광고물 무단부착 등)	가. 다른 사람 또는 단체의 집이나 그 밖의 인공구조물과 자동차 등에 함부로 광고물 등을 붙이거나 내걸거나 끼우거나 글씨 또는 그림을 쓰거나 그리거나 새기는 행위 등을 한 사람 또는 공공장소에서 광고물 등을 함부로 뿌린 경우	5만원
	나. 다른 사람이나 단체의 간판, 그 밖의 표시물 또는 인공구조물을 함부로 옮기거나 더럽히거나 훼손한 경우	8만원
법 제3조제1항제10호(마시는 물 사용방해)	사람이 마시는 물을 더럽히거나 사용하는 것을 방해한 경우	8만원
법 제3조제1항제11호(쓰레기 등 투기)	가. 쓰레기, 죽은 짐승, 그 밖의 더러운 물건(나목에 규정된 것은 제외한다)이나 못쓰게 된 물건을 함부로 아무 곳에나 버린 경우	5만원
	나. 담배꽁초, 껌, 휴지를 아무 곳에나 버린 경우	3만원
법 제3조제1항제12호(노상방뇨 등)	가. 길, 공원, 그 밖에 여러 사람이 모이거나 다니는 곳에서 대소변을 보거나 또는 그렇게 하도록 시키거나 개 등 짐승을 끌고 와서 대변을 보게 하고 이를 치우지 않은 경우	5만원
	나. 길, 공원, 그 밖에 여러 사람이 모이거나 다니는 곳에서 함부로 침을 뱉은 경우	3만원
법 제3조제1항제13호(의식방해)	공공기관이나 그 밖의 단체 또는 개인이 하는 행사나 의식을 못된 장난 등으로 방해하거나 행사나 의식을 하는 장소 또는 그 밖에 관계있는 사람이 말려도 듣지 않고 행사나 의식을 방해할 우려가 뚜렷한 물건을 가지고 행사장 등에 들어간 경우	8만원
법 제3조제1항제14호(단체가입 강요)	싫다고 하는데도 되풀이하여 단체 가입을 억지로 강요한 경우	5만원
법 제3조제1항제15호(자연훼손)	공원·명승지·유원지나 그 밖의 녹지구역 등에서 풀·꽃·나무·돌 등을 함부로 꺾거나 캔 경우 또는 바위·나무 등에 글씨를 새기거나 하여 자연을 훼손한 경우	5만원
법 제3조제1항제16호(타인의 가축·기계 등 무단조작)	다른 사람 또는 단체의 소나 말, 그 밖의 짐승 또는 매어 놓은 배·뗏목 등을 함부로 풀어 놓거나 자동차 등의 기계를 조작한 경우	8만원
법 제3조제1항제17호(물길의 흐름 방해)	개천·도랑이나 그 밖의 물길의 흐름에 방해될 행위를 한 경우	2만원
법 제3조제1항제18호(구걸행위 등)	가. 다른 사람에게 구걸하도록 시켜 올바르지 않은 이익을 얻은 경우	8만원
	나. 공공장소에서 구걸을 하여 다른 사람의 통행을 방해하거나 귀찮게 한 경우	5만원
법 제3조제1항제19호(불안감조성)	정당한 이유 없이 길을 막거나 시비를 걸거나 주위에 모여들거나 뒤따르거나 몹시 거칠게 겁을 주는 말이나 행동으로 다른 사람을 불안하게 하거나 귀찮고 불쾌하게 한 경우 또는 여러 사람이 이용하거나 다니는 도로·공원 등 공공장소에서 고의로 험악한 문신(文身)을 드러내어 다른 사람에게 혐오감을 준 경우	5만원
법 제3조제1항제20호(음주소란 등)	공회당·극장·음식점 등 여러 사람이 모이거나 다니는 곳 또는 여러 사람이 타는 기차·자동차·배 등에서 몹시 거친 말이나 행동으로 주위를 시끄럽게 하거나 술에 취하여 이유 없이 다른 사람에게 주정한 경우	5만원
법 제3조제1항제21호(인근소란 등)	악기·라디오·텔레비전·전축·종·확성기·전동기(電動機) 등의 소리를 지나치게 크게 내거나 큰소리로 떠들거나 노래를 불러 이웃을 시끄럽게 한 경우	3만원
법 제3조제1항제22호(위험한 불씨 사용)	충분한 주의를 하지 않고 건조물, 수풀, 그 밖에 불붙기 쉬운 물건 가까이에서 불을 피우거나 휘발유 또는 그 밖에 불이 옮아붙기 쉬운 물건 가까이에서 불씨를 사용한 경우	8만원
법 제3조제1항제23호(물건 던지기 등 위험행위)	다른 사람의 신체나 다른 사람 또는 단체의 물건에 해를 끼칠 우려가 있는 곳에 충분한 주의를 하지 않고 물건을 던지거나 붓거나 또는 쏜 경우	3만원
법 제3조제1항제24호(인공구조물 등의 관리소홀)	무너지거나 넘어지거나 떨어질 우려가 있는 인공구조물이나 그 밖의 물건에 대하여 관계 공무원으로부터 고칠 것을 요구받고도 필요한 조치를 게을리하여 여러 사람을 위험에 빠트릴 우려가 있게 한 경우	5만원
법 제3조제1항제25호(위험한 동물의 관리소홀)	사람이나 가축에 해를 끼치는 버릇이 있는 개나 그 밖의 동물을 함부로 풀어놓거나 제대로 살피지 않아 나다니게 한 경우	5만원
법 제3조제1항제26호(동물 등에 의한 행패 등)	가. 소나 말을 놀라게 하여 달아나게 한 경우	5만원
	나. 개나 그 밖의 동물을 시켜 사람이나 가축에게 달려들게 한 경우	8만원
법 제3조제1항제27호(무단소등)	여러 사람이 다니거나 모이는 곳에 켜 놓은 등불이나 다른 사람 또는 단체가 표시를 하기 위하여 켜 놓은 등불을 함부로 끈 경우	5만원
법 제3조제1항제28호(공중통로 안전관리소홀)	여러 사람이 다니는 곳에서 위험한 사고가 발생하는 것을 막을 의무가 있으면서도 등불을 켜 놓지 않거나 그 밖의 예방조치를 게을리한 경우	5만원
법 제3조제1항제29호(공무원 원조불응)	눈·비·바람·해일·지진 등으로 인한 재해, 화재·교통사고·범죄, 그 밖의 급작스러운 사고가 발생하였을 때에 현장에 있으면서도 정당한 이유 없이 관계 공무원 또는 이를 돕는 사람의 현장출입에 관한 지시에 따르지 않거나 공무원이 도움을 요청하여도 도움을 주지 않은 경우	5만원
법 제3조제1항제30호(거짓 인적사항 사용)	성명, 주민등록번호, 등록기준지, 주소, 직업 등을 거짓으로 꾸며대고 배나 비행기를 타거나 인적사항을 물을 권한이 있는 공무원이 적법한 절차를 거쳐 묻는 상황에서 정당한 이유 없이 다른 사람의 인적사항을 자기의 것으로 거짓으로 꾸며댄 경우	8만원
법 제3조제1항제31호(미신요법)	근거 없이 신기하고 용한 약방문인 것처럼 내세우거나 그 밖의 미신적인 방법으로 병을 진찰·치료·예방한다고 하여 사람들의 마음을 홀리게 한 경우	2만원
법 제3조제1항제32호(야간통행제한 위반)	전시·사변·천재지변, 그 밖에 사회에 위험이 생길 우려가 있는 상황에서 경찰청장이나 해양경찰청장이 정하는 야간통행제한을 위반한 경우	3만원
법 제3조제1항제33호(과다노출)	공개된 장소에서 공공연하게 성기·엉덩이 등 신체의 주요한 부위를 노출하여 다른 사람에게 부끄러운 느낌이나 불쾌감을 준 경우	5만원
법 제3조제1항제34호(지문채취 불응)	범죄 피의자로 입건된 사람의 신원을 지문조사 외의 다른 방법으로는 확인할 수 없어 경찰공무원이나 검사가 지문을 채취하려고 할 때에 정당한 이유 없이 이를 거부한 경우	5만원
법 제3조제1항제35호(자릿세 징수 등)	여러 사람이 모이거나 쓸 수 있도록 개방된 시설 또는 장소에서 좌석이나 주차할 자리를 잡아 주기로 하거나 잡아주면서, 돈을 받거나 요구하거나 돈을 받으려고 다른 사람을 귀찮게 따라다니는 경우	8만원
법 제3조제1항제36호(행렬방해)	공공장소에서 승차·승선, 입장·매표 등을 위한 행렬에 끼어들거나 떠밀거나 하여 그 행렬의 질서를 어지럽힌 경우	5만원

법 제3조제1항제37호(무단 출입)	출입이 금지된 구역이나 시설 또는 장소에 정당한 이유 없이 들어간 경우	2만원
법 제3조제1항제38호(총포 등 조작장난)	여러 사람이 모이거나 다니는 곳에서 충분한 주의를 하지 않고 총포, 화약류, 그 밖에 폭발의 우려가 있는 물건을 다루거나 이를 가지고 장난한 경우	8만원
법 제3조제1항제39호(무임승차 및 무전취식)	영업용 차 또는 배 등을 타거나 다른 사람이 파는 음식을 먹고 정당한 이유 없이 제 값을 치르지 않은 경우	5만원
법 제3조제1항제40호(장난전화 등)	정당한 이유 없이 다른 사람에게 전화·문자메시지·편지·전자우편·전자문서 등을 여러 차례 되풀이하여 괴롭힌 경우	8만원
법 제3조제1항제41호(지속적 괴롭힘)	상대방의 명시적 의사에 반하여 지속적으로 접근을 시도하여 면회 또는 교제를 요구하거나 지켜보기, 따라다니기, 잠복하여 기다리기 등의 행위를 반복하여 하는 경우	8만원
법 제3조제2항제1호(출판물의 부당게재 등)	올바르지 않은 이익을 얻을 목적으로 다른 사람 또는 단체의 사업이나 사사로운 일에 관하여 신문, 잡지, 그 밖의 출판물에 어떤 사항을 싣거나 싣지 않을 것을 약속하고 돈이나 물건을 받은 경우	16만원
법 제3조제2항제2호(거짓 광고)	여러 사람에게 물품을 팔거나 나누어 주거나 일을 해주면서 다른 사람을 속이거나 잘못 알게 할 만한 사실을 들어 광고한 경우	16만원
법 제3조제2항제3호(업무방해)	못된 장난 등으로 다른 사람, 단체 또는 공무수행 중인 자의 업무를 방해한 경우	16만원
법 제3조제2항제4호(암표매매)	흥행장, 경기장, 역, 나루터, 정류장, 그 밖에 정하여진 요금을 받고 입장시키거나 승차 또는 승선시키는 곳에서 웃돈을 받고 입장권·승차권 또는 승선권을 다른 사람에게 되판 경우	16만원

비고 : 범칙금의 납부 통고를 받은 사람이 통고처분을 불이행하여 법 제9조제1항에 따라 통고받은 범칙금에 가산금을 더하여 납부할 경우에 최대 납부할 금액은 법 제3조제1항 각 호의 행위로 인한 경우에는 10만원으로 하고, 법 제3조제2항 각 호의 행위로 인한 경우에는 20만원으로 한다.

■ 가정폭력방지 및 피해자보호 등에 관한 법률 시행령

〔별표〕

과태료의 부과기준(제9조 관련)

(2022.8.16 개정)

1. 일반기준
  가. 위반행위의 횟수에 따른 과태료의 가중된 부과기준은 최근 1년간 같은 위반행위로 과태료 부과처분을 받은 경우에 적용한다. 이 경우 기간의 계산은 위반행위에 대하여 과태료 부과처분을 받은 날과 그 처분 후 다시 같은 위반행위를 하여 적발된 날을 기준으로 한다.
  나. 가목에 따라 가중된 부과처분을 하는 경우 가중처분의 적용 차수는 그 위반행위 전 부과처분 차수(가목에 따른 기간 내에 과태료 부과처분이 둘 이상 있었던 경우에는 높은 차수를 말한다)의 다음 차수로 한다.
  다. 과태료 부과권자는 다음의 어느 하나에 해당하는 경우에는 제2호에 따른 과태료 금액의 2분의 1의 범위에서 그 금액을 감경할 수 있다. 다만, 과태료를 체납하고 있는 위반행위자의 경우에는 그러하지 아니하다.
    1) 위반행위자가 「질서위반행위규제법 시행령」 제2조의2제1항 각 호의 어느 하나에 해당하는 경우
    2) 위반행위가 사소한 부주의나 오류로 인한 것으로 인정되는 경우
    3) 위반의 내용·정도가 경미하여 피해가 적다고 인정되는 경우
    4) 법 위반상태를 시정하거나 해소하기 위한 노력이 인정되는 경우
    5) 그 밖에 위반행위의 정도, 위반행위의 동기와 그 결과 등을 고려하여 감경할 필요가 있다고 인정되는 경우
2. 개별기준

위 반 행 위	근거 법조문	과태료 금액		
		1차	2차	3차 이상
가. 정당한 사유 없이 법 제9조의4제3항을 위반하여 현장조사를 거부·기피하는 등 업무 수행을 방해한 경우	법 제22조제1항	150만원	300만원	500만원
나. 정당한 사유 없이 법 제11조제1항에 따른 보고를 하지 않은 경우	법 제22조제2항제1호	50만원	100만원	200만원
다. 정당한 사유 없이 법 제11조제1항에 따른 보고를 거짓으로 한 경우	법 제22조제2항제1호	100만원	200만원	300만원
라. 정당한 사유 없이 법 제11조제1항에 따른 조사·검사를 거부하거나 기피한 경우	법 제22조제2항제1호	100만원	200만원	300만원
마. 법 제17조에 따른 유사명칭 사용 금지를 위반한 경우	법 제22조제2항제2호	50만원	100만원	200만원

■ 성폭력방지 및 피해자보호 등에 관한 법률 시행령

〔별표1〕

종사자의 자격기준(제7조 관련)

(2022.11.8 개정)

1. 일반기준
  가. 상담소, 보호시설 및 통합지원센터의 종사자는 제2호의 해당 개별기준 요건 중 어느 하나를 갖춘 사람으로 한다.
  나. 상담소·보호시설의 장 및 상담원과 통합지원센터의 상담원은 법 제19조의2에 따른 상담원 교육훈련시설에서 상담원 교육훈련과정을 이수한 사람으로 한다.
2. 개별기준

구 분		자 격 기 준
가. 상담소·보호시설의 장		1) 「사회복지사업법」 제11조에 따른 사회복지사 2급 이상의 자격을 취득한 후 성폭력방지 관련 업무에서 3년 이상 근무한 경력이 있는 사람 2) 국가 및 지방자치단체에서 7급 이상 공무원으로 성폭력방지 관련 업무에 3년 이상 근무한 경력이 있는 사람 3) 상담원의 자격을 취득한 후 성폭력 방지 관련 사업을 목적으로 설립된 단체·기관 또는 시설(이하 이 표에서 "성폭력방지 관련 기관"이라 한다)에서 3년 이상 근무한 경력이 있는 사람
나. 상담소·보호시설의 상담원		1) 「고등교육법」 제2조제1호부터 제6호까지의 규정에 따른 학교를 졸업한 사람(이와 같은 수준 이상의 학력이 있는 사람을 포함한다) 2) 「사회복지사업법」 제11조에 따른 사회복지사의 자격을 취득한 사람 3) 「사회복지사업법」 제2조제3호 및 제4호에 따른 사회복지법인, 사회복지시설 또는 사회복지단체의 임직원으로 성폭력방지 관련 업무에 3년 이상 근무한 경력이 있는 사람 4) 공무원으로 성폭력방지 관련 업무에 3년 이상 근무한 경력이 있는 사람 5) 「장애인복지법」 제58조에 따른 장애인복지시설 또는 장애인 관련 단체의 임직원으로 2년 이상 상담 및 보호업무에 근무한 경력이 있는 사람(장애인을 대상으로 하는 상담원의 경우만 해당한다)
다. 통합지원센터에 근무하는 종사자	1) 소장	가) 「의료법」 제77조에 따른 소아청소년과, 정신건강의학과 또는 산부인과 전문의 자격을 취득한 후 3년 이상 해당 분야에서 진료한 경력이 있는 사람 나) 「변호사법」 제4조에 따른 변호사 자격을 취득한 후 3년 이상 해당 분야에서 근무한 경력이 있는 사람
	2) 부소장	가) 사회복지학, 상담학, 심리학, 아동학, 여성학 등의 분야에서 석사학위를 취득한 후 2년 이상 해당 분야에서 근무한 경력이 있는 사람 나) 사회복지학, 상담학, 심리학, 아동학, 여성학 등의 분야에서 학사학위를 취득한 후 4년 이상 해당 분야에서 근무한 경력이 있는 사람 다) 「의료법」 제77조에 따른 소아청소년과, 정신건강의학과 또는 산부인과 전문의 자격을 취득한 후 2년 이상 해당 분야에서 진료한 경력이 있는 사람 라) 「변호사법」 제4조에 따른 변호사 자격을 취득한 후 2년 이상 해당 분야에서 근무한 경력이 있는 사람 마) 다음의 어느 하나에 해당하는 사람으로서 「의료법」 제7조에 따른 간호사 면허를 취득한 후 해당 분야에서 다음의 구분에 따른 기간 이상 근무한 경력이 있는 사람 (1) 대학을 졸업한 사람 : 4년 (2) 3년제 전문대학을 졸업한 사람 : 5년 (3) 2년제 전문대학을 졸업한 사람 : 6년
	3) 정신건강임상심리사·임상심리전문가	가) 「정신건강증진 및 정신질환자 복지서비스 지원에 관한 법률」 제17조에 따른 정신건강임상심리사 자격을 취득한 사람 나) 국민의 심리적 건강 증진을 목적으로 설립된 단체·학회 중 여성가족부장관이 지정하는 단체·학회에서 시행하는 임상심리전문가 자격을 취득한 사람
	4) 심리치료사	가) 사회복지학, 상담학, 심리학, 아동학, 여성학 등의 분야에서 석사학위를 취득한 후 병원 또는 성폭력방지 관련 기관에서 1년 이상 심리치료사로 근무한 경력이 있는 사람 나) 사회복지학, 상담학, 심리학, 아동학, 여성학 등의 분야에서 학사학위를 취득한 후 병원 또는 성폭력방지 관련 기관에서 3년 이상 심리치료사로 근무한 경력이 있는 사람
	5) 간호사	가) 간호학 학사학위 소지자로서 「의료법」 제7조에 따른 간호사 면허를 취득한 후 해당 분야에서 1년 이상 근무한 경력이 있는 사람 나) 간호학 전문학사학위 소지자로서 「의료법」 제7조에 따른 간호사 면허를 취득한 후 해당 분야에서 2년 이상 근무한 경력이 있는 사람
	6) 상담원	가) 사회복지학, 상담학, 심리학, 아동학, 여성학 등의 분야에서 석사학위를 취득한 사람으로서 1년 이상 상담원으로 근무한 경력(학사학위 취득 후 석사학위 취득 전의 경력을 포함한다)이 있는 사람 나) 사회복지학, 상담학, 심리학, 아동학, 여성학 등의 분야에서 학사학위를 취득한 후 2년 이상 상담원으로 근무한 경력이 있는 사람

비고 : 제2호의 개별기준 외에 통합지원센터에 근무하는 행정지원 인력 등 종사자에게 필요한 자격기준을 여성가족부장관이 정한다.

〔별표2〕

과태료의 부과기준(제11조제1항 관련)

(2022.11.8 개정)

1. 일반기준
  가. 위반행위의 횟수에 따른 과태료의 가중된 부과기준은 최근 1년간 같은 위반행위로 과태료 부과처분을 받은 경우에 적용한다. 이 경우 기간의 계산은 위반행위에 대하여 과태료 부과처분을 받은 날과 그 처분 후 다시 같은 위반행위를 하여 적발한 날을 기준으로 한다.
  나. 가목에 따라 가중된 부과처분을 하는 경우 가중처분의 적용 차수는 그 위반행위 전 부과처분 차수(가목에 따른 기간 내에 과태료 부과처분이 둘 이상 있었던 경우에는 높은 차수를 말한다)의 다음 차수로 한다.
  다. 부과권자는 다음의 어느 하나에 해당하는 경우에는 제2호에 따른 과태료 금액의 2분의 1 범위에서 그 금액을 줄일 수 있다. 다만, 과태료를 체납하고 있는 위반행위자의 경우에는 그렇지 않다.
    1) 위반행위가 사소한 부주의나 오류 등 과실로 인한 것으로 인정되는 경우
    2) 위반행위자가 같은 위반행위로 다른 법률에 따라 과태료·벌금·영업정지 등의 처분을 받은 경우
    3) 위반행위자가 위법행위로 인한 결과를 시정하거나 해소한 경우
    4) 그 밖에 위반행위의 정도, 위반행위의 동기와 그 결과 등을 고려하여 그 금액을 줄일 필요가 있다고 인정되는 경우

2. 개별기준

위반행위	근거 법조문	과태료 금액		
		1차 위반	2차 위반	3차 이상 위반
가. 법 제9조제2항을 위반하여 성폭력 사건이 발생한 사실을 신고하지 않은 경우	법 제38조제2항제1호	300만원		
나. 법 제31조의2제5항을 위반하여 정당한 사유 없이 현장조사를 거부하는 등 업무를 방해한 경우	법 제38조제1항	150만원	300만원	500만원
다. 정당한 사유 없이 법 제32조제1항에 따른 보고를 하지 않은 경우	법 제38조제2항제2호	50만원	100만원	200만원
라. 정당한 사유 없이 법 제32조제1항에 따른 보고를 거짓으로 한 경우	법 제38조제2항제2호	100만원	200만원	300만원
마. 정당한 사유 없이 법 제32조제1항에 따른 조사·검사를 거부하거나 기피한 경우	법 제38조제2항제2호	100만원	200만원	300만원
바. 법 제33조에 따른 유사명칭 사용 금지의 무를 위반한 경우	법 제38조제2항제3호	50만원	100만원	200만원

■ 성폭력범죄의 처벌 등에 관한 특례법 시행령

〔별표〕

과태료의 부과기준(제10조 관련)

(2017.6.20 신설)

1. 일반기준
 가. 위반행위의 횟수에 따른 과태료의 가중된 부과기준은 최근 3년간 같은 위반행위로 과태료 부과처분을 받은 경우에 적용한다. 이 경우 기간의 계산은 위반행위에 대하여 과태료 부과처분을 받은 날과 그 처분 후 다시 같은 위반행위를 하여 적발된 날을 기준으로 한다.
 나. 가목에 따라 가중된 부과처분을 하는 경우 가중처분의 적용 차수는 그 위반행위 전 부과처분 차수(가목에 따른 기간 내에 과태료 부과처분이 둘 이상 있었던 경우에는 높은 차수를 말한다)의 다음 차수로 한다.
 다. 관할경찰관서의 장은 위반행위의 동기와 그 결과 등을 고려하여 과태료 부과기준의 2분의 1 범위에서 가중하거나 감경할 수 있으며, 가중하는 경우 법 제52조제1항에 따른 과태료 금액의 상한을 초과할 수 없다.
2. 개별기준

위반행위	근거 법조문	과태료 금액		
		1차 위반	2차 위반	3차 이상 위반
법 제43조의2제1항 또는 제2항을 위반하여 신고하지 않거나 거짓으로 신고한 경우	법 제52조제1항	50만원	100만원	200만원

■ 스토킹범죄의 처벌 등에 관한 법률 시행령

〔별표〕

과태료의 부과기준(제4조 관련)

1. 일반기준
 가. 위반행위의 횟수에 따른 과태료의 가중된 부과기준은 최근 3년간 같은 위반행위로 과태료 부과처분을 받은 경우에 적용한다. 이 경우 기간의 계산은 위반행위에 대하여 과태료 부과처분을 받은 날과 그 처분 후 다시 같은 위반행위를 하여 적발된 날을 기준으로 한다.
 나. 가목에 따라 가중된 부과처분을 하는 경우 가중처분의 적용 차수는 그 위반행위 전 부과처분 차수(가목에 따른 기간 내에 과태료 부과처분이 둘 이상 있었던 경우에는 높은 차수를 말한다)의 다음 차수로 한다.
 다. 부과권자는 다음의 어느 하나에 해당하는 경우에는 제2호의 개별기준에 따른 과태료의 2분의 1 범위에서 그 금액을 줄여 부과할 수 있다. 다만, 과태료를 체납하고 있는 위반행위자에 대해서는 그렇지 않다.
  1) 위반행위가 사소한 부주의나 오류로 인한 것으로 인정되는 경우
  2) 위반의 내용과 정도가 경미하여 피해자 등에게 미치는 피해가 적다고 인정되는 경우
  3) 위반행위자가 법 위반상태를 시정하거나 해소하기 위하여 노력한 것이 인정되는 경우
  4) 그 밖에 위반행위의 동기 및 정도와 그 결과 등을 고려하여 과태료 금액을 줄일 필요가 있다고 인정되는 경우
 라. 부과권자는 다음의 어느 하나에 해당하는 경우에는 제2호의 개별기준에 따른 과태료의 2분의 1 범위에서 그 금액을 늘려 부과할 수 있다. 다만, 늘려 부과하는 경우에도 법 제21조제1항 또는 제2항에 따른 과태료의 상한을 넘을 수 없다.
  1) 위반행위가 둘 이상인 경우
  2) 최근 3년 이내에 법 위반 사실이 있는 경우
  3) 법 위반상태의 기간이 6개월 이상인 경우
  4) 그 밖에 위반행위의 동기 및 정도와 그 결과 등을 고려하여 과태료 금액을 늘릴 필요가 있다고 인정되는 경우
2. 개별기준

(단위 : 만원)

위반행위	근거 법조문	과태료		
		1차 위반	2차 위반	3차 이상 위반
가. 정당한 사유 없이 법 제4조제1항에 따른 긴급응급조치(검사가 법 제5조제2항에 따른 긴급응급조치에 대한 사후승인을 청구하지 않거나 지방법원 판사가 같은 조 제3항에 따른 승인을 하지 않은 경우는 제외한다)를 이행하지 않은 경우	법 제21조 제1항	300	700	1,000
나. 법 제19조제1항에 따라 수강명령 또는 이수명령을 부과받은 후 정당한 사유 없이 보호관찰소의 장 또는 교정시설의 장의 수강명령 또는 이수명령 이행에 관한 지시에 불응하여 「보호관찰 등에 관한 법률」 또는 「형의 집행 및 수용자의 처우에 관한 법률」에 따른 경고를 받은 후 다시 정당한 사유 없이 수강명령 또는 이수명령 이행에 관한 지시에 불응한 경우	법 제21조 제2항	150	300	500

■ 성매매알선 등 행위의 처벌에 관한 법률 시행령

〔별표〕

중대한 장애가 있는 사람의 기준(제2조 관련)

(2019.3.5 개정)

1. 지체장애인(肢體障碍人)
 팔다리 또는 몸통의 기능에 영속적인 장애가 있거나 그 일부를 잃어 주위의 도움이 없으면 일상생활을 영위하기 어려운 사람
2. 시각장애인(視覺障碍人)
 좋은 눈의 시력(만국식시력표에 의하여 측정한 것을 말하며, 굴절이상이 있는 사람에 대하여는 교정시력을 기준으로 한다)이 0.04 이하인 사람
3. 청각장애인(聽覺障碍人)
 가. 두 귀의 청력 손실이 각각 70데시벨(dB) 이상인 사람
 나. 두 귀에 들리는 보통 말소리의 명료도가 50퍼센트 이하인 사람
 다. 양측 평형기능의 소실 또는 감소로 두 눈을 뜨고 10미터를 걸으려면 중간에 균형을 잡기 위하여 한 번 이상 멈추어야 하는 사람
4. 언어장애인(言語障碍人)
 음성 기능 또는 언어 기능을 잃은 사람
5. 지적장애인(知的障碍人)
 지능지수가 70 이하인 사람으로서 사회적·직업적 재활을 위하여 지속적인 도움이나 교육이 필요한 사람
6. 자폐성장애인(自閉性障碍人)
 자폐증으로 정상발달의 단계가 나타나지 아니하고 지능지수가 70 이하이며, 지능 및 능력장애로 인하여 주위의 많은 도움이 없으면 일상생활을 영위하기 어려운 사람
7. 정신장애인(精神障碍人)
 가. 정신분열병으로 망상·환청·사고장애 및 기괴한 행동 등의 양성증상 및 사회적 위축 등의 음성증상이 있고, 중등(中等)도의 이상의 인격 변화가 있으며, 기능 및 능력장애로 인하여 주위의 많은 도움이 없으면 일상생활을 영위하기 어려운 사람
 나. 양극성 정동장애(조울병)로 기분·의욕 및 행동·사고장애 증상이 있는 증상기가 지속되거나 자주 반복되며, 기능 및 능력장애로 인하여 주위의 많은 도움이 없으면 일상생활을 영위하기 어려운 사람
 다. 만성적인 반복성 우울장애로 망상 등 정신병적 증상이 동반되고, 기분·의욕 및 행동 등에 대한 우울증상이 있는 증상기가 지속되거나 자주 반복되며, 기능 및 능력장애로 인하여 주위의 많은 도움이 없으면 일상생활을 영위하기 어려운 사람
 라. 만성적인 분열성 정동장애(情動障碍)로 가목 내지 다목에 준하는 증상이 있는 사람

■ 스토킹방지 및 피해자보호 등에 관한 법률 시행령

〔별표1〕

지원시설의 설치·운영 기준(제5조 관련)

1. 시설기준
 가. 시설의 구조 및 설비는 그 시설을 이용하는 사람의 특성에 맞도록 하고, 일조·채광·환기 등 보건위생과 재난 방지 등을 고려해야 한다.
 나. 지원시설은 다음의 설비를 갖추어야 한다. 다만, 부득이한 경우 이용자가 상시 생활하는 지원시설은 2) 및 3)의 시설을 겸용하거나 5)부터 7)까지의 시설을 겸용할 수 있고, 이용자가 상시 생활하지 않는 지원시설의 경우에는 1) 및 4)부터 8)까지의 시설을 갖추지 않을 수 있다.
  1) 침실 및 거실
   가) 난방시설 및 통풍시설을 갖추고, 일조량을 확보할 수 있도록 해야 한다.
   나) 출입구는 비상재난 시 대피하기 쉽도록 복도 또는 넓은 공간을 향하도록 해야 한다.
  2) 사무실
   사무와 행정 처리를 위한 적절한 설비를 갖추어야 한다.
  3) 상담실
   사생활이 공개되지 않고 편안한 분위기에서 상담할 수 있도록 적절한 설비를 갖추어야 한다.
  4) 식당 및 조리실
   취사 및 조리를 할 수 있는 설비를 갖추어야 한다.
  5) 목욕실
   샤워설비 및 세면설비를 갖추어야 한다.
  6) 세탁장
   세탁설비를 갖추어야 한다.
  7) 화장실
   수세식 화장실을 갖추어야 한다.
  8) 급수·배수 시설
   가) 급수시설은 상수도를 이용한다. 다만, 상수도를 이용할 수 없는 경우에는 「먹는물관리법」 제5조에 따른 먹는물의 수질기준에 적합한 지하수 등을 공급할 수 있는 설비를 갖추어야 한다.
   나) 「하수도법」에 따른 배수설비를 설치해야 한다.
  9) 비상재난대비시설
   「소방시설 설치 및 관리에 관한 법률」에 따른 화재안전기준에 따라 소화설비 및 피난구조설비를 갖추어야 한다.
2. 인력기준
 가. 지원시설에는 지원시설의 장과 1명 이상의 상담원을 두어야 한다.
 나. 지원시설의 상담원은 업무 관련성·효율성 등을 고려하여 여성가족부장관이 정하는 다른 기관의 업무를 겸임할 수 있다.

3. 운영기준
가. 운영규정
지원시설의 장은 다음 사항에 관한 규정을 제정하여 시설의 적정한 운영을 도모해야 한다.
1) 지원시설의 운영 방침
2) 종사자의 업무 분장
3) 지원시설의 이용 요령
4) 지원시설의 이용 수칙
5) 그 밖에 지원시설의 운영·관리 등에 관한 중요 사항
나. 장부 등의 비치
지원시설의 장은 다음의 장부 및 서류를 갖춰 두어야 한다.
1) 관리에 관한 장부 및 서류
가) 지원시설의 연혁에 관한 기록부
나) 종사자 등의 관계철(인사기록카드·이력서·사진을 포함한다)
다) 회의록 관계철
라) 소속 법인의 정관(법인인 경우만 해당한다) 및 관계 결의(決議)에 관한 서류
마) 문서철(보고서 및 관계 행정기관과 송신 또는 수신한 문서를 포함한다)
바) 문서 접수·발송 대장
2) 사업에 관한 장부 및 서류
가) 지원시설의 이용자 관계 서류(신상조사서, 보호의 경과, 지도·상담, 법률 지원의 내용 등)
나) 운영일지 및 상담일지
다) 종사자 등의 교육 관계 서류
3) 재무·회계에 관한 장부 및 서류
가) 총계정원장 및 수입·지출보조부
나) 금전출납부 및 그 증명서류
다) 예산서 및 결산서
라) 비품관리대장
마) 재산대장·재산목록과 그 소유권 또는 사용권을 증명할 수 있는 서류
바) 이용자의 비용부담 관계 서류
사) 각종 증명서류

〔별표2〕

지원시설 종사자 등의 자격기준(제8조 관련)

구분	자격기준
1. 지원시설의 장	다음 각 목의 어느 하나에 해당하는 사람으로서 법 제11조제2항에 따른 교육전문기관이 개설·운영하는 교육과정을 이수한 사람 가.「사회복지사업법」 제11조제1항에 따른 사회복지사 2급 이상의 자격을 취득한 후 스토킹·가정폭력·성폭력 방지 관련 업무에 3년 이상 종사한 경력이 있는 사람 나. 국가 또는 지방자치단체의 7급 이상 공무원으로 스토킹·가정폭력·성폭력 방지 관련 업무에 3년 이상 종사한 경력이 있는 사람 다. 상담원의 자격기준을 갖춘 후 스토킹·가정폭력·성폭력 방지 관련 사업을 목적으로 설립된 단체·기관 또는 시설에서 3년 이상 관련 업무에 종사한 경력이 있는 사람
2. 상담원	다음 각 목의 어느 하나에 해당하는 사람으로서 법 제11조제2항에 따른 교육전문기관이 개설·운영하는 교육과정을 이수한 사람 가.「고등교육법」 제2조 각 호에 따른 학교를 졸업한 사람(법령에 따라 이와 같은 수준의 학력이 있다고 인정되는 사람을 포함한다) 나.「사회복지사업법」 제11조제1항에 따른 사회복지사의 자격을 취득한 사람 다.「사회복지사업법」 제2조제3호 및 제4호에 따른 사회복지법인, 사회복지시설 또는 사회복지단체의 임직원으로 스토킹·가정폭력·성폭력 방지 관련 업무에 3년 이상 종사한 경력이 있는 사람 라. 국가 또는 지방자치단체의 공무원으로 스토킹·가정폭력·성폭력 방지 관련 업무에 3년 이상 종사한 경력이 있는 사람 마. 스토킹·가정폭력·성폭력 방지 관련 사업을 목적으로 설립된 단체·기관 또는 시설에서 3년 이상 관련 업무에 종사한 경력이 있는 사람

비고
1. 위 표에서 "교육과정"이란 다음 표의 교육과정을 말한다.

교육과정	이수시간
가. 스토킹에 대한 이해 나. 스토킹 피해자 보호 및 지원의 이해 다. 스토킹 관련 법령 및 정책·제도에 대한 이해	20

2. 위 표에서 "교육과정을 이수한 사람"이란 제1호 각 목 또는 제2호 각 목의 자격기준을 갖추기 전이나 후에 교육과정을 이수한 사람을 말한다.

〔별표3〕

과태료의 부과기준(제12조 관련)

1. 일반기준
가. 위반행위의 횟수에 따른 과태료의 가중된 부과기준은 최근 1년간 같은 위반행위로 과태료 부과처분을 받은 경우에 적용한다. 이 경우 기간의 계산은 위반행위에 대하여 과태료 부과처분을 받은 날과 그 처분 후 다시 같은 위반행위를 하여 적발된 날을 기준으로 한다.
나. 가목에 따라 가중된 부과처분을 하는 경우 가중처분의 적용 차수는 그 위반행위 전 부과처분 차수(가목에 따른 기간 내에 과태료 부과처분이 둘 이상 있었던 경우에는 높은 차수를 말한다)의 다음 차수로 한다.
다. 부과권자는 다음의 어느 하나에 해당하는 경우에는 제2호의 개별기준에 따른 과태료의 2분의 1 범위에서 그 금액을 줄여 부과할 수 있다. 다만, 과태료를 체납하고 있는 위반행위자에 대해서는 그렇지 않다.
1) 위반행위가 사소한 부주의나 오류로 인한 것으로 인정되는 경우
2) 위반행위자가 법 위반상태를 시정하거나 해소하기 위하여 노력한 사실이 인정되는 경우
3) 그 밖에 위반행위의 정도, 위반행위의 동기와 그 결과 등을 고려하여 과태료 금액을 줄일 필요가 있다고 인정되는 경우

2. 개별기준

위반행위	근거 법조문	과태료 금액(단위 : 만원)		
		1차 위반	2차 위반	3차 이상 위반
법 제14조제5항을 위반하여 정당한 사유 없이 사법경찰관리의 업무 수행을 방해한 경우	법 제18조제1항	300	700	1,000

■ 환경범죄 등의 단속 및 가중처벌에 관한 법률

〔별표1〕

바다 등의 오염 규모 및 기준(제3조제3항제2호 관련)

(2011.4.28 개정)

구 분		규 모	기 준	
			오염물질의 종류	오염기준
1. 바다		10,000㎡	가. 수은 나. 구리 다. 납 라. 6가크롬 마. 시안화합물	0.005㎎/L 0.01㎎/L 0.1㎎/L 0.05㎎/L 0.1㎎/L
2. 하천		유하거리(流下距離) 500m		
3. 호 소	수역면적 10,000㎡ 미만	수역면적의 1/2		
	수역면적 10,000㎡ 이상	5,000㎡		
4. 지하수		50,000L	「지하수법」 제20조에 따른 지하수의 수질기준	

〔별표2〕

집단폐사의 규모(제3조제3항제3호 관련)

(2011.4.28 개정)

구 분	규 모	
	자연산	양식산
바다	500㎏	5,000㎏
하천·호소	200㎏	2,000㎏

비고 : 마르지 아니한 상태에서 측정한 무게를 기준으로 하고, 조개류의 경우에는 껍질의 무게를 포함한다.

■ 환경범죄 등의 단속 및 가중처벌에 관한 법률 시행령

〔별표1〕

과징금의 부과기준(제3조제2항 관련)

(2020.11.10 개정)

1. 위반부과금액의 부과기준
가. 위반부과금액은 해당 사업장의 매출액에 위반행위 횟수와 해당 사업장의 매출액 범주에 따라 다음과 같이 구분된 기준부과율을 곱하여 산출한다.

매출액의 구분	기준부과율	
	1회 위반	2회 이상 위반
1) 매출액의 중소기업 규모 기준에 해당하는 자	1천분의 25 이하	1천분의 25 초과 1천분의 50 이하
2) 매출액이 중소기업 규모 기준을 초과하는 자	1천분의 30 이하	1천분의 30 초과 1천분의 50 이하

나. 기준부과율의 세부 기준은 위반행위의 중대성 및 위반기간 등을 고려하여 환경부장관이 정하여 고시한다.

비고
1. 중소기업 규모 기준은「중소기업기본법 시행령」 제3조제1항제1호가목 및 별표1에 따른다.
2. 위반행위의 횟수에 따른 위반부과금액의 가중된 부과기준은 최근 5년간 같은 위반행위로 과징금 부과처분을 받은 경우에 적용한다. 이 경우 기간의 계산은 위반행위에 대하여 과징금 부과처분을 받은 날과 그 처분 후 다시 같은 위반행위를 하여 적발된 날을 기준으로 한다.
3. 제2호에 따라 가중된 부과처분을 하는 경우 가중처분의 적용 차수는 그 위반행위 전 부과처분 차수(제2호에 따른 기간 내에 과징금 부과 처분이 둘 이상 있었던 경우에는 높은 차수를 말한다)의 다음 차수로 한다.
4. 법 제12조제2항에서 "최근 3년간 매출액의 평균"이란 위반행위 적발일 직전 3개 사업연도의 연평균 매출액을 말한다. 다만, 해당 사업연도 초일 현재 사업을 개시한 지 3년이 되지 않는 경우에는 그 사업 개시 후 직전 사업연도 말일까지의 매출액을 연평균 매출액으로 환산한 금액으로 산정하고, 해당 사업연도에 사업을 개시한 경우에는 사업개시일부터 적발일까지의 매출액을 연평균 매출액으로 환산한 금액으로 산정한다.

2. 정화비용의 부과기준
가. 법 제12조제1항 각 호 외의 부분 본문에 따른 정화비용(이하 "정화비용"이라 한다)은 불법적으로 배출한 오염물질을 제거하고 그 과정에서 발생한 토지 등의 변형을 원상회복하는 데에 필요한 비용으로서 정화에 필요한 조사, 설계, 공사 및 검증 비용을 포함한다.
나. 사업자가 그 오염물질을 제거하고 원상회복한 경우에는 정화비용에 상당하는 과징금을 부과하지 않는다.

〔별표2〕

행정처분의 기준(제8조 관련)

(2011.10.28 개정)

위반사항	행정처분 기준
1. 법 제2조제5호가목의 경우 가. 해당 지역에 배출시설 설치가 가능한 경우 나. 해당 지역에 배출시설 설치가 불가능한 경우	 사용중지 폐쇄
2. 법 제2조제5호나목의 경우 가. 허가 또는 승인이 정지된 시설에서 오염물질을 배출하는 경우 나. 허가 또는 승인이 취소된 시설에서 오염물질을 배출하는 경우 다. 폐쇄 명령을 받은 후 오염물질을 배출하는 경우	 사용중지 폐쇄 철거
3. 법 제2조제5호다목의 경우 가. 해당 지역에서 영업이 가능한 경우 나. 해당 지역에서 영업이 불가능한 경우	 사용중지 폐쇄
4. 법 제2조제5호라목의 경우 가. 허가가 정지된 상태에서 영업을 한 경우 나. 허가가 취소된 상태에서 영업을 한 경우 다. 폐쇄 명령을 받은 후 영업을 한 경우	 사용중지 폐쇄 철거
5. 법 제2조제5호마목의 경우	폐쇄(폐쇄 명령을 받은 후 영업을 한 경우에는 철거)
6. 법 제2조제5호바목의 경우	철거

〔별표3〕 ➡ 「www.hyeonamsa.com」 참조

■ 범죄수익은닉의 규제 및 처벌 등에 관한 법률

〔별표〕

제2조제1호나목 관련 범죄(제2조제1호 관련)

(2022.1.4 개정)

1. 「형법」 중 다음 각 목의 죄
   가. 제2편제19장 유가증권, 우표와 인지에 관한 죄 중 제224조(제214조 및 제215조의 예비·음모만 해당한다)의 죄
   나. 제2편제22장 성풍속에 관한 죄 중 제243조 및 제244조의 죄
   다. 제2편제34장 신용, 업무와 경매에 관한 죄 중 제315조의 죄
   라. 제2편제40장 횡령과 배임의 죄 중 제357조제2항의 죄
2. 「관세법」 제270조의2의 죄
3. 「정보통신망 이용촉진 및 정보보호 등에 관한 법률」 제74조제1항제2호·제6호의 죄
4. 「영화 및 비디오물의 진흥에 관한 법률」 제95조제6호의 죄
5. 「여권법」 제25조제2호의 죄
6. 「한국토지주택공사법」 제28조제1항의 죄

■ 부패재산의 몰수 및 회복에 관한 특례법

〔별표〕

부패범죄(제2조제1호 관련)

(2021.5.18 개정)

1. 「형법」 중 다음 각 목의 죄
   가. 제2편제7장 공무원의 직무에 관한 죄 중 제129조부터 제133조까지의 죄
   나. 제2편제34장 신용, 업무와 경매에 관한 죄 중 제315조의 죄
   다. 제2편제39장 사기와 공갈의 죄 중 제347조, 제347조의2 및 제351조(제347조 및 제347조의2의 상습범만 해당한다)에 해당하는 죄(특정사기범죄로 한정한다)
   라. 제2편제40장 횡령과 배임의 죄 중 제355조부터 제357조까지 및 제359조의 죄
2. 「형법」 외의 법률에서 규정한 공무원 의제에 따른 「형법」 제129조부터 제132조까지의 죄
3. 「특정범죄가중처벌 등에 관한 법률」 제2조 및 제3조의 죄
4. 「특정경제범죄 가중처벌 등에 관한 법률」 중 다음 각 목의 죄
   가. 제3조 중 「형법」 제347조, 제347조의2 및 제351조(제347조 및 제347조의2의 상습범만 해당한다)에 해당하는 죄(특정사기범죄로 한정한다)
   나. 제3조 중 「형법」 제355조 및 제356조에 해당하는 죄
   다. 제5조부터 제9조까지의 죄
5. 「국제상거래에 있어서 외국공무원에 대한 뇌물방지법」 제3조제1항의 죄
6. 「국민투표법」 제99조 및 제100조의 죄
7. 「공직선거법」 제230조부터 제233조까지 및 제235조의 죄
8. 「정치자금법」 제45조의 죄
9. 「공직자의 이해충돌 방지법」 제27조제1항 및 같은 조 제2항제1호의 죄
10. 「변호사법」 제33조 및 제109조부터 제111조까지의 죄
11. 「선박소유자 등의 책임제한절차에 관한 법률」 제93조 및 제94조의 죄
12. 「상법」 제630조, 제631조 및 제634조의2의 죄
13. 「주식회사 등의 외부감사에 관한 법률」 제40조의 죄
14. 「채무자 회생 및 파산에 관한 법률」 제645조, 제646조, 제655조 및 제656조의 죄
15. 「경륜·경정법」 제29조부터 제31조까지의 죄
16. 「한국마사회법」 제51조제1호부터 제3호까지의 죄
17. 「독점규제 및 공정거래에 관한 법률」 제40조제1항 및 제124조제1항제9호의 죄
18. 「건설산업기본법」 제38조의2, 제95조 및 제95조의2의 죄
19. 「고등교육법」 제64조제2항제2호의 죄
20. 「공인회계사법」 제22조제3항 및 제53조제1항의 죄
21. 「국민체육진흥법」 제47조제1호 및 제48조제1호·제2호의 죄
22. 「근로기준법」 제9조 및 제107조의 죄
23. 「금융지주회사법」 제48조의3제1항 및 제70조제2항제2호의 죄
24. 「보험업법」 제201조 및 제203조의 죄
25. 「선주상호보험조합법」 제59조 및 제60조의 죄
26. 「신용협동조합법」 제30조의2 및 제99조제2항제3호의 죄
27. 「유류오염손해배상 보장법」 제58조 및 제59조의 죄
28. (2016.12.20 삭제)
29. 「전통소싸움경기에 관한 법률」 제25조 및 제27조의 죄

■ 중대재해 처벌 등에 관한 법률 시행령

〔별표1〕

직업성 질병(제2조 관련)

1. 염화비닐·유기주석·메틸브로마이드(bromomethane)·일산화탄소에 노출되어 발생한 중추신경계장해 등의 급성중독
2. 납이나 그 화합물(유기납은 제외한다)에 노출되어 발생한 납 창백(蒼白), 복부 산통(産痛), 관절통 등의 급성중독
3. 수은이나 그 화합물에 노출되어 발생한 급성중독
4. 크롬이나 그 화합물에 노출되어 발생한 세뇨관 기능 손상, 급성 세뇨관 괴사, 급성신부전 등의 급성중독
5. 벤젠에 노출되어 발생한 경련, 급성 기질성 뇌증후군, 혼수상태 등의 급성중독
6. 톨루엔(toluene)·크실렌(xylene)·스티렌(styrene)·시클로헥산(cyclohexane)·노말헥산(n-hexane)·트리클로로에틸렌(trichloroethylene) 등 유기화합물에 노출되어 발생한 의식장해, 경련, 급성 기질성 뇌증후군, 부정맥 등의 급성중독
7. 이산화질소에 노출되어 발생한 메트헤모글로빈혈증(methemoglobinemia), 청색증(青色症) 등의 급성중독
8. 황화수소에 노출되어 발생한 의식 소실(消失), 무호흡, 폐부종, 후각신경마비 등의 급성중독
9. 시안화수소나 그 화합물에 노출되어 발생한 급성중독
10. 불화수소·불산에 노출되어 발생한 화학적 화상, 청색증, 폐수종, 부정맥 등의 급성중독
11. 인[백린(白燐), 황린(黃燐) 등 금지물질에 해당하는 동소체(同素體)로 한정한다]이나 그 화합물에 노출되어 발생한 급성중독
12. 카드뮴이나 그 화합물에 노출되어 발생한 급성중독
13. 다음 각 목의 화학적 인자에 노출되어 발생한 급성중독
   가. 「산업안전보건법」 제125조제1항에 따른 작업환경측정 대상 유해인자 중 화학적 인자
   나. 「산업안전보건법」 제130조제1항제1호에 따른 특수건강진단 대상 유해인자 중 화학적 인자
14. 디이소시아네이트(diisocyanate), 염소, 염화수소 또는 염산에 노출되어 발생한 반응성 기도과민증후군
15. 트리클로로에틸렌에 노출(해당 물질에 노출되는 업무에 종사하지 않게 된 후 3개월이 지난 경우는 제외한다)되어 발생한 스티븐스존슨 증후군(stevens-johnson syndrome). 다만, 약물, 감염, 후천성면역결핍증, 악성 종양 등 다른 원인으로 발생한 스티븐스존슨 증후군은 제외한다.
16. 트리클로로에틸렌 또는 디메틸포름아미드(dimethylformamide)에 노출(해당 물질에 노출되는 업무에 종사하지 않게 된 후 3개월이 지난 경우는 제외한다)되어 발생한 독성 간염. 다만, 약물, 알코올, 과체중, 당뇨병 등 다른 원인으로 발생하거나 다른 질병이 원인이 되어 발생한 간염은 제외한다.
17. 보건의료 종사자에게 발생한 B형 간염, C형 간염, 매독 또는 후천성면역결핍증의 혈액전파성 질병
18. 근로자에게 건강장해를 일으킬 수 있는 습한 상태에서 하는 작업으로 발생한 렙토스피라증(leptospirosis)
19. 동물이나 그 사체, 짐승의 털·가죽, 그 밖의 동물성 물체를 취급하여 발생한 탄저, 단독(erysipelas) 또는 브루셀라증(brucellosis)
20. 오염된 냉각수로 발생한 레지오넬라증(legionellosis)
21. 고기압 또는 저기압에 노출되거나 중추신경계 산소 독성으로 발생한 건강장해, 감압병(잠수병) 또는 공기색전증(기포가 동맥이나 정맥을 따라 순환하다가 혈관을 막는 것)
22. 공기 중 산소농도가 부족한 장소에서 발생한 산소결핍증
23. 전리방사선(물질을 통과할 때 이온화를 일으키는 방사선)에 노출되어 발생한 급성 방사선증 또는 무형성 빈혈
24. 고열작업 또는 폭염에 노출되는 장소에서 하는 작업으로 발생한 심부체온상승을 동반하는 열사병

〔별표2〕

법 제2조제4호가목의 시설 중 공중이용시설(제3조제1호 관련)

(2022.12.6 개정)

1. 모든 지하역사(출입통로·대합실·승강장 및 환승통로와 이에 딸린 시설을 포함한다)
2. 연면적 2천제곱미터 이상인 지하도상가(지상건물에 딸린 지하층의 시설을 포함한다. 이하 같다). 이 경우 연속되어 있는 둘 이상의 지하도상가의 연면적 합계가 2천 제곱미터 이상인 경우를 포함한다.
3. 철도역사의 시설 중 연면적 2천제곱미터 이상인 대합실
4. 「여객자동차 운수사업법」 제2조제5호의 여객자동차터미널 중 연면적 2천제곱미터 이상인 대합실
5. 「항만법」 제2조제5호의 항만시설 중 연면적 5천제곱미터 이상인 대합실
6. 「공항시설법」 제2조제7호의 공항시설 중 연면적 1천5백제곱미터 이상인 여객터미널
7. 「도서관법」 제3조제1호의 도서관 중 연면적 3천제곱미터 이상인 것
8. 「박물관 및 미술관 진흥법」 제2조제1호 및 제2호의 박물관 및 미술관 중 연면적 3천제곱미터 이상인 것
9. 「의료법」 제3조제2항의 의료기관 중 연면적 2천제곱미터 이상이거나 병상 수 100개 이상인 것
10. 「노인복지법」 제34조제1항제1호의 노인요양시설 중 연면적 1천제곱미터 이상인 것
11. 「영유아보육법」 제2조제3호의 어린이집 중 연면적 430제곱미터 이상인 것
12. 「어린이놀이시설 안전관리법」 제2조제2호의 어린이놀이시설 중 연면적 430제곱미터 이상인 실내 어린이놀이시설
13. 「유통산업발전법」 제2조제3호의 대규모점포. 다만, 「전통시장 및 상점가 육성을 위한 특별법」 제2조제1호의 전통시장은 제외한다.
14. 「장사 등에 관한 법률」 제29조에 따른 장례식장 중 지하에 위치한 시설로서 연면적 1천제곱미터 이상인 것
15. 「전시산업발전법」 제2조제4호의 전시시설 중 옥내시설로서 연면적 2천제곱미터 이상인 것
16. 「건축법」 제2조제2항제14호의 업무시설 중 연면적 3천제곱미터 이상인 것. 다만, 「건축법 시행령」 별표1 제14호나목2)의 오피스텔은 제외한다.
17. 「건축법」 제2조제2항에 따라 구분된 용도 중 둘 이상의 용도에 사용되는 건축물로서 연면적 2천제곱미터 이상인 것. 다만, 「건축법 시행령」 별표1 제2호의 공동주택 또는 같은 표 제14호나목2)의 오피스텔이 포함된 경우는 제외한다.
18. 「공연법」 제2조제4호의 공연장 중 객석 수 1천석 이상인 실내 공연장
19. 「체육시설의 설치·이용에 관한 법률」 제2조제1호의 체육시설 중 관람석 수 1천석 이상인 실내 체육시설

비고

둘 이상의 건축물로 이루어진 시설의 연면적은 개별 건축물의 연면적을 모두 합산한 면적으로 한다.

〔별표3〕

법 제2조제4호나목의 시설물 중 공중이용시설

(제3조제2호 관련)

1. 교량	
가. 도로교량	1) 상부구조형식이 현수교, 사장교, 아치교 및 트러스교인 교량 2) 최대 경간장 50미터 이상의 교량 3) 연장 100미터 이상의 교량 4) 폭 6미터 이상이고 연장 100미터 이상인 복개구조물
나. 철도교량	1) 고속철도 교량 2) 도시철도의 교량 및 고가교 3) 상부구조형식이 트러스교 및 아치교인 교량 4) 연장 100미터 이상의 교량
2. 터널	
가. 도로터널	1) 연장 1천미터 이상의 터널 2) 3차로 이상의 터널 3) 터널구간이 연장 100미터 이상인 지하차도 4) 고속국도, 일반국도, 특별시도 및 광역시도의 터널 5) 연장 300미터 이상의 지방도, 시도, 군도 및 구도의 터널
나. 철도터널	1) 고속철도 터널 2) 도시철도 터널 3) 연장 1천미터 이상의 터널 4) 특별시 또는 광역시에 있는 터널
3. 항만	
가. 방파제, 파제제(波除堤) 및 호안(護岸)	1) 연장 500미터 이상의 방파제 2) 연장 500미터 이상의 파제제 3) 방파제 기능을 하는 연장 500미터 이상의 호안
나. 계류시설	1) 1만톤급 이상의 원유부이식 계류시설(부대시설인 해저송유관을 포함한다) 2) 1만톤급 이상의 말뚝구조의 계류시설 3) 1만톤급 이상의 중력식 계류시설
4. 댐	1) 다목적댐, 발전용댐, 홍수전용댐 2) 지방상수도전용댐 3) 총저수용량 1백만톤 이상의 용수전용댐
5. 건축물	1) 고속철도, 도시철도 및 광역철도 역 시설 2) 16층 이상이거나 연면적 3만제곱미터 이상의 건축물 3) 연면적 5천제곱미터 이상(각 용도별 시설의 합계를 말한다)의 문화·집회 시설, 종교시설, 판매시설, 운수시설 중 여객용 시설, 의료시설, 노유자시설, 수련시설, 운동시설, 숙박시설 중 관광숙박시설 및 관광휴게시설
6. 하천	
가. 하구둑	1) 하구둑 2) 포용조수량 1천만톤 이상의 방조제
나. 제방	국가하천의 제방[부속시설인 통관(通管) 및 호안(護岸)을 포함한다]
다. 보	국가하천에 설치된 다기능 보
7. 상하수도	
가. 상수도	1) 광역상수도 2) 공업용수도 3) 지방상수도
나. 하수도	공공하수처리시설 중 1일 최대처리용량 500톤 이상인 시설
8. 옹벽 및 절토사면(깎기비탈면)	1) 지면으로부터 노출된 높이가 5미터 이상인 부분의 합이 100미터 이상인 옹벽 2) 지면으로부터 연직(鉛直)높이(옹벽이 있는 경우 옹벽 상단으로부터의 높이를 말한다) 30미터 이상을 포함한 절토부(땅깎기를 한 부분을 말한다)로서 단일 수평연장 100미터 이상인 절토사면

비고
1. "도로"란 「도로법」 제10조의 도로를 말한다.
2. 교량의 "최대 경간장"이란 한 경간(徑間)에서 상부구조의 교각과 교각의 중심선 간의 거리를 경간장으로 정의할 때, 교량의 경간장 중에서 최댓값을 말한다. 한 경간 교량에 대해서는 교량 양측 교대의 흉벽 사이를 교량 중심선에 따라 측정한 거리를 말한다.
3. 교량의 "연장"이란 교량 양측 교대의 흉벽 사이를 교량 중심선에 따라 측정한 거리를 말한다.
4. 도로교량의 "복개구조물"이란 하천 등을 복개하여 도로의 용도로 사용하는 모든 구조물을 말한다.
5. 터널 및 지하차도의 "연장"이란 각 본체 구간과 하나의 구조로 연결된 구간을 포함한 거리를 말한다.
6. "방파제, 파제제 및 호안"이란 「항만법」 제2조제5호가목2)의 외곽시설을 말한다.
7. "계류시설"이란 「항만법」 제2조제5호가목4)의 계류시설을 말한다.
8. "댐"이란 「저수지·댐의 안전관리 및 재해예방에 관한 법률」 제2조제1호의 저수지·댐을 말한다.
9. 위 표 제4호의 지방상수도전용댐과 용수전용댐이 위 표 제7호가목의 광역상수도·공업용수도 또는 지방상수도의 수원지시설에 해당하는 경우에는 위 표 제7호의 상하수도시설로 본다.
10. 위 표의 건축물에는 그 부대시설인 옹벽과 절토사면을 포함하며, 건축설비, 소방설비, 승강기설비 및 전기설비는 포함하지 않는다.
11. 건축물의 연면적은 지하층을 포함한 동별로 계산한다. 다만, 2동 이상의 건축물이 하나의 구조로 연결된 경우와 둘 이상의 지하도상가가 연속되어 있는 경우에는 연면적의 합계로 한다.
12. 건축물의 층수에는 필로티나 그 밖에 이와 비슷한 구조로 된 층을 포함한다.
13. "건축물"은 「건축법 시행령」 별표1에서 정한 용도별 분류를 따른다.
14. "운수시설 중 여객용 시설"이란 「건축법 시행령」 별표1 제8호의 운수시설 중 여객자동차터미널, 일반철도역사, 공항청사, 항만여객터미널을 말한다.
15. "철도 역 시설"이란 「철도의 건설 및 철도시설 유지관리에 관한 법률」 제2조제6호가목의 역 시설(물류시설은 제외한다)을 말한다. 다만, 선하역사(시설이 선로 아래 설치되는 역사를 말한다)의 선로구간은 연속되는 교량시설물에 포함하고, 지하역사의 선로구간은 연속되는 터널시설물에 포함한다.
16. 하천시설물이 행정구역 경계에 있는 경우 상위 행정구역에 위치한 것으로 한다.
17. "포용조수량"이란 최고 만조(滿潮) 시 간척지에 유입될 조수(潮水)의 양을 말한다.
18. "방조제"란 「공유수면 관리 및 매립에 관한 법률」 제37조, 「농어촌정비법」 제2조제6호, 「방조제 관리법」 제2조제1호 및 「산업입지 및 개발에 관한 법률」 제20조제1항에 따라 설치한 방조제를 말한다.
19. 하천의 "통관"이란 제방을 관통하여 설치한 원형 단면의 문짝을 가진 구조물을 말한다.
20. 하천의 "다기능 보"란 용수 확보, 소수력 발전이나 도로(하천을 횡단하는 것으로 한정한다) 등 두 가지 이상의 기능을 갖는 보를 말한다.
21. 위 표 제7호의 상하수도의 광역상수도, 공업용수도 및 지방상수도에는 수원지시설, 도수관로·송수관로(터널을 포함한다) 및 취수시설을 포함하고, 정수장, 취수·가압펌프장, 배수지, 배수관로 및 급수시설은 제외한다.

〔별표4〕

과태료의 부과기준(제7조 관련)

1. 일반기준
가. 위반행위의 횟수에 따른 과태료의 가중된 부과기준은 최근 1년간 같은 위반행위로 과태료 부과처분을 받은 경우에 적용한다. 이 경우 기간의 계산은 위반행위에 대하여 과태료 부과처분을 받은 날과 그 처분 후 다시 같은 위반행위를 하여 적발된 날을 기준으로 한다.
나. 가목에 따라 가중된 부과처분을 하는 경우 가중처분의 적용 차수는 그 위반행위 전 부과처분 차수(가목에 따른 기간 내에 과태료 부과처분이 둘 이상 있었던 경우에는 높은 차수를 말한다)의 다음 차수로 한다.
다. 부과권자는 다음의 어느 하나에 해당하는 경우에는 제3호의 개별기준에 따른 과태료(제2호에 따라 과태료 감경기준이 적용되는 사업 또는 사업장의 경우에는 같은 호에 따른 감경기준에 따라 산출한 금액을 말한다)의 2분의 1 범위에서 그 금액을 줄여 부과할 수 있다. 다만, 과태료를 체납하고 있는 위반행위자에 대해서는 그렇지 않다.
1) 위반행위자가 자연재해·화재 등으로 재산에 현저한 손실을 입었거나 사업여건의 악화로 사업이 중대한 위기에 처하는 등의 사정이 있는 경우
2) 위반행위가 사소한 부주의나 오류로 인한 것으로 인정되는 경우
3) 위반행위자가 법 위반상태를 시정하거나 해소하기 위해 노력한 것이 인정되는 경우
4) 그 밖에 위반행위의 정도, 위반행위의 동기와 그 결과 등을 고려하여 과태료 금액을 줄일 필요가 있다고 인정되는 경우

2. 사업·사업장의 규모나 공사 규모에 따른 과태료 감경기준
상시근로자 수가 50명 미만인 사업 또는 사업장이거나 공사금액이 50억원 미만인 건설공사의 사업 또는 사업장인 경우에는 제3호의 개별기준에도 불구하고 그 과태료의 2분의 1 범위에서 감경할 수 있다.

3. 개별기준

위반행위	근거 법조문	과태료		
		1차 위반	2차 위반	3차 이상 위반
법 제8조제1항을 위반하여 경영책임자등이 안전보건교육을 정당한 사유없이 이행하지 않은 경우	법 제8조 제2항	1천만원	3천만원	5천만원

〔별표5〕

제8조제3호에 따른 조치 대상 원료 또는 제조물

(제8조제3호 관련)

1. 「고압가스 안전관리법」 제28조제2항제13호의 독성가스
2. 「농약관리법」 제2조제1호, 제1호의2, 제3호 및 제3호의2의 농약, 천연식물보호제, 원제(原劑) 및 농약활용기자재
3. 「마약류 관리에 관한 법률」 제2조제1호의 마약류
4. 「비료관리법」 제2조제2호 및 제3호의 보통비료 및 부산물비료
5. 「생활화학제품 및 살생물제의 안전관리에 관한 법률」 제3조제7호 및 제8호의 살생물물질 및 살생물제품
6. 「식품위생법」 제2조제1호, 제2호, 제4호 및 제5호의 식품, 식품첨가물, 기구 및 용기·포장
7. 「약사법」 제2조제4호의 의약품, 같은 조 제7호의 의약외품(醫藥外品) 및 같은 법 제85조제1항의 동물용 의약품·의약외품
8. 「원자력안전법」 제2조제5호의 방사성물질
9. 「의료기기법」 제2조제1항의 의료기기
10. 「총포·도검·화약류 등의 안전관리에 관한 법률」 제2조제3항의 화약류
11. 「화학물질관리법」 제2조제7호의 유해화학물질
12. 그 밖에 제1호부터 제11호까지의 규정에 준하는 것으로서 관계 중앙행정기관의 장이 정하여 고시하는 생명·신체에 해로운 원료 또는 제조물

■ 지문을채취할형사피의자의범위에관한규칙

〔별표〕

위반자에 대하여 지문을 채취하여야 하는 법률(제2조제1항제2호 관련)

(2006.4.24 개정)

영해및접속수역법 국민투표법 공직선거및선거부정방지법 변호사법 출입국관리법 여권법 집회및시위에관한법률 총포·도검·화약류등단속법 밀항단속법 항공기운항안전법 국가보안법 반국가행위자의처벌에관한특별조치법 국내재산도피방지법 사회보호법 보안관찰법 보건범죄단속에관한특별조치법 폭력행위등처벌에관한법률 특정범죄가중처벌등에관한법률 특정경제범죄가중처벌등에관한법률 외국환거래법 「방위사업법」 군사시설보호법 해군기지법 방어해면법 군용항공기지법 군용전기통신법 군사기밀보호법 군용물등범죄에관한특별조치법 군형법 계엄법 문화재보호법 의료법 약사법 마약법 향정신성의약품관리법 대마관리법 산림법 노동조합및노동관계조정법 전파법 조세범처벌법 관세법

■ 보호관찰 등에 관한 법률 시행령

〔별표〕

과태료의 부과기준(제52조 관련)

(2018.7.3 신설)

1. 일반기준
가. 위반행위의 횟수에 따른 과태료의 가중된 부과기준은 최근 3년간 같은 위반행위로 과태료 부과처분을 받은 경우에 적용한다. 이 경우 기간의 계산은 위반행위에 대하여 과태료 부과처분을 받은 날과 그 처분 후 다시 같은 위반행위를 하여 적발된 날을 기준으로 한다.
나. 가목에 따라 가중된 부과처분을 하는 경우 가중처분의 적용 차수는 그 위반행위 전 부과처분 차수(가목에 따른 기간 내에 과태료 부과처분이 둘 이상 있었던 경우에는 높은 차수를 말한다)의 다음 차수로 한다.
다. 법무부장관은 위반행위의 동기·내용 및 그 결과 등을 고려하여 제2호에 따른 과태료 금액의 2분의 1 범위에서 그 금액을 가중하거나 감경할 수 있되, 가중하는 경우에도 법 제101조제1항에 따른 과태료 금액의 상한을 초과할 수 없다.

2. 개별기준

위반행위	근거 법조문	과태료 금액 (단위 : 만원)		
		1회 위반	2회 위반	3회 이상 위반
가. 법 제98조제1항 또는 제2항을 위반하여 한국법무보호복지공단 또는 갱생보호회와 동일한 명칭을 사용한 경우	법 제101조 제1항	100	150	200
나. 법 제98조제1항 또는 제2항을 위반하여 한국법무보호복지공단 또는 갱생보호회와 유사한 명칭을 사용한 경우	법 제101조 제1항	50	100	200

<보건 · 환경편>

■ 식품위생법 시행령

〔별표1〕

영업정지 등의 처분에 갈음하여 부과하는 과징금 산정기준(제53조 관련)

(2016.7.26 개정)

1. 일반기준

가. 영업정지 1개월은 30일을 기준으로 한다.

나. 영업정지에 갈음한 과징금부과의 기준이 되는 매출금액은 처분일이 속한 연도의 전년도의 1년간 총매출금액을 기준으로 한다. 다만, 신규사업·휴업 등으로 인하여 1년간의 총매출금액을 산출할 수 없는 경우에는 분기별·월별 또는 일별 매출금액을 기준으로 연간 총매출금액으로 환산하여 산출한다.

다. 품목류 제조정지에 갈음한 과징금부과의 기준이 되는 매출금액은 품목류에 해당하는 품목들의 처분일이 속한 연도의 전년도의 1년간 총매출금액을 기준으로 한다. 다만, 신규제조·휴업 등으로 인하여 품목류에 해당하는 품목들의 1년간의 총매출금액을 산출할 수 없는 경우에는 분기별·월별 또는 일별 매출금액을 기준으로 연간 총매출금액으로 환산하여 산출한다.

라. 품목 제조정지에 갈음한 과징금부과의 기준이 되는 매출금액은 처분일이 속하는 달로부터 소급하여 직전 3개월간 해당 품목의 총 매출금액에 4를 곱하여 산출한다. 다만, 신규제조 또는 휴업 등으로 3개월의 총 매출금액을 산출할 수 없는 경우에는 전월(전월의 실적을 알 수 없는 경우에는 당월을 말한다)의 1일 평균매출액에 365를 곱하여 산출한다.

마. 나목부터 라목까지의 규정에도 불구하고 과징금 산정금액이 10억원을 초과하는 경우에는 10억원으로 한다.

2. 과징금 기준

가. 식품 및 식품첨가물 제조업·가공업 외의 영업

업종 / 등급	연간매출액 (단위 : 백만원)	영업정지 1일에 해당하는 과징금의 금액 (단위 : 만원)
1	20 이하	5
2	20 초과 30 이하	8
3	30 초과 50 이하	10
4	50 초과 100 이하	13
5	100 초과 150 이하	16
6	150 초과 210 이하	23
7	210 초과 270 이하	31
8	270 초과 330 이하	39
9	330 초과 400 이하	47
10	400 초과 470 이하	56
11	470 초과 550 이하	66
12	550 초과 650 이하	78
13	650 초과 750 이하	88
14	750 초과 850 이하	94
15	850 초과 1,000 이하	100
16	1,000 초과 1,200 이하	106
17	1,200 초과 1,500 이하	112
18	1,500 초과 2,000 이하	118
19	2,000 초과 2,500 이하	124
20	2,500 초과 3,000 이하	130
21	3,000 초과 4,000 이하	136
22	4,000 초과 5,000 이하	165
23	5,000 초과 6,500 이하	211
24	6,500 초과 8,000 이하	266
25	8,000 초과 10,000 이하	330
26	10,000 초과	367

나. 식품 및 식품첨가물 제조업·가공업의 영업

업종 / 등급	연간매출액 (단위 : 백만원)	영업정지 1일에 해당하는 과징금의 금액 (단위 : 만원)
1	100 이하	12
2	100 초과 200 이하	14
3	200 초과 310 이하	17
4	310 초과 430 이하	20
5	430 초과 560 이하	27
6	560 초과 700 이하	34
7	700 초과 860 이하	42
8	860 초과 1,040 이하	51
9	1,040 초과 1,240 이하	62
10	1,240 초과 1,460 이하	73
11	1,460 초과 1,710 이하	86
12	1,710 초과 2,000 이하	94
13	2,000 초과 2,300 이하	100
14	2,300 초과 2,600 이하	106
15	2,600 초과 3,000 이하	112
16	3,000 초과 3,400 이하	118
17	3,400 초과 3,800 이하	124
18	3,800 초과 4,300 이하	140
19	4,300 초과 4,800 이하	157
20	4,800 초과 5,400 이하	176
21	5,400 초과 6,000 이하	197
22	6,000 초과 6,700 이하	219
23	6,700 초과 7,500 이하	245
24	7,500 초과 8,600 이하	278
25	8,600 초과 10,000 이하	321
26	10,000 초과 12,000 이하	380
27	12,000 초과 15,000 이하	466
28	15,000 초과 20,000 이하	604
29	20,000 초과 25,000 이하	777
30	25,000 초과 30,000 이하	949
31	30,000 초과 35,000 이하	1,122
32	35,000 초과 40,000 이하	1,295
33	40,000 초과	1,381

다. 품목 또는 품목류 제조

업종 / 등급	연간매출액 (단위 : 백만원)	제조정지 1일에 해당하는 과징금의 금액 (단위 : 만원)
1	100 이하	12
2	100 초과 200 이하	14
3	200 초과 300 이하	16
4	300 초과 400 이하	19
5	400 초과 500 이하	24
6	500 초과 650 이하	31
7	650 초과 800 이하	39
8	800 초과 950 이하	47
9	950 초과 1,100 이하	55
10	1,100 초과 1,300 이하	65
11	1,300 초과 1,500 이하	76
12	1,500 초과 1,700 이하	86
13	1,700 초과 2,000 이하	100
14	2,000 초과 2,300 이하	106
15	2,300 초과 2,700 이하	112
16	2,700 초과 3,100 이하	118
17	3,100 초과 3,600 이하	124
18	3,600 초과 4,100 이하	142
19	4,100 초과 4,700 이하	163
20	4,700 초과 5,300 이하	185
21	5,300 초과 6,000 이하	209
22	6,000 초과 6,700 이하	235
23	6,700 초과 7,400 이하	261
24	7,400 초과 8,200 이하	289
25	8,200 초과 9,000 이하	318
26	9,000 초과 10,000 이하	351
27	10,000 초과 11,000 이하	388
28	11,000 초과 12,000 이하	425
29	12,000 초과 13,000 이하	462
30	13,000 초과 15,000 이하	518
31	15,000 초과 17,000 이하	592
32	17,000 초과 20,000 이하	684
33	20,000 초과	740

〔별표2〕

과태료의 부과기준(제67조 관련)

(2023.7.25 개정)

1. 일반기준

가. 위반행위의 횟수에 따른 과태료의 가중된 부과기준은 최근 2년간 같은 위반행위로 과태료 부과처분을 받은 경우에 적용한다. 이 경우 기간의 계산은 위반행위에 대하여 과태료 부과처분을 받은 날과 그 처분 후에 다시 같은 위반행위를 하여 적발한 날을 기준으로 한다.

나. 가목에 따라 가중된 부과처분을 하는 경우 가중처분의 적용 차수는 그 위반행위 전 부과처분 차수(가목에 따른 기간 내에 과태료 부과처분이 둘 이상 있었던 경우에는 높은 차수를 말한다)의 다음 차수로 한다.

다. 식품의약품안전처장, 시·도지사 또는 시장·군수·구청장은 다음의 어느 하나에 해당하는 경우에는 제2호의 개별기준에 따른 과태료 금액의 2분의 1 범위에서 그 금액을 줄일 수 있다. 다만, 과태료를 체납하고 있는 위반행위자의 경우에는 그 금액을 줄일 수 없다.

1) 위반행위자가 「질서위반행위규제법 시행령」 제2조의2제1항 각 호의 어느 하나에 해당하는 경우

2) 위반행위자가 위반행위를 바로 정정하거나 시정하여 위반상태를 해소한 경우

3) 고의 또는 중과실이 없는 위반행위자가 「소상공인기본법」 제2조에 따른 소상공인인 경우로서 위반행위자의 현실적인 부담능력, 경제위기 등으로 위반행위자가 속한 시장·산업 여건이 현저하게 변동되거나 지속적으로 악화된 상태인지 여부를 고려할 때 과태료를 감경할 필요가 있다고 인정되는 경우

라. 식품의약품안전처장, 시·도지사 또는 시장·군수·구청장은 다음의 어느 하나에 해당하는 경우에는 제2호의 개별기준에 따른 과태료 금액의 2분의 1 범위에서 그 금액을 늘릴 수 있다. 다만, 금액을 늘리는 경우에도 법 제101조제1항부터 제3항까지의 규정에 따른 과태료 금액의 상한을 넘을 수 없다.

1) 위반의 내용 및 정도가 중대하여 이로 인한 피해가 크다고 인정되는 경우

2) 법 위반상태의 기간이 6개월 이상인 경우

3) 그 밖에 위반행위의 정도, 동기 및 그 결과 등을 고려하여 과태료를 늘릴 필요가 있다고 인정되는 경우

2. 개별기준

위반행위	근거 법조문	과태료 금액(단위 : 만원) 1차 위반	2차 위반	3차 이상 위반
가. 법 제3조(법 제88조에서 준용하는 경우를 포함한다)를 위반한 경우	법 제101조 제2항제1호	20만원 이상 200만원 이하의 범위에서 총리령으로 정하는 금액		
나. (2019.3.14 삭제)				
다. (2019.3.14 삭제)				
라. 영업자가 법 제19조의4제2항을 위반하여 검사기한 내에 검사를 받지 않거나 자료 등을 제출하지 않은 경우	법 제101조 제2항제1호의3	300	400	500
마. (2016.7.26 삭제)				
바. 법 제37조제6항을 위반하여 보고를 하지 않거나 허위의 보고를 한 경우	법 제101조 제2항제3호	200	300	400
사. 법 제40조제1항(법 제88조에서 준용하는 경우를 포함한다)을 위반한 경우	법 제101조 제3항제1호			
1) 건강진단을 받지 않은 영업자 또는 집단급식소의 설치·운영자(위탁급식영업자에게 위탁한 집단급식소의 경우는 제외한다)		20	40	60
2) 건강진단을 받지 않은 종업원		10	20	30
아. 법 제40조제3항(법 제88조에서 준용하는 경우를 포함한다)을 위반한 경우	법 제101조 제3항제1호			
1) 건강진단을 받지 않은 자를 영업에 종사시킨 영업자				
가) 종업원 수가 5명 이상인 경우				
(1) 건강진단 대상자의 100분의 50 이상 위반		50	100	150
(2) 건강진단 대상자의 100분의 50 미만 위반		30	60	90
나) 종업원 수가 4명 이하인 경우				
(1) 건강진단 대상자의 100분의 50 이상 위반		30	60	90
(2) 건강진단 대상자의 100분의 50 미만 위반		20	40	60
2) 건강진단 결과 다른 사람에게 위해를 끼칠 우려가 있는 질병이 있다고 인정된 자를 영업에 종사시킨 영업자		100	200	300
자. 법 제41조제1항(법 제88조에서 준용하는 경우를 포함한다)을 위반한 경우	법 제101조 제4항제1호			
1) 위생교육을 받지 않은 영업자 또는 집단급식소의 설치·운영자(위탁급식영업자에게 위탁한 집단급식소의 경우는 제외한다)		20	40	60
2) 위생교육을 받지 않은 종업원		10	20	30
차. 법 제41조제5항(법 제88조에서 준용하는 경우를 포함한다)을 위반하여 위생교육을 받지 않은 종업원을 영업에 종사시킨 영업자 또는 집단급식소의 설치·운영자(위탁급식영업자에게 위탁한 집단급식소의 경우는 제외한다)	법 제101조 제4항제1호	20	40	60
카. 법 제41조의2제3항을 위반하여 위생관리책임자의 업무를 방해한 경우	법 제101조 제3항제1호의2	100	200	300
타. 법 제41조의2제4항에 따른 위생관리책임자의 선임·해임신고를 하지 않은 경우	법 제101조 제3항제1호의3	100	200	300

파. 법 제41조의2제7항을 위반하여 직무 수행내역 등을 기록·보관하지 않거나 거짓으로 기록·보관하는 경우	법 제101조 제3항제1호의4	100	200	300
하. 법 제41조의2제8항에 따른 교육을 받지 않은 경우	법 제101조 제3항제1호의5	100	200	300
거. 법 제42조제2항을 위반하여 보고를 하지 않거나 허위의 보고를 한 경우	법 제101조 제4항제2호	30	60	90
너. 법 제44조제1항에 따라 영업자가 지켜야 할 사항 중 총리령으로 정하는 경미한 사항을 지키지 않은 경우	법 제101조 제4항제3호	10	20	30
더. 법 제44조의2제1항을 위반하여 책임보험에 가입하지 않은 경우	법 제101조 제3항제2호의2			
1) 가입하지 않은 기간이 1개월 미만인 경우			35	
2) 가입하지 않은 기간이 1개월 이상 3개월 미만인 경우			70	
3) 가입하지 않은 기간이 3개월 이상인 경우			100	
러. 법 제46조제1항을 위반하여 소비자로부터 이물 발견신고를 받고 보고하지 않은 경우	법 제101조 제2항제5호의2			
1) 이물 발견신고를 보고하지 않은 경우		300	400	500
2) 이물 발견신고의 보고를 지체한 경우		100	200	300
머. 법 제48조제9항(법 제88조에서 준용하는 경우를 포함한다)을 위반한 경우	법 제101조 제2항제6호	300	400	500
버. 법 제49조제3항을 위반하여 식품이력추적관리 등록사항이 변경된 경우 변경사유가 발생한 날부터 1개월 이내에 신고하지 않은 경우	법 제101조 제3항제4호	30	60	90
서. 법 제49조의3제4항을 위반하여 식품이력추적관리정보를 목적 외에 사용한 경우	법 제101조 제3항제5호	100	200	300
어. 법 제56조제1항을 위반하여 교육을 받지 않은 경우	법 제101조 제4항제4호	20	40	60
저. 법 제74조제1항(법 제88조에서 준용하는 경우를 포함한다)에 따른 명령을 위반한 경우	법 제101조 제2항제8호	200	300	400
처. 법 제86조제1항을 위반한 경우	법 제101조 제1항제1호			
1) 식중독 환자나 식중독이 의심되는 자를 진단하였거나 그 사체를 검안한 의사 또는 한의사		100	200	300
2) 집단급식소에서 제공한 식품등으로 인하여 식중독 환자나 식중독으로 의심되는 증세를 보이는 자를 발견한 집단급식소의 설치·운영자		500	750	1000
커. 법 제88조제1항 전단을 위반하여 신고를 하지 않거나 허위의 신고를 한 경우	법 제101조 제1항제2호	300	400	500
터. 법 제88조제2항을 위반한 경우(위탁급식영업자에게 위탁한 집단급식소의 경우는 제외한다)	법 제101조 제1항제3호			
1) 집단급식소(법 제86조제2항 및 이 영 제59조제2항에 따른 식중독 원인의 조사 결과 해당 집단급식소에서 조리·제공한 식품이 식중독의 발생 원인으로 확정된 집단급식소를 말한다)에서 식중독 환자가 발생한 경우		500	750	1000
2) 조리·제공한 식품의 매회 1인분 분량을 총리령으로 정하는 바에 따라 144시간 이상 보관하지 않은 경우		400	600	800
3) 영양사의 업무를 방해한 경우		300	400	500
4) 영양사가 집단급식소의 위생관리를 위해 요청하는 사항에 대해 정당한 사유 없이 따르지 않은 경우		300	400	500
5) 「축산물 위생관리법」 제12조에 따른 검사를 받지 않은 축산물 또는 실험 등의 용도로 사용한 동물을 음식물의 조리에 사용한 경우		300	400	500
6) 「야생동물 보호 및 관리에 관한 법률」을 위반하여 포획·채취한 야생생물을 음식물의 조리에 사용한 경우		300	400	500
7) 소비기한이 경과한 원재료 또는 완제품을 조리할 목적으로 보관하거나 이를 음식물의 조리에 사용한 경우		300	400	500
8) 「먹는물관리법」 제43조에 따른 먹는 물 수질검사기관에서 수질검사를 실시한 결과 부적합 판정된 지하수 등을 먹는 물 또는 식품의 조리·세척 등에 사용한 경우		400	600	800
9) 법 제15조제2항에 따라 일시적으로 금지된 식품등을 위해평가가 완료되기 전에 사용·조리한 경우		300	400	500
10) 식중독 발생 시 역학조사가 완료되기 전에 보관 또는 사용 중인 식품의 폐기·소독 등으로 현장을 훼손하여 원상태로 보존하지 않는 등 식중독 원인규명을 위한 행위를 방해한 경우		500	750	1000
11) 그 밖에 총리령으로 정한 준수사항을 지키지 않은 경우	법 제101조 제3항제6호	50만원 이상 300만원 이하의 범위에서 총리령으로 정하는 금액		

■ 식품위생법 시행규칙

[별표1]

식품등의 위생적인 취급에 관한 기준(제2조 관련)

(2022.7.28 개정)

1. 식품 또는 식품첨가물을 제조·가공·사용·조리·저장·소분·운반 또는 진열할 때에는 이물이 혼입되거나 병원성 미생물 등으로 오염되지 않도록 위생적으로 취급해야 한다.
2. 식품등을 취급하는 원료보관실·제조가공실·조리실·포장실 등의 내부는 항상 청결하게 관리하여야 한다.
3. 식품등의 원료 및 제품 중 부패·변질이 되기 쉬운 것은 냉동·냉장시설에 보관·관리하여야 한다.
4. 식품등의 보관·운반·진열시에는 식품등의 기준 및 규격이 정하고 있는 보존 및 유통기준에 적합하도록 관리하여야 하고, 이 경우 냉동·냉장시설 및 운반시설은 항상 정상적으로 작동시켜야 한다.
5. 식품등의 제조·가공·조리 또는 포장에 직접 종사하는 사람은 위생모 및 마스크를 착용하는 등 개인위생관리를 철저히 하여야 한다.
6. 제조·가공(수입품을 포함한다)하여 최소판매 단위로 포장(위생상 위해가 발생할 우려가 없도록 포장되고, 제품의 용기·포장에 「식품 등의 표시·광고에 관한 법률」 제4조제1항에 적합한 표시가 되어 있는 것을 말한다)된 식품 또는 식품첨가물을 허가를 받지 아니하거나 신고를 하지 아니하고 판매의 목적으로 포장을 뜯어 분할하여 판매하여서는 아니 된다. 다만, 컵라면, 일회용 다류, 그 밖의 음식류에 뜨거운 물을 부어주거나, 호빵 등을 따뜻하게 데워 판매하기 위하여 분할하는 경우는 제외한다.
7. 식품등의 제조·가공·조리에 직접 사용되는 기계·기구 및 음식기는 사용 후에 세척·살균하는 등 항상 청결하게 유지·관리하여야 하며, 어류·육류·채소류를 취급하는 칼·도마는 각각 구분하여 사용하여야 한다.
8. 소비기한이 경과된 식품 등을 판매하거나 판매의 목적으로 진열·보관하여서는 아니 된다.

[별표2] (2011.8.19 삭제)

[별표3] (2019.4.25 삭제)

[별표4]~**[별표7]** (2016.2.4 삭제)

[별표8]

식품등의 무상수거대상 및 수거량(제20조제1항 관련)

(2017.1.4 개정)

1. 무상수거대상 식품등 : 제19조제1항에 따라 검사에 필요한 식품등을 수거할 경우
2. 수거대상 및 수거량
 가. 식품(식품접객업소 등의 음식물 포함)

식품의 종류	수거량	비 고
1) 가공식품	600g(㎖) (다만, 캡슐류는 200g)	1. 수거량은 검체의 개수별 무게 또는 용량을 모두 합한 것으로 말하며, 검사에 필요한 시험재료 1건 당 수거양의 범위 안에서 수거하여야 한다. 다만, 검체채취로 인한 오염 등 소분·채취하기 어려운 경우에는 수거량을 초과하더라도 최소포장단위 그대로 채취할 수 있다. 2. 가공식품에 잔류농약검사, 방사능검사, 이물검사등이 추가될 경우에는 각각 1kg을 추가로 수거하여야 한다(다만, 잔류농약검사 중 건조채소 및 침출차는 0.3kg). 3. 방사선 조사 검사가 추가될 경우에는 0.2kg을 추가로 수거하여야 한다. 다만, 소스류 및 식품등의 기준 및 규격에 따른 방사선 조사 검사 대상 원료가 2종 이상이 혼합된 식품은 0.6kg을 추가로 수거하고, 밤·생버섯·곡류 및 두류는 1kg을 추가로 수거하여야 한다. 4. 세균발육검사항목이 있는 경우 및 통조림식품은 6개(세균발육검사용 5개, 그 밖에 이화학검사용 1개)를 수거하여야 한다. 5. 2개 이상을 수거하는 경우에는 그 용기 또는 포장과 제조연월일이 같은 것이어야 한다. 6. 용량검사를 하여야 하는 경우에는 수거량을 초과하더라도 식품등의 기준 및 규격에서 정한 용량검사에 필요한 양을 추가하여 수거할 수 있다. 7. 분석 중 최종 확인 등을 위하여 추가로 검체가 필요한 경우에는 추가로 검체를 수거할 수 있다. 8. 식품위생감시원이 의심물질이 있다고 판단되어 검사항목을 추가하는 경우 또는 「식품·의약품분야 시험·검사 등에 관한 법률」 제16조에 따른 식품 등 시험·검사기관 또는 같은 조 제4항 단서에 따라 총리령으로 정하는 시험·검사기관(이하 이 표에서 "시험·검사기관"이라 한다)이 두 곳 이상인 경우에는 수거량을 초과하여 수거할 수 있다.
2) 유탕처리 식품	추가1kg	
3) 자연산물		
○ 곡류·두류 및 기타 자연산물	1~3kg	
○ 채소류	1~3kg	
○ 과실류	3~5kg	
○ 수산물	0.3~4kg	

나. 식품첨가물

시험항목별	수거량
식품등의 기준 및 규격의 적부에 관한 시험	고체 : 200g 액체 : 500g(㎖) 기체 : 1kg
비소 · 중금속 함유량시험	50g(㎖)

비 고
1. 분석 중 최종 확인 등을 위하여 추가로 검체가 필요한 경우에는 추가로 검체를 수거할 수 있다.
2. 식품위생감시원이 의심물질이 있다고 판단되어 검사항목을 추가하는 경우 또는 시험 · 검사기관이 두 곳 이상인 경우에는 수거량을 초과하여 수거할 수 있다.

다. 기구 또는 용기 · 포장

시험항목별	수거량
재질 · 용출시험	기구 또는 용기 · 포장에 대한 식품등의 기준 및 규격검사에 필요한 양

비 고
1. 분석 중 최종 확인 등을 위하여 추가로 검체가 필요한 경우에는 추가로 검체를 수거할 수 있다.
2. 식품위생감시원이 의심물질이 있다고 판단되어 검사항목을 추가하는 경우 또는 시험 · 검사기관이 두 곳 이상인 경우에는 수거량을 초과하여 수거할 수 있다.

〔별표9〕~〔별표11〕 (2014.8.20 삭제)

〔별표12〕

자가품질검사기준(제31조제1항 관련)

(2022.12.9 개정)

1. 식품등에 대한 자가품질검사는 판매를 목적으로 제조 · 가공하는 품목별로 실시하여야 한다. 다만, 식품공전에서 정한 동일한 검사항목을 적용받은 품목을 제조 · 가공하는 경우에는 식품유형별로 이를 실시할 수 있다.
2. 기구 및 용기 · 포장의 경우 동일한 재질의 제품으로 크기나 형태가 다를 경우에는 재질별로 자가품질검사를 실시할 수 있다.
3. 자가품질검사주기는 처음으로 제품을 제조한 날을 기준으로 산정한다. 다만, 「수입식품안전관리 특별법」 제18조제2항에 따른 주문자상표부착식품등과 식품제조 · 가공업자가 자신의 제품을 만들기 위하여 수입한 반가공 원료식품 및 용기 · 포장은 「관세법」 제248조에 따라 관할 세관장이 신고필증을 발급한 날을 기준으로 산정한다.
4. 자가품질검사는 식품의약품안전처장이 정하여 고시하는 식품유형별 검사항목을 검사한다. 다만, 식품제조 · 가공 과정 중 특정 식품첨가물을 사용하지 아니한 경우에는 그 항목의 검사를 생략할 수 있다.
5. 영업자가 다른 영업자에게 식품등을 제조하게 하는 경우에는 식품등을 제조하게 하는 자 또는 직접 그 식품등을 제조하는 자가 자가품질검사를 실시하여야 한다.
6. 식품등의 자가품질검사는 다음의 구분에 따라 실시하여야 한다.
  가. 식품제조 · 가공업
    1) 과자류, 빵류 또는 떡류(과자, 캔디류, 추잉껌 및 떡류만 해당한다), 코코아가공품류, 초콜릿류, 잼류, 당류, 음료류[다류(茶類) 및 커피류만 해당한다], 절임류 또는 조림류, 수산가공식품류(젓갈류, 건포류, 조미김, 기타 수산물가공품만 해당한다), 두부류 또는 묵류, 면류, 조미식품(고춧가루, 실고추 및 향신료가공품, 식염만 해당한다), 즉석식품류(만두류, 즉석섭취식품, 즉석조리식품만 해당한다), 장류, 농산가공식품류(전분류, 밀가루, 기타농산가공품류 중 곡류가공품, 두류가공품, 서류가공품, 기타 농산가공품만 해당한다), 식용유지가공품(모조치즈, 식물성크림, 기타 식용유지가공품만 해당한다), 동물성가공식품류(추출가공식품만 해당한다), 기타가공품, 선박에서 통 · 병조림을 제조하는 경우 및 단순가공품(자연산물을 그 원형을 알아볼 수 없도록 분해 · 절단 등의 방법으로 변형시키거나 1차 가공처리한 식품원료를 식품첨가물을 사용하지 아니하고 단순히 서로 혼합만 하여 가공한 제품이거나 이 제품에 식품제조 · 가공업의 허가를 받아 제조 · 포장된 조미식품을 포장된 상태 그대로 첨부한 것을 말한다)만을 가공하는 경우 : 3개월마다 1회 이상 식품의약품안전처장이 정하여 고시하는 식품유형별 검사항목
    2) 식품제조 · 가공업자가 자신의 제품을 만들기 위하여 수입한 반가공 원료식품 및 용기 · 포장
      가) 반가공 원료식품 : 6개월마다 1회 이상 식품의약품안전처장이 정하여 고시하는 식품유형별 검사항목
      나) 용기 · 포장 : 동일재질별로 6개월마다 1회 이상 재질별 성분에 관한 규격
    3) 빵류, 식육함유가공품, 알함유가공품, 동물성가공식품류(기타식육 또는 기타알제품), 음료류(과일 · 채소류음료, 탄산음료류, 두유류, 발효음료류, 인삼 · 홍삼음료, 기타음료만 해당한다, 비가열음료는 제외한다), 식용유지류(들기름, 추출들깨유만 해당한다) : 2개월마다 1회 이상 식품의약품안전처장이 정하여 고시하는 식품유형별 검사항목
    4) 1)부터 3)까지의 규정 외의 식품 : 1개월(주류의 경우에는 6개월)마다 1회 이상 식품의약품안전처장이 정하여 고시하는 식품유형별 검사항목
    5) 법 제48조제8항에 따른 전년도의 조사 · 평가 결과가 만점의 90퍼센트 이상인 식품 : 1) · 3) · 4)에도 불구하고 6개월마다 1회 이상 식품의약품안전처장이 정하여 고시하는 식품유형별 검사항목
    6) 식품의약품안전처장이 식중독 발생위험이 높다고 인정하여 지정 · 고시한 기간에는 1) 및 2)에 해당하는 식품은 1개월마다 1회 이상, 3)에 해당하는 식품은 15일마다 1회 이상, 4)에 해당하는 식품은 1주일마다 1회 이상 실시하여야 한다.
    7) 「주류 면허 등에 관한 법률」 제29조에 따른 검사 결과 적합 판정을 받은 주류는 자가품질검사를 실시하지 않을 수 있다. 이 경우 해당 검사는 제4호에 따른 주류의 자가품질검사 항목에 대한 검사를 포함해야 한다.
  나. 즉석판매제조 · 가공업
    1) 과자(크림을 위에 바르거나 안에 채워 넣은 후 가열살균하지 않고 그대로 섭취하는 것만 해당한다), 빵류(크림을 위에 바르거나 안에 채워 넣은 후 가열살균하지 않고 그대로 섭취하는 것만 해당한다), 당류(설탕류, 포도당, 과당류, 올리고당류만 해당한다), 식육함유가공품, 어육가공품류(연육, 어묵, 어육소시지 및 기타 어육가공품만 해당한다), 두부류 또는 묵류, 식용유지류(압착식용유만 해당한다), 특수용도식품, 소스, 음료류(커피, 과일 · 채소류음료, 탄산음료류, 두유류, 발효음료류, 인삼 · 홍삼음료, 기타음료만 해당한다), 동물성가공식품류(추출가공식품만 해당한다), 빙과류, 즉석섭취식품(도시락, 김밥류, 햄버거류 및 샌드위치류만 해당한다), 즉석조리식품(순대류만 해당한다), 신선편의식품, 간편조리세트, 「축산물 위생관리법」 제2조제2호에 따른 유가공품, 식육가공품 및 알가공품 : 9개월 마다 1회 이상 식품의약품안전처장이 정하여 고시하는 식품 및 축산물가공품 유형별 검사항목
    2) 별표15 제2호에 따른 영업을 하는 경우에는 자가품질검사를 실시하지 않을 수 있다.
  다. 식품첨가물
    1) 기구 등 살균소독제 : 6개월마다 1회 이상 살균소독력
    2) 1) 외의 식품첨가물 : 6개월마다 1회 이상 식품첨가물별 성분에 관한 규격
  라. 기구 또는 용기 · 포장 : 동일재질별로 6개월마다 1회 이상 재질별 성분에 관한 규격

〔별표13〕 ➡ 「www.hyeonamsa.com」 참조

〔별표14〕

업종별시설기준(제36조 관련)

(2023.5.19 개정)

1. 식품제조 · 가공업의 시설기준
  가. 식품의 제조시설과 원료 및 제품의 보관시설 등이 설비된 건축물(이하 "건물"이라 한다)의 위치 등
    1) 건물의 위치는 축산폐수 · 화학물질, 그 밖에 오염물질의 발생시설로부터 식품에 나쁜 영향을 주지 아니하는 거리를 두어야 한다.
    2) 건물의 구조는 제조하려는 식품의 특성에 따라 적정한 온도가 유지될 수 있고, 환기가 잘 될 수 있어야 한다.
    3) 건물의 자재는 식품에 나쁜 영향을 주지 아니하고 식품을 오염시키지 아니하는 것이어야 한다.
  나. 작업장
    1) 작업장은 독립된 건물이거나 식품제조 · 가공 외의 용도로 사용되는 시설과 분리(별도의 방을 분리함에 있어 벽이나 층 등으로 구분하는 경우를 말한다. 이하 같다)되어야 한다.
    2) 작업장은 원료처리실 · 제조가공실 · 포장실 및 그 밖에 식품의 제조 · 가공에 필요한 작업실을 말하며, 각각의 시설은 분리 또는 구획(칸막이 · 커튼 등으로 구분하는 경우를 말한다. 이하 같다)되어야 한다. 다만, 제조공정의 자동화 또는 시설 · 제품의 특수성으로 인하여 분리 또는 구획할 필요가 없다고 인정되는 경우로서 각각의 시설이 서로 구분(선 · 줄 등으로 구분하는 경우를 말한다. 이하 같다)될 수 있는 경우에는 그러하지 아니하다.
    3) 작업장의 바닥 · 내벽 및 천장 등은 다음과 같은 구조로 설비되어야 한다.
      가) 바닥은 콘크리트 등으로 내수처리를 하여야 하며, 배수가 잘 되도록 하여야 한다.
      나) 내벽은 바닥으로부터 1.5미터까지 밝은 색의 내수성으로 설비하거나 세균방지용 페인트로 도색하여야 한다. 다만, 물을 사용하지 않고 위생상 위해발생의 우려가 없는 경우에는 그러하지 아니하다.
      다) 작업장의 내부 구조물, 벽, 바닥, 천장, 출입문, 창문 등은 내구성, 내부식성 등을 가지고, 세척 · 소독이 용이하여야 한다.
    4) 작업장 안에서 발생하는 악취 · 유해가스 · 매연 · 증기 등을 환기시키기에 충분한 환기시설을 갖추어야 한다.
    5) 작업장은 외부의 오염물질이나 해충, 설치류, 빗물 등의 유입을 차단할 수 있는 구조이어야 한다.
    6) 작업장은 폐기물 · 폐수 처리시설과 격리된 장소에 설치하여야 한다.
  다. 식품취급시설 등
    1) 식품을 제조 · 가공하는데 필요한 기계 · 기구류 등 식품취급시설은 식품의 특성에 따라 식품의약품안전처장이 고시하는 식품등의 기준 및 규격(이하 "식품등의 기준 및 규격"이라 한다)에서 정하고 있는 제조 · 가공기준에 적합한 것이어야 한다.
    2) 식품취급시설 중 식품과 직접 접촉하는 부분은 위생적인 내수성재질[스테인레스 · 알루미늄 · 강화플라스틱(FRP) · 테프론 등 물을 흡수하지 아니하는 것을 말한다. 이하 같다]로서 씻기 쉬운 것이거나 위생적인 목재로서 씻는 것이 가능한 것이어야 하며, 열탕 · 증기 · 살균제 등으로 소독 · 살균이 가능한 것이어야 한다.
    3) 냉동 · 냉장시설 및 가열처리시설에는 온도계 또는 온도를 측정할 수 있는 계기를 설치하여야 한다.
  라. 급수시설
    1) 수돗물이나 「먹는물관리법」 제5조에 따른 먹는 물의 수질기준에 적합한 지하수 등을 공급할 수 있는 시설을 갖추어야 한다.
    2) 지하수 등을 사용하는 경우 취수원은 화장실 · 폐기물처리시설 · 동물사육장, 그 밖에 지하수가 오염될 우려가 있는 장소로부터 영향을 받지 아니하는 곳에 위치하여야 한다.
    3) 먹기에 적합하지 않은 용수는 교차 또는 합류되지 않아야 한다.
  마. 화장실
    1) 작업장에 영향을 미치지 아니하는 곳에 정화조를 갖춘 수세식화장실을 설치하여야 한다. 다만, 인근에 사용하기 편리한 화장실이 있는 경우에는 화장실을 따로 설치하지 아니할 수 있다.
    2) 화장실은 콘크리트 등으로 내수처리를 하여야 하고, 바닥과 내벽(바닥으로부터 1.5미터까지)에는 타일을 붙이거나 방수페인트로 색칠하여야 한다.
  바. 창고 등의 시설
    1) 원료와 제품을 위생적으로 보관 · 관리할 수 있는 창고를 갖춰야 한다. 다만, 다음의 어느 하나에 해당하는 경우에는 창고를 갖추지 않을 수 있다.
      가) 창고에 갈음할 수 있는 냉동 · 냉장시설을 따로 갖춘 경우
      나) 같은 영업자가 다음의 어느 하나에 해당하는 영업을 하면서 해당 영업소의 창고 등 시설을 공동으로 이용하는 경우
        (1) 영 제21조제3호에 따른 식품첨가물제조업
        (2) 「약사법」 제31조제1항에 따른 의약품제조업 또는 같은 조 제4항에 따른 의약외품제조업
        (3) 「축산물 위생관리법」 제21조제1항제3호에 따른 축산물가공업
        (4) 「건강기능식품에 관한 법률 시행령」 제2조제1호가목에 따른 건강기능식품전문제조업
    2) 창고의 바닥에는 양탄자를 설치하여서는 아니 된다.
  사. 검사실
    1) 식품등의 기준 및 규격을 검사할 수 있는 검사실을 갖추어야 한다. 다만, 다음 각 호의 어느 하나에 해당하는 경우에는 이를 갖추지 아니할 수 있다.
      가) 법 제31조제2항에 따라 「식품 · 의약품분야 시험 · 검사 등에 관한 법률」 제6조제3항제2호에 따른 자가품질위탁 시험 · 검사기관 등에 위탁하여 자가품질검사를 하려는 경우
      나) 같은 영업자가 다른 장소에 영업신고한 같은 업종의 영업소에 검사실을 갖추고 그 검사실에서 법 제31조제1항에 따른 자가품질검사를 하려는 경우
      다) 같은 영업자가 설립한 식품 관련 연구 · 검사기관에서 자사 제품에 대하여 법 제31조제1항에 따른 자가품질검사를 하려는 경우
      라) 「독점규제 및 공정거래에 관한 법률」 제2조제2호에 따른 기업집단에 속하는 식품관련 연구 · 검사기관 또는 같은 조 제3호에 따른 계열회사가 영업신고한 같은 업종의 영업소의 검사실에서 법 제31조제1항에 따른 자가품질검사를 하려는 경우
      마) 같은 영업자, 동일한 기업집단(「독점규제 및 공정거래에 관한 법률」 제2조제2호에 따른 기업집단을 말한다)에 속하는 식품관련 연구 · 검사기관 또는 영업자의 계열회사(같은 법 제2조제3호에 따른 계열회사를 말한다)가 영 제21조제3호에 따른 식품첨가물제조업, 「축산물 위생관리법」 제21조제1항제3호에 따른 축산물가공업, 「건강기능식품에 관한 법률 시행령」 제2조제1호가목에 따른 건강기능식품전문제조업, 「약사법」 제2조제4호 · 제7호에 따른 의약품 · 의약외품의 제조업, 「화장품법」 제2조제10호에 따른 화장품제조업, 「위생용품 관리법」 제2조제2호에 따른 위생용품제조업을 하면서 해당 영업소에 검사실 또는 시험실을 갖추고 법 제31조제1항에 따른 자가품질검사를 하려는 경우
    2) 검사실을 갖추는 경우에는 자가품질검사에 필요한 기계 · 기구 및 시약류를 갖추어야 한다.
  아. 운반시설

  식품을 운반하기 위한 차량, 운반도구 및 용기를 갖춘 경우 식품과 직접 접촉하는 부분의 재질은 인체에 무해하며 내수성 · 내부식성을 갖추어야 한다.
  자. 시설기준 적용의 특례
    1) 선박에서 수산물을 제조 · 가공하는 경우에는 다음의 시설만 설비할 수 있다.
      가) 작업장

      작업장에서 발생하는 악취 · 유해가스 · 매연 · 증기 등을 환기시키는 시설을 갖추어야 한다.
      나) 창고 등의 시설 등

      냉동 · 냉장시설을 갖추어야 한다.
      다) 화장실

      수세식 화장실을 두어야 한다.
    2) 식품제조 · 가공업자가 제조 · 가공시설 등이 부족한 경우에는 다음의 어느 하나에 해당하는 영업자에게 위탁하여 식품을 제조 · 가공할 수 있다.
      가) 영 제21조제1호에 따른 식품제조 · 가공업의 영업자
      나) 영 제21조제2호에 따른 즉석판매제조 · 가공업의 영업자
      다) 영 제21조제3호에 따른 식품첨가물제조업의 영업자
      라) 「축산물 위생관리법」 제21조제1항제3호에 따른 축산물가공업의 영업자
      마) 「건강기능식품에 관한 법률 시행령」 제2조제1호가목에 따른 건강기능식품전문제조업의 영업자

3) 하나의 업소가 둘 이상의 업종의 영업을 할 경우 또는 둘 이상의 식품을 제조·가공하고자 할 경우로서 각각의 제품이 전부 또는 일부의 동일한 공정을 거쳐 생산되는 경우에는 그 공정에 사용되는 시설 및 작업장을 함께 쓸 수 있다. 이 경우 「축산물 위생관리법」 제22조에 따라 축산물가공업의 허가를 받은 업소, 「먹는물관리법」 제21조에 따라 먹는샘물제조업의 허가를 받은 업소, 「주세법」 제6조에 따라 주류제조의 면허를 받아 주류를 제조하는 업소 및 「건강기능식품에 관한 법률」 제5조에 따라 건강기능식품제조업의 허가를 받은 업소 및 「양곡관리법」 제19조에 따라 양곡가공업 등록을 한 업소의 시설 및 작업장도 또한 같다.

4) 「농업·농촌 및 식품산업 기본법」 제3조제2호에 따른 농업인, 같은 조 제4호에 따른 생산자단체, 「수산업·어촌 발전 기본법」 제3조제2호에 따른 수산인, 같은 조 제3호에 따른 어업인, 같은 조 제5호에 따른 생산자단체, 「농어업경영체 육성 및 지원에 관한 법률」 제16조에 따른 영농조합법인·영어조합법인 또는 같은 법 제19조에 따른 농업회사법인·어업회사법인이 국내산 농산물과 수산물을 주된 원료로 식품을 직접 제조·가공하는 영업과 「전통시장 및 상점가 육성을 위한 특별법」 제2조제1호에 따른 전통시장에서 식품을 제조·가공하는 영업에 대해서는 특별자치도지사·시장·군수·구청장은 그 시설기준을 따로 정할 수 있다.

5) 식품제조·가공업을 함께 영위하려는 의약품제조업자 또는 의약외품제조업자는 제조하는 의약품 또는 의약외품 중 내복용 제제가 식품에 전이될 우려가 없다고 식품의약품안전처장이 인정하는 경우에는 해당 의약품 또는 의약외품 제조시설을 식품제조·가공시설로 이용할 수 있다. 이 경우 식품제조·가공시설로 이용할 수 있는 기준 및 방법 등 세부사항은 식품의약품안전처장이 정하여 고시한다.

6) 「곤충산업의 육성 및 지원에 관한 법률」 제2조제3호에 따른 곤충농가가 곤충을 주된 원료로 하여 식품을 제조·가공하는 영업을 하려는 경우 특별자치시장·특별자치도지사·시장·군수·구청장은 그 시설기준을 따로 정할 수 있다.

7) 식품제조·가공업자가 바목1)에 따른 창고의 용량이 부족하여 생산한 반제품을 보관할 수 없는 경우에는 영업등록을 한 영업소의 소재지와 다른 곳에 설치하거나 임차한 창고에 일시적으로 보관할 수 있다.

8) 공유주방 운영업의 시설을 사용하는 경우에는 제10호의 공유주방 운영업의 시설기준에 따른다.

2. 즉석판매제조·가공업의 시설기준

가. 건물의 위치 등

1) 독립된 건물이거나 즉석판매제조·가공 외의 용도로 사용되는 시설과 분리 또는 구획되어야 한다. 다만, 백화점 등 식품을 전문으로 취급하는 일정장소(식당가·식품매장 등을 말한다) 또는 일반음식점·휴게음식점·제과점 영업장과 직접 접한 장소에서 즉석판매제조·가공업의 영업을 하려는 경우, 「축산물 위생관리법」 제21조제7호가목에 따른 식육판매업소에서 식육을 이용하여 즉석판매제조·가공업의 영업을 하려는 경우 및 「건강기능식품에 관한 법률 시행령」 제2조제3호가목에 따른 건강기능식품일반판매업소에서 즉석판매제조·가공업의 영업을 하려는 경우로서 식품위생상 위해발생의 우려가 없다고 인정되는 경우에는 그러하지 아니하다.

2) 건물의 위치·구조 및 자재에 관하여는 1. 식품제조·가공업의 시설기준 중 가. 건물의 위치 등의 관련 규정을 준용한다.

나. 작업장

1) 식품을 제조·가공할 수 있는 기계·기구류 등이 설치된 제조·가공실을 두어야 한다. 다만, 식품제조·가공업 영업자가 제조·가공한 식품 또는 「수입식품안전관리 특별법」 제15조제1항에 따라 등록한 수입식품등 수입·판매업 영업자가 수입·판매한 식품을 소비자가 원하는 만큼 덜어서 판매하는 것만 하고, 식품의 제조·가공은 하지 아니하는 영업자인 경우에는 제조·가공실을 두지 아니할 수 있다.

2) 제조가공실의 시설 등에 관하여는 1. 식품제조·가공업의 시설기준 중 나. 작업장의 관련규정을 준용한다.

다. 식품취급시설 등

식품취급시설 등에 관하여는 1. 식품제조·가공업의 시설기준 중 다. 식품취급시설 등의 관련규정을 준용한다.

라. 급수시설

급수시설은 1. 식품제조·가공업의 시설기준 중 라. 급수시설의 관련 규정을 준용한다. 다만, 인근에 수돗물이나 「먹는물관리법」 제5조에 따른 먹는물 수질기준에 적합한 지하수 등을 공급할 수 있는 시설이 있는 경우에는 이를 설치하지 아니할 수 있다.

마. 판매시설

식품을 위생적으로 유지·보관할 수 있는 진열·판매시설을 갖추어야 한다. 다만, 신고관청은 즉석판매제조·가공업의 영업자가 제조·가공하는 식품의 형태 및 판매 방식 등을 고려해 진열·판매의 필요성 및 식품위생에의 위해성이 모두 없다고 인정하는 경우에는 진열·판매시설의 설치를 생략하게 할 수 있다.

바. 화장실

1) 화장실을 작업장에 영향을 미치지 아니하는 곳에 설치하여야 한다.

2) 정화조를 갖춘 수세식 화장실을 설치하여야 한다. 다만, 상·하수도가 설치되지 아니한 지역에서는 수세식이 아닌 화장실을 설치할 수 있다.

3) 2)단서에 따라 수세식이 아닌 화장실을 설치하는 경우에는 변기의 뚜껑과 환기시설을 갖추어야 한다.

4) 공동화장실이 설치된 건물 안에 있는 업소 및 인근에 사용이 편리한 화장실이 있는 경우에는 따로 설치하지 아니할 수 있다.

사. 시설기준 적용의 특례

1) 「전통시장 및 상점가 육성을 위한 특별법」 제2조제1호에 따른 전통시장 또는 「관광진흥법 시행령」 제2조제1항제5호가목에 따른 종합유원시설업의 시설 안에서 이동판매형태의 즉석판매제조·가공업을 하려는 경우에는 특별자치시장·특별자치도지사·시장·군수·구청장이 그 시설기준을 따로 정할 수 있다.

2) 「도시와 농어촌 간의 교류촉진에 관한 법률」 제10조에 따라 농어촌체험·휴양마을사업자가 지역 농·수·축산물을 주재료로 이용한 식품을 제조·판매·가공하는 경우에는 특별자치시장·특별자치도지사·시장·군수·구청장이 그 시설기준을 따로 정할 수 있다.

3) 지방자치단체의 장이 주최·주관 또는 후원하는 지역행사 등에서 즉석판매제조·가공업을 하려는 경우에는 특별자치시장·특별자치도지사·시장·군수·구청장이 그 시설기준을 따로 정할 수 있다.

4) 지방자치단체 및 농림축산식품부장관이 인정한 생산자단체등에서 국내산 농·수·축산물을 주재료로 이용한 식품을 제조·판매·가공하는 경우에는 특별자치시장·특별자치도지사·시장·군수·구청장이 그 시설기준을 따로 정할 수 있다.

5) 「전시산업발전법」 제2조제4호에 따른 전시시설 또는 「국제회의산업 육성에 관한 법률」 제2조제3호에 따른 국제회의시설에서 즉석판매제조·가공업을 하려는 경우에는 특별자치시장·특별자치도지사·시장·군수·구청장이 그 시설기준을 따로 정할 수 있다.

6) 그 밖에 특별자치시장·특별자치도지사·시장·군수·구청장이 별도로 지정하는 장소에서 즉석판매제조·가공업을 하려는 경우에는 특별자치시장·특별자치도지사·시장·군수·구청장이 그 시설기준을 따로 정할 수 있다.

7) 공유주방 운영업의 시설을 사용하는 경우에는 제10호의 공유주방 운영업의 시설기준에 따른다.

아.~자. (2017.12.29 삭제)

3. 식품첨가물제조업의 시설기준

식품제조·가공업의 시설기준을 준용한다. 다만, 건물의 위치·구조 및 작업장에 대하여는 신고관청이 위생상 위해발생의 우려가 없다고 인정하는 경우에는 그러하지 아니하다.

4. 식품운반업의 시설기준

가. 운반시설

1) 냉동 또는 냉장시설을 갖춘 적재고(積載庫)가 설치된 운반 차량 또는 선박이 있어야 한다. 다만, 다음의 어느 하나에 해당하는 경우에는 냉동 또는 냉장시설을 갖춘 적재고를 갖추지 않을 수 있다.

가) 어패류에 식용얼음을 넣어 운반하는 경우

나) 냉동 또는 냉장시설이 필요 없는 식품만을 취급하는 경우

다) 염수로 냉동된 통조림제조용 어류를 식품등의 기준 및 규격에서 정하고 있는 보존 및 유통기준에 따라 운반하는 경우

라) 식품운반업자가 「축산물 위생관리법 시행령」 제21조제6호에 따른 축산물운반업을 함께 하면서 해당 영업소의 적재고를 공동으로 이용하여 밀봉 포장된 식품과 밀봉 포장된 축산물(「축산물 위생관리법」에 따른 축산물을 말한다. 이하 같다)을 섞이지 않게 구별하여 보관·운반하는 경우

2) 냉동 또는 냉장시설로 된 적재고의 내부는 식품등의 기준 및 규격 중 운반식품의 보존 및 유통기준에 적합한 온도를 유지하여야 하며, 시설외부에서 내부의 온도를 알 수 있도록 온도계를 설치하여야 한다. 이 경우 온도계의 온도를 식품등의 기준 및 규격에서 정한 기준에 적합하게 보이도록 조작(造作)할 수 있는 장치를 설치해서는 안 된다.

3) 적재고는 혈액 등이 누출되지 아니하고 냄새를 방지할 수 있는 구조이어야 한다.

나. 세차시설

세차장은 「수질환경보전법」에 적합하게 전용세차장을 설치하여야 한다. 다만, 동일 영업자가 공동으로 세차장을 설치하거나 타인의 세차장을 사용계약한 경우에는 그러하지 아니하다.

다. 차고

식품운반용 차량을 주차시킬 수 있는 전용차고를 두어야 한다. 다만, 타인의 차고를 사용계약한 경우와 「화물자동차 운수사업법」 제55조에 따른 사용신고 대상이 아닌 자가용 화물자동차의 경우에는 그러하지 아니하다.

라. 사무소

영업활동을 위한 사무소를 두어야 한다. 다만, 영업활동에 지장이 없는 경우에는 다른 사무소를 함께 사용할 수 있고, 「화물자동차 운수사업법」 제3조제1항제2호에 따른 개인화물자동차 운송사업의 영업자가 식품운반업을 하려는 경우에는 사무소를 두지 않을 수 있다.

5. 식품소분·판매업의 시설기준

가. 공통시설기준

1) 작업장 또는 판매장(식품자동판매기영업 및 유통전문판매업을 제외한다)

가) 건물은 독립된 건물이거나 주거장소 또는 식품소분·판매업 외의 용도로 사용되는 시설과 분리 또는 구획되어야 한다.

나) 식품소분업의 소분실은 1. 식품제조·가공의 시설기준 중 나. 작업장의 관련규정을 준용한다.

2) 급수시설(식품소분업 등 물을 사용하지 아니하는 경우를 제외한다)

수돗물이나 「먹는물관리법」 제5조에 따른 먹는 물의 수질기준에 적합한 지하수 등을 공급할 수 있는 시설을 갖추어야 한다.

3) 화장실(식품자동판매기영업을 제외한다)

가) 화장실은 작업장 및 판매장에 영향을 미치지 아니하는 곳에 설치하여야 한다.

나) 정화조를 갖춘 수세식 화장실을 설치하여야 한다. 다만, 상·하수도가 설치되지 아니한 지역에서는 수세식이 아닌 화장실을 설치할 수 있다.

다) 나)단서에 따라 수세식이 아닌 화장실을 설치한 경우에는 변기의 뚜껑과 환기시설을 갖추어야 한다.

라) 공동화장실이 설치된 건물 안에 있는 업소 및 인근에 사용이 편리한 화장실이 있는 경우에는 따로 화장실을 설치하지 아니할 수 있다.

4) 공통시설기준의 적용특례

가) 지방자치단체 및 농림축산식품부장관이 인정한 생산자단체 등에서 국내산 농·수·축산물의 판매촉진 및 소비홍보 등을 위하여 14일 이내의 기간에 한하여 특정장소에서 농·수·축산물의 판매행위를 하려는 경우에는 공통시설기준에 불구하고 특별자치도지사·시장·군수·구청장(시·도에서 농·수·축산물의 판매행위를 하는 경우에는 시·도지사)이 시설기준을 따로 정할 수 있다.

나) 공유주방 운영업의 시설을 사용하여 식품소분업을 하는 경우에는 제10호의 공유주방 운영업의 시설기준에 따른다.

나. 업종별 시설기준

1) 식품소분업

가) 식품등을 소분·포장할 수 있는 시설을 설치하여야 한다.

나) 소분·포장하려는 제품과 소분·포장한 제품을 보관할 수 있는 창고를 설치하여야 한다.

2) 식용얼음판매업

가) 판매장은 얼음을 저장하는 창고와 취급실이 구획되어야 한다.

나) 취급실의 바닥은 타일·콘크리트 또는 두꺼운 목판자 등으로 설비하여야 하고, 배수가 잘 되어야 한다.

다) 판매장의 주변은 배수가 잘 되어야 한다.

라) 배수로에는 덮개를 설치하여야 한다.

마) 얼음을 저장하는 창고에는 보기 쉬운 곳에 온도계를 비치하여야 한다.

바) 소비자에게 배달판매를 하려는 경우에는 위생적인 용기가 있어야 한다.

3) 식품자동판매기영업

가) 식품자동판매기(이하 "자판기"라 한다)는 위생적인 장소에 설치하여야 하며, 옥외에 설치하는 경우에는 비·눈·직사광선으로부터 보호되는 구조이어야 한다.

나) 더운 물을 필요로 하는 제품의 경우에는 제품의 음용온도는 68℃ 이상이 되도록 하여야 하고, 자판기 내부에는 살균등(더운 물을 필요로 하는 경우를 제외한다)·정수기 및 온도계가 부착되어야 한다. 다만, 물을 사용하지 않는 경우는 제외한다.

다) 자판기 안의 물탱크는 내부청소가 쉽도록 뚜껑을 설치하고 녹이 슬지 아니하는 재질을 사용하여야 한다.

라) (2011.8.19 삭제)

4) 유통전문판매업

가) 영업활동을 위한 독립된 사무소가 있어야 한다. 다만, 영업활동에 지장이 없는 경우에는 다른 사무소를 함께 사용할 수 있으며, 「방문판매 등에 관한 법률」 제2조제1호·제3호·제5호에 따른 방문판매·전화권유판매·다단계판매 및 「전자상거래 등에서의 소비자보호에 관한 법률」 제2조제1호·제2호에 따른 전자상거래·통신판매 형태의 영업으로서 구매자가 직접 영업활동을 위한 사무소를 방문하지 않는 경우에는 「건축법」에 따른 주택 용도의 건축물을 사무소로 사용할 수 있다.

나) 식품을 위생적으로 보관할 수 있는 창고를 갖추어야 한다. 이 경우 보관창고는 영업신고를 한 영업소의 소재지와 다른 곳에 설치하거나 임차하여 사용할 수 있다.

다) 나)에 따른 창고를 전용으로 갖출 수 없거나 전용 창고만으로는 그 용량이 부족할 경우에는 다음의 어느 하나에 해당하는 시설을 구분하여 사용할 수 있다.

(1) 같은 영업자가 식품제조·가공업 또는 식품첨가물제조업을 하는 경우 해당 영업에 사용되는 창고 등 시설

(2) 식품 또는 식품첨가물의 제조·가공을 의뢰받은 식품제조·가공업 또는 식품첨가물제조업을 하는 자와 창고 등 시설 사용에 관한 계약을 체결한 경우 해당 영업에 사용되는 창고 등 시설

(3) 같은 영업자가 「먹는물관리법」 제21조제4항에 따라 유통전문판매업을 하는 경우 해당 영업에 사용되는 「먹는물관리법 시행규칙」 별표3 제3호나목에 따른 보관시설

라) 상시 운영하는 반품·교환품의 보관시설을 두어야 한다.

5) 집단급식소 식품판매업

가) 사무소

영업활동을 위한 독립된 사무소가 있어야 한다. 다만, 영업활동에 지장이 없는 경우에는 다른 사무소를 함께 사용할 수 있다.

나) 작업장

(1) 식품을 선별·분류하는 작업은 항상 찬 곳(0~18℃)에서 할 수 있도록 하여야 한다.

(2) 작업장은 식품을 위생적으로 보관하거나 선별 등의 작업을 할 수 있도록 독립된 건물이거나 다른 용도로 사용되는 시설과 분리되어야 한다.

(3) 작업장 바닥은 콘크리트 등으로 내수처리를 하여야 하고, 물이 고이거나 습기가 차지 아니하게 하여야 한다.

(4) 작업장에는 쥐, 바퀴 등 해충이 들어오지 못하게 하여야 한다.

(5) 작업장에서 사용하는 칼, 도마 등 조리기구는 육류용과 채소용 등 용도별로 구분하여 그 용도로만 사용하여야 한다.

(6) 신고관청은 집단급식소 식품판매업의 영업자가 판매하는 식품 형태 및 판매 방식 등을 고려해 작업장의 필요성과 식품위생에의 위해성이 모두 없다고 인정하는 경우에는 작업장의 설치를 생략하게 할 수 있다.

다) 창고 등 보관시설

(1) 식품등을 위생적으로 보관할 수 있는 창고를 갖추어야 한다. 이 경우 창고는 영업신고를 한 소재지와 다른 곳에 설치하거나 임차하여 사용 할 수 있다.

(2) 창고에는 식품의약품안전처장이 정하는 보존 및 유통기준에 적합한 온도에서 보관할 수 있도록 냉장시설 및 냉동시설을 갖추어야 한다. 다만, 창고에서 냉장처리나 냉동처리가 필요하지 아니한 식품을 처리하는 경우에는 냉장시설 또는 냉동시설을 갖추지 아니하여도 된다.

(3) 서로 오염원이 될 수 있는 식품을 보관·운반하는 경우 구분하여 보관·운반하여야 한다.

라) 운반차량

(1) 식품을 위생적으로 운반하기 위하여 냉동시설이나 냉장시설을 갖춘 적재고가 설치된 운반차량을 1대 이상 갖추어야 한다. 다만, 법 제37조에 따라 허가, 신고 또는 등록한 영업자와 계약을 체결하여 냉동 또는 냉장시설을 갖춘 운반차량을 이용하는 경우에는 운반차량을 갖추지 아니하여도 된다.

(2) (1)의 규정에도 불구하고 냉동 또는 냉장시설이 필요 없는 식품만을 취급하는 경우에는 운반차량에 냉동시설이나 냉장시설을 갖춘 적재고를 설치하지 아니하여도 된다.

6) (2016.2.4 삭제)

7) 기타식품판매업

가) 냉동시설 또는 냉장고·진열대 및 판매대를 설치하여야 한다. 다만, 냉장·냉동 보관 및 유통을 필요로 하지 않는 제품을 취급하는 경우는 제외한다.

나) (2012.1.17 삭제)

6. 식품보존업의 시설기준

가. 식품조사처리업

원자력관계법령에서 정한 시설기준에 적합하여야 한다.

나. 식품냉동·냉장업

1) 작업장은 독립된 건물이거나 다른 용도로 사용되는 시설과 분리되어야 한다. 다만, 다음 각 호의 어느 하나에 해당하는 경우에는 그러하지 아니할 수 있다.

가) 밀봉 포장된 식품과 밀봉 포장된 축산물을 같은 작업장에 보관하는 경우

나) 「수입식품안전관리 특별법」 제15조제1항에 따라 등록한 수입식품등 보관업의 시설과 함께 사용하는 작업장의 경우

2) 작업장에는 적하실(積下室)·냉동예비실·냉동실 및 냉장실이 있어야 하고, 각각의 시설은 분리 또는 구획되어야 한다. 다만, 냉동을 하지 아니할 경우에는 냉동예비실과 냉동실을 두지 아니할 수 있다.

3) 작업장의 바닥은 콘크리트 등으로 내수처리를 하여야 하고, 물이 고이거나 습기가 차지 아니하도록 하여야 한다.

4) 냉동예비실·냉동실 및 냉장실에는 보기 쉬운 곳에 온도계를 비치하여야 한다.

5) 작업장에는 작업장 안에서 발생하는 악취·유해가스·매연·증기 등을 배출시키기 위한 환기시설을 갖추어야 한다.

6) 작업장에는 쥐·바퀴 등 해충이 들어오지 못하도록 하여야 한다.

7) 상호오염원이 될 수 있는 식품을 보관하는 경우에는 서로 구별할 수 있도록 하여야 한다.

8) 작업장 안에서 사용하는 기구 및 용기·포장 중 식품에 직접 접촉하는 부분은 씻기 쉬우며, 살균소독이 가능한 것이어야 한다.

9) 수돗물이나 「먹는물관리법」 제5조에 따른 먹는 물의 수질기준에 적합한 지하수 등을 공급할 수 있는 시설을 갖추어야 한다.

10) 화장실을 설치하여야 하며, 화장실의 시설은 2. 즉석판매제조·가공업의 시설기준 중 바. 화장실의 관련규정을 준용한다.

7. 용기·포장류 제조업의 시설기준

식품제조·가공업의 시설기준을 준용한다. 다만, 신고관청이 위생상 위해발생의 우려가 없다고 인정하는 경우에는 그러하지 아니하다.

8. 식품접객업의 시설기준

가. 공통시설기준

1) 영업장

가) 독립된 건물이거나 식품접객업의 영업허가를 받거나 영업신고를 한 업종 외의 용도로 사용되는 시설과 분리, 구획 또는 구분되어야 한다(일반음식점에서 「축산물위생관리법 시행령」 제21조제7호가목의 식육판매업을 하려는 경우, 휴게음식점에서 「음악산업진흥에 관한 법률」 제2조제10호에 따른 음반·음악영상물판매업을 하는 경우 및 관할 세무서장의 의제 주류판매 면허를 받고 제과점에서 영업을 하는 경우는 제외한다). 다만, 다음의 어느 하나에 해당하는 경우에는 분리되어야 한다.

(1) 식품접객업의 영업허가를 받거나 영업신고를 한 업종과 다른 식품접객업의 영업을 하려는 경우. 다만, 휴게음식점에서 일반음식점영업 또는 제과점영업을 하는 경우, 일반음식점에서 휴게음식점영업 또는 제과점영업을 하는 경우 또는 제과점에서 휴게음식점영업 또는 일반음식점영업을 하는 경우는 제외한다.

(2) 「음악산업진흥에 관한 법률」 제2조제13호의 노래연습장업을 하려는 경우

(3) 「다중이용업소의 안전관리에 관한 특별법 시행규칙」 제2조제3호의 콜라텍업을 하려는 경우

(4) 「체육시설의 설치·이용에 관한 법률」 제10조제1항제2호에 따른 무도학원업 또는 무도장업을 하려는 경우

(5) 「동물보호법」 제2조제1호에 따른 동물의 출입, 전시 또는 사육이 수반되는 영업을 하려는 경우

나) 영업장은 연기·유해가스등의 환기가 잘 되도록 하여야 한다.

다) 음향 및 반주시설을 설치하는 영업자는 「소음·진동관리법」 제21조에 따른 생활소음·진동이 규제기준에 적합한 방음장치 등을 갖추어야 한다.

라) 공연을 하려는 휴게음식점·일반음식점 및 단란주점의 영업자는 무대시설을 영업장 안에 객석과 구분되게 설치하되, 객실 안에 설치하여서는 아니 된다.

마) 「동물보호법」 제2조제1호에 따른 동물의 출입, 전시 또는 사육이 수반되는 시설과 직접 접한 영업장의 출입구에는 손을 소독할 수 있는 장치, 용품 등을 갖추어야 한다.

2) 조리장

가) 조리장은 손님이 그 내부를 볼 수 있는 구조로 되어 있어야 한다. 다만, 영 제21조제8호바목에 따른 제과점영업소로서 같은 건물 안에 조리장을 설치하는 경우와 「관광진흥법 시행령」 제2조제1항제2호가목 및 같은 항 제3호마목에 따른 관광호텔업 및 관광공연장업의 조리장의 경우에는 그러하지 아니하다.

나) 조리장 바닥에 배수구가 있는 경우에는 덮개를 설치하여야 한다.

다) 조리장 안에는 취급하는 음식을 위생적으로 조리하기 위하여 필요한 조리시설·세척시설·폐기물용기 및 손 씻는 시설을 각각 설치하여야 하고, 폐기물용기는 오물·악취 등이 누출되지 아니하도록 뚜껑이 있고 내수성 재질로 된 것이어야 한다.

라) 1명의 영업자가 하나의 조리장을 둘 이상의 영업에 공동으로 사용할 수 있는 경우는 다음과 같다.

(1) 같은 건물 내에서 휴게음식점, 제과점, 일반음식점 및 즉석판매제조·가공업의 영업 중 둘 이상의 영업을 하려는 경우

(2) 「관광진흥법 시행령」에 따른 전문휴양업, 종합휴양업 및 유원시설업 시설 안의 같은 장소에서 휴게음식점·제과점영업 또는 일반음식점영업 중 둘 이상의 영업을 하려는 경우

(3) (2017.12.29 삭제)

(4) 제과점 영업자가 식품제조·가공업 또는 즉석판매제조·가공업의 제과·제빵류 품목 등을 제조·가공하려는 경우

(5) 제과점영업자가 다음의 구분에 따라 둘 이상의 제과점영업을 하는 경우

(가) 기존 제과점의 영업신고관청과 같은 관할 구역에서 제과점영업을 하는 경우

(나) 기존 제과점의 영업신고관청과 다른 관할 구역에서 제과점영업을 하는 경우로서 제과점 간 거리가 5킬로미터 이내인 경우

마) 조리장에는 주방용 식기류를 소독하기 위한 자외선 또는 전기살균소독기를 설치하거나 열탕세척소독시설(식중독을 일으키는 병원성 미생물 등이 살균될 수 있는 시설이어야 한다. 이하 같다)을 갖추어야 한다. 다만, 주방용 식기류를 기구등의 살균·소독제로만 소독하는 경우에는 그러하지 아니하다.

바) 충분한 환기를 시킬 수 있는 시설을 갖추어야 한다. 다만, 자연적으로 통풍이 가능한 구조의 경우에는 그러하지 아니하다.

사) 식품등의 기준 및 규격 중 식품별 보존 및 유통기준에 적합한 온도가 유지될 수 있는 냉장시설 또는 냉동시설을 갖추어야 한다.

아) 조리장 내부에는 쥐, 바퀴 등 설치류 또는 위생해충 등이 들어오지 못하게 해야 한다.

3) 급수시설

가) 수돗물이나 「먹는물관리법」 제5조에 따른 먹는 물의 수질기준에 적합한 지하수 등을 공급할 수 있는 시설을 갖추어야 한다.

나) 지하수를 사용하는 경우 취수원은 화장실·폐기물처리시설·동물사육장, 그 밖에 지하수가 오염될 우려가 있는 장소로부터 영향을 받지 아니하는 곳에 위치하여야 한다.

4) 화장실

가) 화장실은 콘크리트 등으로 내수처리를 하여야 한다. 다만, 공중화장실이 설치되어 있는 역·터미널·유원지 등에 위치하는 업소, 공동 화장실이 설치된 건물 안에 있는 업소 및 인근에 사용하기 편리한 화장실이 있는 경우에는 따로 화장실을 설치하지 아니할 수 있다.

나) 화장실은 조리장에 영향을 미치지 아니하는 장소에 설치하여야 한다.

다) 정화조를 갖춘 수세식 화장실을 설치하여야 한다. 다만, 상·하수도가 설치되지 아니한 지역에서는 수세식이 아닌 화장실을 설치할 수 있다.

라) 다)단서에 따라 수세식이 아닌 화장실을 설치하는 경우에는 변기의 뚜껑과 환기시설을 갖추어야 한다.

마) 화장실에는 손을 씻는 시설을 갖추어야 한다.

5) 공통시설기준의 적용특례

가) 공통시설기준에도 불구하고 다음의 경우에는 특별자치시장·특별자치도지사·시장·군수·구청장(시·도에서 음식물의 조리·판매행위를 하는 경우에는 시·도지사)이 시설기준을 따로 정할 수 있다.

(1) 「전통시장 및 상점가 육성을 위한 특별법」 제2조제1호에 따른 전통시장에서 음식점영업을 하는 경우

(2) 해수욕장 등에서 계절적으로 음식점영업을 하는 경우

(3) 고속도로·자동차전용도로·공원·유원시설 등의 휴게장소에서 영업을 하는 경우

(4) 건설공사현장에서 영업을 하는 경우

(5) 지방자치단체 및 농림축산식품부장관이 인정한 생산자단체등에서 국내산 농·수·축산물의 판매촉진 및 소비홍보 등을 위하여 특정장소에서 음식물의 조리·판매행위를 하려는 경우

(6) 「전시산업발전법」 제2조제4호에 따른 전시시설에서 휴게음식점영업, 일반음식점영업 또는 제과점영업을 하는 경우

(7) 지방자치단체의 장이 주최, 주관 또는 후원하는 지역행사 등에서 휴게음식점영업, 일반음식점영업 또는 제과점영업을 하는 경우

(8) 「국제회의산업 육성에 관한 법률」 제2조제3호에 따른 국제회의시설에서 휴게음식점, 일반음식점, 제과점 영업을 하려는 경우

(9) 그 밖에 특별자치시장·특별자치도지사·시장·군수·구청장이 별도로 지정하는 장소에서 휴게음식점, 일반음식점, 제과점 영업을 하려는 경우

나) 「도시와 농어촌 간의 교류촉진에 관한 법률」 제10조에 따라 농어촌체험·휴양마을사업자가 농어촌체험·휴양프로그램에 부수하여 음식을 제공하는 경우로서 그 영업시설기준을 따로 정한 경우에는 그 시설기준에 따른다.

다) 백화점, 슈퍼마켓 등에서 휴게음식점영업 또는 제과점영업을 하려는 경우와 음식물을 전문으로 조리하여 판매하는 백화점 등의 일정장소(식당가를 말한다)에서 휴게음식점영업·일반음식점영업 또는 제과점영업을 하려는 경우로서 위생상 위해발생의 우려가 없다고 인정되는 경우에는 각 영업소와 영업소 사이를 분리 또는 구획하는 별도의 차단벽이나 칸막이 등을 설치하지 아니할 수 있다.

라) 공유주방 운영업의 시설을 사용하여 영 제21조제8호가목의 휴게음식점영업, 같은 호 나목의 일반음식점영업 및 같은 호 바목의 제과점영업을 하는 경우에는 제10호의 공유주방 운영업의 시설기준에 따른다.

마) (2020.12.31 삭제)

나. 업종별시설기준

1) 휴게음식점영업·일반음식점영업 및 제과점영업

가) 일반음식점에 객실을 설치하는 경우 객실에는 잠금장치, 침대(침대 형태로 변형 가능한 소파 등의 가구를 포함한다. 이하 같다) 또는 욕실을 설치할 수 없다.

나) 휴게음식점 또는 제과점에는 객실(투명한 칸막이 또는 투명한 차단벽을 설치하여 내부가 전체적으로 보이는 경우는 제외한다)을 둘 수 없으며, 객석을 설치하는 경우 객석에는 높이 1.5미터 미만의 칸막이(이동식 또는 고정식)를 설치할 수 있다. 이 경우 2면 이상을 완전히 차단하지 아니하여야 하고, 다른 객석에서 내부가 서로 보이도록 하여야 한다.

다) 기차·자동차·선박 또는 수상구조물로 된 유선장(遊船場)·도선장(渡船場) 또는 수상레저사업장을 이용하는 경우 다음 시설을 갖추어야 한다.

(1) 1일의 영업시간에 사용할 수 있는 충분한 양의 물을 저장할 수 있는 내구성이 있는 식수탱크

(2) 1일의 영업시간에 발생할 수 있는 음식물찌꺼기 등을 처리하기에 충분한 크기의 오물통 및 폐수탱크

(3) 음식물의 재료(원료)를 위생적으로 보관할 수 있는 시설

라) 영업장으로 사용하는 바닥면적(「건축법 시행령」 제119조제1항제3호에 따라 산정한 면적을 말한다)의 합계가 100제곱미터(영업장이 지하층에 설치된 경우에는 그 영업장의 바닥면적 합계가 66제곱미터) 이상인 경우에는 「다중이용업소의 안전관리에 관한 특별법」 제9조제1항에 따른 소방시설등 및 영업장 내부 피난통로 그 밖의 안전시설을 갖추어야 한다. 다만, 영업장(내부계단으로 연결된 복층구조의 영업장을 제외한다)이 지상 1층 또는 지상과 직접 접하는 층에 설치되고 그 영업장의 주된 출입구가 건축물 외부의 지면과 직접 연결되는 곳에서 하는 영업을 제외한다.

마) 휴게음식점·일반음식점 또는 제과점의 영업장에는 손님이 이용할 수 있는 자막용 영상장치 또는 자동반주장치를 설치하여서는 아니 된다. 다만, 연회석을 보유한 일반음식점에서 회갑연, 칠순연 등 가정의 의례로서 행하는 경우에는 그러하지 아니하다.

바) 일반음식점의 객실 안에는 무대장치, 음향 및 반주시설, 우주볼 등의 특수조명시설을 설치하여서는 아니 된다.

사) 건물의 외부에 있는 영업장에는 손님의 안전을 확보하기 위해 「건축법」 등 관계 법령에서 정하는 바에 따라 필요한 시설·설비 또는 기구 등을 설치해야 한다.

2) 단란주점영업

가) 영업장 안에 객실이나 칸막이를 설치하려는 경우에는 다음 기준에 적합하여야 한다.

(1) 객실을 설치하는 경우 주된 객장의 중앙에서 객실 내부가 전체적으로 보일 수 있도록 설비하여야 하며, 통로형태 또는 복도형태로 설비하여서는 아니 된다.

(2) 객실로 설치할 수 있는 면적은 객석면적의 2분의 1을 초과할 수 없다.

(3) 주된 객장 안에서는 높이 1.5미터 미만의 칸막이(이동식 또는 고정식)를 설치할 수 있다. 이 경우 2면 이상을 완전히 차단하지 아니하여야 하고, 다른 객석에서 내부가 서로 보이도록 하여야 한다.

나) 객실에는 잠금장치를 설치할 수 없다.

다) 「다중이용업소의 안전관리에 관한 특별법」 제9조제1항에 따른 소방시설등 및 영업장 내부 피난통로 그 밖의 안전시설을 갖추어야 한다.

3) 유흥주점영업

가) 객실에는 잠금장치를 설치할 수 없다.

나) 「다중이용업소의 안전관리에 관한 특별법」 제9조제1항에 따른 소방시설등 및 영업장 내부 피난통로 그 밖의 안전시설을 갖추어야 한다.

9. 위탁급식영업의 시설기준

가) 사무소

영업활동을 위한 독립된 사무소가 있어야 한다. 다만, 영업활동에 지장이 없는 경우에는 다른 사무소를 함께 사용할 수 있다.

나) 창고 등 보관시설

(1) 식품등을 위생적으로 보관할 수 있는 창고를 갖추어야 한다. 이 경우 창고는 영업신고를 한 소재지와 다른 곳에 설치하거나 임차하여 사용할 수 있다.

(2) 창고에는 식품등을 법 제7조제1항에 따른 식품등의 기준 및 규격에서 정하고 있는 보존 및 유통기준에 적합한 온도에서 보관할 수 있도록 냉장·냉동시설을 갖추어야 한다.

다) 운반시설

(1) 식품을 위생적으로 운반하기 위하여 냉동 시설이나 냉장시설을 갖춘 적재고가 설치된 운반차량을 1대 이상 갖추어야 한다. 다만, 법 제37조에 따라 허가 또는 신고한 영업자와 계약을 체결하여 냉동 또는 냉장시설을 갖춘 운반차량을 이용하는 경우에는 운반차량을 갖추지 아니하여도 된다.

(2) (1)의 규정에도 불구하고 냉동 또는 냉장 시설이 필요 없는 식품만을 취급하는 경우에는 운반차량에 냉동시설이나 냉장시설을 갖춘 적재고를 설치하지 아니하여도 된다.

라) 식재료 처리시설

식품첨가물이나 다른 원료를 사용하지 아니하고 농·임·수산물을 단순히 자르거나 껍질을 벗기거나 말리거나 소금에

절이거나 숙성하거나 가열(살균의 목적 또는 성분의 현격한 변화를 유발하기 위한 목적의 경우를 제외한다)하는 등의 가공과정 중 위생상 위해발생의 우려가 없고 식품의 상태를 관능검사(인간의 오감(五感)에 의하여 평가하는 제품검사)로 확인할 수 있도록 가공하는 경우 그 재료 처리시설의 기준은 제1호나목부터 마목까지의 규정을 준용한다.

마) 나)부터 라)까지의 시설기준에도 불구하고 집단급식소의 창고 등 보관시설 및 식재료 처리시설을 이용하는 경우에는 창고 등 보관시설과 식재료 처리시설을 설치하지 아니할 수 있으며, 위탁급식업자가 식품을 직접 운반하지 않는 경우에는 운반시설을 갖추지 아니할 수 있다.

10. 공유주방 운영업의 시설기준

가. 건물의 위치 등

1) 독립된 건물이거나 식품의 제조·가공·조리 등 용도 외에 사용되는 시설과 분리 또는 구획되어야 한다.

2) 건물의 위치는 축산폐수·화학물질, 그 밖에 오염물질의 발생시설로부터 식품에 나쁜 영향을 주지 아니하는 거리를 두어야 한다.

3) 건물의 구조는 제조하려는 식품의 특성에 따라 적정한 온도가 유지될 수 있고, 환기가 잘 될 수 있어야 한다.

4) 건물의 자재는 식품에 나쁜 영향을 주지 아니하고 식품을 오염시키지 아니하는 것이어야 한다.

나. 작업장 등

1) 영 제21조제1호의 식품제조·가공업, 같은 조 제2호의 즉석판매제조·가공업, 같은 조 제3호의 식품첨가물제조업, 같은 조 제5호가목의 식품소분업의 영업자가 사용하는 공유주방의 작업장은 제1호나목의 요건을 갖춰야 한다.

2) 영 제21조제8호가목의 휴게음식점영업, 같은 호 나목의 일반음식점영업 및 같은 호 바목의 제과점영업의 영업자가 사용하는 공유주방의 영업장, 조리장은 제8호가목1)·2) 요건을 갖춰야 한다.

다. 식품취급시설 등

1) 여러 영업자가 함께 사용할 수 있는 시설 또는 기계·기구 등은 공용 사용임을 표시해야 한다.

2) 여러 영업자가 함께 사용하는 시설 또는 기계·기구 등은 모든 공유시설 사용자들이 사용할 수 있도록 충분히 구비해야 한다.

3) 영 제21조제1호의 식품제조·가공업, 같은 조 제2호의 즉석판매제조·가공업, 같은 조 제3호의 식품첨가물제조업, 같은 조 제5호가목의 식품소분업의 영업자가 사용하는 공유주방의 식품취급시설 등은 제1호다목의 요건을 갖추어야 한다.

라. 급수시설

1) 수돗물이나 「먹는물관리법」 제5조에 따른 먹는 물의 수질기준에 적합한 지하수 등을 공급할 수 있는 시설을 갖춰야 한다.

2) 지하수 등을 사용하는 경우 취수원은 화장실·폐기물처리시설·동물사육장, 그 밖에 지하수가 오염될 우려가 있는 장소로부터 영향을 받지 않는 곳에 위치해야 한다.

3) 먹기에 적합하지 않은 용수는 교차 또는 합류되지 않아야 한다.

마. 화장실

화장실은 제1호마목의 요건을 갖춰야 한다.

바. 창고 등의 시설

영업자별로 식품 등을 위생적으로 구분 보관·관리할 수 있는 창고를 갖춰야 한다. 다만, 영업자별로 구분하여 보관·관리할 수 있도록 창고를 대신할 수 있는 냉동·냉장시설을 따로 갖춘 경우 이를 설치하지 않을 수 있다.

사. 검사실

영 제21조제1호의 식품제조·가공업, 같은 조 제2호의 즉석판매제조·가공업, 같은 조 제3호의 식품첨가물제조업의 영업자가 사용하는 공유주방의 검사실은 제1호사목의 요건을 갖추어야 한다.

아. 시설기준 적용의 특례

공유주방의 작업장을 사용하는 영 제21조제1호의 식품제조·가공업, 같은 조 제2호의 즉석판매제조·가공업, 같은 조 제3호의 식품첨가물제조업, 같은 조 제5호가목의 식품소분업, 같은 조 제8호가목의 휴게음식점영업, 같은 호 나목의 일반음식점영업 및 같은 호 바목의 제과점영업은 영업자별로 시설의 분리, 구획 또는 구분 없이 작업장 등을 함께 사용할 수 있다.

[별표15]

즉석판매제조·가공 대상식품(제37조 관련)

(2018.6.28 개정)

1. 영 제21조제1호에 따른 식품제조·가공업 및 「축산물위생관리법 시행령」 제21조제3호에 따른 축산물가공업에서 제조·가공할 수 있는 식품에 해당하는 모든 식품(통·병조림 식품 제외)
2. 영 제21조제1호에 따른 식품제조·가공업의 영업자 및 「축산물 위생관리법 시행령」 제21조제3호에 따른 축산물가공업의 영업자가 제조·가공한 식품 또는 「수입식품안전관리 특별법」 제15조제1항에 따라 등록한 수입식품등 수입·판매업 영업자가 수입·판매한 식품으로 즉석판매제조·가공업소 내에서 소비자가 원하는 만큼 덜어서 직접 최종 소비자에게 판매하는 식품. 다만, 다음 각 목의 어느 하나에 해당하는 식품은 제외한다.

가. 통·병조림 제품
나. 레토르트식품
다. 냉동식품
라. 어육제품
마. 특수용도식품(체중조절용 조제식품은 제외한다)
바. 식초
사. 전분
아. 알가공품
자. 유가공품

[별표15의2]

음식판매자동차를 사용하는 영업의 신고 시 첨부서류(제42조제1항제14호 관련)

(2017.12.29 개정)

1. 유원시설 : 「관광진흥법」에 따른 유원시설업 영업장(이하 이 호에서 "유원시설업 영업장"이라 한다)에서 영 제21조제8호가목의 휴게음식점영업 또는 같은 호 바목의 제과점영업(이하 이 표에서 "휴게음식점영업등"이라 한다)을 하려는 경우

가. 「관광진흥법」 제5조제2항 또는 제4항에 따라 허가를 받거나 신고한 유원시설업자(이하 이 호에서 "유원시설업자"라 한다)가 해당 유원시설업 영업장에서 휴게음식점영업등을 하려는 경우 : 「관광진흥법 시행규칙」 제7조제4항 또는 제11조제4항에 따른 유원시설업 허가증 또는 유원시설업 신고증 사본

나. 유원시설업자가 아닌 자가 유원시설업 영업장에서 휴게음식점영업등을 하려는 경우 : 해당 유원시설업자와 체결한 유원시설업 영업장 사용계약에 관한 서류

2. 관광지 등 : 「관광진흥법」에 따른 관광지 및 관광단지(이하 이 호에서 "관광지등"이라 한다)에서 휴게음식점영업등을 하려는 경우

가. 「관광진흥법」 제55조에 따른 관광지등의 사업시행자 또는 같은 법 제59조제1항에 따라 토지·관광시설 또는 지원시설을 매수·임차하거나 그 경영을 수탁한 자(이하 이 호에서 "시설운영자"라 한다)가 해당 관광지등에서 휴게음식점영업등을 하려는 경우 : 해당 관광지등의 사업시행자 또는 시설운영자임을 증명하는 서류

나. 관광지등의 사업시행자나 시설운영자가 아닌 자가 관광지등에서 휴게음식점영업등을 하려는 경우 : 해당 관광지등의 사업시행자나 시설운영자와 체결한 관광지등의 토지 등 사용계약에 관한 서류

3. 체육시설 : 「체육시설의 설치·이용에 관한 법률」에 따른 체육시설(이하 이 호에서 "체육시설"이라 한다)에서 휴게음식점영업등을 하려는 경우

가. 「체육시설의 설치·이용에 관한 법률」 제19조 또는 제20조에 따라 등록 또는 신고한 체육시설업자(이하 이 호에서 "민간체육시설업자"라 한다)가 해당 체육시설에서 휴게음식점영업등을 하려는 경우 : 「체육시설의 설치·이용에 관한 법률 시행규칙」 제19조제1항에 따른 체육시설업 등록증 사본 또는 같은 법 시행규칙 제21조제3항에 따른 체육시설업 신고증명서 사본

나. 「체육시설의 설치·이용에 관한 법률」 제7조에 따라 직장체육시설을 설치·운영하는 자가 해당 직장체육시설에서 휴게음식점영업등을 하려는 경우 : 해당 직장체육시설의 설치·운영자임을 증명하는 서류

다. 민간체육시설업자, 「체육시설의 설치·이용에 관한 법률」 제5조부터 제7조까지의 규정에 따른 전문체육시설, 생활체육시설 또는 직장체육시설을 설치·운영하는 자가 아닌 자가 해당 체육시설에서 휴게음식점영업등을 하려는 경우 : 해당 체육시설업자나 체육시설의 설치·운영자와 체결한 체육시설 사용계약에 관한 서류

4. 도시공원 : 「도시공원 및 녹지 등에 관한 법률」에 따른 도시공원에서 휴게음식점영업등을 하려는 경우에는 같은 법 제20조제1항 또는 제3항에 따른 공원관리청 또는 공원수탁관리자와 체결한 도시공원 사용계약에 관한 서류
5. 하천 : 「하천법」 제2조제1호에 따른 하천에서 휴게음식점영업등을 하려는 경우에는 다음 각 목의 어느 하나에 해당하는 자와 체결한 하천 사용계약에 관한 서류

가. 「하천법」 제2조제4호에 따른 하천관리청

나. 다음 중 어느 하나에 해당하는 자로서 「하천법」 제33조제1항제3호에 따른 공작물의 신축·개축·변경에 관한 하천의 점용허가(음식판매자동차를 사용한 휴게음식점영업 등을 하게 할 수 있는 권한이 포함된 것이어야 한다)를 받은 자

1) 시·도지사
2) 시장·군수·구청장
3) 「지방공기업법」에 따른 지방공사 또는 지방공단 등 국토교통부장관이 정하여 고시하는 자

6. 학교 : 「고등교육법」 제2조에 따른 학교(이하 이 호에서 "학교"라 한다)에서 해당 학교의 경영자 외의 자가 휴게음식점영업등을 하려는 경우에는 해당 학교의 장과 체결한 학교시설의 사용 계약에 관한 서류
7. 고속국도 졸음쉼터 : 「도로법」 제10조제1호에 따른 고속국도의 졸음쉼터(같은 법 시행령 제3조제1호에 따른 졸음쉼터를 말한다. 이하 이 호에서 같다)에서 휴게음식점영업등을 하려는 경우에는 같은 법 제112조에 따라 고속국도에 관한 국토교통부장관의 권한을 대행하는 한국도로공사와 체결한 졸음쉼터 사용계약에 관한 서류
8. 공용재산 : 「국유재산법」 제6조제2항제1호에 따른 공용재산 또는 「공유재산 및 물품 관리법」 제5조제2항제1호에 따른 공용재산에서 휴게음식점영업등을 하려는 경우

가. 「국유재산법」 제6조제2항제1호에 따른 공용재산에서 휴게음식점영업등을 하려는 경우 : 「국유재산법 시행규칙」 제14조제3항에 따른 사용허가서

나. 「공유재산 및 물품 관리법」 제5조제2항제1호에 따른 공용재산에서 휴게음식점영업등을 하려는 경우 : 「공용재산 및 물품 관리법」 제20조제1항에 따라 사용·수익허가를 받았음을 증명하는 서류

9. 영업자가 신청하여 지정하는 장소 : 음식판매자동차를 사용하는 영업을 하려는 자가 신청하여 특별시장·광역시장·도지사 또는 특별자치시장·특별자치도지사·시장·군수·구청장이 정하는 장소의 운영 주체와 체결한 사용계약에 관한 서류
10. 그 밖에 특별시·광역시·도·특별자치시·특별자치도 또는 시·군·구(자치구를 말한다. 이하 이 호에서 같다)의 조례로 정하는 시설 또는 장소 : 해당 시설 또는 장소에서 휴게음식점영업등을 하려는 경우에는 그 시설 또는 장소를 사용할 수 있음을 증명하는 서류 등으로서 특별자치시·특별자치도·시·군·구의 조례로 정하는 서류

[별표16] (2016.8.4 삭제)

[별표17]

식품접객업영업자 등의 준수사항(제57조 관련)

(2023.5.19 개정)

1. 식품제조·가공업자 및 식품첨가물제조업자와 그 종업원의 준수사항

가. 생산 및 작업기록에 관한 서류와 원료의 입고·출고·사용에 대한 원료출납 관계 서류를 작성하되 이를 거짓으로 작성해서는 안된다. 이 경우 해당 서류는 최종 기재일부터 3년간 보관하여야 한다.

나. 식품제조·가공업자는 제품의 거래기록을 작성하여야 하고, 최종 기재일부터 2년간 보관하여야 한다.

다. 소비기한이 경과된 제품·식품 또는 그 원재료를 제조·가공·판매의 목적으로 운반·진열·보관(대리점으로 하여금 진열·보관하게 하는 경우를 포함한다)하거나 이를 판매(대리점으로 하여금 판매하게 하는 경우를 포함한다) 또는 식품의 제조·가공에 사용해서는 안 되며, 해당 제품·식품 또는 그 원재료를 진열·보관할 때에는 폐기용 또는 교육용이라는 표시를 명확하게 해야 한다.

라. (2019.4.25 삭제)

마. 식품제조·가공업자는 장난감 등을 식품과 함께 포장하여 판매하는 경우 장난감 등이 식품의 보관·섭취에 사용되는 경우를 제외하고는 식품과 구분하여 별도로 포장하여야 한다. 이 경우 장난감 등은 「전기용품 및 생활용품 안전관리법」 제5조제3항 본문에 따른 제품시험의 안전기준에 적합한 것이어야 한다.

바. 식품제조·가공업자 또는 식품첨가물제조업자는 별표14 제1호자목2) 또는 제3호에 따라 식품제조·가공업 또는 식품첨가물제조업의 영업등록을 한 자에게 위탁하여 식품 또는 식품첨가물을 제조·가공하는 경우에는 위탁한 그 제조·가공업자에 대하여 반기별 1회 이상 위생관리상태 등을 점검하여야 한다. 다만, 위탁하려는 식품과 동일한 식품에 대하여 법 제48조에 따라 식품안전관리인증기준적용업소로 인증받거나 「어린이 식생활안전관리 특별법」 제14조에 따라 품질인증을 받은 영업자에게 위탁하는 경우는 제외한다.

사. 식품제조·가공업자 및 식품첨가물제조업자는 이물이 검출되지 아니하도록 필요한 조치를 하여야 하고, 소비자로부터 이물 검출 등 불만사례 등을 신고 받은 경우 그 내용을 기록하여 2년간 보관하여야 하며, 이 경우 소비자가 제시한 이물과 증거품(사진, 해당 식품 등을 말한다)은 6개월간 보관하여야 한다. 다만, 부패하거나 변질될 우려가 있는 이물 또는 증거품은 2개월간 보관할 수 있다.

아. 식품제조·가공업자는 「식품 등의 표시·광고에 관한 법률」 제4조 및 제5조에 따른 표시사항을 모두 표시하지 않은 축산물, 「축산물 위생관리법」 제7조제1항을 위반하여 허가받지 않은 작업장에서 도축·집유·가공·포장 또는 보관된 축산물, 같은 법 제12조제1항·제2항에 따른 검사를 받지 않은 축산물, 같은 법 제22조에 따른 영업 허가를 받지 아니한 자가 도축·집유·가공·포장 또는 보관된 축산물 또는 같은 법 제33조제1항에 따른 축산물 또는 실험 등의 용도로 사용한 동물을 식품의 제조 또는 가공에 사용하여서는 아니 된다.

자. 수돗물이 아닌 지하수 등을 먹는 물 또는 식품의 제조·가공 등에 사용하는 경우에는 「먹는물관리법」 제43조에 따른 먹는 물 수질검사기관에서 1년(음료류 등 마시는 용도의 식품인 경우에는 6개월)마다 「먹는물관리법」 제5조에 따른 먹는 물의 수질기준에 따라 검사를 받아 마시기에 적합하다고 인정된 물을 사용하여야 한다.

차. (2019.4.25 삭제)

카. 법 제15조제2항에 따라 위해평가가 완료되기 전까지 일시적으로 금지된 제품에 대하여는 이를 제조·가공·유통·판매하여서는 아니 된다.

타. 식품제조·가공업자가 자신의 제품을 만들기 위하여 수입한 반가공 원료 식품 및 용기·포장과 「대외무역법」에 따른 외화획득용 원료로 수입한 식품등을 부패하거나 변질되어 또는 소비기한이 경과하여 폐기한 경우에는 이를 증명하는 자료를 작성하고, 최종 작성일부터 2년간 보관하여야 한다.

파. 법 제47조제1항에 따라 우수업소로 지정받은 자 외의 자는 우수업소로 오인·혼동할 우려가 있는 표시를 하여서는 아니 된다.

하. 법 제31조제1항에 따라 자가품질검사를 하는 식품제조·가공업자 또는 식품첨가물제조업자는 검사설비에 검사 결과의 변경 시 그 변경내용이 기록·저장되는 시스템을 설치·운영하여야 한다.

거. 초산($C_2H_4O_2$) 함량비율이 99% 이상인 빙초산을 제조하는 식품첨가물제조업자는 빙초산에 「전기용품 및 생활용품 안전관리법」 제2조제14호에 따른 어린이보호포장을 하여야 한다.

너. 식품제조·가공업자가 제조·가공 과정에서 생산한 반제품을 별표14 제1호자목7)에 따라 일시적으로 보관하려는 때에는 그 반제품을 사용하여 제조·가공하려는 제품의 명칭, 보관조건, 보관조건에서 설정한 보관기한, 제조 및 반입일자를 표시하여 보관해야 한다. 이 경우 해당 제품의 입고·출고에 대한 기록을 작성하고, 최종 기재일부터 3년간 보관해야 한다.

더. 공유주방 운영업자와의 계약을 통해 공유주방을 사용하는 영업자는 다음 각 호의 사항을 준수해야 한다.

1) 영업자 간 원재료 및 제품을 공동으로 사용하지 말 것
2) 위생관리책임자가 실시하는 위생교육을 매월 1시간 이상 받을 것

2. 즉석판매제조·가공업자와 그 종업원의 준수사항

가. 제조·가공한 식품을 유통·판매를 목적으로 하는 자에게 판매해서는 안 된다. 다만, 제조·가공한 빵류·과자류 및 떡류를 휴게음식점영업자·일반음식점영업자·위탁급식영업자 또는 집단급식소 설치·운영자에게 제조·가공한 당일 판매하는 경우는 제외한다.

나. 가목 단서에 따라 제조·가공한 빵류·과자류 및 떡류를 제조·가공 당일 판매하는 경우에는 이를 확인할 수 있는 증명서(제품명, 제조일자 및 판매량 등이 포함된 거래명세서나 영수증 등을 말한다)를 6개월간 보관해야 한다.

다. 제조·가공한 식품을 영업장 외의 장소에서 판매해서는 안 된다. 다만, 다음의 어느 하나에 해당하는 방법으로 배달하는 경우는 제외한다.
1) 영업자나 그 종업원이 최종소비자에게 직접 배달
2) 식품의약품안전처장이 정하여 고시하는 기준에 따라 우편 또는 택배 등의 방법으로 최종소비자에게 배달
라. 손님이 보기 쉬운 곳에 가격표를 붙여야 하며, 가격표대로 요금을 받아야 한다.
마. 영업신고증을 업소 안에 보관하여야 한다.
바. 「식품 등의 표시·광고에 관한 법률」 제4조 및 제5조에 따른 표시사항을 모두 표시하지 않은 축산물, 「축산물 위생관리법」 제7조제1항을 위반하여 허가받지 않은 작업장에서 도축·집유·가공·포장 또는 보관된 축산물, 같은 법 제12조제1항·제2항에 따른 검사를 받지 않은 축산물, 같은 법 제22조에 따른 영업 허가를 받지 아니한 자가 도축·집유·가공·포장 또는 보관된 축산물 또는 같은 법 제33조제1항에 따른 축산물 또는 실험 등의 용도로 사용한 동물은 식품의 제조·가공에 사용해서는 안 된다. 다만, 자신이 직접 생산한 원유(原乳)를 원료로 하여 제조·가공하는 경우로서 「축산물 위생관리법 시행규칙」 제12조 및 별표4 제1호에 따른 검사에서 적합으로 판정된 원유는 식품의 제조·가공에 사용할 수 있다.
사. 「야생생물 보호 및 관리에 관한 법률」을 위반하여 포획한 야생동물은 이를 식품의 제조·가공에 사용하여서는 아니 된다.
아. 소비기한이 경과된 제품·식품 또는 그 원재료를 제조·가공·판매의 목적으로 운반·진열·보관하거나 이를 판매 또는 식품의 제조·가공에 사용해서는 안 되며, 해당 제품·식품 또는 그 원재료를 진열·보관할 때에는 폐기용 또는 교육용이라는 표시를 명확하게 해야 한다.
자. 수돗물이 아닌 지하수 등을 먹는 물 또는 식품의 조리·세척 등에 사용하는 경우에는 「먹는물관리법」 제43조에 따른 먹는 물 수질검사기관에서 다음의 검사를 받아 마시기에 적합하다고 인정된 물을 사용하여야 한다. 다만, 둘 이상의 업소가 같은 건물에서 같은 수원(水原)을 사용하는 경우에는 하나의 업소에 대한 시험결과로 해당 업소에 대한 검사에 갈음할 수 있다.
1) 일부항목 검사 : 1년마다(모든 항목 검사를 하는 연도의 경우는 제외한다) 「먹는물 수질기준 및 검사 등에 관한 규칙」 제4조제1항제2호에 따른 마을상수도의 검사기준에 따른 검사(잔류염소검사를 제외한다). 다만, 시·도지사가 오염의 염려가 있다고 판단하여 지정한 지역에서는 같은 규칙 제2조에 따른 먹는 물의 수질기준에 따른 검사를 하여야 한다.
2) 모든 항목 검사 : 2년마다 「먹는물 수질기준 및 검사 등에 관한 규칙」 제2조에 따른 먹는 물의 수질기준에 따른 검사
차. 법 제15조제2항에 따라 위해평가가 완료되기 전까지 일시적으로 금지된 식품등을 제조·가공·판매하여서는 아니 된다.
카. 공유주방 운영업자와의 계약을 통해 공유주방을 사용하는 영업자는 다음 각 호의 사항을 준수해야 한다.
1) 영업자 간 원재료 및 제품을 공동으로 사용하지 말 것
2) 위생관리책임자가 실시하는 위생교육을 매월 1시간 이상 받을 것
3. 식품소분·판매(식품자동판매기영업 및 집단급식소 식품판매업은 제외한다)·운반업자와 그 종업원의 준수사항
가. 영업자간의 거래에 관하여 식품의 거래기록(전자문서를 포함한다)을 작성하고, 최종 기재일부터 2년 동안 이를 보관하여야 한다.
나. 영업허가증 또는 신고증을 영업소 안에 보관하여야 한다.
다. 수돗물이 아닌 지하수 등을 먹는 물 또는 식품의 조리·세척 등에 사용하는 경우에는 「먹는물관리법」 제43조에 따른 먹는 물 수질검사기관에서 다음의 구분에 따라 검사를 받아 마시기에 적합하다고 인정된 물을 사용하여야 한다. 다만, 같은 건물에서 같은 수원을 사용하는 경우에는 하나의 업소에 대한 시험결과로 갈음할 수 있다.
1) 일부항목 검사 : 1년마다(모든 항목 검사를 하는 연도의 경우를 제외한다) 「먹는물 수질기준 및 검사 등에 관한 규칙」 제4조제1항제2호에 따른 마을 상수도의 검사기준에 따른 검사(잔류염소검사를 제외한다). 다만, 시·도지사가 오염의 염려가 있다고 판단하여 지정한 지역에서는 같은 규칙 제2조에 따른 먹는 물의 수질기준에 따른 검사를 하여야 한다.
2) 모든 항목 검사 : 2년마다 「먹는물 수질기준 및 검사 등에 관한 규칙」 제2조에 따른 먹는 물의 수질기준에 따른 검사
라. (2019.4.25 삭제)
마. 식품판매업자는 제1호마목을 위반한 식품을 판매하여서는 아니 된다.
바. (2016.2.4 삭제)
사. 식품운반업자는 운반차량을 이용하여 살아있는 동물을 운반하여서는 아니 되며, 운반목적 외에 운반차량을 사용하여서는 아니 된다.
아. 「식품 등의 표시·광고에 관한 법률」 제4조 및 제5조에 따른 표시사항을 모두 표시하지 않은 축산물, 「축산물 위생관리법」 제7조제1항을 위반하여 허가받지 않은 작업장에서 도축·집유·가공·포장 또는 보관된 축산물, 같은 법 제12조제1항·제2항에 따른 검사를 받지 않은 축산물, 같은 법 제22조에 따른 영업 허가를 받지 아니한 자가 도축·집유·가공·포장 또는 보관된 축산물 또는 같은 법 제33조제1항에 따른 축산물 또는 실험 등의 용도로 사용한 동물은 운반·보관·진열 또는 판매하여서는 아니 된다.
자. 소비기한이 경과된 제품·식품 또는 그 원재료를 판매의 목적으로 소분·운반·진열·보관하거나 이를 판매해서는 안 되며, 해당 제품·식품 또는 그 원재료를 진열·보관할 때에는 폐기용 또는 교육용이라는 표시를 명확하게 해야 한다.
차. 식품판매영업자는 즉석판매제조·가공영업자가 제조·가공한 식품을 진열·판매하여서는 아니 된다.
카. (2019.4.25 삭제)
타. (2016.2.4 삭제)
파. 식품소분·판매업자는 법 제15조제2항에 따라 위해평가가 완료되기 전까지 일시적으로 금지된 식품 등에 대하여는 이를 수입·가공·사용·운반 등을 하여서는 아니 된다.
하. 식품소분업자 및 유통전문판매업자는 소비자로부터 이물 검출 등 불만사례 등을 신고 받은 경우에는 그 내용을 2년간 기록·보관하여야 하며, 소비자가 제시한 이물과 증거품(사진, 해당 식품 등을 말한다)은 6개월간 보관하여야 한다. 다만, 부패하거나 변질될 우려가 있는 이물 또는 증거품은 2개월간 보관할 수 있다.
거. 유통전문판매업자는 제조·가공을 위탁한 제조·가공업자에 대하여 반기마다 1회 이상 위생관리 상태를 점검하여야 한다. 다만, 위탁받은 제조·가공업자가 위탁받은 식품과 동일한 식품에 대하여 법 제48조에 따른 식품안전관리인증기준적용업소인 경우 또는 위탁받은 식품과 동일한 식품에 대하여 「어린이 식생활안전관리 특별법」 제14조에 따라 품질인증을 받은 자인 경우는 제외한다.
너. 공유주방 운영업자와의 계약을 통해 공유주방을 사용하는 식품소분업자는 다음 각 호의 사항을 준수해야 한다.
1) 영업자 간 원재료 및 제품을 공동으로 사용하지 말 것
2) 위생관리책임자가 실시하는 위생교육을 매월 1시간 이상 받을 것
4. 식품자동판매기영업자와 그 종업원의 준수사항
가. 자판기용 제품은 적법하게 가공된 것을 사용해야 하며, 소비기한이 경과된 제품·식품 또는 그 원재료를 판매의 목적으로 진열·보관하거나 이를 판매해서는 안 되며, 해당 제품·식품 또는 그 원재료를 진열·보관할 때에는 폐기용 또는 교육용이라는 표시를 명확하게 해야 한다.
나. 자판기 내부의 정수기 또는 살균장치 등이 낡거나 닳아 없어진 경우에는 즉시 바꾸어야 하고, 그 기능이 떨어진 경우에는 즉시 그 기능을 보강하여야 한다.
다. 자판기 내부(재료혼합기, 급수통, 급수호스 등)는 하루 1회 이상 세척 또는 소독하여 청결히 하여야 하고, 그 기능이 떨어진 경우에는 즉시 교체하여야 한다.
라. 자판기 설치장소 주변은 항상 청결하게 하고, 뚜껑이 있는 쓰레기통 또는 종이컵 수거대(종이컵을 사용하는 자판기만 해당한다)를 비치하여야 하며, 쥐·바퀴 등 해충이 자판기 내부에 침입하지 아니하도록 하여야 한다.
마. 매일 위생상태 및 고장여부를 점검하여야 하고, 그 내용을 다음과 같은 점검표에 기록하여 보기 쉬운 곳에 항상 비치하여야 한다.

점검일시	점검자	점검결과		비고
		내부청결상태	정상가동여부	

바. 자판기에는 영업신고번호, 자판기별 일련관리번호(제42조제7항에 따라 2대 이상을 일괄신고한 경우에 한한다), 제품의 명칭 및 고장시의 연락전화번호를 12포인트 이상의 글씨로 판매기 앞면의 보기 쉬운 곳에 표시하여야 한다.
5. 집단급식소 식품판매업자와 그 종업원의 준수사항
가. 영업자는 식품의 구매·운반·보관·판매 등의 과정에 대한 거래내역을 2년간 보관하여야 한다.
나. 「식품 등의 표시·광고에 관한 법률」 제4조 및 제5조에 따른 표시사항을 모두 표시하지 않은 축산물, 「축산물 위생관리법」 제7조제1항을 위반하여 허가받지 않은 작업장에서 도축·집유·가공·포장 또는 보관된 축산물, 같은 법 제12조제1항·제2항에 따른 검사를 받지 않은 축산물, 같은 법 제22조에 따른 영업 허가를 받지 아니한 자가 도축·집유·가공·포장 또는 보관된 축산물 또는 같은 법 제33조제1항에 따른 축산물, 실험 등의 용도로 사용한 동물 또는 「야생동·식물보호법」을 위반하여 포획한 야생동물은 판매하여서는 아니 된다.
다. 냉동식품을 공급할 때에 해당 집단급식소의 영양사 및 조리사가 해동(解凍)을 요청할 경우 해동을 위한 별도의 보관 장치를 이용하거나 냉장운반을 할 수 있다. 이 경우 해당 제품이 해동 중이라는 표시, 해동을 요청한 자, 해동 시작시간, 해동한 자 등 해동에 관한 내용을 표시하여야 한다.
라. 작업장에서 사용하는 기구, 용기 및 포장은 사용 전, 사용 후 및 정기적으로 살균·소독하여야 하며, 동물·수산물의 내장 등 세균의 오염원이 될 수 있는 식품 부산물을 처리한 경우에는 사용한 기구에 따른 오염을 방지하여야 한다.
마. 소비기한이 경과된 제품·식품 또는 그 원재료를 판매의 목적으로 운반·진열·보관하거나 이를 판매해서는 안 되며, 해당 제품·식품 또는 그 원재료를 진열·보관할 때에는 폐기용 또는 교육용이라는 표시를 명확하게 해야 한다.
바. 수돗물이 아닌 지하수 등을 먹는 물 또는 식품의 조리·세척 등에 사용하는 경우에는 「먹는물관리법」 제43조에 따른 먹는 물 수질검사기관에서 다음의 검사를 받아 마시기에 적합하다고 인정된 물을 사용하여야 한다. 다만, 둘 이상의 업소가 같은 건물에서 같은 수원을 사용하는 경우에는 하나의 업소에 대한 시험결과로 해당 업소에 대한 검사에 갈음할 수 있다.
1) 일부항목 검사 : 1년(모든 항목 검사를 하는 연도는 제외한다)마다 「먹는물 수질기준 및 검사 등에 관한 규칙」 제4조에 따른 마을상수도의 검사기준에 따른 검사(잔류염소검사는 제외한다)를 하여야 한다. 다만, 시·도지사가 오염의 염려가 있다고 판단하여 지정한 지역에서는 같은 규칙 제2조에 따른 먹는 물의 수질기준에 따른 검사를 하여야 한다.
2) 모든 항목 검사 : 2년마다 「먹는물 수질기준 및 검사 등에 관한 규칙」 제2조에 따른 먹는 물의 수질기준에 따른 검사
사. 법 제15조에 따른 위해평가가 완료되기 전까지 일시적으로 금지된 식품등을 사용하여서는 아니 된다.
아. 식중독 발생시 보관 또는 사용 중인 식품은 역학조사가 완료될 때까지 폐기하거나 소독 등으로 현장을 훼손하여서는 아니 되고 원상태로 보존하여야 하며, 식중독 원인규명을 위한 행위를 방해하여서는 아니 된다.
6. 식품조사처리업자 및 그 종업원의 준수사항
조사연월일 및 시간, 조사대상식품명칭 및 무게 또는 수량, 조사선량 및 선량보증, 조사목적에 관한 서류를 작성하여야 하고, 최종 기재일부터 3년간 보관하여야 한다.
7. 식품접객업자(위탁급식영업자는 제외한다)와 그 종업원의 준수사항
가. 물수건, 숟가락, 젓가락, 식기, 찬기, 도마, 칼, 행주, 그 밖의 주방용구는 기구등의 살균·소독제, 열탕, 자외선살균 또는 전기살균의 방법으로 소독한 것을 사용하여야 한다.
나. 「식품 등의 표시·광고에 관한 법률」 제4조 및 제5조에 따른 표시사항을 모두 표시하지 않은 축산물, 「축산물 위생관리법」 제7조제1항을 위반하여 허가받지 않은 작업장에서 도축·집유·가공·포장 또는 보관된 축산물, 같은 법 제12조제1항·제2항에 따른 검사를 받지 않은 축산물, 같은 법 제22조에 따른 영업 허가를 받지 아니한 자가 도축·집유·가공·포장 또는 보관된 축산물 또는 같은 법 제33조제1항에 따른 축산물 또는 실험 등의 용도로 사용한 동물은 음식물의 조리에 사용하여서는 아니 된다.
다. 업소 안에서는 도박이나 그 밖의 사행행위 또는 풍기문란행위를 방지하여야 하며, 배달판매 등의 영업행위 중 종업원의 이러한 행위를 조장하거나 묵인하여서는 아니 된다.
라.~마. (2011.8.19 삭제)
바. 제과점영업자가 별표14 제8호가목2)라)(5)에 따라 조리장을 공동 사용하는 경우 빵류를 실제 제조한 업소명과 소재지를 소비자가 알아볼 수 있도록 별도로 표시하여야 한다. 이 경우 게시판, 팻말 등 다양한 방법으로 표시할 수 있다.
사. 간판에는 영 제21조에 따른 해당업종명과 허가를 받거나 신고한 상호를 표시하여야 한다. 이 경우 상호와 함께 외국어를 병행하여 표시할 수 있으나 업종구분에 혼동을 줄 수 있는 사항은 표시하여서는 아니 된다.
아. 손님이 보기 쉽도록 영업소의 외부 또는 내부에 가격표(부가가치세 등이 포함된 것으로서 손님이 실제로 내야 하는 가격이 표시된 가격표를 말한다)를 붙이거나 게시하되, 신고한 영업장 면적이 150제곱미터 이상인 휴게음식점 및 일반음식점은 영업소의 외부와 내부에 가격표를 붙이거나 게시하여야 하고, 가격표대로 요금을 받아야 한다.
자. 영업허가증·영업신고증·조리사면허증(조리사를 두어야 하는 영업에만 해당한다)을 영업소 안에 보관하고, 허가관청 또는 신고관청이 식품위생·식생활개선 등을 위하여 게시할 것을 요청하는 사항을 손님이 보기 쉬운 곳에 게시하여야 한다.
차. 식품의약품안전처장 또는 시·도지사가 국민에게 혐오감을 준다고 인정하는 식품을 조리·판매하여서는 아니 되며, 「멸종위기에 처한 야생동식물종의 국제거래에 관한 협약」에 위반하여 포획·채취한 야생동물·식물을 사용하여 조리·판매하여서는 아니 된다.
카. 소비기한이 경과된 제품·식품 또는 그 원재료를 조리·판매의 목적으로 운반·진열·보관하거나 이를 판매 또는 식품의 조리에 사용해서는 안 되며, 해당 제품·식품 또는 그 원재료를 진열·보관할 때에는 폐기용 또는 교육용이라는 표시를 명확하게 해야 한다.
타. 허가를 받거나 신고한 영업 외의 다른 영업시설을 설치하거나 다음에 해당하는 영업행위를 하여서는 아니 된다.
1) 휴게음식점영업자·일반음식점영업자 또는 단란주점영업자가 유흥접객원을 고용하여 유흥접객행위를 하게 하거나 종업원의 이러한 행위를 조장하거나 묵인하는 행위
2) 휴게음식점영업자·일반음식점영업자가 음향 및 반주시설을 갖추고 손님이 노래를 부르도록 허용하는 행위. 다만, 연회석을 보유한 일반음식점에서 회갑연, 칠순연 등 가정의 의례로서 행하는 경우에는 그러하지 아니하다.
3) 일반음식점영업자가 주류만을 판매하거나 주로 다류를 조리·판매하는 다방형태의 영업을 하는 행위
4) 휴게음식점영업자가 손님에게 음주를 허용하는 행위
5) 식품접객업소의 영업자 또는 종업원이 영업장을 벗어나 시간적 소요의 대가로 금품을 수수하거나, 영업자가 종업원의 이러한 행위를 조장하거나 묵인하는 행위
6) 휴게음식점영업 중 주로 다류 등을 조리·판매하는 영업소에서 「청소년보호법」 제2조제1호에 따른 청소년인 종업원에게 영업소를 벗어나 다류 등을 배달하게 하여 판매하는 행위
7) 휴게음식점영업자·일반음식점영업자가 음향시설을 갖추고 손님이 춤을 추는 것을 허용하는 행위. 다만, 특별자치도·시·군·구의 조례로 별도의 안전기준, 시간 등을 정하여 별도의 춤을 추는 공간이 아닌 객석에서 춤을 추는 것을 허용하는 경우는 제외한다.
파. 유흥주점영업자는 성명, 주민등록번호, 취업일, 이직일, 종사분야를 기록한 종업원(유흥접객원만 해당한다)명부를 비치하여 기록·관리하여야 한다.
하. 손님을 꾀어서 끌어들이는 행위를 하여서는 아니 된다.
거. 업소 안에서 선량한 미풍양속을 해치는 공연, 영화, 비디오 또는 음반을 상영하거나 사용하여서는 아니 된다.
너. 수돗물이 아닌 지하수 등을 먹는 물 또는 식품의 조리·세척 등에 사용하는 경우에는 「먹는물관리법」 제43조에 따른 먹는 물 수질검사기관에서 다음의 검사를 받아 마시기에 적합하다고 인정된 물을 사용하여야 한다. 다만, 둘 이상의 업소가 같은 건물에서 같은 수원을 사용하는 경우에는 하나의 업소에 대한 시험결과로 해당 업소에 대한 검사에 갈음할 수 있다.
1) 일부항목 검사 : 1년(모든 항목 검사를 하는 연도는 제외한다)마다 「먹는물 수질기준 및 검사 등에 관한 규칙」 제4조에 따른 마을상수도의 검사기준에 따른 검사(잔류염소검사는 제외한다)를 하여야 한다. 다만, 시·도지사가 오염의 염려가 있다고 판단하여 지정한 지역에서

는 같은 규칙 제2조에 따른 먹는 물의 수질기준에 따른 검사를 하여야 한다.
2) 모든 항목 검사 : 2년마다 「먹는물 수질기준 및 검사 등에 관한 규칙」 제2조에 따른 먹는 물의 수질기준에 따른 검사
더. 동물의 내장을 조리한 경우에는 이에 사용한 기계·기구류 등을 세척하여 살균하여야 한다.
러. 식품접객업영업자는 손님이 먹고 남긴 음식물이나 먹을 수 있게 진열 또는 제공한 음식물에 대해서는 다시 사용·조리 또는 보관(폐기용이라는 표시를 명확하게 하여 보관하는 경우는 제외한다)해서는 안 된다. 다만, 식품의약품안전처장이 인터넷 홈페이지에 별도로 정하여 게시한 음식물에 대해서는 다시 사용·조리 또는 보관할 수 있다.
머. 식품접객업자는 공통찬통, 소형·복합 찬기, 국·찌개·반찬 등을 덜어 먹을 수 있는 기구 또는 1인 반상을 사용하거나, 손님이 남은 음식물을 싸서 가지고 갈 수 있도록 포장용기를 비치하고 이를 손님에게 알리는 등 음식문화개선과 「감염병의 예방 및 관리에 관한 법률」 제49조에 따른 감염병의 예방조치사항 준수를 위해 노력해야 한다.
버. 휴게음식점영업자·일반음식점영업자 또는 단란주점영업자는 영업장 안에 설치된 무대시설 외의 장소에서 공연을 하거나 공연을 하는 행위를 조장·묵인하여서는 아니된다. 다만, 일반음식점영업자가 손님의 요구에 따라 회갑연, 칠순연 등 가정의 의례로서 행하는 경우에는 그러하지 아니하다.
서. 「야생생물 보호 및 관리에 관한 법률」을 위반하여 포획한 야생동물을 사용한 식품을 조리·판매하여서는 아니 된다.
어. 법 제15조제2항에 따른 위해평가가 완료되기 전까지 일시적으로 금지된 식품등을 사용·조리하여서는 아니 된다.
저. 식품접객업자는 조리·제조한 식품을 주문한 손님에게 판매해야 하며, 유통·판매를 목적으로 하는 자에게 판매하거나 다른 식품접객업자가 조리·제조한 식품을 자신의 영업에 사용해서는 안 된다. 다만, 다음의 경우는 제외한다.
1) 제과점영업자가 당일 제조한 빵류·과자류 및 떡류를 휴게음식점영업자·일반음식점영업자·위탁급식영업자 또는 집단급식소 설치·운영자에게 당일 판매하는 경우
2) 휴게음식점영업자·일반음식점영업자가 제과점영업자 또는 즉석판매제조·가공업자로부터 당일 제조·가공한 빵류·과자류 및 떡류를 구입하여 구입 당일 판매하는 경우
처. 저목1) 및 2)에 따라 당일 제조·가공한 빵류·과자류 및 떡류를 당일 판매하는 경우 이를 확인할 수 있는 증명서(제품명, 제조일자 및 판매량 등이 포함된 거래명세서나 영수증 등을 말한다)를 6개월간 보관해야 한다.
커. 법 제47조제1항에 따른 모범업소가 아닌 업소의 영업자는 모범업소로 오인·혼동할 우려가 있는 표시를 하여서는 아니 된다.
터. 손님에게 조리하여 제공하는 식품의 주재료, 중량 등이 아목에 따른 가격표에 표시된 내용과 달라서는 아니 된다.
퍼. 아목에 따른 가격표에는 불고기, 갈비 등 식육의 가격을 100그램당 가격으로 표시하여야 하며, 조리하여 제공하는 경우에는 조리하기 이전의 중량을 표시할 수 있다. 100그램당 가격과 함께 1인분의 가격도 표시하려는 경우에는 다음의 예와 같이 1인분의 중량과 가격을 함께 표시하여야 한다.
예) 불고기 100그램 ○○원(1인분 120그램 △△원)
갈비 100그램 ○○원(1인분 150그램 △△원)
허. 음식판매자동차를 사용하는 휴게음식점영업자 및 제과점영업자는 신고한 장소가 아닌 장소에서 그 음식판매자동차로 휴게음식점영업 및 제과점영업을 하여서는 아니 된다.
고. 법 제47조의2제1항에 따라 위생등급을 지정받지 아니한 식품접객업소의 영업자는 위생등급 지정업소로 오인·혼동할 우려가 있는 표시를 해서는 아니 된다.
노. 식품접객영업자는 「재난 및 안전관리 기본법」 제38조제2항 본문에 따라 경계 또는 심각의 위기경보(「감염병의 예방 및 관리에 관한 법률」에 따른 감염병 확산의 경우만 해당한다)가 발령된 경우에는 손님의 보건위생을 위해 해당 영업장에 손을 소독할 수 있는 용품이나 장치를 갖춰 두어야 한다.
도. 휴게음식점영업자·일반음식점영업자 또는 제과점영업자는 건물 외부에 있는 영업장에서는 건물 내부에서 조리·제조한 음식류 등만을 제공해야 한다. 다만, 주거지역과 인접하지 않아 환경 위해 우려가 적은 장소·지역으로서 특별자치시·특별자치도·시·군·구의 조례로 별도의 기준을 정한 경우는 건물 외부에서 조리·제조한 음식류 등을 제공할 수 있다.
1)~2) (2023.5.19 삭제)
로. 손님에게 조리·제공할 목적으로 이미 양념에 재운 불고기, 갈비 등을 새로이 조리한 것처럼 보이도록 세척하는 등 재처리하여 사용·조리 또는 보관해서는 안 된다.
모. 공유주방 운영업자와의 계약을 통해 공유주방을 사용하는 휴게음식점영업자·일반음식점영업자 또는 제과점영업자는 다음 각 호의 사항을 준수해야 한다.
1) 영업자 간 원재료 및 제품을 공동으로 사용하지 말 것
2) 위생관리책임자가 실시하는 위생교육을 매월 1시간 이상 받을 것
8. 위탁급식영업자와 그 종업원의 준수사항
가. 집단급식소를 설치·운영하는 자와 위탁계약한 사항 외의 영업행위를 하여서는 아니 된다.
나. 물수건, 숟가락, 젓가락, 식기, 찬기, 도마, 칼, 행주 그 밖에 주방용구는 기구 등의 살균·소독제, 열탕, 자외선살균 또는 전기살균의 방법으로 소독한 것을 사용하여야 한다.
다. 「식품 등의 표시·광고에 관한 법률」 제4조 및 제5조에 따른 표시사항을 모두 표시하지 않은 축산물, 「축산물 위생관리법」 제7조제1항을 위반하여 허가받지 않은 작업장에서 도축·집유·가공·포장 또는 보관된 축산물, 같은 법 제12조제1항·제2항에 따른 검사를 받지 않은 축산물, 같은 법 제22조에 따른 영업 허가를 받지 아니한 자가 도축·집유·가공·포장 또는 보관된 축산물 또는 같은 법 제33조제1항에 따른 축산물 또는 실험 등의 용도로 사용한 동물을 음식물의 조리에 사용하여서는 아니 되며, 「야생생물 보호 및 관리에 관한 법률」에 위반하여 포획한 야생동물을 사용하여서 조리하여서는 아니 된다.
라. 소비기한이 경과된 제품·식품 또는 그 원재료를 조리의 목적으로 진열·보관하거나 이를 판매 또는 식품의 조리에 사용해서는 안 되며, 해당 제품·식품 또는 그 원재료를 진열·보관할 때에는 폐기용 또는 교육용이라는 표시를 명확하게 해야 한다.
마. 수돗물이 아닌 지하수 등을 먹는 물 또는 식품의 조리·세척 등에 사용하는 경우에는 「먹는물관리법」 제43조에 따른 먹는 물 수질검사기관에서 다음의 구분에 따라 검사를 받아 마시기에 적합하다고 인정된 물을 사용하여야 한다. 다만, 같은 건물에서 같은 수원을 사용하는 경우에는 하나의 업소에 대한 시험결과로 갈음할 수 있다.
1) 일부항목 검사 : 1년마다(모든 항목 검사를 하는 연도의 경우를 제외한다) 「먹는물 수질기준 및 검사 등에 관한 규칙」 제4조제1항제2호에 따른 마을상수도의 검사기준에 따른 검사(잔류염소검사를 제외한다). 다만, 시·도지사가 오염의 염려가 있다고 판단하여 지정한 지역에서는 같은 규칙 제2조에 따른 먹는 물의 수질기준에 따른 검사를 하여야 한다.
2) 모든 항목 검사 : 2년마다 「먹는물 수질기준 및 검사 등에 관한 규칙」 제2조에 따른 먹는 물의 수질기준에 따른 검사
바. 동물의 내장을 조리한 경우에는 이에 사용한 기계·기구류 등을 세척하고 살균하여야 한다.
사. 조리·제공한 식품(법 제2조제12호다목에 따른 병원의 경우에는 일반식만 해당한다)을 보관할 때에는 매회 1인분 분량을 섭씨 영하 18도 이하에서 144시간 이상 보관해야 한다.
아. 사목에도 불구하고 완제품 형태로 제공한 가공식품은 소비기한 내에서 해당 식품의 제조업자가 정한 보관방법에 따라 보관할 수 있다. 다만, 완제품 형태로 제공하는 식품 중 식품의약품안전처장이 정하여 고시하는 가공식품을 완제품 형태로 제공한 경우에는 해당 제품의 제품명, 제조업소명, 제조일자 또는 소비기한 등 제품을 확인·추적할 수 있는 정보를 기록·보관함으로써 해당 가공식품의 보관을 갈음할 수 있다.
자. (2011.8.19 삭제)
차. 법 제15조제2항에 따라 위해평가가 완료되기 전까지 일시적으로 금지된 식품등에 대하여는 이를 사용·조리하여서는 아니 된다.
카. 식중독 발생시 보관 또는 사용 중인 보존식이나 식재료는 역학조사가 완료될 때까지 폐기하거나 소독 등으로 현장을 훼손하여서는 아니 되고 원상태로 보존하여야 하며, 원인규명을 위한 행위를 방해하여서는 아니 된다.
타. 법 제47조제1항에 따른 모범업소가 아닌 업소의 영업자는 모범업소로 오인·혼동할 우려가 있는 표시를 하여서는 아니 된다.
파. 배식하고 남은 음식물을 다시 사용·조리 또는 보관(폐기용이라는 표시를 명확하게 하여 보관하는 경우는 제외한다)해서는 안 된다.
하. 식재료의 검수 및 조리 등에 대해서는 식품의약품안전처장이 정하여 고시하는 바에 따라 위생관리 사항의 점검 결과를 사실대로 기록해야 한다. 이 경우 그 기록에 관한 서류는 해당 기록을 한 날부터 3개월간 보관해야 한다.
거. 제과점영업자 또는 즉석판매제조·가공업자로부터 당일 제조·가공한 빵류·과자류 및 떡류를 구입하여 구입 당일 급식자에게 제공하는 경우 이를 확인할 수 있는 증명서(제품명, 제조일자 및 판매량 등이 포함된 거래명세서나 영수증 등을 말한다)를 6개월간 보관해야 한다.
9. 공유주방 운영업자와 그 종업원의 준수사항
가. 공유주방 운영업자는 식품의 제조·가공·소분·조리 등의 과정에서 보건위생상 위해가 없도록 제조·가공·소분·조리시설 및 기구 등을 위생적으로 관리해야 한다.
나. 영업등록증 및 공유주방을 사용하는 영업자와의 계약서류를 영업기간 동안 보관해야 한다.
다. 공유주방을 사용하는 영업자의 출입 및 시설 사용에 대해 기록하고, 그 기록을 6개월간 보관해야 한다.
라. 공유주방 운영업에 종사하는 종업원은 위생관리책임자가 실시하는 위생교육을 매월 1시간 이상 받아야 한다.

〔별표18〕

회수대상이 되는 식품등의 기준

(제58조제1항 관련)

(2022.7.28 개정)

1. 법 제4조, 제5조, 제6조 또는 제8조를 위반한 경우
2. 법 제7조에 따라 식품의약품안전처장이 정한 식품, 식품첨가물의 기준 및 규격을 위반한 것으로서 다음 각 목의 어느 하나에 해당하는 경우
가. 비소·카드뮴·납·수은·메틸수은·무기비소 등 중금속, 메탄올 또는 시안화물의 기준을 위반한 경우
나. 바륨, 포름알데히드, o-톨루엔설폰아미드, 다이옥신 또는 폴리옥시에틸렌의 기준을 위반한 경우
다. 방사능 기준을 위반한 경우
라. 농산물의 농약잔류허용기준을 위반한 경우
마. 곰팡이독소 기준을 위반한 경우
바. 패독소 기준을 위반한 경우
사. 동물용의약품의 잔류허용기준을 위반한 경우
아. 식중독균 기준을 위반한 경우
자. 주석, 포스파타제, 암모니아성질소, 아질산이온, 형광증백제 또는 프탈레이트 기준을 위반한 경우
차. 식품조사처리기준을 위반한 경우
카. 식품등에서 금속성 이물, 유리조각 등 인체에 직접적인 손상을 줄 수 있는 재질이나 크기의 이물, 위생동물의 사체 등 심한 혐오감을 줄 수 있는 이물 또는 위생해충, 기생충 및 그 알이 혼입된 경우(이물의 혼입 원인이 객관적으로 밝혀져 다른 제품에서 더 이상 동일한 이물이 발견될 가능성이 없다고 식품의약품안전처장이 인정하는 경우에는 그렇지 않다)
타. 부정물질 기준을 위반한 경우
파. 대장균, 대장균군, 세균수 또는 세균발육 기준을 위반한 경우
하. 소비기한 경과 제품 또는 식품에 사용할 수 없는 원료가 사용되어 식품 원료 기준을 위반한 경우
거. 셀레늄, 방향족탄화수소(벤조피렌 등), 폴리염화비페닐(PCBs), 멜라민, 3-MCPD (3-Monochloropropane-1,2-diol), 테트라하이드로칸나비놀(THC) 또는 칸나비디올(CBD) 기준을 위반한 경우
너. 수산물의 잔류물질 잔류허용기준을 위반한 경우
더. 식품첨가물의 사용 및 허용 기준을 위반한 경우(사용 또는 허용량 기준을 10% 미만 초과한 것은 제외한다)
러. 에틸렌옥사이드 또는 2-클로로에탄올 기준을 위반한 경우
3. 법 제9조에 따라 식품의약품안전처장이 정한 기구 또는 용기·포장의 기준 및 규격을 위반한 것으로서 유독·유해물질이 검출된 경우
4. 국제기구 및 외국의 정부 등에서 위생상 위해우려를 제기하여 식품의약품안전처장이 사용금지한 원료·성분이 검출된 경우
5. 그 밖에 섭취함으로써 인체의 건강을 해치거나 해칠 우려가 있다고 식품의약품안전처장이 정하는 경우

〔별표19〕

우수업소·모범업소의 지정기준

(제61조제2항 관련)

(2015.8.18 개정)

1. 우수업소
가. 건물의 주변환경은 식품위생환경에 나쁜 영향을 주지 아니하여야 하며, 항상 청결하게 관리되어야 한다.
나. 건물은 작업에 필요한 공간을 확보하여야 하며, 환기가 잘 되어야 한다.
다. 원료처리실·제조가공실·포장실 등 작업장은 분리·구획되어야 한다.
라. 작업장의 바닥·내벽 및 천장은 내수처리를 하여야 하며, 항상 청결하게 관리되어야 한다.
마. 작업장의 바닥은 적절한 경사를 유지하도록 하여 배수가 잘 되도록 하여야 한다.
바. 작업장의 출입구와 창은 완전히 꼭 닫힐 수 있어야 하며, 방충시설과 쥐 막이 시설이 설치되어야 한다.
사. 제조하려는 식품 등의 특성에 맞는 기계·기구류를 갖추어야 하며, 기계·기구류는 세척이 용이하고 부식되지 아니하는 재질이어야 한다.
아. 원료 및 제품은 항상 위생적으로 보관·관리되어야 한다.
자. 작업장·냉장시설·냉동시설 등에는 온도를 측정할 수 있는 계기가 알아보기 쉬운 곳에 설치되어야 한다.
차. 오염되기 쉬운 작업장의 출입구에는 탈의실·작업화 또는 손 등을 세척·살균할 수 있는 시설을 갖추어야 한다.
카. 급수시설은 식품의 특성별로 설치하여야 하며, 지하수 등을 사용하는 경우 취수원은 오염지역으로부터 20미터 이상 떨어진 곳에 위치하여야 한다.
타. 하수나 폐수를 적절하게 처리할 수 있는 하수·폐수이동 및 처리시설을 갖추어야 한다.
파. 화장실은 정화조를 갖춘 수세식 화장실로서 내수처리 되어야 한다.
하. 식품등을 직접 취급하는 종사자는 위생적인 작업복·신발 등을 착용하여야 하며, 손은 항상 청결히 유지하여야 한다.
거. 그 밖에 우수업소의 지정기준 등과 관련한 세부사항은 식품의약품안전처장이 정하는 바에 따른다.
2. 모범업소
가. 집단급식소
1) 법 제48조제3항에 따른 식품안전관리인증기준(HACCP)적용업소로 인증받아야 한다.
2) 최근 3년간 식중독이 발생하지 아니하여야 한다.
3) 조리사 및 영양사를 두어야 한다.
4) 그 밖에 나목의 일반음식점이 갖추어야 하는 기준을 모두 갖추어야 한다.
나. 일반음식점
1) 건물의 구조 및 환경
가) 청결을 유지할 수 있는 환경을 갖추고 내구력이 있는 건물이어야 한다.
나) 마시기에 적합한 물이 공급되며, 배수가 잘 되어야 한다.
다) 업소 안에는 방충시설·쥐 막이 시설 및 환기시설을 갖추고 있어야 한다.
2) 주방
가) 주방은 공개되어야 한다.
나) 입식조리대가 설치되어 있어야 한다.
다) 냉장시설·냉동시설이 정상적으로 가동되어야 한다.
라) 항상 청결을 유지하여야 하며, 식품의 원료 등을 보관할 수 있는 창고가 있어야 한다.
마) 식기 등을 소독할 수 있는 설비가 있어야 한다.
3) 객실 및 객석
가) 손님이 이용하기에 불편하지 아니한 구조 및 넓이여야 한다.
나) 항상 청결을 유지하여야 한다.
4) 화장실
가) 정화조를 갖춘 수세식이어야 한다.
나) 손 씻는 시설이 설치되어야 한다.
다) 벽 및 바닥은 타일 등으로 내수 처리되어 있어야 한다.
라) 1회용 위생종이 또는 에어타월이 비치되어 있어야 한다.
5) 종업원
가) 청결한 위생복을 입고 있어야 한다.
나) 개인위생을 지키고 있어야 한다.
다) 친절하고 예의바른 태도를 가져야 한다.
6) 그 밖의 사항
가) 1회용 물 컵, 1회용 숟가락, 1회용 젓가락 등을 사용하지 아니하여야 한다.
나) 그 밖에 모범업소의 지정기준 등과 관련한 세부사항은 식품의약품안전처장이 정하는 바에 따른다.

〔별표20〕

식품안전관리인증기준적용업소의 인증취소 등의 기준(제67조제2항 관련)

(2020.8.24 개정)

위반사항	근거 법령	처분기준
1. 식품안전관리인증기준을 지키지 않은 경우로서 다음 각목의 어느 하나에 해당하는 경우	법 제48조 제8항제1호	
가. 원재료·부재료 입고 시 공급업체로부터 식품안전관리인증기준에서 정한 검사성적서를 받지도 않고 식품안전관리인증기준에서 정한 자체검사도 하지 않은 경우		인증취소
나. 식품안전관리인증기준에서 정한 작업장 세척 또는 소독을 하지 않고 식품안전관리인증기준에서 정한 종사자 위생관리도 하지 않은 경우		인증취소
다. 식품안전관리인증기준에서 정한 중요관리점에 대한 모니터링을 하지 않거나 중요관리점에 대한 한계기준의 위반 사실이 있음에도 불구하고 지체 없이 개선조치를 이행하지 않은 경우		인증취소
라. 지하수를 비가열 섭취식품의 원재료·부재료의 세척용수 또는 배합수로 사용하면서 살균 또는 소독을 하지 않은 경우		인증취소
마. 식품안전관리인증기준서에서 정한 제조·가공 방법대로 제조·가공하지 않은 경우		시정명령
바. 신규 제품 또는 추가된 공정에 대해 식품안전관리인증기준에서 정한 위해요소 분석을 전혀 실시하지 않은 경우		인증취소
사. 식품안전관리인증기준적용업소에 대한 법 제48조제8항에 따른 조사·평가 결과 부적합 판정을 받은 경우로서 다음의 어느 하나에 해당하는 경우 1) 선행요건 관리분야에서 만점의 60퍼센트 미만을 받은 경우 2) 식품안전관리인증기준 관리분야에서 만점의 60퍼센트 미만을 받은 경우		인증취소
아. 식품안전관리인증기준적용업소에 대한 법 제48조제8항에 따른 조사·평가 결과 부적합 판정을 받은 경우로서 다음의 어느 하나에 해당하는 경우 1) 선행요건 관리분야에서 만점의 85퍼센트 미만 60퍼센트 이상을 받은 경우 2) 식품안전관리인증기준 관리분야에서 만점의 85퍼센트 미만 60퍼센트 이상을 받은 경우		시정명령
2. 법 제75조에 따라 2개월 이상의 영업정지를 받은 경우 또는 그에 갈음하여 과징금을 부과 받은 경우	법 제48조 제8항제2호	인증취소
3. 영업자 및 종업원이 법 제48조제5항에 따른 교육훈련을 받지 아니한 경우	법 제48조 제8항제3호	시정명령
4. 법 제48조제10항을 위반하여 식품안전관리인증기준적용업소의 영업자가 인증받은 식품을 다른 업소에 위탁하여 제조·가공한 경우	법 제48조 제8항제4호	인증취소
5. 제63조제4항을 위반하여 변경신고를 하지 아니한 경우	법 제48조 제8항제4호	시정명령
6. 위의 제1호마목, 제3호 또는 제5호를 위반하여 2회 이상의 시정명령을 받고도 이를 이행하지 아니한 경우	법 제48조 제8항	인증취소
7. 제1호아목을 위반하여 시정명령을 받고도 이를 이행하지 않은 경우	법 제48조 제8항제1호	인증취소
8. 거짓이나 그 밖의 부정한 방법으로 인증을 받은 경우	법 제48조 제8항제1호의2	인증취소

〔별표20의2〕

교육훈련기관의 지정취소 및 업무정지 처분 기준(제68조의5 관련)

(2021.6.30 신설)

1. 일반기준
  가. 위반행위의 횟수에 따른 행정처분의 기준은 최근 1년간 같은 위반행위로 행정처분을 받은 경우에 적용한다. 이 경우 기간의 계산은 위반행위에 대하여 행정처분을 받은 날과 그 처분 후 다시 같은 위반행위를 하여 적발된 날을 기준으로 한다.
  나. 가목에 따라 가중된 처분을 하는 경우 가중처분의 적용 차수는 그 위반행위 전 행정처분 차수(가목에 따른 기간 내에 행정처분이 둘 이상 있었던 경우에는 높은 차수를 말한다)의 다음 차수로 한다.
  다. 위반행위가 둘 이상인 경우로서 그에 해당하는 각각의 처분기준이 다른 경우에는 그 중 무거운 처분기준에 따르며, 각각의 처분기준이 모두 업무정지인 경우에는 각각의 처분기준을 합산한 기간을 넘지 않는 범위에서 무거운 처분기준의 2분의 1까지 가중하여 처분할 수 있다.
  라. 처분권자는 다음의 어느 하나에 해당하는 경우에는 제2호의 개별기준에 따른 업무정지 기간의 2분의 1의 범위에서 그 처분을 가중하거나 감경할 수 있다.
    1) 가중 사유
      가) 위반행위가 고의나 중대한 과실에 의한 것으로 인정되는 경우
      나) 위반의 내용·정도가 중대하여 그로 인한 피해가 크다고 인정되는 경우
    2) 감경 사유
      가) 위반행위가 고의성이 없는 사소한 부주의나 오류로 인한 것인 경우
      나) 위반의 내용·정도가 경미하여 그로 인한 피해가 적다고 인정되는 경우
      다) 해당 교육훈련기관이 3년 이상 모범적으로 운영해 온 사실이 객관적으로 인정되는 경우
      라) 그 밖에 위반행위의 정도, 위반행위의 동기와 그 결과 등을 고려하여 처분기준을 줄일 필요가 있다고 인정되는 경우
2. 개별기준

위반내용	근거 법령	처분 기준			
		1차 위반	2차 위반	3차 위반	4차 이상 위반
1. 거짓 또는 그 밖의 부정한 방법으로 교육훈련기관의 지정을 받은 경우	법 제48조의5 제1항제1호	지정취소			
2. 정당한 사유 없이 1년 이상 계속하여 교육훈련과정을 운영하지 않은 경우	법 제48조의5 제1항제2호	업무정지 1개월	업무정지 3개월	업무정지 6개월	지정취소
3. 법 제48조의4제2항에 따른 지정기준에 적합하지 않게 된 경우	법 제48조의5 제1항제3호	업무정지 1개월	업무정지 3개월	업무정지 6개월	지정취소
4. 법 제48조의4제4항에 따른 교육훈련 수료증을 거짓 또는 그 밖의 부정한 방법으로 발급한 경우	법 제48조의5 제1항제4호	지정취소			
5. 법 제48조의4제6항에 따른 평가를 실시한 결과 교육훈련실적 및 교육훈련 내용이 매우 부실하여 지정 목적을 달성할 수 없다고 인정되는 경우	법 제48조의5 제1항제5호	업무정지 3개월	업무정지 6개월	지정취소	
6. 법 제48조의4제8항에 따른 시정명령을 받고도 정당한 사유 없이 정해진 기간 내에 이를 시정하지 않은 경우	법 제48조의5 제1항제6호	업무정지 1개월	업무정지 3개월	업무정지 6개월	지정취소

〔별표20의3〕

식품이력추적관리 등록취소 등의 기준(제74조의2 관련)

(2014.3.6 신설)

위반사항	근거 법령	처분 기준
1. 식품이력추적관리 정보를 특별한 사유 없이 식품이력추적관리시스템에 제공하지 아니한 경우로서	법 제49조제7항	
가. 2일 이상 30일 미만(토요일 및 공휴일은 산입하지 아니한다. 이하 같다) 식품이력추적관리 정보 전부를 제공하지 아니한 경우		시정명령
나. 30일 이상 식품이력추적관리 정보 전부를 제공하지 아니한 경우		해당품목 등록취소
다. 5일 이상 식품이력추적관리 정보 일부를 제공하지 아니한 경우		시정명령
2. 식품이력추적관리기준을 지키지 아니한 경우(제1호에 해당하는 경우는 제외한다)	법 제49조제7항	시정명령
3. 3년 내에 2회의 시정명령을 받고 이를 모두 이행하지 아니한 경우	법 제49조제7항	해당품목 등록취소

〔별표21〕 (2015.12.31 삭제)

〔별표22〕

위해식품등의 긴급회수문(제88조제1항 관련)

(2022.6.30 개정)

1. 긴급회수문의 크기
  가. 일반일간신문 게재용 : 5단 10센티미터 이상
  나. 인터넷 홈페이지 게재용 : 긴급회수문의 내용이 잘 보이도록 크기 조정 가능
2. 긴급회수문의 내용

위해식품등 긴급회수
「식품위생법」 제45조에 따라 아래의 식품등을 긴급회수합니다. 가. 회수제품명 : 나. 제조일·소비기한 또는 품질유지기한 : ※ 제조번호 또는 롯트번호로 제품을 관리하는 업소는 그 관리번호를 함께 기재 다. 회수사유 : 라. 회수방법 : 마. 회수영업자 : 바. 영업자주소 : 사. 연락처 : 아. 그 밖의 사항 : 위해식품등 긴급회수관련 협조 요청 ○ 해당 회수식품등을 보관하고 있는 판매자는 판매를 중지하고 회수 영업자에게 반품하여 주시기 바랍니다. ○ 해당 제품을 구입한 소비자께서는 그 구입한 업소에 되돌려 주시는 등 위해식품 회수에 적극 협조하여 주시기 바랍니다.

〔별표23〕

행정처분 기준(제89조 관련)

(2023.5.19 개정)

Ⅰ. 일반기준
1. 둘 이상의 위반행위가 적발된 경우로서 위반행위가 다음 각 목의 어느 하나에 해당하는 경우에는 가장 중한 정지처분 기간에 나머지 각각의 정지처분 기간의 2분의 1을 더하여 처분한다.
  가. 영업정지에만 해당하는 경우
  나. 한 품목 또는 품목류(식품등의 기준 및 규격 중 같은 기준 및 규격을 적용받아 제조·가공되는 모든 품목을 말한다. 이하 같다)에 대하여 품목 또는 품목류 제조정지에만 해당하는 경우
2. 둘 이상의 위반행위가 적발된 경우로서 그 위반행위가 영업정지와 품목 또는 품목류 제조정지에 해당하는 경우에는 각각의 영업정지와 품목 또는 품목류 제조정지 처분기간을 제1호에 따라 산정한 후 다음 각 목의 구분에 따라 처분한다.
  가. 영업정지 기간이 품목 또는 품목류 제조정지 기간보다 길거나 같으면 영업정지 처분만 할 것
  나. 영업정지 기간이 품목 또는 품목류 제조정지 기간보다 짧으면 그 영업정지 처분과 그 초과기간에 대한 품목 또는 품목류 제조정지 처분을 병과할 것
  다. 품목류 제조정지 기간이 품목 제조정지 기간보다 길거나 같으면 품목류 제조정지 처분만 할 것
  라. 품목류 제조정지 기간이 품목 제조정지 기간보다 짧으면 그 품목류 제조정지 처분과 그 초과기간에 대한 품목 제조정지 처분을 병과할 것
3. 같은 날 제조한 같은 품목에 대하여 같은 위반사항(법 제7조제4항 위반행위의 경우에는 식품등의 기준과 규격에 따른 같은 기준 및 규격의 항목을 위반한 것을 말한다)이 적발된 경우에는 같은 위반행위로 본다.
4. 위반행위에 대하여 행정처분을 하기 위한 절차가 진행되는 기간 중에 반복하여 같은 사항을 위반하는 경우에는 그 위반횟수마다 행정처분 기준의 2분의 1씩 더하여 처분한다.
5. 위반행위의 차수에 따른 행정처분의 기준은 최근 1년간(법 제4조부터 제6조까지, 법 제8조, 법 제19조 및 「성매매알선 등 행위의 처벌에 관한 법률」 제4조 위반은 3년간으로 한다) 같은 위반행위(법 제7조제4항 위반행위의 경우에는 식품등의 기준과 규격에 따른 같은 기준 및 규격의 항목을 위반한 것을 말한다)를 한 경우에 적용한다. 다만, 식품등에 이물이 혼입되어 위반한 경우에는 같은 품목에서 같은 종류의 재질의 이물이 발견된 경우에 적용한다.
6. 제5호에 따른 처분 기준의 적용은 같은 위반사항에 대한 행정처분일과 그 처분 후 재적발일(수거검사의 경우에는 검사결과를 허가 또는 신고관청이 접수한 날)을 기준으로 한다.
6의2. 제5호에 따라 가중된 처분을 하는 경우 가중처분의 적용 차수는 그 위반행위 전 처분 차수(제5호에 따른 기간 내에 행정처분이 둘 이상 있었던 경우에는 높은 차수를 말한다)의 다음 차수로 한다.

7. 어떤 위반행위든 해당 위반 사항에 대하여 행정처분이 이루어진 경우에는 해당 처분 이전에 이루어진 같은 위반행위에 대하여도 행정처분이 이루어진 것으로 보아 다시 처분하여서는 아니 된다. 다만, 식품접객업자가 별표17 제7호다목, 타목, 하목, 거목 및 버목을 위반하거나 법 제44조 제2항을 위반한 경우는 제외한다.
8. 제1호 및 제2호에 따른 행정처분이 있은 후 다시 행정처분을 하게 되는 경우 그 위반행위의 횟수에 따른 행정처분의 기준을 적용함에 있어서 종전의 행정처분의 사유가 된 각각의 위반행위에 대하여 각각 행정처분을 하였던 것으로 본다.
9. 4차 위반인 경우에는 다음 각 목의 기준에 따르고, 5차 위반의 경우로서 가목의 경우에는 영업정지 6개월로 하고, 나목의 경우에는 영업허가 취소 또는 영업소 폐쇄를 한다. 가목을 6차 위반한 경우에는 영업허가 취소 또는 영업소 폐쇄를 하여야 한다.
   가. 3차 위반의 처분 기준이 품목 또는 품목류 제조정지인 경우에는 품목 또는 품목류 제조정지 6개월의 처분을 한다.
   나. 3차 위반의 처분 기준이 영업정지인 경우에는 3차 위반 처분 기준의 2배로 하되, 영업정지 6개월 이상이 되는 경우에는 영업허가 취소 또는 영업소 폐쇄를 한다.
   다. 식품등에 이물이 혼입된 경우로서 4차 이상의 위반에 해당하는 경우에는 3차 위반의 처분 기준을 적용한다.
10. 조리사 또는 영양사에 대하여 행정처분을 하는 경우에는 4차 위반인 경우에는 3차 위반의 처분 기준이 업무정지이면 3차 위반 처분 기준의 2배로 하되, 업무정지 6개월 이상이 되는 경우에는 면허취소 처분을 하여야 하고, 5차 위반인 경우에는 면허취소 처분을 하여야 한다.
11. 식품등의 출입·검사·수거 등에 따른 위반행위에 대한 행정처분의 경우에는 그 위반행위가 해당 식품등의 제조·가공·운반·진열·보관 또는 판매·조리과정 중의 어느 과정에서 기인하는지 여부를 판단하여 그 원인제공자에 대하여 처분하여야 한다. 다만, 유통전문판매영업자가 판매하는 식품등이 법 제4조부터 제7조까지, 제8조, 제9조 및 제12조의2를 위반한 경우로서 그 위반행위의 원인제공자가 해당 식품등을 제조·가공한 영업자인 경우에는 해당 식품등을 제조·가공한 영업자와 해당 유통전문판매영업자에 대하여 함께 처분하여야 한다.
12. 제11호 단서에 따라 유통전문판매업자에 대하여 품목 또는 품목류 제조정지 처분을 하는 경우에는 이를 각각 그 위반행위의 원인제공자인 제조·가공업소에서 제조·가공한 해당 품목 또는 품목류의 판매정지에 해당하는 것으로 본다.
13. 다음 각 목의 자에 대한 행정처분은 그 처분의 양형이 품목 제조정지에 해당하는 경우에는 품목 제조정지 기간의 3분의 1에 해당하는 기간으로 영업정지 처분을 하고, 그 처분의 양형이 품목류 제조정지에 해당하는 경우에는 품목류 제조정지 기간의 2분의 1에 해당하는 기간으로 영업정지 처분을 해야 한다.
   가. 즉석판매제조·가공업자
   나. 식품소분업자
   다. 용기·포장류제조업자
   라. 법 제37조제6항에 따른 식품의 제조·가공에 관한 보고를 하지 않은 식품제조·가공업자
   마. 법 제37조제6항에 따른 식품첨가물의 제조·가공에 관한 보고를 하지 않은 식품첨가물제조업자
14. 법 제86조에 따른 식중독 조사 결과 식품제조·가공업소, 식품판매업소 또는 식품접객업소에서 제조·가공, 조리·판매 또는 제공된 식품이 해당 식중독의 발생원인으로 확정된 경우의 처분기준은 다음 각 목의 구분에 따른다.
   가. 식품제조·가공업소 : Ⅱ. 개별기준 1. 식품제조·가공업 등 제1호다목
   나. 식품판매업소 : Ⅱ. 개별기준 2. 식품판매업 등 제1호다목
   다. 식품접객업소 : Ⅱ. 개별기준 3. 식품접객업 제1호다목2)
15. 다음 각 목의 어느 하나에 해당하는 경우에는 행정처분의 기준이, 영업정지 또는 품목·품목류 제조정지인 경우에는 정지처분 기간의 2분의 1 이하의 범위에서, 영업허가 취소 또는 영업장 폐쇄인 경우에는 영업정지 3개월 이상의 범위에서 각각 그 처분을 경감할 수 있다.
   가. 식품등의 기준 및 규격 위반사항 중 산가, 과산화물가 또는 성분 배합비율을 위반한 사항으로서 국민보건상 인체의 건강을 해할 우려가 없다고 인정되는 경우
   나. (2019.4.25 삭제)
   다. 식품 등을 제조·가공만 하고 시중에 유통시키지 아니한 경우
   라. 식품을 제조·가공 또는 판매하는 자가 식품이력추적관리 등록을 한 경우
   마. 위반사항 중 그 위반의 정도가 경미하거나 고의성이 없는 사소한 부주의로 인한 것인 경우
   바. 해당 위반사항에 관하여 검사로부터 기소유예의 처분을 받거나 법원으로부터 선고유예의 판결을 받은 경우로서 그 위반사항이 고의성이 없거나 국민보건상 인체의 건강을 해할 우려가 없다고 인정되는 경우
   사. 식중독을 발생하게 한 영업자가 식중독의 재발 및 확산을 방지하기 위한 대책으로 시설을 개수하거나 살균·소독 등을 실시하기 위하여 자발적으로 영업을 중단한 경우
   아. 식품등의 기준 및 규격이 정하여지지 않은 유독·유해물질 등이 해당 식품에 혼입여부를 전혀 예상할 수 없었고 고의성이 없는 최초의 사례로 인정되는 경우
   자. 별표17 제7호머목에 따라 공통찬통, 소형·복합 찬기, 국·찌개·반찬 등을 덜어먹을 수 있는 기구 또는 1인 반상을 사용하거나, 손님이 남은 음식물을 싸서 가지고 갈 수 있도록 포장용기를 비치하고 이를 손님에게 알리는 등 음식문화개선과 「감염병의 예방 및 관리에 관한 법률」 제49조에 따른 감염병의 예방 조치사항 준수를 위해 노력하는 식품접객업자인 경우. 다만, 1차 위반에 한정하여 경감할 수 있다.
   차. 폐쇄회로 텔레비전(CCTV) 등 실시간 영상시스템을 설치하여 영업시간 내에 인터넷 홈페이지 등을 통해 조리 과정의 위생 상태를 공개하는 등 위생관리를 위하여 노력하는 식품접객업자인 경우. 다만, 1차 위반에 한정하여 경감할 수 있다.
   카. 그 밖에 식품 등의 수급정책상 필요하다고 인정되는 경우
16. 소비자로부터 접수한 이물혼입 불만사례 등을 식품의약품안전처장, 관할 시·도지사 및 관할 시장·군수·구청장에게 지체 없이 보고한 영업자가 다음 각 목에 모두 해당하는 경우에는 차수에 관계없이 시정명령으로 처분한다. 소비자가 식품의약품안전처장 등 행정기관의 장에게만 접수한 경우도 위와 같다.
   가. 영업자가 검출된 이물의 발생방지를 위하여 시설 및 작업공정 개선, 직원교육 등 시정조치를 성실히 수행하였다고 관할 행정기관이 평가한 경우
   나. 이물을 검출할 수 있는 장비의 기술적 한계 등의 사유로 이물혼입이 불가피하였다고 식품의약품안전처장 등 관할 행정기관의 장이 인정하는 경우로 이물혼입의 불가피성은 식품위생심의위원회가 정한 기준에 따라 판단할 수 있다.
17. (2022.4.28 삭제)
18. 영업정지 1개월은 30일을 기준으로 한다.
19. 행정처분의 기간이 소수점 이하로 산출되는 경우에는 소수점 이하를 버린다.

Ⅱ. 개별기준

1. 식품제조·가공업 등

영 제21조제1호의 식품제조·가공업, 같은 조 제2호의 즉석판매제조·가공업, 같은 조 제3호의 식품첨가물제조업, 같은 조 제5호가목의 식품소분업, 같은 호 나목3)의 유통전문판매업, 같은 조 제6호가목의 식품조사처리업, 같은 조 제7호의 용기·포장류제조업 및 같은 조 제9호의 공유주방 운영업.

위반사항	근거 법령	행정처분기준		
		1차 위반	2차 위반	3차 위반
1. 법 제4조를 위반한 경우	법 제72조 및 법 제75조			
가. 썩거나 상하여 인체의 건강을 해칠 우려가 있는 것		영업정지 1개월과 해당 제품 폐기	영업정지 3개월과 해당 제품 폐기	영업허가·등록취소 또는 영업소 폐쇄와 해당 제품 폐기
나. 설익어서 인체의 건강을 해칠 우려가 있는 것		영업정지 15일과 해당 제품 폐기	영업정지 1개월과 해당 제품 폐기	영업정지 3개월과 해당 제품 폐기
다. 유독·유해물질이 들어 있거나 묻어 있는 것이나 그러할 염려가 있는 것 또는 병을 일으키는 미생물에 오염되었거나 그러할 염려가 있어 인체의 건강을 해칠 우려가 있는 것		영업허가·등록취소 또는 영업소 폐쇄와 해당 제품 폐기		
라. 불결하거나 다른 물질이 섞이거나 첨가된 것 또는 그 밖의 사유로 인체의 건강을 해칠 우려가 있는 것		영업정지 1개월과 해당 제품 폐기	영업정지 2개월과 해당 제품 폐기	영업허가·등록취소 또는 영업소 폐쇄와 해당 제품 폐기
마. 법 제18조에 따른 안전성 평가 대상인 농·축·수산물 등 가운데 안전성 평가를 받지 아니하였거나 안전성 평가에서 식용으로 부적합하다고 인정된 것		영업정지 2개월과 해당 제품 폐기	영업정지 3개월과 해당 제품 폐기	영업허가·등록취소 또는 영업소 폐쇄와 해당 제품 폐기
바. 수입이 금지된 것 또는 「수입식품안전관리 특별법」 제20조제1항에 따른 수입신고를 하지 아니하고 수입한 것(식용 외의 용도로 수입된 것을 식용으로 사용한 것을 포함한다)		영업정지 2개월과 해당 제품 폐기	영업정지 3개월과 해당 제품 폐기	영업허가·등록취소 또는 영업소 폐쇄와 해당 제품 폐기
사. 영업자가 아닌 자가 제조·가공·소분(소분 대상이 아닌 식품 또는 식품첨가물을 소분·판매하는 것을 포함한다)한 것		영업정지 2개월과 해당 제품 폐기	영업정지 3개월과 해당 제품 폐기	영업허가·등록취소 또는 영업소 폐쇄와 해당 제품 폐기
2. 법 제5조를 위반한 경우	법 제72조 및 법 제75조	영업허가·등록취소 또는 영업소 폐쇄와 해당 제품 폐기		
3. 법 제6조를 위반한 경우	법 제72조 및 법 제75조	영업허가·등록취소 또는 영업소 폐쇄와 해당 제품 폐기		
4. 법 제7조제4항을 위반한 경우	법 제71조, 법 제72조, 법 제75조 및 법 제76조			
가. 한시적 기준 및 규격을 인정받지 않은 식품등으로서 식품(원료만 해당한다)을 제조·가공 등 영업에 사용한 것 또는 식품첨가물을 제조·판매 등 영업에 사용한 것		영업정지 15일과 해당 제품 폐기	영업정지 1개월과 해당 제품 폐기	영업정지 3개월과 해당 제품 폐기
나. 비소, 카드뮴, 납, 수은, 중금속, 메탄올, 다이옥신 또는 시안화물의 기준을 위반한 것		품목류 제조정지 1개월과 해당 제품 폐기	영업정지 1개월과 해당 제품 폐기	영업정지 2개월과 해당 제품 폐기
다. 바륨, 포름알데히드, 올소톨루엔, 설폰아미드, 방향족탄화수소, 폴리옥시에틸렌, 엠씨피디 또는 세레늄의 기준을 위반한 것		품목류 제조정지 15일과 해당 제품 폐기	품목류 제조정지 1개월과 해당 제품 폐기	영업정지 1개월과 해당 제품 폐기
라. 방사능잠정허용기준을 위반한 것		품목류 제조정지 1개월과 해당 제품 및 원료 폐기	영업정지 1개월과 해당 제품 및 원료 폐기	영업정지 3개월과 해당 제품 및 원료 폐기
마. 농산물 또는 식육의 농약잔류허용기준을 위반한 것		품목류 제조정지 1개월과 해당 제품 및 원료 폐기	영업정지 1개월과 해당 제품 및 원료 폐기	영업정지 3개월과 해당 제품 및 원료 폐기
바. 곰팡이독소 또는 패류독소 기준을 위반한 것		품목류 제조정지 1개월과 해당 제품 및 원료 폐기	영업정지 1개월과 해당 제품 및 원료 폐기	영업정지 3개월과 해당 제품 및 원료 폐기
사. 동물용의약품의 잔류허용기준을 위반한 것		품목류 제조정지 1개월과 해당 제품 및 원료 폐기	영업정지 1개월과 해당 제품 및 원료 폐기	영업정지 3개월과 해당 제품 및 원료 폐기
아. 식중독균 또는 엔테로박터 사카자키균 검출기준을 위반한 것으로 판정된 경우		품목류 제조정지 1개월과 해당 제품 폐기	영업정지 1개월과 해당 제품 폐기	영업정지 3개월과 해당 제품 폐기
자. 대장균, 대장균군, 일반세균 또는 세균발육 기준을 위반한 것		품목 제조정지 15일과 해당 제품 폐기	품목 제조정지 1개월과 해당 제품 폐기	품목 제조정지 3개월과 해당 제품 폐기
차. 주석, 포스파타제, 암모니아성질소, 아질산이온 또는 형광증백제 시험에서 부적합하다고 판정된 경우		품목 제조정지 1개월과 해당 제품 폐기	품목 제조정지 2개월과 해당 제품 폐기	품목류 제조정지 2개월과 해당 제품 폐기
카. 식품첨가물의 사용 및 허용기준을 위반한 것으로서				
1) 허용한 식품첨가물 외의 식품첨가물		영업정지 1개월과 해당 제품 폐기	영업정지 2개월과 해당 제품 폐기	영업허가·등록취소 또는 영업소 폐쇄

2) 사용 또는 허용량 기준을 초과한 것으로서				
가) 30퍼센트 이상을 초과한 것		품목류 제조정지 1개월과 해당 제품 폐기	영업정지 1개월과 해당 제품 폐기	영업정지 2개월과 해당 제품 폐기
나) 10퍼센트 이상 30퍼센트 미만을 초과한 것		품목 제조정지 1개월과 해당 제품 폐기	품목 제조정지 2개월과 해당 제품 폐기	품목류 제조정지 2개월과 해당 제품 폐기
다) 10퍼센트 미만을 초과한 것		시정명령	품목 제조정지 1개월	품목 제조정지 2개월
타. 식품첨가물 중 질소의 사용기준을 위반한 경우		영업허가·등록취소 또는 영업소 폐쇄와 해당 제품 폐기		
파. 나목부터 타목까지의 규정 외에 그 밖의 성분에 관한 규격 또는 성분배합비율을 위반한 것으로서				
1) 30퍼센트 이상 부족하거나 초과한 것		품목 제조정지 2개월과 해당 제품 폐기	품목류 제조정지 2개월과 해당 제품 폐기	품목류 제조정지 3개월과 해당 제품 폐기
2) 20퍼센트 이상 30퍼센트 미만 부족하거나 초과한 것		품목 제조정지 1개월과 해당 제품 폐기	품목 제조정지 2개월과 해당 제품 폐기	품목류 제조정지 2개월과 해당 제품 폐기
3) 10퍼센트 이상 20퍼센트 미만 부족하거나 초과한 것		품목 제조정지 15일	품목 제조정지 1개월	품목 제조정지 2개월
4) 10퍼센트 미만 부족하거나 초과한 것		시정명령	품목 제조정지 7일	품목 제조정지 15일
하. 이물이 혼입된 것				
1) 기생충 및 그 알, 금속(금속성 이물로서 쇳가루는 제외한다) 또는 유리의 혼입		품목 제조정지 7일과 해당 제품 폐기	품목 제조정지 15일과 해당 제품 폐기	품목 제조정지 1개월과 해당 제품 폐기
2) 칼날 또는 동물(설치류, 양서류, 파충류 및 바퀴벌레만 해당한다) 사체의 혼입		품목 제조정지 15일과 해당 제품 폐기	품목 제조정지 1개월과 해당 제품 폐기	품목 제조정지 2개월과 해당 제품 폐기
3) 1) 및 2) 외의 이물(식품의약품안전처장이 정하는 기준 이상의 쇳가루를 포함한다)의 혼입		시정명령	품목 제조정지 5일	품목 제조정지 10일
거. 식품조사처리기준을 위반한 경우로서				
1) 허용한 것 외의 선원 및 선종을 사용한 경우		영업정지 2개월과 해당 제품 폐기	영업허가 취소와 해당 제품 폐기	
2) 허용대상 식품별 흡수선량을 초과하여 조사처리한 경우와 조사한 식품을 다시 조사처리한 경우		영업정지 1개월과 해당 제품 폐기	영업정지 2개월과 해당 제품 폐기	영업허가 취소와 해당 제품 폐기
3) 허용대상 외의 식품을 조사처리한 경우		영업정지 15일과 해당 제품 폐기	영업정지 1개월과 해당 제품 폐기	영업정지 2개월과 해당 제품 폐기
너. 식품조사처리기준을 위반한 것		해당 식품을 원료로 하여 제조·가공한 품목류 제조정지 1개월과 해당 제품 폐기	해당 식품을 원료로 하여 제조·가공한 품목류 제조정지 3개월과 해당 제품 폐기	해당 식품을 원료로 하여 제조·가공한 영업소의 영업등록취소 및 해당 제품 폐기
더. 식품 등의 기준 및 규격 중 원료의 구비요건이나 제조·가공기준을 위반한 경우로서(제1호부터 제3호까지에 해당하는 경우는 제외한다)				
1) 식품제조·가공 등의 원료로 사용하여서는 안 되는 동식물을 원료로 사용한 것		품목 제조정지 1개월과 해당 제품 폐기	품목 제조정지 2개월과 해당 제품 폐기	품목 제조정지 3개월과 해당 제품 폐기
2) 식용으로 부적합한 비가식 부분(통상적으로 식용으로 섭취하지 않는 원료의 특정 부위)을 원료로 사용한 것		품목 제조정지 1개월과 해당 제품 폐기	품목 제조정지 2개월과 해당 제품 폐기	품목 제조정지 3개월과 해당 제품 폐기
3) 법 제22조에 따른 출입·검사·수거 등의 결과 또는 법 제31조제1항·제2항에 따른 검사나 그 밖에 영업자가 하는 자체적인 검사의 결과 부적합한 식품으로 통보되거나 확인된 후에도 그 식품을 원료를 사용한 것		품목 제조정지 1개월과 해당 제품 폐기	품목 제조정지 2개월과 해당 제품 폐기	품목 제조정지 3개월과 해당 제품 폐기

4) 사용료 또는 공업용 등으로 사용되는 등 식용을 목적으로 채취, 취급, 가공, 제조 또는 관리되지 않은 것을 식품 제조·가공 시 원료로 사용 한 것		영업허가·등록 취소 또는 영업소 폐쇄와 해당 제품 폐기		
5) 그 밖의 사항을 위반한 것		시정명령	품목 제조정지 7일	품목 제조정지 15일
러. 보존 및 유통기준을 위반한 것				
1) 온도 기준을 위반한 경우		영업정지 7일	영업정지 15일	영업정지 1개월
2) 그 밖의 기준을 위반한 경우		시정명령	영업정지 7일	영업정지 15일
머. 산가, 과산화물가 기준을 위반한 것		품목 제조정지 5일과 해당 제품 폐기	품목 제조정지 10일과 해당 제품 폐기	품목 제조정지 15일과 해당 제품 폐기
버. 부정물질 기준을 위반한 경우		영업허가·등록 취소 또는 영업소 폐쇄와 해당 제품 폐기		
서. 그 밖에 가목부터 버목까지 외의 사항을 위반한 것		시정명령	품목 제조정지 5일	품목 제조정지 10일
5. 법 제8조를 위반한 경우	법 제72조 및 법 제75조			
가. 유독기구 등을 제조·수입 또는 판매한 경우		영업허가·등록취소 또는 영업소 폐쇄와 해당 제품 폐기		
나. 유독기구 등을 사용·저장·운반 또는 진열한 경우		영업정지 7일	영업정지 15일	영업정지 1개월
6. 법 제9조제4항을 위반한 경우	법 제71조, 법 제72조, 법 제75조 및 법 제76조			
가. 식품등의 기준 및 규격을 위반한 것을 제조·수입·운반·진열·저장 또는 판매한 경우		품목 제조정지 15일	품목 제조정지 1개월	품목 제조정지 2개월
나. 식품등의 기준 및 규격에 위반된 것을 사용한 경우		시정명령	품목 제조정지 5일	품목 제조정지 10일
다. 한시적 기준 및 규격을 정하지 아니한 기구 또는 용기·포장을 사용한 경우		영업정지 15일과 해당 제품 폐기	영업정지 1개월과 해당 제품 폐기	영업정지 3개월과 해당 제품 폐기
7. 법 제12조의2를 위반한 경우	법 제71조, 법 제72조, 법 제75조 및 법 제76조			
가.~하. (2019.4.25 삭제)				
거. 유전자변형식품 또는 유전자변형식품첨가물에 유전자변형식품 또는 유전자변형식품첨가물임을 표시하지 않은 경우		품목 제조정지 15일	품목 제조정지 1개월	품목 제조정지 2개월
너.~더. (2019.4.25 삭제)				
8. 법 제22조제1항에 따른 출입·검사·수거를 거부·방해·기피한 경우	법 제75조	영업정지 1개월	영업정지 2개월	영업정지 3개월
9. 법 제31조제1항을 위반한 경우	법 제71조, 법 제75조 및 법 제76조			
가. 자가품질검사를 실시하지 아니한 경우로서				
1) 검사항목의 전부에 대하여 실시하지 아니한 경우		품목 제조정지 1개월	품목 제조정지 3개월	품목류 제조정지 3개월
2) 검사항목의 50퍼센트 이상에 대하여 실시하지 아니한 경우		품목 제조정지 15일	품목 제조정지 1개월	품목 제조정지 3개월
3) 검사항목의 50퍼센트 미만에 대하여 실시하지 아니한 경우		시정명령	품목 제조정지 15일	품목 제조정지 3개월
나. 자가품질검사에 관한 기록서를 2년간 보관하지 아니한 경우		영업정지 5일	영업정지 15일	영업정지 1개월
다. 자가품질검사 결과 부적합한 사실을 확인하였거나, 「식품·의약품분야 시험·검사 등에 관한 법률」 제6조제3항제2호에 따른 자가품질위탁 시험·검사기관으로부터 부적합한 사실을 통보받았음에도 불구하고 해당 식품을 유통·판매한 경우		영업허가·등록 취소 또는 영업소 폐쇄와 해당 제품 폐기		

라. 자가품질검사 결과 부적합한 사실을 확인하였음에도 그 사실을 보고하지 않은 경우		영업정지 1개월	영업정지 2개월	영업정지 3개월
10. 법 제36조 및 법 제37조를 위반한 경우	법 제71조, 법 제74조, 법 제75조 및 법 제76조			
가. 허가, 신고 또는 등록 없이 영업소를 이전한 경우		영업허가·등록취소 또는 영업소 폐쇄		
나. 변경허가를 받지 아니하거나 변경신고 또는 변경등록을 하지 아니한 경우로서				
1) 영업시설의 전부를 철거한 경우(시설 없이 영업신고를 한 경우를 포함한다)		영업허가·등록취소 또는 영업소 폐쇄		
2) 영업시설의 일부를 철거한 경우		시설개수 명령	영업정지 1개월	영업정지 2개월
다. 영업장의 면적을 변경하고 변경신고를 하지 아니한 경우		시정명령	영업정지 7일	영업정지 15일
라. 변경신고 또는 변경등록을 하지 아니하고 추가로 시설을 설치하여 새로운 제품을 생산한 경우		시정명령	영업정지 1개월	영업정지 2개월
마. 법 제37조제2항에 따른 조건을 위반한 경우		영업정지 1개월	영업정지 3개월	영업허가·등록취소
바. 급수시설기준을 위반한 경우(수질검사결과 부적합판정을 받은 경우를 포함한다)		시설개수명령	영업정지 1개월	영업정지 3개월
사. 허가를 받거나 신고 또는 등록을 한 업종의 영업행위가 아닌 다른 업종의 영업행위를 한 경우		영업정지 1개월	영업정지 2개월	영업정지 3개월
아. 의약품제조시설을 식품제조·가공시설로 지정받지 아니하고 의약품제조시설을 이용하여 식품등을 제조·가공한 경우		영업정지 1개월	영업정지 2개월	영업정지 3개월
자. 그 밖에 가목부터 아목까지를 제외한 허가, 신고 또는 등록사항 중				
1) 시설기준에 위반된 경우		시설개수명령	영업정지 1개월	영업정지 2개월
2) 그 밖의 사항을 위반한 경우		시정명령	영업정지 5일	영업정지 15일
10의2. 법 제41조의2제1항을 위반한 경우	법 제75조	영업정지 7일	영업정지 15일	영업정지 1개월
11. 법 제44조제1항을 위반한 경우	법 제71조 및 법 제75조			
가. 식품 및 식품첨가물의 제조·가공영업자의 준수사항 중				
1) 별표17 제1호가목을 위반한 경우				
가) 생산 및 작업기록에 관한 서류를 작성하지 아니하거나 거짓으로 작성한 경우 또는 이를 보관하지 아니한 경우		영업정지 15일	영업정지 1개월	영업정지 3개월
나) 원료출납 관계 서류를 작성하지 아니하거나 거짓으로 작성한 경우 또는 이를 보관하지 아니한 경우		영업정지 5일	영업정지 10일	영업정지 20일
2) 별표17 제1호다목 또는 카목을 위반한 경우		영업정지 15일	영업정지 1개월	영업정지 3개월
3) 별표17 제1호아목 또는 타목을 위반한 경우		영업정지 7일	영업정지 15일	영업정지 1개월
4) 별표17 제1호자목을 위반한 경우				
가) 수질검사를 검사기간 내에 하지 아니한 경우		영업정지 15일	영업정지 1개월	영업정지 3개월
나) 부적합 판정된 물을 계속 사용한 경우		영업허가·등록 취소 또는 영업소 폐쇄		
5) 위 1)부터 4)까지를 제외한 준수사항을 위반한 경우		시정명령	영업정지 5일	영업정지 10일
나. 즉석판매제조·가공업자의 준수사항 중				
1) 별표17 제2호가목, 나목, 다목 또는 차목을 위반한 경우		영업정지 15일	영업정지 1개월	영업정지 3개월
2) 별표17 제2호사목을 위반한 경우		영업정지 1개월	영업정지 2개월	영업정지 3개월
3) 별표17 제2호자목을 위반한 경우				
가) 수질검사를 검사기간 내에 하지 아니한 경우		영업정지 15일	영업정지 1개월	영업정지 3개월
나) 부적합 판정된 물을 계속 사용한 경우		영업허가·등록 취소 또는 영업소 폐쇄		
4) 별표17 제2호라목을 위반한 경우		시정명령	영업정지 7일	영업정지 15일
5) 별표17 제2호바목 또는 아목을 위반한 경우		영업정지 7일	영업정지 15일	영업정지 1개월
6) 위 1)부터 5)까지 외의 준수사항을 위반한 경우		시정명령	영업정지 5일	영업정지 10일
다. 식품소분업 및 유통전문판매업자의 준수사항 위반은 2. 식품판매업 등의 제9호 가목에 따른다.				
라. 식품조사처리업자의 준수사항 위반		영업정지 15일	영업정지 1개월	영업정지 3개월
마. 공유주방 운영업자의 준수사항 중				
1) 별표17 제9호다목을 위반한 경우		영업정지 5일	영업정지 10일	영업정지 15일
2) 1) 외의 준수사항을 위반한 경우		시정명령	영업정지 5일	영업정지 10일
12. 법 제45조제1항을 위반한 경우	법 제75조			
가. 회수조치를 하지 않은 경우		영업정지 2개월	영업정지 3개월	영업허가 취소, 영업등록취소 또는 영업소 폐쇄
나. 회수계획을 보고하지 않거나 허위로 보고한 경우		영업정지 1개월	영업정지 2개월	영업정지 3개월
13. 법 제48조제2항에 따른 식품안전관리인증기준을 지키지 아니한 경우	법 제75조	영업정지 7일	영업정지 15일	영업정지 1개월
13의2. 법 제49조제1항 단서에 따른 식품이력추적관리를 등록하지 아니한 경우	법 제71조 및 법 제75조	시정명령	영업정지 7일	영업정지 15일
13의3. 법 제72조제1항·제2항에 따른 압류·폐기를 거부·방해·기피한 경우	법 제75조	영업정지 1개월	영업정지 2개월	영업정지 3개월
14. 법 제72조제3항에 따른 회수명령을 위반한 경우	법 제75조			
가. 회수명령을 받고 회수하지 아니한 경우		영업정지 1개월	영업정지 2개월	영업정지 3개월
나. 회수하지 않았으나 회수한 것으로 속인 경우		영업허가·등록 취소 또는 영업소 폐쇄와 해당 제품 폐기		
15. 법 제73조제1항에 따른 위해발생사실의 공표명령을 위반한 경우	법 제75조	영업정지 1개월	영업정지 2개월	영업정지 3개월
16. 영업정지 처분 기간 중에 영업을 한 경우	법 제75조	영업허가·등록취소 또는 영업소 폐쇄		
17. 품목 및 품목류 제조정지 기간 중에 품목제조를 한 경우	법 제75조	영업정지 2개월	영업허가·등록취소 또는 영업소 폐쇄	
18. 그 밖에 제1호부터 제17호까지를 제외한 법을 위반한 경우(법 제101조에 따른 과태료 부과 대상에 해당하는 위반 사항은 제외한다)	법 제71조 및 법 제75조	시정명령	영업정지 7일	영업정지 15일

2. 식품판매업 등

영 제21조제4호의 식품운반업, 같은 조 제5호나목의 식품판매업(유통전문판매업은 제외한다) 및 같은 조 제6호나목의 식품냉동·냉장업을 말한다.

위반사항	근거 법령	행정처분기준		
		1차 위반	2차 위반	3차 위반
1. 법 제4조를 위반한 경우	법 제72조 및 법 제75조			
가. 썩거나 상하여 인체의 건강을 해칠 우려가 있는 것		영업정지 15일과 해당 제품 폐기	영업정지 1개월과 해당 제품 폐기	영업정지 3개월과 해당 제품 폐기
나. 설익어서 인체의 건강을 해칠 우려가 있는 것		영업정지 7일과 해당 제품 폐기	영업정지 15일과 해당 제품 폐기	영업정지 1개월과 해당 제품 폐기

다. 유독·유해물질이 들어 있거나 묻어 있는 것이나 그러할 염려가 있는 것 또는 병을 일으키는 미생물에 오염되었거나 그러할 염려가 있어 인체의 건강을 해칠 우려가 있는 것		영업허가 취소 또는 영업소 폐쇄와 해당 제품 폐기		
라. 불결하거나 다른 물질이 섞이거나 첨가된 것 또는 그 밖의 사유로 인체의 건강을 해칠 우려가 있는 것		영업정지 15일과 해당 제품 폐기	영업정지 1개월과 해당 제품 폐기	영업정지 3개월과 해당 제품 폐기
마. 법 제18조에 따른 안전성 평가 대상인 농·축·수산물 등 가운데 안전성 평가를 받지 아니하였거나 안전성 평가에서 식용으로 부적합하다고 인정된 것		영업정지 1개월과 해당 제품 폐기	영업정지 3개월과 해당 제품 폐기	영업허가 취소 또는 영업소 폐쇄와 해당 제품 폐기
바. 수입이 금지된 것 또는 「수입식품안전관리 특별법」 제20조제1항에 따른 수입신고를 하지 아니하고 수입한 것(식용 외의 용도로 수입된 것을 식용으로 사용한 것을 포함한다)		영업정지 1개월과 해당 제품 폐기	영업정지 3개월과 해당 제품 폐기	영업허가 취소 또는 영업소 폐쇄와 해당 제품 폐기
사. 영업자가 아닌 자가 제조·가공·소분(소분대상이 아닌 식품 및 식품첨가물을 소분·판매하는 것을 포함한다)한 것		영업정지 1개월과 해당 제품 폐기	영업정지 3개월과 해당 제품 폐기	영업허가 취소 또는 영업소 폐쇄와 해당 제품 폐기
2. 법 제5조를 위반한 경우	법 제72조 및 법 제75조	영업허가 취소 또는 영업소 폐쇄와 해당 제품 폐기		
3. 법 제6조를 위반한 경우	법 제72조 및 법 제75조	영업허가 취소 또는 영업소 폐쇄와 해당 제품 폐기		
4. 법 제7조제4항을 위반한 경우	법 제71조, 법 제72조 및 법 제75조			
가. 식중독균 검출기준을 위반한 것		영업정지 1개월과 해당 제품 폐기	영업정지 2개월과 해당 제품 폐기	영업정지 3개월과 해당 제품 폐기
나. 산가, 과산화물가, 대장균, 대장균군 또는 일반세균 기준을 위반한 것		영업정지 7일과 해당 제품 폐기	영업정지 15일과 해당 제품 폐기	영업정지 1개월과 해당 제품 폐기
다. 이물이 혼입된 것		시정명령	영업정지 7일	영업정지 15일
라. 보존 및 유통기준을 위반한 경우로서				
1) 온도 기준을 위반한 경우		영업정지 7일	영업정지 15일	영업정지 1개월
2) 그 밖의 기준을 위반한 경우		시정명령	영업정지 7일	영업정지 15일
마. 그 밖에 가목부터 라목까지 외의 사항을 위반한 것		시정명령	영업정지 5일	영업정지 10일
5. 법 제8조를 위반한 경우	법 제72조 및 법 제75조	영업정지 15일과 해당 제품 폐기	영업정지 1개월과 해당 제품 폐기	영업정지 2개월과 해당 제품 폐기
6. 법 제9조제4항을 위반한 경우	법 제72조 및 법 제75조	영업정지 7일과 해당 제품 폐기	영업정지 15일과 해당 제품 폐기	영업정지 1개월과 해당 제품 폐기
7. 법 제22조제1항에 따른 출입·검사·수거를 거부·방해·기피한 경우	법 제75조	영업정지 1개월	영업정지 2개월	영업정지 3개월
8. 법 제36조 및 법 제37조를 위반한 경우	법 제71조, 법 제72조 및 법 제75조			
가. 신고를 하지 아니하고 영업소를 이전한 경우		영업허가 취소 또는 영업소 폐쇄		
나. 변경신고를 하지 아니한 경우로서				
1) 영업시설의 전부를 철거한 경우(시설 없이 영업신고를 한 경우를 포함한다)		영업허가 취소 또는 영업소 폐쇄		
2) 영업시설의 일부를 철거한 경우		시설개수명령	영업정지 15일	영업정지 1개월
다. 시설기준에 따른 냉장·냉동시설이 없거나 냉장·냉동시설을 가동하지 아니한 경우				
1) 식품운반업		해당 차량 영업정지 1개월	해당 차량 영업정지 3개월	전체 차량 영업정지 2개월
2) 식품판매업 또는 식품냉동·냉장업		영업정지 1개월	영업정지 3개월	영업허가 취소 또는 영업소 폐쇄
라. 영업장의 면적을 변경하고 변경신고를 하지 아니한 경우		시정명령	영업정지 7일	영업정지 15일
마. 급수시설기준을 위반한 경우(수질검사결과 부적합 판정을 받은 경우를 포함한다)		시설개수명령	영업정지 1개월	영업정지 2개월
바. 신고한 업종의 영업행위가 아닌 다른 업종의 영업행위를 한 경우		영업정지 1개월	영업정지 2개월	영업정지 3개월
사. 그 밖에 가목부터 바목까지를 제외한 신고사항 중				
1) 시설기준을 위반한 경우		시설개수명령	영업정지 1개월	영업정지 2개월
2) 그 밖의 사항을 위반한 경우		시정명령	영업정지 5일	영업정지 15일
9. 법 제44조제1항을 위반한 경우	법 제71조 및 법 제75조			
가. 식품소분·판매·운반업자의 준수사항 중				
1) 별표17 제3호다목을 위반한 경우				
가) 수질검사를 검사기간 내에 하지 아니한 경우		영업정지 15일	영업정지 1개월	영업정지 3개월
나) 부적합 판정된 물을 계속 사용한 경우		영업허가·등록 취소 또는 영업소 폐쇄		
2) 별표17 제3호아목 또는 차목을 위반한 경우		영업정지 15일	영업정지 1개월	영업정지 2개월
3) 별표17 제3호사목·자목 또는 파목을 위반한 경우		영업정지 7일	영업정지 15일	영업정지 1개월
4) 별표17 제3호하목을 위반한 경우		시정명령	영업정지 5일	영업정지 10일
5) 위 1)부터 4)까지 외의 준수사항을 위반한 경우		시정명령	영업정지 3일	영업정지 7일
나. 식품자동판매기영업자의 준수사항 중				
1) 별표17 제4호가목·다목 또는 바목을 위반한 경우		영업정지 7일	영업정지 15일	영업정지 1개월
2) 1) 외의 준수사항을 위반한 경우		시정명령	영업정지 7일	영업정지 15일
다. 집단급식소 식품판매영업자의 준수사항 중				
1) 별표17 제5호나목을 위반한 경우		영업정지 7일	영업정지 15일	영업정지 1개월
2) 별표17 제5호마목 또는 사목을 위반한 경우		영업정지 15일	영업정지 1개월	영업정지 2개월
3) 별표17 제5호바목을 위반한 경우				
가) 수질검사를 정하여진 기간 내에 하지 아니한 경우		영업정지 15일	영업정지 1개월	영업정지 3개월
나) 부적합 판정된 물을 계속 사용한 경우		영업허가·등록 취소 또는 영업소 폐쇄		
4) 1)부터 3)까지 외의 준수사항을 위반한 경우		시정명령	영업정지 7일	영업정지 15일
10. 법 제45조제1항을 위반한 경우	법 제75조			
가. 회수조치를 하지 않은 경우		영업정지 2개월	영업정지 3개월	영업허가 취소 또는 영업소 폐쇄
나. 회수계획을 보고하지 않거나 허위로 보고한 경우		영업정지 1개월	영업정지 2개월	영업정지 3개월
10의2. 법 제49조제1항 단서에 따른 식품이력추적관리를 등록하지 아니한 경우	법 제71조 및 법 제75조	시정명령	영업정지 7일	영업정지 15일
10의3. 법 제72조제1항·제2항에 따른 압류·폐기를 거부·방해·기피한 경우	법 제75조	영업정지 1개월	영업정지 2개월	영업정지 3개월
11. 법 제72조제3항에 따른 회수명령을 위반한 경우	법 제75조	영업정지 1개월	영업정지 2개월	영업정지 3개월
12. 법 제73조제1항에 따른 위해발생사실의 공표명령을 위반한 경우	법 제75조	영업정지 1개월	영업정지 2개월	영업정지 3개월
13. 영업정지 처분 기간 중에 영업을 한 경우	법 제75조	영업허가 취소 또는 영업소 폐쇄		

14. 그 밖에 제1호부터 제13호까지를 제외한 법을 위반한 경우(법 제101조에 따른 과태료 부과 대상에 해당하는 위반 사항은 제외한다)	법 제71조 및 법 제75조	시정명령	영업정지 5일	영업정지 10일

3. 식품접객업
영 제21조제8호의 식품접객업을 말한다.

위반사항	근거 법령	행정처분기준		
		1차 위반	2차 위반	3차 위반
1. 법 제4조를 위반한 경우	법 제72조 및 법 제75조			
가. 썩거나 상하여 인체의 건강을 해칠 우려가 있는 것		영업정지 15일과 해당 음식물 폐기	영업정지 1개월과 해당 음식물 폐기	영업정지 3개월과 해당 음식물 폐기
나. 설익어서 인체의 건강을 해칠 우려가 있는 것		영업정지 7일과 해당 음식물 폐기	영업정지 15일과 해당 음식물 폐기	영업정지 1개월과 해당 음식물 폐기
다. 유독·유해물질이 들어 있거나 묻어 있는 것이나 그러할 염려가 있는 것 또는 병을 일으키는 미생물에 오염되었거나 그러할 염려가 있어 인체의 건강을 해칠 우려가 있는 것				
1) 유독·유해물질이 들어 있거나 묻어 있는 것이나 그러할 염려가 있는 것		영업허가 취소 또는 영업소 폐쇄와 해당 음식물 폐기		
2) 병을 일으키는 미생물에 오염되었거나 그러할 염려가 있어 인체의 건강을 해칠 우려가 있는 것		영업정지 1개월과 해당 음식물 폐기	영업정지 3개월과 해당 음식물 폐기	영업허가 취소 또는 영업소 폐쇄와 해당 음식물 폐기
라. 불결하거나 다른 물질이 섞이거나 첨가된 것 또는 그 밖의 사유로 인체의 건강을 해칠 우려가 있는 것		영업정지 15일과 해당 음식물 폐기	영업정지 1개월과 해당 음식물 폐기	영업정지 3개월과 해당 음식물 폐기
마. 법 제18조에 따른 안전성 평가 대상인 농·축·수산물 등 가운데 안전성 평가를 받지 아니하였거나 안전성 평가에서 식용으로 부적합하다고 인정된 것		영업정지 2개월과 해당 음식물 폐기	영업정지 3개월과 해당 음식물 폐기	영업허가 취소 또는 영업소 폐쇄와 해당 음식물 폐기
바. 수입이 금지된 것 또는 「수입식품안전관리 특별법」 제20조제1항에 따른 수입신고를 하지 아니하고 수입한 것		영업정지 2개월과 해당 음식물 폐기	영업정지 3개월과 해당 음식물 폐기	영업허가 취소 또는 영업소 폐쇄와 해당 음식물 폐기
사. 영업자가 아닌 자가 제조·가공·소분(소분 대상이 아닌 식품 및 식품첨가물을 소분·판매하는 것을 포함한다)한 것		영업정지 1개월과 해당 음식물 폐기	영업정지 2개월과 해당 음식물 폐기	영업정지 3개월과 해당 음식물 폐기
2. 법 제5조를 위반한 경우	법 제72조 및 법 제75조	영업허가 취소 또는 영업소 폐쇄와 해당 음식물 폐기		
3. 법 제6조를 위반한 경우	법 제72조 및 법 제75조	영업허가 취소 또는 영업소 폐쇄와 해당 음식물 폐기		
4. 법 제7조제4항을 위반한 경우	법 제71조, 법 제72조 및 법 제75조			
가. 식품등의 한시적 기준 및 규격을 정하지 아니한 천연첨가물, 기구등의 살균·소독제를 사용한 경우		영업정지 15일과 해당 음식물 폐기	영업정지 1개월과 해당 음식물 폐기	영업정지 3개월과 해당 음식물 폐기
나. 비소, 카드뮴, 납, 수은, 중금속, 메탄올, 다이옥신 또는 시안화물의 기준을 위반한 것		영업정지 1개월과 해당 음식물 폐기	영업정지 2개월과 해당 음식물 폐기	영업정지 3개월과 해당 음식물 폐기
다. 바륨, 포름알데히드, 올소톨루엔, 설폰아미드, 방향족탄화수소, 폴리옥시에틸렌, 엠씨피디 또는 세레늄의 기준을 위반한 것		영업정지 15일과 해당 음식물 폐기	영업정지 1개월과 해당 음식물 폐기	영업정지 2개월과 해당 음식물 폐기
라. 방사능잠정허용기준을 위반한 것		영업정지 1개월과 해당 음식물 폐기	영업정지 2개월과 해당 음식물 폐기	영업정지 3개월과 해당 음식물 폐기
마. 농약잔류허용기준을 초과한 농산물 또는 식육을 원료로 사용한 것(「축산물가공처리법」 등 다른 법령에 따른 검사를 받아 합격한 것을 원료로 사용한 경우는 제외한다)		영업정지 1개월과 해당 음식물 폐기	영업정지 3개월과 해당 음식물 폐기	영업허가 취소 또는 영업소폐쇄와 해당 음식물 폐기
바. 곰팡이독소 또는 패류독소 기준을 위반한 것		영업정지 1개월과 해당 음식물 폐기 및 원료 폐기	영업정지 3개월과 해당 음식물 폐기 및 원료 폐기	영업허가 취소 또는 영업소폐쇄와 해당 음식물 폐기 및 원료 폐기
사. 항생물질 등의 잔류허용기준(항생물질·합성항균제 또는 합성호르몬제)을 초과한 것을 원료로 사용한 것(「축산물가공처리법」 등 다른 법령에 따른 검사를 받아 합격한 것을 원료로 사용한 경우는 제외한다)		영업정지 1개월과 해당 음식물 폐기 및 원료 폐기	영업정지 3개월과 해당 음식물 폐기 및 원료 폐기	영업허가 취소 또는 영업소폐쇄와 해당 음식물 폐기 및 원료 폐기
아. 식중독균 검출기준을 위반한 것으로서				
1) 조리식품 등 또는 접객용 먹는 물		영업정지 1개월과 해당 음식물 폐기 및 원료 폐기	영업정지 3개월과 해당 음식물 폐기 및 원료 폐기	영업허가 취소 또는 영업소폐쇄와 해당 음식물 폐기 및 원료 폐기
2) 조리기구 등		시정명령	영업정지 7일	영업정지 15일
자. 산가, 과산화물가, 대장균, 대장균군 또는 일반세균의 기준을 위반한 것				
1) 조리식품 등 또는 접객용 먹는 물		영업정지 15일과 해당 음식물 폐기	영업정지 1개월과 해당 음식물 폐기	영업정지 2개월과 해당 음식물 폐기
2) 조리기구 등		시정명령	영업정지 7일	영업정지 15일
차. 식품첨가물의 사용 및 허용기준을 위반한 것을 사용한 것				
1) 허용 외 식품첨가물을 사용한 것 또는 기준 및 규격이 정하여지지 아니한 첨가물을 사용한 것		영업정지 1개월과 해당 제품 폐기	영업정지 2개월과 해당 제품 폐기	영업허가 취소 또는 영업소 폐쇄
2) 사용 또는 허용량 기준에 초과한 것으로서				
가) 30퍼센트 이상을 초과한 것		영업정지 15일과 해당 음식물 폐기	영업정지 1개월과 해당 음식물 폐기	영업정지 2개월과 해당 음식물 폐기
나) 10퍼센트 이상 30퍼센트 미만을 초과한 것		영업정지 7일과 해당 음식물 폐기	영업정지 15일과 해당 음식물 폐기	영업정지 1개월과 해당 음식물 폐기
다) 10퍼센트 미만을 초과한 것		시정명령	영업정지 7일	영업정지 15일
카. 식품첨가물 중 질소의 사용기준을 위반한 경우		영업허가 취소 또는 영업소 폐쇄와 해당 음식물 폐기		
타. 이물이 혼입된 것				
1) 기생충 및 그 알, 금속(쇳가루는 제외한다) 또는 유리의 혼입		영업정지 2일	영업정지 5일	영업정지 10일
2) 칼날 또는 동물(설치류, 양서류, 파충류 및 바퀴벌레만 해당한다) 사체의 혼입		영업정지 5일	영업정지 10일	영업정지 20일
3) 1) 및 2) 외의 이물의 혼입		시정명령	영업정지 2일	영업정지 3일
파. 식품조사처리기준을 위반한 것을 사용한 것		시정명령	영업정지 7일	영업정지 15일
하. 식품등의 기준 및 규격 중 원료기준이나 조리 및 관리기준을 위반한 경우로서(제1호부터 제3호까지에 해당하는 경우는 제외한다)				
1) 사료용 또는 공업용 등으로 사용되는 등 식용을 목적으로 채취, 취급, 가공, 제조 또는 관리되지 않은 원료를 식품의 조리에 사용한 경우		영업허가·등록 취소 또는 영업소 폐쇄와 해당 음식물 폐기		
2) 온도 기준 또는 냉동식품의 해동 기준을 위반한 경우		영업정지 7일	영업정지 15일	영업정지 1개월

3) 그 밖의 사항을 위반한 경우		시정명령	영업정지 7일	영업정지 15일
거. 그 밖에 가목부터 하목까지 외의 사항을 위반한 것		시정명령	영업정지 5일	영업정지 10일
5. 법 제8조를 위반한 경우	법 제75조	시정명령	영업정지 15일	영업정지 1개월
6. 법 제9조제4항을 위반한 경우	법 제71조 및 법 제75조	시정명령	영업정지 5일	영업정지 10일
7. 법 제22조제1항에 따른 출입·검사·수거를 거부·방해·기피한 경우	법 제75조	영업정지 1개월	영업정지 2개월	영업정지 3개월
8. 법 제36조 또는 법 제37조를 위반한 경우	법 제71조, 법 제74조 및 법 제75조			
가. 변경허가를 받지 아니하거나 변경신고를 하지 아니하고 영업소를 이전한 경우		영업허가 취소 또는 영업소 폐쇄		
나. 변경신고를 하지 아니한 경우로서				
1) 영업시설의 전부를 철거한 경우(시설 없이 영업신고를 한 경우를 포함한다)		영업허가 취소 또는 영업소 폐쇄		
2) 영업시설의 일부를 철거한 경우		시설개수명령	영업정지 15일	영업정지 1개월
다. 영업장의 면적을 변경하고 변경신고를 하지 아니한 경우		시정명령	영업정지 7일	영업정지 15일
라. 시설기준 위반사항으로				
1) 유흥주점 외의 영업장에 무도장을 설치한 경우		시설개수명령	영업정지 1개월	영업정지 2개월
2) 일반음식점의 객실 안에 무대장치, 음향 및 반주시설, 특수조명시설, 침대, 욕실을 설치한 경우		시설개수명령	영업정지 1개월	영업정지 2개월
3) 음향 및 반주시설을 설치하는 영업자가 방음장치를 하지 아니한 경우		시설개수명령	영업정지 15일	영업정지 1개월
마. 법 제37조제2항에 따른 조건을 위반한 경우		영업정지 1개월	영업정지 2개월	영업정지 3개월
바. 시설기준에 따른 냉장·냉동시설이 없는 경우 또는 냉장·냉동시설을 가동하지 아니한 경우		영업정지 15일	영업정지 1개월	영업정지 2개월
사. 급수시설기준을 위반한 경우(수질검사결과 부적합 판정을 받은 경우를 포함한다)		시설개수명령	영업정지 1개월	영업정지 3개월
아. 그 밖의 가목부터 사목까지 외의 허가 또는 신고사항을 위반한 경우로서				
1) 시설기준을 위반한 경우		시설개수명령	영업정지 15일	영업정지 1개월
2) 그 밖의 사항을 위반한 경우		시정명령	영업정지 7일	영업정지 15일
9. 법 제43조에 따른 영업제한을 위반한 경우	법 제71조 및 법 제75조			
가. 영업시간 제한을 위반하여 영업한 경우		영업정지 15일	영업정지 1개월	영업정지 2개월
나. 영업행위 제한을 위반하여 영업한 경우		시정명령	영업정지 15일	영업정지 1개월
10. 법 제44조제1항을 위반한 경우	법 제71조 및 법 제75조			
가. 식품접객업자의 준수사항(별표17 제7호 자목·파목·머목 및 별도의 개별 처분기준이 있는 경우는 제외한다)의 위반으로서				
1) 별표17 제7호타목 1)을 위반한 경우		영업정지 1개월	영업정지 2개월	영업허가 취소 또는 영업소 폐쇄
2) 별표17 제7호다목·타목5) 또는 버목을 위반한 경우		영업정지 2개월	영업정지 3개월	영업허가 취소 또는 영업소 폐쇄
3) 별표17 제7호타목 2), 같은 호 거목 또는 서목을 위반한 경우		영업정지 1개월	영업정지 2개월	영업허가 취소 또는 영업소 폐쇄
4) 별표17 제7호나목 및 타목3)·4), 하목, 어목, 저목 또는 처목을 위반한 경우		영업정지 15일	영업정지 1개월	영업정지 3개월
5) 별표17 제7호너목을 위반한 경우				
가) 수질검사를 검사기간 내에 하지 아니한 경우		영업정지 15일	영업정지 1개월	영업정지 2개월
나) 부적합 판정된 물을 계속 사용한 경우		영업허가·등록 취소 또는 영업소 폐쇄		
6) 별표17 제7호러목을 위반한 경우		영업정지 15일	영업정지 2개월	영업정지 3개월
7) 별표17 제7호커목을 위반하여 모범업소로 오인·호동할 우려가 있는 표시를 한 경우		시정명령	영업정지 5일	영업정지 10일
8) 별표17 제7호터목을 위반한 경우로서				
가) 주재료가 다른 경우		영업정지 7일	영업정지 15일	영업정지 1개월
나) 중량이 30퍼센트 이상 부족한 것		영업정지 7일	영업정지 15일	영업정지 1개월
다) 중량이 20퍼센트 이상 30퍼센트 미만 부족한 경우		시정명령	영업정지 7일	영업정지 15일
9) 별표17 제7호허목을 위반한 경우		시정명령	영업정지 7일	영업정지 15일
10) 별표17 제7호카목을 위반한 경우				
가) 소비기한이 경과된 제품·식품 또는 그 원재료를 조리·판매의 목적으로 운반·진열·보관한 경우		영업정지 15일	영업정지 1개월	영업정지 3개월
나) 소비기한이 경과된 제품·식품 또는 그 원재료를 판매 또는 식품의 조리에 사용한 경우		영업정지 1개월	영업정지 2개월	영업정지 3개월
11) 별표17 제7호타목 7)을 위반한 경우		영업정지 2개월	영업정지 3개월	영업허가 취소 또는 영업소 폐쇄
12) 별표17 제7호로목을 위반한 경우		영업정지 7일	영업정지 15일	영업정지 1개월
나. 위탁급식영업자의 준수사항(별도의 개별 처분기준이 있는 경우는 제외한다)의 위반으로서				
1) 별표17 제8호가목·다목·차목, 카목 또는 파목을 위반한 경우		영업정지 15일	영업정지 1개월	영업정지 2개월
2) 별표17 제8호사목을 위반한 경우		영업정지 7일	영업정지 15일	영업정지 1개월
3) 별표17 제8호마목을 위반한 경우				
가) 수질검사를 검사기간 내에 하지 아니한 경우		영업정지 15일	영업정지 1개월	영업정지 3개월
나) 부적합 판정된 물을 계속 사용한 경우		영업정지 1개월	영업정지 3개월	영업허가 취소 또는 영업소 폐쇄
4) 별표17 제8호타목을 위반한 경우		시정명령	영업정지 5일	영업정지 10일
5) 별표17 제8호라목을 위반한 경우				
가) 소비기한이 경과된 제품·식품 또는 그 원재료를 조리의 목적으로 진열·보관한 경우		영업정지 15일	영업정지 1개월	영업정지 2개월
나) 소비기한이 경과된 제품·식품 또는 그 원재료를 판매 또는 식품의 조리에 사용한 경우		영업정지 1개월	영업정지 2개월	영업정지 3개월
6) 별표17 제8호하목 또는 거목을 위반한 경우		영업정지 15일	영업정지 1개월	영업정지 2개월
7) 1)부터 6)까지를 제외한 준수사항을 위반한 경우		시정명령	영업정지 7일	영업정지 15일
11. 법 제44조제2항을 위반한 경우	법 제75조			
가. 청소년을 유흥접객원으로 고용하여 유흥행위를 하게 하는 행위를 한 경우		영업허가 취소 또는 영업소 폐쇄		
나. 청소년유해업소에 청소년을 고용하는 행위를 한 경우		영업정지 3개월	영업허가 취소 또는 영업소 폐쇄	

다. 청소년유해업소에 청소년을 출입하게 하는 행위를 한 경우		영업정지 1개월	영업정지 2개월	영업정지 3개월
라. 청소년에게 주류를 제공하는 행위(출입하여 주류를 제공한 경우 포함)를 한 경우		영업정지 2개월	영업정지 3개월	영업허가 취소 또는 영업소 폐쇄
12. 법 제51조를 위반한 경우	법 제71조 및 법 제75조	시정명령	영업정지 7일	영업정지 15일
12의2. 법 제72조제1항 · 제2항에 따른 압류 · 폐기를 거부 · 방해 · 기피한 경우	법 제75조	영업정지 1개월	영업정지 2개월	영업정지 3개월
13. 영업정지 처분 기간 중에 영업을 한 경우	법 제75조	영업허가 취소 또는 영업소 폐쇄		
14. 「성매매알선 등 행위의 처벌에 관한 법률」 제4조에 따른 금지행위를 한 경우	법 제75조	영업정지 3개월	영업허가 취소 또는 영업소 폐쇄	
15. 그 밖에 제1호부터 제14호까지를 제외한 법을 위반한 경우(법 제101조에 따른 과태료 부과 대상에 해당하는 위반 사항과 별표17 제7호 자목 · 머목은 제외한다)	법 제71조 및 법 제75조	시정명령	영업정지 7일	영업정지 15일

4. 조리사

위반사항	근거 법령	행정처분기준		
		1차 위반	2차 위반	3차 위반
1. 법 제54조 각 호의 어느 하나에 해당하게 된 경우	법 제80조	면허취소		
2. 법 제56조에 따른 교육을 받지 아니한 경우		시정명령	업무정지 15일	업무정지 1개월
3. 식중독이나 그 밖에 위생과 관련한 중대한 사고 발생에 직무상의 책임이 있는 경우	법 제80조	업무정지 1개월	업무정지 2개월	면허취소
4. 면허를 타인에게 대여하여 사용하게 한 경우	법 제80조	업무정지 2개월	업무정지 3개월	면허취소
5. 업무정지기간 중에 조리사의 업무를 한 경우	법 제80조	면허취소		

Ⅲ. 과징금 제외 대상

1. 식품제조 · 가공업 등(유통전문판매업은 제외한다)
 가. 제1호 각 목의 어느 하나에 해당하는 경우
 나. 제4호나목부터 바목까지, 아목, 차목, 카목1) · 2)가), 거목1) · 2) 또는 버목에 해당하는 경우
 다. (2019.4.25 삭제)
 라. 1차 위반행위가 영업정지 1개월 이상에 해당하는 경우로서 2차 위반사항에 해당하는 경우
 마. 3차 위반사항에 해당하는 경우
 바. 과징금을 체납 중인 경우
2. 식품판매업 등
 가. 제1호가목 · 바목 또는 사목에 해당하는 경우
 나. 제4호가목에 해당하는 경우
 다. (2019.4.25 삭제)
 라. 1차 위반행위가 영업정지 1개월 이상에 해당하는 경우로서 2차 위반사항에 해당하는 경우
 마. 3차 위반사항에 해당하는 경우
 바. 과징금을 체납 중인 경우
3. 식품접객업
 가. 제1호가목 · 나목 또는 사목에 해당하는 경우
 나. 제8호마목에 해당하는 경우
 다. 제10호가목1) 및 11)에 해당하는 경우
 라. 제11호나목 · 다목 또는 라목에 해당하는 경우
 마. 3차 위반사항에 해당하는 경우
 바. 과징금을 체납 중인 경우
 사. 제14호에 해당하는 경우
4. 제1호부터 제3호(사목은 제외한다)까지의 규정에도 불구하고 I. 일반기준의 제15호에 따른 경감대상에 해당하는 경우에는 과징금 처분을 할 수 있다.

〔별표24〕

집단급식소의 설치 · 운영자의 준수사항(제95조제3항 관련)

(2023.5.19 개정)

1. 물수건, 숟가락, 젓가락, 식기, 찬기, 도마, 칼, 행주 및 그 밖의 주방용구는 기구 등의 살균 · 소독제, 열탕, 자외선 살균 또는 전기살균의 방법으로 소독한 것을 사용해야 한다.
2. 배식하고 남은 음식물을 다시 사용 · 조리 또는 보관(폐기용이라는 표시를 명확하게 하여 보관하는 경우는 제외한다)해서는 안 된다.
3. 식재료의 검수 및 조리 등에 대해서는 식품의약품안전처장이 정하여 고시하는 위생관리 사항의 점검 결과를 사실대로 기록해야 한다. 이 경우 그 기록에 관한 서류는 해당 기록을 한 날부터 3개월간 보관해야 한다.
4. 법 제88조제2항제8호에 따라 수돗물이 아닌 지하수 등을 먹는 물 또는 식품의 조리 · 세척 등에 사용하는 경우에는 「먹는물관리법」 제43조에 따른 먹는물 수질검사기관에서 다음의 구분에 따른 검사를 받아야 한다.
 가. 일부 항목 검사 : 1년마다(모든 항목 검사를 하는 연도의 경우를 제외한다) 「먹는물 수질기준 및 검사 등에 관한 규칙」 제4조제1항제2호에 따른 마을상수도의 검사기준에 따른 검사(잔류염소에 관한 검사를 제외한다). 다만, 시 · 도지사가 오염의 우려가 있다고 판단하여 지정한 지역에서는 같은 규칙 제2조에 따른 먹는물의 수질기준에 따른 검사를 해야 한다.
 나. 모든 항목 검사 : 2년마다 「먹는물 수질기준 및 검사 등에 관한 규칙」 제2조에 따른 먹는물의 수질기준에 따른 검사
5. 동물의 내장을 조리하면서 사용한 기계 · 기구류 등을 세척하고 살균해야 한다.
6. 법 제47조제1항에 따라 모범업소로 지정받은 자 외의 자는 모범업소임을 알리는 지정증, 표지판, 현판 등의 어떠한 표시도 해서는 안 된다.
7. 제과점영업자 또는 즉석판매제조 · 가공업자로부터 당일 제조 · 가공한 빵류 · 과자류 및 떡류를 구입하여 구입 당일 급식자에게 제공하는 경우 이를 확인할 수 있는 증명서(제품명, 제조일자 및 판매량 등이 포함된 거래명세서나 영수증 등을 말한다)를 6개월간 보관해야 한다.

〔별표25〕

집단급식소의 시설기준(제96조 관련)

(2023.5.19 개정)

1. 조리장
 가. 조리장은 음식물을 먹는 객석에서 그 내부를 볼 수 있는 구조로 되어 있어야 한다. 다만, 병원 · 학교의 경우에는 그러하지 아니하다.
 나. 조리장 바닥은 배수구가 있는 경우에는 덮개를 설치하여야 한다.
 다. 조리장 안에는 취급하는 음식을 위생적으로 조리하기 위하여 필요한 조리시설 · 세척시설 · 폐기물용기 및 손 씻는 시설을 각각 설치하여야 하고, 폐기물용기는 오물 · 악취 등이 누출되지 아니하도록 뚜껑이 있고 내수성 재질[스테인레스 · 알루미늄 · 강화플라스틱(FRP) · 테프론 등 물을 흡수하지 아니하는 것을 말한다. 이하 같다]로 된 것이어야 한다.
 라. 조리장에는 주방용 식기류를 소독하기 위한 자외선 또는 전기살균소독기를 설치하거나 열탕세척소독시설(식중독을 일으키는 병원성 미생물 등이 살균될 수 있는 시설이어야 한다)을 갖추어야 한다.
 마. 충분한 환기를 시킬 수 있는 시설을 갖추어야 한다. 다만, 자연적으로 통풍이 가능한 구조의 경우에는 그러하지 아니하다.
 바. 식품등의 기준 및 규격 중 식품별 보존 및 유통기준에 적합한 온도가 유지될 수 있는 냉장시설 또는 냉동시설을 갖추어야 한다.
 사. 식품과 직접 접촉하는 부분은 위생적인 내수성 재질로서 씻기 쉬우며, 열탕 · 증기 · 살균제 등으로 소독 · 살균이 가능한 것이어야 한다.
 아. 냉동 · 냉장시설 및 가열처리시설에는 온도계 또는 온도를 측정할 수 있는 계기를 설치하여야 하며, 적정온도가 유지되도록 관리하여야 한다.
 자. 조리장에는 쥐 · 해충 등을 막을 수 있는 시설을 갖추어야 한다.
2. 급수시설
 가. 수돗물이나 「먹는물관리법」 제5조에 따른 먹는 물의 수질기준에 적합한 지하수 등을 공급할 수 있는 시설을 갖추어야 한다. 다만, 지하수를 사용하는 경우에는 용수저장탱크에 염소자동주입기 등 소독장치를 설치하여야 한다.
 나. 지하수를 사용하는 경우 취수원은 화장실 · 폐기물처리시설 · 동물사육장 그 밖에 지하수가 오염될 우려가 있는 장소로부터 영향을 받지 아니 하는 곳에 위치하여야 한다.
3. 창고 등 보관시설
 가. 식품등을 위생적으로 보관할 수 있는 창고를 갖추어야 한다.
 나. 창고에는 식품 등을 법 제7조제1항에 따른 식품등의 기준 및 규격에서 정하고 있는 보존 및 유통기준에 적합한 온도에서 보관할 수 있도록 냉장 · 냉동시설을 갖추어야 한다. 다만, 조리장에 갖춘 냉장시설 또는 냉동시설에 해당 급식소에서 조리 · 제공되는 식품을 충분히 보관할 수 있는 경우에는 창고에 냉장시설 및 냉동시설을 갖추지 아니하여도 된다.
4. 화장실
 가. 화장실은 조리장에 영향을 미치지 아니하는 장소에 설치하여야 한다. 다만, 집단급식소가 위치한 건축물 안에 나목부터 라목까지의 기준을 갖춘 공동화장실이 설치되어 있거나 인근에 사용하기 편리한 화장실이 있는 경우에는 따로 화장실을 설치하지 아니할 수 있다.
 나. 화장실은 정화조를 갖춘 수세식 화장실을 설치하여야 한다. 다만, 상 · 하수도가 설치되지 아니한 지역에서는 수세식이 아닌 화장실을 설치할 수 있다. 이 경우 변기의 뚜껑과 환기시설을 갖추어야 한다.
 다. 화장실은 콘크리트 등으로 내수처리를 하여야 하고, 바닥과 내벽(바닥으로부터 1.5미터까지)에는 타일을 붙이거나 방수페인트로 색칠하여야 한다.
 라. 화장실에는 손을 씻는 시설을 갖추어야 한다.
5. 객석
 집단급식소의 설치 · 운영을 신고한 사업장은 해당 사업장 내에 객석을 추가로 설치할 수 있다. 이 경우 음식물을 위생적으로 운반할 수 있는 기구 또는 운반차량 및 위생적인 배식도구를 갖추어야 한다.

〔별표26〕

수수료(제97조 관련)

(2023.5.19 개정)

1. 영업허가, 신고 및 등록 등
 가. 신규 : 28,000원
 나. 변경 : 9,300원(소재지 변경은 26,500원으로 하되, 영 제26조제1호, 제41조제3항제1호, 제43조의3제2항제1호 및 제94조제7항의 변경사항인 경우는 수수료를 면제한다)
 다. 조건부영업허가 : 28,000원
 라. 집단급식소 설치 · 운영신고 : 28,000원(제94조제2항에 따른 신고의 경우는 수수료를 면제한다)
 마. 허가증(신고증 또는 등록증) 재발급 : 5,300원
 바. 영업자 지위승계 신고 : 9,300원. 다만, 제48조제2항에 따라 상속인이 영업자의 지위승계 신고와 폐업신고를 함께 하는 경우에는 수수료를 면제한다.
2. 지정 등 신청
 가. 유전자변형식품등 안전성 심사 신청
  1) 유전자변형식품등 안전성 심사 : 5,000,000원
  2) 후대교배종의 안전성 심사 대상 여부 검토 : 2,900,000원
 나. 식품안전관리인증기준적용업소의 인증신청(인증유효기간의 연장신청을 포함한다) 및 인증사항의 변경신청 : 「한국식품안전관리인증원의 설립 및 운영에 관한 법률」에 따른 한국식품안전관리인증원의 장(이하 "한국식품안전관리인증원장"이라 한다)이 식품의약품안전처장의 승인을 받아 정하는 수수료
 다. 식품등의 한시적 기준 및 규격 인정 신청
  1) 식품 원료 중 세포 · 미생물 배양 등 새로운 기술을 이용하여 얻은 것으로서 식품으로 사용하려는 원료 : 45,000,000원
  2) 식품 원료 중 1)에 해당하지 않는 원료 : 100,000원
  3) 식품첨가물(기구 등의 살균 · 소독제를 포함한다), 기구 및 용기 · 포장 : 30,000원
3. 조리사면허
 가. 신규 : 5,500원
 나. 면허증 재발급 : 3,000원
 다. 조리사면허증기재사항변경신청 : 890원(개명으로 조리사의 성명을 변경하는 경우에는 수수료를 면제한다)
4.~5. (2016.2.4 삭제)
6. (2022.7.28 삭제)
7. 농약 또는 동물용 의약품 잔류허용기준의 설정 등
 가. 농약 및 동물용 의약품의 독성에 관한 자료 검토 수수료(각 품목별로 수수료를 부과한다)
  1) 신규 설정 : 30,000,000원
  2) 변경 및 설정면제 : 10,000,000원
 나. 농약 및 동물용 의약품의 식품 잔류에 관한 자료 검토 수수료
  1) 농약(식품별로 부과한다) : 5,000,000원
  2) 동물용 의약품(동물별로 부과한다) : 10,000,000원
8. 재검사 또는 확인검사 요청 : 「식품의약품안전처 및 그 소속기관 시험 · 검사의뢰 규칙」 제8조제1항에 따른 수수료

〔별표27〕

법 제3조 및 제88조제2항제11호를 위반한 자에 대한 과태료 금액(제100조 관련)

(2023.5.19 개정)

위반행위	근거 법조문	과태료 금액(단위 : 만원)		
		1차 위반	2차 위반	3차 이상 위반
1. 법 제3조(법 제88조에서 준용하는 경우를 포함한다)를 위반한 경우	법 제101조제2항제1호 및 영 제67조			
가. 식품 또는 식품첨가물을 제조·가공·사용·조리·저장·소분·운반 또는 진열할 때에 이물이 혼입되거나 병원성 미생물 등으로 오염되는 등 위생적으로 취급하지 않은 경우		100	200	300
나. 식품등을 취급하는 원료보관실·제조가공실·조리실·포장실 등의 내부를 청결하게 관리하지 않은 경우		50	100	150
다. 식품등을 취급하는 원료보관실·제조가공실·조리실·포장실 등의 내부에 설치류, 위생해충을 방제(防除) 및 구제(驅除)하지 아니하여 설치류, 위생해충 및 그 배설물 등이 발견된 경우		100	200	300
라. 식품등의 원료 및 제품 중 부패·변질이 되기 쉬운 것을 냉동·냉장시설에 보관·관리하지 아니한 경우		30	60	90
마. 식품등의 보관·운반·진열 시에 식품등의 기준 및 규격이 정하고 있는 보존 및 유통기준에 적합하도록 관리하지 아니하거나 냉동·냉장시설 및 운반시설을 정상적으로 작동시키지 아니한 경우(이 법에 따라 허가를 받거나 신고한 영업자는 제외한다)		100	200	300
바. 식품등의 제조·가공·조리 또는 포장에 직접 종사하는 사람에게 위생모 및 마스크를 착용시키지 아니한 경우		20	40	60
사. 제조·가공(수입품을 포함한다)하여 최소판매 단위로 포장된 식품 또는 식품첨가물을 영업허가 또는 신고하지 아니하고 판매의 목적으로 포장을 뜯어 분할하여 판매한 경우		20	40	60
아. 식품등의 제조·가공·조리에 직접 사용되는 기계·기구 및 음식기를 사용한 후에 세척 또는 살균을 하지 아니하는 등 청결하게 유지·관리하지 아니한 경우 또는 어류·육류·채소류를 취급하는 칼·도마를 각각 구분하여 사용하지 아니한 경우		50	100	150
자. 소비기한이 경과된 식품등을 판매하거나 판매의 목적으로 진열·보관한 경우(이 법에 따라 허가를 받거나 신고한 영업자는 제외한다)		30	60	90
2. 법 제88조제2항제11호를 위반한 경우(위탁급식영업자에게 위탁한 집단급식소의 경우는 제외한다)	법 제101조제3항제6호 및 영 제67조			
가. 별표24 제2호를 위반한 경우		100	200	300
나. 별표24 제4호에 따른 수질검사를 실시하지 않은 경우		100	200	300
다. 별표24 제1호·제3호·제5호 및 제6호를 위반한 경우		50	100	150
라. 별표24 제7호를 위반한 경우		100	200	300

■ 공중위생관리법 시행령

〔별표1〕

과징금의 산정기준(제7조의2제1항 관련)

(2019.4.9 개정)

1. 일반기준
  가. 영업정지 1개월은 30일을 기준으로 한다.
  나. 위반행위의 종별에 따른 과징금의 금액은 영업정지 기간에 다목에 따라 산정한 영업정지 1일당 과징금의 금액을 곱하여 얻은 금액으로 한다. 다만, 과징금 산정금액이 1억원을 넘는 경우에는 1억원으로 한다.
  다. 1일당 과징금의 금액은 위반행위를 한 공중위생영업자의 연간 총매출액을 기준으로 산출한다.
  라. 연간 총매출액은 처분일이 속한 연도의 전년도의 1년간 총매출액을 기준으로 한다. 다만, 신규사업·휴업 등에 따라 1년간 총매출액을 산출할 수 없거나 1년간 매출액을 기준으로 하는 것이 현저히 불합리하다고 인정되는 경우에는 분기별·월별 또는 일별 매출액을 기준으로 연간 총매출액을 환산하여 산출한다.
2. 과징금 기준

등급	연간 총매출액 (단위 : 백만원)	영업정지 1일당 과징금 금액 (단위 : 원)
1	100 이하	9,400
2	100 초과 ~ 200 이하	41,000
3	200 초과 ~ 310 이하	52,000
4	310 초과 ~ 430 이하	63,000
5	430 초과 ~ 560 이하	74,000
6	560 초과 ~ 700 이하	85,000
7	700 초과 ~ 860 이하	96,000
8	860 초과 ~ 1,040 이하	105,000
9	1,040 초과 ~ 1,240 이하	114,000
10	1,240 초과 ~ 1,460 이하	123,000
11	1,460 초과 ~ 1,710 이하	132,000
12	1,710 초과 ~ 2,000 이하	141,000
13	2,000 초과 ~ 2,300 이하	153,000
14	2,300 초과 ~ 2,600 이하	174,000
15	2,600 초과 ~ 3,000 이하	200,000
16	3,000 초과 ~ 3,400 이하	228,000
17	3,400 초과 ~ 3,800 이하	256,000
18	3,800 초과 ~ 4,300 이하	288,000
19	4,300 초과 ~ 4,800 이하	324,000
20	4,800 초과 ~ 5,400 이하	363,000
21	5,400 초과 ~ 6,000 이하	406,000
22	6,000 초과 ~ 6,700 이하	452,000
23	6,700 초과 ~ 7,500 이하	505,000
24	7,500 초과 ~ 8,600 이하	573,000
25	8,600 초과 ~ 10,000 이하	662,000
26	10,000 초과 ~ 12,000 이하	783,000
27	12,000 초과 ~ 15,000 이하	961,000
28	15,000 초과 ~ 20,000 이하	1,246,000
29	20,000 초과 ~ 25,000 이하	1,602,000
30	25,000 초과 ~ 30,000 이하	1,959,000
31	30,000 초과 ~ 35,000 이하	2,315,000
32	35,000 초과 ~ 40,000 이하	2,671,000
33	40,000 초과	2,849,000

〔별표2〕

과태료의 부과기준(제11조 관련)

(2019.10.8 개정)

1. 일반기준
  가. 보건복지부장관 또는 시장·군수·구청장은 다음의 어느 하나에 해당하는 경우에는 제2호의 개별기준에 따른 과태료 금액의 2분의 1 범위에서 그 금액을 줄일 수 있다. 다만, 과태료를 체납하고 있는 위반행위자에 대해서는 그렇지 않다.
    1) 위반행위자가 「질서위반행위규제법 시행령」 제2조의2제1항 각 호의 어느 하나에 해당하는 경우
    2) 위반행위가 사소한 부주의나 오류로 발생한 것으로 인정되는 경우
    3) 위반의 내용·정도가 경미하다고 인정되는 경우
    4) 위반행위자가 법 위반상태를 시정하거나 해소하기 위해 노력한 것이 인정되는 경우
    5) 그 밖에 위반행위의 정도, 위반행위의 동기와 그 결과 등을 고려하여 과태료 금액을 줄일 필요가 있다고 인정되는 경우
  나. 보건복지부장관 또는 시장·군수·구청장은 다음의 어느 하나에 해당하는 경우에는 제2호의 개별기준에 따른 과태료 금액의 2분의 1 범위에서 그 금액을 늘려 부과할 수 있다. 다만, 늘려 부과하는 경우에도 법 제22조제1항부터 제3항까지에 따른 과태료 금액의 상한을 넘을 수 없다.
    1) 위반의 내용 및 정도가 중대하여 이로 인한 피해가 크다고 인정되는 경우
    2) 법 위반상태의 기간이 6개월 이상인 경우
    3) 그 밖에 위반행위의 정도, 위반행위의 동기와 그 결과 등을 고려하여 가중할 필요가 있다고 인정되는 경우
2. 개별기준

위반행위	근거 법조문	과태료 금액 (단위 : 만원)
가. 법 제4조제2항을 위반하여 목욕장의 목욕물 중 원수의 수질기준 또는 위생기준을 준수하지 않은 자로서 법 제10조에 따른 개선명령에 따르지 않은 경우	법 제22조제1항제1호의2	150

나. 법 제4조제2항을 위반하여 목욕장의 목욕물 중 욕조수의 수질기준 또는 위생기준을 준수하지 않은 자로서 법 제10조에 따른 개선명령에 따르지 않은 경우	법 제22조제1항제1호의2	150
다. 법 제4조제3항 각 호 및 같은 조 제7항을 위반하여 이용업소의 위생관리 의무를 지키지 않은 경우	법 제22조제2항제1호	80
라. 법 제4조제4항 각 호 및 같은 조 제7항을 위반하여 미용업소의 위생관리 의무를 지키지 않은 경우	법 제22조제2항제2호	80
마. 법 제4조제5항 및 제7항을 위반하여 세탁업소의 위생관리 의무를 지키지 않은 경우	법 제22조제2항제3호	60
바. 법 제4조제6항 및 제7항을 위반하여 건물위생관리업소의 위생관리 의무를 지키지 않은 경우	법 제22조제2항제4호	60
사. 법 제4조제7항을 위반하여 숙박업소의 시설 및 설비를 위생적이고 안전하게 관리하지 않은 경우	법 제22조제1항제2호	90
아. 법 제4조제7항을 위반하여 목욕장업소의 시설 및 설비를 위생적이고 안전하게 관리하지 않은 경우	법 제22조제1항제3호	90
자. 법 제8조제2항을 위반하여 영업소 외의 장소에서 이용 또는 미용업무를 행한 경우	법 제22조제2항제5호	80
차. 법 제9조에 따른 보고를 하지 않거나 관계공무원의 출입·검사 기타 조치를 거부·방해 또는 기피한 경우	법 제22조제1항제4호	150
카. 법 제10조에 따른 개선명령에 위반한 경우	법 제22조제1항제5호	150
타. 법 제11조의5를 위반하여 이용업소표시등을 설치한 경우	법 제22조제1항제6호	90
파. 법 제17조제1항을 위반하여 위생교육을 받지 않은 경우	법 제22조제2항제6호	60
하. 법 제19조의3을 위반하여 위생사의 명칭을 사용한 경우	법 제22조제3항	50

■ 약사법 시행령

〔별표1〕 (2013.9.26 삭제)

〔별표1의2〕

의약품 품목허가를 받은 자 등의 의약품 소매·판매 사유(제32조 관련)

(2019.10.29 개정)

1. 법 제23조제3항제4호 및 제4항제12호에 따라 의사·치과의사 또는 약사가 사회봉사활동을 위하여 의약품을 구입하는 경우〔의사·치과의사·약사가 소속된 단체가 사회봉사활동을 위하여 구입하거나, 의사·치과의사·약사 개인 또는 의사·치과의사·약사가 소속된 단체가 「사회복지공동모금회법」 제4조에 따른 사회복지공동모금회(이하 "사회복지공동모금회"라 한다)를 통하여 지정 기부로 의약품을 받는 경우를 포함한다〕
2. 법 제23조제6항 및 법률 제8365호 약사법 전부개정법률 부칙 제8조에 따라 한약사 또는 한약사가 소속된 단체, 한의사 또는 한의사가 소속된 단체가 사회봉사 활동을 위하여 한약 및 한약제제를 구입하는 경우(한약사 또는 한약사가 소속된 단체, 한의사 또는 한의사가 소속된 단체가 사회복지공동모금회를 통하여 지정 기부로 의약품을 받는 것을 포함한다)
3. 의약품의 품목허가를 받은 자, 수입자 또는 임상시험계획의 승인을 받은 자가 임상시험, 의약품동등성시험의 실시를 위하여 의약품을 구입하는 경우
4. 전문대학 또는 그와 같은 수준 이상의 학교에서 의학·치의학·한의학·약학·간호학 또는 그 관련 학과의 학과장이 해당 학과의 실험·실습을 위하여 의약품을 구입하는 경우
5. 「119구조·구급에 관한 법률」에 따라 소방본부장 또는 소방서장이 구급대원의 응급환자 구급활동에 사용하는 의약품을 구입하는 경우
6. 의약품의 품목허가를 받은 자, 수입자 또는 의약관련 연구소의 장 등이 신제품의 개발을 위한 연구 또는 시험을 위하여 의약품을 구입하는 경우
7. 「과학기술분야 정부출연연구기관 등의 설립·운영 및 육성에 관한 법률」 제2조에 따른 과학기술분야 정부출연연구기관의 장이 실험·실습에 사용할 의약품을 구입하는 경우
8. 「형의 집행 및 수용자의 처우에 관한 법률」 제2조제4호에 따른 교정시설 및 「군에서의 형의 집행 및 군수용자의 처우에 관한 법률」 제2조제4호에 따른 군교정시설, 「보호소년 등의 처우에 관한 법률」에 따른 소년원 및 「출입국관리법」 제52조제2항에 따른 보호시설의 장이 해당 시설에 수용 중인 자의 감염병 예방 또는 치료에 사용할 의약품을 구입하는 경우
9. 「감염병의 예방 및 관리에 관한 법률」에 따라 국가 및 지방자치단체가 생물테러감염병 및 그 밖의 감염병의 유행에 대비하여 감염병의 예방 및 치료에 사용할 의약품을 안정적으로 확보하기 위하여 구입하는 경우
10. 「응급의료에 관한 법률」 제44조제1항에 따른 구급차등의 운용자가 구급차등에 갖추어야 하는 구급의약품을 시장·군수·구청장의 감독을 받아 구입하는 경우
11. 한국국제보건의료재단이 「한국국제보건의료재단법」 제7조에 따른 사업의 수행에 필요한 의약품을 구입하는 경우
12. 「학교보건법」 제2조제2호에 따른 학교의 장이 학교의사, 학교약사 또는 보건교사(간호사 면허를 가진 보건교사에만 해당한다)가 해당 학교의 학생 및 교직원의 건강관리를 위하여 사용할 의약품(전문의약품의 경우에는 학교의사가 사용하려는 경우에만 해당한다)을 구입하는 경우
13. 「의료기기법」 제6조제1항 본문에 따라 의료기기 제조업의 허가를 받은 자 또는 의료기기 관련 연구소의 장 등이 의약품과 조합되거나 복합 구성된 의료기기의 개발 또는 제조를 위하여 의약품을 구입하는 경우
14. 의약품을 수출하기 위하여 수출절차를 대행하려는 자에게 의약품을 수여하는 경우
15. 「첨단의료복합단지 육성에 관한 특별법」 제11조제6항제3호에 따른 실험용 동물을 사육 및 관리하는 센터에서 동물 실험을 위하여 의약품을 구입하는 경우
16. 「인체조직안전 및 관리 등에 관한 법률」 제13조제2항에 따라 조직은행으로 허가를 받은 의료기관, 비영리법인 또는 조직가공처리업자가 인체조직의 처리를 위하여 의약품을 구입하는 경우
16의2. 의약품 품목허가를 받은 자가 의약품의 제조를 위하여 품목허가증 또는 품목신고증에 적힌 의약품을 구입하는 경우
17. 그 밖에 보건복지부장관 또는 식품의약품안전처장이 의약품 판매가 필요하다고 인정하는 경우

〔별표2〕

업무정지 처분을 갈음하여 부과하는 과징금 산정기준(제33조 관련)

(2019.6.4 개정)

1. 의약품등의 제조업자, 품목허가를 받은 자 및 수입자의 경우

구분	업무정지에 1일에 해당하는 과징금	해당 품목의 전년도 총생산금액 또는 총수입금액
1	5만원	3억5천만원 미만
2	6만원	3억5천만원 이상 4억5천만원 미만
3	8만원	4억5천만원 이상 5억5천만원 미만
4	9만원	5억5천만원 이상 6억5천만원 미만
5	11만원	6억5천만원 이상 7억5천만원 미만
6	13만원	7억5천만원 이상 8억5천만원 미만
7	14만원	8억5천만원 이상 9억5천만원 미만
8	19만원	9억5천만원 이상 15억원 미만
9	31만원	15억원 이상 25억원 미만
10	47만원	25억원 이상 35억원 미만
11	61만원	35억원 이상 45억원 미만
12	78만원	45억원 이상 55억원 미만
13	94만원	55억원 이상 65억원 미만
14	111만원	65억원 이상 75억원 미만
15	128만원	75억원 이상 85억원 미만
16	139만원	85억원 이상 95억원 미만
17	194만원	95억원 이상 150억원 미만
18	317만원	150억원 이상 250억원 미만
19	478만원	250억원 이상 350억원 미만
20	556만원	350억원 이상

비고
1. 업무정지 1개월은 30일을 기준으로 한다.
2. 의약품등의 제조업자, 품목허가를 받은 자 또는 수입자에 대한 과징금 산정기준은 다음 각 목과 같다.
   가. 제조(수입)업무의 정지처분을 갈음하여 과징금 처분을 하는 경우에는 해당 업소에 대한 처분일이 속한 연도의 전년도의 전품목의 1년간 총생산금액 또는 총수입금액을 기준으로 한다.
   나. 품목제조(수입)업무의 정지처분을 갈음하여 과징금 처분을 하는 경우에는 해당 업소에 대한 처분일이 속한 연도의 전년도의 해당 품목의 1년간 총생산금액 또는 총수입금액을 기준으로 한다.
   다. 가목 및 나목의 경우 제조업자, 품목허가를 받은 자 또는 수입자가 신규로 품목을 제조 또는 수입하거나 휴업 등으로 인하여 1년간의 총생산금액 또는 총수입금액을 기준으로 과징금을 산정하는 것이 불합리하다고 인정되는 경우에는 분기별, 월별 또는 일별 생산(수입)금액을 기준으로 산정한다.
3. 의약품등의 제조업자 또는 수입자에 대한 과징금 산정기준 적용 시 그 처분내용에 제조(수입)업무정지와 품목제조(수입)업무정지가 아닌 다른 종류의 업무정지기간만 표시되어 있는 때에는 그 기간에 2분의 1을 곱하여 산정한다.

2. 약국개설자 및 의약품 판매업자의 경우

구분	업무정지 1일에 해당하는 과징금	의약품 도매상	약국개설자 또는 의약품 도매상을 제외한 의약품 판매업자
		전년도 총매출 금액	전년도 총매출 금액
1	3만원	5억원 미만	3천만원 미만
2	6만원	5억원 이상 7억원 미만	3천만원 이상 4천5백만원 미만
3	9만원	7억원 이상 10억원 미만	4천5백만원 이상 6천만원 미만
4	12만원	10억원 이상 15억원 미만	6천만원 이상 7천5백만원 미만
5	15만원	15억원 이상 20억원 미만	7천5백만원 이상 9천만원 미만
6	18만원	20억원 이상 25억원 미만	9천만원 이상 1억5백만원 미만
7	21만원	25억원 이상 30억원 미만	1억5백만원 이상 1억2천만원 미만
8	24만원	30억원 이상 35억원 미만	1억2천만원 이상 1억3천5백만원 미만
9	27만원	35억원 이상 40억원 미만	1억3천5백만원 이상 1억5천만원 미만
10	30만원	40억원 이상 45억원 미만	1억5천만원 이상 1억6천5백만원 미만
11	33만원	45억원 이상 50억원 미만	1억6천5백만원 이상 1억8천만원 미만
12	36만원	50억원 이상 60억원 미만	1억8천만원 이상 1억9천5백만원 미만
13	39만원	60억원 이상 70억원 미만	1억9천5백만원 이상 2억1천만원 미만
14	42만원	70억원 이상 80억원 미만	2억1천만원 이상 2억2천5백만원 미만
15	45만원	80억원 이상 90억원 미만	2억2천5백만원 이상 2억4천만원 미만
16	48만원	90억원 이상 100억원 미만	2억4천만원 이상 2억5천5백만원 미만
17	51만원	100억원 이상 150억원 미만	2억5천5백만원 이상 2억7천만원 미만
18	54만원	150억원 이상 200억원 미만	2억7천만원 이상 2억8천5백만원 미만
19	57만원	200억원 이상	2억8천5백만원 이상

비고
1. 업무정지 1개월은 30일을 기준으로 한다.
2. 약국개설자 또는 의약품 판매업자에 대한 과징금 산정은 해당 업소의 처분 전년도 1년간의 총매출금액을 기준으로 한다. 다만, 신규사업·휴업 등으로 인하여 1년간 총매출금액을 산출할 수 없거나 1년간의 총매출금액을 기준으로 하는 것이 불합리하다고 인정되는 경우에는 분기별, 월별 또는 일별 매출금액을 기준으로 산출 또는 조정한다.

[별표2의2] (2021.10.19 삭제)

[별표2의3]

과태료의 부과기준(제39조제1항 관련)

(2015.3.13 신설)

1. 일반기준

가. 위반행위의 횟수에 따른 과태료의 부과기준은 최근 5년간 같은 위반행위로 과태료를 부과받은 경우에 적용한다. 이 경우 위반행위에 대하여 과태료 부과처분을 한 날과 그 처분 후의 위반행위를 다시 적발한 날을 각각 기준으로 하여 위반횟수를 계산한다.

나. 식품의약품안전처장은 다음의 어느 하나에 해당하는 경우에는 제2호에 따른 과태료 금액의 2분의 1의 범위에서 그 금액을 감경할 수 있다. 다만, 과태료를 체납하고 있는 위반행위자의 경우에는 그러하지 아니하다.

1) 위반행위자가 「질서위반행위규제법 시행령」 제2조의2제1항 각 호의 어느 하나에 해당하는 경우
2) 위반행위가 사소한 부주의나 오류로 인한 것으로 인정되는 경우
3) 위반의 내용·정도가 경미하여 피해가 적다고 인정되는 경우
4) 법 위반상태를 시정하거나 해소하기 위한 노력이 인정되는 경우
5) 그 밖에 위반행위의 정도, 위반행위의 동기와 그 결과 등을 고려하여 감경할 필요가 있다고 인정되는 경우

2. 개별기준

위반행위	해당 법조문	과태료 금액
정당한 사유 없이 법 제69조의3에 따른 합의 사항을 보고하지 않은 경우	법 제97조의2제1항	과태료 기본금액 + 보고기한 경과일수에 따른 가산금액 + 위반횟수에 따른 가산금액

비고
1. 위 표의 과태료 금액란에서 "과태료 기본금액"이란 등재의약품의 전년도 총생산금액 또는 총수입금액의 0.02퍼센트에 해당하는 금액을 말한다. 다만, 산정된 과태료 기본금액이 20만원 미만인 경우에는 20만원을 과태료 기본금액으로 한다.
2. 비고 제1호에서 "등재의약품의 전년도 총생산금액 또는 총수입금액"이란 해당 업소에 대한 과태료 부과처분이 속한 연도의 전년도의 합의와 관련된 품목에 대한 등재의약품(법 제50조의2에 따라 의약품 특허목록에 등재된 의약품을 말한다)의 1년간 총생산금액 또는 총수입금액을 말한다. 다만, 품목허가를 받은 자 또는 수입자가 신규로 품목을 제조 또는 수입하거나 휴업 등으로 인하여 1년간의 총생산금액 또는 총수입금액을 기준으로 과태료를 산정하는 것이 불합리하다고 인정되는 경우에는 식품의약품안전처장이 정하는 바에 따라 분기별, 월별 또는 일별 생산금액 또는 수입금액을 기준으로 1년간 총생산금액 또는 총수입금액으로 환산한 금액을 말한다.
3. 위 표의 과태료 금액란에서 "보고기한 경과일수에 따른 가산금액"이란 법 제69조의3에 따라 합의 사항을 보고하여야 하는 기한을 초과하기 시작한 날의 다음날부터 매 1일마다 과태료 기본금액의 0.5퍼센트에 해당하는 금액을 가산하는 금액을 말한다.
4. 위 표의 과태료 금액란에서 "위반횟수에 따른 가산금액"이란 법 제69조의3에 따라 합의 사항을 보고하여야 하는 자가 합의 사항을 2회 이상 보고하지 않은 경우 2회 이상부터 합의 사항 미보고 1회당 과태료 기본금액의 20퍼센트에 해당하는 금액을 가산하는 금액을 말한다. 이 경우 합의와 관련된 품목과 관계없이 해당 업소의 위반횟수를 기준으로 산정한다.
5. 비고 제1호부터 제4호까지에 따라 산정된 과태료 금액의 만원 미만은 버리며, 법 제97조의2제1항에 따른 과태료 금액의 상한을 넘을 수 없다.

[별표3]

과태료의 부과기준(제39조제2항 관련)

(2023.10.17 개정)

1. 일반기준

가. 위반행위의 횟수에 따른 과태료의 가중된 부과기준은 최근 1년간(제2호자목 및 차목에 따른 위반행위의 경우에는 2년간) 같은 위반행위로 과태료 부과처분을 받은 경우에 적용한다. 이 경우 기간의 계산은 위반행위에 대하여 과태료 부과처분을 받은 날과 그 처분 후 다시 같은 위반행위를 하여 적발된 날을 기준으로 한다.

나. 가목에 따라 가중된 부과처분을 하는 경우 가중처분의 적용 차수는 그 위반행위 전 부과처분 차수(가목에 따른 기간 내에 과태료 부과처분이 둘 이상 있었던 경우에는 높은 차수를 말한다)의 다음 차수로 한다.

다. 보건복지부장관, 식품의약품안전처장, 시·도지사 또는 시장·군수·구청장(이하 "부과권자"라 한다)은 다음의 어느 하나에 해당하는 경우에는 제2호에 따른 과태료 금액의 2분의 1 범위에서 그 금액을 줄일 수 있다. 다만, 과태료를 체납하고 있는 위반행위자에 대해서는 그렇지 않다.

1) 위반행위자가 「질서위반행위규제법 시행령」 제2조의2제1항 각 호의 어느 하나에 해당하는 경우
2) 위반행위가 사소한 부주의나 오류로 인한 것으로 인정되는 경우
3) 위반의 내용·정도가 경미하여 피해가 적다고 인정되는 경우
4) 법 위반상태를 시정하거나 해소하기 위한 노력이 인정되는 경우
5) 그 밖에 위반행위의 정도, 위반행위의 동기와 그 결과 등을 고려하여 감경할 필요가 있다고 인정되는 경우

라. 부과권자는 위반행위의 정도, 동기 및 그 결과 등을 고려하여 제2호의 개별기준에 따른 과태료 금액의 2분의 1 범위에서 그 금액을 늘릴 수 있다. 다만, 늘리는 경우에도 법 제97조의3제1항 또는 제98조제1항에 따른 과태료 금액의 상한을 넘을 수 없다.

2. 개별기준

위반행위	근거 법조문	과태료 금액(단위 : 만원)		
		1차 위반	2차 위반	3차 이상 위반
가.~나. (2021.4.6 삭제)				
다. 법 제20조제2항 후단을 위반하여 변경등록을 하지 않은 경우	법 제98조제1항제2호의2	50	75	100
라. 법 제20조제6항을 위반하여 약국의 명칭 또는 이와 비슷한 명칭을 사용한 경우	법 제98조제1항제2호의3	30	45	70
마. 법 제21조제3항을 위반하여 법 제69조의4에 따른 시정명령을 받고도 약국 관리에 필요한 사항을 지키지 않은 경우	법 제98조제1항제3호	30	45	70
바. 법 제22조 또는 법 제40조제1항(법 제42조제5항에서 준용하는 경우를 포함한다)을 위반하여 폐업 등의 신고를 하지 않은 경우	법 제98조제1항제4호			
1) 휴업·재개업 또는 변경신고를 하지 않은 경우		50	75	100
2) 폐업신고를 하지 않은 경우		30	45	70
사. 법 제24조제4항을 위반하여 복약지도를 하지 않은 경우	법 제98조제1항제3호의2	30	45	70
아. 법 제34조제1항 단서 또는 법 제34조의2제2항 단서를 위반하여 변경보고를 하지 않거나 법 제34조제3항제3호를 위반하여 임상시험 대상자 모집 공고를 한 경우	법 제98조제1항제4호의4	30	45	70
자. 법 제34조의4제1항·제2항을 위반하여 임상시험 종사자에게 교육을 받도록 하지 않은 경우	법 제98조제1항제4호의5	100	100	100
차. 법 제37조의2(법 제42조제5항에서 준용하는 경우를 포함한다)를 위반하여 교육을 받지 않은 경우	법 제98조제1항제4호의2	50	75	100
카. 법 제37조의4(법 제42조제5항에서 준용하는 경우를 포함한다)를 위반하여 교육을 받지 않은 경우	법 제98조제1항제4호의3	50	75	100
타. 법 제38조제2항(법 제42조제5항에서 준용하는 경우를 포함한다)을 위반하여 의약품등의 생산 실적 또는 수입 실적 등을 보고하지 않은 경우	법 제98조제1항제5호	100	100	100
파. 법 제40조제2항(법 제42조제5항에서 준용하는 경우를 포함한다)을 위반하여 의약품등에 대한 필요한 조치를 이행하지 않은 경우	법 제98조제1항제5호의2	50	75	100
하. 법 제41조제1항을 위반하여 약국제제 또는 조제실제제 제조 등의 신고를 하지 않은 경우	법 제98조제1항제6호의2	50	75	100
거. 법 제44조의2제4항 본문을 위반하여 폐업·휴업·재개 신고를 하지 않은 경우	법 제98조제1항제6호의3			
1) 휴업 또는 업무재개 신고를 하지 않은 경우		50	75	100
2) 폐업신고를 하지 않은 경우		30	45	70
너. 법 제44조의3제2항에 따른 명령을 위반하여 교육을 받지 않은 경우	법 제98조제1항제6호의4	50	75	100
더. 법 제44조의4를 위반하여 안전상비의약품 판매자의 준수사항을 지키지 않은 경우	법 제98조제1항제7호	30	45	70
러. 법 제46조의3제1항을 위반하여 의약품의 판매질서 등에 관한 교육을 받지 않은 경우(2024.10.19 시행)	법 제98조제1항제7호의2	50	75	100
머. 법 제47조의3제2항(법 제44조의6제2항에서 준용하는 경우를 포함한다)을 위반하여 의약품 공급 내역을 제출하지 않은 경우	법 제98조제1항제7호의3	100	100	100
버. 법 제47조의4를 위반하여 의약품을 취득한 경우	법 제98조제1항제7호의4	100	100	100
서. 법 제56조제2항(법 제44조의6제1항에서 준용하는 경우를 포함한다) 또는 제65조제2항을 위반하여 법 제69조의4에 따른 시정명령을 받고도 가격을 용기나 포장에 적지 않은 경우	법 제98조제1항제7호의5	50	75	100
어. 법 제59조의2 또는 제65조의5를 위반하여 시각·청각장애인을 위한 표시를 하지 않은 경우	법 제98조제1항제7호의6	50	75	100
저. 법 제61조의2제3항을 위반하여 정당한 사유 없이 자료제출 요청에 따르지 않은 경우	법 제97조의3제1항	250	375	500
처. 법 제68조의8을 위반하여 유해사례를 보고하지 않은 경우	법 제98조제1항제7호의8	50	75	100
커. 법 제68조의10을 위반하여 의약품안전관리원 또는 이와 유사한 명칭을 사용한 경우	법 제98조제1항제7호의9	50	75	100
터. 법 제80조를 위반하여 면허증·허가증 또는 등록증을 갱신하지 않은 경우	법 제98조제1항제9호	30	45	70
퍼. 법 제85조제3항을 위반하여 동물용 의약품등의 사용 기준을 지키지 않은 경우	법 제98조제1항제10호	30	45	70
허. 법 제85조제10항을 위반하여 동물용 의약품등의 거래현황을 작성·보존하지 않거나 거짓으로 작성·보존한 경우	법 제98조제1항제10호의2	30	45	70
고. 법 제86조의6제1항에 따른 출석요구를 받고 정당한 사유 없이 출석하지 않은 경우(참고인은 제외한다)	법 제98조제1항제7호의10	50	75	100
노. 법 제86조의6제1항에 따른 자료 및 물건 등의 제출요구를 받고 정당한 사유 없이 제출하지 않은 경우(참고인은 제외한다)	법 제98조제1항제7호의11	50	75	100
도. 법 제86조의6제2항에 따른 소명요구를 받고 정당한 사유 없이 따르지 않은 경우	법 제98조제1항제7호의12	50	75	100
로. 법 제87조의2를 위반하여 제약, 약품 등 총리령으로 정하는 유사한 명칭을 사용한 경우	법 제98조제1항제11호	50	75	100

■ 마약류 관리에 관한 법률 시행령

〔별표1〕

법 제2조제2호라목에 해당하는 마약(제2조제1항 관련)

(2021.12.14 개정)

법 제2조제2호라목에 해당하는 마약은 다음의 것과 그 염류로 한다.

구분	품명	화학명 또는 구조식
1	아세토르핀(Acetorphine)	(5α,7α)-7-〔(2R)-2-hydroxy-2-pentanyl〕-6-methoxy-17-methyl-4,5-epoxy-6,14-ethenomorphinan-3-yl acetate
2	벤질모르핀(Benzylmorphine)	(5α,6α)-3-(benzyloxy)-17-methyl-7,8-didehydro-4,5-epoxymorphinan-6-ol
3	코카인(Cocaine)	methyl-(1R,2R,3S,5S)-3-(benzoyloxy)-8-methyl-8-azabicyclo〔3.2.1〕octane-2-carboxylate
4	코독심(Codoxime)	({(E)-〔(5α,6E)-3-methoxy-17-methyl-4,5-epoxymorphinan-6-ylidene〕amino}oxy)acetic acid
5	데소모르핀(Desomorphine)	(5α)-17-methyl-4,5-epoxymorphinan-3-ol
6	디히드로모르핀(Dihydromorphine)	(5α,6α)-17-methyl-4,5-epoxymorphinan-3,6-diol
7	엑고닌(Ecgonine) 및 그 유도체. 다만, 별표1부터 별표6까지, 별표7의2 및 별표8에서 별도로 규정한 엑고닌 유도체는 제외한다.	Ecgonine : (1R,2R,3S,5S)-3-hydroxy-8-methyl-8-azabicyclo 〔3.2.1〕octane-2-carboxylic acid 아래의 기본구조를 가지고, R 위치에 다음의 작용기를 가지는 물질 기본구조: 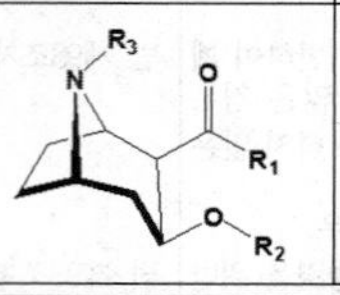 R: ○ R_1 : 알킬옥시[a], OH, NH_2, 알킬아민[a] ○ R_2 : 수소, 알킬기[a], 아실기[a] ○ R_3 : 수소, 알킬기[a] ※ a : R에 규정된 것에 결합 가능한 작용기를 포함
8	에토르핀(Etorphine)	(5α,6β,14β,18R)-18-〔(2R)-2-hydroxy-2-pentanyl〕-6-methoxy-17-methyl-7,8-didehydro-18,19-dihydro-4,5-epoxy-6,14-ethenomorphinan-3-ol
9	헤로인(Heroin)	(5α,6α)-17-methyl-7,8-didehydro-4,5-epoxymorphinan-3,6-diyl diacetate
10	히드로코돈(Hydrocodone)	(5α)-3-methoxy-17-methyl-4,5-epoxymorphinan-6-one
11	히드로모르피놀(Hydromorphinol)	(5α,6α)-17-methyl-4,5-epoxymorphinan-3,6,14-triol
12	히드로모르폰(Hydromorphone)	(5α)-3-hydroxy-17-methyl-4,5-epoxymorphinan-6-one
13	메틸데소르핀(Methyldesorphine)	(5α)-6,17-dimethyl-6,7-didehydro-4,5-epoxymorphinan-3-ol
14	메틸디히드로모르핀(Methyldihydromorphine)	(5α,6α)-6,17-dimethyl-4,5-epoxymorphinan-3,6-diol
15	메토폰(Metopon)	3-Hydroxy-5,17-dimethyl-4,5-epoxymorphinan-6-one
16	모르핀(Morphine)	(5α,6α)-17-methyl-7,8-didehydro-4,5-epoxymorphinan-3,6-diol
17	모르핀-엔-옥사이드(Morphine-N-Oxide)	(1S,4R,5R,13R,14S,17R)-4-methyl-12-oxa-4-azapentacyclo〔$9.6.1.0^{1,13}.0^{5,17}.0^{7,18}$〕octadeca-7(18),8,10,15-tetraene-10,14-diol 4-oxide
18	미로핀(Myrophine)	(5α,6α)-3-(benzyloxy)-17-methyl-7,8-didehydro-4,5-epoxymorphinan-6-yl myristate
19	니코디코딘(Nicodicodine)	3-methoxy-17-methyl-4,5-epoxymorphinan-6-yl nicotinate
20	니코모르핀(Nicomorphine)	(5α,6α)-17-methyl-7,8-didehydro-4,5-epoxymorphinan-3,6-diyl dinicotinate
21	노르모르핀(Normorphine)	(5α,6α)-7,8-didehydro-4,5-epoxymorphinan-3,6-diol
22	옥시코돈(Oxycodone)	(5α)-14-hydroxy-3-methoxy-17-methyl-4,5-epoxymorphinan-6-one
23	옥시모르폰(Oxymorphone)	(5α)-3,14-dihydroxy-17-methyl-4,5-epoxymorphinan-6-one
24	테바콘(Thebacon)	(5α)-3-methoxy-17-methyl-6,7-didehydro-4,5-epoxymorphinan-6-yl acetate
25	테바인(Thebaine)	(5α)-3,6-dimethoxy-17-methyl-6,7,8,14-tetradehydro-4,5-epoxymorphinan
26	아세틸디히드로코데인(Acetyldihydrocodeine)	(5α,6α)-3-methoxy-17-methyl-4,5-epoxymorphinan-6-yl acetate
27	코데인(Codeine)	(5α,6α)-3-methoxy-17-methyl-7,8-didehydro-4,5-epoxymorphinan-6-ol
28	디히드로코데인(Dihydrocodeine)	(5α,6α)-3-methoxy-17-methyl-4,5-epoxymorphinan-6-ol
29	에틸모르핀(Ethylmorphine)	(5α,6α)-3-ethoxy-17-methyl-7,8-didehydro-4,5-epoxymorphinan-6-ol
30	니코코딘(Nicocodine)	(5α,6α)-3-methoxy-17-methyl-7,8-didehydro-4,5-epoxymorphinan-6-yl nicotinate
31	노르코데인(Norcodeine)	(5α,6α)-3-methoxy-7,8-didehydro-4,5-epoxymorphinan-6-ol
32	폴코딘(Pholcodine)	(5α,6α)-17-methyl-3-〔2-(4-morpholinyl)ethoxy〕-7,8-didehydro-4,5-epoxymorphinan-6-ol
33	엔-옥사이드 또는 4급 암모늄 구조를 가지는 모르핀 유도체. 다만, 별표1부터 별표6까지, 별표7의2 및 별표8에서 별도로 규정한 것은 제외한다.	아래의 기본구조를 가지고, R 위치에 다음의 작용기를 가지는 모르핀 유도체 기본구조: 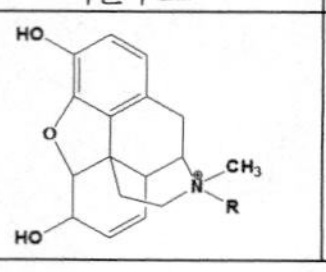 R: ○ O^- ○ 메틸
34	디히드로에토르핀(Dihydroetorphine)	(5α,6β,14β,18R)-18-〔(2R)-2-hydroxy-2-pentanyl〕-6-methoxy-17-methyl-18,19-dihydro-4,5-epoxy-6,14-ethenomorphinan-3-ol
35	오리파빈(Oripavine)	6,7,8,14-Tetradehydro-4,5α-epoxy-6-methoxy-17-methylmorphinan-3-ol

〔별표2〕

법 제2조제2호마목에 해당하는 마약(제2조제2항 관련)

(2023.11.7 개정)

법 제2조제2호마목에 해당하는 마약은 다음의 것과 그 염류로 한다.

구분	품명	화학명 또는 구조식
1	아세틸메타돌(Acetylmethadol)	6-(dimethylamino)-4,4-diphenyl-3-heptanyl acetate
2	알릴프로딘(Allylprodine)	3-allyl-1-methyl-4-phenyl-4-piperidinyl propionate
3	알파세틸메타돌(Alphacetylmethadol)	(3R,6R)-6-(dimethylamino)-4,4-diphenyl-3-heptanyl acetate
4	알파메프로딘(Alphameprodine)	(3R,4S)-3-ethyl-1-methyl-4-phenyl-4-piperidinyl propionate
5	알파메타돌(Alphamethadol)	(3R,6R)-6-(dimethylamino)-4,4-diphenyl-3-heptanol
6	알파프로딘(Alphaprodine)	(3R,4S)-1,3-dimethyl-4-phenyl-4-piperidinyl propionate
7	아닐레리딘(Anileridine)	ethyl 1-〔2-(4-aminophenyl)ethyl〕-4-phenylpiperidine-4-carboxylate
8	벤제티딘(Benzethidine)	ethyl 1-〔2-(benzyloxy)ethyl〕-4-phenyl-4-piperidinecarboxylate
9	베타세틸메타돌(Betacetylmethadol)	(3S,6R)-6-(dimethylamino)-4,4-diphenyl-3-heptanyl acetate
10	베타메프로딘(Betameprodine)	(3R,4R)-3-ethyl-1-methyl-4-phenyl-4-piperidinyl propionate
11	베타메타돌(Betamethadol)	(3S,6R)-6-(dimethylamino)-4,4-diphenyl-3-heptanol
12	베타프로딘(Betaprodine)	(3R,4R)-1,3-dimethyl-4-phenyl-4-piperidinyl propionate
13	베지트라미드(Bezitramide)	4-〔4-(2-oxo-3-propionyl-2,3-dihydro-1H-benzimidazol-1-yl)-1-piperidinyl〕-2,2-diphenylbutanenitrile
14	클로니타젠(Clonitazene)	2-〔2-(4-chlorobenzyl)-5-nitro-1H-benzimidazol-1-yl〕-N,N-diethylethanamine
15	덱스트로모라미드(Dextromoramide)	(3S)-3-methyl-4-(4-morpholinyl)-2,2-diphenyl-1-(1-pyrrolidinyl)-1-butanone
16	디암프로미드(Diampromide)	N-{2-〔methyl(2-phenylethyl)amino〕propyl}-N-phenylpropanamide
17	디에틸티암부텐(Diethylthiambutene)	N,N-diethyl-4,4-di(2-thienyl)-3-buten-2-amine
18	디메녹사돌(Dimenoxadol)	2-(dimethylamino)ethylethoxy(diphenyl)acetate
19	디메펩타놀(Dimepheptanol)	6-(dimethylamino)-4,4-diphenyl-3-heptanol
20	디메틸티암부텐(Dimethylthiambutene)	N,N-dimethyl-4,4-di(2-thienyl)-3-buten-2-amine
21	디옥사페틸부티레이트(Dioxaphetylbutyrate)	ethyl 4-(4-morpholinyl)-2,2-diphenylbutanoate
22	디페녹실레이트(Diphenoxylate)	ethyl 1-(3-cyano-3,3-diphenylpropyl)-4-phenyl-4-piperidinecarboxylate
23	디피파논(Dipipanone)	4,4-diphenyl-6-(1-piperidinyl)-3-heptanone
24	에틸메틸티암부텐(Ethylmethylthiambutene)	N-ethyl-N-methyl-4,4-di(2-thienyl)-3-buten-2-amine
25	에토니타젠(Etonitazene)	2-〔2-(4-ethoxybenzyl)-5-nitro-1H-benzimidazol-1-yl〕-N,N-diethylethanamine
26	에톡세리딘(Etoxeridine)	ethyl 1-〔2-(2-hydroxyethoxy)ethyl〕-4-phenyl-4-piperidinecarboxylate
27	펜타닐(Fentanyl)	N-phenyl-N-〔1-(2-phenylethyl)-4-piperidinyl〕propanamide
28	푸레티딘(Furethidine)	ethyl 4-phenyl-1-〔2-(tetrahydro-2-furanylmethoxy)ethyl〕-4-piperidinecarboxylate
29	히드록시페티딘(Hydroxypethidine)	ethyl 4-(3-hydroxyphenyl)-1-methyl-4-piperidinecarboxylate
30	이소메타돈(Isomethadone)	6-(dimethylamino)-5-methyl-4,4-diphenyl-3-hexanone
31	케토베미돈(Ketobemidone)	1-〔4-(3-hydroxyphenyl)-1-methyl-4-piperidinyl〕-1-propanone
32	레보메토르판(Levomethorphan)	3-methoxy-17-methylmorphinan
33	레보모라미드(Levomoramide)	(3R)-3-methyl-4-(4-morpholinyl)-2,2-diphenyl-1-(1-pyrrolidinyl)-1-butanone
34	레보페나실모르판(Levophenacylmorphan)	2-(3-hydroxymorphinan-17-yl)-1-phenylethanone
35	레보르파놀(Levorphanol)	17-methylmorphinan-3-ol
36	메타조신(Metazocine)	1,10,13-trimethyl-10-azatricyclo〔7.3.1.02,7〕trideca-2,4,6-trien-4-ol
37	메타돈(Methadone)	6-(dimethylamino)-4,4-diphenyl-3-heptanone

38	메타돈 제조중간체 (Methadone Intermediate)	4-(dimethylamino)-2,2-diphenylpentanenitrile
39	모라미드 제조중간체 (Moramide Intermediate)	3-methyl-4-(4-morpholinyl)-2,2-diphenylbutanoic acid
40	모르페리딘 (Morpheridine)	ethyl 1-[2-(4-morpholinyl)ethyl]-4-phenyl-4-piperidinecarboxylate
41	노라시메타돌 (Noracymethadol)	6-(methylamino)-4,4-diphenyl-3-heptanyl acetate
42	노레보르파놀 (Norlevorphanol)	morphinan-3-ol
43	노르메타돈 (Normethadone)	6-(dimethylamino)-4,4-diphenyl-3-hexanone
44	노르피파논 (Norpipanone)	4,4-diphenyl-6-(1-piperidinyl)-3-hexanone
45	페티딘(Pethidine)	ethyl 1-methyl-4-phenyl-4-piperidine carboxylate
46	페티딘 제조중간체 에이(Pethidine Intermediate A)	1-methyl-4-phenyl-4-piperidinecarbonitrile
47	페티딘 제조중간체 비(Pethidine Intermediate B)	ethyl 4-phenyl-4-piperidinecarboxylate
48	페티딘 제조중간체 시(Pethidine Intermediate C)	1-methyl-4-phenyl-4-piperidinecarboxylic acid
49	페나독손 (Phenadoxone)	6-(4-morpholinyl)-4,4-diphenyl-3-heptanone
50	페남프로미드 (Phenampromide)	N-phenyl-N-[1-(1-piperidinyl)-2-propanyl]propanamide
51	페나조신 (Phenazocine)	(1R,9R,13R)-1,13-dimethyl-10-(2-phenylethyl)-10-azatricyclo[7.3.1.02,7]trideca-2,4,6-trien-4-ol
52	페노모르판 (Phenomorphan)	17-(2-phenylethyl)morphinan-3-ol
53	페노페리딘 (Phenoperidine)	ethyl 1-(3-hydroxy-3-phenylpropyl)-4-phenyl-4-piperidinecarboxylate
54	피미노딘(Piminodine)	ethyl 1-(3-anilinopropyl)-4-phenyl-4-piperidinecarboxylate
55	피리트라미드 (Piritramide)	1′-(3-cyano-3,3-diphenylpropyl)-1,4′-bipiperidine-4′-carboxamide
56	프로헵타진 (Proheptazine)	1,3-dimethyl-4-phenyl-4-azepanyl propionate
57	프로페리딘 (Properidine)	isopropyl 1-methyl-4-phenyl-4-piperidinecarboxylate
58	라세메토르판 (Racemethorphan)	(9α,13α,14α)-3-methoxy-17-methylmorphinan hydrobromide hydrate
59	라세모라미드 (Racemoramide)	3-methyl-4-(4-morpholinyl)-2,2-diphenyl-1-(1-pyrrolidinyl)-1-butanone
60	라세모르판 (Racemorphan)	17-methylmorphinan-3-ol
61	트리메페리딘 (Trimeperidine)	1,2,5-trimethyl-4-phenyl-4-piperidinyl propionate
62	프로피람(Propiram)	N-[1-(1-piperidinyl)-2-propanyl]-N-(2-pyridinyl)propanamide
63	드로테바놀 (Drotebanol)	3,4-dimethoxy-17-methylmorphinan-6,14-diol
64	디페녹신(Difenoxin)	1-(3-cyano-3,3-diphenylpropyl)-4-phenyl-4-piperidinecarboxylic acid
65	알펜타닐(Alfentanil)	N-{1-[2-(4-ethyl-5-oxo-4,5-dihydro-1H-tetrazol-1-yl)ethyl]-4-(methoxymethyl)-4-piperidinyl}-N-phenylpropanamide
66	틸리딘(Tilidine)	ethyl (1S,2R)-2-(dimethylamino)-1-phenyl-3-cyclohexene-1-carboxylate
67	프로폭시펜 (Propoxyphene)	4-(dimethylamino)-3-methyl-1,2-diphenyl-2-butanyl propionate
68	아세틸-알파-메틸펜타닐 (Acetyl-*alpha*-methyl-fentanyl)	N-phenyl-N-[1-(1-phenyl-2-propanyl)-4-piperidinyl]acetamide
69	알파-메틸펜타닐 (*Alpha*-methylfentanyl)	N-phenyl-N-[1-(1-phenyl-2-propanyl)-4-piperidinyl]propanamide
70	3-메틸펜타닐 (3-Methylfentanyl)	N-[3-methyl-1-(2-phenylethyl)-4-piperidinyl]-N-phenylpropanamide
71	수펜타닐(Sufentanil)	N-{4-(methoxymethyl)-1-[2-(2-thienyl)ethyl]-4-piperidinyl}-N-phenylpropanamide
72	피이피에이피(PEPAP)	4-phenyl-1-(2-phenylethyl)-4-piperidinyl acetate
73	엠피피피(MPPP)	1-(4-methylphenyl)-2-(1-pyrrolidinyl)-1-propanone
74	레미펜타닐 (Remifentanil)	methyl 1-(3-methoxy-3-oxopropyl)-4-[phenyl(propionyl)amino]-4-piperidinecarboxylate
75	타펜타돌(Tapentadol)	3-[(2R,3R)-1-(dimethylamino)-2-methyl-3-pentanyl]phenol
76	티오펜타닐 (Thiofentanyl)	N-phenyl-N-{1-[2-(2-thienyl)ethyl]-4-piperidinyl}propanamide
77	3-메틸티오펜타닐 (3-Methylthiofentanyl)	N-{3-methyl-1-[2-(2-thienyl)ethyl]-4-piperidinyl}-N-phenylpropanamide
78	알파-메틸티오펜타닐 (*Alpha*-methylthiofentanyl)	N-phenyl-N-{1-[1-(2-thienyl)-2-propanyl]-4-piperidinyl}propanamide
79	베타-히드록시-3메틸펜타닐 (*Beta*-hydroxy-3-methylfentanyl)	N-[1-(2-hydroxy-2-phenylethyl)-3-methyl-4-piperidinyl]-N-phenylpropanamide
80	베타-히드록시펜타닐 (*Beta*-hydroxyfentanyl)	N-[1-(2-hydroxy-2-phenylethyl)-4-piperidinyl]-N-phenylpropanamide
81	파라-플루오로펜타닐 (*Para*-fluorofentanyl)	N-(4-fluorophenyl)-N-[1-(2-phenylethyl)-4-piperidinyl]propanamide
82	아세틸펜타닐 (Acetylfentanyl)	(N-(1-Phenethylpiperidin-4-yl)-N-phenylacetamide))
83	에이에이치-7921 (AH-7921)	3,4-dichloro-N-((1-dimethylamino)cyclohexylmethyl)benzamide
84	부티르펜타닐 (Butyrfentanyl)	N-phenyl-N-[1-(2-phenylethyl)-4-piperidinyl]butanamide
85	카르펜타닐 (Carfentanil)	methyl 1-(2-phenylethyl)-4-[phenyl(propanoyl)amino]piperidine-4-carboxylate
86	푸라닐펜타닐 (Furanylfentanyl)	N-phenyl-N-[1-(2-phenylethyl)piperidin-4-yl]furan-2-carboxamide
87	옥펜타닐(Ocfentanil)	N-(2-fluorophenyl)-2-methoxy-N-[1-(2-phenylethyl)piperidin-4-yl]acetamide
88	아크릴펜타닐 (Acrylfentanyl)	N-phenyl-N-[1-(2-phenylethyl)piperidin-4-yl]prop-2-enamide
89	4-플루오로이소부티르펜타닐 (4-Fluoroisobutyrfentanyl, 4-FIBF)	N-(4-fluorophenyl)-2-methyl-N-[1-(2-phenylethyl)piperidin-4-yl]propanamide
90	테트라히드로푸라닐펜타닐 (Tetrahydrofuranylfentanyl, THF-F)	N-phenyl-N-[1-(2-phenylethyl)piperidin-4-yl]oxolane-2-carboxamide
91	유-47700(U-47700)	3,4-dichloro-N-(2-dimethylamino-cyclohexyl)-N-methyl-benzamide
92	파라플루오로부티릴펜타닐 (Parafluorobutyrylfentanyl)	N-(4-fluorophenyl)-N-[1-(2-phenylethyl)piperidin-4-yl]butanamide
93	오르토-플루오로펜타닐 (Ortho-fluorofentanyl)	N-(2-fluorophenyl)-N-[1-(2-phenylethyl)piperidin-4-yl]propanamide
94	메톡시아세틸펜타닐 (Methoxyacetylfentanyl)	2-methoxy-N-phenyl-N-[1-(2-phenylethyl)piperidin-4-yl]acetamide
95	시클로프로필펜타닐 (Cyclopropylfentanyl)	N-Phenyl-N-[1-(2-phenylethyl)piperidin-4-yl]cyclopropancarboxamide
96	크로토닐펜타닐 (Crotonylfentanyl)	N-phenyl-N-1-(2-phenylethyl)-4-piperidinyl-2-butenamide
97	발레릴펜타닐 (Valerylfentanyl)	N-phenyl-N-[1-(2-phenylethyl)piperidin-4-yl]pentanamide
98	펜타닐(Fentanyl)의 유사체. 다만, 별표1부터 별표6까지, 별표7의2 및 별표8에서 별도로 규정한 펜타닐의 유사체는 제외한다.	아래의 기본구조를 가지고, R 위치에 다음의 작용기를 가지는 물질 기본구조: 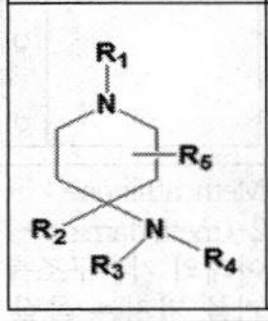 R: ○ R1 : 수소, 알킬, 치환된 알킬, 아릴알킬, 치환된 아릴알킬 ※ R1 인접 질소의 경우 N-oxide를 포함한다. ○ R2 : 수소, 알콕시카르보닐, 알콕시알킬, 아릴, 치환된 아릴 ○ R3 : 아릴, 치환된 아릴 ○ R4 : 수소, 카르보닐, 치환된 카르보닐 ○ R5 : 수소, 알킬, 알케닐, 할로겐
99	이소토니타젠 (Isotonitazene)	N,N-diethyl-2-[2-[(4-isopropoxyphenyl)methyl]-5-nitro-benzimidazol-1-yl]ethanamine
100	알티아이-111 (RTI-111)	methyl (1R,2S,3S,5S)-3-(3,4-dichlorophenyl)-8-methyl-8-azabicyclo[3.2.1]octane-2-carboxylate
101	유-48800 (U-48800)	2-(2,4-dichlorophenyl)-N-[(1S,2S)-2-(dimethylamino)cyclohexyl]-N-methylacetamide
102	브로르핀 (Brorphine)	3-{1-[1-(4-Bromophenyl)ethyl]piperidin-4-yl}-1H-benzimidazol-2-one
103	메토니타젠 (Metonitazene)	N,N-diethyl-2-{2-[(4-methoxyphenyl)methyl]-5-nitrobenzimidazol-1-yl}ethanamine
104	올리세리딘 (Oliceridine)	N-[(3-methoxythiophen-2-yl)methyl]-2-[(9R)-9-pyridin-2-yl-6-oxaspiro[4.5]decan-9-yl]ethanamine
105	에타젠 (Etazene)	2-[2-[(4-Ethoxyphenyl)methyl]benzimidazol-1-yl]-N,N-diethylethanamine
106	에토니타제핀 (Etonitazepyne)	2-[(4-Ethoxyphenyl)methyl]-5-nitro-1-(2-pyrrolidin-1-ylethyl)benzimidazole
107	프로토니타젠 (Protonitazene)	N,N-Diethyl-2-[5-nitro-2-[(4-propoxyphenyl)methyl]benzimidazol-1-yl]ethanamine
108	2-메틸-에이피-237 (2-Methyl-AP-237)	1-[2-methyl-4-[(E)-3-phenylprop-2-enyl]piperazin-1-yl]butan-1-one

[별표3]

법 제2조제3호가목에 해당하는 향정신성의약품(제2조제3항 관련)

(2023.11.7 개정)

법 제2조제3호가목에 해당하는 향정신성의약품은 다음의 것과 그 염 및 이성체(異性體) 또는 이성체의 염으로 한다.

구분	품명	화학명 또는 구조식
1	디메톡시브로모암페타민 (Dimethoxybromoamphetamine)	1-(4-bromo-2,5-dimethoxyphenyl)-2-propanamine
2	2,5-디메톡시암페타민 (2,5-Dimethoxyamphetamine, 2,5-DMA)	1-(2,5-dimethoxyphenyl)-2-propanamine

3	4-메톡시암페타민 (4-Methoxyamphetamine, PMA)	1-(4-methoxyphenyl)-2-propanamine
4	5-메톡시-3,4-메틸렌디옥시암페타민 (5-Methoxy-3,4-methylenedioxyamphetamine, MMDA)	1-(7-methoxy-1,3-benzodioxol-5-yl)-2-propanamine
5	4-메틸-2,5-디메톡시암페타민 (4-Methyl-2,5-dimethoxyamphetamine, STP, DOM)	1-(2,5-dimethoxy-4-methylphenyl)-2-propanamine
6	3,4-메틸렌디옥시암페타민 (3,4-Methylenedioxyamphetamine, MDA)	1-(1,3-benzodioxol-5-yl)-2-propanamine
7	3,4,5-트리메톡시암페타민 (3,4,5-trimethoxyamphetamine, TMA)	1-(3,4,5-trimethoxyphenyl)-2-propanamine
8	부포테닌(Bufotenine)	3-〔2-(dimethylamino)ethyl〕-1H-indol-5-ol
9	디에틸트립타민 (Diethyltryptamine, DET)	N,N-diethyl-2-(1H-indol-3-yl)ethanamine
10	디메틸트립타민 (Dimethyltryptamine, DMT)	2-(1H-indol-3-yl)-N,N-dimethylethanamine
11	디메틸헵틸피란 (Dimethylheptylpyran, DMHP)	6,6,9-trimethyl-3-(3-methyl-2-octanyl)-7,8,9,10-tetrahydro-6H-benzo〔c〕chromen-1-ol
12	엔-에틸-3-피페리딜 벤질레이트 (N-ethyl-3-piperidyl benzilate)	1-ethyl-3-piperidinyl hydroxy(diphenyl)acetate
13	이보게인(Ibogaine)	12-methoxyibogamine
14	리서직산 디에틸아마이드 (Lisergic acid diethylamide, LSD, LSD-25)	(8β)-N,N-diethyl-6-methyl-9,10-didehydroergoline-8-carboxamide
15	메스칼린(Mescaline)	2-(3,4,5-trimethoxyphenyl)ethanamine
16	엔-메틸-3-피페리딜 벤질레이트 (N-methyl-3-piperidyl benzilate)	1-methyl-3-piperidinyl hydroxy(diphenyl)acetate
17	파라헥실(Parahexyl)	3-hexyl-6,6,9-trimethyl-7,8,9,10-tetrahydro-6H-benzo〔c〕chromen-1-ol
18	페이오트(Peyote)	*Lophophora williamsii*
19	사일로시빈(Psilocybin)	3-〔2-(dimethylamino)ethyl〕-1H-indol-4-yl dihydrogen phosphate
20	사일로신(Psilocyn)	3-〔2-(dimethylamino)ethyl〕-1H-indol-4-ol
21	펜사이클리딘(Phencyclidine)의 유사체. 다만, 별표1부터 별표6까지, 별표7의2 및 별표8에서 별도로 규정한 펜사이클리딘의 유사체는 제외한다.	아래의 기본구조를 가지고 R 위치에 다음의 작용기를 가지는 물질 기본구조: 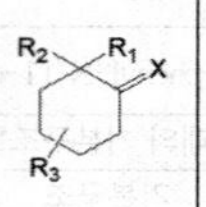 R: ○ R1 : NH2, N-알킬아미노, N-알킬-N'-알킬아미노, 1-피롤리디닐, 1-피페리디닐, 1-아제피닐, 1-모르포리닐(고리형 작용기에는 결합 가능한 작용기가 추가 치환될 수 있다) ○ R2 : 페닐, 치환된 페닐, 티에닐, 치환된 티에닐 ○ R3 : 수소, 알킬(각 작용기가 2곳 이상 도입된 것을 포함한다) ○ X : 수소, 산소
22	메스케치논(Methcathinone) 및 그 유사체. 다만, 별표1부터 별표6까지, 별표7의2 및 별표8에서 별도로 규정한 메스케치논 유사체 및 「약사법」 제31조·제42조에 따라 의약품으로 허가받거나 신고한 물질은 제외한다.	Methcathinone : 2-(methylamino)-1-phenyl-1-propanone 아래의 기본구조를 가지고, R 위치에 다음의 작용기를 가지는 물질 기본구조: 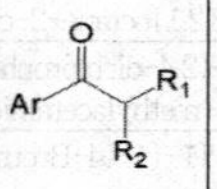 R: ○ R1 : NH2, N-알킬아미노, N-알킬-N'-알킬아미노, 1-피롤리디닐, 1-피페리디닐, 1-모르포리닐, 1-프탈리미도 ○ R2 : 수소 또는 알킬[a] ○ Ar : 페닐, 치환된* 페닐 또는 고리가 접합된 페닐 * 치환체 : 수소, 알킬[a], 히드록시, 알콕시 및 할로겐(각 작용기가 2 곳 이상 도입된 것을 포함한다) ※ R에 규정된 알킬은 고리형을 포함한다. ※ a : R에 규정된 것에 결합 가능한 작용기를 포함한다.
23	에트립타민(Etryptamine)	1-(1H-indol-3-yl)-2-butanamine
24	4-메틸티오암페타민 (4-Methylthioamphetamine, 4-MTA)	1-〔4-(methylsulfanyl)phenyl〕-2-propanamine
25	크라톰(Kratom)	*Mitragyna speciosa*
26	5-메톡시-디이소프로필트립타민 (5-Methoxy-diisopropyltryptamine, 5-Meo-DiPT)	N-isopropyl-N-〔2-(5-methoxy-1H-indol-3-yl)ethyl〕-2-propanamine
27	5-메톡시-메틸이소프로필트립타민 (5-Methoxy-methyliso propyltryptamine, 5-MeO-MiPT)	N-〔2-(5-methoxy-1H-indol-3-yl)ethyl〕-N-methyl-2-propanamine
28	5-메톡시디메틸트립타민 (5-Methoxydimethyltryptamine, 5-MeO-DMT)	2-(5-methoxy-1H-indol-3-yl)-N,N-dimethylethanamine
29	메틸이소프로필트립타민 (Methylisopropyltryptamine, MiPT)	N-〔2-(1H-indol-3-yl)ethyl〕-N-methyl-2-propanamine
30	5-메톡시-알파-메틸트립타민 (5-Methoxy-α-methyltryptamine, 5-MeO-AMT)	1-(5-methoxy-1H-indol-3-yl)-2-propanamine
31	디이소프로필트립타민 (Diisopropyltryptamine, DiPT)	N-〔2-(1H-indol-3-yl)ethyl〕-N-isopropyl-2-propanamine
32	4-아세톡시-디이소프로필트립타민 (4-Acetoxy-diisopropyltryptamine, 4-Acetoxy-DiPT)	3-〔2-(diethylamino)ethyl〕-1H-indol-4-yl acetate
33	제이더블유에이치(JWH)-018 및 그 유사체. 다만, 별표1부터 별표6까지, 별표7의2 및 별표8에서 별도로 규정한 제이더블유에이치-018 유사체는 제외한다.	JWH-018 : 1-naphthyl(1-pentyl-1H-indol-3-yl)methanone 아래의 기본구조를 가지고, R 또는 X 위치에 다음의 작용기를 가지는 물질 기본구조: 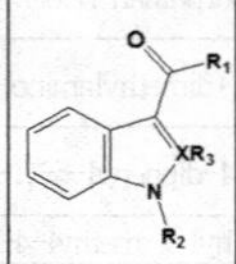 R 또는 X: ○ R1 : (헤테로)방향족 고리[a], 테트라메틸사이클로프로필, 아다만틸, 아다만틸아민, 알킬[a](작용기가 에스테르 또는 아마이드 결합하는 것을 포함한다) ○ R2 : 알킬[a] ○ X : 탄소 또는 질소 ○ R3 : 수소 또는 알킬[a] ※ a : R에 규정된 것에 결합 가능한 작용기를 포함
34	제이더블유에이치-030 및 그 유사체. 다만, 별표1부터 별표6까지, 별표7의2 및 별표8에서 별도로 규정한 제이더블유에이치-030 유사체는 제외한다.	JWH-030 : 1-naphthyl(1-pentyl-1H-pyrrol-3-yl)methanone 아래의 기본구조를 가지고, R 또는 X 위치에 다음의 작용기를 가지는 물질 기본구조: 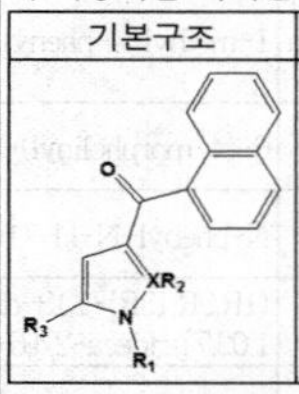 R 또는 X: ○ R1 : 알킬[a] ○ X : 탄소 또는 질소 ○ R2, R3 : 수소 또는 알킬[a] 및 방향족 고리 ※ a : R에 규정된 것에 결합 가능한 작용기를 포함
35	제이더블유에이치-175 및 그 유사체. 다만, 별표1부터 별표6까지, 별표7의2 및 별표8에서 별도로 규정한 제이더블유에이치-175 유사체는 제외한다.	JWH-175 : 3-(1-naphthylmethyl)-1-pentyl-1H-indole 아래의 기본구조를 가지고, R 또는 X 위치에 다음의 작용기를 가지는 물질 기본구조: 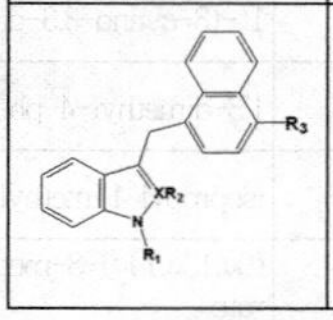 R 또는 X: ○ R1 : 알킬[a] ○ X : 탄소 또는 질소 ○ R2 : 수소 또는 알킬[a] ○ R3 : 수소 또는 알킬[a] 및 알콕시 ※ a : R에 규정된 것에 결합 가능한 작용기를 포함
36	제이더블유에이치-176 및 그 유사체. 다만, 별표1부터 별표6까지, 별표7의2 및 별표8에서 별도로 규정한 제이더블유에이치-176 유사체는 제외한다.	JWH-176 : 1-〔(Z)-(3-pentyl-1H-inden-1-ylidene)methyl〕naphthalene 아래의 기본구조를 가지고, R 위치에 다음의 작용기를 가지는 물질 기본구조: 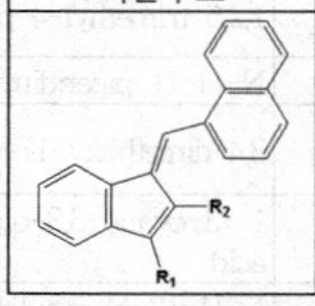 R: ○ R1 : 알킬[a] ○ R2 : 수소 또는 알킬[a] ※ a : R에 규정된 것에 결합 가능한 작용기를 포함
37	에이치유-210(HU-210)	9-(hydroxymethyl)-6,6-dimethyl-3-(2-methyl-2-octanyl)-6a,7,10,10a-tetrahydro-6H-benzo〔c〕chromen-1-ol
38	시피(CP)-47497 및 그 유사체. 다만, 별표1부터 별표6까지, 별표7의2 및 별표8에서 별도로 규정한 시피-47497 유사체는 제외한다.	CP-47497 : 2-〔(1S,3R)-3-hydroxycyclohexyl〕-5-(2-methyl-2-octanyl)phenol 아래의 기본구조를 가지고, R 위치에 다음의작용기를 가지는 물질 기본구조: 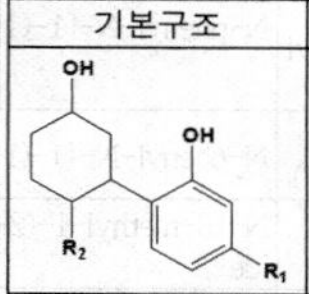 R: ○ R1 : 알킬[a] ○ R2 : 수소 또는 알킬[a] ※ a : R에 규정된 것에 결합 가능한 작용기를 포함
39	메틸렌디옥시피로발레론 (Methylenedioxypyrovalerone, MDPV)	1-(1,3-benzodioxol-5-yl)-2-(1-pyrrolidinyl)-1-pentanone
40	4-플루오로암페타민 (4-Fluoroamphetamine, 4-FA)	1-(4-fluorophenyl)-2-propanamine
41	4-메틸암페타민 (4-Methylamphetamine, 4-MA)	1-(4-methylphenyl)-2-propanamine
42	엔-히드록시 메틸렌디옥시암페타민 (N-hydroxy methylenedioxy amphetamine, N-hydroxy MDA)	1-(1,3-benzodioxol-5-yl)-N-hydroxy-2-propanamine
43	메틸렌디옥시에틸암페타민 (Methylenedioxyethylamphetamine, MDE)	1-(1,3-benzodioxol-5-yl)-N-ethyl-2-propanamine
44	4-메틸아미노렉스 (4-Methylaminorex)	4-methyl-5-phenyl-4,5-dihydro-1,3-oxazol-2-amine
45	5-에이피비(5-APB)	5-(2-aminopropyl)benzofuran
46	피엠엠에이 (PMMA, para-methoxymethamphetamine)	1-(4-methoxyphenyl)-N-methyl-propan-2-amine

47	엠엠디에이-2(MMDA-2)	1-(6-methoxy-1,3-benzodioxol-5-yl)propan-2-amine
48	메톡세타민(methoxetamine)	(RS)2-(3-methoxyphenyl)-2-(ethylamino)cyclohexanone
49	시비-13(CB-13)	Naphthalen-1-yl-(4-pentyloxynaphthalen-1-yl)methanone
50	5-메오-디에이엘티 (5-MeO-DALT)	N-allyl-N-[2-(5-methoxy-1H-indol-3-yl)ethyl]prop-2-en-1-amine
51	메티오프로파민(methiopropamine)	1-(thiophen-2-yl)-2-methylaminopropane
52	5-에이피디비(5-APDB)	5-(2-aminopropyl)-2,3-dihydrobenzofuran
53	파라 - 클로로암페타민 (p-chloroamphetamine)	1-(4-chlorophenyl)propan-2-amine
54	알파-피브이티(α-PVT)	2-(pyrrolidin-1-yl)-1-(thiophen-2-yl)pentan-1-one
55	알파-메틸트립타민 (α-methyltryptamine)	2-(1H-indole-3-yl)-1-methyl-ethylamine
56	4-오에이치-디이티(4-OH-DET)	3-(2-diethylaminoethyl)-1H-indol-4-ol
57	데스옥시-디2피엠(Dexoxy-D2PM)	(RS)-2-(Diphenylmethyl)pyrrolidine
58	5-엠에이피비(5-MAPB)	1-(benzofuran-5-yl)-N-methylpropan-2-amine
59	엠디에이아이(MDAI)	6,7-dihydro-5H-cyclopenta[f][1,3]benzodioxol-6-amine
60	25시-엔비오엠이(25C-NBOMe)	2-(4-chloro-2,5-dimethoxyphenyl)-N-[(2-methoxyphenyl)methyl]ethanamine
61	3-플루오로메트암페타민 (3-fluoromethamphetamine, 3-FMA)	1-(3-fluorophenyl)-N-methylpropan-2-amine
62	5-에이피아이(5-API)	2-(1H-indol-5-yl)-1-methyl-ethylamine
63	5-아이에이아이(5-IAI)	5-iodo-2,3-dihydro-1H-inden-2-amine
64	디메톡시-메트암페타민 (Dimethoxy-methamphetamine, DMMA)	2-(3,4-dimethoxyphenyl)-N-methylpropylamine
65	에틸페니데이트(Ethylphenidate)	ethyl 2-phenyl-2-piperidin-2-ylacetate
66	엠티-45(MT-45)	1-cyclohexyl-4-(1,2-diphenylethyl)piperazine
67	5-엠오-이피티(5-MeO-EPT)	5-methoxy-N-ethyl-N-propyltryptamine
68	디오시(DOC)	1-(4-chloro-2,5-dimethoxy-phenyl)propan-2-amine
69	25아이-엔비오엠이(25I-NBOMe)	2-(4-iodo-2,5-dimethoxyphenyl)-N-[(2-methoxyphenyl)methyl]ethanamine
70	2-벤즈히드릴피페리딘 (2-Benzhydrylpiperidine, 2-DPMP)	2-benzhydrylpiperidine
71	에이-836,339(A-836,339)	N-[3-(2-methoxyethyl)-4,5-dimethyl-1,3-thiazol-2-ylidene]-2,2,3,3-tetramethylcyclopropane-1-carboxamide
72	파라-클로로메트암페타민 (p-Chloromethamphetamine, PCMA)	1-(4-chlorophenyl)-N-methylpropan-2-amine
73	파라-브로모암페타민 (p-Bromoamphetamine, PBA)	1-(4-bromophenyl)propan-2-amine
74	25디-엔비오엠이(25D-NBOMe)	2-(2,5-dimethoxy-4-methylphenyl)-N-[(2-methoxyphenyl)methyl]ethanamine
75	5-이에이피비(5-EAPB)	1-(benzofuran-5-yl)-N-ethylpropan-2-amine
76	2시-시(2C-C)	2-(4-chloro-2,5-dimethoxyphenyl)ethanamine
77	2시-피(2C-P)	2-(2,5-dimethoxy-4-(n)-propylphenyl)ethanamine
78	엔-메틸-2-에이아이 (N-Methyl-2-AI)	N-methyl-2,3-dihydro-1H-inden-2-amine
79	아르에이치-34(RH-34)	3-{2-[(2-methoxyphenyl)methylamino]ethyl}-1H-quinazoline-2,4-dione
80	엔-에틸노르케타민 (N-Ethylnorketamine)	2-(2-chlorophenyl)-2-(ethylamino)cyclohexan-1-one
81	메피라핌(Mepirapim)	(4-methylpiperazin-1-yl)-(1-pentylindol-3-yl)methanone
82	25비-엔비오엠이(25B-NBOMe)	2-(4-bromo-2,5-dimethoxyphenyl)-N-(2-methoxybenzyl)ethanamine
83	4,4'-디엠에이아르(4,4'-DMAR)	para-methyl-4-methylaminorex
84	25비-엔비에프(25B-NBF)	2-(4-bromo-2,5-dimethoxyphenyl)-N-[(2-fluorophenyl)methyl]ethanamine
85	25시-엔비에프(25C-NBF)	2-(4-chloro-2,5-dimethoxyphenyl)-N-[(2-fluorophenyl)methyl]ethanamine
86	25아이-엔비에프(25I-NBF)	2-(4-iodo-2,5-dimethoxyphenyl)-N-[(2-fluorophenyl)methyl]ethanamine
87	2-엠이오-디페니딘(2-MeO-diphenidine)	1-[1-(2-methoxyphenyl)-2-phenylethyl]piperidine
88	비오디(BOD)	2-(2,5-dimethoxy-4-methylphenyl)-2-methoxyethanamine
89	에스칼린(Escaline)	2-(4-ethoxy-3,5-dimethoxyphenyl)ethanamine
90	알릴에스칼린(Allylescaline)	2-[4-(allyloxy)-3,5-dimethoxyphenyl]ethanamine
91	메트알릴에스칼린(Methallylescaline)	2-{3,5-dimethoxy-4-[(2-methyl-2-propan-1-yl)oxy]phenyl}ethanamine
92	25이-엔비오엠이(25E-NBOMe)	2-(4-ethyl-2,5-dimethoxyphenyl)-N-[(2-methoxyphenyl)methyl]ethanamine
93	25엔-엔비오엠이(25N-NBOMe)	2-(2,5-dimethoxy-4-nitrophenyl)-N-[(2-methoxyphenyl)methyl]ethanamine
94	25시-엔비오에이치(25C-NBOH)	2-{[2-(4-chloro-2,5-dimethoxyphenyl)ethylamino]methyl}phenol
95	25아이-엔비오에이치(25I-NBOH)	2-{[2-(4-iodo-2,5-dimethoxyphenyl)ethylamino]methyl}phenol
96	라로카인(Larocaine)	[3-(diethylamino)-2,2-dimethylpropyl]-4-aminobenzoate
97	니트라카인(Nitracaine)	[3-(diethylamino)-2,2-dimethylpropyl]-4-nitrobenzoate
98	플루브로마제팜(Flubromazepam)	7-bromo-5-(2-fluorophenyl)-1,3-dihydro-1,4-benzodiazepin-2-one
99	3시-이 (3C-E)	1-(4-Ethoxy-3,5-dimethoxyphenyl)propan-2-amine
100	메트암네타민 (Methamnetamine)	N-Methyl-1-(2-naphthyl)propan-2-amine
101	티-비오시-3,4-엠디엠에이 (t-BOC-3,4-MDMA)	N-[2-(1,3-Benzodioxol-5-yl)-1-methylethyl]-N-methyl-carbamate
102	더블유아이엔-55,212-2 (WIN-55,212-2)	[(11R)-2-methyl-11-(morpholin-4-ylmethyl)-9-oxa-1-azatricyclo[6.3.1.04,12]dodeca-2,4(12),5,7-tetraen-3-yl]-naphthalen-1-ylmethanone
103	에이엘-엘에이디 (AL-LAD)	(6aR,9R)-N,N-diethyl-7-prop-2-enyl-6,6a,8,9-tetrahydro-4H-indolo- [4,3-fg]quinoline-9-carboxamide
104	7-히드록시미트라지닌 (7-Hydroxymitragynine)	methyl (E)-2-[(2S,3S,7aS,12bS)-3-ethyl-7a-hydroxy-8-methoxy-2,3,4,6,7,12b-hexahydro-1H-indolo[2,3-a]quinolizin-2-yl]-3-methoxyprop-2-enoate
105	미트라지닌 (Mitragynine)	methyl (E)-2-[(2S,3S,12bS)-3-ethyl-8-methoxy-1,2,3,4,6,7,12,12b-octahydroindolo[2,3-a]quinolizin-2-yl]-3-methoxyprop-2-enoate
106	3,4-디클로로메틸페니데이트 (3,4-Dichloromethylphenidate)	methyl 2-(3,4-dichlorophenyl)-2-piperidin-2-ylacetate
107	디페니딘 (Diphenidine)	1-(1,2-diphenylethyl)piperidine
108	브로모-드래곤에프엘와이 (Bromo-DragonFLY)	(2R)-1-(4-bromofuro[2,3-f][1]benzofuran-8-yl)propan-2-amine
109	25에이치-엔비오엠이 (25H-NBOMe)	2-(2,5-dimethoxyphenyl)-N-[(2-methoxyphenyl)methyl]ethanamine
110	더블유-15 (W-15)	4-chloro-N-(1-phenethylpiperidin-2-ylidene)benzenesulfonamide
111	더블유-18 (W-18)	4-chloro-N-[1-[2-(4-nitrophenethyl]piperidin-2-ylidene]benzenesulfonamide
112	2시-엔 (2C-N)	2-(2,5-dimethoxy-4-nitrophenyl)ethanamine
113	25비-엔비오에이치 (25B-NBOH)	2-{[(4-bromo-2,5-dimethoxyphenethyl)amino]methyl}phenol
114	2시-티에프엠 (2C-TFM)	2-[2,5-dimethoxy-4-(trifluoromethyl)phenyl]ethan-1-amine
115	4-플루오로메틸페니데이트 (4-Fluoromethylphenidate)	methyl 2-(4-fluorophenyl)-2-(piperidin-2-yl)acetate
116	3시-피 (3C-P)	1-(3,5-dimethoxy-4-propoxyphenyl)propan-2-amine
117	비피카나 (BiPICANA)	N-naphthalen-1-yl-1-pentyl-N-(1-pentylindole-3-carbonyl)indole-3-carboxamide
118	오알지27569 (Org27569)	5-chloro-3-ethyl-N-[4-(piperidin-1-yl)phenethyl]-1H-indole-2-carboxamide
119	에이비-시에이치푸피카 (AB-CHFUPYCA)	N-(1-amino-3-methyl-1-oxobutan-2-yl)-2-(cyclohexylmethyl)-5-(4-fluorophenyl)pyrazole-3-carboxamide
120	4-플루오로에틸페니데이트 (4-Fluoroethylphenidate)	Ethyl 2-(4-fluorophenyl)-2-piperidin-2-ylacetate
121	티오티논 (Thiothinone)	2-(methylamino)-1-thiophen-2-ylpropan-1-one
122	4-엠엠에이-엔비오엠이 (4-MMA-NBOMe)	N-[(2-methoxyphenyl)methyl]-N-methyl-1-(4-methylphenyl)propan-2-amine
123	3-플루오로에트암페타민 (3-Fluoroethamphetamine)	N-ethyl-1-(3-fluorophenyl)propan-2-amine
124	4-플루오로에트암페타민 (4-Fluoroethamphetamine)	N-ethyl-1-(4-fluorophenyl)propan-2-amine
125	5-엠에이피디비 (5-MAPDB)	1-(2,3-Dihydro-1-benzofuran-5-yl)-N-methylpropan-2-amine
126	메틸나프티데이트 (Methylnaphthidate)	Methyl (2R)-2-naphthalen-2-yl-2-[(2R)-piperidin-2-yl]acetate
127	에틸나프티데이트 (Ethylnaphthidate)	Ethyl 2-naphthalen-2-yl-2-piperidin -2-ylacetate
128	2시-비-에프엘와이 (2C-B-FLY)	2-(4-bromo-2,3,6,7-tetrahydrofuro[2,3-f][1]benzofuran-8-yl)ethanamine
129	4'-플루오로-4-메틸아미노렉스 (4'-Fluoro-4-methylaminorex)	5-(4-fluorophenyl)-4-methyl-4,5-dihydro-1,3-oxazol-2-amine
130	알파-피비티 (α-PBT)	2-pyrrolidin-1-yl-1-thiophen-2-ylbutan-1-one
131	아디나졸람 (Adinazolam)	1-(8-Chloro-6-phenyl-4H-[1,2,4]triazolo[4,3-a][1,4]benzodiazepin-1-yl)-N,N-dimethylmethanamine
132	플루클로티졸람 (Fluclotizolam)	4-chloro-7-(2-fluorophenyl)-13-methyl-3-thia-1,8,11,12-tetrazatricyclo[8.3.0.02,6]trideca-2(6),4,7,10,12-pentaene
133	메티졸람 (Metizolam)	7-(2-chlorophenyl)-4-ethyl-3-thia-1,8,11,12-tetrazatricyclo[8.3.0.02,6]trideca-2(6),4,7,10,12-pentaene
134	푸비미나 (FUBIMINA)	[1-(5-fluoropentyl)benzimidazol-2-yl]-naphthalen-1-ylmethanone
135	이티에이치-엘에이디 (ETH-LAD)	(6aR,9R)-N,N,7-Triethyl-6,6a,8,9-tetrahydro-4H-indolo[4,3-fg]quinoline-9-carboxamide
136	쿠밀-페가클론 (Cumyl-Pegaclone)	5-pentyl-2-(2-phenylpropan-2-yl)-2,5-dihydro-1H-pyrido[4,3-b]indol-1-one

〔별표4〕

법 제2조제3호나목에 해당하는 향정신성의약품(제2조제3항 관련)

(2021.1.5 개정)

법 제2조제3호나목에 해당하는 향정신성의약품은 다음의 것과 그 염 및 이성체 또는 이성체의 염으로 한다.

구분	품명	화학명 또는 구조식
1	암페타민(Amphetamine)	1-phenyl-2-propanamine
2	덱스암페타민 (Dexamphetamine)	(2S)-1-phenyl-2-propanamine
3	레보암페타민 (Levoamphetamine)	(2R)-1-phenyl-2-propanamine
4	메트암페타민 (Methamphetamine)	N-methyl-1-phenyl-2-propanamine
5	히드록시암페타민 (Hydoxyamphetamine)	4-(2-aminopropyl)phenol
6	메틸페니데이트 (Methylphenidate)	methyl phenyl(2-piperidinyl)acetate
7	펜메트라진(Phenmetrazine)	3-methyl-2-phenylmorpholine
8	메클로쿠알론(Mecloqualone)	3-(2-chlorophenyl)-2-methyl-4(3H)-quinazolinone
9	메타쿠알론(Methaqualone)	2-methyl-3-(2-methylphenyl)-4(3H)-quinazolinone
10	펜사이클리딘(Phencyclidine)	1-(1-phenylcyclohexyl)piperidine
11	펜프로포렉스(Fenproporex)	3-〔(1-phenyl-2-propanyl)amino〕propanenitrile
12	2,5-디메톡시-4-에틸-암페타민 (2,5-Dimethoxy-4-ethylamphetamine, DOET)	1-(4-ethyl-2,5-dimethoxyphenyl)-2-propanamine
13	3,4-메틸렌디옥시-엔-메틸암페타민 (3,4-Methylenedioxy-N-methyl amphetamine, MDMA)	1-(1,3-benzodioxol-5-yl)-N-methyl-2-propanamine
14	페네틸린 (Fenetylline)	1,3-dimethyl-7-{2-〔(1-phenyl-2-propanyl)amino〕ethyl}-3,7-dihydro-1H-purine-2,6-dione
15	엔-에틸-암페타민 (N-ethylamphetamine)	N-ethyl-1-phenyl-2-propanamine
16	펜캄파민(Fencamfamine)	N-ethyl-3-phenylbicyclo〔2.2.1〕heptan-2-amine
17	벤즈페타민(Benzphetamine)	(2S)-N-benzyl-N-methyl-1-phenyl-2-propanamine
18	세코바르비탈(Secobarbital)	5-allyl-5-(2-pentanyl)-2,4,6(1H,3H,5H)-pyrimidinetrione
19	지페프롤(Zipeprol)	1-methoxy-3-〔4-(2-methoxy-2-phenylethyl)-1-piperazinyl〕-1-phenyl-2-propanol
20	2시-비(2C-B)	2-(4-bromo-2,5-dimethoxyphenyl)ethanamine
21	아민엡틴(Amineptine)	7-(10,11-dihydro-5H-dibenzo〔a,d〕〔7〕annulen-5-ylamino)heptanoic acid
22	살비아 디비노럼 (Salvia Divinorum)	*Salvia divinorum*
23	살비노린 에이 (Salvinorin A)	methyl(2S,4aR,6aR,7R,9S,10aS,10bR)-9-acetoxy-2-(3-furyl)-6a,10b-dimethyl-4,10-dioxododecahydro-2H-benzo〔f〕isochromene-7-carboxylate
24	케타민(Ketamine)	2-(2-chlorophenyl)-2-(methylamino)cyclohexanone
25	디메틸암페타민 (Dimethylamphetamine)	N,N-dimethyl-1-phenyl-2-propanamine
26	2시-아이(2C-I)	2-(4-iodo-2,5-dimethoxyphenyl)ethanamine
27	벤질피페라진 (Benzylpiperazine)	1-benzylpiperazine
28	메타-클로로페닐피페라진 (meta-Chlorophenylpiperazine, mCPP)	1-(3-chlorophenyl)piperazine
29	트리플루오로메틸페닐피페라진 (Trifluoromethylphenylpiperazine, TFMPP)	1-〔3-(trifluoromethyl)phenyl〕piperazine
30	파라-메톡시페닐피페라진 (para-Methoxyphenylpiperazine, MeOPP)	1-(4-methoxyphenyl)piperazine
31	메틸렌디옥시벤질피페라진 (Methylenedioxybenzylpiperazine, MDBZP)	1-(benzo〔1,3〕dioxol-5-ylmethyl)piperazine
32	2시-디 (2C-D)	2-(2,5-dimethoxy-4-methylphenyl)ethanamine
33	2시-이 (2C-E)	2-(4-ethyl-2,5-dimethoxyphenyl)ethanamine
34	2시-티-2 (2C-T-2)	2-〔4-(ethylsulfanyl)-2,5-dimethoxyphenyl〕ethanamine
35	2시-티-7 (2C-T-7)	2-〔2,5-dimethoxy-4-(propylsulfanyl)phenyl〕ethanamine
36	1,3-벤조이디옥소일-엔-메틸부탄아민 (1,3-Benzodioxlyl-N-methylbutanamine, MBDB)	1-(1,3-benzodioxol-5-yl)-N-methyl-2-butanamine
37	메틸렌디옥시디메틸암페타민 (Methylenedioxydimethylamphetamine, MDDMA)	(2-benzo〔1,3〕dioxol-5-yl-1-methyl-ethyl)-dimethylamine
38	부틸론 (Butylone, bk-MBDB)	1-(1,3-benzodioxol-5-yl)-2-(methylamino)-1-butanone
39	메틸벤질피페라진 (Methylbenzylpiperazine, MBZP)	1-benzyl-4-methylpiperazine
40	파라플루오로페닐피페라진 (p-fluorophenyl piperazine, pFPP)	1-(4-fluorophenyl)piperazine
41	틸레타민(Tiletamine)	2-(Ethylamino)-2-(2-thienyl)cyclohexanone
42	졸라제팜(Zolazepam)	4-(2-Fluorophenyl)-6,8-dihydro-1,3,8-trimethylpyrazolo〔3,4-e〕〔1,4〕diazepin-7(1H)-one
43	리스덱스암페타민 (Lisdexamphetamine)	(2S)-2,6-diamino-N-〔(2S)-1-phenylpropan-2-yl〕hexanamide
44	프로린탄 (Prolintane)	1-(1-Benzylbutyl)pyrrolidine

〔별표5〕

법 제2조제3호다목에 해당하는 향정신성의약품(제2조제3항 관련)

(2021.12.14 개정)

법 제2조제3호다목에 해당하는 향정신성의약품은 다음의 것과 그 염 및 이성체 또는 이성체의 염으로 한다.

구분	품명	화학명 또는 구조식
1	알로바르비탈(Allobarbital)	5,5-diallyl-2,4,6(1H,3H,5H)-pyrimidinetrione
2	알페날(Alphenal)	5-allyl-4,6-dihydroxy-5-phenyl-2(5H)-pyrimidinone
3	아모바르비탈(Amobarbital)	5-ethyl-5-(3-methylbutyl)-2,4,6(1H,3H,5H)-pyrimidinetrione
4	아프로바르비탈(Aprobarbital)	5-allyl-4,6-dihydroxy-5-isopropyl-2(5H)-pyrimidinone
5	바르비탈(Barbital)	5,5-diethyl-2,4,6(1H,3H,5H)-pyrimidinetrione
6	브랄로바르비탈(Brallobarbital)	5-allyl-5-(2-bromo-2-propen-1-yl)-2,4,6(1H,3H,5H)-pyrimidinetrione
7	섹부타바르비탈(Secbutabarbital)	5-sec-butyl-5-ethyl-2,4,6(1H,3H,5H)-pyrimidinetrione
8	부탈비탈(Butalbital)	5-allyl-4,6-dihydroxy-5-isobutyl-2(5H)-pyrimidinone
9	부탈리로날(Butallylonal)	5-(2-bromo-2-propen-1-yl)-5-sec-butyl-2,4,6(1H,3H,5H)-pyrimidinetrione
10	부토바르비탈(Butobarbital)	5-butyl-5-ethyl-4,6-dihydroxy-2(5H)-pyrimidinone
11	시클로바르비탈(Cyclobarbital)	5-(1-cyclohexen-1-yl)-5-ethyl-2,4,6(1H,3H,5H)-pyrimidinetrione
12	시클로펜토바르비탈 (Cyclopentobarbital)	5-allyl-5-(2-cyclopenten-1-yl)-2,4,6(1H,3H,5H)-pyrimidinetrione
13	엔알릴프로피말(Enallylpropymal)	5-allyl-5-isopropyl-1-methyl-2,4,6(1H,3H,5H)-pyrimidinetrione
14	에트알로바르비탈(Ethallobarbital)	5-allyl-5-ethyl-2,4,6(1H,3H,5H)-pyrimidinetrione
15	헵타바르비탈(Heptabarbital)	5-(1-cyclohepten-1-yl)-5-ethyl-2,4,6(1H,3H,5H)-pyrimidinetrione
16	헵토바르비탈(Heptobarbital)	4,6-dihydroxy-5-methyl-5-phenyl-2(5H)-pyrimidinone
17	헥세탈(Hexethal)	5-ethyl-5-hexyl-2,4,6(1H,3H,5H)-pyrimidinetrione
18	헥소바르비탈(Hexobarbital)	5-(1-cyclohexen-1-yl)-1,5-dimethyl-2,4,6(1H,3H,5H)-pyrimidinetrione
19	메타아르비탈(Metharbital)	5,5-diethyl-1-methyl-2,4,6(1H,3H,5H)-pyrimidinetrione
20	메토헥시탈(Methohexital)	5-allyl-5-(3-hexyn-2-yl)-1-methyl-2,4,6(1H,3H,5H)-pyrimidinetrione
21	메틸페노바르비탈 (Methylphenobarbital)	5-ethyl-1-methyl-5-phenyl-2,4,6(1H,3H,5H)-pyrimidinetrione
22	나르코바르비탈(Narcobarbital)	5-(2-bromo-2-propen-1-yl)-5-isopropyl-1-methyl-2,4,6(1H,3H,5H)-pyrimidinetrione
23	네알바르비탈(Nealbarbital)	5-allyl-5-(2,2-dimethylpropyl)-2,4,6(1H,3H,5H)-pyrimidinetrione
24	펜토바르비탈(Pentobarbital)	5-ethyl-5-(2-pentanyl)-2,4,6(1H,3H,5H)-pyrimidinetrione
25	페노바르비탈(Phenobarbital)	5-ethyl-5-phenyl-2,4,6(1H,3H,5H)-pyrimidinetrione
26	페타르비탈(Phetharbital)	5,5-diethyl-1-phenyl-2,4,6(1H,3H,5H)-pyrimidinetrione
27	프로바르비탈(Probarbital)	5-ethyl-4,6-dihydroxy-5-isopropyl-2(5H)-pyrimidinone
28	프로팔리로날(Propallylonal)	5-(2-bromo-2-propen-1-yl)-5-isopropyl-2,4,6(1H,3H,5H)-pyrimidinetrione
29	프로필바르비탈(Propylbarbital)	5,5-dipropyl-2,4,6(1H,3H,5H)-pyrimidinetrione
30	스피로티오바르비탈 (Spirothiobarbital)	1-ethyl-2,4-dimethyl-8-thioxo-7,9-diazaspiro〔4.5〕decane-6,10-dione
31	테트라바르비탈(Tetrabarbital)	5-ethyl-5-(3-hexanyl)-2,4,6(1H,3H,5H)-pyrimidinetrione
32	티오펜탈(Thiopental)	5-ethyl-5-(2-pentanyl)-2-thioxodihydro-4,6(1H,5H)-pyrimidinedione
33	빈바르비탈(Vinbarbital)	5-ethyl-5-〔(2E)-2-penten-2-yl〕-2,4,6(1H,3H,5H)-pyrimidinetrione
34	바로탈룸(Barotalum)	5-〔(2E)-2-buten-1-yl〕-5-ethyl-2,4,6(1H,3H,5H)-pyrimidinetrione
35	디베랄(Diberal)	5-ethyl-5-(4-methyl-2-pentanyl)-2,4,6(1H,3H,5H)-pyrimidinetrione
36	도르모비트(Dormovit)	5-(2-furylmethyl)-5-isopropyl-2,4,6(1H,3H,5H)-pyrimidinetrione
37	이도부탈(Idobutal)	5-allyl-5-butyl-2,4,6(1H,3H,5H)-pyrimidinetrione
38	레포살(Reposal)	5-(bicyclo〔3.2.1〕oct-2-en-3-yl)-5-ethyl-2,4,6(1H,3H,5H)-pyrimidinetrione
39	비닐비탈(Vinylbital)	5-(2-pentanyl)-5-vinyl-2,4,6(1H,3H,5H)-pyrimidinetrione

40	카르부바르비탈(Carbubarbital)	2-(5-butyl-2,4,6-trioxohexahydro-5-pyrimidinyl)ethyl carbamate
41	시그모달(Sigmodal)	5-(2-bromo-2-propen-1-yl)-5-(2-pentanyl)-2,4,6(1H,3H,5H)-pyrimidinetrione
42	엘도랄(Eldoral)	5-ethyl-5-(1-piperidinyl)-2,4,6(1H,3H,5H)-pyrimidinetrione
43	티아미랄(Thiamylal)	5-allyl-5-(2-pentanyl)-2-thioxodihydro-4,6(1H,5H)-pyrimidinedione
44	클로르헥사돌(Chlorhexadol)	2-methyl-4-(2,2,2-trichloro-1-hydroxyethoxy)-2-pentanol
45	글루테티미드(Glutethimide)	3-ethyl-3-phenyl-2,6-piperidinedione
46	리저직산(Lysergic acid)	(8β)-6-methyl-9,10-didehydroergoline-8-carboxylic acid
47	리저직산 아미드 (Lysergic acid amide)	(8β)-6-methyl-9,10-didehydroergoline-8-carboxamide
48	메프로바메이트(Meprobamate)	2-[(carbamoyloxy)methyl]-2-methylpentyl carbamate
49	메티프릴론(Methyprylon)	3,3-diethyl-5-methyl-2,4-piperidinedione
50	설폰디에틸메탄 (Sulfondiethylmethane)	3,3-bis(ethylsulfonyl)pentane
51	설폰에틸메탄(Sulfonethylmethane)	2,2-bis(ethylsulfonyl)butane
52	설폰메탄(Sulfonmethane)	2,2-bis(ethylsulfonyl)propane
53	펜타조신(Pentazocine)	(1R,9R,13R)-1,13-dimethyl-10-(3-methyl-2-buten-1-yl)-10-azatricyclo[7.3.1.02,7]trideca-2,4,6-trien-4-ol
54	알릴이소프로필아세틸우레아 (Allylisopropylacetylurea, apronalide)	N-carbamoyl-2-isopropyl-4-pentenamide
55	브롬디에틸아세틸우레아 (Bromdiethylacetylurea, carbromal)	(1Z)-2-bromo-2-ethyl-N-[hydroxy(imino)methyl]butanimidic acid
56	브롬바레릴우레아 (Bromvalerylurea, bromisoval)	2-bromo-N-carbamoyl-3-methylbutanamide
57	부프레노르핀(Buprenorphine)	(5α,6β,14β,18R)-17-(cyclopropylmethyl)-18-[(2S)-2-hydroxy-3,3-dimethyl-2-butanyl]-6-methoxy-18,19-dihydro-4,5-epoxy-6,14-ethenomorphinan-3-ol
58	에프타조신(Eptazocine)	1,11-dimethyl-11-azatricyclo[7.4.1.02,7]tetradeca-2,4,6-trien-4-ol
59	플루니트라제팜(Flunitrazepam)	5-(2-fluorophenyl)-1-methyl-7-nitro-1,3-dihydro-2H-1,4-benzodiazepin-2-one
60	5, 5'- 바르비탈산 유도체. 다만, 별표1부터 별표6까지, 별표7의2 및 별표8에서 별도로 규정한 것은 제외한다.	Barbituric acid : 2,4,6(1H,3H,5H)-pyrimidinetrione 아래의 기본구조를 가지고, R 위치에 다음의 작용기를 가지는 물질 기본구조: 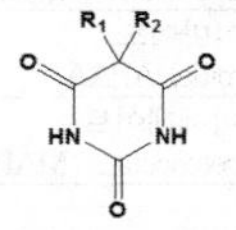 R: ○ R_1, R_2 : 결합 가능한 작용기(H 제외)
61	5, 5'- 티오바르비탈산 유도체. 다만, 별표1부터 별표6까지, 별표7의2 및 별표8에서 별도로 규정한 것은 제외한다.	Thiobarbituric acid : 2-thioxodihydro-4,6(1H,5H)-pyrimidinedione 아래의 기본구조를 가지고, R 위치에 다음의 작용기를 가지는 물질 기본구조: 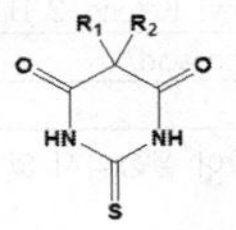 R: ○ R_1, R_2 : 결합 가능한 작용기(H 제외)

[별표6]

법 제2조제3호라목에 해당하는 향정신성의약품(제2조제3항 관련)

(2023.11.7 개정)

법 제2조제3호라목에 해당하는 향정신성의약품은 다음의 것과 그 염 및 이성체 또는 이성체의 염으로 한다.

구분	품명	화학명 또는 구조식
1	알프라졸람(Alprazolam)	8-chloro-1-methyl-6-phenyl-4H-[1,2,4]triazolo[4,3-a][1,4]benzodiazepine
2	암페프라몬(Amfepramone)	2-(diethylamino)-1-phenyl-1-propanone
3	브로마제팜(Bromazepam)	7-bromo-5-(2-pyridinyl)-1,3-dihydro-2H-1,4-benzodiazepin-2-one
4	브로티졸람(Brotizolam)	2-bromo-4-(2-chlorophenyl)-9-methyl-6H-thieno[3,2-f][1,2,4]triazolo[4,3-a][1,4]diazepine
5	부토르파놀(Butorphanol)	17-(cyclobutylmethyl)morphinan-3,14-diol
6	카마제팜(Camazepam)	7-chloro-1-methyl-2-oxo-5-phenyl-2,3-dihydro-1H-1,4-benzodiazepin-3-yl dimethylcarbamate
7	카틴(Cathine)	(1S,2S)-2-amino-1-phenyl-1-propanol
8	클로랄베타인(Chloral betaine)	(trimethylammonio)acetate - 2,2,2-trichloro-1,1-ethanediol (1 : 1)
9	클로랄히드레이트(Chloral hydrate)	2,2,2-trichloro-1,1-ethanediol
10	클로르디아제폭시드 (Chlordiazepoxide)	(2Z)-7-chloro-N-methyl-5-phenyl-1,3-dihydro-2H-1,4-benzodiazepin-2-imine 4-oxide
11	클로바잠(Clobazam)	7-chloro-1-methyl-5-phenyl-1H-1,5-benzodiazepine-2,4(3H,5H)-dione
12	클로나제팜(Clonazepam)	5-(2-chlorophenyl)-7-nitro-1,3-dihydro-2H-1,4-benzodiazepin-2-one
13	클로라제페이트(Clorazepate)	7-chloro-2-oxo-5-phenyl-2,3-dihydro-1H-1,4-benzodiazepine-3-carboxylic acid
14	클로티아제팜(Clotiazepam)	5-(2-chlorophenyl)-7-ethyl-1-methyl-1,3-dihydro-2H-thieno[2,3-e][1,4]diazepin-2-one
15	클록사졸람(Cloxazolam)	10-chloro-11b-(2-chlorophenyl)-2,3,7,11b-tetrahydro[1,3]oxazolo[3,2-d][1,4]benzodiazepin-6(5H)-one
16	델로라제팜(Delorazepam)	7-chloro-5-(2-chlorophenyl)-1,3-dihydro-2H-1,4-benzodiazepin-2-one
17	디아제팜(Diazepam)	7-chloro-1-methyl-5-phenyl-1,3-dihydro-2H-1,4-benzodiazepin-2-one
18	에스타졸람(Estazolam)	8-chloro-6-phenyl-4H-[1,2,4]triazolo[4,3-a][1,4]benzodiazepine
19	에트클로르비놀(Ethchlorvinol)	(1E)-1-chloro-3-ethyl-1-penten-4-yn-3-ol
20	에티나메이트(Ethinamate)	1-ethynylcyclohexyl carbamate
21	에틸로플라제페이트 (Ethyl Loflazepate)	ethyl 7-chloro-5-(2-fluorophenyl)-2-oxo-2,3-dihydro-1H-1,4-benzodiazepine-3-carboxylate
22	에티졸람(Etizolam)	4-(2-chlorophenyl)-2-ethyl-9-methyl-6H-thieno[3,2-f][1,2,4]triazolo[4,3-a][1,4]diazepine
23	펜플루라민(Fenfluramine)	N-ethyl-1-[3-(trifluoromethyl)phenyl]-2-propanamine
24	플루디아제팜(Fludiazepam)	7-chloro-5-(2-fluorophenyl)-1-methyl-1,3-dihydro-2H-1,4-benzodiazepin-2-one
25	플루라제팜(Flurazepam)	7-chloro-1-[2-(diethylamino)ethyl]-5-(2-fluorophenyl)-1,3-dihydro-2H-1,4-benzodiazepin-2-one
26	할라제팜(Halazepam)	7-chloro-5-phenyl-1-(2,2,2-trifluoroethyl)-1,3-dihydro-2H-1,4-benzodiazepin-2-one
27	할록사졸람(Haloxazolam)	10-bromo-11b-(2-fluorophenyl)-2,3,7,11b-tetrahydro[1,3]oxazolo[3,2-d][1,4]benzodiazepin-6(5H)-one
28	케타졸람(Ketazolam)	11-chloro-2,8-dimethyl-12b-phenyl-8,12b-dihydro-4H-[1,3]oxazino[3,2-d][1,4]benzodiazepine-4,7(6H)-dione
29	레페타민(Lefetamine)	(1R)-N,N-dimethyl-1,2-diphenylethanamine
30	로프라졸람(Loprazolam)	(2Z)-6-(2-chlorophenyl)-2-[(4-methyl-1-piperazinyl)methylene]-8-nitro-2,4-dihydro-1H-imidazo[1,2-a][1,4]benzodiazepin-1-one
31	로라제팜(Lorazepam)	7-chloro-5-(2-chlorophenyl)-3-hydroxy-1,3-dihydro-2H-1,4-benzodiazepin-2-one
32	로르메타제팜(Lormetazepam)	7-chloro-5-(2-chlorophenyl)-3-hydroxy-1-methyl-1,3-dihydro-2H-1,4-benzodiazepin-2-one
33	마진돌(Mazindol)	5-(4-chlorophenyl)-2,5-dihydro-3H-imidazo[2,1-a]isoindol-5-ol
34	메다제팜(Medazepam)	7-chloro-1-methyl-5-phenyl-2,3-dihydro-1H-1,4-benzodiazepine
35	메페노렉스(Mefenorex)	3-chloro-N-(1-phenyl-2-propanyl)-1-propanamine
36	미다졸람(Midazolam)	8-chloro-6-(2-fluorophenyl)-1-methyl-4H-imidazo[1,5-a][1,4]benzodiazepine
37	니메타제팜(Nimetazepam)	1-methyl-7-nitro-5-phenyl-1,3-dihydro-2H-1,4-benzodiazepin-2-one
38	니트라제팜(Nitrazepam)	7-nitro-5-phenyl-1,3-dihydro-2H-1,4-benzodiazepin-2-one
39	노르다제팜(Nordazepam)	7-chloro-5-phenyl-1,3-dihydro-2H-1,4-benzodiazepin-2-one
40	옥사제팜(Oxazepam)	7-chloro-3-hydroxy-5-phenyl-1,3-dihydro-2H-1,4-benzodiazepin-2-one
41	옥사졸람(Oxazolam)	10-chloro-2-methyl-11b-phenyl-2,3,7,11b-tetrahydro[1,3]oxazolo[3,2-d][1,4]benzodiazepin-6(5H)-one
42	옥시페르틴(Oxypertine)	5,6-dimethoxy-2-methyl-3-[2-(4-phenyl-1-piperazinyl)ethyl]-1H-indole
43	파라알데히드(Paraldehyde)	2,4,6-trimethyl-1,3,5-trioxane
44	페몰린(Pemoline)	2-amino-5-phenyl-1,3-oxazol-4(5H)-one
45	페트리클로랄(Petrichloral)	2,2,2-trichloro-1-(3-(2,2,2-trichloro-1-hydroxyethoxy)-2,2-bis[(2,2,2-trichloro-1-hydroxyethoxy)methyl]propoxy)ethanol
46	펜디메트라진(Phendimetrazine)	3,4-dimethyl-2-phenylmorpholine
47	펜터민(Phentermine)	2-methyl-1-phenyl-2-propanamine
48	피나제팜(Pinazepam)	7-chloro-5-phenyl-1-(2-propyn-1-yl)-1,3-dihydro-2H-1,4-benzodiazepin-2-one
49	피프라드롤(알파 또는 감마) [Pipradrol(α,γ)]	diphenyl(2-piperidinyl)methanol
50	프라제팜(Prazepam)	7-chloro-1-(cyclopropylmethyl)-5-phenyl-1,3-dihydro-2H-1,4-benzodiazepin-2-one
51	프로필헥세드린(Propylhexedrine)	1-cyclohexyl-N-methyl-2-propanamine
52	피리틸디온(Pyrithyldione)	3,3-diethyl-2,4(1H,3H)-pyridinedione
53	피로발레론(Pyrovalerone)	1-(4-methylphenyl)-2-(1-pyrrolidinyl)-1-pentanone
54	테마제팜(Temazepam)	7-chloro-3-hydroxy-1-methyl-5-phenyl-1,3-dihydro-2H-1,4-benzodiazepin-2-one
55	테트라제팜(Tetrazepam)	7-chloro-5-(1-cyclohexen-1-yl)-1-methyl-1,3-dihydro-2H-1,4-benzodiazepin-2-one
56	트리아졸람(Triazolam)	8-chloro-6-(2-chlorophenyl)-1-methyl-4H-[1,2,4]triazolo[4,3-a][1,4]benzodiazepine

57	조피클론(Zopiclone)	6-(5-chloro-2-pyridinyl)-7-oxo-6,7-dihydro-5H-pyrrolo[3,4-b]pyrazin-5-yl 4-methyl-1-piperazinecarboxylate
58	플루토프라제팜(Flutoprazepam)	7-chloro-1-(cyclopropylmethyl)-5-(2-fluorophenyl)-1,3-dihydro-2H-1,4-benzodiazepin-2-one
59	멕사졸람(Mexazolam)	10-chloro-11b-(2-chlorophenyl)-3-methyl-2,3,7,11b-tetrahydro[1,3]oxazolo[3,2-d][1,4]benzodiazepin-6(5H)-one
60	졸피뎀(Zolpidem)	N,N-dimethyl-2-[6-methyl-2-(4-methylphenyl)imidazo[1,2-a]pyridin-3-yl]acetamide
61	아미노렉스(Aminorex)	5-phenyl-4,5-dihydro-1,3-oxazol-2-amine
62	메소카브(Mesocarb)	5-[(phenylcarbamoyl)imino]-3-(1-phenyl-2-propanyl)-5H-1,2,3-oxadiazol-3-ium-2-ide
63	날부핀(Nalbuphine)	(5α,6α)-17-(cyclobutylmethyl) -4,5-epoxymorphinan-3,6,14-triol
64	지에이치비(GHB)	4-hydroxybutanoic acid
65	덱스트로메토르판 (Dextromethorphan)	(9α,13α,14α)-3-methoxy-17-methylmorphinan
66	카리소프로돌(Carisoprodol)	2-[(carbamoyloxy)methyl]-2-methylpentyl isopropylcarbamate
67	쿠아제팜(Quazepam)	7-chloro-5-(2-fluorophenyl)-1-(2,2,2-trifluoroethyl)-1,3-dihydro-2H-1,4-benzodiazepine-2-thione
68	프로포폴(Propofol)	2,6-diisopropylphenol
69	로카세린(Lorcaserin)	(1R)-8-chloro-1-methyl-2,3,4,5-tetrahydro-1H-3-benzazepine
70	페나제팜(Phenazepam)	7-Bromo-5-(2-chlorophenyl)-1,3-dihydro-2H-1,4-benzodiazepin-2-one
71	레미마졸람(Remimazolam)	Methyl3-[(4S)-8-bromo-1-methyl-6-pyridin-2-yl-4H-imidazo[1,2-a][1,4]benzodiazepin-4-yl]propanoate
72	페니부트 (Phenibut)	4-amino-3-phenylbutanoic acid
73	디클라제팜 (Diclazepam)	7-chloro-5-(2-chlorophenyl)-1-methyl-1,3-dihydro-2H-1,4-benzodiazepin-2-one
74	잘레플론 (Zaleplon)	N-[3-(3-cyanopyrazolo[1,5-a]pyrimidin-7-yl)phenyl]-N-ethylacetamide
75	수보렉산트 (Suvorexant)	[(7R)-4-(5-chloro-1,3-benzoxazol-2-yl)-7-methyl-1,4-diazepin-1-yl]-[5-methyl-2-(triazol-2-yl)phenyl]methadone
76	디날부핀 세바케이트 (Dinalbuphine sebacate)	bis[(4R,4aS,7S,7aR,12bS)-3-(cyclobutylmethyl)4a,7-dihydroxy-1,2,4,5,6,7,7a,13 - octahydro-4,12-methanobenzofuro[3,2-e]isoquinolin-9-yl] decanedioate
77	클로나졸람 (Clonazolam)	6-(2-chlorophenyl)-1-methyl-8-nitro-4H-[1,2,4]triazolo[4,3-a][1,4]benzodiazepine
78	플루브로마졸람 (Flubromazolam)	8-bromo-6-(2-fluorophenyl)-1-methyl-4H-[1,2,4]triazolo[4,3-a][1,4]benzodiazepine
79	플루알프라졸람 (Flualprazolam)	8-chloro-6-(2-fluorophenyl)-1-methyl-4H-[1,2,4]triazolo[4,3-a][1,4]benzodiazepine

[별표7]

법 제2조제3호마목에 해당하는 향정신성의약품(제2조제3항 관련)

(2013.3.23 개정)

별표3부터 별표6까지에서 열거한 것을 함유하는 혼합물질 또는 혼합제제. 다만, 법 제2조제3호마목 단서에 따라 총리령으로 정하는 것은 제외한다.

[별표7의2]

법 제2조제4호다목에 해당하는 화학적합성품(제2조제4항 관련)

(2016.11.1 신설)

법 제2조제4호다목에 따른 대마초와 그 수지 또는 이를 원료로 하여 제조된 모든 제품과 동일한 화학적 합성품은 다음의 것과 그 염 및 이성체 또는 이성체의 염으로 한다.

구분	품명	화학명 또는 구조식
1	칸나비놀(Cannabinol)	6,6,9-Trimethyl-3-pentyl-benzo[c]chromen-1-ol
2	테트라히드로칸나비놀 (Δ9-Tetrahydrocannabinol)	(-)-(6aR,10aR)-6,6,9-Trimethyl-3-pentyl-6a,7,8,10a-tetrahydro-6H-benzo[c]chromen-1-ol
3	칸나비디올(Cannabidiol)	2-[(1R,6R)-6-isopropenyl-3-methylcyclohex-2-en-1-yl]-5-pentylbenzene-1,3-diol

[별표8]

원료물질 및 최대거래량(제2조제5항, 제6조, 제19조제2항 및 제20조제1항 관련)

(2021.12.14 개정)

1. 원료물질은 다음의 것과 그 염류로 한다.

(1군)

구분	품명	최대거래량
1	에페드린(Ephedrine)	1킬로그램
2	에르고메트린(Ergometrine)	10킬로그램
3	에르고타민(Ergotamine)	20킬로그램
4	리서직산(Lysergic acid)	
5	1-페닐-2-프로파논(1-phenyl-2-propanone)	
6	슈도에페드린(Pseudoephedrine)	1킬로그램
7	엔-아세틸안트라닐산(N-acetyl-anthranilic acid)	40킬로그램
8	이소사프롤(Isosafrole)	
9	3,4-메틸렌디옥시페닐-2-프로파논 (3,4- Methylenedioxy-phenyl-2-propanone)	20킬로그램
10	피페로날(Piperonal)	
11	사프롤(Safrole)	
12	노르에페드린(Norephedrine)	
13	무수초산(Acetic anhydride)	1,000킬로그램(920리터)
14	아세톤(Acetone)	1,500킬로그램(1,893리터)
15	과망간산칼륨(Potassium Permanganate)	500킬로그램(185리터)
16	감마부티롤락톤(gamma-butyrolactone)	
17	1,4-부탄디올(1,4-Butanediol)	
18	디히드로리서직산메틸에스테르 (Dihydrolysergic acid methyl ester)	
19	페닐초산(Phenylacetic acid)	1킬로그램
20	벤질시아나이드(Benzyl cyanide)	1킬로그램
21	벤즈알데히드(Benzaldehyde)	4킬로그램
22	메틸아민(Methylamine)	1킬로그램
23	에틸아민(Ethylamine)	1킬로그램
24	알파페닐아세토아세토니트릴 (alpha-Phenylacetoacetonitrile, APAAN)	
25	엔-펜에틸-4-피페리돈(N-Phenethyl-4-piperidone, NPP)	
26	4-아닐리노-엔-펜에틸피페리딘 (4-Anilino-N-phenethylpiperidine, ANPP)	
27	3,4-메틸렌디옥시페닐-2-프로파논메틸글리시딕엑시드 (3,4-methylenedioxyphenyl-2-propanone methyl glycidic acid, 3,4-MDP-2-P methyl glycidic acid)	
28	3,4-메틸렌디옥시페닐-2-프로파논메틸글리시딕엑시드메틸에스테르 (3,4-methylenedioxyphenyl-2-propanone methyl glycidic acid methyl ester, 3,4-MDP-2-P methyl glycidic acid methyl ester)	
29	알파-페닐아세토아세트아마이드 (alpha-Phenylacetoacetamide, APAA)	
30	메틸-알파-페닐-아세토아세테이트 (Methyl-alpha-phenyl-acetoacetate, MAPA)	

(2군)

구분	품명	최대거래량
1	안트라닐산(Anthranilic acid)	30킬로그램
2	에틸에테르(Ethyl ether)	1,400킬로그램(1,902리터)
3	피페리딘(Piperidine)	500그램
4	염산(염류 제외)(Hydrochloric acid)	
5	메틸에틸케톤(Methyl ethyl Ketone, 2-Butanone)	1,460킬로그램(1,814리터)
6	황산(염류 제외)(Sulphuric acid)	
7	톨루엔(Toluene)	1,600킬로그램(1,845리터)

2. 제1호의 물질 중 최대거래량이 설정되지 않은 물질은 거래를 할 때마다 거래량에 관한 기록을 작성·보존하여야 한다.

[별표9]

과징금의 산정기준(제15조 관련)

(2016.11.1 개정)

1. 업무정지 1일에 해당하는 과징금의 금액

가. 마약류수출입업자, 마약류제조업자, 마약류원료사용자 및 원료물질수출입업자등의 경우

(단위 : 만원)

업무정지 1일에 해당하는 과징금의 금액	전년도 총생산금액 또는 총수출입금액
1.5	2,000 미만
5.3	2,000 이상 ~ 5,000 미만
9	5,000 이상 ~ 7,000 미만
13	7,000 이상 ~ 10,000 미만
23	10,000 이상 ~ 20,000 미만
36	20,000 이상 ~ 30,000 미만
42	30,000 이상 ~ 40,000 미만
48	40,000 이상 ~ 50,000 미만
54	50,000 이상 ~ 60,000 미만
60	60,000 이상 ~ 70,000 미만
66	70,000 이상 ~ 80,000 미만
72	80,000 이상 ~ 100,000 미만
78	100,000 이상 ~ 150,000 미만
95.5	150,000 이상 ~ 200,000 미만
109	200,000 이상

나. 마약류도매업자의 경우
· 업무정지 1일에 해당하는 과징금의 금액 : 5만원
다. 마약류취급의료업자, 마약류관리자, 마약류소매업자 및 마약류취급학술연구자의 경우
· 업무정지 1일에 해당하는 과징금의 금액 : 3만원

2. 과징금의 산정방법
가. 업무정지 1개월은 30일을 기준으로 한다.
나. 마약류수출입업자·마약류제조업자 및 마약류원료사용자에 대한 과징금의 산정기준은 다음과 같다.
1) 업무정지처분을 갈음하여 과징금처분을 하는 경우에는 해당 업소의 처분에 대한 처분일이 속한 연도의 전년도 전품목의 1년간 총생산금액 또는 총수출입금액을 기준으로 한다.
2) 품목제조업무(품목수입업무)의 정지처분을 갈음하여 과징금처분을 하는 경우에는 해당 업소의 처분에 대한 처분일이 속한 연도의 전년도 해당 품목의 1년간 총생산금액 또는 총수출입금액을 기준으로 한다.
3) 1) 및 2)의 경우 신규로 품목을 제조 또는 수입하거나 휴업 등으로 인하여 1년간의 총생산금액 또는 총수출입금액을 기준으로 과징금을 산정하는 것이 불합리하다고 인정되는 경우에는 분기별 또는 월별 생산금액(수출입금액)을 기준으로 과징금을 산정한다.
다. 원료물질수출입업자등에 대한 과징금 산정기준은 다음과 같다.
1) 업무정지처분을 갈음하여 과징금처분을 하는 경우에는 해당 업소의 처분에 대한 처분일이 속한 연도의 전년도 1년간 총생산금액 또는 총수출입금액을 기준으로 한다.
2) 1)의 경우 휴업 등으로 인하여 1년간의 총생산금액 또는 총수출입금액을 기준으로 과징금을 산정하는 것이 불합리하다고 인정되는 경우에는 분기별 또는 월별 생산금액(수출입금액)을 기준으로 과징금을 산정한다.

[별표10]

과태료의 부과기준(제29조 관련)

(2021.12.14 개정)

1. 일반기준
가. 위반행위의 횟수에 따른 과태료의 부과기준은 최근 2년간 같은 위반행위로 과태료 부과처분을 받은 경우에 적용한다. 이 경우 위반행위에 대하여 과태료 부과처분을 한 날과 그 처분 후에 다시 같은 위반행위를 적발한 날을 기준으로 하여 위반횟수를 계산한다.
나. 가목에 따라 부과처분을 하는 경우 부과처분의 적용 차수는 그 위반행위 전 부과처분 차수(가목에 따른 기간 내에 과태료 부과처분이 둘 이상 있었던 경우에는 높은 차수를 말한다)의 다음 차수로 한다.
다. 부과권자는 다음의 사항을 고려하여 해당 과태료 금액의 2분의 1의 범위에서 그 금액을 줄일 수 있다. 다만, 과태료를 체납하고 있는 위반행위자의 경우에는 그 금액을 줄일 수 없다.
1) 위반행위가 고의나 중대한 과실이 아닌 사소한 부주의나 오류로 인한 경우
2) 위반의 내용·정도가 경미하다고 인정되는 경우
3) 법 위반상태를 시정하거나 해소하기 위한 노력이 인정되는 경우
라. 부과권자는 다음의 어느 하나에 해당하는 경우에는 제2호에 따른 과태료 금액의 2분의 1의 범위에서 그 금액을 늘일 수 있다. 다만, 과태료의 총액은 법 제69조제1항에 따른 과태료 금액의 상한을 넘을 수 없다.
1) 위반의 내용·정도가 중대하여 이해관계인 등에게 미치는 피해가 크다고 인정되는 경우
2) 그 밖에 법 위반상태의 기간, 위반행위의 정도, 위반행위의 동기와 그 결과 등을 고려하여 가중할 필요가 있다고 인정되는 경우

2. 개별기준

위반행위	근거 법조문	과태료 금액		
		1차 위반	2차 위반	3차 이상 위반
가. 예고임시마약류에 대하여 법 제5조의2제5항을 위반한 경우	법 제69조 제1항제10호	300만원		
나. 법 제8조제2항 및 제3항에 따른 신고를 하지 않은 경우	법 제69조 제1항제1호	300만원		
다. 법 제11조제1항, 제3항 또는 제4항을 위반하여 마약류취급의료업자, 마약류관리자, 마약류소매업자가 의료행위 또는 동물 진료나 조제를 목적으로 가지고 있는 향정신성의약품이 보고된 재고량과 차이가 있는 경우	법 제69조 제1항제3호	300만원. 다만, 이 목의 위반행위로 업무정지 또는 허가·지정취소의 처분을 받지 않게 된 경우에는 과태료를 부과하지 않는다.		
라. 마약에 대하여 법 제12조제1항에 따른 보고를 하지 않은 경우	법 제69조 제1항제5호	500만원		
마. 향정신성의약품과 대마 및 원료물질에 대하여 법 제12조제1항 또는 제51조제7항에 따른 보고를 하지 않은 경우	법 제69조 제1항제5호	300만원		
바. 법 제15조를 위반하여 향정신성의약품을 저장한 경우	법 제69조 제1항제6호	300만원		
사. 법 제32조제3항을 위반하여 마약에 관한 기록을 보존하지 않은 경우	법 제69조 제1항제7호	500만원		
아. 법 제32조제3항을 위반하여 향정신성의약품에 관한 기록을 보존하지 않은 경우	법 제69조 제1항제7호	300만원		
자. 법 제33조제2항을 위반하여 마약을 인계 후 그 이유를 해당 관청에 신고하지 않은 경우	법 제69조 제1항제8호	500만원		
차. 법 제33조제2항을 위반하여 향정신성의약품과 대마를 인계 후 그 이유를 해당 관청에 신고하지 않은 경우	법 제69조 제1항제8호	150만원	225만원	300만원
카. 대마에 대해서 법 제35조제2항에 따른 보고를 하지 않은 경우	법 제69조 제1항제5호	150만원	225만원	300만원
타. 법 제35조제4항을 위반하여 장부를 보존하지 않은 경우	법 제69조 제1항제9호	300만원		

■ 환경개선비용 부담법

[별표]

개선부담금의 부과기준일, 부과기간 및 납부기간(제9조제4항 관련)

(2019.4.16 신설)

반기별	부과기준일	부과기간	납부기간
1. 상반기	매년 6월 30일	1월 1일부터 6월 30일까지	9월 16일부터 9월 30일까지
2. 하반기	매년 12월 31일	7월 1일부터 12월 31일까지	다음 해 3월 16일부터 3월 31일까지

■ 환경분쟁 조정법 시행령

[별표1]

수수료(제35조제1항 관련)

(2022.7.11 개정)

신청별	조정가액별 수수료
알선신청	10,000원
조정신청	1. 조정가액 500만원 이하 : 10,000원 2. 조정가액 500만원 초과 5천만원 이하 : 제1호의 수수료에 5백만원을 초과한 10,000원마다 15원을 더한 금액 3. 조정가액 5천만원 초과 : 제2호의 수수료에 5천만원을 초과한 10,000원마다 10원을 더한 금액
원인재정	신청인 수에 20,000원을 곱하여 산출한 금액
책임재정 또는 중재신청	1. 조정가액 500만원 이하 : 20,000원 2. 조정가액 500만원 초과 5천만원 이하 : 제1호의 수수료에 5백만원을 초과한 10,000원마다 30원을 더한 금액 3. 조정가액 5천만원 초과 : 제2호의 수수료에 5천만원을 초과한 10,000원마다 20원을 더한 금액
참가신청	1. 조정절차 참가신청 : 해당 참가인의 조정가액에 대하여 조정신청의 수수료 산출방법에 따라 산출한 금액 2. 재정절차 참가신청 : 해당 참가인의 조정가액에 대하여 재정신청의 수수료 산출방법에 따라 산출한 금액
증거보전신청	5,000원

비고
1. 조정가액을 산정할 수 없는 경우에는 그 가액을 500만원으로 하되, 추후 산정할 수 있게 된 경우에는 그 산정가액을 기준으로 한다.
2. 제35조제4항에 따라 전자화폐·전자결제 등의 방법으로 수수료를 내는 경우에는 「민원 처리에 관한 법률」 제12조의2제6항에 따른 별도의 업무처리비용을 면제한다.

[별표2]

과태료의 부과기준(제36조 관련)

(2016.11.8 개정)

1. 일반기준
가. 위반행위의 횟수에 따른 과태료의 부과기준은 최근 1년간 같은 위반행위로 과태료 부과처분을 받은 경우에 적용한다. 이 경우 위반행위에 대하여 과태료 부과처분을 한 날과 다시 같은 위반행위를 적발한 날을 각각 기준으로 하여 위반횟수를 계산한다.
나. 부과권자는 다음의 어느 하나에 해당하는 경우에는 제2호에 따른 과태료 금액의 2분의 1의 범위에서 그 금액을 줄일 수 있다. 다만, 과태료를 체납하고 있는 위반행위자에 대해서는 그러하지 아니하다.
1) 위반행위자가 「질서위반행위규제법 시행령」 제2조의2제1항 각 호의 어느 하나에 해당하는 경우
2) 위반행위자가 위반행위자의 사소한 부주의나 오류 등 과실로 인한 것으로 인정되는 경우
3) 위반행위자가 위반행위를 바로 정정하거나 시정하여 해소한 경우
4) 그 밖에 위반행위의 정도, 동기와 그 결과 등을 고려하여 과태료 금액을 줄일 필요가 있다고 인정되는 경우

2. 개별기준

(단위 : 만원)

위반행위	근거 법조문	과태료 금액		
		1차 위반	2차 위반	3차 이상 위반
가. 법 제38조제1항제1호 및 제3호(법 제45조의3에 따라 준용되는 경우를 포함한다)를 위반한 경우				
1) 계속하여 2회의 출석 요구를 받고 정당한 사유 없이 출석하지 않은 경우	법 제66조제1항제1호	10	20	30
2) 문서 또는 물건을 제출하지 않은 경우	법 제66조제1항제2호	10	20	30
3) 거짓 문서·물건을 제출한 경우	법 제66조제1항제2호	30	60	100
나. 법 제38조제4항(법 제45조의3에 따라 준용되는 경우를 포함한다)에 따라 선서한 당사자, 참고인 또는 감정인이 거짓으로 진술 또는 감정을 한 경우	법 제66조제2항	10	20	30

■ 대기환경보전법 시행령

〔별표1〕

통합관리센터의 지정기준(제1조의6 관련)

(2023.11.21 개정)

1. 다음 각 목의 시설·장비 기준을 모두 갖출 것
  가. 예보용 고성능컴퓨터(계산노드 160코어, 저장용량 500TB 이상)
  나. 대기질 수집·분석 서버(계산노드 16코어, 저장용량 500TB 이상)
  다. 대기오염 정보 제공 서버(계산노드 16코어, 저장용량 50TB 이상)
  라. 대기질 예보 지원 시스템(측정 및 모델 결과표출 모듈 탑재)
  마. 그 밖에 영상회의 장비, 멀티스크린 등 대기질 분석·예보를 위한 시설
2. 다음 각 목의 기술인력 기준을 모두 갖출 것
  가. 다음의 어느 하나에 해당하는 사람 1명 이상
    1) 「국가기술자격법」에 따른 화공, 대기관리 또는 기상예보 분야 기술사
    2) 환경공학, 대기환경, 화학공학, 공업화학, 화학, 대기과학 관련 분야 박사학위를 취득한 사람
    3) 대기질 예보 분야(기상, 대기측정, 배출량 또는 대기모델 관련 분야)의 석사학위 취득 후 해당 전문기술 분야에서 5년 이상 종사한 사람
  나. 다음의 어느 하나에 해당하는 사람 2명 이상
    1) 「국가기술자격법」에 따른 화공, 화학분석, 대기환경 또는 기상 분야 기사
    2) 「국가기술자격법」에 따른 화공, 대기환경 또는 기상 분야의 산업기사 자격 취득 후 대기 관련 분야(대기환경, 화학 또는 기상 관련 분야) 또는 해당 전문기술 분야에서 4년 이상 종사한 사람
    3) 「고등교육법」 제2조에 따른 학교의 화공, 화학분석, 대기환경 또는 기상 분야의 학사학위를 취득한 후 또는 법령에 따라 이와 같은 수준의 학력을 갖춘 후 대기 관련 분야(대기환경, 화학 또는 기상 관련 분야) 또는 해당 전문기술 분야에서 7년 이상 종사한 사람
  다. 「고등교육법」 제2조에 따른 학교의 환경공학, 대기환경, 화학공학, 공업화학, 화학 또는 대기과학 관련 전문학사학위를 취득한 사람 또는 이와 같은 수준 이상의 자격이 있는 사람 2명 이상

〔별표1의2〕

통합관리센터의 지정 취소 및 업무정지의 세부기준(제1조의8 관련)

(2020.3.31 개정)

1. 일반기준
  가. 위반행위의 횟수에 따른 처분기준은 최근 2년간 같은 위반행위를 한 경우에 적용한다. 이 경우 위반횟수별 처분기준의 적용일은 위반행위에 대하여 처분을 한 날과 다시 같은 위반행위(처분 후의 위반행위만 해당한다)를 적발한 날로 한다.
  나. 위반행위가 둘 이상인 경우로서 그에 해당하는 각각의 처분기준이 다른 경우에는 그 중 무거운 처분기준에 따르고, 각각의 처분기준이 업무정지인 경우에는 각각의 처분기준을 합산한 기간을 넘지 않는 범위에서 무거운 처분기준의 2분의 1까지 가중하여 처분할 수 있다.
  다. 처분권자는 위반행위의 동기, 내용, 횟수 및 위반의 정도 등 다음의 사유를 고려하여 처분기준의 2분의 1 범위에서 제2호에 따른 처분을 감경할 수 있다. 이 경우 그 처분이 업무정지인 경우에는 그 처분기준의 2분의 1의 범위에서 감경할 수 있고, 지정취소인 경우(법 제7조의3제4항제1호에 해당하는 경우는 제외한다)에는 6개월의 업무정지 처분으로 감경할 수 있다.
    1) 고의적이거나 악의적이 아닌 사소한 부주의나 오류로 인한 것으로 인정되는 경우
    2) 위반의 내용·정도가 경미하여 국민건강 및 환경에 미치는 피해가 적다고 인정되는 경우
    3) 위반행위자가 처음 해당 위반행위를 한 경우로서 통합관리센터의 업무를 모범적으로 해 온 사실이 인정되는 경우
    4) 위반행위자가 해당 위반행위로 인하여 업무정지 이상의 처분을 받을 경우 공익에 지장을 가져오는 등의 사유가 인정되는 경우
2. 개별기준

위반사항	근거법령	행정처분기준		
		1차 위반	2차 위반	3차 위반
가. 거짓이나 그 밖의 부정한 방법으로 지정을 받은 경우	법 제7조의3 제4항제1호	지정 취소		
나. 지정받은 사항을 위반하여 업무를 행한 경우	법 제7조의3 제4항제2호	시정명령	업무정지 3개월	지정 취소
다. 법 제7조의3제5항에 따른 지정기준에 적합하지 않게 된 경우	법 제7조의3 제4항제3호	시정명령	업무정지 3개월	지정 취소

〔별표1의3〕

사업장 분류기준(제13조 관련)

(2008.12.31 개정)

종 별	오염물질발생량 구분
1종사업장	대기오염물질발생량의 합계가 연간 80톤 이상인 사업장
2종사업장	대기오염물질발생량의 합계가 연간 20톤 이상 80톤 미만인 사업장
3종사업장	대기오염물질발생량의 합계가 연간 10톤 이상 20톤 미만인 사업장
4종사업장	대기오염물질발생량의 합계가 연간 2톤 이상 10톤 미만인 사업장
5종사업장	대기오염물질발생량의 합계가 연간 2톤 미만인 사업장

비고 : "대기오염물질발생량"이란 방지시설을 통과하기 전의 먼지, 황산화물 및 질소산화물의 발생량을 환경부령으로 정하는 방법에 따라 산정한 양을 말한다.

〔별표2〕

적산전력계의 부착대상 시설 및 부착방법(제17조제4항 관련)

(2022.5.3 개정)

1. 적산전력계의 부착대상 시설
  배출시설에 법 제26조에 따라 설치하는 방지시설. 다만, 다음의 방지시설은 제외한다.
  가. 굴뚝 자동측정기기를 부착한 배출구와 연결된 방지시설
  나. 방지시설과 배출시설이 같은 전원설비를 사용하는 등 적산전력계를 부착하지 아니하여도 가동상태를 확인할 수 있는 방지시설
  다. 원료나 제품을 회수하는 기능을 하여 항상 가동하여야 하는 방지시설
  라. 사물인터넷 측정기기를 부착한 방지시설
2. 적산전력계의 부착방법
  가. 적산전력계는 방지시설을 운영하는 데에 드는 모든 전력을 적산할 수 있도록 부착하여야 한다. 다만, 방지시설에 부대되는 기계나 기구류의 경우에는 사용되는 전압이나 전력의 인출지점이 달라 모든 부대시설에 적산전력계를 부착하기 곤란한 때에는 주요 부대시설(송풍기와 펌프를 말한다)에만 적산전력계를 부착할 수 있다.
  나. 방지시설 외의 시설에서 사용하는 전력은 적산되지 아니하도록 별도로 구분하여 부착하되, 배출시설의 전력사용량이 방지시설의 전력사용량의 2배를 초과하지 아니하는 경우에는 별도로 구분하지 아니하고 부착할 수 있다.

〔별표3〕

굴뚝 자동측정기기의 부착대상 배출시설, 측정 항목, 부착 면제, 부착 시기 및 부착 유예
(제17조제5항 관련)

(2022.5.3 개정)

1. 굴뚝 자동측정기기 부착대상 배출시설 및 측정항목

부착대상 배출시설	측정항목
가. 코크스 제조시설 및 관련 제품 저장시설 코크스 또는 관련 제품 제조시설 - 코크스 제조시설 중 황 회수 제조시설을 제외한 배출구별 배기가스량이 시간당 10,000표준세제곱미터 이상인 시설	먼지, 황산화물, 질소산화물
나. 석유제품 제조시설 1) 가열시설 - 가열용량이 시간당 2,500만킬로칼로리 이상인 시설 2) 촉매 재생시설 - 배출구별 배기가스량이 시간당 10,000표준세제곱미터 이상인 시설 3) 황산화물제거시설 또는 황 회수시설 - 배출구별 배기가스량이 시간당 10,000표준세제곱미터 이상인 시설 4) 중질유 분해시설의 일산화탄소 소각시설 - 황산제조 또는 황 회수시설을 제외한 배출구별 배기가스량이 시간당 10,000표준세제곱미터 이상인 시설	먼지, 질소산화물, 황산화물 먼지 황산화물 먼지, 황산화물, 질소산화물, 일산화탄소
다. 기초유기화합물 제조시설 1) 가열시설 - 가열용량이 시간당 2,500만킬로칼로리 이상인 시설 2) 촉매 재생시설 - 배출구별 배기가스량이 시간당 10,000표준세제곱미터 이상인 시설 3) 황산화물제거시설 또는 황 회수시설 - 배출구별 배기가스량이 시간당 10,000표준세제곱미터 이상인 시설 4) 중질유 분해시설의 일산화탄소 소각시설 - 황산제조 또는 황 회수시설을 제외한 배출구별 배기가스량이 시간당 10,000표준세제곱미터 이상인 시설	먼지, 질소산화물, 황산화물 먼지 황산화물 먼지, 황산화물, 질소산화물, 일산화탄소
라. 기초무기화합물 제조시설 1) 황산 제조시설(황연소, 비철금속제련, 중질유분해시설) - 배출구별 배기가스량이 시간당 10,000표준세제곱미터 이상인 시설 2) 황산을 제외한 무기산 제조시설 가) 인산 제조시설 - 배출구별 배기가스량이 시간당 10,000표준세제곱 미터 이상인 시설 나) 불소화합물 제조시설 - 배출구별 배기가스량이 시간당 10,000표준세제곱미터 이상인 시설 다) 염산 제조시설 또는 염화수소 회수시설 - 배출구별 배기가스량이 시간당 10,000표준세제곱미터 이상인 시설 3) 인광석 소성시설 - 배출구별 배기가스량이 시간당 10,000표준세제곱미터 이상인 시설 4) 용융·용해시설, 소성시설 또는 가열시설 - 배출구별 배기가스량이 시간당 10,000표준세제곱미터 이상인 시설	황산화물 불화수소 불화수소 염화수소 먼지, 불화수소, 질소산화물 먼지, 질소산화물, 황산화물
마. 무기안료·염료·유연제 제조시설 및 기타 착색제 제조시설 용융·용해시설, 소성시설 또는 가열시설 - 배출구별 배기가스량이 시간당 10,000표준세제곱미터 이상인 시설	먼지, 질소산화물, 황산화물
바. 화학비료 및 질소화합물 제조시설 1) 화학비료 제조시설 가) 질소질비료(요소를 포함한다) 제조시설 - 배출구별 배기가스량이 시간당 10,000표준세제곱미터 이상인 시설 나) 복합비료 제조시설 - 배출구별 배기가스량이 시간당 10,000표준세제곱미터 이상인 시설 2) 질산 제조시설 또는 질산 회수재생시설 - 배출구별 배기가스량이 시간당 10,000표준세제곱미터 이상인 시설 3) 용융·용해시설, 소성시설 또는 가열시설 - 배출구별 배기가스량이 시간당 10,000표준세제곱미터 이상인 시설	 먼지, 암모니아 먼지, 암모니아, 불화수소 질소산화물 먼지, 질소산화물, 황산화물
사. 의약품 제조시설 용융·용해시설, 소성시설 또는 가열시설 - 배출구별 배기가스량이 시간당 10,000표준세제곱미터 이상인 시설	먼지, 질소산화물, 황산화물
아. 기타 화학제품 제조시설 용융·용해시설, 소성시설 또는 가열시설 - 배출구별 배기가스량이 시간당 10,000표준세제곱미터 이상인 시설	먼지, 질소산화물, 황산화물
자. 화학섬유 제조시설 용융·용해시설, 소성시설 또는 가열시설 - 배출구별 배기가스량이 시간당 10,000표준세제곱미터 이상인 시설	먼지, 질소산화물, 황산화물
차. 고무 및 고무제품 제조시설 용융·용해시설, 소성시설 또는 가열시설 - 배출구별 배기가스량이 시간당 10,000표준세제곱미터 이상인 시설	먼지, 질소산화물, 황산화물
카. 합성고무, 플라스틱물질 및 플라스틱제품 제조시설 용융·용해시설, 소성시설 또는 가열시설 - 배출구별 배기가스량이 시간당 10,000표준세제곱미터 이상인 시설	먼지, 질소산화물, 황산화물
타. 유리 및 유리제품 제조시설〔재생(再生)용 원료가공시설을 포함한다〕 1) 유리(유리섬유를 포함한다)제조 용융·용해시설 - 포트(pot)로가 아닌 시설로서 배출구별 배기가스량이 시간당 10,000표준세제곱미터 이상인 시설 2) 산처리시설(염산 및 염화수소 사용시설로서 연속식만 해당한다) - 배출구별 배기가스량이 시간당 10,000표준세제곱미터 이상인 시설	먼지, 질소산화물, 황산화물(청정연료 및 황함유량이 0.5퍼센트 이하인 액체연료를 사용하는 시설은 제외한다) 염화수소
파. 도자기·요업(窯業)제품 제조시설〔재생(再生)용 원료가공시설을 포함한다〕 소성시설 및 용융·용해시설 - 배출구별 배기가스량이 시간당 10,000표준세제곱미터 이상인 시설	먼지, 질소산화물, 황산화물
하. 시멘트·석회·플라스터 및 그 제품 제조시설 1) 시멘트 제조시설의 소성시설 및 냉각시설 - 배출구별 배기가스량이 시간당 10,000표준세제곱미터 이상인 시설	먼지, 질소산화물(소성로만 해당한다), 염화수소(폐합성수지류

	를 연료로 사용하는 소성로만 해당한다)
2) 석회 제조시설의 소성시설 – 배출구별 배기가스량이 시간당 30,000표준세제곱미터 이상인 시설	먼지, 질소산화물
거. 기타 비금속광물제품 제조시설(아스팔트제품 제조시설은 제외한다)	
1) 소성시설 및 용융·용해시설 – 배출구별 배기가스량이 시간당 10,000표준세제곱미터 이상인 시설	먼지, 질소산화물, 황산화물
2) 석고 제조시설의 소성시설 및 건조시설 – 배출구별 배기가스량이 시간당 10,000표준세제곱미터 이상인 시설	먼지, 질소산화물
너. 아스팔트제품 제조시설 용융·용해시설 – 배출구별 배기가스량이 시간당 10,000표준세제곱미터 이상인 시설	먼지, 질소산화물, 황산화물
더. 제1차 금속 제조시설	
1) 전기로(아크로만 해당한다) – 배출구별 배기가스량이 시간당 10,000표준세제곱미터 이상인 시설	먼지
2) 소결로(燒結爐) – 배출구별 배기가스량이 시간당 10,000표준세제곱미터 이상인 시설	먼지, 질소산화물, 황산화물
3) 가열로 – 배출구별 배기가스량이 시간당 50,000표준세제곱미터 이상인 시설	먼지, 질소산화물, 황산화물
4) 용광로, 용선로, 전로, 용융·용해로 또는 배소로(焙燒爐) – 배출구별 배기가스량이 시간당 50,000표준세제곱미터 이상인 시설	먼지, 황산화물, 질소산화물(용선로 및 배소로만 해당한다)
5) 산처리시설(염산 및 염화수소 사용시설로서 연속식의 경우에만 해당한다) – 배출구별 배기가스량이 시간당 10,000표준세제곱미터 이상인 시설	염화수소
6) 주물사(鑄物砂) 처리시설(연속식만 해당한다) – 배출구별 배기가스량이 시간당 100,000표준세제곱미터 이상인 시설	먼지
러. 조립금속제품·기계·기기·장비·운송장비·가구 제조시설	
1) 전기로(아크로만 해당한다) – 배출구별 배기가스량이 시간당 10,000표준세제곱미터 이상인 시설	먼지
2) 가열로 – 배출구별 배기가스량이 시간당 50,000표준세제곱미터 이상인 시설	먼지, 질소산화물, 황산화물
3) 전로, 용융·용해로 – 배출구별 배기가스량이 시간당 50,000표준세제곱미터 이상인 시설	먼지, 황산화물
4) 산처리시설(염산 및 염화수소 사용시설로서 연속식의 경우에만 해당한다) – 배출구별 배기가스량이 시간당 10,000표준세제곱미터 이상인 시설	염화수소
5) 주물사(鑄物砂) 처리시설(연속식만 해당한다) – 배출구별 배기가스량이 시간당 100,000표준세제곱미터 이상인 시설	먼지
6) 반도체 및 기타 전자부품 제조시설 중 증착시설 및 식각시설(염산 및 염화수소 사용시설로서 연속식만 해당한다) – 배출구별 배기가스량이 시간당 10,000표준세제곱미터 이상인 시설	염화수소
머. 발전시설(수력, 원자력 발전시설은 제외하며, 모든 배출시설에 적용한다)	
1) 발전시설	
가) 액체연료 또는 고체연료 사용시설 – 발전시설 설비용량이 50메가와트 이상인 시설 또는 시간당 증발량이 40톤 이상인 시설	먼지, 질소산화물, 황산화물
나) 기체연료 사용시설 – 발전시설 설비용량이 50메가와트 이상인 시설 또는 시간당 증발량이 40톤 이상인 시설	질소산화물
2) 발전용 내연기관	
가) 액체 또는 고체연료 사용시설 – 발전용량 5,000킬로와트 이상	먼지, 질소산화물, 황산화물
나) 기체연료 사용시설 – 발전용량 5,000킬로와트 이상	질소산화물
버. 폐수·폐기물·폐가스소각시설(소각보일러를 포함하며, 모든 배출시설에 적용한다)	
1) 사업장폐기물 소각시설(폐기물처리업을 포함한다) – 소각용량이 시간당 0.4톤 이상인 연속식 또는 준연속식 사업장폐기물 소각시설	먼지, 질소산화물, 염화수소, 일산화탄소, 황산화물
2) 생활폐기물 소각시설 – 소각용량이 시간당 1톤 이상인 연속식 또는 준연속식 생활폐기물 소각시설	먼지, 질소산화물, 염화수소, 일산화탄소
3) 폐가스 소각시설 – 배출구별 배기가스량이 시간당 10,000표준세제곱미터 이상인 시설	질소산화물, 일산화탄소, 황산화물
4) 의료폐기물 소각시설 – 소각용량이 시간당 0.2톤 이상인 연속식 또는 준연속식 의료폐기물 소각시설	먼지, 질소산화물, 염화수소, 일산화탄소
5) 폐수 소각시설 – 소각용량이 시간당 0.2톤 이상인 시설	먼지, 질소산화물, 일산화탄소
서. 보일러(모든 배출시설에 적용한다) 액체연료 또는 고체연료 사용시설로서 시간당 증발량이 40톤 이상 또는 시간당 열량이 2,476만킬로칼로리 이상인 시설	먼지, 질소산화물, 황산화물(나무를 연료로 사용하는 시설은 제외한다)
어. 고형연료제품 사용시설 고형(固形)연료제품 사용시설(「자원의 절약과 재활용촉진에 관한 법률」 제25조의2에서 정하는 시설을 말한다) – 고형연료제품을 포함한 연료의 사용량이 시간당 1톤 이상인 시설. 다만, 소각시설은 연속식 또는 준연속식에 한정한다.	먼지, 질소산화물, 염화수소, 일산화탄소
저. 입자상물질, 가스상 물질 발생시설 및 그 밖의 배출시설(모든 배출시설에 적용한다)	
1) 탈사시설 및 탈청시설(연속식만 해당한다) – 배출구별 배기가스량이 시간당 40,000표준세제곱미터 이상인 시설	먼지
2) 증발시설 – 배출구별 배기가스량이 시간당 10,000표준세제곱미터 이상인 시설	먼지
처. 그 밖의 업종의 가열시설 고체연료 또는 액체연료를 사용하는 간접가열시설(원료 또는 제품이 연소가스 또는 화염과 직접 접촉하지 아니하는 시설을 말한다)로서 가열용량이 시간당 2,500만킬로칼로리 이상인 시설	먼지, 질소산화물, 황산화물

비고

1. 부착대상시설의 용량은 배출시설 설치허가증 또는 설치신고증명서의 방지시설의 용량을 기준으로 배출구별로 산정하되, 같은 배출시설에 2개 이상의 배출구를 설치한 경우에는 배출구별로 방지시설의 용량을 합산한다. 이 경우 방지시설의 용량은 표준상태(0℃, 1기압)로 환산한 값을 적용한다.
2. 같은 사업장에 부착대상 배출구가 2개 이상인 경우에는 「환경분야 시험·검사 등에 관한 법률」 제6조에 따른 환경오염공정시험기준에 따른 중간자료수집기(FEP)를 부착하여야 한다.
3. 소각시설의 경우에는 배출구의 온도와 최종 연소실 출구의 온도를 각각 측정할 수 있도록 온도측정기를 부착하여야 한다. 다만, 최종 연소실 출구의 온도측정기는 「폐기물관리법」에 따라 온도측정기를 부착한 경우에는 별도로 부착하지 아니하여도 된다.
4. 표준산소농도가 적용되는 시설에 대해서는 산소측정기를 부착하여야 한다.
5. 부착대상 배출시설의 범위는 다음 각 목과 같다.
   가. 증착·식각시설 및 산처리시설의 "연속식"이란 연속적으로 작업이 가능한 구조로서 시설의 가동시간이 1일 8시간 이상인 시설을 말한다.
   나. 주물사처리시설·탈사시설·탈청시설의 "연속식"이란 연속적으로 작업이 가능한 구조로서 시설의 가동시간이 1일 8시간 이상인 시설을 말한다.
   다. 폐가스소각시설 중 청정연료를 연속하여 사용하는 소각시설 및 처리대상 가스를 연소원으로 사용하는 시설은 부착대상 배출시설에서 제외한다.
   라. 증발시설 중 진공증발시설 및 배출가스를 회수하여 응축하는 시설은 부착대상 배출시설에서 제외한다.

2. 굴뚝 자동측정기기의 부착 면제
   굴뚝 자동측정기기 부착대상 배출시설이 다음 각 목의 어느 하나에 해당하는 경우에는 굴뚝 자동측정기기의 부착을 면제한다.
   가. 법 제26조제1항 단서에 따라 방지시설의 설치를 면제받은 경우(굴뚝 자동측정기기의 측정항목에 대한 방지시설의 설치를 면제받은 경우에만 해당한다)
   나. 연소가스 또는 화염이 원료 또는 제품과 직접 접촉하지 아니하는 시설로서 제43조에 따른 청정연료를 사용하는 경우(발전시설은 제외한다)
   다. 액체연료만을 사용하는 연소시설로서 황산화물을 제거하는 방지시설이 없는 경우(발전시설은 제외하며, 황산화물 측정기기에만 부착을 면제한다)
   라. 보일러로서 사용연료를 6개월 이내에 청정연료로 변경할 계획이 있는 경우
   마. 연간 가동일수가 30일 미만인 배출시설인 경우
   바. 연간 가동일수가 30일 미만인 방지시설인 경우 해당 배출구. 다만, 대기오염물질배출시설 설치 허가증 또는 신고 증명서에 연간 가동일수가 30일 미만으로 적힌 방지시설에 한한다.
   사. 부착대상시설이 된 날부터 6개월 이내에 배출시설을 폐쇄할 계획이 있는 경우
   비고 : 각 목의 부착 면제 사유가 소멸된 경우에는 해당 면제 사유가 소멸된 날부터 6개월 이내에 굴뚝 자동측정기기를 부착하고, 제19조제1항제1호의 굴뚝 원격감시체계 관제센터에 측정결과를 정상적으로 전송하여야 한다.
3. 굴뚝 자동측정기기의 부착 시기 및 부착 유예
   가. 굴뚝 자동측정기기는 법 제30조제1항에 따른 가동개시 신고일까지 부착하여야 한다. 다만, 같은 사업장에서 새로 굴뚝 자동측정기기를 부착하여야 하는 배출구가 10개 이상인 경우에는 가동개시일부터 6개월 이내에 모두 부착하여야 한다.
   나. 가목에도 불구하고 4종이나 5종의 사업장을 1종부터 3종까지의 사업장으로 변경하려는 경우(이하 "사업장 종규모변경"이라 한다)에는 변경허가를 받거나 변경신고를 한 날(이하 "종규모변경일"이라 한다)부터 9개월 이내에 굴뚝자동측정기기를 부착하여야 한다.
   다. 가목과 나목에도 불구하고 별표8 제2호에 따른 배출시설은 다음과 같이 굴뚝자동측정기기의 부착을 유예한다.
      1) 기존 시설로서 사업장 종규모변경으로 새로 굴뚝 자동측정기기 부착대상시설이 된 경우에는 종규모 변경일 이전 1년 동안 매월 1회 이상 오염물질 배출량을 측정한 결과 오염물질이 배출허용기준의 30퍼센트(이하 "기본부과기준"이라 한다) 미만으로 항상 배출되는 경우에는 오염물질이 기본부과기준 이상으로 배출될 때까지 부착을 유예한다. 이 경우 기본부과기준 이상으로 배출되는 날부터 6개월 이내에 굴뚝 자동측정기기를 부착하여야 한다.
      2) 신규 시설은 오염물질이 기본부과기준 이상으로 배출될 때까지 굴뚝 자동측정기기의 부착을 유예한다. 이 경우 기본부과기준 이상으로 배출되는 날부터 6개월(가동개시일부터 6개월 내에 기본부과기준 이상으로 배출되는 경우에는 가동개시 후 1년) 이내에 굴뚝자동측정기기를 부착하여야 한다.

[별표3의2]

사물인터넷 측정기기의 부착 면제, 부착 시기 및 부착 유예(제17조제6항 관련)

(2022.5.3 신설)

1. 사물인터넷 측정기기의 부착 면제
   사물인터넷 측정기기 부착대상 배출시설 및 방지시설이 다음 각 목의 어느 하나에 해당하는 경우에는 사물인터넷 측정기기의 부착을 면제한다.
   가. 방지시설이 굴뚝 자동측정기기를 부착한 배출구와 연결된 경우
   나. 배출시설 및 방지시설이 전력을 동력으로 사용하지 않는 경우(사물인터넷 측정기기가 전류계에 해당하는 경우만 해당한다)
   다. 고정적인 전기사용 장치를 확인할 수 없는 배출시설 및 방지시설에 해당하는 경우(사물인터넷 측정기기가 전류계에 해당하는 경우만 해당한다)
   라. 방지시설과 연결되는 배출시설이 복수인 경우로서 배출시설의 통합 전원에 사물인터넷 측정기기를 부착하는 등의 사유로 배출시설 중 일부에 사물인터넷 측정기기의 부착을 면제할 수 있다고 환경부장관 또는 시·도지사가 인정하는 경우
   마. 부착대상 시설이 된 날부터 6개월 이내에 배출시설을 폐쇄할 계획이 있는 경우
   바. 연간 가동일수가 30일 미만인 배출시설에 해당하는 경우
2. 사물인터넷 측정기기의 부착 시기 및 부착 유예
   가. 사물인터넷 측정기기는 법 제30조제1항에 따른 가동개시 신고일까지 부착해야 한다.
   나. 가목에도 불구하고 1종부터 3종까지의 사업장을 4종 또는 5종 사업장으로 변경하려는 경우에는 변경허가를 받거나 변경신고를 한 날부터 3개월 이내에 사물인터넷 측정기기를 부착해야 한다.

[별표3의3]

측정기기 관리대행업의 시설·장비 및 기술인력의 기준(제19조의3제1항 관련)

(2017.1.24 신설)

구 분	기 준
1. 시설 및 장비	가. 실험실을 갖출 것 나. 다음의 장비를 각각 갖출 것 1) 다음의 항목을 「환경분야 시험·검사 등에 관한 법률」 제6조제1항에 따른 환경오염공정시험기준에 따라 측정·분석할 수 있는 장비 또는 다음의 항목을 측정·분석할 수 있는 대기배출가스 측정기와 그 부속기기(같은 법 제9조에 따라 형식승인을 받은 것만 해당한다) 가) 이산화황 나) 질소산화물 다) 일산화탄소 라) 산소 2) 다음의 항목을 「환경분야 시험·검사 등에 관한 법률」 제6조제1항에 따른 환경오염공정시험기준에 따라 측정·분석할 수 있는 장비 가) 먼지 나) 염화수소 다) 암모니아 라) 불화수소 3) 배출구에서 나오는 배출가스의 유속 또는 유량과 온도를 측정할 수 있는 장비

2. 기술인력	다음 각 목의 기술인력을 각각 갖출 것 가. 다음의 어느 하나에 해당하는 사람 1명 이상 1) 대기환경 기사 자격을 취득한 후 관련 분야에서 2년 이상 종사한 사람 2) 대기환경 산업기사 자격을 취득한 후 관련 분야에서 5년 이상 종사한 사람 3) 굴뚝 자동측정기기 운영·관리업무에 10년 이상 종사한 사람 나. 다음의 어느 하나에 해당하는 사람 1명 이상 1) 대기분야 환경측정분석사 2) 수질환경, 대기환경, 폐기물처리, 소음·진동, 기계가공조립 또는 기계설계 산업기사 이상의 자격을 가진 사람 3) 화학분석기능사 자격을 취득한 후 관련 분야에서 3년 이상 종사한 사람 4) 굴뚝 자동측정기기 운영·관리업무에 5년 이상 종사한 사람 다. 다음의 어느 하나에 해당하는 사람 1명 이상 1) 전기분야, 전자분야, 정보기술분야 또는 통신분야 기사 2) 전기분야, 전자분야, 정보기술분야 또는 통신분야 산업기사 이상의 자격을 취득한 후 해당 분야에서 3년 이상 종사한 사람 3) 굴뚝 자동측정기기 운영·관리업무에 3년 이상 종사한 사람

비고
1. 「환경분야 시험·검사 등에 관한 법률」 제16조에 따른 대기 분야의 측정대행업자와 위 표 제1호나목1)가)부터 라)까지의 항목, 같은 목 2)가)부터 라)까지의 항목 또는 같은 목 3)의 유속·유량 및 온도 항목 중 어느 하나의 항목에 대하여 측정대행계약을 체결한 경우 그 계약기간 중에는 해당 항목을 측정·분석할 수 있는 장비를 갖춘 것으로 보며, 위 표 제1호나목1)가)부터 라)까지의 항목, 같은 목 2)가)부터 라)까지의 항목 및 같은 목 3)의 유속·유량 및 온도 항목 전부에 대하여 측정대행계약을 체결한 경우 그 계약기간 중에는 위 표 제1호의 시설 및 장비를 갖춘 것으로 본다.
2. 위 표 제1호의 시설 또는 장비에 대하여 공동사용계약 또는 임차계약을 체결한 경우 그 계약기간 중에는 해당 시설 또는 장비를 갖춘 것으로 본다. 다만, 임차계약을 체결한 경우에는 해당 시설 또는 장비를 측정기기의 관리대행업 용도로 한정하여 사용해야 한다.
3. 위 표 제2호의 자격은 「국가기술자격법」 제2조제1호에 따른 국가기술자격 또는 「환경분야 시험·검사 등에 관한 법률」 제19조제1항에 따른 환경측정분석사 자격으로 한다.
4. 기술인력 1명이 2종 이상의 기술자격을 가지고 있는 경우에는 1종의 기술자격만을 가진 것으로 본다.
5. 「환경분야 시험·검사 등에 관한 법률」 제16조에 따른 대기 분야의 측정대행업자가 측정기기 관리대행업의 등록을 하려는 경우에는 공통되는 기술인력은 중복하여 갖추지 않을 수 있다.
6. 위 표 제2호나목4) 및 다목3)의 기준은 2021년 12월 31일까지 적용한다.

〔별표4〕

초과부과금 산정기준(제24조제2항 관련)

(2018.12.31 개정)
(금액 : 원)

구분 / 오염물질		오염물질 1킬로그램당 부과금액	배출허용기준 초과율별 부과계수								지역별 부과계수		
			20% 미만	20% 이상 40% 미만	40% 이상 80% 미만	80% 이상 100% 미만	100% 이상 200% 미만	200% 이상 300% 미만	300% 이상 400% 미만	400% 이상	Ⅰ지역	Ⅱ지역	Ⅲ지역
황산화물		500	1.2	1.56	1.92	2.28	3.0	4.2	4.8	5.4	2	1	1.5
먼지		770	1.2	1.56	1.92	2.28	3.0	4.2	4.8	5.4	2	1	1.5
질소산화물		2,130	1.2	1.56	1.92	2.28	3.0	4.2	4.8	5.4	2	1	1.5
암모니아		1,400	1.2	1.56	1.92	2.28	3.0	4.2	4.8	5.4	2	1	1.5
황화수소		6,000	1.2	1.56	1.92	2.28	3.0	4.2	4.8	5.4	2	1	1.5
이황화탄소		1,600	1.2	1.56	1.92	2.28	3.0	4.2	4.8	5.4	2	1	1.5
특정대기유해물질	불소화물	2,300	1.2	1.56	1.92	2.28	3.0	4.2	4.8	5.4	2	1	1.5
	염화수소	7,400	1.2	1.56	1.92	2.28	3.0	4.2	4.8	5.4	2	1	1.5
	시안화수소	7,300	1.2	1.56	1.92	2.28	3.0	4.2	4.8	5.4	2	1	1.5

비고
1. 배출허용기준 초과율(%) = (배출농도 - 배출허용기준농도) ÷ 배출허용기준농도 × 100
2. Ⅰ지역 : 「국토의 계획 및 이용에 관한 법률」 제36조에 따른 주거지역·상업지역, 같은 법 제37조에 따른 취락지구, 같은 법 제42조에 따른 택지개발지구
3. Ⅱ지역 : 「국토의 계획 및 이용에 관한 법률」 제36조에 따른 공업지역, 같은 법 제37조에 따른 개발진흥지구(관광·휴양개발진흥지구는 제외한다), 같은 법 제40조에 따른 수산자원보호구역, 같은 법 제42조에 따른 국가산업단지·일반산업단지·도시첨단산업단지, 전원개발사업구역 및 예정구역
4. Ⅲ지역 : 「국토의 계획 및 이용에 관한 법률」 제36조에 따른 녹지지역·관리지역·농림지역 및 자연환경보전지역, 같은 법 제37조 및 같은 법 시행령 제31조에 따른 관광·휴양개발진흥지구

〔별표5〕

일일 기준초과배출량 및 일일유량의 산정방법(제25조제3항 관련)

(2018.12.31 개정)

1. 일일 기준초과배출량의 산정방법

구 분	오염물질	산정방법
일반오염물질	황산화물	일일유량×배출허용기준초과농도×10^{-6}×64÷22.4
	먼 지	일일유량×배출허용기준초과농도×10^{-6}
	질소산화물	일일유량×배출허용기준초과농도×10^{-6}×46÷22.4
	암모니아	일일유량×배출허용기준초과농도×10^{-6}×17÷22.4
	황화수소	일일유량×배출허용기준초과농도×10^{-6}×34÷22.4
	이황화탄소	일일유량×배출허용기준초과농도×10^{-6}×76÷22.4
특정대기유해물질	불소화물	일일유량×배출허용기준초과농도×10^{-6}×19÷22.4
	염화수소	일일유량×배출허용기준초과농도×10^{-6}×36.5÷22.4
	시안화수소	일일유량×배출허용기준초과농도×10^{-6}×27÷22.4

비고
1. 배출허용기준초과농도 = 배출농도 - 배출허용기준농도
2. 특정대기유해물질의 배출허용기준초과 일일오염물질배출량은 소수점 이하 넷째 자리까지 계산하고, 일반오염물질은 소수점 이하 첫째 자리까지 계산한다.
3. 먼지의 배출농도 단위는 표준상태(0℃, 1기압을 말한다)에서의 세제곱미터당 밀리그램(mg/Sm³)으로 하고, 그 밖의 오염물질의 배출농도 단위는 피피엠(ppm)으로 한다.

2. 일일유량의 산정방법

일일유량 = 측정유량 × 일일조업시간

비고
1. 측정유량의 단위는 시간당 세제곱미터(m³/h)로 한다.
2. 일일조업시간은 배출량을 측정하기 전 최근 조업한 30일 동안의 배출시설 조업시간 평균치를 시간으로 표시한다.

〔별표5의2〕

초과배출량공제분 산정방법(제25조제5항 관련)

(2010.12.31 신설)

초과배출량공제분 = (배출허용기준농도 - 3개월간 평균배출농도) × 3개월간 평균배출유량

비고
1. 3개월간 평균배출농도는 배출허용기준을 초과한 날 이전 정상 가동된 3개월 동안의 30분 평균치를 산술평균한 값으로 한다.
2. 3개월간 평균배출유량은 배출허용기준을 초과한 날 이전 정상 가동된 3개월 동안의 30분 유량값을 산술평균한 값으로 한다.
3. 초과배출량공제분이 초과배출량을 초과하는 경우에는 초과배출량을 초과배출량공제분으로 한다.

〔별표6〕

기본부과금 및 자동측정사업장에 대한 초과부과금의 부과기준일 및 부과기간(제27조 관련)

(2008.12.31 개정)

반 기 별	부과기준일	부 과 기 간
상 반 기	매년 6월 30일	1월 1일 부터 6월 30일 까지
하 반 기	매년 12월 31일	7월 1일 부터 12월 31일 까지

비고 : 부과기간 중에 배출시설 설치허가를 받거나 신고를 한 사업자의 부과기간은 최초 가동일부터 부과기간 종료일까지로 한다.

〔별표7〕

기본부과금의 지역별 부과계수(제28조제2항 관련)

구 분	지 역 별 부 과 계 수
Ⅰ지역	1.5
Ⅱ지역	0.5
Ⅲ지역	1.0

비고 : Ⅰ, Ⅱ, Ⅲ지역에 관하여는 별표4 비고란 제2호부터 제4호까지의 규정을 준용한다.

〔별표8〕

기본부과금의 농도별 부과계수(제28조제2항 관련)

(2020.3.31 개정)

1. 법 제39조에 따른 측정 결과가 없는 시설
가. 연료를 연소하여 황산화물을 배출하는 시설

구분	연료의 황함유량(%)		
	0.5% 이하	1.0% 이하	1.0% 초과
농도별 부과계수	0.2	0.4	1.0

나. 가목 외의 황산화물을 배출하는 시설, 먼지를 배출하는 시설 및 질소산화물을 배출하는 시설의 농도별 부과계수 : 0.15. 다만, 법 제23조제4항에 따라 제출하는 서류를 통해 해당 배출시설에서 배출되는 오염물질 농도를 추정할 수 있는 경우에는 제2호에 따른 농도별 부과계수를 적용할 수 있다.

2. 법 제39조에 따른 측정 결과가 있는 시설
가. 질소산화물에 대한 농도별 부과계수
1) 2020년 12월 31일까지

구분	배출허용기준의 백분율			
	70% 미만	70% 이상 80% 미만	80% 이상 90% 미만	90% 이상 100% 미만
농도별 부과계수	0	0.65	0.8	0.95

2) 2021년 1월 1일부터 2021년 12월 31일까지

구분	배출허용기준의 백분율					
	50% 미만	50% 이상 60% 미만	60% 이상 70% 미만	70% 이상 80% 미만	80% 이상 90% 미만	90% 이상 100% 미만
농도별 부과계수	0	0.35	0.5	0.65	0.8	0.95

3) 2022년 1월 1일 이후

구분	배출허용기준의 백분율							
	30% 미만	30% 이상 40% 미만	40% 이상 50% 미만	50% 이상 60% 미만	60% 이상 70% 미만	70% 이상 80% 미만	80% 이상 90% 미만	90% 이상 100% 미만
농도별 부과계수	0	0.15	0.25	0.35	0.5	0.65	0.8	0.95

나. 가목 외의 기본부과금 부과대상 오염물질에 대한 농도별 부과계수

구분	배출허용기준의 백분율							
	30% 미만	30% 이상 40% 미만	40% 이상 50% 미만	50% 이상 60% 미만	60% 이상 70% 미만	70% 이상 80% 미만	80% 이상 90% 미만	90% 이상 100% 미만
농도별 부과계수	0	0.15	0.25	0.35	0.5	0.65	0.8	0.95

비고
1. 배출허용기준은 법 제16조제1항에 따른 배출허용기준을 말한다.
2. 배출허용기준의 백분율(%) = $\frac{\text{배출농도}}{\text{배출허용기준농도}}$ × 100
3. 배출농도는 제29조에 따른 일일평균배출량의 산정근거가 되는 배출농도를 말한다.

〔별표9〕

확정배출량 산정방법(제29조제2항 관련)

(2018.12.31 개정)

1. 법 제39조에 따른 측정 결과가 없는 경우
확정배출량은 환경부령으로 정하는 대기오염물질 배출계수에 해당 부과기간에 사용한 배출계수별 단위량(연료사용량, 원료투입량 또는 제품생산량 등을 말한다)을 곱하여 산정한 양을 킬로그램 단위로 표시한 양으로 한다.
2. 법 제39조에 따른 측정 결과가 있는 경우
가. 확정배출량은 원칙적으로 법 제39조제1항에 따른 자가측정(이하 "자가측정"이라 한다)결과를 근거로 하는 일일평균배출량에 부과기간의 조업일수를 곱하여 산정하되, 일일평균배출량의 산정방법은 다음과 같다.

1) 해당 부과기간에 법 제82조에 따른 검사를 받지 않은 경우 :

$$\frac{\text{일일배출량의 합계}}{\text{자가측정횟수}}$$

2) 해당 부과기간에 검사를 받고 그 결과가 배출허용기준 이내인 경우 :

$$\frac{\text{1)에 따른 일일평균배출량 + 통보받은 오염물질배출량의 합계}}{\text{1 + 검사횟수}}$$

나. 해당 부과기간에 검사를 받은 경우로서 그 결과가 1회 이상 배출허용기준을 초과한 경우 그 확정배출량은 가목2)에 따른 일일평균배출량에 부과기간의 조업일수를 곱하여 산정한 배출량에 다음의 계산에 따른 추가배출량을 더하여 산정한다.

〔(배출허용기준농도 - 일일평균배출농도) × 초과배출기간 × 검사결과에 따른 측정유량〕

비고

1. 확정배출량과 일일평균배출량은 킬로그램 단위로 표시한 양으로 한다.
2. 사업자는 해당 부과기간에 제22조제2항에 따라 환경부장관의 명령에 대한 이행상태 또는 개선완료상태를 확인하기 위해 실시한 오염도검사의 결과를 통보받은 경우에는 해당 시설에 대한 오염물질배출량을 통보받은 것으로 보아 확정배출량을 산정할 때 그 결과를 반영해야 한다.
3. 제2호가목1)에 따른 일일배출량은 해당 부과기간에 배출구별로 정해진 자가측정횟수에 따라 측정된 자가측정농도에 측정 당시의 일일유량을 곱하여 산정하며, 일일유량은 별표5 제2호의 방법에 따라 산정한다.
4. 제2호나목에 따른 일일평균배출농도는 부과 기간에 측정된 자가측정농도를 합산하여 이를 자가측정횟수로 나눈 값에 검사 결과에 따른 오염물질배출농도를 합산한 후, 이를 검사횟수에 1을 더한 값으로 나누어 산정한다. 다만, 검사결과 배출허용기준을 초과한 경우에는 이를 오염물질배출농도 및 검사횟수의 산정에서 제외한다.
5. 제2호나목에 따른 초과배출기간은 제25조제1항 각 호를 준용하되, 초과배출기간의 종료일이 확정배출량에 관한 자료제출기간의 종료일 이후인 경우에는 해당 확정배출량에 관한 자료제출일까지의 기간을 초과배출기간으로 한다.

〔별표9의2〕

비산배출의 저감대상 업종(제38조의2 관련)

(2019.7.16 개정)

분 류	업 종
1. 코크스, 연탄 및 석유정제품 제조업	원유 정제처리업
2. 화학물질 및 화학제품 제조업 : 의약품 제외	가. 석유화학계 기초화학물질 제조업 나. 합성고무 제조업 다. 합성수지 및 기타 플라스틱물질 제조업 라. 접착제 및 젤라틴 제조업
3. 1차 금속 제조업	가. 제철업 나. 제강업 다. 냉간 압연 및 압출 제품 제조업 라. 알루미늄 압연, 압출 및 연신(원료를 가늘게 늘이는 공정)제품 제조업 마. 강관 제조업 바. 강관 가공품 및 관 연결구류 제조업
4. 고무 및 플라스틱제품 제조업	가. 그 외 기타 고무제품 제조업 나. 플라스틱 필름 제조업 다. 플라스틱, 시트 및 판 제조업 라. 벽 및 바닥 피복용 플라스틱 제품 제조업 마. 플라스틱 포대, 봉투 및 유사제품 제조업 바. 플라스틱 접착처리 제품 제조업 사. 플라스틱 적층, 도포 및 기타 표면처리제품 제조업 아. 그 외 기타 플라스틱 제품 제조업
5. 전기장비 제조업	가. 축전지 제조업 나. 기타 절연선 및 케이블 제조업
6. 기타 운송장비 제조업	가. 강선 건조업 나. 선박 구성 부분품 제조업 다. 기타 선박 건조업. 다만, 철강 및 합성수지를 제외한 그 밖의 재료로 비철금속선, 목선 등 항해용 선박을 건조하는 사업장은 제외한다.
7. 육상운송 및 파이프라인 운송업	파이프라인 운송업
8. 창고 및 운송관련 서비스업	위험물품 보관업
9. 금속가공제품 제조업 : 기계 및 가구 제외	가. 도장 및 기타 피막처리업 나. 피복 및 충전 용접봉 제조업 다. 그 외 기타 분류 안된 금속 가공제품 제조업. 다만, 금속제 유금(clasp), 유금이 붙은 프레임 또는 금고를 제조하는 사업장은 제외한다.
10. 섬유제품 제조업 : 의복 제외	직물, 편조원단 및 의복류 염색 가공업
11. 펄프, 종이 및 종이제품 제조업	가. 적층, 합성 및 특수표면처리 종이 제조업 나. 벽지 및 장판지 제조업
12. 전자부품, 컴퓨터, 영상, 음향 및 통신장비 제조업	가. 전자감지장치 제조업 나. 그 외 기타 전자부품 제조업. 다만, 다음의 제품을 제조하는 사업장은 제외한다. 1) 라디오 및 텔레비전수상기용 전자관 2) 산업용 및 기타 특수목적용 전자관 및 부분품 3) 전자접속카드(인터페이스카드) 4) 인쇄회로사진원판(포토마스크)
13. 자동차 및 트레일러 제조업	가. 자동차용 신품(新品) 동력전달장치 제조업 나. 자동차용 신품 조향장치, 현가장치(懸架裝置) 제조업 다. 자동차용 신품 제동장치 제조업 라. 그 외 기타 자동차 부품 제조업 마. 자동차용 중고 부품 재제조업. 다만, 자동차의 중고 부품으로 엔진, 차체, 전기장치 및 관련 부품을 일련의 재제조 과정을 거쳐 신품 성능을 유지할 수 있는 상태로 만드는 사업장은 제외한다.

비고

1. 위 표의 업종은 「통계법」 제22조에 따라 통계청장이 고시하는 한국표준산업분류에 따른 업종을 말한다.
2. 제7호 및 제8호는 휘발유를 보관·출하하는 저유소에 한정하여 적용한다.

〔별표10〕

사업장별 환경기술인의 자격기준(제39조제2항 관련)

(2018.1.16 개정)

구 분	환경기술인의 자격기준
1종사업장(대기오염물질발생량의 합계가 연간 80톤 이상인 사업장)	대기환경기사 이상의 기술자격 소지자 1명 이상
2종사업장(대기오염물질발생량의 합계가 연간 20톤 이상 80톤 미만인 사업장)	대기환경산업기사 이상의 기술자격 소지자 1명 이상
3종사업장(대기오염물질발생량의 합계가 연간 10톤 이상 20톤 미만인 사업장)	대기환경산업기사 이상의 기술자격 소지자, 환경기능사 또는 3년 이상 대기분야 환경관련 업무에 종사한 자 1명 이상
4종사업장(대기오염물질발생량의 합계가 연간 2톤 이상 10톤 미만인 사업장)	배출시설 설치허가를 받거나 배출시설 설치신고가 수리된 자 또는 배출시설 설치허가를 받거나 수리된 자가 해당 사업장의 배출시설 및 방지시설 업무에 종사하는 피고용인 중에서 임명하는 자 1명 이상
5종사업장(1종사업장부터 4종사업장까지에 속하지 아니하는 사업장)	

비고 : 1. 4종사업장과 5종사업장 중 제11조제1항제1호에 따른 기준 이상의 특정대기유해물질이 포함된 오염물질을 배출하는 경우에는 3종사업장에 해당하는 기술인을 두어야 한다.
2. 1종사업장과 2종사업장 중 1개월 동안 실제 작업한 날만을 계산하여 1일 평균 17시간 이상 작업하는 경우에는 해당 사업장의 기술인을 각각 2명 이상 두어야 한다. 이 경우, 1명을 제외한 나머지 인원은 3종사업장에 해당하는 기술인 또는 환경기능사로 대체할 수 있다.
3. 공동방지시설에서 각 사업장의 대기오염물질 발생량의 합계가 4종사업장과 5종사업장의 규모에 해당하는 경우에는 3종사업장에 해당하는 기술인을 두어야 한다.
4. 전체 배출시설에 대하여 방지시설 설치 면제를 받은 사업장과 배출시설에서 배출되는 오염물질 등을 공동방지시설에서 처리하는 사업장은 5종사업장에 해당하는 기술인을 둘 수 있다.
5. 대기환경기술인이 「물환경보전법」에 따른 수질환경기술인의 자격을 갖춘 경우에는 수질환경기술인을 겸임할 수 있으며, 대기환경기술인이 「소음·진동 관리법」에 따른 소음·진동환경기술인 자격을 갖춘 경우에는 소음·진동환경기술인을 겸임할 수 있다.
6. 법 제2조제11호에 따른 배출시설 중 일반보일러만 설치한 사업장과 대기 오염물질 중 먼지만 발생하는 사업장은 5종사업장에 해당하는 기술인을 둘 수 있다.
7. "대기오염물질발생량"이란 방지시설을 통과하기 전의 먼지, 황산화물 및 질소산화물의 발생량을 환경부령으로 정하는 방법에 따라 산정한 양을 말한다.

〔별표10의2〕

저황유의 공급지역 및 사용시설의 범위(제40조제1항 관련)

(2023.12.26 개정)

1. 저황유의 공급·사용 지역
가. 경유(황함유량 0.1% 이하) : 전국
비고 : 경유 외에 「석유 및 석유대체연료 사업법」 등 관계 법령에 따른 등유, 부생연료유 1호(등유형)나 「폐기물관리법」 등 관계 법령에 따라 고온열분해방법 또는 감압증류방법으로 재생처리한 정제연료유를 사용할 수 있다.
나. 중유
1) 황함유량 0.5% 이하 중유〔저유황 고유동점 연료유(LSWR) 포함〕 공급·사용지역

시·도별	공급·사용지역
특별자치시 및 광역시	세종특별자치시 전 지역, 대구광역시 군위군
경 기	안성시, 포천시, 여주군, 가평군, 양평군, 연천군
충 북	청주시(「충청북도 청주시 설치 및 지원특례에 관한 법률」에 따라 청주시로 통합되기 전의 청원군에 해당하는 지역으로 한정한다), 증평군, 진천군, 음성군, 보은군, 옥천군, 영동군, 괴산군, 단양군
충 남	공주시, 보령시, 논산시, 계룡시, 부여군, 서천군, 청양군, 홍성군, 예산군, 태안군, 금산군
전 남	나주시, 순천시, 담양군, 곡성군, 영암군, 함평군, 완도군, 구례군, 고흥군, 보성군, 화순군, 장흥군, 강진군, 해남군, 무안군, 영광군, 장성군, 진도군, 신안군
경 북	안동시, 영주시, 영천시, 상주시, 문경시, 의성군, 청송군, 영양군, 영덕군, 청도군, 고령군, 성주군, 예천군, 봉화군, 울진군, 울릉군, 칠곡군
경 남	통영시, 사천시, 거제시, 밀양시, 함안군, 의령군, 창녕군, 고성군, 남해군, 하동군, 산청군, 함양군, 거창군, 합천군
특별자치도	강원특별자치도 동해시, 삼척시, 태백시, 속초시, 홍천군, 횡성군, 영월군, 평창군, 정선군, 철원군, 화천군, 양구군, 인제군, 고성군, 양양군, 전북특별자치도 정읍시, 남원시, 김제시, 완주군, 임실군, 고창군, 부안군, 진안군, 무주군, 장수군, 순창군

2) 황함유량 0.3% 이하 중유〔저유황 고유동점 연료유(LSWR) 포함〕 공급·사용지역

시·도별	공급·사용지역
특별시 및 광역시	서울특별시, 부산광역시, 대구광역시(군위군은 제외한다), 인천광역시, 울산광역시, 광주광역시, 대전광역시
경 기	수원시, 안산시, 군포시, 시흥시, 부천시, 성남시, 구리시, 평택시, 의정부시, 안양시, 광명시, 고양시, 오산시, 의왕시, 하남시, 용인시, 이천시, 과천시, 남양주시, 김포시, 화성시, 광주시, 동두천시, 양주시, 파주시
충 북	청주시(「충청북도 청주시 설치 및 지원특례에 관한 법률」에 따라 청주시로 통합되기 전의 청원군에 해당하는 지역은 제외한다), 충주시, 제천시
충 남	천안시, 아산시, 서산시, 당진시
전 남	여수시, 목포시, 광양시
경 북	포항시, 구미시, 경산시, 경주시, 김천시
경 남	창원시, 김해시, 양산시, 진주시
특별자치도	제주특별자치도 전 지역, 강원특별자치도 춘천시, 원주시, 강릉시, 전북특별자치도 전주시, 군산시, 익산시,

비고
1. 황함유량 0.3% 이하 중유〔저유황 고유동점 연료유(LSWR) 포함〕 외에 「석유 및 석유대체연료 사업법」 등 관계 법령에 따른 부생연료유(副生燃料油) 2호(중유형)를 사용할 수 있다.
2. 서귀포시 남제주 화력발전소는 2013년까지는 황함유량 0.5% 이하 중유를, 2014년 1월 1일부터는 황함유량 0.3% 이하 중유를 사용하여야 한다.

다. 「폐기물관리법」 등 관계 법령에 따라 이온정제방법으로 재생처리한 정제연료유와 그 밖에 환경부장관이 인정하는 유류의 공급·사용 지역은 나목을 준용한다.
라. 해상의 선박에서 사용되는 연료와 「비상대비에 관한 법률」 제13조에 따라 정부가 비축하였다가 방출하는 연료에 대해서는 가목부터 다목까지의 규정을 적용하지 아니한다.

2. 저황유 사용시설의 범위
가. 대기오염물질배출시설
나. 시간당 증발량이 0.5톤 이상이거나, 시간당 열량이 309,500킬로칼로리 이상인 보일러(제42조에 따라 고체연료의 사용이 제한된 지역에서는 시간당 증발량이 0.2톤 이상이거나, 시간당 열량이 123,800킬로칼로리 이상인 보일러)
비고 : 이동식 시설 및 가스 또는 경질유〔경유, 등유, 부생(副生)연료유1호(등유형), 휘발유, 나프타, 환경부령으로 정하는 정제연료유〕만을 연료로 사용하는 시설은 제외한다.

3. 제1호에도 불구하고 황함유량 0.5% 이하 또는 0.3% 이하의 중유 공급·사용지역 안에서 연료용 유류 사용시설을 설치하거나 운영하고 있는 사업자(법 제23조에 따라 배출시설의 설치 허가를 받거나 설치 신고를 한 자를 말한다) 중 해당 중유를 사용하는 경우보다 황산화물 및 먼지의 배출을 더 줄일 수 있는 방지시설(이하 "방지시설"이라 한다)을 설치하고자 하는 자가 방지시설의 설치계획 등을 수립하여 그 계획의 이행 등에 관하여 환경부장관과 협약(이하 "자율환경관리협약"이라 한다)을 체결한 경우에는 방지시설의 설치 공사기간 동안에는 방지시설이 설치되는 해당 연료용 유류사용시설에 황함유량 1.0% 이하의 중유(황함유량 0.5% 이하 중유 공급·사용지역의 경우) 또는 황함유량 0.5% 이하의 중유(황함유량 0.3% 이하 중유 공급·사용지역의 경우)를 사용할 수 있다.

4. 제3호에 따른 방지시설의 설치계획 등을 수립하여 그 계획의 이행 등에 관하여 정부와 「에너지이용 합리화법」 제28조에 따른 자발적 협약(이하 "자발적 협약"이라 한다)을 체결한 경우에는 자율환경관리협약을 체결한 것으로 본다.

5. 환경부장관은 제3호 및 제4호에 따라 황함유량 1.0% 이하 또는 0.5% 이하 중유를 사용하는 자가 다음 각 호의 어느 하나에 해당되는 경우에는 자율환경관리협약을 해지하거나, 자발적 협약 중 대기오염물질 저감분야의 협약내용에 제시된 환경부문 인센티브의 부여를 중단할 수 있다. 이 경우 환경부장관은 그 내용을 즉시 문서로 통지하여야 하며, 해당 사업자는 통지받은 날부터 1개월 이내에 제1호에 적합한 연료로 교체·사용하여야 한다.
   가. 제3호에 따른 방지시설 설치기간 내에 방지시설의 설치가 불가능하다고 인정되는 경우
   나. 자율환경관리협약의 내용 또는 자발적 협약 중 대기오염물질 저감분야의 협약내용을 이행하지 아니하거나 그 이행이 불가능하다고 인정되는 경우

〔별표11〕 (2013.1.31 삭제)

〔별표11의2〕

<u>고체연료 사용 제한지역</u>(제42조제1항 관련)

(2023.12.26 개정)

1. 서울특별시, 부산광역시, 인천광역시, 대구광역시(군위군은 제외한다), 광주광역시, 대전광역시 및 울산광역시
2. 경기도 중 수원시, 부천시, 과천시, 성남시, 광명시, 안양시, 의정부시, 안산시, 의왕시, 군포시, 시흥시, 구리시, 남양주시

비고 : 위 지역 중 별표11의3에 따라 청정연료 외의 연료사용이 허용된 화력발전소에서는 고체연료를 사용할 수 있다.

〔별표11의3〕

<u>청정연료 사용 기준</u>(제43조 관련)

(2023.12.26 개정)

1. 청정연료를 사용하여야 하는 대상시설의 범위
   가. 「건축법 시행령」 제3조의4에 따른 공동주택으로서 동일한 보일러를 이용하여 하나의 단지 또는 여러 개의 단지가 공동으로 열을 이용하는 중앙집중난방방식(지역냉난방방식을 포함한다)으로 열을 공급받고, 단지 내의 모든 세대의 평균 전용면적이 40.0㎡를 초과하는 공동주택
   나. 「집단에너지사업법 시행령」 제2조제1호에 따른 지역냉난방사업을 위한 시설. 다만, 지역냉난방사업을 위한 시설 중 발전폐열을 지역냉난방용으로 공급하는 산업용 열병합 발전시설로서 환경부장관이 승인한 시설은 제외한다.
   다. 전체 보일러의 시간당 총 증발량이 0.2톤 이상인 업무용보일러(영업용 및 공공용보일러를 포함하되, 산업용보일러는 제외한다)
   라. 발전시설. 다만, 산업용 열병합 발전시설은 제외한다.
   비고 : 1. 가목부터 라목까지의 시설 중 「신에너지 및 재생에너지 개발·이용·보급 촉진법」 제2조에 따른 신에너지 및 재생에너지를 사용하는 시설은 제외한다.
   2. 나목 단서에 따른 승인 기준, 절차 및 승인취소 등에 필요한 사항은 환경부장관이 정하여 고시한다.

2. 청정연료 사용지역 및 대상시설
   가. 청정연료 사용 대상지역 및 시설
   1) 업무용시설 또는 발전시설

대상지역		보일러 용량의 합	사용연료
수도권	서울특별시, 인천광역시 수원시, 부천시, 과천시, 성남시, 광명시, 안양시, 의정부시, 안산시, 의왕시, 군포시, 시흥시, 구리시, 고양시	•2톤 이상 •0.2톤 이상 2톤 미만	청정연료 청정연료 또는 경유
	평택시·오산시·용인시	•0.2톤 이상	청정연료 또는 경유
부산권	부산광역시, 울산광역시, 양산시, 창원시, 김해시	•0.2톤 이상	청정연료 또는 경유
대구권	대구광역시(군위군은 제외한다), 구미시, 포항시	•0.2톤 이상	청정연료 또는 경유
전남권	광주광역시, 광양시, 여수시(구 여천군은 제외한다)	•0.2톤 이상	청정연료 또는 경유
전북권	전주시, 군산시, 익산시	•0.2톤 이상	청정연료 또는 경유
대전권	대전광역시, 청주시, 계룡시	•0.2톤 이상	청정연료 또는 경유

   2) 중앙집중난방방식 또는 지역난방방식 공동주택

대상지역		구분	전 용 면 적	사용연료
수도권	서울특별시	—	• 82.6㎡ 이상	청정연료
			• 40.0㎡ 초과 82.6㎡ 미만	청정연료 또는 경유
	인천광역시, 수원시, 부천시, 과천시, 성남시, 광명시, 안양시, 의정부시, 안산시, 의왕시, 군포시, 시흥시, 구리시, 고양시	기존	• 82.6㎡ 이상	청정연료
			• 59.5㎡ 초과 82.6㎡ 미만	청정연료 또는 경유
		신규	• 82.6㎡ 이상(아파트는 1991. 1. 1. 이후, 연립주택은 1991. 4. 11. 이후 사업승인을 받은 시설)	청정연료
			• 46.3㎡ 이상 82.6㎡ 미만(아파트는 1991. 1. 1. 이후, 연립주택은 1991. 4. 11. 이후 사업승인을 받은 시설)	청정연료 또는 경유
			• 40.0㎡ 초과 46.3㎡ 미만(1994. 5. 1. 이후 사업승인을 받은 시설)	청정연료 또는 경유
	평택시, 오산시, 용인시	기존	• 59.5㎡ 이상	청정연료 또는 경유
		신규	• 40.0㎡ 초과(1997. 1. 1. 이후 사업승인을 받은 시설)	청정연료 또는 경유
부산권	부산광역시	기존	• 59.5㎡ 이상	청정연료 또는 경유
		신규	• 40.0㎡ 초과(1994. 5. 1. 이후 사업승인을 받은 시설)	청정연료 또는 경유
	울산광역시, 양산시, 창원시, 김해시	기존	• 59.5㎡ 이상	청정연료 또는 경유
		신규	• 40.0㎡ 초과(1997. 1. 1. 이후 사업승인을 받은 시설. 다만, 김해시는 1998. 7. 1. 이후 사업승인을 받은 시설만 해당한다)	청정연료 또는 경유
대구권	대구광역시(군위군은 제외한다)	기존	• 59.5㎡ 이상	청정연료 또는 경유
		신규	• 40.0㎡ 초과(1994. 5. 1. 이후 사업승인을 받은 시설)	청정연료 또는 경유
	구미시, 포항시	기존	• 59.5㎡ 이상	청정연료 또는 경유
		신규	• 40.0㎡ 초과(1997. 1. 1. 이후 사업승인을 받은 시설)	청정연료 또는 경유
전남권	광주광역시, 광양시, 여수시(구 여천군은 제외한다)	기존	• 59.5㎡ 이상	청정연료 또는 경유
		신규	• 40.0㎡ 초과(1997. 1. 1. 이후 사업승인을 받은 시설)	청정연료 또는 경유
전북권	전주시, 군산시, 익산시	기존	• 59.5㎡ 이상	청정연료 또는 경유
		신규	• 40.0㎡ 초과(1997. 1. 1. 이후 사업승인을 받은 시설)	청정연료 또는 경유
대전권	대전광역시, 청주시, 계룡시	기존	• 59.5㎡ 이상	청정연료 또는 경유
		신규	• 40.0㎡ 초과(1997. 1. 1. 이후 사업승인을 받은 시설)	청정연료 또는 경유

비고 : 1. 청정연료의 공급이 불가능한 도서지역은 청정연료 사용 대상지역에서 제외한다.
2. 청정연료만을 사용하여야 하는 시설로서 청정연료 사용개시일까지 청정연료 공급관이 설치되지 아니한 경우에는 청정연료 공급관의 설치가 완료되어 청정연료를 공급할 수 있는 날부터 3개월까지는 경유를 사용할 수 있다.

   나. 다음의 경우에는 중유를 사용할 수 있다.
   1) 1998년 9월 1일 이후부터 청정연료 또는 경유를 사용하여야 하는 대상시설 중 경유를 사용하지 아니하고 청정연료만을 사용하고자 하는 시설로서 1997년 1월 1일 이전(김해시의 경우에는 1998년 6월 30일 이전)에 사업승인, 건축허가(또는 신고) 등을 받아 그 구조가 중유만을 사용하도록 되어 있고, 청정연료의 사용개시일 이후에도 보일러의 내용연수(10년)가 끝나지 아니한 시설로서 시·도지사가 중유를 사용하도록 승인한 경우
   2) 가목에 따른 지역 중 도·농 복합 형태의 시 지역으로 편입된 종전의 군 지역에서 1997년 1월 1일 이전(김해시의 경우에는 1998년 6월 30일 이전)에 설치된 시설로서 관할 시·도지사가 해당 지역의 도시가스 공급관 설치계획을 검토한 결과 보일러 내용연수가 끝나기 전까지 도시가스 공급관 설치가 불가능하다고 판단되는 경우
   다. 나목1)에 따라 중유를 계속하여 사용하고자 하는 경우에는 청정연료의 사용개시일로부터 4개월 전까지 보일러의 최초 설치일자를 증명할 수 있는 서류를 첨부하여 관할 시·도지사에게 중유의 사용승인을 신청하여야 한다.
   라. 시·도지사가 다목에 따라 중유의 사용승인 신청을 받은 경우에는 해당시설의 최초 설치일자, 보일러의 내용연수 및 도시가스 공급관 설치계획 등을 검토하여 보일러의 내용연수가 끝나기 전까지 도시가스 공급관이 충분히 설치될 수 있다고 판단되는 경우에는 청정연료의 사용개시일 이후에도 보일러의 잔여 내용연수가 끝나는 날까지는 중유를 사용할 수 있도록 승인할 수 있으며, 내용연수가 끝나는 날부터는 청정연료만을 사용하도록 하여야 한다.
   마. 나목2)에 따라 관할 시·도지사가 해당 시설에 대하여 보일러의 내용연수까지 중유를 사용하도록 한 때에는 보일러의 내용연수가 끝난 날부터는 경유만을 사용하도록 하여야 한다.

3. 환경부장관은 청정연료를 사용하여야 하는 지역 내의 발전시설이 다음 각 목의 어느 하나에 해당되는 경우에는 청정연료 외의 연료를 사용하도록 할 수 있다.
   가. 1996년 12월 21일 이전에 가동을 개시하였거나 청정연료 외의 연료를 사용하는 것으로 사업허가 또는 환경영향평가 협의를 받은 화력발전소의 발전시설
   나. 에너지 및 전력수급상의 사유로 산업통상자원부장관이 환경부장관과 협의한 화력발전소의 발전시설
   다. 화력발전소의 발전시설 중 증설하더라도 이미 허용된 대기오염물질 배출량을 증가시키지 아니하는 범위에서 같은 부지에 증설하는 경우. 다만, 2001년 12월 29일 이전에 가동을 개시한 발전소는 제외한다.
   라. 청정연료 사용 시(청정연료 또는 경유 사용 대상시설은 경유 사용 시)보다 대기오염물질을 적게 배출하는 경우
   마. 청정연료를 사용하는 발전소에서 순간적인 전력수요의 증가 또는 도시가스 수요급증 등의 사유로 환경부장관에게 관련 자료를 제출하여 승인을 받은 경우. 다만, 순간 전력수요 증가율이 15% 이내인 경우에는 승인을 받지 아니하고 경유 또는 저유황 고유동점 연료유를 사용할 수 있다.

4. 청정연료 외에 저유황 고유동점 연료유를 사용할 수 있는 집단에너지 공급시설
   가. 제2호가목2)에 따른 수도권지역에서 LNG 복합화력발전소의 폐열이나 폐기물소각시설의 폐열을 각각 또는 동시에 이용하여 공급 대상지역에서 필요로 하는 전체 난방열의 85% 이상을 공급하는 집단에너지 공급시설
   나. 제2호가목2)에 따른 수도권지역에서 1998년 6월 27일 이전에 집단에너지 공급사업 허가를 받은 시설 중 환경부장관이 저유황 고유동점 연료유를 사용하도록 인정한 집단에너지 공급시설
   다. 통합시로 편입되거나 새로이 청정연료 사용 대상지역으로 포함된 지역에서 저유황 고유동점 연료유나 B-C유(황산화물제거시설을 설치하는 경우만 해당한다)를 사용하도록 환경부장관이 인정하여 1996년 12월 21일 이전에 집단에너지 공급사업 허가를 받은 집단에너지 공급시설
   비고 : 저유황 고유동점 연료유를 사용할 수 있는 집단에너지 공급시설 중 1996년 12월 21일 이후에 사업허가를 변경하여 열공급 시설을 증설하고자 하는 경우에는 청정연료를 사용하여야 한다.

5. 도시가스사업자는 해당 연도의 청정연료 사용 대상시설에 대한 도시가스 공급관 설치계획서를 해당 연도 1월 31일까지 시·도지사에게 제출하여야 하며, 동 설치계획서에 따라 도시가스 공급관이 설치·완료되었을 경우에는 설치 완료일부터 15일 이내에 해당 시·도지사에게 이를 통보하여야 한다.

6. 지역난방열 사용
   가. 「집단에너지사업법」 제5조에 따라 집단에너지공급대상지역으로 공고된 지역에서 지역난방 공급사업자(한국지역난방공사 등을 말한다. 이하 같다)가 지역난방 공급계획을 확정하거나 지방자치단체의 장이 일반폐기물 소각장의 폐열 등을 이용하는 지역난방 공급계획을 확정하여 공고한 시설 중 제2호에 따른 청정연료 사용 대상시설은 청정연료 또는 지역난방을 선택하여 사용하되, 지역난방 열공급 시까지는 경유를 사용할 수 있다.
   나. 가목의 지역난방 공급사업자는 해당 연도의 지역난방 대상시설에 대한 지역난방 공급관 설치계획서를 해당 연도 1월 31일까지 시·도지사에게 제출하여야 하며, 동 설치계획서에 따라 지역난방 공급관이 설치 완료되었을 경우에는 설치 완료일부터 15일 이내에 해당 시·도지사에게 이를 통보하여야 한다.

7. 겸용버너에 대한 봉인조치
   가. 시·도지사 또는 지방환경관서의 장은 제2호에 따라 청정연료만을 사용하도록 되어 있는 대상시설에 청정연료와 연료용 유류를 함께 사용할 수 있는 겸용버너가 설치된 경우에는 연료용 유류의 공급관에 봉인조치를 하여야 한다.
   나. 가목에 따라 봉인된 겸용버너의 설치·운영자가 청정연료의 공급중단 등으로 연료용 유류를 사용하고자 할 때에는 사전에 관할 시·도지사 또는 지방환경관서의 장에게 통보하여 관계 공무원으로부터 봉인해제를 받아야 한다. 다만, 예측하지 못한 청정연료 공급중단 사태 등의 발생으로 불가피하다고 인정되는 경우에는 우선 봉인을 제거한 후 사용하되 즉시 관할 시·도지사 또는 지방환경관서의 장에게 통보하여야 한다.

〔별표12〕

<u>과징금의 부과기준</u>(제52조 관련)

(2017.12.26 개정)

1. 매출액 산정방법
   법 제56조에서 "매출액"이란 그 자동차의 최초 제작시점부터 적발시점까지의 총 매출액으로 한다. 다만, 과거에 위반경력이 있는 자동차 제작자는 위반행위가 있었던 시점 이후에 제작된 자동차의 매출액으로 한다.

2. 가중부과계수

위반행위의 종류 및 배출가스의 증감 정도에 따른 가중부과계수는 다음과 같다.

위반행위의 종류	가중부과계수	
	배출가스의 양이 증가하는 경우	배출가스의 양이 증가하지 않는 경우
가. 법 제48조제1항을 위반하여 인증을 받지 않고 자동차를 제작하여 판매한 경우	1.0	1.0
나. 거짓이나 그 밖의 부정한 방법으로 법 제48조에 따른 인증 또는 변경인증을 받은 경우	1.0	1.0
다. 법 제48조제1항에 따라 인증받은 내용과 다르게 자동차를 제작하여 판매한 경우	1.0	0.3

3. 과징금 산정방법

매출액 × 5/100 × 가중부과계수

[별표12의2]

저공해자동차를 보급해야 하는 자동차판매자의 범위(제52조의2 관련)

(2022.12.27 개정)

법 제58조의2제1항에서 "대통령령으로 정하는 수량"이란 15인승 이하 승용자동차 및 승합자동차의 연간 판매수량의 최근 3년간 평균 기준 4,500대를 말한다.

비고

1. 판매수량은 법 제58조의2제4항에 따른 저공해자동차 보급계획서 제출 대상 회계연도의 4개년 전 1월 1일부터 전전년도 12월 31일까지 판매한 수량을 말한다.
2. 제1호에도 불구하고, 회계연도의 전년도 판매수량이 그 직전 3년간 평균 판매수량보다 30% 이상 감소한 경우에는 자동차판매자는 환경부장관에게 회계연도의 3개년 전 1월 1일부터 전년도 12월 31일까지로 판매수량 기준시점의 변경을 요청할 수 있다.
3. 2009년 1월 1일부터 2009년 12월 31일까지 15인승 이하 승용자동차 및 승합자동차 판매수량이 4,500대 미만인 자는 저공해자동차를 보급해야 하는 자동차판매자에서 제외한다.

[별표12의3]

저공해자동차보급기여금의 부과기준(제52조의4제2항 관련)

(2022.12.27 신설)

1. 저공해자동차보급기여금의 금액은 다음 계산식에 따라 산정한다.

저공해자동차보급기여금(원) = [저공해자동차보급목표를 달성하지 못한 연도의 미달성 실적(점) − 저공해자동차보급목표 초과분의 이월·거래 실적(점) − 저공해자동차보급목표 미달성분의 상환실적(점)] × 미달성 연도별 단위금액(원)

2. 제1호의 계산식에서 저공해자동차보급목표를 달성하지 못한 연도의 미달성 실적은 다음 계산식에 따라 산정한다.

저공해자동차보급목표를 달성하지 못한 연도의 미달성 실적(점) = 저공해자동차보급목표(점) − 실제 보급실적(점)

비고 : 위 계산식에서 "실제 보급실적"이란 법 제58조의2제5항에 따라 자동차판매자가 환경부장관에게 제출한 저공해자동차 보급실적을 말한다.

3. 제1호의 계산식에서 "저공해자동차보급목표 초과분의 이월·거래 실적"이란 저공해자동차보급목표를 달성하지 못한 연도의 다음 연도 1월 1일부터 기산하여 3년의 기간 동안 해당 연도별 저공해자동차 보급실적이 저공해자동차보급목표를 초과한 경우 법 제58조의3제3항에 따라 환경부장관이 정하여 고시하는 방법에 따라 인정된 이월·거래 실적을 말한다.
4. 제1호의 계산식에서 "저공해자동차보급목표 미달성분의 상환실적"이란 저공해자동차보급목표를 달성하지 못한 연도의 다음 연도 1월 1일부터 기산하여 3년의 기간 동안 그 미달성분을 환경부장관이 정하여 고시하는 방법에 따라 상환한 실적을 말한다.
5. 제1호의 계산식에서 미달성 연도별 단위금액은 다음 표와 같다.

미달성 연도	단위금액
가. 2022년부터 2024년까지	600,000원
나. 2025년부터 2027년까지	1,500,000원
다. 2028년 이후	3,000,000원

[별표13]

배출가스 전문정비사업자의 시설·장비 및 기술인력의 기준(제56조 관련)

(2023.6.20 개정)

1. 정비·점검 분야

가. 시설 및 장비

시설 및 장비	휘발유·가스 분야	경유 분야
1) 리프트 또는 피트(차량 하부의 검사, 정비 등 작업을 쉽게 하기 위해 설치된 구조물) 1조 이상	○	○
2) 배출가스(일산화탄소·탄화수소·질소산화물·공기과잉률) 측정기	○	
3) 부분유량 채취방식 광투과식 매연측정기		○
4) 엔진전자제어 진단기	○	
5) 교정용 표준가스 5조(산소·일산화탄소·탄화수소·이산화탄소 및 질소산화물) 이상	○	
6) 교정용 표준필터 3조(40%·60%·80%) 이상		○
7) 그 밖에 정비·점검에 필요한 공구	○	○

비고

1. 배출가스 측정기 및 광투과식 매연측정기는 「환경분야 시험·검사 등에 관한 법률」 제9조, 제11조 및 제12조에 따른 형식승인, 정도검사 및 교정용품의 검정·교정을 받은 것이어야 한다.
2. 전문정비사업자의 정비 분야 범위는 「자동차관리법 시행령」 제12조에 따른 자동차정비업의 종류별 정비작업의 범위로 한정한다.
3. 휘발유·가스 분야와 경유 분야를 모두 등록하려는 자, 법 제62조제2항에 따른 운행차의 배출가스 정기검사기관 및 「자동차관리법」 제45조의2에 따른 종합검사 지정정비사업자로 지정된 자는 장비를 중복하여 갖추지 않을 수 있다.
4. 법 제63조제1항 각 호에 따른 정밀검사 시행지역(이하 "정밀검사 지역"이라 한다) 외의 지역은 질소산화물 측정기와 산소·질소산화물 표준가스를 갖추지 않을 수 있다.
5. 가목의 시설 및 장비는 임대차 계약을 통하여 사용권을 확보하고, 그 사실을 서류를 통해 증명하는 경우에는 그 계약기간 중에는 해당 장비를 갖춘 것으로 본다.

나. 기술인력의 자격 및 확보기준

자 격	확보기준
1) 자동차정비산업기사 또는 자동차검사산업기사 이상의 국가기술자격을 취득한 후 자동차 정비 또는 검사업무에 1년 이상 근무한 경력이 있는 사람	다음의 어느 하나에 해당하는 인력을 갖출 것 가) 1)과 2) 중에서 2명 이상 나) 1)과 2) 중에서 1명 이상과 3)에서 1명 이상
2) 자동차정비기능사 또는 자동차검사기능사 이상의 국가기술자격을 취득한 후 자동차 정비 또는 검사업무에 3년 이상 근무한 경력이 있는 사람	
3) 자동차 정비 또는 검사업무에 2년 이상 근무한 경력이 있는 사람	

2. 확인검사 분야

가. 시설 및 장비

구분	시설 및 장비
정밀검사 지역	1) 배출가스(일산화탄소·탄화수소·질소산화물·공기과잉률) 측정기 및 그 부속기기 각 1조 이상 2) 부분유량 채취방식 광투과식 매연측정기 1대 이상 3) 교정용 표준가스(산소·일산화탄소·탄화수소·이산화탄소 및 질소산화물) 각 1조 이상 4) 교정용 표준필터 3조(40%·60%·80%) 이상 5) 소형 차대동력계(차량 총중량 5.5톤 이하 자동차 부하검사용) 및 그 부속기기 각 1조 이상 6) 대형 차대동력계(차량 총중량 5.5톤 초과 자동차 부하검사용) 및 그 부속기기 각 1조 이상 7) 엔진회전 속도계 2조 이상(휘발유·가스·알코올 자동차용, 경유자동차용 각 1조 이상) 8) 검사 장면 촬영용 카메라 9) 매연 포집시설 10) 엔진전자제어 진단기 1조 이상 11) 그 밖에 검사업무의 수행에 필요한 시설 및 장비
정밀검사 지역 외	1) 배출가스(일산화탄소·탄화수소·공기과잉률) 측정기 및 그 부속기기 각 1조 이상 2) 부분유량 채취방식 광투과식 매연측정기 1대 이상 3) 교정용 표준가스 3조(일산화탄소·탄화수소 및 이산화탄소 각 1조) 이상 4) 교정용 표준필터 3조(40%·60%·80%) 이상 5) 그 밖에 검사업무의 수행에 필요한 시설 및 장비

나. 기술인력의 자격 및 확보기준

구분	자 격	확보기준
전국	1) 자동차정비산업기사 이상, 자동차검사산업기사 이상, 건설기계정비산업기사 이상, 대기환경산업기사 이상 및 소음진동산업기사 이상의 기술자격 소지자	1)과 2)에서 각각 1명 이상씩 확보하여 2명 이상
	2) 자동차정비기능사 이상, 건설기계기관정비기능사 이상, 자동차검사기능사 이상 및 환경기능사 이상의 기술자격 소지자	

비고

1. 다음 각 목의 경우에는 확인검사에 필요한 시설 및 기술인력을 갖춘 것으로 본다.
   가. 정밀검사 지역 : 「자동차관리법」 제44조의2에 따른 자동차 종합검사대행자 또는 같은 법 제45조의2에 따른 종합검사 지정정비사업자와 확인검사 대행계약을 체결한 경우
   나. 정밀검사 지역 외 : 「자동차관리법」 제44조에 따른 자동차검사대행자 또는 같은 법 제45조에 따른 지정정비사업자와 확인검사 대행계약을 체결한 경우
2. 검사장비는 「환경분야 시험·검사 등에 관한 법률」 제9조, 제11조 및 제12조에 따른 형식승인, 정도검사 및 교정용품의 검정·교정을 받은 것이어야 한다.
3. 차량 총중량 5.5톤 초과 자동차에 대하여 부하 검사를 시행하지 않으려면 대형 차대동력계는 갖추지 않을 수 있다.
4. 정밀검사 지역 내 전문정비사업자의 검사장비 주제어장치는 자동차검사 전산정보처리조직 주전산기로부터 검사에 필요한 자료 검색, 검사 결과자료의 입·출력이 가능하되, 배출가스 측정값을 임의로 수정할 수 없도록 하여야 한다. 다만, 검사에 필요한 자동차의 제원(諸元) 등은 필요한 경우에는 수동으로 입력하거나 수정할 수 있어야 한다.
5. 매연 포집시설은 배출가스 검사를 할 때 매연이 대기 중으로 방출되지 않도록 하기 위하여 자동차 배기관에서 직접 포집하여 정화 후 배출되는 구조이어야 하며, 매연 포집시설의 배출허용기준은 매연 농도 40% 이하이어야 한다. 이 경우 매연 농도는 부분유량 채취방식 광투과식 매연측정기로 3회 측정하여 평균한 값으로 한다.
6. 확인검사 분야의 시설 및 장비는 이 표 제1호가목에 따른 정비·점검 분야의 시설 및 장비와 중복하여 갖추지 않을 수 있다.
7. 가목의 시설 및 장비는 임대차 계약을 통하여 사용권을 확보하고, 그 사실을 서류를 통해 증명하는 경우에는 그 계약기간 중에는 해당 장비를 갖춘 것으로 본다.

[별표14]

과징금의 산정방법 등(제60조의3제1항 관련)

(2016.7.26 개정)

1. 자동차제작자별 과징금 금액은 온실가스 배출허용기준을 달성하지 못한 연도(이하 "해당 연도"라 한다)의 온실가스 배출허용기준 미달성량(未達成量)(g/km)에 법 제76조의5제2항에 따라 이월·거래 또는 상환한 양을 감(減)하여 산정한 값을 과징금 요율[원/(g/km)]에 곱한 금액으로 한다.
2. 제1호의 온실가스 배출허용기준 미달성량은 다음 계산식에 따라 계산한다.

온실가스 배출허용기준 미달성량 = (온실가스 평균배출량 − 온실가스 배출허용기준) × 판매 대수(대)

가. "온실가스 평균배출량"이란 법 제2조제21호에 따른 온실가스 평균배출량을 말한다.
나. "온실가스 배출허용기준"이란 「저탄소 녹색성장 기본법 시행령」 제37조제2항에 따라 환경부장관이 고시한 기준을 말한다.
다. "판매 대수"란 법 제2조제21호에 따른 자동차의 제작자별 해당 연도 판매 대수를 말한다.

3. 해당 연도별 과징금 요율은 아래 표와 같다.

해당 연도	과징금 요율[원/(g/km)]
가. 2014년부터 2016년까지	10,000원
나. 2017년부터 2019년까지	30,000원
다. 2020년 이후	50,000원

[별표14의2]

냉매회수업의 시설·장비 및 기술인력의 기준(제60조의4제1항 관련)

(2021.10.14 개정)

1. 시설 및 장비 : 다음 각 목에 해당하는 시설·장비를 각 1벌 이상 모두 보유하고 있을 것

시설 및 장비	세부 기준
가. 냉매회수기기	냉매의 안전한 회수를 위하여 아래의 기준을 충족할 것 1) 냉매회수기기에 내장된 접합용기 또는 탈착용기(부속품 포함)는 「고압가스 안전관리법」 제17조제1항 및 제2항에 따른 검사 및 재검사에 합격한 용기일 것 2) 냉매회수기기 내의 부속품이 「고압가스 안전관리법」 제3조제5호에 따른 특정설비에 해당되는 경우에는 같은 법 제17조제1항 및 제2항에 따른 검사 및 재검사에 합격한 부속품일 것 3) 실제 냉매회수속도가 냉매회수기기의 제조사에서 제시하는 냉매회수속도 값의 95% 이상일 것 4) 그 밖에 환경부장관이 정하여 고시하는 기준을 갖출 것
나. 냉매회수용기(부속품 포함)	「고압가스 안전관리법」 제17조제1항 및 제2항에 따른 검사 및 재검사에 합격한 용기(냉매회수기기에 내장된 접합용기 및 탈착용기는 제외한다)일 것

다. 누출감지기	
라. 계량장치	
마. 운반차량	「고압가스 안전관리법」 제5조의4제2항에 따른 고압가스 운반차량의 시설·기술기준을 충족할 것
바. 보관시설	냉매회수용기를 안전하게 보관할 수 있는 시설로서 아래의 기준을 충족할 것 1) 온도계를 설치하고 직사광선을 받지 않으며 환기가 가능할 것 2) 보관시설의 주위 2m 이내에 화기 또는 인화성 물질이나 발화성 물질이 없을 것 3) 경계표지를 설치하고 외부인 출입통제가 가능할 것 4) 보관된 회수용기의 하중을 견딜 수 있을 것 5) 지붕과 벽면을 갖추고, 바닥이 포장되어 물이 스며들지 않을 것
사. 그 밖에 냉매회수에 필요한 장비	아래의 장비로서 냉매의 안전한 회수 및 기술인력의 안전을 확보할 수 있을 것 1) 냉매사용기기에 냉매를 안전하게 충전하기 위해 사용하는 진공펌프, 압력측정장치 등의 장비 2) 냉매회수 시 안전사고를 예방하기 위해 착용하는 안전모, 안전화, 안전장갑 등의 안전공구

2. 기술인력 : 다음 각 목의 어느 하나에 해당하는 사람 중 1명 이상을 둘 것
  가. 「국가기술자격법」에 따른 공조냉동기계산업기사 이상의 국가기술자격을 취득한 사람
  나. 「국가기술자격법」에 따른 공조냉동기계기능사 자격을 취득한 후 냉매취급 관련 현장실무경력이 3년 이상인 사람
  다. 냉매취급 관련 현장실무경력이 5년 이상인 사람
  라. 환경부장관이 시행하는 냉매회수전문가 양성교육을 수료한 사람

비고
1. 제1호마목의 운반차량 또는 같은 호 바목의 보관시설을 임차하여 사용하는 경우에도 운반차량 또는 보관시설을 보유한 것으로 본다.
2. 제2호에 따른 기술인력 1명이 2종 이상의 기술자격을 가지고 있는 경우에는 1종의 기술자격만을 가진 것으로 본다.
3. 제2호다목의 냉매취급 관련 현장실무경력이란 다음 각 목의 경력을 말한다.
  가. 공조냉동시설 공사업체에서 공조냉동시설의 공사·설치 또는 정비업무를 담당한 경력
  나. 공조냉동시설 운영업체에서 공조냉동시설의 점검·정비 또는 안전관리업무를 담당한 경력
  다. 공조냉동시설 유지보수업체에서 공조냉동시설의 냉매회수·점검 또는 정비업무를 담당한 경력
  라. 공조냉동시설 제조업체에서 공조냉동시설을 설계·개발 또는 제작업무를 담당한 경력
  마. 「전기·전자제품 및 자동차의 자원순환에 관한 법률」 제32조의2제1항에 따른 폐가스류처리업체에서 냉매재생 또는 폐기업무를 담당한 경력
  바. 냉매제조업체에서 냉매제조 또는 관리업무를 담당한 경력

[별표15]

과태료의 부과기준(제67조 관련)

(2024.2.6 개정)

1. 일반기준
  가. 위반행위의 횟수에 따른 과태료의 가중된 부과기준은 최근 1년간 같은 위반행위로 과태료 부과처분을 받은 경우에 적용한다. 이 경우 기간의 계산은 위반행위에 대하여 과태료 부과처분을 받은 날과 그 처분 후 다시 같은 위반행위를 하여 적발된 날을 기준으로 한다.
  나. 가목에 따라 가중된 부과처분을 하는 경우 가중처분의 적용 차수는 그 위반행위 전 부과처분 차수(가목에 따른 기간 내에 과태료 부과처분이 둘 이상 있었던 경우에는 높은 차수를 말한다)의 다음 차수로 한다.
  다. 부과권자는 다음의 어느 하나에 해당하는 경우에는 제2호에 따른 과태료 금액의 2분의 1 범위에서 그 금액을 줄일 수 있다. 다만, 과태료를 체납하고 있는 위반행위자의 경우에는 줄일 수 없다.
    1) 위반행위자가 「질서위반행위규제법 시행령」 제2조의2제1항 각 호의 어느 하나에 해당하는 경우
    2) 위반행위가 위반행위자의 사소한 부주의나 오류 등 과실로 인한 것으로 인정되는 경우
    3) 위반행위자가 위반행위를 바로 정정하거나 시정하여 해소한 경우
    4) 고의 또는 중과실이 없는 위반행위자가 「소상공인기본법」 제2조에 따른 소상공인인 경우로서 위반행위자의 현실적인 부담능력, 경제위기 등으로 위반행위자가 속한 시장·산업 여건이 현저하게 변동되거나 지속적으로 악화된 상태인지 여부 등을 종합적으로 고려할 때 과태료를 감경할 필요가 있다고 인정되는 경우
    5) 그 밖에 위반행위의 정도, 동기와 그 결과 등을 고려하여 과태료 금액을 줄일 필요가 있다고 인정되는 경우

2. 개별기준

(단위 : 만원)

위 반 사 항	근거 법조문	과태료 금액		
		1차 위반	2차 위반	3차 이상 위반
가. 법 제23조제2항이나 제3항에 따른 변경신고를 하지 않은 경우	법 제94조 제4항제1호의2	60	80	100
나. 법 제31조제1항제3호나 제4호에 따른 행위를 한 경우	법 제94조 제3항제1호	200	200	200
다. 법 제31조제2항을 위반하여 배출시설 등의 운영 상황을 기록·보존하지 않거나 거짓으로 기록한 경우	법 제94조 제2항제1호	100	200	300
라. 법 제32조제3항제2호에 따른 행위를 한 경우	법 제94조 제3항제3호	200	200	200
마. 법 제32조제4항을 위반하여 운영·관리기준을 지키지 않은 경우	법 제94조 제3항제4호	200	200	200
바. 법 제32조의2제5항을 위반하여 관리 기준을 지키지 않은 경우	법 제94조 제3항제4호의2	200	200	200
사. 법 제38조의2제2항에 따른 변경신고를 하지 않은 경우	법제94조 제3항제5호	100	150	200
아. 법 제39조제3항을 위반하여 측정한 결과를 제출하지 않은 경우	법 제94조 제2항제1호의2	100	200	300
자. 법 제40조제1항에 따른 환경기술인을 임명하지 않은 경우	법 제94조 제2항제2호	300	300	300
차. 법 제40조제2항에 따른 환경기술인의 준수사항을 지키지 않은 경우	법 제94조 제4항제2호	60	80	100
카. 법 제43조제1항에 따른 비산먼지의 발생 억제 시설의 설치 및 필요한 조치를 하지 않고 시멘트·석탄·토사 등 가루 상태 물질을 운송한 경우	법 제94조 제3항제6호	120	160	200
타. 법 제43조제1항 후단에 따른 변경신고를 하지 않은 경우	법 제94조 제4항제3호	60	80	100
파. 법 제44조제2항 또는 법 제45조제3항에 따른 휘발성유기화합물 배출시설의 변경신고를 하지 않은 경우	법 제94조 제3항제7호	60	80	100
하. 법 제44조제13항을 위반하여 검사·측정을 않은 경우 또는 검사·측정결과를 기록·보존하지 않거나 거짓으로 기록·보존한 경우	법 제94조 제3항제8호	200	200	200
거. 제48조제3항을 위반하여 인증 또는 변경인증의 표시를 하지 않은 경우	법 제94조 제1항제1호의2	500	500	500
너. 법 제48조의2제2항에 따른 신고를 하지 않거나 거짓으로 신고를 하고 인증시험업무를 대행한 경우	법 제94조 제3항제8호의2	100	150	200
더. 법 제50조의2제2항에 따른 평균 배출량 달성 실적을 제출하지 않은 경우	법 제94조 제4항제3호의2	100	100	100
러. 법 제50조의3제3항에 따른 상환계획서를 제출하지 않은 경우	법 제94조 제4항제3호의3	100	100	100
머. 법 제51조제5항 또는 법 제53조제4항에 따른 결함시정 결과보고를 하지 않은 경우	법 제94조 제3항제9호	100	150	200
버. 법 제51조제5항 또는 법 제53조제4항에 따른 결함시정계획을 수립·제출하지 않거나 결함시정계획을 부실하게 수립·제출하여 환경부장관의 승인을 받지 못한 경우	법 제94조 제1항제1호의3	500	500	500
서. 법 제52조제3항에 따른 결함시정명령을 위반한 경우	법 제94조 제2항제3호	300	300	300
어. 법 제53조제1항 본문에 따른 부품의 결함시정 현황 및 결함원인 분석 현황 또는 법 제53조제2항에 따른 결함시정 현황을 보고하지 않은 경우	법 제94조 제3항제10호	100	150	200
저. 법 제58조제1항에 따른 저공해자동차 또는 저공해건설기계로의 전환 또는 개조 명령, 배출가스저감장치의 부착·교체 명령 또는 배출가스 관련 부품의 교체 명령, 저공해엔진(혼소엔진을 포함한다)으로의 개조 또는 교체 명령을 이행하지 않은 경우	법 제94조 제2항제4호	50	100	300
처. 법 제58조의2제5항을 위반하여 보급실적을 제출하지 않은 경우	법 제94조 제1항제1호의4	200	300	500
커. 법 제58조의5제1항에 따른 저공해자동차의 구매·임차 비율을 준수하지 않은 경우(같은 항 제2호·제3호의 자만 해당한다)	법 제94조 제2항제5호	100	200	300
터. 법 제59조에 따른 자동차의 원동기 가동제한을 위반한 자동차의 운전자	법 제94조 제4항제5호	5	5	5
퍼. 법 제60조제8항을 위반하여 인증을 받지 않은 배출가스저감장치, 저공해엔진 또는 공회전제한장치의 판매를 중개하거나 구매를 대행한 경우	법 제94조 제1항제3호	300	400	500
허. 법 제60조제9항을 위반하여 인증을 받지 않은 배출가스저감장치, 저공해엔진 또는 공회전제한장치임을 알면서 사용한 경우	법 제94조 제3항제10호의2	100	150	200
고. 법 제60조의2제6항에 따른 성능점검결과를 제출하지 않은 경우	법 제94조 제1항제1호의5	300	400	500
노. 법 제61조제2항을 위반하여 점검에 따르지 않거나 기피 또는 방해한 경우	법 제94조 제3항제11호	100	150	200
도. 법 제62조제2항을 위반하여 이륜자동차정기검사를 받지 않은 경우	법 제94조 제5항			
1) 이륜자동차 정기검사를 받아야 하는 기간 만료일부터 30일 이내인 경우		2		
2) 이륜자동차 정기검사를 받아야 하는 기간 만료일부터 30일을 초과하는 경우에는 매 3일 초과 시 마다		1		
로. 법 제63조제4항을 위반하여 정비·점검 및 확인검사를 받지 않은 경우	법 제94조 제4항제6호	60	80	100
모. 법 제68조제3항을 위반하여 등록된 기술인력이 교육을 받게 하지 않은 전문정비사업자	법 제94조 제4항제6호의2	60	80	100
보. 법 제68조제4항제3호 또는 제4호에 따른 행위를 한 경우	법 제94조 제3항제12호	100	150	200
소. 법 제70조제5항을 위반하여 정비·점검 및 확인검사 결과표를 발급하지 않거나 정비·점검 및 확인검사 결과를 보고하지 않은 경우	법 제94조 제4항제7호	60	80	100
오. 법 제74조제6항제1호에 따른 제조기준에 맞지 않는 첨가제 또는 촉매제임을 알면서 사용한 경우	법 제94조 제3항제13호	100	150	200
조. 법 제74조제6항제2호를 위반하여 검사를 받지 않거나 검사받은 내용과 다르게 제조된 첨가제 또는 촉매제임을 알면서 사용한 경우	법 제94조 제3항제14호	100	150	200
초. 법 제74조제11항에 따른 변경신고를 하지 않은 경우	법 제94조 제3항제14호의2	100	150	200
코. 법 제74조의2제2항에 따른 신고를 하지 않거나 거짓으로 신고를 하고 자동차연료·첨가제 또는 촉매제의 검사업무를 대행한 경우	법 제94조 제3항제14호의3	100	150	200
토. 법 제76조의4제1항을 위반하여 자동차에 온실가스 배출량을 표시하지 않거나 거짓으로 표시하는 경우	법 제94조 제1항제2호	200	300	(3차) 400 (4차 이상) 500
포. 법 제76조의10제1항을 위반하여 냉매사용기기의 소유자등이 냉매관리기준을 준수하지 않은 경우	법 제94조 제4항제7호의2	100	100	100
호. 법 제76조의10제2항을 위반하여 냉매사용기기의 소유자등이 냉매사용기기의 유지·보수 및 냉매의 회수·처리 내용을 기록·보존 또는 제출하지 않은 경우	법 제94조 제4항제7호의2	60	80	100
구. 법 제76조의11제2항에 따른 냉매회수업의 변경등록을 하지 않고 등록사항을 변경한 경우	법 제94조 제3항제15호	100	150	200
누. 법 제76조의12제2항을 위반하여 냉매회수업자가 냉매관리기준을 준수하지 않거나 냉매의 회수 내용을 기록·보존 또는 제출하지 않은 경우	법 제94조 제3항제16호	100	150	200
두. 법 제76조의12제3항을 위반하여 등록된 기술인력에게 교육을 받게 하지 않은 경우	법 제94조 제4항제7호의3	60	80	100
루. 법 제77조를 위반하여 환경기술인 등의 교육을 받게 하지 않은 경우	법 제94조 제4항제8호	60	80	100
무. 법 제82조제1항에 따른 보고를 하지 않거나 거짓으로 보고한 경우 또는 자료를 제출하지 않거나 거짓으로 제출한 경우	법 제94조 제4항제9호	60	80	100

비고 : 위 표 고목에 따라 부과할 수 있는 과태료의 최고한도액은 20만원으로 한다.

<복지·노동편>

■ 국민연금법 시행령

[별표1]

부양가족연금액, 미지급 급여, 유족연금 및 사망일시금의 지급 대상 등

(제38조, 제39조, 제47조 및 제53조 관련)

(2021.11.30 개정)

구 분	대상자	인정기준	입증자료
1. 부양가족 연금액 (제38조 관련)	가. 배우자·자녀	인정. 다만, 가출·실종 등의 사유로 명백하게 부양관계가 있는 것으로 볼 수 없는 경우에는 인정하지 않음	○「가족관계의 등록 등에 관한 법률」 제15조제1항제1호에 따른 가족관계증명서에 대한 상세증명서(주민등록번호를 포함한다)
	나. 배우자가 혼인 전에 얻은 자녀	주민등록표상 세대를 같이하는 경우에만 인정	○「가족관계의 등록 등에 관한 법률」 제15조제1항제2호부터 제5호까지의 규정에 따른 증명서(혼인일·입양일 등 가족관계 성립일에 대한 확인이 필요한 경우에만 해당한다)에 대한 상세증명서(주민등록번호를 포함한다)
	다. 부모(배우자의 부모를 포함한다)	주민등록표상 세대를 같이하는 경우에만 인정	
	라. 부 또는 모의 배우자(다목에 해당하는 경우는 제외한다)	주민등록표상 세대를 같이하는 경우에만 인정	
	마. 가입자 또는 가입자였던 자와의 관계는 위 가목부터 라목까지 중 어느 하나에 해당하나, 수급권자와의 관계는 그에 해당하지 않는 경우	주민등록표상 세대를 같이하는 경우에만 인정	
2. 미지급 급여 (제39조 관련)	가. 배우자·자녀·부모·손자녀·조부모	인정. 다만, 다음 중 어느 하나에 해당하는 경우에는 인정하지 않음 1) 「주민등록법」 제20조제6항 본문에 따라 시장·군수 또는 구청장이 거주불명으로 등록한 날부터 1년이 지난 경우 2) 경찰서장이 가출 또는 실종 신고를 접수한 날부터 1년이 지난 경우 3) 1년 이내에 청구권이 시효완성으로 소멸되는 경우로서 공단이 1년 이상 연락이 끊어진 사실을 확인한 경우	○「가족관계의 등록 등에 관한 법률」 제15조제1항제1호에 따른 가족관계증명서에 대한 상세증명서(주민등록번호를 포함한다)
	나. 형제자매	1) 주거를 같이하는 경우 : 인정. 다만, 가목의 인정기준란 1)부터 3)까지의 어느 하나에 해당하는 경우에는 인정하지 않음 2) 주거를 달리하는 경우 : 가목의 인정기준란 1)부터 3)까지의 어느 하나에 해당하지 않는 경우로서 다음 중 어느 하나에 해당하는 경우에만 인정 가) 당사자의 학업·취업·요양·사업·주거의 형편, 그 밖에 이에 준하는 사유로 주거를 달리하는 경우 나) 수급권자가 정기적으로 생계비 등 경제적 지원을 한 경우	○ 주거를 같이하는 경우 -「가족관계의 등록 등에 관한 법률」 제15조제1항제1호에 따른 가족관계증명서에 대한 상세증명서(주민등록번호를 포함한다) ○ 주거를 달리하는 경우 -「가족관계의 등록 등에 관한 법률」 제15조제1항제1호에 따른 가족관계증명서에 대한 상세증명서(주민등록번호를 포함한다) - 재학증명서·재직증명서·요양증명서·사업자등록증·건물등기부등본 등 주거를 달리하는 사유를 증명할 수 있는 서류 또는 통장사본 등 경제적 지원 사실을 증명할 수 있는 서류
3. 유족연금 (제47조 관련)	가. 배우자·자녀	인정. 다만, 배우자는 가출·실종 등의 사유로 명백하게 부양관계가 있는 것으로 볼 수 없는 경우에는 인정하지 않음	○「가족관계의 등록 등에 관한 법률」 제15조제1항제1호에 따른 가족관계증명서에 대한 상세증명서(주민등록번호를 포함한다)
	나. 부모(배우자의 부모를 포함한다)	1) 주거를 같이하는 경우 : 인정 2) 주거를 달리하는 경우 : 다음 중 어느 하나에 해당하는 경우에만 인정 가) 당사자의 학업·취업·요양·사업·주거의 형편, 그 밖에 이에 준하는 사유로 주거를 달리하는 경우 나) 가입자 또는 가입자였던 자가 정기적으로 생계비 등 경제적 지원을 한 경우	○ 주거를 같이하는 경우 -「가족관계의 등록 등에 관한 법률」 제15조제1항제1호에 따른 가족관계증명서에 대한 상세증명서(주민등록번호를 포함한다) ○ 주거를 달리하는 경우 -「가족관계의 등록 등에 관한 법률」 제15조제1항제1호에 따른 가족관계증명서에 대한 상세증명서(주민등록번호를 포함한다) - 재학증명서·재직증명서·요양증명서·사업자등록증·건물등기부등본 등 주거를 달리하는 사유를 증명할 수 있는 서류 또는 통장사본 등 경제적 지원 사실을 증명할 수 있는 서류
	다. 손자녀	1) 주거를 같이하는 경우 : 손자녀의 부모가 없거나, 부모가 있더라도 특수한 사유로 부양능력이 없는 경우에만 인정 2) 주거를 달리하는 경우 : 손자녀의 부모가 없거나, 부모가 있더라도 특수한 사유로 부양능력이 없는 경우로서 다음 중 어느 하나에 해당하는 경우에만 인정 가) 당사자의 학업·취업·요양·사업·주거의 형편, 그 밖에 이에 준하는 사유로 주거를 달리하는 경우 나) 가입자 또는 가입자였던 자가 정기적으로 생계비 등 경제적 지원을 한 경우	○ 주거를 같이하는 경우 -「가족관계의 등록 등에 관한 법률」 제15조제1항제1호에 따른 가족관계증명서에 대한 상세증명서(주민등록번호를 포함한다) ○ 주거를 달리하는 경우 -「가족관계의 등록 등에 관한 법률」 제15조제1항제1호에 따른 가족관계증명서에 대한 상세증명서(주민등록번호를 포함한다) - 재학증명서·재직증명서·요양증명서·사업자등록증·건물등기부등본 등 주거를 달리하는 사유를 증명할 수 있는 서류 또는 통장사본 등 경제적 지원 사실을 증명할 수 있는 서류 ○ 특수한 사유에 해당하는 경우 - 장애인증명서 등 해당 사유를 증명할 수 있는 서류
	라. 조부모(배우자의 조부모를 포함한다)	1) 주거를 같이하는 경우 : 조부모와 주거를 같이하는 조부모의 자녀가 없거나, 자녀가 있더라도 특수한 사유로 부양능력이 없는 경우에만 인정 2) 주거를 달리하는 경우 : 조부모와 주거를 같이 하는 조부모의 자녀가 없거나, 자녀가 있더라도 특수한 사유로 부양능력이 없는 경우로서 다음 중 어느 하나에 해당하는 경우에만 인정 가) 당사자의 학업·취업·요양·사업·주거의 형편, 그 밖에 이에 준하는 사유로 주거를 달리하는 경우 나) 가입자 또는 가입자였던 자가 정기적으로 경제적 지원을 한 경우	
4. 사망일시금 (제53조 관련)	가. 배우자·자녀·부모·손자녀·조부모·형제자매	인정. 다만, 다음 중 어느 하나에 해당하는 경우에는 인정하지 않음 1) 「주민등록법」 제20조제6항 본문에 따라 시장·군수 또는 구청장이 거주불명으로 등록한 날부터 1년이 지난 경우 2) 경찰서장이 가출 또는 실종 신고를 접수한 날부터 1년이 지난 경우 3) 1년 이내에 청구권이 시효완성으로 소멸되는 경우로서 공단이 1년 이상 연락이 끊어진 사실을 확인한 경우	○「가족관계의 등록 등에 관한 법률」 제15조제1항제1호에 따른 가족관계증명서에 대한 상세증명서(주민등록번호를 포함한다)
	나. 4촌 이내 방계혈족	1) 주거를 같이하는 경우 : 인정. 다만, 가목의 인정기준란 1)부터 3)까지의 어느 하나에 해당하는 경우에는 인정하지 않음 2) 주거를 달리하는 경우 : 가목의 인정기준란 1)부터 3)까지의 어느 하나에 해당하지 않는 경우로서 가입자 또는 가입자였던 자가 정기적으로 생계비 등 경제적 지원을 한 경우에만 인정	○ 주거를 같이하는 경우 -「가족관계의 등록 등에 관한 법률」 제15조제1항제1호에 따른 가족관계증명서에 대한 상세증명서(주민등록번호를 포함한다) ○ 주거를 달리하는 경우 -「가족관계의 등록 등에 관한 법률」 제15조제1항제1호에 따른 가족관계증명서에 대한 상세증명서(주민등록번호를 포함한다) - 통장사본 등 경제적 지원 사실을 증명할 수 있는 서류

비고

1. 제2호나목2)가), 제3호나목2)가), 같은 호 다목2)가) 및 같은 호 라목2)가)에서 "주거의 형편"이란 주거 공간이 협소한 이유 등으로 사실상 주거를 같이 할 수 없는 경우를 말한다.
2. 제3호다목1), 같은 목 2)가), 같은 호 라목1) 및 같은 목 2)가)에서 "특수한 사유"란 각각 다음 각 목의 경우를 말한다.
   가. 「장애인복지법」 제2조제1항에 따른 장애인인 경우
   나. 단기하사 이하로 군에 입대한 경우
   다. 교도소나 그 밖에 이에 준하는 시설에 수용되어 있는 경우
   라. 행방불명인 경우
   마. 「고등교육법」 제2조 각 호에 따른 학교 이하의 학교의 재학생인 경우
   바. 60세 이상이거나 25세 미만인 경우
   사. 「국민기초생활 보장법」 제2조제2호에 따른 수급자인 경우

[별표2]

장애등급 구분의 기준(제46조제1항 관련)

(2011.12.8 개정)

장애등급	장 애 상 태
1급	1. 두 눈의 시력이 각각 0.02 이하로 감퇴된 자 2. 두 팔을 전혀 쓸 수 없도록 장애가 남은 자 3. 두 다리를 전혀 쓸 수 없도록 장애가 남은 자 4. 두 팔을 손목관절 이상에서 상실한 자 5. 두 다리를 발목관절 이상에서 상실한 자 6. 위의 제1호부터 제5호까지 규정된 자 외의 자로서 신체의 기능이 노동 불능상태이며 상시 보호가 필요한 정도의 장애가 남은 자 7. 정신이나 신경계통이 노동 불능상태로서 상시 보호나 감시가 필요한 정도의 장애가 남은 자 8. 부상이나 질병이 치유되지 아니하여 신체의 기능과 정신이나 신경계통이 노동 불능상태로서 장기간의 안정과 상시 보호 또는 감시가 필요한 정도의 장애가 있는 자로서 보건복지부장관이 따로 정하는 자
2급	1. 두 눈의 시력이 각각 0.06 이하로 감퇴된 자 2. 한 눈의 시력이 0.02 이하로 감퇴되고, 다른 눈의 시력이 0.1 이하로 감퇴된 자 3. 음식물을 먹는 기능이나 말하는 기능을 상실한 자

	4. 척추의 기능에 극히 심한 장애가 남은 자 5. 한 팔을 손목관절 이상에서 상실한 자 6. 한 다리를 발목관절 이상에서 상실한 자 7. 한 팔을 전혀 쓸 수 없도록 장애가 남은 자 8. 한 다리를 전혀 쓸 수 없도록 장애가 남은 자 9. 두 손의 손가락을 전부 상실하였거나 전혀 쓸 수 없도록 장애가 남은 자 10. 두 발을 리스프랑관절 이상 부위에서 상실한 자 11. 위의 제1호부터 제10호까지 규정된 자 외의 자로서 신체의 기능이 노동에 극히 심한 제한을 받거나 또는 노동에 극히 현저한 제한을 가할 필요가 있는 정도로 장애가 남은 자 12. 정신이나 신경계통에 노동 불능상태의 장애가 남은 자 13. 부상이나 질병이 치유되지 아니하여 신체의 기능과 정신이나 신경계통이 노동에 극히 심한 제한을 받거나 노동에 극히 현저한 제한을 가할 필요가 있는 정도로 장애가 있는 자로서 보건복지부장관이 따로 정하는 자
3급	1. 두 눈의 시력이 각각 0.1 이하로 감퇴된 자나 한 눈의 시력이 0.02 이하로 감퇴되고 다른 눈의 시력이 0.15 이하로 감퇴된 자 2. 두 귀의 청력이 귀에 대고 큰 소리로 말을 해도 이를 알아듣지 못할 정도로 장애가 남은 자 3. 음식물을 먹는 기능 또는 말하는 기능에 현저한 장애가 남은 자 4. 척추의 기능에 중등도의 장애가 남은 자 5. 한 팔의 3대 관절 중 2관절을 쓸 수 없도록 장애가 남은 자 6. 한 다리의 3대 관절 중 2관절을 쓸 수 없도록 장애가 남은 자 7. 한 손의 엄지손가락과 둘째손가락을 상실한 자 8. 한 손의 엄지손가락과 둘째손가락을 포함하여 4개 이상의 손가락을 쓸 수 없도록 장애가 남은 자 9. 한 발을 리스프랑관절 이상 부위에서 상실한 자 10. 두 발의 모든 발가락을 쓸 수 없도록 장애가 남은 자 11. 위의 제1호부터 제10호까지 규정된 자 외의 자로서 신체의 기능이 노동에 현저한 제한을 가할 필요가 있는 정도로 장애가 남은 자 12. 정신 또는 신경계통이 노동에 있어서 심한 제한을 받거나 또는 노동에 현저한 제한을 가할 필요가 있는 정도의 장애가 남은 자 13. 부상이나 질병이 치유되지 아니하여 신체의 기능과 정신 또는 신경계통이 노동에 심한 제한을 받거나 노동에 현저한 제한을 가할 필요가 있는 정도로 장애가 있는 자로서 보건복지부장관이 따로 정하는 자
4급	1. 두 눈의 시력이 각각 0.3 이하로 감퇴된 자 2. 두 귀의 청력이 1미터 이상의 거리에서 보통의 소리로 말을 해도 알아듣지 못할 정도로 장애가 남은 자 3. 음식물을 먹는 기능 또는 말하는 기능에 중등도의 장애가 남은 자 4. 척추에 기능장애가 남은 자 5. 한 팔의 3대 관절 중 1관절을 쓸 수 없도록 장애가 남은 자 6. 한 다리의 3대 관절 중 1관절을 쓸 수 없도록 장애가 남은 자 7. 엄지손가락 또는 둘째손가락을 포함하여 2개의 손가락을 상실한 자 또는 엄지손가락과 둘째손가락 외의 4개의 손가락을 상실한 자 8. 두 발의 발가락 중 여섯 발가락을 쓸 수 없도록 장애가 남은 자 9. 위의 제1호부터 제8호까지 규정된 자 외의 자로서 신체의 기능이 노동에 제한을 가할 필요가 있는 정도로 장애를 입은 자 10. 정신 또는 신경계통이 노동에 제한을 가할 필요가 있는 정도로 장애가 남은 자 11. 부상이나 질병이 치유되지 아니하여 노동에 제한을 받거나 노동에 제한을 가할 필요가 있는 정도로 장애가 있는 자로서 보건복지부장관이 따로 정하는 자

비고
1. 시력 측정은 국제적 시력표에 의하며, 굴절이상이 있는 자는 원칙적으로 교정시력을 측정한다.
2. 손가락의 상실이란 엄지손가락은 지관절, 그 밖의 손가락은 제1지관절 이상 부위를 상실한 경우를 말한다.

〔별표2의2〕

연금보험료 지원 여부 확인을 위한 자료 제공 요청 기관 등
(제109조의3제1항 및 제2항 관련)

(2023.6.27 개정)

1. 보건복지부장관이 자료를 요청할 수 있는 기관·법인·단체
 가. 공단
 나. 「국민건강보험법」에 따른 국민건강보험공단과 건강보험심사평가원
 다. 「산업재해보상보험법」에 따른 근로복지공단
 라. 「공무원연금법」에 따른 공무원연금공단
 마. 「사립학교교직원 연금법」에 따른 사립학교교직원연금공단
 바. 「별정우체국법」에 따른 별정우체국 연금관리단
 사. 「고용정책 기본법」에 따른 한국고용정보원
 아. 「고등교육법」에 따른 대학과 대학원
 자. 「한국자산관리공사 설립 등에 관한 법률」에 따른 한국자산관리공사
 차. 「근로기준법」에 따른 사업장의 사용자
 카. 「선원법」에 따른 선박소유자
 타. 그 밖에 보건복지부장관이 법 제100조의3제1항 및 제100조의4제1항에 따른 연금보험료 지원 여부를 확인하기 위하여 필요하다고 인정하는 자료를 보유한 기관·법인·단체
2. 보건복지부장관이 요청할 수 있는 자료
 가. 「주민등록법」에 따른 주민등록 전산정보자료와 주민등록표 등본·초본
 나. 「가족관계의 등록 등에 관한 법률」에 따른 가족관계등록 전산정보자료와 가족관계기록사항에 관한 증명서
 다. 「공무원연금법」, 「공무원 재해보상법」, 「사립학교교직원 연금법」, 「군인연금법」, 「군인 재해보상법」 및 「별정우체국법」의 적용을 받는 공무원, 사립학교교직원, 군인 및 별정우체국 직원에 관한 자료와 각 법에 따른 급여에 관한 자료
 라. 「국민기초생활 보장법」에 따른 수급자에 관한 자료
 마. 「국세기본법」, 「국세징수법」, 「소득세법」, 「법인세법」, 「상속세 및 증여세법」, 「부가가치세법」, 「지방세기본법」, 「지방세법」 및 「수출용 원재료에 대한 관세 등 환급에 관한 특례법」에 따른 소득·과세·환급자료와 일용근로소득내역·납세의 관리에 필요한 자료 및 연금보험료 소득공제에 관한 자료
 바. 「국민건강보험법」, 「고용보험법」 및 「산업재해보상보험법」에 따른 사업장 성립·적용·탈퇴·해지 및 가입자 자격의 취득(고용)·상실(고용종료) 등 부과·징수에 관한 자료, 가입자와 피부양자의 관계에 관한 자료
 사. 「민법」, 「비송사건절차법」, 「상법」 및 「상업등기법」 등에 따른 법인등기와 「소득세법」, 「부가가치세법」 및 「법인세법」 등에 따른 사업자등록에 관한 자료
 아. 「출입국관리법」에 따른 외국인 등록자료 및 출입국에 관한 자료, 「외국인근로자의 고용 등에 관한 법률」에 따른 외국인의 고용에 관한 자료 및 「여권법」에 따른 여권의 발급에 관한 자료
 자. 「고등교육법」에 따른 학생에 관한 자료, 「병역법」에 따른 병역에 관한 자료, 「형의 집행 및 수용자의 처우에 관한 법률」 및 「치료감호 등에 관한 법률」에 따른 교정시설·치료감호시설에의 수용에 관한 자료
 차. 「국세징수법」에 따른 공매에 관한 자료, 「한국자산관리공사 설립 등에 관한 법률」에 따른 한국자산관리공사가 대행하는 공매에 관한 자료 및 「민사집행법」에 따른 경매에 관한 자료
 카. 「공간정보의 구축 및 관리 등에 관한 법률」에 따른 토지, 「부동산등기법」 및 「건축법」 등에 따른 건물, 「선박법」 및 「어선법」에 따른 선박 및 어선, 「자동차관리법」 및 「건설기계관리법」에 따른 자동차 및 건설기계, 「항공안전법」에 따른 항공기 등의 등기·등록 및 공시가격에 관한 자료
 타. 「농지법」에 따른 농지대장, 「축산법」에 따른 축산업등록 등에 관한 자료, 「수산업법」·「양식산업발전법」에 따른 어업·양식업 허가 등에 관한 자료 및 「농어업경영체 육성 및 지원에 관한 법률」에 따른 농어업경영체 등록(변경등록) 자료
 파. 「산업재해보상보험법」에 따른 노무제공자 자료 및 「고용보험법」 등에 따른 근로내용확인신고 자료
 하. 「영유아보육법」에 따른 보육교직원의 임면과 경력 등에 관한 자료
 거. 국가, 지방자치단체, 그 밖에 별표2의2 제1호에 따른 기관·법인·단체가 보유한 자료로서 법 제100조의3제1항 및 제100조의4제1항에 따른 연금보험료 지원 여부를 확인하는 데 필요하다고 보건복지부장관이 인정하는 자료

〔별표2의3〕

국민연금사업 관련 자료 제공 요청 기관 등(제109조의3제3항 및 제4항 관련)

(2024.1.23 개정)

1. 공단이 자료를 요청할 수 있는 기관·법인·단체
 가. 「국민건강보험법」에 따른 국민건강보험공단과 건강보험심사평가원
 나. 「산업재해보상보험법」에 따른 근로복지공단
 다. 「공무원연금법」에 따른 공무원연금공단
 라. 「사립학교교직원 연금법」에 따른 사립학교교직원연금공단
 마. 「별정우체국법」에 따른 별정우체국 연금관리단
 바. 「고용정책 기본법」에 따른 한국고용정보원
 사. 「고등교육법」에 따른 대학과 대학원
 아. 「한국자산관리공사 설립 등에 관한 법률」에 따른 한국자산관리공사
 자. 「장사 등에 관한 법률」에 따른 장사시설
 차. 「노인복지법」에 따른 노인복지시설, 「노인장기요양보험법」에 따른 장기요양기관
 카. 「근로기준법」에 따른 사업장의 사용자
 타. 「선원법」에 따른 선박소유자
 파. 「수산업협동조합법」에 따른 수산업협동조합중앙회
 하. 「보험업법」에 따른 보험요율 산출기관 및 「보험업법」, 「선주상호보험조합법」에 따라 허가를 받아 보험업을 영위하는 자
 거. 「여객자동차 운수사업법」, 「화물자동차 운수사업법」, 「건설기계관리법」, 「한국해운조합법」, 「수산업협동조합법」, 「원양산업발전법」, 「민법」 및 「선원법 시행령」 제32조제5호에 따라 공제사업을 하는 자 또는 기관
 너. 「금융위원회의 설치 등에 관한 법률」에 따른 금융감독원
 더. 종합신용정보집중기관
 러. 「건설근로자의 고용개선 등에 관한 법률」 제9조에 따른 건설근로자공제회
 머. 「예술인 복지법」 제8조에 따른 한국예술인복지재단
 버. 그 밖에 공단이 법 제25조 각 호의 업무를 수행하기 위하여 필요하다고 보건복지부장관이 인정하는 자료를 보유한 기관·법인·단체
2. 공단이 요청할 수 있는 자료
 가. 「주민등록법」에 따른 주민등록 전산정보자료와 주민등록표 등본·초본
 나. 「가족관계의 등록 등에 관한 법률」에 따른 가족관계등록 전산정보자료와 가족관계기록사항에 관한 증명서
 다. 「공무원연금법」, 「공무원 재해보상법」, 「사립학교교직원 연금법」, 「군인연금법」, 「군인 재해보상법」 및 「별정우체국법」의 적용을 받는 공무원, 사립학교교직원, 군인 및 별정우체국 직원에 관한 자료와 각 법에 따른 급여에 관한 자료
 라. 「국민기초생활 보장법」에 따른 수급자에 관한 자료
 마. 「국세기본법」, 「국세징수법」, 「소득세법」, 「법인세법」, 「상속세 및 증여세법」, 「부가가치세법」, 「지방세기본법」, 「지방세징수법」, 「지방세법」 및 「수출용 원재료에 대한 관세 등 환급에 관한 특례법」에 따른 소득·과세·환급자료와 일용근로소득내역·납세의 관리에 필요한 자료 및 연금보험료 소득공제에 관한 자료
 바. 「국민건강보험법」, 「고용보험법」 및 「산업재해보상보험법」에 따른 사업장 성립·적용·탈퇴·해지 및 가입자 자격의 취득(고용)·상실(고용종료) 등 부과·징수에 관한 자료와 급여에 관한 자료, 가입자와 피부양자의 관계에 관한 자료, 구상권에 관한 자료
 사. 「민법」, 「비송사건절차법」, 「상법」 및 「상업등기법」 등에 따른 법인등기와 「소득세법」, 「부가가치세법」 및 「법인세법」 등에 따른 사업자등록에 관한 자료
 아. 「조세특례제한법」에 따른 근로장려금에 관한 자료
 자. 「어선원 및 어선 재해보상보험법」에 따른 보험급여에 관한 자료와 「근로기준법」 및 「선원법」에 따른 재해보상에 관한 자료
 차. 「보험업법」에 따른 보험회사 및 보험요율 산출기관과 「보험업법」, 「선주상호보험조합법」에 따라 허가를 받아 보험업을 영위하는 자의 보험금 산출, 지급에 관한 자료
 카. 「여객자동차 운수사업법」, 「화물자동차 운수사업법」, 「건설기계관리법」, 「한국해운조합법」, 「수산업협동조합법」, 「원양산업발전법」, 「민법」 및 「선원법 시행령」 제32조제1항제5호에 따른 공제사업을 하는 자의 보험금 및 공제금의 산출 및 지급에 관한 자료
 타. 「장애인복지법」에 따른 장애인 등록에 관한 자료, 「장애인연금법」에 따른 중증장애인의 장애정도에 관한 자료, 「출입국관리법」에 따른 외국인 등록자료 및 출입국에 관한 자료, 「외국인근로자의 고용 등에 관한 법률」에 따른 외국인의 고용에 관한 자료 및 「여권법」에 따른 여권의 발급에 관한 자료
 파. 「고등교육법」에 따른 학생에 관한 자료, 「병역법」에 따른 병역에 관한 자료, 「형의 집행 및 수용자의 처우에 관한 법률」 및 「치료감호 등에 관한 법률」에 따른 교정시설·치료감호시설에의 수용에 관한 자료 및 「노인복지법」 및 「노인장기요양보험법」에 따른 입소 등에 관한 자료
 하. 「국세징수법」에 따른 공매에 관한 자료, 「한국자산관리공사 설립 등에 관한 법률」에 따른 한국자산관리공사가 대행하는 공매에 관한 자료 및 「민사집행법」에 따른 경매에 관한 자료
 거. 「공간정보의 구축 및 관리 등에 관한 법률」에 따른 토지, 「부동산등기법」 및 「건축법」 등에 따른 건물, 「선박법」 및 「어선법」에 따른 선박 및 어선, 「자동차관리법」 및 「건설기계관리법」에 따른 자동차 및 건설기계, 「항공안전법」에 따른 항공기 등의 등기·등록 및 공시가격에 관한 자료
 너. 「농지법」에 따른 농지대장, 「축산법」에 따른 축산업등록 등에 관한 자료, 「수산업법」·「양식산업발전법」에 따른 어업·양식업 허가 등에 관한 자료 및 「농어업경영체 육성 및 지원에 관한 법률」에 따른 농어업경영체 등록(변경등록) 자료
 더. 「민사소송법」에 따른 소송 관련 자료 및 「형사소송법」에 따른 상해 또는 사망과 관련된 사건·사고의 수사기록 및 소송 관련 자료
 러. 「의료법」에 따라 경찰서장에게 신고한 변사체 신고 자료, 「장사 등에 관한 법률」에 따른 매장·화장 등 장사에 관한 자료
 머. 「도로교통법」에 따른 운전면허의 발급·갱신에 관한 자료
 버. 「독립유공자예우에 관한 법률」, 「국가유공자 등 예우 및 지원에 관한 법률」, 「보훈보상대상자 지원에 관한 법률」, 「5·18민주유공자예우 및 단체설립에 관한 법률」, 「참전유공자예우 및 단체설립에 관한 법률」, 「고엽제후유의증 등 환자지원 및 단체설립에 관한 법률」, 「특수임무유공자 예우 및 단체설립에 관한 법률」 및 「제대군인지원에 관한 법률」의 적용대상자의 진료에 관한 자료
 서. 「다문화가족지원법」에 따른 지원을 받는 자의 다문화가족 자료
 어. 「노인복지법」 및 「노인장기요양보험법」에 따른 요양기관 및 요양보호사 등 인력에 관한 자료

저. 「산업재해보상보험법」에 따른 노무제공자 자료 및 「고용보험법」 등에 따른 근로내용확인신고 자료
처. 「고용보험법」에 따른 구직급여 수급자 등 구직급여와 관련된 자료
커. 「영유아보육법」에 따른 보육교직원의 임면과 경력 등에 관한 자료
터. 「공인중개사법」에 따른 개업공인중개사에 관한 자료(소속공인중개사 및 중개보조원의 고용 등에 관한 자료를 포함한다)
퍼. 「해외이주법」에 따른 해외이주자에 관한 자료
허. 「재외국민등록법」에 따른 재외국민에 관한 자료
고. 「국적법」에 따른 국적상실·국적취득 등에 관한 자료
노. 「채무자 회생 및 파산에 관한 법률」에 따른 개인회생 및 개인파산 절차 관련 사건번호, 개시결정일, 면책결정일, 당사자내용 등에 관한 자료
도. 「가사소송법」에 따른 한정승인 및 상속포기 관련 사건번호, 종국결과, 당사자내용 등에 관한 자료
로. 「노인복지법」에 따른 재가노인복지시설을 이용하는 사람 및 「노인장기요양보험법」에 따른 재가급여 수급자에 관한 자료
모. 「119구조·구급에 관한 법률」에 따른 구조·구급활동에 관한 자료
보. 「도로교통법 시행령」 제32조에 따른 교통사고의 조사에 관한 서류 등 경찰청, 해양경찰청 등이 사고 내역을 확인할 수 있도록 발급하는 자료
소. 「보험사기방지 특별법」 제6조제1항에 따른 고발, 수사의뢰 또는 그 밖의 조치에 관한 자료
오. 종합신용정보집중기관을 통하여 집중관리·활용되는 신용정보 중 법원의 개인회생·파산선고·면책과 관련된 결정에 관한 자료
조. 「의료급여법」 제3조에 따른 수급권자에 대한 같은 법 제7조에 따른 의료급여의 내용에 관한 자료 및 같은 법 제14조에 따른 건강검진에 관한 자료
초. 「국민건강보험법」 제52조에 따른 건강검진에 관한 자료
코. 「건설근로자의 고용개선 등에 관한 법률」 제11조에 따른 피공제자에 관한 자료
토. 「예술인 복지법」 제2조제2호에 따른 예술인에 관한 자료
포. 「실종아동등의 보호 및 지원에 관한 법률」 제8조의2에 따라 구축·운영 중인 정보시스템에 등록된 실종아동등 및 가출인에 관한 자료
호. 「형사소송법」 제222조 및 「검사와 사법경찰관의 상호협력과 일반적 수사준칙에 관한 규정」 제17조에 따라 해양경찰청이 처리한 변사사건의 변사자 신원 내용에 관한 자료
구. 「기초연금법」 제11조에 따른 조사·질문에 관한 자료 중 법 제121조제1항에 따른 수급권의 발생·변경·소멸·정지 및 급여액의 산정·지급 등에 관한 자료
누. 국가, 지방자치단체, 그 밖에 별표2의3 제1호에 따른 기관·법인·단체가 보유한 자료로서 법 제25조 각 호의 업무를 수행하는 데 필요하다고 보건복지부장관이 인정하는 자료

〔별표3〕

과태료의 부과기준(제114조 관련)

(2024.1.23 개정)

1. 일반기준
가. 위반행위의 횟수에 따른 과태료의 부과기준은 최근 1년간 동일한 위반행위로 과태료 부과처분을 받은 경우에 적용한다. 이 경우 기간의 계산은 위반행위에 대하여 과태료 부과처분을 받은 날과 그 처분 후 다시 같은 위반행위를 하여 적발된 날을 기준으로 한다.
나. 가목에 따라 가중된 부과처분을 하는 경우 가중처분의 적용 차수는 그 위반행위 전 부과처분 차수(가목에 따른 기간 내에 과태료 부과처분이 둘 이상 있었던 경우에는 높은 차수를 말한다)의 다음 차수로 한다.
다. 보건복지부장관은 다음의 어느 하나에 해당하는 경우에는 제2호에 따른 과태료 금액의 2분의 1의 범위에서 그 금액을 감경할 수 있다. 다만, 과태료를 체납하고 있는 위반행위자에 대해서는 그러하지 아니하다.
1) 위반행위자가 「질서위반행위규제법 시행령」 제2조의2제1항 각 호의 어느 하나에 해당하는 경우
2) 위반행위자가 동일한 위반행위로 다른 법률에 따라 벌금 등의 처벌을 받은 경우
3) 위반행위가 사소한 부주의나 오류로 인한 것으로 인정되는 경우
4) 위반의 내용·정도가 경미하다고 인정되는 경우
5) 그 밖에 위반행위의 정도, 위반행위의 동기와 그 결과 등을 고려하여 감경할 필요가 있다고 인정되는 경우
라. 보건복지부장관은 위반행위의 정도, 위반행위의 동기와 그 결과 등을 고려하여 제2호에 따른 과태료 금액의 2분의 1의 범위에서 그 금액을 가중할 수 있다. 다만, 가중하는 경우에도 법 제131조에 따른 과태료 금액의 상한을 넘을 수 없다.

2. 개별기준

(단위 : 만원)

위 반 행 위	근거 법조문	과태료 금액		
		1차 위반	2차 위반	3차 이상 위반
가. 법 제21조제1항을 위반하여 신고를 하지 않거나 거짓으로 신고한 경우	법 제131조 제1항제1호	17	33	50
나. 법 제21조제2항에 따른 신고를 하지 않은 경우	법 제131조 제2항제1호	3	6	10
다. 법 제23조제2항에 따른 통지를 하지 않은 경우	법 제131조 제2항제2호	3	6	10
라. 법 제121조제1항 또는 제2항에 따른 신고를 하지 않은 경우	법 제131조 제2항제1호			
1) 지연신고기간이 3개월 미만인 경우		3		
2) 지연신고기간이 3개월 이상 6개월 미만인 경우		6		
3) 지연신고기간이 6개월 이상인 경우		10		
마. 법 제122조에 따라 사용자가 공단 또는 공단의 직원이 서류나 그 밖의 소득·재산 등에 관한 자료의 제출을 요구하거나 조사·질문할 때 이를 거부·기피·방해하거나 거짓으로 답변한 경우	법 제131조 제1항제2호	17	33	50
바. 법 제122조에 따라 가입자, 가입자였던 자 또는 수급권자가 공단 또는 공단의 직원이 서류나 그 밖의 소득·재산 등에 관한 자료의 제출을 요구하거나 조사·질문할 때 이를 거부·기피·방해하거나 거짓으로 답변한 경우	법 제131조 제2항제3호	3	6	10

■ 국민기초생활 보장법 시행령

〔별표〕

과태료의 부과기준(제43조 관련)

(2022.1.28 신설)

1. 일반기준
가. 위반행위의 횟수에 따른 과태료의 가중된 부과기준은 최근 1년간 같은 위반행위로 과태료 부과처분을 받은 경우에 적용한다. 이 경우 기간의 계산은 위반행위에 대하여 과태료 부과처분을 받은 날과 그 처분 후 다시 같은 위반행위를 하여 적발된 날을 기준으로 한다.
나. 가목에 따라 가중된 부과처분을 하는 경우 가중처분의 적용 차수는 그 위반행위 전 부과처분 차수(가목에 따른 기간 내에 과태료 부과처분이 둘 이상 있었던 경우에는 높은 차수를 말한다)의 다음 차수로 한다. 다만, 적발된 날부터 소급하여 2년이 되는 날 전에 한 부과처분은 가중처분의 차수 산정 대상에서 제외한다.
다. 부과권자는 다음의 어느 하나에 해당하는 경우에는 제2호의 개별기준에 따른 과태료의 2분의 1 범위에서 그 금액을 줄여 부과할 수 있다. 다만, 과태료를 체납하고 있는 위반행위자에 대해서는 그렇지 않다.
1) 위반행위자의 사소한 부주의나 오류로 인한 것으로 인정되는 경우
2) 위반행위자가 법 위반상태를 시정하거나 해소하기 위하여 노력한 것이 인정되는 경우
3) 그 밖에 위반행위의 정도, 위반행위의 동기와 그 결과 등을 고려하여 줄일 필요가 있다고 인정되는 경우
라. 부과권자는 다음의 어느 하나에 해당하는 경우에는 제2호의 개별기준에 따른 과태료의 2분의 1 범위에서 그 금액을 늘려 부과할 수 있다. 다만, 늘려 부과하는 경우에도 법 제50조의2제1항에 따른 과태료의 상한을 넘을 수 없다.
1) 위반의 내용·정도가 중대하여 이로 인한 피해가 크다고 인정되는 경우
2) 위반행위자의 고의나 중대한 과실로 인한 것으로 인정되는 경우
3) 법 위반상태의 기간이 6개월 이상인 경우
4) 그 밖에 위반행위의 정도, 위반행위의 동기와 그 결과 등을 고려하여 늘릴 필요가 있다고 인정되는 경우

2. 개별기준

위반행위	근거 법조문	과태료(단위 : 만원)		
		1차 위반	2차 위반	3차 이상 위반
가. 법 제18조의3제1항에 따른 사업보고서를 제출하지 않거나 거짓이나 그 밖의 부정한 방법으로 작성하여 제출한 경우	법 제50조의2 제1항제1호	100	200	300
나. 법 제18조의3제2항에 따른 보고나 관계 서류의 제출을 하지 않거나 거짓으로 보고하거나 또는 관계 서류를 제출한 경우	법 제50조의2 제1항제2호	100	200	300
다. 법 제18조의3제3항에 따른 시정명령을 이행하지 않은 경우	법 제50조의2 제1항제3호	100	200	300
라. 법 제18조의5를 위반하여 자활기업이나 이와 유사한 명칭을 사용한 경우	법 제50조의2 제1항제4호	100	200	300

■ 국민건강보험법 시행령

〔별표1〕

사용자인 기관장(제2조 관련)

(2013.3.23 개정)

구 분	기 관 장
1. 입법부	국회사무총장, 국회도서관장
2. 행정부	가. 감사원장, 대통령비서실장, 국가정보원장, 방송통신위원회위원장 나. 국무조정실장, 공정거래위원회 위원장, 금융위원회 위원장, 국민권익위원회 위원장 다. 중앙행정기관의 장 라. 특별시장, 광역시장, 도지사, 특별자치도지사, 시장, 군수, 구청장(자치구의 구청장을 말한다) 마. 대학교 및 대학의 장, 전문대학의 장 바. 교육감, 교육장
3. 사법부	법원행정처장, 각급 법원 및 법원 지원(支院)의 장
4. 헌법재판소	사무처장
5. 선거관리위원회	중앙선거관리위원회 사무총장, 특별시·광역시·도선거관리위원회, 선거관리위원회 사무처장

〔별표2〕

본인일부부담금의 부담률 및 부담액(제19조제1항 관련)

(2023.11.7 개정)

1. 가입자 또는 피부양자는 요양급여비용 중 다음 각 목의 어느 하나에 해당하는 금액(100원 미만은 제외한다)을 부담한다. 다만, 입원진료의 경우에는 100원 미만의 금액도 부담한다.
가. 입원진료(나목의 표 중 보건복지부장관이 정하는 의료장비를 이용한 진료의 경우는 제외한다) 및 보건복지부장관이 정하는 요양급여를 받은 경우(약국 또는 한국희귀·필수의약품센터인 요양기관에서 처방전에 따라 의약품을 조제받는 경우를 포함한다)는 다음의 구분에 따라 계산한 금액
1) 요양급여비용 총액(보건복지부장관이 정하여 고시하는 식대와 장애인 치과진료에 대한 가산금액은 제외한다)의 100분의 20에 입원기간 중 식대[입원환자의 식사의 질과 서비스에 영향을 미치는 부가적 요소에 드는 비용에 해당하는 가산금액(이하 "식대가산금액"이라 한다)을 포함한다. 이하 이 호, 제2호 및 제3호가목·나목·아목에서 같다]의 100분의 50을 더한 금액. 다만, 상급종합병원에서 법 제43조에 따라 신고한 입원병실 중 일반입원실의 2인실·3인실·4인실 및 정신과 입원실의 2인실·3인실·4인실을 이용한 경우에는 그 입원료에 한정하여 각각 100분의 50·100분의 40·100분의 30으로 하고, 종합병원·병원·한방병원·요양병원(「장애인복지법」 제58조제1항제4호에 따른 장애인 의료재활시설로서 「의료법」 제3조

의2의 요건을 갖춘 의료기관인 요양병원으로 한정한다)·정신병원에서 법 제43조에 따라 신고한 입원병실 중 일반입원실의 2인실·3인실 및 정신과 입원실의 2인실·3인실을 이용한 경우에는 그 입원료에 한정하여 각각 100분의 40·100분의 30으로 하며, 보건복지부장관이 정하여 고시하는 격리 입원에 대해서는 그 입원료에 한정하여 100분의 10으로 한다.

2) 「의료법」 제3조제2항제3호라목에 따른 요양병원(「장애인복지법」 제58조제1항제4호에 따른 장애인 의료재활시설로서 「의료법」 제3조의2의 요건을 갖춘 의료기관인 요양병원은 제외한다)에서 입원진료를 받는 사람 중 입원치료보다는 요양시설이나 외래진료를 받는 것이 적합한 환자로서 보건복지부장관이 정하여 고시하는 환자군에 해당하는 경우에는 요양급여비용 총액의 100분의 40에 입원기간 중 식대의 100분의 50을 더한 금액

나. 외래진료의 경우 및 보건복지부장관이 정하는 의료장비·치료재료를 이용한 진료의 경우에는 다음 표의 구분에 따라 계산한 금액

기관 종류	소재지	환자 구분	본인일부부담금
상급 종합병원	모든 지역	일반환자	진찰료 총액 + (요양급여비용 총액 - 진찰료총액) × 60/100. 다만, 임신부 외래진료의 경우에는 요양급여비용 총액의 40/100, 1세 미만 영유아 외래진료의 경우에는 요양급여비용 총액의 20/100으로 한다.
		의약분업 예외환자	진찰료 총액 + (요양급여비용 총액 - 약값 총액 - 진찰료 총액) × 60/100 + 약값 총액 × 30/100. 다만, 임신부 외래진료의 경우에는 (요양급여비용 총액 - 약값 총액) × 40/100 + 약값 총액 × 30/100, 1세 미만 영유아 외래진료의 경우에는 (요양급여비용 총액 - 약값 총액) × 20/100 + 약값 총액 × 21/100로 한다.
종합병원	동 지역	일반환자	요양급여비용 총액 × 50/100(임신부 외래진료의 경우에는 30/100, 1세 미만 영유아 외래진료의 경우에는 15/100)
		의약분업 예외환자	(요양급여비용 총액 - 약값 총액) × 50/100(임신부 외래진료의 경우에는 30/100, 1세 미만 영유아 외래진료의 경우에는 15/100) + 약값 총액 × 30/100(1세 미만 영유아의 경우에는 21/100)
	읍·면 지역	일반환자	요양급여비용 총액 × 45/100(임신부 외래진료의 경우에는 30/100, 1세 미만 영유아 외래진료의 경우에는 15/100)
		의약분업 예외환자	(요양급여비용 총액 - 약값 총액) × 45/100(임신부 외래진료의 경우에는 30/100, 1세 미만 영유아 외래진료의 경우에는 15/100) + 약값 총액 × 30/100(1세 미만 영유아의 경우에는 21/100)
병원, 치과병원, 한방병원, 요양병원, 정신병원	동 지역	일반환자	요양급여비용 총액 × 40/100(임신부 외래진료의 경우에는 20/100, 1세 미만 영유아 외래진료의 경우에는 10/100)
		의약분업 예외환자	(요양급여비용 총액 - 약값 총액) × 40/100(임신부 외래진료의 경우에는 20/100, 1세 미만 영유아 외래진료의 경우에는 10/100) + 약값 총액 × 30/100(1세 미만 영유아의 경우에는 21/100)
	읍·면 지역	일반환자	요양급여비용 총액 × 35/100(임신부 외래진료의 경우에는 20/100, 1세 미만 영유아 외래진료의 경우에는 10/100)
		의약분업 예외환자	(요양급여비용 총액 - 약값 총액) × 35/100(임신부 외래진료의 경우에는 20/100, 1세 미만 영유아 외래진료의 경우에는 10/100) + 약값 총액 × 30/100(1세 미만 영유아의 경우에는 21/100)
의원, 치과의원, 한의원, 보건의료원	모든 지역	일반환자	요양급여비용 총액 × 30/100(임신부 외래진료의 경우에는 10/100, 1세 미만 영유아 외래진료의 경우에는 5/100). 다만, 요양급여를 받는 사람이 65세 이상이면서 해당 요양급여비용 총액이 보건복지부령으로 정하는 금액을 넘지 않으면 보건복지부령으로 정하는 금액을 본인일부부담금으로 한다.
		의약분업 예외환자	(요양급여비용 총액 - 약값 총액) × 30/100(임신부 외래진료의 경우에는 10/100, 1세 미만 영유아 외래진료의 경우에는 5/100) + 약값 총액 × 30/100(1세 미만 영유아의 경우에는 21/100). 다만, 요양급여를 받는 사람이 65세 이상이면서 해당 요양급여비용 총액이 보건복지부령으로 정하는 금액을 넘지 않으면 보건복지부령으로 정하는 금액을 본인일부부담금으로 한다.
보건소, 보건지소, 보건진료소	모든 지역		요양급여비용 총액 × 30/100. 다만, 요양급여비용 총액이 보건복지부령으로 정하는 금액을 넘지 않으면 보건복지부령으로 정하는 금액을 본인일부부담금으로 한다.

비고
1. 위 표에서 "의약분업 예외환자"란 「약사법」 제23조제4항제3호 중 조현병(調絃病) 또는 조울증 등으로 자신 또는 타인을 해칠 우려가 있는 정신질환자, 같은 항 제4호 중 「감염병의 예방 및 관리에 관한 법률」에 따른 제1군감염병환자 및 같은 항 제8호·제9호에 해당하는 환자를 말한다. 다만, 제1호가목에 따라 요양급여비용 총액의 100분의 20을 적용받는 사람은 제외한다.
2. 위 표에서 "약값 총액"이란 요양기관이 해당 약제를 구입한 금액의 총액을 말한다.
3. 보건복지부장관이 정하는 의료장비를 이용한 입원진료인 경우의 요양급여비용 총액은 의료장비를 이용한 비용의 총액으로 한정한다.
4. 요양기관의 외래진료를 통하여 주기적으로 의사의 처방에 따라 구입(사용)하여야 하는 치료재료 중 보건복지부장관이 정하여 고시하는 치료재료의 경우에는 해당 치료재료 비용 및 관련 행위(교체를 위한 직접적 행위에 한정한다. 이하 같다) 비용을 제외한 요양급여비용 총액은 위 표의 요양급여비용 총액으로 하여 위 표에 따라 산정한 금액에 해당 치료재료 비용 및 관련 행위 비용의 100분의 20(1세 미만 영유아의 경우에는 14/100)을 더한 금액을 본인일부부담금으로 한다. 다만, 제3호마목이 적용되는 중증질환자는 제외한다.
5. 보건복지부장관이 정하는 질병의 환자가 요양기관(의원으로 한정한다)에 보건복지부장관이 정하는 절차 또는 방법에 따라 외래진료를 지속적으로 받겠다는 의사를 표시한 경우에는 해당 질병에 대하여 그 다음 진료부터 (진찰료 총액 × 20/100) + [(요양급여비용 총액 - 진찰료 총액) × 30/100]에 해당하는 금액을 본인일부부담금으로 한다. 다만, 요양급여를 받는 사람이 65세 이상인 경우에는 요양급여비용 총액이 보건복지부령으로 정하는 금액을 넘지 않으면 보건복지부령으로 정하는 금액을 본인일부부담금으로 한다.
6. 임신부가 유산 또는 사산을 한 경우 해당 유산 또는 사산에 따른 외래진료는 위 표에 따른 임신부 외래진료에 포함한다.

다. 약국 또는 한국희귀·필수의약품센터의 경우
1) 진료를 담당한 의사 또는 치과의사가 발행한 처방전에 따라 의약품을 조제받은 경우에는 요양급여비용 총액의 100분의 30(요양급여를 받는 사람이 65세 이상인 경우 요양급여비용 총액이 보건복지부령으로 정하는 금액을 넘지 않으면 보건복지부령으로 정하는 금액). 다만, 제1호가목 중 보건복지부장관이 정하는 요양급여를 받은 경우(약국 또는 한국희귀·필수의약품센터인 요양기관에서 처방전에 따라 의약품을 조제받는 경우를 포함한다)는 제외한다.
2) 「약사법」 제23조제3항제1호에 따라 의료기관이 없는 지역에서 조제하는 경우로서 진료를 담당한 의사 또는 치과의사가 발행한 처방전에 따르지 않고 의약품을 조제받은 경우에는 다음의 구분에 따라 산정한 금액
가) 요양급여비용 총액이 보건복지부령으로 정하는 금액을 넘는 경우에는 요양급여비용 총액의 100분의 40
나) 요양급여비용 총액이 보건복지부령으로 정하는 금액을 넘지 않는 경우에는 보건복지부령으로 정하는 금액

3) 1)에도 불구하고 상급종합병원 또는 종합병원의 의사가 발행한 처방전에 따라 질병의 중증도를 고려하여 보건복지부장관이 정하여 고시하는 질병에 대한 의약품을 조제받은 경우〔읍·면 지역 소재 종합병원의 의사가 발행한 처방전에 따라 의약품을 조제받거나 「한국보훈복지의료공단법」에 따른 보훈병원의 의사나 「독립유공자예우에 관한 법률」, 「국가유공자 등 예우 및 지원에 관한 법률」, 「보훈보상대상자 지원에 관한 법률」, 「5·18민주유공자예우 및 단체설립에 관한 법률」, 「참전유공자예우 및 단체설립에 관한 법률」, 「고엽제후유의증 등 환자지원 및 단체설립에 관한 법률」, 「특수임무유공자 예우 및 단체설립에 관한 법률」 및 「제대군인지원에 관한 법률」에 따라 국가보훈부장관이 진료를 위탁한 상급종합병원 또는 종합병원의 의사가 해당 법률에서 정한 의료지원대상자에게 발행한 처방전에 따라 의약품을 조제받은 경우는 제외한다〕에는 다음의 금액
가) 상급종합병원의 의사가 발행한 처방전에 따라 의약품을 조제받은 경우 : 요양급여비용 총액의 100분의 50
나) 종합병원의 의사가 발행한 처방전에 따라 의약품을 조제받은 경우 : 요양급여비용 총액의 100분의 40

2. 제1호에도 불구하고 제21조제3항제2호에 따라 보건복지부장관이 정하여 고시하는 질병군에 대하여 입원진료를 받는 경우에는 다음 각 목의 구분에 따라 계산한 금액에 입원기간 중 식대의 100분의 50을 더한 금액을 부담한다. 이 경우 질병군 분류번호 결정 요령, 평균 입원 일수, 입원실 이용 비용 등 해당 질병군의 본인일부부담금 산정에 필요한 사항은 보건복지부장관이 정하여 고시한다.
가. 다음 계산식에 따라 계산한 금액과 보건복지부장관이 정하여 고시하는 추가 산정액을 합한 금액의 100분의 20

〔질병군별 기준 상대가치점수 + (입원 일수 - 질병군별 평균 입원 일수) × 질병군별 일당 상대가치점수〕 × 제21조제1항에 따라 정해진 상대가치점수의 점수당 단가

비고
1. 위 표에서 "질병군별 기준 상대가치점수"란 질병군별 평균 입원 일수만큼 입원했을 때 발생하는 입원 건당 상대가치점수를 말한다.
2. 위 표에서 "질병군별 일당 상대가치점수"란 입원 일수가 1일 증가함에 따라 추가되는 질병군별 상대가치점수를 말한다.

나. 가목에도 불구하고 보건복지부장관이 정하여 고시하는 입원실을 이용한 경우에는 가목에 따라 계산한 금액에 보건복지부장관이 정하여 고시하는 입원료 계산식에 따라 계산한 금액을 더한 금액
다. (2021.11.1 삭제)
라. 가목 및 나목에도 불구하고 제1호나목에 따라 보건복지부장관이 정하는 의료장비를 이용한 진료의 경우에는 가목 또는 나목에 따라 계산한 금액에 제1호나목 표의 구분에 따라 계산한 금액을 더한 금액

3. 제1호와 제2호에도 불구하고 다음 각 목의 어느 하나에 해당하는 경우에는 그 각 목에서 정하는 금액을 부담한다. 다만, 상급종합병원·종합병원·병원·한방병원·요양병원(「장애인복지법」 제58조제1항제4호에 따른 장애인 의료재활시설로서 「의료법」 제3조의2의 요건을 갖춘 의료기관인 요양병원으로 한정한다)·정신병원에서 법 제43조에 따라 신고한 입원병실 중 일반입원실의 2인실·3인실 및 정신과 입원실의 2인실·3인실을 이용한 경우는 그 입원료에 한정하여 제1호가목1) 단서에서 정하는 금액을 부담한다.
가. 다음의 경우에는 입원기간 중 식대의 100분의 50
1) 자연분만에 대한 요양급여
2) 2세 미만 영유아 및 보건복지부장관이 정하여 고시하는 기준에 해당하는 2세 이상 영유아에 대한 입원진료로서 보건복지부장관이 정하는 요양급여
3) 보건복지부장관이 정하여 고시하는 결핵 질환을 가진 사람에 대하여 보건복지부장관이 정하는 요양급여
4) 「장기등 이식에 관한 법률」 제4조제2호에 따른 장기등기증자(뇌사자 또는 사망한 사람만 해당한다)의 장기등(같은 법 제4조제1호에 따른 장기등을 말한다) 적출에 대하여 보건복지부장관이 정하는 요양급여
나. 다음의 경우(라목에 해당하는 사람에 대한 요양급여는 제외한다)에는 요양급여비용 총액의 100분의 10에 입원기간 중 식대의 100분의 50을 더한 금액
1) (2017.9.29 삭제)
2) 보건복지부장관이 정하여 고시하는 희귀난치성 질환을 가진 사람에 대하여 보건복지부장관이 정하는 요양급여
3) 보건복지부장관이 정하여 고시하는 고위험 임신부에 대한 입원진료로서 보건복지부장관이 정하는 요양급여
4) (2018.12.24 삭제)
다. 다음의 경우에는 본인이 부담할 비용의 부담률의 100분의 70에 해당하는 금액
1) 1세 이상 6세 미만인 가입자 또는 피부양자가 상급종합병원, 종합병원, 병원, 치과병원, 한방병원, 요양병원, 정신병원, 의원, 치과의원, 한의원 및 보건의료원에서 외래진료를 받는 경우
2) 6세 미만인 가입자 또는 피부양자가 보건소, 보건지소 및 보건진료소에서 외래진료를 받는 경우로서 요양급여비용 총액이 보건복지부령으로 정하는 금액을 넘는 경우. 다만, 요양급여비용 총액이 보건복지부령으로 정하는 금액을 넘지 않는 경우에는 제1호 나목 표에 따른 금액을 부담한다.
3) 6세 미만인 가입자 또는 피부양자가 약국 또는 한국희귀·필수의약품센터인 요양기관에서 처방전에 따라 의약품을 조제받는 경우
라. 보건복지부장관이 정하여 고시하는 희귀난치성질환 또는 중증질환(이하 "희귀난치성질환등"이라 한다)을 가진 사람, 희귀난치성질환등 외의 질환으로 6개월 이상 치료를 받고 있거나 6개월 이상 치료가 필요한 사람 또는 18세 미만의 아동(이하 "희귀난치성질환자등"이라 한다) 중 희귀난치성질환자등이 속한 세대(배우자를 포함한다)의 소득 및 재산을 더하여 계산한 가액(이하 "소득인정액"이라 한다)이 「국민기초생활 보장법」 제2조제11호에 따른 기준 중위소득의 100분의 50 이하이고, 희귀난치성질환자등의 1촌의 직계혈족 및 그 배우자(이하 "부양의무자"라 한다)가 없거나 부양의무자가 있어도 부양능력이 없거나 부양을 받을 수 없는 사람으로서 보건복지부령으로 정하는 바에 따라 공단의 본인일부부담금 경감 인정 신청(이하 "경감인정신청"이라 한다)을 하여 그 경감 인정을 받은 사람 또는 희귀난치성질환자등 중 본인일부부담금의 경감이 필요하다고 보건복지부장관이 정하는 사람으로서 경감인정신청을 한 사람에 대한 요양급여의 경우에는 다음의 구분에 따라 계산한 금액. 이 경우 소득인정액 산정의 기준이 되는 세대의 범위, 소득 및 재산의 범위, 소득인정액 산정방법 등 소득인정액의 산정에 필요한 사항 및 부양의무자가 부양능력이 없거나 부양을 받을 수 없는 경우의 구체적인 기준은 보건복지부령으로 정한다.
1) 희귀난치성질환등을 가진 사람인 경우에는 입원기간 중 식대(식대가산금액은 제외한다. 이하 이 목에서 같다)의 100분의 20
2) 희귀난치성질환등 외의 질환으로 6개월 이상 치료를 받고 있거나 6개월 이상 치료가 필요한 사람 또는 18세 미만의 아동인 경우에는 다음 표에 해당하는 금액에 입원기간 중 식대의 100분의 20을 더한 금액. 다만, 가목에 해당하거나 6세 미만 아동의 입원진료 또는 보건복지부장관이 정하여 고시하는 중증질환으로 요양급여를 받는 경우에는 입원기간 중 식대의 100분의 20만을 부담한다.

기관 종류	구 분	본인일부부담금
상급 종합병원	외래진료 및 입원진료	요양급여비용 총액의 100분의 14에 해당하는 금액. 다만, 다음의 어느 하나에 해당하는 경우에는 그 다음의 구분에 따라 계산한 금액을 부담한다. 가) 정신건강의학과 입원진료 또는 나목2)(치매는 제외한다)에 따라 보건복지부장관이 정하는 요양급여를 받는 경우에는 해당 요양급여비용 총액의 100분의 10

			나) 제1호나목(임신부 외래진료만 해당한다), 이 호 나목2)(치매만 해당한다)·3), 마목, 차목 또는 하목에 따라 보건복지부장관이 정하는 요양급여를 받는 경우에는 해당 요양급여비용 총액의 100분의 5 다) 자목(6세 이상 15세 이하 아동의 입원진료만 해당한다)에 따라 보건복지부장관이 정하는 요양급여를 받는 경우에는 해당 요양급여비용 총액의 100분의 3 라) 1세 미만 영유아 외래진료의 경우에는 요양급여비용 총액의 100분의 5
종합병원, 병원, 치과병원, 한방병원, 요양병원, 정신병원	「의료급여법 시행령」 별표1 제2호가목2)가)에 따른 만성질환자에 해당하는 사람이 그 만성질환에 대하여 외래진료를 받거나 해당 만성질환자가 나목2)(치매를 제외한다) 또는 마목에 따른 외래진료에 대하여 보건복지부장관이 정하는 요양급여를 받는 경우	「약사법」 제23조제4항에 따라 의사 또는 치과의사가 의약품을 직접 조제하는 경우와 법률 제8365호 약사법 전부개정법률 부칙 제8조에 따라 한의사가 한약 및 한약제제를 직접 조제하는 경우	1,500원. 다만, 1세 미만 영유아 외래진료의 경우에는 본인일부부담금 없음
		그 밖의 외래진료	1,000원. 다만, 1세 미만 영유아 외래진료의 경우에는 본인일부부담금 없음
	그 밖의 외래진료 및 입원진료		요양급여비용 총액의 100분의 14에 해당하는 금액. 다만, 다음의 어느 하나에 해당하는 경우에는 그 다음의 구분에 따라 계산한 금액을 부담한다. 가) 정신건강의학과 입원진료 또는 나목2)(치매는 제외한다)에 따라 보건복지부장관이 정하는 요양급여를 받는 경우에는 해당 요양급여비용 총액의 100분의 10 나) 제1호나목(임신부 외래진료만 해당한다), 이 호 나목2)(치매만 해당한다)·3), 마목, 차목 또는 하목에 따라 보건복지부장관이 정하는 요양급여를 받는 경우에는 해당 요양급여비용 총액의 100분의 5 다) 자목(6세 이상 15세 이하 아동의 입원진료만 해당한다)에 따라 보건복지부장관이 정하는 요양급여를 받는 경우에는 해당 요양급여비용 총액의 100분의 3 라) 1세 미만 영유아 외래진료의 경우에는 요양급여비용 총액의 100분의 5
의원, 치과의원, 한의원, 보건의료원	외래진료	「약사법」 제23조제4항에 따라 의사 또는 치과의사가 의약품을 직접 조제하는 경우와 법률 제8365호 약사법 전부개정법률 부칙 제8조에 따라 한의사가 한약 및 한약제제를 직접 조제하는 경우	1,500원. 다만, 1세 미만 영유아 외래진료의 경우에는 본인일부부담금 없음
		그 밖의 외래진료	1,000원. 다만, 1세 미만 영유아 외래진료의 경우에는 본인일부부담금 없음
	입원진료		요양급여비용 총액의 100분의 14에 해당하는 금액. 다만, 다음의 어느 하나에 해당하는 경우에는 그 다음의 구분에 따라 계산한 금액을 부담한다. 가) 정신건강의학과 입원진료 또는 나목2)(치매는 제외한다)에 따라 보건복지부장관이 정하는 요양급여를 받는 경우에는 해당 요양급여비용 총액의 100분의 10 나) 나목2)(치매만 해당한다)·3), 마목 또는 차목(입원진료만 해당한다)에 따라 보건복지부장관이 정하는 요양급여를 받는 경우에는 해당 요양급여비용 총액의 100분의 5 다) 자목(6세 이상 15세 이하 아동의 입원진료만 해당한다)에 따라 보건복지부장관이 정하는 요양급여를 받는 경우에는 해당 요양급여비용 총액의 100분의 3
보건소, 보건지소, 보건진료소	외래진료 및 입원진료		없음
약국, 한국희귀·필수의약품센터	「약사법」 제23조제3항 단서에 따라 처방전에 따르지 않고 직접 조제한 경우		900원
	보건소, 보건지소 및 보건진료소를 제외한 요양기관에서 발급한 처방전에 따라 조제한 경우		500원
	보건소, 보건지소 및 보건진료소에서 발급한 처방전에 따라 조제한 경우		없음

비고
1. 「약사법」 제23조제4항에 따라 의사 또는 치과의사가 의약품을 직접 조제하거나 법률 제8365호 약사법 전부개정법률 부칙 제8조에 따라 한의사가 한약 및 한약제제를 직접 조제하고 처방전을 함께 발급하는 경우에는 1,000원을 부담한다.
2. 외래진료로서 전산화단층촬영(CT), 자기공명영상진단(MRI) 등 보건복지부장관이 정하여 고시하는 장비를 이용한 진료에 대해서는 그 의료장비를 이용한 비용 총액의 100분의 14〔나목2)(치매는 제외한다)에 따른 환자의 경우에는 100분의 10, 나목2)(치매만 해당한다), 마목, 하목 또는 제1호나목(임신부 외래진료만 해당한다)에 따른 환자 및 1세 미만 영유아 외래진료의 경우에는 100분의 5〕를 부담한다.
3. 제21조제3항제2호에 따른 질병군에 대한 입원 진료의 경우 본인일부부담금은 제2호가목, 나목 또는 라목에 따라 계산한 금액에 위 표의 해당 기관 종류별 입원진료에 해당하는 본인부담률을 곱한 금액으로 한다.
4. 보건복지부장관이 정하여 고시하는 격리 입원에 대해서는 그 입원료에 한정하여 해당 입원료의 100분의 5를 부담한다.
5. 임신부가 유산 또는 사산을 한 경우 해당 유산 또는 사산에 따른 외래진료는 위 표에 따른 임신부 외래진료에 포함한다.

3) 희귀난치성질환등을 가진 사람 중 65세 이상인 사람이 틀니 요양급여를 받는 경우에는 해당 요양급여비용 총액의 100분의 5
4) 희귀난치성질환등 외의 질환으로 6개월 이상 치료를 받고 있거나 6개월 이상 치료가 필요한 사람 중 65세 이상인 사람이 틀니 요양급여를 받는 경우에는 해당 요양급여비용 총액의 100분의 15
5) 희귀난치성질환등을 가진 사람 중 65세 이상인 사람이 치과임플란트 요양급여를 받는 경우에는 해당 요양급여비용 총액의 100분의 10
6) 희귀난치성질환등 외의 질환으로 6개월 이상 치료를 받고 있거나 6개월 이상 치료가 필요한 사람 중 65세 이상인 사람이 치과임플란트 요양급여를 받는 경우에는 해당 요양급여비용 총액의 100분의 20
7) 2)에도 불구하고 희귀난치성질환등 외의 질환으로 6개월 이상 치료를 받고 있거나 6개월 이상 치료가 필요한 사람 또는 18세 미만의 아동이 상급종합병원 또는 종합병원의 의사가 발행한 처방전에 따라 질병의 중증도를 고려하여 보건복지부장관이 정하여 고시하는 질병에 대한 의약품을 조제받은 경우〔읍·면 지역 소재 종합병원의 의사가 발행한 처방전에 따라 의약품을 조제받거나 「한국보훈복지의료공단법」에 따른 보훈병원의 의사나 「독립유공자예우에 관한 법률」, 「국가유공자 등 예우 및 지원에 관한 법률」, 「보훈보상대상자 지원에 관한 법률」, 「5·18민주유공자예우 및 단체설립에 관한 법률」, 「참전유공자예우 및 단체설립에 관한 법률」, 「고엽제후유의증 등 환자지원 및 단체설립에 관한 법률」, 「특수임무유공자 예우 및 단체설립에 관한 법률」 및 「제대군인지원에 관한 법률」에 따라 국가보훈부장관이 진료를 위탁한 상급종합병원 또는 종합병원의 의사가 해당 법률에서 정한 의료지원대상자에게 발행한 처방전에 따라 의약품을 조제받은 경우는 제외한다〕에는 요양급여비용 총액의 100분의 3. 다만, 본인일부부담금이 500원 미만이 되는 경우에는 500원을 본인일부부담금으로 한다.
8) 2)에도 불구하고 희귀난치성질환등 외의 질환으로 6개월 이상 치료를 받고 있거나 6개월 이상 치료가 필요한 사람 또는 18세 미만 아동의 입원진료로서 제왕절개분만에 대한 요양급여를 받는 경우에는 입원기간 중 식대의 100분의 20
9) 희귀난치성질환등을 가진 사람이 보건복지부장관이 정하여 고시하는 추나요법에 대하여 보건복지부장관이 정하는 요양급여를 받는 경우에는 해당 요양급여비용의 100분의 30. 다만, 보건복지부장관이 따로 정하여 고시하는 추나요법에 대하여 요양급여를 받는 경우에는 해당 요양급여비용의 100분의 80으로 한다.
10) 희귀난치성질환등 외의 질환으로 6개월 이상 치료를 받고 있거나 6개월 이상 치료가 필요한 사람 또는 18세 미만 아동이 보건복지부장관이 정하여 고시하는 추나요법에 대하여 보건복지부장관이 정하는 요양급여를 받는 경우에는 해당 요양급여비용의 100분의 40. 다만, 보건복지부장관이 따로 정하여 고시하는 추나요법에 대하여 요양급여를 받는 경우에는 해당 요양급여비용의 100분의 80으로 한다.

마. 보건복지부장관이 정하여 고시하는 중증질환자에 대하여 보건복지부장관이 정하는 요양급여(라목에 해당하는 사람에 대한 요양급여는 제외한다)의 경우에는 요양급여비용 총액의 100분의 5에 입원기간 중 식대의 100분의 30을 더한 금액

바. 65세 이상인 사람이 틀니 요양급여(라목에 해당하는 사람에 대한 요양급여는 제외한다)를 받는 경우에는 그 요양급여비용 총액의 100분의 30

사. 65세 이상인 사람이 치과임플란트 요양급여(라목에 해당하는 사람에 대한 요양급여는 제외한다)를 받는 경우에는 해당 요양급여비용 총액의 100분의 30

아. 제왕절개분만을 위한 입원진료에 대하여 요양급여〔라목8)에 해당하는 사람에 대한 요양급여는 제외한다〕를 받는 경우에는 요양급여비용 총액의 100분의 5에 입원기간 중 식대의 100분의 50을 더한 금액

자. 15세 이하 아동의 입원진료에 대하여 보건복지부장관이 정하는 요양급여〔가목2) 및 라목에 해당하는 사람에 대한 요양급여는 제외한다〕를 받는 경우에는 해당 요양급여비용 총액의 100분의 5에 입원기간 중 식대의 100분의 50을 더한 금액

차. 18세 이하 아동의 치아홈메우기 외래진료 또는 16세 이상 18세 이하 아동의 치아홈메우기 입원진료에 대하여 보건복지부장관이 정하는 요양급여(라목에 해당하는 사람에 대한 요양급여는 제외한다)를 받는 경우에는 해당 요양급여비용 총액의 100분의 10

카. 보건복지부장관이 정하여 고시하는 난임진료(인공수정 및 체외수정시술을 포함한다)에 대하여 보건복지부장관이 정하는 요양급여(라목에 해당하는 사람에 대한 요양급여는 제외한다)를 받는 경우에는 해당 요양급여비용 총액의 100분의 30

타. 다음의 경우에는 본인일부부담금은 없는 것으로 한다.
1) 제25조제3항제1호에 따른 일반건강검진 결과에 따라 보건복지부장관이 정하여 고시하는 질환이나 질병에 대하여 추가적인 진료 또는 검사의 필요성이 인정되는 사람이 그 질환이나 질병에 대하여 일반건강검진을 받은 날이 속하는 연도의 다음 연도 1월 31일까지 보건복지부장관이 정하여 고시하는 요양급여(의원 및 병원만 해당하되, 결핵에 대한 진료 또는 검사의 경우에는 종합병원 및 상급종합병원도 해당한다)를 받는 경우
2) 「의료법」 제34조에 따른 원격의료에 대하여 보건복지부장관이 정하여 고시하는 요양급여를 받는 경우
3) 요양급여를 의뢰받은 요양기관이 환자의 상태가 호전됨에 따라 요양급여를 의뢰한 요양기관 등으로 환자를 회송(回送)하는 경우로서 해당 환자가 회송과 관련하여 보건복지부장관이 정하여 고시하는 요양급여를 받는 경우

파. 보건복지부장관이 정하여 고시하는 항목에 대해 정신건강의학과 외래진료를 받은 경우(라목에 해당하는 사람에 대한 요양급여는 제외한다)에는 다음 표에 따라 계산한 금액에 제1호나목에 따라 계산한 금액(다음 표에 따라 보건복지부장관이 정하여 고시하는 항목에 대한 요양급여비용을 계산한 금액은 제외한다)을 더한 금액. 다만, 6세 미만의 경우에는 본인이 부담할 비용의 부담률(제1호나목 및 다음 표에 따른 부담률을 말한다)의 100분의 70에 해당하는 금액으로 하고, 65세 이상인 경우에는 요양급여비용 총액이 보건복지부령으로 정하는 금액을 넘지 않으면 보건복지부령으로 정하는 금액으로 한다.

기관 종류	본인일부부담금
상급종합병원	보건복지부장관이 정하여 고시하는 항목에 대한 요양급여비용 × 40/100
종합병원	보건복지부장관이 정하여 고시하는 항목에 대한 요양급여비용 × 30/100
병원, 치과병원, 한방병원, 요양병원, 정신병원	보건복지부장관이 정하여 고시하는 항목에 대한 요양급여비용 × 20/100
의원, 치과의원, 한의원, 보건의료원	보건복지부장관이 정하여 고시하는 항목에 대한 요양급여비용 × 10/100

하. 보건복지부장관이 정하여 고시하는 조산아(早産兒)와 저체중 출생아의 외래진료(출생일부터 5년이 되는 날까지의 외래진료를 말한다)에 대한 요양급여로서 보건복지부장관이 정하는 요양급여의 경우에는 요양급여비용 총액의 100분의 5
1)~3) (2019.10.22 삭제)

거. 가목1)·2)·3), 나목, 다목1), 마목, 자목 및 하목에도 불구하고 보건복지부장관이 정하여 고시하는 추나요법에 대하여 보건복지부장관이 정하는 요양급여를 받는 경우에는 해당 요양급여비용의 100분의 50. 다만, 보건복지부장관이 따로 정하여 고시하는 추나요법에 대하여 요양급여를 받는 경우에는 해당 요양급여비용의 100분의 80으로 한다.

너. 보건복지부장관이 정하여 고시하는 경증질환자가 상급종합병원에서 외래진료를 받는 경우에는 요양급여비용 총액에 보건복지부장관이 정하여 고시하는 본인부담률을 곱한 금액

4. 제1호부터 제3호까지의 규정에도 불구하고 법 제41조의4 및 이 영 제18조의4에 따른 선별급여 항목의 경우에는 요양급여비용의 100분의 100의 범위에서 보건복지부장관이 정하여 고시하는 금액을 부담한다.

5. 제1호 및 제3호에도 불구하고 「의료법」 제3조제2항제3호라목에 따른 요양병원 및 같은 호 마목에 따른 정신병원 외의 요양기관에서 입원진료를 받는 경우로서 법 제43조에 따라 신고한 입원병실 중 일반입원실에 16일 이상 연속하여 입원하는 환자의 경우에는 요양급여비용 총액 중 입원료에 한정하여 다음 표의 구분에 따라 계산한 금액을 부담한다. 다만, 제21조제3항제2호에 따라 보건복지부장관이 정하여 고시하는 질병군에 대하여 입원진료를 받는 경우 및 질병 또는 환자 특성상 16일 이상 장기입원이 불가피한 경우로 보건복지부장관이 정하여 고시하는 경우는 제외한다.

구 분	본인일부부담금	
	입원일수 16일 이상 30일 이하	입원일수 31일 이상
가. 상급종합병원의 5인실 이상, 요양기관의 4인실 이상	16일째 입원일부터 30일째 입원일까지의 입원료 × 25/100	31일째 입원일부터의 입원료 × 30/100
나. 상급종합병원의 4인실, 종합병원 · 병원 · 한방병원의 3인실	16일째 입원일부터 30일째 입원일까지의 입원료 × 35/100	31일째 입원일부터의 입원료 × 40/100
다. 상급종합병원의 3인실, 종합병원 · 병원 · 한방병원의 2인실	16일째 입원일부터 30일째 입원일까지의 입원료 × 45/100	31일째 입원일부터의 입원료 × 50/100
라. 상급종합병원의 2인실	16일째 입원일부터 30일째 입원일까지의 입원료 × 55/100	31일째 입원일부터의 입원료 × 60/100

6. 제1호부터 제5호까지의 규정에도 불구하고 다음 각 목의 어느 하나에 해당하는 경우에는 보건복지부령으로 정하는 항목의 요양급여비용의 100분의 100의 범위에서 보건복지부령으로 정하는 금액을 부담한다.
   가. 법 제53조제3항에 따라 급여가 제한되는 경우
   나. 법 제54조제3호 및 제4호에 따라 급여가 정지되는 경우
   다. 법 제109조제10항에 따라 공단이 보험급여를 하지 않는 경우
   라. 「학교폭력 예방 및 대책에 관한 법률」 제2조제1호에 따른 학교폭력 중 학생 간의 폭행에 의한 경우
   마. 보험재정에 상당한 부담을 준다고 인정되는 경우
   바. 그 밖에 보건복지부령으로 정하는 경우

〔별표3〕

본인부담상한액의 산정방법(제19조제4항 관련)

(2023.6.20 개정)

1. 본인부담상한액은 지역가입자의 세대별 보험료 부담수준 또는 직장가입자의 개인별 보험료 부담수준(이하 "상한액기준보험료"라 한다)을 구간으로 구분하여 다음 각 목의 구분에 따른 금액으로 한다.
   가. 2023년 본인부담상한액 : 다음 표에 따른 금액

구 분	상한액기준보험료 구간	120일 초과 입원	그 밖의 경우
지역가입자, 직장가입자 및 피부양자	1구간	134만원	87만원
	2구간	168만원	108만원
	3구간	227만원	162만원
	4구간	375만원	303만원
	5구간	538만원	414만원
	6구간	646만원	497만원
	7구간	1,014만원	780만원

비고 : 위 표에서 "120일 초과 입원"이란 「의료법」 제3조제2항제3호라목에 따른 요양병원(「장애인복지법」 제58조제1항제4호에 따른 장애인 의료재활시설로서 「의료법」 제3조의2의 요건을 갖춘 의료기관인 요양병원은 제외한다)에 입원한 기간이 같은 연도에 120일을 초과하는 경우를 말한다.

   나. 2024년 이후 본인부담상한액 : 다음 계산식에 따른 금액

해당 연도 본인부담상한액 = 전년도 본인부담상한액 × (1 + 전국소비자물가변동률)

비고
1. 위 계산식에서 "본인부담상한액"이란 상한액기준보험료 구간별 금액을 말한다.
2. 위 계산식에서 "전국소비자물가변동률"이란 「통계법」에 따라 통계청장이 매년 고시하는 전전년도와 대비한 전년도 전국소비자물가변동률을 말하며, 전국소비자물가변동률이 100분의 5를 넘는 경우에는 100분의 5로 한다.
3. 위 계산식에 따라 산정한 금액 중 1만원 미만의 금액은 버린다.

2. 제1호의 상한액기준보험료 구간은 다음 표와 같다. 이 경우 상한액기준보험료의 구체적인 산정기준 · 방법 등에 관하여 필요한 사항은 보건복지부장관이 정하여 고시한다.

구 분		상한액기준보험료 구간
지역가입자	1구간	상한액기준보험료가 전체 지역가입자의 하위 100분의 10에 상당하는 금액으로서 보건복지부장관이 정하여 고시하는 금액을 넘지 않는 경우
	2구간	상한액기준보험료가 전체 지역가입자의 하위 100분의 10에 상당하는 금액으로서 보건복지부장관이 정하여 고시하는 금액을 넘고 하위 100분의 30에 상당하는 금액으로서 보건복지부장관이 고시하는 금액을 넘지 않는 경우
	3구간	상한액기준보험료가 전체 지역가입자의 하위 100분의 30에 상당하는 금액으로서 보건복지부장관이 정하여 고시하는 금액을 넘고 하위 100분의 50에 상당하는 금액으로서 보건복지부장관이 고시하는 금액을 넘지 않는 경우
	4구간	상한액기준보험료가 전체 지역가입자의 하위 100분의 50에 상당하는 금액으로서 보건복지부장관이 정하여 고시하는 금액을 넘고 하위 100분의 70에 상당하는 금액으로서 보건복지부장관이 고시하는 금액을 넘지 않는 경우
	5구간	상한액기준보험료가 전체 지역가입자의 하위 100분의 70에 상당하는 금액으로서 보건복지부장관이 정하여 고시하는 금액을 넘고 하위 100분의 80에 상당하는 금액으로서 보건복지부장관이 고시하는 금액을 넘지 않는 경우
	6구간	상한액기준보험료가 전체 지역가입자의 하위 100분의 80에 상당하는 금액으로서 보건복지부장관이 정하여 고시하는 금액을 넘고 하위 100분의 90에 상당하는 금액으로서 보건복지부장관이 고시하는 금액을 넘지 않는 경우
	7구간	상한액기준보험료가 전체 지역가입자의 하위 100분의 90에 상당하는 금액으로서 보건복지부장관이 정하여 고시하는 금액을 넘는 경우
직장가입자 및 피부양자	1구간	상한액기준보험료가 전체 직장가입자의 하위 100분의 10에 상당하는 금액으로서 보건복지부장관이 정하여 고시하는 금액을 넘지 않는 경우
	2구간	상한액기준보험료가 전체 직장가입자의 하위 100분의 10에 상당하는 금액으로서 보건복지부장관이 정하여 고시하는 금액을 넘고 하위 100분의 30에 상당하는 금액으로서 보건복지부장관이 고시하는 금액을 넘지 않는 경우
	3구간	상한액기준보험료가 전체 직장가입자의 하위 100분의 30에 상당하는 금액으로서 보건복지부장관이 정하여 고시하는 금액을 넘고 하위 100분의 50에 상당하는 금액으로서 보건복지부장관이 고시하는 금액을 넘지 않는 경우
	4구간	상한액기준보험료가 전체 직장가입자의 하위 100분의 50에 상당하는 금액으로서 보건복지부장관이 정하여 고시하는 금액을 넘고 하위 100분의 70에 상당하는 금액으로서 보건복지부장관이 고시하는 금액을 넘지 않는 경우
	5구간	상한액기준보험료가 전체 직장가입자의 하위 100분의 70에 상당하는 금액으로서 보건복지부장관이 정하여 고시하는 금액을 넘고 하위 100분의 80에 상당하는 금액으로서 보건복지부장관이 고시하는 금액을 넘지 않는 경우
	6구간	상한액기준보험료가 전체 직장가입자의 하위 100분의 80에 상당하는 금액으로서 보건복지부장관이 정하여 고시하는 금액을 넘고 하위 100분의 90에 상당하는 금액으로서 보건복지부장관이 고시하는 금액을 넘지 않는 경우
	7구간	상한액기준보험료가 전체 직장가입자의 하위 100분의 90에 상당하는 금액으로서 보건복지부장관이 정하여 고시하는 금액을 넘는 경우

비고 : 상한액기준보험료가 제32조제2호나목에 따른 월별 보험료액 하한 금액 이하인 지역가입자는 위 표에도 불구하고 1구간에 해당하는 것으로 본다.

〔별표4〕

보험료부과점수의 산정방법(제42조제1항 관련)

(2024.1.2 개정)

1. 제42조제1항에 따른 보험료부과점수는 지역가입자가 속한 세대의 보험료 부담능력을 표시하는 점수로서, 가목부터 다목까지의 규정에 따른 소득 · 재산 및 자동차에 부과하는 점수를 합하여 산정한다. 다만, 가목에 따른 소득금액이 연 336만원 이하인 경우에는 가목에 따른 소득에 부과하는 점수가 아닌 제32조제2호나목에 따른 지역가입자의 월별 보험료액의 하한액을 제44조제2항에 따른 보험료부과점수당 금액으로 나누어 얻은 값에 나목 및 다목의 규정에 따른 재산 및 자동차에 부과하는 점수를 합하여 산정한다.
   가. 소득에 부과하는 점수는 제42조제2항에 따른 소득을 보건복지부령으로 정하는 바에 따라 평가하여 합산한 소득금액을 다음 표의 구분에 따라 산정한다.

소득금액	점 수
336만원 초과 ~ 7억1,776만원 이하	95.25911708 + (336만원을 초과하는 소득 1만원당 1만분의 2,835.0928)
7억1,776만원 초과	20,348.90

   나. 재산(자동차는 제외한다. 이하 이 표에서 같다)에 부과하는 점수는 다음의 금액을 합산한 금액에서 5천만원 및 제42조의2제3항 각 호의 구분에 따른 금액을 뺀 금액을 등급별로 구분하여 산정한다. 이 경우 재산의 등급별 점수는 제3호의 표와 같다.
      1) 제42조제3항제1호에 따른 토지, 건축물, 주택, 선박 및 항공기의 재산세 과세표준금액
      2) 제42조제3항제2호에 따른 임차주택에 대한 보증금 및 월세금액을 보건복지부령으로 정하는 기준에 따라 평가한 금액
   다. 자동차에 부과하는 점수는 제42조제3항제3호에 따른 자동차에 사용연수에 따른 감액률을 반영하여 자동차 종류별 배기량에 따라 등급별로 구분하여 산정한다. 이 경우 자동차의 등급별 점수는 제4호의 표와 같으며, 자동차가 2대 이상인 세대는 각각의 자동차에 대한 등급별 점수를 합산한다.

2. (2022.8.31 삭제)

3. 재산등급별 점수

등급	재산금액(만원)	점수	등급	재산금액(만원)	점수
1	450 이하	22	31	38,800 초과 ~ 43,200 이하	757
2	450 초과 ~ 900 이하	44	32	43,200 초과 ~ 48,100 이하	785
3	900 초과 ~ 1,350 이하	66	33	48,100 초과 ~ 53,600 이하	812
4	1,350 초과 ~ 1,800 이하	97	34	53,600 초과 ~ 59,700 이하	841
5	1,800 초과 ~ 2,250 이하	122	35	59,700 초과 ~ 66,500 이하	881
6	2,250 초과 ~ 2,700 이하	146	36	66,500 초과 ~ 74,000 이하	921
7	2,700 초과 ~ 3,150 이하	171	37	74,000 초과 ~ 82,400 이하	961
8	3,150 초과 ~ 3,600 이하	195	38	82,400 초과 ~ 91,800 이하	1,001
9	3,600 초과 ~ 4,050 이하	219	39	91,800 초과 ~ 103,000 이하	1,041
10	4,050 초과 ~ 4,500 이하	244	40	103,000 초과 ~ 114,000 이하	1,091
11	4,500 초과 ~ 5,020 이하	268	41	114,000 초과 ~ 127,000 이하	1,141
12	5,020 초과 ~ 5,590 이하	294	42	127,000 초과 ~ 142,000 이하	1,191
13	5,590 초과 ~ 6,220 이하	320	43	142,000 초과 ~ 158,000 이하	1,241
14	6,220 초과 ~ 6,930 이하	344	44	158,000 초과 ~ 176,000 이하	1,291
15	6,930 초과 ~ 7,710 이하	365	45	176,000 초과 ~ 196,000 이하	1,341
16	7,710 초과 ~ 8,590 이하	386	46	196,000 초과 ~ 218,000 이하	1,391
17	8,590 초과 ~ 9,570 이하	412	47	218,000 초과 ~ 242,000 이하	1,451
18	9,570 초과 ~ 10,700 이하	439	48	242,000 초과 ~ 270,000 이하	1,511
19	10,700 초과 ~ 11,900 이하	465	49	270,000 초과 ~ 300,000 이하	1,571
20	11,900 초과 ~ 13,300 이하	490	50	300,000 초과 ~ 330,000 이하	1,641
21	13,300 초과 ~ 14,800 이하	516	51	330,000 초과 ~ 363,000 이하	1,711
22	14,800 초과 ~ 16,400 이하	535	52	363,000 초과 ~ 399,300 이하	1,781
23	16,400 초과 ~ 18,300 이하	559	53	399,300 초과 ~ 439,230 이하	1,851
24	18,300 초과 ~ 20,400 이하	586	54	439,230 초과 ~ 483,153 이하	1,921
25	20,400 초과 ~ 22,700 이하	611	55	483,153 초과 ~ 531,468 이하	1,991
26	22,700 초과 ~ 25,300 이하	637	56	531,468 초과 ~ 584,615 이하	2,061
27	25,300 초과 ~ 28,100 이하	659	57	584,615 초과 ~ 643,077 이하	2,131
28	28,100 초과 ~ 31,300 이하	681	58	643,077 초과 ~ 707,385 이하	2,201
29	31,300 초과 ~ 34,900 이하	706	59	707,385 초과 ~ 778,124 이하	2,271
30	34,900 초과 ~ 38,800 이하	731	60	778,124 초과	2,341

4. 자동차등급별 점수

구 분		사용연수별 감액률 및 결정 점수		
등급	배 기 량	3년 미만	3년 이상 6년 미만	6년 이상 9년 미만
		100%	80%	60%
1	800시시 이하	18	14	11
2	800시시 초과 1,000시시 이하	28	23	17
3	1,000시시 초과 1,600시시 이하	59	47	35
4	1,600시시 초과 2,000시시 이하	113	90	68
5	2,000시시 초과 2,500시시 이하	155	124	93
6	2,500시시 초과 3,000시시 이하	186	149	111
7	3,000시시 초과	217	173	130

비고
1. 위 표에서 "사용연수"란 「자동차관리법」 제8조에 따라 자동차를 신규로 등록한 날이 속하는 달부터 12개월이 되는 달까지를 1년으로 하고, 그 다음 달부터 12개월이 되는 달마다 1년을 추가하여 계산한 연수를 말한다.
2. 「지방세법 시행령」 제123조제1호의 승용자동차 중 전기 · 태양열 및 알코올을 이용하는 자동차는 위 표에도 불구하고 2등급으로 적용한다.

〔별표4의2〕

약제의 상한금액의 감액, 요양급여의 적용 정지 및 과징금 부과 기준

(제18조의2제4항 및 제70조의2제4항 관련)

(2022.8.31 개정)

1. 일반기준
가. 「약사법」 제47조제2항에 따른 의약품공급자가 같은 법 제76조제1항제5호의7에 따라 행정처분을 받았거나, 같은 법 제94조제1항제5호의2에 따라 벌금 이상의 형(집행유예를 포함한다)을 선고 받은 경우에 적용한다. 다만, 「약사법」 제45조제1항에 따라 허가를 받은 의약품 도매상은 같은 법 제31조제2항에 따라 품목허가를 받은 자 또는 같은 법 제42조제1항에 따라 허가를 받거나 신고를 한 수입자와 공동으로 같은 법 제47조제2항을 위반한 경우로 한정한다.
나. 위반행위의 횟수에 따른 약제의 상한금액의 감액 및 요양급여의 적용 정지 기준은 약제의 상한금액이 감액된 날 또는 요양급여의 적용이 정지된 날(과징금이 부과된 날을 포함한다)부터 5년간 동일한 약제에 대한 위반행위로 약제의 상한금액의 감액 또는 요양급여의 적용 정지 처분이나 그에 갈음하는 과징금을 부과(이하 "상한금액 감액처분등"이라 한다)받은 경우에 적용한다. 이 경우 기간의 계산은 상한금액 감액처분등을 한 날(약제의 상한금액의 감액 및 요양급여 적용 정지 처분일 또는 과징금 부과일)과 그 상한금액 감액처분등 후 다시 동일한 약제에 대한 위반행위를 하여 적발된 날을 기준으로 한다.
다. 나목에 따라 상한금액 감액처분등을 하는 경우 적용 차수는 그 위반 행위 전 상한금액 감액처분등 차수(나목에 따른 기간 내에 상한금액 감액처분등이 둘 이상 있었던 경우에는 높은 차수를 말한다)의 다음 차수로 한다.
라. 동일한 약제에 대한 위반행위가 둘 이상인 경우에는 각각의 위반행위에 대한 처분기준에 따른 상한금액의 감액 및 요양급여의 적용 정지기간을 합산하여 처분한다.

2. 약제의 상한금액의 감액 및 요양급여의 적용 정지 기준

부 당 금 액	상한금액의 감액(%)		요양급여의 적용 정지	
	1차 위반	2차 위반	3차 위반	4차 위반 이상
500만원 미만	경고	2	15일	1개월
500만원 이상 1,000만원 미만	1			2개월
1,000만원 이상 2,000만원 미만	2	4	1개월	3개월
2,000만원 이상 3,000만원 미만	4	8	2개월	4개월
3,000만원 이상 4,000만원 미만	6	12	3개월	5개월
4,000만원 이상 5,000만원 미만	8	16	4개월	6개월
5,000만원 이상 6,000만원 미만	10	20	5개월	7개월
6,000만원 이상 7,000만원 미만	12	24	6개월	8개월
7,000만원 이상 8,000만원 미만	14	28	7개월	9개월
8,000만원 이상 9,000만원 미만	16	32	8개월	10개월
9,000만원 이상 1억원 미만	18	36	9개월	11개월
1억원 이상	20	40	10개월	12개월

비고
1. "부당금액"이란 「약사법」 제47조제2항을 위반하여 해당 품목의 판매촉진을 목적으로 제공된 금전, 물품, 편익, 노무, 향응, 그 밖의 경제적 이익을 보건복지부장관이 정하는 방법에 따라 환산한 금액을 말한다.
2. 「약사법」 제47조제2항의 위반과 관련된 약제에 대한 부당금액이 약제의 품목별로 구분되지 않고 총부당금액만 확인되는 경우 약제의 품목별 부당금액은 다음 각 목의 구분에 따라 계산한다.
가. 위반 약제가 모두 요양급여 대상인 경우 : 총부당금액을 위반 약제의 품목 수로 나눈 금액
나. 위반 약제에 비급여대상 약제(법 제41조제1항제2호에 따른 요양급여 대상이 아닌 약제를 말한다. 이하 같다)가 포함되어 있는 경우 : 총부당금액에서 전체 약제의 품목 수에 대한 비급여대상 약제 품목의 비율에 해당하는 금액을 빼고 요양급여 대상 약제의 품목 수로 나눈 금액
3. 약제의 상한금액의 감액은 처분 당시 상한금액(저가의약품의 기준금액을 포함한다)을 기준으로 감액한다. 다만, 약제별 상한금액이 보건복지부장관이 정하여 고시하는 저가의약품의 기준금액 이하로 감액되는 경우 저가의약품의 기준금액까지만 감액한다.
4. 1차 위반에 대한 약제의 상한금액 감액처분 이후 1차 위반의 경우와 동일한 약제에 대하여 부당금액을 달리하는 위반 행위가 있는 경우에는 해당 약제의 부당금액에 대한 2차 위반으로 본다. 2차 위반 후의 위반행위에 대한 경우에도 같다.
5. 3차 위반에 대한 요양급여의 적용 정지 처분 이후 3차 위반의 경우와 동일한 약제에 대하여 부당금액을 달리하는 위반행위가 있는 경우에는 해당 약제의 부당금액에 대한 4차 위반으로 본다. 4차 위반 후의 위반행위에 대한 경우에도 같다.

3. 과징금 부과기준
과징금은 약제의 요양급여의 적용 정지 처분을 결정한 날의 전년도 1년간 해당 약제로 인해 발생한 요양급여비용의 심사결정 총액에 다음 각 목의 구분에 따른 적용 정지 기간별 과징금 부과 비율을 곱한 금액으로 한다. 이 경우 해당 약제에 대한 요양급여의 적용 기간이 1년 미만인 경우에는 해당 약제를 법 제41조제2항에 따라 요양급여의 대상으로 보건복지부장관이 정하여 고시한 날(고시한 날이 2개 이상인 경우에는 최근 고시한 날을 말한다)부터 약제의 요양급여 적용 정지 처분을 결정한 날까지 요양급여로 제공하여 발생한 요양급여비용의 심사결정액을 연 요양급여비용으로 환산한 금액을 요양급여비용의 심사결정 총액으로 한다.

가. 제70조의2제1항에 따른 과징금

적용 정지 기간	부과 비율(%)	
	3차 위반	4차 위반 이상
15일	37	
1개월	50	193
2개월	63	207
3개월	77	221
4개월	90	235
5개월	103	249
6개월	117	263
7개월	130	277
8개월	143	291
9개월	157	305
10개월	170	319
11개월		333
12개월		340

나. 제70조의2제2항에 따른 과징금

적용 정지 기간	부과 비율(%)	
	3차 위반	4차 위반 이상
15일	11	
1개월	15	55
2개월	19	59
3개월	23	63
4개월	27	67
5개월	31	71
6개월	35	75
7개월	39	79
8개월	43	83
9개월	47	87
10개월	51	91
11개월		95
12개월		97

〔별표4의3〕

제공 요청 자료(제69조의2제1항 및 제2항 관련)

(2023.6.27 개정)

1. 법 제96조제1항에서 "대통령령으로 정하는 자료"란 다음 각 목의 자료를 말한다.
가. 「주민등록법」에 따른 주민등록자료
나. 「가족관계의 등록 등에 관한 법률」에 따른 가족관계등록 전산정보자료와 가족관계기록사항에 관한 증명서
다. 「출입국관리법」에 따른 외국인등록자료 및 국민·외국인의 출입국자료
라. 「재외동포의 출입국과 법적 지위에 관한 법률」에 따른 재외국민 및 외국국적동포의 국내거소신고자료
마. 「병역법」에 따른 병역 복무자료
바. 「형의 집행 및 수용자의 처우에 관한 법률」, 「보호소년 등의 처우에 관한 법률」, 「치료감호 등에 관한 법률」에 따른 시설의 입·출소(원)자 성명 및 주민등록번호, 입·출소(원)일, 수용여부 자료
사. 「관세법」, 「국세기본법」, 「국세징수법」, 「소득세법」, 「법인세법」, 「상속세 및 증여세법」, 「부가가치세법」, 「지방세기본법」, 「지방세징수법」, 「지방세법」, 「수출용 원재료에 대한 관세 등 환급에 관한 특례법」에 따른 과세·환급자료 및 「장애인고용촉진 및 직업재활법」에 따른 환급자료
아. 「부동산등기법」에 따른 토지등기사항증명서·건물등기사항증명서, 「선박등기법」에 따른 선박등기사항증명서, 「동산·채권 등의 담보에 관한 법률」에 따른 담보등기부 및 「상업등기법」, 「비송사건절차법」 등에 따른 법인등기사항증명서
자. 「농지법」에 따른 농지대장, 「자동차관리법」에 따른 자동차등록원부, 「건설기계관리법」에 따른 건설기계등록원부, 「선박법」에 따른 선박원부, 「항공법」에 따른 항공기등록원부 및 「특허권 등의 등록령」에 따른 등록원부
차. 「공간정보의 구축 및 관리 등에 관한 법률」에 따른 지적공부, 부동산종합공부
카. 「의료법」 제22조에 따른 진료기록부등과 처방전
타. 「약사법」에 따른 조제기록부
파. 법 제41조에 따른 요양급여비용 계산서·영수증과 본인부담금수납대장, 약제·치료재료·의료기기 등 요양급여 구성요소의 구입에 관한 자료
하. 「도로교통법 시행령」 제32조 본문에 따른 교통사고의 조사에 관한 서류 등 경찰청, 해양경찰청 등이 사건사고 내역을 확인할 수 있도록 발급하는 자료
거. 요양기관, 「의료급여법」에 따른 의료급여기관, 「의료법」에 따른 의료기관, 「건강검진기본법」에 따른 건강검진기관, 「약사법」에 따른 의약품도매상, 의약품·의약외품의 제조업자·품목허가를 받은 자·수입자·판매업자, 「의료기기법」에 따른 의료기기취급자, 「식품위생법」에 따른 집단급식소 운영자, 「마약류 관리에 관한 법률」에 따른 마약류취급자 등에 대한 업무정지·허가취소 등 처분에 대한 자료
너. 「119구조·구급에 관한 법률」에 따른 구조·구급활동자료 등 화재·재난·재해 관련 자료
더. 법 제51조에 따른 보조기기의 기준액·가격의 결정 및 조정, 신청·지급내역 등 관련자료
러. 노인틀니, 임플란트 및 치석제거 등록자료 등 치과분야 관련 자료
머. 본인일부부담산정특례 등록자료
버. 임신·출산 진료비, 희귀난치성질환자 의료비 관련 자료
서. 「건강검진기본법」에 따른 건강검진기관의 지정·승인·평가 관련 자료, 「지역보건법」에 따른 건강진단등 신고서 접수내역
어. 「국민연금법」에 따른 가입자에 관한 자료, 「고용보험 및 산업재해보상보험의 보험료징수 등에 관한 법률」에 따른 보험가입자에 관한 자료, 「임금채권보장법」에 따른 체불임금에 관한 자료, 「석면피해구제법」에 따른 석면피해구제분담금에 관한 자료
저. 「사회복지사업법」 제2조제1호 각 목의 법률, 「국가유공자 등 예우 및 지원에 관한 법률」 등 다른 법령에 따라 받는 급여, 보상 또는 지원 관련 자료
처. 요양기관 및 「노인장기요양보험법」에 따른 장기요양기관의 시설·장비·인력 등 요양기관 현황 자료
커. 「약사법」, 「의료기기법」 및 「장애인·노인 등을 위한 보조기기 지원 및 활용촉진에 관한 법률」에 따른 약제·치료재료·의료기기·보조기기의 제조·수입·판매·도매 업무를 하는 자의 제조·수입·판매·도매 현황 및 관련 서류, 원가 관련 자료 등 보험급여비용의 결정·조정과 관련한 자료
터. 「근로기준법」, 「고용보험법」, 「산업재해보상보험법」, 「선원법」, 「어선원 및 어선 재해보상보험법」, 「국민연금법」, 「공무원연금법」, 「군인연금법」, 「사립학교교직원 연금법」, 「별정우체국법」 등 다른 법령에 의하여 받는 급여나 보상(報償) 또는 보상(補償) 관련 자료
퍼. 「의료급여법」등 다른 법령에 따라 공단이 수탁한 사업 또는 건강보험과 관련하여 보건복지부장관이 필요하다고 인정한 업무 수행에 필요한 자료
허. 「여신전문금융업법」 제64조제6호에 따라 관리하는 신용카드 가맹점 여부의 확인에 관한 자료
고. 「공익사업을 위한 토지 등의 취득 및 보상에 관한 법률」 제40조에 따라 지급하는 보상금에 관한 자료
노. 「국세징수법」 제25조, 「지방세징수법」 제39조, 「지방행정제재·부과금의 징수 등에 관한 법률」 제18조 또는 「민법」 제406조에 따른 사해행위(詐害行爲) 취소 및 원상회복에 관한 소송에 관한 자료와 「공탁법」 제4조에 따른 법원공탁금 및 이에 관련된 소송에 관한 자료
도. 「산업재해보상보험법」 제91조의15제1호에 따른 노무제공자에 관한 자료
로. 「노인장기요양보험법 시행령」 제9조에 따라 수급자의 일상생활·신체활동 지원 및 인지기능의 유지·향상에 필요한 용구로서 보건복지부장관이 정하여 고시하는 것의 제조·수입·판매·도매 업무를 하는 자의 제조·수입·판매·도매 현황 및 관련 서류, 원가 관련 자료 등 보험급여 비용의 결정·조정과 관련한 자료
모. 「주택임대차보호법」 제3조의6에 따른 확정일자 부여에 관한 자료
보. 「민간임대주택에 관한 특별법」에 따른 임대사업자 등록자료 및 임대주택 관련 통계 자료
소. 「외국인근로자의 고용 등에 관한 법률」 제17조에 따른 외국인근로자와의 근로계약 해지 및 그 밖에 고용과 관련된 중요 사항 등에 관한 자료와 「출입국관리법」 제19조에 따른 외국인 해고, 퇴직 및 고용계약의 중요한 변경 내용 등에 관한 자료
오. 「국적법」에 따른 국적 취득 및 국적 상실 등에 관한 자료
조. 「산업안전보건법」 제57조제3항에 따른 산업재해 발생 보고 여부의 확인 및 해당 산업재해의 발생일에 관한 자료(공단이 요양급여 내역을 근거로 산업재해의 발생 여부를 확인할 필요가 있다고 인정하는 경우로 한정한다), 같은 법 제175조제3항제2호에 따른 과태료 부과 관련 자료 (같은 법 제57조제3항에 따른 보고를 하지 않거나 거짓으로 보고한 자에게 부과한 경우로

한정한다), 같은 법 제175조제6항제18호에 따른 과태료 부과 관련 자료(같은 법 제164조제1항 제4호를 위반하여 같은 법 제57조제2항에 따른 산업재해의 발생 원인 등을 기록한 자료를 보존하지 않은 자에게 부과한 경우로 한정한다)

초. 법 제49조의 요양비 및 제51조의 보조기기 보험급여 지급과 관련된 「소득세법」 제163조 및 「법인세법」 제121조의 전자계산서, 「부가가치세법」 제32조의 전자세금계산서 및 「조세특례제한법」 제126조의3의 현금영수증을 확인할 수 있는 자료

코. 「감염병 예방 및 관리에 관한 법률」 제76조제2항에 따라 위탁받은 업무를 위해 필요한 자료로서 같은 법 제18조, 제28조 및 제29조의 역학조사 및 예방접종 기록에 관한 자료

토. 그 밖에 국가, 지방자치단체, 요양기관, 「보험업법」에 따른 보험회사 및 보험료율 산출 기관, 「공공기관의 운영에 관한 법률」에 따른 공공기관, 그 밖의 공공단체 등이 보유한 자료로서 법 제14조제1항 각 호의 업무를 위해 필요한 자료

2. 법 제96조제2항에서 "대통령령으로 정하는 자료"란 다음 각 목의 자료를 말한다.

가. 법 제96조의3에 따라 요양기관이 보존하여야 하는 서류

나. 「의료법」 제22조에 따라 보존하여야 하는 진료에 관한 기록

다. 「약사법」 제29조 및 제30조에 따라 보존하여야 하는 처방전 및 조제기록부

라. 가목부터 다목까지에서 규정한 사항 외에 요양급여의 내용에 관한 자료 및 이를 증명하는 서류

마. 법 제43조에 따른 신고사항 등 요양기관의 현황과 관련한 사실을 확인하기 위해 필요한 자료

바. 「약사법」 및 「의료기기법」에 따른 약제 · 치료재료(「인체조직안전 및 관리 등에 관한 법률」에 따른 인체조직을 포함한다) · 의료기기의 제조 · 수입 · 판매 · 도매 업무를 하는 자의 제조 · 수입 · 판매 · 도매 현황 및 관련 서류, 원가 관련 자료 등 요양급여비용의 결정 · 조정과 관련한 자료

사. 「주민등록법」에 따른 주민등록자료

아. 「출입국관리법」에 따른 출입국자료

자. 「국세기본법」, 「지방세기본법」 또는 「관세법」에 따른 과세자료

차. 「국민건강보험법」, 「의료급여법」, 「보훈보상대상자 지원에 관한 법률」, 「산업재해보상보험법」 등에 따른 자격, 급여제공 또는 비용지원, 급여의 제한 · 정지에 대한 자료

카. 다음 각 목의 자에 대한 면허, 자격 및 행정처분 등에 대한 자료

1) 「의료법」에 따른 의사, 치과의사, 한의사, 조산사, 간호사 및 간호조무사
2) 「약사법」에 따른 약사 및 한약사
3) 「의료기사 등에 관한 법률」에 따른 임상병리사, 방사선사, 물리치료사, 작업치료사, 치과기공사, 치과위생사 및 보건의료정보관리사
4) 「사회복지사업법」에 따른 사회복지사
5) 「국민영양관리법」에 따른 영양사
6) 「식품위생법」에 따른 조리사
7) 「정신건강증진 및 정신질환자 복지서비스 지원에 관한 법률」에 따른 정신건강전문요원
8) 「원자력안전법」에 따른 방사성동위원소취급자 및 방사선취급감독자
9) 그 밖에 다른 법령에 따라 면허를 받거나 자격을 인정받은 자로서 요양급여 관련 업무에 종사하는 자

타. 요양기관, 「의료급여법」에 따른 의료급여기관, 「의료법」에 따른 의료기관, 「약사법」에 따른 의약품도매상, 의약품 · 의약외품의 제조업자 · 품목허가를 받은 자 · 수입자 · 판매업자, 「의료기기법」에 따른 의료기기취급자, 「식품위생법」에 따른 집단급식소 운영자, 「마약류 관리에 관한 법률」에 따른 마약류취급자 등에 대한 업무정지 · 허가취소 등 처분에 대한 자료

파. 그 밖에 국가, 지방자치단체, 요양기관, 「보험업법」에 따른 보험회사 및 보험료율 산출 기관, 「공공기관의 운영에 관한 법률」에 따른 공공기관, 그 밖의 공공단체 등이 보유한 자료로서 법 제63조제1항 각 호의 업무를 위해 필요한 자료

[별표5]

업무정지 처분 및 과징금 부과의 기준(제70조제1항 관련)

(2021.12.7 개정)

1. 업무정지 처분기준

가. 요양기관이 법 제98조제1항제1호 또는 제3호에 해당하는 경우의 업무정지기간은 다음 표와 같다.

(단위 : 일)

월평균 부당금액	부당비율					
	0.1% 이상 0.5% 미만	0.5% 이상 1% 미만	1% 이상 2% 미만	2% 이상 3% 미만	3% 이상 4% 미만	4% 이상 5% 미만
40만원 이상 ~ 80만원 미만	5	10	20	30	40	50
80만원 이상 ~ 160만원 미만	10	15	25	35	45	55
160만원 이상 ~ 320만원 미만	15	20	30	40	50	60
320만원 이상 ~ 640만원 미만	20	25	35	45	55	65
640만원 이상 ~ 1,000만원 미만	25	30	40	50	60	70
1,000만원 이상 ~ 2,000만원 미만	30	35	45	55	65	75
2,000만원 이상 ~ 3,000만원 미만	35	40	50	60	70	80
3,000만원 이상 ~ 4,000만원 미만	40	45	55	65	75	85
4,000만원 이상 ~ 5,000만원 미만	45	50	60	70	80	90
5,000만원 이상 ~ 1억원 미만	50	55	65	75	85	95
1억원 이상	55	60	70	80	90	100

비고

1. 월평균 부당금액은 조사대상 기간(요양기관이 속임수나 그 밖의 부당한 방법으로 요양급여비용을 청구하였는지 확인하기 위하여 6개월부터 36개월까지의 범위에서 보건복지부장관이 정하는 기간을 말한다. 이하 같다) 동안 요양기관이 속임수나 그 밖의 부당한 방법으로 공단에 요양급여비용을 부담하게 한 금액과 가입자 또는 피부양자에게 본인부담액을 부담하게 한 금액을 합산한 금액(이하 "총부당금액"이라 한다)을 조사대상 기간의 개월 수로 나눈 금액으로 한다.
2. 부당비율은 (총부당금액 / 요양급여비용 총액 + 요양급여비용 총액에 포함되지 않은 부당금액) × 100으로 산출한다.
3. "요양급여비용 총액"이란 조사대상 기간에 해당되는 심사결정된 요양급여비용(법 제47조제2항에 따라 심사청구된 요양급여비용에 대하여 심사평가원이 심사결정한 요양급여비용을 말한다)을 합산한 금액을 말한다.
4. "요양급여비용 총액에 포함되지 않은 부당금액"이란 조사대상 기간 동안 해당 요양기관의 요양급여비용 총액에는 포함되지 않으나 속임수나 그 밖의 부당한 방법으로 공단에 요양급여비용을 부담하게 한 금액과 가입자 또는 피부양자에게 본인부담액을 부담하게 한 금액을 말한다.
5. 부당비율이 5% 이상인 경우에는 초과 1%마다 업무정지기간을 3일씩 가산하되, 소수점 이하의 부당비율은 올림한다.
6. 위 표에 따라 계산한 업무정지기간이 365일을 초과하는 경우에는 365일로 본다.

나. 요양기관이 법 제97조제2항에 따른 관계 서류(컴퓨터 등 전산기록장치로 저장 · 보존하는 경우에는 그 전산기록을 포함한다. 이하 같다)의 제출명령을 위반하거나 거짓 보고를 하거나 거짓 서류를 제출하거나, 관계 공무원의 검사 또는 질문을 거부 · 방해 또는 기피하였을 때에는 업무정지기간을 1년으로 한다. 다만, 관계 서류 중 진료기록부, 투약기록, 진료비계산서 및 본인부담액 수납대장을 제외한 서류의 전부 또는 일부의 제출명령에 위반한 경우에는 업무정지기간을 180일로 한다.

다. 가목과 나목 모두에 해당되는 요양기관의 업무정지기간은 해당 기간을 합한 기간으로 한다. 다만, 업무정지기간을 합하는 경우에도 법 제98조제1항에 따른 기간을 넘을 수 없다.

2. 과징금 부과기준

가. 과징금은 업무정지기간이 10일 이하인 경우에는 총부당금액의 2배, 업무정지기간이 10일을 초과하여 30일까지에 해당하는 경우에는 총부당금액의 3배, 30일을 초과하여 50일까지에 해당하는 경우에는 총부당금액의 4배, 업무정지기간이 50일을 초과하는 경우에는 총부당금액의 5배로 한다.

나. 요양기관이 과징금의 분할납부를 신청하는 경우 보건복지부장관은 12개월의 범위에서 과징금의 분할납부를 허용할 수 있다.

3. 가중처분

가. 요양기관이 법 제98조제1항 · 제5항 및 제99조제1항 · 제9항에 따른 업무정지 또는 과징금 처분을 받은 이후 5년 이내에 법 제98조제1항 각 호의 위반행위를 하였을 경우에는 해당 위반행위에 대한 업무정지기간 또는 과징금(같은 항 제2호의 위반행위를 한 경우는 제외한다. 이하 이 목에서 같다)의 2배에 해당하는 처분을 할 수 있다. 이 경우 업무정지기간은 1년을 넘을 수 없으며 과징금은 총부당금액의 5배를 넘을 수 없다.

나. 가목에 따른 5년 이내의 기간 산정은 위반사실이 확인된 날부터 그 직전에 업무정지 또는 과징금 처분서를 송달받은 날까지로 한다.

4. 감면처분

다음 각 목의 어느 하나에 해당하는 경우에는 업무정지기간 또는 과징금 금액을 2분의 1의 범위에서 줄이거나 면제할 수 있다. 다만, 속임수를 사용하여 공단 · 가입자 및 피부양자에게 요양급여비용을 부담하게 하였을 때에는 그러하지 아니하다.

가. 요양급여비용을 부당청구한 요양기관이 그 부당청구 사실이 적발되기 전에 보건복지부장관 등의 감독관청에 부당청구 사실을 자진하여 신고한 경우

나. 요양기관의 대표자가 인지할 수 없었던 불가항력적인 사유로 요양급여비용 부당청구가 발생한 사실이 객관적으로 증명된 경우

다. 그 밖에 위반행위의 동기 · 목적 · 정도 및 위반횟수 등을 고려하여 보건복지부장관이 정하여 고시하는 감면기준에 해당하는 경우

[별표6]

포상금의 지급 기준(제75조제4항 관련)

(2023.6.20 개정)

1. 속임수나 그 밖의 부당한 방법으로 보험급여를 받은 사람을 신고한 경우

징수금	포상금
1만원 이상 1천만원 이하	징수금 × 20/100
1천만원 초과 2천만원 이하	200만원 + [(징수금 - 1천만원) × 15/100]
2천만원 초과	350만원 + [(징수금 - 2천만원) × 10/100]. 다만, 500만원을 넘는 경우에는 500만원으로 한다.

2. 속임수나 그 밖의 부당한 방법으로 다른 사람이 보험급여를 받도록 한 준요양기관 · 보조기기 판매업자를 신고한 경우

가. 준요양기관 · 보조기기 판매업자 관련자

1) 준요양기관에 근무하고 있거나 근무했던 사람이 그 준요양기관을 신고한 경우
2) 보조기기 판매업자에게 고용되어 있거나 고용되었던 사람이 그 보조기기 판매업자를 신고한 경우

징수금	포상금
15만원 이상 1천만원 이하	징수금 × 30/100
1천만원 초과 5천만원 이하	300만원 + [(징수금 - 1천만원) × 20/100]
5천만원 초과	1,100만원 + [(징수금 - 5천만원) × 10/100]. 다만, 20억원을 넘는 경우에는 20억원으로 한다.

나. 준요양기관 · 보조기기 판매업소 이용자

1) 준요양기관에서 요양을 받은 사람, 그 배우자 및 직계존비속이 해당 요양과 관련된 보험급여에 대하여 준요양기관을 신고한 경우
2) 보조기기 판매업자에게 보조기기를 구매한 사람, 그 배우자 및 직계존비속이 해당 보조기기의 구매와 관련된 보험급여에 대하여 보조기기 판매업자를 신고한 경우

징수금	포상금
2천원 이상 2만5천원 이하	1만원
2만5천원 초과	징수금 × 40/100. 다만, 500만원을 넘는 경우에는 500만원으로 한다.

다. 그 밖의 신고인 : 가목 및 나목에 해당하지 않는 사람이 준요양기관 · 보조기기 판매업자를 신고한 경우

징수금	포상금
10만원 이상 1천만원 이하	징수금 × 20/100
1천만원 초과 2천만원 이하	200만원 + [(징수금 - 1천만원) × 15/100]
2천만원 초과	350만원 + [(징수금 - 2천만원) × 10/100)]. 다만, 500만원을 넘는 경우에는 500만원으로 한다.

3. 속임수나 그 밖의 부당한 방법으로 다른 사람이 보험급여를 받도록 한 자(준요양기관 · 보조기기 판매업자는 제외한다)를 신고한 경우

징수금	포상금
1만원 이상 1천만원 이하	징수금 × 20/100
1천만원 초과 2천만원 이하	200만원 + [(징수금 - 1천만원) × 15/100]
2천만원 초과	350만원 + [(징수금 - 2천만원) × 10/100)]. 다만, 500만원을 넘는 경우에는 500만원으로 한다.

4. 속임수나 그 밖의 부당한 방법으로 보험급여 비용을 받은 요양기관 또는 보험급여를 받은 준요양기관 · 보조기기 판매업자를 신고한 경우

가. 요양기관 · 준요양기관 · 보조기기 판매업자 관련자

1) 요양기관 · 준요양기관에 근무하고 있거나 근무했던 의사, 약사, 간호사, 의료기사 및 그 밖의 직원 등이 그 요양기관 · 준요양기관을 신고한 경우
2) 약제 · 치료재료의 제조업자 · 판매업자에게 고용되어 있거나 고용되었던 사람이 요양기관 · 준요양기관을 신고한 경우
3) 보조기기 판매업자에게 고용되어 있거나 고용되었던 사람이 그 보조기기 판매업자를 신고한 경우

징수금	포상금
15만원 이상 1천만원 이하	징수금 × 30/100
1천만원 초과 5천만원 이하	300만원 + [(징수금 - 1천만원) × 20/100]
5천만원 초과	1,100만원 + [(징수금 - 5천만원) × 10/100]. 다만, 20억원을 넘는 경우에는 20억원으로 한다.

나. 요양기관 · 준요양기관 · 보조기기 판매업소 이용자

1) 요양기관에서 진료를 받은 사람, 그 배우자 및 직계존비속이 해당 진료와 관련된 요양급여 비용에 대하여 요양기관을 신고한 경우
2) 준요양기관에서 요양을 받은 사람, 그 배우자 및 직계존비속이 해당 요양과 관련된 보험급여에 대하여 준요양기관을 신고한 경우
3) 보조기기 판매업자에게 보조기기를 구매한 사람, 그 배우자 및 직계존비속이 해당 보조기기의 구매와 관련된 보험급여에 대하여 보조기기 판매업자를 신고한 경우

징수금	포상금
2천원 이상 2만5천원 이하	1만원
2만5천원 초과	징수금 × 40/100. 다만, 500만원을 넘는 경우에는 500만원으로 한다.

다. 그 밖의 신고인 : 가목 및 나목에 해당하지 않는 사람이 요양기관·준요양기관·보조기기 판매업자를 신고한 경우

징수금	포상금
10만원 이상 1천만원 이하	징수금 × 20/100
1천만원 초과 2천만원 이하	200만원 + 〔(징수금 - 1천만원) × 15/100〕
2천만원 초과	350만원 + 〔(징수금 - 2천만원) × 10/100)〕. 다만, 500만원을 넘는 경우에는 500만원으로 한다.

5. 법 제57조에 따라 징수금을 납부해야 하는 자의 은닉재산을 신고한 경우

징수금	포상금
100만원 이상 1억원 이하	징수금 × 30/100
1억원 초과 5억원 이하	3,000만원 + 〔(징수금 - 1억원) × 20/100〕
5억원 초과 20억원 이하	1억1,000만원 + 〔(징수금 - 5억원) × 10/100〕
20억원 초과	2억6,000만원 + 〔(징수금 - 20억원) × 5/100〕. 다만, 20억원을 넘는 경우에는 20억원으로 한다.

비고
1. "징수금"이란 공단이 신고인의 신고 사실과 관련하여 법 제104조제1항 각 호의 어느 하나에 해당하는 자 또는 은닉재산에 대하여 징수한 금액을 말한다.
2. 포상금으로 지급할 금액 중 1천원 미만의 금액은 지급하지 않는다.

〔별표7〕

과태료 부과기준(제82조 관련)

(2021.6.29 개정)

1. 일반기준
가. 위반행위의 횟수에 따른 과태료의 부과기준은 최근 1년간 같은 위반행위로 과태료 부과처분을 받은 경우에 적용한다. 이 경우 기간의 계산은 위반행위에 대하여 과태료 부과처분을 받은 날과 그 처분 후 다시 같은 위반행위를 하여 적발된 날을 기준으로 한다.
나. 가목에 따라 가중된 부과처분을 하는 경우 가중처분의 적용 차수는 그 위반행위 전 부과처분 차수(가목에 따른 기간 내에 과태료 부과처분이 둘 이상 있었던 경우에는 높은 차수를 말한다)의 다음 차수로 한다.
다. 보건복지부장관은 다음의 어느 하나에 해당하는 경우에는 제2호의 개별기준에 따른 과태료 금액의 2분의 1 범위에서 그 금액을 줄일 수 있다. 다만, 과태료를 체납하고 있는 위반행위자에 대해서는 그렇지 않다.
1) 위반행위자가 「질서위반행위규제법 시행령」 제2조의2제1항 각 호의 어느 하나에 해당하는 경우
2) 위반행위가 사소한 부주의나 오류로 인한 것으로 인정되는 경우
3) 위반행위자가 스스로 신고하였거나 조사에 협조하였다고 인정되는 경우
4) 그 밖에 위반행위의 정도, 위반행위의 동기와 그 결과 등을 고려하여 과태료 금액을 줄일 필요가 있다고 인정되는 경우
라. 보건복지부장관은 다음의 어느 하나에 해당하는 경우에는 제2호에 따른 과태료 금액의 2분의 1 범위에서 그 금액을 늘릴 수 있다. 다만, 늘리는 경우에도 법 제119조에 따른 과태료 금액의 상한을 넘을 수 없다.
1) 위반행위가 고의나 중대한 과실로 인한 것으로 인정되는 경우
2) 법 위반상태의 기간이 6개월 이상인 경우
3) 그 밖에 위반행위의 정도, 위반행위의 동기와 그 결과 등을 고려하여 과태료를 늘릴 필요가 있다고 인정되는 경우

2. 개별기준

위 반 행 위	근거 법조문	과태료 금액 (단위 : 만원)		
		1차 위반	2차 위반	3차 이상 위반
가. 법 제7조를 위반하여 신고를 하지 않거나 거짓으로 신고한 경우	법 제119조 제3항제1호	150	300	500
나. (2019.6.11 삭제)				
다. 정당한 사유 없이 법 제94조제1항을 위반하여 신고·서류제출을 하지 않거나 거짓으로 신고·서류제출을 한 경우	법 제119조 제3항제2호	150	300	500
라. 법 제96조의3을 위반하여 서류를 보존하지 않은 경우	법 제119조 제4항제4호	30	60	100
마. 정당한 사유 없이 법 제97조제1항, 제3항부터 제5항까지의 규정을 위반하여 보고·서류제출을 하지 않거나 거짓으로 보고·서류제출을 한 경우	법 제119조 제3항제3호	150	300	500
바. 법 제98조제4항을 위반하여 행정처분을 받은 사실 또는 행정처분절차가 진행 중인 사실을 지체 없이 알리지 않은 경우	법 제119조 제3항제4호	500	500	500
사. 정당한 사유 없이 법 제101조제2항을 위반하여 서류를 제출하지 않거나 거짓으로 제출한 경우	법 제119조 제3항제5호	150	300	500
아. 법 제103조에 따른 명령을 위반한 경우	법 제119조 제4항제5호	30	60	100
자. 법 제105조를 위반한 경우	법 제119조 제4항제6호	30	60	100

■ 노동조합 및 노동관계조정법 시행령

〔별표1〕

필수공익사업별 필수유지업무(제22조의2 관련)

(2019.7.2 개정)

1. 철도사업과 도시철도사업의 필수유지업무
가. 철도·도시철도 차량의 운전 업무
나. 철도·도시철도 차량 운행의 관제 업무(정거장·차량기지 등에서 철도신호 등을 취급하는 운전취급 업무를 포함한다)
다. 철도·도시철도 차량 운행에 필요한 전기시설·설비를 유지·관리하는 업무
라. 철도·도시철도 차량 운행과 이용자의 안전에 필요한 신호시설·설비를 유지·관리하는 업무
마. 철도·도시철도 차량 운행에 필요한 통신시설·설비를 유지·관리하는 업무
바. 안전 운행을 위하여 필요한 차량의 일상적인 점검이나 정비 업무
사. 선로점검·보수 업무
2. 항공운수사업의 필수유지업무
가. 승객 및 승무원의 탑승수속 업무
나. 승객 및 승무원과 수하물 등에 대한 보안검색 업무
다. 항공기 조종 업무
라. 객실승무 업무
마. 비행계획 수립, 항공기 운항 감시 및 통제 업무
바. 항공기 운항과 관련된 시스템·통신시설의 유지·보수 업무
사. 항공기의 정비〔창정비(Depot Maintenance, 대규모 정비시설 및 장비를 운영하여 수행하는 최상위 정비 단계)는 제외한다〕 업무
아. 항공안전 및 보안에 관련된 법령, 국제협약 또는 취항 국가의 요구에 따른 항공운송사업자의 안전 또는 보안 조치와 관련된 업무
자. 항공기 유도 및 견인 업무
차. 항공기에 대한 급유 및 지상전원 공급 업무
카. 항공기에 대한 제설·제빙 업무
타. 승객 승하기 시설·차량 운전 업무
파. 수하물·긴급물품의 탑재·하역 업무
하. 「항공법」 제2조제16호에 따른 항행안전시설과 항공기 이·착륙 시설의 유지·운영(관제를 포함한다)을 위한 업무
3. 수도사업의 필수유지업무
가. 취수·정수(소규모 자동화 정수설비를 포함한다)·가압·배수시설의 운영 업무
나. 수도시설 통합시스템과 계측·제어설비의 운영 업무
다. 수도시설 긴급복구와 수돗물 공급을 위한 법정 기준이나 절차 등의 준수를 위한 업무
4. 전기사업의 필수유지업무
가. 발전부문의 필수유지업무
1) 발전설비의 운전(운전을 위한 기술지원을 포함한다) 업무
2) 발전설비의 점검 및 정비(정비를 위한 기술·행정지원은 제외한다) 업무와 안전관리 업무
나. 송전·변전 및 배전 부문의 필수유지업무
1) 지역 전기공급 업무(무인변전소 순회·점검 업무는 제외한다)
2) 전력계통 보호를 위한 보호계전기 시험 및 정정 업무
3) 배전선 개폐기 및 자동화 시스템을 통한 배전설비의 감시·제어와 배전선로 긴급 계통 전환 업무
4) 전력계통 보호를 위한 통신센터(전력계통원방감시제어장치를 포함한다) 운영 업무
5) 통신보안관제센터 운영 업무
6) 전력공급 비상시 부하관리 업무
7) 송전·변전 및 배전 설비의 긴급복구 업무
다. 전력거래 부문의 필수유지업무
1) 전력의 공급 운영과 송전설비 계통운영의 제어 업무
2) 1주 이내의 단기 전력수요 예측에 따른 전력계통의 안정적 운영계획 수립 등 급전 운영 업무
3) 전력계통 등의 운영을 위한 전산실 운영(출입 보안관리를 포함한다) 업무
5. 가스사업(액화석유가스사업은 제외한다)의 필수유지업무
가. 천연가스의 인수(引受), 제조, 저장 및 공급 업무
나. 가목과 관련된 시설의 긴급정비 및 안전관리 업무
6. 석유정제사업과 석유공급사업(액화석유가스사업을 포함한다)의 필수유지업무
가. 석유(천연가스는 제외한다)의 인수, 제조, 저장 및 공급 업무
나. 가목과 관련된 시설의 긴급정비 및 안전관리 업무
7. 병원사업의 필수유지업무
가. 「응급의료에 관한 법률」 제2조제2호에 따른 응급의료 업무
나. 중환자 치료·분만(신생아 간호를 포함한다)·수술·투석 업무
다. 가목과 나목의 업무수행을 지원하기 위한 마취, 진단검사(영상검사를 포함한다), 응급약제, 치료식 환자급식, 산소공급, 비상발전 및 냉난방 업무
8. 혈액공급사업의 필수유지업무
가. 채혈 및 채혈된 혈액의 검사 업무
나. 「혈액관리법」 제2조제6호에 따른 혈액제제(수혈용에 한정한다. 이하 이 호에서 같다) 제조 업무
다. 혈액 및 혈액제제의 수송 업무
9. 한국은행사업의 필수유지업무
가. 「한국은행법」 제6조, 제28조와 제29조에 따른 통화신용정책과 한국은행 운영에 관한 업무
나. 「한국은행법」 제47조부터 제86조까지의 규정에 따른 다음의 업무
1) 한국은행이 수행하는 한국은행권 발행 업무
2) 금융기관의 예금과 예금지급준비 업무
3) 금융기관에 대한 대출·지급결제 등의 업무
다. 가목과 나목의 업무수행을 지원하기 위한 각종 전산시스템 운영·통신 및 시설보호 업무
라. 다른 법령에 따라 한국은행에 위임 또는 위탁된 업무
10. 통신사업의 필수유지업무
가. 기간망과 가입자망의 운영·관리업무
나. 통신장애의 신고접수 및 수리 업무
다. 「우편법」 제14조에 따른 기본우편역무
라. 「우편법」 제15조에 따른 부가우편역무 중 내용증명과 특별송달 업무

〔별표2〕

과태료의 부과기준(제34조 관련)

(2021.6.29 개정)

1. 일반기준

가. 위반행위의 횟수에 따른 과태료의 가중된 부과기준은 최근 3년간 같은 위반행위로 과태료 부과처분을 받은 경우에 적용한다. 이 경우 기간의 계산은 위반행위에 대하여 과태료 부과처분을 받은 날과 그 처분 후 다시 같은 위반행위를 하여 적발한 날을 기준으로 한다.

나. 가목에 따라 가중된 부과처분을 하는 경우 가중처분의 적용 차수는 그 위반행위 전 부과처분 차수(가목에 따른 기간 내에 과태료 부과처분이 둘 이상 있었던 경우에는 높은 차수를 말한다)의 다음 차수로 한다.

다. 제2호가목 및 라목부터 바목까지의 규정에 따른 지연기간을 산정할 때에는 천재지변이나 그 밖의 불가피한 이유로 그 의무를 이행하지 않았다고 인정되는 기간은 산입하지 않는다.

라. 부과권자는 다음의 어느 하나에 해당하는 경우에는 제2호의 개별기준에 따른 과태료의 2분의 1 범위에서 그 금액을 줄여 부과할 수 있다. 다만, 과태료를 체납하고 있는 위반행위자에 대해서는 그렇지 않다.

1) 위반행위가 사소한 부주의나 오류로 인한 것으로 인정되는 경우
2) 위반의 내용·정도가 경미하여 사회적 피해가 적다고 인정되는 경우
3) 위반행위자가 법 위반상태를 시정하거나 해소하기 위해 노력한 사실이 인정되는 경우
4) 그 밖에 위반행위의 정도, 위반행위의 동기와 그 결과 등을 고려하여 줄일 필요가 있다고 인정되는 경우

2. 개별기준

위 반 행 위	근거 법조문	과태료 금액
가. 법 제13조제1항에 따른 변경신고를 하지 않거나 같은 조 제2항에 따른 통보를 하지 않은 경우	법 제96조 제2항	
1) 지연신고 또는 통보기간이 1개월 미만인 경우		30만원
2) 지연신고 또는 통보기간이 1개월 이상 6개월 미만인 경우		60만원
3) 지연신고 또는 통보기간이 6개월 이상 12개월 미만인 경우		120만원
4) 지연신고 또는 통보기간이 12개월 이상이거나 신고를 하지 않은 경우		200만원
나. 법 제14조제1항을 위반하여 서류를 비치하지 않거나 같은 조 제2항을 위반하여 서류를 3년간 보전하지 않은 경우	법 제96조 제1항제1호	
1) 1차 위반		100만원
2) 2차 위반		200만원
3) 3차 위반 이상		300만원
다. 법 제27조에 따른 보고를 하지 않거나 허위로 보고를 한 경우	법 제96조 제1항제2호	
1) 1차 위반		150만원
2) 2차 위반 이상		300만원
라. 법 제28조제2항에 따른 신고를 하지 않은 경우	법 제96조 제2항	
1) 지연신고기간이 1개월 미만인 경우		30만원
2) 지연신고기간이 1개월 이상 6개월 미만인 경우		60만원
3) 지연신고기간이 6개월 이상 12개월 미만인 경우		120만원
4) 지연신고기간이 12개월 이상이거나 신고를 하지 않은 경우		200만원
마. 법 제31조제2항에 따른 신고를 하지 않은 경우	법 제96조 제2항	
1) 지연신고기간이 1개월 미만인 경우		30만원
2) 지연신고기간이 1개월 이상 6개월 미만인 경우		60만원
3) 지연신고기간이 6개월 이상 12개월 미만인 경우		120만원
4) 지연신고기간이 12개월 이상이거나 신고를 하지 않은 경우		200만원
바. 법 제46조제2항에 따른 신고를 하지 않은 경우	법 제96조 제1항제3호	
1) 지연신고기간이 1개월 미만인 경우		50만원
2) 지연신고기간이 1개월 이상 6개월 미만인 경우		100만원
3) 지연신고기간이 6개월 이상 12개월 미만인 경우		200만원
4) 지연신고기간이 12개월 이상이거나 신고를 하지 않은 경우		300만원

■ 최저임금법 시행령

〔별표〕

과태료의 부과기준(제22조 관련)

(2011.3.30 개정)

1. 일반기준

고용노동부장관은 위반행위자가 다음의 어느 하나에 해당하는 경우에는 제2호에 따른 과태료 금액의 2분의 1의 범위에서 그 금액을 감경할 수 있다. 다만, 과태료를 체납하고 있는 위반행위자의 경우에는 그러하지 아니하다.

1) 위반행위자가 「질서위반행위규제법 시행령」 제2조의2제1항 각 호의 어느 하나에 해당하는 경우
2) 위반행위자가 자연재해·화재 등으로 재산에 현저한 손실이 발생하거나 사업여건의 악화로 사업이 중대한 위기에 처하는 등의 사정이 있는 경우
3) 위반행위가 사소한 부주의나 오류 등 과실로 인한 것으로 인정되는 경우
4) 그 밖에 위반행위의 정도, 위반행위의 동기와 그 결과 등을 고려하여 감경할 필요가 있다고 인정되는 경우

2. 개별기준

위반행위	근 거 법조문	과태료 금 액
가. 법 제11조를 위반하여 근로자에게 해당 최저임금을 같은 조에서 규정한 방법으로 널리 알리지 않은 경우	법 제31조 제1항제1호	100만원
나. 법 제25조에 따른 임금에 관한 사항의 보고를 하지 않거나 거짓 보고를 한 경우	법 제31조 제1항제2호	100만원
다. 법 제26조제2항에 따른 근로감독관의 요구 또는 검사를 거부·방해 또는 기피하거나 질문에 대하여 거짓 진술을 한 경우	법 제31조 제1항제3호	100만원

■ 근로기준법

〔별표〕

신체장해등급과 재해보상표(제80조 관련)

등 급	재해보상	등 급	재해보상
제1급	1,340일분	제8급	450일분
제2급	1,190일분	제9급	350일분
제3급	1,050일분	제10급	270일분
제4급	920일분	제11급	200일분
제5급	790일분	제12급	140일분
제6급	670일분	제13급	90일분
제7급	560일분	제14급	50일분

■ 근로기준법 시행령

〔별표1〕

상시 4명 이하의 근로자를 사용하는 사업 또는 사업장에 적용하는 법 규정(제7조 관련)

(2018.6.29 개정)

구 분	적 용 법 규 정
제1장 총칙	제1조부터 제13조까지의 규정
제2장 근로계약	제15조, 제17조, 제18조, 제19조제1항, 제20조부터 제22조까지의 규정, 제23조제2항, 제26조, 제35조부터 제42조까지의 규정
제3장 임금	제43조부터 제45조까지의 규정, 제47조부터 제49조까지의 규정
제4장 근로시간과 휴식	제54조, 제55조제1항, 제63조
제5장 여성과 소년	제64조, 제65조제1항·제3항(임산부와 18세 미만인 자로 한정한다), 제66조부터 제69조까지의 규정, 제70조제2항·제3항, 제71조, 제72조, 제74조
제6장 안전과 보건	제76조
제8장 재해보상	제78조부터 제92조까지의 규정
제11장 근로감독관 등	제101조부터 제106조까지의 규정
제12장 벌칙	제107조부터 제116조까지의 규정(제1장부터 제6장까지, 제8장, 제11장의 규정 중 상시 4명 이하 근로자를 사용하는 사업 또는 사업장에 적용되는 규정을 위반한 경우로 한정한다)

〔별표2〕

단시간근로자의 근로조건 결정기준 등에 관한 사항(제9조제1항 관련)

(2021.10.14 개정)

1. 근로계약의 체결

가. 사용자는 단시간근로자를 고용할 경우에 임금, 근로시간, 그 밖의 근로조건을 명확히 적은 근로계약서를 작성하여 근로자에게 내주어야 한다.

나. 단시간근로자의 근로계약서에는 「기간제 및 단시간근로자 보호 등에 관한 법률」 제17조 각 호의 근로조건이 명시되어야 한다.

2. 임금의 계산

가. 단시간근로자의 임금산정 단위는 시간급을 원칙으로 하며, 시간급 임금을 일급 통상임금으로 산정할 경우에는 나목에 따른 1일 소정근로시간 수에 시간급 임금을 곱하여 산정한다.

나. 단시간근로자의 1일 소정근로시간 수는 4주 동안의 소정근로시간을 그 기간의 통상 근로자의 총 소정근로일 수로 나눈 시간 수로 한다.

3. 초과근로

가. 사용자는 단시간근로자를 소정 근로일이 아닌 날에 근로시키거나 소정근로시간을 초과하여 근로시키고자 할 경우에는 근로계약서나 취업규칙 등에 그 내용 및 정도를 명시하여야 하며, 초과근로에 대하여 가산임금을 지급하기로 한 경우에는 그 지급률을 명시하여야 한다.

나. 사용자는 근로자와 합의한 경우에만 초과근로를 시킬 수 있다.

다. 단시간근로자의 초과근로의 제한, 가산임금의 지급에 관한 사항 등에 대해서는 「기간제 및 단시간근로자 보호 등에 관한 법률」에서 정하는 바에 따른다.

4. 휴일·휴가의 적용

가. 사용자는 단시간근로자에게 법 제55조에 따른 유급휴일을 주어야 한다.

나. 사용자는 단시간근로자에게 법 제60조에 따른 연차유급휴가를 주어야 한다. 이 경우 유급휴가는 다음의 방식으로 계산한 시간단위로 하며, 1시간 미만은 1시간으로 본다.

$$\text{통상 근로자의 연차휴가 일수} \times \frac{\text{단시간근로자의 소정근로시간}}{\text{통상 근로자의 소정근로시간}} \times 8\text{시간}$$

다. 사용자는 여성인 단시간근로자에 대하여 법 제73조에 따른 생리휴가 및 법 제74조에 따른 출산전후휴가와 유산·사산 휴가를 주어야 한다.

라. 가목 및 다목(생리휴가는 제외한다)의 경우에 사용자가 지급해야 하는 임금은 제2호가목에 따른 일급 통상임금을 기준으로 한다.

마. 나목의 경우에 사용자가 지급하여야 하는 임금은 시간급을 기준으로 한다.

5. 취업규칙의 작성 및 변경

가. 사용자는 단시간근로자에게 적용되는 취업규칙을 통상근로자에게 적용되는 취업규칙과 별도로 작성할 수 있다.

나. 가목에 따라 취업규칙을 작성하거나 변경하고자 할 경우에는 적용대상이 되는 단시간근로자 과반수의 의견을 들어야 한다. 다만, 취업규칙을 단시간근로자에게 불이익하게 변경하는 경우에는 그 동의를 받아야 한다.

다. 단시간근로자에게 적용될 별도의 취업규칙이 작성되지 아니한 경우에는 통상 근로자에게 적용되는 취업규칙이 적용된다. 다만, 취업규칙에서 단시간근로자에 대한 적용을 배제하는 규정을 두거나 다르게 적용한다는 규정을 둔 경우에는 그에 따른다.

라. 가목 및 다목에 따라 단시간근로자에게 적용되는 취업규칙을 작성 또는 변경하는 경우에는 법 제18조제1항의 취지에 어긋나는 내용이 포함되어서는 아니 된다.

〔별표3〕

이행강제금의 부과기준(제13조 관련)

(2021.11.19 개정)

위 반 행 위	해 당 법조문	금 액
정당한 이유 없는 해고에 대한 구제명령을 이행하지 않은 자	법 제33조 제1항	500만원 이상 3,000만원 이하
정당한 이유 없는 휴직, 정직(停職)에 대한 구제명령을 이행하지 않은 자	법 제33조 제1항	250만원 이상 1,500만원 이하
정당한 이유 없는 전직(轉職), 감봉에 대한 구제명령을 이행하지 않은 자	법 제33조 제1항	200만원 이상 750만원 이하
정당한 이유 없는 그 밖의 징벌(懲罰)에 대한 구제명령을 이행하지 않은 자	법 제33조 제1항	100만원 이상 750만원 이하

※ 비고 : 구체적인 이행강제금의 금액은 위반행위의 종류에 따른 부과금액의 범위에서 위반행위의 동기, 고의·과실 등 사용자의 귀책 정도, 구제명령 이행을 위한 노력의 정도, 구제명령을 이행하지 않은 기간, 해당 사업 또는 사업장에 상시 사용하는 근로자 수 등을 고려하여 결정한다.

[별표4]

임산부 등의 사용 금지 직종(제40조 관련)

(2021.11.19 개정)

구 분	사용 금지 직종
임신 중인 여성	1. 「원자력안전법」 제91조제2항에 따른 방사선작업종사자 등의 피폭방사선량이 선량한도를 초과하는 원자력 및 방사선 관련 업무 2. 납, 수은, 크롬, 비소, 황린, 불소(불화수소산), 염소(산), 시안화수소(시안산), 2-브로모프로판, 아닐린, 수산화칼륨, 페놀, 에틸렌글리콜모노메틸에테르, 에틸렌글리콜모노에틸에테르, 에틸렌글리콜모노에틸에테르 아세테이트, 염화비닐, 벤젠 등 유해물질을 취급하는 업무 3. 사이토메갈로바이러스(Cytomegalovirus)·B형 간염 바이러스 등 병원체로 인하여 오염될 우려가 큰 업무. 다만, 의사·간호사·방사선기사 등의 면허증을 가진 사람 또는 해당 자격 취득을 위한 양성과정 중에 있는 사람의 경우는 제외한다. 4. 신체를 심하게 펴거나 굽히면서 해야 하는 업무 또는 신체를 지속적으로 쭈그려야 하거나 앞으로 구부린 채 해야 하는 업무 5. 연속작업에 있어서는 5킬로그램 이상, 단속(斷續)작업에 있어서는 10킬로그램 이상의 중량물을 취급하는 업무 6. 임신 중인 여성의 안전 및 보건과 밀접한 관련이 있는 업무로서 고용노동부령으로 정하는 업무 7. 그 밖에 고용노동부장관이 「산업재해보상보험법」 제8조에 따른 산업재해보상보험및예방심의위원회(이하 "산업재해보상보험및예방심의위원회"라 한다. 이하 이 표에서 같다)의 심의를 거쳐 지정하여 고시하는 업무
산후 1년이 지나지 않은 여성	1. 납, 비소를 취급하는 업무. 다만, 모유 수유를 하지 않는 여성으로서 본인이 취업 의사를 사업주에게 서면으로 제출한 여성의 경우는 제외한다. 2. 2-브로모프로판을 취급하거나 2-브로모프로판에 노출될 수 있는 업무 3. 그 밖에 고용노동부장관이 산업재해보상보험및예방심의위원회의 심의를 거쳐 지정하여 고시하는 업무
임산부가 아닌 18세 이상인 여성	1. 2-브로모프로판을 취급하거나 2-브로모프로판에 노출될 수 있는 업무. 다만, 의학적으로 임신할 가능성이 전혀 없는 여성인 경우는 제외한다. 2. 그 밖에 고용노동부장관이 산업재해보상보험및예방심의위원회의 심의를 거쳐 지정하여 고시하는 업무
18세 미만인 자	1. 「건설기계관리법」, 「도로교통법」 등에서 18세 미만인 자에 대하여 운전·조종면허 취득을 제한하고 있는 직종 또는 업종의 운전·조종업무 2. 「청소년보호법」 등 다른 법률에서 18세 미만인 청소년의 고용이나 출입을 금지하고 있는 직종이나 업종 3. 교도소 또는 정신병원에서의 업무 4. 소각 또는 도살의 업무 5. 유류를 취급하는 업무(주유업무는 제외한다) 6. 2-브로모프로판을 취급하거나 2-브로모프로판에 노출될 수 있는 업무 7. 18세 미만인 자의 안전 및 보건과 밀접한 관련이 있는 업무로서 고용노동부령으로 정하는 업무 8. 그 밖에 고용노동부장관이 산업재해보상보험및예방심의위원회의 심의를 거쳐 지정하여 고시하는 업무

[별표5]

업무상 질병과 요양의 범위(제44조제1항 관련)

(2019.7.2 개정)

1. 업무상 질병의 범위
  가. 업무상 부상으로 인한 질병
  나. 물리적 요인으로 인한 질병
    1) 엑스선, 감마선, 자외선 및 적외선 등 유해방사선으로 인한 질병
    2) 덥고 뜨거운 장소에서 하는 업무 또는 고열물체를 취급하는 업무로 인한 일사병, 열사병 및 화상 등의 질병
    3) 춥고 차가운 장소에서 하는 업무 또는 저온물체를 취급하는 업무로 인한 동상 및 저체온증 등의 질병
    4) 이상기압(異常氣壓) 하에서의 업무로 인한 감압병(잠수병) 등의 질병
    5) 강렬한 소음으로 인한 귀의 질병
    6) 착암기(鑿巖機) 등 진동이 발생하는 공구를 사용하는 업무로 인한 질병
    7) 지하작업으로 인한 눈떨림증(안구진탕증)
  다. 화학적 요인으로 인한 질병
    1) 분진이 발생하는 장소에서의 업무로 인한 진폐증 등의 질병
    2) 검댕·광물유·옻·타르·시멘트 등 자극성 성분, 알레르겐 성분 등으로 인한 연조직염, 그 밖의 피부질병
    3) 아연 등의 금속흄으로 인한 금속열(金屬熱)
    4) 산, 염기, 염소, 불소 및 페놀류 등 부식성 또는 자극성 물질에 노출되어 발생한 화상, 결막염 등의 질병
    5) 다음의 물질이나 그 화합물로 인한 중독 또는 질병
      가) 납
      나) 수은
      다) 망간
      라) 비소
      마) 인
      바) 카드뮴
      사) 시안화수소
    6) 다음의 물질로 인한 중독 또는 질병
      가) 크롬·니켈·알루미늄·코발트
      나) 유기주석
      다) 이산화질소·아황산가스
      라) 황화수소
      마) 이황화탄소
      바) 일산화탄소
      사) 벤젠 또는 벤젠의 동족체와 그 니트로 및 아미노 유도체
      아) 톨루엔, 크실렌 등 유기용제
      자) 사) 및 아) 외의 지방족 또는 방향족의 탄화수소화합물
      차) 2)부터 5)까지 및 6)가)부터 자)까지의 화학적 요인 외의 독성 물질, 극성 물질, 그 밖의 유해화학물질
  라. 생물학적 요인으로 인한 질병
    1) 환자의 검진, 치료 및 간호 등 병원체에 감염될 우려가 있는 업무로 인한 감염성 질병
    2) 습한 곳에서의 업무로 인한 렙토스피라증
    3) 옥외작업으로 인한 쯔쯔가무시증, 신증후군(腎症候群) 출혈열
    4) 동물 또는 그 사체, 짐승의 털·가죽, 그 밖의 동물성 물체, 넝마 및 고물 등을 취급하는 업무로 인한 탄저, 단독(丹毒) 등의 질병
  마. 직업성 암
    검댕, 콜타르, 콜타르피치, 정제되지 않은 광물유, 6가 크롬 또는 그 화합물, 염화비닐, 벤젠, 석면, B형 또는 C형 간염바이러스, 엑스선 또는 감마선 등의 전리방사선, 비소 또는 그 무기 화합물, 니켈 화합물, 카드뮴 또는 그 화합물, 베릴륨 또는 그 화합물, 목재 분진, 벤지딘, 베타나프틸아민, 결정형 유리규산, 포름알데히드, 1,3-부타디엔, 라돈-222 또는 그 붕괴물질, 산화에틸렌 및 스프레이 도장 업무 등 발암성 요인으로 인한 암
  바. 무리한 힘을 가해야 하는 업무로 인한 내장탈장, 영상표시단말기(VDT) 취급 등 부적절한 자세를 유지하거나 반복 동작이 많은 업무 등 근골격계에 부담을 주는 업무로 인한 근골격계 질병
  사. 업무상 과로 등으로 인한 뇌혈관 질병 또는 심장 질병
  아. 업무와 관련하여 정신적 충격을 유발할 수 있는 사건으로 인한 외상후스트레스장애
  자. 가목부터 아목까지에서 규정한 질병 외에 「산업재해보상보험법」 제8조에 따른 산업재해보상보험및예방심의위원회의 심의를 거쳐 고용노동부장관이 지정하는 질병
  차. 그 밖에 가목부터 자목까지에서 규정한 질병 외에 업무로 인한 것이 명확한 질병

2. 요양의 범위
  가. 진찰
  나. 약제 또는 진료 재료의 지급
  다. 인공팔다리 또는 그 밖의 보조기의 지급
  라. 처치, 수술, 그 밖의 치료
  마. 입원
  바. 간병
  사. 이송

[별표6]

신체장해의 등급(제47조제1항 관련)

(2019.7.2 개정)

등 급	신 체 장 해
제1급 평균임금의 1,340일분	1. 두 눈이 실명된 사람 2. 말하는 기능과 음식물을 씹는 기능을 모두 영구적으로 완전히 잃은 사람 3. 신경계통의 기능 또는 정신기능에 뚜렷한 장해가 남아 항상 간병을 받아야 하는 사람 4. 흉복부장기의 기능에 뚜렷한 장해가 남아 항상 간병을 받아야 하는 사람 5. 두 팔을 팔꿈치관절 이상에서 잃은 사람 6. 두 팔을 영구적으로 완전히 사용하지 못하게 된 사람 7. 두 다리를 무릎관절 이상에서 잃은 사람 8. 두 다리를 영구적으로 완전히 사용하지 못하게 된 사람
제2급 평균임금의 1,190일분	1. 한 눈이 실명되고 다른 눈의 시력이 0.02 이하로 된 사람 2. 두 눈의 시력이 각각 0.02 이하로 된 사람 3. 두 팔을 손목관절 이상에서 잃은 사람 4. 두 다리를 발목관절 이상에서 잃은 사람 5. 신경계통의 기능 또는 정신기능에 뚜렷한 장해가 남아 수시로 간병을 받아야 하는 사람 6. 흉복부장기의 기능에 뚜렷한 장해가 남아 수시로 간병을 받아야 하는 사람
제3급 평균임금의 1,050일분	1. 한 눈이 실명되고 다른 눈의 시력이 0.06 이하로 된 사람 2. 말하는 기능 또는 음식물을 씹는 기능을 영구적으로 완전히 잃은 사람 3. 신경계통의 기능 또는 정신기능에 뚜렷한 장해가 남아 일생동안 노무에 종사할 수 없는 사람 4. 흉복부장기의 기능에 뚜렷한 장애가 남아 일생동안 노무에 종사할 수 없는 사람 5. 두 손의 손가락을 모두 잃은 사람
제4급 평균임금의 920일분	1. 두 눈의 시력이 각각 0.06 이하로 된 사람 2. 말하는 기능과 음식물을 씹는 기능에 뚜렷한 장해가 남은 사람 3. 고막이 전부 상실되거나 그 밖의 원인으로 두 귀의 청력을 완전히 잃은 사람 4. 한 팔을 팔꿈치관절 이상에서 잃은 사람 5. 한 다리를 무릎관절 이상에서 잃은 사람 6. 두 손의 손가락을 모두 제대로 못쓰게 된 사람 7. 두 발을 리스프랑관절 이상에서 잃은 사람
제5급 평균임금의 790일분	1. 한 눈이 실명되고 다른 눈의 시력이 0.1 이하로 된 사람 2. 한 팔을 손목관절 이상에서 잃은 사람 3. 한 다리를 발목관절 이상에서 잃은 사람 4. 한 팔을 영구적으로 완전히 사용하지 못하게 된 사람 5. 한 다리를 영구적으로 완전히 사용하지 못하게 된 사람 6. 두 발의 발가락을 모두 잃은 사람 7. 흉복부장기의 기능에 뚜렷한 장해가 남아 특별히 손쉬운 노무 외에는 종사할 수 없는 사람 8. 신경계통의 기능 또는 정신기능에 뚜렷한 장해가 남아 특별히 손쉬운 노무 외에는 종사할 수 없는 사람
제6급 평균임금의 670일분	1. 두 눈의 시력이 각각 0.1 이하로 된 사람 2. 말하는 기능 또는 음식물을 씹는 기능에 뚜렷한 장해가 남은 사람 3. 고막이 대부분 상실되거나 그 밖의 원인으로 두 귀의 청력이 모두 귓바퀴에 대고 말하지 아니하고서는 큰 말소리를 알아듣지 못하게 된 사람 4. 한 귀가 전혀 들리지 아니하게 되고 다른 귀의 청력이 40센티미터 이상의 거리에서 보통의 말소리를 알아듣지 못하게 된 사람 5. 척주에 뚜렷한 기형이나 뚜렷한 기능장해가 남은 사람 6. 한 팔의 3대 관절 중 2개 관절을 제대로 못쓰게 된 사람 7. 한 다리의 3대 관절 중 2개 관절을 제대로 못쓰게 된 사람 8. 한 손의 5개의 손가락 또는 엄지손가락과 둘째손가락을 포함하여 4개의 손가락을 잃은 사람
제7급 평균임금의 560일분	1. 한 눈이 실명되고 다른 눈의 시력이 0.6 이하로 된 사람 2. 두 귀의 청력이 40센티미터 이상의 거리에서 보통의 말소리를 알아듣지 못하게 된 사람 3. 한 귀가 전혀 들리지 아니하게 되고 다른 귀의 청력이 1미터 이상의 거리에서 보통의 말소리를 알아듣지 못하게 된 사람 4. 신경계통의 기능 또는 정신기능에 장해가 남아 손쉬운 노무 외에는 종사하지 못하는 사람 5. 흉복부장기의 기능에 장해가 남아 손쉬운 노무 외에는 종사하지 못하는 사람 6. 한 손의 엄지 손가락과 둘째 손가락을 잃은 사람 또는 엄지 손가락이나 둘째 손가락을 포함하여 3개 이상의 손가락을 잃은 사람 7. 한 손의 5개의 손가락 또는 엄지 손가락과 둘째 손가락을 포함하여 4개의 손가락을 제대로 못쓰게 된 사람 8. 한 발을 리스프랑관절 이상에서 잃은 사람 9. 한 팔에 가관절(假關節 : 부러진 뼈가 완전히 아물지 못하여 그 부분이 마치 관절처럼 움직이는 상태)이 남아 뚜렷한 운동기능장해가 남은 사람 10. 한 다리에 가관절이 남아 뚜렷한 운동기능장해가 남은 사람 11. 두 발의 발가락을 모두 제대로 못쓰게 된 사람 12. 외모에 뚜렷한 흉터가 남은 사람 13. 양쪽 고환을 잃은 사람
제8급 평균임금의 450일분	1. 한 눈이 실명되거나 또는 한 눈의 시력이 0.02이하로 된 사람 2. 척주에 경도의 기형이나 기능장해가 남은 사람 3. 한 손의 엄지 손가락을 포함하여 2개의 손가락을 잃은 사람 4. 한 손의 엄지 손가락과 둘째 손가락을 제대로 못쓰게 된 사람 또는 엄지 손가락이나 둘째 손가락을 포함하여 3개 이상의 손가락을 제대로 못쓰게 된 사람 5. 한 다리가 5센티미터 이상 짧아진 사람 6. 한 팔의 3대 관절 중 1개 관절을 제대로 못쓰게 된 사람 7. 한 다리의 3대 관절 중 1개 관절을 제대로 못쓰게 된 사람 8. 한 팔에 가관절이 남은 사람 9. 한 다리에 가관절이 남은 사람 10. 한 발의 5개 발가락을 모두 잃은 사람 11. 비장 또는 한 쪽의 신장을 잃은 사람
제9급 평균임금의 350일분	1. 두 눈의 시력이 0.6 이하로 된 사람 2. 한 눈의 시력이 0.06 이하로 된 사람 3. 두 눈에 모두 반맹증·시야협착 또는 시야변상이 남은 사람 4. 두 눈의 눈꺼풀이 뚜렷하게 상실된 사람 5. 코가 상실되어 그 기능에 뚜렷한 장해가 남은 사람 6. 말하는 기능과 음식물을 씹는 기능에 장해가 남은 사람 7. 두 귀의 청력이 모두 1미터 이상의 거리에서 큰 말소리를 알아듣지 못하게 된 사람 8. 한 귀의 청력이 귓바퀴에 대고 말하지 아니하고서는 큰 말소리를 알아듣지 못하고 다른 귀의 청력이 1미터 이상의 거리에서 보통의 말소리를 알아듣지 못하게 된 사람 9. 한 귀의 청력을 영구적으로 완전히 잃은 사람 10. 한 손의 엄지 손가락을 잃은 사람, 둘째 손가락을 포함하여 2개의 손가락을 잃은 사람 또는 엄지 손가락과 둘째 손가락 외에 3개의 손가락을 잃은 사람 11. 한 손의 엄지 손가락을 포함하여 2개의 손가락을 제대로 못쓰게 된 사람

	12. 한 발의 엄지 발가락을 포함하여 2개 이상의 발가락을 잃은 사람 13. 한 발의 발가락을 모두 제대로 못쓰게 된 사람 14. 생식기에 뚜렷한 장해가 남은 사람 15. 신경계통의 기능 또는 정신기능에 장해가 남아 노무가 상당한 정도로 제한된 사람 16. 흉복부장기의 기능에 장해가 남아 노무가 상당한 정도로 제한된 사람
제10급 평균임금의 270일분	1. 한 눈의 시력이 0.1 이하로 된 사람 2. 말하는 기능 또는 음식물을 씹는 기능에 장해가 남은 사람 3. 14개 이상의 치아에 대하여 치과보철을 한 사람 4. 한 귀의 청력이 귓바퀴에 대고 말하지 아니하고서는 큰 말소리를 알아듣지 못하게 된 사람 5. 두 귀의 청력이 모두 1미터 이상의 거리에서 보통의 말소리를 알아듣지 못하게 된 사람 6. 척주에 기능장해가 남았으나 보존적 요법으로 치유된 사람 7. 한 손의 둘째 손가락을 잃은 사람 또는 엄지 손가락과 둘째 손가락 외의 2개의 손가락을 잃은 사람 8. 한 손의 엄지 손가락을 제대로 못쓰게 된 사람, 둘째 손가락을 포함하여 2개의 손가락을 제대로 못쓰게 된 사람 또는 엄지 손가락과 둘째 손가락 외의 3개의 손가락을 제대로 못쓰게 된 사람 9. 한 다리가 3센티미터 이상 짧아진 사람 10. 한 발의 엄지 발가락 또는 그 외의 4개의 발가락을 잃은 사람 11. 한 팔의 3대 관절 중 1개 관절의 기능에 뚜렷한 장해가 남은 사람 12. 한 다리의 3대 관절 중 1개 관절의 기능에 뚜렷한 장해가 남은 사람
제11급 평균임금의 200일분	1. 두 눈이 모두 안구의 조절기능에 뚜렷한 장해가 남거나 뚜렷한 운동기능장해가 남은 사람 2. 두 눈의 눈꺼풀에 뚜렷한 운동기능장해가 남은 사람 3. 한 눈의 눈꺼풀이 뚜렷하게 상실된 사람 4. 한 귀의 청력이 40센티미터 이상의 거리에서 보통 말소리를 알아듣지 못하게 된 사람 5. 척주에 기형이 남은 사람 6. 한 손의 가운데 손가락 또는 넷째 손가락을 잃은 사람 7. 한 손의 둘째 손가락을 제대로 못쓰게 된 사람 또는 엄지 손가락과 둘째 손가락 외의 2개의 손가락을 제대로 못쓰게 된 사람 8. 한 발의 엄지 발가락을 포함하여 2개 이상의 발가락을 제대로 못쓰게 된 사람 9. 흉복부장기의 기능에 장해가 남은 사람 10. 10개 이상의 치아에 대하여 치과보철을 한 사람 11. 두 귀의 청력이 모두 1미터 이상의 거리에서 작은 말소리를 알아듣지 못하게 된 사람
제12급 평균임금의 140일분	1. 한 눈의 안구의 조절기능에 뚜렷한 장해가 남거나 뚜렷한 운동기능장해가 남은 사람 2. 한 눈의 눈꺼풀에 뚜렷한 운동장해가 남은 사람 3. 7개 이상의 치아에 대하여 치과보철을 한 사람 4. 한 귀의 귓바퀴 대부분이 상실된 사람 5. 쇄골(빗장뼈), 흉골(복장뼈), 늑골(갈비뼈), 견갑골(어깨뼈) 또는 골반골(골반뼈)에 뚜렷한 기형이 남은 사람 6. 한 팔의 3대 관절 중 1개 관절의 기능에 장해가 남은 사람 7. 한 다리의 3대 관절 중 1개 관절의 기능에 장해가 남은 사람 8. 장관골에 기형이 남은 사람 9. 한 손의 가운데 손가락 또는 넷째 손가락을 제대로 못 쓰게 된 사람 10. 한 발의 둘째 발가락을 잃은 사람, 둘째 발가락을 포함하여 2개의 발가락을 잃은 사람 또는 가운데 발가락 이하의 3개의 발가락을 잃은 사람 11. 한 발의 엄지 발가락 또는 그 외의 4개의 발가락을 제대로 못쓰게 된 사람 12. 신체 일부에 완고한 신경증상이 남은 사람 13. 외모에 흉터가 남은 사람
제13급 평균임금의 90일분	1. 한 눈의 시력이 0.6 이하로 된 사람 2. 한 눈에 반맹증·시야협착 또는 시야변상이 남은 사람 3. 두 눈의 눈꺼풀의 일부가 상실되거나 속눈썹이 상실된 사람 4. 5개 이상의 치아에 대하여 치과보철을 한 사람 5. 한 손의 새끼 손가락을 잃은 사람 6. 한 손의 엄지 손가락의 손가락뼈의 일부를 잃은 사람 7. 한 손의 둘째 손가락의 손가락뼈의 일부를 잃은 사람 8. 한 손의 둘째 손가락의 말관절을 굽히고 펼 수 없게 된 사람 9. 한 다리가 1센티미터 이상 짧아진 사람 10. 한 발의 가운데 발가락 이하의 1개 발가락 또는 2개의 발가락을 잃은 사람 11. 한 발의 둘째 발가락을 제대로 못쓰게 된 사람, 둘째 발가락을 포함하여 2개의 발가락을 제대로 못쓰게 된 사람 또는 가운데 발가락 이하의 3개의 발가락을 제대로 못쓰게 된 사람
제14급 평균임금의 50일분	1. 한눈의 눈꺼풀의 일부가 상실되거나 속눈썹이 상실된 사람 2. 3개 이상의 치아에 대하여 치과보철을 한 사람 3. 팔의 노출된 면에 손바닥 크기의 흉터가 남은 사람 4. 다리의 노출된 면에 손바닥 크기의 흉터가 남은 사람 5. 한 손의 새끼 손가락을 제대로 못쓰게 되는 사람 6. 한 손의 엄지 손가락과 둘째 손가락 외의 손가락의 손가락뼈의 일부를 잃은 사람 7. 한 손의 엄지 손가락과 둘째 손가락 외의 손가락의 말관절을 굽히고 펼 수 없게 된 사람 8. 한 발의 가운데 발가락 이하의 1개 또는 2개의 발가락을 제대로 못쓰게 된 사람 9. 신체 일부에 신경증상이 남은 사람 10. 한 귀의 청력이 1미터 이상의 거리에서 작은 말소리를 알아듣지 못하게 된 사람

〔별표7〕

과태료의 부과기준(제60조 관련)

(2021.11.19 개정)

1. 일반기준

가. 위반행위의 횟수에 따른 과태료의 가중된 부과기준은 최근 1년간 같은 위반행위로 과태료 부과처분을 받은 경우에 적용한다. 이 경우 기간의 계산은 위반행위에 대하여 과태료 부과처분을 받은 날과 그 처분 후 다시 같은 위반행위를 하여 적발된 날을 기준으로 한다.

나. 가목에 따라 가중된 부과처분을 하는 경우 가중처분의 적용 차수는 그 위반행위 전 부과처분 차수(가목에 따른 기간 내에 과태료 부과처분이 둘 이상 있었던 경우에는 높은 차수를 말한다)의 다음 차수로 한다.

다. 부과권자는 다음의 어느 하나에 해당하는 경우에는 제2호에 따른 과태료의 2분의 1 범위에서 그 금액을 줄여 부과할 수 있다. 다만, 과태료를 체납하고 있는 위반행위자의 경우에는 그렇지 않다.

1) 위반행위자의 사소한 부주의나 오류로 발생한 것으로 인정되는 경우
2) 위반행위자가 법 위반상태를 시정하거나 해소하기 위해 노력한 것이 인정되는 경우
3) 위반행위자가 자연재해, 화재 등으로 재산에 현저한 손실이 발생하거나 사업 여건의 악화로 사업이 중대한 위기에 처하는 등의 사정이 있는 경우
4) 그 밖에 위반행위의 정도, 위반행위의 동기와 그 결과 등을 고려하여 줄일 필요가 있다고 인정되는 경우

2. 개별기준

위반행위	근거 법조문	과태료 금액(단위 : 만원)		
		1차 위반	2차 위반	3차 이상 위반
가. 법 제13조에 따른 요구가 있는 경우에 보고·출석하지 않거나 거짓된 보고를 한 경우	법 제116조 제2항제1호			
1) 보고 또는 출석을 하지 않은 경우		50	100	200
2) 거짓된 보고를 한 경우		300	300	300
나. 법 제14조에 따른 게시 또는 비치의무를 위반한 경우	법 제116조 제2항제2호	30	50	100
다. 법 제39조에 따른 사용증명서 교부의무를 위반한 경우	법 제116조 제2항제2호			
1) 사용증명서를 즉시 내어주지 않은 경우		30	50	100
2) 사실과 다르게 적은 사용증명서를 내어준 경우		50	100	200
3) 근로자가 요구하지 않은 사항을 사용증명서에 적은 경우		80	150	300
라. 법 제41조에 따른 근로자 명부 작성의무를 위반한 경우	법 제116조 제2항제2호			
1) 근로자 명부를 작성하지 않은 경우		30	50	100
2) 근로자 명부에 기재하여야 할 사항의 일부를 적지 않거나 변경내용을 지체 없이 정정하지 않은 경우		20	30	50
마. 법 제42조에 따른 근로자명부와 근로계약에 관한 중요한 서류의 보존의무를 위반한 경우	법 제116조 제2항제2호	80	150	300
바. 법 제48조제1항에 따른 임금대장 작성의무를 위반한 경우	법 제116조 제2항제2호			
1) 임금대장을 작성하지 않은 경우		30	50	100
2) 임금대장에 기재해야 할 사항을 일부 적지 않은 경우		20	30	50
사. 법 제48조제2항에 따른 임금명세서 교부의무를 위반한 경우	법 제116조 제2항제2호			
1) 임금명세서를 교부하지 않은 경우		30	50	100
2) 임금명세서에 기재사항을 적지 않거나, 사실과 다르게 적어 교부한 경우		20	30	50
아. 법 제51조의2제5항에 따른 임금보전방안을 신고하지 않은 경우	법 제116조 제2항제3호	80	150	300
자. 법 제66조에 따른 연소자 증명서류 비치의무를 위반한 경우	법 제116조 제2항제2호	80	150	300
차. 법 제74조제7항에 따른 여성 근로자의 근로시간 단축을 허용하지 않은 경우	법 제116조 제2항제2호	500	500	500
카. 법 제74조제9항을 위반하여 임신 중인 여성 근로자의 업무의 시작 및 종료 시각의 변경을 허용하지 않은 경우	법 제116조 제2항제2호	500	500	500
타. 사용자 또는 사용자의 친족인 근로자가 법 제76조의2를 위반하여 직장 내 괴롭힘을 한 경우	법 제116조 제1항			
1) 사용자가 한 사람에게 수차례 직장 내 괴롭힘을 하거나 2명 이상에게 직장 내 괴롭힘을 한 경우		500	1000	1000
2) 사용자가 그 밖의 직장 내 괴롭힘을 한 경우		300	1000	1000
3) 사용자의 친족인 근로자가 직장 내 괴롭힘을 한 경우		200	500	1000
파. 사용자가 법 제76조의3제2항을 위반하여 직장 내 괴롭힘 발생 사실 확인을 위한 조사를 실시하지 않은 경우	법 제116조 제2항제2호	300	500	500
하. 사용자가 법 제76조의3제4항을 위반하여 근무장소의 변경 등 적절한 조치를 하지 않은 경우	법 제116조 제2항제2호	200	300	500
거. 사용자가 법 제76조의3제5항을 위반하여 징계, 근무장소의 변경 등 필요한 조치를 하지 않은 경우	법 제116조 제2항제2호	200	300	500
너. 법 제76조의3제7항을 위반하여 직장 내 괴롭힘 발생 사실 조사 과정에서 알게 된 비밀을 다른 사람에게 누설한 경우	법 제116조 제2항제2호	300	500	500
더. 법 제91조를 위반하여 재해보상에 관한 중요한 서류를 폐기한 경우	법 제116조 제2항제2호	50	100	200
러. 법 제93조에 따른 취업규칙 작성·신고 의무를 위반한 경우	법 제116조 제2항제2호			
1) 취업규칙을 작성하지 않은 경우		70	130	250
2) 취업규칙을 작성하고 신고하지 않은 경우		40	80	150

3) 취업규칙의 변경신고를 하지 않은 경우		40	80	150
머. 법 제98조제2항을 위반하여 임원 선거에 간섭한 경우	법 제116조 제2항제2호	80	150	300
버. 법 제99조에 따른 기숙사규칙의 작성 의무 등을 위반한 경우	법 제116조 제2항제2호			
1) 기숙사규칙을 작성하지 않은 경우		40	80	150
2) 기숙사규칙의 작성 또는 변경에 관하여 기숙사에 기숙하는 근로자 과반수를 대표하는 자의 동의를 받지 않은 경우		20	30	50
3) 기숙사규칙을 지키지 않은 경우		30	50	100
서. 법 제102조에 따른 근로감독관 또는 그 위촉을 받은 의사의 현장조사나 검진을 거절, 방해 또는 기피하고 그 심문(審問)에 대하여 진술을 하지 않거나 거짓된 진술을 하며, 장부·서류를 제출하지 않거나 거짓 장부·서류를 제출한 경우	법 제116조 제2항제4호			
1) 근로감독관 또는 그 위촉을 받은 의사의 현장조사 또는 검진을 거절, 방해 또는 기피한 경우		500	500	500
2) 근로감독관의 심문에 대하여 진술을 하지 않거나 거짓된 진술을 한 경우				
가) 진술을 하지 않은 경우		50	100	200
나) 거짓된 진술을 한 경우		300	300	300
3) 근로감독관의 요구에 대하여 장부·서류를 제출하지 않거나 거짓 장부·서류를 제출한 경우				
가) 장부·서류를 제출하지 않은 경우		50	100	200
나) 거짓 장부·서류를 제출한 경우		300	300	300

■ 근로기준법 시행규칙

〔별표1〕

해고 예고의 예외가 되는 근로자의 귀책사유(제4조 관련)

1. 납품업체로부터 금품이나 향응을 제공받고 불량품을 납품받아 생산에 차질을 가져온 경우
2. 영업용 차량을 임의로 타인에게 대리운전하게 하여 교통사고를 일으킨 경우
3. 사업의 기밀이나 그 밖의 정보를 경쟁관계에 있는 다른 사업자 등에게 제공하여 사업에 지장을 가져온 경우
4. 허위 사실을 날조하여 유포하거나 불법 집단행동을 주도하여 사업에 막대한 지장을 가져온 경우
5. 영업용 차량 운송 수입금을 부당하게 착복하는 등 직책을 이용하여 공금을 착복, 장기유용, 횡령 또는 배임한 경우
6. 제품 또는 원료 등을 몰래 훔치거나 불법 반출한 경우
7. 인사·경리·회계담당 직원이 근로자의 근무상황 실적을 조작하거나 허위 서류 등을 작성하여 사업에 손해를 끼친 경우
8. 사업장의 기물을 고의로 파손하여 생산에 막대한 지장을 가져온 경우
9. 그 밖에 사회통념상 고의로 사업에 막대한 지장을 가져오거나 재산상 손해를 끼쳤다고 인정되는 경우

〔별표2〕

임신 중인 여성 및 18세 미만인 자의 사용 금지 직종(제11조의2 관련)

(2021.11.19 신설)

1. 임신 중인 여성의 사용 금지 직종
 가. 건물 해체작업(지상에서 작업을 보조하는 업무를 제외한다) 및 「산업안전보건기준에 관한 규칙」 제71조에서 규정한 통나무 비계의 설치 또는 해체업무
 나. 「산업안전보건기준에 관한 규칙」 제42조에 따른 추락위험이 있는 장소에서의 작업 및 같은 규칙 제50조에 따른 붕괴 또는 낙하의 위험이 있는 장소에서의 작업
 다. 「산업안전보건기준에 관한 규칙」 제105조 및 제106조에서 규정한 둥근톱기계로서 지름이 25센티미터 이상인 기계를 사용하여 목재를 가공하는 업무 또는 같은 규칙 제107조 및 제108조에서 규정하는 띠톱기계로서 풀리(Pulley)의 지름이 75센티미터 이상인 기계를 사용하여 목재를 가공하는 업무
 라. 「산업안전보건기준에 관한 규칙」 제319조부터 제322조까지의 규정에 따른 전기작업 및 충전전로 인근에서의 차량·기계장치 작업
 마. 「산업안전보건기준에 관한 규칙」 제2편제4장제2절제3관에 따른 터널작업
 바. 「산업안전보건기준에 관한 규칙」 제512조제4호에 따른 진동작업
 사. 「산업안전보건기준에 관한 규칙」 제522조제2호 및 제3호에 따른 고압작업 및 잠수작업
 아. 「산업안전보건기준에 관한 규칙」 제559조제1항 및 제2항에 따른 고열작업 및 한랭작업
2. 18세 미만인 자의 사용 금지 직종
 「산업안전보건기준에 관한 규칙」 제522조제2호 및 제3호에 따른 고압작업 및 잠수작업

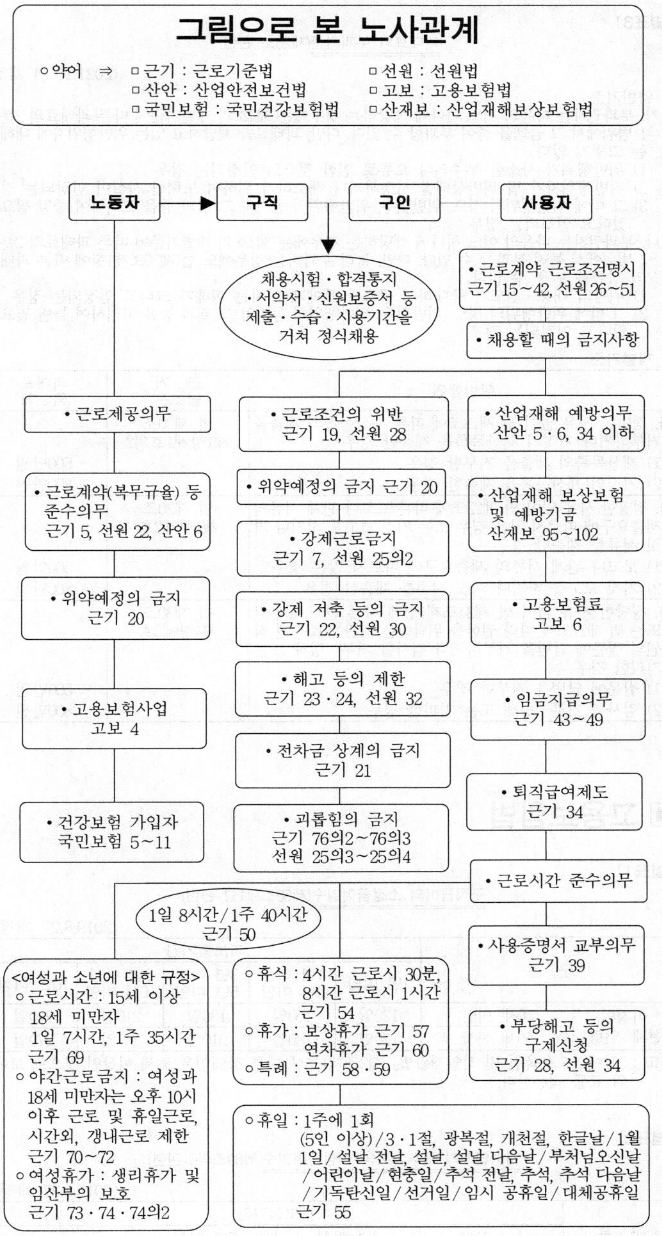

■ 임금채권보장법 시행령

〔별표1〕

상시근로자수의 산정방법(제5조제1항 관련)

(2021.10.14 개정)

1. 상시근로자수는 도산등사실인정 신청일이 속한 달의 직전 달 이전에 해당 사업을 한 최종 6개월(1개월 중 하루라도 사업을 한 경우 그 달을 포함한 최종 6개월을 말한다) 동안 사용한 근로자의 연인원을 같은 기간 중에 사업을 한 일수로 나눈 수로 한다.
2. 제1호에도 불구하고 건설업의 경우에 상시근로자수를 산정하기 곤란할 때에는 다음 계산식에 따른다.

$$\frac{\text{전년도 공사 실적액} \times \text{전년도 노무비율}}{\text{전년도 건설업 월평균보수} \times \text{전년도 조업월수}}$$

 가. "공사실적액"이란 해당 사업주의 총 공사실적액에서 「건설산업기본법」이나 그 밖의 관계 법령에 따라 적법하게 하도급된 부분의 공사실적액을 제외한 금액을 말한다.
 나. "노무비율"이란 고용산재보험료징수법 제13조제6항에 따라 고용노동부장관이 고시한 노무비율을 말한다.
 다. "건설업 월평균보수"란 고용산재보험료징수법 시행령 제2조제1항제3호가목 단서에 따라 고용노동부장관이 고시하는 건설업 월평균보수를 말한다.

〔별표2〕 (2003.6.25 삭제)

〔별표3〕

과태료의 부과기준(제26조 관련)

(2021.10.14 개정)

1. 일반기준
  가. 부과권자는 다음의 어느 하나에 해당하는 경우에는 제2호의 개별기준에 따른 과태료의 2분의 1 범위에서 그 금액을 줄여 부과할 수 있다. 다만, 과태료를 체납하고 있는 위반행위자에 대해서는 그렇지 않다.
    1) 위반행위가 사소한 부주의나 오류로 인한 것으로 인정되는 경우
    2) 위반행위자가 법 위반상태를 시정하거나 해소하기 위하여 노력한 사실이 인정되는 경우
    3) 그 밖에 위반행위의 정도, 위반횟수, 위반행위의 동기와 그 결과 등을 고려하여 줄일 필요가 있다고 인정되는 경우
  나. 부과권자는 다음의 어느 하나에 해당하는 경우에는 제2호의 개별기준에 따른 과태료의 2분의 1 범위에서 늘려 부과할 수 있다. 다만, 늘려 부과하는 경우에도 법 제30조제1항에 따른 과태료의 상한을 넘을 수 없다.
    1) 위반의 내용·정도가 중대하여 근로자 등에게 미치는 피해가 크다고 인정되는 경우
    2) 그 밖에 위반행위의 정도, 위반횟수, 위반행위의 동기와 그 결과 등을 고려하여 늘릴 필요가 있다고 인정되는 경우

2. 개별기준

위반행위	근 거 법조문	과태료 금 액
가. 정당한 사유 없이 법 제13조에 따른 재산목록의 제출을 거부하거나 거짓의 재산목록을 제출한 경우	법 제30조 제1항제1호의2	
1) 재산목록의 제출을 거부한 경우		500만원
2) 거짓의 재산목록을 제출한 경우		800만원
나. 정당한 사유 없이 법 제22조에 따른 보고나 관계 서류의 제출요구에 따르지 않은 경우 또는 거짓 보고를 하거나 거짓 서류를 제출한 경우	법 제30조 제1항제2호	
1) 보고나 관계 서류의 제출요구에 따르지 않은 경우		500만원
2) 거짓 보고를 하거나 거짓 서류를 제출한 경우		800만원
다. 정당한 사유 없이 법 제24조제1항에 따른 관계 공무원 또는 법 제27조에 따라 권한을 위탁받은 기관에 소속된 직원의 질문에 답변을 거부하거나 검사를 거부·방해 또는 기피한 경우	법 제30조 제1항제3호	
1) 질문에 답변을 거부한 경우		500만원
2) 검사를 거부·방해 또는 기피한 경우		800만원

■ 고용보험법

〔별표1〕

구직급여의 소정급여일수(제50조제1항 관련)

(2019.8.27 개정)

구 분		피보험기간				
		1년 미만	1년 이상 3년 미만	3년 이상 5년 미만	5년 이상 10년 미만	10년 이상
이직일 현재 연령	50세 미만	120일	150일	180일	210일	240일
	50세 이상	120일	180일	210일	240일	270일

비고 : 「장애인고용촉진 및 직업재활법」 제2조제1호에 따른 장애인은 50세 이상인 것으로 보아 위 표를 적용한다.

〔별표2〕

자영업자의 구직급여의 소정급여일수(제69조의6 관련)

(2019.8.27 개정)

구 분	피보험기간			
	1년 이상 3년 미만	3년 이상 5년 미만	5년 이상 10년 미만	10년 이상
소정급여일수	120일	150일	180일	210일

■ 고용보험법 시행령

〔별표1〕

우선지원 대상기업의 상시 사용하는 근로자기준(제12조제1항 관련)

(2017.12.26 개정)

산 업 분 류	분류 기호	상시 사용하는 근로자 수
1. 제조업〔다만, 산업용 기계 및 장비 수리업(34)은 그 밖의 업종으로 본다〕	C	500명 이하
2. 광업	B	300명 이하
3. 건설업	F	
4. 운수 및 창고업	H	
5. 정보통신업	J	
6. 사업시설 관리, 사업 지원 및 임대 서비스업〔다만, 부동산 이외 임대업(76)은 그 밖의 업종으로 본다〕	N	
7. 전문, 과학 및 기술 서비스업	M	
8. 보건업 및 사회복지 서비스업	Q	
9. 도매 및 소매업	G	200명 이하
10. 숙박 및 음식점업	I	
11. 금융 및 보험업	K	
12. 예술, 스포츠 및 여가관련 서비스업	R	
13. 그 밖의 업종		100명 이하

비고 : 업종의 구분 및 분류기호는 「통계법」 제22조에 따라 통계청장이 고시한 한국표준산업분류에 따른다.

〔별표2〕

부정행위에 따른 지원금의 지급제한 기간(제56조제2항 관련)

(2010.12.31 개정)

구 분		지급제한기간
거짓이나 그 밖의 부정한 방법으로 지급받거나 받으려고 한 금액	300만원 미만	3개월
	300만원 이상 500만원 미만	6개월
	500만원 이상 1,000만원 미만	9개월
	1,000만원 이상	12개월

〔별표3〕

과태료의 부과기준(제146조 관련)

(2023.6.27 개정)

1. 일반기준
  가. 위반행위의 횟수에 따른 과태료의 가중된 부과기준은 최근 1년간 같은 위반행위(제2호가목의 위반행위는 제외한다)로 과태료 부과처분을 받은 경우에 적용한다. 이 경우 기간의 계산은 위반행위에 대하여 과태료 부과처분을 받은 날과 그 처분 후 다시 같은 위반행위를 하여 적발된 날을 기준으로 한다.
  나. 가목에 따라 가중된 부과처분을 하는 경우 가중처분의 적용 차수는 그 위반행위 전 부과처분 차수(가목에 따른 기간 내에 과태료 부과처분이 둘 이상 있었던 경우에는 높은 차수를 말한다)의 다음 차수로 한다.
  다. 부과권자는 다음의 어느 하나에 해당하는 경우에는 제2호에 따른 과태료 금액의 2분의 1 범위에서 그 금액을 줄일 수 있다. 다만, 과태료를 체납하고 있는 위반행위자의 경우에는 그렇지 않다.
    1) 위반행위가 사소한 부주의나 오류로 인한 것으로 인정되는 경우
    2) 위반의 내용·정도가 경미하여 사회적 피해가 적다고 인정되는 경우
    3) 위반행위자가 법 위반상태를 시정하거나 해소하기 위하여 노력한 사실이 인정되는 경우
    4) 그 밖에 위반행위의 정도, 위반행위의 동기와 그 결과 등을 고려하여 과태료 금액을 줄일 필요가 있다고 인정되는 경우
  라. 부과권자는 다음의 어느 하나에 해당하는 경우에는 제2호에 따른 과태료 금액의 2분의 1 범위에서 그 금액을 가중할 수 있다. 다만, 법 제118조제1항부터 제3항까지의 규정에 따른 과태료 금액의 상한을 넘을 수 없다.
    1) 위반의 내용·정도가 중대하여 근로자 등에게 미치는 피해가 크다고 인정되는 경우
    2) 위반행위의 정도, 위반행위의 동기와 그 결과 등을 고려하여 과태료 금액을 가중할 필요가 있다고 인정되는 경우

2. 개별기준

위 반 행 위	근 거 법조문	과태료 금액		
		1차 위반	2차 위반	3차 이상 위반
가. 법 제15조(법 제77조의5제1항 및 제77조의10제1항에서 준용하는 경우를 포함한다), 법 제77조의2제3항 및 제77조의7제1항을 위반하여 신고를 하지 않거나 거짓으로 신고한 경우	법 제118조 제1항제1호			
1) 신고를 하지 않은 경우(기간 내에 신고를 하지 않은 경우를 포함한다)		피보험자 1명당 3만원. 다만, 과태료 금액의 합산액은 100만원을 넘을 수 없다.	피보험자 1명당 3만원. 다만, 과태료 금액의 합산액은 100만원을 넘을 수 없다.	피보험자 1명당 3만원. 다만, 과태료 금액의 합산액은 100만원을 넘을 수 없다.
2) 거짓으로 신고한 경우		피보험자 1명당 5만원. 다만, 과태료 금액의 합산액은 100만원을 넘을 수 없다.	피보험자 1명당 8만원. 다만, 과태료 금액의 합산액은 200만원을 넘을 수 없다.	피보험자 1명당 10만원. 다만, 과태료 금액의 합산액은 300만원을 넘을 수 없다.
나. 법 제42조제3항 후단(법 제77조의5제2항 및 제77조의10제2항에서 준용하는 경우를 포함한다)을 위반하여 이직확인서를 발급하여 주지 않거나 거짓으로 작성하여 발급하여 준 경우	법 제118조 제1항제2호			
1) 이직확인서를 발급하여 주지 않은 경우		10만원	20만원	30만원
2) 거짓으로 이직확인서를 작성하여 발급하여 준 경우		100만원	200만원	300만원
다. 법 제43조제4항 후단(법 제77조의5제2항 및 제77조의10제2항에서 준용하는 경우를 포함한다)을 위반하여 이직확인서를 제출하지 않거나 거짓으로 작성하여 제출한 경우	법 제118조 제1항제3호			
1) 이직확인서를 제출하지 않은 경우		10만원	20만원	30만원
2) 거짓으로 이직확인서를 작성하여 제출한 경우		100만원	200만원	300만원
라. 법 제77조의7제2항을 위반하여 자료 또는 정보의 제공 요청에 따르지 않은 경우	법 제118조 제1항제7호	100만원	200만원	300만원
마. 법 제77조의7제5항을 위반하여 노무제공자의 피보험자격의 신고와 관련된 자료 또는 정보를 보관하지 않은 경우	법 제118조 제1항제8호	50만원	50만원	50만원
바. 법 제87조(제77조의5제3항·제4항 및 제77조의10제3항·제4항에서 준용하는 경우를 포함한다)에 따른 심사 또는 재심사의 청구를 받아 하는 심사관 및 심사위원회의 질문에 답변하지 않거나 거짓으로 진술한 경우 또는 검사를 거부·방해하거나 기피한 경우	법 제118조 제1항제3호	50만원	50만원	50만원

사. 법 제108조제1항(제77조의5제3항·제4항 및 제77조의10제3항·제4항에서 준용하는 경우를 포함한다)에 따른 요구에 따르지 않고 보고를 하지 않거나 거짓으로 보고한 경우, 같은 요구에 따르지 않고 문서를 제출하지 않거나 거짓으로 적은 문서를 제출한 경우 또는 출석하지 않은 경우	법 제118조제1항제4호	200만원	200만원	200만원
아. 법 제108조제2항(제77조의5제3항·제4항 및 제77조의10제3항·제4항에서 준용하는 경우를 포함한다)에 따른 요구에 따르지 않고 증명서를 내주지 않은 경우	법 제118조제1항제5호	200만원	200만원	200만원
자. 법 제108조제3항(제77조의5제3항·제4항 및 제77조의10제3항·제4항에서 준용하는 경우를 포함한다)에 따라 요구된 보고를 하지 않거나 거짓으로 보고한 경우, 문서를 제출하지 않거나 거짓으로 적은 문서를 제출한 경우 또는 출석하지 않은 경우	법 제118조제2항제1호	50만원	50만원	50만원
차. 사업주, 보험사무대행기관의 대표자 또는 대리인·사용인, 그 밖의 종업원이 법 제109조제1항(제77조의5제3항·제4항 및 제77조의10제3항·제4항에서 준용하는 경우를 포함한다)에 따른 질문에 답변하지 않거나 거짓으로 진술한 경우 또는 조사를 거부·방해하거나 기피한 경우	법 제118조제1항제6호	200만원	200만원	200만원
카. 피보험자, 수급자격자 또는 지급되지 않은 실업급여의 지급을 청구하는 자가 법 제109조제1항(제77조의5제3항·제4항 및 제77조의10제3항·제4항에서 준용하는 경우를 포함한다)에 따른 질문에 답변하지 않거나 거짓으로 진술한 경우 또는 검사를 거부·방해하거나 기피한 경우	법 제118조제2항제2호	50만원	50만원	50만원

■ 산업재해보상보험법

〔별표1〕

고령자의 휴업급여 지급기준(제55조 관련)

(2022.6.10 개정)

1. 제52조, 제56조 및 제91조의19제2항에 따라 산정한 휴업급여를 지급받는 자가 해당 연령에 도달하면 다음 산식에 따라 산정한다. 다만, 제52조에 따라 산정한 휴업급여를 지급받는 자의 경우 그 산정한 금액이 제3호에 따라 산정한 금액보다 적으면 제3호에 따라 산정한다.

연 령	지 급 액
61세	1일당 휴업급여 지급액 × 66/70
62세	1일당 휴업급여 지급액 × 62/70
63세	1일당 휴업급여 지급액 × 58/70
64세	1일당 휴업급여 지급액 × 54/70
65세 이후	1일당 휴업급여 지급액 × 50/70

2. 제54조제1항 본문, 제54조제2항 및 제91조의19제1항에 따라 산정한 휴업급여를 지급받는 자가 해당 연령에 도달하면 다음 산식에 따라 산정한다.

연 령	지 급 액
61세	1일당 휴업급여 지급액 × 86/90
62세	1일당 휴업급여 지급액 × 82/90
63세	1일당 휴업급여 지급액 × 78/90
64세	1일당 휴업급여 지급액 × 74/90
65세 이후	1일당 휴업급여 지급액 × 70/90

3. 제54조제1항 단서에 따라 산정한 휴업급여를 지급받는 자가 해당 연령에 도달하면 다음 산식에 따라 산정한다.

연 령	지 급 액
61세	최저 보상기준 금액 × 80/100 × 86/90
62세	최저 보상기준 금액 × 80/100 × 82/90
63세	최저 보상기준 금액 × 80/100 × 78/90
64세	최저 보상기준 금액 × 80/100 × 74/90
65세 이후	최저 보상기준 금액 × 80/100 × 70/90

〔별표2〕

장해급여표(제57조제2항 관련)

(평균임금기준)

장해등급	장해보상연금	장해보상일시금
제1급	329일분	1,474일분
제2급	291일분	1,309일분
제3급	257일분	1,155일분
제4급	224일분	1,012일분
제5급	193일분	869일분
제6급	164일분	737일분
제7급	138일분	616일분
제8급		495일분
제9급		385일분
제10급		297일분
제11급		220일분
제12급		154일분
제13급		99일분
제14급		55일분

〔별표3〕

유족급여(제62조제2항 관련)

유족급여의 종류	유족급여의 금액
유족보상연금	유족보상연금액은 다음의 기본금액과 가산금액을 합한 금액으로 한다. 1. 기본금액 급여기초연액(평균임금에 365를 곱하여 얻은 금액)의 100분의 47에 상당하는 금액 2. 가산금액 유족보상연금수급권자 및 근로자가 사망할 당시 그 근로자와 생계를 같이 하고 있던 유족보상연금수급자격자 1인당 급여기초연액의 100분의 5에 상당하는 금액의 합산액. 다만, 그 합산금액이 급여기초연액의 100분의 20을 넘을 때에는 급여기초연액의 100분의 20에 상당하는 금액으로 한다.
유족보상일시금	평균임금의 1,300일분

〔별표4〕

상병보상연금표(제66조제2항 관련)

(2018.6.12 개정)

중증요양상태등급	상병보상연금
제1급	평균임금의 329일분
제2급	평균임금의 291일분
제3급	평균임금의 257일분

〔별표5〕

고령자의 1일당 상병보상연금 지급기준(제68조 관련)

(2018.6.12 개정)

1. 제66조에 따라 산정한 상병보상연금을 지급받는 자가 해당 연령에 도달하면 다음 산식에 따라 산정한다. 다만, 그 산정한 금액이 별표1 제3호에 따라 산정한 금액보다 적으면 별표1 제3호에 따라 산정한다.

중증요양상태등급 / 연령	제1급	제2급	제3급
61세	평균임금×(329/365−0.04)	평균임금×(291/365−0.04)	평균임금×(257/365−0.04)
62세	평균임금×(329/365−0.08)	평균임금×(291/365−0.08)	평균임금×(257/365−0.08)
63세	평균임금×(329/365−0.12)	평균임금×(291/365−0.12)	평균임금×(257/365−0.12)
64세	평균임금×(329/365−0.16)	평균임금×(291/365−0.16)	평균임금×(257/365−0.16)
65세 이후	평균임금×(329/365−0.20)	평균임금×(291/365−0.20)	평균임금×(257/365−0.20)

2. 제67조제1항 및 제69조제1항에 따라 산정한 상병보상연금을 지급받는 자가 해당 연령에 도달하면 제1호 본문에 따라 산정한다.
3. 제67조제2항에 따라 산정한 상병보상연금을 지급받는 경우에는 별표1에 따라 산정한다.

〔별표6〕

진폐장해연금표(제91조의3제2항 관련)

(2010.5.20 신설)

(평균임금 기준)

진폐장해등급	진폐장해연금
제1급	132일분
제3급	132일분
제5급	72일분
제7급	72일분
제9급	24일분
제11급	24일분
제13급	24일분

■ 산업재해보상보험법 시행령

〔별표1〕

공단 이사장의 대표 권한 중 소속기관의 장에게 대표 권한이 위임되는 공단 업무의 범위(제18조제1항 관련)

(2023.6.27 개정)

대표 권한이 위임되는 공단의 업무	공단 업무의 근거 조항
1. 보험료징수법 제5조에 따른 보험가입 승인, 보험계약 해지의 승인 및 보험관계의 소멸에 관한 업무 2. 보험료징수법 제8조제2항 및 제3항에 따른 일괄적용의 승인 및 일괄적용 해지의 승인에 관한 업무 3. 보험료징수법 제9조에 따른 하수급인의 사업주 승인에 관한 업무 4. 보험료징수법 제11조에 따른 보험관계의 성립 및 소멸에 관한 업무 5. 보험료징수법 제12조에 따른 보험관계의 변경에 관한 업무 6. 보험료징수법 제15조제2항에 따른 산재보험료율의 특례에 관한 업무 7. 보험료징수법 제17조제2항에 따른 개산보험료의 징수에 관한 업무 8. 보험료징수법 제18조에 따른 보험료율의 인상 또는 인하에 따른 추가징수 또는 감액조정에 관한 업무 9. 보험료징수법 제19조제4항에 따른 확정보험료의 징수에 관한 업무 10. 보험료징수법 제20조에 따른 보험료징수의 특례에 관한 업무 11. 보험료징수법 제22조의2제2항 및 제3항에 따른 개산보험료 및 특례보험료의 경감에 관한 업무 12. 보험료징수법 제23조에 따른 보험료 등 과납액의 충당과 반환에 관한 업무 13. 보험료징수법 제23조의2에 따른 진료비 또는 약제비의 충당에 관한 업무 14. 보험료징수법 제24조에 따른 가산금의 징수에 관한 업무 15. 보험료징수법 제25조에 따른 연체금의 징수에 관한 업무 16. 보험료징수법 제26조에 따른 산재보험가입자로부터의 보험급여액의 징수에 관한 업무 17. 보험료징수법 제27조에 따른 징수금의 통지 및 독촉에 관한 업무 18. 보험료징수법 제27조의2에 따른 납부기한 전 보험료, 그 밖의 징수금의 징수에 관한 업무 19.~23. (2017.12.26 삭제) 24. 보험료징수법 제31조제1항에 따른 산재보험료 및 부담금의 통합징수에 관한 업무 25. 보험료징수법 제33조에 따른 보험사무대행기관의 인가 및 인가의 취소, 보험사무의 전부 또는 일부의 폐지, 인가사항의 변경에 관한 업무 26. 보험료징수법 제34조에 따른 보험사무대행기관에 대한 보험료, 그 밖의 징수금의 납입의 통지에 관한 업무 27. 보험료징수법 제37조에 따른 보험사무대행기관에 대한 징수비용과 그 밖의 지원금의 교부에 관한 업무 27의2. 보험료징수법 제47조, 제48조, 제48조의5부터 제48조의7까지, 제49조 및 제49조의5에 따른 해외파견자·현장실습생·학생연구자·산재보험 노무제공자·플랫폼 운영자·중소기업사업주 및 산재보험관리기구의 산재보험 특례 적용에 관한 업무 28. 보험료징수법 제48조의2부터 제48조의4까지 및 제49조의2에 따른 예술인·노무제공자·노무제공플랫폼사업자 및 자영업자의 고용보험 특례 적용에 관한 업무	법 제11조 제1항 제2호
29. 법 제36조제2항에 따른 보험급여의 지급에 관한 업무 30. 법 제39조에 따른 사망의 추정에 따른 보험급여의 지급 및 생존확인에 따른 보험급여 금액의 징수에 관한 업무 31. 법 제43조에 따른 산재보험 의료기관의 지정·지정취소 및 진료제한 등의 조치에 관한 업무 32. 법 제44조에 따른 과징금의 부과 및 징수에 관한 업무	법 제11조 제1항 제3호

33. 법 제45조에 따른 진료비의 심사 및 지급에 관한 업무. 다만, 법 제43조제1항제1호에 따른 산재보험 의료기관은 제외한다.	
34. 법 제46조에 따른 약제비의 심사 및 지급에 관한 업무	
35. 법 제47조에 따른 진료계획의 심사 및 변경조치 등에 관한 업무	
36. 법 제48조에 따른 산재보험 의료기관 변경 요양에 관한 업무	
37. 법 제59조에 따른 장해등급등의 재판정에 관한 업무	
38. 법 제73조에 따른 직업훈련기관과의 계약 및 직업훈련비용의 지급에 관한 업무	
39. 법 제76조에 따른 보험급여의 일시지급에 관한 업무	
40. 법 제77조에 따른 합병증 등의 예방관리에 관한 업무	
41. 법 제78조에 따른 장해특별급여의 지급 및 급여액의 징수에 관한 업무	
42. 법 제79조에 따른 유족특별급여의 지급 및 급여액의 징수에 관한 업무	
43. 법 제83조에 따른 보험급여의 지급 제한에 관한 업무	
44. 법 제84조에 따른 부당이득의 징수에 관한 업무	
45. 법 제86조에 따른 보험급여의 충당에 관한 업무	
46. 법 제87조에 따른 제3자에 대한 구상권 행사에 관한 업무	
47. 법 제90조에 따른 요양급여 비용의 정산에 관한 업무	
47의2. 법 제91조의6에 따른 진폐의 진단에 관한 업무	
47의3. 법 제91조의11제2항에 따른 전신해부를 실시한 의료기관 또는 유족에 대한 비용의 지원에 관한 업무	
48. 법 제93조에 따른 국민건강보험 요양급여 비용의 본인 일부 부담금 대부 및 대부금의 충당에 관한 업무	
49. 법 제119조에 따른 진찰요구에 관한 업무	
50. 법 제120조에 따른 보험급여의 일시중지에 관한 업무	
51. 「임금채권보장법」 제27조에 따라 위탁받은 사업 중 같은 법 시행령 제24조제2항제1호부터 제8호까지, 제9호부터 제11호까지의 규정에 관한 업무	법 제11조 제1항 제7호
52. 「근로복지기본법」 제22조에 따른 공단의 사업 중 근로자 신용보증지원에 관한 사업	
53. 보험료징수법 제21조에 따른 고용보험료의 지원에 관한 업무	
54. 보험료징수법 제21조의2에 따른 지원금의 환수에 관한 업무	
55. 「고용보험법」 제15조에 따른 피보험자격의 신고 등에 관한 업무	
56. (2020.8.27 삭제)	

〔**별표1의2**〕

자료 요청 대상 기관·단체 및 자료의 범위

(제19조의2 관련)

(2023.6.27 신설)

1. 공단이 자료를 요청할 수 있는 기관·단체
 가. 「건설근로자의 고용개선 등에 관한 법률」 제9조에 따른 건설근로자공제회
 나. 「건설산업기본법」 제54조제1항, 「여객자동차 운수사업법」 제61조제1항, 「화물자동차 운수사업법」 제51조의2제1항 및 「수산업협동조합법」 제2조제4호에 따른 공제조합 또는 조합으로서 보험업을 영위하는 자
 다. 「고용정책 기본법」 제18조에 따른 한국고용정보원
 라. 「공무원연금법」 제4조에 따른 공무원연금공단
 마. 「국민건강보험법」 제13조에 따른 국민건강보험공단과 같은 법 제62조에 따른 건강보험심사평가원
 바. 「국민연금법」 제24조에 따른 국민연금공단
 사. 「국토안전관리원법」에 따른 국토안전관리원
 아. 「금융위원회의 설치 등에 관한 법률」 제24조에 따른 금융감독원
 자. 「금융회사의 지배구조에 관한 법률」 제2조제1호에 따른 금융회사와 「새마을금고법」에 따른 금고
 차. 「노인장기요양보험법」 제2조제4호에 따른 장기요양기관
 카. 「도로교통법」 제120조에 따른 도로교통공단
 타. 「별정우체국법」 제16조에 따른 별정우체국 연금관리단
 파. 「보험업법」 제2조제6호에 따른 보험회사 및 같은 법 제176조제1항에 따른 보험요율 산출기관
 하. 「사립학교교직원 연금법」 제4조에 따른 사립학교교직원연금공단
 거. 「사회보장급여의 이용·제공 및 수급권자 발굴에 관한 법률」 제29조에 따른 한국사회보장정보원
 너. 「신용정보의 이용 및 보호에 관한 법률」 제25조제2항제1호에 따른 종합신용정보집중기관
 더. 「의료법」 제3조에 따른 의료기관
 러. 「장애인고용촉진 및 직업재활법」 제43조에 따른 한국장애인고용공단
 머. 「지역보건법」 제2조제1호에 따른 지역보건의료기관
 버. 「한국교통안전공단법」 제2조에 따른 한국교통안전공단
 서. 「한국산업안전보건공단법」 제2조에 따른 한국산업안전보건공단
 어. 그 밖에 「공공기관의 운영에 관한 법률」 제4조에 따른 공공기관으로서 고용노동부령으로 정하는 자료를 보유한 기관·단체
2. 공단이 요청할 수 있는 자료
 가. 「119구조·구급에 관한 법률」 제22조에 따른 구조·구급활동상황 등 화재·재난·재해 관련 자료
 나. 「가족관계의 등록 등에 관한 법률」 제9조에 따른 가족관계등록 전산정보자료와 같은 법 제15조에 따른 가족관계기록사항에 관한 증명서
 다. 「감염병의 예방 및 관리에 관한 법률」 제18조에 따른 역학조사 결과
 라. 「건설근로자의 고용개선 등에 관한 법률」 제9조의3에 따른 건설근로자 경력증명 등 건설근로자의 근로이력에 관한 자료
 마. 「건설기술 진흥법」 제67조에 따른 건설사고 통보 자료
 바. 「공간정보의 구축 및 관리 등에 관한 법률」 제2조제19호에 따른 지적공부 및 같은 조 제19호의3에 따른 부동산종합공부
 사. 「공무원연금법」 제28조에 따른 급여, 「국가배상법」에 따른 배상금, 「군인연금법」 제7조에 따른 급여, 「별정우체국법」 제24조에 따른 급여, 「사립학교교직원 연금법」 제33조에 따른 급여, 「선원법」 제94조부터 제101조까지에 따른 재해보상, 「어선원 및 어선 재해보상보험법」 제21조에 따른 보험급여, 「의사상자 등 예우 및 지원에 관한 법률」 제8조에 따른 보상금, 「자동차 손해배상 보장법」 제10조에 따른 보험금에 관한 자료
 아. 「공익사업을 위한 토지 등의 취득 및 보상에 관한 법률」 제40조에 따라 지급하는 보상금에 관한 자료(공단에 보험급여와 관련된 채무가 있는 자에 관한 자료로 한정한다)
 자. 「공탁법」에 따른 공탁물 관련 자료(공단에 보험급여와 관련된 채무가 있는 자에 관한 자료로 한정한다)
 차. 「국민건강보험법」 제5조에 따른 가입자에 관한 자료, 같은 법 제8조 및 제10조에 따른 자격의 취득·상실에 관한 사항, 같은 법 제41조에 따른 요양급여의 지급에 관한 자료, 같은 법 제51조에 따른 장애인 보조기기에 대한 보험급여 신청·지급에 관한 자료, 같은 법 제52조에 따른 건강검진 관련 자료, 같은 법 제57조에 따른 부당이득의 징수 및 같은 법 제97조에 따른 요양기관의 보고·검사 관련 자료
 카. 「국민연금법」 제6조에 따른 가입자에 관한 자료, 같은 법 제11조 및 제12조에 따른 자격의 취득·상실에 관한 자료, 같은 법 제49조에 따른 급여의 결정 및 지급에 관한 자료 및 「석면피해구제법」 제17조에 따른 구제급여의 지급에 관한 자료
 타. 「국세기본법」, 「국세징수법」, 「법인세법」, 「상속세 및 증여세법」, 「수출용 원재료에 대한 관세 등 환급에 관한 특례법」, 「지방세기본법」, 「지방세법」, 「지방세징수법」에 따른 과세 및 환급 자료
 파. 「근로기준법」 제2조제4호 및 제5호에 따른 근로계약 및 임금에 관한 자료
 하. 「금융회사의 지배구조에 관한 법률」 제2조제1호에 따른 금융회사의 금융거래 내역과 「새마을금고법」에 따른 금고의 거래 내역(공단에 보험급여와 관련된 채무가 있는 자에 관한 자료로 한정한다)
 거. 「도로교통법」 제54조제6항에 따른 교통사고 조사에 관한 자료와 같은 법 제85조, 제87조, 제88조부터 제90조까지 및 제93조에 따른 운전면허의 취득·갱신, 적성검사 및 취소·정지에 관한 자료
 너. 「보험업법」 제2조제6호·제7호에 따른 보험회사·상호회사의 보험금 지급에 관한 자료 및 같은 법 제176조제1항에 따른 보험요율 산출기관의 보험 접수 내역과 「건설산업기본법」 제54조제1항, 「여객자동차 운수사업법」 제61조제1항, 「화물자동차 운수사업법」 제51조의2제1항 및 「수산업협동조합법」 제2조제4호에 따른 공제조합 또는 조합의 공제금 지급에 관한 자료
 더. 「부동산등기법」에 따른 토지등기사항증명서·건물등기사항증명서, 「선박등기법」에 따른 선박등기사항증명서, 「동산·채권 등의 담보에 관한 법률」에 따른 담보등기부 및 「상업등기법」 및 「비송사건절차법」에 따른 법인등기사항증명서
 러. 「사회보장급여의 이용·제공 및 수급권자 발굴에 관한 법률」 제23조에 따른 사회보장정보시스템에 등록된 사회보장정보
 머. 「산업안전보건법」 제56조제1항에 따른 중대재해 원인조사 자료, 같은 법 제110조제1항에 따른 물질안전보건자료, 같은 법 제125조에 따른 작업환경측정자료 및 같은 법 제130조제1항에 따른 특수건강진단 자료
 버. 「소득세법」 제4조제1호에 따른 종합소득 자료, 같은 법 제127조제1항에 따른 원천징수 자료(근로·사업소득 원천징수분에 한정한다), 같은 법 제164조 및 제164조의3에 따른 근로소득·사업소득 (간이)지급명세서, 「부가가치세법」 제8조에 따른 사업자등록 자료, 같은 법 제29조에 따른 과세표준에 관한 자료 및 같은 법 제32조에 따른 전자세금계산서 발급액
 서. 다음의 어느 하나에 해당하는 사람에 대한 면허, 자격 및 행정처분에 대한 자료
  1) 「약사법」 제2조제2호에 따른 약사 및 한약사
  2) 「의료법」 제2조에 따른 의사, 치과의사, 한의사, 조산사 및 간호사와 같은 법 제80조에 따른 간호조무사
  3) 「의료기사 등에 관한 법률」 제1조의2제2호에 따른 보건의료정보관리사 및 같은 법 제2조에 따른 임상병리사, 방사선사, 물리치료사, 작업치료사, 치과기공사 및 치과위생사
  4) 「정신건강증진 및 정신질환자 복지서비스 지원에 관한 법률」 제17조에 따른 정신건강전문요원
  5) 「원자력안전법」 제84조에 따른 방사성동위원소취급자 및 방사선취급감독자
 어. 「여신전문금융업법」 제64조제6호에 따라 관리하는 신용카드가맹점에 대한 정보 및 「신용정보의 이용 및 보호에 관한 법률」 제23조에 따라 관리하는 신용정보(공단에 보험급여와 관련된 채무가 있는 자에 관한 자료로 한정한다)
 저. 「외국인근로자의 고용 등에 관한 법률」 제17조에 따른 외국인근로자와의 근로계약 해지 및 그 밖에 고용과 관련된 중요 사항 등에 관한 자료와 「출입국관리법」 제19조에 따른 외국인 해고, 퇴직 및 고용계약의 중요한 변경 내용에 관한 자료
 처. 「의료법」, 「약사법」, 「의료급여법」에 따른 진료·조제 기록부, 진료비 계산서 및 세부산정 내역서·영수증과 본인부담금 수납대장, 약제·치료재료·의료기기 등 요양급여 구성요소의 구입에 관한 자료
 커. 「의료법」 제3조에 따른 의료기관, 「의료급여법」 제2조제2호에 따른 의료급여기관, 「노인장기요양보험법」 제2조제4호에 따른 장기요양기관, 「건강검진기본법」 제3조제2호에 따른 건강검진기관, 「약사법」 제2조제3호에 따른 약국 및 같은 조 제2호에 따른 약사, 「의료기기법」 제2조제3항에 따른 의료기기취급자의 자격에 관한 자료 및 시설·장비·인력 등의 현황 자료
 터. 「자동차관리법」 제7조에 따른 자동차등록원부, 「건설기계관리법」 제7조에 따른 건설기계등록원부, 「선박법」 제8조에 따른 선박원부, 「항공안전법」 제11조에 따른 항공기등록원부 및 「특허권 등의 등록령」 제2조제1호에 따른 등록원부 및 「농지법」 제49조제1항에 따른 농지대장
 퍼. 「장애인고용촉진 및 직업재활법」 제28조에 따른 장애인 고용 의무 및 같은 법 제30조에 따른 장애인 고용장려금 지급 등에 관한 자료, 「고용정책 기본법」 제15조에 따른 고용·직업에 관한 정보에 관한 자료
 허. 「장애인복지법」에 따른 장애인 등록, 장애인 거주시설 이용, 장애인보조기구 지급에 관한 자료
 고. 「장애인활동 지원에 관한 법률」 제2조제2호에 따른 활동지원급여에 관한 자료
 노. 「재외동포의 출입국과 법적 지위에 관한 법률」 제6조에 따른 외국국적동포의 국내거소신고 자료 및 「재외국민등록법」 제3조에 따른 재외국민등록에 관한 자료
 도. 「주민등록법」에 따른 주민등록 자료
 로. 「주택임대차보호법」 제3조의6에 따른 확정일자 부여에 관한 자료(공단에 보험급여와 관련된 채무가 있는 자에 관한 자료로 한정한다)
 모. 「출입국관리법」 제3조·제6조에 따른 국민의 출입국 자료, 같은 법 제7조에 따른 외국인의 입국 자료 및 같은 법 제31조에 따른 외국인등록 자료
 보. 「택시운송사업의 발전에 관한 법률」 제13조에 따른 택시 운행정보 관리시스템에 등록된 자료
 소. 「형의 집행 및 수용자의 처우에 관한 법률」 제11조제1항제1호부터 제3호까지에 따른 교도소·소년교도소·구치소, 「보호소년 등의 처우에 관한 법률」 제4조에 따른 소년원·소년분류심사원 및 「치료감호 등에 관한 법률」 제16조의2에 따른 치료감호시설의 입소·입원·출소 여부, 입소·입원·출소일 및 수용 여부 자료
 오. 「형법」에 따른 범죄 조사에 관한 서류로서 사건사고 내역을 확인할 수 있는 자료
 조. 그 밖에 국가, 지방자치단체, 「공공기관의 운영에 관한 법률」 제4조에 따른 공공기관이 보유한 자료로서 고용노동부령으로 정하는 자료

〔**별표2**〕

전체 근로자의 임금 평균액의 증감률 및 소비자물가변동률의 산정 기준과 방법

(제22조제1항 관련)

(2018.12.11 개정)

1. 법 제36조제3항에 따른 전체 근로자의 임금 평균액의 증감률은 사업체노동력조사의 내용 중 전체 근로자를 기준으로 다음 산식에 따라 산정한다.

$$\text{전체 근로자의 임금 평균액의 증감률} = \frac{\text{평균임금 증감사유 발생일이 속하는 연도의 전전 보험연도의 7월부터 직전 보험연도의 6월까지의 근로자 1명당 월별 월평균 임금총액의 합계}}{\text{평균임금 증감사유 발생일이 속하는 연도의 3년 전 보험연도의 7월부터 전전 보험연도의 6월까지의 근로자 1명당 월별 월평균 임금총액의 합계}}$$

비고 : "평균임금 증감사유 발생일"이란 법 제36조제3항에 따라 평균임금을 증감할 사유가 발생한 날을 말한다.

2. 소비자물가변동률은 「통계법」에 따른 지정통계로서 통계청장이 작성하는 소비자물가조사의 내용 중 전도시의 소비자물가지수를 기준으로 다음 계산식에 따라 산정한다.

$$\text{소비자물가 변동률} = \frac{\text{평균임금 증감사유 발생일이 속하는 연도의 전전 보험연도의 7월부터 직전 보험연도의 6월까지의 월별 소비자물가지수 변동률의 합계}}{12}$$

비고 : "소비자물가지수 변동률"은 해당 월의 전도시 소비자물가지수를 전년도 전도시 소비자물가지수로 나눈 비율을 말한다.

3. 제1호 및 제2호에 따른 전체 근로자의 임금 평균액의 증감률 및 소비자물가변동률을 산정할 때에는 소수점 이하 다섯째자리에서 반올림한다.

〔별표3〕

업무상 질병에 대한 구체적인 인정 기준(제34조제3항 관련)

(2021.6.8 개정)

1. 뇌혈관 질병 또는 심장 질병
가. 다음 어느 하나에 해당하는 원인으로 뇌실질내출혈(腦實質內出血), 지주막하출혈(蜘蛛膜下出血), 뇌경색, 심근경색증, 해리성 대동맥자루(대동맥 혈관벽의 중막이 내층과 외층으로 찢어져 혹을 형성하는 질병)가 발병한 경우에는 업무상 질병으로 본다. 다만, 자연발생적으로 악화되어 발병한 경우에는 업무상 질병으로 보지 않는다.
1) 업무와 관련한 돌발적이고 예측 곤란한 정도의 긴장·흥분·공포·놀람 등과 급격한 업무 환경의 변화로 뚜렷한 생리적 변화가 생긴 경우
2) 업무의 양·시간·강도·책임 및 업무 환경의 변화 등으로 발병 전 단기간 동안 업무상 부담이 증가하여 뇌혈관 또는 심장 혈관의 정상적인 기능에 뚜렷한 영향을 줄 수 있는 육체적·정신적인 과로를 유발한 경우
3) 업무의 양·시간·강도·책임 및 업무 환경의 변화 등에 따른 만성적인 과중한 업무로 뇌혈관 또는 심장혈관의 정상적인 기능에 뚜렷한 영향을 줄 수 있는 육체적·정신적인 부담을 유발한 경우
나. 가목에 규정되지 않은 뇌혈관 질병 또는 심장 질병의 경우에도 그 질병의 유발 또는 악화가 업무와 상당한 인과관계가 있음이 시간적·의학적으로 명백하면 업무상 질병으로 본다.
다. 가목 및 나목에 따른 업무상 질병 인정 여부 결정에 필요한 사항은 고용노동부장관이 정하여 고시한다.
2. 근골격계 질병
가. 업무에 종사한 기간과 시간, 업무의 양과 강도, 업무수행 자세와 속도, 업무수행 장소의 구조 등이 근골격계에 부담을 주는 업무(이하 "신체부담업무"라 한다)로서 다음 어느 하나에 해당하는 업무에 종사한 경력이 있는 근로자의 팔·다리 또는 허리 부분에 근골격계 질병이 발생하거나 악화된 경우에는 업무상 질병으로 본다. 다만, 업무와 관련이 없는 다른 원인으로 발병한 경우에는 업무상 질병으로 보지 않는다.
1) 반복 동작이 많은 업무
2) 무리한 힘을 가해야 하는 업무
3) 부적절한 자세를 유지하는 업무
4) 진동 작업
5) 그 밖에 특정 신체 부위에 부담되는 상태에서 하는 업무
나. 신체부담업무로 인하여 기존 질병이 악화되었음이 의학적으로 인정되면 업무상 질병으로 본다.
다. 신체부담업무로 인하여 연령 증가에 따른 자연경과적 변화가 더욱 빠르게 진행된 것이 의학적으로 인정되면 업무상 질병으로 본다.
라. 신체부담업무의 수행 과정에서 발생한 일시적인 급격한 힘의 작용으로 근골격계 질병이 발병하면 업무상 질병으로 본다.
마. 신체부위별 근골격계 질병의 범위, 신체부담업무의 기준, 그 밖에 근골격계 질병의 업무상 질병 인정 여부 결정에 필요한 사항은 고용노동부장관이 정하여 고시한다.
3. 호흡기계 질병
가. 석면에 노출되어 발생한 석면폐증
나. 목재 분진, 곡물 분진, 밀가루, 짐승털의 먼지, 항생물질, 크롬 또는 그 화합물, 톨루엔 디이소시아네이트(Toluene Diisocyanate), 메틸렌 디페닐 디이소시아네이트(Methylene Diphenyl Diisocyanate), 헥산메틸렌 디이소시아네이트(Hexamethylene Diisocyanate) 등 디이소시아네이트, 반응성염료, 니켈, 코발트, 포름알데히드, 알루미늄, 산무수물(acid anhydride) 등에 노출되어 발생한 천식 또는 작업환경으로 인하여 악화된 천식
다. 디이소시아네이트, 염소, 염화수소, 염산 등에 노출되어 발생한 반응성 기도과민증후군
라. 디이소시아네이트, 에폭시수지, 산무수물 등에 노출되어 발생한 과민성 폐렴
마. 목재 분진, 짐승털의 먼지, 항생물질 등에 노출되어 발생한 알레르기성 비염
바. 아연·구리 등의 금속분진(fume)에 노출되어 발생한 금속열
사. 장기간·고농도의 석탄·암석 분진, 카드뮴분진 등에 노출되어 발생한 만성폐쇄성폐질환
아. 망간 또는 그 화합물, 크롬 또는 그 화합물, 카드뮴 또는 그 화합물 등에 노출되어 발생한 폐렴
자. 크롬 또는 그 화합물에 2년 이상 노출되어 발생한 코사이벽 궤양·천공
차. 불소수지·아크릴수지 등 합성수지의 열분해 생성물 또는 아황산가스 등에 노출되어 발생한 기도점막 염증 등 호흡기 질병
카. 톨루엔·크실렌·스티렌·시클로헥산·노말헥산·트리클로로에틸렌 등 유기용제에 노출되어 발생한 비염. 다만, 그 물질에 노출되는 업무에 종사하지 않게 된 후 3개월이 지나지 않은 경우만 해당한다.
4. 신경정신계 질병
가. 톨루엔·크실렌·스티렌·시클로헥산·노말헥산·트리클로로에틸렌 등 유기용제에 노출되어 발생한 중추신경계장해. 다만, 외상성 뇌손상, 뇌전증, 알코올중독, 약물중독, 동맥경화증 등 다른 원인으로 발생한 질병은 제외한다.
나. 다음 어느 하나에 해당하는 말초신경병증
1) 톨루엔·크실렌·스티렌·시클로헥산·노말헥산·트리클로로에틸렌 및 메틸 n-부틸 케톤 등 유기용제, 아크릴아미드, 비소 등에 노출되어 발생한 말초신경병증. 다만, 당뇨병, 알코올중독, 척추손상, 신경포착 등 다른 원인으로 발생한 질병은 제외한다.
2) 트리클로로에틸렌에 노출되어 발생한 세갈래신경마비. 다만, 그 물질에 노출되는 업무에 종사하지 않게 된 후 3개월이 지나지 않은 경우만 해당하며, 바이러스 감염, 종양 등 다른 원인으로 발생한 질병은 제외한다.
3) 카드뮴 또는 그 화합물에 2년 이상 노출되어 발생한 후각신경마비
다. 납 또는 그 화합물(유기납은 제외한다)에 노출되어 발생한 중추신경계장해, 말초신경병증 또는 폄근마비
라. 수은 또는 그 화합물에 노출되어 발생한 중추신경계장해 또는 말초신경병증. 다만, 전신마비, 알코올중독 등 다른 원인으로 발생한 질병은 제외한다.
마. 망간 또는 그 화합물에 2개월 이상 노출되어 발생한 파킨슨증, 근육긴장이상(dystonia) 또는 망간정신병. 다만, 뇌혈관장해, 뇌염 또는 그 후유증, 다발성 경화증, 윌슨병, 척수·소뇌 변성증, 뇌매독으로 인한 말초신경염 등 다른 원인으로 발생한 질병은 제외한다.
바. 업무와 관련하여 정신적 충격을 유발할 수 있는 사건에 의해 발생한 외상후스트레스장애
사. 업무와 관련하여 고객 등으로부터 폭력 또는 폭언 등 정신적 충격을 유발할 수 있는 사건 또는 이와 직접 관련된 스트레스로 인하여 발생한 적응장애 또는 우울병 에피소드
5. 림프조혈기계 질병
가. 벤젠에 노출되어 발생한 다음 어느 하나에 해당하는 질병
1) 빈혈, 백혈구감소증, 혈소판감소증, 범혈구감소증. 다만, 소화기 질병, 철결핍성 빈혈 등 영양부족, 만성소모성 질병 등 다른 원인으로 발생한 질병은 제외한다.
2) 0.5피피엠(ppm) 이상 농도의 벤젠에 노출된 후 6개월 이상 경과하여 발생한 골수형성이상증후군, 무형성(無形成) 빈혈, 골수증식성질환(골수섬유증, 진성적혈구증다증 등)
나. 납 또는 그 화합물(유기납은 제외한다)에 노출되어 발생한 빈혈. 다만, 철결핍성 빈혈 등 다른 원인으로 발생한 질병은 제외한다.
6. 피부 질병
가. 검댕, 광물유, 옻, 시멘트, 타르, 크롬 또는 그 화합물, 벤젠, 디이소시아네이트, 톨루엔·크실렌·스티렌·시클로헥산·노말헥산·트리클로로에틸렌 등 유기용제, 유리섬유·대마 등 피부에 기계적 자극을 주는 물질, 자극성·알레르겐·광독성·광알레르겐 성분을 포함하는 물질, 자외선 등에 노출되어 발생한 접촉피부염. 다만, 그 물질 또는 자외선에 노출되는 업무에 종사하지 않게 된 후 3개월이 지나지 않은 경우만 해당한다.
나. 페놀류·하이드로퀴논류 물질, 타르에 노출되어 발생한 백반증
다. 트리클로로에틸렌에 노출되어 발생한 다형홍반(多形紅斑), 스티븐스존슨 증후군. 다만, 그 물질에 노출되는 업무에 종사하지 않게 된 후 3개월이 지나지 않은 경우만 해당하며 약물, 감염, 후천성면역결핍증, 악성 종양 등 다른 원인으로 발생한 질병은 제외한다.
라. 염화수소·염산·불화수소·불산 등의 산 또는 염기에 노출되어 발생한 화학적 화상
마. 타르에 노출되어 발생한 염소여드름, 국소 모세혈관 확장증 또는 사마귀
바. 덥고 뜨거운 장소에서 하는 업무 또는 고열물체를 취급하는 업무로 발생한 땀띠 또는 화상
사. 춥고 차가운 장소에서 하는 업무 또는 저온물체를 취급하는 업무로 발생한 동창(凍瘡) 또는 동상
아. 햇빛에 노출되는 옥외작업으로 발생한 일광화상, 만성 광선피부염 또는 광선각화증(光線角化症)
자. 전리방사선(물질을 통과할 때 이온화를 일으키는 방사선)에 노출되어 발생한 피부궤양 또는 방사선피부염
차. 작업 중 피부손상에 따른 세균 감염으로 발생한 연조직염
카. 세균·바이러스·곰팡이·기생충 등을 직접 취급하거나, 이에 오염된 물질을 취급하는 업무로 발생한 감염성 피부 질병
7. 눈 또는 귀 질병
가. 자외선에 노출되어 발생한 피질 백내장 또는 각막변성
나. 적외선에 노출되어 발생한 망막화상 또는 백내장
다. 레이저광선에 노출되어 발생한 망막박리·출혈·천공 등 기계적 손상 또는 망막화상 등 열 손상
라. 마이크로파에 노출되어 발생한 백내장
마. 타르에 노출되어 발생한 각막위축증 또는 각막궤양
바. 크롬 또는 그 화합물에 노출되어 발생한 결막염 또는 결막궤양
사. 톨루엔·크실렌·스티렌·시클로헥산·노말헥산·트리클로로에틸렌 등 유기용제에 노출되어 발생한 각막염 또는 결막염 등 점막자극성 질병. 다만, 그 물질에 노출되는 업무에 종사하지 않게 된 후 3개월이 지나지 않은 경우만 해당한다.
아. 디이소시아네이트에 노출되어 발생한 각막염 또는 결막염
자. 불소수지·아크릴수지 등 합성수지의 열분해 생성물 또는 아황산가스 등에 노출되어 발생한 각막염 또는 결막염 등 점막 자극성 질병
차. 소음성 난청
85데시벨[dB(A)] 이상의 연속음에 3년 이상 노출되어 한 귀의 청력손실이 40데시벨 이상으로, 다음 요건 모두를 충족하는 감각신경성 난청. 다만, 내이염, 약물중독, 열성 질병, 메니에르증후군, 매독, 머리 외상, 돌발성 난청, 유전성 난청, 가족성 난청, 노인성 난청 또는 재해성 폭발음 등 다른 원인으로 발생한 난청은 제외한다.
1) 고막 또는 중이에 뚜렷한 손상이나 다른 원인에 의한 변화가 없을 것
2) 순음청력검사결과 기도청력역치(氣導聽力閾値)와 골도청력역치(骨導聽力閾値) 사이에 뚜렷한 차이가 없어야 하며, 청력장해가 저음역보다 고음역에서 클 것. 이 경우 난청의 측정방법은 다음과 같다.
가) 24시간 이상 소음작업을 중단한 후 ISO 기준으로 보정된 순음청력계기를 사용하여 청력검사를 하여야 하며, 500헤르츠(Hz)(a)·1,000헤르츠(b)·2,000헤르츠(c) 및 4,000헤르츠(d)의 주파수음에 대한 기도청력역치를 측정하여 6분법[(a+2b+2c+d)/6]으로 판정한다. 이 경우 난청에 대한 검사항목 및 검사를 담당할 의료기관의 인력·시설 기준은 공단이 정한다.
나) 순음청력검사는 의사의 판단에 따라 48시간 이상 간격으로 3회 이상(음향외상성 난청의 경우에는 요양이 끝난 후 30일 간격으로 3회 이상을 말한다) 실시하여 해당 검사에 의미 있는 차이가 없는 경우에는 그 중 최소가청역치를 청력장해로 인정하되, 순음청력검사의 결과가 다음의 요건을 모두 충족하지 않는 경우에는 1개월 후 재검사를 한다. 다만, 다음의 요건을 충족하지 못하는 경우라도 청성뇌간반응검사(소리자극을 들려주고 그에 대한 청각계로부터의 전기반응을 두피에 위치한 전극을 통해 기록하는 검사를 말한다), 어음청력검사(일상적인 의사소통 과정에서 흔히 사용되는 어음을 사용하여 언어의 청취능력과 이해의 정도를 파악하는 검사를 말한다) 또는 임피던스청력검사[외이도(外耳道)를 밀폐한 상태에서 외이도 내의 압력을 변화시키면서 특정 주파수와 강도의 음향을 줄 때 고막에서 반사되는 음향 에너지를 측정하여 중이강(中耳腔)의 상태를 간접적으로 평가하는 검사를 말한다] 등의 결과를 종합적으로 고려하여 순음청력검사의 최소가청역치를 신뢰할 수 있다는 의학적 소견이 있으면 재검사를 생략할 수 있다.
(1) 기도청력역치와 골도청력역치의 차이가 각 주파수마다 10데시벨 이내일 것
(2) 반복검사 간 청력역치의 최대치와 최소치의 차이가 각 주파수마다 10데시벨 이내일 것
(3) 순음청력도상 어음역(語音域) 500헤르츠, 1,000헤르츠, 2,000헤르츠에서의 주파수 간 역치 변동이 20데시벨 이내이면 순음청력역치의 3분법 평균치와 어음청취역치의 차이가 10데시벨 이내일 것
8. 간 질병
가. 트리클로로에틸렌, 디메틸포름아미드 등에 노출되어 발생한 독성 간염. 다만, 그 물질에 노출되는 업무에 종사하지 않게 된 후 3개월이 지나지 않은 경우만 해당하며, 약물, 알코올, 과체중, 당뇨병 등 다른 원인으로 발생하거나 다른 질병이 원인이 되어 발생한 간 질병은 제외한다.
나. 염화비닐에 노출되어 발생한 간경변
다. 업무상 사고나 유해물질로 인한 업무상 질병의 후유증 또는 치료가 원인이 되어 기존의 간 질병이 자연적 경과 속도 이상으로 악화된 것이 의학적으로 인정되는 경우
9. 감염성 질병
가. 보건의료 및 집단수용시설 종사자에게 발생한 다음의 어느 하나에 해당하는 질병
1) B형 간염, C형 간염, 매독, 후천성면역결핍증 등 혈액전파성 질병
2) 결핵, 풍진, 홍역, 인플루엔자 등 공기전파성 질병
3) A형 간염 등 그 밖의 감염성 질병
나. 습한 곳에서의 업무로 발생한 렙토스피라증
다. 옥외작업으로 발생한 쯔쯔가무시증 또는 신증후군 출혈열
라. 동물 또는 그 사체, 짐승의 털·가죽, 그 밖의 동물성 물체, 넝마, 고물 등을 취급하여 발생한 탄저, 단독(erysipelas) 또는 브루셀라증
마. 말라리아가 유행하는 지역에서 야외활동이 많은 직업 종사자 또는 업무수행자에게 발생한 말라리아
바. 오염된 냉각수 등으로 발생한 레지오넬라증
사. 실험실 근무자 등 병원체를 직접 취급하거나, 이에 오염된 물질을 취급하는 업무로 발생한 감염성 질병
10. 직업성 암
가. 석면에 노출되어 발생한 폐암, 후두암으로 다음의 어느 하나에 해당하며 10년 이상 노출되어 발생한 경우
1) 가슴막반(흉막반) 또는 미만성 가슴막비후와 동반된 경우
2) 조직검사 결과 석면소체 또는 석면섬유가 충분히 발견된 경우
나. 석면폐증과 동반된 폐암, 후두암, 악성중피종
다. 직업적으로 석면에 노출된 후 10년 이상 경과하여 발생한 악성중피종
라. 석면에 10년 이상 노출되어 발생한 난소암
마. 니켈 화합물에 노출되어 발생한 폐암 또는 코안·코곁굴[부비동(副鼻洞)]암
바. 콜타르 찌꺼기(coal tar pitch, 10년 이상 노출된 경우에 해당한다), 라돈-222 또는 그 붕괴물질(지하 등 환기가 잘 되지 않는 장소에서 노출된 경우에 해당한다), 카드뮴 또는 그 화합물, 베릴륨 또는 그 화학물, 6가 크롬 또는 그 화합물 및 결정형 유리규산에 노출되어 발생한 폐암
사. 검댕에 노출되어 발생한 폐암 또는 피부암
아. 콜타르(10년 이상 노출된 경우에 해당한다), 정제되지 않은 광물유에 노출되어 발생한 피부암
자. 비소 또는 그 무기화합물에 노출되어 발생한 폐암, 방광암 또는 피부암
차. 스프레이나 이와 유사한 형태의 도장 업무에 종사하여 발생한 폐암 또는 방광암
카. 벤지딘, 베타나프틸아민에 노출되어 발생한 방광암
타. 목재 분진에 노출되어 발생한 비인두암 또는 코안·코곁굴암
파. 0.5피피엠 이상 농도의 벤젠에 노출된 후 6개월 이상 경과하여 발생한 급성·만성 골수성백혈병, 급성·만성 림프구성백혈병
하. 0.5피피엠 이상 농도의 벤젠에 노출된 후 10년 이상 경과하여 발생한 다발성골수종, 비호지킨림프종. 다만, 노출기간이 10년 미만이라도 누적노출량이 10피피엠·년 이상이거나 과거에 노출되었던 기록이 불분명하여 현재의 노출농도를 기준으로 10년 이상 누적노출량이 0.5피피엠·년 이상이면 업무상 질병으로 본다.
거. 포름알데히드에 노출되어 발생한 백혈병 또는 비인두암
너. 1,3-부타디엔에 노출되어 발생한 백혈병
더. 산화에틸렌에 노출되어 발생한 림프구성 백혈병
러. 염화비닐에 노출되어 발생한 간혈관육종(4년 이상 노출된 경우에 해당한다) 또는 간세포암
머. 보건의료업에 종사하거나 혈액을 취급하는 업무를 수행하는 과정에서 B형 또는 C형 간염바이러스에 노출되어 발생한 간암
버. 엑스(X)선 또는 감마(γ)선 등의 전리방사선에 노출되어 발생한 침샘암, 식도암, 위암, 대장암, 폐암, 뼈암, 피부의 기저세포암, 유방암, 신장암, 방광암, 뇌 및 중추신경계암, 갑상선암, 급성 림프구성 백혈병 및 급성·만성 골수성 백혈병

11. 급성 중독 등 화학적 요인에 의한 질병
가. 급성 중독
1) 일시적으로 다량의 염화비닐·유기주석·메틸브로마이드·일산화탄소에 노출되어 발생한 중추신경계장해 등의 급성 중독 증상 또는 소견
2) 납 또는 그 화합물(유기납은 제외한다)에 노출되어 발생한 납 창백, 복부 산통, 관절통 등의 급성 중독 증상 또는 소견
3) 일시적으로 다량의 수은 또는 그 화합물(유기수은은 제외한다)에 노출되어 발생한 한기, 고열, 치조농루, 설사, 단백뇨 등 급성 중독 증상 또는 소견
4) 일시적으로 다량의 크롬 또는 그 화합물에 노출되어 발생한 세뇨관 기능 손상, 급성 세뇨관 괴사, 급성 신부전 등 급성 중독 증상 또는 소견
5) 일시적으로 다량의 벤젠에 노출되어 발생한 두통, 현기증, 구역, 구토, 흉부 압박감, 흥분상태, 경련, 급성 기질성 뇌증후군, 혼수상태 등 급성 중독 증상 또는 소견
6) 일시적으로 다량의 톨루엔·크실렌·스티렌·시클로헥산·노말헥산·트리클로로에틸렌 등 유기용제에 노출되어 발생한 의식장해, 경련, 급성 기질성 뇌증후군, 부정맥 등 급성 중독 증상 또는 소견
7) 이산화질소에 노출되어 발생한 점막자극 증상, 메트헤모글로빈혈증, 청색증, 두근거림, 호흡곤란 등의 급성 중독 증상 또는 소견
8) 황화수소에 노출되어 발생한 의식소실, 무호흡, 폐부종, 후각신경마비 등 급성 중독 증상 또는 소견
9) 시안화수소 또는 그 화합물에 노출되어 발생한 점막자극 증상, 호흡곤란, 두통, 구역, 구토 등 급성 중독 증상 또는 소견
10) 불화수소·불산에 노출되어 발생한 점막자극 증상, 화학적 화상, 청색증, 호흡곤란, 폐수종, 부정맥 등 급성 중독 증상 또는 소견
11) 인 또는 그 화합물에 노출되어 발생한 피부궤양, 점막자극 증상, 경련, 폐부종, 중추신경계장해, 자율신경계장해 등 급성 중독 증상 또는 소견
12) 일시적으로 다량의 카드뮴 또는 그 화합물에 노출되어 발생한 급성 위장관계 질병
나. 염화비닐에 노출되어 발생한 말단뼈 용해(acro-osteolysis), 레이노 현상 또는 피부경화증
다. 납 또는 그 화합물(유기납은 제외한다)에 노출되어 발생한 만성 신부전 또는 혈중 납농도가 혈액 100밀리리터(㎖) 중 40마이크로그램(㎍) 이상 검출되면서 나타나는 납중독의 증상 또는 소견. 다만, 혈중 납농도가 40마이크로그램 미만으로 나타나는 경우에는 이와 관련된 검사(소변 중 납농도, ZPP, δ-ALA 등을 말한다) 결과를 참고한다.
라. 수은 또는 그 화합물(유기수은은 제외한다)에 노출되어 발생한 궤양성 구내염, 과다한 타액분비, 잇몸염, 잇몸고름집 등 구강 질병이나 사구체신장염 등 신장 손상 또는 수정체 전낭(前囊)의 적갈색 침착
마. 크롬 또는 그 화합물에 노출되어 발생한 구강점막 질병 또는 치아뿌리(치근)막염
바. 카드뮴 또는 그 화합물에 2년 이상 노출되어 발생한 세뇨관성 신장 질병 또는 뼈연화증
사. 톨루엔·크실렌·스티렌·시클로헥산·노말헥산·트리클로로에틸렌 등 유기용제에 노출되어 발생한 급성 세뇨관괴사, 만성 신부전 또는 전신경화증(systemic sclerosis, 트리클로로에틸렌을 제외한 유기용제에 노출된 경우에 해당한다). 다만, 고혈압, 당뇨병 등 다른 원인으로 발생한 질병은 제외한다.
아. 이황화탄소에 노출되어 발생한 다음 어느 하나에 해당하는 증상 또는 소견
1) 10피피엠 내외의 이황화탄소에 노출되는 업무에 2년 이상 종사한 경우
가) 망막의 미세혈관류, 다발성 뇌경색증, 신장 조직검사상 모세관 사이에 발생한 사구체경화증 중 어느 하나가 있는 경우. 다만, 당뇨병, 고혈압, 혈관장해 등 다른 원인으로 인한 질병은 제외한다.
나) 미세혈관류를 제외한 망막병변, 다발성 말초신경병증, 시신경염, 관상동맥성 심장 질병, 중추신경계장해, 정신장해 중 두 가지 이상이 있는 경우. 다만, 당뇨병, 고혈압, 혈관장해 등 다른 원인으로 인한 질병은 제외한다.
다) 나)의 소견 중 어느 하나와 신장장해, 간장장해, 조혈기계장해, 생식기계장해, 감각신경성 난청, 고혈압 중 하나 이상의 증상 또는 소견이 있는 경우
2) 20피피엠 이상의 이황화탄소에 2주 이상 노출되어 갑작스럽게 발생한 의식장해, 급성 기질성 뇌증후군, 정신분열증, 양극성 장애(조울증) 등 정신장해
3) 다량 또는 고농도 이황화탄소에 노출되어 나타나는 의식장해 등 급성 중독 소견

12. 물리적 요인에 의한 질병
가. 고기압 또는 저기압에 노출되어 발생한 다음 어느 하나에 해당되는 증상 또는 소견
1) 폐, 중이(中耳), 부비강(副鼻腔) 또는 치아 등에 발생한 압착증
2) 물안경, 안전모 등과 같은 잠수기기로 인한 압착증
3) 질소마취 현상, 중추신경계 산소 독성으로 발생한 건강장해
4) 피부, 근골격계, 호흡기, 중추신경계 또는 속귀 등에 발생한 감압병(잠수병)
5) 뇌동맥 또는 관상동맥에 발생한 공기색전증(기포가 동맥이나 정맥을 따라 순환하다가 혈관을 막는 것)
6) 공기가슴증, 혈액공기가슴증, 가슴세로칸(종격동), 심장막 또는 피하기종
7) 등이나 복부의 통증 또는 극심한 피로감
나. 높은 압력에 노출되는 업무 환경에 2개월 이상 종사하고 있거나 그 업무에 종사하지 않게 된 후 5년 전후에 나타나는 무혈성 뼈 괴사의 만성장해. 다만, 만성 알코올중독, 매독, 당뇨병, 간경변, 간염, 류머티스 관절염, 고지혈증, 혈소판감소증, 통풍, 레이노 현상, 결절성 다발성 동맥염, 알캅톤뇨증(알캅톤을 소변으로 배출시키는 대사장애 질환) 등 다른 원인으로 발생한 질병은 제외한다.
다. 공기 중 산소농도가 부족한 장소에서 발생한 산소결핍증
라. 진동에 노출되는 부위에 발생하는 레이노 현상, 말초순환장해, 말초신경장해, 운동기능장해
마. 전리방사선에 노출되어 발생한 급성 방사선증, 백내장 등 방사선 눈 질병, 방사선 폐렴, 무형성 빈혈 등 조혈기 질병, 뼈 괴사 등
바. 덥고 뜨거운 장소에서 하는 업무로 발생한 일사병 또는 열사병
사. 춥고 차가운 장소에서 하는 업무로 발생한 저체온증

13. 제1호부터 제12호까지에서 규정된 발병요건을 충족하지 못하였거나, 제1호부터 제12호까지에서 규정된 질병이 아니더라도 근로자의 질병과 업무와의 상당인과관계(相當因果關係)가 인정되는 경우에는 해당 질병을 업무상 질병으로 본다.

〔별표4〕 → **〔별표11의2〕**로 이동

〔별표5〕

과징금의 부과기준(제39조제5항 관련)

(2010.11.15 개정)

법 제44조제1항에 따른 과징금을 부과할 때 위반행위의 종류와 위반정도 등에 따른 과징금의 부과기준은 다음과 같다.
1. 법 제43조제3항제1호에 해당하는 사유로 하는 진료제한 조치를 갈음하여 과징금을 부과하는 경우에는 법 제84조제1항제1호에 따른 부당이득 금 중 그 산재보험 의료기관이 거짓이나 그 밖의 부정한 방법으로 진단하거나 증명하여 지급된 보험급여 금액의 1.5배에 해당하는 금액으로 한다.
2. 법 제43조제3항제2호에 해당하는 사유로 하는 진료제한 조치를 갈음하여 과징금을 부과하는 경우에는 그 산재보험 의료기관이 거짓이나 그 밖의 부정한 방법으로 청구하여 지급받은 진료비의 금액에 다음 각 목의 구분에 따른 배수를 곱한 금액으로 한다.
가. 1개월부터 5개월까지의 진료제한 조치를 갈음하는 경우 : 1.5배
나. 6개월부터 8개월까지의 진료제한 조치를 갈음하는 경우 : 2.0배
다. 9개월 또는 10개월의 진료제한 조치를 갈음하는 경우 : 2.5배
라. 11개월 또는 12개월의 진료제한 조치를 갈음하는 경우 : 3.0배
3. 법 제43조제5항제1호에 해당하는 사유로 하는 진료제한 조치를 갈음하여 과징금을 부과하는 경우에는 그 산재보험 의료기관의 월평균 부당금액에 진료제한 조치 기간에 해당하는 개월 수를 곱한 금액의 2배에 해당하는 금액으로 한다. 이 경우 "월평균 부당금액"은 조사대상 기간(법 제118조에 따른 조사 개시일 전 3년을 말한다) 동안 그 산재보험 의료기관이 법 제40조제5항에 따른 요양급여의 산정 기준을 위반하여 부당하게 청구하여 지급받은 진료비를 그 기간의 개월 수로 나눈 금액을 말한다.

〔별표6〕

장해등급의 기준(제53조제1항 관련)

(2019.7.2 개정)

제1급
1. 두 눈이 실명된 사람
2. 말하는 기능과 씹는 기능을 모두 완전히 잃은 사람
3. 신경계통의 기능 또는 정신기능에 뚜렷한 장해가 남아 항상 간병을 받아야 하는 사람
4. 흉복부 장기의 기능에 뚜렷한 장해가 남아 항상 간병을 받아야 하는 사람
5. 두 팔을 팔꿈치관절 이상의 부위에서 잃은 사람
6. 두 팔을 완전히 사용하지 못하게 된 사람
7. 두 다리를 무릎관절 이상의 부위에서 잃은 사람
8. 두 다리를 완전히 사용하지 못하게 된 사람
9. 진폐의 병형이 제1형 이상이면서 동시에 심폐기능에 고도 장해가 남은 사람

제2급
1. 한쪽 눈이 실명되고 다른 쪽 눈의 시력이 0.02 이하로 된 사람
2. 두 눈의 시력이 각각 0.02 이하로 된 사람
3. 두 팔을 손목관절 이상의 부위에서 잃은 사람
4. 두 다리를 발목관절 이상의 부위에서 잃은 사람
5. 신경계통의 기능 또는 정신기능에 뚜렷한 장해가 남아 수시로 간병을 받아야 하는 사람
6. 흉복부 장기의 기능에 뚜렷한 장해가 남아 수시로 간병을 받아야 하는 사람

제3급
1. 한쪽 눈이 실명되고 다른 쪽 눈의 시력이 0.06 이하로 된 사람
2. 말하는 기능 또는 씹는 기능을 완전히 잃은 사람
3. 신경계통의 기능 또는 정신기능에 뚜렷한 장해가 남아 평생 동안 노무에 종사할 수 없는 사람
4. 흉복부 장기의 기능에 뚜렷한 장해가 남아 평생 동안 노무에 종사할 수 없는 사람
5. 두 손의 손가락을 모두 잃은 사람
6. 진폐증의 병형이 제1형 이상이면서 동시에 심폐기능에 중등도 장해가 남은 사람

제4급
1. 두 눈의 시력이 각각 0.06 이하로 된 사람
2. 말하는 기능과 씹는 기능에 뚜렷한 장해가 남은 사람
3. 고막 전부가 상실되거나 그 외의 원인으로 두 귀의 청력을 완전히 잃은 사람
4. 한쪽 팔을 팔꿈치관절 이상의 부위에서 잃은 사람
5. 한쪽 다리를 무릎관절 이상의 부위에서 잃은 사람
6. 두 손의 손가락을 모두 제대로 못 쓰게 된 사람
7. 두 발을 발목발허리관절(족근중족관절) 이상의 부위에서 잃은 사람

제5급
1. 한쪽 눈이 실명되고 다른 쪽 눈의 시력이 0.1 이하로 된 사람
2. 한쪽 팔을 손목관절 이상의 부위에서 잃은 사람
3. 한쪽 다리를 발목관절 이상의 부위에서 잃은 사람
4. 한쪽 팔을 완전히 사용하지 못하게 된 사람
5. 한쪽 다리를 완전히 사용하지 못하게 된 사람
6. 두 발의 발가락을 모두 잃은 사람
7. 흉복부 장기의 기능에 뚜렷한 장해가 남아 특별히 쉬운 일 외에는 할 수 없는 사람
8. 신경계통의 기능 또는 정신기능에 뚜렷한 장해가 남아 특별히 쉬운 일 외에는 할 수 없는 사람
9. 진폐증의 병형이 제4형이면서 동시에 심폐기능에 경도장해가 남은 사람

제6급
1. 두 눈의 시력이 각각 0.1 이하로 된 사람
2. 말하는 기능 또는 씹는 기능에 뚜렷한 장해가 남은 사람
3. 고막 대부분이 상실되거나 그 외의 원인으로 두 귀의 청력이 모두 귀에 대고 말하지 아니하면 큰 말소리를 알아듣지 못하게 된 사람
4. 한쪽 귀가 전혀 들리지 않게 되고 다른 쪽 귀의 청력이 40센티미터 이상의 거리에서는 보통의 말소리를 알아듣지 못하게 된 사람
5. 척주에 극도의 기능장해나 고도의 기능장해가 남고 동시에 극도의 척추 신경근장해가 남은 사람
6. 한쪽 팔의 3대 관절 중 2개 관절을 제대로 못 쓰게 된 사람
7. 한쪽 다리의 3대 관절 중 2개 관절을 제대로 못 쓰게 된 사람
8. 한쪽 손의 5개의 손가락 또는 엄지손가락과 둘째 손가락을 포함하여 4개의 손가락을 잃은 사람

제7급
1. 한쪽 눈이 실명되고 다른 쪽 눈의 시력이 0.6 이하로 된 사람
2. 두 귀의 청력이 모두 40센티미터 이상의 거리에서는 보통의 말소리를 알아듣지 못하게 된 사람
3. 한쪽 귀가 전혀 들리지 않게 되고 다른 쪽 귀의 청력이 1미터 이상의 거리에서는 보통의 말소리를 알아듣지 못하게 된 사람
4. 신경계통의 기능 또는 정신기능에 장해가 남아 쉬운 일 외에는 하지 못하는 사람
5. 흉복부 장기의 기능에 장해가 남아 쉬운 일 외에는 하지 못하는 사람
6. 한쪽 손의 엄지손가락과 둘째 손가락을 잃은 사람 또는 엄지손가락이나 둘째 손가락을 포함하여 3개 이상의 손가락을 잃은 사람
7. 한쪽 손의 5개의 손가락 또는 엄지손가락과 둘째 손가락을 포함하여 4개의 손가락을 제대로 못 쓰게 된 사람
8. 한쪽 발을 발목발허리관절(족근중족관절) 이상의 부위에서 잃은 사람
9. 한쪽 팔에 가관절(假關節, 부러진 뼈가 완전히 아물지 못하여 그 부분이 마치 관절처럼 움직이는 상태)이 남아 뚜렷한 운동기능장해가 남은 사람
10. 한쪽 다리에 가관절이 남아 뚜렷한 운동기능장해가 남은 사람
11. 두 발의 발가락을 모두 제대로 못 쓰게 된 사람
12. 외모에 극도의 흉터가 남은 사람
13. 양쪽의 고환을 잃은 사람
14. 척주에 극도의 기능장해나 고도의 기능장해가 남고 동시에 고도의 척추 신경근장해가 남은 사람 또는 척주에 중등도의 기능장해나 극도의 변형장해가 남고 동시에 극도의 척추 신경근장해가 남은 사람
15. 진폐증의 병형이 제1형·제2형 또는 제3형이면서 동시에 심폐기능에 경도 장해가 남은 사람

제8급
1. 한쪽 눈이 실명되거나 한쪽 눈의 시력이 0.02 이하로 된 사람
2. 척주에 극도의 기능장해가 남은 사람, 척주에 고도의 기능장해가 남고 동시에 중등도의 척추신경근 장해가 남은 사람, 척주에 중등도의 기능장해나 극도의 변형장해가 남고 동시에 고도의 척추 신경근장해가 남은 사람 또는 척주에 경미한 기능장해나 중등도의 변형장해가 남고 동시에 극도의 척추 신경근장해가 남은 사람
3. 한쪽 손의 엄지손가락을 포함하여 2개의 손가락을 잃은 사람
4. 한쪽 손의 엄지손가락과 둘째 손가락을 제대로 못 쓰게 된 사람 또는 엄지손가락이나 둘째 손가락을 포함하여 3개 이상의 손가락을 제대로 못 쓰게 된 사람
5. 한쪽 다리가 5센티미터 이상 짧아진 사람
6. 한쪽 팔의 3대 관절 중 1개 관절을 제대로 못 쓰게 된 사람
7. 한쪽 다리의 3대 관절 중 1개 관절을 제대로 못 쓰게 된 사람
8. 한쪽 팔에 가관절이 남은 사람
9. 한쪽 다리에 가관절이 남은 사람
10. 한쪽 발의 5개의 발가락을 모두 잃은 사람
11. 비장 또는 한쪽의 신장을 잃은 사람

제9급
1. 두 눈의 시력이 0.6 이하로 된 사람
2. 한쪽 눈의 시력이 0.06 이하로 된 사람
3. 두 눈에 모두 반맹증 또는 시야협착이 남은 사람
4. 두 눈의 눈꺼풀이 뚜렷하게 상실된 사람
5. 코가 고도로 상실된 사람
6. 말하는 기능과 씹는 기능에 장해가 남은 사람
7. 두 귀의 청력이 모두 1미터 이상의 거리에서는 큰 말소리를 알아듣지 못하게 된 사람
8. 한쪽 귀의 청력이 귀에 대고 말하지 아니하면 큰 말소리를 알아듣지 못하고 다른 귀의 청력이 1미터 이상의 거리에서는 보통의 말소리를 알아듣지 못하게 된 사람
9. 한쪽 귀의 청력을 완전히 잃은 사람
10. 한쪽 손의 엄지손가락을 잃은 사람 또는 둘째 손가락을 포함하여 2개의 손가락을 잃은 사람 또는 엄지손가락과 둘째 손가락 외의 3개의 손가락을 잃은 사람
11. 한쪽 손의 엄지손가락을 포함하여 2개의 손가락을 제대로 못 쓰게 된 사람
12. 한쪽 발의 엄지발가락을 포함하여 2개 이상의 발가락을 잃은 사람
13. 한쪽 발의 발가락을 모두 제대로 못 쓰게 된 사람
14. 생식기에 뚜렷한 장해가 남은 사람
15. 신경계통의 기능 또는 정신기능에 장해가 남아 노무가 상당한 정도로 제한된 사람
16. 흉복부 장기의 기능에 장해가 남아 노무가 상당한 정도로 제한된 사람

17. 척주에 고도의 기능장해가 남은 사람, 척주에 중등도의 기능장해나 극도의 변형장해가 남고 동시에 중등도의 척추 신경근장해가 남은 사람, 척주에 경미한 기능장해나 중등도의 변형장해가 남고 동시에 고도의 척추 신경근장해가 남은 사람 또는 척주에 극도의 척추 신경근장해가 남은 사람
18. 외모에 고도의 흉터가 남은 사람
19. 진폐증의 병형이 제3형 또는 제4형이면서 동시에 심폐기능에 경미한 장해가 남은 사람

제10급
1. 한쪽 눈의 시력이 0.1 이하로 된 사람
2. 한쪽 눈의 눈꺼풀이 뚜렷하게 상실된 사람
3. 코가 중등도로 상실된 사람
4. 말하는 기능 또는 씹는 기능에 장해가 남은 사람
5. 14개 이상의 치아에 치과 보철을 한 사람
6. 한 귀의 청력이 귀에 대고 말하지 않으면 큰 말소리를 알아듣지 못 하게 된 사람
7. 두 귀의 청력이 모두 1미터 이상의 거리에서는 보통의 말소리를 알아듣지 못하게 된 사람
8. 척주에 중등도의 기능장해가 남은 사람, 척주에 극도의 변형장해가 남은 사람, 척주에 경미한 기능장해나 중등도의 변형장해가 남고 동시에 중등도의 척추 신경근장해가 남은 사람 또는 척주에 고도의 척추 신경근장해가 남은 사람
9. 한쪽 손의 둘째 손가락을 잃은 사람 또는 엄지손가락과 둘째 손가락 외의 2개의 손가락을 잃은 사람
10. 한쪽 손의 엄지손가락을 제대로 못 쓰게 된 사람 또는 둘째 손가락을 포함하여 2개의 손가락을 제대로 못 쓰게 된 사람 또는 엄지손가락과 둘째 손가락외의 3개의 손가락을 제대로 못 쓰게 된 사람
11. 한쪽 다리가 3센티미터 이상 짧아진 사람
12. 한쪽 발의 엄지발가락 또는 그 외의 4개의 발가락을 잃은 사람
13. 한쪽 팔의 3대 관절 중 1개 관절의 기능에 뚜렷한 장해가 남은 사람
14. 한쪽 다리의 3대 관절 중 1개 관절의 기능에 뚜렷한 장해가 남은 사람

제11급
1. 두 눈이 모두 안구의 조절기능에 뚜렷한 장해가 남거나 또는 뚜렷한 운동기능 장해가 남은 사람
2. 두 눈의 눈꺼풀에 뚜렷한 운동기능장해가 남은 사람
3. 두 눈의 눈꺼풀의 일부가 상실된 사람
4. 한쪽 귀의 청력이 40센티미터 이상의 거리에서는 보통의 말소리를 알아듣지 못하게 된 사람
5. 두 귀의 청력이 모두 1미터 이상의 거리에서는 작은 말소리를 알아듣지 못하게 된 사람
6. 두 귀의 귓바퀴가 고도로 상실된 사람
7. 척주에 경도의 기능장해가 남은 사람, 척주에 고도의 변형장해가 남은 사람, 척주에 경미한 기능장해나 중등도의 변형장해가 남고 동시에 경도의 척추 신경근장해가 남은 사람 또는 척주에 중등도의 척추 신경근장해가 남은 사람
8. 한쪽 손의 가운데손가락 또는 넷째 손가락을 잃은 사람
9. 한쪽 손의 둘째 손가락을 제대로 못 쓰게 된 사람 또는 엄지손가락과 둘째 손가락 외의 2개의 손가락을 제대로 못 쓰게 된 사람
10. 한쪽 발의 엄지발가락을 포함하여 2개 이상의 발가락을 제대로 못 쓰게 된 사람
11. 흉복부 장기의 기능에 장해가 남은 사람
12. 10개 이상의 치아에 치과 보철을 한 사람
13. 외모에 중등도의 흉터가 남은 사람
14. 두 팔의 노출된 면에 극도의 흉터가 남은 사람
15. 두 다리의 노출된 면에 극도의 흉터가 남은 사람
16. 진폐증의 병형이 제1형 또는 제2형이면서 동시에 심폐기능에 경미한 장해가 남는 사람, 진폐증의 병형이 제2형·제3형 또는 제4형인 사람

제12급
1. 한쪽 눈의 안구의 조절기능에 뚜렷한 장해가 남거나 뚜렷한 운동기능장해가 남은 사람
2. 한쪽 눈의 눈꺼풀에 뚜렷한 운동기능장해가 남은 사람
3. 한쪽 눈의 눈꺼풀의 일부가 상실된 사람
4. 7개 이상의 치아에 치과 보철을 한 사람
5. 한쪽 귀의 귓바퀴가 고도로 상실된 사람 또는 두 귀의 귓바퀴가 중등도로 상실된 사람
6. 코가 경도로 상실된 사람
7. 코로 숨쉬기가 곤란하게 된 사람 또는 냄새를 맡지 못하게 된 사람
8. 쇄골(빗장뼈), 흉골(복장뼈), 늑골(갈비뼈), 견갑골(어깨뼈) 또는 골반골(골반뼈)에 뚜렷한 변형이 남은 사람
9. 한쪽 팔의 3대 관절 중 1개 관절의 기능에 장해가 남은 사람
10. 한쪽 다리의 3대 관절 중 1개 관절의 기능에 장해가 남은 사람
11. 장관골에 변형이 남은 사람
12. 한쪽 손의 가운데손가락 또는 넷째 손가락을 제대로 못 쓰게 된 사람
13. 한쪽 발의 둘째 발가락을 잃은 사람 또는 둘째 발가락을 포함하여 2개의 발가락을 잃은 사람 또는 가운데발가락 이하의 3개의 발가락을 잃은 사람
14. 한쪽 발의 엄지발가락 또는 그 외에 4개의 발가락을 제대로 못 쓰게 된 사람
15. 신체 일부에 심한 신경증상이 남은 사람
16. 척주에 경미한 기능장해가 남은 사람, 척주에 중등도의 변형장해가 남은 사람 또는 척주에 경도의 척추 신경근장해가 남은 사람
17. 두 팔의 노출된 면에 고도의 흉터가 남은 사람
18. 두 다리의 노출된 면에 고도의 흉터가 남은 사람

제13급
1. 한쪽 눈의 시력이 0.6 이하로 된 사람
2. 한쪽 눈에 반맹증 또는 시야협착이 남은 사람
3. 한쪽 귀의 귓바퀴가 중등도로 상실된 사람 또는 두 귀의 귓바퀴가 경도로 상실된 사람
4. 5개 이상의 치아에 치과 보철을 한 사람
5. 한쪽 손의 새끼손가락을 잃은 사람
6. 한쪽 손의 엄지손가락 뼈의 일부를 잃은 사람
7. 한쪽 손의 둘째 손가락 뼈의 일부를 잃은 사람
8. 한쪽 손의 둘째 손가락 끝관절을 굽혔다 폈다 할 수 없게 된 사람
9. 한쪽 다리가 다른 쪽 다리보다 1센티미터 이상 짧아진 사람
10. 한쪽 발의 가운데발가락 이하의 1개 또는 2개의 발가락을 잃은 사람
11. 한쪽 발의 둘째 발가락을 제대로 못 쓰게 된 사람 또는 둘째 발가락을 포함하여 2개의 발가락을 제대로 못 쓰게 된 사람 또는 가운데발가락 이하의 3개의 발가락을 제대로 못 쓰게 된 사람
12. 척주에 경도의 변형장해가 남은 사람 또는 척주의 수상 부위에 기질적 변화가 남은 사람
13. 외모에 경도의 흉터가 남은 사람
14. 두 팔의 노출된 면에 중등도의 흉터가 남은 사람
15. 두 다리의 노출된 면에 중등도의 흉터가 남은 사람
16. 진폐증의 병형이 제1형인 사람

제14급
1. 한쪽 귀의 청력이 1미터 이상의 거리에서는 작은 말소리를 알아듣지 못하게 된 사람
2. 한쪽 귀의 귓바퀴가 경도로 상실된 사람
3. 3개 이상의 치아에 치과 보철을 한 사람
4. 두 팔의 노출된 면에 경도의 흉터가 남은 사람
5. 두 다리의 노출된 면에 경도의 흉터가 남은 사람
6. 한쪽 손의 새끼손가락을 제대로 못 쓰게 된 사람
7. 한쪽 손의 엄지손가락과 둘째 손가락 외의 손가락 뼈의 일부를 잃은 사람
8. 한쪽 손의 엄지손가락과 둘째 손가락 외의 손가락 끝관절을 굽혔다 폈다 할 수 없게 된 사람
9. 한쪽 발의 가운데발가락 이하의 1개 또는 2개의 발가락을 제대로 못 쓰게 된 사람
10. 신체 일부에 신경증상이 남은 사람
11. 척주에 경미한 변형장해가 남은 사람 또는 척추의 수상 부위에 비기질적 변화가 남은 사람

〔별표7〕

간병급여의 지급 대상(제59조제1항 관련)

구분	지급 대상
상시 간병 급여	1. 신경계통의 기능, 정신기능 또는 흉복부 장기의 기능에 장해등급 제1급에 해당하는 장해가 남아 일상생활에 필요한 동작을 하기 위하여 항상 다른 사람의 간병이 필요한 사람 2. 두 눈, 두 팔 또는 두 다리 중 어느 하나의 부위에 장해등급 제1급에 해당하는 장해가 남고, 다른 부위에 제7급 이상에 해당하는 장해가 남아 일상생활에 필요한 동작을 하기 위하여 항상 다른 사람의 간병이 필요한 사람
수시 간병 급여	3. 신경계통의 기능, 정신기능 또는 흉복부 장기의 기능에 장해등급 제2급에 해당하는 장해가 남아 일상생활에 필요한 동작을 하기 위하여 수시로 다른 사람의 간병이 필요한 사람 4. 장해등급 제1급(제53조제2항에 따른 조정의 결과 제1급이 되는 경우를 포함한다)에 해당하는 장해가 남아 일상생활에 필요한 동작을 하기 위하여 수시로 다른 사람의 간병이 필요한 사람

〔별표8〕

중증요양상태등급의 기준(제65조제1항 관련)

(2018.12.11 개정)

1. 업무상 부상 또는 질병(진폐는 제외한다)으로 요양 중인 근로자의 중증요양상태등급 기준은 다음과 같다.
가. 제1급
1) 두 눈이 실명된 사람
2) 말하는 기능과 씹는 기능을 모두 완전히 잃은 사람
3) 신경계통의 기능 또는 정신기능에 뚜렷한 장해가 있어 항상 간병을 받아야 하는 사람
4) 흉복부 장기의 기능에 뚜렷한 장해가 있어 항상 간병을 받아야 하는 사람
5) 두 팔을 팔꿈치관절 이상의 부위에서 잃은 사람
6) 두 팔을 영구적으로 완전히 사용하지 못하게 된 사람
7) 두 다리를 무릎관절 이상의 부위에서 잃은 사람
8) 두 다리를 완전히 사용하지 못하게 된 사람
나. 제2급
1) 한쪽 눈이 실명되고 다른 쪽 눈의 시력이 0.02 이하로 된 사람
2) 두 눈의 시력이 0.02 이하로 된 사람
3) 두 팔을 손목관절 이상의 부위에서 잃은 사람
4) 두 다리를 발목관절 이상의 부위에서 잃은 사람
5) 신경계통의 기능 또는 정신기능에 뚜렷한 장해가 있어 수시로 간병을 받아야 하는 사람
6) 흉복부 장기의 기능에 뚜렷한 장해가 있어 수시로 간병을 받아야 하는 사람
다. 제3급
1) 한쪽 눈이 실명되고 다른 쪽 눈의 시력이 0.06 이하로 된 사람
2) 말하는 기능 또는 씹는 기능을 완전히 잃은 사람
3) 신경계통의 기능 또는 정신기능에 뚜렷한 장해가 있어 전혀 노무에 종사하지 못하는 사람
4) 흉복부 장기의 기능에 뚜렷한 장해가 있어 전혀 노무에 종사하지 못하는 사람
5) 두 손의 손가락을 모두 잃은 사람
6) 위의 3)과 4)에 정한 장해 외의 장해로 전혀 노무에 종사하지 못하는 사람

2. (2010.11.15 삭제)

〔별표9〕

장해등급 및 진폐장해등급별 노동력 상실률

(제73조제2항 관련)

(2010.11.15 개정)

등급	노동력 상실률
제1급	100%
제2급	100%
제3급	100%

〔별표10〕

사망자 본인의 생활비 비율(제74조제1항 관련)

구 분	생활비 비율
부양가족이 없는 경우	40퍼센트
부양가족이 1명인 경우	35퍼센트
부양가족이 2명인 경우	30퍼센트
부양가족이 3명 이상인 경우	25퍼센트

비고 : 부양의무자 및 부양가족의 범위는 「민법」에 따르되, 사실상 혼인관계에 있는 사람을 포함한다.

〔별표11〕

취업가능개월수에 대응하는 라이프니츠 계수

(제73조 및 제74조 관련)

취업가능 개월수	계수	취업가능 개월수	계수
1	0.9958	87	72.8499
2	1.9875	88	73.5434
3	2.9751	89	74.2341
4	3.9586	90	74.9220
5	4.9381	91	75.6069
6	5.9134	92	76.2891
7	6.8847	93	76.9684
8	7.8520	94	77.6448
9	8.8153	95	78.3185
10	9.7746	96	78.9894
11	10.7298	97	79.6575
12	11.6812	98	80.3228
13	12.6286	99	80.9854
14	13.5720	100	81.6452
15	14.5115	101	82.3023
16	15.4472	102	82.9566
17	16.3789	103	83.6082
18	17.3068	104	84.2572
19	18.2309	105	84.9034
20	19.1511	106	85.5469
21	20.0674	107	86.1878
22	20.9800	108	86.8261
23	21.8888	109	87.4616
24	22.7938	110	88.0946
25	23.6951	111	88.7249
26	24.5926	112	89.3526
27	25.4865	113	89.9777
28	26.3766	114	90.6002
29	27.2630	115	91.2201
30	28.1457	116	91.8374
31	29.0247	117	92.4522
32	29.9002	118	93.0644
33	30.7719	119	93.6741
34	31.6401	120	94.2813
35	32.5047	121	94.8859
36	33.3657	122	95.4881
37	34.2231	123	96.0877
38	35.0769	124	96.6849
39	35.9272	125	97.2795
40	36.7740	126	97.8717
41	37.6172	127	98.4615
42	38.4570	128	99.0488
43	39.2933	129	99.6336
44	40.1261	130	100.2161
45	40.9554	131	100.7961
46	41.7814	132	101.3737
47	42.6038	133	101.9489
48	43.4229	134	102.5217
49	44.2386	135	103.0922
50	45.0509	136	103.6603
51	45.8598	137	104.2260
52	46.6653	138	104.7894
53	47.4676	139	105.3504
54	48.2665	140	105.9091
55	49.0620	141	106.4655
56	49.8543	142	107.0196
57	50.6433	143	107.5714
58	51.4290	144	108.1209
59	52.2115	145	108.6681
60	52.9907	146	109.2130
61	53.7666	147	109.7557
62	54.5394	148	110.2961
63	55.3089	149	110.8343
64	56.0753	150	111.3703
65	56.8385	151	111.9040
66	57.5985	152	112.4355
67	58.3553	153	112.9649
68	59.1090	154	113.4920
69	59.8596	155	114.0169
70	60.6071	156	114.5397
71	61.3514	157	115.0602
72	62.0927	158	115.5787
73	62.8309	159	116.0949
74	63.5661	160	116.6091
75	64.2982	161	117.1211
76	65.0272	162	117.6309
77	65.7532	163	118.1387
78	66.4763	164	118.6443
79	67.1963	165	119.1479
80	67.9133	166	119.6493
81	68.6274	167	120.1487
82	69.3384	168	120.6460
83	70.0466	169	121.1413
84	70.7518	170	121.6345
85	71.4541	171	122.1256
86	72.1534	172	122.6147

취업가능 개월수	계수	취업가능 개월수	계수	취업가능 개월수	계수	취업가능 개월수	계수	취업가능 개월수	계수	취업가능 개월수	계수
173	123.1018	264	159.9281	355	185.1531	446	202.4314	537	214.2666	628	222.3734
174	123.5868	265	160.2604	356	185.3806	447	202.5873	538	214.3734	629	222.4465
175	124.0699	266	160.5912	357	185.6073	448	202.7426	539	214.4797	630	222.5193
176	124.5509	267	160.9207	358	185.8330	449	202.8972	540	214.5856	631	222.5919
177	125.0300	268	161.2489	359	186.0577	450	203.0511	541	214.6911	632	222.6641
178	125.5070	269	161.5756	360	186.2816	451	203.2044	542	214.7961	633	222.7360
179	125.9821	270	161.9010	361	186.5045	452	203.3571	543	214.9007	634	222.8077
180	126.4552	271	162.2251	362	186.7264	453	203.5091	544	215.0048	635	222.8790
181	126.9263	272	162.5478	363	186.9475	454	203.6606	545	215.1085	636	222.9500
182	127.3955	273	162.8692	364	187.1676	455	203.8113	546	215.2118	637	223.0208
183	127.8628	274	163.1892	365	187.3836	456	203.9615	547	215.3147	638	223.0912
184	128.3281	275	163.5080	366	187.6052	457	204.1110	548	215.4171	639	223.1614
185	128.7914	276	163.8253	367	187.8226	458	204.2600	549	215.5191	640	223.2313
186	129.2529	277	164.1414	368	188.0391	459	204.4083	550	215.6207	641	223.3009
187	129.7124	278	164.4562	369	188.2547	460	204.5559	551	215.7218	642	223.3701
188	130.1700	279	164.7696	370	188.4694	461	204.7030	552	215.8226	643	223.4392
189	130.6258	280	165.0818	371	188.6832	462	204.8495	553	215.9229	644	223.5079
190	131.0796	281	165.3927	372	188.8961	463	204.9953	554	216.0228	645	223.5763
191	131.5315	282	165.7022	373	189.1082	464	205.1406	555	216.1223	646	223.6444
192	131.9816	283	166.0105	374	189.3194	465	205.2852	556	216.2214	647	223.7123
193	132.4298	284	166.3175	375	189.5296	466	205.4293	557	216.3200	648	223.7799
194	132.8762	285	166.6233	376	189.7391	467	205.5727	558	216.4183	649	223.8472
195	133.3207	286	166.9277	377	189.9476	468	205.7156	559	216.5161	650	223.9142
196	133.7633	287	167.2310	378	190.1553	469	205.8578	560	216.6136	651	223.9810
197	134.2041	288	167.5329	379	190.3621	470	205.9995	561	216.7106	652	224.0474
198	134.6431	289	167.8336	380	190.5681	471	206.1406	562	216.8073	653	224.1136
199	135.0803	290	168.1330	381	190.7732	472	206.2811	563	216.9035	654	224.1795
200	135.5156	291	168.4312	382	190.9775	473	206.4210	564	216.9993	655	224.2452
201	135.9492	292	168.7282	383	191.1809	474	206.5603	565	217.0948	656	224.3106
202	136.3809	293	169.0239	384	191.3834	475	206.6991	566	217.1898	657	224.3757
203	136.8109	294	169.3184	385	191.5852	476	206.8372	567	217.2845	658	224.4405
204	137.2391	295	169.6117	386	191.7861	477	206.9748	568	217.3787	659	224.5051
205	137.6655	296	169.9038	387	191.9861	478	207.1119	569	217.4726	660	224.5694
206	138.0901	297	170.1947	388	192.1854	479	207.2483	570	217.5661	661	224.6334
207	138.5129	298	170.4843	389	192.3838	480	207.3842	571	217.6591	662	224.6971
208	138.9340	299	170.7727	390	192.5813	481	207.5196	572	217.7518	663	224.7606
209	139.3534	300	171.0600	391	192.7781	482	207.6543	573	217.8442	664	224.8239
210	139.7710	301	171.3461	392	192.9740	483	207.7886	574	217.9361	665	224.8868
211	140.1869	302	171.6309	393	193.1692	484	207.9222	575	218.0276	666	224.9496
212	140.6011	303	171.9146	394	193.3635	485	208.0553	576	218.1188		
213	141.0135	304	172.1971	395	193.5570	486	208.1879	577	218.2096		
214	141.4243	305	172.4785	396	193.7497	487	208.3199	578	218.3000		
215	141.8333	306	172.7586	397	193.9416	488	208.4513	579	218.3901		
216	142.2406	307	173.0376	398	194.1327	489	208.5822	580	218.4797		
217	142.6463	308	173.3155	399	194.3230	490	208.7126	581	218.5690		
218	143.0502	309	173.5922	400	194.5126	491	208.8424	582	218.6579		
219	143.4525	310	173.8677	401	194.7013	492	208.9717	583	218.7465		
220	143.8531	311	174.1422	402	194.8893	493	209.1005	584	218.8347		
221	144.2521	312	174.4154	403	195.0765	494	209.2287	585	218.9225		
222	144.6493	313	174.6876	404	195.2629	495	209.3563	586	219.0100		
223	145.0450	314	174.9586	405	195.4485	496	209.4835	587	219.0971		
224	145.4390	315	175.2284	406	195.6334	497	209.6101	588	219.1838		
225	145.8314	316	175.4972	407	195.8174	498	209.7362	589	219.2702		
226	146.2221	317	175.7649	408	196.0008	499	209.8618	590	219.3562		
227	146.6112	318	176.0314	409	196.1833	500	209.9869	591	219.4419		
228	146.9987	319	176.2968	410	196.3652	501	210.1114	592	219.5272		
229	147.3846	320	176.5611	411	196.5462	502	210.2354	593	219.6121		
230	147.7689	321	176.8244	412	196.7265	503	210.3589	594	219.6917		
231	148.1516	322	177.0865	413	196.9061	504	210.4819	595	219.7809		
232	148.5327	323	177.3476	414	197.0849	505	210.6044	596	219.8648		
233	148.9123	324	177.6075	415	197.2630	506	210.7264	597	219.9484		
234	149.2902	325	177.8664	416	197.4403	507	210.8478	598	220.0316		
235	149.6666	326	178.1242	417	197.6169	508	210.9688	599	220.1144		
236	150.0414	327	178.3810	418	197.7928	509	211.0893	600	220.1970		
237	150.4147	328	178.6367	419	197.9679	510	211.2092	601	220.2791		
238	150.7864	329	178.8913	420	198.1423	511	211.3287	602	220.3610		
239	151.1566	330	179.1449	421	198.3160	512	211.4476	603	220.4425		
240	151.5253	331	179.3974	422	198.4889	513	211.5661	604	220.5236		
241	151.8924	332	179.6488	423	198.6612	514	211.6841	605	220.6044		
242	152.2580	333	179.8992	424	198.8327	515	211.8016	606	220.6849		
243	152.6220	334	180.1486	425	199.0035	516	211.9186	607	220.7650		
244	152.9846	335	180.3970	426	199.1736	517	212.0351	608	220.8449		
245	153.3457	336	180.6443	427	199.3430	518	212.1512	609	220.9243		
246	153.7052	337	180.8906	428	199.5117	519	212.2667	610	221.0035		
247	154.0633	338	181.1358	429	199.6798	520	212.3818	611	221.0823		
248	154.4199	339	181.3001	430	199.8471	521	212.4964	612	221.1608		
249	154.7750	340	181.6233	431	200.0137	522	212.6105	613	221.2390		
250	155.1286	341	181.8656	432	200.1796	523	212.7242	614	221.3168		
251	155.4808	342	182.1068	433	200.3448	524	212.8373	615	221.3943		
252	155.8315	343	182.3470	434	200.5094	525	212.9500	616	221.4716		
253	156.1807	344	182.5862	435	200.6732	526	213.0623	617	221.5484		
254	156.5285	345	182.8245	436	200.8364	527	213.1741	618	221.6250		
255	156.8749	346	183.0617	437	200.9989	528	213.2854	619	221.7012		
256	157.2198	347	183.2980	438	201.1607	529	213.3962	620	221.7772		
257	157.5633	348	183.5332	439	201.3219	530	213.5066	621	221.8528		
258	157.9053	349	183.7675	440	201.4824	531	213.6165	622	221.9281		
259	158.2460	350	184.0009	441	201.6422	532	213.7260	623	222.0031		
260	158.5852	351	184.2332	442	201.8014	533	213.8350	624	222.0777		
261	158.9230	352	184.4646	443	201.9599	534	213.9436	625	222.1521		
262	159.2595	353	184.6951	444	202.1177	535	214.0517	626	222.2262		
263	159.5945	354	184.9245	445	202.2749	536	214.1594	627	222.2999		

비고 : 1개월 미만은 1개월로 한다.

[별표11의2]

진폐병형과 심폐기능의 정도의 판정기준, 진폐장해등급 기준 및 요양대상 인정기준

(제83조의2제1항 관련)

(2019.7.2 개정)

1. 진폐병형 및 심폐기능의 정도의 판정기준
  가. 진폐병형 판정기준
    (1) 진폐에 걸렸는지와 진폐의 진행 정도는 흉부 단순방사선영상을 판독하여 결정한다.
    (2) 흉부 단순방사선영상에 따른 진폐의 병형 분류는 국제노동기구(ILO)의 진폐 방사선영상 국제분류법(2000년)에서 규정하는 완전분류(complete classification)에 따른다.
    (3) 진폐의 병형 0/1은 의증으로, 1/0, 1/1, 1/2는 제1형으로, 2/1, 2/2, 2/3은 제2형으로, 3/2, 3/3, 3/+는 제3형으로, 큰음영 ABC는 제4형으로 하며, 그 판정 기준은 다음과 같다.

병 형		흉부 단순방사선영상
의증	0/1	양쪽 폐에 원형 또는 불규칙한 작은음영의 밀도가 제1형의 하한보다 낮은 경우
제1형	1/0 1/1 1/2	양쪽 폐에 원형 또는 불규칙한 작은음영이 조금 있고, 큰음영이 없다고 인정되는 경우
제2형	2/1 2/2 2/3	양쪽 폐에 원형 또는 불규칙한 작은음영이 많이 있고, 큰음영이 없다고 인정되는 경우
제3형	3/2 3/3 3/+	양쪽 폐에 원형 또는 불규칙한 작은음영이 매우 많이 있고, 큰음영이 없다고 인정되는 경우
제4형	A B C	큰음영이 있다고 인정되는 경우

  나. 심폐기능의 정도의 판정기준
    (1) 고도 장해(F_3)
      폐기능검사에서 노력성폐활량(FVC) 또는 일초량(FEV1)이 정상 예측치의 45% 미만인 경우(일초량인 경우는 노력성폐활량의 70% 미만이어야 함. 이하 이 목에서 같다)
    (2) 중등도 장해(F_2)
      폐기능검사에서 노력성폐활량(FVC) 또는 일초량(FEV1)이 정상 예측치의 45% 이상, 55% 미만인 경우
    (3) 경도 장해(F_1)
      폐기능검사에서 노력성폐활량(FVC) 또는 일초량(FEV1)이 정상 예측치의 55% 이상, 70% 미만인 경우
    (4) 경미한 장해($F_{1/2}$)
      폐기능검사에서 노력성폐활량(FVC) 또는 일초량(FEV1)이 정상 예측치의 70% 이상, 80% 미만인 경우

2. 진폐장해등급 기준

진폐장해등급	구 분
제1급	진폐의 병형이 제1형 이상이면서 동시에 심폐기능에 고도 장해가 남은 사람
제3급	진폐의 병형이 제1형 이상이면서 동시에 심폐기능에 중등도 장해가 남은 사람
제5급	진폐의 병형이 제4형이면서 동시에 심폐기능에 경도 장해가 남은 사람
제7급	진폐의 병형이 제1형, 제2형 또는 제3형이면서 동시에 심폐기능에 경도 장해가 남은 사람
제9급	진폐의 병형이 제3형 또는 제4형이면서 동시에 심폐기능에 경미한 장해가 남은 사람
제11급	진폐의 병형이 제1형 또는 제2형이면서 동시에 심폐기능에 경미한 장해가 남은 사람, 진폐의 병형이 제2형, 제3형 또는 제4형인 사람
제13급	진폐의 병형이 제1형인 사람

3. 합병증 등에 따른 요양대상 인정기준
  가. 진폐병형이 제1형 이상인 경우로서 다음의 어느 하나에 해당되는 경우
    (1) 진폐의 합병증으로 활동성 폐결핵, 감염에 의한 흉막염(가슴막염), 기관지염, 기관지확장증, 공기가슴증, 폐기종(폐공기증, 심폐기능이 경도 장해 이상인 경우에만 해당한다), 폐성심, 비정형(非定型) 미코박테리아 감염으로 확인된 경우
    (2) 진폐로 인하여 고도의 심폐기능장해(F3)로 확인된 경우
    (3) 진폐의 병형이 제4형이고 큰음영의 면적 합계가 오른쪽 폐의 윗쪽 2분의 1을 넘는 경우
    (4) 분진작업 종사경력이 있는 진폐근로자에서 원발성(原發性) 폐암이 발생한 경우
  나. 진폐의증(0/1)에 활동성 폐결핵이 합병된 경우(법 제36조의 보험급여 중 제1호의 요양급여 및 제4호의 간병급여만 해당한다)

〔별표11의3〕

심폐기능정도 판정이 곤란한 진폐근로자의 진폐장해등급 기준(제83조의2제2항 관련)

(2010.11.15 신설)

진폐 장해 등급	구 분
제5급	진폐의 병형이 제4형이면서 B 또는 C에 해당하는 사람
제7급	진폐의 병형이 제3형이거나 제4형이면서 A에 해당하는 사람
제11급	진폐의 병형이 제2형인 사람
제13급	진폐의 병형이 제1형인 사람

〔별표11의4〕

건강손상자녀 관련 유해인자
(제83조의4 관련)

(2022.12.30 신설)

1. 화학적 유해인자
  가. 납(CAS 7439-92-1)
  나. 니켈(CAS 7440-02-0)
  다. 벤젠(CAS 71-43-2)
  라. 사염화탄소(CAS 56-23-5)
  마. 수은(CAS 7439-97-6)
  바. 스토다드 솔벤트(CAS 8052-41-3)
  사. 스티렌(CAS 100-42-5)
  아. 에틸렌글리콜모노메틸에테르(CAS 109-86-4)
  자. 유기수은(CAS 115-09-3)
  차. 이산화황(CAS 7446-09-5)
  카. 이황화탄소(CAS 75-15-0)
  타. 일산화탄소(CAS 630-08-0)
  파. 카드뮴(CAS 7440-43-9)
  하. 크실렌(CAS 1330-20-7)
  거. 테트라브로모비스페놀A(CAS 79-94-7)
  너. 톨루엔(CAS 108-88-3)
  더. 폴리염화비페닐(PCB)(CAS 11096-82-5, CAS 12672-29-6)
2. 약물적 유해인자 : 메토트렉사트, 와파린, 이소트레티노인 등 「약사법」 제23조의2제1항제2호에 따라 식품의약품안전처장이 고시한 임부금기(妊婦禁忌) 성분
3. 물리적 유해인자
  가. 고열 : 「산업안전보건법」 제39조제1항제2호에 따른 고온에 의한 건강장해를 예방하기 위하여 보건조치가 필요한 고열. 이 경우 용광로 등 고용노동부령으로 정하는 고열작업을 하는 장소에서 일을 하는 사람에 대하여 유해인자로 인정된다.
  나. 방사선 : 「산업안전보건법」 제39조제1항제2호에 따른 방사선에 의한 건강장해를 예방하기 위하여 보건조치가 필요한 방사선. 이 경우 엑스선 장치의 제조·사용 또는 엑스선이 발생하는 장치의 검사업무 등 고용노동부령으로 정하는 방사선 업무를 하는 사람에 대하여 유해인자로 인정된다.
4. 생물학적 유해인자 : 「산업안전보건법」 제39조제1항제1호에 따른 병원체에 의한 건강장해를 예방하기 위하여 보건조치가 필요한 다음 각 목의 유해인자. 이 경우 혈액의 검사 작업 등 고용노동부령으로 정하는 작업을 하는 사람에 대하여 유해인자로 인정된다.
  가. B형 간염 바이러스
  나. 거대세포바이러스
  다. 단순포진바이러스
  라. 매독
  마. 수두대상포진바이러스
  바. 인간면역결핍 바이러스
  사. 톡소포자충증
  아. 파보바이러스 B-19
  자. 풍진바이러스
5. 제1호에서 제4호까지에서 규정되지 않은 유해인자의 경우에도 임신 중인 근로자의 업무수행 과정에서 그 유해인자의 취급이나 유해인자에의 노출이 건강손상자녀와 인과관계가 있음이 「한국산업안전보건공단법」에 따른 한국산업안전보건공단 또는 고용노동부령으로 정하는 기관의 자문을 통해 시간적·의학적으로 증명되는 경우에는 유해인자로 본다.

〔별표12〕

과태료의 부과기준(제128조 관련)

(2023.6.27 개정)

1. 일반기준
  가. 위반행위의 횟수에 따른 과태료의 가중된 부과기준은 최근 1년간 같은 위반행위로 과태료 부과처분을 받은 경우에 적용한다. 이 경우 기간의 계산은 위반행위에 대하여 과태료 부과처분을 받은 날과 그 처분 후 다시 같은 위반행위를 하여 적발된 날을 기준으로 한다.
  나. 가목에 따라 가중된 부과처분을 하는 경우 가중처분의 적용 차수는 그 위반행위 전 부과처분 차수(가목에 따른 기간 내에 과태료 부과처분이 둘 이상 있었던 경우에는 높은 차수를 말한다)의 다음 차수로 한다.
  다. 부과권자는 다음의 어느 하나에 해당하는 경우에는 제2호의 개별기준에 따른 과태료의 2분의 1 범위에서 그 금액을 줄여 부과할 수 있다. 다만, 과태료를 체납하고 있는 위반행위자에 대해서는 그렇지 않다.
    1) 위반행위가 사소한 부주의나 오류로 인한 것으로 인정되는 경우
    2) 위반행위의 내용·정도가 경미하여 사회적 피해가 적다고 인정되는 경우
    3) 위반행위자가 법 위반상태를 시정하거나 해소하기 위하여 노력한 사실이 인정되는 경우
    4) 그 밖에 위반행위의 정도, 위반행위의 동기와 그 결과 등을 고려하여 과태료 금액을 줄일 필요가 있다고 인정되는 경우
  라. 부과권자는 다음의 어느 하나에 해당하는 경우에는 제2호의 개별기준에 따른 과태료의 2분의 1 범위에서 늘려 그 금액을 부과할 수 있다. 다만, 늘려 부과하는 경우에도 법 제129조제1항부터 제3항까지의 규정에 따른 과태료의 상한을 넘을 수 없다.
    1) 위반의 내용·정도가 중대하여 근로자 등에게 미치는 피해가 크다고 인정되는 경우
    2) 그 밖에 위반행위의 정도, 위반행위의 동기와 그 결과 등을 고려하여 과태료 금액을 늘릴 필요가 있다고 인정되는 경우
2. 개별기준

위 반 행 위	근거 법조문	과태료		
		1차 위반	2차 위반	3차 이상 위반
가. 법 제34조를 위반하여 근로복지공단 또는 이와 비슷한 명칭을 사용한 경우	법 제129조 제2항 제1호	100 만원	150 만원	200 만원
나. 산재보험 의료기관이 법 제45조제1항을 위반하여 공단이 아닌 자에게 진료비를 청구한 경우	법 제129조 제2항 제2호	50 만원	100 만원	200 만원
다. 산재보험 의료기관이 법 제47조제1항에 따른 진료계획을 정당한 사유 없이 제출하지 않은 경우	법 제129조 제3항 제1호	진료계획 미제출 1건당 5만원		
라. 법 제91조의21을 위반하여 자료 또는 정보의 제공 요청에 따르지 않은 경우	법 제129조 제1항	100 만원	200 만원	300 만원
마. 법 제105조제4항(법 제109조제1항에서 준용하는 경우를 포함한다)에 따른 질문에 답변하지 않거나 거짓된 답변을 하거나 검사를 거부·방해 또는 기피한 경우	법 제129조 제3항 제2호	50 만원	70 만원	100 만원
바. 법 제114조제1항 또는 법 제118조에 따른 보고를 하지 않거나 거짓된 보고를 한 경우 또는 서류나 물건의 제출명령에 따르지 않은 경우	법 제129조 제3항 제3호	50 만원	70 만원	100 만원
사. 법 제117조 또는 법 제118조에 따른 공단의 소속 직원의 질문에 답변을 거부하거나 조사를 거부·방해 또는 기피한 경우	법 제129조 제3항 제4호	50 만원	70 만원	100 만원

■ 산업안전보건법 시행령

〔별표1〕

법의 일부를 적용하지 않는 사업 또는 사업장 및 적용 제외 법 규정(제2조제1항 관련)

대상 사업 또는 사업장	적용 제외 법 규정
1. 다음 각 목의 어느 하나에 해당하는 사업 가. 「광산안전법」 적용 사업(광업 중 광물의 채광·채굴·선광 또는 제련 등의 공정으로 한정하며, 제조공정은 제외한다) 나. 「원자력안전법」 적용 사업(발전업 중 원자력 발전설비를 이용하여 전기를 생산하는 사업장으로 한정한다) 다. 「항공안전법」 적용 사업(항공기, 우주선 및 부품 제조업과 창고 및 운송관련 서비스업, 여행사 및 기타 여행보조 서비스업 중 항공 관련 사업은 각각 제외한다) 라. 「선박안전법」 적용 사업(선박 및 보트 건조업은 제외한다)	제15조부터 제17조까지, 제20조제1호, 제21조(다른 규정에 따라 준용되는 경우는 제외한다), 제24조(다른 규정에 따라 준용되는 경우는 제외한다), 제2장제2절, 제29조(보건에 관한 사항은 제외한다), 제30조(보건에 관한 사항은 제외한다), 제31조, 제38조, 제51조(보건에 관한 사항은 제외한다), 제52조(보건에 관한 사항은 제외한다), 제53조(보건에 관한 사항은 제외한다), 제54조(보건에 관한 사항은 제외한다), 제55조, 제58조부터 제60조까지, 제62조, 제63조, 제64조(제1항제6호는 제외한다), 제65조, 제66조, 제72조, 제75조, 제88조, 제103조부터 제107조까지 및 제160조(제21조제4항 및 제88조제5항과 관련되는 과징금으로 한정한다)
2. 다음 각 목의 어느 하나에 해당하는 사업 가. 소프트웨어 개발 및 공급업 나. 컴퓨터 프로그래밍, 시스템 통합 및 관리업 다. 정보서비스업 라. 금융 및 보험업 마. 기타 전문서비스업 바. 건축기술, 엔지니어링 및 기타 과학기술 서비스업 사. 기타 전문, 과학 및 기술 서비스업(사진 처리업은 제외한다) 아. 사업지원 서비스업 자. 사회복지 서비스업	제29조(제3항에 따른 추가교육은 제외한다) 및 제30조
3. 다음 각 목의 어느 하나에 해당하는 사업으로서 상시 근로자 50명 미만을 사용하는 사업장 가. 농업 나. 어업 다. 환경 정화 및 복원업 라. 소매업 ; 자동차 제외 마. 영화, 비디오물, 방송프로그램 제작 및 배급업 바. 녹음시설 운영업 사. 방송업 아. 부동산업(부동산 관리업은 제외한다) 자. 임대업 ; 부동산 제외 차. 연구개발업 카. 보건업(병원은 제외한다) 타. 예술, 스포츠 및 여가관련 서비스업 파. 협회 및 단체 하. 기타 개인 서비스업(세탁업은 제외한다)	
4. 다음 각 목의 어느 하나에 해당하는 사업 가. 공공행정(청소, 시설관리, 조리 등 현업업무에 종사하는 사람으로서 고용노동부장관이 정하여 고시하는 사람은 제외한다), 국방 및 사회보장 행정 나. 교육 서비스업 중 초등·중등·고등 교육기관, 특수학교·외국인학교 및 대안학교(청소, 시설관리, 조리 등 현업업무에 종사하는 사람으로서 고용노동부장관이 정하여 고시하는 사람은 제외한다)	제2장제1절·제2절 및 제3장(다른 규정에 따라 준용되는 경우는 제외한다)
5. 다음 각 목의 어느 하나에 해당하는 사업 가. 초등·중등·고등 교육기관, 특수학교·외국인학교 및 대안학교 외의 교육서비스업(청소년수련시설 운영업은 제외한다) 나. 국제 및 외국기관 다. 사무직에 종사하는 근로자만을 사용하는 사업장(사업장이 분리된 경우로서 사무직에 종사하는 근로자만을 사용하는 사업장을 포함한다)	제2장제1절·제2절, 제3장 및 제5장제2절(제64조제1항제6호는 제외한다). 다만, 다른 규정에 따라 준용되는 경우는 해당 규정을 적용한다.
6. 상시 근로자 5명 미만을 사용하는 사업장	제2장제1절·제2절, 제3장(제29조제3항에 따른 추가교육은 제외한다), 제47조, 제49조, 제50조 및 제159조(다른 규정에 따라 준용되는 경우는 제외한다)

비고 : 제1호부터 제6호까지의 규정에 따른 사업에 둘 이상 해당하는 사업의 경우에는 각각의 호에 따라 적용이 제외되는 규정은 모두 적용하지 않는다.

〔별표2〕

안전보건관리책임자를 두어야 하는 사업의 종류 및 사업장의 상시근로자 수(제14조제1항 관련)

사업의 종류	사업장의 상시근로자 수
1. 토사석 광업 2. 식료품 제조업, 음료 제조업 3. 목재 및 나무제품 제조업 ; 가구 제외 4. 펄프, 종이 및 종이제품 제조업 5. 코크스, 연탄 및 석유정제품 제조업 6. 화학물질 및 화학제품 제조업 ; 의약품 제외 7. 의료용 물질 및 의약품 제조업 8. 고무 및 플라스틱제품 제조업 9. 비금속 광물제품 제조업 10. 1차 금속 제조업 11. 금속가공제품 제조업 ; 기계 및 가구 제외 12. 전자부품, 컴퓨터, 영상, 음향 및 통신장비 제조업 13. 의료, 정밀, 광학기기 및 시계 제조업 14. 전기장비 제조업 15. 기타 기계 및 장비 제조업 16. 자동차 및 트레일러 제조업	상시 근로자 50명 이상

17. 기타 운송장비 제조업 18. 가구 제조업 19. 기타 제품 제조업 20. 서적, 잡지 및 기타 인쇄물 출판업 21. 해체, 선별 및 원료 재생업 22. 자동차 종합 수리업, 자동차 전문 수리업	
23. 농업 24. 어업 25. 소프트웨어 개발 및 공급업 26. 컴퓨터 프로그래밍, 시스템 통합 및 관리업 27. 정보서비스업 28. 금융 및 보험업 29. 임대업 ; 부동산 제외 30. 전문, 과학 및 기술 서비스업(연구개발업은 제외한다) 31. 사업지원 서비스업 32. 사회복지 서비스업	상시 근로자 300명 이상
33. 건설업	공사금액 20억원 이상
34. 제1호부터 제33호까지의 사업을 제외한 사업	상시 근로자 100명 이상

〔별표3〕

안전관리자를 두어야 하는 사업의 종류, 사업장의 상시근로자 수, 안전관리자의 수 및 선임방법(제16조제1항 관련)

(2022.8.16 개정)

사업의 종류	사업장의 상시근로자 수	안전관리자의 수	안전관리자의 선임방법
1. 토사석 광업 2. 식료품 제조업, 음료 제조업 3. 섬유제품 제조업 ; 의복 제외 4. 목재 및 나무제품 제조업 ; 가구 제외 5. 펄프, 종이 및 종이제품 제조업 6. 코크스, 연탄 및 석유정제품 제조업 7. 화학물질 및 화학제품 제조업 ; 의약품 제외 8. 의료용 물질 및 의약품 제조업 9. 고무 및 플라스틱제품 제조업 10. 비금속 광물제품 제조업 11. 1차 금속 제조업 12. 금속가공제품 제조업 ; 기계 및 가구 제외 13. 전자부품, 컴퓨터, 영상, 음향 및 통신장비 제조업 14. 의료, 정밀, 광학기기 및 시계 제조업 15. 전기장비 제조업 16. 기타 기계 및 장비 제조업 17. 자동차 및 트레일러 제조업 18. 기타 운송장비 제조업 19. 가구 제조업 20. 기타 제품 제조업 21. 산업용 기계 및 장비 수리업 22. 서적, 잡지 및 기타 인쇄물 출판업 23. 폐기물 수집, 운반, 처리 및 원료 재생업 24. 환경 정화 및 복원업 25. 자동차 종합 수리업, 자동차 전문 수리업 26. 발전업 27. 운수 및 창고업	상시근로자 50명 이상 500명 미만	1명 이상	별표4 각 호의 어느 하나에 해당하는 사람(같은 표 제3호·제7호 및 제9호부터 제12호까지에 해당하는 사람은 제외한다)을 선임해야 한다.
	상시근로자 500명 이상	2명 이상	별표4 각 호의 어느 하나에 해당하는 사람(같은 표 제7호 및 제9호부터 제12호까지에 해당하는 사람은 제외한다)을 선임하되, 같은 표 제1호·제2호(「국가기술자격법」에 따른 산업안전산업기사의 자격을 취득한 사람은 제외한다) 또는 제4호에 해당하는 사람이 1명 이상 포함되어야 한다.
28. 농업, 임업 및 어업 29. 제2호부터 제21호까지의 사업을 제외한 제조업 30. 전기, 가스, 증기 및 공기조절 공급업(발전업은 제외한다) 31. 수도, 하수 및 폐기물 처리, 원료 재생업(제23호 및 제24호에 해당하는 사업은 제외한다) 32. 도매 및 소매업 33. 숙박 및 음식점업 34. 영상·오디오 기록물 제작 및 배급업 35. 방송업 36. 우편 및 통신업 37. 부동산업 38. 임대업 ; 부동산 제외 39. 연구개발업 40. 사진처리업 41. 사업시설 관리 및 조경 서비스업 42. 청소년 수련시설 운영업 43. 보건업 44. 예술, 스포츠 및 여가 관련 서비스업 45. 개인 및 소비용품수리업(제25호에 해당하는 사업은 제외한다) 46. 기타 개인 서비스업 47. 공공행정(청소, 시설관리, 조리 등 현업업무에 종사하는 사람으로서 고용노동부장관이 정하여 고시하는 사람으로 한정한다) 48. 교육서비스업 중 초등·중등·고등 교육기관, 특수학교·외국인학교 및 대안학교(청소, 시설관리, 조리 등 현업업무에 종사하는 사람으로서 고용노동부장관이 정하여 고시하는 사람으로 한정한다)	상시근로자 50명 이상 1천명 미만. 다만, 제37호의 사업(부동산 관리업은 제외한다)과 제40호의 사업의 경우에는 상시근로자 100명 이상 1천명 미만으로 한다.	1명 이상	별표4 각 호의 어느 하나에 해당하는 사람(같은 표 제3호 및 제9호부터 제12호까지에 해당하는 사람은 제외한다. 다만, 제28호 및 제30호부터 제46호까지의 사업의 경우 별표4 제3호에 해당하는 사람에 대해서는 그렇지 않다)을 선임해야 한다.
	상시근로자 1천명 이상	2명 이상	별표4 각 호의 어느 하나에 해당하는 사람(같은 표 제7호·제11호 및 제12호에 해당하는 사람은 제외한다)을 선임하되, 같은 표 제1호·제2호·제4호 또는 제5호에 해당하는 사람이 1명 이상 포함되어야 한다.
49. 건설업	공사금액 50억원 이상 (관계수급인은 100억원 이상) 120억원 미만 (「건설산업기본법 시행령」 별표1 제1호가목의 토목공사업의 경우에는 150억원 미만)	1명 이상	별표4 제1호부터 제7호까지 및 제10호부터 제12호까지의 어느 하나에 해당하는 사람을 선임해야 한다.
	공사금액 120억원 이상 (「건설산업기본법 시행령」 별표1 제1호가목의 토목공사업의 경우에는 150억원 이상) 800억원 미만		별표4 제1호부터 제7호까지 및 제10호의 어느 하나에 해당하는 사람을 선임해야 한다.
	공사금액 800억원 이상 1,500억원 미만	2명 이상. 다만, 전체 공사기간을 100으로 할 때 공사 시작에서 15에 해당하는 기간과 공사 종료 전의 15에 해당하는 기간(이하 "전체 공사기간 중 전·후 15에 해당하는 기간"이라 한다) 동안은 1명 이상으로 한다.	별표4 제1호부터 제7호까지 및 제10호의 어느 하나에 해당하는 사람을 선임하되, 같은 표 제1호부터 제3호까지의 어느 하나에 해당하는 사람이 1명 이상 포함되어야 한다.
	공사금액 1,500억원 이상 2,200억원 미만	3명 이상. 다만, 전체 공사기간 중 전·후 15에 해당하는 기간은 2명 이상으로 한다.	별표4 제1호부터 제7호까지 및 제12호의 어느 하나에 해당하는 사람을 선임하되, 같은 표 제12호에 해당하는 사람은 1명만 포함될 수 있고, 같은 표 제1호 또는 「국가기술자격법」에 따른 건설안전기술사(건설안전기사 또는 산업안전기사의 자격을 취득한 후 7년 이상 건설안전 업무를 수행한 사람이거나 건설안전산업기사 또는 산업안전산업기사의 자격을 취득한 후 10년 이상 건설안전 업무를 수행한 사람을 포함한다) 자격을 취득한 사람(이하 "산업안전지도사등"이라 한다)이 1명 이상 포함되어야 한다.
	공사금액 2,200억원 이상 3천억원 미만	4명 이상. 다만, 전체 공사기간 중 전·후 15에 해당하는 기간은 2명 이상으로 한다.	
	공사금액 3천억원 이상 3,900억원 미만	5명 이상. 다만, 전체 공사기간 중 전·후 15에 해당하는 기간은 3명 이상으로 한다.	별표4 제1호부터 제7호까지 및 제12호의 어느 하나에 해당하는 사람을 선임하되, 같은 표 제12호에 해당하는 사람이 1명만 포함될 수 있고, 산업안전지도사등이 2명 이상 포함되어야 한다. 다만, 전체 공사기간 중 전·후 15에 해당하는 기간에는 산업안전지도사등이 1명 이상 포함되어야 한다.
	공사금액 3,900억원 이상 4,900억원 미만	6명 이상. 다만, 전체 공사기간 중 전·후 15에 해당하는 기간은 3명 이상으로 한다.	
	공사금액 4,900억원 이상 6천억원 미만	7명 이상. 다만, 전체 공사기간 중 전·후 15에 해당하는 기간은 4명 이상으로 한다.	별표4 제1호부터 제7호까지 및 제12호의 어느 하나에 해당하는 사람을 선임하되, 같은 표 제12호에 해당하는 사람은 2명까지만 포함될 수 있고, 산업안전지도사등이 2명 이상 포함되어야 한다. 다만, 전체 공사기간 중 전·후 15에 해당하는 기간에는 산업안전지도사등이 2명 이상 포함되어야 한다.
	공사금액 6천억원 이상 7,200억원 미만	8명 이상. 다만, 전체 공사기간 중 전·후 15에 해당하는 기간은 4명 이상으로 한다.	
	공사금액 7,200억원 이상 8,500억원 미만	9명 이상. 다만, 전체 공사기간 중 전·후 15에 해당하는 기간은 5명 이상으로 한다.	별표4 제1호부터 제7호까지 및 제12호의 어느 하나에 해당하는 사람을 선임하되, 같은 표 제12호에 해당하는 사람은 2명까지만 포함될 수 있고, 산업안전지도사등이
	공사금액 8,500억원 이상 1조원 미만	10명 이상. 다만, 전체 공사기간 중 전·후 15에 해당하는 기간은 5명 이상으로 한다.	

	1조원 이상	11명 이상〔매 2천억원(2조원이상부터는 매 3천억원)마다 1명씩 추가한다〕. 다만, 전체 공사기간 중 전·후 15에 해당하는 기간은 선임 대상 안전관리자 수의 2분의 1(소수점 이하는 올림한다) 이상으로 한다.	3명 이상 포함되어야 한다. 다만, 전체 공사기간 중 전·후 15에 해당하는 기간에는 산업안전지도사등이 3명 이상 포함되어야 한다.

비고
1. 철거공사가 포함된 건설공사의 경우 철거공사만 이루어지는 기간은 전체 공사기간에는 산입되나 전체 공사기간 중 전·후 15에 해당하는 기간에는 산입되지 않는다. 이 경우 전체 공사기간 중 전·후 15에 해당하는 기간은 철거공사만 이루어지는 기간을 제외한 공사기간을 기준으로 산정한다.
2. 철거공사만 이루어지는 기간에는 공사금액별로 선임해야 하는 최소 안전관리자 수 이상으로 안전관리자를 선임해야 한다.

〔별표4〕

안전관리자의 자격(제17조 관련)

(2022.8.16 개정)

안전관리자는 다음 각 호의 어느 하나에 해당하는 사람으로 한다.
1. 법 제143조제1항에 따른 산업안전지도사 자격을 가진 사람
2. 「국가기술자격법」에 따른 산업안전산업기사 이상의 자격을 취득한 사람
3. 「국가기술자격법」에 따른 건설안전산업기사 이상의 자격을 취득한 사람
4. 「고등교육법」에 따른 4년제 대학 이상의 학교에서 산업안전 관련 학위를 취득한 사람 또는 이와 같은 수준 이상의 학력을 가진 사람
5. 「고등교육법」에 따른 전문대학 또는 이와 같은 수준 이상의 학교에서 산업안전 관련 학위를 취득한 사람
6. 「고등교육법」에 따른 이공계 전문대학 또는 이와 같은 수준 이상의 학교에서 학위를 취득하고, 해당 사업의 관리감독자로서의 업무(건설업의 경우는 시공실무경력)를 3년(4년제 이공계 대학 학위 취득자는 1년) 이상 담당한 후 고용노동부장관이 지정하는 기관이 실시하는 교육(1998년 12월 31일까지의 교육만 해당한다)을 받고 정해진 시험에 합격한 사람. 다만, 관리감독자로 종사한 사업과 같은 업종(한국표준산업분류에 따른 대분류를 기준으로 한다)의 사업장이면서, 건설업의 경우를 제외하고는 상시근로자 300명 미만인 사업장에서만 안전관리자가 될 수 있다.
7. 「초·중등교육법」에 따른 공업계 고등학교 또는 이와 같은 수준 이상의 학교를 졸업하고, 해당 사업의 관리감독자로서의 업무(건설업의 경우는 시공실무경력)를 5년 이상 담당한 후 고용노동부장관이 지정하는 기관이 실시하는 교육(1998년 12월 31일까지의 교육만 해당한다)을 받고 정해진 시험에 합격한 사람. 다만, 관리감독자로 종사한 사업과 같은 종류인 업종(한국표준산업분류에 따른 대분류를 기준으로 한다)의 사업장이면서, 건설업의 경우를 제외하고는 별표3 제28호 또는 제33호의 사업을 하는 사업장(상시근로자 50명 이상 1천명 미만인 경우만 해당한다)에서만 안전관리자가 될 수 있다.
8. 다음 각 목의 어느 하나에 해당하는 사람. 다만, 해당 법령을 적용받은 사업에서만 선임될 수 있다.
  가. 「고압가스 안전관리법」 제4조 및 같은 법 시행령 제3조제1항에 따른 허가를 받은 사업자 중 고압가스를 제조·저장 또는 판매하는 사업에서 같은 법 제15조 및 같은 법 시행령 제12조에 따라 선임하는 안전관리 책임자
  나. 「액화석유가스의 안전관리 및 사업법」 제5조 및 같은 법 시행령 제3조에 따른 허가를 받은 사업자 중 액화석유가스 충전사업·액화석유가스 집단공급사업 또는 액화석유가스 판매사업에서 같은 법 제34조 및 같은 법 시행령 제15조에 따라 선임하는 안전관리책임자
  다. 「도시가스사업법」 제29조 및 같은 법 시행령 제15조에 따라 선임하는 안전관리 책임자
  라. 「교통안전법」 제53조에 따라 교통안전관리자의 자격을 취득한 후 해당 분야에 채용된 교통안전관리자
  마. 「총포·도검·화약류 등의 안전관리에 관한 법률」 제2조제3항에 따른 화약류를 제조·판매 또는 저장하는 사업에서 같은 법 제27조 및 같은 법 시행령 제54조·제55조에 따라 선임하는 화약류제조보안책임자 또는 화약류관리보안책임자
  바. 「전기안전관리법」 제22조에 따라 전기사업자가 선임하는 전기안전관리자
9. 제16조제2항에 따라 전담 안전관리자를 두어야 하는 사업장(건설업은 제외한다)에서 안전 관련 업무를 10년 이상 담당한 사람
10. 「건설산업기본법」 제8조에 따른 종합공사를 시공하는 업종의 건설현장에서 안전보건관리책임자로 10년 이상 재직한 사람
11. 「건설기술 진흥법」에 따른 토목·건축 분야 건설기술인 중 등급이 중급 이상인 사람으로서 고용노동부장관이 지정하는 기관이 실시하는 산업안전교육(2023년 12월 31일까지의 교육만 해당한다)을 이수하고 정해진 시험에 합격한 사람
12. 「국가기술자격법」에 따른 토목산업기사 또는 건축산업기사 이상의 자격을 취득한 후 해당 분야에서의 실무경력이 다음 각 목의 구분에 따른 기간 이상인 사람으로서 고용노동부장관이 지정하는 기관이 실시하는 산업안전교육(2023년 12월 31일까지의 교육만 해당한다)을 이수하고 정해진 시험에 합격한 사람
  가. 토목기사 또는 건축기사 : 3년
  나. 토목산업기사 또는 건축산업기사 : 5년

〔별표5〕

보건관리자를 두어야 하는 사업의 종류, 사업장의 상시근로자 수, 보건관리자의 수 및 선임방법(제20조제1항 관련)

(2020.9.8 개정)

사업의 종류	사업장의 상시근로자 수	보건관리자의 수	보건관리자의 선임방법
1. 광업(광업 지원 서비스업은 제외한다) 2. 섬유제품 염색, 정리 및 마무리 가공업 3. 모피제품 제조업 4. 그 외 기타 의복액세서리 제조업(모피 액세서리에 한정한다) 5. 모피 및 가죽 제조업(원피가공 및 가죽 제조업은 제외한다) 6. 신발 및 신발부분품 제조업 7. 코크스, 연탄 및 석유정제품 제조업 8. 화학물질 및 화학제품 제조업 ; 의약품 제외 9. 의료용 물질 및 의약품 제조업 10. 고무 및 플라스틱제품 제조업 11. 비금속 광물제품 제조업 12. 1차 금속 제조업 13. 금속가공제품 제조업 ; 기계 및 가구 제외 14. 기타 기계 및 장비 제조업 15. 전자부품, 컴퓨터, 영상, 음향 및 통신장비 제조업 16. 전기장비 제조업 17. 자동차 및 트레일러 제조업 18. 기타 운송장비 제조업 19. 가구 제조업 20. 해체, 선별 및 원료 재생업 21. 자동차 종합 수리업, 자동차 전문 수리업 22. 제88조 각 호의 어느 하나에 해당하는 유해물질을 제조하는 사업과 그 유해물질을 사용하는 사업 중 고용노동부장관이 특히 보건관리를 할 필요가 있다고 인정하여 고시하는 사업	상시근로자 50명 이상 500명 미만	1명 이상	별표6 각 호의 어느 하나에 해당하는 사람을 선임해야 한다.
	상시근로자 500명 이상 2천명 미만	2명 이상	별표6 각 호의 어느 하나에 해당하는 사람을 선임해야 한다.
	상시근로자 2천명 이상	2명 이상	별표6 각 호의 어느 하나에 해당하는 사람을 선임하되, 같은 표 제2호 또는 제3호에 해당하는 사람이 1명 이상 포함되어야 한다.
23. 제2호부터 제22호까지의 사업을 제외한 제조업	상시근로자 50명 이상 1천명 미만	1명 이상	별표6 각 호의 어느 하나에 해당하는 사람을 선임해야 한다.
	상시근로자 1천명 이상 3천명 미만	2명 이상	별표6 각 호의 어느 하나에 해당하는 사람을 선임해야 한다.
	상시근로자 3천명 이상	2명 이상	별표6 각 호의 어느 하나에 해당하는 사람을 선임하되, 같은 표 제2호 또는 제3호에 해당하는 사람이 1명 이상 포함되어야 한다.
24. 농업, 임업 및 어업 25. 전기, 가스, 증기 및 공기조절공급업 26. 수도, 하수 및 폐기물 처리, 원료 재생업(제20호에 해당하는 사업은 제외한다) 27. 운수 및 창고업 28. 도매 및 소매업 29. 숙박 및 음식점업 30. 서적, 잡지 및 기타 인쇄물 출판업 31. 방송업 32. 우편 및 통신업 33. 부동산업 34. 연구개발업 35. 사진 처리업 36. 사업시설 관리 및 조경 서비스업 37. 공공행정(청소, 시설관리, 조리 등 현업업무에 종사하는 사람으로서 고용노동부장관이 정하여 고시하는 사람으로 한정한다) 38. 교육서비스업 중 초등·중등·고등 교육기관, 특수학교·외국인학교 및 대안학교(청소, 시설관리, 조리 등 현업업무에 종사하는 사람으로서 고용노동부장관이 정하여 고시하는 사람으로 한정한다) 39. 청소년 수련시설 운영업 40. 보건업 41. 골프장 운영업 42. 개인 및 소비용품수리업(제21호에 해당하는 사업은 제외한다) 43. 세탁업	상시근로자 50명 이상 5천명 미만. 다만, 제35호의 경우에는 상시근로자 100명 이상 5천명 미만으로 한다.	1명 이상	별표6 각 호의 어느 하나에 해당하는 사람을 선임해야 한다.
	상시 근로자 5천명 이상	2명 이상	별표6 각 호의 어느 하나에 해당하는 사람을 선임하되, 같은 표 제2호 또는 제3호에 해당하는 사람이 1명 이상 포함되어야 한다.
44. 건설업	공사금액 800억원 이상(「건설산업기본법 시행령」 별표1의 종합공사를 시공하는 업종의 건설업종란 제1호에 따른 토목공사업에 속하는 공사의 경우에는 1천억 이상) 또는 상시 근로자 600명 이상	1명 이상〔공사금액 800억원(「건설산업기본법 시행령」 별표1의 종합공사를 시공하는 업종의 건설업종란 제1호에 따른 토목공사업은 1천억원)을 기준으로 1,400억원이 증가할 때마다 또는 상시 근로자 600명을 기준으로 600명이 추가될 때마다 1명씩 추가한다〕	별표6 각 호의 어느 하나에 해당하는 사람을 선임해야 한다.

〔별표6〕

보건관리자의 자격(제21조 관련)

보건관리자는 다음 각 호의 어느 하나에 해당하는 사람으로 한다.
1. 법 제143조제1항에 따른 산업보건지도사 자격을 가진 사람
2. 「의료법」에 따른 의사
3. 「의료법」에 따른 간호사
4. 「국가기술자격법」에 따른 산업위생관리산업기사 또는 대기환경산업기사 이상의 자격을 취득한 사람
5. 「국가기술자격법」에 따른 인간공학기사 이상의 자격을 취득한 사람
6. 「고등교육법」에 따른 전문대학 이상의 학교에서 산업보건 또는 산업위생 분야의 학위를 취득한 사람(법령에 따라 이와 같은 수준 이상의 학력이 있다고 인정되는 사람을 포함한다)

〔별표7〕

안전관리전문기관의 인력·시설 및 장비 기준(제27조제1항 관련)

(2023.6.27 개정)

1. 법 제145조제1항에 따라 등록한 산업안전지도사의 경우
  가. 인력기준 : 법 제145조제1항에 따라 등록한 산업안전지도사(건설안전 분야는 제외한다) 1명 이상
  나. 시설기준 : 사무실(장비실을 포함한다)
  다. 장비기준 : 제2호가목 표에 따른 장비와 같음
  라. 업무수탁한계(법 제145조제1항에 따라 등록한 산업안전지도사 1명 기준) : 사업장 30개소 또는 근로자 수 2천명 이하
2. 안전관리 업무를 하려는 법인의 경우
  가. 기본 인력·시설 및 장비

인 력	시 설	장 비	대상업종
1) 다음의 어느 하나에 해당하는 사람 1명 이상 가) 기계·전기·화공안전 분야의 산업안전지도사 또는 안전기술사 나) 산업안전산업기사 이상의 자격을 취득한 후 산업안전 실무경력(건설업에서의 경력은 제외한다. 이하 같다)이 산업안전기사 이상의 자격은 10년, 산업안전산업기사 자격은 12년 이상인 사람 2) 산업안전산업기사 이상의 자격을 취득한 후 산업안전 실무경력이 산업안전기사 이상의 자격은 5년, 산업안전산업기사 자격은 7년 이상인 사람 1명 이상 3) 다음의 어느 하나에 해당하는 사람 2명 이상. 이 경우 가)에 해당하는 사람이 전체 인원의 2분의 1 이상이어야 한다. 가) 산업안전산업기사 이상의 자격을 취득한 후 산업안전 실무경력이 산업안전기사 이상의 자격은 3년, 산업안전산업기사 자격은 5년 이상인 사람 나) 일반기계·전기·화공·가스 분야 산업기사 이상의 자격을 취득한 후 그 분야 실무경력 또는 산업안전 실무경력이 기사 이상의 자격은 4년, 산업기사 자격은 6년 이상인 사람 4) 다음의 어느 하나에 해당하는 사람 1명 이상. 이 경우 2명 이상인 경우에는 가)에 해당하는 사람이 전체 인원의 2분의 1 이상이어야 한다. 가) 제17조에 따른 안전관리자의 자격(별표4 제1호부터 제5호까지의 어느 하나에 해당하는 자격을 갖춘 사람만 해당한다)을 갖춘 후 산업안전 실무경력(「고등교육법」 제22조, 「직업교육훈련 촉진법」 제7조에 따른 현장실습과 이에 준하는 경력을 포함한다)이 6개월 이상인 사람 나) 「국가기술자격법」에 따른 직무분야 중 기계·금속·화공·전기·조선·섬유·안전관리(소방설비·가스 분야만 해당한다)·산업응용 분야의 산업기사 이상의 자격을 취득한 후 그 분야 실무경력 또는 산업안전 실무경력(「고등교육법」 제22조, 「직업교육훈련 촉진법」 제7조에 따른 현장실습과 이에 준하는 경력을 포함한다)이 3년 이상인 사람 ※ 다만, 안전관리 업무를 하려는 법인의 소재지가 제주특별자치도인 경우에는 1) 및 2)에 해당하는 사람 중 1명 이상과 3)에 해당하는 사람 2명 이상이어야 한다.	사무실(장비실 포함)	1) 자분탐상비파괴시험기 또는 초음파두께측정기 2) 클램프미터 3) 소음측정기 4) 가스농도측정기 또는 가스검지기 5) 산소농도측정기 6) 가스누출탐지기(휴대용) 7) 절연저항측정기 8) 정전기전위측정기 9) 조도계 10) 멀티테스터 11) 접지저항측정기 12) 토크게이지 13) 검전기(저압용·고압용·특고압용) 14) 온도계(표면온도 측정용) 15) 시청각교육장비(VTR이나 OHP 또는 이와 같은 수준 이상의 성능을 가진 교육장비)	모든 사업(건설업은 제외한다)

  나. 수탁하려는 사업장 또는 근로자의 수에 따른 인력 및 장비
    1) 인력기준
      가) 수탁하려는 사업장 또는 근로자 수의 수가 151개소 또는 10,001명 이상인 경우 다음의 구분에 따라 가목1)부터 4)까지의 규정에 따른 인력을 추가로 갖추어야 한다.
      나) 사업장 수에 따른 인력기준과 근로자 수에 따른 인력기준이 서로 다른 경우에는 그 중 더 중한 기준에 따라야 한다.

구 분		자격별 인력기준〔가목1)부터 4)까지〕				
사업장 수(개소)	근로자 수(명)	계	가목1)	가목2)	가목3)	가목4)
151 ~ 180	10,001 ~ 12,000	6	1	1	3	1
181 ~ 210	12,001 ~ 14,000	7	1	1	3	2
211 ~ 240	14,001 ~ 16,000	8	1	1	4	2
241 ~ 270	16,001 ~ 18,000	9	1	2	4	2
271 ~ 300	18,001 ~ 20,000	11	1	2	5	3
301 ~ 330	20,001 ~ 22,000	12	2	2	5	3
331 ~ 360	22,001 ~ 24,000	13	2	2	6	3
361 ~ 390	24,001 ~ 26,000	14	2	2	7	3
391 ~ 420	26,001 ~ 28,000	15	2	2	7	4
421 ~ 450	28,001 ~ 30,000	16	2	2	8	4
451 ~ 480	30,001 ~ 32,000	17	2	3	8	4
481 ~ 510	32,001 ~ 34,000	18	2	3	9	4
511 ~ 540	34,001 ~ 36,000	19	3	3	9	4
541 ~ 570	36,001 ~ 38,000	20	3	3	10	4
571 ~ 600	38,001 ~ 40,000	22	3	4	10	5

비고 : 사업장 수 600개소를 초과하거나 근로자 수 4만명을 초과하는 경우에는 사업장 수 30개소 또는 근로자 수 2천명을 초과할 때마다 자격별 인력기준 가목1)부터 4)까지의 어느 하나에 해당하는 사람 중 1명을 추가해야 한다. 이 경우 누적 사업장 수가 150개소 또는 누적 근로자 수가 1만명을 초과할 때마다 추가해야 하는 사람은 자격별 인력기준 가목1)부터 3)까지의 어느 하나에 해당하는 사람 중 1명으로 한다.

    2) 장비기준 : 인력 3명을 기준으로 3명을 추가할 때마다 가목 표의 장비란 중 2)·5)·6) 및 13)(저압용 검전기만 해당한다)을 각각 추가로 갖추어야 한다.

〔별표8〕

보건관리전문기관의 인력·시설 및 장비 기준(제27조제2항 관련)

1. 제27조제2항제1호에 해당하는 자의 경우
  가. 인력기준
    1) 법 제145조제1항에 따라 등록한 산업보건지도사 1명 이상
    2) 제2호가목1)가)에 해당하는 사람(위촉을 포함한다) 1명 이상. 다만, 법 제145조제1항에 따라 등록한 산업보건지도사가 해당 자격을 보유하고 있는 경우는 제외한다.
  나. 시설기준 : 사무실(건강상담실·보건교육실을 포함한다)
  다. 장비기준 : 제2호가목3)의 장비와 같음
  라. 업무수탁한계(법 제145조제1항에 따라 등록한 산업보건지도사 1명 기준) : 사업장 30개소 또는 근로자 수 2천명 이하
2. 제27조제2항제2호부터 제5호까지의 규정에 해당하는 자
  가. 수탁하려는 사업장 또는 근로자의 수가 100개소 이하 또는 1만명 이하인 경우
    1) 인력기준
      가) 다음의 어느 하나에 해당하는 의사 1명 이상
        (1) 「의료법」에 따른 직업환경의학과 전문의 또는 직업환경의학과 레지던트 4년차의 수련과정에 있는 사람
        (2) 「의료법」에 따른 예방의학과 전문의(환경 및 산업보건 전공)
        (3) 직업환경의학 관련 기관의 직업환경의학 분야에서 또는 사업장의 전임 보건관리자로서 4년 이상 실무나 연구업무에 종사한 의사. 다만, 임상의학과 전문의 자격자는 직업환경의학 분야에서 2년간의 실무나 연구업무에 종사한 것으로 인정한다.
      나) 「의료법」에 따른 간호사 2명 이상
      다) 법 제143조제1항에 따른 산업보건지도사 자격을 가진 사람이나 산업위생관리기술사 1명 이상 또는 산업위생관리기사 자격을 취득한 후 산업보건 실무경력이 5년 이상인 사람 1명 이상
      라) 산업위생관리산업기사 이상인 사람 1명 이상
    2) 시설기준 : 사무실(건강상담실·보건교육실 포함)
    3) 장비기준
      가) 작업환경관리장비
        (1) 분진·유기용제·특정 화학물질·유해가스 등을 채취하기 위한 개인용 시료채취기 세트
        (2) 검지관(檢知管) 등 가스·증기농도 측정기 세트
        (3) 주파수분석이 가능한 소음측정기
        (4) 흑구·습구온도지수(WBGT) 산출이 가능한 온열조건 측정기 및 조도계
        (5) 직독식 유해가스농도측정기(산소 포함)
        (6) 국소배기시설 성능시험장비 : 스모크테스터(연기 측정관 : 연기를 발생시켜 기체의 흐름을 확인하는 도구), 청음기 또는 청음봉, 절연저항계, 표면온도계 또는 유리온도계, 정압 프로브(압력 측정봉)가 달린 열선풍속계, 회전계(R.P.M측정기) 또는 이와 같은 수준 이상의 성능을 가진 장비
      나) 건강관리장비
        (1) 혈당검사용 간이검사기
        (2) 혈압계
  나. 수탁하려는 사업장 또는 근로자의 수가 101개소 이상 또는 10,001명 이상인 경우 다음의 구분에 따라 가목1)가)부터 라)까지에서 규정하는 인력을 추가로 갖추어야 한다.

구분		자격별 인력기준〔가목1)가)부터 라)까지〕					
사업장 수(개소)	근로자 수(명)	계	가목1)가)	가목1)나)부터 라)까지			
				소계	가목1)나)	가목1)다)	가목1)라)
101 ~ 125	10,001 ~ 12,500	6	1	5	2 이상	1 이상	1 이상
126 ~ 150	12,501 ~ 15,000	7	1	6	〃	〃	〃
151 ~ 175	15,001 ~ 17,500	9	*2	7	〃	〃	〃
176 ~ 200	17,501 ~ 20,000	10	*2	8	〃	〃	〃
201 ~ 225	20,001 ~ 22,500	11	2	9	〃	〃	〃
226 ~ 250	22,501 ~ 25,000	12	2	10	〃	〃	〃
251 ~ 275	25,001 ~ 27,500	13	2	11	〃	〃	〃
276 ~ 300	27,501 ~ 30,000	14	2	12	〃	〃	〃
301 ~ 325	30,001 ~ 32,500	16	*3	13	〃	〃	〃
326 ~ 350	32,501 ~ 35,000	17	*3	14	〃	〃	〃
351 ~ 375	35,001 ~ 37,500	18	3	15	〃	〃	〃
376 ~ 400	37,501 ~ 40,000	19	3	16	〃	〃	〃
401 ~ 425	40,001 ~ 42,500	20	3	17	〃	〃	〃
426 ~ 450	42,501 ~ 45,000	21	3	18	〃	〃	〃

비고
1. 사업장 수 451개소 이상 또는 근로자 수 45,001명 이상인 경우 사업장 150개소마다 또는 근로자 15,000명마다 가목1)가)에 해당하는 사람 1명을 추가해야 하며, 사업장 25개소마다 또는 근로자 2,500명마다 가목1)나)·다) 또는 라)에 해당하는 사람 중 1명을 추가해야 한다.
2. 사업장 수에 따른 인력기준과 근로자 수에 따른 인력기준이 서로 다른 경우에는 그 중 더 중한 기준에 따라야 한다.
3. "*"는 해당 기관이 특수건강진단기관으로 별도 지정·운영되고 있는 경우 의사 1명은 업무수행에 지장이 없는 범위에서 특수건강진단기관 의사를 활용할 수 있음을 나타낸다.

〔별표9〕

산업안전보건위원회를 구성해야 할 사업의 종류 및 사업장의 상시근로자 수(제34조 관련)

사업의 종류	사업장의 상시근로자 수
1. 토사석 광업 2. 목재 및 나무제품 제조업 ; 가구제외 3. 화학물질 및 화학제품 제조업 ; 의약품 제외(세제, 화장품 및 광택제 제조업과 화학섬유 제조업은 제외한다) 4. 비금속 광물제품 제조업 5. 1차 금속 제조업 6. 금속가공제품 제조업 ; 기계 및 가구 제외 7. 자동차 및 트레일러 제조업 8. 기타 기계 및 장비 제조업(사무용 기계 및 장비 제조업은 제외한다) 9. 기타 운송장비 제조업(전투용 차량 제조업은 제외한다)	상시근로자 50명 이상
10. 농업 11. 어업 12. 소프트웨어 개발 및 공급업 13. 컴퓨터 프로그래밍, 시스템 통합 및 관리업 14. 정보서비스업	상시근로자 300명 이상

15. 금융 및 보험업 16. 임대업 ; 부동산 제외 17. 전문, 과학 및 기술 서비스업(연구개발업은 제외한다) 18. 사업지원 서비스업 19. 사회복지 서비스업	
20. 건설업	공사금액 120억원 이상(「건설산업기본법 시행령」 별표1의 종합공사를 시공하는 업종의 건설업종란 제1호에 따른 토목공사업의 경우에는 150억원 이상)
21. 제1호부터 제20호까지의 사업을 제외한 사업	상시근로자 100명 이상

〔별표10〕

근로자안전보건교육기관의 인력·시설 및 장비 등 기준(제40조제1항 관련)

1. 기본사항
 가. 기본인력은 근로자 안전보건교육 업무를 담당하면서 분기별 12시간 이상 강의를 하는 사람을 제2호에 따라 갖추어야 한다.
 나. 시설 및 장비는 항상 갖추어 두고 사용할 수 있도록 하되, 임대하여 사용할 수 있다. 이 경우 시설로 등록한 강의실이 아닌 장소에서 교육을 실시하는 경우에도 시설 및 장비를 갖추어야 한다.
 다. 근로자 안전보건교육을 하기 위하여 지부 또는 출장소 등을 설치하는 경우에는 각 지부 또는 출장소별로 해당 인력·시설 및 장비 기준을 갖추어야 한다.
 라. 관련 분야의 범위
  1) 산업안전 분야 : 기계안전, 전기안전, 화공안전, 건설안전
  2) 산업보건 분야 : 직업환경의학, 산업위생관리, 산업간호, 인간공학, 대기환경
2. 인력기준
 가. 총괄책임자 : 다음의 어느 하나에 해당하는 사람 1명 이상
  1) 법 제143조제1항에 따른 산업안전지도사·산업보건지도사 자격을 가진 사람 또는 산업안전·보건 분야 기술사
  2) 「의료법」 제77조에 따른 직업환경의학과 전문의
  3) 「의료법」 제78조에 따른 산업전문간호사 자격을 취득한 후 실무경력이 2년 이상인 사람
  4) 산업안전·보건 분야 기사 자격을 취득한 후 실무경력이 5년 이상인 사람
  5) 「고등교육법」에 따른 전문대학 또는 4년제 대학의 산업안전·보건 분야 관련 학과의 전임강사 이상인 사람
  6) 5급 이상 공무원(고위공무원단에 속하는 일반직공무원을 포함한다)으로 근무한 기간 중 산업재해 예방 행정 분야에 실제 근무한 기간이 3년 이상인 사람
 나. 강사 : 다음의 어느 하나에 해당하는 사람 2명 이상
  1) 가목에 따른 총괄책임자의 자격이 있는 사람
  2) 산업안전·보건 분야 기사 자격을 취득한 후 실무경력이 3년 이상인 사람
  3) 산업안전·보건 분야 산업기사 자격을 취득한 후 실무경력이 5년 이상인 사람
  4) 「의료법」에 따른 의사 또는 간호사 자격을 취득한 후 산업보건 분야 실무경력이 2년 이상인 사람
  5) 「고등교육법」 제2조(제2호, 제6호 및 제7호는 수업연한이 4년인 경우로 한정한다)에 따른 학교에서 산업안전·보건 분야 관련 학위를 취득한 후(다른 법령에서 이와 같은 수준 이상의 학력이 있다고 인정받은 경우를 포함한다) 해당 분야에서 실제 근무한 기간이 3년 이상인 사람
  6) 5)에 해당하지 않는 경우로서 산업안전·보건 분야 석사 이상의 학위를 취득한 후 산업안전·보건 분야에서 실제 근무한 기간이 3년 이상인 사람
  7) 7급 이상 공무원(고위공무원단에 속하는 일반직공무원을 포함한다)으로 근무한 기간 중 산업재해 예방 행정 분야에 실제 근무한 기간이 3년 이상인 사람
  8) 공단 또는 비영리법인에서 산업안전·보건 분야에 실제 근무한 기간이 5년 이상인 사람
3. 시설 및 장비 기준
 가. 사무실 : 연면적 $30m^2$ 이상일 것
 나. 강의실 : 연면적 $120m^2$ 이상이고, 의자·탁자 및 교육용 비품을 갖출 것
4. 제조업, 건설업, 기타 사업(제조업·건설업을 제외한 사업을 말한다)에 대하여 사무직·비사무직 근로자용 교육교재를 각각 1개 이상 보유할 것

〔별표11〕

건설업 기초안전보건교육을 하려는 기관의 인력·시설 및 장비 기준(제40조제2항 관련)

1. 기본사항
 가. 시설 및 장비는 항상 갖추어 두고 사용할 수 있도록 하되, 임대하여 사용할 수 있다.
 나. 건설업 기초안전보건교육을 하기 위하여 지부 또는 출장소 등을 설치하는 경우에는 각 지부 또는 출장소별로 해당 인력·시설 및 장비를 갖추어야 한다.
2. 인력기준
 가. 다음의 어느 하나에 해당하는 사람 1명 이상
  1) 법 제143조제1항에 따른 산업안전지도사(건설안전 분야로 한정한다)·산업보건지도사 자격을 가진 사람, 건설안전기술사 또는 산업위생관리기술사
  2) 건설안전기사 또는 산업안전기사 자격을 취득한 후 건설안전 분야 실무경력이 7년 이상인 사람
  3) 대학의 조교수 이상으로서 건설안전 분야에 관한 학식과 경험이 풍부한 사람
  4) 5급 이상 공무원, 산업안전·보건 분야 석사 이상의 학위를 취득하거나 산업전문간호사 자격을 취득한 후 산업안전·보건 분야 실무경력이 3년 이상인 사람
 나. 다음의 어느 하나에 해당하는 사람 2명 이상(건설안전 및 산업보건·위생 분야별로 각 1명 이상)
  1) 법 제143조제1항에 따른 산업안전지도사(건설안전 분야로 한정한다)·산업보건지도사 자격을 가진 사람, 건설안전기술사 또는 산업위생관리기술사
  2) 건설안전기사 또는 산업위생관리기사 자격을 취득한 후 해당 실무경력이 1년 이상인 사람
  3) 건설안전산업기사 또는 산업위생관리산업기사 자격을 취득한 후 해당 실무경력이 3년 이상인 사람
  4) 산업안전산업기사 이상의 자격을 취득한 후 건설안전 실무경력이 산업안전기사 이상의 자격은 1년, 산업안전산업기사 자격은 3년 이상인 사람
  5) 건설 관련 기사 자격을 취득한 후 건설 관련 실무경력이 1년 이상인 사람
  6) 「건설기술 진흥법 시행령」 별표1 제2호나목에 따른 특급건설기술인 또는 고급건설기술인
  7) 「고등교육법」 제2조에 따른 학교 중 4년제 대학의 건설안전 또는 산업보건·위생 관련 분야 학위를 취득한 후(다른 법령에 따라 이와 같은 수준 이상의 학력이 인정되는 경우를 포함한다) 해당 실무경력이 1년 이상인 사람
  8) 「고등교육법」 제2조에 따른 학교 중 전문대학의 건설안전 또는 산업보건·위생 관련 분야 학위를 취득한 후(다른 법령에 따라 이와 같은 수준 이상의 학력이 인정되는 사람을 포함한다) 해당 실무경력이 3년 이상인 사람
3. 시설 및 장비 기준
 가. 사무실 : 연면적 $30m^2$
 나. 강의실 : 연면적 $120m^2$이고, 의자, 책상, 빔 프로젝터 등 교육에 필요한 비품과 방음·채광·환기 및 냉난방을 위한 시설 또는 설비를 갖출 것

〔별표12〕

직무교육기관의 인력·시설 및 장비 기준(제40조제3항제2호 관련)

1. 기본사항
 가. 기본인력은 직무교육기관의 업무만을 담당하면서 분기별 12시간 이상 강의를 하는 사람을 3명〔총괄책임자 1명과 교육대상에 따른 관련 분야별 강사 2명(제2호가목에 따라 안전보건관리책임자와 안전보건관리담당자를 교육대상으로 하는 경우에는 산업안전 및 산업보건 분야의 강사 각 1명)〕 이상으로 해야 하며, 제2호가목의 구분에 따른 교육대상을 달리하는 교육을 실시하는 경우에는 관련 분야의 강사 1명을 추가로 확보해야 한다.
 나. 시설 및 장비는 항상 갖추어 두고 사용할 수 있도록 하되, 임대하여 사용할 수 있으며, 교육대상별로 보유해야 할 장비 중 중복되는 장비에 대해서는 공용으로 사용할 수 있다. 이 경우 등록한 강의실이 아닌 장소에서 교육을 실시하는 경우에도 시설 및 해당 교육과정에 적합한 장비를 갖추어야 한다.
 다. 직무교육을 하기 위하여 지부 또는 출장소 등을 설치하는 경우에는 각 지부 또는 출장소별로 해당 인력·시설 및 장비를 갖추어야 한다.
 라. 관련 분야의 범위
  1) 산업안전 분야 : 기계안전, 전기안전, 화공안전, 건설안전
  2) 산업보건 분야 : 직업환경의학, 산업위생관리, 산업간호, 인간공학, 대기환경
  3) 안전검사 분야 : 기계안전, 전기안전, 화공안전, 산업안전, 산업위생관리
2. 인력기준
 가. 교육대상별 관련 분야 구분

구분	교육대상	관련 분야
총괄	1) 안전보건관리책임자 2) 안전보건관리담당자	산업안전 및 산업보건
산업안전	3) 안전관리자 4) 안전관리전문기관의 종사자 5) 건설재해예방전문지도기관의 종사자	산업안전
산업보건	6) 보건관리자 7) 보건관리전문기관의 종사자 8) 석면조사기관의 종사자	산업보건 ※ 석면조사기관의 종사자에 대한 관련 분야는 산업보건 분야 중 산업위생관리로 한정한다.
안전검사	9) 안전검사기관의 종사자 10) 자율안전검사기관의 종사자	안전검사

 나. 인력별 기준

구분	자격기준
총괄책임자	1) 교육대상별 관련 분야 지도사, 기술사 또는 박사학위 소지자 2) 「의료법」 제77조에 따른 직업환경의학과 전문의 3) 교육대상별 관련 분야의 기사 자격 또는 「의료법」 제78조에 따른 산업전문간호사 자격을 취득한 후 실무경력이 10년 이상인 사람 4) 「고등교육법」 제2조에 따른 학교의 교육대상별 관련 분야 학과 조교수 이상인 사람 5) 5급 이상 공무원(고위공무원단에 속하는 일반직공무원을 포함한다)으로 근무한 기간 중 산업재해 예방 행정 분야에 실제 근무한 기간이 3년 이상인 사람 6) 산업안전·보건 분야 석사 이상의 학위를 취득한 후 교육대상별 관련 분야에 실제 근무한 기간이 3년 이상인 사람
강사	1) 총괄책임자의 자격이 있는 사람 2) 교육대상별 관련 분야 기사 자격을 취득한 후 실무경력이 7년 이상인 사람 3) 교육대상별 관련 분야 산업기사 자격을 취득한 후 실무경력이 10년 이상인 사람 4) 「의료법」에 따른 간호사 자격을 취득한 후 관련 분야 실무경력이 7년 이상인 사람 5) 교육대상별 관련 분야 석사 학위를 취득한 후 실무경력이 5년 이상인 사람 6) 7급 이상 공무원(고위공무원단에 속하는 일반직공무원을 포함한다)으로 근무한 기간 중 산업재해 예방 행정 분야에 실제 근무한 기간이 5년 이상인 사람

3. 시설기준
 가. 사무실 : 연면적 $30m^2$ 이상일 것
 나. 강의실 : 연면적 $120m^2$ 이상이고, 의자·탁자 및 교육용 비품을 갖출 것
4. 교육대상별 장비 기준
 가. 안전관리자, 안전관리전문기관 및 재해예방 전문지도기관의 종사자

장비명	수량(대)
1) 회전속도측정기	1
2) 온도계측기(표면온도 측정용일 것)	1
3) 소음측정기	1
4) 절연저항측정기	1
5) 접지저항측정기	1
6) 정전기전하량측정기	1
7) 클램프미터	1
8) 검전기(저·고·특고압용일 것)	1
9) 직독식 유해가스농도측정기(산소농도의 측정도 가능할 것)	1

 나. 보건관리자 및 보건관리전문기관의 종사자

장비명	수량(대)
1) 화학적 인자의 채취를 위한 개인용 시료채취기 세트	1
2) 분진의 채취를 위한 개인용 시료채취기 세트	1
3) 소음측정기	1
4) 습구·흑구온도지수(WBGT)의 산출이 가능한 온열조건 측정기	1
5) 검지관 등 가스·증기농도 측정기 세트	1
6) 직독식 유해가스농도측정기(산소농도의 측정도 가능할 것)	1
7) 청력검사기	1
8) 국소배기시설 성능시험을 위한 스모크테스터	1
9) 정압 프로브가 달린 열선풍속계	1
10) 심폐소생 인체모형	1
11) 혈압계	1
12) 혈당검사용 간이검사기	1
13) 혈중지질검사용 간이검사기	1

 다. 안전보건관리담당자

장비명	수량(대)
1) 절연저항측정기	1
2) 접지저항측정기	1
3) 클램프미터	1

4) 검전기(저 · 고 · 특고압용일 것)	1
5) 소음측정기	1
6) 검지관 등 가스 · 증기농도 측정기 세트	1
7) 직독식 유해가스농도측정기(산소농도의 측정도 가능할 것)	1
8) 심폐소생 인체모형	1
9) 혈압계	1
10) 혈당검사용 간이검사기	1
11) 혈중지질검사용 간이검사기	1

라. 석면조사기관의 종사자

장비명	수량(대)
1) 지역시료 채취펌프	1
2) 유량보정계	1
3) 입체현미경	1
4) 편광현미경	1
5) 위상차현미경	1
6) 흄 후드〔고성능필터(HEPA필터) 이상의 공기정화장치가 장착된 것일 것〕	1
7) 진공청소기〔고성능필터(HEPA필터) 이상의 공기정화장치가 장착된 것일 것〕	1
8) 아세톤 증기화 장치	1
9) 필터 여과추출장치	1
10) 저울(최소 측정단위가 0.1㎎ 이하이어야 한다)	1
11) 송기마스크 또는 전동식 호흡보호구〔전동식 방진마스크(전면형 특등급일 것), 전동식 후드 또는 전동식 보안면 {분진 · 미스트(mist : 공기 중에 떠다니는 작은 액체방울) · 흄(fume : 열이나 화학반응에 의하여 형성된 고체증기가 응축되어 생긴 미세입자)}에 대한 용도로 안면부 누설률이 0.05% 이하인 특등급일 것〕	1

마. 안전검사기관 및 자율안전검사기관의 종사자

장비명	수량(대)
1) 회전속도측정기	1
2) 비파괴시험장비	1
3) 와이어로프 테스터	1
4) 진동측정기	1
5) 초음파 두께측정기	1
6) 토크메타	1
7) 로드셀, 분동	1
8) 온도계측기(표면측정용일 것)	1
9) 소음측정기	1
10) 절연저항측정기	1
11) 접지저항측정기	1
12) 정전기전압측정기	1
13) 클램프미터	1
14) 검전기(저 · 고 · 특고압용일 것)	1
15) 직독식 유해가스농도측정기(산도농도의 측정이 가능할 것)	1

〔별표13〕

유해 · 위험물질 규정량(제43조제1항 관련)

번호	유해 · 위험물질	CAS번호	규정량(kg)
1	인화성 가스	–	제조 · 취급 : 5,000(저장 : 200,000)
2	인화성 액체	–	제조 · 취급 : 5,000(저장 : 200,000)
3	메틸 이소시아네이트	624-83-9	제조 · 취급 · 저장 : 1,000
4	포스겐	75-44-5	제조 · 취급 · 저장 : 500
5	아크릴로니트릴	107-13-1	제조 · 취급 · 저장 : 10,000
6	암모니아	7664-41-7	제조 · 취급 · 저장 : 10,000
7	염소	7782-50-5	제조 · 취급 · 저장 : 1,500
8	이산화황	7446-09-5	제조 · 취급 · 저장 : 10,000
9	삼산화황	7446-11-9	제조 · 취급 · 저장 : 10,000
10	이황화탄소	75-15-0	제조 · 취급 · 저장 : 10,000
11	시안화수소	74-90-8	제조 · 취급 · 저장 : 500
12	불화수소(무수불산)	7664-39-3	제조 · 취급 · 저장 : 1,000
13	염화수소(무수염산)	7647-01-0	제조 · 취급 · 저장 : 10,000
14	황화수소	7783-06-4	제조 · 취급 · 저장 : 1,000
15	질산암모늄	6484-52-2	제조 · 취급 · 저장 : 500,000
16	니트로글리세린	55-63-0	제조 · 취급 · 저장 : 10,000
17	트리니트로톨루엔	118-96-7	제조 · 취급 · 저장 : 50,000
18	수소	1333-74-0	제조 · 취급 · 저장 : 5,000
19	산화에틸렌	75-21-8	제조 · 취급 · 저장 : 1,000
20	포스핀	7803-51-2	제조 · 취급 · 저장 : 500
21	실란(Silane)	7803-62-5	제조 · 취급 · 저장 : 1,000
22	질산(중량 94.5% 이상)	7697-37-2	제조 · 취급 · 저장 : 50,000
23	발연황산(삼산화황 중량 65% 이상 80% 미만)	8014-95-7	제조 · 취급 · 저장 : 20,000
24	과산화수소(중량 52% 이상)	7722-84-1	제조 · 취급 · 저장 : 10,000
25	톨루엔 디이소시아네이트	91-08-7, 584-84-9, 26471-62-5	제조 · 취급 · 저장 : 2,000
26	클로로술폰산	7790-94-5	제조 · 취급 · 저장 : 10,000
27	브롬화수소	10035-10-6	제조 · 취급 · 저장 : 10,000
28	삼염화인	7719-12-2	제조 · 취급 · 저장 : 10,000
29	염화 벤질	100-44-7	제조 · 취급 · 저장 : 2,000
30	이산화염소	10049-04-4	제조 · 취급 · 저장 : 500
31	염화 티오닐	7719-09-7	제조 · 취급 · 저장 : 10,000
32	브롬	7726-95-6	제조 · 취급 · 저장 : 1,000
33	일산화질소	10102-43-9	제조 · 취급 · 저장 : 10,000
34	붕소 트리염화물	10294-34-5	제조 · 취급 · 저장 : 10,000
35	메틸에틸케톤과산화물	1338-23-4	제조 · 취급 · 저장 : 10,000
36	삼불화 붕소	7637-07-2	제조 · 취급 · 저장 : 1,000
37	니트로아닐린	88-74-4, 99-09-2, 100-01-6, 29757-24-2	제조 · 취급 · 저장 : 2,500
38	염소 트리플루오르화	7790-91-2	제조 · 취급 · 저장 : 1,000
39	불소	7782-41-4	제조 · 취급 · 저장 : 500
40	시아누르 플루오르화물	675-14-9	제조 · 취급 · 저장 : 2,000
41	질소 트리플루오르화물	7783-54-2	제조 · 취급 · 저장 : 20,000
42	니트로 셀롤로오스(질소 함유량 12.6% 이상)	9004-70-0	제조 · 취급 · 저장 : 100,000
43	과산화벤조일	94-36-0	제조 · 취급 · 저장 : 3,500
44	과염소산 암모늄	7790-98-9	제조 · 취급 · 저장 : 3,500
45	디클로로실란	4109-96-0	제조 · 취급 · 저장 : 1,000
46	디에틸 알루미늄 염화물	96-10-6	제조 · 취급 · 저장 : 10,000
47	디이소프로필 퍼옥시디카보네이트	105-64-6	제조 · 취급 · 저장 : 3,500
48	불산(중량 10% 이상)	7664-39-3	제조 · 취급 · 저장 : 10,000
49	염산(중량 20% 이상)	7647-01-0	제조 · 취급 · 저장 : 20,000
50	황산(중량 20% 이상)	7664-93-9	제조 · 취급 · 저장 : 20,000
51	암모니아수(중량 20% 이상)	1336-21-6	제조 · 취급 · 저장 : 50,000

비고
1. "인화성 가스"란 인화한계 농도의 최저한도가 13% 이하 또는 최고한도와 최저한도의 차가 12% 이상인 것으로서 표준압력(101.3㎪)에서 20℃에서 가스 상태인 물질을 말한다.
2. 인화성 가스 중 사업장 외부로부터 배관을 통해 공급받아 최초 압력조정기 후단 이후의 압력이 0.1㎫(계기압력) 미만으로 취급되는 사업장의 연료용 도시가스(메탄 중량성분 85% 이상으로 이 표에 따른 유해 · 위험물질이 없는 설비에 공급되는 경우에 한정한다)는 취급 규정량을 50,000㎏으로 한다.
3. 인화성 액체란 표준압력(101.3㎪)에서 인화점이 60℃ 이하이거나 고온 · 고압의 공정운전조건으로 인하여 화재 · 폭발위험이 있는 상태에서 취급되는 가연성 물질을 말한다.
4. 인화점의 수치는 태그밀폐식 또는 펜스키마르테르식 등의 밀폐식 인화점 측정기로 표준압력(101.3㎪)에서 측정한 수치 중 작은 수치를 말한다.
5. 유해 · 위험물질의 규정량이란 제조 · 취급 · 저장 설비에서 공정과정 중에 저장되는 양을 포함하여 하루 동안 최대로 제조 · 취급 또는 저장할 수 있는 양을 말한다.
6. 규정량은 화학물질의 순도 100%를 기준으로 산출하되, 농도가 규정되어 있는 화학물질은 그 규정된 농도를 기준으로 한다.
7. 사업장에서 다음 각 목의 구분에 따라 해당 유해 · 위험물질을 그 규정량 이상 제조 · 취급 · 저장하는 경우에는 유해 · 위험설비로 본다.
   가. 한 종류의 유해 · 위험물질을 제조 · 취급 · 저장하는 경우 : 해당 유해 · 위험물질의 규정량 대비 하루 동안 제조 · 취급 또는 저장할 수 있는 최대치 중 가장 큰 값($\frac{C}{T}$)이 1 이상인 경우
   나. 두 종류 이상의 유해 · 위험물질을 제조 · 취급 · 저장하는 경우 : 유해 · 위험물질별로 가목에 따른 가장 큰 값($\frac{C}{T}$)을 각각 구하여 합산한 값(R)이 1 이상인 경우, 그 계산식은 다음과 같다.

$$R = \frac{C_1}{T_1} + \frac{C_2}{T_2} + \cdots\cdots\cdots\cdots + \frac{C_n}{T_n}$$

   주) Cn : 유해 · 위험물질별(n) 규정량과 비교하여 하루 동안 제조 · 취급 또는 저장할 수 있는 최대치 중 가장 큰 값
   Tn : 유해 · 위험물질별(n) 규정량
8. 가스를 전문으로 저장 · 판매하는 시설 내의 가스는 이 표의 규정량 산정에서 제외한다.

〔별표14〕

안전보건진단의 종류 및 내용(제46조제1항 관련)

종 류	진단내용
종합진단	1. 경영 · 관리적 사항에 대한 평가 가. 산업재해 예방계획의 적정성 나. 안전 · 보건 관리조직과 그 직무의 적정성 다. 산업안전보건위원회 설치 · 운영, 명예산업안전감독관의 역할 등 근로자의 참여 정도 라. 안전보건관리규정 내용의 적정성 2. 산업재해 또는 사고의 발생 원인(산업재해 또는 사고가 발생한 경우만 해당한다) 3. 작업조건 및 작업방법에 대한 평가 4. 유해 · 위험요인에 대한 측정 및 분석 가. 기계 · 기구 또는 그 밖의 설비에 의한 위험성 나. 폭발성 · 물반응성 · 자기반응성 · 자기발열성 물질, 자연발화성 액체 · 고체 및 인화성 액체 등에 의한 위험성 다. 전기 · 열 또는 그 밖의 에너지에 의한 위험성 라. 추락, 붕괴, 낙하, 비래(飛來) 등으로 인한 위험성 마. 그 밖에 기계 · 기구 · 설비 · 장치 · 구축물 · 시설물 · 원재료 및 공정 등에 의한 위험성 바. 법 제118조제1항에 따른 허가대상물질, 고용노동부령으로 정하는 관리대상 유해물질 및 온도 · 습도 · 환기 · 소음 · 진동 · 분진, 유해광선 등의 유해성 또는 위험성 5. 보호구, 안전 · 보건장비 및 작업환경 개선시설의 적정성 6. 유해물질의 사용 · 보관 · 저장, 물질안전보건자료의 작성, 근로자 교육 및 경고표시 부착의 적정성 7. 그 밖에 작업환경 및 근로자 건강 유지 · 증진 등 보건관리의 개선을 위하여 필요한 사항
안전진단	종합진단 내용 중 제2호 · 제3호, 제4호가목부터 마목까지 및 제5호 중 안전 관련 사항
보건진단	종합진단 내용 중 제2호 · 제3호, 제4호바목, 제5호 중 보건 관련 사항, 제6호 및 제7호

〔별표15〕

종합진단기관의 인력·시설 및 장비 등의 기준(제47조 관련)

1. 인력기준

안전 분야	보건 분야
다음 각 목에 해당하는 전담 인력 보유 가. 기계·화공·전기 분야의 산업안전지도사 또는 안전기술사 1명 이상 나. 건설안전지도사 또는 건설안전기술사 1명 이상 다. 산업안전기사 이상의 자격을 취득한 사람 2명 이상 라. 기계기사 이상의 자격을 취득한 사람 1명 이상 마. 전기기사 이상의 자격을 취득한 사람 1명 이상 바. 화공기사 이상의 자격을 취득한 사람 1명 이상 사. 건설안전기사 이상의 자격을 취득한 사람 1명 이상	다음 각 목에 해당하는 전담 인력 보유 가. 의사(별표30 제1호의 특수건강진단기관의 인력기준에 해당하는 사람)·산업보건지도사 또는 산업위생관리기술사 1명 이상 나. 분석전문가(「고등교육법」에 따른 대학에서 화학, 화공학, 약학 또는 산업보건학 관련 학위를 취득한 사람 또는 이와 같은 수준 이상의 학력을 가진 사람) 2명 이상 다. 산업위생관리기사(산업위생관리기사 이상의 자격을 취득한 사람 또는 산업위생관리산업기사 이상의 자격을 취득한 사람 각 1명 이상) 2명 이상

2. 시설기준
  가. 안전 분야 : 사무실 및 장비실
  나. 보건 분야 : 작업환경상담실, 작업환경측정 준비 및 분석실험실

3. 장비기준
  가. 안전 분야 : 별표16 제2호에 따라 일반안전진단기관이 갖추어야 할 장비
  나. 보건 분야 : 별표17 제3호에 따라 보건진단기관이 갖추어야 할 장비

4. 장비의 공동활용
  별표17 제3호아목부터 러목까지의 규정에 해당하는 장비는 해당 기관이 법 제126조에 따른 작업환경측정기관 또는 법 제135조에 따른 특수건강진단기관으로 지정을 받으려고 하거나 지정을 받아 같은 장비를 보유하고 있는 경우에는 분석 능력 등을 고려하여 이를 공동으로 활용할 수 있다.

〔별표16〕

안전진단기관의 인력·시설 및 장비 등의 기준(제47조 관련)

번호	종류	인력기준	시설·장비 기준	대상 업종
1	공통사항		1. 사무실 2. 장비실	
2	일반안전진단기관	다음 각 호에 해당하는 전담 인력 보유 1. 기계·화공·전기안전 분야의 산업안전지도사 또는 안전기술사 1명 이상 2. 산업안전기사 이상의 자격을 취득한 사람 2명 이상 3. 기계기사 이상의 자격을 취득한 사람 1명 이상 4. 전기기사 이상의 자격을 취득한 사람 1명 이상 5. 화공기사 이상의 자격을 취득한 사람 1명 이상	1. 회전속도측정기 2. 자동 탐상비파괴시험기 3. 재료강도시험기 4. 진동측정기 5. 표준압력계 6. 절연저항측정기 7. 만능회로측정기 8. 산업용 내시경 9. 경도측정기 10. 산소농도측정기 11. 두께측정기 12. 가스농도측정기 13. 가연성 가스 검지관 14. 수압시험기 15. 접지저항측정기 16. 계전기기시험기 17. 정전기전하량측정기 18. 정전전위측정기 19. 차압측정기	모든 사업(건설업은 제외한다)
3	건설안전진단기관	다음 각 호에 해당하는 전담 인력 보유 1. 건설안전 분야의 산업안전지도사 또는 안전기술사 1명 이상 2. 건설안전기사 이상의 자격을 취득한 사람 2명 이상 3. 건설안전산업기사 또는 산업안전산업기사 이상의 자격을 취득한 사람 2명 이상	1. 재료강도시험기 2. 진동측정기 3. 산소농도측정기 4. 가스농도측정기	건설업

〔별표17〕

보건진단기관의 인력·시설 및 장비 등의 기준(제47조 관련)

1. 인력기준(보건진단 업무만을 전담하는 인력기준)

인 력	인 원	자 격
의사, 산업보건지도사 또는 산업위생관리기술사	1명 이상	의사는 「의료법」에 따른 직업환경의학과 전문의
분석전문가	2명 이상	「고등교육법」에 따른 대학에서 화학, 화공학, 약학 또는 산업보건학 관련 학위를 취득한 사람 또는 이와 같은 수준 이상의 학력을 가진 사람
산업위생관리기사	2명 이상	산업위생관리기사 이상의 자격을 취득한 사람 및 산업위생관리산업기사 이상의 자격을 취득한 사람 각각 1명 이상

비고 : 인원은 보건진단 대상 사업장 120개소를 기준으로 120개소를 초과할 때마다 인력별로 1명씩 추가한다.

2. 시설기준
  가. 작업환경상담실
  나. 작업환경측정 준비 및 분석실험실

3. 장비기준
  가. 분진, 특정 화학물질, 유기용제 및 유해가스의 시료 포집기
  나. 검지관 등 가스·증기농도 측정기 세트
  다. 분진측정기
  라. 옥타브 분석이 가능한 소음측정계 및 소음조사량측정기
  마. 대기의 온도·습도, 기류, 복사열, 조도(照度), 유해광선을 측정할 수 있는 기기
  바. 산소측정기
  사. 일산화탄소농도측정기
  아. 원자흡광광도계
  자. 가스크로마토그래피
  차. 자외선·가시광선 분광광도계
  카. 현미경
  타. 저울(최소 측정단위가 0.01㎎ 이하이어야 한다)
  파. 순수제조기
  하. 건조기
  거. 냉장고 및 냉동고
  너. 드래프트 체임버
  더. 화학실험대
  러. 배기 또는 배액의 처리를 위한 설비
  머. 피토 튜브 등 국소배기시설의 성능시험장비

4. 시설 및 장비의 공동활용
  제2호의 시설과 제3호아목부터 러목까지의 규정에 해당하는 장비는 해당 기관이 법 제126조에 따른 작업환경측정기관 또는 법 제135조 따른 특수건강진단기관으로 지정을 받으려고 하거나 지정을 받아 같은 장비를 보유하고 있는 경우에는 분석 능력 등을 고려하여 이를 공동으로 활용할 수 있다.

〔별표18〕 ➡「www.hyeonamsa.com」 참조

〔별표19〕

건설재해예방전문지도기관의 인력·시설 및 장비 기준(제61조 관련)

(2023.6.27 개정)

1. 건설공사(「전기공사업법」, 「정보통신공사업법」 및 「소방시설공사업법」에 따른 전기공사, 정보통신공사 및 소방시설공사는 제외한다) 지도 분야
  가. 법 제145조제1항에 따라 등록한 산업안전지도사의 경우
    1) 지도인력기준 : 법 제145조제1항에 따라 등록한 산업안전지도사(건설안전 분야)
    2) 시설기준 : 사무실(장비실을 포함한다)
    3) 장비기준 : 나목의 장비기준과 같음
  나. 건설 산업재해 예방 업무를 하려는 법인의 경우

지도인력기준	시설기준	장비기준
○ 다음에 해당하는 인원 1) 산업안전지도사(건설 분야) 또는 건설안전기술사 1명 이상 2) 다음의 기술인력 중 2명 이상 가) 건설안전산업기사 이상의 자격을 취득한 후 건설 안전 실무경력이 건설안전기사 이상의 자격은 5년, 건설안전산업기사 자격은 7년 이상인 사람 나) 토목·건축산업기사 이상의 자격을 취득한 후 건설 실무경력이 토목·건축기사 이상의 자격은 5년, 토목·건축산업기사 자격은 7년 이상이고 제17조에 따른 안전관리자의 자격을 갖춘 사람 3) 다음의 기술인력 중 2명 이상 가) 건설안전산업기사 이상의 자격을 취득한 후 건설 안전 실무경력이 건설안전기사 이상의 자격은 1년, 건설안전산업기사 자격은 3년 이상인 사람 나) 토목·건축산업기사 이상의 자격을 취득한 후 건설 실무경력이 토목·건축기사 이상의 자격은 1년, 토목·건축산업기사 자격은 3년 이상이고 제17조에 따른 안전관리자의 자격을 갖춘 사람 4) 제17조에 따른 안전관리자의 자격(별표4 제1호부터 제5호까지의 어느 하나에 해당하는 자격을 갖춘 사람만 해당한다)을 갖춘 후 건설안전 실무경력이 2년 이상인 사람 1명 이상	사무실(장비실 포함)	지도인력 2명당 다음의 장비 각 1대 이상(지도인력이 홀수인 경우 지도인력 인원을 2로 나눈 나머지인 1명도 다음의 장비를 갖추어야 한다) 1) 가스농도측정기 2) 산소농도측정기 3) 접지저항측정기 4) 절연저항측정기 5) 조도계

비고 : 지도인력기준란 3)과 4)를 합한 인력 수는 1)과 2)를 합한 인력의 3배를 초과할 수 없다.

2. 「전기공사업법」, 「정보통신공사업법」 및 「소방시설공사업법」에 따른 전기공사, 정보통신공사 및 소방시설공사 지도 분야
  가. 법 제145조제1항에 따라 등록한 산업안전지도사의 경우
    1) 지도인력기준 : 법 제145조제1항에 따라 등록한 산업안전지도사(전기안전 또는 건설안전 분야)
    2) 시설기준 : 사무실(장비실을 포함한다)
    3) 장비기준 : 나목의 장비기준과 같음

나. 건설 산업재해 예방 업무를 하려는 법인의 경우

지도인력기준	시설기준	장비기준
○ 다음에 해당하는 인원 1) 다음의 기술인력 중 1명 이상 가) 산업안전지도사(건설 또는 전기 분야), 건설안전기술사 또는 전기안전기술사 나) 건설안전 · 산업안전기사 자격을 취득한 후 건설안전 실무경력이 9년 이상인 사람 2) 다음의 기술인력 중 2명 이상 가) 건설안전 · 산업안전산업기사 이상의 자격을 취득한 후 건설안전 실무경력이 건설안전 · 산업안전기사 이상의 자격은 5년, 건설안전 · 산업안전산업기사 자격은 7년 이상인 사람 나) 토목 · 건축 · 전기 · 전기공사 또는 정보통신산업기사 이상의 자격을 취득한 후 건설 실무경력이 토목 · 건축 · 전기 · 전기공사 또는 정보통신기사 이상의 자격은 5년, 토목 · 건축 · 전기 · 전기공사 또는 정보통신산업기사 자격은 7년 이상이고 제17조에 따른 안전관리자의 자격을 갖춘 사람 3) 다음의 기술인력 중 2명 이상 가) 건설안전 · 산업안전산업기사 이상의 자격을 취득한 후 건설안전 실무경력이 건설안전 · 산업안전기사 이상의 자격은 1년, 건설안전 · 산업안전산업기사 자격은 3년 이상인 사람 나) 토목 · 건축 · 전기 · 전기공사 또는 정보통신산업기사 이상의 자격을 취득한 후 건설 실무경력이 토목 · 건축 · 전기 · 전기공사 또는 정보통신기사 이상의 자격은 1년, 토목 · 건축 · 전기 · 전기공사 또는 정보통신산업기사 자격은 3년 이상이고 제17조에 따른 안전관리자의 자격을 갖춘 사람 4) 제17조에 따른 안전관리자의 자격(별표4 제1호부터 제5호까지의 어느 하나에 해당하는 자격을 갖춘 사람만 해당한다)을 갖춘 후 건설안전 실무경력이 2년 이상인 사람 1명 이상	사무실(장비실 포함)	지도인력 2명당 다음의 장비 각 1대 이상(지도인력이 홀수인 경우 지도인력 인원을 2로 나눈 나머지인 1명도 다음의 장비를 갖추어야 한다) 1) 가스농도측정기 2) 산소농도측정기 3) 고압경보기 4) 검전기 5) 조도계 6) 접지저항측정기 7) 절연저항측정기

비고 : 지도인력기준란 3)과 4)를 합한 인력의 수는 1)과 2)를 합한 인력의 수의 3배를 초과할 수 없다.

〔별표20〕

유해 · 위험 방지를 위한 방호조치가 필요한 기계 · 기구(제70조 관련)

1. 예초기
2. 원심기
3. 공기압축기
4. 금속절단기
5. 지게차
6. 포장기계(진공포장기, 래핑기로 한정한다)

〔별표21〕

대여자 등이 안전조치 등을 해야 하는 기계 · 기구 · 설비 및 건축물 등(제71조 관련)

(2021.1.5 개정)

1. 사무실 및 공장용 건축물
2. 이동식 크레인
3. 타워크레인
4. 불도저
5. 모터 그레이더
6. 로더
7. 스크레이퍼
8. 스크레이퍼 도저
9. 파워 셔블
10. 드래그라인
11. 클램셸
12. 버킷굴착기
13. 트렌치
14. 항타기
15. 항발기
16. 어스드릴
17. 천공기
18. 어스오거
19. 페이퍼드레인머신
20. 리프트
21. 지게차
22. 롤러기
23. 콘크리트 펌프
24. 고소작업대
25. 그 밖에 산업재해보상보험및예방심의위원회 심의를 거쳐 고용노동부장관이 정하여 고시하는 기계, 기구, 설비 및 건축물 등

〔별표22〕

타워크레인 설치 · 해체업의 인력 · 시설 및 장비 기준(제72조제1항 관련)

1. 인력기준 : 다음 각 목의 어느 하나에 해당하는 사람 4명 이상을 보유할 것
   가. 「국가기술자격법」에 따른 판금제관기능사 또는 비계기능사의 자격을 가진 사람
   나. 법 제140조제2항에 따라 지정된 타워크레인 설치 · 해체작업 교육기관에서 지정된 교육을 이수하고 수료시험에 합격한 사람으로서 합격 후 5년이 지나지 않은 사람
   다. 법 제140조제2항에 따라 지정된 타워크레인 설치 · 해체작업 교육기관에서 보수교육을 이수한 후 5년이 지나지 않은 사람
2. 시설기준 : 사무실
3. 장비기준
   가. 렌치류(토크렌치, 함마렌치 및 전동임팩트렌치 등 볼트, 너트, 나사 등을 죄거나 푸는 공구)
   나. 드릴링머신(회전축에 드릴을 달아 구멍을 뚫는 기계)
   다. 버니어캘리퍼스(자로 재기 힘든 물체의 두께, 지름 따위를 재는 기구)
   라. 트랜싯(각도를 측정하는 측량기기로 같은 수준의 기능 및 성능의 측량기기를 갖춘 경우도 인정한다)
   마. 체인블록 및 레버블록(체인 또는 레버를 이용하여 중량물을 달아 올리거나 수직 · 수평 · 경사로 이동시키는데 사용하는 기구)
   바. 전기테스터기
   사. 송수신기

〔별표23〕

안전인증기관의 인력 · 시설 및 장비 기준(제75조제2호 관련)

1. 공통사항
   가. 인력기준 : 안전인증 대상별 관련 분야 구분

안전인증 대상	관련 분야
크레인, 리프트, 고소작업대, 프레스, 전단기, 사출성형기, 롤러기, 절곡기, 곤돌라	기계, 전기 · 전자, 산업안전(기술사는 기계 · 전기안전으로 한정함)
압력용기	기계, 전기 · 전자, 화공, 금속, 에너지, 산업안전(기술사는 기계 · 화공안전으로 한정함)
방폭구조 전기기계 · 기구 및 부품	기계, 전기 · 전자, 금속, 화공, 가스
가설기자재	기계, 건축, 토목, 생산관리, 건설 · 산업안전(기술사는 건설 · 기계안전으로 한정함)

   나. 시설 및 장비기준
      1) 시설기준
         가) 사무실
         나) 장비보관실(냉난방 및 통풍시설이 되어 있어야 함)
      2) 제2호에 따른 개별사항의 시설 및 장비기준란에 규정된 장비 중 둘 이상의 성능을 모두 가지는 장비를 보유한 경우에는 각각의 해당 장비를 갖춘 것으로 인정한다.
   다. 안전인증을 행하기 위한 조직 · 인원 및 업무수행체계가 한국산업규격 KS A ISO Guide 65(제품인증시스템을 운영하는 기관을 위한 일반 요구사항)과 KS Q ISO/IEC 17025(시험기관 및 교정기관의 자격에 대한 일반 요구사항)에 적합해야 한다.
   라. 안전인증기관이 지부를 설치하는 경우에는 고용노동부장관과 협의를 해야 한다.

2. 개별사항

번호	항목	인력기준	시설 및 장비기준
1	크레인 · 리프트 · 고소작업대 · 곤돌라	가. 다음의 어느 하나에 해당하는 사람 1명 이상 1) 「국가기술자격법」에 따른 관련 분야 기술사 자격을 취득한 사람 2) 관련 분야 석사 이상 학위를 취득한 후 해당 실무경력이 5년 이상인 사람 3) 「국가기술자격법」에 따른 관련 분야 기사 자격을 취득한 후 해당 실무경력이 7년 이상인 사람 나. 「국가기술자격법」에 따른 관련 분야 기사 이상의 자격을 취득한 후 해당 실무경력이 3년 이상인 사람 또는 관련 분야 전문학사 이상의 학위를 취득한 후 해당 실무경력이 학사 이상의 학위는 5년, 전문학사 학위는 7년 이상인 사람을 관련 분야별로 각 2명 이상(총 6명 이상) 다. 용접 · 비파괴검사 분야 산업기사 이상의 자격을 취득한 후 해당 실무경력이 3년 이상인 사람을 분야별로 각 1명 이상(총 2명 이상)	가. 크레인 · 리프트(이삿짐 운반용 리프트는 제외한다) · 고소작업대 · 곤돌라 1) 와이어로프테스터 2) 회전속도측정기 3) 진동측정기 4) 경도계 5) 로드셀(5톤 이상) 6) 분동(0.5톤 이상) 7) 초음파두께측정기 8) 비파괴시험장비(UT, MT) 9) 트랜시트 10) 표면온도계 11) 절연저항측정기 12) 클램프미터 13) 만능회로시험기 14) 접지저항측정기 15) 레이저거리측정기 16) 수준기 비고 1. 1)부터 6)까지의 장비는 본부 및 지부 공용 2. 7)부터 9)까지의 장비는 각 지부별로 보유 3. 10)부터 16)까지의 장비는 제품심사 요원 2명당 1대 이상 보유 나. 이삿짐 운반용 리프트 1) 초음파두께측정기 2) 절연저항측정기 3) 비파괴시험장비(UT, MT)
2	프레스 · 전단기 · 사출성형기 · 롤러기 · 절곡기	가. 다음의 어느 하나에 해당하는 사람 1명 이상 1) 「국가기술자격법」에 따른 관련 분야 기술사 자격을 취득한 사람 2) 관련 분야 석사 이상의 학위를 취득한 후 해당 실무경력이 5년 이상인 사람 3) 「국가기술자격법」에 따른 관련 분야 기사 자격을 취득한 후 해당 실무경력이 7년 이상인 사람 나. 「국가기술자격법」에 따른 관련 분야 기사 이상의 자격을 취득한 후 해당 실무경력이 3년 이상인 사람 또는 관련 분야	가. 회전속도측정기 나. 정지성능측정장치 다. 진동측정기 라. 경도계 마. 비파괴시험장비(UT, MT) 바. 표면온도계 사. 소음측정기 아. 절연저항측정기 자. 클램프미터 차. 만능회로시험기 카. 접지저항측정기

		학사 이상의 학위를 취득한 후 해당 실무경력 5년 이상인 사람을 관련 분야별로 각 2명 이상(총 6명 이상)	비고 1. 가목부터 마목까지의 장비는 본부 및 지부 공용 2. 바목 및 사목의 장비는 각 지부별로 보유 3. 아목부터 카목까지의 장비는 제품심사 요원 2명당 1대 이상 보유
3	압력용기	가. 다음의 어느 하나에 해당하는 사람 1명 이상 1) 「국가기술자격법」에 따른 관련 분야 기술사 자격을 취득한 사람 2) 관련 분야 석사 이상 학위를 취득한 후 해당 실무경력이 5년 이상인 사람 3) 「국가기술자격법」에 따른 관련 분야 기사 자격을 취득한 후 해당 실무경력이 7년 이상인 사람 나. 「국가기술자격법」에 따른 관련 분야 기사 자격을 취득한 후 해당 실무경력이 3년 이상인 사람 또는 관련 분야 전문학사 이상의 학위를 취득한 후 해당 실무경력이 학사 이상의 학위는 5년, 전문학사 학위는 7년 이상인 사람을 관련 분야별로 각 1명 이상(총 6명 이상) 다. 용접·비파괴검사 분야 산업기사 이상의 자격을 취득한 후 해당 실무경력이 3년 이상인 사람을 분야별로 각 1명 이상(총 2명 이상)	가. 수압시험기 나. 기밀시험장비 다. 비파괴시험장비(UT, MT) 라. 표준압력계 마. 안전밸브시험기구 바. 산업용내시경 사. 금속현미경 아. 경도계 자. 핀홀테스터기 차. 초음파두께측정기 카. 접지저항측정기 타. 산소농도측정기 파. 가스농도측정기 하. 표면온도계 거. 가스누설탐지기 너. 절연저항측정기 더. 만능회로시험기 비고 1. 가목부터 아목까지의 장비는 본부 및 지부 공용 2. 자목의 장비는 각 지부별 보유 3. 차목부터 더목까지의 장비는 제품심사 요원 2명당 1대 이상 보유
4	방폭용전기기계·기구	가. 「국가기술자격법」에 따른 관련 분야 기술사의 자격 또는 박사 학위를 취득한 후 해당 실무경력이 5년 이상인 사람 1명 이상 나. 관련 분야별로 다음의 자격기준 이상인 사람 각 1명 이상(총 4명 이상) 1) 관련분야 기술사 자격 또는 박사학위를 취득한 사람 2) 관련 분야 전문학사 이상 학위를 취득한 후 해당 실무경력이 석사 이상의 학위는 5년, 학사학위는 7년, 전문학사 학위는 9년 이상인 사람 3) 관련 분야 산업기사 이상의 자격을 취득한 후 해당 실무경력이 7년(기사인 경우 5년) 이상인 사람	가. 시설기준 : 실험실(220m^2 이상) 나. 장비기준 1) 폭발시험설비 2) 수압시험기 3) 충격시험기 4) 인유기능시험기 4) 고속온도기록계 5) 토크시험장비 6) 열안전성시험장비 7) 불꽃점화시험기 8) 구속시험장비 9) 살수시험기 10) 분진시험기 11) 트래킹시험기 12) 내부압력시험기 13) 오실로스코프 14) 내광시험장비 15) 정전기시험장비 16) 내전압시험장비 17) 절연저항시험장비 18) 통기배기폭발시험장비 19) 밀봉시험장비 20) 동압력센서교정장비 21) 최대실험안전틈새시험 장비 또는 산소분석계 22) 휴대용압력계 23) 휴대용가스농도계 24) 램프홀더토크시험기 25) RLC측정기 26) 침수누설시험장비 27) 통기제한시험장비 28) 접점압력시험장비 29) 수분함유량측정기 30) 고무경도계(IRHD)
5	가설기자재	가. 다음 각 호의 어느 하나에 해당하는 사람 1명 이상 1) 「국가기술자격법」에 따른 관련 분야 기술사 자격을 취득한 사람 2) 산업안전지도사(건설안전, 기계안전 분야) 3) 관련 분야 석사 이상 학위를 취득한 후 해당 실무경력이 박사학위는 2년, 석사학위는 5년 이상인 사람 4) 「국가기술자격법」에 따른 관련 분야 기사 자격을 취득한 후 해당 실무경력이 7년 이상인 사람 나. 「국가기술자격법」에 따른 관련 분야의 산업기사 이상의 자격을 취득한 후 해당 실무경력이 기사 이상의 자격은 3년, 산업기사 자격은 5년 이상인 사람 1명 이상 다. 다음의 어느 하나에 해당하는 사람 1명 이상 1) 관련 분야 학사 이상의 학위를 취득한 사람 2) 관련 분야 전문학사 이상의 학위를 취득한 후 해당 실무경력이 2년 이상인 사람 3) 「초·중등교육법」에 따른 공업계 고등학교에서 관련 분야 학과를 졸업(다른 법령에서 이와 같은 수준 이상의 학력을 가진 사람으로 관련 학과를 졸업한 경우를 포함한다)한 후 해당 실무경력이 4년 이상인 사람	가. 시설기준 : 검정실(사무실 포함 200m^2 이상) 나. 장비기준 1) 압축변형시험기 2) 인장시험기 3) 만능재료시험기 4) 낙하시험기 5) 초음파두께측정기 6) 경도기 7) 토크렌치 8) 마이크로미터 9) 버니어캘리퍼스

비고 : 위 표에서 "실무경력"이란 유해하거나 위험한 기계·기구 및 설비의 연구·제작, 안전인증 또는 안전검사 분야 실무에 종사한 경력을 말한다.

[별표24]

안전검사기관의 인력·시설 및 장비 기준(제79조제2호 관련)

1. 공통사항

가. 인력기준 : 안전검사 대상별 관련 분야 구분

안전검사 대상	관련 분야
크레인, 리프트, 곤돌라, 프레스, 전단기, 사출성형기, 롤러기, 원심기, 화물자동차 또는 특수자동차에 탑재한 고소작업대, 컨베이어, 산업용 로봇	기계, 전기·전자, 산업안전(기술사는 기계·전기안전으로 한정함)
압력용기	기계, 전기·전자, 화공, 산업안전(기술사는 기계·화공안전으로 한정함)
국소배기장치	기계, 전기, 화공, 산업안전, 산업위생관리(기술사는 기계·화공안전, 산업위생관리로 한정함)
종합안전검사	기계, 전기·전자, 화공, 산업안전, 산업위생관리(기술사는 기계·전기·화공안전, 산업위생관리로 한정함)

나. 시설 및 장비기준

1) 시설기준

가) 사무실

나) 장비보관실(냉난방 및 통풍시설이 있어야 함)

2) 제2호에 따른 개별사항의 시설 및 장비기준란에 규정된 장비 중 둘 이상의 성능을 모두 가지는 장비를 보유한 경우에는 각각 해당 장비를 갖춘 것으로 인정한다.

3) 제2호에 따른 개별사항의 시설 및 장비기준에서 기관별로 본부 및 지부의 공용 장비 또는 지부별 보유 장비가 둘 이상 중복되는 경우에는 검사업무에 지장을 주지 않는 범위에서 공동으로 활용할 수 있다.

다. 안전검사기관이 지부를 설치할 때에는 고용노동부장관과 협의를 해야 한다.

2. 개별사항

번호	항목	인력기준	시설 및 장비기준
1	크레인, 리프트, 곤돌라, 화물자동차 또는 특수자동차에 탑재한 고소작업대	가. 다음의 어느 하나에 해당하는 사람 1명 이상 1) 「국가기술자격법」에 따른 관련 분야 기술사 자격을 취득한 사람 2) 관련 분야 석사 이상 학위를 취득한 후 해당 실무경력이 5년 이상인 사람 3) 「국가기술자격법」에 따른 관련 분야 기사 자격을 취득한 후 해당 실무경력이 7년 이상인 사람 나. 「국가기술자격법」에 따른 관련 분야 기사 이상의 자격을 취득한 후 해당 실무경력이 3년 이상인 사람 또는 관련 분야 학사 이상의 학위를 취득한 후 해당 실무경력이 5년 이상인 사람을 관련 분야별로 각 3명 이상(총 9명 이상) 다. 「국가기술자격법」에 따른 관련 분야 산업기사 이상의 자격을 취득한 후 해당 실무경력이 5년 이상인 사람을 관련 분야별로 각 3명 이상(총 9명 이상) 라. 용접·비파괴검사 분야 산업기사 이상의 자격을 취득한 후 해당 실무경력이 3년 이상인 사람 2명 이상 마. 연간 검사대수가 21,000대를 초과할 때에는 1,000대 추가 시마다 나목 또는 다목에 해당하는 사람 1명 추가. 이 경우 2명 이상인 경우에는 나목에 해당하는 인원이 전체 인원의 2분의 1 이상이어야 한다.	가. 크레인, 리프트(이삿짐 운반용 리프트 제외), 곤돌라, 화물자동차 또는 특수자동차에 탑재한 고소작업대 1) 와이어로프테스터 2) 회전속도측정기 3) 로드셀(5톤 이상) 4) 분동(0.5톤 이상) 5) 초음파두께측정기 6) 비파괴시험장비(UT, MT) 7) 트랜시트 8) 절연저항측정기 9) 클램프미터 10) 만능회로시험기 11) 접지저항측정기 12) 레이저거리측정기 13) 수준기 비고 1. 1)부터 4)까지의 장비는 본부 및 지부 공용 2. 5)부터 7)까지의 장비는 각 지부별로 보유 3. 8)부터 13)까지의 장비는 2명당 1대 이상 보유 나. 이삿짐 운반용 리프트 1) 초음파두께측정기 2) 절연저항측정기 3) 비파괴시험장비(UT, MT) ※ 이동 출장검사 가능
2	프레스, 전단기, 사출성형기, 롤러기, 원심기, 컨베이어, 산업용 로봇	가. 다음의 어느 하나에 해당하는 사람 1명 이상 1) 「국가기술자격법」에 따른 관련 분야 기술사 자격을 취득한 사람 2) 관련 분야 석사 이상의 학위를 취득한 후 해당 실무경력이 5년 이상인 사람 3) 「국가기술자격법」에 따른 관련 분야 기사 자격을 취득한 후 해당 실무경력이 7년 이상인 사람 나. 「국가기술자격법」에 따른 관련 분야 기사 이상의 자격을 취득한 후 해당 실무경력이 3년 이상인 사람 또는 관련 분야 학사 이상의 학위를 취득한 후 해당 실무경력이 5년 이상인 사람을 관련 분야별로 각 3명 이상(총 9명 이상) 다. 「국가기술자격법」에 따른 관련 분야 산업기사 이상의 자격을 취득한 후 해당 실무경력이 5년 이상인 사람을 관련 분야별로 각 3명 이상(총 9명 이상) 라. 용접·비파괴검사 분야 산업기사 이상의 자격을 취득한 후 해당 실무경력이 3년 이상인 사람 2명 이상	가. 회전속도측정기 나. 정지성능측정장치 다. 비파괴시험장비(UT, MT) 라. 소음측정기 마. 절연저항측정기 바. 클램프미터 사. 만능회로시험기 아. 접지저항측정기 비고 1. 가목부터 다목까지의 장비는 본부 및 지부 공용 2. 라목의 장비는 지부별로 보유 3. 바목부터 아목까지의 장비는 2명당 1대 이상 보유

번호	구분	인력기준	시설·장비기준
		마. 연간 검사대수가 22,800대를 초과할 때에는 1,200대 추가 시마다 나목 또는 다목에 해당하는 사람 1명 추가. 이 경우 2명 이상인 경우에는 나목에 해당하는 인원이 전체 인원의 2분의 1 이상이어야 한다.	
3	압력용기	가. 다음의 어느 하나에 해당하는 사람 1명 이상 1) 「국가기술자격법」에 따른 관련 분야 기술사 자격을 취득한 사람 2) 관련 분야 석사 이상의 학위를 취득한 후 해당 실무경력이 5년 이상인 사람 3) 「국가기술자격법」에 따른 관련 분야 기사 자격을 취득한 후 해당 실무경력이 7년 이상인 사람 나. 「국가기술자격법」에 따른 관련 분야 기사 이상의 자격을 취득한 후 해당 실무경력이 3년 이상인 사람 또는 관련 분야 학사 이상의 학위를 취득한 후 해당 실무경력이 5년 이상인 사람을 관련 분야별로 각 2명 이상(총 8명 이상) 다. 「국가기술자격법」에 따른 관련 분야 산업기사 이상의 자격을 취득한 후 해당 실무경력이 5년 이상인 사람을 관련 분야별로 각 2명 이상(총 8명 이상) 라. 연간 검사대수가 22,800대를 초과할 때에는 1,200대 추가 시마다 나목 또는 다목에 해당하는 사람 1명 추가. 이 경우 2명 이상인 경우에는 나목에 해당하는 인원이 전체 인원의 2분의 1 이상이어야 한다.	가. 수압시험기 나. 기밀시험장비 다. 비파괴시험장비(UT, MT) 라. 표준압력계 마. 안전밸브시험기구 바. 산업용내시경 사. 초음파두께측정기 아. 접지저항측정기 자. 산소농도측정기 차. 가스농도측정기 카. 표면온도계 타. 가스누설탐지기 파. 절연저항측정기 하. 만능회로시험기 비고 1. 가목부터 바목까지의 장비는 본부 및 지부 공용 2. 사목부터 하목까지의 장비는 2명당 1대 이상 보유
4	국소배기장치	가. 다음의 어느 하나에 해당하는 사람 1명 이상 1) 「국가기술자격법」에 따른 관련 분야 기술사 자격을 취득한 사람 2) 관련 분야 석사 이상의 학위를 취득한 후 해당 실무경력이 5년 이상인 사람 3) 「국가기술자격법」에 따른 관련 분야 기사 자격을 취득한 후 해당 실무경력이 7년 이상인 사람 나. 「국가기술자격법」에 따른 관련 분야 기사 이상의 자격을 취득한 후 해당 실무경력이 3년 이상인 사람 또는 관련 분야 학사 이상의 학위를 취득한 후 해당 실무경력이 5년 이상인 사람 2명 이상 다. 「국가기술자격법」에 따른 관련 분야 산업기사 이상의 자격을 취득한 후 해당 실무경력이 5년 이상인 사람 2명 이상 마. 연간 검사대수가 5,000대를 초과할 때에는 1,000대 추가 시마다 나목 및 다목에 해당하는 사람 1명 추가. 이 경우 2명 이상인 경우에는 나목에 해당하는 인원이 전체 인원의 2분의 1 이상이어야 한다.	가. 스모크테스터 나. 청음기 또는 청음봉 다. 절연저항측정기 라. 표면온도계 및 내부 온도측정기 마. 열선 풍속계 바. 회전속도측정기 사. 만능회로시험기 아. 접지저항측정기 자. 클램프미터 비고 : 가목부터 자목까지의 장비는 2명당 1대 이상 보유
5	종합안전검사기관	가. 다음의 어느 하나에 해당하는 사람 1명 이상 1) 「국가기술자격법」에 따른 관련 분야 기술사 자격을 취득한 사람 2) 관련 분야 석사 이상의 학위를 취득한 후 해당 실무경력이 5년 이상인 사람 3) 「국가기술자격법」에 따른 관련 분야 기사 자격을 취득한 후 해당 실무경력이 7년 이상인 사람 나. 제1호가목부터 라목까지, 제2호가목부터 다목까지, 제3호가목부터 다목까지 및 제4호가목부터 다목까지에 해당하는 사람 다. 국소배기장치를 제외한 연간 검사대수가 72,300대를 초과할 때에는 1,800대 추가 시마다 다음의 어느 하나에 해당하는 사람 1명 추가. 이 경우 2명 이상인 경우에는 1)에 해당하는 인원이 전체 인원의 2분의 1 이상이어야 한다. 1) 산업안전, 기계, 전기·전자 또는 화공분야 산업기사 이상의 자격을 취득한 후 해당 실무경력이 기사 이상의 자격은 3년, 산업기사 자격은 5년 이상인 사람 2) 산업안전, 기계, 전기·전자 또는 화공분야 학사 이상의 학위를 취득한 후 해당 실무경력이 5년 이상인 사람 라. 국소배기장치 연간 검사대수가 5,000대를 초과할 때에는 1,000대 추가 시마다 다음의 어느 하나에 해당하는 사람 1명 추가. 이 경우 2명 이상인 경우에는 1)에 해당하는 인원이 전체 인원의 2분의 1 이상이어야 한다. 1) 산업안전, 기계, 전기, 화공 또는 산업위생관리 분야 기사 이상의 자격을 취득한 후 해당 실무경력이 3년 이상인 사람 또는 학사 이상의 학위를 취득한 후 해당 기계·기구 및 설비의 연구·제작 또는 검사 분야 실무경력이 5년 이상인 사람 2) 산업안전, 기계, 전기, 화공 또는 산업위생관리 분야 산업기사 이상의 자격을 취득한 후 해당 실무경력이 5년 이상인 사람	제1호부터 제4호까지에 해당하는 모든 시설 및 장비

비고 : 위 표에서 "실무경력"이란 유해하거나 위험한 기계·기구 및 설비의 연구·제작, 안전인증 또는 안전검사 분야 실무에 종사한 경력을 말한다.

〔별표25〕

자율안전검사기관의 인력·시설 및 장비 기준(제81조 관련)

번호	구분	인력기준	시설·장비기준
1	공통사항	다음 각 목의 어느 하나에 해당하는 검사책임자 1명 가. 「국가기술자격법」에 따른 해당 기계·기구 및 설비 분야 또는 안전관리 분야의 기술사 자격을 취득한 사람 또는 법 제142조에 따른 지도사(건설 분야는 제외한다) 나. 「국가기술자격법」에 따른 해당 기계·기구 및 설비 분야 또는 안전관리 분야의 기사 자격을 취득한 후 해당 기계·기구 및 설비의 연구·설계·제작 또는 검사 분야에서 10년 (석사는 7년 이상) 실무경력이 있는 사람	사무실(장비실 포함)
2	종합자율안전검사기관	다음 각 목에 해당하는 검사자격자 중 가목부터 다목까지의 요건에 해당하는 사람 각 1명 이상, 라목에 해당하는 사람 2명 이상, 마목 및 바목에 해당하는 사람 각 1명 이상 가. 「국가기술자격법」에 따른 해당 기계·기구 및 설비 분야 또는 안전관리 분야의 산업기사 이상의 자격을 취득한 후 해당 기계·기구 및 설비의 검사 또는 취급업무에서 기사 이상의 자격은 5년, 산업기사 자격은 7년 이상 실무경력이 있는 사람 나. 「고등교육법」에 따른 학교 중 4년제 학교 또는 이와 같은 수준 이상의 학교에서 산업안전·기계·전기·전자·화공·산업위생·산업보건 또는 환경공학 분야 관련 학위를 취득한 후(법령에 따라 이와 같은 수준 이상의 학력이 있다고 인정되는 경우를 포함한다) 해당 기계·기구의 취급업무에 5년 이상 종사한 경력이 있는 사람 다. 「고등교육법」에 따른 학교 중 나목에 따른 학교 외의 학교 또는 이와 같은 수준 이상의 학교에서 산업안전·기계·전기·전자·화공·산업위생·산업보건 또는 환경공학 분야 관련 학위를 취득한 후(법령에 따라 이와 같은 수준 이상의 학력이 있다고 인정되는 경우를 포함한다) 해당 기계·기구의 취급업무에 7년 이상 종사한 경력이 있는 사람 라. 고등학교에서 기계·전기·전자 또는 화공 분야를 졸업하였거나 「국가기술자격법」에 따른 해당 기계·기구 및 설비 분야 또는 안전관리 분야의 기능사 이상의 자격을 취득한 후 해당 기계·기구의 취급업무에 9년 이상 종사한 경력이 있는 사람 또는 법 제98조제1항제2호에 따른 성능검사 교육을 이수하고, 해당 실무경력이 3년 이상인 사람 마. 「국가기술자격법」에 따른 비파괴검사 분야의 기능사 이상의 자격을 취득한 후 해당 분야 경력이 3년 이상인 사람 바. 「국가기술자격법」에 따른 승강기기능사 이상의 자격을 취득한 사람	가. 회전속도측정기 나. 비파괴시험장비(UT, MT, PT) 다. 와이어로프 테스터 라. 표준압력계 마. 소음측정기 바. 접지저항측정기 사. 진동측정기 아. 절연저항측정기 자. 정전기전하량측정기 차. 프레스급정지성능측정기 카. 만능회로시험기 타. 수압시험기 파. 로드셀 또는 분동 하. 분진측정기 거. 풍속계 너. 피치, 틈새 및 라운드 게이지, 버니어캘리퍼스, 마이크로미터 더. 수준기 러. 검사용 공구세트 머. 라인스피드미터 버. 가스농도측정기 서. 기밀시험장비 어. 안전밸브시험기구 저. 산업용 내시경 처. 조도계 커. 가스탐지기 터. 초음파 두께측정기 퍼. 스모크테스터 허. 청음기 또는 청음봉 고. 표면온도계 또는 초자온도계 노. 정압 프로브가 달린 열선풍속계 도. 연소가스분석기 로. 피토 튜브 모. 수주 마노미터 보. 줄자
3	기계 분야(제78조제1항제1호부터 제4호까지, 제6호, 제8호부터 제13호까지의 안전검사대상기계등으로 한정한다)	제2호의 인력기준란 가목, 나목 및 라목부터 바목까지의 요건에 해당하는 사람 각 1명 이상	제2호의 시설·장비기준란 나목(UT만 해당한다), 라목, 타목, 하목, 버목부터 저목까지, 커목 및 퍼목부터 도목까지의 장비를 제외한 장비

4	장치 및 설비 분야(제78조제1항 제5호의 안전검사대상기계등으로 한정한다)	제2호의 인력기준란 가목 및 나목의 요건에 해당하는 사람 각 1명 이상, 라목의 요건에 해당하는 사람 2명 이상, 마목의 요건에 해당하는 사람 1명 이상	제2호의 시설·장비기준란 가목, 다목, 사목, 차목, 파목 및 퍼목부터 노목까지의 장비를 제외한 장비
5	국소배기장치	제2호의 인력기준란 다목 및 라목의 요건에 해당하는 사람 각 1명 이상	1. 스모크테스터 2. 청음기 또는 청음봉 3. 절연저항계 4. 표면온도계 또는 초자온도계 5. 정압 프로브가 달린 열선풍속계 6. 회전계(RPM측정기)

비고
1. 제1호가목에 해당하는 인력이 2명 이상인 경우에는 같은 호 나목에 해당하는 인력을 갖추지 않을 수 있다.
2. 제2호의 시설과 제3호가목 및 나목을 제외한 장비는 해당 기관이 법 제48조에 따른 안전보건진단기관, 법 제126조에 따른 작업환경측정기관, 법 제135조에 따른 특수건강진단기관으로 지정을 받으려고 하거나 지정을 받아 그 장비를 보유하고 있는 경우에는 분석능력 등을 고려하여 이를 공동으로 활용할 수 있다. 이 경우 공동으로 활용될 수 있는 시설 및 장비는 필요한 지정 기준에 포함되는 것으로 인정한다.

〔별표26〕

유해인자 허용기준 이하 유지 대상 유해인자(제84조 관련)

1. 6가크롬〔18540-29-9〕 화합물(Chromium VI compounds)
2. 납〔7439-92-1〕 및 그 무기화합물(Lead and its inorganic compounds)
3. 니켈〔7440-02-0〕 화합물(불용성 무기화합물로 한정한다)(Nickel and its insoluble inorganic compounds)
4. 니켈카르보닐(Nickel carbonyl ; 13463-39-3)
5. 디메틸포름아미드(Dimethylformamide ; 68-12-2)
6. 디클로로메탄(Dichloromethane ; 75-09-2)
7. 1,2-디클로로프로판(1,2-Dichloropropane ; 78-87-5)
8. 망간〔7439-96-5〕 및 그 무기화합물(Manganese and its inorganic compounds)
9. 메탄올(Methanol ; 67-56-1)
10. 메틸렌 비스(페닐 이소시아네이트)(Methylene bis(phenyl isocyanate) ; 101-68-8 등)
11. 베릴륨〔7440-41-7〕 및 그 화합물(Beryllium and its compounds)
12. 벤젠(Benzene ; 71-43-2)
13. 1,3-부타디엔(1,3-Butadiene ; 106-99-0)
14. 2-브로모프로판(2-Bromopropane ; 75-26-3)
15. 브롬화 메틸(Methyl bromide ; 74-83-9)
16. 산화에틸렌(Ethylene oxide ; 75-21-8)
17. 석면(제조·사용하는 경우만 해당한다)(Asbestos ; 1332-21-4 등)
18. 수은〔7439-97-6〕 및 그 무기화합물(Mercury and its inorganic compounds)
19. 스티렌(Styrene ; 100-42-5)
20. 시클로헥사논(Cyclohexanone ; 108-94-1)
21. 아닐린(Aniline ; 62-53-3)
22. 아크릴로니트릴(Acrylonitrile ; 107-13-1)
23. 암모니아(Ammonia ; 7664-41-7 등)
24. 염소(Chlorine ; 7782-50-5)
25. 염화비닐(Vinyl chloride ; 75-01-4)
26. 이황화탄소(Carbon disulfide ; 75-15-0)
27. 일산화탄소(Carbon monoxide ; 630-08-0)
28. 카드뮴〔7440-43-9〕 및 그 화합물(Cadmium and its compounds)
29. 코발트〔7440-48-4〕 및 그 무기화합물(Cobalt and its inorganic compounds)
30. 콜타르피치〔65996-93-2〕 휘발물(Coal tar pitch volatiles)
31. 톨루엔(Toluene ; 108-88-3)
32. 톨루엔-2,4-디이소시아네이트(Toluene-2,4-diisocyanate ; 584-84-9 등)
33. 톨루엔-2,6-디이소시아네이트(Toluene-2,6-diisocyanate ; 91-08-7 등)
34. 트리클로로메탄(Trichloromethane ; 67-66-3)
35. 트리클로로에틸렌(Trichloroethylene ; 79-01-6)
36. 포름알데히드(Formaldehyde ; 50-00-0)
37. n-헥산(n-Hexane ; 110-54-3)
38. 황산(Sulfuric acid ; 7664-93-9)

〔별표27〕

석면조사기관의 인력·시설 및 장비 기준(제90조 관련)

1. 인력기준
가. 다음의 어느 하나에 해당하는 사람 1명 이상
1) 산업위생관리기사 또는 대기환경기사 이상인 사람
2) 산업위생관리산업기사 또는 대기환경산업기사 자격을 취득한 후 해당 분야에서 2년 이상 실무에 종사한 사람
나. 다음의 어느 하나에 해당하는 사람 1명 이상
1) 「초·중등교육법」에 따른 공업계 고등학교 또는 이와 같은 수준 이상의 학교를 졸업한 사람
2) 「고등교육법」 제2조제1호부터 제6호까지의 규정에 따른 대학 또는 이와 같은 수준 이상의 학교에서 산업보건(위생)학·환경보건(위생)학 관련 학위를 취득한 사람(법령에 따라 이와 같은 수준 이상의 학력이 있다고 인정되는 사람을 포함한다) 또는 그 분야에서 2년 이상 실무에 종사한 사람
다. 「고등교육법」 제2조제1호부터 제6호까지의 규정에 따른 대학 또는 이와 같은 수준 이상의 학교에서 산업보건(위생)학·환경보건(위생)학·환경공학·위생공학·약학·화학·화학공학·광물학 또는 화학 관련 학위를 취득한 사람(법령에 따라 이와 같은 수준 이상의 학력이 있다고 인정되는 사람을 포함한다) 중 분석을 전담하는 사람 1명 이상
2. 시설기준 : 분석실 및 조사준비실
3. 장비기준
가. 지역시료 채취펌프
나. 유량보정계
다. 입체현미경
라. 편광현미경
마. 위상차현미경
바. 흄 후드〔고성능필터(HEPA필터) 이상의 공기정화장치가 장착된 것〕
사. 진공청소기〔고성능필터(HEPA필터) 이상의 공기정화장치가 장착된 것〕
아. 아세톤 증기화 장치
자. 전기로(600℃ 이상까지 작동 가능한 것이어야 한다)
차. 필터 여과추출장치
카. 저울(최소 측정단위가 0.1㎎ 이하이어야 한다)

〔별표28〕

석면해체·제거업자의 인력·시설 및 장비 기준(제92조 관련)

(2022.8.16 개정)

1. 인력기준
가. 「국가기술자격법」에 따른 산업안전산업기사, 건설안전산업기사, 산업위생관리산업기사, 대기환경산업기사 또는 폐기물처리산업기사 이상의 자격을 취득한 후 석면해체·제거작업 방법, 보호구 착용 방법 등에 관하여 고용노동부장관이 정하여 고시하는 교육(이하 "석면해체·제거관리자교육"이라 한다)을 이수하고 석면해체·제거 관련 업무를 전담하는 사람 1명 이상
나. 다음의 어느 하나에 해당하는 자격 또는 실무경력을 갖춘 후 석면해체·제거관리자교육을 이수하고 석면해체·제거 관련 업무를 전담하는 사람 1명 이상
1) 「건설기술 진흥법」에 따른 토목·건축 분야 건설기술인
2) 「국가기술자격법」에 따른 토목·건축 분야의 기술자격
3) 토목·건축 분야 2년 이상의 실무경력
2. 시설기준 : 사무실
3. 장비기준
가. 고성능필터(HEPA 필터)가 장착된 음압기(陰壓機 : 작업장 내의 기압을 인위적으로 떨어뜨리는 장비)
나. 음압기록장치
다. 고성능필터(HEPA 필터)가 장착된 진공청소기
라. 위생설비(평상복 탈의실, 샤워실 및 작업복 탈의실이 설치된 설비)
마. 송기마스크 또는 전동식 호흡보호구〔전동식 방진마스크(전면형 특등급만 해당한다), 전동식 후드 또는 전동식 보안면(분진·미스트·흄에 대한 용도로 안면부 누설률이 0.05% 이하인 특등급에만 해당한다)〕
바. 습윤장치(濕潤裝置)
비고 : 제1호가목에 해당하는 인력이 2명 이상인 경우에는 같은 호 나목에 해당하는 인력을 갖추지 않을 수 있다.

〔별표29〕

작업환경측정기관의 유형별 인력·시설 및 장비 기준(제95조 관련)

1. 사업장 위탁측정기관의 경우
가. 인력기준
1) 측정대상 사업장이 총 240개소 미만이고 그 중 5명 이상 사업장이 120개소 미만인 경우
가) 법 제143조제1항에 따른 산업보건지도사 자격을 가진 사람 또는 산업위생관리기술사 1명 이상
나) 다음의 어느 하나에 해당하는 분석을 전담하는 사람 1명 이상
(1) 대학 또는 이와 같은 수준 이상의 학교에서 산업보건(위생)학·환경보건(위생)학·환경공학·위생공학·약학·화학·화학공학 관련 학위를 취득한 사람(법령에 따라 이와 같은 수준 이상의 학력이 있다고 인정되는 사람을 포함한다)
(2) 대학 또는 이와 같은 수준 이상의 학교에서 화학 관련 학위(화학과 및 화학공학과 학위는 제외한다)를 취득한 사람(법령에 따라 이와 같은 수준 이상의 학력이 있다고 인정되는 사람을 포함한다) 중 분석화학(실험)을 3학점 이상 이수한 사람
다) 산업위생관리산업기사 이상인 사람 1명 이상
2) 측정대상 사업장이 총 480개소 미만이고 그 중 5명 이상 사업장이 240개소 미만인 경우
가) 법 제143조제1항에 따른 산업보건지도사 자격을 가진 사람 또는 산업위생관리기술사 1명 이상
나) 다음의 어느 하나에 해당하는 분석을 전담하는 사람 1명 이상
(1) 대학 또는 이와 같은 수준 이상의 학교에서 산업보건(위생)학·환경보건(위생)학·환경공학·위생공학·약학·화학·화학공학 관련 학위를 취득한 사람(법령에 따라 이와 같은 수준 이상의 학력이 있다고 인정되는 사람을 포함한다)
(2) 대학 또는 이와 같은 수준 이상의 학교에서 화학 관련 학위(화학과 및 화학공학과 학위는 제외한다)를 취득한 사람(법령에 따라 이와 같은 수준 이상의 학력이 있다고 인정되는 사람을 포함한다) 중 분석화학(실험)을 3학점 이상 이수한 사람
다) 산업위생관리기사 이상인 사람 1명 이상
라) 산업위생관리산업기사 이상인 사람 2명 이상
3) 측정대상 사업장이 총 720개소 미만이고 그 중 5명 이상 사업장이 360개소 미만인 경우
가) 법 제143조제1항에 따른 산업보건지도사 자격을 가진 사람 또는 산업위생관리기술사 1명 이상
나) 다음의 어느 하나에 해당하는 분석을 전담하는 사람 2명 이상
(1) 대학 또는 이와 같은 수준 이상의 학교에서 산업보건(위생)학·환경보건(위생)학·환경공학·위생공학·약학·화학·화학공학 관련 학위를 취득한 사람(법령에 따라 이와 같은 수준 이상의 학력이 있다고 인정되는 사람을 포함한다)
(2) 대학 또는 이와 같은 수준 이상의 학교에서 화학 관련 학위(화학과 및 화학공학과 학위는 제외한다)를 취득한 사람(법령에 따라 이와 같은 수준 이상의 학력이 있다고 인정되는 사람을 포함한다) 중 분석화학(실험)을 3학점 이상 이수한 사람
다) 산업위생관리기사 이상인 사람 1명 이상
라) 산업위생관리산업기사 이상인 사람 3명 이상
4) 상시근로자 5명 이상인 측정대상 사업장이 360개소 이상인 경우에는 60개소가 추가될 때마다 3)의 인력기준 외에 산업위생관리산업기사 이상인 사람을 1명 이상 추가한다.
나. 시설기준
작업환경측정 준비실 및 분석실험실
다. 장비기준
1) 화학적 인자·분진의 채취를 위한 개인용 시료채취기 세트
2) 광전분광광도계
3) 검지관 등 가스·증기농도 측정기 세트
4) 저울(최소 측정단위가 0.01㎎ 이하이어야 한다)
5) 소음측정기(누적소음폭로량 측정이 가능한 것이어야 한다)
6) 건조기 및 데시케이터
7) 순수제조기(2차 증류용), 드래프트 체임버 및 화학실험대
8) 대기의 온도·습도·기류·고열 및 조도 등을 측정할 수 있는 기기
9) 산소농도측정기

10) 가스크로마토그래피(GC)
11) 원자흡광광도계(AAS) 또는 유도결합 플라스마(ICP)
12) 국소배기시설 성능시험장비 : 스모크테스터, 청음기 또는 청음봉, 절연저항계, 표면온도계 또는 초자온도계, 정압 프로브가 달린 열선풍속계, 회전계(R.P.M측정기) 또는 이와 같은 수준 이상의 성능을 가진 설비
13) 분석을 할 때에 유해물질을 배출할 우려가 있는 경우 배기 또는 배액처리를 위한 설비
14) 다음 각 호의 어느 하나에 해당하는 유해인자를 측정하려는 때에는 해당 설비 또는 이와 같은 수준 이상의 성능이 있는 설비
가) 톨루엔 디이소시아네이트(TDI) 등 이소시아네이트 화합물 : 고속액체 크로마토그래피(HPLC)
나) 유리규산(SiO_2) : X-ray회절분석기 또는 적외선분광분석기
다) 석면 : 위상차현미경 및 석면 분석에 필요한 부속품

2. 사업장 자체측정기관의 경우
가. 인력기준
1) 산업위생관리기사 이상의 자격을 취득한 사람 1명 또는 산업위생관리산업기사 자격을 취득한 후 산업위생 실무경력이 2년 이상인 사람 1명 이상
2) 대학 또는 이와 같은 수준 이상의 학교에서 산업보건(위생)학·환경보건(위생)학·환경공학·위생공학·약학·화학 또는 화학공학 관련 학위를 취득한 사람(법령에 따라 이와 같은 수준 이상의 학력이 있다고 인정되는 사람을 포함한다) 1명 이상(다만, 측정대상 사업장에서 실험실 분석이 필요하지 않은 유해인자만 발생하는 경우에는 제외할 수 있다)
나. 시설기준 : 작업환경측정 준비실 또는 분석실험실
다. 장비기준 : 해당 사업장이나 측정대상 사업장의 유해인자 측정·분석에 필요한 장비

비고
1. 제1호다목2)·4)·6)·7)·10)·11)·13) 및 14)의 장비는 해당 기관이 법 제48조에 따른 안전보건진단기관, 법 제135조에 따른 특수건강진단기관으로 지정을 받으려고 하거나 지정을 받아 그 장비를 보유하고 있는 경우에는 분석능력 등을 고려하여 이를 공동활용할 수 있다.
2. 다음 각 목의 어느 하나에 해당하는 경우에는 작업환경측정 시 채취한 유해인자 시료의 분석을 해당 시료를 분석할 수 있는 다른 위탁측정기관 또는 유해인자별·업종별 작업환경전문연구기관에 의뢰할 수 있다.
가. 제1호다목10) 또는 11)의 장비에 별도의 부속장치를 장착해야 분석이 가능한 유해인자의 시료를 채취하는 경우
나. 제1호다목14)의 장비를 보유하지 않은 기관이 해당 장비로 분석이 가능한 유해인자의 시료를 채취하는 경우
다. 그 밖에 고용노동부장관이 필요하다고 인정하여 고시하는 경우
3. 비고 제2호에 따라 분석을 의뢰할 수 있는 유해인자 시료의 종류, 분석의뢰 절차 및 그 밖에 필요한 사항은 고용노동부장관이 정하여 고시한다.

〔별표30〕

특수건강진단기관의 인력·시설 및 장비 기준(제97조제1항 관련)

(2021.1.12 개정)

1. 인력기준
가. 「의료법」에 따른 직업환경의학과 전문의(2015년 12월 31일 당시 특수건강진단기관에서 특수건강진단업무에 8년 이상 계속하여 종사하고 있는 의사를 포함한다. 이하 이 목에서 같다) 1명 이상. 다만, 1년 동안 특수건강진단 실시 대상 근로자가 1만명을 넘는 경우에는 1만명마다 직업환경의학과 전문의를 1명씩 추가한다.
나. 「의료법」에 따른 간호사 2명 이상
다. 「의료기사 등에 관한 법률」에 따른 임상병리사 1명 이상
라. 「의료기사 등에 관한 법률」에 따른 방사선사 1명 이상
마. 「고등교육법」에 따른 전문대학 또는 이와 같은 수준 이상의 학교에서 화학, 화공학, 약학 또는 산업보건학을 전공한 사람(법령에 따라 이와 같은 수준 이상의 학력이 있다고 인정되는 사람을 포함한다) 또는 산업위생관리산업기사 이상의 자격을 취득한 사람 1명 이상
2. 시설기준
가. 진료실
나. 방음실(청력검사용)
다. 임상병리검사실
라. 엑스선촬영실
3. 장비기준
가. 시력검사기
나. 청력검사기(오디오 체커는 제외한다)
다. 현미경
라. 백혈구 백분율 계산기(자동혈구계수기로 계산이 가능한 경우는 제외한다)
마. 항온수조
바. 원심분리기(원심력을 이용해 혼합액을 분리하는 기계)
사. 간염검사용 기기
아. 저울(최소 측정단위가 0.01㎎ 이하이어야 한다)
자. 자외선-가시광선 분광 광도계(같은 기기보다 성능이 우수한 기기 보유 시에는 제외한다)
차. 엑스선촬영기
카. 자동 혈구계수기
타. 자동 혈액화학(생화학)분석기 또는 간기능검사·혈액화학검사·신장기능검사에 필요한 기기
파. 폐기능검사기
하. 냉장고
거. 원자흡광광도계(시료 속의 금속원자가 흡수하는 빛의 양을 측정하는 장치) 또는 그 이상의 성능을 가진 기기
너. 가스크로마토그래프(기체 상태의 혼합물을 분리하여 분석하는 장치) 또는 그 이상의 성능을 가지는 기기. 다만, 사업장 부속의료기관으로서 특수건강진단기관으로 지정을 받으려고 하거나 지정을 받은 경우에는 그 사업장의 유해인자 유무에 따라 거목 또는 너목의 기기 모두를 갖추지 않을 수 있다.

비고
1. 제3호아목·자목·거목 및 너목의 장비는 해당 기관이 법 제48조에 따른 안전보건진단기관, 법 제126조에 따른 작업환경측정기관으로 지정을 받으려고 하거나 지정을 받아 같은 장비를 보유하고 있는 경우에는 분석 능력 등을 고려하여 이를 공동 활용할 수 있다.
2. 법 제135조제3항에 따라 고용노동부장관이 실시하는 특수건강진단기관의 진단·분석 능력 확인 결과 적합 판정을 받은 기관과 생물학적 노출지표 분석 의뢰계약을 체결한 경우에는 제1호마목의 인력과 제3호마목·아목·자목·거목 및 너목의 장비를 갖추지 않을 수 있다.

〔별표31〕~〔별표32〕 ➡ 「www.hyeonamsa.com」 참조

〔별표33〕

과징금의 부과기준(제111조 관련)

1. 일반기준
가. 업무정지기간은 법 제163조제2항에 따른 업무정지의 기준에 따라 부과되는 기간을 말하며, 업무정지기간의 1개월은 30일로 본다.
나. 과징금 부과금액은 위반행위를 한 지정기관의 연간 총 매출금액의 1일 평균매출금액을 기준으로 제2호에 따라 산출한다.
다. 과징금 부과금액의 기초가 되는 1일 평균매출금액은 위반행위를 한 해당 지정기관에 대한 행정처분일이 속한 연도의 전년도 1년간의 총 매출금액을 365로 나눈 금액으로 한다. 다만, 신규 개설 또는 휴업 등으로 전년도 1년간의 총 매출금액을 산출할 수 없거나 1년간의 총 매출금액을 기준으로 하는 것이 타당하지 않다고 인정되는 경우에는 분기(90일을 말한다)별, 월별 또는 일별 매출금액을 해당 단위에 포함된 일수로 나누어 1일 평균매출금액을 산정한다.
라. 제2호에 따라 산출한 과징금 부과금액이 10억원을 넘는 경우에는 과징금 부과금액을 10억원으로 한다.
마. 고용노동부장관은 위반행위의 동기, 내용 및 횟수 등을 고려하여 제2호에 따른 과징금 부과금액의 2분의 1 범위에서 과징금을 늘리거나 줄일 수 있다. 다만, 늘리는 경우에도 과징금 부과금액의 총액은 10억원을 넘을 수 없다.

2. 과징금의 산정방법

과징금 부과금액 = 위반사업자 1일 평균매출금액 × 업무정지 일수 × 0.1

〔별표34〕

도급금지 등 의무위반에 따른 과징금의 산정기준(제113조제1항 관련)

1. 일반기준
과징금은 법 제161조제1항 각 호의 경우, 같은 조 제2항 각 호의 사항 및 구체적인 위반행위의 내용 등을 종합적으로 고려하여 그 금액을 산정한다.
2. 과징금의 구체적 산정기준
고용노동부장관은 제1호에 따라 과징금의 금액을 산정하되, 가목의 위반행위 및 도급금액에 따라 산출되는 금액(이하 "기본 산정금액"이라 한다)에 나목의 위반 기간 및 횟수에 따른 조정(이하 "1차 조정"이라 한다)과 다목의 관계수급인 근로자의 산업재해 예방에 필요한 조치 이행을 위한 노력의 정도 및 산업재해(도급인 및 관계수급인의 근로자가 사망한 경우 또는 3일 이상의 휴업이 필요한 부상을 입거나 질병에 걸린 경우로 한정한다. 이하 이 별표에서 같다)의 발생 빈도에 따른 조정(이하 "2차 조정"이라 한다)을 거쳐 과징금 부과금액을 산정한다. 다만, 산정된 과징금이 10억원을 초과하는 경우에는 10억원으로 한다.
가. 위반행위 및 도급금액에 따른 산정기준

위반행위	근거법조문	기본 산정금액
1) 법 제58조제1항을 위반하여 도급한 경우	법 제161조 제1항제1호	연간 도급금액의 100분의 50
2) 법 제58조제2항제2호를 위반하여 승인을 받지 않고 도급한 경우	법 제161조 제1항제2호	연간 도급금액의 100분의 40
3) 법 제59조제1항을 위반하여 승인을 받지 않고 도급한 경우	법 제161조 제1항제2호	연간 도급금액의 100분의 40
4) 법 제60조를 위반하여 승인을 받아 도급받은 작업을 재하도급한 경우	법 제161조 제1항제3호	연간 도급금액의 100분의 50

비고 : 도급금액은 다음 각 호에 따라 산출한다.
1. 도급금지 등 의무위반이 있는 작업과 의무위반이 없는 작업을 함께 도급한 경우 각 작업별로 도급금액을 산출할 수 있으면 의무위반이 있는 작업의 금액만을 도급금액으로 하고, 각 작업을 분리할 수 없어 각 작업별로 도급금액을 산출할 수 없으면 해당 작업의 상시근로자 수에 따른 비율로 도급금액을 추계한다.
2. 도급금지와 도급승인을 함께 위반한 경우 등 2가지 이상 위반행위가 중복되는 경우에는 중대한 위반행위의 도급금액을 기준으로 한다.

나. 1차 조정 기준
1) 위반 기간에 따른 조정

위반 기간	가중치
1년 이내	-
1년 초과 2년 이내	기본 산정금액 × 100분의 20
2년 초과 3년 이내	기본 산정금액 × 100분의 50
3년 이상	기본 산정금액 × 100분의 80

2) 위반 횟수에 따른 조정

위반 횟수	가중치
3년간 1회 위반	기본 산정금액 × 100분의 20
3년간 2회 위반	기본 산정금액 × 100분의 50
3년간 3회 위반	기본 산정금액 × 100분의 80

3) 위반 기간과 위반 횟수에 따른 조정에 모두 해당하는 경우에는 해당 가중치를 합산한다.

다. 2차 조정 기준
1) 관계수급인 근로자의 산업재해 예방에 필요한 조치 이행을 위한 노력의 정도

조치 이행의 노력	감경치
3년간 법 제63조부터 제66조까지의 규정에 따른 도급인의 의무사항 이행 여부에 대한 근로감독관의 점검을 받은 결과 해당 규정 위반을 이유로 행정처분을 받지 않은 경우	1차 조정 기준에 따른 금액 × 100분의 50
3년간 법 제63조부터 제66조까지의 규정에 따른 도급인의 의무사항 이행 여부에 대한 근로감독관의 점검을 받지 않은 경우 또는 해당 점검을 받은 결과 법 제63조부터 제66조까지의 규정 위반을 이유로 행정처분을 받은 경우	-

2) 산업재해 발생 빈도

산업재해 발생 빈도	가중치
3년간 미발생	-
3년간 1회 이상 발생	1차 조정 기준에 따른 금액 × 100분의 20

3) 산업재해 예방에 필요한 조치 이행을 위한 노력의 정도와 산업재해 발생 빈도에 따른 조정에 모두 해당하는 경우에는 해당 감경치와 가중치를 합산한다.
3. 비고
가. 이 표에서 "위반 기간"이란 위반행위가 있었던 날부터 위반행위가 적발된 날까지의 기간을 말한다.
나. 이 표에서 3년간이란 위반행위가 적발된 날부터 최근 3년간을 말한다.

〔별표35〕

과태료의 부과기준(제119조 관련)

(2023.6.27 개정)

1. 일반기준

가. 위반행위의 횟수에 따른 과태료의 가중된 부과기준은 최근 5년간 같은 위반행위로 과태료 부과처분을 받은 경우에 적용한다. 이 경우 기간의 계산은 위반행위에 대하여 과태료 부과처분을 받은 날과 그 처분 후 다시 같은 위반행위를 하여 적발된 날을 기준으로 한다.

나. 가목에 따라 가중된 부과처분을 하는 경우 가중처분의 적용 차수는 그 위반행위 전 부과처분 차수(가목에 따른 기간 내에 과태료 부과처분이 둘 이상 있었던 경우에는 높은 차수를 말한다)의 다음 차수로 한다. 다만, 적발된 날부터 소급하여 5년이 되는 날 전에 한 부과처분은 가중처분의 차수 산정 대상에서 제외한다.

다. 부과권자는 다음의 어느 하나에 해당하는 경우에는 제4호의 개별기준에 따른 과태료 부과금액의 2분의 1 범위에서 그 금액을 줄일 수 있다. 다만, 과태료를 체납하고 있는 위반행위자의 경우에는 그 금액을 줄일 수 없다.

1) 위반행위자가 자연재해 · 화재 등으로 재산에 현저한 손실을 입었거나 사업 여건의 악화로 사업이 중대한 위기에 처하는 등의 사정이 있는 경우

2) 그 밖에 위반행위의 동기와 결과, 위반 정도 등을 고려하여 그 금액을 줄일 필요가 있다고 인정되는 경우

라. 위반행위에 대하여 다목 및 제3호에 따른 과태료 감경사유가 중복되는 경우에도 감경되는 과태료 부과금액의 총액은 제4호에 따른 과태료 부과금액의 2분의 1을 넘을 수 없다.

마. 제4호에 따른 과태료 부과금액이 100만원 미만인 경우에는 다목 또는 제3호에 따라 줄이지 않고 제4호에 따라 과태료를 부과한다. 다만, 다목 또는 제3호에 따라 줄인 후 과태료 금액이 100만원 미만이 된 경우에는 100만원으로 부과한다.

2. 특정 사업장에 대한 과태료 부과기준

다음 각 목의 어느 하나에 해당하는 재해 또는 사고가 발생한 사업장에 대하여 법 제56조제1항에 따라 실시하는 발생원인 조사 또는 이와 관련된 감독에서 적발된 위반행위에 대해서는 그 위반행위에 해당하는 제4호의 개별기준 중 3차 이상 위반 시의 금액에 해당하는 과태료를 부과한다.

가. 중대재해

나. 법 제44조제1항 전단에 따른 중대산업사고

3. 사업장 규모 또는 공사 규모에 따른 과태료 감경기준

다음 각 목의 어느 하나에 해당하는 규모(건설공사의 경우에는 괄호 안의 공사금액)의 사업장에 대해서는 제4호에 따른 과태료 금액에 해당 목에서 규정한 비율을 곱하여 산출한 금액을 과태료로 부과한다.

가. 상시근로자 50명(10억원) 이상 100명(40억원) 미만 : 100분의 90

나. 상시근로자 10명(3억원) 이상 50명(10억원) 미만 : 100분의 80

다. 상시근로자 10명(3억원) 미만 : 100분의 70

4. 개별기준

위반행위	근거 법조문	세부내용	과태료 금액(만원)		
			1차 위반	2차 위반	3차 이상 위반
가. 법 제10조제3항 후단을 위반하여 관계수급인에 관한 자료를 제출하지 않거나 거짓으로 제출한 경우	법 제175조 제4항 제1호		1,000	1,000	1,000
나. 법 제14조제1항을 위반하여 회사의 안전 및 보건에 관한 계획을 이사회에 보고하지 않거나 승인을 받지 않은 경우	법 제175조 제4항 제2호		1,000	1,000	1,000
다. 법 제15조제1항을 위반하여 사업장을 실질적으로 총괄하여 관리하는 사람으로 하여금 업무를 총괄하여 관리하도록 하지 않은 경우	법 제175조 제5항 제1호	1) 안전보건관리책임자를 선임하지 않은 경우	500	500	500
		2) 안전보건관리책임자로 하여금 업무를 총괄하여 관리하도록 하지 않은 경우	300	400	500
라. 법 제16조제1항을 위반하여 관리감독자에게 직무와 관련된 산업 안전 및 보건에 관한 업무를 수행하도록 하지 않은 경우	법 제175조 제5항 제1호		300	400	500
마. 법 제17조제1항, 제18조제1항 또는 제19조제1항 본문을 위반하여 안전관리자, 보건관리자 또는 안전보건관리담당자를 두지 않거나 이들로 하여금 업무를 수행하도록 하지 않은 경우	법 제175조 제5항 제1호	1) 안전관리자를 선임하지 않은 경우	500	500	500
		2) 선임된 안전관리자로 하여금 안전관리자의 업무를 수행하도록 하지 않은 경우	300	400	500
		3) 보건관리자를 선임하지 않은 경우	500	500	500
		4) 선임된 보건관리자로 하여금 보건관리자의 업무를 수행하도록 하지 않은 경우	300	400	500
		5) 안전보건관리담당자를 선임하지 않은 경우	500	500	500
		6) 선임된 안전보건관리담당자로 하여금 안전보건관리담당자의 업무를 수행하도록 하지 않은 경우	300	400	500
바. 법 제17조제3항 또는 제18조제3항을 위반하여 안전관리자 또는 보건관리자가 그 업무만을 전담하도록 하지 않은 경우	법 제175조 제5항 제1호		200	300	500
사. 법 제17조제4항, 제18조제4항 또는 제19조제3항에 따른 명령을 위반하여 안전관리자, 보건관리자또는 안전보건관리담당자를 늘리지 않거나 교체하지 않은 경우	법 제175조 제5항 제2호		500	500	500
아. 법 제22조제1항 본문을 위반하여 산업보건의를 두지 않은 경우	법 제175조 제5항 제1호		300	400	500
자. 법 제24조제1항을 위반하여 산업안전보건위원회를 구성 · 운영하지 않은 경우(법 제75조에 따라 노사협의체를 구성 · 운영하지 않은 경우를 포함한다)	법 제175조 제5항 제1호	1) 산업안전보건위원회를 구성하지 않은 경우(법 제75조에 따라 노사협의체를 구성한 경우는 제외한다)	500	500	500
		2) 제37조를 위반하여 산업안전보건위원회(법 제75조에 따라 구성된 노사협의체를 포함한다)의 정기회의를 개최하지 않은 경우(1회당)	50	250	500
차. 법 제24조제4항을 위반하여 산업안전보건위원회가 심의 · 의결한 사항을 성실하게 이행하지 않은 경우	법 제175조 제5항 제1호	1) 사업주가 성실하게 이행하지 않은 경우	50	250	500
		2) 근로자가 성실하게 이행하지 않은 경우	10	20	30
카. 법 제25조제1항을 위반하여 안전보건관리규정을 작성하지 않은 경우	법 제175조 제5항 제1호		150	300	500
타. 법 제26조를 위반하여 안전보건관리규정을 작성하거나 변경할 때 산업안전보건위원회의 심의 · 의결을 거치지 않거나 근로자대표의 동의를 받지 않은 경우	법 제175조 제5항 제1호		50	250	500
파. 법 제29조제1항(법 제166조의2에서 준용하는 경우를 포함한다)을 위반하여 정기적으로 안전보건교육을 하지 않은 경우	법 제175조 제5항 제1호	1) 교육대상 근로자 1명당	10	20	50
		2) 교육대상 관리감독자 1명당	50	250	500
하. 법 제29조제2항(법 제166조의2에서 준용하는 경우를 포함한다)을 위반하여 근로자를 채용할 때와 작업내용을 변경할 때(현장실습생의 경우는 현장실습을 최초로 실시할 때와 실습내용을 변경할 때를 말한다) 안전보건교육을 하지 않은 경우	법 제175조 제5항 제1호	교육대상 근로자 1명당	10	20	50
거. 법 제29조제3항(법 제166조의2에서 준용하는 경우를 포함한다)을 위반하여 유해하거나 위험한 작업에 근로자를 사용할 때(현장실습생의 경우는 현장실습을 실시할 때를 말한다) 안전보건교육을 추가로 하지 않은 경우	법 제175조 제2항 제1호	교육대상 근로자 1명당	50	100	150
너. 법 제31조제1항을 위반하여 건설 일용근로자를 채용할 때 기초안전보건교육을 이수하도록 하지 않은 경우	법 제175조 제5항 제1호	교육대상 근로자 1명당	10	20	50
더. 법 제32조제1항을 위반하여 안전보건관리책임자 등으로 하여금 직무와 관련한 안전보건교육을 이수하도록 하지 않은 경우	법 제175조 제5항 제1호	1) 법 제32조제1항제1호부터 제3호까지의 규정에 해당하는 사람으로 하여금 안전보건교육을 이수하도록 하지 않은 경우	500	500	500
		2) 법 제32조제1항제4호에 해당하는 사람으로 하여금 안전보건교육을 이수하도록 하지 않은 경우	100	200	500
	법 제175조 제6항 제1호	3) 법 제32조제1항제5호에 해당하는 사람으로 하여금 안전보건교육을 이수하도록 하지 않은 경우	300	300	300
러. 법 제34조를 위반하여 법과 법에 따른 명령의 요지, 안전보건관리규정을 게시하지 않거나 갖추어 두지 않은 경우	법 제175조 제5항 제3호		50	250	500

머. 법 제35조를 위반하여 근로자대표의 요청 사항을 근로자대표에게 통지하지 않은 경우	법 제175조 제6항 제2호		30	150	300
버. 법 제37조제1항을 위반하여 안전보건표지를 설치·부착하지 않거나 설치·부착된 안전보건표지가 같은 항에 위배되는 경우	법 제175조 제5항 제1호	1개소당	10	30	50
서. 법 제40조(법 제166조의2에서 준용하는 경우를 포함한다)를 위반하여 조치 사항을 지키지 않은 경우	법 제175조 제6항 제3호		5	10	15
어. 법 제41조제2항(법 제166조의2에서 준용하는 경우를 포함한다)을 위반하여 필요한 조치를 하지 않은 경우	법 제175조 제4항 제3호		300	600	1,000
저. 법 제42조제1항·제5항·제6항을 위반하여 유해위험방지계획서 또는 심사결과서를 작성하여 제출하지 않거나 심사결과서를 갖추어 두지 않은 경우	법 제175조 제4항 제3호	1) 법 제42조제1항을 위반하여 유해위험방지계획서 또는 자체 심사결과서를 작성하여 제출하지 않은 경우			
		가) 법 제42조제1항제1호 또는 제2호에 해당하는 사업주	300	600	1,000
		나) 법 제42조제1항제3호에 해당하는 사업주	1,000	1,000	1,000
		2) 법 제42조제5항을 위반하여 유해위험방지계획서와 그 심사결과서를 사업장에 갖추어 두지 않은 경우	300	600	1,000
		3) 법 제42조제6항을 위반하여 변경할 필요가 있는 유해위험방지계획서를 변경하여 갖추어 두지 않은 경우			
		가) 유해위험방지계획서를 변경하지 않은 경우	1,000	1,000	1,000
		나) 유해위험방지계획서를 변경했으나 갖추어 두지 않은 경우	300	600	1,000
처. 법 제42조제2항을 위반하여 자격이 있는 자의 의견을 듣지 않고 유해위험방지계획서를 작성·제출한 경우	법 제175조 제6항 제4호		30	150	300
커. 법 제43조제1항을 위반하여 고용노동부장관의 확인을 받지 않은 경우	법 제175조 제6항 제5호		30	150	300
터. 법 제44조제1항 전단을 위반하여 공정안전보고서를 작성하여 제출하지 않은 경우	법 제175조 제4항 제3호		300	600	1,000
퍼. 법 제44조제2항을 위반하여 공정안전보고서 작성 시 산업안전보건위원회의 심의를 거치지 않거나 근로자대표의 의견을 듣지 않은 경우	법 제175조 제5항 제1호		50	250	500
허. 법 제45조제2항을 위반하여 공정안전보고서를 사업장에 갖추어 두지 않은 경우	법 제175조 제4항 제3호		300	600	1,000
고. 법 제46조제1항을 위반하여 공정안전보고서의 내용을 지키지 않은 경우	법 제175조 제4항 제3호	1) 사업주가 지키지 않은 경우(내용 위반 1건당)	10	20	30
		2) 근로자가 지키지 않은 경우(내용 위반 1건당)	5	10	15
노. 법 제46조제2항을 위반하여 공정안전보고서의 내용을 실제로 이행하고 있는지에 대하여 고용노동부장관의 확인을 받지 않은 경우	법 제175조 제6항 제5호		30	150	300
도. 법 제47조제1항에 따른 명령을 위반하여 안전보건진단기관이 실시하는 안전보건진단을 받지 않은 경우	법 제175조 제4항 제4호		1,000	1,000	1,000
로. 법 제47조제3항 전단을 위반하여 정당한 사유 없이 안전보건진단을 거부·방해 또는 기피하거나 같은 항 후단을 위반하여 근로자대표가 요구하였음에도 불구하고 안전보건진단에 근로자대표를 참여시키지 않은 경우	법 제175조 제3항 제1호	1) 거부·방해 또는 기피한 경우	1,500	1,500	1,500
		2) 근로자대표를 참여시키지 않은 경우	150	300	500
모. 법 제49조제1항에 따른 명령을 위반하여 안전보건개선계획을 수립하여 시행하지 않은 경우	법 제175조 제4항 제4호	1) 법 제49조제1항 전단에 따라 안전보건개선계획을 수립·시행하지 않은 경우	500	750	1,000
		2) 법 제49조제1항 후단에 따라 안전보건개선계획을 수립·시행하지 않은 경우	1,000	1,000	1,000
보. 법 제49조제2항을 위반하여 산업안전보건위원회의 심의를 거치지 않거나 근로자대표의 의견을 듣지 않은 경우	법 제175조 제5항 제1호		50	250	500
소. 법 제50조제3항을 위반하여 안전보건개선계획을 준수하지 않은 경우	법 제175조 제5항 제1호	1) 사업주가 준수하지 않은 경우	200	300	500
		2) 근로자가 준수하지 않은 경우	5	10	15
오. 법 제53조제2항(법 제166조의2에서 준용하는 경우를 포함한다)을 위반하여 고용노동부장관으로부터 명령받은 사항을 게시하지 않은 경우	법 제175조 제5항 제4호		50	250	500
조. 법 제54조제2항(법 제166조의2에서 준용하는 경우를 포함한다)을 위반하여 중대재해 발생 사실을 보고하지 않거나 거짓으로 보고한 경우	법 제175조 제2항 제2호	중대재해 발생 보고를 하지 않거나 거짓으로 보고한 경우(사업장 외 교통사고 등 사업주의 법 위반을 직접적인 원인으로 발생한 중대재해가 아닌 것이 명백한 경우는 제외한다)	3,000	3,000	3,000
초. 법 제57조제3항(법 제166조의2에서 준용하는 경우를 포함한다)을 위반하여 산업재해를 보고하지 않거나 거짓으로 보고한 경우(오목에 해당하는 경우는 제외한다)	법 제175조 제3항 제2호	1) 산업재해를 보고하지 않은 경우(사업장 외 교통사고 등 사업주의 법 위반을 직접적인 원인으로 발생한 산업재해가 아닌 것이 명백한 경우는 제외한다)	700	1,000	1,500
		2) 산업재해를 거짓으로 보고한 경우	1,500	1,500	1,500
코. 법 제62조제1항을 위반하여 안전보건총괄책임자를 지정하지 않은 경우	법 제175조 제5항 제1호		500	500	500
토. 법 제64조제1항제6호를 위반하여 위생시설 등 고용노동부령으로 정하는 시설의 설치 등을 위하여 필요한 장소의 제공을 하지 않거나 도급인이 설치한 위생시설 이용에 협조하지 않은 경우	법 제175조 제3항 제2호의2		500	1,000	1,500
포. 법 제66조제1항 후단을 위반하여 도급인의 조치에 따르지 않은 경우	법 제175조 제5항 제1호		150	300	500
호. 법 제66조제2항 후단을 위반하여 도급인의 조치에 따르지 않은 경우	법 제175조 제5항 제1호		150	300	500
구. 법 제67조제1항을 위반하여 건설공사의 계획, 설계 및 시공 단계에서 필요한 조치를 하지 않은 경우	법 제175조 제4항 제3호		1,000	1,000	1,000
누. 법 제67조제2항을 위반하여 안전보건 분야의 전문가에게 같은 조 제1항 각 호에 따른 안전보건대장에 기재된 내용의 적정성 등을 확인받지 않은 경우	법 제175조 제4항 제3호		1,000	1,000	1,000
두. 법 제68조제1항을 위반하여 안전보건조정자를 두지 않은 경우	법 제175조 제5항 제1호		500	500	500
루. 법 제70조제1항을 위반하여 특별한 사유 없이 공사기간 연장 조치를 하지 않은 경우	법 제175조 제4항 제3호		1,000	1,000	1,000
무. 법 제70조제2항 후단을 위반하여 특별한 사유 없이 공사기간을 연장하지 않거나 건설공사발주자에게 그 기간의 연장을 요청하지 않은 경우	법 제175조 제4항 제3호		1,000	1,000	1,000

부. 법 제71조제3항 후단을 위반하여 설계를 변경하지 않거나 건설공사발주자에게 설계변경을 요청하지 않은 경우	법 제175조 제4항 제3호		1,000	1,000	1,000
수. 법 제71조제4항을 위반하여 설계를 변경하지 않은 경우	법 제175조 제4항 제3호		1,000	1,000	1,000
우. 법 제72조제1항을 위반하여 산업안전보건관리비를 도급금액 또는 사업비에 계상하지 않거나 일부만 계상한 경우	법 제175조 제4항 제3호	1) 전액을 계상하지 않은 경우	계상하지 않은 금액(다만, 1,000만원을 초과할 경우 1,000만원)	계상하지 않은 금액(다만, 1,000만원을 초과할 경우 1,000만원)	계상하지 않은 금액(다만, 1,000만원을 초과할 경우 1,000만원)
		2) 50% 이상 100% 미만을 계상하지 않은 경우	계상하지 않은 금액(다만, 100만원을 초과할 경우 100만원)	계상하지 않은 금액(다만, 300만원을 초과할 경우 300만원)	계상하지 않은 금액(다만, 600만원을 초과할 경우 600만원)
		3) 50% 미만을 계상하지 않은 경우	계상하지 않은 금액(다만, 100만원을 초과할 경우 100만원)	계상하지 않은 금액(다만, 200만원을 초과할 경우 200만원)	계상하지 않은 금액(다만, 300만원을 초과할 경우 300만원)
주. 법 제72조제3항을 위반하여 산업안전보건관리비 사용명세서를 작성하지 않거나 보존하지 않은 경우	법 제175조 제4항 제3호	1) 작성하지 않은 경우	100	500	1,000
		2) 공사 종료 후 1년간 보존하지 않은 경우	100	200	300
추. 법 제72조제5항을 위반하여 산업안전보건관리비를 다른 목적으로 사용한 경우(건설공사도급인만 해당한다)	법 제175조 제4항 제3호	1) 사용한 금액이 1천만원 이상인 경우	1,000	1,000	1,000
		2) 사용한 금액이 1천만원 미만인 경우	목적 외 사용금액	목적 외 사용금액	목적 외 사용금액
쿠. 법 제73조제1항을 위반하여 지도계약을 체결하지 않은 경우	법 제175조 제6항 제6호		100	200	300
투. 법 제73조제2항을 위반하여 지도를 실시하지 않거나 지도에 따라 적절한 조치를 하지 않은 경우	법 제175조 제6항 제6호의2		100	200	300
푸. 법 제75조제6항을 위반하여 노사협의체가 심의·의결한 사항을 성실하게 이행하지 않은 경우	법 제175조 제5항 제1호	1) 건설공사도급인 또는 관계수급인이 성실하게 이행하지 않은 경우	50	250	500
		2) 근로자가 성실하게 이행하지 않은 경우	10	20	30
후. 법 제77조제1항을 위반하여 안전조치 및 보건조치를 하지 않은 경우	법 제175조 제4항 제3호		500	700	1,000
그. 법 제77조제2항을 위반하여 안전보건에 관한 교육을 실시하지 않은 경우	법 제175조 제5항 제1호	1) 최초로 노무를 제공받았을 때 교육을 실시하지 않은 경우(1인당)	10	20	50
		2) 고용노동부령으로 정하는 안전 및 보건에 관한 교육을 실시하지 않은 경우(1인당)	50	100	150
느. 법 제78조를 위반하여 안전조치 및 보건조치를 하지 않은 경우	법 제175조 제4항 제3호		500	700	1,000
드. 법 제79조제1항을 위반하여 가맹점의 안전·보건에 관한 프로그램을 마련·시행하지 않거나 가맹사업자에게 안전·보건에 관한 정보를 제공하지 않은 경우	법 제175조 제2항 제1호		1,500	2,000	3,000
르. 법 제82조제1항 전단을 위반하여 등록하지 않고 타워크레인을 설치·해체한 경우	법 제175조 제4항 제5호		500	700	1,000
므. 법 제84조제6항을 위반하여 안전인증대상기계등의 제조·수입 또는 판매에 관한 자료 제출 명령을 따르지 않은 경우	법 제175조 제6항 제7호		300	300	300
브. 법 제85조제1항을 위반하여 안전인증표시를 하지 않은 경우(안전인증대상별)	법 제175조 제4항 제3호		100	500	1,000
스. 법 제90조제1항을 위반하여 자율안전확인표시를 하지 않은 경우(자율안전확인대상별)	법 제175조 제5항 제1호		50	250	500
으. 법 제93조제1항 전단을 위반하여 안전검사를 받지 않은 경우(1대당)	법 제175조 제4항 제3호		200	600	1,000
즈. 법 제94조제2항을 위반하여 안전검사합격증명서를 안전검사대상기계등에 부착하지 않은 경우(1대당)	법 제175조 제5항 제1호		50	250	500
츠. 법 제95조를 위반하여 안전검사대상기계등을 사용한 경우(1대당)	법 제175조 제4항 제3호	1) 안전검사를 받지 않은 안전검사대상기계등을 사용한 경우	300	600	1,000
		2) 안전검사에 불합격한 안전검사대상기계등을 사용한 경우	300	600	1,000
크. 법 제99조제2항을 위반하여 자율검사프로그램의 인정이 취소된 안전검사대상기계등을 사용한 경우(1대당)	법 제175조 제4항 제3호		300	600	1,000
트. 법 제107조제1항 각 호 외의 부분 본문을 위반하여 작업장 내 유해인자의 노출 농도를 허용기준 이하로 유지하지 않은 경우	법 제175조 제4항 제3호		1,000	1,000	1,000
프. 법 제108조제1항에 따른 신규화학물질의 유해성·위험성 조사보고서를 제출하지 않은 경우	법 제175조 제5항 제4호의2		100	200	500
흐. 법 제108조제5항을 위반하여 근로자의 건강장해 예방을 위한 조치 사항을 기록한 서류를 제공하지 않은 경우	법 제175조 제6항 제3호		30	150	300
기. 법 제109조제1항에 따른 유해성·위험성 조사 결과 및 유해성·위험성 평가에 필요한 자료를 제출하지 않은 경우	법 제175조 제5항 제4호의2		500	500	500
니. 법 제110조제1항부터 제3항까지의 규정을 위반하여 물질안전보건자료, 화학물질의 명칭·함유량 또는 변경된 물질안전보건자료를 제출하지 않은 경우(물질안전보건자료대상물질 1종당)	법 제175조 제5항 제5호	1) 물질안전보건자료대상물질을 제조하거나 수입하려는 자가 물질안전보건자료를 제출하지 않은 경우	100	200	500
		2) 물질안전보건자료대상물질을 제조하거나 수입하려는 자가 화학물질의 명칭 및 함유량을 제출하지 않은 경우	100	200	500
		3) 물질안전보건자료대상물질을 제조하거나 수입한 자가 변경 사항을 반영한 물질안전보건자료를 제출하지 않은 경우	50	100	500
디. 법 제110조제2항제2호를 위반하여 국외제조자로부터 물질안전보건자료에 적힌 화학물질 외에는 법 제104조에 따른 분류기준에 해당하는 화학물질이 없음을 확인하는 내용의 서류를 거짓으로 제출한 경우(물질안전보건자료대상물질 1종당)	법 제175조 제5항 제6호		500	500	500
리. 법 제111조제1항을 위반하여 물질안전보건자료를 제공하지 않은 경우(물질안전보건자료대상물질 1종당)	법 제175조 제5항 제7호	1) 물질안전보건자료대상물질을 양도·제공하는 자가 물질안전보건자료를 제공하지 않은 경우(제공하지 않은 사업장 1개소당)			
		가) 물질안전보건자료대상물질을 양도·제공하는 자가 물질안전보건자료를 제공하지 않은 경우[나)에 해당하는 경우는 제외한다]	100	200	500
		나) 종전의 물질안전보건자료대상물질 양도·제공자로부터 물질안전보건자료를 제공받지 못하여 상대방에게 물질안전보건자료를 제공하지 않은 경우	10	20	50
		2) 물질안전보건자료의 기재사항을 잘못 작성하여 제공한 경우(제공한 사업장 1개소당)			

		가) 물질안전보건자료의 기재사항을 거짓으로 작성하여 제공한 경우	100	200	500
		나) 과실로 잘못 작성하거나 누락하여 제공한 경우	10	20	50
미. 법 제111조제2항 또는 제3항을 위반하여 물질안전보건자료의 변경 내용을 반영하여 제공하지 않은 경우(물질안전보건자료대상물질 1종당)	법 제175조 제6항 제9호	1) 물질안전보건자료대상물질을 제조·수입한 자가 변경사항을 반영한 물질안전보건자료를 제공하지 않은 경우(제공하지 않은 사업장 1개소당)	50	100	300
		2) 종전의 물질안전보건자료대상물질 양도·제공자로부터 변경된 물질안전보건자료를 제공받지 못하여 상대방에게 변경된 물질안전보건자료를 제공하지 않은 경우(제공하지 않은 사업장 1개소당)	10	20	30
비. 법 제112조제1항 본문을 위반하여 승인을 받지 않고 화학물질의 명칭 및 함유량을 대체자료로 적은 경우(물질안전보건자료대상물질 1종당)	법 제175조 제5항 제8호	1) 물질안전보건자료대상물질을 제조·수입하는 자가 승인을 받지 않은 경우	100	200	500
		2) 물질안전보건자료에 승인 결과를 거짓으로 적용한 경우	500	500	500
		3) 물질안전보건자료대상물질을 제조·수입한 자가 승인의 유효기간이 지났음에도 불구하고 대체자료가 아닌 명칭 및 함유량을 물질안전보건자료에 반영하지 않은 경우	100	200	500
시. 법 제112조제1항 또는 제5항에 따른 비공개 승인 또는 연장승인 신청 시 영업비밀과 관련되어 보호사유를 거짓으로 작성하여 신청한 경우(물질안전보건자료대상물질 1종당)	법 제175조 제5항 제9호		500	500	500
이. 법 제112조제10항 각 호 외의 부분 후단을 위반하여 대체자료로 적힌 화학물질의 명칭 및 함유량 정보를 제공하지 않은 경우	법 제175조 제5항 제10호		100	200	500
지. 법 제113조제1항에 따라 선임된 자로서 같은 항 각 호의 업무를 거짓으로 수행한 경우	법 제175조 제5항 제11호		500	500	500
치. 법 제113조제1항에 따라 선임된 자로서 같은 조 제2항에 따라 고용노동부장관에게 제출한 물질안전보건자료를 해당 물질안전보건자료대상물질을 수입하는 자에게 제공하지 않은 경우(물질안전보건자료대상물질 1종당)	법 제175조 제5항 제12호		100	200	500
키. 법 제114조제1항을 위반하여 물질안전보건자료를 게시하지 않거나 갖추어 두지 않은 경우(물질안전보건자료대상물질 1종당)	법 제175조 제5항 제3호	1) 작성한 물질안전보건자료를 게시하지 않거나 갖추어 두지 않은 경우(작업장 1개소당)	100	200	500
		2) 제공받은 물질안전보건자료를 게시하지 않거나 갖추어 두지 않은 경우(작업장 1개소당)	100	200	500
		3) 물질안전보건자료대상물질을 양도 또는 제공한 자로부터 물질안전보건자료를 제공받지 못하여 게시하지 않거나 갖추어 두지 않은 경우(작업장 1개소당)	10	20	50
티. 법 제114조제3항(법 제166조의2에서 준용하는 경우를 포함한다)을 위반하여 해당 근로자 또는 현장실습생을 교육하는 등 적절한 조치를 하지 않은 경우	법 제175조 제6항 제10호	교육대상 근로자 1명당	50	100	300
피. 법 제115조제1항 또는 같은 조 제2항 본문을 위반하여 경고표시를 하지 않은 경우(물질안전보건자료대상물질 1종당)	법 제175조 제6항 제11호	1) 물질안전보건자료대상물질을 담은 용기 및 포장에 경고표시를 하지 않은 경우			
		가) 물질안전보건자료대상물질을 용기 및 포장에 담는 방법으로 양도·제공하는 자가 용기 및 포장에 경고표시를 하지 않은 경우(양도·제공받은 사업장 1개소당)	50	100	300
		나) 물질안전보건자료대상물질을 사용하는 사업주가 용기에 경고표시를 하지 않은 경우	50	100	300
		다) 종전의 물질안전보건자료대상물질 양도·제공자로부터 경고표시를 한 용기 및 포장을 제공받지 못해 경고표시를 하지 않은 채로 물질안전보건자료대상물질을 양도·제공한 경우(경고표시를 하지 않고 양도·제공받은 사업장 1개소당)	10	20	50
		라) 용기 및 포장의 경고표시가 제거되거나 경고표시의 내용을 알아볼 수 없을 정도로 훼손된 경우	10	20	50
		2) 물질안전보건자료대상물질을 용기 및 포장에 담는 방법이 아닌 방법으로 양도·제공하는 자가 경고표시 기재항목을 적은 자료를 제공하지 않는 경우(제공받지 않은 사업장 1개소당)	50	100	300
히. 법 제119조제1항을 위반하여 일반석면조사를 하지 않고 건축물이나 설비를 철거하거나 해체한 경우	법 제175조 제6항 제12호		철거 또는 해체 공사 금액의 100분의 5에 해당하는 금액. 다만, 해당 금액이 10만원 미만인 경우에는 10만원으로, 해당 금액이 100만원을 초과하는 경우에는 100만원으로 한다.	200	300
갸. 법 제119조제2항을 위반하여 기관석면조사를 하지 않고 건축물 또는 설비를 철거하거나 해체한 경우	법 제175조 제1항 제1호	1) 개인 소유의 단독주택(다중주택, 다가구주택, 공관은 제외한다)	철거 또는 해체 공사 금액의 100분의 5에 해당하는 금액. 다만, 해당 금액이 50만원 미만인 경우에는 50만원으로, 해당금액이 500만원을 초과하는 경우에는 500만원으로 한다.	1,000	1,500
		2) 그 밖의 경우	철거 또는 해체 공사 금액의 100분의 5에 해당하는 금액. 다만, 해당 금액이 150만원 미만인 경우에는 150만원으로, 해당 금액이 1,500만	3,000	5,000

			원을 초과하는 경우에는 1,500만원으로 한다.		
냐. 법 제122조제2항을 위반하여 기관석면조사를 실시한 기관으로 하여금 석면해체·제거를 하도록 한 경우	법 제175조 제5항 제1호		150	300	500
댜. 법 제122조제3항을 위반하여 석면해체·제거작업을 고용노동부장관에게 신고하지 않은 경우	법 제175조 제6항 제13호	1) 신고하지 않은 경우 2) 변경신고를 하지 않은 경우	100 50	200 100	300 150
랴. 법 제123조제2항을 위반하여 석면이 함유된 건축물이나 설비를 철거하거나 해체하는 자가 한 조치 사항을 준수하지 않은 경우	법 제175조 제6항 제3호		5	10	15
먀. 법 제124조제1항을 위반하여 공기 중 석면농도가 석면농도기준 이하가 되도록 하지 않은 경우	법 제175조 제5항 제1호		150	300	500
뱌. 법 제124조제1항을 위반하여 공기 중 석면농도가 석면농도기준 이하임을 증명하는 자료를 제출하지 않은 경우	법 제175조 제6항 제14호		100	200	300
샤. 법 제124조제3항을 위반하여 공기 중 석면농도가 석면농도기준을 초과함에도 건축물 또는 설비를 철거하거나 해체한 경우	법 제175조 제1항 제2호		1,500	3,000	5,000
야. 법 제125조제1항 및 제2항에 따라 작업환경측정을 하지 않은 경우	법 제175조 제4항 제6호	측정대상 작업장의 근로자 1명당	20	50	100
쟈. 법 제125조제1항 및 제2항을 위반하여 작업환경측정 시 고용노동부령으로 정한 작업환경측정의 방법을 준수하지 않은 경우	법 제175조 제5항 제13호		100	300	500
챠. 법 제125조제4항을 위반하여 작업환경측정 시 근로자대표가 요구하였는 데도 근로자대표를 참석시키지 않은 경우	법 제175조 제5항 제14호		500	500	500
캬. 법 제125조제5항을 위반하여 작업환경측정 결과를 보고하지 않거나 거짓으로 보고한 경우	법 제175조 제6항 제15호	1) 보고하지 않은 경우 2) 거짓으로 보고한 경우	50 300	150 300	300 300
탸. 법 제125조제6항을 위반하여 작업환경측정의 결과를 해당 작업장 근로자에게 알리지 않은 경우	법 제175조 제5항 제15호		100	300	500
퍄. 법 제125조제7항을 위반하여 산업안전보건위원회 또는 근로자대표가 작업환경측정 결과에 대한 설명회의 개최를 요구했음에도 이에 따르지 않은 경우	법 제175조 제5항 제1호		100	300	500
햐. 법 제128조의2제1항을 위반하여 휴게시설을 갖추지 않은 경우(이 영 제96조의2에 따른 사업장의 사업주로 한정한다)	법 제175조 제3항 제2호의3		1,500	1,500	1,500
겨. 법 제128조의2제2항을 위반하여 휴게시설의 설치·관리기준을 준수하지 않은 경우	법 제175조 제4항 제6호의2	고용노동부령으로 정하는 휴게시설 설치·관리기준의 내용 위반 1건당	50	250	500
녀. 법 제129조제1항 또는 제130조제1항부터 제3항까지의 규정을 위반하여 근로자의 건강진단을 하지 않은 경우	법 제175조 제4항 제7호	건강진단 대상 근로자 1명당	10	20	30
뎌. 법 제132조제1항을 위반하여 건강진단을 할 때 근로자대표가 요구하였는 데도 근로자대표를 참석시키지 않은 경우	법 제175조 제5항 제14호		500	500	500
려. 법 제132조제2항 전단을 위반하여 산업안전보건위원회 또는 근로자대표가 건강진단 결과에 대한 설명을 요구했음에도 이에 따르지 않은 경우	법 제175조 제5항 제1호		100	300	500
며. 법 제132조제3항을 위반하여 건강진단 결과를 근로자 건강 보호 및 유지 외의 목적으로 사용한 경우	법 제175조 제6항 제3호		300	300	300
벼. 법 제132조제5항을 위반하여 조치결과를 제출하지 않거나 거짓으로 제출한 경우	법 제175조 제6항 제15호	1) 제출하지 않은 경우 2) 거짓으로 제출한 경우	50 300	150 300	300 300
셔. 법 제133조를 위반하여 건강진단을 받지 않은 경우	법 제175조 제6항 제3호		5	10	15
여. 법 제134조제1항을 위반하여 건강진단의 실시결과를 통보·보고하지 않거나 거짓으로 통보·보고한 경우	법 제175조 제6항 제15호	1) 통보 또는 보고하지 않은 경우 2) 거짓으로 통보 또는 보고한 경우	50 300	150 300	300 300
져. 법 제134조제2항을 위반하여 건강진단의 실시결과를 통보하지 않거나 거짓으로 통보한 경우	법 제175조 제6항 제15호	1) 통보하지 않은 경우 2) 거짓으로 통보한 경우	50 300	150 300	300 300
쳐. 법 제137조제3항을 위반하여 건강관리카드를 타인에게 양도하거나 대여한 경우	법 제175조 제5항 제1호		500	500	500
켜. 법 제141조제2항을 위반하여 정당한 사유 없이 역학조사를 거부·방해·기피한 경우	법 제175조 제3항 제3호	1) 사업주가 거부·방해·기피한 경우 2) 근로자가 거부·방해·기피한 경우	1,500 5	1,500 10	1,500 15
텨. 법 제141조제3항을 위반하여 역학조사 참석이 허용된 사람의 역학조사 참석을 거부하거나 방해한 경우	법 제175조 제3항 제4호		1,500	1,500	1,500
펴. 법 제145제1항을 위반하여 등록 없이 지도사 직무를 시작한 경우	법 제175조 제5항 제1호		150	300	500
혀. 법 제149조를 위반하여 지도사 또는 이와 유사한 명칭을 사용한 경우	법 제175조 제6항 제3호	1) 등록한 지도사가 아닌 사람이 지도사 명칭을 사용한 경우 2) 등록한 지도사가 아닌 사람이 지도사와 유사한 명칭을 사용한 경우	100 30	200 150	300 300
규. 법 제155조제1항(법 제166조의2에서 준용하는 경우를 포함한다)에 따른 질문에 답변을 거부·방해 또는 기피하거나 거짓으로 답변한 경우	법 제175조 제6항 제16호		300	300	300
뉴. 법 제155조제1항(법 제166조의2에서 준용하는 경우를 포함한다) 또는 제2항(법 제166조의2에서 준용하는 경우를 포함한다)에 따른 근로감독관의 검사·점검 또는 수거를 거부·방해 또는 기피한 경우	법 제175조 제4항 제8호		1,000	1,000	1,000
듀. 법 제155조제3항(법 제166조의2에서 준용하는 경우를 포함한다)에 따른 명령을 위반하여 보고·출석을 하지 않거나 거짓으로 보고한 경우	법 제175조 제5항 제16호	1) 보고 또는 출석을 하지 않은 경우 2) 거짓으로 보고한 경우	150 500	300 500	500 500
류. 법 제156조제1항(법 제166조의2에서 준용하는 경우를 포함한다)에 따른 검사·지도 등을 거부·방해 또는 기피한 경우	법 제175조 제6항 제17호		300	300	300
뮤. 법 제164조제1항부터 제6항까지의 규정을 위반하여 보존해야 할 서류를 보존기간 동안 보존하지 않은 경우(각 서류당)	법 제175조 제6항 제18호		30	150	300

<교육 · 과학 · 문화편>

■ 초 · 중등교육법

〔별표1〕

교장 · 교감 자격 기준(제21조제1항 관련)

(2019.12.3 개정)

학교별 \ 자격	교 장
중 등 학 교	1. 중등학교의 교감 자격증을 가지고 3년 이상의 교육경력과 일정한 재교육을 받은 사람 2. 학식 · 덕망이 높은 사람으로서 대통령령으로 정하는 기준에 해당한다는 인정을 교육부장관으로부터 받은 사람 3. 교육대학 · 전문대학의 학장으로서 근무한 경력이 있는 사람 4. 특수학교의 교장 자격증을 가진 사람 5. 공모 교장으로 선발된 후 교장의 직무수행에 필요한 교양과목, 교직과목 등 교육부령으로 정하는 연수과정을 이수한 사람
초 등 학 교	1. 초등학교의 교감 자격증을 가지고 3년 이상의 교육경력과 일정한 재교육을 받은 사람 2. 학식 · 덕망이 높은 사람으로서 대통령령으로 정하는 기준에 해당한다는 인정을 교육부장관으로부터 받은 사람 3. 특수학교의 교장 자격증을 가진 사람 4. 공모 교장으로 선발된 후 교장의 직무수행에 필요한 교양과목, 교직과목 등 교육부령으로 정하는 연수과정을 이수한 사람
고등기술학교	1. 중등학교의 교장 자격증을 가진 사람 2. 실기교사 자격증을 가지고 9년 이상의 교육경력과 일정한 재교육을 받은 사람
특 수 학 교	1. 특수학교의 교감 자격증을 가지고 3년 이상의 교육경력이 있는 사람으로서 일정한 재교육을 받은 사람 2. 초등학교 또는 중등학교의 교장 자격증을 가지고 필요한 보수(補修)교육을 받은 사람. 이 경우 특수학교 교원 자격증을 가졌거나 특수학교(특수학급을 포함한다)에서 교원으로 근무한 경력이 있으면 보수교육을 면제한다. 3. 학식 · 덕망이 높은 사람으로서 대통령령으로 정하는 기준에 해당한다는 인정을 교육부장관으로부터 받은 사람 4. 공모 교장으로 선발된 후 교장의 직무수행에 필요한 교양과목, 교직과목 등 교육부령으로 정하는 연수과정을 이수한 사람
학교별 \ 자격	**교 감**
중 등 학 교	1. 중등학교 정교사(1급) 자격증 또는 보건교사(1급) 자격증을 가지고 3년 이상의 교육경력과 일정한 재교육을 받은 사람 2. 중등학교 정교사(2급) 자격증 또는 보건교사(2급) 자격증을 가지고 6년 이상의 교육경력과 일정한 재교육을 받은 사람 3. 교육대학의 교수 · 부교수로서 6년 이상의 교육경력이 있는 사람 4. 특수학교의 교감 자격증을 가진 사람
초 등 학 교	1. 초등학교 정교사(1급) 자격증 또는 보건교사(1급) 자격증을 가지고 3년 이상의 교육경력과 일정한 재교육을 받은 사람 2. 초등학교 정교사(2급) 자격증 또는 보건교사(2급) 자격증을 가지고 6년 이상의 교육경력과 일정한 재교육을 받은 사람 3. 특수학교의 교감 자격증을 가진 사람
고등기술학교	1. 중등학교 교감 자격증을 가진 사람 2. 실기교사 자격증을 가지고 6년 이상의 교육경력과 일정한 재교육을 받은 사람
특 수 학 교	1. 특수학교 정교사(1급) 자격증 또는 보건교사(1급) 자격증을 가지고 3년 이상의 교육경력이 있는 사람으로서 일정한 재교육을 받은 사람 2. 특수학교 정교사(2급) 자격증 또는 보건교사(2급) 자격증을 가지고 6년 이상의 교육경력이 있는 사람으로서 일정한 재교육을 받은 사람 3. 초등학교 또는 중등학교의 교감 자격증을 가지고 필요한 보수교육을 받은 사람. 이 경우 특수학교 교원 자격증을 가졌거나 특수학교(특수학급을 포함한다)에서 교원으로 근무한 경력이 있으면 보수교육을 면제한다.

비고
1. 이 표 중 초등학교는 이와 같은 수준 정도의 각종학교를, 중등학교는 중학교 · 고등학교 · 고등공민학교 및 이들과 같은 수준 정도의 각종학교를 포함한다.
2. 교장 · 교감 · 교육장 · 장학관 · 장학사 · 교육연구관 · 교육연구사 및 「유아교육법」에 따른 원장 · 원감의 경력연수(年數)는 교육경력연수(年數)로 볼 수 있다.
3. 이 표 중 전문대학의 학장에는 종전의 전문학교 · 실업고등전문학교의 교장과 교감이 포함된다.

〔별표2〕

교사 자격 기준(제21조제2항 관련)

(2019.12.3 개정)

학교별 \ 자격	정 교 사(1급)
중 등 학 교	1. 중등학교의 정교사(2급) 자격증을 가지고 교육대학원 또는 교육부장관이 지정하는 대학원 교육과에서 석사학위를 받은 사람으로서 1년 이상의 교육경력이 있는 사람 2. 중등학교 정교사 자격증을 가지지 아니하고 교육대학원 또는 교육부장관이 지정하는 대학원 교육과에서 석사학위를 받은 후 교육부장관으로부터 중등학교 정교사(2급) 자격증을 받은 사람으로서 3년 이상의 교육경력이 있는 사람 3. 중등학교 정교사(2급) 자격증을 가진 사람으로서 3년 이상의 교육경력을 가지고 일정한 재교육을 받은 사람 4. 교육대학 · 전문대학의 교수 · 부교수로서 3년 이상의 교육경력이 있는 사람
초 등 학 교	1. 초등학교 정교사(2급) 자격증을 가진 사람으로서 3년 이상의 교육경력을 가지고 일정한 재교육을 받은 사람 2. 초등학교 정교사(2급) 자격증을 가진 사람으로서 교육경력이 3년 이상이고, 방송통신대학 초등교육과를 졸업한 사람 3. 초등학교 정교사(2급) 자격증을 가지고 교육대학원 또는 교육부장관이 지정하는 대학원의 교육과에서 초등교육과정을 전공하여 석사학위를 받은 사람으로서 1년 이상의 교육경력이 있는 사람
특 수 학 교	1. 특수학교 정교사(2급) 자격증을 가지고 3년 이상의 교육경력이 있는 사람으로서 일정한 재교육을 받은 사람 2. 특수학교 정교사(2급) 자격증을 가지고 1년 이상의 교육경력이 있는 사람으로서 교육대학원 또는 교육부장관이 지정하는 대학원에서 특수교육을 전공하고 석사학위를 받은 사람 3. 유치원 · 초등학교 또는 중등학교 정교사(1급) 자격증을 가지고 필요한 보수교육을 받은 사람 4. 유치원 · 초등학교 또는 중등학교 정교사(2급) 자격증을 가지고 1년 이상의 교육경력이 있는 사람으로서 교육대학원 또는 교육부장관이 지정하는 대학원에서 특수교육을 전공하고 석사학위를 받은 사람
학교별 \ 자격	**정 교 사(2급)**
중 등 학 교	1. 사범대학을 졸업한 사람 2. 교육대학원 또는 교육부장관이 지정하는 대학원 교육과에서 석사학위를 받은 사람 3. 임시 교원양성기관을 수료한 사람 4. 대학에 설치하는 교육과를 졸업한 사람 5. 대학 · 산업대학을 졸업한 사람으로서 재학 중 일정한 교직과(敎職科) 학점을 취득한 사람 6. 중등학교 준교사 자격증을 가진 사람으로서 2년 이상의 교육경력을 가지고 일정한 재교육을 받은 사람 7. 초등학교의 준교사 이상의 자격증을 가지고 대학을 졸업한 사람 8. 교육대학 · 전문대학의 조교수로서 2년 이상의 교육경력이 있는 사람 9. 제22조에 따른 산학겸임교사 등(명예교사는 제외한다)의 자격기준을 갖춘 사람으로서 임용권자의 추천과 교육감의 전형을 거쳐 교육감이 지정하는 대학 또는 교원연수기관에서 대통령령으로 정하는 교직과목과 학점을 이수한 사람. 이 경우 임용권자의 추천 대상자 선정기준과 교육감의 전형 기준에 관하여는 대통령령으로 정한다.
초 등 학 교	1. 교육대학을 졸업한 사람 2. 사범대학을 졸업한 사람으로서 초등교육과정을 전공한 사람 3. 교육대학원 또는 교육부장관이 지정하는 대학원의 교육과에서 초등교육과정을 전공하고 석사학위를 받은 사람 4. 초등학교 준교사 자격증을 가진 사람으로서 2년 이상의 교육경력을 가지고 일정한 재교육을 받은 사람 5. 중등학교 교사자격증을 가진 사람으로서 필요한 보수교육을 받은 사람 6. 전문대학을 졸업한 사람 또는 이와 같은 수준 이상의 학력이 있다고 인정되는 사람을 입소 자격으로 하는 임시 교원양성기관을 수료한 사람 7. 초등학교 준교사 자격증을 가진 사람으로서 교육경력이 2년 이상이고 방송통신대학 초등교육과를 졸업한 사람
특 수 학 교	1. 교육대학 및 사범대학의 특수교육과를 졸업한 사람 2. 대학 · 산업대학의 특수교육 관련 학과를 졸업한 사람으로서 재학 중 일정한 교직과정을 마친 사람 3. 대학 · 산업대학의 특수교육 관련 학과를 졸업한 사람으로서 교육대학원 또는 교육부장관이 지정하는 대학원에서 특수교육을 전공하고 석사학위를 받은 사람 4. 유치원 · 초등학교 또는 중등학교 정교사(2급) 자격증을 가지고 필요한 보수교육을 받은 사람 5. 유치원 · 초등학교 또는 중등학교 정교사(2급) 자격증을 가지고 교육대학원 또는 교육부장관이 지정하는 대학원에서 특수교육을 전공하고 석사학위를 받은 사람 6. 특수학교 준교사 자격증을 가지고 2년 이상의 교육경력이 있는 사람으로서 일정한 재교육을 받은 사람 7. 유치원 · 초등학교 · 중등학교 또는 특수학교 준교사 자격증을 가지고 2년 이상의 교육경력이 있는 사람으로서 교육대학원 또는 교육부장관이 지정하는 대학원에서 특수교육을 전공하고 석사학위를 받은 사람

학교별 \ 자격	준 교 사	전문상담교사(1급)	전문상담교사(2급)
중 등 학 교	1. 교육부장관이 지정하는 대학(전문대학은 제외한다)의 공업 · 수산 · 해양 및 농공계 학과를 졸업한 사람 2. 중등학교 준교사 자격검정에 합격한 사람 3. 중등학교 실기교사로서 5년 이상의 교육경력을 가진 사람으로서 대학 · 산업대학 · 기술대학(학사학위 과정만 해당된다) 또는 대학원에서 관련 분야의 학위를 취득한 사람	1. 2급 이상의 교사자격증(「유아교육법」에 따른 2급 이상의 교사 자격증을 포함한다)을 가진 사람으로서 3년 이상의 교육경력이 있는 사람이 교육부장관이 지정하는 교육대학원 또는 대학원에서 일정한 전문상담교사 양성과정을 마친 사람 2. 전문상담교사(2급) 자격증을 가진 사람으로서 3년 이상의 전문상담교사 경력을 가지고 자격연수를 받은 사람	1. 대학 · 산업대학의 상담 · 심리 관련 학과를 졸업한 사람으로서 재학 중 일정한 교직학점을 취득한 사람 2. 교육대학원 또는 교육부장관이 지정하는 대학원의 상담 · 심리교육과에서 전문상담 교육과정을 마치고 석사학위를 받은 사람 3. 2급 이상의 교사자격증(「유아교육법」에 따른 2급 이상의 교사자격증을 포함한다)을 가진 사람으로서 교육부장관이 지정하는 교육대학원 또는 대학원에서 일정한 전문상담교사 양성과정을 마친 사람
초 등 학 교	1. 초등학교 준교사 자격검정에 합격한 사람 2. 고등학교를 졸업한 사람 또는 이와 같은 수준 이상의 학력이 있다고 인정되는 사람을 입소자격으로 하는 임시 교원양성기관을 수료한 사람 3. 방송통신대학 초등교육과를 졸업한 사람		
특 수 학 교	1. 특수학교 준교사 자격검정에 합격한 사람 2. 특수학교 실기교사로서 5년 이상의 교육경력을 가지고 일정한 재교육을 받은 사람		

자격 \ 학교별	중등학교 초등학교 특수학교
사서교사(1급)	1. 사서교사(2급) 자격증을 가진 사람으로서 3년 이상의 사서교사 경력을 가지고 자격연수를 받은 사람 2. 사서교사(2급) 자격증을 가지고 교육대학원 또는 교육부장관이 지정하는 대학원의 교육과에서 사서교육과정을 전공하고 석사학위를 받은 사람으로서 1년 이상의 사서교사 경력이 있는 사람
사서교사(2급)	1. 대학 · 산업대학을 졸업한 사람으로서 재학 중 문헌정보학 또는 도서관학을 전공하고 일정한 교직과정을 마친 사람 2. 준교사 이상의 자격증을 가진 사람으로서 일정한 사서교사 양성 강습을 받은 사람 3. 교육대학원 또는 교육부장관이 지정하는 대학원의 교육과에서 사서교육과정을 전공하고 석사학위를 받은 사람 4. 사범대학을 졸업한 사람으로서 재학 중 문헌정보학 또는 도서관학을 전공한 사람
실기교사	1. 전문대학〔전문대학에 준하는 각종학교를 포함한다. 이하 이 란(欄)에서 같다〕을 졸업한 사람으로서 재학 중 대통령령으로 정하는 실과계(實科系)의 기능을 마친 사람, 또는 고등기술학교의 전공과를 졸업한 사람 또는 「평생교육법」 제31조제4항에 따른 전문대학학력인정 평생교육시설의 교사자격 관련과를 졸업한 사람 2. 대학(대학에 준하는 각종학교를 포함한다), 전문대학을 졸업한 사람으로서 재학 중 예능, 체육, 그 밖에 대통령령으로 정하는 기능을 마친 사람 3. 실업계 고등학교 또는 3년제 고등기술학교를 졸업한 사람으로서 실기교사의 자격검정에 합격한 사람

	4. 실업과, 예능과 또는 보건과에 관한 지식과 기능을 가진 사람으로서 실기교사의 자격검정에 합격한 사람 5. 「숙련기술장려법」 제20조제2항의 전국기능경기대회 입상자(동메달 이상으로 한정한다) 또는 같은 법 제21조에 따른 국제기능올림픽대회 입상자(동메달 이상으로 한정한다)로서 「학점인정 등에 관한 법률」 제7조제2항제1호에 따른 학교 또는 평생교육시설에서 대통령령으로 정하는 교원의 자격 취득에 필요한 교육과정을 이수한 사람
보건교사 (1급)	보건교사(2급) 자격증을 가진 사람으로서 3년 이상의 보건교사 경력을 가지고 자격연수를 받은 사람
보건교사 (2급)	1. 대학·산업대학의 간호학과를 졸업한 사람으로서 재학 중 일정한 교직학점을 취득하고 간호사 면허증을 가진 사람 2. 전문대학의 간호과를 졸업한 사람으로서 재학 중 일정한 교직학점을 취득하고 간호사 면허증을 가진 사람
영양교사 (1급)	영양교사(2급) 자격증을 가진 사람으로서 3년 이상의 영양교사의 경력을 가지고 자격연수를 받은 사람
영양교사 (2급)	1. 대학·산업대학의 식품학 또는 영양학 관련 학과를 졸업한 사람으로서 재학 중 일정한 교직학점을 취득하고 영양사 면허증을 가진 사람 2. 영양사 면허증을 가지고 교육대학원 또는 교육부장관이 지정하는 대학원의 교육과에서 영양교육과정을 마치고 석사학위를 받은 사람

비고
1. 이 표 중 초등학교는 이와 같은 수준 정도의 각종학교를, 중등학교는 중학교·고등학교·고등공민학교·고등기술학교 또는 이들과 같은 수준의 각종학교를 포함한다.
2. 교장·교감·교육장·장학관·장학사·교육연구관·교육연구사 및 「유아교육법」에 따른 원장·원감의 경력연수(年數)는 교육경력연수(年數)로 볼 수 있다.
3. 이 표 중 전문대학에는 종전의 초급대학·전문학교 및 실업고등전문학교가 포함된다.
4. 실기교사란 중 실업계 실기교사는 국가기술자격종목이 있는 과목은 그 종목의 기능사 2급 이상 자격을 가지고 있어야 한다. 다만, 제5호에 해당되는 사람은 이를 적용하지 아니한다.

■ 고등교육법 시행령

〔**별표1**〕

정원 외 특별전형 총학생수 기준(제29조제2항 관련)

(2023.4.18 개정)

해당 호	학년별·연도별 총학생수	모집단위별 총학생수
1. 제29조제2항제2호	제29조제2항제2호에 해당하는 사람의 학년별 총학생수는 해당 학년 입학정원의 100분의 2를 초과할 수 없다.	제29조제2항제2호에 해당하는 사람의 모집단위별 총학생수는 해당 학년 모집단위별 입학정원의 100분의 10을 초과할 수 없다. 다만, 의과대학, 치과대학 및 한의과대학의 경우에는 100분의 5를 초과할 수 없고, 교육대학 및 원격대학의 경우에는 100분의 20을 초과할 수 없다.
2. 제29조제2항제3호	제29조제2항제3호에 해당하는 사람의 학년별 총학생수는 해당 학년 입학정원의 100분의 2를 초과할 수 없다. 다만, 교육대학 및 원격대학의 경우에는 100분의 20을 초과할 수 없다.	제29조제2항제3호에 해당하는 사람의 모집단위별 총학생수는 해당 학년 모집단위별 입학정원의 100분의 4를 초과할 수 없다. 다만, 교육대학 및 원격대학의 경우에는 100분의 20을 초과할 수 없고, 간호학 관련 모집단위의 경우에는 100분의 10(2019학년도 편입학전형부터 2028학년도 편입학전형까지는 100분의 30)을 초과할 수 없다.
3. 제29조제2항제8호		제29조제2항제8호에 해당하는 자의 제28조제3항제1호 및 제2호에 해당하는 모집단위별 총학생수는 교육부장관이 정한다.
4. 제29조제2항제9호	제29조제2항제9호에 해당하는 사람의 학년별 총학생수는 해당 학년 입학정원의 100분의 3을 초과할 수 없다.	제29조제2항제9호에 해당하는 사람의 모집단위별 총학생수는 해당 학년 모집단위별 입학정원의 100분의 10을 초과할 수 없다. 다만, 의과대학, 치과대학 및 한의과대학의 경우에는 100분의 5를 초과할 수 없고, 원격대학의 경우에는 100분의 20을 초과할 수 없다.
5. 제29조제2항제11호		제29조제2항제11호에 해당하는 자의 모집단위별 총학생수는 해당 학년 모집단위별 입학정원의 100분의 10을 초과할 수 없다. 다만, 야간에 운영하는 경우에는 100분의 30을 초과할 수 없다.
6. 제29조제2항제12호	제29조제2항제12호에 해당하는 자의 학년별 총학생수는 해당 학년 입학정원의 100분의 5를 초과할 수 없다.	제29조제2항제12호에 해당하는 자의 제28조제3항제1호 및 같은 항 제2호에 해당하는 모집단위별 총학생수는 교육부장관이 정한다.
7. 제29조제2항제13호	제29조제2항제13호에 해당하는 자의 연도별 총학생수는 해당 연도 입학정원의 100분의 20을 초과할 수 없다.	제29조제2항제13호에 해당하는 자의 모집단위별 총학생수는 해당 모집단위의 입학정원을 초과할 수 없다.
8. 제29조제2항제14호	제29조제2항제14호에 해당하는 자의 학년별 총학생수는 해당 학년 입학정원의 100분의 11을 초과할 수 없다. 이 경우 제29조제2항제14호가목·나목 또는 라목에 해당하는 자의 학년별 총학생수는 해당 학년 입학정원의 1,000분의 55를 초과할 수 없다. - 제29조제2항제14호가목에 해당하는 자의 학년별 총학생수는 해당 학년 입학정원의 100분의 4를 초과할 수 없다. - 제29조제2항제14호나목에 해당하는 자의 학년별 총학생수는 해당 학년 입학정원의 1,000분의 15를 초과할 수 없다.	제29조제2항제14호가목 및 나목에 해당하는 자의 모집단위별 총학생수는 각각 해당 학년 모집단위별 입학정원의 100분의 10을 초과할 수 없고, 같은 호 라목에 해당하는 자의 모집단위별 총학생수는 해당 학년 모집단위별 입학정원의 100분의 20을 초과할 수 없다. 다만, 제29조제2항제14호 각 목에 해당하는 자의 의과대학, 치과대학 및 한의과대학 입학의 경우에는 각각 100분의 5를 초과할 수 없고, 교육대학 및 원격대학 입학의 경우에는 각각 100분의 20을 초과할 수 없다.

〔**별표1의2**〕

부정행위에 대한 조치(제42조의5제4항 관련)

(2021.6.15 신설)

조치	부정행위
1. 시험의 정지 또는 무효 처리	가. 시험 시작 전에 시험문제를 열람하는 행위
	나. 시험 시작 전이나 종료 후에 답안을 작성하는 행위
	다. 허용되지 않은 통신기기를 가지고 있는 행위
	라. 가목부터 다목까지에서 규정한 행위 외에 시험의 공정한 관리에 영향을 미치는 행위로서 교육부장관이 정하여 고시하는 행위
2. 시험의 정지 또는 무효 처리와 그 처분이 있은 날부터 2년간 응시자격 정지	가. 다른 응시자의 답안을 보거나 본인의 답안을 다른 응시자에게 보여주는 행위
	나. 통신기기, 그 밖의 신호 등을 이용하여 시험 내용에 관하여 다른 사람과 의사소통하는 행위
	다. 부정한 자료를 가지고 있거나 이용하는 행위
	라. 가목부터 다목까지에서 규정한 행위 외에 부정한 수단으로 본인이나 다른 사람의 시험 결과에 영향을 미치는 행위로서 교육부장관이 정하여 고시하는 행위
3. 시험의 정지 또는 무효 처리와 그 처분이 있은 날부터 4년간 응시자격 정지	대리시험을 의뢰하거나 대리로 시험에 응시하는 행위

〔**별표2**〕

전문대학학위심화과정 설치 기준(제58조의2제1항 관련)

(2023.4.18 개정)

기 준	항 목	확 보 율
대학 전체	전임교원확보율	50
	교사확보율	100
모집 단위	전임교원확보율	50
	교원확보율(전임·겸임·초빙교원 포함)	80

비고
1. 교사확보율 및 교원확보율은 각각 「대학설립·운영 규정」 제4조 및 제6조에 따라 산정한다.
2. 교원확보율은 편제정원을 기준으로 산정한다.
3. 교사확보율은 개설 과정이 주간일 경우 주간 과정, 야간일 경우에는 야간 과정의 편제정원을 기준으로 산정한다.

〔**별표3**〕

재직경력 없이 입학할 수 있는 전문대학학위심화과정의 지정 기준 및 수업연한이 4년인 의료인 양성과정의 설치 기준(제58조의3제2항 및 제58조의5제2항 관련)

(2023.4.18 개정)

기 준	항 목	확 보 율
대학 전체	전임교원확보율	50
	교사확보율	100
모집 단위	전임교원확보율	60
	교원확보율(전임·겸임·초빙교원 포함)	100

비고
1. 교사확보율 및 교원확보율은 각각 「대학설립·운영 규정」 제4조 및 제6조에 따라 산정한다. 다만, 교사확보율을 산정할 때 산업체 경력 없이 입학 가능한 학위심화과정 및 수업연한이 4년인 의료인 양성과정을 설치한 모집단위의 교사기준면적은 「대학설립·운영 규정」 별표3 비고에도 불구하고 4년제 대학의 기준을 적용한다.
2. 교원확보율은 편제정원을 기준으로 산정한다.
3. 교사확보율은 개설 과정이 주간일 경우 주간 과정, 야간일 경우에는 야간 과정의 편제정원으로 산정한다.

〔**별표3의2**〕

사이버대학학위심화과정 설치 기준(제62조의2제1항 관련)

(2023.4.18 신설)

기 준	항 목	확 보 율
대학 전체	전임교원확보율	100
	교사확보율	100
모집 단위	전임교원확보율	50
	교원확보율(전임·겸임·초빙교원 포함)	80

비고
교사확보율 및 교원확보율은 각각 「사이버대학 설립·운영 규정」 제5조 및 제6조에 따라 산정한다.

〔**별표3의3**〕

재직경력 없이 입학할 수 있는 사이버대학학위심화과정의 지정 기준(제62조의3제2항 관련)

(2023.4.18 신설)

기 준	항 목	확 보 율
대학 전체	전임교원확보율	100
	교사확보율	100
모집 단위	전임교원확보율	60
	교원확보율(전임·겸임·초빙교원 포함)	100

비고
교사확보율 및 교원확보율은 각각 「사이버대학 설립·운영 규정」 제5조 및 제6조에 따라 산정한다. 다만, 교사확보율을 산정할 때 산업체 경력 없이 입학 가능한 학위심화과정을 설치한 모집단위의 교사기준면적은 「사이버대학 설립·운영 규정」 별표1 비고에도 불구하고 학사학위가 인정되는 사이버대학의 기준을 적용한다.

[별표4]

학생정원 감축 등 행정처분의 세부기준(제71조의2 관련)

(2023.9.19 개정)

1. 일반기준

가. 교육부장관은 위반행위를 적발한 경우에는 법 제60조제1항에 따라 그 시정이나 변경을 명한 후 시정 또는 변경 명령을 받은 자가 이에 따르지 않는 경우에 이 기준에 따른 행정처분을 한다.

나. 위반행위의 횟수에 따른 행정처분기준은 최근 3년간 개별기준의 어느 하나의 위반행위를 한 후에 다시 해당 위반행위로 행정처분을 받는 경우에 적용한다. 이 경우 기준 적용일은 같은 위반사항에 대한 행정처분일과 재적발일(再摘發日)을 기준으로 한다.

다. 위반행위가 최근 3년간 3회 이상인 경우에는 2차 위반 시 행정처분기준에 따른다.

라. 위반행위의 동기, 내용 및 위반의 정도 등을 고려하여 그 처분을 감경할 수 있다.

마. 입학정원동결 및 모집정지처분은 한 학년도를 기준으로 한다.

바. 개별기준에서 행정처분기준을 정하지 아니한 경우에는 개별기준에서 정한 유사위반행위의 행정처분기준에 따르되, 유사위반행위가 없는 경우에는 그 위반행위의 내용, 경중 및 위반횟수 등을 고려하여 학생정원 감축, 학과 폐지, 학생 모집정지 또는 학생정원 동결의 행정처분을 한다.

2. 개별기준

위 반 행 위	행정처분기준	
	1차 위반	2차 위반
가. 법 제4조제3항, 이 영 제2조제2항제3호 및 같은 조 제5항을 위반하여 위치변경의 인가를 받지 않고 교육과정을 운영한 경우	인가를 받지 않고 운영한 교육과정 학생수의 2배 범위에서 모집정지	인가를 받지 않고 운영한 교육과정 학생수의 2배 범위에서 입학정원 감축
나. 법 제6조제1항을 위반하여 법령에 위반되게 학칙을 제정 또는 개정한 경우	총 입학정원의 5퍼센트 범위에서 모집정지	총 입학정원의 5퍼센트 범위에서 정원 감축
다. 법 제11조제10항을 위반하여 법령에 위반되게 등록금을 인상한 경우	총 입학정원의 3퍼센트 범위에서 모집정지	총 입학정원의 5퍼센트 범위에서 정원감축
라. 법 제11조의2제2항 단서 및 「고등교육기관의 평가·인증 등에 관한 규정」 제2조의2(대통령령 제27228호 고등교육기관의 평가·인증 등에 관한 규정 일부개정령 부칙 제2조를 포함한다)를 위반하여 평가·인증을 신청하지 않거나 평가·인증을 받지 않은 경우	해당 의학·치의학·한의학 또는 간호학 전공학과, 학부 또는 전문대학원 입학정원의 100퍼센트 범위에서 모집정지	해당 의학·치의학·한의학 또는 간호학 전공학과, 학부 또는 전문대학원 폐지
마. 법 제13조를 위반하여 학생을 징계한 경우	총 입학정원의 5퍼센트 범위에서 모집정지	총 입학정원의 5퍼센트 범위에서 정원 감축
바. 대학 입학전형에 관한 법령 등을 위반한 경우로서 다음의 어느 하나에 해당하는 경우		
1) 법 제33조에 따른 입학자격이 없는 사람에게 입학을 허가한 경우	총 입학정원의 5퍼센트 범위에서 모집정지	총 입학정원의 5퍼센트 범위에서 정원 감축
2) 법 제34조의5제2항을 위반하여 매 입학연도의 전 학년도가 개시되는 날의 10개월 전까지 대학입학전형시행계획을 공표하지 않은 경우	총 입학정원의 5퍼센트 범위에서 모집정지	총 입학정원의 5퍼센트 범위에서 정원 감축
3) 법 제34조의5제2항을 위반하여 대학입학전형시행계획을 수립할 때 학교협의체가 수립하여 공표한 대학입학전형기본사항을 준수하지 않은 경우	총 입학정원의 10퍼센트 범위에서 모집정지	총 입학정원의 10퍼센트 범위에서 정원 감축
4) 법 제34조의5제4항을 위반하여 대학입학전형시행계획을 변경한 경우	총 입학정원의 10퍼센트 범위에서 모집정지	총 입학정원의 10퍼센트 범위에서 정원 감축
5) 제33조제1항을 위반하여 매년 10월 31일(9월 1일에 1학기를 시작하는 대학은 4월 30일)까지 대학입학전형시행계획을 공표하지 않은 경우	총 입학정원의 5퍼센트 범위에서 모집정지	총 입학정원의 5퍼센트 범위에서 정원 감축
6) 제34조를 위반하여 일반전형 또는 특별전형을 공정한 경쟁에 의하여 공개적으로 시행하지 않은 경우	총 입학정원의 10퍼센트 범위에서 모집정지	총 입학정원의 10퍼센트 범위에서 정원 감축
사. 법 제35조제1항(법 제59조제4항에서 준용하는 경우를 포함한다)부터 제4항까지, 제50조제1항(제59조제4항에서 준용하는 경우를 포함한다), 제50조의2제1항, 제50조의3제4항, 제54조제1항·제2항 및 제58조제1항·제2항을 위반하여 학위를 수여한 경우	총 입학정원의 10퍼센트 범위에서 모집정지	총 입학정원의 10퍼센트 범위에서 정원 감축
아. 「교육관련기관의 정보공개에 관한 특례법」 제10조제1항을 위반하여 같은 법에서 정한 정보를 공개하지 않거나 거짓으로 공개한 경우	총 입학정원의 10퍼센트 범위에서 모집정지	총 입학정원의 10퍼센트 범위에서 정원 감축
자. 「교육관련기관의 정보공개에 관한 특례법」 제10조의2제1항을 위반하거나 같은 조 제3항에 따른 관련 자료의 제출을 거부한 경우	총 입학정원의 10퍼센트 범위에서 모집정지	총 입학정원의 10퍼센트 범위에서 정원 감축
차. 계약에 의한 학과 및 학부(이하 이 목에서 "계약학과등"이라 한다)에 관한 법령 등을 위반한 경우로서 다음의 어느 하나에 해당하는 경우		
1) 「산업교육진흥 및 산학연협력촉진에 관한 법률」 제8조제1항제2호를 위반하여 산업체 등의 소속 직원이 아닌 사람에게 입학을 허가한 경우	총 입학정원의 10퍼센트 범위에서 모집정지	총 입학정원의 10퍼센트 범위에서 정원 감축
2) 「산업교육진흥 및 산학연협력촉진에 관한 법률 시행령」 제8조제5항 단서를 위반하여 계약학과등의 학년별 학생 수 또는 학생 정원 기준을 초과한 경우	총 입학정원의 10퍼센트 범위에서 모집정지	총 입학정원의 10퍼센트 범위에서 정원 감축
3) 「산업교육진흥 및 산학연협력촉진에 관한 법률 시행령」 제8조제6항을 위반하여 산업체등의 부담금이 계약학과등의 운영에 필요한 경비의 100분의 50 미만인 경우	총 입학정원의 10퍼센트 범위에서 모집정지	총 입학정원의 10퍼센트 범위에서 정원 감축
4) 「산업교육진흥 및 산학연협력촉진에 관한 법률 시행령」 제8조제8항을 위반하여 학생이 부담하는 수업료 등 납부금이 계약학과등의 운영에 필요한 경비의 100분의 50을 초과한 경우	총 입학정원의 10퍼센트 범위에서 모집정지	총 입학정원의 10퍼센트 범위에서 정원 감축
카. 제14조를 위반하여 학점당 이수시간을 충족하지 못한 사람에 대하여 학점을 인정하거나 제15조제2항을 위반하여 학점의 상한(上限)을 넘어서 학점을 인정한 경우	총 입학정원의 10퍼센트 범위에서 모집정지	총 입학정원의 10퍼센트 범위에서 정원 감축
타. 제18조에 따라 교육부장관이 학교의 장에게 요구한 자료를 제출하지 않거나 허위로 제출한 경우	총 입학정원의 5퍼센트 범위에서 모집정지	총 입학정원의 5퍼센트 범위에서 정원 감축
파. 입학·편입학에 관한 법령 등을 위반한 경우로서 다음의 어느 하나에 해당하는 경우		
1) 제29조제1항을 위반하여 학칙이 정하는 모집단위별 입학정원의 범위를 초과하여 입학(편입학을 포함한다. 이하 이 목에서 같다)을 허가한 경우	초과 모집인원의 2배 범위에서 모집정지	초과 모집인원의 3배 범위에서 모집정지
2) 제29조제2항 후단을 위반하여 정원 외 특별전형 총학생수 기준을 초과하여 입학을 허가한 경우	초과 모집인원의 2배 범위에서 모집정지	초과 모집인원의 3배 범위에서 모집정지
하. 시간제 등록에 관한 법령 등을 위반한 경우로서 다음의 어느 하나에 해당하는 경우		
1) 제53조제5항을 위반하여 해당 대학의 학생과 통합하여 수업을 받는 시간제등록생의 등록인원이 해당 대학 총입학정원의 100분의 10을 초과한 경우	총 입학정원의 10퍼센트 범위에서 모집정지	총 입학정원의 10퍼센트 범위에서 정원 감축
2) 제53조제6항을 위반하여 시간제등록생만을 대상으로 하는 수업을 받는 시간제등록생의 등록인원이 해당 대학 총입학정원의 100분의 10을 초과한 경우	총 입학정원의 10퍼센트 범위에서 모집정지	총 입학정원의 10퍼센트 범위에서 정원 감축
3) 제53조제7항 전단을 위반하여 시간제등록생만을 대상으로 하는 수업을 받는 시간제등록생의 교육과정을 해당 대학의 학생을 위하여 개설된 교육과정의 범위를 벗어나 개설한 경우	총 입학정원의 10퍼센트 범위에서 모집정지	총 입학정원의 10퍼센트 범위에서 정원 감축
4) 제53조제8항을 위반하여 시간제등록생만을 대상으로 하는 수업을 받는 시간제등록생을 선발한 경우	총 입학정원의 10퍼센트 범위에서 모집정지	총 입학정원의 10퍼센트 범위에서 정원 감축
5) 제53조제8항을 위반하여 해당 대학의 학생과 통합하여 수업을 받는 시간제등록생의 등록인원이 해당 대학 총 입학정원의 100분의 50을 초과한 경우	총 입학정원의 10퍼센트 범위에서 모집정지	총 입학정원의 10퍼센트 범위에서 정원 감축
거. 제53조의2제1항을 위반하여 산업체에서 근무하지 않는 사람에게 위탁교육을 실시한 경우	총 입학정원의 5퍼센트 범위에서 모집정지	총 입학정원의 5퍼센트 범위에서 정원 감축
너. 학위심화과정에 관한 법령 등을 위반한 경우로서 다음의 어느 하나에 해당하는 경우		
1) 제58조의2제1항을 위반하여 전문대학학위심화과정 설치 시 별표2에 따른 교원 및 교사확보기준을 갖추지 못한 경우	총 입학정원의 10퍼센트 범위에서 모집정지	총 입학정원의 10퍼센트 범위에서 정원 감축
2) 제58조의3제2항을 위반하여 법 제50조의2제5항에 따른 지정을 받은 전문대학이 별표3에 따른 기준을 갖추지 못하게 된 경우	총 입학정원의 10퍼센트 범위에서 모집정지	총 입학정원의 10퍼센트 범위에서 정원 감축
3) 제62조의2제1항을 위반하여 사이버대학학위심화과정 설치 시 별표3의2에 따른 교원 및 교사확보기준을 갖추지 못한 경우	총 입학정원의 10퍼센트 범위에서 모집정지	총 입학정원의 10퍼센트 범위에서 정원 감축
4) 제62조의3제2항을 위반하여 법 제54조의2제5항에 따른 지정을 받은 사이버대학이 별표3의3에 따른 기준을 갖추지 못하게 된 경우	총 입학정원의 10퍼센트 범위에서 모집정지	총 입학정원의 10퍼센트 범위에서 정원 감축
더. 제58조의5제2항을 위반하여 의료인 양성과정의 지정을 받은 전문대학이 별표3에 따른 기준을 갖추지 못하게 된 경우	총 입학정원의 10퍼센트 범위에서 모집정지	총 입학정원의 10퍼센트 범위에서 정원 감축
러. 「대학설립·운영 규정」 제2조제1항제2호를 위반하여 편제완성연도 전까지 「대학설립·운영 규정」 제6조에 따른 교원확보율 기준을 갖추지 못한 경우	입학정원 동결 또는 미확보 교원 수에 해당하는 입학정원감축 예고	미확보 교원 수에 해당하는 입학정원 감축
머. 대학원 등의 설치기준에 관한 법령 등을 위반한 경우로서 다음의 어느 하나에 해당하는 경우		
1) 「대학설립·운영 규정」 제2조의2제1항·제3항·제4항을 위반하여 대학원, 대학원대학과 그 학위과정의 학과 또는 전공을 설치하는 경우에 「대학설립·운영 규정」 별표1의2에 따른 기준, 교육부장관이 정하는 세부기준 및 교원의 연구실적에 관한 기준을 갖추지 못한 경우	해당 대학원 총 입학정원의 5퍼센트 범위에서 모집정지. 다만, 전문대학원이 그 설치기준을 충족하지 못한 경우에는 총 입학정원의 50퍼센트 범위에서 모집을 정지할 수 있다.	해당 학과·전공 또는 전문대학원 폐지
2) 「대학설립·운영 규정」 제2조의5제1항·제4항을 위반하여 경영등관련전문대학원을 설치하는 경우에 교원·교사·교지의 확보율 기준을 갖추지 못한 경우	해당 경영등관련전문대학원 총 입학정원의 50퍼센트 범위에서 모집정지	해당 경영등관련전문대학원 폐지
버. 학과·정원 등의 증설·증원 기준에 관한 법령 등을 위반한 경우로서 다음의 어느 하나에 해당하는 경우		
1) 「대학설립·운영 규정」 제2조의3제1항을 위반하여 학과·학부 증설 또는 학생정원 증원 시 그 증설 또는 증원분을 포함한 전체에 대하여 교사·교원·수익용기본재산의 확보율 기준을 갖추지 못한 경우	정원 증원분의 2배 범위에서 모집정지	정원 증원분의 2배 범위에서 정원 감축
2) 「대학설립·운영 규정」 제2조의3제2항 단서를 위반하여 학과·전공 증설 또는 입학정원 증원 시 그 증설 또는 증원분을 포함한 전체에 대한 교원확보율을 전년도의 교원확보율 이상으로 유지하지 못한 경우	정원 증원분의 2배 범위에서 모집정지	정원 증원분의 2배 범위에서 정원 감축
3) 「사이버대학 설립·운영 규정」 제9조를 위반하여 학과·학부 증설 또는 학생정원 증원 시 그 증설분 또는 증원분을 포함한 전체에 대하여 교원·교사·설비·수익용기본재산의 확보율 기준을 갖추지 못한 경우	정원 증원분의 2배 범위에서 모집정지	정원 증원분의 2배 범위에서 정원 감축
서. 「대학설립·운영 규정」 제2조의4를 위반하여 대학이 통·폐합을 하는 경우에 교사·교원·수익용기본재산의 확보율 기준을 갖추지 못한 경우	미확보 기준에 해당하는 입학정원 모집정지	미확보 기준에 해당하는 입학정원 감축
어. (2023.1.10 삭제)		
저. 「대학설립·운영 규정」 제2조의3제6항 본문을 위반하여 상호조정 시 「대학설립·운영 규정」 별표1	조정된 정원의 2배 범위에서 모집정지	조정된 정원의 2배 범위에서 정원 감축

의6에 따른 기준을 갖추지 못하거나 「대학설립·운영 규정」 제2조의3제6항 단서를 위반하여 상호조정 후의 교원확보율을 편제완성년도의 계열별 학생정원을 기준으로 한 전년도의 확보율 이상으로 유지하지 못한 경우		
처. 부속병원을 갖추지 아니한 의학계열이 있는 대학이 「대학설립·운영 규정」 제4조제2항제3호 단서를 위반하여 같은 호 각 목의 구분에 따른 기준을 충족하는 병원에서 실습하도록 하지 않은 경우	해당 의학계열 학과·학부 또는 전문대학원 입학정원의 100퍼센트 범위에서 모집정지	해당 의학계열 학과·학부 또는 전문대학원 폐지
커. 「대학교원 자격기준 등에 관한 규정」 제2조에 따른 자격이 없는 사람을 교수 또는 조교로 임용한 경우	총 입학정원의 10퍼센트 범위에서 모집정지	총 입학정원의 10퍼센트 범위에서 정원 감축
터. 학교기업에 관한 법령 등을 위반한 경우로서 다음의 어느 하나에 해당하는 경우		
1) 「산업교육진흥 및 산학연협력촉진에 관한 법률 시행령」 제32조제1항을 위반하여 학교기업의 소재지를 정한 경우	총 입학정원의 10퍼센트 범위에서 모집정지	총 입학정원의 10퍼센트 범위에서 정원 감축
2) 「산업교육진흥 및 산학연협력촉진에 관한 법률 시행령」 제33조 후단을 위반하여 해당 산업교육기관에 설치·운영되고 있는 특정 학부·학과 또는 교육과정의 교육·연구 활동과 연계성이 없는 사업종목을 설치·운영한 경우	총 입학정원의 10퍼센트 범위에서 모집정지	총 입학정원의 10퍼센트 범위에서 정원 감축

■ 사립학교법 시행령

〔별표1〕

겸직교원 수 산정 기준(제24조의3제2항 관련)

(2016.8.2 개정)

겸직교원 수 = (대학의 임상교육 필요 학생정원 × 1) + (전문대학원의 임상교육 필요 학생정원 × 2) + (일반대학원의 임상교육 필요 학생정원 × 1.5)

비고
1. 대학의 임상교육 필요 학생정원 : 편제완성연도를 기준으로 한 의학·한의학 또는 치의학 전공 학생정원 중 예과 1·2학년의 정원을 제외한 정원(예과 과정이 없는 경우에는 전체 정원의 3분의 2에 해당하는 정원)
2. 전문대학원의 임상교육 필요 학생정원 : 편제완성연도를 기준으로 한 의학·한의학 또는 치의학 전공 학생정원
3. 일반대학원의 임상교육 필요 학생정원 : 편제완성연도를 기준으로 한 의학·한의학 또는 치의학 전공 학생정원의 4분의 3에 해당하는 정원. 이 경우 의학·한의학 또는 치의학 전공 학생정원은 「고등교육법 시행령」 제30조제1항에도 불구하고 전공별로 학칙에서 정하는 정원으로 한다.
4. 위 계산식에 따라 계산할 때 소수점 이하는 반올림한다.

〔별표2〕

과태료의 부과기준(제29조 관련)

(2022.3.22 개정)

1. 일반기준
  가. 위반행위의 횟수에 따른 과태료의 가중된 부과기준은 최근 1년간 같은 위반행위로 과태료 부과처분을 받은 경우에 적용한다. 이 경우 기간의 계산은 위반행위에 대하여 과태료 부과처분을 받은 날과 그 처분 후 다시 같은 위반행위를 하여 적발된 날을 기준으로 한다.
  나. 가목에 따라 가중된 부과처분을 하는 경우 가중처분의 적용 차수는 그 위반행위 전 부과처분 차수(가목에 따른 기간 내에 과태료 부과처분이 둘 이상 있었던 경우에는 높은 차수를 말한다)의 다음 차수로 한다.
  다. 부과권자는 다음의 어느 하나에 해당하는 경우에는 제2호의 개별기준에 따른 과태료 금액의 2분의 1 범위에서 그 금액을 줄일 수 있다. 다만, 과태료를 체납하고 있는 위반행위자의 경우에는 그렇지 않다.
    1) 위반행위자가 「질서위반행위규제법 시행령」 제2조의2제1항 각 호의 어느 하나에 해당하는 경우
    2) 위반행위가 사소한 부주의나 오류로 인한 것으로 인정되는 경우
    3) 위반행위자가 법 위반상태를 시정하거나 해소하기 위해 노력한 사실이 인정되는 경우
    4) 그 밖에 위반행위의 정도, 위반행위의 동기와 그 결과 등을 고려하여 과태료를 줄일 필요가 있다고 인정되는 경우
2. 개별기준

위 반 행 위	근 거 법조문	과태료 금액 (단위 : 만원)		
		1회 위반	2회 위반	3회 이상 위반
가. 학교법인의 이사장·감사 또는 청산인이나 사립학교경영자(법인인 경우에는 그 대표자 또는 이사)가 다음의 어느 하나에 해당하는 경우				
1) 이 법에 따른 등기를 하지 않은 경우	법 제74조 제2항제1호			
가) 등기 지연 기간이 1개월 미만인 경우			200	
나) 등기 지연 기간이 1개월 이상 6개월 미만인 경우			300	
다) 등기 지연 기간이 6개월 이상인 경우			500	
2) 법 제6조제3항에 따른 공고를 하지 않거나 공고해야 할 사항을 허위로 또는 누락하여 공고한 경우	법 제74조 제2항제2호	150	300	500
3) 법 제13조에 따라 준용되는 「민법」 제55조제1항에 따른 재산목록 또는 법 제32조(법 제51조에 따라 준용되는 경우를 포함한다) 및 제37조제1항에 따른 재산목록, 그 밖의 서류를 비치하지 않거나 이에 기재할 사항을 허위로 또는 누락하여 기재한 경우	법 제74조 제2항제3호		300	
4) 법 제19조제4항제3호·제48조(법 제51조에 따라 준용되는 경우를 포함한다)에 따른 보고를 하지 않거나 보고해야 할 사항을 허위로 또는 누락하여 보고한 경우	법 제74조 제2항제4호	150	300	500
5) 법 제28조제5항에 따른 신고를 하지 않은 경우	법 제74조 제2항 제4호의2			
가) 신고 지연 기간이 1개월 미만인 경우			200	
나) 신고 지연 기간이 1개월 이상 6개월 미만인 경우			300	
다) 신고 지연 기간이 6개월 이상인 경우			500	
6) 법 제31조(법 제51조에 따라 준용되는 경우를 포함한다)·제37조제2항 또는 제38조제2항을 위반한 경우	법 제74조 제2항제5호		300	
7) 법 제42조에 따라 준용되는 「민법」 제79조 또는 제93조제1항에 따른 파산선고의 신청을 하지 않은 경우	법 제74조 제2항제6호		300	
8) 법 제42조에 따라 준용되는 「민법」 제88조제1항 또는 제93조제1항에 따른 공고를 하지 않거나 공고할 사항을 허위로 또는 누락하여 공고한 경우	법 제74조 제2항제7호		300	
9) 법 제42조에 따라 준용되는 「민법」 제86조 또는 제94조에 따른 신고를 태만하거나 부실한 신고를 한 경우	법 제74조 제2항제8호		300	
10) 법 제42조에 따라 준용되는 「민법」 제90조를 위반한 경우	법 제74조 제2항제9호		300	
11) 법 제72조의3에 따른 공개를 하지 않거나 거짓으로 공개한 경우	법 제74조 제2항제10호	150	300	500
나. 대학교육기관의 장 및 대학교육기관을 설치·경영하는 학교법인의 이사장이 법 제32조의2제4항에 따른 보고를 하지 않거나 보고해야 할 사항을 거짓으로 또는 누락하여 보고한 경우	법 제74조 제3항	150	300	500
다. 사립학교 교원의 임용권자가 법 제54조제1항에 따른 보고를 하지 않거나 허위보고를 한 경우	법 제74조 제4항	150	300	500
라. 사립학교 교원 또는 사무직원(법 제70조의2에 따라 임명된 사무직원을 말한다)의 임용권자가 다음의 어느 하나에 해당하는 경우				
1) 법 제54조제3항 후단을 위반하여 특별한 사유 없이 관할청의 해임 또는 징계 요구를 따르지 않은 경우	법 제74조 제1항제1호	300	600	1,000
2) 법 제54조의2제1항 후단을 위반하여 특별한 사유 없이 관할청의 해임 요구를 따르지 않은 경우	법 제74조 제1항제2호	300	600	1,000
3) 법 제66조의2제3항을 위반하여 재심의를 요구하지 않은 경우	법 제74조 제1항제3호	300	600	1,000
4) 법 제66조의2제5항 전단(법 제70조의6제5항에서 준용하는 경우를 포함한다)을 위반하여 의결 내용에 따라 징계처분을 하지 않은 경우	법 제74조 제1항제4호	300	600	1,000
5) 법 제70조의5제3항 후단을 위반하여 특별한 사유 없이 관할청의 징계의결 요구에 따르지 않은 경우	법 제74조 제1항제5호	300	600	1,000
6) 법 제70조의6제3항을 위반하여 재심의를 요구하지 않은 경우	법 제74조 제1항제6호	300	600	1,000
7) 법 제70조의7제1항 각 호 외의 부분 후단을 위반하여 특별한 사유 없이 관할청의 해임 요구를 따르지 않은 경우	법 제74조 제1항제7호	300	600	1,000
8) 법 제72조의5제4항제2호에 따른 관할청의 시정명령을 특별한 사유 없이 따르지 않은 경우	법 제74조 제1항제8호	200	300	500

■ 유아교육법

〔별표1〕

원장·원감자격기준(제22조제1항 관련)

(2013.3.23 개정)

자격 / 종별	자 격 기 준
원 장	1. 유치원의 원감자격증을 가지고 3년 이상의 교육경력과 소정의 재교육을 받은 자 2. 학식·덕망이 높은 자로서 대통령령이 정하는 기준에 해당한다고 교육부장관의 인정을 받은 자
원 감	1. 유치원 정교사(1급)자격증을 가지고 3년 이상의 교육경력과 소정의 재교육을 받은 자 2. 유치원 정교사(2급)자격증을 가지고 6년 이상의 교육경력과 소정의 재교육을 받은 자
비 고 : 원장·원감, 초·중등교육법의 규정에 의한 교장·교감, 교육장·장학관·장학사·교육연구관·교육연구사의 경력연수는 교육경력연수로 볼 수 있다.	

〔별표2〕

교사자격기준(제22조제2항 관련)

(2013.3.23 개정)

자격 / 급별	자 격 기 준
정교사 (1급)	1. 유치원 정교사(2급)자격증을 가진 자로서 3년 이상의 교육경력을 가지고 소정의 재교육을 받은 자 2. 유치원 정교사(2급)자격증을 가지고 교육대학원 또는 교육부장관이 지정하는 대학원의 교육과에서 유치원 교육과정을 전공하여 석사학위를 받은 자로서 1년 이상의 교육경력이 있는 자
정교사 (2급)	1. 대학에 설치하는 유아교육과 졸업자 2. 대학(전문대학 및 이와 동등 이상의 각종 학교와 「평생교육법」 제31조제4항에 따른 전문대학학력인정 평생교육시설을 포함한다)졸업자로서 재학중 소정의 보육과 교직학점을 취득한 자 3. 교육대학원 또는 교육부장관이 지정하는 대학원의 교육과에서 유치원 교육과정을 전공하고 석사학위를 받은 자 4. 유치원 준교사자격증을 가진 자로서 2년 이상의 교육경력을 가지고 소정의 재교육을 받은 자
준교사	1. 유치원 준교사 자격검정에 합격한 자
비 고 1. 원장·원감, 초·중등교육법의 규정에 의한 교장·교감, 교육장·장학관·장학사·교육연구관·교육연구사의 경력연수는 교육경력연수로 볼 수 있다. 2. 이 표중 전문대학에는 종전의 초급대학·전문학교 및 실업고등전문학교를 포함한다.	

■ 교육공무원법

〔별표1〕

교육전문직원의 자격기준(제9조 관련)

(2011.9.30 개정)

직명 \ 기준	자 격 기 준
장학관 · 교육연구관	1. 대학 · 사범대학 · 교육대학 졸업자로서 7년 이상의 교육경력이나 2년 이상의 교육경력을 포함한 7년 이상의 교육행정경력 또는 교육연구경력이 있는 사람 2. 2년제 교육대학 또는 전문대학 졸업자로서 9년 이상의 교육경력이나 2년 이상의 교육경력을 포함한 9년 이상의 교육행정경력 또는 교육연구경력이 있는 사람 3. 행정고등고시 합격자로서 4년 이상의 교육경력이나 교육행정경력 또는 교육연구경력이 있는 사람 4. 2년 이상의 장학사 · 교육연구사의 경력이 있는 사람 5. 11년 이상의 교육경력이나 2년 이상의 교육경력을 포함한 11년 이상의 교육연구경력이 있는 사람 6. 박사학위를 소지한 사람
장학사 · 교육연구사	1. 대학 · 사범대학 · 교육대학 졸업자로서 5년 이상의 교육경력이나 2년 이상의 교육경력을 포함한 5년 이상의 교육행정경력 또는 교육연구경력이 있는 사람 2. 9년 이상의 교육경력이나 2년 이상의 교육경력을 포함한 9년 이상의 교육행정경력 또는 교육연구경력이 있는 사람

비 고

1. 이 표의 "대학"은 한국방송통신대학 학사과정을, "전문대학"은 한국방송통신대학 전문대학과정과 종전의 초급대학, 실업고등전문학교 및 전문학교를 포함한다.
2. 특수지 근무를 위하여 장학관, 교육연구관 또는 장학사, 교육연구사를 임용할 때에는 교육경력으로 교육행정경력 또는 교육연구경력을 갈음할 수 있다.

〔별표2〕

가산점의 종류(제11조제1항 관련)

(2011.9.30 개정)

1. 「고등교육법」 제41조 및 제43조에 따라 설치된 교육대학(종합교원양성대학 및 사범대학 초등교육과를 포함한다)을 졸업한 사람(졸업예정자를 포함한다. 다만, 교원경력자는 제외한다)으로서 임용권자가 정하는 지역에서 응시하는 사람
2. 「고등교육법」 제41조 및 제43조에 따라 설치된 사범대학(대학의 교육과를 포함한다) 및 종합교원양성대학(유아교육과 및 초등교육과는 제외한다)을 졸업한 사람(졸업예정자를 포함한다. 다만, 교원경력자는 제외한다)으로서 임용권자가 정하는 지역에서 응시하는 사람
3. 두 개 이상의 전공을 이수하여 전공 과목과 부전공 과목이 함께 표시된 교원자격을 취득한 사람
4. 두 개 이상의 전공을 이수하여 복수의 교원 자격을 취득한 사람
5. 어학 · 정보처리 · 체육 · 기술 분야에서 교원으로서의 직무 수행에 필요하다고 인정되는 능력 · 자격 또는 수상실적을 지닌 사람
6. 「도서 · 벽지 교육진흥법」 제2조에 따른 도서 · 벽지 중 임용권자가 정하는 지역에서 일정 기간 근무할 것을 조건으로 응시하는 사람

■ 교육공무원임용령

〔별표〕

교원의 성별 구성에 관한 연도별 목표 비율(제6조의4제3항 관련)

(2020.7.21 신설)

연도	성별 구성 비율이 낮은 교원의 목표 비율
1. 2020년도	17.5퍼센트
2. 2021년도	18.3퍼센트
3. 2022년도	19.1퍼센트
4. 2023년도	19.8퍼센트
5. 2024년도	20.6퍼센트
6. 2025년도	21.4퍼센트
7. 2026년도	22.2퍼센트
8. 2027년도	22.9퍼센트
9. 2028년도	23.6퍼센트
10. 2029년도	24.3퍼센트
11. 2030년도 이후	25.0퍼센트

■ 교원자격검정령

〔별표1〕

무시험검정 합격기준(제19조제3항 관련)

(2021.2.9 개정)

1. 이수학점기준

구 분	이 수 학 점
가. 교육대학 또는 사범대학을 졸업한 사람	1) 전공과목 : 50학점 이상 2) 교직과목 : 22학점 이상
나. 교육대학원 또는 교육부장관이 지정하는 대학원 교육과에서 석사학위를 받은 사람(다목에 해당하는 사람은 제외한다)	1) 전공과목 : 50학점 이상(제4조제4항제2호에 따라 부전공과목으로 무시험검정을 받으려는 사람은 30학점 이상) 2) 교직과목 : 22학점 이상(제4조제4항제2호에 따라 부전공과목으로 무시험검정을 받으려는 사람은 해당하지 아니한다)
다. 교육부장관이 지정하는 교육대학원 또는 대학원에서 전문상담교사 양성과정을 이수한 사람	교육부령으로 정하는 상담과 관련된 과목에서 이수한 다음 각 목의 학점 1) 전문상담교사(1급) 양성과정 : 18학점 이상 2) 전문상담교사(2급) 양성과정 : 42학점 이상
라. 법률 제7068호 초 · 중등교육법중개정법률 부칙 제3조에 따라 학교급식시설에서 3년 이상 학교급식을 전담한 교직원 중에서 영양교육과정을 이수한 사람	교육부령으로 정하는 영양교육과 관련된 과목에서 취득한 다음 각 목의 학점 1) 2년 미만의 영양교육과정 : 24학점 이상 2) 2년 이상의 영양교육과정 : 36학점 이상
마. 「유아교육법」 별표2의 준교사, 「초 · 중등교육법」 별표2의 준교사 또는 실기교사 자격검정을 받으려는 사람(사목에 해당하는 사람은 제외한다)	교육부령으로 정하는 기준학점
바. 교사양성특별과정을 이수한 사람	교직과목 18학점 이상
사. 「초 · 중등교육법」 별표2의 실기교사란 제5호에 따른 실기교사 자격검정을 받으려는 사람	교직과목 4학점 이상

비고

1. 구분란 가목, 바목 및 사목의 이수학점에서 자격종별 전공과목 및 교직과목의 세부 이수분야 및 이수학점은 교육부령으로 정한다.
2. 구분란 나목의 이수학점에서 자격종별 전공과목 및 교직과목의 세부 이수분야 및 이수학점은 교육부장관이 정한다. 이 경우 다음 각 목의 학점을 이수학점의 일부로 인정할 수 있다.
   가. 「고등교육법」 제2조에 따른 학교 또는 이에 상응하는 교육과정을 운영하는 외국의 학교를 졸업한 사람이 제4조제1항에 따른 자격증에 표시할 담당과목(이하 "표시과목"이라 한다) 관련 학과 또는 전공분야에서 취득한 학점
   나. 다른 법률에 따라 설립되고 대학 또는 전문대학 졸업의 학력이 인정되는 교육기관을 졸업한 사람이 표시과목 관련 학과 또는 전공분야에서 취득한 학점
   다. 다른 법률에 따라 대학 또는 전문대학 졸업의 학력을 인정받은 사람이 표시과목 관련 학과 또는 전공분야에서 취득한 학점. 이 경우 「독학에 의한 학위취득에 관한 법률」에 따라 학위를 취득한 사람이 같은 법에 따른 학위취득시험에서 합격한 과목 또는 그 시험이 면제되는 교육과정에서 이수한 과목은 과목당 3학점을 취득한 것으로 본다.
3. 구분란 다목에 따라 무시험검정을 받으려는 사람이 「고등교육법」 제2조에 따른 학교 또는 같은 법 제29조에 따른 대학원에서 교육부장관이 정하는 상담 · 심리 관련 과목을 전공으로 이수한 경우에는 교육부장관이 정하는 바에 따라 해당 과목에서 취득한 학점을 이수학점의 일부로 인정할 수 있다.

2. 성적 기준 : 제1호 가목부터 사목까지의 교육과정(이하 "교원양성과정"이라 한다)에서 이수한 전공과목 및 교직과목의 성적이 다음 각 목의 기준을 충족할 것
   가. 전공과목 : 평균 75점 이상
   나. 교직과목 : 평균 80점 이상
3. 교직 적성 및 인성 검사 기준 : 교원양성과정을 이수하는 동안 해당 교원양성기관의 장이 실시한 교직 적성 및 인성 검사 결과가 다음 각 목의 기준을 충족할 것
   가. 2년 이하의 교원양성과정을 이수한 사람 : 적격 판정 1회 이상
   나. 2년을 초과하는 교원양성과정을 이수한 사람 : 적격 판정 2회 이상
4. 응급처치 및 심폐소생술 실습 기준 : 교원양성과정을 이수하는 동안 해당 교원양성기관의 장이 실시한 응급처치 및 심폐소생술 실습을 2회 이상 받을 것. 다만, 제1호사목의 교원양성과정의 경우에는 1회 이상으로 한다.
5. 성인지(性認知) 교육 이수 기준 : 교원양성과정을 이수하는 동안 해당 교원양성기관의 장이 실시하는 성인지 교육을 4회 이상 받을 것. 다만, 3년 이하의 교원양성과정을 이수하는 경우에는 해당 교육을 2회 이상 받아야 한다.

〔별표2〕

교장 및 원장 자격인정기준(제23조제1항 관련)

(2019.8.6 개정)

구 분	자격인정기준
초 · 중등학교 교장	1. 대학졸업자 또는 이와 동등이상의 학력이 있는 자로서 다음 각호의 1에 해당하는 자 가. 5급이상의 국가공무원이나 지방공무원으로서 5년이상의 교육경력 또는 교육행정경력이 있는 자 나. 장학관이나 교육연구관으로서 5년이상의 교육경력 또는 교육행정경력이 있는 자 다. 9년이상의 초등학교이상 교육경력 또는 교육행정경력이 있는 자 2. 15년이상의 초등학교이상 교육경력 또는 교육행정경력이 있는 자
특수학교 교장	1. 대학졸업자 또는 이와 동등이상의 학력이 있는 자로서 다음 각호의 1에 해당하는 자 가. 5급이상의 국가공무원이나 지방공무원으로서 5년이상의 교육경력 또는 교육행정경력이 있는 자 나. 장학관이나 교육연구관으로서 5년이상의 교육경력 또는 교육행정경력이 있는 자 다. 9년이상의 특수학교나 초등학교이상의 교육경력 또는 교육행정경력이 있는 자 2. 15년이상의 특수학교나 초등학교이상의 교육경력 또는 교육행정경력이 있는 자
유치원 원장	1. 전문대학 졸업자 또는 이와 동등이상의 학력이 있는 자로서 다음 각호의 1에 해당하는 자 가. 5급 이상의 국가공무원 또는 지방공무원으로서 5년 이상의 교육경력 또는 교육행정경력이 있는 사람 나. 장학관 또는 교육연구관으로서 5년 이상의 교육경력 또는 교육행정경력이 있는 사람 다. 9년 이상의 교육경력 또는 교육행정경력이 있는 사람 2. 15년 이상의 교육경력 또는 교육행정경력이 있는 자

비 고

1. (1998.8.11 삭제)
2. 이 표중 교육경력과 교육행정경력은 서로 대치할 수 있다.
3. 이 표중 초 · 중등학교교장의 자격인정기준란 제1호가목 및 나목의 경력은 해당 직위에 임용된 이후의 경력을 말한다.
4. 이 표 중 유치원 원장의 자격인정기준란 제1호다목 및 같은 란 제2호의 교육경력은 제8조제1항제1호 또는 제2호에 따른 경력을 말한다.

■ 청소년 보호법 시행령

〔별표1〕 (2016.1.6 삭제)

〔별표2〕

청소년유해매체물의 심의 기준(제9조 관련)

(2019.7.2 개정)

1. 일반 심의 기준
 가. 매체물에 관한 심의는 해당 매체물의 전체 또는 부분에 관하여 평가하되, 부분에 대하여 평가하는 경우에는 전반적 맥락을 함께 고려할 것
 나. 매체물 중 연속물에 대한 심의는 개별 회분을 대상으로 할 것. 다만, 법 제7조제5항에 해당하는 매체물에 대한 심의는 그러하지 아니하다.
 다. 심의위원 중 최소한 2명 이상이 해당 매체물의 전체 내용을 파악한 후 심의할 것
 라. 법 제7조제5항에 따라 실제로 제작·발행 또는 수입이 되지 아니한 매체물에 대하여 심의할 때에는 구체적·개별적 매체물을 대상으로 하지 않고 사회통념상 매체물의 종류, 제목, 내용 등을 특정할 수 있는 포괄적인 명칭 등을 사용하여 심의할 것
2. 개별 심의 기준
 가. 음란한 자태를 지나치게 묘사한 것
 나. 성행위와 관련하여 그 방법·감정·음성 등을 지나치게 묘사한 것
 다. 동물과의 성행위를 묘사하거나 집단 성행위, 근친상간, 가학·피학성 음란증 등 변태 성행위, 성매매 그 밖에 사회 통념상 허용되지 아니한 성관계를 조장하는 것
 라. 청소년을 대상으로 하는 성행위를 조장하거나 여성을 성적 대상으로만 기술하는 등 성 윤리를 왜곡시키는 것
 마. 존속에 대한 상해·폭행·살인 등 전통적인 가족 윤리를 훼손할 우려가 있는 것
 바. 잔인한 살인·폭행·고문 등의 장면을 자극적으로 묘사하거나 조장하는 것
 사. 성폭력·자살·자학행위, 그 밖에 육체적·정신적 학대를 미화하거나 조장하는 것
 아. 범죄를 미화하거나 범죄방법을 상세히 묘사하여 범죄를 조장하는 것
 자. 역사적 사실을 왜곡하거나 국가와 사회 존립의 기본체제를 훼손할 우려가 있는 것
 차. 저속한 언어나 대사를 지나치게 남용하는 것
 카. 도박과 사행심 조장 등 건전한 생활 태도를 현저하게 해칠 우려가 있는 것
 타. 청소년유해약물등의 효능 및 제조방법 등을 구체적으로 기술하여 그 복용·제조 및 사용을 조장하거나 이를 매개하는 것
 파. 청소년유해업소에의 청소년 고용과 청소년 출입을 조장하거나 이를 매개하는 것
 하. 청소년에게 불건전한 교제를 조장 또는 매개할 우려가 있는 것

〔별표3〕 (2013.9.17 삭제)

〔별표4〕

매체물의 종류에 따른 청소년유해표시 방법(제13조제1항 관련)

구 분	표 시 문 구	표 시 방 법
1. 영화	19세 미만 관람 불가	가. 표시문구는 한쪽이 400㎜ 이상, 다른 한쪽이 100㎜ 이상인 붉은색 바탕의 직사각형 안에 흰색 글씨로 기재한다. 나. 표시는 해당 영화상영관의 매표소와 출입구에 한다.
2. 비디오물	19세 미만 시청 불가	가. 표시문구는 한쪽이 60㎜ 이상, 다른 한쪽이 15㎜ 이상인 붉은색 바탕의 직사각형 안에 흰색 글씨로 기재한다. 나. 표시는 해당 매체물에 표시한다. 다. 프로그램을 시작하기 전에 "이 프로그램은 19세 미만의 청소년이 시청해서는 안 됩니다."라는 자막 표시를 한다.
3. 게임물	19세 미만 이용 불가	가. 표시문구는 한쪽이 60㎜ 이상, 다른 한쪽이 15㎜ 이상인 붉은색 바탕의 직사각형 안에 흰색 글씨로 기재한다. 나. 표시는 해당 매체물에 표시한다. 다. 게임물의 경우 프로그램을 시작하기 전에 "이 프로그램은 19세 미만의 청소년이 이용해서는 안 됩니다."라는 자막 표시를 한다.
4. 음반, 음악영상물	19세 미만 청취 불가	가. 표시문구는 한쪽이 60㎜ 이상, 다른 한쪽이 15㎜ 이상인 붉은색 바탕의 직사각형 안에 흰색 글씨로 기재한다. 나. 표시는 해당 매체물에 표시한다. 다. 음악영상의 경우 프로그램을 시작하기 전에 "이 프로그램은 19세 미만의 청소년이 시청해서는 안 됩니다."라는 자막 표시를 한다.
5. 음악파일, 음악영상파일	19세 미만 이용 불가	프로그램을 시작하기 전에 "이 프로그램은 19세 미만 청소년이 이용해서는 안 됩니다."라는 자막 표시를 한다.
6. 공연(국악공연은 제외한다)	19세 미만 관람 불가	가. 표시문구는 한쪽이 400㎜ 이상, 다른 한쪽이 100㎜ 이상인 붉은색 바탕의 직사각형 안에 흰색 글씨로 기재한다. 나. 표시는 해당 공연장의 매표소와 출입구에 한다.
7. 부호·문언·음향 또는 영상정보	19세 미만 이용 불가	프로그램을 시작하기 전에 "이 프로그램은 19세 미만 청소년이 이용해서는 안됩니다."라는 자막 표시를 한다.
8. 방송프로그램(라디오방송은 제외한다)	19세 미만 시청 불가	가. 프로그램의 방송을 시작하기전에 "이 프로그램은 19세 미만 청소년이 시청해서는 안 됩니다."라는 자막 표시를 한다. 나. 프로그램의 방송 중에는 지름 20㎜ 이상이고 붉은색 테두리 두께가 3㎜ 이상인 크기의 원형 마크 안에 "19"라는 숫자를 흰색 바탕에 검정색으로 기재하여 화면 오른쪽 상단에 표시한다.
9. 신문	19세 미만 구독 불가	가. 표시문구는 한쪽이 60㎜ 이상, 다른 한쪽이 15㎜ 이상인 붉은색 바탕의 직사각형 안에 흰색 글씨로 기재한다. 나. 표시는 해당 매체물의 앞표지와 뒷표지의 오른쪽 상단에 한다.
10. 인터넷신문	19세 미만 이용 불가	프로그램을 시작하기 전에 "이 프로그램은 19세 미만 청소년이 이용해서는 안 됩니다."라는 자막 표시를 한다.
11. 잡지, 정보간행물 및 그 밖의 간행물	19세 미만 구독 불가	가. 표시문구는 한쪽이 60㎜ 이상, 다른 한쪽이 15㎜ 이상인 붉은색 바탕의 직사각형 안에 흰색 글씨로 기재한다. 나. 표시는 해당 매체물의 앞표지와 뒷표지의 오른쪽 상단에 한다.
12. 간행물 및 외국간행물	19세 미만 구독 불가	가. 표시문구는 한쪽이 60㎜ 이상, 다른 한쪽이 15㎜ 이상인 붉은색 바탕의 직사각형 안에 흰색 글씨로 기재한다. 나. 표시는 해당 매체물의 앞표지와 뒷표지의 오른쪽 상단에 한다.
13. 전자간행물 및 전자출판물	19세 미만 이용 불가	프로그램을 시작하기 전에 "이 프로그램은 19세 미만 청소년이 이용해서는 안 됩니다."라는 자막 표시를 한다.
14. 광고선전물 중 간행물에 포함된 것	19세 미만 구독 불가	가. 표시문구는 한쪽이 60㎜ 이상, 다른 한쪽이 15㎜ 이상인 붉은색 바탕의 직사각형 안에 흰색 글씨로 기재한다. 나. 표시는 해당 매체물의 앞표지와 뒷표지의 오른쪽 상단에 한다.

비고 : 표시문구 및 표시방법의 경우 「게임산업진흥에 관한 법률」, 「영화 및 비디오물의 진흥에 관한 법률」, 「음악산업진흥에 관한 법률」, 「정보통신망 이용촉진 및 정보보호 등에 관한 법률 시행령」, 그 밖의 다른 법령에서 청소년유해매체물의 표시에 관한 사항을 달리 정한 경우에는 해당 법령에서 정하는 바에 따른다.

〔별표5〕

청소년유해매체물 판매·대여 금지의 구체적인 표시방법(제18조제1항 관련)

구 분	표 시 문 구	표 시 방 법
1. 음반·음악영상물 판매업소	19세 미만 구입 불가	표시문구는 한쪽이 400㎜ 이상, 다른 한쪽이 100㎜ 이상인 붉은색 바탕의 직사각형 안에 흰색 글씨로 기재한다.
2. 비디오물 판매업소		
3. 만화 판매업소		
4. 간행물, 전자출판물, 외국간행물, 정기간행물 판매업소		
5. 비디오물 대여업소	19세 미만 대여 불가	
6. 만화 대여업소		
7. 간행물, 전자출판물, 외국간행물, 정기간행물 대여업소		

비고 : 표시문구 및 표시방법의 경우 다른 법령에서 달리 정한 경우에는 해당 법령에서 정하는 바에 따른다.

〔별표6〕

주류 또는 담배의 판매·대여·배포 금지내용의 표시문구 및 크기 등(제25조제1항 관련)

(2021.2.17 개정)

구분	표시문구	표시크기	표시장소
1. 「주류 면허 등에 관한 법률」에 따른 주류소매업의 영업자	19세 미만 청소년에게 술 판매금지	표시문구는 한 면이 40센티미터 이상, 다른 한 면이 10센티미터 이상인 직사각형 안에 충분히 알아볼 수 있게 적는다.	영업장 안의 잘 보이는 곳에 표시한다.
2. 「담배사업법」에 따른 담배소매업의 영업자	19세 미만 청소년에게 담배 판매금지		
3. 「주류 면허 등에 관한 법률」에 따른 주류소매업과 「담배사업법」에 따른 담배소매업을 겸하는 영업자	19세 미만 청소년에게 술·담배 판매금지		
4. 「담배사업법」에 따른 담배소매업의 영업자 중 담배자동판매기를 설치하여 담배를 판매하는 자	19세 미만 청소년에게 담배 판매금지	표시문구는 한 면이 5센티미터 이상, 다른 한 면이 15센티미터 이상인 직사각형 안에 충분히 알아볼 수 있게 적는다.	담배자동판매기 앞면의 잘 보이는 곳에 표시한다.

〔별표7〕

청소년유해약물등의 종류에 따른 청소년유해표시방법(제25조제2항 관련)

1. 주류
 가. 표시문구
  1) 문구는 "19세 미만 판매 금지" 또는 "19세 미만 청소년에게 판매 금지"로 한다.
  2) 군납용으로서 "군인 외의 사람에게 판매 금지"의 문구를 표시한 경우에는 1)의 문구를 생략할 수 있다.
 나. 크기
  1) 문구는 아래 기준에 따라 사각형(테두리의 모서리 부분을 둥글게 처리한 사각형으로 한다) 안에 표시한다.

용량 기준	글자 크기	사각형 크기	전면 코팅용기 (캔류, 코팅 병 등)
300㎖ 이하	12포인트 이상	2㎠ 이상	같은 용량 기준보다 글자 크기는 2포인트 이상, 사각형 크기는 1㎠ 이상 각각 크게 한다.
300㎖ 초과 500㎖ 이하	14포인트 이상	3.5㎠ 이상	
500㎖ 초과 750㎖ 이하	16포인트 이상	5㎠ 이상	
750㎖ 초과 1ℓ 이하	18포인트 이상	6㎠ 이상	
1ℓ 초과	20포인트 이상	7.5㎠ 이상	

  2) 글자체는 견고딕체를 사용한다.
 다. 색상
  1) 사각형 테두리 내 배경색은 상표 도안의 색상과 보색 관계에 있는 색상으로서 선명해야 한다.
  2) 문구의 색상은 사각형 배경색과 보색 관계에 있는 색상으로서 선명해야 한다.
 라. 위치 : 제25조제1항에 따른 청소년유해표시 의무자(이하 이 표에서 "청소년유해표시 의무자"라 한다)가 자율적으로 정하는 곳

2. 주류 외의 청소년유해약물등

구 분	표시문구	표시방법		
		크 기	색 상	위 치
가. 담배	"19세 미만 청소년에게 판매를 금지한다"는 내용이 포함되어야 한다.	담뱃갑 뒷면 단면 면적의 1/5 이상 크기의 사각형 안에 기재	바탕색과 보색	담뱃갑 뒷면
나. 부탄가스	"이 제품은 흡입 시 심신장애 등 심각한 피해를 가져옵니다. 이 제품을 흡입한 사람은 관계 법령에 따라 처벌을 받으며, 특히 19세 미만의 청소년에게 판매한 경우에는 3년 이하의 징역 또는 2천만원 이하의 벌금형에 처해집니다."로 한다.	용기 면적의 1/20 이상 크기의 면적에 기재	바탕색과 보색	청소년유해 표시 의무자가 자율적으로 정하는 곳
다. 부탄가스 외 환각물질(공업용은 제외한다)	"19세 미만 청소년에게 판매할 수 없습니다."로 한다.	업계 자율로 하되, 다른 의무기재사항이 있는 경우 그 크기 이상이어야 한다.	바탕색과 보색	청소년유해 표시 의무자가 자율적으로 정하는 곳
라. 법 제2조제4호가목5)의 약물 및 같은 호 나목의 물건	"19세 미만 청소년에게 판매할 수 없습니다."로 한다.	상표 면적의 1/10 이상 크기의 면적에 기재	바탕색과 보색	청소년유해 표시 의무자가 자율적으로 정하는 곳
	청소년유해약물 또는 청소년유해물건 중 해당 청소년유해약물이나 청소년유해물건의 특성상 표시문구나 표시방법을 달리 할 필요가 있는 경우에는 청소년보호위원회가 따로 정할 수 있다. 이 경우 그 내용은 여성가족부장관이 관보에 고시한다.			

[별표8]

청소년 출입·고용금지업소의 청소년 출입·고용제한 표시방법(제28조 관련)

구 분	표시문구	표시방법
청소년 출입·고용금지업소	19세 미만 출입·고용금지업소	표시문구는 한 면이 400㎜ 이상, 다른 한 면이 100㎜ 이상인 직사각형 안에 외관상 충분히 식별이 가능한 크기로 해야 한다.

비고 : 표시문구 및 표시방법의 경우 다른 법령에서 달리 정한 경우에는 해당 법령에서 정하는 바에 따른다.

[별표9]

시정명령의 종류(제39조제2항 관련)

(2021.1.26 개정)

의무내용	시정명령의 종류
1. 법 제13조제1항 및 제28조제7항에 따른 청소년유해매체물 또는 청소년유해약물등 표시의무	표시명령, 표시방법 변경명령
2. 법 제14조(법 제28조제10항에서 준용하는 경우를 포함한다)에 따른 청소년유해매체물 또는 청소년유해약물등 포장의무	포장명령, 포장방법 변경명령
3. 법 제16조제2항에 따른 청소년유해표시가 되지 않은 상태에서의 청소년유해매체물의 전시·진열 금지의무	전시·진열 금지명령
4. 법 제16조제3항에 따른 포장이 되지 않은 상태에서의 청소년유해매체물의 전시·진열 금지 의무	전시·진열 금지명령
5. 법 제17조제1항에 따른 청소년유해매체물의 구분·격리 의무	구분·격리 명령
6. 법 제17조제2항에 따른 청소년유해매체물의 자동기계장치 또는 무인판매기 판매를 위한 전시·진열 금지의무	전시·진열 금지명령
7. 법 제19조제1항에 따른 청소년유해광고선전물의 설치·부착·배포 금지의무	설치광고선전물 철거명령, 부착광고선전물 제거명령, 배포광고선전물 회수명령
8. 법 제28조제5항에 따른 주류등의 판매·대여·배포 금지내용 표시의무	표시부착명령, 표시방법 변경명령
9. 법 제29조제6항에 따른 청소년유해업소의 청소년출입·고용제한 표시의무	표시부착명령, 표시방법 변경명령

[별표10]

청소년유해 정기간행물 등의 발행·수입자에 대한 과징금 부과기준(제44조제1항 관련)

구분 \ 과징금 금액	경고	청소년유해매체물 결정·고시 횟수별 300만원	청소년유해매체물 결정·고시 횟수별 500만원	청소년유해매체물 결정·고시 횟수별 1,000만원	청소년유해매체물 결정·고시 횟수별 2,000만원
「신문 등의 진흥에 관한 법률」에 따른 일반일간신문, 특수일간신문	1회	2회·3회	4회·5회	6회부터 10회까지	11회 이상
「신문 등의 진흥에 관한 법률」에 따른 일반주간신문, 특수주간신문	1회	2회부터 5회까지	6회부터 8회까지	9회 이상	
「잡지 등 정기간행물의 진흥에 관한 법률」에 따른 정기간행물	1회	2회	3회·4회	5회 이상	

비고 : 청소년유해매체물의 결정·고시 횟수는 매년 1월 1일부터 그 해 12월 31일까지를 기준으로 한다.

[별표11]

위반행위의 종별에 따른 과징금 부과기준(제44조제2항 관련)

위반행위	과징금 금액
1. 영리를 목적으로 법 제16조제1항을 위반하여 청소년에게 청소년유해매체물을 판매·대여·배포, 시청·관람·이용에 제공한 경우	위반 횟수마다 제조업자 1,000만원, 유통관련업자 100만원
2. 영리를 목적으로 법 제22조를 위반하여 외국매체물을 유통하게 한 경우	위반 횟수마다 1,000만원
3. 법 제28조제1항을 위반하여 청소년에게 법 제2조제4호가목 1)의 주류 또는 같은 목 2)의 담배를 판매한 경우	위반 횟수마다 주류판매자 100만원, 담배판매자 100만원
4. 법 제28조제1항을 위반하여 청소년에게 법 제2조제4호가목 4)의 환각물질 또는 같은 목 5)의 약물 또는 나목의 청소년유해물건을 판매·대여·배포한 경우	위반 횟수마다 100만원
5. 법 제29조제1항을 위반하여 법 제2조제5호가목 및 이 영 제6조제2항제1호에 해당하는 업소에 청소년을 고용한 경우	1명 1회 고용마다 1,000만원
6. 법 제29조제1항을 위반하여 법 제2조제5호나목1)·2)·4)·5)·6)·7)에 해당하는 업소 또는 이 영 제6조제2항제2호에 해당하는 업소에 청소년을 고용한 경우	1명 1회 고용마다 500만원
7. 법 제29조제2항을 위반하여 법 제2조제5호가목에 해당하는 업소에 청소년을 출입시킨 경우	출입허용 횟수마다 300만원
8. 법 제30조제7호를 위반하여 청소년으로 하여금 손님을 거리에서 유인하는 행위를 하게 한 경우	위반 횟수마다 300만원
9. 법 제30조제8호를 위반하여 청소년에 대하여 남녀혼숙을 하게 하는 등 풍기를 문란하게 하는 영업 행위를 하거나 이를 목적으로 장소를 제공하는 행위를 한 경우	위반 횟수마다 300만원
10. 법 제30조제9호를 위반하여 주로 차 종류를 조리·판매하는 업소에서 청소년으로 하여금 영업장을 벗어나 차 종류를 배달하는 행위를 하게 하거나 이를 조장 또는 묵인한 경우	위반 횟수마다 1,000만원

[별표12]

과태료의 부과기준(제48조 관련)

(2022.4.5 개정)

1. 일반기준
   가. 위반행위의 횟수에 따른 과태료의 가중된 부과기준은 최근 1년간 같은 위반행위로 과태료 부과처분을 받은 경우에 적용한다. 이 경우 기간의 계산은 위반행위에 대하여 과태료 부과처분을 받은 날과 그 처분 후 다시 같은 위반행위를 하여 적발된 날을 기준으로 한다.
   나. 과태료 부과권자는 위반행위자가 다음의 어느 하나에 해당하는 경우에는 제2호에 따른 과태료 금액의 2분의 1의 범위에서 그 금액을 줄일 수 있다. 다만, 과태료를 체납하고 있는 위반행위자의 경우에는 그러하지 아니하다.
      1) 위반행위자가 「질서위반행위규제법 시행령」 제2조의2제1항 각 호의 어느 하나에 해당하는 경우
      2) 위반행위가 사소한 부주의나 오류 등 과실로 인한 것으로 인정되는 경우
      3) 위반의 내용·정도가 경미하여 사회적 피해가 적다고 인정되는 경우
      4) 위반행위자가 위법행위를 시정하거나 해소하기 위한 노력이 인정되는 경우
      5) 그 밖에 위반행위의 정도, 동기와 그 결과 등을 고려하여 과태료 금액을 줄일 필요가 있다고 인정되는 경우
2. 개별기준

(단위 : 만원)

위반행위	근거 법조문	과태료 금액	
		1차 위반	2차 이상 위반
가. 법 제42조에 따른 보고와 자료제출을 요구받고도 요구에 따르지 않은 경우 또는 거짓으로 보고하거나 자료를 제출한 경우	법 제64조제2항제1호	50	100
나. 법 제45조제1항제1호에 대한 시정명령을 이행하지 않은 경우	법 제64조제1항	300	500
다. 법 제45조제1항제2호에 대한 시정명령을 이행하지 않은 경우	법 제64조제1항	300	500
라. 법 제45조제1항제3호에 대한 시정명령을 이행하지 않은 경우	법 제64조제2항제2호	50	100
마. 법 제45조제1항제4호에 대한 시정명령을 이행하지 않은 경우	법 제64조제2항제2호	50	100
바. 법 제45조제1항제5호에 대한 시정명령을 이행하지 않은 경우	법 제64조제2항제2호	50	100
사. 법 제45조제1항제6호에 대한 시정명령을 이행하지 않은 경우	법 제64조제2항제2호	50	100
아. 법 제45조제1항제7호에 대한 시정명령을 이행하지 않은 경우	법 제64조제1항	300	500
자. 법 제45조제1항제7호의2에 대한 시정명령을 이행하지 않은 경우	법 제64조제1항	100	300
차. 법 제45조제1항제8호에 대한 시정명령을 이행하지 않은 경우	법 제64조제1항	100	300

■ 아동·청소년의 성보호에 관한 법률 시행령

[별표1] (2020.12.29 삭제)

[별표2]

성교육 전문기관에 두는 종사자 등 직원의 자격기준(제15조제3항 관련)

(2022.8.9 개정)

구 분	자 격 기 준
성교육 전문 기관의 장	1. 「고등교육법」 제2조 각 호에 따른 학교에서 아동학, 청소년학, 여성학, 사회복지학, 교육학, 심리학, 사회학, 간호학을 전공한 후 아동·청소년, 여성, 노인 및 복지 관련 단체에서 3년 이상 성교육 관련 실무경력이 있는 사람 2. 청소년상담사, 청소년지도사, 사회복지사 또는 교사의 자격증을 취득한 후 아동·청소년, 여성, 노인 및 복지 관련 단체에서 3년 이상의 성교육 관련 실무경력이 있는 사람
팀원 및 전문 강사	1. 「고등교육법」 제2조 각 호에 따른 학교에서 아동학, 청소년학, 여성학, 사회복지학, 교육학, 심리학, 사회학 또는 간호학을 전공한 사람 2. 청소년상담사, 청소년지도사, 사회복지사 또는 교사의 자격증을 취득한 사람 3. 아동·청소년, 여성, 노인 및 복지 관련 단체에서 1년 이상의 성교육 관련 실무경력이 있는 사람

비고 : 지역의 사정으로 위 자격기준을 충족하는 사람이 없을 경우에는 수탁자는 위탁자와 협의하여 자격기준을 달리 정할 수 있다.

[별표3]

성교육 전문기관의 설치·운영 기준(제15조제4항 관련)

(2021.1.5 개정)

1. 입지조건
성교육 전문기관은 안전, 위생, 환경 및 교통편의 등을 충분히 고려하여 쾌적한 곳에 설치하여야 한다.
2. 구조 및 설비
가. 성교육 전문기관은 일조·채광·환기 등 이용자의 보건, 위생, 안전, 재해 방지, 연령별 특성 등에 적합한 구조 및 시설을 갖추어야 하며, 항상 청결을 유지하여야 한다.
나. 성교육 전문기관은 다음의 사무실, 교육장, 성문화체험관 및 비상재해대비시설을 갖추되, 사무실, 교육장 및 성문화체험관을 합쳐 연면적 165㎡ 이상의 공간을 갖추어야 한다.
1) 사무실
사무처리를 위하여 책상, 전화기 등 필요한 설비를 갖추어야 한다.
2) 교육장
25명 이상이 앉을 수 있는 공간과 교육에 필요한 기자재를 갖추어야 한다.
3) 성문화체험관
성 관련 지식습득 및 체험에 필요한 공간을 갖추어야 한다.
4) 비상재해대비시설
「소방시설 설치·유지 및 안전관리에 관한 법률」에서 정하는 바에 따라 소화기구, 경보설비 및 비상구를 설치하여 화재 등 비상재해에 대비한 시설을 갖추어야 한다.
3. 인력기준
가. 성교육 전문기관에는 기관의 장, 팀원, 전문강사 등 2명 이상의 교육 및 행정업무에 필요한 종사자를 두어야 한다.
나. 성교육 전문기관의 장은 상근(常勤)으로 한다. 다만, 특별한 사유가 있을 경우에는 관할 특별자치시장·특별자치도지사·시장·군수·구청장의 동의를 받아 비상근으로 할 수 있으며, 이 경우 성교육 전문기관에는 팀장을 둔다.
4. 운영기준
가. 개관시간
성교육 전문기관은 오전 9시부터 오후 6시까지 개관한다.
나. 관리규정
성교육 전문기관의 장은 다음 사항에 관한 규정을 제정하여 성교육 전문기관의 적정한 운영을 도모하여야 한다.
1) 청소년성문화센터의 운영방침
2) 직원의 업무 분장
3) 성교육 전문기관 이용자의 대응요령
4) 성교육 전문기관의 이용수칙
5) 그 밖에 성교육 전문기관의 운영·관리에 관한 중요한 사항
다. 장부 등의 비치
성교육 전문기관의 장은 다음의 장부 및 서류를 갖춰 두어야 한다.
1) 관리에 관한 장부
가) 성교육 전문기관의 연혁에 관한 기록부
나) 직원 관계철(인사기록카드·이력서·사진을 포함한다)
다) 회의록 관계철
라) 소속 법인의 정관(법인의 경우만 해당한다) 및 관계 결의 서류
마) 문서철(보고서 및 관계 행정기관과 송신 또는 수신한 문서를 포함한다)
바) 문서접수·발송대장
2) 사업에 관한 장부
가) 성교육일지
나) 그 밖에 상담 등 사업 관계 서류
3) 재무·회계에 관한 장부
가) 총계정원장 및 수입·지출보조부
나) 금전출납부 및 그 증명서류
다) 예산서 및 결산서
라) 비품관리대장
마) 재산대장·재산목록과 그 소유 또는 사용을 증명할 수 있는 서류
바) 이용자의 비용부담 관계 서류
사) 각종 증명서류

[별표4]

과태료의 부과기준(제40조 관련)

(2022.8.9 개정)

1. 일반기준
가. 위반행위의 횟수에 따른 과태료의 가중된 부과기준은 최근 2년간 같은 위반행위로 과태료 부과처분을 받은 경우에 적용한다. 이 경우 기간의 계산은 위반행위에 대하여 과태료 부과처분을 받은 날과 그 처분 후 다시 같은 위반행위를 하여 적발된 날을 기준으로 한다.
나. 가목에 따라 가중된 부과처분을 하는 경우 가중처분의 적용 차수는 그 위반행위 전 부과처분 차수(가목에 따른 기간 내에 과태료 부과처분이 둘 이상 있었던 경우에는 높은 차수를 말한다)의 다음 차수로 한다.
다. 부과권자는 다음의 어느 하나에 해당하는 경우에는 제2호의 개별기준에 따른 과태료 금액을 2분의 1 범위에서 그 금액을 줄일 수 있다. 다만, 과태료를 체납하고 있는 위반행위자에 대해서는 그러하지 아니하다.
1) 위반행위자가 「질서위반행위규제법 시행령」 제2조의2제1항 각 호의 어느 하나에 해당하는 경우
2) 위반행위가 고의나 중대한 과실이 아닌 사소한 부주의나 오류로 인한 것으로 인정되는 경우
3) 위반의 내용·정도가 경미하여 피해자 등에게 미치는 피해가 적다고 인정되는 경우
4) 법 위반상태를 시정하거나 해소하기 위한 노력이 인정되는 경우
5) 그 밖에 위반행위의 정도, 위반행위의 동기와 그 결과 등을 고려하여 과태료 금액을 줄일 필요가 있다고 인정되는 경우
라. 부과권자는 다음 어느 하나에 해당하는 경우에는 제2호의 개별기준에 따른 과태료 금액을 2분의 1 범위에서 그 금액을 늘릴 수 있다. 다만, 늘리는 경우에도 법 제67조제2항부터 제4항까지에 따른 과태료 금액의 상한을 넘을 수 없다.
1) 위반의 내용·정도가 중대하여 아동·청소년 등에게 미치는 피해가 크다고 인정되는 경우
2) 법 위반 상태의 기간이 6개월 이상인 경우
3) 그 밖에 위반행위의 정도, 위반행위의 동기와 그 결과 등을 고려하여 과태료 금액을 늘릴 필요가 있다고 인정되는 경우
2. 개별기준

(단위 : 만원)

위 반 행 위	근거 법조문	과태료 금액		
		1차 위반	2차 위반	3차 이상 위반
가. (2020.12.29 삭제)				
나. 법 제34조제2항 각 호의 어느 하나에 해당하는 기관·시설 또는 단체의 장과 그 종사자가 직무상 아동·청소년대상 성범죄 발생 사실을 알고 수사기관에 신고하지 않거나 거짓으로 신고한 경우	법 제67조 제4항	300	300	300
다. 상담시설 또는 의료기관의 장이 법 제37조제2항을 위반하여 상담·치료프로그램의 제공을 정당한 이유 없이 거부한 경우	법 제67조 제2항제1호	300	600	1,000
라. 아동·청소년 관련기관 등의 장이 법 제56조제5항을 위반하여 그 기관에 취업 중이거나 사실상 노무를 제공 중인 사람 또는 취업하려 하거나 사실상 노무를 제공하려는 사람에 대하여 성범죄의 경력을 확인하지 않는 경우	법 제67조 제3항	300	400	500
마. 아동·청소년 관련기관 등의 장이 법 제58조에 따른 해임요구를 정당한 사유 없이 거부하거나 1개월 이내에 이행하지 않는 경우	법 제67조 제2항제2호	600	800	1,000

■ 학원의 설립·운영 및 과외교습에 관한 법률 시행령

[별표1]

기타경비의 범위(제3조의2 관련)

(2011.10.25 신설)

항 목	내 용
모의고사비	○ 학습자의 실력을 평가하기 위하여 실시하는 시험 비용(학원 또는 교습소에서 자체 제작하거나 프린트하여 실시하는 시험의 비용은 제외)
재료비	○ 학습자의 실험·실습을 위하여 필요한 소모성 재료 비용
피복비	○ 유아의 단체복을 제작하거나 구입하는 비용
급식비	○ 유아에게 식사 또는 간식을 제공하는 비용
기숙사비	○ 숙박시설을 갖춘 학교교과교습학원에서 숙식을 제공하는 비용
차량비	○ 학습자의 교통 편의를 위하여 차량을 운행하는 데 드는 비용

[별표2]

학원의 교습과정(제3조의3제1항 관련)

(2018.12.18 개정)

종 류	분 야	계 열	교 습 과 정
학교교과 교습학원	입시·검정 및 보습	보통교과	초등학교·중학교·고등학교의 교육과정에 속하는 교과(정보교과, 예·체능계 및 실업계 고등학교의 전문교과 제외) 및 논술
		진학지도	진학상담·지도
	국제화	외국어	보통교과에 속하지 않는 교과로서 유아 또는 초등학교·중학교·고등학교 학생을 주된 교습대상으로 하는 실용 외국어
	예능	예능	음악, 미술, 무용
	독서실	독서	유아 또는 초등학교·중학교·고등학교 학생을 주된 대상으로 하는 시설

	정보	정보	정보교과에 속하는 교육활동
	특수교육	특수교육	특수학교 교육과정에 속하는 교육활동
	기타	기타	그 밖의 교습과정
평생직업교육학원	직업기술	산업기반기술	기계, 자동차, 금속, 화공 및 세라믹, 전기, 통신, 전자, 조선, 항공, 토목, 건축, 의복, 섬유, 광업자원, 국토개발, 농림, 해양, 에너지, 환경, 공예, 교통, 안전관리, 조경
		산업응용기술	디자인, 이용·미용, 식음료품(조리, 제과·제빵, 바리스타, 소믈리에 등), 포장, 인쇄, 사진, 피아노 조율
		산업서비스	속기, 전산회계, 전자상거래, 직업상담, 사회조사, 컨벤션기획, 소비자전문상담, 텔레마케팅, 카지노 딜러, 도배, 미장, 세탁
		일반서비스	애견 미용·훈련, 장의, 호스피스, 항공승무원, 병원 코디네이터, 청소
		컴퓨터	컴퓨터(정보처리, 통신기기, 인터넷, 소프트웨어 등), 게임, 로봇
		문화관광	출판, 영상, 음반, 영화, 방송, 캐릭터, 관광
		간호보조기술	간호조무사
		경영·사무관리	금융, 보험, 유통, 부동산, 비서, 경리, 펜글씨, 부기, 주산, 속셈, 속독, 경매
	국제화	국제	성인 대상 어학, 통역, 번역
	인문사회·자연	인문사회·자연	대학 편입, 행정, 경영, 회계, 통계, 성인 고시
	기예	기예	국악, 무용(전통무용, 현대무용 등), 서예, 만화, 모델, 화술, 마술(매직), 실용음악(성악), 바둑, 웅변, 공예(종이접기, 꽃꽂이, 꽃기예 등), 도예, 미술, 댄스(「체육시설의 설치·이용에 관한 법률」에 따른 무도학원업 제외), 연기(연극, 뮤지컬, 오페라 등)
	독서실	독서	학교교과교습학원에 속하지 않는 독서실

〔별표3〕

학원강사의 자격기준(제12조제2항 관련)

(2023.10.10 개정)

구 분	자 격 기 준
학교교과교습학원	1. 「초·중등교육법」 제21조에 따른 교원의 자격이 있는 사람 2. 전문대학 졸업자 또는 이와 같은 수준 이상의 학력이 있는 사람 3. 「국가기술자격법」에 따라 교습과목과 같은 종목의 기술사·기능장·기사 및 산업기사의 자격을 취득한 사람 4. 「국가기술자격법」에 따라 교습과목과 같은 종목의 기능사 자격을 취득한 후 3년 이상의 실무경력이 있는 사람 5. 「자격기본법」이나 그 밖의 다른 법령에 따라 면허증 또는 자격증 등을 취득한 사람으로서 제3호 또는 제4호에 상응한다고 교육감이 인정하는 사람 6. 고등학교 졸업자 또는 이와 같은 수준 이상의 학력이 있는 사람으로서 교습하려는 부문에 2년 이상 전임(專任)으로 교습한 경력이 있는 사람 7. 국가 또는 지방자치단체 등 공공기관이 주관하거나 후원하는 전국 규모의 각종 기능경기대회에서 교습하려는 부문에 입상한 실적이 있는 사람 8. 국가무형문화재 보유자(시·도무형문화재 보유자를 포함한다) 등 기능 또는 예능 보유자로서 교육감이 인정하는 사람 9. 외국인으로서 다음 각 목의 구분에 따른 요건을 갖춘 사람 가. 국내에서 교습하는 경우(나목의 경우는 제외한다) : 해당 교습활동과 관련하여 「출입국관리법」 제10조 및 같은 법 시행령 제12조에 따른 해당 체류자격이 있거나 같은 법 제20조 및 같은 법 시행령 제25조에 따라 해당 체류자격 외 활동허가를 받은 사람으로서 대학 졸업 이상의 학력이 있거나 「고등교육법 시행령」 제70조제2항에 따라 대학을 졸업한 사람과 같은 수준의 학력이 있다고 인정되는 사람일 것 나. 국내에서 원격으로 별표2 중 학교교과교습학원의 국제화 분야에 해당하는 교습과정을 교습하는 경우 : 해당 교습활동과 관련하여 「출입국관리법」 제10조 및 같은 법 시행령 제12조에 따른 해당 체류자격이 있거나 같은 법 제20조 및 같은 법 시행령 제25조에 따라 해당 교습활동에 관한 체류자격 외 활동허가를 받은 사람으로서 전문대학 졸업 이상의 학력이 있거나 「고등교육법 시행령」 제70조제1항제2호에 따라 전문대학을 졸업한 사람과 같은 수준의 학력이 있다고 인정되는 사람일 것 다. 외국에서 원격으로 별표2 중 학교교과교습학원의 국제화 분야에 해당하는 교습과정을 교습하는 경우 : 전문대학 졸업 이상의 학력이 있거나 「고등교육법 시행령」 제70조제1항제2호에 따라 전문대학을 졸업한 사람과 같은 수준의 학력이 있다고 인정되는 사람일 것
평생직업교육학원	1. 고등학교졸업자 또는 이와 같은 수준 이상의 학력이 있는 사람 2. 학교교과교습학원 강사의 자격기준 중 제3호부터 제5호까지 또는 제7호부터 제9호까지의 어느 하나에 해당하는 사람. 이 경우 제9호와 관련하여 "별표2 중 학교교과교습학원의 국제화 분야"는 각각 "별표2 중 평생직업교육학원의 국제화 분야"로 본다.

〔별표4〕

교습비등 반환기준(제18조제3항 관련)

(2020.3.31 개정)

구분			반환사유 발생일	반환금액	
1. 제18조제2항제1호의 반환사유에 해당하는 경우			학습자가 학원으로부터 격리된 날	이미 납부한 교습비등 - (이미 납부한 교습비등을 일할계산한 금액 × 교습 시작일 또는 학습장소 제공 시작일부터 학원으로부터 격리된 날의 전날까지의 일수)	
2. 제18조제2항제1호의2 및 제2호의 반환사유에 해당하는 경우			학원설립·운영자, 교습자 또는 개인과외교습자가 교습을 할 수 없거나 학습장소를 제공할 수 없게 된 날	이미 납부한 교습비등 - (이미 납부한 교습비등을 일할계산한 금액 × 교습 시작일 또는 학습장소 제공 시작일부터 교습을 할 수 없거나 학습장소를 제공할 수 없게 된 날의 전날까지의 일수)	
3. 제18조 제2항 제3호의 반환사유에 해당하는 경우	가. 교습기간 또는 학습장소 사용기간이 1개월 이내인 경우	1) 독서실을 제외한 학원 교습소 및 개인과외교습자의 경우	학습자가 본인의 의사로 수강을 포기한 날	교습 시작 전	이미 납부한 교습비등의 전액
				교습 시작 후부터 총 교습시간의 1/3 경과 전까지	이미 납부한 교습비등의 2/3에 해당하는 금액
				총 교습시간의 1/3 경과 후부터 1/2 경과 전까지	이미 납부한 교습비등의 1/2에 해당하는 금액
				총 교습시간의 1/2 경과 후	없음
		2) 독서실의 경우	학습자가 본인의 의사로 학습장소 사용을 포기한 날	학습장소 사용 전	이미 납부한 교습비등의 전액
				학습장소 사용 후	이미 납부한 교습비등 - (법 제15조제3항 전단에 따라 게시된 1일 교습비등 × 학습장소 사용 시작일부터 학습장소 사용을 포기한 날의 전날까지의 일수)
	나. 교습기간 또는 학습장소 사용기간이 1개월을 초과하는 경우		학습자가 본인의 의사로 수강 또는 학습장소 사용을 포기한 날	교습 시작 전 또는 학습장소 사용 전	이미 납부한 교습비등의 전액
				교습 시작 후 또는 학습장소 사용 후	반환사유가 발생한 해당 월의 반환 대상 교습비등(교습기간 또는 학습장소 사용기간이 1개월 이내인 경우의 기준에 따라 산출한 금액을 말한다)에 나머지 월의 교습비등의 전액을 합산한 금액

비고

1. 총 교습시간은 교습기간 중의 총 교습시간을 말하며, 반환금액의 산정은 반환사유가 발생한 날까지 경과된 교습시간을 기준으로 한다.
2. 원격교습의 경우 반환금액은 교습내용을 실제 수강한 부분(인터넷으로 수강하거나 학습기기로 저장한 것을 말한다)에 해당하는 금액을 뺀 금액으로 한다.

〔별표5〕

과태료의 부과기준(제21조 관련)

(2020.3.31 개정)

1. 일반기준

가. 위반행위의 횟수에 따른 과태료의 가중된 부과기준은 최근 1년간 같은 위반행위로 과태료 부과처분을 받은 경우에 적용한다. 이 경우 기간의 계산은 위반행위에 대하여 과태료 부과처분을 받은 날과 그 처분 후 다시 같은 위반행위를 하여 적발된 날을 기준으로 한다.

나. 가목에 따라 가중된 부과처분을 하는 경우 가중처분의 적용 차수는 그 위반행위 전 부과처분 차수(가목에 따른 기간 내에 과태료 부과처분이 둘 이상 있었던 경우에는 높은 차수를 말한다)의 다음 차수로 한다.

다. 교육감은 다음 어느 하나의 경우에는 제2호에 따른 과태료 금액의 2분의 1의 범위에서 그 금액을 줄일 수 있다. 다만, 과태료를 체납하고 있는 위반행위자에 대해서는 그렇지 않다.

1) 위반행위자가 「질서위반행위규제법 시행령」 제2조의2제1항 각 호의 어느 하나에 해당하는 경우
2) 위반행위자가 위법행위로 인한 결과를 시정하거나 해소한 경우
3) 위반행위가 사소한 부주의나 오류 등 과실로 인한 것으로 인정되는 경우
4) 그 밖에 위반행위의 정도, 위반행위의 동기와 그 결과 등을 고려하여 그 금액을 줄일 필요가 있다고 인정되는 경우

라. 교육감은 다음의 어느 하나에 해당하는 경우에는 제2호에 따른 과태료 금액의 2분의 1의 범위에서 그 금액을 늘릴 수 있다. 다만, 늘릴 사유가 여러 개 있는 경우라도 법 제23조제1항에 따른 과태료 금액의 최고한도를 넘을 수 없다.

1) 법 위반 상태에 대해 과태료처분 대상자에게 통지한 후 1개월 이상 지나도 위반행위를 시정하지 않는 경우
2) 위반의 내용·정도가 중대하여 학습자 또는 학부모 등에게 미치는 피해가 크다고 인정되는 경우

2. 개별기준

위 반 행 위	근 거 법조문	과태료 금액(만원)		
		1회 위반	2회 위반	3회 이상 위반
가. 법 제4조제3항에 따른 안전조치를 하지 않은 경우	법 제23조 제1항제1호			
1) 10일 이하 안전조치를 하지 않은 경우		30		
2) 11일 이상 20일 이하 안전조치를 하지 않은 경우		60		
3) 21일 이상 30일 이하 안전조치를 하지 않은 경우		90		
4) 31일 이상 60일 이하 안전조치를 하지 않은 경우		120		
5) 61일 이상 90일 이하 안전조치를 하지 않은 경우		150		
6) 91일 이상 안전조치를 하지 않은 경우		300		
나. 법 제6조제4항을 위반하여 등록증명서를 게시하지 않은 경우	법 제23조 제1항제1호의2	50	100	200
다. 법 제10조제1항에 따른 학원 휴원·폐원 신고를 하지 않은 경우	법 제23조 제1항제2호			

1) 1개월 이상 신고를 하지 않은 경우		50		
2) 2개월 이상 신고를 하지 않은 경우		100		
3) 3개월 이상 신고를 하지 않은 경우		200		
4) 6개월 이상 신고를 하지 않은 경우		300		
라. 법 제13조제2항에 따른 강사의 연령·학력·전공 과목 및 경력 등에 관한 인적 사항을 게시하지 않은 경우	법 제23조 제1항제3호	50	100	200
마. 법 제13조의2에 따른 검증을 하지 않고 외국인강사를 채용한 경우	법 제23조 제1항제3호의2	100	200	300
바. 법 제14조제5항 또는 제14조의2제5항을 위반하여 신고증명서를 게시 또는 제시하지 않은 경우	법 제23조 제1항제4호	50	100	200
사. 법 제14조제6항 또는 제14조의2제6항의 사유가 발생한 날부터 1개월 이내에 신고증명서의 재발급을 신청하지 않은 경우	법 제23조 제1항제5호	50	100	200
아. 법 제14조제9항에 따른 교습소 휴소·폐소 신고를 하지 않은 경우	법 제23조 제1항제2호			
1) 1개월 이상 신고를 하지 않은 경우		50		
2) 2개월 이상 신고를 하지 않은 경우		100		
3) 3개월 이상 신고를 하지 않은 경우		200		
4) 6개월 이상 신고를 하지 않은 경우		300		
자. 법 제14조의2제10항에 따른 표지를 부착하지 않은 경우	법 제23조 제1항제6호의3	50	100	200
차. 법 제15조제1항에 따른 영수증을 발급하지 않은 경우	법 제23조 제1항제6호의2	100	200	300
카. 법 제15조제3항을 위반하여 표시·게시·고지를 하지 않은 경우	법 제23조 제1항제7호	50	100	200
타. 법 제15조제4항을 위반하여 교습비등을 거짓으로 표시·게시·고지한 경우	법 제23조 제1항제7호	100	200	300
파. 법 제15조제4항을 위반하여 교습비등을 징수한 경우	법 제23조 제1항제7호의2	100	200	300
하. 법 제15조제6항에 따른 교습비등의 조정명령을 위반한 경우	법 제23조 제1항제7호의3	100	150	300
거. 법 제15조의3을 위반하여 장부 또는 서류를 비치·관리하지 않은 경우	법 제23조 제1항제7호의4	50	100	200
너. 법 제16조제3항에 따른 보고를 하지 않거나 거짓으로 보고를 한 경우	법 제23조 제1항제8호			
1) 보고를 하지 않은 경우		50	100	200
2) 거짓으로 보고를 한 경우		70	150	300
더. 법 제16조제3항에 따른 관계 공무원의 출입·검사를 거부·방해 또는 기피한 경우	법 제23조 제1항제9호	100	200	300
러. 법 제18조에 따른 교습비등을 반환하지 않은 경우	법 제23조 제1항제10호			
1) 반환할 금액의 일부를 반환하지 않은 경우		50	100	200
2) 반환할 금액의 전부를 반환하지 않은 경우		100	200	300

■ 방송법

〔별표〕

부칙 제7조제2항에서 규정한 유예기간

지 역 별	방 송 구 역	유 예 기 간
서울특별시, 부산광역시, 인천광역시, 대구광역시, 대전광역시, 광주광역시	전 역	법 시행후 1년
울산광역시	전 역	법 시행후 2년 6월
경기도	수원시, 오산시, 화성군	법 시행후 1년
	기타지역	법 시행후 2년 6월
강원도	춘천시, 홍천군, 철원군, 화천군, 양구군, 인제군	법 시행후 1년
	기타지역	법 시행후 2년 6월
충청북도	청주시, 청원군, 영동군, 옥천군, 보은군	법 시행후 1년
	기타지역	법 시행후 2년 6월
충청남도	천안시, 아산시, 연기군	법 시행후 1년
	기타지역	법 시행후 2년 6월
전라북도	전주시, 완주군, 무주군, 진안군, 장수군	법 시행후 1년
	기타지역	법 시행후 2년 6월
전라남도	목포시, 신안군, 무안군, 강진군, 완도군, 해남군, 진도군, 영암군, 장흥군	법 시행후 1년
	기타지역	법 시행후 2년 6월
경상북도	포항시, 울릉군, 영덕군, 울진군	법 시행후 1년
	기타지역	법 시행후 2년 6월
경상남도	창원시, 진해시, 함안군, 의령군	법 시행후 1년
	기타지역	법 시행후 2년 6월
제주도	전 역	법 시행후 1년

■ 저작권법 시행령

〔별표1〕 (2023.12.12 삭제)

〔별표2〕

업무정지의 세부기준(제53조 관련)

(2020.8.4 개정)

1. 일반기준
  가. 위반행위가 둘 이상인 경우로서 그에 해당하는 각각의 처분기준이 다른 경우에는 그 중 무거운 처분기준에 따르고, 각각의 처분기준이 동일한 경우에는 6개월을 넘지 않는 범위에서 무거운 처분기준의 2분의 1까지 가중하여 처분할 수 있다.
  나. 처분권자는 다음의 사유를 고려하여 처분기준의 2분의 1 범위에서 업무정지처분을 가중할 수 있다. 다만, 가중하는 경우에도 6개월을 초과할 수 없다.
    1) 위반행위가 고의나 중대한 과실에 따른 것으로 인정되는 경우
    2) 위반의 내용과 정도가 중대하여 저작재산권자 그 밖의 관계자 또는 이용자에게 미치는 피해가 크다고 인정되는 경우
  다. 처분권자는 다음의 사유를 고려하여 처분기준의 2분의 1 범위에서 업무정지처분을 감경할 수 있다.
    1) 위반행위가 사소한 부주의나 단순한 오류로 인한 것으로 인정되는 경우
    2) 위반의 내용과 정도가 경미하여 즉시 시정할 수 있다고 인정되는 경우
2. 개별기준

위반행위	근거 법조문	업무정지 기준
가. 허가를 받거나 신고를 한 이후에 법 제105조제7항 각 호의 어느 하나의 사유에 해당하게 된 경우. 다만, 법 제105조제7항제7호에 해당하는 경우로서 6개월 이내에 그 대표자 또는 임원을 바꾸어 임명한 경우는 제외한다.	법 제109조 제1항제9호	업무정지 3개월
나. 법 제105조제9항에 따라 승인된 수수료를 초과하여 받은 경우	법 제109조 제1항제1호	업무정지 1개월
다. 법 제105조제9항에 따라 승인된 사용료 외의 사용료를 받은 경우	법 제109조 제1항제2호	업무정지 3개월
라. 법 제106조제3항에 따른 통합 징수 요구를 받고 정당한 사유 없이 이에 따르지 않은 경우	법 제109조 제1항제5호	업무정지 3개월
마. 법 제106조제7항에 따라 공개해야 하는 사항을 공개하지 않은 경우	법 제109조 제1항제6호	업무정지 1개월
바. 법 제108조제1항에 따른 보고를 정당한 사유 없이 하지 않거나 허위로 한 경우	법 제109조 제1항제3호	업무정지 1개월
사. 법 제108조제2항에 따른 명령을 받고 정당한 사유 없이 이를 이행하지 않은 경우	법 제109조 제1항제4호	업무정지 3개월
아. 법 제108조제3항부터 제5항까지의 규정에 따른 조사 및 자료요청에 불응하거나 이를 거부·방해 또는 기피한 경우	법 제109조 제1항제7호	업무정지 3개월
자. 법 제108조의2에 따른 징계의 요구를 받고 정당한 사유 없이 그 요구를 이행하지 않은 경우	법 제109조 제1항제8호	업무정지 3개월

〔별표3〕

과징금의 부과기준(제54조제6항 관련)

(2016.9.21 신설)

1. 과징금의 금액은 업무정지 기간에 업무정지 1일당 과징금을 곱한 금액으로 한다. 다만, 과징금의 금액은 법 제111조제1항 본문에 따른 과징금의 상한을 초과할 수 없다.
2. 과징금 산정 시 업무정지 1개월은 30일로 한다.
3. 업무정지 1일당 과징금은 직전연도 사용료 및 보상금 징수액의 1만8천분의 1에 해당하는 금액으로 한다. 다만, 직전연도 업무 기간이 없거나 1년 미만인 경우에는 최근의 주기별 사용료 및 보상금 징수액을 연간 징수액으로 환산한 금액의 1만8천분의 1에 해당하는 금액으로 한다.

〔별표4〕

과태료의 부과기준(제77조제1항 관련)

(2016.9.21 개정)

1. 일반기준
  가. 과태료는 아래 기준에 따라 음악, 영화, 방송, 어문저작물, 게임, 그 밖의 저작물 등 6개 분류에 의해 각각 부과함을 원칙으로 한다.
  나. 과태료 부과 시 위반행위가 2가지 분류 이상인 경우에는 중한 과태료를 부과하되, 그 금액의 2분의 1까지 가중할 수 있다. 다만, 가중하는 경우에도 과태료의 총액은 3,000만원을 초과할 수 없다.
  다. 과태료 부과 처분 시점으로부터 2개월 이후의 동일 분류 내의 위반행위에 대해서는 별도의 위반행위로 보아 과태료를 부과할 수 있다.
  라. 과태료 부과 금액은 위반 행위자의 사업규모, 불법복제물 등의 차단 노력 정도, 위반의 동기·정도, 사회·경제적 파급 효과 등을 고려하여 가목부터 다목까지의 규정에 따른 처분기준의 2분의 1의 범위에서 가중하거나 감경할 수 있다. 다만, 가중하는 경우에도 과태료의 총액은 3,000만원을 초과할 수 없다.
2. 개별기준

(단위 : 만원)

미차단율(다운로드 기준)	과태료 부과기준
5% 미만	경고
5% 이상 ~ 15% 미만	300
15% 이상 ~ 30% 미만	700
30% 이상 ~ 45% 미만	1,000
45% 이상 ~ 60% 미만	1,500
60% 이상 ~ 75% 미만	2,000
75% 이상	2,500

〔별표5〕

과태료의 부과기준(제77조제2항 관련)

(2020.5.26 개정)

1. 일반기준

가. 위반행위의 횟수에 따른 과태료의 부과기준은 최근 1년간 같은 위반행위로 과태료 부과처분을 받은 경우에 적용한다. 이 경우 위반횟수별 부과기준의 적용일은 위반행위에 대하여 과태료 부과처분한 날과 다시 같은 위반행위(과태료 부과처분 후의 위반행위만 해당한다)를 적발한 날로 한다.

나. 과태료 부과 시 위반행위가 둘 이상인 경우에는 중한 과태료를 부과하되, 그 금액의 2분의 1까지 가중할 수 있다. 다만, 가중하는 경우에도 과태료의 총액은 1천만원을 초과할 수 없다.

다. 과태료 부과 금액은 위반행위자의 사업규모, 위반행위의 동기·정도, 사회·경제적 파급 효과 등을 고려하여 처분기준의 2분의 1 범위에서 가중하거나 감경할 수 있다. 다만, 가중하는 경우에도 과태료의 총액은 1천만원을 초과할 수 없다.

2. 개별기준

(단위 : 만원)

위 반 행 위	근거 법조문	과태료 금액		
		1회 위반	2회 위반	3회 이상 위반
가. 법 제103조의3제2항에 따른 문화체육관광부장관의 명령을 이행하지 않은 경우	법 제142조 제2항제1호	100	500	1,000
나. 법 제106조에 따른 의무를 이행하지 않은 경우	법 제142조 제2항제2호	경고	500	1,000
다. 법 제106조의2를 위반하여 정당한 이유 없이 이용허락을 거부한 경우	법 제142조 제2항제2호의2	300	500	700
라. 법 제112조제4항을 위반하여 한국저작권위원회의 명칭을 사용한 경우	법 제142조 제2항제3호	100	300	500
마. 법 제122조의2제5항을 위반하여 한국저작권보호원의 명칭을 사용한 경우	법 제142조 제2항제3호의2	100	300	500
바. 법 제133조의2제1항제1호에 따른 경고 명령을 이행하지 않은 경우	법 제142조 제2항제4호	100	300	500
사. 법 제133조의2제1항제2호에 따른 삭제 또는 전송 중단 명령을 이행하지 않은 경우	법 제142조 제2항제4호	300	500	700
아. 법 제133조의2제2항에 따른 계정 정지 명령 또는 같은 조 제4항에 따른 게시판 서비스 정지 명령을 이행하지 않은 경우	법 제142조 제2항제4호	500	700	1,000
자. 법 제133조의2제3항에 따른 통지 또는 같은 조 제5항에 따른 게시를 하지 않은 경우	법 제142조 제2항제5호	100	200	300
차. 법 제133조의2제6항에 따른 통보를 하지 않은 경우	법 제142조 제2항제5호	300	500	700

■ 문화재보호법 시행령

〔별표1〕

문화재교육지원센터의 지정취소 및 업무정지의 기준(제10조의3제5항 관련)

(2021.1.5 개정)

1. 일반기준

가. 위반행위의 횟수에 따른 처분기준은 최근 3년간 같은 위반행위로 행정처분을 받은 경우에 적용한다. 이 경우 기간의 계산은 위반행위에 대하여 행정처분을 받은 날과 그 처분 후 다시 같은 위반행위를 하여 적발된 날로 한다.

나. 가목에 따라 가중된 행정처분을 하는 경우 가중처분의 적용차수는 그 위반행위 전 부과처분 차수(가목에 따른 기간 내에 행정처분이 둘 이상 있었던 경우에는 높은 차수를 말한다)의 다음 차수로 한다.

다. 위반행위가 둘 이상인 경우로서 그에 해당하는 각각의 처분기준이 다른 경우에는 그 중 무거운 처분기준에 따른다. 다만, 둘 이상의 처분기준이 모두 업무정지인 경우에는 6개월의 한도에서 무거운 처분기준의 2분의 1 범위에서 가중할 수 있다.

라. 문화재청장은 다음의 사유를 고려하여 제2호나목 및 다목에 따른 처분을 감경할 수 있다. 이 경우 해당 처분이 업무정지인 경우에는 그 처분기준의 2분의 1의 범위에서 감경할 수 있고, 지정취소인 경우에는 3개월 이상 6개월 이하의 업무정지로 감경할 수 있다.

1) 처분 이유가 고의성이 없는 사소한 부주의로 인한 것으로 처분권자의 보완 요구에 성실히 따른 경우

2) 문화재교육 활성화에 기여한 바가 크다고 인정하는 경우

2. 개별기준

위반행위	근거 법조문	처분기준		
		1차 위반	2차 위반	3차 이상 위반
가. 거짓이나 그 밖의 부정한 방법으로 지정을 받은 경우	법 제22조의4 제3항제1호	지정취소		
나. 지정요건을 충족하지 못한 경우	법 제22조의4 제3항제2호	업무정지 3개월	업무정지 6개월	지정취소
다. 업무수행능력이 현저히 부족하다고 인정하는 경우	법 제22조의4 제3항제3호	시정명령	업무정지 3개월	업무정지 6개월

〔별표1의2〕

국가지정문화재의 지정기준(제11조제1항 관련)

(2023.4.25 개정)

문화재의 종류	지 정 기 준
보 물	1. 제2호 각 목의 어느 하나에 해당하는 문화재로서 다음 각 목 중 어느 하나 이상의 가치를 충족하는 것 가. 역사적 가치 1) 시대성 : 사회, 문화, 정치, 경제, 교육, 예술, 종교, 생활 등 당대의 시대상을 현저히 반영하고 있는 것 2) 역사적 인물 관련성 : 역사적 인물과 관련이 깊거나 해당 인물이 제작한 것 3) 역사적 사건 관련성 : 역사적 사건과 관련이 깊거나 역사상 특수한 목적을 띠고 기념비적으로 만든 것 4) 문화사적 기여도 : 우리나라 문화사적으로 중요한 의의를 갖는 것 나. 예술적 가치 1) 보편성 : 인류의 보편적 미적 가치를 구현한 것 2) 특수성 : 우리나라 특유의 미적 가치를 잘 표현한 것 3) 독창성 : 제작자의 개성이 뚜렷하고 작품성이 높은 것 4) 우수성 : 구조, 구성, 형태, 색채, 문양, 비례, 필선(筆線) 등이 조형적으로 우수한 것 다. 학술적 가치 1) 대표성 : 특수한 작가 또는 유파를 대표하는 것 2) 지역성 : 해당 지역의 특징을 잘 구현한 것 3) 특이성 : 형태, 품질, 기법, 제작, 용도 등이 현저히 특수한 것 4) 명확성 : 명문(銘文 : 쇠·비석·그릇 따위에 새겨 놓은 글), 발문(跋文 : 서적의 마지막 부분에 본문 내용 또는 간행 경위 등을 간략하게 적은 글) 등을 통해 제작자, 제작시기 등에 유의미한 정보를 제공하는 것 5) 연구 기여도 : 해당 학문의 발전에 기여도가 있는 것 2. 해당 문화재의 유형별 분류기준 가. 건축문화재 1) 목조군 : 궁궐(宮闕), 사찰(寺刹), 관아(官衙), 객사(客舍), 성곽(城郭), 향교(鄕校), 서원(書院), 사당(祠堂), 누각(樓閣), 정자(亭子), 주거(住居), 정자각(丁字閣), 재실(齋室) 등 2) 석조군 : 석탑(石塔), 승탑(僧塔), 전탑(塼塔 : 벽돌로 쌓은 탑), 비석(碑石), 당간지주[幢竿支柱 : 괘불(掛佛)이나 불교적 내용을 그린 깃발을 건 장대를 지탱하기 위해 좌우로 세운 기둥], 석등(石燈), 석교(石橋 : 돌다리), 계단(階段), 석단(石壇), 석빙고(石氷庫 : 돌로 만든 얼음 창고), 첨성대(瞻星臺), 석굴(石窟), 석표(石標 : 마을 등 영역의 경계를 표시하는 돌로 만든 팻말), 석정(石井) 등 3) 분묘군 : 분묘 등의 유구(遺構 : 옛 구조물의 흔적) 또는 건조물 및 부속물 4) 조적조군·콘크리트조군 : 성당(聖堂), 교회(敎會), 학교(學校), 관공서(官公署), 병원(病院), 역사(驛舍) 등 나. 기록문화재 1) 전적류(典籍類) : 필사본, 목판 및 목판본, 활자 및 활자본 등 2) 문서류(文書類) : 공문서, 사문서, 종교 문서 등 다. 미술문화재 1) 회화 : 일반회화[산수화, 인물화, 풍속화, 기록화, 영모(翎毛 : 새나 짐승을 그린 그림)·화조화(花鳥畵 : 꽃과 새를 그린 그림) 등], 불교회화(괘불, 벽화 등) 2) 서예 : 이름난 인물의 필적(筆跡), 사경(寫經 : 불교의 교리를 손으로 베껴 쓴 경전), 어필(御筆 : 임금의 필적), 금석(金石 : 금속이나 돌 등에 새겨진 글자), 인장(印章), 현판(懸板), 주련(柱聯 : 기둥 장식 글귀) 등 3) 조각 : 암벽조각(암각화 등), 능묘조각, 불교조각(마애불 등) 4) 공예 : 도·토공예, 금속공예, 목공예, 칠공예, 골각공예, 복식공예, 옥석공예, 피혁공예, 죽공예, 짚풀공예 등 라. 과학문화재 1) 과학기기 2) 무기·병기(총통, 화기) 등
국 보	1. 보물에 해당하는 문화재 중 특히 역사적, 학술적, 예술적 가치가 큰 것 2. 보물에 해당하는 문화재 중 제작 연대가 오래되었으며, 그 시대의 대표적인 것으로서, 특히 보존가치가 큰 것 3. 보물에 해당하는 문화재 중 조형미나 제작기술이 특히 우수하여 그 유례가 적은 것 4. 보물에 해당하는 문화재 중 형태·품질·제재(製材)·용도가 현저히 특이한 것 5. 보물에 해당하는 문화재 중 특히 저명한 인물과 관련이 깊거나 그가 제작한 것
중 요 무 형 문화재	(2015.10.6 삭제)
사 적	1. 제2호 각 목의 어느 하나에 해당하는 문화재로서 다음 각 목 중 어느 하나 이상의 가치를 충족하는 것 가. 역사적 가치 1) 정치·경제·사회·문화·종교·생활 등 각 분야에서 세계적, 국가적 또는 지역적으로 그 시대를 대표하거나 희소성과 상징성이 뛰어날 것 2) 국가에 역사적·문화적으로 큰 영향을 미친 저명한 인물의 삶과 깊은 연관성이 있을 것 3) 국가의 중대한 역사적 사건과 깊은 연관성을 가지고 있을 것 4) 특정 기간 동안의 기술 발전이나 높은 수준의 창의성 등 역사적 발전상을 보여줄 것 나. 학술적 가치 1) 선사시대 또는 역사시대의 정치·경제·사회·문화·종교·생활 등을 이해하는 데 중요한 정보를 제공할 것 2) 선사시대 또는 역사시대의 정치·경제·사회·문화·종교·생활 등을 알려주는 유구(遺構 : 인간의 활동에 의해 만들어진 것으로서 파괴되지 않고서는 움직일 수 없는 잔존물)의 보존상태가 양호할 것 2. 해당 문화재의 유형별 분류기준 가. 조개무덤, 주거지, 취락지 등의 선사시대 유적 나. 궁터, 관아, 성터, 성터시설물, 병영, 전적지(戰蹟地) 등의 정치·국방에 관한 유적 다. 역사·교량·제방·가마터·원지(園池)·우물·수중유적 등의 산업·교통·주거생활에 관한 유적 라. 서원, 향교, 학교, 병원, 사찰, 절터, 교회, 성당 등의 교육·의료·종교에 관한 유적 마. 제단, 고인돌, 옛무덤(군), 사당 등의 제사·장례에 관한 유적 바. 인물유적, 사건유적 등 역사적 사건이나 인물의 기념과 관련된 유적
명 승	1. 제2호 각 목의 어느 하나에 해당하는 문화재로서 다음 각 목 중 어느 하나 이상의 가치를 충족하는 것 가. 역사적 가치 1) 종교, 사상, 전설, 사건, 저명한 인물 등과 관련된 것 2) 시대나 지역 특유의 미적 가치, 생활상, 자연관 등을 잘 반영하고 있는 것 3) 자연환경과 사회·경제·문화적 요인 간의 조화를 보여주는 상징적 공간 혹은 생활 장소로서의 의미가 있는 것 나. 학술적 가치 1) 대상의 고유한 성격을 파악할 수 있는 각 구성요소가 완전하게 남아있는 것 2) 자연물·인공물의 희소성이 높아 보존가치가 있는 것 3) 위치, 구성, 형식 등에 대한 근거가 명확하고 진실한 것 4) 조경의 구성 원리와 유래, 발달 과정 등에 대하여 학술적으로 기여하는 바가 있는 것 다. 경관적 가치 1) 우리나라를 대표하는 자연물로서 심미적 가치가 뛰어난 것 2) 자연 속에 구현한 경관의 전통적 아름다움이 잘 남아있는 것 3) 정자·누각 등의 조형물 또는 자연물로 이루어진 조망지로서 자연물, 자연현상, 주거지, 유적 등을 조망할 수 있는 저명한 장소인 것 라. 그 밖의 가치 「세계문화유산 및 자연유산의 보호에 관한 협약」(이하 "협약"이라 한다) 제2조에 따른 자연유산에 해당하는 것

	2. 해당 문화재의 유형별 분류기준 가. 자연명승 : 자연 그 자체로서의 심미적 가치가 인정되는 자연물 1) 산지, 하천, 습지, 해안지형 2) 저명한 서식지 및 군락지 3) 일출, 낙조 등 자연현상 및 경관 조망지점 나. 역사문화명승 : 자연과 조화를 이루며 만들어진 인문적 가치가 있는 인공물 1) 정원, 원림(園林) 등 인공경관 2) 저수지, 경작지, 제방, 포구, 마을, 옛길 등 생활·생업과 관련된 인공경관 3) 사찰, 경관, 서원, 정자 등 종교·교육·위락과 관련된 인공경관 다. 복합명승 : 자연의 뛰어난 경치에 인문적 가치가 부여된 자연물 1) 명산, 바위, 동굴, 암벽, 계곡, 폭포, 용천(湧泉), 동천(洞天), 구곡(九曲) 등 2) 구비문학, 구전(口傳) 등과 같은 저명한 민간전승의 배경이 되는 자연경관
천연기념물	1. 동물 가. 나목1)부터 3)까지 중 어느 하나에 해당하는 문화재로서 다음 중 어느 하나 이상의 가치를 충족하는 것 1) 역사적 가치 가) 우리나라 고유의 동물로서 저명한 것 나) 문헌, 기록, 구술(口述) 등의 자료를 통하여 우리나라 고유의 생활, 문화 또는 민속을 이해하는 데 중요한 것 2) 학술적 가치 가) 석회암 지대, 사구(砂丘 : 모래 언덕), 동굴, 건조지, 습지, 하천, 폭포, 온천, 하구(河口), 섬 등 특수한 환경에서 생장(生長)하는 동물·동물군 또는 그 서식지·번식지·도래지로서 학술적으로 연구할 필요가 있는 것 나) 분포범위가 한정되어 있는 우리나라 고유의 동물·동물군 또는 그 서식지·번식지·도래지로서 학술적으로 연구할 필요가 있는 것 다) 생태학적·유전학적 특성 등 학술적으로 연구할 필요가 있는 것 라) 우리나라로 한정된 동물자원·표본 등 학술적으로 중요한 것 3) 그 밖의 가치 가) 우리나라 고유동물은 아니지만 저명한 동물로 보존할 가치가 있는 것 나) 우리나라에서는 절멸(絶滅 : 아주 없어짐)된 동물이지만 복원하거나 보존할 가치가 있는 것 다) 협약 제2조에 따른 자연유산에 해당하는 것 나. 해당 문화재의 유형별 분류기준 1) 동물과 그 서식지·번식지·도래지 등 2) 동물자원·표본 등 3) 동물군(척추동물의 무리를 말한다) 2. 식물 가. 나목1)부터 3)까지 중 어느 하나에 해당하는 문화재로서 다음 중 어느 하나 이상의 가치를 충족하는 것 1) 역사적 가치 가) 우리나라에 자생하는 고유의 식물로 저명한 것 나) 문헌, 기록, 구술 등의 자료를 통하여 우리나라 고유의 생활 또는 민속을 이해하는 데 중요한 것 다) 전통적으로 유용하게 활용된 고유의 식물로 지속적으로 계승할 필요가 있는 것 2) 학술적 가치 가) 국가, 민족, 지역, 특정종, 군락을 상징 또는 대표하거나, 분포의 경계를 형성하는 것으로 학술적 가치가 있는 것 나) 온천, 사구, 습지, 호수, 늪, 동굴, 고원, 암석지대 등 특수한 환경에 자생하거나 진귀한 가치가 있어 학술적으로 연구할 필요가 있는 것 3) 경관적 가치 가) 자연물로서 느끼는 아름다움, 독특한 경관요소 등 뛰어나거나 독특한 자연미와 관련된 것 나) 최고, 최대, 최장, 최소 등의 자연현상에 해당하는 식물인 것 4) 그 밖의 가치 협약 제2조에 따른 자연유산에 해당하는 것 나. 해당 문화재의 유형별 분류기준 1) 노거수(老巨樹) : 거목(巨木), 명목(名木), 신목(神木), 당산목(堂山木), 정자목(亭子木) 등 2) 군락지 : 수림지(樹林地), 자생지(自生地), 분포한계지 등 3) 그 밖의 유형 : 특산식물(特産植物), 진귀한 식물상(植物相), 유용식물(有用植物), 초화류(草花類) 및 그 자생지·군락지 등 3. 지질·지형 가. 나목1)부터 4)까지 중 어느 하나에 해당하는 문화재로서 다음 중 어느 하나 이상의 가치를 충족하는 것 1) 학술적 가치 가) 지각의 형성과 관련되거나 한반도 지질계통을 대표하거나 지질현상을 해석하는 데 중요한 것 나) 암석의 변성·변형, 퇴적 작용과 관련한 특이한 조직을 가지고 있는 것 다) 각 지질시대를 대표하는 표준화석과 지질시대의 퇴적 환경을 해석하는 데 주요한 시상화석인 것 라) 화석 종(種)·속(屬)의 모식표본(模式標本 : 특정 화석 종을 대표하는 표본)인 것 마) 발견되는 화석의 가치가 뛰어나거나 종류가 다양한 화석산지인 것 바) 각 지질시대를 대표하거나 지질시대의 변성·변형, 퇴적 등 지질환경을 해석하는 데 중요한 지질구조인 것 사) 지질구조운동, 화산활동, 풍화·침식·퇴적작용 등에 의하여 형성된 자연지형인 것 아) 한국의 특이한 지형현상을 대표할 수 있는 육상 및 해양 지형현상인 것 2) 그 밖의 가치 협약 제2조에 따른 자연유산에 해당하는 것 나. 해당 문화재의 유형별 분류기준 1) 암석, 광물과 지질경계선 : 어란암(魚卵岩), 구상(球狀) 구조나 구과상(球顆狀 : 중심으로부터 방사상으로 성장하여 만들어진 결정의 형태) 구조를 갖는 암석, 지각 깊은 곳에서 유래한 감람암(橄欖巖) 등 2) 화석과 화석 산지 3) 지질구조와 퇴적구조 가) 지질구조 : 습곡, 단층, 관입(貫入), 부정합, 주상절리 등 나) 퇴적구조 : 연흔(漣痕 : 물결 자국), 건열(乾裂), 사층리(斜層理), 우흔(雨痕 : 빗방울 자국) 등 4) 자연지형과 지표·지질현상 : 고위평탄면(高位平坦面), 해안·하안단구, 폭포, 화산체(火山體), 분화구, 칼데라(caldera : 화산 폭발로 분화구 주변에 생긴 대규모의 우묵한 곳), 사구, 해빈(海濱 : 해안선을 따라 모래, 자갈, 조개껍질 등이 퇴적되어 만들어진 지형), 갯벌, 육계도(陸繫島 : 뭍과 잘록하게 이어진 모래섬), 사행천(蛇行川), 석호(潟湖 : 퇴적물이 만의 입구를 막아 바다와 분리되어 생긴 호수), 카르스트 지형(화학적 용해 작용으로 생성된 침식 지형), 석회·용암동굴, 돌개구멍(pot hole), 침식분지, 협곡, 해식애(海蝕崖 : 파도의 침식에 의해 형성된 해안 절벽), 선상지(扇狀地 : 산 아래의 평원에 하천이 운반한 모래, 자갈 등이 퇴적되어 부채꼴 모양의 지형), 삼각주, 사주(砂洲 : 바닷가에 생기는 모래사장), 사퇴(砂堆 : 모래 퇴적물), 토르(tor : 풍화작용에 따라 기반암과 분리되어 그 위에 남겨진 독립적인 암괴), 타포니(tafoni : 풍화작용으로 암석 표면에 움푹 파인 구멍들이 벌집처럼 모여 있는 구조), 암괴류, 얼음골, 풍혈(風穴 : 서늘한 바람이 늘 불어 나오는 구멍이나 바위틈), 온천, 냉천, 광천(鑛泉 : 광물질을 함유하고 있는 샘) 등 4. 천연보호구역 동물·식물이나 지질·지형 등 자연적 요소들이 풍부하여 보호할 필요성이 있는 구역으로서 다음 각 목 중 어느 하나 이상을 충족하는 것 가. 보호할 만한 천연기념물이 풍부하거나 다양한 생물적·지구과학적·경관적 특성을 가진 대표적인 것 나. 협약 제2조에 따른 자연유산에 해당하는 것
국가민속문화재	1. 다음 각 목의 어느 하나에 해당하는 것 중 한국민족의 기본적 생활문화의 특색을 나타내는 것으로서 전형적인 것 가. 의·식·주에 관한 것 궁중·귀족·서민·농어민·천인 등의 의복·장신구·음식용구·광열용구·가구·사육용구·관혼상제용구·주거, 그 밖의 물건 또는 그 재료 등 나. 생산·생업에 관한 것 농기구, 어로·수렵도구, 공장용구, 방직용구, 작업장 등 다. 교통·운수·통신에 관한 것 운반용 배·수레, 역사 등 라. 교역에 관한 것 계산용구·계량구·간판·점포·감찰·화폐 등 마. 사회생활에 관한 것 증답용구(贈答用具 : 편지 등을 주고 받는 데 쓰는 용구), 경방용구(警防用具 : 경계·방어하는 데 쓰는 용구), 형벌용구 등 바. 신앙에 관한 것 제사구, 법회구, 봉납구(捧納具), 우상구(偶像具), 사우(祠宇) 등 사. 민속지식에 관한 것 역류(曆類)·점복(占卜)용구·의료구·교육시설 등 아. 민속예능·오락·유희에 관한 것 의상·악기·가면·인형·완구·도구·무대 등 2. 제1호 각 목에 열거한 민속문화재를 수집·정리한 것 중 그 목적·내용 등이 다음 각 호의 어느 하나에 해당하는 것으로서 특히 중요한 것 가. 역사적 변천을 나타내는 것 나. 시대적 또는 지역적 특색을 나타내는 것 다. 생활계층의 특색을 나타내는 것 3. 민속문화재가 일정한 구역에 집단적으로 소재한 경우에는 민속문화재의 개별적인 지정을 갈음하여 그 구역을 다음의 기준에 따라 집단 민속문화재 구역으로 지정할 수 있다. 가. 한국의 전통적 생활양식이 보존된 곳 나. 고유 민속행사가 거행되던 곳으로 민속적 풍경이 보존된 곳 다. 한국건축사 연구에 중요한 자료를 제공하는 민가군(民家群)이 있는 곳 라. 한국의 전통적인 전원생활의 면모를 간직하고 있는 곳 마. 역사적 사실 또는 전설·설화와 관련이 있는 곳 바. 옛 성터의 모습이 보존되어 고풍이 현저한 곳

[별표2]

보호물 또는 보호구역의 지정기준(제13조제1항 관련)

(2019.7.2 개정)

구 분	지 정 기 준
1. 국보·보물 및 국가민속문화재의 보호구역	가. 해당 문화재의 최대 돌출점에서 수직선으로 닿는 각 지점을 서로 연결하는 선에서 10미터부터 최대 100미터까지(해당 문화재가 사찰, 사지, 서원, 향교, 관아, 객사, 회랑지 등 문화 유적지와 연결될 경우 그 유적지 외곽 경계에서 10미터부터 100미터까지) 나. 그 밖에 해당 문화재 보호에 필요하다고 인정되는 구역
2. 사적의 보호구역	가. 선사시대 유적 1) 선사시대 유적 중 역사적 가치가 규명되지 아니한 유물이 흩어진 지역 2) 선사시대 유적과 역사문화환경적으로 밀접한 관련성이 있는 구역으로서 그 보호에 필요한 최소한의 구역 나. 정치·국방에 관한 유적 1) 궁터 : 궁궐의 외부지역 중 해당 사적과의 관련성 및 경관보호 등을 고려하여 보호에 필요한 최소한의 구역 2) 성터 : 성곽의 외부지역 중 전술적 측면을 고려하여 그 외곽 경계로부터 50미터 이내의 구역 3) 봉수대, 관아, 병영 등 : 해당 사적에 수반된 자연지형을 고려하여 보호에 필요한 최소한의 구역 4) 전적지 : 그 성격과 특성 등을 고려하여 보호에 필요한 최소한의 구역 다. 산업·교통·주거생활에 관한 유적 1) 역사(驛舍), 가마터 : 해당 사적과의 관련성 및 경관보호 등을 고려하여 보호에 필요한 최소한의 구역 2) 교량, 제방, 정원과 연못, 우물, 수중유적 등 : 역사문화환경적으로 해당 사적과 관련성이 있는 보호에 필요한 최소한의 구역 라. 교육·의료·종교에 관한 유적 : 현재의 여건을 고려하여 해당 사적의 외부지역 중 경관보호 등에 필요한 최소한의 구역 마. 제사·장례에 관한 유적 : 현재의 여건을 고려하여 경관보호 등에 필요한 최소한의 구역 바. 인물·사건 등의 기념에 관한 유적 : 현재의 여건을 고려하여 그 보호에 필요한 최소한의 구역 사. 그 밖의 사적의 보호구역 : 그 보호상 필요하다고 인정되는 구역
3. 명승의 보호구역	경승지의 보호에 필요하다고 인정되는 구역
4. 천연기념물의 보호구역	가. 동물·지질광물·천연보호구역·자연현상은 그 보호에 필요하다고 인정되는 구역 나. 식물은 입목을 중심으로 반경 5미터 이상 100미터 이내의 구역
5. 보호물	가. 지상의 건조물 또는 그 밖의 시설물은 보호책·담장 또는 그 밖에 해당 문화재의 보호를 위한 시설물 나. 동종(銅鍾)·비석·불상 등은 종각(鍾閣)·비각(碑閣)·불각(佛閣) 다. 그 밖의 문화재는 그 보관되어 있는 건물이나 보호시설
6. 보호물이 있는 경우의 보호구역	가. 보호물이 건조물로 되어 있는 경우에는 각 추녀 끝 또는 이에 준하는 부분, 그 밖에 최대 돌출점에서 수직선으로 닿는 각 지점을 연결하는 선에서 바깥으로 5미터부터 50미터까지의 구역 나. 보호물이 보호책·담장 등으로 되어 있는 경우에는 그 하부 경계에서 2미터부터 20미터까지의 구역

[별표3]

일반동산문화재 해당기준(제36조 관련)

(2021.1.5 개정)

1. 미술 분야
가. 공통기준 1)부터 3)까지의 항목 모두를 충족하고, 추가기준 4)부터 7)까지의 항목 중 어느 하나를 충족할 것

구분	기준	세부기준
공통기준	1) 문화재 가치	역사적, 예술적 또는 학술적 가치가 있을 것
	2) 문화재 상태	원래의 형태와 구성요소를 갖추어 유물의 상태가 양호할 것. 다만, 분리가 가능한 유물은 분리된 형태를 기준으로 유물의 상태를 판단한다.
	3) 제작연대	제작된 후 50년 이상의 시간이 지났을 것
추가기준	4) 희소성	형태·기법·재료 등의 측면에서 유사한 가치를 지닌 유물이 희소할 것
	5) 명확성	관련 기록 등에 의해 제작목적, 출토지(또는 제작지), 역사적 인물·사건과의 관련성 등이 분명할 것
	6) 특이성	구성, 의장, 서체 등 제작방식에 특이성이 있어 가치가 클 것
	7) 시대성	제작 당시의 대표적인 시대적 특성이 반영되었을 것

나. 가목에도 불구하고 별도기준 1) 및 2) 항목 중 어느 하나를 충족할 경우 일반동산문화재로 본다.

구분	기준	세부기준
별도기준	1) 외국유물	국내에서 출토되었거나 상당기간 전해져 온 외국 제작 유물 중 우리나라 역사·예술·문화에 상당한 영향을 끼쳤음이 분명할 것
	2) 기타	유물의 형태가 일부분에 불과하더라도 해당 부분의 명문, 문양, 제작양식 등에 의해 문화재적 가치가 분명하게 인정될 것

<미술분야의 예시>
- 회화류 : 전통회화(산수화, 인물화, 풍속화, 민화 등), 종교회화(불교, 유교, 도교, 기독교, 가톨릭, 무속화 등), 근대회화(풍경화, 인물화, 정물화 등) 등
- 조각류 : 전통조각(암벽조각, 토우, 능묘조각, 동물조각, 장승 등), 종교조각(불교, 유교, 도교, 기독교, 가톨릭, 무속조각 등), 근대조각 등
- 공예류 : 금속공예, 목·칠공예, 도·토공예(청자, 백자, 분청, 토기 등), 옥석공예, 유리공예, 섬유공예, 짚풀공예 등 예술공예품 및 생활공예품 등
- 서예류 : 왕실 및 일반 개인 서예작품 등
- 석조류 : 석탑, 석등, 당간지주, 석비 등

2. 전적 분야

가. 공통기준 1)부터 3)까지의 항목 모두를 충족하고, 추가기준 4)부터 7)까지의 항목 중 어느 하나를 충족할 것

구분	기준	세부기준
공통기준	1) 문화재 가치	역사적, 예술적 또는 학술적 가치가 있을 것
	2) 문화재 상태	원래의 형태와 구성요소를 갖추어 유물의 상태가 양호할 것. 다만, 분리가 가능한 유물은 분리된 형태를 기준으로 유물의 상태를 판단한다.
	3) 제작연대	제작된 후 50년 이상의 시간이 지났을 것
추가기준	4) 희소성	동일하거나 유사한 소장본이 희소할 것
	5) 명확성	관련 기록 등에 의해 제작목적, 출토지(또는 제작지), 작자, 제작시기 등이 분명할 것
	6) 특이성	장황(粧䌙 : 책이나 화첩, 족자 등을 꾸미어 만듦 또는 만든 것), 서체 등 제작방식에 특이성이 있어 가치가 클 것
	7) 시대성	제작 당시의 시대적 상황을 반영하는 내용으로 구성되었을 것

나. 가목에도 불구하고 별도기준 1) 및 2) 항목 중 어느 하나를 충족할 경우 일반동산문화재로 본다.

구분	기준	세부기준
별도기준	1) 외국유물	국내에서 출토되었거나 상당기간 전해져 온 외국 제작 유물 중 우리나라 역사·예술·문화에 상당한 영향을 끼쳤음이 분명할 것
	2) 기타	유물의 형태가 일부분에 불과하더라도 해당 부분의 명문, 문양, 제작양식 등에 의해 문화재적 가치가 분명하게 인정될 것

<전적분야의 예시>
- 서책류 : 필사본, 목판본, 활자본 등
- 문서류 : 왕실문서, 관부문서, 일반 개인문서, 그 외 사찰, 향교·서원 문서 등
- 서각류 : 현판류, 금석각류〔쇠나 돌로 만든 비석 따위에 글자를 새긴 유형. 신도비(죽은 이의 사적을 기록하여 세운 비), 선정비(어진 정치를 한 관리를 기리는 비), 묘비, 장생표(사찰의 영역을 표시하기 위하여 세운 표지물) 등〕, 인장류(어보류, 관인, 사인 등), 판목류, 활자류 등

3. 생활기술 분야

가. 공통기준 1)부터 3)까지의 항목 모두를 충족하고, 추가기준 4)부터 7)까지의 항목 중 어느 하나를 충족할 것

구분	기준	세부기준
공통기준	1) 문화재 가치	역사적, 예술적 또는 학술적 가치가 있을 것
	2) 문화재 상태	원래의 형태와 구성요소를 갖추어 유물의 상태가 양호할 것. 다만, 분리가 가능한 유물은 분리된 형태를 기준으로 유물의 상태를 판단한다.
	3) 제작연대	제작된 후 50년 이상의 시간이 지났을 것
추가기준	4) 희소성	형태·기술·재료 등의 측면에서 유사한 가치를 지닌 유물이 희소할 것
	5) 명확성	관련 기록 등에 의해 제작목적, 출토지(또는 제작지), 쓰임새 등이 분명할 것
	6) 특이성	제작 당시의 신기술(신기법) 또는 신소재로 만들어지는 등 특이성이 있어 가치가 클 것
	7) 시대성	제작 당시의 대표적인 시대적 특성이 반영되었을 것

나. 가목에도 불구하고 별도기준 1) 및 2) 항목 중 어느 하나를 충족할 경우 일반동산문화재로 본다.

구분	기준	세부기준
별도기준	1) 외국유물	국내에서 출토되었거나 상당기간 전해져 온 외국 제작 유물 중 우리나라 역사·예술·문화에 상당한 영향을 끼쳤음이 분명할 것
	2) 기타	유물의 형태가 일부분에 불과하더라도 해당 부분의 명문, 문양, 제작양식 등에 의해 문화재적 가치가 분명하게 인정될 것

<생활기술 분야의 예시>
- 고고자료 : 석기(타제석기, 마제석기 등), 골각기, 청동기, 철기 등
- 민속자료 : 생업기술 자료(수렵, 어업, 농업, 공업 등), 공예기술 자료(직조용구, 도자공예용구 등), 놀이·유희 자료(현악기, 관악기, 타악기, 놀이기구 등) 등
- 과학기술자료 : 산업기술 자료(수렵, 어업, 농업, 공업 등), 천문지리 자료, 인쇄기술 자료 및 방송통신 자료, 의료용구, 운송용구, 계측용구, 무기류, 스포츠 자료 등

4. 자연사 분야

가. 공통기준 1) 및 2) 항목 모두를 충족하고, 추가기준 3)부터 5)까지의 항목 중 어느 하나를 충족할 것

구분	기준	세부기준
공통기준	1) 문화재 가치	역사적, 예술적, 학술적, 또는 관상적 가치가 있을 것
	2) 문화재 상태	원래의 형태와 구성요소를 갖추어 유물의 상태가 양호할 것. 이 경우 해당 유물의 특징적인 정보를 다수 지닌 부위(예 : 머리뼈)가 온전히 보존되어 있을 경우에는 전체(예 : 전신) 대비 보존비율에 관계없이 상태가 양호한 것으로 본다.
추가기준	3) 희소성	종류·서식지·형태 등의 측면에서 유사한 가치를 지닌 유물이 희소할 것
	4) 특이성	표본 제작, 지질 형성 등 구성방식에 특이성이 있어 가치가 클 것
	5) 시대성·지역성	특정 시대 또는 지역을 대표할 수 있을 것

<자연사 분야의 예시>
- 동물류 : 동물(포유류, 조류, 어류, 파충류, 곤충, 해양동물 등)의 박제(가박제 포함), 골격(인골류는 선사유적지나 무덤에서 출토된 인류의 뼈, 손톱 등 인체 구성물에 한한다), 건조표본, 액침표본(액체 약품에 담가서 보존하는 표본) 등
- 식물류 : 식물(조류, 이끼류, 양치식물, 겉씨식물, 속씨식물 등)의 꽃(화분), 열매, 종자, 잎, 건조표본, 액침표본 등
- 지질류 : 화석, 동굴생성물(종유석, 석순, 석주 등), 퇴적구조〔연흔(漣痕 : 물결 자국), 우흔(雨痕 : 빗방울 자국), 건열(乾裂 : 땅이 갈라진 자국) 등〕, 광물, 암석, 운석 등

〔별표3의2〕

지역문화재돌봄센터의 지정취소 기준(제41조의6제1항 관련)

(2021.4.6 신설)

1. 일반기준

가. 위반행위의 횟수에 따른 처분기준은 최근 2년간 같은 위반행위로 행정처분을 받은 경우에 적용한다. 이 경우 기간의 계산은 위반행위에 대하여 행정처분을 받은 날과 그 처분 후 다시 같은 위반행위를 하여 적발된 날을 기준으로 한다.

나. 위반행위가 둘 이상인 경우로서 그에 해당하는 각각의 처분기준이 다른 경우에는 그 중 무거운 처분기준에 따른다.

2. 개별기준

위반행위	근거 법조문	처분기준	
		1차 위반	2차 위반
가. 거짓이나 그 밖의 부정한 방법으로 지정을 받은 경우	법 제80조의5제2항제1호	지정취소	
나. 제41조의5제1항제1호의 지정기준에 적합한 기관 또는 단체가 아닌 경우	법 제80조의5제2항제2호	지정취소	
다. 제41조의5제1항제2호의 지정기준에 적합하지 않게 된 경우	법 제80조의5제2항제2호	시정권고	지정취소
라. 정당한 사유 없이 제41조의5제1항제3호에 따른 사업계획서의 내용과 다르게 사업을 실시하는 경우	법 제80조의5제2항제2호	시정권고	지정취소

〔별표4〕

과태료의 부과기준(제48조제1항 관련)

(2021.11.9 개정)

1. 일반기준

가. 위반행위의 횟수에 따른 과태료의 가중된 부과기준은 최근 2년간 같은 위반행위로 과태료 부과처분을 받은 경우에 적용한다. 이 경우 기간의 계산은 위반행위에 대하여 과태료 부과처분을 받은 날과 그 처분 후 다시 같은 위반행위를 하여 적발된 날을 기준으로 한다.

나. 가목에 따라 가중된 부과처분을 하는 경우 가중처분의 적용 차수는 그 위반행위 전 부과처분 차수(가목에 따른 기간 내에 과태료 부과처분이 둘 이상 있었던 경우에는 높은 차수를 말한다)의 다음 차수로 한다.

2. 개별기준

위 반 행 위	근거 법조문	과태료 (단위 : 만원)		
		1차 위반	2차 위반	3차 이상 위반
가. 법 제14조의4제3항에 따른 시정명령을 따르지 않은 경우	법 제103조제1항제1호	250	350	500
나. 법 제14조의4제5항을 위반하여 금연구역에서 흡연을 한 경우	법 제103조제5항	10	10	10
다. 법 제22조의6제6항을 위반하여 인증을 받지 않은 문화재교육 프로그램에 대하여 인증표시를 하거나 이와 비슷한 표시를 한 경우	법 제103조제1항제2호	250	350	500
라. 법 제40조제1항제1호부터 제5호까지, 제8호 또는 제9호(법 제74조제2항에 따라 준용되는 경우를 포함한다)에 따른 신고를 하지 않은 경우	법 제103조제4항제1호	100	150	200
마. 법 제40조제1항제6호(법 제74조제2항에 따라 준용되는 경우를 포함한다)에 따른 신고를 하지 않은 경우	법 제103조제1항제3호	300	400	500
바. 법 제40조제1항제7호·제9호의2·제9호의3 또는 같은 조 제3항(법 제74조제2항에 따라 준용되는 경우를 포함한다)에 따른 신고를 하지 않은 경우	법 제103조제3항제1호	150	200	300
사. 법 제41조제1항에 따른 수입·반입 신고를 하지 않은 경우	법 제103조제3항제2호	150	200	300
아. 법 제55조제1호부터 제5호까지, 제7호 또는 제8호에 따른 신고를 하지 않은 경우	법 제103조제4항제2호	100	150	200
자. 법 제55조제6호에 따른 신고를 하지 않은 경우	법 제103조제1항제4호	250	350	500
차. 법 제56조제1항에 따른 신고를 하지 않은 경우	법 제103조제1항제5호	500	500	500
카. 법 제60조제4항에 따른 신고를 하지 않은 경우	법 제103조제4항제3호	100	150	200
타. 법 제75조제2항에 따른 신고를 하지 않은 경우	법 제103조제4항제4호	100	150	200
파. 법 제75조제4항에 따른 변경신고를 하지 않은 경우	법 제103조제4항제5호	100	150	200
하. 법 제75조의2제2항에 따른 신고를 하지 않은 경우	법 제103조제4항제6호	100	150	200
거. 법 제78조에 따른 준수 사항을 이행하지 않은 경우	법 제103조제4항제7호	100	150	200
너. 법 제79조에 따른 폐업신고를 하지 않은 경우	법 제103조제4항제8호	100	150	200
더. 법 제82조의2를 위반하여 한국문화재재단 또는 이와 유사한 명칭을 사용한 경우	법 제103조제2항	200	300	400

<재경일반편>

■ 국가재정법

〔별표1〕

특별회계설치 근거법률(제4조제3항 관련)

(2023.6.9 개정)

1. 교도작업의 운영 및 특별회계에 관한 법률
2. 지방자치분권 및 지역균형발전에 관한 특별법
3. (2021.12.21 삭제)
4. (2006.12.30 삭제)
5. 정부기업예산법
6. 농어촌구조개선특별회계법
7. (2021.12.21 삭제)
8. 등기특별회계법
9. 신행정수도 후속대책을 위한 연기·공주지역 행정중심복합도시 건설을 위한 특별법
10. 아시아문화중심도시 조성에 관한 특별법
11. 에너지및자원사업특별회계법
12. 우체국보험특별회계법
13. (2006.12.30 삭제)
14. 주한미군기지 이전에 따른 평택시 등의 지원 등에 관한 특별법
15. 책임운영기관의 설치·운영에 관한 법률
16. (2021.12.21 삭제)
17. 「환경정책기본법」
18. 국방·군사시설이전특별회계법
19. 「혁신도시 조성 및 발전에 관한 특별법」
20. 교통시설특별회계법
21. 「유아교육지원특별회계법」 <2025.12.31까지 유효>
22. 소재·부품·장비산업 경쟁력강화를 위한 특별조치법<2024.12.31까지 유효>
23. 「고등·평생교육지원특별회계법」 <2025.12.31까지 유효>

〔별표2〕

기금설치 근거법률(제5조제1항 관련)

(2023.8.8 개정)

1. 고용보험법
2. 공공자금관리기금법
3. 공무원연금법
4. 공적자금상환기금법
5. 과학기술기본법
6. 관광진흥개발기금법
7. 국민건강증진법
8. 국민연금법
9. 국민체육진흥법
10. 군인복지기금법
11. 군인연금법
12. 근로복지기본법
13. 금강수계 물관리 및 주민지원 등에 관한 법률
14. (2021.12.21 삭제)
15. 기술보증기금법
16. 낙동강수계 물관리 및 주민지원 등에 관한 법률
17. 남북협력기금법
18. 농림수산업자 신용보증법
19. 농수산물유통 및 가격안정에 관한 법률
20. 농어가 목돈마련저축에 관한 법률
21. 「농어업재해보험법」
22. 대외경제협력기금법
23. 문화예술진흥법
24. 「방송통신발전 기본법」
25. 보훈기금법
26. 복권 및 복권기금법
27. 사립학교교직원 연금법
28. 사회기반시설에 대한 민간투자법
29. 산업재해보상보험법
30. 「무역보험법」
31. 「신문 등의 진흥에 관한 법률」
32. 신용보증기금법
33. 「농업·농촌 공익기능 증진 직접지불제도 운영에 관한 법률」
34. 「양곡관리법」
35. 「수산업·어촌 발전 기본법」
36. 「양성평등기본법」
37. 영산강·섬진강수계 물관리 및 주민지원 등에 관한 법률
38. 예금자보호법(예금보험기금채권상환기금에 한한다)
39. 「산업기술혁신 촉진법」
40. 외국환거래법
41. 「원자력 진흥법」
42. 응급의료에 관한 법률
43. 임금채권보장법
44. 자유무역협정 체결에 따른 농어업인 등의 지원에 관한 특별법
45. 장애인고용촉진 및 직업재활법
46. 전기사업법
47. 「정보통신산업 진흥법」
48. 「주택도시기금법」
49. 「중소기업진흥에 관한 법률」
50. 지역신문발전지원 특별법
51. 청소년기본법
52. 축산법
53. (2010.12.27 삭제)
54. 한강수계 상수원수질개선 및 주민지원 등에 관한 법률
55. 한국국제교류재단법
56. 「한국농어촌공사 및 농지관리기금법」
57. 한국사학진흥재단법
58. 한국주택금융공사법
59. 「영화 및 비디오물의 진흥에 관한 법률」
60. 독립유공자예우에 관한 법률
61. (2009.3.5 삭제)
62. 「방사성폐기물 관리법」
63. 「국가유산보호기금법」
64. 「석면피해구제법」
65. 「범죄피해자보호기금법」
66. 「국유재산법」
67. 「소상공인 보호 및 지원에 관한 법률」
68. 「공탁법」
69. 자동차손해배상 보장법
70. 국제질병퇴치기금법
71. 「기후위기 대응을 위한 탄소중립·녹색성장 기본법」

〔별표3〕

금융성 기금(제70조제3항 관련)

(2021.12.21 개정)

1. (2021.12.21 삭제)
2. 「기술보증기금법」에 따른 기술보증기금
3. 「농림수산업자 신용보증법」에 따른 농림수산업자신용보증기금
4. 「농어가 목돈마련저축에 관한 법률」에 따른 농어가목돈마련저축장려기금
5. 「사회기반시설에 대한 민간투자법」에 따른 산업기반신용보증기금
6. 「무역보험법」에 따른 무역보험기금
7. 「신용보증기금법」에 따른 신용보증기금
8. 「예금자보호법」에 따른 예금보험기금채권상환기금
9. (2021.12.21 삭제)
10. 「한국주택금융공사법」에 따른 주택금융신용보증기금

■ 부담금관리 기본법

〔별표〕

이 법에 따라 설치하는 부담금(제3조 관련)

(2023.7.18 개정)

1. 「개발이익 환수에 관한 법률」 제3조에 따른 개발부담금
2. 「개발제한구역의 지정 및 관리에 관한 특별조치법」 제21조에 따른 개발제한구역 보전부담금
3. 「고압가스 안전관리법」 제34조의2에 따른 안전관리부담금
4. 「공적자금상환기금법」 제5조제4항 및 제5항에 따른 공적자금상환기금 출연금
5. 「공항소음 방지 및 소음대책지역 지원에 관한 법률」 제17조에 따른 소음부담금
6. 「관광진흥개발기금법」 제2조제3항 및 「제주특별자치도 설치 및 국제자유도시 조성을 위한 특별법」 제246조제3항에 따른 출국납부금
7. 「관광진흥법」 제30조 및 「제주특별자치도 설치 및 국제자유도시 조성을 위한 특별법」 제245조제3항에 따른 카지노사업자 납부금
8. 「관광진흥법」 제64조에 따른 관광지등 지원시설 이용자 분담금
9. 「관광진흥법」 제64조에 따른 관광지등 지원시설 원인자 부담금
10. 「광산피해의 방지 및 복구에 관한 법률」 제24조에 따른 광해방지의무자 부담금
11. 「광업법」 제87조에 따른 광물 수입부과금 및 판매부과금
12. 「국민건강증진법」 제23조에 따른 국민건강증진부담금
13. 「국민체육진흥법」 제20조 및 제23조에 따른 회원제 골프장 시설 입장료에 대한 부가금
13의2. 「국제질병퇴치기금법」 제5조제1항에 따른 납부금
14. 「국토의 계획 및 이용에 관한 법률」 제68조에 따른 기반시설설치비용 부과금
15. (2016.1.27 삭제)
16. 「금강수계 물관리 및 주민지원 등에 관한 법률」 제30조에 따른 물이용부담금
17. 「기술보증기금법」 제13조에 따른 기술보증기금 출연금
18. (2016.1.27 삭제)
19. 「낙동강수계 물관리 및 주민지원 등에 관한 법률」 제32조에 따른 물이용부담금
20. 「농림수산업자 신용보증법」 제4조에 따른 농림수산업자 신용보증기금 출연금
21. 「농수산물 유통 및 가격안정에 관한 법률」 제16조에 따른 농산물수입이익금
22. 「농어촌 전기공급사업 촉진법」 제3조에 따른 전기사용자의 일시부담금
23. 「농지법」 제38조에 따른 농지보전부담금
24. 「담배사업법」 제25조의3에 따른 연초경작지원 등의 사업을 위한 출연금
25. 「대기환경보전법」 제35조에 따른 배출부과금 및 「환경오염시설의 통합관리에 관한 법률」 제15조에 따른 배출부과금
26. 「대도시권 광역교통 관리에 관한 특별법」 제11조에 따른 광역교통시설 부담금
27. 「댐건설·관리 및 주변지역지원 등에 관한 법률」 제23조에 따른 수익자부담금
28. 「도로법」 제91조에 따른 원인자 부담금
29. 「도시개발법」 제58조에 따른 도시개발구역 밖의 기반시설의 설치 비용 부담금
30. 「도시교통정비 촉진법」 제35조에 따른 혼잡통행료
31. 「도시교통정비 촉진법」 제36조에 따른 교통유발부담금
32. 「먹는물관리법」 제31조에 따른 수질개선부담금
33. 「물류시설의 개발 및 운영에 관한 법률」 제44조에 따른 시설부담금
34. 「방사성폐기물 관리법」 제15조에 따른 사용후핵연료관리부담금
35. 「방송통신발전 기본법」 제25조에 따른 방송통신발전기금 분담금
36. 「사행산업통합감독위원회법」 제14조의2에 따른 중독예방치유부담금
37. 「산림자원의 조성 및 관리에 관한 법률」 제41조에 따른 임산물 수입이익금
38. 「산업입지 및 개발에 관한 법률」 제33조에 따른 시설부담금
39. 「산지관리법」 제19조에 따른 대체산림자원조성비 및 분할납부이행보증금
40. 「석면피해구제법」 제31조에 따른 석면피해구제분담금
41. 「석유 및 석유대체연료 사업법」 제18조 및 제37조에 따른 석유 및 석유대체연료의 수입·판매 부과금
42. 「수도권정비계획법」 제12조에 따른 과밀부담금
43. 「수도법」 제71조에 따른 원인자부담금
44. 「수산자원관리법」 제44조에 따른 수산자원조성금
45. (2017.1.17 삭제)
46. 「물환경보전법」 제41조에 따른 배출부과금 및 「환경오염시설의 통합관리에 관한 법률」 제15조에 따른 배출부과금
47. 「물환경보전법」 제48조의2에 따른 공공폐수처리시설 설치 부담금
48. 「신용보증기금법」 제6조에 따른 신용보증기금 출연금
49. 「약사법」 제86조의2에 따른 의약품 부작용 피해구제 부담금
50. 「양곡관리법」 제13조의2에 따른 양곡수입이익금
51. (2016.1.27 삭제)
52. 「영산강·섬진강수계 물관리 및 주민지원 등에 관한 법률」 제30조에 따른 물이용부담금
53. 「영화 및 비디오물의 진흥에 관한 법률」 제25조의2에 따른 영화상영관 입장권 부과금
54. 「예금자보호법」 제30조의3에 따른 예금보험기금채권상환특별기여금
55. 「오존층 보호 등을 위한 특정물질의 관리에 관한 법률」 제24조의2에 따른 특정물질 제조·수입 부담금
56. 「외국환거래법」 제11조의2에 따른 외환건전성부담금
57. 「원자력안전법」 제111조의2에 따른 원자력안전관리부담금 및 「원자력시설 등의 방호 및 방사능 방재 대책법」 제45조의2에 따른 원자력안전관리부담금
58. 「원자력 진흥법」 제13조에 따른 원자력연구개발사업 비용부담금
59. 「인삼산업법」 제20조에 따른 농산물가격안정기금 납부금
60. 「임금채권보장법」 제9조에 따른 사업주의 부담금
61. 「자동차손해배상 보장법」 제37조에 따른 자동차사고 피해지원사업 분담금
62. 「자연환경보전법」 제46조에 따른 생태계보전부담금
63. 「자원의 절약과 재활용촉진에 관한 법률」 제12조에 따른 폐기물부담금
64. 「자원의 절약과 재활용촉진에 관한 법률」 제19조에 따른 재활용부과금
65. 「자유무역협정 체결에 따른 농어업인 등의 지원에 관한 특별법」 제22조에 따른 농산물 공매 납입금 또는 수입이익금
66. 「자유무역협정 체결에 따른 농어업인 등의 지원에 관한 특별법」 제22조에 따른 수산물 공매 납입금 또는 수입이익금
67. 「장애인고용촉진 및 직업재활법」 제33조에 따른 장애인 고용부담금
68. 「재건축초과이익 환수에 관한 법률」 제3조에 따른 재건축부담금
69. 「전기사업법」 제51조에 따른 전력산업기반기금 부담금
70. 「전기·전자제품 및 자동차의 자원순환에 관한 법률」 제18조에 따른 전기·전자제품의 재활용부과금
71. 「전기·전자제품 및 자동차의 자원순환에 관한 법률」 제18조의2에 따른 전기·전자제품의 회수부과금
72. 「지방자치법」 제138조에 따른 지방자치단체 공공시설의 수익자 분담금
73. 「지역신용보증재단법」 제7조제3항에 따른 지역신용보증재단 및 신용보증재단중앙회 출연금
74. 「지하수법」 제30조의3에 따른 지하수이용부담금
75. 「집단에너지사업법」 제18조에 따른 집단에너지 공급시설 건설비용 부담금
76. 「초지법」 제23조에 따른 대체초지조성비
77. 「축산법」 제45조에 따른 축산물 수입이익금
78. 「택지개발촉진법」 제12조의2에 따른 공공시설 설치비용 부담금
79. 「하수도법」 제61조에 따른 원인자부담금
80. 「학교용지 확보 등에 관한 특례법」 제5조에 따른 학교용지부담금
81. (2016.1.27 삭제)
82. 「한강수계 상수원수질개선 및 주민지원 등에 관한 법률」 제19조에 따른 물이용부담금
83. 「한국국제교류재단법」 제16조에 따른 국제교류기여금
84. (2016.12.20 삭제)
85. 「한국주택금융공사법」 제56조에 따른 주택금융신용보증기금 출연금
86. 「한국주택금융공사법」 제59조의3제3항에 따른 주택담보노후연금보증계정 출연금
87. 「해양생태계의 보전 및 관리에 관한 법률」 제49조에 따른 해양생태계보전부담금
88. 「해양심층수의 개발 및 관리에 관한 법률」 제40조에 따른 해양심층수이용부담금
89. 「해양환경관리법」 제19조에 따른 해양환경개선부담금
90. 「해양환경관리법」 제69조에 따른 방제분담금
91. 「해운법」 제22조의2에 따른 운항관리자 비용부담금
92. 「화재로 인한 재해보상과 보험가입에 관한 법률」 제14조에 따른 한국화재보험협회 출연금
93. 「환경개선비용 부담법」 제9조에 따른 환경개선부담금
94. 「서민의 금융생활 지원에 관한 법률」 제47조제2항에 따른 서민금융진흥원 출연금
95. 「순환경제사회 전환 촉진법」 제36조에 따른 폐기물처분부담금
96. 「여객자동차 운수사업법」 제49조의5에 따른 여객자동차운송시장안정기여금

■ 조달사업에 관한 법률 시행령

〔별표〕

과태료의 부과기준(제44조 관련)

1. 일반기준
   가. 위반행위의 횟수에 따른 과태료의 가중된 부과기준은 최근 1년간 같은 위반행위로 과태료 부과처분을 받은 경우에 적용한다. 이 경우 기간의 계산은 위반행위에 대하여 과태료 부과처분을 받은 날과 그 처분 후 다시 같은 위반행위를 하여 적발된 날을 기준으로 한다.
   나. 가목에 따라 가중된 부과처분을 하는 경우 가중처분의 적용 차수는 그 위반행위 전 부과처분 차수(가목에 따른 기간 내에 과태료 부과처분이 둘 이상 있었던 경우에는 높은 차수를 말한다)의 다음 차수로 한다.
   다. 조달청장은 다음의 어느 하나에 해당하는 경우 제2호의 개별기준에 따른 과태료 금액의 2분의 1 범위에서 그 금액을 줄일 수 있다. 다만, 과태료를 체납하고 있는 위반행위자의 경우에는 그렇지 않다.
      1) 위반행위가 사소한 부주의나 오류로 인한 것으로 인정되는 경우
      2) 위반행위자가 위반행위를 바로 정정하거나 시정하여 법 위반상태를 해소한 경우
      3) 그 밖에 위반행위의 정도, 위반행위의 동기와 그 결과 등을 고려하여 과태료 금액을 줄일 필요가 있다고 인정되는 경우
   라. 조달청장은 다음의 어느 하나에 해당하는 경우 제2호의 개별기준에 따른 과태료 금액의 2분의 1 범위에서 그 금액을 늘릴 수 있다. 다만, 과태료를 늘리는 경우에도 법 제

35조제1항에 따른 과태료 금액의 상한을 넘을 수 없다.
1) 위반의 내용·정도가 중대하여 이해관계인 등에게 미치는 피해가 크다고 인정되는 경우
2) 법 위반상태의 기간이 6개월 이상인 경우
3) 그 밖에 위반행위의 정도, 위반행위의 동기와 그 결과 등을 고려하여 과태료를 늘릴 필요가 있다고 인정되는 경우

2. 개별기준

(단위 : 만원)

위반행위	근 거 법조문	과태료 금액		
		1차 위반	2차 위반	3차 이상 위반
가. 법 제33조제4항을 위반하여 관련 기록을 작성·보관하지 않은 경우	법 제35조 제1항 제1호	50	100	150
나. 법 제33조제4항을 위반하여 관련 기록을 거짓으로 작성·보관한 경우	법 제35조 제1항 제1호	100	150	200
다. 법 제33조제5항에 따른 자료제출을 하지 않은 경우	법 제35조 제1항 제2호	50	100	150
라. 법 제33조제5항에 따른 자료를 거짓 자료로 제출한 경우	법 제35조 제1항 제2호	100	150	200
마. 법 제33조제5항에 따른 점검을 정당한 사유 없이 거부·방해 또는 기피한 경우	법 제35조 제1항 제3호	200	250	300

■ 국유재산법 시행령

〔별표1〕

정부출자기업체의 범위(제2조 관련)

(2024.1.2 개정)

1. 한국자산관리공사
2. 「한국농수산식품유통공사법」에 따른 한국농수산식품유통공사
3. 「대한무역투자진흥공사법」에 따른 대한무역투자진흥공사
4. 「대한석탄공사법」에 따른 대한석탄공사
4의2. 「방송광고판매대행 등에 관한 법률」에 따른 한국방송광고진흥공사
5. 「방송법」에 따른 한국방송공사
6. 「인천국제공항공사법」에 따른 인천국제공항공사
7. 주식회사 서울신문사
8. 「한국부동산원법」에 따른 한국부동산원
9. 「중소기업은행법」에 따른 중소기업은행
10. 「한국가스공사법」에 따른 한국가스공사
11. 「한국공항공사법」에 따른 한국공항공사
12. 「한국관광공사법」에 따른 한국관광공사
13. 「한국광해광업공단법」에 따른 한국광해광업공단
14. 「한국교육방송공사법」에 따른 한국교육방송공사
15. 「한국농어촌공사 및 농지관리기금법」에 따른 한국농어촌공사
16. 「한국도로공사법」에 따른 한국도로공사
17. (2011.10.14 삭제)
18. 「한국석유공사법」에 따른 한국석유공사
19. 「한국수자원공사법」에 따른 한국수자원공사
20. 「한국수출입은행법」에 따른 한국수출입은행
21. 「한국전력공사법」에 따른 한국전력공사
22. 「한국산업은행법」에 따른 한국산업은행
23. 「한국조폐공사법」에 따른 한국조폐공사
24. 「한국철도공사법」에 따른 한국철도공사
25. 「한국토지주택공사법」에 따른 한국토지주택공사
26. 「항만공사법」에 따른 항만공사
27. 「한국주택금융공사법」에 따른 한국주택금융공사
28. 「한국해양진흥공사법」에 따른 한국해양진흥공사
29. 「새만금사업 추진 및 지원에 관한 특별법」에 따른 새만금개발공사
30. 「해외건설 촉진법」에 따른 한국해외인프라·도시개발지원공사
31. 주식회사 에스알
32. 「주택도시기금법」에 따른 주택도시보증공사

〔별표2〕

정부배당대상기업의 범위(제67조의2 관련)

(2024.1.2 개정)

1. 별표1에 따른 기업체
2. 88관광개발주식회사
3. (2014.12.30 삭제)
4. 주식회사 대한송유관공사
5. (2024.1.2 삭제)
6. 「집단에너지사업법」에 따른 한국지역난방공사
7. 코레일공항철도주식회사
8. (2015.10.29 삭제)
9. 「한국투자공사법」에 따른 한국투자공사

〔별표2의2〕

법 제5조제1항제6호가목의 특허권, 실용신안권, 디자인권 및 상표권에 대한 사용료등의 산정기준(제67조의8제1항제1호 관련)

(2013.4.5 신설)

1. 법 제5조제1항제6호가목의 특허권, 실용신안권, 디자인권 및 상표권에 대한 사용료등은 다음 계산식에 따라 산출한 금액 이상으로 한다.
사용료등 = 지식재산을 이용한 제품의 총판매예정수량 × 제품의 판매단가 × 점유율 × 기본율
2. 제1호의 계산식에서 총판매예정수량, 제품의 판매단가, 점유율 및 기본율은 다음과 같다.
가. 총판매예정수량 : 사용허가등 기간 중 매연도별 판매예정수량을 합한 것
나. 제품의 판매단가 : 사용허가등 기간 중 매연도별 공장도가격의 평균가격
다. 점유율 : 단위 제품을 생산하는 데에 해당 지식재산이 이용되는 비율
라. 기본율 : 3퍼센트. 다만, 중앙관서의 장등은 해당 지식재산의 실용적 가치, 산업적 이용가능성 등을 고려하여 2퍼센트 이상 4퍼센트 이하로 할 수 있다.
3. 중앙관서의 장등은 사용료등의 산정과 관련하여 이 표에서 정하지 않은 사항에 관하여는 「공무원 직무발명의 처분·관리 및 보상 등에 관한 규정」 제11조제3항에 따라 특허청장이 정한 세부기준을 준용하여 사용료등 산정에 관한 세부기준을 정할 수 있다.
4. 중앙관서의 장등은 제1호부터 제3호까지의 규정에도 불구하고 해당 지식재산의 사용료등을 산정할 때 이 표에 따른 기준을 적용하기 곤란하다고 인정하는 경우 총괄청과 협의하여 별도의 사용료 산정기준을 적용할 수 있다.

〔별표2의3〕

법 제5조제1항제6호다목의 품종보호권에 대한 사용료등의 산정기준(제67조의8제1항제3호 관련)

(2013.4.5 신설)

1. 법 제5조제1항제6호다목에 따른 품종보호권에 대한 사용료등은 다음 계산식에 따라 산출한 금액 이상으로 한다.
사용료등 = 품종보호권을 이용한 종자의 총판매수량 또는 총판매예정수량(사용허가등 기간 중 최초 증식기간 중의 수량은 제외한다) × 종자의 판매예정단가 × 기본율
2. 제1호의 총판매예정수량을 예측할 수 없는 경우에는 총판매예정수량을 계약신청자가 생산·판매하려는 약정수량으로 대체할 수 있으며, 약정수량을 초과하여 생산·판매하였을 때에는 그 초과분에 대한 수량을 추가한다.
3. 제1호의 계산식에서 기본율은 3퍼센트로 하되, 중앙관서의 장등은 해당 지식재산의 실용적 가치, 산업적 이용가능성 등을 고려하여 2퍼센트 이상 4퍼센트 이하로 할 수 있다.
4. 중앙관서의 장등은 제1호부터 제3호까지의 규정에도 불구하고 해당 지식재산의 사용료등을 산정할 때 이 표에 따른 기준을 적용하기 곤란하다고 인정하는 경우에는 총괄청과 협의하여 별도의 사용료 산정기준을 적용할 수 있다.

〔별표3〕

은닉재산의 매각대금 분할납부 시 분할납부기간과 일시납부 시 매각대금(제77조제2항 관련)

반환의 원인	분할납부하는 때의 매각대금 분할납부기간	일시납부하는 때의 매각대금
1. 자진반환 또는 제소 전 화해	12년 이하	매각가격의 20퍼센트
2. 제1심 소송 진행 중의 화해 또는 청구의 인낙	10년 이하	매각가격의 30퍼센트
3. 항소 제기 전 항소권의 포기 또는 항소 제기기간의 경과로 인한 항소권의 소멸	8년 이하	매각가격의 40퍼센트
4. 항소의 취하, 항소심의 소송 진행 중 화해 또는 청구의 인낙	6년 이하	매각가격의 50퍼센트
5. 상고 제기 전 상고권의 포기 또는 상고 제기기간의 경과로 인한 상고권의 소멸	4년 이하	매각가격의 60퍼센트
6. 상고의 취하, 상고심의 소송 진행 중 화해 또는 청구의 인낙	2년 이하	매각가격의 70퍼센트

■ 독점규제 및 공정거래에 관한 법률 시행령

〔별표1〕

법 제16조제1항에 따른 이행강제금의 부과기준(제23조제4항 관련)

1. 일반기준
가. 공정거래위원회는 시정조치의 이행을 위한 노력과 시정조치 불이행의 정도·사유 또는 결과 등을 고려하여 제2호에 따라 산정된 이행강제금의 2분의 1 범위에서 가중·감경하거나 면제할 수 있다.
나. 제2호에 따라 산정된 이행강제금의 1일당 부과금액은 법 제16조제1항에 따른 1일당 부과금액의 상한을 초과할 수 없다.
2. 개별기준
가. 법 제9조제1항제1호 및 제3호부터 제5호까지에 따른 이행강제금의 부과비율 및 1일당 부과금액

기업결합금액	부과비율	1일당 부과금액
1천억원 이하	2/10,000	기업결합금액 × 2/10,000
1천억원 초과 1조원 이하	2/15,000	2천만원 + (기업결합금액 중 1천억원 초과분 × 2/15,000)
1조원 초과	2/20,000	1억4천만원 + (기업결합금액 중 1조원 초과분 × 2/20,000)

나. 법 제9조제1항제2호에 따른 이행강제금의 1일당 부과금액

피결합회사의 자산총액	1일당 부과금액
1천억원 이하	100만원
1천억원 초과 1조원 이하	120만원
1조원 초과	140만원

비고
1. 제2호가목에 따른 기업결합금액은 법 제16조제1항 각 호의 금액으로 한다.
2. 제2호나목에 따른 자산총액은 제15조제1항에 따른 자산총액으로 한다.

〔별표2〕

불공정거래행위의 유형 또는 기준(제52조 관련)

1. 거래거절
법 제45조제1항제1호에 따른 부당하게 거래를 거절하는 행위는 다음 각 목의 행위로 한다.
가. 공동의 거래거절
정당한 이유 없이 자기와 경쟁관계에 있는 다른 사업자와 공동으로 특정사업자에게 거래의 개시를 거절하거나 계속적인 거래관계에 있는 특정사업자에게 거래를 중단하거나 거래하는 상품 또는 용역의 수량이나 내용을 현저히 제한하는 행위
나. 그 밖의 거래거절
부당하게 특정사업자에게 거래의 개시를 거절하거나 계속적인 거래관계에 있는 특정사업자에게 거래를 중단하거나 거래하는 상품 또는 용역의 수량이나 내용을 현저히 제한하는 행위
2. 차별적 취급
법 제45조제1항제2호에 따른 부당하게 거래의 상대방을 차별하여 취급하는 행위는 다음 각 목의 행위로 한다.
가. 가격차별
부당하게 거래지역 또는 거래상대방에 따라 현저하게 유리하거나 불리한 가격으로 거래하는 행위
나. 거래조건차별
부당하게 특정사업자에게 수량·품질 등의 거래조건이나 거래내용을 현저하게 유리하거나 불리하게 취급하는 행위
다. 계열회사를 위한 차별
정당한 이유 없이 자기의 계열회사를 유리하게 하기 위해 가격·수량·품질 등의 거래조건이나 거래내용을 현저하게 유리하거나 불리하게 하는 행위
라. 집단적 차별
집단으로 특정사업자를 부당하게 차별적으로 취급하여 그 사업자의 사업활동을 현저하게 유리하거나 불리하게 하는 행위
3. 경쟁사업자 배제
법 제45조제1항제3호에 따른 부당하게 경쟁자를 배제하는 행위는 다음 각 목의 행위로 한다.
가. 부당염매
자기의 상품 또는 용역을 공급하는 경우에 정당한 이유 없이 그 공급에 소요되는 비용보다 현저히 낮은 가격으로 계속 공급하거나 그 밖에 부당하게 상품 또는 용역을 낮은 가격으로 공급하여 자기 또는 계열회사의 경쟁사업자를 배제시킬 우려가 있는 행위
나. 부당고가매입
부당하게 상품 또는 용역을 통상거래가격에 비해 높은 가격으로 구입하여 자기 또는 계열회사의 경쟁사업자를 배제시킬 우려가 있는 행위

4. 부당한 고객유인
법 제45조제1항제4호에 따른 부당하게 경쟁자의 고객을 자기와 거래하도록 유인하는 행위는 다음 각 목의 행위로 한다.
가. 부당한 이익에 의한 고객유인
정상적인 거래관행에 비추어 부당하거나 과대한 이익을 제공하거나 제공할 제의를 하여 경쟁사업자의 고객을 자기와 거래하도록 유인하는 행위
나. 위계에 의한 고객유인
「표시·광고의 공정화에 관한 법률」 제3조에 따른 부당한 표시·광고 외의 방법으로 자기가 공급하는 상품 또는 용역의 내용이나 거래조건 및 그 밖의 거래에 관한 사항을 실제보다 또는 경쟁사업자의 것보다 현저히 우량 또는 유리한 것으로 고객이 잘못 알게 하거나 경쟁사업자의 것이 실제보다 또는 자기의 것보다 현저히 불량 또는 불리한 것으로 고객을 잘못 알게 하여 경쟁사업자의 고객을 자기와 거래하도록 유인하는 행위
다. 그 밖의 부당한 고객유인
경쟁사업자와 그 고객의 거래를 계약성립의 저지, 계약불이행의 유인 등의 방법으로 거래를 부당하게 방해하여 경쟁사업자의 고객을 자기와 거래하도록 유인하는 행위
5. 거래강제
법 제45조제1항제5호에 따른 부당하게 경쟁자의 고객을 자기와 거래하도록 강제하는 행위는 다음 각 목의 행위로 한다.
가. 끼워팔기
거래상대방에게 자기의 상품 또는 용역을 공급하면서 정상적인 거래관행에 비추어 부당하게 다른 상품 또는 용역을 자기 또는 자기가 지정하는 사업자로부터 구입하도록 하는 행위
나. 사원판매
부당하게 자기 또는 계열회사의 임직원에게 자기 또는 계열회사의 상품이나 용역을 구입 또는 판매하도록 강제하는 행위
다. 그 밖의 거래강제
정상적인 거래관행에 비추어 부당한 조건 등 불이익을 거래상대방에게 제시하여 자기 또는 자기가 지정하는 사업자와 거래하도록 강제하는 행위
6. 거래상 지위의 남용
법 제45조제1항제6호에 따른 자기의 거래상의 지위를 부당하게 이용하여 상대방과 거래하는 행위는 다음 각 목의 행위로 한다.
가. 구입강제
거래상대방이 구입할 의사가 없는 상품 또는 용역을 구입하도록 강제하는 행위
나. 이익제공강요
거래상대방에게 자기를 위해 금전·물품·용역 및 그 밖의 경제상 이익을 제공하도록 강요하는 행위
다. 판매목표강제
자기가 공급하는 상품 또는 용역과 관련하여 거래상대방의 거래에 관한 목표를 제시하고 이를 달성하도록 강제하는 행위
라. 불이익제공
가목부터 다목까지의 규정에 해당하는 행위 외의 방법으로 거래상대방에게 불이익이 되도록 거래조건을 설정 또는 변경하거나 그 이행과정에서 불이익을 주는 행위
마. 경영간섭
거래상대방의 임직원을 선임·해임하는 경우에 자기의 지시 또는 승인을 얻게 하거나 거래상대방의 생산품목·시설규모·생산량·거래내용을 제한하여 경영활동을 간섭하는 행위
7. 구속조건부거래
법 제45조제1항제7호에 따른 거래의 상대방의 사업활동을 부당하게 구속하는 조건으로 거래하는 행위는 다음 각 목의 행위로 한다.
가. 배타조건부거래
부당하게 거래상대방이 자기 또는 계열회사의 경쟁사업자와 거래하지 않는 조건으로 그 거래상대방과 거래하는 행위
나. 거래지역 또는 거래상대방의 제한
상품 또는 용역을 거래하는 경우에 그 거래상대방의 거래지역 또는 거래상대방을 부당하게 구속하는 조건으로 거래하는 행위
8. 사업활동 방해
법 제45조제1항제8호에 따른 부당하게 다른 사업자의 사업활동을 방해하는 행위는 다음 각 목의 행위로 한다.
가. 기술의 부당이용
다른 사업자의 기술을 부당하게 이용하여 다른 사업자의 사업활동을 상당히 곤란하게 할 정도로 방해하는 행위
나. 인력의 부당유인·채용
다른 사업자의 인력을 부당하게 유인·채용하여 다른 사업자의 사업활동을 상당히 곤란하게 할 정도로 방해하는 행위
다. 거래처 이전 방해
다른 사업자의 거래처 이전을 부당하게 방해하여 다른 사업자의 사업활동을 심히 곤란하게 할 정도로 방해하는 행위
라. 그 밖의 사업활동방해
가목부터 다목까지에서 규정한 방법 외의 부당한 방법으로 다른 사업자의 사업활동을 심히 곤란하게 할 정도로 방해하는 행위
9. 부당한 지원행위
법 제45조제1항제9호에 따른 특수관계인 또는 다른 회사를 지원하는 행위는 부당하게 다음 각 목의 행위를 통해 과다한 경제상 이익을 제공하여 특수관계인 또는 다른 회사를 지원하는 행위로 한다.
가. 부당한 자금지원
특수관계인 또는 다른 회사에 가지급금·대여금 등 자금을 상당히 낮거나 높은 대가로 제공 또는 거래하거나 상당한 규모로 제공 또는 거래하는 행위
나. 부당한 자산·상품 등 지원
특수관계인 또는 다른 회사에 부동산·유가증권·무체재산권 등 자산 또는 상품·용역을 상당히 낮거나 높은 대가로 제공 또는 거래하거나 상당한 규모로 제공 또는 거래하는 행위
다. 부당한 인력지원
특수관계인 또는 다른 회사에 인력을 상당히 낮거나 높은 대가로 제공 또는 거래하거나 상당한 규모로 제공 또는 거래하는 행위
라. 부당한 거래단계 추가 등
1) 다른 사업자와 직접 상품·용역을 거래하면 상당히 유리함에도 불구하고 거래상 역할이 없거나 미미(微微)한 특수관계인이나 다른 회사를 거래단계에 추가하거나 거쳐서 거래하는 행위
2) 다른 사업자와 직접 상품·용역을 거래하면 상당히 유리함에도 불구하고 특수관계인이나 다른 회사를 거래단계에 추가하거나 거쳐서 거래하면서 그 특수관계인이나 다른 회사에 거래상 역할에 비해 과도한 대가를 지급하는 행위

비고 : 공정거래위원회는 효율적인 법집행을 위해 필요하다고 인정하는 경우에는 위 표에 따른 불공정거래행위의 세부 유형 또는 기준을 정하여 고시할 수 있다. 이 경우 불공정거래행위가 발생할 우려가 높은 분야로서 공정거래위원회가 정하여 고시하는 분야에서의 불공정거래행위의 세부 유형 또는 기준에 대해서는 미리 관계행정기관의 장의 의견을 들어야 한다.

[별표3]

법 제47조제1항 각 호에 따른 행위의 유형 또는 기준(제54조제1항 관련)

1. 법 제47조제1항제1호에 따른 정상적인 거래에서 적용되거나 적용될 것으로 판단되는 조건보다 상당히 유리한 조건으로 거래하는 행위
다음 각 목의 행위로 한다. 다만, 시기, 종류, 규모, 기간, 신용상태 등이 유사한 상황에서 법 제9조제1항에 따른 특수관계인이 아닌 자와의 정상적인 거래에서 적용되거나 적용될 것으로 판단되는 조건과의 차이가 100분의 7 미만이고, 거래당사자간 해당 연도 거래총액이 50억원(상품·용역의 경우에는 200억원) 미만인 경우에는 상당히 유리한 조건에 해당하지 않는 것으로 본다.
가. 상당히 유리한 조건의 자금 거래
가지급금·대여금 등 자금을 정상적인 거래에서 적용되는 대가보다 상당히 낮거나 높은 대가로 제공하거나 거래하는 행위
나. 상당히 유리한 조건의 자산·상품·용역 거래
부동산·유가증권·무체재산권 등 자산 또는 상품·용역을 정상적인 거래에서 적용되는 대가보다 상당히 낮거나 높은 대가로 제공하거나 거래하는 행위
다. 상당히 유리한 조건의 인력 거래
인력을 정상적인 거래에서 적용되는 대가보다 상당히 낮거나 높은 대가로 제공하거나 거래하는 행위
2. 법 제47조제1항제2호에 따른 회사가 직접 또는 자신이 지배하고 있는 회사를 통해 수행할 경우 회사에 상당한 이익이 될 사업기회를 제공하는 행위
회사가 직접 또는 자신이 지배하고 있는 회사를 통해 수행할 경우 회사에 상당한 이익이 될 사업기회로서 회사가 수행하고 있거나 수행할 사업과 밀접한 관계가 있는 사업기회를 제공하는 행위로 한다. 다만, 다음 각 목의 어느 하나에 해당하는 경우는 제외한다.
가. 회사가 해당 사업기회를 수행할 능력이 없는 경우
나. 회사가 사업기회 제공에 대한 정당한 대가를 지급받은 경우
다. 그 밖에 회사가 합리적인 사유로 사업기회를 거부한 경우
3. 법 제47조제1항제3호에 따른 특수관계인과 현금이나 그 밖의 금융상품을 상당히 유리한 조건으로 거래하는 행위
특수관계인과 현금이나 그 밖의 금융상품을 정상적인 거래에서 적용되는 대가보다 상당히 낮거나 높은 대가로 제공하거나 거래하는 행위로 한다. 다만, 시기, 종류, 규모, 기간, 신용상태 등이 유사한 상황에서 법 제9조제1항에 따른 특수관계인이 아닌 자와의 정상적인 거래에서 적용되거나 적용될 것으로 판단되는 조건과의 차이가 100분의 7 미만이고, 거래당사자간 해당 연도 거래총액이 50억원 미만인 경우에는 상당히 유리한 조건에 해당하지 않는 것으로 본다.
4. 법 제47조제1항제4호에 따른 사업능력, 재무상태, 신용도, 기술력, 품질, 가격 또는 거래조건 등에 대한 합리적인 고려나 다른 사업자와의 비교 없이 상당한 규모로 거래하는 행위
거래상대방 선정 및 계약체결 과정에서 사업능력, 재무상태, 신용도, 기술력, 품질, 가격, 거래규모, 거래시기 또는 거래조건 등 해당 거래의 의사결정에 필요한 정보를 충분히 수집·조사하고, 이를 객관적·합리적으로 검토하거나 다른 사업자와 비교·평가하는 등 해당 거래의 특성상 통상적으로 이루어지거나 이루어질 것으로 기대되는 거래상대방의 적합한 선정과정 없이 상당한 규모로 거래하는 행위로 한다. 다만, 거래당사자간 상품·용역의 해당 연도 거래총액(둘 이상의 회사가 동일한 거래상대방과 거래하는 경우에는 각 회사의 거래금액의 합계액)이 200억원 미만이고, 거래상대방의 평균매출액의 100분의 12 미만인 경우에는 상당한 규모에 해당하지 않는 것으로 본다.

[별표4]

법 제47조제1항제4호를 적용하지 않는 거래(제54조제2항 관련)

1. 효율성 증대효과가 있는 거래
다음 각 목의 어느 하나에 해당하는 거래로서 다른 자와의 거래로는 달성하기 어려운 비용절감, 판매량 증가, 품질개선 또는 기술개발 등의 효율성 증대효과가 있음이 명백하게 인정되는 거래
가. 상품의 규격·품질 등 기술적 특성상 전후방 연관관계에 있는 계열회사 간의 거래로서 해당 상품의 생산에 필요한 부품·소재 등을 공급 또는 구매하는 거래
나. 회사의 기획·생산·판매 과정에 필수적으로 요구되는 서비스를 산업연관성이 높은 계열회사로부터 공급받는 거래
다. 주된 사업영역에 대한 역량 집중, 구조조정 등을 위해 회사의 일부 사업을 전문화된 계열회사가 전담하는 경우 그 일부 사업과 관련하여 그 계열회사와 하는 거래
라. 긴밀하고 유기적인 거래관계가 오랜 기간 지속되어 노하우 축적, 업무 이해도 및 숙련도 향상 등 인적·물적으로 협업체계가 이미 구축되어 있는 거래
마. 거래목적상 거래에 필요한 전문 지식 및 인력 보유 현황, 대규모·연속적 사업의 일부로서의 밀접한 연관성 또는 계약이행에 대한 신뢰성 등을 고려하여 계열회사와 하는 거래
2. 보안성이 요구되는 거래
다음 각 목의 어느 하나에 해당하는 경우로서 다른 자와 거래할 경우 영업활동에 유용한 기술 또는 정보 등이 유출되어 경제적으로 회복하기 어려운 피해를 초래하거나 초래할 우려가 있는 거래
가. 전사적(全社的) 자원관리시스템, 공장, 연구개발시설 또는 통신기반시설 등 필수시설의 구축·운영, 핵심기술의 연구·개발·보유 등과 관련된 경우
나. 거래 과정에서 영업·판매·구매 등과 관련된 기밀 또는 고객의 개인정보 등 핵심적인 경영정보에 접근 가능한 경우
3. 긴급성이 요구되는 거래
경기급변, 금융위기, 천재지변, 해킹 또는 컴퓨터바이러스로 인한 전산시스템 장애 등 회사의 외적 요인으로 인한 사업상 긴급한 필요에 따른 불가피한 거래

[별표5]

법 제86조제1항에 따른 이행강제금의 부과기준(제77조제3항 관련)

1. 일반기준
가. 공정거래위원회는 보고 또는 자료·물건의 제출 명령의 이행을 위한 노력과 명령 불이행의 정도·사유 또는 결과 등을 고려하여 제2호에 따라 산정된 이행강제금의 2분의 1 범위에서 가중·감경하거나 면제할 수 있다.
나. 제2호에 따라 산정된 이행강제금의 1일당 부과금액은 법 제86조제1항에 따른 1일당 부과금액의 상한을 초과할 수 없다.
2. 개별기준

1일 평균매출액	부과비율	1일당 부과금액
15억원 이하	2/1,000	1일 평균매출액 × 2/1,000
15억원 초과 30억원 이하	2/1,500	300만원 + (1일 평균매출액 중 15억원 초과분 × 2/1,500)
30억원 초과	2/2,000	500만원 + (1일 평균매출액 중 30억원 초과분 × 2/2,000)

[별표6]

위반행위의 과징금 부과기준(제84조 관련)

1. 과징금 부과 여부의 결정
   과징금은 위반행위의 내용 및 정도를 우선적으로 고려하고 시장상황 등을 종합적으로 참작하여 그 부과 여부를 결정하되, 다음 각 목의 어느 하나에 해당하는 경우에는 다른 특별한 사유가 없는 한 과징금을 부과한다.
   가. 자유롭고 공정한 경쟁질서를 크게 저해하는 경우
   나. 소비자 등에게 미치는 영향이 큰 경우
   다. 위반행위로 부당이득이 발생한 경우
   라. 그 밖에 가목부터 다목까지에 준하는 경우로서 공정거래위원회가 정하여 고시하는 경우
2. 과징금의 산정기준
   과징금은 법 제102조제1항 각 호에서 정한 사유와 이에 영향을 미치는 사항을 고려하여 산정하되, 위반행위 유형에 따른 기본 산정기준에 위반행위의 기간 및 횟수 등에 따른 조정, 위반사업자의 고의·과실 등에 따른 조정을 거쳐 부과과징금을 산정한다.
   가. 위반행위 유형에 따른 기본 산정기준
      법 제102조제1항제1호에 따른 위반행위의 내용 및 정도에 따라 위반행위의 중대성 정도를 "중대성이 약한 위반행위", "중대한 위반행위", "매우 중대한 위반행위"로 구분하고, 위반행위의 중대성의 정도별로 다음의 기준에 따라 산정한다.

위반행위 유형	세부 유형	근거 법조문	기본 산정기준
1) 시장지배적 지위의 남용행위	시장지배적 지위의 남용행위	법 제8조	관련매출액에 100분의 6을 곱한 금액의 범위에서 관련매출액에 중대성의 정도별로 정하는 부과기준율을 곱하여 산정한다. 다만, 제13조제3항 각 호의 어느 하나에 해당하는 경우에는 20억원의 범위에서 중대성의 정도를 고려하여 산정한다.
2) 경제력집중 억제규정 위반행위	가) 지주회사의 행위 제한 등 위반행위	법 제38조 제3항	법 제38조제3항 각 호에 따른 금액에 100분의 20을 곱한 금액의 범위에서 법 제38조제3항 각 호에 따른 금액에 중대성의 정도별로 정하는 부과기준율을 곱하여 산정한다.
	나) 상호출자 행위	법 제38조 제1항	위반행위로 취득 또는 소유한 주식의 취득가액에 100분의 20을 곱한 금액의 범위에서 취득가액에 중대성의 정도별로 정하는 부과기준율을 곱하여 산정한다.
	다) 순환출자 행위	법 제38조 제1항	위반행위로 취득 또는 소유한 주식의 취득가액에 100분의 20을 곱한 금액의 범위에서 취득가액에 중대성의 정도별로 정하는 부과기준율을 곱하여 산정한다.
	라) 계열회사에 대한 채무보증행위	법 제38조 제2항	법 제24조를 위반하여 행한 채무보증액에 100분의 20을 곱한 금액의 범위에서 채무보증액에 중대성의 정도별로 정하는 부과기준율을 곱하여 산정한다.
3) 부당한 공동행위 등	가) 부당한 공동행위	법 제43조	관련매출액에 100분의 20을 곱한 금액의 범위에서 관련매출액에 중대성의 정도별로 정하는 부과기준율을 곱하여 산정한다. 다만, 제13조제3항 각 호의 어느 하나에 해당하는 경우에는 40억원의 범위에서 중대성의 정도를 고려하여 산정한다.
	나) 사업자단체 금지행위	법 제53조 제1항	10억원의 범위에서 위반행위의 종료일이 속한 연도의 사업자단체의 연간예산액에 중대성의 정도별로 정하는 부과기준율을 곱하여 산정한다. 다만, 연간예산액을 산정하기 곤란한 경우에는 10억원의 범위에서 중대성의 정도를 고려하여 산정한다.
	다) 사업자단체 금지행위 참가행위	법 제53조 제2항	관련매출액에 100분의 20을 곱한 금액의 범위에서 관련매출액에 중대성의 정도별로 정하는 부과기준율을 곱하여 산정한다. 다만, 제13조제3항 각 호의 어느 하나에 해당하는 경우에는 40억원의 범위에서 중대성의 정도를 고려하여 산정한다.
		법 제53조 제3항	관련매출액에 100분의 10를 곱한 금액의 범위에서 관련매출액에 중대성의 정도별로 정하는 부과기준율을 곱하여 산정한다. 다만, 제13조제3항 각 호의 어느 하나에 해당하는 경우에는 20억원의 범위에서 중대성의 정도를 고려하여 산정한다.
4) 불공정거래행위 등	가) 불공정거래행위(부당한 지원행위 제외)	법 제50조 제1항	관련매출액에 100분의 4를 곱한 금액의 범위에서 관련매출액에 중대성의 정도별로 정하는 부과기준율을 곱하여 산정한다. 다만, 제13조제3항 각 호의 어느 하나에 해당하는 경우에는 10억원의 범위에서 중대성의 정도를 고려하여 산정한다.
	나) 재판매가격 유지 행위	법 제50조 제1항	
5) 부당한 지원행위	부당한 지원행위	법 제50조 제2항	평균매출액에 100분의 10을 곱한 금액의 범위에서 법 제45조제1항제9호 또는 같은 조 제2항을 위반하여 지원하거나 지원받은 지원금액에 중대성의 정도별로 정하는 부과기준율을 곱하여 산정한다. 다만, 지원금액의 산출이 어렵거나 불가능한 경우 등에는 그 지원성 거래규모의 100분의 10을 지원금액으로 본다.
6) 특수관계인에 대한 부당한 이익제공 행위 등	특수관계인에 대한 부당한 이익제공 행위 등	법 제50조 제2항	평균매출액에 100분의 10을 곱한 금액의 범위에서 법 제47조제1항·제3항을 위반하여 거래 또는 제공한 위반금액(정상적인 거래에서 기대되는 급부와의 차액을 말한다)에 중대성의 정도별로 정하는 부과기준율을 곱하여 산정한다. 다만, 위반금액의 산출이 어렵거나 불가능한 경우 등에는 그 거래 또는 제공 규모(법 제47조제1항제2호의 경우에는 사업기회를 제공받은 특수관계인 또는 계열회사의 관련매출액)의 100분의 10을 위반금액으로 본다.
7) 보복조치	보복조치	법 제50조 제1항	관련매출액에 100분의 4를 곱한 금액의 범위에서 관련매출액에 위반행위의 중대성의 정도별로 정하는 부과기준율을 곱하여 산정한다. 다만, 제13조제3항 각 호의 어느 하나에 해당하는 경우에는 10억원의 범위에서 중대성의 정도를 고려하여 산정한다.

   나. 위반행위의 기간 및 횟수 등에 따른 조정
      법 제102조제1항제2호의 위반행위의 기간 및 횟수를 고려하여 가목에 따른 기본 산정기준의 100분의 100 범위에서 공정거래위원회가 정하여 고시하는 기준에 따라 산정기준을 조정한다.
   다. 위반사업자의 고의·과실 등에 따른 조정
      법 제102조제1항 각 호의 사항에 영향을 미치는 위반사업자의 고의·과실, 위반행위의 성격과 사정 등의 사유를 고려하여 나목에 따라 조정된 산정기준의 100분의 50 범위에서 공정거래위원회가 정하여 고시하는 기준에 따라 산정기준을 조정한다.
   라. 부과과징금
      1) 위반사업자(위반사업자단체를 포함한다. 이하 같다)의 현실적 부담능력이나 그 위반행위가 시장에 미치는 효과, 그 밖에 시장 또는 경제여건 및 법 제102조제1항제3호의 위반행위로 취득한 이익의 규모 등을 충분히 반영하지 못해 과중하다고 인정되는 경우에는 다목에 따라 조정된 산정기준의 100분의 50 범위에서 감액하여 부과과징금으로 정할 수 있다. 다만, 위반사업자의 과징금 납부능력의 현저한 부족, 위반사업자가 속한 시장·산업 여건의 현저한 변동 또는 지속적 악화, 경제위기, 그 밖에 이에 준하는 사유로 불가피하게 100분의 50을 초과하여 감액하는 것이 타당하다고 인정되는 경우에는 100분의 50을 초과하여 감액할 수 있다. 이 경우 다목에 따라 조정된 산정기준을 감액하는 경우에는 공정거래위원회의 의결서에 그 이유를 명시해야 한다.
      2) 위반사업자의 채무상태가 지급불능 또는 지급정지 상태에 있거나 부채의 총액이 자산의 총액을 초과하는 등의 사유로 위반사업자가 객관적으로 과징금을 납부할 능력이 없다고 인정되는 경우에는 과징금을 면제할 수 있다.

비고
1. 제2호가목에 따른 관련매출액을 산정하는 경우 관련상품의 범위는 위반행위에 따라 직접 또는 간접적으로 영향을 받는 상품의 종류와 성질, 거래지역, 거래상대방, 거래단계 등을 고려하여 정하고, 위반기간은 위반행위의 개시일부터 종료일까지의 기간으로 정하며, 매출액은 사업자의 회계자료 등을 참고하여 정하되, 각각의 범위는 행위유형별로 개별적·구체적으로 판단한다.
2. 위 표에서 규정한 사항 외에 산정기준의 부과기준율, 관련매출액의 산정, 제2호나목 및 다목에 따른 조정, 그 밖에 과징금의 부과에 필요한 세부적인 사항은 공정거래위원회가 정하여 고시한다.

[별표7]

과태료의 부과기준(제94조제1호 관련)

1. 일반기준
   가. 공정거래위원회는 다음의 어느 하나에 해당하는 경우 제2호 및 제3호에 따라 산정된 과태료 금액의 4분의 3 범위에서 감경할 수 있다. 다만, 과태료를 체납하고 있는 위반행위자에 대해서는 그렇지 않다.
      1) 위반의 내용·정도가 경미하다고 인정되는 경우
      2) 그 밖에 위반행위의 정도, 동기와 그 결과 등을 고려하여 감경할 필요가 있다고 인정되는 경우
   나. 공정거래위원회는 다음의 어느 하나에 해당하는 경우 제2호 및 제3호에 따라 산정된 과태료 금액의 2분의 1 범위에서 가중할 수 있다. 다만, 가중하는 경우에도 법 제130조제1항에 따른 과태료 금액의 상한을 초과할 수 없다.
      1) 위반행위가 고의나 중대한 과실에 의한 것으로 인정되는 경우
      2) 위반의 내용·정도가 중대한 경우
      3) 그 밖에 위반행위의 정도, 위반행위의 동기와 그 결과 등을 고려하여 가중할 필요가 있다고 인정되는 경우
2. 위반유형별 과태료 금액
   가. 법 제11조제1항 및 제2항에 따른 기업결합의 신고를 거짓으로 한 경우에 대한 과태료는 7천만원으로 한다.
   나. 법 제11조제6항 각 호 외의 부분 본문에 따른 기업결합의 신고를 하지 않은 경우에 대한 과태료는 다음 표와 같다.

구 분		기업결합상대회사의 자산총액 또는 매출액 중 큰 금액이 속하는 범위		
		2천억원 미만	2천억원 이상 2조원 미만	2조원 이상
기업결합신고대상회사의 자산총액 또는 매출액 중 큰 금액이 속하는 범위	2천억원 미만	400만원	480만원	800만원
	2천억원 이상 2조원 미만	480만원	600만원	1,000만원
	2조원 이상	800만원	1,000만원	1,200만원

   다. 법 제11조제6항 각 호 외의 부분 단서에 따른 기업결합의 신고를 하지 않은 경우와 법 제11조제8항을 위반한 경우에 대한 과태료는 다음 표와 같다.

구 분		기업결합상대회사의 자산총액 또는 매출액 중 큰 금액이 속하는 범위		
		2천억원 미만	2천억원 이상 2조원 미만	2조원 이상
기업결합신고대상회사의 자산총액 또는 매출액 중 큰 금액이 속하는 범위	2천억원 미만	1,500만원	2,000만원	3,000만원
	2천억원 이상 2조원 미만	2,000만원	2,400만원	3,600만원
	2조원 이상	3,000만원	3,600만원	4,000만원

3. 가산사유 및 가산금액
   가. 법 제11조제1항·제2항 및 제6항에 따른 기업결합 신고기한을 넘겨 신고하는 경우에는 신고기한의 다음 날부터 1일마다 제2호나목 및 다목에 따른 과태료의 1,000분의 5에 해당하는 금액을 가산하여 부과한다. 다만, 가산하는 금액은 제2호나목 및 다목에 따른 과태료의 100분의 150을 초과할 수 없다.
   나. 해당 기업결합 신고기한 만료일부터 과거 5년간 기업결합 신고규정의 위반에 따라 공정거래위원회로부터 경고를 받거나 과태료를 부과받은 횟수가 1회 이상인 경우에는 그 위반행위 1회마다 제2호나목 및 다목에 따른 과태료의 100분의 20에 해당하는 금액을 가산하여 부과한다. 다만, 가산하는 경우에도 법 제130조제1항에 따른 과태료 금액의 상한을 초과할 수 없다.

비고
1. 제2호나목 및 다목에 따른 기업결합신고대상회사 및 기업결합상대회사의 자산총액 및 매출액에 계열회사의 자산총액과 매출액은 포함시키지 않는다.
2. 금융업 또는 보험업을 경영하는 회사의 경우 제2호나목 및 다목에 따른 자산총액은 자본총액 또는 자본금 중 큰 금액으로, 매출액은 영업수익으로 본다.

[별표8]

과태료의 부과기준(제94조제2호 관련)

1. 일반기준

가. 공정거래위원회는 다음의 어느 하나에 해당하는 경우 제2호의 개별기준에 따른 과태료 금액의 2분의 1 범위에서 감경할 수 있다. 다만, 과태료를 체납하고 있는 위반행위자에 대해서는 그렇지 않다.

1) 위반행위가 사소한 부주의나 오류로 인한 것으로 인정되는 경우
2) 위반의 내용·정도가 경미하다고 인정되는 경우
3) 위반행위자가 법 위반상태를 시정하거나 해소하기 위해 노력한 것으로 인정되는 경우
4) 그 밖에 위반행위의 정도, 동기와 그 결과 등을 고려하여 감경할 필요가 있다고 인정되는 경우

나. 공정거래위원회는 다음의 어느 하나에 해당하는 경우 제2호의 개별기준에 따른 과태료 금액의 2분의 1 범위에서 가중할 수 있다. 다만, 가중하는 경우에도 법 제130조제1항에 따른 과태료 금액의 상한을 초과할 수 없다.

1) 위반행위가 고의나 중대한 과실에 의한 것으로 인정되는 경우
2) 위반의 내용·정도가 중대한 경우
3) 법 위반상태의 기간이 6개월 이상인 경우
4) 그 밖에 위반행위의 정도, 위반행위의 동기와 그 결과 등을 고려하여 가중할 필요가 있다고 인정되는 경우

2. 개별기준

위 반 행 위	근 거 법조문	금액 (단위 : 만원)
가. 법 제20조제3항제2호·제3호를 위반하여 금융업 또는 보험업을 영위한 경우	법 제130조 제1항제2호	10,000
나. 법 제20조제4항에 따른 보고를 하지 않은 경우 또는 주요 내용을 누락하거나 거짓으로 보고를 한 경우	법 제130조 제1항제3호	3,000
다. 법 제20조제5항에 따른 보고를 하지 않은 경우 또는 주요 내용을 누락하거나 거짓으로 보고를 한 경우	법 제130조 제1항제3호	5,000

[별표9]

과태료의 부과기준(제94조제3호 관련)

1. 일반기준

가. 공정거래위원회는 다음의 어느 하나에 해당하는 경우 제2호의 개별기준에 따른 과태료 금액의 4분의 3 범위에서 감경할 수 있다. 다만, 과태료를 체납하고 있는 위반행위자에 대해서는 그렇지 않다.

1) 위반의 내용·정도가 경미하다고 인정되는 경우
2) 그 밖에 위반행위의 정도, 동기와 그 결과 등을 고려하여 감경할 필요가 있다고 인정되는 경우

나. 공정거래위원회는 다음의 어느 하나에 해당하는 경우 제2호의 개별기준에 따른 과태료 금액의 2분의 1 범위에서 가중할 수 있다. 다만, 가중하는 경우에도 법 제130조제1항에 따른 과태료 금액의 상한을 초과할 수 없다.

1) 위반행위가 고의나 중대한 과실에 의한 것으로 인정되는 경우
2) 위반의 내용·정도가 중대한 경우
3) 그 밖에 위반행위의 정도, 위반행위의 동기와 그 결과 등을 고려하여 가중할 필요가 있다고 인정되는 경우

2. 개별기준

가. 법 제26조 및 제29조의 위반행위에 대한 과태료

위반 유형				과태료금액 (단위 : 만원)
이사회 의결 여부	공시 여부	공시기한 준수 여부	주요내용의 누락이나 거짓 공시 여부	
이사회 의결을 거친 경우	공시하지 않은 경우			5,000
	공시한 경우	공시기한까지 공시한 경우	주요내용을 누락하거나 거짓 공시한 사항을 공시기한이 지난 후 과태료 처분 사전통지서 발송일 전날까지 보완한 경우	500 (공시기한을 넘긴 날의 다음 날부터 보완을 마친 날까지 1일마다 10만원씩 가산하되, 2천만원을 초과할 수 없다)
			주요내용을 누락하거나 거짓 공시한 경우	2,000
		공시기한을 넘긴 경우	주요내용을 누락하거나 거짓 공시하지 않은 경우(과태료 처분 사전통지서 발송일 전날까지 보완한 경우를 포함한다)	500 (공시기한을 넘긴 날의 다음 날부터 보완을 마친 날까지 1일마다 10만원씩 가산하되, 5천만원을 초과할 수 없다)
			주요내용을 누락하거나 거짓 공시한 경우	5,000
이사회 의결을 거치지 않은 경우	공시하지 않은 경우			7,000
	공시한 경우		주요내용을 누락하거나 거짓 공시하지 않은 경우	5,000
			주요내용을 누락하거나 거짓 공시한 경우	7,000

나. 법 제27조 및 제28조의 위반행위에 대한 과태료

위반 유형			과태료금액 (단위 : 만원)
공시 여부	공시기한 준수 여부	주요내용의 누락이나 거짓 공시 여부	
공시하지 않은 경우			1,000
공시한 경우	공시기한까지 공시한 경우	주요내용을 누락하거나 거짓 공시한 사항을 공시기한이 지난 후 과태료 처분 사전통지서 발송일 전날까지 보완한 경우	100 (공시기한을 넘긴 날의 다음 날부터 보완을 마친 날까지 1일마다 5만원씩 가산하되, 5백만원을 초과할 수 없다)
		주요내용을 누락하거나 거짓 공시한 경우	500
	공시기한을 넘긴 경우	주요내용을 누락하거나 거짓 공시하지 않은 경우(과태료 처분 사전통지서 발송일 전날까지 보완한 경우를 포함한다)	100 (공시기한을 넘긴 날의 다음 날부터 보완을 마친 날까지 1일마다 5만원씩 가산하되, 1천만원을 초과할 수 없다)
		주요내용을 누락하거나 거짓 공시한 경우	1,000

[별표10]

과태료의 부과기준(제94조제4호 관련)

1. 일반기준

가. 위반행위의 횟수에 따른 과태료의 가중된 부과기준은 최근 3년간 같은 위반행위로 과태료 부과처분을 받은 경우에 적용한다. 이 경우 기간의 계산은 위반행위에 대해 과태료 부과처분을 받은 날과 그 처분 후 다시 같은 위반행위를 하여 적발된 날을 기준으로 한다.

나. 가목에 따라 가중된 부과처분을 하는 경우 가중처분의 적용 차수는 그 위반행위 전 부과처분 차수(가목에 따른 기간 내에 과태료 부과처분이 둘 이상 있었던 경우에는 높은 차수를 말한다)의 다음 차수로 한다.

다. 공정거래위원회는 다음의 어느 하나에 해당하는 경우 제2호의 개별기준에 따른 과태료 금액의 2분의 1 범위에서 감경할 수 있다. 다만, 과태료를 체납하고 있는 위반행위자에 대해서는 그렇지 않다.

1) 위반행위가 사소한 부주의나 오류로 인한 것으로 인정되는 경우
2) 위반의 내용·정도가 경미하여 공정거래위원회의 업무에 피해가 적다고 인정되는 경우
3) 위반행위자가 법 위반상태를 시정하거나 해소하기 위해 노력한 것으로 인정되는 경우
4) 그 밖에 위반행위의 정도, 동기와 그 결과 등을 고려하여 감경할 필요가 있다고 인정되는 경우

2. 개별기준

위 반 행 위		근 거 법조문	과태료 금액(단위 : 만원)		
			1차 위반	2차 위반	3차 이상 위반
가. 법 제32조제3항의 자료제출 요청에 대해 정당한 이유 없이 자료를 제출하지 않은 경우		법 제130조 제1항제5호	10,000	10,000	10,000
나. 법 제32조제3항의 자료제출 요청에 대해 고의로 거짓의 자료를 제출한 경우		법 제130조 제1항제5호	10,000	10,000	10,000
다. 법 제32조제3항의 자료제출 요청에 대해 단순 누락 또는 오기로 거짓의 자료를 제출한 경우		법 제130조 제1항제5호	200	500	1,000
라. 법 제66조를 위반하여 질서유지의 명령을 따르지 않은 경우		법 제130조 제2항	50	75	100
마. 법 제81조제1항제1호를 위반하여 정당한 이유 없이 출석하지 않은 경우	1) 사업자 또는 사업자단체	법 제130조 제1항제6호	2,000	5,000	10,000
	2) 회사 또는 사업자단체의 임원 또는 종업원, 그 밖의 이해관계인	법 제130조 제1항제6호	200	500	1,000
바. 법 제87조제2항에 따른 자료제출 요구에 대해 정당한 이유 없이 자료를 제출하지 않거나 고의로 거짓의 자료를 제출한 경우	1) 사업자, 사업자 단체, 공시대상기업집단에 속하는 회사를 지배하는 동일인이나 그 동일인의 특수관계인인 공익법인	법 제130조 제1항제7호	2,000	5,000	10,000
	2) 회사·사업자단체·공익법인의 임원 또는 종업원, 그 밖의 이해관계인	법 제130조 제1항제7호	200	500	1,000
사. 법 제87조제2항에 따른 자료제출 요구에 대해 단순누락 또는 오기로 거짓의 자료를 제출한 경우	1) 사업자, 사업자 단체, 공시대상기업집단에 속하는 회사를 지배하는 동일인이나 그 동일인의 특수관계인인 공익법인	법 제130조 제1항제7호	200	500	1,000
	2) 회사·사업자단체·공익법인의 임원 또는 종업원, 그 밖의 이해관계인	법 제130조 제1항제7호	20	50	100

■ 물가안정에 관한 법률 시행령

〔별표〕

과태료의 부과기준(제25조의2제1항 관련)

(2014.6.30 개정)

1. 일반기준
   위반행위의 횟수에 따른 과태료의 부과기준은 최근 1년간 같은 위반행위로 과태료를 부과받은 경우에 적용한다. 이 경우 위반행위에 대하여 과태료 부과처분을 한 날과 다시 동일한 위반행위를 적발한 날을 각각 기준으로 하여 위반 횟수를 계산한다.
2. 개별기준

위반행위	근거 법조문	과태료금액(단위 : 만원)				
		1차 위반	2차 위반	3차 위반	4차 위반	5차 이상
가. 법 제3조에 따른 명령에 위반한 경우	법 제29조 제1항제1호					
1) 액화석유가스						
가) 가격을 허위로 표시한 경우		100이상 300이하	300이상 500이하	500이상 1,000이하	1,000	1,000
나) 가격을 표시하지 아니한 경우		시정 권고	100이상 300이하	300이상 500이하	500이상 1,000이하	500이상 1,000이하
다) 표시방법을 위반한 경우		시정 권고	50이상 100이하	100이상 300이하	300이상 500이하	300이상 500이하
2) 그 밖의 품목						
가) 가격을 허위로 표시한 경우		시정 권고	30이상 50이하	50이상 100이하	200이상 500이하	500이상 1,000이하
나) 가격을 표시하지 아니한 경우		시정 권고	30이상 50이하	50이상 100이하	200이상 500이하	500이상 1,000이하
다) 표시방법을 위반한 경우		시정 권고	20이상 30이하	30이상 50이하	100이상 200이하	300이상 500이하
나. 법 제16조제1항에 따른 보고를 하지 아니하거나 허위의 보고를 한 경우	법 제29조 제1항제3호					
1) 법 제2조에 따른 최고가격과 관련한 보고		100	300	500	700	1,000
2) 법 제3조에 따른 가격표시명령과 관련한 보고		시정 권고	100	300	500	1,000
3) 법 제6조에 따른 긴급수급조정조치와 관련한 보고		300	500	700	1,000	1,000
4) 법 제7조에 따른 매점매석행위와 관련한 보고		100	300	500	700	1,000
다. 법 제16조제1항에 따른 자료를 제출하지 아니하거나 허위의 자료를 제출한 경우	법 제29조 제1항제4호					
1) 법 제2조에 따른 최고가격과 관련한 자료		100	300	500	700	1,000
2) 법 제3조에 따른 가격표시명령과 관련한 자료		시정 권고	100	300	500	1,000
3) 법 제6조에 따른 긴급수급조정조치와 관련한 자료		300	500	700	1,000	1,000
4) 법 제7조에 따른 매점매석행위와 관련한 자료		100	300	500	700	1,000

■ 하도급거래 공정화에 관한 법률 시행령

〔별표1〕

연동지원본부의 지정 취소 및 업무정지 기준(제6조의7제6항 관련)

(2023.9.26 신설)

1. 일반기준
   가. 위반행위가 둘 이상인 경우로서 그에 해당하는 각각의 처분기준이 다른 경우에는 그 중 무거운 처분기준에 따르고, 둘 이상의 처분기준이 모두 업무정지인 경우에는 각 처분기준을 합산한 기간을 넘지 않는 범위에서 무거운 처분기준에 그 처분기준의 2분의 1 범위에서 가중한다.
   나. 위반행위의 횟수에 따른 행정처분 기준은 최근 3년간 같은 위반행위로 행정처분을 받은 경우에 적용한다. 이 경우 기간의 계산은 위반행위에 대하여 행정처분을 받은 날과 그 처분 후 다시 같은 위반행위를 하여 적발된 날을 기준으로 한다.
   다. 나목에 따라 가중된 처분을 하는 경우 가중처분의 적용 차수는 그 위반행위 전 행정처분 차수(나목에 따른 기간 내에 행정처분이 둘 이상 있었던 경우에는 높은 차수를 말한다)의 다음 차수로 한다.
   라. 처분권자는 위반행위의 동기·내용 및 위반의 정도 등 다음에 해당하는 사유를 고려하여 제2호에 따른 처분(제2호가목에 따른 처분은 제외한다)을 감경하거나 면제할 수 있다. 이 경우 그 처분이 업무정지인 경우에는 그 처분기준의 2분의 1의 범위에서 감경할 수 있고, 지정 취소인 경우에는 2개월 이상의 업무정지 처분으로 감경할 수 있다.
      1) 위반행위가 고의성이 없는 사소한 부주의로 인한 것인 경우
      2) 위반의 내용·정도가 경미하고, 하도급대금 연동 확산 사업의 안정을 위해 필요하다고 인정되는 경우
2. 개별기준

위반행위	근거 법조문	행정처분 기준		
		1차 위반	2차 위반	3차 이상 위반
가. 거짓이나 그 밖의 부정한 방법으로 지정을 받은 경우	법 제3조의7 제4항제1호	지정취소		
나. 정당한 사유 없이 법 제3조의7제2항 각 호의 사업을 1개월 이상 수행하지 않은 경우	법 제3조의7 제4항제3호	경고	업무정지 3개월	지정취소
다. 법 제3조의7제5항에 따른 지정 기준을 충족하지 못하는 경우	법 제3조의7 제4항제2호	경고	업무정지 3개월	지정취소

〔별표1의2〕

주된 업종별 연간매출액(제7조의5 관련)

(2022.2.15 개정)

제조등의 위탁을 받는 중견기업의 주된 업종	분류기호	연간 매출액
1. 의복, 의복액세서리 및 모피제품 제조업	C14	3,000억원
2. 가죽, 가방 및 신발 제조업	C15	
3. 펄프, 종이 및 종이제품 제조업	C17	
4. 1차 금속 제조업	C24	
5. 전기장비 제조업	C28	
6. 가구 제조업	C32	
7. 농업, 임업 및 어업	A	2,000억원
8. 광업	B	
9. 식료품 제조업	C10	
10. 담배 제조업	C12	
11. 섬유제품 제조업(의복 제조업은 제외한다)	C13	
12. 목재 및 나무제품 제조업(가구 제조업은 제외한다)	C16	
13. 코크스, 연탄 및 석유정제품 제조업	C19	
14. 화학물질 및 화학제품 제조업(의약품 제조업은 제외한다)	C20	
15. 고무제품 및 플라스틱제품 제조업	C22	
16. 금속가공제품 제조업(기계 및 가구 제조업은 제외한다)	C25	
17. 전자부품, 컴퓨터, 영상, 음향 및 통신장비 제조업	C26	
18. 그 밖의 기계 및 장비 제조업	C29	
19. 자동차 및 트레일러 제조업	C30	
20. 그 밖의 운송장비 제조업	C31	
21. 전기, 가스, 증기 및 수도사업	D	
22. 건설업	F	
23. 도매 및 소매업	G	
24. 음료 제조업	C11	1,600억원
25. 인쇄 및 기록매체 복제업	C18	
26. 의료용 물질 및 의약품 제조업	C21	
27. 비금속 광물제품 제조업	C23	
28. 의료, 정밀, 광학기기 및 시계 제조업	C27	
29. 그 밖의 제품 제조업	C33	
30. 하수·폐기물 처리, 원료재생 및 환경복원업	E	
31. 운수업	H	
32. 출판, 영상, 방송통신 및 정보서비스업	J	
33. 전문, 과학 및 기술 서비스업	M	1,200억원
34. 사업시설관리 및 사업지원 서비스업	N	
35. 보건업 및 사회복지 서비스업	Q	
36. 예술, 스포츠 및 여가 관련 서비스업	R	
37. 수리(修理) 및 기타 개인 서비스업	S	
38. 숙박 및 음식점업	I	800억원
39. 부동산업 및 임대업	L	
40. 교육 서비스업	P	

비고
1. 해당 중견기업의 주된 업종 및 분류기호는 「통계법」 제22조제1항에 따라 통계청장이 고시한 한국표준산업분류에 따른다.
2. 해당 중견기업의 연간매출액은 직전 사업연도의 연간매출액으로 한다.
3. 제1호를 적용할 때 하나의 중견기업이 둘 이상의 서로 다른 업종을 경영하는 경우에는 그 중견기업의 연간매출액 중 가장 큰 비중을 차지하는 업종을 주된 업종으로 본다.

〔별표2〕

과징금의 부과기준(제13조제1항 관련)

(2023.1.3 개정)

1. 과징금 부과 여부의 결정
가. 과징금은 위반행위의 내용 및 정도를 우선적으로 고려하고, 시장상황 등을 종합적으로 고려하여 그 부과 여부를 결정하되, 다음의 어느 하나에 해당하는 경우에는 원칙적으로 과징금을 부과한다.
1) 위반행위로 인하여 공정한 하도급거래질서가 크게 저해된 경우
2) 큰 피해를 입은 수급사업자가 다수인 경우
3) 1) 및 2)에 준하는 경우로서 공정거래위원회가 정하여 고시하는 경우
나. 법 위반행위를 한 원사업자 또는 발주자(이하 이 목에서 "원사업자등"이라 한다)가 다음의 어느 하나에 해당하는 것(이하 "미지급금"이라 한다)을 법 제22조제2항에 따른 공정거래위원회의 조사가 개시된 날 또는 공정거래위원회로부터 미지급금의 지급에 관한 요청을 받은 날부터 30일 이내에 수급사업자에게 지급한 경우에는 그 원사업자등에 대하여 과징금을 부과하지 아니할 수 있다.
1) 법 제6조에 따른 선급금에 관한 것으로서 다음의 어느 하나에 해당하는 것
가) 법 제6조제1항을 위반하여 수급사업자에게 지급하지 아니한(그 지급의무의 내용에 따른 이행을 하지 아니한 경우를 포함한다. 이하 이 목에서 같다) 선급금
나) 법 제6조제2항을 위반하여 수급사업자에게 지급하지 아니한 이자
다) 법 제6조제3항에서 준용하는 법 제13조제6항 또는 제7항을 위반하여 수급사업자에게 지급하지 아니한 어음할인료 또는 수수료
2) 법 제13조 또는 제17조에 따른 하도급대금에 관한 것으로서 다음의 어느 하나에 해당하는 것
가) 법 제13조제1항, 제3항부터 제5항까지의 규정 또는 제17조제1항을 위반하여 수급사업자에게 지급하지 아니한 하도급대금
나) 법 제13조제6항을 위반하여 수급사업자에게 지급하지 아니한 할인료
다) 법 제13조제7항을 위반하여 수급사업자에게 지급하지 아니한 수수료
라) 법 제13조제8항을 위반하여 수급사업자에게 지급하지 아니한 이자
3) 법 제14조를 위반하여 수급사업자에게 직접 지급하지 아니한 하도급대금
4) 법 제15조에 따른 관세등의 환급금에 관한 것으로서 다음의 어느 하나에 해당하는 것
가) 법 제15조제1항 또는 제2항을 위반하여 수급사업자에게 지급하지 아니한 관세 등 환급상당액
나) 법 제15조제3항을 위반하여 수급사업자에게 지급하지 아니한 이자

2. 과징금의 산정기준
과징금은 위반행위의 내용 및 정도, 위반행위의 횟수 등과 이에 영향을 미치는 사항을 고려하여 산정하되, 가목에 따른 기본 산정금액에 나목에 따른 위반행위의 횟수 및 위반행위에 따라 피해를 입은 수급사업자의 수에 따른 조정과 다목에 따른 법 위반행위를 한 원사업자, 발주자 또는 수급사업자(이하 이 호에서 "위반사업자"라 한다)의 고의·과실 등에 따른 조정을 거쳐 라목에 따른 부과과징금을 산정한다.
가. 기본 산정금액
1) 법 제25조의3제1항 각 호에 따른 위반행위의 내용 및 정도에 따라 위반행위의 중대성 정도를 "중대성이 약한 위반행위", "중대한 위반행위", "매우 중대한 위반행위"로 구분하고, 위반행위의 중대성의 정도별로 2)의 기준에 따라 산정한다.
2) 하도급대금의 2배에 위반사업자의 위반금액의 비율(해당 법 위반사건의 하도급대금 대비 미지급금, 그 밖에 이에 준하는 금액으로서 공정거래위원회가 정하여 고시하는 금액의 비율을 말한다)을 곱한 금액에 위반행위의 중대성의 정도별로 정하는 부과기준율을 곱하여 산정한다. 다만, 위반금액의 비율을 산정하기 곤란한 경우에는 20억원 이내에서 중대성의 정도를 고려하여 산정한다.
나. 위반행위의 횟수 및 위반행위에 따라 피해를 입은 수급사업자의 수에 따른 조정(이하 "1차 조정"이라 한다)
위반행위의 횟수, 위반행위에 따라 피해를 입은 수급사업자의 수를 고려하여 기본산정기준의 100분의 50의 범위에서 공정거래위원회가 정하여 고시하는 기준에 따라 가중하거나 감경한다.
다. 위반사업자의 고의·과실 등에 따른 조정(이하 "2차 조정"이라 한다)
위반행위의 내용 및 정도, 위반행위의 횟수 등에 영향을 미치는 위반사업자의 고의·과실, 위반행위의 성격과 사정 등의 사유를 고려하여 1차 조정된 기본 산정금액의 100분의 50의 범위에서 공정거래위원회가 정하여 고시하는 기준에 따라 가중하거나 감경한다. 다만, 가중하는 경우에도 라목에 따라 부과되는 과징금의 총액은 하도급대금의 2배를 초과할 수 없다.
라. 부과과징금
1) 위반사업자의 현실적 부담능력이나 그 위반행위가 시장에 미치는 효과, 그 밖에 시장 또는 경제적 여건 및 위반행위로 인하여 취득한 이익의 규모 등을 충분히 반영하지 못하여 과중하다고 인정되는 경우에는 1차·2차 조정 절차를 거쳐 산출된 금액의 100분의 50의 범위에서 감경하여 부과과징금으로 정할 수 있다. 다만, 위반사업자의 과징금 납부능력의 현저한 부족, 위반사업자가 속한 시장·산업 여건의 현저한 변동 또는 지속적 악화, 경제위기, 그 밖에 이에 준하는 사유로 불가피하게 100분의 50을 초과하여 감경하는 것이 타당하다고 인정되는 경우에는 100분의 50을 초과하여 감경할 수 있다.
2) 위반사업자가 채무 지급불능 또는 지급정지 상태에 있거나 부채의 총액이 자산의 총액을 초과하는 등의 사유로 인하여 위반사업자가 객관적으로 과징금을 납부할 능력이 없다고 인정되는 경우에는 과징금을 면제할 수 있다.
3) 1) 또는 2)에 따라 과징금을 감액하거나 면제하는 경우에는 공정거래위원회의 의결서에 그 이유를 명시하여야 한다.

3. 과징금 부과에 관한 세부기준
기본 산정금액의 산정 시 적용되는 부과기준율 및 위반금액의 비율을 산정하는 방법, 그 밖에 과징금의 부과에 필요한 세부적인 기준과 방법 등에 대해서는 공정거래위원회가 정하여 고시한다.

〔별표3〕

벌점의 부과기준(제17조 관련)

(2023.9.26 개정)

1. 용어의 뜻
가. "벌점"이란 법 제26조제2항에 따른 입찰참가자격의 제한 요청 등의 기초자료로 사용하기 위하여 법을 위반한 사업자에게 공정거래위원회가 제2호에 따른 벌점의 부과기준에 따라 부과한 점수를 말한다.
나. "경감점수"란 사업자가 받은 벌점에서 제3호가목에 따른 벌점의 경감기준에 따라 경감하는 점수를 말한다.
다. "가중점수"란 사업자가 받은 벌점에서 제3호다목에 따라 가중하는 점수를 말한다.
라. "누산점수"란 다음의 구분에 따른 날을 기산일로 하여 과거 3년간 해당 사업자가 받은 모든 벌점을 더한 점수에서 해당 사업자가 받은 모든 경감점수를 더한 점수를 빼고 모든 가중점수를 더한 점수를 더한 점수를 말한다.
1) 상습법위반사업자 명단공표의 경우 : 명단공표일이 속하는 연도 1월 1일
2) 입찰참가자격제한 요청 및 영업정지 요청의 경우 : 법 제26조제2항에 따른 공정거래위원회의 시정조치일
마. "현금결제비율"이란 총 하도급대금 결제액 중에서 현금결제액(현금과 수표에 의한 결제액의 합계액을 말한다)의 비율을 말한다.
바. "입찰정보공개비율"은 경쟁입찰 방식을 통한 건설위탁 관련 하도급계약(법 제3조의5에 따른 건설위탁 관련 하도급계약은 제외한다. 이하 이 목에서 같다) 건수 중 하도급 입찰에 참가한 수급사업자에게 해당 입찰결과(최저 입찰금액과 낙찰금액을 말한다)를 입찰이 종료된 후 7일 이내에 공개한 하도급계약 건수의 비율을 말한다.
사. "연동계약"이란 목적물등의 원재료 가격이 변동하는 경우 그 변동분에 연동하여 하도급대금을 조정하는 것을 내용으로 하는 하도급계약을 말한다.
아. "하도급대금증액비율"이란 원사업자가 체결한 하도급계약(갱신계약을 포함한다)에 따라 수급사업자에게 지급하기로 한 하도급대금을 증액하여 지급한 경우 그 증액분의 비율을 말한다.
2. 벌점의 부과기준
가. 벌점은 법 위반행위가 속하는 위반유형에 대하여 각각 시정조치 유형별 점수를 산출하고(같은 유형에 속하는 법 위반행위에 대하여 서로 다른 유형의 시정조치를 한 경우에는 가장 중한 시정조치 유형의 점수만 반영한다), 각 시정조치 유형별 점수를 더하여 정하며, 시정조치 유형별 점수는 다음과 같다.
1) 경고(서면실권실태조사에서 발견된 법 위반 혐의사항에 대한 공정거래위원회의 자진시정요청에 따른 경우) : 0.25점
2) 경고(신고 또는 직권인지에 따른 경우) : 0.5점
3) 시정권고 : 1.0점
4) 시정명령(법 위반행위를 자진시정한 원사업자 또는 발주자에 대하여 향후 재발방지를 명하는 경우) : 1.0점
5) 시정명령 : 2.0점
6) 과징금 : 2.5점(법 제4조, 제11조, 제12조의3제4항 또는 제19조를 위반한 행위로 과징금을 부과받은 경우는 2.6점으로 한다)
7) 고발 : 3.0점(법 제4조, 제11조, 제12조의3제4항 또는 제19조를 위반한 행위로 고발된 경우는 5.1점으로 한다)
나. 가목에서 법 위반행위가 속하는 위반유형은 다음과 같다.
1) 서면 관련 위반 : 법 제3조제1항부터 제7항까지 및 제12항을 위반한 경우
2) 부당납품단가 인하 관련 위반 : 법 제4조, 제11조 또는 제16조의2제10항을 위반한 경우
3) 대금지급 관련 위반 : 법 제6조, 제13조, 제13조의2, 제14조부터 제16조까지 및 제17조를 위반한 경우
4) 보복조치 및 탈법행위 관련 위반 : 법 제19조 또는 제20조를 위반한 경우
5) 그 밖의 위반 : 법 제3조의4, 제5조, 제7조부터 제10조까지, 제12조, 제12조의2, 제12조의3 또는 제18조를 위반한 경우
다. 가목의 기준에도 불구하고 원사업자가 법 제3조제5항을 위반하여 거래상 지위를 남용하거나 거짓 또는 그 밖의 부정한 방법으로 같은 조의 적용을 피하려는 행위를 한 경우에는 시정조치의 유형에 관계없이 3.1점을 부과한다. 다만, 원사업자가 법 제3조제5항을 위반하여 같은 조 제4항제4호에 따라 수급사업자와 하도급대금 연동을 하지 않기로 합의한 경우에는 5.1점을 부과한다.
라. 가목의 기준에도 불구하고 다음의 어느 하나에 해당하는 경우에는 그 벌점을 0점으로 한다.
1) 원사업자 또는 발주자가 미지급금을 법 제22조제2항에 따른 공정거래위원회의 조사가 개시된 날 또는 공정거래위원회로부터 미지급금의 지급에 관한 요청을 받은 날부터 30일 이내에 수급사업자에게 지급함에 따라 경고를 받은 경우
2) 분쟁당사자 사이에 합의가 이루어지고 당사자가 그 합의내용을 이행한 것이 확인된 경우로서 공정거래위원회가 법 제24조의6제4항에 따라 원사업자에게 시정조치 또는 시정권고를 하지 않은 경우
3. 벌점의 경감·가중 및 누산기준
가. 유형별 벌점의 경감점수는 다음과 같다.
1) 원사업자가 법 제3조의2에 따른 표준하도급계약서를 사용하여 체결한 하도급계약(변경계약 및 갱신계약을 포함한다)의 비율이 70% 이상인 경우(수급사업자에게 뚜렷하게 불리하도록 내용을 수정하거나 특약을 추가하는 경우 또는 표준하도급계약서가 개정된 날부터 3개월이 경과한 후에 종전의 표준하도급계약서를 사용하여 하도급계약을 체결한 경우는 제외한다) : 다음의 구분에 따른 점수
가) 원사업자가 표준하도급계약서를 사용한 비율이 90% 이상인 경우 : 2점
나) 원사업자가 표준하도급계약서를 사용한 비율이 70% 이상 90% 미만인 경우 : 1점
2) 원사업자의 현금결제비율이 80% 이상인 경우 : 다음의 구분에 따른 점수
가) 현금결제비율이 100%인 경우 : 1점
나) 현금결제비율이 80% 이상 100% 미만인 경우 : 0.5점
3) 원사업자가 법 제2조제9항에 따른 건설업자에 해당하고, 입찰정보공개비율이 50% 이상인 경우 : 다음의 구분에 따른 점수
가) 입찰정보공개비율이 80% 이상인 경우 : 1점
나) 입찰정보공개비율이 50% 이상 80% 미만인 경우 : 0.5점
4) 원사업자가 공정거래위원회가 실시하는 공정거래 자율준수 프로그램(사업자가 공정거래 관련 법규를 준수하기 위해 자체적으로 제정·운영하는 교육, 감독 등의 내부준법체계를 말한다)에 대한 평가에서 우수 등급 이상을 받은 경우 : 다음의 구분에 따른 점수
가) 최우수 : 2점
나) 우수 : 1점
5) 원사업자가 공정거래위원회가 실시하는 하도급거래 평가에서 모범업체로 선정된 경우 : 3점
6) 원사업자 또는 대기업이 수급사업자 또는 협력사와 하도급 관련 법령의 준수 및 상호 지원·협력을 약속하는 협약을 체결하고, 공정거래위원회가 실시한 협약의 이행실적 평가에서 양호 등급 이상을 받은 경우
가) 최우수 : 3점
나) 우수 : 2점
다) 양호 : 1점
7) 하도급대금지급관리시스템을 활용하거나 법 제14조제1항제2호에 따라 발주자, 원사업자, 수급사업자가 합의하여 발주자가 직접 수급사업자에게 대금을 지급한 경우 : 다음의 구분에 따른 점수

가) 원사업자가 도급계약의 이행을 위해 체결한 하도급계약에 따라 지급해야 하는 하도급대금 중 발주자가 직접 수급사업자에게 지급한 하도급대금의 비율이 50% 이상인 경우 : 1점

나) 원사업자가 도급계약의 이행을 위해 체결한 하도급계약에 따라 지급해야 하는 하도급대금 중 발주자가 직접 수급사업자에게 지급한 하도급대금의 비율이 50% 미만인 경우 : 0.5점

8) 원사업자가 자신의 법 위반행위로 발생한 수급사업자의 피해를 자발적으로 구제한 경우(자진시정으로 제2호가목1) 또는 4)에 따른 벌점을 부과받은 경우는 제외한다) : 다음의 구분에 따른 범위에서 구제 신속성이나 구제 규모 등을 고려하여 공정거래위원회가 정하는 비율에 따른 점수

가) 수급사업자에 대한 피해구제 비율이 100%인 경우 : 해당 사건 벌점 중 25% 초과 50% 이하

나) 수급사업자에 대한 피해구제 비율이 50% 이상 100% 미만인 경우 : 해당 사건 벌점 중 25% 이하

9) 원사업자가 체결한 하도급계약(변경계약 및 갱신계약을 포함한다) 건수 중 원재료 가격 변동분이 하도급대금에 반영되는 비율이 50% 이상이 되도록 체결한 연동계약(변경계약 및 갱신계약을 포함한다. 이하 같다) 건수의 비율이 10% 이상인 경우 : 다음의 구분에 따른 점수

가) 원사업자가 해당 연동계약을 체결한 비율이 50% 이상인 경우 : 1점

나) 원사업자가 해당 연동계약을 체결한 비율이 10% 이상 50% 미만인 경우 : 0.5점

10) 하도급대금증액비율이 1% 이상인 경우 : 다음의 구분에 따른 점수. 이 경우 목적물등의 원재료 가격이 변동하는 경우 그 변동분에 연동하여 하도급대금이 조정되는 비율 등 구체적 사정을 고려하여 1점 이하의 범위에서 공정거래위원회가 정하여 고시하는 점수를 더할 수 있다.

가) 하도급대금증액비율이 10% 이상인 경우 : 1.5점

나) 하도급대금증액비율이 5% 이상 10% 미만인 경우 : 1점

다) 하도급대금증액비율이 1% 이상 5% 미만인 경우 : 0.5점

나. 가목에 따른 경감여부는 다음의 사항을 기준으로 판단한다.

1) 가목1)부터 7)까지, 9) 및 10)의 경우에는 누산점수 산정의 대상이 된 위반행위 중 가장 최근에 시정조치가 이루어진 위반행위의 시정조치일(상습법위반사업자 명단공표의 경우에는 명단공표일을 말한다)이 속한 사업연도의 직전 1개 사업연도 내에 해당 요건을 충족하였을 것

2) 가목5)에 해당하는 경우로서 모범업체 선정 근거가 된 사실의 전부 또는 일부가 다른 경감요건에 부합하는 경우 모범업체 선정에 따른 경감점수만 부여할 것

3) 가목8)에 따른 경감 대상 벌점은 공정거래위원회의 심의·의결 대상이 되는 사건별로 해당 사건과 관련된 벌점을 모두 합산한 벌점을 기준으로 할 것

다. 벌점의 가중점수는 다음과 같다.

원사업자 또는 발주자가 제1호라목에 따른 과거 3년 동안 법 제6조, 제13조제1항·제3항, 제6항부터 제8항까지의 규정, 제14조제1항, 제15조 또는 제17조제1항을 3회 이상 위반하고, 제2호다목1)에 따른 벌점을 2회 이상 면제받은 경우에는 "(벌점의 면제횟수 - 1) × 0.5"의 점수를 벌점에 가중한다.

라. 누산점수를 계산할 때에는 가목의 항목마다 1회만 벌점을 경감할 수 있으며, 다음의 어느 하나에 해당하는 벌점은 누산점수에 포함시키지 않는다.

1) 이의신청 등 불복절차가 진행 중인 사건에 대한 벌점

2) 법 제26조제2항에 따라 입찰참가자격 제한 요청이 이루어진 자에 대해 다시 입찰참가자격 제한을 요청하는 경우 과거에 입찰참가자격 제한 요청 시 누산점수 산정의 대상이 된 사건에 대한 벌점

3) 법 제26조제2항에 따라 영업정지 요청이 이루어진 자에 대해 다시 영업정지를 요청하는 경우 과거에 영업정지 요청 시 누산점수 산정의 대상이 된 사건에 대한 벌점

〔별표4〕

과태료의 부과기준(제18조제1호 관련)

(2023.1.3 신설)

1. 일반기준

가. 부과권자는 다음의 어느 하나에 해당하는 경우에는 제2호의 개별기준에 따른 과태료의 4분의 3 범위에서 그 금액을 줄여 부과할 수 있다. 다만, 과태료를 체납하고 있는 위반행위자에 대해서는 그렇지 않다.

1) 위반행위가 사소한 부주의나 오류로 인한 것으로 인정되는 경우

2) 위반의 내용·정도가 경미하다고 인정되는 경우

3) 그 밖에 위반행위의 정도, 위반행위의 동기와 그 결과 등을 고려하여 줄일 필요가 있다고 인정되는 경우

나. 부과권자는 다음의 어느 하나에 해당하는 경우에는 제2호의 개별기준에 따른 과태료의 2분의 1 범위에서 그 금액을 늘려 부과할 수 있다. 다만, 늘려 부과하는 경우에도 법 제30조의2제1항에 따른 과태료의 상한을 넘을 수 없다.

1) 위반행위가 고의나 중대한 과실에 의한 것으로 인정되는 경우

2) 위반의 내용·정도가 중대하다고 인정되는 경우

3) 그 밖에 위반행위의 정도, 위반행위의 동기와 그 결과 등을 고려하여 늘릴 필요가 있다고 인정되는 경우

2. 개별기준

위반 유형			과태료 (단위 : 만원)
공시 여부	공시기한 준수 여부	주요내용의 누락이나 거짓 공시 여부	
가. 공시하지 않은 경우			500
나. 공시한 경우	1) 공시기한까지 공시한 경우	가) 주요내용을 누락하여 공시하거나 거짓으로 공시한 사항을 공시기한이 지난 후 과태료 처분 사전통지서 발송일 전날까지 보완한 경우	100
		나) 주요내용을 누락하여 공시하거나 거짓으로 공시한 경우로서 가)에 해당하지 않는 경우	200
	2) 공시기한을 넘긴 경우	가) 주요내용을 누락하여 공시하거나 거짓으로 공시한 경우가 아닌 경우(주요내용을 누락하여 공시하거나 거짓으로 공시한 사항을 과태료 처분 사전통지서 발송일 전날까지 보완한 경우를 포함한다)	100
		나) 주요내용을 누락하여 공시하거나 거짓으로 공시한 경우	250

〔별표5〕

과태료의 부과기준(제18조제2호 관련)

(2023.9.26 개정)

1. 일반기준

가. 위반행위의 횟수에 따른 과태료의 가중된 부과기준은 최근 3년간 같은 위반행위로 과태료 부과처분을 받은 경우에 적용한다. 이 경우 기간의 계산은 위반행위에 대하여 과태료 부과처분을 받은 날과 그 처분 후 다시 같은 위반행위를 하여 적발된 날을 기준으로 한다.

나. 가목에 따라 가중된 부과처분을 하는 경우 가중처분의 적용 차수는 그 위반행위 전 부과처분 차수(가목에 따른 기간 내에 과태료 부과처분이 둘 이상 있었던 경우에는 높은 차수를 말한다)의 다음 차수로 한다.

다. 부과권자는 다음의 어느 하나에 해당하는 경우에는 제2호의 개별기준에 따른 과태료의 2분의 1 범위에서 그 금액을 줄여 부과할 수 있다. 다만, 과태료를 체납하고 있는 위반행위자에 대해서는 그렇지 않다.

1) 위반행위자가 「질서위반행위규제법 시행령」 제2조의2제1항 각 호의 어느 하나에 해당하는 경우

2) 위반행위자가 「중소기업기본법」 제2조에 따른 중소기업자인 경우

3) 위반행위가 사소한 부주의나 오류로 인한 것으로 인정되는 경우

4) 위반행위자가 법 위반상태를 시정하거나 해소한 경우

5) 위반행위자가 해당 위반행위를 처음 한 경우로서 최근 3년 이내에 법 제3조의6에 따른 하도급대금 연동 우수기업등으로 선정된 사실이 있는 경우(해당 사업자등의 임직원이 선정된 경우를 포함한다)

6) 그 밖에 위반행위의 정도, 위반행위의 동기와 그 결과 등을 고려하여 줄일 필요가 있다고 인정되는 경우

2. 개별기준

(단위 : 만원)

위 반 행 위	근 거 법조문	과태료 금액		
		1차 위반	2차 위반	3차 이상 위반
가. 법 제3조제2항제3호를 위반하여 하도급대금 연동에 관한 사항을 적지 않은 경우	법 제30조의2 제5항제1호	1,000		
나. 법 제3조제5항을 위반하여 거래상 지위를 남용하거나 거짓 또는 그 밖의 부정한 방법으로 같은 조의 적용을 피하려는 행위를 한 경우	법 제30조의2 제4항	3,000	4,000	5,000
다. 법 제3조의5를 위반하여 같은 조 각 호의 사항을 알리지 않거나 거짓으로 알린 경우	법 제30조의2 제5항제2호	100	200	300
라. 법 제22조의2제2항에 따른 자료를 제출하지 않거나 거짓으로 자료를 제출한 경우	법 제30조의2 제6항	100	250	500
마. 법 제22조의2제4항을 위반하여 수급사업자로 하여금 자료를 제출하지 않게 하거나 거짓 자료를 제출하도록 요구한 경우	법 제30조의2 제3항			
1) 원사업자		1,000	2,500	5,000
2) 원사업자의 임원, 종업원과 그 밖의 이해관계인		100	250	500
바. 법 제27조제1항에 따라 준용되는 「독점규제 및 공정거래에 관한 법률」 제66조에 따른 질서유지의 명령을 따르지 않은 경우	법 제30조의2 제7항	50	75	100
사. 법 제27조제2항에 따라 준용되는 「독점규제 및 공정거래에 관한 법률」 제81조제1항제1호에 따른 출석처분을 위반하여 정당한 사유 없이 출석하지 않은 경우	법 제30조의2 제1항제2호			
1) 사업자 또는 사업자단체		2,000	5,000	10,000
2) 사업자 또는 사업자단체의 임원, 종업원과 그 밖의 이해관계인		200	500	1,000
아. 법 제27조제2항에 따라 준용되는 「독점규제 및 공정거래에 관한 법률」 제81조제1항제3호 또는 같은 조 제6항에 따른 보고 또는 필요한 자료나 물건을 제출하지 않거나 거짓으로 보고 또는 자료나 물건을 제출한 경우	법 제30조의2 제1항제3호			
1) 사업자 또는 사업자단체		2,000	5,000	10,000
2) 사업자 또는 사업자단체의 임원, 종업원과 그 밖의 이해관계인		200	500	1,000
자. 법 제27조제2항에 따라 준용되는 「독점규제 및 공정거래에 관한 법률」 제81조제2항 및 제3항에 따른 조사를 거부·방해·기피한 경우	법 제30조의2 제2항			
1) 사업자 또는 사업자단체		10,000	15,000	20,000
2) 사업자 또는 사업자단체의 임원, 종업원과 그 밖의 이해관계인		2,500	3,500	5,000

■ 복권 및 복권기금법

〔별표〕

기금 등에 배분된 복권수익금의 용도(제23조제2항 관련)

(2023.8.8 개정)

기 금 등	용 도
1. 「과학기술기본법」 제22조에 따른 과학기술진흥기금	「과학기술기본법」 제22조제3항 각 호의 사업. 다만, 같은 항 제4호의 사업 중 과학기술인의 복지 증진에 이바지할 목적으로 설립된 법인·단체에 대한 지원은 제외한다.
2. 「국민체육진흥법」 제19조에 따른 국민체육진흥기금	1. 국민체육진흥을 위한 연구·개발 및 그 보급사업 2. 국민체육시설 확충을 위한 지원사업 3. 학교의 운동경기부 육성을 위한 사업 4. 생활체육의 보급 및 진흥 사업 5. 국내외 체육대회와 그 관련 행사 지원사업
3. 「근로복지기본법」 제87조에 따른 근로복지진흥기금	「근로복지기본법」 제91조 각 호의 사업
4. (2016.3.29 삭제)	
5. 「중소기업진흥에 관한 법률」 제63조에 따른 중소기업창업 및 진흥기금	1. 중소기업 창업 지원 2. 중소기업구조 고도화 지원 3. 지방중소기업 육성 지원 4. 산업기반 조성 지원
6. 「국가유산보호기금법」 제3조에 따른 국가유산보호기금	「국가유산보호기금법」 제5조 각 호의 사업
7. 지방자치단체	1. 지방자치단체의 문화·예술·복지 2. 지역개발사업 3. 그 밖에 공익을 목적으로 하는 사업
8. 「제주특별자치도 설치 및 국제자유도시 조성을 위한 특별법」 제160조에 따른 제주특별자치도 개발사업특별회계	「제주특별자치도 설치 및 국제자유도시조성을 위한 특별법」 제160조제4항 각 호의 사업
9. 「사회복지공동모금회법」에 따른 사회복지공동모금회	사회복지사업
10. 「산림자원의 조성 및 관리에 관한 법률」 제58조제1항에 따른 산림환경기능증진자금	「산림자원의 조성 및 관리에 관한 법률」 제58조제4항 각 호의 사업
11. 「한국보훈복지의료공단법」에 따른 한국보훈복지의료공단	「한국보훈복지의료공단법」 제6조제1호부터 제9호까지의 사업

■ 소비자기본법 시행령

〔별표1〕

일반적 소비자분쟁해결기준(제8조제2항 관련)

(2018.4.30 개정)

1. 사업자는 물품등의 하자·채무불이행 등으로 인한 소비자의 피해에 대하여 다음 각 목의 기준에 따라 수리·교환·환급 또는 배상을 하거나, 계약의 해제·해지 및 이행 등을 하여야 한다.
   가. 품질보증기간 동안의 수리·교환·환급에 드는 비용은 사업자가 부담한다. 다만, 소비자의 취급 잘못이나 천재지변으로 고장이나 손상이 발생한 경우와 제조자 및 제조자가 지정한 수리점·설치점이 아닌 자가 수리·설치하여 물품등이 변경되거나 손상된 경우에는 사업자가 비용을 부담하지 아니한다.
   나. 수리는 지체 없이 하되, 수리가 지체되는 불가피한 사유가 있을 때는 소비자에게 알려야 한다. 소비자가 수리를 의뢰한 날부터 1개월이 지난 후에도 사업자가 수리된 물품등을 소비자에게 인도하지 못할 경우 품질보증기간 이내일 때는 같은 종류의 물품등으로 교환하거나 환급하고, 품질보증기간이 지났을 때에는 구입가를 기준으로 정액 감가상각하고 남은 금액에 품목별 소비자분쟁해결기준에서 정하는 일정금액을 더하여 환급한다.
   다. 물품등을 유상으로 수리한 경우 그 유상으로 수리한 날부터 2개월 이내에 소비자가 정상적으로 물품등을 사용하는 과정에서 그 수리한 부분에 종전과 동일한 고장이 재발한 경우에는 무상으로 수리하되, 수리가 불가능한 때에는 종전에 받은 수리비를 환급하여야 한다.
   라. 교환은 같은 종류의 물품등으로 하되, 같은 종류의 물품등으로 교환하는 것이 불가능한 경우에는 같은 종류의 유사물품등으로 교환한다. 다만, 같은 종류의 물품등으로 교환하는 것이 불가능하고 소비자가 같은 종류의 유사물품등으로 교환하는 것을 원하지 아니하는 경우에는 환급한다.
   마. 할인판매된 물품등을 교환하는 경우에는 그 정상가격과 할인가격의 차액에 관계없이 교환은 같은 종류의 물품등으로 하되, 같은 종류의 물품등으로 교환하는 것이 불가능한 경우에는 같은 종류의 유사물품등으로 교환한다. 다만, 같은 종류의 물품등으로 교환하는 것이 불가능하고 소비자가 같은 종류의 유사물품등으로 교환하는 것을 원하지 아니하는 경우에는 환급한다.
   바. 환급금액은 거래 시 교부된 영수증 등에 적힌 물품등의 가격을 기준으로 한다. 다만, 영수증 등에 적힌 가격에 대하여 다툼이 있는 경우에는 영수증 등에 적힌 금액과 다른 금액을 기준으로 하려는 자가 그 다른 금액이 실제 거래가격임을 입증하여야 하며, 영수증이 없는 등의 사유로 실제 거래가격을 입증할 수 없는 경우에는 그 지역에서 거래되는 통상적인 가격을 기준으로 한다.
2. 사업자가 물품등의 거래에 부수(附隨)하여 소비자에게 제공하는 경제적 이익인 경품류의 하자·채무불이행 등으로 인한 소비자피해에 대한 분쟁해결기준은 제1호와 같다. 다만, 소비자의 귀책사유로 계약이 해제되거나 해지되는 경우 사업자는 소비자로부터 그 경품류를 반환받거나 반환이 불가능한 경우에는 해당 지역에서 거래되는 같은 종류의 유사물품등을 반환받거나 같은 종류의 유사물품등의 통상적인 가격을 기준으로 환급받는다.
3. 사업자는 물품등의 판매 시 품질보증기간, 부품보유기간, 수리·교환·환급 등 보상방법, 그 밖의 품질보증에 관한 사항을 표시한 증서(이하 "품질보증서"라 한다)를 교부하거나 그 내용을 물품등에 표시하여야 한다. 다만, 별도의 품질보증서를 교부하기가 적합하지 아니하거나 보상방법의 표시가 어려운 경우에는 「소비자기본법」에 따른 소비자분쟁해결기준에 따라 피해를 보상한다는 내용만을 표시할 수 있다.
4. 품질보증기간과 부품보유기간은 다음 각 목의 기준에 따른다.
   가. 품질보증기간과 부품보유기간은 해당 사업자가 품질보증서에 표시한 기간으로 한다. 다만, 사업자가 정한 품질보증기간과 부품보유기간이 제8조제3항에 따른 품목별 소비자분쟁해결기준에서 정한 기간보다 짧을 경우에는 품목별 소비자분쟁해결기준에서 정한 기간으로 한다.
   나. 사업자가 품질보증기간과 부품보유기간을 표시하지 아니한 경우에는 품목별 소비자분쟁해결기준에 따른다.
   다. 중고물품등에 대한 품질보증기간은 품목별 분쟁해결기준에 따른다.
   라. 품질보증기간은 소비자가 물품등을 구입하거나 제공받은 날부터 기산한다. 다만, 계약일과 인도일(용역의 경우에는 제공일을 말한다. 이하 이 목에서 같다)이 다른 경우에는 인도일을 기준으로 하고, 교환받은 물품등의 품질보증기간은 교환받은 날부터 기산한다.
   마. 품질보증서에 판매일자가 적혀 있지 아니한 경우, 품질보증서 또는 영수증을 받지 아니하거나 분실한 경우 또는 그 밖의 사유로 판매일자를 확인하기 곤란한 경우에는 해당 물품등의 제조일이나 수입통관일부터 3월이 지난 날부터 품질보증기간을 기산하여야 한다. 다만, 물품등 또는 물품등의 포장에 제조일이나 수입통관일이 표시되어 있지 아니한 물품등은 사업자가 그 판매일자를 입증하여야 한다.
5. 물품등에 대한 피해의 보상은 물품등의 소재지나 제공지에서 한다. 다만, 사회통념상 휴대가 간편하고 운반이 쉬운 물품등은 사업자의 소재지에서 보상할 수 있다.
6. 사업자의 귀책사유로 인한 소비자피해의 처리과정에서 발생되는 운반비용, 시험·검사비용 등의 경비는 사업자가 부담한다.

〔별표2〕

과태료의 부과기준(제69조 관련)

(2022.12.27 개정)

1. 일반기준
   가. 위반행위의 횟수에 따른 과태료의 가중된 부과기준은 최근 2년간 같은 위반행위로 과태료 부과처분을 받은 경우에 적용한다. 이 경우 기간의 계산은 위반행위에 대하여 과태료 부과처분을 받은 날과 그 처분 후 다시 같은 위반행위를 하여 적발된 날을 기준으로 한다.
   나. 부과권자는 위반행위의 정도, 위반행위의 동기와 그 결과 등 다음 사항을 고려하여 제2호에서 정한 금액의 2분의 1의 범위에서 그 금액을 감경할 수 있다. 다만, 과태료를 체납하고 있는 위반행위자의 경우에는 그러하지 아니하다.
      1) 위반행위자가 「중소기업기본법」 제2조에 따른 중소기업자인 경우
      2) 위반행위자가 「질서위반행위규제법 시행령」 제2조의2제1항 각 호의 어느 하나에 해당하는 경우
      3) 위반행위가 사소한 부주의나 오류로 인한 것으로 인정되는 경우
      4) 위반행위자가 법 위반상태를 시정하거나 해소한 경우
2. 개별기준

(단위 : 만원)

위 반 행 위	근거 법조문	과태료 금액	
		1차 위반	2차 이상 위반
가. 법 제20조를 위반하여 제조·수입·판매하거나 제공한 경우	법 제86조 제1항제1호	500	1,000
나. 법 제37조를 위반하여 동일 또는 유사명칭을 사용한 경우	법 제86조 제1항제2호	1,000	2,000
다. 법 제47조제1항을 위반하여 다음 각 목의 사항을 보고하지 않거나 허위로 보고한 경우	법 제86조 제1항제3호		
1) 제34조제1항제1호가목의 사항		1,500	3,000
2) 제34조제1항제1호나목 및 다목의 사항		1,000	2,000
3) 제34조제1항제2호의 사항		500	1,000
라. 법 제77조제1항 또는 제3항에 따른 검사·시료수거·출입을 거부·방해·기피한 경우, 업무에 관한 보고를 하지 않거나 허위로 보고한 경우 또는 관계 물품·서류 등을 제출하지 않거나 허위로 제출한 경우	법 제86조 제1항제4호	500	1,000

■ 약관의 규제에 관한 법률 시행령

〔별표〕

과태료의 부과기준(제14조 관련)

(2021.12.28 개정)

1. 일반기준
   가. 위반행위의 횟수에 따른 과태료의 가중된 부과기준은 최근 2년간 같은 위반행위로 과태료 부과처분을 받은 경우에 적용한다. 이 경우 기간의 계산은 위반행위에 대하여 과태료 부과처분을 받은 날과 그 처분 후 다시 같은 위반행위를 하여 적발된 날을 기준으로 한다.
   나. 부과권자는 위반행위의 정도, 위반행위의 동기와 그 결과 등 다음 사항을 고려하여 제2호의 개별기준에서 정한 금액의 2분의 1 범위에서 그 금액을 줄일 수 있다. 다만, 과태료를 체납하고 있는 위반행위자에 대해서는 그러하지 아니하다.
      1) 위반행위자가 「중소기업기본법」 제2조에 따른 중소기업자인 경우
      2) 위반행위자가 「질서위반행위규제법 시행령」 제2조의2제1항 각 호의 어느 하나에 해당하는 경우
      3) 위반행위가 사소한 부주의나 오류로 인한 것으로 인정되는 경우
      4) 위반행위자가 법 위반 상태를 시정하거나 해소한 경우
2. 개별기준

(단위 : 만원)

위 반 행 위		근거 법조문	과태료 금액	
			1차 위반	2차 이상 위반
가. 법 제3조제2항을 위반하여 고객에게 약관의 내용을 밝히지 않거나 그 약관의 사본을 내주지 않은 경우		법 제34조제3항제1호	250	500
나. 법 제3조제3항을 위반하여 고객에게 약관의 중요한 내용을 설명하지 않은 경우		법 제34조제3항제2호	250	500
다. 법 제19조의3제6항을 위반하여 표준약관과 다르게 정한 주요 내용을 고객이 알기 쉽게 표시하지 않은 경우		법 제34조제3항제3호	250	500
라. 법 제19조의3제8항을 위반하여 표준약관과 다른 내용을 약관으로 사용하면서 표준약관 표지를 사용한 경우		법 제34조제1항제1호	2,500	5,000
마. 법 제20조제1항에 따른 조사를 거부·방해 또는 기피한 경우	1) 사업자 또는 사업자단체	법 제34조제1항제2호	2,500	5,000
	2) 사업자 또는 사업자단체의 임원 또는 종업원, 그 밖의 이해관계인	법 제34조제2항	500	1,000
바. 법 제30조의2제1항에 따라 준용되는 「독점규제 및 공정거래에 관한 법률」 제66조를 위반하여 질서유지의 명령을 따르지 않은 경우		법 제34조제4항	50	100

<금융편>

▣ 은행법 시행령

〔별표1〕

한도초과보유주주의 초과보유 요건(제5조 관련)

(2021.10.21 개정)

구 분	요 건
1. 한도초과보유주주가 「금융위원회의 설치 등에 관한 법률」 제38조에 따라 금융감독원으로부터 검사를 받는 기관(제2호, 제3호 및 제7호에 해당하는 내국법인은 제외한다)인 경우	가. 해당 기관에 적용되는 재무건전성에 관한 기준으로서 금융위원회가 정하는 기준을 충족할 것 나. 금융거래 등 상거래를 할 때 약정한 날짜까지 채무를 변제하지 않은 자로서 금융위원회가 정하는 자가 아닐 것 다. 승인신청하는 내용이 법 제35조의2제1항에 적합할 것 라. 승인신청 시 제출한 서류에 따라 은행의 지배주주로서 적합하고 그 은행의 건전성과 금융산업의 효율화에 기여할 수 있음을 확인할 수 있을 것 마. 다음의 요건을 충족할 것. 다만, 해당 위반 등의 정도가 경미하다고 금융위원회가 인정하는 경우는 제외한다. 1) 최근 5년간 「금융산업의 구조개선에 관한 법률」에 따라 부실금융기관으로 지정되었거나 금융관련법령에 따라 영업의 허가·인가 등이 취소된 기관의 최대주주·주요주주(의결권 있는 발행주식 총수의 100분의 10을 초과하여 보유한 주주를 말한다) 또는 그 특수관계인이 아닐 것. 다만, 법원의 판결로 부실책임이 없다고 인정된 자 또는 부실에 따른 경제적 책임을 부담하는 등 금융위원회가 정하는 기준에 해당하는 자는 제외한다. 2) 최근 5년간 금융관련법령, 「독점규제 및 공정거래에 관한 법률」 또는 「조세범 처벌법」을 위반하여 벌금형 이상에 해당하는 형사처벌을 받은 사실이 없을 것
2. 한도초과보유주주가 「자본시장과 금융투자업에 관한 법률」에 따른 투자회사·투자유한회사·투자합자회사 및 투자조합인 경우	가. 비금융주력자인 동일인에 속하는 집합투자업자(「자본시장과 금융투자업에 관한 법률」 제8조제4항에 따른 집합투자업자를 말한다)에 자산운용을 위탁하지 않을 것 나. 제1호나목부터 마목까지의 요건을 충족할 것
3. 한도초과보유주주가 기금등인 경우	제1호나목부터 마목까지의 요건을 충족할 것
4. 한도초과보유주주가 제1호, 제2호, 제3호 및 제7호 외의 내국법인인 경우	가. 부채비율(최근 사업연도 말 현재 재무상태표상 부채총액을 자본총액으로 나눈 비율을 말한다. 이하 같다)이 100분의 200 이하로서 금융위원회가 정하는 기준을 충족할 것 나. 해당 법인이 「독점규제 및 공정거래에 관한 법률」에 따른 기업집단에 속하는 회사인 경우에는 해당 기업집단(법 제2조제1항제9호가목에 따른 비금융회사로 한정한다)의 부채비율이 100분의 200 이하로서 금융위원회가 정하는 기준을 충족할 것 다. 주식취득 자금이 해당 법인이 최근 1년 이내에 유상증자 또는 보유자산의 처분을 통하여 조달한 자금 등 차입금이 아닌 자금으로서 해당 법인의 자본총액 이내의 자금일 것 라. 제1호나목부터 마목까지의 요건을 충족할 것
5. 한도초과보유주주가 내국인으로서 개인인 경우	가. 주식취득 자금이 제1호에 따른 기관으로부터의 차입금이 아닐 것 나. 제1호나목부터 마목까지의 요건을 충족할 것
6. 한도초과보유주주가 외국인인 경우	가. 외국에서 은행업, 투자매매업·투자중개업, 보험업 또는 이에 준하는 업으로서 금융위원회가 정하는 금융업을 경영하는 회사(이하 "외국금융회사"라 한다)이거나 해당 외국금융회사의 지주회사일 것 나. 자산총액, 영업규모 등에 비추어 국제적 영업활동에 적합하고 국제적 신인도가 높을 것 다. 해당 외국인이 속한 국가의 금융감독기관으로부터 최근 3년간 영업정지 조치를 받은 사실이 없다는 확인이 있을 것 라. 최근 3년간 계속하여 국제결제은행의 기준에 따른 위험가중자산에 대한 자기자본비율이 100분의 8 이상이거나 이에 준하는 것으로서 금융위원회가 정하는 기준에 적합할 것 마. 제1호나목부터 마목까지의 요건을 충족할 것
7. 한도초과보유주주가 기관전용 사모집합투자기구등인 경우	기관전용 사모집합투자기구의 업무집행사원과 그 출자지분이 100분의 30 이상인 유한책임사원 및 기관전용 사모집합투자기구를 사실상 지배하고 있는 유한책임사원이 다음 각 목의 어느 하나에 해당하거나 투자목적회사의 주주나 사원인 기관전용 사모집합투자기구의 업무집행사원과 그 출자지분이 100분의 30 이상인 주주나 사원 및 투자목적회사를 사실상 지배하고 있는 주주나 사원이 다음 각 목의 어느 하나에 해당하는 경우에는 각각 다음 각 목의 구분에 따른 요건을 충족할 것 가. 제1호의 기관인 경우 : 제1호의 요건을 충족할 것 나. 제2호의 투자회사·투자유한회사·투자합자회사 및 투자조합인 경우 : 제2호의 요건을 충족할 것 다. 제3호의 기금등인 경우 : 제3호의 요건을 충족할 것 라. 제4호의 내국법인인 경우 : 제4호의 요건을 충족할 것 마. 제5호의 내국인으로서 개인인 경우 : 제5호의 요건을 충족할 것 바. 제6호의 외국인인 경우 : 제4호가목(외국금융회사는 제외한다)·다목(외국금융회사는 제외한다)·라목 및 제6호나목부터 라목까지의 요건을 충족할 것

비고

1. 최대주주 또는 주요주주를 판정할 때에는 해당 주주 및 그 특수관계인이 보유하는 의결권 있는 주식을 합산한다.
2. 자본총액을 산정할 때에는 최근 사업연도 말 이후 승인신청일까지의 자본금의 증가분(자본총액을 증가시키는 것으로 한정한다)을 포함하여 계산할 수 있다.
3. 기업집단에 속하는 비금융회사 전체의 부채비율을 산정할 때 해당 기업집단이 「주식회사 등의 외부감사에 관한 법률」에 따른 결합재무제표 작성 대상 기업집단인 경우에는 결합재무제표에 의하여 산정한 부채비율을 말한다.
4. 이 표 제6호를 적용하는 경우 한도초과보유주주인 외국인이 지주회사여서 이 표 제6호 각 목의 전부 또는 일부를 그 지주회사에 적용하는 것이 곤란하거나 불합리한 경우에는 그 지주회사가 인가 신청할 때 지정하는 회사(그 지주회사의 경영을 사실상 지배하고 있는 회사 또는 그 지주회사가 경영을 사실상 지배하고 있는 회사만 해당한다)가 이 표 제6호 각 목의 전부나 일부를 충족하면 그 지주회사가 그 요건을 충족한 것으로 본다.
5. 이 표 제7호를 적용하는 경우 이 표 제1호다목의 요건을 충족하는지를 판단할 때에는 다음 각 목의 어느 하나에 해당하는 자는 제1조의4제1항에도 불구하고 기관전용 사모집합투자기구등의 특수관계인으로 본다.
   가. 기관전용 사모집합투자기구 출자총액의 100분의 10 이상의 지분을 보유하는 유한책임사원인 비금융주력자
   나. 다른 상호출자제한기업집단(「독점규제 및 공정거래에 관한 법률」에 따른 상호출자제한기업집단을 말한다. 이하 같다)에 속하는 각각의 계열회사(「독점규제 및 공정거래에 관한 법률」에 따른 계열회사를 말한다. 이하 같다)가 보유한 기관전용 사모집합투자기구의 지분의 합이 기관전용 사모집합투자기구 출자총액의 100분의 30 이상인 경우, 해당 기관전용 사모집합투자기구의 유한책임사원 또는 업무집행사원이 아닌 무한책임사원으로서 상호출자제한기업집단에 속하는 계열회사. 다만, 서로 다른 상호출자제한기업집단 사이에는 특수관계인으로 보지 않는다.

〔별표2〕

비금융주력자의 의결권을 행사하지 아니하는 주식보유승인 요건(제11조제2항 관련)

(2018.10.30 개정)

1. 해당 기관에 적용되는 재무건전성에 관한 기준으로서 금융위원회가 정하는 기준을 충족할 것
2. 부채비율이 100분의 200 이하로서 금융위원회가 정하는 기준을 충족할 것
3. 해당 법인이 「독점규제 및 공정거래에 관한 법률」에 따른 기업집단에 속하는 회사인 경우에는 해당 기업집단(법 제2조제1항제9호가목에 따른 비금융회사로 한정한다)의 부채비율이 100분의 200 이하로서 금융위원회가 정하는 기준을 충족할 것
4. 주식취득 자금이 해당 법인이 최근 1년 이내에 유상증자 또는 보유자산의 처분을 통하여 조달한 자금 등 차입금이 아닌 자금으로서 해당 법인의 자본총액 이내의 자금일 것

비고 : 기업집단에 속하는 비금융회사 전체의 부채비율을 산정할 때 해당 기업집단이 「주식회사 등의 외부감사에 관한 법률」에 따른 결합재무제표 작성 대상 기업집단인 경우에는 결합재무제표에 의하여 산정한 부채비율로 한다.

〔별표3〕

금융위원회가 금융감독원장에게 위탁하는 권한의 범위(제26조의2제1항 관련)

(2022.5.9 개정)

1. 법 제8조제2항에 따른 인가 요건의 심사
2. 법 제10조제1항에 따른 승인신청 내용이 같은 조 제2항에서 정하는 요건에 적합한지 여부에 대한 심사
3. 법 제11조의2제2항에 따른 본인가 요건의 충족 여부에 대한 심사
4. 법 제11조의2제4항에 따른 예비인가 조건의 이행 여부에 대한 확인 및 본인가 요건의 충족 여부에 대한 심사
5. 법 제13조제3항에 따라 신고받은 내용이 은행의 경영건전성 및 금융시장의 안정성을 해칠 우려가 있는지에 대한 검토
6. 법 제15조제2항에 따른 은행 주식보유상황 또는 주식보유비율 변동상황 확인에 필요한 보고의 접수
7. 법 제15조제3항에 따른 은행 주식 한도초과 보유 승인의 심사
8. 법 제15조제8항에 따른 자료 제출의 요구

9.~12. (2014.2.11 삭제)

13. 법 제15조의3제2항에 따른 승인 요건의 심사
14. 법 제15조의3제3항에 따른 정보 또는 자료의 제공 요구
15. 법 제15조의4에 따른 정보 또는 자료의 내용 변경 보고의 접수

15의2. 법 제16조제2항제1호가목 및 같은 항 제2호가목에 따른 주식보유한도 초과 보유사실 보고의 접수

16. 법 제16조제3항에 따라 동일인이 같은 조 제1항 또는 제2항을 준수하는지에 대한 점검
17. 법 제16조의2제2항에 따른 은행 주식 한도초과 보유 승인의 심사
18. 법 제16조의2제3항제1호에 따른 전환계획 승인의 심사
19. 법 제16조의2제3항제3호에 따른 기금등이 승인 요건을 갖추었는지에 대한 심사
20. 법 제16조의2제5항 단서에 따른 비금융주력자 주식의 처분기한 연장 여부의 심사
21. 법 제16조의3제1항에 따른 전환계획 평가 전문기관의 지정
22. 법 제16조의3제2항에 따른 전환계획 이행 상황의 점검과 그 결과의 공시
23. 법 제16조의3제2항에 따른 전환대상자가 같은 조 제5항 각 호의 어느 하나에 해당하는지에 대한 검토
24. 법 제16조의4제1항에 따른 한도초과보유주주등이 초과보유요건등을 충족하는지에 대한 심사
25. 법 제16조의4제2항에 따른 자료 또는 정보의 제공 요구
26. 법 제16조의4제5항에 따른 한도초과보유주주등이 초과보유요건등의 충족 명령을 이행하는지에 대한 점검
27. 법 제16조의4제6항에 따라 법 제16조의2제3항제3호에 해당하는 자가 법 제16조의2제3항제3호 각 목의 요건을 충족하는지에 대한 심사
28. 법 제16조의5제1항에 따른 외국은행등이 같은 항 각 호의 요건을 충족하는지에 대한 심사

28의2. 법 제27조의2제2항 각 호 외의 부분 본문에 따른 부수업무 신고의 접수 및 부수업무의 신고내용이 같은 조 제4항 각 호의 어느 하나에 해당하는지에 대한 심사

28의3. 법 제28조제2항 각 호 외의 부분에 따른 겸영업무 신고의 접수 및 겸영업무의 신고내용이 법 제27조의2제4항 각 호의 어느 하나에 해당하는지에 대한 심사

28의4. 법 제34조에 따른 경영지도기준 중 금융위원회가 정하여 고시하는 사항의 마련

28의5. 법 제34조의3제3항에 따른 금융사고 발생 보고의 접수

29. 법 제35조제2항 단서에 따른 기간 연장 사유에 해당하는지에 대한 심사
30. 법 제35조의2제5항에 따른 대주주에 대한 신용공여 사실 보고의 접수
31. 법 제35조의3제5항에 따른 대주주 발행 지분증권 취득 사실 보고의 접수
32. 법 제35조의5제1항 및 제2항에 따른 자료의 제출 요구
33. 법 제35조의5제2항에 따른 대주주에 대한 신용공여 제한 명령 등의 조치 여부 검토

33의2. 법 제35조의5제3항에 따른 자료의 제출 요구

34. 법 제37조제2항 각 호 외의 부분에 따른 금융위원회가 정하는 업종에 속하는지 여부 및 기업 구조조정 촉진을 위하여 필요한 것인지 여부에 대한 검토

34의2. 법 제39조에 따른 자산에 대한 보고의 접수

35. 법 제41조제1항 단서에 따른 승인의 심사
36. 법 제41조제3항에 따른 결산일 변경 승인의 심사
37. 법 제47조에 따른 보고의 접수
38. 법 제52조제1항 본문 및 단서에 따른 약관의 제정·변경의 보고 접수 및 신고 수리
39. 법 제52조제3항에 따른 보고 또는 신고받은 약관의 공정거래위원회에 통보
40. 법 제52조제5항에 따른 약관의 변경 권고
41. 법 제52조의2제4항에 따라 같은 조 제1항을 위반하는 행위가 있었는지에 대한 검토
42. 법 제52조의2제5항에 따른 시정 또는 보완 명령여부 검토
43. 법 제55조제1항에 따른 인가의 심사
44. 법 제58조제1항에 따른 외국은행의 지점·대리점의 신설 또는 폐쇄 인가의 심사

44의2. 법 제58조제3항에 따른 외국은행의 지점·대리점 이전 또는 사무소 신설 신고 내용의 심사

45. 외국은행의 본점이 법 제60조제1항 각 호의 어느 하나에 해당하는지에 대한 검토
46. 법 제60조제3항 단서에 따른 인가 취소된 날을 달리 정할 필요성이 있는지에 대한 검토

46의2. 법 제62조제3항 후단에 따른 보전명령을 위한 검토
47. 제1조의3제2항 각 호의 거래가 신용공여의 범위에 포함되는지에 대한 검토
48. 제1조의6제1항제2호에 따른 경영전략, 조직변경 등 주요 의사결정이나 업무집행에 지배적인 영향력을 행사한다고 인정되는 자인지에 대한 검토
49. 제1조의6제2항제3호에 따른 해당 은행의 주요 의사결정이나 업무집행에 관여한다고 인정되는 자인지에 대한 검토
50. 제1조의7제4항에 따른 인가 시 붙인 조건의 이행 여부 확인
51.~52. (2016.7.28 삭제)
52의2. 제20조제2항에 따른 계획 또는 약정서의 제출요구, 협약의 체결
53. 제20조의5제1항제3호에 따른 사회기반시설사업의 추진 등 산업발전 또는 국민생활 안정을 위하여 불가피한 경우에 해당하는지에 대한 검토
54. 제20조의5제2항제5호에 따른 급격한 경제 여건의 변화 등 불가피한 사유로 은행의 귀책사유 없이 신용공여한도를 초과한 경우에 해당하는지에 대한 검토
55. 제20조의6제3호에 따른 한도 초과 상태가 일정 기간 계속되어도 해당 은행의 자산건전성을 크게 해치지 아니하는 경우에 해당하는지에 대한 검토
56. 제20조의7제4항에 따른 승인의 심사
57. 제20조의8제3항 단서에 따른 기간 연장 사유의 검토
58. 제21조제3항에 따른 출자 총액 산정 시 제외되는 금액인지에 대한 검토
59. 제21조제7항에 따른 계획의 접수
60. 제21조제10항 단서에 따른 기간 연장 사유의 검토
61. 제21조제11항 각 호 외의 부분 단서에 따른 기간 연장 사유의 검토
62. 제21조의2제5항 단서에 따른 기간 연장 사유의 검토

〔별표3의2〕

과징금의 부과기준(제26조의3제1항 관련)

(2017.10.17 신설)

1. 과징금의 산정기준
가. 기본과징금의 산정
1) 기본과징금은 법 제65조의3 각 호에서 정한 과징금 금액의 상한에 2)에 따른 부과기준율을 곱한 금액으로 한다.
2) 부과기준율은 법 제65조의4제1항 각 호의 사항 등에 따라 위반행위의 중대성 정도를 "중대성이 약한 위반행위", "중대한 위반행위", "매우 중대한 위반행위"로 구분하여 금융위원회가 정하여 고시한다.
나. 기본과징금의 조정
금융위원회는 법 제65조의4제1항 각 호의 사항(부과기준율 산정 단계에서 고려된 세부 참작사항은 제외한다), 위반행위에 대한 검사의 협조 여부, 위반상태의 해소나 위반행위의 예방을 위한 노력, 그 밖에 금융위원회가 정하여 고시하는 사유를 고려하여 가목에 따라 산정한 기본과징금 금액을 감경하거나 2분의 1의 범위에서 가중할 수 있다. 다만, 가중하는 경우에도 법 제65조의3 각 호에서 정한 과징금 금액의 상한을 초과할 수 없다.
다. 부과과징금의 결정
1) 금융위원회는 위반자의 현실적인 부담능력 등 특별한 사정, 금융시장 또는 경제여건, 위반행위로 인하여 발생한 피해의 배상 정도, 위반행위로 인하여 취득한 이익의 규모, 그 밖에 금융위원회가 정하여 고시하는 사유를 고려하여, 나목에 따라 조정한 과징금 금액이 과중하다고 인정되는 경우에는 이를 감액하여 부과과징금으로 정할 수 있다.
2) 금융위원회는 위반자의 지급불능 · 지급정지 또는 자본잠식 등의 사유로 인하여 위반자가 객관적으로 과징금을 납부할 능력이 없다고 인정되는 경우, 자신의 행위가 위법하지 않은 것으로 오인한 데 정당한 사유가 있는 경우, 과징금 외에 실효성 있는 다른 조치를 이미 받은 경우, 위반의 정도가 경미한 경우, 나목에 따라 조정한 과징금 금액이 소액인 경우, 그 밖에 금융위원회가 정하여 고시하는 사유에 해당하는 경우에는 과징금을 면제할 수 있다.
2. 세부기준
부과기준율 등 기본과징금의 산정, 기본과징금의 조정, 부과과징금의 결정, 그 밖에 과징금의 부과 등에 필요한 세부기준에 관한 사항은 금융위원회가 정하여 고시한다.

〔별표4〕

과태료의 부과기준(제31조 관련)

(2023.8.22 개정)

1. 일반기준
금융위원회는 위반행위의 정도, 위반행위의 동기와 그 결과 등을 고려하여 제2호에 따른 과태료 금액을 감경 또는 면제하거나 2분의 1의 범위에서 가중할 수 있다. 다만, 가중하는 경우에도 법 제69조제1항부터 제4항까지의 규정에 따른 과태료 금액의 상한을 초과할 수 없다.
2. 개별기준

(단위 : 만원)

위 반 행 위	근 거 법조문	금액
가. (2017.10.17 삭제)		
나. 법 제13조제2항 또는 제27조의2제2항 또는 제28조제2항을 위반하여 신고하지 않은 경우	법 제69조 제1항제1호	6,000
다. 법인인 자가 법 제14조를 위반하여 유사상호를 사용한 경우	법 제69조 제1항제2호	6,000
라. 법인이 아닌 자가 법 제14조를 위반하여 유사상호를 사용한 경우	법 제69조 제1항제2호	3,000
마. 법 제15조제2항 및 제15조의4를 위반하여 보고를 하지 않은 경우	법 제69조 제1항제3호	3,000
바. 법인인 자가 법 제15조의3제3항(제15조제3항에 따른 승인의 심사를 위한 경우를 포함한다), 제16조의4제2항 또는 제35조의5제1항 · 제2항에 따른 자료제공 등의 요구에 따르지 않은 경우	법 제69조 제1항제4호	6,000
사. 법인이 아닌 자가 법 제15조의3제3항(제15조제3항에 따른 승인의 심사를 위한 경우를 포함한다), 제16조의4제2항 또는 제35조의5제1항 · 제2항에 따른 자료제공 등의 요구에 따르지 않은 경우	법 제69조 제1항제4호	3,000
아. (2016.7.28 삭제)		
자. 은행이 법 제30조를 위반한 경우	법 제69조 제1항제5호	10,000
차. 은행이 법 제30조의2제2항을 위반하여 금리인하요구권을 알리지 않은 경우	법 제69조 제4항	1,000
카. 은행이 법 제34조의2제1항을 위반한 경우	법 제69조 제1항제5호의2	3,000
타. 은행이 법 제34조의3제1항을 위반한 경우	법 제69조 제1항제5호의3	6,000
파. (2016.7.28 삭제)		
하. 은행이 법 제34조의3제3항을 위반하여 보고 또는 공시를 하지 않은 경우	법 제69조 제2항제1호	3,000
거. 은행이 법 제35조의2제4항 또는 제35조의3제4항을 위반하여 이사회의 의결을 거치지 않은 경우	법 제69조 제1항제6호	10,000
너. 은행이 법 제35조의2제5항 · 제6항 또는 제35조의3제5항 · 제6항을 위반하여 금융위원회에 대한 보고 또는 공시를 하지 않은 경우	법 제69조 제1항제7호	6,000
더. 은행이 법 제41조에 따른 공고를 거짓으로 한 경우	법 제69조 제1항제7호의2	6,000
러. 은행이 법 제43조의2를 위반하여 보고서를 제출하거나 보고서에 사실과 다른 내용을 적은 경우	법 제69조 제1항제7호의3	6,000
머. 은행이 법 제43조의3을 위반하여 공시를 하거나 사실과 다른 내용을 공시한 경우	법 제69조 제1항제7호의4	6,000
버. 은행이 법 제43조의4제1항을 위반하여 정기주주총회에 보고를 하지 않거나 사실과 다른 내용을 보고한 경우	법 제69조 제2항제2호	3,000
서. 은행이 법 제48조에 따른 검사를 거부 · 방해 또는 기피한 경우	법 제69조 제1항제7호의5	10,000
어. 은행의 임원, 지배인, 대리점주(대리점주가 법인인 경우에는 그 업무를 집행하는 사원, 임원, 지배인, 그 밖의 법인의 대표자) 또는 청산인(이하 "은행의 임원등"이라 한다) 또는 직원이 법 제48조에 따른 검사를 거부 · 방해 또는 기피한 경우	법 제69조 제5항제5호	2,000
저. 법인인 자가 법 제48조의2에 따른 검사를 거부 · 방해 또는 기피한 경우	법 제69조 제1항제8호	10,000
처. 법인이 아닌 자가 법 제48조의2에 따른 검사를 거부 · 방해 또는 기피한 경우	법 제69조 제1항제8호	5,000
커. 은행이 법 제52조의2를 위반한 경우	법 제69조 제1항제9호	3,000
터. 은행이 법 제52조의4를 위반하여 직원의 보호를 위한 조치를 하지 않거나 직원에게 불이익을 준 경우	법 제69조 제3항	1,800
퍼. 은행이 법 또는 법에 따른 규정 · 명령 또는 지시를 위반한 경우	법 제69조 제1항제11호	2,000
허. 은행의 임원등 또는 직원이 법에 따른 서류의 비치, 제출, 보고, 공고 또는 공시를 게을리한 경우	법 제69조 제5항제7호	200
고. 은행의 임원등 또는 직원이 법 또는 법에 따른 규정 · 명령 또는 지시를 위반한 경우	법 제69조 제5항제8호	200

■ 이중상환청구권부 채권 발행에 관한 법률 시행령

〔별표〕

과태료의 부과기준(제12조 관련)

1. 일반기준
금융위원회는 위반행위의 정도, 위반횟수, 위반행위의 동기와 그 결과 등을 고려하여 제2호에 따른 과태료 금액을 감경하거나 2분의 1의 범위에서 가중할 수 있다. 다만, 가중하는 경우에도 법 제26조제1항에 따른 과태료 금액의 상한을 초과할 수 없다.
2. 개별기준

(단위 : 만원)

위 반 행 위	근 거 법조문	과태료 금 액
가. 법 제6조제2항에 따른 변경등록 또는 보고를 하지 않은 경우	법 제26조 제1항제1호	800
나. 법 제7조제3항에 따른 공시를 하지 않거나 거짓으로 공시한 경우	법 제26조 제1항제2호	1,000
다. 법 제7조제3항에 따른 보고를 하지 않거나 거짓으로 보고한 경우	법 제26조 제1항제2호	800
라. 법 제8조제2항을 위반하여 기초자산집합 관리에 관한 장부를 따로 작성하여 갖추어 두지 않은 경우	법 제26조 제1항제3호	1,000
마. 법 제8조제3항을 위반하여 자산을 추가하거나 교체하지 않은 경우	법 제26조 제1항제4호	1,000
바. 법 제9조제6항을 위반하여 감시인을 재선임하지 않은 경우	법 제26조 제1항제5호	800
사. 법 제11조제5항을 위반하여 이행명령을 이행하지 않은 경우	법 제26조 제1항제6호	1,000
아. 법 제17조에 따른 위험관리체계 마련 의무, 점검 의무 및 공시 의무를 위반한 경우	법 제26조 제1항제7호	1,000
자. 법 제20조제2항을 위반하여 금융거래정보 제공사실을 통보하지 않은 경우	법 제26조 제1항제8호	1,000

■ 금융복합기업집단의 감독에 관한 법률

〔별표〕

금융회사 및 임직원에 대한 처분 사유(제25조제1항 관련)

1. 제5조제2항 또는 제6조제3항에 따른 자료요청에 대하여 정당한 이유 없이 자료 제출을 거부하거나 거짓의 자료를 제출한 경우
2. 제9조제1항을 위반하여 정당한 이유 없이 금융복합기업집단 내부통제정책을 수립하지 아니한 경우
3. 제9조제2항을 위반하여 정당한 이유 없이 금융복합기업집단 내부통제기준을 마련하지 아니한 경우
4. 제11조제1항을 위반하여 정당한 이유 없이 금융복합기업집단 위험관리정책을 수립하지 아니한 경우
5. 제11조제2항을 위반하여 정당한 이유 없이 금융복합기업집단 위험관리기준을 마련하지 아니한 경우
6. 제20조를 위반하여 보고 또는 공시를 하지 아니하거나 허위로 한 경우
7. 제23조제1항에 따른 명령을 정당한 이유 없이 이행하지 아니한 경우
8. 제24조를 위반하여 비공개정보를 해당 금융회사의 업무 외의 목적으로 이용하거나 소속금융회사 외의 자에게 제공 또는 누설한 경우
9. 제29조제1항·제2항을 위반하여 고객정보를 다른 목적으로 제공한 경우 또는 해당 금융복합기업집단에 속한 소속금융회사가 아닌 다른 자에게 제공한 경우
10. 제29조제4항을 위반하여 정보제공내역을 고객에게 통지하지 아니한 경우
11. 제29조제6항을 위반하여 고객정보관리인을 선임하지 아니한 경우
12. 제29조제7항을 위반하여 업무지침서를 작성하지 아니하거나 보고하지 아니한 경우
13. 제29조제8항을 위반하여 고객정보의 취급방침을 정하지 아니한 경우 또는 이를 금융회사의 거래상대방에게 통지·공고하지 아니하거나 영업점에 게시하지 아니한 경우
14. 그 밖에 거래자의 보호 또는 금융복합기업집단의 건전한 운영을 해칠 우려가 있는 경우로서 대통령령으로 정하는 경우

■ 금융지주회사법 시행령

〔별표1〕

대주주의 요건(제5조제3항 관련)

(2021.10.21 개정)

구 분	요 건
1. 대주주가 「금융위원회의 설치 등에 관한 법률」 제38조에 따라 금융감독원의 검사를 받는 기관(기관전용 사모집합투자기구등 및 기금등은 제외하며, 이하 이 표에서 "금융기관"이라 한다)인 경우	가. 최근 사업연도 말 현재 재무상태표상 자산총액에서 부채총액을 뺀 금액(이하 "자기자본"이라 한다)이 출자하려는 금액의 3배 이상으로서 금융위원회가 정하는 기준을 충족할 것 나. 해당 금융기관에 적용되는 재무건전성에 관한 기준으로서 금융위원회가 정하는 기준을 충족할 것 다. 해당 금융기관이 「독점규제 및 공정거래에 관한 법률」에 따른 상호출자제한기업집단등(이하 "상호출자제한기업집단등"이라 한다)이거나 같은 법에 따른 기업집단으로서 금융위원회가 정하는 주채무계열(이하 "주채무계열"이라 한다)에 속하는 회사인 경우에는 해당 상호출자제한기업집단등 또는 주채무계열의 부채비율(최근 사업연도 말 현재 재무상태표상 부채총액을 자기자본으로 나눈 비율을 말하며, 이 경우 금융기관은 부채비율 산정대상에서 제외한다. 이하 같다)이 100분의 300 이하로서 금융위원회가 정하는 기준을 충족할 것 라. 출자금은 금융위원회가 정하는 바에 따라 차입으로 조성된 자금이 아닐 것 마. 다음의 요건을 충족할 것. 다만, 그 위반 등의 정도가 경미하다고 금융위원회가 인정하는 경우는 제외한다. 1) 최근 5년간 법, 이 영, 금융관련법령, 「독점규제 및 공정거래에 관한 법률」 또는 「조세범 처벌법」을 위반하여 처벌받은 사실이 없을 것 2) 최근 5년간 채무불이행 등으로 건전한 신용질서를 저해한 사실이 없을 것 3) 「금융산업의 구조개선에 관한 법률」에 따라 부실금융기관으로 지정되거나 법 또는 금융관련법령에 따라 허가·인가 또는 등록이 취소된 금융기관의 대주주 또는 그 특수관계인이 아닐 것. 다만, 법원의 판결에 의하여 부실책임이 없다고 인정된 자 또는 부실에 따른 경제적 책임을 부담하는 등 금융위원회가 정하는 기준에 해당하는 자는 제외한다. 4) 그 밖에 1)부터 3)까지의 규정에 준하는 것으로서 건전한 금융거래질서를 저해한 사실이 없을 것
2. 대주주가 기금등인 경우	제1호라목 및 마목의 요건을 충족할 것
3. 대주주가 제1호 및 제2호 외의 내국법인(기관전용 사모집합투자기구등은 제외한다. 이하 같다)인 경우	가. 최근 사업연도 말 현재 자기자본이 출자하려는 금액의 3배 이상으로서 금융위원회가 정하는 기준을 충족할 것 나. 최근 사업연도 말 현재 부채비율이 100분의 300 이하로서 금융위원회가 정하는 기준을 충족할 것 다. 해당 법인이 상호출자제한기업집단등의 계열회사이거나 주채무계열에 속하는 회사인 경우에는 해당 상호출자제한기업집단등 또는 주채무계열의 부채비율이 100분의 300 이하로서 금융위원회가 정하는 기준을 충족할 것 라. 제1호라목 및 마목의 요건을 충족할 것
4. 대주주가 내국인으로서 개인인 경우	가. 「금융회사의 지배구조에 관한 법률」 제5조제1항 각 호의 어느 하나에 해당되지 않을 것 나. 제1호라목 및 마목의 요건을 충족할 것
5. 대주주가 외국 법인인 경우	가. 인가신청일 현재 외국에서 은행업, 금융투자업, 보험업 또는 이에 준하는 업으로서 금융위원회가 정하는 금융업을 영위하는 회사(이하 "외국금융회사"라 한다)이거나 외국금융회사의 지주회사일 것 나. 최근 사업연도 말 현재 자기자본이 출자하려는 금액의 3배 이상으로서 금융위원회가 정하는 기준을 충족할 것 다. 국제적으로 인정받는 신용평가기관으로부터 투자적격 이상의 신용평가등급을 받거나 외국 법인이 속한 국가의 감독기관이 정하는 재무건전성에 관한 기준을 충족하고 있는 사실이 확인될 것 라. 최근 3년간 금융업의 영위와 관련하여 외국 법인이 속한 국가의 감독기관으로부터 법인경고 이상에 해당하는 행정처분을 받거나 벌금형 이상에 해당하는 형사처벌을 받은 사실이 없을 것 마. 제1호마목의 요건을 충족할 것
6. 대주주가 외국인인 개인인 경우	가. 인가신청일 현재 5년 이상 외국금융회사의 상근임원으로 근무한 경력이 있을 것 나. 「금융회사의 지배구조에 관한 법률」 제5조제1항 각 호의 어느 하나에 해당되지 않을 것 다. 외국인이 속한 국가의 금융감독기관으로부터 해당 외국인이 본국의 금융지주회사의 대주주로서 결격사유에 해당되지 아니한다는 확인이 있을 것 라. 출자금은 금융위원회가 정하는 바에 따라 차입으로 조성된 자금이 아닐 것 마. 제1호마목의 요건을 충족할 것
7. 대주주가 기관전용 사모집합투자기구등인 경우	기관전용 사모집합투자기구의 업무집행사원과 그 출자지분이 100분의 30 이상인 유한책임사원 및 기관전용 사모집합투자기구를 사실상 지배하고 있는 유한책임사원이 다음 각 목의 어느 하나에 해당하거나 투자목적회사의 주주나 사원인 기관전용 사모집합투자기구의 업무집행사원과 그 출자지분이 100분의 30 이상인 주주나 사원 및 투자목적회사를 사실상 지배하고 있는 주주나 사원이 다음 각 목의 어느 하나에 해당하는 경우에는 각각 다음 각 목의 구분에 따른 요건을 충족할 것 가. 제1호의 금융기관인 경우 : 제1호나목·다목 및 마목의 요건을 충족할 것 나. 제2호의 기금등인 경우 : 제1호마목의 요건을 충족할 것 다. 제3호의 내국법인인 경우 : 제1호마목 및 제3호나목·다목의 요건을 충족할 것 라. 제4호의 내국인으로서 개인인 경우 : 제1호마목 및 제4호가목의 요건을 충족할 것 마. 제5호의 외국 법인인 경우 : 제1호마목, 제3호나목(금융업을 영위하는 법인은 제외한다) 및 제5호다목·라목의 요건을 충족할 것 바. 제6호의 외국인인 개인인 경우 : 제1호마목 및 제6호나목의 요건을 충족할 것

비고
1. 제5조제2항 각 호의 어느 하나에 해당하는 자에게는 이 표 제1호마목 또는 제5호라목의 요건만 적용한다. 다만, 최대주주인 법인이 기관전용 사모집합투자기구등인 경우에는 이 표 제7호의 요건을 적용한다.
2. 자기자본을 산정할 때에는 최근 사업연도 말 이후 인가신청일까지의 자본금의 증감분을 포함하여 계산한다.
3. 이 표 제5호를 적용할 때에는 대주주인 외국 법인이 지주회사이어서 이 표 제5호 각 목의 전부 또는 일부를 그 지주회사에 적용하는 것이 곤란하거나 불합리한 경우에는 그 지주회사가 인가신청 시에 지정하는 회사(해당 지주회사의 경영을 사실상 지배하고 있는 회사 또는 해당 지주회사가 경영을 사실상 지배하고 있는 회사로 한정한다)가 이 표 제5호 각 목의 전부 또는 일부를 충족하는 때에는 그 지주회사가 그 요건을 충족한 것으로 본다.

〔별표1의2〕 (2016.7.28 삭제)

〔별표2〕

한도초과보유주주의 초과보유요건(제6조의3제1항 관련)

(2021.10.21 개정)

구 분	요 건
1. 한도초과보유주주가 「금융위원회의 설치 등에 관한 법률」 제38조에 따라 금융감독원으로부터 검사를 받는 기관(제2호, 제3호 및 제7호에 해당하는 내국법인은 제외한다)인 경우	가. 해당 기관에 적용되는 재무건전성에 관한 기준으로서 금융위원회가 정하는 기준을 충족하고 해당 기관이 속하는 업종의 재무건전성에 관한 기준 평균치 이상일 것 나. 금융거래 등 상거래에 있어서 약정한 기일 내에 채무를 변제하지 아니한 자로서 금융위원회가 정하는 자가 아닐 것 다. 승인신청하는 내용이 법 제45조의2제1항에 적합할 것 라. 승인신청 시 제출한 서류에 따라 은행지주회사의 지배주주로서 적합하고 해당 은행지주회사의 건전성과 금융산업의 효율화에 기여할 수 있음을 확인할 수 있을 것 마. 다음의 요건을 충족할 것. 다만, 그 위반 등의 정도가 경미하다고 금융위원회가 인정하는 경우는 제외한다. 1) 최근 5년간 「금융산업의 구조개선에 관한 법률」에 의하여 부실금융기관으로 지정되었거나 법 또는 금융관련법령에 따라 영업의 허가·인가 등이 취소된 금융기관의 대주주 및 그 특수관계인이 아닐 것. 다만, 법원의 판결에 의하여 부실책임이 없다고 인정된 자 또는 부실에 따른 경제적 책임을 부담하는 등 금융위원회가 정하는 기준에 해당하는 자는 제외한다. 2) 최근 5년간 「독점규제 및 공정거래에 관한 법률」상의 내부자거래 또는 불공정거래 금지규정을 위반하거나 법, 이 영, 금융관련법령을 위반하여 처벌받은 사실이 없을 것
2. 한도초과보유주주가 「자본시장과 금융투자업에 관한 법률」에 따른 투자회사·투자유한회사·투자합자회사 및 투자조합인 경우	가. 비금융주력자인 동일인에 속하는 집합투자업자에게 자산운용을 위탁하지 아니할 것 나. 제1호나목부터 마목까지의 요건을 충족할 것
3. 한도초과보유주주가 기금등인 경우	제1호나목부터 마목까지의 요건을 충족할 것
4. 한도초과보유주주가 제1호, 제2호, 제3호 및 제7호 외의 내국법인인 경우	가. 부채비율이 100분의 200 이하로서 금융위원회가 정하는 기준을 충족할 것 나. 해당 법인이 「독점규제 및 공정거래에 관한 법률」에 따른 기업집단에 속하는 회사인 경우에는 해당 기업집단(법 제2조제1항제8호가목에 따른 비금융회사로 한정한다)의 부채비율이 100분의 200 이하로서 금융위원회가 정하는 기준을 충족할 것 다. 주식취득 자금이 해당 법인이 최근 1년 이내에 유상증자 또는 보유자산의 처분을 통하여 조달한 자금 등 차입금이 아닌 자금으로서 해당 법인의 자본총액 이내의 자금일 것 라. 제1호나목부터 마목까지의 요건을 충족할 것
5. 한도초과보유주주가 내국인으로서 개인인 경우	가. 주식취득 자금이 금융기관으로부터의 차입금이 아닐 것 나. 제1호나목부터 마목까지의 요건을 충족할 것
6. 한도초과보유주주가 외국인인 경우	가. 외국금융회사이거나 해당 외국금융회사의 지주회사일 것 나. 자산총액·영업규모 등에 비추어 국제적 영업활동에 적합하고 국제적 신인도가 높을 것 다. 해당 외국인이 속한 국가의 금융감독기관으로부터 최근 3년간 영업정지조치를 받은 사실이 없다는 확인이 있을 것

	라. 최근 3년간 계속하여 국제결제은행의 기준에 따른 위험가중자산에 대한 자기자본비율이 100분의 8 이상이거나 이에 준하는 것으로서 금융위원회가 정하는 기준에 적합할 것 마. 제1호나목부터 마목까지의 요건을 충족할 것
7. 한도초과보유주주가 기관전용 사모집합투자기구등인 경우	기관전용 사모집합투자기구의 업무집행사원과 그 출자지분이 100분의 30 이상인 유한책임사원 및 기관전용 사모집합투자기구를 사실상 지배하고 있는 유한책임사원이 다음 각 목의 어느 하나에 해당하거나 투자목적회사의 주주나 사원인 기관전용 사모집합투자기구의 업무집행사원과 그 출자지분이 100분의 30 이상인 주주나 사원 및 투자목적회사를 사실상 지배하고 있는 주주나 사원이 다음 각 목의 어느 하나에 해당하는 경우에는 각각 다음 각 목의 구분에 따른 요건을 충족할 것 가. 제1호의 금융기관인 경우 : 제1호의 요건을 충족할 것 나. 제2호의 투자회사·투자유한회사·투자합자회사·투자조합인 경우 : 제2호의 요건을 충족할 것 다. 제3호의 기금등인 경우 : 제3호의 요건을 충족할 것 라. 제4호의 내국법인인 경우 : 제4호의 요건을 충족할 것 마. 제5호의 내국인으로서 개인인 경우 : 제5호의 요건을 충족할 것 바. 제6호의 외국인인 경우 : 제4호가목(외국금융회사는 제외한다)·다목(외국금융회사는 제외한다)·라목 및 제6호나목부터 라목까지의 요건을 충족할 것

비고

1. 자본총액을 산정할 때에는 최근 사업연도 말 이후 승인신청일까지의 자본금의 증가분을 포함하여 계산한다.
2. 기업집단에 속하는 비금융회사 전체의 부채비율을 산정할 때 해당 기업집단이 「주식회사 등의 외부감사에 관한 법률」에 따른 결합재무제표 작성대상 기업집단인 경우에는 결합재무제표에 따라 산정한 부채비율을 말한다.
3. 이 표 제6호를 적용할 때에는 한도초과보유주주인 외국인이 지주회사이어서 이 표 제6호 각 목의 전부 또는 일부를 그 지주회사에 적용하는 것이 곤란하거나 불합리한 경우에는 그 지주회사가 승인신청 시에 지정하는 회사(그 지주회사의 경영을 사실상 지배하고 있는 회사 또는 그 지주회사가 경영을 사실상 지배하고 있는 회사만 해당한다)가 이 표 제6호 각 목의 전부나 일부를 충족하는 때에는 그 지주회사가 그 요건을 충족한 것으로 본다.
4. 이 표 제7호를 적용할 때에는 이 표 제1호다목의 요건을 충족하는지를 판단함에 있어 다음 각 목의 어느 하나에 해당하는 자는 제3조제1항에도 불구하고 기관전용 사모집합투자기구의 특수관계인으로 본다.
   가. 기관전용 사모집합투자기구 출자총액의 100분의 10 이상의 지분을 보유하는 유한책임사원인 비금융주력자
   나. 다른 상호출자제한기업집단(「독점규제 및 공정거래에 관한 법률」에 따른 상호출자제한기업집단을 말한다. 이하 같다)에 속하는 각각의 계열회사가 보유한 기관전용 사모집합투자기구의 지분의 합이 기관전용 사모집합투자기구 출자총액의 100분의 30 이상인 경우에, 해당 기관전용 사모집합투자기구의 유한책임사원 또는 업무집행사원이 아닌 무한책임사원으로서 상호출자제한기업집단에 속하는 계열회사. 다만, 서로 다른 상호출자제한기업집단 사이에서는 특수관계인으로 보지 아니한다.

〔별표2의2〕 (2014.2.11 삭제)

〔별표3〕

금융지주회사의 업무에 대한 세부 내용(제11조제2항 관련)

(2015.12.30 개정)

1. 자회사등의 금융상품의 개발·판매를 위한 지원, 그 밖에 자회사등의 업무에 필요한 자원의 제공 업무에 대한 세부 내용
   가. 자회사등의 금융상품 개발·판매를 위한 기획·조사·분석
   나. 자회사등과의 설비·전산시스템 등의 공동활용 등을 위한 지원
   다. 자회사등의 업무와 관련된 전산시스템 및 소프트웨어의 개발 및 제공
   라. 자회사등에 대한 상표권 및 특허권 등 지적재산권의 제공
   마. 업무용부동산의 소유 및 자회사등에 대한 임대
   바. 그 밖에 자회사등이 영업을 위하여 사용하는 재산의 소유 및 자회사등에 대한 제공
2. 전산, 법무, 회계 등 자회사등의 업무를 지원하기 위하여 자회사등으로부터 위탁받은 업무에 대한 세부 내용
   가. 전산시설 등 전산 관련 업무
   나. 인사관리 및 연수
   다. 총무업무
   라. 조사분석업무
   마. 법률 및 세무 업무
   바. 회계관리업무
   사. 홍보업무
   아. 준법감시업무
   자. 내부감사업무
   차. 위험관리업무
   카. 신용위험의 분석·평가
   타. 그 밖에 가목부터 카목까지의 업무에 준하는 업무

〔별표4〕

비은행지주회사의 인가기준 및 자회사등 편입승인 기준(제16조의3 및 제16조의4 관련)

(2016.7.28 개정)

1. 보험지주회사 및 금융투자지주회사의 인가기준 및 세부기준

인가기준	세부기준
가. 주식회사로서 금융지주회사 및 자회사등이 되는 회사의 사업계획이 타당하고 건전할 것	1) 사업계획이 지속적인 영업을 하기에 적합하고 추정재무제표 및 수익전망이 사업계획에 비추어 타당성이 있을 것 2) 사업계획의 추진에 소요되는 자본 등 자금의 조달방법이 적절할 것 3) 법령에 위반되지 아니하고 건전한 금융질서를 저해할 우려가 없을 것 4) 외국법인인 자회사가 손자회사를 지배하려는 경우 그 손자회사가 국내 금융기관이 아닐 것 5) 관련 시장에서의 경쟁을 실질적으로 제한하지 아니할 것
나. 대주주(최대주주의 특수관계인인 주주를 포함하며, 최대주주가 법인인 경우에는 그 법인의 주요 경영사항에 대하여 사실상의 영향력을 행사하고 있는 주주로서 제5조제2항 각 호의 어느 하나에 해당하는 자를 포함한다)가 건전한 재무상태 및 사회적 신용을 갖추고 있을 것	대주주는 「금융회사의 지배구조에 관한 법률 시행령」 별표1에 규정된 요건에 적합할 것. 다만, 다음 어느 하나에 해당하는 자의 경우에는 그러하지 아니하다. 1) 한국정책금융공사 2) 예금보험공사 3) 한국자산관리공사 4) 한국산업은행 5) 주식교환 또는 주식이전에 따라 대주주가 되는 자. 다만, 주식교환 또는 주식이전에 따라 금융지주회사의 의결권있는 발행주식총수의 100분의 10 이상을 소유하면서 최대주주가 되는 자는 제외한다.
다. 금융지주회사와 자회사등이 되는 회사의 재무상태 및 경영관리상태가 건전할 것	1) 금융지주회사등의 자기자본이 제28조제1호에 따라 금융위원회가 정하여 고시하는 자본의 적정성에 관한 기준을 충족할 것 2) 금융위원회가 정하여 고시하는 바에 따라 자회사등의 경영건전성을 평가한 결과 그 자회사등의 경영상태가 건전할 것
라. 주식교환 또는 주식이전에 따라 완전지주회사가 되는 경우에는 주식의 교환비율이 적정할 것	1) 주식교환비율(완전모회사가 되는 회사의 교환가격과 완전자회사가 되는 회사의 교환가격 중 높은 가격을 낮은 가격으로 나눈 비율)은 다음의 구분에 따라 산정한 가격〔주권상장법인이 가) 또는 나)에 따른 가격을 산정할 수 없는 경우에는 다)에 따른 가격으로 한다〕을 기준으로 정하여야 한다. 다만, 주식교환 또는 주식이전의 당사자인 회사 간의 협의로 100분의 30의 범위에서 그 비율을 조정할 수 있다. 가) 주권상장법인 간 주식교환 또는 주식이전의 경우 : 「자본시장과 금융투자업에 관한 법률 시행령」 제176조의5제1항제1호에 따라 산정한 가격 나) 주권상장법인과 주권상장법인이 아닌 법인 간 주식교환 또는 주식이전의 경우로서 주권상장법인인 경우 : 「자본시장과 금융투자업에 관한 법률 시행령」 제176조의5제1항제2호가목에 따라 산정한 가격 다) 주권상장법인과 주권상장법인이 아닌 법인 간 주식교환 또는 주식이전의 경우로서 주권상장법인이 아닌 법인의 경우 : 「자본시장과 금융투자업에 관한 법률 시행령」 제176조의5제1항제2호나목에 따라 산정한 가격 라) 주권상장법인이 아닌 법인 간 주식교환 또는 주식이전의 경우 : 「자본시장과 금융투자업에 관한 법률 시행령」 제176조의5제1항제2호나목에 따라 산정한 가격 2) 1)의 나) 및 다)에 따른 가격을 산정할 때에는 그 적절성에 관하여 「자본시장과 금융투자업에 관한 법률 시행령」 제176조의5제6항에 따른 외부평가기관의 평가를 받아야 한다. 다만, 코스닥상장법인이 「자본시장과 금융투자업에 관한 법률 시행령」 제176조의5제1항제1호에 따라 산정한 가격을 기준으로 주식교환비율을 정한 때에는 그러하지 아니하다.

2. 보험지주회사 및 금융투자지주회사의 자회사등 편입승인기준 및 세부기준

편입승인기준	세부기준
가. 자회사등으로 편입되는 회사의 사업계획이 타당하고 건전할 것	1) 사업계획이 지속적인 영업의 영위와 금융지주회사 및 편입대상회사의 경영건전성 유지에 적합하고 추정재무제표 및 수익전망이 사업계획에 비추어 타당성이 있을 것 2) 사업계획의 추진에 소요되는 자본 등 자금의 조달방법이 적절할 것 3) 법령에 위반되지 아니하고 건전한 금융질서를 저해할 우려가 없을 것 4) 자회사로 편입되는 외국 법인이 손자회사를 지배하려고 하거나 외국 자회사가 새로 손자회사를 편입하려는 경우 그 손자회사가 국내 금융기관이 아닐 것 5) 관련 시장에서의 경쟁을 실질적으로 제한하지 아니할 것
나. 금융지주회사 및 자회사등의 재무상태와 경영관리상태가 건전할 것	1) 금융지주회사등 및 편입대상회사의 자기자본이 제28조제1호에 따라 금융위원회가 정하여 고시하는 자본의 적정성에 관한 기준을 충족할 것 2) 금융위원회가 정하여 고시하는 바에 따라 금융지주회사등 및 편입대상회사의 경영건전성을 평가한 결과 그 금융지주회사등 및 편입대상회사의 경영상태가 건전할 것
다. 주식교환에 따라 자회사등으로 편입하는 경우에는 주식의 교환비율이 적정할 것	제1호라목에서 정한 세부기준을 충족할 것

〔별표5〕

비은행지주회사의 대주주에 대한 신용공여 한도 등 산정방법

(제16조의5제1항·제2항 및 제16조의6제1항 관련)

(2010.1.18 신설)

구분	산정방법
1. 비은행지주회사등이 그 비은행지주회사의 대주주에게 할 수 있는 신용공여 합계액의 한도(제16조의5제1항 관련)	신용공여 합계액의 한도 = 비은행지주회사등의 자기자본의 순합계액 × 자회사등 업종별 한도비율의 가중평균 가. 비은행지주회사등의 자기자본의 순합계액 : 제24조제3항에 따른 자기자본을 같은 조 제4항에 따른 방법으로 합계한 금액 나. 자회사등 업종별 한도비율의 가중평균 : 다음 1)부터 5)까지에 따른 금액의 합계액을 종합금융회사, 금융투자업자, 보험회사, 상호저축은행 및 여신전문금융회사인 자회사등의 자기자본의 합계액으로 나눈 비율 1) 종합금융회사인 자회사등의 자기자본의 합계액 × 100분의 15 2) 금융투자업자인 자회사등의 자기자본의 합계액 × 0 3) 보험회사인 자회사등의 자기자본의 합계액 × 100분의 40이하로서 금융위원회가 정하여 고시하는 비율 4) 상호저축은행인 자회사등의 자기자본의 합계액 × 0 5) 여신전문금융회사인 자회사등의 자기자본의 합계액 × 100분의 100
2. 비은행지주회사등이 그 비은행지주회사의 대주주가 발행한 주식(출자지분을 포함한다)을 취득할 수 있는 한도(제16조의5제2항 관련)	주식을 취득할 수 있는 한도 = 비은행지주회사등의 자기자본의 순합계액 × 자회사등 업종별 한도비율의 가중평균 가. 비은행지주회사등의 자기자본의 순합계액 : 제24조의3제7항에 따른 자기자본을 같은 조 제6항에 따른 방법으로 합계한 금액 나. 자회사등 업종별 한도비율의 가중평균 : 다음 1)부터 5)까지에 따른 금액의 합계액을 종합금융회사, 금융투자업자, 보험회사, 상호저축은행 및 여신전문금융회사인 자회사등의 자기자본의 합계액으로 나눈 비율 1) 종합금융회사인 자회사등의 자기자본의 합계액 × 100분의 100 2) 금융투자업자인 자회사등의 자기자본의 합계액 × 100분의 8 3) 보험회사인 자회사등의 자기자본의 합계액 × 100분의 60이하로서 금융위원회가 정하여 고시하는 비율 4) 상호저축은행인 자회사등의 자기자본의 합계액 × 100분의 100 5) 여신전문금융회사인 자회사등의 자기자본의 합계액 × 100분의 100

3. 비은행지주회사등의 동일차주에 대한 신용공여 합계액의 한도(제16조의6제1항 관련)	신용공여 합계액의 한도 = 비은행지주회사등의 자기자본의 순합계액 × 자회사등 업종별 한도비율의 가중평균 가. 비은행지주회사등의 자기자본의 순합계액 : 제24조제3항에 따른 자기자본을 같은 조 제4항에 따른 방법으로 합계한 금액 나. 자회사등 업종별 한도비율의 가중평균 : 다음 1)부터 5)까지에 따른 금액의 합계액을 종합금융회사, 금융투자업자, 보험회사, 상호저축은행 및 여신전문금융회사인 자회사등의 자기자본의 합계액으로 나눈 비율 1) 종합금융회사인 자회사등의 자기자본의 합계액 × 100분의 25 2) 금융투자업자인 자회사등의 자기자본의 합계액 × 100분의 25 3) 보험회사인 자회사등의 자기자본의 합계액 × 보험회사 총자산의 100분의 12에 해당하는 금액을 해당 보험회사의 자기자본으로 나눈 비율 4) 상호저축은행인 자회사등의 자기자본의 합계액 × 100분의 25 5) 여신전문금융회사인 자회사등의 자기자본의 합계액 × 100분의 250
4. 비은행지주회사등의 동일한 개인이나 법인 각각에 대한 신용공여 합계액의 한도(제16조의6제1항 관련)	신용공여 합계액의 한도 = 비은행지주회사등의 자기자본의 순합계액 × 자회사등 업종별 한도비율의 가중평균 가. 비은행지주회사등의 자기자본의 순합계액 : 제24조제3항에 따른 자기자본을 같은 조 제4항에 따른 방법으로 합계한 금액 나. 자회사등 업종별 한도비율의 가중평균 : 다음 1)부터 5)까지에 따른 금액의 합계액을 종합금융회사, 금융투자업자, 보험회사, 상호저축은행 및 여신전문금융회사인 자회사등의 자기자본의 합계액으로 나눈 비율 1) 종합금융회사인 자회사등의 자기자본의 합계액 × 100분의 20 2) 금융투자업자인 자회사등의 자기자본의 합계액 × 100분의 20 3) 보험회사인 자회사등의 자기자본의 합계액 × 보험회사 총자산의 100분의 3에 해당하는 금액을 해당 보험회사의 자기자본으로 나눈 비율 4) 상호저축은행인 자회사등의 자기자본의 합계액 × 100분의 20 5) 여신전문금융회사인 자회사등의 자기자본의 합계액 × 100분의 200

비고 : 제1호나목3), 제2호나목3), 제3호나목3) 및 제4호나목3)은 보험회사인 자회사등이 2개 이상인 경우로서 보험회사별로 업종별 한도비율이 다를 경우에는 개별 보험회사별로 자기자본에서 업종별 한도비율을 곱한 금액을 각각 합산한 금액으로 한다.

[별표6]

금융업의 본질적 업무(제26조제9항 관련)

(2015.12.30 개정)

1. 예금 · 적금의 수입 또는 유가증권, 그 밖의 채무증서의 발행과 그에 따른 계좌의 개설 · 해지 및 입금 · 지급 업무(상호저축은행의 신용계업무 · 신용부금업무 및 종합금융회사의 어음관리계좌에 관한 업무로서 이와 비슷한 업무를 포함한다). 다만, 다음 각 목의 업무는 제외한다.
   가. 예금잔액 증명서의 발급 등 해당 입금 · 지급 업무에 따라 금융이용자에게 부가적으로 제공되는 업무
   나. 현금자동지급기(ATM)를 통한 입금 · 지급, 계좌이체 및 잔액조회 등에 관한 업무
   다. 가목 및 나목에 따른 업무와 비슷한 업무로서 금융위원회가 정하여 고시하는 업무
2. 대출 · 채무보증 또는 어음 할인 등에 대한 심사 및 승인. 다만, 전산시스템에 의한 대출심사 및 신용조사표 작성 등 단순심사 행위는 제외한다.
3. 내국환 · 외국환 거래 관련 심사 및 승인
4. 보험업 중 다음 각 목의 업무
   가. 보험의 인수(引受) 여부에 대한 심사 및 결정
   나. 보험계약의 체결. 다만, 「보험업법」 제83조제1항제1호부터 제3호까지의 규정에 해당하는 자가 모집하는 경우는 제외한다.
   다. 보험계약의 해지, 실효 및 부활처리. 다만, 해지, 실효 및 부활처리 등을 위한 신청접수, 전산입력 등 절차적 행위는 제외한다.
   라. 보험금 지급 여부에 대한 심사 및 결정
5. 신용카드업 중 다음 각 목의 업무
   가. 회원자격 심사, 이용한도 부여 및 발급승인. 다만, 기재사항 확인 등 신용위험을 직접 수반하지 않는 단순업무, 신용사기를 방지하기 위한 본인 확인 · 재직 확인 · 신용도 조회업무는 제외한다.
   나. 가맹점 계약의 체결
   다. 거래승인
6. 시설대여 및 연불판매에 대한 심사 및 승인
7. 할부금융 이용자에 대한 심사 및 할부금융 한도설정의 승인
8. 신기술사업투자조합의 설립 및 그 자금의 관리 · 운용

비고 : 전산시스템 등을 통하여 단순 반복적으로 처리가 가능한 업무로서 최종 의사결정권한이 위탁자에게 있는 업무나 위탁자가 사전에 설정한 기준에 따라 사실관계를 단순 확인하는 업무는 본질적 업무에서 제외한다.

[별표7]

금융위원회가 금융감독원장에게 위탁하는 권한의 범위(제33조의3제1항 관련)

(2017.8.16 개정)

1. 법 제4조에 따른 금융지주회사의 인가 요건을 갖추었는지에 대한 심사
1의2. 법 제5조의2제1항에 따른 금융지주회사요건에 해당하게 된 사실에 대한 보고의 접수
2. 법 제5조의2제2항 단서에 따른 기간연장 승인의 심사
3. 법 제6조의2제1항에 따른 자본금 감소 신고의 접수 및 정관변경 신고 · 보고의 접수
4. 법 제6조의2제2항에 따른 해당 금융지주회사에 대한 시정권고 또는 보완권고
5. 법 제7조제2항 단서에 따른 기간연장 승인의 심사
6. (2016.7.28 삭제)
7. 법 제8조제2항에 따른 은행지주회사 주식보유 상황 또는 주식보유비율의 변동 상황 확인에 필요한 보고의 접수
8. 법 제8조제3항에 따른 은행지주회사 주식 한도초과 보유 승인의 심사
9. 법 제8조의2제2항에 따른 은행지주회사 주식 한도초과 보유 승인의 심사
10. 법 제8조의2제3항제1호에 따른 전환계획 승인의 심사
11. 법 제8조의2제3항제2호에 따라 기금등이 승인요건을 갖추었는지에 대한 심사
12. 법 제8조의3제1항에 따른 전환계획에 대한 전문기관의 평가 실시
13. 법 제8조의3제2항에 따른 전환계획 이행상황의 점검 및 그 결과의 공시
14. 법 제8조의3제2항에 따른 전환대상자가 같은 조 제5항 각 호의 어느 하나에 해당하는지에 대한 검토
15.~17. (2014.2.11 삭제)
18. 법 제8조의5제2항 각 호의 요건을 갖추었는지에 대한 심사
19. 법 제8조의5제3항에 따른 정보 또는 자료의 제공 요구 및 법 제8조의6에 따른 정보 또는 자료의 내용 변경사실 보고의 접수
20. 법 제9조제1항에 따라 외국은행등이 같은 항 각 호의 요건을 충족하는지에 대한 심사
20의2. 법 제10조제2항제1호가목 및 제2호가목에 따른 한도초과 은행지주회사 주식의 보유사실에 대한 보고의 접수
21. 법 제10조제2항에 따라 같은 조 제1항의 규정을 준수하는지에 대한 점검
22. 법 제10조의2제1항 · 제6항에 따른 한도초과보유주주등이 초과보유요건등 및 법 제8조의2제3항제2호 각 목의 요건을 충족하는지에 대한 심사
23. 법 제10조의2제2항에 따른 자료 또는 정보의 제공 요구
24. 법 제10조의2제5항에 따라 한도초과보유주주등이 해당 명령을 이행하는지에 대한 점검
25. 법 제17조제1항에 따른 자회사등의 편입 승인요건을 갖추었는지에 대한 심사
26. 법 제18조제1항에 따른 자회사등의 편입신고의 접수
27. 법 제18조제2항에 따른 공정거래위원회와의 협의
27의2. 법 제18조제3항에 따라 편입신고한 자회사등이 신고대상회사에 해당하는지에 대한 검토
28. 법 제22조제1항에 따른 비은행지주회사 전환계획 승인의 심사
29. 법 제22조제2항 단서에 따라 비은행지주회사 전환대상자가 행위제한규정 유예기간 연장사유에 해당하는지에 대한 심사
30. 법 제22조제5항에 따른 비은행지주회사 전환계획에 대한 전문기관의 평가 실시
31. 법 제22조제6항에 따른 비은행지주회사 전환계획 이행상황의 점검 및 그 결과의 공시
32. 법 제22조제9항에 따라 전환대상자가 같은 항 각 호의 어느 하나에 해당하는지에 대한 검토
33. 법 제23조에 따른 보험지주회사의 인가기준을 갖추었는지에 대한 심사(법 제28조에서 준용하는 경우를 포함한다)
34. 법 제24조에 따른 자회사등의 편입 승인기준을 갖추었는지에 대한 심사(법 제28조에서 준용하는 경우를 포함한다)
35. 법 제29조에 따른 금융투자지주회사의 인가기준을 갖추었는지에 대한 심사
36. 법 제30조에 따른 자회사등의 편입 승인기준을 갖추었는지에 대한 심사
37. 법 제34조제6항에 따른 보고의 접수 및 같은 조 제7항에 따른 분기별 보고의 접수
38. 법 제34조제8항에 따른 자회사등인 보험회사의 해당 비은행지주회사의 대주주와의 거래에 관한 보고의 접수
39. 법 제34조제10항에 따른 비은행지주회사의 대주주에 대한 조치사유에 해당하는지에 대한 검토
40. 법 제34조제11항에 따른 비은행지주회사등 또는 대주주에 대한 같은 조 제1항부터 제10항까지의 규정 위반 여부 점검 및 자료의 제출 요구
41.~43. (2016.7.28 삭제)
44. 법 제45조제4항 단서에 따른 기간 연장 사유에 해당하는지에 대한 심사
45. 법 제45조의2제5항에 따른 주요출자자에 대한 신용공여 사실 보고의 접수
46. 법 제45조의3제4항에 따른 은행지주회사등의 주요출자자 발행주식 취득사실 보고의 접수
47. 법 제45조의5제1항에 따른 은행지주회사등 또는 그 은행지주회사의 주요출자자에 대한 자료의 제출 요구
48. 법 제45조의5제2항에 따른 은행지주회사등 또는 그 은행지주회사의 주요출자자에 대한 자료의 제출 요구
49. 법 제45조의5제2항에 따라 은행지주회사등이 제24조의5제1항 각 호의 어느 하나에 해당하는지에 대한 검토
50. 법 제47조제2항 본문에 따른 승인의 심사
51. 법 제47조제2항 단서에 따른 보고의 접수 및 해당 보고내용이 같은 조 제3항 각 호의 어느 하나에 해당하는지에 대한 검토
52. 법 제48조의2제7항에 따른 업무지침서 내용 보고의 접수
53. 법 제57조제1항제1호의 조치. 다만, 해당 임원이 그 조치를 받은 사실을 금융관련법령에서 임원의 결격사유로 정하고 있는 경우 그 조치는 제외한다.
53의2. 법 제57조의2제1항에 따른 조치 내용의 결정 및 통보(법 제57조제1항제1호에 해당하는 조치를 받았을 것으로 인정되는 경우의 조치 내용의 결정 및 통보에 한정한다). 다만, 해당 퇴임한 임원이 그 통보를 받은 사실을 금융관련법령에서 임원의 결격사유로 정하고 있는 경우 그 조치는 제외한다.
54. 법 제57조의3제3항제2호부터 제4호까지의 조치, 같은 조 제4항제1호다목 · 라목 및 같은 항 제2호라목, 제3호나목부터 마목까지의 조치
55. 법 제58조제1항제1호, 제2호 및 제3호의 조치. 다만, 해당 임원이 그 조치를 받은 사실을 금융관련법령에서 임원의 결격사유로 정하고 있는 경우 그 조치는 제외한다.
56. 법 제60조제2항에 따른 해산 또는 합병 인가의 심사
57. 법 제61조에 따른 보고의 접수
58. (2017.8.16 삭제)
59. 제31조의3제1항제1호에 따른 조치(제31조의3제2항에 따라 적용되는 경우를 포함한다), 같은 조 제3항제1호에 따른 조치 및 같은 조 제4항제1호에 따른 조치

[별표7의2]

과징금의 부과기준(제34조제2항 관련)

(2017.8.16 신설)

1. 과징금의 산정기준
   가. 기본과징금의 산정
      1) 기본과징금은 법 제64조 각 호에서 정한 과징금 금액의 상한에 2)에 따른 부과기준율을 곱한 금액으로 한다.
      2) 부과기준율은 법 제65조제1항 각 호의 사항 등에 따라 위반행위의 중대성 정도를 "중대성이 약한 위반행위", "중대한 위반행위", "매우 중대한 위반행위"로 구분하여 금융위원회가 정하여 고시한다.
   나. 기본과징금의 조정
      금융위원회는 법 제65조제1항 각 호의 사항(부과기준율 산정 단계에서 고려된 세부 참작사항은 제외한다), 위반행위에 대한 검사의 협조 여부, 위반상태의 해소나 위반행위의 예방을 위한 노력, 그 밖에 금융위원회가 정하여 고시하는 사유를 고려하여 가목에 따라 산정한 기본과징금 금액을 감경하거나 2분의 1의 범위에서 가중할 수 있다. 다만, 가중하는 경우에도 법 제64조에 따른 과징금 금액의 상한을 초과할 수 없다.
   다. 부과과징금의 결정
      1) 금융위원회는 위반자의 현실적인 부담능력 등 특별한 사정, 금융시장 또는 경제여건, 위반행위로 인하여 발생한 피해의 배상 정도, 위반행위로 인하여 취득한 이익의 규모, 그 밖에 금융위원회가 정하여 고시하는 사유를 고려할 때, 나목에 따라 조정한 과징금 금액이 과중하다고 인정되는 경우에는 이를 감액하여 부과과징금으로 정할 수 있다.
      2) 금융위원회는 위반자의 지급불능 · 지급정지 또는 자본잠식 등의 사유로 인하여 위반자가 객관적으로 과징금을 납부할 능력이 없다고 인정되는 경우, 자신의 행위가 위법하지 않은 것으로 오인한 데 정당한 사유가 있는 경우, 과징금 외에 실효성 있는 다른 조치를 이미 받은 경우, 위반의 정도가 경미한 경우, 나목에 따라 조정한 과징금 금액이 소액인 경우, 그 밖에 금융위원회가 정하여 고시하는 사유에 해당하는 경우에는 과징금을 면제할 수 있다.
2. 세부기준
   부과기준율 등 기본과징금의 산정, 기본과징금의 조정, 부과과징금의 결정, 그 밖에 과징금의 부과 등에 필요한 세부기준에 관한 사항은 금융위원회가 정하여 고시한다.

〔별표8〕

과태료의 부과기준(제39조 관련)

(2017.8.16 개정)

1. 일반기준
금융위원회는 위반행위의 정도, 위반행위의 동기와 그 결과 등을 고려하여 제2호에 따른 과태료 금액을 감경 또는 면제하거나 2분의 1의 범위에서 가중할 수 있다. 다만, 가중하는 경우에도 법 제72조제1항 및 제2항에 따른 과태료 금액의 상한을 초과할 수 없다.

2. 개별기준

(단위 : 만원)

위 반 행 위	근 거 법조문	부과 대상	금 액
가. 법 제5조의2제1항, 제8조제2항 또는 제8조의6을 위반하여 보고를 하지 않은 경우	법 제72조 제1항제1호	기관	3,000
		개인	1,500
나. 법 제5조의3을 위반하여 금융지주회사임을 표시하는 문자를 사용한 경우	법 제72조 제1항제1호의2	기관	6,000
		개인	3,000
다. 법 제6조의2제1항 본문을 위반하여 신고를 하지 않은 경우	법 제72조 제1항제1호	기관	6,000
라. 법 제8조의5제3항(법 제8조제3항에 따른 승인의 심사를 위한 경우를 포함한다), 법 제10조의2제2항, 제34조제11항 또는 제45조의5제1항·제2항에 따른 자료제공 등의 요구에 응하지 않은 경우	법 제72조 제1항제3호	기관	6,000
		개인	3,000
마. 법 제10조제3항에 따른 금융위원회의 명령을 위반한 경우	법 제72조 제1항제2호	기관	10,000
		개인	5,000
바. 금융지주회사등이 법 제34조제5항, 제45조의2제4항 또는 제45조의3제3항을 위반하여 이사회의 의결을 거치지 않은 경우	법 제72조 제1항제4호	기관	10,000
사. 금융지주회사등이 법 제34조제6항·제7항, 제45조의2제5항·제6항 또는 제45조의3제4항·제5항을 위반하여 금융위원회에 대한 보고 또는 공시를 하지 않은 경우	법 제72조 제1항제5호	기관	6,000
아. 법 제34조제8항을 위반하여 보고를 하지 않은 경우	법 제72조 제1항제5호의2	기관	6,000
자. 법 제48조의2제1항·제2항·제4항 및 제6항부터 제8항까지의 규정을 위반한 경우	법 제72조 제1항제6호	기관	10,000
		개인	2,000
차. 법 제54조를 위반하여 업무보고서를 제출하지 않거나 허위로 작성한 경우	법 제72조 제1항제8호	기관	6,000
카. 법 제55조를 위반하여 공고를 하지 않거나 허위로 공고한 경우	법 제72조 제1항제9호	기관	6,000
타. 법 제56조를 위반하여 공시를 하지 않거나 허위로 공시한 경우	법 제72조 제1항제10호	기관	6,000
파. 장부·서류의 은닉, 부실한 신고, 그 밖의 방법에 따라 이 법에 따른 검사를 거부·방해 또는 기피한 경우	법 제72조 제1항제11호	기관	10,000
		개인	5,000 다만, 임직원의 경우에는 2,000만원으로 한다.
하. 금융지주회사가 법 또는 법에 따른 규정·명령 또는 지시를 위반한 경우	법 제72조 제1항제12호	기관	2,000
거. 금융지주회사등의 임직원으로서 법에 따른 서류의 비치·제출·보고·공고 또는 공시를 게을리 한 경우	법 제72조 제2항제6호	개인	200
너. 법 또는 법에 따른 규정·명령 또는 지시를 위반한 경우(금융지주회사는 제외한다)	법 제72조 제2항제7호	기관	400
		개인	200

■ 인터넷전문은행 설립 및 운영에 관한 특례법

〔별표〕

한도초과보유주주의 요건(제5조 관련)

(2020.5.19 개정)

구 분	요 건
1. 한도초과보유주주가 「금융위원회의 설치 등에 관한 법률」 제38조에 따라 금융감독원으로부터 검사를 받는 기관(제2호, 제3호 및 제7호에 해당하는 내국법인은 제외한다)인 경우	가. 해당 기관에 적용되는 재무건전성에 관한 기준으로서 금융위원회가 정하는 기준을 충족할 것 나. 금융거래 등 상거래를 할 때 약정한 날짜까지 채무를 변제하지 아니한 자로서 금융위원회가 정하는 자가 아닐 것 다. 승인신청하는 내용이 제8조제1항에 적합할 것 라. 승인신청 시 제출한 서류에 따라 인터넷전문은행의 지배주주로서 적합하고 그 인터넷전문은행의 건전성과 금융산업의 효율화에 기여할 수 있음을 확인할 수 있을 것 마. 다음의 요건을 충족할 것. 다만, 해당 위반 등의 정도가 경미하다고 금융위원회가 인정하는 경우는 그러하지 아니하다. 1) 최근 5년간 「금융산업의 구조개선에 관한 법률」에 따라 부실금융기관으로 지정되었거나 금융관련법령에 따라 영업의 허가·인가 등이 취소된 기관의 최대주주·주요주주(의결권 있는 발행주식 총수의 100분의 10을 초과하여 보유한 주주를 말한다) 또는 그 특수관계인이 아닐 것. 다만, 법원의 판결로 부실책임이 없다고 인정된 자 또는 부실에 따른 경제적 책임을 부담하는 등 금융위원회가 정하는 기준에 해당하는 자는 제외한다. 2) 최근 5년간 금융관련법령, 「독점규제 및 공정거래에 관한 법률」상의 불공정거래행위 및 특수관계인에 대한 부당한 이익제공의 금지규정을 위반하거나 「조세범 처벌법」 또는 「특정경제범죄 가중처벌 등에 관한 법률」을 위반하여 벌금형 이상에 해당하는 형사처벌을 받은 사실이 없을 것 바. 한도초과보유주주가 「독점규제 및 공정거래에 관한 법률」에 따른 기업집단에 속하는 경우에는 초과보유 승인이 경제력 집중을 심화시키지 않을 것, 금융과 정보통신기술의 융합 가능성을 감안하여 대통령령으로 정하는 정보통신업 영위 회사의 자산총액 합계액이 해당 기업집단 내 비금융회사의 자산총액 합계액에서 상당한 비중을 차지할 것 등 대통령령으로 정하는 요건을 갖출 것
2. 한도초과보유주주가 「자본시장과 금융투자업에 관한 법률」에 따른 투자회사·투자유한회사·투자합자회사 및 투자조합인 경우	가. 비금융주력자인 동일인에 속하는 집합투자업자(「자본시장과 금융투자업에 관한 법률」 제8조제4항에 따른 집합투자업자를 말한다)에 자산운용을 위탁하지 아니할 것 나. 제1호나목부터 바목까지의 요건을 충족할 것
3. 한도초과보유주주가 「은행법」에 따른 기금등인 경우	제1호나목부터 마목까지의 요건을 충족할 것
4. 한도초과보유주주가 제1호, 제2호, 제3호 및 제7호 외의 내국법인인 경우	가. 부채비율(최근 사업연도 말 현재 대차대조표상 부채총액을 자본총액으로 나눈 비율을 말한다. 이하 같다)이 100분의 200 이하로서 금융위원회가 정하는 기준을 충족할 것 나. 해당 법인이 「독점규제 및 공정거래에 관한 법률」에 따른 기업집단에 속하는 회사인 경우에는 해당 기업집단(「은행법」 제2조제1항제9호가목에 따른 비금융회사로 한정한다)의 부채비율이 100분의 200 이하로서 금융위원회가 정하는 기준을 충족할 것 다. 주식취득 자금이 해당 법인이 최근 1년 이내에 유상증자 또는 보유자산의 처분을 통하여 조달한 자금 등 차입금이 아닌 자금으로서 해당 법인의 자본총액 이내의 자금일 것 라. 제1호나목부터 바목까지의 요건을 충족할 것
5. 한도초과보유주주가 내국인으로서 개인인 경우	가. 주식취득 자금이 제1호에 따른 기관으로부터의 차입금이 아닐 것 나. 제1호나목부터 마목까지의 요건을 충족할 것 다. 해당 개인이 「독점규제 및 공정거래에 관한 법률」에 따른 기업집단을 지배하는 경우에는 초과보유 승인이 경제력 집중을 심화시키지 않을 것, 금융과 정보통신기술의 융합 가능성을 감안하여 대통령령으로 정하는 정보통신업 영위 회사의 자산총액 합계액이 해당 기업집단 내 비금융회사의 자산총액 합계액에서 상당한 비중을 차지할 것 등 대통령령으로 정하는 요건을 갖출 것
6. 한도초과보유주주가 외국인인 경우	가. 외국에서 은행업, 투자매매업·투자중개업, 보험업 또는 이에 준하는 업으로서 금융위원회가 정하는 금융업을 경영하는 회사(이하 "외국금융회사"라 한다)이거나 해당 외국금융회사의 지주회사일 것 나. 자산총액, 영업규모 등에 비추어 국제적 영업활동에 적합하고 국제적 신인도가 높을 것 다. 해당 외국인이 속한 국가의 금융감독기관으로부터 최근 3년간 영업정지 조치를 받은 사실이 없다는 확인이 있을 것 라. 최근 3년간 계속하여 국제결제은행의 기준에 따른 위험가중자산에 대한 자기자본비율이 100분의 8 이상이거나 이에 준하는 것으로서 금융위원회가 정하는 기준에 적합할 것 마. 제1호나목부터 바목까지의 요건을 충족할 것
7. 한도초과보유주주가 경영참여형 사모집합투자기구등인 경우	경영참여형 사모집합투자기구의 업무집행사원과 그 출자지분이 100분의 30 이상인 유한책임사원 및 경영참여형 사모집합투자기구를 사실상 지배하고 있는 유한책임사원이 다음 각 목의 어느 하나에 해당하거나 투자목적회사의 주주나 사원인 경영참여형 사모집합투자기구의 업무집행사원과 그 출자지분이 100분의 30 이상인 주주나 사원 및 투자목적회사를 사실상 지배하고 있는 주주나 사원이 다음 각 목의 어느 하나에 해당하는 경우에는 각각 다음 각 목의 구분에 따른 요건을 충족할 것 가. 제1호의 기관인 경우 : 제1호의 요건을 충족할 것 나. 제2호의 투자회사·투자유한회사·투자합자회사 및 투자조합인 경우 : 제2호의 요건을 충족할 것 다. 제3호의 기금등인 경우 : 제3호의 요건을 충족할 것 라. 제4호의 내국법인인 경우 : 제4호의 요건을 충족할 것 마. 제5호의 내국인으로서 개인인 경우 : 제5호의 요건을 충족할 것 바. 제6호의 외국인인 경우 : 제4호가목(외국금융회사는 제외한다)·다목(외국금융회사는 제외한다)·라목 및 제6호나목부터 라목까지의 요건을 충족할 것

비고
1. 최대주주 또는 주요주주를 판정할 때에는 해당 주주 및 그 특수관계인이 보유하는 의결권 있는 주식을 합산한다.
2. 자본총액을 산정할 때에는 최근 사업연도 말 이후 승인신청일까지의 자본금의 증가분(자본총액을 증가시키는 것으로 한정한다)을 포함하여 계산할 수 있다.
3. 기업집단에 속하는 비금융회사 전체의 부채비율을 산정할 때 해당 기업집단이 「주식회사의 외부감사에 관한 법률」에 따른 연결재무제표 작성 대상 기업집단인 경우에는 연결재무제표에 의하여 산정한 부채비율을 말한다.
4. 이 표 제6호를 적용하는 경우 한도초과보유주주인 외국인이 지주회사여서 이 표 제6호 각 목의 전부 또는 일부를 그 지주회사에 적용하는 것이 곤란하거나 불합리한 경우에는 그 지주회사가 인가 신청할 때 지정하는 회사(그 지주회사의 경영을 사실상 지배하고 있는 회사 또는 그 지주회사가 경영을 사실상 지배하고 있는 회사만 해당한다)가 이 표 제6호 각 목의 전부나 일부를 충족하면 그 지주회사가 그 요건을 충족한 것으로 본다.
5. 이 표 제7호를 적용하는 경우 이 표 제1호다목의 요건을 충족하는지를 판단할 때에는 다음 각 목의 어느 하나에 해당하는 자는 「은행법 시행령」 제1조의4제1항에도 불구하고 경영참여형 사모집합투자기구등의 특수관계인으로 본다.
   가. 경영참여형 사모집합투자기구 출자총액의 100분의 10 이상의 지분을 보유하는 유한책임사원인 비금융주력자
   나. 다른 상호출자제한기업집단(「독점규제 및 공정거래에 관한 법률」에 따른 상호출자제한기업집단을 말한다. 이하 같다)에 속하는 각각의 계열회사(「독점규제 및 공정거래에 관한 법률」에 따른 계열회사를 말한다. 이하 같다)가 보유한 경영참여형 사모집합투자기구의 지분의 합이 경영참여형 사모집합투자기구 출자총액의 100분의 30 이상인 경우, 해당 경영참여형 사모집합투자기구의 유한책임사원 또는 업무집행사원이 아닌 무한책임사원으로서 상호출자제한기업집단에 속하는 계열회사. 다만, 서로 다른 상호출자제한기업집단 사이에는 특수관계인으로 보지 아니 한다.

■ 온라인투자연계금융업 및 이용자 보호에 관한 법률

〔별표〕

온라인투자연계금융업자 및 그 임직원에 대한 처분 사유(제45조 관련)

1. 제7조제1항을 위반하여 변경등록을 하지 아니한 경우
2. 제9조제1항·제2항을 위반하여 이용자의 이익을 보호하지 아니하거나, 이용자의 이익을 해하면서 자기 또는 제삼자가 이익을 얻도록 하는 경우
3. 제10조제1항에 따른 공시 의무를 위반한 경우
4. 제11조제1항·제2항을 위반하여 수수료 또는 이자를 받은 경우
5. 제11조제3항을 위반하여 수수료의 부과기준을 정하지 아니하거나, 온라인플랫폼에 공시하지 아니한 경우
6. 제11조제4항을 위반하여 수수료의 부과기준을 정할 때 정당한 사유 없이 이용자들을 차별한 경우
7. 제12조의 온라인투자연계금융업 관련 준수사항을 위반한 경우
8. 제13조의 업무 범위를 위반하여 업무를 영위한 경우
9. 제14조제1항·제2항을 위반하여 신고를 하지 아니한 경우
10. 제14조제3항에 따른 제한명령 또는 시정명령을 위반한 경우
11. 제15조제1항을 위반하여 업무위탁을 한 경우
12. 제16조제1항을 위반하여 회계처리를 한 경우
13. 제17조제1항·제2항을 위반하여 내부통제기준을 마련하지 아니하거나, 준법감시인을 선임하지 아니한 경우
14. 제17조제2항을 위반하여 준법감시인이 내부통제기준 준수여부를 점검하지 않거나, 내부통제기준을 위반한 사실을 발견한 경우에도 감사 또는 감사위원회에 보고하지 아니한 경우
15. 제18조에 따른 이해상충 관리에 관한 의무를 위반한 경우
16. 제19조를 위반하여 광고를 한 경우
17. 제20조제1항을 위반하여 차입자에 관한 정보를 확인하지 아니한 경우
18. 제20조제3항을 위반하여 차입자의 객관적인 변제능력을 초과하는 연계대출을 실행한 경우
19. 제20조제4항을 위반하여 차입자에 관한 정보를 용도 외의 목적으로 사용한 경우
20. 제21조제1항을 위반하여 투자자의 본인 확인을 시행하지 아니한 경우
21. 제21조제4항을 위반하여 투자자에 관한 정보를 용도 외의 목적으로 사용한 경우
22. 제22조제1항·제2항에 따른 정보 제공 의무를 위반한 경우
23. 제22조제3항을 위반하여 투자자가 이해하였음을 서명 등의 방법으로 확인받지 아니한 경우
24. 제22조제4항을 위반하여 중대한 사항을 누락하거나 거짓 또는 왜곡된 정보를 제공한 경우
25. 제22조제5항을 위반하여 연체사실과 그 사유를 투자자에게 통지하지 아니하거나 온라인플랫폼에 게시하지 아니한 경우
26. 제23조제1항에 따른 투자자에 대한 계약서류 교부 의무를 위반한 경우
27. 제23조제3항을 위반하여 투자금을 지체 없이 반환하지 아니한 경우
28. 제23조제4항을 위반하여 연계투자계약 관련 자료를 5년간 보관하지 아니한 경우
29. 제24조제1항에 따른 차입자에 대한 계약서 교부 의무를 위반한 경우
30. 제24조제2항에 따른 차입자에 대한 설명 의무를 위반한 경우
31. 제24조제3항을 위반하여 연계대출계약 관련 자료를 5년간 보관하지 아니한 경우
32. 제24조제4항을 위반하여 정당한 사유 없이 연계대출계약 관련 자료의 열람 또는 증명서의 발급을 거부한 경우
33. 제25조제2항을 위반하여 보고, 공시 또는 신고를 하지 아니한 경우
34. 제25조제4항을 위반하여 신고를 하지 아니한 경우
35. 제25조제7항에 따른 변경명령을 이행하지 아니한 경우
36. 제26조에 따른 투자금등에 관한 관리 의무를 위반한 경우
37. 제27조에 따른 연계대출채권 등에 관한 관리 의무를 위반한 경우
38. 제28조제7항을 위반하여 연계대출채권을 처분하거나 담보로 제공한 경우
39. 제30조제2항에 따른 온라인 정보관리 실태 점검 및 보고 의무를 위반한 경우
40. 제31조제4항을 위반하여 손해배상책임을 이행하기 위하여 필요한 조치를 하지 아니한 경우
41. 제32조제1항을 위반하여 연계대출을 한 경우
42. 제32조제3항을 위반하여 한도 준수에 필요한 조치를 취하지 아니한 경우
43. 제33조제1항을 위반하여 중앙기록관리기관에 이용자에 관한 정보 등을 제공하지 아니한 경우
44. 제33조제2항을 위반하여 제32조제3항에 따른 조치에 필요한 사항을 중앙기록관리기관에 위탁하지 아니한 경우
45. 제34조제3항을 위반하여 필요한 조치를 취하지 아니한 경우
46. 제35조제2항을 위반하여 필요한 조치를 취하지 아니한 경우
47. 제38조제2항에 따른 보고를 하지 아니한 경우
48. 제40조제1항을 위반하여 협회에 가입을 하지 아니한 경우
49. 제40조제2항을 위반하여 정당한 사유 없이 가입을 거부하거나 가입에 부당한 조건을 부과하는 경우
50. 제43조제2항을 위반하여 보고 요구에 따르지 아니한 경우
51. 제44조제3항을 위반하여 자료의 제출 또는 관계인의 출석 및 의견 진술 요구에 따르지 아니한 경우
52. 제46조를 위반하여 보고서를 제출하지 아니하거나 보고를 하지 아니한 경우(거짓의 보고서를 제출하거나 거짓으로 보고한 경우를 포함한다)
53. 제47조를 위반하여 자료제출 요구에 따르지 아니한 경우
54. 그 밖에 이용자의 보호 또는 온라인투자연계금융업자의 건전한 운영을 해칠 우려가 있는 경우로서 대통령령으로 정하는 경우

■ 여신전문금융업법

〔별표〕

여신전문금융회사등과 부가통신업자 및 그 임직원에 대한 처분 사유(제53조제4항 관련)

(2018.12.11 개정)

1. 거짓이나 그 밖의 부정한 방법으로 제3조제1항에 따른 허가를 받거나 같은 조 제2항에 따른 등록을 한 경우

1의2. 제2조제3호 각 목에 따른 신용카드 결제 금지 대상을 결제하는 경우

2. 제3조제4항에 따른 허가의 조건을 위반한 경우
3. 제5조제1항을 위반하여 자본금 금액에 미치지 못하는 경우
4. 제5조제2항을 위반하여 자본금과 자기자본이 20억원에 미치지 못하는 경우
5. 제6조제1항 또는 제2항에 따른 허가·등록의 요건을 갖추지 못한 경우
6. 제13조제1항에 따른 기준을 위반하여 부대업무를 한 경우
7. 제14조제1항·제2항 또는 제3항을 위반하여 신용카드·직불카드를 발급한 경우
8. 제14조제4항을 위반하여 신용카드회원을 모집한 경우
9. 제14조제5항을 위반하여 약관 등을 신청자에게 서면 등으로 내주지 아니한 경우
10. 제14조의2를 위반하여 신용카드회원을 모집한 경우

10의2. 제14조의5제1항·제5항·제6항을 위반하는 경우

11. 제16조제1항·제2항 또는 제5항을 위반하여 신용카드회원등에 대한 책임을 이행하지 아니한 경우
12. 제16조제3항·제6항 또는 제7항을 위반하여 신용카드회원에게 책임을 미루는 경우
13. 제16조제4항에 따른 사항을 통지인에게 알리지 아니한 경우
14. 제16조제8항을 위반하여 보험이나 공제에 가입하거나 준비금을 적립하는 등 필요한 조치를 하지 아니한 경우
15. 제16조제10항을 위반하여 신용카드회원으로부터 이용금액을 받은 경우
16. 제16조의2제2항을 위반하여 신용카드가맹점을 모집한 경우

16의2. 제16조의3제3항에 따른 가맹점모집인의 등록요건 및 영업기준 등을 위반한 경우

17. 제17조를 위반하여 가맹점에 대한 책임을 이행하지 아니한 경우
18. 제18조를 위반하여 거래조건을 알리지 아니한 경우
19. 제21조를 위반하여 가맹점계약을 해지하지 아니한 경우
20. 제23조제1항을 위반하여 신용카드가맹점을 모집한 경우
21. 제23조제2항에 따른 신용카드가맹점 공동 이용 명령을 위반한 경우
22. 제24조 각 호에 따른 신용카드등의 이용한도와 관련된 조치를 위반한 경우
23. 제24조의2제1항에 따른 금지행위를 한 경우

23의2. 제27조의2제2항을 위반하여 자본금 기준에 미치지 못하는 경우

23의3. 제27조의2제4항을 위반하여 변경등록을 하지 아니한 경우

23의4. 제27조의2제6항에 따른 임원의 자격요건 관련 사항을 위반한 경우

24. 제34조제2항에 따른 고지의무를 위반한 경우
25. 제36조제1항에 따른 시설대여등의 표지를 붙이지 아니한 경우
26. 제37조제1항에 따른 운용 명령을 위반한 경우
27. 제39조를 위반하여 거래조건을 알리지 아니한 경우
28. 제40조에 따른 준수사항을 위반한 경우
29. 제45조에 따른 준수사항을 위반한 경우
30. 제46조를 위반하여 업무를 한 경우

30의2. 제46조의2제1항에 따른 신고를 하지 아니하거나 거짓으로 신고한 경우

30의3. 제46조의2제2항에 따른 제한명령 또는 시정명령을 위반한 경우

30의4. 제46조의3에 따른 회계처리를 하지 아니한 경우

31. 제47조를 위반하여 자금을 조달한 경우
32. 제48조를 위반하여 사채를 발행한 경우
33. 제49조제1항 또는 제4항을 위반하여 부동산을 취득한 경우
34. 제49조제2항에 따른 업무용 부동산의 취득 총액 제한과 관련된 금융위원회의 조치를 위반한 경우
35. 제49조의2 또는 제50조에 따른 대주주와의 거래 등의 제한사항을 위반한 경우
36. 제50조의2제1항부터 제3항까지의 규정에 따른 자금지원 관련 금지행위 등을 한 경우
37. 제50조의2제4항에 따른 금융위원회의 조치를 위반한 경우

38.~41. (2015.7.31 삭제)

42. 제50조의8제1항에 따른 자료제출의 요구에 따르지 아니한 경우
43. 제50조의8제2항에 따른 금융위원회의 조치를 위반한 경우

43의2. 제50조의11에 따른 설명의무 또는 확인의무를 이행하지 아니한 경우

44. 제53조제2항에 따른 업무 및 재무상태에 관한 보고를 하지 아니한 경우
45. 제53조제4항에 따른 금융위원회 또는 금융감독원장의 조치를 위반한 경우
46. 제53조제6항을 위반하여 인사기록부의 기록·유지의무를 이행하지 아니한 경우
47. 제53조의2제3항에 따른 자료의 제출 또는 관계인의 출석 및 의견의 진술 요구에 따르지 아니한 경우
48. 제53조의3제2항에 따른 금융위원회의 조치 요구에 따르지 아니한 경우
49. 제54조를 위반하여 보고서를 제출하지 아니하거나 보고를 하지 아니한 경우
50. 제54조의2에 따른 공시를 하지 아니하거나 거짓으로 공시한 경우
51. 제54조의3제1항을 위반하여 신고 또는 보고를 하지 아니한 경우
52. 제54조의3제2항을 위반하여 공시를 하지 아니한 경우
53. 제54조의3제7항에 따른 금융약관 또는 표준약관의 변경명령을 위반한 경우

53의2. 제54조의4제2항을 위반하여 금융위원회가 정하는 기준을 준수하지 아니한 경우

53의3. 제54조의4제3항을 위반하여 정보기술부문에 대한 계획을 금융위원회에 제출하지 아니한 경우

53의4. 제54조의5제1항을 위반하여 신용정보의 보호 및 관리에 관한 조치를 하지 아니한 경우

53의5. 제54조의5제2항을 위반하여 동의를 받지 아니한 경우

53의6. 제54조의5제3항을 위반하여 신용정보를 수집 또는 사용한 경우

54. 제55조를 위반하여 다른 업무와 구분하여 회계처리를 하지 아니한 경우
55. 제56조에 따른 감사인의 지정에 따르지 아니한 경우
56. 제57조제1항에 따른 금융위원회의 업무정지 명령을 위반한 경우
57. 그 밖에 거래자의 보호 또는 여신전문금융회사의 건전한 운영을 해칠 우려가 있는 경우로서 대통령령으로 정하는 경우

■ 여신전문금융업법 시행령

〔별표1〕

대주주의 요건(제6조의3제4항 관련)

(2021.10.21 개정)

구 분	요 건
1. 대주주가 「금융위원회의 설치 등에 관한 법률」 제38조에 따라 금융감독원의 검사를 받는 기관(기관전용 사모집합투자기구는 제외하며, 이하 "금융기관"이라 한다)인 경우	가. 최근 사업연도 말 현재 재무상태표상 자산총액에서 부채총액을 뺀 금액(이하 "자기자본"이라 한다)이 출자하려는 금액의 3배 이상으로서 금융위원회가 정하는 기준을 충족할 것 나. 해당 금융기관에 적용되는 재무건전성에 관한 기준으로서 금융위원회가 정하는 기준을 충족할 것 다. 해당 금융기관이 「독점규제 및 공정거래에 관한 법률」에 따른 상호출자제한기업집단등(이하 "상호출자제한기업집단등"이라 한다)에 속하거나 같은 법에 따른 기업집단으로서 금융위원회가 정하는 주채무계열(이하 "주채무계열"이라 한다)에 속하는 회사인 경우에는 해당 상호출자제한기업집단등 또는 주채무계열의 부채비율(최근 사업연도 말 현재 재무상태표상 부채총액을 자기자본으로 나눈 비율을 말하며, 이 경우 금융기관은 부채비율 산정대상에서 제외한다. 이하 같다)이 100분의 300 이하로서 금융위원회가 정하는 기준을 충족할 것 라. 출자금은 금융위원회가 정하는 바에 따라 차입으로 조성된 자금이 아닐 것

	마. 다음의 요건을 충족할 것. 다만, 그 위반 등의 정도가 경미하다고 인정되는 경우는 제외한다. 1) 최근 5년간 법, 이 영, 금융관계법령, 「독점규제 및 공정거래에 관한 법률」 및 「조세범처벌법」을 위반하여 벌금형 이상에 상당하는 형사처벌을 받은 사실이 없을 것 2) 최근 5년간 채무불이행 등으로 건전한 신용질서를 해친 사실이 없을 것 3) 「금융산업의 구조개선에 관한 법률」에 따라 부실금융기관으로 지정되거나 법 또는 금융관계법령에 따라 허가·인가 또는 등록이 취소된 금융기관의 대주주 또는 그 특수관계인이 아닐 것. 다만, 법원의 판결에 따라 부실에 대한 책임이 없다고 인정된 자 또는 부실에 따른 경제적 책임을 부담하는 등 금융위원회가 정하는 기준에 해당하는 자는 제외한다. 4) 그 밖에 금융위원회가 정하는 건전한 금융거래질서를 해친 사실이 없을 것
2. 대주주가 제1호 외의 내국법인(기관전용 사모집합투자기구와 투자목적회사는 제외한다. 이하 같다)인 경우	가. 최근 사업연도 말 현재 자기자본이 출자하려는 금액의 3배 이상으로서 금융위원회가 정하는 기준을 충족할 것 나. 최근 사업연도 말 현재 부채비율이 100분의 300 이하로서 금융위원회가 정하는 기준을 충족할 것 다. 해당 법인이 상호출자제한기업집단등에 속하거나 주채무계열에 속하는 회사인 경우에는 해당 상호출자제한기업집단등 또는 주채무계열의 부채비율이 100분의 300 이하로서 금융위원회가 정하는 기준을 충족할 것 라. 제1호라목 및 마목의 요건을 충족할 것
3. 대주주가 내국인으로서 개인인 경우	가. 「금융회사의 지배구조에 관한 법률」 제5조제1항 각 호의 어느 하나에 해당되지 않을 것 나. 제1호라목 및 마목의 요건을 충족할 것
4. 대주주가 외국 법령에 따라 설립된 외국법인(이하 "외국법인"이라 한다)인 경우	가. 신용카드업 허가신청일 현재 금융업으로서 금융위원회가 정하는 업무를 하고 있을 것 나. 최근 사업연도 말 현재 자기자본이 출자하려는 금액의 3배 이상으로서 금융위원회가 정하는 기준을 충족할 것 다. 국제적으로 인정받는 신용평가기관으로부터 투자적격 이상의 신용평가등급을 받거나 외국법인이 속한 국가의 감독기관이 정하는 재무건전성에 관한 기준을 충족하고 있는 사실이 확인될 것 라. 최근 3년간 금융업의 경영과 관련하여 외국법인이 속한 국가의 감독기관으로부터 경고 이상에 상당하는 행정처분을 받거나 벌금형 이상에 상당하는 형사처벌을 받은 사실이 없을 것 마. 제1호마목의 요건을 충족할 것
5. 대주주가 기관전용 사모집합투자기구 또는 투자목적회사인 경우	기관전용 사모집합투자기구의 업무집행사원과 그 출자지분이 100분의 30 이상인 유한책임사원 및 기관전용 사모집합투자기구를 사실상 지배하고 있는 유한책임사원이 다음 각 목의 어느 하나에 해당하거나 투자목적회사의 주주나 사원인 기관전용 사모집합투자기구의 업무집행사원으로서 그 투자목적회사의 자산운용업무를 수행하는 자가 다음 각 목의 어느 하나에 해당하는 경우에는 각각 다음 각 목의 구분에 따른 요건을 충족할 것 가. 제1호의 금융기관인 경우 : 제1호나목·다목 및 마목의 요건을 충족할 것 나. 제2호의 내국법인인 경우 : 제1호마목 및 제2호나목·다목의 요건을 충족할 것 다. 제3호의 내국인으로서 개인인 경우 : 제1호마목 및 제3호가목의 요건을 충족할 것 라. 제4호의 외국법인인 경우 : 제1호마목, 제2호나목(금융업을 경영하는 법인은 제외한다) 및 제4호다목·라목의 요건을 충족할 것

비고
1. 위 표에도 불구하고 다음 각 목에 해당하는 경우에는 해당 각 목의 요건만 적용한다.
   가. 법 제3조제3항제1호에 해당하는 자의 대주주인 경우 : 위 표 제1호마목3)의 요건
   나. 제6조의3제3항 각 호의 어느 하나에 해당하는 자(가목에 해당하는 자는 제외한다)인 경우 : 위 표 제1호마목의 요건. 다만, 최대주주인 법인의 최대주주 또는 대표자가 외국인인 경우에는 위 표 제4호라목의 요건만 적용하고, 최대주주인 법인이 경영참여형 사모집합투자기구이거나 투자목적회사인 경우에는 위 표 제5호가목부터 라목까지의 규정에 따른 요건만 적용한다.
2. 자기자본을 산정할 때에는 최근 사업연도 말 이후부터 허가신청일까지의 자본금의 증감분을 포함하여 계산한다.
3. 위 표의 제4호를 적용할 때 대주주인 외국법인이 지주회사인 경우에 그 지주회사가 신용카드업 허가신청을 할 때 지정하는 회사(해당 지주회사의 경영을 사실상 지배하고 있는 회사 또는 해당 지주회사가 경영을 사실상 지배하고 있는 회사만 해당하며, 이하 이 호에서 "지정회사"라 한다)가 다음 각 목의 요건을 모두 충족하면 그 지주회사가 그 요건을 충족한 것으로 본다. 다만, 위 표의 제4호나목의 요건은 해당 지주회사 또는 지정회사 중 어느 하나가 충족해야만 한다.
   가. 신용카드업 허가신청일 현재 국내 또는 외국에서 금융위원회가 정하는 금융업을 하고 있을 것
   나. 지정회사가 위 표의 제4호다목부터 마목까지의 요건을 충족할 것
4. 위 표에서 기관전용 사모집합투자기구 및 투자목적회사는 「자본시장과 금융투자업에 관한 법률」에 규정된 것을 말한다.

〔별표1의2〕 (2016.7.28 삭제)

〔별표1의3〕

신용카드업자의 금지행위의 세부적인 유형과 기준(제7조의3 관련)

(2021.3.23 개정)

1. (2021.3.23 삭제) 2. 신용카드등의 건전한 영업질서를 해치는 행위 법 제24조의2제1항제2호에 따른 금지행위는 다음 각 목의 어느 하나에 해당하는 행위로 한다. 가. 신용카드업자의 비영업직 임직원에 대하여 과도한 성과금을 지급하는 등의 방법으로 신용카드회원등을 모집하는 행위 나. 신용카드회원등에게 신용카드등의 이용 시 추가적인 혜택을 주기 위하여 신용카드가맹점과 신용카드업자가 법 제19조제4항에 따른 가맹점수수료 외에 별도의 비용을 부담하는 계약을 체결하는 경우 해당 계약 체결과 관련된 사항(이하 "신용카드가맹점제휴조건"이라 한다)과 그 변경에 관련된 사항을 사실과 다르게 설명하거나 지나치게 부풀려서 설명하는 행위 다. 신용카드가맹점제휴조건을 감추거나 축소하는 방법으로 설명하는 행위 라. 신용카드가맹점제휴조건의 비교대상 및 기준을 명확하게 설명하지 않거나 객관적인 근거 없이 다른 회사의 것보다 유리하다고 설명하는 행위 마. 다른 회사의 신용카드가맹점제휴조건을 객관적인 근거가 없는 내용으로 비방하거나 불리한 사실만을 설명하는 행위 바. 법 제3조제1항에 따라 신용카드업 허가를 받은 날부터 1년이 지난 신용카드업자가 법인(국가 및 지방자치단체를 포함한다. 이하 같다)인 신용카드회원등(이하 "법인회원"이라 한다)의 신용카드등(법인회원과의 계약을 통해 해당 법인의 임직원 등을 위해 발급한 신용카드등을 포함한다. 이하 이 목에서 같다) 이용을 촉진하기 위해 다음의 어느 하나에 해당하는 과도한 경제적 이익을 제공하는 행위 1) 법인회원의 신용카드등 이용으로 발생하는 신용카드업자의 연간 총수익 및 총비용 등을 고려하여 금융위원회가 정하여 고시하는 기준을 초과하는 경제적 이익 2) 법인회원(법인회원의 규모 등을 고려하여 금융위원회가 정하여 고시하는 법인은 제외한다)의 연간 신용카드등 이용 총액 대비 해당 연도에 제공한 경제적 이익이 금융위원회가 정하여 고시하는 비율을 초과하는 경제적 이익. 다만, 해당 법인의 임직원 등을 위해 발급한 신용카드등의 이용 시 제공되는 추가적인 혜택 등 부가서비스는 제외한다.

〔별표1의4〕

공동이용 대상 행정정보(제15조 관련)

(2018.8.21 신설)

목 적	공동이용 대상 행정정보
본인확인	가족관계등록 전산정보, 본인서명사실 확인서, 여권, 인감증명서, 주민등록 전입세대, 주민등록표, 출입국에 관한 사실증명, 국내거소신고 사실증명, 외국인등록 사실증명, 해외이주신고 확인서
소득증명	건강보험자격득실 확인서, 건강보험자격 확인서, 건강장기요양보험료 납부확인서(개인), 고용보험료 완납증명원, 공무원연금 내역서, 국민연금가입자 가입증명, 사업장 건강장기요양보험료 납부확인서, 사업장 국민연금보험료 월납부증명, 산재보험급여 지급확인원, 산재보험료 완납증명원, 연금법적용대상 교직원 확인서, 연금산정용 가입내역 확인서
재산증명	개별공시지가 확인서, 개별주택가격 확인서, 건물 등기사항증명서, 건설기계 등록원부, 건축물대장, 건축물 사용승인서, 공동주택가격 확인서, 법인 등기사항증명서, 부동산종합증명서(토지), 부동산 종합증명서(토지·건축물), 부동산 종합증명서(토지·집합건물), 선박원부, 선적증서, 어업면허증, 자동차등록원부, 자동차등록증, 자동차말소등록 사실증명서, 지방세 납부확인서, 지방세 납부확인서(등록면허세 면허분), 지방세 납세증명서, 지방세 세목별과세(납세) 증명서(자동차세), 지방세 세목별과세(납세) 증명서(재산세), 토지(임야)대장, 토지 등기사항증명서, 토지이용계획 확인서, 건설기계 검사증, 부동산 등기용등록번호 증명서, 주택건설사업 사용검사필증, 선박검사증서, 선박국적증서(어선), 어선등록필증, 상표등록원부, 실용신안등록원부, 디자인등록원부, 특허등록원부
자격증명	건강보험료 납부확인서, 건설기계 등록증, 건설기계사업 등록증, 건설업 등록증, 건축사업무 신고필증, 공장등록 증명서, 국가기술자격증, 국가기술자격취득사항 확인서, 국가유공자(유족) 확인원, 국민기초생활수급자 증명서, 벤처기업확인서, 수입신고필증, 자동차운전면허증, 장애인증명서, 지적도, 수출신고필증, 메인비즈확인서, 이노비즈확인서, 임야도

〔별표1의5〕 (2021.3.23 삭제)

〔별표2〕

업무정지의 기간 또는 과징금의 금액(제21조제1항 관련)

(2017.10.17 개정)

위 반 행 위	근 거 법조문	업무 정지 기간	과징금 금 액
1. 신용카드업자가 법 제13조제1항에 따른 기준을 위반하여 같은 항 각 호에 따른 부대업무를 한 경우	법 제57조 제1항제1호	6개월	1억원
2. 신용카드업자가 법 제14조, 제14조의2, 제16조제1항부터 제7항까지 및 같은 조 제10항, 제17조, 제18조, 제21조, 제23조제1항, 제24조의2, 제25조제4항, 제54조의4제2항·제3항 또는 제54조의5를 위반한 경우	법 제57조 제1항제2호	3개월	5천만원
3. 여신전문금융회사등(신용카드업자는 제외한다)이나 부가통신업자가 법 제16조의3, 제27조의4, 제54조의4 또는 제54조의5를 위반한 경우	법 제58조 제3항제4호		5천만원
4. 신용카드업자가 법 제18조의4, 제23조제2항, 제25조제1항, 제53조제4항 및 제53조의3제2항에 따른 금융위원회의 명령이나 조치를 위반한 경우	법 제57조 제1항제3호	3개월	5천만원
5. 신용카드업자가 법 제24조에 따른 금융위원회의 조치를 위반한 경우	법 제57조 제1항제3호	6개월	1억원
6. 부가통신업자가 법 제24조의2, 제54조의4제2항·제3항 또는 제54조의5를 위반한 경우	법 제57조 제1항제2호	3개월	
7. 시설대여업자가 법 제37조에 따른 금융위원회의 명령을 위반한 경우	법 제58조 제3항제1호		5천만원
8. 할부금융업자가 법 제39조나 제40조를 위반한 경우	법 제58조 제3항제2호		3천만원
9. 신기술사업금융업자가 법 제45조를 위반한 경우	법 제58조 제3항제3호		3천만원
10. 신용카드업자가 법 제46조(법 제57조제1항 각 호 외의 부분에서 정하는 업무에 관한 규정으로 한정한다)를 위반한 경우	법 제57조 제1항제2호	6개월	1억원
11. 여신전문금융회사(신용카드업자는 제외한다)가 법 제46조(법 제57조제1항 각 호 외의 부분에서 정하는 업무에 관한 규정으로 한정한다)를 위반한 경우	법 제57조 제1항제2호	6개월	
12. 여신전문금융회사가 법 제46조(법 제57조제1항 각 호 외의 부분에서 정하는 업무에 관한 규정으로 한정한다)를 위반한 경우	법 제58조 제1항		1억원
13. (2017.10.17 삭제)			
14. 여신전문금융회사등(신용카드업자는 제외한다)이 법 제53조제4항에 따른 금융위원회의 조치를 위반한 경우	법 제57조 제1항제3호	3개월	
15. 부가통신업자가 법 제53조제4항에 따른 금융위원회의 조치를 위반한 경우	법 제57조 제1항제3호	3개월	
16. 여신전문금융회사(신용카드업자는 제외한다)가 법 제53조의3제2항에 따른 금융위원회의 조치를 위반한 경우	법 제57조 제1항제3호	3개월	

17. 여신전문금융회사등(신용카드업자는 제외한다)이 법 제54조의4제2항·제3항 또는 제54조의5를 위반한 경우	법 제57조 제1항제2호	3개월	
18. 신용카드업자가 「금융회사의 지배구조에 관한 법률」 별표 각 호의 어느 하나에 해당하는 경우	법 제57조 제1항제4호	3개월	5천만원
19. 여신전문금융회사(신용카드업자는 제외한다)가 「금융회사의 지배구조에 관한 법률」 별표 각 호의 어느 하나에 해당하는 경우	법 제57조 제1항제4호	3개월	

〔별표3〕

과징금의 부과기준(제21조제3항 관련)

(2017.10.17 개정)

1. 과징금의 산정기준

가. 기본과징금의 산정

1) 기본과징금은 법 제58조제1항·제3항·제4항 및 이 영 별표2에서 정한 과징금(업무정지명령에 갈음하여 부과하는 과징금은 제외한다. 이하 같다) 금액의 상한에 2)에 따른 부과기준율을 곱한 금액으로 한다.

2) 부과기준율은 위반행위의 내용 및 정도, 위반행위의 기간 및 횟수, 위반행위로 인하여 취득한 이익의 규모 등에 따라 위반행위의 중대성 정도를 "중대성이 약한 위반행위", "중대한 위반행위", "매우 중대한 위반행위"로 구분하여 금융위원회가 정하여 고시한다.

나. 기본과징금의 조정

금융위원회는 위반행위의 내용 및 정도, 위반행위의 기간 및 횟수, 위반행위로 인하여 취득한 이익의 규모(부과기준율 산정 단계에서 고려된 세부 참작사항은 제외한다), 위반행위에 대한 검사의 협조 여부, 위반상태의 해소나 위반행위의 예방을 위한 노력, 그 밖에 금융위원회가 정하여 고시하는 사유를 고려하여 가목에 따라 산정한 기본과징금 금액을 감경하거나 2분의 1의 범위에서 가중할 수 있다. 다만, 가중하는 경우에도 법 제58조제1항·제3항·제4항 및 이 영 별표2에서 정한 과징금 금액의 상한을 초과할 수 없다.

다. 부과과징금의 결정

1) 금융위원회는 위반자의 현실적인 부담능력 등 특별한 사정, 금융시장 또는 경제여건, 위반행위로 인하여 발생한 피해의 배상 정도, 위반행위로 인하여 취득한 이익의 규모, 그 밖에 금융위원회가 정하여 고시하는 사유를 고려할 때, 나목에 따라 조정한 과징금 금액이 과중하다고 인정되는 경우에는 이를 감액하여 부과과징금으로 정할 수 있다.

2) 금융위원회는 위반자의 지급불능·지급정지 또는 자본잠식 등의 사유로 인하여 위반자가 객관적으로 과징금을 납부할 능력이 없다고 인정되는 경우, 자신의 행위가 위법하지 않은 것으로 오인한 데 정당한 사유가 있는 경우, 과징금 외에 실효성 있는 다른 조치를 이미 받은 경우, 위반의 정도가 경미한 경우, 나목에 따라 조정한 과징금 금액이 소액인 경우, 그 밖에 금융위원회가 정하여 고시하는 사유에 해당하는 경우에는 과징금을 면제할 수 있다.

2. 세부기준

부과기준율 등 기본과징금의 산정, 기본과징금의 조정, 부과과징금의 결정, 그 밖에 과징금의 부과 등에 필요한 세부기준에 관한 사항은 금융위원회가 정하여 고시한다.

〔별표4〕

과태료의 부과기준(제26조 관련)

(2021.8.17 개정)

1. 일반기준

금융위원회는 위반행위의 정도, 위반행위의 동기와 그 결과 등을 고려하여 제2호에 따른 과태료 금액을 감경 또는 면제하거나 2분의 1의 범위에서 가중할 수 있다. 다만, 가중하는 경우에도 법 제72조제1항부터 제4항까지의 규정에 따른 과태료 금액의 상한을 초과할 수 없다.

2. 개별기준

(단위 : 만원)

위 반 행 위	근 거 법조문	과태료 금 액
가. 법인인 자가 법 제14조의5제1항부터 제3항까지의 규정을 위반한 경우	법 제72조 제1항제1호	250
나. 법인이 아닌 자가 법 제14조의5제1항부터 제3항까지의 규정을 위반한 경우	법 제72조 제1항제1호	120 다만, 과태료 금액의 합산액은 1,000만원을 초과할 수 없다.
다. 법인인 자가 법 제14조의5제4항에 따른 조사를 거부한 경우	법 제72조 제1항제2호	5,000
라. 법인이 아닌 자가 법 제14조의5제4항에 따른 조사를 거부한 경우	법 제72조 제1항제2호	2,500 다만, 임직원의 경우에는 1,000만원으로 한다.
마. 법 제14조의5제5항을 위반하여 모집인의 불법행위 신고를 하지 않은 경우	법 제72조 제1항제3호	5,000
바. 법 제14조의5제6항을 위반하여 모집인에 대한 교육을 하지 않은 경우	법 제72조 제4항제1호	600
사. 법인인 자가 법 제16조의2제3항에 따른 조사를 거부한 경우	법 제72조 제1항제4호	5,000
아. 법인이 아닌 자가 법 제16조의2제3항에 따른 조사를 거부한 경우	법 제72조 제1항제4호	2,500 다만, 임직원의 경우에는 1,000만원으로 한다.
자. 법 제16조의5를 위반하여 연회비를 반환하지 않은 경우	법 제72조 제1항제4호의2	5,000
차. 법인인 자가 법 제19조제3항·제7항 또는 제19조의2를 위반한 경우	법 제72조 제1항제5호	5,000
카. 법인이 아닌 자가 법 제19조제3항을 위반한 경우	법 제72조 제1항제5호	500
타. 법인이 아닌 자가 법 제19조제7항 또는 제19조의2를 위반한 경우	법 제72조 제1항제5호	2,500
파. 법 제27조의2제4항을 위반하여 변경등록을 하지 않은 경우	법 제72조 제1항제5호의2	3,000
하. 법 제46조의2제1항을 위반하여 부수업무의 신고를 하지 않은 경우	법 제72조 제1항제5호의3	3,000
거. 법 제49조의2제2항 또는 제50조제2항을 위반하여 이사회의 결의를 거치지 않은 경우	법 제72조 제1항제6호	5,000
너. 법 제49조의2제3항·제4항 또는 제50조제3항·제4항을 위반하여 보고 또는 공시를 하지 않은 경우	법 제72조 제1항제7호	3,000
더. 법인인 자가 법 제50조의8제1항에 따른 자료제출 요구에 따르지 않은 경우	법 제72조 제1항제10호	3,000
러. 법인이 아닌 자가 법 제50조의8제1항에 따른 자료 제출 요구에 따르지 않은 경우	법 제72조 제1항제10호	1,500
머.~버. (2021.3.23 삭제)		
서. 법 제50조의12를 위반하여 직원의 보호를 위한 조치를 취하지 않거나 직원에게 불이익을 준 경우	법 제72조제2항	1,800
어. 법 제50조의13제2항을 위반하여 신용공여 계약을 체결하려는 자에게 금리인하를 요구할 수 있음을 알리지 않은 경우	법 제72조제3항	1,000
저. 법인인 자가 법 제53조의2제3항에 따른 자료의 제출, 관계인의 출석 또는 의견진술 요구에 따르지 않은 경우	법 제72조제1항 제10호의3	5,000
처. 법인이 아닌 자가 법 제53조의2제3항에 따른 자료의 제출, 관계인의 출석 또는 의견진술 요구에 따르지 않은 경우	법 제72조제1항 제10호의3	2,500 다만, 임직원의 경우에는 1,000만원으로 한다.
커. 법 제54조를 위반하여 보고서를 제출하지 않거나 보고를 하지 않은 경우(거짓의 보고서를 제출하거나 거짓으로 보고한 경우를 포함한다)	법 제72조제1항 제10호의4	3,000
터. 법 제54조의2에 따른 공시를 하지 않거나 거짓으로 공시한 경우	법 제72조 제1항제11호	3,000
퍼. 법 제54조의3을 위반하여 금융위원회에 신고하지 않고 금융약관 또는 표준약관을 제정하거나 개정한 경우	법 제72조 제1항제12호	3,000
허. 법 제54조의3을 위반하여 금융위원회에 보고하지 않고 금융약관을 제정하거나 개정한 경우	법 제72조 제1항제12호	1,500
고. 법 제55조를 위반하여 다른 업무와 구분하여 회계처리를 하지 않은 경우	법 제72조 제1항제13호	5,000

■ 전자금융거래법 시행령

〔별표1〕~〔별표1의2〕 ➡ 「www.hyeonamsa.com」 참조

〔별표1의3〕

과징금의 부과기준(제26조제1항 관련)

(2017.10.17 신설)

1. 과징금의 산정기준

가. 기본과징금의 산정

1) 기본과징금은 법 제46조제1항에서 정한 과징금 금액의 상한에 2)에 따른 부과기준율을 곱한 금액으로 한다.

2) 부과기준율은 위반행위의 내용 및 정도, 위반행위의 기간 및 횟수, 위반행위로 인하여 취득한 이익의 규모 등에 따라 위반행위의 중대성 정도를 "중대성이 약한 위반행위", "중대한 위반행위", "매우 중대한 위반행위"로 구분하여 금융위원회가 정하여 고시한다.

나. 기본과징금의 조정

금융위원회는 위반행위의 내용 및 정도, 위반행위의 기간 및 횟수, 위반행위로 인하여 취득한 이익의 규모(부과기준율 산정 단계에서 고려된 세부 참작사항은 제외한다), 위반행위에 대한 검사의 협조 여부, 위반상태의 해소나 위반행위의 예방을 위한 노력, 그 밖에 금융위원회가 정하여 고시하는 사유를 고려하여 가목에 따라 산정한 기본과징금 금액을 감경하거나 2분의 1의 범위에서 가중할 수 있다. 다만, 가중하는 경우에도 법 제46조제1항에서 정한 과징금 금액의 상한을 초과할 수 없다.

다. 부과과징금의 결정

1) 금융위원회는 위반자의 현실적인 부담능력 등 특별한 사정, 금융시장 또는 경제여건, 위반행위로 인하여 발생한 피해의 배상 정도, 위반행위로 인하여 취득한 이익의 규모, 그 밖에 금융위원회가 정하여 고시하는 사유를 고려할 때, 나목에 따라 조정한 과징금 금액이 과중하다고 인정되는 경우에는 이를 감액하여 부과과징금으로 정할 수 있다.

2) 금융위원회는 위반자의 지급불능·지급정지 또는 자본잠식 등의 사유로 인하여 위반자가 객관적으로 과징금을 납부할 능력이 없다고 인정되는 경우, 자신의 행위가 위법하지 않은 것으로 오인한 데 정당한 사유가 있는 경우, 과징금 외에 실효성 있는 다른 조치를 이미 받은 경우, 위반의 정도가 경미한 경우, 나목에 따라 조정한 과징금 금액이 소액인 경우, 그 밖에 금융위원회가 정하여 고시하는 사유에 해당하는 경우에는 과징금을 면제할 수 있다.

2. 세부기준

부과기준율 등 기본과징금의 산정, 기본과징금의 조정, 부과과징금의 결정, 그 밖에 과징금의 부과 등에 필요한 세부기준에 관한 사항은 금융위원회가 정하여 고시한다.

〔별표2〕

위반행위별 업무정지의 기간 및 업무정지 갈음 과징금의 금액(제26조제2항 관련)

(2017.10.17 개정)

위 반 행 위	근 거 법조문	업무정지 기 간	과징금 금 액
1. 금융회사 또는 전자금융업자가 법 제6조제1항·제2항 또는 제38조제3항·제4항을 위반한 때	법 제43조제2항제1호 법 제46조제2항	3개월	3천만원
2. 금융회사 또는 전자금융업자가 법 제8조제2항 및 제3항을 위반하여 오류를 조사하여 처리를 하지 아니한 때	법 제43조제2항제2호 법 제46조제2항	1개월	1천만원
3. 전자화폐발행자가 법 제16조제1항을 위반한 때	법 제43조제2항제1호 법 제46조제2항	6개월	5천만원

4. 전자화폐발행자가 법 제16조제2항부터 제4항까지의 규정을 위반한 때	법 제43조제2항제1호 법 제46조제2항	3개월	3천만원
5. 금융회사 또는 전자금융업자가 법 제19조제1항 또는 제21조의5제2항을 위반한 때	법 제43조제2항제1호 법 제46조제2항	1개월	1천만원
6. 금융회사 또는 전자금융업자가 법 제21조제1항 또는 제2항을 위반하여 전자금융거래정보를 타인에게 제공 또는 누설하거나 업무상 목적 외에 사용한 경우	법 제43조제2항제1호	6개월	-
7. 금융회사 또는 전자금융업자가 법 제21조제1항 또는 제2항을 위반한 때. 다만, 제6호에 해당하는 경우는 제외한다.	법 제43조제2항제1호 법 제46조제2항	1개월	1천만원
8. 금융회사 또는 전자금융업자가 법 제23조 또는 제39조제6항에 따른 금융위원회의 조치를 어긴 때	법 제43조제2항제3호 법 제46조제2항	3개월	3천만원
9. 전자금융업자가 법 제35조를 위반한 때	법 제43조제2항제1호 법 제46조제2항	6개월	5천만원
10. 금융회사 또는 전자금융업자가 법 제36조를 위반한 때	법 제43조제2항제1호 법 제46조제2항	6개월	5천만원
11. 금융회사 또는 전자금융업자가 법 제40조제2항 또는 제42조제3항에 따른 금융위원회의 지시 또는 명령을 어긴 때	법 제43조제2항제3호 법 제46조제2항	1개월	1천만원

〔별표3〕

과태료의 부과기준(제33조 관련)

(2017.10.17 신설)

1. 일반기준

금융위원회는 위반행위의 정도, 위반행위의 동기와 그 결과 등을 고려하여 제2호에 따른 과태료 금액을 감경 또는 면제하거나 2분의 1의 범위에서 가중할 수 있다. 다만, 가중하는 경우에도 법 제51조제1항부터 제3항까지의 규정에 따른 과태료 금액의 상한을 초과할 수 없다.

2. 개별기준

(단위 : 만원)

위 반 행 위	근 거 법조문	금 액
가. 법 제7조제2항을 위반하여 거래내용에 관한 서면을 교부하지 않은 경우	법 제51조 제3항제1호	600
나. 법 제8조제2항 및 제3항을 위반하여 오류의 원인과 처리 결과를 알리지 않은 경우	법 제51조 제3항제2호	600
다. 법 제13조제2항을 위반하여 전자자금이체의 지급 효력이 발생하도록 하지 않은 경우	법 제51조 제2항제1호	2,000
라. 법 제18조제2항을 위반하여 선불전자지급수단 또는 전자화폐를 양도하거나 담보로 제공한 경우	법 제51조 제3항제3호	600
마. 법 제21조제1항을 위반하여 선량한 관리자로서의 주의를 다하지 않은 경우	법 제51조 제1항제1호	3,000
바. 법 제21조제2항을 위반하여 금융위원회가 정하는 기준을 준수하지 않은 경우	법 제51조 제1항제1호	5,000
사. 법 제21조제4항을 위반하여 정보기술부문에 대한 계획을 제출하지 않은 경우	법 제51조 제3항제4호	600
아. 법 제21조의2제1항 또는 제2항을 위반하여 정보보호최고책임자를 지정하지 않거나 정보보호최고책임자를 임원으로 지정하지 않은 경우	법 제51조 제2항제2호	2,000
자. 법 제21조의2제3항을 위반하여 같은 조 제4항의 업무 외의 다른 정보기술부문 업무를 정보보호최고책임자로 하여금 겸직하게 한 경우	법 제51조 제2항제3호	2,000
차. 법 제21조의2제3항을 위반하여 같은 조 제4항의 업무 외의 다른 정보기술부문 업무를 정보보호최고책임자가 겸직한 경우	법 제51조 제2항제3호	400
카. 법 제21조의3제1항을 위반하여 전자금융기반시설의 취약점을 분석 · 평가하지 않은 경우	법 제51조 제2항제4호	1,200
타. 법 제21조의3제1항을 위반하여 전자금융기반시설의 취약점 분석 · 평가의 결과를 보고하지 않은 경우	법 제51조 제3항제5호	600
파. 법 제21조의3제2항을 위반하여 보완조치의 이행계획을 수립 · 시행하지 않은 경우	법 제51조 제2항제5호	1,200
하. 법 제21조의5제1항을 위반하여 침해사고를 알리지 않은 경우	법 제51조 제3항제6호	600
거. 법 제22조제1항(법 제29조제2항에서 준용하는 경우를 포함한다)을 위반하여 기록을 생성하거나 보존하지 않은 경우	법 제51조 제3항제7호	1,000
너. 법 제22조제2항을 위반하여 전자금융거래기록을 파기하지 않은 경우	법 제51조 제2항제6호	1,200
더. 법 제24조제1항 또는 제3항을 위반하여 약관의 명시, 설명, 교부를 하지 않거나 게시 또는 통지하지 않은 경우	법 제51조 제3항제8호	600
러. 법 제25조제1항을 위반하여 금융위원회에 보고하지 않은 경우	법 제51조 제3항제9호	600
머. 법 제27조제1항을 위반하여 분쟁처리 절차를 마련하지 않은 경우	법 제51조 제3항제10호	600
버. 법인인 자가 법 제36조를 위반하여 전자화폐의 명칭을 사용한 경우	법 제51조 제1항제2호	3,000
서. 법인이 아닌 자가 법 제36조를 위반하여 전자화폐의 명칭을 사용한 경우	법 제51조 제1항제2호	1,500
어. 법인인 자가 법 제39조제3항(법 제29조제2항에서 준용하는 경우를 포함한다) 또는 제40조제3항 · 제4항에 따른 검사, 자료제출, 출석요구 및 조사를 거부 또는 방해하거나 기피한 경우	법 제51조 제1항제3호	5,000
저. 법인이 아닌 자가 법 제39조제3항(법 제29조제2항에서 준용하는 경우를 포함한다) 또는 제40조제3항 · 제4항에 따른 검사, 자료제출, 출석요구 및 조사를 거부 또는 방해하거나 기피한 경우	법 제51조 제1항제3호	2,500 다만, 임직원의 경우에는 1,000만원으로 한다.
처. 법 제40조제6항을 위반하여 제3자에게 재위탁을 한 경우	법 제51조 제2항제7호	2,000
커. 법 제42조제1항을 위반하여 보고서를 제출하지 않거나 거짓의 보고서를 제출한 경우	법 제51조 제1항제4호	3,000
터. 법 제42조제1항을 위반하여 법 제28조제1항 및 제2항의 업무별로 다른 업무와 구분하여 회계처리를 하지 않은 경우	법 제51조 제3항제12호	1,000

■ 대부업 등의 등록 및 금융이용자 보호에 관한 법률

〔별표1〕

대부업자등에 대한 영업정지 처분 등 사유(제13조제1항제1호 및 제13조제6항 관련)

(2015.7.24 개정)

1. 제3조제7항을 위반하여 분실신고를 하지 아니한 경우
2. 제3조의4제1항 단서에 따른 교육을 받지 아니한 경우
2의2. 제4조를 위반하여 임원 또는 업무총괄 사용인을 선임한 경우
3. 제5조제1항 본문을 위반하여 변경등록을 하지 아니한 경우
4. 제5조의2제1항 또는 제2항을 위반하여 상호 중에 "대부" 또는 "대부중개"라는 문자를 사용하지 아니하거나, 같은 조 제5항을 위반하여 타인에게 자기의 명의로 대부업등을 하게 하거나 그 등록증을 대여한 경우
5. 제6조제1항 또는 제3항을 위반하여 대부계약서 또는 보증계약서를 교부하지 아니한 경우, 같은 조 제1항 각 호 또는 같은 조 제3항 각 호의 사항 중 전부 또는 일부를 적지 아니하거나 거짓으로 적어 대부계약서 또는 보증계약서를 교부한 경우
6. 제6조제2항 또는 제4항을 위반하여 설명의무를 이행하지 아니한 경우
7. 제6조제5항을 위반하여 계약서와 계약관계서류를 보관하지 아니한 경우
8. 제6조제6항을 위반하여 계약서와 계약관계서류의 열람을 거부하거나 관련 증명서의 발급을 정당한 사유 없이 거부한 경우
9. 제6조의2를 위반하여 거래상대방 또는 보증인이 같은 조 제1항 각 호의 사항 또는 같은 조 제2항 각 호의 사항을 자필로 기재하게 하지 아니한 경우
10. 제7조제1항을 위반하여 미리 거래상대방으로부터 소득 · 재산 및 부채상황에 관한 증명서류를 제출받지 아니한 경우
11. 제7조제3항을 위반하여 서류를 용도 외의 목적으로 사용한 경우
11의2. 제7조의3을 위반하여 총자산한도에 해당하는 금액을 초과하는 경우
12. 제8조에 따른 이자율을 초과하여 대부계약을 체결하거나 이자를 받은 경우
13. 제9조제1항을 위반하여 게시의무를 이행하지 아니한 경우
14. 제9조제2항 또는 제3항을 위반하여 광고를 한 경우
15. 제9조제4항을 위반하여 광고의 문안과 표기에 관한 의무를 이행하지 아니한 경우
16. 제9조의3제1항을 위반하여 같은 항 각 호에 해당하는 행위를 한 경우
17. 제9조의4제1항 또는 제2항을 위반하여 미등록대부업자로부터 대부계약에 따른 채권을 양도받아 이를 추심하는 행위를 한 경우 또는 미등록대부중개업자로부터 대부중개를 받은 거래상대방에게 대부행위를 한 경우
17의2. 제9조의4제3항을 위반하여 제3조제2항제2호에 따라 등록한 대부업자나 여신금융기관 등 대통령령으로 정하는 자가 아닌 자에게 대부계약에 따른 채권을 양도하는 경우
17의3. 제9조의5제1항 또는 제2항을 위반하여 종업원을 고용하거나 업무를 위임하거나 또는 대리하게 한 경우
17의4. 제9조의7을 위반하여 보호기준 및 보호감시인과 관련된 의무를 이행하지 아니한 경우
18. 제10조제1항을 위반하여 대주주에게 신용공여를 한 경우
18의2. 제10조제2항을 위반하여 보고를 하지 아니하였거나 공시하지 아니한 경우
19. 제10조제7항을 위반하여 대주주에게 신용공여를 한 경우
20. 제11조의2제1항 또는 제2항을 위반하여 대부중개를 하거나 중개수수료를 받은 경우
20의2. 제11조의4제2항을 위반하여 보증금을 예탁하지 아니하였거나 보험 또는 공제에 가입하지 아니한 경우
21. 제12조제2항 및 제3항에 따른 검사에 불응하거나 검사를 방해한 경우
22. 제12조제1항 또는 제7항에 따른 명령을 위반한 경우
23. 제12조제5항에 따른 요구에 응하지 아니한 경우
24. 제12조제9항을 위반하여 보고서를 제출하지 아니한 경우 또는 거짓으로 작성하거나, 기재하여야 할 사항의 전부 또는 일부를 기재하지 아니하고 제출한 경우
25. 그 밖에 대부업자등의 거래상대방을 보호하거나 건전한 영업질서를 유지하기 위한 경우로서 대통령령으로 정하는 경우

〔별표2〕

협회 및 그 임직원에 대한 처분 사유(제18조의10제1항부터 제3항까지의 규정 관련)

(2016.3.3 신설)

1. 제18조의3제1항 각 호 외의 업무를 영위한 경우
2. 제18조의3제2항에 따른 보고를 하지 아니하거나 업무에 관한 규정을 위반한 경우
3. 제18조의4제1항을 위반하여 인가를 받지 아니하거나 거짓이나 그 밖의 부정한 방법으로 인가를 받은 경우
4. 제18조의7제2항에 따라 위탁받은 권한에 따른 업무를 수행함에 있어 관계 법령을 위반한 경우
5. 제18조의9제1항에 따른 검사를 거부 · 방해 또는 기피한 경우
6. 제18조의9제2항에 따른 보고 등의 요구에 불응한 경우
7. 제18조의10제1항제2호 · 제5호, 같은 조 제2항제1호 또는 같은 조 제3항에 따른 조치를 이행하지 아니한 경우
8. 제18조의11제3항을 위반하여 그 내용을 기록 · 유지 또는 관리하지 아니한 경우
9. 「형법」 제355조, 제356조 또는 제357조제1항 · 제2항, 제359조를 위반한 경우
10. 그 밖에 금융이용자 보호 또는 국민의 경제생활 안정을 해할 우려가 있는 경우로서 대통령령으로 정하는 경우

▣ 대부업 등의 등록 및 금융이용자 보호에 관한 법률 시행령

〔별표1〕

대부업자 등의 광고 표시기준(제6조의2제3호 관련)

(2020.8.4 개정)

1. 광고 표시 등의 방법
   가. 상호 및 등록번호는 광고 왼쪽상단에 표시한다.
   나. (2016.7.6 삭제)
   다. 방송(라디오 방송은 제외한다. 이하 같다), 지면, 옥외간판, 현수막, 인터넷을 통한 광고는 상호, 등록번호, 전화번호, 대부이자율, 대부계약과 관련된 부대비용, 과도한 채무의 위험성 및 대부계약과 관련된 신용등급 또는 개인신용평점의 하락 가능성 그리고 불법중개수수료와 관련된 경고문구의 글자를 해당 광고에 표시된 최대글자의 3분의 1 이상의 크기로 쉽게 알아볼 수 있도록 한다.
   라. 방송을 통한 광고는 상호, 등록번호, 전화번호, 대부이자율, 대부계약과 관련된 부대비용, 과도한 채무의 위험성 및 대부계약과 관련된 신용등급 또는 개인신용평점의 하락 가능성 그리고 불법중개수수료와 관련된 경고문구에 관한 내용이 전체 광고시간의 5분의 1 이상 자막으로 표시되어야 한다.
   마. 인터넷을 통한 광고는 해당 홈페이지의 최초 화면에 법 제9조제2항 각 호의 사항 및 같은 조 제3항 각 호의 사항을 일반인이 알아보기 쉬운 방식을 통해 모두 표시하여야 한다.
   바. 고객모집 또는 대부상품 홍보를 위해 전화번호를 표기할 경우에는 등록번호, 대부이자율 및 대부계약과 관련된 부대비용, 제2호에 따른 경고문구 등 필수 표기사항을 모두 표시한다. 다만, 간판 등 단순히 영업소 위치를 표시하기 위한 경우 또는 음악, 체육행사 등의 후원 목적에 불과할 경우에는 상호 또는 상표만 표시할 수 있다.
2. 경고문구 표기기준
   가. 과도한 채무의 위험성을 알리는 경고문구는 1)부터 3)까지의 어느 하나로 하고, 대부계약과 관련된 신용등급 또는 개인신용평점의 하락 가능성을 알리는 경고문구는 4) 또는 5)로 한다.
      1) "과도한 빚, 고통의 시작입니다."
      2) "과도한 빚은 당신에게 큰 불행을 안겨 줄 수 있습니다."
      3) "과도한 빚, 파산으로 가는 지름길입니다."
      4) "대출 시 귀하의 신용등급 또는 개인신용평점이 하락할 수 있습니다."
      5) "대출 시 신용등급 또는 개인신용평점 하락으로 다른 금융거래가 제약받을 수 있습니다."
   나. 경고문구는 광고에 사용된 배경과 명확하게 구분되어 소비자가 쉽게 알아볼 수 있어야 한다.
   다. 경고문구는 지면 및 방송 광고의 경우에 표기한다. 다만, 광고면적이 150제곱센티미터 미만인 지면광고에 대해서는 경고문구를 생략할 수 있다.

〔별표2〕

영업정지 및 등록취소 기준(제7조의4 관련)

(2016.7.6 개정)

1. 일반 기준
   가. 위반행위가 2 이상인 경우로서 그에 해당하는 각각의 처분기준이 영업정지인 경우에는 무거운 처분의 영업정지 기간에 가벼운 처분의 영업정지 기간의 2분의 1을 가중한다.
   나. 위반행위의 횟수에 따른 행정처분기준은 위반사항에 대하여 행정처분을 한 날부터 3년 이내에 다시 동일한 위반사항을 적발한 경우에 적용한다.
   다. 시·도지사는 위반행위의 동기, 내용 및 그 횟수 등을 고려하여 영업정지 기간의 2분의 1의 범위에서 그 기간을 가중하거나 감경할 수 있다. 다만, 가중하는 경우에도 가목 및 나목에 따른 기간은 1년을 넘지 못한다.
2. 개별 기준

위반행위	해당 조문	행정처분기준		
		1회	2회	3회
가. 법 제3조제7항을 위반하여 분실신고를 하지 아니한 경우	법 제13조 제1항제1호	-	영업 일부정지 1월	영업 일부정지 3월
나. 법 제3조의4제1항 단서에 따른 교육을 받지 아니한 경우	법 제13조 제1항제1호	-	영업 일부정지 3월	영업 일부정지 6월
다. 법 제4조를 위반하여 임원 또는 업무총괄 사용인을 선임한 경우	법 제13조 제1항제1호	-	영업 일부정지 3월	영업 일부정지 6월
라. 법 제5조제1항 본문을 위반하여 법 제3조제3항제1호부터 제3호까지의 규정 중 변경된 내용을 변경등록하지 아니한 경우	법 제13조 제1항제1호	-	영업 일부정지 1월	영업 일부정지 3월
마. 법 제5조제1항 본문을 위반하여 법 제3조제3항제4호부터 제8호까지의 규정 중 변경된 내용을 변경등록하지 아니한 경우	법 제13조 제1항제1호	-	영업 일부정지 3월	영업 일부정지 6월
바. 법 제5조의2제1항 또는 제2항을 위반하여 상호 중에 "대부" 또는 "대부중개"라는 문자를 사용하지 아니한 경우	법 제13조 제1항제1호, 제2항제7호	영업 일부정지 3월	영업 일부정지 6월	등록취소
사. 법 제5조의2제4항을 위반하여 타인에게 자기의 명의로 대부업등을 하게 하거나 그 등록증을 대여한 경우	법 제13조 제1항제1호, 제2항제7호	영업 전부정지 6월	등록취소	-
아. 법 제6조제1항 또는 제3항을 위반하여 대부계약서 또는 보증계약서를 교부하지 아니한 경우, 같은 조 제1항 각 호 또는 같은 조 제3항 각 호의 사항 중 전부 또는 일부를 적지 아니하거나 거짓으로 적어 대부계약서 또는 보증계약서를 교부한 경우	법 제13조 제1항제1호, 제2항제7호	영업 일부정지 3월	영업 일부정지 6월	등록취소
자. 법 제6조제2항 또는 제4항을 위반하여 설명의무를 이행하지 아니한 경우	법 제13조 제1항제1호	-	영업 일부정지 3월	영업 일부정지 6월
차. 법 제6조제5항을 위반하여 계약서와 계약관계서류를 보관하지 아니한 경우	법 제13조 제1항제1호	-	영업 일부정지 3월	영업 일부정지 6월
카. 법 제6조제6항을 위반하여 계약서와 계약관계서류의 열람을 거부하거나 관련 증명서의 발급을 정당한 사유 없이 거부한 경우 또는 「채권의 공정한 추심에 관한 법률」 제5조제1항을 위반하여 채무확인서의 교부를 정당한 사유 없이 거부한 경우	법 제13조 제1항제1호	-	영업 일부정지 3월	영업 일부정지 6월
타. 법 제6조의2를 위반하여 거래상대방 또는 보증인이 같은 조 제1항 각 호의 사항 또는 같은 조 제2항 각 호의 사항을 자필로 기재하게 하지 아니한 경우	법 제13조 제1항제1호, 제2항제7호	영업 일부정지 3월	영업 일부정지 6월	등록취소
파. 법 제7조제1항을 위반하여 미리 거래상대방으로부터 소득·재산 및 부채상황에 관한 증명서류를 제출받지 아니한 경우	법 제13조 제1항제1호	-	영업 일부정지 3월	영업 일부정지 6월
하. 법 제7조제3항을 위반하여 서류를 용도 외의 목적으로 사용한 경우	법 제13조 제1항제1호, 제2항제7호	영업 전부정지 6월	등록취소	-
거. 법 제7조의3을 위반하여 총자산한도에 해당하는 금액을 초과하는 경우	법 제13조 제1항제1호, 제2항제7호	영업 전부정지 6월	등록취소	-
너. 법 제8조에 따른 이자율을 초과하여 대부계약을 체결한 경우	법 제13조 제1항제1호	영업 일부정지 1월	영업 일부정지 3월	영업 일부정지 6월
더. 법 제8조에 따른 이자율을 초과하여 이자를 받은 경우	법 제13조 제1항제1호, 제2항제7호	영업 전부정지 6월	등록취소	-
러. 법 제9조제1항을 위반하여 게시의무를 이행하지 아니한 경우	법 제13조 제1항제1호	-	영업 일부정지 3월	영업 일부정지 6월
머. 법 제9조제2항 또는 제3항을 위반하여 광고를 한 경우	법 제13조 제1항제1호, 제2항제7호	영업 일부정지 3월	영업 일부정지 6월	등록취소
버. 법 제9조제4항을 위반하여 광고의 문안과 표기에 관한 의무를 이행하지 아니한 경우	법 제13조 제1항제1호	-	영업 일부정지 1월	영업 일부정지 3월
서. 법 제9조의3제1항을 위반하여 같은 항 각 호에 해당하는 행위를 한 경우	법 제13조 제1항제1호, 제2항제7호	영업 일부정지 3월	영업 일부정지 6월	등록취소
어. 법 제9조의4제1항 또는 제2항을 위반하여 미등록대부업자로부터 대부계약에 따른 채권을 양도받아 이를 추심하는 행위를 한 경우 또는 미등록대부중개업자로부터 대부중개를 받은 거래상대방에게 대부행위를 한 경우	법 제13조 제1항제1호, 제2항제7호	영업 전부정지 6월	등록취소	-
저. 법 제9조의4제3항을 위반하여 법 제3조제2항제2호에 따라 등록한 대부업자나 여신금융기관 등 대통령령으로 정하는 자가 아닌 자에게 대부계약에 따른 채권을 양도하는 경우	법 제13조 제1항제1호, 제2항제7호	영업 전부정지 6월	등록취소	-
처. 법 제9조의5제1항 또는 제2항을 위반하여 종업원을 고용하거나 업무를 위임하거나 대리하게 한 경우	법 제13조 제1항제1호	-	영업 일부정지 3월	영업 일부정지 6월
커. 법 제9조의7을 위반하여 보호기준 및 보호감시인과 관련된 의무를 이행하지 않은 경우	법 제13조 제1항제1호	-	영업 일부정지 1월	영업 일부정지 3월
터. 법 제10조제1항을 위반하여 대주주에게 신용공여를 한 경우	법 제13조 제1항제1호, 제2항제7호	영업 전부정지 6월	등록취소	-
퍼. 법 제10조제2항을 위반하여 보고를 하지 않았거나 공시하지 않은 경우	법 제13조 제1항제1호	-	영업 일부정지 1월	영업 일부정지 3월
허. 법 제10조제7항을 위반하여 대주주에게 신용공여를 한 경우	법 제13조 제1항제1호, 제2항제7호	영업 전부정지 6월	등록취소	-
고. 법 제11조의2제1항 또는 제2항을 위반하여 대부중개를 하거나 중개수수료를 받은 경우	법 제13조 제1항제1호, 제2항제7호	영업 전부정지 6월	등록취소	-
노. 법 제11조의4제2항을 위반하여 보증금을 예탁하지 않았거나 보험 또는 공제에 가입하지 않은 경우	법 제13조 제1항제1호, 제2항제7호	영업 전부정지 6월	등록취소	-
도. 법 제12조제2항 및 제3항에 따른 검사에 불응하거나 검사를 방해한 경우	법 제13조 제1항제1호, 제2항제7호	영업 일부정지 3월	영업 일부정지 6월	등록취소
로. 법 제12조제1항 또는 제7항에 따른 명령을 위반한 경우	법 제13조 제1항제1호, 제2항제7호	영업 일부정지 3월	영업 일부정지 6월	등록취소
모. 법 제12조제5항에 따른 요구에 응하지 아니한 경우	법 제13조 제1항제1호, 제2항제7호	영업 일부정지 3월	영업 일부정지 6월	등록취소
보. 법 제13조제1항제2호를 위반하여 해당 대부업자등의 영업소 중 같은 시·도지사에게 등록한 다른 영업소가 영업정지처분을 받은 경우	법 제13조 제1항제2호		영업 일부정지 3월	영업 일부정지 6월
소. 법률 제9344호 「대부업 등의 등록 및 금융이용자 보호에 관한 법률」 부칙 제7조제1항 후단을 위반하여 2009년 7월 22일까지 대부업 등록증 및 대부중개업 등록증을 다시 교부받지 아니한 경우	법 제13조 제1항제1호, 제2항제7호	영업 일부정지 3월	영업 일부정지 6월	등록취소
오. 「채권의 공정한 추심에 관한 법률」 제7조를 위반하여 동일한 채권에 대하여 동시에 2인 이상의 자에게 채권추심을 위임한 경우	법 제13조 제1항제1호	영업 일부정지 1월	영업 일부정지 3월	영업 일부정지 6월
조. 「채권의 공정한 추심에 관한 법률」 제8조를 위반하여 채무의 존재를 다투는 소송이 진행 중임에도 해당 채무자를 채무불이행자로 등록을 한 경우	법 제13조 제1항제1호	영업 일부정지 1월	영업 일부정지 3월	영업 일부정지 6월
초. 「채권의 공정한 추심에 관한 법률」 제8조의2를 위반하여 채무자를 방문하거나 채무자에게 말·글·음향·영상 또는 물건을 도달하게 한 경우	법 제13조 제1항제1호, 제2항제7호	영업 일부정지 3월	영업 일부정지 6월	등록취소
코. 「채권의 공정한 추심에 관한 법률」 제8조의3제1항을 위반하여 관계인을 방문하거나 관계인에게 말·글·음향·영상 또는 물건을 도달하게 한 경우	법 제13조 제1항제1호, 제2항제7호	영업 전부정지 3월	영업 전부정지 6월	등록취소
토. 「채권의 공정한 추심에 관한 법률」 제8조의3제2항을 위반하여 같은 항 각 호에 해당하는 사항을 관계인에게 밝히지 않거나 관계인이 채무자의 채무 내용 또는 신용에 관한 사실을 알게 한 경우	법 제13조 제1항제1호	영업 일부정지 1월	영업 일부정지 3월	영업 일부정지 6월

포. 「채권의 공정한 추심에 관한 법률」 제8조의4를 위반하여 채권추심과 관련한 소송행위를 한 경우	법 제13조 제1항제1호, 제2항제7호	영업 전부정지 6월	등록취소	-
호. 「채권의 공정한 추심에 관한 법률」 제9조를 위반하여 같은 조 각 호의 어느 하나에 해당하는 행위로 추심한 경우	법 제13조 제1항제1호, 제2항제7호	영업 전부정지 6월	등록취소	-
구. 「채권의 공정한 추심에 관한 법률」 제10조제1항을 위반하여 채무자 또는 관계인의 신용정보나 개인정보를 누설하거나 목적 외로 이용한 경우	법 제13조 제1항제1호, 제2항제7호	영업 전부정지 6월	등록취소	-
누. 「채권의 공정한 추심에 관한 법률」 제11조를 위반하여 같은 조 제1호에 해당하는 행위를 한 경우	법 제13조 제1항제1호, 제2항제7호	영업 전부정지 6월	등록취소	-
두. 「채권의 공정한 추심에 관한 법률」 제11조를 위반하여 같은 조 제2호에 해당하는 행위를 한 경우	법 제13조 제1항제1호, 제2항제7호	영업 전부정지 3월	영업 전부정지 6월	등록취소
루. 「채권의 공정한 추심에 관한 법률」 제11조를 위반하여 같은 조 제3호부터 5호까지의 어느 하나에 해당하는 행위를 한 경우	법 제13조 제1항제1호	영업 일부정지 1월	영업 일부정지 3월	영업 일부정지 6월
무. 「채권의 공정한 추심에 관한 법률」 제12조를 위반하여 같은 조 제1호 또는 제2호에 해당하는 행위로 채권을 추심한 경우	법 제13조 제1항제1호, 제2항제7호	영업 일부정지 3월	영업 일부정지 6월	등록취소
부. 「채권의 공정한 추심에 관한 법률」 제12조를 위반하여 같은 조 제3호부터 제5호까지의 어느 하나에 해당하는 행위로 채권을 추심한 경우	법 제13조 제1항제1호	-	영업 일부정지 3월	영업 일부정지 6월
수. 「채권의 공정한 추심에 관한 법률」 제13조를 위반하여 지급할 의무가 없거나 실제로 사용된 금액을 초과한 채권추심 비용을 청구한 경우	법 제13조 제1항제1호	영업 일부정지 1월	영업 일부정지 3월	영업 일부정지 6월

〔별표2의2〕

과징금의 부과기준(제8조의2 관련)

(2017.10.17 신설)

1. 과징금의 산정기준
 가. 기본과징금의 산정
  1) 기본과징금은 법 제14조의2제1항에서 정한 과징금 금액의 상한에 2)에 따른 부과기준율을 곱한 금액으로 한다.
  2) 부과기준율은 위반행위의 내용 및 정도, 위반행위의 기간 및 횟수, 위반행위로 인하여 취득한 이익의 규모 등에 따라 위반행위의 중대성 정도를 "중대성이 약한 위반행위", "중대한 위반행위", "매우 중대한 위반행위"로 구분하여 금융위원회가 정하여 고시한다.
 나. 기본과징금의 조정
  금융위원회는 위반행위의 내용 및 정도, 위반행위의 기간 및 횟수, 위반행위로 인하여 취득한 이익의 규모(부과기준율 산정 단계에서 고려된 세부 참작사항은 제외한다), 위반행위에 대한 검사의 협조 여부, 위반상태의 해소나 위반행위의 예방을 위한 노력, 그 밖에 금융위원회가 정하여 고시하는 사유를 고려하여 가목에 따라 산정한 기본과징금 금액을 감경하거나 2분의 1 범위에서 가중할 수 있다. 다만, 가중하는 경우에도 법 제14조의2제1항에서 정한 과징금 금액의 상한을 초과할 수 없다.
 다. 부과과징금의 결정
  1) 금융위원회는 위반자의 현실적인 부담능력 등 특별한 사정, 금융시장 또는 경제여건, 위반행위로 인하여 발생한 피해의 배상 정도, 위반행위로 인하여 취득한 이익의 규모, 그 밖에 금융위원회가 정하여 고시하는 사유를 고려할 때, 나목에 따라 조정한 과징금 금액이 과중하다고 인정되는 경우에는 이를 감액하여 부과과징금으로 정할 수 있다.
  2) 금융위원회는 위반자의 지급불능·지급정지 또는 자본잠식 등의 사유로 인하여 위반자가 객관적으로 과징금을 납부할 능력이 없다고 인정되는 경우, 자신의 행위가 위법하지 않은 것으로 오인한 데 정당한 사유가 있는 경우, 과징금 외에 실효성 있는 다른 조치를 이미 받은 경우, 위반의 정도가 경미한 경우, 나목에 따라 조정한 과징금 금액이 소액인 경우, 그 밖에 금융위원회가 정하여 고시하는 사유에 해당하는 경우에는 과징금을 면제할 수 있다.
2. 세부기준
 부과기준율 등 기본과징금의 산정, 기본과징금의 조정, 부과과징금의 결정, 그 밖에 과징금의 부과 등에 필요한 세부기준에 관한 사항은 금융위원회가 정하여 고시한다.

〔별표3〕

과태료의 부과기준(제12조 관련)

(2017.10.17 개정)

1. 일반 기준
 가. 위반행위의 횟수에 따른 과태료의 가중된 부과기준은 최근 3년간 같은 위반행위로 과태료 부과처분을 받은 경우에 적용한다. 이 경우 기간의 계산은 위반행위에 대하여 과태료 부과처분을 받은 날과 그 처분 후 다시 같은 위반행위를 하여 적발된 날을 기준으로 한다.
 나. 가목에 따라 가중된 부과처분을 하는 경우 가중처분의 적용 차수는 그 위반행위 전 부과처분 차수(가목에 따른 기간 내에 과태료 부과처분이 둘 이상 있었던 경우에는 높은 차수를 말한다)의 다음 차수로 한다.
 다. 시·도지사등은 위반행위의 동기, 내용 및 그 횟수 등을 고려하여 제2호에 따른 과태료 금액을 감경 또는 면제하거나 2분의 1 범위에서 그 금액을 가중할 수 있다. 다만, 가중하는 경우에도 법 제21조제1항 및 제2항에 따른 과태료 금액의 상한을 초과할 수 없다.
2. 개별기준

(단위 : 만원)

위 반 행 위	근 거 법조문	부과 대상	과태료 금액		
			1차	2차	3차 이상
가. 법 제3조제7항을 위반하여 분실신고를 하지 않은 경우	법 제21조 제2항제1호	법인	200	400	600
		법인이 아닌 자	50	100	200
나. 법 제3조의3제1항 또는 제2항을 위반하여 등록증을 반납하지 않은 경우	법 제21조 제2항제2호	법인	500	750	1,000
		법인이 아닌 자	100	250	500
다. 법 제5조제1항을 위반하여 법 제3조제3항제1호부터 제3호까지의 사항에 대하여 변경등록 하지 않은 경우	법 제21조 제1항제1호	법인	200	400	600
		법인이 아닌 자	50	100	200
라. 법 제5조제1항을 위반하여 법 제3조제3항제4호부터 제8호까지의 사항에 대하여 변경등록 하지 않은 경우	법 제21조 제1항제1호	법인	500	750	1,000
		법인이 아닌 자	100	250	500
마. 법 제5조제2항을 위반하여 폐업신고를 하지 않은 경우	법 제21조 제1항제1호	법인	500	750	1,000
		법인이 아닌 자	100	250	500
바. 법 제5조의2제1항 또는 제2항을 위반하여 상호 중에 "대부" 또는 "대부중개"라는 문자를 사용하지 않은 경우	법 제21조 제1항제2호	법인	600	1,000	2,000
		법인이 아닌 자	200	500	1,000
사. 법 제6조제1항 또는 제3항을 위반하여 계약서를 교부하지않은 경우 또는 같은 조 제1항 각 호 또는 같은 조 제3항 각 호에서 정한 내용 중 전부 또는 일부가 적혀 있지 않은 계약서를 교부하거나 같은 조 제1항 각 호 또는 같은 조 제3항 각 호에서 정한 내용 중 전부 또는 일부를 거짓으로 적어 계약서를 교부한 경우	법 제21조 제1항제3호	법인	600	1,000	2,000
		법인이 아닌 자	200	500	1,000
아. 법 제6조제2항 또는 제4항을 위반하여 설명을 하지 않은 경우	법 제21조 제1항제4호	법인	500	750	1,000
		법인이 아닌 자	100	250	500
자. 법 제6조제5항을 위반하여 계약서와 계약관계서류의 보관의무를 이행하지않은 경우	법 제21조 제2항제4호	법인	500	750	1,000
		법인이 아닌 자	100	250	500
차. 법 제6조제6항을 위반하여 정당한 사유 없이 계약서 및 계약관계서류의 열람을 거부하거나 관련 증명서의 발급을 거부한 경우	법 제21조 제2항제5호	법인	500	750	1,000
		법인이 아닌 자	100	250	500
카. 법 제6조의2를 위반하여 거래상대방 또는 보증인이 같은 조 제1항 각 호의 사항 또는 같은 조 제2항 각 호의 사항을 자필로 기재하게 하지 않은 경우	법 제21조 제1항제5호	법인	600	1,000	2,000
		법인이 아닌 자	200	500	1,000
타. 법 제7조제1항을 위반하여 거래상대방으로부터 소득·재산 및 부채상황에 관한 증명서류를 제출받지 않은 경우	법 제21조 제1항제6호	법인	500	750	1,000
		법인이 아닌 자	100	250	500
파. 법 제7조의2를 위반하여 제3자에게 담보제공 여부를 확인하지 않은 경우	법 제21조 제1항제6호의2	법인	500	750	1,000
		법인이 아닌 자	100	250	500
하. 법 제9조제1항을 위반하여 중요 사항을 게시하지 않은 경우	법 제21조 제1항제7호	법인	500	750	1,000
		법인이 아닌 자	100	250	500
거. 법 제9조제2항 또는 제3항을 위반하여 광고를 한 경우	법 제21조 제1항제8호	법인	600	1,000	2,000
		법인이 아닌 자	200	500	1,000
너. 법 제9조제4항을 위반하여 광고의 문안과 표기에 관한 의무를 이행하지 않은 경우	법 제21조 제2항제6호	법인	500	750	1,000
		법인이 아닌 자	100	250	500
더. 법 제9조제5항을 위반하여 광고를 한 경우	법 제21조 제1항제8호	법인	1,000	2,000	3,000
		법인이 아닌 자	500	1,000	1,500
러. 법 제9조의3제1항 각 호의 행위를 한 경우	법 제21조 제1항제9호	법인	600	1,000	2,000
		법인이 아닌 자	200	500	1,000
머. 법 제9조의5제1항 또는 제2항을 위반하여 종업원을 고용하거나 업무를 위임하거나 대리하게 한 경우	법 제21조 제1항제10호	법인	500	750	1,000
		법인이 아닌 자	100	250	500
버. 법 제10조제2항을 위반하여 보고 또는 공시를 하지 않은 경우	법 제21조 제1항제10호의2	법인	600	1,000	2,000
		법인이 아닌 자	200	500	1,000
서. 법 제10조의2를 위반하여 소속과 성명을 밝히지 않은 경우	법 제21조 제2항제8호	법인	200	400	600
		법인이 아닌 자	50	100	200
어. 법 제12조제1항 또는 제5항에 따른 보고 또는 자료의 제출을 거부하거나 거짓으로 보고 또는 자료를 제출한 경우	법 제21조 제2항제9호	법인	500	750	1,000
		법인이 아닌 자	100	250	500
저. 법 제12조제2항 또는 제3항에 따른 검사에 불응하거나 검사를 방해한 경우	법 제21조 제1항제11호	법인	1,000	2,000	3,000
		법인이 아닌 자	500	1,000	1,500
처. 법 제12조제9항을 위반하여 보고서를 제출하지 않거나, 거짓으로 작성하거나, 기재하여야 할 사항의 전부 또는 일부를 기재하지 않은 경우	법 제21조 제1항제12호	법인	600	1,000	2,000
		법인이 아닌 자	200	500	1,000
커. 법 제18조의2제5항에 따른 대부업 및 대부중개업 협회 또는 이와 비슷한 명칭을 사용한 경우	법 제21조 제2항제10호	법인	500	750	1,000
		법인이 아닌 자	100	250	500

■ 예금자보호법 시행령

〔별표1〕

보험료의 산식(제16조제1항 및 제16조의2제1항 관련)

(2020.6.23 개정)

부보금융회사		산 식
1. 은행		분기별 보험료＝예금등의 분기별 평균잔액 $\times \frac{8}{1\text{만}} \times \frac{1}{4}$
2. 투자매매업자·투자중개업자		연간보험료＝예금등의 연평균잔액 $\times \frac{15}{1\text{만}}$
3. 보험회사	생명보험회사	연간보험료＝제16조제3항에 따른 금액 $\times \frac{15}{1\text{만}}$
	손해보험회사	연간보험료＝제16조제3항에 따른 금액 $\times \frac{15}{1\text{만}}$
4. 종합금융회사		연간보험료＝예금등의 연평균잔액 $\times \frac{15}{1\text{만}}$
5. 상호저축은행		연간보험료＝예금등의 연평균잔액 $\times \frac{40}{1\text{만}}$

비고
1. 부보금융회사가 법 제35조의9제1항에 따른 배상책임보험에 가입한 경우에는 위원회의 의결을 거쳐 공사가 정하는 바에 따라 위 표에 따른 비율의 100분의 20의 범위에서 비율을 인하할 수 있다.
2. 은행이 조달한 금전 중「외국환거래법」에 따른 외국통화로 표시된 예금의 경우에는 위 표 제1호에 따른 비율을 영으로 한다.<2009.6.30까지 유효>
3. 투자매매업자·투자중개업자가 투자자예탁금을「자본시장과 금융투자업에 관한 법률」제74조제1항에 따라 증권금융회사에 예치(신탁을 포함한다)한 경우에는 위원회의 의결을 거쳐 공사가 정하는 바에 따라 위 표 제2호에 따른 비율의 100분의 30의 범위에서 그 비율을 인하할 수 있다.
4. 보험회사의 설립경과연수·신용도 및 재무상황의 건전성을 고려하여 필요하다고 인정하면 다음 각 목의 기준에 따라 위원회의 의결을 거쳐 공사가 정하는 바에 따라 위 표 제3호에 따른 비율(이하 "표준비율"이라 한다)을 조정할 수 있다.
   가. 설립 후 10년 미만인 보험회사의 경우에는 표준비율의 100분의 5 인상
   나. 생명보험회사 중 누적결손이 없는 회사의 경우에는 계약자준비금의 순보험료식적립률에 따라 표준비율의 100분의 5 범위에서의 인하
   다. 손해보험회사 중 누적결손이 없는 회사의 경우에는 연간보유보험료 총액에 대한 지급여력의 비율에 따라 표준비율의 100분의 5 범위에서의 인하
5. 차등보험료율을 적용하는 때에는 제4호를 적용하지 아니한다.
6. 분기별 보험료 및 연간보험료는 사업기간에 따라 일할계산(日割計算)한다.
7. 은행, 보험회사, 종합금융회사 또는 상호저축은행이 법 제2조제2호나목에 따라 투자매매업자·투자중개업자로서 예탁받은 투자자예탁금에 대해서는 위 표 제2호에 따른 비율을 적용하지 않고 위 표 각 호의 해당 부보금융회사별 비율을 적용하여 적립한다. 다만, 투자자예탁금을「자본시장과 금융투자업에 관한 법률」제74조제1항에 따라 증권금융회사에 예치(신탁을 포함한다)한 경우에는 위원회의 의결을 거쳐 공사가 정하는 바에 따라 위 표 각 호의 해당 부보금융회사별 비율의 100분의 30의 범위에서 그 비율을 인하할 수 있다.
8. 부보금융회사의 예금자등이 자신을 차주로 하여 예금등을 담보로 하는 대출, 보험약관에 따른 대출을 받은 경우에 그 예금등 중 다음 각 목에 상당하는 금액(담보로 제공한 예금등의 잔액 또는 대출받은 보험계약의 해약환급금 금액을 한도로 한다)에 대해서는 위 표에 따른 비율을 0으로 한다.
   가. 은행 : 예금등을 담보로 하는 대출의 분기별 평균잔액
   나. 보험회사 : 보험약관에 따른 대출의 연평균잔액의 2분의 1
   다. 투자매매업자·투자중개업자·종합금융회사 및 상호저축은행 : 예금등을 담보로 하는 대출의 연평균잔액

〔별표1의2〕

예금보험기금채권상환특별기여금의 산식(제16조의4제1항 관련)

(2016.3.11 개정)

부보금융회사	산 식
1. 은행	분기별특별기여금＝예금등의 분기별 평균잔액 $\times \frac{1}{1\text{천}} \times \frac{1}{4}$
2. 투자매매업자·투자중개업자	연간특별기여금＝예금등의 연평균잔액 $\times \frac{1}{1\text{천}}$
3. 보험회사	연간특별기여금＝제16조의4제3항에 따른 금액 $\times \frac{1}{1\text{천}}$
4. 종합금융회사	연간특별기여금＝예금등의 연평균잔액 $\times \frac{1}{1\text{천}}$
5. 상호저축은행	연간특별기여금＝예금등의 연평균잔액 $\times \frac{1}{1\text{천}}$
6. 신용협동조합	연간특별기여금＝예금등의 연평균잔액 $\times \frac{5}{1\text{만}}$

〔별표2〕

보험료의 산식(부칙 제6조관련)

(2016.3.11 개정)

부보금융회사	산 식
1. 증권회사	연간보험료＝예금등의 연평균잔액 $\times \frac{10}{1\text{만}}$
2. 보험사업자	연간보험료＝예금등의 총액 $\times \frac{15}{1\text{만}}$
3. 종합금융회사	연간보험료＝예금등의 연평균잔액 $\times \frac{12}{1\text{만}}$
4. 상호신용금고	연간보험료＝예금등의 연평균잔액 $\times \frac{15}{1\text{만}}$
5. 신용협동조합	연간보험료＝예금등의 연평균잔액 $\times \frac{6}{1\text{만}}$

〔별표3〕

과태료의 부과기준(제26조 관련)

(2022.12.27 개정)

1. 일반기준
   가. 위반행위의 횟수에 따른 과태료의 가중된 부과기준은 최근 1년간 같은 위반행위로 과태료 부과처분을 받은 경우에 적용한다. 이 경우 기간의 계산은 위반행위에 대하여 과태료 부과처분을 받은 날과 그 처분 후 다시 같은 위반행위를 하여 적발된 날을 기준으로 한다.
   나. 가목에 따라 가중된 부과처분을 하는 경우 가중처분의 적용 차수는 그 위반행위 전 부과처분 차수(가목에 따른 기간 내에 과태료 부과처분이 둘 이상 있었던 경우에는 높은 차수를 말한다)의 다음 차수로 한다. 다만, 적발된 날부터 소급하여 1년이 되는 날 전에 한 부과처분은 가중처분의 차수 산정 대상에서 제외한다.
   다. 금융위원회는 위반행위의 동기, 내용 및 그 결과 등을 고려하여 과태료 부과기준의 2분의 1의 범위에서 그 금액을 가중하거나 감경하여 부과할 수 있다. 이 경우 과태료의 총액은 법 제44조제1항 및 제2항에 따른 금액을 초과할 수 없다.
   라. 금융위원회는 위반의 정도가 경미하거나 위반자가 위반행위를 즉시 시정한 경우에는 과태료를 면제할 수 있다.
   마. 과태료를 체납하고 있는 위반행위자에 대해서는 과태료를 감경하거나 면제할 수 없다.
2. 개별기준

(단위 : 만원)

위 반 행 위	근거 법조문	과태료 금액		
		1회 위반	2회 위반	3회 이상 위반
가. 법 제7조를 위반하여 예금보험공사 또는 이와 유사한 명칭을 사용한 경우	법 제44조 제2항제1호	20	50	100
나. 법 제21조의2제7항에 따른 조사를 거부·방해 또는 기피한 경우	법 제44조 제1항	100	250	500
다. 법 제29조제2항을 위반하여 보험관계의 성립 여부와 그 내용을 표시하지 않은 경우	법 제44조 제2항제2호	30	70	150
라. 법 제29조제4항을 위반하여 확인을 받지 않은 경우	법 제44조 제2항제3호	30	70	150
마. 법 제29조제5항에 따른 조사를 거부·방해 또는 기피한 경우	법 제44조 제2항제4호	30	70	150
바. 법 제33조제1항을 위반하여 보험사고 발생 사실을 공사에 알리지 않은 경우	법 제44조 제2항제5호	30	70	150

■ 금융실명거래 및 비밀보장에 관한 법률 시행령

〔별표〕

과태료의 부과기준(제13조제1항 관련)

(2014.11.28 신설)

1. 일반기준
   금융위원회는 위반행위의 정도, 위반행위의 동기와 그 결과, 위반행위를 방지하기 위한 금융회사등의 주의와 감독 이행정도 등을 고려하여 제2호에 따른 과태료 금액을 감경하거나 2분의 1의 범위에서 가중할 수 있다. 다만, 가중하는 경우에도 법 제7조제1항에 따른 과태료 금액의 상한을 초과할 수 없으며, 금융회사등이 위반행위를 방지하기 위하여 해당 업무에 관하여 상당한 주의와 감독을 게을리하지 아니한 경우에는 그 금융회사등에 과태료를 부과하지 아니한다.
2. 개별기준

위 반 행 위	근 거 법조문	금 액
가. 금융회사등의 임원 또는 직원이 법 제3조제1항을 위반한 경우	법 제7조제1항	500만원
나. 금융회사등의 임원 또는 직원이 법 제3조제4항을 위반한 경우	법 제7조제1항	3,000만원
다. 금융회사등의 임원 또는 직원이 법 제3조제6항을 위반한 경우	법 제7조제1항	50만원
라. 금융회사등의 임원 또는 직원이 법 제4조의2제1항 및 제5항(법 제4조의2제1항을 적용하는 경우로 한정한다)을 위반한 경우	법 제7조제1항	300만원
마. 금융회사등의 임원 또는 직원이 법 제4조의3을 위반한 경우	법 제7조제1항	500만원
바. 금융회사등의 임원 또는 직원이 가목부터 마목까지의 위반행위를 한 경우 그 금융회사등	법 제8조	1,000만원

■ 상호저축은행법

〔별표1〕

상호저축은행 및 그 임직원에 대한 처분 사유(제24조제1항 관련)

(2023.7.18 개정)

1. 제5조를 위반하여 자본금과 관련된 의무를 이행하지 아니한 경우
2. 거짓이나 그 밖의 부정한 방법으로 제6조에 따른 인가를 받은 경우
3. 제6조에 따른 인가 내용 또는 인가 조건을 위반한 경우
4. 거짓이나 그 밖의 부정한 방법으로 제7조제1항부터 제3항까지에 따른 신고·보고를 하거나 인가를 받은 경우
5. 제7조제1항부터 제3항까지에 따른 신고·보고를 하지 아니하거나 인가를 받지 아니하고 지점등을 설치한 경우

6. 제7조제3항 후단에 따른 인가 조건을 위반한 경우
7. 제9조제1항을 위반하여 명칭의 사용 등과 관련된 의무를 이행하지 아니한 경우
8. 제10조에 따른 인가를 받지 아니하고 같은 조 제1항 각 호의 어느 하나에 해당하는 행위를 한 경우
9. 제10조제2항에 따른 인가 조건을 위반한 경우
10. 제10조의2제1항에 따른 신고 의무를 이행하지 아니하거나 거짓으로 신고한 경우
11. 제10조의2제2항에 따른 시정명령을 위반한 경우
12. 제10조의2제3항에 따른 보고 의무를 이행하지 아니하거나 거짓으로 보고한 경우
13.~15. (2015.7.31 삭제)
16. 제10조의6제3항 후단에 따른 자료 또는 정보의 제공을 거부한 경우
17. 제11조제1항 각 호의 업무가 아닌 업무를 한 경우
18. 제11조제2항을 위반하여 같은 조 제1항의 업무 수행과 관련된 의무를 이행하지 아니한 경우
19. 제12조를 위반하여 개별차주 등에 대한 신용공여의 한도 등과 관련된 의무를 이행하지 아니한 경우
20. 제12조의2제1항을 위반하여 대주주가 발행한 주식을 취득한 경우
21. 제12조의2제2항 및 제3항을 위반하여 거짓으로 보고하거나 공시한 경우
22. 제13조제1항·제2항을 위반하여 여신심사위원회 및 여신심사·여신사후관리에 대한 감리부서를 설치·운영하지 아니한 경우
23. 제14조제1항을 위반하여 거래자가 이해할 수 있도록 설명하지 아니한 경우
24. 제14조제2항을 위반하여 거래자의 확인을 받지 아니한 경우
25. 제15조를 위반하여 지급준비자산을 보유하지 아니한 경우
26. 제17조를 위반하여 차입한 경우
27. 제18조를 위반하여 여유금을 운용한 경우
28. 제18조의2제1항 및 제2항을 위반하여 금지한 행위를 하거나 같은 조 제3항을 위반한 경우
29. 제18조의3을 위반하여 신고 또는 보고를 하지 아니하거나 명령을 이행하지 아니한 경우
30. 제18조의4제1항을 위반하여 건전한 자산운용 기준을 준수하지 아니한 경우
31. 제18조의5를 위반하여 상호저축은행상품의 광고와 관련된 의무를 이행하지 아니한 경우
32. 제19조를 위반하여 적립금을 적립하지 아니하거나 적립금을 사용한 경우
33. 제22조제2항에 따른 명령을 위반한 경우
34. 제22조의2를 위반하여 경영건전성 기준을 준수하지 아니한 경우
35. (2015.7.31 삭제)
36. 제22조의4제1항에 따른 자료제출 요구에 따르지 아니하거나 거짓으로 자료를 제출한 경우
37. 제22조의4제2항에 따른 조치를 위반한 경우
38. 제22조의5를 위반하여 업무보고서 등의 제출·제공과 관련된 의무를 이행하지 아니하거나 거짓으로 작성하여 제출·제공한 경우
39. 제22조의6제1항·제2항 및 제23조제1항에 따른 검사를 거부·방해·기피한 경우
40. 제23조제2항(제22조의6제3항에서 준용하는 경우를 포함한다)에 따른 보고 등을 하지 아니하거나 거짓으로 보고 등을 한 경우
41. 제23조의2를 위반하여 공시하지 아니하거나 거짓으로 공시한 경우
42. 제23조의3제3항을 위반하여 신고자등을 불리하게 대우한 경우
43. 제24조제1항제1호부터 제4호까지의 조치에 따르지 아니한 경우
44. 제24조제1항제5호에 따른 영업의 정지 기간 중에 영업을 한 경우
45. 제24조제2항 각 호의 어느 하나에 해당하는 행위를 한 경우
46. 제24조의2에 따른 경영지도를 거부·방해·기피한 경우
47. 제24조의3제1항에 따른 경영관리를 거부·방해·기피한 경우
48. 제24조의3제3항에 따른 재산실사를 거부·방해·기피한 경우
49. 제24조의3제5항(제24조의8제4항에서 준용하는 경우를 포함한다)을 위반하여 공고하지 아니하거나 거짓으로 공고한 경우
50. 제24조의4를 위반하여 지급정지 등과 관련된 의무를 이행하지 아니한 경우
51. 제24조의5제4항에 따른 요구에 따르지 아니한 경우
52. 제24조의9제3항에 따른 인가를 받지 아니한 경우
53. 제24조의12제1항에 따라 효력이 발생한 계약이전 결정 내용을 준수하지 아니한 경우
54. 제24조의12제2항을 위반하여 공고하지 아니하거나 거짓으로 공고한 경우
55. 제24조의15제2항에 따른 조치를 위반한 경우
56. (2015.7.31 삭제)
57. 제35조의3제2항을 위반하여 통보하지 아니하거나 기록·유지하지 아니한 경우 또는 거짓으로 통보하거나 기록·유지한 경우
58. 제37조를 위반하여 대주주등에 대한 신용공여의 금지 등과 관련된 의무를 이행하지 아니한 경우
59. (2015.7.31 삭제)
60. 제37조의5를 위반하여 횡령, 배임, 증여, 그 밖에 수뢰의 요구, 취득 또는 이에 관한 약속을 한 경우
61. 그 밖에 거래자의 보호 또는 상호저축은행의 건전한 운영을 해칠 우려가 있는 경우로서 대통령령으로 정하는 경우

〔별표2〕

중앙회 및 그 임직원에 대한 처분 사유(제29조 관련)

(2010.3.22 신설)

1. 제18조의3을 위반하여 신고를 하지 아니하거나, 명령을 이행하지 아니한 경우
2. 제25조의2제1항 각 호의 업무가 아닌 업무를 한 경우
3. 제25조의2제2항에 따른 승인을 받지 아니하거나 거짓이나 그 밖의 부정한 방법으로 승인을 받은 경우
4. 제25조의2제2항에 따른 업무방법서를 위반한 경우
5. 제25조의3제2항에 따른 인가를 받지 아니하거나 거짓이나 그 밖의 부정한 방법으로 인가를 받은 경우
6. 제25조의4를 위반하여 임원의 구성 등과 관련된 의무를 이행하지 아니한 경우
7. 제25조의6을 위반하여 회계의 원칙과 관련된 의무를 이행하지 아니한 경우
8. 제25조의9를 위반하여 차입한 경우
9. 제28조를 위반하여 정치활동을 한 경우
10. 제29조제1호부터 제4호까지의 조치에 따르지 아니한 경우
11. 제29조제5호에 따른 업무의 정지 기간 중에 업무를 한 경우
12. 제34조제2항에서 준용하는 제22조제2항에 따른 명령을 위반한 경우
13. 제34조제2항에서 준용하는 제23조제1항에 따른 검사를 거부·방해·기피한 경우
14. 제34조제2항에서 준용하는 제23조제2항에 따른 자료제출 등의 요구에 따르지 아니하거나 거짓으로 제출 등을 한 경우
15. 제35조의3제2항을 위반하여 통보하지 아니하거나 기록·유지하지 아니한 경우 또는 거짓으로 통보하거나 기록·유지한 경우
16. 그 밖에 중앙회 회원의 보호 또는 중앙회의 건전한 운영을 해칠 우려가 있는 경우로서 대통령령으로 정하는 경우

■ 보험업법 시행령

〔별표1〕

대주주의 요건(제10조제4항 관련)

(2021.10.21 개정)

구 분	요 건
1. 대주주가 「금융위원회의 설치 등에 관한 법률」 제38조에 따라 금융감독원의 검사를 받는 기관(기관전용 사모집합투자기구는 제외하며, 이하 "금융기관"이라 한다)인 경우	가. 최근 사업연도 말 현재 재무상태표상 자산총액에서 부채총액을 뺀 금액(이하 "재무상태표상 자기자본"이라 한다)이 출자하려는 금액의 3배 이상으로서 금융위원회가 정하여 고시하는 기준을 충족할 것 나. 해당 금융기관에 적용되는 재무건전성에 관한 기준으로서 금융위원회가 정하여 고시하는 기준을 충족할 것 다. 해당 금융기관이 「독점규제 및 공정거래에 관한 법률」에 따른 상호출자제한기업집단등(이하 "상호출자제한기업집단등"이라 한다)에 속하거나 같은 법에 따른 기업집단으로서 금융위원회가 정하여 고시하는 주채무계열(이하 "주채무계열"이라 한다)에 속하는 회사인 경우에는 해당 상호출자제한기업집단등 또는 주채무계열의 부채비율(최근 사업연도 말 현재 재무상태표상 부채총액을 재무상태표상 자기자본으로 나눈 비율을 말하며, 이 경우 금융기관은 부채비율 산정대상에서 제외한다. 이하 같다)이 100분의 300 이하로서 금융위원회가 정하여 고시하는 기준을 충족할 것 라. 출자금은 금융위원회가 정하여 고시하는 바에 따라 차입으로 조성된 자금이 아닐 것 마. 다음의 요건을 충족할 것. 다만, 그 위반 등의 정도가 경미하다고 인정되는 경우는 제외한다. 1) 최근 5년간 금융관련법령, 「독점규제 및 공정거래에 관한 법률」 및 「조세범 처벌법」을 위반하여 벌금형 이상에 상당하는 형사처벌을 받은 사실이 없을 것 2) 최근 5년간 채무불이행 등으로 건전한 신용질서를 해친 사실이 없을 것 3) 「금융산업의 구조개선에 관한 법률」에 따라 부실금융기관으로 지정되거나 금융관련법령에 따라 허가·인가 또는 등록이 취소된 금융기관의 대주주 또는 그 특수관계인이 아닐 것. 다만, 법원의 판결에 따라 부실책임이 없다고 인정된 자 또는 부실에 따른 경제적 책임을 부담하는 등 금융위원회가 정하여 고시하는 기준에 해당하는 자는 제외한다. 4) 그 밖에 금융위원회가 정하여 고시하는 바에 따라 건전한 금융거래질서를 해친 사실이 없을 것
2. 대주주가 제1호 외의 내국법인(기관전용 사모집합투자기구와 투자목적회사는 제외한다. 이하 같다)인 경우	가. 최근 사업연도 말 현재 재무상태표상 자기자본이 출자하려는 금액의 3배 이상으로서 금융위원회가 정하여 고시하는 기준을 충족할 것 나. 최근 사업연도 말 현재 부채비율이 100분의 300 이하로서 금융위원회가 정하여 고시하는 기준을 충족할 것 다. 해당 법인이 상호출자제한기업집단등에 속하거나 주채무계열에 속하는 회사인 경우에는 해당 상호출자제한기업집단등 또는 주채무계열의 부채비율이 100분의 300 이하로서 금융위원회가 정하여 고시하는 기준을 충족할 것 라. 제1호라목 및 마목의 요건을 충족할 것
3. 대주주가 내국인으로서 개인인 경우	가. 「금융회사의 지배구조에 관한 법률」 제5조제1항 각 호의 어느 하나에 해당하지 않을 것 나. 제1호라목 및 마목의 요건을 충족할 것
4. 대주주가 외국법령에 따라 설립된 외국 법인(이하 "외국법인"이라 한다)인 경우	가. 허가신청일 현재 보험업을 경영하고 있을 것 나. 최근 사업연도 말 현재 재무상태표상 자기자본이 출자하려는 금액의 3배 이상으로서 금융위원회가 정하여 고시하는 기준을 충족할 것 다. 국제적으로 인정받는 신용평가기관으로부터 투자적격 이상의 신용평가등급을 받거나 해당 외국법인이 속한 국가의 감독기관이 정하는 재무건전성에 관한 기준을 충족하고 있는 사실이 확인될 것 라. 최근 3년간 금융업의 경영과 관련하여 해당 외국법인이 속한 국가의 감독기관으로부터 법인경고 이상에 상당하는 행정처분을 받거나 벌금형 이상에 상당하는 형사처벌을 받은 사실이 없을 것 마. 제1호마목의 요건을 충족할 것
5. 대주주가 기관전용 사모집합투자기구 또는 투자목적회사인 경우	기관전용 사모집합투자기구의 업무집행사원과 그 출자지분이 100분의 30 이상인 유한책임사원(기관전용 사모집합투자기구에 대하여 사실상의 영향력을 행사하고 있지 않다는 사실이 정관, 투자계약서, 확약서 등에 의하여 확인된 경우는 제외한다) 및 기관전용 사모집합투자기구를 사실상 지배하고 있는 유한책임사원이 다음 각 목의 어느 하나에 해당하거나 투자목적회사의 주주나 사원인 기관전용 사모집합투자기구의 업무집행사원과 그 출자지분이 100분의 30 이상인 주주나 사원 및 투자목적회사를 사실상 지배하고 있는 주주나 사원이 다음 각 목의 어느 하나에 해당하는 경우에는 각각 다음 각 목의 구분에 따른 요건을 충족할 것 가. 제1호의 금융기관인 경우 : 제1호나목·다목 및 마목의 요건을 충족할 것 나. 제2호의 내국법인인 경우 : 제1호마목 및 제2호나목·다목의 요건을 충족할 것 다. 제3호의 내국인으로서 개인인 경우 : 제1호마목 및 제3호가목의 요건을 충족할 것 라. 제4호의 외국법인인 경우 : 제1호마목, 제2호나목(금융업을 경영하는 법인은 제외한다) 및 제4호다목·라목의 요건을 충족할 것

비고
1. 재무상태표상 자기자본을 산정할 때에는 최근 사업연도 말 이후 허가신청일까지의 자본금의 증감분을 포함하여 계산한다.
2. 위 표 제4호를 적용할 때에 대주주인 외국법인이 지주회사여서 위 표 제4호 각 목의 전부 또는 일부를 그 지주회사에 적용하는 것이 곤란하거나 불합리한 경우에는 그 지주회사가 허가신청 시에 지정하는 회사(해당 지주회사의 경영을 사실상 지배하고 있는 회사 또는 해당 지주회사가 경영을 사실상 지배하고 있는 회사만 해당한다)가 위 표 제4호 각 목의 전부 또는 일부를 충족하는 때에 그 지주회사가 그 요건을 충족한 것으로 본다.
3. 위 표에서 기관전용 사모집합투자기구 및 투자목적회사는 「자본시장과 금융투자업에 관한 법률」에 따른 것을 말한다.

[별표2]

공동이용 대상 행정정보(제18조제1항 관련)

(2021.6.1 신설)

목 적	공동이용 대상 행정정보
본인 및 대리 확인	주민등록표 등·초본, 가족관계등록 전산정보, 외국인등록 사실증명, 자동차운전면허증
가입 자격 및 대상 확인	여권, 주민등록표 등·초본, 국내거소신고 사실증명, 출입국에 관한 사실증명, 주민등록 전입세대, 지방세 납세증명서, 공장등록 증명서, 기초생활수급자 증명서, 차상위계층 확인서, 장애인증명서, 건강진단결과서, 건강보험자격 확인서, 건강보험자격득실 확인서, 건축물대장, 가설건축물관리대장, 개별주택가격 확인서, 공동주택가격 확인서, 자동차등록원부, 자동차등록증, 이륜자동차사용신고필증, 건설기계 등록원부, 건설기계 등록증, 선박검사증서, 선박국적증서, 선박원부, 어선등록필증, 소방시설완공검사증명서, 소득금액증명, 표준재무제표증명(법인·개인), 사업자등록증명, 가족관계등록 전산정보, 법인 등기사항증명서, 건물 등기사항증명서, 토지 등기사항증명서
보험금 청구 및 지급	출입국에 관한 사실증명, 주민등록표 등·초본, 가족관계등록 전산정보, 지방세 과세증명서, 지방세 납세증명서, 축산업등록증, 공장(신설증설, 이전, 업종변경, 제조시설) 승인(변경승인)서, 전기안전점검확인서, 건강보험자격 확인서, 건강보험자격득실 확인서, 건강·장기요양보험료 납부확인서(개인), 사업장 건강·장기요양보험료 납부확인서, 건축물대장, 건설업등록증, 건축·대수선·용도변경 허가서, 건축물사용 승인서, 부동산 등기용 등록번호 증명서, 자동차등록원부, 자동차등록증, 자동차 말소등록사실 증명서, 이륜자동차사용신고필증, 건설기계 등록원부, 건설기계 등록증, 위반건축물 관리대장, 임대사업자 등록증, 착공신고필증, 토지(임야)대장, 선원승선신고사실 확인서, 화재증명원, (국세)납세증명서, 부가가치세과세표준증명원, 산재보험급여 지급확인원, 입금계좌확인정보(통장사본)
계약 유지·변경 및 해지	여권, 외국인등록 사실증명, 국내거소신고 사실증명, 주민등록표 등·초본, 가족관계등록 전산정보, 자동차등록원부, 자동차등록증, 자동차 말소등록사실 증명서, 이륜자동차사용신고필증, 건설기계 등록원부, 건설기계 등록증, 사업자등록증명, 폐업사실증명, 수입신고필증, 수출신고필증, 법인 등기사항증명서, 건물 등기사항증명서, 토지 등기사항증명서, 건강보험자격 확인서, 건강보험자격득실 확인서

[별표2의2] (2011.1.24 삭제)

[별표3]

보험설계사·보험대리점 및 보험중개사의 등록요건
(제27조제2항, 제30조제2항 및 제34조제2항 관련)

(2019.10.1 개정)

1. 보험설계사의 등록요건

구 분	등 록 요 건
생명보험설계사	다음 각 목의 어느 하나에 해당하는 사람 가. 금융위원회가 정하여 고시하는 바에 따라 생명보험 모집에 관한 연수과정을 이수한 사람 나. 금융위원회가 정하여 고시하는 생명보험 관계 업무에 1년 이상 종사한 경력이 있는 사람(등록신청일부터 3년 이내에 해당 업무에 종사한 사람으로 한정한다)으로서 별표4에 따른 교육을 이수한 사람 다. 개인인 생명보험대리점의 등록요건을 갖춘 사람(법인보험대리점의 소속 보험설계사가 되려는 사람만 해당한다) 라. 개인인 생명보험중개사의 등록요건을 갖춘 사람(법인보험중개사의 소속 보험설계사가 되려는 사람만 해당한다)
손해보험설계사	다음 각 목의 어느 하나에 해당하는 사람 가. 금융위원회가 정하여 고시하는 바에 따라 손해보험 모집에 관한 연수과정을 이수한 사람 나. 금융위원회가 정하여 고시하는 손해보험 관계 업무에 1년 이상 종사한 경력이 있는 사람(등록신청일부터 3년 이내에 해당 업무에 종사한 사람으로 한정한다)으로서 별표4에 따른 교육을 이수한 사람 다. 개인인 손해보험대리점의 등록요건을 갖춘 사람(법인보험대리점의 소속 보험설계사가 되려는 사람만 해당한다) 라. 개인인 손해보험중개사의 등록요건을 갖춘 사람(법인보험중개사의 소속 보험설계사가 되려는 사람만 해당한다)
제3보험설계사	다음 각 목의 어느 하나에 해당하는 사람 가. 금융위원회가 정하여 고시하는 바에 따라 제3보험 모집에 관한 연수과정을 이수한 사람 나. 금융위원회가 정하여 고시하는 제3보험 관계 업무에 1년 이상 종사한 경력이 있는 사람(등록신청일부터 3년 이내에 해당 업무에 종사한 사람으로 한정한다)으로서 별표4에 따른 교육을 이수한 사람 다. 개인인 제3보험대리점의 등록요건을 갖춘 사람(법인보험대리점의 소속 보험설계사가 되려는 사람만 해당한다) 라. 개인인 제3보험중개사의 등록요건을 갖춘 사람(법인보험중개사의 소속 보험설계사가 되려는 사람만 해당한다)

비고
보험설계사가 되려는 사람의 등록신청 유효기간은 연수과정 또는 교육 이수 후 1년으로 한다.

2. 보험대리점의 등록요건

구 분		등 록 요 건
개인보험대리점	생명보험대리점	다음 각 목의 어느 하나에 해당하는 사람 가. 금융위원회가 정하여 고시하는 바에 따라 생명보험 대리점에 관한 연수과정을 이수한 사람 나. 금융위원회가 정하여 고시하는 생명보험 관계 업무에 2년 이상 종사한 경력이 있는 사람(등록신청일부터 4년 이내에 해당 업무에 종사한 사람으로 한정한다)으로서 별표4에 따른 교육을 이수한 사람
	손해보험대리점	다음 각 목의 어느 하나에 해당하는 사람 가. 금융위원회가 정하여 고시하는 바에 따라 손해보험 대리점에 관한 연수과정을 이수한 사람 나. 금융위원회가 정하여 고시하는 손해보험 관계 업무에 2년 이상 종사한 경력이 있는 사람(등록신청일부터 4년 이내에 해당 업무에 종사한 사람으로 한정한다)으로서 별표4에 따른 교육을 이수한 사람
	제3보험대리점	다음 각 목의 어느 하나에 해당하는 사람 가. 금융위원회가 정하여 고시하는 바에 따라 손해보험 대리점에 관한 연수과정을 이수한 사람 나. 금융위원회가 정하여 고시하는 제3보험 관계 업무에 2년 이상 종사한 경력이 있는 사람(등록신청일부터 4년 이내에 해당 업무에 종사한 사람으로 한정한다)으로서 별표4에 따른 교육을 이수한 사람
법인보험대리점	생명보험대리점	다음 각 목의 요건을 모두 갖춘 법인 가. 개인인 생명보험대리점의 등록요건 가목 및 나목의 어느 하나에 해당하는 사람을 1명 이상 두고 있는 법인 나. 임직원 수가 100명 이상인 법인(법 제91조제1항 각 호의 금융기관은 제외한다)의 경우 소속 임직원의 10분의 1 이상이 법 제84조에 따른 보험설계사 등록요건을 갖춘 법인
	손해보험대리점	다음 각 목의 요건을 모두 갖춘 법인 가. 개인인 손해보험대리점의 등록요건 가목 및 나목의 어느 하나에 해당하는 사람을 1명 이상 두고 있는 법인 나. 임직원 수가 100명 이상인 법인(법 제91조제1항 각 호의 금융기관 및 이 영 제30조제1항에 따른 간단손해보험대리점은 제외한다)의 경우 소속 임직원의 10분의 1 이상이 법 제84조에 따른 보험설계사 등록요건을 갖춘 법인
	제3보험대리점	다음 각 목의 요건을 모두 갖춘 법인 가. 개인인 제3보험대리점의 등록요건 가목 및 나목의 어느 하나에 해당하는 사람을 1명 이상 두고 있는 법인 나. 임직원 수가 100명 이상인 법인(법 제91조제1항 각 호의 금융기관은 제외한다)의 경우 소속 임직원의 10분의 1 이상이 법 제84조에 따른 보험설계사 등록요건을 갖춘 법인

비고
개인보험대리점이 되려는 사람의 등록신청 유효기간은 연수과정 또는 교육 이수 후 2년으로 한다.

3. 보험중개사의 등록요건

구 분		등 록 요 건
개인보험중개사	생명보험중개사	다음 각 목의 어느 하나에 해당하는 사람 가. 별표4에 따른 교육을 이수하고 생명보험중개사 시험에 합격한 사람 나. 개인인 생명보험중개사로 2년 이상 종사한 경력이 있는 사람(등록신청일부터 4년 이내에 해당 업무에 종사한 사람으로 한정한다)으로서 별표4에 따른 교육을 이수한 사람 다. 가목의 요건을 충족하는 사람으로서 법인보험중개사의 소속 보험설계사로 2년 이상 종사한 경력이 있는 사람(등록신청일로부터 4년 이내에 해당 업무에 종사한 사람으로 한정한다)으로서 별표4에 따른 교육을 이수한 사람
	손해보험중개사	다음 각 목의 어느 하나에 해당하는 사람 가. 별표4에 따른 교육을 이수하고 손해보험중개사 시험에 합격한 사람 나. 개인인 손해보험중개사로 2년 이상 종사한 경력이 있는 사람(등록신청일부터 4년 이내에 해당 업무에 종사한 사람으로 한정한다)으로서 별표4에 따른 교육을 이수한 사람 다. 가목의 요건을 충족하는 사람으로서 법인보험중개사의 소속 보험설계사로 2년 이상 종사한 경력이 있는 사람(등록신청일로부터 4년 이내에 해당 업무에 종사한 사람으로 한정한다)으로서 별표4에 따른 교육을 이수한 사람
	제3보험중개사	다음 각 목의 어느 하나에 해당하는 사람 가. 별표4에 따른 교육을 이수하고 제3보험중개사 시험에 합격한 사람 나. 개인인 제3보험중개사로 2년 이상 종사한 경력이 있는 사람(등록신청일부터 4년 이내에 해당 업무에 종사한 사람으로 한정한다)으로서 별표4에 따른 교육을 이수한 사람 다. 가목의 요건을 충족하는 사람으로서 법인보험중개사의 소속 보험설계사로 2년 이상 종사한 경력이 있는 사람(등록신청일로부터 4년 이내에 해당업무에 종사한 사람으로 한정한다)으로서 별표4에 따른 교육을 이수한 사람
법인보험중개사	생명보험중개사	임직원의 3분의 1 이상이 개인생명보험중개사 가목에 해당하는 자격을 갖추고 상근하는 법인
	손해보험중개사	임직원의 3분의 1 이상이 개인손해보험중개사 가목에 해당하는 자격을 갖추고 상근하는 법인
	제3보험중개사	임직원의 3분의 1 이상이 개인제3보험중개사 가목에 해당하는 자격을 갖추고 상근하는 법인

비고
개인보험중개사가 되려는 사람의 등록신청 유효기간은 교육 이수 또는 시험 합격 후 2년으로 한다.

[별표4]

보험설계사·보험대리점 및 보험중개사의 교육기준(제29조의2제1항부터 제4항까지 관련)

(2021.6.1 개정)

1. 보험설계사·보험대리점(간단손해보험설계사 및 간단손해보험대리점은 제외한다) 및 보험중개사의 교육기준

구 분	교 육 기 준
가. 교육 과목	1) 보험모집과 관련한 윤리교육 2) 보험 관련 법령 및 분쟁 사례 3) 보험상품(생명보험상품, 손해보험상품 및 제3보험상품) 4) 회계원리 및 위험관리론(보험중개사 및 별표3 제1호라목의 보험설계사만 해당한다) 5) 보험소비자 보호 및 보험사기 예방
나. 교육 기관	보험회사, 제59조제3항제6호에 따라 보험에 관한 교육을 위하여 소유하는 자회사, 법 제178조제3항제2호에 따라 회원에 대한 연수·교육을 위하여 설립된 단체 및 금융위원회가 정하여 고시하는 교육기관
다. 교육 방법	집합교육 또는 사이버교육
라. 교육 시간	20시간 이상으로 금융위원회가 정하여 고시하는 시간. 이 경우 금융위원회가 정하여 고시하는 바에 따라 외부 교육 시간을 5시간 이상 포함해야 한다.

2. 보험설계사·보험대리점(간단손해보험설계사 및 간단손해보험대리점은 제외한다) 및 보험중개사의 불완전판매방지교육 교육기준

구 분	교 육 기 준
가. 교육 과목	1) 보험모집과 관련한 윤리교육 2) 보험 관련 법령 및 분쟁 사례 3) 보험소비자 보호 및 보험사기 예방

	4) 그 밖에 보험소비자 보호와 관련된 교육으로 금융위원회가 정하여 고시하는 교육 과목
나. 교육 기관	법 제178조제3항제2호에 따라 회원에 대한 연수·교육을 위해 설립된 단체 및 금융위원회가 정하여 고시하는 교육기관
다. 교육 방법	집합교육. 이 경우 강사의 자격요건 등 교육 방법의 세부적인 사항은 금융위원회가 정하여 고시하는 바에 따른다.
라. 교육 시간	5시간 이상으로 금융위원회가 정하여 고시하는 시간

3. 간단손해보험설계사 및 간단손해보험대리점의 교육기준

구 분	교 육 기 준
가. 교육 과목	1) 보험모집과 관련한 윤리교육 2) 보험 관련 법령 3) 해당 간단손해보험상품
나. 교육 기관	보험회사, 제59조제3항제6호에 따라 보험에 관한 교육을 위하여 소유하는 자회사, 법 제178조제3항제2호에 따라 회원에 대한 연수·교육을 위하여 설립된 단체 및 금융위원회가 정하여 고시하는 교육기관
다. 교육 방법	집합교육 또는 사이버교육
라. 교육 시간	8시간 이상. 이 경우 금융위원회가 정하여 고시하는 바에 따라 외부 교육 시간을 2시간 이상 포함하여야 한다.

〔별표5〕

금융기관보험대리점등이 모집할 수 있는 보험상품의 범위(제40조제2항 관련)

(2011.1.24 개정)

1. 제1단계 : 이 영 시행일부터 2005년 3월 31일까지

생 명 보 험	손 해 보 험
가. 개인저축성 보험 1) 개인연금 2) 일반연금 3) 교육보험 4) 생사혼합보험 5) 그 밖의 개인저축성 보험 나. 신용생명보험	가. 개인연금 나. 장기저축성 보험 다. 화재보험(주택) 라. 상해보험(단체상해보험은 제외한다) 마. 종합보험 바. 신용손해보험

2. 제2단계 : 2005년 4월 1일 이후(보험기간 만료 시 환급금이 지급되는 상품은 2006년 10월 1일 이후)

생 명 보 험	손 해 보 험
가. 제1단계 허용상품 나. 개인보장성 보험 중 제3보험(주계약으로 한정하고, 저축성보험 특별약관 및 질병사망 특별약관을 부가한 상품은 제외한다)	가. 제1단계 허용상품 나. 개인장기보장성 보험 중 제3보험(주계약으로 한정하고, 저축성보험 특별약관 및 질병사망 특별약관을 부가한 상품은 제외한다)

〔별표6〕

기초서류의 신고대상(제71조제1항 관련)

(2018.12.24 개정)

1. 보험회사가 이미 신고 또는 판매되지 않는 위험을 보장하거나 새로운 위험구분단위 등을 적용하여 설계하는 경우. 다만, 다른 보험회사가 이미 신고 또는 판매하고 있는 보험상품의 경우는 제외한다.
2. 법령에 따라 정부나 지방자치단체가 보험료의 일부를 지원하는 보험으로서 다음 각 목의 어느 하나에 해당하는 보험의 경우
 가. 「농어업재해보험법」에 따른 농작물재해보험, 임산물재해보험, 가축재해보험, 양식수산물재해보험
 나. 「풍수해보험법」에 따른 풍수해보험
 다. 「농어업인의 안전보험 및 안전재해예방에 관한 법률」에 따른 농업인안전보험 및 어업인안전보험
3. 제1호 및 제2호에서 규정한 사항 외에 보험계약자 보호 등을 위하여 필요한 사항으로서 금융위원회가 정하여 고시하는 사항에 해당하는 경우

〔별표7〕

기초서류 작성·변경 원칙(제71조의5 관련)

(2016.4.1 개정)

1. 법 또는 이 영에 따른 생명보험업과 손해보험업 겸영 제한에 위배되지 않을 것
2. 보험료, 책임준비금 및 해약환급금을 금융위원회가 정하여 고시하는 기준에 따라 산출·적립할 것
3. 제1호 및 제2호에 규정된 사항 외에 보험계약자 보호, 재무건전성 확보 등을 위하여 필요한 사항으로서 금융위원회가 정하여 고시하는 사항을 지킬 것

〔별표8〕

금융위원회가 금융감독원장에게 위탁하는 업무의 범위(제100조제1항 관련)

(2021.6.1 개정)

1. 법 제4조제8항에 따른 조건의 취소 또는 변경 신청에 대한 심사
1의2. 법 제6조제1항 및 제2항에 따른 보험업의 허가 요건을 갖추었는지의 심사
2. 법 제6조제3항에 따른 보험종목 추가 허가의 요건을 갖추었는지의 심사
3. 법 제6조제4항 단서에 따른 물적 시설 유지의 예외 승인 요건을 갖추었는지의 심사
4. (2016.7.28 삭제)
5. 법 제7조제2항에 따른 예비허가의 심사
6. 법 제11조 각 호 외의 부분 후단에 따른 겸영업무 신고의 접수
7. 법 제11조의2에 따른 부수업무 신고의 접수 및 수리
8. 법 제12조제2항에 따른 외국보험회사등의 국내사무소 설치신고의 접수
9. (2016.7.28 삭제)
10. 법 제20조제3항에 따른 준비금 적립금액의 결정
11. 법 제74조제3항에 따른 외국보험회사국내지점의 허가취소사유 보고의 접수
12. 법 제77조제1항에 따른 외국보험회사의 본점의 잔무를 처리할 자에 대한 선임 또는 해임
13. 법 제86조제4항에 따른 보험설계사의 등록취소의 통지 및 업무정지의 통지
14. 법 제87조의3제2항에 따른 법인보험대리점이 금융위원회에 알리는 사항의 접수
15. 법 제88조제3항에 따른 보험대리점의 등록취소의 통지 및 업무정지의 통지
16. 법 제89조제3항에 따른 보험중개사에 대한 영업보증금 예탁 등의 조치
17. 법 제89조의3제2항에 따른 법인보험중개사가 금융위원회에 알리는 사항의 접수
18. 법 제93조에 따른 신고의 수리
19. 법 제107조제2호에 따른 자산운용 제한에 대한 예외 승인 여부의 심사
20. 법 제111조제3항에 따른 대주주와의 거래 등에 관한 보고의 접수
21. 법 제111조제4항에 따른 대주주에 대한 신용공여나 대주주가 발행한 채권 또는 주식의 취득에 관한 사항에 대한 보고의 접수
22. 법 제112조에 따른 대주주 등에 대한 자료 제출 요구
23. 법 제115조제1항 각 호 외의 부분 본문에 따른 자회사의 소유에 관한 승인 여부의 심사
24. 법 제115조제2항에 따른 자회사 소유 신고의 접수 및 수리
24의2. 법 제115조제3항에 따른 자회사 소유 보고의 접수
25. 법 제117조제1항 및 제2항에 따른 자회사에 관한 서류의 접수
26. 법 제118조제1항 및 제2항에 따른 재무제표 등의 접수
27. 법 제121조의2에 따른 배당보험계약 외의 보험계약에 대한 구분 회계처리에 관한 승인 여부의 심사
28. 법 제124조제6항에 따른 거짓이거나 사실과 다른 공시의 중단이나 시정조치 등의 요구
29. 법 제125조제1항 단서에 따른 상호협정 변경신고의 접수
30. 법 제126조에 따른 정관변경의 보고의 접수
31. 법 제127조제2항에 따른 기초서류 작성 또는 변경 신고의 수리
32. 법 제127조제3항에 따른 기초서류에 관한 자료 제출의 요구
33. 법 제127조의2제1항에 따른 기초서류의 변경 권고
34. 법 제130조에 따른 보고의 접수
35. 법 제133조제1항(법 제179조에서 준용하는 경우를 포함한다)에 따른 금융위원회의 감독 업무의 수행과 관련한 보고 또는 자료 제출 명령
36. 법 제144조제1항에 따른 자산 처분 허가 여부의 심사
37. 법 제155조에 따른 정리계획서의 접수
38. 법 제156조에 따른 청산인의 선임 및 해임
39. 법 제160조(법 제77조제3항에서 준용하는 경우를 포함한다)에 따른 검사, 자산의 공탁 및 청산의 감독상 필요한 명령
40. 법 제161조제1항에 따른 업무와 자산의 관리 명령
41. 법 제162조제1항 및 제2항에 따른 조사 및 자료 제출 요구
42. 법 제162조제4항에 따른 조사 방해 등의 행위를 한 관계자에 대한 문책 등의 요구
43. 법 제164조에 따른 조사 관련 정보의 공표
44. 법 제169조제1항에 따른 지급불능의 확인
45. 법 제171조제1항에 따른 손해보험협회의 자금 차입 승인 여부의 심사
46. 법 제176조제4항에 따른 순보험요율의 신고 수리
47. 법 제184조제2항에 따른 기초서류의 법령 위반 내용에 대한 선임계리사 보고의 접수
48. 법 제184조제6항에 따른 선임계리사에 대한 의견 제출 지시
49. 법 제191조에 따른 보험계리업자 또는 손해사정업자에 대한 자산 예탁 등의 조치의 요구
50. 법 제193조제1항에 따른 다음 각 목의 업무
 가. 공제업을 운영하는 자에 대한 기초자료 관련 협의 요구
 나. 공제업 관련 중앙행정기관의 장에 대한 재무건전성 관련 협의 요구
50의2. 법 제193조제3항에 따른 중앙행정기관의 장의 공동검사 협의 요구의 처리
51. 법 제195조제1항에 따른 보험업의 허가 및 허가취소의 공고 중 인터넷 홈페이지를 이용한 공고
52. 법 제195조제2항에 따른 인터넷 홈페이지 등을 이용한 공고
53. 제7조제1항제5호에 따른 보험계약을 체결하기 곤란한 경우에 해당하는지에 대한 검토
54. 제16조의2제1항에 따른 부수업무 신고내용의 인터넷 홈페이지 등에 공고
55.~56. (2016.7.28 삭제)
57. 제66조에 따른 경영실태 및 위험에 대한 평가
58. 제71조제3항에 따른 분기별 보험상품 판매 목록의 접수
59. 제71조의2에 따른 기초서류의 변경 권고
60. 제87조제3항에 따른 참조순보험요율의 적정성 검증보고서 제출의 접수
61. 제92조제3항에 따른 보험계리업자의 등록사항 변경신고의 접수
62. 제97조제3항에 따른 손해사정업자의 등록사항 변경신고의 접수
63. 법 제139조에 따른 해산의 결의·합병과 보험계약의 이전의 인가에 대한 심사
64. 법 제150조에 따른 영업 양도·양수의 인가에 대한 심사
65. 그 밖에 제1호부터 제64호까지의 규정에 준하는 업무로서 금융위원회의 결정에 따른 업무의 집행에 필요한 업무

〔별표9〕

과태료의 부과기준(제104조 관련)

(2023.6.27 개정)

1. 일반기준
 금융위원회는 위반행위의 정도, 위반행위의 동기와 그 결과 등을 고려하여 제2호에 따른 과태료 금액을 감경 또는 면제하거나 2분의 1의 범위에서 가중할 수 있다. 다만, 가중하는 경우에도 법 제209조제1항부터 제7항까지의 규정에 따른 과태료 금액의 상한을 초과할 수 없다.
2. 개별기준

위 반 행 위	근 거 법조문	금 액 (단위 : 만원)
가. 법 제3조를 위반한 경우	법 제209조 제7항제1호	700
나. 보험회사가 법 제10조를 위반하여 다른 업무 등을 겸영한 경우	법 제209조 제1항제1호	10,000
다. 보험회사가 법 제10조를 위반하여 다른 업무 등을 겸영한 경우 그 보험회사의 발기인·설립위원·이사·감사·검사인·청산인, 「상법」 제386조제2항 및 제407조제1항에 따른 직무대행자(법 제59조 및 제73조에서 준용하는 경우를 포함한다) 또는 지배인(이하 “보험회사의 발기인등”이라 한다)	법 제209조 제6항제1호	2,000
라. 보험회사가 법 제11조를 위반하여 다른 업무 등을 겸영한 경우	법 제209조 제1항제1호	6,000
마. 보험회사가 법 제11조를 위반하여 다른 업무 등을 겸영한 경우 그 보험회사의 발기인등	법 제209조 제6항제1호	1,200
바. 보험회사가 법 제11조의2제1항을 위반하여 부수업무를 신고하지 않은 경우	법 제209조 제1항제1호의2	6,000
사. 보험회사의 발기인등이 법 제18조를 위반하여 자본감소의 절차를 밟은 경우	법 제209조 제6항제3호	2,000
아. 보험회사의 발기인등이 관청·총회 또는 법 제25조제1항 및 제54조제1항의 기관에 보고를 부실하게 하거나 진실을 숨긴 경우	법 제209조 제6항제4호	1,400

자. 보험회사의 발기인등이 법 제38조제2항을 위반하여 입사청약서를 작성하지 않거나 입사청약서에 적을 사항을 적지 않거나 부실하게 적은 경우	법 제209조 제6항제5호	1,400
차. 보험회사의 발기인등이 정관·사원명부·의사록·자산목록·재무상태표·사업계획서·사무보고서·결산보고서, 법 제44조에서 준용하는 「상법」 제29조제1항의 장부에 적을 사항을 적지 않거나 부실하게 적은 경우	법 제209조 제6항제6호	1,400
카. 보험회사의 발기인등이 법 제57조제1항(법 제73조에서 준용하는 경우를 포함한다)이나 법 제64조 및 제73조에서 준용하는 「상법」 제448조제1항을 위반하여 서류를 비치하지 않은 경우	법 제209조 제6항제7호	1,000
타. 보험회사의 발기인등이 사원총회 또는 법 제54조제1항의 기관을 법 제59조에서 준용하는 「상법」 제364조를 위반하여 소집하거나 정관으로 정한 지역 이외의 지역에서 소집하거나 법 제59조에서 준용하는 「상법」 제365조제1항을 위반하여 소집하지 않은 경우	법 제209조 제6항제8호	2,000
파. 보험회사의 발기인등이 법 제60조 또는 제62조를 위반하여 준비금을 적립하지 않거나 준비금을 사용한 경우	법 제209조 제6항제9호	2,000
하. 보험회사의 발기인등이 법 제69조를 위반하여 해산절차를 밟은 경우	법 제209조 제6항제10호	2,000
거. 보험회사의 발기인등이 법 제72조 또는 정관을 위반하여 보험회사의 자산을 처분하거나 그 남은 자산을 배분한 경우	법 제209조 제6항제11호	2,000
너. 보험회사의 발기인등이 법 제73조에서 준용하는 「상법」 제254조를 위반하여 파산선고의 신청을 게을리한 경우	법 제209조 제6항제12호	2,000
더. 보험회사의 발기인등이 청산의 종결을 지연시킬 목적으로 법 제73조에서 준용하는 「상법」 제535조제1항의 기간을 부당하게 정한 경우	법 제209조 제6항제13호	2,000
러. 보험회사의 발기인등이 법 제73조에서 준용하는 「상법」 제536조를 위반하여 채무를 변제한 경우	법 제209조 제6항제14호	2,000
머. 보험회사의 발기인등이 법 제79조제2항에서 준용하는 「상법」 제619조 또는 제620조를 위반한 경우	법 제209조 제6항제15호	2,000
버. 보험회사의 발기인등이 법 제85조제1항을 위반한 경우	법 제209조 제6항제16호	1,400
서. 법 제85조제2항을 위반한 경우	법 제209조 제7항제2호	500
어. 법 제85조의3제1항을 위반한 경우	법 제209조 제7항제2호의2	700
저. 보험회사가 법 제85조의4를 위반하여 직원의 보호를 위한 조치를 하지 않거나 직원에게 불이익을 준 경우	법 제209조 제4항제1호	1,800
처. 법인보험대리점이 법 제87조의3제2항을 위반한 경우	법 제209조 제7항제2호의4	1,000 다만, 소속 보험설계사가 100명 미만인 법인보험대리점의 경우에는 500만원으로 한다.
커. 법 제91조제1항에 따른 금융기관보험대리점등 또는 금융기관보험대리점등이 되려는 자가 법 제83조제2항 또는 제100조를 위반한 경우	법 제209조 제2항	6,000
터. 법 제92조를 위반한 경우	법 제209조 제7항제3호	700 다만, 법인이 아닌 자의 경우에는 500만원으로 한다.
퍼. 법 제93조에 따른 신고를 게을리한 경우	법 제209조 제7항제4호	700 다만, 법인이 아닌 자의 경우에는 500만원으로 한다.
허. 보험회사가 법 제95조를 위반한 경우	법 제209조 제1항제2호	10,000
고. 보험회사가 법 제95조를 위반한 경우 그 보험회사의 발기인등	법 제209조 제6항제17호	2,000
노. 법 제95조를 위반한 경우	법 제209조 제7항제5호	1,000 다만, 법인이 아닌 자의 경우에는 500만원으로 한다.
도. 보험회사의 임직원이 법 제95조의2·제95조의5·제97조 또는 제101조의2제1항·제2항을 위반한 경우 그 보험회사의 발기인등	법 제209조 제6항제18호	1,400
로. 법 제95조의2를 위반한 경우	법 제209조 제7항제6호	700 다만, 법인이 아닌 자의 경우에는 500만원으로 한다.
모. 보험대리점·보험중개사 소속 보험설계사가 법 제95조의2·제96조제1항·제97조제1항 및 제99조제3항을 위반한 경우 그 보험대리점·보험중개사. 다만, 보험대리점·보험중개사가 그 위반행위를 방지하기 위해 해당 업무에 관하여 상당한 주의와 감독을 게을리하지 않은 경우는 제외한다.	법 제209조 제7항제7호	700 다만, 법인이 아닌 자의 경우에는 500만원으로 한다.
보. 보험회사가 법 제95조의5를 위반한 경우	법 제209조 제3항	5,000
소. 법 제95조의5를 위반한 경우	법 제209조 제7항제7호의2	700
오. 보험회사가 법 제96조를 위반한 경우	법 제209조 제1항제3호	6,000
조. 보험회사가 법 제96조를 위반한 경우 그 보험회사의 발기인등	법 제209조 제6항제19호	1,400
초. 법 제96조제1항을 위반한 경우	법 제209조 제7항제9호	700 다만, 법인이 아닌 자의 경우에는 500만원으로 한다.
코. 법 제97조제1항을 위반한 경우	법 제209조 제7항제10호	700 다만, 법인이 아닌 자의 경우에는 500만원으로 한다.
토. 보험회사 소속 임직원 또는 보험설계사가 법 제101조의2제3항을 위반한 경우 해당 보험회사. 다만, 보험회사가 그 위반행위를 방지하기 위해 해당 업무에 관하여 상당한 주의와 감독을 게을리하지 않은 경우는 제외한다.	법 제209조 제1항제4호	6,000
포. 법 제99조제3항을 위반한 경우	법 제209조 제7항제11호	700 다만, 법인이 아닌 자의 경우에는 500만원으로 한다.
호. 법 제101조의2를 위반한 경우	법 제209조 제7항제11호의2	1,000
구. 보험회사의 발기인등이 법 제106조제1항제4호 또는 제7호부터 제9호까지의 규정을 위반하여 자산운용을 한 경우	법 제209조 제6항제20호	2,000
누. 보험회사가 법 제106조제1항제7호부터 제9호까지의 규정을 위반한 경우	법 제209조 제1항제5호	10,000
두. 보험회사가 법 제109조를 위반하여 다른 회사의 주식을 소유한 경우	법 제209조 제1항제6호	10,000
루. 보험회사의 발기인등이 법 제109조를 위반하여 다른 회사의 주식을 소유한 경우	법 제209조 제6항제21호	2,000
무. 보험회사의 발기인등이 법 제110조를 위반한 경우	법 제209조 제6항제22호	2,000
부. 보험회사가 법 제110조의3제2항을 위반한 경우	법 제209조 제5항	1,000
수. 보험회사가 법 제111조제2항을 위반하여 이사회의 의결을 거치지 않은 경우	법 제209조 제1항제7호의3	10,000
우. 보험회사가 법 제111조제3항 또는 제4항에 따른 보고 또는 공시를 하지 않거나 거짓으로 보고 또는 공시한 경우	법 제209조 제1항제7호의4	6,000
주. 법 제112조에 따른 자료 제출을 거부한 경우	법 제209조 제7항제12호	700
추. 보험회사가 법 제113조를 위반한 경우	법 제209조 제1항제8호	10,000
쿠. 보험회사의 발기인등이 법 제113조를 위반한 경우	법 제209조 제6항제23호	2,000
투. 보험회사가 법 제116조를 위반한 경우	법 제209조 제1항제9호	10,000
푸. 보험회사의 발기인등이 법 제116조를 위반한 경우	법 제209조 제6항제24호	2,000
후. 보험회사가 법 제118조를 위반하여 재무제표 등을 기한까지 제출하지 않거나 사실과 다르게 작성된 재무제표 등을 제출한 경우	법 제209조 제1항제10호	6,000
그. 보험회사의 발기인등이 법 제118조를 위반하여 재무제표 등의 제출기한을 지키지 않거나 사실과 다르게 작성된 재무제표 등을 제출한 경우	법 제209조 제6항제25호	1,400
느. 보험회사의 발기인등이 법 제119조를 위반하여 서류의 비치나 열람의 제공을 하지 않은 경우	법 제209조 제6항제26호	1,000
드. 보험회사가 법 제120조제1항을 위반하여 책임준비금이나 비상위험준비금을 계상하지 않거나 과소·과다하게 계상하는 경우 또는 장부에 기재하지 않은 경우	법 제209조 제1항제10호의2	10,000
르. 보험회사의 발기인등이 법 제120조제1항을 위반하여 책임준비금 또는 비상위험준비금을 계상하지 않거나 장부에 기재하지 않은 경우	법 제209조 제6항제27호	2,000
므. 보험회사가 법 제124조제1항을 위반하여 공시하지 않은 경우	법 제209조 제1항제11호	6,000
브. 보험회사의 발기인등이 법 제124조제1항을 위반하여 공시하지 않은 경우	법 제209조 제6항제28호	1,400
스. 보험회사가 법 제124조제4항을 위반하여 정보를 제공하지 않거나 부실한 정보를 제공한 경우	법 제209조 제1항제12호	5,000
으. 보험회사의 발기인등이 법 제124조제4항을 위반하여 정보를 제공하지 않거나 부실한 정보를 제공한 경우	법 제209조 제6항제29호	1,000
즈. 법 제124조제5항을 위반하여 비교·공시한 경우	법 제209조 제7항제13호	700
츠. 보험회사의 발기인등이 법 제125조를 위반한 경우	법 제209조 제6항제30호	1,000
크. 보험회사의 발기인등이 법 제126조를 위반하여 정관변경을 보고하지 않은 경우	법 제209조 제6항제31호	1,400
트. 보험회사의 발기인등이 법 제127조를 위반한 경우	법 제209조 제6항제32호	1,400
프. 보험회사가 법 제127조의3을 위반한 경우 그 보험회사의 발기인등	법 제209조 제6항제33호	2,000
흐. 보험회사가 법 제128조의2를 위반한 경우	법 제209조 제1항제13호	10,000
기. 보험회사가 법 제128조의2를 위반한 경우 그 보험회사의 발기인등	법 제209조 제6항제34호	2,000
니. 보험회사가 법 제128조의3을 위반하여 기초서류를 작성·변경한 경우 그 보험회사의 발기인등	법 제209조 제6항제35호	1,400
디. 보험회사의 발기인등이 법 제130조를 위반하여 보고하지 않은 경우	법 제209조 제6항제36호	1,400
리. 보험회사가 법 제131조제1항·제2항 및 제4항에 따른 명령을 위반한 경우	법 제209조 제1항제14호	10,000
미. 보험회사의 발기인등이 법 제131조에 따른 명령을 위반한 경우	법 제209조 제6항제37호	2,000
비. 법 제131조제1항을 준용하는 법 제132조·제179조·제192조제2항, 법 제133조제1항을 준용하는 법 제136조·제179조·제192조제2항 및 법 제192조제1항에 따른 명령을 위반한 경우	법 제209조 제7항제14호	1,000 다만, 법인이 아닌 자의 경우에는 500만원으로 한다.

시. 보험회사가 법 제133조에 따른 검사를 거부・방해 또는 기피한 경우	법 제209조 제1항제15호	10,000
이. 보험회사의 발기인등이 법 제133조에 따른 검사를 거부・방해 또는 기피한 경우	법 제209조 제6항제38호	2,000
지. 법 제133조제3항을 준용하는 법 제136조・제179조 및 제192조제2항에 따른 검사를 거부・방해 또는 기피한 경우	법 제209조 제7항제15호	1,000 다만, 법인이 아닌 자의 경우에는 500만원으로 한다.
치. 법 제133조제3항을 준용하는 법 제136조・제179조・제192조제2항에 따른 요구에 응하지 않은 경우	법 제209조 제7항제16호	700 다만, 법인이 아닌 자의 경우에는 500만원으로 한다.
키. 보험회사의 발기인등이 금융위원회가 선임한 청산인 또는 법원이 선임한 관리인이나 청산인에게 사무를 인계하지 않은 경우	법 제209조 제6항제39호	1,400
티. 보험회사의 발기인등이 법 제141조를 위반하여 보험계약의 이전절차를 밟은 경우	법 제209조 제6항제40호	1,400
피. 보험회사의 발기인등이 법 제142조를 위반하여 보험계약을 하거나 법 제144조(법 제152조제2항에서 준용하는 경우를 포함한다)를 위반하여 자산을 처분하거나 채무를 부담할 행위를 한 경우	법 제209조 제6항제41호	2,000
히. 보험회사의 발기인등이 법 제151조제1항・제2항, 제153조제3항 또는 제70조제1항에서 준용하는 「상법」 제232조를 위반하여 합병절차를 밟은 경우	법 제209조 제6항제42호	2,000
갸. 법 제162조제2항에 따른 요구를 정당한 사유 없이 거부・방해 또는 기피한 경우	법 제209조 제7항제17호	700 다만, 법인이 아닌 자의 경우에는 500만원으로 한다.
냐. 보험회사의 발기인등이 법에 따른 등기를 게을리한 경우	법 제209조 제6항제43호	1,400
댜. 보험회사의 발기인등이 법 또는 정관에서 정한 보험계리사에 결원이 생긴 경우에 그 선임절차를 게을리한 경우	법 제209조 제6항제44호	1,400
랴. 보험회사가 법 제181조제2항을 위반하여 선임계리사를 선임하지 않은 경우	법 제209조 제1항제16호	5,000
먀. 보험회사가 법 제181조의2에 따른 선임계리사 선임 및 해임에 관한 절차를 위반한 경우	법 제209조 제1항제17호	5,000
뱌. 보험회사가 법 제184조제7항을 위반하여 같은 항 각 호의 어느 하나에 해당하는 직무를 담당하게 한 경우	법 제209조 제4항제2호	3,000
샤. 보험회사가 법 제184조의2에 따른 선임계리사의 요건을 충족하지 못한 자를 선임계리사로 선임한 경우	법 제209조 제1항제18호	5,000
야. 보험회사가 법 제184조의3제1항, 제5항 또는 제6항을 위반하여 선임계리사의 권한과 업무 수행의 독립성에 관하여 필요한 사항을 이행하지 않은 경우	법 제209조 제4항제3호	3,000

▣ 신용정보의 이용 및 보호에 관한 법률

[별표]

신용정보회사에 대한 처분 사유(제14조제2항제9호 관련)

(2020.2.4 개정)

1. 제9조제3항에 따른 명령을 위반하여 금융위원회의 승인 없이 취득한 주식 또는 취득등을 한 후 승인을 신청하지 아니한 주식을 처분하지 아니한 경우
2. 제38조제6항에 따른 금융위원회의 시정명령에 따르지 아니한 경우
3. 제45조제2항에 따른 업무 및 재산상황에 관한 보고 등의 명령에 따르지 아니한 경우
4. 제45조제4항에 따른 자료의 제출, 관계자의 출석 및 의견의 진술을 하지 아니한 경우
5. 제45조제7항제4호에 따른 임원에 대한 해임권고 또는 직무정지 요구 및 직원에 대한 면직요구에 따르지 아니한 경우
6. 제45조제7항제5호에 따른 위반행위에 대한 시정명령을 따르지 아니한 경우
7. 제45조제7항제6호에 따른 신용정보제공의 중지 조치에 따르지 아니한 경우

▣ 신용정보의 이용 및 보호에 관한 법률 시행령

[별표1]

본인신용정보관리업에 관한 신용정보의 범위

(제2조제22항 및 같은 조 제23항제1호 관련)

(2020.8.4 신설)

1. 법 제2조제9호의2가목에 따른 신용정보
  가. 계좌 정보
    1) 고객 정보
    최초개설일, 인터넷뱅킹 가입 여부, 스마트뱅킹 가입 여부 및 그 밖에 이와 유사한 정보
    2) 계좌자산 정보
    기준일, 계좌종류, 현재잔액, 통화코드, 최종거래일, 거래일시, 거래금액, 거래후잔액, 기본금리, 이자지급일 및 그 밖에 이와 유사한 정보
    3) 그 밖에 1) 및 2)에 따른 정보와 유사한 정보
  나. 대출 정보
    1) 일반 대출현황 정보
    대출종류, 대출계좌정보, 대출원금, 대출한도, 대출기준금리, 월상환액, 대출잔액, 대출자산 거래내역 및 그 밖에 이와 유사한 정보
    2) 카드 대출현황 정보
    리볼빙 이용 여부, 월별 리볼빙 이용내역, 단기대출 이용금액, 결제예정일, 이자율, 장기대출 종류, 대출일, 대출금액, 대출 만기일 및 그 밖에 이와 유사한 정보
    3) 금융투자 대출현황 정보
    대출종류, 대출계좌정보, 상환계좌정보, 대출잔액, 이자금액, 대출만기일, 대출 상환일 및 그 밖에 이와 유사한 정보
    4) 그 밖에 1)부터 3)까지의 규정에 따른 정보와 유사한 정보
  다. 카드 정보
    1) 카드 상품 정보
    카드사명, 카드상품명, 교통기능, 결제은행, 국제브랜드, 상품연회비 및 그 밖에 이와 유사한 정보
    2) 카드 고객 정보
    본인/가족 구분, 카드번호(마스킹), 발급일, 신용/체크 구분, 결제예정일, 결제예정금액, 포인트 종류, 잔여포인트, 소멸예정포인트 및 그 밖에 이와 유사한 정보
    3) 카드 이용 정보
    카드명, 사용일시, 사용구분, 결제예정일, 결제예정금액, 할부회차, 할부결제 후 잔액 및 그 밖에 이와 유사한 정보
    4) 그 밖에 1)부터 3)까지의 규정에 따른 정보와 유사한 정보
2. 법 제2조제9호의2나목에 따른 신용정보
  가. 보험 정보
    1) 보험계약 정보
    계약자명, 보험사, 계약일, 만기일, 변액보험, 자동차보험, 여행자보험, 화재보험, 특약 관련 정보 및 그 밖에 이와 유사한 정보
    2) 보험료 납입 정보
    납입기간, 납입종료일, 월납 보험료, 최종납입월, 최종납입숫자, 최종납입횟수 및 그 밖에 이와 유사한 정보
    3) 보험료 납입내역
    납입 금융기관, 납입일, 총 납입보험료 및 그 밖에 이와 유사한 정보
    4) 그 밖에 1)부터 3)까지의 규정에 따른 정보와 유사한 정보
3. 법 제2조제9호의2다목에 따른 신용정보
  가. 금융투자상품 정보
    1) 상품 기본 정보
    상품종류, 상품명, 계좌번호, 세제혜택 여부 및 그 밖에 이와 유사한 정보
    2) 상품 자산 정보
    매입방법, 매입금액, 보유수량, 매도가능수량 및 그 밖에 이와 유사한 정보
    3) 상품 거래내역
    거래종류, 거래수량, 거래단가, 거래금액 및 그 밖에 이와 유사한 정보
    4) 체결내역
    종목코드, 주문수량, 주문단가, 체결수량, 체결단가, 체결구분 및 그 밖에 이와 유사한 정보
    5) 그 밖에 1)부터 4)까지의 규정에 따른 정보와 유사한 정보
4. 법 제2조제9호의2라목에 따른 신용정보
  가. 증권계좌 정보
    1) 고객 정보
    자동이체 설정금액・설정기간・날짜・입금계좌・출금계좌 및 그 밖에 이와 유사한 정보
    2) 계좌 및 계좌자산 정보
    증권사명, 계좌종류, 계좌번호, 계좌상태, 계좌개설일, 세제혜택 여부, 예수금, 매입금액 및 그 밖에 이와 유사한 정보
    3) 계좌 거래내역
    거래일시, 거래종류, 거래 후 잔액, 종목명, 거래수량, 거래단가, 거래금액, 상대은행명, 상대계좌번호 및 그 밖에 이와 유사한 정보
    4) 그 밖에 1)부터 3)까지의 규정에 따른 정보와 유사한 정보
  나. 연금상품 정보
    1) 상품 정보
    연금종류, 상품명, 가입일 및 그 밖에 이와 유사한 정보
    2) 연금 납입 정보
    납부총액, 기출금액, 최종납입일 및 그 밖에 이와 유사한 정보
    3) 연금 수령 정보
    연금 기수령액 및 그 밖에 이와 유사한 정보
    4) 그 밖에 1)부터 3)까지의 규정에 따른 정보와 유사한 정보
5. 법 제2조제9호의2마목에 따른 신용정보
  가. 보험대출 정보
    1) 보험대출 현황 정보
    대출형태, 총원금상환금액, 대출원금, 대출잔액, 계좌상태, 신규일, 만기일 및 그 밖에 이와 유사한 정보
    2) 대출 상환내역
    상환일, 회차별 원금상환금액 및 그 밖에 이와 유사한 정보
    3) 그 밖에 1) 및 2)에 따른 정보와 유사한 정보
  나. 전자지급수단 관련 정보
    1) 전자화폐 정보
    전자화폐 충전금액, 전자화폐 충전수단, 전자화폐 충전 등록일 등
    2) 전자자금 송금 정보
    송금등록 계좌번호, 송금내역 정보, 예약송금 내역정보 등
    3) 포인트 정보
    포인트 금액, 포인트 종류, 포인트 내역 등
    4) 결제 정보
    결제등록 카드정보, 정기결제 관리정보, 결제내역 정보, 주문내역정보, 환불내역 정보 등
    5) 전용상품 정보
    전용카드 보유정보, 전용카드상품 보유정보, 전용카드 이용내역 등
    6) 그 밖에 1)부터 5)까지의 규정에 따른 정보와 유사한 정보
  다. 제2조제6항에 따른 거래 관련 정보
  대출종류, 대출계좌정보, 대출원금, 대출한도, 대출기준금리, 월상환액, 대출잔액, 대출자산 거래내역 및 그 밖에 이와 유사한 정보

[별표1의2]

대주주의 요건(제6조제4항 및 제9조제3항 관련)

(2022.6.7 개정)

구 분	요 건
1. 대주주가 제9조제7항제2호나목에 따른 금융기관인 경우	가. 해당 금융기관에 적용되는 재무건전성에 관한 기준으로서 금융위원회가 정하여 고시하는 기준을 충족할 것 나. 해당 금융기관이 「금융회사의 지배구조에 관한 법률 시행령」 제26조제7항제2호다목에 따른 상호출자제한기업집단등(이하 "상호출자제한기업집단등"이라 한다)이거나 주채무계열에 속하는 회사인 경우에는 해당 상호출자제한기업집단등 또는 주채무계열의 부채비율(금융위원회가 정하는 방법에 따라 산정한 부채비율을 말한다. 이하 같다)이 100분의 300 이하로서 금융위원회가 정하여 고시하는 비율 이하일 것

	다. 다음 각각의 요건을 모두 충족할 것. 다만, 그 위반 등의 정도가 경미하다고 금융위원회가 인정하거나, 그 사실이 건전한 업무 수행을 어렵게 한다고 볼 수 없는 경우에는 그렇지 않다. 1) 최근 5년간 금융관계법률 또는 「조세범 처벌법」을 위반하여 벌금형 이상에 상당하는 처벌받은 사실이 없을 것 2) 최근 5년간 채무불이행 등으로 건전한 신용질서를 저해한 사실이 없을 것 3) 「금융산업의 구조개선에 관한 법률」 제2조제2호에 따른 부실금융기관으로 지정되거나 금융관계법률에 따라 허가·인가 또는 등록이 취소된 금융기관의 대주주 또는 그의 특수관계인이 아닐 것. 다만, 법원의 판결에 의하여 부실책임이 없다고 인정된 자 또는 부실에 따른 경제적 책임을 부담한 경우 등 금융위원회가 정하는 기준에 해당하는 자는 제외한다. 4) 그 밖에 1)부터 3)까지의 규정에 준하는 것으로서 금융위원회가 정하여 고시하는 건전한 금융거래질서를 저해한 사실이 없을 것 라. 자본금 납입자금은 주요출자자의 출자능력을 초과하여 금융기관 등으로부터 단순차입(출자자가 법인인 경우에는 기업어음·회사채 발행 등 부채성 조달자금을 포함한다)에 따른 것이 아니고, 그 출처가 명확할 것(제4조에 따른 허가 신청의 경우에 한정한다)
2. 대주주가 「국가재정법」 제5조에 따른 기금 또는 그 기금을 관리·운용하는 법인(이하 "기금등"이라 한다)인 경우	제1호다목·라목의 요건을 충족할 것
3. 대주주가 제1호 및 제2호 외의 내국법인(「자본시장과 금융투자업에 관한 법률」 제9조제19항제1호에 따른 기관전용 사모집합투자기구 또는 같은 법 제249조의13제1항에 따른 투자목적회사(이하 "기관전용 사모집합투자기구등"이라 한다)는 제외한다)인 경우	가. 최근 사업연도 말 현재 부채비율이 100분의 300 이하로서 금융위원회가 정하여 고시하는 비율 이하일 것 나. 건전한 신용질서나 금융거래질서를 침해하는 경우로서 금융위원회가 정하여 고시하는 경우에 해당하지 않을 것 다. 제9조에 따른 대주주 변경승인 신청의 경우 출자금 중 차입으로 조성된 자금의 비율이 3분의 2 이하일 것 라. 제9조에 따른 대주주 변경승인 신청의 경우 출자금 중 다음의 금액을 합한 금액의 비율이 3분의 2 이상일 것 1) 내부유보금 2) 유상증자를 통해 조달한 금액 3) 그 밖에 재무건전성을 저해하지 않는 방법으로 조달한 자금으로서 금융위원회가 정하여 고시하는 자금 마. 제1호나목부터 라목까지의 규정에서 정한 요건을 충족할 것
4. 대주주가 내국인으로서 개인인 경우	가. 「금융회사의 지배구조에 관한 법률」 제5조제1항 각 호의 요건에 해당하지 않을 것 나. 건전한 신용질서나 금융거래질서를 침해하는 경우로서 금융위원회가 정하여 고시하는 경우에 해당하지 않을 것 다. 제9조에 따른 대주주 변경승인 신청의 경우 출자금 중 사업소득 등 금융위원회가 정하여 고시하는 자금을 모두 합한 금액의 비율이 3분의 1 이상일 것 라. 제1호다목·라목의 요건을 충족할 것
5. 대주주가 외국 법인인 경우	가. 국제적으로 인정받는 신용평가기관으로부터 투자적격 이상의 신용평가등급을 받거나 외국 법인이 속한 국가의 감독기관이 정하는 재무건전성에 관한 기준을 충족하고 있는 사실이 확인될 것 나. 최근 3년간 금융업의 영위와 관련하여 외국 법인이 속한 국가의 감독기관으로부터 법인경고 이상에 해당하는 행정처분(외국 법인이 속한 국가의 감독기관이 제재 목적으로 해당 외국 법인에 부과한 활동·기능·영업에 대한 제한명령이나 등록의 취소·정지, 감독기관의 전체적인 제재 수준, 위법행위의 내용 등을 감안할 때 행정처분으로 볼 수 있는 민사제재금 등을 포함한다)을 받거나 벌금형 이상에 해당하는 형사처벌을 받은 사실이 없을 것 다. 제1호다목·라목의 요건을 충족할 것
6. 대주주가 기관전용 사모집합투자기구등인 경우	기관전용 사모집합투자기구의 업무집행사원과 그 출자지분이 100분의 30 이상인 유한책임사원(기관전용 사모집합투자기구에 대해 사실상의 영향력을 행사하고 있지 않다는 사실이 정관, 투자계약서, 확약서 등으로 확인된 경우는 제외한다) 및 기관전용 사모집합투자기구를 사실상 지배하고 있는 유한책임사원이 다음 각 목의 어느 하나에 해당하거나 투자목적회사의 주주나 사원인 기관전용 사모집합투자기구의 업무집행사원과 그 출자지분이 100분의 30 이상인 주주나 사원 및 투자목적회사를 사실상 지배하고 있는 주주나 사원이 다음 각 목의 어느 하나에 해당하는 경우에는 각각 다음 각 목의 구분에 따른 요건을 충족할 것 가. 제1호의 금융기관인 경우 : 제1호의 요건 나. 제2호의 기금등인 경우 : 제1호다목의 요건 다. 제3호의 내국법인인 경우 : 제1호나목·다목 및 제3호가목의 요건 라. 제4호의 내국인으로서 개인인 경우 : 제1호다목 및 제4호가목의 요건 마. 제5호의 외국 법인인 경우 : 제1호다목 및 제5호나목·다목의 요건

비고
1. 「금융회사의 지배구조에 관한 법률 시행령」 제26조제1항 각 호의 자에 대해서는 위 표 제1호다목 또는 제5호다목의 요건만 적용한다. 다만, 최대주주인 법인이 기관전용 사모집합투자기구이거나 투자목적회사인 경우에는 위 표 제6호의 요건을 적용한다.
가.~다. (2022.6.7 삭제)
2. 위 표 제1호다목을 적용할 때 실질적으로 대주주의 동일성이 유지되지 않은 경우 중 금융위원회가 정하여 고시하는 경우에는 같은 목의 요건을 갖춘 것으로 본다.
3. 「한국산업은행법」에 따른 한국산업은행이 대주주가 되려는 경우(「금융산업의 구조개선에 관한 법률」에 따라 설치된 금융안정기금의 부담으로 주식을 취득하는 경우로 한정한다)에는 위 표 제1호 각 목의 요건을 갖춘 것으로 본다.
4. 기금등 중 다음 각 목의 기관이 대주주가 되려는 경우에는 위 표 제2호의 요건을 갖춘 것으로 본다.
가. 「예금자보호법」 제3조에 따른 예금보험공사
나. 「한국자산관리공사 설립 등에 관한 법률」에 따른 한국자산관리공사
다. 「국민연금법」 제24조에 따른 국민연금공단
5. 위 표 제3호나목을 적용할 때 실질적으로 대주주의 동일성이 유지되지 않은 경우 중 금융위원회가 정하여 고시하는 경우에는 같은 목의 요건을 갖춘 것으로 본다.
6. 위 표 제5호를 적용할 때 대주주인 외국 법인이 지주회사여서 위 표 제5호 각 목의 전부 또는 일부를 그 지주회사에 적용하는 것이 곤란하거나 불합리한 경우에는 그 지주회사가 허가 또는 대주주 변경승인 신청 시 지정하는 회사(해당 지주회사의 경영을 사실상 지배하고 있는 회사 또는 해당 지주회사가 경영을 사실상 지배하고 있는 회사로 한정한다)가 위 표 제5호 각 목의 전부 또는 일부를 충족하면 그 지주회사가 그 요건을 충족한 것으로 본다.
7. 정부는 위 표에도 불구하고 대주주가 될 수 있는 것으로 본다.

〔별표2〕

종합신용정보집중기관을 통하여 집중관리·활용되는 신용정보의 범위(제21조제3항 관련)

(2020.8.4 개정)

1. 개인

구 분	집중관리·활용 대상 정보
가. 식별정보	성명 및 개인식별번호
나. 신용거래정보	1) 대출·당좌거래 등에 관한 거래정보로서 다음 가)부터 다)까지의 정보 가) 대출 현황(신청, 심사 사실 및 대출 약정의 이행 현황을 포함한다) 나) 당좌예금·가계당좌예금의 개설 및 해지 사실 다) 담보 및 채무보증 현황 2) 신용카드에 관한 거래정보로서 다음 가)부터 다)까지의 정보 가) 신용카드의 발급·해지 사실 및 이용·결제·미결제 금액 나) 2개 이상의 신용카드를 소지한 신용정보주체의 신용카드 이용금액, 이용한도, 신용카드에 의한 현금융통한도 다) 신용카드의 분실·도난 등 사고 발생, 그 발생한 사고 종결에 따른 보상, 그 밖의 사고 종결의 처리 사실 3) 보험상품에 관한 거래정보로서 다음 가) 및 나)의 구분에 따른 정보. 이 경우 보험계약자가 기업, 법인 및 단체인 경우에도 피보험자 또는 보험금청구권자(보험수익자, 피보험자 또는 손해보험계약의 제3자 등으로서 보험금을 청구할 권리가 있는 자를 말한다. 이하 같다)가 개인인 경우에는 그 보험상품을 포함한다. 가) 보험계약의 체결에 관한 정보 : 보험계약 현황, 보험계약의 피보험자 또는 보험금청구권자에 관한 정보(성명, 개인식별번호, 직업 및 보험계약자와의 관계에 관한 정보를 말한다) 및 해당 보험계약을 모집한 모집업무수탁자에 관한 정보 나) 보험금의 청구 및 지급에 관한 정보 : 보험금의 청구·지급 현황, 보험금의 지급 사유(질병에 관한 정보, 손해보험계약에 따른 보험목적에 생긴 손해 사실, 그 밖의 보험사고에 관한 정보를 포함한다), 보험금청구권자(책임보험계약에 따라 손해를 보상받는 피해자를 포함한다)에 관한 정보(성명, 개인식별번호, 피보험자와의 관계에 관한 정보를 말한다)
다. 신용도판단정보 등	1) 대출금, 신용카드 대금, 시설대여 이용료 등의 연체 사실 2) 대위변제·대지급 발생 사실 3) 어음·수표의 거래정지처분을 받은 사실 및 그 부도 사실 4) 증권의 투자매매업·투자중개업에 관한 정보로서 다음 가) 및 나)의 정보 가) 증권시장에 상장된 증권의 매매와 관련하여 투자중개업자에게 매수대금 또는 매도증권을 결제일까지 납입하지 아니한 사실 나) 증권시장에 상장된 증권의 매매를 위하여 투자자에게 제공하는 매수대금의 융자 또는 매도증권의 대여 거래에 관한 정보로서 상환 또는 납입기일까지 그 거래에 따른 채무를 이행하지 아니한 사실 5) 금융질서 문란 정보로서 다음 가)부터 라)까지의 정보 가) 대출금 등을 용도 외로 유용한 사실 및 부정한 방법으로 대출을 받는 등 신용질서를 문란하게 한 사실 나) 거짓이나 그 밖의 부정한 방법으로 신용카드를 발급받거나 사용한 사실 다) 보험사기 사실 라) 그 밖에 가)부터 다)까지의 사실과 비슷한 것으로서 금융질서를 문란하게 한 사실 6) 공공기관이 만들어 낸 정보로서 다음 가)부터 마)까지의 정보 가) 법원의 회생·간이회생·개인회생과 관련된 결정, 파산선고·면책·복권과 관련된 결정, 채무불이행자명부의 등재·말소 결정, 성년후견·한정후견·특정후견과 관련된 심판을 받은 사실 나) 국세·지방세·관세 또는 국가채권과 벌금·과태료·과징금·추징금 등의 체납 관련 정보 및 임금 체불 정보 다) 사회보험료·공공요금 또는 수수료 등 관련 정보 라) 주민등록 관련 정보로서 출생·사망·이민·부재에 관한 정보, 주민등록번호·성명의 변경 등에 관한 정보 마) 다른 법령에 따라 국가, 지방자치단체 또는 공공기관으로부터 받은 행정처분에 관한 정보 중에서 금융거래 등 상거래와 관련된 정보
라. 신용거래능력판단정보	개인의 소득 총액과 관련된 정보(직장·직업 정보, 연소득정보, 연소득추정정보 및 주거 형태 등에 관한 정보를 말한다)

2. 기업 및 법인

구 분	집중관리·활용 대상 정보
가. 식별정보	기업 및 법인의 상호 및 명칭, 사업자등록번호, 법인등록번호 및 고유번호, 본점·영업소 및 기관의 소재지, 종목, 대표자의 성명·개인식별번호
나. 신용거래정보	1) 대출·당좌거래 등에 관한 거래정보로서 다음 가)부터 사)까지의 정보 가) 대출·지급보증 등 신용공여 현황 나) 시설대여 현황 다) 신용보증 현황 라) 보증보험 현황 마) 담보(동산 담보를 포함한다) 및 채무보증 현황 바) 당좌예금·가계당좌예금의 개설 및 해지 사실 사) 가)부터 바)까지의 정보로서 해당 기업 및 법인의 기술과 관련된 기술성·시장성·사업성 등을 종합적으로 평가함으로써 만들어진 정보 2) 신용카드에 관한 거래정보로서 다음 가) 및 나)의 정보 가) 신용카드의 발급·해지 사실 및 이용·결제·미결제 금액 나) 신용카드의 분실·도난 등 사고 발생, 그 발생한 사고 종결에 따른 보상, 그 밖의 사고 종결의 처리 사실
다. 신용도판단정보(제2조제1항 제3호 각 목의 어느 하나에 해당하는 자의 정보도 포함한다)	1) 기업 및 법인의 신용도 판단 정보로서 다음 가)부터 바)까지의 정보 가) 대출금, 신용카드 자금, 시설대여 이용료 등의 연체 사실 나) 대위변제·대지급 발생 사실 다) 신용보증기금이 대위변제한 사실 라) 어음·수표의 거래정지처분을 받은 사실 및 그 부도 사실 마) 무보증사채의 상환불이행 사실 바) 가)부터 마)까지의 정보로서 해당 기업 및 법인의 기술과 관련된 기술성·시장성·사업성 등을 종합적으로 평가함으로써 이루어진 대출, 신용보증 등에 대하여 연체, 대위변제 등이 발생한 사실 2) 증권의 투자매매업·투자중개업에 관한 정보로서 다음 가) 및 나)의 정보 가) 증권시장에 상장된 증권의 매매와 관련하여 투자중개업자에게 매수대금 또는 매도증권을 결제일까지 납입하지 아니한 사실 나) 증권시장에 상장된 증권의 매매를 위하여 투자자에게 제공하는 매수대금의 융자 또는 매도증권의 대여 거래에 관한 정보로서 상환 또는 납입기일까지 그 거래에 따른 채무를 이행하지 아니한 사실

	3) 금융질서 문란 정보로서 다음 가)부터 라)까지의 정보 가) 대출금 등을 용도 외로 유용한 사실 및 부정한 방법으로 대출을 받는 등 신용질서를 문란하게 한 사실 나) 거짓이나 그 밖의 부정한 방법으로 신용카드를 발급받거나 사용한 사실 다) 보험사기 사실 라) 그 밖에 가)부터 다)까지의 사실과 비슷한 것으로서 금융질서를 문란하게 한 사실 4) 공공기관이 만들어 낸 정보로서 다음 가)부터 마)까지의 정보 가) 법원의 회생 · 간이회생 · 개인회생과 관련된 결정, 파산선고 · 면책 · 복권과 관련된 결정, 채무불이행자명부의 등재 · 말소 결정 사실 나) 국세 · 지방세 · 관세 또는 국가채권과 벌금 · 과태료 · 과징금 · 추징금 등의 체납 관련 정보 및 임금체불 정보 다) 사회보험료 · 공공요금 또는 수수료 등 관련 정보 라) 주민등록 관련 정보로서 출생 · 사망 · 이민 · 부재에 관한 정보, 주민등록번호 · 성명의 변경 등에 관한 정보 마) 다른 법령에 따라 국가, 지방자치단체 또는 공공기관으로부터 받은 행정처분에 관한 정보 중에서 금융거래 등 상거래와 관련된 정보
라. 신용거래능력 판단정보 등	1) 계열기업체 현황 등 회사의 개황 2) 사업의 내용 3) 재무제표 등 재무에 관한 사항 4) 자본금 증자 및 사채 발행 현황 5) 기업의 영업에 관한 정보로서 다음 가) 및 나)의 정보 가) 정부조달 실적 또는 수출 · 수입액 등의 관련 정보 나) 기술신용정보 및 이와 관련된 신용정보 6) 기업등록 관련 정보로서 설립, 휴업 · 폐업, 양도 · 양수, 분할 · 합병, 주식 또는 지분 변동 등에 관한 정보 7) 동산담보정보 및 이와 관련된 신용정보

〔별표2의2〕

개인신용정보의 제공 사실 및 이유 등을 알리거나 공시하는 시기 및 방법

(제28조제12항 관련)

(2022.6.7 개정)

제공의 이유	알리거나 공시하는 자	알리거나 공시하는 시기	알리거나 공시하는 방법
1. 법 제32조제6항제1호에 따라 신용정보회사 및 채권추심회사가 다른 신용정보회사 및 채권추심회사 또는 신용정보집중기관과 서로 집중관리 · 활용하기 위하여 개인신용정보를 제공하는 경우	개인신용정보를 제공하는 자	개인신용정보를 제공한 날부터 7일 이내	제34조의4제2항제1호 또는 제2호의 방법
2. 법 제32조제6항제2호에 따른 경우로서 법 제17조제2항에 따라 개인신용정보의 처리를 위탁하기 위하여 제공하는 경우	개인신용정보를 제공하는 자	개인신용정보를 제공하기 전까지	제34조의4제2항제1호 또는 제2호의 방법
3. 법 제32조제6항제3호에 따라 영업양도 · 분할 · 합병 등의 이유로 권리 · 의무의 전부 또는 일부를 이전하면서 그와 관련된 개인신용정보를 제공하는 경우	개인신용정보를 제공하는 자	개인신용정보를 제공하기 전까지	다음 각 목의 구분에 따른 방법 가. 일반적인 경우 : 서면, 전화, 문자메시지, 전자우편, 팩스 그 밖에 이와 유사한 방법으로 해당 신용정보주체에게 그 사실을 개별적으로 알리는 방법(제4호의 경우에는 수입사실의 통지와 함께 알리는 방법을 포함한다) 나. 고의 또는 과실 없이 신용정보주체의 연락처 등을 알 수 없는 경우 : 제34조의4제2항 각 호의 어느 하나에 해당하는 방법
4. 법 제32조제6항제4호 및 이 영 제28조제10항제1호에 따라 채권추심을 의뢰한 채권자가 채권추심의 대상이 되는 자의 개인신용정보를 채권추심회사에 제공하는 경우	채권추심회사	「채권의 공정한 추심에 관한 법률」 제6조에 따른 수임사실의 통지(이하 이 호에서 "수임사실의 통지"라 한다)를 하는 때까지	
5. 법 제32조제6항제4호 및 이 영 제28조제10항제1호에 따라 채권추심회사가 채권추심의 대상이 되는 자의 개인신용정보를 채권자에게 제공하는 경우	채권추심회사	개인신용정보를 제공하기 전까지	
6. 법 제32조제6항제4호 및 이 영 제28조제10항제2호에 따라 채권자 또는 채권추심회사가 변제기일까지 채무를 변제하지 않은 자 또는 채권추심의 대상이 되는 자에 대한 개인신용정보를 개인신용평가회사, 개인사업자신용평가회사 및 기업신용조회회사로부터 제공받는 경우	채권자 또는 채권추심회사	개인신용정보를 제공받기 전까지	
7. 법 제32조제6항제4호 및 이 영 제28조제10항제3호에 따라 행정기관이 인가 · 허가 업무에 사용하기 위하여 개인신용평가회사, 개인사업자신용평가회사 및 기업신용조회회사로부터 개인신용정보를 제공받는 경우	해당 행정기관	개인신용정보를 제공받기 전까지	서면, 전화, 문자메시지, 전자우편, 팩스 그 밖에 이와 유사한 방법으로 해당 신용정보주체에게 그 사실을 개별적으로 알리는 방법
8. 법 제32조제6항제4호 및 이 영 제28조제10항제4호에 따라 해당 기업과의 금융거래 등 상거래관계의 설정 및 유지 여부 등을 판단하기 위하여 그 기업의 대표자 및 제2조제9항 각 호의 어느 하나에 해당하는 자의 개인신용정보를 개인신용평가회사, 개인사업자신용평가회사, 기업신용조회회사 및 신용정보집중기관으로부터 제공받는 경우	개인신용정보를 제공받는 자	개인신용정보를 제공받기 전까지	
9. 법 제32조제6항제4호 및 이 영 제28조제10항제5호에 따라 제21조제2항에 따른 금융기관이 상거래관계의 설정 및 유지 여부 등을 판단하기 위하여 또는 어음 · 수표 소지인이 어음 · 수표의 발행인, 인수인, 배서인 및 보증인의 변제의사 및 변제자력을 확인하기 위하여 개인신용평가회사, 개인사업자신용평가회사, 기업신용조회회사 및 신용정보집중기관으로부터 어음 · 수표의 발행인, 인수인, 배서인 및 보증인의 개인신용정보를 제공받는 경우	개인신용정보를 제공받는 자	개인신용정보를 제공받기 전까지	다음 각 목의 구분에 따른 방법 가. 일반적인 경우 : 서면, 전화, 문자메시지, 전자우편, 팩스, 그 밖에 이와 유사한 방법으로 해당 신용정보주체에게 그 사실을 개별적으로 알리는 방법 나. 고의 또는 과실 없이 신용정보주체의 연락처 등을 알 수 없는 경우 : 제34조의4제2항 각 호의 어느 하나에 해당하는 방법
10. 법 제32조제6항제4호 및 이 영 제28조제10항제6호에 따라 지명채권을 양수한 신용정보제공 · 이용자가 그 지명채권의 채무자의 개인신용정보를 개인신용평가회사, 개인사업자신용평가회사, 기업신용조회회사 또는 신용정보집중기관에 제공하거나 개인신용평가회사, 개인사업자신용평가회사, 기업신용조회회사 또는 신용정보집중기관으로부터 제공받는 경우	신용정보제공 · 이용자	개인신용정보를 제공하거나 제공받은 날부터 7일 이내	
10의2. (2020.8.4 삭제)			
11. 법 제32조제6항제5호에 따라 법원의 제출명령 또는 법관이 발부한 영장에 따라 제공하는 경우	개인신용정보를 제공하는 자	개인신용정보를 제공한 날부터 6개월 이내. 다만, 개인신용정보의 제공을 요구하는 자가 다음 각 목의 어느 하나에 해당하는 사유가 지속된다는 사실을 소명하고 개인신용정보의 제공 사실 및 이유 등을 알리는 것의 유예를 서면으로 반복하여 요청하는 경우에는 금융위원회가 정하여 고시하는 기간 동안 그 제공 사실 및 이유 등을 알리는 것을 유예할 수 있다. 가. 그 제공 사실 및 이유 등을 알리는 것이 사람의 생명이나 신체의 안전을 위협할 우려가 있는 경우 나. 그 제공 사실 및 이유 등을 알리는 것이 증거 인멸, 증인 위협 등 공정한 사법절차의 진행을 방해할 우려가 명백한 경우 다. 그 제공 사실 및 이유 등을 알리는 것이 질문 · 조사 등의 행정절차의 진행을 방해하거나 과도하게 지연시킬 우려가 명백한 경우	다음 각 목의 구분에 따른 방법 가. 일반적인 경우 : 서면, 전화, 문자메시지, 전자우편, 팩스, 그 밖에 이와 유사한 방법으로 해당 신용정보주체에게 그 사실을 개별적으로 알리는 방법 나. 고의 또는 과실 없이 신용정보주체의 연락처 등을 알 수 없는 경우 : 제34조의4제2항 각 호의 어느 하나에 해당하는 방법
12. 법 제32조제6항제6호에 따라 범죄 때문에 피해자의 생명이나 신체에 심각한 위험 발생이 예상되는 등 긴급한 상황에서 같은 항 제5호에 따른 법관의 영장을 발부받을 시간적 여유가 없는 경우로서 검사 또는 사법경찰관의 요구에 따라 제공하는 경우	개인신용정보를 제공하는 자		
13. 법 제32조제6항제7호에 따라 조세에 관한 법률에 따른 질문 · 검사 또는 조사를 위하여 관할 관서의 장이 서면으로 요구하거나 조세에 관한 법률에 따라 제출의무가 있는 과세자료의 제공을 요구함에 따라 제공하는 경우	개인신용정보를 제공하는 자		
14. 법 제32조제6항제8호에 따라 국제협약 등에 따라 외국의 금융감독기구에 금융회사가 가지고 있는 개인신용정보를 제공하는 경우	개인신용정보를 제공하는 자	개인신용정보를 제공하기 전까지	
15. 법 제32조제6항제9호 및 법 제2조제1의4나목의 신용질서를 문란하게 하는 행위와 관련된 정보 및 기업의 과점주주, 최다출자자 등 관련인의 신용도를 판단할 수 있는 정보를 제공하는 경우	개인신용정보를 제공하는 자	개인신용정보를 제공하기 전까지	
16. 법 제32조제6항제10호의 이 법 및 다른 법률에 따라 제공하는 경우	개인신용정보를 제공하는 자	다음 각 목의 구분에 따른 기한 가. 법 제23조제2항에 따라 제공하는 경우 : 개인신용정보를 제공한 날을 기준으로 6개월 이내 나. 개인신용정보 제공의 근거가 되는 법률에서 정하는 바가 없는 경우 : 개인신용정보를 제공하기 전까지	다음 각 목의 구분에 따른 방법. 다만, 개인신용정보의 제공의 근거가 되는 법률에서 알리거나 공시하는 방법을 달리 정하는 경우에는 그에 따른다. 가. 일반적인 경우 : 서면, 전화, 문자메시지, 전자우편, 팩스 그 밖에 이와 유사한 방법으로 해당 신용정보주

		다. 개인신용정보 제공의 근거가 되는 법률에서 사후에 알리거나 공시하는 것을 정한 경우로서 해당 법률에서 그 기한을 정하지 않은 경우 : 개인신용정보를 제공한 날을 기준으로 6개월 이내 라. 개인신용정보 제공의 근거가 되는 법률에서 사후에 알리거나 공시하는 것을 정한 경우로서 해당 법률에서 그 기한을 정한 경우 : 해당 법률에서 정한 기한	체에게 그 사실을 알리는 방법 나. 고의 또는 과실 없이 신용정보주체의 연락처 등을 알 수 없는 경우 : 제34조의4제2항 각 호의 어느 하나에 해당하는 방법
17. 법 제32조제6항제11호 및 이 영 제28조제11항제2호ㆍ제3호에 따라 책임보험계약과 자동차보험계약의 제3자에 대한 정보를 제공하는 경우	개인신용정보를 제공하는 자	개인신용정보를 제공하기 전까지	다음 각 목의 구분에 따른 방법 가. 일반적인 경우 : 서면, 전화, 문자메시지, 전자우편, 팩스 그 밖에 이와 유사한 방법으로 해당 신용정보주체에게 그 사실을 개별적으로 알리는 방법 나. 고의 또는 과실 없이 신용정보주체의 연락처 등을 알 수 없는 경우 : 제34조의4제2항 각 호의 어느 하나에 해당하는 방법

[별표2의3]

과징금의 산정기준(제35조의3제3항 관련)

(2017.10.17 신설)

1. 과징금의 산정절차
  가. 기본과징금의 산정
    1) 기본과징금은 법 제42조의2제1항ㆍ제2항 및 이 영 제35조의3제4항에서 정한 과징금 금액의 상한에 2)에 따른 부과기준율을 곱한 금액으로 한다.
    2) 부과기준율은 법 제42조의2제3항 각 호의 사항 등을 고려하여 위반행위의 중대성 정도를 "중대성이 약한 위반행위", "중대한 위반행위", "매우 중대한 위반행위"로 구분하여 금융위원회가 정하여 고시한다.
  나. 기본과징금의 조정
  금융위원회는 법 제42조의2제3항 각 호의 사항(부과기준율 산정 단계에서 고려된 세부 참작사항은 제외한다), 위반행위에 대한 검사의 협조 여부, 위반상태의 해소나 위반행위의 예방을 위한 노력, 그 밖에 금융위원회가 정하여 고시하는 사유를 고려하여 가목에 따라 산정된 기본과징금 금액을 감경하거나 2분의 1 범위에서 가중할 수 있다. 다만, 가중하는 경우에도 법 제42조의2제1항ㆍ제2항 및 이 영 제35조의3제4항에서 정한 과징금 금액의 상한을 초과할 수 없다.
  다. 부과과징금의 결정
    1) 금융위원회는 위반자의 현실적인 부담능력 등 특별한 사정, 금융시장 또는 경제여건, 위반행위로 인하여 발생한 피해의 배상 정도, 위반행위로 인하여 취득한 이익의 규모, 그 밖에 금융위원회가 정하여 고시하는 사유를 고려할 때, 나목에 따라 조정한 과징금 금액이 과중하다고 인정되는 경우에는 이를 감액하여 부과과징금으로 정할 수 있다.
    2) 금융위원회는 위반자의 지급불능ㆍ지급정지 또는 자본잠식 등의 사유로 인하여 위반자가 객관적으로 과징금을 납부할 능력이 없다고 인정되는 경우, 자신의 행위가 위법하지 않은 것으로 오인한 데 정당한 사유가 있는 경우, 과징금 외에 실효성 있는 다른 조치를 이미 받은 경우, 위반의 정도가 경미한 경우, 나목에 따라 조정한 과징금 금액이 소액인 경우, 그 밖에 금융위원회가 정하여 고시하는 사유에 해당하는 경우에는 과징금을 면제할 수 있다.
2. 세부기준
  부과기준율 등 기본과징금의 산정, 기본과징금의 조정, 부과과징금의 결정, 그 밖에 과징금의 부과 등에 필요한 세부기준에 관한 사항은 금융위원회가 정하여 고시한다.

[별표3]

금융위원회가 금융감독원장에게 위탁하는 권한의 범위(제37조제2항 관련)

(2020.8.4 개정)

1. 법 제4조에 따른 신용정보업, 본인신용정보관리업 및 채권추심업 허가신청서 내용의 심사
2. 법 제8조에 따른 허가받은 사항 변경에 관한 신고의 수리 또는 보고의 접수
3. 법 제9조제1항에 따른 대주주 변경승인 신청서 내용의 심사
4. 법 제9조의2제1항에 따른 최대주주 자격심사의 심사 및 같은 조 제2항에 따른 보고의 접수
5. 법 제10조제1항에 따른 신용정보업, 본인신용정보관리업, 채권추심업의 양도ㆍ양수ㆍ분할ㆍ합병 인가 신청서 내용의 심사
6. 법 제10조제4항에 따른 신용정보업, 본인신용정보관리업, 채권추심업의 전부 또는 일부의 휴업ㆍ폐업에 관한 신고의 수리
7. 법 제11조제1항에 따른 겸영업무 신고 신청의 접수 및 수리
8. 법 제11조의2제1항에 따른 부수업무 신고 신청의 접수 및 수리
9. 법 제13조에 따른 신용정보회사, 본인신용정보관리회사 및 채권추심회사의 상임 임원이 다른 영리법인의 상무에 종사하는 것에 대한 승인 신청의 접수
10. 법 제22조의2에 따른 개인신용평가회사, 개인사업자신용평가회사, 기업신용조회회사 및 본인신용정보관리회사의 보고의 접수(제18조의2제2항에 따른 개선권고를 포함한다)
11. 법 제25조제1항에 따른 신용정보집중기관의 허가 신청서 내용의 심사
12. 법 제26조제3항에 따른 신용정보집중관리위원회의 결정사항 보고의 접수 및 제22조제5항에 따른 신용정보집중관리위원회의 결정사항에 대한 변경 권고
13. 법 제26조의3제3항에 따른 개인신용평가체계 검증위원회의 심의결과의 보고의 접수
14. 법 제32조제8항에 따른 제공 대상 신용정보의 범위 등에 대한 승인 신청서 내용의 심사
15. 법 제38조제5항에 따른 신용정보회사등의 처리결과에 대한 시정 요청의 접수
16. 법 제38조제6항에 따른 신용정보회사등에 대한 시정명령 및 그 밖에 필요한 조치
17. 법 제38조제8항에 따른 보고의 접수
18. 법 제39조의4제3항에 따른 신고의 접수
19. 법 제39조의4제6항에 따른 신용정보회사등에 대한 시정 요구
20. 제35조의2제6항 및 제7항에 따른 보고의 접수
21. 법 제41조의2제3항에 따른 위탁계약 해지 보고의 접수
22. 법 제45조제1항에 따른 신용정보회사등에 대한 감독
23. 법 제46조에 따른 퇴임한 임원 등에 대한 조치 내용의 통보

[별표4]

과태료의 부과기준(제38조 관련)

(2020.8.4 개정)

1. 일반기준
  가. 하나의 위반행위가 둘 이상의 과태료 부과기준에 해당하는 경우에는 그 중 금액이 큰 과태료 부과기준을 적용한다.
  나. 금융위원회 또는 보호위원회는 다음의 어느 하나에 해당하는 경우에는 제2호의 개별기준에 따른 과태료 금액을 줄이거나 면제할 수 있다. 다만, 과태료를 체납하고 있는 위반행위자의 경우에는 그렇지 않다.
    1) 위반행위가 사소한 부주의나 오류로 인한 것으로 인정되는 경우
    2) 위반행위자의 법 위반상태를 시정하거나 해소하기 위한 노력이 인정되는 경우
    3) 그 밖에 위반행위의 정도, 위반행위의 동기와 그 결과 등을 고려하여 그 금액을 줄이거나 면제할 필요가 있다고 인정되는 경우
  다. 금융위원회 또는 보호위원회는 다음의 어느 하나에 해당하는 경우에는 제2호에 따른 과태료 금액의 2분의 1의 범위에서 그 금액을 늘릴 수 있다. 다만, 법 제52조제1항부터 제5항까지의 규정에 따른 과태료 금액의 상한을 넘을 수 없다.
    1) 위반의 내용ㆍ정도가 중대하여 신용정보주체 등에 미치는 영향이 크다고 인정되는 경우
    2) 법 위반상태의 기간이 6개월 이상인 경우
    3) 그 밖에 위반행위의 정도, 위반행위의 동기와 그 결과 등을 고려하여 그 금액을 늘릴 필요가 있다고 인정되는 경우
2. 개별기준

(단위 : 만원)

위반행위	근거 법조문	과태료 금액
가. 법 제8조제1항 본문을 위반하여 변경사항을 미리 신고하지 않거나 같은 항 단서를 위반하여 7일 이내에 그 사실을 보고하지 않은 경우	법 제52조 제5항제1호	1,000
나. 법 제9조의2제2항을 위반하여 보고를 하지 않거나 거짓으로 보고한 경우	법 제52조 제1항제1호	5,000
다. 법 제9조의2제3항에 따른 금융위원회의 자료 또는 정보의 제공 요구에 따르지 않거나 거짓 자료 또는 정보를 제공한 경우	법 제52조 제1항제2호	5,000
라. 법 제10조제4항을 위반하여 영업 중단 또는 폐업을 미리 신고하지 않은 경우	법 제52조 제4항	1,000
마. 법 제11조제1항을 위반하여 겸업을 미리 신고하지 않고 겸업업무를 한 경우	법 제52조 제5항제2호	1,000
바. 법 제11조의2제1항을 위반하여 금융위원회에 신고하지 않고 부수업무를 한 경우	법 제52조 제5항제2호의2	1,000
사. 법 제11조의2제8항에 따른 금융위원회의 제한명령 또는 시정명령에 따르지 않은 경우	법 제52조 제5항제2호의3	1,000
아. 법 제12조를 위반하여 허가받은 신용정보회사, 본인신용정보관리회사, 채권추심회사 또는 신용정보집중기관이 아님에도 불구하고 상호 또는 명칭 중에 신용정보ㆍ신용조사ㆍ개인신용평가ㆍ신용관리ㆍ마이데이터(MyData)ㆍ채권추심 또는 이와 비슷한 명칭을 사용한 경우	법 제52조 제2항제1호	3,000 (법인이 아닌 자의 경우 1,500)
자. 법 제13조를 위반하여 금융위원회의 승인 없이 다른 영리법인의 상무에 종사한 경우	법 제52조 제5항제2호의4	1,000
차. 법 제15조제2항을 위반하여 동의를 받지 않은 경우	법 제52조 제2항제2호	4,000
카. 법 제17조제4항을 위반하여 보호 조치를 하지 않은 경우	법 제52조 제3항제1호	2,400
타. 법 제17조제5항을 위반하여 교육하지 않거나 위탁계약에 반영하지 않은 경우	법 제52조 제5항제4호	800
파. 법 제17조제7항을 위반하여 재위탁한 경우	법 제52조 제4항	1,600
하. 법 제17조의2제2항을 위반하여 가명처리 또는 익명처리가 되지 않은 상태로 전달한 경우	법 제52조 제2항제2호의2	4,000

거. 법 제18조제1항을 위반하여 등록·변경 및 관리하지 않은 경우	법 제52조 제5항제5호	1,000
너. 법 제19조제1항을 위반하여 기술적·물리적·관리적 보안대책을 수립·시행하지 않은 경우	법 제52조 제2항제3호	4,000
더. 법 제19조제2항을 위반하여 보안관리 대책을 포함한 계약을 체결하지 않은 경우	법 제52조 제2항제3호	4,000
러. 법 제20조제1항을 위반하여 신용정보관리기준을 준수하지 않은 경우	법 제52조 제3항제2호	2,000
머. 법 제20조제3항 및 제4항을 위반하여 신용정보관리·보호인을 지정하지 않거나 같은 조 제3항 단서를 위반하여 임원으로 지정하지 않은 경우	법 제52조 제3항제2호의2	2,400
버. 법 제20조제6항을 위반하여 신용정보관리·보호인의 업무에 관한 보고서를 금융위원회에 제출하지 않은 경우	법 제52조 제2항제4호	3,000
서. 법 제20조의2제1항 또는 제3항을 위반하여 관리하지 않은 경우	법 제52조 제5항제6호	1,000
어. 법 제20조의2제2항을 위반하여 개인신용정보를 삭제하지 않은 경우	법 제52조 제3항제3호	2,400
저. 법 제20조의2제4항을 위반하여 통지하지 않은 경우	법 제52조 제5항제6호	800
처. 법 제21조를 위반하여 처분하거나 폐기하지 않은 경우	법 제52조 제3항제4호	2,400
커. 법 제22조의2를 위반하여 금융위원회에 보고하지 않은 경우	법 제52조 제5항제7호	800
터. 법 제22조의4제1항 및 제2항을 위반하여 신용상태를 평가한 경우	법 제52조 제3항제4호의2	2,000
퍼. 법 제22조의4제3항을 위반하여 불공정행위를 한 경우	법 제52조 제3항제4호의3	2,000
허. 법 제22조의5제1항 및 제22조의6제1항을 위반하여 신용상태를 평가한 경우	법 제52조 제3항제4호의4	2,000
고. 법 제22조의5제2항을 위반한 경우	법 제52조 제3항제4호의5	2,000
노. 법 제22조의5제3항을 위반하여 내부통제기준을 정하지 않은 경우	법 제52조 제3항제4호의6	1,800
도. 법 제22조의6제2항을 위반한 경우	법 제52조 제3항제4호의7	2,000
로. 법 제22조의6제3항을 위반하여 내부통제기준을 정하지 않은 경우	법 제52조 제3항제4호의8	1,800
모. 법 제22조의6제4항을 위반하여 이용자관리규정을 정하지 않은 경우	법 제52조 제5항제7호의2	600
보. 법 제22조의9제1항을 위반한 경우	법 제52조 제3항제4호의9	2,000
소. 법 제22조의9제2항을 위반하여 내부관리규정을 마련하지 않은 경우	법 제52조 제3항제4호의10	1,800
오. 법 제22조의9제3항을 위반하여 신용정보를 수집한 경우	법 제52조 제2항제4호의2	4,000
조. 법 제22조의9제4항 및 제5항을 위반하여 개인신용정보를 전송한 경우	법 제52조 제2항제4호의3	4,000
초. 법 제23조제5항을 위반하여 신용정보를 타인에게 제공한 경우	법 제52조 제3항제5호	2,400
코. 법 제27조제8항을 위반하여 채권추심업무를 할 때 증표를 내보이지 않은 경우	법 제52조 제5항제8호	600
토. 채권추심회사 소속 위임직채권추심인이 법 제27조제9항 제1호의 위반행위를 한 경우 해당 채권추심회사. 다만, 채권추심회사가 그 위반행위를 방지하기 위하여 해당 업무에 관한 관리에 상당한 주의를 게을리하지 않은 경우는 제외한다.	법 제52조 제2항제4호의2	4,000
포. 채권추심회사 소속 위임직채권추심인이 법 제27조제9항 제2호의 위반행위를 한 경우 해당 채권추심회사. 다만, 채권추심회사가 그 위반행위를 방지하기 위하여 해당 업무에 관한 관리에 상당한 주의를 게을리하지 않은 경우는 제외한다.	법 제52조 제3항제5호의2	2,400
호. 법 제31조를 위반하여 신용정보활용체제를 공시하지 않은 경우	법 제52조 제5항제9호	800
구. 법 제32조제3항을 위반하여 동의를 받았는지를 확인하지 않은 경우(법 제34조에 따라 준용하는 경우를 포함한다)	법 제52조 제5항제10호	800
누. 법 제32조제4항을 위반하여 구분하여 동의를 받지 않은 경우(법 제34조에 따라 준용하는 경우를 포함한다)	법 제52조 제2항제5호	3,000
두. 법 제32조제4항을 위반하여 설명하지 않거나 고지하지 않은 경우(법 제34조에 따라 준용하는 경우를 포함한다)	법 제52조 제2항제5호	800
루. 법 제32조제5항을 위반하여 서비스의 제공을 거부한 경우(법 제34조에 따라 준용하는 경우를 포함한다)	법 제52조 제2항제5호	3,000
무. 법 제32조제7항을 위반하여 알리지 않거나 공시하지 않은 경우(법 제34조에 따라 준용하는 경우를 포함한다)	법 제52조 제5항제10호	800
부. 법 제32조제8항을 위반하여 승인을 받지 않은 경우(법 제34조에 따라 준용하는 경우를 포함한다)	법 제52조 제3항제6호	2,000
수. 법 제32조제9항을 위반하여 개인신용정보를 분리관리하지 않은 경우(법 제34조에 따라 준용하는 경우를 포함한다)	법 제52조 제3항제6호	1,000
우. 법 제32조제10항을 위반하여 개인신용정보를 제공받는 자의 신원과 이용 목적을 확인하지 않은 경우(법 제34조에 따라 준용하는 경우를 포함한다)	법 제52조 제5항제10호	800
주. 법 제33조의2제3항 또는 제4항을 위반하여 개인신용정보를 전송하지 않은 경우	법 제52조 제3항제6호의2	3,000
추. 법 제34조의2제1항을 위반하여 신용정보주체에게 알려야 할 사항을 알리지 않은 경우	법 제52조 제3항제6호의3	2,400
쿠. 법 제34조의2제3항 단서를 위반하여 신용정보주체가 요청했음에도 불구하고 이에 따르지 않은 경우	법 제52조 제3항제6호의4	2,400
투. 법 제34조의2제4항을 위반하여 별도로 요청할 수 있음을 알리지 않은 경우	법 제52조 제3항제6호의5	1,200
푸. 법 제35조제1항을 위반하여 개인신용정보의 이용 및 제공 사실을 조회할 수 있도록 하지 않은 경우	법 제52조 제5항제11호	800
후. 법 제35조제2항을 위반하여 개인신용정보의 이용 및 제공 사실을 통지하지 않거나 같은 조 제3항을 위반하여 통지를 요청할 수 있음을 알리지 않은 경우	법 제52조 제5항제11호	800
그. 법 제35조의2를 위반하여 해당 신용정보주체에게 설명하지 않은 경우	법 제52조 제5항제11의2	800
느. 법 제35조의3제1항을 위반하여 통지하지 않은 경우	법 제52조 제3항제6호의6	2,400
드. 법 제36조제1항을 위반하여 상거래관계의 설정을 거절 또는 중지한 근거를 고지하지 않거나 같은 조 제2항을 위반하여 확인 요청에 따르지 않은 경우	법 제52조 제3항제7호	2,000
르. 법 제36조의2제1항을 위반하여 설명을 하지 않은 경우	법 제52조 제3항제7호의2	2,400
므. 법 제37조제3항을 위반하여 고지나 사후 고지를 하지 않은 경우	법 제52조 제3항제8호	2,000
브. 법 제38조제3항을 위반하여 신용정보를 삭제 또는 정정하지 않은 경우	법 제52조 제3항제9호	2,400
스. 법 제38조제4항을 위반하여 삭제하거나 정정한 내용을 알리지 않은 경우(법 제36조제3항에 따라 준용하는 경우를 포함한다)	법 제52조 제3항제7호 또는 제9호	2,000
으. 법 제38조제5항을 위반하여 처리결과를 알리지 않은 경우(법 제36조제3항에 따라 준용하는 경우를 포함한다)	법 제52조 제3항제7호 또는 제9호	800
즈. 법 제38조제6항을 위반하여 시정명령을 이행하지 않은 경우	법 제52조 제3항제9호	2,400
츠. 법 제38조제8항을 위반하여 시정조치 결과를 보고하지 않은 경우(법 제36조제3항에 따라 준용하는 경우를 포함한다)	법 제52조 제3항제7호 또는 제9호	1,000
크. 법 제38조의2제2항을 위반하여 정보제공을 중지하지 않은 경우	법 제52조 제3항제10호	2,000
트. 법 제38조의2제2항을 위반하여 정보제공의 중지 사실을 통지하지 않은 경우	법 제52조 제3항제10호	800
프. 법 제38조의3제2항을 위반하여 개인신용정보를 삭제하지 않은 경우	법 제52조 제3항제11호	2,400
흐. 법 제38조의3제3항을 위반하여 분리하여 보관하지 않은 경우	법 제52조 제3항제11호	1,000
갸. 법 제38조의3제2항 및 제3항을 위반하여 신용정보주체에게 통지하지 않은 경우	법 제52조 제3항제11호	800
냐. 법 제39조를 위반하여 무료로 제공하거나 열람하도록 하지 않은 경우	법 제52조 제3항제12호	2,000
댜. 법 제39조의2제3항을 위반하여 분리하여 보관하지 않은 경우	법 제52조 제2항제5호의2	4,000
랴. 법 제39조의4제1항을 위반하여 신용정보주체에게 같은 항 각 호의 사실을 알리지 않은 경우	법 제52조 제3항제13호	2,400
먀. 법 제39조의4제3항을 위반하여 조치 결과를 신고하지 않은 경우	법 제52조 제3항제14호	2,400
뱌. 법 제40조제2항을 위반하여 광고성 정보를 전송하는 행위에 개인신용정보 또는 개인식별정보를 이용한 경우	법 제52조 제3항제15호	2,400
샤. 법 제40조의2제1항을 위반하여 가명처리에 사용한 추가정보를 삭제하지 않은 경우	법 제52조 제3항제16호	2,400
야. 법 제40조의2제1항을 위반하여 가명처리에 사용한 추가정보를 분리하여 보관하지 않은 경우	법 제52조 제3항제16호	1,000
쟈. 법 제40조의2제2항을 위반하여 가명처리한 개인신용정보에 대하여 기술적·물리적·관리적 보안대책을 수립·시행하지 않은 경우	법 제52조 제3항제17호	2,400
챠. 법 제40조의2제7항을 위반하여 처리를 중지하거나 정보를 즉시 삭제하지 않은 경우	법 제52조 제3항제18호	2,400
캬. 법 제40조의2제8항을 위반하여 개인신용정보를 가명처리하거나 익명처리한 기록을 보존하지 않은 경우	법 제52조 제5항제11호의3	800
탸. 법 제41조의2제2항을 위반하여 모집업무수탁업자와 위탁계약을 해지하지 않은 경우	법 제52조 제2항제6호	3,000
퍄. 법 제41조의2제3항을 위반하여 위탁계약을 해지한 사실을 알리지 않은 경우	법 제52조 제5항제12호	1,000
햐. 법인인 자가 법 제45조제2항부터 제4항까지의 규정에 따른 명령에 따르지 않거나 검사 및 요구를 거부·방해 또는 기피한 경우	법 제52조 제2항제7호	5,000
겨. 법인이 아닌 자가 법 제45조제2항부터 제4항까지의 규정에 따른 명령에 따르지 않거나 검사 및 요구를 거부·방해 또는 기피한 경우	법 제52조 제2항제7호	2,500 (임직원의 경우 1,000)
녀. 법 제47조를 위반하여 보고서를 제출하지 않거나 사실과 다른 내용의 보고서를 제출한 경우	법 제52조 제2항제8호	3,000

▣ 자본시장과 금융투자업에 관한 법률

〔별표1〕

금융투자업자 및 그 임직원에 대한 처분 및 업무 위탁계약 취소·변경명령의 사유
(제43조제2항제4호, 제420조제1항제6호·제3항 및 제422조제1항·제2항 관련)

(2021.6.8 개정)

1. 제11조를 위반하여 금융투자업인가(변경인가를 포함한다)를 받지 아니하고 금융투자업(투자자문업, 투자일임업 및 일반 사모집합투자업은 제외한다)을 영위한 경우
2. 거짓, 그 밖의 부정한 방법으로 제14조에 따른 예비인가를 받은 경우
3. 제17조를 위반하여 금융투자업등록(변경등록을 포함한다)을 하지 아니하고 투자자문업 또는 투자일임업을 영위한 경우
4.~11. (2015.7.31 삭제)
11의2. 제28조의2제1항을 위반하여 파생상품업무책임자를 두지 아니하거나 지정·변경 시 통보하지 아니한 경우
12. 제30조제1항 또는 제2항을 위반하여 영업용순자본을 총위험액 이상으로 유지하지 아니한 경우
13. 제30조제3항에 따른 보고·비치 또는 공시를 하지 아니하거나 거짓으로 보고·비치 또는 공시를 한 경우
14. 제31조제1항을 위반하여 경영건전성기준을 준수하지 아니한 경우
15. 제31조제4항에 따른 명령을 위반한 경우
16. 제32조제1항 각 호에 따라 회계처리를 하지 아니한 경우
17. 제32조제2항에 따라 금융위원회가 정하여 고시한 사항을 위반한 경우
18. 제33조제1항을 위반하여 같은 항에 정하여진 기간 이내에 업무보고서를 제출하지 아니하거나 거짓으로 작성·제출한 경우
19. 제33조제2항을 위반하여 공시서류를 비치 또는 공시하지 아니하거나 거짓으로 작성하여 비치 또는 공시한 경우
20. 제33조제3항을 위반하여 보고 또는 공시를 하지 아니하거나 거짓으로 보고 또는 공시한 경우
20의2. 제33조제4항(제350조, 제357조제2항 또는 제361조에서 준용하는 경우를 포함한다)을 위반하여 보고서를 제출하지 아니하거나 거짓으로 작성하여 제출하는 경우
21. 제34조제1항부터 제5항까지의 규정을 위반하여 대주주와의 거래 등의 제한과 관련된 의무를 이행하지 아니한 경우
22. 제34조제6항에 따른 자료의 제출명령을 위반하거나, 같은 조 제7항에 따른 제한을 위반한 경우
23. 제35조를 위반하여 같은 조 각 호의 어느 하나에 해당하는 행위를 한 경우
24. 금융투자업자가 제36조에 따른 자료의 제출명령을 위반한 경우
25. 제38조를 위반하여 상호를 사용한 경우
26. 제39조를 위반하여 자기의 명의를 대여하여 타인에게 금융투자업을 영위하게 한 경우
27. 제40조를 위반하여 같은 조 각 호의 금융업무를 영위한 경우
28. 제40조제1항 후단에 따른 보고를 하지 아니하거나 거짓으로 보고한 경우
29. 제41조제1항에 따른 보고를 하지 아니하거나 거짓으로 보고한 경우
30. 제40조제2항 또는 제41조제2항에 따른 제한 또는 시정명령을 위반한 경우
31. 제42조제1항을 위반하여 업무를 위탁한 경우
32. 제42조제2항을 위반하여 위탁계약을 체결한 경우
33. 제42조제2항에 따른 보고를 하지 아니하거나 거짓으로 보고한 경우
34. 제42조제3항에 따른 제한 또는 시정명령을 위반한 경우
35. 제42조제4항을 위반하여 업무위탁을 하거나 받은 경우
36. 제42조제6항을 위반하여 정보를 제공하거나 제공받은 경우
37. 제42조제7항을 위반하여 업무위탁 운영기준을 정하지 아니한 경우
38. 제42조제8항 또는 제11항을 위반한 경우
39. 제42조제10항에서 준용하는 제54조·제55조 또는 「금융실명거래 및 비밀보장에 관한 법률」 제4조제1항 또는 제3항부터 제5항까지의 규정을 위반한 경우
40. 제43조제1항 전단에 따른 검사를 거부·방해 또는 기피한 경우
41. 제43조제1항 후단에서 준용하는 제419조제5항에 따른 보고 등의 요구에 불응한 경우
42. 제43조제2항에 따른 위탁계약의 취소 또는 변경명령을 위반한 경우
43. 제44조를 위반하여 이해상충의 관리에 관한 의무를 이행하지 아니한 경우
44. 제45조제1항 또는 제2항을 위반하여 내부통제기준이 정하는 방법 및 절차에 따라 정보의 교류를 적절히 차단하지 아니한 경우
45. 제45조제3항을 위반하여 내부통제기준에 포함하여야 할 사항을 포함하지 아니한 경우
45의2. 제45조제4항을 위반하여 정보교류 차단을 위해 준수해야 할 사항을 준수하지 아니한 경우
46.~48. (2020.3.24 삭제)
49. 제50조제1항을 위반하여 투자권유준칙을 정하지 아니한 경우
50. 제50조제2항을 위반하여 투자권유준칙을 공시하지 아니하거나 거짓으로 공시한 경우
51. 제51조제1항 각 호의 요건을 모두 갖춘 자 외의 자에게 투자권유를 위탁한 경우
52. 제51조제3항을 위반하여 위탁받은 자를 등록하지 아니한 경우
53. 제52조제1항을 위반하여 투자권유대행인 외의 자에게 투자권유를 대행하게 한 경우
54. 제52조제4항을 위반하여 투자권유대행기준을 정하지 아니한 경우
55. 제54조제1항을 위반하여 자기 또는 제삼자의 이익을 위하여 정보를 이용한 경우
55의2. 제54조제2항을 위반하여 정보교류 차단의 대상이 되는 정보를 정당한 사유 없이 본인이 이용하거나 제삼자에게 이용하게 한 경우
56. 제55조를 위반하여 같은 조 각 호의 어느 하나에 해당하는 행위를 한 경우
57. 제56조제1항을 위반하여 신고 또는 보고를 하지 아니하거나 거짓으로 신고 또는 보고를 한 경우
58. 제56조제2항을 위반하여 공시를 하지 아니하거나 거짓으로 공시한 경우
59. 제56조제6항에 따른 변경명령을 위반한 경우
60. (2020.3.24 삭제)
61. 제58조제1항을 위반하여 수수료 부과기준 및 절차를 정하지 아니한 경우 또는 공시를 하지 아니하거나 거짓으로 공시한 경우
62. 제58조제2항을 위반하여 투자자를 차별하여 수수료 부과기준을 정한 경우
63. 제58조제3항을 위반하여 통보하지 아니하거나 거짓으로 통보한 경우
64. (2020.3.24 삭제)
65. 제60조제1항을 위반하여 자료를 기록·유지하지 아니하거나 거짓으로 기록·유지한 경우
66. 제60조제2항에 따른 대책을 수립·시행하지 아니한 경우
67. 제61조를 위반하여 예탁하지 아니한 경우
68. 제62조제1항에 따른 공고 또는 통지를 하지 아니하거나 거짓으로 공고 또는 통지한 경우
69. 제62조제2항을 위반하여 금융투자상품의 매매, 그 밖의 거래를 종결시키지 아니한 경우
70. 제63조제1항을 위반하여 같은 항 각 호의 방법에 따르지 아니하고 금융투자상품을 매매한 경우
71. 제63조제2항에 따른 기준 및 절차를 정하지 아니한 경우
72. 제63조제3항에 따른 확인을 하지 아니한 경우
73. 국내지점등이 제65조제2항부터 제5항까지의 규정을 위반한 경우
74. 제66조를 위반하여 사전에 자기가 투자매매업자인지 투자중개업자인지를 밝히지 아니하고 금융투자상품의 매매에 관한 청약 또는 주문을 받은 경우
75. 제67조를 위반하여 금융투자상품을 매매한 경우
76. 제68조제1항을 위반하여 최선집행기준을 마련하지 아니한 경우
76의2. 제68조제1항을 위반하여 최선집행기준을 공표하지 아니한 경우
76의3. 제68조제2항을 위반하여 최선집행기준에 따라 금융투자상품의 매매에 관한 청약 또는 주문을 집행하지 아니한 경우
76의4. 제68조제3항 전단을 위반하여 최선집행기준의 내용을 점검하지 아니한 경우
76의5. 제68조제3항 후단을 위반하여 최선집행기준의 변경사실을 공표하지 아니한 경우
76의6. 제68조제4항을 위반하여 최선집행기준을 기재 또는 표시한 설명서를 투자자에게 교부하지 아니한 경우
77. 제69조 후단을 위반하여 자기주식을 처분하지 아니한 경우
78. 제70조를 위반하여 투자자로부터 예탁받은 재산으로 금융투자상품의 매매를 한 경우
79. 제71조를 위반하여 같은 조 각 호의 어느 하나에 해당하는 행위를 한 경우
80. 제72조를 위반하여 금전의 융자, 그 밖의 신용공여를 한 경우
81. 제73조를 위반하여 매매명세를 통지하지 아니하거나 거짓으로 통지한 경우
82. 투자자예탁금의 예치 또는 신탁과 관련하여 제74조제1항, 제3항, 제4항 또는 제11항부터 제13항까지의 규정을 위반한 경우
83. 제75조를 위반하여 예탁하지 아니한 경우
84. 제76조제1항 또는 제2항을 위반하여 집합투자증권을 판매한 경우
85. 제76조제3항을 위반하여 집합투자증권을 판매하거나 판매를 위한 광고를 한 경우
86. 제76조제4항부터 제6항까지의 규정을 위반하여 판매수수료나 판매보수를 받은 경우
86의2. 제77조의2에 따라 금융위원회로부터 종합금융투자사업자로 지정받지 아니하고 전담중개업무 또는 제77조의3제3항 각 호의 어느 하나에 해당하는 업무를 영위한 경우
86의3. 거짓, 그 밖의 부정한 방법으로 제77조의2제1항에 따른 지정을 받은 경우
86의4. 제77조의3제4항을 위반하여 신용공여와 관련한 위험수준에 대하여 평가하지 아니하거나 적정한 수준으로 관리하지 아니한 경우
87. 제78조제1항에 따른 업무기준을 준수하지 아니한 경우
88. 제78조제5항을 위반하여 다자간매매체결회사가 발행한 주식을 소유한 경우
88의2. 제78조제5항 각 호 외의 부분 후단에서 준용하는 제406조제3항을 위반하여 의결권을 행사한 경우
88의3. 제78조제5항 각 호 외의 부분 후단에서 준용하는 제406조제4항을 위반하여 처분명령을 위반한 경우
88의4. 제78조제6항에서 준용하는 제383조제1항·제2항 또는 제408조를 위반하거나 및 제413조에 따른 조치를 이행하지 아니한 경우
88의5. 제78조제7항을 위반하여 조치를 하지 아니한 경우
89. 자산운용의 지시·실행 등과 관련하여 제80조를 위반한 경우
90. 제81조제1항, 제83조 또는 제84조를 위반하여 집합투자재산을 운용한 경우
91. 제82조를 위반하여 집합투자기구의 집합투자증권을 취득하거나 질권의 목적으로 받은 경우
92. 제85조를 위반하여 같은 조 각 호의 어느 하나에 해당하는 행위를 한 경우
93. 제86조를 위반하여 성과보수를 받은 경우
94. 제87조제2항부터 제5항까지의 규정을 위반하여 의결권을 행사한 경우
95. 제87조제6항에 따른 처분명령을 위반한 경우
96. 제87조제7항을 위반하여 기록·유지하지 아니하거나 거짓의 기록을 한 경우
97. 제87조제8항 또는 제9항에 따른 공시를 하지 아니하거나 거짓으로 공시한 경우
98. 제88조를 위반하여 같은 조에 따른 자산운용보고서를 제공하지 아니한 경우 또는 거짓으로 작성하거나 그 기재사항을 누락하고 작성하여 제공한 경우
99. 제89조에 따른 공시를 하지 아니하거나 거짓으로 공시한 경우
100. 제90조제1항 또는 제2항을 위반하여 영업보고서나 결산서류를 제출하지 아니하거나 거짓으로 작성하여 제출한 경우
101. 제91조제1항을 위반하여 열람 또는 교부 청구에 응하지 아니한 경우
102. 제91조제3항을 위반하여 집합투자규약을 공시하지 아니하거나 거짓으로 공시한 경우
103. 제92조를 위반하여 투자매매업자 또는 투자중개업자에게 즉시 통지하지 아니한 경우
104. 제93조제1항 전단에 따른 공시를 하지 아니하거나 거짓으로 공시한 경우
105. 제93조제1항 후단을 위반하여 투자설명서에 위험에 관한 지표의 개요 및 위험에 관한 지표가 공시된다는 사실을 기재하지 아니한 경우
106. 제93조제2항에 따른 신고를 하지 아니하거나 거짓으로 신고한 경우
107. 제94조제1항 또는 제2항을 위반하여 금전을 차입하거나 대여한 경우
108. 제94조제3항을 위반하여 실사보고서를 작성·비치하지 아니하거나 거짓으로 작성·비치한 경우
109. 제94조제4항을 위반하여 사업계획서를 공시하지 아니하거나 감정평가업자의 확인을 받지 아니하고 공시한 경우
110. 제95조제2항(제117조에서 준용하는 경우를 포함한다)에 따른 명령을 위반한 경우
111. 제95조제5항 후단(제117조에서 준용하는 경우를 포함한다)에 따른 고시를 위반하여 보수를 지급한 경우
112. 제97조를 위반하여 투자자문계약 또는 투자일임계약을 체결한 경우
113. 제98조제1항(제101조제4항에서 준용하는 경우를 포함한다)을 위반하여 같은 항 각 호의 어느 하나에 해당하는 행위를 한 경우
114. 제98조제2항을 위반하여 같은 항 각 호의 어느 하나에 해당하는 행위를 한 경우
115. 제99조를 위반하여 같은 조에 따라 투자일임보고서를 제공하지 아니하거나 거짓으로 작성·제공한 경우
116. 역외투자자문업자 또는 역외투자일임업자가 제100조제2항부터 제8항까지의 규정을 위반한 경우
117. 제101조제1항에 따른 신고를 하지 아니하고 유사투자자문업을 영위한 경우
118. 제101조제2항을 위반하여 같은 항에 따라 보고를 하지 아니하거나 거짓으로 보고한 경우
119. 제101조제3항에 따른 자료제출요구에 불응한 경우
120. 제103조제1항·제3항 또는 제4항을 위반하여 재산을 수탁한 경우
121. 제104조제2항을 위반하여 신탁재산을 고유재산으로 취득한 경우
122. 제105조를 위반하여 신탁재산을 운용한 경우
123. 제106조를 위반하여 여유자금을 운용한 경우
124. (2009.2.3 삭제)
125. 제108조를 위반하여 같은 조 각 호의 어느 하나에 해당하는 행위를 한 경우
126. 제109조를 위반하여 신탁계약을 체결한 경우
127. 제110조제2항 또는 제5항을 위반하여 수익증권을 발행한 경우
128. 제110조제6항을 위반하여 수익권을 양도하거나 행사한 경우
129. 제111조를 위반하여 수익증권을 고유재산으로 매수한 경우
130. 제112조제2항부터 제5항까지의 규정을 위반하여 의결권을 행사한 경우
131. 제112조제6항에 따른 주식처분명령을 위반한 경우
132. 제112조제7항에 따른 공시를 하지 아니하거나 거짓으로 공시한 경우
133. 제113조제1항을 위반하여 열람 또는 교부 청구에 응하지 아니한 경우
134. 제114조제1항을 위반하여 신탁재산에 관하여 회계처리를 하거나, 같은 조 제3항을 위반하여 회계감사를 받지 아니한 경우
135. 제114조제4항에 따른 보고를 하지 아니하거나 거짓으로 보고한 경우
136. 제114조제7항에 따른 자료제출요구에 불응한 경우
137. 신탁업자가 제114조제9항을 위반한 경우
138. 제116조제3항에 따른 명령을 위반한 경우
138의2. 제117조의3을 위반하여 온라인소액투자중개업자로 등록(변경등록을 포함한다)하지 아니하고 온라인소액투자중개를 한 경우
138의3. 거짓, 그 밖의 부정한 방법으로 제117조의4에 의한 등록(변경등록을 포함한다)을 한 경우
138의4. 제117조의5를 위반하여 상호 등에 금융투자 또는 온라인소액투자중개라는 문자를 사용한 경우
138의5. 제117조의6제1항을 위반하여 보고를 하지 아니하거나 거짓으로 보고한 경우
138의6. 제117조의6제2항을 위반하여 온라인소액투자중개업자 내부통제기준을 정하지 아니한 경우
138의7. 제117조의7제2항을 위반하여 자신이 중개하는 증권을 자기의 계산으로 취득하거나, 증권의 발행 또는 청약을 주선 또는 대리하는 행위를 한 경우
138의8. 제117조의7제3항을 위반하여 자문에 응한 경우

138의9. 제117조의7제4항을 위반하여 청약의 의사 표시를 받은 경우
138의10. 제117조의7제6항을 위반하여 투자자의 재산으로 증권의 청약을 한 경우
138의11. 제117조의7제7항을 위반하여 특정한 온라인소액증권발행인 또는 투자자를 우대하거나 차별한 경우
138의12. 제117조의7제8항에 따른 통지를 하지 아니하거나, 거짓으로 통지한 경우
138의13. 제117조의7제9항을 위반하여 필요한 조치를 취하지 아니한 경우
138의14. 제117조의7제10항을 위반하여 증권의 청약을 권유하는 행위를 한 경우
138의15. 제117조의8제1항을 위반하여 투자자의 재산을 보관·예탁받은 경우
138의16. (2020.3.24 삭제)
138의17. 제117조의10제8항에 따라 청약증거금을 지체 없이 반환하지 아니한 경우
138의18. 제117조의11제1항에 따른 조치를 취하지 아니한 경우
138의19. 제117조의13제1항을 위반하여 자료를 제공하지 아니하거나, 같은 조 제2항에 따라 필요한 사항을 위탁하지 아니한 경우
139. 다음 각 목의 어느 하나에 해당하는 공고 또는 서류 중 중요사항에 관하여 거짓의 기재 또는 표시가 있거나 중요사항이 기재 또는 표시되지 아니한 경우
가. 제119조에 따른 증권신고서 또는 일괄신고추가서류
나. 제122조에 따른 정정신고서
다. 제123조에 따른 투자설명서(예비투자설명서 및 간이투자설명서를 포함한다)
라. 제128조에 따른 증권발행실적보고서
마. 제134조에 따른 공개매수공고 또는 공개매수신고서
바. 제136조에 따른 정정신고서 또는 공고
사. 제137조제1항에 따른 공개매수설명서
아. 제143조에 따른 공개매수결과보고서
자. 제159조에 따른 사업보고서
차. 제160조에 따른 반기보고서 또는 분기보고서
카. 제161조에 따른 주요사항보고서
타. 제164조제2항에 따른 정정명령에 따라 제출하는 사업보고서등
140. 다음 각 목의 어느 하나에 해당하는 서류를 제출하지 아니한 경우
가. 제119조에 따른 증권신고서 또는 일괄신고추가서류
나. 제122조제3항 후단에 따른 정정신고서
다. 제123조에 따른 투자설명서
라. 제128조에 따른 증권발행실적보고서
마. 제134조에 따른 공개매수신고서
바. 제136조제3항에 따른 정정신고서
사. 제137조제1항에 따른 공개매수설명서
아. 제143조에 따른 공개매수결과보고서
자. 제147조에 따른 보고서류
차. 제153조에 따른 위임장 용지 및 참고서류
카. 제156조제3항 후단에 따른 정정서류
타. 제159조에 따른 사업보고서
파. 제160조에 따른 반기보고서 또는 분기보고서
하. 제161조에 따른 주요사항보고서
141. 제119조제3항부터 제7항까지 또는 제122조제4항을 위반하여 증권을 모집하거나 매출한 경우
141의2. 제98조의2를 위반하여 성과보수를 받은 경우
141의3. 제119조의2제1항을 위반하여 자료의 제출 요구에 불응한 경우
141의4. 제119조의2제2항에 따른 조사를 거부·방해 또는 기피한 경우
142. 제120조제4항을 위반하여 철회신고서를 제출하지 아니하고 증권신고를 철회한 경우
143. 제121조를 위반하여 증권에 관한 취득 또는 매수의 청약에 대한 승낙을 한 경우
144. 다음 각 목의 어느 하나에 해당하는 서류를 비치하지 아니하거나 일반인이 열람할 수 있도록 하지 아니한 경우
가. 제123조에 따른 투자설명서(예비투자설명서 및 간이투자설명서를 포함한다)
나. 제137조에 따른 공개매수설명서
다. 제153조에 따른 위임장 용지 및 참고서류
145. 제123조제2항을 위반하여 투자설명서에 증권신고서에 기재된 내용과 다른 내용을 표시하거나 그 기재사항을 누락한 경우
146. 제124조제1항을 위반하여 투자설명서(집합투자업자의 경우 투자자가 제123조에 적합한 투자설명서의 교부를 요구하지 아니하는 경우에는 제124조제2항제3호에 따른 간이투자설명서를 말한다)를 미리 교부하지 아니하고 증권을 취득하게 하거나 매도한 경우
147. 제124조제2항을 위반하여 같은 항 각 호의 어느 하나에 해당하는 방법에 따르지 아니하고 청약의 권유 등을 한 경우
147의2. 제124조제4항을 위반하여 투자자에게 제123조에 따른 투자설명서를 별도로 요청할 수 있음을 알리지 아니한 경우
148. 제130조에 따른 조치를 하지 아니한 경우
149. 제131조제1항, 제146조제1항, 제151조제1항, 제158조제1항 또는 제164조제1항에 따른 보고 또는 자료의 제출명령을 위반한 경우
150. 제131조제1항, 제146조제1항, 제151조제1항, 제158조제1항 또는 제164조제1항에 따른 조사를 거부·방해 또는 기피한 경우
151. 제132조, 제146조제2항, 제151조제2항, 제158조제2항 또는 제164조제2항에 따른 금융위원회의 처분을 위반한 경우
152. 제133조제3항 또는 제140조를 위반하여 공개매수에 의하지 아니하고 주식등의 매수등을 한 경우
153. 제134조제1항 또는 제136조제5항을 위반하여 공고를 하지 아니한 경우
154. 제134조제3항에 따른 공개매수기간을 지키지 아니한 경우
155. 제135조, 제136조제6항, 제139조제3항 또는 제148조를 위반하여 신고서 또는 보고서의 사본을 송부하지 아니한 경우
156. 제135조, 제136조제6항, 제139조제3항에 따른 신고서 사본 또는 제148조에 따른 보고서 사본에 신고서 또는 보고서에 기재된 내용과 다른 내용을 표시하거나 그 내용을 누락하여 송부한 경우
157. 제137조제2항을 위반하여 공개매수설명서에 공개매수신고서에 기재된 내용과 다른 내용을 표시하거나 그 기재사항을 누락한 경우
158. 제137조제3항을 위반하여 공개매수설명서를 미리 교부하지 아니하고 그 주식등을 매수한 경우
159. 제138조제2항 또는 제155조를 위반하여 문서 또는 서류를 지체 없이 제출하지 아니한 경우
160. 제139조제1항 또는 제2항을 위반하여 공개매수를 철회한 경우
161. 공개매수의 조건 및 방법 등에 관하여 제141조를 위반한 경우
162. 제145조를 위반하여 의결권을 행사하거나, 같은 조에 따른 처분명령을 위반한 경우
163. 제147조에 따른 보고서류 또는 제151조제2항에 따른 정정보고서 중 대통령령으로 정하는 중요한 사항(이하 이 호에서 "중요한 사항"이라 한다)에 관하여 거짓의 기재 또는 표시가 있거나 중요한 사항이 기재 또는 표시되지 아니한 경우
164. 제150조를 위반하여 의결권을 행사하거나, 같은 조 제1항 또는 제3항에 따른 처분명령을 위반한 경우
165. 제152조를 위반하여 의결권 대리행사의 권유를 한 경우
165의2. 제152조의2를 위반하여 요구에 응하지 아니한 경우
166. 제154조에 따른 위임장 용지 및 참고서류 또는 제156조에 따른 정정서류 중 의결권피권유자의 의결권 위임 여부 판단에 중대한 영향을 미칠 수 있는 사항(이하 이 호에서 "의결권 위임 관련 중요사항"이라 한다)에 관하여 거짓의 기재 또는 표시가 있거나 의결권 위임 관련 중요사항이 기재 또는 표시되지 아니한 경우
166의2. 제161조의2제1항에 따른 관련 자료의 제출 요구에 응하지 아니한 경우
166의3. 제161조의2제2항에 따른 조사를 거부·방해 또는 기피한 경우
167. 제166조를 위반하여 금융투자상품(장내파생상품을 제외한다)의 매매, 그 밖의 거래를 한 경우
167의2. 제166조의2를 위반하여 장외파생상품을 매매·중개하는 경우
167의3. 제166조의3을 위반하여 청산의무거래를 하는 경우 금융투자상품거래청산회사, 그 밖에 이에 준하는 자로서 대통령령으로 정하는 자에게 자기와 거래상대방의 채무를 부담하게 하지 아니한 경우
168. 제167조제1항을 위반하여 주식을 소유한 경우
169. 제167조제3항을 위반하여 의결권을 행사하거나, 같은 조 같은 항에 따른 시정명령을 위반한 경우
170. 제169조제1항을 위반하여 회계감사를 받지 아니한 경우
171. 제169조제2항(같은 조 제3항에서 준용하는 경우를 포함한다)에 따른 자료의 제출 또는 보고명령이나 조치를 위반한 경우
172. 제172조제3항 후단에 따른 공시의무를 위반한 경우
173. 제173조제1항에 따른 보고를 하지 아니하거나 거짓으로 보고한 경우
174. 제174조에 따른 미공개중요정보 이용행위 금지 의무를 위반한 경우
175. 제176조에 따른 시세조종행위 등의 금지 의무를 위반한 경우
176. 제178조에 따른 부정거래행위 등의 금지 의무를 위반한 경우
177. 제180조를 위반하여 공매도를 하거나 그 위탁 또는 수탁을 한 경우
177의2. 제180조의2제1항 또는 제2항을 위반하여 순보유잔고를 보고하지 아니하거나 순보유잔고의 보고에 관하여 거짓의 기재 또는 표시를 한 경우
177의3. 제180조의2제3항을 위반하여 자료를 보관하지 아니하거나 금융위원회의 자료제출 요구에 응하지 아니한 경우
177의4. 제180조의3을 위반하여 공시를 하지 아니하거나 거짓으로 공시한 경우
178. 투자신탁이나 투자익명조합의 집합투자업자 또는 투자회사등의 법인이사·업무집행사원·업무집행자·업무집행조합원이 제182조를 위반하여 등록이나 변경등록을 하지 아니하거나 거짓, 그 밖의 부정한 방법으로 등록이나 변경등록을 한 경우
179. 투자신탁이나 투자익명조합의 집합투자업자 또는 투자회사등의 법인이사·업무집행사원·업무집행자·업무집행조합원이 제183조제1항을 위반하여 집합투자기구의 종류를 표시하는 문자를 사용하지 아니한 경우
180. 제183조제2항을 위반하여 명칭을 사용한 경우
181. 투자신탁이나 투자익명조합의 집합투자업자 또는 투자회사등의 법인이사·업무집행사원·업무집행자·업무집행조합원이 집합투자기구의 업무수행에 관하여 제184조를 위반한 경우
182. 투자회사등의 법인이사·업무집행사원·업무집행자·업무집행조합원이 제186조제1항을 위반하여 자기가 발행한 집합투자증권을 취득하거나 질권의 목적으로 받은 경우
183. 투자회사등의 법인이사·업무집행사원·업무집행자·업무집행조합원이 제186조제2항에서 준용하는 제87조, 제89조, 제90조제1항·제2항, 제91조제1항·제3항 또는 제92조를 위반한 경우
184. 투자회사등의 법인이사·업무집행사원·업무집행자·업무집행조합원이 제187조제1항을 위반하여 자료를 기록·유지하지 아니하거나 거짓의 기록 또는 유지를 한 경우
185. 투자회사등의 법인이사·업무집행사원·업무집행자·업무집행조합원이 제187조제2항에 따른 대책을 수립·시행하지 아니한 경우
186. 신탁계약의 체결·변경 등에 관하여 제188조제1항 또는 제2항을 위반한 경우
187. 제188조제3항에 따른 공시 또는 통지를 하지 아니하거나 거짓으로 공시 또는 통지한 경우
188. 제188조제4항을 위반하여 신탁원본 전액을 금전으로 납입하지 아니한 경우
189. 투자신탁 업무와 관련하여 제189조제3항부터 제6항까지의 규정을 위반한 경우
190. 제190조제3항 및 제7항(제201조제3항, 제210조제3항, 제215조제4항, 제217조의5제4항, 제220조제4항 또는 제226조제4항에서 준용하는 경우를 포함한다)을 위반하여 집합투자자총회를 소집하지 아니한 경우
191. 제190조제4항(제210조제3항, 제215조제4항, 제217조의5제4항, 제220조제4항 또는 제226조제4항에서 준용하는 경우를 포함한다)에서 준용하는 「상법」 제363조제1항 또는 제2항을 위반한 경우
192. 제190조제9항(제201조제3항, 제210조제3항, 제215조제4항, 제217조의5제4항, 제220조제4항 또는 제226조제4항에서 준용하는 경우를 포함한다)을 위반하여 집합투자자총회를 개최한 경우
193. 제190조제10항(제210조제3항, 제215조제4항, 제217조의5제4항, 제220조제4항 또는 제226조제4항에서 준용하는 경우를 포함한다)에서 준용하는 「상법」 제364조 또는 제373조를 위반한 경우
194. 수익증권 등의 매수청구와 관련하여 제191조제2항부터 제4항(제201조제4항에서 준용하는 경우를 포함한다)까지의 규정을 위반한 경우
195. 제192조제1항을 위반하여 승인을 받지 아니하고 투자신탁을 해지하거나 거짓, 그 밖의 부정한 방법으로 승인을 받은 경우
196. 제192조제1항 단서에 따라 보고를 하지 아니하거나 거짓으로 보고한 경우
197. 제192조제2항을 위반하여 투자신탁을 해지하지 아니한 경우 또는 같은 항 각 호 외의 부분 후단에 따른 보고를 하지 아니하거나 거짓으로 보고한 경우
198. 투자신탁의 해지와 관련하여 제192조제3항부터 제5항까지의 규정을 위반한 경우
199. 제193조제2항을 위반하여 수익자총회의 결의를 거치지 아니하고 투자신탁을 합병한 경우
200. 제193조제3항에서 준용하는 「상법」 제527조의5제1항 또는 제3항을 위반한 경우
201. 제193조제4항 각 호 외의 부분 전단[제204조제3항(제211조제2항 또는 제216조제3항에서 준용하는 경우를 포함한다)에서 준용하는 경우를 포함한다]을 위반하여 서류를 비치하지 아니한 경우
202. 제193조제4항 각 호 외의 부분 후단[제204조제3항(제211조제2항 또는 제216조제3항에서 준용하는 경우를 포함한다)에서 준용하는 경우를 포함한다]에 따른 열람 또는 교부 청구에 응하지 아니한 경우
203. 제193조제5항[제204조제3항(제211조제2항 또는 제216조제3항에서 준용하는 경우를 포함한다)에서 준용하는 경우를 포함한다]에 따른 보고를 하지 아니하거나 거짓으로 보고한 경우
204. 제193조제8항[제204조제3항(제211조제2항 또는 제216조제3항에서 준용하는 경우를 포함한다)에서 준용하는 경우를 포함한다]을 위반하여 합병한 경우
205. 집합투자기구의 정관·조합계약 또는 익명조합계약 작성 등에 관하여 제194조제2항, 제207조제1항, 제213조제1항, 제217조의2제1항, 제218조제1항 또는 제224조제1항을 위반한 경우
206. 투자회사의 설립 등에 관하여 제194조제6항 또는 제8항부터 제11항까지의 규정을 위반한 경우
207. 제194조제7항(제196조제6항에서 준용하는 경우를 포함한다)을 위반하여 금전 외의 자산으로 납입한 경우
208. 투자회사등의 법인이사·업무집행사원·업무집행자·업무집행조합원 또는 투자익명조합의 영업자가 제207조제2항·제4항, 제213조제2항·제4항, 제217조의2제2항·제4항, 제218조제2항 또는 제224조제2항을 위반하여 금전 외의 자산을 납입받거나 출자받은 경우
209. 투자회사등의 법인이사·업무집행사원·업무집행자 또는 업무집행조합원이 제195조제1항(제211조제1항, 제216조제1항, 제217조의6제1항, 제222조제1항 또는 제227조제1항에서 준용하는 경우를 포함한다)을 위반하여 정관, 그 밖의 집합투자규약을 변경한 경우
210. 투자회사등의 법인이사·업무집행사원·업무집행자 또는 업무집행조합원이 제195조제3항(제211조제1항, 제216조제1항, 제217조의6제1항, 제222조제1항 또는 제227조제1항에서 준용하는 경우를 포함한다)에 따른 공시 또는 통지를 하지 아니하거나 거짓으로 공시 또는 통지한 경우
211. 투자회사등의 법인이사·업무집행사원·업무집행자 또는 업무집행조합원이 신주의 발행 등과 관련하여 제196조제2항부터 제5항[제208조제3항(제216조제2항, 제217조의3제3항, 제222조제2항 또는 제227조제2항에서 준용하는 경우를 포함한다)에서 준용하는 경우를 포함한다]까지의 규정을 위반한 경우
212. 투자회사의 법인이사가 제197조제2항에 따른 감독이사 선임의무를 위반한 경우
213. 제198조제2항을 위반하여 이사회 결의를 거치지 아니한 경우
214. 제198조제3항을 위반하여 이사회에 보고하지 아니하거나 거짓으로 보고한 경우
215. 제199조제3항을 위반하여 보고의 요구에 불응한 경우
216. 투자회사의 법인이사가 이사회 소집에 관하여 제200조제2항을 위반한 경우
217. 투자회사의 법인이사가 제200조제4항을 위반하여 이사를 선임하기 위한 주주총회를 즉시 소집하지 아니한 경우
218. 투자회사·투자유한회사·투자합자회사·투자유한책임회사의 청산인인 법인이사, 업무집행사원 또는 업무집행자가 제202조제1항(제211조제2항, 제216조제3항 또는 제217조의6제2항에서 준용하는 경우를 포함한다)에 따른 보고를 하지 아니하거나 거짓으로 보고한 경우

219. 투자회사등의 청산인인 법인이사·업무집행사원·업무집행자·업무집행조합원 또는 투자익명조합의 영업자가 투자회사등 및 투자익명조합의 청산과 관련하여 제203조제1항[제211조제2항, 제216조제3항, 제217조의6제2항 또는 제221조제6항(제227조제3항에서 준용하는 경우를 포함한다)에서 준용하는 경우를 포함한다] 또는 제3항부터 제7항[제211조제2항, 제216조제3항, 제217조의6제2항 또는 제221조제6항(제227조제3항에서 준용하는 경우를 포함한다)에서 준용하는 경우를 포함한다]까지의 규정을 위반한 경우
220. 투자회사·투자유한회사·투자합자회사·투자유한책임회사의 법인이사 또는 업무집행사원·업무집행자가 제204조제1항(제211조제2항, 제216조제3항 또는 제217조의6제2항에서 준용하는 경우를 포함한다) 또는 제2항(제211조제2항 또는 제216조제3항에서 준용하는 경우를 포함한다)을 위반하여 합병한 경우
221. 투자유한회사의 법인이사, 투자합자회사의 업무집행사원, 투자유한책임회사의 업무집행자, 투자합자조합의 업무집행조합원 또는 투자익명조합의 영업자가 제207조제5항, 제213조제5항, 제217조의2제5항, 제218조제3항 또는 제224조제3항을 위반하여 사원·조합원 또는 익명조합원을 가입시킨 경우
222. 투자유한회사의 법인이사, 투자합자회사의 업무집행사원, 투자유한책임회사의 업무집행자, 투자합자조합의 업무집행조합원 또는 투자익명조합의 영업자가 제208조제2항(제216조제2항, 제217조의3제2항, 제222조제2항 또는 제227조제2항에서 준용하는 경우를 포함한다)을 위반하여 지분증권을 발행한 경우
223. 투자합자회사의 업무집행사원 또는 투자합자조합의 업무집행조합원이 제217조제5항 또는 제223조제4항을 위반하여 손실을 배분한 경우
224. 투자합자조합·투자익명조합의 청산인인 업무집행조합원 또는 영업자가 해산 및 청산과 관련하여 제221조제1항(제227조제3항에서 준용하는 경우를 포함한다) 또는 제5항(제227조제3항에서 준용하는 경우를 포함한다)을 위반한 경우
225. 투자신탁이나 투자익명조합의 집합투자업자 또는 투자회사등의 법인이사·업무집행사원·업무집행자·업무집행조합원이 제230조제2항을 위반하여 집합투자증권을 추가로 발행한 경우
226. 투자신탁의 집합투자업자 또는 투자회사의 법인이사가 제230조제3항을 위반하여 집합투자증권을 증권시장에 상장하지 아니한 경우
227. 제230조제5항을 위반하여 환매금지형집합투자기구로 설정·설립하지 아니한 경우
228. 종류형집합투자기구에 관하여 제231조제3항을 위반한 경우
229. 전환형집합투자기구에 관하여 제232조를 위반한 경우
230. 모자형집합투자기구에 관하여 제233조제1항 또는 제3항을 위반한 경우
231. 상장지수집합투자기구에 관하여 제234조제4항을 위반한 경우
232. 제235조제3항을 위반하여 환매에 응할 것을 요구하지 아니한 경우
233. 투자신탁이나 투자익명조합의 집합투자업자 또는 투자회사등의 법인이사·업무집행사원·업무집행자·업무집행조합원이 환매대금의 지급에 관하여 제235조제4항 또는 제5항을 위반한 경우
234. 제235조제6항을 위반하여 집합투자증권을 자기의 계산으로 취득하거나 타인에게 취득하게 한 경우
235. 투자신탁이나 투자익명조합의 집합투자업자·신탁업자 또는 투자회사등의 법인이사·업무집행사원·업무집행자·업무집행조합원이 제235조제7항을 위반하여 집합투자증권을 소각하지 아니한 경우
236. 투자신탁이나 투자익명조합의 집합투자업자 또는 투자회사등의 법인이사·업무집행사원·업무집행자·업무집행조합원이 제236조를 위반하여 집합투자증권을 환매한 경우
237. 투자신탁이나 투자익명조합의 집합투자업자 또는 투자회사등의 법인이사·업무집행사원·업무집행자·업무집행조합원이 집합투자증권 환매의 연기 및 별도의 집합투자기구 설정·설립에 관하여 제237조제1항부터 제7항까지의 규정을 위반한 경우
238. 투자신탁이나 투자익명조합의 집합투자업자 또는 투자회사등의 법인이사·업무집행사원·업무집행자·업무집행조합원이 제237조제8항 각 호의 어느 하나에 해당하지 아니함에도 환매청구에 응하지 아니한 경우
239. 투자신탁이나 투자익명조합의 집합투자업자 또는 투자회사등의 법인이사·업무집행사원·업무집행자·업무집행조합원이 집합투자재산의 평가 및 기준가격의 산정 등에 관하여 제238조제1항부터 제4항까지 또는 제6항을 위반한 경우
240. 제238조제5항에 따른 확인을 하지 아니한 경우
241. 투자신탁이나 투자익명조합의 집합투자업자 또는 투자회사등의 법인이사·업무집행사원·업무집행자·업무집행조합원이 제238조제7항을 위반하여 집합투자증권의 기준가격을 공고·게시하지 아니하거나 거짓으로 공고·게시한 경우
242. 투자신탁이나 투자익명조합의 집합투자업자 또는 투자회사등의 법인이사·업무집행사원·업무집행자·업무집행조합원이 제238조제8항에 따른 위탁명령을 위반한 경우
243. 투자신탁이나 투자익명조합의 집합투자업자 또는 투자회사등의 법인이사·업무집행사원·업무집행자·업무집행조합원이 결산서류의 작성·비치·보존 등에 관하여 제239조제1항부터 제4항까지 또는 제6항을 위반한 경우
244. 투자신탁이나 투자익명조합의 집합투자업자, 투자회사등의 법인이사·업무집행사원·업무집행자·업무집행조합원 또는 해당 집합투자증권을 판매한 투자매매업자·투자중개업자가 제239조제5항에 따른 열람 또는 교부 청구에 응하지 아니한 경우
245. 투자신탁이나 투자익명조합의 집합투자업자 또는 투자회사등의 법인이사·업무집행사원·업무집행자·업무집행조합원이 제240조제1항을 위반하여 회계처리를 한 경우
246. 투자신탁이나 투자익명조합의 집합투자업자 또는 투자회사등의 법인이사·업무집행사원·업무집행자·업무집행조합원이 제240조제3항을 위반하여 회계감사를 받지 아니한 경우
247. 투자신탁이나 투자익명조합의 집합투자업자 또는 투자회사등의 법인이사·업무집행사원·업무집행자·업무집행조합원이 제240조제4항에 따른 통지 또는 보고를 하지 아니하거나 거짓으로 통지 또는 보고한 경우
248. 제240조제7항을 위반하여 자료제출요구에 불응한 경우
249. 투자신탁이나 투자익명조합의 집합투자업자 또는 투자회사등의 법인이사·업무집행사원·업무집행자·업무집행조합원이 회계감사인의 선임기준 등에 관하여 제240조제10항을 위반한 경우
250. 투자신탁이나 투자익명조합의 집합투자업자 또는 투자회사등의 법인이사·업무집행사원·업무집행자·업무집행조합원이 제242조를 위반하여 이익금을 분배하거나 유보한 경우
251. (2015.7.24 삭제)
252. 제246조제1항을 위반하여 집합투자재산의 보관·관리업무를 위탁하거나 위탁받은 경우
253. 제246조제2항을 위반하여 집합투자재산을 구분하여 관리하지 아니한 경우
254. 제246조제3항을 위반하여 예탁하지 아니한 경우
255. 제246조제4항을 위반하여 집합투자업자의 지시를 각각의 집합투자기구별로 이행하지 아니한 경우
255의2. 제246조제5항 및 제6항을 위반하여 거래한 경우
255의3. 제246조제7항을 위반하여 정보를 이용한 경우
256. 집합투자재산의 운용행위 감시 등에 관하여 제247조를 위반한 경우
257. 제248조제1항 또는 제3항을 위반하여 자산보관·관리보고서를 투자자에게 제공하지 아니하거나 거짓으로 작성하여 제공한 경우
258. 제248조제2항을 위반하여 자산보관·관리보고서를 제출하지 아니하거나 거짓으로 작성하여 제출한 경우
259. 제249조를 위반하여 일반 사모집합투자업 등록을 하지 아니하고 일반 사모집합투자업을 영위한 경우
259의2. 제249조의2를 위반하여 적격투자자가 아닌 자에게 일반 사모집합투자기구의 집합투자증권을 발행한 경우
259의3. 제249조의3제1항부터 제3항까지에 따른 일반 사모집합투자업의 등록을 하지 아니하거나 거짓, 그 밖의 부정한 방법으로 등록을 한 경우
259의4. 제249조의4제1항에 따른 확인을 하지 아니한 경우
259의5. 제249조의4제2항을 위반하여 설명서를 작성·제공하지 아니한 경우
259의6. 제249조의4제4항을 위반하여 설명서를 교부하지 아니한 경우
259의7. 제249조의4제4항을 위반하여 다른 내용을 표시하거나 기재사항을 누락한 경우
259의8. 집합투자업자의 운용행위 감시 등에 관하여 제249조의4제5항부터 제7항까지를 위반한 경우
260. 제249조의6제1항의 요건을 위반하여 일반 사모집합투자기구를 설정·설립한 경우
260의2. 제249조의6제2항에 따른 보고 또는 같은 조 제4항에 따른 변경보고를 하지 아니하거나 거짓으로 보고한 경우
260의3. 제249조의7제1항에 따른 비율을 초과하여 운용한 경우
260의4. 제249조의7제2항의 각 호에 해당하는 행위를 한 경우
260의5. 제249조의7제3항에 따른 보고 또는 같은 조 제4항에 따른 보고를 하지 아니하거나 거짓으로 보고한 경우
260의6. 제249조의7제5항을 위반하여 지분증권을 처분하지 아니한 경우
260의7. 제249조의7제6항을 위반하여 의결권을 행사한 경우
260의8. 제249조의8제2항을 위반하여 집합투자증권을 적격투자자가 아닌 자에게 양도한 경우
260의9. 자산의 납입에 관하여 제249조의8제3항을 위반한 경우
260의10. 제249조의9제1항에 따른 일반 사모집합투자기구의 해지·해산명령을 따르지 아니한 경우
260의11. 제249조의10제4항에 따른 보고 또는 같은 조 제6항에 따른 변경보고를 하지 아니한 경우
260의12. 제249조의19제2항을 위반하여 보고를 하지 아니하거나 거짓으로 보고한 경우
260의13. 제249조의22제2항을 위반하여 기업재무안정 사모집합투자기구를 운용한 경우
260의14. 제249조의22제6항을 위반하여 지분증권을 처분한 경우
260의15. 제249조의23제2항을 위반하여 창업·벤처전문 사모집합투자기구를 운용한 경우
260의16. 제249조의23제5항을 위반하여 보고를 하지 아니하거나 거짓으로 보고한 경우
261. 제250조제1항 또는 제251조제1항을 위반하여 집합투자업을 영위한 경우
262. 집합투자재산운용위원회의 설치·운영 등에 관하여 제250조제2항을 위반한 경우
263. 제250조제3항(제251조제2항 또는 제341조제1항에서 준용하는 경우를 포함한다)을 위반하여 같은 항 각 호의 어느 하나에 해당하는 행위를 한 경우
264. 제250조제4항(제251조제2항에서 준용하는 경우를 포함한다) 또는 제5항(제251조제2항 또는 제341조제1항에서 준용하는 경우를 포함한다)을 위반하여 집합투자재산에 관한 정보를 이용한 경우
265. 제250조제6항(제251조제2항 또는 제341조제1항에서 준용하는 경우를 포함한다)을 위반하여 같은 항 각 호의 어느 하나에 해당하는 행위를 한 경우
266. 제250조제7항, 제251조제3항 또는 제341조제2항을 위반하여 임원을 두지 아니하거나 임직원에게 겸직하게 한 경우 또는 이해상충방지체계를 갖추지 아니한 경우
267. 투자회사등의 법인이사, 업무집행사원, 업무집행자 또는 업무집행조합원이 제252조제1항에 따른 명령을 위반한 경우
268. 제254조제1항, 제258조제1항, 제263조제1항 또는 제365조제1항을 위반하여 등록을 하지 아니하고 해당 업무를 영위한 경우
269. (2015.7.24 삭제)
270. 제279조제1항에 따른 등록 없이 외국 집합투자증권을 판매한 경우
271. 거짓, 그 밖의 부정한 방법으로 제279조제1항에 따른 등록을 하거나 제279조제3항에서 준용하는 제182조제8항에 따른 변경등록을 한 경우
272. 제279조제3항에서 준용하는 제182조제8항에 따른 변경등록을 하지 아니한 경우
273. 제280조제1항을 위반하여 투자매매업자 또는 투자중개업자를 통하지 아니하고 외국 집합투자증권을 국내에서 판매한 경우
274. 제280조제2항을 위반하여 같은 항에 따라 자산운용보고서를 제공하지 아니한 경우 또는 거짓으로 작성하거나 그 기재사항을 누락하고 작성하여 제공한 경우
275. 제280조제3항을 위반하여 열람 또는 교부 청구에 응하지 아니한 경우
276. 제280조제4항을 위반하여 외국 집합투자증권의 기준가격을 공고·게시하지 아니하거나 거짓으로 공고·게시한 경우
277. 외국 집합투자증권의 국내 판매와 관련한 판매방법·보고서 제공 등에 관하여 제280조제5항을 위반한 경우
278. 제281조제1항에 따른 명령을 위반한 경우
279. 제282조제1항에 따라 등록이 취소된 후 그 취소된 외국 집합투자증권을 판매한 경우
280. 제284조, 제295조, 제325조, 제338조, 제356조 또는 제379조를 위반하여 해당 각 조에 규정된 명칭 또는 이와 유사한 명칭을 사용한 경우
281. 제298조를 위반하여 업무를 영위한 경우
282. 제310조제1항에 따른 투자자계좌부를 작성·비치하지 아니하거나 거짓으로 작성한 경우
283. 제310조제2항을 위반하여 예탁하지 아니한 경우
284. 제310조제3항을 위반하여 구분하여 보관하지 아니한 경우
285. 제313조를 위반하여 부족분을 보전하지 아니한 경우
286. (2013.5.28 삭제)
287. 제315조제3항·제4항을 위반하여 예탁결제원에 통지·통보를 하지 아니하거나 거짓으로 통지·통보한 경우
288. 제316조제1항에 따른 실질주주명부를 작성·비치하지 아니하거나 거짓으로 작성한 경우
289. 제322조제1항(같은 조 제4항 후단 또는 제5항에서 준용하는 경우를 포함한다)에 따른 증권등 취급규정을 위반한 경우
290. 제322조제3항(같은 조 제4항 후단 또는 제5항에서 준용하는 경우를 포함한다)에 따른 자료제출요구에 불응한 경우
291. 제322조제4항 전단에 따른 승인을 받지 아니하고 증권등 취급규정에 따른 용지를 사용한 경우
292. 제323조제1항 또는 제2항에 따른 통지를 하지 아니하거나 거짓으로 통지한 경우
292의2. 제323조의2, 제323조의21, 제335조의2 및 제373조를 위반하여 허가 또는 인가(변경허가 또는 변경인가를 포함한다)를 받지 아니하고 해당 업무를 영위한 경우
292의3. 제323조의18을 위반하여 금융투자상품거래청산회사의 주식을 소유한 경우
292의4. 제323조의18 후단에서 준용하는 제406조제3항을 위반하여 의결권을 행사한 경우
292의5. 제323조의18 후단에서 준용하는 제406조제4항에 따른 처분명령을 위반한 경우
293. 제335조제1항, 제360조제1항 또는 제370조제1항을 위반하여 허가 또는 인가(변경허가 또는 변경인가를 포함한다)를 받지 아니하고 해당 업무를 영위한 경우
293의2. 제335조의13제1항을 위반하여 의결권을 행사한 경우
293의3. 제335조의13제2항에 따른 처분명령을 위반한 경우
294. (2013.5.28 삭제)
295. 제406조제1항을 위반하여 거래소 주식을 소유한 경우
296. 제406조제3항을 위반하여 의결권을 행사한 경우
297. 제406조제4항에 따른 처분명령을 위반한 경우
298. 제416조에 따른 금융위원회의 명령을 위반한 경우
299. 제417조제1항에 따른 승인을 받지 아니하고 같은 항 각 호(겸영금융투자업자의 경우에는 제4호부터 제7호까지에 한한다)의 어느 하나에 해당하는 행위를 한 경우
300. 제418조를 위반하여 보고를 하지 아니하거나 거짓으로 보고한 경우
301. 제419조제1항(제252조제2항 또는 제281조제2항에서 준용하는 경우를 포함한다)에 따른 검사를 거부·방해 또는 기피한 경우
302. 제419조제5항(제252조제2항 또는 제281조제2항에서 준용하는 경우를 포함한다)에 따른 보고등의 요구에 불응한 경우
303. 제420조제3항제2호·제4호·제7호, 제422조제1항제1호 또는 같은 조 제2항에 따른 조치를 위반한 경우
304. 제421조제2항(같은 조 제4항에서 준용하는 경우를 포함한다)에 따른 보고를 하지 아니하거나 거짓으로 보고한 경우
305. 제424조제4항을 위반하여 그 내용을 기록·유지 또는 관리하지 아니한 경우
306. 제426조제1항에 따른 보고 또는 자료의 제출명령을 위반하거나 조사를 거부·방해 또는 기피한 경우
307. 제426조제2항에 따른 요구에 불응한 경우
308. 제426조제3항에 따른 조치에 불응한 경우
309. 제426조제4항에 따른 자료제출요구에 불응한 경우
310. 제427조제1항에 따른 심문이나 압수·수색에 불응한 경우
311. 제435조제5항을 위반하여 신고자등에게 불리한 대우를 한 경우
312. 그 밖에 투자자 보호 또는 건전한 거래질서를 해할 우려가 있는 경우로서 대통령령으로 정하는 경우

[별표2]

투자회사등에 대한 처분 사유(제253조제1항제7호·제2항 관련)

(2021.4.20 개정)

1. 자산운용의 지시·실행 등과 관련하여 제80조를 위반한 경우
2. 제81조제1항, 제83조 또는 제84조를 위반하여 집합투자재산을 운용한 경우
3. 제82조 또는 제186조제1항을 위반하여 집합투자증권을 취득하거나 질권의 목적으로 받은 경우
4. 제85조를 위반하여 같은 조 각 호의 어느 하나에 해당하는 행위를 한 경우
5. 제86조를 위반하여 성과보수를 받은 경우
6. 제87조제2항부터 제5항(제186조제2항에서 준용하는 경우를 포함한다)까지의 규정을 위반하여 의결권을 행사한 경우
7. 제87조제6항(제186조제2항에서 준용하는 경우를 포함한다)에 따른 처분명령을 위반한 경우
8. 제87조제7항(제186조제2항에서 준용하는 경우를 포함한다)을 위반하여 기록·유지하지 아니하거나 거짓의 기록을 한 경우
9. 제87조제8항(제186조제2항에서 준용하는 경우를 포함한다) 또는 제9항(제186조제2항에서 준용하는 경우를 포함한다)에 따른 공시를 하지 아니하거나 거짓으로 공시한 경우
10. 제88조를 위반하여 같은 조에 따라 자산운용보고서를 제공하지 아니한 경우 또는 거짓으로 작성하거나 그 기재사항을 누락하고 작성하여 제공한 경우
11. 제89조(제186조제2항에서 준용하는 경우를 포함한다)에 따른 공시를 하지 아니하거나 거짓으로 공시한 경우
12. 제90조제1항(제186조제2항에서 준용하는 경우를 포함한다) 또는 제2항(제186조제2항에서 준용하는 경우를 포함한다)을 위반하여 영업보고서나 결산서류를 제출하지 아니하거나 거짓으로 작성하여 제출한 경우
13. 제91조제1항(제186조제2항에서 준용하는 경우를 포함한다)을 위반하여 열람 또는 교부 청구에 응하지 아니한 경우
14. 제91조제3항(제186조제2항에서 준용하는 경우를 포함한다)을 위반하여 집합투자규약을 공시하지 아니하거나 거짓으로 공시한 경우
15. 제92조(제186조제2항에서 준용하는 경우를 포함한다)를 위반하여 투자매매업자 또는 투자중개업자에게 즉시 통지하지 아니한 경우
16. 제93조제1항 전단에 따른 공시를 하지 아니하거나 거짓으로 공시한 경우
17. 제93조제1항 후단을 위반하여 투자설명서에 위험에 관한 지표의 개요 및 위험에 관한 지표가 공시된다는 사실을 기재하지 아니한 경우
18. 제93조제2항에 따른 신고를 하지 아니하거나 거짓으로 신고한 경우
19. 제94조제1항 또는 제2항을 위반하여 금전을 차입하거나 대여한 경우
20. 제94조제3항을 위반하여 실사보고서를 작성·비치하지 아니하거나 거짓으로 작성·비치한 경우
21. 제94조제4항을 위반하여 사업계획서를 공시하지 아니하거나 감정평가업자의 확인을 받지 아니하고 공시한 경우
22. 제183조제1항을 위반하여 집합투자기구의 종류를 표시하는 문자를 사용하지 아니한 경우
23. 집합투자기구의 업무수행에 관하여 제184조를 위반한 경우
24. 제187조제1항을 위반하여 자료를 기록·유지하지 아니하거나 거짓의 기록 또는 유지를 한 경우
25. 제187조제2항에 따른 대책을 수립·시행하지 아니한 경우
26. 집합투자기구의 정관이나 조합계약 작성 등에 관하여 제194조제2항, 제207조제1항, 제213조제1항, 제217조의2제1항 또는 제218조제1항을 위반한 경우
27. 제194조제7항(제196조제6항에서 준용하는 경우를 포함한다), 제207조제2항·제4항, 제213조제2항·제4항, 제217조의2제2항·제4항 또는 제218조제2항을 위반하여 금전 외의 자산으로 납입받거나 출자받은 경우
28. 제194조제11항을 위반하여 같은 항 각 호의 어느 하나에 해당하도록 투자회사의 정관을 변경한 경우
29. 제195조제1항(제211조제1항, 제216조제1항, 제217조의6제1항 전단 또는 제222조제1항에서 준용하는 경우를 포함한다)을 위반하여 정관, 그 밖의 집합투자규약을 변경한 경우
30. 제195조제3항(제211조제1항, 제216조제1항, 제217조의6제1항 전단 또는 제222조제1항에서 준용하는 경우를 포함한다)에 따른 공시 또는 통지를 하지 아니하거나 거짓으로 공시 또는 통지한 경우
31. 지분증권의 발행과 관련하여 제196조제2항부터 제5항[제208조제3항(제216조제2항, 제217조의3제3항 또는 제222조제2항에서 준용하는 경우를 포함한다)에서 준용하는 경우를 포함한다]까지의 규정을 위반한 경우
32. 제197조제2항을 위반하여 이사를 선임하지 아니한 경우
33. 제198조제2항을 위반하여 이사회 결의를 거치지 아니한 경우
34. 제198조제3항을 위반하여 이사회에 보고하지 아니하거나 거짓으로 보고한 경우
35. 제199조제4항을 위반하여 같은 항 각 호의 어느 하나에 해당하는 자를 감독이사로 선임한 경우
36. 이사회 소집에 관하여 제200조제2항을 위반한 경우
37. 이사회 결의 등과 관련하여 제200조제3항부터 제5항까지의 규정을 위반한 경우
38. 제201조제3항, 제210조제3항, 제215조제4항, 제217조의5제4항 및 제220조제4항에서 준용하는 제190조제3항 또는 제7항 후단을 위반하여 집합투자자총회를 소집하지 아니한 경우
39. 주식의 매수청구와 관련하여 제201조제4항에서 준용하는 제191조제2항부터 제4항까지의 규정을 위반한 경우
40. 제202조제1항(제211조제2항, 제216조제3항 또는 제217조의6제2항에서 준용하는 경우를 포함한다)에 따른 보고를 하지 아니하거나 거짓으로 보고한 경우
41. 집합투자기구의 청산과 관련하여 제203조(제211조제2항, 제216조제3항, 제217조의6제2항 또는 제221조제6항에서 준용하는 경우를 포함한다)를 위반한 경우
42. 제204조제1항(제211조제2항, 제216조제3항 또는 제217조의6제2항에서 준용하는 경우를 포함한다) 또는 제2항(제211조제2항, 제216조제3항 또는 제217조의6제2항에서 준용하는 경우를 포함한다)을 위반하여 합병한 경우
43. 집합투자기구의 합병과 관련하여 제204조제3항(제211조제2항, 제216조제3항 또는 제217조의6제2항에서 준용하는 경우를 포함한다)에서 준용하는 제193조제4항·제5항 또는 제8항을 위반한 경우
44. 제207조제5항, 제213조제5항, 제217조의2제5항 또는 제218조제3항을 위반하여 사원 또는 조합원을 가입시킨 경우
45. 제208조제2항(제216조제2항, 제217조의3제2항 또는 제222조제2항에서 준용하는 경우를 포함한다)을 위반하여 지분증권을 발행한 경우
46. 제217조제5항 또는 제223조제4항을 위반하여 손실을 배분한 경우
47. 투자합자조합의 해산 및 청산과 관련하여 제221조제1항 또는 제5항을 위반한 경우
48. 제230조제2항을 위반하여 집합투자증권을 추가로 발행한 경우
49. 제230조제3항을 위반하여 집합투자증권을 증권시장에 상장하지 아니한 경우
50. 제230조제5항을 위반하여 환매금지형집합투자기구로 설정·설립하지 아니한 경우
51. 종류형집합투자기구에 관하여 제231조제3항을 위반한 경우
52. 전환형집합투자기구에 관하여 제232조를 위반한 경우
53. 모자형집합투자기구에 관하여 제233조제1항 또는 제3항을 위반한 경우
54. 상장지수집합투자기구에 관하여 제234조제4항을 위반한 경우
55. 환매대금의 지급에 관하여 제235조제4항 또는 제5항을 위반한 경우
56. 제235조제6항을 위반하여 집합투자증권을 자기의 계산으로 취득하거나 타인에게 취득하게 한 경우
57. 제235조제7항을 위반하여 집합투자증권을 소각하지 아니한 경우
58. 제236조를 위반하여 집합투자증권을 환매한 경우
59. 집합투자증권 환매의 연기 및 별도의 집합투자기구 설정·설립에 관하여 제237조제1항부터 제7항까지의 규정을 위반한 경우
60. 제237조제8항 각 호의 어느 하나에 해당하지 아니함에도 환매청구에 응하지 아니한 경우
61. 집합투자재산의 평가 및 기준가격의 산정 등에 관하여 제238조제1항부터 제4항까지 또는 제6항을 위반한 경우
62. 제238조제7항을 위반하여 집합투자증권의 기준가격을 공고·게시하지 아니하거나 거짓으로 공고·게시한 경우
63. 제238조제8항에 따른 위탁명령을 위반한 경우
64. 결산서류의 작성·비치·보존 등에 관하여 제239조제1항부터 제4항까지 또는 제6항을 위반한 경우
65. 제239조제5항에 따른 열람 또는 교부 청구에 응하지 아니한 경우
66. 제240조제1항을 위반하여 회계처리를 한 경우
67. 제240조제3항을 위반하여 회계감사를 받지 아니한 경우
68. 제240조제4항에 따른 통지 또는 보고를 하지 아니하거나 거짓으로 통지 또는 보고한 경우
69. 제240조제7항을 위반하여 자료제출요구에 불응한 경우
70. 회계감사인의 선임기준 등에 관하여 제240조제10항을 위반한 경우
71. 제242조를 위반하여 이익금을 분배하거나 유보한 경우
72. (2015.7.24 삭제)
73. 제246조제1항을 위반하여 집합투자재산의 보관·관리업무를 위탁한 경우
74. 제247조제2항을 위반하여 시정을 요구하지 아니한 경우
75. 제247조제3항 본문에 따른 보고 또는 공시를 하지 아니하거나 거짓으로 보고 또는 공시한 경우
76. 제247조제6항을 위반하여 자료제출요구에 불응한 경우
77. 제249조의2를 위반하여 적격투자자가 아닌 자에게 일반 사모집합투자기구의 집합투자증권을 발행한 경우
78. 자산의 납입에 관하여 제249조의8제3항을 위반한 경우

78의2. 제249조의8제2항을 위반하여 집합투자증권을 적격투자자가 아닌 자에게 양도한 경우

78의3. 제249조의6제1항의 요건을 갖추지 아니하고 일반 사모집합투자기구를 설정·설립한 경우

78의4. 제249조의6제2항에 따른 보고 또는 같은 조 제4항에 따른 변경보고를 하지 아니하거나 거짓으로 보고한 경우

78의5. 제249조의7제1항을 위반하여 파생상품 투자, 금전차입, 채무보증 및 담보제공을 한 경우

78의6. 제249조의7제2항의 각 호에 해당하는 행위를 한 경우

78의7. 제249조의7제3항에 따른 보고 또는 같은 조 제4항에 따른 보고를 하지 아니하거나 거짓으로 보고한 경우

78의8. 제249조의9제3항제1호 또는 제2호의 경우

78의9. 제249조의9제2항제2호·제4호·제7호 또는 제253조제2항제2호·제4호·제7호에 따른 조치를 위반한 경우

78의10. 제249조의9제3항 또는 제253조에 따른 해임요구에 불응한 경우

78의11. 제249조의19제2항을 위반하여 보고를 하지 아니하거나 거짓으로 보고한 경우

78의12. 제249조의22제2항을 위반하여 기업재무안정 사모집합투자기구를 운용한 경우

78의13. 제249조의22제6항을 위반하여 지분증권을 처분한 경우

78의14. 제249조의23제2항을 위반하여 창업·벤처전문 사모집합투자기구를 운용한 경우

78의15. 제249조의23제5항을 위반하여 보고를 하지 아니하거나 거짓으로 보고한 경우

79. 제252조제1항에 따른 명령을 위반한 경우
80. 제252조제2항에서 준용하는 제419조제1항에 따른 검사를 거부·방해 또는 기피한 경우
81. 제252조제2항에서 준용하는 제419조제5항에 따른 보고 등의 요구에 불응한 경우
82. (2015.7.24 삭제)
83. 제253조제5항에서 준용하는 제424조제4항을 위반하여 그 내용을 기록·유지 또는 관리하지 아니한 경우
84. 제426조제1항에 따른 보고 또는 자료의 제출명령을 위반하거나 조사를 거부·방해 또는 기피한 경우
85. 제426조제2항에 따른 요구에 불응한 경우
86. 제426조제3항에 따른 조치에 불응한 경우
87. 제426조제4항에 따른 자료제출 요구에 불응한 경우
88. 제427조제1항에 따른 심문이나 압수·수색에 불응한 경우
89. 그 밖에 투자자 보호 또는 건전한 거래질서를 해할 우려가 있는 경우로서 대통령령으로 정하는 경우

[별표3]

일반사무관리회사 및 그 임직원에 대한 처분 사유
(제257조제1항부터 제4항까지의 규정 관련)

(2008.2.29 개정)

1. 거짓, 그 밖의 부정한 방법으로 제254조제1항에 따른 등록을 한 경우
2. 제184조제6항에 따라 위탁받은 업무를 수행하지 아니하거나 법령을 위반하여 업무를 수행한 경우
3. 제254조제8항에 따른 등록요건 유지의무를 위반한 경우
4. 업무의 위탁과 관련하여 제255조에서 준용하는 제42조제1항부터 제8항까지 또는 제10항을 위반한 경우
5. 제255조에서 준용하는 제54조를 위반하여 자기 또는 제삼자의 이익을 위하여 정보를 이용한 경우
6. 제255조에서 준용하는 제60조를 위반하여 자료를 기록·유지하지 아니하거나 거짓으로 기록·유지한 경우
7. 제256조제1항에 따른 명령을 위반한 경우
8. 제256조제2항에서 준용하는 제419조제1항에 따른 검사를 거부·방해 또는 기피한 경우
9. 제256조제2항에서 준용하는 제419조제5항에 따른 보고 등의 요구에 불응한 경우
10. 제257조제2항제1호에 따른 업무의 정지기간 중에 업무를 한 경우
11. 제257조제2항제3호에 따른 금융위원회의 시정명령 또는 중지명령을 이행하지 아니한 경우
12. 제257조제2항제2호·제4호·제7호, 같은 조 제3항제1호 또는 같은 조 제4항에 따른 조치를 위반한 경우
13. 제257조제5항에서 준용하는 제424조제4항을 위반하여 그 내용을 기록·유지 또는 관리하지 아니한 경우
14. 제426조제1항에 따른 보고 또는 자료의 제출명령을 위반하거나 조사를 거부·방해 또는 기피한 경우
15. 제426조제2항에 따른 요구에 불응한 경우
16. 제426조제3항에 따른 조치에 불응한 경우
17. 제427조제1항에 따른 심문이나 압수·수색에 불응한 경우
18. 제435조제5항을 위반하여 신고자등에게 불리한 대우를 한 경우
19. 그 밖에 투자자 보호 또는 건전한 거래질서를 해할 우려가 있는 경우로서 대통령령으로 정하는 경우

〔별표4〕

집합투자기구평가회사 및 그 임직원에 대한 처분 사유
(제262조제1항부터 제4항까지의 규정 관련)

(2008.2.29 개정)

1. 거짓, 그 밖의 부정한 방법으로 제258조제1항에 따른 등록을 한 경우
2. 제258조제8항에 따른 등록요건 유지의무를 위반한 경우
3. 제259조제1항에 따른 영업행위준칙을 제정하지 아니하거나 영업행위준칙을 위반한 경우
4. 제260조에서 준용하는 제54조를 위반하여 자기 또는 제삼자의 이익을 위하여 정보를 이용한 경우
5. 제260조에서 준용하는 제60조를 위반하여 자료를 기록·유지하지 아니한 경우
6. 제261조제1항에 따른 명령을 위반한 경우
7. 제261조제2항에서 준용하는 제419조제1항에 따른 검사를 거부·방해 또는 기피한 경우
8. 제261조제2항에서 준용하는 제419조제5항에 따른 보고 등의 요구에 불응한 경우
9. 제262조제2항제1호에 따른 업무의 정지 기간 중에 업무를 한 경우
10. 제262조제2항제2호·제4호·제7호, 같은 조 제3항제1호 또는 같은 조 제4항에 따른 조치를 위반한 경우
11. 제262조제2항제3호에 따른 금융위원회의 시정명령 또는 중지명령을 이행하지 아니한 경우
12. 제262조제5항에서 준용하는 제424조제4항을 위반하여 기록·유지 또는 관리하지 아니한 경우
13. 제426조제1항에 따른 보고 또는 자료의 제출명령을 위반하거나 조사를 거부·방해 또는 기피한 경우
14. 제426조제2항에 따른 요구에 불응한 경우
15. 제426조제3항에 따른 조치에 불응한 경우
16. 제427조제1항에 따른 심문이나 압수·수색에 불응한 경우
17. 제435조제5항을 위반하여 신고자등에게 불리한 대우를 한 경우
18. 그 밖에 투자자 보호 또는 건전한 거래질서를 해할 우려가 있는 경우로서 대통령령으로 정하는 경우

〔별표5〕

채권평가회사 및 그 임직원에 대한 처분 사유(제267조제1항부터 제4항까지의 규정 관련)

(2008.2.29 개정)

1. 거짓, 그 밖의 부정한 방법으로 제263조제1항에 따른 등록을 한 경우
2. 제263조제8항에 따른 등록요건 유지의무를 위반한 경우
3. 제264조제1항에 따른 업무준칙을 제정하지 아니하거나 업무준칙을 위반한 경우
4. 제264조제2항에 따른 증권평가기준을 공시하지 아니하거나 거짓으로 공시한 경우
5. 제265조에서 준용하는 제54조를 위반하여 자기 또는 제삼자의 이익을 위하여 정보를 이용한 경우
6. 제265조에서 준용하는 제60조를 위반하여 자료를 기록·유지하지 아니한 경우
7. 제266조제1항에 따른 명령을 위반한 경우
8. 제266조제2항에서 준용하는 제419조제1항에 따른 검사를 거부·방해 또는 기피한 경우
9. 제266조제2항에서 준용하는 제419조제5항에 따른 보고 등의 요구에 불응한 경우
10. 제267조제2항제1호에 따른 업무의 정지 기간 중에 업무를 한 경우
11. 제267조제2항제2호·제4호·제7호, 같은 조 제3항제1호 또는 같은 조 제4항에 따른 조치를 위반한 경우
12. 제267조제2항제3호에 따른 금융위원회의 시정명령 또는 중지명령을 이행하지 아니한 경우
13. 제267조제5항에서 준용하는 제424조제4항을 위반하여 그 내용을 기록·유지 또는 관리하지 아니한 경우
14. 제426조제1항에 따른 보고 또는 자료의 제출명령을 위반하거나 조사를 거부·방해 또는 기피한 경우
15. 제426조제2항에 따른 요구에 불응한 경우
16. 제426조제3항에 따른 조치에 불응한 경우
17. 제427조제1항에 따른 심문이나 압수·수색에 불응한 경우
18. 제435조제5항을 위반하여 신고자등에게 불리한 대우를 한 경우
19. 그 밖에 투자자 보호 또는 건전한 거래질서를 해할 우려가 있는 경우로서 대통령령으로 정하는 경우

〔별표6〕

기관전용 사모집합투자기구 및 그 업무집행사원에 대한 처분 사유
(제249조의21제1항제4호·제2항·제3항 관련)

(2021.4.20 개정)

1. 제249조의14제12항에 따른 명령을 위반한 경우
2. 제249조의14제13항에 따른 검사를 거부·방해 또는 기피한 경우
3. 제249조의14제13항에서 준용하는 제419조제5항에 따른 보고 등의 요구에 불응한 경우
4. 정관의 작성에 관하여 제249조의10제1항을 위반한 경우
4의2. 제249조의10제2항에 따라 등기하지 아니한 경우
4의3. 제249조의10제3항의 요건을 갖추지 아니한 경우
4의4. 제249조의10제4항에 따른 보고 또는 같은 조 제6항에 따른 변경보고를 하지 아니하거나 거짓으로 보고한 경우
5. 제249조의11제1항을 위반하여 사원을 가입시킨 경우
6. 제249조의11제4항을 위반하여 유한책임사원이 의결권 행사 및 업무집행사원의 업무에 관여한 경우
7. 제249조의11제5항을 위반하여 금전 외의 자산을 출자한 경우
8. 제249조의11제6항을 위반하여 유한책임사원을 가입시킨 경우
8의2. 제249조의11제8항을 위반하여 보고하지 아니하거나 거짓으로 보고한 경우
9. 제249조의12제1항에서 준용하는 제249조의7제1항을 위반한 경우
9의2. 제249조의12제1항에서 준용하는 제249조의7제2항 각 호의 어느 하나에 해당하는 행위를 한 경우
9의3. 제249조의12제1항에서 준용하는 제249조의7제5항을 위반하여 지분증권을 처분하지 아니한 경우
9의4. 제249조의12제2항에 따른 보고를 하지 아니하거나 거짓으로 보고한 경우
10. 업무집행사원과 관련한 제249조의14제1항 또는 제2항을 위반한 경우
11. 제249조의14제6항을 위반하여 같은 항 각 호의 어느 하나에 해당하는 행위를 한 경우
12. 제249조의14제7항 전단에 따른 행위준칙을 제정하지 아니한 경우
13. 제249조의14제7항 전단에 따른 행위준칙의 제정 또는 변경 보고를 하지 아니하거나 거짓으로 보고한 경우
14. 제249조의14제7항 후단에 따른 변경명령 또는 보완명령을 위반한 경우
15. 제249조의14제8항을 위반하여 재무제표 등의 제공 및 설명의무를 위반한 경우 또는 재무제표 등의 제공 및 설명사실에 관한 내용의 기록·유지의무를 위반한 경우
15의2. 제249조의15제1항을 위반하여 금융위원회에 등록을 하지 아니하고 기관전용 사모집합투자기구의 집합투자재산의 운용업무를 영위한 경우
15의3. 거짓, 그 밖의 부정한 방법으로 제249조의15제1항에 따른 등록을 한 경우
15의4. 제249조의15제6항에 따른 등록유지요건을 갖추지 못한 경우
15의5. 제249조의15제8항에 따른 변경보고를 하지 아니하거나 거짓으로 보고한 경우
15의6. 제249조의16제1항을 위반하여 이해관계인과 거래행위를 한 경우
15의7. 제249조의16제2항을 위반하여 신탁업자에게 통보하지 아니하거나 거짓으로 통보한 경우
15의8. 제249조의16제3항 또는 제4항을 위반하여 증권을 취득한 경우
16. 제249조의17제1항부터 제3항까지 및 제5항을 위반하여 지분을 양도한 경우
17. 제249조의17제4항을 위반하여 다른 회사와 합병한 경우
18. 제249조의18제1항을 위반하여 지분증권을 처분하지 아니하거나, 같은 조 제3항을 위반하여 지분증권을 취득한 경우
19. 제249조의18제4항을 위반하여 지분증권을 취득하거나 소유한 경우
20. 제249조의19제2항을 위반하여 보고를 하지 아니하거나 거짓으로 보고한 경우
21. 제249조의21제2항제2호·제4호·제7호, 같은 조 제3항제1호(가목으로 한정한다)·제2호(가목으로 한정한다)·제3호에 따른 조치를 따르지 아니한 경우
21의2. 제249조의22제2항을 위반하여 기업재무안정 사모집합투자기구를 운용한 경우
21의3. (2021.4.20 삭제)
21의4. 제249조의22제6항을 위반하여 지분증권을 처분한 경우
21의5. 제249조의23제2항을 위반하여 창업·벤처전문 사모집합투자기구를 운용한 경우
21의6. 제249조의23제5항을 위반하여 보고를 하지 않거나 거짓으로 보고한 경우
22. 제249조의21제4항에서 준용하는 제424조제4항을 위반하여 그 내용을 기록·유지 또는 관리하지 아니한 경우
23. 제426조제1항에 따른 보고 또는 자료의 제출명령을 위반하거나 조사를 거부·방해 또는 기피한 경우
24. 제426조제2항에 따른 요구에 불응한 경우
25. 제426조제3항에 따른 조치에 불응한 경우
26. 제427조제1항에 따른 심문이나 압수·수색에 불응한 경우
27. 그 밖에 투자자 보호 또는 건전한 거래질서를 해할 우려가 있는 경우로서 대통령령으로 정하는 경우

〔별표7〕

협회 및 그 임직원에 대한 처분 사유(제293조제1항부터 제3항까지의 규정 관련)

(2015.7.31 개정)

1. 제56조제4항에 따른 신고 또는 보고를 하지 아니한 경우
2. 제56조제6항에 따른 변경명령을 위반한 경우
3. 제58조제4항 또는 제90조제4항에 따른 공시를 하지 아니하거나 거짓으로 공시한 경우
4. 제286조제1항 각 호 외의 업무를 영위한 경우 또는 같은 조 제2항을 위반한 경우
5. 제287조제2항을 위반하여 승인을 받지 아니한 경우
6. 임원의 자격에 관하여 제289조에서 준용하는 「금융회사의 지배구조에 관한 법률」 제5조를 위반한 경우
7. 제289조에서 준용하는 제54조를 위반하여 자기 또는 제삼자의 이익을 위하여 정보를 이용한 경우
8. 임직원의 금융투자상품 매매와 관련하여 제289조에서 준용하는 제63조를 위반한 경우
9. 제289조에서 준용하는 제413조(제286조제1항제4호의 업무에 한한다)에 따른 조치를 이행하지 아니한 경우
10. 제290조에 따른 보고를 하지 아니한 경우
11. 제292조에서 준용하는 제419조제1항에 따른 검사를 거부·방해 또는 기피한 경우
12. 제292조에서 준용하는 제419조제5항에 따른 보고 등의 요구에 불응한 경우
13. 제293조제1항제2호부터 제4호까지·제7호, 같은 조 제2항제1호 또는 같은 조 제3항에 따른 조치를 위반한 경우
14. 제293조제4항에서 준용하는 제424조제4항을 위반하여 그 내용을 기록·유지 또는 관리하지 아니한 경우
15. 제414조제2항에 따른 심의를 거치지 아니한 경우
16. 제426조제1항에 따른 보고 또는 자료의 제출명령을 위반하거나 조사를 거부·방해 또는 기피한 경우
17. 제426조제2항에 따른 요구에 불응한 경우
18. 제426조제3항에 따른 조치에 불응한 경우
19. 제426조제4항에 따른 자료제출요구에 불응한 경우
20. 제427조제1항에 따른 심문이나 압수·수색에 불응한 경우
21. 제435조제5항을 위반하여 신고자등에게 불리한 대우를 한 경우
22. 그 밖에 투자자 보호 또는 건전한 거래질서를 해할 우려가 있는 경우로서 대통령령으로 정하는 경우

〔별표8〕

예탁결제원 및 그 임직원에 대한 처분 사유(제307조제1항부터 제3항까지의 규정 관련)

(2016.3.22 개정)

1. 제117조의14제3항 또는 제189조제8항을 위반하여 정보를 타인에게 제공한 경우
2. (2016.3.22 삭제)
3. 제296조제1항 각 호, 제2항 각 호 및 제3항 각 호 외의 업무를 영위한 경우
4. 제299조제2항에 따른 승인을 받지 아니하고 정관을 변경한 경우
5. 제301조제2항을 위반하여 승인을 받지 아니한 경우
6. 임원의 자격에 관하여 제301조제4항에서 준용하는 「금융회사의 지배구조에 관한 법률」 제5조를 위반한 경우
7. 제301조제5항을 위반하여 자금의 공여, 손익의 분배, 그 밖에 영업에 관하여 특별한 이해관계를 가진 경우
8. 제304조에서 준용하는 제54조, 제63조, 제408조, 제413조(제296조제1항제1호·제2호·제4호의 업무에 한한다) 또는 「금융실명거래 및 비밀보장에 관한 법률」 제4조제1항 또는 제3항부터 제5항까지의 규정을 위반한 경우
9. 제305조제1항을 위반하여 승인을 받지 아니한 경우
10. 제305조제3항을 위반하여 보고를 하지 아니한 경우
11. 제306조에서 준용하는 제419조제1항에 따른 검사를 거부·방해 또는 기피한 경우
12. 제306조에서 준용하는 제419조제5항에 따른 보고 등의 요구에 불응한 경우
13. 제307조제1항제2호부터 제4호까지·제7호, 같은 조 제2항제1호 또는 같은 조 제3항에 따른 조치를 위반한 경우
14. 제307조제4항에서 준용하는 제424조제4항을 위반하여 그 내용을 기록·유지 또는 관리하지 아니한 경우
15. 제309조제3항에 따른 예탁자계좌부를 작성·비치하지 아니하거나 거짓으로 작성한 경우
16. 제312조제3항에 따른 기준 및 방법을 위반한 경우
17. 제313조제1항을 위반하여 부족분을 보전하지 아니한 경우
18. (2013.5.28 삭제)
19. 제315조제3항 또는 제318조제2에 따른 통지를 하지 아니한 경우
20. (2016.3.22 삭제)
21. 제323조제3항을 위반하여 공표하지 아니한 경우
22. 제414조제2항에 따른 심의를 거치지 아니한 경우
23. 제426조제1항에 따른 보고 또는 자료의 제출명령을 위반하거나 조사를 거부·방해 또는 기피한 경우
24. 제426조제2항에 따른 요구에 불응한 경우
25. 제426조제3항에 따른 조치에 불응한 경우
26. 제426조제4항에 따른 자료제출요구에 불응한 경우
27. 제427조제1항에 따른 심문이나 압수·수색에 불응한 경우
28. 제435조제5항을 위반하여 신고자등에게 불리한 대우를 한 경우
29. 그 밖에 투자자 보호 또는 건전한 거래질서를 해할 우려가 있는 경우로서 대통령령으로 정하는 경우

〔별표8의2〕

금융투자상품거래청산회사 및 그 임직원에 대한 처분 사유
(제323조의20제1항부터 제4항까지의 규정 관련)

(2015.7.31 개정)

1. 거짓, 그 밖의 부정한 방법으로 제323조의3제1항에 따른 인가를 받거나 제323조의5에 따른 예비인가를 받은 경우
2. 제323조의9제1항을 위반하여 청산대상업자의 임직원을 상근임원으로 선임한 경우 또는 같은 조 제2항에서 준용하는 「금융회사의 지배구조에 관한 법률」 제5조를 위반한 경우
3. 제323조의9제3항을 위반하여 자금의 공여, 손익의 분배, 그 밖에 영업에 관하여 특별한 이해관계를 가진 경우
4. 제323조의10제1항 각 호 및 제2항 각 호 외의 업무를 영위한 경우
5. 제323조의11을 위반하여 승인을 받지 아니하고 정관 또는 청산업무규정을 변경한 경우
6. 제323조의12를 위반하여 특정한 청산대상업자를 차별적으로 대우한 경우
7. 제323조의14제2항을 위반하여 손해배상공동기금을 구분하여 적립하지 아니한 경우
8. 제323조의16제1항을 위반하여 거래정보를 보관·관리하지 아니한 경우
9. 제323조의16제2항을 위반하여 보고를 하지 아니하거나 거짓으로 보고한 경우
10. 제323조의17에서 준용하는 제54조, 제63조, 제383조제1항, 제408조, 제413조 및 「금융실명거래 및 비밀보장에 관한 법률」 제4조를 위반한 경우
11. 제323조의19에서 준용하는 제419조(제2항부터 제4항까지 및 제8항은 제외한다)에 따른 검사를 거부·방해 또는 기피한 경우
12. 그 밖에 투자자 보호 또는 건전한 거래질서를 해할 우려가 있는 경우로서 대통령령으로 정하는 경우

〔별표9〕

증권금융회사 및 그 임직원에 대한 처분 사유
(제335조제1항제6호·제2항부터 제4항까지의 규정 관련)

(2021.6.8 개정)

1. 제74조제5항 또는 제11항을 위반하여 투자자예탁금을 우선하여 지급하지 아니한 경우
2. 제74조제12항 또는 제13항을 위반하여 투자자예탁금을 운용하거나 관리한 경우
3. 제326조제1항 각 호, 제2항 각 호 및 제3항 각 호 외의 업무를 영위한 경우
4. 제327조제1항을 위반하여 금융투자업자의 임직원을 상근임원으로 선임한 경우 또는 같은 조 제2항에서 준용하는 「금융회사의 지배구조에 관한 법률」 제5조를 위반한 경우
5. 제327조제3항을 위반하여 자금의 공여, 손익의 분배, 그 밖에 영업에 관하여 특별한 이해관계를 가진 경우
5의2. 제328조에서 준용하는 「금융회사의 지배구조에 관한 법률」 제31조제1항을 위반하여 승인을 받지 아니하고 주식을 취득한 경우
5의3. 제328조에서 준용하는 「금융회사의 지배구조에 관한 법률」 제31조제3항에 따른 처분명령을 위반하여 주식을 처분하지 아니한 경우
5의4. 제328조에서 준용하는 「금융회사의 지배구조에 관한 법률」 제31조제4항을 위반하여 의결권을 행사한 경우
6. 제328조에서 준용하는 제54조를 위반하여 자기 또는 제삼자의 이익을 위하여 정보를 이용한 경우
7. 임직원의 금융투자상품 매매와 관련하여 제328조에서 준용하는 제63조를 위반한 경우
8. 제329조제1항을 위반하여 사채를 발행한 경우
9. 제329조제2항 후단을 위반하여 같은 조 제1항의 한도에 적합하도록 하지 아니한 경우
10. 제330조제1항을 위반하여 자금의 예탁을 받은 경우
11. 제331조제1항에 따른 금융위원회의 명령을 위반한 경우
12. 제331조제2항에 따라 감독업무를 위탁받은 금융위원회의 명령을 위반한 경우
13. 제331조제3항 후단에 따른 경영지도기준을 위반한 경우
14. 제332조제1항에 따른 승인을 받지 아니하고 업무를 폐지하거나 해산한 경우
15. 제333조를 위반하여 보고를 하지 아니한 경우
16. 제334조에서 준용하는 제419조제1항에 따른 검사를 거부·방해 또는 기피한 경우
17. 제334조에서 준용하는 제419조제5항에 따른 보고 등의 요구에 불응한 경우
18. 제335조제2항제2호·제4호·제7호, 같은 조 제3항제1호 또는 같은 조 제4항에 따른 조치를 위반한 경우
19. 제335조제5항에서 준용하는 제424조제4항을 위반하여 그 내용을 기록·유지 또는 관리하지 아니한 경우
20. 제426조제1항에 따른 보고 또는 자료의 제출명령을 위반하거나 조사를 거부·방해 또는 기피한 경우
21. 제426조제2항에 따른 요구에 불응한 경우
22. 제426조제3항에 따른 조치에 불응한 경우
23. 제426조제4항에 따른 자료제출요구에 불응한 경우
24. 제427조제1항에 따른 심문이나 압수·수색에 불응한 경우
25. 제435조제5항을 위반하여 신고자등에게 불리한 대우를 한 경우
26. 그 밖에 투자자 보호 또는 건전한 거래질서를 해할 우려가 있는 경우로서 대통령령으로 정하는 경우

〔별표9의2〕

신용평가회사 및 그 임직원에 대한 처분사유
(제335조의15제1항부터 제4항까지의 규정 관련)

(2015.7.31 개정)

1. 거짓, 그 밖의 부정한 방법으로 제335조의3제1항에 따른 인가를 받거나 제335조의5에 따른 예비인가를 받은 경우
2. 임원의 자격에 관하여 제335조의8제1항에서 준용하는 「금융회사의 지배구조에 관한 법률」 제5조를 위반한 경우
3. 제335조의8을 위반하여 신용평가내부통제기준 및 준법감시인에 관한 의무를 이행하지 아니하거나 준법감시인에 대하여 인사상의 불이익을 주는 경우
4. 제335조의10제3항을 위반하여 신고하지 아니한 경우
5. 제335조의11제1항 또는 제2항을 위반하여 신용평가를 한 경우
6. 제335조의11제3항을 위반하여 다음 각 목의 어느 하나에 해당하는 행위를 한 경우
   가. 신용평가서를 작성하지 아니한 경우
   나. 신용평가서에 기재하여야 할 사항 중 중요사항에 관하여 거짓의 기재 또는 표시를 하거나 중대한 과실로 사실과 다른 내용을 기재 또는 표시한 경우
   다. 신용평가서에 기재하여야 할 사항 중 중요사항에 관하여 중요사항을 기재 또는 표시하지 아니한 경우
7. 제335조의11제4항을 위반하여 신용평가실적서등을 제공하지 아니한 경우
8. 제335조의11제6항을 위반하여 비밀을 누설하거나 이용한 경우
9. 제335조의11제7항제1호를 위반하여 신용평가회사와 특수한 관계에 있는 자와 관련된 신용평가를 한 경우
10. 제335조의11제7항제2호를 위반하여 신용평가회사 또는 그 계열회사의 상품이나 서비스를 구매하거나 이용하도록 강요한 경우
11. 제335조의12제1항을 위반하여 서류를 제출하지 아니하거나 거짓으로 작성하여 제출한 경우
12. 제335조의12제2항을 위반하여 신용평가서를 제출하지 아니하거나 거짓으로 작성하여 제출한 경우
13. 제335조의14에서 준용하는 제33조(제2항부터 제4항까지는 제외한다), 제63조(금융투자상품의 신용평가를 담당하는 임직원으로 한정한다), 제417조제1항 및 제418조의 규정을 위반한 경우
14. 그 밖에 투자자 보호 또는 건전한 거래질서를 해할 우려가 있는 경우로서 대통령령으로 정하는 경우

〔별표10〕

종합금융회사 및 그 임직원에 대한 처분 사유
(제354조제1항제4호·제2항부터 제4항까지의 규정 관련)

(2015.7.31 개정)

1. 제336조제1항 각 호 및 제2항 각 호 외의 업무를 영위한 경우
2. 제337조에 따른 인가를 받지 아니하고 지점등을 설치한 경우
3. 제339조제1항을 위반하여 인가를 받지 아니하고 업무를 폐지하거나 해산한 경우
4. 제339조제2항을 위반하여 보고를 하지 아니하거나 거짓으로 보고한 경우 또는 신고를 하지 아니하고 같은 항 제3호에 해당하는 행위를 한 경우
5. 제340조제1항을 위반하여 채권을 발행한 경우
6. 제341조제1항에서 준용하는 제250조제3항(제1호 및 제2호에 한한다), 제5항 또는 제6항을 위반한 경우
7. 제341조제2항을 위반하여 임원을 두지 아니하거나 임원에게 겸직하게 한 경우 또는 이해상충방지체계를 갖추지 아니한 경우
8. 제342조제1항부터 제4항까지의 규정을 위반하여 신용공여를 한 경우
9. 제342조제6항을 위반하여 신용공여 한도에 적합하도록 하지 아니한 경우
10. 제343조제1항부터 제7항까지의 규정을 위반하여 대주주에게 신용공여를 하거나 대주주가 발행한 주식을 취득하는 경우
11. 제343조제8항에 따른 자료의 제출명령을 위반한 경우
12. 제343조제9항에 따른 조치를 위반한 경우
13. 제344조를 위반하여 증권에 투자한 경우
14. 제345조제1항을 위반하여 같은 항 각 호의 어느 하나에 해당하는 행위를 한 경우
15. 제345조제2항 또는 제3항을 위반하여 의결권을 행사하거나 신용공여를 한 경우
16. 제345조제4항에 따른 조치를 위반한 경우
17. 제346조를 위반하여 지급준비자산을 보유하지 아니한 경우
18. 제347조제1항 또는 제2항을 위반하여 부동산을 취득하거나 소유한 경우
19. 제347조제3항을 위반하여 부동산을 처분하지 아니한 경우
20. (2015.7.31 삭제)
21. 제350조에서 준용하는 제31조제1항·제4항, 제32조, 제33조, 제35조, 제36조, 제416조 또는 제418조(제4호부터 제9호까지에 한한다)를 위반한 경우
22. 제353조에서 준용하는 제419조제1항에 따른 검사를 거부·방해 또는 기피한 경우
23. 제353조에서 준용하는 제419조제5항에 따른 보고 등의 요구에 불응한 경우
24. 제354조제2항제2호·제4호·제7호, 같은 조 제3항제1호 또는 같은 조 제4항에 따른 조치를 위반한 경우
25. 제354조제5항에서 준용하는 제424조제4항을 위반하여 그 내용을 기록·유지 또는 관리하지 아니한 경우
26. 제426조제1항에 따른 보고 또는 자료의 제출명령을 위반하거나 조사를 거부·방해 또는 기피한 경우
27. 제426조제2항에 따른 요구에 불응한 경우
28. 제426조제3항에 따른 조치에 불응한 경우
29. 제427조제4항에 따른 자료제출요구에 불응한 경우
30. 제427조제1항에 따른 심문이나 압수·수색에 불응한 경우
31. 제435조제5항을 위반하여 신고자등에게 불리한 대우를 한 경우
32. 그 밖에 투자자 보호 또는 건전한 거래질서를 해할 우려가 있는 경우로서 대통령령으로 정하는 경우

〔별표11〕

자금중개회사 및 그 임직원에 대한 처분 사유
(제359조제1항제6호·제2항부터 제4항까지의 규정 관련)

(2015.7.31 개정)

1. 제357조제1항을 위반하여 금융투자업을 영위한 경우
2. 제357조제2항에서 준용하는 제31조제1항을 위반하여 경영건전성기준을 준수하지 아니한 경우
3. 제357조제2항에서 준용하는 제31조제4항에 따른 명령을 위반한 경우
4. 제357조제2항에서 준용하는 제32조를 위반하여 회계처리를 한 경우
5. 제357조제2항에서 준용하는 제33조제1항을 위반하여 업무보고서를 제출하지 아니하거나 거짓으로 작성하여 제출한 경우
6. 제357조제2항에서 준용하는 제33조제2항을 위반하여 공시서류를 비치 또는 공시하지 아니하거나 거짓으로 작성하여 비치 또는 공시한 경우
7. 제357조제2항에서 준용하는 제33조제3항을 위반하여 보고 또는 공시를 하지 아니하거나 거짓으로 보고 또는 공시한 경우
8. 제357조제2항에서 준용하는 제339조제1항을 위반하여 인가를 받지 아니하고 업무를 폐지하거나 해산한 경우
9. 제357조제2항에서 준용하는 제339조제2항(제3호를 제외한다)을 위반하여 보고를 하지 아니하거나 거짓으로 보고한 경우
10. 제357조제4항에 따른 승인을 받지 아니하고 다른 영리법인의 상시적인 업무에 종사한 경우
11. 제357조제2항에서 준용하는 제416조에 따른 명령을 위반한 경우
12. 제358조에서 준용하는 제419조제1항에 따른 검사를 거부·방해 또는 기피한 경우
13. 제358조에서 준용하는 제419조제5항에 따른 보고 등의 요구에 불응한 경우
14. 제359조제2항제2호·제4호·제7호, 같은 조 제3항제1호 또는 같은 조 제4항에 따른 조치를 위반한 경우
15. 제359조제5항에서 준용하는 제424조제4항을 위반하여 그 내용을 기록·유지 또는 관리하지 아니한 경우
16. 제426조제1항에 따른 보고 또는 자료의 제출명령을 위반하거나 조사를 거부·방해 또는 기피한 경우
17. 제426조제2항에 따른 요구에 불응한 경우
18. 제426조제3항에 따른 조치에 불응한 경우
19. 제426조제4항에 따른 자료제출요구에 불응한 경우
20. 제427조제1항에 따른 심문이나 압수·수색에 불응한 경우
21. 제435조제5항을 위반하여 신고자등에게 불리한 대우를 한 경우
22. 그 밖에 투자자 보호 또는 건전한 거래질서를 해할 우려가 있는 경우로서 대통령령으로 정하는 경우

〔별표12〕

단기금융회사 및 그 임직원에 대한 처분 사유

(제364조제1항제6호·제2항부터 제4항까지의 규정 관련)

1. 제361조에서 준용하는 제33조제1항을 위반하여 업무보고서를 제출하지 아니하거나 거짓으로 작성하여 제출한 경우
2. 제361조에서 준용하는 제33조제2항을 위반하여 공시서류를 비치 또는 공시하지 아니하거나 거짓으로 작성하여 비치 또는 공시한 경우
3. 제361조에서 준용하는 제33조제3항을 위반하여 보고 또는 공시를 하지 아니하거나 거짓으로 보고 또는 공시한 경우
4. 제361조에서 준용하는 제339조제1항을 위반하여 인가를 받지 아니하고 업무를 폐지하거나 해산한 경우
5. 제361조에서 준용하는 제339조제2항(제1호 및 제3호를 제외한다)을 위반하여 보고를 하지 아니하거나 거짓으로 보고한 경우
6. 제361조에서 준용하는 제342조제1항부터 제4항까지의 규정을 위반하여 신용공여를 한 경우
7. 제361조에서 준용하는 제342조제6항을 위반하여 신용공여 한도에 적합하도록 하지 아니한 경우
8. 제361조에서 준용하는 제416조에 따른 명령을 위반한 경우
9. 제363조에서 준용하는 제419조제1항에 따른 검사를 거부·방해 또는 기피한 경우
10. 제363조에서 준용하는 제419조제5항에 따른 보고 등의 요구에 불응한 경우
11. 제364조제2항제2호·제4호·제7호, 같은 조 제3항제1호 또는 같은 조 제4항에 따른 조치를 위반한 경우
12. 제364조제5항에서 준용하는 제424조제4항을 위반하여 그 내용을 기록·유지 또는 관리하지 아니한 경우
13. 제426조제1항에 따른 보고 또는 자료의 제출명령을 위반하거나 조사를 거부·방해 또는 기피한 경우
14. 제426조제2항에 따른 요구에 불응한 경우
15. 제426조제3항에 따른 조치에 불응한 경우
16. 제426조제4항에 따른 자료제출요구에 불응한 경우
17. 제427조제1항에 따른 심문이나 압수·수색에 불응한 경우
18. 제435조제5항을 위반하여 신고자등에게 불리한 대우를 한 경우
19. 그 밖에 투자자 보호 또는 건전한 거래질서를 해할 우려가 있는 경우로서 대통령령으로 정하는 경우

〔별표13〕

명의개서대행회사 및 그 임직원에 대한 처분 사유

(제369조제1항제5호·제2항부터 제4항까지의 규정 관련)

1. 제316조제1항에 따른 실질주주명부를 작성·비치하지 아니하거나 거짓으로 작성한 경우
2. 제322조제1항에 따른 증권등 취급규정에 따르지 아니한 경우
3. 제322조제3항에 따른 자료제출요구에 불응한 경우
4. 제322조제3항에 따른 확인을 거부·방해 또는 기피한 경우
5. 제367조에서 준용하는 제54조를 위반하여 자기 또는 제삼자의 이익을 위하여 정보를 이용한 경우
6. 임직원의 금융투자상품 매매와 관련하여 제367조에서 준용하는 제63조를 위반한 경우
7. 제367조에서 준용하는 제416조에 따른 명령을 위반한 경우
8. 제368조에서 준용하는 제419조제1항에 따른 검사를 거부·방해 또는 기피한 경우
9. 제368조에서 준용하는 제419조제5항에 따른 보고 등의 요구에 불응한 경우
10. 제369조제2항제2호·제4호·제7호, 같은 조 제3항제1호 또는 같은 조 제4항에 따른 조치를 위반한 경우
11. 제369조제5항에서 준용하는 제424조제4항을 위반하여 그 내용을 기록·유지 또는 관리하지 아니한 경우
12. 제426조제1항에 따른 보고 또는 자료의 제출명령을 위반하거나 조사를 거부·방해 또는 기피한 경우
13. 제426조제2항에 따른 요구에 불응한 경우
14. 제426조제3항에 따른 조치에 불응한 경우
15. 제426조제4항에 따른 자료제출요구에 불응한 경우
16. 제427조제1항에 따른 심문이나 압수·수색에 불응한 경우
17. 제435조제5항을 위반하여 신고자등에게 불리한 대우를 한 경우
18. 그 밖에 투자자 보호 또는 건전한 거래질서를 해할 우려가 있는 경우로서 대통령령으로 정하는 경우

〔별표14〕

거래소 및 그 임직원에 대한 처분 사유(제411조제1항부터 제3항까지의 규정 관련)

(2015.7.31 개정)

1. 거짓, 그 밖의 부정한 방법으로 제373조의2에 따른 허가 또는 제373조의4에 따른 예비허가를 받은 경우

1의2. 제376조제2항에 따른 승인을 받지 아니하고 정관을 변경한 경우

2. 제377조제1항 각 호 및 제2항 각 호 외의 업무를 영위한 경우
3. 임원의 선임 등과 관련하여 제380조제3항·제5항 또는 제6항을 위반한 경우
4. 이사회의 구성 및 소위원회의 설치 등과 관련하여 제381조를 위반한 경우
5. 제382조제1항에서 준용하는 「금융회사의 지배구조에 관한 법률」 제5조를 위반하여 임원을 선임한 경우 또는 제382조제2항에서 준용하는 「금융회사의 지배구조에 관한 법률」 제6조제1항(제1호는 제외한다) 및 제2항을 위반하여 사외이사를 선임한 경우

5의2. 제382조제3항을 위반하여 둘 이상의 거래소의 임원의 지위를 겸직하는 경우

6. 제383조제1항을 위반하여 비밀을 누설하거나 이용한 경우
7. 제383조제2항을 위반하여 자금의 공여, 손익의 분배, 그 밖에 영업에 관하여 특별한 이해관계를 가진 경우
8. 임직원의 금융투자상품 매매와 관련하여 제383조제3항에서 준용하는 제63조를 위반한 경우
9. 제384조제1항을 위반하여 감사위원회를 설치하지 아니한 경우
10. 제384조제2항부터 제5항까지의 규정을 위반한 경우
11. 제385조제1항을 위반하여 후보추천위원회를 두지 아니한 경우
12. 제394조제2항을 위반하여 공동기금을 구분하여 적립하지 아니한 경우
13. 제395조제2항을 위반하여 채권을 회원보증금과 상계한 경우
14. 제401조를 위반하여 시세를 공표하지 아니한 경우
15. 제408조 또는 제409조제1항을 위반하여 승인을 받지 아니한 경우
16. 제409조제2항에 따른 보고를 하지 아니한 경우
17. 제410조제1항에 따른 보고 등의 명령을 위반하거나 검사를 거부·방해 또는 기피한 경우
18. 제411조제1항제2호부터 제4호까지·제7호, 같은 조 제2항제1호 또는 같은 조 제3항에 따른 조치를 위반한 경우
19. 제411조제4항에서 준용하는 제424조제4항을 위반하여 그 내용을 기록·유지 또는 관리하지 아니한 경우
20. 제412조제1항을 위반하여 승인을 받지 아니한 경우
21. 제413조에 따른 조치를 이행하지 아니한 경우
22. 제414조제2항에 따른 심의를 거치지 아니한 경우
23. 제426조제1항에 따른 보고 또는 자료의 제출명령을 위반하거나 조사를 거부·방해 또는 기피한 경우
24. 제426조제2항에 따른 요구에 불응한 경우
25. 제426조제3항에 따른 조치에 불응한 경우
26. 제426조제4항에 따른 자료제출요구에 불응한 경우
27. 제426조제6항에 따른 통보를 하지 아니한 경우
28. 제427조제1항에 따른 심문이나 압수·수색에 불응한 경우
29. 제435조제5항을 위반하여 신고자등에게 불리한 대우를 한 경우
30. 그 밖에 투자자 보호 또는 건전한 시장질서를 해할 우려가 있는 경우로서 대통령령으로 정하는 경우

〔별표15〕

금융위원회의 처분 사유(제426조제5항 관련)

(2015.7.24 개정)

1. 제43조제2항 각 호(제4호를 제외한다)의 어느 하나에 해당하는 경우
2. 제53조제2항 각 호의 어느 하나에 해당하는 경우
3. 제253조제1항 각 호(제7호를 제외한다) 또는 제3항 각 호의 어느 하나에 해당하는 경우
4. 제249조의21제1항 각 호(제4호는 제외한다)의 어느 하나에 해당하는 경우
5. 제282조제1항 각 호의 어느 하나에 해당하는 경우

5의2. 제323조의20제1항 각 호(제6호는 제외한다)의 어느 하나에 해당하는 경우

6. 제335조제1항 각 호(제6호를 제외한다)의 어느 하나에 해당하는 경우

6의2. 제335조의15제1항 각 호(제6호는 제외한다)의 어느 하나에 해당하는 경우

7. 제354조제1항 각 호(제4호를 제외한다)의 어느 하나에 해당하는 경우
8. 제359조제1항 각 호(제6호를 제외한다)의 어느 하나에 해당하는 경우
9. 제364조제1항 각 호(제6호를 제외한다)의 어느 하나에 해당하는 경우
10. 제369조제1항 각 호(제5호를 제외한다)의 어느 하나에 해당하는 경우
11. 제420조제1항 각 호(제6호를 제외한다)의 어느 하나에 해당하는 경우
12. 별표1부터 별표8까지, 별표8의2, 별표9, 별표9의2 및 별표10부터 별표14까지의 규정 각 호의 어느 하나에 해당하는 경우
13. 그 밖에 투자자 보호 또는 건전한 거래질서를 해할 우려가 있는 경우로서 대통령령으로 정하는 경우

■ 주식·사채 등의 전자등록에 관한 법률

〔별표1〕

전자등록기관 및 그 임직원에 대한 조치 사유(제53조제3항부터 제5항까지 관련)

1. 거짓, 그 밖의 부정한 방법으로 제5조제1항에 따른 허가를 받거나 제7조에 따른 예비허가를 받은 경우
2. 제13조제1항을 위반하여 계좌관리기관의 임직원을 상근임원으로 선임한 경우 또는 같은 조 제2항에서 준용하는 「금융회사의 지배구조에 관한 법률」 제5조를 위반한 경우
3. 제13조제5항을 위반하여 자금의 공여, 손익의 분배, 그 밖에 영업에 관하여 특별한 이해관계를 가진 경우
4. 제13조제6항에서 준용하는 「자본시장과 금융투자업에 관한 법률」 제63조를 위반한 경우
5. 제15조제1항 전단, 제16조 전단 또는 제17조 전단을 위반하여 승인을 받지 않은 경우
6. 제18조 본문을 위반하여 보고하지 않은 경우
7. 제21조제2항에 따른 발행인관리계좌부를 작성하지 않거나 거짓으로 작성한 경우
8. 제21조제4항 또는 제5항을 위반하여 기록·전자등록을 변경하지 않거나 계좌관리기관에 변경 내용을 통지하지 않은 경우
9. 제22조제4항을 위반하여 고객관리계좌부를 작성하지 않거나 거짓으로 작성한 경우
10. 제23조제2항을 위반하여 계좌관리기관등 자기계좌부를 작성하지 않거나 거짓으로 작성한 경우
11. 제26조제1항(제27조제3항 및 제34조에서 준용하는 경우를 포함한다)을 위반하여 전자등록·기록을 하지 않거나 통지하지 않은 경우
12. 제29조제2항 각 호 외의 부분 본문(제34조에서 준용하는 경우를 포함한다)을 위반하여 제30조부터 제32조까지의 규정에 따른 전자등록을 한 경우
13. 제30조제2항(제34조에서 준용하는 경우를 포함한다)을 위반하여 계좌간 대체의 전자등록을 하지 않은 경우
14. 제31조제2항을 위반하여 질권 설정 또는 말소의 전자등록을 하지 않은 경우
15. 제32조제2항을 위반하여 신탁재산이라는 사실의 표시 또는 말소의 전자등록을 하지 않은 경우
16. 제33조제2항을 위반하여 권리 내용을 변경하거나 말소하는 전자등록을 하지 않은 경우
17. 제37조제4항 전단을 위반하여 소유자명세를 발행인에게 통지하지 않은 경우
18. 제37조제5항 전단을 위반하여 소유자명세에 질권 내용을 포함하지 않은 경우
19. 제37조제7항을 위반하여 명세를 발행인에게 통지하지 않은 경우
20. 제39조제1항 전단을 위반하여 소유자증명서를 발행하지 않은 경우
21. 제39조제3항을 위반하여 통지하지 않은 경우
22. 제39조제4항 또는 제40조제3항을 위반하여 계좌관리기관등 자기계좌부에 처분을 제한하는 전자등록을 하지 않거나 처분을 제한하는 전자등록을 말소하지 않은 경우
23. 제40조제1항 전단을 위반하여 발행인등에게 통지하지 않은 경우
24. 제41조를 위반하여 열람 또는 출력·복사할 수 있도록 하지 않은 경우
25. 제42조제2항을 위반하여 초과분을 해소하지 않은 경우
26. 제42조제3항을 위반하여 해소 의무를 이행하지 않은 경우
27. 제42조제4항을 위반하여 원리금 등을 지급할 의무를 이행하지 않은 경우
28. 제43조제3항 및 같은 조 제4항 전단을 위반하여 손해를 배상하지 않은 경우
29. 제44조제1항을 위반하여 전자등록기관 또는 계좌관리기관의 주식등의 전자등록 및 관리를 위한 정보통신망에 거짓 정보 또는 부정한 명령을 입력하거나 권한 없이 정보를 입력·변경한 경우
30. 제44조제2항을 위반하여 전자등록 정보 또는 기록 정보를 멸실하거나 훼손한 경우
31. 제44조제3항을 위반하여 전자등록기관 또는 계좌관리기관의 주식등의 전자등록 및 관리를 위한 정보통신망에 침입한 경우
32. 제45조제1항(같은 조 제2항에서 준용하는 경우를 포함한다)을 위반하여 정보를 이용한 경우
33. 제46조제3항을 위반하여 금융위원회에 보고하지 않은 경우
34. 제47조에 따른 기준 및 방법을 위반하여 계좌간 대체의 전자등록을 제한한 경우
35. 제48조제1항을 위반하여 전자등록 정보 또는 기록 정보를 보존하지 않은 경우
36. 제49조제1항에 따른 조치를 이행하지 않은 경우
37. 제50조에서 준용하는 「금융실명거래 및 비밀보장에 관한 법률」 제4조제1항 또는 제3항부터 제5항까지의 규정을 위반하여 거래정보등을 제3자에게 제공하거나 누설한 경우 또는 거래정보등을 요구한 경우
38. 제51조제1항에 따른 보고 또는 자료의 제출 요구에 따르지 않거나 검사를 거부·방해 또는 기피한 경우

39. 제51조제3항에 따른 업무 또는 재산에 관한 보고 등의 요구에 따르지 않은 경우
40. 제53조제3항제2호부터 제4호까지, 제7호, 같은 조 제4항제1호 또는 같은 조 제5항에 따른 조치를 위반한 경우
41. 제55조제4항을 위반하여 그 내용을 기록·유지 또는 관리하지 않은 경우
42. 제62조를 위반하여 발행 내용을 공개하지 않은 경우
43. 제63조제1항을 위반하여 전자등록증명서를 발행하지 않은 경우
44. 제63조제2항을 위반하여 계좌관리기관등 자기계좌부에 처분을 제한하는 전자등록을 하지 않거나 처분을 제한하는 전자등록을 말소하지 않은 경우
45. 그 밖에 전자등록주식등의 권리자의 보호 또는 전자등록업무의 안정성을 해칠 우려가 있는 경우로서 대통령령으로 정하는 경우

〔별표2〕

계좌관리기관 및 그 임직원에 대한 조치 사유
(제58조제2항부터 제4항까지 관련)

1. 제4조를 위반하여 전자등록업허가(변경허가를 포함한다)를 받지 아니하고 전자등록업을 한 경우
2. 제21조제6항을 위반하여 고객계좌부의 전자등록을 변경하지 않은 경우
3. 제22조제2항 또는 제3항을 위반하여 고객계좌부를 작성하지 않거나 거짓으로 작성한 경우 또는 전자등록기관에 고객관리계좌를 개설하지 않은 경우
4. 제26조제2항(제27조제3항 및 제34조에서 준용하는 경우를 포함한다)을 위반하여 고객계좌부에 전자등록을 하지 않은 경우
5. 제29조제2항(제34조에서 준용하는 경우를 포함한다) 각 호 외의 부분 본문을 위반하여 제30조부터 제32조까지의 규정에 따른 전자등록을 한 경우
6. 제30조제2항(제34조에서 준용하는 경우를 포함한다)을 위반하여 계좌간 대체의 전자등록을 하지 않은 경우
7. 제31조제2항을 위반하여 질권 설정 또는 말소의 전자등록을 하지 않은 경우
8. 제32조제2항을 위반하여 신탁재산이라는 사실의 표시 또는 말소의 전자등록을 하지 않은 경우
9. 제33조제2항을 위반하여 권리 내용을 변경하거나 말소하는 전자등록을 하지 않은 경우
10. 제37조제4항 후단(같은 조 제8항에서 준용하는 경우를 포함한다)을 위반하여 요청받은 사항을 통보하지 않거나 거짓으로 통보한 경우
11. 제39조제2항을 위반하여 전자등록기관에 통지하지 않거나 거짓으로 통지한 경우
12. 제39조제4항 또는 제40조제3항을 위반하여 고객계좌부에 처분을 제한하는 전자등록을 하지 않거나 처분을 제한하는 전자등록을 말소하지 않은 경우
13. 제40조제2항을 위반하여 전자등록기관에 통지하지 않거나 거짓으로 통지한 경우
14. 제41조제1항을 위반하여 열람 또는 출력·복사할 수 있도록 하지 않은 경우
15. 제42조제1항을 위반하여 초과분을 해소하지 않은 경우
16. 제42조제3항을 위반하여 해소 의무를 이행하지 않은 경우
17. 제42조제4항을 위반하여 원리금 등을 지급할 의무를 이행하지 않은 경우
18. 제43조제3항 및 같은 조 제4항 전단을 위반하여 손해를 배상하지 않은 경우
19. 제44조제1항을 위반하여 전자등록기관 또는 계좌관리기관의 주식등의 전자등록 및 관리를 위한 정보통신망에 거짓 정보 또는 부정한 명령을 입력하거나 권한 없이 정보를 입력·변경한 경우
20. 제44조제2항을 위반하여 전자등록 정보 또는 기록 정보를 멸실하거나 훼손한 경우
21. 제44조제3항을 위반하여 전자등록기관 또는 계좌관리기관의 주식등의 전자등록 및 관리를 위한 정보통신망에 침입한 경우
22. 제45조제1항(같은 조 제2항에서 준용하는 경우를 포함한다)을 위반하여 정보를 이용한 경우
23. 제46조제1항 후단을 위반하여 전자등록기관의 요구에 정당한 사유 없이 따르지 않은 경우
24. 제46조제2항을 위반하여 전자등록기관에 통지하지 않은 경우
25. 제47조를 위반하여 계좌간 대체의 전자등록을 한 경우
26. 제48조제1항을 위반하여 전자등록 정보 또는 기록 정보를 보존하지 않은 경우
27. 제49조제1항에 따른 조치를 이행하지 않은 경우
28. 제50조에서 준용하는 「금융실명거래 및 비밀보장에 관한 법률」 제4조제1항 또는 제3항부터 제5항까지의 규정을 위반하여 거래정보등을 제3자에게 제공하거나 누설한 경우와 이를 요구한 경우
29. 제57조에 따른 명령에 따르지 않은 경우
30. 제58조제1항 전단에 따른 검사를 거부·방해 또는 기피한 경우
31. 제58조제1항 후단에서 준용하는 제51조제3항에 따른 보고, 자료의 제출, 증인의 출석·증언 및 의견의 진술 요구에 따르지 아니한 경우
32. 제58조제2항부터 제4항까지의 규정에 따라 부과되는 제53조제3항제2호부터 제4호까지, 제7호, 같은 조 제4항제1호 또는 같은 조 제5항에 따른 조치를 위반한 경우
33. 제63조제2항을 위반하여 고객계좌부에 처분을 제한하는 전자등록을 하지 않거나 처분을 제한하는 전자등록을 말소하지 않은 경우
34. 그 밖에 전자등록주식등의 권리자 보호 또는 전자등록업무의 안정성을 해칠 우려가 있는 경우로서 대통령령으로 정하는 경우

■ 주식·사채 등의 전자등록에 관한 법률 시행령

〔별표1〕

전자등록업 허가업무 단위 및 최저자기자본(제3조제1항 및 제2항 관련)

허가업무단위	전자등록업무를 할 수 있는 주식등의 범위	최저자기자본
1	모든 주식등	2천억원
1-1	법 제2조제1호에 따른 주식등 중 다음의 주식등 1) 법 제2조제1호가목, 바목 및 파목에 해당하는 주식등 2) 법 제2조제1호하목(같은 호 가목 및 바목에 해당하는 것에 한정한다)에 해당하는 주식등 3) 법 제2조제1호거목(1) 및 2)에 해당하는 권리와 비슷한 것에 한정한다)에 해당하는 주식등	800억원
1-1-1	허가업무 단위 1-1에 따른 주식등 중 다음의 주식등 1) 상장주식등 2) 권리 행사에 따라 상장주식등을 취득할 수 있는 권리	600억원
1-1-2	허가업무 단위 1-1에 따른 주식등 중 다음의 주식등 1) 상장주식등이 아닌 주식등 2) 권리 행사에 따라 상장주식등이 아닌 주식등을 취득할 수 있는 권리	200억원
1-2	법 제2조제1호에 따른 주식등 중 다음의 주식등 1) 법 제2조제1호나목부터 마목까지, 자목, 카목(사채에 한정한다) 및 타목에 해당하는 주식등 2) 법 제2조제1호하목〔1)에 해당하는 것에 한정한다〕에 해당하는 주식등 3) 법 제2조제1호거목〔1) 및 2)에 해당하는 권리와 비슷한 것에 한정한다〕에 해당하는 주식등	1천억원
1-3	법 제2조제1호에 따른 주식등 중 다음의 주식등 1) 법 제2조제1호사목, 아목, 차목 및 카목(사채는 제외한다)에 해당하는 주식등 2) 법 제2조제1호하목〔1)에 해당하는 것에 한정한다〕에 해당하는 주식등 3) 법 제2조제1호거목〔1) 및 2)에 해당하는 권리와 비슷한 것에 한정한다〕에 해당하는 주식등	200억원

비고) "상장주식등"이란 증권시장에 상장된 주식등을 말한다.

〔별표2〕

대주주의 요건(제3조제5항 관련)

(2021.12.28 개정)

구 분	기 준
1. 대주주가 「금융위원회의 설치 등에 관한 법률」 제38조에 따른 금융감독원의 검사를 받는 기관〔기관전용 사모집합투자기구(「자본시장과 금융투자업에 관한 법률」 제9조제19항제1호에 따른 기관전용 사모집합투자기구를 말한다. 이하 같다)는 제외하며, 이하 "금융기관"이라 한다)〕인 경우	가. 최근 사업연도 말 현재 재무상태표상 자산총액에서 부채총액을 뺀 금액(이하 "자기자본"이라 한다)이 출자하려는 금액의 3배 이상으로서 금융위원회 및 법무부장관이 공동으로 정하여 고시하는 기준을 충족할 것 나. 해당 금융기관에 적용되는 재무건전성에 관한 기준으로서 금융위원회 및 법무부장관이 공동으로 정하여 고시하는 기준을 충족할 것 다. 해당 금융기관이 「독점규제 및 공정거래에 관한 법률」에 따른 상호출자제한기업집단 및 공시대상기업집단(이하 "상호출자제한기업집단등"이라 한다)에 속하거나 같은 법에 따른 기업집단으로서 금융위원회가 정하여 고시하는 주채무계열(이하 "주채무계열"이라 한다)에 속하는 회사인 경우에는 그 상호출자제한기업집단등 또는 주채무계열의 부채비율(최근 사업연도 말 현재 재무상태표상 부채총액을 자기자본으로 나눈 비율을 말하며, 이 경우 금융기관은 부채비율 산정대상에서 제외한다. 이하 같다)이 100분의 300 이하로서 금융위원회 및 법무부장관이 공동으로 정하여 고시하는 기준을 충족할 것 라. 출자금은 금융위원회 및 법무부장관이 공동으로 정하여 고시하는 바에 따라 차입하여 조성된 자금이 아닐 것 마. 다음의 요건을 충족할 것. 다만, 그 위반 등의 정도가 경미하다고 인정되는 경우는 제외한다. 1) 최근 5년간 금융관련법령, 「독점규제 및 공정거래에 관한 법률」 및 「조세범 처벌법」을 위반하여 벌금형 이상에 상당하는 형사처벌을 받은 사실이 없을 것. 다만, 「자본시장과 금융투자업에 관한 법률」 제448조, 그 밖에 해당 법률의 양벌 규정에 따라 처벌을 받은 경우는 제외한다. 2) 최근 5년간 채무불이행 등으로 건전한 신용질서를 해친 사실이 없을 것 3) 「금융산업의 구조개선에 관한 법률」에 따라 부실금융기관으로 지정되었거나 「자본시장과 금융투자업에 관한 법률」 또는 금융관련법령에 따라 영업의 허가·인가·등록 등이 취소된 금융기관의 대주주 또는 그 특수관계인(「금융회사의 지배구조에 관한 법률 시행령」 제3조제1항 각 호의 어느 하나에 해당하는 자로서 부실금융기관으로 지정되거나 영업의 허가 등이 취소될 당시 「독점규제 및 공정거래에 관한 법률 시행령」 제5조제1항제2호가목에 따른 독립경영친족에 해당하거나 같은 목에 따라 공정거래위원회로부터 동일인관련자의 범위에서 분리되었다고 인정을 받은 자는 제외한다)이 아닐 것. 다만, 법원의 판결에 따라 부실책임이 없다고 인정된 자 또는 부실에 따른 경제적 책임을 부담하는 등 금융위원회 및 법무부장관이 공동으로 정하여 고시하는 기준에 해당하는 자는 제외한다. 4) 그 밖에 금융위원회 및 법무부장관이 공동으로 정하여 고시하는 건전한 금융거래질서를 해친 사실이 없을 것
2. 대주주가 제1호 외의 내국법인〔기관전용 사모집합투자기구와 투자목적회사(「자본시장과 금융투자업에 관한 법률」 제249조의13에 따른 투자목적회사를 말한다)는 제외한다. 이하 같다〕인 경우	가. 최근 사업연도 말 현재 자기자본이 출자하려는 금액의 3배 이상으로서 금융위원회 및 법무부장관이 공동으로 정하여 고시하는 기준을 충족할 것 나. 최근 사업연도 말 현재 부채비율이 100분의 300 이하로서 금융위원회 및 법무부장관이 공동으로 정하여 고시하는 기준을 충족할 것 다. 그 법인이 상호출자제한기업집단등에 속하거나 주채무계열에 속하는 회사인 경우에는 그 상호출자제한기업집단등 또는 주채무계열의 부채비율이 100분의 300 이하로서 금융위원회 및 법무부장관이 공동으로 정하여 고시하는 기준을 충족할 것 라. 제1호라목 및 마목의 요건을 충족할 것
3. 대주주가 내국인으로서 개인인 경우	가. 「금융회사의 지배구조에 관한 법률」 제5조제1항 각 호의 어느 하나에 해당하지 않을 것 나. 제1호라목 및 마목의 요건을 충족할 것
4. 대주주가 외국 법령에 따라 설립된 외국법인(이하 "외국법인"이라 한다)인 경우	가. 허가신청일 현재 외국에서 허가받으려는 전자등록업에 상당하는 영업을 하고 있을 것 나. 최근 사업연도 말 현재 자기자본이 출자하려는 금액의 3배 이상으로서 금융위원회 및 법무부장관이 공동으로 정하여 고시하는 기준을 충족할 것 다. 국제적으로 인정받는 신용평가기관으로부터 투자적격 이상의 신용평가등급을 받거나, 본국의 감독기관이 정하는 재무건전성에 관한 기준을 충족하고 있는 사실이 확인될 것 라. 최근 3년간 금융업에 상당하는 영업과 관련하여 본국으로부터 벌금형 이상에 상당하는 형사처벌을 받은 사실이 없을 것 마. 제1호마목의 요건을 충족할 것
5. 대주주가 기관전용 사모집합투자기구 또는 투자목적회사인 경우	기관전용 사모집합투자기구의 업무집행사원과 그 출자지분이 100분의 30 이상인 유한책임사원(기관전용 사모집합투자기구에 대하여 사실상의 영향력을 행사하고 있지 않다는 사실이 정관, 투자계약서, 확약서 등에 의하여 확인된 경우는 제외한다) 및 기관전용 사모집합투자기구를 사실상 지배하고 있는 유한책임사원이 다음 각 목의 어느 하나에 해당하거나 투자목적회사의 주주나 사원인 기관전용 사모집합투자기구의 업무집행사원과 그 출자지분이 100분의 30 이상인 주주나 사원(투자목적회사에 대하여 사실상의 영향력을 행사하고 있지 않다는 사실이 정관, 투자계약서, 확약서 등에 의하여 확인된 경우는 제외한다) 및 투자목적회사를 사실상 지배하고 있는 주주나 사원이 다음 각 목의 어느 하나에 해당하는 경우에는 각각 다음 각 목의 구분에 따른 요건을 충족할 것 가. 제1호의 금융기관인 경우 : 제1호나목·다목 및 마목의 요건을 충족할 것

	나. 제2호의 내국법인인 경우 : 제1호마목 및 제2호나목 · 다목의 요건을 충족할 것 다. 제3호의 내국인으로서 개인인 경우 : 제1호마목 및 제3호가목의 요건을 충족할 것 라. 제4호의 외국법인인 경우 : 제1호마목, 제2호나목(외국 금융기관은 제외한다) 및 제4호다목 · 라목의 요건을 충족할 것

비고
1. 「자본시장과 금융투자업에 관한 법률 시행령」 제16조제7항 각 호의 어느 하나에 해당하는 자가 위 표 제1호부터 제3호까지 또는 제5호(라목은 제외한다)에 해당하는 경우에는 위 표 제1호마목에 따른 요건 기준만 적용하고, 위 표 제4호 또는 제5호라목에 해당하는 경우에는 위 표 제1호마목 및 제4호라목의 대주주의 요건 기준만 적용한다. 다만, 최대주주인 법인이 기관전용 사모집합투자기구이거나 투자목적회사인 경우에는 위 표 제5호에 따른 기준을 적용한다.
2. 자기자본은 최근 사업연도 말 이후 허가신청일까지의 자본금의 증감분을 포함하여 계산한다.
3. 위 표 제4호를 적용할 때 대주주인 외국법인이 지주회사여서 위 표 제4호 각 목의 전부 또는 일부를 그 지주회사에 적용하는 것이 곤란하거나 불합리한 경우에는 그 지주회사가 허가신청 시에 지정하는 회사(그 지주회사의 경영을 사실상 지배하고 있는 회사 또는 그 지주회사가 경영을 사실상 지배하고 있는 회사만 해당한다)가 위 표 제4호 각 목의 전부나 일부를 충족하면 그 지주회사가 그 기준을 충족한 것으로 본다.

〔별표3〕

과태료의 부과기준(제49조 관련)

1. 일반기준
가. 위반행위의 횟수에 따른 과태료의 가중된 부과기준은 최근 1년간 같은 위반행위로 과태료를 부과처분을 받은 경우에 적용한다. 이 경우 기간의 계산은 위반행위에 대하여 과태료 부과처분을 받은 날과 그 처분 후 다시 같은 위반행위를 하여 적발된 날을 기준으로 한다.
나. 가목에 따라 가중된 부과처분을 하는 경우 가중처분의 적용 차수는 그 위반행위 전 부과처분차수(가목에 따른 기간 내에 과태료 부과 처분이 둘 이상 있었던 경우에는 높은 차수를 말한다)의 다음 차수로 한다.
다. 부과권자는 다음의 어느 하나에 해당하는 경우에는 제2호의 개별기준에 따른 과태료 금액의 2분의 1 범위에서 그 금액을 감경할 수 있다. 다만, 과태료를 체납하고 있는 위반행위자의 경우는 제외한다.
1) 위반행위가 사소한 부주의나 오류로 인한 것으로 인정되는 경우
2) 위반행위자가 법 위반상태를 시정하거나 해소하기 위해 노력한 사실이 인정되는 경우
3) 그 밖에 위반행위의 정도, 위반행위의 동기와 그 결과 등을 고려하여 감경할 필요가 있다고 인정되는 경우
라. 부과권자는 다음의 어느 하나에 해당하는 경우에는 제2호의 개별기준에 따른 과태료 금액의 2분의 1 범위에서 그 금액을 가중할 수 있다. 다만, 법 제75조제1항 및 제2항에 따른 과태료 금액의 상한을 넘을 수 없다.
1) 위반의 내용 · 정도가 중대하여 권리자 등에게 미치는 피해가 크다고 인정되는 경우
2) 법 위반상태의 기간이 6개월 이상인 경우
3) 그 밖에 위반행위의 정도, 위반행위의 동기와 그 결과 등을 고려하여 가중할 필요가 있다고 인정되는 경우

2. 개별기준

위반행위	근거 법조문	과태료 금액		
		1차 위반	2차 위반	3차 이상 위반
가. 법 제10조를 위반하여 명칭을 사용한 경우	법 제75조 제1항제1호	2천만원	3천만원	5천만원
나. 법 제13조제6항에서 준용하는 「자본시장과 금융투자업에 관한 법률」 제63조제1항을 위반하여 같은 항 제2호부터 제4호까지의 방법에 따르지 않고 자기의 계산으로 금융투자상품을 매매한 경우	법 제75조 제1항제2호	2천만원	3천만원	5천만원
다. 법 제21조제4항을 위반하여 전자등록기관에 통지하지 않거나 거짓으로 통지한 경우	법 제75조 제2항제1호	200만원	500만원	1천만원
라. 법 제25조제1항 각 호 외의 부분 단서를 위반하여 전자등록기관에 신규 전자등록을 신청하지 않은 경우	법 제75조 제1항제3호	2천만원	3천만원	5천만원
마. 법 제27조제1항을 위반하여 공고 또는 통지를 하지 않거나 거짓으로 공고 또는 통지한 경우	법 제75조 제2항제2호	200만원	500만원	1천만원
바. 법 제27조제2항을 위반하여 전자등록기관에 신규 전자등록의 추가 신청을 하지 않거나 거짓으로 신청한 경우	법 제75조 제2항제3호	200만원	500만원	1천만원
사. 법 제28조제3항을 위반하여 질권자의 요청에 따르지 않은 경우	법 제75조 제2항제4호	200만원	500만원	1천만원
아. 법 제28조제5항을 위반하여 질권설정자에게 통지를 하지 않거나 거짓으로 통지한 경우	법 제75조 제2항제5호	200만원	500만원	1천만원
자. 법 제29조제1항을 위반하여 특별계좌를 개설하지 않은 경우	법 제75조 제2항제6호	200만원	500만원	1천만원
차. 법 제29조제2항 각 호 외의 부분 본문을 위반하여 특별계좌부에 전자등록된 주식등에 대하여 법 제30조부터 제32조까지의 규정에 따른 전자등록을 한 경우	법 제75조 제1항제4호	2천만원	3천원	5천만원
카. 법 제37조제1항 본문을 위반하여 전자등록기관에 소유자명세의 작성을 요청하지 않은 경우	법 제75조 제2항제7호	200만원	500만원	1천만원
타. 법 제37조제4항 전단을 위반하여 소유자명세를 발행인에게 통지하지 않은 경우	법 제75조 제2항제8호	200만원	500만원	1천만원
파. 법 제37조제4항 후단(같은 조 제8항에서 준용하는 경우를 포함한다)을 위반하여 요청받은 사항을 통보하지 않거나 거짓으로 통보한 경우	법 제75조 제2항제9호	200만원	500만원	1천만원
하. 법 제37조제6항 본문(같은 조 제8항에서 준용하는 경우를 포함한다)을 위반하여 주주명부등을 작성 · 비치하지 않은 경우	법 제75조 제2항제10호	200만원	500만원	1천만원
거. 법 제37조제7항을 위반하여 명세를 발행인에게 통지하지 않은 경우	법 제75조 제2항제11호	200만원	500만원	1천만원
너. 법 제38조제3항을 위반하여 전자등록기관에 통지를 하지 않거나 거짓으로 통지한 경우	법 제75조 제2항제12호	200만원	500만원	1천만원
더. 법 제39조제1항 전단을 위반하여 소유자증명서를 발행하지 않거나 거짓으로 발행한 경우	법 제75조 제1항제5호	2천만원	3천만원	5천만원
러. 법 제39조제2항을 위반하여 전자등록기관에 통지하지 않거나 거짓으로 통지한 경우	법 제75조 제1항제6호	2천만원	3천만원	5천만원
머. 법 제40조제1항 전단을 위반하여 발행인등에게 통지하지 않거나 거짓으로 통지한 경우	법 제75조 제1항제7호	2천만원	3천만원	5천만원
버. 법 제40조제2항을 위반하여 전자등록기관에 통지하지 않거나 거짓으로 통지한 경우	법 제75조 제1항제8호	2천만원	3천만원	5천만원
서. 법 제41조에 따른 열람 또는 출력 · 복사에 필요한 조치를 하지 않은 경우	법 제75조 제1항제9호	2천만원	3천만원	5천만원
어. 법 제46조제1항 후단을 위반하여 전자등록기관의 요구에 정당한 사유 없이 따르지 않은 경우	법 제75조 제2항제13호	200만원	500만원	1천만원
저. 법 제46조제2항을 위반하여 전자등록기관에 통지를 하지 않거나 거짓으로 통지한 경우	법 제75조 제2항제14호	200만원	500만원	1천만원
처. 법 제48조제1항을 위반하여 전자등록 정보 또는 기록 정보를 보존하지 않은 경우	법 제75조 제1항제10호	2천만원	3천만원	5천만원
커. 법 제51조제1항 또는 제58조제1항에 따른 검사를 거부 · 방해 또는 기피한 경우	법 제75조 제1항제11호	2천만원	3천만원	5천만원
터. 법 제51조제3항(법 제58조제1항 후단에서 준용하는 경우를 포함한다)에 따른 보고, 자료의 제출, 증인의 출석, 증언 및 의견의 진술 요구에 따르지 않은 경우	법 제75조 제2항제15호	200만원	500만원	1천만원

■ 금융혁신지원 특별법

〔별표〕

금융 관계 법률(제2조제1호 관련)

(2021.4.20 개정)

1. 「개인정보 보호법」
2. (2021.4.20 삭제)
3. 「근로자퇴직급여 보장법」
4. 「금융산업의 구조개선에 관한 법률」
4의2. 「금융소비자 보호에 관한 법률」
5. 「금융실명거래 및 비밀보장에 관한 법률」
6. 「금융위원회의 설치 등에 관한 법률」
7. 「금융지주회사법」
8. 「금융회사의 지배구조에 관한 법률」
9. 「농업협동조합법」
10. 「담보부사채신탁법」
11. 「대부업 등의 등록 및 금융이용자 보호에 관한 법률」
12. 「보험업법」
13. 「부동산투자회사법」
14. 「산림조합법」
15. 「상호저축은행법」
16. 「새마을금고법」
17. 「선박투자회사법」
18. 「수산업협동조합법」
19. 「신용정보의 이용 및 보호에 관한 법률」
20. 「신용협동조합법」
21. 「여신전문금융업법」
21의2. 「온라인투자연계금융업 및 이용자 보호에 관한 법률」
22. 「외국환거래법」
23. 「은행법」
24. 「자본시장과 금융투자업에 관한 법률」
25. 「자산유동화에 관한 법률」
26. 「전자금융거래법」
27. (2021.4.20 삭제)
28. 「전자문서 및 전자거래 기본법」
29. 「전자서명법」
30. 「정보통신망 이용촉진 및 정보보호 등에 관한 법률」
31. 「주식 · 사채 등의 전자등록에 관한 법률」
32. 「중소기업은행법」
33. 「한국산업은행법」
34. 「한국수출입은행법」

<통상산업 · 정보통신편>

▣ 부정경쟁방지 및 영업비밀보호에 관한 법률 시행령

〔별표1〕

원본증명기관의 안전성 및 신뢰성 확보 조치(제3조의4 관련)

(2014.1.28 신설)

1. 전자지문의 추출 · 등록 및 보관(법 제9조의3제4항제1호 관련)
  가. 원본증명기관은 원본등록 신청인이 보유한 영업비밀로부터 전자지문을 추출 · 등록한 후 신청인에게 원본등록확인서를 발급할 것
  나. 원본증명기관은 등록된 전자지문을 안전하게 보관할 것
2. 영업비밀 원본 증명 및 원본증명서의 발급(법 제9조의3제4항제2호 관련)
  가. 원본증명기관은 원본증명서 발급 시 발급받으려는 사람의 신원확인을 위한 절차 등의 기준을 마련할 것
  나. 원본증명기관은 원본증명서의 발급명세 등을 관리할 것
3. 원본증명업무에 필요한 전문인력의 관리 및 설비의 보호(법 제9조의3제4항제3호 관련)
  가. 원본증명기관은 원본증명업무 담당 및 책임 직원에 대하여 그 운영과 관련된 교육을 실시할 것
  나. 원본증명기관은 원본증명업무를 수행하기 위하여 설비의 변경이 필요한 경우 특허청장에게 알릴 것
4. 원본증명업무의 운영 · 관리(법 제9조의3제4항제4호 관련)
  가. 원본증명기관은 원본증명업무와 관련한 정보가 훼손 또는 변경되지 않도록 관리할 것
  나. 원본증명기관은 원본증명업무에 관한 기록을 관리할 것
  다. 원본증명기관은 특허청장이 정하여 고시하는 시기에 운영 · 관리 등에 대하여 정기적으로 점검을 받을 것
5. 제1호부터 제4호까지에서 규정하고 있는 안전성 및 신뢰성 확보 조치 관련 구체적 사항은 특허청장이 정하여 고시한다.

〔별표2〕

행정처분 기준(제3조의5제1항 관련)

(2023.9.27 개정)

1. 일반기준
  가. 위반행위가 둘 이상인 경우로서 그에 해당하는 각각의 처분기준이 다른 경우에는 그 중 무거운 처분기준에 따른다. 다만, 둘 이상의 처분기준이 모두 업무정지인 경우에는 각 처분기준을 합산한 기간을 넘지 않는 범위에서 무거운 처분기준의 2분의 1의 범위에서 가중할 수 있고, 둘 이상의 처분기준 중 경고가 포함되어 있는 경우에는 경고를 함께 부과할 수 있다.
  나. 위반행위의 횟수에 따른 행정처분 기준은 최근 1년간 같은 위반행위로 행정처분을 받은 경우에 적용한다. 이 경우 기간의 계산은 위반행위에 대하여 행정처분을 받은 날과 그 처분 후 다시 같은 위반행위를 하여 적발된 날을 기준으로 한다.
  다. 나목에 따라 가중된 처분을 하는 경우 가중처분의 적용 차수는 그 위반행위 전 처분차수(나목에 따른 기간 내에 행정처분이 둘 이상 있었던 경우에는 높은 차수를 말한다)의 다음 차수로 한다.
  라. 행정처분기준이 경고인 경우에는 1개월 이상의 기간을 정하여 시정을 명하고 그 기간 동안 위반사항이 시정되지 않으면 2회 위반한 것으로 본다.
  마. 처분권자는 위반행위가 고의성이 없는 사소한 부주의나 오류로 인한 경우 그 처분을 감경할 수 있다. 이 경우 그 처분이 업무정지인 경우에는 그 처분기준의 2분의 1의 범위에서 감경할 수 있고, 지정취소(법 제9조의4제3항제1호 및 제2호에 따른 지정취소는 제외한다)인 경우에는 3월 이상의 업무정지처분으로 감경할 수 있다.
2. 개별기준

위 반 사 항	근거 법조문	위반횟수별 처분기준		
		1차	2차	3차 이상
가. 거짓이나 그 밖의 부정한 방법으로 법 제9조의3제1항에 따른 지정을 받은 경우	법 제9조의4제3항제1호	지정취소		
나. 법 제9조의4제3항 각 호 외의 부분 본문에 따라 원본증명업무의 정지명령을 받은 자가 그 명령을 위반하여 원본증명업무를 한 경우	법 제9조의4제3항제2호	지정취소		
다. 법 제9조의3제1항에 따른 지정을 받은 날부터 6개월 이내에 원본증명업무를 시작하지 않거나 6개월 이상 계속하여 원본증명업무를 중단한 경우	법 제9조의4제3항제3호	경고	지정취소	
라. 법 제9조의4제1항제1호에 해당하여 시정명령을 받은 경우 그 시정명령을 정당한 이유 없이 이행하지 않은 경우	법 제9조의4제3항제4호	업무정지 1개월	업무정지 2개월	업무정지 6개월
마. 법 제9조의4제1항제2호에 해당하여 시정명령을 받은 경우 그 시정명령을 정당한 이유 없이 이행하지 않은 경우	법 제9조의4제3항제4호	업무정지 1개월	업무정지 2개월	업무정지 6개월
바. 법 제9조의4제2항에 따른 보조금 반환명령을 이행하지 않은 경우	법 제9조의4제3항제5호	경고	지정취소	

〔별표3〕

과징금 부과기준(제3조의7제1항 관련)

(2014.1.28 신설)

1. 일반기준
  가. 업무정지 1개월은 30일을 기준으로 한다.
  나. 위반행위의 종류에 따른 과징금의 금액은 업무정지기간에 라목에 따라 산정한 1일당 과징금의 금액을 곱한 금액으로 한다.
  다. 나목의 업무정지기간은 별표2에 따라 산정된 기간(가중 또는 감경을 한 경우에는 그에 따라 가중 또는 감경된 기간을 말한다)을 말한다.
  라. 1일당 과징금의 금액은 위반행위를 한 자의 최근 1년간 월평균 원본증명 등록건수를 기준으로 제2호에 따라 산출한다.
  마. 라목의 최근 1년간 월평균 원본증명 등록건수는 해당 업체에 대한 처분일이 속한 월의 이전 1년간 월평균 원본증명 등록건수를 기준으로 한다. 다만, 신규지정 · 휴업 등으로 인하여 1년간의 월평균 원본증명 등록건수를 산출할 수 없거나 1년간의 월평균 원본증명 등록건수를 기준으로 하는 것이 불합리하다고 인정되는 경우에는 일별 원본증명 등록건수를 기준으로 산출하거나 조정한다.
  바. 나목에도 불구하고 과징금 산정금액이 1억원을 초과하는 경우에는 과징금의 금액을 1억원으로 한다.
2. 과징금의 산정방법

1년간 월평균 원본증명 등록건수(단위 : 건)	1일당 과징금 금액(단위 : 만원)
600 이하	20
600 초과 1,200 이하	40
1,200 초과	60

〔별표4〕

과태료의 부과기준(제6조 관련)

(2023.9.27 개정)

1. 일반기준
  가. 위반행위의 횟수에 따른 과태료의 가중된 부과기준은 최근 3년간 같은 위반행위로 과태료 부과처분을 받은 경우에 적용한다. 이 경우 기간의 계산은 위반행위에 대하여 과태료 부과처분을 받은 날과 그 처분 후 다시 같은 위반행위를 하여 적발된 날을 기준으로 한다.
  나. 가목에 따라 가중된 부과처분을 하는 경우 가중처분의 적용 차수는 그 위반행위 전 부과처분 차수(가목에 따른 기간 내에 과태료 부과처분이 둘 이상 있었던 경우에는 높은 차수를 말한다)의 다음 차수로 한다.
  다. 부과권자는 다음의 어느 하나에 해당하는 경우에는 제2호에 따른 과태료 금액의 2분의 1의 범위에서 그 금액을 줄일 수 있다. 다만, 과태료를 체납하고 있는 위반행위자의 경우에는 그러하지 아니하다.
    1) 위반행위자가 「질서위반행위규제법 시행령」 제2조의2제1항 각 호의 어느 하나에 해당하는 경우
    2) 위반행위가 사소한 부주의나 오류로 인한 것으로 인정되는 경우
    3) 위반행위자가 법 위반상태를 시정하거나 해소하기 위하여 노력한 것이 인정되는 경우
    4) 그 밖에 위반행위의 정도, 위반행위의 동기와 그 결과 등을 고려하여 줄일 필요가 있다고 인정되는 경우
  라. 부과권자는 다음의 어느 하나에 해당하는 경우에는 제2호에 따른 과태료 금액의 2분의 1의 범위에서 그 금액을 늘릴 수 있다. 다만, 법 제20조제1항에 따른 과태료 금액의 상한을 넘을 수 없다.
    1) 위반의 내용 · 정도가 중대하여 소비자 등에게 미치는 피해가 크다고 인정되는 경우
    2) 법 위반상태의 기간이 6개월 이상인 경우
    3) 그 밖에 위반행위의 정도, 위반행위의 동기와 그 결과 등을 고려하여 늘릴 필요가 있다고 인정되는 경우
2. 개별기준

위 반 행 위	근거법령	과태료 금액(만원)		
		1회 위반	2회 위반	3회 이상 위반
가. 법 제7조제1항에 따른 관계 공무원의 조사나 수거를 거부 · 방해 또는 기피한 경우	법 제20조제1항제1호			
1) 관계 공무원의 영업장 출입을 거부하거나 영업장 조사를 거부하는 등 관계 공무원의 조사를 적극적으로 거부하는 경우		500	1,000	2,000
2) 영업장 내의 증거품을 반출하거나 숨기거나 인멸하는 등 관계 공무원의 조사를 방해하는 경우		200	400	800
3) 정당한 사유 없이 영업장을 이탈하는 등 조사를 기피하는 경우		100	200	400
4) 정당한 사유 없이 관계 공무원의 조사 확인이나 조사에 필요한 제품의 수거를 거부하는 등 기피행위를 한 경우		50	100	200
나. 법 제9조의4제5항을 위반하여 시정명령을 이행하지 않은 경우	법 제20조제1항제2호	300	600	1,200

▣ 유통산업발전법

〔별표〕

대규모점포의 종류(제2조제3호 관련)

(2013.1.23 신설)

1. 대형마트
  대통령령으로 정하는 용역의 제공장소(이하 "용역의 제공장소"라 한다)를 제외한 매장면적의 합계가 3천제곱미터 이상인 점포의 집단으로서 식품 · 가전 및 생활용품을 중심으로 점원의 도움 없이 소비자에게 소매하는 점포의 집단
2. 전문점
  용역의 제공장소를 제외한 매장면적의 합계가 3천제곱미터 이상인 점포의 집단으로서 의류 · 가전 또는 가정용품 등 특정 품목에 특화한 점포의 집단
3. 백화점
  용역의 제공장소를 제외한 매장면적의 합계가 3천제곱미터 이상인 점포의 집단으로서 다양한 상품을 구매할 수 있도록 현대적 판매시설과 소비자 편익시설이 설치된 점포로서 직영의 비율이 30퍼센트 이상인 점포의 집단
4. 쇼핑센터
  용역의 제공장소를 제외한 매장면적의 합계가 3천제곱미터 이상인 점포의 집단으로서 다수의 대규모점포 또는 소매점포와 각종 편의시설이 일체적으로 설치된 점포로서 직영 또는 임대의 형태로 운영되는 점포의 집단
5. 복합쇼핑몰
  용역의 제공장소를 제외한 매장면적의 합계가 3천제곱미터 이상인 점포의 집단으로서 쇼핑, 오락 및 업무 기능 등이 한 곳에 집적되고, 문화 · 관광 시설로서의 역할을 하며, 1개의 업체가 개발 · 관리 및 운영하는 점포의 집단
6. 그 밖의 대규모점포
  제1호부터 제5호까지의 규정에 해당하지 아니하는 점포의 집단으로서 다음 각 목의 어느 하나에 해당하는 것
  가. 용역의 제공장소를 제외한 매장면적의 합계가 3천제곱미터 이상인 점포의 집단
  나. 용역의 제공장소를 포함하여 매장면적의 합계가 3천제곱미터 이상인 점포의 집단으로서 용역의 제공장소를 제외한 매장면적의 합계가 전체 매장면적의 100분의 50 이상을 차지하는 점포의 집단. 다만, 시장 · 군수 또는 구청장이 지역경제의 활성화를 위하여 필요하다고 인정하는 경우에는 매장면적의 100분의 10의 범위에서 용역의 제공장소를 제외한 매장의 면적 비율을 조정할 수 있다.

▣ 전자상거래 등에서의 소비자보호에 관한 법률 시행령

〔별표1〕

영업정지 처분의 기준(제34조제1항 관련)

(2023.4.25 개정)

1. 일반기준

가. 위반사항이 둘 이상인 경우 가장 무거운 처분기준의 2분의 1까지 가중할 수 있다. 이 경우 각 처분기준을 합산한 기간을 초과할 수 없으며, 그 최대기간은 12개월로 한다.

나. 위반행위의 횟수에 따른 행정처분의 가중된 처분기준은 최근 3년간 같은 위반행위로 행정처분을 받은 경우에 적용한다. 이 경우 기간의 계산은 위반행위에 대하여 행정처분을 받은 날과 그 처분 후 다시 같은 위반행위를 하여 적발된 날을 기준으로 한다.

다. 나목에 따라 가중된 행정처분을 하는 경우 가중처분의 적용 차수는 그 위반행위 전 행정처분 차수(나목에 따른 기간 내에 행정처분이 둘 이상 있었던 경우에는 높은 차수를 말한다)의 다음 차수로 한다.

라. 처분권자는 고의 또는 중과실이 없는 위반행위자가 법 제12조제1항 단서에 따라 신고의무가 면제되는 통신판매업자에 해당하는 경우에는 다음의 사항을 고려하여 제2호의 개별기준에 따른 영업정지기간을 100분의 70 범위에서 감경할 수 있다.

1) 해당 행정처분으로 위반행위자가 더 이상 영업을 영위하기 어렵다고 객관적으로 인정되는지 여부

2) 경제위기 등으로 위반행위자가 속한 시장·산업 여건이 현저하게 변동되거나 지속적으로 악화된 상태인지 여부

2. 개별기준

위 반 행 위	근거 법조문	영업정지 처분 내용		
		1차	2차	3차
가. 법 제5조제2항을 위반하여 전자문서의 효력 등을 소비자에게 고지하지 않은 경우	법 제32조제4항	영업정지 1개월	영업정지 3개월	영업정지 6개월
나. 법 제5조제3항을 위반하여 전자서명 방법의 이용을 강요하거나 제한하는 경우	법 제32조제4항	영업정지 1개월	영업정지 3개월	영업정지 6개월
다. 법 제5조제4항을 위반하여 전자문서를 통한 회원탈퇴 등의 방법을 제공하지 않은 경우	법 제32조제4항	영업정지 1개월	영업정지 3개월	영업정지 6개월
라. 법 제5조제5항을 위반하여 확인·증명을 전자문서로 제공하지 않은 경우	법 제32조제4항	영업정지 1개월	영업정지 3개월	영업정지 6개월
마. 법 제6조제1항을 위반하여 거래기록을 보존하지 않거나 열람·보존의 방법을 제공하지 않은 경우	법 제32조제4항	영업정지 1개월	영업정지 3개월	영업정지 6개월
바. 법 제7조에 따른 조작 실수 등의 방지를 위한 절차를 마련하지 않은 경우	법 제32조제4항	영업정지 3개월	영업정지 6개월	영업정지 12개월
사. 법 제8조제1항에 따라 관련 정보의 보안 유지에 필요한 조치를 하지 않은 경우	법 제32조제4항	영업정지 3개월	영업정지 6개월	영업정지 12개월
아. 법 제8조제2항에 따라 전자적 대금지급 시 고지의무를 위반하였거나 소비자의 확인절차를 마련하지 않은 경우	법 제32조제4항	영업정지 3개월	영업정지 6개월	영업정지 12개월
자. 법 제8조제3항부터 제5항까지의 규정을 위반하여 전자적 대금지급 사실의 통지의무 등을 위반한 경우	법 제32조제4항	영업정지 1개월	영업정지 3개월	영업정지 6개월
차. 법 제9조를 위반하여 분쟁의 해결에 협조하지 않거나 신원을 확인하기 위한 조치를 취하지 않은 경우	법 제32조제4항	영업정지 1개월	영업정지 3개월	영업정지 6개월
카. 법 제9조의2를 위반하여 소비자피해가 발생하지 않도록 하기 위한 사항을 이행하지 않은 경우 또는 신원정보를 확인하기 위한 조치를 취하지 않거나 분쟁의 해결에 협조하지 않은 경우	법 제32조제4항	영업정지 1개월	영업정지 3개월	영업정지 6개월
타. 법 제10조에 따른 표시를 하지 않거나 시정에 필요한 조치에 협력하지 않은 경우	법 제32조제4항	영업정지 1개월	영업정지 3개월	영업정지 6개월
파. 법 제11조를 위반하여 소비자에 관한 정보를 수집 또는 이용하거나 본인 확인이나 피해의 회복 등 필요한 조치를 하지 않은 경우	법 제32조제4항	영업정지 3개월	영업정지 6개월	영업정지 12개월
하. 법 제12조제1항부터 제3항까지에 따른 신고를 하지 않은 경우	법 제32조제4항	영업정지 1개월	영업정지 3개월	영업정지 6개월
거. 법 제13조제1항에 따른 표시·광고를 하지 않은 경우	법 제32조제4항	영업정지 1개월	영업정지 3개월	영업정지 6개월
너. 법 제13조제2항·제3항 및 제5항에 따른 표시·광고 또는 고지를 하지 않거나 계약 서면을 교부하지 않은 경우	법 제32조제4항	영업정지 3개월	영업정지 6개월	영업정지 12개월
더. 법 제14조에 따른 청약확인 및 청약확인에 필요한 통지를 하지 않거나 청약내용의 확인·정정·취소 절차를 갖추지 않은 경우	법 제32조제4항	영업정지 1개월	영업정지 3개월	영업정지 6개월
러. 법 제15조를 위반하여 재화 등의 공급에 필요한 조치를 하지 않은 경우	법 제32조제4항	영업정지 1개월	영업정지 3개월	영업정지 6개월
머. 법 제18조를 위반하여 재화등의 대금을 환급하지 않거나 환급에 필요한 조치를 하지 않은 경우	법 제32조제4항	영업정지 3개월	영업정지 6개월	영업정지 12개월
버. 법 제19조제1항을 위반하여 손해배상을 청구한 경우	법 제32조제4항	영업정지 1개월	영업정지 3개월	영업정지 6개월
서. 법 제20조를 위반하여 통신판매중개자의 고지 및 정보제공 의무를 게을리한 경우	법 제32조제4항	영업정지 3개월	영업정지 6개월	영업정지 12개월
어. 법 제20조의2를 위반하여 통신판매중개자 및 통신판매중개의뢰자의 책임을 게을리한 경우	법 제32조제4항	영업정지 3개월	영업정지 6개월	영업정지 12개월
저. 법 제20조의3을 위반하여 통신판매업자의 의무를 대신 이행하지 않은 경우	법 제32조제4항	영업정지 1개월	영업정지 3개월	영업정지 6개월
처. 법 제21조제1항 각 호의 어느 하나에 해당하는 금지행위를 한 경우	법 제32조제4항	영업정지 3개월	영업정지 6개월	영업정지 12개월
커. 법 제22조제1항을 위반하여 청약철회등과 청약철회등에 따른 대금 환급 관련 업무를 계속하지 않은 경우	법 제32조제4항	영업정지 1개월	영업정지 3개월	영업정지 6개월
터. 법 제23조제2항을 위반하여 약관의 내용을 표시하거나 고지하지 않은 경우	법 제32조제4항	영업정지 3개월	영업정지 6개월	영업정지 12개월
퍼. 법 제24조제1항에 따른 소비자피해보상보험계약등을 전자 결제수단의 발행자가 체결하지 않은 경우	법 제32조제4항	영업정지 3개월	영업정지 6개월	영업정지 12개월
허. 법 제24조제2항에 따른 결제대금예치의 이용 또는 소비자피해보상보험계약등을 체결하지 않은 경우	법 제32조제4항	영업정지 3개월	영업정지 6개월	영업정지 12개월
고. 법 제24조제5항을 위반하여 소비자피해보상보험계약등이 적절한 수준이 아닌 경우	법 제32조제4항	영업정지 1개월	영업정지 3개월	영업정지 6개월
노. 법 제24조제6항을 위반하여 소비자피해보상금 또는 지연배상금을 지급하지 않은 경우	법 제32조제4항	영업정지 3개월	영업정지 6개월	영업정지 12개월
도. 법 제24조제7항을 위반하여 거짓 자료를 제출한 경우	법 제32조제4항	영업정지 3개월	영업정지 6개월	영업정지 12개월
로. 법 제24조제8항을 위반하여 소비자피해보상보험계약등을 체결하지 않은 사업자가 소비자피해보상보험계약등을 체결하였다는 사실을 나타내는 표지를 사용하거나 이와 유사한 표지를 제작 또는 사용한 경우	법 제32조제4항	영업정지 3개월	영업정지 6개월	영업정지 12개월
모. 법 제24조제9항을 위반하여 결제대금예치를 이용할 수 없음에도 불구하고 결제대금예치를 이용할 수 있다는 사실을 나타내는 표지를 사용하거나 이와 유사한 표지를 제작 또는 사용한 경우	법 제32조제4항	영업정지 3개월	영업정지 6개월	영업정지 12개월
보. 법 제27조제2항을 위반하여 정보검색을 거부하거나 방해한 경우	법 제32조제4항	영업정지 3개월	영업정지 6개월	영업정지 12개월
소. 법 제29조제1항을 위반하여 평가·인증 업무를 수행하지 않은 경우	법 제32조제4항	영업정지 3개월	영업정지 6개월	영업정지 12개월
오. 법 제29조제2항을 위반하여 평가·인증의 기준 및 방법이 적절하지 않은 경우	법 제32조제4항	영업정지 1개월	영업정지 3개월	영업정지 6개월
조. 법 제32조의2제2항을 위반하여 공정거래위원회의 요청을 정당한 사유 없이 따르지 않은 경우	법 제32조제4항	영업정지 1개월	영업정지 3개월	영업정지 6개월

〔별표2〕

과징금의 부과기준(제38조제2항 관련)

(2012.8.13 신설)

1. 과징금의 산정기준

과징금은 법 제34조제3항 각 호의 사항과 이에 영향을 미치는 사항을 고려하여 산정하되, 위반행위 유형에 따른 기본 산정기준에 위반행위의 기간 및 소비자피해 정도에 따른 조정, 사업자의 보상노력 정도 등에 따른 조정을 거쳐 부과과징금을 산정한다.

가. 기본 산정기준

1) 위반행위를 한 사업자의 1일당 평균 관련매출액의 100분의 30에 해당하는 금액에 제34조 및 별표1의 영업정지 처분의 기준에서 정한 영업정지일수(1개월은 30일로 한다)를 곱한 금액으로 한다.

2) 영업중단 등으로 인하여 매출실적이 없거나, 재해 등으로 인하여 매출액 산정자료가 소멸되거나 훼손되어 객관적인 매출액 산정이 어려운 경우 등 관련매출액 산정이 곤란한 경우에는 위 영업정지기간에 1일당 50만원을 곱하여 산정하되, 그 최대 금액은 5천만원으로 한다.

3) 1일당 평균 관련매출액은 위반행위를 한 사업자의 위반기간(위반행위의 개시일부터 종료일까지의 기간) 동안의 관련매출액을 위반기간 일수로 나눈 금액을 말한다.

나. 소비자피해의 정도 등에 따른 조정(이하 "1차 조정"이라 한다)

법 제34조제3항제1호에 따른 소비자피해의 정도 및 같은 항 제4호에 따른 위반행위의 내용·기간 및 횟수에 따라 각각 기본 산정기준의 100분의 50 범위에서 공정거래위원회가 정하여 고시하는 기준에 따라 조정한다.

다. 위반사업자의 보상노력 정도 등에 따른 조정(이하 "2차 조정"이라 한다)

법 제34조제3항제2호에 따른 사업자의 보상노력 정도, 위반사업자의 고의·과실, 위반행위의 성격과 사정 등의 사유를 고려하여 1차 조정된 산정기준의 100분의 50의 범위에서 공정거래위원회가 정하여 고시하는 기준에 따라 조정한다.

라. 부과과징금

1) 위반사업자의 현실적 부담능력이나 그 위반행위가 시장에 미치는 효과, 그 밖에 시장 또는 경제여건, 법 제34조제3항제3호에 따른 위반행위로 취득한 이익의 규모 등을 충분히 반영하지 못하여 과중하다고 인정되는 경우에는 2차 조정된 산정기준의 100분의 50 범위에서 감액하여 부과과징금으로 정할 수 있다. 다만, 위반사업자의 과징금 납부능력의 현저한 부족, 위반사업자가 속한 시장·산업 여건의 현저한 변동 또는 지속적 악화, 경제위기, 그 밖에 이에 준하는 사유로 불가피하게 100분의 50을 초과하여 감액하는 것이 타당하다고 인정되는 경우에는 100분의 50을 초과하여 감액할 수 있다. 2차 조정된 산정기준을 감액하는 경우에는 공정거래위원회의 의결서에 그 이유를 명시하여야 한다.

2) 위반사업자의 채무상태가 지급불능 또는 지급정지 상태에 있거나 부채의 총액이 자산의 총액을 초과하는 등의 사유로 위반사업자가 객관적으로 과징금을 낼 능력이 없다고 인정되는 경우에는 과징금을 면제할 수 있다.

2. 과징금의 세부기준

1차 조정 및 2차 조정, 그 밖에 과징금 부과에 필요한 세부적인 기준과 방법 등에 관한 사항은 공정거래위원회가 정하여 고시한다.

〔별표3〕

과태료의 부과기준(제42조 관련)

(2024.1.2 개정)

1. 일반기준

가. 위반행위의 횟수에 따른 과태료의 가중된 부과기준은 최근 3년간 같은 위반행위로 과태료 부과처분을 받은 경우에 적용한다. 이 경우 기간의 계산은 위반행위에 대하여 과태료 부과처분을 받은 날과 그 처분 후 다시 같은 위반행위를 하여 적발된 날을 기준으로 한다.

나. 가목에 따라 가중된 부과처분을 하는 경우 가중처분의 적용 차수는 그 위반행위 전 부과처분 차수(가목에 따른 기간 내에 과태료 부과 처분이 둘 이상 있었던 경우에는 높은 차수를 말한다)의 다음 차수로 한다.

다. 부과권자는 위반행위의 정도, 위반행위의 동기와 그 결과 등 다음의 사항을 고려하여 제2호에 따른 과태료 금액의 2분의 1의 범위에서 그 금액을 감경할 수 있다. 다만, 과태료를 체납하고 있는 위반행위자에 대해서는 그러하지 아니하다.

1) 위반행위자가 「질서위반행위규제법 시행령」 제2조의2제1항 각 호의 어느 하나에 해당하는 경우

2) 위반행위가 사소한 부주의나 오류로 인한 것으로 인정되는 경우

3) 위반행위자가 법 위반상태를 시정하거나 해소한 경우

라. 부과권자는 고의 또는 중과실이 없는 위반행위자가 법 제12조제1항 단서에 따라 신고의무가 면제되는 통신판매업자에 해당하고, 과태료를 체납하고 있지 않은 경우에는 다음의 사항을 고려하여 제2호의 개별기준에 따른 과태료 금액의 100분의 70 범위에서 그 금액을 줄여 부과할 수 있다. 다만, 다목에 따른 감경과 중복하여 적용하지 않는다.

1) 위반행위자의 현실적인 부담능력
2) 경제위기 등으로 위반행위자가 속한 시장·산업 여건이 현저하게 변동되거나 지속적으로 악화된 상태인지 여부

2. 개별기준

(단위 : 만원)

위 반 행 위	근거 법조문	과태료 금액 1차 위반	2차 위반	3차 이상 위반
가. 법 제6조를 위반하여 거래기록을 보존하지 않거나 소비자에게 거래기록을 열람·보존할 수 있는 방법을 제공하지 않은 경우	법 제45조제4항제1호	100	200	500
나. 법 제9조의2제1항을 위반하여 소비자피해방지를 위한 사항을 이행하지 않은 경우	법 제45조제3항제1호	200	500	1,000
다. 법 제10조제1항 또는 제13조제1항에 따른 사업자의 신원정보를 표시하지 않은 경우	법 제45조제4항제2호	100	200	500
라. 법 제12조제2항 및 제3항에 따른 신고를 하지 않은 경우	법 제45조제4항제3호	100	200	500
마. 법 제13조제2항을 위반하여 표시·광고하거나 고지를 하지 않거나 계약내용에 관한 서면을 계약자에게 교부하지 않은 경우	법 제45조제4항제4호	100	200	500
바. 법 제13조제3항을 위반하여 재화등의 거래에 관한 계약을 취소할 수 있다는 내용을 거래 상대방인 미성년자에게 고지하지 않은 경우	법 제45조제4항제5호	100	200	500
사. 법 제20조의3제1호가목을 위반하여 법 제13조제2항제5호에 관한 정보의 제공을 하지 않은 경우	법 제45조제4항제6호	100	200	500
아. 법 제21조제1항제1호부터 제5호까지의 금지행위 중 어느 하나에 해당하는 행위를 한 경우	법 제45조제3항제2호	500	800	1,000
자. 법 제8조제4항에 따른 결제수단의 발행자로서 법 제24조제1항 각 호 외의 부분 단서를 위반하여 소비자피해보상보험계약등을 체결하지 않은 경우	법 제45조제3항제3호	200	500	1,000
차. 법 제15조제1항에 따른 선지급식 통신판매업자로서 법 제24조제2항을 위반한 경우	법 제45조제3항제4호	200	500	1,000
카. 법 제8조제4항에 따른 결제수단의 발행자로서 법 제24조제7항을 위반하여 거짓 자료를 제출하고 소비자피해보상보험계약등을 체결한 경우	법 제45조제3항제5호	200	500	1,000
타. 법 제15조제1항에 따른 선지급식 통신판매업자로서 법 제24조제7항을 위반하여 거짓 자료를 제출하고 소비자피해보상보험계약등을 체결한 경우	법 제45조제3항제6호	200	500	1,000
파. 법 제32조의2제1항을 위반하여 영업을 계속한 경우	법 제45조제1항	5,000	8,000	10,000
하. 법 제32조의2제2항을 위반하여 공정거래위원회의 요청을 따르지 않은 경우	법 제45조제3항제7호	200	500	1,000
거. 법 제39조제1항에 따라 준용되는 「독점규제 및 공정거래에 관한 법률」 제66조를 위반하여 질서유지의 명령을 따르지 않은 경우	법 제45조제5항	50	70	100
너. 법 제39조제2항에 따라 준용되는 「독점규제 및 공정거래에 관한 법률」 제81조제1항제1호에 따른 출석처분을 받은 당사자 중 정당한 사유 없이 출석하지 않은 경우 1) 사업자 또는 사업자단체	법 제45조제2항제1호	600	1,500	3,000
2) 사업자 또는 사업자단체의 임원 또는 종업원, 그 밖의 이해관계인	법 제45조제2항제1호	100	200	500
더. 법 제39조제2항에 따라 준용되는 「독점규제 및 공정거래에 관한 법률」 제81조제1항제3호 또는 같은 조 제6항에 따른 보고를 하지 않거나 필요한 자료나 물건을 제출하지 않거나 거짓으로 보고하거나 거짓 자료나 물건을 제출한 경우 1) 사업자 또는 사업자단체	법 제45조제2항제2호	600	1,500	3,000
2) 사업자 또는 사업자단체의 임원 또는 종업원, 그 밖의 이해관계인	법 제45조제2항제2호	100	200	500
러. 법 제39조제2항에 따라 준용되는 「독점규제 및 공정거래에 관한 법률」 제81조제2항 및 제3항에 따른 조사를 거부·방해 또는 기피한 경우 1) 사업자 또는 사업자단체	법 제45조제2항제3호	1,000	2,500	5,000
2) 사업자 또는 사업자단체의 임원 또는 종업원, 그 밖의 이해관계인	법 제45조제2항제3호	200	500	1,000

■ 산업집적활성화 및 공장설립에 관한 법률 시행령

〔별표1〕

제한업종(제6조제5항 단서 관련)

(2023.5.15 개정)

1. 「통계법」 제22조에 따라 통계청장이 고시하는 산업에 관한 표준분류에 따른 대분류 중 다음 각 목의 산업
가. 건설업
나. 보건업 및 사회복지 서비스업
다. 예술, 스포츠 및 여가관련 서비스업
2. 「사행행위 등 규제 및 처벌 특례법」 제2조제1항제2호에 따른 사행행위영업
3. 다음 각 목의 어느 하나에 해당하는 시설을 설치·운영하는 사업
가. 「건축법 시행령」 별표1 제1호에 따른 단독주택
나. 「건축법 시행령」 별표1 제2호에 따른 공동주택
다. 「건축법 시행령」 별표1 제5호에 따른 문화 및 집회시설
라. 「건축법 시행령」 별표1 제6호에 따른 종교시설
마. 「건축법 시행령」 별표1 제9호에 따른 의료시설
바. 「건축법 시행령」 별표1 제11호에 따른 노유자시설
사. 「건축법 시행령」 별표1 제12호에 따른 수련시설
아. 「건축법 시행령」 별표1 제15호에 따른 숙박시설
자. 「건축법 시행령」 별표1 제16호에 따른 위락시설
차. 「건축법 시행령」 별표1 제23호에 따른 교정시설
카. 「건축법 시행령」 별표1 제23호의2에 따른 국방·군사시설
타. 「건축법 시행령」 별표1 제26호에 따른 묘지 관련 시설
파. 「건축법 시행령」 별표1 제27호에 따른 관광 휴게시설
하. 「건축법 시행령」 별표1 제28호에 따른 장례시설
거. 「건축법 시행령」 별표1 제29호에 따른 야영장 시설
4. 그 밖에 산업통상자원부장관이 입주가능 산업에서 제외할 필요가 있다고 인정하여 법 제32조제1항에 따른 관리지침으로 정한 사업

〔별표1의2〕

과밀억제권역 안에서의 공장의 신설·증설 또는 이전이 허용되는 경우(제26조 관련)

(2021.6.8 개정)

1. 산업단지	공장의 신설 또는 증설
2. 공업지역	가. 중소기업 도시형공장(제34조제2호에 따른 도시형공장은 제외한다)의 신설 또는 증설 나. 기존공장의 증설(다만, 대기업의 공장은 증설되는 공장건축면적이 3천제곱미터 이내인 경우에만 해당한다) 다. 기타지역에 있는 중소기업공장의 공업지역으로의 이전 또는 공업지역 상호 간의 이전(공장건축면적이 기존공장건축면적과 이전 전 지역에서 해당 공장이 증설 가능한 면적을 합산한 범위 이내인 경우에만 해당한다) 라. 기존공장의 기존부지 내에서의 증설 마. 기술집약도가 높고 기술혁신속도가 빠른 업종으로서 산업통상자원부령으로 정하는 업종(이하 "첨단업종"이라 한다)을 영위하는 대기업의 기존공장으로서 기존공장건축면적의 200퍼센트 범위 이내의 증설 바. 기타지역에서 허용되는 행위
3. 기타지역	가. 다음의 어느 하나에 해당하는 공장(이하 "현지근린공장"이라 한다)의 신설 또는 증설(대기업의 공장은 신설 및 증설 결과 공장건축면적이 1천제곱미터 이내인 경우에만 해당한다) 또는 기존공장의 증설(대기업의 공장은 증설되는 공장건축면적이 1천제곱미터 이내인 경우에만 해당한다) 1) 농·수·축·임산물가공처리 및 그 부산물을 이용한 유기질비료 또는 사료를 제조하기 위한 공장으로서 산업통상자원부령으로 정하는 업종의 공장 2) (2021.6.8 삭제) 3) 「산업기술혁신 촉진법」 제11조에 따른 산업기술개발사업 또는 「기초연구진흥 및 기술개발지원에 관한 법률」 제14조에 따른 특정연구개발사업의 성과 및 국가인증을 획득한 신기술의 사업화를 촉진하기 위한 공장 4) 해당 지역에서 생산되는 원자재를 주원료로 하고 그 지역안에서 특화육성이 필요하다고 인정하여 시·도지사가 추천한 공장 5) 생활소비재산업 등 도시민의 생활과 밀접하게 관련되어 있는 산업으로서 산업통상자원부령으로 정하는 업종의 공장 나. 산업통상자원부령으로 정하는 건축자재업종의 공장(이하 "건축자재업종공장"이라 한다)의 신설 및 증설(대기업의 공장은 신설 및 증설 결과 공장건축면적이 1천제곱미터 이내인 경우에만 해당한다) 또는 기존공장의 증설(대기업의 공장은 증설되는 공장건축면적이 1천제곱미터 이내인 경우에만 해당한다) 다. 도시형공장(제34조제2호에 따른 도시형공장은 제외한다)인 중소기업 기존공장의 증설 라. 도시형공장(제34조제2호에 따른 도시형공장은 제외한다) 중 첨단업종의 공장의 신설 및 증설(대기업의 공장은 신설 및 증설 결과 공장건축면적이 1천제곱미터 이내인 경우에만 해당한다) 마. 도시형공장(제34조제2호에 따른 도시형공장은 제외한다)인 중소기업 기존공장의 기타지역 상호 간의 이전 바. 해당 지역에서 신설이 허용되는 업종을 영위하기 위한 기존공장의 증설(증설되는 면적이 신설이 허용되는 공장건축면적의 범위 이내인 경우에만 해당한다) 사. 「농수산물유통 및 가격안정에 관한 법률」에 따른 축산물공판장 내에 설치하는 도축 및 가공용시설의 신설 및 증설(신설 및 증설 결과 공장건축면적이 1만제곱미터 이내인 경우에만 해당한다) 아. 「신문 등의 진흥에 관한 법률」 제9조에 따라 등록한 일간신문의 발행을 위한 공장의 신설 및 증설(신설 및 증설 결과 공장건축면적이 1만제곱미터 이내인 경우에만 해당한다) 자. 첨단업종을 영위하는 대기업의 기존공장으로서 기존공장건축면적의 100퍼센트 범위 이내의 증설

비 고
1. 산업단지는 법 제2조제14호에 따른 산업단지(「중소기업진흥에 관한 법률」 제29조에 따른 협동화실천계획의 승인을 얻은 협동화단지를 포함한다. 이하 같다)와 「도시계획법」(법률 제6655호 국토의계획및이용에관한법률 부칙 제2조에 따라 폐지된 종전의 도시계획법을 말한다) 제2조제10호에 따라 일단의 공업용지조성사업으로 조성된 단지로 한다.
2. 공업지역은 「국토의 계획 및 이용에 관한 법률」 제36조제1항제1호다목에 따른 공업지역, 같은 법 제51조제3항에 따른 지구단위계획구역(산업·유통형 및 복합형만 해당한다)과 같은 법 시행령 제31조제2항제8호나목 및 마목에 따른 산업·유통개발진흥지구 및 복합개발진흥지구 안에서 공업용도로 구획되는 것으로 한다.
3. 기타지역은 산업단지, 공업지역 외의 지역으로 한다.
4. 중소기업은 「중소기업기본법」 제2조에 따른 중소기업으로 한다.
5. 대기업은 중소기업 외의 기업으로 한다.
6. 기존공장은 대통령령 제21267호 산업집적활성화 및 공장설립에 관한 법률 시행령 일부개정령의 시행일 현재 법 제16조에 따라 등록을 한 공장을 말한다.
7. 기존공장건축면적은 대통령령 제21267호 산업집적활성화 및 공장설립에 관한 법률 시행령 일부개정령의 시행일 현재 기존공장의 등록된 건축면적으로 본다.
8. 기존공장의 기존부지면적은 대통령령 제21267호 산업집적활성화 및 공장설립에 관한 법률 시행령 일부개정령의 시행일 현재 기존공장의 등록된 부지면적으로 본다.
9. 증설이 허용되는 면적을 산정함에 있어서 2회 이상에 걸쳐 증설을 하는 경우에는 각각 증설되는 면적을 합한 것으로 한다.

〔부표〕 (2009.8.5 삭제)

〔별표2〕

성장관리권역 안에서의 공장의 신설·증설 또는 이전이 허용되는 경우(제27조 관련)

(2020.5.12 개정)

1. 산업단지	공장의 신설 또는 증설
2. 공업지역	가. 대기업의 과밀억제권역 및 자연보전권역에서 성장관리권역의 공업지역으로의 이전 나. 첨단업종을 영위하는 대기업 기존공장의 증설 다. 기타지역에서 허용되는 행위

3. 기타지역	가. 중소기업공장의 신설 또는 증설 나. 현지근린공장 또는 건축자재업종공장의 신설 또는 증설(신설 또는 증설 결과 공장건축면적이 5천제곱미터 이내인 경우에만 해당한다) 다. 첨단업종을 영위하는 대기업의 기존공장으로서 기존공장건축면적의 200퍼센트 범위 이내의 증설 라. 기존공장의 기존부지내에서의 증설 마. 기존공장의 증설(증설되는 면적이 3천제곱미터 이내인 경우에만 해당한다) 바. 「축산물위생관리법」에 따른 도축용시설과 「농수산물유통 및 가격안정에 관한 법률」에 따른 축산물공판장 내에 설치하는 도축 및 가공용시설의 신설 및 증설(신설 및 증설 결과 공장건축면적이 1만제곱미터 이내인 경우에만 해당한다) 사. 과밀억제권역 및 자연보전권역에 있는 중소기업공장의 성장관리권역으로의 이전 아. 「신문 등의 진흥에 관한 법률」 제9조에 따라 등록한 일간신문의 발행을 위한 공장의 신설 및 증설(신설 및 증설 결과 공장건축면적이 1만제곱미터 이내인 경우에만 해당한다)

비 고
산업단지, 공업지역, 기타지역, 중소기업, 대기업, 기존공장, 기존공장건축면적, 기존공장의 기존부지면적, 증설이 허용되는 면적은 별표1의2의 비고란과 같다.

[부표] (2009.8.5 삭제)

[별표3]

자연보전권역 안에서의 공장의 신설·증설 또는 이전이 허용되는 경우(제27조의2 관련)

(2023.4.11 개정)

1. 산업단지	공업지역 및 기타지역에서 허용되는 행위(중소기업공장의 경우에는 면적제한을 적용하지 아니한다)
2. 공업지역	가. 중소기업 도시형공장(제34조제2호에 따른 도시형공장은 제외한다)의 신설 및 증설(신설 및 증설 결과 공장건축면적이 3천제곱미터 이내인 경우에만 해당한다) 나. 중소기업공장의 기타지역에서 공업지역으로의 이전 또는 공업지역 상호 간의 이전(공장건축면적이 기존공장건축면적과 이전 전 지역에서 해당 공장이 증설 가능한 면적을 합산한 범위 이내인 경우에만 해당한다) 다. 기타지역에서 허용되는 행위
3. 기타지역	가. 현지근린공장 및 첨단업종공장의 신설 및 증설(신설 및 증설결과 공장건축면적이 1천제곱미터 이내인 경우에만 해당한다) 또는 기존공장의 증설(증설되는 공장건축면적이 1천제곱미터 이내인 경우에만 해당한다). 다만, 별표1의2 제3호 가목4)에 해당하는 공장의 경우에는 산업통상자원부장관이 환경부장관과 협의하여 정하는 업종에만 해당한다. 나. 도시형공장(제34조제2호에 따른 도시형공장은 제외한다) 중 수질에 미치는 영향이 자연보전지역의 지정목적에 적합하다고 인정되는 공장으로 산업통상자원부장관이 환경부장관과 협의하여 산업통상자원부령으로 정하는 공장(중소기업으로 신설 및 증설 결과 공장건축면적이 2천제곱미터 이내인 경우에만 해당한다) 다. 건축자재업종공장의 신설 및 증설(신설 및 증설 결과 공장건축면적 1천제곱미터 이내인 경우에만 해당한다) 또는 기존공장의 증설(증설되는 공장건축면적이 1천제곱미터 이내인 경우에만 해당한다) 라. 중소기업 도시형공장(제34조제2호에 따른 도시형공장은 제외한다)인 기존공장의 증설(증설되는 공장건축면적이 3천제곱미터 이내인 경우에만 해당한다) 마. 중소기업 도시형공장(제34조제2호에 따른 도시형공장은 제외한다)의 기타지역 상호 간의 이전(기존공장건축면적과 이전 전 지역에서 해당 공장이 증설가능한 면적을 합산한 범위 이내인 경우에만 해당한다) 바. 폐업한 기존공장을 양수하여 동일한 규모로 설립하는 중소기업 공장의 신설(기존공장과 동일한 업종이거나 해당 지역에서 신설이 허용되는 업종의 신설에만 해당한다) 사. 「축산물위생관리법」에 따른 도축용시설의 신설 및 증설(신설 및 증설 결과 건축면적 5천제곱미터 이내인 경우에만 해당한다) 또는 기존시설의 증설(증설되는 건축면적이 5천제곱미터 이내인 경우에만 해당한다) 아. 「양곡관리법」 제22조에 따라 미곡유통업을 육성하기 위한 미곡종합처리장의 신설 및 증설(신설 및 증설 결과 공장건축 면적이 3천제곱미터 이내인 경우에만 해당한다) 또는 기존처리장의 증설(증설되는 건축면적이 3천제곱미터 이내인 경우에만 해당한다) 자. 「임업 및 산촌 진흥촉진에 관한 법률」 제10조에 따른 가공시설 자금지원대상인 임산물 가공업의 시설의 신설 및 증설(신설 및 증설 결과 공장건축면적이 5천제곱미터 이내인 경우에만 해당한다) 차. 해당 지역에서 신설이 허용되는 업종을 영위하기 위한 기존공장의 증설(증설되는 면적이 신설이 허용되는 공장건축면적의 범위 이내인 경우에만 해당한다) 카. 「물환경보전법」 제2조제10호에 따른 폐수배출시설에 해당하지 않는 공장의 신설 또는 증설(다만, 「한강수계 상수원수질개선 및 주민지원 등에 관한 법률」 제8조에 따른 오염총량관리계획을 수립·시행하는 지역인 경우에만 해당한다)

비 고
산업단지, 공업지역, 기타지역, 중소기업, 대기업, 기존공장, 기존공장건축면적, 증설이 허용되는 면적은 별표1의2의 비고란과 같다.

[별표4]

도시형공장 해당 업종(제34조제2호 관련)

(2021.6.8 개정)

분류번호	업 종 명
26111	메모리용 전자집적회로 제조업
26112	비메모리용 및 기타 전자집적회로 제조업
26121	발광 다이오드 제조업
26129	기타 반도체소자 제조업
26211	액정 표시장치 제조업
26293	전자카드 제조업
26295	전자감지장치 제조업
26299	그 외 기타 전자부품 제조업
26322	컴퓨터 모니터 제조업
26323	컴퓨터 프린터 제조업
26329	기타 주변기기 제조업
26410	유선통신장비 제조업
26421	방송장비 제조업
26422	이동전화기 제조업
26429	기타 무선 통신장비 제조업
26511	텔레비전 제조업
26519	비디오 및 기타 영상기기 제조업
26521	라디오, 녹음 및 재생기기 제조업
26529	기타 음향기기 제조업
27192	정형외과용 및 신체보정용 기기 제조업 중 보정용 인조눈을 제조하는 제조업
27309	기타 광학기기 제조업
31311	유인 항공기, 항공 우주선 및 보조장치 제조업
31312	무인 항공기 및 무인 비행장치 제조업

[별표5]

산업단지구조고도화사업의 총수익 및 총사업비 등 구성항목(제58조의5제1항 관련)

(2022.1.21 개정)

구 분		내 용
총 수 익		① 용지 및 건축물의 매각수입
총사업비	사 업 비	② 용지 및 건축물의 취득비용, ③ 조성 및 건축비용, ④ 자본비용, ⑤ 그 밖에 사업추진상 불가피하게 드는 비용 또는 경비
	제세공과금	취득세·등록세, 각종 부담금 등

비 고
1. "용지 및 건축물의 매각수입"이란 「감정평가 및 감정평가사에 관한 법률」에 따른 감정평가법인등이 평가한 예상 감정가격을 말하며, 임대·사용의 경우에도 동일하게 적용한다.
2. "용지 및 건축물의 취득비용"이란 용지 및 건축물 매입비를 말한다. 다만, 현물출자 또는 대행개발하는 경우의 용지 및 건축물의 취득비용은 「감정평가 및 감정평가사에 관한 법률」에 따른 감정평가법인등이 해당 용지 및 건축물을 평가한 금액으로 한다.
3. "조성 및 건축비용"이란 조사비, 설계비, 공사비, 일반관리비 및 기타경비로서 다음 각 목의 금액을 말한다.
   가. 조사비 : 측량비 또는 그 밖에 조사비용의 합계액
   나. 설계비 : 설계를 위하여 지출한 비용의 합계액
   다. 공사비 : 재료비·노무비·경비·일반관리비·시공사 이윤의 합계액
   라. 일반관리비 : 관리활동부문에서 발생한 비용의 합계액
   마. 기타경비 : 인·허가 관련 비용, 용역비, 예술장식품 설치비, 인입공사비 등
4. "자본비용"이란 구조고도화계획에서 정한 사업기간 중 사업비 조달에 드는 비용을 말한다.
5. "그 밖에 사업추진상 불가피하게 드는 비용 또는 경비"란 계획기간 내 사업계획에 따라 기업 및 지원시설의 설치·이전, 등기, 준공인가 등을 위하여 투여할 수밖에 없는 비용으로서 객관적으로 인정되는 것과 천재지변으로 인한 피해액 등 불가피하게 드는 비용을 말한다.

[별표6]

과태료의 부과기준(제60조 관련)

(2021.6.8 개정)

1. 일반기준
   가. 제2호에 따른 위반행위의 횟수에 따른 과태료의 부과기준은 최근 1년간 같은 위반행위로 과태료를 받은 경우에 적용한다. 이 경우 위반횟수는 위반행위에 대하여 과태료를 부과처분한 날과 다시 동일한 위반행위를 적발한 날을 각각 기준으로 하여 계산한다.
   나. 제2호가목·사목·아목·타목·파목 및 더목에 따른 지연기간을 산정할 때에 다음의 사유가 있는 기간은 지연기간에 산입하지 아니한다.
      1) 천재지변 등 불가항력적인 경우
      2) 소송 등의 사유로 의무의 불이행에 상당한 이유가 있다고 인정되는 경우
   다. 산업통상자원부장관, 시·도지사, 시장·군수 또는 구청장은 다음의 어느 하나에 해당하는 경우로서 위반행위자가 과태료를 체납하고 있지 않은 경우에는 제2호에 따른 과태료 금액의 2분의 1의 범위에서 그 금액을 줄일 수 있다.
      1) 위반행위자가 「질서위반행위규제법 시행령」 제2조의2제1항 각 호의 어느 하나에 해당하는 경우
      2) 위반행위가 사소한 부주의나 오류 등 과실로 인한 것으로 인정되는 경우
      3) 위반행위자가 위법행위로 인한 결과를 시정하거나 해소한 경우
      4) 그 밖에 위반행위의 정도, 위반행위의 동기와 그 결과 등을 고려하여 감경할 필요가 있다고 인정되는 경우
   라. 산업통상자원부장관, 시·도지사, 시장·군수 또는 구청장은 위반행위의 정도, 위반행위의 동기와 그 결과 등을 고려하여 제2호에 따른 과태료 금액의 2분의 1의 범위에서 그 금액을 늘릴 수 있다. 다만, 늘리는 경우에는 법 제55조제1항 및 제2항에 따른 상한을 초과할 수 없다.

2. 개별기준

(단위 : 만원)

위 반 행 위	근거 법조문	과태료 금액		
		1회 위반	2회 위반	3회 이상 위반
가. 법 제11조제2항에 따른 완료신고를 하지 않거나 거짓으로 신고하고 공장을 가동한 경우	법 제55조제2항제1호			
1) 공장부지 면적이 3,300㎡ 미만인 경우		90	90	90
2) 공장부지 면적이 3,300㎡ 이상인 경우		100	100	100
나. 법 제13조제1항 단서, 제14조의3제1항 단서 및 제20조제2항 단서에 따른 변경신고를 하지 않고 승인된 사항을 변경한 경우	법 제55조제2항제2호			
1) 공장부지 면적이 3,300㎡ 미만인 경우		90	90	90
2) 공장부지 면적이 3,300㎡ 이상인 경우		100	100	100
다. 법 제15조제1항에 따른 공장설립등의 완료신고를 하지 않거나 거짓 신고를 하고 공장을 가동하는 경우	법 제55조제2항제3호			
1) 공장부지 면적이 3,300㎡ 미만인 경우		90	90	90
2) 공장부지 면적이 3,300㎡ 이상인 경우		100	100	100
라. 법 제15조제2항에 따른 기준건축면적률에 적합하도록 요건을 갖추어 사업개시의 신고를 하지 않거나 거짓이나 그 밖의 부정한 방법으로 신고를 하고 사업을 시작한 경우	법 제55조제2항제4호			
1) 산업용지 면적이 3,300㎡ 미만인 경우		90	90	90
2) 산업용지 면적이 3,300㎡ 이상인 경우		100	100	100
마. 법 제16조제3항에 따른 부분가동을 위한 등록을 하지 않고 공장을 부분가동하는 경우	법 제55조제2항제5호			
1) 공장부지 면적이 3,300㎡ 미만인 경우		90	90	90
2) 공장부지 면적이 3,300㎡ 이상인 경우		100	100	100
바. 법 제16조제4항에 따른 변경등록을 하지 않고 등록된 사항을 변경한 경우	법 제55조제2항제6호			
1) 공장부지 면적이 3,300㎡ 미만이거나 공장등 건축연면적이 1,000㎡ 미만인 경우		90	90	90
2) 공장부지 면적이 3,300㎡ 이상이거나 공장등 건축연면적이 1,000㎡ 이상인 경우		100	100	100

사. 법 제28조의6제2항에 따른 신고를 하지 않거나 거짓으로 신고한 경우 1) 지연신고기간이 10일 미만인 경우 2) 지연신고기간이 10일 이상이거나 거짓으로 신고한 경우	법 제55조제2항제7호	 60 70	 60 70	 60 70
아. (2015.6.30 삭제)				
자. 법 제38조제2항을 위반하여 변경계약(산업통상자원부령으로 정하는 경미한 사항에 대한 변경을 말한다)을 체결하지 않고 제조업 또는 그 외의 사업을 하는 경우	법 제55조제2항제9호	50	50	50
차. 법 제38조의2를 위반하여 산업용지 및 공장등의 임대사업을 하는 경우 1) 임대한 산업용지 면적이 3,300m^2 미만이거나 공장등 건축연면적이 1,000m^2 미만인 경우 2) 임대한 산업용지 면적이 3,300m^2 이상이거나 공장등 건축연면적이 1,000m^2 이상인 경우	법 제55조제1항제1호	 280 300	 280 300	 280 300
카. 법 제39조제3항, 제40조제2항 또는 제43조제2항을 위반하여 신고를 하지 않고 산업용지 또는 공장등을 양도한 경우 1) 양도한 산업용지 면적이 3,300m^2 미만이거나 공장등 건축연면적이 1,000m^2 미만인 경우 2) 양도한 산업용지 면적이 3,300m^2 이상이거나 공장등 건축연면적이 1,000m^2 이상인 경우	법 제55조제1항제2호	 280 300	 280 300	 280 300
타. 법 제40조제1항을 위반하여 산업용지 또는 공장등을 양도하지 않은 경우 1) 지연양도기간이 1개월 미만인 경우 2) 지연양도기간이 1개월 이상이거나 양도하지 않은 경우	법 제55조제1항제3호	 280 300	 280 300	 280 300
파. 법 제40조의2제1항 또는 제43조제1항 · 제2항에 따른 기간에 산업용지 또는 공장등을 양도하지 않은 경우	법 제55조제1항제4호	300	300	300
하. 법 제43조제2항을 위반하여 산업용지 또는 공장등을 양도한 경우	법 제55조제1항제5호	500	500	500
거. 법 제45조의17제3항을 위반하여 한국산업단지공단 또는 이와 유사한 명칭을 사용한 경우	법 제55조제2항제10호	80	90	100
너. 법 제48조제1항 또는 제2항에 따른 검사를 거부 · 방해 또는 기피한 경우	법 제55조제1항제6호	180	190	200
더. 법 제48조제1항 또는 제2항에 따른 보고를 하지 않거나 거짓으로 보고를 한 경우 1) 지연보고기간이 10일 미만인 경우 2) 지연보고기간이 10일 이상이거나 거짓으로 보고한 경우	법 제55조제2항제11호	 40 50	 40 50	 40 50

■ 특허법 시행령

〔별표〕

과태료의 부과기준(제20조 관련)

(2011.12.2 개정)

1. 일반기준
  가. 위반행위가 둘 이상인 경우에는 그 중 가장 무거운 부과기준(무거운 부과기준이 같은 경우에는 그 중 하나의 부과기준을 말한다)을 따르며, 이 경우 무거운 부과기준의 2분의 1까지 늘릴 수 있다. 다만, 각 부과금액을 합한 금액을 넘을 수 없다.
  나. 위반행위의 횟수에 따른 과태료 부과기준은 최근 1년간 같은 위반행위로 과태료처분을 받은 경우에 적용한다. 이 경우 위반횟수별 부과기준의 적용일은 위반행위에 대한 과태료처분일과 그 처분 후 다시 적발된 날로 한다.
  다. 특허청장은 다음의 어느 하나에 해당하는 경우에는 제2호에 따른 과태료 금액의 2분의 1의 범위에서 그 금액을 줄일 수 있다. 다만, 과태료를 체납하고 있는 위반행위자의 경우에는 그러하지 아니하다.
    1) 위반행위자가 「질서위반행위규제법 시행령」 제2조의2제1항 각 호의 어느 하나에 해당하는 경우
    2) 위반행위가 사소한 부주의나 오류로 인한 것으로 인정되는 경우
    3) 위반행위자가 법 위반상태를 시정하거나 해소하기 위하여 노력한 것이 인정되는 경우
    4) 그 밖에 위반행위의 정도, 위반행위의 동기와 그 결과 등을 고려하여 줄일 필요가 있다고 인정되는 경우
  라. 특허청장은 다음의 어느 하나에 해당하는 경우에는 제2호에 따른 과태료 금액의 2분의 1의 범위에서 그 금액을 늘릴 수 있다. 다만, 법 제232조제1항에 따른 과태료 금액의 상한을 넘을 수 없다.
    1) 위반의 내용 · 정도가 중대하여 심판절차 등에 미치는 영향이 크다고 인정되는 경우
    2) 법 위반상태의 기간이 6개월 이상인 경우
    3) 그 밖에 위반행위의 정도, 위반행위의 동기와 그 결과 등을 고려하여 늘릴 필요가 있다고 인정되는 경우

2. 개별기준

위 반 행 위	근거 법조문	과태료 금액(만원)		
		1회	2회	3회 이상
가. 「민사소송법」 제299조제2항 및 제367조에 따라 선서를 한 자로서 특허심판원에 대하여 허위의 진술을 한 경우	법 제232조 제1항제1호	12.5	25	50
나. 특허심판원으로부터 증거조사 또는 증거보전에 관하여 서류 그 밖의 물건의 제출 또는 제시의 명령을 받은 자로서 정당한 이유 없이 그 명령에 응하지 않은 경우	법 제232조 제1항제2호	12.5	25	50
다. 특허심판원으로부터 증인 · 감정인 또는 통역인으로 소환된 자로서 정당한 이유 없이 소환에 응하지 않거나 선서 · 진술 · 증언 · 감정 또는 통역을 거부한 경우	법 제232조 제1항제4호	5	10	20

■ 실용신안법 시행령

〔별표〕

과태료의 부과기준(제8조 관련)

(2011.12.2 개정)

1. 일반기준
  가. 위반행위가 둘 이상인 경우에는 그 중 가장 무거운 부과기준(무거운 부과기준이 같은 경우에는 그 중 하나의 부과기준을 말한다)을 따르며, 이 경우 무거운 부과기준의 2분의 1까지 늘릴 수 있다. 다만, 각 부과금액을 합한 금액을 넘을 수 없다.
  나. 위반행위의 횟수에 따른 과태료 부과기준은 최근 1년간 같은 위반행위로 과태료처분을 받은 경우에 적용한다. 이 경우 위반횟수별 부과기준의 적용일은 위반행위에 대한 과태료처분일과 그 처분 후 다시 적발된 날로 한다.
  다. 특허청장은 다음의 어느 하나에 해당하는 경우에는 제2호에 따른 과태료 금액의 2분의 1의 범위에서 그 금액을 줄일 수 있다. 다만, 과태료를 체납하고 있는 위반행위자의 경우에는 그러하지 아니하다.
    1) 위반행위자가 「질서위반행위규제법 시행령」 제2조의2제1항 각 호의 어느 하나에 해당하는 경우
    2) 위반행위가 사소한 부주의나 오류로 인한 것으로 인정되는 경우
    3) 위반행위자가 법 위반상태를 시정하거나 해소하기 위하여 노력한 것이 인정되는 경우
    4) 그 밖에 위반행위의 정도, 위반행위의 동기와 그 결과 등을 고려하여 줄일 필요가 있다고 인정되는 경우
  라. 특허청장은 다음의 어느 하나에 해당하는 경우에는 제2호에 따른 과태료 금액의 2분의 1의 범위에서 그 금액을 늘릴 수 있다. 다만, 법 제52조제1항에 따른 과태료 금액의 상한을 넘을 수 없다.
    1) 위반의 내용 · 정도가 중대하여 심판절차 등에 미치는 영향이 크다고 인정되는 경우
    2) 법 위반상태의 기간이 6개월 이상인 경우
    3) 그 밖에 위반행위의 정도, 위반행위의 동기와 그 결과 등을 고려하여 늘릴 필요가 있다고 인정되는 경우

2. 개별기준

위 반 행 위	근 거 법조문	과태료 금액(만원)		
		1회	2회	3회 이상
가. 「민사소송법」 제299조제2항 및 제367조에 따라 선서를 한 자로서 특허심판원에 대하여 허위의 진술을 한 경우	법 제52조 제1항제1호	12.5	25	50
나. 특허심판원으로부터 증거조사 또는 증거보전에 관하여 서류나 그 밖의 물품의 제출 또는 제시의 명령을 받은 자로서 정당한 이유 없이 그 명령에 응하지 않은 경우	법 제52조 제1항제2호	12.5	25	50
다. 특허심판원으로부터 증인 · 감정인 또는 통역인으로 소환된 자로서 정당한 사유 없이 소환에 응하지 않거나 선서 · 진술 · 증언 · 감정 또는 통역을 거부한 경우	법 제52조 제1항제3호	5	10	20

■ 디자인보호법 시행령

〔별표〕

과태료의 부과기준(제12조 관련)

1. 일반기준
  가. 위반행위의 횟수에 따른 과태료 부과기준은 최근 1년간 같은 위반행위로 과태료처분을 받은 경우에 적용한다. 이 경우 위반행위에 대하여 과태료처분을 한 날과 다시 같은 위반행위를 적발한 날을 각각 기준으로 하여 위반횟수를 계산한다.
  나. 과태료 부과 시 위반행위가 둘 이상인 경우에는 그 중 무거운 부과기준(무거운 부과기준이 같은 경우에는 그 중 하나의 부과기준을 말한다)을 따른다. 이 경우 무거운 부과기준의 2분의 1 범위에서 과태료 금액을 늘릴 수 있고, 늘리는 경우에도 각 부과금액을 더한 금액을 넘을 수 없다.
  다. 부과권자는 다음의 어느 하나에 해당하는 경우에는 제2호에 따른 과태료 금액의 2분의 1 범위에서 그 금액을 줄일 수 있다. 다만, 과태료를 체납하고 있는 위반행위자에 대해서는 그러하지 아니하다.
    1) 위반행위자가 「질서위반행위규제법 시행령」 제2조의2제1항 각 호의 어느 하나에 해당하는 경우
    2) 위반행위가 사소한 부주의나 오류로 인한 것으로 인정되는 경우
    3) 위반행위자가 법 위반상태를 시정하거나 해소하기 위하여 노력한 것으로 인정되는 경우
    4) 그 밖에 위반행위의 정도, 동기와 그 결과 등을 고려하여 줄일 필요가 있다고 인정되는 경우
  라. 부과권자는 다음의 어느 하나에 해당하는 경우에는 제2호에 따른 과태료 금액의 2분의 1 범위에서 그 금액을 늘릴 수 있다. 다만, 늘리는 경우에도 법 제229조제1항에 따른 과태료 금액의 상한을 초과할 수 없다.
    1) 위반행위의 내용 · 정도가 중대하여 심판절차 등에 미치는 영향이 크다고 인정되는 경우
    2) 법 위반상태 기간이 6개월 이상인 경우
    3) 그 밖에 위반행위의 정도, 동기와 그 결과 등을 고려하여 늘릴 필요가 있다고 인정되는 경우

2. 개별기준

위 반 행 위	근거 법조문	과태료 금액		
		1회 위반	2회 위반	3회 이상 위반
가. 「민사소송법」 제299조제2항 및 제367조에 따라 선서를 한 사람으로서 특허심판원에 대하여 거짓 진술을 한 경우	법 제229조 제1항제1호	12만5천원	25만원	50만원
나. 특허심판원으로부터 증거조사 또는 증거보전에 관하여 서류나 그 밖의 물건의 제출 또는 제시의 명령을 받은 사람으로서 정당한 이유 없이 그 명령에 따르지 아니한 경우	법 제229조 제1항제2호	12만5천원	25만원	50만원
다. 특허심판원으로부터 증인, 감정인 또는 통역인으로 출석요구된 사람으로서 정당한 이유 없이 출석요구에 따르지 아니하거나 선서 · 진술 · 증언 · 감정 또는 통역을 거부한 경우	법 제229조 제1항제3호	5만원	10만원	20만원

■ 상표법 시행령

〔별표〕

과태료의 부과기준(제21조 관련)

1. 일반기준
 가. 위반행위의 횟수에 따른 과태료 부과기준은 최근 1년간 같은 위반행위로 과태료 처분을 받은 경우에 적용한다. 이 경우 위반 횟수는 같은 위반행위에 대하여 과태료 부과처분을 한 날과 그 처분 후 다시 같은 위반행위를 적발한 날을 각각 기준으로 하여 계산한다.
 나. 위반행위가 둘 이상인 경우에는 그 중 가장 무거운 처분기준(무거운 처분기준이 같은 경우에는 그 중 하나의 부과기준을 말한다)을 따르며, 이 경우 무거운 부과기준의 2분의 1까지 가중하여 처분할 수 있다. 다만, 각 부과금액을 합한 금액을 넘을 수 없다.
 다. 특허청장은 다음의 어느 하나에 해당하는 경우에는 제2호의 개별기준에 따른 과태료 금액의 2분의 1 범위에서 그 금액을 줄일 수 있다. 다만, 과태료를 체납하고 있는 위반행위자의 경우에는 그렇지 않다.
  1) 위반행위자가 「질서위반행위규제법 시행령」 제2조의2제1항 각 호의 어느 하나에 해당하는 경우
  2) 위반행위가 사소한 부주의나 오류로 인한 것으로 인정되는 경우
  3) 위반행위자가 법 위반상태를 시정하거나 해소하기 위하여 노력한 것이 인정되는 경우
  4) 그 밖에 위반행위의 정도, 위반행위의 동기와 그 결과 등을 고려하여 줄일 필요가 있다고 인정되는 경우
 라. 특허청장은 다음의 어느 하나에 해당하는 경우에는 제2호의 개별기준에 따른 과태료 금액의 2분의 1 범위에서 그 금액을 늘릴 수 있다. 다만, 법 제237조제1항에 따른 과태료 금액의 상한을 넘을 수 없다.
  1) 위반의 내용·정도가 중대하여 심판절차 등에 미치는 영향이 크다고 인정되는 경우
  2) 법 위반상태의 기간이 6개월 이상인 경우
  3) 그 밖에 위반행위의 정도, 위반행위의 동기와 그 결과 등을 고려하여 과태료를 늘릴 필요가 있다고 인정되는 경우

2. 개별기준

위 반 행 위	근거 법조문	과태료 금액 (단위 : 만원)		
		1회 위반	2회 위반	3회 이상 위반
가. 「민사소송법」 제299조제2항 또는 제367조에 따라 선서를 한 사람이 특허심판원에 대하여 거짓 진술을 한 경우	법 제237조 제1항제1호	12.5	25	50
나. 특허심판원으로부터 증거조사 또는 증거보전에 관하여 서류나 그 밖의 물건의 제출 또는 제시 명령을 받은 자가 정당한 이유 없이 그 명령에 따르지 않은 경우	법 제237조 제1항제2호	12.5	25	50
다. 특허심판원으로부터 증인, 감정인 또는 통역인으로 출석이 요구된 사람이 정당한 이유 없이 출석요구에 응하지 않거나 선서·진술·증언·감정 또는 통역을 거부한 경우	법 제237조 제1항제3호	5	10	20

■ 특허료 등의 징수규칙

〔별표1〕

특허료(제2조제2항제1호 관련)

(2023.8.1 개정)

특허권설정등록일부터의 연수	금 액
제1년부터 제3년까지	매년 1만3천원에 청구범위의 1항마다 1만2천원을 가산한 금액
제4년부터 제6년까지	매년 3만6천원에 청구범위의 1항마다 2만원을 가산한 금액
제7년부터 제9년까지	매년 9만원에 청구범위의 1항마다 3만4천원을 가산한 금액
제10년부터 제12년까지	매년 21만6천원에 청구범위의 1항마다 4만9천원을 가산한 금액
제13년부터 제25년까지	매년 32만4천원에 청구범위의 1항마다 4만9천원을 가산한 금액

〔별표2〕

실용신안등록료(제3조제2항제1호 관련)

(2008.12.31 개정)

실용신안권설정등록일부터의 연수	금 액
제1년부터 제3년까지	매년 1만2천원에 청구범위의 1항마다 4천원을 가산한 금액
제4년부터 제6년까지	매년 2만5천원에 청구범위의 1항마다 9천원을 가산한 금액
제7년부터 제9년까지	매년 6만원에 청구범위의 1항마다 1만4천원을 가산한 금액
제10년부터 제12년까지	매년 16만원에 청구범위의 1항마다 2만원을 가산한 금액
제13년부터 제15년까지	매년 24만원에 청구범위의 1항마다 2만원을 가산한 금액

〔별표3〕

디자인등록료(제4조제2항제1호관련)

(2014.6.30 개정)

디자인권설정 등록일부터의 연수	금 액	
	디자인심사 등록출원	디자인일부심사 등록출원
1. 제1년부터 제3년까지	1디자인마다 매년 2만5천원	1디자인마다 매년 2만5천원
2. 제4년부터 제6년까지	1디자인마다 매년 3만5천원	1디자인마다 매년 3만4천원
3. 제7년부터 제9년까지	1디자인마다 매년 7만원	1디자인마다 매년 3만4천원
4. 제10년부터 제12년까지	1디자인마다 매년 14만원	1디자인마다 매년 3만4천원
5. 제13년부터 제20년까지	1디자인마다 매년 21만원	1디자인마다 매년 3만4천원

〔별표4〕

특허료, 등록료 및 수수료의 면제(제7조제1항제1호 관련)

(2023.8.1 개정)

면제대상	면제대상 특허료, 등록료 및 수수료
1. 「국가유공자 등 예우 및 지원에 관한 법률」 제4조 및 제5조에 따른 국가유공자, 그 유족 및 가족	출원료, 심사청구료, 최초 3년분의 특허료·등록료 (권리유형별·절차별 각각 연간 5건)
2. 「5·18민주유공자예우 및 단체설립에 관한 법률」 제4조 및 제5조에 따른 5·18 민주유공자, 그 유족 및 가족	
3. 「고엽제후유의증 등 환자지원 및 단체설립에 관한 법률」 제4조 및 제7조에 따른 고엽제후유증환자, 고엽제후유의증환자 및 고엽제후유증 2세환자	
4. 「특수임무유공자 예우 및 단체설립에 관한 법률」 제3조 및 제4조에 따른 특수임무유공자 및 그 유족 등	
5. 「독립유공자예우에 관한 법률」 제4조 및 제5조에 따른 독립유공자, 그 유족 또는 가족	
6. 「참전유공자 예우 및 단체설립에 관한 법률」 제5조에 따른 참전유공자	
7. 「장애인복지법」 제32조제1항에 따라 등록된 장애인	
8. 「국민기초생활 보장법」 제12조의3에 따른 의료급여 수급자	
9. 「초·중등교육법」 제2조에 따른 학교의 재학생	
10. 6세 이상 18세 이하인 사람	
11. 「병역법」 제5조제1항제1호가목에 따른 병(兵), 같은 항 제3호나목에 따라 복무 중인 사회복무요원 또는 예술·체육요원 및 같은 법 제25조에 따라 전환복무를 수행하는 자	
12. 「기술의 이전 및 사업화 촉진에 관한 법률」 제11조제1항에 따른 전담조직(법인의 경우로 한정한다)	이전등록료, 출원인변경신고료

비고
1. 「특허법」, 「실용신안법」 및 「디자인보호법」에 따른 출원·심사청구·권리설정등록을 하거나 특허권, 특허를 받을 수 있는 권리, 실용신안권, 실용신안등록을 받을 수 있는 권리, 디자인권 또는 디자인등록을 받을 수 있는 권리를 이전하는 경우 위 표에 따른 특허료, 등록료 및 수수료를 면제한다.
2. 위 표 제1호부터 제11호까지의 사람으로서 발명자, 고안자 및 창작자가 출원인·특허권자·실용신안권자·디자인권자와 같은 경우에만 특허료, 등록료 및 수수료를 면제한다. 이 경우 권리유형별(특허·실용신안·디자인)·절차별(출원, 심사청구, 권리설정등록) 연간 면제 건수를 산정할 때 무효·반려되거나 1개월 이내에 취하 또는 포기된 것은 제외한다.
3. 하나의 출원에 특허심사청구료 또는 실용신안심사청구료를 면제받을 수 있는 청구항은 30개 이하로 하며, 「디자인보호법」 제41조에 따른 복수디자인등록출원을 하는 경우 하나의 출원에 면제받을 수 있는 디자인은 3개 이하로 한다.
4. 이전등록료와 출원인변경신고료는 규칙 제2조제1항제12호, 같은 조 제2항제2호, 제3조제1항제10호, 같은 조 제2항제2호, 제4조제1항제10호, 같은 조 제2항제2호에 따른 수수료를 말하며, 국공립학교 교직원이 발명, 고안 또는 창작하고 국공립학교 교직원, 국가 또는 지방자치단체가 소유하고 있는 특허권, 특허를 받을 수 있는 권리, 실용신안권, 실용신안등록을 받을 수 있는 권리, 디자인권 또는 디자인등록을 받을 수 있는 권리를 같은 표 제12호의 전담조직이 이전받는 경우에만 면제한다.
5. 위 표 제1호부터 제11호까지의 사람이 「디자인보호법」 제48조제3항에 따라 디자인일부심사등록출원을 디자인심사등록출원으로 변경하는 보정을 하는 경우 발생하는 차액에도 면제를 적용한다.
6. 이 규칙 제7조제6항에도 불구하고 위 표 제1호부터 제7호까지 및 제12호의 자가 면제대상에 해당함을 증명하는 서류를 특허청장 또는 특허심판원에게 이미 제출한 경우에는 그 서류의 첨부를 생략할 수 있다. 다만, 면제대상 해당 여부에 대한 재확인이 필요한 경우에는 증명서류의 제출을 요구할 수 있다.

〔별표5〕

특허료, 등록료 및 수수료의 감경(제7조제1항제2호 관련)

(2023.2.3 개정)

감경 대상		감경률		
		출원료, 심사청구료, 최초 3년분의 특허료·등록료	권리의 설정등록일을 기준으로 한 4년분부터 존속기간까지의 특허료·등록료	권리범위확인 심판의 청구료
1. 개인	가. 19세 이상 29세 이하인 사람	100분의 85 (출원료는 권리유형별 연간 20건)	100분의 50	100분의 70
	나. 65세 이상인 사람			
	다. 가목 및 나목의 사람을 제외한 개인	100분의 70 (출원료는 권리유형별 연간 20건)		
2. 「중소기업기본법」 제2조제1항에 따른 중소기업		100분의 70		
3. 「기술의 이전 및 사업화 촉진에 관한 법률」 제11조제1항에 따른 전담조직(법인인 경우로 한정한다)		100분의 50		100분의 50
4. 「기술의 이전 및 사업화 촉진에 관한 법률」에 따른 공공연구기관				-
5. 지방자치단체				
6. 「기술의 이전 및 사업화 촉진에 관한 법률」 제35조의2제6항에 따른 기술신탁관리기관		-		
7. 「중소기업기본법」 제2조제1항에 따른 중소기업과 중소기업이 아닌 자의 공동연구결과물 출원		100분의 50	-	
8. 「중견기업 성장촉진 및 경쟁력 강화에 관한 특별법」에 따른 중견기업		100분의 30	100분의 30(4년분부터 9년분까지)	

비고
1. 「특허법」, 「실용신안법」 및 「디자인보호법」에 따른 출원·심사청구·권리설정등록·심판청구를 하거나 권리의 설정등록일에 해당하는 날을 기준으로 매년 1년분씩 내야 하는 4년분부터의 특허료, 실용신안등록료, 디자인등록료를 납입하는 경우에 위 표의 감경률을 적용한다.
2. 위 표 제1호의 개인은 발명자·고안자 또는 창작자가 출원인·특허권자·실용신안권자 또는 디자인권자와 같은 경우에만 감경한다.
3. 개인(별표7 제1호에 따른 개인은 제외한다)의 권리유형별(특허, 실용신안, 디자인) 연간 감경 건수를 산정할 때 무효·반려되거나 1개월 이내에 취하 또는 포기된 것은 제외하며, 출원 건수가 연간 20건을 초과하는 권리에 대한 출원인 경우 출원료의 100분의 30을 감경한다.

4. 위 표 제6호의 경우 개인, 중소기업, 공공연구기관, 전담조직 또는 지방자치단체가 신탁을 설정하는 경우에만 권리의 설정등록일을 기준으로 한 4년분부터의 특허료 · 등록료를 감경한다.
5. 위 표 제7호의 중소기업과 중소기업이 아닌 자의 공동연구결과물 출원은 중소기업이 중소기업이 아닌 자와 계약에 따라 공동연구를 수행하고, 그 연구결과물에 대하여 공동으로 「특허법」 및 「실용신안법」에 따른 출원, 심사청구 또는 설정등록을 하는 경우를 말한다. 다만, 중소기업이 아닌 자가 개인인 경우 비고 제2호 및 제3호를 적용하지 않는다.
6. 권리범위 확인심판의 청구료는 위 표 제1호부터 제3호까지의 개인, 중소기업 또는 전담조직이 자신의 특허권, 실용신안권 또는 디자인권에 대하여 「특허법」 제135조, 「실용신안법」 제33조 및 「디자인보호법」 제122조에 따른 권리범위 확인심판을 청구하는 경우에만 감경한다.
7. 위 표 제1호부터 제8호까지의 자가 「디자인보호법」 제48조제3항에 따라 디자인일부심사등록출원을 디자인심사등록출원으로 변경하는 보정을 하는 경우 발생하는 차액에도 감경을 적용한다.
8. 이 규칙 제7조제6항에도 불구하고 위 표 제2호부터 제8호까지의 자가 감경대상에 해당함을 증명하는 서류를 특허청장 또는 특허심판원장에게 이미 제출한 경우에는 그 서류의 첨부를 생략할 수 있다. 다만, 감경대상 해당 여부에 대한 재확인이 필요한 경우에는 증명서류의 제출을 요구할 수 있다.

〔별표6〕

특허료, 등록료 및 수수료의 한시적 감면(제7조제1항제3호 관련)

(2022.2.18 신설)

감면대상			감면율	감면기간
1. 우선심사 신청료 (연간 2건)	가. 개인	1) 별표4 제1호부터 제11호까지의 사람	면제	2024년 12월 31일까지 특허출원의 우선심사를 신청하는 경우
		2) 19세 이상 29세 이하인 사람	100분의 85	
		3) 65세 이상인 사람		
		4) 1)부터 3)까지에 해당하지 않는 개인	100분의 70	
	나. 「중소기업기본법」 제2조제1항에 따른 중소기업			
	다. 「기술의 이전 및 사업화 촉진에 관한 법률」에 따른 공공연구기관		100분의 50	
	라. 「기술의 이전 및 사업화 촉진에 관한 법률」 제11조제1항에 따른 전담조직(법인인 경우로 한정한다)			
	마. 「중견기업 성장촉진 및 경쟁력 강화에 관한 특별법」에 따른 중견기업		100분의 30	
2. 우선심사 신청료 (연간 10건)	사업을 개시한 날부터 3년 이내에 한 특허출원에 대하여 우선심사를 신청한 중소기업		100분의 70	
3. 이전등록료, 질권의 설정 등록료	「발명진흥법」 제32조의3제1항에 따른 전담기관 또는 같은 조 제3항에 따른 전문기관(특허청장이 정하여 고시하는 사업수행기관을 포함한다)		면제	2026년 12월 31일까지 신청서를 제출한 건
4. 특허료 · 등록료	가. 「발명진흥법」 제11조의2에 따라 직무발명보상 우수기업으로 선정되거나 같은 법 제24조의2에 따라 지식재산 경영인증을 받은 「중소기업기본법」 제2조제1항에 따른 중소기업		100분의 70 (4년분부터 9년분까지)	납입개시일이 2026년 2월 28일까지인 건
	나. 「발명진흥법」 제11조의2에 따라 직무발명보상 우수기업으로 선정되거나 같은 법 제24조의2에 따라 지식재산 경영인증을 받은 「중견기업 성장촉진 및 경쟁력 강화에 관한 특별법」에 따른 중견기업		100분의 50 (4년분부터 9년분까지)	
	다. 「은행법」 제2조제2호에 따른 은행		100분의 50	권리를 2024년 12월 31일까지 이전받는 경우
	라. 「발명진흥법」 제32조의3제1항에 따른 전담기관 또는 같은 조 제3항에 따른 전문기관(특허청장이 정하여 고시하는 사업수행기관을 포함한다)		면제	납입개시일이 2026년 12월 31일까지인 건

비고
1. 위 표 제1호가목부터 마목까지의 자가 「첨단의료복합단지 육성에 관한 특별법」 제26조에 따라 특허출원의 우선심사를 신청하는 경우에 감면을 적용하며, 연간 신청 건수를 산정할 때 무효 · 반려되거나 1개월 이내에 취하 또는 포기된 것은 제외한다.
2. 위 표 제2호의 경우 사업을 개시한 날(「중소기업창업 지원법 시행령」 제3조에 따른 날을 말한다) 전에 한 특허출원에 대하여 우선심사를 신청하는 경우에도 감경을 적용하며, 연간 신청 건수를 산정할 때 무효 · 반려되거나 1개월 이내에 취하 또는 포기된 것은 제외한다.
3. 위 표 제3호의 전담기관 또는 전문기관의 이전등록료 및 질권의 설정등록료는 규칙 제2조제2항제2호, 같은 항 제3호의2, 제3조제2항제2호, 같은 항 제3호의2에 따른 이전등록료 및 질권의 설정등록료를 말하며, 그 면제에 관한 사항은 위 표 제3호의 전담기관 및 전문기관이 특허권 또는 실용신안권을 이전받거나 질권자가 되는 경우에 한정하여 적용한다.
4. 위 표 제4호가목부터 라목까지의 자가 「특허법」, 「실용신안법」 및 「디자인보호법」에 따라 권리의 설정등록일에 해당하는 날을 기준으로 매년 1년분씩 내야 하는 4년분부터의 특허료, 실용신안등록료, 디자인등록료를 납입하는 경우에 감면을 적용한다(전담기관 및 전문기관의 경우 특허료 · 실용신안등록료에 한정한다).
5. 위 표 제4호다목의 은행의 경우에는 다음 각 목의 어느 하나에 해당하는 방식에 따라 개인, 중소기업, 공공연구기관 또는 전담조직의 특허권 · 실용신안권 또는 디자인권을 이전받은 경우에 한정하여 감경을 적용한다.
   가. 질권의 행사
   나. 「자본시장과 금융투자업에 관한 법률」 제80조제1항 본문에 따른 투자대상자산의 취득
   다. 신탁의 설정
6. 위 표 제3호 및 제4호라목에 따른 전담기관 또는 전문기관에 대한 특허료, 실용신안등록료, 이전등록료, 질권의 설정등록료는 「발명진흥법」 제32조의2의 사업을 수행하기 위해 담보 산업재산권을 매입하고 이를 관리하는 경우에 한정하여 면제한다.

〔별표7〕

재난 발생 시 특허료, 등록료 및 수수료의 감면(제13조제2항 관련)

(2022.2.18 신설)

감면대상		감면율: 출원료, 심사청구료, 최초 3년분의 특허료 · 등록료	감면율: 권리의 설정등록일을 기준으로 한 4년분부터 존속기간까지의 특허료 · 등록료
1. 개인	가. 19세 이상 29세 이하인 사람	100분의 90	100분의 70
	나. 65세 이상인 사람	100분의 90	100분의 70
	다. 가목 및 나목의 사람을 제외한 개인	100분의 80	100분의 70
2. 중소기업	가. 「중소기업기본법」 제2조제1항에 따른 중소기업	100분의 80	100분의 70
	나. 「발명진흥법」 제11조의2에 따라 직무발명보상 우수기업으로 선정되거나 같은 법 제24조의2에 따라 지식재산 경영인증을 받은 중소기업	100분의 80	100분의 80 (4년분부터 9년분까지)
3. 중견기업	가. 「중견기업 성장촉진 및 경쟁력 강화에 관한 특별법」 제2조제1호에 따른 중견기업	100분의 50	100분의 50 (4년분부터 9년분까지)
	나. 「발명진흥법」 제11조의2에 따라 직무발명보상 우수기업으로 선정되거나 같은 법 제24조의2에 따라 지식재산 경영인증을 받은 중견기업	100분의 50	100분의 70 (4년분부터 9년분까지)
4. 「기술의 이전 및 사업화 촉진에 관한 법률」 제2조제6호에 따른 공공연구기관		100분의 70	100분의 70
5. 「기술의 이전 및 사업화 촉진에 관한 법률」 제11조제1항에 따른 전담조직(법인인 경우로 한정한다)		100분의 70	100분의 70
6. 지방자치단체		100분의 70	100분의 70
7. 「기술의 이전 및 사업화 촉진에 관한 법률」 제35조의2제6항에 따른 기술신탁관리기관		–	100분의 70
8. 중소기업과 중소기업이 아닌 자의 공동연구결과물 출원		100분의 70	–
9. 「은행법」 제2조제2호에 따른 은행		–	100분의 70
10. 제1호부터 제9호까지의 감면을 적용받지 못하는 자		100분의 30	100분의 30

비고
1. 「특허법」, 「실용신안법」 및 「디자인보호법」에 따른 출원 · 심사청구 · 권리설정등록을 하거나 권리의 설정등록일에 해당하는 날을 기준으로 매년 1년분씩 내야 하는 4년분부터의 특허료, 실용신안등록료, 디자인등록료를 납입하는 경우에 위 표의 감면율에 따른 감면을 적용한다.
2. 위 표에 따른 특허료, 등록료 및 수수료의 감면은 「재난 및 안전관리 기본법」 제36조에 따른 재난사태 또는 같은 법 제60조에 따라 특별재난지역으로 선포된 지역에 거주하거나 주된 사무소를 두고 있는 자(선포일에 주소를 두고 있는 자에 한정한다)에 대하여 선포된 날부터 1년간 적용한다.
3. 최초 3년분의 특허료 · 등록료의 감면은 납입기간 만료일(제8조제6항 및 제9항에 따른 만료일은 제외한다)이 감면기간에 포함되는 건에 한정하여 적용한다.
4. 4년분부터 존속기간까지의 특허료 · 등록료의 감면은 납입기간 만료일(제8조제8항 단서, 제9항 및 제10항에 따른 만료일은 제외한다)이 감면기간에 포함되는 건에 대해 적용한다(제8조제11항에 따라 수년분 이상 일괄하여 납입하는 경우에는 최초 1년분에 해당되는 금액을 말한다).
5. 위 표 제2호나목, 제3호나목 및 제9호의 감경은 별표6 제4호가목부터 다목까지의 감면기간에 해당되는 경우에 적용한다.
6. 위 표 제1호부터 제8호 또는 제10호의 자가 「디자인보호법」 제48조제3항에 따라 디자인일부심사등록출원을 디자인심사등록출원으로 변경하는 보정을 하는 경우 발생하는 차액에도 감면을 적용한다.

■ 정보통신망 이용촉진 및 정보보호 등에 관한 법률 시행령

〔별표1〕

본인확인업무의 정지 및 지정취소 기준(제9조의7제1항 관련)

(2018.7.17 개정)

1. 일반기준
   가. 위반행위가 둘 이상인 경우로서 그에 해당하는 각각의 처분기준이 다른 경우에는 그 중 무거운 처분기준에 따른다. 다만, 둘 이상의 처분기준 중 경고가 포함되어 있는 경우에는 경고를 함께 부과할 수 있고, 둘 이상의 처분기준이 모두 업무정지인 경우에는 각 처분기준을 합산한 기간을 넘지 않는 범위에서 무거운 처분기준의 2분의 1의 범위에서 가중할 수 있다.
   나. 위반행위의 횟수에 따른 행정처분기준은 최근 1년간 같은 위반행위로 행정처분을 받은 경우에 적용한다. 이 경우 위반행위에 대하여 행정처분을 받은 날과 다시 같은 위반행위로 적발된 날을 각각 기준으로 하여 위반횟수를 계산한다.
   다. 처분권자는 다음 각 목에 해당하는 사유를 고려하여 처분을 감경(법 제23조의4제1항제1호 및 제2호에 해당하는 경우는 제외한다)할 수 있다. 이 경우 그 처분이 업무정지인 경우에는 그 처분기준의 2분의 1의 범위에서 감경할 수 있고, 지정취소인 경우에는 6개월의 업무정지로 감경할 수 있다.
      1) 위반행위가 고의나 중대한 과실이 아닌 사소한 부주의나 단순한 오류로 인한 것으로 인정되는 경우
      2) 위반의 내용 · 정도가 경미하여 즉시 시정할 수 있다고 인정되는 경우
      3) 업무정지 또는 지정취소 처분으로 다수의 이용자가 대체수단을 이용하는 데 중대한 지장을 초래할 것으로 인정되는 경우
2. 개별기준

위 반 행 위	근거 법조문	위반횟수별 처분기준: 1차	2차	3차 이상
가. 거짓이나 그 밖의 부정한 방법으로 본인확인기관의 지정을 받은 경우	법 제23조의4제1항제1호	지정취소		
나. 본인확인업무의 정지명령을 받은 자가 그 명령을 위반하여 업무를 정지하지 않은 경우	법 제23조의4제1항제2호	지정취소		
다. 지정받은 날부터 6개월 이내에 본인확인업무를 개시하지 않거나 6개월 이상 계속하여 본인확인업무를 휴지한 경우	법 제23조의4제1항제3호	업무정지 3개월	지정취소	
라. 법 제23조의3제4항에 따른 지정기준에 적합하지 않게 된 경우	법 제23조의4제1항제4호	경고	업무정지 3개월	업무정지 6개월

〔별표1의2〕

불법촬영물등 유통방지 책임자 지정의무자의 제공 정보통신서비스
(제35조의2제1항제2호 관련)

(2020.12.8 신설)

"불법촬영물등 유통방지 책임자 지정의무자가 제공하는 정보통신서비스"란 이용자가 정보통신망을 통하여 일반에게 공개되어 유통되는 정보(이하 이 표에서 "정보"라 한다)를 게재·공유 또는 검색할 수 있도록 제공하는 정보통신서비스로서 다음 각 호의 어느 하나에 해당하는 서비스를 말한다.

1. 사회관계망서비스, 온라인 커뮤니티, 대화방 등 불특정 다수의 이용자가 부호·문자·음성·음향·화상·영상 등의 정보를 게재하여 이를 서로 공유하는 것을 목적으로 하는 기술적 수단을 제공하는 서비스
2. 진행자가 출연하여 제작한 부호·문자·음성·음향·화상·영상 및 이들의 조합으로 이루어진 콘텐츠를 게재하여 불특정 다수의 이용자에게 실시간으로 공유할 수 있도록 하는 것을 목적으로 하는 기술적 수단을 제공하는 서비스
3. 불특정 다수의 이용자가 정보를 검색했을 때 그 정보 및 부호·문자·음성·음향·화상·영상 등의 검색 결과 정보를 송출[링크(link) 등 정보통신망 상에 있는 해당 정보의 위치를 송출하는 것을 포함한다]하는 것을 목적으로 하는 기술적 수단을 제공하는 서비스

비고 : 다음 각 호의 정보통신서비스는 불법촬영물등 유통방지 책임자 지정의무자가 제공하는 정보통신서비스에서 제외한다.

1. 재화의 판매 또는 금융, 의료, 교육, 신문·잡지 등 정기간행물, 뉴스통신, 음악, 방송프로그램, 게임, 만화 등 서비스의 제공(판매를 포함한다)을 주된 목적으로 하는 정보통신서비스
2. 국가, 지방자치단체 또는 「공공기관의 운영에 관한 법률」에 따른 공공기관이 제공하는 정보통신서비스
3. 다음 각 목의 법률을 제외한 법률에 따라 설립된 법인이 제공하는 정보통신서비스
   가. 「민법」
   나. 「상법」

〔별표1의3〕

분야별 정보통신망연결기기등(제36조의2 각 호 외의 부분 관련)

(2020.12.8 신설)

1. 가전 분야 : 스마트 홈네트워크에 연결되는 멀티미디어 제품, 주방가전 제품 또는 생활가전 제품 등의 가전제품 또는 그 제품에 사용되는 기기·설비·장비
2. 교통 분야 : 다음 각 목의 제품 등에 사용되는 기기·설비·장비
   가. 「국가통합교통체계효율화법」 제2조제16호에 따른 지능형교통체계
   나. 「드론 활용의 촉진 및 기반조성에 관한 법률」 제2조제1호에 따른 드론
   다. 「자동차관리법」 제2조제1호에 따른 자동차
   라. 「선박법」 제1조의2제1항에 따른 선박
3. 금융 분야 : 「전자금융거래법」 제2조제8호에 따른 전자적 장치
4. 스마트도시 분야 : 「스마트도시 조성 및 산업진흥 등에 관한 법률」 제2조제2호에 따른 스마트도시서비스에 사용되는 기기·설비·장비
5. 의료 분야 : 「의료기기법」 제2조제1항에 따른 의료기기 중 통신기능을 보유한 기기·설비·장비
6. 제조·생산 분야 : 제품의 제조·생산 또는 용역을 관리하기 위하여 제어·점검·측정·탐지 등의 용도로 사용되는 기기·설비·장비
7. 주택 분야 : 「건축법」 제2조제1항제4호에 따른 건축설비 중 지능형 홈네트워크에 연결되는 기기·설비·장비
8. 통신 분야 : 「전파법」 제2조제16호에 따른 방송통신기자재 중 무선 또는 유선으로 통신이 가능한 방송통신기자재

〔별표2〕

정보보호 기술인력의 자격 기준(제36조의5 관련)

(2020.12.8 개정)

1. 유관자격이나 유관학력을 보유한 자로서 다음 각 목의 어느 하나에 해당하는 자
   가. 학사 이상의 학위를 취득한 후 2년 이상의 정보보호 유관경력이 있거나 3년 이상의 정보통신 유관경력이 있는 자
   나. 기사 또는 기술사 자격을 취득한 후 2년 이상의 정보보호 유관경력이 있거나 3년 이상의 정보통신 유관경력이 있는 자
   다. 전문학사 학위를 취득한 후 4년(3년제 전문대학의 경우에는 3년) 이상의 정보보호 유관경력이 있거나 5년(3년제 전문대학의 경우에는 4년) 이상의 정보통신 유관경력이 있는 자
   라. 산업기사의 자격을 취득한 후 4년 이상의 정보보호 유관경력이 있거나 5년 이상의 정보통신 유관경력이 있는 자
2. 다음 각 목의 어느 하나에 해당하는 자
   가. 학사 이상의 학위를 취득한 후 4년 이상의 정보보호 유관경력이 있거나 5년 이상의 정보통신 유관경력이 있는 자
   나. 전문학사 학위를 취득한 후 6년(3년제 전문대학의 경우에는 5년) 이상의 정보보호 유관경력이 있거나 7년(3년제 전문대학의 경우에는 6년) 이상의 정보통신 유관경력이 있는 자
   다. 한국인터넷진흥원의 정보보호관리체계 인증 심사원 또는 정보보호전문가(SIS), 「전자정부법」 제60조에 따른 감리원, 국제정보시스템감사통제협회(Information Systems Audit and Control Association)의 공인정보시스템감사사(CISA) 또는 국제정보시스템보안자격협회(International Information System Security Certification Consortium)의 공인정보시스템보호전문가(CISSP)의 자격을 취득한 자
   라. 변호사나 공인회계사로서 2년 이상의 정보보호 유관경력이나 3년 이상의 정보통신 유관경력이 있는 자

<비 고>

1. "유관자격"이란 「국가기술자격법 시행규칙」 별표7에 따라 과학기술정보통신부장관 또는 산업통상자원부장관 검정의 소관으로 하는 전자계산기, 정보통신, 통신설비, 통신기기, 통신선로, 정보기기운용, 전파통신, 전파전자, 무선설비, 방송통신, 정보관리, 정보처리, 사무자동화 및 전자계산조직응용 종목의 기술자격을 말한다.
2. "유관학력"이란 「고등교육법」에 따른 해당 학교에서 다음 각 목에 해당하는 학과에서 소정의 과정을 이수하고 졸업하거나 그 밖의 관계법령에 따라 국내 또는 외국에서 이와 같은 수준 이상으로 인정되는 학력을 말한다.
   가. 전자 관련 학과 : 정보전자, 전자, 전자계산, 전기전자제어, 전자정보, 전자제어, 전기전자, 전자전기정보, 전자컴퓨터전기제어, 컴퓨터과학, 전기전자정보, 전자컴퓨터, 메카트로닉스, 전자재료, 제어계측, 반도체
   나. 정보통신 관련 학과 : 전기통신설비, 국제정보통신, 방송설비, 방송통신, 이동통신, 전자통신, 컴퓨터네트워크, 통신, 컴퓨터정보기술, 전파통신, 전기전자통신, 전기전자정보통신, 전자정보통신, 전자제어통신, 전자통신, 전파, 전파통신, 정보통신, 컴퓨터통신, 항공통신정보, 전자정보통신 반도체, 전기전자전파, 통신컴퓨터, 무선통신
   다. 정보처리기술 관련 학과 : 시스템, 전산, 정보전산, 컴퓨터제어, 컴퓨터응용제어, 컴퓨터응용, 컴퓨터응용설계, 구조시스템, 컴퓨터정보, 멀티미디어, 정보시스템, 전산통계, 정보처리
   라. 그 밖에 교육부장관이나 해당 교육기관의 장으로부터 전자·통신 및 정보처리기술·정보보호 관련 학과로 인정받은 학과

3. "정보통신 유관경력"이란 공공기관, 민간기업, 교육기관 등에서 정보통신서비스(기간통신, 별정통신, 부가통신, 방송통신서비스 등을 말한다), 정보통신기기(정보기기, 방송기기, 부품 등을 말한다) 또는 소프트웨어 및 컴퓨터 관련 서비스(패키지 소프트웨어, 컴퓨터 관련 서비스, 디지털콘텐츠, 데이터베이스 제작 및 검색 등을 말한다)에 해당되는 분야에서 계획·분석·설계·개발·운영·유지보수·컨설팅·감리 또는 연구개발 업무 등을 수행한 기간을 말한다.
4. "정보보호 유관경력"이란 공공기관, 민간기업, 교육기관 등에서 정보보호를 위한 공통기반기술(암호 기술, 인증 기술 등을 말한다), 시스템·네트워크 보호(시스템 보호, 해킹·바이러스 대응, 네트워크 보호 등을 말한다) 또는 응용서비스 보호(전자거래 보호, 응용서비스 보호, 정보보호 표준화 등을 말한다)에 해당되는 분야에서 계획·분석·설계·개발·운영·유지보수·컨설팅 또는 연구개발 업무 등을 수행한 기간을 말한다.

〔별표3〕

사업자가 가입하여야 하는 책임보험의 최저보험금액(제38조제2항 관련)

적용대상 사업자	최저보험금액
매출액 100억 이상인 사업자	10억원
매출액 10억 이상 100억 미만인 사업자	1억원
매출액 10억 미만인 사업자	5천만원

비 고

"매출액"이란 책임보험에 가입하여야 할 연도의 직전 사업연도의 매출액을 말하고, 직전 사업연도의 매출액이 없거나 매출액 산정이 곤란한 경우에는 해당 사업자가 예측한 향후 1년간의 매출액을 말한다.

〔별표4〕

지정취소 및 업무정지에 관한 행정처분의 기준(제54조 관련)

(2016.5.31 개정)

1. 일반기준
   가. 위반행위가 둘 이상인 경우로서 그에 해당하는 각각의 처분기준이 다른 경우에는 그 중 무거운 처분기준에 따른다. 다만, 둘 이상의 처분기준이 같은 업무정지인 경우에는 각 처분기간을 합산한 기간을 넘지 않는 범위에서 무거운 처분기준의 2분의 1까지 가중(가중하는 경우에도 1년을 초과할 수 없다. 이하 같다)할 수 있다.
   나. 위반행위의 횟수에 따른 행정처분기준은 최근 2년간 같은 위반행위로 행정처분을 하는 경우에 적용한다. 이 경우 위반행위에 대하여 행정처분을 한 날과 다시 같은 위반행위를 적발한 날을 각각 기준으로 하여 위반횟수를 계산한다.
   다. 처분권자는 다음의 사유를 고려하여 처분을 가중하거나 감경(법 제47조의2제1항제1호 및 제2호에 해당하는 경우는 제외한다)할 수 있다. 이 경우 그 처분이 업무정지인 경우에는 처분기준의 2분의 1의 범위에서 가중하거나 감경할 수 있고, 지정취소인 경우에는 6개월의 업무정지로 감경할 수 있다.
      1) 가중 사유
         가) 위반행위가 사소한 부주의나 단순한 오류가 아닌 고의나 중대한 과실에 따른 것으로 인정되는 경우
         나) 위반의 내용과 정도가 중대하여 정보보호 관리체계 운영자 및 정보통신서비스 이용자에게 미치는 피해가 크다고 인정되는 경우
         다) 위반행위의 기간 등에 비추어 가중이 필요하다고 인정되는 경우
         라) 그 밖에 정보보호 관리체계 업무에 대한 정부 정책상 가중이 필요하다고 인정되는 경우
      2) 감경 사유
         가) 위반행위가 고의나 중대한 과실이 아닌 사소한 부주의나 단순한 오류로 인한 것으로 인정되는 경우
         나) 위반의 내용과 정도가 경미하여 즉시 시정할 수 있다고 인정되는 경우
         다) 그 밖에 정보보호 관리체계 업무에 대한 정부 정책상 감경이 필요하다고 인정되는 경우

2. 개별기준

위 반 행 위	근거 법조문	위반횟수별 처분기준		
		1차	2차	3차 이상
가. 거짓이나 그 밖의 부정한 방법으로 정보보호 관리체계 인증기관 또는 정보보호 관리체계 심사기관의 지정을 받은 경우	법 제47조의2제1항제1호	지정취소		
나. 업무정지기간 중에 인증 또는 인증심사를 한 경우	법 제47조의2제1항제2호	지정취소		
다. 정당한 사유 없이 인증 또는 인증심사를 하지 않은 경우	법 제47조의2제1항제3호			
1) 정보보호 관리체계 인증기관 또는 정보보호 관리체계 심사기관으로 지정된 후 3년이 지나도록 정보보호 관리체계 인증실적 또는 인증심사 실적이 없는 경우		지정취소		
2) 천재지변, 인증심사원의 부족 등의 사유로 인증 또는 인증심사 업무를 원활하게 수행할 수 없는 경우 등 불가피한 경우가 아님에도 불구하고 인증 또는 인증심사를 거부한 경우		업무정지 1개월	업무정지 2개월	업무정지 3개월
라. 법 제47조제11항을 위반하여 인증 또는 인증심사를 한 경우	법 제47조의2제1항제4호			
1) 인증심사원의 자격요건을 갖추지 않은 자가 인증심사를 수행한 경우		업무정지 3개월	업무정지 6개월	업무정지 9개월
2) 정보보호 관리체계 인증기관 또는 정보보호 관리체계 심사기관이 신청인과 협의 없이 인증의 범위 및 일정을 임의로 정한 경우		업무정지 2개월	업무정지 4개월	업무정지 6개월
3) 제51조에 따른 인증의 사후관리를 실시하지 않은 경우		업무정지 1개월	업무정지 2개월	업무정지 3개월
마. 법 제47조제12항에 따른 지정기준에 적합하지 않게 된 경우	법 제47조의2제1항제5호	업무정지 3개월	업무정지 6개월	지정취소

〔별표4의2〕

정보보호 취약점 신고자에 대한 포상금의 지급 대상·기준 및 절차(제55조의6제1항 관련)

(2022.12.9 개정)

1. 포상금의 지급 대상 및 기준
 가. 지급 대상
  포상금의 지급 대상은 침해사고의 원인이 될 수 있는 법 제47조의6제1항에 따른 정보보호 취약점(이하 "정보보호 취약점"이라 한다)으로서 아직 일반에게 알려지지 않은 취약점(이하 "신규정보보호취약점"이라 한다)을 신고한 대한민국 국민으로 한다.
 나. 지급 기준
  포상금은 5만원 이상 1천만원 이하의 범위에서 해당 정보보호 취약점으로 발생할 수 있는 침해사고의 범위·정도, 해당 정보보호 취약점의 악용의 용이성 등을 고려하여 과학기술정보통신부장관이 정하는 바에 따라 산정한다.
2. 포상금의 지급 절차
 가. 과학기술정보통신부장관은 정보보호 취약점의 신고를 받으면 신고내용 등을 바탕으로 그 취약점이 신규정보보호취약점에 해당하는지 여부를 판단한다. 이 경우 신고내용이 불분명하거나 사실과 다르다고 인정되는 경우에는 신고자에게 신고내용의 보완을 요청할 수 있다.
 나. 과학기술정보통신부장관은 신고된 정보보호 취약점이 신규정보보호취약점에 해당하지 않는다고 판단되는 경우에는 신고자에게 포상금 지급 대상이 아님을 알려야 한다.
 다. 과학기술정보통신부장관은 신고된 정보보호 취약점이 신규정보보호취약점에 해당한다고 판단되는 경우에는 제1호나목에 따라 포상금 지급액을 산정하고 지체 없이 신고자에게 포상금을 지급해야 한다.
3. 포상금의 환수 기준
 과학기술정보통신부장관은 다음 각 목의 어느 하나에 해당하는 경우에는 지급한 포상금의 전부 또는 일부를 환수할 수 있다.
 가. 신고한 정보보호 취약점을 일정 기간 외부에 공개하지 않을 것을 조건으로 포상금을 지급했으나 해당 조건을 위반한 경우
 나. 내부 정보 활용, 사전 공모 등 부정한 방법으로 정보보호 취약점 정보를 획득하여 신고한 경우
 다. 동일한 원인으로 다른 법령에 따른 포상금을 지급받은 경우
 라. 착오 등의 사유로 포상금이 잘못 지급된 경우
 마. 그 밖에 가목부터 라목까지의 사유와 유사한 사유로 포상금을 환수할 필요가 있다고 과학기술정보통신부장관이 판단하는 경우

〔별표5〕 ➡「www.hyeonamsa.com」 참조

〔별표6〕

영리목적의 광고성 정보의 명시사항 및 명시방법(제61조제3항 관련)

(2021.1.5 개정)

매체구분	명시사항 및 명시방법
공통	1. (광고)를 표시하는 경우에는 수신자의 수신의 거부 또는 수신동의의 철회를 회피하기 위한 목적으로 빈칸·부호·문자 등을 삽입하거나 표시방법을 조작하는 조치를 해서는 안 된다. 2. 수신자가 수신의 거부 또는 수신동의의 철회를 하는 때에 전송에 이용된 수신자의 연락처 외의 정보를 전송자에게 제공하도록 요구하여 수신거부 또는 수신동의의 철회를 어렵게 해서는 안 된다.
전자우편	1. 제목이 시작되는 부분에 (광고)를 표시해야 한다. 2. 본문에는 다음 사항을 표시해야 한다. 가. 전송자의 명칭·전자우편주소·전화번호 및 주소 나. 수신자가 수신의 거부 또는 수신동의의 철회 의사를 쉽게 표시할 수 있도록 하기 위한 안내문을 명시하고 수신의 거부 또는 수신동의의 철회 여부를 간편하게 선택할 수 있도록 기술적 조치를 해야 한다. 이 경우 그 안내문과 기술적 조치는 한글과 영문으로 명시해야 한다.
팩스	1. 광고성 정보가 시작되는 부분에 (광고), 전송자의 명칭, 전화번호 및 주소를 표시해야 한다. 2. 수신의 거부 또는 수신동의의 철회용 자동응답전화번호 등의 전화 번호 또는 전화를 갈음하여 쉽게 수신의 거부 또는 수신동의의 철회를 할 수 있는 방식을 해당 광고에 표시된 최대 글자의 3분의 1 이상의 크기로 명시하고, 그 전화번호나 방식을 이용하여 수신의 거부 또는 수신동의의 철회를 하는 때에 수신자가 비용을 부담하지 않는다는 것을 함께 명시해야 한다.
그 밖의 전자적 전송매체	1. 음성형태로 전송되는 광고의 경우 가. 광고성 정보가 시작되는 부분에 광고를 의미하는 음성, 전송자의 명칭, 전화번호 또는 주소, 수신의 거부 또는 수신동의의 철회를 할 수 있는 방식을 안내해야 한다. 나. 수신의 거부 또는 수신동의의 철회용 자동응답전화번호 등의 전화번호 또는 전화를 갈음하여 쉽게 수신의 거부 또는 수신동의의 철회를 할 수 있는 방식을 이용하여 수신의 거부 또는 수신동의의 철회를 하는 때에 수신자가 비용을 부담하지 않는다는 것을 함께 안내해야 한다. 2. 음성 외의 형태로 전송되는 광고의 경우 가. 광고성 정보가 시작되는 부분에 (광고), 전송자의 명칭과 전화번호 또는 주소를 표시해야 한다. 나. 수신의 거부 또는 수신동의의 철회용 자동응답전화번호 등의 전화번호 또는 전화를 갈음하여 쉽게 수신의 거부 또는 수신동의의 철회를 할 수 있는 방식을 정보가 끝나는 부분에 명시하고, 그 전화번호나 방식을 이용하여 수신의 거부 또는 수신동의의 철회를 하는 때에 수신자가 비용을 부담하지 않는다는 것을 함께 명시해야 한다.

〔별표7〕

통신과금서비스의 안전성·신뢰성 확보를 위한 필요 조치(제66조의6 관련)

(2017.7.26 개정)

1. 관리적 조치
 가. 업무처리지침의 제정·시행
  다음의 사항을 포함하는 업무처리지침을 제정·시행하여야 한다.
  1) 시스템에 대한 접근 통제 및 감시에 관한 사항
  2) 화재·지진·수해 또는 전산장애 등에 대비한 비상 시 시스템 관리에 관한 사항
  3) 해킹침해 방지에 관한 사항
  4) 바이러스 감염 방지에 관한 사항
  5) 인터넷 프로토콜(IP) 주소의 관리에 관한 사항
 나. 회계의 구분
  통신과금서비스와 관련된 회계와 그 밖의 회계를 구분하여 처리하여야 한다.
 다. 정보처리시스템 및 전산자료의 관리
  1) 데이터베이스관리시스템, 운영체제 등 주요 프로그램은 정기적으로 유지·보수하고, 그 내용을 기록하여 1년 동안 보관하여야 한다.
  2) 정보처리시스템의 장애발생 시 장애내용 및 조치사항 등에 관한 기록을 1년 동안 보관하여야 한다.
  3) 전산자료의 유출·파괴를 방지하기 위하여 전산자료에 대한 접근권한을 통제하고, 정기적으로 그 현황을 점검하도록 하며, 중요한 전산자료는 정기적으로 백업하고 그 상태를 정기적으로 검사하여야 한다.
2. 기술적 조치
 가. 정보처리시스템은 서버, 통신기기의 정상 작동 여부를 확인하기 위한 모니터링 체계를 갖추어야 한다.
 나. 해킹을 방지하고 사이버테러를 방지하기 위하여 해킹방지시스템 등을 구축·운영하여야 한다.
3. 제1호 및 제2호에 따른 관리적 조치와 기술적 조치의 세부내용은 과학기술정보통신부장관이 정하여 고시한다.

〔별표8〕 (2020.8.4 삭제)

〔별표9〕

과태료의 부과기준(제74조 관련)

(2023.7.3 개정)

1. 일반기준
 가. 위반행위의 횟수에 따른 과태료의 가중된 부과기준은 최근 3년간 같은 위반행위로 과태료 부과처분을 받은 경우에 적용한다. 이 경우 기간의 계산은 위반행위에 대하여 과태료 부과처분을 받은 날과 그 처분 후 다시 같은 위반행위를 하여 적발된 날을 기준으로 한다.
 나. 가목에 따라 가중된 부과처분을 하는 경우 가중처분의 적용 차수는 그 위반행위 전 부과처분 차수(가목에 따른 기간 내에 과태료 부과처분이 둘 이상 있었던 경우에는 높은 차수를 말한다)의 다음 차수로 한다.
 다. 부과권자는 다음의 어느 하나에 해당하는 경우에는 제2호의 개별기준에 따른 과태료 금액의 2분의 1 범위에서 그 금액을 줄일 수 있다. 다만, 과태료를 체납하고 있는 위반행위자의 경우에는 그렇지 않다.
  1) 위반행위가 과실로 인한 것으로 인정되는 경우
  2) 이용자에게 피해가 발생하지 않는 등 위반행위의 결과가 경미한 경우
  3) 전자적 전송매체를 이용하여 영리목적의 광고성 정보를 전송한 경우로서 법 제50조제4항 또는 제6항을 위반했으나, 같은 조 제1항부터 제3항까지의 규정은 위반하지 않은 경우
  4) 그 밖에 위반행위의 정도, 위반행위의 동기와 그 결과 등을 고려하여 줄일 필요가 있다고 인정되는 경우
 라. 부과권자는 다음의 어느 하나에 해당하는 경우에는 제2호의 개별기준에 따른 과태료 금액의 2분의 1 범위에서 늘릴 수 있다. 다만, 법 제76조제1항부터 제3항까지의 규정에 따른 과태료 금액의 상한을 넘을 수 없다.
  1) 위반행위가 고의나 중대한 과실로 인한 것으로 인정되는 경우
  2) 위반의 내용 및 정도가 중대하여 이용자에게 미치는 피해가 크다고 인정되는 경우
  3) 법 위반상태의 기간이 3개월 이상인 경우
  4) 그 밖에 위반행위의 정도, 위반행위의 동기와 그 결과 등을 고려하여 과태료를 늘릴 필요가 있다고 인정되는 경우
2. 개별기준

(단위 : 만원)

위반행위	근거 법조문	위반횟수별 과태료 금액		
		1회	2회	3회 이상
가. 법 제22조의2제2항을 위반하여 서비스의 제공을 거부한 경우	법 제76조제1항제1호	1,000	2,000	3,000
나. 법 제22조의2제3항을 위반하여 접근권한에 대한 이용자의 동의 및 철회방법을 마련하는 등 이용자 정보 보호를 위해 필요한 조치를 하지 않은 경우	법 제76조제1항제1호의2	1,000	2,000	3,000
다. 법 제23조의2제1항을 위반하여 주민등록번호를 수집·이용하거나 같은 조 제2항에 따른 필요한 조치를 하지 않은 경우	법 제76조제1항제2호	1,000	2,000	3,000
라. 법 제23조의3제1항을 위반하여 본인확인기관의 지정을 받지 않고 본인확인업무를 한 경우	법 제76조제3항제2호의2	1,000	1,000	1,000
마. 법 제23조의3제2항에 따른 본인확인업무의 휴지 또는 같은 조 제3항에 따른 본인확인업무의 폐지 사실을 이용자에게 통보하지 않거나 방송통신위원회에 신고하지 않은 경우	법 제76조제3항제2호의3	300	600	1,000
바. 법 제23조의4제1항에 따른 본인확인업무의 정지 및 지정취소 처분에도 불구하고 본인확인업무를 계속한 경우	법 제76조제3항제2호의4	1,000	1,000	1,000
사. 법 제32조의5제1항을 위반하여 국내대리인을 지정하지 않은 경우	법 제76조제2항제4호의3	2,000	2,000	2,000
아. 법 제42조의3제1항을 위반하여 청소년 보호책임자를 지정하지 않은 경우	법 제76조제3항제3호	300	600	1,000
자. 법 제43조를 위반하여 정보를 보관하지 않은 경우	법 제76조제3항제4호	300	600	1,000
차. 법 제44조의9제1항을 위반하여 불법촬영물 등 유통방지 책임자를 지정하지 않은 경우	법 제76조제2항제4호의4	600	1,200	2,000
카. 법 제45조의3제1항을 위반하여 제36조의7제1항에 따른 기준에 해당하는 임직원을 정보보호 최고책임자로 지정하지 않거나 정보보호 최고책임자의 지정을 신고하지 않은 경우	법 제76조제1항제6호의2	750	1,500	3,000
타. 법 제45조의3제3항을 위반하여 정보보호 최고책임자로 하여금 같은 조 제4항의 업무 외의 다른 업무를 겸직하게 한 경우	법 제76조제1항제6호의3	1,000	2,000	3,000
파. 법 제46조제2항을 위반하여 보험에 가입하지 않은 경우	법 제76조제2항제4호의2	2,000	2,000	2,000
하. 법 제46조제3항에 따른 시정명령을 이행하지 않은 경우	법 제76조제1항제6호의4	750	1,500	3,000
거. 법 제46조제4항에 따른 자료의 제출요구에 정당한 사유 없이 따르지 않은 경우. 다만, 관계 중앙행정기관(그 소속기관을 포함한다)의 장은 제외한다.	법 제76조제3항제4호의2	300	600	1,000
너. 법 제46조제6항을 위반하여 보고를 하지 않거나 거짓으로 보고한 경우	법 제76조제3항제4호의3	300	600	1,000
더. 법 제47조제2항을 위반하여 정보보호 관리체계 인증을 받지 않은 경우	법 제76조제1항제6호의5	3,000	3,000	3,000
러. 법 제47조제9항을 위반하여 인증받은 내용을 거짓으로 홍보한 경우	법 제76조제3항제7호	300	600	1,000
머. 법 제47조의4제4항을 위반하여 소프트웨어 사용자에게 알리지 않은 경우	법 제76조제3항제10호	300	600	1,000

버. 법 제48조의2제4항에 따른 시정명령을 이행하지 않은 경우	법 제76조제3항제11호	300	600	1,000
서. 법 제48조의3제1항을 위반하여 침해사고의 신고를 하지 않은 경우	법 제76조제3항제11호의2	300	600	1,000
어. 법 제48조의4제5항에 따른 자료를 제출하지 않거나 거짓으로 제출한 경우	법 제76조제3항제11호의3	300	600	1,000
저. 법 제48조의4제5항에 따른 사업장 출입 및 조사를 방해하거나 거부 또는 기피한 경우	법 제76조제3항제12호	300	600	1,000
처. 법 제49조의2제4항을 위반하여 과학기술정보통신부장관의 명령을 이행하지 않은 경우	법 제76조제3항제12호의2	300	600	1,000
커. 법 제50조제1항부터 제3항까지의 규정을 위반하여 영리 목적의 광고성 정보를 전송한 경우	법 제76조제1항제7호	750	1,500	3,000
터. 법 제50조제4항을 위반하여 광고성 정보를 전송할 때 밝혀야 하는 사항을 밝히지 않거나 거짓으로 밝힌 경우	법 제76조제1항제8호	750	1,500	3,000
퍼. 법 제50조제6항을 위반하여 비용을 수신자에게 부담하도록 한 경우	법 제76조제1항제9호	750	1,500	3,000
허. 법 제50조제7항을 위반하여 수신 동의, 수신거부 또는 수신동의 철회에 대한 처리 결과를 알리지 않은 경우	법 제76조제3항제12호의3	300	600	1,000
고. 법 제50조제8항을 위반하여 수신동의 여부를 확인하지 않은 경우	법 제76조제1항제9호의2	750	1,500	3,000
노. 법 제50조의4제4항을 위반하여 필요한 조치를 하지 않은 경우	법 제76조제3항제12호의4	300	600	1,000
도. 법 제50조의5를 위반하여 이용자의 동의를 받지 않고 프로그램을 설치한 경우	법 제76조제1항제10호	750	1,500	3,000
로. 법 제50조의7제1항 또는 제2항을 위반하여 인터넷 홈페이지에 영리목적의 광고성 정보를 게시한 경우	법 제76조제1항제11호	750	1,500	3,000
모. 법 제52조제6항을 위반하여 한국인터넷진흥원의 명칭을 사용한 경우	법 제76조제3항제13호	300	600	1,000
보. 법 제53조제4항을 위반하여 사업의 휴지·폐지·해산의 신고를 하지 않은 경우	법 제76조제3항제14호	300	600	1,000
소. 법 제56조제1항을 위반하여 약관을 신고하지 않은 경우	법 제76조제3항제15호	300	600	1,000
오. 법 제57조제2항을 위반하여 관리적 조치 또는 기술적 조치를 하지 않은 경우	법 제76조제3항제16호	300	600	1,000
조. 법 제58조제1항을 위반하여 통신과금서비스 이용일시 등을 통신과금서비스이용자에게 고지하지 않은 경우	법 제76조제3항제17호	300	600	1,000
초. 법 제58조제2항을 위반하여 통신과금서비스이용자가 구매·이용 내역을 확인할 수 있는 방법을 제공하지 않거나 통신과금서비스이용자의 제공 요청에 따르지 않은 경우	법 제76조제3항제18호	300	600	1,000
코. 법 제58조제3항을 위반하여 통신과금서비스이용자로부터 받은 통신과금에 대한 정정요구가 이유 있음에도 결제대금의 지급을 유보하지 않거나 통신과금서비스이용자의 요청에 대한 처리 결과를 통신과금서비스이용자에게 알려 주지 않은 경우	법 제76조제3항제19호	300	600	1,000
토. 법 제58조제4항을 위반하여 통신과금서비스에 관한 기록을 보존하지 않은 경우	법 제76조제3항제20호	300	600	1,000
포. 법 제58조제5항을 위반하여 통신과금서비스이용자의 동의를 받지 않고 통신과금서비스를 제공하거나 이용한도액을 증액한 경우	법 제76조제3항제20호의2	300	600	1,000
호. 법 제58조제6항을 위반하여 통신과금서비스 약관의 변경에 관한 통지를 하지 않은 경우	법 제76조제3항제20호의3	300	600	1,000
구. 법 제58조의2(법 제59조제2항에 따라 준용되는 경우를 포함한다)를 위반하여 통신과금서비스이용자의 정보 제공 요청에 따르지 않은 경우	법 제76조제3항제20호의4	300	600	1,000
누. 법 제59조제3항을 위반하여 통신과금서비스이용자의 이의신청 및 권리구제를 위한 절차를 마련하지 않거나 통신과금서비스 계약 시 이를 명시하지 않은 경우	법 제76조제3항제21호	300	600	1,000
두. 법 제64조제1항에 따른 관계 물품·서류 등을 제출하지 않거나 거짓으로 제출한 경우	법 제76조제3항제22호	300	600	1,000
루. 법 제64조제2항에 따른 자료의 열람·제출 요청에 따르지 않은 경우	법 제76조제3항제23호	300	600	1,000
무. 법 제64조제3항에 따른 출입·검사를 거부·방해 또는 기피한 경우	법 제76조제3항제24호	300	600	1,000
부. 이 법을 위반하여 법 제64조제4항에 따라 과학기술정보통신부장관 또는 방송통신위원회로부터 받은 시정조치 명령을 이행하지 않은 경우	법 제76조제1항제12호			
1) 법 제71조 각 호의 어느 하나에 해당하는 위반행위에 대한 시정조치 명령을 이행하지 않은 경우		3,000	3,000	3,000
2) 법 제72조 각 호의 어느 하나에 해당하는 위반행위에 대한 시정조치 명령을 이행하지 않은 경우		2,000	2,000	2,000
3) 법 제73조 각 호 및 제74조 각 호의 어느 하나에 해당하는 위반행위에 대한 시정조치 명령을 이행하지 않은 경우		1,000	1,000	1,000
4) 법 제76조제1항제1호, 제2호, 제6호의2 및 제6호의3의 위반행위에 대한 시정조치 명령을 이행하지 않은 경우		1,000	1,000	1,000
5) 법 제76조제1항제7호부터 제9호까지, 제9호의2, 제10호 및 제11호의 위반행위에 대한 시정조치 명령을 이행하지 않은 경우		750	750	750
6) 법 제76조제2항 각 호의 어느 하나에 해당하는 위반행위에 대한 시정조치 명령을 이행하지 않은 경우		600	600	600
7) 법 제76조제3항 각 호의 어느 하나에 해당하는 위반행위에 대한 시정조치 명령을 이행하지 않은 경우		500	500	500
8) 그 밖의 시정조치 명령을 이행하지 않은 경우		300	300	300
수. 법 제64조의5제1항을 위반하여 투명성 보고서를 제출하지 않은 경우	법 제76조제3항제25호	300	600	1,000

비고 : 커목부터 로목까지의 규정(허목과 노목은 제외한다)에 따른 위반행위의 경우에는 해당 위반행위를 하도록 한 경우도 포함한다.

■ 통신비밀보호법 시행령

[별표1]

불법감청설비탐지업의 등록요건(제30조 관련)

구 분	등 록 요 건
1. 이용자보호계획	다음 내용을 포함할 것 가. 직무상 알게 된 이용자에 관한 정보의 공개 및 사용금지 등 이용자 정보보호에 관한 사항 나. 이용자와의 계약사항 준수에 관한 사항 다. 탐지결과의 공개 및 유출 금지 라. 불법감청 징후 발견 등의 경우 이용자에게 통보
2. 사업계획	다음 내용을 포함할 것 가. 회사의 연혁, 인원, 조직 및 서비스 내용 나. 장비 및 인력수급계획 등 투자계획 다. 종사자에 대한 기술 및 고객정보보호에 관한 교육훈련계획
3. 기술인력	다음 각 목의 어느 하나에 해당하는 자 1명 이상 가. 정보통신분야(「국가기술자격법」에 따른 기술직무분야 중 전기·전자·통신 및 정보처리분야만 해당한다) 기능사 이상의 자격소지자 나. 법에 따라 등록된 탐지업체에서 2년 이상 불법감청설비탐지업무에 종사한 자
4. 재정능력	납입자본금 5천만원 이상
5. 탐지능력	가. 다음의 사항을 모두 충족할 수 있는 유선선로분석기 1식 이상 1) 전화선 테스트 가능 2) 선로의 단선(斷線)·단락(短絡)·분기(分岐)·접속(接續)여부 등 탐지 기능 나. 다음의 사항을 모두 충족할 수 있는 주파수 스펙트럼분석기 1식 이상 1) 주파수 500KHz부터 1.5GHz까지 측정가능할 것 2) 특정주파수 탐색 기능 3) 특정주파수 모니터 기능

[별표2]

불법감청설비탐지업의 등록취소 및 영업정지의 처분기준(제36조 관련)

위 반 내 용	해당법조문	처분기준
1. 거짓 그 밖의 부정한 방법으로 등록 또는 변경등록을 한 경우	법 제10조의5제1호	등록취소
2. 법 제10조의4에 따른 결격사유에 해당하게 된 경우	법 제10조의5제2호	등록취소
3. 다른 법률의 규정에 따라 국가 또는 지방자치단체로부터 등록취소의 요구가 있는 경우	법 제10조의5제6호	
가. 다른 법률에서 등록취소 요구시 등록을 취소하도록 규정한 경우		등록취소
나. 그 밖의 경우		등록취소 또는 영업정지 6개월
4. 영업행위와 관련하여 알게 된 비밀을 다른 사람에게 누설한 경우	법 제10조의5제3호	
가. 1회 누설한 경우		영업정지 3개월
나. 2회 누설한 경우		영업정지 6개월
다. 3회 누설한 경우		등록취소
5. 탐지업등록증을 다른 사람에게 대여한 경우	법 제10조의5제4호	
가. 3개월 미만 대여한 경우		영업정지 3개월
나. 3개월 이상 6개월 미만 대여한 경우		영업정지 6개월
다. 6개월 이상 또는 2회 이상 대여한 경우		등록취소
6. 영업행위와 관련하여 고의 또는 중대한 과실로 다른 사람에게 중대한 손해를 입힌 경우	법 제10조의5제5호	
가. 1회 손해를 입힌 경우		영업정지 3개월
나. 2회 손해를 입힌 경우		영업정지 6개월
다. 3회 손해를 입힌 경우		등록취소

비 고

1. 처분대상자가 둘 이상의 위반행위를 한 경우로서 그에 해당하는 각각의 처분기준이 다른 경우에는 그 중 중한 처분기준에 의하며, 둘 이상의 처분기준이 동일한 영업정지인 경우에는 중한 처분기준의 2분의 1까지 가중할 수 있되, 각 처분기준을 합산한 기간을 초과할 수 없다.
2. 위반행위가 영업정지에 해당하는 경우 위반행위의 동기, 위반의 정도 그 밖에 정상을 참작할만한 사유가 있는 경우에는 영업정지기간의 2분의 1의 범위에서 감경할 수 있다.

<국토편>

■ 지역 개발 및 지원에 관한 법률

〔별표〕

실시계획 승인 관련 인·허가등의 의제(제24조제1항 관련)

(2020.1.29 개정)

1. 「가축분뇨의 관리 및 이용에 관한 법률」 제11조에 따른 배출시설에 대한 설치허가 및 변경허가·신고
2. 「건축법」 제11조에 따른 건축허가, 같은 법 제14조에 따른 건축신고, 같은 법 제16조에 따른 허가·신고사항의 변경, 같은 법 제20조에 따른 가설건축물의 허가·신고, 같은 법 제29조에 따른 건축 협의
3. 「골재채취법」 제22조에 따른 골재채취의 허가
4. 「공유수면 관리 및 매립에 관한 법률」 제8조에 따른 공유수면의 점용·사용허가, 같은 법 제10조에 따른 점용·사용의 협의 또는 승인, 같은 법 제17조에 따른 공유수면의 점용·사용 실시계획의 승인, 같은 법 제28조에 따른 공유수면의 매립면허, 같은 법 제35조에 따른 협의 또는 승인 및 같은 법 제38조에 따른 공유수면매립실시계획의 승인
5. 「공유재산 및 물품 관리법」 제11조에 따른 행정재산의 용도변경 또는 폐지, 같은 법 제20조에 따른 사용·수익허가
6. 「관광진흥법」 제15조에 따른 사업계획의 승인, 같은 법 제54조에 따른 관광지·관광단지 조성계획의 승인 및 같은 법 제55조에 따른 조성사업 시행의 허가
7. 「광업법」 제24조에 따른 광업권설정의 불허가처분, 같은 법 제34조에 따른 광업권 취소처분 또는 광구 감소처분
8. 「국유재산법」 제30조에 따른 국유재산의 사용허가
9. 「국토의 계획 및 이용에 관한 법률」 제30조에 따른 도시·군관리계획의 결정, 같은 법 제50조에 따른 지구단위계획의 결정, 같은 법 제56조에 따른 개발행위의 허가, 같은 법 제86조에 따른 도시·군계획시설사업의 시행자 지정, 같은 법 제88조에 따른 실시계획의 인가, 같은 법 제118조에 따른 토지거래계약에 관한 허가
10. 「낙농진흥법」 제4조제1항에 따라 지정된 낙농지구의 해제
11. 「농어촌정비법」 제23조에 따른 농업생산기반시설의 목적 외 사용의 승인, 같은 법 제82조에 따른 농어촌 관광휴양단지의 개발 사업계획의 승인, 같은 법 제83조에 따른 관광농원의 개발 사업계획의 승인
12. 「농지법」 제34조에 따른 농지전용(農地轉用)의 허가 또는 협의, 같은 법 제35조에 따른 농지의 전용신고, 같은 법 제36조에 따른 농지의 타용도 일시사용허가·협의 및 같은 법 제40조에 따른 용도변경의 승인
13. 「대기환경보전법」 제23조, 「수질 및 수생태계 보전에 관한 법률」 제33조, 「소음·진동관리법」 제8조에 따른 배출시설 설치의 허가 및 신고
14. 「대중교통의 육성 및 이용촉진에 관한 법률」 제9조에 따른 개발사업계획에 대중교통시설에 관한 사항 반영
15. 「도로법」 제36조에 따른 도로관리청이 아닌 자에 대한 도로공사 시행의 허가, 같은 법 제61조에 따른 도로의 점용 허가 및 같은 법 제107조에 따른 도로관리청과의 협의 또는 승인
16. 「도시개발법」 제11조에 따른 시행자의 지정, 같은 법 제17조에 따른 실시계획의 작성 및 인가, 같은 법 제26조에 따른 조성토지등의 공급계획 제출, 같은 법 제53조에 따른 조성토지등의 준공 전 사용의 허가, 같은 법 제64조제2항에 따른 타인의 토지에의 출입허가
17. 「도시교통정비 촉진법」 제15조, 제16조 및 제17조에 따른 교통영향분석·개선대책의 수립·검토·심의
18. 「도시 및 주거환경정비법」 제28조에 따른 사업시행인가
19. 「문화재보호법」 제35조제1항제1호·제2호·제4호에 따른 허가, 같은 법 제66조 단서에 따른 국유지의 사용허가
20. 「물류시설의 개발 및 운영에 관한 법률」 제9조에 따른 공사시행의 인가, 같은 법 제28조에 따른 물류단지개발실시계획의 승인
21. 「백두대간 보호에 관한 법률」 제8조에 따른 개발행위를 위한 사전협의
22. 「사도법」 제4조에 따른 사도(私道)의 개설허가
23. 「사방사업법」 제14조에 따른 벌채 등의 허가, 같은 법 제20조에 따른 사방지(砂防地) 지정의 해제
24. 「산림자원의 조성 및 관리에 관한 법률」 제36조제1항·제4항에 따른 입목벌채등의 허가·신고, 「산림보호법」 제9조제2항제1호·제2호에 따른 산림보호구역에서의 행위의 허가·신고와 같은 법 제11조제1항제1호에 따른 산림보호구역의 지정해제. 다만, 「산림자원의 조성 및 관리에 관한 법률」에 따른 채종림·시험림과 「산림보호법」에 따른 산림유전자원보호구역의 경우는 제외한다.
25. 「산업입지 및 개발에 관한 법률」 제16조에 따른 산업단지개발사업시행자의 지정, 같은 법 제17조에 따른 국가산업단지개발실시계획의 승인, 같은 법 제18조에 따른 일반산업단지개발실시계획의 승인, 같은 법 제18조의2에 따른 도시첨단산업단지개발실시계획의 승인 및 같은 법 제19조에 따른 농공단지개발실시계획의 승인
26. 「산업집적활성화 및 공장설립에 관한 법률」 제13조에 따른 공장설립등의 승인, 같은 법 제20조에 따른 공장 신설 등의 승인
27. 「산지관리법」 제14조에 따른 산지전용허가, 같은 법 제15조에 따른 산지전용신고, 같은 법 제15조의2에 따른 산지일시사용허가·신고 및 같은 법 제25조에 따른 토석채취허가
28. 「소하천정비법」 제8조에 따른 소하천정비시행계획의 수립, 같은 법 제10조에 따른 소하천공사 시행의 허가 및 같은 법 제14조에 따른 소하천 점용 등의 허가 또는 신고
29. 「수도법」 제17조 또는 제49조에 따른 수도사업의 인가, 같은 법 제52조 또는 제54조에 따른 전용상수도 또는 전용공업용수도의 설치 인가
30. 「어촌·어항법」 제23조에 따른 어항개발사업시행허가
31. 「에너지이용 합리화법」 제10조에 따른 에너지사용계획의 협의
32. 「온천법」 제10조에 따른 온천개발계획의 승인
33. 「유통산업발전법」 제8조에 따른 대규모점포등의 개설등록 및 변경등록
34. 「임업 및 산촌 진흥촉진에 관한 법률」 제20조에 따른 임업진흥권역의 지정변경 및 해제
35. 「자연공원법」 제20조에 따른 공원사업 시행허가(대통령령으로 정하는 자연공원과 대통령령으로 정하는 유선장, 탐방로 등 공원시설의 종류 및 그 규모에 해당하는 시설로서 해당 공원관리청의 공원위원회의 심의를 거쳐 공원계획의 결정이나 변경의 고시가 이루어진 경우에만 해당한다)
36. 「장사 등에 관한 법률」 제27조에 따른 무연분묘(無緣墳墓)의 개장 허가
37. 「전기사업법」 제7조에 따른 사업의 허가, 같은 법 제62조에 따른 자가용전기설비의 공사계획의 인가 또는 신고
38. 「주택법」 제4조에 따른 주택건설사업자 등의 등록(환지방식에 따른 입체환지를 하는 시행자만 해당한다), 같은 법 제15조에 따른 사업계획의 승인
39. 「집단에너지사업법」 제4조에 따른 집단에너지의 공급 타당성에 관한 협의
40. 「체육시설의 설치·이용에 관한 법률」 제12조에 따른 사업계획의 승인
41. 「초지법」 제21조의2에 따른 토지의 형질변경 등의 허가, 같은 법 제23조에 따른 초지전용의 허가
42. 「공간정보의 구축 및 관리 등에 관한 법률」 제15조제3항에 따른 지도등의 간행 심사, 같은 법 제86조제1항에 따른 사업의 착수·변경 또는 완료의 신고
43. 「택지개발촉진법」 제7조에 따른 택지개발사업의 시행자 지정 등, 같은 법 제9조에 따른 택지개발사업 실시계획의 승인
44. 「폐기물관리법」 제29조에 따른 폐기물처리시설의 설치승인 또는 신고
45. 「하수도법」 제11조에 따른 공공하수도(공공하수도 분뇨처리시설만 해당한다)의 설치인가, 같은 법 제16조에 따른 공공하수도공사의 시행허가 및 같은 법 제24조에 따른 공공하수도의 점용허가
46. 「하천법」 제6조에 따른 하천관리청과의 협의 또는 승인, 같은 법 제27조에 따른 하천공사시행계획의 수립, 같은 법 제30조에 따른 하천공사 시행의 허가 및 하천공사실시계획의 인가, 같은 법 제33조에 따른 하천의 점용허가, 같은 법 제50조에 따른 하천수의 사용허가
47. 「항만법」 제9조제2항에 따른 항만개발사업 시행의 허가 및 같은 법 제10조제2항에 따른 항만개발사업실시계획의 승인
48. 「해양심층수의 개발 및 관리에 관한 법률」 제16조에 따른 실시계획의 인가, 같은 법 제27조에 따른 먹는해양심층수의 제조업 허가 또는 신고

■ 국토의 계획 및 이용에 관한 법률 시행령

〔별표1〕

기반시설을 유발하는 시설에서 제외되는 건축물(제4조의3 관련)

(2022.1.18 개정)

1. 국가 또는 지방자치단체가 건축하는 건축물
2. 국가 또는 지방자치단체에 기부 채납하는 건축물
3. 「산업집적활성화 및 공장설립에 관한 법률」 제2조에 따른 공장
4. 「공익사업을 위한 토지 등의 취득 및 보상에 관한 법률」 제78조제1항의 이주대책대상자(그 상속인을 포함한다) 또는 같은 법 제2조제3호의 사업시행자가 이주대책을 위하여 건축하는 건축물
5. 「농수산물유통 및 가격안정에 관한 법률」 제2조제2호에 따른 농수산물도매시장에 같은 법 제21조제1항에 따라 도매시장의 개설자로부터 시장관리자로 지정받은 다음 각 목의 어느 하나에 해당하는 자가 건축하는 건축물
   가. 같은 법 제24조에 따른 공공출자법인 또는 한국농수산식품유통공사
   나. 「지방공기업법」에 따른 지방공사
6. 「농수산물유통 및 가격안정에 관한 법률」 제69조제2항에 따라 시설물 설치자금을 지원받아 건축하는 농수산물종합유통센터
7. 「농업·농촌 및 식품산업 기본법」 제3조제5호에 따른 농촌, 「지방자치법」에 따른 읍·면의 지역(군에 속하는 경우는 제외한다) 또는 같은 법에 따른 동의 지역 중 법 제36조제1항에 따라 지정된 녹지지역·관리지역·농림지역 및 자연환경보전지역에 설치하는 다음 각 목의 어느 하나에 해당하는 건축물
   가. 「가축분뇨의 관리 및 이용에 관한 법률」 제2조제8호에 따른 처리시설
   나. 「건축법 시행령」 별표1 제3호사목에 따른 주민이 공동으로 이용하는 시설로서 공중화장실, 대피소, 그 밖에 이와 비슷한 것 및 같은 호 아목에 따른 주민의 생활에 필요한 에너지공급이나 급수·배수와 관련된 시설로서 변전소, 정수장, 양수장, 그 밖에 이와 비슷한 것 중 「농어촌정비법」 제6조에 따른 농업생산기반 정비사업으로 건축하는 건축물
   다. 「건축법 시행령」 별표1 제21호에 따른 동물 및 식물 관련시설
   라. 「농산물가공산업 육성법」 제5조제1항에 따라 자금을 지원받아 설치하는 농산물가공품 생산을 위한 공장
   마. 「농수산물유통 및 가격안정에 관한 법률」 제43조제1항에 따라 개설하는 농수산물공판장
   바. 「농수산물유통 및 가격안정에 관한 법률」 제50조제1항에 따른 농수산물집하장
   사. 「농수산물유통 및 가격안정에 관한 법률」 제51조제1항에 따라 시설 설치자금을 지원받아 설치하는 농수산물산지유통센터
   아. 「농업기계화촉진법」 제4조제1항에 따라 부대시설 설치자금을 지원받아 건축하는 농업기계의 이용에 따른 부대시설
   자. 「양곡관리법 시행령」 제21조제2항에 따라 도정업을 신고한 자가 도정업을 위하여 건축하는 건축물
   차. 「축산법」 제22조제1항제2호에 따른 계란집하업을 영위하기 위한 계란집하시설
   카. 「친환경농어업 육성 및 유기식품 등의 관리·지원에 관한 법률」 제16조에 따라 시설 설치자금을 지원받아 건축하는 친환경농산물의 생산·유통시설로서 미생물·퇴비·모판흙·조사료(단백질, 전분 등이 적고 섬유질이 많은 사료를 말한다) 제조시설, 집하·선별·건조·저장·가공시설 및 농기자재 보관시설
8. 「건축법」 제2조제1항제10호 또는 「주택법」 제2조제13호에 따른 리모델링을 하는 건축물
9. 「건축법 시행령」 제2조제13호나목에 따른 부속용도의 시설 중 주차장
10. 「경제자유구역의 지정 및 운영에 관한 법률」 제2조제1호에 따른 경제자유구역에 「외국인투자촉진법」 제2조제1항제6호에 따른 외국인투자기업이 해당 투자사업을 위하여 건축하는 건축물
11. 「혁신도시 조성 및 발전에 관한 특별법」 제29조 단서에 따라 이전 공공기관이 혁신도시 외로 개별 이전하여 건축하는 건축물
12. 「국민기초생활 보장법」 제32조에 따른 보장시설
13. 「농어촌정비법」 제101조에 따른 마을정비구역에 같은 법 제2조제10호에 따른 생활환경정비사업으로 건축하는 건축물
14. 「농어촌주택 개량촉진법」 제4조에 따른 농어촌주거환경개선지구에 같은 법 제5조에 따른 농어촌주거환경개선사업으로 건축하는 건축물
15. 「농업협동조합법」 제2조제1호에 따른 조합, 같은 법 제2조제4호에 따른 중앙회, 같은 법 제112조의2에 따른 조합공동사업법인 또는 같은 법 제138조에 따른 품목조합연합회가 건축하는 건축물
16. 「농지법」 제28조제2항제1호에 따른 농업진흥구역에 같은 법 제32조제1항제2호에 따라 설치하는 편의 시설 및 이용 시설
17. 「섬 발전 촉진법」 제4조제1항에 따른 개발대상섬에 섬의 개발사업으로 건축하는 건축물
18. 「도시 및 주거환경정비법」 제30조의2제1항에 따라 공급하는 임대주택
19. 「도시재정비 촉진을 위한 특별법」 제31조제1항에 따라 공급하는 임대주택
20. 「산림조합법」 제2조제1호에 따른 조합 또는 같은 조 제4호에 따른 중앙회가 건축하는 건축물
21. 「수산업협동조합법」 제2조제4호에 따른 조합 또는 같은 조 제5호에 따른 중앙회가 건축하는 건축물
22. 「유아교육법」 제7조제3호에 따른 사립유치원
23. 「임대주택법」 제2조제2호의2가목 및 나목에 따른 공공건설임대주택
24. 「재난 및 안전관리 기본법」 제60조에 따라 선포된 특별재난지역에 복구하는 건축물
25. 「전원개발촉진법」 제2조제1호에 따른 전원설비(부대시설은 같은 법 시행령 제3조제1호 및 제2호에 규정에 의한 시설만 해당한다)
26. 도시·군계획시설로 설치하는 배전사업소(배전설비와 연결된 기계 및 기구가 설치된 것만 해당한다)
27. 「주차장법」 제2조제5호의2에 따른 주차전용건축물 중 주차장으로 사용되는 건축분
28. 「초·중등교육법」 제3조에 따른 사립학교의 시설 및 「대학설립·운영 규정」 제4조제1항에 따른 교사(校舍)
29. 「평생교육법」 제31조제2항에 따른 학력인정시설
30. 「폐기물관리법」 제2조제8호에 따른 폐기물처리시설
31. 주한 외국정부기관, 주한 국제기구 또는 외국 원조단체 소유의 건축물
32. 「물류시설의 개발 및 운영에 관한 법률」 제20조에 따라 자금을 지원받아 설치하는 복합물류터미널
33. 「사회복지사업법」에 따른 사회복지시설(비영리법인이 설치·운영하는 사회복지시설만 해당한다)
34. 「영유아보육법」 제10조제2호부터 제6호까지의 규정에 따른 어린이집

35.「건축법」 제2조제1항제2호의 건축물 중「건축법 시행령」 별표1 제1호다목에 해당하는 용도로 사용되는 부분
36.「건축법」 제2조제1항제2호의 건축물 중「건축법 시행령」 별표1 제2호다목에 해당하는 용도로 사용되고 세대당 주거전용면적이 60제곱미터 이하인 부분
37.「건축법 시행령」 별표1 제4호나목이나 제6호가목의 종교집회장
38. 다음 각 목의 지역 · 지구 · 구역 · 단지 등에서 지구단위계획을 수립하여 개발하는 토지에 건축하는 건축물
가.「택지개발촉진법」에 따른 택지개발예정지구
나.「산업입지 및 개발에 관한 법률」에 따른 산업단지
다.「도시개발법」에 따른 도시개발구역
라.「공공주택건설 등에 관한 특별법」 제2조제2호에 따른 공공주택지구
마.「도시 및 주거환경정비법」 제2조제2호가목부터 다목까지의 주거환경개선사업, 주택재개발사업, 주택재건축사업을 위한 정비구역
바.「물류시설의 개발 및 운영에 관한 법률」 제2조제6호에 따른 물류단지
사.「경제자유구역의 지정 및 운영에 관한 법률」 제4조에 따른 경제자유구역. 다만, 동 구역 안에서의 건축행위가 제10호에 따라 기반시설설치비용이 면제되는 경우는 제외한다.
아.「관광진흥법」 제2조제6호 및 제7호에 따른 관광지 및 관광단지
자.「기업도시개발 특별법」 제5조에 따른 기업도시개발구역
차.「신행정수도 후속대책을 위한 연기 · 공주지역 행정중심복합도시 건설을 위한 특별법」 제11조에 따른 행정중심복합도시 예정지역
카.「혁신도시 조성 및 발전에 관한 특별법」 제2조제4호에 따른 혁신도시개발예정지구
타.「제주특별자치도 설치 및 국제자유도시 조성을 위한 특별법」 제216조에 따른 제주첨단과학기술단지

[별표1의2]

개발행위허가기준(제56조관련)

(2023.3.21 개정)

1. 분야별 검토사항

검토분야	허 가 기 준
가. 공통분야	(1) 조수류 · 수목 등의 집단서식지가 아니고, 우량농지 등에 해당하지 아니하여 보전의 필요가 없을 것 (2) 역사적 · 문화적 · 향토적 가치, 국방상 목적 등에 따른 원형 보전의 필요가 없을 것 (3) 토지의 형질변경 또는 토석채취의 경우에는 다음의 사항 중 필요한 사항에 대하여 도시 · 군계획조례(특별시 · 광역시 · 특별자치시 · 특별자치도 · 시 또는 군의 도시 · 군계획조례를 말한다. 이하 이 표에서 같다)로 정하는 기준에 적합할 것 (가) 국토교통부령으로 정하는 방법에 따라 산정한 개발행위를 하려는 토지의 경사도 및 임상(林相) (나) (2016.6.30 삭제) (다) 표고, 인근 도로의 높이, 배수(排水) 등 그 밖에 필요한 사항 (4) (3)에도 불구하고 다음의 어느 하나에 해당하는 경우에는 위해 방지, 환경오염 방지, 경관 조성, 조경 등에 관한 조치가 포함된 개발행위내용에 대하여 해당 도시계획위원회(제55조제3항제3호의2 각 목 외의 부분 후단 및 제57조제4항에 따라 중앙도시계획위원회 또는 시 · 도도시계획위원회의 심의를 거치는 경우에는 중앙도시계획위원회 또는 시 · 도도시계획위원회를 말한다)의 심의를 거쳐 도시 · 군계획조례로 정하는 기준을 완화하여 적용할 수 있다. (가) 골프장, 스키장, 기존 사찰, 풍력을 이용한 발전시설 등 개발행위의 특성상 도시 · 군계획조례로 정하는 기준을 그대로 적용하는 것이 불합리하다고 인정되는 경우 (나) 지형 여건 또는 사업수행상 도시 · 군계획조례로 정하는 기준을 그대로 적용하는 것이 불합리하다고 인정되는 경우
나. 도시 · 군관리계획	(1) 용도지역별 개발행위의 규모 및 건축제한 기준에 적합할 것 (2) 개발행위허가제한지역에 해당하지 아니할 것
다. 도시 · 군계획사업	(1) 도시 · 군계획사업부지에 해당하지 아니할 것(제61조의 규정에 의하여 허용되는 개발행위를 제외한다) (2) 개발시기와 가설시설의 설치 등이 도시 · 군계획사업에 지장을 초래하지 아니할 것
라. 주변지역과의 관계	(1) 개발행위로 건축 또는 설치하는 건축물 또는 공작물이 주변의 자연경관 및 미관을 훼손하지 아니하고, 그 높이 · 형태 및 색채가 주변건축물과 조화를 이루어야 하며, 도시 · 군계획으로 경관계획이 수립되어 있는 경우에는 그에 적합할 것 (2) 개발행위로 인하여 당해 지역 및 그 주변지역에 대기오염 · 수질오염 · 토질오염 · 소음 · 진동 · 분진 등에 의한 환경오염 · 생태계파괴 · 위해발생 등이 발생할 우려가 없을 것. 다만, 환경오염 · 생태계파괴 · 위해발생 등의 방지가 가능하여 환경오염의 방지, 위해의 방지, 조경, 녹지의 조성, 완충지대의 설치 등을 허가의 조건으로 붙이는 경우에는 그러하지 아니하다. (3) 개발행위로 인하여 녹지축이 절단되지 아니하고, 개발행위로 배수가 변경되어 하천 · 호소 · 습지로의 유수를 막지 아니할 것
마. 기반시설	(1) 주변의 교통소통에 지장을 초래하지 아니할 것 (2) 대지와 도로의 관계는「건축법」에 적합할 것 (3) 도시 · 군계획조례로 정하는 건축물의 용도 · 규모(대지의 규모를 포함한다) · 층수 또는 주택호수 등에 따른 도로의 너비 또는 교통소통에 관한 기준에 적합할 것
바. 그 밖의 사항	(1) 공유수면매립의 경우 매립목적이 도시 · 군계획에 적합할 것 (2) 토지의 분할 및 물건을 쌓아놓는 행위에 입목의 벌채가 수반되지 아니할 것

2. 개발행위별 검토사항

검토분야	허 가 기 준
가. 건축물의 건축 또는 공작물의 설치	(1)「건축법」의 적용을 받는 건축물의 건축 또는 공작물의 설치에 해당하는 경우 그 건축 또는 설치의 기준에 관하여는「건축법」의 규정과 법 및 이 영이 정하는 바에 의하고, 그 건축 또는 설치의 절차에 관하여는「건축법」의 규정에 의할 것. 이 경우 건축물의 건축 또는 공작물의 설치를 목적으로 하는 토지의 형질변경, 토지분할 또는 토석의 채취에 관한 개발행위허가는「건축법」에 의한 건축 또는 설치의 절차와 동시에 할 수 있다. (2) 도로 · 수도 및 하수도가 설치되지 아니한 지역에 대하여는 건축물의 건축(건축을 목적으로 하는 토지의 형질변경을 포함한다)을 허가하지 아니할 것. 다만, 무질서한 개발을 초래하지 아니하는 범위안에서 도시 · 군계획조례가 정하는 경우에는 그러하지 아니하다. (3) 특정 건축물 또는 공작물에 대한 이격거리, 높이, 배치 등에 대한 구체적인 사항은 도시 · 군계획조례로 정할 수 있다. 다만, 특정 건축물 또는 공작물에 대한 이격거리, 높이, 배치 등에 대하여 다른 법령에서 달리 정하는 경우에는 그 법령에서 정하는 바에 따른다.
나. 토지의 형질변경	(1) 토지의 지반이 연약한 때에는 그 두께 · 넓이 · 지하수위 등의 조사와 지반의 지지력 · 내려앉음 · 솟아오름에 관한 시험을 실시하여 흙바꾸기 · 다지기 · 배수 등의 방법으로 이를 개량할 것 (2) 토지의 형질변경에 수반되는 성토 및 절토에 의한 비탈면 또는 절개면에 대하여는 옹벽 또는 석축의 설치 등 도시 · 군계획조례가 정하는 안전조치를 할 것
다. 토석채취	지하자원의 개발을 위한 토석의 채취허가는 시가화대상이 아닌 지역으로서 인근에 피해가 없는 경우에 한하도록 하되, 구체적인 사항은 도시 · 군계획조례가 정하는 기준에 적합할 것. 다만, 국민경제상 중요한 광물자원의 개발을 위한 경우로서 인근의 토지이용에 대한 피해가 최소한에 그치도록 하는 때에는 그러하지 아니하다.
라. 토지분할	(1) 녹지지역 · 관리지역 · 농림지역 및 자연환경보전지역 안에서 관계 법령에 따른 허가 · 인가 등을 받지 아니하고 토지를 분할하는 경우에는 다음의 요건을 모두 갖출 것 (가)「건축법」 제57조제1항에 따른 분할제한면적(이하 이 칸에서 "분할제한면적"이라 한다) 이상으로서 도시 · 군계획조례가 정하는 면적 이상으로 분할할 것 (나)「소득세법 시행령」 제168조의3제1항 각 호의 어느 하나에 해당하는 지역 중 토지에 대한 투기가 성행하거나 성행할 우려가 있다고 판단되는 지역으로서 국토교통부장관이 지정 · 고시하는 지역 안에서의 토지분할이 아닐 것. 다만, 다음의 어느 하나에 해당되는 토지의 경우는 예외로 한다. 1) 다른 토지와의 합병을 위하여 분할하는 토지 2) 2006년 3월 8일 전에 토지소유권이 공유로 된 토지를 공유지분에 따라 분할하는 토지 3) 그 밖에 토지의 분할이 불가피한 경우로서 국토교통부령으로 정하는 경우에 해당되는 토지 (다) 토지분할의 목적이 건축물의 건축 또는 공작물의 설치, 토지의 형질변경인 경우 그 개발행위가 관계 법령에 따라 제한되지 아니할 것 (라) 이 법 또는 다른 법령에 따른 인가 · 허가 등을 받지 않거나 기반시설이 갖추어지지 않아 토지의 개발이 불가능한 토지의 분할 에 관한 사항은 해당 특별시 · 광역시 · 특별자치시 · 특별자치도 · 시 또는 군의 도시 · 군계획조례로 정한 기준에 적합할 것 (2) 분할제한면적 미만으로 분할하는 경우에는 다음의 어느 하나에 해당할 것 (가) 녹지지역 · 관리지역 · 농림지역 및 자연환경보전지역 안에서의 기존묘지의 분할 (나) 사설도로를 개설하기 위한 분할(「사도법」에 의한 사도개설허가를 받아 분할하는 경우를 제외한다) (다) 사설도로로 사용되고 있는 토지중 도로로서의 용도가 폐지되는 부분을 인접토지와 합병하기 위하여 하는 분할 (라) (2005.9.8 삭제) (마) 토지이용상 불합리한 토지경계선을 시정하여 당해 토지의 효용을 증진시키기 위하여 분할후 인접토지와 합필하고자 하는 경우에는 다음의 1에 해당할 것. 이 경우 허가신청인은 분할후 합필되는 토지의 소유권 또는 공유지분을 보유하고 있거나 그 토지를 매수하기 위한 매매계약을 체결하여야 한다. 1) 분할 후 남는 토지의 면적 및 분할된 토지와 인접토지가 합필된 후의 면적이 분할제한면적에 미달되지 아니할 것 2) 분할전후의 토지면적에 증감이 없을 것 3) 분할하고자 하는 기존토지의 면적이 분할제한면적에 미달되고, 분할된 토지 중 하나를 제외한 나머지 분할된 토지와 인접토지를 합필한 후의 면적이 분할제한면적에 미달되지 아니할 것 (3) 너비 5미터 이하로 분할하는 경우로서 토지의 합리적인 이용에 지장이 없을 것
마. 물건을 쌓아놓는 행위	당해 행위로 인하여 위해발생, 주변환경오염 및 경관훼손 등의 우려가 없고, 당해 물건을 쉽게 옮길 수 있는 경우로서 도시 · 군계획조례가 정하는 기준에 적합할 것

3. 용도지역별 검토사항

검토분야	허 가 기 준
가. 시가화 용도	1) 토지의 이용 및 건축물의 용도 · 건폐율 · 용적률 · 높이 등에 대한 용도지역의 제한에 따라 개발행위허가의 기준을 적용하는 주거지역 · 상업지역 및 공업지역일 것 2) 개발을 유도하는 지역으로서 기반시설의 적정성, 개발이 환경이 미치는 영향, 경관 보호 · 조성 및 미관훼손의 최소화를 고려할 것
나. 유보 용도	1) 법 제59조에 따른 도시계획위원회의 심의를 통하여 개발행위허가의 기준을 강화 또는 완화하여 적용할 수 있는 계획관리지역 · 생산관리지역 및 녹지지역 중 자연녹지지역일 것 2) 지역 특성에 따라 개발 수요에 탄력적으로 적용할 지역으로서 입지타당성, 기반시설의 적정성, 개발이 환경이 미치는 영향, 경관 보호 · 조성 및 미관훼손의 최소화를 고려할 것
다. 보전 용도	1) 법 제59조에 따른 도시계획위원회의 심의를 통하여 개발행위허가의 기준을 강화하여 적용할 수 있는 보전관리지역 · 농림지역 · 자연환경보전지역 및 녹지지역 중 생산녹지지역 및 보전녹지지역일 것 2) 개발보다 보전이 필요한 지역으로서 입지타당성, 기반시설의 적정성, 개발이 환경이 미치는 영향, 경관 보호 · 조성 및 미관훼손의 최소화를 고려할 것

〔별표1의3〕

건축물별 기반시설유발계수(제69조제2항 관련)

(2023.5.15 개정)

1. 단독주택 : 0.7
2. 공동주택 : 0.7
3. 제1종 근린생활시설 : 1.3
4. 제2종 근린생활시설 : 1.6
5. 문화 및 집회시설 : 1.4
6. 종교시설 : 1.4
7. 판매시설 : 1.3
8. 운수시설 : 1.4
9. 의료시설 : 0.9
10. 교육연구시설 : 0.7
11. 노유자시설 : 0.7
12. 수련시설 : 0.7
13. 운동시설 : 0.7
14. 업무시설 : 0.7
15. 숙박시설 : 1.0
16. 위락시설 : 2.1
17. 공장
가. 목재 및 나무제품 제조공장(가구제조공장은 제외한다) : 2.1
나. 펄프, 종이 및 종이제품 제조공장 : 2.5
다. 비금속 광물제품 제조공장 : 1.3
라. 코크스, 석유정제품 및 핵연료 제조공장 : 2.1
마. 가죽, 가방 및 신발제조공장 : 1.0
바. 전자부품, 영상, 음향 및 통신장비 제조공장 : 0.7
사. 음·식료품 제조공장 : 0.5
아. 화합물 및 화학제품 제조공장 : 0.5
자. 섬유제품 제조공장(봉제의복 제조공장은 제외한다) : 0.4
차. 봉제의복 및 모피제품 제조공장 : 0.7
카. 가구 및 그 밖의 제품 제조공장 : 0.3
타. 그 밖의 전기기계 및 전기 변환장치 제조공장 : 0.3
파. 조립금속제품 제조공장(기계 및 가구공장을 제외한다) : 0.3
하. 출판, 인쇄 및 기록매체 복제공장 : 0.4
거. 의료, 정밀, 광학기기 및 시계 제조공장 : 0.4
너. 제1차 금속 제조공장 : 0.3
더. 컴퓨터 및 사무용기기 제조공장 : 0.4
러. 재생용 가공원료 생산공장 : 0.3
머. 고무 및 플라스틱 제품 제조공장 : 0.4
버. 그 밖의 운송장비 제조공장 : 0.4
서. 그 밖의 기계 및 장비 제조공장 : 0.4
어. 자동차 및 트레일러 제조공장 : 0.3
저. 담배제조공장 : 0.3
18. 창고시설 : 0.5
19. 위험물저장 및 처리시설 : 0.7
20. 자동차관련시설 : 0.7
21. 동물 및 식물관련시설 : 0.7
22. 자원순환 관련 시설 : 1.4
23. 교정시설 : 0.7
23의2. 국방·군사시설 : 0.7
24. 방송통신시설 : 0.8
25. 발전시설 : 0.7
26. 묘지 관련 시설 : 0.7
27. 관광휴게시설 : 1.9
28. 장례시설 : 0.7
29. 야영장시설 : 0.7

〔별표1의4〕

기반시설설치비용에서 감면하는 비용 및 감면액(제70조제4항 관련)

(2021.12.16 개정)

1. 「대도시권 광역교통 관리에 관한 특별법」 제11조에 따른 광역교통시설부담금의 100분의 10에 해당하는 금액
2. 「도로법」 제91조제1항 및 제2항에 따른 원인자부담금 전액
3. 「수도권정비계획법」 제12조에 따른 과밀부담금의 100분의 10에 해당하는 금액
4. 「수도법」 제71조에 따른 원인자부담금 전액
5. 「하수도법」 제61조에 따른 원인자부담금 전액
6. 「학교용지확보 등에 관한 특례법」 제5조에 따른 학교용지부담금 전액
7. 「자원의 절약과 재활용촉진에 관한 법률」 제19조에 따른 폐기물부담금 전액
8. 「지방자치법」 제155조에 따른 공공시설분담금 전액

〔별표2〕

제1종전용주거지역안에서 건축할 수 있는 건축물(제71조제1항제1호관련)

(2014.3.24 개정)

1. 건축할 수 있는 건축물
가. 「건축법 시행령」 별표1 제1호의 단독주택(다가구주택을 제외한다)
나. 「건축법 시행령」 별표1 제3호가목부터 바목까지 및 사목(공중화장실·대피소, 그 밖에 이와 비슷한 것 및 지역아동센터는 제외한다)의 제1종 근린생활시설로서 해당 용도에 쓰이는 바닥면적의 합계가 1천제곱미터 미만인 것
2. 도시·군계획조례가 정하는 바에 의하여 건축할 수 있는 건축물
가. 「건축법 시행령」 별표1 제1호의 단독주택 중 다가구주택
나. 「건축법 시행령」 별표1 제2호의 공동주택 중 연립주택 및 다세대주택
다. 「건축법 시행령」 별표1 제3호사목(공중화장실·대피소, 그 밖에 이와 비슷한 것 및 지역아동센터만 해당한다) 및 아목에 따른 제1종 근린생활시설로서 해당 용도에 쓰이는 바닥면적의 합계가 1천제곱미터 미만인 것
라. 「건축법 시행령」 별표1 제4호의 제2종 근린생활시설 중 종교집회장
마. 「건축법 시행령」 별표1 제5호의 문화 및 집회시설 중 같은 호 라목(박물관, 미술관, 체험관(「건축법 시행령」 제2조제16호에 따른 한옥으로 건축하는 것만 해당한다) 및 기념관에 한정한다)에 해당하는 것으로서 그 용도에 쓰이는 바닥면적의 합계가 1천제곱미터 미만인 것
바. 「건축법 시행령」 별표1 제6호의 종교시설에 해당하는 것으로서 그 용도에 쓰이는 바닥면적의 합계가 1천제곱미터 미만인 것
사. 「건축법 시행령」 별표1 제10호의 교육연구시설 중 유치원·초등학교·중학교 및 고등학교
아. 「건축법 시행령」 별표1 제11호의 노유자시설
자. 「건축법 시행령」 별표1 제20호의 자동차관련시설 중 주차장

〔별표3〕

제2종전용주거지역안에서 건축할 수 있는 건축물(제71조제1항제2호관련)

(2014.1.14 개정)

1. 건축할 수 있는 건축물
가. 「건축법 시행령」 별표1 제1호의 단독주택
나. 「건축법 시행령」 별표1 제2호의 공동주택
다. 「건축법 시행령」 별표1 제3호의 제1종 근린생활시설로서 당해 용도에 쓰이는 바닥면적의 합계가 1천제곱미터 미만인 것
2. 도시·군계획조례가 정하는 바에 의하여 건축할 수 있는 건축물
가. 「건축법 시행령」 별표1 제4호의 제2종 근린생활시설 중 종교집회장
나. 「건축법 시행령」 별표1 제5호의 문화 및 집회시설 중 같은 호 라목(박물관, 미술관, 체험관(「건축법 시행령」 제2조제16호에 따른 한옥으로 건축하는 것만 해당한다) 및 기념관에 한정한다)에 해당하는 것으로서 그 용도에 쓰이는 바닥면적의 합계가 1천제곱미터 미만인 것
다. 「건축법 시행령」 별표1 제6호의 종교시설에 해당하는 것으로서 그 용도에 쓰이는 바닥면적의 합계가 1천제곱미터 미만인 것
라. 「건축법 시행령」 별표1 제10호의 교육연구시설 중 유치원·초등학교·중학교 및 고등학교
마. 「건축법 시행령」 별표1 제11호의 노유자시설
바. 「건축법 시행령」 별표1 제20호의 자동차관련시설 중 주차장

〔별표4〕

제1종일반주거지역안에서 건축할 수 있는 건축물(제71조제1항제3호관련)

(2023.5.15 개정)

1. 건축할 수 있는 건축물(4층 이하(「주택법 시행령」 제10조제1항제2호에 따른 단지형 연립주택 및 같은 항 제3호에 따른 단지형 다세대주택인 경우에는 5층 이하를 말하며, 단지형 연립주택의 1층 전부를 필로티 구조로 하여 주차장으로 사용하는 경우에는 필로티 부분을 층수에서 제외하고, 단지형 다세대주택의 1층 바닥면적의 2분의 1 이상을 필로티 구조로 하여 주차장으로 사용하고 나머지 부분을 주택 외의 용도로 쓰는 경우에는 해당 층을 층수에서 제외한다. 이하 이 호에서 같다)의 건축물만 해당한다. 다만, 4층 이하의 범위에서 도시·군계획조례로 따로 층수를 정하는 경우에는 그 층수 이하의 건축물만 해당한다)
가. 「건축법 시행령」 별표1 제1호의 단독주택
나. 「건축법 시행령」 별표1 제2호의 공동주택(아파트를 제외한다)
다. 「건축법 시행령」 별표1 제3호의 제1종 근린생활시설
라. 「건축법 시행령」 별표1 제10호의 교육연구시설 중 유치원·초등학교·중학교 및 고등학교
마. 「건축법 시행령」 별표1 제11호의 노유자시설
2. 도시·군계획조례가 정하는 바에 의하여 건축할 수 있는 건축물(4층 이하의 건축물에 한한다. 다만, 4층 이하의 범위안에서 도시·군계획조례로 따로 층수를 정하는 경우에는 그 층수 이하의 건축물에 한한다)
가. 「건축법 시행령」 별표1 제4호의 제2종 근린생활시설(단란주점 및 안마시술소를 제외한다)
나. 「건축법 시행령」 별표1 제5호의 문화 및 집회시설(공연장 및 관람장을 제외한다)
다. 「건축법 시행령」 별표1 제6호의 종교시설
라. 「건축법 시행령」 별표1 제7호의 판매시설 중 같은 호 나목 및 다목(일반게임제공업의 시설은 제외한다)에 해당하는 것으로서 해당 용도에 쓰이는 바닥면적의 합계가 2천제곱미터 미만인 것(너비 15미터 이상의 도로로서 도시·군계획조례가 정하는 너비 이상의 도로에 접한 대지에 건축하는 것에 한한다)과 기존의 도매시장 또는 소매시장을 재건축하는 경우로서 인근의 주거환경에 미치는 영향, 시장의 기능회복 등을 고려하여 도시·군계획조례가 정하는 경우에는 해당 용도에 쓰이는 바닥면적의 합계의 4배 이하 또는 대지면적의 2배 이하인 것
마. 「건축법 시행령」 별표1 제9호의 의료시설(격리병원을 제외한다)
바. 「건축법 시행령」 별표1 제10호의 교육연구시설 중 제1호라목에 해당하지 아니하는 것
사. 「건축법 시행령」 별표1 제12호의 수련시설(유스호스텔의 경우 특별시 및 광역시 지역에서는 너비 15미터 이상의 도로에 20미터 이상 접한 대지에 건축하는 것에 한하며, 그 밖의 지역에서는 너비 12미터 이상의 도로에 접한 대지에 건축하는 것에 한한다)
아. 「건축법 시행령」 별표1 제13호의 운동시설(옥외 철탑이 설치된 골프연습장을 제외한다)
자. 「건축법 시행령」 별표1 제14호의 업무시설 중 오피스텔로서 그 용도에 쓰이는 바닥면적의 합계가 3천제곱미터 미만인 것
차. 「건축법 시행령」 별표1 제17호의 공장 중 인쇄업, 기록매체복제업, 봉제업(의류편조업을 포함한다), 컴퓨터 및 주변기기제조업, 컴퓨터 관련 전자제품조립업, 두부제조업, 세탁업의 공장 및 지식산업센터로서 다음의 어느 하나에 해당하지 아니하는 것
(1) 「대기환경보전법」 제2조제9호에 따른 특정대기유해물질이 같은 법 시행령 제11조제1항제1호에 따른 기준 이상으로 배출되는 것
(2) 「대기환경보전법」 제2조제11호에 따른 대기오염물질배출시설에 해당하는 시설로서 같은 법 시행령 별표1의3에 따른 1종사업장 내지 4종사업장에 해당하는 것
(3) 「물환경보전법」 제2조제8호에 따른 특정수질유해물질이 같은 법 시행령 제31조제1항제1호에 따른 기준 이상으로 배출되는 것. 다만, 동법 제34조에 따라 폐수무방류배출시설의 설치허가를 받아 운영하는 경우를 제외한다.
(4) 「물환경보전법」 제2조제10호에 따른 폐수배출시설에 해당하는 시설로서 같은 법 시행령 별표13에 따른 제1종사업장부터 제4종사업장까지에 해당하는 것
(5) 「폐기물관리법」 제2조제4호에 따른 지정폐기물을 배출하는 것
(6) 「소음·진동관리법」 제7조에 따른 배출허용기준의 2배 이상인 것
카. 「건축법 시행령」 별표1 제17호의 공장 중 떡 제조업 및 빵 제조업(이에 딸린 과자 제조업을 포함한다. 이하 같다)의 공장으로서 다음 요건을 모두 갖춘 것
(1) 해당 용도에 쓰이는 바닥면적의 합계가 1천제곱미터 미만일 것
(2) 「악취방지법」에 따른 악취배출시설인 경우에는 악취방지시설 등 악취방지에 필요한 조치를 하였을 것
(3) 차목(1)부터 (6)까지의 어느 하나에 해당하지 아니할 것. 다만, 도시·군계획조례로 「대기환경보전법」, 「물환경보전법」 및 「소음·진동관리법」에 따른 설치 허가·신고 대상 시설의 건축을 제한한 경우에는 그 건축제한시설에도 해당하지 아니하여야 한다.
(4) 해당 특별시장·광역시장·특별자치시장·특별자치도지사·시장 또는 군수가 해당 지방도시계획위원회의 심의를 거쳐 인근의 주거환경 등에 미치는 영향 등이 적다고 인정하였을 것
타. 「건축법 시행령」 별표1 제18호의 창고시설
파. 「건축법 시행령」 별표1 제19호의 위험물저장 및 처리시설 중 주유소, 석유판매소, 액화가스 취급소·판매소, 도료류 판매소, 「대기환경보전법」에 따른 저공해자동차의 연료공급시설, 시내버스차고지에 설치하는 액화석유가스충전소 및 고압가스충전·저장소
하. 「건축법 시행령」 별표1 제20호의 자동차관련시설 중 주차장 및 세차장
거. 「건축법 시행령」 별표1 제21호의 동물 및 식물관련시설 중 화초 및 분재 등의 온실
너. 「건축법 시행령」 별표1 제23호의 교정시설
더. 「건축법 시행령」 별표1 제23호의2의 국방·군사시설
러. 「건축법 시행령」 별표1 제24호의 방송통신시설
머. 「건축법 시행령」 별표1 제25호의 발전시설
버. 「건축법 시행령」 별표1 제29호의 야영장시설

〔별표5〕

제2종일반주거지역안에서 건축할 수 있는 건축물(제71조제1항제4호관련)

(2023.5.15 개정)

1. 건축할 수 있는 건축물(경관관리 등을 위하여 도시·군계획조례로 건축물의 층수를 제한하는 경우에는 그 층수 이하의 건축물로 한정한다)
가. 「건축법 시행령」 별표1 제1호의 단독주택
나. 「건축법 시행령」 별표1 제2호의 공동주택
다. 「건축법 시행령」 별표1 제3호의 제1종 근린생활시설
라. 「건축법 시행령」 별표1 제6호의 종교시설
마. 「건축법 시행령」 별표1 제10호의 교육연구시설 중 유치원·초등학교·중학교 및 고등학교
바. 「건축법 시행령」 별표1 제11호의 노유자시설
2. 도시·군계획조례가 정하는 바에 따라 건축할 수 있는 건축물(경관관리 등을 위하여 도시·군계획조례로 건축물의 층수를 제한하는 경우에는 그 층수 이하의 건축물로 한정한다)
가. 「건축법 시행령」 별표1 제4호의 제2종 근린생활시설(단란주점 및 안마시술소를 제외한다)
나. 「건축법 시행령」 별표1 제5호의 문화 및 집회시설(관람장을 제외한다)
다. 「건축법 시행령」 별표 제7호의 판매시설 중 같은 호 나목 및 다목(일반게임제공업의 시설은 제외한다)에 해당하는 것으로서 당해 용도에 쓰이는 바닥면적의 합계가 2천제곱미터 미만인 것(너비 15미터 이상의 도로로서 도시·군계획조례가 정하는 너비 이상의 도로에 접한 대지에 건축하는 것에 한한다)과 기존의 도매시장 또는 소매시장을 재건축하는 경우로서 인근의 주거환경에 미치는 영향, 시장의 기능회복 등을 고려하여 도시·군계획조례가 정하는 경우에는 당해 용도에 쓰이는 바닥면적의 합계의 4배 이하 또는 대지면적의 2배 이하인 것
라. 「건축법 시행령」 별표1 제9호의 의료시설(격리병원을 제외한다)
마. 「건축법 시행령」 별표1 제10호의 교육연구시설 중 제1호 마목에 해당하지 아니하는 것
바. 「건축법 시행령」 별표1 제12호의 수련시설(유스호스텔의 경우 특별시 및 광역시 지역에서는 너비 15미터 이상의 도로에 20미터 이상 접한 대지에 건축하는 것에 한하며, 그 밖의 지역에서는 너비 12미터 이상의 도로에 접한 대지에 건축하는 것에 한한다)
사. 「건축법 시행령」 별표1 제13호의 운동시설
아. 「건축법 시행령」 별표1 제14호의 업무시설 중 오피스텔·금융업소·사무소 및 동호가목에 해당하는 것으로서 해당 용도에 쓰이는 바닥면적의 합계가 3천제곱미터 미만인 것
자. 별표4 제2호차목 및 카목의 공장
차. 「건축법 시행령」 별표1 제18호의 창고시설
카. 「건축법 시행령」 별표1 제19호의 위험물저장 및 처리시설 중 주유소, 석유판매소, 액화가스 취급소·판매소, 도료류 판매소, 「대기환경보전법」에 따른 저공해자동차의 연료공급시설, 시내버스차고지에 설치하는 액화석유가스충전소 및 고압가스충전·저장소
타. 「건축법 시행령」 별표1 제20호의 자동차관련시설 중 동호아목에 해당하는 것과 주차장 및 세차장
파. 「건축법 시행령」 별표1 제21호마목부터 사목까지의 규정에 따른 시설 및 같은 호 아목에 따른 시설 중 식물과 관련된 마목부터 사목까지의 규정에 따른 시설과 비슷한 것
하. 「건축법 시행령」 별표1 제23호의 교정시설
거. 「건축법 시행령」 별표1 제23호의2의 국방·군사시설
너. 「건축법 시행령」 별표1 제24호의 방송통신시설
더. 「건축법 시행령」 별표1 제25호의 발전시설
러. 「건축법 시행령」 별표1 제29호의 야영장시설

〔별표6〕

제3종일반주거지역안에서 건축할 수 있는 건축물(제71조제1항제5호관련)

(2023.5.15 개정)

1. 건축할 수 있는 건축물
가. 「건축법 시행령」 별표1 제1호의 단독주택
나. 「건축법 시행령」 별표1 제2호의 공동주택
다. 「건축법 시행령」 별표1 제3호의 제1종 근린생활시설
라. 「건축법 시행령」 별표1 제6호의 종교시설

마.「건축법 시행령」 별표1 제10호의 교육연구시설 중 유치원·초등학교·중학교 및 고등학교
바.「건축법 시행령」 별표1 제11호의 노유자시설
2. 도시·군계획조례가 정하는 바에 의하여 건축할 수 있는 건축물
가.「건축법 시행령」 별표1 제4호의 제2종 근린생활시설(단란주점 및 안마시술소를 제외한다)
나.「건축법 시행령」 별표1 제5호의 문화 및 집회시설(관람장을 제외한다)
다.「건축법 시행령」 별표1 제7호의 판매시설 중 같은 호 나목 및 다목(일반게임제공업의 시설은 제외한다)에 해당하는 것으로서 당해 용도에 쓰이는 바닥면적의 합계가 2천제곱미터 미만인 것(너비 15미터 이상의 도로로서 도시·군계획조례가 정하는 너비 이상의 도로에 접한 대지에 건축하는 것에 한한다)과 기존의 도매시장 또는 소매시장을 재건축하는 경우로서 인근의 주거환경에 미치는 영향, 시장의 기능회복 등을 고려하여 도시·군계획조례가 정하는 경우에는 당해 용도에 쓰이는 바닥면적의 합계의 4배 이하 또는 대지면적의 2배 이하인 것
라.「건축법 시행령」 별표1 제9호의 의료시설(격리병원을 제외한다)
마.「건축법 시행령」 별표1 제10호의 교육연구시설 중 제1호 마목에 해당하지 아니하는 것
바.「건축법 시행령」 별표1 제12호의 수련시설(유스호스텔의 경우 특별시 및 광역시 지역에서는 너비 15미터 이상의 도로에 20미터 이상 접한 대지에 건축하는 것에 한하며, 그 밖의 지역에서는 너비 12미터 이상의 도로에 접한 대지에 건축 하는 것에 한한다)
사.「건축법 시행령」 별표1 제13호의 운동시설
아.「건축법 시행령」 별표1 제14호의 업무시설로서 그 용도에 쓰이는 바닥면적의 합계가 3천제곱미터 이하인 것
자. 별표4 제2호차목 및 카목의 공장
차.「건축법 시행령」 별표1 제18호의 창고시설
카.「건축법 시행령」 별표1 제19호의 위험물저장 및 처리시설 중 주유소, 석유판매소, 액화가스 취급소·판매소, 도료류 판매소,「대기환경보전법」에 따른 저공해자동차의 연료공급시설, 시내버스차고지에 설치하는 액화석유가스충전소 및 고압가스충전·저장소
타.「건축법 시행령」 별표1 제20호의 자동차관련시설 중 동호 아목에 해당하는 것과 주차장 및 세차장
파.「건축법 시행령」 별표1 제21호마목부터 사목까지의 규정에 따른 시설 및 같은 호 아목에 따른 시설 중 식물과 관련된 마목부터 사목까지의 규정에 따른 시설과 비슷한 것
하.「건축법 시행령」 별표1 제23호의 교정시설
거.「건축법 시행령」 별표1 제23호의2의 국방·군사시설
너.「건축법 시행령」 별표1 제24호의 방송통신시설
더.「건축법 시행령」 별표1 제25호의 발전시설
러.「건축법 시행령」 별표1 제29호의 야영장 시설

〔별표7〕

준주거지역안에서 건축할 수 없는 건축물

(제71조제1항제6호 관련)

(2023.5.15 개정)

1. 건축할 수 없는 건축물
가.「건축법 시행령」 별표1 제4호의 제2종 근린생활시설 중 단란주점
나.「건축법 시행령」 별표1 제7호의 판매시설 중 같은 호 다목의 일반게임제공업의 시설
다.「건축법 시행령」 별표1 제9호의 의료시설 중 격리병원
라.「건축법 시행령」 별표1 제15호의 숙박시설〔생활숙박시설로서 공원·녹지 또는 지형지물에 따라 주택 밀집지역과 차단되거나 주택 밀집지역으로부터 도시·군계획조례로 정하는 거리(건축물의 각 부분을 기준으로 한다) 밖에 건축하는 것은 제외한다〕
마.「건축법 시행령」 별표1 제16호의 위락시설
바.「건축법 시행령」 별표1 제17호의 공장으로서 별표4 제2호차목(1)부터 (6)까지의 어느 하나에 해당하는 것
사.「건축법 시행령」 별표1 제19호의 위험물 저장 및 처리 시설 중 시내버스차고지 외의 지역에 설치하는 액화석유가스 충전소 및 고압가스 충전소·저장소(「환경친화적 자동차의 개발 및 보급 촉진에 관한 법률」 제2조제9호의 수소연료공급시설은 제외한다)
아.「건축법 시행령」 별표1 제20호의 자동차 관련 시설 중 폐차장
자.「건축법 시행령」 별표1 제21호의 가목·다목 및 라목에 따른 시설과 같은 호 아목에 따른 시설 중 같은 호 가목·다목 또는 라목에 따른 시설과 비슷한 것
차.「건축법 시행령」 별표1 제22호의 자원순환 관련 시설
카.「건축법 시행령」 별표1 제26호의 묘지 관련 시설
2. 지역 여건 등을 고려하여 도시·군계획조례로 정하는 바에 따라 건축할 수 없는 건축물
가.「건축법 시행령」 별표1 제4호의 제2종 근린생활시설 중 안마시술소
나.「건축법 시행령」 별표1 제5호의 문화 및 집회시설(공연장 및 전시장은 제외한다)
다.「건축법 시행령」 별표1 제7호의 판매시설
라.「건축법 시행령」 별표1 제8호의 운수시설
마.「건축법 시행령」 별표1 제15호의 숙박시설 중 생활숙박시설로서 공원·녹지 또는 지형지물에 의하여 주택 밀집지역과 차단되거나 주택 밀집지역으로부터 도시·군계획조례로 정하는 거리(건축물의 각 부분을 기준으로 한다) 밖에 건축하는 것
바.「건축법 시행령」 별표1 제17호의 공장(제1호바목에 해당하는 것은 제외한다.)
사.「건축법 시행령」 별표1 제18호의 창고시설
아.「건축법 시행령」 별표1 제19호의 위험물 저장 및 처리 시설(제1호사목에 해당하는 것은 제외한다)
자.「건축법 시행령」 별표1 제20호의 자동차 관련 시설(제1호아목에 해당하는 것은 제외한다)
차.「건축법 시행령」 별표1 제21호의 동물 및 식물 관련 시설(제1호자목에 해당하는 것은 제외한다)
카.「건축법 시행령」 별표1 제23호의 교정시설
타.「건축법 시행령」 별표1 제23호의2의 국방·군사시설
파.「건축법 시행령」 별표1 제25호의 발전시설
하.「건축법 시행령」 별표1 제27호의 관광 휴게시설
거.「건축법 시행령」 별표1 제28호의 장례시설

〔별표8〕

중심상업지역안에서 건축할 수 없는 건축물

(제71조제1항제7호 관련)

(2023.5.15 개정)

1. 건축할 수 없는 건축물
가.「건축법 시행령」 별표1 제1호의 단독주택(다른 용도와 복합된 것은 제외한다)
나.「건축법 시행령」 별표1 제2호의 공동주택〔공동주택과 주거용 외의 용도가 복합된 건축물(다수의 건축물이 일체적으로 연결된 하나의 건축물을 포함한다)로서 공동주택 부분의 면적이 연면적의 합계의 90퍼센트(도시·군계획조례로 90퍼센트 미만의 범위에서 별도로 비율을 정한 경우에는 그 비율) 미만인 것은 제외한다〕
다.「건축법 시행령」 별표1 제15호의 숙박시설 중 일반숙박시설 및 생활숙박시설. 다만, 다음의 일반숙박시설 또는 생활숙박시설은 제외한다.
(1) 공원·녹지 또는 지형지물에 따라 주거지역과 차단되거나 주거지역으로부터 도시·군계획조례로 정하는 거리(건축물의 각 부분을 기준으로 한다) 밖에 건축하는 일반숙박시설
(2) 공원·녹지 또는 지형지물에 따라 준주거지역 내 주택 밀집지역, 전용주거지역 또는 일반주거지역과 차단되거나 준주거지역 내 주택 밀집지역, 전용주거지역 또는 일반주거지역으로부터 도시·군계획조례로 정하는 거리(건축물의 각 부분을 기준으로 한다) 밖에 건축하는 생활숙박시설
라.「건축법 시행령」 별표1 제16호의 위락시설〔공원·녹지 또는 지형지물에 따라 주거지역과 차단되거나 주거지역으로부터 도시·군계획조례로 정하는 거리(건축물의 각 부분을 기준으로 한다) 밖에 건축하는 것은 제외한다〕
마.「건축법 시행령」 별표1 제17호의 공장(제2호바목에 해당하는 것은 제외한다)
바.「건축법 시행령」 별표1 제21호가목부터 라목까지의 규정에 따른 시설 및 같은 호 아목에 따른 시설 중 동물과 관련된 가목부터 라목까지의 규정에 따른 시설과 비슷한 것
사.「건축법 시행령」 별표1 제20호의 자동차 관련 시설 중 폐차장
아.「건축법 시행령」 별표1 제21호의 동물 및 식물 관련 시설
자.「건축법 시행령」 별표1 제22호의 자원순환 관련 시설
차.「건축법 시행령」 별표1 제26호의 묘지 관련 시설
2. 지역 여건 등을 고려하여 도시·군계획조례로 정하는 바에 따라 건축할 수 없는 건축물
가.「건축법 시행령」 별표1 제1호의 단독주택 중 다른 용도와 복합된 것
나.「건축법 시행령」 별표1 제2호의 공동주택(제1호나목에 해당하는 것은 제외한다)
다.「건축법 시행령」 별표1 제9호의 의료시설 중 격리병원
라.「건축법 시행령」 별표1 제10호의 교육연구시설 중 학교
마.「건축법 시행령」 별표1 제12호의 수련시설
바.「건축법 시행령」 별표1 제17호의 공장 중 출판업·인쇄업·금은세공업 및 기록매체복제업의 공장으로서 별표4 제2호차목(1)부터 (6)까지의 어느 하나에 해당하지 않는 것
사.「건축법 시행령」 별표1 제18호의 창고시설
아.「건축법 시행령」 별표1 제19호의 위험물 저장 및 처리시설(제1호바목에 해당하는 것은 제외한다)
자.「건축법 시행령」 별표1 제20호의 자동차 관련 시설 중 같은 호 나목 및 라목부터 아목까지에 해당하는 것
차.「건축법 시행령」 별표1 제23호의 교정시설
카.「건축법 시행령」 별표1 제27호의 관광 휴게시설
타.「건축법 시행령」 별표1 제28호의 장례시설
파.「건축법 시행령」 별표1 제29호의 야영장 시설

〔별표9〕

일반상업지역안에서 건축할 수 없는 건축물

(제71조제1항제8호 관련)

(2023.5.15 개정)

1. 건축할 수 없는 건축물
가.「건축법 시행령」 별표1 제15호의 숙박시설 중 일반숙박시설 및 생활숙박시설. 다만, 다음의 일반숙박시설 또는 생활숙박시설은 제외한다.
(1) 공원·녹지 또는 지형지물에 따라 주거지역과 차단되거나 주거지역으로부터 도시·군계획조례로 정하는 거리(건축물의 각 부분을 기준으로 한다) 밖에 건축하는 일반숙박시설
(2) 공원·녹지 또는 지형지물에 따라 준주거지역 내 주택 밀집지역, 전용주거지역 또는 일반주거지역과 차단되거나 준주거지역 내 주택 밀집지역, 전용주거지역 또는 일반주거지역으로부터 도시·군계획조례로 정하는 거리(건축물의 각 부분을 기준으로 한다) 밖에 건축하는 생활숙박시설
나.「건축법 시행령」 별표1 제16호의 위락시설〔공원·녹지 또는 지형지물에 따라 주거지역과 차단되거나 주거지역으로부터 도시·군계획조례로 정하는 거리(건축물의 각 부분을 기준으로 한다) 밖에 건축하는 것은 제외한다〕
다.「건축법 시행령」 별표1 제17호의 공장으로서 별표4 제2호차목(1)부터 (6)까지의 어느 하나에 해당하는 것
라.「건축법 시행령」 별표1 제19호의 위험물 저장 및 처리 시설 중 시내버스차고지 외의 지역에 설치하는 액화석유가스 충전소 및 고압가스 충전소·저장소(「환경친화적 자동차의 개발 및 보급 촉진에 관한 법률」 제2조제9호의 수소연료공급시설은 제외한다)
마.「건축법 시행령」 별표1 제20호의 자동차 관련 시설 중 폐차장
바.「건축법 시행령」 별표1 제21호가목부터 라목까지의 규정에 따른 시설 및 같은 호 아목에 따른 시설 중 동물과 관련된 가목부터 라목까지의 규정에 따른 시설과 비슷한 것
사.「건축법 시행령」 별표1 제22호의 자원순환 관련 시설
아.「건축법 시행령」 별표1 제26호의 묘지 관련 시설
2. 지역 여건 등을 고려하여 도시·군계획조례로 정하는 바에 따라 건축할 수 없는 건축물
가.「건축법 시행령」 별표1 제1호의 단독주택
나.「건축법 시행령」 별표1 제2호의 공동주택〔공동주택과 주거용 외의 용도가 복합된 건축물(다수의 건축물이 일체적으로 연결된 하나의 건축물을 포함한다)로서 공동주택 부분의 면적이 연면적의 합계의 90퍼센트(도시·군계획조례로 90퍼센트 미만의 비율을 정한 경우에는 그 비율) 미만인 것은 제외한다〕
다.「건축법 시행령」 별표1 제12호의 수련시설
라.「건축법 시행령」 별표1 제17호의 공장(제1호다목에 해당하는 것은 제외한다)
마.「건축법 시행령」 별표1 제19호의 위험물 저장 및 처리 시설(제1호라목에 해당하는 것은 제외한다)
바.「건축법 시행령」 별표1 제20호의 자동차 관련 시설 중 같은 호 라목부터 아목까지에 해당하는 것
사.「건축법 시행령」 별표1 제21호의 동물 및 식물 관련 시설(제1호바목에 해당하는 것은 제외한다)
아.「건축법 시행령」 별표1 제23호의 교정시설
자.「건축법 시행령」 별표1 제29호의 야영장 시설

〔별표10〕

근린상업지역안에서 건축할 수 없는 건축물

(제71조제1항제9호 관련)

(2023.5.15 개정)

1. 건축할 수 없는 건축물
가.「건축법 시행령」 별표1 제9호의 의료시설 중 격리병원
나.「건축법 시행령」 별표1 제15호의 숙박시설 중 일반숙박시설 및 생활숙박시설. 다만, 다음의 일반숙박시설 또는 생활숙박시설은 제외한다.
(1) 공원·녹지 또는 지형지물에 따라 주거지역과 차단되거나 주거지역으로부터 도시·군계획조례로 정하는 거리(건축물의 각 부분을 기준으로 한다) 밖에 건축하는 일반숙박시설
(2) 공원·녹지 또는 지형지물에 따라 준주거지역 내 주택 밀집지역, 전용주거지역 또는 일반주거지역과 차단되거나 준주거지역 내 주택 밀집지역, 전용주거지역 또는 일반주거지역으로부터 도시·군계획조례로 정하는 거리(건축물의 각 부분을 기준으로 한다) 밖에 건축하는 생활숙박시설
다.「건축법 시행령」 별표1 제16호의 위락시설〔공원·녹지 또는 지형지물에 따라 주거지역과 차단되거나 주거지역으로부터 도시·군계획조례로 정하는 거리(건축물의 각 부분을 기준으로 한다) 밖에 건축하는 것은 제외한다〕
라.「건축법 시행령」 별표1 제17호의 공장으로서 별표4 제2호차목(1)부터 (6)까지의 어느 하나에 해당하는 것
마.「건축법 시행령」 별표1 제19호의 위험물 저장 및 처리 시설 중 시내버스차고지 외의 지역에 설치하는 액화석유가스 충전소 및 고압가스 충전소·저장소(「환경친화적 자동차의 개발 및 보급 촉진에 관한 법률」 제2조제9호의 수소연료공급시설은 제외한다)
바.「건축법 시행령」 별표1 제20호의 자동차 관련 시설 중 같은 호 다목부터 사목까지에 해당하는 것
사.「건축법 시행령」 별표1 제21호가목부터 라목까지의 규정에 따른 시설 및 같은 호 아목에 따른 시설 중 동물과 관련된 가목부터 라목까지의 규정에 따른 시설과 비슷한 것
아.「건축법 시행령」 별표1 제22호의 자원순환 관련 시설
자.「건축법 시행령」 별표1 제26호의 묘지 관련 시설
2. 지역 여건 등을 고려하여 도시·군계획조례로 정하는 바에 따라 건축할 수 없는 건축물
가.「건축법 시행령」 별표1 제2호의 공동주택〔공동주택과 주거용 외의 용도가 복합된 건축물(다수의 건축물이 일체적으로 연결된 하나의 건축물을 포함한다)로서 공동주택 부분의 면적이 연면적의 합계의 90퍼센트(도시·군계획조례로 90퍼센트 미만의 범위에서 별도로 비율을 정한 경우에는 그 비율) 미만인 것은 제외한다〕
나.「건축법 시행령」 별표1 제5호의 문화 및 집회시설(공연장 및 전시장은 제외한다)
다.「건축법 시행령」 별표1 제7호의 판매시설로서 그 용도에 쓰이는 바닥면적의 합계가 3천제곱미터 이상인 것
라.「건축법 시행령」 별표1 제8호의 운수시설로서 그 용도에 쓰이는 바닥면적의 합계가 3천제곱미터 이상인 것
마.「건축법 시행령」 별표1 제16호의 위락시설(제1호다목에 해당하는 것은 제외한다)
바.「건축법 시행령」 별표1 제17호의 공장(제1호라목에 해당하는 것은 제외한다)
사.「건축법 시행령」 별표1 제18호의 창고시설
아.「건축법 시행령」 별표1 제19호의 위험물 저장 및 처리 시설(제1호마목에 해당하는 것은 제외한다)
자.「건축법 시행령」 별표1 제20호의 자동차 관련 시설 중 같은 호 아목에 해당하는 것
차.「건축법 시행령」 별표1 제21호의 동물 및 식물 관련 시설(제1호사목에 해당하는 것은 제외한다)
카.「건축법 시행령」 별표1 제23호의 교정시설
타.「건축법 시행령」 별표1 제23호의2의 국방·군사시설
파.「건축법 시행령」 별표1 제25호의 발전시설
하.「건축법 시행령」 별표1 제27호의 관광 휴게시설

〔별표11〕

유통상업지역안에서 건축할 수 없는 건축물

(제71조제1항제10호 관련)

(2023.5.15 개정)

1. 건축할 수 없는 건축물
가.「건축법 시행령」 별표1 제1호의 단독주택
나.「건축법 시행령」 별표1 제2호의 공동주택
다.「건축법 시행령」 별표1 제9호의 의료시설
라.「건축법 시행령」 별표1 제15호의 숙박시설 중 일반숙박시설 및 생활숙박시설. 다만, 다음의 일반숙박시설 또는 생활숙박시설은 제외한다.
(1) 공원·녹지 또는 지형지물에 따라 주거지역과 차단되거나 주거지역으로부터 도시·군계획조례로 정하는 거리(건축물의 각 부분을 기준으로 한다) 밖에 건축하는 일반숙박시설
(2) 공원·녹지 또는 지형지물에 따라 준주거지역 내 주택 밀집지역, 전용주거지역 또는 일반주거지역과 차단되거나 준주거지역 내 주택 밀집지역, 전용주거지역 또는 일반주거지역으로부터 도시·군계획조례로 정하는 거리(건축물의 각 부분을 기준으로 한다) 밖에 건축하는 생활숙박시설

마. 「건축법 시행령」 별표1 제16호의 위락시설〔공원·녹지 또는 지형지물에 따라 주거지역과 차단되거나 주거지역으로부터 도시·군계획조례로 정하는 거리(건축물의 각 부분을 기준으로 한다) 밖에 건축하는 것은 제외한다〕
바. 「건축법 시행령」 별표1 제17호의 공장
사. 「건축법 시행령」 별표1 제19호의 위험물 저장 및 처리 시설 중 시내버스차고지 외의 지역에 설치하는 액화석유가스 충전소 및 고압가스 충전소·저장소(「환경친화적 자동차의 개발 및 보급 촉진에 관한 법률」 제2조제9호의 수소연료공급시설은 제외한다)
아. 「건축법 시행령」 별표1 제21호의 동물 및 식물 관련 시설
자. 「건축법 시행령」 별표1 제22호의 자원순환 관련 시설
차. 「건축법 시행령」 별표1 제26호의 묘지 관련 시설
2. 지역 여건 등을 고려하여 도시·군계획조례로 정하는 바에 따라 건축할 수 없는 건축물
가. 「건축법 시행령」 별표1 제4호의 제2종 근린생활시설
나. 「건축법 시행령」 별표1 제5호의 문화 및 집회시설(공연장 및 전시장은 제외한다)
다. 「건축법 시행령」 별표1 제6호의 종교시설
라. 「건축법 시행령」 별표1 제10호의 교육연구시설
마. 「건축법 시행령」 별표1 제11호의 노유자시설
바. 「건축법 시행령」 별표1 제12호의 수련시설
사. 「건축법 시행령」 별표1 제13호의 운동시설
아. 「건축법 시행령」 별표1 제15호의 숙박시설(제1호라목에 해당하는 것은 제외한다)
자. 「건축법 시행령」 별표1 제16호의 위락시설(제1호마목에 해당하는 것은 제외한다)
차. 「건축법 시행령」 별표1 제19호의 위험물 저장 및 처리시설(제1호사목에 해당하는 것은 제외한다)
카. 「건축법 시행령」 별표1 제20호의 자동차 관련 시설(주차장 및 세차장은 제외한다)
타. 「건축법 시행령」 별표1 제23호의 교정시설
파. 「건축법 시행령」 별표1 제23호의2의 국방·군사시설
하. 「건축법 시행령」 별표1 제24호의 방송통신시설
거. 「건축법 시행령」 별표1 제25호의 발전시설
너. 「건축법 시행령」 별표1 제27호의 관광 휴게시설
더. 「건축법 시행령」 별표1 제28호의 장례시설
러. 「건축법 시행령」 별표1 제29호의 야영장 시설

〔별표12〕

전용공업지역안에서 건축할 수 있는 건축물

(제71조제1항제11호관련)

(2023.5.15 개정)

1. 건축할 수 있는 건축물
가. 「건축법 시행령」 별표1 제3호의 제1종 근린생활시설
나. 「건축법 시행령」 별표1 제4호의 제2종 근린생활시설〔같은 호 아목·자목·타목(기원만 해당한다)·더목 및 러목은 제외한다〕
다. 「건축법 시행령」 별표1 제17호의 공장
라. 「건축법 시행령」 별표1 제18호의 창고시설
마. 「건축법 시행령」 별표1 제19호의 위험물저장 및 처리시설
바. 「건축법 시행령」 별표1 제20호의 자동차관련시설
사. 「건축법 시행령」 별표1 제22호의 자원순환 관련 시설
아. 「건축법 시행령」 별표1 제25호의 발전시설
2. 도시·군계획조례가 정하는 바에 의하여 건축할 수 있는 건축물
가. 「건축법 시행령」 별표1 제2호의 공동주택 중 기숙사
나. 「건축법 시행령」 별표1 제4호의 제2종 근린생활시설 중 같은 호 아목·자목·타목(기원만 해당한다) 및 러목에 해당하는 것
다. 「건축법 시행령」 별표1 제5호의 문화 및 집회시설 중 산업전시장 및 박람회장
라. 「건축법 시행령」 별표1 제7호의 판매시설(해당 전용공업지역에 소재하는 공장에서 생산되는 제품을 판매하는 경우에 한한다)
마. 「건축법 시행령」 별표1 제8호의 운수시설
바. 「건축법 시행령」 별표1 제9호의 의료시설
사. 「건축법 시행령」 별표1 제10호의 교육연구시설 중 직업훈련소(「국민 평생 직업능력 개발법」 제2조제3호에 따른 직업능력개발훈련시설과 그 밖에 동법 제32조에 따른 직업능력개발훈련법인이 직업능력개발훈련을 실시하기 위하여 설치한 시설에 한한다)·학원(기술계학원에 한한다) 및 연구소(공업에 관련된 연구소, 「고등교육법」에 따른 기술대학에 부설되는 것과 공장대지 안에 부설되는 것에 한한다)
아. 「건축법 시행령」 별표1 제11호의 노유자시설
자. 「건축법 시행령」 별표1 제23호의 교정시설
차. 「건축법 시행령」 별표1 제23호의2의 국방·군사시설
카. 「건축법 시행령」 별표1 제24호의 방송통신시설

〔별표13〕

일반공업지역안에서 건축할 수 있는 건축물

(제71조제1항제12호관련)

(2023.5.15 개정)

1. 건축할 수 있는 건축물
가. 「건축법 시행령」 별표1 제3호의 제1종 근린생활시설
나. 「건축법 시행령」 별표1 제4호의 제2종 근린생활시설(단란주점 및 안마시술소를 제외한다)
다. 「건축법 시행령」 별표1 제7호의 판매시설(해당 일반공업지역에 소재하는 공장에서 생산되는 제품을 판매하는 시설에 한한다)
라. 「건축법 시행령」 별표1 제8호의 운수시설
마. 「건축법 시행령」 별표1 제17호의 공장
바. 「건축법 시행령」 별표1 제18호의 창고시설
사. 「건축법 시행령」 별표1 제19호의 위험물저장 및 처리시설
아. 「건축법 시행령」 별표1 제20호의 자동차관련시설
자. 「건축법 시행령」 별표1 제22호의 자원순환 관련 시설
차. 「건축법 시행령」 별표1 제25호의 발전시설
2. 도시·군계획조례가 정하는 바에 의하여 건축할 수 있는 건축물
가. 「건축법 시행령」 별표1 제1호의 단독주택
나. 「건축법 시행령」 별표1 제2호의 공동주택 중 기숙사
다. 「건축법 시행령」 별표1 제4호의 제2종 근린생활시설 중 안마시술소
라. 「건축법 시행령」 별표1 제5호의 문화 및 집회시설 중 동호 라목에 해당하는 것
마. 「건축법 시행령」 별표1 제6호의 종교시설
바. 「건축법 시행령」 별표1 제9호의 의료시설
사. 「건축법 시행령」 별표1 제10호의 교육연구시설
아. 「건축법 시행령」 별표1 제11호의 노유자시설
자. 「건축법 시행령」 별표1 제12호의 수련시설
차. 「건축법 시행령」 별표1 제14호의 업무시설(일반업무시설로서 「산업집적활성화 및 공장설립에 관한 법률」 제2조제13호에 따른 지식산업센터에 입주하는 지원시설에 한정한다)
카. 「건축법 시행령」 별표1 제21호의 동물 및 식물관련시설
타. 「건축법 시행령」 별표1 제23호의 교정시설
파. 「건축법 시행령」 별표1 제23호의2의 국방·군사시설
하. 「건축법 시행령」 별표1 제24호의 방송통신시설
거. 「건축법 시행령」 별표1 제28호의 장례시설
너. 「건축법 시행령」 별표1 제29호의 야영장 시설

〔별표14〕

준공업지역 안에서 건축할 수 없는 건축물

(제71조제1항제13호 관련)

(2023.5.15 개정)

1. 건축할 수 없는 건축물
가. 「건축법 시행령」 별표1 제16호의 위락시설
나. 「건축법 시행령」 별표1 제26호의 묘지 관련 시설
2. 지역 여건 등을 고려하여 도시·군계획조례로 정하는 바에 따라 건축할 수 없는 건축물
가. 「건축법 시행령」 별표1 제1호의 단독주택
나. 「건축법 시행령」 별표1 제2호의 공동주택(기숙사는 제외한다)
다. 「건축법 시행령」 별표1 제4호의 제2종 근린생활시설 중 단란주점 및 안마시술소
라. 「건축법 시행령」 별표1 제5호의 문화 및 집회시설(공연장 및 전시장은 제외한다)
마. 「건축법 시행령」 별표1 제6호의 종교시설
바. 「건축법 시행령」 별표1 제7호의 판매시설(해당 준공업지역에 소재하는 공장에서 생산되는 제품을 판매하는 시설은 제외한다)
사. 「건축법 시행령」 별표1 제13호의 운동시설
아. 「건축법 시행령」 별표1 제15호의 숙박시설
자. 「건축법 시행령」 별표1 제17호의 공장으로서 해당 용도에 쓰이는 바닥면적의 합계가 5천제곱미터 이상인 것
차. 「건축법 시행령」 별표1 제21호의 동물 및 식물 관련 시설
카. 「건축법 시행령」 별표1 제23호의 교정시설
타. 「건축법 시행령」 별표1 제23호의2의 국방·군사시설
파. 「건축법 시행령」 별표1 제27호의 관광 휴게시설

〔별표15〕

보전녹지지역안에서 건축할 수 있는 건축물

(제71조제1항제14호관련)

(2023.5.15 개정)

1. 건축할 수 있는 건축물(4층 이하의 건축물에 한한다. 다만, 4층 이하의 범위안에서 도시·군계획조례로 따로 층수를 정하는 경우에는 그 층수 이하의 건축물에 한한다)
가. 「건축법 시행령」 별표1 제10호의 교육연구시설 중 초등학교
나. 「건축법 시행령」 별표1 제18호가목의 창고(농업·임업·축산업·수산업용만 해당한다)
다. 「건축법 시행령」 별표1 제23호의 교정시설
라. 「건축법 시행령」 별표1 제23호의2의 국방·군사시설
2. 도시·군계획조례가 정하는 바에 의하여 건축할 수 있는 건축물(4층 이하의 건축물에 한한다. 다만, 4층 이하의 범위안에서 도시·군계획조례로 따로 층수를 정하는 경우에는 그 층수 이하의 건축물에 한한다)
가. 「건축법 시행령」 별표1 제1호의 단독주택(다가구주택을 제외한다)
나. 「건축법 시행령」 별표1 제3호의 제1종 근린생활시설로서 해당 용도에 쓰이는 바닥면적의 합계가 500제곱미터 미만인 것
다. 「건축법 시행령」 별표1 제4호의 제2종 근린생활시설 중 종교집회장
라. 「건축법 시행령」 별표1 제5호의 문화 및 집회시설 중 동호 라목에 해당하는 것
마. 「건축법 시행령」 별표1 제6호의 종교시설
바. 「건축법 시행령」 별표1 제9호의 의료시설
사. 「건축법 시행령」 별표1 제10호의 교육연구시설 중 유치원·중학교·고등학교
아. 「건축법 시행령」 별표1 제11호의 노유자시설
자. 「건축법 시행령」 별표1 제19호의 위험물저장 및 처리시설 중 액화석유가스충전소 및 고압가스충전·저장소
차. 「건축법 시행령」 별표1 제21호의 시설(같은 호 다목 및 라목에 따른 시설과 같은 호 아목에 따른 시설 중 동물과 관련된 다목 및 라목에 따른 시설과 비슷한 것은 제외한다)
카. 「건축법 시행령」 별표1 제22호가목의 하수등 처리시설(「하수도법」 제2조제9호에 따른 공공하수처리시설만 해당한다)
타. 「건축법 시행령」 별표1 제26호의 묘지관련시설
파. 「건축법 시행령」 별표1 제28호의 장례시설
하. 「건축법 시행령」 별표1 제29호의 야영장 시설

〔별표16〕

생산녹지지역안에서 건축할 수 있는 건축물

(제71조제1항제15호관련)

(2023.5.15 개정)

1. 건축할 수 있는 건축물(4층 이하의 건축물에 한한다. 다만, 4층 이하의 범위안에서 도시·군계획조례로 따로 층수를 정하는 경우에는 그 층수 이하의 건축물에 한한다)
가. 「건축법 시행령」 별표1 제1호의 단독주택
나. 「건축법 시행령」 별표1 제3호의 제1종 근린생활시설
다. 「건축법 시행령」 별표1 제10호의 교육연구시설 중 유치원·초등학교
라. 「건축법 시행령」 별표1 제11호의 노유자시설
마. 「건축법 시행령」 별표1 제12호의 수련시설
바. 「건축법 시행령」 별표1 제13호의 운동시설 중 운동장
사. 「건축법 시행령」 별표1 제18호가목의 창고(농업·임업·축산업·수산업용만 해당한다)
아. 「건축법 시행령」 별표1 제19호의 위험물저장 및 처리시설 중 액화석유가스충전소 및 고압가스충전·저장소
자. 「건축법 시행령」 별표1 제21호의 시설(같은 호 다목 및 라목에 따른 시설과 같은 호 아목에 따른 시설 중 동물과 관련된 다목 및 라목에 따른 시설과 비슷한 것은 제외한다)
차. 「건축법 시행령」 별표1 제23호의 교정시설
카. 「건축법 시행령」 별표1 제23호의2의 국방·군사시설
타. 「건축법 시행령」 별표1 제24호의 방송통신시설
파. 「건축법 시행령」 별표1 제25호의 발전시설
하. 「건축법 시행령」 별표1 제29호의 야영장 시설
2. 도시·군계획조례가 정하는 바에 의하여 건축할 수 있는 건축물(4층 이하의 건축물에 한한다. 다만, 4층 이하의 범위안에서 도시·군계획조례로 따로 층수를 정하는 경우에는 그 층수 이하의 건축물에 한한다)
가. 「건축법 시행령」 별표1 제2호의 공동주택(아파트를 제외한다)
나. 「건축법 시행령」 별표1 제4호의 제2종 근린생활시설로서 해당 용도에 쓰이는 바닥면적의 합계가 1천제곱미터 미만인 것(단란주점을 제외한다)
다. 「건축법 시행령」 별표1 제5호의 문화 및 집회시설 중 동호 나목 및 라목에 해당하는 것
라. 「건축법 시행령」 별표1 제7호의 판매시설(농업·임업·축산업·수산업용에 한한다)
마. 「건축법 시행령」 별표1 제9호의 의료시설
바. 「건축법 시행령」 별표1 제10호의 교육연구시설 중 중학교·고등학교·교육원(농업·임업·축산업·수산업과 관련된 교육시설로 한정한다)·직업훈련소 및 연구소(농업·임업·축산업·수산업과 관련된 연구소로 한정한다)
사. 「건축법 시행령」 별표1 제13호의 운동시설(운동장을 제외한다)
아. 「건축법 시행령」 별표1의3 제17호의 공장 중 도정공장·식품공장·제1차산업생산품 가공공장 및 「산업집적활성화 및 공장설립에 관한 법률 시행령」 별표1의2 제2호마목의 첨단업종의 공장(이하 "첨단업종의 공장"이라 한다)으로서 다음의 어느 하나에 해당하지 아니하는 것
(1) 「대기환경보전법」 제2조제9호에 따른 특정대기유해물질이 같은 법 시행령 제11조제1항제1호에 따른 기준 이상으로 배출되는 것
(2) 「대기환경보전법」 제2조제11호에 따른 대기오염물질배출시설에 해당하는 시설로서 같은 법 시행령 별표1의3에 따른 1종사업장 내지 3종사업장에 해당하는 것
(3) 「물환경보전법」 제2조제8호에 따른 특정수질유해물질이 같은 법 시행령 제31조제1항제1호에 따른 기준 이상으로 배출되는 것. 다만, 동법 제34조에 따라 폐수무방류배출시설의 설치허가를 받아 운영하는 경우를 제외한다.
(4) 「물환경보전법」 제2조제10호에 따른 폐수배출시설에 해당하는 시설로서 같은 법 시행령 별표13에 따른 제1종사업장부터 제4종사업장까지에 해당하는 것
(5) 「폐기물관리법」 제2조제4호에 따른 지정폐기물을 배출하는 것
자. 「건축법 시행령」 별표1 제18호가목의 창고(농업·임업·축산업·수산업용으로 쓰는 것은 제외한다)
차. 「건축법 시행령」 별표1 제19호의 위험물저장 및 처리시설(액화석유가스충전소 및 고압가스충전·저장소를 제외한다)
카. 「건축법 시행령」 별표1 제20호의 자동차관련시설 중 동호 사목 및 아목에 해당하는 것
타. 「건축법 시행령」 별표1 제21호 다목 및 라목에 따른 시설과 같은 호 아목에 따른 시설 중 동물과 관련된 다목 및 라목에 따른 시설과 비슷한 것
파. 「건축법 시행령」 별표1 제22호의 자원순환 관련 시설
하. 「건축법 시행령」 별표1 제26호의 묘지관련시설
거. 「건축법 시행령」 별표1 제28호의 장례시설

〔별표17〕

자연녹지지역 안에서 건축할 수 있는 건축물

(제71조제1항제16호관련)

(2023.5.15 개정)

1. 건축할 수 있는 건축물(4층 이하의 건축물에 한한다. 다만, 4층 이하의 범위안에서 도시·군계획조례로 따로 층수를 정하는 경우에는 그 층수 이하의 건축물에 한한다)
가. 「건축법 시행령」 별표1 제1호의 단독주택
나. 「건축법 시행령」 별표1 제3호의 제1종 근린생활시설
다. 「건축법 시행령」 별표1 제4호의 제2종 근린생활시설〔같은 호 아목, 자목, 더목 및 러목(안마시술소만 해당한다)은 제외한다〕
라. 「건축법 시행령」 별표1 제9호의 의료시설(종합병원·병원·치과병원 및 한방병원을 제외한다)
마. 「건축법 시행령」 별표1 제10호의 교육연구시설(직업훈련소 및 학원을 제외한다)
바. 「건축법 시행령」 별표1 제11호의 노유자시설
사. 「건축법 시행령」 별표1 제12호의 수련시설
아. 「건축법 시행령」 별표1 제13호의 운동시설
자. 「건축법 시행령」 별표1 제18호가목의 창고(농업·임업·축산업·수산업용만 해당한다)
차. 「건축법 시행령」 별표1 제21호의 동물 및 식물관련시설
카. 「건축법 시행령」 별표1 제22호의 자원순환 관련 시설
타. 「건축법 시행령」 별표1 제23호의 교정시설
파. 「건축법 시행령」 별표1 제23호의2의 국방·군사시설
하. 「건축법 시행령」 별표1 제24호의 방송통신시설

거. 「건축법 시행령」 별표1 제25호의 발전시설
너. 「건축법 시행령」 별표1 제26호의 묘지관련 시설
더. 「건축법 시행령」 별표1 제27호의 관광휴게 시설
러. 「건축법 시행령」 별표1 제28호의 장례시설
머. 「건축법 시행령」 별표1 제29호의 야영장 시설

2. 도시·군계획조례가 정하는 바에 의하여 건축할 수 있는 건축물(4층 이하의 건축물에 한한다. 다만, 4층 이하의 범위안에서 도시·군계획조례로 따로 층수를 정하는 경우에는 그 층수 이하의 건축물에 한한다)
가. 「건축법 시행령」 별표1 제2호의 공동주택(아파트를 제외한다)
나. 「건축법 시행령」 별표1 제4호아목·자목 및 러목(안마시술소만 해당한다)에 따른 제2종 근린생활시설
다. 「건축법 시행령」 별표1 제5호의 문화 및 집회시설
라. 「건축법 시행령」 별표1 제6호의 종교시설
마. 「건축법 시행령」 별표1 제7호의 판매시설 중 다음의 어느 하나에 해당하는 것
(1) 「농수산물유통 및 가격안정에 관한 법률」 제2조에 따른 농수산물공판장
(2) 「농수산물유통 및 가격안정에 관한 법률」 제68조제2항에 따른 농수산물직판장으로서 해당 용도에 쓰이는 바닥면적의 합계가 1만제곱미터 미만인 것(「농어업·농어촌 및 식품산업 기본법」 제3조제2호 및 제4호에 따른 농업인·어업인 및 생산자단체, 같은 법 제25조에 따른 후계농어업경영인, 같은 법 제26조에 따른 전업농어업인 또는 지방자치단체가 설치·운영하는 것에 한한다)
(3) 산업통상자원부장관이 관계 중앙행정기관의 장과 협의하여 고시하는 대형할인점 및 중소기업공동판매시설
바. 「건축법 시행령」 별표1 제8호의 운수시설
사. 「건축법 시행령」 별표1 제9호의 의료시설 중 종합병원·병원·치과병원 및 한방병원
아. 「건축법 시행령」 별표1 제10호의 교육연구시설 중 직업훈련소 및 학원
자. 「건축법 시행령」 별표1 제15호의 숙박시설로서 「관광진흥법」에 따라 지정된 관광지 및 관광단지에 건축하는 것
차. 「건축법 시행령」 별표1 제17호의 공장 중 다음의 어느 하나에 해당하는 것
(1) 골재선별·파쇄 업종의 공장, 첨단업종의 공장, 지식산업센터, 도정공장 및 식품공장과 읍·면지역에 건축하는 제재업의 공장으로서 별표16 제2호아목(1) 내지 (5)의 어느 하나에 해당하지 아니하는 것
(2) 「공익사업을 위한 토지 등의 취득 및 보상에 관한 법률」에 따른 공익사업 및 「도시개발법」에 따른 도시개발사업으로 동일한 특별시·광역시·시 및 군 지역 내에서 이전하는 레미콘 또는 아스콘공장
카. 「건축법 시행령」 별표1 제18호가목의 창고(농업·임업·축산업·수산업용으로 쓰는 것은 제외한다) 및 같은 호 라목의 집배송시설
타. 「건축법 시행령」 별표1 제19호의 위험물저장 및 처리시설
파. 「건축법 시행령」 별표1 제20호의 자동차관련시설

〔별표18〕

보전관리지역 안에서 건축할 수 있는 건축물
(제71조제1항제17호 및 대통령령 제17816호 국토의계획및이용에관한법률시행령 부칙 제13조제1항 관련)

(2023.5.15 개정)

1. 건축할 수 있는 건축물(4층 이하의 건축물에 한한다. 다만, 4층 이하의 범위안에서 도시·군계획조례로 따로 층수를 정하는 경우에는 그 층수 이하의 건축물에 한한다)
가. 「건축법 시행령」 별표1 제1호의 단독주택
나. 「건축법 시행령」 별표1 제10호의 교육연구시설 중 초등학교
다. 「건축법 시행령」 별표1 제23호의 교정시설
라. 「건축법 시행령」 별표1 제23호의2의 국방·군사시설
2. 도시·군계획조례가 정하는 바에 의하여 건축할 수 있는 건축물(4층 이하의 건축물에 한한다. 다만, 4층 이하의 범위안에서 도시·군계획조례로 따로 층수를 정하는 경우에는 그 층수 이하의 건축물에 한한다)
가. 「건축법 시행령」 별표1 제3호의 제1종 근린생활시설(휴게음식점 및 제과점을 제외한다)
나. 「건축법 시행령」 별표1 제4호의 제2종 근린생활시설(같은 호 아목, 자목, 너목 및 더목은 제외한다)
다. 「건축법 시행령」 별표1 제6호의 종교시설 중 종교집회장
라. 「건축법 시행령」 별표1 제9호의 의료시설
마. 「건축법 시행령」 별표1 제10호의 교육연구시설 중 유치원·중학교·고등학교
바. 「건축법 시행령」 별표1 제11호의 노유자시설
사. 「건축법 시행령」 별표1 제18호가목의 창고(농업·임업·축산업·수산업용만 해당한다)
아. 「건축법 시행령」 별표1 제19호의 위험물저장 및 처리시설
자. 「건축법 시행령」 별표1 제21호가목, 마목부터 사목까지의 규정에 따른 시설과 같은 호 아목에 따른 시설 중 동물 또는 식물과 관련된 가목 및 마목부터 사목까지의 규정에 따른 시설과 비슷한 것
차. 「건축법 시행령」 별표1 제22호가목의 하수 등 처리시설(「하수도법」 제2조제9호에 따른 공공하수처리시설만 해당한다)
카. 「건축법 시행령」 별표1 제24호의 방송통신시설
타. 「건축법 시행령」 별표1 제25호의 발전시설
파. 「건축법 시행령」 별표1 제26호의 묘지관련 시설
하. 「건축법 시행령」 별표1 제28호의 장례시설
거. 「건축법 시행령」 별표1 제29호의 야영장 시설

〔별표19〕

생산관리지역안에서 건축할 수 있는 건축물
(제71조제1항제18호관련)

(2023.5.15 개정)

1. 건축할 수 있는 건축물(4층 이하의 건축물에 한한다. 다만, 4층 이하의 범위안에서 도시·군계획조례로 따로 층수를 정하는 경우에는 그 층수 이하의 건축물에 한한다)
가. 「건축법 시행령」 별표1 제1호의 단독주택
나. 「건축법 시행령」 별표1 제3호가목, 사목(공중화장실, 대피소, 그 밖에 이와 비슷한 것만 해당한다) 및 아목에 따른 제1종 근린생활시설
다. 「건축법 시행령」 별표1 제10호의 교육연구시설 중 초등학교
라. 「건축법 시행령」 별표1 제13호의 운동시설 중 운동장
마. 「건축법 시행령」 별표1 제18호가목의 창고(농업·임업·축산업·수산업용만 해당한다)
바. 「건축법 시행령」 별표1 제21호마목부터 사목까지의 규정에 따른 시설 및 같은 호 아목에 따른 시설 중 식물과 관련된 마목부터 사목까지의 규정에 따른 시설과 비슷한 것
사. 「건축법 시행령」 별표1 제23호의 교정시설
아. 「건축법 시행령」 별표1 제23호의2의 국방·군사시설
자. 「건축법 시행령」 별표1 제25호의 발전시설
2. 도시·군계획조례가 정하는 바에 의하여 건축할 수 있는 건축물(4층 이하의 건축물에 한한다. 다만, 4층 이하의 범위안에서 도시·군계획조례로 따로 층수를 정하는 경우에는 그 층수 이하의 건축물에 한한다)
가. 「건축법 시행령」 별표1 제2호의 공동주택(아파트를 제외한다)
나. 「건축법 시행령」 별표1 제3호의 제1종 근린생활시설〔같은 호 가목, 나목, 사목(공중화장실, 대피소, 그 밖에 이와 비슷한 것만 해당한다) 및 아목은 제외한다〕
다. 「건축법 시행령」 별표1 제4호의 제2종 근린생활시설〔같은 호 아목, 자목, 너목(농기계수리시설은 제외한다) 및 더목은 제외한다〕
라. 「건축법 시행령」 별표1 제7호의 판매시설(농업·임업·축산업·수산업용에 한한다)
마. 「건축법 시행령」 별표1 제9호의 의료시설
바. 「건축법 시행령」 별표1 제10호의 교육연구시설 중 유치원·중학교·고등학교 및 교육원〔농업·임업·축산업·수산업과 관련된 교육시설(나목 및 다목에도 불구하고 「농촌융복합산업 육성 및 지원에 관한 법률」 제2조제2호에 따른 농업인등이 같은 법 제2조제5호에 따른 농촌융복합산업지구 내에서 교육시설과 일반음식점, 휴게음식점 또는 제과점을 함께 설치하는 경우를 포함한다)에 한정한다〕
사. 「건축법 시행령」 별표1 제11호의 노유자시설
아. 「건축법 시행령」 별표1 제12호의 수련시설
자. 「건축법 시행령」 별표1 제17호의 공장(같은 표 제4호의 제2종 근린생활시설 중 제조업소를 포함한다) 중 다음의 어느 하나에 해당하는 것으로서 별표16 제2호아목(1)부터 (4)까지의 어느 하나에 해당하지 않는 것
1) 도정공장
2) 식품공장
3) 읍·면지역에 건축하는 제재업의 공장
4) 천연식물보호제 제조시설(폐수를 전량 재이용 또는 전량 위탁처리하는 경우로 한정한다)
5) 유기농어업자재 제조시설(폐수를 전량 재이용 또는 전량 위탁처리하는 경우로 한정한다)
차. 「건축법 시행령」 별표1 제19호의 위험물저장 및 처리시설
카. 「건축법 시행령」 별표1 제20호의 자동차관련시설 중 동호 사목 및 아목에 해당하는 것
타. 「건축법 시행령」 별표1 제21호가목부터 라목까지의 규정에 따른 시설 및 같은 호 아목에 따른 시설 중 동물과 관련된 가목부터 라목까지의 규정에 따른 시설과 비슷한 것
파. 「건축법 시행령」 별표1 제22호의 자원순환 관련 시설
하. 「건축법 시행령」 별표1 제24호의 방송통신시설
거. 「건축법 시행령」 별표1 제26호의 묘지관련 시설
너. 「건축법 시행령」 별표1 제28호의 장례시설
더. 「건축법 시행령」 별표1 제29호의 야영장 시설

〔별표20〕

계획관리지역안에서 건축할 수 없는 건축물
(제71조제1항제19호 관련)

(2024.1.26 개정)

1. 건축할 수 없는 건축물
가. 4층을 초과하는 모든 건축물
나. 「건축법 시행령」 별표1 제2호의 공동주택 중 아파트
다. 「건축법 시행령」 별표1 제3호의 제1종 근린생활시설 중 휴게음식점 및 제과점으로서 국토교통부령으로 정하는 기준에 해당하는 지역에 설치하는 것
라. 「건축법 시행령」 별표1 제4호의 제2종 근린생활시설 중 다음의 어느 하나에 해당하는 것
(1) 「건축법 시행령」 별표1 제4호아목의 시설 및 같은 호 자목의 일반음식점으로서 국토교통부령으로 정하는 기준에 해당하는 지역에 설치하는 것
(2) 「건축법 시행령」 별표1 제4호너목의 시설로서 성장관리방안이 수립되지 않은 지역에 설치하는 것
(3) 「건축법 시행령」 별표1 제4호더목의 단란주점
마. 「건축법 시행령」 별표1 제7호의 판매시설(성장관리계획 또는 지구단위계획이 수립된 지역에 설치하는 판매시설로서 그 용도에 쓰이는 바닥면적의 합계가 3천제곱미터 미만인 경우는 제외한다)
바. 「건축법 시행령」 별표1 제14호의 업무시설
사. 「건축법 시행령」 별표1 제15호의 숙박시설로서 국토교통부령으로 정하는 기준에 해당하는 지역에 설치하는 것
아. 「건축법 시행령」 별표1 제16호의 위락시설
자. 「건축법 시행령」 별표1 제17호의 공장으로서 성장관리계획 및 지구단위계획이 수립되지 않은 지역에 설치하는 것
차. 「건축법 시행령」 별표1 제17호의 공장 중 성장관리계획이 수립된 지역에 설치하는 것으로서 다음의 어느 하나에 해당하는 것. 다만, 「공익사업을 위한 토지 등의 취득 및 보상에 관한 법률」에 따른 공익사업 및 「도시개발법」에 따른 도시개발사업으로 해당 특별시·광역시·특별자치시·특별자치도·시 또는 군의 관할구역으로 이전하는 레미콘 또는 아스콘 공장과 「대기환경보전법」, 「물환경보전법」, 「소음·진동관리법」 또는 「악취방지법」에 따른 배출시설의 설치 허가 또는 신고 대상이 아닌 공장은 제외한다.
(1) 별표16 제2호아목(1)부터 (4)까지에 해당하는 것. 다만, 인쇄·출판시설이나 사진처리시설로서 「물환경보전법」 제2조제8호에 따라 배출되는 특정수질유해물질을 전량 위탁처리하는 경우는 제외한다.
(2) 화학제품시설(석유정제시설을 포함한다). 다만, 다음의 어느 하나에 해당하는 시설로서 폐수를 「하수도법」 제2조제9호에 따른 공공하수처리시설 또는 「물환경보전법」 제2조제17호에 따른 공공폐수처리시설로 전량 유입하여 처리하거나 전량 재이용 또는 전량 위탁처리하는 경우는 제외한다.
(가) 물, 용제류 등 액체성 물질을 사용하지 않고 제품의 성분이 용해·용출되는 공정이 없는 고체성 화학제품 제조시설
(나) 「화장품법」 제2조제3호에 따른 유기농화장품 제조시설
(다) 「농약관리법」 제30조제2항에 따른 천연식물보호제 제조시설
(라) 「친환경농어업 육성 및 유기식품 등의 관리·지원에 관한 법률」 제2조제6호에 따른 유기농어업자재 제조시설
(마) 동·식물 등 생물을 기원(起源)으로 하는 산물(이하 "천연물"이라 한다)에서 추출된 재료를 사용하는 다음의 시설(「대기환경보전법」 제2조제11호에 따른 대기오염물질배출시설 중 반응시설, 정제시설(분리·증류·추출·여과 시설을 포함한다), 용융·용해시설 및 농축시설을 설치하지 않는 경우로서 「물환경보전법」 제2조제4호에 따른 폐수의 1일 최대 배출량이 20세제곱미터 이하인 제조시설로 한정한다)
1) 비누 및 세제 제조시설
2) 공중위생용 해충 구제제 제조시설(밀폐된 단순 혼합공정만 있는 제조시설로서 특별시장·광역시장·특별자치시장·특별자치도지사·시장 또는 군수가 해당 지방도시계획위원회의 심의를 거쳐 인근의 주거환경 등에 미치는 영향이 적다고 인정하는 시설로 한정한다)
(3) 제1차금속, 가공금속제품 및 기계장비 제조시설 중 「폐기물관리법 시행령」 별표1 제4호에 따른 폐유기용제류를 발생시키는 것
(4) 가죽 및 모피를 물 또는 화학약품을 사용하여 저장하거나 가공하는 것
(5) 섬유제조시설 중 감량·정련·표백 및 염색 시설. 다만, 다음의 기준을 모두 충족하는 염색시설은 제외한다.
(가) 천연물에서 추출되는 염료만을 사용할 것
(나) 「대기환경보전법」 제2조제11호에 따른 대기오염물질 배출시설 중 표백시설, 정련시설이 없는 경우로서 금속성 매염제를 사용하지 않을 것
(다) 「물환경보전법」 제2조제4호에 따른 폐수의 1일 최대 배출량이 20세제곱미터 이하일 것
(라) 폐수를 「하수도법」 제2조제9호에 따른 공공하수처리시설 또는 「물환경보전법」 제2조제17호에 따른 공공폐수처리시설로 전량 유입하여 처리하거나 전량 재이용 또는 전량 위탁처리할 것
(6) 「수도권정비계획법」 제6조제1항제3호에 따른 자연보전권역 외의 지역 및 「환경정책기본법」 제38조에 따른 특별대책지역 외의 지역의 사업장 중 「폐기물관리법」 제25조에 따른 폐기물처리업 허가를 받은 사업장. 다만, 「폐기물관리법」 제25조제5항제5호부터 제7호까지의 규정에 따른 폐기물 중간·최종·종합재활용업으로서 특정수질유해물질이 「물환경보전법 시행령」 제31조제1항제1호에 따른 기준 미만으로 배출되는 경우는 제외한다.
(7) 「수도권정비계획법」 제6조제1항제3호에 따른 자연보전권역 및 「환경정책기본법」 제38조에 따른 특별대책지역에 설치되는 부지면적(둘 이상의 공장을 함께 건축하거나 기존 공장부지에 접하여 건축하는 경우와 둘 이상의 부지가 너비 8미터 미만의 도로에 서로 접하는 경우에는 그 면적의 합계를 말한다) 1만제곱미터 미만의 것. 다만, 특별시장·광역시장·특별자치시장·특별자치도지사·시장 또는 군수가 1만5천제곱미터 이상의 면적을 정하여 공장의 건축이 가능한 지역으로 고시한 지역 안에 입지하는 경우나 자연보전권역 또는 특별대책지역에 준공되어 운영 중인 공장 또는 제조업소는 제외한다.
2. 지역 여건 등을 고려하여 도시·군계획조례로 정하는 바에 따라 건축할 수 없는 건축물
가. 4층 이하의 범위에서 도시·군계획조례로 따로 정한 층수를 초과하는 모든 건축물
나. 「건축법 시행령」 별표1 제2호의 공동주택(제1호나목에 해당하는 것은 제외한다)
다. 「건축법 시행령」 별표1 제4호아목, 자목, 너목 및 러목(안마시술소만 해당한다)에 따른 제2종 근린생활시설
라. 「건축법 시행령」 별표1 제4호의 제2종 근린생활시설 중 일반음식점·휴게음식점·제과점으로서 도시·군계획조례로 정하는 지역에 설치하는 것과 안마시술소 및 같은 호 너목에 해당하는 것
마. 「건축법 시행령」 별표1 제5호의 문화 및 집회시설
바. 「건축법 시행령」 별표1 제6호의 종교시설
사. 「건축법 시행령」 별표1 제8호의 운수시설
아. 「건축법 시행령」 별표1 제9호의 의료시설 중 종합병원·병원·치과병원 및 한방병원
자. 「건축법 시행령」 별표1 제10호의 교육연구시설 중 같은 호 다목부터 마목까지에 해당하는 것
차. 「건축법 시행령」 별표1 제13호의 운동시설(운동장은 제외한다)
카. 「건축법 시행령」 별표1 제15호의 숙박시설로서 도시·군계획조례로 정하는 지역에 설치하는 것
타. 「건축법 시행령」 별표1 제17호의 공장 중 다음의 어느 하나에 해당하는 것
(1) 「수도권정비계획법」 제6조제1항제3호에 따른 자연보전권역 외의 지역 및 「환경정책기본법」 제38조에 따른 특별대책지역 외의 지역에 설치되는 경우(제1호자목 및 차목에 해당하는 것은 제외한다)
(2) 「수도권정비계획법」 제6조제1항제3호에 따른 자연보전권역 및 「환경정책기본법」 제38조에 따른 특별대책지역에 설치되는 것으로서 제1호자목 및 차목(7)에 해당하지 아니하는 경우
(3) 「공익사업을 위한 토지 등의 취득 및 보상에 관한 법률」에 따른 공익사업 및 「도시개발법」에 따른 도시개발사업으로 해당 특별

시·광역시·특별자치시·특별자치도·시 또는 군의 관할구역으로 이전하는 레미콘 또는 아스콘 공장
파.「건축법 시행령」 별표1 제18호의 창고시설(창고 중 농업·임업·축산업·수산업용으로 쓰는 것은 제외한다)
하.「건축법 시행령」 별표1 제19호의 위험물 저장 및 처리 시설
거.「건축법 시행령」 별표1 제20호의 자동차 관련 시설
너.「건축법 시행령」 별표1 제27호의 관광 휴게시설

〔별표21〕

농림지역안에서 건축할 수 있는 건축물
(제71조제1항제20호관련)

(2023.5.15 개정)

1. 건축할 수 있는 건축물
가.「건축법 시행령」 별표1 제1호의 단독주택으로서 현저한 자연훼손을 가져오지 아니하는 범위 안에서 건축하는 농어가주택(「농지법」 제32조제1항제3호에 따른 농업인 주택 및 어업인 주택을 말한다. 이하 같다)
나.「건축법 시행령」 별표1 제3호사목(공중화장실, 대피소, 그 밖에 이와 비슷한 것만 해당한다) 및 아목에 따른 제1종 근린생활시설
다.「건축법 시행령」 별표1 제10호의 교육연구시설 중 초등학교
라.「건축법 시행령」 별표1 제18호가목의 창고(농업·임업·축산업·수산업용만 해당한다)
마.「건축법 시행령」 별표1 제21호마목부터 사목까지의 규정에 따른 시설 및 같은 호 아목에 따른 시설 중 식물과 관련된 마목부터 사목까지의 규정에 따른 시설과 비슷한 것
바.「건축법 시행령」 별표1 제25호의 발전시설
2. 도시·군계획조례가 정하는 바에 의하여 건축할 수 있는 건축물
가.「건축법 시행령」 별표1 제3호의 제1종 근린생활시설〔같은 호 나목, 사목(공중화장실, 대피소, 그 밖에 이와 비슷한 것만 해당한다) 및 아목은 제외한다〕
나.「건축법 시행령」 별표1 제4호의 제2종 근린생활시설〔같은 호 아목, 자목, 너목(농기계수리시설은 제외한다), 더목 및 러목(안마시술소만 해당한다)은 제외한다〕
다.「건축법 시행령」 별표1 제5호의 문화 및 집회시설 중 동호 마목에 해당하는 것
라.「건축법 시행령」 별표1 제6호의 종교시설
마.「건축법 시행령」 별표1 제9호의 의료시설
바.「건축법 시행령」 별표1 제12호의 수련시설
사.「건축법 시행령」 별표1 제19호의 위험물저장 및 처리시설 중 액화석유가스충전소 및 고압가스충전·저장소
아.「건축법 시행령」 별표1 제21호가목부터 라목까지의 규정에 따른 시설 및 같은 호 아목에 따른 시설 중 동물과 관련된 가목부터 라목까지의 규정에 따른 시설과 비슷한 것
자.「건축법 시행령」 별표1 제22호의 자원순환 관련 시설
차.「건축법 시행령」 별표1 제23호의 교정시설
카.「건축법 시행령」 별표1 제23호의2의 국방·군사시설
타.「건축법 시행령」 별표1 제24호의 방송통신시설
파.「건축법 시행령」 별표1 제26호의 묘지관련시설
하.「건축법 시행령」 별표1 제28호의 장례시설
거.「건축법 시행령」 별표1 제29호의 야영장 시설

비고
「국토의 계획 및 이용에 관한 법률」 제76조제5항제3호에 따라 농림지역 중 농업진흥지역, 보전산지 또는 초지인 경우에 건축물이나 그 밖의 시설의 용도·종류 및 규모 등의 제한에 관하여는 각각 「농지법」, 「산지관리법」 또는 「초지법」에서 정하는 바에 따른다.

〔별표22〕

자연환경보전지역안에서 건축할 수 있는 건축물
(제71조제1항제21호관련)

(2023.5.15 개정)

1. 건축할 수 있는 건축물
가.「건축법 시행령」 별표1 제1호의 단독주택으로서 현저한 자연훼손을 가져오지 아니하는 범위 안에서 건축하는 농어가주택
나.「건축법 시행령」 별표1 제10호의 교육연구시설 중 초등학교
2. 도시·군계획조례가 정하는 바에 의하여 건축할 수 있는 건축물(수질오염 및 경관훼손의 우려가 없다고 인정하여 도시·군계획조례가 정하는 지역내에서 건축하는 것에 한한다)
가.「건축법 시행령」 별표1 제3호의 제1종 근린생활시설 중 같은 호 가목, 바목, 사목(지역아동센터는 제외한다) 및 아목에 해당하는 것
나.「건축법 시행령」 별표1 제4호의 제2종 근린생활시설 중 종교집회장으로서 지목이 종교용지인 토지에 건축하는 것
다.「건축법 시행령」 별표1 제6호의 종교시설로서 지목이 종교용지인 토지에 건축하는 것
라.「건축법 시행령」 별표1 제19호바목의 고압가스 충전소·판매소·저장소 중 「환경친화적 자동차의 개발 및 보급 촉진에 관한 법률」 제2조제9호의 수소연료공급시설
마.「건축법 시행령」 별표1 제21호가목에 따른 시설 중 양어시설(양식장을 포함한다. 이하 이 목에서 같다), 같은 호 마목부터 사목까지의 규정에 따른 시설, 같은 호 아목에 따른 시설 중 양어시설과 비슷한 것 및 같은 목 중 식물과 관련된 마목부터 사목까지의 규정에 따른 시설과 비슷한 것
바.「건축법 시행령」 별표1 제22호가목의 하수등 처리시설(「하수도법」 제2조제9호에 따른 공공하수처리시설만 해당한다)
사.「건축법 시행령」 별표1 제23호의2의 국방·군사시설 중 관할 시장·군수 또는 구청장이 입지의 불가피성을 인정한 범위에서 건축하는 시설
아.「건축법 시행령」 별표1 제25호의 발전시설
자.「건축법 시행령」 별표1 제26호의 묘지관련시설

〔별표23〕

자연취락지구안에서 건축할 수 있는 건축물
(제78조관련)

(2023.5.15 개정)

1. 건축할 수 있는 건축물(4층 이하의 건축물에 한한다. 다만, 4층 이하의 범위안에서 도시·군계획조례로 따로 층수를 정하는 경우에는 그 층수 이하의 건축물에 한한다)
가.「건축법 시행령」 별표1 제1호의 단독주택
나.「건축법 시행령」 별표1 제3호의 제1종 근린생활시설
다.「건축법 시행령」 별표1 제4호의 제2종 근린생활시설〔같은 호 아목, 자목, 너목, 더목 및 러목(안마시술소만 해당한다)은 제외한다〕
라.「건축법 시행령」 별표1 제13호의 운동시설
마.「건축법 시행령」 별표1 제18호가목의 창고(농업·임업·축산업·수산업용만 해당한다)
바.「건축법 시행령」 별표1 제21호의 동물 및 식물관련시설
사.「건축법 시행령」 별표1 제23호의 교정시설
아.「건축법 시행령」 별표1 제23호의2의 국방·군사시설
자.「건축법 시행령」 별표1 제24호의 방송통신시설
차.「건축법 시행령」 별표1 제25호의 발전시설
2. 도시·군계획조례가 정하는 바에 의하여 건축할 수 있는 건축물(4층 이하의 건축물에 한한다. 다만, 4층 이하의 범위안에서 도시·군계획조례로 따로 층수를 정하는 경우에는 그 층수 이하의 건축물에 한한다)
가.「건축법 시행령」 별표1 제2호의 공동주택(아파트를 제외한다)
나.「건축법 시행령」 별표1 제4호아목·자목·너목 및 러목(안마시술소만 해당한다)에 따른 제2종 근린생활시설
다.「건축법 시행령」 별표1 제5호의 문화 및 집회시설
라.「건축법 시행령」 별표1 제6호의 종교시설
마.「건축법 시행령」 별표1 제7호의 판매시설 중 다음의 어느 하나에 해당하는 것
(1)「농수산물유통 및 가격안정에 관한 법률」 제2조에 따른 농수산물공판장
(2)「농수산물유통 및 가격안정에 관한 법률」 제68조제2항에 따른 농수산물직판장으로서 해당 용도에 쓰이는 바닥면적의 합계가 1만제곱미터 미만인 것(「농어업·농어촌 및 식품산업 기본법」 제3조제2호에 따른 농업인·어업인, 같은 법 제25조에 따른 후계농어업경영인, 같은 법 제26조에 따른 전업농어업인 또는 지방자치단체가 설치·운영하는 것에 한한다)
바.「건축법 시행령」 별표1 제9호의 의료시설 중 종합병원·병원·치과병원·한방병원 및 요양병원
사.「건축법 시행령」 별표1 제10호의 교육연구시설
아.「건축법 시행령」 별표1 제11호의 노유자시설
자.「건축법 시행령」 별표1 제12호의 수련시설
차.「건축법 시행령」 별표1 제15호의 숙박시설로서 「관광진흥법」에 따라 지정된 관광지 및 관광단지에 건축하는 것
카.「건축법 시행령」 별표1 제17호의 공장 중 도정공장 및 식품공장과 읍·면지역에 건축하는 제재업의 공장 및 첨단업종의 공장으로서 별표16 제2호아목(1)부터 (4)까지의 어느 하나에 해당하지 아니하는 것
타.「건축법 시행령」 별표1 제19호의 위험물저장 및 처리시설
파.「건축법 시행령」 별표1 제20호의 자동차 관련 시설 중 주차장 및 세차장
하.「건축법 시행령」 별표1 제22호의 자원순환 관련 시설
거.「건축법 시행령」 별표1 제29호의 야영장 시설

〔별표24〕

시가화조정구역안에서 할 수 있는 행위
(제88조관련)

(2021.1.5 개정)

1. 법 제81조제2항제1호의 규정에 의하여 할 수 있는 행위 : 농업·임업 또는 어업을 영위하는 자가 행하는 다음 각목의 1에 해당하는 건축물 그 밖의 시설의 건축
가. 축사
나. 퇴비사
다. 잠실
라. 창고(저장 및 보관시설을 포함한다)
마. 생산시설(단순가공시설을 포함한다)
바. 관리용건축물로서 기존 관리용건축물의 면적을 포함하여 33제곱미터 이하인 것
사. 양어장
2. 법 제81조제2항제2호의 규정에 의하여 할 수 있는 행위
가. 주택 및 그 부속건축물의 건축으로서 다음의 1에 해당하는 행위
(1) 주택의 증축(기존주택의 면적을 포함하여 100제곱미터 이하에 해당하는 면적의 증축을 말한다)
(2) 부속건축물의 건축(주택 또는 이에 준하는 건축물에 부속되는 것에 한하되, 기존건축물의 면적을 포함하여 33제곱미터 이하에 해당하는 면적의 신축·증축·재축 또는 대수선을 말한다)
나. 마을공동시설의 설치로서 다음의 1에 해당하는 행위
(1) 농로·제방 및 사방시설의 설치
(2) 새마을회관의 설치
(3) 기존정미소(개인소유의 것을 포함한다)의 증축 및 이축(시가화조정구역의 인접지에서 시행하는 공공사업으로 인하여 시가화조정구역안으로 이전하는 경우를 포함한다)
(4) 정자 등 간이휴게소의 설치
(5) 농기계수리소 및 농기계용 유류판매소(개인소유의 것을 포함한다)의 설치
(6) 선착장 및 물양장(소형선 부두)의 설치
다. 공익시설·공용시설 및 공공시설 등의 설치로서 다음의 1에 해당하는 행위
(1) 공익사업을위한토지등의취득및보상에관한법률 제4조에 해당하는 공익사업을 위한 시설의 설치
(2) 문화재의 복원과 문화재관리용 건축물의 설치
(3) 보건소·경찰파출소·119안전센터·우체국 및 읍·면·동사무소의 설치
(4) 공공도서관·전신전화국·직업훈련소·연구소·양수장·초소·대피소 및 공중화장실과 예비군운영에 필요한 시설의 설치
(5) 농업협동조합법에 의한 조합, 산림조합 및 수산업협동조합(어촌계를 포함한다)의 공동구판장·하치장 및 창고의 설치
(6) 사회복지시설의 설치
(7) 환경오염방지시설의 설치
(8) 교정시설의 설치
(9) 야외음악당 및 야외극장의 설치
라. 광공업 등을 위한 건축물 및 공작물의 설치로서 다음의 1에 해당하는 행위
(1) 시가화조정구역 지정 당시 이미 외국인투자기업이 경영하는 공장, 수출품의 생산 및 가공공장, 「중소기업진흥에 관한 법률」 제29조에 따라 중소기업협동화실천계획의 승인을 얻어 설립된 공장 그 밖에 수출진흥과 경제발전에 현저히 기여할 수 있는 공장의 증축(증축면적은 기존시설 연면적의 100퍼센트에 해당하는 면적 이하로 하되, 증축을 위한 토지의 형질변경은 증축할 건축물의 바닥면적의 200퍼센트를 초과할 수 없다)과 부대시설의 설치
(2) 시가화조정구역 지정 당시 이미 관계 법령의 규정에 의하여 설치된 공장의 부대시설의 설치(새로운 대지조성은 허용되지 아니하며, 기존공장 부지안에서의 건축에 한한다)
(3) 시가화조정구역 지정 당시 이미 광업법에 의하여 설정된 광업권의 대상이 되는 광물의 개발에 필요한 가설건축물 또는 공작물의 설치
(4) 토석의 채취에 필요한 가설건축물 또는 공작물의 설치
마. 기존 건축물의 동일한 용도 및 규모안에서의 개축·재축 및 대수선
바. 시가화조정구역안에서 허용되는 건축물의 건축 또는 공작물의 설치를 위한 공사용 가설건축물과 그 공사에 소요되는 블록·시멘트벽돌·쇄석·레미콘 및 아스콘 등을 생산하는 가설공작물의 설치
사. 다음의 1에 해당하는 용도변경행위
(1) 관계 법령에 의하여 적법하게 건축된 건축물의 용도를 시가화조정구역안에서의 신축이 허용되는 건축물로 변경하는 행위
(2) 공장의 업종변경(오염물질 등의 배출이나 공해의 정도가 변경전의 수준을 초과하지 아니하는 경우에 한한다)
(3) 공장·주택 등 시가화조정구역안에서의 신축이 금지된 시설의 용도를 근린생활시설(수퍼마켓·일용품소매점·취사용가스판매점·일반음식점·다과점·다방·이용원·미용원·세탁소·목욕탕·사진관·목공소·의원·약국·접골시술소·안마시술소·침구시술소·조산소·동물병원·기원·당구장·장의사·탁구장 등 간이운동시설 및 간이수리점에 한한다) 또는 종교시설로 변경하는 행위
아. 종교시설의 증축(새로운 대지조성은 허용되지 아니하며, 증축면적은 시가화조정구역 지정 당시의 종교시설 연면적의 200퍼센트를 초과할 수 없다)
3. 법 제81조제2항제3호의 규정에 의하여 할 수 있는 행위
가. 입목의 벌채, 조림, 육림, 토석의 채취
나. 다음의 1에 해당하는 토지의 형질변경
(1) 제1호 및 제2호의 규정에 의한 건축물의 건축 또는 공작물의 설치를 위한 토지의 형질변경
(2) 공익사업을위한토지등의취득및보상에관한법률 제4조에 해당하는 공익사업을 수행하기 위한 토지의 형질변경
(3) 농업·임업 및 어업을 위한 개간과 축산을 위한 초지조성을 목적으로 하는 토지의 형질변경
(4) 시가화조정구역 지정 당시 이미 광업법에 의하여 설정된 광업권의 대상이 되는 광물의 개발을 위한 토지의 형질변경
다. 토지의 합병 및 분할

〔별표25〕

시가화조정구역안에서 허가를 거부할 수 없는 행위(제89조관련)

(2010.4.29 개정)

1. 제52조제1항 각호 및 제53조 각호의 경미한 행위
2. 다음 각목의 1에 해당하는 행위
가. 축사의 설치 : 1가구(시가화조정구역안에서 주택을 소유하면서 거주하는 경우로서 농업 또는 어업에 종사하는 1세대를 말한다. 이하 이 호에서 같다)당 기존축사의 면적을 포함하여 300제곱미터 이하(나환자촌의 경우에는 500제곱미터 이하). 다만, 과수원·초지 등의 관리사 인근에는 100제곱미터 이하의 축사를 별도로 설치할 수 있다.
나. 퇴비사의 설치 : 1가구당 기존퇴비사의 면적을 포함하여 100제곱미터 이하
다. 잠실의 설치 : 뽕나무밭 조성면적 2천제곱미터당 또는 뽕나무 1천800주당 50제곱미터 이하
라. 창고의 설치 : 시가화조정구역안의 토지 또는 그 토지와 일체가 되는 토지에서 생산되는 생산물의 저장에 필요한 것으로서 기존창고면적을 포함하여 그 토지면적의 0.5퍼센트 이하. 다만, 감귤을 저장하기 위한 경우에는 1퍼센트 이하로 한다.
마. 관리용건축물의 설치 : 과수원·초지·유실수단지 또는 원예단지안에 설치하되, 생산에 직접 공여되는 토지면적의 0.5퍼센트 이하로서 기존관리용 건축물의 면적을 포함하여 33제곱미터 이하
3.「건축법」 제14조제1항 각 호의 건축신고로서 건축허가를 갈음하는 행위

〔별표26〕 (2008.7.28 삭제)

〔별표27〕 (2016.5.17 삭제)

〔별표28〕

과태료의 부과 기준(제134조제1항 관련)

(2019.12.31 개정)

위 반 행 위	해당 법조문	과태료 금액
1. 법 제44조의3제2항에 따른 허가를 받지 아니하고 공동구를 점용하거나 사용한 자	법 제144조제1항제1호	800만원
2. 법 제56조제4항 단서에 따른 신고를 하지 아니한 자	법 제144조제2항제1호	200만원
3. 정당한 사유 없이 법 제130조제1항에 따른 행위를 방해하거나 거부한 자	법 제144조제1항제2호	600만원
4. 법 제130조제2항부터 제4항까지의 규정에 따른 허가 또는 동의를 받지 아니하고 같은 조 제1항에 따른 행위를 한 자	법 제144조제1항제3호	500만원
5. 법 제137조제1항에 따른 검사를 거부 · 방해하거나 기피한 자	법 제144조제1항제4호	500만원
6. 법 제137조제1항에 따른 보고 또는 자료 제출을 하지 아니하거나, 거짓된 보고 또는 자료 제출을 한 자	법 제144조제2항제2호	300만원

■ 토지이용규제 기본법

〔별표〕

토지이용규제를 하는 지역 · 지구등(제5조제1항 관련)

(2024.2.6 개정)

연번	근거 법률	지역 · 지구등의 명칭
1	「2018 평창 동계올림픽대회 및 동계패럴림픽대회 지원 등에 관한 특별법」 제32조	대회관련시설 설치 · 이용지역
2	「2018 평창 동계올림픽대회 및 동계패럴림픽대회 지원 등에 관한 특별법」 제40조	동계올림픽 특별구역
3	「가축분뇨의 관리 및 이용에 관한 법률」 제8조	가축사육제한구역
4	「간척지의 농어업적 이용 및 관리에 관한 법률」 제8조	간척지활용사업구역
5	「개발제한구역의 지정 및 관리에 관한 특별조치법」 제3조	개발제한구역
6	「건축법」 제18조	건축허가 · 착공 제한지역
7	「건축법」 제60조	가로구역별 최고 높이 제한지역
8	「경제자유구역의 지정 및 운영에 관한 특별법」 제4조	경제자유구역
9	「고도 보존 및 육성에 관한 특별법」 제10조제1항제1호	역사문화환경 보존육성지구
10	「고도 보존 및 육성에 관한 특별법」 제10조제1항제2호	역사문화환경 특별보존지구
11	「골재채취법」 제34조	골재채취단지
12	「공공주택 특별법」 제6조 및 제40조의7	공공주택지구 또는 도심 공공주택 복합지구
13	「공공주택 특별법」 제6조의2	특별관리지역
14	「공항소음 방지 및 소음대책지역 지원에 관한 법률」 제5조	소음대책지역
15	「공항소음 방지 및 소음대책지역 지원에 관한 법률」 제5조	제1종 구역
16	「공항소음 방지 및 소음대책지역 지원에 관한 법률」 제5조	제2종 구역
17	「공항소음 방지 및 소음대책지역 지원에 관한 법률」 제5조	제3종 구역
18	「공항시설법」 제2조	공항 · 비행장개발예정지역
19	「공항시설법」 제2조	장애물 제한표면
20	「관광진흥법」 제52조	관광지
21	「관광진흥법」 제52조	관광단지
22	「교육환경 보호에 관한 법률」 제8조	교육환경보호구역
23	「교육환경 보호에 관한 법률」 제8조제1항제1호	절대보호구역
24	「교육환경 보호에 관한 법률」 제8조제1항제2호	상대보호구역
25	「국제경기대회 지원법」 제26조	대회관련시설 설치 · 이용지역
26	「국토의 계획 및 이용에 관한 법률」 제2조제7호	도시 · 군계획시설의 부지
27	「국토의 계획 및 이용에 관한 법률」 제36조제1항제1호	도시지역
28	「국토의 계획 및 이용에 관한 법률」 제36조제1항제1호가목	주거지역
29	「국토의 계획 및 이용에 관한 법률」 제36조제1항제1호나목	상업지역
30	「국토의 계획 및 이용에 관한 법률」 제36조제1항제1호다목	공업지역
31	「국토의 계획 및 이용에 관한 법률」 제36조제1항제1호라목	녹지지역
32	「국토의 계획 및 이용에 관한 법률」 제36조제1항제2호	관리지역
33	「국토의 계획 및 이용에 관한 법률」 제36조제1항제2호가목	보전관리지역
34	「국토의 계획 및 이용에 관한 법률」 제36조제1항제2호나목	생산관리지역
35	「국토의 계획 및 이용에 관한 법률」 제36조제1항제2호다목	계획관리지역
36	「국토의 계획 및 이용에 관한 법률」 제36조제1항제3호	농림지역
37	「국토의 계획 및 이용에 관한 법률」 제36조제1항제4호	자연환경보전지역
38	「국토의 계획 및 이용에 관한 법률」 제37조제1항제1호	경관지구
39	「국토의 계획 및 이용에 관한 법률」 제37조제1항제2호	고도지구
40	「국토의 계획 및 이용에 관한 법률」 제37조제1항제3호	방화지구
41	「국토의 계획 및 이용에 관한 법률」 제37조제1항제4호	방재지구
42	「국토의 계획 및 이용에 관한 법률」 제37조제1항제5호	보호지구
43	「국토의 계획 및 이용에 관한 법률」 제37조제1항제6호	취락지구
44	「국토의 계획 및 이용에 관한 법률」 제37조제1항제7호	개발진흥지구
45	「국토의 계획 및 이용에 관한 법률」 제37조제1항제8호	특정용도제한지구
46	「국토의 계획 및 이용에 관한 법률」 제37조제1항제9호	복합용도지구
47	「국토의 계획 및 이용에 관한 법률」 제38조의2	도시자연공원구역
48	「국토의 계획 및 이용에 관한 법률」 제39조	시가화조정구역
49	「국토의 계획 및 이용에 관한 법률」 제40조	수산자원보호구역
50	(2024.2.6 삭제)	
51	「국토의 계획 및 이용에 관한 법률」 제50조	지구단위계획구역
52	「국토의 계획 및 이용에 관한 법률」 제75조의2	성장관리계획구역
53	「국토의 계획 및 이용에 관한 법률」 제63조	개발행위허가제한지역
54	「군사기지 및 군사시설 보호법」 제4조 및 제5조	군사기지 및 군사시설 보호구역
55	「군사기지 및 군사시설 보호법」 제4조 및 제5조	통제보호구역
56	「군사기지 및 군사시설 보호법」 제4조 및 제5조	제한보호구역
57	「군사기지 및 군사시설 보호법」 제4조 및 제6조	비행안전구역
58	「군사기지 및 군사시설 보호법」 제4조 및 제6조	비행안전 제1구역
59	「군사기지 및 군사시설 보호법」 제4조 및 제6조	비행안전 제2구역
60	「군사기지 및 군사시설 보호법」 제4조 및 제6조	비행안전 제3구역
61	「군사기지 및 군사시설 보호법」 제4조 및 제6조	비행안전 제4구역
62	「군사기지 및 군사시설 보호법」 제4조 및 제6조	비행안전 제5구역
63	「군사기지 및 군사시설 보호법」 제4조 및 제6조	비행안전 제6구역
64	「군사기지 및 군사시설 보호법」 제4조 및 제7조	대공방어협조구역
65	「금강수계 물관리 및 주민지원 등에 관한 법률」 제4조	수변구역
66	「금강수계 물관리 및 주민지원 등에 관한 법률」 제15조	건축 등 허가제한지역
67	「금강수계 물관리 및 주민지원 등에 관한 법률」 제16조	폐수배출시설 설치제한지역
68	「금강수계 물관리 및 주민지원 등에 관한 법률」 제20조	폐기물매립시설 설치제한지역
69	「급경사지 재해예방에 관한 법률」 제6조	붕괴위험지역
70	「기업도시개발 특별법」 제5조	기업도시개발구역
71	「낙동강수계 물관리 및 주민지원 등에 관한 법률」 제4조	수변구역
72	「낙동강수계 물관리 및 주민지원 등에 관한 법률」 제15조	건축 등 허가제한지역
73	「낙동강수계 물관리 및 주민지원 등에 관한 법률」 제16조	폐수배출시설 설치제한지역
74	「낙동강수계 물관리 및 주민지원 등에 관한 법률」 제21조	폐기물매립시설 설치제한지역
75	「농어촌마을 주거환경 개선 및 리모델링 촉진을 위한 특별법」 제6조	정비구역
76	「농어촌정비법」 제9조	농업생산기반 정비사업지역
77	「농어촌정비법」 제82조	농어촌 관광휴양단지
78	「농어촌정비법」 제94조 및 제95조	한계농지등 정비지구
79	「농어촌정비법」 제101조	마을정비구역
80	「농업생산기반시설 및 주변지역 활용에 관한 특별법」 제7조	농업생산기반시설 및 주변지역 활용구역
81	「농지법」 제28조제1항	농업진흥지역
82	「농지법」 제28조제2항제1호	농업진흥구역
83	「농지법」 제28조제2항제2호	농업보호구역
84	「도로법」 제25조	도로구역
85	「도로법」 제28조	입체적 도로구역
86	「도로법」 제40조	접도구역
87	「도로법」 제45조	도로보전입체구역
88	「도시개발법」 제3조	도시개발구역
89	「도시 및 주거환경정비법」 제8조	정비구역
90	「도시 및 주거환경정비법」 제19조제7항	도시 · 주거환경정비기본계획을 공람 중인 정비예정구역 및 정비계획을 수립 중인 지역
91	「도시재정비 촉진을 위한 특별법」 제5조	재정비촉진지구
92	「도청이전을 위한 도시건설 및 지원에 관한 특별법」 제6조	도청이전신도시 개발예정지구
93	「독도 등 도서지역의 생태계 보전에 관한 특별법」 제4조	특정도서
94	「동 · 서 · 남해안 및 내륙권 발전 특별법」 제7조	해안권 및 내륙권 개발구역
95	「마리나항만의 조성 및 관리 등에 관한 법률」 제10조	마리나항만구역
96	「무인도서의 보전 및 관리에 관한 법률」 제10조제1항제1호	절대보전무인도서
97	「무인도서의 보전 및 관리에 관한 법률」 제10조제1항제2호	준보전무인도서
98	「무인도서의 보전 및 관리에 관한 법률」 제10조제1항제3호	이용가능무인도서
99	「문화산업진흥 기본법」 제24조	문화산업단지
100	「문화유산의 보존 및 활용에 관한 법률」 제2조제3항	지정문화유산
101	「문화유산의 보존 및 활용에 관한 법률」 제13조	역사문화환경 보존지역
102	「문화유산의 보존 및 활용에 관한 법률」 제27조 및 제70조의2	보호구역
103	「문화유산의 보존 및 활용에 관한 법률」 제32조 및 제74조	임시지정문화유산
104	「문화유산의 보존 및 활용에 관한 법률」 제53조	등록문화유산
105	「물류시설의 개발 및 운영에 관한 법률」 제22조	일반물류단지
106	「물환경보전법」 제33조제5항	배출시설설치 제한지역
107	「민간임대주택에 관한 특별법」 제22조	기업형임대주택 공급촉진지구
108	「백두대간 보호에 관한 법률」 제6조제2항	백두대간보호지역
109	「백두대간 보호에 관한 법률」 제6조제2항제1호	핵심구역
110	「백두대간 보호에 관한 법률」 제6조제2항제2호	완충구역
111	「사방사업법」 제4조	사방지
112	「산림문화 · 휴양에 관한 법률」 제13조	자연휴양림
113	「산림보호법」 제7조	산림보호구역
114	「산림자원의 조성 및 관리에 관한 법률」 제19조	채종림등
115	「산림자원의 조성 및 관리에 관한 법률」 제47조	시험림
116	「산업기술단지 지원에 관한 특례법」 제2조제1호	산업기술단지
117	「산업입지 및 개발에 관한 법률」 제6조	국가산업단지
118	「산업입지 및 개발에 관한 법률」 제7조	일반산업단지
119	「산업입지 및 개발에 관한 법률」 제7조의2	도시첨단산업단지
120	「산업입지 및 개발에 관한 법률」 제8조	농공단지
121	「산업입지 및 개발에 관한 법률」 제8조의3	준산업단지
122	「산업입지 및 개발에 관한 법률」 제39조	특수지역
123	「산업입지 및 개발에 관한 법률」 제40조의2	공장입지 유도지구
124	「산업집적활성화 및 공장설립에 관한 법률」 제33조	공공시설구역
125	「산업집적활성화 및 공장설립에 관한 법률」 제33조	녹지구역

126	「산업집적활성화 및 공장설립에 관한 법률」 제33조	복합구역
127	「산업집적활성화 및 공장설립에 관한 법률」 제33조	산업시설구역
128	「산업집적활성화 및 공장설립에 관한 법률」 제33조	지원시설구역
129	「산지관리법」 제4조제1항제1호	보전산지
130	「산지관리법」 제4조제1항제1호가목	임업용산지
131	「산지관리법」 제4조제1항제1호나목	공익용산지
132	「산지관리법」 제9조	산지전용 · 일시사용제한지역
133	「산지관리법」 제25조의3	토석채취제한지역
134	「새만금사업 추진 및 지원에 관한 특별법」 제2조제1호	새만금사업지역
135	「소하천정비법」 제2조제2호	소하천구역
136	「소하천정비법」 제4조	소하천 예정지
137	「수도권정비계획법」 제6조제1항제1호	과밀억제권역
138	「수도권정비계획법」 제6조제1항제2호	성장관리권역
139	「수도권정비계획법」 제6조제1항제3호	자연보전권역
140	「수도법」 제7조	상수원보호구역
141	「수목원 · 정원의 조성 및 진흥에 관한 법률」 제6조의2	수목원조성예정지
142	「수목원 · 정원의 조성 및 진흥에 관한 법률」 제19조	국립수목원 완충지역
143	「습지보전법」 제8조제1항	습지보호지역
144	「습지보전법」 제8조제1항	습지주변관리지역
145	「습지보전법」 제8조제2항	습지개선지역
146	「신항만건설 촉진법」 제5조	신항만건설 예정지역
147	「신행정수도 후속대책을 위한 연기 · 공주지역 행정중심복합도시 건설을 위한 특별법」 제11조	예정지역
148	「야생생물 보호 및 관리에 관한 법률」 제27조	야생생물 특별보호구역
149	「야생생물 보호 및 관리에 관한 법률」 제33조	야생생물 보호구역
150	「어촌 · 어항법」 제17조	어항구역
151	「어촌특화발전 지원 특별법」 제9조	어촌특화발전계획 구역
152	「여수세계박람회 기념 및 사후활용에 관한 특별법」 제15조	해양박람회특구
153	「역세권의 개발 및 이용에 관한 법률」 제4조제1항	역세권개발구역
154	「연구개발특구의 육성에 관한 특별법」 제4조	연구개발특구
155	「연구개발특구의 육성에 관한 특별법」 제35조제1항제1호	주거구역
156	「연구개발특구의 육성에 관한 특별법」 제35조제1항제2호	상업구역
157	「연구개발특구의 육성에 관한 특별법」 제35조제1항제3호	녹지구역
158	「연구개발특구의 육성에 관한 특별법」 제35조제1항제4호	교육 · 연구 및 사업화 시설구역
159	「연구개발특구의 육성에 관한 특별법」 제35조제1항제5호	산업시설구역
160	「연안관리법」 제20조의2제2항제1호	핵심관리구역
161	「연안관리법」 제20조의2제2항제2호	완충관리구역
162	「영산강 · 섬진강수계 물관리 및 주민지원 등에 관한 법률」 제4조	수변구역
163	「영산강 · 섬진강수계 물관리 및 주민지원 등에 관한 법률」 제15조	건축 등 허가제한지역
164	「영산강 · 섬진강수계 물관리 및 주민지원 등에 관한 법률」 제16조	폐수배출시설 설치제한지역
165	「영산강 · 섬진강수계 물관리 및 주민지원 등에 관한 법률」 제20조	폐기물매립시설 설치제한지역
166	「온천법」 제5조	온천공보호구역
167	「온천법」 제10조의2	온천원보호지구
168	「자연공원법」 제4조	자연공원
169	「자연공원법」 제4조	국립공원
170	「자연공원법」 제4조	도립공원
171	「자연공원법」 제4조	군립공원
172	「자연공원법」 제18조제1항제1호	공원자연보존지구
173	「자연공원법」 제18조제1항제2호	공원자연환경지구
174	「자연공원법」 제18조제1항제3호	공원마을지구
175	「자연공원법」 제18조제1항제6호	공원문화유산지구
176	「자연재해대책법」 제12조	자연재해위험개선지구
177	「자연환경보전법」 제12조제1항	생태 · 경관보전지역
178	「자연환경보전법」 제12조제2항제1호	생태 · 경관핵심보전구역
179	「자연환경보전법」 제12조제2항제2호	생태 · 경관완충보전구역
180	「자연환경보전법」 제12조제2항제3호	생태 · 경관전이보전구역
181	「자연환경보전법」 제22조	자연유보지역
182	「자연환경보전법」 제23조	시 · 도 생태 · 경관보전지역
183	「자연환경보전법」 제39조	자연휴식지
184	「장사 등에 관한 법률」 제17조	묘지 등 설치 제한지역
185	「재해위험 개선사업 및 이주대책에 관한 특별법」 제6조	재해위험 개선사업지구
186	「저수지 · 댐의 안전관리 및 재해예방에 관한 법률」 제12조	위험저수지 · 댐 정비지구
187	「전원개발촉진법」 제5조	전원개발사업구역
188	「전원개발촉진법」 제11조	전원개발사업 예정구역
189	「전통사찰의 보존 및 지원에 관한 법률」 제6조	전통사찰보존구역
190	「전통사찰의 보존 및 지원에 관한 법률」 제10조	전통사찰 역사문화보존구역
191	「전통시장 및 상점가 육성을 위한 특별법」 제37조	시장정비구역
192	「전파법」 제52조제1항	무선방위측정장치보호구역
193	「제주특별자치도 설치 및 국제자유도시 조성을 위한 특별법」 제355조	절대보전지역
194	「제주특별자치도 설치 및 국제자유도시 조성을 위한 특별법」 제356조	상대보전지역
195	「제주특별자치도 설치 및 국제자유도시 조성을 위한 특별법」 제357조	관리보전지역
196	「제주특별자치도 설치 및 국제자유도시 조성을 위한 특별법」 제357조	지하수자원보전지구
197	「제주특별자치도 설치 및 국제자유도시 조성을 위한 특별법」 제357조	생태계보전지구
198	「제주특별자치도 설치 및 국제자유도시 조성을 위한 특별법」 제357조	경관보전지구
199	「제주특별자치도 설치 및 국제자유도시 조성을 위한 특별법」 제382조	지하수자원 특별관리구역
200	「주차장법」 제12조제6항	노외주차장 설치제한지역
201	「지역 개발 및 지원에 관한 법률」 제11조	지역개발사업구역
202	「지역문화진흥법」 제18조	문화지구
203	「지하수법」 제12조	지하수보전구역
204	「철도안전법」 제45조	철도보호지구
205	「청소년활동 진흥법」 제47조	청소년수련지구
206	「초지법」 제5조	초지
207	「친수구역 활용에 관한 특별법」 제4조	친수구역
208	「택지개발촉진법」 제3조	택지개발지구
209	「토양환경보전법」 제17조	토양보전대책지역
210	「폐기물처리시설 설치촉진 및 주변지역지원 등에 관한 법률」 제10조	폐기물처리시설 입지
211	「하천법」 제10조	하천구역
212	「하천법」 제12조	홍수관리구역
213	「한강수계 상수원수질개선 및 주민지원 등에 관한 법률」 제4조	수변구역
214	「한강수계 상수원수질개선 및 주민지원 등에 관한 법률」 제6조	오염행위 제한지역
215	「한강수계 상수원수질개선 및 주민지원 등에 관한 법률」 제8조의7	건축 등 허가제한지역
216	「한강수계 상수원수질개선 및 주민지원 등에 관한 법률」 제8조의8	폐수배출시설 설치제한지역
217	「한강수계 상수원수질개선 및 주민지원 등에 관한 법률」 제15조의4	폐기물매립시설 설치제한지역
218	「항만법」 제2조제4호	항만구역
219	「항만법」 제45조	항만배후단지
220	「항만 재개발 및 주변지역 발전에 관한 법률」 제12조	항만재개발사업구역
221	「해양산업클러스터의 지정 및 육성 등에 관한 특별법」 제9조	해양산업클러스터
222	「해양생태계의 보전 및 관리에 관한 법률」 제25조	해양보호구역
223	「해양생태계의 보전 및 관리에 관한 법률」 제25조	해양생물보호구역
224	「해양생태계의 보전 및 관리에 관한 법률」 제25조	해양생태계보호구역
225	「해양생태계의 보전 및 관리에 관한 법률」 제25조	해양경관보호구역
226	「해양생태계의 보전 및 관리에 관한 법률」 제36조	시 · 도해양보호구역
227	「해양생태계의 보전 및 관리에 관한 법률」 제36조	시 · 도해양생물보호구역
228	「해양생태계의 보전 및 관리에 관한 법률」 제36조	시 · 도해양생태계보호구역
229	「해양생태계의 보전 및 관리에 관한 법률」 제36조	시 · 도해양경관보호구역
230	「해양환경관리법」 제15조	환경보전해역
231	「해양환경관리법」 제15조	특별관리해역
232	「혁신도시 조성 및 발전에 관한 특별법」 제6조	혁신도시개발예정지구
233	「환경정책기본법」 제38조	특별대책지역
234	「댐 주변지역 친환경 보전 및 활용에 관한 특별법」 제7조	댐 및 주변지역 친환경 활용구역
235	「세계유산의 보존 · 관리 및 활용에 관한 특별법」 제10조제2항제1호	세계유산 구역
236	「세계유산의 보존 · 관리 및 활용에 관한 특별법」 제10조제2항제2호	세계유산 완충구역
237	「역사문화권 정비 등에 관한 특별법」 제14조	역사문화권 정비구역
238	「도시재생 활성화 및 지원에 관한 특별법」 제23조	도시재생활성화계획이 수립된 도시재생활성화지역
239	「도시재생 활성화 및 지원에 관한 특별법」 제41조	도시재생혁신지구
240	「도시재생 활성화 및 지원에 관한 특별법」 제56조	국가시범지구
241	「도심융합특구 조성 및 육성에 관한 특별법」 제9조	도심융합특구
242	「빈집 및 소규모주택 정비에 관한 특례법」 제43조의2	소규모주택정비 관리지역
243	「빈집 및 소규모주택 정비에 관한 특례법」 제2조제1항제4호	소규모주택정비사업의 사업시행구역
244	「평화경제특별구역의 지정 및 운영에 관한 법률」 제8조	평화경제특별구역
244의2	「노후계획도시 정비 및 지원에 관한 특별법」 제11조	노후계획도시특별정비구역
245	「자연유산의 보존 및 활용에 관한 법률」 제2조제5호	천연기념물등
246	「자연유산의 보존 및 활용에 관한 법률」 제10조	역사문화환경 보존지역
247	「자연유산의 보존 및 활용에 관한 법률」 제13조 및 제41조	보호구역
248	「자연유산의 보존 및 활용에 관한 법률」 제16조 및 제42조	임시지정천연기념물 또는 임시지정명승
249	「국토의 계획 및 이용에 관한 법률」 제40조의3	도시혁신구역
250	「국토의 계획 및 이용에 관한 법률」 제40조의4	복합용도구역
251	「국토의 계획 및 이용에 관한 법률」 제40조의5	도시 · 군계획시설입체복합구역

■ 토지이용규제 기본법 시행령

〔별표1〕

토지이용규제를 하는 지역·지구등(제3조 관련)

(2018.6.5 개정)

연번	근거 법률	지역·지구등 명칭
1	「국토의 계획 및 이용에 관한 법률 시행령」 제30조제1호가목	전용주거지역
1의2	「국토의 계획 및 이용에 관한 법률 시행령」 제30조제1호가목(1)	제1종전용주거지역
1의3	「국토의 계획 및 이용에 관한 법률 시행령」 제30조제1호가목(2)	제2종전용주거지역
2	「국토의 계획 및 이용에 관한 법률 시행령」 제30조제1호나목	일반주거지역
2의2	「국토의 계획 및 이용에 관한 법률 시행령」 제30조제1호나목(1)	제1종일반주거지역
2의3	「국토의 계획 및 이용에 관한 법률 시행령」 제30조제1호나목(2)	제2종일반주거지역
2의4	「국토의 계획 및 이용에 관한 법률 시행령」 제30조제1호나목(3)	제3종일반주거지역
3	「국토의 계획 및 이용에 관한 법률 시행령」 제30조제1호다목	준주거지역
4	「국토의 계획 및 이용에 관한 법률 시행령」 제30조제2호가목	중심상업지역
5	「국토의 계획 및 이용에 관한 법률 시행령」 제30조제2호나목	일반상업지역
6	「국토의 계획 및 이용에 관한 법률 시행령」 제30조제2호다목	근린상업지역
7	「국토의 계획 및 이용에 관한 법률 시행령」 제30조제2호라목	유통상업지역
8	「국토의 계획 및 이용에 관한 법률 시행령」 제30조제3호가목	전용공업지역
9	「국토의 계획 및 이용에 관한 법률 시행령」 제30조제3호나목	일반공업지역
10	「국토의 계획 및 이용에 관한 법률 시행령」 제30조제3호다목	준공업지역
11	「국토의 계획 및 이용에 관한 법률 시행령」 제30조제4호가목	보전녹지지역
12	「국토의 계획 및 이용에 관한 법률 시행령」 제30조제4호나목	생산녹지지역
13	「국토의 계획 및 이용에 관한 법률 시행령」 제30조제4호다목	자연녹지지역
14	「국토의 계획 및 이용에 관한 법률 시행령」 제31조제2항제1호가목	자연경관지구
15	「국토의 계획 및 이용에 관한 법률 시행령」 제31조제2항제1호나목	시가지경관지구
16	「국토의 계획 및 이용에 관한 법률 시행령」 제31조제2항제1호다목	특화경관지구
17	「국토의 계획 및 이용에 관한 법률 시행령」 제31조제2항제4호가목	시가지방재지구
18	「국토의 계획 및 이용에 관한 법률 시행령」 제31조제2항제4호나목	자연방재지구
19	「국토의 계획 및 이용에 관한 법률 시행령」 제31조제2항제5호가목	역사문화환경보호지구
20	「국토의 계획 및 이용에 관한 법률 시행령」 제31조제2항제5호나목	중요시설물보호지구
21	「국토의 계획 및 이용에 관한 법률 시행령」 제31조제2항제5호다목	생태계보호지구
22	「국토의 계획 및 이용에 관한 법률 시행령」 제31조제2항제7호가목	자연취락지구
23	「국토의 계획 및 이용에 관한 법률 시행령」 제31조제2항제7호나목	집단취락지구
24	「국토의 계획 및 이용에 관한 법률 시행령」 제31조제2항제8호가목	주거개발진흥지구
25	「국토의 계획 및 이용에 관한 법률 시행령」 제31조제2항제8호나목	산업·유통개발진흥지구
26	「국토의 계획 및 이용에 관한 법률 시행령」 제31조제2항제8호라목	관광·휴양개발진흥지구
27	「국토의 계획 및 이용에 관한 법률 시행령」 제31조제2항제8호마목	복합개발진흥지구
28	「국토의 계획 및 이용에 관한 법률 시행령」 제31조제2항제8호바목	특정개발진흥지구
29	「농어촌정비법 시행령」 제29조	공장 등 설립 제한지역
30	「수도법 시행령」 제14조의2	공장설립 제한지역
31	「수도법 시행령」 제14조의3	공장설립 승인지역
32	「연구개발특구의 육성에 관한 특별법 시행령」 제29조	전용주거구역
33	「연구개발특구의 육성에 관한 특별법 시행령」 제29조	일반주거구역
34	「연구개발특구의 육성에 관한 특별법 시행령」 제29조	준주거구역

〔별표2〕

사업지구에 해당하는 지역·지구등(제5조의4 관련)

(2020.7.28 개정)

연번	근거 법률	지역·지구등 명칭
1	「2018 평창 동계올림픽대회 및 동계패럴림픽대회 지원 등에 관한 특별법」 제40조	동계올림픽 특별구역
2	「간척지의 농어업적 이용 및 관리에 관한 법률」 제8조	간척지활용사업구역
3	「경제자유구역의 지정 및 운영에 관한 특별법」 제4조	경제자유구역
4	「공공주택 특별법」 제6조	공공주택지구
5	「공항시설법」 제2조제6호	공항·비행장개발예정지역
6	「관광진흥법」 제52조	관광지
7	「관광진흥법」 제52조	관광단지
8	「기업도시개발 특별법」 제5조	기업도시개발구역
9	「농어촌마을 주거환경 개선 및 리모델링 촉진을 위한 특별법」 제6조	정비구역
10	「농어촌정비법」 제9조	농업생산기반 정비사업지역
11	「농어촌정비법」 제82조	농어촌 관광휴양단지
12	「농어촌정비법」 제101조	마을정비구역
13	「농업생산기반시설 및 주변지역 활용에 관한 특별법」 제7조	농업생산기반시설 및 주변지역 활용구역
14	「도시개발법」 제3조	도시개발구역
15	「도시 및 주거환경정비법」 제8조	정비구역
16	「도시재정비 촉진을 위한 특별법」 제5조	재정비촉진지구
17	「도청이전을 위한 도시건설 및 지원에 관한 특별법」 제6조	도청이전신도시 개발예정지구
18	「동·서·남해안 및 내륙권 발전 특별법」 제7조	해안권 및 내륙권 개발구역
19	「물류시설의 개발 및 운영에 관한 법률」 제22조	일반물류단지
20	「민간임대주택에 관한 특별법」 제22조	기업형임대주택 공급촉진지구
21	「산업입지 및 개발에 관한 법률」 제6조	국가산업단지
22	「산업입지 및 개발에 관한 법률」 제7조	일반산업단지
23	「산업입지 및 개발에 관한 법률」 제7조의2	도시첨단산업단지
24	「산업입지 및 개발에 관한 법률」 제8조	농공단지
25	「산업입지 및 개발에 관한 법률」 제8조의3	준산업단지
26	「산업입지 및 개발에 관한 법률」 제39조	특수지역
27	「산업입지 및 개발에 관한 법률」 제40조의2	공장입지 유도지구
28	「새만금사업 추진 및 지원에 관한 특별법」 제2조제1호	새만금사업지역
29	「신항만건설 촉진법」 제5조	신항만건설 예정지역
30	「신행정수도 후속대책을 위한 연기·공주지역 행정중심복합도시 건설을 위한 특별법」 제11조	예정지역
31	「역세권의 개발 및 이용에 관한 법률」 제4조	역세권개발구역
32	「연구개발특구의 육성에 관한 특별법」 제4조	연구개발특구
33	「재해위험 개선사업 및 이주대책에 관한 특별법」 제6조	재해위험 개선사업지구
34	「저수지·댐의 안전관리 및 재해예방에 관한 법률」 제12조	위험저수지·댐 정비지구
35	「전원개발촉진법」 제5조	전원개발사업구역
36	「전원개발촉진법」 제11조	전원개발사업 예정구역
37	「전통시장 및 상점가 육성을 위한 특별법」 제37조	시장정비구역
38	「지역 개발 및 지원에 관한 법률」 제11조	지역개발사업구역
39	「친수구역 활용에 관한 특별법」 제4조	친수구역
40	「택지개발촉진법」 제3조	택지개발지구
41	「항만법」 제45조	항만배후단지
42	「항만 재개발 및 주변지역 발전에 관한 법률」 제12조	항만재개발사업구역
43	「해양산업클러스터의 지정 및 육성 등에 관한 특별법」 제9조	해양산업클러스터
44	「혁신도시 조성 및 발전에 관한 특별법」 제6조	혁신도시개발예정지구

■ 개발이익 환수에 관한 법률 시행령

〔별표1〕

부담금 부과 대상 개발사업(제4조 관련)

(2023.6.27 개정)

사업 종류	근거 법률 및 사업명	비고
1. 택지개발사업(주택단지 조성사업을 포함한다)	다음 각 목의 어느 하나에 해당하는 사업	다음의 어느 하나에 해당하는 사업은 제외한다. 1) 다음의 구분에 따른 기간 이상 임대하기 위하여 국민주택규모(「주택법」 제2조제6호에 따른 국민주택규모를 말한다. 이하 같다) 이하의 임대주택(「공공주택 특별법」에 따른 공공임대주택 또는 「민간임대주택에 관한 특별법」에 따른 민간임대주택을 말한다)을 건설하는 사업. 다만, 다음의 구분에 따른 기간이 되기 전에 분양전환하거나 임대사업자가 아닌 자에게 양도하는 경우 해당 건설사업은 제외한다. 가) 공공임대주택 : 5년 나) 민간임대주택 : 4년 2) 「공익사업을 위한 토지 등의 취득 및 보상에 관한 법률」 제78조에 따른 이주대책대상자를 위한 주택지조성사업 및 주택건설사업 3) 「주택법」 제4조제1항제4호에 따른 공익법인이 무주택자를 위하여 시행하는 주택지조성사업 및 국민주택규모 이하의 주택건설사업
	가. 「주택법」에 따른 대지조성사업	
	나. 「주택법」에 따른 주택건설사업	다음의 어느 하나에 해당하는 주택건설사업은 제외한다. 1) 「택지개발촉진법」에 따른 택지개발사업 등 국토교통부령으로 정하는 개발부담금 부과 대상 개발사업의 시행(이하 "토지개발사업시행"이라 한다)으로 조성이 끝난 토지에서 최초로 시행하는 주택건설사업 2) 주택건설사업과 동시에 이루어지는 토지개발사업시행으로 조성되는 토지에서 최초로 시행하는 주택건설사업 3) 「도시개발법」에 따른 환지(換地) 방식의 도시개발사업 시행으로 조성이 끝난 토지나 해당 주택건설사업과 동시에 이루어지는 환지 방식의 도시개발사업 시행으로 조성되는 토지에서 최초로 시행하는 주택건설사업
	다. 「택지개발촉진법」에 따른 택지개발사업	
2. 산업단지 개발사업	가. 「산업입지 및 개발에 관한 법률」에 따른 국가산업단지개발사업	
	나. 「산업입지 및 개발에 관한 법률」에 따른 일반산업단지개발사업	
	다. 「산업입지 및 개발에 관한 법률」에 따른 도시첨단산업단지개발사업	

	라. 「산업입지 및 개발에 관한 법률」에 따른 농공단지개발사업	
	마. 「중소기업진흥에 관한 법률」에 따른 협동화사업 단지조성사업	
3. 관광단지조성사업(온천 개발사업을 포함한다)	가. 「관광진흥법」에 따른 관광지조성사업	
	나. 「관광진흥법」에 따른 관광단지조성사업	
	다. 「국토의 계획 및 이용에 관한 법률」에 따른 유원지 설치사업	국토교통부령으로 정하는 사업으로 한정한다.
	라. 「도시공원 및 녹지 등에 관한 법률」에 따른 공원사업	국토교통부령으로 정하는 사업으로 한정한다.
	마. 「온천법」에 따른 굴착사업	
	바. 「온천법」에 따른 온천 개발사업	
	사. 「자연공원법」에 따른 공원사업	국토교통부령으로 정하는 사업으로 한정한다.
4. 도시개발사업, 지역개발사업 및 도시환경정비사업	가. 「경제자유구역의 지정 및 운영에 관한 특별법」에 따른 경제자유구역개발사업	수도권 외의 지역에서 산업용지(「산업입지 및 개발에 관한 법률」 제2조제7호의2에 따른 산업시설용지와 이와 관련된 교육·연구·업무·지원·정보처리·유통 시설용 용지를 말한다)를 조성하는 경우는 제외한다.
	나. 「도시개발법」에 따른 도시개발사업	환지 방식의 도시개발사업은 제외한다.
	다. 「도시 및 주거환경정비법」에 따른 정비사업	1) 상업지역·공업지역 등에서 도시기능의 회복 및 상권 활성화 등을 위해 도시환경을 개선하기 위한 사업으로서 「도시 및 주거환경정비법 시행령」 별표1 제2호가목부터 바목까지에 해당하는 지역에서 시행하는 정비사업으로 한정한다. 2) 공장을 건설하는 경우는 제외한다. 3) 「주택법」 제2조제6호에 따른 국민주택 규모의 임대주택(「공공주택 특별법」에 따른 공공임대주택 또는 「민간임대주택에 관한 특별법」에 따른 민간임대주택을 말하며, 다음의 구분에 따른 기간이 되기 전에 분양전환하거나 임대사업자가 아닌 자에게 양도하는 임대주택은 제외한다)을 건설하는 사업 부분은 제외한다. 가) 공공임대주택의 경우 : 5년 나) 민간임대주택의 경우 : 4년
	라. 「제주특별자치도 설치 및 국제자유도시 조성을 위한 특별법」에 따른 국제자유도시개발사업	다음의 어느 하나에 해당하는 경우는 제외한다. 1) 특별개발우대사업의 경우 2) 제주투자진흥지구 안의 토지를 개발하는 경우 3) 산업용지(「산업입지 및 개발에 관한 법률」 제2조제7호의2에 따른 산업시설용지와 이와 관련된 교육·연구·업무·지원·정보처리·유통 시설용 용지를 말한다)를 조성하는 경우
	마. 「주한미군기지 이전에 따른 평택시 등의 지원 등에 관한 특별법」에 따른 평택시개발사업	
	바. 「주한미군기지 이전에 따른 평택시 등의 지원 등에 관한 특별법」에 따른 국제화계획지구 개발사업	
	사. 「지역 개발 및 지원에 관한 법률」에 따른 지역개발사업	
	아. 「규제자유특구 및 지역특화발전특구에 관한 규제특례법」에 따른 특화사업	중소기업이 공장용지를 조성하는 경우는 제외한다.
5. 교통시설 및 물류시설 용지조성사업	다음 각 목의 어느 하나에 해당하는 사업을 위한 용지조성사업	
	가. 「국토의 계획 및 이용에 관한 법률」에 따른 자동차 및 건설기계 운전학원 설치사업	「국토의 계획 및 이용에 관한 법률」 제86조제5항에 따라 특별시장·광역시장·특별자치시장·특별자치도지사·시장 또는 군수 외의 자가 도시·군계획시설사업으로 시행하는 경우를 말한다.
	나. 「국토의 계획 및 이용에 관한 법률」에 따른 여객자동차터미널사업	
	다. 「국토의 계획 및 이용에 관한 법률」에 따른 유통업무설비 설치사업	「국토의 계획 및 이용에 관한 법률」 제86조제5항에 따라 특별시장·광역시장·특별자치시장·특별자치도지사·시장 또는 군수 외의 자가 도시·군계획시설사업으로 시행하는 경우를 말하며, 국토교통부령으로 정하는 경우는 제외한다.
	라. 「물류시설의 개발 및 운영에 관한 법률」에 따른 물류단지개발사업	
	마. 「물류시설의 개발 및 운영에 관한 법률」에 따른 물류터미널사업	
	바. 「여객자동차 운수사업법」에 따른 여객자동차터미널사업	
6. 체육시설 부지조성사업(골프장 건설사업 및 경륜장·경정장 설치사업을 포함한다)	가. 「경륜·경정법」에 따른 경륜장 설치사업	
	나. 「경륜·경정법」에 따른 경정장 설치사업	
	다. 「국토의 계획 및 이용에 관한 법률」에 따른 골프장 건설사업	
	라. 「체육시설의 설치·이용에 관한 법률」에 따른 체육시설업을 위한 부지조성사업	골프장업, 스키장업, 자동차경주장업, 승마장업 및 종합체육시설업으로 한정한다.
7. 지목변경이 수반되는 사업	「건축법」에 따른 건축물(국토교통부령으로 정하는 건축물로 한정한다)의 건축(「건축법」 제19조에 따른 용도변경을 포함한다)으로 사실상 또는 공부상의 지목변경이 수반되는 사업	지목변경으로 부담금이 부과된 토지에 대한 사업의 경우 그 부담금 부과 당시의 지목을 그 부담금 부과 전의 지목으로 변경하는 경우는 제외한다.
8. 그 밖에 제1호부터 제6호까지의 사업과 유사한 사업	가. 「건축법」에 따른 창고시설의 설치로 사실상 또는 공부상의 지목변경이 수반되는 사업을 위한 용지조성사업	
	나. 「국토의 계획 및 이용에 관한 법률」에 따른 창고시설의 설치를 위한 용지조성사업	창고시설의 설치는 「국토의 계획 및 이용에 관한 법률」 제56조에 따른 개발행위허가를 받거나, 같은 법 제86조제5항에 따라 특별시장·광역시장·특별자치시장·특별자치도지사·시장 또는 군수 외의 자가 도시·군계획시설사업으로 시행하는 경우를 말한다.
	다. 「중소기업창업 지원법」에 따른 공장용지조성사업	
	라. 「산업집적활성화 및 공장설립에 관한 법률」에 따른 산업단지 외의 지역에서의 공장용지조성사업 및 공장설립을 위한 부지조성사업	
	마. 「국토의 계획 및 이용에 관한 법률」에 따른 개발행위 허가(신고), 「농지법」에 따른 농지전용 허가(신고), 「산지관리법」에 따른 산지전용 허가(신고), 「초지법」에 따른 초지전용 허가(신고)에 따라 시행하는 사업으로서 다음의 어느 하나에 해당하는 사업	
	1) 주택을 건축하기 위한 용도로 토지를 개발하는 사업 등 국토교통부령으로 정하는 사업	
	2) 사실상 또는 공부상의 지목변경이 수반되는 사업	다음의 어느 하나에 해당하는 경우는 제외한다. 가) 건축물을 건축하거나 농지·산지 또는 초지를 조성하는 경우 나) 지목변경으로 부담금이 부과된 토지에 대한 사업의 경우 그 부담금 부과 당시의 지목을 그 부담금 부과 전의 지목으로 변경하는 경우

비고 : 개별 법령에서 특정한 사업에 대하여 인가등을 받으면 위 표 제1호부터 제8호까지에서 규정한 개발사업의 인가등을 받은 것으로 보는 경우에는 부담금 부과 대상 개발사업으로 본다.

[별표2]

토지 이용 계획 등의 변경에 포함되는 용도지역·용도지구 등(제7조제1항 관련)

(2023.6.27 개정)

1. 「수도권정비계획법」, 「지역 개발 및 지원에 관한 법률」, 「제주특별자치도 설치 및 국제자유도시 조성을 위한 특별법」, 「신행정수도 후속대책을 위한 연기·공주지역 행정중심복합도시 건설을 위한 특별법」, 「기업도시개발 특별법」, 「경제자유구역의 지정 및 운영에 관한 법률」, 「주한미군기지 이전에 따른 평택시등의 지원 등에 관한 특별법」, 「연구개발특구의 육성에 관한 특별법」, 「규제자유특구 및 지역특화발전특구에 관한 규제특례법」, 「폐광지역개발 지원에 관한 특별법」에 따른 지역·지구·단지·권역·구역·특구
2. 「국토의 계획 및 이용에 관한 법률」에 따른 용도지역·용도지구 및 용도구역
3. 「택지개발촉진법」에 따른 예정지구 및 「공공주택 특별법」에 따른 공공주택지구
4. 「하천법」, 「수도법」, 「온천법」, 「소하천정비법」, 「습지보전법」, 「한강수계 상수원 수질개선 및 주민지원 등에 관한 법률」, 「금강수계 물관리 및 주민지원 등에 관한 법률」, 「낙동강수계 물관리 및 주민지원 등에 관한 법률」, 「영산강·섬진강수계 물관리 및 주민지원 등에 관한 법률」에 따른 구역·예정지·지구·지역
5. 「도로법」, 「항만법」, 「항만 재개발 및 주변지역 발전에 관한 법률」, 「항공법」, 「공항시설법」, 「신항만건설촉진법」, 「물류시설의 개발 및 운영에 관한 법률」에 따른 예정지역·예정구역·예정지구·단지·구역·지역
6. 「산업입지 및 개발에 관한 법률」, 「산업집적활성화 및 공장설립에 관한 법률」, 「자유무역지역의 지정 및 운영에 관한 법률」, 「기업활동 규제완화에 관한 특별조치법」, 「중소기업진흥에 관한 법률」, 「전원개발촉진법」에 따른 단지·지역·구역
7. 「군사기지 및 군사시설보호법」, 「군용전기통신법」에 따른 구역
8. 「교육환경 보호에 관한 법률」, 「문화재보호법」, 「청소년활동진흥법」, 「전통사찰의 보존 및 지원에 관한 법률」에 따른 구역·지구
9. 「농어촌정비법」, 「낙농진흥법」, 「산림문화·휴양에 관한 법률」, 「산지관리법」, 「수산업법」, 「어촌·어항법」, 「농지법」에 따른 구역·지구·휴양지·자연휴양림·지역·임지
10. 「원자력안전법」에 따른 구역
11. 「관광진흥법」에 따른 관광지·관광단지
12. 「자연환경보전법」, 「자연공원법」, 「야생생물 보호 및 관리에 관한 법률」에 따른 지역·지구·구역

[별표3]

부담금 부과 대상 개발사업의 인가등을 받은 날과 준공인가 등을 받은 날(제9조제1항 관련)

(2023.6.27 개정)

사업 종류	근거 법률 및 사업명	인가등을 받은 날	준공인가 등을 받은 날
1. 택지개발사업(주택단지조성사업을 포함한다)	가. (2016.12.30 삭제)		
	나. 「주택법」에 따른 대지조성사업	사업계획 승인일	사용검사일
	다. 「주택법」에 따른 주택건설사업		
	라. 「택지개발촉진법」에 따른 택지개발사업	택지개발 지구 지정일	준공검사일
2. 산업단지 개발사업	가. 「산업입지 및 개발에 관한 법률」에 따른 국가산업단지개발사업	실시계획 승인일	준공인가일
	나. 「산업입지 및 개발에 관한 법률」에 따른 일반산업단지개발사업		
	다. 「산업입지 및 개발에 관한 법률」에 따른 도시첨단산업단지개발사업		
	라. 「산업입지 및 개발에 관한 법률」에 따른 농공단지개발사업		
	마. 「중소기업진흥에 관한 법률」에 따른 협동화사업 단지조성사업	실시계획 승인일	준공인가일
3. 관광단지조성사업(온천 개발사업을 포함한다)	가. 「관광진흥법」에 따른 관광지조성사업	조성계획 승인일	준공검사일 또는 제9조제3항에 따른 날
	나. 「관광진흥법」에 따른 관광단지조성사업		
	다. 「국토의 계획 및 이용에 관한 법률」에 따른 유원지 설치사업	실시계획 인가일	준공검사일

	라. 「도시공원 및 녹지 등에 관한 법률」에 따른 공원사업	실시계획 인가일	준공검사일
	마. 「온천법」에 따른 굴착사업	굴착허가일	제9조제3항에 따른 날
	바. 「온천법」에 따른 온천 개발사업	온천개발 계획 승인일	온천이용 허가일
	사. 「자연공원법」에 따른 공원사업	사업시행 허가일	제9조제3항에 따른 날
4. 도시개발사업, 지역개발사업 및 도시환경정비사업	가. 「경제자유구역의 지정 및 운영에 관한 특별법」에 따른 경제자유구역개발사업	실시계획 승인일	준공검사일
	나. 「도시개발법」에 따른 도시개발사업	실시계획 인가일	준공검사일
	다. 「도시 및 주거환경정비법」에 따른 정비사업	사업시행 인가일	준공인가일
	라. 「제주특별자치도 설치 및 국제자유도시 조성을 위한 특별법」에 따른 국제자유도시개발사업	사업계획 승인일	제9조제3항에 따른 날
	마. 「주한미군기지 이전에 따른 평택시 등의 지원 등에 관한 특별법」에 따른 평택시개발사업	사업계획 승인일	제9조제3항에 따른 날
	바. 「주한미군기지 이전에 따른 평택시 등의 지원 등에 관한 특별법」에 따른 국제화계획지구 개발사업	개발계획 승인일	제9조제3항에 따른 날
	사. 「지역 개발 및 지원에 관한 법률」에 따른 지역개발사업	실시계획 승인일	준공인가일
	아. 「규제자유특구 및 지역특화발전특구에 관한 규제특례법」에 따른 특화사업	특구계획 승인일	제9조제3항에 따른 날
5. 교통시설 및 물류시설 용지조성사업	다음 각 목의 어느 하나에 해당하는 사업을 위한 용지조성사업		
	가. 「국토의 계획 및 이용에 관한 법률」에 따른 자동차 및 건설기계 운전학원 설치사업	실시계획 인가일	준공검사일
	나. 「국토의 계획 및 이용에 관한 법률」에 따른 여객자동차터미널사업		
	다. 「국토의 계획 및 이용에 관한 법률」에 따른 유통업무설비 설치사업		
	라. 「물류시설의 개발 및 운영에 관한 법률」에 따른 물류단지개발사업	실시계획 승인일	준공인가일
	마. 「물류시설의 개발 및 운영에 관한 법률」에 따른 물류터미널사업	공사시행 인가일	건축물 사용승인일
	바. 「여객자동차 운수사업법」에 따른 여객자동차터미널사업	공사시행 인가일	시설확인일
6. 체육시설 부지조성사업(골프장건설사업 및 경륜장·경정장 설치사업을 포함한다)	가. 「경륜·경정법」에 따른 경륜장 설치사업	설치허가일	제9조제3항에 따른 날
	나. 「경륜·경정법」에 따른 경정장 설치사업		
	다. 「국토의 계획 및 이용에 관한 법률」에 따른 골프장 건설사업	실시계획 인가일	준공검사일
	라. 「체육시설의 설치·이용에 관한 법률」에 따른 체육시설업을 위한 부지조성사업	사업계획 승인일	제9조제3항에 따른 날
7. 지목변경이 수반되는 사업	「건축법」에 따른 건축물(국토교통부령으로 정하는 건축물로 한정한다)의 건축(「건축법」 제19조에 따른 용도변경을 포함한다)으로 사실상 또는 공부상의 지목변경이 수반되는 사업	건축허가(신고), 용도변경허가(신고) 또는 건축물대장 기재내용 변경신청일	건축물 사용승인일 또는 제9조제3항에 따른 날
8. 그 밖에 제1호부터 제6호까지의 사업과 유사한 사업	가. 「건축법」에 따른 창고시설의 설치로 사실상 또는 공부상의 지목변경이 수반되는 사업을 위한 용지조성사업	건축허가(신고)일	건축물 사용승인일
	나. 「국토의 계획 및 이용에 관한 법률」에 따른 창고시설의 설치를 위한 용지조성사업	행위허가일 또는 실시계획 인가일	준공검사일
	다. 「중소기업창업 지원법」에 따른 공장용지조성사업	사업계획 승인일	건축물 사용승인일
	라. 「산업집적활성화 및 공장설립에 관한 법률」에 따른 산업단지 외의 지역에서의 공장용지조성사업 및 공장설립을 위한 부지조성사업	공장설립 승인일	건축물 사용승인일
	마. 「국토의 계획 및 이용에 관한 법률」에 따른 개발행위허가(신고), 「농지법」에 따른 농지전용 허가(신고), 「산지관리법」에 따른 산지전용 허가(신고), 「초지법」에 따른 초지전용 허가(신고)에 따라 시행하는 사업으로서 다음의 어느 하나에 해당하는 사업		
	1) 주택을 건축하기 위한 용도로 토지를 개발하는 사업 등 국토교통부령으로 정하는 사업	개발행위, 농지전용, 산지전용 또는 초지전용 허가(신고)일	준공검사일, 건축물(시설물) 사용승인일 또는 제9조제3항에 따른 날
	2) 사실상 또는 공부상의 지목변경이 수반되는 사업		

〔별표4〕

부담금 환급액의 산정방법(제22조의2제1항 관련)

(2014.7.14 신설)

부담금 환급액은 다음의 계산식에 따라 산정한다.
부담금 환급액 = 납부 금액 × 요율(%) × (조기 납부 일수/365일)

비고
1. "요율"이란 시중은행의 1년 만기 정기예금 평균 수신금리를 고려하여 국토교통부장관이 매년 결정·고시하는 이자율을 말한다.
2. "조기 납부 일수"란 법 제18조제1항에서 정한 6개월의 납부기한에서 부과일부터 납부일까지의 일수를 제외하고 남은 일수를 말한다.

■ 공익사업을 위한 토지 등의 취득 및 보상에 관한 법률

〔별표〕

그 밖에 별표에 규정된 법률에 따라 토지등을 수용하거나 사용할 수 있는 사업
(제4조제8호 관련)

(2024.1.9 개정)

1. 법 제20조에 따라 사업인정을 받아야 하는 공익사업
(1) 「공간정보의 구축 및 관리 등에 관한 법률」에 따른 기본측량의 실시
(2) 「공공토지의 비축에 관한 법률」에 따라 한국토지주택공사가 공공개발용 토지의 비축사업계획을 승인받은 공공개발용 토지의 취득
(3) 「국립대학법인 서울대학교 설립·운영에 관한 법률」에 따른 국립대학법인 서울대학교의 학교용지 확보
(4) 「국립대학법인 인천대학교 설립·운영에 관한 법률」에 따른 국립대학법인 인천대학교의 학교용지 확보
(5) 「규제자유특구 및 지역특화발전특구에 관한 규제특례법」에 따른 특화사업
(6) 「농어업재해대책법」에 따른 응급조치
(7) 「대기환경보전법」 제4조에 따라 고시된 측정망설치계획에 따른 환경부장관 또는 시·도지사의 측정망 설치
(8) 「문화유산의 보존 및 활용에 관한 법률」, 「자연유산의 보존 및 활용에 관한 법률」에 따른 문화유산과 자연유산의 보존·관리
(9) 「석면안전관리법」 제7조에 따른 실태조사, 제8조제2항에 따른 조사, 제13조에 따른 자연발생석면영향조사, 제25조에 따른 슬레이트 시설물 등에 대한 석면조사(환경부장관, 관계 중앙행정기관의 장, 시·도지사 또는 시장·군수·구청장이 실시하는 경우에 한정한다)
(10) 「석탄산업법」 제23조제1항에 따른 연료단지 조성(특별시장·광역시장·도지사 또는 특별자치도지사가 실시하는 경우에 한정한다)
(11) 「수목원·정원의 조성 및 진흥에 관한 법률」에 따른 국가 또는 지방자치단체의 수목원 및 정원의 조성
(12) 「자동차관리법」에 따른 자동차서비스복합단지 개발사업
(13) 「전기사업법」에 따른 전기사업용전기설비의 설치나 이를 위한 실지조사·측량 및 시공 또는 전기사업용전기설비의 유지·보수
(14) 「전기통신사업법」에 따른 전기통신업무에 제공되는 선로등의 설치
(15) 「지능형 로봇 개발 및 보급 촉진법」 제34조에 따른 공익시설의 조성사업
(16) 「지하수법」 제17조 및 제18조에 따른 지하수관측시설 및 수질측정망(국토교통부장관, 환경부장관 또는 시장·군수·구청장이 설치하는 경우에 한정한다) 설치
(17) 「집단에너지사업법」에 따른 공급시설의 설치나 이를 위한 실지조사·측량 및 시공 또는 공급시설의 유지·보수
(18) 「청소년활동 진흥법」 제11조제1항에 따른 수련시설의 설치
(19) 「한국석유공사법」에 따라 한국석유공사가 시행하는 석유의 탐사·개발·비축 및 수송사업
2. 법 제20조에 따른 사업인정이 의제되는 사업
(1) 「2018 평창 동계올림픽대회 및 동계패럴림픽대회 지원 등에 관한 특별법」에 따른 특구개발사업
(2) 「간선급행버스체계의 건설 및 운영에 관한 특별법」에 따른 체계건설사업
(3) 「간척지의 농어업적 이용 및 관리에 관한 법률」에 따른 간척지활용사업
(4) 「건설기계관리법」에 따른 공영주기장의 설치
(5) 「경제자유구역의 지정 및 운영에 관한 특별법」에 따른 경제자유구역에서 실시되는 개발사업
(6) 「고도 보존 및 육성에 관한 특별법」에 따른 고도보존육성사업 및 주민지원사업
(7) 「공공주택 특별법」 제2조제3호가목에 따른 공공주택지구조성사업, 같은 호 나목에 따른 공공주택건설사업 및 같은 호 마목에 따른 도심 공공주택 복합사업
(8) 「공사중단 장기방치 건축물의 정비 등에 관한 특별조치법」에 따른 정비사업
(9) 「공항시설법」에 따른 공항개발사업
(10) 「관광진흥법」 제55조에 따른 조성계획을 시행하기 위한 사업
(11) 「광산피해의 방지 및 복구에 관한 법률」에 따른 광해방지사업
(12) 「광업법」 제70조 각 호와 제71조 각 호의 목적을 위하여 광업권자나 조광권자가 산업통상자원부장관의 인정을 받은 행위
(13) 「국가통합교통체계효율화법」에 따른 복합환승센터 개발사업
(14) 「국방·군사시설 사업에 관한 법률」에 따른 국방·군사시설
(15) 「국제경기대회 지원법」에 따른 대회관련시설의 설치·이용 등에 관한 사업
(16) 「국토의 계획 및 이용에 관한 법률」에 따른 도시·군계획시설사업
(17) 「군 공항 이전 및 지원에 관한 특별법」에 따른 이전주변지역 지원사업
(18) 「금강수계 물관리 및 주민지원 등에 관한 법률」 제4조의3에 따른 수변생태벨트 조성사업 또는 제24조에 따른 수질개선사업
(19) 「급경사지 재해예방에 관한 법률」에 따른 붕괴위험지역의 정비사업
(20) 「기업도시개발 특별법」에 따른 기업도시개발사업
(21) 「낙동강수계 물관리 및 주민지원 등에 관한 법률」 제4조의3에 따른 수변생태벨트 조성사업 또는 제26조에 따른 수질개선사업
(22) 「농어촌도로 정비법」에 따른 농어촌도로 정비공사
(23) 「농어촌마을 주거환경 개선 및 리모델링 촉진을 위한 특별법」에 따른 정비사업
(24) 「농어촌정비법」에 따른 농어촌정비사업
(25) 「농업생산기반시설 및 주변지역 활용에 관한 특별법」에 따른 농업생산기반시설등활용사업
(26) 「댐건설·관리 및 주변지역지원 등에 관한 법률」에 따른 댐건설사업
(27) 「도로법」에 따른 도로공사
(28) 「도시개발법」에 따른 도시개발사업
(29) 「도시교통정비 촉진법」에 따른 중기계획의 단계적 시행에 필요한 연차별 시행계획
(30) 「도시 및 주거환경정비법」 제63조에 따라 토지등을 수용하거나 사용할 수 있는 사업
(31) 「도시철도법」에 따른 도시철도건설사업
(32) 「도청이전을 위한 도시건설 및 지원에 관한 특별법」에 따른 도청이전신도시 개발사업
(33) 「동·서·남해안 및 내륙권 발전 특별법」에 따른 해안권 또는 내륙권 개발사업
(34) 「마리나항만의 조성 및 관리 등에 관한 법률」에 따른 마리나항만의 개발사업
(35) 「물류시설의 개발 및 운영에 관한 법률」에 따른 물류터미널사업 및 물류단지개발사업
(36) 「물환경보전법」에 따른 공공폐수처리시설 설치
(37) 「민간임대주택에 관한 특별법」 제20조에 따라 토지등을 수용하거나 사용할 수 있는 사업
(38) 「빈집 및 소규모주택 정비에 관한 특례법」에 따른 빈집정비사업 및 같은 법 제35조의2에 따라 토지 등을 수용하거나 사용할 수 있는 사업
(39) 「사방사업법」에 따른 사방사업
(40) 「사회기반시설에 대한 민간투자법」에 따른 민간투자사업
(41) 「산림복지 진흥에 관한 법률」에 따른 산림복지단지의 조성
(42) 「산업입지 및 개발에 관한 법률」에 따른 산업단지개발사업 및 제39조에 따른 특수지역개발사업
(43) 「새만금사업 추진 및 지원에 관한 특별법」에 따른 새만금사업
(44) 「소규모 공공시설 안전관리 등에 관한 법률」에 따른 소규모 위험시설 정비사업
(45) 「소하천정비법」에 따른 소하천의 정비
(46) 「수도법」에 따른 수도사업
(47) 「수자원의 조사·계획 및 관리에 관한 법률」에 따른 수문조사시설 설치사업
(48) 「신항만건설 촉진법」에 따른 신항만건설사업
(49) 「신행정수도 후속대책을 위한 연기·공주지역 행정중심복합도시 건설을 위한 특별법」에 따른 행정중심복합도시건설사업

(50) 「어촌·어항법」에 따른 어항의 육역에 관한 개발사업
(51) 「어촌특화발전 지원 특별법」에 따른 어촌특화사업
(52) 「역세권의 개발 및 이용에 관한 법률」에 따른 역세권개발사업
(53) 「연구개발특구의 육성에 관한 특별법」에 따른 특구개발사업
(54) 「연안관리법」에 따른 연안정비사업
(55) 「영산강·섬진강수계 물관리 및 주민지원 등에 관한 법률」 제4조의3에 따른 수변생태벨트 조성사업 또는 제24조에 따른 수질개선사업
(56) 「온천법」에 따라 개발계획을 수립하거나 그 승인을 받은 시장·군수가 시행하는 개발계획에 따른 사업
(57) 「용산공원 조성 특별법」에 따른 공원조성사업
(58) 「자연공원법」에 따른 공원사업
(59) 「자연재해대책법」에 따른 자연재해위험개선지구 정비사업
(60) 「자연환경보전법」 제38조에 따른 자연환경보전·이용시설(국가 또는 지방자치단체가 설치하는 경우에 한정한다)
(61) 「재해위험 개선사업 및 이주대책에 관한 특별법」에 따른 재해위험 개선사업
(62) 「저수지·댐의 안전관리 및 재해예방에 관한 법률」에 따른 저수지·댐의 안전점검, 정밀안전진단, 정비계획의 수립, 정비사업
(63) 「전원개발촉진법」에 따른 전원개발사업
(64) 「접경지역 지원 특별법」 제13조제6항 및 제9항에 따라 고시된 사업시행계획에 포함되어 있는 사업
(65) 「제주특별자치도 설치 및 국제자유도시 조성을 위한 특별법」에 따른 개발사업
(66) 「주택법」에 따른 국가·지방자치단체·한국토지주택공사 및 지방공사인 사업주체가 국민주택을 건설하거나 국민주택을 건설하기 위한 대지 조성
(67) 「주한미군 공여구역주변지역 등 지원 특별법」 제9조에 따른 사업계획에 따른 사업
(68) 「주한미군기지 이전에 따른 평택시 등의 지원 등에 관한 특별법」에 따른 평택시개발사업과 국제화계획지구 개발사업
(69) 「중소기업진흥에 관한 법률」 제31조에 따라 중소벤처기업진흥공단이 시행하는 단지조성사업
(70) 「지방소도읍 육성 지원법」 제4조에 따라 수립하는 종합육성계획에 따른 사업
(71) 「지역 개발 및 지원에 관한 법률」에 따른 지역개발사업
(72) 「철도의 건설 및 철도시설 유지관리에 관한 법률」에 따른 철도건설사업
(73) 「친수구역 활용에 관한 특별법」에 따른 친수구역조성사업
(74) 「태권도 진흥 및 태권도공원 조성 등에 관한 법률」에 따른 공원조성사업
(75) 「택지개발촉진법」에 따른 택지개발사업
(76) 「토양환경보전법」 제7조제1항 각 호의 어느 하나에 해당하는 측정, 조사, 설치 및 토양정화(환경부장관, 시·도지사 또는 시장·군수·구청장이 실시하는 경우에 한정한다)
(77) 「폐기물처리시설 설치촉진 및 주변지역지원 등에 관한 법률」에 따른 폐기물처리시설의 설치 및 이주대책의 시행
(78) 「하수도법」에 따른 공공하수도 설치
(79) 「하천법」에 따른 하천공사
(80) 「학교시설사업 촉진법」에 따른 학교시설사업
(81) 「한강수계 상수원수질개선 및 주민지원 등에 관한 법률」 제4조의3에 따른 수변생태벨트 조성사업 또는 제13조에 따른 수질개선사업
(82) 「한국가스공사법」 제11조에 따른 사업 중 한국가스공사가 천연가스의 인수·저장·생산·공급 설비 및 그 부대시설을 설치하는 공사
(83) 「한국수자원공사법」 제9조제1항제1호·제2호·제5호·제5호의2·제7호부터 제11호까지의 사업
(84) 「한국환경공단법」 제17조제1항제1호부터 제19호까지 및 제22호의 사업
(85) 「항만공사법」 제8조제1항제1호, 제2호, 제2호의2, 제2호의3, 제3호부터 제8호까지에 따른 사업
(86) 「항만법」에 따른 항만개발사업 또는 항만배후단지개발사업
(87) 「항만 재개발 및 주변지역 발전에 관한 법률」에 따른 항만재개발사업
(88) 「해수욕장의 이용 및 관리에 관한 법률」에 따른 해수욕장시설사업
(89) 「해양산업클러스터의 지정 및 육성 등에 관한 특별법」에 따른 해양산업클러스터 개발사업
(90) 「해저광물자원 개발법」에 따라 해저조광권자가 실시하는 해저광물 탐사 또는 채취
(91) 「혁신도시 조성 및 발전에 관한 특별법」에 따른 혁신도시개발사업
(92) 「화물자동차 운수사업법」에 따른 공영차고지의 설치 및 화물자동차 휴게소의 건설
(93) 「도시재생 활성화 및 지원에 관한 특별법」 제55조의2에 따라 주거재생혁신지구(같은 조를 준용하는 국가시범지구를 포함한다)에서 시행하는 혁신지구재생사업
(94) 「도심융합특구 조성 및 육성에 관한 특별법」에 따른 도심융합특구개발사업

▣ 공익사업을 위한 토지 등의 취득 및 보상에 관한 법률 시행령

〔별표1〕

보상 또는 이주대책사업에 관한 위탁수수료의 기준(제43조제4항관련)

(2016.1.6 개정)

보상액 또는 이주대책사업비	위탁수수료의 요율 (보상액 또는 이주대책사업비에 대한 수수료의 비율)
1. 30억원 이하	20/1,000
2. 30억원 초과 90억원 이하	6천만원 + 30억원을 초과하는 금액의 17/1,000
3. 90억원 초과 150억원 이하	1억6천2백만원 + 90억원을 초과하는 금액의 15/1,000
4. 150억원 초과 300억원 이하	2억5천2백만원 + 150억원을 초과하는 금액의 13/1,000
5. 300억원 초과	4억4천7백만원 + 300억원을 초과하는 금액의 10/1,000

비고

1. "이주대책사업비"란 이주정착지 안의 토지등의 매수에 따른 보상액, 법 제78조제4항에 따른 생활기본시설의 설치에 필요한 비용 및 이주정착지 안의 택지조성비용이나 주택건설비용 등의 합계액을 말한다.
2. 평가수수료·측량수수료·등기수수료 및 변호사의 보수 등 특별한 비용은 보상액 또는 이주대책사업비에 포함하지 않는다.
3. 위탁업무의 내용, 위탁사업의 성격, 지역적인 여건 등 특수한 사정이 있는 경우에는 위탁자와 보상전문기관이 협의하여 이 위탁수수료의 요율을 조정할 수 있다.
4. 사업기간 등이 변경되어 위탁수수료 요율을 조정할 필요가 있다고 판단되는 경우에는 위탁자와 보상전문기관이 협의하여 조정할 수 있다.

〔별표2〕

과태료의 부과기준(제51조 관련)

(2021.11.23 개정)

1. 일반기준
  가. 부과권자는 다음의 어느 하나에 해당하는 경우에는 제2호에 따른 과태료 부과금액의 2분의 1 범위에서 그 금액을 줄일 수 있다. 다만, 과태료를 체납하고 있는 위반행위자의 경우에는 그러하지 아니하다.
    1) 위반행위자가 「질서위반행위규제법 시행령」 제2조의2제1항 각 호의 어느 하나에 해당하는 경우
    2) 위반행위가 사소한 부주의나 오류로 인한 것으로 인정되는 경우
    3) 위반행위자가 법 위반상태를 해소하기 위하여 노력하였다고 인정되는 경우
    4) 그 밖에 위반행위의 정도, 위반행위의 동기와 그 결과 등을 고려하여 과태료 금액을 줄일 필요가 있다고 인정되는 경우
  나. 부과권자는 다음의 어느 하나에 해당하는 경우에는 제2호에 따른 과태료 부과금액의 2분의 1 범위에서 그 금액을 늘릴 수 있다. 다만, 그 사유가 여러 개인 경우라도 법 제99조제1항에 따른 과태료 금액의 상한을 넘을 수 없다.
    1) 위반의 내용 및 정도가 중대하여 토지소유자 또는 관계인 등에게 미치는 피해가 크다고 인정되는 경우
    2) 법 위반상태의 기간이 3개월 이상인 경우
    3) 그 밖에 위반행위의 정도, 위반행위의 동기와 그 결과 등을 고려하여 과태료 금액을 늘릴 필요가 있다고 인정되는 경우

2. 개별기준

위 반 행 위	해 당 법조문	과태료 금 액
가. 법 제58조제1항제1호에 규정된 자로서 정당한 사유 없이 출석이나 진술을 하지 않는 경우	법 제99조 제1항제1호	100만원
나. 법 제58조제1항제1호에 규정된 자로서 거짓으로 진술한 경우	법 제99조 제1항제1호	200만원
다. 법 제58조제1항제1호에 따라 의견서 또는 자료 제출을 요구받고 정당한 사유 없이 이를 제출하지 않은 경우	법 제99조 제1항제2호	100만원
라. 법 제58조제1항제1호에 따라 의견서 또는 자료 제출을 요구받고 거짓 의견서 또는 자료를 제출한 경우	법 제99조 제1항제2호	200만원
마. 감정평가법인등이나 그 밖의 감정인이 법 제58조제1항제2호에 따라 감정평가를 의뢰받거나 출석 또는 진술을 요구받고 정당한 사유 없이 이에 따르지 않은 경우	법 제99조 제1항제3호	200만원
바. 법 제58조제1항제3호에 따른 실지조사를 거부, 방해 또는 기피한 경우	법 제99조 제1항제4호	200만원

▣ 산업입지 및 개발에 관한 법률 시행령

〔별표1〕

존치시설물의 소유자에 대한 시설부담금 단가의 구체적인 산정방법과 기준
(제31조제7항 관련)

(2021.1.5 개정)

법 제33조제2항에 따른 존치시설물의 소유자에 대한 시설부담금의 단가는 다음 산식에 따라 산정한다.
시설부담금 단가 = 기반시설 표준시설비용 × 부담률 × 용도별 가중치 × 지역감면율
비고 :
1. "기반시설 표준시설비용"이란 「국토의 계획 및 이용에 관한 법률」 제68조제3항에 따라 국토교통부장관이 고시한 비용을 말한다.
2. "부담률"은 민간 개발사업자의 부담률로서 그 산출방식은 「국토의 계획 및 이용에 관한 법률」 제68조제5항을 준용한다.
3. "용도별 가중치"는 존치시설물의 용도에 따라 다음 각 목으로 구분하여 정한다.
  가. 존치시설물의 용도가 주거용도인 경우 : 1.0
  나. 존치시설물의 용도가 상업·업무용도인 경우 : 2.6
  다. 존치시설물의 용도가 공업용도인 경우 : 1.9
  라. 존치시설물의 용도가 기타용도인 경우 : 2.1
4. "지역감면율"은 0.5로 하되, 사업시행자는 산업단지의 여건 등을 고려하여 지역감면율을 0.4 이상 0.6 이하의 범위에서 정할 수 있다. 다만, 산업단지가 「수도권정비계획법」 제6조제1항제1호 및 제2호에 따른 과밀억제권역 및 성장관리권역에 포함되는 경우에는 지역감면율을 1.0으로 한다.

〔별표2〕

산업단지조성원가산정표(제40조제9항 관련)

(2013.3.23 개정)

조성원가항목	내 역
용지비	용지매입비·지장물 등 보상비·조사비·등기비 및 그 부대비용
용지부담금	토지 등의 취득과 관련하여 부담하는 각종 부담금
조성비	해당 산업단지 조성에 소요된 직접비로서 조성공사비·설계비 및 그 부대비용
기반시설 설치비	해당 산업단지 조성에 필요한 기반시설 설치비용(다른 법령이나 인·허가조건에 따라 국가 또는 지방자치단체에 납부하는 부담금 및 공공시설설치비 등을 포함한다)
직접인건비	해당 사업을 직접 수행하거나 지원하는 직원의 인건비 및 복리후생비
이주대책비	이주대책의 시행에 따른 비용 및 손실액
판매비	광고선전비 그 밖에 판매에 소요된 비용
일반관리비	인건비, 임차료, 연구개발비, 훈련비, 그 밖에 일반관리에 소요된 비용(직접인건비에 포함된 금액은 제외하되, 일반관리비율은 「국가를 당사자로 하는 계약에 관한 법률 시행령」 제9조에 따른 공사에 관한 비율을 초과할 수 없음)
자본비용	산업단지개발사업의 시행을 위하여 필요한 사업비의 조달에 소요되는 비용
그 밖의 비용	「산업재해보상보험법」에 따른 보험료 및 천재지변으로 인하여 발생하는 피해액 등 산업단지개발사업과 관련하여 발생하는 비용으로서 위의 항목에 포함되지 아니하는 비용

비고 : 그 밖의 조성원가의 구체적인 산정기준 및 적용방법은 국토교통부장관이 정하여 고시한다.

〔별표3〕

국가산업단지(제49조제1항 관련)

(2023.12.26 개정)

1. 보은국가산업단지 2. 광양국가산업단지 3. 포항국가산업단지 4. 울산·미포국가산업단지 5. 창원국가산업단지 6. 옥포국가산업단지 7. 북평국가산업단지 8. 군산국가산업단지 9. 여수국가산업단지(확장단지 및 이주대책수립단지는 제외한다) 10. 구미2·3국가산업단지 11. 온산국가산업단지 12. 죽도국가산업단지 13. 진해국가산업단지 14. 대불국가산업단지 15. 아산국가산업단지 16. 한국수출국가산업단지 17. 남동국가산업단지 18. 반월특수지역(시화지구는 제외한다) 19. 제1호부터 제18호까지 외의 국가산업단지로서 준공 후 10년이 지난 국가산업단지 중 시·도지사와 협의를 거쳐 국토교통부장관이 정하여 고시하는 국가산업단지

■ 개발제한구역의 지정 및 관리에 관한 특별조치법

〔별표〕

시설별 부과율(제24조제2항 관련)

(2023.8.8 개정)

대상 시설 또는 사업	부과율	
	토지 형질변경 면적	건축물 바닥면적의 2배 면적
1. 제12조제1항제1호가목에 따른 시설	없음	100분의 100
2. 제12조제1항제1호나목에 따른 시설	100분의 20	100분의 100
3. 제12조제1항제1호다목에 따른 시설 가. 대통령선크령으로 정하는 공사용 가설건축물 및 임시시설	100분의 50	없음
나. 그 밖의 시설	100분의 130	없음
4. 제12조제1항제1호라목에 따른 시설 가. 국방·군사에 관한 시설. 다만, 2009년 8월 5일 이전에 이 법에 적합하지 않게 건축된 국방·군사시설이 제13조에 따라 건축물 건축 또는 공작물의 설치와 이에 따르는 토지의 형질변경 허가를 받은 경우에는 2024년 12월 31일까지 부담금 부과를 면제한다.	100분의 10	100분의 50
나. 그 밖의 시설	100분의 10	100분의 100
5. 제12조제1항제1호마목에 따른 시설, 제4조제5항, 제4조의2 및 제16조에 따른 사업	없음	없음
6. 제12조제1항제2호 및 제4호에 따른 사업	없음	없음
7. 제1호부터 제6호까지에서 규정한 것 외의 토지 형질변경 및 건축물 건축 가.「전통사찰의 보존 및 지원에 관한 법률」에 따른 전통사찰,「문화유산의 보존 및 활용에 관한 법률」에 따른 지정문화유산 또는 등록문화유산,「자연유산의 보존 및 활용에 관한 법률」에 따른 천연기념물등	100분의 50	없음
나. 제13조에 따른 건축물 또는 공작물의 기존 부지 안에서의 증축	없음	100분의 50
다. 그 밖의 토지 형질변경 및 건축물 건축	100분의 100	100분의 100

■ 개발제한구역의 지정 및 관리에 관한 특별조치법 시행령

〔별표1〕

건축물 또는 공작물의 종류, 건축 또는 설치의 범위(제13조제1항 관련)

(2023.8.1 개정)

시설의 종류	건축 또는 설치의 범위
1. 개발제한구역의 보전 및 관리에 도움이 될 수 있는 시설 가. 공공공지 및 녹지	
나. 하천 및 운하	하천부지에 설치하는 환경개선을 위한 자연생태시설, 수질개선시설, 홍보시설을 포함한다.
다. 등산로, 산책로, 어린이놀이터, 간이휴게소 및 철봉, 평행봉, 그 밖에 이와 비슷한 체력단련시설	가) 국가·지방자치단체 또는 서울올림픽기념국민체육진흥공단이 설치하는 경우만 해당한다. 나) 간이휴게소는 33제곱미터 이하로 설치하여야 한다.
라. 실외체육시설	가) 국가, 지방자치단체 또는「공공기관의 운영에 관한 법률」제4조에 따른 공공기관이 설치하는「체육시설의 설치·이용에 관한 법률」제6조에 따른 생활체육시설 중 배구장, 테니스장, 배드민턴장, 게이트볼장, 롤러스케이트장, 잔디(인조잔디를 포함한다. 이하 같다)축구장, 잔디야구장, 농구장, 야외수영장, 궁도장, 사격장, 승마장, 씨름장, 양궁장 및 그 밖에 이와 유사한 체육시설로서 건축물의 건축을 수반하지 아니하는 운동시설(골프연습장은 제외한다) 및 그 부대시설을 말한다. 나) 부대시설은 탈의실, 세면장, 화장실, 운동기구 보관창고와 간이휴게소를 말하며, 그 건축 연면적은 200제곱미터 이하로 하되, 시설 부지면적이 2천제곱미터 이상인 경우에는 그 초과하는 면적의 1천분의 10에 해당하는 면적만큼 추가로 부대시설을 설치할 수 있다. 다) 승마장의 경우 실내마장, 마사 등의 시설을 2,000제곱미터 이하의 규모로 설치할 수 있다.
마. 시장·군수·구청장이 설치하는 소규모 실내 생활체육시설	가) 게이트볼장, 배드민턴장, 테니스장 등「체육시설의 설치·이용에 관한 법률」제6조에 따른 생활체육시설과 그 부대시설(관리실, 탈의실, 세면장, 화장실, 운동기구 보관창고와 간이휴게소를 말한다)을 설치할 수 있다. 나) 건축연면적은 부대시설을 포함하여 각각 3,000제곱미터 이하의 규모로 설치하여야 한다. 이 경우 건축연면적이 1,200제곱미터 이상인 때에는「국토의 계획 및 이용에 관한 법률」제113조제2항에 따른 시·군·구도시계획위원회의 심의를 거쳐야 한다. 다) 임야인 토지에는 설치할 수 없다.
바. 실내체육관	가) 개발제한구역 면적이 전체 행정구역의 50퍼센트 이상인 시·군·구에만 설치하되, 설치할 수 있는 부지는 복구사업지역과 제2조의2제4항에 따라 개발제한구역 관리계획에 반영된 개수 이내에서만 설치할 수 있다. 나) 시설의 규모는 2층 이하(높이 22미터 미만), 건축 연면적 5,000제곱미터 이하로 한다.
사. 골프장	가)「체육시설의 설치·이용에 관한 법률 시행령」별표1의 골프장과 그 골프장에 설치하는 골프연습장을 포함한다. 나) 숙박시설은 설치할 수 없다. 다) 훼손된 지역이나 보전가치가 낮은 토지를 활용하는 등 자연환경을 보전할 수 있도록 국토해양부령으로 정하는 입지기준에 적합하게 설치하여야 한다.
아. 휴양림, 산림욕장, 치유의 숲, 수목원, 정원 및 유아숲체험원	가)「산림문화·휴양에 관한 법률」에 따른 자연휴양림, 산림욕장 및 치유의 숲과 그 안에 설치하는 시설(산림욕장의 경우 체육시설은 제외한다)을 말한다. 나)「수목원·정원의 조성 및 진흥에 관한 법률」제2조제1호에 따른 수목원 및 같은 조 제1호의2에 따른 정원(같은 법 제4조제2호다목의 민간정원은 제외한다)과 그 안에 설치하는 시설을 말한다. 다)「산림교육의 활성화에 관한 법률」에 따른 유아숲체험원과 그 안에 설치하는 시설을 말한다. 라) 부대시설로 설치하는 휴게음식점 및 일반음식점의 규모는 건축 연면적 200제곱미터 이하로 한다.
자. 청소년수련시설	가) 국가 또는 지방자치단체가 설치하는 것으로서「청소년활동진흥법」제2조제2호에 따른 청소년활동시설 중 청소년수련관, 청소년수련원 및 청소년야영장만 해당한다. 나) 설치할 수 있는 지역 및 그 개수는 바목가)를 준용한다. 다만, 차목의 자연공원 내에 공원시설로 청소년수련시설을 설치하는 경우에는 바목가)를 준용하지 않는다.
차. 자연공원	「자연공원법」제2조제1호에 따른 자연공원과 같은 법 제2조제10호에 따른 공원시설(이 영에서 설치가 허용되는 시설에 한정한다)
카. 도시공원	「도시공원 및 녹지 등에 관한 법률」제2조제3호에 따른 도시공원과 그 안에 설치하는 같은 조 제4호에 따른 공원시설(스키장 및 골프연습장은 제외한다)을 말한다.
타. 잔디광장, 피크닉장 및 야영장	국가·지방자치단체가 설치하는 경우 및「공공기관의 운영에 관한 법률」제4조제1항제1호 및 제6호에 따른 공공기관이 설치하는 경우(「하천법」제2조제3호가목에 따른 제방에서 하천측 지역에 설치하는 경우로 한정한다)로서 그 부대시설·보조시설(간이시설만 해당한다)을 설치할 수 있다.
파. 탑 또는 기념비	가) 국가 또는 지방자치단체가 녹지조성과 병행하여 설치하는 것으로서 전적비와 충화탑 등을 포함한다. 나) 설치할 수 있는 높이는 5미터 이하로 한다.
하. 개발제한구역 관리·전시·홍보관련시설	개발제한구역을 합리적으로 보전·관리하고 관련 자료의 전시·홍보를 위한 시설을 말하며, 설치할 수 있는 지역은「국토의 계획 및 이용에 관한 법률」제10조에 따라 지정된 광역계획권별로 1개 시설(수도권은 2개)을 초과할 수 없다.
거. 수목장림	「장사 등에 관한 법률」에 따른 수목장림을 말하며, 다음의 요건을 모두 갖춘 경우에만 설치할 수 있다. 가) (2017.7.11 삭제) 나) 해당 시장·군수·구청장이 설치하려는 지역 주민의 의견을 청취하여 수립하는 배치계획에 따를 것 다) 수목장림 구역에는 보행로와 안내표지판을 설치할 수 있도록 하되, 수목장림 관리·운용에 필요한 사무실, 유족편의시설, 공동분향단, 주차장 등 필수시설은 최소한의 규모로 설치할 것
너. 방재시설	방풍설비, 방수설비, 방화설비, 사방(砂防)설비 및 방조설비를 말한다.
더. 저수지 및 유수지	
러. 모의전투게임 관련 시설	가) 주민의 여가선용과 심신단련을 위하여 모의총기 등의 장비를 갖추고 모의전투를 체험하게 하는 모의전투체험장을 관리·운영하는 데 필요한 시설을 말하며, 관리사무실, 장비보관실, 탈의실, 세면장 및 화장실 등을 합하여 건축 연면적 300제곱미터 이하로 설치할 수 있고, 이용자의 안전을 위하여 감시탑 및 그물망 등의 공작물을 설치할 수 있다. 나) 임야인 토지로서 다음의 어느 하나에 해당하는 경우에는 설치할 수 없다. ① 석축 및 옹벽의 설치를 수반하는 경우

	② 「자연환경보전법」 제34조제1항제1호에 따른 생태·자연도(自然圖) 1등급 권역에 해당하는 경우 다) 시설을 폐지하는 경우에는 지체 없이 이를 철거하고 원상복구해야 한다.
머. 자전거이용시설	「자전거이용 활성화에 관한 법률」 제2조제2호에 따른 자전거이용시설 중 자전거도로(같은 법 제3조제1호에 따른 자전거전용도로는 제외한다) 및 자전거주차장과 같은 법 시행령 제2조제4호에 따른 자전거이용자의 편익을 위한 시설 중 야영장, 벤치, 자전거 수리·대여소, 휴식소를 설치할 수 있다. 이 경우 자전거 수리·대여소 및 휴식소는 가설건축물로 설치하여야 한다.
버. 도시농업농장	「도시농업의 육성 및 지원에 관한 법률」 제14조제1항에 따른 공영도시농업농장과 그 안에 설치하는 시설을 말한다.
2. 개발제한구역을 통과하는 선형시설과 필수시설	가) 각 시설의 용도에 직접적으로 이용되는 시설과 이에 필수적으로 수반되어야만 기능이 발휘되는 시설로 한정한다. 나) 기반시설의 경우에는 다음 각 목에서 별도로 정하는 경우를 제외하고는 도시·군계획시설로만 설치할 수 있다.
가. 철도	
나. 궤도	차목 및 제4호의 국방·군사시설로 설치·운영하기 위한 경우로 한정한다.
다. 도로 및 광장	고속국도에 설치하는 휴게소 및 일반국도·지방도에 설치하는 제설시설을 포함하며, 광장에는 교통광장, 경관광장만 해당한다.
라. (2012.11.12 삭제)	
마. 관개 및 발전용수로	도시·군계획시설로 설치하지 아니할 수 있다.
바. (2012.11.12 삭제)	
사. 수도 및 하수도	
아. 공동구	
자. 전기공급설비	가) 「국토의 계획 및 이용에 관한 법률」 제2조제6호다목에 따른 전기공급설비(「신에너지 및 재생에너지 개발·이용·보급 촉진법」 제2조에 따른 신·재생에너지 설비 중 연료전지 설비, 태양에너지 설비, 풍력설비, 지열에너지 설비 및 바이오에너지 설비를 포함한다)를 말한다. 나) 전기공급설비 중 변전시설을 옥내에 설치하는 경우와 송전선로를 도시·군계획시설부지의 지하에 설치하는 경우에는 도시·군계획시설로 설치하지 아니할 수 있다. 다) 연료전지 설비, 태양에너지 설비 또는 지열에너지 설비를 건축물(건축물의 대지를 포함한다) 또는 공작물이나 도시·군계획시설부지에 설치하는 경우에는 도시·군계획시설로 설치하지 아니할 수 있다. 라) 바이오에너지 설비는 개발제한구역 내의 공공하수처리시설, 폐기물처리시설 등의 시설에서 발생하는 연료를 활용하는 설비로 한정하며, 발전용량이 200킬로와트 이하인 경우에는 도시·군계획시설로 설치하지 아니할 수 있다. 마) 연료전지 설비, 태양에너지 설비, 풍력 설비 및 지열에너지 설비의 설치를 위한 사전조사 용도의 시설은 도시·군계획시설로 설치하지 않을 수 있으며, 해당 시설의 용도가 폐지되는 경우에는 지체 없이 철거하고 원상복구해야 한다.
차. 전기통신시설·방송시설 및 중계탑 시설	도시·군계획시설만 해당한다. 다만, 중계탑 시설 및 바닥면적이 50제곱미터 이하인 이동통신용 중계탑은 설치되는 시설의 수, 주변의 경관 등을 고려하여 시장·군수·구청장이 개발제한구역이 훼손되지 아니한다고 인정하는 경우에는 도시·군계획시설로 설치하지 아니할 수 있다.
카. 송유관	「송유관 안전관리법」에 따른 송유관을 말한다.
타. 집단에너지공급시설	가) 「집단에너지사업법」에 따른 공급시설 중 열수송시설만 해당한다. 나) 도시·군계획시설 부지의 지하에 설치하는 경우에는 도시·군계획시설로 설치하지 않을 수 있다.
파. 버스 차고지 및 그 부대시설	가) 「여객자동차 운수사업법 시행령」 제3조제1호에 따른 노선 여객자동차운송사업용 버스차고지 및 그 부대시설(자동차 천연가스 공급시설, 수소연료공급시설 및 전기자동차 충전시설을 포함한다)에만 한정하며, 시외버스 운송사업용 버스 차고지 및 그 부대시설은 개발제한구역 밖의 기존 버스터미널이나 인근 지역에 버스차고지 등을 확보할 수 없는 경우에만 설치할 수 있다. 나) 노선 여객자동차운송사업용 버스차고지는 지방자치단체가 설치하여 임대하거나 「여객자동차 운수사업법」 제53조에 따른 조합 또는 같은 법 제59조에 따른 연합회가 도시·군계획시설로 설치하거나 그 밖의 자가 도시·군계획시설로 설치하여 지방자치단체에 기부채납하는 경우만 해당한다. 다) 부대시설은 사무실 및 영업소, 정류소 및 기종점지, 차고설비, 차고부대시설, 휴게실, 대기실, 직원용 식당, 자동차정비시설〔해당 차고지를 이용하는 자동차를 정비하는 경우로 한정하되, 도장(塗裝)시설 및 건조시설(도포시설 및 분리시설을 포함한다)은 제외한다〕만 해당하며, 기종점지에는 화장실, 휴게실 및 대기실 등 별도의 편의시설을 66제곱미터 이하의 가설건축물로 설치할 수 있다. 라) 시설을 폐지하는 경우에는 지체 없이 철거하고 원상복구하여야 한다.
하. 가스공급시설	「도시가스사업법」에 따른 가스공급시설로서 가스배관시설만 설치할 수 있다. 다만, 가스배관시설을 도시·군계획시설 부지의 지하에 설치하는 경우에는 도시·군계획시설로 설치하지 않을 수 있다.
3. 개발제한구역에 입지하여야만 기능과 목적이 달성되는 시설	해당 시·군·구 관할 구역 내 개발제한구역 밖에 입지할 수 있는 토지가 없는 경우로서 이미 훼손된 지역에 우선 설치하여야 한다.
가. 공항(헬기장을 포함한다)	도시·군계획시설에만 한정하며, 항공표지시설을 포함한다.
나. 항만	도시·군계획시설에만 한정하며, 항로표지시설을 포함한다.
다. 환승센터	「국가통합교통체계효율화법」 제2조제13호의 시설로서 「대도시권 광역교통 관리에 관한 특별법」에 따른 대도시권 광역교통 시행계획에 반영된 사업에만 해당되며, 이 영에서 허용되는 시설을 부대시설로 설치할 수 있다.
라. 주차장	가) 개발제한구역 내 주차 수요가 있는 경우로서 다음의 어느 하나에 해당하는 경우만 해당한다. ① 국가 또는 지방자치단체가 설치하는 경우 ② 그 밖의 자가 도시·군계획시설로 설치하는 경우 나) 부대시설로 주차관리를 위한 20제곱미터 이하의 건축물을 설치할 수 있다.
마. 학교	가) 신축할 수 있는 경우는 다음과 같다. 다만, 개발제한구역 밖의 학교를 개발제한구역으로 이전하기 위하여 신축하는 경우는 제외한다.

	① 「유아교육법」 제2조제2호에 따른 유치원 : 개발제한구역의 주민(제2조제3항제2호에 따라 개발제한구역이 해제된 취락주민을 포함한다)을 위한 경우로서 그 시설의 수는 시장·군수 또는 구청장이 개발제한구역 및 해제된 취락의 아동 수를 고려하여 수립하는 배치계획에 따른다. ② 「초·중등교육법」 제2조에 따른 초등학교(분교를 포함한다)·중학교·고등학교·특수학교 (가) 개발제한구역에 거주하는 세대의 학생을 수용하는 경우와 같은 시·군·구(2킬로미터 이내의 다른 시·군·구을 포함한다)에 거주하는 세대의 학생을 주로 수용하는 경우로 한정한다. (나) 사립학교는 국립·공립학교의 설립계획이 없는 경우에만 설치할 수 있다. (다) 임야인 토지에 설치할 수 없다. (라) 특수학교의 경우는 (가) 및 (나)를 적용하지 아니한다. (마) 복구사업지역과 제2조의2제4항에 따라 개발제한구역 관리계획에 제2조의3제1항제8호의 관리방안이 반영된 지역에 설치하는 경우에는 4층 이하로 설치하고, 옥상녹화 등 친환경적 대책을 마련하여야 한다. 나) 개발제한구역 또는 2000년 7월 1일 이전에 개발제한구역의 인접지에 이미 설치된 학교로서 개발제한구역의 인접지에 증축의 여지가 없는 경우에만 증축할 수 있다. 다) 농업계열 학교의 교육에 직접 필요한 실습농장 및 그 부대시설을 설치할 수 있다.
바. 지역공공시설	가) 국가 또는 지방자치단체가 설치하는 보건소(「노인복지법」 제34조제1항제1호에 따른 노인요양시설을 병설하는 경우 이를 포함한다), 보건진료소 나) 국가 또는 지방자치단체가 설치하는 노인요양시설(「노인복지법」 제34조제1항제1호 및 제2호의 시설을 말한다) 다) 경찰파출소, 119안전신고센터, 초소 라) 「영유아보육법」 제2조제3호에 따른 어린이집으로서 개발제한구역의 주민(제2조제3항제2호에 해당하여 개발제한구역에서 해제된 지역을 포함한다)을 위한 경우만 해당하며, 그 시설의 수는 시장·군수 또는 구청장이 개발제한구역의 아동수를 고려하여 수립하는 배치계획에 따른다. 마) 도서관 : 건축 연면적 2,000제곱미터 이하의 규모로 한정하며, 부대시설로 간이휴게소를 설치할 수 있다.
사. 국가의 안전·보안업무의 수행을 위한 시설	
아. 폐기물처리시설	가) 「폐기물관리법」 제2조제8호에 따른 시설을 말하며, 「하수도법」 제2조제9호에 따른 공공하수처리시설 부지에 해당 시설에서 발생하는 1일 처분능력 또는 재활용능력이 100톤 미만인 하수 찌꺼기를 처리하는 시설을 설치하는 경우 외에는 도시·군계획시설로 설치해야 한다. 나) 「건설폐기물의 재활용촉진에 관한 법률」에 따른 폐기물 중간처리시설은 다음의 기준에 따라 설치하여야 한다. ① 토사, 콘크리트덩이와 아스팔트콘크리트 등의 건설폐기물을 선별·파쇄·소각처리 및 일시 보관하는 시설일 것 ② 시장·군수·구청장이 설치·운영하여야 한다. 다만, 「건설폐기물의 재활용촉진에 관한 법률」 제21조에 따른 건설폐기물 중간처리업 허가를 받은 자 또는 허가를 받으려는 자가 대지화되어 있는 토지 또는 폐천부지에 설치하는 경우에는 시·군·구당 3개소 이내로 해당 토지를 소유하고 도시·군계획시설로 설치하여야 한다. ③ 시설부지의 면적은 1만제곱미터 이상, 관리실 및 부대시설은 건축연면적 66제곱미터 이하일 것. 다만, 경비실은 조립식 공작물로 필요 최소한 규모로 별도로 설치할 수 있다. ④ 시설을 폐지하는 경우에는 지체 없이 이를 철거하고 원상복구할 것
자. 자동차 천연가스 공급시설	가) 「대기환경보전법」에 따른 자동차 천연가스 공급시설로서 그 부지면적은 3천300제곱미터 이하로 하며, 부대시설로 수소연료공급시설 및 세차시설을 설치할 수 있다 나) 시설을 폐지하는 경우에는 지체 없이 철거하고 원상복구하여야 한다.
차. 유류저장 설비	「국토의 계획 및 이용에 관한 법률」에 따른 계획관리지역과 공업지역이 없는 시·군·구에만 설치할 수 있으며, 시설을 폐지하는 경우에는 지체 없이 이를 철거하고 원상복구하여야 한다.
카. 기상시설	「기상법」 제2조제13호에 따른 기상시설을 말한다.
타. 장사 관련 시설	가) 공동묘지 및 화장시설(동물화장시설을 포함한다. 이하 같다)을 신설하는 경우는 국가, 지방자치단체에 한정하며, 그 안에 봉안시설, 자연장지 및 장례식장을 포함하여 설치할 수 있다. 나) 가)에도 불구하고 봉안시설 또는 자연장지는 다음 중 어느 하나에 해당하는 경우, 국가 또는 지방자치단체가 신설하는 공동묘지 및 화장시설이 있는 곳에 설치할 수 있다. ① 기존의 공동묘지 안에 있는 기존의 분묘만을 봉안시설 또는 자연장지로 전환·설치하는 경우 ② 봉안시설을 사찰의 경내(존속 중인 건축물 및 제23조제2항제2호에 따라 증축된 건축물이 있는 부지로 한정한다)에 설치하는 경우 ③ 가족·종중 또는 문중의 분묘를 정비(개발제한구역 밖에 있던 분묘를 포함한다)하는 부지 안에서 봉안시설 또는 자연장지로 전환·설치하는 경우 ④ 자연장지를 사찰 소유의 건물·죽목 및 그 밖의 지상물(地上物)이 정착되어 있는 토지〔불교 의식(儀式), 승려의 수행·생활 및 신도의 교화를 위하여 사용되는 사찰에 속하는 토지로 한정한다〕나 이와 연결된 부속 토지에 설치하는 경우 다) 나)에 따라 봉안시설이나 자연장지로 전환·설치하는 경우 정비된 분묘가 있던 기존의 잔여부지는 임야·녹지 등 자연친화적인 부지로 원상복구하여야 한다.
파. 환경오염방지시설	
하. 공사용 임시 가설건축물 및 임시시설	가) 공사용 임시 가설건축물은 법 제12조제1항 각 호 또는 법 제13조에 따라 허용되는 건축물 또는 공작물을 설치하기 위한 경우로서 2층 이하의 목조, 시멘트블록, 그 밖에 이와 비슷한 구조로 설치하여야 한다. 나) 임시시설은 공사를 위하여 임시로 도로를 설치하는 경우와 해당 공사의 사업시행자가가 그 공사에 직접 소요되는 물량을 충당하기 위한 목적으로 해당 시·군·구에 설치하는 것으로 한정하며, 블록·시멘트벽돌·쇄석(해당 공사에서 발생하는 토석의 처리를 위한 경우를 포함한다), 레미콘 및 아스콘 등을 생산할 경우에 설치할 수 있다. 다) 공사용 임시 가설건축물 및 임시시설은 사용기간을 명시하여야 하고, 해당 공사가 완료된 경우에는 다른 공사를 목적으로 연장허가를 할 수 없으며, 사용 후에는 지체 없이 철거하고 원상복구하여야 한다.

거. 동물보호센터	가)「동물보호법」제35조 및 제36조에 따른 시설을 말한다. 나) 지방자치단체가 설치하는 경우에는「수의사법」제17조에 따른 동물병원을 병설할 수 있다. 다) 지방자치단체 외의 자가 설치하는 경우에는 기존 동식물시설을 용도변경하거나 기존 동식물시설을 철거한 후 신축할 수 있으며, 신축할 경우에는 철거한 기존 시설의 부지 전체면적을 초과할 수 없다.
너. 문화재의 복원과 문화재관리용 건축물	「문화재보호법」제2조제1항제1호, 제3호 및 제4호에 따른 문화재에 한정한다.
더. 경찰훈련시설	경찰기동대·전투경찰대 및 경찰특공대의 훈련시설로서 사격장, 헬기장 및 탐지견 등의 훈련시설과 부대시설에 한정한다.
러. 택배화물 분류 관련 시설	가) 택배화물의 분류를 위한 것으로서 고가도로의 노면 밑의 부지나 도시철도 차량기지 내 부지를 활용(토지 형질변경을 포함한다)하는 경우만 해당한다. 나) 경계 울타리, 컨베이어벨트 및 비가림시설의 공작물과 200제곱미터 이하의 관리용 가설건축물을 설치할 수 있다. 다만, 택배화물 분류 관련 시설의 부지면적이 5,000제곱미터를 초과하는 경우에는 그 초과하는 면적의 1,000분의 20 이하의 범위에 해당하는 면적만큼 관리용 가설건축물을 추가로 설치할 수 있다.
머. 택시공영·공동차고지 및 그 부대시설	가)「택시운송사업의 발전에 관한 법률」에 따른 택시공영차고지와 택시공동차고지 중「여객자동차 운수사업법」제53조에 따른 조합 또는 같은 법 제59조에 따른 연합회가 설치하는 택시공동차고지만 해당한다. 나) 부대시설은 사무실 및 영업소, 차고설비, 차고부대시설, 충전소, 휴게실, 대기실, 수소연료공급시설 및 전기자동차 충전시설만 해당한다. 다) 택시공동차고지를 설치하는 경우에는 다음의 기준을 모두 충족해야 한다. ① 설치할 수 있는 시설의 수(시·도별 총시설의 수는 관할 행정구역 내 개발제한구역이 있는 시·군·구 수의 2배 이내로 한다)는 시·도지사가 관할 시·군·구의 개발제한구역 면적, 택시공동차고지 수요 등 지역 여건을 고려하여 수립·공고하는 시·군·구 배분계획에 따를 것 ② 훼손된 지역이나 보전가치가 낮은 토지를 활용하는 등 자연환경을 보전할 수 있도록 설치할 것 ③ 임야인 토지에 설치하는 경우에는 다음의 어느 하나에 해당하는 경우가 아닐 것 ㉮ 석축 및 옹벽의 설치를 수반하는 경우 ㉯「자연환경보전법」제34조제1항제1호에 따른 생태·자연도 1등급 권역 또는 같은 항 제2호에 따른 생태·자연도 2등급 권역에 해당하는 경우 라) 해당 시설의 용도가 폐지되는 경우에는 지체 없이 철거하고 원상복구를 하여야 한다.
버. 수소연료공급시설	가)「환경친화적 자동차의 개발 및 보급 촉진에 관한 법률」에 따른 수소연료공급시설로서 그 부지면적은 3,300제곱미터 이하로 하며, 부대시설로 전기자동차 충전시설, 세차시설 및 소매점을 설치할 수 있다. 나) 부대시설로 소매점을 설치하는 경우에는 다음의 요건을 모두 갖춰야 한다. ① 수소연료공급시설의 규모와 이용 수요 등을 고려하여 건축 연면적 66제곱미터 이하의 범위에서 설치할 것 ② 2025년 12월 31일 이전에 설치 허가를 신청할 것 다) 시설을 폐지하는 경우에는 지체 없이 이를 철거하고 원상복구하여야 한다.
서. 전세버스 및 화물자동차 차고지(부대시설을 포함한다)	가)「여객자동차 운수사업법 시행령」제3조제2호가목에 따른 전세버스 운송사업용 차고지 및「화물자동차 운수사업법 시행령」제3조에 따른 화물자동차 운송사업용 차고지를 설치하는 경우로서 다음의 어느 하나에 해당하는 경우만 해당한다. ① 지방자치단체가 설치하는 경우 ②「여객자동차 운수사업법」제53조에 따른 조합 또는 같은 법 제59조에 따른 연합회와「화물자동차 운수사업법」제48조에 따른 협회 또는 같은 법 제50조에 따른 연합회가 도시·군계획시설로 설치하는 경우 ③ 그 밖의 자가 도시·군계획시설로 설치하여 지방자치단체에 기부채납하는 경우 나) 부대시설은 사무실 및 영업소, 차고설비, 차고부대시설, 주유소, 충전소, 자동차 천연가스 공급시설, 휴게실, 대기실, 수소연료공급시설 및 전기자동차 충전시설만 해당한다. 다) 해당 시설의 용도가 폐지되는 경우에는 지체 없이 철거하고 원상복구를 하여야 한다.
어. 물건 적치장 내 통로	가) 개발제한구역 지정 당시부터 지목이 잡종지인 경우에는 물건의 적치장 내에 적치물의 관리를 위한 통로를 필요 최소한의 규모로 설치할 수 있다. 나) 해당 시설의 용도가 폐지된 경우에는 가)에 따라 설치한 통로를 지체 없이 철거하고 원상복구를 해야 한다.
저. 전기자동차 충전시설	가)「환경친화적 자동차의 개발 및 보급 촉진에 관한 법률」에 따라 전기자동차에 전기를 충전하기 위한 시설로서 그 부지면적은 3,300제곱미터 이하로 하며, 부대시설로 수소연료공급시설 및 세차시설을 설치할 수 있다. 나) 시설을 폐지하는 경우에는 지체 없이 이를 철거하고 원상복구해야 한다.
처. 청소차 공영차고지 및 부대시설	가) 지방자치단체가 청소차 차고지로 사용하기 위하여 고가도로 또는 고가철도의 노면 밑의 부지를 활용하는 경우만 해당한다. 나) 부대시설은 사무실, 차고설비, 차고부대시설, 휴게실 및 대기실만 해당한다.
커. 무형문화재 전수교육시설	국가 또는 지방자치단체가「무형문화재 보전 및 진흥에 관한 법률」제12조제1항에 따라 지정된 국가무형문화재의 전승, 교육, 공연 등을 장려하기 위해 설치하는 전수교육시설로서 문화재청장이 정하는 설립기준에 적합한 경우로 한정한다.
터. 그 밖에 이와 유사한 것으로서 입지가 불가피한 시설	국가 또는 지방자치단체가 직접 설치하는 것으로서「국토의 계획 및 이용에 관한 법률」제106조에 따른 중앙도시계획위원회의 심의를 거쳐 개발제한구역에 입지하는 것이 불가피하다고 인정되는 시설에 한정한다.
4. 국방·군사시설 및 교정시설	가) 대통령 경호훈련장의 이전·신축을 포함한다. 나) 해당 시설의 용도가 폐지된 경우에는 지체 없이 이를 철거하고 원상복구하여야 한다. 다만, 국토교통부장관과 협의한 경우에는 그러하지 아니하다.
5. 개발제한구역 주민의 주거·생활편익 및 생업을 위한 시설	가) 가목 및 나목의 경우에는 개발제한구역에서 농림업 또는 수산업에 종사하는 자가 설치하는 경우만 해당한다. 나) 가목의 시설의 종류와 규모는 관할구역의 여건을 고려하여 시·군·구의 조례로 따로 정할 수 있다. 이 경우 시설의 종류는 가목에서 정하는 시설의 범위에서 정하되, 시설의 규모는 각 시설 면적의 20퍼센트의 범위에서 완화하여 정할 수 있다. 다) 이 영에서 정하는 사항 외에 축사, 작물 재배사, 육묘장, 종묘배양장 및 온실의 구조와 입지기준에 대하여는 시·군·구의 조례로 정할 수 있다. 라) 축사, 사육장, 작물 재배사, 육묘장, 종묘배양장 및 온실은 1가구(개발제한구역에서 주택을 소유하면서 거주(제2조제3항제2호에 따라 개발제한구역에서 해제된 집단취락지역에서 해제 이전부터 계속하여 주택을 소유하면서 거주하는 경우를 포함한다)하는 1세대를 말한다. 이하 같다)당 1개 시설만 건축할 수 있다. 다만, 개발제한구역에서 2년 이상 계속 농업에 종사하고 있는 자가 이미 허가를 받아 설치한 축사, 사육장, 작물 재배사, 육묘장, 종묘배양장 및 온실을 허가받은 용도대로 사용하고 있는 경우에는 시·군·구의 조례로 정하는 바에 따라 영농계획에 부합하는 추가적인 건축을 허가할 수 있다.
가. 동식물 관련 시설 1) 축사	가) 축사(소·돼지·말·닭·젖소·오리·양·사슴·개의 사육을 위한 건축물을 말한다)는 1가구당 기존 면적을 포함하여 1천제곱미터 이하로 설치하여야 한다. 이 경우 축사에는 33제곱미터 이하의 관리실을 설치할 수 있고, 축사를 다른 시설로 용도변경하는 경우에는 관리실을 철거하여야 한다. 다만, 수도권과 부산권의 개발제한구역에 설치하는 축사의 규모는 상수원, 환경 등의 보호를 위하여 1천제곱미터 이하의 범위에서 국토교통부장관이 농림축산식품부장관 및 환경부장관과 협의하여 국토교통부령으로 정하는 바에 따른다. 나) 과수원 및 초지의 축사는 1가구당 100제곱미터 이하로 설치하여야 한다. 다) 초지와 사료작물재배지에 설치하는 우마사(牛馬舍)는 초지 조성면적 또는 사료작물 재배면적의 1천분의 5 이하로 설치하여야 한다. 라) 다음 어느 하나의 경우에 해당하는 지역에서는 축사의 설치를 허가할 수 없다. ①「가축분뇨의 관리 및 이용에 관한 법률」에 따라 가축의 사육이 제한된 지역 ② 복구사업지역과 제2조의2제4항에 따라 개발제한구역 관리계획에 제2조의3제1항제8호의 관리방안이 반영된 지역 ③ 법 제30조제2항에 따라 국토교통부장관 또는 시·도지사로부터 시정명령에 관한 업무의 집행 명령을 받은 시·군·구
2) 잠실(蠶室)	뽕나무밭 조성면적 2천제곱미터당 또는 뽕나무 1천800주당 50제곱미터 이하로 설치하여야 한다.
3) 저장창고	소·말 등의 사육과 낙농을 위하여 설치하는 경우만 해당한다.
4) 양어장	유지(溜池)·하천·저습지 등 농업생산성이 극히 낮은 토지에 설치하여야 한다.
5) 사육장	꿩, 우렁이, 달팽이, 지렁이, 그 밖에 이와 비슷한 새·곤충 등의 사육을 위하여 임야 외의 토지에 설치하는 경우로서 1가구당 기존 면적을 포함하여 300제곱미터 이하로 설치하여야 한다.
6) 작물 재배사	가) 콩나물, 버섯, 새싹채소 등의 작물 재배를 위하여 1가구당 기존면적을 포함하여 500제곱미터 이하로 설치하여야 한다. 나) 작물 재배사에는 10제곱미터 이하의 관리실을 설치할 수 있으며, 작물 재배사를 다른 시설로 용도변경하는 경우에는 관리실을 철거하여야 한다. 다) 1)라)② 및 ③의 지역과 임야인 토지에는 설치할 수 없다.
7) (2015.9.8 삭제)	
8) 퇴비사 및 발효퇴비장	기존 면적을 포함하여 300제곱미터(퇴비사 및 발효퇴비장의 합산면적을 말한다) 이하로 설치하되, 발효퇴비장은 유기농업을 위한 경우에만 설치할 수 있다.
9) 육묘장 및 종묘배양장	1가구당 기존 면적을 포함하여 500제곱미터 이하로 설치하여야 한다.
10) 온실	가) 수경재배·시설원예 등 작물재배를 위한 경우로서 1가구당 기존면적을 포함하여 500제곱미터 이하로 설치하여야 한다. 나) 재료는 유리, 플라스틱, 그 밖에 이와 비슷한 것을 사용하여야 하며, 그 안에 온실의 가동에 직접 필요한 기계실 및 관리실을 66제곱미터 이하로 설치할 수 있다.
나. 농수산물 보관 및 관리 관련 시설 1) 창고	가) 개발제한구역의 토지를 소유하면서 영농에 종사하는 자가 개발제한구역의 토지 또는 그 토지와 일체가 되는 토지에서 생산되는 생산물 또는 수산물을 저장하거나 농기계를 보관하기 위한 창고(「소금산업 진흥법」제2조제3호에 따른 해주를 포함한다)는 기존 면적을 포함하여 150제곱미터 이하로 설치하여야 한다. 이 경우 해당 토지면적이 1만제곱미터를 초과하는 경우에는 그 초과하는 면적의 1천분의 10에 해당하는 면적만큼 창고를 추가로 설치할 수 있다. 나)「농어업경영체 육성 및 지원에 관한 법률」제16조에 따른 영농조합법인 및 같은 법 제19조에 따른 농업회사법인이 개발제한구역의 농작업의 대행을 위하여 사용하는 농기계를 보관하기 위한 경우에는 기존면적을 포함하여 200제곱미터 이하로 설치하여야 한다.
2) 담배 건조실	잎담배 재배면적의 1천분의 5 이하로 설치하여야 한다.
3) 임시 가설건축물	농림수산업용 기자재의 보관이나 농림수산물의 건조 또는 단순가공을 위한 경우로서 기존 면적을 포함하여 100제곱미터 이하로 설치하여야 한다. 다만, 해태건조처리장 용도의 경우에는 200제곱미터 이하로 설치하여야 한다.
4) 지역특산물가공·판매장	가) 지역특산물(해당 지역에서 지속적으로 생산되는 농산물·수산물·축산물·임산물로서 시·도지사 또는 시장·군수가 인정하여 공고한 것을 말한다. 이하 같다)의 가공·판매 및 이와 관련된 체험·실습 등을 위한 시설로서 다음의 어느 하나에 해당하는 경우만 해당한다. ① 지정당시거주자가 설치하는 경우 ② 허가신청일 현재 해당 지역에서 5년 이상 지역특산물을 생산하는 자가 설치하는 경우 ③ 마을(제2조제3항제2호에 따라 개발제한구역에서 해제된 집단취락을 포함한다) 공동으로 설치하거나 행정안전부장관이 지정한 마을기업이 설치하는 경우. 이 경우 1회로 한정하며, 해당 마을의 50퍼센트 이상의 가구가 지역특산물가공·판매장을 설치한 경우는 제외한다. 나)「물환경보전법」,「대기환경보전법」및「소음·진동관리법」에 따른 배출시설 설치 허가 또는 신고의 대상이 아니어야 한다. 다) 가)① 및 ②의 경우에는 1가구당 기존 면적을 포함하여 300제곱미터 이하로 설치할 수 있으며, 가)③의 경우에는 기존 면적을 포함하여 1천제곱미터 이하로 설치할 수 있다. 라) 가)③의 경우에는 임야인 토지에 설치할 수 없다.

5) 관리용 건축물	가) 관리용 건축물을 설치할 수 있는 경우와 그 규모는 다음과 같다. 다만, ①·②·④에 따라 관리용 건축물을 설치하는 경우에는 생산에 직접 이용되는 토지 또는 양어장의 면적이 2천제곱미터 이상이어야 한다. ① 과수원, 초지, 유실수·원예·분재 재배지역에 설치하는 경우에는 생산에 직접 이용되는 토지면적의 1천분의 10 이하로서 기존 면적을 포함하여 66제곱미터 이하로 설치하여야 한다. ② 양어장에 설치하는 경우에는 양어장 부지면적의 1천분의 10 이하로서 기존 면적을 포함하여 66제곱미터 이하로 설치하여야 한다. ③ 「농어촌정비법」 제2조제16호다목에 따른 주말농원에 설치하는 경우에는 임대농지면적의 1천분의 10 이하로서 기존 면적을 포함하여 66제곱미터 이하로 설치하여야 한다. ④ 「농어업경영체 육성 및 지원에 관한 법률」 제16조에 따른 영농조합법인 및 같은 법 제19조에 따른 농업회사법인이 개발제한구역의 농작업의 대행을 위하여 설치하는 경우에는 기존 면적을 포함하여 66제곱미터 이하로 설치하여야 한다. ⑤ 어업을 위한 경우에는 정치망어업면허 또는 기선선인망어업허가를 받은 1가구당 기존 면적을 포함하여 66제곱미터 이하로 설치하여야 한다. 나) 농기구와 비료 등의 보관과 관리인의 숙식 등의 용도로 쓰기 위하여 조립식 가설건축물로 설치하여야 하며, 주된 용도가 주거용이 아니어야 한다. 다) 관리용 건축물의 건축허가 신청 대상 토지가 신청인이 소유하거나 거주하는 주택을 이용하여 관리가 가능한 곳인 경우에는 건축허가를 하지 아니하여야 한다. 다만, 가)③·④의 경우에는 그러하지 아니하다. 라) 관리의 대상이 되는 시설이 폐지된 경우에는 1개월 이내에 관리용 건축물을 철거하고 원상복구하여야 한다. 마) 관리용 건축물의 부지는 당초의 지목을 변경할 수 없다.
6) 농막(農幕)	가) 「농지법 시행령」 제2조제3항제2호라목에 따른 농막으로서 조립식 가설건축물로 연면적 20제곱미터 이하로 설치해야 하며, 주거 목적이 아니어야 한다. 나) 농막의 부지는 당초의 지목을 변경할 수 없다. 다) 해당 시설의 용도가 폐지된 경우에는 1개월 이내에 농막을 철거하고 원상복구를 해야 한다.
다. 주택(「건축법 시행령」 별표1 제1호가목에 따른 단독주택을 말한다. 이하 이 호에서 같다)	신축할 수 있는 경우는 다음과 같다. 가) 개발제한구역 지정 당시부터 지목이 대인 토지(이축된 건축물이 있었던 토지의 경우에는 개발제한구역 지정 당시부터 그 토지의 소유자와 건축물의 소유자가 다른 경우만 해당한다)와 개발제한구역 지정 당시부터 있던 기존의 주택[제24조에 따른 개발제한구역 건축물관리대장에 등재된 주택을 말한다. 이하 나) 및 다)에서 같다]이 있는 토지에만 주택을 신축할 수 있다. 나) 가)에도 불구하고 「농어업·농어촌 및 식품산업 기본법」 제3조제2호가목에 따른 농업인에 해당하는 자로서 개발제한구역에 기존 주택을 소유하고 거주하는 자는 영농의 편의를 위하여 자기 소유의 기존 주택을 철거하고 자기 소유의 농장 또는 과수원에 주택을 신축할 수 있다. 이 경우 생산에 직접 이용되는 토지의 면적이 1만제곱미터 이상으로서 진입로를 설치하기 위한 토지의 형질변경이 수반되지 아니하는 지역에만 주택을 신축할 수 있으며, 건축 후 농림수산업을 위한 시설 외로는 용도변경을 할 수 없다. 다) 가)에도 불구하고 다음의 어느 하나에 해당하는 경우에는 국토교통부령으로 정하는 입지기준에 적합한 곳에 주택을 신축할 수 있다. ① 기존 주택(공익사업의 시행으로 개발제한구역에서 해제된 지역의 기존 주택을 포함한다)이 공익사업의 시행으로 인하여 철거(시장·군수·구청장이 공익사업의 시행을 위하여 존치할 필요가 있다고 인정한 후 공익사업 시행자에게 소유권이 이전되는 경우를 포함한다)되는 경우에는 그 기존 주택의 소유자(해당 공익사업의 사업인정 고시 당시에 해당 주택을 소유하였는지 여부와 관계없이 같은 법에 따라 보상금을 모두 지급받은 자를 말한다)가 자기 소유의 토지[「건축물관리법」 제30조제1항 및 제2항에 따라 건축물의 해체 허가를 받거나 신고를 한 날(해체예정일 3일 전까지 건축물의 해체 허가를 받거나 신고를 하지 않은 경우에는 실제 건축물을 해체한 날을 말한다) 당시 소유권을 확보한 토지를 말하되, 공익사업의 시행을 위하여 기존 주택을 존치하는 경우에는 기존 주택의 소유권 이전 당시 소유권을 확보한 토지를 말한다]에 신축하는 경우 ② 기존 주택이 재해로 인하여 더 이상 거주할 수 없게 된 경우로서 그 기존 주택의 소유자가 자기 소유의 토지(재해를 입은 날부터 6개월 이내에 소유권을 확보한 토지를 말한다)에 신축하는 경우 ③ 개발제한구역 지정 이전부터 건축되어 있는 주택 또는 개발제한구역 지정 이전부터 다른 사람 소유의 토지에 건축되어 있는 주택으로서 토지소유자의 동의를 받지 못하여 증축 또는 개축할 수 없는 주택을 법 제12조제1항제2호에 따른 취락지구에 신축하는 경우
라. 근린생활시설	증축 및 신축할 수 있는 시설은 다음과 같다. 가) 주택을 용도변경한 근린생활시설 또는 1999년 6월 24일 이후에 신축된 근린생활시설만 증축할 수 있다. 나) 개발제한구역 지정 당시부터 지목이 대인 토지(이축된 건축물이 있었던 토지의 경우에는 개발제한구역 지정 당시부터 그 토지의 소유자와 건축물의 소유자가 다른 경우만 해당한다)와 개발제한구역 지정 당시부터 있던 기존의 주택(제24조에 따른 개발제한구역건축물관리대장에 등재된 주택을 말한다)이 있는 토지에만 근린생활시설을 신축할 수 있다. 다만, 「수도법」 제3조제2호에 따른 상수원의 상류 하천(「하천법」에 따른 국가하천 및 지방하천을 말한다)의 양쪽 기슭 중 그 하천의 경계로부터 직선거리 1킬로미터 이내의 지역(「하수도법」 제2조제15호에 따른 하수처리구역은 제외한다)에서는 「한강수계 상수원수질개선 및 주민지원 등에 관한 법률」 제5조에 따라 설치할 수 없는 시설 외로는 신축할 수 없다. 다) 나)의 본문에도 불구하고 기존 근린생활시설(공익사업의 시행으로 개발제한구역에서 해제된 지역의 기존 근린생활시설을 포함한다)이 공익사업의 시행으로 인하여 철거(시장·군수·구청장이 공익사업의 시행을 위하여 존치할 필요가 있다고 인정한 후 공익사업 시행자에게 소유권이 이전되는 경우를 포함한다)되는 경우에는 그 기존 근린생활시설의 소유자(해당 공익사업의 사업인정 고시 당시에 해당 근린생활시설을 소유하였는지 여부와 관계없이 같은 법에 따라 보상금을 모두 지급받은 자를 말한다)는 국토교통부령으로 정하는 입지기준에 적합한 자기 소유의 토지[「건축물관리법」 제30조제1항 및 제2항에 따라 건축물의 해체 허가를 받거나 신고를 한 날(해체예정일 3일 전까지 건축물의 해체 허가를 받거나 신고를 하지 않은 경우에는 실제 건축물을 해체한 날을 말한다) 당시 소유권을 확보한 토지를 말하되, 공익사업의 시행을 위하여 기존 근린생활시설을 존치하는 경

	우에는 기존 근린생활시설의 소유권 이전 당시 소유권을 확보한 토지를 말한다]에 근린생활시설을 신축할 수 있다.
1) 슈퍼마켓 및 일용품 소매점	
2) 휴게음식점·제과점 및 일반음식점	가) 휴게음식점·제과점 또는 일반음식점을 건축할 수 있는 자는 5년 이상 거주자 또는 지정당시거주자이어야 한다. 나) 부대시설로서 인접한 토지를 이용하여 300제곱미터 이하의 주차장(건축물식 주차장은 제외한다)을 설치할 수 있다. 이 경우 해당 휴게음식점·제과점 또는 일반음식점의 소유자만 설치할 수 있다. 다) 휴게음식점 또는 일반음식점을 다른 용도로 변경하는 경우에는 주차장 부지를 원래의 지목으로 환원하여야 한다.
3) 이용원·미용원 및 세탁소	세탁소는 공장이 부설된 것은 제외한다.
4) 의원·치과의원·한의원·침술원·접골원 및 조산소 5) 탁구장 및 체육도장 6) 기원 7) 당구장 8) 금융업소·사무소 및 부동산중개업소	
9) 수리점	자동차전문정비업소, 자동차경정비업소(자동차부품의 판매 또는 간이수리를 위한 시설로서 「자동차관리법 시행령」 제12조제1항에 따른 자동차정비업시설의 종류에 해당되지 아니하는 시설을 말한다)를 포함한다.
10) 사진관·표구점·학원·장의사 및 동물병원 11) 목공소·방앗간 및 독서실	
마. 주민 공동이용시설	
1) 마을 진입로, 농로, 제방	개발제한구역(제2조제3항제2호에 따라 집단취락으로 해제된 지역을 포함한다)의 주민이 마을 공동으로 축조(築造)하는 경우만 해당한다.
2) 마을 공동주차장, 마을 공동작업장, 경로당, 노인복지관, 마을공동회관 및 읍·면·동 복지회관	가) 지방자치단체가 설치하거나 마을 공동으로 설치하는 경우만 해당한다. 나) 읍·면·동 복지회관은 예식장 등 집회장, 독서실, 상담실, 그 밖에 읍·면·동 또는 마을단위 회의장 등으로 사용하는 다용도시설을 말한다.
3) 공동구판장, 하치장, 창고, 농기계보관창고, 농기계수리소, 농기계용유류판매소, 선착장 및 물양장(소형선 부두)	가) 지방자치단체 또는 「농업협동조합법」에 따른 조합, 「산림조합법」에 따른 조합, 「수산업협동조합법」에 따른 수산업협동조합(어촌계를 포함한다)이 설치하거나 마을 공동으로 설치하는 경우만 해당한다. 나) 농기계수리소는 가설건축물 구조로서 수리용 작업장 외의 관리실·대기실과 화장실은 건축 연면적 30제곱미터 이하로 설치할 수 있다. 다) 공동구판장은 지역생산물의 저장·처리·단순가공·포장과 직접 판매를 위한 경우(건축 연면적의 100분의 30 미만에 해당하는 면적 범위에서 슈퍼마켓, 일용품소매점, 휴게음식점, 금융업소 또는 방앗간의 용도로 사용하기 위한 경우를 포함한다)로서 건축 연면적 1천제곱미터 이하로 설치하여야 한다.
4) 공판장 및 화훼전시판매시설	가) 공판장은 해당 지역에서 생산되는 농산물의 판매를 위하여 「농업협동조합법」 제2조제1호에 따른 조합이 설치하는 경우(같은 조 제3호에 따른 품목조합이 임야에 설치하는 경우는 제외한다)만 해당한다. 이 경우 수도권 또는 광역시에 설치하는 공판장은 다음의 기준을 모두 충족해야 한다. ① 시·군·구당 1개소로 한정하되, 해당 시·군·구의 개발제한구역 외의 지역에 공판장이 있는 경우에는 설치할 수 없다. ② 건축 연면적은 3,300제곱미터 이하로 한다. 나) 화훼전시판매시설은 시장·군수·구청장, 「농업협동조합법」 제2조제1호에 따른 조합, 「농어업경영체 육성 및 지원에 관한 법률」 제16조에 따른 영농조합법인이 화훼의 저장·전시·판매를 위하여 설치하는 것을 말한다. 이 경우 「농업협동조합법」 제2조제1호에 따른 조합, 「농어업경영체 육성 및 지원에 관한 법률」 제16조에 따른 영농조합법인이 설치하는 화훼전시판매시설은 다음의 기준을 모두 충족해야 한다. ① 수도권 또는 광역시에 설치하는 화훼전시판매시설은 시·군·구당 1개소로 한정하되, 해당 시·군·구의 개발제한구역 외의 지역에 화훼전시판매시설이 있는 경우에는 설치할 수 없다. ② 건축 연면적은 3,300제곱미터 이하로 한다.
5) 상여보관소, 간이휴게소, 간이쓰레기소각장 및 어린이놀이터	지방자치단체가 설치하거나 마을 공동으로 설치하는 경우만 해당한다.
6) 간이 급수용 양수장	
7) 낚시터시설 및 그 관리용 건축물	가) 기존의 저수지 또는 유지를 이용하여 지방자치단체 또는 마을 공동으로 설치·운영하거나 기존의 양어장을 이용하여 5년 이상 거주자가 설치하는 경우만 해당한다. 나) 이 경우 낚시용 좌대, 비가림막 및 차양막을 설치할 수 있고, 50제곱미터 이하의 관리실을 임시가설건축물로 설치할 수 있다.
8) 미곡종합처리장·도정시설	가) 미곡종합처리장은 「농업협동조합법」에 따른 지역농업협동조합(지역농업협동조합이 전액 출자하여 설립한 조합공동사업법인을 포함한다. 이하 같다)이 개발제한구역에 1천헥타르 이상의 미작 생산에 제공되는 농지가 있는 시·군·구에 설치(시·군·구당 1개소로 한정한다)하는 경우로서 건축 연면적은 부대시설 면적을 포함하여 2천제곱미터 이하로 설치해야 한다. 나) 도정시설은 「농업협동조합법」에 따른 지역농업협동조합이 개발제한구역에 100헥타르 이상, 1천헥타르 미만의 미작 생산에 제공되는 농지가 있는 시·군·구에 설치(해당 시·군·구에 이미 도정시설이 있는 경우에는 설치할 수 없다)하는 경우로서 건축 연면적은 부대시설 면적을 포함하여 1천제곱미터 이하로 설치해야 한다. 다) 해당 시설의 용도가 폐지된 경우에는 지체 없이 철거하고 원상복구를 해야 한다.
9) 목욕장	지방자치단체가 설치하거나 마을 공동으로 설치·이용하는 경우에만 해당한다.
10) 휴게소(고속국도에 설치하는 휴게소는 제외한다), 주유소(「석유 및 석유대	가) 시장·군수·구청장이 수립하는 배치계획에 따라 시장·군수·구청장, 지정당시거주자 또는 허가신청일 현재 해당 개발제한구역에서 10년 이상 계속 거주하고 있는 사람(이하 "10년이상거주자"라 한다)이 국도·지방도 등 간선도로변에 설치하는 경우만 해당한다. 다만,

체연료 사업법 시행령」 제2조제9호에 따른 석유대체연료 주유소를 포함한다. 이하 같다) 및 자동차용 액화석유가스 충전소	도심의 자동차용 액화석유가스 충전소(자동차용 액화석유가스 충전소 외의 액화석유가스 충전소를 겸업하는 경우를 포함한다. 이하 같다)를 이전하여 설치하는 경우에는 해당 사업자만 설치할 수 있다. 나) 지정당시거주자 또는 10년이상거주자가 설치하는 경우에는 각각의 시설에 대하여 1회만 설치할 수 있다. 다만, 공공사업에 따라 철거되거나 기존 시설을 철거한 경우에는 그러하지 아니하다. 라) 휴게소 및 자동차용 액화석유가스 충전소의 부지면적은 3천300제곱미터 이하로, 주유소의 부지면적은 1천500제곱미터 이하로 하고, 주유소 및 자동차용 액화석유가스 충전소에는 그 부대시설로서 수소연료공급시설, 전기자동차 충전시설 및 세차시설, 자동차 간이정비시설(「자동차관리법 시행령」 제12조제1항에 따른 자동차정비업시설의 종류에 해당하지 아니하는 정비시설을 말한다) 및 소매점을 설치할 수 있다. 이 경우 수소연료공급시설과 전기자동차 충전시설을 제외한 부대시설은 해당 주유소 및 자동차용 액화석유가스 충전소의 소유자만 설치할 수 있다. 마) 휴게소는 개발제한구역의 해당 도로노선 연장이 10킬로미터 이내인 경우에는 설치되지 아니하도록 하여야 하며, 주유소 및 자동차용 액화석유가스 충전소의 시설 간 간격 등 배치계획의 수립기준은 국토교통부령으로 정한다.
11) 버스 간이승강장	도로변에 설치하는 경우만 해당한다.
12) 효열비, 유래비, 사당, 동상, 그 밖에 이와 비슷한 시설	지방자치단체, 종교단체 또는 종중이 설치하거나 마을 공동으로 설치하는 경우에 한정한다. 다만, 종교단체가 설치하는 경우에는 「건축법」 제2조제1항제2호에 따른 건축물은 제외하고, 종중이 설치하는 경우에는 공익사업의 시행으로 인하여 개발제한구역 내에 있던 기존 사당을 이전하여 설치하는 경우로 한정한다.
13) 농어촌체험·휴양마을사업 관련 시설	가) 「도시와 농어촌 간의 교류촉진에 관한 법률」 제2조제5호에 따른 농어촌체험·휴양마을사업에 필요한 체험관, 휴양시설, 판매시설, 숙박시설, 음식점 등의 시설을 말한다. 나) 「도시와 농어촌 간의 교류촉진에 관한 법률」 제5조에 따라 농어촌체험·휴양마을사업자로 지정받은 자가 같은 조에 따라 제출한 사업계획서에 따라 설치하는 것이어야 한다. 다) 설치할 수 있는 시설의 전체 면적은 2,000제곱미터를 초과할 수 없다. 라) 1회로 한정한다. 마) 「하수도법」 제2조제15호에 따른 하수처리구역으로 포함된 경우만 해당한다. 바) 임야인 토지에는 설치할 수 없다.
14) 액화석유가스 소형저장탱크 및 가스배관 시설	액화석유가스를 저장하기 위해 지상 또는 지하에 고정 설치된 탱크로서 그 저장능력이 3톤 미만인 탱크 및 그 배관시설을 말한다.
바. 공중화장실	
사. 야영장(제1호타목에 따른 야영장은 제외한다)	가) 마을공동, 10년이상거주자 또는 지정당시거주자만 설치할 수 있으며, 각각 1회로 한정한다. 다만, 공공사업에 따라 철거되거나 기존 시설을 철거한 경우에는 그러하지 아니하다. 나) 설치할 수 있는 시설의 수(시·도별 총 시설의 수는 관할 행정구역 내 개발제한구역이 있는 시·군·구 수의 3배 이내로 한다)는 시·도지사가 관할 시·군·구의 개발제한구역 면적, 인구 수 등 지역 여건을 고려하여 수립·공고한 시·군·구 배분계획에 따른다. 다) 임야인 토지로서 다음의 어느 하나에 해당하는 경우에는 설치할 수 없다. ① 석축 및 옹벽의 설치를 수반하는 경우 ② 「자연환경보전법」 제34조제1항제1호에 따른 생태·자연도 1등급 권역에 해당하는 경우 라) 설치할 수 있는 부대시설은 관리실, 공동취사장, 공중화장실 및 세면장 등 야영장 운영에 필요한 시설이며, 그 건축 연면적은 200제곱미터 이하로 하되, 시설 부지면적이 2,000제곱미터 이상인 경우에는 그 초과하는 면적의 1,000분의 10에 해당하는 면적만큼 추가로 설치할 수 있다.
아. 실외체육시설(제1호라목에 따른 실외체육시설은 제외한다)	가) 「체육시설의 설치·이용에 관한 법률」 제3조에 따른 체육시설 중 배구장, 테니스장, 배드민턴장, 게이트볼장, 롤러스케이트장, 잔디(인조잔디를 포함한다. 이하 같다)축구장, 잔디야구장, 농구장, 야외수영장, 궁도장, 사격장, 승마장, 씨름장, 양궁장 및 그 밖에 이와 유사한 체육시설로서 건축물의 건축을 수반하지 아니하는 운동시설(골프연습장은 제외한다) 및 그 부대시설을 말한다. 나) 부대시설은 탈의실, 세면장, 화장실, 운동기구 보관창고와 간이휴게소를 말하며, 그 건축 연면적은 200제곱미터 이하로 하되, 시설 부지면적이 2천제곱미터 이상인 경우에는 그 초과하는 면적의 1천분의 10에 해당하는 면적만큼 추가로 부대시설을 설치할 수 있다. 다) 승마장의 경우 실내마장, 마사 등의 시설을 2천제곱미터 이하의 규모로 설치할 수 있다. 라) 마을공동, 10년이상거주자, 지정당시거주자 또는 「국민체육진흥법」 제2조제9호·제11호에 따른 체육단체·경기단체에서 5년 이상 근무한 사람(개발제한구역 지정 이전에 설치된 실외체육시설에 부대시설을 설치하는 경우에는 해당 시설의 소유자로 한다)만 설치할 수 있으며, 각각의 시설에 대하여 각각 1회로 한정한다. 다만, 공공사업에 따라 철거되거나 기존 시설을 철거한 경우에는 그러하지 아니하다. <2022.2.20까지 유효> 마) 설치할 수 있는 시설의 수(시·도별 총 시설의 수는 관할 행정구역 내 개발제한구역이 있는 시·군·구 수의 3배 이내로 한다)는 시·도지사가 관할 시·군·구의 개발제한구역 면적, 인구 수 등 지역 여건을 고려하여 수립·공고한 시·군·구 배분계획에 따른다. 바) 임야인 토지에는 설치할 수 없다.

[별표2]

허가 또는 신고의 세부기준(제22조 관련)

(2023.8.1 개정)

1. 일반적 기준
가. 개발제한구역의 훼손을 최소화할 수 있도록 필요한 최소 규모로 설치하여야 한다.
나. 해당 지역과 그 주변지역에 대기오염, 수질오염, 토질오염, 소음·진동·분진 등에 따른 환경오염, 생태계 파괴, 위해 발생 등이 예상되지 아니하여야 한다. 다만, 환경오염의 방지, 위해의 방지, 조경, 녹지의 조성, 완충지대의 설치 등의 조건을 붙이는 경우에는 그러하지 아니하다.
다. 해당 지역과 그 주변지역에 있는 역사적·문화적·향토적 가치가 있는 지역을 훼손하지 아니하여야 한다.
라. 토지의 형질을 변경하거나 죽목을 벌채하는 경우에는 표고, 경사도, 숲의 상태, 인근 도로의 높이와 배수 등을 고려하여야 한다.
마. 도시계획시설의 설치, 법 제11조제1항제5호 본문에 따른 건축물의 건축 및 토지의 형질변경에 대하여는 관리계획이 수립되지 아니하였거나 수립된 관리계획의 내용에 위반되는 경우에는 그 설치 등을 허가하여서는 아니 된다.
바. 임야 또는 경지정리된 농지는 건축물의 건축 또는 공작물의 설치를 위한 부지에서 제외해야 한다. 다만, 무질서한 개발을 초래하지 않는 경우 등 시장·군수·구청장이 인정하는 경우에는 그렇지 않다.
사. 건축물을 건축하기 위한 대지면적이 60제곱미터 미만인 경우에는 건축물의 건축을 허가하지 아니하여야 한다. 다만, 기존의 건축물을 개축하거나 재축하는 경우에는 그러하지 아니하다.
아. 빗물이 땅에 쉽게 스며들 수 있도록 투수성(透水性, 물이 스며들게 하는 성질) 포장을 해야 한다. 다만, 투수성 포장이 곤란하다고 시장·군수·구청장이 인정하는 경우에는 그렇지 않다.
자. 「국토의 계획 및 이용에 관한 법률」에 따른 방재지구, 「자연재해대책법」에 따른 자연재해위험개선지구 및 「급경사지재해예방에 관한 법률」에 따른 붕괴위험지역에는 건축물의 건축을 허가하여서는 아니 된다. 다만, 안전·침수대책을 수립한 경우에는 그러하지 아니하다.
차. 토지를 분할하는 경우에는 분할 사유, 필지수 등이 법 제11조제1항제3호에 따라 개발제한구역관리계획에 포함되는 개발제한구역의 토지이용 및 보전에 관한 사항에 적합해야 한다. 이 경우 토지의 분할에 관하여 필요한 사항은 시·군·구의 조례로 정할 수 있다.

2. 건축물의 건축 또는 공작물의 설치
가. 건폐율 100분의 60 이하로 건축하되 높이 5층 이하, 용적률 300퍼센트 이하로 한다.
나. 가목에도 불구하고 주택 또는 근린생활시설을 건축하는 경우에는 다음의 어느 하나에 따른다. 다만, 별표1 제5호다목다)① 또는 같은 호 라목다)에 따라 공익사업의 시행으로 인하여 철거(시장·군수·구청장이 공익사업의 시행을 위하여 존치할 필요가 있다고 인정한 후 공익사업 시행자에게 소유권이 이전되는 경우를 포함한다. 이하 이 목에서 같다)된 건축물을 신축하는 경우 해당 건축물의 층수 및 연면적은 철거 당시의 건축물의 층수 및 연면적까지로 할 수 있다.
1) 건폐율 100분의 60 이하로 건축하는 경우 : 높이 3층 이하, 용적률 300퍼센트 이하로서 기존 면적을 포함하여 연면적 232제곱미터(지정당시거주자는 300제곱미터) 이하. 이 경우 지정당시거주자가 연면적 232제곱미터를 초과하여 연면적 300제곱미터까지 건축할 수 있는 경우는 1회로 한다.
2) 건폐율 100분의 20 이하로 건축하는 경우 : 높이 3층 이하, 용적률 100퍼센트 이하
다. 가목에도 불구하고 국방부장관이 군의 작전수행을 위하여 필요하다고 인정하는 국방·군사시설(군사보안을 목적으로 하는 경우로 한정한다)은 국토교통부장관과의 협의를 거쳐 가목에 따른 건축물 또는 공작물의 높이 기준을 적용하지 않을 수 있다.
라. 별표1 제5호다목다)① 또는 같은 호 라목다)에 따라 공익사업의 시행을 위하여 기존 주택 또는 근린생활시설을 존치하고 새로 주택 또는 근린생활시설을 신축하는 경우 공익사업 시행자는 기존 주택 또는 근린생활시설이 존치되는 대지 면적에 해당하는 개발제한구역 내 다른 대지를 전·답·과수원, 그 밖에 건축물의 건축을 위한 용도가 아닌 지목으로 변경해야 한다.
마. 둘 이상의 필지에 같은 용도의 건축물이 각각 있는 경우 그 필지를 하나의 필지로 합칠 수 있다. 이 경우 주택 및 근린생활시설은 나목2)(취락지구의 경우에는 제26조제1항제2호나목)의 기준에 적합하여야 하며, 주택을 다세대주택으로 건축하는 경우에는 기존의 주택호수를 초과하지 아니하여야 한다.
바. 건축물 또는 공작물 중 기반시설로서 건축 연면적이 1천500제곱미터 이상이거나 토지의 형질변경 면적이 5천 제곱미터 이상인 시설은 「국토의 계획 및 이용에 관한 법률 시행령」 제35조에도 불구하고 도시계획시설로 설치하여야 한다. 다만, 별표1에서 별도로 규정하고 있는 경우에는 그에 따른다.
사. 도로·상수도 및 하수도가 설치되지 아니한 지역에 대하여는 원칙적으로 건축물의 건축(건축물의 건축을 목적으로 하는 토지형질변경을 포함한다)을 허가하여서는 아니 된다. 다만, 무질서한 개발을 초래하지 아니하는 경우 등 시장·군수·구청장이 인정하는 경우에는 그러하지 아니하다.
아. 법 또는 이 영에서 건축이 허용되는 건축물 또는 공작물에 대해서는 「옥외광고물 등 관리법」에 적합하게 간판 등을 설치할 수 있다.

3. 토지의 형질변경 및 물건의 적치
가. 토지의 형질변경면적은 건축물의 건축면적 및 공작물의 바닥면적의 2배 이하로 한다. 다만, 다음의 어느 하나의 경우에는 그 해당 면적으로 한다.
1) 축사 및 미곡종합처리장은 바닥면적의 3배 이하
2) 주택 또는 근린생활시설의 건축을 위하여 대지를 조성하는 경우에는 기존면적을 포함하여 330제곱미터 이하. 다만, 별표1 제5호다목다)① 또는 같은 호 라목다)에 따라 공익사업의 시행으로 인하여 철거(시장·군수·구청장이 공익사업의 시행을 위하여 존치할 필요가 있다고 인정한 후 공익사업 시행자에게 소유권이 이전되는 경우를 포함한다. 이하 이 목에서 같다)된 건축물을 신축하는 경우 해당 대지의 조성면적은 철거 당시의 대지면적까지로 할 수 있다.
3) 별표1의 건축물 및 공작물과 관련하여 이 영 및 다른 법령에서 토지의 형질변경을 수반하는 시설을 설치할 것을 따로 규정한 경우에는 그 규정에서 허용하는 범위
4) 법 제4조의2에 따른 훼손지 정비사업을 위한 경우에는 그 정비사업 구역 전체
나. 가목에 따른 토지의 형질변경을 할 때 해당 필지의 나머지 토지의 면적이 60제곱미터 미만이 되는 경우에는 그 나머지 토지를 포함하여 토지의 형질변경을 할 수 있다. 다만, 토지의 형질변경 전에 미리 토지분할을 한 경우로서 가목에 따른 토지의 형질변경 면적에 적합하게 분할할 수 있었음에도 해당 면적을 초과하여 분할한 경우에는 그러하지 아니하다.
다. 법 제12조제1항제1호 각 목의 건축물(축사, 공사용 임시가설건축물 및 임시시설은 제외한다)의 건축 또는 공작물의 설치를 위한 토지의 형질변경 면적이 200제곱미터를 초과하는 경우에는 토지의 형질변경 면적의 100분의 5 이상에 해당하는 면적에 대하여 식수 등 조경을 하여야 한다. 다만, 별표1 제5호가목에 따른 동식물 관련 시설 및 같은 호 나목에 따른 농수산물 보관 및 관리 관련 시설의 건축 또는 공작물의 설치를 위한 토지의 형질변경에 따른 조경 면적은 시·군·구의 조례로 달리 정할 수 있다.
라. 개발제한구역에서 시행되는 공공사업에 대지(건축물 또는 공작물이 있는 토지를 말한다)의 일부가 편입된 경우에는 그 편입된 면적만큼 새로 대지를 조성하는 데 따르는 토지의 형질변경을 할 수 있다. 이 경우 편입되지 아니한 대지와 연접하여 새로 조성한 면적만으로는 관계 법령에 따른 시설의 최소 기준면적에 미달하는 경우에는 그 최소 기준면적까지 대지를 확장할 수 있다.
마. 토지의 형질변경의 대상인 토지가 연약한 지반인 경우에는 그 두께·넓이·지하수위 등의 조사와 지반의 지지력·내려앉음·솟아오름에 대한 시험을 하여 환토·다지기·배수 등의 방법으로 그 토지를 개량하여야 한다.
바. 토지의 형질변경에 수반되는 성토 및 절토(땅깎기)에 따른 비탈면 또는 절개면에 대하여는 옹벽 또는 석축의 설치 등 안전조치를 하여야 한다.
사. 토석의 채취는 다음의 기준에 따른다.
1) 주변의 상황·교통 및 자연경관 등을 종합적으로 고려하여야 한다.
2) 철도, 고속도로, 국도 및 시가지와 연결되는 간선도로의 가시권(可視圈)에서는 재해에 따른 응급조치가 아니면 토석의 채취를 허가하여서는 아니 된다. 이 경우 철도·고속도로의 가시권은 철도·고속도로로부터 2킬로미터 이내의 지역을, 국도·간선도로의 가시권은 국도·간선도로로부터 1킬로미터 이내의 지역을 말한다.
아. 물건의 적치는 대지화되어 있는 토지에만 할 수 있으며, 물건의 적치장에는 물건의 단순관리를 위한 가설건축물을 연면적 20제곱미터 이하의 범위에서 설치할 수 있다.

4. 이축 및 이주단지의 조성
가. 법 제12조제1항제3호에 따른 이주단지의 규모는 주택 20호 이상으로 한다. 다만, 이축 또는 이주대상인 건축물로부터 2킬로미터 이내의 지역에 취락지구가 없거나 인근 취락지구의 지형이나 그 밖의 여건상 이축을 수용할 수 없는 경우로서 시장·군수·구청장이 이주단지의 위치를 지정하는 경우에는 10호 이상으로 할 수 있다.
나. 법 제12조제1항제2호에 따른 이축 및 같은 항 제3호에 따른 이주단지는 철거지를 관할하는 시·군·구의 지역에만 조성할 수 있다. 다만, 철거지를 관할하는 시·군·구의 개발제한구역에 취락지구가 없거나 관할 지역의 취락지구에 이축수요를 수용할 수 없는 경우 또는 이주단지의 조성을 위한 적정한 부지가 없는 경우에는 인접 시장·군수·구청장과 협의하여 그 시·군·구의 지역에 이축 또는 이주단지의 조성을 허가할 수 있다.
다. 공익사업에 따른 이주대책의 일환으로 「공익사업을 위한 토지 등의 취득 및 보상에 관한 법률」 제78조에 따른 개발제한구역 밖으로의 이주대책이 수립된 경우에는 공익사업과 관련하여 따로 이축을 허가하여서는 아니 된다.

라. 철거 등으로 멸실되어 현존하지 아니하는 건축물을 근거로 이축 또는 이주단지의 조성을 위하여서는 아니 된다. 다만, 공익사업의 시행으로 철거된 건축물은 그러하지 아니하다.
마. 이주단지를 조성한 후 또는 건축물을 이축한 후의 종전 토지는 다른 사람의 소유인 경우와 공익사업에 편입된 경우를 제외하고는 그 지목을 전·답·과수원, 그 밖에 건축물의 건축을 위한 용도가 아닌 지목으로 변경하여야 한다.

5. 법 제12조제1항제3호의2에 따른 공장 또는 종교시설의 이축
가. 종교시설은 「건축법 시행령」 별표1 제6호에 해당하는 것이어야 한다.
나. 공장 또는 종교시설을 이축하려는 경우에는 다음의 기준에 따라야 한다.
1) 기존의 공장 또는 종교시설이 위치하고 있는 시·군·구의 지역으로 이축하여야 한다. 다만, 공장의 경우 인접 시장·군수·구청장과 협의하여 그 시·군·구의 지역(인접한 읍·면·동으로 한정한다)에 이축을 허가할 수 있다.
2) 우량농지(경지정리·수리시설 등 농업생산기반이 정비되어 있는 농지) 및 임야가 아닌 지역이어야 한다.
3) 「하천법」 제7조에 따른 국가하천의 경계로부터 5백미터 이상 떨어져 있는 지역이어야 한다.
4) 새로운 진입로를 설치할 필요가 없는 지역이어야 한다.
5) 전기·수도·가스 등 새로운 간선공급설비를 설치할 필요가 없는 지역이어야 한다.

〔별표3〕

증축 시 토지의 형질변경 허용시설(제23조제2항제2호 관련)

(2022.12.6 개정)

1. 서울특별시 강남구 내곡동에 설치한 시립아동병원시설 및 그 부대시설
2. 행정안전부가 과천지구 정부청사단지에 설치한 정부과천청사, 공공기관의 청사 및 그 부대시설
3. 전라남도교육위원회가 전라남도 담양군에 설치한 충의교육원 및 그 부대시설
4. 부산광역시 기장군 기장읍 시랑리 일원에 설치한 국립수산과학원의 청사·시험연구시설·교육훈련시설 및 한국해양수산연수원의 사무실·교육훈련시설과 각각의 그 부대시설
5. 환경부가 경기도 양평군 양서면 양수리에 설치한 국립환경과학원부설팔당임호연구소 및 그 부대시설
6. 개발제한구역의 지정 전에 개발제한구역에 설치한 공공청사
7. 부산광역시가 부산광역시 해운대구 석대동에 설치한 농수산물도매시장
8. 산업통상자원부장관이 부산광역시 강서구 대저동에 설치한 우편집중국
9. 담양군수가 전라남도 담양군 남면 지곡리에 설치한 가사문학회관 및 그 부대시설
10. 행정안전부장관이 경기도 남양주시 별내면 덕송리에 설치한 중앙119구조대의 청사·헬기계류장 및 훈련시설과 그 부대시설
11. 인천광역시 문학경기장의 부대시설
12. 한국보훈복지의료공단이 설치한 보훈병원시설 및 그 부대시설
13. 한국항공대학시설 및 그 부대시설
14. 국토교통부의 내륙화물기지조성계획에 따라 경기도 의왕시(군포시의 일부지역을 포함한다) 및 경상남도 양산시 일원에 설치한 「물류시설의 개발 및 운영에 관한 법률」 제2조제2호에 따른 물류터미널 및 그 부대시설
15. 한국교육개발원의 교육연구시설과 한국교육방송공사의 방송시설 및 그 부대시설
16. 대한체육회가 경상남도 진해시 자은동에 설치한 국가대표급 선수(우수선수를 포함한다)의 전지훈련장 및 그 부대시설
17. 「농업협동조합법」에 따른 농업협동조합중앙회가 경기도 고양시의 가축개량사업소 부지에 설치한 젖소개량사업시설 및 한국마사회가 그 부지에 설치한 종마의 보급·사육을 위한 시설과 그 부대시설
18. 한국원자력연구원이 대전광역시 유성구 덕진동 대덕연구개발특구에 설치한 시험연구시설 및 그 부대시설
19. 한전원자력연료주식회사가 대전광역시 유성구 덕진동 대덕연구개발특구에 설치한 핵연료주기시설·원자력폐기물시설 및 그 부대시설
20. 한국산업인력공단이 경상남도 창원시 대방동에 설치한 한국직업훈련대학의 교육시설 및 그 부대시설
21. 국토교통부의 경인운하건설사업계획에 따라 경기도 김포시 일원에 설치한 「물류시설의 개발 및 운영에 관한 법률」 제2조제2호에 따른 물류터미널 및 그 부대시설
22. 부산교통공사가 경상남도 양산시 호포차량기지에 설치한 교육훈련시설
23. 「과학기술분야 정부출연연구기관 등의 설립·운영 및 육성에 관한 법률」에 따른 한국기계연구원 및 한국전기연구원의 연구·시험시설
24. 부산광역시 금정구 지하철차량기지에 설치한 여객자동차터미널 및 그 부대시설
25. 중소벤처기업진흥공단이 광주광역시 북구 일원에 설치한 중소기업연수원
26. 경기도 양주시 유양동의 양주별산대 놀이마당 공연장 및 그 부대시설
27. 개발제한구역 지정 전에 설치된 공장(법 제12조제6항에 따라 공사 또는 사업이 계속 시행되고 있는 경우를 포함한다)으로서 다음 각 목에 따른 증축과 그 부대시설의 설치
가. 공장의 증축면적과 그 부대시설의 설치면적은 개발제한구역 지정 당시 기존 시설의 연면적 이하로 한다. 다만, 종전의 도시계획법령에 따라 수출품의 생산 가공공장이나 그 밖에 수출진흥 등 경제발전에 기여할 수 있는 시설로 승인을 받아 증축한 공장의 경우에는 개발제한구역 지정 당시 기존 시설의 연면적과 종전의 도시계획법령에 따라 증축한 시설의 연면적을 합한 면적의 2분의 1 이하로 한다.
나. 가목에도 불구하고 건폐율이 100분의 20에 미달하는 경우에는 건폐율이 100분의 20이 될 때까지 공장을 증축하거나 부대시설을 설치할 수 있다. 다만, 「대기환경보전법」 제2조제9호에 따른 특정대기유해물질, 「물환경보전법」 제2조제8호에 따른 특정수질유해물질을 배출하는 공장은 제외한다.
다. 가목 및 나목에도 불구하고 다음의 요건을 모두 갖춘 경우에는 해당 지방도시계획위원회의 심의를 거쳐 건폐율이 100분의 40이 될 때까지 공장을 증축하거나 부대시설을 설치할 수 있다. 다만, 2017년 12월 31일까지 증축 또는 설치 허가를 신청한 경우에 한정한다.
1) 국제법규, 수출상대국 또는 국내 법령에 규정된 규격·인증·안전·위생기준 등을 충족하기 위하여 불가피하다고 인정되거나 기존 공장의 시설자동화 또는 공정개선을 하는 데 필요하다고 인정될 것
2) 공장의 증축 또는 부대시설의 설치로 인하여 「대기환경보전법」 또는 「물환경보전법」에 따라 기존에 허가·신고하지 아니한 새로운 종류의 대기오염물질 또는 수질오염물질을 발생시키지 아니할 것
3) 대기오염물질발생량 또는 폐수배출량이 증가하지 아니할 것
라. 가목부터 다목까지의 경우 새로운 대지를 조성하는 것은 허용되지 아니한다. 다만, 관계 법령에 따라 직장어린이집을 의무적으로 설치하여야 하는 공장의 경우에는 그 시설 설치에 필요한 면적만큼 새로운 대지를 조성할 수 있다.
28. 개발제한구역 지정 이전에 설치한 주유소의 증축(시장·군수·구청장이 수립하는 배치계획에 포함되어 그 계획에 따라 증축하는 경우만 해당한다)
29. 도축장(증축되는 면적은 개발제한구역 지정 당시의 연면적의 범위로 한다. 다만, 증축하더라도 축산물가공처리법령에서 정하는 최소기준면적에 미달하는 경우에는 그 최소기준면적까지 증축할 수 있다.)
30. 「골재채취법」(법률 제5966호로 개정되기 전의 것을 말한다) 제8조에 따라 국토교통부장관으로부터 골재의 집중개발 또는 비축에 관한 명령을 받은 골재채취업자가 하천구역에서 바다모래의 염분을 제거하기 위하여 설치한 공작물과 그 시설의 운영에 필요한 부대시설
31. 개발제한구역에 그 노선의 시점과 종점을 이미 두고 있는 「여객자동차 운수사업법 시행령」 제3조제1호가목에 따른 시내버스운송사업을 위하여 기존 정류장에 설치한 운수종사원의 후생복지시설, 자가연료공급시설(「대기환경보전법」에 따른 무공해·저공해자동차에 천연가스를 공급하기 위한 시설을 포함한다) 및 간이정비시설
32. 사회복지시설(양로시설 및 보육원 등)의 운영·관리를 위하여 설치한 부대시설
33. 종교시설 또는 문화재(「문화재보호법」 제2조제3항에 따른 지정문화재 또는 같은 조 제4항제1호에 따른 국가등록문화재에 해당하는 건축물 또는 공작물을 말한다. 이하 이 호에서 같다). 다만, 다음 각 목의 어느 하나에 해당하는 증축으로 한정한다.
가. 증축되는 부분을 포함한 전체 연면적이 개발제한구역 지정 당시 연면적(제24조에 따른 개발제한구역 건축물관리대장에 등재된 연면적을 말한다)의 2배 이내(개발제한구역 지정 당시 연면적이 330제곱미터 미만인 경우에는 660제곱미터 이내)이고, 증축되는 부분을 포함한 전체 대지면적이 건축면적의 2배 이내인 증축
나. 문화재 및 「전통사찰의 보존 및 지원에 관한 법률」에 따른 전통사찰의 증축으로서 가목에 따른 연면적 또는 대지면적을 초과하여 문화체육관광부장관(문화재의 경우에는 문화재청장을 말한다)이 국토교통부장관과 협의하는 규모 이내의 증축. 다만, 전통사찰의 증축을 위하여 새로운 대지를 조성할 수 있는 면적은 건축물의 수평투영면적의 2배 이내로 하며, 1만제곱미터를 초과하는 새로운 대지조성이 수반되는 때에는 「전통사찰의 보존 및 지원에 관한 법률」에 따른 전통사찰보존위원회 심의를 거쳐야 한다.
34. 사회복지시설(새로운 대지조성은 허용되지 아니하며, 증축되는 면적은 개발제한구역 지정 당시 연면적의 범위로 한다)
35. 나환자촌으로서 보건복지가족부장관이 일정한 구역을 설정하여 국토교통부장관과의 협의를 거쳐 정비계획을 수립하는 경우 그에 따라 건축한 주거시설, 농산·축산시설 등 소득증대시설, 진료시설 및 종교시설
36. 다음 각 목의 어느 하나에 해당하는 청소년수련시설 및 그 부대시설
가. 개발제한구역 지정 전에 설치된 청소년수련시설 및 그 부대시설(청소년수련시설 및 그 부대시설을 증축할 수 있는 면적은 개발제한구역 지정 당시 연면적의 범위로 하되, 증축되는 부분을 포함한 전체 대지면적은 건축면적의 2배 이내로 한다)
나. 천주교서울대교구장이 경기도 양주시 어둔동에 설치한 청소년심신수련장 시설 및 그 부대시설
37. 한국마사회가 경기도 과천시 주암동 일원에 있는 경마장의 기존 부지에 설치한 경마장의 운영에 직접 필요한 시설 및 그 부대시설
38. 서울올림픽기념국민체육진흥공단이 경기도 하남시 미사동에 설치한 조정경기장(그 안에 설치하는 경정경기장을 포함한다) 및 그 부대시설
39. 대한체육회 또는 대한사격연맹이 태릉선수촌 또는 태릉사격장에 설치한 선수훈련용 시설
40. 「농업협동조합법」에 따른 농업협동조합중앙회가 경기도 고양시 덕양구 일원에 설치한 농협대학 안의 교육시설
41. 한국마사회가 부산광역시 강서구 및 경상남도 김해시 일원에 설치한 경마장 및 그 부대시설
42. 서울올림픽기념국민체육진흥공단이 경기도 광명시 일원에 설치한 경륜장 및 그 부대시설
43. 「문화예술진흥법 시행령」 별표1 제1호가목의 공연장 중 시·도 종합문화예술회관 및 시·군·구 문화예술회관
44. 다음 각 목의 어느 하나에 해당하는 박물관 또는 미술관
가. 국가 또는 지방자치단체가 설치한 「박물관 및 미술관 진흥법」 제2조제1호 및 제2호에 따른 박물관 또는 미술관
나. 국가 또는 지방자치단체가 아닌 자가 설치한 박물관(동물원에 한정한다). 이 경우 「야생생물 보호 및 관리에 관한 법률」 등 관계 법령에서 정하는 시설기준을 충족하기 위하여 증축하는 경우로 한정한다.
다. 국가 또는 지방자치단체가 아닌 자가 설치한 박물관 또는 미술관의 건축물식 주차장이 아닌 부설주차장(이용객의 주차 수요를 충족하기 위한 것으로서 물이 스며들지 않는 성질의 재질로 포장하는 방법 외의 방법으로 증설하는 경우로 한정하되, 박물관 또는 미술관을 다른 용도로 변경하는 경우에는 증설한 주차장 부지를 원래의 지목으로 환원해야 한다)
라. 「자연공원법」 제2조제10호에 따라 공원시설로 설치한 박물관
45. 「과학관의 설립·운영 및 육성에 관한 법률」 제3조제1호 및 제2호에 따른 국립과학관 및 공립과학관
46. 「집단에너지사업법」에 따라 설치한 집단에너지공급시설
47. 농업기술센터 및 수산기술관리소
48. 「도서관법」 제4조제2항제1호에 따른 공공도서관 및 같은 항 제5호에 따른 특수도서관
49. 시청, 군청, 구청, 경찰서, 경찰청, 교육청(각각의 출장소를 포함한다)과 그 부대시설
50. 농림축산업 및 수산업 시험·연구시설
51. 「체육시설의 설치·이용에 관한 법률 시행령」 제3조에 따른 전문체육시설과 그 부대시설
52. 국제행사 관련 체육시설 및 편의시설
53. 「무형문화재 보전 및 진흥에 관한 법률」에 따라 국가나 지방자치단체가 설치한 무형문화재의 관리용 건축물
54. 제18조제1항제11호에 따라 용도변경된 일반업무시설[「공공기관의 운영에 관한 법률」에 따른 공공기관(「민법」 제32조 또는 다른 법률에 따라 설립한 비영리법인으로서 「수도권정비계획법」 제21조에 따른 수도권정비위원회의 심의를 거쳐 기존의 공공업무시설 대지의 이용이 허용된 법인을 포함한다)]의 업무용 시설 및 그 부대시설
55. 제18조제1항제4호사목에 따라 용도변경된 물류창고 및 그 부대시설(새로운 대지조성은 허용되지 않으며, 건폐율 100분의 40 이하로 증축하는 경우로 한정한다)
56. 「의료법」 제3조제2항제3호라목에 따른 요양병원으로서 종전의 「개발제한구역의 지정 및 관리에 관한 특별조치법 시행령」(대통령령 제21670호 개발제한구역의 지정 및 관리에 관한 특별조치법 시행령 일부개정령으로 개정되기 전의 것을 말한다) 별표1 제9호자목에 따라 국가 또는 지방자치단체가 설치한 노인치매요양병원

〔별표4〕 (2012.5.14 삭제)

〔별표5〕

이행강제금의 산정 기준(제41조의2제1항 관련)

(2017.7.11 개정)

1. 허가사항 위반

위반행위	부과액 산정식
가. 건축물의 건축	건물시가표준액×위반면적×50/100
나. 건축물의 용도변경	건물시가표준액×위반면적×30/100
다. 공작물의 설치	개별공시지가×위반면적×50/100
라. 토지의 형질변경	개별공시지가×위반면적×30/100
마. 물건을 쌓아놓는 행위	개별공시지가×위반면적×30/100
바. 죽목 벌채	개별공시지가×위반면적×30/100

2. 신고사항 위반

위반행위	부과액 산정식
가. 건축물의 건축	건물시가표준액×위반면적×25/100
나. 건축물의 용도변경	건물시가표준액×위반면적×15/100
다. 공작물의 설치	개별공시지가×위반면적×25/100
라. 토지의 형질변경	개별공시지가×위반면적×15/100
마. 물건을 쌓아놓는 행위	개별공시지가×위반면적×15/100
바. 죽목 벌채	개별공시지가×위반면적×15/100

3. 비고
제1호 및 제2호에 따라 산정한 이행강제금 금액은 다음 각 목의 구분에 따라 가중 또는 감경할 수 있다.
가. 영리목적이나 상습적으로 위반한 경우 : 100분의 50 범위에서 가중
나. 영농행위 등 단순 생계형 위반행위의 경우 : 100분의 50 범위에서 감경

〔별표6〕

과태료의 부과기준(제42조제2항 관련)

(2013.10.30 개정)

1. 일반기준

가. 위반행위의 횟수에 따른 행정처분의 기준은 최근 1년간 같은 위반행위로 과태료를 부과받은 경우에 적용한다. 이 경우 위반횟수는 같은 위반행위에 대하여 과태료를 부과받은 날과 다시 같은 위반행위로 적발된 날을 기준으로 하여 계산한다.

나. 하나의 위반행위가 둘 이상의 과태료 부과기준에 해당하는 경우에는 그 중 금액이 큰 과태료 부과기준을 적용한다.

다. 부과권자는 다음의 어느 하나에 해당하는 경우에는 제2호에 따른 과태료 금액의 2분의 1의 범위에서 그 금액을 줄일 수 있다. 다만, 과태료를 체납하고 있는 위반행위자의 경우에는 그러하지 아니하다.

1) 위반행위자가 「질서위반행위규제법 시행령」 제2조의2제1항 각 호의 어느 하나에 해당하는 경우

2) 위반행위가 사소한 부주의나 오류로 인한 것으로 인정되는 경우

3) 위반행위자가 법 위반상태를 정정하거나 시정하여 법 위반상태를 해소한 경우

4) 그 밖에 위반행위의 정도, 위반행위의 동기와 그 결과 등을 고려하여 과태료 금액을 줄일 필요가 있다고 인정되는 경우

라. 부과권자는 다음의 어느 하나에 해당하는 경우에는 제2호의 개별기준에 따른 과태료 금액의 2분의 1의 범위에서 그 금액을 늘릴 수 있다. 다만, 법 제34조제1항에 따른 과태료 금액의 상한을 넘을 수 없다.

1) 위반의 내용·정도가 중대하여 이해관계인 등에게 미치는 피해가 크다고 인정되는 경우

2) 법 위반상태의 기간이 6개월 이상인 경우

3) 그 밖에 위반행위의 정도, 위반행위의 동기와 그 결과 등을 고려하여 과태료 금액을 늘릴 필요가 있다고 인정되는 경우

2. 개별기준

(단위 : 만원)

위 반 행 위	근 거 법조문	과태료 금액		
		1차	2차	3차 이상
가. 법 제12조제3항을 위반하여 신고하지 않고 이 영 제19조제1호에 따른 주택 및 근린생활시설을 증축·개축 및 대수선한 경우	법 제34조제1항	100	200	400
나. 법 제12조제3항을 위반하여 신고하지 않고 이 영 제19조제2호에 따른 농림수산업용 건축물(관리용 건축물은 제외한다) 또는 공작물을 증축·개축 및 대수선한 경우	법 제34조제1항	100	200	400
다. 법 제12조제3항을 위반하여 신고하지 않고 이 영 제19조제2호의2에 따른 「농어촌정비법」 제2조제16호다목에 따른 주말농원사업 중 주말영농을 위하여 토지를 임대하는 이용객이 50명 이상인 주말농원사업에 이용되는 10제곱미터 초과 20제곱미터 이하의 농업용 원두막(벽이 없고 지붕과 기둥으로 설치한 것을 말한다)을 설치하는 행위를 한 경우	법 제34조제1항	50	100	200
라. 법 제12조제3항을 위반하여 신고하지 않고 이 영 제19조제3호에 따른 근린생활시설 상호 간의 용도변경(휴게음식점·제과점 또는 일반음식점으로 용도변경하는 경우는 제외한다)을 한 경우	법 제34조제1항	100	200	400
마. 법 제12조제3항을 위반하여 신고하지 않고 이 영 제19조제4호에 따른 벌채 면적이 500제곱미터 미만이거나 벌채 수량이 5세제곱미터 미만인 죽목의 벌채를 한 경우	법 제34조제1항	50	100	200
바. 법 제12조제3항을 위반하여 신고하지 않고 이 영 제19조제5호에 따른 물건을 쌓아두는 행위를 한 경우	법 제34조제1항	50	100	200
사. 법 제12조제3항을 위반하여 신고하지 않고 이 영 제19조제6호에 따른 「매장문화재 보호 및 조사에 관한 법률」에 따른 문화재의 조사·발굴을 위한 토지의 형질변경을 한 경우	법 제34조제1항	50	100	200
아. 법 제12조제3항을 위반하여 신고하지 않고 이 영 제19조제7호에 따른 생산품의 보관을 위한 임시 가설 천막의 설치(기존의 공장 및 제조업소의 부지에 설치하는 경우만 해당한다)를 한 경우	법 제34조제1항	30	60	120
자. 법 제12조제3항을 위반하여 신고하지 않고 이 영 제19조제8호에 따른 지반의 붕괴 또는 그 밖의 재해를 예방하거나 복구하기 위한 축대·옹벽·사방시설 등의 설치를 한 경우	법 제34조제1항	30	60	120
차. 법 제12조제3항을 위반하여 신고하지 않고 이 영 제19조제9호에 따른 영농을 위한 지하수의 개발·이용시설의 설치를 한 경우	법 제34조제1항	50	100	200
카. 법 제12조제3항을 위반하여 신고하지 않고 이 영 제19조제10호에 따른 논을 밭으로 변경하기 위한 토지의 형질변경을 한 경우	법 제34조제1항	50	100	200
타. 법 제12조제3항을 위반하여 신고하지 않고 이 영 제19조제11호에 따른 논이나 밭을 과수원으로 변경하기 위한 토지의 형질변경을 한 경우	법 제34조제1항	50	100	200
파. 법 제12조제3항을 위반하여 신고하지 않고 이 영 제19조제12호에 따른 대지화되어 있는 토지를 논·밭·과수원 또는 초지로 변경하기 위한 토지의 형질변경을 한 경우	법 제34조제1항	50	100	200

■ 도시 및 주거환경정비법 시행령

〔별표1〕

정비계획의 입안대상지역(제7조제1항 관련)

(2023.8.22 개정)

1. 주거환경개선사업을 위한 정비계획은 다음 각 목의 어느 하나에 해당하는 지역에 대하여 입안한다.

가. 1985년 6월 30일 이전에 건축된 건축물로서 법률 제3533호 특정건축물정리에관한특별조치법 제2조에 따른 무허가건축물 또는 위법시공건축물과 노후·불량건축물이 밀집되어 있어 주거지로서의 기능을 다하지 못하거나 도시미관을 현저히 훼손하고 있는 지역

나. 「개발제한구역의 지정 및 관리에 관한 특별조치법」에 따른 개발제한구역으로서 그 구역지정 이전에 건축된 노후·불량건축물의 수가 해당 정비구역의 건축물 수의 50퍼센트 이상인 지역

다. 재개발사업을 위한 정비구역의 토지면적의 50퍼센트 이상의 소유자와 토지 또는 건축물을 소유하고 있는 자의 50퍼센트 이상이 각각 재개발사업의 시행을 원하지 않는 지역

라. 철거민이 50세대 이상 규모로 정착한 지역이거나 인구가 과도하게 밀집되어 있고 기반시설의 정비가 불량하여 주거환경이 열악하고 그 개선이 시급한 지역

마. 정비기반시설이 현저히 부족하여 재해발생 시 피난 및 구조 활동이 곤란한 지역

바. 건축대지로서 효용을 다할 수 없는 과소필지 등이 과다하게 분포된 지역으로서 건축행위 제한 등으로 주거환경이 열악하여 그 개선이 시급한 지역

사. 「국토의 계획 및 이용에 관한 법률」 제37조제1항제4호에 따른 방재지구로서 주거환경개선사업이 필요한 지역

아. 단독주택 및 다세대주택 등이 밀집한 지역으로서 주거환경의 보전·정비·개량이 필요한 지역

자. 법 제20조 및 제21조에 따라 해제된 정비구역 및 정비예정구역

차. 기존 단독주택 재건축사업 또는 재개발사업을 위한 정비구역 및 정비예정구역의 토지등소유자의 50퍼센트 이상이 주거환경개선사업으로의 전환에 동의하는 지역

카. 「도시재정비 촉진을 위한 특별법」 제2조제6호에 따른 존치지역 및 같은 법 제7조제2항에 따라 재정비촉진지구가 해제된 지역

2. 재개발사업을 위한 정비계획은 노후·불량건축물의 수가 전체 건축물의 수의 3분의 2(시·도조례로 비율의 10퍼센트포인트 범위에서 증감할 수 있다) 이상인 지역으로서 다음 각 목의 어느 하나에 해당하는 지역에 대하여 입안한다. 이 경우 순환용주택을 건설하기 위하여 필요한 지역을 포함할 수 있다.

가. 정비기반시설의 정비에 따라 토지가 대지로서의 효용을 다할 수 없게 되거나 과소토지로 되어 도시의 환경이 현저히 불량하게 될 우려가 있는 지역

나. 노후·불량건축물의 연면적의 합계가 전체 건축물의 연면적의 합계의 3분의 2(시·도조례로 비율의 10퍼센트포인트 범위에서 증감할 수 있다) 이상이거나 건축물이 과도하게 밀집되어 있어 그 구역 안의 토지의 합리적인 이용과 가치의 증진을 도모하기 곤란한 지역

다. 인구·산업 등이 과도하게 집중되어 있어 도시기능의 회복을 위하여 토지의 합리적인 이용이 요청되는 지역

라. 해당 지역의 최저고도지구의 토지(정비기반시설용지를 제외한다)면적이 전체 토지면적의 50퍼센트를 초과하고, 그 최저고도에 미달하는 건축물이 해당 지역 건축물의 바닥면적합계의 3분의 2 이상인 지역

마. 공장의 매연·소음 등으로 인접지역에 보건위생상 위해를 초래할 우려가 있는 공업지역 또는 「산업집적활성화 및 공장설립에 관한 법률」에 따른 도시형공장이나 공해발생정도가 낮은 업종으로 전환하려는 공업지역

바. 역세권 등 양호한 기반시설을 갖추고 있어 대중교통 이용이 용이한 지역으로서 「주택법」 제20조에 따라 토지의 고도이용과 건축물의 복합개발을 통한 주택 건설·공급이 필요한 지역

사. 「국토의 계획 및 이용에 관한 법률」 제37조제1항제4호에 따른 방재지구가 해당 지역 전체 토지면적의 2분의 1 이상인 지역

아. 「건축법」 제2조제1항제5호에 따른 지하층의 전부 또는 일부를 주거용도로 사용하는 건축물의 수가 해당 지역 전체 건축물의 수의 2분의 1 이상인 지역

자. 제1호라목 또는 마목에 해당하는 지역

3. 재건축사업을 위한 정비계획은 제1호 및 제2호에 해당하지 않는 지역으로서 다음 각 목의 어느 하나에 해당하는 지역에 대하여 입안한다.

가. 건축물의 일부가 멸실되어 붕괴나 그 밖의 안전사고의 우려가 있는 지역

나. 재해 등이 발생할 경우 위해의 우려가 있어 신속히 정비사업을 추진할 필요가 있는 지역

다. 노후·불량건축물로서 기존 세대수가 200세대 이상이거나 그 부지면적이 1만 제곱미터 이상인 지역

라. 셋 이상의 「건축법 시행령」 별표1 제2호가목에 따른 아파트 또는 같은 호 나목에 따른 연립주택이 밀집되어 있는 지역으로서 법 제12조에 따른 안전진단 실시 결과 전체 주택의 3분의 2 이상이 재건축이 필요하다는 판정을 받은 지역으로서 시·도조례로 정하는 면적 이상인 지역

4. 무허가건축물의 수, 노후·불량건축물의 수, 호수밀도, 토지의 형상 또는 주민의 소득 수준 등 정비계획의 입안대상지역 요건은 필요한 경우 제1호부터 제3호까지에서 규정한 범위에서 시·도조례로 이를 따로 정할 수 있으며, 부지의 정형화, 효율적인 기반시설의 확보 등을 위하여 필요하다고 인정되는 경우에는 지방도시계획위원회의 심의를 거쳐 제1호부터 제3호까지의 규정에 해당하는 정비구역의 입안대상지역 면적의 100분의 110 이하의 범위에서 시·도조례로 정하는 바에 따라 제1호부터 제3호까지의 규정에 해당하지 않는 지역을 포함하여 정비계획을 입안할 수 있다.

5. 건축물의 상당수가 붕괴나 그 밖의 안전사고의 우려가 있거나 상습 침수, 홍수, 산사태, 해일, 토사 또는 제방 붕괴 등으로 재해가 생길 우려가 있는 지역에 대해서는 정비계획을 입안할 수 있다.

〔별표2〕

주거환경개선사업의 주택공급 조건(제66조 관련)

(2023.8.22 개정)

1. 주택의 공급기준 : 1세대 1주택을 기준으로 공급한다.

2. 주택의 공급대상 : 다음 각 목의 어느 하나에 해당하는 자에게 공급한다. 다만, 주거환경개선사업을 위한 정비구역에 「건축법」 제57조에 따른 대지분할제한면적 이하의 과소토지만을 소유하고 있는 자 등에 대한 주택공급기준은 시·도조례로 따로 정할 수 있다.

가. 제13조제1항에 따른 정비계획의 공람공고일 또는 시장·군수등이 해당 구역의 특성에 따라 필요하다고 인정하여 시·도지사의 승인을 받아 따로 정하는 날(이하 "기준일"이라 한다) 현재 해당 주거환경개선사업을 위한 정비구역에 주택이 건설될 토지나 철거 예정인 건축물을 소유하고 있는 자[특별시장·광역시장·특별자치시장·특별자치도지사·시장 또는 군수(해당 권한이 자치구의 구청장에게 위임된 경우에는 그 권한을 위임받은 자치구의 구청장을 포함한다)가 기준일 이후 「국토의 계획 및 이용에 관한 법률」 제2조제10호에 따른 도시·군계획시설사업의 시행을 위하여 협의 또는 수용에 의하여 토지 또는 건축물을 취득한 경우 취득 당시 해당 토지 또는 건축물의 소유자를 포함한다]

나. 기준일 현재 다른 주거환경개선사업을 위한 정비구역에 주택이 건설될 토지 또는 철거 예정인 건축물을 소유하고 있는 자

다. 「국토의 계획 및 이용에 관한 법률」 제2조제11호에 따른 도시·군계획사업으로 주거지를 상실하여 이주하게 되는 자로서 해당 시장·군수등이 인정하는 자

3. 주택의 공급순위

가. 1순위 : 제2호가목에 해당하는 자로서 해당 정비구역에 거주하고 있는 자

나. 2순위 : 제2호가목에 해당하는 자(법인의 경우에는 사회복지를 목적으로 하는 법인만 해당한다)로서 해당 정비구역에 거주하고 있지 않은 자

다. 3순위 : 제2호나목에 해당하는 자로서 해당 정비구역에 거주하고 있는 자

라. 제4순위 : 제2호다목에 해당하는 자

[별표3]

임대주택의 공급조건 등(제69조제1항 관련)

(2021.7.13 개정)

1. 주거환경개선사업
  가. 임대주택은 다음의 순위에 따라 입주를 희망하는 자에게 공급한다.
    1) 1순위 : 기준일(공공재개발사업의 경우 공공시행자를 지정한 날 또는 공공재개발사업을 추진하기 위해 정비구역을 지정·변경한 날 중 빠른 날을 말한다. 이하 이 표에서 같다) 3개월 전부터 보상계획 공고시까지 계속하여 해당 주거환경개선사업을 위한 정비구역 또는 다른 주거환경개선사업을 위한 정비구역에 거주하는 세입자
    2) 2순위 : 별표2 제3호가목 및 나목의 순위에 해당하는 자로서 주택분양에 관한 권리를 포기한 자
    3) 3순위 : 별표2 제3호라목의 순위에 해당하는 자
  나. 세입자에게 공급하는 주택의 규모별 입주자 선정기준 : 입주대상자의 세대구성원의 수, 해당 정비구역에서의 거주기간, 소득수준, 「국민기초생활 보장법」에 따른 수급권자 여부 등을 고려하여 정한다.
  다. 공급절차 등
    1) 입주자모집공고 내용 및 절차, 공급신청 및 계약조건 등 임대주택의 공급에 관하여는 공공주택 특별법령 및 주택법령의 관련 규정에 따른다.
    2) 임대보증금·임대료 등에 관하여는 임대주택법령 및 주택건설촉진법령의 관련규정에 따른다. 다만, 시·도조례로 따로 정하는 경우에는 그에 따른다.
2. 재개발사업
  가. 임대주택은 다음의 어느 하나에 해당하는 자로서 입주를 희망하는 자에게 공급한다.
    1) 기준일 3개월 전부터 해당 재개발사업을 위한 정비구역 또는 다른 재개발사업을 위한 정비구역에 거주하는 세입자
    2) 기준일 현재 해당 재개발사업을 위한 정비구역에 주택이 건설될 토지 또는 철거예정인 건축물을 소유한 자로서 주택분양에 관한 권리를 포기한 자
    3) 별표2 제3호라목의 순위에 해당하는 자
    4) 시·도조례로 정하는 자
  나. 주택의 규모 및 규모별 입주자선정방법, 공급절차 등에 관하여는 시·도조례로 정하는 바에 따른다.
  다. 공급절차 등 : 입주자모집공고 내용 및 절차, 공급신청·계약조건·임대보증금 및 임대료 등 주택공급에 관하여는 민간임대주택에 관한 특별법령, 공공주택 특별법령 및 주택법령의 관련 규정에 따른다.

[별표4]

정비사업전문관리업의 등록기준(제81조제1항 관련)

(2018.12.11 개정)

1. 자본금(자산총액에서 부채총액을 차감한 금액) : 10억원(법인인 경우에는 5억원) 이상이어야 한다.
2. 인력확보기준
  가. 다음의 어느 하나에 해당하는 상근인력(다른 직무를 겸하지 않는 인력을 말한다)을 5명 이상 확보하여야 한다. 다만, 정비사업전문관리업자가 관계 법령에 따른 감정평가법인·회계법인 또는 법무법인·법무법인(유한)·법무조합(이하 "법무법인등"이라 한다)과 정비사업의 공동수행을 위한 업무협약을 체결하는 경우에는 협약을 체결한 법무법인등의 수가 1개인 경우에는 4명, 2개인 경우에는 3명으로 한다.
    1) 건축사 또는 「국가기술자격법」에 따른 도시계획 및 건축분야 기술사와 「건설기술 진흥법 시행령」 제4조에 따라 이와 동등하다고 인정되는 특급기술인으로서 특급기술인의 자격을 갖춘 후 건축 및 도시계획 관련 업무에 3년 이상 종사한 자
    2) 감정평가사·공인회계사 또는 변호사
    3) 법무사 또는 세무사
    4) 정비사업 관련 업무에 3년 이상 종사한 사람으로서 다음의 어느 하나에 해당하는 자
      가) 공인중개사·행정사
      나) 정부기관·공공기관 또는 제81조제3항 각 호의 기관에서 근무한 사람
      다) 도시계획·건축·부동산·감정평가 등 정비사업 관련 분야의 석사 이상의 학위 소지자
      라) 2003년 7월 1일 당시 관계 법률에 따라 재개발사업 또는 재건축사업의 시행을 목적으로 하는 토지등소유자, 조합 또는 기존의 추진위원회와 민사계약을 하여 정비사업을 위탁받거나 자문을 한 업체에 근무한 사람으로서 법 제102조제1항제2호부터 제6호까지의 업무를 수행한 실적이 국토교통부장관이 정하는 기준에 해당하는 자
  나. 가목의 인력확보기준을 적용할 때 가목1) 및 2)의 인력은 각각 1명 이상을 확보하여야 하며, 같은 목 4)의 인력이 2명을 초과하는 경우에는 2명으로 본다.
3. 사무실 기준 : 사무실은 「건축법」 및 그 밖의 법령에 적합하여야 한다.

[별표5]

정비사업전문관리업자의 등록취소 및 업무정지처분의 기준(제84조 관련)

1. 일반기준
  가. 법 위반행위에 대한 행정처분은 다른 법률에 별도의 처분기준이 있는 경우 외에는 이 기준에 따르며 영업정지처분기간 1개월은 30일로 본다.
  나. 위반행위가 둘 이상인 경우로서 그에 해당하는 각각의 처분기준이 다른 경우에는 그 중 무거운 처분기준에 따르며, 둘 이상이 같은 영업정지인 경우에는 무거운 처분기준의 2분의 1까지 늘릴 수 있다. 이 경우 각 처분기준을 합산한 기간을 초과할 수 없고 합산한 업무정지기간이 1년을 초과하는 때에는 1년으로 본다.
  다. 하나의 위반행위에 대한 처분기준이 둘 이상인 경우에는 그 중 무거운 처분기준에 따라 처분한다.
  라. 위반행위의 횟수에 따른 가중된 행정처분은 최근 1년 간 같은 위반행위로 처분을 받은 경우에 적용한다. 이 경우 기간의 계산은 위반행위에 대하여 행정처분을 받은 날과 그 처분 후 다시 같은 위반행위를 하여 적발된 날을 기준으로 한다.
  마. 라목에 따라 가중된 행정처분을 하는 경우 가중된 행정처분의 적용 차수는 그 위반행위 전 행정처분 차수(라목에 따른 기간 내에 행정처분이 둘 이상 있었던 경우에는 높은 차수를 말한다)의 다음 차수로 한다.
  바. 처분권자는 위반행위의 동기·내용 및 위반의 정도 등 다음에 해당하는 사유를 고려하여 그 처분이 영업정지인 경우에는 행정처분기준의 2분의 1 범위에서 감경할 수 있다.
    1) 위반행위가 고의나 중대한 과실이 아닌 사소한 부주의나 오류로 인한 것으로 인정되는 경우
    2) 위반의 내용과 정도가 경미하여 주민에게 미치는 피해가 적다고 인정되는 경우
    3) 위반행위자가 처음 위반행위를 한 경우로서 3년 이상 해당 사업을 모범적으로 해 온 사실이 인정되는 경우
    4) 위반행위자가 해당 위반행위로 검사로부터 기소유예 처분을 받거나 법원으로부터 선고유예의 판결을 받은 경우
    5) 위반행위자가 해당 사업과 관련 지역사회의 발전 등에 기여한 사실이 인정되는 경우

2. 개별기준

위반행위	근거 법조문	행정처분 기준 1차 위반	2차 위반	3차 이상 위반
가. 거짓, 그 밖의 부정한 방법으로 등록을 한 경우	법 제106조 제1항제1호	등록 취소		
나. 법 제102조제1항에 따른 등록기준에 미달하게 된 경우	법 제106조 제1항제2호	업무 정지 1년	등록 취소	
다. 추진위원회, 사업시행자 또는 시장·군수등의 위탁이나 자문에 관한 계약 없이 법 제102조제1항 각 호에 따른 업무를 수행한 경우	법 제106조 제1항제3호	업무 정지 6개월	업무 정지 1년	
라. 법 제102조제1항 각 호에 따른 업무를 직접 수행하지 아니한 경우	법 제106조 제1항제4호	등록 취소		
마. 고의 또는 과실로 조합에게 계약금액(정비사업전문관리업자가 조합과 체결한 총계약금액을 말한다)의 3분의 1 이상의 재산상 손실을 끼친 경우	법 제106조 제1항제5호	업무 정지 6개월	업무 정지 1년	
바. 법 제107조에 따른 보고·자료제출을 하지 않거나 거짓으로 한 경우 또는 조사·검사를 거부·방해 또는 기피한 경우	법 제106조 제1항제6호			
1) 보고 또는 자료 제출을 하지 않은 경우		업무 정지 1개월	업무 정지 3개월	업무 정지 6개월
2) 보고 또는 자료 제출을 거짓으로 한 경우		업무 정지 1개월	업무 정지 2개월	업무 정지 3개월
3) 조사·검사를 거부·방해 또는 기피한 경우		업무 정지 1개월	업무 정지 3개월	업무 정지 6개월
사. 법 제111조에 따른 보고·자료제출을 하지 않거나 거짓으로 한 경우 또는 조사·검사를 거부·방해 또는 기피한 경우	법 제106조 제1항제7호			
1) 보고 또는 자료 제출을 하지 않은 경우		업무 정지 1개월	업무 정지 3개월	업무 정지 6개월
2) 보고 또는 자료 제출을 거짓으로 한 경우		업무 정지 1개월	업무 정지 2개월	업무 정지 3개월
3) 조사·검사를 거부·방해 또는 기피한 경우		업무 정지 1개월	업무 정지 3개월	업무 정지 6개월
아. 최근 3년간 2회 이상의 업무정지처분을 받은 자로서 그 정지처분을 받은 기간이 합산하여 12개월을 초과한 경우	법 제106조 제1항제8호	등록 취소		
자. 다른 사람에게 자기의 성명 또는 상호를 사용하여 이 법에서 정한 업무를 수행하게 하거나 등록증을 대여한 경우	법 제106조 제1항제9호	등록 취소		
차. 이 법을 위반하여 벌금형 이상의 선고를 받은 경우(법인의 경우에는 그 소속 임직원을 포함한다)	법 제106조 제1항제10호	업무 정지 6개월	업무 정지 9개월	업무 정지 1년
카. 법 제103조 각 호에 따른 업무를 병행하여 수행한 경우	법 제106조 제1항제11호	업무 정지 6개월	업무 정지 1년	
타. 가목부터 카목까지에서 규정한 사항 외에 이 법 또는 이 법에 따른 명령이나 처분을 위반한 경우	법 제106조 제1항제11호	업무 정지 1개월	업무 정지 2개월	업무 정지 3개월

[별표5의2]

과징금의 부과기준 및 정비사업의 입찰참가 제한기준

(제89조의2제1항 및 제89조의3제1항 관련)

(2022.12.9 개정)

위반행위	근거 법조문	과징금 금액	입찰참가 제한기간
가. 건설업자 또는 등록사업자가 법 제132조제1항을 위반한 경우	법 제113조의2 제1항제1호 및 제113조의3제1항		
1) 건설업자 또는 등록사업자가 법 제132조제1항을 위반하여 같은 항 각 호의 행위(이하 "부정제공"이라 한다)를 한 가액의 합이 3천만원 이상인 경우		공사비의 100분의 20	2년
2) 건설업자 또는 등록사업자가 법 제132조제1항을 위반하여 부정제공한 가액의 합이 1천만원 이상 3천만원 미만인 경우		공사비의 100분의 15	2년
3) 건설업자 또는 등록사업자가 법 제132조제1항을 위반하여 부정제공한 가액의 합이 500만원 이상 1천만원 미만인 경우		공사비의 100분의 10	1년
4) 건설업자 또는 등록사업자가 법 제132조제1항을 위반하여 부정제공한 가액의 합이 500만원 미만인 경우		공사비의 100분의 5	1년
나. 건설업자 또는 등록사업자가 법 제132조제2항을 위반한 경우	법 제113조의2 제1항제1호 및 제113조의3제1항		
1) 건설업자 또는 등록사업자가 법 제132조제2항을 위반하여 같은 항 각 호의 시공과 관련 없는 사항을 제안(이하 "시공외제안"이라 한다)한 가액의 합이 3천만원 이상인 경우		공사비의 100분의 20	2년
2) 건설업자 또는 등록사업자가 법 제132조제2항을 위반하여 시공외제안한 가액의 합이 1천만원 이상 3천만원 미만인 경우		공사비의 100분의 15	2년
3) 건설업자 또는 등록사업자가 법 제132조제2항을 위반하여 시공외제안한 가액의 합이 500만원 이상 1천만원 미만인 경우		공사비의 100분의 10	1년

4) 건설업자 또는 등록사업자가 법 제132조제2항을 위반하여 시공외제안한 가액의 합이 500만원 미만인 경우		공사비의 100분의 5	1년
다. 건설업자 또는 등록사업자가 법 제132조의2를 위반하여 관리·감독 등 필요한 조치를 하지 않은 경우로서 용역업체의 임직원이 법 제132조제1항을 위반한 경우	법 제113조의2 제1항제2호 및 제113조의3제1항		
1) 용역업체의 임직원이 법 제132조제1항을 위반하여 부정제공한 가액의 합이 3천만원 이상인 경우		공사비의 100분의 20	2년
2) 용역업체의 임직원이 법 제132조제1항을 위반하여 부정제공한 가액의 합이 1천만원 이상 3천만원 미만인 경우		공사비의 100분의 15	2년
3) 용역업체의 임직원이 법 제132조제1항을 위반하여 부정제공한 가액의 합이 500만원 이상 1천만원 미만인 경우		공사비의 100분의 10	1년
4) 용역업체의 임직원이 법 제132조제1항을 위반하여 부정제공한 가액의 합이 500만원 미만인 경우		공사비의 100분의 5	1년

〔별표6〕

과태료의 부과기준(제99조 관련)

(2022.12.9 개정)

1. 일반기준
   가. 제2호에 따른 지연기간에는 다음의 사유로 지연된 기간은 산입하지 않는다.
      1) 천재지변 등 불가항력적인 경우
      2) 소송 등의 사유로 의무의 불이행에 상당한 사유가 있다고 인정되는 경우
   나. 부과권자는 다음의 어느 하나에 해당하는 경우에는 제2호가목부터 다목까지 및 마목의 규정에 따른 과태료 금액의 2분의 1 범위에서 그 금액을 줄일 수 있다. 다만, 과태료를 체납하고 있는 위반행위자의 경우에는 그러하지 아니하다.
      1) 위반행위자가 「질서위반행위규제법 시행령」 제2조의2제1항 각 호의 어느 하나에 해당하는 경우
      2) 위반행위가 사소한 부주의나 오류로 인한 것으로 인정되는 경우
      3) 위반행위자가 법 위반상태를 시정하거나 해소하기 위하여 노력한 사실이 인정되는 경우
      4) 그 밖에 위반행위의 정도·동기 및 그 결과 등을 고려하여 과태료를 줄일 필요가 있다고 인정되는 경우
   다. 부과권자는 다음의 어느 하나에 해당하는 경우에는 제2호가목부터 다목까지 및 마목의 규정에 따른 과태료 금액의 2분의 1 범위에서 그 금액을 늘릴 수 있다. 다만, 늘리는 경우에도 법 제140조제2항에서 규정한 과태료의 상한을 넘을 수 없다.
      1) 위반의 내용·정도가 중대하여 이해관계인 등에게 미치는 피해가 크다고 인정되는 경우
      2) 법 위반상태의 기간이 6개월 이상인 경우
      3) 그 밖에 위반행위의 정도·동기 및 그 결과 등을 고려하여 과태료를 늘릴 필요가 있다고 인정되는 경우
2. 개별기준

(단위 : 만원)

위 반 행 위	근 거 법조문	과태료 금 액
가. 법 제29조제2항을 위반하여 전자조달시스템을 이용하지 않고 계약을 체결한 경우	법 제140조 제2항제1호	500
나. 법 제78조제5항 및 제86조제1항을 위반하여 관리처분계획의 인가 내용 통지를 태만히 한 경우	법 제140조 제2항제2호	
1) 관리처분계획을 인가한 날부터 1개월 이상 2개월 미만 지연한 경우		50
2) 관리처분계획을 인가한 날부터 2개월 이상 3개월 미만 지연한 경우		100
3) 관리처분계획을 인가한 날부터 3개월 이상 4개월 미만 지연한 경우		150
4) 관리처분계획을 인가한 날부터 4개월 이상 지연하거나 통지를 하지 않은 경우		200
다. 법 제107조제1항 또는 제111조제2항을 위반하여 보고 또는 자료의 제출을 태만히 한 경우	법 제140조 제2항제3호	
1) 보고 또는 자료의 제출 기일을 경과한 날부터 1개월 이상 2개월 미만 지연한 경우		100
2) 보고 또는 자료의 제출 기일을 경과한 날부터 2개월 이상 3개월 미만 지연한 경우		200
3) 보고 또는 자료의 제출 기일을 경과한 날부터 3개월 이상 4개월 미만 지연한 경우		300
4) 보고 또는 자료의 제출 기일을 경과한 날부터 4개월 이상 지연하거나 보고 또는 자료 제출을 하지 않은 경우		400
라. 법 제111조의2를 위반하여 자금차입에 관한 사항을 신고하지 않은 경우	법 제140조 제2항제3호의2	
1) 신고를 지연한 기간이 30일 이상 2개월 미만인 경우		100
2) 신고를 지연한 기간이 2개월 이상 3개월 미만인 경우		200
3) 신고를 지연한 기간이 3개월 이상 4개월 미만인 경우		300
4) 신고를 지연한 기간이 4개월 이상 5개월 미만인 경우		400
5) 신고를 지연한 기간이 5개월 이상이거나 자금차입에 관한 사항을 신고하지 않은 경우		500
마. 법 제111조의2를 위반하여 자금차입에 관한 사항을 거짓으로 신고한 경우	법 제140조 제2항제3호의2	500
바. 법 제113조제2항에 따른 점검반의 현장조사를 거부·기피 또는 방해한 경우	법 제140조 제1항제1호	1,000
사. 법 제125조제2항을 위반하여 관계 서류의 인계를 태만히 한 경우	법 제140조 제2항제4호	
1) 시·도조례로 정하는 인계기간을 경과한 날부터 1개월 이상 2개월 미만 지연한 경우		100
2) 시·도조례로 정하는 인계기간을 경과한 날부터 2개월 이상 3개월 미만 지연한 경우		200
3) 시·도조례로 정하는 인계기간을 경과한 날부터 3개월 이상 4개월 미만 지연한 경우		300
4) 시·도조례로 정하는 인계기간을 경과한 날부터 4개월 이상 지연하거나 인계하지 않은 경우		400
아. 법 제132조제2항을 위반하여 법 제29조에 따른 계약의 체결과 관련하여 시공과 관련 없는 사항을 제안한 경우	법 제140조 제1항제2호	1,000
자. 법 제132조의3제1항을 위반하여 사실과 다른 정보 또는 부풀려진 정보를 제공하거나, 사실을 숨기거나 축소하여 정보를 제공한 경우	법 제140조 제1항제3호	1,000

■ 주택법 시행령

〔별표1〕

등록사업자에 대한 행정처분 기준(제18조제1항 관련)

(2023.4.25 개정)

1. 일반기준
   가. 위반행위의 횟수에 따른 행정처분의 기준은 최근 1년간 같은 위반행위로 처분을 받은 경우에 적용한다. 이 경우 행정처분기준의 적용은 같은 위반행위에 대하여 최초로 행정처분을 한 날과 그 행정처분 후 다시 적발한 날을 기준으로 한다.
   나. 같은 등록사업자가 둘 이상의 위반행위를 한 경우로서 그에 해당하는 각각의 처분기준이 다른 경우에는 다음의 기준에 따라 처분한다.
      1) 가장 무거운 위반행위에 대한 처분기준이 등록말소인 경우에는 등록말소처분을 한다.
      2) 각 위반행위에 대한 처분기준이 영업정지인 경우에는 가장 중한 처분의 2분의 1까지 가중할 수 있되, 각 처분기준을 합산한 기간을 초과할 수 없다. 이 경우 그 합산한 영업정지기간이 1년을 초과할 때에는 1년으로 한다.
   다. 국토교통부장관은 위반행위의 동기·내용, 위반 횟수 및 위반 정도 등 다음에 해당하는 사유를 고려하여 가목 및 나목에 따른 행정처분을 가중하거나 감경할 수 있다. 이 경우 그 처분이 영업정지인 경우에는 그 처분기준의 2분의 1의 범위에서 가중(가중한 영업정지기간은 1년을 초과할 수 없다)하거나 감경할 수 있고, 등록말소인 경우(법 제8조제1항제1호 또는 제5호의 경우는 제외한다)에는 6개월 이상의 영업정지처분으로 감경할 수 있다.
      1) 가중사유
         가) 위반행위가 고의나 중대한 과실에 따른 것으로 인정되는 경우
         나) 위반의 내용과 정도가 중대하여 입주자 등 소비자에게 미치는 피해가 크다고 인정되는 경우
      2) 감경사유
         가) 위반행위가 사소한 부주의나 오류에 따른 것으로 인정되는 경우
         나) 위반의 내용과 정도가 경미하여 입주자 등 소비자에게 미치는 피해가 적다고 인정되는 경우
         다) 위반행위자가 처음 위반행위를 한 경우로서 3년 이상 해당 사업을 모범적으로 해 온 사실이 인정되는 경우
         라) 위반행위자가 그 위반행위로 검사로부터 기소유예 처분을 받거나 법원으로부터 선고유예의 판결을 받은 경우
         마) 위반행위자가 해당 사업과 관련 지역사회의 발전 등에 기여한 사실이 인정되는 경우
         바) 법 제8조제1항제2호 본문에 해당하는 등록사업자가 법 제96조에 따른 청문 또는 「행정절차법」 제22조제3항에 따른 의견제출 기한까지 등록기준을 보완하고 그 증명 서류를 제출하는 경우
   라. 국토교통부장관은 고의 또는 중과실이 없는 위반행위자가 「소상공인기본법」 제2조에 따른 소상공인인 경우에는 다음의 사항을 고려하여 제2호의 개별기준에 따른 처분을 감경할 수 있다. 이 경우 그 처분이 영업정지인 경우에는 그 영업정지기간의 100분의 70 범위에서 감경할 수 있고, 등록말소(법 제8조제1항제1호 및 제5호에 해당하는 경우는 제외한다)인 경우에는 3개월의 영업정지처분으로 감경할 수 있다. 다만, 다목에 따른 감경과 중복하여 적용하지 않는다.
      1) 해당 행정처분으로 위반행위자가 더 이상 영업을 영위하기 어렵다고 객관적으로 인정되는지 여부
      2) 경제위기 등으로 위반행위자가 속한 시장·산업 여건이 현저하게 변동되거나 지속적으로 악화된 상태인지 여부
2. 개별기준

위 반 행 위	근 거 법조문	행정처분기준 1차 위반	2차 위반	3차 위반
가. 거짓이나 그 밖의 부정한 방법으로 등록한 경우	법 제8조 제1항제1호	등록말소		
나. 법 제4조제2항에 따른 등록기준에 미달하게 된 경우	법 제8조 제1항제2호			
1) 등록기준에 미달하게 된 날부터 1개월이 지날 때까지 이를 보완하지 않은 경우		영업정지 3개월		
2) 1)에 해당되어 영업정지처분을 받은 후 영업정지기간이 끝나는 날까지 이를 보완하지 않은 경우		등록말소		
다. 고의 또는 과실로 공사를 잘못 시공하여 공중에게 위해를 끼치거나 입주자에게 재산상 손해를 입힌 경우	법 제8조 제1항제3호			
1) 고의 또는 과실로 공사를 잘못 시공하여 건축물의 일부 또는 전부가 붕괴되거나 이로 인하여 인명의 피해가 발생한 경우		등록말소		
2) 재시공 등의 부분이 건축물의 구조안전에 영향을 미치고 사회적 물의를 일으킨 경우		영업정지 6개월	영업정지 9개월	
3) 재시공 등의 부분이 건축물의 구조안전에 영향을 미친 경우		영업정지 3개월	영업정지 6개월	영업정지 6개월
4) 재시공 등의 부분이 건축물의 구조안전에 영향을 미치지 않은 경우		경고	영업정지 3개월	영업정지 3개월
라. 법 제6조제1호부터 제4호까지 또는 제6호 중 어느 하나에 해당하게 된 경우. 다만, 법인의 임원 중 법 제6조제6호에 해당하는 사람이 있는 경우 6개월 이내에 그 임원을 다른 사람으로 임명한 경우에는 그렇지 않다.	법 제8조 제1항제4호			
1) 개인인 등록사업자가 등록사업자의 결격사유에 해당하는 경우		등록말소		
2) 법인인 등록사업자의 임원이 등록사업자의 결격사유에 해당되어 영업정지처분을 받은 후 영업정지기간이 끝난 날까지 그 임원을 다른 사람으로 임명하지 않은 경우		등록말소		
3) 법인인 등록사업자의 임원이 등록사업자의 결격사유에 해당된 때부터 6개월이 경과되는 때까지 그 임원을 다른 사람으로 임명하지 않은 경우		경고	영업정지 3개월	영업정지 3개월
마. 법 제90조를 위반하여 등록증의 대여 등을 한 경우	법 제8조 제1항제5호	등록말소		
바. 다음의 어느 하나에 해당하는 경우	법 제8조 제1항제6호			
1) 「건설기술 진흥법」 제48조제4항에 따른 시공상세도면의 작성 의무를 위반하		경고	영업정지 1개월	영업정지 1개월

거나 건설사업관리를 수행하는 건설기술인 또는 공사감독자의 검토·확인을 받지 않고 시공한 경우				
2) 「건설기술 진흥법」 제54조제1항 또는 제80조에 따른 시정명령을 이행하지 않은 경우		영업정지 1개월	영업정지 2개월	영업정지 2개월
3) 「건설기술 진흥법」 제55조에 따른 품질시험 및 검사를 하지 않은 경우		경고	영업정지 2개월	영업정지 3개월
4) 「건설기술 진흥법」 제62조에 따른 안전점검을 하지 않은 경우		경고	영업정지 1개월	영업정지 1개월
사. 「택지개발촉진법」 제19조의2제1항을 위반하여 택지를 전매한 경우	법 제8조 제1항제7호	영업정지 6개월	영업정지 1년	
아. 「표시·광고의 공정화에 관한 법률」 제17조제1호에 따른 처벌을 받은 경우	법 제8조 제1항제8호	영업정지 3개월	영업정지 6개월	영업정지 6개월
자. 「약관의 규제에 관한 법률」 제34조제2항에 따른 처분을 받은 경우	법 제8조 제1항제9호	경고	영업정지 1개월	영업정지 2개월
차. 그 밖에 법 또는 법에 따른 명령 또는 처분을 위반한 경우	법 제8조 제1항제10호			
1) 법 제7조제2항에 따라 준용되는 「건설산업기본법」의 규정을 위반하여 공사를 진행한 경우		영업정지 6개월	영업정지 1년	
2) 법 제8조에 따른 영업정지기간 중 영업을 한 경우		이미 처분한 영업정지기간의 1.5배. 다만, 그 영업정지기간은 1년을 넘지 못한다.	이미 처분한 영업정지기간의 2배. 다만, 그 영업정지기간은 1년을 넘지 못한다.	
3) 법 제15조에 따른 사업계획승인(변경승인을 포함한다)을 받지 않고 사업을 시행한 경우		등록말소		
4) 거짓이나 그 밖의 부정한 방법으로 법 제15조에 따른 사업계획승인(변경승인을 포함한다)을 받은 경우		영업정지 6개월	영업정지 9개월	
5) 법 제16조제1항제2호나목에 따른 최초로 공사를 진행하는 공구 외의 공구의 착공기간을 위반한 경우		영업정지 3개월	영업정지 6개월	영업정지 6개월
6) 법 제33조를 위반하여 하자가 발생한 경우				
가) 내력구조부가 붕괴되거나 안전진단 결과 붕괴 우려가 있는 경우		등록말소		
나) 기초 및 주요구조부에 중대한 하자가 발생한 경우		영업정지 3개월	영업정지 6개월	영업정지 6개월
다) 그 밖의 구조부에 중대한 하자가 발생한 경우		영업정지 2개월	영업정지 3개월	영업정지 3개월
7) 법 제34조제1항 또는 제2항을 위반하여 주택의 건설공사를 시공하거나 공동주택의 방수·위생 및 냉난방 설비공사를 시공한 경우 또는 주택건설공사의 전부 또는 일부를 다른 사람에게 시공하게 한 경우		영업정지 6개월	영업정지 1년	
8) 법 제35조에 따른 주택건설기준등을 위반하여 사업을 시행한 경우		영업정지 3개월	영업정지 6개월	영업정지 6개월
9) 법 제44조에 따른 감리자의 시정 통지를 따르지 않고 해당 공사를 계속한 경우		영업정지 2개월	영업정지 3개월	영업정지 3개월
10) 법 제54조를 위반하여 주택을 건설·공급한 경우				
가) 입주자 모집승인 또는 입주자 모집공고 등의 공급 절차를 거치지 않고 공급한 경우		등록말소		
나) 입주자 모집승인 시 해당 주택의 준공 또는 저당권말소의 이행을 연대보증한 사람이 정당한 사유 없이 이를 이행하지 않은 경우		영업정지 6개월	영업정지 9개월	
다) 입주자 모집승인 시 승인된 주택가격을 초과하여 공급한 경우		영업정지 3개월	영업정지 6개월	영업정지 6개월
라) 입주자 선정방법·순서를 위반하여 공급한 경우		영업정지 3개월	영업정지 6개월	영업정지 6개월
11) 법 제61조제1항에 따른 저당권 설정 등의 제한규정을 위반한 경우		영업정지 6개월	영업정지 1년	
12) 법 제81조제3항에 따른 국토교통부장관의 사채발행 등에 따른 조치를 위반한 경우				
가) 사채의 납입금을 제87조제1항 각 호의 용도 외에 사용한 경우		영업정지 3개월	영업정지 6개월	영업정지 6개월
나) 사채의 납입금을 제87조제2항에 따른 납입금 관리기관 외의 기관이 관리하게 한 경우		경고	영업정지 2개월	영업정지 3개월
13) 법 제93조제1항에 따른 보고 또는 검사 등의 규정을 위반한 경우				
가) 조사 또는 검사를 거부·기피 또는 방해한 경우		경고	영업정지 3개월	영업정지 6개월
나) 보고 또는 자료제출 등의 명령을 위반한 경우		경고	영업정지 1개월	영업정지 2개월
14) 법 제94조에 따른 공사의 중지, 원상복구 또는 그 밖에 필요한 조치 명령을 위반한 경우		경고	영업정지 3개월	영업정지 6개월
카. 처분의 통산 조치 등				
1) 3년 이내에 2회 이상의 영업정지처분을 받음으로써 3년간 영업정지처분을 받은 기간이 통산하여 18개월을 초과한 경우		등록말소		
2) 가목부터 차목까지 및 1) 외에 법 또는 법에 따른 명령이나 처분을 위반한 경우		경고	영업정지 1개월	

[별표2]

간선시설의 종류별 설치범위(제39조제5항 관련)

(2021.1.5 개정)

1. 도로
   주택단지 밖의 기간(基幹)이 되는 도로부터 주택단지의 경계선(단지의 주된 출입구를 말한다. 이하 같다)까지로 하되, 그 길이가 200미터를 초과하는 경우로서 그 초과부분에 한정한다.
2. 상하수도시설
   주택단지 밖의 기간이 되는 상·하수도시설부터 주택단지의 경계선까지의 시설로 하되, 그 길이가 200미터를 초과하는 경우로서 그 초과부분에 한정한다.
3. 전기시설
   주택단지 밖의 기간이 되는 시설부터 주택단지의 경계선까지로 한다. 다만, 지중선로는 사업지구 밖의 기간이 되는 시설부터 그 사업지구 안의 가장 가까운 주택단지(사업지구 안에 1개의 주택단지가 있는 경우에는 그 주택단지를 말한다)의 경계선까지로 한다. 다만, 「공공주택 특별법 시행령」 제2조제1항제2호에 따른 국민임대주택을 건설하는 주택단지에 대해서는 국토교통부장관이 산업통상자원부장관과 따로 협의하여 정하는 바에 따른다.
4. 가스공급시설
   주택단지 밖의 기간이 되는 가스공급시설부터 주택단지의 경계선까지로 한다. 다만, 주택단지 안에 취사 및 개별난방용(중앙집중식 난방용은 제외한다)으로 가스를 공급하기 위하여 정압조정실(일정 압력 유지·조정실)을 설치하는 경우에는 그 정압조정실까지로 한다.
5. 통신시설(세대별 전화 설치를 위한 시설을 포함한다)
   관로시설은 주택단지 밖의 기간이 되는 시설부터 주택단지 경계선까지, 케이블시설은 주택단지 밖의 기간이 되는 시설부터 주택단지 안의 최초 단자까지로 한다. 다만, 국민주택을 건설하는 주택단지에 설치하는 케이블시설의 경우에는 그 설치 및 유지·보수에 관하여는 국토교통부장관이 과학기술정보통신부장관과 따로 협의하여 정하는 바에 따른다.
6. 지역난방시설
   주택단지 밖의 기간이 되는 열수송관의 분기점(해당 주택단지에서 가장 가까운 분기점을 말한다)부터 주택단지 안의 각 기계실입구 차단밸브까지로 한다.

[별표3]

전매행위 제한기간(제73조제1항 관련)

(2023.4.7 개정)

1. 공통 사항
   가. 전매행위 제한기간은 해당 주택의 입주자로 선정된 날부터 기산한다.
   나. 주택에 대한 제2호부터 제6호까지의 규정에 따른 전매행위 제한기간이 둘 이상에 해당하는 경우에는 그 중 가장 긴 전매행위 제한기간을 적용한다. 다만, 법 제63조의2제1항제2호에 따른 지역에서 건설·공급되는 주택의 경우에는 가장 짧은 전매행위 제한기간을 적용한다.
   다. 주택에 대한 제2호부터 제6호까지의 규정에 따른 전매행위 제한기간 이내에 해당 주택에 대한 소유권이전등기를 완료한 경우 소유권이전등기를 완료한 때에 전매행위 제한기간이 지난 것으로 본다. 이 경우 주택에 대한 소유권이전등기에는 대지를 제외한 건축물에 대해서만 소유권이전등기를 하는 경우를 포함한다.
2. 법 제64조제1항제1호의 주택(투기과열지구에서 건설·공급되는 주택) : 다음 각 목의 구분에 따른 기간
   가. 수도권 : 3년
   나. 수도권 외의 지역 : 1년
3. 법 제64조제1항제2호의 주택(조정대상지역에서 건설·공급되는 주택) : 다음 각 목의 구분에 따른 기간
   가. 과열지역(법 제63조의2제1항제1호에 해당하는 조정대상지역을 말한다) : 다음의 구분에 따른 기간
      1) 수도권 : 3년
      2) 수도권 외의 지역 : 1년
   나. 위축지역(법 제63조의2제1항제2호에 해당하는 조정대상지역을 말한다)

공공택지에서 건설·공급되는 주택	공공택지 외의 택지에서 건설·공급되는 주택
6개월	-

4. 법 제64조제1항제3호의 주택(분양가상한제 적용주택) : 다음 각 목의 구분에 따른 기간
   가. 공공택지에서 건설·공급되는 주택 : 다음의 구분에 따른 기간
      1) 수도권 : 3년
      2) 수도권 외의 지역 : 1년
   나. 공공택지 외의 택지에서 건설·공급되는 주택 : 다음의 구분에 따른 기간
      1) 투기과열지구 : 제2호 각 목의 구분에 따른 기간
      2) 투기과열지구가 아닌 지역 : 제5호 각 목의 구분에 따른 기간
5. 법 제64조제1항제4호의 주택(공공택지 외의 택지에서 건설·공급되는 주택) : 다음 각 목의 구분에 따른 기간

구 분		전매행위 제한기간
가. 수도권	1) 「수도권정비계획법」 제6조제1항제1호에 따른 과밀억제권역	1년
	2) 「수도권정비계획법」 제6조제1항제2호 및 제3호에 따른 성장관리권역 및 자연보전권역	6개월
나. 수도권 외의 지역	1) 광역시 중 「국토의 계획 및 이용에 관한 법률」 제36조제1항제1호에 따른 도시지역	6개월
	2) 그 밖의 지역	-

6. 법 제64조제1항제5호의 주택[「도시 및 주거환경정비법」 제2조제2호나목 후단에 따른 공공재개발사업(법 제57조제1항제2호의 지역에 한정한다)에서 건설·공급하는 주택] : 제4호나목에 따른 기간

〔별표3의2〕

분양가상한제 적용주택의 매입금액(제73조의2 관련)

(2021.2.19 신설)

1. 공통 사항
분양가상한제 적용주택의 보유기간은 해당 주택의 최초 입주가능일부터 계산한다.
2. 공공택지에서 건설·공급되는 주택의 매입금액

구 분	보유기간	매입금액
가. 분양가격이 인근지역주택매매가격의 100퍼센트 이상인 경우	-	매입비용의 100퍼센트에 해당하는 금액
나. 분양가격이 인근지역주택매매가격의 80퍼센트 이상 100퍼센트 미만인 경우	3년 미만	매입비용의 100퍼센트에 해당하는 금액
	3년 이상 4년 미만	매입비용의 50퍼센트에 인근지역주택매매가격의 50퍼센트를 더한 금액
	4년 이상	인근지역주택매매가격의 100퍼센트에 해당하는 금액
다. 분양가격이 인근지역주택매매가격의 80퍼센트 미만인 경우	5년 미만	매입비용의 100퍼센트에 해당하는 금액
	5년 이상 6년 미만	매입비용의 50퍼센트에 인근지역주택매매가격의 50퍼센트를 더한 금액
	6년 이상	인근지역주택매매가격의 100퍼센트에 해당하는 금액

3. 공공택지 외의 택지에서 건설·공급되는 주택의 매입금액

구 분	보유기간	매입금액
가. 분양가격이 인근지역주택매매가격의 100퍼센트 이상인 경우	-	매입비용의 100퍼센트에 해당하는 금액
나. 분양가격이 인근지역주택매매가격의 80퍼센트 이상 100퍼센트 미만인 경우	2년 미만	매입비용의 100퍼센트에 해당하는 금액
	2년 이상 3년 미만	매입비용의 50퍼센트에 인근지역주택매매가격의 50퍼센트를 더한 금액
	3년 이상 4년 미만	매입비용의 25퍼센트에 인근지역주택매매가격의 75퍼센트를 더한 금액
	4년 이상	인근지역주택매매가격의 100퍼센트에 해당하는 금액
다. 분양가격이 인근지역주택매매가격의 80퍼센트 미만인 경우	3년 미만	매입비용의 100퍼센트에 해당하는 금액
	3년 이상 4년 미만	매입비용의 75퍼센트에 인근지역주택매매가격의 25퍼센트를 더한 금액
	4년 이상 5년 미만	매입비용의 50퍼센트에 인근지역주택매매가격의 50퍼센트를 더한 금액
	5년 이상 6년 미만	매입비용의 25퍼센트에 인근지역주택매매가격의 75퍼센트를 더한 금액
	6년 이상	인근지역주택매매가격의 100퍼센트에 해당하는 금액

〔별표4〕

공동주택 리모델링의 허가기준(제75조제1항 관련)

(2017.2.13 개정)

구 분	세 부 기 준
1. 동의비율	가. 입주자·사용자 또는 관리주체의 경우 공사기간, 공사방법 등이 적혀 있는 동의서에 입주자 전체의 동의를 받아야 한다. 나. 리모델링주택조합의 경우 다음의 사항이 적혀 있는 결의서에 주택단지 전체를 리모델링하는 경우에는 주택단지 전체 구분소유자 및 의결권의 각 75퍼센트 이상의 동의와 각 동별 구분소유자 및 의결권의 각 50퍼센트 이상의 동의를 받아야 하며(리모델링을 하지 않는 별동의 건축물로 입주자 공유가 아닌 복리시설 등의 소유자는 권리변동이 없는 경우에 한정하여 동의비율 산정에서 제외한다), 동을 리모델링하는 경우에는 그 동의 구분소유자 및 의결권의 각 75퍼센트 이상의 동의를 받아야 한다. 1) 리모델링 설계의 개요 2) 공사비 3) 조합원의 비용분담 명세 다. 입주자대표회의 경우 다음의 사항이 적혀 있는 결의서에 주택단지의 소유자 전원의 동의를 받아야 한다. 1) 리모델링 설계의 개요 2) 공사비 3) 소유자의 비용분담 명세
2. 허용행위	가. 공동주택 1) 리모델링은 주택단지별 또는 동별로 한다. 2) 복리시설을 분양하기 위한 것이 아니어야 한다. 다만, 1층을 필로티 구조로 전용하여 세대의 일부 또는 전부를 부대시설 및 복리시설 등으로 이용하는 경우에는 그렇지 않다. 3) 2)에 따라 1층을 필로티 구조로 전용하는 경우 제13조에 따른 수직증축 허용범위를 초과하여 증축하는 것이 아니어야 한다. 4) 내력벽의 철거에 의하여 세대를 합치는 행위가 아니어야 한다. 나. 입주자 공유가 아닌 복리시설 등 1) 사용검사를 받은 후 10년 이상 지난 복리시설로서 공동주택과 동시에 리모델링하는 경우로서 시장·군수·구청장이 구조안전에 지장이 없다고 인정하는 경우로 한정한다. 2) 증축은 기존건축물 연면적 합계의 10분의 1 이내여야 하고, 증축 범위는 「건축법 시행령」 제6조제2항제2호나목에 따른다. 다만, 주택과 주택 외의 시설이 동일 건축물로 건축된 경우는 주택의 증축 면적비율의 범위 안에서 증축할 수 있다.

〔별표5〕

과태료의 부과기준(제97조 관련)

(2023.4.25 개정)

1. 일반기준
가. 위반행위의 횟수에 따른 과태료의 가중된 부과기준은 최근 1년간 같은 위반행위로 과태료 부과처분을 받은 경우에 적용한다. 이 경우 기간의 계산은 위반행위에 대하여 과태료 부과처분을 받은 날과 그 처분 후 다시 같은 위반행위를 하여 적발된 날을 기준으로 한다.
나. 가목에 따라 가중된 부과처분을 하는 경우 가중처분의 적용 차수는 그 위반행위 전 부과처분 차수(가목에 따른 기간 내에 과태료 부과처분이 둘 이상 있었던 경우에는 높은 차수를 말한다)의 다음 차수로 한다.
다. 과태료 부과 시 위반행위가 둘 이상인 경우에는 중한 과태료를 부과한다.
라. 부과권자는 위반행위의 정도, 위반행위의 동기와 그 결과 등을 고려하여 제2호의 개별기준에 따른 과태료 금액의 2분의 1 범위에서 그 금액을 늘릴 수 있다. 다만, 과태료를 늘려 부과하는 경우에도 다음 각 호의 구분에 따른 금액을 넘을 수 없다.
1) 법 제106조제1항 위반의 경우 : 2천만원
2) 법 제106조제2항 위반의 경우 : 1천만원
3) 법 제106조제3항 위반의 경우 : 500만원
4) 법 제106조제4항 위반의 경우 : 300만원
마. 부과권자는 다음의 어느 하나에 해당하는 경우에는 제2호의 개별기준에 따른 과태료 금액의 2분의 1 범위에서 그 금액을 줄일 수 있다. 다만, 과태료를 체납하고 있는 위반행위자의 경우에는 그 금액을 줄일 수 없으며, 감경 사유가 여러 개 있는 경우라도 감경의 범위는 과태료 금액의 2분의 1을 넘을 수 없다.
1) (2020.12.22 삭제)
2) 위반행위자의 사소한 부주의나 오류 등으로 인한 것으로 인정되는 경우
3) 위반행위자가 위반행위를 바로 정정하거나 시정하여 해소한 경우
4) 그 밖에 위반행위의 동기와 그 결과, 위반 정도 등을 고려하여 줄일 필요가 있다고 인정되는 경우
바. 부과권자는 고의 또는 중과실이 없는 위반행위자가 「소상공인기본법」 제2조에 따른 소상공인에 해당하고, 과태료를 체납하고 있지 않은 경우에는 다음의 사항을 고려하여 제2호의 개별기준에 따른 과태료의 100분의 70 범위에서 그 금액을 줄여 부과할 수 있다. 다만, 마목에 따른 감경과 중복하여 적용하지 않는다.
1) 위반행위자의 현실적인 부담능력
2) 경제위기 등으로 위반행위자가 속한 시장·산업 여건이 현저하게 변동되거나 지속적으로 악화된 상태인지 여부

2. 개별기준

(단위 : 만원)

위반행위	근 거 법조문	과태료 금액		
		1차 위반	2차 위반	3차 이상 위반
가. 법 제11조의2제3항을 위반하여 자금의 보관 업무를 대행하도록 하지 않은 경우	법 제106조 제2항제1호	1,000		
나. 법 제11조의3제8항에 따른 주택조합 가입에 관한 계약서 작성 의무를 위반한 경우	법 제106조 제2항제2호	1,000		
다. 법 제11조의4제1항에 따른 설명의무 또는 같은 조 제2항에 따른 확인 및 교부, 보관 의무를 위반한 경우	법 제106조 제2항제3호	1,000		
라. 주택조합의 발기인 또는 임원이 법 제12조제4항에 따른 서류 및 자료를 제출하지 않은 경우	법 제106조 제3항제1호	500		
마. 법 제13조제4항을 위반하여 겸직한 경우	법 제106조 제2항제4호	1,000		
바. 법 제16조제2항에 따른 신고를 하지 않은 경우	법 제106조 제3항제2호	200		
사. 감리자가 법 제44조제2항에 따른 보고를 하지 않거나 거짓으로 보고를 한 경우	법 제106조 제3항제3호	400		
아. 감리자가 법 제44조제3항에 따른 보고를 하지 않거나 거짓으로 보고를 한 경우	법 제106조 제3항제3호의2	400		
자. 감리자가 법 제45조제2항에 따른 보고를 하지 않거나 거짓으로 보고를 한 경우	법 제106조 제3항제4호	400		
차. 법 제46조제1항을 위반하여 건축구조기술사의 협력을 받지 않은 경우	법 제106조 제2항제5호	1,000		
카. 법 제48조의2제1항을 위반하여 사전방문을 실시하게 하지 않은 경우	법 제106조 제1항제1호	2,000		
타. 법 제48조의2제3항을 위반하여 보수공사 등의 조치를 하지 않은 경우	법 제106조 제3항제4호의2	500		
파. 법 제48조의2제5항을 위반하여 조치결과 등을 입주예정자 및 사용검사권자에게 알리지 않은 경우	법 제106조 제3항제4호의3	500		
하. 법 제48조의3제3항을 위반하여 점검에 따르지 않거나 기피 또는 방해한 경우	법 제106조 제1항제2호	2,000		
거. 법 제48조의3제4항 후단을 위반하여 자료제출 요구에 따르지 않거나 거짓으로 자료를 제출한 경우	법 제106조 제3항제4호의4	500		
너. 법 제48조의3제7항을 위반하여 조치명령을 이행하지 않은 경우	법 제106조 제3항제4호의5	500		
더. 법 제54조제2항을 위반하여 주택을 공급받은 경우	법 제106조 제3항제5호	500		
러. 법 제54조제8항을 위반하여 같은 항에 따른 사본을 제출하지 않거나 거짓으로 제출한 경우	법 제106조 제3항제6호	500		
머. 법 제54조의2제3항에 따른 조치를 하지 않은 경우	법 제106조 제2항제6호	1,000		
버. 법 제57조의2제2항을 위반하여 한국토지주택공사(사업주체가 「공공주택 특별법」 제4조에 따른 공공주택사업자인 경우에는 공공주택사업자로 한다)에 해당 주택의 매입을 신청하지 않은 경우	법 제106조 제4항제1호	300		
서. 법 제57조의3제1항에 따른 서류 등의 제출을 거부하거나 해당 주택의 출입·조사 또는 질문을 방해하거나 기피한 경우	법 제106조 제4항제2호	300		
어. 법 제78조제3항에 따른 표준임대차계약서를 사용하지 않거나 표준임대차계약서의 내용을 이행하지 않은 경우	법 제106조 제1항제3호	1,000		
저. 법 제78조제5항에 따른 임대료에 관한 기준을 위반하여 토지를 임대한 경우	법 제106조 제1항제4호	1,000	1,500	2,000
처. 법 제93조제1항에 따른 보고 또는 검사의 명령을 위반한 경우	법 제106조 제3항제7호	100	200	300

■ 주택건설기준 등에 관한 규정

[별표1] (1996.6.8 삭제)

[별표2]~[별표4] (1999.9.29 삭제)

[별표5] (2013.2.20 삭제)

[별표6]

바닥충격음차단성능인정기관 및 바닥충격음성능검사기관의 인력 및 장비 기준
(제60조의2제2항 및 제60조의8제1항제2호 관련)

(2022.8.4 개정)

1. 인력 기준

구 분	자 격 기 준	인원수
가. 관리 책임자	1) 건축 또는 소음·진동 관련 분야의 박사 또는 기술사 2) 「고등교육법」 제2조에 따른 학교에서 건축 또는 소음·진동 관련 분야를 전공한 석사 이상의 학위를 취득한 후 관련 분야 실무 경력이 3년 이상인 자 3) 「고등교육법」 제2조에 따른 학교에서 건축 또는 소음·진동 관련 분야를 전공하고 학사 이상의 학위를 취득한 후 또는 법령에 따라 이와 같은 수준 이상의 학력을 갖춘 후 관련 분야 실무 경력이 5년 이상인 자 4) 「고등교육법」 제2조에 따른 학교에서 건축 또는 소음·진동 관련 분야를 전공하고 전문학사 이상의 학위를 취득한 후 또는 법령에 따라 이와 같은 수준 이상의 학력을 갖춘 후 관련 분야 실무 경력이 7년 이상인 자	1명 이상
나. 시험자 또는 검사자	1) 「고등교육법」 제2조에 따른 학교에서 건축 또는 소음·진동 관련 분야를 전공하고 학사학위를 취득한 후 또는 법령에 따라 이와 같은 수준의 학력을 갖춘 후 관련 분야 실무 경력이 1년 이상인 자 2) 「고등교육법」 제2조에 따른 학교에서 건축 또는 소음·진동 관련 분야를 전공하고 전문학사 이상의 학위를 취득한 후 또는 법령에 따라 이와 같은 수준 이상의 학력을 갖춘 후 관련 분야 실무 경력이 2년 이상인 자 3) 고등학교 이상의 졸업자 또는 「초·중등교육법」에 따라 이와 동등 이상의 학력이 있다고 인정된 후 관련 실무 경력이 3년 이상인 자	4명 이상

2. 장비 기준

장 비 명	대 수
가. 표준 경량충격음 발생기(태핑머신) 및 표준 중량충격음 발생기(고무공)	각 1대 이상
나. KS C-1502에서 정한 보통 소음계 또는 동등 이상의 성능을 가진 장비	5대 이상
다. 주파수 분석기	1대 이상
라. 음압레벨교정기(Calibrator)	1대 이상
마. (2022.8.4 삭제)	
바. 인공소음발생기, 스피커, 잔향시간 측정 장비	각 1대 이상

■ 주택건설기준 등에 관한 규칙

[별표1]

근로자주택, 영구임대주택, 행복주택 및 기존주택등매입후개량주택의
건설기준과 부대시설 및 복리시설의 설치기준(제2조 관련)

(2020.10.19 개정)

1. 진입도로(근로자주택 및 영구임대주택만 해당한다)
  가. 주택단지가 기간도로와 접하는 너비 또는 진입도로의 너비

주택단지의 총세대수	기간도로와 접하는 너비 또는 진입도로의 너비
300세대 미만	6미터 이상
300세대 이상 1천세대 미만	8미터 이상
1천세대 이상 2천세대 미만	12미터 이상
2천세대 이상	15미터 이상

  나. 주택단지의 진입도로가 둘 이상인 경우로서 다음 표의 기준에 적합한 경우에는 가목의 기준을 적용하지 아니할 수 있다. 이 경우 너비 6미터 미만의 도로는 기간도로와 통행거리 200미터 이내인 경우에만 진입도로로 본다.

주택단지의 총세대수	너비 4미터 이상의 진입도로 중 2개의 진입도로 너비의 합계
300세대 이상 1천세대 미만	12미터 이상
1천세대 이상 2천세대 미만	16미터 이상
2천세대 이상	20미터 이상

2. 주택단지 안의 도로(근로자주택 및 영구임대주택만 해당한다)
  주택단지에는 다음 표의 기준에 적합한 도로를 설치하여야 한다. 다만, 해당 도로를 이용하는 주택의 세대수가 100세대 미만인 경우라도 막다른 도로로서 그 길이가 35미터를 넘는 경우에는 그 너비를 6미터 이상으로 하여야 한다.

기간도로 또는 진입도로에 이르는 경로에 따라 주택단지 안의 도로(최단거리의 것을 말한다)를 이용하는 공동주택의 세대수	도로의 너비
100세대 미만	4미터 이상
100세대 이상 500세대 미만	6미터 이상
500세대 이상 1천세대 미만	8미터 이상
1천세대 이상	12미터 이상

3. 주차장(영구임대주택, 행복주택 및 기존주택등매입후개량주택에 설치하는 주차장만 해당한다)
  주택단지에는 주택의 전용면적의 합계를 기준으로 하여 다음 표에서 정하는 면적당 대수의 비율로 산정한 주차대수(1대 이하의 단수는 1대로 본다) 이상의 주차장을 설치하여야 한다.

주차장 설치기준(대/제곱미터)		
서울특별시	광역시 및 수도권 내의 시지역	수도권 외의 시지역 및 수도권 내의 군지역과 그 밖의 지역
1/160	1/180	1/200

4. 제1호 및 제2호에서 규정한 사항 외에 100세대 이상의 근로자주택을 건설하는 경우 그 부대시설 및 복리시설의 설치기준

시설의 종류		시설의 규모: 100세대 이상 300세대 미만	300세대 이상 1천세대 미만	1천세대 이상 2천500 세대 미만	2천500 세대 이상	비 고
가. 관리사무소		세대당 0.1제곱미터를 더한 면적 이상(면적의 합계가 100제곱미터를 초과하는 경우 100제곱미터까지로 할 수 있다)				
나. 주민공동시설	1) 주민운동시설 및 어린이놀이터	세대당 1.5제곱미터를 더한 면적 이상		600제곱미터에 세대당 0.9제곱미터를 더한 면적 이상		주민운동시설 중 실내운동시설은 주민공동시설, 근린생활시설 또는 공동주택과 동일한 건축물 안에 설치할 수 있다.
	2) 주민운동시설 및 어린이놀이터를 제외한 주민공동시설	세대당 0.3제곱미터를 더한 면적 이상				주민운동시설 및 어린이놀이터를 제외한 주민공동시설은 가능하면 같은 건축물 안에 설치하고, 각 시설의 규모는 거주자의 인적구성 등에 따라 합리적으로 배분한다.
다. 근린생활시설		영 제50조에 따라 설치한다.				
라. 유치원		영 제52조에 따라 설치한다.				

비고
  2천500세대 이상의 주택을 건설하는 경우에는 위의 부대시설 및 복리시설 외에 관계기관과 협의하여 「도시·군계획시설의 결정·구조 및 설치기준에 관한 규칙」에 적합한 학교(초등학교·중학교·고등학교만 해당한다)의 부지를 확보한다.

5. 제1호부터 제3호까지에서 규정한 사항 외에 100세대 이상의 영구임대주택을 건설하는 경우 그 부대시설 및 복리시설의 설치기준

시설의 종류		시설의 규모: 100세대 이상 300세대 미만	300세대 이상 1천세대 미만	1천세대 이상 2천500 세대 미만	2천500 세대 이상	비 고
가. 관리사무소		세대당 0.1제곱미터를 더한 면적 이상(면적의 합계가 100제곱미터를 초과하는 경우 100제곱미터까지로 할 수 있다)				
나. 주민공동시설	1) 주민운동시설 및 어린이놀이터	세대당 1.5제곱미터를 더한 면적 이상		600제곱미터에 세대당 0.9제곱미터를 더한 면적 이상		가) 주민운동시설 중 실내운동시설은 주민공동시설, 근린생활시설 또는 공동주택과 동일한 건축물 안에 설치할 수 있다. 나) 5천세대 이상인 단지에는 문화체육관광부장관의 설치계획에 따라 생활체육시설 부지를 확보한다.
	2) 주민운동시설 및 어린이놀이터를 제외한 주민공동시설	세대당 0.2제곱미터를 더한 면적 이상				주민운동시설 및 어린이놀이터를 제외한 주민공동시설은 가능하면 같은 건축물 안에 설치하고, 각 시설의 규모는 거주자의 인적구성 등에 따라 합리적으로 배분한다.
다. 근린생활시설		영 제50조에 따라 설치한다.				5천세대 이상의 단지에는 보건복지부장관의 설치계획에 따라 병원부지를 확보한다.
라. 유치원		영 제52조에 따라 설치한다.				

비고
  2천500세대 이상의 주택을 건설하는 경우에는 위의 부대시설 및 복리시설 외에 관계기관과 협의하여 「도시·군계획시설의 결정·구조 및 설치기준에 관한 규칙」에 적합한 학교(초등학교·중학교·고등학교만 해당한다)의 부지를 확보한다.

[별표2]~[별표3] (1997.7.21 삭제)

[별표4] (2014.10.28 삭제)

[별표5] (1992.12.22 삭제)

〔별표6〕

공업화주택의 성능 및 생산기준(제13조 관련)

(2021.8.27 개정)

1. 성능기준

가. 단독주택(「건축법 시행령」 별표1 제1호가목의 단독주택에 한정한다)

1) 구조안전성능

가) 구조부분 : 「건축물의 구조기준 등에 관한 규칙」 제2조제1호에 따른 구조부재의 구조안전성능은 「건축물의 구조기준 등에 관한 규칙」 등 관련 건축물의 설계기준에 적합하여야 한다.

나) 접합부 : 벽판 · 바닥판 · 지붕판 등 주요 구조부재 간의 수평 · 수직 접합부는 해당 구조설계 및 공사시방에 있어서 안전성이 확보되어야 한다.

2) 환기성능 및 기밀성능

가) 환기성능 : 창문, 출입구 그 밖의 개구부(開口部)의 면적은 「건축물의 피난 · 방화구조 등의 기준에 관한 규칙」 제17조에 따른 창문 등의 기준에 적합하고, 부엌 · 욕실 및 화장실은 「주택건설기준 등에 관한 규정」 제44조에 따른 배기설비 · 환기설비 설치기준에 적합하여야 한다.

나) 기밀성능 : 한국산업규격이 정하는 창호의 성능시험방법(KS L ISO 9972)에 의하여 측정하되, 압력차 50Pa을 기준으로 시간당 1.5회의 기밀성능을 유지하여야 한다.

3) 열환경성능

가) 단열성능 : 주택 각 부위의 단열성능는 「건축물의 설비기준 등에 관한 규칙」 제21조에 따른 열 손실방지 기준에 적합하여야 한다.

나) 결로방지성능

(1) 결로방지의 성능시험방법(ISO 10211) 등 국제표준에 적합한 프로그램을 사용하여 실시한 건축물 결로방지성능 시뮬레이션에 의하여 측정하되, 접합부위의 표면온도와 실내 · 외 온도의 온도차이비율(TDR : Temperature Difference Ratio)이 0.20 이하이어야 한다.

$$TDR = \frac{T_i - T_m}{T_i - T_o}$$

TDR : 온도차이비율　　T_m : 실내 최저 표면 온도[℃]
T_o : 실외 온도[℃]　　T_i : 실내 온도[℃]

(2) 외벽 · 최상층 반자 · 최하층 바닥 및 냉교부, 비난방실과 난방실 사이의 벽체, 접합부위 등에는 결로가 발생하지 않아야 한다.

4) 내구성능

가) 방청(녹 방지) · 방부(부식 방지)성능

구 분	성 능 기 준
철근의 피복두께	철근콘크리트의 철근피복은 부위에 따라 충분한 두께를 확보할 것
철재 및 접합철물	내식성 재료 또는 도금, 도장, 그 밖에 유효한 방청처리를 할 것
목재부분	방부 및 방충처리를 할 것

나) 방수 · 배수성능

구 분	성 능 기 준
지붕 · 차양	가. 지붕의 기울기 및 구조방법이 방수 및 배수에 지장이 없을 것 나. 지붕마감은 내구성 있는 자재를 사용하거나 도장할 것 다. 진동 · 충격 · 풍압 등에 의하여 떨어지거나 변형되지 않도록 하고, 누수되지 않을 것 라. 지붕면과 외벽의 접합부는 방수에 효과적인 물끊기 또는 물막이턱을 설치할 것 마. 낙수구 · 홈통 등은 강우량에 따라 적절한 크기로 설치할 것
외벽용 재 료	가. 바탕재료 및 외장재료는 방수성 및 내구성이 좋고, 방수가 되도록 접합할 것 나. 직접 빗물이 닿는 창이나 문 그 밖의 개구부에는 방수에 필요한 조치를 할 것
물사용 옥내의 재 료	가. 바닥 · 벽 및 출입구는 내구성이 좋은 재료를 사용하고, 방수에 필요한 조치를 할 것 나. 바닥은 배수에 지장이 없도록 적절한 기울기를 두고, 배수관을 설치할 것 다. 급수 및 배수관과 난방배관은 누수를 방지할 수 있는 자재와 공법으로 설치할 것
그 밖의 부 위	바탕면은 습기가 내장마감에 영향을 미치지 않는 공법으로 마감할 것

나. 공동주택(「건축법 시행령」 별표1 제2호가목부터 다목까지의 공동주택을 말하며, 같은 표 제1호나목 및 다목의 단독주택을 포함한다)

1) 구조안전성능

가) 구조부분 : 「건축물의 구조기준 등에 관한 규칙」 제2조제1호에 따른 구조부재의 구조안전성능은 「건축물의 구조기준 등에 관한 규칙」 등 관련 건축물의 설계기준에 적합하여야 한다.

나) 접합부 : 벽판 · 바닥판 · 지붕판 등 주요 구조부재 간의 수평 · 수직 접합부는 해당 구조설계 및 공사시방에 있어서 안전성이 확보되어야 한다.

2) 내화 및 방화성능

가) 구조부분의 내화성능 : 「건축물의 피난 · 방화구조 등의 기준에 관한 규칙」 제3조에 따른 내화구조 기준에 적합하여야 한다.

나) 내부 마감재의 방화성능 : 「건축물의 피난 · 방화구조 등의 기준에 관한 규칙」 제5조부터 제7조까지의 규정에 따른 재료의 기준에 적합하여야 한다.

3) (2015.12.10 삭제)

4) 환기성능

창문, 출입구, 그 밖의 개구부의 면적은 「건축물의 피난 · 방화구조 등의 기준에 관한 규칙」 제17조에 따른 창문 등의 기준에 적합하고, 부엌, 욕실 및 화장실은 「주택건설기준 등에 관한 규정」 제44조에 따른 배기설비 · 환기설비 설치기준에 적합하여야 한다.

5) 열환경성능

가) 단열성능 : 주택 각 부위의 단열성능은 「녹색건축물 조성 지원 등에 관한 법률 시행규칙」 제7조에 따라 국토교통부장관이 고시하는 열 손실방지 기준에 적합하여야 한다. 다만, 「주택법」 제15조제1항의 주택건설사업계획의 승인을 얻어 건설하는 경우에는 「주택건설기준 등에 관한 규정」 제64조제3항에 따라 국토교통부장관이 고시하는 단열성능 기준에 적합하여야 한다.

나) 결로방지성능

(1) 결로방지성능은 「주택건설기준 등에 관한 규정」 제14조의3에 따라 국토교통부장관이 고시하는 결로방지를 위한 설계기준에 적합하여야 한다.

(2) 외벽, 최상층 반자, 최하층 바닥 및 냉교부, 비난방실과 난방실 사이의 벽체, 접합부위 등에는 결로가 발생하지 않아야 한다.

6) 음환경성능

가) 세대간 경계벽의 소음차단성능 : 세대간 경계벽의 구조는 「주택건설기준 등에 관한 규정」 제14조제1항 및 제2항에 따른 경계벽의 구조 기준에 적합하여야 한다.

나) 바닥충격음의 차단성능 : 상하층 간의 바닥의 경량충격음 및 중량충격음의 기준은 「주택건설기준 등에 관한 규정」 제14조의2제2호에 따른 기준에 적합하여야 한다.

7) (2015.12.10 삭제)

2. 생산기준

가. 콘크리트 조립식 부재의 생산기준

콘크리트 조립식 부재에 의한 공업화주택 인정을 받으려는 자가 갖추어야 할 생산기준은 다음 표와 같다.

구 분	생 산 기 준
1) 생산설비	가) 배합 및 성형 시설 (1) 배처 플랜트(batcher plant : 콘크리트 대량 제조 설비) 설비 : 1식 (2) 몰드(주조) 테이블 및 거푸집 : 1식 (3) 철근가공 설비 : 1식 나) 양생 시설 증기양생(증기를 뿌리면서 굳히는 일) 설비 : 1식 다) 운송 시설 이동크레인 및 그 밖의 운반 설비 : 1식 라) 그 밖의 시설 (1) 용지 : 1만제곱미터 이상으로 하되, 45일 생산물량을 야적할 수 있는 규모의 야적장이 있을 것 (2) 환경공해 방지를 위한 시설 (3) 산업재해 방지를 위한 시설
2) 품질관리	가) 품질시험 시설 (1) 시험실 : 30제곱미터 이상 (2) 압축강도 시험기(100톤 이상) : 1대 이상 (3) 만능재료 시험기(100톤 이상) : 1대 이상 (4) 골재의 염화물함유량 측정기기 : 1대 이상 (5) 체가름 시험기 : 1식 이상 (6) 실린더몰드(콘크리트의 압축 강도를 시험하기 위하여 일정 규격의 시험용 물체를 만드는 기구) : 15조 이상 (7) 시험용 양생조(養生槽 : 굳기 전 콘크리트 보호 · 관리 탱크) : 1식 이상 (8) 그 밖에 품질관리에 필요한 시험 · 검사 설비 나) 품질관리지침 또는 검사 · 시험자료 관리지침 등 제품의 품질관리를 위한 관리운용체제와 운용요원을 갖출 것

나. 경량기포 콘크리트 조립식 부재의 생산기준

경량기포 콘크리트 조립식 부재에 의한 공업화주택 인정을 받으려는 자가 갖추어야 할 생산기준은 다음 표와 같다.

구 분	생 산 기 준
1) 생산설비	가) 제조 및 성형 시설 (1) 제조 및 성형 설비 : 1식 (2) 절단 및 가공 설비 : 1식 나) 양생 시설 : 1식 다) 운송 시설 : 이동크레인 및 그 밖의 운반 설비 1식 라) 그 밖의 시설 (1) 용지 : 9천 제곱미터 이상 (2) 환경공해 방지를 위한 시설 (3) 산업재해 방지를 위한 시설
2) 품질관리	가) 품질시험시설 (1) 시험실 : 30제곱미터 이상 (2) 압축강도 시험기(30톤 이상) : 1대 이상 (3) 휨강도 시험기(20톤 이상) : 1대 이상 (4) 골재의 염화물함유량 측정기기 : 1대 이상 (5) 함수량 측정기 : 1대 이상 (6) 절건비중(골재가 완전 건조 상태일 때의 비중) 측정기기(항온건조기 포함) : 1대 이상 (7) 그 밖의 품질관리에 필요한 시험 · 검사 설비 나) 품질관리지침 또는 검사 · 시험자료 관리지침 등 제품의 품질관리를 위한 관리운용체제와 운용요원을 갖출 것

다. 그 밖의 조립식 부재의 생산기준

그 밖의 조립식 부재에 의한 공업화주택 인정을 받으려는 자가 갖추어야 할 생산기준은 다음 표와 같다.

구 분	생 산 기 준
1) 생산설비	가) 제조 시설 - 제조 또는 가공 설비 : 1식 나) 운송 시설 : 이동크레인 또는 그 밖의 운반 설비 1식 다) 그 밖의 시설 (1) 용지 : 5천 제곱미터 이상 (2) 환경공해 방지를 위한 시설(환경공해가 발생하는 경우에 한정한다) (3) 산업재해 방지를 위한 시설
2) 품질관리	가) 품질시험 시설 (1) 시험실 : 30제곱미터 이상 (2) 해당 조립식 부재의 품질관리에 필요한 시험 · 검사 설비 : 1식 나) 품질관리지침 또는 검사 · 시험자료 관리지침 등 제품의 품질관리를 위한 관리운용체제와 운용요원을 갖출 것

〔별표6의2〕~〔별표8〕 (1999.9.29 삭제)

■ 주택공급에 관한 규칙

〔별표1〕

가점제 적용기준(제2조제8호 관련)

(2023.12.20 개정)

1. 가점제 적용기준
 가. 무주택기간 적용기준
  1) 입주자모집공고일 현재 세대원 모두 주택을 소유하지 않아야 한다.
  2) 소형ㆍ저가주택등의 가격은 다음의 구분에 따라 산정한다. 다만, 2007년 9월 1일 전에 주택을 처분한 경우에는 2007년 9월 1일 전에 공시된 주택공시가격(「부동산 가격공시에 관한 법률」 제16조 또는 제17조에 따라 공시된 가격을 말한다. 이하 이 별표에서 같다) 중 2007년 9월 1일에 가장 가까운 날에 공시된 주택공시가격에 따른다.
   가) 입주자모집공고일 후에 주택을 처분하는 경우 : 입주자모집공고일에 가장 가까운 날에 공시된 주택공시가격
   나) 입주자모집공고일 이전에 주택이 처분된 경우 : 처분일 이전에 공시된 주택공시가격 중 처분일에 가장 가까운 날에 공시된 주택공시가격
   다) 분양권등의 경우 : 공급계약서의 공급가격(선택품목에 대한 가격은 제외한다)
  3) 무주택기간은 주택공급신청자와 그 배우자를 기준으로 하고, 주택공급신청자의 연령이 30세가 되는 날부터 계속하여 무주택인 기간으로 하되, 30세가 되기 전에 혼인한 경우에는 「가족관계의 등록 등에 관한 법률」에 따른 혼인관계증명서에 혼인신고일로 등재된 날부터 무주택기간을 기산한다. 이 경우 주택공급신청자 또는 배우자가 주택을 소유한 사실이 있는 경우에는 그 주택을 처분한 후 무주택자가 된 날(2회 이상 주택을 소유한 사실이 있는 경우에는 최근에 무주택자가 된 날을 말한다)부터 무주택기간을 산정한다.
  4) (2018.12.11 삭제)
 나. 부양가족의 인정 적용기준
  1) 부양가족은 입주자모집공고일 현재 주택공급신청자 또는 그 배우자(주택공급신청자와 같은 세대별 주민등록표에 등재되어 있지 않은 배우자를 포함한다. 이하 이 목에서 같다)와 같은 세대별 주민등록표에 등재된 세대원으로 한다. 다만, 자녀(손자녀가 같은 세대별 주민등록표에 등재된 경우로서 그 손자녀의 부모 모두가 사망한 경우에는 그 손자녀를 포함한다)의 경우 미혼으로 한정한다.
  2) 주택공급신청자 또는 그 배우자의 직계존속은 주택공급신청자가 입주자모집공고일 현재 세대주인 경우로서 입주자모집공고일을 기준으로 최근 3년 이상 계속하여 주택공급신청자 또는 그 배우자와 같은 세대별 주민등록표에 등재된 경우에 부양가족으로 본다. 다만, 직계존속과 그 배우자 중 한 명이라도 주택을 소유하고 있는 경우에는 직계존속과 그 배우자 모두 부양가족으로 보지 않는다.
  3) 주택공급신청자의 30세 이상인 직계비속은 입주자모집공고일을 기준으로 최근 1년 이상 계속하여 주택공급신청자 또는 그 배우자와 같은 세대별 주민등록표에 등재된 경우에 부양가족으로 본다.
 다. 주택청약종합저축 가입기간 적용기준
  입주자모집공고일 현재 주택공급신청자의 주택청약종합저축 가입기간을 기준으로 하며, 주택청약종합저축의 종류, 금액, 가입자 명의변경을 한 경우에도 최초 가입일을 기준으로 가입기간을 산정한다.
 라. 주택소유 여부 및 무주택기간 산정기준
  가목 및 나목에 따라 주택소유 여부를 판정하거나 무주택기간을 산정하려는 경우에는 제23조제4항 및 제53조에 따른다. 다만, 나목에 따라 부양가족 여부를 판단할 때에는 제53조제6호를 적용하지 않는다.
2. 가점제 적용 세부기준
 가. 일반기준 : 가점제 점수는 나목에 따른 가점항목의 점수를 합한 점수로 산정한다.
 나. 가점 산정기준

가점항목	가점상한	가점구분	점수	가점구분	점수
① 무주택기간	32	1년 미만	2	8년 이상 ~ 9년 미만	18
		1년 이상 ~ 2년 미만	4	9년 이상 ~ 10년 미만	20
		2년 이상 ~ 3년 미만	6	10년 이상 ~ 11년 미만	22
		3년 이상 ~ 4년 미만	8	11년 이상 ~ 12년 미만	24
		4년 이상 ~ 5년 미만	10	12년 이상 ~ 13년 미만	26
		5년 이상 ~ 6년 미만	12	13년 이상 ~ 14년 미만	28
		6년 이상 ~ 7년 미만	14	14년 이상 ~ 15년 미만	30
		7년 이상 ~ 8년 미만	16	15년 이상	32
② 부양가족수	35	0명	5	4명	25
		1명	10	5명	30
		2명	15	6명이상	35
		3명	20		
③ 주택청약종합저축 가입기간	17	6개월 미만	1	8년 이상 ~ 9년 미만	10
		6개월 이상 ~ 1년 미만	2	9년 이상 ~ 10년 미만	11
		1년 이상 ~ 2년 미만	3	10년 이상 ~ 11년 미만	12
		2년 이상 ~ 3년 미만	4	11년 이상 ~ 12년 미만	13
		3년 이상 ~ 4년 미만	5	12년 이상 ~ 13년 미만	14
		4년 이상 ~ 5년 미만	6	13년 이상 ~ 14년 미만	15
		5년 이상 ~ 6년 미만	7	14년 이상 ~ 15년 미만	16
		6년 이상 ~ 7년 미만	8	15년 이상	17
		7년 이상 ~ 8년 미만	9		

※ 비고
 1. 제28조제6항에 따라 입주자모집공고일 현재 1호 또는 1세대의 주택을 소유한 세대에 속한 자와 과거 2년 이내에 가점제를 적용받아 다른 주택의 당첨자가 된 자의 세대에 속한 자는 제1순위에서 가점제의 적용 대상자에서 제외되며, 추첨제의 적용 대상자에 포함된다.
 2. 입주자모집공고일 현재 주택공급신청자의 배우자가 주택청약종합저축에 가입하고 있는 경우에는 제46조에 따른 특별공급의 경우를 제외하고 그 배우자의 주택청약종합저축 가입기간(이 별표 제1호다목에 따른 기준에 따라 산정한 가입기간을 말한다)의 50퍼센트에 해당하는 기간에 대해 이 별표 제2호나목에 따라 산정한 점수(3점을 초과하는 경우에는 3점을 말한다)를 주택공급신청자의 주택청약종합저축 가입기간에 관한 가점 점수에 합산할 수 있다. 이 경우 합산한 점수가 17점을 초과하는 경우에는 17점으로 한다.

〔별표2〕

민영주택 청약 예치기준금액(제10조제1항 관련)

(2023.5.10 개정)
(단위 : 만원)

지역 / 공급받을 수 있는 주택의 전용면적	특별시 및 부산광역시	그 밖의 광역시	특별시 및 광역시를 제외한 지역
85제곱미터 이하	300	250	200
102제곱미터 이하	600	400	300
135제곱미터 이하	1,000	700	400
모든 면적	1,500	1,000	500

비고 : “지역”은 입주자모집공고일 현재 주택공급신청자의 주민등록표에 따른 거주지역을 말한다.

〔별표3〕(2017.11.24 삭제)

〔별표4〕

입주자모집 시기(제15조제3항 관련)

(2022.12.29 개정)

1. 일반기준
 가. 사업주체 또는 시공자가 다음의 어느 하나에 해당하는 영업정지처분을 받은 경우로서 다목에서 정한 시점을 기준으로 그 영업정지처분기간이 끝난 날부터 라목에서 정한 기간이 지나지 않은 경우 제2호의 개별기준에 따라 입주자모집 시기를 정한다.
  1) 「주택법 시행령」 별표1 제2호다목, 같은 호 바목1)부터 4)까지, 같은 호 차목6)부터 9)까지 및 14)(14)의 경우 법 제33조부터 제42조까지의 규정 위반으로 법 제94조에 따른 명령을 위반한 경우만 해당한다)에 따른 영업정지처분
  2) 「건설산업기본법 시행령」에 따른 토목건축공사업 또는 건축공사업으로서 같은 영 별표6 제2호가목6)가), 같은 목 7)부터 12)까지, 16)부터 20)까지 및 같은 호 라목3)에 따른 영업정지처분
 나. 사업주체 또는 시공자가 다목에서 정한 시점을 기준으로 「건설기술 진흥법 시행령」 별표8에 따른 합산벌점이 3.0점 이상인 경우 제2호의 개별기준에 따라 입주자모집 시기를 정한다.
 다. 다음의 구분에 따른 시점을 기준으로 영업정지처분 또는 벌점에 따른 입주자모집 시기를 정한다.
  1) 지역주택조합 및 직장주택조합의 경우 : 법 제5조제4항에 따른 협약을 체결한 날
  2) 리모델링주택조합의 경우 : 법 제66조제3항에 따라 시공자를 선정한 날
  3) 「도시 및 주거환경정비법」 제2조제2호나목 및 다목의 정비사업의 경우 : 같은 법 제29조에 따른 계약을 체결한 날
  4) 그 밖의 주택건설사업의 경우 : 사업주체가 법 제16조제2항에 따라 사업계획승인권자에게 착공신고를 한 날
 라. 가목의 영업정지처분은 영업정지기간이 끝난 날부터 다음의 구분에 따른 기간이 지나지 않은 경우만 해당한다.
  1) 영업정지기간이 6개월 이상인 경우 : 2년간
  2) 영업정지기간이 6개월 미만 3개월 이상인 경우 : 1년 6개월간
  3) 영업정지기간이 3개월 미만 1개월 초과인 경우 : 1년간
  4) 영업정지기간이 1개월 이하인 경우 : 6개월간
 마. 영업정지기간 및 합산벌점은 사업주체 및 시공자별로 각각 다음의 기준에 따라 산정한다.
  1) 가목에 따른 영업정지처분이 2개 이상인 경우 각 영업정지기간을 합산한다. 이 경우 31일은 1개월로 본다.
  2) 사업주체 또는 시공자가 건설사업자 또는 주택건설등록업자 지위를 모두 가지고 있고, 각각의 지위에서 「건설기술 진흥법 시행령」 별표8에 따른 합산벌점이 있는 경우에는 각 합산벌점을 합산한다.
  3) 영업정지처분과 벌점이 모두 있는 경우에는 제2호가목 또는 나목에 따른 입주자모집 시기를 기준으로 다음의 구분에 따라 입주자모집 시기를 정한다.
   가) 둘 중 어느 하나가 사용검사 후 또는 전체 동(옥탑층을 포함한다)의 골조공사가 완료된 때인 경우 : 사용검사 후
   나) 둘 다 전체 동의 지상층 기준 3분의 2 이상에 해당하는 층수의 골조공사가 완료된 때인 경우 : 사용검사 후
   다) 어느 하나가 전체 동의 지상층 기준 3분의 2 이상에 해당하는 층수의 골조공사가 완료된 때인 경우이고 다른 하나가 전체 동의 지상층 기준 3분의 1 이상에 해당하는 층수의 골조공사가 완료된 때인 경우 : 전체 동(옥탑층을 포함한다)의 골조공사가 완료된 때
   라) 둘 다 전체 동의 지상층 기준 3분의 1 이상에 해당하는 층수의 골조공사가 완료된 때인 경우 : 전체 동의 지상층 기준 3분의 2 이상에 해당하는 층수의 골조공사가 완료된 때
 바. 마목에 따라 사업주체 및 시공자별로 산정한 결과 제2호의 개별기준에 따른 입주자모집 시기가 다른 경우에는 입주자모집 시기가 더 늦은 기준을 적용한다.
2. 개별기준
 가. 영업정지기간별 입주자모집 시기

영업정지기간	입주자모집 시기	
	아파트	연립ㆍ다세대
6개월 이상	사용검사 후	사용검사 후
6개월 미만 3개월 이상	전체 동(옥탑층을 포함한다)의 골조공사가 완료된 때	
3개월 미만 1개월 초과	전체 동의 지상층 기준 3분의 2 이상에 해당하는 층수의 골조공사가 완료된 때	전체 동의 지상층 기준 3분의 2 이상에 해당하는 층수의 골조공사가 완료된 때
1개월 이하	전체 동의 지상층 기준 3분의 1 이상에 해당하는 층수의 골조공사가 완료된 때	

 나. 합산벌점별 입주자모집 시기

합산벌점	입주자모집 시기	
	아파트	연립ㆍ다세대
10.0 이상	사용검사 후	사용검사 후
10.0 미만 7.0 이상	전체 동(옥탑층을 포함한다)의 골조공사가 완료된 때	
7.0 미만 5.0 이상	전체 동의 지상층 기준 3분의 2 이상에 해당하는 층수의 골조공사가 완료된 때	전체 동의 지상층 기준 3분의 2 이상에 해당하는 층수의 골조공사가 완료된 때
5.0 미만 3.0 이상	전체 동의 지상층 기준 3분의 1 이상에 해당하는 층수의 골조공사가 완료된 때	

■ 주택도시기금법 시행령

〔별표〕

제1종국민주택채권 매입대상자 및 매입기준(제8조제2항 관련)

(2022.2.17 개정)

1. 매입대상 및 매입금액은 별지 부표와 같다. 다만, 「도시철도법 시행령」 별표2 제2호부터 제5호까지, 제7호부터 제13호까지 및 제16호에 따라 도시철도채권을 매입한 자는 해당 호에 상응하는 부표 제1호부터 제5호까지, 제9호, 제12호부터 제14호까지, 제16호, 제17호 및 제20호에 따른 국민주택채권을 매입하지 아니한다.
2. 다음 각 목의 어느 하나에 해당하는 자에 대해서는 국민주택채권의 매입의무를 면제한다.
   가. 국가기관
   나. 지방자치단체
   다. 제8조제1항에 따른 공공기관
   라. 「지방공기업법」에 따른 지방공기업
   마. 「한국자산관리공사 설립 등에 관한 법률」에 따른 한국자산관리공사
   바. 「부동산투자회사법」에 따른 부동산투자회사
   사. 「한국주택금융공사법」에 따라 설립된 한국주택금융공사
3. 다음 각 목의 어느 하나에 해당하는 자에 대해서는 매입의무의 일부를 면제한다.
   가. 다음의 어느 하나에 해당하는 경우 융자에 필요한 저당권의 설정등기를 할 때에는 국민주택채권을 매입하지 아니한다.
      1) 「농업협동조합법」에 따른 농업인, 「수산업협동조합법」에 따른 어업인 또는 「산림조합법」에 따른 임업인에 대하여 농업협동조합중앙회(농협은행을 포함한다)와 그 회원조합의 장, 수산업협동조합중앙회와 그 회원조합의 장 또는 산림조합중앙회와 그 회원조합의 장이 농어촌소득증대를 위한 영농자금·축산자금·어업자금·산림개발자금으로 융자하고 이를 확인한 경우
      2) 「주택법」 제9조에 따른 주택건설사업자에 대하여 금융기관(국민주택사업특별회계가 설치된 지방자치단체를 포함한다)의 장이 국민주택규모 이하의 주택을 건설하기 위한 자금으로 융자하고 이를 확인한 경우
   나. 다음의 어느 하나에 해당하는 경우에는 국민주택채권을 매입하지 아니한다.
      1) 「민법」 제32조에 따라 허가받은 종교단체와 그에 소속된 종교단체 및 관계 법령에 따라 시장·군수에게 등록된 종교단체 또는 「사회복지사업법」에 따른 사회복지법인이 종교용 또는 사회복지용 건축물을 건축하거나 해당 토지 또는 건축물의 소유권보존등기나 이전등기를 하는 경우
      2) 「사립학교법」에 따른 학교법인 또는 사립학교경영자가 교육용 토지 또는 건축물을 취득하여 소유권의 보존등기나 이전등기를 하는 경우
   다. 「외국인투자 촉진법」에 따른 외국인투자기업 및 그 밖에 국토교통부령으로 정하는 자에 대해서는 매입대상항목의 일부에 관하여 채권의 매입을 면제할 수 있다.
   라. 건축허가를 신청할 때에 국민주택채권을 매입한 자가 사용승인을 마친 건축물에 대하여 소유권보존등기를 할 때에는 국민주택채권을 매입하지 아니한다.
   마. 「농업·농촌 및 식품산업 기본법」 제3조제2호에 따른 농업인, 「수산업·어촌 발전 기본법」 제3조제3호에 따른 어업인 또는 「농어업경영체 육성 및 지원에 관한 법률」 제16조에 따라 설립된 영농조합법인 및 같은 법 제19조에 따라 설립된 농업회사법인이 영농을 목적으로 농지를 취득하여 소유권이전등기를 하거나 농지에 대하여 저당권의 설정등기 및 이전등기를 할 때에는 국민주택채권을 매입하지 아니한다.
   바. 관계 법령에 따라 조세를 납부하여야 하는 자가 그 법령에서 정하는 바에 따라 분납·연부연납(세금 신고기한 경과 후 장기간 분할납부하는 것을 말한다) 또는 조세의 납부시기를 연기할 목적으로 제공한 담보에 대하여 저당권설정등기를 할 때에는 국민주택채권을 매입하지 아니한다.
   사. 공사가 법 제26조에 따른 업무 중 보증업무를 수행하는 경우로서 건축허가를 받거나 부동산등기를 할 때에는 국민주택채권을 매입하지 아니한다.
   아. 「국가유공자 등 예우 및 지원에 관한 법률」, 「보훈보상대상자 지원에 관한 법률」, 「5·18민주유공자예우 및 단체설립에 관한 법률」, 「제대군인지원에 관한 법률」 및 「특수임무유공자 예우 및 단체설립에 관한 법률」을 적용받는 자가 대부금으로 취득한 재산을 담보로 제공하거나 대부를 받기 위하여 담보로 제공하는 재산에 대하여 근저당권설정등기를 할 때에는 국민주택채권을 매입하지 아니한다.
   자. 다음의 어느 하나에 해당하는 사람이 담보로 제공하는 주택에 대하여 근저당권설정등기를 할 때에는 국민주택채권을 매입하지 아니한다.
      1) 「한국주택금융공사법」 제43조의2에 따라 한국주택금융공사로부터 주택담보노후연금보증을 받는 사람
      2) 장기주택저당대출(주택소유자가 주택에 저당권을 설정하고 「한국주택금융공사법」 제2조제11호의 금융기관으로부터 연금방식으로 생활자금을 대출받는 것을 말한다)에 가입한 사람
   차. 「자본시장과 금융투자업에 관한 법률」 제229조제2호에 따른 부동산집합투자기구가 건축허가를 받거나 부동산등기를 할 때에는 국민주택채권을 매입하지 않는다.
4. 국민주택채권의 최저매입금액은 1만원으로 한다. 다만, 1만원 미만의 단수가 있을 경우에 그 단수가 5천원 이상 1만원 미만일 때에는 이를 1만원으로 하고, 그 단수가 5천원 미만일 때에는 단수가 없는 것으로 한다.

〔부표〕

제1종국민주택채권 매입대상 및 금액표

(2022.12.27 개정)
(단위 : 원)

매입대상	세부범위	매 입 금 액
1. 엽총소지허가		30,000
2. 사행행위영업허가 가. 복권 발행업 및 현상업 나. 그 밖의 사행행위업		 500,000 300,000
3. 주류판매업면허(도매업)		100,000
4. 주류제조업면허		300,000
5. 수렵면허 가. 1종면허 나. 2종면허		 100,000 50,000
6. 건축허가(대수선허가를 제외하되, 법령에 따라 건축허가를 받은 것으로 보는 경우를 포함한다)	(가) 주거전용건축물은 주거전용면적[공동주택(여러 가구가 한 건물에 거주하되, 각각의 가구가 독립하여 거주할 수 있도록 구획되어 건축된 주택을 포함한다. 이하 이 호에서 같다)의 경우에는 세대당 주거전용면적을 말한다]이 국민주택규모를 초과하는 경우로 한정한다. (나) 주거전용 외의 건축물(공동주택의 공용면적에 포함되는 부대·복리시설은 제외한다)은 연면적(대지에 둘 이상의 건축물이 있는 경우에는 각 건축물의 연면적의 합계로 한다. 이하 이 호에서 같다) 165제곱미터(공장용 건축물의 경우에는 연면적이 500제곱미터) 이상인 경우로 한정한다. (다) 증축의 경우에는 증축 후의 주거전용면적 또는 연면적을 기준으로 하되, 증축 전에 매입한 경우에는 그 금액을 뺀 금액(1973년 2월 26일 이전에 건축허가 받은 건축물과 1973년 2월 27일 이후 1975년 12월 4일 이전에 건축허가가 받은 주거전용건축물로서 증축 후의 주거전용면적이 165제곱미터 미만인 주거전용건축물에 대해서는 증축 후의 주거전용면적 또는 연면적에 해당하는 란을 기준으로 하되, 증가면적에 한정하여 산정한 금액)의 국민주택채권을 매입하게 한다. (라) 용도변경의 경우에는 용도변경하려는 주거전용면적 또는 연면적을 기준으로 하되, 용도변경 전에 매입한 금액을 뺀 금액의 국민주택채권을 매입하게 한다.	
가. 주거전용건축물 1) 주거전용면적이 국민주택규모 초과 100제곱미터 미만인 경우		주거전용면적 제곱미터당300
2) 주거전용면적이 100제곱미터 이상 132제곱미터 미만인 경우 가) 단독주택 나) 공동주택		 〃 1,300 〃 1,000
3) 주거전용면적이 132제곱미터 이상 165제곱미터 미만인 경우 가) 단독주택 나) 공동주택		 〃 2,400 〃 2,000
4) 주거전용면적이 165제곱미터 이상 231제곱미터 미만인 경우 가) 단독주택 나) 공동주택		 〃 5,000 〃 4,000
5) 주거전용면적이 231제곱미터 이상 330제곱미터 미만인 경우		〃 10,000
6) 주거전용면적이 330제곱미터 이상 660제곱미터 미만인 경우		〃 17,000
7) 주거전용 면적이 660제곱미터 이상인 경우		〃 28,000
나. 주거전용 외의 건축물	산업단지와 「산업집적활성화 및 공장설립에 관한 법률」에 따른 유치지역 안 또는 읍·면지역에서 신·증축하는 공장용건축물과 국토교통부령으로 정하는 교육용·종교용·자선용 그 밖의 공익용과 농업 및 축산업에 쓰이는 건축물 및 공동주택의 공용면적에 포함되는 부대·복리시설은 제외한다.	
1) 극장·영화관, 「식품위생법」에 따른 유흥주점 및 단란주점, 「게임산업진흥에 관한 법률」에 따른 게임장 및 「관광진흥법」에 따른 유원시설		연면적 제곱미터당4,000
2) 그 밖의 철근 및 철골조의 건축물		〃 1,300
3) 연와조 및 석조의 건축물		〃 1,000
4) 시멘트벽돌 및 블록조의 건축물		〃 600
다. 「관광진흥법」의 적용을 받는 관광숙박시설		〃 500
라. 주거용과 비주거용이 혼합된 건축물	(1) 주거용과 비주거용이 혼합된 건축물은 주거부분과 비주거부분을 구분하여 각 용도의 면적에 대하여 각각 가목 및 나목을 적용한다. (2) 건축물(주거부분이 공동주택인 경우는 제외한다)의 연면적이 165제곱미터 이상인 경우에는 (1)에 따라 산정한 금액과 전체연면적을 비주거용으로 산정한 금액 중 많은 것을 적용한다.	
7. 건설업, 주택건설사업 및 주택관리업 등록(갱신의 경우는 제외한다)		자본금(법인인 경우에는 법인 등기사항증명서상의 납입자본금. 개인인 경우에는 자산평가액)의 2/1,000. 다만, 이 호 또는 제10호의 업종에 해당하는 자가 추가로 이 호 또는 제10호의 업종을 등록하는 경우에는 기존 이 호 또는 제10호의 업종 등록 당시의 자본금은 매입금액 산정 시 제외한다.
8. 공유수면매립면허		면허수수료의 20/100
9. 건설기계신규등록		과세표준액의 5/1,000
10. 정보통신공사업, 전기공사업 및 소방시설공사업 등록(갱신의 경우는 제외한다)		자본금(법인인 경우에는 법인 등기사항증명서상의 납입자본금. 개인인 경우에는 자산평가액)의 1/1,000 다만, 제7호 또는 이 호의 업종에

		해당하는 자가 추가로 제7호 또는 이 호의 업종을 등록하는 경우에는 기존 제7호 또는 이 호의 업종 등록 당시의 자본금은 매입금액 산정시 제외한다.
11. 측량업등록		50,000
12. 식품영업허가		
가. 유흥주점영업		700,000
나. 단란주점영업		
1) 특별시 및 광역시		500,000
2) 각 도청소재지		300,000
3) 그 밖의 지역		100,000
13. 「게임산업진흥에 관한 법률」에 따른 게임제공업, 인터넷컴퓨터게임시설제공업, 복합유통게임제공업의 허가 및 등록, 「관광진흥법」에 따른 유원시설업의 허가		
가. 특별시 및 광역시		50,000
나. 각 도청소재지		30,000
다. 그 밖의 지역		20,000
14. 「체육시설의 설치 · 이용에 관한 법률」에 따른 골프장업의 신규 등록		5,000,000
15. 부동산등기	등기하려는 부동산이 공유물인 때에는 공유지분율에 따라 산정한 「지방세법」 제4조에 따른 시가표준액(이하 "시가표준액"이라 한다)을, 공동주택인 경우에는 세대당 시가표준액을 각각 기준으로 하며, 이 경우 공유지분율에 따라 시가표준액을 산정함에 있어서 둘 이상의 필지가 모여서 하나의 대지를 형성하고 있는 때에는 그 필지들을 합하여 하나의 필지로 본다.	
가. 소유권의 보존 또는 이전	(가) 건축물의 소유권 보존은 제외한다. (나) 공유물을 공유지분율에 따라 분할하여 이전등기를 하는 경우와 신탁 또는 신탁종료에 따라 수탁자 또는 위탁자에게 소유권이전등기를 하는 경우는 제외한다.	
1) 주택	시가표준액이 공시되지 않은 신규 분양 공동주택의 경우에는 「지방세법」 제10조의3에 따른 취득당시가액을 시가표준액으로 한다.	
가) 시가표준액 2천만원 이상 5천만원 미만		시가표준액의 13/1,000
나) 시가표준액 5천만원 이상 1억원 미만		
(1) 특별시 및 광역시		〃 19/1,000
(2) 그 밖의 지역		〃 14/1,000
다) 시가표준액 1억원 이상 1억6천만원 미만		
(1) 특별시 및 광역시		〃 21/1,000
(2) 그 밖의 지역		〃 16/1,000
라) 시가표준액 1억6천만원 이상 2억6천만원 미만		
(1) 특별시 및 광역시		〃 23/1,000
(2) 그 밖의 지역		〃 18/1,000
마) 시가표준액 2억6천만원 이상 6억원 미만		
(1) 특별시 및 광역시		〃 26/1,000
(2) 그 밖의 지역		〃 21/1,000
바) 시가표준액 6억원 이상		
(1) 특별시 및 광역시		〃 31/1,000
(2) 그 밖의 지역		〃 26/1,000
2) 토지		
가) 시가표준액 5백만원 이상 5천만원 미만		
(1) 특별시 및 광역시		〃 25/1,000
(2) 그 밖의 지역		〃 20/1,000
나) 시가표준액 5천만원 이상 1억원 미만		
(1) 특별시 및 광역시		〃 40/1,000
(2) 그 밖의 지역		〃 35/1,000
다) 시가표준액 1억원 이상		
(1) 특별시 및 광역시		〃 50/1,000
(2) 그 밖의 지역		〃 45/1,000
3) 주택 및 토지 외의 부동산		
가) 시가표준액 1천만원 이상 1억3천만원 미만		
(1) 특별시 및 광역시		〃 10/1,000
(2) 그 밖의 지역		〃 8/1,000
나) 시가표준액 1억3천만원 이상 2억5천만원 미만		
(1) 특별시 및 광역시		〃 16/1,000
(2) 그 밖의 지역		〃 14/1,000
다) 시가표준액 2억5천만원 이상		
(1) 특별시 및 광역시		〃 20/1,000
(2) 그 밖의 지역		〃 18/1,000
나. 상속(증여 그 밖의 무상으로 취득하는 경우를 포함한다)		
1) 시가표준액 1천만원 이상 5천만원 미만		
가) 특별시 및 광역시		〃 18/1,000
나) 그 밖의 지역		〃 14/1,000
2) 시가표준액 5천만원 이상 1억5천만원 미만		
가) 특별시 및 광역시		〃 28/1,000
나) 그 밖의 지역		〃 25/1,000
3) 시가표준액 1억5천만원 이상		
가) 특별시 및 광역시		〃 42/1,000
나) 그 밖의 지역		〃 39/1,000
다. 저당권의 설정 및 이전	(가) 저당권 설정금액이 2천만원 이상인 경우만 해당한다. (나) 신탁 또는 신탁종료에 따라 수탁자 또는 위탁자에게 저당권을 이전하는 경우는 제외한다.	저당권 설정금액의 10/1,000. 다만, 매입금액이 10억원을 초과하는 경우에는 10억원으로 한다.
16. 화물자동차운송주선사업 허가		500,000
17. 자동차정비업 및 자동차매매업등록		
가. 자동차정비업등록(자동차종합정비업으로 한정한다)		
1) 특별시 및 광역시		100,000
2) 각 도청소재지		80,000
3) 그 밖의 지역		50,000
나. 자동차매매업등록		100,000
18. 국가, 지방자치단체 또는 제8조제1항에 따른 공공기관과의 건설공사도급계약	(가) 지방자치단체의 경우 지방자치단체의 교육, 과학, 기술, 체육, 그 밖의 학예에 관한 사무를 집행하는 기관만 해당한다. (나) 도급계약금이 5억원 이상인 경우만 해당하며, 설계변경 등으로 증액되거나 장기계속공사로서 5억원 이상이 되는 경우를 포함한다.	계약금액의 1/1,000
19. 「하천법」 제33조제1항제5호에 따른 토석 · 모래 · 자갈의 채취허가		점용료의 5/100
20. 카지노업허가		3,000,000

■ 공동주택 분양가격의 산정 등에 관한 규칙

〔별표1〕

주택건설에 투입되는 주요 건설자재(제7조제4항 관련)

(2022.7.15 개정)

연 번	건 설 자 재	단 위
1	레미콘	㎥
2	고강도 철근	ton
3	창호유리	㎡
4	강화합판 마루	㎡
5	알루미늄 거푸집	㎡

〔별표1의2〕

공공택지의 택지 공급가격에 가산하는 기간이자 산정방법(제8조제1항제3호 관련)

(2019.8.22 개정)

기간이자 = 납부한 택지대금 × 납부일부터 제1호에 따른 기간이자 인정기간(공급하려는 주택에 대한 사용검사 후 입주자모집공고를 하는 경우에는 납부일부터 사용검사일까지의 기간) × 금리

1. 기간이자 인정기간

구 분		인 정 기 간
택지비 비중	30퍼센트 이하	입주자모집공고일 이후 6개월
	30퍼센트 초과 ~ 40퍼센트 이하	입주자모집공고일 이후 9개월
	40퍼센트 초과	입주자모집공고일 이후 14개월

가. 위 표에서 "택지비 비중"이란 다음 계산식에 따라 산정한 비율(백분율)을 말한다.

$$\frac{\text{택지 공급가격}}{\text{총분양가격(택지비에 대한 기간이자는 제외한다)}} \times 100$$

나. 인정기간은 위 표에도 불구하고 다음의 구분에 따른 날을 초과할 수 없다.
 1) 「주택도시기금법 시행규칙」 제10조제1항에 따른 주택 건축공정률이 60퍼센트 이상 도달한 이후 입주자모집공고를 하는 경우 : 사용검사 예정일
 2) 그 밖의 경우 : 택지의 사용승낙일 또는 택지의 소유권을 확보한 날 중 빠른 날부터 18개월이 되는 날. 이 경우 대지의 사용승낙일 이후 문화재가 발굴되는 등 사업자에게 책임 없는 사유로 지연되는 기간으로서 사업승인권자가 승인하는 기간은 포함하지 않는다.

2. 금리
○ 예금은행 가중평균 1년 만기 정기예금금리 × 0.2 + (「주택도시기금법 시행령」 제21조제1항 제7호에 따른 주택사업금융보증을 받은 주택사업에 대한 금융기관의 대출금리 + 해당 금융보증의 심사등급 1등급의 보증료율) × 0.8

※ 정기예금금리 및 양도성예금증서 유통수익률은 납부일이 속하는 달의 한국은행 통화금융통계 금리를 기준으로 한다.

〔별표1의3〕

건축비 가산비용의 항목별 내용 및 산정방법(제14조제2항 관련)

(2019.8.22 개정)

1. 철근콘크리트 라멘구조(무량판구조를 포함한다), 철골철근콘크리트구조 또는 철골구조로 건축함에 따라 추가로 소요되는 비용으로서 국토교통부장관이 정하여 고시하는 산정기준 및 가산비율 등에 따라 산정하는 비용
2. 「건축법 시행령」 별표1 제2호가목에 해당하는 아파트 외의 형태로 건설·공급되는 공동주택에 테라스 등을 설치함에 따라 추가로 소요되는 비용으로서 국토교통부장관이 정하여 고시하는 산정기준 및 가산비율 등에 따라 산정하는 비용. 다만, 시장·군수 또는 구청장이 필요하다고 인정하는 금액으로 한정한다.
3. 법 제39조에 따라 공동주택성능에 대한 등급을 발급받은 경우나 소비자만족도 우수업체로 선정된 경우 추가로 인정되는 비용으로서 국토교통부장관이 정하여 고시하는 산정기준 및 가산비율 등에 따라 산정하는 비용
4. 주택건설사업계획의 승인에 부가되는 조건을 충족하기 위하여 추가되는 비용(사업계획승인권자로부터 사업계획에 포함하여 승인을 받은 비용으로 한정한다) 및 법정 최소 기준면적을 초과하여 설치한 복리시설(분양을 목적으로 건설하는 복리시설을 제외한다)의 설치비용
5. 인텔리전트설비(홈네트워크, 에어콘냉매배관, 집진청소시스템, 초고속통신특등급, 기계환기설비, 쓰레기이송설비, 「스마트도시 조성 및 산업진흥 등에 관한 법률」 제12조에 따른 사업시행자가 설치하는 같은 법 제2조제3호가목 및 나목에 따른 스마트도시기반시설로 한정한다)의 설치에 따라 추가로 소요되는 비용
6. 국토교통부장관이 층수, 높이 등을 고려하여 따로 정하여 고시하는 초고층주택으로서 시장·군수 또는 구청장이 설계의 특수성과 구조물의 안정성 확보를 위하여 필요하다고 인정하는 특수자재·설비 및 그 설치 등에 소요되는 비용
7. 임해(臨海)·매립지 등 입지특성으로 인하여 시장·군수 또는 구청장이 구조물의 방염 등에 필요하다고 인정하는 특수자재·설비 및 그 설치 등에 소요되는 비용
8. 사업주체가 해당 주택의 시공 및 분양에 필요하여 납부한 보증수수료
9. 공사비에 대한 다음 산식에 따라 산정한 기간이자. 다만, 「주택공급에 관한 규칙」 제15조에 따라 사업주체가 의무적으로 건축공정이 전체 공정의 일정 비율(이하 "공정률"이라 한다)에 달한 후 입주자를 모집하여야 하는 주택의 경우로 한정한다.

$$\text{기간이자} = \text{기본형 건축비} \times \text{공정률} \times \frac{1}{2} \times \text{착공일부터 입주자모집공고일(공급하려는 주택에 대한 사용검사 후 입주자모집공고를 하는 경우에는 사용검사일)까지의 기간} \times \text{「은행법」에 따라 설립된 금융기관의 1년 만기 정기예금 평균이자율로서 착공일이 속하는 달의 금리}$$

10. 법 제2조제21호에 따른 에너지절약형 친환경주택의 건설에 따라 추가로 드는 비용
11. 다음 각 목의 어느 하나에 해당하는 사람을 위한 주택의 건설에 따라 추가로 드는 비용
가. 65세 이상인 사람
나. 「장애인복지법」 제32조에 따라 장애인등록증이 발급된 사람
12. 「주택건설기준 등에 관한 규칙」 제6조의2제2호 단서에 따라 주차장 차로의 높이를 주차바닥면으로부터 2.7미터 이상으로 함에 따라 추가로 드는 비용
13. 그 밖에 주택건설과 관련된 법령, 조례 등의 제정 또는 개정으로 인하여 주택건설에 추가로 소요되는 비용

〔별표2〕

공공택지 공급주택 분양가격 공시항목(제15조제1항 관련)

(2019.3.21 개정)

항 목		세분류(62)
택지비(4)		택지공급가격
		기간이자
		필요적 경비
		그 밖의 비용
공사비(51)	토목(13)	토공사, 흙막이공사, 비탈면보호공사, 옹벽공사, 석축공사, 우수(雨水)·오수(汚水)공사, 공동구 공사, 지하저수조 및 급수공사, 도로포장공사, 교통안전 시설물 공사, 정화조시설공사, 조경공사, 부대시설공사
	건축(23)	공통가설공사, 가시설물공사, 지정 및 기초공사, 철골공사, 철근콘크리트 공사, 용접공사, 조적공사, 미장공사, 단열공사, 방수·방습공사, 목공사, 가구공사, 금속공사, 지붕 및 홈통공사, 창호공사, 유리공사, 타일공사, 돌공사, 도장공사, 도배공사, 수장(修粧)공사, 주방용구공사, 그 밖의 건축공사
	기계설비(9)	급수설비공사, 급탕설비공사, 오수·배수설비공사, 위생기구설비공사, 난방설비공사, 가스설비공사, 자동제어설비공사, 특수설비공사, 공조설비공사
	그 밖의 공종(4)	전기설비공사, 정보통신공사, 소방설비공사, 승강기공사
	그 밖의 공사비(2)	일반관리비, 이윤
간접비(6)		설계비, 감리비, 일반분양시설 경비, 분담금 및 부담금, 보상비, 그 밖의 사업비성 경비
그 밖의 비용(1)		제14조제2항에 따라 기본형건축비에 더해지는 비용

비고
1. 택지비 중 "택지공급가격"이란 택지개발사업자로부터 실제로 택지를 공급받은 가격을 말한다.
2. 택지비 중 "기간이자"란 택지를 공급받기 위하여 택지비의 일부 또는 전부를 납부한 경우 그 납부일부터 별표1의2에 따라 산정한 택지대금에 대한 이자를 말한다.
3. 택지비 중 "필요적 경비"란 제세공과금 등 택지 공급에 따른 필요적 경비를 말한다.
4. 택지비 중 "그 밖의 비용"이란 그 밖에 택지 공급가격에 더하는 비용을 말한다.

〔별표3〕

공공택지 외의 택지의 공급주택 분양가격 공시항목(제16조제1항 관련)

(2016.8.12 개정)

항 목	공 시 내 용
1. 택지비	법 제57조제3항에 따른 택지비
2. 직접공사비	주택건설공사를 시행하여 사용검사를 받을 때까지 발생되는 비용 중 주택단지에 설치되는 제반시설물의 시공을 위하여 투입되는 재료비, 직접노무비, 직접공사경비에 관한 비용
3. 간접공사비	주택건설공사를 시행하여 사용검사를 받을 때까지 발생하는 공사투입비용 중 공사현장관리비용, 법정경비, 일반관리에 관한 비용 및 이윤
4. 설계비	주택건설을 위하여 소요되는 설계에 관한 비용
5. 감리비	주택건설을 위하여 소요되는 감리에 관한 비용
6. 부대비	주택건설공사에 소요되는 총 비용 중 제2호부터 제5호까지의 비용 및 제7호에 따른 비용을 제외한 비용으로서 분양관련비용, 수도·가스·전기시설 인입비용, 건물보존 등기비 등을 합한 비용
7. 그 밖의 비용	제14조제2항에 따라 기본형건축비에 가산되는 비용

■ 건축법 시행령

〔별표1〕

용도별 건축물의 종류(제3조의5 관련)

(2023.9.12 개정)

1. 단독주택〔단독주택의 형태를 갖춘 가정어린이집·공동생활가정·지역아동센터·공동육아나눔터(「아이돌봄 지원법」 제19조에 따른 공동육아나눔터를 말한다. 이하 같다)·작은도서관(「도서관법」 제4조제2항제1호가목에 따른 작은도서관을 말하며, 해당 주택의 1층에 설치한 경우만 해당한다. 이하 같다) 및 노인복지시설(노인복지주택은 제외한다)을 포함한다〕
가. 단독주택
나. 다중주택 : 다음의 요건을 모두 갖춘 주택을 말한다.
1) 학생 또는 직장인 등 여러 사람이 장기간 거주할 수 있는 구조로 되어 있는 것
2) 독립된 주거의 형태를 갖추지 않은 것(각 실별로 욕실은 설치할 수 있으나, 취사시설은 설치하지 않은 것을 말한다)
3) 1개 동의 주택으로 쓰이는 바닥면적(부설 주차장 면적은 제외한다. 이하 같다)의 합계가 660제곱미터 이하이고 주택으로 쓰는 층수(지하층은 제외한다)가 3개 층 이하일 것. 다만, 1층의 전부 또는 일부를 필로티 구조로 하여 주차장으로 사용하고 나머지 부분을 주택(주거 목적으로 한정한다) 외의 용도로 쓰는 경우에는 해당 층을 주택의 층수에서 제외한다.
4) 적정한 주거환경을 조성하기 위하여 건축조례로 정하는 실별 최소 면적, 창문의 설치 및 크기 등의 기준에 적합할 것
다. 다가구주택 : 다음의 요건을 모두 갖춘 주택으로서 공동주택에 해당하지 아니하는 것을 말한다.
1) 주택으로 쓰는 층수(지하층은 제외한다)가 3개 층 이하일 것. 다만, 1층의 전부 또는 일부를 필로티 구조로 하여 주차장으로 사용하고 나머지 부분을 주택(주거 목적으로 한정한다) 외의 용도로 쓰는 경우에는 해당 층을 주택의 층수에서 제외한다.
2) 1개 동의 주택으로 쓰이는 바닥면적의 합계가 660제곱미터 이하일 것
3) 19세대(대지 내 동별 세대수를 합한 세대를 말한다) 이하가 거주할 수 있을 것
라. 공관(公館)
2. 공동주택〔공동주택의 형태를 갖춘 가정어린이집·공동생활가정·지역아동센터·공동육아나눔터·작은도서관·노인복지시설(노인복지주택은 제외한다) 및 「주택법 시행령」 제10조제1항제1호에 따른 소형 주택을 포함한다〕. 다만, 가목이나 나목에서 층수를 산정할 때 1층 전부를 필로티 구조로 하여 주차장으로 사용하는 경우에는 필로티 부분을 층수에서 제외하고, 다목에서 층수를 산정할 때 1층의 전부 또는 일부를 필로티 구조로 하여 주차장으로 사용하고 나머지 부분을 주택(주거 목적으로 한정한다) 외의 용도로 쓰는 경우에는 해당 층을 주택의 층수에서 제외하며, 가목부터 라목까지의 규정에서 층수를 산정할 때 지하층을 주택의 층수에서 제외한다.
가. 아파트 : 주택으로 쓰는 층수가 5개 층 이상인 주택
나. 연립주택 : 주택으로 쓰는 1개 동의 바닥면적(2개 이상의 동을 지하주차장으로 연결하는 경우에는 각각의 동으로 본다) 합계가 660제곱미터를 초과하고, 층수가 4개 층 이하인 주택
다. 다세대주택 : 주택으로 쓰는 1개 동의 바닥면적 합계가 660제곱미터 이하이고, 층수가 4개 층 이하인 주택(2개 이상의 동을 지하주차장으로 연결하는 경우에는 각각의 동으로 본다)
라. 기숙사 : 다음의 어느 하나에 해당하는 건축물로서 공간의 구성과 규모 등에 관하여 국토교통부장관이 정하여 고시하는 기준에 적합한 것. 다만, 구분소유된 개별 실(室)은 제외한다.
1) 일반기숙사 : 학교 또는 공장 등의 학생 또는 종업원 등을 위하여 사용하는 것으로서 해당 기숙사의 공동취사시설 이용 세대 수가 전체 세대 수(건축물의 일부를 기숙사로 사용하는 경우에는 기숙사로 사용하는 세대 수로 한다. 이하 같다)의 50퍼센트 이상인 것(「교육기본법」 제27조제2항에 따른 학생복지주택을 포함한다)
2) 임대형기숙사 : 「공공주택 특별법」 제4조에 따른 공공주택사업자 또는 「민간임대주택에 관한 특별법」 제2조제7호에 따른 임대사업자가 임대사업에 사용하는 것으로서 임대 목적으로 제공하는 실이 20실 이상이고 해당 기숙사의 공동취사시설 이용 세대 수가 전체 세대 수의 50퍼센트 이상인 것
3. 제1종 근린생활시설
가. 식품·잡화·의류·완구·서적·건축자재·의약품·의료기기 등 일용품을 판매하는 소매점으로서 같은 건축물(하나의 대지에 두 동 이상의 건축물이 있는 경우에는 이를 같은 건축물로 본다. 이하 같다)에 해당 용도로 쓰는 바닥면적의 합계가 1천 제곱미터 미만인 것
나. 휴게음식점, 제과점 등 음료·차(茶)·음식·빵·떡·과자 등을 조리하거나 제조하여 판매하는 시설(제4호너목 또는 제17호에 해당하는 것은 제외한다)로서 같은 건축물에 해당 용도로 쓰는 바닥면적의 합계가 300제곱미터 미만인 것
다. 이용원, 미용원, 목욕장, 세탁소 등 사람의 위생관리나 의류 등을 세탁·수선하는 시설(세탁소의 경우 공장에 부설되는 것과 「대기환경보전법」, 「물환경보전법」 또는 「소음·진동관리법」에 따른 배출시설의 설치 허가 또는 신고의 대상인 것은 제외한다)
라. 의원, 치과의원, 한의원, 침술원, 접골원(接骨院), 조산원, 안마원, 산후조리원 등 주민의 진료·치료 등을 위한 시설
마. 탁구장, 체육도장으로서 같은 건축물에 해당 용도로 쓰는 바닥면적의 합계가 500제곱미터 미만인 것
바. 지역자치센터, 파출소, 지구대, 소방서, 우체국, 방송국, 보건소, 공공도서관, 건강보험공단 사무소 등 주민의 편의를 위하여 공공업무를 수행하는 시설로서 같은 건축물에 해당 용도로 쓰는 바닥면적의 합계가 1천 제곱미터 미만인 것
사. 마을회관, 마을공동작업소, 마을공동구판장, 공중화장실, 대피소, 지역아동센터(단독주택과 공동주택에 해당하는 것은 제외한다) 등 주민이 공동으로 이용하는 시설
아. 변전소, 도시가스배관시설, 통신용 시설(해당 용도로 쓰는 바닥면적의 합계가 1천제곱미터 미만인 것에 한정한다), 정수장, 양수장 등 주민의 생활에 필요한 에너지공급·통신서비스제공이나 급수·배수와 관련된 시설

자. 금융업소, 사무소, 부동산중개사무소, 결혼상담소 등 소개업소, 출판사 등 일반업무시설로서 같은 건축물에 해당 용도로 쓰는 바닥면적의 합계가 30제곱미터 미만인 것
차. 전기자동차 충전소(해당 용도로 쓰는 바닥면적의 합계가 1천제곱미터 미만인 것으로 한정한다)
카. 동물병원, 동물미용실 및 「동물보호법」 제73조제1항제2호에 따른 동물위탁관리업을 위한 시설로서 같은 건축물에 해당 용도로 쓰는 바닥면적의 합계가 300제곱미터 미만인 것
4. 제2종 근린생활시설
가. 공연장(극장, 영화관, 연예장, 음악당, 서커스장, 비디오물감상실, 비디오물소극장, 그 밖에 이와 비슷한 것을 말한다. 이하 같다)으로서 같은 건축물에 해당 용도로 쓰는 바닥면적의 합계가 500제곱미터 미만인 것
나. 종교집회장[교회, 성당, 사찰, 기도원, 수도원, 수녀원, 제실(祭室), 사당, 그 밖에 이와 비슷한 것을 말한다. 이하 같다]으로서 같은 건축물에 해당 용도로 쓰는 바닥면적의 합계가 500제곱미터 미만인 것
다. 자동차영업소로서 같은 건축물에 해당 용도로 쓰는 바닥면적의 합계가 1천제곱미터 미만인 것
라. 서점(제1종 근린생활시설에 해당하지 않는 것)
마. 총포판매소
바. 사진관, 표구점
사. 청소년게임제공업소, 복합유통게임제공업소, 인터넷컴퓨터게임시설제공업소, 가상현실체험 제공업소, 그 밖에 이와 비슷한 게임 및 체험 관련 시설로서 같은 건축물에 해당 용도로 쓰는 바닥면적의 합계가 500제곱미터 미만인 것
아. 휴게음식점, 제과점 등 음료·차(茶)·음식·빵·떡·과자 등을 조리하거나 제조하여 판매하는 시설(너목 또는 제17호에 해당하는 것은 제외한다)로서 같은 건축물에 해당 용도로 쓰는 바닥면적의 합계가 300제곱미터 이상인 것
자. 일반음식점
차. 장의사, 동물병원, 동물미용실, 「동물보호법」 제73조제1항제2호에 따른 동물위탁관리업을 위한 시설, 그 밖에 이와 유사한 것(제1종 근린생활시설에 해당하는 것은 제외한다)
카. 학원(자동차학원·무도학원 및 정보통신기술을 활용하여 원격으로 교습하는 것은 제외한다), 교습소(자동차교습·무도교습 및 정보통신기술을 활용하여 원격으로 교습하는 것은 제외한다), 직업훈련소(운전·정비 관련 직업훈련소는 제외한다)로서 같은 건축물에 해당 용도로 쓰는 바닥면적의 합계가 500제곱미터 미만인 것
타. 독서실, 기원
파. 테니스장, 체력단련장, 에어로빅장, 볼링장, 당구장, 실내낚시터, 골프연습장, 놀이형시설(「관광진흥법」에 따른 기타유원시설업의 시설로서 국토교통부장관이 정하여 고시하는 요건을 갖춘 시설을 말한다. 이하 같다) 등 주민의 체육 활동을 위한 시설(제3호마목의 시설은 제외한다)로서 같은 건축물에 해당 용도로 쓰는 바닥면적의 합계가 500제곱미터 미만인 것
하. 금융업소, 사무소, 부동산중개사무소, 결혼상담소 등 소개업소, 출판사 등 일반업무시설로서 같은 건축물에 해당 용도로 쓰는 바닥면적의 합계가 500제곱미터 미만인 것(제1종 근린생활시설에 해당하는 것은 제외한다)
거. 다중생활시설(「다중이용업소의 안전관리에 관한 특별법」에 따른 다중이용업 중 고시원업의 시설로서 국토교통부장관이 고시하는 기준과 그 기준에 위배되지 않는 범위에서 적정한 주거환경을 조성하기 위하여 건축조례로 정하는 실별 최소 면적, 창문의 설치 및 크기 등의 기준에 적합한 것을 말한다. 이하 같다)로서 같은 건축물에 해당 용도로 쓰는 바닥면적의 합계가 500제곱미터 미만인 것
너. 제조업소, 수리점 등 물품의 제조·가공·수리 등을 위한 시설로서 같은 건축물에 해당 용도로 쓰는 바닥면적의 합계가 500제곱미터 미만이고, 다음 요건 중 어느 하나에 해당하는 것
1) 「대기환경보전법」, 「물환경보전법」 또는 「소음·진동관리법」에 따른 배출시설의 설치 허가 또는 신고의 대상이 아닌 것
2) 「물환경보전법」 제33조제1항 본문에 따라 폐수배출시설의 설치 허가를 받거나 신고해야 하는 시설로서 발생되는 폐수를 전량 위탁처리하는 것
더. 단란주점으로서 같은 건축물에 해당 용도로 쓰는 바닥면적의 합계가 150제곱미터 미만인 것
러. 안마시술소, 노래연습장
5. 문화 및 집회시설
가. 공연장으로서 제2종 근린생활시설에 해당하지 아니하는 것
나. 집회장[예식장, 공회당, 회의장, 마권(馬券) 장외 발매소, 마권 전화투표소, 그 밖에 이와 비슷한 것을 말한다]으로서 제2종 근린생활시설에 해당하지 아니하는 것
다. 관람장(경마장, 경륜장, 경정장, 자동차 경기장, 그 밖에 이와 비슷한 것과 체육관 및 운동장으로서 관람석의 바닥면적의 합계가 1천 제곱미터 이상인 것을 말한다)
라. 전시장(박물관, 미술관, 과학관, 문화관, 체험관, 기념관, 산업전시장, 박람회장, 그 밖에 이와 비슷한 것을 말한다)
마. 동·식물원(동물원, 식물원, 수족관, 그 밖에 이와 비슷한 것을 말한다)
6. 종교시설
가. 종교집회장으로서 제2종 근린생활시설에 해당하지 아니하는 것
나. 종교집회장(제2종 근린생활시설에 해당하지 아니하는 것을 말한다)에 설치하는 봉안당(奉安堂)
7. 판매시설
가. 도매시장(「농수산물유통 및 가격안정에 관한 법률」에 따른 농수산물도매시장, 농수산물공판장, 그 밖에 이와 비슷한 것을 말하며, 그 안에 있는 근린생활시설을 포함한다)
나. 소매시장(「유통산업발전법」 제2조제3호에 따른 대규모 점포, 그 밖에 이와 비슷한 것을 말하며, 그 안에 있는 근린생활시설을 포함한다)
다. 상점(그 안에 있는 근린생활시설을 포함한다)으로서 다음의 요건 중 어느 하나에 해당하는 것
1) 제3호가목에 해당하는 용도(서점은 제외한다)로서 제1종 근린생활시설에 해당하지 아니하는 것
2) 「게임산업진흥에 관한 법률」 제2조제6호의2가목에 따른 청소년게임제공업의 시설, 같은 호 나목에 따른 일반게임제공업의 시설, 같은 조 제7호에 따른 인터넷컴퓨터게임시설제공업의 시설 및 같은 조 제8호에 따른 복합유통게임제공업의 시설로서 제2종 근린생활시설에 해당하지 아니하는 것
8. 운수시설
가. 여객자동차터미널
나. 철도시설
다. 공항시설
라. 항만시설
마. 그 밖에 가목부터 라목까지의 규정에 따른 시설과 비슷한 시설
9. 의료시설
가. 병원(종합병원, 병원, 치과병원, 한방병원, 정신병원 및 요양병원을 말한다)
나. 격리병원(전염병원, 마약진료소, 그 밖에 이와 비슷한 것을 말한다)
10. 교육연구시설(제2종 근린생활시설에 해당하는 것은 제외한다)
가. 학교(유치원, 초등학교, 중학교, 고등학교, 전문대학, 대학, 대학교, 그 밖에 이에 준하는 각종 학교를 말한다)
나. 교육원(연수원, 그 밖에 이와 비슷한 것을 포함한다)
다. 직업훈련소(운전 및 정비 관련 직업훈련소는 제외한다)
라. 학원(자동차학원·무도학원 및 정보통신기술을 활용하여 원격으로 교습하는 것은 제외한다), 교습소(자동차교습·무도교습 및 정보통신기술을 활용하여 원격으로 교습하는 것은 제외한다)
마. 연구소(연구소에 준하는 시험소와 계측계량소를 포함한다)
바. 도서관
11. 노유자시설
가. 아동 관련 시설(어린이집, 아동복지시설, 그 밖에 이와 비슷한 것으로서 단독주택, 공동주택 및 제1종 근린생활시설에 해당하지 아니하는 것을 말한다)
나. 노인복지시설(단독주택과 공동주택에 해당하지 아니하는 것을 말한다)
다. 그 밖에 다른 용도로 분류되지 아니한 사회복지시설 및 근로복지시설
12. 수련시설
가. 생활권 수련시설(「청소년활동진흥법」에 따른 청소년수련관, 청소년문화의집, 청소년특화시설, 그 밖에 이와 비슷한 것을 말한다)
나. 자연권 수련시설(「청소년활동진흥법」에 따른 청소년수련원, 청소년야영장, 그 밖에 이와 비슷한 것을 말한다)
다. 「청소년활동진흥법」에 따른 유스호스텔
라. 「관광진흥법」에 따른 야영장 시설로서 제29호에 해당하지 아니하는 시설
13. 운동시설
가. 탁구장, 체육도장, 테니스장, 체력단련장, 에어로빅장, 볼링장, 당구장, 실내낚시터, 골프연습장, 놀이형시설, 그 밖에 이와 비슷한 것으로서 제1종 근린생활시설 및 제2종 근린생활시설에 해당하지 아니하는 것
나. 체육관으로서 관람석이 없거나 관람석의 바닥면적이 1천제곱미터 미만인 것
다. 운동장(육상장, 구기장, 볼링장, 수영장, 스케이트장, 롤러스케이트장, 승마장, 사격장, 궁도장, 골프장 등과 이에 딸린 건축물을 말한다)으로서 관람석이 없거나 관람석의 바닥면적이 1천제곱미터 미만인 것
14. 업무시설
가. 공공업무시설 : 국가 또는 지방자치단체의 청사와 외국공관의 건축물로서 제1종 근린생활시설에 해당하지 아니하는 것
나. 일반업무시설 : 다음 요건을 갖춘 업무시설을 말한다.
1) 금융업소, 사무소, 결혼상담소 등 소개업소, 출판사, 신문사, 그 밖에 이와 비슷한 것으로서 제1종 근린생활시설 및 제2종 근린생활시설에 해당하지 않는 것
2) 오피스텔(업무를 주로 하며, 분양하거나 임대하는 구획 중 일부 구획에서 숙식을 할 수 있도록 한 건축물로서 국토교통부장관이 고시하는 기준에 적합한 것을 말한다)
15. 숙박시설
가. 일반숙박시설 및 생활숙박시설(「공중위생관리법」 제3조제1항 전단에 따라 숙박업 신고를 해야 하는 시설로서 국토교통부장관이 정하여 고시하는 요건을 갖춘 시설을 말한다)
나. 관광숙박시설(관광호텔, 수상관광호텔, 한국전통호텔, 가족호텔, 호스텔, 소형호텔, 의료관광호텔 및 휴양 콘도미니엄)
다. 다중생활시설(제2종 근린생활시설에 해당하지 아니하는 것을 말한다)
라. 그 밖에 가목부터 다목까지의 시설과 비슷한 것
16. 위락시설
가. 단란주점으로서 제2종 근린생활시설에 해당하지 아니하는 것
나. 유흥주점이나 그 밖에 이와 비슷한 것
다. 「관광진흥법」에 따른 유원시설업의 시설, 그 밖에 이와 비슷한 시설(제2종 근린생활시설과 운동시설에 해당하는 것은 제외한다)
라. (2010.2.18 삭제)
마. 무도장, 무도학원
바. 카지노영업소
17. 공장
물품의 제조·가공[염색·도장(塗裝)·표백·재봉·건조·인쇄 등을 포함한다] 또는 수리에 계속적으로 이용되는 건축물로서 제1종 근린생활시설, 제2종 근린생활시설, 위험물저장 및 처리시설, 자동차 관련 시설, 자원순환 관련 시설 등으로 따로 분류되지 아니한 것
18. 창고시설(위험물 저장 및 처리 시설 또는 그 부속용도에 해당하는 것은 제외한다)
가. 창고(물품저장시설로서 「물류정책기본법」에 따른 일반창고와 냉장 및 냉동 창고를 포함한다)
나. 하역장
다. 「물류시설의 개발 및 운영에 관한 법률」에 따른 물류터미널
라. 집배송 시설
19. 위험물 저장 및 처리 시설
「위험물안전관리법」, 「석유 및 석유대체연료 사업법」, 「도시가스사업법」, 「고압가스 안전관리법」, 「액화석유가스의 안전관리 및 사업법」, 「총포·도검·화약류 등 단속법」, 「화학물질 관리법」 등에 따라 설치 또는 영업의 허가를 받아야 하는 건축물로서 다음 각 목의 어느 하나에 해당하는 것. 다만, 자가난방, 자가발전, 그 밖에 이와 비슷한 목적으로 쓰는 저장시설은 제외한다.
가. 주유소(기계식 세차설비를 포함한다) 및 석유 판매소
나. 액화석유가스 충전소·판매소·저장소(기계식 세차설비를 포함한다)
다. 위험물 제조소·저장소·취급소
라. 액화가스 취급소·판매소
마. 유독물 보관·저장·판매시설
바. 고압가스 충전소·판매소·저장소
사. 도료류 판매소
아. 도시가스 제조시설
자. 화약류 저장소
차. 그 밖에 가목부터 자목까지의 시설과 비슷한 것
20. 자동차 관련 시설(건설기계 관련 시설을 포함한다)
가. 주차장
나. 세차장
다. 폐차장
라. 검사장
마. 매매장
바. 정비공장
사. 운전학원 및 정비학원(운전 및 정비 관련 직업훈련시설을 포함한다)
아. 「여객자동차 운수사업법」, 「화물자동차 운수사업법」 및 「건설기계관리법」에 따른 차고 및 주기장(駐機場)
자. 전기자동차 충전소로서 제1종 근린생활시설에 해당하지 않는 것
21. 동물 및 식물 관련 시설
가. 축사(양잠·양봉·양어·양돈·양계·곤충사육 시설 및 부화장 등을 포함한다)
나. 가축시설[가축용 운동시설, 인공수정센터, 관리사(管理舍), 가축용 창고, 가축시장, 동물검역소, 실험동물 사육시설, 그 밖에 이와 비슷한 것을 말한다]
다. 도축장
라. 도계장
마. 작물 재배사
바. 종묘배양시설
사. 화초 및 분재 등의 온실
아. 동물 또는 식물과 관련된 가목부터 사목까지의 시설과 비슷한 것(동·식물원은 제외한다)
22. 자원순환 관련 시설
가. 하수 등 처리시설
나. 고물상
다. 폐기물재활용시설
라. 폐기물 처분시설
마. 폐기물감량화시설
23. 교정시설(제1종 근린생활시설에 해당하는 것은 제외한다)
가. 교정시설(보호감호소, 구치소 및 교도소를 말한다)
나. 갱생보호시설, 그 밖에 범죄자의 갱생·보육·교육·보건 등의 용도로 쓰는 시설
다. 소년원 및 소년분류심사원
라. (2023.5.15 삭제)
23의2. 국방·군사시설(제1종 근린생활시설에 해당하는 것은 제외한다)
「국방·군사시설 사업에 관한 법률」에 따른 국방·군사시설
24. 방송통신시설(제1종 근린생활시설에 해당하는 것은 제외한다)
가. 방송국(방송프로그램 제작시설 및 송신·수신·중계시설을 포함한다)
나. 전신전화국
다. 촬영소
라. 통신용 시설
마. 데이터센터
바. 그 밖에 가목부터 마목까지의 시설과 비슷한 것
25. 발전시설
발전소(집단에너지 공급시설을 포함한다)로 사용되는 건축물로서 제1종 근린생활시설에 해당하지 아니하는 것

26. 묘지 관련 시설
가. 화장시설
나. 봉안당(종교시설에 해당하는 것은 제외한다)
다. 묘지와 자연장지에 부수되는 건축물
라. 동물화장시설, 동물건조장(乾燥葬)시설 및 동물 전용의 납골시설
27. 관광 휴게시설
가. 야외음악당
나. 야외극장
다. 어린이회관
라. 관망탑
마. 휴게소
바. 공원 · 유원지 또는 관광지에 부수되는 시설
28. 장례시설
가. 장례식장[의료시설의 부수시설(「의료법」 제36조제1호에 따른 의료기관의 종류에 따른 시설을 말한다)에 해당하는 것은 제외한다]
나. 동물 전용의 장례식장
29. 야영장 시설
「관광진흥법」에 따른 야영장 시설로서 관리동, 화장실, 샤워실, 대피소, 취사시설 등의 용도로 쓰는 바닥면적의 합계가 300제곱미터 미만인 것

비고
1. 제3호 및 제4호에서 "해당 용도로 쓰는 바닥면적"이란 부설 주차장 면적을 제외한 실(實) 사용면적에 공용부분 면적(복도, 계단, 화장실 등의 면적을 말한다)을 비례 배분한 면적을 합한 면적을 말한다.
2. 비고 제1호에 따라 "해당 용도로 쓰는 바닥면적"을 산정할 때 건축물의 내부를 여러 개의 부분으로 구분하여 독립한 건축물로 사용하는 경우에는 그 구분된 면적 단위로 바닥면적을 산정한다. 다만, 다음 각 목에 해당하는 경우에는 각 목에서 정한 기준에 따른다.
가. 제4호더목에 해당하는 건축물의 경우에는 내부가 여러 개의 부분으로 구분되어 있더라도 해당 용도로 쓰는 바닥면적을 모두 합산하여 산정한다.
나. 동일인이 둘 이상의 구분된 건축물을 같은 세부 용도로 사용하는 경우에는 연접되어 있지 않더라도 이를 모두 합산하여 산정한다.
다. 구분 소유자(임차인을 포함한다)가 다른 경우에도 구분된 건축물을 같은 세부 용도로 연계하여 함께 사용하는 경우(통로, 창고 등을 공동으로 활용하는 경우 또는 명칭의 일부를 동일하게 사용하여 홍보하거나 관리하는 경우 등을 말한다)에는 연접되어 있지 않더라도 연계하여 함께 사용하는 바닥면적을 모두 합산하여 산정한다.
3. 「청소년 보호법」 제2조제5호가목8) 및 9)에 따라 여성가족부장관이 고시하는 청소년 출입 · 고용금지업의 영업을 위한 시설은 제1종 근린생활시설 및 제2종 근린생활시설에서 제외하되, 위 표에 따른 다른 용도의 시설로 분류되지 않는 경우에는 제16호에 따른 위락시설로 분류한다.
4. 국토교통부장관은 별표1 각 호의 용도별 건축물의 종류에 관한 구체적인 범위를 정하여 고시할 수 있다.

〔별표2〕

대지의 공지 기준(제80조의2 관련)

(2021.11.2 개정)

1. 건축선으로부터 건축물까지 띄어야 하는 거리

대상 건축물	건축조례에서 정하는 건축기준
가. 해당 용도로 쓰는 바닥면적의 합계가 500제곱미터 이상인 공장(전용공업지역, 일반공업지역 또는 「산업입지 및 개발에 관한 법률」에 따른 산업단지에 건축하는 공장은 제외한다)으로서 건축조례로 정하는 건축물	• 준공업지역 : 1.5미터 이상 6미터 이하 • 준공업지역 외의 지역 : 3미터 이상 6미터 이하
나. 해당 용도로 쓰는 바닥면적의 합계가 500제곱미터 이상인 창고(전용공업지역, 일반공업지역 또는 「산업입지 및 개발에 관한 법률」에 따른 산업단지에 건축하는 창고는 제외한다)로서 건축조례로 정하는 건축물	• 준공업지역 : 1.5미터 이상 6미터 이하 • 준공업지역 외의 지역 : 3미터 이상 6미터 이하
다. 해당 용도로 쓰는 바닥면적의 합계가 1,000제곱미터 이상인 판매시설, 숙박시설(일반숙박시설은 제외한다), 문화 및 집회시설(전시장 및 동 · 식물원은 제외한다) 및 종교시설	• 3미터 이상 6미터 이하
라. 다중이 이용하는 건축물로서 건축조례로 정하는 건축물	• 3미터 이상 6미터 이하
마. 공동주택	• 아파트 : 2미터 이상 6미터 이하 • 연립주택 : 2미터 이상 5미터 이하 • 다세대주택 : 1미터 이상 4미터 이하
바. 그 밖에 건축조례로 정하는 건축물	• 1미터 이상 6미터 이하(한옥의 경우에는 처마선 2미터 이하, 외벽선 1미터 이상 2미터 이하)

2. 인접 대지경계선으로부터 건축물까지 띄어야 하는 거리

대상 건축물	건축조례에서 정하는 건축기준
가. 전용주거지역에 건축하는 건축물(공동주택은 제외한다)	• 1미터 이상 6미터 이하(한옥의 경우에는 처마선 2미터 이하, 외벽선 1미터 이상 2미터 이하)
나. 해당 용도로 쓰는 바닥면적의 합계가 500제곱미터 이상인 공장(전용공업지역, 일반공업지역 또는 「산업입지 및 개발에 관한 법률」에 따른 산업단지에 건축하는 공장은 제외한다)으로서 건축조례로 정하는 건축물	• 준공업지역 : 1미터 이상 6미터 이하 • 준공업지역 외의 지역 : 1.5미터 이상 6미터 이하
다. 상업지역이 아닌 지역에 건축하는 건축물로서 해당 용도로 쓰는 바닥면적의 합계가 1,000제곱미터 이상인 판매시설, 숙박시설(일반숙박시설은 제외한다), 문화 및 집회시설(전시장 및 동 · 식물원은 제외한다) 및 종교시설	• 1.5미터 이상 6미터 이하
라. 다중이 이용하는 건축물(상업지역에 건축하는 건축물로서 스프링클러나 그 밖에 이와 비슷한 자동식 소화설비를 설치한 건축물은 제외한다)로서 건축조례로 정하는 건축물	• 1.5미터 이상 6미터 이하
마. 공동주택(상업지역에 건축하는 공동주택으로서 스프링클러나 그 밖에 이와 비슷한 자동식 소화설비를 설치한 공동주택은 제외한다)	• 아파트 : 2미터 이상 6미터 이하 • 연립주택 : 1.5미터 이상 5미터 이하 • 다세대주택 : 0.5미터 이상 4미터 이하
바. 그 밖에 건축조례로 정하는 건축물	• 0.5미터 이상 6미터 이하(한옥의 경우에는 처마선 2미터 이하, 외벽선 1미터 이상 2미터 이하)

비고
1) 제1호가목 및 제2호나목에 해당하는 건축물 중 법 제11조에 따른 허가를 받거나 법 제14조에 따른 신고를 하고 2009년 7월 1일부터 2015년 6월 30일까지, 2016년 7월 1일부터 2019년 6월 30일까지 또는 2021년 11월 2일부터 2024년 11월 1일까지 법 제21조에 따른 착공신고를 하는 건축물에 대해서는 건축조례로 정하는 건축기준을 2분의 1로 완화하여 적용한다.
2) 제1호에 해당하는 건축물(별표1 제1호, 제2호 및 제17호부터 제19호까지의 건축물은 제외한다)이 너비가 20미터 이상인 도로를 포함하여 2개 이상의 도로에 접한 경우로서 너비가 20미터 이상인 도로(도로와 접한 공공공지 및 녹지를 포함한다)면에 접한 건축물에 대해서는 건축선으로부터 건축물까지 띄어야 하는 거리를 적용하지 않는다.
3) 제1호에 따른 건축물의 부속용도에 해당하는 건축물에 대해서는 주된 용도에 적용되는 대지의 공지 기준 범위에서 건축조례로 정하는 바에 따라 완화하여 적용할 수 있다. 다만, 최소 0.5미터 이상은 띄어야 한다.

〔별표3〕

특별건축구역의 특례사항 적용 대상 건축물(제106조제2항 관련)

(2021.1.8 개정)

용 도	규 모 (연면적, 세대 또는 동)
1. 문화 및 집회시설, 판매시설, 운수시설, 의료시설, 교육연구시설, 수련시설	2천제곱미터 이상
2. 운동시설, 업무시설, 숙박시설, 관광 휴게시설, 방송통신시설	3천제곱미터 이상
3. 종교시설	
4. 노유자시설	5백제곱미터 이상
5. 공동주택(주거용 외의 용도와 복합된 건축물을 포함한다)	100세대 이상
6. 단독주택 가. 「한옥 등 건축자산의 진흥에 관한 법률」 제2조제2호 또는 제3호의 한옥 또는 한옥건축양식의 단독주택 나. 그 밖의 단독주택	 1) 10동 이상 2) 30동 이상
7. 그 밖의 용도	1천제곱미터 이상

비고
1. 위 표의 용도에 해당하는 건축물은 허가권자가 인정하는 비슷한 용도의 건축물을 포함한다.
2. 용도가 복합된 건축물의 경우에는 해당 용도의 연면적 합계가 기준 연면적을 합한 값 이상이어야 한다. 이 경우 공동주택과 주거용 외의 용도가 복합된 건축물의 경우에는 각각 해당 용도의 연면적 또는 세대 기준에 적합해야 한다.
3. 위 표 제6호가목의 건축물에는 허가권자가 인정하는 범위에서 단독주택 외의 용도로 쓰는 한옥 또는 한옥건축양식의 건축물을 일부 포함할 수 있다.

〔별표4〕~〔별표14〕 (2000.6.27 삭제)

〔별표14의2〕~〔별표14의3〕 (1999.4.30 삭제)

〔별표15〕

이행강제금의 산정기준(제115조의2제2항 관련)

(2020.10.8 개정)

위 반 건 축 물	해 당 법조문	이행강제금의 금액
1. 허가를 받지 않거나 신고를 하지 않고 제3조의2제8호에 따른 증설 또는 해체로 대수선을 한 건축물	법 제11조, 법 제14조	시가표준액의 100분의 10에 해당하는 금액
1의2. 허가를 받지 아니하거나 신고를 하지 아니하고 용도변경을 한 건축물	법 제19조	허가를 받지 아니하거나 신고를 하지 아니하고 용도변경을 한 부분의 시가표준액의 100분의 10에 해당하는 금액
2. 사용승인을 받지 아니하고 사용 중인 건축물	법 제22조	시가표준액의 100분의 2에 해당하는 금액
3. 대지의 조경에 관한 사항을 위반한 건축물	법 제42조	시가표준액(조경의무를 위반한 면적에 해당하는 바닥면적의 시가표준액)의 100분의 10에 해당하는 금액
4. 건축선에 적합하지 아니한 건축물	법 제47조	시가표준액의 100분의 10에 해당하는 금액
5. 구조내력기준에 적합하지 아니한 건축물	법 제48조	시가표준액의 100분의 10에 해당하는 금액
6. 피난시설, 건축물의 용도 · 구조의 제한, 방화구획, 계단, 거실의 반자 높이, 거실의 채광 · 환기와 바닥의 방습 등이 법령등의 기준에 적합하지 아니한 건축물	법 제49조	시가표준액의 100분의 10에 해당하는 금액
7. 내화구조 및 방화벽이 법령등의 기준에 적합하지 아니한 건축물	법 제50조	시가표준액의 100분의 10에 해당하는 금액
8. 방화지구 안의 건축물에 관한 법령등의 기준에 적합하지 아니한 건축물	법 제51조	시가표준액의 100분의 10에 해당하는 금액
9. 법령등에 적합하지 않은 마감재료를 사용한 건축물	법 제52조	시가표준액의 100분의 10에 해당하는 금액
10. 높이 제한을 위반한 건축물	법 제60조	시가표준액의 100분의 10에 해당하는 금액
11. 일조 등의 확보를 위한 높이 제한을 위반한 건축물	법 제61조	시가표준액의 100분의 10에 해당하는 금액
12. 건축설비의 설치 · 구조에 관한 기준과 그 설계 및 공사감리에 관한 법령등의 기준을 위반한 건축물	법 제62조	시가표준액의 100분의 10에 해당하는 금액
13. 그 밖에 이 법 또는 이 법에 따른 명령이나 처분을 위반한 건축물		시가표준액의 100분의 3 이하로서 위반행위의 종류에 따라 건축조례로 정하는 금액(건축조례로 규정하지 아니한 경우에는 100분의 3으로 한다)

〔별표16〕

과태료의 부과기준(제121조 관련)

(2021.12.21 개정)

1. 일반기준
가. 위반행위의 횟수에 따른 과태료의 가중된 부과기준은 최근 1년간 같은 위반행위로 과태료 부과처분을 받은 경우에 적용한다. 이 경우 기간의 계산은 위반행위에 대하여 과태료 부과처분을 받은 날과 그 처분 후 다시 같은 위반행위를 하여 적발된 날을 기준으로 한다.
나. 과태료 부과 시 위반행위가 둘 이상인 경우에는 부과금액이 많은 과태료를 부과한다.
다. 부과권자는 위반행위의 정도, 동기와 그 결과 등을 고려하여 제2호에 따른 과태료 금액의 2분의 1 범위에서 그 금액을 늘릴 수 있다. 다만, 과태료를 늘려 부과하는 경우에도 법 제113조 제1항부터 제3항까지의 규정에 따른 과태료 금액의 상한을 넘을 수 없다.
라. 부과권자는 다음의 어느 하나에 해당하는 경우에는 제2호에 따른 과태료 금액의 2분의 1 범위에서 그 금액을 줄일 수 있다. 다만, 과태료를 체납하고 있는 위반행위자의 경우에는 그 금액을 줄일 수 없으며, 감경 사유가 여러 개 있는 경우라도 감경의 범위는 과태료 금액의 2분의 1을 넘을 수 없다.
1) (2020.10.8 삭제)
2) 위반행위가 사소한 부주의나 오류 등으로 인한 것으로 인정되는 경우
3) 위반행위자가 법 위반상태를 바로 정정하거나 시정하여 해소한 경우
4) 그 밖에 위반행위의 정도, 동기와 그 결과 등을 고려하여 줄일 필요가 있다고 인정되는 경우

2. 개별기준

(단위 : 만원)

위 반 행 위	근 거 법조문	과태료 금액		
		1차 위반	2차 위반	3차 이상 위반
가. 법 제19조제3항에 따른 건축물대장 기재내용의 변경을 신청하지 않은 경우	법 제113조 제1항제1호	50	100	200
나. 법 제24조제2항을 위반하여 공사현장에 설계도서를 갖추어 두지 않은 경우	법 제113조 제1항제2호	50	100	200
다. 법 제24조제5항을 위반하여 건축허가 표지판을 설치하지 않은 경우	법 제113조 제1항제3호	50	100	200
라. 법 제24조제6항 후단을 위반하여 공정 및 안전 관리 업무를 수행하지 않거나 공사 현장을 이탈한 경우	법 제113조 제3항	20	30	50
마. 법 제52조의3제2항 및 제52조의6제4항에 따른 점검을 거부·방해 또는 기피한 경우	법 제113조 제1항제4호	50	100	200
바. 공사감리자가 법 제25조제4항을 위반하여 보고를 하지 않은 경우	법 제113조 제2항제1호	30	60	100
사. 법 제27조제2항에 따른 보고를 하지 않은 경우	법 제113조 제2항제2호	30	60	100
아.~자. (2020.4.28 삭제)				
차. 법 제48조의3제1항 본문에 따른 공개를 하지 아니한 경우	법 제113조 제1항제5호	50	100	200
카. 건축주, 소유자 또는 관리자가 법 제77조제2항을 위반하여 모니터링에 필요한 사항에 협조하지 않은 경우	법 제113조 제2항제6호	30	60	100
타. (2020.4.28 삭제)				
파. 법 제87조제1항에 따른 자료의 제출 또는 보고를 하지 않거나 거짓 자료를 제출하거나 거짓 보고를 한 경우	법 제113조 제2항제9호	30	60	100

■ 건축물의 설비기준 등에 관한 규칙

〔별표1〕 ➡ 〔별표1의7〕로 이동

〔별표1의2〕

승용승강기의 설치기준(제5조 본문 관련)

(2013.9.2 개정)

건축물의 용도 \ 6층 이상의 거실 면적의 합계	3천 제곱미터 이하	3천제곱미터 초과
1. 가. 문화 및 집회시설(공연장·집회장 및 관람장만 해당한다) 나. 판매시설 다. 의료시설	2대	2대에 3천제곱미터를 초과하는 2천제곱미터 이내마다 1대를 더한 대수
2. 가. 문화 및 집회시설(전시장 및 동·식물원만 해당한다) 나. 업무시설 다. 숙박시설 라. 위락시설	1대	1대에 3천제곱미터를 초과하는 2천제곱미터 이내마다 1대를 더한 대수
3. 가. 공동주택 나. 교육연구시설 다. 노유자시설 라. 그 밖의 시설	1대	1대에 3천제곱미터를 초과하는 3천제곱미터 이내마다 1대를 더한 대수

비고
1. 위 표에 따라 승강기의 대수를 계산할 때 8인승 이상 15인승 이하의 승강기는 1대의 승강기로 보고, 16인승 이상의 승강기는 2대의 승강기로 본다.
2. 건축물의 용도가 복합된 경우 승용승강기의 설치기준은 다음 각 목의 구분에 따른다.
가. 둘 이상의 건축물의 용도가 위 표에 따른 같은 호에 해당하는 경우 : 하나의 용도에 해당하는 건축물로 보아 6층 이상의 거실면적의 총합계를 기준으로 설치하여야 하는 승용승강기 대수를 산정한다.
나. 둘 이상의 건축물의 용도가 위 표에 따른 둘 이상의 호에 해당하는 경우 : 다음의 기준에 따라 산정한 승용승강기 대수 중 적은 대수
1) 각각의 건축물 용도에 따라 산정한 승용승강기 대수를 합산한 대수. 이 경우 둘 이상의 건축물의 용도가 같은 호에 해당하는 경우에는 가목에 따라 승용승강기 대수를 산정한다.
2) 각각의 건축물 용도별 6층 이상의 거실 면적을 모두 합산한 면적을 기준으로 각각의 건축물 용도별 승용승강기 설치기준 중 가장 강한 기준을 적용하여 산정한 대수

〔별표1의3〕

자연환기설비 설치 길이 산정방법 및 설치 기준(제11조제2항 관련)

(2021.8.27 개정)

1. 설치 대상 세대의 체적 계산
- 필요한 환기횟수를 만족시킬 수 있는 환기량을 산정하기 위하여, 자연환기설비를 설치하고자 하는 공동주택 단위세대의 전체 및 실별 체적을 계산한다.

2. 단위세대 전체와 실별 설치길이 계산식 설치기준
- 자연환기설비의 단위세대 전체 및 실별 설치길이는 한국산업표준의 자연환기설비 환기성능 시험방법(KSF 2921)에서 규정하고 있는 자연환기설비의 환기량 측정장치에 의한 평가 결과를 이용하여 다음 식에 따라 계산된 설치길이 L값 이상으로 설치하여야 하며 세대 및 실 특성별 가중치가 고려되어야 한다.

$$L = \frac{V \times N}{Q_{ref}} \times F$$

여기에서, L : 세대 전체 또는 실별 설치길이(유효 개구부길이 기준, m)
V : 세대 전체 또는 실 체적(m^3)
N : 필요 환기횟수(0.5회/h)
Q_{ref} : 자연환기설비의 환기량 측정장치에 의해 평가된 기준 압력차 (2Pa)에서의 환기량($m^3/h \cdot m$)
F : 세대 및 실 특성별 가중치**

비고
* 일반적으로 창틀에 접합되는 부분(endcap)과 실제로 공기유입이 이루어지는 개구부 부분으로 구성되는 자연환기설비에서, 유효 개구부길이(설치길이)는 창틀과 결합되는 부분을 제외한 실제 개구부 부분을 기준으로 계산한다.
** 주동형태 및 단위세대의 설계조건을 고려한 세대 및 실 특성별 가중치는 다음과 같다.

구 분	조 건	가중치
세대 조건	1면이 외부에 면하는 경우	1.5
	2면이 외부에 평행하게 면하는 경우	1
	2면이 외부에 평행하지 않게 면하는 경우	1.2
	3면 이상이 외부에 면하는 경우	1
실 조건	대상 실이 외부에 직접 면하는 경우	1
	대상 실이 외부에 직접 면하지 않는 경우	1.5

단, 세대조건과 실 조건이 겹치는 경우에는 가중치가 높은 쪽을 적용하는 것을 원칙으로 한다.
*** 일방향으로 길게 설치하는 형태가 아닌 원형, 사각형 등에는 상기의 계산식을 적용할 수 없으며, 지방건축위원회의 심의를 거쳐야 한다.

〔별표1의4〕

신축공동주택등의 자연환기설비 설치 기준(제11조제3항 관련)

(2020.4.9 개정)

제11조제1항에 따라 신축공동주택등에 설치되는 자연환기설비의 설계·시공 및 성능평가방법은 다음 각 호의 기준에 적합하여야 한다.
1. 세대에 설치되는 자연환기설비는 세대 내의 모든 실에 바깥공기를 최대한 균일하게 공급할 수 있도록 설치되어야 한다.
2. 세대의 환기량 조절을 위하여 자연환기설비는 환기량을 조절할 수 있는 체계를 갖추어야 하고, 최대개방 상태에서의 환기량을 기준으로 별표1의5에 따른 설치길이 이상으로 설치되어야 한다.
3. 자연환기설비는 순간적인 외부 바람 및 실내외 압력차의 증가로 인하여 발생할 수 있는 과도한 바깥공기의 유입 등 바깥공기의 변동에 의한 영향을 최소화할 수 있는 구조와 형태를 갖추어야 한다.
4. 자연환기설비의 각 부분의 재료는 충분한 내구성 및 강도를 유지하여 작동되는 동안 구조 및 성능에 변형이 없어야 하며, 표면결로 및 바깥공기의 직접적인 유입으로 인하여 발생할 수 있는 불쾌감(콜드드래프트 등)을 방지할 수 있는 재료와 구조를 갖추어야 한다.
5. 자연환기설비는 다음 각 목의 요건을 모두 갖춘 공기여과기를 갖춰야 한다.
가. 도입되는 바깥공기에 포함되어 있는 입자형·가스형 오염물질을 제거 또는 여과하는 성능이 일정 수준 이상일 것
나. 한국산업표준(KS B 6141)에 따른 입자 포집률이 질량법으로 측정하여 70퍼센트 이상일 것
다. 청소 또는 교환이 쉬운 구조일 것
6. 자연환기설비를 구성하는 설비·기기·장치 및 제품 등의 효율과 성능 등을 판정함에 있어 이 규칙에서 정하지 아니한 사항에 대하여는 해당 항목에 대한 한국산업표준에 적합하여야 한다.
7. 자연환기설비를 지속적으로 작동시키는 경우에도 대상 공간의 사용에 지장을 주지 아니하는 위치에 설치되어야 한다.
8. 한국산업표준(KS B 2921)의 시험조건하에서 자연환기설비로 인하여 발생하는 소음은 대표길이 1미터(수직 또는 수평 하단)에서 측정하여 40dB 이하가 되어야 한다.
9. 자연환기설비는 가능한 외부의 오염물질이 유입되지 않는 위치에 설치되어야 하고, 화재 등 유사시 안전에 대비할 수 있는 구조와 성능이 확보되어야 한다.
10. 실내로 도입되는 바깥공기를 예열할 수 있는 기능을 갖는 자연환기설비는 최대한 에너지 절약적인 구조와 형태를 가져야 한다.
11. 자연환기설비는 주요 부분의 정기적인 점검 및 정비 등 유지관리가 쉬운 체계로 구성하여야 하고, 제품의 사양 및 시방서에 유지관리 관련 내용을 명시하여야 하며, 유지관리 관련 내용이 수록된 사용자 설명서를 제시하여야 한다.
12. 자연환기설비는 설치되는 실의 바닥부터 수직으로 1.2미터 이상의 높이에 설치하여야 하며, 2개 이상의 자연환기설비를 상하로 설치하는 경우 1미터 이상의 수직간격을 확보하여야 한다.

〔별표1의5〕

신축공동주택등의 기계환기설비의 설치기준(제11조제3항 관련)

(2020.4.9 개정)

제11조제1항의 규정에 의한 신축공동주택등의 환기횟수를 확보하기 위하여 설치되는 기계환기설비의 설계·시공 및 성능평가방법은 다음 각 호의 기준에 적합하여야 한다.
1. 기계환기설비의 환기기준은 시간당 실내공기 교환횟수(환기설비에 의한 최종 공기흡입구에서 세대의 실내로 공급되는 시간당 총 체적 풍량을 실내 총 체적으로 나눈 환기횟수를 말한다)로 표시하여야 한다.
2. 하나의 기계환기설비로 세대 내 2 이상의 실에 바깥공기를 공급할 경우의 필요 환기량은 각 실에 필요한 환기량의 합계 이상이 되도록 하여야 한다.
3. 세대의 환기량 조절을 위하여 환기설비의 정격풍량을 최소·적정·최대의 3단계 또는 그 이상으로 조절할 수 있는 체계를 갖추어야 하고, 적정 단계의 필요 환기량은 신축공동주택등의 세대를 시간당 0.5회로 환기할 수 있는 풍량을 확보하여야 한다.
4. 공기공급체계 또는 공기배출체계는 부분적 손실 등 모든 압력 손실의 합계를 고려하여 계산한 공기공급능력 또는 공기배출능력이 제11조제1항의 환기기준을 확보할 수 있도록 하여야 한다.
5. 기계환기설비는 신축공동주택등의 모든 세대가 제11조제1항의 규정에 의한 환기횟수를 만족시킬 수 있도록 24시간 가동할 수 있어야 한다.
6. 기계환기설비의 각 부분의 재료는 충분한 내구성 및 강도를 유지하여 작동되는 동안 구조 및 성능에 변형이 없도록 하여야 한다.

7. 기계환기설비는 다음 각 목의 어느 하나에 해당되는 체계를 갖추어야 한다.
가. 바깥공기를 공급하는 송풍기와 실내공기를 배출하는 송풍기가 결합된 환기체계
나. 바깥공기를 공급하는 송풍기와 실내공기가 배출되는 배기구가 결합된 환기체계
다. 바깥공기가 도입되는 공기흡입구와 실내공기를 배출하는 송풍기가 결합된 환기체계
8. 바깥공기를 공급하는 공기공급체계 또는 바깥공기가 도입되는 공기흡입구는 다음 각 목의 요건을 모두 갖춘 공기여과기 또는 집진기 등을 갖춰야 한다. 다만, 제7호다목에 따른 환기체계를 갖춘 경우에는 별표1의4 제5호를 따른다.
가. 입자형·가스형 오염물질을 제거 또는 여과하는 성능이 일정 수준 이상일 것
나. 여과장치 등의 청소 및 교환 등 유지관리가 쉬운 구조일 것
다. 공기여과기의 경우 한국산업표준(KS B 6141)에 따른 입자 포집률이 계수법으로 측정하여 60퍼센트 이상일 것
9. 기계환기설비를 구성하는 설비·기기·장치 및 제품 등의 효율 및 성능 등을 판정함에 있어 이 규칙에서 정하지 아니한 사항에 대하여는 해당 항목에 대한 한국산업표준에 적합하여야 한다.
10. 기계환기설비는 환기의 효율을 극대화할 수 있는 위치에 설치하여야 하고, 바깥공기의 변동에 의한 영향을 최소화할 수 있도록 공기흡입구 또는 배기구 등에 완충장치 또는 석쇠형 철망 등을 설치하여야 한다.
11. 기계환기설비는 주방 가스대 위의 공기배출장치, 화장실의 공기배출 송풍기 등 급속 환기 설비와 함께 설치할 수 있다.
12. 공기흡입구 및 배기구와 공기공급체계 및 공기배출체계는 기계환기설비를 지속적으로 작동시키는 경우에도 대상 공간의 사용에 지장을 주지 아니하는 위치에 설치되어야 한다.
13. 기계환기설비에서 발생하는 소음의 측정은 한국산업규격(KS B 6361)에 따르는 것을 원칙으로 한다. 측정위치는 대표길이 1미터(수직 또는 수평 하단)에서 측정하여 소음이 40dB이하가 되어야 하며, 암소음(측정대상인 소음 외에 주변에 존재하는 소음을 말한다)은 보정하여야 한다. 다만, 환기설비 본체(소음원)가 거주공간 외부에 설치될 경우에는 대표길이 1미터(수직 또는 수평 하단)에서 측정하여 50dB 이하가 되거나, 거주공간 내부의 중앙부 바닥으로부터 1.0~1.2미터 높이에서 측정하여 40dB 이하가 되어야 한다.
14. 외부에 면하는 공기흡입구와 배기구는 교차오염을 방지할 수 있도록 1.5미터 이상의 이격거리를 확보하거나, 공기흡입구와 배기구의 방향이 서로 90도 이상 되는 위치에 설치되어야 하고 화재 등 유사 시 안전에 대비할 수 있는 구조와 성능이 확보되어야 한다.
15. 기계환기설비의 에너지 절약을 위하여 열회수형 환기장치를 설치하는 경우에는 한국산업표준(KS B 6879)에 따라 시험한 열회수형 환기장치의 유효 환기량이 표시용량의 90퍼센트 이상이어야 하고, 열회수형 환기장치의 안과 밖은 물 맺힘이 발생하는 것을 최소화할 수 있는 구조와 성능을 확보하도록 하여야 한다.
16. 기계환기설비는 송풍기, 폐열회수형 환기장치, 공기여과기, 공기가 통하는 관, 공기흡입구 및 배기구, 그 밖의 기기 등 주요 부분의 정기적인 점검 및 정비 등 유지관리가 쉬운 체계로 구성되어야 하고, 제품의 사양 및 시방서에 유지관리 관련 내용을 명시하여야 하며, 유지관리 관련 내용이 수록된 사용자 설명서를 제시하여야 한다.
17. 실외의 기상조건에 따라 환기용 송풍기 등 기계환기설비를 작동하지 아니하더라도 자연환기와 기계환기가 동시 운용될 수 있는 혼합형 환기설비가 설계도서 등을 근거로 필요 환기량을 확보할 수 있는 것으로 객관적으로 입증되는 경우에는 기계환기설비를 갖춘 것으로 인정할 수 있다. 이 경우, 동시에 운용될 수 있는 자연환기설비와 기계환기설비가 제11조제1항의 환기기준을 각각 만족할 수 있어야 한다.
18. 중앙관리방식의 공기조화설비(실내의 온도·습도 및 청정도 등을 적정하게 유지하는 역할을 하는 설비를 말한다)가 설치된 경우에는 다음 각 목의 기준에도 적합하여야 한다.
가. 공기조화설비는 24시간 지속적인 환기가 가능한 것일 것. 다만, 주요 환기설비와 분리된 별도의 환기계통을 병행 설치하여 실내에 존재하는 국소 오염원에서 발생하는 오염물질을 신속히 배출할 수 있는 체계로 구성하는 경우에는 그러하지 아니하다.
나. 중앙관리방식의 공기조화설비의 제어 및 작동상황을 통제할 수 있는 관리실 또는 기능이 있을 것

〔별표1의6〕

기계환기설비를 설치해야 하는 다중이용시설 및 각 시설의 필요 환기량
(제11조제5항 관련)

(2021.8.27 개정)

1. 기계환기설비를 설치하여야 하는 다중이용시설
가. 지하시설
1) 모든 지하역사(출입통로·대기실·승강장 및 환승통로와 이에 딸린 시설을 포함한다)
2) 연면적 2천제곱미터 이상인 지하도상가(지상건물에 딸린 지하층의 시설 및 연속되어 있는 둘 이상의 지하도상가의 연면적 합계가 2천제곱미터 이상인 경우를 포함한다)
나. 문화 및 집회시설
1) 연면적 2천제곱미터 이상인「건축법 시행령」별표1 제5호라목에 따른 전시장(실내 전시장으로 한정한다)
2) 연면적 2천제곱미터 이상인「건전가정의례의 정착 및 지원에 관한 법률」에 따른 혼인예식장
3) 연면적 1천제곱미터 이상인「공연법」제2조제4호에 따른 공연장(실내 공연장으로 한정한다)
4) 관람석 용도로 쓰이는 바닥면적이 1천제곱미터 이상인「체육시설의 설치·이용에 관한 법률」제2조제1호에 따른 체육시설
5)「영화 및 비디오물의 진흥에 관한 법률」제2조제10호에 따른 영화상영관
다. 판매시설
1)「유통산업발전법」제2조제3호에 따른 대규모점포
2) 연면적 300제곱미터 이상인「게임산업 진흥에 관한 법률」제2조제7호에 따른 인터넷컴퓨터 게임시설제공업의 영업시설
라. 운수시설
1)「항만법」제2조제5호에 따른 항만시설 중 연면적 5천제곱미터 이상인 대기실
2)「여객자동차 운수사업법」제2조제5호에 따른 여객자동차터미널 중 연면적 2천제곱미터 이상인 대기실
3)「철도산업발전기본법」제3조제2호에 따른 철도시설 중 연면적 2천제곱미터 이상인 대기실
4)「공항시설법」제2조제7호에 따른 공항시설 중 연면적 1천5백제곱미터 이상인 여객터미널
마. 의료시설 : 연면적이 2천제곱미터 이상이거나 병상 수가 100개 이상인「의료법」제3조에 따른 의료기관
바. 교육연구시설
1) 연면적 3천제곱미터 이상인「도서관법」제2조제1호에 따른 도서관
2) 연면적 1천제곱미터 이상인「학원의 설립·운영 및 과외교습에 관한 법률」제2조제1호에 따른 학원
사. 노유자시설
1) 연면적 430제곱미터 이상인「영유아보육법」제2조제3호에 따른 어린이집
2) 연면적 1천제곱미터 이상인「노인복지법」제34조제1항제1호에 따른 노인요양시설
아. 업무시설 : 연면적 3천제곱미터 이상인「건축법 시행령」별표1 제14호에 따른 업무시설
자. 자동차 관련 시설 : 연면적 2천제곱미터 이상인「주차장법」제2조제1호에 따른 주차장(실내주차장으로 한정하며, 같은 법 제2조제3호에 따른 기계식주차장은 제외한다)
차. 장례식장 : 연면적 1천제곱미터 이상인「장사 등에 관한 법률」제28조의2제1항 및 제29조에 따른 장례식장(지하에 설치되는 경우로 한정한다)
카. 그 밖의 시설
1) 연면적 1천제곱미터 이상인「공중위생관리법」제2조제1항제3호에 따른 목욕장업의 영업시설
2) 연면적 5백제곱미터 이상인「모자보건법」제2조제10호에 따른 산후조리원
3) 연면적 430제곱미터 이상인「어린이놀이시설 안전관리법」제2조제2호에 따른 어린이놀이시설 중 실내 어린이놀이시설

2. 각 시설의 필요 환기량

구 분		필요 환기량(㎥/인·h)	비 고
가. 지하시설	1) 지하역사	25 이상	
	2) 지하도상가	36 이상	매장(상점) 기준
나. 문화 및 집회시설		29 이상	
다. 판매시설		29 이상	
라. 운수시설		29 이상	
마. 의료시설		36 이상	
바. 교육연구시설		36 이상	
사. 노유자시설		36 이상	
아. 업무시설		29 이상	
자. 자동차 관련 시설		27 이상	
차. 장례식장		36 이상	
카. 그 밖의 시설		25 이상	

비고
가. 제1호에서 연면적 또는 바닥면적을 산정할 때에는 실내공간에 설치된 시설이 차지하는 연면적 또는 바닥면적을 기준으로 산정한다.
나. 필요 환기량은 예상 이용인원이 가장 높은 시간대를 기준으로 산정한다.
다. 의료시설 중 수술실 등 특수 용도로 사용되는 실(室)의 경우에는 소관 중앙행정기관의 장이 달리 정할 수 있다.
라. 제1호자목의 자동차 관련 시설의 필요 환기량은 단위면적당 환기량(㎥/㎡·h)으로 산정한다.

〔별표1의7〕 ➡「www.hyeonamsa.com」참조

〔별표2〕 ➡「www.hyeonamsa.com」참조

〔별표3〕

주거용 건축물 급수관의 지름(제18조관련)

(1999.5.11 개정)

가구 또는 세대수	1	2·3	4·5	6~8	9~16	17 이상
급수관 지름의 최소기준 (밀리미터)	15	20	25	32	40	50

비고
1. 가구 또는 세대의 구분이 불분명한 건축물에 있어서는 주거에 쓰이는 바닥면적의 합계에 따라 다음과 같이 가구수를 산정한다.
가. 바닥면적 85제곱미터 이하 : 1가구
나. 바닥면적 85제곱미터 초과 150제곱미터 이하 : 3가구
다. 바닥면적 150제곱미터 초과 300제곱미터 이하 : 5가구
라. 바닥면적 300제곱미터 초과 500제곱미터 이하 : 16가구
마. 바닥면적 500제곱미터 초과 : 17가구
2. 가압설비 등을 설치하여 급수되는 각 기구에서의 압력이 1센티미터당 0.7킬로그램 이상인 경우에는 위 표의 기준을 적용하지 아니할 수 있다.

〔별표3의2〕

급수관 및 수도계량기보호함의 설치기준(제18조제3호관련)

(2010.11.5 개정)

1. 급수관의 단열재 두께(단위 : ㎜)

설치장소 \ 관경(㎜, 외경)		20 미만	20 이상 ~ 50 미만	50 이상 ~ 70 미만	70 이상 ~ 100 미만	100 이상
• 외기에 노출된 배관 • 옥상 등 그 밖에 동파가 우려되는 건축물의 부위	설계용 외기온도(℃)					
	-10 미만	200(50)	50(25)	25(25)	25(25)	25(25)
	-5 미만 ~ -10	100(50)	40(25)	25(25)	25(25)	25(25)
	0 미만 ~ -5	40(25)	25(25)	25(25)	25(25)	25(25)
	0 이상 유지	20				

1) ( )은 기온강하에 따라 자동으로 작동하는 전기 발열선이 설치하는 경우 단열재의 두께를 완화할 수 있는 기준
2) 단열재의 열전도율은 0.04㎉/㎡·h·℃ 이하인 것으로 한국산업표준제품을 사용할 것
3) 설계용 외기온도 : 법 제59조제2항의 규정에 의한 에너지 절약설계기준에 따를 것
2. 수도계량기보호함(난방공간내에 설치하는 것을 제외한다)
가. 수도계량기와 지수전 및 역지밸브를 지중 혹은 공동주택의 벽면 내부에 설치하는 경우에는 콘크리트 또는 합성수지제 등의 보호함에 넣어 보호할 것
나. 보호함내 옆면 및 뒷면과 전면판에 각각 단열재를 부착할 것(단열재는 밀도가 높고 열전도율이 낮은 것으로 한국산업표준제품을 사용할 것)
다. 보호함의 배관입출구는 단열재 등으로 밀폐하여 냉기의 침입이 없도록 할 것
라. 보온용 단열재와 계량기 사이 공간을 유리섬유 등 보온재로 채울 것
마. 보호통과 벽체사이틈을 밀봉재 등으로 채워 냉기의 침투를 방지할 것

〔별표3의3〕

전기설비 설치공간 확보기준(제20조의2 관련)

(2013.9.2 개정)

수전전압	전력수전 용량	확 보 면 적
특고압 또는 고압	100킬로와트 이상	가로 2.8미터, 세로 2.8미터
저 압	75킬로와트 이상 150킬로와트 미만	가로 2.5미터, 세로 2.8미터
	150킬로와트 이상 200킬로와트 미만	가로 2.8미터, 세로 2.8미터
	200킬로와트 이상 300킬로와트 미만	가로 2.8미터, 세로 4.6미터
	300킬로와트 이상	가로 2.8미터 이상, 세로 4.6미터 이상

비고
1. "저압", "고압" 및 "특고압"의 정의는 각각「전기사업법 시행규칙」제2조제8호, 제9호 및 제10호에 따른다.

2. 전기설비 설치공간은 배관, 맨홀 등을 땅속에 설치하는데 지장이 없고 전기사업자의 전기설비 설치, 보수, 점검 및 조작 등 유지관리가 용이한 장소이어야 한다.
3. 전기설비 설치공간은 해당 건축물 외부의 대지상에 확보하여야 한다. 다만, 외부 지상공간이 좁아서 그 공간확보가 불가능한 경우에는 침수우려가 없고 습기가 차지 아니하는 건축물의 내부에 공간을 확보할 수 있다.
4. 수전전압이 저압이고 전력수전 용량이 300킬로와트 이상인 경우 등 건축물의 전력수전 여건상 필요하다고 인정되는 경우에는 상기 표를 기준으로 건축주와 전기사업자가 협의하여 확보면적을 따로 정할 수 있다.
5. 수전전압이 저압이고 전력수전 용량이 150킬로와트 미만이 경우로서 공중으로 전력을 공급받는 경우에는 전기설비 설치공간을 확보하지 않을 수 있다.

〔별표4〕 (2013.9.2 삭제)

〔별표5〕 (2001.1.17 삭제)

■ 공인중개사법 시행령

〔별표1〕

공인중개사자격시험의 시험과목(제6조관련)

(2017.1.17 개정)

구 분	시 험 과 목
제1차 시 험	◦부동산학개론(부동산감정평가론을 포함한다) ◦「민법」(총칙 중 법률행위, 질권을 제외한 물권법, 계약법 중 총칙·매매·교환·임대차) 및 민사특별법 중 부동산 중개에 관련되는 규정
제2차 시 험	◦공인중개사의 업무 및 부동산 거래신고에 관한 법령(「공인중개사법」, 「부동산 거래신고 등에 관한 법률」) 및 중개실무 ◦부동산공시에 관한 법령(「부동산등기법」, 「공간정보의 구축 및 관리 등에 관한 법률」 제2장제4절 및 제3장) 및 부동산 관련 세법 ◦부동산공법(「국토의 계획 및 이용에 관한 법률」·「건축법」·「도시개발법」·「도시 및 주거환경정비법」·「주택법」·「농지법」) 중 부동산 중개에 관련되는 규정

〔별표2〕

과태료 부과기준(제38조제1항 관련)

(2023.10.18 개정)

1. 일반기준
 가. 부과권자는 다음의 어느 하나에 해당하는 경우에는 제2호의 개별기준에 따른 과태료 금액의 2분의 1 범위에서 그 금액을 줄일 수 있다. 다만, 과태료를 체납하고 있는 위반행위자의 경우에는 그렇지 않다.
  1) 위반행위가 사소한 부주의나 오류 등 과실로 인한 것으로 인정되는 경우
  2) 위반행위자가 법 위반행위를 시정하거나 해소하기 위하여 노력한 사실이 인정되는 경우
  3) 그 밖에 위반행위의 정도, 동기와 그 결과 등을 고려하여 과태료 금액을 줄일 필요가 있다고 인정되는 경우
 나. 부과권자는 다음의 어느 하나에 해당하는 경우에는 제2호의 개별기준에 따른 과태료의 2분의 1 범위에서 그 금액을 늘릴 수 있다. 다만, 법 제51조제2항·제3항 및 법률 제7638호 부동산중개업법 전부개정법률 부칙 제6조제5항에 따른 과태료 금액의 상한을 넘을 수 없다.
  1) 위반행위의 내용·정도가 중대하여 소비자 등에게 미치는 피해가 크다고 인정되는 경우
  2) 그 밖에 위반행위의 동기와 결과, 위반정도 등을 고려하여 과태료 금액을 늘릴 필요가 있다고 인정되는 경우

2. 개별기준

위 반 행 위	근거 법조문	과태료 금액
가. 법 제18조의2제4항 각 호를 위반하여 부당한 표시·광고를 한 경우	법 제51조 제2항제1호	
1) 중개대상물이 존재하지 않아서 실제로 거래를 할 수 없는 중개대상물에 대한 표시·광고를 한 경우		500만원
2) 중개대상물의 가격 등 내용을 사실과 다르게 거짓으로 표시·광고하거나 사실을 과장되게 하는 표시·광고를 한 경우		300만원
3) 중개대상물이 존재하지만 실제로 중개의 대상이 될 수 없는 중개대상물에 대한 표시·광고를 한 경우		400만원
4) 중개대상물이 존재하지만 실제로 중개할 의사가 없는 중개대상물에 대한 표시·광고를 한 경우		250만원
5) 중개대상물의 입지조건, 생활여건, 가격 및 거래조건 등 중개대상물 선택에 중요한 영향을 미칠 수 있는 사실을 빠트리거나 은폐·축소하는 등의 방법으로 소비자를 속이는 표시·광고를 한 경우		300만원
나. 정당한 사유 없이 법 제18조의3제2항의 요구에 따르지 않아 관련 자료를 제출하지 않은 경우	법 제51조 제2항제1호의2	500만원
다. 정당한 사유 없이 법 제18조의3제3항의 요구에 따르지 않아 필요한 조치를 하지 않은 경우	법 제51조 제2항제1호의3	500만원
라. 법 제18조의4를 위반하여 중개의뢰인에게 본인이 중개보조원이라는 사실을 미리 알리지 않은 사람 및 그가 소속된 개업공인중개사. 다만, 개업공인중개사가 그 위반행위를 방지하기 위해 해당 업무에 관하여 상당한 주의와 감독을 게을리하지 않은 경우는 제외한다.	법 제51조 제2항제1호의4	500만원
마. 법 제24조제3항을 위반하여 운영규정의 승인 또는 변경승인을 얻지 않거나 운영규정의 내용을 위반하여 부동산거래정보망을 운영한 경우	법 제51조 제2항제1호의5	400만원
바. 법 제25조제1항을 위반하여 성실·정확하게 중개대상물의 확인·설명을 하지 않거나 설명의 근거자료를 제시하지 않은 경우	법 제51조 제2항제1호의6	
1) 성실·정확하게 중개대상물의 확인·설명은 했으나 설명의 근거자료를 제시하지 않은 경우		250만원
2) 중개대상물 설명의 근거자료는 제시했으나 성실·정확하게 중개대상물의 확인·설명을 하지 않은 경우		250만원
3) 성실·정확하게 중개대상물의 확인·설명을 하지 않고, 설명의 근거자료를 제시하지 않은 경우		500만원
사. 법 제34조제4항에 따른 연수교육을 정당한 사유 없이 받지 않은 경우	법 제51조 제2항제5호의2	
1) 법 위반상태의 기간이 1개월 이내인 경우		20만원
2) 법 위반상태의 기간이 1개월 초과 3개월 이내인 경우		30만원
3) 법 위반상태의 기간이 3개월 초과 6개월 이내인 경우		50만원
4) 법 위반상태의 기간이 6개월 초과인 경우		100만원
아. 거래정보사업자가 법 제37조제1항에 따른 보고, 자료의 제출, 조사 또는 검사를 거부·방해 또는 기피하거나 그 밖의 명령을 이행하지 않거나 거짓으로 보고 또는 자료제출을 한 경우	법 제51조 제2항제6호	200만원
자. 법 제42조제5항을 위반하여 공제사업 운용실적을 공시하지 않은 경우	법 제51조 제2항제7호	300만원
차. 법 제42조의4에 따른 공제업무의 개선명령을 이행하지 않은 경우	법 제51조 제2항제8호	400만원
카. 법 제42조의5에 따른 임원에 대한 징계·해임의 요구를 이행하지 않거나 시정명령을 이행하지 않은 경우	법 제51조 제2항제8호의2	400만원
타. 법 제42조의3 또는 제44조제1항에 따른 보고, 자료의 제출, 조사 또는 검사를 거부·방해 또는 기피하거나 그 밖의 명령을 이행하지 않거나 거짓으로 보고 또는 자료제출을 한 경우	법 제51조 제2항제9호	200만원
파. 법 제17조를 위반하여 중개사무소등록증 등을 게시하지 않은 경우	법 제51조 제3항제1호	30만원
하. 법 제18조제1항 또는 제3항을 위반하여 사무소의 명칭에 "공인중개사사무소", "부동산중개"라는 문자를 사용하지 않은 경우 또는 옥외 광고물에 성명을 표기하지 않거나 거짓으로 표기한 경우	법 제51조 제3항제2호	50만원
거. 법 제18조의2제1항 또는 제2항을 위반하여 중개대상물의 중개에 관한 표시·광고를 한 경우	법 제51조 제3항제2호의2	50만원
너. 법 제20조제1항을 위반하여 중개사무소의 이전신고를 하지 않은 경우	법 제51조 제3항제3호	30만원
더. 법 제21조제1항을 위반하여 휴업, 폐업, 휴업한 중개업의 재개 또는 휴업기간의 변경 신고를 하지 않은 경우	법 제51조 제3항제4호	20만원
러. 법 제30조제5항을 위반하여 손해배상책임에 관한 사항을 설명하지 않거나 관계 증서의 사본 또는 관계 증서에 관한 전자문서를 교부하지 않은 경우	법 제51조 제3항제5호	30만원
머. 법 제35조제3항 또는 제4항을 위반하여 공인중개사자격증을 반납하지 않거나 공인중개사자격증을 반납할 수 없는 사유서를 제출하지 않은 경우 또는 거짓으로 공인중개사자격증을 반납할 수 없는 사유서를 제출한 경우	법 제51조 제3항제6호	30만원
버. 법 제38조제4항을 위반하여 중개사무소등록증을 반납하지 않은 경우	법 제51조 제3항제7호	50만원
서. 법률 제7638호 부동산중개업법 전부개정법률 부칙 제6조제3항을 위반하여 사무소의 명칭에 "공인중개사사무소"의 문자를 사용한 경우	법률 제7638호 부동산중개업법 전부개정법률 부칙 제6조제5항	50만원

■ 서울특별시 주택 중개보수 등에 관한 조례

〔별표1〕

중개보수의 한도(제2조제1항 관련)

(2021.12.30 개정)

거래내용	거래금액	상한요율	한도액
매매·교환	5천만원 미만	1천분의 6	250,000원
	5천만원 이상 2억원 미만	1천분의 5	800,000원
	2억원 이상 9억원 미만	1천분의 4	-
	9억원 이상 12억원 미만	1천분의 5	-
	12억원 이상 15억원 미만	1천분의 6	-
	15억원 이상	1천분의 7	-
임대차 등 (매매·교환 이외의 거래)	5천만원 미만	1천분의 5	200,000원
	5천만원 이상 1억원 미만	1천분의 4	300,000원
	1억원 이상 6억원 미만	1천분의 3	-
	6억원 이상 12억원 미만	1천분의 4	-
	12억원 이상 15억원 미만	1천분의 5	-
	15억원 이상	1천분의 6	-

※ 비고
1. 중개보수의 한도는 거래금액에 상한요율을 곱한 금액으로 하되, 그 금액이 한도액보다 큰 경우에는 한도액으로 한다.

〔별표2〕

실비의 한도(제3조제1항관련)

(2015.4.14 개정)

구 분	산 출 내 역
1. 중개대상물의 권리관계 등의 확인에 소요되는 실비	가. 제 증명서·공부의 발급·열람 수수료 나. 교통비·숙박비 등의 여비 다. 제 증명서·공부의 발급·열람 대행비 : 발급·열람 건당 1천원
2. 계약금 등의 반환채무이행 보장에 소요되는 실비	가. 계약금 등의 금융기관 등에의 예치수수료 나. 계약금 등의 반환의 보증을 위한 보험·공제가입비 다. 제 증명서·공부의 발급·열람 수수료 라. 교통비·숙박비 등의 여비

<교통편>

■ 자동차관리법 시행령

〔별표1〕

전담기관의 지정취소 및 업무정지 등에 관한 처분기준(제13조의8제4항 관련)

(2023.6.9 개정)

1. 일반기준
   가. 위반행위가 둘 이상일 때에는 그 중 무거운 처분기준(처분기준이 같은 경우에는 그 처분기준을 말한다)에 따른다.
   나. 위반행위의 횟수에 따른 행정처분의 기준은 최근 1년간 지정기준에 적합하지 않아 행정처분을 받은 경우에 적용한다. 이 경우 기간의 계산은 위반행위에 대하여 행정처분을 받은 날과 그 처분 후 다시 같은 위반행위를 하여 적발된 날을 기준으로 한다.
   다. 국토교통부장관은 처분기준이 업무정지에 해당하는 경우 위반행위의 동기, 정도 및 결과 등을 고려하여 가목 및 나목에 따라 산정한 업무정지 기간을 2분의 1 범위에서 줄일 수 있다.
2. 개별기준

위반행위	근거법령	처분기준		
		1차	2차	3차
가. 거짓이나 그 밖의 부정한 방법으로 지정을 받은 경우	법 제68조의4제4항제1호	지정취소		
나. 전담기관 지정기준에 적합하지 않게 된 경우	법 제68조의4제4항제2호			
1) 제13조의8제1항제1호부터 제4호까지의 규정에 따른 지정기준 중 어느 하나의 지정기준에 적합하지 않게 된 경우		업무정지 1개월	업무정지 3개월	지정취소
2) 제13조의8제1항제1호부터 제4호까지의 규정에 따른 지정기준 중 둘 이상의 지정기준에 적합하지 않게 된 경우		업무정지 3개월	업무정지 6개월	지정취소

〔별표1의2〕

법 제74조제1항에 따른 과징금의 부과기준(제15조제4항 관련)

(2023.6.9 개정)

1. 일반기준
   가. 위반행위의 횟수에 따른 과징금의 가중된 부과기준은 최근 2년간 같은 위반행위로 과징금 부과처분을 받은 경우에 적용한다. 이 경우 기간의 계산은 위반행위에 대하여 과징금 부과처분을 받은 날과 그 처분 후 다시 같은 위반행위를 하여 적발된 날을 기준으로 한다.
   나. 가목에 따라 가중된 부과처분을 하는 경우 가중처분의 적용 차수는 그 위반행위 전 부과처분 차수(가목에 따른 기간 내에 과징금 부과처분이 둘 이상 있었던 경우에는 높은 차수를 말한다)의 다음 차수로 한다.
   다. 국토교통부장관, 시·도지사, 시장·군수 또는 구청장은 사업의 규모, 사업지역의 특수성, 위반행위의 정도 및 횟수 등을 고려하여 제2호에 따른 과징금 금액의 2분의 1의 범위에서 그 금액을 줄일 수 있다. 다만, 과징금을 체납하고 있는 위반행위자의 경우에는 그렇지 않다.
      1) 위반행위가 사소한 부주의나 오류로 인한 것으로 인정되는 경우
      2) 위반행위자가 법 위반상태를 시정하거나 해소하기 위한 노력이 인정되는 경우
      3) 그 밖에 위반행위의 정도, 위반행위의 동기와 그 결과 등을 고려하여 과징금을 줄일 필요가 있다고 인정되는 경우
   라. 국토교통부장관, 시·도지사, 시장·군수 또는 구청장은 사업의 규모, 사업지역의 특수성, 위반행위의 정도 및 횟수 등을 고려하여 제2호에 따른 과징금 금액의 2분의 1의 범위에서 그 금액을 늘릴 수 있다. 다만, 과징금 총액은 법 제74조제1항에 따른 금액을 초과할 수 없다.
      1) 위반의 내용 및 정도가 중대하여 소비자 등에게 피해가 크다고 인정되는 경우
      2) 법 위반상태의 기간이 6개월 이상인 경우
      3) 그 밖에 위반행위의 정도, 위반행위의 동기와 그 결과 등을 고려하여 과징금을 늘릴 필요가 있다고 인정되는 경우
2. 개별기준
   가. 등록번호판발급대행자 등에 대한 부과기준

(단위 : 만원)

위 반 행 위	근거 법조문	과징금 금액		
		등록번호판발급대행자	자동차검사대행자	택시미터전문검정기관
1) 시설·장비 등의 기준에 미달한 경우	법 제21조제1항제2호 법 제45조의3제1항제10호 법 제47조제5항제4호	1차 : 50 2차 : 150	1차 : 100 2차 : 300	1차 : 100 2차 : 300
2) 업무와 관련하여 부정한 금품을 수수하거나 그 밖의 부정한 행위를 한 경우	법 제21조제1항제6호 법 제45조의3제1항제2호 법 제47조제5항제2호	1차 : 150 2차 : 300 3차 이상 : 450	1차 : 200 2차 : 600	1차 : 200 2차 : 600
3) 등록번호판의 발급 또는 봉인을 정당한 사유 없이 거부한 경우	법 제21조제1항제8호	1차 : 100 2차 : 300		

   나. 자동차관리사업자에 대한 부과기준

(단위 : 만원)

위 반 행 위	근거 법조문	과징금 금액		
		자동차매매업	자동차정비업	자동차해체재활용업
1) 법 제40조제1항을 위반하여 정밀도검사를 받지 않은 기계·기구를 자동차의 점검작업 또는 정비작업에 사용한 경우	법 제66조제1항제13호나목		50	
2) 법 제53조제1항에 따라 등록한 폐차사업장 외의 장소에서 자동차를 폐차한 경우	법 제66조제1항제14호나목			1차 : 100 2차 : 200 3차 이상 : 300
3) 법 제53조제3항에 따른 등록기준에 미달한 경우	법 제66조제1항제4호	1차 : 50 2차 : 150	1차 : 100 2차 : 300	1차 : 50 2차 : 150
4) 법 제53조제4항에 따른 조건을 이행하지 않은 경우	법 제66조제1항제4호	1차 : 150 2차 : 450	1차 : 300 2차 : 900	1차 : 150 2차 : 450
5) 법 제56조에 따른 사업의 개선명령을 이행하지 않은 경우	법 제66조제1항제6호	1차 : 50 2차 : 100 3차 이상 : 150	1차 : 100 2차 : 200 3차 이상 : 300	1차 : 50 2차 : 100 3차 이상 : 150
6) 법 제57조제1항제1호에 따른 금지행위를 위반한 경우	법 제66조제1항제7호	1차 : 200 2차 : 600	1차 : 300 2차 : 900	1차 : 200 2차 : 600
7) 법 제57조제1항제2호에 따른 금지행위를 위반한 경우	법 제66조제1항제7호			
가) 사업장의 전부		150	300	150
나) 사업장의 일부		1차 : 50 2차 : 150 3차 이상 : 450	1차 : 100 2차 : 300 3차 이상 : 900	1차 : 50 2차 : 150 3차 이상 : 450
8) 법 제57조제1항제3호에 따른 금지행위를 위반한 경우	법 제66조제1항제7호	1차 : 100 2차 : 300	1차 : 200 2차 : 600	1차 : 100 2차 : 300
9) 법 제57조제1항제4호에 따른 금지행위를 위반한 경우	법 제66조제1항제7호	1차 : 50 2차 : 150 3차 이상 : 450	1차 : 100 2차 : 300 3차 이상 : 900	1차 : 50 2차 : 150 3차 이상 : 450
10) 법 제57조제1항제5호에 따른 금지행위를 위반한 경우	법 제66조제1항제7호	1차 : 200 2차 : 400	1차 : 150 2차 : 300	1차 : 150 2차 : 300
11) 법 제57조제2항을 위반하여 법 제34조(법 제52조에서 준용하는 경우를 포함한다)에 따른 승인을 받지 않고 자동차 튜닝 작업을 하거나, 승인을 받은 내용과 다르게 자동차를 튜닝한 경우	법 제66조제1항제13호마목		1차 : 200 2차 : 400 3차 이상 : 600	
12) 법 제58조제6항제1호에 따라 폐차 요청된 자동차의 차대번호 등이 자동차등록증에 기재된 내용과 다른 자동차를 폐차한 경우	법 제66조제1항제14호다목			1차 : 100 2차 : 300 3차 이상 : 900
13) 법 제58조제6항제1호의2를 위반하여 폐차 요청을 받은 자동차를 폐차하지 않은 경우	법 제66조제1항제14호라목			1차 : 100 2차 : 300 3차 이상 : 900
14) 법 제58조제6항제2호를 위반하여 폐차 요청을 받은 자동차의 자동차등록증·등록번호판 및 봉인을 다시 사용할 수 없는 상태로 폐기하지 않은 경우	법 제66조제1항제14호마목			1차 : 300 2차 : 900
15) 법 제58조제9항을 위반하여 기록·관리 및 보존을 하지 않은 경우	법 제66조제1항제8호	1차 : 20 2차 : 40 3차 이상 : 60	1차 : 30 2차 : 60 3차 이상 : 90	
16) 법 제59조제2항에 따른 준수사항을 이행하지 않은 경우	법 제66조제1항제12호아목	1차 : 20 2차 : 60 3차 이상 : 180		
17) 법 제64조제1항을 위반하여 정비책임자를 두지 않거나 정비책임자의 선임 또는 해임 신고를 하지 않은 경우	법 제66조제1항제13호아목		1차 : 30 2차 : 90 3차 이상 : 270	
18) 법 제64조제2항을 위반하여 정비책임자의 해임명령을 이행하지 않은 경우	법 제66조제1항제13호자목		1차 : 50 2차 : 100 3차 이상 : 150	
19) 법 제65조제1항을 위반하여 국토교통부령으로 정하는 수수료 또는 요금을 초과하여 받은 경우	법 제66조제1항제10호	1차 : 50 2차 : 150 3차 이상 : 450	1차 : 100 2차 : 300 3차 이상 : 900	1차 : 50 2차 : 150 3차 이상 : 450
20) 법 제65조제2항을 위반하여 폐차된 자동차의 폐차 비용을 빼고 남은 금액을 해당 자동차 소유자에게 지급하지 않은 경우	법 제66조제1항제14호바목			1차 : 20 2차 : 60 3차 이상 : 180

〔별표1의3〕

법 제74조제2항부터 제4항까지에 따른 과징금 부과기준(제15조제5항 관련)

(2021.10.14 개정)

1. 일반기준
   가. 국토교통부장관은 제2호에 따른 위반행위별 과징금 산정비율에 따라 위반행위별 과징금 금액을 산정한다.
   나. 자동차제작자등이나 자동차부품제작자등이 스스로 결정하여 시정조치하는 경우에는 가목에 따라 산정한 과징금 금액을 다음의 구분에 따른 범위에서 줄인 금액과 제2호에 따른 위반행위별 과징금 상한액에 2분의 1을 곱한 금액 중 적은 금액을 과징금으로 산정한다.
      1) 자기인증 적합조사 또는 제작결함조사 착수 전에 스스로 결정하여 시정조치하는 경우 : 100분의 50
      2) 자기인증 적합조사 또는 제작결함조사 착수 이후 조사 완료 전에 스스로 결정하여 시정조치하는 경우 : 100분의 25
   다. 국토교통부장관은 다음의 어느 하나에 해당하는 경우에는 가목 및 나목에 따라 산정한 과징금 금액의 2분의 1 범위에서 그 금액을 줄일 수 있다. 이 경우 과징금의 세부 감경기준 등 과징금 산정에 관하여 필요한 세부사항은 국토교통부장관이 정하여 고시한다.
      1) 법 제30조의3제2항에 따른 조사 및 법 제31조제4항에 따른 조사에 적극 협조한 경우
      2) 법 제31조제1항에 따른 시정조치가 신속하게 이루어진 경우
      3) 그 밖에 위반행위의 종류, 정도, 동기 및 그 결과 등을 고려하여 과징금을 줄일 필요가 있다고 인정되는 경우
   라. 가목부터 다목까지의 규정에 따라 산정한 과징금 금액이 제2호에 따른 위반행위별 과징금 상한액을 초과하는 경우에는 그 상한액을 과징금 금액으로 산정한다.
   마. 법 제74조제2항 및 같은 조 제3항제5호에 따라 과징금을 부과하는 경우 나목부터 라목까지의 기준은 적용하지 않는다.

2. 개별기준

위반행위	근 거 법조문	과징금 산정비율	과징금 상한액
가. 법 제30조제1항(법 제52조에서 준용하는 경우를 포함한다)을 위반하여 자동차안전기준에 적합하지 않은 자동차를 판매한 경우	법 제74조 제3항제1호		
1) 법 제31조제1항제1호 또는 제2호에 따른 연료소비율의 과다 표시 또는 원동기 출력의 과다 표시를 한 경우로서 법 제29조에 따른 자동차안전기준에 적합하지 않은 경우		해당 자동차 매출액의 100분의 2	100억원
2) 제8조제2항제2호에 따른 주행장치 중 국토교통부령으로 정하는 장치가 법 제29조에 따른 자동차안전기준에 적합하지 않은 경우		해당 자동차 매출액의 100분의 2	50억원
3) 제8조제2항제4호에 따른 조향장치 중 국토교통부령으로 정하는 장치가 법 제29조에 따른 자동차안전기준에 적합하지 않은 경우		해당 자동차 매출액의 100분의 2	50억원
4) 제8조제2항제5호에 따른 제동장치 중 국토교통부령으로 정하는 장치가 법 제29조에 따른 자동차안전기준에 적합하지 않은 경우		해당 자동차 매출액의 100분의 2	50억원
5) 제8조제2항제7호에 따른 연료장치 및 전기ㆍ전자장치 중 국토교통부령으로 정하는 장치가 법 제29조에 따른 자동차안전기준에 적합하지 않은 경우		해당 자동차 매출액의 100분의 2	50억원
6) 제8조제2항제8호에 따른 차체 및 차대 중 국토교통부령으로 정하는 장치가 법 제29조에 따른 자동차안전기준에 적합하지 않은 경우		해당 자동차 매출액의 100분의 2	50억원
7) 그 밖의 자동차의 구조 및 장치가 법 제29조에 따른 자동차안전기준에 적합하지 않은 경우			
가) 에어백 경고문구 표기 기준 부적합 등 국토교통부장관이 자동차의 안전 또는 성능에 미치는 영향이 미미하다고 인정하여 고시하는 경우		해당 자동차 매출액의 100분의 2	1억원
나) 가) 외의 경우		해당 자동차 매출액의 100분의 2	10억원
나. 법 제30조의2제1항(법 제52조에서 준용하는 경우를 포함한다)을 위반하여 부품안전기준에 적합하지 않은 자동차부품을 판매한 경우	법 제74조 제3항제2호	해당 자동차부품 매출액의 100분의 2	10억원
다. 법 제31조제1항(법 제52조에서 준용하는 경우를 포함한다)을 위반하여 결함을 은폐, 축소 또는 거짓으로 공개하거나 결함을 안 날부터 지체 없이 시정하지 않은 경우	법 제74조 제2항	해당 자동차 또는 해당 자동차부품 매출액의 100분의 3	없음
라. 법 제31조의4제1항(법 제52조에서 준용하는 경우를 포함한다)을 위반하여 결함을 시정하지 않은 자동차 또는 자동차부품을 판매한 경우(법 제74조제3항제1호 또는 제2호에 해당하는 경우는 제외한다)	법 제74조 제3항제5호	해당 자동차 또는 해당 자동차부품 매출액의 100분의 2	100억원
마. 법 제35조의6제1항을 위반하여 내압용기검사에 합격하지 않은 내압용기를 판매한 경우	법 제74조 제4항	해당 내압용기 매출액의 100분의 1	10억원

비고
제2호 각 목의 과징금 산정비율란의 매출액은 다음 각 호에 따라 산정한다. 이 경우 자동차ㆍ자동차부품 및 내압용기의 판매가격은 부가가치세 및 소비자에게 귀착되는 간접세를 제외한 가격을 말한다.

1. 자동차의 매출액을 산정하는 경우

구분	계산식		
제2호가목	매출액	=	자동차안전기준에 적합하지 않은 자동차[법 제31조제1항에 따른 시정조치계획(이하 이 비고에서 "시정조치계획"이라 한다)을 자동차제작자등이 공개한 경우에는 그 계획에 포함된 자동차를 말한다]의 판매가격을 모두 더한 금액
제2호다목	매출액	=	자동차제작자등이 공개한 시정조치계획에 포함된 자동차의 판매가격을 모두 더한 금액
제2호라목	매출액	=	자동차제작자등이 공개한 시정조치계획에 포함된 자동차로서 시정조치계획을 공개했을 때 판매되지 않았던 자동차 중 시정조치를 하지 않고 판매한 자동차의 판매가격을 모두 더한 금액

2. 자동차부품의 매출액을 산정하는 경우

구분	계산식			
제2호나목	매출액	=	부품안전기준에 적합하지 않은 자동차부품(자동차부품제작자등이 시정조치계획을 공개한 경우에는 그 계획에 포함된 자동차부품을 말한다)의 개수	× 해당 자동차부품의 판매가격
제2호다목	매출액	=	자동차부품제작자등이 공개한 시정조치계획에 포함된 자동차부품의 개수	× 해당 자동차부품의 판매가격
제2호라목	매출액	=	자동차부품제작자등이 공개한 시정조치계획에 포함된 자동차부품으로서 시정조치계획을 공개했을 때 판매되지 않은 자동차부품 중 시정조치를 하지 않고 판매한 자동차부품의 개수	× 해당 자동차부품의 판매가격

3. 내압용기의 매출액을 산정하는 경우

구분	계산식			
제2호마목	매출액	=	내압용기검사에 합격하지 않은 내압용기를 내압용기제조자등이 판매한 개수	× 해당 내압용기의 판매가격

〔별표1의4〕

운영위원회 위원의 결격사유 관련 금융 관계 법령(제13조의15 관련)

(2023.9.26 신설)

1. 「감정평가 및 감정평가사에 관한 법률」
2. 「공인회계사법」
3. 「근로자퇴직급여 보장법」
4. 「금융산업의 구조개선에 관한 법률」
5. 「금융소비자 보호에 관한 법률」
6. 「금융실명거래 및 비밀보장에 관한 법률」
7. 「금융위원회의 설치 등에 관한 법률」
8. 「금융지주회사법」
9. 「금융혁신지원 특별법」
10. 「기술보증기금법」
11. 「기업구조조정투자회사법」
12. 「농림수산식품투자조합 결성 및 운용에 관한 법률」
13. 「농림수산업자 신용보증법」
14. 「농업협동조합법」
15. 「대부업 등의 등록 및 금융이용자 보호에 관한 법률」
16. 「보험사기방지 특별법」
17. 「보험업법」
18. 「부동산투자회사법」
19. 「사회기반시설에 대한 민간투자법」
20. 「산림조합법」
21. 「상호저축은행법」
22. 「새마을금고법」
23. 「선박투자회사법」
24. 「수산업협동조합법」
25. 「신용보증기금법」
26. 「신용정보의 이용 및 보호에 관한 법률」
27. 「신용협동조합법」
28. 「여신전문금융업법」
29. 「예금자보호법」
30. 「온라인투자연계금융업 및 이용자 보호에 관한 법률」
31. 「외국인투자 촉진법」
32. 「외국환거래법」
33. 「유사수신행위의 규제에 관한 법률」
34. 「은행법」
35. 「인터넷전문은행 설립 및 운영에 관한 특례법」
36. 「자동차손해배상 보장법」
37. 「자본시장과 금융투자업에 관한 법률」
38. 「자산유동화에 관한 법률」
39. 「전자금융거래법」
40. 「주식회사 등의 외부감사에 관한 법률」
41. 「주식ㆍ사채 등의 전자등록에 관한 법률」
42. 「주택법」
43. 「채권의 공정한 추심에 관한 법률」
44. 「특정 금융거래정보의 보고 및 이용 등에 관한 법률」
45. 「한국은행법」
46. 「한국자산관리공사 설립 등에 관한 법률」
47. 「한국주택금융공사법」
48. 「한국투자공사법」
49. 제1호부터 제48호까지의 법령에 상당하는 외국의 금융 관계 법령

〔별표2〕

과태료의 부과기준(제20조 관련)

(2024.1.9 개정)

1. 일반기준
가. 위반행위가 둘 이상인 경우에는 그 중 가장 무거운 부과기준(무거운 부과기준이 같은 경우에는 그 중 하나의 부과기준을 말한다)에 따르되, 가장 무거운 부과기준의 2분의 1까지 그 부과금액을 늘릴 수 있다. 다만, 각 부과금액을 합한 금액을 넘을 수 없다.
나. 위반행위의 횟수에 따른 과태료의 가중된 부과기준은 최근 1년간 같은 위반행위로 과태료 부과처분을 받은 경우에 적용한다. 이 경우 기간의 계산은 위반행위에 대하여 과태료 부과처분을 받은 날과 그 처분 후 다시 같은 위반행위를 하여 적발된 날을 기준으로 한다.
다. 나목에 따라 가중된 부과처분을 하는 경우 가중처분의 적용 차수는 그 위반행위 전 부과처분 차수(나목에 따른 기간 내에 과태료 부과처분이 둘 이상 있었던 경우에는 높은 차수를 말한다)의 다음 차수로 한다.
라. 제2호보목에 따른 부과기준을 적용할 때에는 검사기간 도래 후에 자동차 폐차 등의 사유로 「자동차관리법」 제43조제4항에 따라 검사기간이 연장되거나 검사가 유예된 경우 그 사유가 발생한 날부터 연장 또는 유예 받은 기간의 종료일까지의 기간은 검사 지연기간에서 제외한다.
마. 부과권자는 다음의 어느 하나에 해당하는 경우에는 제2호에 따른 개별기준에 따른 과태료 금액의 2분의 1의 범위에서 그 금액을 줄일 수 있다. 다만, 과태료를 체납하고 있는 위반행위자의 경우에는 그렇지 않다.
  1) 위반행위자가 「질서위반행위규제법 시행령」 제2조의2제1항 각 호의 어느 하나에 해당하는 경우
  2) 위반행위가 사소한 부주의나 오류로 인한 것으로 인정되는 경우
  3) 위반행위자가 법 위반상태를 시정하거나 해소하기 위하여 노력한 것이 인정되는 경우
  4) 그 밖에 위반행위의 정도, 동기 및 결과 등을 고려하여 줄일 필요가 있다고 인정되는 경우
바. 부과권자는 다음의 어느 하나에 해당하는 경우에는 제2호의 개별기준에 따른 과태료 금액의 2분의 1의 범위에서 그 금액을 늘릴 수 있다. 다만, 법 제84조제1항부터 제5항까지에 따른 과태료 금액의 상한을 넘을 수 없다.
  1) 위반의 내용ㆍ정도가 중대하여 소비자 등에게 미치는 피해가 크다고 인정되는 경우
  2) 법 위반상태의 기간이 6개월 이상인 경우
  3) 그 밖에 위반행위의 정도, 위반행위의 동기와 그 결과 등을 고려하여 늘릴 필요가 있다고 인정되는 경우

2. 개별기준

위반행위	근 거 법조문	과태료 금액 (만원)		
		1차	2차	3차 이상
가. 법 제8조제3항을 위반하여 신규등록 신청을 하지 않은 경우 또는 법 제13조제2항을 위반하여 자동차의 말소등록 신청을 하지 않은 경우	법 제84조 제4항 제1호ㆍ제5호			
1) 등록신청대행 의무자가 등록신청대행을 거부한 경우			50	

2) 등록신청대행기간이 지난 경우				
가) 경과 기간이 10일 이내인 경우		5		
나) 경과 기간이 10일 초과 104일 이내인 경우		5만원에 11일째부터 계산하여 1일마다 1만원을 더한 금액		
다) 경과 기간이 105일 이상인 경우		100		
나. 법 제8조제3항 또는 법 제58조제10항을 위반하여 전산정보처리조직에 전송하지 않은 경우	법 제84조 제5항제7호의2	10		
다. 법 제8조의2를 위반하여 반품된 자동차라는 사실 또는 인도 이전에 발생한 하자에 대한 수리 여부와 상태 등을 구매자에게 고지하지 않고 판매한 경우	법 제84조 제4항제1호의2	100		
라. 법 제10조제1항 단서(같은 조 제7항에서 준용하는 경우를 포함한다)에 따른 자동차등록번호판의 부착 또는 봉인을 하지 않은 경우	법 제84조 제4항제2호	50		
마. 법 제10조제3항(같은 조 제7항에서 준용하는 경우를 포함한다)을 위반하여 자동차등록번호판의 부착 및 봉인의 재신청을 하지 않은 경우	법 제84조 제4항제3호	10		
바. 법 제10조제4항(같은 조 제7항에서 준용하는 경우를 포함한다)을 위반하여 자동차등록번호판을 부착 또는 봉인하지 않은 자동차를 운행한 경우(법 제27조제2항에 따른 임시운행허가번호판을 붙인 경우는 제외한다)	법 제84조 제3항제1호	50	150	250
사. 법 제10조제5항(같은 조 제7항 및 법 제52조에서 준용하는 경우를 포함한다)을 위반하여 등록번호판을 가리거나 알아보기 곤란하게 하거나 그러한 자동차를 운행한 경우(법 제81조제1호의2에 해당되는 경우는 제외한다)	법 제84조 제3항제2호	50	150	250
아. 법 제11조를 위반하여 변경등록 신청을 하지 않은 경우	법 제84조 제5항제2호			
1) 신청 지연기간이 90일 이내인 경우		2		
2) 신청 지연기간이 90일 초과 174일 이내인 경우		2만원에 91일째부터 계산하여 3일 초과 시마다 1만원을 더한 금액		
3) 신청 지연기간이 175일 이상인 경우		30		
자. 법 제13조제1항을 위반하여 말소등록 신청을 하지 않은 경우	법 제84조 제5항제2호의2			
1) 법 제13조제1항제1호부터 제5호까지에 해당하는 경우				
가) 신청 지연기간이 10일 이내인 경우		5		
나) 신청 지연기간이 10일 초과 54일 이내인 경우		5만원에 11일째부터 계산하여 1일마다 1만원을 더한 금액		
다) 신청 지연기간이 55일 이상인 경우		50		
2) 법 제13조제1항제6호에 해당하는 경우		20		
차. 법 제13조제8항을 위반하여 수출의 이행 여부 신고를 하지 않은 경우	법 제84조 제4항제6호			
1) 신고 지연기간이 10일 이내인 경우		5		
2) 신고 지연기간이 10일 초과 54일 이내인 경우		5만원에 11일째부터 계산하여 1일마다 1만원을 더한 금액		
3) 신고 지연기간이 55일 이상인 경우		50		
카. 법 제13조제10항을 위반하여 말소등록 된 자동차를 다시 등록하려는 경우에 법 제8조에 따른 신규등록을 신청하지 않은 경우	법 제84조 제4항제7호			
1) 수출을 사유로 말소등록한 자동차를 다시 등록하려는 경우				
가) 신청 지연기간이 10일 이내인 경우		5		
나) 신청 지연기간이 10일 초과 54일 이내인 경우		5만원에 11일째부터 계산하여 1일마다 1만원을 더한 금액		
다) 신청 지연기간이 55일 이상인 경우		50		
2) 그 밖의 사유로 말소등록한 자동차를 다시 등록하려는 경우		10		
타. 법 제22조제1항(법 제52조에서 준용하는 경우를 포함한다)에 따른 차대번호와 원동기형식의 표기를 하지 않은 경우	법 제84조 제3항제3호	100	200	300
파. 법 제25조제1항에 따른 운행제한 명령을 위반하여 자동차를 운행한 경우	법 제84조 제4항제10호			
1) 전시·사변 또는 이에 준하는 비상사태의 대처를 위한 자동차 운행제한명령을 위반한 경우		50		
2) 제31조제1항에 따른 결함이 있는 자동차의 운행으로 인한 화재사고가 반복적으로 발생하여 공중(公衆)의 안전에 심각한 위해를 끼칠 수 있는 경우를 방지하기 위한 자동차 운행제한명령을 위반한 경우		50		
3) 극심한 교통체증 지역의 발생예방 또는 해소를 위한 자동차 운행제한명령을 위반한 경우		10		
4) 대기오염 방지를 위한 자동차 운행제한명령을 위반한 경우		5		
하. 법 제26조의2제1항을 위반하여 폐차 처리 요청 기간 내에 침수로 인한 전손(全損) 처리 자동차를 자동차해체재활용업자에게 폐차 요청을 하지 않은 경우	법 제84조 제3항제4호			
1) 폐차 요청 지연기간이 10일 이내인 경우		100		
2) 폐차 요청 지연기간이 10일 초과 49일 이내인 경우		100만원에 11일째부터 계산하여 1일마다 5만원을 더한 금액		
3) 폐차 요청 지연기간이 50일 이상인 경우		300		
거. 법 제26조의2제2항을 위반하여 전손 처리 자동차 또는 해당 자동차에 장착된 장치로서 같은 항에서 정하는 자동차의 안전운행에 직접 관련된 장치를 수출하거나 수출하는 자에게 판매한 경우	법 제84조 제3항제5호	150	300	300
너. 법 제27조제1항을 위반하여 임시운행허가의 목적 외로 운행한 경우	법 제84조 제3항제6호	50	150	250
더. 법 제27조제3항을 위반하여 임시운행허가증 및 임시운행허가번호판을 부착하지 않고 운행한 경우	법 제84조 제3항제7호			
1) 임시운행허가증을 부착하지 않고 운행한 경우		30	100	150
2) 임시운행허가번호판을 부착하지 않고 운행한 경우		50	150	250
러. 법 제27조제4항을 위반하여 임시운행허가증 및 임시운행허가번호판을 반납하지 않은 경우	법 제84조 제4항제12호			
1) 반납 지연기간이 10일 이내인 경우		3		
2) 반납 지연기간이 10일 초과 106일 이내인 경우		3만원에 11일째부터 계산하여 1일마다 1만원을 더한 금액		
3) 반납 지연기간이 107일 이상인 경우		100		
머. 법 제27조제5항을 위반하여 자율주행자동차의 운행 및 교통사고 등에 관한 정보를 국토교통부장관에게 보고하지 않거나 거짓으로 보고한 경우	법 제84조 제1항제1호			
1) 보고기한을 경과한 경우				
가) 경과 기간이 10일 이내인 경우		5		
나) 경과 기간이 10일 초과 100일 이내인 경우		5만원에 11일째부터 계산하여 1일마다 1만원을 더한 금액		
다) 경과 기간이 100일 이상인 경우		100		
2) 거짓으로 보고한 경우		100		
버. 법 제29조를 위반하여 자동차안전기준, 부품안전기준, 액화석유가스안전기준 또는 전기설비안전기준에 적합하지 않은 자동차를 운행하거나 운행하게 한 경우	법 제84조 제4항제13호			
1) 제8조제2항제7호의 전기·전자장치 중 최고속도제한장치 및 제8조제2항제18호 중 주행거리계 및 운행기록계		100		
2) 제8조제1항제5호·제6호, 같은 조 제2항제7호(연료장치 및 최고속도제한장치는 제외한다), 같은 항 제17호 중 광각 실외후사경 및 같은 항 제17호의2		30		
3) 제8조제2항제11호·제19호		5		
4) 제8조제1항제7호 및 제2항제2호(차축은 제외한다), 제3호, 제6호, 제14호부터 제16호까지, 제17호(광각 실외후사경은 제외한다) 및 제18호(주행거리계 및 운행기록계는 제외한다)		3		
서. 법 제30조의3제2항(법 제52조에서 준용하는 경우를 포함한다), 법 제31조제4항(법 제52조에서 준용하는 경우를 포함한다), 법 제72조제2항, 제73조제1항 및 제73조의2제2항을 위반하여 확인·조사·보고·검사 또는 단속을 거부·방해 또는 기피하거나 질문에 대하여 거짓으로 진술한 경우	법 제84조 제4항제14호	100		
어. 법 제30조의5에 따른 대체부품의 성능 및 품질 인증을 거짓으로 한 것을 알면서도 이를 판매한 경우	법 제84조 제4항제13호의3	100		
저. 법 제31조제8항에 따른 보고를 하지 않거나 거짓으로 보고한 경우	법 제84조 제1항제2호			
1) 시정조치 계획 또는 경제적 보상 계획을 보고하지 않은 경우				
가) 경과 기간이 5일 이내인 경우		600		
나) 경과 기간이 5일 초과 74일 이내인 경우		600만원에 6일째부터 계산하여 1일마다 20만원을 더한 금액		
다) 경과 기간이 75일 이상인 경우		2,000		
2) 시정조치 계획 또는 경제적 보상 계획을 거짓으로 보고한 경우		1,000		
3) 시정조치 또는 경제적 보상의 진행 상황을 보고하지 않은 경우				
가) 경과 기간이 5일 이내인 경우		200		
나) 경과 기간이 5일 초과 71일 이내인 경우		200만원에 6일째부터 계산하여 1일마다 6만원을 더한 금액		
다) 경과 기간이 72일 이상인 경우		600		
4) 시정조치 또는 경제적 보상의 진행 상황을 거짓으로 보고한 경우		600		
처. 제31조제12항을 위반하여 결함 사실과 그에 따른 시정조치계획등을 다시 공개하지 않은 경우	법 제84조 제2항제2호의2	500		
커. 법 제31조의2제1항(법 제52조에서 준용하는 경우를 포함한다)을 위반하여 보상을 하지 않은 경우	법 제84조 제4항제15호	100		
터. 법 제31조의4제2항(법 제52조에서 준용하는 경우를 포함한다)을 위반하여 시정조치 사실을 구매자에게 고지하지 않고 판매한 경우	법 제84조 제4항제15호의2	100		
퍼. 법 제32조의2제4항을 위반하여 자동차 소유자에게 하자의 내용과 무상수리 계획을 알리지 않은 경우	법 제84조 제2항제3호			
1) 경과 기간이 5일 이내인 경우		300		
2) 경과 기간이 5일 초과 24일 이내인 경우		300만원에 6일째부터 계산하여 1일마다 10만원을 더한 금액		
3) 경과 기간이 25일 이상인 경우		500		
허. 자동차를 산 사람에게 법 제33조제1항·제5항(법 제52조에서 준용하는 경우를 포함한다)에 따른 자료 제공을 하지 않은 경우	법 제84조 제5항제3호	50		
고. 법 제33조제3항 및 제4항(법 제52조에서 준용하는 경우를 포함한다)을 위반하여 자료를 제출하지 않거나 거짓으로 제출한 경우	법 제84조 제1항제3호	1,000		
노. 법 제34조의3(법 제52조에서 준용하는 경우를 포함한다)에 따른 튜닝부품인증을 거짓으로 한 것을 알면서도 이를 판매한 경우	법 제84조 제4항제13호의4	100		
도. 법 제35조의3제2항을 위반하여 저속전기자동차를 운행한 경우	법 제84조 제4항제15호의3	10		
로. 법 제35조의5를 위반하여 내압용기안전기준에 적합하지 않은 내압용기가 장착된 자동차를 운행하거나 운행하게 한 경우	법 제84조 제4항제13호의2			

1) 내압용기(용기밸브와 용기안전장치 등 부속장치는 제외한다) 2) 용기밸브와 용기안전장치 등 부속장치		100 30		
모. 법 제35조의10제4항에 따른 내압용기가 장착된 자동차의 사용정지 또는 제한 및 고압가스의 폐기 명령을 위반한 경우	법 제84조 제2항제4호	500		
보. 법 제43조제1항제2호에 따른 정기검사 또는 법 제43조의2제1항에 따른 종합검사를 받지 않은 경우 1) 검사 지연기간이 30일 이내인 경우 2) 검사 지연기간이 30일 초과 114일 이내인 경우 3) 검사 지연기간이 115일 이상인 경우	법 제84조 제4항제15호의4 및 제15호의5	4 4만원에 31일째부터 계산하여 3일 초과 시마다 2만원을 더한 금액 60		
소. 법 제45조제8항(법 제45조의2제4항에서 준용하는 경우를 포함한다)을 위반하여 휴업 또는 폐업 신고를 하지 않은 경우	법 제84조 제4항제16호	10		
오. 법 제47조제1항을 위반하여 택시미터의 검정을 받지 않고 사용한 경우 1) 제작·수리 또는 수입에 관한 검정을 받지 않고 사용한 경우 2) 사용에 관한 검정을 받지 않고 사용한 경우 가) 검정 지연기간이 30일 이내인 경우 나) 검정 지연기간이 30일 초과 49일 이내인 경우 다) 검정 지연기간이 50일 이상인 경우	법 제84조 제4항제17호	100 30 30만원에 31일째부터 계산하여 1일마다 1만원을 더한 금액 50		
조. 법 제48조제1항을 위반하여 사용 신고를 하지 않고 이륜자동차를 운행한 경우	법 제84조 제4항제18호	50		
초. 법 제48조제2항을 위반하여 이륜자동차의 변경사항이나 사용 폐지를 신고하지 않은 경우 1) 신고 지연기간이 90일 이내인 경우 2) 신고 지연기간이 90일을 초과하는 경우	법 제84조 제5항제6호의2	2 2만원에 91일째부터 계산하여 3일을 초과할 때마다 1만원을 더한 금액. 다만, 과태료의 총액은 30만원을 초과할 수 없다.		
코. 법 제49조제1항을 위반하여 이륜자동차번호판을 부착하지 않고 이륜자동차를 운행한 경우	법 제84조 제4항제18호의2	30	50	70
토. 법 제49조제2항 단서를 위반하여 이륜자동차번호판의 부착 또는 봉인을 하지 않은 경우	법 제84조 제4항제18호의3	40	60	80
포. 법 제50조를 위반하여 이륜자동차의 안전기준 또는 부품안전기준에 적합하지 않은 이륜자동차를 운행하거나 운행하게 한 경우 1) 연료장치 및 배기가스발산방지장치 2) 그 밖의 안전기준에서 정한 이륜자동차의 구조 및 장치(법 제34조에 따른 튜닝 승인 대상은 제외한다)	법 제84조 제4항제19호	20 3		
호. 법 제53조제1항을 위반하여 변경등록을 하지 않고 자동차관리사업을 한 경우	법 제84조 제4항제20호	100		
구. 법 제53조의2에 따른 포상금을 지급받기 위해 거짓으로 신고한 경우	법 제84조 제5항제9호	30		
누. 법 제55조를 위반하여 자동차관리사업의 양도·양수, 합병(법인인 경우만 해당한다) 또는 휴업·폐업 신고를 하지 않은 경우 1) 양도·양수 또는 합병(법인인 경우만 해당한다) 신고를 하지 않은 경우 2) 휴업·폐업 신고를 하지 않은 경우	법 제84조 제4항제21호	100 10		
두. 법 제58조제1항제3호를 위반하여 수수료 또는 요금을 고지하지 않거나 거짓으로 고지한 경우	법 제84조 제4항제21호의2	30		
루. 자동차정비업자가 법 제58조제5항 각 호의 어느 하나를 위반한 경우	법 제84조 제4항제22호	30		
무. 법 제58조제8항제1호를 위반하여 성능·상태점검의 내용을 제공하지 않은 경우	법 제84조 제4항제22호의2	100		
부. 법 제58조제8항제3호를 위반하여 정당한 사유 없이 자동차성능·상태점검에 관한 교육을 이수하지 않은 경우	법 제84조 제4항제22호의3	30		
수. 법 제58조의3제4항을 위반하여 손해배상책임에 관한 설명을 하지 않거나 관계 증서의 사본 또는 관계 증서에 관한 전자문서를 발급하지 않은 경우 1) 법인인 경우 2) 법인이 아닌 경우	법 제84조 제4항제23호	70 35		
우. 법 제65조제3항을 위반하여 차액이 있다는 사실을 통지하지 않거나 거짓으로 통지한 경우	법 제84조 제4항제24호	30		
주. 법 제68조의22에 따른 개선명령을 따르지 않은 경우	법 제84조 제2항제4호의2	500	750	1,000
추. 법 제68조의23에 따른 임직원에 대한 징계·해임의 요구에 따르지 않거나 시정명령을 따르지 않은 경우	법 제84조 제2항제4호의3	500	750	1,000
쿠. 법 제69조의4제2항을 위반하여 정당한 사유 없이 관련 자료를 제출하지 않은 경우	법 제84조 제2항제5호	500		
투. 법 제69조의4제3항을 위반하여 정당한 사유 없이 필요한 조치를 하지 않은 경우	법 제84조 제2항제6호	500		
푸. 법 제72조제1항에 따른 보고를 하지 않거나 거짓으로 보고를 한 경우	법 제84조 제5항제8호	20		

〔별표3〕

범칙행위 및 범칙금액표(제21조제1항관련)

(2018.4.24 개정)

1. 자동차정비업 작업범위 위반행위

(단위 : 만원)

범 칙 행 위	해당 법조문	범칙금액
가. 소형자동차정비업 (1) 대형의 승합·화물·특수자동차에 대한 점검·정비 (2) 중형의 승합·화물·특수자동차에 대한 점검·정비	법 제53조제1항 및 제79조제13호	 300 200
나. 자동차전문정비업 (1) 판금·용접 및 도장행위를 수반하는 점검·정비 (2) (1)외의 점검·정비		 300 150

주 : 작업범위의 위반내용이 제동장치 및 조향장치에 대한 점검·정비로 인한 경우에는 범칙행위의 대상에서 제외함

2. 자동차무단방치행위

(단위 : 만원)

범 칙 행 위	해당 법조문	범 칙 금 액		
		승용자동차 및 이륜자동차	승합·화물·특수자동차	
			경형·소형	중형·대형
가. 자진처리 명령에 응한 경우	법 제26조제1항(법 제52조에서 준용하는 경우를 포함한다) 및 제81조제8호	20	20	30
나. 자진처리 명령에 불응한 경우		100	100	150

3. 이전등록 신청 위반행위

(단위 : 만원)

범 칙 행 위	해당 법조문	범칙금액
법 제12조제1항에 따른 이전등록을 신청하지 않은 경우 가. 신청 지연기간이 10일 이내인 경우 나. 신청 지연기간이 10일 초과 49일 이내인 경우 다. 신청 지연기간이 50일 이상인 경우	법 제81조제2호	 10 10만원에 11일째부터 계산하여 1일마다 1만원을 더한 금액 50

■ 자동차손해배상 보장법 시행령

〔별표1〕

상해의 구분과 책임보험금의 한도금액(제3조제1항제2호 관련)

(2021.1.5 개정)

1. 상해 구분별 한도금액

상해 급별	한도 금액	상해내용
1급	3천만원	1. 수술 여부와 상관없이 뇌손상으로 신경학적 증상이 고도인 상해(신경학적 증상이 48시간 이상 지속되는 경우에 적용한다) 2. 양안 안구 파열로 안구 적출술 또는 안구내용 제거술과 의안 삽입술을 시행한 상해 3. 심장 파열로 수술을 시행한 상해 4. 흉부 대동맥 손상 또는 이에 준하는 대혈관 손상으로 수술 또는 스텐트그라프트 삽입술을 시행한 상해 5. 척주(등골뼈) 손상으로 완전 사지마비 또는 완전 하반신마비를 동반한 상해 6. 척수 손상을 동반한 불안정성 방출성 척추 골절 7. 척수 손상을 동반한 척추 신연손상 또는 전위성(회전성) 골절 8. 상완신경총 완전 손상으로 수술을 시행한 상해 9. 위팔 부위 완전 절단(팔꿈치관절 부위 분리절단을 포함한다) 소실로 재접합술을 시행한 상해 10. 불안정성 골반뼈 골절로 수술을 시행한 상해 11. 비구 골절 또는 비구 골절 탈구로 수술을 시행한 상해 12. 넓적다리 부위 완전 절단(무릎관절 부위 분리절단을 포함한다) 소실로 재접합술을 시행한 상해 13. 골의 분절 소실로 유리생골 이식술을 시행한 상해(근육, 근막 또는 피부 등 연부 조직을 포함한 경우에 적용한다) 14. 화상·좌창·괴사상처 등 연부 조직의 심한 손상이 몸 표면의 9퍼센트 이상인 상해 15. 그 밖에 1급에 해당한다고 인정되는 상해
2급	1,500만원	1. 뇌손상으로 신경학적 증상이 중등도인 상해(신경학적 증상이 48시간 이상 지속되는 경우로 수술을 시행한 경우에 적용한다) 2. 흉부 기관, 기관지 파열, 폐 손상 또는 식도 손상으로 절제술을 시행한 상해 3. 내부 장기 손상으로 장기의 일부분이라도 적출 수술을 시행한 상해 4. 신장 파열로 수술한 상해 5. 척주 손상으로 불완전 사지마비를 동반한 상해 6. 신경 손상 없는 불안정성 방출성 척추 골절로 수술적 고정술을 시행한 상해 또는 목뼈 골절(치돌기 골절을 포함한다) 또는 탈구로 목뼈고정기(할로베스트)나 수술적 고정술을 시행한 상해 7. 상완 신경총 상부간부 또는 하부간부의 완전 손상으로 수술을 시행한 상해 8. 아래팔 완전 절단(손목관절 부위 분리절단을 포함한다) 소실로 재접합술을 시행한 상해 9. 엉덩관절의 골절성 탈구로 수술을 시행한 상해(비구 골절을 동반하지 않은 경우에 적용한다) 10. 넓적다리뼈머리 골절로 수술을 시행한 상해 11. 넓적다리뼈 윗목부 분쇄 골절, 돌기 아랫부분 분쇄 골절, 관절융기 분쇄 골절, 정강이뼈(경골) 관절융기 분쇄 골절 또는 정강이뼈 먼쪽 관절 내 분쇄 골절 12. 무릎관절의 골절 및 탈구로 수술을 시행한 상해 13. 종아리 완전 절단(발목관절 부위 분리절단을 포함한다) 소실로 재접합술을 시행한 상해

		14. 팔다리 연부 조직에 손상이 심하여 유리 피판술을 시행한 상해 15. 그 밖에 2급에 해당한다고 인정되는 상해
3급	1,200만원	1. 뇌손상으로 신경학적 증상이 고도인 상해(신경학적 증상이 48시간 미만 지속되는 경우로 수술을 시행한 경우에 적용한다) 2. 뇌손상으로 신경학적 증상이 중등도인 상해(신경학적 증상이 48시간 이상 지속되는 경우로 수술을 시행하지 않은 경우에 적용한다) 3. 단안 안구 적출술 또는 안구 내용 제거술과 의안 삽입술을 시행한 상해 4. 흉부 대동맥 손상 또는 이에 준하는 대혈관 손상으로 수술을 시행하지 않은 상해 5. 절제술을 제외한 개흉 또는 흉강경 수술을 시행한 상해(진단적 목적으로 시행한 경우는 4급에 해당한다) 6. 요도 파열로 요도 성형술 또는 요도 내시경을 이용한 요도 절개술을 시행한 상해 7. 내부 장기 손상(장간막 파열을 포함한다)으로 장기 적출 없이 재건수술 또는 지혈수술 등을 시행한 상해 8. 척주 손상으로 불완전 하반신마비를 동반한 상해 9. 어깨관절 골절 및 탈구로 수술을 시행한 상해 10. 위팔 부위 완전 절단(팔꿈치관절 부위 분리절단을 포함한다) 소실로 재접합술을 시행하지 않은 상해 11. 팔꿈치관절 부위 골절 및 탈구로 수술을 시행한 상해 12. 손목 부위 완전 절단 소실로 재접합술을 시행한 상해 13. 넓적다리뼈 또는 정강이뼈 골절(넓적다리뼈머리 골절은 제외한다) 14. 넓적다리 부위 완전 절단(무릎관절 부위 분리절단을 포함한다) 소실로 재접합술을 시행하지 않은 상해 15. 무릎관절의 전방 및 후방 십자인대의 파열 16. 발목관절 골절 및 탈구로 수술을 시행한 상해 17. 발목관절의 손상으로 발목뼈의 완전탈구가 동반된 상해 18. 발목 완전 절단 소실로 재접합술을 시행한 상해 19. 그 밖에 3급에 해당한다고 인정되는 상해
4급	1천만원	1. 뇌손상으로 신경학적 증상이 고도인 상해(신경학적 증상이 48시간 미만 지속되는 경우로 수술을 시행하지 않은 경우에 적용한다) 2. 각막 이식술을 시행한 상해 3. 후안부 안내 수술을 시행한 상해(유리체 출혈, 망막 박리 등으로 수술을 시행한 경우에 적용한다) 4. 흉부 손상 또는 복합 손상으로 인공호흡기를 시행한 상해(기관절개술을 시행한 경우도 포함한다) 5. 진단적 목적으로 복부 또는 흉부 수술을 시행한 상해(복강경 또는 흉강경 수술도 포함한다) 6. 상완신경총 완전 손상으로 수술을 시행하지 않은 상해 7. 상완신경총 불완전 손상(2개 이상의 주요 말초신경 장애를 보이는 손상에 적용한다)으로 수술을 시행한 상해 8. 위팔뼈목 골절 9. 위팔뼈 몸통 분쇄성 골절 10. 위팔뼈 위관절융기 또는 위팔뼈 먼쪽 부위 관절내 골절(경과 골절, 과간 골절, 내과 골절, 작은 머리 골절에 적용한다)로 수술을 시행한 상해 11. 노뼈 먼쪽 부위 골절과 자뼈머리 탈구가 동반된 상해(갈레아찌 골절을 말한다) 12. 자뼈 몸쪽 부위 골절과 노뼈머리 탈구가 동반된 상해(몬테지아 골절을 말한다) 13. 아래팔 완전 절단(손목관절 부위 분리절단을 포함한다) 소실로 재접합술을 시행하지 않은 상해 14. 노손목관절 골절 및 탈구(손목뼈간 관절 탈구, 먼쪽 노자관절 탈구를 포함한다)로 수술을 시행한 상해 15. 손목뼈 골절 및 탈구가 동반된 상해 16. 무지 또는 다발성 손가락의 완전 절단 소실로 재접합술을 시행한 상해 17. 불안정성 골반뼈 골절로 수술을 시행한 상해 18. 골반고리가 안정적인 골반뼈 골절(엉치뼈 골절 및 꼬리뼈 골절을 포함한다)로 수술을 시행한 상해 19. 골반뼈 관절의 분리로 수술을 시행한 상해 20. 비구 골절 또는 비구 골절 탈구로 수술을 시행하지 않은 상해 21. 무릎관절 탈구로 수술을 시행한 상해 22. 종아리 완전 절단(발목관절 부위 분리절단을 포함한다) 소실로 재접합술을 시행하지 않은 상해 23. 목말뼈 또는 발꿈치뼈 골절 24. 무족지 또는 다발성 발가락의 완전 절단 소실로 재접합술을 시행한 상해 25. 팔다리의 연부 조직에 손상이 심하여 유경 피판술 또는 원거리 피판술을 시행한 상해 26. 화상, 좌창, 괴사상처 등으로 연부 조직의 손상이 몸 표면의 약 4.5퍼센트 이상인 상해 27. 그 밖에 4급에 해당한다고 인정되는 상해
5급	900만원	1. 뇌손상으로 신경학적 증상이 중등도에 해당하는 상해(신경학적 증상이 48시간 미만 지속되는 경우로 수술을 시행한 경우에 적용한다) 2. 안와 골절에 의한 겹보임[복시(複視)]으로 안와 골절 재건술과 사시 수술을 시행한 상해 3. 복강내 출혈 또는 장기 파열 등으로 중재적 방사선학적 시술을 통하여 지혈술을 시행하거나 경피적 배액술 등을 시행하여 보존적으로 치료한 상해 4. 안정성 추체 골절 5. 상완 신경총 상부 몸통 또는 하부 몸통의 완전 손상으로 수술하지 않은 상해 6. 위팔뼈 몸통 골절 7. 노뼈머리 또는 자뼈 갈고리돌기 골절로 수술을 시행한 상해 8. 노뼈와 자뼈의 몸통 골절이 동반된 상해 9. 노뼈 붓돌기 골절 10. 노뼈 먼쪽부위 관절 내 골절 11. 손목 손배뼈 골절 12. 손목 완전 절단 소실로 재접합술을 시행하지 않은 상해 13. 무지를 제외한 단일 손가락의 완전 절단 소실로 재접합술을 시행한 상해 14. 엉덩관절의 골절성 탈구로 수술을 시행하지 않은 상해(비구 골절을 동반하지 않은 경우에 적용한다) 15. 엉덩관절 탈구로 수술을 시행한 상해 16. 넓적다리뼈머리 골절로 수술을 시행하지 않은 상해 17. 넓적다리뼈 또는 몸쪽 정강이뼈의 견열골절 18. 무릎관절의 골절 및 탈구로 수술을 시행하지 않은 상해 19. 무릎관절의 전방 또는 후방 십자인대의 파열 20. 무릎뼈 골절 21. 발목관절의 양과 골절 또는 삼과 골절(내과, 외과, 후과를 말한다) 22. 발목관절 탈구로 수술을 시행한 상해 23. 그 밖의 발목뼈 골절(목말뼈 및 발꿈치뼈는 제외한다) 24. 발목발허리(리스프랑)관절 손상 25. 3개 이상의 발허리뼈 골절로 수술을 시행한 상해 26. 발목 완전 절단 소실로 재접합술을 시행하지 않은 상해 27. 무족지를 제외한 단일 발가락의 완전 절단 소실로 재접합술을 시행한 상해 28. 아킬레스건, 무릎인대, 넓적다리 사두건 또는 넓적다리 이두건 파열로 수술을 시행한 상해 29. 팔다리 근육 또는 힘줄 파열로 6개 이상의 근육 또는 힘줄 봉합술을 시행한 상해 30. 다발성 팔다리의 주요 혈관 손상으로 봉합술 또는 이식술을 시행한 상해 31. 팔다리의 주요 말초 신경 손상으로 수술을 시행한 상해 32. 23치 이상의 치과보철을 필요로 하는 상해 33. 그 밖에 5급에 해당한다고 인정되는 상해
6급	700만원	1. 뇌손상으로 신경학적 증상이 경도인 상해(수술을 시행한 경우에 적용한다) 2. 뇌손상으로 신경학적 증상이 중등도에 해당하는 상해(신경학적 증상이 48시간 미만 지속되는 경우로 수술을 시행하지 않은 경우에 적용한다) 3. 전안부 안내 수술을 시행한 상해(외상성 백내장, 녹내장 등으로 수술을 시행한 경우에 적용한다) 4. 심장 타박 5. 폐타박상(한쪽 폐의 50퍼센트 이상 면적을 흉부 CT 등에서 확인한 경우에 한정한다) 6. 요도 파열로 유치 카테타, 부지 삽입술을 시행한 상해 7. 혈흉(혈액가슴증) 또는 기흉(공기가슴증)이 발생하여 폐쇄식 흉관 삽관수술을 시행한 상해 8. 어깨관절의 회전근개 파열로 수술을 시행한 상해 9. 외상성 상부관절와순 파열로 수술을 시행한 상해 10. 어깨관절 탈구로 수술을 시행한 상해 11. 어깨관절의 골절 및 탈구로 수술을 시행하지 않은 상해 12. 위팔뼈 대결절 견열 골절 13. 위팔뼈 먼쪽 부위 견열골절(외상과 골절, 내상과 골절 등에 해당한다) 14. 팔꿈치관절 부위 골절 및 탈구로 수술을 시행하지 않은 상해 15. 팔꿈치관절 탈구로 수술을 시행한 상해 16. 팔꿈치관절 내측 또는 외측 측부 인대 파열로 수술을 시행한 상해 17. 노뼈 몸통 또는 먼쪽 부위 관절외 골절 18. 노뼈목 골절 19. 자뼈 팔꿈치머리 부위 골절 20. 자뼈 몸통 골절(몸쪽 부위 골절은 제외한다) 21. 다발성 손목손허리뼈 관절 탈구 또는 다발성 골절탈구 22. 무지 또는 다발성 손가락의 완전 절단 소실로 재접합술을 시행하지 않은 상해 23. 무릎관절 탈구로 수술을 시행하지 않은 상해 24. 무릎관절 내측 또는 외측 측부인대 파열로 수술을 시행한 상해 25. 반월상(반달모양) 연골 파열로 수술을 시행한 상해 26. 발목관절 골절 및 탈구로 수술을 시행하지 않은 상해 27. 발목관절 내측 또는 외측 측부인대의 파열 또는 골절을 동반하지 않은 먼쪽 정강이뼈·종아리뼈 분리 28. 2개 이하의 발허리뼈 골절로 수술을 시행한 상해 29. 무족지 또는 다발성 발가락의 완전 절단 소실로 재접합술을 시행하지 않은 상해 30. 팔다리 근육 또는 힘줄 파열로 3개 이상 5개 이하의 근육 또는 힘줄 봉합술을 시행한 상해 31. 19치 이상 22치 이하의 치과보철을 필요로 하는 상해 32. 그 밖에 6급에 해당한다고 인정되는 상해
7급	500만원	1. 다발성 얼굴 머리뼈 골절 또는 뇌신경 손상과 동반된 얼굴 머리뼈 골절 2. 겹보임을 동반한 마비 또는 제한 사시로 사시수술을 시행한 상해 3. 안와 골절로 재건술을 시행한 상해 4. 골다공증성 척추 압박골절 5. 쇄골(빗장뼈) 골절 6. 어깨뼈(어깨뼈가시, 어깨뼈몸통, 가슴우리 탈구, 어깨뼈목, 봉우리돌기 및 부리돌기 포함) 골절 7. 견봉 쇄골인대 및 오구 쇄골인대 완전 파열 8. 상완신경총 불완전 손상으로 수술을 시행하지 않은 상해 9. 노뼈머리 또는 자뼈 갈고리돌기 골절로 수술을 시행하지 않은 상해 10. 자뼈 붓돌기 기저부 골절 11. 삼각섬유연골 복합체 손상 12. 노손목관절 탈구(손목뼈간관절 탈구, 먼쪽 노자관절 탈구를 포함한다)로 수술을 시행한 상해 13. 노손목관절 골절 및 탈구(손목뼈간관절 탈구, 먼쪽 노자관절 탈구를 포함한다)로 수술을 시행하지 않은 상해 14. 손배뼈 외 손목뼈 골절 15. 손목 부위 손배뼈·반달뼈 사이 인대 파열 16. 손목손허리뼈 관절의 탈구 또는 골절탈구 17. 다발성 손허리뼈 골절 18. 손허리손가락관절의 골절 및 탈구 19. 무지를 제외한 단일 손가락의 완전 절단 소실로 재접합술을 시행하지 않은 상해 20. 골반뼈 관절의 분리로 수술을 시행하지 않은 상해 21. 엉덩관절 탈구로 수술을 시행하지 않은 상해 22. 종아리뼈 몸통 골절 또는 뼈머리 골절 23. 발목관절 탈구로 수술을 시행하지 않은 상해 24. 발목관절 내과, 외과 또는 후과 골절 25. 무족지를 제외한 단일 발가락의 완전 절단 소실로 재접합술을 시행하지 않은 상해 26. 16치 이상 18치 이하의 치과보철을 필요로 하는 상해 27. 그 밖에 7급에 해당한다고 인정되는 상해
8급	300만원	1. 뇌손상으로 신경학적 증상이 경도인 상해(수술을 시행하지 않은 경우에 적용한다) 2. 위턱뼈, 아래턱뼈, 이틀뼈 등의 얼굴 머리뼈 골절 3. 외상성 시신경병증 4. 외상성 안검하수로 수술을 시행한 상해 5. 복합 고막 파열 6. 혈흉 또는 기흉이 발생하여 폐쇄식 흉관 삽관수술을 시행하지 않은 상해 7. 3개 이상의 다발성 갈비뼈 골절 8. 각종 돌기 골절(극돌기, 가로돌기) 또는 후궁 골절 9. 어깨관절 탈구로 수술을 시행하지 않은 상해 10. 위팔뼈 위관절융기 또는 위팔뼈 먼쪽 부위 관절 내 골절(경과 골절, 과간 골절, 내과 골절, 작은 머리 골절 등을 말한다)로 수술을 시행하지 않은 상해 11. 팔꿈치관절 탈구로 수술을 시행하지 않은 상해 12. 손허리뼈 골절 13. 손가락뼈의 몸쪽 손가락뼈 사이 또는 먼쪽 손가락뼈 사이 골절 탈구

		14. 다발성 손가락뼈 골절
		15. 무지 손허리손가락관절 측부인대 파열
		16. 골반고리가 안정적인 골반뼈 골절(엉치뼈 골절 및 꼬리뼈 골절을 포함한다)로 수술을 시행하지 않은 상해
		17. 무릎관절 십자인대 부분 파열로 수술을 시행하지 않은 상해
		18. 3개 이상의 발허리뼈 골절로 수술을 시행하지 않은 상해
		19. 손발가락뼈 골절 및 탈구로 수술을 시행한 상해
		20. 팔다리의 근육 또는 힘줄 파열로 하나 또는 두 개의 근육 또는 힘줄 봉합술을 시행한 상해
		21. 팔다리의 주요 말초 신경 손상으로 수술을 시행하지 않은 상해
		22. 팔다리의 감각 신경 손상으로 수술을 시행한 상해
		23. 팔다리의 다발성 주요 혈관손상으로 봉합술 혹은 이식술을 시행한 상해
		24. 팔다리의 연부 조직 손상으로 피부 이식술이나 국소 피판술을 시행한 상해
		25. 13치 이상 15치 이하의 치과보철을 필요로 하는 상해
		26. 그 밖에 8급에 해당한다고 인정되는 상해
9급	240만원	1. 얼굴 부위의 코뼈 골절로 수술을 시행한 상해 2. 2개 이하의 단순 갈비뼈 골절 3. 고환 손상으로 수술을 시행한 상해 4. 음경 손상으로 수술을 시행한 상해 5. 복장뼈(흉골) 골절 6. 추간판 탈출증 7. 흉쇄관절 탈구 8. 팔꿉치관절 내측 또는 외측 측부 인대 파열로 수술을 시행하지 않은 상해 9. 노손목관절 탈구(손목뼈간관절 탈구, 먼쪽 노자관절 탈구를 포함한다)로 수술을 시행하지 않은 상해 10. 손가락뼈 골절로 수술을 시행한 상해 11. 손가락관절 탈구 12. 무릎관절 측부인대 부분 파열로 수술을 시행하지 않은 상해 13. 2개 이하의 발허리뼈 골절로 수술을 시행하지 않은 상해 14. 발가락뼈 골절 또는 발가락관절 탈구로 수술을 시행한 상해 15. 그 밖에 견열골절 등 제불완전골절 16. 아킬레스건, 무릎인대, 넓적다리 사두건 또는 넓적다리 이두건 파열로 수술을 시행하지 않은 상해 17. 손가락·발가락 폄근힘줄 1개의 파열로 힘줄 봉합술을 시행한 상해 18. 팔다리의 주요 혈관손상으로 봉합술 혹은 이식술을 시행한 상해 19. 11치 이상 12치 이하의 치과보철을 필요로 하는 상해 20. 그 밖에 9급에 해당한다고 인정되는 상해
10급	200만원	1. 3cm 이상 얼굴 부위 찢김상처(열상) 2. 안검과 누소관 찢김상처로 봉합술과 누소관 재건술을 시행한 상해 3. 각막, 공막 등의 찢김상처로 일차 봉합술만 시행한 상해 4. 어깨관절부위의 회전근개 파열로 수술을 시행하지 않은 상해 5. 외상성 상부관절와순 파열 중 수술을 시행하지 않은 상해 6. 손발가락관절 골절 및 탈구로 수술을 시행하지 않은 상해 7. 다리 3대 관절의 혈관절증 8. 연부조직 또는 피부 결손으로 수술을 시행하지 않은 상해 9. 9치 이상 10치 이하의 치과보철을 필요로 하는 상해 10. 그 밖에 10급에 해당한다고 인정되는 상해
11급	160만원	1. 뇌진탕 2. 얼굴 부위의 코뼈 골절로 수술을 시행하지 않는 상해 3. 손가락뼈 골절 또는 손가락관절 탈구로 수술을 시행하지 않은 상해 4. 발가락뼈 골절 또는 발가락관절 탈구로 수술을 시행하지 않은 상해 5. 6치 이상 8치 이하의 치과보철을 필요로 하는 상해 6. 그 밖에 11급에 해당한다고 인정되는 상해
12급	120만원	1. 외상 후 급성 스트레스 장애 2. 3cm 미만 얼굴 부위 찢김상처 3. 척추 염좌 4. 팔다리 관절의 근육 또는 힘줄의 단순 염좌 5. 팔다리의 찢김상처로 창상 봉합술을 시행한 상해(길이에 관계없이 적용한다) 6. 팔다리 감각 신경 손상으로 수술을 시행하지 않은 상해 7. 4치 이상 5치 이하의 치과보철을 필요로 하는 상해 8. 그 밖에 12급에 해당한다고 인정되는 상해
13급	80만원	1. 결막의 찢김상처로 일차 봉합술을 시행한 상해 2. 단순 고막 파열 3. 흉부 타박상으로 갈비뼈 골절 없이 흉부의 동통을 동반한 상해 4. 2치 이상 3치 이하의 치과보철을 필요로 하는 상해 5. 그 밖에 13급에 해당한다고 인정되는 상해
14급	50만원	1. 방광, 요도, 고환, 음경, 신장, 간, 지라 등 내부장기 손상(장간막파열을 포함한다)으로 수술을 시행하지 않은 상해 2. 손발가락 관절 염좌 3. 팔다리의 단순 타박 4. 1치 이하의 치과보철을 필요로 하는 상해 5. 그 밖에 14급에 해당한다고 인정되는 상해

2. 영역별 세부지침

영역		내용
공통		가. 2급부터 11급까지의 상해 내용 중 2가지 이상의 상해가 중복된 경우에는 가장 높은 등급에 해당하는 상해부터 하위 3등급(예 : 상해내용이 2급에 해당하는 경우에는 5급까지) 사이의 상해가 중복된 경우에만 가장 높은 상해 내용의 등급보다 한 등급 높은 금액으로 배상(이하 "병급"이라 한다)한다.
		나. 일반 외상과 치과보철을 필요로 하는 상해가 중복된 경우에는 각각의 상해 등급별 금액을 배상하되, 그 합산액이 1급의 금액을 초과하지 않는 범위에서 배상한다.
		다. 1개의 상해에서 2개 이상의 상향 또는 하향 조정의 요인이 있을 때 등급 상향 또는 하향 조정은 1회만 큰 폭의 조정을 적용한다. 다만, 상향 조정 요인과 하향 조정 요인이 여러 개가 함께 있을 때에는 큰 폭의 상향 또는 큰 폭의 하향 조정 요인을 각각 선택하여 함께 반영한다.
		라. 재해 발생 시 만 13세 미만인 사람은 소아로 인정한다.
		마. 연부 조직에 손상이 심하여 유리 피판술, 유경 피판술, 원거리 피판술, 국소 피판술이나 피부 이식술을 시행할 경우 얼굴 부위는 1등급 상위등급을 적용하고, 손 부위, 발 부위에 국한된 손상에 대해서는 한 등급 아래의 등급을 적용한다.
머리		가. "뇌손상"이란 국소성 뇌손상인 외상성 머리뼈안의 출혈(경막상·하 출혈, 뇌실 내 및 뇌실질 내 출혈, 거미막하 출혈 등을 말한다) 또는 경막하 수활액낭종, 거미막 낭종, 머리뼈 골절(머리뼈 기저부 골절을 포함한다) 등과 미만성 축삭손상을 포함한 뇌 타박상을 말한다.
		나. 4급 이하(4급에서 14급까지를 말한다)에서 의식 외에 뇌신경 손상이나 국소성 신경학적 이상 소견이 있는 경우 한 등급을 상향 조정할 수 있다.
		다. 신경학적 증상은 글라스고우 혼수척도(Glasgow coma scale)로 구분하며, 고도는 8점 이하, 중등도는 9점 이상 12점 이하, 경도는 13점 이상 15점 이하를 말한다.
		라. 글라스고우 혼수척도는 진정치료 전에 평가하는 것을 원칙으로 한다.
		마. 글라스고우 혼수척도 평가 시 의식이 있는 상태에서 기관지 삽관이 필요한 경우는 제외한다.
		바. 의무기록 상 의식상태가 혼수(coma)와 반혼수(semicoma)는 고도, 혼미(stupor)는 중등도, 기면(drowsy)은 경도로 본다.
		사. 두피 타박상, 찢김상처(열창)는 14급으로 본다.
		아. 만성 경막하 혈종으로 수술을 시행한 경우에는 6급 2호를 적용한다.
		자. 외상 후 급성 스트레스 장애는 다른 진단이 전혀 없이 단독 부상 및 질병으로 외상 후 1개월 이내 발병된 경우에 적용한다.
흉·복부		심장타박(6급)의 경우, ①심전도에서 Tachyarrythmia 또는 ST변화 또는 부정맥, ②심초음파에서 심장막액증가소견이 있거나 심장벽운동저하, ③심장효소치증가(CPK-MB, and Troponin T)의 세가지 요구 충족 시 인정한다.
척추		가. 완전 마비는 근력등급 3 이하인 경우이며, 불완전 마비는 근력등급 4인 경우로 정한다.
		나. 척추관 협착증이나 추간판 탈출증이 외상으로 증상이 발생한 경우나 악화된 경우는 9급으로 본다.
		다. 척주 손상으로 인하여 신경근증 이나 감각이상을 호소하는 경우는 9급으로 본다.
		라. 마미증후군은 척수손상으로 본다.
팔·다리	공통	가. 2급부터 11급까지의 내용 중 팔다리 골절에서 별도로 상해 등급이 규정되지 않은 경우, 보존적 치료를 시행한 골절은 해당 등급에서 2급 낮은 등급을 적용하며, 도수 정복 및 경피적 핀고정술을 시행한 경우에는 해당 등급에서 1급 낮은 등급을 적용한다.
		나. 2급부터 11급까지의 상해 내용 중 개방성 골절 또는 탈구에서 거스틸로 2형 이상(개방창의 길이가 1cm 이상인 경우를 말한다)의 개방성 골절 또는 탈구에서만 1등급 상위 등급을 적용한다.
		다. 2급부터 11급까지의 상해 내용 중 "수술적 치료를 시행하지 않은"이라고 명확하게 기록되지 않은 각 등급 손상 내용은 수술적 치료를 시행한 경우를 말하며, 보존적 치료를 시행한 경우가 따로 명시되지 않은 경우는 두 등급 하향 조정함을 원칙으로 한다.
		라. 양측 또는 단측을 별도로 규정한 경우에는 병합하지 않으나, 별도 규정이 없는 양측 손상인 경우에는 병합한다.
		마. 골절에 주요 말초신경의 손상 동반 시 해당 골절보다 1등급 상위 등급을 적용한다.
		바. 재접합술을 시행한 절단소실의 경우 해당부위의 절단보다 2급 높은 등급을 적용한다.
		사. 아절단은 완전 절단에 준한다.
		아. 관절 분리절단의 경우는 상위부 절단으로 본다.
		자. 골절 치료로 인공관절 치환술 시행할 경우 해당부위의 골절과 동일한 등급으로 본다.
		차. 팔다리 근육 또는 힘줄의 부분 파열로 보존적으로 치료한 경우 근육 또는 힘줄의 단순 염좌(12급)로 본다.
		카. 팔다리 관절의 인공관절 치환 후 재치환 시 해당 부위 골절보다 1등급 높은 등급을 적용한다.
		타. 보존적으로 치료한 팔다리 주요관절 골절 및 탈구는 해당관절의 골절 및 탈구보다 3등급 낮은 등급을 적용한다.
		파. 수술을 시행한 팔다리 주요 관절 탈구는 해당 관절의 보존적으로 치료한 탈구보다 2등급 높은 등급을 적용한다.
		하. 동일 관절 혹은 동일 골의 손상은 병합하지 않으며 상위 등급을 적용한다
		거. 분쇄 골절을 형성하는 골절선은 선상(선모양) 골절이 아닌 골절선으로 판단한다.
		너. 손발가락 절단 시 절단부위에 따른 차이는 두지 않는다.
		더. "근육(근), 힘줄(건), 인대 파열"이란 완전 파열을 말하며, 부분 파열은 수술을 시행한 경우에 완전 파열로 본다.
		러. 팔다리뼈 골절 중 상해등급에서 별도로 명시하지 않은 팔다리뼈 골절(견열골절을 포함한다)은 제불완전골절로 본다. 다만, 개방정복(피부와 근육 절개 후 골절된 뼈를 바로잡는 시술을 말한다)을 시행한 경우는 해당 부위 골절 항에 적용한다.
		머. 팔다리뼈 골절 시 시행한 외고정술도 수술을 한 것으로 본다.
		버. 소아의 경우, 성인의 동일 부위 골절보다 1급 낮게 적용한다. 다만, 성장판 손상이 동반된 경우와 연부조직 손상은 성인과 동일한 등급을 적용한다.
		서. 주요 동맥 또는 정맥 파열로 봉합술을 시행한 상해의 경우, 주요 동맥 또는 정맥이란 수술을 통한 혈행의 확보가 의학적으로 필요한 경우를 말하며, "다발성 혈관 손상"이란 2개 부위 이상의 주요 동맥 또는 정맥의 손상을 말한다.
	팔	가. 상부관절순 파열은 외상성 파열만 인정한다.
		나. 회전근개 파열 개수에 따른 차등을 두지 않는다.
		다. 6급의 어깨관절 탈구에서 재발성 탈구를 초래할 수 있는 해부학적 병변이 동시 확인된 경우는 수술 여부에 상관없이 6급을 적용한다.
		라. 견봉 쇄골간 관절 탈구, 관절낭 또는 견봉 쇄골간 인대 파열은 견봉 쇄골인대 및 오구 쇄골인대의 완전 파열에 포함되고, 견봉 쇄골인대 및 오구 쇄골인대의 완전 파열로 수술한 경우 7급을 적용하며, 부분 파열로 보존적 치료를 시행한 경우 9급을 적용하고, 단순 염좌의 경우 12급을 적용한다.
	다리	가. 양측 두덩뼈가지(치골지) 골절, 두덩뼈(치골) 위아래 가지 골절 등에서는 병급하지 않는다.
		나. 엉치뼈 골절, 꼬리뼈 골절은 골반뼈 골절로 본다.
		다. 무릎관절 십자인대 파열은 전후방 십자인대의 동시 파열이 별도로 규정되어 있으므로 병급하지 않으나 내외측 측부인대 동시 파열, 십자인대와 측부인대 파열, 반월상 연골판 파열 등은 병급한다.
		라. 후경골건 및 전경골건 파열은 발목관절 측부인대 파열로 수술을 시행한 경우의 등급으로 본다.
		마. 넓적다리뼈 또는 정강이뼈·종아리뼈의 견열성 골절의 경우, 동일 관절의 인대 손상에 대하여 수술적 치료를 시행한 경우는 인대 손상 등급으로 본다.
		바. 정강이뼈 후과의 단독 골절 시 발목관절 내과 또는 외과의 골절로 본다.
		사. 엉덩관절이란 넓적다리뼈머리와 골반뼈의 비구를 포함하며, "골절 탈구"란 골절과 동시에 관절의 탈구가 발생한 상태를 말한다.

		아. 불안정성 골반 골절은 골반고리를 이루는 골간의 골절 탈구를 포함한다.
		자. “다리의 3대 관절”이란 엉덩관절, 무릎관절, 발목관절을 말한다.
		차. 무릎관절의 전방 또는 후방 십자인대의 파열은 완전파열(또는 이에 준하는 파열)로 인대 복원수술을 시행한 파열에 적용한다.
		카. 골반고리가 안정적인 골반뼈의 수술을 시행한 골절은 두덩뼈 골절로 수술한 경우 등을 포함한다.

[별표2]

후유장애의 구분과 책임보험금의 한도금액(제3조제1항제3호 관련)

(2021.1.5 개정)

장애급별	한도금액	신체장애 내용
1급	1억5천만원	1. 두 눈이 실명된 사람 2. 말하는 기능과 음식물을 씹는 기능을 완전히 잃은 사람 3. 신경계통의 기능 또는 정신기능에 뚜렷한 장애가 남아 항상 보호를 받아야 하는 사람 4. 흉복부 장기의 기능에 뚜렷한 장애가 남아 항상 보호를 받아야 하는 사람 5. 반신불수가 된 사람 6. 두 팔을 팔꿈치관절 이상의 부위에서 잃은 사람 7. 두 팔을 완전히 사용하지 못하게 된 사람 8. 두 다리를 무릎관절 이상의 부위에서 잃은 사람 9. 두 다리를 완전히 사용하지 못하게 된 사람
2급	1억3,500만원	1. 한쪽 눈이 실명되고 다른 쪽 눈의 시력이 0.02 이하로 된 사람 2. 두 눈의 시력이 각각 0.02 이하로 된 사람 3. 두 팔을 손목관절 이상의 부위에서 잃은 사람 4. 두 다리를 발목관절 이상의 부위에서 잃은 사람 5. 신경계통의 기능 또는 정신기능에 뚜렷한 장애가 남아 수시로 보호를 받아야 하는 사람 6. 흉복부 장기의 기능에 뚜렷한 장애가 남아 수시로 보호를 받아야 하는 사람
3급	1억2천만원	1. 한쪽 눈이 실명되고 다른 쪽 눈의 시력이 0.06 이하로 된 사람 2. 말하는 기능이나 음식물을 씹는 기능을 완전히 잃은 사람 3. 신경계통의 기능 또는 정신기능에 뚜렷한 장애가 남아 일생 동안 노무에 종사할 수 없는 사람 4. 흉복부 장기의 기능에 뚜렷한 장애가 남아 일생 동안 노무에 종사할 수 없는 사람 5. 두 손의 손가락을 모두 잃은 사람
4급	1억500만원	1. 두 눈의 시력이 0.06 이하로 된 사람 2. 말하는 기능과 음식물을 씹는 기능에 뚜렷한 장애가 남은 사람 3. 고막이 전부 결손되거나 그 외의 원인으로 인하여 두 귀의 청력을 완전히 잃은 사람 4. 한쪽 팔을 팔꿈치관절 이상의 부위에서 잃은 사람 5. 한쪽 다리를 무릎관절 이상의 부위에서 잃은 사람 6. 두 손의 손가락을 모두 제대로 못쓰게 된 사람 7. 두 발을 발목발허리(리스프랑)관절 이상의 부위에서 잃은 사람
5급	9천만원	1. 한쪽 눈이 실명되고 다른 쪽 눈의 시력이 0.1 이하로 된 사람 2. 한쪽 팔을 손목관절 이상의 부위에서 잃은 사람 3. 한쪽 다리를 발목관절 이상의 부위에서 잃은 사람 4. 한쪽 팔을 완전히 사용하지 못하게 된 사람 5. 한쪽 다리를 완전히 사용하지 못하게 된 사람 6. 두 발의 발가락을 모두 잃은 사람 7. 신경계통의 기능 또는 정신기능에 뚜렷한 장애가 남아 특별히 손쉬운 노무 외에는 종사할 수 없는 사람 8. 흉복부 장기의 기능에 뚜렷한 장애가 남아 특별히 손쉬운 노무 외에는 종사할 수 없는 사람
6급	7,500만원	1. 두 눈의 시력이 0.1 이하로 된 사람 2. 말하는 기능이나 음식물을 씹는 기능에 뚜렷한 장애가 남은 사람 3. 고막이 대부분 결손되거나 그 외의 원인으로 인하여 두 귀의 청력이 귀에 입을 대고 말하지 않으면 큰 말소리를 알아듣지 못하게 된 사람 4. 한 귀가 전혀 들리지 않게 되고 다른 귀의 청력이 40센티미터 이상의 거리에서는 보통의 말소리를 알아듣지 못하게 된 사람 5. 척주(등골뼈)에 뚜렷한 기형이나 뚜렷한 운동장애가 남은 사람 6. 한쪽 팔의 3대 관절 중 2개 관절을 못쓰게 된 사람 7. 한쪽 다리의 3대 관절 중 2개 관절을 못쓰게 된 사람 8. 한쪽 손의 5개 손가락을 잃거나 한쪽 손의 엄지손가락과 둘째손가락을 포함하여 4개의 손가락을 잃은 사람
7급	6천만원	1. 한쪽 눈이 실명되고 다른 쪽 눈의 시력이 0.6 이하로 된 사람 2. 두 귀의 청력이 모두 40센티미터 이상의 거리에서는 보통의 말소리를 알아듣지 못하게 된 사람 3. 한쪽 귀가 전혀 들리지 않게 되고 다른 쪽 귀의 청력이 1미터 이상의 거리에서는 보통의 말소리를 알아듣지 못하게 된 사람 4. 신경계통의 기능 또는 정신기능에 장애가 남아 손쉬운 노무 외에는 종사하지 못하는 사람 5. 흉복부 장기의 기능에 장애가 남아 손쉬운 노무 외에는 종사하지 못하는 사람 6. 한쪽 손의 엄지손가락과 둘째손가락을 잃은 사람 또는 한쪽 손의 엄지 손가락이나 둘째손가락을 포함하여 3개 이상의 손가락을 잃은 사람 7. 한쪽 손의 5개의 손가락 또는 한쪽 손의 엄지손가락과 둘째손가락을 포함하여 4개의 손가락을 제대로 못쓰게 된 사람 8. 한쪽 발을 발목발허리관절 이상의 부위에서 잃은 사람 9. 한쪽 팔에 가관절(假關節 : 부러진 뼈가 완전히 아물지 못하여 그 부분이 마치 관절처럼 움직이는 상태를 말한다. 이하 같다)이 남아 뚜렷한 운동장애가 남은 사람 10. 한쪽 다리에 가관절이 남아 뚜렷한 운동장애가 남은 사람 11. 두 발의 발가락을 모두 제대로 못쓰게 된 사람 12. 외모에 뚜렷한 흉터가 남은 사람 13. 양쪽의 고환을 잃은 사람
8급	4,500만원	1. 한쪽 눈이 시력이 0.02 이하로 된 사람 2. 척추에 운동장애가 남은 사람 3. 한쪽 손의 엄지손가락을 포함하여 2개의 손가락을 잃은 사람 4. 한쪽 손의 엄지손가락과 둘째손가락을 제대로 못쓰게 된 사람 또는 한쪽 손의 엄지손가락이나 둘째손가락을 포함하여 3개 이상의 손가락을 제대로 못쓰게 된 사람 5. 한쪽 다리가 5센티미터 이상 짧아진 사람 6. 한쪽 팔의 3대 관절 중 1개 관절을 제대로 못쓰게 된 사람 7. 한쪽 다리의 3대 관절 중 1개 관절을 제대로 못쓰게 된 사람 8. 한쪽 팔에 가관절이 남은 사람 9. 한쪽 다리에 가관절이 남은 사람 10. 한쪽 발의 발가락을 모두 잃은 사람 11. 비장 또는 한쪽의 신장을 잃은 사람
9급	3,800만원	1. 두 눈의 시력이 각각 0.6 이하로 된 사람 2. 한쪽 눈의 시력이 0.06 이하로 된 사람 3. 두 눈에 반맹증 · 시야협착 또는 시야결손이 남은 사람 4. 두 눈의 눈꺼풀에 뚜렷한 결손이 남은 사람 5. 코가 결손되어 그 기능에 뚜렷한 장애가 남은 사람 6. 말하는 기능과 음식물을 씹는 기능에 장애가 남은 사람 7. 두 귀의 청력이 모두 1미터 이상의 거리에서는 보통의 말소리를 알아듣지 못하게 된 사람 8. 한쪽 귀의 청력이 귀에 입을 대고 말하지 않으면 큰 말소리를 알아듣지 못하고 다른 쪽 귀의 청력이 1미터 이상의 거리에서는 보통의 말소리를 알아듣지 못하게 된 사람 9. 한쪽 귀의 청력을 완전히 잃은 사람 10. 한쪽 손의 엄지손가락을 잃은 사람 또는 둘째손가락을 포함하여 2개의 손가락을 잃은 사람 또는 엄지손가락과 둘째손가락 외의 3개의 손가락을 잃은 사람 11. 한쪽 손의 엄지손가락을 포함하여 2개의 손가락을 제대로 못쓰게 된 사람 12. 한쪽 발의 엄지발가락을 포함하여 2개 이상의 발가락을 잃은 사람 13. 한쪽 발의 발가락을 모두 제대로 못쓰게 된 사람 14. 생식기에 뚜렷한 장애가 남은 사람 15. 신경계통의 기능 또는 정신기능에 장애가 남아 노무가 상당한 정도로 제한된 사람 16. 흉복부 장기의 기능에 장애가 남아 노무가 상당한 정도로 제한된 사람
10급	2,700만원	1. 한쪽 눈이 시력이 0.1 이하로 된 사람 2. 말하는 기능이나 음식물을 씹는 기능에 장애가 남은 사람 3. 14개 이상의 치아에 대하여 치과보철을 한 사람 4. 한쪽 귀의 청력이 귀에 입을 대고 말하지 않으면 큰 말소리를 알아듣지 못하게 된 사람 5. 두 귀의 청력이 모두 1미터 이상의 거리에서 보통의 말소리를 듣는 데 지장이 있는 사람 6. 한쪽 손의 둘째손가락을 잃은 사람 또는 엄지손가락과 둘째 가락 외의 2개의 손가락을 잃은 사람 7. 한쪽 손의 엄지손가락을 제대로 못쓰게 된 사람 또는 한쪽 손의 둘째손가락을 포함하여 2개의 손가락을 제대로 못쓰게 된 사람 또는 한 쪽 손의 엄지손가락과 둘째손가락 외의 3개의 손가락을 제대로 못쓰게 된 사람 8. 한쪽 다리가 3센티미터 이상 짧아진 사람 9. 한쪽 발의 엄지발가락 또는 그 외의 4개의 발가락을 잃은 사람 10. 한쪽 팔의 3대 관절 중 1개 관절의 기능에 뚜렷한 장애가 남은 사람 11. 한쪽 다리의 3대 관절 중 1개 관절의 기능에 뚜렷한 장애가 남은 사람
11급	2,300만원	1. 두 눈이 모두 근접반사 기능에 뚜렷한 장애가 남거나 뚜렷한 운동장애가 남은 사람 2. 두 눈의 눈꺼풀에 뚜렷한 장애가 남은 사람 3. 한쪽 눈의 눈꺼풀에 결손이 남은 사람 4. 한쪽 귀의 청력이 40센티미터 이상의 거리에서는 보통의 말소리를 알아듣지 못하게 된 사람 5. 두 귀의 청력이 모두 1미터 이상의 거리에서는 작은 말소리를 알아듣지 못하게 된 사람 6. 척주에 기형이 남은 사람 7. 한쪽 손의 가운데손가락 또는 넷째손가락을 잃은 사람 8. 한쪽 손의 둘째손가락을 제대로 못쓰게 된 사람 또는 한쪽 손의 엄지손가락과 둘째손가락 외의 2개의 손가락을 제대로 못쓰게 된 사람 9. 한쪽 발의 엄지발가락을 포함하여 2개 이상의 발가락을 제대로 못쓰게 된 사람 10. 흉복부 장기의 기능에 장애가 남은 사람 11. 10개 이상의 치아에 대하여 치과보철을 한 사람
12급	1,900만원	1. 한쪽 눈의 근접반사 기능에 뚜렷한 장애가 있거나 뚜렷한 운동장애가 남은 사람 2. 한쪽 눈의 눈꺼풀에 뚜렷한 운동장애가 남은 사람 3. 7개 이상의 치아에 대하여 치과보철을 한 사람 4. 한쪽 귀의 귓바퀴가 대부분 결손된 사람 5. 쇄골(빗장뼈), 복장뼈(흉골), 갈비뼈, 어깨뼈 또는 골반뼈에 뚜렷한 기형이 남은 사람 6. 한쪽 팔의 3대 관절 중 1개 관절의 기능에 장애가 남은 사람 7. 한쪽 다리의 3대 관절 중 1개 관절의 기능에 장애가 남은 사람 8. 장관골에 기형이 남은 사람 9. 한쪽 손의 가운데손가락이나 넷째손가락을 제대로 못쓰게 된 사람 10. 한쪽 발의 둘째발가락을 잃은 사람 또는 한쪽 발의 둘째발가락을 포함하여 2개의 발가락을 잃은 사람 또는 한쪽 발의 가운데 발가락 이하의 3개의 발가락을 잃은 사람 11. 한쪽 발의 엄지발가락 또는 그 외의 4개의 발가락을 제대로 못쓰게 된 사람 12. 국부에 뚜렷한 신경증상이 남은 사람 13. 외모에 흉터가 남은 사람
13급	1,500만원	1. 한쪽 눈의 시력이 0.6 이하로 된 사람 2. 한쪽 눈에 반맹증, 시야협착 또는 시야결손이 남은 사람 3. 두 눈의 눈꺼풀의 일부에 결손이 남거나 속눈썹에 결손이 남은 사람 4. 5개 이상의 치아에 대하여 치과보철을 한 사람 5. 한쪽 손의 새끼손가락을 잃은 사람 6. 한쪽 손의 엄지손가락 마디뼈의 일부를 잃은 사람 7. 한쪽 손의 둘째손가락 마디뼈의 일부를 잃은 사람 8. 한쪽 손의 둘째손가락의 끝관절을 굽히고 펼 수 없게 된 사람 9. 한쪽 다리가 1센티미터 이상 짧아진 사람 10. 한쪽 발의 가운데발가락 이하의 발가락 1개 또는 2개를 잃은 사람

		11. 한쪽 발의 둘째발가락을 제대로 못쓰게 된 사람 또는 한쪽 발이 둘째발가락을 포함하여 2개의 발가락을 제대로 못쓰게 된 사람 또는 한쪽 발의 가운데 발가락 이하의 발가락 3개를 제대로 못쓰게 된 사람
14급	1천만원	1. 한쪽 눈의 눈꺼풀의 일부에 결손이 있거나 속눈썹에 결손이 남은 사람 2. 3개 이상의 치아에 대하여 치과보철을 한 사람 3. 한쪽 귀의 청력이 1미터 이상의 거리에서는 보통의 말소리를 알아듣지 못하게 된 사람 4. 팔의 노출된 면에 손바닥 크기의 흉터가 남은 사람 5. 다리의 노출된 면에 손바닥 크기의 흉터가 남은 사람 6. 한쪽 손의 새끼손가락을 제대로 못쓰게 된 사람 7. 한쪽 손의 엄지손가락과 둘째손가락 외의 손가락 마디뼈의 일부를 잃은 사람 8. 한 손의 엄지손가락과 둘째손가락 외의 손가락 끝관절을 제대로 못쓰게 된 사람 9. 한 발의 가운데발가락 이하의 발가락 1개 또는 2개를 제대로 못쓰게 된 사람 10. 국부에 신경증상이 남은 사람

비고
1. 신체장애가 둘 이상 있는 경우에는 중한 신체장애에 해당하는 장애등급보다 한 등급 높은 금액으로 배상한다.
2. 시력의 측정은 국제식 시력표로 하며, 굴절 이상이 있는 사람에 대해서는 원칙적으로 교정시력을 측정한다.
3. "손가락을 잃은 것"이란 엄지손가락은 가락뼈사이관절, 그 밖의 손가락은 몸쪽가락뼈사이관절 이상을 잃은 경우를 말한다.
4. "손가락을 제대로 못쓰게 된 것"이란 손가락 끝부분의 2분의 1 이상을 잃거나 손허리손가락관절(중수지관절) 또는 몸쪽가락뼈사이관절(엄지손가락의 경우에는 가락뼈사이관절을 말한다)에 뚜렷한 운동장애가 남은 경우를 말한다.
5. "발가락을 잃은 것"이란 발가락의 전부를 잃은 경우를 말한다.
6. "발가락을 제대로 못쓰게 된 것"이란 엄지발가락은 끝관절의 2분의 1 이상을, 그 밖의 발가락은 끝관절 이상을 잃거나 발허리발가락관절(중족지관절) 또는 몸쪽가락뼈사이관절(엄지발가락의 경우에는 가락뼈사이관절을 말한다)에 뚜렷한 운동장애가 남은 경우를 말한다.
7. "흉터가 남은 것"이란 성형수술을 한 후에도 맨눈으로 식별이 가능한 흔적이 있는 상태를 말한다.
8. "항상 보호를 받아야 하는 것"이란 일상생활에서 기본적인 음식섭취, 배뇨 등을 다른 사람에게 의존해야 하는 것을 말한다.
9. "수시로 보호를 받아야 하는 것"이란 일상생활에서 기본적인 음식섭취, 배뇨 등은 가능하나, 그 외의 일은 다른 사람에게 의존해야 하는 것을 말한다.
10. "항상보호 또는 수시보호를 받아야 하는 기간"은 의사가 판정하는 노동능력상실기간을 기준으로 하여 타당한 기간으로 정한다.
11. "제대로 못 쓰게 된 것"이란 정상기능의 4분의 3 이상을 상실한 경우를 말하고, "뚜렷한 장애가 남은 것"이란 정상기능의 2분의 1 이상을 상실한 경우를 말하며, "장애가 남은 것"이란 정상기능의 4분의 1 이상을 상실한 경우를 말한다.
12. "신경계통의 기능 또는 정신기능에 뚜렷한 장애가 남아 특별히 손쉬운 노무 외에는 종사할 수 없는 것"이란 신경계통의 기능 또는 정신기능의 뚜렷한 장애로 노동능력이 일반인의 4분의 1 정도만 남아 평생 동안 특별히 쉬운 일 외에는 노동을 할 수 없는 사람을 말한다.
13. "신경계통의 기능 또는 정신기능에 장애가 남아 노무가 상당한 정도로 제한된 것"이란 노동능력이 어느 정도 남아 있으나 신경계통의 기능 또는 정신기능의 장애로 종사할 수 있는 직종의 범위가 상당한 정도로 제한된 경우로서 다음 각 목의 어느 하나에 해당하는 경우를 말한다.
가. 신체적 능력은 정상이지만 뇌손상에 따른 정신적 결손증상이 인정되는 경우
나. 전간(癲癎) 발작과 현기증이 나타날 가능성이 의학적·타각적(他覺的) 소견으로 증명되는 사람
다. 팔다리에 경도(輕度)의 단마비(單痲痺)가 인정되는 사람
14. "흉복부 장기의 기능에 뚜렷한 장애가 남아 특별히 손쉬운 노무 외에는 종사할 수 없는 것"이란 흉복부 장기의 장애로 노동능력이 일반인의 4분의 1 정도만 남은 경우를 말한다.
15. "흉복부 장기의 기능에 장애가 남아 손쉬운 노무 외에는 종사할 수 없는 것"이란 중등도(中等度)의 흉복부 장기의 장애로 노동능력이 일반인의 2분의 1 정도만 남은 경우를 말한다.
16. "흉복부 장기의 기능에 장애가 남아 노무가 상당한 정도로 제한된 것"이란 중등도의 흉복부 장기의 장애로 취업가능한 직종의 범위가 상당한 정도로 제한된 경우를 말한다.

[별표2의2]

심사 관련 제공요청자료(제12조의3 관련)

(2022.1.25 신설)

1. 「의료법」 제22조에 따른 진료에 관한 기록
2. 「주민등록법」 제30조에 따른 주민등록전산정보자료
3. 「출입국관리법」에 따른 출입국자료
4. 「의료법」에 따른 의료기관의 개설, 변경허가 및 휴업·폐업 등 의료기관의 현황과 관련한 사실 확인을 위해 필요한 자료
5. 「의료기기법」에 따른 의료기기 보유내역 등 사실 확인을 위해 필요한 자료
6. 「국민건강보험법」에 따른 요양급여비용 청구 및 심사에 관한 자료
7. 「도로교통법」에 따른 교통사고에 관한 조사기록
8. 「국민건강보험법」, 「의료급여법」, 「보훈보상대상자 지원에 관한 법률」, 「산업재해보상보험법」 등에 따른 자격, 급여제공 또는 비용지원, 급여의 제한·정지에 관한 자료
9. 다음 각 목의 사람에 대한 면허, 자격 및 행정처분에 관한 자료
가. 「의료법」에 따른 의사, 치과의사, 한의사, 조산사, 간호사 및 간호조무사
나. 「의료기사 등에 관한 법률」에 따른 임상병리사, 방사선사, 물리치료사, 작업치료사, 치과기공사, 치과위생사 및 보건의료정보관리사
다. 「사회복지사업법」에 따른 사회복지사
라. 「국민영양관리법」에 따른 영양사
마. 「식품위생법」에 따른 조리사
바. 「정신건강증진 및 정신질환자 복지서비스 지원에 관한 법률」에 따른 정신건강전문요원
사. 「원자력안전법」에 따른 방사성동위원소취급자 및 방사선취급감독자
10. 법 제12조에 따른 의료기관, 「식품위생법」에 따른 집단급식소 운영자, 「마약류 관리에 관한 법률」에 따른 마약류취급자에 대한 업무정지·허가취소 등 처분에 대한 자료
11. 그 밖에 국가, 지방자치단체, 의료기관, 보험회사등, 보험요율산출기관, 「공공기관의 운영에 관한 법률」에 따른 공공기관과 그 밖의 공공단체 등이 보유한 자료로서 국토교통부장관이 법 제12조의2 제2항의 업무 수행을 위해 필요하다고 인정하는 자료

[별표3]

유자녀 등의 범위(제21조제2항 관련)

(2013.3.23 개정)

구 분	범 위
1. 중증 후유장애인	별표2에 따른 1급 이상 4급 이하의 장애에 해당하는 후유장애인
2. 유자녀	18세 미만의 자녀(고등학교에 재학 중인 자녀의 경우에는 20세 이하인 자를 포함한다)
3. 피부양가족	피부양가족은 다음 각 목의 어느 하나에 해당하는 사람으로 한다. 가. 사망자 또는 중증후유장애인이 사고 당시 부양하고 있던 직계존속 또는 배우자의 직계존속으로서 부양의무자가 없거나, 부양의무자가 있어도 부양능력이 없거나 부양을 받을 수 없는 65세 이상인 자 나. 사망자 또는 중증후유장애인의 직계존속 또는 배우자의 직계존속이면서 현재 중증후유장애인 또는 유자녀와 생계를 같이 하는 자로서 부양의무자가 없거나 부양의무자가 있어도 부양능력이 없거나 부양을 받을 수 없는 65세 이상인 자

비고
피부양가족의 범위란 중 "부양의무자가 있어도 부양능력이 없거나 부양을 받을 수 없는" 경우란 다음 각 호의 어느 하나에 해당하는 경우를 말한다.
1. 부양의무자의 생활형편이 제21조제1항에 따라 국토교통부장관이 정하는 기준에 해당하는 경우
2. 부양의무자가 행방불명인 경우
3. 부양의무자가 「병역법」에 따라 징집 또는 소집된 경우
4. 부양의무자가 「형의 집행 및 수용자의 처우에 관한 법률」 또는 종전의 「사회보호법」에 따라 교도소, 구치소 또는 보호감호소에 수용 중인 경우
5. 부양의무자가 해외이주를 한 경우
6. 부양의무자가 부양을 거부하거나 기피하는 경우
7. 그 밖에 제2호부터 제6호까지의 규정에 준하는 사유가 있는 경우

[별표4] 유자녀 등에 대한 지원의 기준금액(제22조제2항 관련)

(2022.1.25 개정)

지원 대상	지원 구분	기준금액(만원)
1. 중증 후유장애인	가. 재활보조금 지급	월 20
	나. 장학금 지급	분기 30
2. 유자녀	가. 생활자금의 무이자 대출	월 25
	나. 장학금 지급	분기 30
	다. 자립지원금 지급	월 6
3. 피부양가족	보조금 지급	월 20

비고 : 유자녀에 대한 생활자금의 무이자 대출은 유자녀가 30세가 되는 날부터 20년 이내에 유자녀의 선택에 따라 일시 또는 분할로 상환하도록 하되, 대출 및 상환에 관한 구체적인 조건은 제23조제3항에 따른 지원업무의 처리에 관한 규정에 따른다.

[별표5]

과태료의 부과기준(제36조 관련)

(2022.8.2 개정)

1. 일반기준
가. 위반행위의 횟수에 따른 과태료 부과기준은 최근 1년간 같은 위반행위로 과태료처분을 받은 경우에 적용한다. 이 경우 위반횟수별 부과기준의 적용일은 위반행위에 대한 과태료처분일과 그 처분 후 다시 적발된 날로 한다.
나. 제2호가목부터 다목까지의 규정에 따른 부과기준을 적용할 때에는 법 제6조제4항, 「자동차관리법」 제13조제6항 및 제37조제3항, 「건설기계관리법」 제13조제10항, 「지방세법」 제131조제1항, 「질서위반행위규제법」 제55조제1항 또는 「여객자동차 운수사업법」 제89조제2항에 따라 자동차의 등록번호판이 영치된 경우 영치된 날 이후의 일수는 과태료 부과 일수 계산에서 제외한다.
다. 부과권자는 다음의 어느 하나에 해당하는 경우에는 제2호에 따른 과태료 금액의 2분의 1의 범위에서 그 금액을 줄일 수 있다. 다만, 과태료를 체납하고 있는 위반행위자의 경우에는 그러하지 아니하다.
1) 위반행위자가 「질서위반행위규제법 시행령」 제2조의2제1항 각 호의 어느 하나에 해당하는 경우
2) 그 밖에 위반행위의 정도, 위반행위의 동기와 그 결과 등을 고려하여 줄일 필요가 있다고 인정되는 경우
라. 부과권자는 다음의 어느 하나에 해당하는 경우에는 제2호에 따른 과태료 금액의 2분의 1의 범위에서 그 금액을 늘릴 수 있다. 다만, 법 제48조제1항부터 제3항까지의 규정에 따른 과태료 금액의 상한을 넘을 수 없다.
1) 위반의 내용·정도가 중대하여 피해자 등에게 미치는 피해가 크다고 인정되는 경우
2) 그 밖에 위반행위의 정도, 위반행위의 동기와 그 결과 등을 고려하여 늘릴 필요가 있다고 인정되는 경우

2. 개별기준

위 반 행 위	근거 법조문	과태료 금액
가. 법 제5조제1항에 따른 의무보험에 가입하지 않은 경우	법 제48조제3항제1호	
1) 이륜자동차		
가) 가입하지 않은 기간이 10일 이내인 경우		6천원
나) 가입하지 않은 기간이 10일을 넘는 경우		6천원에 11일째부터 계산하여 1일마다 1천200원을 더한 금액. 다만, 과태료의 총액은 이륜자동차 1대당 20만원을 넘지 못한다.
2) 비사업용 자동차	법 제48조제3항제1호	
가) 가입하지 않은 기간이 10일 이내인 경우		1만원
나) 가입하지 않은 기간이 10일을 넘는 경우		1만원에 11일째부터 계산하여 1일마다 4천원을 더한 금액. 다만, 과태료의 총액은 자동차 1대당 60만원을 넘지 못한다.
3) 사업용 자동차	법 제48조제3항제1호	
가) 가입하지 않은 기간이 10일 이내인 경우		3만원
나) 가입하지 않은 기간이 10일을 넘는 경우		3만원에 11일째부터 계산하여 1일마다 8천원을 더한 금액. 다만, 과태료의 총액은 자동차 1대당 100만원을 넘지 못한다.

나. 법 제5조제2항에 따른 의무보험에 가입하지 않은 경우 1) 이륜자동차 가) 가입하지 않은 기간이 10일 이내인 경우 나) 가입하지 않은 기간이 10일을 넘는 경우	법 제48조제3항제1호	 3천원 3천원에 11일째부터 기산하여 매 1일당 6백원을 더한 금액. 다만, 과태료의 총액은 이륜자동차 1대당 10만원을 넘지 못한다.
2) 비사업용 자동차 가) 가입하지 않은 기간이 10일 이내인 경우 나) 가입하지 않은 기간이 10일을 넘는 경우	법 제48조제3항제1호	 5천원 5천원에 11일째부터 계산하여 1일마다 2천원을 더한 금액. 다만, 과태료의 총액은 자동차 1대당 30만원을 넘지 못한다.
3) 사업용 자동차 가) 가입하지 않은 기간이 10일 이내인 경우 나) 가입하지 않은 기간이 10일을 넘는 경우	법 제48조제3항제1호	 5천원 5천원에 11일째부터 계산하여 1일마다 2천원을 더한 금액. 다만, 과태료의 총액은 자동차 1대당 30만원을 넘지 못한다.
다. 법 제5조제3항에 따른 의무보험에 가입하지 않은 경우 1) 가입하지 않은 기간이 10일 이내인 경우 2) 가입하지 않은 기간이 10일을 넘는 경우	법 제48조제3항제1호	 3만원 3만원에 11일째부터 기산하여 매 1일당 8천원을 더한 금액. 다만, 과태료의 총액은 자동차 1대당 100만원을 넘지 못한다.
라. 보험회사등이 법 제6조제1항을 위반하여 통지를 하지 않은 경우	법 제48조제3항제2호	75일 전부터 30일 전까지의 기간 또는 30일 전부터 10일 전까지의 기간에 통지를 하지 않은 경우 각각 50만원
마. 보험회사등이 법 제6조제2항을 위반하여 통지를 하지 않은 경우	법 제48조제3항제2호	300만원 한도에서 통지하지 않은 자동차 1대당 3천원
바. 보험회사등이 법 제11조제2항을 위반하여 피해자가 청구한 가불금의 지급을 거부한 경우	법 제48조제2항제1호	2천만원 한도에서 지급을 거부한 금액의 2배에 해당하는 금액
사. 의료기관의 개설자가 법 제12조제5항을 위반하여 자동차보험진료수가를 교통사고환자(환자의 보호자를 포함한다)에게 청구한 경우	법 제48조제2항제2호	2천만원 한도에서 청구 건별로 청구한 금액의 2배에 해당하는 금액
아. 의료기관의 개설자가 법 제13조제1항을 위반하여 입원환자의 외출이나 외박에 관한 사항을 기록·관리하지 않거나 거짓으로 기록·관리한 경우	법 제48조제3항제3호	200만원
자. 법 제13조제3항을 위반하여 기록의 열람 청구에 따르지 않은 경우	법 제48조제3항제3호의2	200만원
차. 보험회사등이 법 제19조제4항을 위반하여 같은 조 제1항에 따른 심사청구를 하지 않고 법 제12조제2항에 따른 의료기관의 지급청구액을 삭감한 경우	법 제48조제1항	5천만원 한도에서 청구 건별로 삭감한 금액의 2배에 해당하는 금액
카. 보험회사등이 법 제24조제1항을 위반하여 법 제5조제1항부터 제3항까지의 규정에 따른 보험 또는 공제에 가입하려는 자와의 계약 체결을 거부한 경우	법 제48조제2항제3호	2천만원 한도에서 거부한 계약의 건별로 해당 계약의 보험료(공제의 경우에는 공제분담금을 말한다. 이하 같다)의 2배에 해당하는 금액
타. 보험회사등이 법 제25조를 위반하여 의무보험의 계약을 해제하거나 해지한 경우	법 제48조제2항제4호	2천만원 한도에서 해제 또는 해지한 계약의 건별로 해당 계약의 보험료의 2배에 해당하는 금액
파. 법 제39조의15제3항을 위반하여 정당한 사유 없이 사고조사위원회의 요청에 따르지 않은 경우 1) 제작자등 2) 보유자	법 제48조제2항제5호	1회 / 2회 / 3회 이상 300만원 / 500만원 / 1천만원 50만원 / 100만원 / 200만원
하. 법 제39조의17제1항을 위반하여 자율주행정보기록장치를 부착하지 않은 자율주행자동차를 제작·조립·수입·판매한 경우	법 제48조제2항제6호	2천만원의 범위에서 자율주행정보기록장치를 부착하지 않고 제작·조립·수입·판매한 자율주행자동차 1대당 100만원
거. 법 제39조의17제3항을 위반하여 자율주행정보기록장치에 기록된 내용을 정해진 기간 동안 보관하지 않거나 훼손한 경우 1) 보관하지 않은 경우 2) 훼손한 경우	법 제48조제2항제7호	 50만원 500만원
너. 법 제43조제1항에 따른 검사·보고요구·질문에 정당한 사유 없이 따르지 않거나 이를 방해 또는 기피한 경우	법 제48조제3항제3호의3	200만원
더. 법 제43조제4항에 따른 시정명령을 이행하지 않은 경우	법 제48조제3항제4호	1회 / 2회 / 3회 이상 90만원 / 120만원 / 150만원

〔별표6〕

범칙행위 및 범칙금액표(제37조제1항 관련)

(단위 : 만원)

범 칙 행 위	해당 법조문	범칙금액
1. 사업용 자동차를 의무보험에 가입하지 아니하고 운행한 경우	법 제50조 및 법 제51조	승합자동차 200 화물자동차 100 특수자동차 100 건설기계 100 승용자동차 100
2. 비사업용 자동차를 의무보험에 가입하지 아니하고 운행한 경우		승합자동차 50 화물자동차 50 특수자동차 50 건설기계 50 승용자동차 40
3. 이륜자동차를 의무보험에 가입하지 아니하고 운행한 경우		10

■ 항공안전법

〔별표〕

자격증명별 업무범위(제36조제1항 관련)

자 격	업 무 범 위
운송용 조종사	항공기에 탑승하여 다음 각 호의 행위를 하는 것 1. 사업용 조종사의 자격을 가진 사람이 할 수 있는 행위 2. 항공운송사업의 목적을 위하여 사용하는 항공기를 조종하는 행위
사업용 조종사	항공기에 탑승하여 다음 각 호의 행위를 하는 것 1. 자가용 조종사의 자격을 가진 사람이 할 수 있는 행위 2. 무상으로 운항하는 항공기를 보수를 받고 조종하는 행위 3. 항공기사용사업에 사용하는 항공기를 조종하는 행위 4. 항공운송사업에 사용하는 항공기(1명의 조종사가 필요한 항공기만 해당한다)를 조종하는 행위 5. 기장 외의 조종사로서 항공운송사업에 사용하는 항공기를 조종하는 행위
자가용 조종사	무상으로 운항하는 항공기를 보수를 받지 아니하고 조종하는 행위
부조종사	비행기에 탑승하여 다음 각 호의 행위를 하는 것 1. 자가용 조종사의 자격을 가진 사람이 할 수 있는 행위 2. 기장 외의 조종사로서 비행기를 조종하는 행위
항공사	항공기에 탑승하여 그 위치 및 항로의 측정과 항공상의 자료를 산출하는 행위
항공기관사	항공기에 탑승하여 발동기 및 기체를 취급하는 행위(조종장치의 조작은 제외한다)
항공교통관제사	항공교통의 안전·신속 및 질서를 유지하기 위하여 항공기 운항을 관제하는 행위
항공정비사	다음 각 호의 행위를 하는 것 1. 제32조제1항에 따라 정비등을 한 항공기등, 장비품 또는 부품에 대하여 감항성을 확인하는 행위 2. 제108조제4항에 따라 정비를 한 경량항공기 또는 그 장비품·부품에 대하여 안전하게 운용할 수 있음을 확인하는 행위
운항관리사	항공운송사업에 사용되는 항공기 또는 국외운항항공기의 운항에 필요한 다음 각 호의 사항을 확인하는 행위 1. 비행계획의 작성 및 변경 2. 항공기 연료 소비량의 산출 3. 항공기 운항의 통제 및 감시

<농림편>

■ 농지법 시행령

〔별표1〕

농지전용신고대상시설의 범위·규모 등(제36조 관련)

(2019.6.25 개정)

시설의 범위	설치자의 범위	규 모
1. 농업진흥지역 밖에 설치하는 제29조제4항에 해당하는 농업인 주택 또는 어업인 주택	제29조제4항제1호 각 목의 어느 하나에 해당하는 무주택인 세대의 세대주	세대당 660제곱미터 이하
2. 제29조제5항제1호에 해당하는 시설 및 같은 항 제4호에 해당하는 시설 중 농업용시설	제29조제4항제1호 각 목의 어느 하나에 해당하는 세대의 세대원인 농업인과 농업법인	•농업인 : 세대당 1천500제곱미터 이하 •농업법인 : 법인당 7천제곱미터(농업진흥지역 안의 경우에는 3천300제곱미터) 이하
3. 농업진흥지역 밖에 설치하는 제29조제5항제2호·제3호에 해당하는 시설 또는 같은 항 제4호에 해당하는 시설 중 축산업용시설	제29조제4항제1호 각 목의 어느 하나에 해당하는 세대의 세대원인 농업인과 농업법인	•농업인 : 세대당 1천500제곱미터 이하 •농업법인 : 법인당 7천제곱미터
4. 자기가 생산한 농수산물을 처리하기 위하여 농업진흥지역 밖에 설치하는 집하장·선과장·판매장 또는 가공공장등 농수산물 유통·가공시설(창고·관리사 등 필수적인 부대시설을 포함한다)	제29조제4항제1호 각 목의 어느 하나에 해당하는 세대의 세대원인 농업인과 이에 준하는 임·어업인 세대의 세대원인 임·어업인	세대당 3천300제곱미터 이하
5. 구성원(조합원)이 생산한 농수산물을 처리하기 위하여 농업진흥지역 밖에 설치하는 집하장·선과장·판매장·창고 또는 가공공장 등 농수산물 유통·가공시설	「농업·농촌 및 식품산업 기본법」에 따른 생산자단체, 「농어업경영체 육성 및 지원에 관한 법률」에 따른 영농조합법인 및 농업회사법인, 「수산업협동조합법」에 따른 어촌계·수산업협동조합 및 그 중앙회 또는 「농어업경영체 육성 및 지원에 관한 법률」 제16조에 따른 영어조합법인	단체당 7천제곱미터 이하
6. 농업진흥지역 밖에 설치하는 법 제32조제1항제2호에 해당하는 농업인의 공동생활에 필요한 편의시설 및 이용시설	제한없음	제한없음
7. 제29조제2항제2호에 해당하는 농수산업 관련 시험·연구시설	비영리법인	법인당 7천제곱미터(농업진흥지역 안의 경우에는 3천제곱미터) 이하
8. 농업진흥지역 밖에 설치하는 양어장 및 양식장	제29조제4항제1호 각 목의 어느 하나에 해당하는 세대의 세대원인 농업인 및 이에 준하는 어업인세대의 세대원인 어업인, 농업법인 및 「농어업경영체 육성 및 지원에 관한 법률」 제16조에 따른 영어조합법인	세대 또는 법인당 1만제곱미터 이하
9. 농업진흥지역 밖에 설치하는 제29조제5항제5호에 해당하는 어업용시설 중 양어장 및 양식장을 제외한 시설	제29조제4항제1호 각 목의 어느 하나에 해당하는 세대의 세대원인 농업인 및 이에 준하는 어업인세대의 세대원인 어업인, 농업법인 및 「농어업경영체 육성 및 지원에 관한 법률」 제16조에 따른 영어조합법인	세대 또는 법인당 1천500제곱미터 이하

비고
1. 제1호에 해당하는 시설은 해당 설치자가 생애 최초로 설치하는 시설로 한정한다.
2. 제2호부터 제9호까지에 해당하는 시설에 대하여 규모를 적용할 때에는 해당 시설의 설치자가 농지전용신고일 이전 5년간 그 시설의 부지로 전용한 면적을 합산한다.

〔별표1의2〕

농지의 타용도 일시사용신고 대상 농지의 범위 및 규모(제37조의3 관련)

(2018.4.30 신설)

농지의 범위	규 모
1. 농한기에 썰매장으로 이용하는 부지	3천제곱미터 이하
2. 국가나 지방자치단체 또는 마을 주관의 지역축제장으로 이용하는 부지	3만제곱미터 이하
3. 법 제36조제1항제1호에 해당하는 시설로 이용하는 부지	3천제곱미터 이하
4. 법 제36조제1항제2호에 해당하는 시설로 이용하는 부지	1천제곱미터 이하

〔별표2〕

농지보전부담금 감면대상 및 감면비율(제52조 관련)

(2024.2.6 개정)

1. 국가나 지방자치단체가 공용 목적이나 공공용 목적으로 농지를 전용하는 경우 (법 제38조제6항제1호 관련)

(단위 : 퍼센트)

감면대상	감면비율	
	농업진흥 지역 안	농업진흥 지역 밖
가. 국가 또는 지방자치단체가 설치하는 제방·사방 등 국토 보존 시설	100	100
나. 국가 또는 지방자치단체가 설치하는 하수종말처리시설·폐수종말처리시설·분뇨처리시설·폐기물처리시설·축산폐수처리시설, 그 밖에 이에 준하는 시설	50	50
다. 국가 또는 지방자치단체가 설치하는 공용·공공용 시설(주된 사업의 부지 안에 설치되는 공용·공공용 시설을 포함한다. 다만, 주된 사업의 농지보전부담금이 감면되는 시설은 제외한다)	50	50

2. 중요 산업 시설을 설치하기 위하여 농지를 전용하는 경우(법 제38조제6항제2호 관련)

(단위 : 퍼센트)

감면대상	감면비율	
	농업진흥 지역 안	농업진흥 지역 밖
가. 국가 또는 지방자치단체가 「농어촌정비법」 제78조에 따라 조성하는 농공단지(「수도권정비계획법」 제2조제1호에 따른 수도권에 있는 농공단지로 한정한다)	0	100
나. 「산업입지 및 개발에 관한 법률」 제2조제8호에 따른 산업단지. 다만, 다음의 어느 하나에 해당하는 경우는 제외한다. 1) 택지(「택지개발촉진법」에 따른 택지를 말한다. 이하 이 표에서 같다)로 조성하는 경우 2) 「수도권정비계획법」 제2조제1호에 따른 수도권에 있는 산업단지를 조성하는 경우. 다만, 산업단지를 조성하기 위하여 2017년 1월 1일부터 2018년 12월 31일까지 농지전용허가(변경허가의 경우와 다른 법률에 따라 농지전용허가 또는 그 변경허가가 의제되는 경우를 포함한다. 이하 이 표에서 같다)를 신청하거나 농지전용신고(변경신고의 경우와 다른 법률에 따라 농지전용신고 또는 그 변경신고가 의제되는 경우를 포함한다. 이하 이 표에서 같다)를 하는 경우는 제외한다.	0	100
다. 한국전력공사(「전력산업구조개편 촉진에 관한 법률」에 따라 한국전력공사로부터 분할되어 설립된 신설회사를 포함한다)·한국가스공사·한국지역난방공사·한국석유공사가 시행하는 전원설비·가스공급시설·석유저장시설·송유관·집단에너지시설	50	50
라. 다음의 어느 하나에 해당하는 시설(택지로 조성하는 경우와 이 표의 다른 규정에 따라 감면되는 경우는 제외한다). 이 경우 1)에 대해서는 2020년 1월 1일부터 2022년 12월 31일까지 농지전용허가를 신청하거나 농지전용신고를 하는 경우로 한정하고, 2)·3)에 대해서는 2018년 1월 1일부터 2019년 12월 31일까지 농지전용허가를 신청하거나 농지전용신고를 한 경우로 한정한다.		
1) 「경제자유구역의 지정 및 운영에 관한 특별법」 제9조에 따라 실시계획의 승인을 받아 경제자유구역에 설치하는 시설	0	50
2) 「기업도시개발 특별법」 제12조에 따라 실시계획의 승인을 받아 기업도시개발구역에 설치하는 시설	0	50
3) 「새만금사업 추진 및 지원에 관한 특별법」 제11조에 따라 실시계획의 승인을 받아 새만금지역에 설치하는 시설	0	50

3. 법 제35조제1항 각 호에 따른 시설이나 그 밖의 시설을 설치하기 위하여 농지를 전용하는 경우(법 제38조제6항제3호 관련)

(단위 : 퍼센트)

감면대상	감면비율	
	농업진흥 지역 안	농업진흥 지역 밖
가. 법 제32조제1항제2호에 따른 농업인의 공동생활에 필요한 편의 시설 및 이용 시설(농업진흥구역 밖에 설치하는 경우를 포함하며, 나목에 해당하는 시설은 제외한다)	100 (1만제곱미터를 초과하는 경우 그 초과면적에 대해서는 50으로 한다)	100
나. 법 제35조제1항 각 호의 시설 중 농지전용신고를 한 시설(다른 법률에 따라 농지전용신고가 의제되는 경우를 포함한다)	100	100
다. 「도로법」 제2조에 따른 도로 및 도로의 부속물(휴게시설과 대기실은 제외한다)	100	100
라. 「농어촌도로 정비법」 제2조 및 제3조에 따른 농어촌도로 및 도로부속물	100	100
마. 「국토의 계획 및 이용에 관한 법률」 제2조제6호에 따른 도로	100	100
바. 「산림자원의 조성 및 관리에 관한 법률」 제9조에 따른 임도	100	100
사. 「철도사업법」 제2조제4호에 따른 사업용철도 중 다음의 어느 하나에 해당하는 시설		
1) 「철도산업발전기본법」 제3조제2호가목부터 라목까지의 규정에 해당하는 철도시설	100	100
2) 「철도산업발전기본법」 제3조제2호마목 또는 바목에 해당하는 철도시설	0	50
아. 다음의 어느 하나에 해당하는 도시철도시설		
1) 「도시철도법」 제2조제3호가목부터 다목까지의 규정에 해당하는 도시철도시설	100	100
2) 「도시철도법」 제2조제3호라목 또는 마목에 해당하는 도시철도시설	0	50
자. 「댐건설·관리 및 주변지역지원 등에 관한 법률」에 따른 다목적댐의 제당·수몰지 및 그 부대시설	100	100
차. 「농어촌정비법」 제59조에 따른 생활환경정비사업용지	100	100
카. 「농어촌정비법」 제94조에 따라 지정·고시된 한계농지등 정비지구에 설치하는 같은 법 제92조 각 호의 어느 하나에 따른 시설용지(「수도권정비계획법」 제2조제1호 또는 「지방자치법」 제2조제1항제1호에 따른 수도권 또는 광역시에 속하지 아니하는 읍·면 지역에 설치하는 시설로 한정한다)	0	100
타. 「재난 및 안전관리 기본법」 제60조제1항에 따른 특별재난지역 안에서 재해를 입은 단독주택(「건축법 시행령」 별표1 제1호가목에 따른 단독주택을 말한다. 이하 이 목에서 같다)의 경우 그 복구를 위하여 신축·증축 또는 이축하는 단독주택(부지의 총면적이 660제곱미터 이하인 경우만 해당한다)	100	100
파. 초지조성용지	100	100
하. 국가 또는 지방자치단체 외의 자가 설치하는 공용·공공용 시설(주된 사업의 부지 내에 설치하는 공용·공공용 시설을 포함한다)로서 국가 또는 지방자치단체에 해당 시설을 무상으로 증여하려고 설치하는 시설의 용지(주된 사업의 농지보전부담금이 감면되는 시설은 제외한다)	100	100
거. 제29조제4항제1호 각 목의 어느 하나에 해당하는 세대(농업진흥구역 밖에 거주하는 세대도 포함한다)의 세대원인 농업인과 이에 준하는 임·어업인, 「농업·농촌 및 식품산업 기본법」 제3조제4호에 따른 생산자단체, 「농어업경영체 육성 및 지원에 관한 법률」 제16조에 따른 영농조합법인·영어조합법인 및 같은 법 제19조에 따른 농업회사법인·어업회사법인, 「수산업협동조합법」 제15조에 따른 어촌계가 설치하는 제29조제2항제1호의 농수산물 가공·처리 시설(농업진흥구역 밖에 설치하는 경우를 포함하며, 나목에 해당하는 시설은 제외한다)	100 (3만제곱미터를 초과하는 경우 그 초과면적에 대해서는 50으로 한다)	100

너. 제29조제2항제3호의 육종연구를 위한 농수산업 관련 시험·연구 시설 중 「종자산업법」 제2조제1호에 따른 종자, 「축산법」 제2조제1호에 따른 가축의 품종개량을 위하여 설치하는 시설(농업진흥구역 밖에 설치하는 경우를 포함하며, 나목에 해당하는 시설은 제외한다)	50 (3천300제곱미터 이하인 경우만 해당한다)	100
더. 제29조제4항에 따른 농어업인 주택(농업진흥구역 밖에 설치하는 경우를 포함한다)	100	100
러. 제29조제5항에 따른 농업용 시설·축산업용 시설·어업용 시설(농업진흥구역 밖에 설치하는 경우를 포함하며, 나목에 해당하는 시설은 제외한다)	100 (3만제곱미터를 초과하는 경우 그 초과면적에 대해서는 50으로 한다)	100
머. 제29조제4항제1호 각 목의 어느 하나에 해당하는 세대(농업진흥구역 밖에 거주하는 세대를 포함한다)의 세대원인 농업인과 이에 준하는 임·어업인, 「농업·농촌 및 식품산업 기본법」 제3조제4호에 따른 생산자단체, 「농어업경영체 육성 및 지원에 관한 법률」 제16조에 따른 영농조합법인·영어조합법인, 같은 법 제19조에 따른 농업회사법인·어업회사법인 및 「수산업협동조합법」 제15조에 따른 어촌계가 설치하는 제29조제7항제2호의 농수산물 산지유통시설(농업진흥구역 밖에 설치하는 경우를 포함하며, 나목에 해당하는 시설은 제외한다)	100 (3만제곱미터를 초과하는 경우 그 초과면적에 대해서는 50으로 한다)	100
버. 농업기계수리시설	0	50
서. 제29조제4항제1호 각 목의 어느 하나에 해당하는 세대(농업진흥구역 밖에 거주하는 세대를 포함한다)의 세대원인 농업인과 이에 준하는 임·어업인, 「농업·농촌 및 식품산업 기본법」 제3조제4호에 따른 생산자단체, 「농어업경영체 육성 및 지원에 관한 법률」 제16조에 따른 영농조합법인·영어조합법인 및 같은 법 제19조에 따른 농업회사법인·어업회사법인, 「수산업협동조합법」 제15조에 따른 어촌계가 설치하는 제29조제7항제4호의 남은 음식물 또는 농수산물 부산물을 이용한 유기질비료 또는 같은 항 제4호의2의 사료의 제조시설(농업진흥구역 밖에 설치하는 경우를 포함하며, 나목에 해당하는 시설은 제외한다)	50 (3천300제곱미터 이하인 경우만 해당한다)	100
어. 제29조제7항제8호에 따른 농산어촌 체험시설(농업진흥구역 밖에 설치하는 경우를 포함하며, 나목에 해당하는 시설은 제외한다)	100	100
저. 산지의 효율적 이용을 촉진하기 위하여 농림축산식품부령으로 정하는 사업으로서 그 부지의 총면적 중 「산지관리법」 제4조제1항제2호에 따른 준보전산지의 면적이 100분의 50을 초과하는 사업용지	100	100
처. 「농어촌정비법」 제2조제16호에 따른 농어촌 관광휴양사업(같은 호 다목에 해당하는 주말농원사업은 제외한다)의 시설	50	100
커. 「농업기계화 촉진법」 제2조제1호에 따른 농업기계의 개량발전을 위하여 설치하는 농업기계 시험·연구 시설	0	50
터. 「국방·군사시설 사업에 관한 법률」 제2조제1호에 따른 국방·군사시설	50	100
퍼. 「공항시설법」 제2조제7호에 따른 공항시설	50 (수도권신공항건설사업 중 배후지원단지를 제외한 시설용지의 경우에는 100)	50 (수도권신공항건설사업 중 배후지원단지를 제외한 시설용지의 경우에는 100)
허. 「항만법」 제2조제5호에 따른 항만시설과 「어촌·어항법」 제2조제5호에 따른 어항시설	50	50
고. 발전댐·상수도댐의 제당·수몰지 및 그 부대시설	50	50
노. 농지전용을 신청하는 자가 직접 설치하거나 무상으로 용지를 공급하여 설치하는 다음의 어느 하나에 해당하는 시설 1) 「유아교육법」·「초·중등교육법」 및 「고등교육법」에 따라 설치하는 국·공립학교 2) 「평생교육법」에 따른 학력인정 교육시설 3) 농촌(「농업·농촌 및 식품산업 기본법」 제3조제5호에 따른 농촌을 말한다. 이하 같다)에 설치하는 사립학교	100	100
도. 「수목원·정원의 조성 및 진흥에 관한 법률」 제2조제1호에 따른 수목원	50	50
로. 비영리법인이 농촌에 설치·운영하는 「의료법」 또는 「사회복지사업법」에 따른 의료기관 또는 사회복지시설	0	100
모. 농촌에서 설치·운영하는 「영유아보육법」 제10조제6호 및 제7호에 따른 협동어린이집과 민간어린이집	100	100
보. 「제주특별자치도 설치 및 국제자유도시 조성을 위한 특별법」 제162조에 따른 제주투자진흥지구 안에 설치하는 시설 및 같은 법 제140조제1항에 따른 종합계획에 따라 농지보전부담금을 감면하기로 한 골프장건설사업용지	50	50
소. 「수도권정비계획법」 제2조제1호 또는 「지방자치법」 제2조제1항제1호에 따른 수도권 또는 광역시에 속하지 않는 읍·면 지역에 설치하는 「관광진흥법」 제2조에 따른 관광지 및 관광단지(택지로 조성하는 경우는 제외한다). 다만, 2020년 1월 1일부터 2022년 12월 31일까지 농지전용허가를 신청하거나 농지전용신고를 하는 경우로 한정한다.	0	100
오. 「수도권정비계획법」 제2조제1호 또는 「지방자치법」 제2조제1항제1호에 따른 수도권 또는 광역시에 속하지 않는 읍·면 지역에 설치하는 「관광진흥법」 제3조제1항제4호에 따른 국제회의업의 시설용지. 다만, 2015년 1월 1일부터 2017년 12월 31일까지 농지전용허가를 신청하거나 농지전용신고를 하는 경우로 한정한다.	0	50
조. 「신행정수도 후속대책을 위한 연기·공주지역 행정중심복합도시 건설을 위한 특별법」 제21조에 따라 실시계획의 승인을 받아 행정중심복합도시예정지역 안에 설치하는 시설로서 이 표의 다른 규정에 따라 감면되는 시설이 아닌 시설(택지로 조성하는 경우는 제외한다)	0	50
초. 「공공기관의 운영에 관한 법률」 제5조제3항제1호에 따른 공기업, 「지방공기업법」에 따른 지방직영기업·지방공사 및 지방공단 또는 「사회기반시설에 대한 민간투자법」에 따른 사업시행자가 설치하는 다음의 시설 1) 「수도법」에 따른 수도 및 「물의 재이용 촉진 및 지원에 관한 법률」에 따른 중수도 2) 「하수도법」에 따른 하수도·공공하수처리시설·분뇨처리시설 및 「물의 재이용 촉진 및 지원에 관한 법률」에 따른 하·폐수처리수 재이용시설 3) 「어촌·어항법」에 따른 어항시설 4) 「전기통신기본법」에 따른 전기통신설비 5) 「전원개발촉진법」에 따른 전원설비 6) 「도시가스사업법」에 따른 가스공급시설 7) 「집단에너지사업법」에 따른 집단에너지시설	50	50
코. 국가시책에 따라 석탄 생산을 촉진하는 「석탄산업법」 제2조에 따른 석탄광업자가 설치하는 석탄광산 근로자 사택 및 복지후생시설	0	50
토. 국가·지방자치단체 또는 「산업재해보상보험법」에 따른 근로복지공단이 설치하는 근로복지시설	0	50
포. 「국가유공자 등 예우 및 지원에 관한 법률」 제4조에 따른 국가유공자의 자활용사촌의 주택 및 복지공장용지	0	50
호. 「산림자원의 조성 및 관리에 관한 법률」 제2조제1호에 따른 산림(농림축산식품부장관이 정하여 고시하는 기준에 적합한 경우만 해당한다)	0	100
구. 「공공주택 특별법」 제2조제1호가목의 공공임대주택 중 같은 법 제50조의2제1항에 따른 임대의무기간이 30년 이상인 공공임대주택의 사업용지. 다만, 2020년 1월 1일부터 2022년 12월 31일까지 농지전용허가를 신청하거나 농지전용신고를 하는 경우로 한정한다.	0	100 (「수도권정비계획법」 제2조제1호에 따른 수도권의 경우에는 50으로 한다)
누. 「혁신도시 조성 및 발전에 관한 특별법」 제12조에 따라 실시계획의 승인을 받아 혁신도시개발예정지구 안에 설치하는 시설로서 이 표의 다른 규정에 따라 감면되는 시설이 아닌 시설(택지로 조성하는 경우는 제외한다)	0	50
두. 제29조제4항제1호 각 목의 어느 하나에 해당하는 세대(농업진흥구역 밖에 거주하는 세대도 포함한다)의 세대원인 농업인과 이에 준하는 임·어업인이 설치하는 태양에너지 발전설비. 다만, 2018년 2월 13일부터 2019년 12월 31일까지 농지전용허가를 신청하거나 농지전용신고를 하는 경우로 한정한다.	0	50
루. 「문화재보호법」에 따른 문화재의 보존·정비 및 활용 사업 시설. 다만, 2009년 11월 28일부터 2012년 12월 31일까지 농지전용허가를 신청하거나 농지전용신고를 하는 경우로 한정한다.	100	100
무. 식물원의 부대시설. 다만, 2009년 11월 28일부터 2012년 12월 31일까지 농지전용허가를 신청하거나 농지전용신고를 하는 경우로 한정한다.	50	50
부. 건축면적 33제곱미터 이하의 주말·체험 영농주택(농림축산식품부장관이 고시하는 기준에 적합한 경우만 해당한다). 다만, 2009년 11월 28일부터 2012년 12월 31일까지 농지전용허가를 신청하거나 농지전용신고를 하는 경우로 한정한다.	0	50
수. 「학교용지 확보 등에 관한 특례법」 제4조제3항제1호에 따라 공급하는 다음의 어느 하나의 경우에 해당하는 학교용지. 다만, 2009년 11월 28일부터 2012년 12월 31일까지 농지전용허가를 신청하거나 농지전용신고를 하는 경우로 한정한다.		
1) 무상으로 공급하는 경우	0	100
2) 학교용지 조성원가의 100분의 50 또는 100분의 70으로 공급하는 경우	0	50
우. 「전통사찰의 보존 및 지원에 관한 법률」 제4조제2항에 따라 지정된 전통사찰이 같은 법 제2조제4호에 따른 문화유산 중 유형문화유산을 보존·관리·활용하기 위하여 문화체육관광부장관의 추천을 받아 설치하는 시설과 진입로 등 부대시설. 다만, 2020년 1월 1일부터 2022년 12월 31일까지 농지전용허가를 신청하거나 농지전용신고를 하는 경우로 한정한다.	0	100
주. 「주한미군기지 이전에 따른 평택시 등의 지원 등에 관한 특별법」 제16조에 따른 개발사업의 시행자 및 같은 법 제22조에 따른 국제화계획지구 개발사업의 시행자가 조성하는 산업단지. 다만, 2018년 1월 1일부터 2019년 12월 31일까지 농지전용허가를 신청하거나 농지전용신고를 하는 경우로 한정한다.	0	50
추. 「지역 개발 및 지원에 관한 법률」 제2조제2호에 따른 지역개발사업구역 중 같은 조 제5호에 따른 낙후지역에 설치하는 아래의 시설(택지로 조성하는 경우는 제외한다). 다만, 2017년 1월 1일부터 2018년 12월31일까지 농지전용허가를 신청하거나 농지전용신고를 하는 경우로 한정한다. 1) 「관광진흥법」 제2조제6호 또는 제7호에 따른 관광지 또는 관광단지(이 표 소목에 따라 감면되는 시설은 제외한다) 2) 「자연공원법」 제20조에 따른 공원시설 3) 「도시공원 및 녹지 등에 관한 법률」 제19조에 따른 도시공원 4) 「체육시설의 설치·이용에 관한 법률」 제10조에 따른 체육시설업(같은 조 제1항제1호에 따른 골프장업 및 같은 항 제2호에 따른 무도학원업·무도장업은 제외한다)의 시설	0	50
쿠. 다른 법률에 의해 농지보전부담금이 면제되는 시설 1) 「벤처기업육성에 관한 특별조치법」 제2조제4항에 따른 벤처기업집적시설 2) 「문화산업진흥 기본법」 제25조제4항에 따른 사업시행자가 조성하는 같은 법 제2조제18호에 따른 문화산업단지 3) 「주한미군기지 이전에 따른 평택시 등의 지원 등에 관한 특별법」 제2조제6호에 따른 주한미군시설사업시행자가 같은 조 제4호에 따라 설치하는 주한미군시설사업 4) 「산업기술단지 지원에 관한 특례법」 제2조제1호에 따른 산업기술단지 5) 「농업협동조합법」에 따른 지역조합, 품목조합, 조합공동사업법인, 품목조합연합회, 중앙회 및 같은 법에 따라 설립된 농협경제지주회사·농협금융지주회사·농협은행·농협생명보험·농협손해보험이 설치하는 시설 6) 「수산업협동조합법」에 따라 설립된 조합과 중앙회가 설치하는 시설 7) 「산림조합법」에 따라 설립된 조합과 중앙회가 설치하는 시설 8) 「중소기업은행법」에 따라 설립된 중소기업은행이 설치하는 시설 9) 「친수구역 활용에 관한 특별법」 제2조제2호에 따른 친수구역조성을 위한 사업 부지 10) 「협동조합기본법」에 따라 설립된 사회적협동조합이 설치하는 시설	100	100

11) 「중소기업창업 지원법」 제45조에 따른 공장 설립계획의 승인을 받은 창업기업이 설립하는 공장(농지보전부담금의 감면기간은 그 사업을 개시한 날부터 7년으로 한다). 다만, 「중소기업창업 지원법」 제23조제4항에 따라 「통계법」 제22조제1항에 따라 통계청장이 작성·고시하는 한국표준산업분류상의 제조업을 영위하기 위하여 중소기업을 창업하는 자는 사업을 개시한 날부터 7년간 감면하되 2027년 8월 2일까지 창업한 경우에 한정한다. 12) 「중소기업진흥에 관한 법률」 제62조의10제2항에 따라 소기업 중 「산업집적활성화 및 공장설립에 관한 법률」 제2조제1호에 따른 공장의 건축면적 또는 이에 준하는 사업장의 면적이 1천제곱미터 미만인 기업이 「수도권정비계획법」 제2조제1호에 따른 수도권 외의 지역(이하 12)에서 "수도권 외의 지역"이라 한다)에서 신축·증축 또는 이전(신축·증축 또는 이전 후 공장의 총 건축면적과 이에 준하는 사업장 총면적의 합이 1천제곱미터 미만인 경우로 한정한다)하는 공장과 「중소기업진흥에 관한 법률」 제62조의10제3항에 따라 수도권 외의 지역에서 소기업을 100분의 50 이상 유치하여 조성하는 「산업입지 및 개발에 관한 법률」 제2조제8호에 따른 국가산업단지·일반산업단지·도시첨단산업단지 또는 농공단지 13) 「군 공항 이전 및 지원에 관한 특별법」 제9조에 따라 이전사업 시행자가 설치하는 이전지원사업 시설 14) 「고도 보존 및 육성에 관한 특별법」 제17조의2에 따라 주민지원사업의 시행으로 설치되는 공용·공공용 시설 15) 「공항소음 방지 및 소음대책지역 지원에 관한 법률」 제18조제5항 본문에 따라 주민지원사업의 시행으로 설치되는 공용·공공용 시설		
튜. 「산업집적활성화 및 공장설립에 관한 법률」 제22조의6제1항에 따라 같은 항 제2호의 지역에 지정된 첨단투자지구에 설치하는 시설로서 이 표의 다른 규정에 따라 감면되는 시설이 아닌 시설(택지로 조성하는 경우는 제외한다). 다만, 2022년 5월 18일부터 2025년 5월 17일까지 농지전용허가를 신청하거나 농지전용신고를 하는 경우로 한정한다.	0	50
퓨. 「수도권정비계획법」에 따른 수도권에 위치하는 「주한미군 공여구역주변지역 등 지원 특별법」에 따른 반환공여구역주변지역·지원도시사업구역에 같은 법 제8조·제21조에 따라 확정·승인받은 종합계획·개발계획에 따라 설치하는 시설로서 이 표의 다른 규정에 따라 감면되는 시설이 아닌 시설(택지로 조성하는 경우는 제외한다). 다만, 2022년 5월 18일부터 2025년 5월 17일까지 농지전용허가를 신청하거나 농지전용신고를 하는 경우로 한정한다.	0	50

비고
1. 제3호거목·너목·러목·머목·서목에 해당하는 시설의 감면기준면적을 적용할 때에는 해당 시설의 설치자가 농지전용허가신청일·농지전용신고일(다른 법률에 따라 농지전용허가 또는 농지전용신고가 의제되는 인가·허가·승인 등의 경우 그 인가·허가·승인 등의 신청일을 말한다) 이전 5년간 그 시설의 부지로 전용한 면적을 합산한 것으로 한다.
2. 같은 부지 안에 감면비율이 서로 다른 시설을 함께 설치하는 경우로서 그 시설별 농지전용면적이 구분되지 아니하는 때에는 다음 산식에 따라 산정된 면적을 각 시설의 농지전용면적으로 한다.

$$\text{시설의 농지전용면적} = \text{전체 농지전용면적} \times \frac{\text{해당 시설의 바닥면적을 합산한 면적}}{\text{모든 시설의 바닥면적을 합산한 면적}}$$

3. 법 제31조에 따른 농업진흥지역 해제를 수반하는 농지전용허가(다른 법률에 따라 농지전용허가가 의제된 경우를 포함한다)를 받거나 농지전용신고(다른 법률에 따라 농지전용신고가 의제된 경우를 포함한다)를 하는 경우에는 농업진흥지역 안에 대한 감면비율을 적용한다.

[별표3]

농지전용허가 권한을 위임하는 지역 등의 범위
(제71조제1항제1호다목 및 제2항제1호다목 관련)

(2023.10.24 개정)

근 거 법 령	지역 등
1. 「경제자유구역의 지정 및 운영에 관한 특별법」 제4조	경제자유구역
2. 「혁신도시 조성 및 발전에 관한 특별법」 제6조	혁신도시개발예정지구
3. 「관광진흥법」 제52조	관광지·관광단지
4. 「국토의 계획 및 이용에 관한 법률」 제30조·제43조	도시·군계획시설 예정지(도시지역 외의 지역만 해당한다)
5. 「국토의 계획 및 이용에 관한 법률」 제51조제3항	지구단위계획구역(도시지역 외의 지역만 해당한다)
6. 「기업도시개발 특별법」 제5조	기업도시개발구역
7. 「도시개발법」 제2조제1호	도시개발구역
8. 「물류시설의 개발 및 운영에 관한 법률」 제2조제6호	물류단지
9. 「공공주택 특별법」 제6조	공공주택지구
10. 「산업입지 및 개발에 관한 법률」 제2조제8호·제40조의2	산업단지 및 공장입지 유도지구
11. 「전원개발촉진법」 제5조·제11조	전원개발사업구역 및 전원개발사업 예정구역
12. 「택지개발촉진법」 제3조	택지개발지구
13. 「규제자유특구 및 지역특화발전특구에 관한 규제특례법」 제2조제2호	지역특화발전특구
14. 「연구개발특구의 육성에 관한 특별법」 제2조제1호	연구개발특구

비고 : 제13호 및 제14호에 해당하는 특구는 2023년 11월 1일 이후 농림축산식품부장관(그 권한을 위임받은 자를 포함한다)과의 협의를 거쳐 지정된 지역특화발전특구 또는 연구개발특구로 한정한다.

[별표4]

포상금 지급기준(제72조제1항 관련)

(2018.4.30 개정)

신고 또는 고발사항	해 당 법조문	포상금의 지급기준 (건당)
1. 법 제6조에 따른 농지 소유 제한이나 법 제7조에 따른 농지 소유 상한을 위반하여 농지를 소유할 목적으로 거짓이나 그 밖의 부정한 방법으로 법 제8조제1항에 따른 농지취득 자격증명을 발급받은 자	법 제52조제1호	10만원
2. 법 제32조제1항 또는 제2항을 위반한 자	법 제52조제2호	30만원
3. 법 제34조제1항에 따른 농지전용허가를 받지 않고 농지를 전용한 자 또는 거짓이나 그 밖의 부정한 방법으로 법 제34조제1항에 따른 농지전용허가를 받은 자	법 제52조제3호	50만원
4. 법 제35조에 따른 신고를 하지 않고 농지를 전용한 자	법 제52조제4호	10만원
5. 법 제43조에 따른 신고를 하지 않고 농지를 전용한 자	법 제52조제4호	50만원
6. 법 제36조제1항에 따른 농지의 타용도 일시사용허가를 받지 않고 농지를 다른 용도로 사용한 자	법 제52조제5호	30만원
7. 법 제36조의2제1항에 따른 농지의 타용도 일시사용신고를 하지 않고 농지를 다른 용도로 사용한 자	법 제52조제6호	10만원
8. 법 제40조제1항을 위반하여 전용된 토지를 승인 없이 다른 목적으로 사용한 자	법 제52조제7호	30만원

[별표5]

과태료의 부과기준(제80조 관련)

(2024.2.6 개정)

1. 일반기준
가. 위반행위의 횟수에 따른 과태료의 가중된 부과기준은 최근 3년간 같은 위반행위로 과태료 부과처분을 받은 경우에 적용한다. 이 경우 기간의 계산은 위반행위에 대하여 과태료 부과처분을 받은 날과 그 처분 후에 다시 같은 위반행위를 하여 적발된 날을 기준으로 한다.
나. 가목에 따라 가중된 부과처분을 하는 경우 가중처분의 적용 차수는 그 위반행위 전 부과처분 차수(가목에 따른 기간 내에 과태료 부과처분이 둘 이상 있었던 경우에는 높은 차수를 말한다)의 다음 차수로 한다.
다. 부과권자는 위반행위자가 위반행위를 바로 정정하거나 시정하여 위반상태를 해소한 경우에는 제2호의 개별기준에 따른 과태료의 2분의 1 범위에서 그 금액을 줄여 부과할 수 있다. 다만, 과태료를 체납하고 있는 위반행위자에 대해서는 그렇지 않다.
라. 부과권자는 다음의 어느 하나에 해당하는 경우에는 제2호의 개별기준에 따른 과태료의 2분의 1 범위에서 그 금액을 늘려 부과할 수 있다. 다만, 늘려 부과하는 경우에도 법 제64조제1항 및 제2항에 따른 과태료의 상한을 넘을 수 없다.
1) 위반의 내용 및 정도가 중대하여 이로 인한 피해가 크다고 인정되는 경우
2) 법 위반상태의 기간이 6개월 이상인 경우
3) 그 밖에 위반행위의 정도, 동기와 그 결과 등을 고려하여 늘릴 필요가 있다고 인정되는 경우
2. 개별기준

(단위 : 만원)

위반행위	근거 법조문	과태료		
		1차 위반	2차 위반	3차 이상 위반
가. 법 제8조제2항에 따른 증명 서류 제출을 거짓 또는 부정으로 한 경우	법 제64조 제1항제1호	250	350	500
나. 법 제49조의2에 따른 신청을 거짓으로 한 경우	법 제64조 제1항제2호	250	350	500
다. 법 제49조의2에 따른 신청을 하지 않은 경우	법 제64조 제2항제1호	100	200	300
라. 법 제54조제1항에 따른 조사를 거부, 기피 또는 방해한 경우	법 제64조 제2항제2호	100	200	300
마. 법 제54조제2항 후단을 위반하여 특별한 사유 없이 자료의 제출 또는 의견의 진술을 거부하거나 거짓으로 제출 또는 진술한 경우	법 제64조 제2항제3호	100	200	300
바. 법 제54조의4제4항을 위반하여 정당한 사유 없이 출입을 방해하거나 거부한 경우	법 제64조 제2항제4호	100	200	300

■ 농업협동조합법

[별표]

통상적인 범위에서 제공할 수 있는 축의·부의금품 등의 금액 범위(제50조의2제3항 관련)

(2014.12.31 개정)

관련조항	구 분	통상적인 범위	의례적인 선물의 범위
제50조의2 제2항제2호나목	○ 관혼상제의식에 제공하는 축의·부의금품	○ 5만원 이내	
제50조의2 제2항제2호다목	○ 관혼상제의식, 그 밖의 경조사 참석 하객·조객 등에 대한 음식물 제공	○ 3만원 이내	
	○ 관혼상제의식, 그 밖의 경조사 참석 하객·조객 등에 대한 답례품 제공	○ 1만원 이내	
제50조의2 제2항제2호라목	○ 연말·설 또는 추석에 제공하는 의례적인 선물		○ 3만원 이내

■ 산림조합법

[별표]

일반적인 범위에서 제공할 수 있는 축의·부의금품 등의 금액 범위
(제40조의2제3항 관련)

(2020.3.24 개정)

관련조항	구 분	일반적인 범위	의례적인 선물의 범위
제40조의2 제2항제2호나목	○ 관혼상제의식에 제공하는 축의·부의금품	○ 5만원 이내	
제40조의2 제2항제2호다목	○ 관혼상제의식, 그 밖의 경조사 참석 하객·조객 등에 대한 음식물 제공	○ 3만원 이내	
	○ 관혼상제의식, 그 밖의 경조사 참석 하객·조객 등에 대한 답례품 제공	○ 1만원 이내	
제40조의2 제2항제2호라목	○ 연말·설 또는 추석에 제공하는 의례적인 선물		○ 3만원 이내

<해양 · 수산편>

■ 수산업법 시행령

〔별표1〕

관리선으로 사용할 수 있는 어선(제14조제2항 관련)

(2024.1.9 개정)

어업의 종류	대상 지역	관리선으로 사용할 수 있는 어선
마을어업	부산광역시, 인천광역시, 울산광역시, 경기도, 충청남도, 전라북도, 전라남도, 경상남도	마을어장 형망선, 형망어업 또는 잠수기어업이 허가된 어선
	강원도, 경상북도, 제주특별자치도	마을어장 형망선, 자원관리채취선, 형망어업 또는 잠수기어업이 허가된 어선

비고

1. "마을어장 형망선"이란 형망을 이용하는 동력어선을 말한다.
2. "자원관리채취선"이란 잠수기를 이용하는 어선을 말한다.

〔별표2〕 ➡ 「www.hyeonamsa.com」 참조

〔별표3〕

혼획이 허용되는 어업의 종류와 수산동물 및 혼획의 허용 범위(제24조제1항 관련)

어업의 종류		목적 어획물	혼획 허용 수산동물	혼획의 허용 범위
1. 근해어업	근해형망어업	패류	그 밖의 수산동물	총어획량의 10퍼센트 이내
2. 연안어업	연안조망어업	새우류 (젓새우는 제외한다)	그 밖의 수산동물	총어획량의 30퍼센트 이내
3. 구획어업	가. 새우조망어업	새우류	그 밖의 수산동물	총어획량의 30퍼센트 이내
	나. 패류형망어업	패류	그 밖의 수산동물	총어획량의 10퍼센트 이내

비고

1. 총어획량은 어획물의 총중량(킬로그램)을 기준으로 한다.
2. "혼획의 허용 범위"란 어획물의 총중량 중 혼획이 허용되는 수산동물의 총중량 비율을 말한다.

〔별표4〕

어획물운반업자의 자격기준 및 어획물운반업의 등록기준(제28조제2항 관련)

어획물운반업자의 자격기준	어획물운반업의 등록기준
1. 업종별수협 또는 지구별수협	다음 각 목의 어느 하나에 해당하는 어선을 갖출 것 가. 어업허가를 받은 어선의 부속선 나. 기존의 허가받은 어업을 폐업한 어선
2. 「해운법」 제24조에 따라 해상화물운송사업의 등록을 한 자	해상화물운송사업의 등록을 한 수산물운반선을 갖출 것
3. 「수산식품산업의 육성 및 지원에 관한 법률 시행령」 제13조제1항제3호에 따라 선상가공업을 신고한 자	다음 각 목의 어느 하나에 해당하는 어선을 갖출 것 가. 어업허가를 받은 어선의 부속선 나. 기존의 허가받은 어업을 폐업한 어선
4. 법 제40조에 따라 어업의 허가를 받은 어선에 대한 어업허가를 취소한 후 해당 어선으로 법 제51조제2항에 따른 어획물 또는 그 제품을 운반하려는 자	다음 각 목의 어느 하나에 해당하는 어선을 갖출 것 가. 어업허가를 받은 어선의 부속선 나. 기존의 허가받은 어업을 폐업한 어선
5. 「민법」 제32조에 따라 해양수산부장관의 설립허가를 받은 법인	다음 각 목의 어느 하나에 해당하는 어선을 갖출 것 가. 어업허가를 받은 어선의 부속선 나. 기존의 허가받은 어업을 폐업한 어선
6. 대형선망어업 또는 기선권현망어업의 허가를 받은 자	다음 각 목의 어느 하나에 해당하는 어선을 갖출 것 가. 어업허가를 받은 어선의 부속선 나. 기존의 허가받은 어업을 폐업한 어선
7. 어획물운반업의 등록을 한 어선의 소유권을 이전받거나 그 어선을 임차한 자	어획물운반업의 등록을 한 어선을 갖출 것
8. 어업자로서 해당 어업의 특성상 해양수산부장관이 특히 필요하다고 인정하여 고시하는 자	다음 각 목의 어느 하나에 해당하는 어선을 갖출 것 가. 어업허가를 받은 어선의 부속선 나. 기존의 허가받은 어업을 폐업한 어선 다. 해양수산부장관이 정하여 고시한 어업허가를 받은 어선

〔별표5〕 ➡ 「www.hyeonamsa.com」 참조

〔별표6〕

어업허가를 받은 어선에 대한 선복량의 한계(제37조제1항 관련)

1. 근해어업

어업의 종류	선복량의 한계(총톤수)
가. 외끌이대형저인망어업	60톤 이상 140톤 미만
나. 쌍끌이대형저인망어업	60톤 이상 140톤 미만
다. 동해구외끌이중형저인망어업	20톤 이상 60톤 미만
라. 서남해구외끌이중형저인망어업	20톤 이상 60톤 미만
마. 서남해구쌍끌이중형저인망어업	20톤 이상 60톤 미만
바. 대형트롤어업	60톤 이상 140톤 미만
사. 동해구중형트롤어업	20톤 이상 60톤 미만
아. 대형선망어업	50톤 이상 140톤 미만
자. 소형선망어업	10톤 이상 30톤 미만
차. 근해채낚기어업	10톤 이상 90톤 미만
카. 근해자망어업	10톤 이상 90톤 미만
타. 근해안강망어업	10톤 이상 90톤 미만
파. 근해봉수망어업	10톤 이상 90톤 미만
하. 근해자리돔들망어업	10톤 이상 90톤 미만
거. 근해장어통발어업	10톤 이상 90톤 미만
너. 근해문어단지어업	10톤 이상 90톤 미만
더. 근해통발어업	10톤 이상 90톤 미만
러. 근해연승어업	10톤 이상 90톤 미만
머. 근해형망어업	20톤 미만
버. 기선권현망어업	40톤 미만
서. 잠수기어업	10톤 미만

2. 연안어업

어업의 종류	선복량의 한계(총톤수)
가. 연안개량안강망어업	10톤 미만
나. 연안선망어업	10톤 미만
다. 연안통발어업	10톤 미만
라. 연안조망어업	10톤 미만
마. 연안선인망어업	10톤 미만
바. 연안자망어업	10톤 미만
사. 연안들망어업	10톤 미만
아. 연안복합어업	10톤 미만

3. 구획어업

어업의 종류	선복량의 한계(총톤수)
가. 새우조망어업	5톤 미만
나. 실뱀장어안강망어업	5톤 미만
다. 패류형망어업	5톤(시 · 도지사가 「수산자원관리법」 제36조부터 제38조까지의 규정에 따라 총허용어획량을 설정 · 관리하는 경우에는 8톤) 미만

〔별표7〕

어업의 종류별 어구사용의 금지구역 및 금지기간(제38조제2항 관련)

(2024.1.9 개정)

1. 근해어업

어업의 종류	금지사항	금지기간	사용 금지구역
가. 1) 동해구외끌이 중형저인망어업	조업금지	5월 1일부터 5월 31일까지	강원도, 경상북도, 경상북도와 울산광역시의 경계와 해안선의 교점에서 방위각 107도의 연장선 이북의 해역
		연중	주1)의 해역
2) 서남해구외끌이 중형저인망어업	조업금지	연중	주1)의 해역
3) 서남해구쌍끌이 중형저인망어업	조업금지	연중	주1)의 해역
나. 1) 대형선망어업	불빛이용금지	연중	가) 주2)의 해역 나) 제주특별자치도 추자도와 전라남도 거문도의 주위 7천4백미터 이내의 해역
	삼치포획금지	12월 1일부터 다음 해 2월 말일까지	주3)의 해역
	멸치포획금지	연중	다) 주4)의 해역 라) 주5)의 해역 마) 주6)의 해역
		4월 1일부터 6월 30일까지	주7)의 해역
	조업금지	연중	바) 제주특별자치도 본도 주위 7천4백미터 이내의 해역. 다만, 주15)를 제외한 제주특별자치도 본도로부터 2천7백미터 외측 해역에서 7월 1일부터 8월 31일까지 불빛을 이용하지 않고 전갱이를 포획할 목적으로 조업하는 경우와, 같은 해역에서 9월 1일부터 다음 해 1월 31일까지 불빛을 이용하지 않고 고등어를 포획할 목적으로 조업하는 경우는 제외한다(부도3 참조).

어업의 종류	금지사항	금지기간	사용 금지구역
			사) 주15)의 해역 아) 주16)의 해역
2) 소형선망어업	불빛이용금지	연중	가) 주2)의 해역 나) 제주특별자치도 추자도와 전라남도 거문도의 주위 7천4백미터 이내의 해역
	삼치포획금지	12월 1일부터 다음 해 2월 말일까지	주3)의 해역
	멸치포획금지	연중	다) 주4)의 해역 라) 주5)의 해역 마) 주6)의 해역
		4월 1일부터 6월 30일까지	주7)의 해역
	조업금지	연중	바) 제주특별자치도 본도 주위 7천4백미터 이내의 해역. 다만, 주15)를 제외한 제주특별자치도 본도로부터 2천7백미터 외측 해역에서 7월 1일부터 8월 31일까지 불빛을 이용하지 않고 전갱이를 포획할 목적으로 조업하는 경우와, 같은 해역에서 9월 1일부터 다음 해 1월 31일까지 불빛을 이용하지 않고 고등어를 포획할 목적으로 조업하는 경우는 제외한다(부도3 참조). 사) 주15)의 해역 아) 주16)의 해역
	세목망으로 된 어망 사용금지	5월 16일부터 6월 15일까지. 다만, 인천광역시, 경기도, 충청남도, 전라북도, 전라남도 영광군·신안군은 7월 1일부터 7월 31일까지로 한다.	
다. 근해채낚기어업	조업금지	1월 1일부터 8월 31일까지	울산광역시, 강원도, 경상북도 육지로부터 5천5백미터 이내의 해역
		9월 1일부터 12월 31일까지	울산광역시, 강원도, 경상북도 육지로부터 2천7백미터 이내의 해역
라. 근해자망어업	멸치포획금지	4월 1일부터 6월 30일까지	주8)의 해역
	살오징어 포획금지	연중	동해 전 해역과 동경 128도30분선 기준 동쪽의 남해 해역. 다만, 부산광역시장·울산광역시장·경상북도지사 또는 경상남도지사로부터 근해자망어업허가를 받은 경우에는 동해 전 해역과 동경 129도선 기준 동쪽의 남해 해역으로 한다.
	뻗침대를 붙인 자망 사용금지	연중	인천광역시·경기도 해역 중 주17) 바깥 쪽 해역과 전라남도 해역을 제외한 전국 해역
	뻗침대를 붙인 자망에 세목망으로 된 어망 사용금지	1월 1일부터 8월 31일까지	인천광역시·경기도 해역 중 주17) 바깥 쪽 해역
		8월 1일부터 8월 31일까지	전라남도 해역
	세목망으로 된 어망 사용금지	5월 16일부터 6월 15일까지. 다만, 인천광역시, 경기도, 충청남도, 전라북도, 전라남도 영광군·신안군은 7월 1일부터 7월 31일까지로 하고, 전라남도 해역에서 뻗침대를 붙인 어구에 세목망을 사용하는 경우에는 금지기간을 적용하지 않는다.	
마. 근해안강망어업	세목망으로 된 어망 사용금지	5월 16일부터 6월 15일까지. 다만, 인천광역시, 경기도, 충청남도, 전라북도, 전라남도 영광군·신안군은 2월 1일부터 2월 말일까지 및 7월 1일부터 7월 31일까지로 한다.	
바. 근해자리돔들망어업	멸치포획금지	연중	주6)의 해역
		4월 1일부터 6월 30일까지	주9)의 해역을 제외한 주7)의 해역
사. 1) 근해장어통발어업 2) 근해통발어업	게를 포획할 목적으로 통발 사용금지	5월 1일부터 7월 31일까지, 10월 31일부터 12월 31일까지. 다만, 대게의 경우는 연중으로 한다.	주10)의 해역
	대게포획금지, 대게류·붉은대게류 통발 사용금지	연중	주11)의 해역
3) 근해문어단지어업	조업금지	연중	제주특별자치도 본도의 주위 마을어업 및 협동양식어업 구역 이내의 해역
아. 근해형망어업	형망 사용금지. 다만, 법 제27조 제1항 및 제3항에 따라 관리선으로 지정을 받거나 승인을 받은 어선에 의해 해당 어장에서 사용되는 형망은 제외한다.	6월 1일부터 7월 31일까지	
자. 기선권현망어업	멸치포획금지	4월 1일부터 6월 30일까지	주7)의 해역
	기선권현망 사용금지	연중 21시 30분부터 다음날 04시 30분까지	주7)의 해역
차. 모든 근해어업	멸치를 포획할 목적의 어망 사용금지	3월 1일부터 6월 30일까지	주6)의 해역
	새우를 포획할 목적의 어망 사용금지	7월 1일부터 8월 31일까지	1) 주12)의 해역 2) 주13)의 해역 3) 주14)의 해역

2. 연안어업

어업의 종류	금지사항	금지기간	사용 금지구역
가. 연안개량안강망어업	조업금지	5월 16일부터 6월 15일까지. 다만, 인천광역시, 경기도, 충청남도, 전라북도, 전라남도 영광군·신안군은 7월 1일부터 7월 31일까지로 한다.	
나. 연안선망어업	멸치를 포획할 목적의 어망사용금지(충청남도 연안선망으로 한정한다)	연중	충청남도 태안군 육지로부터 5.5킬로미터 이내의 해역. 다만, 천수만 내측 외의 수역에 대해서는 8월 1일부터 8월 20일까지 제외한다.
	불빛이용금지	연중	1) 주2)의 해역 2) 제주특별자치도 본도 및 추자도와 전라남도 거문도의 주위 7천4백미터 이내의 해역
	세목망으로 된 어망 사용금지	5월 16일부터 6월 15일까지. 다만, 인천광역시, 경기도, 충청남도, 전라북도, 전라남도 영광군·신안군은 7월 1일부터 7월 31일까지로 한다.	
	삼치포획금지	12월 1일부터 다음 해 2월 말일까지	주3)의 해역
	멸치포획금지	연중	3) 주5)의 해역 4) 주6)의 해역
		4월 1일부터 6월 30일까지	주7)의 해역
다. 연안통발어업	게를 포획할 목적의 통발 사용금지	5월 1일부터 7월 31일까지, 10월 31일부터 12월 31일까지	주10)의 해역
	대게포획금지, 대게류·붉은대게류 통발 사용금지	연중	주11)의 해역
라. 연안조망어업	조업금지	10월 1일부터 다음 해 4월 30일까지	
마. 연안선인망어업	조업금지	1월 1일부터 9월 30일까지	
바. 연안자망어업	뻗침대를 붙인 자망 사용금지	연중	인천광역시, 경기도, 전라남도 해역을 제외한 전국해역
	세목망으로 된 어망 사용금지	5월 16일부터 6월 15일까지. 다만, 인천광역시, 경기도, 충청남도, 전라북도, 전라남도 영광군·신안군은 7월 1일부터 7월 31일까지로 하고, 전라남도 해역에서 뻗침대를 붙인 어구에 세목망을 사용하는 경우에는 8월 1일부터 8월 31일까지로 한다.	
	멸치포획금지	4월 1일부터 6월 30일까지	주8)의 해역
사. 연안들망어업	멸치포획금지	연중	주6)의 해역
		4월 1일부터 6월 30일까지	주9)의 해역을 제외한 주7)의 해역
아. 모든 연안어업	새우를 포획할 목적의 어망 사용금지	7월 1일부터 8월 31일까지	1) 주12)의 해역 2) 주13)의 해역 3) 주14)의 해역
	멸치를 포획할 목적의 어망사용금지	3월 1일부터 6월 30일까지	주6)의 해역

3. 구획어업

어업의 종류	금지사항	금지기간	사용 금지구역
가. 장망류어업(장망을 사용하는 어업은 제외한다)	조업금지	5월 1일부터 5월 31일까지. 다만, 인천광역시, 경기도, 충청남도, 전라북도, 전라남도 영광군·신안군은 7월 1일부터 7월 31일까지로 한다.	
나. 해선망어업	조업금지	5월 16일부터 6월 15일까지. 다만, 인천광역시, 경기도, 충청남도, 전라남도 영광군·신안군은 7월 1일부터 7월 31일까지로 한다.	
다. 새우조망어업	새우조망으로 새우포획을 허용한 경우 외 사용금지	5월 1일부터 9월 30일까지. 다만, 시장·군수·구청장이 국립수산과학원장과 미리 협의를 거쳐 10개월 이내의 조업기간을 별도로 설정하여 고시한 경우에는 그에 따른다.	경상남도 통영시·거제시·사천시·남해군 연안해역
		7월 1일부터 8월 31일까지. 다만, 시장·군수·구청장이 국립수산과학원장과 미리 협의를 거쳐 10개월 이내의 조업기간을 별도로 설정하여 고시한 경우에는 그에 따른다.	전라남도 여수시·장흥군·강진군·고흥군·완도군·진도군·해남군 연안해역
라. 패류형망어업	형망사용금지. 다만, 법 제27조 제1항 및 제3항에 따라 관리선으로 지정을 받거나 승인을 받은 어선에 의해 해당 어장에서 사용되는 형망은 제외한다.	6월 1일부터 7월 31일까지	
마. 모든 어업	멸치를 포획할 목적의 어망사용금지	3월 1일부터 6월 30일까지	주6)의 해역
	새우를 포획할 목적의 어망사용금지	7월 1일부터 8월 31일까지	1) 주12)의 해역 2) 주13)의 해역 3) 주14)의 해역

주1) 동해구외끌이중형저인망어업, 서남해구외끌이중형저인망어업, 서남해구쌍끌이중형저인망어업 조업금지구역(별도 참조)
가. 다음 좌표를 차례대로 연결한 선 안의 해역(11월 1일부터 다음 해 2월 15일까지로 한정한다)
1) 북위 40도 27분 16.39초 동경 129도 09분 18.87초
2) 북위 39도 48분 58.84초 동경 128도 27분 02.28초
3) 북위 39도 21분 52.82초 동경 128도 03분 59.58초
4) 북위 39도 17분 42.69초 동경 127도 33분 33.02초
나. 다음 좌표를 차례대로 연결한 선 안의 해역(12월 1일부터 다음 해 5월 31일까지로 한정한다)
1) 북위 39도 02분 09.47초 동경 128도 06분 47.00초
2) 북위 38도 41분 11.90초 동경 128도 25분 21.76초
3) 북위 38도 27분 00.20초 동경 128도 32분 58.40초
4) 북위 38도 10분 51.79초 동경 128도 40분 34.36초
5) 북위 38도 00분 49.88초 동경 128도 49분 05.38초
6) 북위 37도 40분 26.16초 동경 129도 08분 22.01초
7) 북위 37도 03분 31.06초 동경 129도 38분 07.50초
8) 북위 36도 46분 03.82초 동경 129도 29분 58.13초
다. 다음 좌표를 차례대로 연결한 선 안의 해역(5월로 한정한다)
1) 북위 39도 48분 12.06초 동경 124도 11분 12.29초
2) 북위 39도 46분 38.93초 동경 123도 54분 29.98초
3) 북위 38도 23분 01.47초 동경 124도 34분 50.98초
4) 북위 38도 11분 19.97초 동경 124도 45분 49.77초

주2) 북위 38도 00분 09.86초 동경 125도 49분 52.80초, 북위 34도 00분 11.50초 동경 125도 49분 52.90초, 북위 34도 00분 11.54초 동경 127도 59분 52.23초, 북위 34도 30분 11.34초 동경 127도 59분 52.21초, 북위 34도 30분 11.36초 동경 128도 59분 51.90초, 북위 35도 38분 55.10초 동경 129도 34분 20.92초, 북위 36도 04분 39.45초 동경 129도 41분 26.94초, 북위 37도 03분 37.71초 동경 129도 33분 03.44초, 북위 37도 14분 06.39초 동경 129도 28분 41.81초, 북위 37도 40분 23.47초 동경 129도 10분 48.48초, 북위 38도 26분 52.66초 동경 128도 35분 36.41초와 북위 38도 41분 14.63초 동경 128도 21분 31.94초를 차례대로 연결한 선 안의 해역. 다만, 경상북도 포항시 남구 구룡포읍 사라말 이북에서 강원도 고성군 거진읍 거진말 이남까지의 해역 중 북위 35도 59분 29.73초 동경 129도 37분 44.64초, 북위 36도 04분 39.45초 동경 129도 37분 47.89초, 북위 36도 13분 23.87초 동경 129도 33분 02.30초, 북위 36도 30분 26.85초 동경 129도 31분 59.83초, 북위 37도 03분 39.27초 동경 129도 31분 50.65초, 북위 37도 14분 09.91초 동경 129도 27분 28.86초, 북위 37도 40분 23.47초 동경 129도 09분 37.09초와 북위 38도 26분 54.65초 동경 128도 33분 08.00초를 차례대로 연결한 선 밖의 해역에서 소형선망어업의 허가를 받아 사용하는 경우는 제외한다.

주3) 다음 좌표를 차례대로 연결한 선 안의 해역
가. 북위 34도 40분 50.30초 동경 128도 34분 43.47초
나. 북위 34도 23분 39.76초 동경 127도 49분 11.33초
다. 북위 33도 57분 52.83초 동경 127도 20분 25.54초
라. 북위 34도 05분 52.80초 동경 126도 36분 08.70초

주4) 대형선망어업 및 소형선망어업의 멸치 포획금지구역(부도1 제1호 참조)
가. 다음 좌표를 연결한 선 안의 해역
1) 북위 36도 06분 38.30초 동경 129도 26분 22.99초
2) 북위 36도 05분 06.28초 동경 129도 32분 50.36초
나. 다음 좌표를 연결한 선 안의 해역
1) 북위 35도 59분 29.63초 동경 129도 34분 05.54초
2) 북위 35도 51분 12.35초 동경 129도 31분 32.91초
다. 다음 좌표를 차례대로 연결한 선 안의 해역
1) 북위 35도 39분 04.22초 동경 129도 27분 04.06초
2) 북위 35도 38분 51.36초 동경 129도 28분 21.94초
3) 북위 35도 29분 10.31초 동경 129도 27분 48.32초
4) 북위 35도 21분 11.21초 동경 129도 22분 59.49초
5) 북위 35도 10분 53.70초 동경 129도 13분 49.21초
6) 북위 35도 02분 20.04초 동경 129도 06분 24.37초
7) 북위 34도 51분 54.45초 동경 128도 47분 02.99초
8) 북위 34도 47분 12.12초 동경 128도 45분 36.17초
9) 북위 34도 42분 44.26초 동경 128도 41분 26.29초
10) 북위 34도 40분 54.36초 동경 128도 37분 13.15초
11) 북위 34도 40분 50.30초 동경 128도 34분 43.47초
12) 북위 34도 41분 34.23초 동경 128도 27분 25.94초
13) 북위 34도 41분 37.59초 동경 128도 23분 50.15초
14) 북위 34도 44분 44.48초 동경 128도 18분 10.59초
15) 북위 34도 42분 40.76초 동경 128도 10분 31.23초
16) 북위 34도 39분 46.65초, 동경 128도 02분 44.04초
17) 북위 34도 42분 14.11초 동경 127도 53분 26.09초
18) 북위 34도 37분 36.42초 동경 127도 51분 15.99초
19) 북위 34도 24분 02.47초 동경 127도 47분 04.20초
20) 북위 34도 12분 44.14초 동경 127도 15분 26.78초
21) 북위 34도 08분 48.32초 동경 126도 54분 00.00초
22) 북위 34도 05분 01.96초 동경 126도 40분 12.78초
23) 북위 34도 05분 52.80초 동경 126도 36분 08.70초
24) 북위 34도 07분 19.07초 동경 126도 30분 43.10초
25) 북위 34도 13분 22.96초 동경 126도 25분 06.59초
26) 북위 34도 18분 42.20초 동경 126도 05분 16.10초
27) 북위 34도 25분 07.09초 동경 126도 05분 21.33초
라. 다음 좌표를 연결한 선 안의 해역
1) 북위 34도 35분 19.76초 동경 126도 14분 59.45초
2) 북위 34도 40분 45.54초 동경 126도 15분 18.81초
마. 다음 좌표를 차례대로 연결한 선 안의 해역
1) 북위 34도 04분 10.64초 동경 127도 16분 21.12초
2) 북위 34도 02분 11.97초 동경 127도 15분 35.82초
3) 북위 34도 00분 07.41초 동경 127도 16분 43.46초
4) 북위 34도 02분 22.60초 동경 127도 21분 15.05초
5) 북위 34도 04분 23.88초 동경 127도 20분 11.15초
6) 북위 34도 04분 53.18초 동경 127도 17분 34.56초
7) 북위 34도 04분 10.64초 동경 127도 16분 21.12초
바. 다음 좌표를 차례대로 연결한 선 안의 해역
1) 북위 34도 14분 07.54초 동경 126도 53분 21.37초
2) 북위 34도 13분 08.91초 동경 126도 55분 44.16초
3) 북위 34도 11분 20.39초 동경 126도 57분 06.92초
4) 북위 34도 10분 38.80초 동경 126도 56분 47.26초
5) 북위 34도 08분 11.55초 동경 126도 50분 32.62초
6) 북위 34도 12분 44.65초 동경 126도 49분 30.95초
7) 북위 34도 14분 07.54초 동경 126도 53분 21.37초
사. 다음 좌표를 차례대로 연결한 선 안의 해역
1) 북위 34도 16분 08.14초 동경 126도 36분 45.06초
2) 북위 34도 10분 52.74초 동경 126도 42분 25.01초
3) 북위 34도 08분 54.72초 동경 126도 42분 17.71초
4) 북위 34도 06분 01.99초 동경 126도 40분 41.16초
5) 북위 34도 04분 47.89초 동경 126도 36분 09.00초
6) 북위 34도 06분 29.15초 동경 126도 29분 53.23초
7) 북위 34도 16분 01.40초 동경 126도 33분 47.38초
8) 북위 34도 16분 08.14초 동경 126도 36분 45.06초
아. 다음 좌표를 차례대로 연결한 선 안의 해역
1) 북위 33도 59분 06.56초 동경 126도 15분 00.93초
2) 북위 33도 58분 50.32초 동경 126도 21분 05.28초
3) 북위 33도 56분 56.83초 동경 126도 21분 52.61초
4) 북위 33도 54분 53.81초 동경 126도 19분 37.63초
5) 북위 33도 59분 06.56초 동경 126도 15분 00.93초

주5) 전라남도 여수시 남면 금오도, 남면 안도, 남면 연도 및 완도군 청산면 청산도의 해안선으로부터 550미터 선 안의 해역

주6) 북위 34도 59분 19.02초 동경 128도 49분 42.30초와 북위 34도 53분 43.48초 동경 128도 45분 06.82초를 연결한 선과 북위 34도 53분 22.50초 동경 128도 28분 32.43초 및 북위 34도 53분 06.80초 동경 128도 28분 40.60초를 연결한 선 안의 해역

주7) 주6)의 해역을 제외한 경상남도의 해역과 부산광역시·울산광역시 및 전라남도의 해역

주8) 근해자망어업 및 연안자망어업의 멸치 포획금지구역(부도1 제2호 참조)
가. 다음 좌표를 연결한 선 안의 해역
1) 북위 36도 06분 38.30초 동경 129도 26분 22.99초
2) 북위 36도 05분 06.28초 동경 129도 32분 50.36초
나. 다음 좌표를 연결한 선 안의 해역
1) 북위 35도 59분 29.63초 동경 129도 34분 05.54초
2) 북위 35도 51분 12.35초 동경 129도 31분 32.91초
다. 다음 좌표를 차례대로 연결한 선 안의 해역
1) 북위 35도 39분 04.22초 동경 129도 27분 04.06초
2) 북위 35도 38분 51.36초 동경 129도 28분 21.94초
3) 북위 35도 29분 10.31초 동경 129도 27분 48.32초
4) 북위 35도 21분 11.21초 동경 129도 22분 59.49초
5) 북위 35도 10분 52.97초 동경 129도 14분 28.70초
6) 북위 35도 01분 36.28초 동경 129도 06분 09.92초
7) 북위 34도 58분 41.68초 동경 128도 59분 19.23초
8) 북위 34도 53분 42.06초 동경 128도 47분 43.97초
9) 북위 34도 47분 12.12초 동경 128도 45분 36.17초
10) 북위 34도 42분 44.26초 동경 128도 41분 26.29초
11) 북위 34도 40분 54.36초 동경 128도 37분 13.15초
12) 북위 34도 40분 50.30초 동경 128도 34분 43.47초
13) 북위 34도 41분 34.23초 동경 128도 27분 25.94초
14) 북위 34도 41분 37.59초 동경 128도 23분 50.15초

15) 북위 34도 44분 44.48초 동경 128도 18분 10.59초
16) 북위 34도 42분 40.76초 동경 128도 10분 31.23초
17) 북위 34도 39분 46.65초 동경 128도 02분 44.04초
18) 북위 34도 42분 14.11초 동경 127도 53분 26.09초
19) 북위 34도 37분 36.42초 동경 127도 51분 15.99초
20) 북위 34도 31분 52.23초 동경 127도 50분 31.33초
21) 북위 34도 23분 39.76초 동경 127도 49분 11.33초
22) 북위 34도 24분 03.98초 동경 127도 46분 17.71초
23) 북위 34도 29분 25.93초 동경 127도 44분 08.71초
24) 북위 34도 32분 21.21초 동경 127도 38분 22.27초
25) 북위 34도 34분 25.25초 동경 127도 29분 13.34초

라. 다음 좌표를 차례대로 연결한 선 안의 해역
1) 북위 34도 31분 07.80초 동경 127도 10분 14.07초
2) 북위 34도 26분 43.54초 동경 126도 57분 57.49초
3) 북위 34도 24분 15.40초 동경 126도 58분 04.52초
4) 북위 34도 24분 15.68초 동경 126도 57분 04.19초

마. 북위 34도 21분 12.07초 동경 126도 54분 30.30초와 북위 34도 20분 32.26초 동경 126도 53분 56.87초를 연결한 선, 북위 34도 18분 55.34초 동경 126도 47분 38.20초와 북위 34도 17분 15.62초 동경 126도 46분 39.59초를 연결한 선 및 북위 34도 23분 11.21초 동경 126도 38분 35.73초와 북위 34도 23분 14.89초 동경 126도 38분 13.76초를 연결한 선 안의 해역

바. 다음 좌표를 차례대로 연결한 선 안의 해역
1) 북위 34도 04분 16.23초 동경 127도 16분 02.82초
2) 북위 34도 02분 16.01초 동경 127도 14분 57.14초
3) 북위 33도 58분 58.74초 동경 127도 15분 20.59초
4) 북위 33도 57분 52.83초 동경 127도 20분 25.54초
5) 북위 34도 02분 31.34초 동경 127도 23분 14.40초
6) 북위 34도 04분 34.91초 동경 127도 20분 26.45초
7) 북위 34도 04분 36.95초 동경 127도 17분 34.51초
8) 북위 34도 04분 16.23초 동경 127도 16분 02.82초

주9) 북위 34도 45분 14.58초 동경 127도 39분 41.38초, 북위 34도 44분 26.13초 동경 127도 39분 48.15초, 북위 34도 42분 41.26초 동경 127도 42분 03.74초, 북위 34도 41분 00.32초 동경 127도 38분 21.35초를 차례대로 연결한 선 안의 해역과 북위 34도 03분 46.49초 동경 127도 18분 21.56초와 북위 34도 03분 48.55초 동경 127도 17분 35.12초를 연결한 선과 북위 34도 00분 19.18초 동경 127도 19분 29.65초와 북위 34도 01분 59.90초 동경 127도 19분 53.48초를 연결한 선 안의 해역

주10) 강원도 고성군 현내면 저진단과 그 지점에서 정동 3만7천미터의 점, 강원도 양양군 현북면 기사문단에서 정동 3만7천미터의 점, 강원도 삼척시 원덕읍 임원말 동쪽 끝에서 정동 3만7천미터의 점, 강원도와 경상북도의 도 경계와 해안선의 교점에서 정동 3만7천미터의 점, 강원도와 경상북도의 도 경계와 해안선의 교점을 차례대로 연결한 선 안의 해역

주11) 다음 좌표를 차례대로 연결한 선 안의 해역(부도2 참조)
가. 북위37도08분37초 동경129도21분52초
나. 북위37도08분37초 동경129도45분12초
다. 북위37도06분12초 동경129도45분12초
라. 북위36도41분27초 동경129도51분24초
마. 북위36도28분18초 동경129도53분08초
바. 북위36도19분30초 동경129도51분06초
사. 북위36도11분13초 동경129도48분48초
아. 북위36도06분57초 동경129도45분44초
자. 북위35도58분46초 동경129도44분01초
차. 북위35도55분37초 동경129도43분14초
카. 북위35도49분04초 동경129도44분27초
타. 북위35도46분01초 동경129도46분21초
파. 북위35도39분00초 동경130도00분15초
하. 북위35도39분00초 동경129도26분52초

주12) 다음 좌표를 연결한 선 안의 해역
가. 북위 34도 44분 21.48초 동경 127도 33분 53.43초
나. 북위 34도 40분 58.22초 동경 127도 26분 43.88초

주13) 다음 좌표를 연결한 선 안의 해역
가. 북위 34도 39분 05.89초 동경 127도 11분 47.23초
나. 북위 34도 41분 31.68초 동경 127도 10분 31.29초

주14) 다음 좌표를 차례대로 연결한 선 안의 해역
가. 북위 35도 15분 02.07초 동경 126도 18분 29.78초
나. 북위 35도 18분 01.04초 동경 126도 08분 28.59초
다. 북위 35도 34분 14.87초 동경 126도 15분 44.35초
라. 북위 35도 23분 00.39초 동경 126도 23분 53.12초

주15) 다음 좌표를 차례대로 연결한 선 안의 해역(부도3 참조)
가. 북위33도24분40초 동경126도12분15초
나. 북위33도25분09초 동경126도12분23초
다. 북위33도25분37초 동경126도13분00초
라. 북위33도25분38초 동경126도13분47초
마. 북위33도10분23초 동경126도15분27초
바. 북위33도09분36초 동경126도15분18초
사. 북위33도09분05초 동경126도16분17초
아. 북위33도09분38초 동경126도16분50초
자. 북위33도09분45초 동경126도17분24초
차. 북위33도10분18초 동경126도17분49초
카. 북위33도31분17초 동경126도56분09초
타. 북위33도31분50초 동경126도57분18초
파. 북위33도30분55초 동경126도58분35초
하. 북위33도29분53초 동경126도58분53초
거. 북위33도28분59초 동경126도57분47초

주16) 다음 좌표를 차례대로 연결한 선 안의 해역(부도4 참조)
가. 북위37도36분00초 동경126도12분20초
나. 북위37도23분30초 동경126도20분40초
다. 북위37도20분00초 동경126도23분30초
라. 북위37도12분20초 동경126도23분30초
마. 북위37도10분05초 동경126도30분00초
바. 북위37도07분15초 동경126도30분00초
사. 북위37도05분30초 동경126도22분00초
아. 북위36도55분00초 동경126도06분30초
자. 북위36도48분00초 동경126도03분50초
차. 북위36도41분10초 동경126도05분35초
카. 북위36도38분00초 동경126도05분40초
타. 북위36도33분30초 동경126도14분30초
파. 북위36도19분20초 동경126도19분50초
하. 북위36도18분05초 동경126도26분50초
거. 북위35도51분00초 동경126도28분00초
너. 북위35도49분40초 동경126도21분30초
더. 북위35도48분10초 동경126도21분50초
러. 북위35도47분10초 동경126도25분00초
머. 북위35도39분20초 동경126도24분20초
버. 북위35도23분30초 동경126도20분50초
서. 북위35도16분20초 동경126도15분00초
어. 북위35도12분50초 동경126도10분00초

주17) 다음 좌표를 차례대로 연결한 선 안의 해역(부도5 참조)
가. 북위37도30분00초 동경126도00분00초
나. 북위37도31분20초 동경126도03분02초
다. 북위37도30분00초 동경126도03분02초
라. 북위37도30분00초 동경126도16분21초
마. 북위37도23분30초 동경126도20분40초
바. 북위37도19분38초 동경126도13분22초
사. 북위37도18분15초 동경126도03분55초
아. 북위37도09분40초 동경126도04분25초
자. 북위37도06분50초 동경126도07분45초
차. 북위37도05분30초 동경126도22분00초

〔별표7 부도1~부도5〕 ➡ 「www.hyeonamsa.com」 참조

〔별표8〕

어업의 종류별 그물코 규격의 제한(제38조제3항 관련)

1. 근해어업

어업의 종류	주로 포획하는 어종	사용금지 그물코의 규격	비고
가. 외끌이대형저인망어업		33밀리미터 이하	자루그물 부분에는 2중 이상 어망 사용금지
나. 쌍끌이대형저인망어업		54밀리미터 이하	자루그물 부분에는 2중 이상 어망 사용금지
다. 동해구외끌이중형저인망어업, 서남해구외끌이중형저인망어업, 서남해구쌍끌이중형저인망어업		33밀리미터 이하	자루그물 부분에는 2중 이상 어망 사용금지
라. 대형트롤어업		54밀리미터 이하	자루그물 부분에는 2중 이상 어망 사용금지
마. 동해구중형트롤어업		43밀리미터 이하	자루그물 부분에는 2중 이상 어망 사용금지
바. 대형선망어업		30밀리미터 이하	
사. 소형선망어업		30밀리미터 이하	멸치를 포획할 목적으로 세목망을 사용하는 경우에는 사용금지 그물코의 규격을 적용하지 않음.
아. 근해자망어업	삼치	100밀리미터 이하	1) 2중 이상의 자망 중 내망의 그물코의 규격이 40밀리미터 이하는 사용금지 2) 멸치, 젓새우, 곤쟁이를 포획할 목적으로 세목망을 사용하는 경우에는 사용금지 그물코의 규격을 적용하지 않음.
	조기류	50밀리미터 이하	
	대게	240밀리미터 이하	
자. 근해안강망어업		35밀리미터 이하	1) 자루그물 부분에는 2중 이상 어망 사용금지 2) 멸치, 반지, 밴댕이, 뱀장어, 곤쟁이, 까나리, 베도라치, 새우류, 꼴뚜기, 주꾸미를 포획할 목적으로 세목망을 사용하는 경우에는 사용금지 그물코의 규격을 적용하지 않음.
차. 근해장어통발어업		35밀리미터 이하	플라스틱 재질로 제작한 그물코가 없는 통발은 제외함.
카. 근해통발어업	대게	150밀리미터 이하	그물로 제작한 통발 입구 안쪽에 붙이는 깔때기 모양의 그물에는 적용하지 않음.
	붉은 대게	125밀리미터 이하	1) 울산광역시와 경상북도의 경계와 해안선의 교점에서 방위각 107도선 이북의 동해로 한정함. 2) 그물로 제작한 통발 입구 안쪽에 붙이는 깔때기 모양의 그물에는 적용하지 않음.
	그 밖의 어종	35밀리미터 이하	1) 그물로 제작한 통발 입구안쪽에 붙이는 깔때기 모양의 그물에는 적용하지 않음.

			2) 플라스틱 재질을 사용해서 그물형태로 제작한 통발을 포함함.

2. 연안어업

어업의 종류	주로 포획하는 어종	사용금지 그물코의 규격	비고
가. 연안개량안강망어업		25밀리미터 이하	1) 연안안강망 및 연안낭장망은 제외함. 2) 자루그물 부분에는 2중 이상 어망 사용금지
나. 연안선망어업		15밀리미터 이하	멸치를 포획할 목적으로 세목망을 사용하는 경우에는 사용금지 그물코의 규격을 적용하지 않음.
다. 연안통발어업	붕장어, 낙지, 새우류	22밀리미터 이하	1) 통발 입구에 부착된 깔때기 모양의 그물의 입구 중 가장 작은 것의 둘레 길이가 140밀리미터 이상인 것은 사용금지 2) 그물로 제작한 통발 입구 안쪽에 붙이는 깔때기 모양의 그물에는 적용하지 않음. 3) 플라스틱 재질을 사용해서 그물형태로 제작한 통발을 포함함. 4) 플라스틱 재질로 제작한 그물코가 없는 통발은 적용하지 않음.
	대게	150밀리미터 이하	그물로 제작한 통발 입구 안쪽에 붙이는 깔때기 모양의 그물에는 적용하지 않음.
	붉은 대게	125밀리미터 이하	1) 울산광역시와 경상북도의 경계와 해안선의 교점에서 방위각 107도선 이북의 동해로 한정함. 2) 그물로 제작한 통발 입구 안쪽에 붙이는 깔때기 모양의 그물에는 적용하지 않음.
	그 밖의 어종	35밀리미터 이하	1) 그물로 제작한 통발 입구 안쪽에 붙이는 깔때기 모양의 그물에는 적용하지 않음. 2) 플라스틱 재질을 사용해서 그물형태로 제작한 통발을 포함함.
라. 연안조망어업		25밀리미터 이하	자루그물 부분에는 2중 이상 어망 사용금지
마. 연안선인망어업		15밀리미터 이하	멸치를 포획할 목적으로 세목망을 사용하는 경우에는 사용금지 그물코의 규격을 적용하지 않음.
바. 연안자망어업	삼치	100밀리미터 이하	1) 2중 이상의 자망 중 내망의 그물코의 규격은 40밀리미터 이하 사용금지 2) 멸치, 젓새우, 곤쟁이를 포획할 목적으로 세목망을 사용하는 경우에는 사용금지 그물코의 규격을 적용하지 않음.
	조기류	50밀리미터 이하	
	대게	240밀리미터 이하	

3. 구획어업

어업의 종류	주로 포획하는 어종	사용금지 그물코의 규격	비고
가. 장망류어업(영광군에서 주목망을 사용하는 어업)		25밀리미터 이하	
나. 장망류어업(영광군에서 주목망을 사용하는 어업), 패류형망어업 외의 구획어업		15밀리미터 이하	멸치, 빙어, 보리멸, 문절망둑, 싱어, 반지, 밴댕이, 황강달어, 뱀장어, 갯장어, 붕장어, 젓새우 및 곤쟁이를 포획할 목적으로 세목망을 사용하는 경우에는 사용금지 그물코의 규격을 적용하지 않음.

비고
1. "그물코의 규격"이란 그물코를 잡아당겨서 잰 안쪽 지름의 길이를 말한다.
2. 어업의 특성상 해파리 배출망 및 포유류 혼획저감장치의 부착 또는 설치가 필요한 어업에 대하여 국립수산과학원장이 어구의 그물코 규격과 사용 시기를 정하여 고시하는 경우에는 이 표에 따른 사용금지 그물코의 규격을 적용하지 않는다.

〔별표9〕

어업 종류별 어구의 규모등의 제한 범위(제39조제1항 관련)

어업 종류	주로 포획하는 어종	어구 사용량	어구의 규모 및 형태	비고
연안 통발	낙지	5,000개 (통발의 설치 간격은 10미터 이내)	1. 통발의 가로·세로·높이·지름은 각각 120센티미터 이하로 한다. 2. 깔때기 모양의 그물입구 중 가장 작은 것의 둘레길이는 140밀리미터 미만으로 한다. 3. 그물로 제작한 통발 입구 안쪽에 붙이는 깔때기 모양의 그물에 대해서는 별표8 제2호다목에 따른 그물코의 규격을 적용하지 않는다.	가. 낙지 외의 어종은 방류해야 한다. 나. 해당 어구를 사용하는 어업자는 그 어구 외에 별표2 제3호다목에서 정한 일반 통발 어구를 함께 사용해서는 안된다. 다. 포획된 낙지는 제34조에 따라 지정된 양륙장소 또는 매매장소에서 판매 또는 교환해야 한다.

〔별표10〕

어업보상에 대한 손실액의 산출방법, 산출기준 및 손실액산출기관 등(제55조 관련)

1. 어업별 손실액 산출방법
 가. 법 제33조제1항제1호부터 제6호까지 및 법 제34조제6호(법 제33조제1항제1호부터 제6호까지의 규정에 해당하는 경우로 한정한다)에 해당하는 사유로 어업권이 제한·정지 또는 취소되었거나 그 사유로 법 제14조에 따른 어업면허 유효기간의 연장이 허가되지 않은 경우
  1) 어업권이 제한된 경우 : 평년수익액과 제한기간이나 제한 정도 등을 고려해서 산출한 손실액. 다만, 3)에 따른 보상액을 초과할 수 없다.
  2) 어업권이 정지된 경우 : 평년수익액 × 어업의 정지기간 + 시설물 등 또는 양식물의 이전·수거 등에 드는 손실액 + 어업의 정지기간 중에 발생하는 통상의 고정적 경비. 다만, 3)에 따른 보상액을 초과할 수 없다.
  3) 어업권이 취소되었거나 어업권 유효기간의 연장이 허가되지 않은 경우 : 평년수익액 ÷ 연리(12퍼센트) + 어선·어구 또는 시설물의 잔존가액
 나. 법 제33조제1항제1호부터 제6호까지 및 법 제34조제6호(법 제33조제1항제1호부터 제6호까지의 규정에 해당하는 경우로 한정한다)에 해당하는 사유로 허가어업 또는 신고어업이 제한·정지 또는 취소된 경우. 다만, 법 제50조제1항 및 제3항에 따라 준용되는 법 제33조제1항제1호부터 제3호까지의 규정에 해당하는 사유로 허가어업 또는 신고어업이 제한된 경우는 제외한다.
  1) 허가어업 또는 신고어업이 제한되는 경우 : 어업의 제한기간 또는 제한 정도 등을 고려하여 산출한 손실액. 다만, 3)에 따른 보상액을 초과할 수 없다.
  2) 허가어업 및 신고어업이 정지된 경우(어선의 계류를 포함한다) : 평년수익액 × 어업의 정지기간 또는 어선의 계류기간 + 어업의 정지기간 또는 어선의 계류기간 중에 발생하는 통상의 고정적 경비. 다만, 3)에 따른 보상액을 초과할 수 없다.
  3) 허가어업 또는 신고어업이 취소된 경우 : 3년분 평년수익액 + 어선·어구 또는 시설물의 잔존가액
 다. 법 제69조제2항에 따라 측량·검사에 장애가 되는 물건에 대한 이전 또는 제거 명령을 받고 이전 또는 제거를 한 경우와 「수산자원관리법」 제43조제2항에 따라 소하성어류의 통로에 방해가 되는 물건에 대한 제거 명령을 받고 제거 공사를 한 경우 : 물건의 이전 또는 제거 공사에 드는 비용과 이전 또는 제거로 인하여 통상적으로 발생하는 손실
2. 어업별 손실액 산출방법에 관련된 용어의 정의 및 산출기준
 가. 면허어업, 허가어업 및 신고어업의 손실액 산출방법에서 "평년수익액"이란 평균 연간어획량을 평균 연간판매단가로 환산한 금액에서 평년어업경비를 뺀 금액을 말한다. 이 경우 평균 연간어획량, 평균 연간판매단가 및 평년어업경비의 산출기준은 다음과 같다.
  1) 평균 연간어획량의 산출기준
   가) 3년 이상의 어획실적이 있는 경우 : 법 제104조제2항 및 「수산자원관리법」 제12조제4항에 따라 보고된 어획실적, 양륙량(선박으로부터 수산물 등을 육상으로 옮긴 양을 말한다) 또는 판매실적(보상의 원인이 되는 처분을 받은 자가 보고된 실적 이상의 어획실적 등이 있었음을 증거서류로 증명한 경우에는 그 증명된 실적을 말한다)을 기준으로 산출한 최근 3년 동안의 평균어획량으로 하되, 최근 3년 동안의 어획량은 보상의 원인이 되는 처분일이 속하는 연도의 전년도를 기준연도로 하여 소급 기산(起算)한 3년 동안(소급 기산한 3년의 기간 동안 일시적인 해양환경의 변화로 연평균어획실적의 변동폭이 전년도에 비하여 1.5배 이상이 되거나 휴업·어장정비 등으로 어획실적이 없어 해당 연도를 포함하여 3년 동안의 평균어획량을 산정하는 것이 불합리한 경우에는 해당 연도만큼 소급하여 기산한 3년 동안을 말한다)의 어획량을 연평균한 어획량으로 한다.
   나) 3년 미만의 어획실적이 있는 경우 : 다음의 계산식에 따라 계산한 추정 평균어획량
    (1) 면허어업 : 해당 어장의 실적기간 중의 어획량 × 인근 같은 종류의 어업의 어장(통상 2개소)의 3년 평균어획량 ÷ 인근 같은 종류의 어업의 어장의 해당 실적기간 중의 어획량
    (2) 허가어업 또는 신고어업 : 해당 어업의 실적기간 중의 어획량 × 같은 규모의 같은 종류의 어업(통상 2건)의 3년 평균어획량 ÷ 같은 규모의 같은 종류의 어업의 해당 실적기간 중의 어획량. 다만, 같은 규모의 같은 종류의 어업의 어획량이 없으면 비슷한 규모의 같은 종류의 어업의 어획량을 기준으로 3년 평균어획량을 계산한다.
    비고
    1. (1) 및 (2)의 계산식에서 실적기간은 실제 어획실적이 있는 기간으로 하되, 같은 규모 또는 비슷한 규모의 같은 종류의 어업의 경우에는 손실을 입은 자의 실제 어획실적이 있는 기간과 같은 기간의 실제 어획실적을 말한다.
    2. 어획량의 기본단위는 킬로그램을 원칙으로 하되, 어획물의 특성에 따라 생물(生物)의 중량 또는 건중량(乾重量)을 기준으로 한다. 다만, 김은 마른 김 1속을 기준으로 한다.
  2) 평균 연간판매단가의 산출기준
   가) 평균 연간판매단가는 보상액 산정을 위한 평가시점 현재를 기준으로 소급하여 기산한 1년 동안의 수산물별 평균 판매단가[해당 수산물이 계통출하(系統出荷)된 주된 위판장의 수산물별·품질등급별 판매량을 수산물별로 가중평균하여 산출한 평균 판매단가를 말한다]로 한다.
   나) 계통출하된 판매실적이 없는 경우 등의 평균 연간판매단가는 가)의 평균 연간판매단가에도 불구하고 다음과 같이 계산한다.
    (1) 계통출하된 판매실적이 없는 경우 : 다음의 우선순위에 따른 가격을 기준으로 평균 연간판매단가를 계산한다.
     (가) 해당 지역 인근의 수산업협동조합의 위판가격
     (나) 해당 지역 인근의 수산물도매시장의 경락가격
    (2) 소급 기산한 1년의 기간 동안 어획물의 일시적인 흉작·풍작 등으로 어가(魚價)의 연평균 변동폭이 전년도에 비하여 1.5배 이상이 되어 가)의 평균 연간판매단가를 적용

하는 것이 불합리한 경우 : 소급 기산한 최초의 1년이 되는 날부터 다시 소급하여 기산한 1년 동안의 평균 판매단가에 소급하여 기산한 최초의 1년 동안의 수산물 계통 출하 판매가격의 전국 평균 변동률을 곱한 금액으로 한다.

3) 평년어업경비의 산출기준

평년어업경비는 보상액 산정을 위한 평가시점 현재를 기준으로 1년 동안 소급하여 기산한 해당 어업의 연간 어업경영에 필요한 경비로 하되, 경비항목 및 산출방법은 다음과 같다.

가) 경비항목

구분	경비항목
1. 생산관리비	① 어미고기 및 수산종자 구입비 ② 미끼구입비 ③ 사료비 ④ 유지보수비 ⑤ 연료 및 유류비 ⑥ 전기료 ⑦ 약품비 ⑧ 소모품비 ⑨ 어장관리비〔어장 청소, 해적생물(害敵生物) 구제(驅除) 및 표지시설 설치 등〕 ⑩ 자원조성비 ⑪ 용선료(傭船料)
2. 인건비	① 어업자 본인의 인건비 ② 본인 외의 사람에 대한 인건비
3. 감가상각비	① 시설물 ② 어선 또는 관리선(선체, 기관 및 어선에 장치된 설비품 등을 포함한다) ③ 어구 ④ 그 밖의 장비 및 도구
4. 판매관리비	① 가공비 ② 보관비 ③ 용기대 ④ 판매수수료 ⑤ 판매경비(운반 · 포장 등)
5. 그 밖의 경비	① 각종 세금과 공과금 ② 어장행사료 ③ 주식 · 부식비 ④ 복리후생비 ⑤ 보험료 및 공제료 ⑥ 그 밖의 경비

나) 산출방법

(1) 평년어업경비는 가)에서 규정하고 있는 경비항목별로 계산하되, 규정된 경비항목 외의 경비가 있으면 그 밖의 경비항목에 포함시켜 전체 평년어업경비가 산출되도록 해야 한다.

(2) 경비항목별 경비 산출은 어선의 입항 및 출항에 관한 신고사항, 포획 · 채취물의 판매실적, 유류 사용량, 임금정산서, 보험료 및 공제료, 세금납부실적, 「건설기술 진흥법」 제45조에 따른 건설공사 표준품셈 등 수집 가능한 자료를 확보하여 분석하고 현지조사를 통해 객관적이고 공정하게 해야 한다. 다만, 인건비, 감가상각비 및 판매관리비 중 판매수수료의 산출은 다음과 같이 한다.

(가) 인건비 중 어업자 본인의 인건비는 본인 외의 사람의 인건비의 평균단가를 적용하고, 본인 외의 사람의 인건비는 현실단가를 적용하되, 어업자가 직접 경영하여 본인 외의 자의 인건비가 없으면 「통계법」 제18조에 따른 승인을 받아 작성 · 공포한 제조부문 보통인부의 임금단가를 적용한다. 이 경우 제26조제1항에 따른 신고어업에 대한 인건비는 투입된 노동시간을 고려하여 계산해야 한다.

(나) 감가상각비는 신규 취득가격을 기준으로 하여 해당 자산의 내용연수(耐用年數)에 따른 상각률을 적용하여 계산한 상각액이 매년 균등하게 되도록 계산해야 한다. 이 경우 어선의 내용연수 및 잔존가치율은 다음과 같이 하되, 어선의 유지 · 관리 상태를 고려하여 이를 단축 · 축소할 수 있다.

선질별	내용연수(년)	잔존가치율(%)
강선	25	20
강화플라스틱(FRP)선	20	10
목선	15	10

(다) 판매관리비 중 판매수수료는 해당 어선의 주된 양륙지 또는 어업장이 속한 지역에 있는 수산업협동조합의 위판수수료율을 적용한다.

(3) 생산관리비 중 소모품비와 감가상각비의 적용대상 구분은 내용연수를 기준으로 하여 내용연수가 1년 이상인 것은 감가상각비로, 1년 미만인 것은 소모품비로 한다.

(4) 수산 관련 법령에서 규정하고 있는 수산종자 살포, 시설물의 철거 등 어업자의 의무사항은 어장면적 및 경영규모 등을 고려하여 적정하게 계산해야 한다.

(5) 산출된 경비가 일시적인 요인으로 통상적인 경우보다 변동폭이 1.5배 이상이 되어 이를 적용하는 것이 불합리하다고 판단되면 인근 비슷한 규모의 같은 종류의 어업(같은 종류의 어업이 없는 경우에는 비슷한 어업) 2개 이상을 조사하여 평균치를 적용할 수 있다.

(6) 어업생산주기가 1년 이상 걸리는 경우 수산종자 구입비, 사료비, 어장관리비 및 판매관리비 등 생산주기와 연계되는 경비항목에 대해서는 생산주기로 나누어 연간 평균 어업경비를 계산해야 한다. 이 경우 생산주기는 국립수산과학원의 관할 연구소와 협의해서 정한다.

나. 면허어업, 허가어업 및 신고어업의 손실액 산출방법에서 "어선 · 어구 또는 시설물의 잔존가액"이란 보상액의 산정을 위한 평가시점 현재를 기준으로 하여 「감정평가 및 감정평가사에 관한 법률」에 따른 감정평가방법 및 기준에 따라 평가한 어선 · 어구 또는 시설물의 잔존가액을 말한다. 다만, 해당 잔존가액은 보상을 받으려는 자가 어선 · 어구 또는 시설물을 재사용하는 등의 사유로 보상을 신청하지 않으면 손실액 산출에서 제외한다.

다. 면허어업, 허가어업 및 신고어업의 손실액산출방법에서 "통상의 고정적 경비"란 어업의 정지기간 중 또는 어선의 계류기간 중에 해당 시설물 또는 어선 · 어구를 유지 · 관리하기 위하여 통상적으로 발생하는 경비를 말한다.

3. 어업별 손실액의 산출에 관한 예외

다음 각 목의 어느 하나에 해당하는 사유가 없음에도 불구하고 어업실적이 없어 제1호 및 제2호의 어업별 손실액의 산출방법 및 산출기준 등에 따라 어업별 손실액을 산출할 수 없는 경우의 어업별 손실액은 어업의 면허 · 허가 또는 신고에 드는 인지세 · 등록세 등의 모든 경비와 해당 어업의 어선 · 어구 또는 시설물의 매각이나 이전에 따른 손실액으로 한다.

가. 법 제33조제1항제1호부터 제6호까지 및 제34조제6호(법 제33조제1항제1호부터 제6호까지의 규정에 해당하는 경우로 한정한다)에 해당하는 사유로 면허 · 허가를 받거나 신고한 어업을 처분하여 어업실적이 없는 경우. 다만, 법 제88조제1항제1호 단서에 따라 보상대상에서 제외되는 법 제33조제1항제1호부터 제3호까지의 규정(법 제50조제1항 및 제3항에 따라 준용되는 경우를 포함한다)에 해당하는 사유로 허가를 받거나 신고한 어업이 제한되는 경우는 제외한다.

나. 그 밖에 법 제29조에 따른 휴업, 재해복구 등 정당한 사유가 있는 경우

4. 어업별 손실액의 산출기관 등

가. 어업별 손실액의 산출기관

1) 보상의 원인이 되는 처분을 한 행정기관 : 제52조제1항에 따라 보상을 받으려는 자가 제출한 서류로 어업별 손실액을 계산할 수 있는 경우

2) 전문기관 : 제52조제1항에 따라 보상을 받으려는 자가 제출한 서류로 어업별 손실액을 계산할 수 없는 경우

나. 전문기관에 의한 손실액의 산출 등

1) 행정관청은 제52조제1항에 따른 서류로 손실액을 계산할 수 없으면 피해의 범위와 정도에 대하여 해양수산부장관이 지정하는 수산 관련 전문조사 · 연구기관 또는 교육기관으로 하여금 손실액 산출을 위한 용역조사를 하게 한 후 그 조사결과를 토대로 「감정평가 및 감정평가사에 관한 법률」 제2조제4호에 따른 감정평가법인등(이하 "감정평가법인등"이라 한다) 2인 이상에게 손실액의 평가를 의뢰하되, 법 제88조제2항에 따라 보상액을 부담할 수익자가 있으면 수익자에게 용역조사 및 손실액 평가를 의뢰하게 할 수 있다. 다만, 지정된 손실액조사기관으로부터 조사 신청이 없는 경우 등 용역조사를 할 수 없는 부득이한 경우에는 감정평가법인등에게 용역조사 및 손실액 평가를 함께 의뢰할 수 있다.

2) 1)에 따라 용역조사나 손실액 평가를 의뢰받은 자(이하 "조사평가자"라 한다)는 신뢰성 있는 어업경영에 관한 증거자료나 인근 같은 종류의 어업의 생산실적 등을 조사하거나 평가하여 손실액을 계산해야 한다.

3) 조사 · 평가를 의뢰한 행정관청 또는 수익자는 손실액 산정의 적정성을 확인하기 위하여 필요하면 조사평가자에게 조사 또는 평가에 관련된 증거자료 및 보완자료의 제출을 요구할 수 있다. 이 경우 조사평가자는 요구한 자료를 지체 없이 제출해야 한다.

4) 조사 · 평가를 의뢰한 행정관청 또는 수익자는 조사평가자의 조사 또는 평가 결과가 관계 법령을 위반하여 조사 또는 평가되었거나 부당하게 조사 또는 평가되었다고 인정하면 해당 조사평가자에게 그 사유를 밝혀 다시 조사 또는 평가를 의뢰할 수 있으며, 조사평가자의 조사 또는 평가 결과가 적정한 것으로 인정할 수 없는 특별한 사유가 있으면 다른 조사평가자에게 손실액의 조사 또는 평가를 다시 의뢰할 수 있다. 이 경우 보상액의 산정은 다시 평가한 손실액의 산술평균치를 기준으로 한다.

5) 1) 및 4)에 따른 용역조사 및 평가에 드는 경비는 법 제88조에 따라 보상의 책임이 있는 자가 부담해야 한다.

6) 해양수산부장관은 1)에 따라 지정한 수산 관련 전문조사 · 연구기관 또는 교육기관이 다음의 어느 하나에 해당하면 그 지정을 취소할 수 있다. 이 경우 지정이 취소된 기관은 그 취소된 날부터 3년 이내에는 다시 손실액 산출을 위한 용역기관으로 지정받을 수 없다.

가) 거짓이나 그 밖의 부정한 방법으로 지정을 받았거나 조사를 한 경우

나) 조사자료를 제출하지 않았거나 그 내용이 부실한 경우

7) 해양수산부장관은 1) 또는 6)에 따라 용역조사기관을 지정하거나 그 지정을 취소한 경우에는 그 사실을 관보에 고시해야 한다.

8) 1) 및 4)에 따라 손실액 산출에 관한 조사 또는 평가를 의뢰받은 조사평가자나 조사평가를 의뢰한 수익자는 조사 및 평가에 필요한 범위에서 행정관청, 어선의 입항 · 출항 신고기관, 수산업협동조합 등에 관련 서류의 열람 · 발급을 요청할 수 있으며, 요청을 받은 행정관청 등은 특별한 사유가 없으면 그 요청에 협조해야 한다.

9) 8)에 따라 조사평가자 또는 수익자가 행정관청에 서류의 열람 · 발급을 의뢰할 때에는 다음 각 호의 사항을 적은 의뢰서를 제출해야 한다.

가) 의뢰자의 주소 · 성명 또는 명칭

나) 열람하거나 발급받으려는 목적

다) 열람하거나 발급받으려는 내용

라) 열람 · 발급이 필요한 서류 또는 공문서의 종류 및 수량

10) 1)부터 7)까지에서 규정한 사항 외에 용역조사 및 손실액 평가의 의뢰절차 등에 관하여 필요한 사항은 해양수산부장관이 정하여 고시한다.

〔별표11〕

과징금의 부과기준(제69조제1항 관련)

1. 일반기준

가. 부과권자는 위반행위자가 위반행위로 어업정지 또는 영업정지처분을 받은 날부터 최근 5년간 같은 위반행위로 어업정지 또는 영업정지처분을 받은 사실이 없는 경우에는 제2호의 개별기준에 따른 과징금의 2분의 1 범위에서 그 금액을 줄여 부과할 수 있다. 다만, 과징금을 체납하고 있는 위반행위자에 대해서는 그렇지 않다.

나. 부과권자는 위반행위자의 위반행위가 둘 이상인 경우에는 제2호의 개별기준에 따른 과징금의 2분의 1 범위에서 그 금액을 늘려 부과할 수 있다.

2. 개별기준

구분	업종별 또는 규모별 대상		어업정지 또는 영업정지 1일에 해당하는 과징금의 금액
가. 근해어업	외끌이대형저인망어업		20만원
	쌍끌이대형저인망어업		30만원
	동해구외끌이저인망어업		13만원
	근해자망어업		
	서남해구외끌이중형저인망어업		30만원
	서남해구쌍끌이중형저인망어업		
	대형트롤어업		36만원
	동해구중형트롤어업	총톤수 40톤 미만	27만원
		총톤수 40톤 이상	36만원
	대형선망어업	총톤수 100톤 미만	52만원
		총톤수 100톤 이상	75만원
	근해채낚기어업		11만원
	잠수기어업		
	근해안강망어업		21만원
	근해통발어업		10만원
	근해연승어업		
	기선권현망어업(선단기준)	총톤수 200톤 미만	34만원
		총톤수 200톤 이상	37만원
	그 밖의 근해어업		10만원
나. 연안어업	모든 연안어업		6만원
다. 구획어업	모든 구획어업		6만원
라. 신고어업	모든 신고어업		1만원
마. 어획물운반업	총톤수 70톤 이상		20만원
	총톤수 50톤 이상 70톤 미만		15만원
	총톤수 10톤 이상 50톤 미만		10만원
	총톤수 10톤 미만		5만원

〔별표12〕

과태료의 부과기준(제78조 관련)

(2024.1.9 개정)

1. 일반기준

가. 위반행위의 횟수에 따른 과태료의 가중된 부과기준은 최근 1년간 같은 위반행위로 과태료 부과처분을 받은 경우에 적용한다. 이 경우 기간의 계산은 위반행위에 대하여 과태료 부과처분을 받은 날과 그 처분 후 다시 같은 위반행위를 하여 적발된 날을 기준으로 한다.

나. 가목에 따라 가중된 부과처분을 하는 경우 가중처분의 적용 차수는 그 위반행위 전 부과처분 차수(가목에 따른 기간 내에 과태료 부과처분이 둘 이상 있었던 경우에는 높은 차수를 말한다)의 다음 차수로 한다.

다. 부과권자는 다음의 어느 하나에 해당하는 경우에는 제2호의 개별기준에 따른 과태료의 2분의 1 범위에서 그 금액을 줄여 부과할 수 있다. 다만, 과태료를 체납하고 있는 위반행위자에 대해서는 그렇지 않다.
1) 위반행위가 사소한 부주의나 오류로 인한 것으로 인정되는 경우
2) 위반행위자가 법 위반상태를 시정하거나 해소하기 위하여 노력한 사실이 인정되는 경우
3) 그 밖에 위반행위의 정도, 위반행위의 동기와 그 결과 등을 고려하여 과태료 금액을 줄일 필요가 있다고 인정되는 경우

라. 부과권자는 고의 또는 중과실이 없는 위반행위자가 「소상공인기본법」 제2조에 따른 소상공인에 해당하고, 과태료를 체납하고 있지 않은 경우에는 다음의 사항을 고려하여 제2호의 개별기준에 따른 과태료의 100분의 70 범위에서 그 금액을 줄여 부과할 수 있다. 다만, 다목에 따른 감경과 중복하여 적용하지 않는다.
1) 위반행위자의 현실적인 부담능력
2) 경제위기 등으로 위반행위자가 속한 시장·산업 여건이 현저하게 변동되거나 지속적으로 악화된 상태인지 여부

마. 부과권자는 다음의 어느 하나에 해당하는 경우에는 제2호의 개별기준에 따른 과태료의 2분의 1 범위에서 그 금액을 늘려 부과할 수 있다. 다만, 늘려 부과하는 경우에도 법 제112조제1항·제3항 및 제4항에 따른 과태료 금액의 상한을 넘을 수 없다.
1) 위반행위가 고의나 중대한 과실로 인한 것으로 인정되는 경우
2) 법 위반상태의 기간이 6개월 이상인 경우
3) 그 밖에 위반행위의 정도, 위반행위의 동기와 그 결과 등을 고려하여 과태료 금액을 늘릴 필요가 있다고 인정되는 경우

2. 개별기준

위반행위	근거 법조문	과태료(단위 : 만원)		
		1차 위반	2차 위반	3차 이상 위반
가. 법 제20조에 따른 변경신고를 하지 않은 경우	법 제112조 제3항제1호	60	90	120
나. 법 제29조제1항 또는 제2항에 따른 신고를 하지 않고 휴업을 하거나 어업을 경영한 경우	법 제112조 제3항제2호			
1) 신고를 하지 않고 휴업을 하거나 어업을 경영한 기간이 3개월 미만인 경우		60		
2) 신고를 하지 않고 휴업을 하거나 어업을 경영한 기간이 3개월 이상 6개월 미만인 경우		80		
3) 신고를 하지 않고 휴업을 하거나 어업을 경영한 기간이 6개월 이상인 경우		100		
다. 법 제30조제1항(법 제50조제1항에서 준용하는 경우를 포함한다) 또는 제2항을 위반하여 그 어업권을 취득하거나 허가를 받은 날부터 일정기간 이내에 어업을 시작하지 않거나 어업을 시작한 후 1년이 지났으나 계속하여 해당 어장을 휴업 상태로 둔 경우	법 제112조 제1항제1호	150	250	500
라. 어업권자가 법 제36조제3항에 따른 어장관리에 필요한 조치를 위반한 경우	법 제112조 제4항제1호	30	50	70
마. 어업권자가 법 제37조제1항에 따른 어장관리규약에 따르지 않고 어업권을 특정인으로 하여금 행사하게 한 경우와 그 특정인이 어업권을 행사한 경우	법 제112조 제3항제3호	60	90	120
바. 법 제37조제2항에 따른 어장관리규약의 변경 등 시정조치를 위반한 경우	법 제112조 제3항제4호	60	90	120
사. 법 제38조에 따른 어업권의 행사의 제한이나 금지를 위반한 경우와 어업권자가 그 위반행위를 도운 경우	법 제112조 제3항제5호	60	90	120
아. 법 제39조제1항 또는 제4항을 위반하여 입어를 허용하지 않거나 입어의 제한·정지 또는 금지 처분을 위반한 경우	법 제112조 제3항제6호	60	90	120
자. 법 제45조제2항에 따라 승계 받은 날부터 30일(상속의 경우에는 60일로 한다) 이내에 신고를 하지 않거나 90일 이내에 어업허가 어선의 기준 및 어업허가 신청자의 자격을 갖추지 않은 경우	법 제112조 제1항제2호	250	350	500
차. 법 제48조제1항에 따른 신고를 하지 않고 신고어업을 경영한 경우	법 제112조 제3항제7호	60	90	120
카. 신고어업자가 법 제48조제6항에 따른 준수사항을 이행하지 않은 경우	법 제112조 제3항제8호	60	90	120
타. 법 제49조제1항(법 제54조에서 준용하는 경우를 포함한다)에 따른 변경 허가를 받지 않거나 변경신고를 하지 않은 경우. 다만, 「어선법」 제17조에 따른 변경등록 사항은 제외한다.	법 제112조 제3항제9호	70	100	150
파. 법 제49조제2항에 따른 변경신고를 하지 않은 경우. 다만, 「어선법」 제17조에 따른 변경등록 사항은 제외한다.	법 제112조 제4항제2호	30	50	70
하. 법 제49조제3항(법 제54조에서 준용하는 경우를 포함한다)에 따른 폐업신고를 하지 않은 경우	법 제112조 제1항제3호			
1) 법 제40조 및 제43조에 따른 어업허가를 받은 경우		200		
2) 법 제48조에 따른 어업 신고를 한 경우		150		
거. 법 제50조제1항 또는 제54조에서 준용하는 법 제29조제1항 또는 제2항에 따른 신고를 하지 않고 휴업을 하거나 어업을 경영한 경우	법 제112조 제4항제3호			
1) 신고를 하지 않고 휴업을 하거나 어업을 경영한 기간이 3개월 미만인 경우		30		
2) 신고를 하지 않고 휴업을 하거나 어업을 경영한 기간이 3개월 이상 6개월 미만인 경우		40		
3) 신고를 하지 않고 휴업을 하거나 어업을 경영한 기간이 6개월 이상인 경우		50		
너. 법 제62조제1항에 따른 지정을 받지 않고 유어장을 운영한 경우	법 제112조 제1항제4호	150	250	500
더. 법 제65조제1항(같은 조 제4항에서 준용하는 경우를 포함한다)을 위반하여 해양수산부령으로 정하는 기간까지 시설물이나 양식물을 철거하지 않은 경우	법 제112조 제4항제4호	50	70	100
러. 법 제66조를 위반하여 어장에 표지를 설치하지 않았거나 어장 및 어선에 설치한 표지를 이전·손괴·변조 또는 은폐한 경우	법 제112조 제4항제5호	50	70	100
머. 법 제69조제1항에 따른 어업감독 공무원의 질문에 대한 답변을 기피하거나 거짓으로 진술한 경우	법 제112조 제3항제10호	70	100	150
버. 법 제69조제2항에 따른 측량·검사와 장애물의 이전·제거를 거부하거나 방해한 경우	법 제112조 제3항제11호	70	100	150
서. 법 제71조제1항을 위반하여 신고하지 않고 어구생산업 등을 한 경우	법 제112조 제3항제12호	100	150	200
어. 법 제71조제2항을 위반하여 변경신고 또는 폐업신고를 하지 않은 경우	법 제112조 제4항제6호	50	70	100
저. 법 제72조제1항을 위반하여 기록의 작성 또는 보존을 하지 않거나 기록을 거짓으로 기재 또는 훼손·제거한 경우	법 제112조 제4항제7호	50	70	100
처. 법 제73조제1항에 따른 폐쇄명령을 위반하여 어구생산업 등을 계속한 경우	법 제112조 제3항제13호	100	150	200
커. 법 제75조제2항에 따른 자료의 제출 또는 의견의 진술 요청을 거부하거나 방해한 경우	법 제112조 제4항제8호	50	70	100
터. 법 제77조제3항을 위반하여 수면에 설치한 어구의 수거명령에 따르지 않은 경우	법 제112조 제4항제9호	50	70	100
퍼. 법 제81조제2항을 위반하여 어구보증금을 어구보증금관리센터에 이관하지 않은 경우	법 제112조 제2항제1호	100	200	300
허. 법 제81조제4항을 위반하여 어구보증금이 포함된 어구등의 판매에 관한 정보를 제공하지 않거나 어구보증금의 환급문구를 표시하지 않은 경우	법 제112조 제2항제2호	100	200	300
고. 법 제96조제5항에 따른 질문·조사를 거부·방해·기피하거나 거짓 자료를 제출하거나 거짓으로 진술한 경우	법 제112조 제4항제10호	50	70	100
노. 법 제104조제2항에 따른 보고를 하지 않거나 거짓으로 보고한 경우	법 제112조 제4항제11호	30	50	70

〔별도〕 ➡ 「www.hyeonamsa.com」 참조

■ 수산업협동조합법

〔별표〕

통상적인 범위에서 제공할 수 있는 축의·부의금품 등의 금액 범위(제53조의2제3항 관련)

(2015.2.3 개정)

관련 조항	구 분	통상적인 범위	의례적인 선물의 범위
제53조의2제2항 제2호나목	○ 관혼상제 의식에 제공하는 축의·부의금품	○ 5만원 이내	
제53조의2제2항 제2호다목	○ 관혼상제 의식 또는 그 밖의 경조사 참석 하객·조객 등에 대한 음식물 제공	○ 3만원 이내	
	○ 관혼상제 의식 또는 그 밖의 경조사 참석 하객·조객 등에 대한 답례품 제공	○ 1만원 이내	
제53조의2제2항 제2호라목	○ 연말·설 또는 추석에 제공하는 의례적인 선물		○ 3만원 이내

사례별 조문찾기
수수료 등 편람
사건별부호문자
형법죄명별공소시효표
보 유

四靈紋(高麗銅鏡)

사 례 별 조 문 찾 기

<보기> • 알고 싶은 事實關係의 大分類를 먼저 찾고, 다시 小分類項目에 따라 알고 싶은 條文을 찾을 수 있다.
• 法律名略語는 法典條文參照의 경우와 같다.
(이 體裁는 編輯著作權所有 : 著作權登錄 第520號)

-大分類目次-

1 企業관계

企業體의 設立(開設)

중소기업의 창업 : 중소기업창업5 · 7 · 10
합명회사의 설립 : 상법172-175 · 178-194
합자회사의 조직 : 상법172-175 · 268-287
유한책임회사의 설립 : 상법172-175 · 287의2-287의6
주식회사의 설립 : 상법172-175 · 288-293 · 295-328
주식회사의 변태설립 : 상법290 및 같은 조 판례 · 310 · 314
주식회사의 발기설립 : 상법295-300
주식회사의 모집설립 : 상법301-305
주식회사발기인의 책임 : 상법315 · 321-324 · 326 · 327 · 622, 형법355
주권발행과 양도 : 상법335-335의3 · 336 · 355-356의2 · 358의2-360 · 635
주주의 권리 : 상법363의2 · 366 · 368-369 · 396 · 402 · 403 · 448 · 466 · 467
현물출자 : 상법290 · 295② · 296① · 298② · 299① · 299의2 · 308① · 416 · 422 · 423 · 544 · 548-551 · 593
유한회사의 설립 : 상법543 · 544 · 546-552
개인업체의 개시 : 부가세5, 동시행령6 · 7
회사의 임원 : 상법382-383 · 389 · 409 · 561 · 562 · 568
지점 설치의 등기 : 상법181 · 317 · 549
상업등기 : 상법34 · 35 · 37-40, 상업등기법
상호 : 상법18-28
명의대여자의 책임 : 상법24

企業體의 合倂 · 變更 · 資本

기업결합의 제한 : 독점9
회사의 합병 : 상법522-530
회사의 분할 · 분할합병 : 상법530의2-530의7 · 530의9-530의12
유한회사와 주식회사의 합병 : 상법600 · 601
유한회사를 주식회사로 변경 : 상법607
유한회사의 조직변경 : 상법604-608
유한책임회사의 조직변경 : 상법287의43 · 287의44
주식회사를 유한회사로 변경 : 상법604-606
합명회사를 합자회사로 변경 : 상법242 · 243
합자회사를 합명회사로 변경 : 상법286
자본금 감소의 방법 : 상법438 · 439
지주회사 설립 · 전환의 신고 : 독점17
상호출자의 금지 : 독점21
순환출자의 금지 : 독점22

企業의 運營 · 社債

부당한 공동행위의 금지 : 독점40
합명회사사원의 업무집행상의 권리의무 : 상법200 · 201
합명회사사원의 경업금지 : 상법198
합자회사의 업무집행 : 상법273 · 274 · 278 · 287
주주총회의 소집 : 상법362 · 363 · 364-366 · 376 · 380 · 412의3 · 635
이사에 대한 주주제안권 : 상법363의2
주식회사의 업무집행 : 상법393 · 401의2 · 467
주식회사의 지배인 : 상법393 · 411 · 622 · 625 · 627 · 628, 형법43
주식회사의 기관 : 상법361-369 · 371-383 · 385-415의2
집중투표로 이사선임 : 상법382의2
주식회사의 이사회 : 상법390-393의2
주식회사이사회의 결의방법 : 상법391
주식회사이사의 보수 : 상법388
주식회사의 감사 : 상법409-415의2
주식회사감사의 연대책임 : 상법323 · 414
주식회사감사의 보수 : 상법388 · 415
주식회사감사의 책임면제 : 상법400 · 415
유한회사의 기관과 책임 : 상법561-583
유한회사사원의 책임 : 상법550 · 551 · 553 · 593
유한책임회사사원의 책임 : 상법287의7
회사임원등의 배임 · 횡령 : 상법622, 형법355
금융회사 · 보험회사 및 공익법인의 의결권 제한 : 독점25
사채 : 상법469 · 474-476 · 478-504 · 507-516의11, 비송109 · 110 · 112-116

企業과 勞務

상업사용인 : 상법10-17
고용보험사업 : 고용보험법4
근로계약 : 근기15-34 · 36-42, 파견근로자보호20-22
신원보증인의 책임 : 신원보증법6
근로자보증인에의 통지의무 : 신원보증법4
근로자의 형사책임 : 형법268 · 356-359
근로자의 해고 : 근기23-34
근로자의 임금 : 근기43-49
근로자의 위험방지 : 근기76, 산업안전34-57
근로자에 대한 재해보상 : 근기78-92

企業과 特許등

특허요건 및 특허출원 : 특허29 · 30 · 32-38 · 41-47 · 51-56
특허료 및 특허등록 등 : 특허79-86
실용신안등록요건 및 실용신안등록출원 : 실용신안4 · 6-11
디자인등록요건 및 디자인등록출원 : 디자인보호33-57
상표등록요건 및 상표등록출원 : 상표33-49

去來(營業) · 獨占 · 公正去來 · 時效

물품등으로 인한 위해방지 : 소비자기본법8
광고의 기준 : 소비자기본법11
부당(불공정)한 거래 : 소비자기본법12, 물가안정2의2 · 7 · 9 · 26, 독점40-50
매매 : 민법563-595
매도인의 하자담보책임 : 민법580
매매의 일방예약 : 민법564
변제의 장소 : 민법467
물품대금지급장소 : 민법586
매매계약의 해약금 : 민법565 및 같은 조 판례
계약의 성립 : 민법527-535
계약의 효력 : 민법536-542
계약의 해지 · 해제 : 민법543-553 · 565
정기행위와 해제 : 민법545
계약의 취소 : 민법109 · 110 및 같은 조 판례
내용증명우편 : 우편법시행규칙46-55 · 57-59 (따로 법적 효력이 발생하는 것이 아니다. 다만, 반박의 내용증명을 보내지 않으면 그것이 증거자료가 되는 경우가 있다)
대리상 : 상법87-92의3(속칭 "대리점", "특약점"과 다르다)
중개업 : 상법93-100
위탁매매업 : 상법101-113
시장지배적지위의 남용금지 : 독점4-8
불공정거래행위의 금지 : 독점45-50
상사시효 : 민법163 · 164, 상법64

2 어음·수표

3 職場·勞動관계

근로자의 고충처리 : 근로자참여26-28
쟁의행위의 기본원칙 : 노노37
쟁의행위의 제한과 금지 : 노노41

4 生活用品賣買 · 金錢去來

生活用品의 賣買

소비자단체 : 소비자기본법2 · 28-32
소비자의 권리와 보호 : 소비자기본법4 · 5, 방문판매35-42
거래와 약관 : 약관의규제에관한법률
한국소비자원의 피해구제 : 소비자기본법55-59
소비자분쟁의 조정 등 : 소비자기본법60-69
소비자단체소송 : 소비자기본법70-76
사들인 물품에 흠이 있을 때 : 민법543 · 553 · 574 · 580
사들인 상품이 광고내용과 다를 경우 : 소비자기본법11, 형법347 · 348, 민법110
물품의 강매행위 : 형법350, 민법110
대리권 없는 사람과의 매매계약 : 민법5 · 130
매매계약해제 : 민법543-549 · 551-553
자동차의 매매 : 자동차관리법2 · 12
주문한 물품이 아닌 때 : 민법551 · 580 · 581
물품의 수량부족 : 민법574
파손된 상품을 받았을 때 : 민법574 · 580
가격표시와 매석 : 물가안정3 · 7 · 26 · 29
안전인증표시등 · 안전확인표시등 · 공급자적합성확인표시등 · 어린이보호포장표시가 잘못된 상품 : 전기용품및생활용품안전관리법9 · 18 · 25 · 33, 민법109 · 580 · 581
물품보증서와 물품의 하자 : 민법580, 형법347 · 348
개점축하화환이 익일에 배달된 경우 : 민법545 · 551
매수를 약속한 물품이 소실된 경우 : 민법537 · 538 · 546
매수한 물품의 배달책임 : 민법467
계약금을 준 후의 매매취소 : 민법565
할부판매 : 할부거래에관한법률
부정계량 : 계량에관한법률14 · 37 · 71, 소비자기본법9
물품대등 채무시효 : 민법163 · 164

金錢貸借(去來)

금전대차와 변제 : 민법376-378 · 598
대물변제 : 민법466
이자 : 민법379 · 600, 상법54
연체이자(손배) : 민법387 · 393 · 395
대금과 공증 : 민소356, 공증57
어음에 의한 대금 : 국제사법51-58
처가 부의 인감을 사용한 차금 : 민법125 · 126 · 129 · 130
물품대금을 차용금으로 변경 : 민법606
미성년자에게 빌려준 돈 : 민법5 · 139-141 · 143
도박자금으로 빌려준 돈 : 민법103, 형법246-249
저당잡은 물건이 세금으로 압류당한 경우 : 국세35
유질계약의 금지 : 민법339
질물 이외의 재산으로부터의 변제 : 민법340
소멸시효 : 민법162-184, 상법64

保證 · 擔保

보증인 : 민법428-448, 상법57
공동보증인간의 구상권 : 민법448
동산담보 : 민법329-344
권리담보 : 민법345-355, 상법338(주식의 담보제공)
부동산담보 : 민법356-372, 부등72 · 75 · 78
가등기담보 : 부등88, 가등기담보
양도담보 : 채무자회생파산410, 민집48, 가등기담보1 · 2
매도담보 : 민법590-595

預(貯)金

예금자보호 : 예금자보호법1 · 2
은행원에게 맡긴 돈이 예금 안 된 경우 : 상법16 · 17
예금의 비밀보장 : 금융실명4
습득한 통장으로 예금을 인출한 경우 : 민법470

株式 · 債券

주식 : 상법329-333 · 335-343 · 344-356의2 · 358의2-360의5 · 360의7-360의26
주식의 양도 : 상법336 · 337
사장등의 부정추궁 : 상법402
사채 : 상법469 · 474-476 · 478-504 · 507-516의11, 담보부사채1 · 17 · 61 · 71
국채 : 국채법
재정증권 : 국고금관리법33 · 44
투자신탁 : 자본시장금융투자업188-193
증권을 분실한 경우 : 상법65 · 360, 민법521

保險

보험계약의 성립 : 상법638의2
보험약관의 교부 · 설명의 의무 : 상법638의3
보험계약의 부활 : 상법650의2
보험금액의 지급 : 상법658
특별비용의 보상 : 상법694의3
자동차보험 : 상법726의2-726의4
단체보험 : 상법735의3
서면에 의한 질문의 효력 : 상법651의2
생명보험 : 상법730-734 · 735의3 · 736
상해보험 : 상법737-739
화재보험 : 상법683-687, 화재로인한재해보상과보험가입에관한법률2 · 4-5
방화로 인한 경우 : 상법659
소방 등의 조치로 인한 손해의 보상 : 상법684
해상보험 : 상법693-704 · 706 · 707의2-718
책임보험 : 상법719-726, 자동차손해배상2 · 5 · 14의2 · 24-29의2
무역보험 : 무역보험법1 · 3
보험설계사의 의무등 : 보험업법83-95의2 · 95의5-101의2
보험금수취인의 변경 : 상법733 · 734

5 不動産賣買 · 賃貸借

표준지공시지가의 조사 · 평가
부동산가격공시에관한법률3

所有名義人의 確認

소유권 : 민법186 · 187 · 215 · 245-261, 부등64-68, 공간정보구축관리71 · 76의3, 지방세106, 집합건물1-3 · 10-13
타인의 권리의 매매 : 민법569
상속인 없는 지분 : 민법267
구분지상권등기 : 도시철도법등에의한구분지상권등기규칙
등기명의인과 실제의 소유자가 다른 경우 : 민법108 및 같은 조 판례
공동소유 : 민법262-278
신탁재산 : 신탁법22-30, 부등81-87의3
종중(문중)재산 : 민법275, 부등26
소유자가 부재중인 경우 : 민법125 · 126 · 129, 인감증명법시13①②⑥

所有權이외의 權利有無의 確認

매도인의 담보책임 : 민법570-582
지상권 : 부등69, 민법279-290 · 305 · 366 · 575-578
지역권 : 부등70 · 71, 민법291-302 · 575-578
전세권 : 부등72, 민법303-319 · 575-578, 주택임대차3
저당권 : 부등75, 민법356-372
압류등기 : 부등96 · 97
가등기 : 부등88-93
말소 안 된 소유권 이외의 등기말소 : 부동산등기특별조치법1 · 2

賣買契約과 解約(物件의 瑕疵)

계약의 성립시기 : 민법531-533
토지거래허가구역 등 : 부동산거래신고등에관한법률10-23
계약의 해제 : 민법543-549 · 551-553 · 565
법인과의 계약 : 민법31 · 34 · 58-60의2
무능력자와의 계약 : 민법5-17, 인감증명법3 · 7
해약금 : 민법565
비용(중개보수등) : 민법566, 공인중개사법22 · 32, 서울특별시주택중개보수등에관한조례, 인지세법1①
손해배상책임의 보장 : 공인중개사법30
목적물인수 전에 멸실한 경우 : 민법580 · 584
위반건축물의 매매 : 건축79, 민법575 · 580 · 584
면적부족의 경우 : 민법574 · 584
매도인의 계약불이행 : 민법548 · 565

賃貸借

주택(상가건물)임차권의 대항력등 : 주택임대차3 · 10, 민법622, 상건보3
주택(상가건물)임대차기간 : 주택임대차4, 상건보9
보증금의 회수 : 주택임대차3의2, 상건보5
농지임대차 : 농지23-27

登記節次

등기신청인 : 부등23
등기한 권리의 순위 : 부등4 · 5 · 91
매수인이 이전등기를 기피할 경우 : 부등23
등기필정보가 없는 경우 : 부등51
매매예약의 경우 : 부등88
환매특약의 등기 : 민법590-595, 부등53

賣買와 稅金

등록면허세 : 지방세23-39
취득세 : 지방세6-20 · 21-22의4
양도소득세 : 소득4 · 88-108 · 110-112 · 114-118의8

6 建築과 이웃관계

垈地

대지 안의 피난 및 소화용 도로 설치 : 건축시41
용도지역 : 국토이용2 · 6-8 · 36, 동시행령30-34, 건축54
농지를 대지로 할 경우 : 농지34-43 · 57-59, 국토이용6 · 140-142

건축등 행위제한 : 국토이용76-84, 동시행령71 · 72 · 74-76 · 78-84의2 · 85-89 · 93-94
개발계획의 수립 및 변경 : 도시개발법4
재해위험지역 : 건축40 · 41

建築物등의 工事와 이웃관계

건축선 : 건축46 · 47, 민법242
경계담의 설치비용 : 민법237-239
수지, 목근의 제거권 : 민법240
건축물의 구조 : 건축48-51, 건축물의구조기준등에관한규칙
건축물의 건축 : 건축10-34
건축물의 유지 · 관리 : 건축37-39
건폐율 : 건축55
용적률 : 건축56
건축물의 높이 : 건축60, 동시행령82
경계선부근의 건축 : 민법242
일조 등의 확보를 위한 건축물의 높이 제한 : 건축61
차면시설의무 : 민법243
토지의 심굴금지 : 민법241
지하시설 등의 제한 : 민법244
건축주 등의 의무 : 건축75
건축공사 : 건축24-25의2
공사수급인의 담보책임 : 민법667-672
인지사용청구권 : 민법216
주위토지통행권 : 민법219
대지와 도로 : 건축44
사도의 개설 : 사도법4 · 16
수도 등 시설권 : 민법218
자연유수의 소통등 : 민법221-223
처마물에 대한 시설의무 : 민법225

工事中의 事故

낙하물등에 의한 사고 : 민법756-758, 건축48
토지심굴등에 의한 사고 : 민법241 · 756 · 757

7 環境관계

環境

환경등의 뜻 : 헌법35, 환경정책3
환경기준 : 환경정책12-13

排出

배출허용기준 : 소음 · 진동관리법7 · 12② · 14, 물환경보전법32, 대기환경16
배출시설과 허가 : 소음 · 진동관리법2 · 8-10 · 17-19 · 58, 물환경보전법33, 대기환경23 · 24

大氣와 自然의 保全

오염물질의 규제 : 대기환경41-45의3
제작차배출가스 허용기준 : 대기환경46
운행차배출가스 허용기준 : 대기환경57
연료의 제조 · 사용 등의 규제 : 대기환경42 · 85 · 92 · 95
비산먼지의 규제 : 대기환경43
사업장 악취의 규제 : 악취방지법6-14 · 26-30
생활악취의 방지 : 악취방지법16-16의7
오물(폐물)을 버리는 행위의 금지 : 자연공원법27 · 86, 항만법28, 경범3①(11)
악취를 나게 하는 행위 : 자연공원법27 · 86
공중위생관리 : 공중위생관리법4 · 20-22

騷音과 振動

소음 · 진동 등의 뜻 : 소음 · 진동관리법2
공장소음 · 진동의 관리 : 소음 · 진동관리법7-12 · 14-20 · 56-60
건설소음 · 진동의 관리 : 소음 · 진동관리법21-24 · 51 · 57-60
교통소음 · 진동의 관리 : 소음 · 진동관리법26-38 · 51 · 56-60
생활소음 · 진동의 관리 : 소음 · 진동관리법21-25 · 51 · 57-60
항공기소음 · 진동의 관리 : 소음 · 진동관리법39
음주소란 · 인근소란 등 : 경범3①(20 · 21)

水質 · 土壤의 保全

폐수의 배출규제 : 물환경보전법32-47 · 75 · 81
공공폐수처리시설 : 물환경보전법48-51
공공수역의 수질보전 : 물환경보전법18-19의2 · 59
특정호소의 수질보전 : 물환경보전법19의3 · 28 · 30-31의3
토양오염방지 : 물환경보전법58, 토양환경보전법
농약의 안전사용 등 : 농약관리법23
수산자원보호를 위한 수질보전 : 수산29, 수산자원관리법시19

調整 및 救濟

분쟁조정 : 환경정책42, 환경분쟁조정법16-45
가해자등의 책임 : 민법750-760, 환경정책44
신체 등 피해에 대한 배상 : 민법750-752, 환경정책43
수질오염에 따른 배상 : 수산89

8 事故와 損害賠償

交通事故

가해자의 민사상의 책임 : 민법750-766, 국가배상2, 자동차손해배상3 및 같은 조 판례
가해자의 형사상의 책임 : 형법266-268, 도로교통148-161의3, 교통사고처리특례법3-5
가해자의 행정상의 책임 : 도로교통93
사고발생 시의 조치 : 도로교통54
뺑소니차사고에 대한 보상 : 자동차손해배상30
차를 빌려준 사람의 책임 : 자동차손해배상2 · 3
미성년자에 의한 사고와 배상 : 민법753 · 755 · 756
업무상 사고에 의한 재해 : 산업재해37
사망 · 신체 등에 대한 배상 : 민법750 · 752
배상책임의 면제 : 자동차손해배상3 및 같은 조 판례
사고에 대한 화해 : 민법173 · 731-733

失火事故

가옥임대인의 과실로 인한 실화 : 민법396
피용자의 실화 : 민법756
여관 등에 맡겨둔 물건의 멸실 또는 훼손 : 상법152-154
배상의무자의 배상액 경감 : 실화책임에관한법률

醫療事故

응급의료의 거부(방해)금지 : 응급의료에관한법률6 · 12
응급환자에 대한 우선 응급의료 : 응급의료에관한법률8
진료거부 금지 : 의료법15
무면허 의료행위 등 금지 : 의료법27

食品 · 商品등의 事故

유독 · 부패 등 식품의 판매 : 식품위생4-6 · 93 · 94 · 100, 민법390 · 750
유독용기 등의 판매 : 식품위생8 · 9 · 94 · 100, 민법390 · 750
식품위생관리인 부재로 인한 사고 : 식품위생32 · 33 · 51 · 52 · 96 · 97, 민법390 · 750
세탁소의 과실사고 : 민법664 · 750

어린이 事故

뚜껑 없는 맨홀에 빠진 사고 : 헌법29, 국가배상2, 민법752 · 758
공지에 버려둔 냉장고에 어린이가 갇힌 사고 : 민법396 · 758 · 763
야구놀이로 창문이 파손된 사고 : 민법750 · 753 · 755
어린이 싸움으로 인한 사고 : 민법753 · 755
교정시설에서 떨어진 사고 : 헌법29, 민법758, 국가배상2
수영 중 사고 : 민법396 · 750 · 756 · 758 · 763, 국가배상2
유도부 지도교사의 과실사고 : 헌법29, 국가배상2, 민법396 · 756 · 758 · 763

建築工事中의 事故→ 6 「건축과 이웃관계」 참조

家畜등에 의한 事故

개에 물린 사고 : 민법759, 경범3①(25 · 26)

名譽毀損 · 精神上苦痛

명예훼손과 배상 : 형법307-312, 민법751
프라이버시침해 : 경범3①(1), 민법243, 형법316-318

9 家族관계

約婚

약혼의 자유 : 민법800
양성의 평등 : 헌법36
성년 : 민법4
약혼연령 : 민법801
동의를 요하는 약혼 : 민법801 · 802
약혼의 강제이행금지 : 민법803
약혼해제의 사유 : 민법804
약혼의 해제의 방법 : 민법805
약혼의 해제와 손해배상청구 : 민법806, 가소2①
중혼적 사실혼관계의 파기와 위자료 : 민법103 · 806 및 같은 조 판례

結婚

혼인적령 : 민법807 · 817
미성년자의 혼인 : 민법808① · 826의2
외국인과 결혼할 경우 : 국제사법36
동의를 요하는 혼인 : 민법808 · 819
중혼의 금지 : 민법810 · 818
혼인의 성립시기 : 민법812 · 814, 가족관계등록37 · 38
혼인의 무효 : 민법815, 가소2①
혼인의 취소 : 민법816-820 · 822-824, 가소2①
혼인취소와 손해배상 : 민법825, 가소2①

夫婦

부부동거(협조)의무 : 민법826

10 文化 · 言論 · 集會등

11 社會福祉 · 國民健康保險 · 年金

12 行政民願 및 規制관계

13 民事訴訟관계

14 刑事告訴관계

수수료 등 편람

- ■ 민사소송등인지액
- ■ 가사소송수수료
- ■ 등기사항증명서 등 수수료
- ■ 부동산등기 신청수수료
- ■ 상업등기 신청수수료
- ■ 선박등기등의 신청수수료
- ■ 재판기록의 열람·복사와 재판서등의 정본·등초본 청구수수료
- ■ 가족관계등록부수수료
- ■ 주민등록수수료
- ■ 집행관수수료
- ■ 공증인수수료
- ■ 법무사보수표
- ■ 인지세액
- ■ 등록면허세액
- ■ 특허·실용신안·디자인·상표관계수수료

■ 민사소송등인지액

(2023. 4. 18 법률 제19353호 민사소송 등 인지법에 의함)

종 별		금 액	비 고
소장 / 제1심	재산권상의 청구에 관한 소송의 소장(반소장 및 대법원에 제출하는 소장 제외)	• 소송목적의 값이 1천만원 미만인 경우 : 그 값에 1만분의 50을 곱한 금액 • 소송목적의 값이 1천만원 이상 1억원 미만인 경우 : 그 값에 1만분의 45를 곱한 금액에 5천원을 더한 금액 • 소송목적의 값이 1억원 이상 10억원 미만인 경우 : 그 값에 1만분의 40을 곱한 금액에 5만5천원을 더한 금액 • 소송목적의 값이 10억원 이상인 경우 : 그 값에 1만분의 35를 곱한 금액에 55만5천원을 더한 금액	• 소송목적의 값은 「민사소송법」 제26조제1항 및 제27조에 따라 산정(민사소송 등 인지법 참조) • 인지액이 1천원 미만이면 그 인지액은 1천원으로 하고, 1천원 이상이면 100원 미만은 계산하지 아니한다.
소장 / 제1심	재산권에 관한 소로서 그 소송목적의 값을 계산할 수 없는 것과 비재산권을 목적으로 하는 소송의 소장	대법원규칙으로 정함	1개의 소로서 비재산권을 목적으로 하는 소송과 그 소송의 원인이 된 사실로부터 발생하는 재산권에 관한 소송을 병합한 경우 : 액수가 많은 소송목적의 값에 따라 인지를 붙인다.
소장 / 상급심	항소장	법 제2조에 따른 금액의 1.5배	
소장 / 상급심	상고장	법 제2조에 따른 금액의 2배	대법원에 제출하는 소장 포함
소장	반소장	• 제1심에 제출하는 반소장 : 법 제2조에 따른 금액 • 항소심에 제출하는 반소장 : 법 제2조에 따른 금액의 1.5배	
소장	반소의 특례(본소와 반소의 목적이 동일소송물인 때)	• 제1심의 경우 : 제1항 전단에 따른 금액에서 본소의 소송목적의 값에 대한 제2조에 따른 금액을 뺀 금액 • 항소심의 경우 : 제1항 후단에 따른 금액에서 본소의 소송목적의 값에 대한 제2조에 따른 금액의 1.5배를 뺀 금액	소를 제기할 법원의 심급에 의함
소장	재심의 소장	일반의 소장, 항소장, 상고장, 반소장의 경우와 같다.	
소장	화해, 포기, 인낙(認諾)조서에 대한 준재심	위와 같다.	화해성립시에는 법 제2조에 따른 금액의 5분의 1의 금액
신청	청구변경신청서	• 제1심의 경우 : 변경 후의 청구에 관한 법 제2조에 따른 금액에서 변경 전의 청구에 관한 인지액을 뺀 금액 • 항소심의 경우 : 변경 후의 청구에 관한 법 제2조에 따른 금액의 1.5배에서 변경 전의 청구에 관한 인지액을 뺀 금액	
신청	당사자참가신청서(「민사소송법」 제79조 또는 제83조)	• 제1심 : 법 제2조에 따른 금액 • 항소심 : 법 제2조에 따른 금액의 1.5배	승계인의 참가신청에 대하여 피신청인이 신청인의 승계주장사실을 다투는 경우에도 같다.
신청	화해신청서	법 제2조에 따른 금액의 5분의 1	소가 제기된 것으로 보는 경우에는 소를 제기할 때 소장에 붙여야 할 인지액에서 해당 신청서에 붙인 인지액을 뺀 금액에 해당하는 인지를 보정하여야 함
신청	지급명령신청서	법 제2조에 따른 금액의 10분의 1	
신청	1. 채권자가 하는 파산의 신청 2. 회생절차 또는 간이회생절차 개시의 신청 3. 개인회생절차 개시의 신청 4. 그 밖에 위 1.~3.에 준하는 신청으로서 대법원규칙으로 정하는 신청	3만원	이 신청에 관한 재판(항고법원의 재판 포함)에 대한 항고장 및 상소장에는 해당 신청서에 붙인 인지액의 2배에 해당하는 인지첨부 • 이외의 항고장에는 2천원의 인지를 첨부
신청	「민사집행법」에 따른 가압류·가처분의 신청이나 가압류·가처분 결정에 대한 이의 또는 취소의 신청	1만원	다만, 임시의 지위를 정하기 위한 가처분의 신청 및 그에 대한 이의 또는 취소의 신청은 그 본안의 소에 따른 인지액의 2분의 1에 해당하는 인지첨부(이 경우 인지액의 상한은 50만원)
신청	1. 부동산의 강제경매의 신청, 담보권 실행을 위한 경매의 신청, 그 밖에 법원에 의한 경매의 신청 2. 강제관리의 신청이나 강제관리 방법으로 하는 가압류 집행의 신청 3. 그 밖에 1, 2에 준하는 신청으로서 대법원규칙으로 정하는 신청	5천원	
신청	1. 채권의 압류명령의 신청, 그 밖에 법원에 의한 강제집행의 신청 2. 「행정소송법」에 따른 집행정지의 신청 3. 「부동산등기법」 제90조제1항에 따른 가처분명령의 신청, 그 밖에 등기 또는 등록에 관한 법령에 따른 가등기 또는 가등록의 가처분명령의 신청 4. 즉시항고로 불복을 신청할 수 있는 결정 또는 명령이 확정된 경우에 하는 준재심의 신청 5. 그 밖에 위 1.~4.의 신청에 준하는 신청으로서 대법원규칙으로 정하는 신청	2천원	이 신청에 관한 재판(항고법원의 재판 포함)에 대한 항고장 및 상소장에는 해당 신청서에 붙인 인지액의 2배에 해당하는 인지첨부 • 이외의 항고장에는 2천원의 인지를 첨부
신청	1. 「민사소송법」 제475조(공시최고의 적용범위)에 따른 공시최고의 신청 2. 「비송사건절차법」에 따라 재판을 구하는 신청 3. 재산명시신청이나 채무불이행자명부 등재신청 또는 그 말소신청 4. 그 밖에 대법원규칙으로 정하는 각종 사건부에 등재할 신청	1천원	
신청	그 밖의 신청서	500원	다만, 답변서, 증거신청서, 법원의 직권 발동을 촉구하는 의미의 신청서 및 대법원규칙으로 정하는 신청서에는 인지를 붙이지 않음

※ 이 법에 따른 인지를 붙이지 아니하거나 인지액에 해당하는 금액을 납부하지 않았을 경우 법원은 신청인에게 보정(補正)을 명할 수 있으며, 법 제2조의 소장, 법 제6조제1항의 참가신청서 또는 법 제8조의 재심소장·준재심소장에 붙이거나 납부한 인지액이 다음 각 호의 금액에 미달하는 경우 법원은 그 소장, 참가신청서, 재심소장 또는 준재심소장의 접수를 보류할 수 있다.
1. 소송목적의 값이 3천만원 이하인 경우에는 1천원
2. 소송목적의 값이 3천만원 초과 5억원 이하인 경우에는 1만원
3. 소송목적의 값이 5억원을 초과하는 경우에는 5만원

■ 가사소송수수료

(2016. 2. 19 대법원규칙 제2639호 가사소송수수료규칙에 의함)

종 별	금 액	비 고
가사소송절차(「가사소송법」 제2조 가·나·다류)	• 가류 및 나류 사건의 소의 제기 1건 : 20,000원 • 다류의 소제기 : 「민사소송 등 인지법」 제2조에 따라 계산한 금액의 2분의 1	• 항소제기 : 사건 종류에 따라 1.5배액 • 상고제기 : 2배액 • 제1심 반소제기 : 가류 및 나류는 1건당 20,000원, 다류는 「민사소송 등 인지법」 제2조의 규정액 • 항소심 반소제기 : 그 1.5배액
가사비송절차(「가사소송법」 제2조 라·마류)	• 라류 가사비송사건의 심판 청구 1건 : 5,000원 • 마류 가사비송사건의 심판 청구 1건 - 법 제2조제1항제2호나목4) 사건 : 「민사소송 등 인지법」 제2조를 준용하여 계산한 금액의 2분의 1 - 법 제2조제1항제2호나목10) 사건 : 해당 심판 청구를 공유물분할청구의 소로 보아 「민사소송 등 인지법」 제2조를 준용하여 계산한 금액 - 그 외의 사건 : 10,000원	• 항고 및 재항고제기 : 법 제2조제1항제2호나목4)·10) 사건은 심판청구액의 1.5배액, 그 외의 사건은 사건 종류에 따라 배액 • 반대청구 : 심판청구액과 동일(단, 본래의 청구와 목적이 동일한 경우 수수료를 요하지 않음) • 준재심청구 : 심판청구액과 동일
그 밖의 신청	이 규칙에 규정된 것을 제외하고, 가사소송절차, 가사비송절차, 가사조정절차 및 가사신청절차에서 그 밖의 신청수수료의 범위와 액은 대법원예규로 정함	
병합청구	수개의 청구 중 다액인 수수료	다류 가사소송청구와 법 제2조제1항제2호나목4)의 가사비송청구를 병합하는 경우에는 다류 가사소송사건의 소의 제기의 수수료에 따른다.
조정절차	• 가사조정신청 : 5,000원 • 민사사건의 청구를 병합한 조정신청 : 「민사조정법」 제5조제4항에 따른 수수료와 5,000원 중 다액 • 기타 신청 : 대법원 예규로 정함	
전자소송	「민사소송 등에서의 전자문서 이용 등에 관한 법률」 제8조에 따라 등록사용자로서 전산정보처리시스템을 이용한 민사소송 등의 진행에 동의한 자가 전자문서로 제출하는 소장, 항소장, 상고장, 반소장 및 재심소장에는 가사소송절차 수수료의 10분의 9에 해당하는 수수료 납부	가사비송절차, 병합청구 및 조정절차의 경우에 준용함

■ 등기사항증명서 등 수수료

(2019. 1. 9 대법원규칙 제2823호 등기사항증명서 등 수수료규칙에 의함)

종 별	금 액	비 고
「부동산등기법」, 「상업등기법」, 「비송사건절차법」 및 그 밖의 법령에 따른 등기사항증명서의 교부	1통에 대하여 20장까지는 1,200원	1통이 20장을 초과하는 때에는 초과 1장마다 50원의 수수료 납부. 다만, 수수료 중 100원 미만의 단수가 있을 때에는 그 단수는 계산하지 아니한다.
무인발급기에 의한 등기사항증명서의 교부	1통에 대하여 1,000원	
인터넷에 의한 등기사항증명서의 교부	1통에 대하여 1,000원	
등기기록이나 신청서 기타 부속서류의 열람	1등기기록 또는 1사건에 1,200원	열람 후 출력한 서면 또는 복사물 교부시에는 20장 초과시 초과 1장마다 50원 수수료. 다만, 수수료 중 100원 미만의 단수가 있을 때에는 그 단수는 계산하지 아니한다.
인터넷을 통한 등기기록의 열람	1등기기록에 700원	
인감증명서	1통에 1,200원	무인발급기에 의한 인감증명서 교부 1통에 1,000원, 인터넷을 이용하여 인감증명서 발급을 신청한 경우 1통에 1,100원

■ 부동산등기 신청수수료

(2017. 5. 25 대법원규칙 제2743호 등기사항증명서 등 수수료규칙에 의함)

등기의 목적	수수료	비 고
1. 소유권보존등기	매 부동산마다 15,000원	• 전산정보처리조직을 이용하여 신청 : 매 부동산마다 10,000원 • 전자표준양식에 의하여 신청 : 매 부동산마다 13,000원
2. 소유권이전등기		
3. 제한물권 또는 임차권의 설정 및 이전등기		
4. 가등기 및 가등기의 이전등기		
5. 환매특약의 등기 및 환매권의 이전등기		
6. 위 1.~5. 외의 부동산등기의 신청수수료 및 「한국주택금융공사법」 제28조의 규정에 의하여 취득한 저당권에 대하여 한국주택금융공사를 등기권리자로 하는 저당권이전등기	매 부동산마다 3,000원	• 전자신청 : 매 부동산마다 1,000원 • 전자표준양식에 의하여 신청 : 매 부동산마다 2,000원
7. 예고등기의 말소등기, 멸실회복등기, 회생·파산·개인회생·국제도산에 관하여 법원의 촉탁으로 인한 등기, 부동산표시의 변경 및 경정등기, 부동산에 관한 분할·구분·합병 및 멸실등기(대지권에 관한 등기 제외), 행정구역의 변경·지번의 변경·주민등록번호(또는 부동산등기용등록번호)의 정정을 원인으로 한 등기명의인표시변경 또는 경정등기, 등기관의 과오로 인한 등기의 착오 또는 유루를 원인으로 하는 경정등기, 「공유토지분할에 관한 특례법」에 의한 등기, 신탁등기 및 신탁등기의 말소등기	수수료 없음	
8. 등기전산정보자료 사용료	1건 : 1만원	대상 등기기록이 20개 초과시 매 1개마다 20원 가산

■ 상업등기 신청수수료

(2014. 10. 2 대법원규칙 제2560호 등기사항증명서 등 수수료규칙에 의함)

종 별	수수료 금액	비 고
1. 회사 또는 합자조합의 설립에 따른 등기	매 건마다 30,000원(합병·분할·분할합병·조직변경으로 인한 설립등기와 외국회사의 영업소설치등기 포함)	• 전자신청 : 매 건마다 20,000원 • 전자표준양식에 의하여 신청 : 매 건마다 25,000원
2. 본점이전등기	매 건마다 30,000원[다른 등기소 관할구역 이전의 경우에 신소재지에서 하는 본점이전등기(합자조합의 주된 영업소 및 외국회사영업소 포함)]	
3. 위 1.·2.의 경우를 제외한 상업등기	매 등기의 목적마다 6,000원	• 전자신청 : 매 등기의 목적마다 2,000원 • 전자표준양식에 의하여 신청 : 매 등기의 목적마다 4,000원
4. 법원의 촉탁에 의한 등기, 멸실회복등기, 행정구역·지번의 변경, 주민등록번호(부동산등기용등록번호)의 정정, 등기관의 과오로 인한 등기착오 또는 유루를 원인으로 하는 경정 및 변경등기	수수료 없음	

■ 선박등기등의 신청수수료

(2012. 5. 29 대법원규칙 제2416호 등기사항증명서 등 수수료규칙에 의함)

종 별	수수료 금액	비 고
1. 선박등기, 입목등기, 공장재단등기, 광업재단등기, 동산·채권 담보등기	15,000원	부동산등기 신청수수료를 준용
2. 민법법인등기, 특수법인등기, 외국법인등기, 유한책임신탁등기	30,000원	상업등기 신청수수료를 준용(전자신청 또는 전자표준양식에 의하여 신청하는 경우에도 상업등기신청수수료를 준용)
3. 부부재산약정등기	매 건 : 2,000원	

■ 재판기록의 열람·복사와 재판서등의 정본·등초본 청구수수료

(2018.12.4 대법원규칙 제2810호 재판기록 열람·복사 규칙에 의함)

종 별	금 액	비 고
재판기록의 열람·복사	1건마다 500원 (사건의 계속 중 당사자, 법정대리인, 소송대리인, 변호인, 보조인은 무료)	"재판"이라 함은 「민사소송법」, 「민사집행법」, 「민사조정법」, 「형사소송법」, 「가사소송법」, 「행정소송법」, 「비송사건절차법」 및 그 밖의 다른 법령에 의한 법원의 재판을 말함. 다만, 전자소송홈페이지를 통해 증명서를 자동발급하는 경우에는 무료
재판서·조서의 정본·등본·초본의 교부	1건마다 1,000원	
사건에 관한 증명서의 교부	1건마다 500원	
집행문 부여	1통마다 500원	
「민사소송법」 제162조제2항에 따라 확정된 소송기록의 열람을 신청할 경우	1건마다 1,000원	
「형사소송법」 제59조의3에 따라 법원에서 형사 판결서 등의 열람 및 복사를 신청할 경우	종이로 된 복사물 1장마다 50원	법원 인터넷 홈페이지를 통하여 열람 및 출력하는 경우 1건마다 1,000원
특수매체기록 열람·복사 수수료	① 원본의 열람·시청 • 사진(필름열람 : 1장 200원. 1장 초과시마다 50원) • 슬라이드(시청 : 1컷마다 200원) • 영화필름(시청) - 1편이 1캔 이상으로 이루어진 경우 : 1캔(60분 기준)마다 3,500원 - 여러 편이 1캔으로 이루어진 경우 : 1편(30분 기준)마다 2,000원 • 마이크로필름(열람) - 1건(10컷 기준) 1회 : 500원. 10컷 초과시 1컷마다 100원 • 오디오(청취 : 1개마다 500원) • 비디오(시청 : 1개마다 500원) ② 원본의 사본·복제물·인화물 • 사진 - 필름인화 : 1컷마다 500원. 1장 초과시 3"×5" : 200원, 5"×7" : 300원, 8"×10" : 400원 - 필름복제 : 1컷마다 6,000원 • 슬라이드(복제 : 1컷마다 3,000원) • 마이크로필름 - 사본(출력물 1매 기준) : A3 이상 300원. 1매 초과마다 200원, B4 이하 250원. 1매 초과마다 150원 - 복제 : 1롤마다 1,000원 • 오디오·비디오(복제 : 1개마다 500원)	① 전자파일의 열람·시청 • 사진 - 1건(10장 기준) 1회 : 200원. 10장 초과시 10장마다 100원 • 오디오·비디오 - 1건(700MB 기준) : 500원. 700MB 초과시 350MB마다 300원 • 문서, 도면 등이 담겨 있는 전자파일 - 1건(10장 기준) 1회 : 200원. 10장 초과시 10장마다 100원 • 속기록·녹취서 전자파일 - 1건(700MB 기준) : 500원. 700MB 초과시 350MB마다 300원 ② 전자파일의 사본·복제물 • 사진 - 사본(종이출력물) : 1컷 500원. 1장 초과시 3"×5" : 50원, 5"×7" : 100원, 8"×10" : 150원 - 복제 : 1건(700MB 기준) 500원. 700MB 초과시 350MB마다 300원 • 오디오·비디오·문서, 도면 등이 담겨있는 전자파일 - 1건(700MB 기준) : 500원. 700MB 초과시 350MB마다 300원 • 속기록·녹취서 전자파일 - 출력물 : 1장마다 50원 - 복제 : 1건(700MB 기준) 500원. 700 MB 초과시 350MB마다 300원
	• 사건의 계속 중에는 당사자, 법정대리인, 소송대리인, 변호인, 보조인은 무료	

■ 가족관계등록부수수료

(2021. 11. 29 대법원규칙 제3009호 가족관계의 등록 등에 관한 규칙에 의함)

종 별		금 액
증명서등 수수료	호적용지로 작성된 제적부와 신고서류 열람	건당 200원
	등록사항별 증명서 및 제적등본 발급	통당 1,000원 (무인증명서발급기 이용 시 통당 500원)
	제적초본 발급	통당 500원 (무인증명서발급기 이용 시 통당 300원)
	규칙 제27조의 기재사항 증명 또는 규칙 제48조의 수리 또는 불수리의 증명	건당 200원
	비고 1. 인터넷을 이용한 등록부등의 기록사항 열람, 등록사항별 증명서 발급, 제적부의 열람은 무료 2. 청구인이 규칙 제28조제4항 각 호의 어느 하나에 해당하는 경우에는 수수료를 면제	

■ 주민등록수수료

(2023. 1. 12 행정안전부령 제374호 주민등록법 시행규칙에 의함)

종별		금액
주민등록표 또는 전입세대 확인서	① 열람	1건 1회에 300원(전자문서 : 무료)
	② 주민등록표 등·초본 또는 전입세대확인서 교부	1통에 400원(전자문서 : 무료, 무인민원발급기 : 200원)
	③ 법 제29조제2항제2호 및 제6호에 따른 다른 사람의 주민등록표 등·초본의 교부	1통에 500원(전자문서 : 무료, 무인민원발급기 : 250원)
	④ 법 제29조의2제2항제3호에 따른 전입세대확인서의 교부	1통에 500원
	※ 전입세대확인서 열람·교부는 전자문서 및 무인민원발급기 불가능	
주민등록증	재발급	1명당 5,000원

※ 규칙 제18조제1항 각 호의 어느 하나에 해당하는 경우에는 수수료 면제

■ 집행관수수료

(2013. 11. 27 대법원규칙 제2497호 집행관수수료규칙에 의함)

종별			금액		비고
집행행위	유체동산 / 압류·가압류	유체동산(미분리과실, 유가증권상의 재산권을 포함한다)의 압류·가압류	① 일반의 경우		집무시간이 3시간을 초과할 때에는 초과하는 1시간마다 ①수수료의 10분의 1을 가산하고 초과시간이 1시간에 미달하여도 1시간으로 산정
			집행할 채권액	수수료	
			5만원까지	2,000원	
			10만원까지	2,500원	
			25만원까지	4,000원	
			50만원까지	6,000원	
			75만원까지	8,000원	
			100만원까지	10,000원	
			300만원까지	20,000원	
			500만원까지	30,000원	
			500만원초과	40,000원	
			② 가압류한 것에 대한 본압류일 때 : ①수수료의 반액		
			③ 집행할 장소에 갔으나 압류할 물건이 없거나 압류한 물건을 현금화 하더라도 강제집행의 비용에 충당함에 그치는 때 : ①수수료의 10분의 3		
			④ 압류경합의 경우 ①수수료의 반액. 다만, 추가 압류의 경우 ①수수료의 전액		
			⑤ 현금화하기 위해 유체동산의 인도를 받는 경우 ①수수료의 반액. 다만, 즉시 현금화 하는 때에는 제16조에 정한 수수료		
		보전처분	압류부동산 보관	10,000원	
		집행취소등에 의한 물건의 인도	압류·가압류한 물건이나 가처분 기타 보전처분에 의하여 보관중인 물건을 집행처분의 취소로 채무자·기타 수취권자에게 인도한 경우 : ①수수료의 반액		다만, 4,000원을 초과하지 못함
		배당요구	배당요구의 사무	1,000원	
		거절증서작성	1건	2,000원	
		집행이의의 고지·최고	당사자의 위임에 의하여 고지·최고 1건	1,000원	
	임의변제금등의 수취·교부	금전의 수취·교부	<변제금액>	<수수료>	
			10만원까지	700원	
			100만원까지	1,000원	
			500만원까지	1,500원	
			500만원 초과	2,000원	
		금전이외의 물건의 수취·교부		2,000원	
		어음·수표 기타 금전의 지급을 위한 유가증권의 인수나 지급을 위한 제시 또는 지급의 청구		2,000원	지급이 있는 경우 제7조 금액가산
	매각	유체동산(미분리과실, 유가증권의 재산권을 포함한다)의 매각	<매각금액>	<수수료>	임의매각입찰의 경우도 같다.
			10만원까지	5,000원	
			10만원 초과시 매 10만원마다		
			1,000만원까지	2,000원	
			1,000만원 초과 5,000만원까지	1,500원	
			5,000만원 초과 1억원까지	1,000원	
			1억원 초과 3억원까지	500원	
			3억원 초과 5억원까지	300원	
			5억원 초과 10억원까지는 200원을 가산. 다만, 초과금액이 10만원에 미달하여도 10만원으로 산정하며, 매각금액이 10억원을 초과할 때에는 10억원으로 본다.		※매수인이 의무불이행으로 재 매각시에는 수수료 없음
	부동산·선박 / 조사	강제매각·강제관리의 경우의 부동산의 조사	유체동산의 압류·가압류의 경우와 같다.		
	부동산·선박 / 강제매각	부동산·선박의 강제매각	동산매각의 경우와 같다.		임의경매의 경우도 같다.
	부동산·선박 / 인도청구	특정한 동산이나 대체물의 일정한 수량의 수취·인도의 수수료	① 집무2시간 미만 10만원 이하하면 4,000원 10만원을 넘으면 6,000원 ② 집무2시간 초과하는 때 1시간(1시간에 미달하여도 1시간으로 한다)마다 1,000원을 가산		① 현장에 갔으나 인도할 물건이 없을 때 왼쪽 금액의 반액 ② 가처분의 경우도 같다.
		부동산·선박의 인도·명도의 집행(「민사집행법」 258)	① 집무2시간 미만 15,000원 ② 집무2시간 초과할 때에는 1시간(1시간에 미달하여도 1시간으로 한다)마다 1,500원을 가산		① 현장에 갔으나 인도할 부동산·선박이 없을 때에는 왼쪽 금액의 반액 ② 가처분의 경우도 같다.
		선박등 국적증서의 수취·인도 수수료	10,000원		
		자동차·건설기계 또는 소형선박 인도	6,000원		
	대체집행	대체집행(「민사집행법」 260①)	부동산등의 인도의 규정 준용		위와 같음
	집행장해	집행의 정지·제한(「민사집행법」 49), 위임소멸에 의한 휴지, 지급 및 인도로 인하여 위임이 종료된 경우의 특례	위의 각 수수료의 10분의 3		동산, 부동산 및 선박을 매각한 경우에는 1,000원을 초과하지 못함
기타		① 서기료 ② 통신료 ③ 공고료 ④ 감정인·참여인의 일당·여비·감정료 ⑤ 기술자·노무자의 수당 ⑥ 「민사집행법」(211·212①)의 규정에 의한 행위를 하기 위한 비용 ⑦ 인신의 인도비용 ⑧ 물건의 운반·보관·감수 및 보존비용 ⑨ 과실 수확의 비용 ⑩ 관청 기타 공공단체로부터 증명을 받은 비용 ⑪ 물건의 현황을 기록하기 위하여 촬영하는 사진의 비용	「민사소송비용법」 준용		
		⑫ 집행관의 여비 및 숙박료	「법원공무원 여비 규칙」중 5급과 같은 금액		집행관이 소송서류를 송달하는 경우 여비는 「민사소송비용규칙」 제4조의2의 규정 준용
		⑬ 「민사소송 등에서의 전자문서 이용 등에 관한 법률」 제12조의 전자문서 출력비용	1장마다	50원	
		⑭ 원조, 참여, 재산에 봉인		10,000원	
		⑮ ⑭의 봉인 제거		5,000원	
		① 서류의 송달	1건	1,000원	휴일 또는 야간 1,500원
		② 집행기록 기타 서류의 열람·복사	1건 복사물이 10장을 초과할 경우 초과 1장 마다	500원 50원	②~④ 수수료를 산정할 때 100원 단위 미만 금액은 계산하지 아니하고, 복사가 열람과 동시에 또는 열람 후 즉시 이루어지는 때에는 열람수수료를 별도로 계산하지 아니한다.
		③ 등·초본	원본 5장까지 초과 1장마다	500원 50원	
		④ 기타의 증명	증명사항 1건마다	500원	
		⑤ 집행관은 수수료 기타 비용의 계산액을 예납시킬 수 있고, 예납하지 않으면 위임에 응하지 않을 수 있다.	강제집행 신청인이 소송구조를 받는 자인 경우에는 그러하지 아니하다.		
		⑥ 예납금의 정산	지체없이 정산, 청구있으면 정산내용명시한 서면 교부		
		※ 수수료의 변제기	각개의 사무를 완료·속행할 필요가 없게 된 후가 아니면 그 사무에 대한 수수료를 받을 수 없음		

■ 공증인수수료

(2010. 2. 5 법무부령 제693호 공증인 수수료 규칙에 의함)

종별		금액		비고
증서의 작성	① 법률행위에 관한 증서등 작성	<법률행위의 목적 또는 어음 및 수표의 가액>	<수수료>	장수가 4장을 초과할 때에는 그 초과하는 1장마다 500원을 더한다.
		200만원까지	1만1천원	
		500만원까지	2만2천원	
		1천만원까지	3만3천원	
		1천500만원까지	4만4천원	
		1천500만원초과시	초과액의 2천분의 3을 더하되, 300만원을 초과하지 못함	
	② 법률행위가 아닌 사실에 관한 증서작성	사실의 실험과 증서작성에 소요된 매 1시간당 2만5천원으로 하고, 1시간을 초과하면 1시간마다 5,000원을 더한다.		1시간 미만은 1시간으로 본다.
	③ 위임장, 수취서 또는 거절증서작성	1만원 작성한 시간이 1시간을 초과하면 1시간마다 3,000원을 더한다.		1시간 미만은 1시간으로 본다.
	④ 법률행위의 목적가액의 산정불능의 경우	2천만100원		최저가액이 2천만100원을 초과하거나 미달한 것이 명백한 경우 그 최저가액 또는 최고가액으로써 법률행위의 목적의 가액으로 한다.

	⑤ 초청장 작성	피초청인 5명까지	2만5천원	5명을 초과하는 경우 초과하는 1명마다 2천원 가산
	⑥ 집합건물의 소유와 관리에 관한 규약의 설정에 관한 증서작성	<전유부분의 개수> 10개까지의 부분 1개마다 10개를 초과한 50개까지의 부분 1개마다 50개를 초과한 100개까지의 부분 1개마다 100개를 초과하는 부분 1개마다	<수수료> 4천400원 2천300원 1천700원 1천100원	규약의 설정에 관한 증서를 작성한 공증인이 그 규약의 변경에 관한 증서를 작성하는 경우 그 10분의 5의 금액(1만6천원미만인 경우에는 1만6천원)으로 한다. 규약의 폐지에 관한 증서작성의 수수료는 1만6천원으로 한다.
		<단지내 건물의 동수> 5동까지의 부분 1동마다 5동을 초과하는 부분 1동마다	<수수료> 9천원 4천원	
인증교부	① 주식회사의 설립경과등 조사·보고	발행주식의 액면총액이 5천만원까지는 100만원, 5천만원 초과시에는 초과액의 2천분의 3을 더하되, 300만원을 초과하지 못한다.		
	② 상법상의 정관 등 인증	① 발행주식의 액면총액 5천만원까지는 8만원, 5천만원 초과시 초과액의 2천분의 1을 더하되, 100만원을 초과하지 못한다. ② 법인의 등기절차에 첨부되는 의사록의 인증료는 3만원으로 한다.		
	③ 위임장의 인증		3,000원	
	④ 사서증서에 확정일자를 붙이는 경우		1,000원	
	⑤ 증서의 정본에 집행문을 부여하는 경우		1만원	「민사집행법」 제57조에 준용되는 경우는 10,000원을 더한다.
	⑥ 증서의 정본이나 등본 또는 그 부속서류의 등본 및 정관이나 그 부속서류의 등본의 교부	1장에	500원	「공증인법」 제54조제1항의 경우는 1장에 200원
	⑦ 우편에 의한 송달수수료	법 제56조의4에 따른 우편에 의한 송달의 수수료는 4천원으로 한다.		
열람	① 증서의 원본과 그 부속서류 ② 정관과 그 부속서류	1회에	1,000원	
일당·여비등	① 일당	4시간 이내 5만원, 4시간 초과시 10만원		
	② 철도임 또는 선임	1등 여객운임. 다만, 운임에 등급이 없는 경우에는 승차 또는 승선에 요하는 운임		
	③ 항공임 또는 자동차운임	실비액		
	④ 숙박비	실비액		

■ 법무사보수표

(법무사법 제19조에서 위임한 대한법무사협회 회칙)

1. 부동산등기 사건의 보수	가. 부동산등기(토지, 건물·구분건물, 입목, 선박, 공장 및 광업재단 포함)의 소유권보존(건물의 증축 및 부속건물 신축 포함)·이전, 용익권·담보권의 설정, 처분 또는 채권액의 증가에 관한 등기 및 가등기	과세표준액		기본보수(산정방법)		
			1천만원까지	100,000원		
		1천만원초과	5천만원까지	100,000원 +	1천만원초과액의	11/10,000
		5천만원초과	1억원까지	144,000원 +	5천만원초과액의	10/10,000
		1억원초과	3억원까지	194,000원 +	1억원초과액의	9/10,000
		3억원초과	5억원까지	374,000원 +	3억원초과액의	8/10,000
		5억원초과	10억원까지	534,000원 +	5억원초과액의	7/10,000
		10억원초과	20억원까지	884,000원 +	10억원초과액의	5/10,000
		20억원초과	200억원까지	1,384,000원 +	20억원초과액의	4/10,000
		200억원초과		8,584,000원 +	200억원초과액의	1/10,000
	※ 수개의 부동산을 1건의 신청서로 등기를 하는 경우 각 부동산의 과세표준액을 합산하며, 쌍방대리의 경우에는 1건으로 하여 기본보수를 산정함.					
	나. 담보권의 추가설정등기	과세표준액		기본보수(산정방법)		
			5천만원까지	80,000원		
		5천만원초과	2억원까지	80,000원 +	5천만원초과액의	5/10,000
		2억원초과	10억원까지	155,000원 +	2억원초과액의	2/10,000
		10억원초과	100억원까지	315,000원 +	10억원초과액의	1/10,000
		100억원초과		1,215,000원 +	100억원초과액의	1/20,000

1. 부동산등기 사건의 보수	다. 그 밖의 등기	그 밖의 등기의 유형	기본보수
		1) 재단의 분할·합병·목록변경	80,000원
		2) 권리의 변경·경정 또는 회복	100,000원
		3) 부동산의 표시 또는 등기명의인 표시의 변경·경정	30,000원
		4) 말소등기	50,000원
	라. 신탁등기	신탁등기의 유형	기본보수
		1) 신탁등기, 신탁가등기, 재신탁등기, 담보권신탁등기, 위탁자의 선언에 의한 신탁등기, 수탁자의 고유재산으로의 변경등기, 위탁자의 지위 이전에 의한 신탁등기	100,000원
		2) 신탁원부 기록의 변경등기, 수탁자가 수인인 등기의 합유명의인 변경등기, 신탁의 합병·분할에 따른 등기	70,000원
		3) 유한책임신탁의 설정등기	220,000원
		4) 신탁등기의 말소등기	40,000원
		5) 그 밖의 신탁에 관한 등기	70,000원

2. 상업·법인등기 사건의 보수	가. 회사(합자조합 포함, 이하 같다) 또는 법인의 설립(분할, 합병, 주식이전 또는 조직변경에 의한 설립 포함)에 관한 등기	납입(출자)금액		기본보수(산정방법)		
			5천만원까지	310,000원		
		5천만원초과	1억원까지	310,000원 +	5천만원초과액의	22/10,000
		1억원초과	3억원까지	420,000원 +	1억원초과액의	9/10,000
		3억원초과	5억원까지	600,000원 +	3억원초과액의	8/10,000
		5억원초과	10억원까지	760,000원 +	5억원초과액의	7/10,000
		10억원초과	20억원까지	1,110,000원 +	10억원초과액의	6/10,000
		20억원초과	200억원까지	1,710,000원 +	20억원초과액의	4/10,000
		200억원초과		8,910,000원 +	200억원초과액의	1/10,000
	나. 회사의 자본(자산)의 증감(흡수합병·분할합병 또는 주식교환으로 인한 자본증가를 포함한다)에 관한 등기	납입(출자)금액 또는 감소하는 자본(자산)의 가액		기본보수(산정방법)		
			5천만원까지	230,000원		
		5천만원초과	1억원까지	230,000원 +	5천만원초과액의	19/10,000
		1억원초과	3억원까지	325,000원 +	1억원초과액의	8/10,000
		3억원초과	5억원까지	485,000원 +	3억원초과액의	7/10,000
		5억원초과	10억원까지	625,000원 +	5억원초과액의	6/10,000
		10억원초과	20억원까지	925,000원 +	10억원초과액의	5/10,000
		20억원초과	200억원까지	1,425,000원 +	20억원초과액의	4/10,000
		200억원초과		8,625,000원 +	200억원초과액의	1/10,000
	다. 전환사채·신주인수권부사채·이익참가부사채의 발행	사채총액		기본보수(산정방법)		
			1억원까지	120,000원		
		1억원초과	5억원까지	120,000원 +	1억원초과액의	5/10,000
		5억원초과	20억원까지	320,000원 +	5억원초과액의	3/10,000
		20억원초과	100억원까지	770,000원 +	20억원초과액의	2/10,000
		100억원초과		2,370,000원 +	100억원초과액의	1/10,000

2. 상업·법인등기 사건의 보수	라. 상업·법인의 기타 등기	상업·법인의 기타 등기 유형	기본보수(산정방법)
		1) 외국회사(법인)의 영업소(분사무소) 설치·변경·폐지	250,000원
		2) 자본증가 없는 합병	150,000원
		3) 주식의 병합·분할·소각	120,000원
		4) 회사(법인)의 해산·청산종결·계속에 관한 등기, 상호의 신설 또는 상호의 가등기, 본점(주사무소)의 이전, 지점(분사무소)의 설치·이전, 상호·목적의 변경	100,000원
		5) 무능력자 등기, 법정대리인 등기	70,000원
		6) 임원(이사·감사·사원·지배인·청산인 등)의 선임·변경	80,000원
		7) 지점 및 분사무소 소재지에서의 등기	60,000원
		8) 그 밖의 등기	60,000원
3. 후견등기에 관한 사건의 보수	후견등기 유형		기본보수(산정방법)
	1) 후견등기 신청		250,000원
	2) 후견등기기록의 변경, 기타 등기		100,000원

4. 동산·채권담보등기 사건의 보수	가. 담보권의 설정, 처분 또는 채권액 증가	채권액(채권최고액)		기본보수(산정방법)		
			1천만원까지	150,000원		
		1천만원초과	5천만원까지	150,000원 +	1천만원초과액의	10/10,000
		5천만원초과	1억원까지	190,000원 +	5천만원초과액의	9/10,000
		1억원초과	3억원까지	235,000원 +	1억원초과액의	8/10,000
		3억원초과	5억원까지	395,000원 +	3억원초과액의	7/10,000
		5억원초과	10억원까지	535,000원 +	5억원초과액의	6/10,000
		10억원초과	20억원까지	835,000원 +	10억원초과액의	5/10,000
		20억원초과	200억원까지	1,335,000원 +	20억원초과액의	4/10,000
		200억원초과		8,535,000원 +	200억원초과액의	1/10,000
	나. 담보권의 추가설정등기	채권액(채권최고액)		기본보수(산정방법)		
			1천만원까지	100,000원		
		1천만원초과	5천만원까지	100,000원 +	1천만원초과액의	4/10,000
		5천만원초과	2억원까지	116,000원 +	5천만원초과액의	3/10,000
		2억원초과	10억원까지	161,000원 +	2억원초과액의	2/10,000
		10억원초과	100억원까지	321,000원 +	10억원초과액의	1/10,000
		100억원초과		1,221,000원 +	100억원초과액의	1/20,000

4. 동산·채권담보등기 사건의 보수	다. 그 밖의 등기	그 밖의 등기의 유형	기본보수
		1) 담보목적물의 변경, 담보권의 변경·경정·연장·말소	100,000원
		2) 등기명의인 표시의 변경·경정등기, 그 밖의 등기(담보권설정자의 변경·경정)	70,000원

5. 공탁사건의 보수	공탁가액		기본보수(산정방법)		
		5천만원까지	100,000원		
	5천만원초과	1억원까지	100,000원 +	5천만원초과액의	9/10,000
	1억원초과	3억원까지	145,000원 +	1억원초과액의	8/10,000
	3억원초과	5억원까지	305,000원 +	3억원초과액의	6/10,000
	5억원초과	10억원까지	425,000원 +	5억원초과액의	5/10,000
	10억원초과	20억원까지	675,000원 +	10억원초과액의	4/10,000
	20억원초과	100억원까지	1,075,000원 +	20억원초과액의	4/10,000
	100억원초과		4,275,000원 +	100억원초과액의	1/10,000
	※ 보증보험을 포함한다.				

구분	업무	감정가액	기본보수(산정방법)
6. 경매·공매사건의 보수	가. 재산취득에 관한 상담(권리분석, 현황 내지 공부 등의 조사, 적정 매수 가격의 제시, 정보제공 등을 포함)	5천만원까지	400,000원
		5천만원초과 1억원까지	400,000원 + 5천만원초과액의 9/1,000
		1억원초과 3억원까지	850,000원 + 1억원초과액의 8/1,000
		3억원초과 5억원까지	2,450,000원 + 3억원초과액의 7/1,000
		5억원초과 10억원까지	3,850,000원 + 5억원초과액의 6/1,000
		10억원초과 20억원까지	6,850,000원 + 10억원초과액의 4/1,000
		20억원초과 100억원까지	10,850,000원 + 20억원초과액의 2/1,000
		100억원초과	26,850,000원 + 100억원초과액의 1/1,000
	나. 매수(입찰)신청의 대리〔매수(입찰)신청의 대리에 있어서 공부의 열람, 확인 등을 포함〕	기본보수	
		감정가액의 1% 이하 또는 최저매각가격의 1.5% 이하의 범위 내에서 위임인과 협의. 단, 최고가매수신고인 또는 매수인으로 되지 못한 경우에는 500,000원의 범위 내에서 위임인과 협의	
7. 송무·비송·집행사건의 보수	가. 법원·검찰청 등에 제출하는 각종 서류 중 문안을 요하는 서류의 작성	1) 소장, 답변서, 준비서면, 증거신청서, 화해신청서, 고소·고발장, 항고·상소이유서, 보전처분·집행·비송사건의 신청서, 회생절차 개시신청서·회생채권신고서·채권조사확정재판 신청서·간이회생절차 개시신청서, 파산신청서, 지급명령, 조정신청서 ※ 소송물가액이 없거나 산정할 수 없는 경우에는 5천만원으로 본다.	
		소송물가액	기본보수(산정방법)
		2천만원까지	400,000원
		2천만원초과 1억원까지	400,000원 + 2천만원초과액의 10/10,000
		1억원초과 5억원까지	480,000원 + 1억원초과액의 9/10,000
		5억원초과 10억원까지	840,000원 + 5억원초과액의 4/10,000
		10억원초과 20억원까지	1,040,000원 + 10억원초과액의 3/10,000
		20억원초과	1,340,000원 + 20억원초과액의 1/10,000
		2) 항고·상소장, 공시최고·소송비용확정신청서, 민사·가사·형사·소년신청(보전신청 제외) 기타 문안을 요하는 서류 ※ 소송물가액이 없거나 산정할 수 없는 경우에는 5천만원으로 본다.	
		소송물가액	기본보수(산정방법)
		2천만원까지	180,000원
		2천만원초과 1억원까지	180,000원 + 2천만원초과액의 1/10,000
		1억원초과 5억원까지	188,000원 + 1억원초과액의 5/10,000
		5억원초과 10억원까지	388,000원 + 5억원초과액의 4/10,000
		10억원초과 20억원까지	588,000원 + 10억원초과액의 2/10,000
		20억원초과	788,000원 + 20억원초과액의 1/10,000
	나. 법원·검찰청 등에 제출하는 각종 서류 중 문안을 요하지 않는 서류의 작성	문안을 요하지 않는 서류(1건당)	기본보수(산정방법)
		기일변경·지정의 신청서, 판결확정·송달증명의 신청서, 집행문부여신청서 및 정식재판청구서, 도면 등	30,000원

8. 개인파산 및 개인회생 사건의 보수	채무금액	기본보수(산정방법)
	2천만원까지	800,000원
	2천만원초과 5천만원까지	800,000원 + 2천만원초과액의 10/10,000
	5천만원초과 1억원까지	830,000원 + 5천만원초과액의 9/10,000
	1억원초과 3억원까지	875,000원 + 1억원초과액의 8/10,000
	3억원초과 5억원까지	1,035,000원 + 3억원초과액의 7/10,000
	5억원초과 10억원까지	1,175,000원 + 5억원초과액의 5/10,000
	10억원초과 15억원까지	1,425,000원 + 10억원초과액의 4/10,000
	15억원초과 20억원까지	1,625,000원 + 15억원초과액의 2/10,000
	20억원초과	1,725,000원 + 20억원초과액의 1/10,000

9. 기타 대행업무의 보수	대행 업무의 유형	적용 기준	대행료
	가. 등기원인증서의 작성 또는 검인, 부동산거래의 신고 등 대행	1건당	40,000원
	나. 취득세·등록면허세의 신고·납부 또는 감면신청 및 공과금 납부 대행	1건당	40,000원
	다. 국민주택채권의 매입 또는 즉시매도 대행	1건당	40,000원
	라. 등기원인에 대한 제3자의 허가(신고 포함)·동의·승낙 또는 등기상 이해관계인의 승낙에 관한 서류 작성 대행	종류마다	40,000원
	마. 정관, 의사록, 내용증명 그 밖의 문안을 요하는 서류의 작성 대행	종류마다	60,000원
	바. 위 마.의 서류나 그 밖의 서류에 대한 공증대행	종류마다	40,000원
	사. 법인인감카드의 발급 대행	1건당	40,000원
	아. 법원·검찰청 등에 제출하는 서류의 제출대행	1건당	30,000원
	자. 송무·비송·집행·가사 사건 등의 기록열람 대행	1건당	40,000원
	차. 법원·검찰청으로부터 송달되는 서류의 영수 대행	1건당	50,000원
	카. 확정일자 날인, 내용증명의 발송 대행	1건당	50,000원
	타. 등기사항증명서 발급·열람, 등기부등초본·열람 대행	1건당	3,000원
	파. 그 밖에 수임사건과 관련되는 업무의 대행	1건당	30,000원

10. 상담·실비변상의 비용	상담·실비변상 비용		기본보수
	가. 상담	1) 개별적 상담(사건 수임이 따르는 경우는 제외)	30분까지 50,000원(단, 30분을 초과하는 매 30분마다 20,000원씩 가산)
		2) 계속적 상담(사건 수임으로 연결되는 경우도 포함)	월액 500,000원
	나. 실비변상의 비용 등	1) 교통비	1등급 여객운임(택시, KTX 일반석)기준 실비(단, 현지교통비는 50,000원까지)
		2) 숙박비	1급 숙박업소 기준 실비
		3) 일당	소요시간 4시간 이내 70,000원, 4시간 초과 150,000원
※ 「법무사보수기준」에 의한 법무사의 보수에는 부가가치세가 포함되지 아니하다.			

<참고>

- 동일인 보증서 작성 150,000원, 본인확인서면 작성 100,000원 가산(「법무사보수기준」 제10조 제5항)
- 기타 가산, 감액 등 특례는 「법무사보수기준」 참조

■ 인지세액

(2020. 6. 9 법률 제17339호 인지세법에 의함)

과세문서	세 액	비과세문서
1. 부동산·선박·항공기의 소유권 이전에 관한 증서	• 기재금액이 1천만원 초과 3천만원 이하인 경우 : 2만원 • 기재금액이 3천만원 초과 5천만원 이하인 경우 : 4만원 • 기재금액이 5천만원 초과 1억원 이하인 경우 : 7만원 • 기재금액이 1억원 초과 10억원 이하인 경우 : 15만원 • 기재금액이 10억원을 초과하는 경우 : 35만원	1. 국가나 지방자치단체(지방자치단체조합을 포함한다. 이하 같다)가 작성하는 증서 또는 통장 2. 국고금의 취급에 관하여 작성하는 증서 또는 통장 3. 공공사업을 위한 기부를 위하여 국가나 지방자치단체에 제출하는 증서 4. 자선이나 구호를 목적으로 하는 단체가 그 사업에 관하여 작성하는 증서 5. 주택의 소유권 이전에 관한 증서로서 기재금액이 1억원 이하인 것 6. 어음의 인수 또는 보증 7. 「자본시장과 금융투자업에 관한 법률」 제4조제1항에 따른 증권의 복본(複本) 또는 등본 8. 금전소비대차에 관한 증서로서 기재금액이 5천만원 이하인 것 9. 「우편법」에 따른 우편전용의 물건에 관한 증서 10. 「공익사업을 위한 토지 등의 취득 및 보상에 관한 법률」의 적용을 받는 토지 등을 국가, 지방자치단체 또는 그 밖의 특별법에 따라 설립된 법인에 양도하는 경우 그 양도절차에서 필요하여 작성하는 증서 11. 「한국은행통화안정증권법」에 따라 한국은행이 발행하는 통화안정증권 12. 「국제금융기구에의 가입조치에 관한 법률」에서 정한 국제금융기구가 발행하는 채권 및 그 채권의 발행과 관련하여 작성하는 증서
2. 대통령령으로 정하는 금융·보험기관과의 금전소비대차에 관한 증서	제1호에 규정된 세액	
3. 도급 또는 위임에 관한 증서 중 법률에 따라 작성하는 문서로서 대통령령으로 정하는 것	제1호에 규정된 세액	
4. 소유권에 관하여 법률에 따라 등록 등을 하여야 하는 동산으로서 대통령령으로 정하는 자산의 양도에 관한 증서	3,000원	
5. 광업권, 무체재산권, 어업권, 양식업권, 출판권, 저작인접권 또는 상호권의 양도에 관한 증서	제1호에 규정된 세액	
6. 다음 각 목의 어느 하나에 해당하는 시설물이용권의 입회 또는 양도에 관한 증서 가. 「체육시설의 설치·이용에 관한 법률」에 따른 회원제골프장이나 종합체육시설 또는 승마장을 이용할 수 있는 회원권에 관한 증서 나. 「관광진흥법」에 따른 휴양 콘도미니엄을 이용할 수 있는 회원권에 관한 증서	제1호에 규정된 세액	
7. 계속적·반복적 거래에 관한 증서로서 다음 각 목의 어느 하나에 해당하는 것 가. 「여신전문금융업법」 제2조에 따른 신용카드회원으로 가입하기 위한 신청서 나. (2020.3.31 삭제) 다. 「여신전문금융업법」 제2조제5호에 따른 신용카드가맹점으로 가입하기 위한 신청서와 그 밖에 대통령령으로 정하는 것	300원 300원	
8. 대통령령으로 정하는 상품권(모바일 상품권은 제외한다) 및 선불카드	• 권면금액이 1만원인 경우 : 50원 • 권면금액이 1만원 초과 5만원 이하인 경우 : 200원 • 권면금액이 5만원 초과 10만원 이하인 경우 : 400원 • 권면금액이 10만원을 초과하는 경우 : 800원	
8의2. 모바일 상품권(판매일부터 7일 이내에 판매가 취소되어 전액 환불되고 폐기되는 것은 제외한다)	• 권면금액이 5만원 초과 10만원 이하인 경우 : 400원 • 권면금액이 10만원을 초과하는 경우 : 800원	
9. 「자본시장과 금융투자업에 관한 법률」 제4조제2항에 따른 채무증권, 지분증권 및 수익증권	400원	
10. 예금·적금에 관한 증서 또는 통장, 환매조건부채권 매도약정서, 보험증권 및 신탁에 관한 증서 또는 통장	100원	

11. 「여신전문금융업법」 제2조제10호에 따른 시설대여를 위한 계약서	1만원	
12. 채무의 보증에 관한 증서 가. 사채보증에 관한 증서 그 밖에 이와 유사한 것으로서 대통령령으로 정하는 채무의 보증에 관한 증서	1만원	
나. 「신용보증기금법」에 따른 신용보증기금이 발행하는 채무의 보증에 관한 증서 또는 그 밖에 이와 유사한 것으로서 대통령령으로 정하는 채무의 보증에 관한 증서	1,000원	
다. 「보험업법」에 따른 보험업을 영위하는 자가 발행하는 보증보험증권, 「농림수산업자 신용보증법」 제4조에 따른 농림수산업자신용보증기금이 발행하는 채무의 보증에 관한 증서 또는 그 밖에 이와 유사한 것으로서 대통령령으로 정하는 채무의 보증에 관한 증서	200원	

■ 등록면허세액

(2019. 8. 27 법률 제16568호 지방세법에 의함)

종 별		금 액
1. 부동산 등기	가. 소유권의 보존 등기	부동산 가액의 1천분의 8(세액이 6천원 미만일 때에는 6천원)
	나. 소유권의 이전 등기 1) 유상으로 인한 소유권 이전 등기	부동산 가액의 1천분의 20. 다만, 주택의 경우에는 해당 주택의 취득세율에 100분의 50을 곱한 세율을 적용하여 산출한 금액(세액이 6천원 미만일 때에는 6천원)
	2) 무상으로 인한 소유권 이전 등기	부동산 가액의 1천분의 15. 다만, 상속으로 인한 소유권 이전 등기의 경우 부동산 가액의 1천분의 8(세액이 6천원 미만일 때에는 6천원)
	다. 소유권 외의 물권과 임차권의 설정 및 이전 1) 지상권	부동산 가액의 1천분의 2. 다만, 구분지상권의 경우 해당 토지의 지하 또는 지상 공간의 사용에 따른 건축물의 이용저해율, 지하 부분의 이용저해율 및 그 밖의 이용저해율 등을 고려하여 행정안전부장관이 정하는 기준에 따라 특별자치시장·특별자치도지사·시장·군수 또는 구청장이 산정한 해당 토지 가액의 1천분의 2(세액이 6천원 미만일 때에는 6천원)
	2) 저당권(지상권·전세권을 목적으로 등기하는 경우 포함)	채권금액의 1천분의 2(세액이 6천원 미만일 때에는 6천원)
	3) 지역권	요역지(要役地) 가액의 1천분의 2(세액이 6천원 미만일 때에는 6천원)
	4) 전세권	전세금액의 1천분의 2(세액이 6천원 미만일 때에는 6천원)
	5) 임차권	월 임대차금액의 1천분의 2(세액이 6천원 미만일 때에는 6천원)
	라. 경매신청·가압류·가처분 및 가등기 1) 경매신청·가압류·가처분(부동산에 관한 권리를 목적으로 등기하는 경우를 포함)	채권금액의 1천분의 2(세액이 6천원 미만일 때에는 6천원)
	2) 가등기(부동산에 관한 권리를 목적으로 등기하는 경우를 포함)	부동산 가액 또는 채권금액의 1천분의 2(세액이 6천원 미만일 때에는 6천원)
	마. 그 밖의 등기	건당 6천원
2. 선박 등기 또는 등록(「선박법」 제1조의2 제2항에 따른 소형 선박 포함)	가. 소유권의 등기 또는 등록	선박 가액의 1천분의 0.2(세액이 1만5천원 미만일 때에는 1만5천원)
	나. 저당권의 설정 등기 또는 등록, 저당권 이전 등기 또는 등록	채권금액의 1천분의 2(세액이 1만5천원 미만일 때에는 1만5천원)
	다. 그 밖의 등기 또는 등록	건당 1만5천원
3. 차량의 등록	가. 소유권의 등록 1) 비영업용 승용자동차	1천분의 50. 다만, 경자동차의 경우 1천분의 20(세액이 1만5천원 미만일 때에는 1만5천원)
	2) 그 밖의 차량	비영업용 : 1천분의 30. 다만, 경자동차의 경우 1천분의 20(세액이 1만5천원 미만일 때에는 1만5천원) 영업용 : 1천분의 20(세액이 1만5천원 미만일 때에는 1만5천원)
	나. 저당권 설정 등록 또는 이전 등록	채권금액의 1천분의 2(세액이 1만5천원 미만일 때에는 1만5천원)
	다. 제7조제10항에 따른 취득대금을 지급한 자 또는 운수업체의 등록 1) 운수업체의 명의를 다른 운수업체의 명의로 변경하는 경우	건당 1만5천원
	2) 운수업체의 명의를 취득대금을 지급한 자의 명의로 변경하는 경우	건당 1만5천원
	3) 취득대금을 지급한 자의 명의를 운수업체의 명의로 변경하는 경우	건당 1만5천원
	라. 그 밖의 등록	건당 1만5천원
4. 기계장비 등록	가. 소유권의 등록	1천분의 10(세액이 1만원 미만일 때에는 1만원)
	나. 저당권 설정 등록 또는 이전 등록	채권금액의 1천분의 2(세액이 1만원 미만일 때에는 1만원)
	다. 제7조제10항에 따른 취득대금을 지급한 자 또는 기계장비대여업체의 등록 1) 기계장비대여업체의 명의를 다른 기계장비대여업체의 명의로 변경하는 경우	건당 1만원
	2) 기계장비대여업체의 명의를 취득대금을 지급한 자의 명의로 변경하는 경우	건당 1만원
	3) 취득대금을 지급한 자의 명의를 기계장비대여업체의 명의로 변경하는 경우	건당 1만원
	라. 그 밖의 등록	건당 1만원
5. 공장재단 및 광업재단 등기	가. 저당권 설정 등기 또는 이전 등기	채권금액의 1천분의 1(세액이 9천원 미만일 때에는 9천원)
	나. 그 밖의 등기 또는 등록	건당 9천원
5의2. 동산담보권 및 채권담보권 등기 또는 지식재산권담보권 등록	가. 담보권 설정 등기 또는 등록, 담보권 이전 등기 또는 등록	채권금액의 1천분의 1(세액이 9천원 미만일 때에는 9천원)
	나. 그 밖의 등기 또는 등록	건당 9천원
6. 법인 등기	가. 상사회사, 그 밖의 영리법인의 설립 또는 합병으로 인한 존속법인 1) 설립과 납입	납입한 주식금액이나 출자금액 또는 현금 외의 출자가액의 1천분의 4(세액이 11만2천5백원 미만인 때에는 11만2천5백원)
	2) 자본증가 또는 출자증가	납입한 금액 또는 현금 외의 출자가액의 1천분의 4
	나. 비영리법인의 설립 또는 합병으로 인한 존속법인 1) 설립과 납입	납입한 출자총액 또는 재산가액의 1천분의 2
	2) 출자총액 또는 재산총액의 증가	납입한 출자 또는 재산가액의 1천분의 2
	다. 자산재평가적립금에 의한 자본 또는 출자금액의 증가 및 출자총액 또는 자산총액의 증가(「자산재평가법」에 따른 자본전입의 경우 제외)	증가한 금액의 1천분의 1
	라. 본점 또는 주사무소의 이전	건당 11만2천5백원
	마. 지점 또는 분사무소의 설치	건당 4만2백원
	바. 그 밖의 등기	건당 4만2백원
7. 상호 등 등기	가. 상호의 설정 또는 취득	건당 7만8천7백원
	나. 지배인의 선임 또는 대리권의 소멸	건당 1만2천원
	다. 선박관리인의 선임 또는 대리권의 소멸	건당 1만2천원
8. 광업권 등록	가. 광업권 설정(광업권의 존속기간 만료 전에 존속기간을 연장한 경우 포함)	건당 13만5천원
	나. 광업권의 변경 1) 증구(增區) 또는 증감구(增減區) 2) 감구(減區)	건당 6만6천5백원 건당 1만5천원
	다. 광업권의 이전 1) 상속 2) 그 밖의 원인으로 인한 이전	건당 2만6천2백원 건당 9만원
	라. 그 밖의 등록	건당 1만2천원
8의2. 조광권 등록	가. 조광권 설정(조광권의 존속기간 만료 전에 존속기간을 연장한 경우 포함)	건당 13만5천원
	나. 조광권의 이전 1) 상속 2) 그 밖의 원인으로 인한 이전	건당 2만6천2백원 건당 9만원
	다. 그 밖의 등록	건당 1만2천원
9. 어업권·양식업권 등록	가. 어업권·양식업권의 이전 1) 상속 2) 그 밖의 원인으로 인한 이전	건당 6천원 건당 4만2백원
	나. 어업권·양식업권 지분의 이전 1) 상속 2) 그 밖의 원인으로 인한 이전	건당 3천원 건당 2만1천원
	다. 어업권·양식업권 설정을 제외한 그 밖의 등록	건당 9천원
10. 저작권, 배타적발행권(「저작권법」 제88조 및 제96조에 따라 준용되는 경우를 포함), 출판권, 저작인접권, 컴퓨터프로그램 저작권 또는 데이터베이스 제작자의 권리 등록	가. 저작권등의 상속	건당 6천원
	나. 「저작권법」 제54조(제90조 및 제98조에 따라 준용되는 경우를 포함)에 따른 등록 중 상속 외의 등록(프로그램, 배타적발행권, 출판권 등록은 제외)	건당 4만2백원
	다. 「저작권법」 제54조(제90조 및 제98조에 따라 준용되는 경우를 포함)에 따른 프로그램, 배타적발행권, 출판권 등록 중 상속 외의 등록	건당 2만원
	라. 그 밖의 등록	건당 3천원
11. 특허권·실용신안권 또는 디자인권 등록	가. 상속으로 인한 특허권등의 이전	건당 1만2천원
	나. 그 밖의 원인으로 인한 특허권등의 이전	건당 1만8천원
12. 상표 또는 서비스표 등록	가. 「상표법」 제82조 및 제84조에 따른 상표 또는 서비스표의 설정 및 존속기간 갱신	건당 7천6백원
	나. 상표 또는 서비스표의 이전(「상표법」 제196조제2항에 따른 국제등록기초상표권의 이전은 제외) 1) 상속 2) 그 밖의 원인으로 인한 이전	 건당 1만2천원 건당 1만8천원

13. 항공기의 등록	가. 최대이륙중량 5천700킬로그램 이상의 등록	그 가액의 1천분의 0.1
	나. 가. 이외의 등록	그 가액의 1천분의 0.2
14. 위 1.~7.까지 등기 외의 등기		건당 1만2천원

▣ 특허 · 실용신안 · 디자인 · 상표관계수수료

(2023. 8. 1 산업통상자원부령 제517호 특허료 등의 징수규칙에 의함)

※ 부분은 산업자원부령 제217호(2004.1.2) 부칙 제2조의 규정에 의하여 2005.12.31까지 유효함.

□ 특허료(제2조제2항제1호 관련)

특허권설정 등록일부터의 연수	금 액
제1년부터 제3년까지	매년 1만3천원에 청구범위의 1항마다 1만2천원을 가산한 금액
제4년부터 제6년까지	매년 3만6천원에 청구범위의 1항마다 2만원을 가산한 금액
제7년부터 제9년까지	매년 9만원에 청구범위의 1항마다 3만4천원을 가산한 금액
제10년부터 제12년까지	매년 21만6천원에 청구범위의 1항마다 4만9천원을 가산한 금액
제13년부터 제25년까지	매년 32만4천원에 청구범위의 1항마다 4만9천원을 가산한 금액

□ 실용신안등록료(제3조제2항제1호 관련)

실용신안권설정 등록일부터의 연수	금 액
제1년부터 제3년까지	매년 1만2천원에 청구범위의 1항마다 4천원을 가산한 금액
제4년부터 제6년까지	매년 2만5천원에 청구범위의 1항마다 9천원을 가산한 금액
제7년부터 제9년까지	매년 6만원에 청구범위의 1항마다 1만4천원을 가산한 금액
제10년부터 제12년까지	매년 16만원에 청구범위의 1항마다 2만원을 가산한 금액
제13년부터 제15년까지	매년 24만원에 청구범위의 1항마다 2만원을 가산한 금액

□ 디자인등록료(제4조제2항제1호 관련)

디자인권설정 등록일부터의 연수	금 액	
	디자인심사등록출원	디자인일부심사등록출원
제1년부터 제3년까지	1디자인마다 매년 2만5천원	1디자인마다 매년 2만5천원
제4년부터 제6년까지	1디자인마다 매년 3만5천원	1디자인마다 매년 3만4천원
제7년부터 제9년까지	1디자인마다 매년 7만원	1디자인마다 매년 3만4천원
제10년부터 제12년까지	1디자인마다 매년 14만원	1디자인마다 매년 3만4천원
제13년부터 제20년까지	1디자인마다 매년 21만원	1디자인마다 매년 3만4천원

□ 특허권 등 출원수수료

구 분	내 용	요 금
1. 특허출원료	가. 출원서를 전자문서로 제출하는 경우	매건 4만6천원. 다만, 첨부서류 중 명세서, 도면 및 요약서를 특허청에서 제공하지 않은 소프트웨어로 작성하여 제출한 경우(임시 명세서를 제출하는 경우는 제외)에는 매건 5만6천원
	나. 출원서를 서면으로 제출하는 경우	매건 6만6천원에 명세서, 도면 및 요약서의 합이 20면을 초과하는 경우 초과하는 1면마다 1천원 가산한 금액
	다. 외국어특허출원의 출원서를 전자문서로 제출하는 경우	매건 7만3천원
	라. 외국어특허출원의 출원서를 서면으로 제출하는 경우	매건 9만3천원에 명세서, 도면 및 요약서의 합이 20면을 초과하는 경우 초과하는 1면마다 1천원 가산한 금액
2. 특허권의 존속기간	연장등록출원	매건 30만원
3. 분할출원	「특허법」 제52조의 규정에 따른 분할출원료	1회 : 특허권의 신규출원료에 해당하는 금액 2회 : 특허권의 신규출원료에 해당하는 금액의 2배 3회 : 특허권의 신규출원료에 해당하는 금액의 3배 4회 : 특허권의 신규출원료에 해당하는 금액의 4배 5회 이상 : 특허권의 신규출원료에 해당하는 금액의 5배
3의2. 분리출원	「특허법」 제52조의2에 따른 분리출원료	〃
4. 변경출원	「특허법」 제53조의 규정에 따른 변경출원료	〃
5. 특허출원 우선권 주장 신청	가. 전자문서로 하는 경우 나. 서면으로 하는 경우	우선권 주장마다 1만8천원 우선권 주장마다 2만원
6. 특허출원 우선권 주장 추가	가. 전자문서로 하는 경우 나. 서면으로 하는 경우	우선권 주장마다 1만8천원 우선권 주장마다 2만원
6의2. 특허출원의 공지 등이 되지 아니한 발명 주장 보완	가. 전자문서로 제출하는 경우 나. 서면으로 제출하는 경우	보완마다 1만8천원 보완마다 2만원
7. 특허심사청구		매건 16만6천원에 청구범위의 1항마다 5만1천원을 가산한 금액
7의2. 특허출원 재심사청구		매건 10만원에 청구범위의 1항마다 1만원을 가산한 금액
8. 특허출원 우선심사신청		매건 20만원. 다만, 우선심사대상이 아니라고 결정되거나 결정 전 우선심사신청을 포기·취하한 경우 4만원
9. 특허심사청구 후 특허출원의 보정으로 청구항 추가		추가되는 청구항 1항마다 4만4천원
10. 보정료	가. 보정서를 전자문서로 제출하는 경우 나. 보정서를 서면으로 제출하는 경우	매건 4천원 매건 1만4천원. 다만, 임시 명세서를 보정하는 경우에는 매건 1만4천원에 보정서 및 첨부서류의 합이 20면을 초과하는 경우 초과하는 1면마다 1천원을 가산한 금액
10의2. 「특허법」 제42조의3제6항에 따른 국어번역문의 오역정정료	가. 오역정정서를 전자문서로 제출하는 경우 나. 오역정정서를 서면으로 제출하는 경우	매건 7만1천원에 청구범위의 1항마다 2만2천원을 가산한 금액 매건 9만1천원에 청구범위의 1항마다 2만2천원을 가산한 금액
11. 「특허법」 제201조제1항에 따른 국내서면제출기간 경과 후 보정기간 내 출원정보를 제출하는 경우의 가산료		출원료의 100분의 50에 해당하는 금액
11의2. 「특허법」 제201조제1항의 각 호 외의 부분 단서에 따른 국어번역문 제출기간 연장료		매건 2만원
11의3. 「특허법」 제201조제6항에 따른 국어번역문의 오역정정료	가. 오역정정서를 전자문서로 제출하는 경우 나. 오역정정서를 서면으로 제출하는 경우	매건 7만1천원에 청구범위의 1항마다 2만2천원 가산한 금액 매건 9만1천원에 청구범위의 1항마다 2만2천원 가산한 금액
12. 출원인변경신고	가. 상속에 따른 경우 1) 전자문서로 하는 경우 2) 서면으로 하는 경우	 매건 5천원 매건 6천5백원
	나. 법인의 분할·합병에 따른 경우 1) 전자문서로 하는 경우 2) 서면으로 하는 경우	 매건 5천원 매건 6천5백원
	다. 「기업구조조정 촉진법」에 따른 영업양도의 경우 1) 전자문서로 하는 경우 2) 서면으로 하는 경우	 매건 5천원 매건 6천5백원
	라. 가.~다. 외의 사유에 따른 경우 1) 전자문서로 하는 경우 2) 서면으로 하는 경우	 매건 1만1천원 매건 1만3천원
13. 법정기간 연장신청	가. 1회 나. 2회 다. 3회 라. 4회 마. 5회 이상	매건 2만원 매건 3만원 매건 6만원 매건 12만원 매건 24만원
13의2. 지정기간 연장신청	가. 연장기간 중 1개월 이하 해당분 나. 연장기간 중 1개월 초과 2개월 이하 해당분 다. 연장기간 중 2개월 초과 3개월 이하 해당분 라. 연장기간 중 3개월 초과 4개월 이하 해당분 마. 연장기간 중 4개월 초과 해당분	2만원 3만원 6만원 12만원 1개월마다 24만원
14. 기간경과 구제 신청	가. 전자문서로 하는 경우 나. 서면으로 하는 경우	매건 1만5천원 매건 1만7천원
15. (2007.6.29 삭제)		

□ 특허료 및 특허등록 관련 수수료

구 분	내 용	요 금
1. 특허료		특허료(제2조제2항제1호 관련)와 같음
2. 특허권의 이전등록	가. 상속에 의한 경우	매건 1만4천원
	나. 법인의 분할·합병에 의한 경우	〃
	다. 「기업구조조정 촉진법」에 따른 영업양도의 경우	〃
	라. 가.~다. 외의 사유에 의한 경우	매건 4만원
3. 특허권의 실시권 설정·보존등록	가. 전용실시권 나. 통상실시권	매건 7만2천원 매건 4만3천원
3의2. 특허권을 목적으로 하는 질권의 설정등록		매건 2만원. 다만, 2026년 12월 31일까지 공동담보인 특허권이 6건을 초과하는 경우 초과하는 건마다 1만원
4. 특허권·전용실시권·통상실시권을 목적으로 하는 질권의 설정등록 또는 처분의 제한등록		매건 8만4천원. 다만, 회사의 정리, 파산 또는 화의와 관련 법원의 촉탁에 의한 처분 제한등록 또는 국가가 공익을 위하여 신청하는 처분의 제한등록에는 징수하지 아니함
5. 실시권·질권의 이전등록	가. 상속에 의한 경우	매건 1만4천원
	나. 법인의 분할·합병에 의한 경우	〃
	다. 「기업구조조정 촉진법」에 따른 영업양도의 경우	〃
	라. 가.~다. 외의 사유에 의한 경우	매건 4만3천원
6. 등록사항의 경정·변경(행정구역 또는 지번의 변경으로 인한 경우 및 등록명의인의 표시변경 또는 경정으로 인한 경우 제외)·취소·회복등록		매건 5천원
7. 가등록		매건 1만3천원
7의2. 가등록에 대한 처분의 제한등록		매건 1만3천원
8. 신탁등록 또는 그 변경등록		매건 2만원
9. (2007.6.29 삭제)		
10. 통상실시권 설정에 관한 재정청구 또는 재정의 취소신청		매건 2만6천원
11. (2014.2.21 삭제)		

□ **특허권 심판청구 관련 수수료**

구 분	내 용	요 금
1. 거절결정불복심판·정정심판·정정무효심판청구	가. 청구서를 전자문서로 제출하는 경우	매건 15만원에 특허출원 또는 특허권의 청구범위의 1항마다 1만5천원 가산
	나. 청구서를 서면으로 제출하는 경우	매건 17만원에 특허출원 또는 특허권의 청구범위의 1항마다 1만5천원 가산
2. (2009.7.1 삭제)		
3. 무효심판·특허권존속기간연장등록의 무효심판·권리범위확인심판 또는 통상실시권허여심판 청구		직접적으로 심판청구의 이유가 있는 청구항에 대하여 위 1.에 따라 산정한 금액
	가. 특허취소신청 청구서를 전자문서로 제출하는 경우	매건 5만원에 특허권의 청구범위의 1항마다 5천원을 가산한 금액
	나. 특허취소신청 청구서를 서면으로 제출하는 경우	매건 6만원에 특허권의 청구범위의 1항마다 5천원을 가산한 금액
4. 재심청구		원 심판의 종류에 따라 위 1.~3.에 의하여 산정한 금액
5. 정정청구	가. 정정청구서를 전자문서로 제출하는 경우	매건 3만원에 청구범위의 1항마다 7천원 가산. 다만, 특허이의신청과 관련되는 정정청구에 대해서는 매건 2만6천원
	나. 정정청구서를 서면으로 제출하는 경우	매건 4만원에 청구범위의 1항마다 7천원 가산. 다만, 특허이의신청과 관련되는 정정청구에 대해서는 매건 3만6천원
	다. 특허심판원에 정정청구서를 제출한 자가 특허취소신청절차·특허무효심판절차·정정의 무효심판 중에 정정청구서를 제출할 때 그 정정청구서에 첨부하려는 정정명세서 및 도면의 내용이 이미 제출된 정정명세서 및 도면의 내용과 동일하여 이를 원용한 정정청구서를 제출하는 경우	면제
6. 보정	가. 보정서를 전자문서로 제출하는 경우 나. 보정서를 서면으로 제출하는 경우	매건 4천원 매건 1만4천원
7. 심판 또는 재심청구 참가신청	가. 당사자참가 1) 전자문서로 하는 경우 2) 서면으로 하는 경우 나. 보조참가 1) 전자문서로 하는 경우 2) 서면으로 하는 경우	 매건 14만2천원 매건 15만원 매건 1만6천원 매건 1만8천원
8. 심판관의 제척·기피신청	가. 전자문서로 하는 경우 나. 서면으로 하는 경우	매건 1천원 매건 1천5백원
9. 비용액결정청구		매건 5백원
10. 집행문 정본청구		매건 4백원
11. 법정기간 연장신청 또는 기일변경신청	가. 1회 나. 2회 다. 3회 라. 4회 마. 5회 이상	매건 2만원 매건 3만원 매건 6만원 매건 12만원 매건 24만원
11의2. 지정기간 연장신청	가. 연장기간 중 1개월 이하 해당분 나. 연장기간 중 1개월 초과 2개월 이하 해당분 다. 연장기간 중 2개월 초과 3개월 이하 해당분 라. 연장기간 중 3개월 초과 4개월 이하 해당분 마. 연장기간 중 4개월 초과 해당분	2만원 3만원 6만원 12만원 1개월마다 24만원
12. 기간경과 구제신청	가. 전자문서로 제출하는 경우 나. 서면으로 제출하는 경우	매건 1만5천원 매건 1만7천원

□ **실용신안등록료 및 실용신안 관련 수수료**

구 분		내 용	요 금
제1항	1. 실용신안등록출원	가. 출원서를 전자문서로 제출하는 경우	매건 2만원. 다만, 첨부서류 중 명세서, 도면 및 요약서를 특허청에서 제공하지 않은 소프트웨어로 작성하여 제출한 경우(임시 명세서를 제출하는 경우 제외)에는 매건 2만5천원
		나. 출원서를 서면으로 제출하는 경우	매건 3만원에 명세서, 도면 및 요약서의 합이 20면을 초과하는 경우 초과하는 1면마다 1천원 가산
		다. 외국어실용신안등록출원의 출원서를 전자문서로 제출하는 경우	매건 3만2천원
		라. 외국어실용신안등록출원의 출원서를 서면으로 제출하는 경우	매건 4만2천원에 명세서, 도면 및 요약서의 합이 20면을 초과하는 경우 초과하는 1면마다 1천원 가산
	2. 분할출원	「실용신안법」 제11조에 따라 준용되는 「특허법」 제52조의 규정	실용신안권의 신규출원료에 해당하는 금액
	2의2. 기간연장	실용신안권의 존속기간연장등록출원	매건 15만원
	2의3. 분리출원	「실용신안법」 제11조에 따라 준용되는 「특허법」 제52조의2에 따른 규정	실용신안권의 신규출원료에 해당하는 금액
	3. 변경출원	「실용신안법」 제10조에 따른 규정	위 2.와 같음
	4. 우선권 주장 신청	가. 전자문서로 하는 경우 나. 서면으로 하는 경우	우선권 주장마다 1만8천원 우선권 주장마다 2만원
	5. 우선권 주장 추가	가. 전자문서로 하는 경우 나. 서면으로 하는 경우	우선권 주장마다 1만8천원 우선권 주장마다 2만원
	5의2. 실용신안등록출원의 공지 등이 되지 아니한 고안 주장 보완	가. 전자문서로 제출하는 경우 나. 서면으로 제출하는 경우	보완마다 1만8천원 보완마다 2만원
	6. 심사청구		매건 7만1천원에 청구범위의 1항마다 1만9천원 가산
	6의2. 재심사청구		매건 5만원에 청구범위의 1항마다 5천원을 가산
	7. 우선심사신청		매건 10만원. 다만, 우선심사대상이 아니라고 결정되거나 결정 전 우선심사신청을 포기·취하한 경우 2만원
	7의2. 심사청구 후 실용신안등록출원의 보정으로 청구항 추가		추가되는 청구항의 1항마다 1만9천원
	8. 보정	가. 보정서를 전자문서로 제출하는 경우 나. 보정서를 서면으로 제출하는 경우	매건 4천원 매건 1만4천원. 다만, 임시 명세서를 보정하는 경우에는 매건 1만4천원에 보정서 및 첨부서류의 합이 20면을 초과하는 경우 초과하는 1면마다 1천원을 가산한 금액
	8의2. 「실용신안법」 제8조의3 제6항에 따른 국어번역문의 오역정정료	가. 오역정정서를 전자문서로 제출하는 경우 나. 오역정정서를 서면으로 제출하는 경우	매건 3만5천원에 청구범위의 1항마다 9천원 가산한 금액 매건 4만5천원에 청구범위의 1항마다 9천원 가산한 금액
	9. 국제실용신안등록출원	국내서면제출기간 경과 후 보정기간 내에 제출하는 경우의 가산료	출원료의 100분의 50에 해당하는 금액
	9의2. 「실용신안법」 제35조제1항 각 호 외의 부분 단서에 따른 국어번역문 제출기간 연장료		매건 2만원
	9의3. 「실용신안법」 제35조제6항에 따른 국어번역문의 오역정정료	가. 오역정정서를 전자문서로 제출하는 경우 나. 오역정정서를 서면으로 제출하는 경우	매건 3만5천원에 청구범위의 1항마다 9천원 가산한 금액 매건 4만5천원에 청구범위의 1항마다 9천원 가산한 금액
	10. 출원인변경신고	가. 상속에 따른 경우 1) 전자문서로 하는 경우 2) 서면으로 하는 경우	 매건 5천원 매건 6천5백원
		나. 법인의 분할·합병에 따른 경우 1) 전자문서로 하는 경우 2) 서면으로 하는 경우	 매건 5천원 매건 6천5백원
		다. 「기업구조조정 촉진법」에 따른 영업양도의 경우 1) 전자문서로 하는 경우 2) 서면으로 하는 경우	 매건 5천원 매건 6천5백원
		라. 가.~다. 외의 사유에 따른 경우 1) 전자문서로 하는 경우 2) 서면으로 하는 경우	 매건 1만1천원 매건 1만3천원
	11. 법정기간 연장신청	가. 1회 나. 2회 다. 3회 라. 4회 마. 5회 이상	매건 2만원 매건 3만원 매건 6만원 매건 12만원 매건 24만원
	11의2. 지정기간 연장신청	가. 연장기간 중 1개월 이하 해당분 나. 연장기간 중 1개월 초과 2개월 이하 해당분 다. 연장기간 중 2개월 초과 3개월 이하 해당분 라. 연장기간 중 3개월 초과 4개월 이하 해당분 마. 연장기간 중 4개월 초과 해당분	2만원 3만원 6만원 12만원 1개월마다 24만원
	12. 기간경과 구제 신청	가. 전자문서로 제출하는 경우 나. 서면으로 제출하는 경우	매건 1만5천원 매건 1만7천원
	13. (2007.6.29 삭제)		
제2항	1. 실용신안등록료		실용신안등록료(제3조제2항제1호 관련)와 같음
	2. 실용신안권의 이전등록	가. 상속에 의한 경우	매건 1만4천원
		나. 법인의 분할·합병에 의한 경우	〃
		다. 「기업구조조정 촉진법」에 따른 영업양도의 경우	〃
		라. 가.~다. 외의 사유에 의한 경우	매건 4만원
	3. 실시권 설정·그 보존등록	가. 전용실시권 나. 통상실시권	매건 7만2천원 매건 4만3천원
	3의2. 실용신안권을 목적으로 하는 질권의 설정등록		매건 2만원. 다만, 2026년 12월 31일까지 공동담보인 실용신안권이 6건을 초과하는 경우 초과하는 건마다 1만원
	4. 실용신안권·전용실시권·통상실시권을 목적으로 하는 질권의 설정등록 또는 처분의 제한등록		매건 8만4천원. 다만, 회사의 정리, 파산 또는 화의와 관련 법원의 촉탁에 의한 처분의 제한등록 또는 국가가 공익을 위하여 신청하는 처분의 제한등록은 징수하지 아니함
	5. 실시권·질권의 이전등록	가. 상속에 의한 경우	매건 1만4천원
		나. 법인의 분할·합병에 의한 경우	〃
		다. 「기업구조조정 촉진법」에 따른 영업양도의 경우	〃
		라. 가.~다. 외의 사유에 의한 경우	매건 4만3천원
	6. 등록사항의 경정·변경(행정구역 또는 지번의 변경으로 인한 경우 및 등록명의인의 표시변경 또는 경정으로 인한 경우 제외)·취소·회복등록		매건 5천원
	7. 가등록		매건 1만3천원
	7의2. 가등록에 대한 처분의 제한등록		매건 1만3천원
	8. 신탁등록 또는 그 변경등록		매건 2만원
	9. (2007.6.29 삭제)		
	10. 통상실시권 설정에 관한 재정청구 또는 재정의 취소신청		매건 2만6천원
	11. (2014.2.21 삭제)		
제3항	1. 거절결정불복심판·정정심판·정정무효심판 청구	가. 청구서를 전자문서로 제출하는 경우	매건 15만원에 실용신안등록출원 또는 실용신안권의 청구범위의 1항마다 1만5천원을 가산
		나. 청구서를 서면으로 제출하는 경우	매건 17만원에 실용신안등록출원 또는 실용신안권의 청구범위의 1항마다 1만5천원을 가산

2. (2009.7.1 삭제)		
3. 무효심판·존속기간연장등록무효심판·권리범위확인심판·통상실시권허여심판청구		직접적으로 심판청구의 이유가 있는 청구항에 대하여 위 1.에 따라 산정한 금액
	가. 실용신안등록취소신청 청구서를 전자문서로 제출하는 경우	매건 5만원에 실용신안권의 청구범위의 1항마다 5천원을 가산한 금액
	나. 실용신안등록취소신청 청구서를 서면으로 제출하는 경우	매건 6만원에 실용신안권의 청구범위의 1항마다 5천원을 가산한 금액
4. 재심청구		원 심판의 종류에 따라 위 1.~3.에 의하여 산정한 금액
5. 정정청구	가. 정정청구서를 전자문서로 제출하는 경우	매건 3만원에 청구범위의 1항마다 7천원을 가산한 금액. 다만, 실용신안등록이의신청 또는 실용신안 기술평가와 관련되는 정정청구에 대해서는 매건 2만6천원
	나. 정정청구서를 서면으로 제출하는 경우	매건 4만원에 청구범위의 1항마다 7천원을 가산한 금액. 다만, 실용신안등록이의신청 또는 실용신안 기술평가와 관련되는 정정청구에 대해서는 매건 3만6천원
	다. 특허심판원에 정정청구서를 제출한 자가 실용신안등록취소신청절차·실용신안등록무효심판절차·정정의 무효심판 중에 정정청구서를 제출할 때 그 정정청구서에 첨부하려는 정정명세서 및 도면의 내용이 이미 제출된 정정명세서 및 도면의 내용과 동일하여 이를 원용한 정정청구서를 제출하는 경우	면제
6. 보정	가. 보정서를 전자문서로 제출하는 경우 나. 보정서를 서면으로 제출하는 경우	매건 4천원 매건 1만4천원
7. 심판 또는 재심청구의 참가신청	가. 당사자참가 1) 전자문서로 하는 경우 2) 서면으로 하는 경우 나. 보조참가 1) 전자문서로 하는 경우 2) 서면으로 하는 경우	 매건 14만2천원 매건 15만원 매건 1만6천원 매건 1만8천원
8. 심판관의 제척·기피신청	가. 전자문서로 하는 경우 나. 서면으로 하는 경우	매건 1천원 매건 1천5백원
9. 비용액 결정청구		매건 5백원
10. 집행문 정본청구		매건 4백원
11. 법정기간 연장신청 또는 기일변경신청	가. 1회 나. 2회 다. 3회 라. 4회 마. 5회 이상	매건 2만원 매건 3만원 매건 6만원 매건 12만원 매건 24만원
11의2. 지정기간 연장신청	가. 연장기간 중 1개월 이하 해당분 나. 연장기간 중 1개월 초과 2개월 이하 해당분 다. 연장기간 중 2개월 초과 3개월 이하 해당분 라. 연장기간 중 3개월 초과 4개월 이하 해당분 마. 연장기간 중 4개월 초과 해당분	2만원 3만원 6만원 12만원 1개월마다 24만원
12. 기간경과 구제신청	가. 전자문서로 제출하는 경우 나. 서면으로 제출하는 경우	매건 1만5천원 매건 1만7천원

□ **디자인등록료 및 디자인 관련 수수료**

구 분		내 용	요 금
제1항	1. 등록출원	가. 심사등록출원서를 전자문서로 제출하는 경우	1디자인마다 9만4천원. 다만, 첨부서류 중 도면을 특허청에서 제공하지 아니한 소프트웨어로 작성하여 제출한 경우에는 매건 9만9천원
		나. 심사등록출원서를 서면으로 제출하는 경우	1디자인마다 10만4천원
		다. 일부심사등록출원서를 전자문서로 제출하는 경우	1디자인마다 4만5천원. 다만, 첨부서류 중 도면을 특허청에서 제공하지 아니한 소프트웨어로 작성하여 제출한 경우에는 매건 5만원
		라. 일부심사등록출원서를 서면으로 제출하는 경우	1디자인마다 5만5천원
	2. 분할출원	「디자인보호법」 제50조 규정	디자인권의 신규출원료에 해당하는 금액
		가. 복수디자인등록출원의 일부 일련번호 디자인에 대한 분할출원을 전자문서로 하는 경우	1디자인마다 1만원. 다만, 일부심사등록출원을 심사등록출원으로 분할출원하는 경우 1디자인마다 5만9천원
		나. 복수디자인등록출원의 일부 일련번호 디자인에 대한 분할출원을 서면으로 하는 경우	1디자인마다 2만원. 다만, 일부심사등록출원을 심사등록출원으로 분할출원하는 경우 1디자인마다 6만9천원
	3.~4. (2005.7.1 삭제)		
	5. 등록출원의 우선권 주장 신청	가. 전자문서로 하는 경우 나. 서면으로 하는 경우	우선권 주장마다 1만8천원 우선권 주장마다 2만원
	6. 등록출원의 우선심사신청		1디자인마다 7만원. 다만, 해당 출원이 「디자인보호법 시행령」 제7조제2항에 따른 우선심사의 대상이 아니라고 결정되거나 결정 전 우선심사신청을 포기·취하한 경우에는 1만4천원
	7. 보정	가. 보정서를 전자문서로 제출하는 경우	1디자인마다 4천원. 다만, 디자인일부심사등록출원을 디자인심사등록출원으로 변경보정하는 경우에는 1디자인마다 5만3천원
		나. 보정서를 서면으로 제출하는 경우	1디자인마다 1만4천원. 다만, 디자인일부심사등록출원을 디자인심사등록출원으로 변경보정하는 경우에는 1디자인마다 6만3천원
		다.~라. (2014.12.31 삭제)	
		마. 「디자인보호법」 제64조에 따른 보정서를 전자문서로 제출하는 경우	1디자인마다 3만원. 다만, 일부심사등록출원을 심사등록출원으로 변경하는 보정을 하는 경우 1디자인마다 7만9천원
		바. 「디자인보호법」 제64조에 따른 보정서를 서면으로 제출하는 경우	1디자인마다 4만원. 다만, 디자인일부심사등록출원을 디자인심사등록출원으로 변경하는 보정을 하는 경우에는 1디자인마다 8만9천원
	8. 비밀디자인 청구	가. 청구서를 전자문서로 제출하는 경우 나. 청구서를 서면으로 제출하는 경우	1디자인마다 1만8천원 1디자인마다 2만원
	9. 출원공개 신청	가. 신청서를 전자문서로 제출하는 경우 나. 신청서를 서면으로 제출하는 경우	1디자인마다 2만1천원 1디자인마다 2만4천원
	9의2. 「디자인보호법」 제38조제3항에 따른 디자인등록출원에 대한 절차보완	가. 절차보완서를 전자문서로 제출하는 경우 나. 절차보완서를 서면으로 제출하는 경우	1디자인마다 4천원 1디자인마다 1만4천원
	10. 출원인변경 신고	가. 상속에 따른 경우 1) 전자문서로 하는 경우 2) 서면으로 하는 경우 나. 법인의 분할·합병에 따른 경우 1) 전자문서로 하는 경우 2) 서면으로 하는 경우 다. 「기업구조조정 촉진법」에 따른 영업양도의 경우 1) 전자문서로 하는 경우 2) 서면으로 하는 경우 라. 가.~다. 외의 사유에 따른 경우 1) 전자문서로 하는 경우 2) 서면으로 하는 경우	 매건 5천원 매건 6천5백원 매건 5천원 매건 6천5백원 매건 5천원 매건 6천5백원 매건 1만1천원 매건 1만3천원
	11. 법정기간 연장신청	가. 1회 나. 2회 다. 3회 라. 4회 마. 5회 이상	매건 2만원 매건 3만원 매건 6만원 매건 12만원 매건 24만원
	11의2. 지정기간 연장신청	가. 연장기간 중 1개월 이하 해당분 나. 연장기간 중 1개월 초과 2개월 이하 해당분 다. 연장기간 중 2개월 초과 3개월 이하 해당분 라. 연장기간 중 3개월 초과 4개월 이하 해당분 마. 연장기간 중 4개월 초과 해당분	2만원 3만원 6만원 12만원 1개월마다 24만원
	12. 기간경과 구제 신청	가. 전자문서로 제출하는 경우 나. 서면으로 제출하는 경우	매건 1만5천원 매건 1만7천원
	13. 이의신청		1디자인마다 5만원
제2항	1. 디자인등록료		디자인등록료(제4조제2항제1호 관련)와 같음
	2. 디자인권 이전등록	가. 상속에 의한 경우	매건 1만4천원
		나. 법인의 분할·합병에 의한 경우	〃
		다. 「기업구조조정 촉진법」의 규정에 따른 영업양도의 경우	〃
		라. 가.~다. 외의 사유에 의한 경우	매건 4만원
	3. 실시권 설정 또는 그 보존등록	가. 전용실시권 나. 통상실시권	매건 7만2천원 매건 4만3천원
	3의2. 디자인권을 목적으로 하는 질권의 설정등록		매건 2만원. 다만, 2026년 12월 31일까지 공동담보인 디자인권이 6건을 초과하는 경우 초과하는 건마다 1만원
	4. 디자인권·디자인권의 전용실시권·통상실시권을 목적으로 한 질권의 설정등록 또는 처분의 제한등록		매건 8만4천원. 다만, 회사의 정리, 파산 또는 화의와 관련 법원의 촉탁에 의한 처분의 제한등록 또는 국가가 공익을 위하여 신청하는 처분의 제한등록은 징수하지 아니함
	5. 실시권·질권의 이전등록	가. 상속에 의한 경우	매건 1만4천원
		나. 법인의 분할·합병에 의한 경우	〃
		다. 「기업구조조정 촉진법」의 규정에 따른 영업양도의 경우	〃
		라. 가.~다. 외의 사유에 의한 경우	매건 4만3천원
	6. 등록사항의 경정·변경(행정구역 또는 지번의 변경으로 인한 경우 및 등록명의인의 표시변경 또는 경정으로 인한 경우 제외)·취소·회복등록		매건 5천원
	7. 가등록		매건 1만3천원
	7의2. 가등록에 대한 처분의 제한등록		매건 1만3천원
	8. 신탁등록 또는 그 변경등록		매건 2만원

□ **심판청구 관련 수수료(디자인보호법 제85조 규정)**

구 분	내 용	요 금
1. 거절결정불복심판청구	가. 청구서를 전자문서로 제출하는 경우 나. 청구서를 서면으로 제출하는 경우	1디자인마다 24만원 1디자인마다 26만원
2. 보정각하결정불복심판청구	가. 청구서를 전자문서로 제출하는 경우 나. 청구서를 서면으로 제출하는 경우	매건 20만원 매건 22만원

3. 취소결정불복심판, 무효심판, 권리범위확인심판, 통상실시권허여심판청구		직접적으로 심판청구의 이유가 있는 디자인에 대하여 위 1.에 따라 산정한 금액
4. 재심청구		원 심판의 종류에 따라 위 1.~3.에 따라 산정한 금액
5. 보정	가. 보정서를 전자문서로 제출하는 경우 나. 보정서를 서면으로 제출하는 경우	매건 4천원 매건 1만4천원
6. 심판 또는 재심청구 참가신청	가. 당사자참가 1) 전자문서로 하는 경우 2) 서면으로 하는 경우 나. 보조참가 1) 전자문서로 하는 경우 2) 서면으로 하는 경우	 매건 14만2천원 매건 15만원 매건 1만6천원 매건 1만8천원
7. 심판관의 제척·기피신청	가. 전자문서로 하는 경우 나. 서면으로 하는 경우	매건 1천원 매건 1천5백원
8. 비용액결정청구		매건 5백원
9. 집행문 정본청구		매건 4백원
10. 법정기간 연장신청 또는 기일변경신청	가. 1회 나. 2회 다. 3회 라. 4회 마. 5회 이상	매건 2만원 매건 3만원 매건 6만원 매건 12만원 매건 24만원
10의2. 지정기간 연장신청	가. 연장기간 중 1개월 이하 해당분 나. 연장기간 중 1개월 초과 2개월 이하 해당분 다. 연장기간 중 2개월 초과 3개월 이하 해당분 라. 연장기간 중 3개월 초과 4개월 이하 해당분 마. 연장기간 중 4개월 초과 해당분	2만원 3만원 6만원 12만원 1개월마다 24만원
11. 기간경과 구제신청	가. 전자문서로 제출하는 경우 나. 서면으로 제출하는 경우	매건 1만5천원 매건 1만7천원

□ 상표등록료 및 상표 관련 수수료

구 분		내 용	요 금
제1항	1. 상표등록출원(단체표장·지리적 표시 단체표장·업무표장등록출원·증명표장출원 및 지리적 표시 증명표장출원 포함. 이하 같다), 지정상품(지정업무 포함)의 추가등록출원	가. 출원서를 전자문서로 제출하는 경우	1상품류 구분마다 5만2천원. 다만, 1상품류 구분의 지정상품이 10개를 초과하는 경우 그 초과지정상품마다 2천원을 가산한 금액
		나. 출원서를 서면으로 제출하는 경우	1상품류 구분마다 6만2천원. 다만, 1상품류구분의 지정상품이 10개를 초과하는 경우 그 초과지정상품마다 2천원을 가산한 금액
		다. 출원서를 전자문서로 제출하고, 그 지정상품을 「상표법 시행규칙」 별표1에 따라 특허청장이 정하여 고시하는 상품류에 속하는 상품의 명칭만으로 지정하는 경우	1상품류 구분마다 4만6천원. 다만, 1상품류 구분의 지정상품이 10개를 초과하는 경우 그 초과지정상품마다 2천원을 가산한 금액
		라. 출원서를 서면으로 제출하고, 그 지정상품을 「상표법 시행규칙」 별표1에 따라 특허청장이 정하여 고시하는 상품류에 속하는 상품의 명칭만으로 지정하는 경우	1상품류 구분마다 5만6천원. 다만, 1상품류 구분의 지정상품이 10개를 초과하는 경우 그 초과지정상품마다 2천원을 가산한 금액
	2. (2010.7.27 삭제)		
	3. 분할출원	상표권신규출원료의 해당 금액. 다만, 다류(多類)지정 상표등록출원의 분할출원이 다음에 해당하는 경우에는 분할출원마다 1만원 가. 동일 상품류구분에 속하는 지정상품의 변경없이 상품류구분만을 분할출원하는 경우 나. 동일 상품류구분에 속하는 지정상품을 삭제하면서 상품류구분만을 분할출원하는 경우	
	4. 변경출원	가. 전자문서로 제출하는 경우 나. 서면으로 제출하는 경우	매건 9천원 매건 1만원
	5. 상표등록출원의 우선권주장 신청	가. 전자문서로 하는 경우 나. 서면으로 하는 경우	1상품류구분마다 1만8천원 1상품류구분마다 2만원
	5의2. 상표등록출원의 우선심사신청		1상품류구분마다 16만원. 다만, 해당 출원이 「상표법」 제53조제2항에 따른 우선심사의 대상이 아니라고 결정되거나 결정 전 우선심사신청을 포기·취하한 경우 1상품류구분마다 3만2천원
	6. 보정(상표등록출원 또는 지정상품추가등록출원에 대하여 상품류구분 또는 지정상품 보정)	가. 보정서를 전자문서로 제출하는 경우	매건 4천원
		1) 보정 후의 상품류구분이 보정 전의 상품류구분을 초과하는 경우	매건 4천원에 그 초과하는 상품류구분마다 5만2천원을 가산한 금액
		2) 보정 후 1상품류구분의 지정상품이 10개를 초과하는 경우	매건 4천원에 그 초과하는 지정상품마다 2천원을 가산한 금액. 다만, 지정상품의 가산금 부과대상인 출원에 대한 보정인 경우에는 보정 후 지정상품 가산금 부과대상 상품이 보정전보다 증가된 상품마다 2천원을 가산한 금액
		나. 보정서를 서면으로 제출하는 경우	매건 1만4천원
		1) 보정 후의 상품류구분이 보정 전의 상품류구분을 초과하는 경우	매건 1만4천원에 그 초과하는 상품류구분마다 6만2천원을 가산한 금액
		2) 보정 후 1상품류구분의 지정상품이 10개를 초과하는 경우	매건 1만4천원에 그 초과하는 지정상품마다 2천원을 가산한 금액. 다만, 지정상품의 가산금 부과대상인 출원에 대한 보정인 경우에는 보정후 지정상품 가산금 부과대상 상품이 보정전보다 증가된 상품마다 2천원을 가산한 금액
	7. 위 6. 이외의 보정	가. 보정서를 전자문서로 제출하는 경우 나. 보정서를 서면으로 제출하는 경우	매건 4천원 매건 1만4천원
	7의2. 재심사청구료	가. 보정서를 전자문서로 제출하는 경우	재심사의 청구 대상이 되는 1상품류구분마다 2만원
		1) 보정 후의 상품류 구분이 보정 전의 상품류 구분을 초과하는 경우	초과하는 상품류 구분마다 5만2천원
		2) 보정 후 1상품류 구분의 지정상품이 10개를 초과하는 경우	초과하는 지정상품마다 2천원. 다만, 지정상품의 가산금 부과대상인 출원에 대한 보정인 경우에는 보정 후 지정상품 가산금 부과대상 상품이 보정전보다 증가된 상품마다 2천원
		나. 보정서를 서면으로 제출하는 경우	재심사의 청구 대상이 되는 1상품류구분마다 3만원
		1) 보정 후의 상품류 구분이 보정 전의 상품류 구분을 초과하는 경우	초과하는 상품류 구분마다 6만2천원
		2) 보정 후 1상품류 구분의 지정상품이 10개를 초과하는 경우	초과하는 지정상품마다 2천원. 다만, 지정상품의 가산금 부과대상인 출원에 대한 보정인 경우에는 보정 후 지정상품 가산금 부과대상 상품이 보정전보다 증가된 상품마다 2천원
	8. 상표등록·지정상품추가등록출원에 대한 절차보완		매건 1만원
	9. 출원인변경신고	가. 상속에 따른 경우 1) 전자문서로 하는 경우 2) 서면으로 하는 경우	 매건 5천원 매건 6천5백원
		나. 법인의 분할·합병에 따른 경우 1) 전자문서로 하는 경우 2) 서면으로 하는 경우	 매건 5천원 매건 6천5백원
		다. 「기업구조조정 촉진법」에 따른 영업양도의 경우 1) 전자문서로 하는 경우 2) 서면으로 하는 경우	 매건 5천원 매건 6천5백원
		라. 가.~다. 외의 사유에 따른 경우 1) 전자문서로 하는 경우 2) 서면으로 하는 경우	 매건 1만1천원 매건 1만3천원
	10. 법정기간 연장신청 또는 기일변경신청	가. 1회 나. 2회 다. 3회 라. 4회 마. 5회 이상	매건 2만원 매건 3만원 매건 6만원 매건 12만원 매건 24만원
	10의2. 지정기간 연장신청	가. 연장기간 중 1개월 이하 해당분 나. 연장기간 중 1개월 초과 2개월 이하 해당분 다. 연장기간 중 2개월 초과 3개월 이하 해당분 라. 연장기간 중 3개월 초과 4개월 이하 해당분 마. 연장기간 중 4개월 초과 해당분	2만원 3만원 6만원 12만원 1개월마다 24만원
	11. 기간경과 구제신청	가. 전자문서로 제출하는 경우 나. 서면으로 제출하는 경우	매건 1만5천원 매건 1만7천원
	12. 이의신청		1상품류구분마다 5만원
	13. 절차계속신청		매건 4만원
제2항	1. 상표권설정등록(단체표장권·지리적 표시 단체표장권·업무표장권·증명표장권 및 지리적 표시 증명표장권 포함. 이하 같다)		1상품류구분마다 20만1천원에 1상품류구분의 지정상품이 10개를 초과하는 경우 그 초과지정상품마다 2천원을 가산한 금액. 다만, 「상표법」 제72조제1항 후단에 따라 2회로 분할하여 납부하는 경우에는 1상품류구분마다 매회 12만2천원에 1상품류구분의 지정상품이 10개를 초과하는 경우 그 초과지정상품마다 1천원을 가산한 금액
	2. 지정상품 추가등록		1상품류구분마다 20만1천원에 1상품류구분의 지정상품이 10개를 초과하는 경우 그 초과지정상품마다 2천원을 가산한 금액
	3. 상표권 존속기간갱신등록	가. 존속기간 만료 전 1년 이내에 신청	1상품류구분마다 30만원에 1상품류구분의 지정상품이 10개를 초과하는 경우 그 초과지정상품마다 2천원을 가산한 금액. 다만, 「상표법」 제72조제1항 후단에 따라 2회로 분할하여 납부하는 경우에는 1상품류구분마다 매회 18만4천원에 1상품류구분의 지정상품이 10개를 초과하는 경우 그 초과지정상품마다 1천원을 가산한 금액
		나. 존속기간이 끝난 후 6개월 이내에 신청	1상품류구분마다 33만원에 1상품류구분의 지정상품이 10개를 초과하는 경우 그 초과지정상품마다 2천원을 가산한 금액. 다만, 「상표법」 제72조제1항 후단에 따라 2회로 분할하여 납부하는 경우에는 1상품류구분마다 매회 20만3천원에 1상품류구분의 지정상품이 10개를 초과하는 경우 그 초과지정상품마다 1천원을 가산한 금액
	4. 상표권의 이전등록	가. 상속에 의한 경우 나. 법인의 분할·합병에 의한 경우 다. 「기업구조조정 촉진법」의 규정에 따른 영업양도의 경우 라. 가.~다. 외의 사유에 의한 경우	매건 1만4천원 〃 〃 매건 4만원
	5. 다류지정상표권 분할등록		매건 5만6천원
	6. 상표권의 사용권 설정등록 또는 그 보존등록	가. 전용사용권 나. 통상사용권	매건 7만2천원 매건 4만3천원
	6의2. 상표권을 목적으로 하는 질권의 설정등록		매건 2만원. 다만, 2026년 12월 31일까지 공동담보인 상표권이 6건을 초과하는 경우 초과하는 건마다 1만원
	7. 상표권·상표권의 전용사용권·통상사용권을 목적으로 하는 질권의 설정등록·처분의 제한등록		매건 8만4천원. 다만, 회사의 정리, 파산 또는 화의와 관련한 법원의 촉탁으로 인한 제한등록 또는 국가가 공익을 위하여 신청하는 처분의 제한등록은 징수하지 아니함

	8. 사용권·질권의 이전등록	가. 상속에 의한 경우	매건 1만4천원
		나. 법인의 분할·합병에 의한 경우	〃
		다. 「기업구조조정 촉진법」의 규정에 따른 영업양도의 경우	〃
		라. 가.~다. 외의 사유에 의한 경우	매건 4만3천원
	9. 등록사항의 경정·변경(행정구역 또는 지번의 변경으로 인한 경우 및 등록명의인의 표시변경 또는 경정으로 인한 경우 제외)·취소 또는 회복등록		매건 5천원
	10. 가등록		매건 1만3천원
	10의2. 가등록에 대한 처분의 제한등록		매건 1만3천원
	11. 신탁등록 또는 그 변경등록		매건 2만원
	12. 상표등록료 납부기간연장청구		매건 2만원
	13. 절차계속신청		매건 4만원
제3항	1. 거절결정불복 심판청구	가. 청구서를 전자문서로 제출하는 경우	1) 직접적으로 심판청구의 이유가 있는 1상품류 구분마다 24만원. 다만, 심판청구의 이유가 있는 1상품류의 지정상품이 10개를 초과하는 경우 초과하는 지정상품마다 2천원을 가산 2) 상품분류전환등록신청에 대한 거절결정불복심판의 경우 : 매건 25만원
		나. 청구서를 서면으로 제출하는 경우	1) 직접적으로 심판청구의 이유가 있는 1상품류 구분마다 25만원. 다만, 심판청구의 이유가 있는 1상품류의 지정상품이 10개를 초과하는 경우 초과하는 지정상품마다 2천원을 가산 2) 상품분류전환등록신청에 대한 거절결정불복심판의 경우 : 매건 26만원
	2. 보정각하결정 불복심판청구	가. 청구서를 전자문서로 제출하는 경우 나. 청구서를 서면으로 제출하는 경우	매건 20만원 매건 22만원
	3. 무효심판, 권리범위확인심판, 상표권존속기간갱신등록무효심판, 상표등록취소심판, 사용권등록취소심판, 상품분류전환등록무효심판청구		직접적으로 심판청구의 이유가 있는 상품류 구분에 대하여 위 1.에 따라 산정한 금액
	4. 재심청구		원 심판의 종류에 따라 위 1.~3.에 의하여 산정한 금액
	5. 보정	가. 보정서를 전자문서로 제출하는 경우 나. 보정서를 서면으로 제출하는 경우	매건 4천원 매건 1만4천원
	6. 심판 또는 재심청구 참가신청	가. 당사자참가 1) 전자문서로 하는 경우 2) 서면으로 하는 경우 나. 보조참가 1) 전자문서로 하는 경우 2) 서면으로 하는 경우	 매건 14만2천원 매건 15만원 매건 1만6천원 매건 1만8천원
	7. 심판관의 제척·기피신청	가. 전자문서로 하는 경우 나. 서면으로 하는 경우	매건 1천원 매건 1천5백원
	8. 비용액 결정청구		매건 5백원
	9. 집행문 정본청구		매건 4백원
	10. 법정기간 연장신청 또는 기일변경신청	가. 1회 나. 2회 다. 3회 라. 4회 마. 5회 이상	매건 2만원 매건 3만원 매건 6만원 매건 12만원 매건 24만원
	10의2. 지정기간 연장신청	가. 연장기간 중 1개월 이하 해당분 나. 연장기간 중 1개월 초과 2개월 이하 해당분 다. 연장기간 중 2개월 초과 3개월 이하 해당분 라. 연장기간 중 3개월 초과 4개월 이하 해당분 마. 연장기간 중 4개월 초과 해당분	2만원 3만원 6만원 12만원 1개월마다 24만원
	11. 기간경과 구제신청	가. 전자문서로 제출하는 경우 나. 서면으로 제출하는 경우	매건 1만5천원 매건 1만7천원

□ 특허·실용신안·디자인 및 상표 관련 각종 증서·사본 발급신청 수수료

구 분	내 용	요 금
1. 특허증, 실용신안등록증, 디자인등록증(관련디자인등록증을 포함한다. 이하 같다), 상표등록증(단체표장등록증, 지리적 표시 단체표장등록증, 증명표장등록증, 지리적 표시 증명표장등록증, 업무표장등록증을 포함한다. 이하 같다), 외국어특허증, 외국어실용신안등록증, 영어디자인등록증, 영어상표등록증(영어 단체표장등록증, 영어 지리적 표시 단체표장등록증, 영어 증명표장등록증, 영어 지리적 표시 증명표장등록증, 영어 업무표장등록증을 포함한다. 이하 같다)의 재발급 신청	가. 재발급 신청을 전자문서로 하는 경우 나. 재발급 신청을 서면으로 하는 경우 다. 온라인으로 수령하는 경우	매건 5천원 매건 6천5백원 무료
1의2. 휴대용 특허증, 휴대용 실용신안등록증, 휴대용 디자인등록증, 휴대용 상표등록증, 휴대용 외국어특허증, 휴대용 외국어실용신안등록증, 휴대용 영어디자인등록증, 휴대용 영어 상표등록증의 발급(재발급을 포함한다) 신청	가. 발급신청을 전자문서로 하는 경우 나. 발급신청을 서면으로 하는 경우	매건 7천원 매건 9천원
2. 각종 서류의 등본·초본의 발급신청	가. 온라인으로 발급신청하고 온라인으로 수령하는 경우 나. 그 밖의 경우	무료 매건 5백원. 다만, 발급하는 서류가 10면을 초과하는 경우 5.의 나. 및 다.에 따른 금액 가산
3. 각종 서류의 증명신청	가. 온라인으로 신청하고 온라인으로 수령하는 경우 나. 그 밖의 경우 다. 가. 및 나.의 경우 복사가 필요한 첨부물이 있는 경우	무료 매건 5백원 가. 및 나.에 따른 신청료 외에 권리별로 5.의 나. 및 다.에 따른 금액 가산
4. 등록원부의 사본 또는 기록사항의 발급신청	가. 온라인으로 발급신청하고 온라인으로 수령하는 경우 나. 그 밖의 경우	무료 매건 5백원. 다만, 발급하는 서류가 10면을 초과하는 경우 5.의 나. 및 다.에 따른 금액 가산
5. 출원 관련서류, 등록 관련서류, 이의신청 관련서류, 심판 관련서류와 정보제공 관련서류의 사본 발급신청 및 공보류(마이크로필름류 및 광디스크류 포함) 또는 도서의 복사신청	가. 온라인으로 수령하는 경우(공보류 또는 도서의 복사 제외) 나. 서면으로 수령하는 경우 다. 모사전송으로 수령하는 경우	무료 매면 100원 매면 300원
6.~8. (2005.3.31 삭제)		
9. 심판 관련 멀티미디어 파일 복사신청	가. 온라인으로 복사신청하는 경우 나. 서면으로 복사신청하는 경우	매건 9천원 매건 1만원
10. (2005.3.31 삭제)		

※비고 : 2.부터 5.까지에 따른 각종 증서 또는 서류를 우편으로 발급 신청하는 경우에 우송에 드는 비용은 신청인 부담

□ 국제출원수수료

구 분	내 용	요 금
1. 「특허협력조약」	가. 송달료	매건 4만5천원
	나. 국제출원료	특허청장이 「특허협력조약」 제2조(xix)의 규정에 따른 국제사무국(이하 "국제사무국"이라 한다)과 협의하여 정하는 금액
	다. 조사료 1) 특허청을 국제조사기관으로 하는 경우	국어 조사의 경우 매건 45만원, 영어 조사의 경우 매건 120만원. 다만, 「특허법 시행규칙」 제106조의22에 따라 특허청장은 심사관이 국제조사보고서를 작성할 때 해당 국제출원의 우선권 주장의 기초가 되는 다른 국제출원의 국제조사보고서를 이용하거나 해당 국제출원과 관련된 국내출원의 심사의 결과를 이용하는 경우에는 출원인의 청구에 따라 납부된 조사료의 100분의 75에 해당하는 금액을 반환[특허청장이 정하여 고시하는 국가의 국적을 가진 자로서 해당 국가에 주소 또는 영업소를 가진 자(둘 이상의 자가 공동으로 출원하는 경우에는 출원인 모두가 해당해야 한다)가 특허청을 국제조사기관으로 지정한 국제출원의 조사료에 대해서 100분의 75를 감면받은 경우는 제외한다]한다.
	2) 특허청 외의 기관을 국제조사기관으로 하는 경우	「특허협력조약 규칙」 16.1(a)의 규정에 따라 관할 국제조사기관이 정하는 금액에 상당하는 원화금액으로서 특허청장이 국제사무국과 협의하여 정하는 금액
2. 마드리드의정서	가. 국제출원 또는 사후지정신청 1) 국제출원서 또는 사후지정신청서를 전자문서로 제출하는 경우	매건 5천원
	2) 국제출원서 또는 사후지정신청서를 서면으로 제출하는 경우	매건 1만5천원
	나. 국제등록존속기간갱신신청 또는 국제등록명의변경등록신청 1) 신청서를 전자문서로 제출하는 경우	매건 3천원
	2) 신청서를 서면으로 제출하는 경우	매건 1만3천원
	다. 국제상표등록출원 라. 국제등록존속기간갱신 마. 국제상표등록출원에 대하여 지정상품을 보정하는 경우	1상품류구분마다 28만원 1상품류구분마다 32만원 매건 1만원
3. 헤이그협정	가. 송달료 1) 국제출원서를 전자문서로 제출하는 경우	1건마다 5천원
	2) 국제출원서를 서면으로 제출하는 경우	1건마다 1만5천원
	나. 국제등록디자인권의 존속기간 갱신 1) 일부심사출원	헤이그협정 공통규칙의 수수료표에서 정한 표준지정수수료
	2) 심사출원 가) 1차 갱신수수료(6년분부터 10년분까지)	1디자인마다 38만5천원
	나) 2차 갱신수수료(11년분부터 15년분까지)	1디자인마다 91만원
	다) 3차 갱신수수료(16년분부터 20년분까지)	1디자인마다 1백5만원
	다. 국제디자인등록출원 1) 일부심사출원	헤이그협정 공통규칙의 수수료표에서 정한 3수준의 표준지정수수료
	2) 심사출원	1디자인마다 23만9천원

사건별 부호문자

(2022년 5월 26일 대법원재판예규 제1812호 사건별 부호문자의 부여에 관한 예규에 의함)

사 건 명	부호
민사1심합의사건	가합
민사1심단독사건	가단
민사소액사건	가소
민사항소사건	나
민사상고사건	다
민사항고사건	라
민사재항고사건	마
민사특별항고사건	그
민사준항고사건	바
민사조정사건	머
화해사건	자
독촉사건	차
전자독촉사건	차전
민사공조사건	러
민사가압류, 가처분등 합의사건	카합
민사가압류, 가처분등 단독사건	카단
공시최고사건	카공
담보취소등사건	카담
재산명시등사건	카명
채무불이행자명부등재사건	카불
재산조회사건	카조
소송구조등사건	카구
소송비용액확정결정신청사건	카확
확정된 소송기록에 대한 열람신청사건	카열
임차권등기명령등사건	카임
강제집행정지사건	카정
판결(결정)경정사건	카경
제소명령사건	카소
기타민사신청사건	카기
부동산등경매사건	타경
채권등집행사건	타채
채권배당사건	타배
부동산인도명령사건	타인
기타집행사건	타기
비송합의사건	비합
비송단독사건	비단
회생합의사건	회합
회생단독사건	회단
간이회생합의사건	간회합
간이회생단독사건	간회단
회생채권·회생담보권 조사확정사건	회확
기타 회생 관련 신청사건	회기
파산합의사건	하합
파산단독사건	하단
파산채권 조사확정사건	하확
면책사건	하면
기타 파산·면책 관련 신청사건	하기
개인회생사건	개회
개인회생채권 조사확정사건	개확
기타 개인회생 관련 신청사건	개기
국제도산 승인사건	국승

사 건 명	부호
국제도산 지원사건	국지
과태료사건	과
선박, 유류등책임제한사건	책
증인감치사건	정가
채무자감치사건	정명
증인·채무자감치항고사건	정라
증인·채무자감치재항고사건	정마
형사1심합의사건	고합
형사1심단독사건	고단
약식정재청구1심단독사건	고정
약식사건	고약
전자약식사건	고약전
형사항소사건	노
형사상고사건	도
형사항고사건	로
형사재항고사건	모
비상상고사건	오
형사준항고사건	보
형사보상청구사건	코
즉결심판사건	조
형사공조사건	토
체포·구속적부심사건	초적
보석사건	초보
재정신청사건, 재정신청 비용지급신청사건	초재
사회봉사허가청구사건, 사회봉사허가취소청구사건	초사
기타형사신청사건	초기
치료감호1심사건	감고
치료감호항소사건	감노
치료감호상고사건	감도
치료감호항고사건	감로
치료감호재항고사건	감모
치료감호비상상고사건	감오
치료감호공조사건	감토
치료감호신청사건	감초
부착명령1심사건	전고
부착명령항소사건	전노
부착명령상고사건	전도
부착명령비상상고사건	전오
부착명령신청사건	전초
부착명령항고사건	전로
부착명령재항고사건	전모
보호관찰명령1심사건	보고
보호관찰명령항소사건	보노
보호관찰명령상고사건	보도
보호관찰명령비상상고사건	보오
보호관찰명령신청사건	보초
보호관찰명령항고사건	보로
보호관찰명령재항고사건	보모
치료명령1심사건	치고
치료명령항소사건	치노
치료명령상고사건	치도
치료명령비상상고사건	치오

사 건 명	부호
치료명령신청(치료기간연장, 준수사항 추가·변경·삭제 청구, 치료명령집행면제)사건	치초
성폭력수형자치료명령1심사건	초치
치료명령항고사건	치로
치료명령재항고사건	치모
아동·청소년보호1심사건	동고
아동·청소년보호항소사건	동노
아동·청소년보호상고사건	동도
아동·청소년보호비상상고사건	동오
아동·청소년보호신청사건	동초
소년보호사건	푸
소년보호항고사건	크
소년보호재항고사건	트
소년보호신청사건	푸초
소년보호집행감독사건	푸집
가정보호사건	버
가정보호항고사건	서
가정보호재항고사건	어
가정보호신청사건	저
가정보호집행감독사건	버집
피해자보호명령사건	처
피해자보호명령항고사건	커
피해자보호명령재항고사건	터
피해자보호명령집행감독사건	처집
아동보호사건	동버
아동보호항고사건	동서
아동보호재항고사건	동어
아동보호신청사건	동저
아동보호집행감독사건	동버집
피해아동보호명령사건	동처
피해아동보호명령항고사건	동커
피해아동보호명령재항고사건	동터
피해아동보호명령집행감독사건	동처집
성매매관련보호사건	성
성매매관련보호항고사건	성로
성매매관련보호재항고사건	성모
성매매관련보호신청사건	성초
인신보호사건	인
인신보호항고사건	인라
인신보호재항고사건	인마
인신보호신청사건	인카
법정질서위반감치등사건	정고
기타감치신청사건	정기
법정질서위반감치등항고사건	정로
법정질서위반감치등특별항고사건	정모
가사1심합의사건	드합
가사1심단독사건	드단
가사항소사건	르
가사상고사건	므

사 건 명	부호
가사항고사건	브
가사재항고사건	스
가사특별항고사건	으
가사조정사건	너
가사공조사건	츠
가사가압류, 가처분등 합의사건	즈합
가사가압류, 가처분등 단독사건	즈단
기타가사신청사건	즈기
가사비송합의사건	느합
가사비송단독사건	느단
후견개시사건	후개
기본 후견감독사건	후감
기타후견사건	후기
개명사건	호명
가족관계등록(제적)비송사건	호기
협의이혼의사확인 신청사건	호협
행정1심사건	구합
행정1심재정단독사건	구단
행정항소사건	누
행정상고사건	두
행정항고사건	루
행정재항고사건	무
행정특별항고사건	부
행정준항고사건	사
행정신청사건	아
특허1심사건	허
특허상고사건	후
특허재항고사건	흐
특허특별(준)항고사건	히
특허신청사건	카허
선거소송사건	수
선거상고사건	우
선거항고(재항고, 준항고, 특별항고)사건	수호
선거신청사건	주
특수소송사건	추
특수신청사건	쿠
의무불이행자감치등사건	정드
의무불이행자감치등항고사건	정브
의무불이행자감치등재항고사건	정스
과태료체납자감치사건	정과
과태료체납자감치항고사건	정러
과태료체납자감치재항고사건	정머
국세체납자감치사건	정국
국세체납자감치항고사건	정루
국세체납자감치재항고사건	정무
관세체납자감치사건	정관
관세체납자감치항고사건	정르
관세체납자감치재항고사건	정므
지방세체납자감치사건	정지
지방세체납자감치항고사건	정리
지방세체납자감치재항고사건	정미

형법 죄명별 공소시효표

(1) 형사소송법 제249조 참조.
(2) 형법 죄명에 따른 공소시효이며, 특별법이 적용되는 사항에 따라서는 다소 차이가 있을 수 있습니다.

적용법조	죄 명	공소시효
내란의 죄		
제87조1호	내란수괴죄	25년
2호	내란(모의참여, 중요임무종사, 실행)	25년
3호	내란 부화수행죄	7년
제88조	내란목적의 살인죄	영구
제89조	내란죄의 미수범	제87조, 제88조 적용
제90조	내란죄의 예비, 음모, 선동, 선전죄	10년
외환의 죄		
제92조	외환유치죄	25년
제93조	여적죄	25년
제94조1항	모병이적죄	25년
제94조2항	모병이적에 응한 죄	15년
제95조	시설제공이적죄	25년
제96조	시설파괴이적죄	25년
제97조	물건제공이적죄	15년
제98조	간첩죄	25년
제99조	일반이적죄	15년
제100조	외환죄의 미수범	제92조 내지 제99조 적용
제101조	외환죄의 예비, 음모, 선동, 선전죄	10년
제103조	전시군수계약불이행죄	10년
국기에 관한 죄		
제105조	국기, 국장의 모독죄	7년
제106조	국기, 국장의 비방죄	5년
국교에 관한 죄		
제107조	외국원수에 대한 폭행등 죄	7년
제108조1항	외국사절에 대한 폭행·협박죄	7년
제108조2항	외국사절에 대한 모욕·명예훼손죄	5년
제109조	외국의 국기, 국장의 모독죄	5년
제111조1항, 2항	외국에 대한 사전죄	10년
제111조3항	외국에 대한 사전예비음모죄	5년
제112조	중립명령위반죄	5년
제113조	외교상기밀의 누설죄	7년
공안을 해하는 죄		
제114조	범죄단체등의 조직죄	목적한 죄의 공소시효 적용
제115조	소요죄	10년
제116조	다중불해산죄	5년
제117조	전시공수계약불이행죄	5년
제118조	공무원자격의 사칭죄	5년
폭발물에 관한 죄		
제119조	폭발물사용죄	25년
제120조	폭발물사용죄의 예비, 음모, 선동죄	10년
제121조	전시폭발물제조등 죄	10년
공무원의 직무에 관한 죄		
제122조	직무유기죄	5년
제123조	직권남용죄	7년
제124조	불법체포, 불법감금죄	7년
제125조	특수공무원의 폭행, 가혹행위죄	7년
제126조	피의사실공표죄	5년
제127조	공무상비밀의 누설죄	5년
제128조	선거방해죄	10년
제129조1항	단순수뢰죄	7년
제129조2항	사전수뢰죄	5년
제130조	제삼자뇌물제공죄	7년
제131조1항, 2항	수뢰후부정처사, 사후수뢰죄	10년
제131조3항	사후수뢰죄(공무원 또는 중재인이었던 자)	7년
제132조	알선수뢰죄	5년
제133조	뇌물공여등 죄	7년
공무방해에 관한 죄		
제136조	공무집행방해죄	7년
제137조	위계에 의한 공무집행방해죄	7년
제138조	법정 또는 국회회의장모욕죄	5년
제139조	인권옹호직무방해죄	7년
제140조	공무상비밀표시무효죄	7년
제140조의2	부동산강제집행효용침해죄	7년
제141조1항	공용서류등의 무효죄	7년
제141조2항	공용물의 파괴죄	10년
제142조	공무상보관물의 무효죄	7년
제144조2항 전단	특수공무방해치상죄	10년
제144조2항 후단	특수공무방해치사죄	15년
도주와 범인은닉의 죄		
제145조	도주, 집합명령위반죄	5년
제146조	특수도주죄	7년
제147조	도주원조죄	10년
제148조	간수자의 도주원조죄	10년
제150조	도주원조죄의 예비, 음모죄	5년
제151조1항	범인은닉죄	5년
위증과 증거인멸의 죄		
제152조1항	위증죄	7년
제152조2항	모해위증죄	10년
제154조	허위의 감정·통역·번역위증죄	7년
제154조	모해허위의 감정·통역·번역위증죄	10년
제155조1항	협의의 증거인멸죄	7년
제155조2항	증인은닉죄	7년
제155조3항	모해증거인멸죄	10년
무고의 죄		
제156조	무고죄	10년

신앙에 관한 죄		
제158조	장례식등의 방해죄	5년
제159조	사체등의 오욕죄	5년
제160조	분묘의 발굴죄	7년
제161조1항	시체등의 유기등 죄	7년
제161조2항	분묘발굴 시체등의 유기등 죄	10년
제163조	변사체 검시방해죄	5년
방화와 실화의 죄		
제164조1항	현주건조물등 방화죄	15년
제164조2항 전단	현주건조물방화치상죄	15년
제164조2항 후단	현주건조물방화치사죄	영구
제165조	공용건조물등 방화죄	15년
제166조1항	일반건조물등 방화죄	10년
제166조2항	자기 소유 일반건조물등 방화죄	7년
제167조1항	일반물건 방화죄	10년
제167조2항	자기 소유 일반물건 방화죄	5년
제168조1항	연소죄	10년
제168조2항	연소죄	7년
제169조	진화방해죄	10년
제170조	실화죄	5년
제171조	업무상실화, 중실화죄	5년
제172조1항	폭발성물건파열죄	10년
제172조2항	폭발성물건파열치사상죄	15년
제172조의2 1항	가스·전기등 방류죄	10년
제172조의2 2항	가스·전기등 방류치사상죄	15년
제173조1항, 2항	가스·전기등 공급방해죄	10년
제173조3항 전단	가스·전기등 공급방해치상죄	10년
제173조3항 후단	가스·전기등 공급방해치사죄	15년
제173조의2	과실폭발성물건파열등 죄	7년
제175조	방화죄등의 예비, 음모죄	7년
일수와 수리에 관한 죄		
제177조1항	현주건주물등에의 일수죄	15년
제177조2항	현주건조물등에의 일수치사상죄	15년
제178조	공용건조물등에의 일수죄	15년
제179조1항	일반건조물등에의 일수죄	10년
제179조2항	자기 소유 일반건조물등에의 일수죄	5년
제180조	방수방해죄	10년
제181조	과실일수죄	5년
제183조	일수죄의 예비, 음모죄	5년
제184조	수리방해죄	7년
교통방해의 죄		
제185조	일반교통방해죄	10년
제186조	기차, 선박등의 교통방해죄	10년
제187조	기차등의 전복등 죄	15년
제188조	교통방해치사상죄	15년
제189조	과실, 업무상과실, 중과실에 의한 교통방해죄	5년
제191조	교통방해죄의 예비, 음모죄	5년
먹는 물에 관한 죄		
제192조1항	먹는 물의 사용방해죄	5년
제192조2항	독물등 혼입에 의한 먹는 물 사용방해죄	10년
제193조	수돗물의 사용방해죄	10년
제194조	먹는 물 혼독치사상죄	15년
제195조	수도불통죄	10년
제197조	먹는 물에 관한 죄의 예비, 음모죄	5년
아편에 관한 죄		
제198조	아편등의 제조등 죄	10년
제199조	아편흡식기의 제조등 죄	7년
제200조	세관공무원의 아편등의 수입죄	10년
제201조	아편흡식등, 동장소제공죄	7년
제205조	아편등의 소지죄	5년
통화에 관한 죄		
제207조1항, 4항	내국통화위조등 및 동행사, 수입등 죄	15년
제207조2항, 3항, 4항	외국통화위조등 및 동행사, 수입등 죄	10년
제208조	위조통화의 취득죄	7년
제210조	위조통화 취득 후의 지정행사죄	5년
제211조	통화유사물의 제조등 죄	5년
제213조	통화에 관한 죄의 예비, 음모죄	7년
유가증권, 우표와 인지에 관한 죄		
제214조	유가증권의 위조등 죄	10년
제215조	자격모용에 의한 유가증권의 작성죄	10년
제216조	허위유가증권의 작성등 죄	7년
제217조	위조유가증권등의 행사등 죄	10년
제218조	인지·우표의 위조등 죄	10년
제219조	위조인지·우표등의 취득죄	5년
제221조	소인말소죄	5년
제222조	인지·우표유사물의 제조등 죄	5년
제224조	유가증권, 우표와 인지에 관한 죄의 예비, 음모죄	5년
문서에 관한 죄		
제225조, 제229조	공문서등의 위조·변조 및 동행사죄	10년
제226조, 제229조	자격모용에 의한 공문서등의 작성 및 동행사죄	10년
제227조, 제229조	허위공문서등의 작성 및 동행사죄	7년
제227조의2, 제229조	공전자기록위작·변작 및 동행사죄	10년
제228조1항, 제229조	공정증서원본등의 부실기재 및 동행사죄	7년
제228조2항, 제229조	공정증서원본등의 부실기재 및 동행사죄	5년
제230조	공문서등의 부정행사죄	5년
제231조, 제234조	사문서등의 위조·변조 및 동행사죄	7년

제232조, 제234조	자격모용에 의한 사문서의 작성 및 동행사죄	7년
제232조의2, 제234조	사전자기록위작·변작 및 동행사죄	7년
제233조, 제234조	허위진단서등의 작성 및 동행사죄	5년
제236조	사문서의 부정행사죄	5년
	인장에 관한 죄	
제238조	공인등의 위조, 부정사용 및 동행사죄	7년
제239조	사인등의 위조, 부정사용 및 동행사죄	5년
	성풍속에 관한 죄	
제242조	음행매개죄	5년
제243조	음화반포등 죄	5년
제244조	음화제조등 죄	5년
제245조	공연음란죄	5년
	도박과 복표에 관한 죄	
제246조	도박, 상습도박죄	5년
제247조	도박장소등 개설죄	7년
제248조1항	복표의 발매죄	7년
제248조2항, 3항	복표의 발매중개, 복표의 취득죄	5년
	살인의 죄	
제250조	살인, 존속살해죄	영구
제252조	촉탁, 승낙에 의한 살인등 죄	10년
제253조	위계등에 의한 촉탁살인등 죄	영구
제255조	살인죄의 예비, 음모죄	10년
	상해와 폭행의 죄	
제257조1항	상해죄	7년
제257조2항	존속상해죄	10년
제258조	중상해, 존속중상해죄	10년
제258조의2	특수상해죄	10년
제259조1항	상해치사죄	10년
제259조2항	존속상해치사죄	15년
제260조1항	폭행죄	5년
제260조2항	존속폭행죄	7년
제261조	특수폭행죄	7년
제262조	폭행치상죄	7년
제262조	존속폭행치상죄	10년
제262조	폭행중상해, 존속폭행중상해죄	10년
제262조	폭행치사죄	10년
제262조	존속폭행치사죄	15년
	과실치사상의 죄	
제266조	과실치상죄	5년
제267조	과실치사죄	5년
제268조	업무상과실·중과실 치사상죄	7년
	낙태의 죄	
제269조1항, 2항	낙태죄	5년
제269조3항 전단	촉탁·승낙낙태치상죄	5년
제269조3항 후단	촉탁·승낙낙태치사죄	7년
제270조1항, 2항	의사등의 낙태, 부동의낙태죄	5년
제270조3항 전단	의사등의 낙태, 부동의낙태치상죄	7년
제270조3항 후단	의사등의 낙태, 부동의낙태치사죄	10년
	유기와 학대의 죄	
제271조1항	유기죄	5년
제271조2항, 4항	존속유기죄 및 존속유기로 인한 생명에 위험을 초래한 죄	10년
제271조3항	단순유기로 인한 생명에 위험을 초래한 죄	7년
제273조1항	학대죄	5년
제273조2항	존속학대죄	7년
제274조	아동혹사죄	7년
제275조1항 전단	(제271조 또는 제273조) 유기등 치상죄	7년
제275조1항 후단	(제271조 또는 제273조) 유기등 치사죄	10년
제275조2항 전단	존속(제271조 또는 제273조) 유기등 치상죄	10년
제275조2항 후단	존속(제271조 또는 제273조) 유기등 치사죄	15년
	체포와 감금의 죄	
제276조1항	체포감금죄	7년
제276조2항	존속체포감금죄	10년
제277조1항	중체포, 중감금죄	7년
제277조2항	존속중체포, 존속중감금죄	10년
제278조	특수체포, 특수감금죄	7년
제278조	존속특수체포·감금죄	10년
제278조	특수중체포·감금죄	10년
제278조	존속특수중체포·감금죄	10년
제281조1항	체포감금치상죄	10년
제281조1항	체포감금치사죄	10년
제281조2항	존속체포감금치상죄	10년
제281조2항	존속체포감금치사죄	15년
	협박의 죄	
제283조1항	협박죄	5년
제283조2항	존속협박죄	7년
제284조	특수협박죄	7년
	약취, 유인 및 인신매매의 죄	
제287조	미성년자의 약취, 유인죄	10년
제288조1항	추행, 간음, 결혼 또는 영리목적의 약취·유인죄	10년
제288조2항	노동력 착취, 성매매와 성적 착취, 장기적출 목적의 약취·유인죄	10년
제288조3항	국외이송을 위한 약취·유인, 약취·유인된 사람을 국외이송한 죄	10년
제289조1항	인신매매죄	7년
제289조2항	추행, 간음, 결혼 또는 영리목적의 인신매매죄	10년
제289조3항	노동력 착취, 성매매와 성적 착취, 장기적출 목적의 인신매매죄	10년

제289조4항	국외이송을 위한 인신매매, 매매된 사람을 국외이송한 죄	10년
제290조1항	(제287조부터 제289조까지) 약취, 유인, 매매, 이송 등 상해죄	10년
제290조2항	(제287조부터 제289조까지) 약취, 유인, 매매, 이송 등 치상죄	10년
제291조1항	(제287조부터 제289조까지) 약취, 유인, 매매, 이송 등 살인죄	영구
제291조2항	(제287조부터 제289조까지) 약취, 유인, 매매, 이송 등 치사죄	15년
제292조	(제287조부터 제289조까지) 약취, 유인, 매매, 이송된 사람의 수수 또는 은닉죄	7년
강간과 추행의 죄		
제297조	강간죄	10년
제297조의2	유사강간죄	10년
제298조	강제추행죄	10년
제299조	준강간, 준강제추행죄	10년
제301조	강간 등 상해·치상죄	15년
제301조의2 전단	강간등 살인죄	영구
제301조의2 후단	강간등 치사죄	15년
제302조	미성년자등에 대한 간음죄	7년
제303조	업무상위력등에 의한 간음죄	7년
제305조, 제297조	미성년자(13세미만, 13세이상 16세미만)에 대한 간음, 추행죄	10년
제305조, 제301조	미성년자(13세미만, 13세이상 16세미만)에 대한 간음, 추행, 상해·치상죄	15년
제305조의3	예비, 음모	5년
명예에 관한 죄		
제307조1항	명예훼손죄	5년
제307조2항	허위사실적시명예훼손죄	7년
제308조	사자의 명예훼손죄	5년
제309조1항	출판물등에 의한 명예훼손죄	5년
제309조2항	허위사실적시출판물등에 의한 명예훼손죄	7년
제311조	모욕죄	5년
신용, 업무와 경매에 관한 죄		
제313조	신용훼손죄	7년
제314조	업무방해죄	7년
제315조	경매, 입찰의 방해죄	5년
비밀침해의 죄		
제316조	비밀침해죄	5년
제317조	업무상비밀누설죄	5년
주거침입의 죄		
제319조	주거침입, 퇴거불응죄	5년
제320조	특수주거침입죄	7년
제321조	주거·신체수색죄	5년
권리행사를 방해하는 죄		
제323조	권리행사방해죄	7년
제324조1항	강요죄	7년
제324조2항	특수강요죄	10년
제324조의2	인질강요죄	10년
제324조의3	인질상해·치상죄	15년
제324조의4 전단	인질살해죄	영구
제324조의4 후단	인질치사죄	15년
제325조	점유강취, 준점유강취죄	7년
제326조	중권리행사방해죄	10년
제327조	강제집행면탈죄	5년
절도와 강도의 죄		
제329조	절도죄	7년
제330조	야간주거침입절도죄	10년
제331조	특수절도죄	10년
제331조의2	자동차등 불법사용죄	5년
제333조	강도죄	10년
제334조	특수강도죄	15년
제335조	준강도죄	10년
제335조	준특수강도죄	15년
제336조	인질강도죄	10년
제337조	강도상해, 치상죄	15년
제338조 전단	강도살인죄	영구
제338조 후단	강도치사죄	15년
제339조	강도강간죄	15년
제340조1항, 2항	해상강도, 해상강도상해치상죄	15년
제340조3항	해상강도살인죄	영구
	해상강도치사, 강간죄	25년
제341조	상습강도, 상습특수강도, 상습인질강도, 상습해상강도등 죄	15년
제343조	강도죄의 예비음모죄	7년
사기와 공갈의 죄		
제347조	사기죄	10년
제347조의2	컴퓨터등 사용사기죄	10년
제348조	준사기죄	10년
제348조의2	편의시설부정이용죄	5년
제349조	부당이득죄	5년
제350조	공갈죄	10년
제350조의2	특수공갈죄	10년
횡령과 배임의 죄		
제355조	횡령, 배임죄	7년
제356조	업무상의 횡령과 배임죄	10년
제357조1항	배임수뢰죄	7년
제357조2항	배임증뢰죄	5년
제360조	점유이탈물횡령죄	5년
장물에 관한 죄		
제362조	장물의 취득, 알선등 죄	7년
제363조	상습장물의 취득, 알선등 죄	10년
제364조	업무상과실, 중과실로 인한 장물취득등 죄	5년
손괴의 죄		
제366조	재물손괴등 죄	5년
제367조	공익건조물파괴죄	10년
제368조1항	중손괴죄	10년
제368조2항 전단	재물손괴등 치상죄	10년
제368조2항 후단	재물손괴등 치사죄	10년
제369조1항	특수재물손괴등 죄	7년
제369조2항	특수공익건조물파괴죄	10년
제370조	경계침범죄	5년

각급 법원의 설치와 관할구역에 관한 법률 일부개정법률

<개정 2020.3.24 법률17124호>

각급 법원의 설치와 관할구역에 관한 법률 일부를 다음과 같이 개정한다.

법률 제11623호 각급 법원의 설치와 관할구역에 관한 법률 일부개정법률 별표1 중 의정부지방법원 남양주지원란 다음에 인천지방법원 북부지원란을 다음과 같이 신설한다.

인천지방법원 북부지원	인천광역시

별표1 중 창원지방법원란 다음에 창원가정법원란을 다음과 같이 신설하고, 창원지방법원 마산지원란 다음에 창원가정법원 마산지원란을 다음과 같이 신설하며, 창원지방법원 진주지원란 다음에 창원가정법원 진주지원란을 다음과 같이 신설하고, 창원지방법원 통영지원란 다음에 창원가정법원 통영지원란을 다음과 같이 신설하며, 창원지방법원 밀양지원란 다음에 창원가정법원 밀양지원란을 다음과 같이 신설하고, 창원지방법원 거창지원란 다음에 창원가정법원 거창지원란을 다음과 같이 신설한다.

창원가정법원	창원시
창원가정법원 마산지원	창원시
창원가정법원 진주지원	진주시
창원가정법원 통영지원	통영시
창원가정법원 밀양지원	밀양시
창원가정법원 거창지원	거창읍

별표2 중 인천지방법원란을 다음과 같이 한다.

인천	북부	강화	강화읍
	부천	김포	김포시

별표3 중 서울고등법원의 인천지방법원란을 다음과 같이 한다.

인천		인천광역시 동구·중구·미추홀구·연수구·남동구·부평구·옹진군
	북부	인천광역시 계양구·서구·강화군
	부천	부천시·김포시

별표3 중 부산고등법원의 창원지방법원 본원란을 다음과 같이 한다.

창원		창원시 의창구·성산구·진해구, 김해시

별표5 중 부산고등법원란을 다음과 같이 한다.

부산	부산		부산광역시
	울산		울산광역시·양산시
	창원		창원시 의창구·성산구·진해구, 김해시. 다만, 소년보호사건은 양산시를 제외한 경상남도
		마산	창원시 마산합포구·마산회원구, 함안군·의령군
		통영	통영시·거제시·고성군
		밀양	밀양시·창녕군
		거창	거창군·함양군·합천군
		진주	진주시·사천시·남해군·하동군·산청군

별표7 중 인천지방법원란을 다음과 같이 한다.

인천	북부	강화	인천광역시	강화군
	부천	김포	경기도	김포시

부 칙

제1조【시행일】 이 법은 2025년 3월 1일부터 시행한다.

제2조【사건관할에 관한 경과조치】 ① 이 법 시행으로 2025년 3월 1일부터 인천지방법원 북부지원의 관할에 속할 사건으로서 2025년 2월 28일 현재 인천지방법원 본원에 계속 중인 사건은 그 계속 중인 법원의 관할로 한다.
② 이 법 시행으로 2025년 3월 1일부터 창원가정법원 관할에 속할 사건으로서 2025년 2월 28일 현재 창원지방법원 본원에 계속 중인 사건은 창원가정법원의 관할로 한다.
③ 이 법 시행으로 2025년 2월 28일 현재 창원지방법원 마산지원, 진주지원, 통영지원, 밀양지원 및 거창지원에 계속 중인 사건 중 가사사건, 가정보호사건 및 가족관계등록사건은 2025년 3월 1일부터 창원가정법원 마산지원, 진주지원, 통영지원, 밀양지원 및 거창지원에 각각 계속 중인 것으로 본다.

(2024년 10월 20일 시행)

형사사법절차에서의 전자문서 이용 등에 관한 법률

(약칭 : 형사절차전자문서법)

(2021년 10월 19일 법 률 제18485호)

제1조【목적】 이 법은 형사사법절차에서 전자문서의 이용 및 관리 등에 관한 기본 원칙과 절차를 규정함으로써 형사사법절차의 전자화를 실현하여 형사사법절차의 신속성과 투명성을 높이고 국민의 권익 보호에 이바지함을 목적으로 한다.

제2조【정의】 이 법에서 사용하는 용어의 뜻은 다음과 같다.
1. "전자문서"란 「전자문서 및 전자거래 기본법」 제2조제1호에 따른 전자문서를 말한다.
2. "전자화문서"란 종이문서나 그 밖에 전자적인 형태로 작성되지 아니한 서류 또는 도면·사진·음성·영상자료 등(이하 "전자화대상문서"라 한다)을 전자적인 형태로 변환하여 전산정보처리시스템에 등재한 전자문서를 말한다.
3. "형사사법업무"란 「형사사법절차 전자화 촉진법」 제2조제1호에 따른 형사사법업무를 말한다.
4. "형사사법업무 처리기관"이란 「형사사법절차 전자화 촉진법」 제2조제2호에 따른 형사사법업무 처리기관을 말한다.
5. "전산정보처리시스템"이란 「형사사법절차 전자화 촉진법」 제2조제4호에 따른 형사사법정보시스템으로서 이 법 제3조 각 호의 어느 하나에 해당하는 법률에 따른 형사사법절차에 필요한 전자문서를 작성, 제출, 송신·수신하거나 관리하는 데 이용되는 것을 말한다.
6. "전자서명"이란 「전자서명법」 제2조제2호에 따른 전자서명을 말한다.
7. "행정전자서명"이란 「전자정부법」 제2조제9호에 따른 행정전자서명을 말한다.
8. "사법전자서명"이란 행정전자서명으로서 법관 또는 법원서기관·법원사무관·법원주사·법원주사보(이하 "법원사무관등"이라 한다)가 형사사법절차에서 사용하는 것을 말한다.

제3조【적용 범위】 이 법은 다음 각 호의 법률에 따른 형사사법절차에 적용한다.
1. 「형사소송법」
2. 「가정폭력범죄의 처벌 등에 관한 특례법」(제2장에 한정한다)
3. 「보안관찰법」
4. 「성매매알선 등 행위의 처벌에 관한 법률」(제3장에 한정한다)
5. 「성폭력범죄의 처벌 등에 관한 특례법」
6. 「소년법」
7. 「아동학대범죄의 처벌 등에 관한 특례법」(제4장에 한정한다)
8. 「즉결심판에 관한 절차법」
9. 「통신비밀보호법」
10. 「형사보상 및 명예회복에 관한 법률」
11. 제1호부터 제10호까지의 법률을 적용하거나 준용하는 법률

제4조【다른 법률과의 관계】 ① 이 법은 형사사법절차의 전자적 처리에 관하여 다른 법률에 우선하여 적용한다.
② 형사사법절차의 전자적 처리에 관하여 이 법에 특별한 규정이 없으면 「형사소송법」 및 「형사사법절차 전자화 촉진법」을 적용한다.

제5조【전자문서에 의한 형사사법절차의 수행】 ① 피의자, 피고인, 피해자, 고소인, 고발인, 변호인 및 그 밖에 대통령령 또는 대법원규칙으로 정하는 자는 제7조에 따른 사용자등록을 한 경우 형사사법업무 처리기관에 제출할 서류 또는 도면·사진·음성·영상자료 등(이하 이 조에서 "서류등"이라 한다)을 대통령령 또는 대법원규칙으로 정하는 바에 따라 전산정보처리시스템을 통하여 전자문서로 제출할 수 있다.
② 「전자문서 및 전자거래 기본법」 제4조의2에 따른 요건을 갖춘 전자문서를 이 법에 따라 작성, 제출·송달 및 보존한 경우에는 제3조 각 호의 법률에서 정한 요건과 절차에 따라 서류등을 작성, 제출·송달 및 보존한 것으로 본다.
③ 이 법에 따라 변환·등재한 전자화문서는 전자화대상문서와 동일한 것으로 본다.
④ 이 법에 따라 전산정보처리시스템을 통하여 전자문서를 출력한 서면은 전자문서와 동일한 것으로 본다.
⑤ 제3조 각 호의 법률에서 서류등의 사본을 발급·교부, 제출·송달 및 보존하도록 한 경우 전산정보처리시스템을 통하여 전자문서를 출력한 서면은 제3조 각 호의 법률에 따른 서류등의 원본 또는 사본으로 본다.

제6조【전산정보처리시스템의 운영】 ① 형사사법업무 처리기관의 장은 전산정보처리시스템을 각각 설치·운영한다.
② 형사사법업무 처리기관은 전자문서의 이용 및 관리에 관한 표준을 마련하기 위하여 서로 협력하여야 한다.
③ 형사사법업무 처리기관은 이 법을 적용하거나 전산정보처리시스템을 운영할 때 장애인이나 노약자 등이 형사사법절차에서 권리를 충분히 행사할 수 있도록 노력하여야 한다.

제7조【사용자등록】 ① 전산정보처리시스템을 이용하려는 자(형사사법업무 처리기관 소속 공무원은 제외한다)는 대통령령 또는 대법원규칙으로 정하는 바에 따라 사용자등록을 하여야 한다.
② 제1항에 따른 사용자등록(이하 "사용자등록"이라 한다)을 한 자(이하 "등록사용자"라 한다)는 대통령령 또는 대법원규칙으로 정하는 바에 따라 사용자등록을 철회할 수 있다.
③ 형사사법업무 처리기관의 장은 다음 각 호의 어느 하나에 해당하는 사유가 있는 경우에는 대통령령 또는 대법원규칙으로 정하는 바에 따라 등록사용자의 전산정보처리시스템 사용을 정지하거나 사용자등록을 말소할 수 있다.
1. 등록사용자의 동일성이 인정되지 아니하는 경우
2. 사용자등록을 신청하거나 사용자정보를 변경할 때 전산정보처리시스템에 거짓된 내용을 입력한 경우
3. 다른 등록사용자의 전산정보처리시스템 사용을 방해하거나 다른 등록사용자의 정보를 도용하는 등 전산정보처리시스템을 이용한 형사사법절차의 진행에 지장을 준 경우
4. 고의 또는 중대한 과실로 전산정보처리시스템에 장애를 일으킨 경우
5. 그 밖에 제1호부터 제4호까지에 준하는 사유로서 대통령령 또는 대법원규칙으로 정하는 사유가 있는 경우

제8조【전자서명】 ① 형사사법업무 처리기관에 전자문서를 제출하려는 자는 그 전자문서에 전자서명(서명자의 실지명의를 확인할 수 있는 것으로 한정한다. 이하 이 항에서 같다)을 하여야 한다. 다만, 전자서명을 이용할 수 없는 경우로서 제출자의 신원이 확인된 경우 등 대통령령 또는 대법원규칙으로 정하는 경우에는 전자서명을 하지 아니할 수 있다.
② 법관 또는 법원사무관등은 재판서, 조서 등을 전자문서로 작성하는 경우에는 대법원규칙으로 정하는 바에 따라 사법전자서명을 한다. 이 경우 제3조 각 호의 법률에 따라 진술자의 서명이 필요한 경우에는 진술자에게 전자서명을 하게 하여야 한다.
③ 법원 외의 형사사법업무 처리기관 소속 공무원은 결정문, 조서, 보고서 등을 전자문서로 작성하는 경우에는 대통령령으로 정하는 바에 따라 행정전자서명을 한다. 이 경우 제3조 각 호의 법률에 따라 진술자의 서명이 필요한 경우에는 진술자에게 전자서명을 하게 하여야 한다.
④ 제1항부터 제3항까지의 규정에 따른 전자서명, 사법전자서명 또는 행정전자서명을 한 경우에는 제3조 각 호의 법률에 따른 서명, 서명날인 또는 기명날인을 한 것으로 본다.
⑤ 제1항부터 제3항까지의 규정에 따라 제출하거나 작성하는 전자문서에 면수(面數)를 표시한 경우에는 제3조 각 호의 법률에 따른 간인(間印)을 한 것으로 본다.

제9조【전자문서의 접수】 ① 전자문서는 전산정보처리시스템에 전자적으로 기록된 때에 접수된 것으로 본다.
② 전산정보처리시스템을 통하여 제출된 전자문서를 접수하는 절차와 방법은 대통령령 또는 대법원규칙으로 정한다. 이 경우 제출된 전자문서의 동일성 유지를 위한 기술적 조치에 관한 사항을 그 내용에 포함하여야 한다.
③ 형사사법업무 처리기관은 제5조제1항에 따라 전자문서를 제출한 등록사용자가 접수된 전자문서의 동일성 확인을 요구하는 경우 대통령령 또는 대법원규칙으로 정하는 바에 따라 그 동일성을 확인할 수 있는 기회를 주어야 한다.
④ 등록사용자는 제5조제1항에 따라 제출한 전자문서와 접수된 전자문서의 내용이 일치하지 아니하는 경우에는 대통령령 또는 대법원규칙으로 정하는 바에 따라 형사사법업무 처리기관에 수정을 요구할 수 있다.
⑤ 형사사법업무 처리기관은 접수된 전자문서의 위조 또는 변조 여부를 확인할 필요가 있는 경우에는 제5조제1항에 따라 전자문서를 제출한 등록사용자에게 그 원본을 제시하거나 제출할 것을 요구할 수 있다.

제10조【전자문서의 작성】 ① 형사사법업무 처리기관 소속 공무원은 재판서, 공판조서, 공소장, 불기소결정서, 송치결정서, 피의자신문조서 등 형사사법업무와 관련된 문서를 작성하는 경우에는 전자문서로 작성하여야 한다. 다만, 다음 각 호의 어느 하나에 해당하는 경우로서 대통령령 또는 대법원규칙으로 정하는 사유가 있는 경우에는 그러하지 아니하다.
1. 전산정보처리시스템에 장애가 있는 경우
2. 전자문서로 작성하는 것이 현저히 곤란하거나 적합하지 아니한 경우
② 형사사법업무 처리기관 소속 공무원은 제1항 각 호 외의 부분 본문에 따라 피의자신문조서를 전자문서로 작성하는 경우에는 대통령령으로 정하는 바에 따라 「형사소송법」에 따른 피의자신문조서 작성 절차와 방식이 전자적으로 구현되도록 하여야 한다.

제11조【전자화문서의 작성】 ① 형사사법업무 처리기관 소속 공무원은 전자화대상문서를 전자적인 형태로 변환하여 전산정보처리시스템에 등재하여야 한다. 다만, 전자화

대상문서를 전자적인 형태로 변환하는 것이 현저히 곤란하거나 적합하지 아니한 경우로서 대통령령 또는 대법원규칙으로 정하는 경우에는 변환·등재하지 아니할 수 있다.
② 전자화대상문서를 전자적인 형태로 변환하여 전산정보처리시스템에 등재하는 절차와 방법은 대통령령 또는 대법원규칙으로 정한다. 이 경우 전자화대상문서의 동일성 유지를 위한 기술적 조치에 관한 사항을 그 내용에 포함하여야 한다.
제12조【전자화대상문서의 보관】 ① 형사사법업무 처리기관은 제11조에 따라 변환·등재한 전자화대상문서를 대통령령 또는 대법원규칙으로 정하는 기간까지 보관하여야 한다.
② 형사사법업무 처리기관은 전자화대상문서를 제출한 자의 요청이 있는 경우에는 제1항에도 불구하고 전자화대상문서를 반환할 수 있다.
③ 형사사법업무 처리기관은 제2항에 따라 전자화대상문서를 제출한 사람에게 전자화대상문서를 반환하는 경우 대통령령 또는 대법원규칙으로 정하는 바에 따라 전자화문서와 전자화대상문서의 동일성을 확인할 수 있는 기회를 주고 확인서를 받아야 한다.
제13조【전자문서의 유통】 ① 형사사법업무 처리기관은 형사사법절차와 관련하여 작성한 전자문서를 다른 형사사법업무 처리기관에 송부할 때에는 전산정보처리시스템을 통하여 송부하여야 한다.
② 형사사법업무 처리기관이 형사사법업무 처리기관 외의 기관에 사건을 이송 또는 송치할 때에는 전자문서를 전산정보처리시스템을 통하여 출력한 후 그 서면을 송부한다. 다만, 전자문서를 송신·수신할 수 있는 시스템을 갖춘 기관으로서 대통령령 또는 대법원규칙으로 정하는 기관에 이송 또는 송치할 때에는 전자문서를 전자적 방법으로 송부할 수 있다.
③ 제2항 본문에 따라 전자문서를 출력하는 절차와 방법은 대통령령 또는 대법원규칙으로 정한다. 이 경우 전자문서의 동일성 유지를 위한 기술적 조치에 관한 사항을 그 내용에 포함하여야 한다.
제14조【전자적 송달 또는 통지】 ① 형사사법업무 처리기관은 송달 또는 통지를 받을 자가 다음 각 호의 어느 하나에 해당하는 경우에는 송달 또는 통지를 전산정보처리시스템을 통하여 전자적으로 할 수 있다.
1. 형사사법업무 처리기관인 경우
2. 형사사법업무 처리기관 소속 공무원인 경우
3. 전자적 송달 또는 통지에 동의한 등록사용자로서 대통령령 또는 대법원규칙으로 정하는 자에 해당하는 경우
② 제1항에 따른 송달 또는 통지는 형사사법업무 처리기관이 전자문서를 전산정보처리시스템에 등재하고 그 사실을 송달 또는 통지받을 자에게 전자적으로 통지하는 방법으로 한다.
③ 제2항에 따라 송달 또는 통지한 경우에는 그 송달 또는 통지를 받을 자가 전산정보처리시스템에 등재된 전자문서를 대통령령 또는 대법원규칙으로 정하는 절차와 방법에 따라 확인한 때에 송달 또는 통지된 것으로 본다.
④ 제3항에도 불구하고 송달 또는 통지를 받을 자가 전산정보처리시스템에 등재된 전자문서를 확인하지 아니하는 경우에는 제2항에 따라 등재 사실을 전자적으로 통지한 날부터 14일이 지난 날에 송달 또는 통지된 것으로 본다. 다만, 피의자 또는 피고인 등의 형사사법절차상의 권리를 보호하기 위하여 필요한 경우로서 대통령령 또는 대법원규칙으로 정하는 경우에는 통지된 것으로 보지 아니한다.
⑤ 전산정보처리시스템의 장애 등 대통령령 또는 대법원규칙으로 정하는 사유로 송달 또는 통지를 받을 자가 전자문서를 확인할 수 없는 기간은 제4항 본문의 기간에 산입하지 아니한다. 이 경우 전자문서를 확인할 수 없는 기간의 계산 방법은 대통령령 또는 대법원규칙으로 정한다.
제15조【전자문서를 출력한 서면에 의한 송달】 ① 형사사법업무 처리기관은 다음 각 호의 어느 하나에 해당하는 경우에는 전산정보처리시스템을 통하여 전자문서를 출력한 서면을 「형사소송법」 제60조부터 제65조까지의 규정에 따른 방법으로 송달하여야 한다.
1. 송달을 받을 자가 제14조제1항 각 호의 어느 하나에 해당하지 아니하는 경우
2. 송달을 받을 자가 「민사소송법」 제181조 또는 제192조에 해당하는 경우
3. 전산정보처리시스템의 장애 등 대통령령 또는 대법원규칙으로 정하는 사유가 있는 경우
② 제1항에 따라 전자문서를 출력하는 절차와 방법은 대통령령 또는 대법원규칙으로 정한다. 이 경우 전자문서의 동일성 유지를 위한 기술적 조치에 관한 사항을 그 내용에 포함하여야 한다.
제16조【전자문서의 열람·복사 등】 ① 「형사소송법」 제35조, 제55조, 제59조의2, 제59조의3, 제174조, 제185조, 제200조의4, 제262조의2 단서, 제266조의3, 제266조의4, 제266조의11 및 제294조의4에도 불구하고 이 법에 따라 작성된 전자문서를 열람·등사 또는 복사하는 경우에는 인터넷이나 전산정보처리시스템을 통하여 전자적으로 열람 또는 복사하거나 전송하는 방법으로 할 수 있다.
② 제1항에도 불구하고 등록사용자가 아닌 자가 전자문서의 열람 또는 복사를 신청하는 경우에는 전자문서를 전산정보처리시스템을 통하여 출력한 서면을 교부하는 방법으로 할 수 있다.
③ 제1항에 따라 전자문서를 열람 또는 복사하거나 전송하는 절차와 방법은 대통령령 또는 대법원규칙으로 정한다. 이 경우 전자문서의 동일성 유지를 위한 기술적 조치에 관한 사항을 그 내용에 포함하여야 한다.
④ 피고인(피고인이었던 사람을 포함한다) 또는 변호인(변호인이었던 사람을 포함한다)은 제1항에 따라 열람 또는 복사하거나 전송받은 「형사소송법」 제266조의3제1항에 따른 서류(그 목록을 포함한다)에 해당하는 전자문서를 해당 사건 또는 관련 사건의 소송을 준비하기 위한 목적이 아닌 다른 목적으로 다른 사람에게 인터넷 또는 전산정보처리시스템을 통하여 전송하거나 교부(전자문서를 서면으로 출력하여 교부하는 것을 말한다) 또는 제시(전자문서를 서면으로 출력하여 제시하는 것과 전기통신설비를 통하여 제공하는 것을 포함한다)하여서는 아니 된다.
제17조【영장 등의 집행에 관한 특례】 ① 검사 또는 사법경찰관리는 다음 각 호의 영장, 감정유치장, 허가장, 허가서 및 요청서 등(이하 "영장등"이라 한다)이 전자문서로 발부된 경우에는 대법원규칙으로 정하는 바에 따라 전자문서를 제시하거나 전송하는 방법으로 영장등을 집행할 수 있다.
1. 「형사소송법」 제73조, 제113조, 제200조의2, 제201조 및 제215조에 따른 영장
2. 「형사소송법」 제172조 및 제221조의3에 따른 감정유치장
3. 「형사소송법」 제173조 및 제221조의4에 따른 허가장
4. 「형사소송법」 제473조에 따른 형집행장
5. 「금융실명거래 및 비밀보장에 관한 법률」 제4조에 따른 영장
6. 「통신비밀보호법」 제6조 및 제8조에 따른 통신제한조치허가서
7. 「통신비밀보호법」 제13조에 따른 통신사실 확인자료제공 요청 허가서
8. 「통신비밀보호법」 제13조의2에 따른 통신사실확인자료제공 요청서
② 제1항에 따라 영장등을 전자문서의 형태로 집행하는 것이 현저히 곤란하거나 적합하지 아니한 경우에는 전자문서로 발부된 영장등을 전산정보처리시스템을 통하여 출력한 서면으로 집행할 수 있다.
③ 제2항에 따라 전자문서로 발부된 영장등을 전산정보처리시스템을 통하여 출력하는 절차와 방법은 대법원규칙으로 정한다. 이 경우 전자문서의 동일성을 유지하고 법관이 발부한 취지와 다르게 여러 통이 출력되지 아니하도록 하기 위한 기술적 조치에 관한 사항을 그 내용에 포함하여야 한다.
제18조【증거조사에 관한 특례】 「형사소송법」 제292조 및 제292조의3에도 불구하고 형사재판에서 전자문서에 대한 증거조사는 다음 각 호의 구분에 따른 방법으로 할 수 있다.
1. 문자, 그 밖의 기호, 도면·사진 등에 대한 증거조사 : 해당 전자문서를 모니터, 스크린 등을 통하여 열람하는 방법
2. 음성이나 영상정보에 대한 증거조사 : 해당 전자문서의 음성을 청취하거나 영상을 재생하는 방법
제19조【재판의 집행지휘 방식에 관한 특례】 ① 검사는 재판서 또는 재판을 기재한 조서가 전자문서로 작성된 경우에는 「형사소송법」 제461조 본문에도 불구하고 전자문서로 재판의 집행을 지휘한다.
② 제1항에도 불구하고 전자문서로 재판의 집행을 지휘하기 곤란한 경우에는 전자문서로 작성된 재판서 또는 재판을 기재한 조서를 전산정보처리시스템을 통하여 출력한 서면으로 재판의 집행을 지휘한다.
③ 제2항에 따라 전자문서를 출력하는 절차와 방법은 대통령령 또는 대법원규칙으로 정한다. 이 경우 전자문서의 동일성 유지를 위한 기술적 조치에 관한 사항을 그 내용에 포함하여야 한다.
제20조【전자문서의 폐기】 ① 전산정보처리시스템을 통하여 작성된 전자문서는 다음 각 호의 구분에 따라 정하여진 때에 폐기하여야 한다.
1. 형을 선고하는 재판이 확정된 사건 : 형의 시효가 완성된 때. 다만, 구류 또는 과료의 형이 선고된 경우에는 재판 확정일부터 3년이 지난 때로 한다.
2. 무죄, 면소, 형의 면제, 공소기각 또는 선고유예의 재판이 확정된 사건 : 공소시효가 완성된 때
3. 불기소처분된 사건 및 「형사소송법」 제245조의5제2호에 따라 불송치결정된 사건 : 공소시효가 완성된 때
② 제1항에도 불구하고 국내외적으로 중대한 사건, 공범에 대한 수사가 필요한 사건 등 대통령령 또는 대법원규칙으로 정하는 사건의 경우에는 대통령령 또는 대법원규칙으로 정하는 바에 따라 전자문서를 영구 보관하거나 제1항에 따른 폐기 시기를 늦출 수 있다.
제21조【위임규정】 이 법에서 대통령령 또는 대법원규칙으로 위임한 사항 및 이 법에서 규정한 사항 외에 형사사법절차에서의 전자문서의 이용·관리 및 전산정보처리시스템의 운영 등에 필요한 사항 중 법원 외의 형사사법업무 처리기관의 형사사법업무에 관하여는 대통령령으로, 법원의 형사사법업무에 관하여는 대법원규칙으로 정한다.
제22조【벌칙】 제16조제4항을 위반하여 전자문서를 다른 사람에게 전송하거나 교부 또는 제시한 사람은 1년 이하의 징역 또는 1천만원 이하의 벌금에 처한다.

부　칙

제1조【시행일】 이 법은 공포 후 3년이 경과한 날부터 시행한다. 다만, 공포한 날부터 5년을 넘지 아니하는 범위에서 법원 외의 형사사법업무 처리기관의 형사사법절차에 대해서는 대통령령으로, 법원의 형사사법절차에 대해서는 대법원규칙으로 각각 적용시기를 달리 정할 수 있다.
제2조【다른 법률의 폐지】 약식절차 등에서의 전자문서 이용 등에 관한 법률은 폐지한다.
제3조【일반적 적용례】 이 법은 이 법 시행 이후 수사를 개시하는 사건부터 적용한다.
제4조【「약식절차 등에서의 전자문서 이용 등에 관한 법률」 폐지에 따른 경과조치】 ① 이 법 시행 전에 부칙 제2조에 따라 폐지되는 「약식절차 등에서의 전자문서 이용 등에 관한 법률」에 따라 전자문서로 약식명령을 청구한 사건에 관하여는 종전의 「약식절차 등에서의 전자문서 이용 등에 관한 법률」의 규정에 따른다.
② 이 법 시행 전에 수사를 개시하여 이 법 시행 당시 수사가 진행 중인 사건에 대하여 부칙 제2조에 따라 폐지되는 「약식절차 등에서의 전자문서 이용 등에 관한 법률」에 따라 이 법 시행 전에 진행된 절차는 이 법에 따라 진행된 절차로 본다.

야생생물 보호 및 관리에 관한 법률 일부개정법률

<개정 2022.12.13 법률19088호>→2022년 12월 13일 및 2023년 12월 14일 시행하는 부분은 본편에 가제 수록 하였음

야생생물 보호 및 관리에 관한 법률 일부를 다음과 같이 개정한다.

제2조에 제4호를 다음과 같이 신설한다.
4. "지정관리 야생동물"이란 야생생물 중 다음 각 목에 해당하지 아니하는 살아있거나 알 상태인 포유류·조류·파충류·양서류를 말한다.
가. 멸종위기 야생생물
나. 국제적 멸종위기종
다. 제21조제1항에 따라 환경부령으로 정하는 종
라. 「생물다양성 보전 및 이용에 관한 법률」 제2조제6호의2에 따른 유입주의 생물, 같은 조 제8호에 따른 생태계교란 생물 및 같은 조 제8호의2에 따른 생태계위해우려 생물
마. 「축산법」 제2조제1호에 따른 가축
바. 「동물보호법」 제2조제7호에 따른 반려동물
사. 「해양생태계의 보전 및 관리에 관한 법률」 제2조제8호에 따른 해양생물 중 해양만을 서식지로 하는 동물 및 같은 조 제11호에 따른 해양보호생물
아. 「문화재보호법」 제25조에 따라 천연기념물로 지정된 동물
제21조의 제목 중 "수출·수입"을 "수출·수입·양도·양수·보관"으로 하고, **같은 조** 제1항 각 호 외의 부분 중 "환경부령으로 정하는 종"을 "생물종을 보호하고 생물다양성을 증진하기 위하여 환경부령으로 정하는 종"으로 하며, **같은 조**에 제3항부터 제5항까지를 각각 다음과 같이 신설한다.
③ 제1항에 따른 환경부령으로 정하는 종으로서 살아있거나 알 상태인 야생동물을 양도·양수 또는 보관하려는 자는 시장·군수·구청장에게 신고하여야 한다. 보관하고 있는 해당 야생동물이 폐사한 경우에도 또한 같다.
④ 환경부장관이 식용 등의 목적에 사용되어 신고의 필요성이 낮다고 인정하여 고시하는 종에 대하여는 제3항에도 불구하고 양도·양수·보관 또는 폐사의 신고 대상에서 제외한다.
⑤ 제1항에 따른 수출·수입 등에 대한 허가와 제3항에 따른 양도·양수·보관 또는 폐사 신고의 방법, 기간, 절차, 기준 및 그 밖에 필요한 사항은 환경부령으로 정한다.
제22조의2부터 **제22조의11**까지를 각각 다음과 같이 신설한다.
제22조의2【지정관리 야생동물 수입·수출 등】 ① 누구든지 지정관리 야생동물을 수입·반입할 수 없다. 다만, 환경에 미치는 영향 및 안전성 등을 고려하여 환경부령으로 정하는 지정관리 야생동물의 경우에는 그러하지 아니하다.
② 제1항 본문에도 불구하고 다음 각 호의 어느 하나에 해당하는 경우로서 시장·군수·구청장에게 환경부령으로 정하는 바에 따라 허가를 받은 경우에는 해당 지정관리 야생동물을 수입·반입할 수 있다.
1. 학술 연구 또는 야생생물의 보호 및 복원의 목적으로 사용하려는 경우
2. 제35조에 따라 등록된 생물자원 보전시설이나 「생물자원관의 설립 및 운영에 관한 법률」 제2조제2호에 따른 생물자원관에서 전시용으로 사용하려는 경우

3. 그 밖에 공익적 목적 등에 사용하려는 경우로서 대통령령으로 정하는 경우
③ 제1항 단서에 따라 환경부령으로 정하는 지정관리 야생동물을 수입·반입하려는 자는 환경부령으로 정하는 바에 따라 시장·군수·구청장에게 신고하여야 한다.
④ 지정관리 야생동물을 수출·반출하려는 자는 환경부령으로 정하는 바에 따라 시장·군수·구청장에게 신고하여야 한다.
제22조의3【지정관리 야생동물의 수입·반입 허가의 취소】 시장·군수·구청장은 제22조의2제2항에 따라 지정관리 야생동물의 수입·반입의 허가를 받은 자가 다음 각 호의 어느 하나에 해당하는 경우에는 그 허가를 취소할 수 있다. 다만, 제1호에 해당하는 경우에는 그 허가를 취소하여야 한다.
1. 거짓이나 그 밖의 부정한 방법으로 허가를 받은 경우
2. 지정관리 야생동물의 수입·반입 허가조건을 위반한 경우
3. 지정관리 야생동물을 수입 또는 반입 목적 외의 용도로 사용한 경우
제22조의4【지정관리 야생동물의 양도·양수·보관 등】
① 누구든지 지정관리 야생동물을 양도·양수 또는 보관할 수 없다. 다만, 제22조의2제1항 단서 또는 같은 조 제2항에 해당하는 지정관리 야생동물의 경우에는 그러하지 아니하다.
② 제1항 단서에 따라 지정관리 야생동물을 양도·양수 또는 보관하려는 자는 환경부령으로 정하는 바에 따라 시장·군수·구청장에게 신고하여야 한다. 제1항 단서에 따라 보관하고 있는 지정관리 야생동물이 폐사한 경우에도 또한 같다.
③ 환경부장관이 식용 등의 목적에 사용되어 신고의 필요성이 낮다고 인정하여 고시하는 종에 대하여는 제2항에도 불구하고 양도·양수·보관 또는 폐사의 신고 대상에서 제외한다.
제22조의5【야생동물 영업 등】 ① 국제적 멸종위기종, 지정관리 야생동물 또는 제21조에 따라 환경부령으로 정하는 종 중 포유류·조류·파충류·양서류에 해당하는 야생동물을 대통령령으로 정하는 규모 이상으로 취급하여 다음 각 호의 어느 하나에 해당하는 영업(이하 "야생동물 영업"이라 한다)을 하려는 자는 시장·군수·구청장의 허가를 받아야 한다. 영업 장소의 변경 등 환경부령으로 정하는 사항을 변경하려는 경우에도 또한 같다.
1. 야생동물 판매업 : 야생동물을 구입하여 판매하는 영업
2. 야생동물 수입업 : 야생동물을 수입하여 판매하는 영업
3. 야생동물 생산업 : 야생동물을 인공증식시켜 판매하는 영업(「양식산업발전법」 제10조제1항제7호에 따른 내수면양식업의 면허 또는 제43조제1항제2호에 따른 육상등 내수양식업의 허가를 받은 경우는 제외한다)
4. 야생동물 위탁관리업 : 야생동물을 소유주의 위탁을 받아 보호 또는 사육하는 영업
② 시장·군수·구청장은 제1항에 따른 허가·변경허가를 하는 경우에는 신청인에게 허가증을 교부하여야 한다.
③ 야생동물 영업을 허가받은 자(이하 "야생동물 영업자"라 한다)가 휴업 또는 폐업하는 경우에는 보관 중인 야생동물의 처리 등 필요한 조치를 하여야 한다.
④ 제1항에 따른 허가의 기준·절차 및 영업의 내용·범위, 제2항에 따른 허가증 교부 방법·절차, 제3항에 따른 필요한 조치 등에 관하여 필요한 사항은 환경부령으로 정한다.
제22조의6【영업 허가의 결격사유】 다음 각 호의 어느 하나에 해당하는 자는 제22조의5제1항에 따른 허가를 받을 수 없다.
1. 미성년자 또는 피성년후견인
2. 제8조 또는 「동물보호법」 제10조에 따른 금지행위를 위반하여 금고 이상의 실형을 선고받고 그 집행이 종료(집행이 종료된 것으로 보는 경우를 포함한다)되거나 집행이 면제된 날부터 5년이 지나지 아니한 자
3. 이 법(제8조는 제외한다)을 위반하여 금고 이상의 실형을 선고받고 그 집행이 종료(집행이 종료된 것으로 보는 경우를 포함한다)되거나 집행이 면제된 날부터 3년이 지나지 아니한 자
4. 제2호에 따른 금지행위를 위반하여 벌금형을 선고받고 그 형이 확정된 날부터 3년이 지나지 아니한 자
5. 다음 각 목의 어느 하나에 해당하는 자로서 그 유예기간 중에 있는 자
가. 제2호에 따른 금지행위를 위반하여 벌금 이상의 형의 집행유예를 선고받은 자
나. 이 법(제8조는 제외한다)을 위반하여 금고 이상의 형의 집행유예를 선고받은 자
6. 제22조의9에 따라 허가가 취소된 날부터 1년이 지나지 아니한 경우로서 취소된 업종과 같은 업종의 허가를 받으려는 자
7. 임원 중에 제1호부터 제6호까지의 어느 하나에 해당하는 자가 있는 법인
제22조의7【영업의 승계】 ① 야생동물 영업자가 그 영업을 양도하거나 사망하였을 때 또는 법인의 합병이 있을 때에는 그 양수인·상속인 또는 합병 후 존속하는 법인이나 합병으로 설립되는 법인(이하 "양수인등"이라 한다)은 그 야생동물 영업자의 지위를 승계한다.
② 다음 각 호의 어느 하나에 해당하는 절차에 따라 영업시설의 전부를 인수한 자는 그 야생동물 영업자의 지위를 승계한다. 이 경우 종전의 야생동물 영업 허가는 그 효력을 잃는다.
1. 「민사집행법」에 따른 경매
2. 「채무자 회생 및 파산에 관한 법률」에 따른 환가(換價)
3. 「국세징수법」·「관세법」 또는 「지방세법」에 따른 압류재산의 매각
4. 그 밖에 제1호부터 제3호까지의 규정에 준하는 절차
③ 제1항 또는 제2항에 따라 야생동물 영업자의 지위를 승계한 자는 승계한 날부터 30일 이내에 환경부령으로 정하는 바에 따라 시장·군수·구청장에게 신고하여야 한다.
④ 제1항 또는 제2항에 따라 야생동물 영업자의 지위를 승계한 자의 결격사유에 관하여는 제22조의6을 준용한다. 다만, 상속인이 제22조의6제1호에 해당하는 경우에는 상속을 받은 날부터 3개월 동안은 그러하지 아니하다.
⑤ 제22조의9제1항 또는 제2항에 따른 처분을 받은 경우 그 처분의 효과는 그 처분기간이 만료된 날부터 1년간 양수인등에게 승계되며, 처분의 절차가 진행 중일 때에는 양수인등에 대하여 처분 절차를 계속 진행할 수 있다. 다만, 양수인등이 양수·상속 또는 합병 시에 그 처분 또는 위반사실을 알지 못하였음을 증명하는 경우에는 그러하지 아니하다.
제22조의8【야생동물 영업자 등의 준수사항】 야생동물 영업자(법인인 경우에는 그 대표자를 포함한다)와 그 종사자는 다음 각 호에 관하여 환경부령으로 정하는 사항을 준수하여야 한다.
1. 야생동물의 특성을 고려한 사육 관리 및 공중보건 관리
2. 야생동물의 탈출로 인한 생태계 위해 방지를 위한 시설의 구축 및 관리
3. 야생동물의 수입, 생산, 판매 등 기록의 작성·보관
4. 환경부령으로 정하는 교육기관이 실시하는 야생동물의 보호·관리 및 공중위생상의 위해 방지 등에 관한 교육의 이수
5. 야생동물의 적절한 관리를 위한 관리책임자의 선임
6. 그 밖에 야생동물의 적절한 보호 및 관리에 필요하다고 환경부장관이 인정하는 사항
제22조의9【야생동물 영업 허가 취소 등】 ① 시장·군수·구청장은 야생동물 영업자가 다음 각 호의 어느 하나에 해당할 경우에는 그 허가를 취소하여야 한다.
1. 거짓이나 그 밖의 부정한 방법으로 허가를 받은 것이 판명된 경우
2. 제22조의2제2항을 위반하여 허가 없이 수입이 금지된 지정관리 야생동물을 수입·생산 또는 판매한 경우
3. 최근 2년간 3회 이상 영업정지 처분을 받은 경우
4. 영업정지 기간 중에 영업을 한 경우
5. 제22조의6에 따른 결격사유에 해당하는 경우. 다만, 임원 중에 같은 조 제7호에 해당하는 사람이 있는 법인의 경우 3개월 이내에 해당 임원을 개임(改任)한 때에는 그러하지 아니하다.
② 시장·군수·구청장은 야생동물 영업자가 다음 각 호의 어느 하나에 해당할 경우에는 그 허가를 취소하거나 6개월 이내의 기간을 정하여 그 영업의 전부 또는 일부의 정지를 명할 수 있다.
1. 제8조를 위반하여 야생동물에 대한 학대행위 등을 한 경우
2. 제22조의4제2항에 따른 신고를 하지 아니하고 야생동물을 양도·양수한 경우
3. 제22조의5제4항에 따른 허가기준에 미치지 못하게 된 경우
4. 제22조의7제3항에 따른 야생동물 영업자의 지위승계 신고를 하지 아니한 경우
5. 제22조의8에 따른 준수사항을 지키지 아니한 경우
6. 이 법을 위반하여 야생동물을 포획·수입·반입·수출·반출·양도·양수·인공증식·보관·폐사·방사한 경우
7. 허가를 받은 날부터 1년이 지나도 영업을 시작하지 아니한 경우
8. 다른 사람에게 자신의 명의를 사용하여 해당 영업을 하게 하거나 제22조의5제2항에 따른 허가증을 빌려준 경우
③ 제1항 또는 제2항에 따라 허가가 취소된 자는 취소된 날부터 7일 이내에 허가증을 시장·군수·구청장에게 반납하여야 한다.
④ 제2항에 따라 영업이 정지된 자는 그 사실을 환경부장관이 정하는 바에 따라 게시하여야 한다.
⑤ 제1항 또는 제2항에 따라 허가가 취소되거나 영업이 정지된 야생동물 영업자는 보관 중인 야생동물의 처리 등 환경부령으로 정하는 필요한 조치를 하여야 한다.
제22조의10【영업정지 처분을 갈음하여 부과하는 과징금 처분】 ① 시장·군수·구청장은 야생동물 영업자에 대하여 제22조의9제2항에 따라 영업정지를 명하여야 하는 경우로서 영업정지가 야생동물 질병의 전파 우려 또는 공익에 현저한 지장을 줄 우려가 있는 경우에는 대통령령으로 정하는 바에 따라 영업정지 처분을 갈음하여 1억원 이하의 과징금을 부과할 수 있다.
② 시장·군수·구청장은 제1항에 따른 과징금을 부과하기 위하여 필요한 경우에는 다음 각 호의 사항을 적은 문서로 관할 세무관서의 장에게 과세정보 제공을 요청할 수 있다.
1. 납세자의 인적사항
2. 과세정보의 사용 목적
3. 과징금 부과기준이 되는 매출금액
③ 제1항에 따른 과징금을 내야 하는 자가 납부기한까지 내지 아니하면 시장·군수·구청장은 대통령령으로 정하는 바에 따라 제1항에 따른 과징금 부과처분을 취소하고 영업정지 처분을 하거나 「지방행정제재·부과금의 징수 등에 관한 법률」에 따라 징수한다.
④ 제1항에 따라 시장·군수·구청장이 부과·징수한 과징금은 「환경정책기본법」에 따른 환경개선특별회계의 세입으로 한다.
제22조의11【영업에 대한 점검 등】 ① 시장·군수·구청장은 야생동물 영업자에 대하여 다음 각 호의 사항을 준수하는지 여부를 정기적으로 점검하고 그 결과를 시·도지사를 거쳐 환경부장관에게 보고하여야 한다.
1. 제22조의5제4항에 따른 허가 기준
2. 제22조의8에 따른 준수사항
② 시장·군수·구청장은 제1항에 따른 점검을 위하여 야생동물 영업자에게 필요한 자료를 제출하게 하거나 관계 공무원으로 하여금 사무실·사업장 또는 그 밖의 필요한 장소에 출입하여 관계 서류, 야생동물 보관·생산·판매 또는 운송하는 시설 및 장치 등을 검사하게 할 수 있다.
③ 제1항에 따른 점검의 시기·방법·절차, 결과 제출, 제2항에 따른 점검의 절차와 방법 등에 필요한 사항은 대통령령으로 정한다.
제56조제1항에 제4호의2를 다음과 같이 신설한다.
4의2. 제22조의5제1항에 따라 야생동물 영업 허가를 받은 자
제57조에 제7호의2부터 제7호의4까지를 각각 다음과 같이 신설한다.
7의2. 제22조의2제1항을 위반하여 지정관리 야생동물을 수입·반입한 자
7의3. 제22조의5제1항을 위반하여 허가 없이 영업을 한 자
7의4. 제22조의8을 위반하여 준수사항을 지키지 아니하고 영업을 한 자
제58조에 제4호의2를 다음과 같이 신설한다.
4의2. 유기되거나 몰수된 야생동물의 보호 및 관리
제63조 중 "제22조"를 "제22조, 제22조의3, 제22조의9제1항·제2항"으로 한다.
제64조 중 "제22조"를 "제22조, 제22조의3, 제22조의9제1항·제2항"으로 한다.
제69조제1항에 제8호를 다음과 같이 신설한다.
8. 제22조의5제1항을 위반하여 허가 없이 야생동물 관련 영업을 한 자
제70조제8호의2를 제8호의4로 하고, **같은 조**에 제8호의2 및 제8호의3을 각각 다음과 같이 신설한다.
8의2. 제22조의2제1항을 위반하여 지정관리 야생동물을 수입·반입한 자
8의3. 제22조의4제1항을 위반하여 지정관리 야생동물을 양도·양수·보관한 자
법률 제18908호 야생생물 보호 및 관리에 관한 법률 일부개정법률 제71조 제목 외의 부분을 제1항으로 하고, **같은 조**에 제2항을 다음과 같이 신설한다.
② 제22조의5제1항을 위반하여 허가받지 아니한 자가 수입·생산하거나 판매하려고 보관 중인 야생동물은 몰수할 수 있다.
제73조제3항에 제7호의2부터 제7호의8까지를 각각 다음과 같이 신설한다.
7의2. 제21조제3항을 위반하여 신고를 하지 아니한 자
7의3. 제22조의2제3항 또는 제4항을 위반하여 신고하지 아니한 자
7의4. 제22조의4제2항을 위반하여 신고하지 아니한 자
7의5. 제22조의5제3항을 위반하여 필요한 조치를 하지 아니한 자
7의6. 제22조의7제3항을 위반하여 영업의 승계를 기간 내에 신고하지 아니한 자
7의7. 제22조의9제5항을 위반하여 필요한 조치를 하지 아니한 자
7의8. 정당한 사유 없이 제22조의11제1항 및 제2항에 따른 공무원의 출입·검사·질문을 거부·방해 또는 기피한 자

부 칙

제1조【시행일】 이 법은 공포 후 3년이 경과한 날부터 시행한다. 다만, 제6조의2, 제6조의3, 제8조의3, 제8조의4, 제11조, 제13조제1항, 제21조제1항제2호다목·라목, 제69조제1항제17호 및 제73조제3항제2호의 개정규정은 공포 후 1년이 경과한 날부터 시행하고, 제14조제1항제2호, 제19조제1항제2호 및 제19조제4항제8호의 개정규정은 공포한 날부터 시행한다.
제2조【멸종위기 야생생물에 대한 보전대책에 관한 적용례】 제13조제1항의 개정규정은 이 법 시행 이후 최초로 수립되는 멸종위기 야생생물에 대한 중장기 보전대책부터 적용한다.
제3조【야생동물 전시행위 금지 적용에 관한 경과조치】 ① 제8조의3 및 제69조제1항제17호의 개정규정의 공포 당시 종전의 「동물원 및 수족관의 관리에 관한 법률」 제3조에 따른 동물원 또는 수족관으로 등록하지 아니한

시설에서 살아있는 야생동물을 전시하고 있는 자가 같은 개정규정의 시행일 전까지 전시 시설 소재지, 보유동물의 종, 개체수 등 현황을 명시하여 전시 시설 소재지가 속한 시·도지사에게 신고한 경우에는 같은 개정규정에도 불구하고 같은 개정규정 시행 후 4년 동안 신고한 보유동물에 한정하여 살아있는 야생동물을 전시할 수 있다. 이 경우 「동물원 및 수족관의 관리에 관한 법률」 제15조제1항제4호의 금지행위를 하여서는 아니 된다.
② 제1항 후단을 위반한 자에게는 500만원 이하의 과태료를 부과하며, 과태료 부과·징수에 관한 사항은 제73조제4항을 준용한다.
제4조【지정관리 야생동물의 보관 등에 관한 경과조치】 ① 제22조의4 및 제70조제8호의3의 개정규정의 시행 당시 제22조의4제1항의 개정규정에 따라 양도·양수·보관이 금지되는 지정관리 야생동물을 보관하고 있는 자가 제22조의4 및 제70조제8호의3의 개정규정의 시행일부터 6개월 이내에 환경부령으로 정하는 바에 따라 해당 야생동물의 보관·관리 방법을 시장·군수·구청장에게 신고한 경우에는 같은 개정규정에도 불구하고 해당 야생동물이 폐사할 때까지 보관하거나 야생동물 위탁관리업자에게 위탁하여 관리하는 등 환경부령으로 정하는 바에 따라 처리할 수 있다.
② 제1항에 따라 지정관리 야생동물을 보관하는 자는 해당 야생동물을 인공증식하여서는 아니 되고, 해당 야생동물이 폐사한 경우 폐사한 날부터 30일 이내에 환경부령으로 정하는 바에 따라 시장·군수·구청장에게 신고하여야 한다.
③ 제2항을 위반하여 인공증식한 자 또는 허위로 폐사신고를 한 자는 1년 이하의 징역 또는 1천만원 이하의 벌금에 처한다.
④ 제2항을 위반하여 폐사신고를 하지 아니한 자에게는 100만원 이하의 과태료를 부과하며, 과태료 부과·징수에 관한 사항은 제73조제4항을 준용한다.

<개정 2024.1.23 법률20119호>

야생생물 보호 및 관리에 관한 법률 일부를 다음과 같이 개정한다.

제2조에 제10호 및 제11호를 각각 다음과 같이 신설한다.
10. "사육곰"이란 1981년부터 1985년까지 증식 또는 재수출을 목적으로 수입 또는 반입한 곰과 그 곰으로부터 증식되어 사육되고 있는 곰(제16조제3항 단서에 따라 용도를 변경하고 환경부령으로 정하는 시설에서 관람 또는 학술 연구 목적으로 기르고 있는 곰은 제외한다)을 말한다.
11. "곰 사육농가"란 사육곰을 소유하거나 사육하는 자를 말한다.
제12조제1항 중 "인명 피해(신체적으로 상해를 입거나 사망한 경우를 말한다. 이하 같다)나 농업·임업 및 어업의 피해"를 "다음 각 호의 피해"로 하고, 같은 항에 각 호를 다음과 같이 신설한다.
1. 야생동물로 인한 인명 피해(신체적으로 상해를 입거나 사망한 경우를 말한다. 이하 같다)
2. 야생동물로 인한 농업·임업 및 어업의 피해
3. 야생동물로 인하여 일정한 지역에서 반복적·지속적으로 발생한 재산상의 피해로서 환경부령으로 정하는 피해
제23조의 제목 "**【유해야생동물의 포획허가 및 관리 등】**"을 "**【유해야생동물의 포획허가 등】**"으로 하고, **같은 조** 제5항을 삭제하며, **같은 조** 제6항부터 제8항까지를 각각 제5항부터 제7항까지로 하고, **같은 조** 제9항을 삭제한다.
제23조의2제1항제2호 중 "제23조제6항"을 "제23조제5항"으로 하고, 같은 항 제3호 중 "제23조제7항"을 "제23조제6항"으로 한다.
제23조의3을 다음과 같이 신설한다.
제23조의3【유해야생동물의 관리】 ① 환경부장관 및 지방자치단체의 장은 유해야생동물로 인해 발생할 수 있는 인명, 재산, 시설물 등의 피해를 최소화하기 위해 번식지 및 서식지 관리, 피해 예방시설 설치 등 환경부장관이 정하여 고시하는 방법으로 필요한 조치를 할 수 있다.
② 지방자치단체의 장은 조례로 정하는 바에 따라 장소 또는 시기를 정하여 유해야생동물에게 먹이를 주는 행위를 금지하거나 제한할 수 있다.
③ 환경부장관은 유해야생동물의 관리를 위하여 필요하면 관계 중앙행정기관의 장 또는 지방자치단체의 장에게 피해예방활동이나 질병예방활동, 수확기 피해방지단 또는 인접 시·군·구 공동 수확기 피해방지단 구성·운영 등 적절한 조치를 하도록 요청할 수 있다.
④ 제3항에 따른 수확기 피해방지단의 구성방법, 운영시기, 대상동물 등에 필요한 사항은 환경부령으로 정한다.
법률 제18171호 야생생물 보호 및 관리에 관한 법률 일부개정법률 제2장에 **제7절**(**제34조의24**부터 **제34조의28**까지)을 다음과 같이 신설한다.

제7절　곰 사육 금지

제34조의24【곰 사육 금지 등】 ① 누구든지 사육곰을 소유·사육·증식하여서는 아니 된다.
② 누구든지 사육곰 및 그 부속물(가공품을 포함한다. 이하 같다)을 양도·양수·운반·보관·섭취하거나 그러한 행위를 알선하여서는 아니 된다. 다만, 사육곰을 보호시설 등으로 이송하기 위하여 양도·양수·운반·보관하는 경우에는 그러하지 아니하다.
③ 누구든지 제16조제3항 단서에 따라 관람 또는 학술 연구 목적으로 용도변경한 곰을 환경부령으로 정하는 시설 외에서 사육하여서는 아니 된다.
제34조의25【사육곰 안전사고의 조치】 ① 사육곰 탈출 등 안전사고가 발생한 경우 곰 사육농가는 즉시 관할 지방자치단체나 지방환경관서, 소방관서, 경찰관서 중 어느 한 곳 이상의 행정기관에 신고하여야 하고 사육곰 수색 및 포획 등 사고 수습을 위하여 필요한 조치를 하여야 한다. 이 경우 신고를 받은 행정기관은 사육농가에게 사고 수습을 위하여 필요한 조치를 하였는지 확인하거나 지시하고, 지방자치단체 외의 행정기관은 신고 사실을 관할 지방자치단체에 통지하여야 한다.
② 제1항에 따라 신고 또는 통지를 받은 지방자치단체는 즉시 인근 주민에게 사육곰 탈출 사실 및 안전대책에 관한 사항을 알려야 한다.
③ 곰 사육농가가 제1항에 따른 사고 수습을 위하여 필요한 조치를 하지 아니할 경우 국가 또는 지방자치단체는 「행정대집행법」에 따라 대집행하고 그 비용을 곰 사육농가에게 징수할 수 있다.
제34조의26【사육곰의 인도적인 처리】 곰 사육농가는 사육곰에게 질병 등 다음 각 호의 사유가 있는 경우에는 수의사에 의하여 인도적인 방법으로 처리하여야 한다.
1. 사육곰이 질병 또는 상해 등으로 인하여 지속적으로 고통을 받으며 살아야 할 것으로 수의사가 진단한 경우
2. 사육곰이 다른 동물에게 질병을 옮기거나 위해를 끼칠 우려가 있는 것으로 수의사가 진단한 경우
3. 제34조의24제1항에 따른 곰 사육이 금지되기 전에 사육 중인 곰을 제16조제3항 단서에 따라 용도를 변경하여 가공품의 재료로 사용하려는 경우
제34조의27【사육곰 보호시설의 설치·운영】 ① 국가 또는 지방자치단체는 사육이 포기되거나 몰수된 사육곰을 보호하기 위하여 사육곰 보호시설을 설치·운영할 수 있다. 이 경우 사육곰 보호시설을 설치·운영하는 국가 또는 지방자치단체는 환경부령으로 정하는 공공기관(「공공기관의 운영에 관한 법률」 제4조에 따라 지정된 공공기관을 말한다. 이하 같다) 또는 법인·단체에 보호시설의 운영을 위탁할 수 있다.
② 국가 또는 지방자치단체 외의 자가 사육곰 보호시설을 설치·운영하려면 환경부장관에게 등록하여야 한다.
③ 제1항 및 제2항에 따라 보호시설을 설치·운영하는 자는 지역주민과 상생협력할 수 있도록 노력하여야 한다.
④ 제2항에 따른 등록의 절차 등에 관하여 필요한 사항은 환경부령으로 정한다.
제34조의28【곰 사육 금지를 위한 재정 지원】 ① 국가 또는 지방자치단체는 제34조의27제1항에 따라 사육곰 보호시설을 위탁받아 운영하는 공공기관·법인·단체에 그 비용의 전부 또는 일부를 지원할 수 있다.
② 국가 또는 지방자치단체는 곰 사육을 포기한 농가를 대상으로 보호시설 이송 전까지 사육곰의 보호·관리를 위한 비용을 예산의 범위에서 지원할 수 있다.
제67조제1항 중 "제14조제1항을 위반하여 멸종위기 야생생물 Ⅰ급을 포획·채취·훼손하거나 죽인 자"를 "다음 각 호의 어느 하나에 해당하는 자"로 하고, 같은 항에 각 호를 다음과 같이 신설한다.
1. 제14조제1항을 위반하여 멸종위기 야생생물 Ⅰ급을 포획·채취·훼손하거나 죽인 자
2. 제34조의24제1항을 위반하여 사육곰을 소유·사육·증식한 자
제69조제1항에 제10호의2 및 제10호의3을 각각 다음과 같이 신설한다.
10의2. 제34조의24제2항을 위반하여 사육곰 및 그 부속물을 양도·양수·운반·보관·섭취하거나 그러한 행위를 알선한 자
10의3. 제34조의24제3항을 위반하여 제16조제3항 단서에 따라 관람 또는 학술 연구 목적으로 용도변경한 곰을 환경부령으로 정하는 시설 외에서 사육한 자
제71조 제목 외의 부분을 제1항으로 하고, **같은 조**에 제2항을 다음과 같이 신설한다.
② 다음 각 호의 어느 하나에 해당하는 사육곰 및 그 부속물은 몰수한다.
1. 제34조의24제1항을 위반하여 소유·사육·증식된 사육곰
2. 제34조의24제2항을 위반하여 양도·양수·운반·보관된 사육곰 및 그 부속물
3. 제34조의24제3항을 위반하여 제16조제3항 단서에 따라 관람 또는 학술 연구 목적으로 용도를 변경하였으나 환경부령으로 정하는 시설 외에서 사육된 곰
법률 제19088호 야생생물 보호 및 관리에 관한 법률 일부개정법률 제71조제2항을 제3항으로 하고, **같은 조**에 제2항을 다음과 같이 신설한다.
② 다음 각 호의 어느 하나에 해당하는 사육곰 및 그 부속물은 몰수한다.
1. 제34조의24제1항을 위반하여 소유·사육·증식된 사육곰
2. 제34조의24제2항을 위반하여 양도·양수·운반·보관된 사육곰 및 그 부속물
3. 제34조의24제3항을 위반하여 제16조제3항 단서에 따라 관람 또는 학술 연구 목적으로 용도를 변경하였으나 환경부령으로 정하는 시설 외에서 사육된 곰
제73조제2항제2호의2 중 "제23조제6항"을 "제23조제5항"으로 하고, 같은 항에 제8호 및 제9호를 각각 다음과 같이 신설하며, **같은 조** 제3항제8호 중 "제23조제7항"을 "제23조제6항"으로 하고, 같은 항 제8호의2 중 "제23조제8항"을 "제23조제7항"으로 하며, 같은 항에 제9호의2를 다음과 같이 신설한다.
8. 제34조의25제1항을 위반하여 사육곰 탈출 등 안전사고 발생 시 신고 또는 사고 수습을 위하여 필요한 조치를 하지 아니한 자
9. 제34조의26을 위반하여 수의사에 의하여 인도적인 방법으로 사육곰을 처리하지 아니한 자
9의2. 제23조의3제2항에 따른 금지 또는 제한 행위를 한 자

부　칙

제1조【시행일】 이 법은 공포 후 1년이 경과한 날부터 시행한다. 다만, 법률 제19088호 야생생물 보호 및 관리에 관한 법률 일부개정법률 제71조의 개정규정은 2025년 12월 14일부터 시행한다.
제2조【야생동물 피해의 예방에 관한 적용례】 제12조제1항의 개정규정은 이 법 시행 이후 야생동물로 인한 피해가 발생한 경우부터 적용한다.
제3조【곰 사육 금지 등에 관한 적용례】 제67조제1항제2호, 제69조제1항제10호의2·제10호의3 및 제71조제2항, 법률 제18171호 야생생물 보호 및 관리에 관한 법률 일부개정법률 제34조의24 및 법률 제19088호 야생생물 보호 및 관리에 관한 법률 일부개정법률 제71조제2항의 개정규정은 이 법 시행 당시 제2조제11호에 따른 곰 사육농가의 경우 2026년 1월 1일부터 적용한다.
제4조【사육곰의 부속물 섭취 등에 관한 특례】 2026년 1월 1일 이전에 제16조제3항 단서에 따라 용도를 변경하여 가공품의 재료로 제조된 사육곰의 부속물에 대해서는 법률 제18171호 야생생물 보호 및 관리에 관한 법률 일부개정법률 제34조의24제2항의 개정규정에도 불구하고 양도·양수·운반·보관·섭취하거나 그러한 행위를 알선할 수 있다.

약사법 일부개정법률

<개정 2023.4.18 법률19359호>→2023년 10월 19일, 2024년 4월 19일 및 2024년 7월 21일 시행하는 부분은 본편에 가제 수록 하였음

약사법 일부를 다음과 같이 개정한다.

제46조의2 및 **제46조의3**을 각각 다음과 같이 신설한다.
제46조의2【의약품 판촉영업자 신고】 ① 의약품의 품목허가를 받은 자, 수입자 또는 의약품 도매상(이하 "의약품공급자"라 한다)으로부터 의약품의 판매촉진 업무를 위탁받아 수행하려는 자(위탁된 판매촉진 업무를 다시 위탁받아 수행하려는 자도 포함한다)는 보건복지부령으로 정하는 기준에 따라 특별자치시장·특별자치도지사·시장·군수·구청장(자치구의 구청장을 말한다. 이하 같다)에게 신고하여야 한다. 신고한 사항 중 보건복지부령으로 정하는 중요한 사항을 변경하려는 경우에도 또한 같다.
② 제1항에 따라 신고한 자(이하 "의약품 판촉영업자"라 한다)가 다음 각 호의 어느 하나에 해당하는 경우에는 보건복지부령으로 정하는 바에 따라 특별자치시장·특별자치도지사·시장·군수·구청장에게 신고하여야 한다. 다만, 휴업기간이 1개월 미만인 경우에는 그러하지 아니하다.
1. 폐업 또는 휴업하려는 경우
2. 휴업 후 그 업을 재개하려는 경우
③ 의약품 판촉영업자에 대하여는 제46조제1호부터 제3호까지의 결격사유를 준용한다. 이 경우 "한약업사 또는 의약품 도매상"은 "의약품 판촉영업자"로, "허가"는 "신고의 수리"로 각각 본다.
④ 특별자치시장·특별자치도지사·시장·군수·구청장은 제1항에 따른 신고를 받거나 제2항에 따른 폐업, 휴업 또는 영업 재개의 신고를 받은 날부터 3일 이내에 신고수리 여부를 신고인에게 통지하여야 한다.
⑤ 특별자치시장·특별자치도지사·시장·군수·구청장이 제4항에서 정한 기간 내에 신고수리 여부 또는 민원 처리 관련 법령에 따른 처리기간의 연장을 신고인에게 통지하지 아니하면 그 기간(민원 처리 관련 법령에 따라 처리기간이 연장 또는 재연장된 경우에는 해당 처리기간을 말한다)이 끝난 날의 다음 날에 신고를 수리한 것으로 본다.
제46조의3【의약품 판촉영업자에 대한 교육】 ① 의약품 판촉영업자(법인의 대표자나 이사, 그 밖에 이에 종사하

는 자를 포함하고, 법인이 아닌 경우 그 종사자를 포함한다)는 의약품의 판매질서 등에 관한 교육을 받아야 한다.
② 보건복지부장관은 제1항에 따른 교육을 실시하기 위하여 관련 단체 또는 기관을 교육기관으로 지정할 수 있다.
③ 제1항에 따른 교육 내용, 방법 및 제2항에 따른 교육기관의 지정, 운영, 지정취소 등에 필요한 사항은 보건복지부령으로 정한다.
제47조제1항제1호 각 목 외의 부분 중 "의약품의 품목허가를 받은 자, 수입자 또는 의약품 도매상(이하 "의약품공급자"라 한다)은"을 "의약품공급자는"으로 하고, **같은 조** 제2항 본문 중 "의약품공급자로부터 의약품의 판매촉진 업무를 위탁받은 자"를 "의약품 판촉영업자"로 하며, **같은 조** 제3항부터 제7항까지를 각각 제6항부터 제10항까지로 하고, **같은 조**에 제3항부터 제5항까지를 각각 다음과 같이 신설하며, **같은 조** 제6항(종전의 제3항) 본문 중 "의약품공급자로부터 의약품의 판매촉진 업무를 위탁받은 자로부터"를 "의약품 판촉영업자(이하 "의약품공급자등"이라 한다)로부터"로 하고, **같은 조** 제9항(종전의 제6항) 중 "제5항"을 "제8항"으로 하며, **같은 조** 제10항(종전의 제7항) 전단 중 "제5항"을 "제8항"으로 한다.
③ 의약품공급자는 의약품 판촉영업자가 아닌 자에게 의약품의 판매촉진 업무를 위탁하여서는 아니 된다.
④ 의약품 판촉영업자가 위탁받은 판매촉진 업무의 전부 또는 일부를 다른 의약품 판촉영업자에게 다시 위탁하는 경우에는 보건복지부령으로 정하는 바에 따라 해당 업무를 위탁한 의약품공급자에게 서면(「전자문서 및 전자거래 기본법」 제2조제1호에 따른 전자문서를 포함한다)으로 그 사실을 알려야 한다.
⑤ 의약품 판촉영업자는 의약품공급자를 위하여 선량한 관리자의 주의로 위탁받은 업무를 수행하여야 한다.
제47조의2제1항 중 "의약품공급자 및 의약품공급자로부터 의약품의 판매촉진 업무를 위탁받은 자(이하 이 조에서 "의약품공급자등"이라 한다)는"을 "의약품공급자등은"으로 하고, **같은 조** 제2항부터 제4항까지를 각각 제3항부터 제5항까지로 하며, **같은 조**에 제2항을 다음과 같이 신설하고, **같은 조** 제3항(종전의 제2항) 전단 중 "제1항에 따른 지출보고서와 관련 장부 및 근거 자료의"를 "제1항에 따른 지출보고서, 관련 장부 및 근거 자료 또는 제2항에 따른 위탁계약서 및 관련 근거 자료의"로 하며, **같은 조** 제5항(종전의 제4항) 중 "제3항"을 "제4항"으로 한다.
② 의약품공급자가 의약품 판촉영업자에게 의약품 판매촉진 업무를 위탁(의약품 판촉영업자가 위탁받은 판매촉진 업무를 다른 의약품 판촉영업자에게 다시 위탁하는 경우를 포함한다)하는 경우 보건복지부령으로 정하는 바에 따라 위탁계약서를 작성하고 해당 위탁계약서 및 관련 근거 자료를 5년간 각각 보관하여야 한다.
제69조제1항제1호 중 "판매업자"를 "판매업자, 의약품 판촉영업자"로 한다.
제69조의4제3호의2를 다음과 같이 신설한다.
3의2. 제47조의2제2항에 따른 위탁계약서를 작성하지 아니하거나 해당 위탁계약서 및 관련 근거 자료를 보관하지 아니한 경우
제75조의2 중 "제47조제5항부터 제7항까지의 규정을"을 "제47조제8항부터 제10항까지를"로 한다.
제76조제1항제5호의8부터 제5호의13까지를 각각 제5호의13부터 제5호의18까지로 하며, 같은 항 제5호의7을 제5호의11로 하고, 같은 항에 제5호의7부터 제5호의10까지 및 제5호의12를 각각 다음과 같이 신설한다.
5의7. 거짓이나 그 밖의 부정한 방법으로 제46조의2제1항에 따른 신고를 한 경우
5의8. 제46조의2제1항을 위반하여 변경 신고를 하지 아니하거나 거짓 또는 그 밖의 부정한 방법으로 변경 신고를 한 경우
5의9. 제46조의2제1항에 따른 신고의 기준에 미달한 경우
5의10. 제46조의3제1항을 위반하여 교육을 받지 아니한 자를 의약품 판매촉진 업무에 종사하게 한 경우
5의12. 제47조제4항을 위반하여 의약품 판매촉진 업무의 전부 또는 일부를 다시 위탁한 사실을 의약품 공급자에게 서면(「전자문서 및 전자거래 기본법」 제2조제1호에 따른 전자문서를 포함한다)으로 알리지 아니한 경우
제77조제1호의2를 제1호의3으로 하고, **같은 조** 제1호를 제1호의2로 하며, **같은 조** 제1호의2(종전의 제1호) 중 "허가·승인·등록의 취소"를 "허가·승인·등록의 취소, 신고 수리의 취소"로 한다.
제79조제3항제2호 중 "제47조제3항을"을 "제47조제6항을"로 한다.
제89조제1항 각 호 외의 부분 본문 중 "의약품 판매업자(한약업사는 제외한다)"를 "의약품 판매업자(한약업사는 제외한다), 의약품 판촉영업자"로 하고, 같은 항에 제3호를 다음과 같이 신설하며, **같은 조** 제3항 각 호 외의 부분 본문 중 "의약품판매업자"를 "의약품판매업자, 의약품 판촉영업자"로 하고, 같은 항 제2호 중 "의약품 판매업자"를 "의약품판매업자, 의약품 판촉영업자"로 한다.
3. 의약품 판촉영업자 : 제46조제1호부터 제3호까지의 어느 하나에 해당하는 경우
제89조의2 본문 중 "제조업자등과"를 "제조업자등 또는 의약품 판촉영업자와"로 하고, **같은 조** 단서 중 "제조업자등(상속에 의한 지위 승계는 제외한다)과"를 "제조업자등 또는 의약품 판촉영업자(상속에 의한 지위 승계는 제외한다)와"로 한다.
제94조제1항제5호의2를 제5호의4로 하고, 같은 항에 제5호의2 및 제5호의3을 각각 다음과 같이 신설하며, 같은 항 제5호의4(종전의 제5호의2) 전단 중 "제3항을"을 "제6항을"로 하고, 같은 항에 제5호의5를 다음과 같이 신설한다.
5의2. 제46조의2제1항을 위반하여 신고하지 아니하고 의약품 판매촉진 업무를 위탁받아 수행한 자
5의3. 거짓이나 그 밖의 부정한 방법으로 제46조의2제1항에 따른 신고·변경신고를 한 자
5의5. 제47조제3항을 위반하여 의약품 판촉영업자가 아닌 자에게 의약품의 판매촉진 업무를 위탁한 자
제95조제1항제8호 중 "제4항"을 "제4항·제7항"으로 하고, 같은 항 제8호의4 및 제8호의5를 각각 제8호의5 및 제8호의6으로 하며, 같은 항에 제8호의4를 다음과 같이 신설하고, 같은 항 제8호의5(종전의 제8호의4) 중 "제47조의2제2항에 따른 지출보고서와 관련 장부 및 근거 자료의"를 "제47조의2제3항에 따른 지출보고서, 관련 장부 및 근거자료 또는 위탁계약서 및 관련 근거 자료의"로 한다.
8의4. 제47조의2제2항을 위반하여 위탁계약서 및 관련 근거 자료를 보관하지 아니한 자
제98조제1항제4호 중 "제22조 또는"을 "제22조,"로, "포함한다)을"을 "포함한다) 또는 제46조의2제2항을"로 한다.
법률 제18307호 약사법 일부개정법률 제98조제1항제7호의2부터 제7호의11까지를 각각 제7호의3부터 제7호의12까지로 하고, 같은 항에 제7호의2를 다음과 같이 신설한다.
7의2. 제46조의3제1항을 위반하여 의약품의 판매질서 등에 관한 교육을 받지 아니한 자

부 칙

제1조【시행일】 이 법은 공포 후 6개월이 경과한 날부터 시행한다. 다만, 제21조의3, 제69조의4제1호의2 및 제77조제1호의 개정규정은 공포 후 1년이 경과한 날부터 시행하고, 법률 제18307호 약사법 일부개정법률 제98조제1항제7호의6의 개정규정은 2024년 7월 21일부터 시행하며, 제46조의2, 제46조의3, 제47조, 제47조의2, 제69조제1항제1호, 제69조의4제3호의2, 제75조의2, 제76조제1항제5호의7부터 제5호의18까지, 제77조제1호의2, 제79조제3항제2호, 제89조제1항 및 제3항, 제89조의2, 제94조제1항제5호의2부터 제5호의5까지, 제95조제1항제8호·제8호의4·제8호의5, 제98조제1항제4호 및 법률 제18307호 약사법 일부개정법률 제98조제1항제7호의2의 개정규정은 공포 후 1년 6개월이 경과한 날부터 시행한다.(2023.8.16 단서개정)
제2조【공공심야약국 지정에 관한 경과조치】 제21조의3의 개정규정 시행 당시 시·도지사 또는 시장·군수·구청장으로부터 심야시간대에 의약품·의약외품을 판매하는 약국으로 지정받은 약국은 같은 개정규정에 따른 공공심야약국으로 지정을 받은 것으로 본다. 다만, 제21조의3의 개정규정 시행일부터 6개월 이내에 같은 개정규정에 따른 지정 기준을 갖추어 시·도지사 또는 시장·군수·구청장으로부터 공공심야약국으로 지정받아야 한다.
제3조【위탁계약서 등 보관에 관한 적용례】 제47조의2제2항 및 제3항의 개정규정은 같은 개정규정 시행 이후 의약품의 판매촉진 업무를 위탁하는 경우부터 적용한다.

(2025년 7월 19일 시행)

국제입양에 관한 법률

(약칭 : 국제입양법)

(2023년 7월 18일
법 률 제19553호)

제1장 총 칙

제1조【목적】 이 법은 국제입양의 요건과 절차에 관한 사항을 정함으로써 「국제입양에서 아동의 보호 및 협력에 관한 협약」을 이행하고 양자가 되는 사람과 입양가정의 권익과 복지를 증진하는 것을 목적으로 한다.
제2조【정의】 이 법에서 사용하는 용어의 뜻은 다음과 같다.
1. "협약"이란 「국제입양에서 아동의 보호 및 협력에 관한 협약」을 말한다.
2. "아동"이란 「아동복지법」 제3조제1호에 따른 아동을 말한다.
3. "출신국"이란 양자가 될 아동의 일상거소가 있는 국가를 말한다.
4. "입양국"이란 양부모가 될 사람의 일상거소가 있는 국가를 말한다.
5. "중앙당국"이란 협약이 부과한 의무를 이행하기 위하여 협약 제6조에 따라 지정된 각 체약국의 국가기관 또는 협약 비체약국에서 입양을 관장하는 정부부처 또는 해당 권한을 부여받은 권한 있는 기관을 말한다.
6. "국제입양"이란 다음 각 목의 어느 하나에 해당하는 입양을 말한다.
가. 외국(협약 체약국과 협약 비체약국 모두를 포함한다. 이하 같다)으로의 입양 : 양부모가 되려는 사람의 쌍방 또는 일방의 일상거소가 외국에 있고, 아동이 입양되기 위하여 또는 입양의 결과로 일상거소를 대한민국에서 외국으로 이동하는 경우의 입양
나. 국내로의 입양 : 양부모가 되려는 사람의 쌍방 또는 일방의 일상거소가 대한민국에 있고, 아동이 입양되기 위하여 또는 입양의 결과로 일상거소를 외국에서 대한민국으로 이동하는 경우의 입양
7. "결연(結緣)"이란 양자가 될 아동에게 양부모관계의 설정을 위하여 그 아동의 양부모가 되려는 사람을 연결하여 지정하는 것을 말한다.
8. "본국법"이란 양부모가 될 사람 또는 양자가 될 아동의 「국제사법」 제16조에 따른 본국법을 말한다.
9. "아동권리보장원"이란 「아동복지법」 제10조의2에 따른 아동권리보장원을 말한다.
10. "아동통합정보시스템"이란 「아동복지법」 제15조의2에 따른 아동통합정보시스템을 말한다.
11. "위원회"란 「국내입양에 관한 특별법」 제12조에 따른 입양정책위원회를 말한다.
12. "입양정보"란 이 법에 따른 입양 절차의 진행 및 그에 부수되는 기록(문서, 그 밖의 관계 서류 또는 물건, 사진, 영상 녹화물, 전자기록 등 특수매체기록을 포함한다)과 그 절차 진행을 위하여 아동통합정보시스템을 이용하여 전자적인 형태로 작성·관리되는 정보를 말한다.
제3조【국제입양의 원칙】 ① 국제입양은 국내에서 양부모를 찾지 못한 아동에게 영구적인 가정을 제공하는 등 국제입양이 아동에게 최선의 이익이 될 때에만 허용될 수 있다.
② 국제입양의 모든 절차에서 양자가 될 아동의 기본적 권리가 존중되어야 하며, 국제입양이 아동의 탈취·매매 또는 거래의 수단으로 악용되어서는 아니 된다.
③ 누구든지 이 법에서 정한 요건 및 절차 등에 따른 국제입양 외에 사인 간의 국제입양을 의뢰·알선 또는 조장·홍보하여서는 아니 된다.
제4조【비영리 운영의 원칙】 ① 국제입양과 관련한 어떤 기관이나 개인도 이 법에 따른 입양으로 인하여 부당한 재정적 이익 등을 취득하여서는 아니 된다.
② 국가와 지방자치단체는 국제입양과 관련한 기관 또는 개인이 이 법에 따른 입양으로 인하여 부당한 재정적 이익 등을 취득하지 아니하도록 노력하여야 한다.
제5조【중앙당국】 대한민국의 중앙당국은 보건복지부로 한다.
제6조【다른 법률과의 관계】 ① 협약이 적용되는 국제입양에 관하여는 협약과 이 법에서 규정한 것을 제외하고는 「국제사법」을 적용하고, 「국제사법」에서 규정한 것을 제외하고는 「국내입양에 관한 특별법」을 적용하며, 「국내입양에 관한 특별법」에서 규정한 것을 제외하고는 「민법」을 적용한다.
② 협약이 적용되지 아니하는 국제입양에 관하여는 이 법과 「국제사법」에서 규정한 것을 제외하고는 「국내입양에 관한 특별법」을 적용하고, 「국내입양에 관한 특별법」에서 규정한 것을 제외하고는 「민법」을 적용한다.

제2장 국제입양의 요건 및 절차

제1절 외국으로의 입양

제7조【양자가 될 자격 등】 ① 이 절에 따라 양자가 될 아동은 다음 각 호의 어느 하나에 해당하는 아동이어야 한다.

1. 제2항에 따라 보건복지부장관이 국제입양대상아동으로 결정한 아동
2. 부부의 일방이 배우자의 친생자를 단독으로 국제입양하려는 경우의 그 친생자
② 보건복지부장관은 「국내입양에 관한 특별법」 제13조 제1항에 따라 양자가 될 아동으로 결정된 아동 중 국제입양이 해당 아동에게 최선의 이익이 된다고 판단되는 경우 위원회의 심의·의결을 거쳐 해당 아동을 국제입양대상아동으로 결정할 수 있다. 이 경우 보건복지부령으로 정하는 바에 따라 해당 아동에 대한 국제입양아동보고서를 작성하여야 한다.
③ 보건복지부장관이 입양국 중앙당국으로부터 제1항제2호에 해당하는 아동의 양부모가 되려는 사람에 대한 보고서를 수령한 경우 해당 아동에 대한 정보를 아동통합정보시스템에 입력·관리하여야 한다.
제8조【입양의 동의 및 승낙】 입양의 동의 및 승낙에 관하여는 「국내입양에 관한 특별법」 제15조부터 제17조까지를 준용한다.
제9조【양부모가 될 자격 등】 ① 이 절에 따라 양부모가 되려는 사람은 본국법에 따른 양부모가 될 자격을 갖추어야 한다. 다만, 제7조제1항제1호에 따른 아동을 입양하려는 경우에는 「국내입양에 관한 특별법」 및 「민법」에 따른 양부모가 될 자격도 갖추어야 한다.
② 보건복지부장관은 입양국 중앙당국으로부터 양부모가 되려는 사람에 대한 보고서를 수령한 경우 위원회의 심의·의결을 거쳐 양부모가 되려는 사람이 제1항에 따른 양부모가 될 자격 등을 갖추었는지 여부를 확인하여야 한다. 다만, 제7조제1항제2호에 따른 아동을 입양하려는 경우에는 위원회의 심의·의결을 생략할 수 있다.
제10조【결연】 ① 보건복지부장관은 위원회의 심의·의결을 거쳐 제9조에 따라 양부모가 될 자격을 갖추었다고 판단한 자와 양자가 될 아동을 결연하여야 한다. 다만, 제7조제1항제2호에 따른 아동을 입양하려는 경우에는 결연을 생략할 수 있다.
② 제1항에 따른 결연을 함에 있어서는 제3조에 따른 국제입양의 원칙, 양부모가 되려는 사람의 배경과 양육상황, 양자가 될 아동의 배경과 특별한 필요 등을 종합적으로 고려하여야 한다.
제11조【중앙당국 간 협의】 ① 보건복지부장관은 제10조제1항에 따른 결연 후 제7조제2항 후단에 따른 국제입양아동보고서와 제8조에 따른 입양의 동의 및 승낙에 관한 정보, 제10조에 따른 결연에 관한 정보를 입양국 중앙당국에 송부하여야 한다. 다만, 제7조제1항제2호의 아동에 대해서는 제8조에 따른 입양의 동의 및 승낙에 관한 정보를 입양국 중앙당국에 송부하여야 한다.
② 보건복지부장관은 상당한 기간 내에 입양국 중앙당국을 통하여 양부모가 될 사람의 해당 아동에 대한 입양 동의 의사를 확인하여야 한다.
③ 양부모가 될 사람이 입양에 동의하면 보건복지부장관은 국제입양절차 진행 협의서를 작성하여 입양국 중앙당국에 송부한다.
④ 양부모가 될 사람이 입양에 동의하지 아니하는 경우 보건복지부장관은 입양 절차의 진행을 중단하고, 입양국 중앙당국에 제1항에 따른 서류의 반환을 요청하여야 한다.
⑤ 보건복지부장관은 다음 각 호의 어느 하나에 해당하는 사정이 발생한 경우 입양 절차의 진행을 중단하고 그 사실을 지체 없이 입양국 중앙당국에 알려야 한다. 이 경우 제1항에 따른 서류 및 제3항에 따른 국제입양절차 진행 협의서의 반환을 요청하여야 한다.
1. 아동에게 국내에서의 영구적인 가정을 제공할 수 있게 된 경우
2. 친생부모, 법정대리인 또는 아동이 입양의 동의 또는 승낙을 철회한 경우
3. 양부모가 될 사람의 자격에 의심 가는 사정이 발생한 경우
4. 그 밖에 아동의 복리를 위하여 국제입양이 적당하지 아니하다고 보건복지부령으로 정하는 사정이 발생한 경우
⑥ 보건복지부장관은 입양국의 중앙당국으로부터 입양 절차의 진행 중단 사실을 통보받은 경우 입양 절차의 진행을 중단하고 제1항에 따른 서류 및 제3항에 따른 국제입양절차 진행 협의서의 반환을 요청하여야 한다.
⑦ 제1항에 따른 국제입양아동보고서 및 그 밖의 서류, 제3항에 따른 국제입양절차 진행 협의서의 작성 및 송부 등에 필요한 사항은 보건복지부령으로 정한다.
제12조【가정법원의 입양허가】 ① 양부모가 되려는 사람이 양자가 될 아동을 입양하려는 경우에는 제11조제3항에 따른 국제입양절차 진행 협의서 및 대법원규칙으로 정하는 서류를 갖추어 양자가 될 아동의 주소지를 관할하는 가정법원의 입양허가를 받아야 한다. 다만, 양자가 될 아동이 제7조제1항제2호에 해당하는 경우로서 양부모가 되려는 사람이 「민법」 제882조의2 또는 이에 상응하는 본국법에 따른 입양의 효력이 발생하기를 원하는 경우에는 「민법」 제867조 또는 이에 상응하는 본국법에 따라 가정법원의 허가를 받을 수 있다.
② 가정법원은 특별한 사정이 없는 한 양자가 될 아동의 복리를 위하여 입양허가에 대한 청구가 있는 날부터 6개월 이내에 입양허가 여부를 결정하여야 한다.
③ 가정법원은 제1항에 따른 입양허가 여부를 심리하기 위하여 필요한 경우에는 관계 기관 또는 단체에 관련 서류의 제출을 요구할 수 있다. 이 경우 서류의 제출을 요구받은 기관 또는 단체는 정당한 사유가 없으면 그 요구에 따라야 한다.
④ 가정법원은 제1항에 따른 입양허가 여부를 결정할 때 필요하다고 인정하는 경우에는 가사조사관에게 입양 동기, 양육능력 및 양육 환경 등에 관한 조사를 하도록 명할 수 있다.
⑤ 가정법원은 양자가 될 아동의 복리를 위하여 양부모가 될 사람의 입양 동기와 양육능력, 그 밖의 사정을 고려하여 제1항에 따른 입양허가를 하지 아니할 수 있다.
⑥ 제1항부터 제5항까지에서 규정한 사항 외에 입양허가의 청구 절차, 심리 및 허가 등에 필요한 사항은 대법원규칙으로 정한다.
제13조【입양의 효력】 이 절에 따라 입양된 아동은 「민법」에 따른 친양자와 동일한 지위를 가진다. 다만, 제12조제1항 단서에 해당하는 경우에는 「민법」 제882조의2에 따른 입양의 효력이 발생한다.
제14조【입양의 효력발생】 ① 이 절에 따른 입양은 가정법원의 인용심판 확정으로 그 효력이 발생한다. 이 경우 양부모 또는 양자는 가정법원의 입양허가 재판서를 첨부하여 「가족관계의 등록 등에 관한 법률」에서 정하는 바에 따라 입양 신고 또는 친양자 입양 신고를 하여야 한다.
② 가정법원은 입양에 관한 심판이 확정된 경우 그 내용을 지체 없이 보건복지부장관 및 양자의 주소지를 관할하는 시장·군수·구청장(자치구의 구청장을 말한다. 이하 같다)에게 통지하여야 한다.
제15조【아동의 인도】 ① 아동의 친생부모, 후견인 또는 그 외 적법한 절차에 따라 아동을 보호하고 있는 자는 제12조제1항에 따른 입양허가 인용심판 확정 후 양자가 된 아동을 양부모에게 직접 인도한다. 다만, 제7조제1항제2호에 따른 아동을 입양하려는 경우에는 그러하지 아니하다.
② 아동의 인도는 보건복지부령으로 정하는 특별한 사정이 없는 한 대한민국에서 이루어져야 한다.
제16조【사후서비스 제공】 ① 보건복지부장관은 입양이 성립된 후 대통령령으로 정하는 기간 동안 양부모와 양자의 상호적응을 위하여 입양국 중앙당국과 협력하여 해당 중앙당국이 작성한 아동 적응보고서를 수령하고 확인하여야 한다.
② 보건복지부장관은 입양국의 중앙당국과 협력하여 양자가 되어 출국한 아동이 입양국의 국적을 취득하였는지를 확인하여야 한다.
③ 보건복지부장관은 제2항에 따라 아동의 국적 취득이 확인된 경우 보건복지부령으로 정하는 바에 따라 그 사실을 법무부장관에게 알리고, 법무부장관은 「국적법」에 따라 직권으로 그의 대한민국 국적을 말소할 것을 등록기준지 관할 가족관계등록관서에 통지하여야 한다.
④ 보건복지부장관은 이 법에 따른 입양아동 및 입양가정을 위하여 입양가족 간 정보 공유와 상호 협력 지원 사업, 모국방문사업, 모국어연수, 상담 프로그램 운영 등 대통령령으로 정하는 사업을 실시할 수 있다.
⑤ 보건복지부장관은 대한민국 국민이거나 대한민국 국적을 보유하였던 해외입양인의 위기극복 및 정착 지원을 위하여 다음 각 호의 사후서비스를 제공할 수 있다.
1. 체류 및 국적회복의 지원
2. 취업 교육
3. 필요한 사회복지서비스의 연계 및 정착 지원
4. 강제귀환 등 위기에 처한 입양인에 대한 의료, 주거, 생계 지원
5. 그 밖에 이 법에 따라 입양된 사람을 위하여 보건복지부장관이 필요하다고 인정하는 사업
제17조【입양정보의 공개 등】 ① 이 법에 따라 양자가 된 사람은 아동권리보장원의 장에게 자신과 관련된 입양정보의 공개를 청구할 수 있다. 다만, 이 법에 따라 양자가 된 사람이 미성년자인 경우에는 양부모의 동의를 받아야 한다.
② 그 밖에 공개 청구 방법과 절차 등에 필요한 사항은 「국내입양에 관한 특별법」 제33조를 준용한다.

제2절 국내로의 입양

제18조【양자가 될 자격】 이 절에 따라 양자가 될 아동은 출신국 중앙당국으로부터 양자가 될 자격이 있다고 인정받은 아동이어야 한다.
제19조【양부모가 될 자격 등】 이 절에 따라 양부모가 되려는 사람은 「국내입양에 관한 특별법」 제18조에 따른 양부모가 될 자격 등을 갖추어야 한다.
제20조【입양의 신청 등】 ① 이 절에 따라 양부모가 되려는 사람은 보건복지부령으로 정하는 바에 따라 보건복지부장관에게 신청하여야 한다.
② 제1항의 신청을 받은 보건복지부장관은 양부모가 되려는 사람이 제19조에 따른 자격을 갖추었는지를 확인하기 위하여 보건복지부령으로 정하는 바에 따라 상담 및 가정환경 조사 등을 실시하고 그에 대한 보고서를 작성하여야 하며, 필요한 자료의 제출을 요청할 수 있다.
③ 양부모가 되려는 사람은 제2항의 상담 및 가정환경 조사에 성실히 임하여야 하며 사실을 왜곡·은폐·과장하거나 거짓 서류를 제출하여서는 아니 된다.
④ 보건복지부장관은 양부모가 될 자격을 갖추었다고 판단한 자의 정보를 출신국 중앙당국에 송부하여야 한다.
제21조【중앙당국 간 협의】 ① 보건복지부장관은 출신국 중앙당국으로부터 양자가 될 아동에 관한 보고서 등을 수령한 때에는 양부모가 되려는 사람에게 해당 아동에 대한 입양 동의 의사를 확인하여야 하며, 그 사실을 출신국 중앙당국에 전달하여야 한다.
② 보건복지부장관은 다음 각 호의 어느 하나에 해당하는 사정이 발생한 경우 입양 절차의 진행을 중단하여야 한다. 이 경우 보건복지부장관은 제3호에 해당하는 사유가 있는지 확인하기 위하여 법무부 등 관계 기관에 협조를 요청할 수 있다.
1. 양부모가 되려는 사람이 입양 의사를 철회한 경우
2. 결연된 아동 또는 양부모가 되려는 사람의 자격에 의심 가는 사정이 발생한 경우
3. 아동이 「출입국관리법」에 따른 입국 및 체류자격을 갖추지 못하였거나 갖추지 못할 것으로 예상되는 경우
4. 그 밖에 아동의 복리를 위하여 국제입양이 적당하지 아니하다고 보건복지부령으로 정하는 사정이 발생한 경우
③ 보건복지부장관은 제2항에 따라 입양 절차의 진행을 중단한 경우 그 사실을 출신국 중앙당국에 알리고, 제1항에 따른 양자가 될 아동에 관한 보고서 등을 반환하여야 한다.
④ 보건복지부장관은 출신국 중앙당국으로부터 입양 절차의 진행 중단 사실을 통보받은 경우에는 입양 절차의 진행을 중단하고, 제1항에 따른 양자가 될 아동에 관한 보고서 등을 반환하여야 한다.
제22조【출신국에서 성립한 입양의 효력발생】 ① 협약체약국인 출신국의 입양재판 또는 그 밖에 권한 있는 당국의 승인에 의하여 이 절에 따른 입양이 성립하면 우리나라에서도 출신국 법률에 따른 효력이 발생한다. 다만, 출신국에서 성립한 입양이 기존의 친자관계를 종료시키는 효과를 가지지 아니하는 경우에도 친생부모가 입양에 의하여 기존의 친자관계를 종료시키는 데 동의하면 양부모의 주소지를 관할하는 가정법원은 양부모의 친양자 입양으로의 효력 변경 청구에 따라 출신국에서 성립한 입양을 친양자 입양으로 전환하는 재판을 할 수 있으며, 재판이 확정되면 친양자 입양의 효력이 발생한다.
② 협약 비체약국인 출신국의 입양재판에 의하여 이 절에 따른 입양이 성립하면 「민사소송법」 제217조에 따른 요건을 갖춘 경우 우리나라에서도 출신국 법률에 따른 효력이 발생한다.
③ 협약 비체약국인 출신국에서 입양재판 외의 방법으로 입양이 성립하면 양부모의 주소지를 관할하는 가정법원으로부터 입양 또는 친양자 입양 허가를 받음과 동시에 각각의 허가에 따른 효력이 발생한다.
④ 제1항부터 제3항까지에 따라 입양의 효력이 발생한 경우에 양부모 또는 양자는 제30조제1항에 따른 협약준수입양증명서, 출신국이 발급한 협약준수입양증명서나 입양증서 또는 가정법원의 입양허가 재판서를 첨부하여 「가족관계의 등록 등에 관한 법률」에서 정하는 바에 따라 신고하여야 한다.
⑤ 제1항 단서에 따른 전환 재판 및 제3항에 따른 재판의 절차 및 심리 등에 필요한 사항은 대법원규칙으로 정한다.
제23조【국내에서 성립한 입양의 효력발생】 이 절에서 정한 절차에 따라 양자가 될 아동이 입양을 위하여 입국하여 가정법원으로부터 입양 또는 친양자 입양 허가를 받은 경우에는 각각의 허가에 따른 효력이 발생한다. 이 경우 양부모 또는 양자는 가정법원의 허가서를 첨부하여 「가족관계의 등록 등에 관한 법률」에서 정하는 바에 따라 신고하여야 한다.
제24조【사후서비스】 ① 보건복지부장관은 입양이 성립된 후 대통령령으로 정하는 기간 동안 양부모와 양자의 상호적응을 위하여 출신국 중앙당국과 협력하여 정기적인 상담과 필요한 복지서비스를 지원하고 아동 적응보고서를 작성하여야 한다.
② 보건복지부장관은 출신국 중앙당국으로부터 제1항의 아동 적응보고서 작성 외에 추가적인 요청이 있는 경우 해당 중앙당국과 협의하여 요청에 응할 수 있다.
③ 보건복지부장관은 양자의 우리나라 국적 취득을 위하여 상담 및 정보를 제공하는 등 필요한 지원을 할 수 있다.
제25조【입양의 취소】 ① 이 절에 따라 입양된 아동의 입양의 취소에 관하여는 「국내입양에 관한 특별법」 제28조를 준용한다. 다만, 아동이 「민법」에 따른 양자(친양자가 아닌 경우를 말한다)인 경우에는 「민법」의 관련 규정을 준용한다.
② 가정법원은 입양의 취소가 청구된 양자의 의견을 청취하고 그 의견을 존중하여야 한다.
③ 가정법원은 입양의 취소 청구에 대한 판결이 확정된 때에는 지체 없이 그 사실을 보건복지부장관 및 양자의 주소지를 관할하는 시장·군수·구청장에게 통지하여야 한다.
④ 가정법원은 양자의 복리를 위하여 그 양육상황, 입양동기, 양부모의 양육능력, 그 밖의 사정을 고려하여 제1항에 따른 입양의 취소청구를 기각할 수 있다.

제3장 보 칙

제26조【보호조치】 ① 보건복지부장관은 외국으로 입양된 아동의 입양이 취소된 경우 입양국 중앙당국과 협력하여 아동이 다시 대한민국으로 돌아오도록 하거나 아동의 복리를 위하여 필요한 조치를 취하도록 하여야 한다.
② 보건복지부장관은 제25조에 따라 대한민국으로 입양된 아동의 입양이 취소된 경우 또는 출신국의 입양허가 전 협약 제17조에 따라 아동을 양부모가 되려는 사람에게 위탁하는 결정을 한 후 입국한 아동에 대하여 입양절차를 진행하지 아니하게 된 경우 그 사실을 출신국 중앙당국에 통보하고, 해당 중앙당국과 협력하여 아동의 보호조치를 강구하여야 한다.
제27조【아동통합정보시스템】 ① 보건복지부장관 및 아동권리보장원의 장은 입양 업무에 관한 정보를 아동통합정보시스템에 입력·관리하여야 한다.
② 특별시장·광역시장·특별자치시장·도지사·특별자치도지사(이하 "시·도지사"라 한다) 또는 시장·군수·구청장,「국내입양에 관한 특별법」제13조제3항에 따라 국가와 지방자치단체로부터 양자가 될 아동을 인도받아 보호하는「아동복지법」제52조제1항제1호·제2호 및 제4호에 따른 아동양육시설·아동일시보호시설 및 공동생활가정의 장, 해당 위탁가정을 관리하는「아동복지법」제48조의 가정위탁지원센터의 장 또는 보건복지부령으로 정하는 사회복지법인의 장은 양자가 될 아동의 배경과 특별한 필요 등 아동에 관한 정보를 아동통합정보시스템에 입력하여야 한다.
③ 제32조에 따라 업무를 위탁받은 사회복지법인 또는 단체의 장은 입양 업무에 관한 정보를 아동통합정보시스템에 입력하여야 한다.
④ 제1항부터 제3항까지에 따른 정보의 범위 및 입력·관리 방법 등에 필요한 사항은 보건복지부령으로 정한다.
제28조【관계 기관 등에 대한 협조 요청】 ① 보건복지부장관, 시·도지사, 시장·군수·구청장 및 아동권리보장원의 장은 이 법에 따른 업무수행을 위하여 필요한 경우 관계 중앙행정기관 및 지방자치단체, 경찰관서, 공공기관,「아동복지법」에 따른 아동복지시설(이하 "아동복지시설"이라 한다), 사회복지법인 또는 단체 등에 대하여 자료를 제공하도록 요청할 수 있다. 이 경우 요청을 받은 기관은 특별한 사유가 없으면 그 요청에 따라야 한다.
② 제1항에 따라 제공된 자료는 이 법에 따른 업무수행을 위한 목적 외에는 사용할 수 없다.
제29조【비밀유지의 의무】 아동권리보장원, 아동복지시설,「국내입양에 관한 특별법」제13조제3항에 따라 입양 전 아동을 보호한 기관 및 제32조에 따라 업무를 위탁받은 사회복지법인 또는 단체에 종사하는 사람 또는 종사하였던 사람,「국내입양에 관한 특별법」제13조제3항에 따라 입양 전 아동을 보호하는 자 또는 보호하였던 자는 이 법에 따른 업무를 행하는 과정에서 알게 된 비밀을 누설하여서는 아니 된다. 다만, 제17조에 따라 입양정보를 공개하는 때는 예외로 한다.
제30조【협약준수입양증명서의 발급】 ① 보건복지부장관은 협약 체약국과 협약에 따른 절차를 준수하여 이루어진 입양에 대하여 협약 제23조제1항에 따른 협약준수입양증명서를 발급할 수 있다.
② 제1항에 따른 증명서의 구체적 내용, 발급절차 등에 필요한 사항은 보건복지부령으로 정한다.
제31조【외국과의 협력】 ① 국가는 양자가 되는 아동의 권익을 최우선으로 고려한 입양절차의 진행을 위하여 필요 시 협약 체약국 또는 비체약국과 양자 또는 다자 협정을 체결할 수 있다.
② 제1항에 따른 협정에 포함되어야 할 사항은 대통령령으로 정한다.
제32조【업무의 위탁 등】 ① 보건복지부장관은 제7조제3항, 제20조제1항 및 제2항, 제24조에 따른 업무를 대통령령으로 정하는 바에 따라 아동권리보장원, 그 밖에 위탁업무를 수행하는 데에 필요한 시설 및 종사자 등을 갖춘 사회복지법인 및 단체에 위탁할 수 있다.
② 보건복지부장관은 제1항에 따라 위탁한 업무에 관하여 그 위탁받은 자를 지휘·감독한다.
③ 보건복지부장관은 예산의 범위에서 제1항에 따른 사회복지법인 또는 단체의 업무 수행에 필요한 비용을 지원할 수 있다.
④ 제1항에 따른 위탁에 필요한 구체적인 사항은 대통령령으로 정한다.
제33조【벌칙 적용에서의 공무원 의제】 제32조에 따라 업무를 위탁받은 사회복지법인 또는 단체의 장과 그 종사자는「형법」제129조부터 제132조까지에 따른 벌칙을 적용할 때에는 공무원으로 본다.

제4장 벌 칙

제34조【벌칙】 ① 다음 각 호의 어느 하나에 해당하는 자는 3년 이하의 징역 또는 3천만원 이하의 벌금에 처한다.
1. 제8조에 따라 준용되는「국내입양에 관한 특별법」제17조제2항을 위반하여 입양의 동의 및 승낙의 대가로 금전 등을 주고받거나 주고받을 것을 약속한 자
2. 제12조제1항을 위반하여 법원의 허가를 받지 아니하고 입양을 행한 자 또는 제18조에 따른 양자가 될 자격을 갖추지 아니한 아동의 입양을 행한 자
3. 제28조제2항을 위반하여 제공받은 자료를 이 법에 따른 업무수행을 위한 목적 외에 사용한 자
4. 제29조 본문을 위반하여 업무상 알게 된 비밀을 누설한 자
② 제20조제3항을 위반하여 사실을 왜곡·은폐·과장하거나 거짓 서류를 제출한 자는 500만원 이하의 벌금에 처한다.
제35조【양벌규정】 법인의 대표자, 법인 또는 개인의 대리인, 사용인, 그 밖의 종사자가 그 법인 또는 개인의 업무에 관하여 제34조의 위반행위를 하면 행위자를 벌하는 외에 그 법인 또는 개인에게도 해당 조문의 벌금형을 과(科)한다. 다만, 법인 또는 개인이 그 위반행위를 방지하기 위하여 해당 업무에 관하여 상당한 주의와 감독을 게을리하지 아니한 경우에는 그러하지 아니하다.

부 칙

제1조【시행일】 이 법은 공포 후 2년이 경과한 날부터 시행한다.
제2조【입양정보의 공개에 관한 적용례】 제17조는 이 법 시행 전에 양자가 된 사람에 대하여도 적용한다.
제3조【일반적 경과조치】 이 법 시행 당시「민법」또는 종전의「입양특례법」에 따라 행한 처분·절차와 그 밖의 행위로서 이 법에 그에 해당하는 규정이 있을 때에는 이 법의 해당 규정에 따라 행하여진 것으로 본다.
제4조【양친이 될 자격 등에 관한 경과조치】 이 법 시행 당시「민법」또는 종전의「입양특례법」에 따라 양친이 될 자격 등을 갖춘 것으로 인정받은 사람은 제9조 및 제19조에 따른 양부모가 될 자격을 갖춘 것으로 본다.
제5조【결연에 관한 경과조치】 이 법 시행 당시 종전의「입양특례법」에 따른 입양기관이 양자가 될 아동에게 적합한 양부모가 될 사람을 결정한 경우에는 제10조에 따라 결연한 것으로 본다.
제6조【입양기관에 대한 경과조치】 종전의「입양특례법」에 따라 입양기관의 허가를 받은 사회복지법인은 제32조제1항에 따른 위탁업무를 수행하는 데 필요한 시설 및 종사자 등을 갖춘 사회복지법인으로 본다.
제7조【가정법원의 허가에 관한 경과조치】 이 법 시행 당시「민법」또는 종전의「입양특례법」에 따라 입양허가 심판의 청구가 있었던 국제입양의 경우에는 각각 종전의「입양특례법」또는「민법」의 규정에 따른다.
제8조【양부모가 될 사람의 신청 등에 관한 경과조치】 이 법 시행 당시「민법」또는 종전의「입양특례법」에 따른 일상거소를 외국에 두고 있는 아동의 양친이 되려는 사람의 신청, 조사, 상담 등은 이 법에 따라 행하여진 것으로 본다.
제9조【다른 법령과의 관계】 이 법 시행 당시 다른 법령에서「민법」또는「입양특례법」이나 그 규정을 인용한 경우에 이 법 가운데 그에 해당하는 규정이 있으면 종전의 규정을 갈음하여 이 법 또는 이 법의 해당 규정을 인용한 것으로 본다.

(2025년 7월 19일 시행)

국내입양에 관한 특별법

(약칭 : 국내입양특별법)

(2023년 7월 18일
전부개정법률 제19555호)

제1장 총 칙

제1조【목적】 이 법은 보호대상아동의 국내입양에 관한 요건 및 절차 등에 대한 특례와 그 지원에 필요한 사항을 정함으로써 양자(養子)가 되는 사람과 입양가정의 권익과 복지를 증진하고, 아동 최선의 이익 원칙에 따라 보호대상아동의 국내입양을 활성화하는 것을 목적으로 한다.
제2조【정의】 이 법에서 사용하는 용어의 뜻은 다음과 같다.
1. "아동"이란「아동복지법」제3조제1호에 따른 아동을 말한다.
2. "보호대상아동"이란「아동복지법」제3조제4호에 따른 보호대상아동을 말한다.
3. "입양아동"이란 이 법에 따라 입양된 아동을 말한다.
4. "국내입양"이란 양부모가 되려는 사람의 일상거소와 아동의 일상거소가 모두 대한민국에 있어, 입양의 결과로 아동의 일상거소가 다른 국가로 이동하지 아니하는 경우의 입양을 말한다.
5. "결연(結緣)"이란 양자가 될 아동에게 양부모관계의 설정을 위하여 그 아동의 양부모가 되려는 사람을 연결하여 지정하는 것을 말한다.
6. "임시양육결정"이란 가정법원이 제21조에 따른 입양허가 여부 결정 전에 양자가 될 아동을 양부모가 되려는 사람에게 임시로 양육하도록 하는 결정을 말한다.
7. "본국법"이란 양부모가 되려는 사람 또는 양자가 될 아동의「국제사법」제16조에 따른 본국법을 말한다.
8. "아동권리보장원"이란「아동복지법」제10조의2에 따른 아동권리보장원을 말한다.
9. "아동통합정보시스템"이란「아동복지법」제15조의2에 따른 아동통합정보시스템을 말한다.
10. "입양정보"란 이 법에 따른 입양 절차의 진행 및 그에 부수되는 기록(문서, 그 밖의 관계 서류 또는 물건, 사진, 영상 녹화물, 전자기록 등 특수매체기록을 포함한다)과 그 절차 진행을 위하여 아동통합정보시스템을 이용하여 전자적인 형태로 작성·관리되는 정보를 말한다.
제3조【입양의 원칙】 ① 모든 아동은 그가 태어난 가정에서 건강하게 자라야 한다.
② 이 법에 따른 입양은 아동의 이익이 최우선이 되도록 하여야 한다.
제4조【아동의 의견 청취 보장】 이 법에 따른 입양을 할 때에는 아동의 연령과 성숙 정도를 고려하여 아동의 의견을 청취하여야 한다.
제5조【비영리 운영의 원칙】 ① 입양과 관련하여 어떤 기관이나 개인도 이 법에 따른 입양으로 인하여 부당한 재정적 이익 등을 취득하여서는 아니 된다.
② 국가와 지방자치단체는 입양과 관련한 기관 또는 개인이 이 법에 따른 입양으로 인하여 부당한 재정적 이익 등을 취득하지 아니하도록 노력하여야 한다.
③ 누구든지 이 법에서 정한 요건 및 절차 등에 따른 입양 외에 사인 간에 보호대상아동의 국내입양을 의뢰·알선 또는 조장·홍보하여서는 아니 된다.
제6조【국가 등의 책무】 ① 국가와 지방자치단체는 아동이 그가 태어난 가정에서 건강하게 자랄 수 있도록 지원하고, 태어난 가정에서 자라기 곤란한 아동에게는 건강하게 자랄 수 있는 다른 영구적인 가정을 제공하기 위하여 필요한 조치와 지원을 하여야 한다.
② 국가와 지방자치단체는 제1항에 따라 아동에게 영구적인 가정을 제공할 수 없다면 그와 유사한 환경에서 자랄 수 있도록 노력하여야 한다.
③ 모든 국민은 입양아동이 건강하게 자랄 수 있도록 협력하여야 하며, 입양아동에게 차별행위를 하여서는 아니 된다.
④ 국가와 지방자치단체는 건전한 입양문화를 조성하고, 보호대상아동의 국내입양을 활성화하며, 아동이 입양 후의 가정생활에 원만하게 적응할 수 있도록 입양가정에 대한 사회적 편견 및 차별을 해소하는 등 입양아동의 권익과 복지 증진을 위하여 다음 각 호의 사항을 실시하여야 한다.
1. 입양정책의 수립 및 시행
2. 입양에 관한 실태조사 및 연구
3. 입양 및 사후관리 절차의 구축 및 운영
4. 입양아동 및 입양가정에 대한 지원
5. 입양 후 입양아동과 입양가정의 상호적응을 위한 상담 및 복지서비스 제공
6. 입양아동 및 입양가정에 대한 사회적 편견 및 차별 해소 정책의 수립 및 시행
7. 입양에 대한 교육 및 홍보
8. 그 밖에 보건복지부령으로 정하는 필요한 사항
⑤ 국가는 아동에 대한 보호의무와 책임을 이행하기 위하여 국외입양을 줄여나가도록 노력하여야 한다.

⑥ 국가와 지방자치단체는 당사자 상호동의 및 개인정보 보호 원칙하에 양자가 된 사람과 친생가족 간의 만남을 위하여 필요한 조치를 강구하여야 한다.
제7조【국내입양 우선 추진】 ① 국가 및 지방자치단체는 양자가 될 아동의 양부모가 될 사람을 국내에서 찾기 위한 정책을 최우선적으로 시행하여야 한다.
② 보건복지부장관은 제1항에 따른 국내입양을 위한 조치에도 불구하고 국내에서 양자가 될 아동에게 적합한 양부모가 될 사람을 찾지 못한 경우 「국제입양에 관한 법률」에 따른 국제입양을 추진할 수 있다.
제8조【입양의 날】 ① 건전한 입양문화의 정착과 입양에 대한 인식 개선을 통하여 국내입양이 활성화될 수 있도록 5월 11일을 입양의 날로 하고, 입양의 날부터 1주일을 입양주간으로 한다.
② 국가와 지방자치단체는 제1항에 따른 입양의 날 취지에 적합한 행사 등 사업을 실시하도록 노력하여야 한다.
제9조【「민법」과의 관계】 보호대상아동의 국내입양에 관하여 이 법에서 특별히 규정한 사항을 제외하고는 「민법」에서 정하는 바에 따른다.

제2장 국내입양 활성화 정책의 수립 및 시행

제10조【국내입양 활성화 기본계획의 수립·시행 등】
① 보건복지부장관은 보호대상아동의 국내입양을 활성화하기 위하여 입양에 대한 실태조사 결과를 토대로 5년마다 국내입양 활성화 기본계획(이하 "기본계획"이라 한다)을 수립·시행하여야 한다.
② 기본계획에는 다음 각 호의 사항이 포함되어야 한다.
1. 국내입양 활성화정책의 기본목표와 추진방향
2. 이전 기본계획에 대한 분석 및 평가
3. 국내입양 활성화 및 가정형 보호 강화를 위한 주요 추진 과제 및 추진 방법
4. 입양에 대한 사회적 인식 개선 및 입양아동·입양가정에 대한 편견 해소를 위한 주요 정책
5. 국내입양 활성화에 필요한 재원의 규모와 조달방안
6. 그 밖에 기본계획의 수립·시행을 위하여 대통령령으로 정하는 사항
③ 보건복지부장관은 제1항에 따라 수립된 기본계획을 제12조에 따른 입양정책위원회의 심의·의결을 거쳐 확정한다. 이 경우 보건복지부장관은 확정된 기본계획을 관계 중앙행정기관의 장, 특별시장·광역시장·특별자치시장·도지사 및 특별자치도지사(이하 "시·도지사"라 한다) 및 아동권리보장원의 장에게 알려야 한다.
④ 그 밖에 기본계획의 수립·시행 및 평가 등에 관하여 필요한 사항은 대통령령으로 정한다.
제11조【국내입양 활성화 시행계획의 수립·시행 등】
① 보건복지부장관은 기본계획을 시행하기 위하여 관계 중앙행정기관의 장, 시·도지사 및 아동권리보장원의 장과 협의를 거쳐 매년 국내입양 활성화 시행계획(이하 "시행계획"이라 한다)을 수립·시행하여야 한다.
② 그 밖에 시행계획의 수립 및 시행 등에 필요한 사항은 대통령령으로 정한다.
제12조【입양정책위원회】 ① 국내입양 활성화 정책에 관한 주요 사항과 입양에 관한 사항을 심의·의결하기 위하여 「아동복지법」 제10조제4항에 따른 아동정책조정위원회의 특별위원회로 입양정책위원회(이하 "위원회"라 한다)를 둔다.
② 위원회는 다음 각 호의 사항을 심의·의결한다.
1. 제10조에 따른 기본계획의 수립 및 평가에 관한 사항
2. 제11조에 따른 시행계획의 수립 및 평가에 관한 사항
3. 제18조제3항에 따라 양부모가 되려는 사람에게 제공하는 교육 과정의 기준 및 내용 선정
4. 입양 절차 및 제도개선에 관한 사항
5. 제20조에 따른 결연에 관한 사항
6. 「국제입양에 관한 법률」에 따른 국제입양대상아동의 결정 및 결연에 관한 사항
7. 그 밖에 국내입양 활성화 등을 위하여 보건복지부령으로 정하는 사항
③ 위원회는 위원장을 포함한 50명 이내의 위원으로 구성하며, 위원장은 보건복지부장관이 된다. 다만, 위원회의 회의는 위원장과 위원장이 회의마다 지정하는 15명 이내의 위원으로 구성하며, 구성원 3분의 2 이상의 출석과 출석위원 과반수의 찬성으로 의결한다.
④ 위원은 아동복지학 등 학계 전문가, 의료·법률 전문가, 법원행정처장이 추천하는 사람, 입양 정책 및 실무에 관한 학식과 경험이 풍부한 사람 중에서 보건복지부장관이 임명 또는 위촉한다.
⑤ 위원회는 관계 행정기관에 대하여 소속 직원의 출석·설명과 자료 제출을 요구할 수 있다.
⑥ 제2항제5호 및 제6호의 사항을 효율적으로 심의·의결하기 위하여 위원회에 분과위원회를 둘 수 있으며, 분과위원회에서 심의·의결한 사항은 위원회가 심의·의결한 것으로 본다.
⑦ 위원회의 업무를 지원하기 위하여 아동권리보장원에 사무국을 둔다.
⑧ 제1항부터 제7항까지에서 규정한 사항 외에 위원회 및 분과위원회의 구성·운영 등에 필요한 사항은 대통령령으로 정한다.

제3장 입양의 요건 및 절차

제13조【양자가 될 아동의 결정 및 보호 등】 ① 이 법에 따라 양자가 될 아동은 보호대상아동으로서 시·도지사 또는 시장·군수·구청장(구청장은 자치구의 구청장을 말하며 이하 같다. 이하 시·도지사 또는 시장·군수·구청장은 "시·도지사등"이라 한다)이 「아동복지법」 제15조제1항제6호에 따른 보호조치로서 입양이 해당 아동에게 최선의 이익이 된다고 결정한 아동이어야 한다.
② 시·도지사등은 제1항에 따른 결정을 하기 전에 제15조제1항에 따른 입양의 동의 및 승낙, 제16조제1항에 따른 입양의 동의 의사와 제15조제2항 각 호 또는 제16조제2항 각 호의 어느 하나에 해당하는지 여부를 확인하여야 한다.
③ 국가와 지방자치단체는 「아동복지법」 제3조제3호에 따른 보호자가 제21조제1항에 따른 입양허가 또는 제22조제1항에 따른 임시양육결정 전까지 제1항의 아동을 직접 보호·양육하기 어려운 경우에는 「아동복지법」 제52조제1항제1호·제2호 및 제4호에 따른 아동양육시설·아동일시보호시설 및 공동생활가정이나 보건복지부령으로 정하는 기준에 적합한 가정 등에 해당 아동을 위탁하여 보호하도록 할 수 있다.
④ 국가와 지방자치단체는 제1항에 따른 결정이 이루어진 후부터 제21조제1항에 따른 입양허가가 이루어지기 전까지 양자가 될 아동에 대하여 보건복지부령으로 정하는 바에 따라 정기적으로 양육상황을 점검하여 필요한 복지서비스를 지원하고 양육상황 점검보고서를 작성하여야 한다.
⑤ 제3항에 따른 아동 보호에서 가정형 보호가 우선적으로 고려되어야 한다.
제14조【양자가 될 아동의 후견인 등】 ① 제13조제1항에 따른 양자가 될 아동으로서 같은 조 제3항에 따라 보호되는 아동에 대하여는 대통령령으로 정하는 바에 따라 해당 아동이 시설 등에 위탁된 때부터 해당 아동의 주소지를 관할하는 시·도지사등이 후견인이 된다. 다만, 해당 아동에 대하여 법원이 이미 후견인을 두었거나 「보호시설에 있는 미성년자의 후견 직무에 관한 법률」에 따른 후견인이 있는 경우에는 그러하지 아니하다.
② 제1항의 경우에 양자가 될 아동에 대한 친권자의 친권 행사는 정지된다. 다만, 친권자가 제15조제4항에 따라 입양의 동의 또는 승낙을 철회하거나 친생부모가 제16조제3항에 따라 입양의 동의를 철회한 때에는 다시 친권을 행사할 수 있다.
③ 제2항 본문에 따라 친권이 정지된 경우 아동의 후견인은 친생부모의 신청이 있는 때에는 가정법원의 입양허가 결정이 있을 때까지 입양 절차의 진행과 아동의 건강 및 복리 상태에 대하여 친생부모에게 통지하여야 한다. 다만, 통지할 수 없는 정당한 사유가 있는 경우에는 그러하지 아니하다.
④ 제3항에 따른 신청 절차, 통지 방법 등에 필요한 사항은 보건복지부령으로 정한다.
제15조【입양의 의사표시】 ① 양자가 될 아동은 다음 각 호의 구분에 따라 입양의 승낙을 하여야 한다.
1. 양자가 될 아동이 13세 이상인 경우(입양허가 청구 후 제21조에 따른 가정법원의 입양허가 여부 결정 전에 13세에 달한 경우에도 같다)에는 법정대리인의 동의를 받아 입양을 승낙할 것
2. 양자가 될 아동이 13세 미만인 경우에는 법정대리인이 그를 갈음하여 입양을 승낙할 것
② 가정법원은 다음 각 호의 어느 하나에 해당하는 경우에는 제1항제1호에 따른 동의 또는 같은 항 제2호에 따른 승낙이 없더라도 제21조제1항에 따른 입양허가를 할 수 있다.
1. 법정대리인이 정당한 이유 없이 동의 또는 승낙을 거부하는 경우. 다만, 법정대리인이 친권자인 경우에는 제16조제2항의 사유가 있어야 한다.
2. 법정대리인의 소재를 알 수 없는 등의 사유로 동의 또는 승낙을 받을 수 없는 경우
③ 제2항제1호의 경우 가정법원은 법정대리인을 심문하여야 한다.
④ 제1항제1호에 따른 동의 또는 같은 항 제2호에 따른 승낙은 제21조제1항에 따른 입양허가가 있기 전까지 철회할 수 있다.
⑤ 제1항에 따른 입양의 동의 및 승낙, 제4항에 따른 철회는 보건복지부령으로 정하는 바에 따라 서면으로 한다.
제16조【입양에 대한 친생부모의 동의】 ① 양자가 될 아동은 친생부모의 동의를 받아야 한다. 다만, 다음 각 호의 어느 하나에 해당하는 경우에는 그러하지 아니하다.
1. 친생부모가 제15조제1항제1호에 따른 동의를 하거나 같은 항 제2호에 따른 승낙을 한 경우
2. 친생부모가 친권상실의 선고를 받은 경우
3. 친생부모의 소재를 알 수 없는 등의 사유로 동의를 받을 수 없는 경우
② 가정법원은 다음 각 호의 어느 하나에 해당하는 사유가 있는 경우에는 친생부모가 동의를 거부하더라도 제21조제1항에 따른 입양허가를 할 수 있다. 이 경우 가정법원은 친생부모를 심문하여야 한다.
1. 친생부모가 자신에게 책임이 있는 사유로 3년 이상 자녀에 대한 부양의무를 이행하지 아니하고 면접교섭을 하지 아니한 경우
2. 친생부모가 자녀를 학대 또는 유기(遺棄)하거나 그 밖에 자녀의 복리를 현저히 해친 경우
③ 제1항에 따른 동의는 제21조제1항에 따른 입양허가가 있기 전까지 철회할 수 있다.
④ 제1항에 따른 입양의 동의, 제3항에 따른 철회는 보건복지부령으로 정하는 바에 따라 서면으로 한다.
제17조【입양 승낙 및 동의의 요건 등】 ① 제15조제1항제2호에 따른 입양의 승낙, 제16조제1항에 따른 입양의 동의는 아동의 출생일부터 7일이 지난 후에 이루어져야 한다.
② 제15조제1항에 따른 입양의 동의 및 승낙, 제16조제1항에 따른 입양의 동의는 자유로운 의사로 결정되고 표시되어야 하며, 입양의 동의 및 승낙의 대가로 금전 또는 재산상의 이익, 그 밖의 반대급부를 주고받거나 주고받을 것을 약속하여서는 아니 된다.
③ 시·도지사등은 제15조제1항에 따른 입양의 동의 및 승낙 전에 양자가 될 아동 또는 법정대리인에게 그 동의 및 승낙의 효과 등에 관한 충분한 상담을 제공하여야 하며, 상담내용 등에 관하여는 보건복지부령으로 정한다.
④ 시·도지사등은 제16조제1항에 따른 입양의 동의 전에 친생부모에게 아동을 직접 양육할 경우 지원받을 수 있는 사항, 입양의 법률적 효력 및 입양아동의 입양정보공개청구권 등에 관한 충분한 상담을 제공하여야 하며, 상담내용 등에 관하여는 보건복지부령으로 정한다.
⑤ 시·도지사등은 친생부모에게 제16조제1항에 따른 동의 전까지 숙식, 의료 등 적절한 지원을 제공할 수 있다.
제18조【양부모가 될 자격 등】 ① 이 법에 따라 양부모가 되려는 사람은 다음 각 호의 요건을 모두 갖추어야 한다.
1. 양자에게 경제적·정서적으로 안정적인 양육 환경을 제공하여 줄 수 있을 것
2. 양자에 대하여 종교의 자유를 인정하고 사회의 구성원으로서 그에 상응하는 양육과 교육을 할 수 있을 것
3. 아동학대, 가정폭력, 성폭력, 마약 관련 범죄 등 대통령령으로 정하는 범죄경력이 없을 것
4. 알코올 및 약물중독 등 심각한 건강상의 사유가 없을 것
5. 그 밖에 양자가 될 사람의 복지를 위하여 보건복지부령으로 정하는 요건을 갖출 것
② 이 법에 따라 양부모가 되려는 사람은 양자가 될 아동이 복리에 반하는 직업이나 그 밖에 인권침해의 우려가 있는 직업에 종사하지 아니하도록 하여야 한다.
③ 이 법에 따라 양부모가 되려는 사람은 보건복지부령으로 정하는 바에 따라 소정의 교육을 마쳐야 한다.
제19조【입양의 신청 등】 ① 이 법에 따라 양부모가 되려는 사람은 보건복지부령으로 정하는 바에 따라 보건복지부장관에게 신청하여야 한다.
② 제1항의 신청을 받은 보건복지부장관은 양부모가 되려는 사람이 제18조에 따른 자격을 갖추었는지를 확인하기 위하여 보건복지부령으로 정하는 바에 따라 상담 및 가정환경 조사 등을 실시하고 그에 대한 보고서를 작성하여야 하며, 필요한 자료의 제출을 요청할 수 있다.
③ 양부모가 되려는 사람은 제2항의 상담 및 가정환경 조사와 자료 제출 요청 등에 성실히 임하여야 하며 사실을 왜곡·은폐·과장하거나 거짓 서류를 제출하여서는 아니 된다.
제20조【결연】 ① 보건복지부장관은 위원회의 심의·의결을 거쳐 양부모가 되려는 사람과 양자가 될 아동을 결연한다. 이 경우 제3조에 따른 입양의 원칙, 제7조에 따른 국내입양 우선 추진 원칙, 양부모가 되려는 사람의 배경과 양육상황, 양자가 될 아동의 배경과 특별한 필요 등을 종합적으로 고려하여야 한다.
② 보건복지부장관은 결연 이후 양부모가 되려는 사람에게 보건복지부령으로 정하는 바에 따라 양부모가 되려는 사람 및 양자가 될 아동의 성명, 생년월일 등이 기재된 결연확인서를 발급하여야 한다.
제21조【가정법원의 입양허가】 ① 양부모가 되려는 사람이 양자가 될 아동을 입양하려는 경우에는 다음 각 호의 서류를 갖추어 양자가 될 아동의 주소지를 관할하는 가정법원의 입양허가를 받아야 한다.
1. 양자가 될 아동의 출생신고 증빙 서류
2. 제13조에 따라 양자가 될 아동으로 결정한 서류
3. 제15조 및 제16조에 따른 입양 동의 및 승낙의 의사 등에 관하여 확인한 서류
4. 제20조제2항에 따른 결연확인서
5. 그 밖에 아동의 복리를 위하여 대법원규칙으로 정하는 서류
② 가정법원은 제1항에 따른 입양허가 여부를 심리하기 위하여 필요한 경우에는 관계 기관 또는 단체에 관련 서류의 제출을 요구할 수 있다. 이 경우 서류의 제출을 요구받은 기관 또는 단체는 정당한 사유가 없으면 그 요구에 따라야 한다.
③ 가정법원은 특별한 사정이 없는 한 양자가 될 아동의 복리를 위하여 입양허가에 대한 청구가 있은 날부터 6개월 이내에 입양허가 여부를 결정하여야 한다.

④ 가정법원은 제1항에 따른 입양허가 여부를 결정함에 있어 필요하다고 인정하는 경우에는 가사조사관에게 입양 동기, 양육능력 및 양육 환경 등에 관한 조사를 하도록 명할 수 있다.
⑤ 가정법원은 양자가 될 아동의 복리를 위하여 양부모가 되려는 사람의 입양 동기, 양육능력과 그 밖의 사정을 고려하여 제1항에 따른 입양허가를 하지 아니할 수 있다.
⑥ 제1항부터 제5항까지에서 규정한 사항 외에 입양허가의 청구 절차, 심리 및 허가 등에 필요한 사항은 대법원규칙으로 정한다.
제22조【임시양육결정】 ① 가정법원은 제21조제1항에 따른 입양허가에 대한 청구가 있는 경우 입양허가를 청구한 양부모가 되려는 사람의 신청 또는 직권으로 임시양육결정을 할 수 있다.
② 가정법원은 제1항에 따라 임시양육결정 여부를 결정할 때 필요하다고 인정하는 경우에는 가사조사관에게 입양 동기, 양육능력 및 양육 환경 등에 관한 조사를 하도록 명할 수 있다.
③ 임시양육결정이 있는 경우 양부모가 되려는 사람은 양자가 될 아동의 임시후견인이 된다. 이 경우 양자가 될 아동에 대한 친권자의 친권행사는 정지된다.
④ 제1항에 따른 임시양육결정 신청에 대한 기각 결정에 대해서는 즉시항고를 할 수 있다.
⑤ 가정법원은 제1항에 따라 임시양육결정을 할 때 양자가 될 아동의 양육을 위하여 적당하다고 인정되는 처분을 할 수 있다.
⑥ 제1항부터 제5항까지에서 규정한 사항 외에 임시양육결정의 신청 절차, 심리 및 결정, 임시양육에 관하여 필요한 처분 등에 필요한 사항은 대법원규칙으로 정한다.
제23조【임시양육결정의 취소 등】 ① 가정법원은 다음 각 호의 어느 하나에 해당하는 사유가 있는 경우에는 제21조제1항에 따른 입양허가의 청구인, 시·도지사등, 보건복지부장관의 신청 또는 직권으로 임시양육결정을 취소할 수 있다. 이 경우 임시양육결정 취소결정에 대해서는 불복할 수 없다.
1. 양부모가 되려는 사람의 양육태도에 문제가 있는 등 양자가 될 아동을 양육하기에 적절하지 아니한 경우
2. 법정대리인이 제15조제4항에 따라 입양에 대한 동의 또는 승낙 철회의 의사를 표시한 경우
3. 친생부모가 제16조제3항에 따라 입양에 대한 동의 철회의 의사를 표시한 경우
4. 그 밖에 양부모가 되려는 사람이 양자가 될 아동에 대한 양육을 계속하기 어려운 사정이 있는 경우
② 제1항의 임시양육결정 취소신청에 대한 기각 결정에 대해서는 즉시항고를 할 수 있다.
③ 제1항제2호 또는 제3호의 사유로 임시양육결정에 대한 취소결정이 이루어진 경우에는 해당 아동을 제13조제1항에 따라 양자가 될 아동으로 결정할 당시의 법정대리인이 그 아동의 법정대리인이 된다.
④ 제1항제1호 또는 제4호의 사유로 임시양육결정에 대한 취소결정이 이루어진 경우에는 양자가 될 아동의 주소지를 관할하는 시장·군수·구청장이 해당 아동의 후견인이 된다. 다만, 아동의 건강상 사유 등 대통령령으로 정하는 사유가 있는 경우 제21조제1항에 따라 입양허가를 신청한 양부모가 되려는 사람의 주소지를 관할하는 시장·군수·구청장이 해당 아동의 후견인이 된다.
제24조【임시양육결정의 통지 등】 ① 가정법원은 임시양육결정을 한 경우에는 해당 아동의 주소지를 관할하는 시장·군수·구청장에게 그 결정 사실을 통지하여야 한다.
② 임시양육결정이 이루어진 아동에 대한 임시양육결정이 취소되거나 입양허가의 청구가 기각된 때에도 제1항과 같다. 이 경우 결정 사실을 통지받은 시장·군수·구청장은 지체 없이 해당 아동을 인도받을 자를 지정하여야 한다.
③ 임시양육결정에 따라 양자가 될 아동을 임시양육 중인 양부모가 되려는 사람은 해당 아동에 대한 임시양육결정이 취소되거나 입양허가의 청구가 기각된 경우에는 지체 없이 그 아동을 제2항 후단에 따라 시장·군수·구청장이 지정하는 자에게 인도하여야 한다.
④ 시장·군수·구청장은 양부모가 되려는 사람이 임시양육 중인 아동을 학대·유기하는 등 대통령령으로 정하는 사유가 있는 경우에는 즉시 보건복지부장관 및 가정법원에 알리고 해당 아동을 위한 최선의 보호조치를 취하여야 한다.
제25조【입양의 효력】 이 법에 따라 입양된 아동은 「민법」에 따른 친양자와 동일한 지위를 가진다.
제26조【입양의 효력발생】 ① 이 법에 따른 입양은 가정법원의 인용심판 확정으로 그 효력이 발생한다. 이 경우 양부모 또는 양자는 가정법원의 허가서를 첨부하여 「가족관계의 등록 등에 관한 법률」에서 정하는 바에 따라 친양자 입양 신고를 하여야 한다.
② 가정법원은 입양에 관한 심판이 확정된 경우 그 내용을 지체 없이 보건복지부장관 및 양자의 주소지를 관할하는 시장·군수·구청장에게 통지하여야 한다.
제27조【아동의 인도】 아동의 친생부모, 후견인 또는 적법한 절차에 따라 아동을 보호하고 있는 자는 제21조제1항에 따른 입양허가 결정의 확정 또는 제22조제1항에 따른 임시양육결정 후 양자 또는 양자가 될 아동을 양부모 또는 양부모가 되려는 사람에게 직접 인도한다.
제28조【입양의 취소】 ① 양자의 친생의 부 또는 모는 자신에게 책임이 없는 사유로 인하여 제16조제1항제3호에 해당하게 되어 자신의 동의 없이 입양의 효력이 발생한 경우에는 입양의 사실을 안 날부터 6개월 이내에 가정법원에 입양의 취소를 청구할 수 있다.
② 가정법원은 입양의 취소가 청구된 양자의 의견을 청취하고 그 의견을 존중하여야 한다.
③ 가정법원은 입양의 취소 청구에 대한 인용 판결이 확정된 때에는 지체 없이 그 뜻을 보건복지부장관 및 양자의 주소지를 관할하는 시장·군수·구청장에게 통지하여야 한다.
④ 가정법원은 양자의 복리를 위하여 그 양육상황, 입양동기, 양부모의 양육능력, 그 밖의 사정을 고려하여 제1항에 따른 입양의 취소 청구를 기각할 수 있다.
제29조【보호조치】 시·도지사등은 제13조에 따라 양자가 될 아동으로 결정되었으나 입양이 곤란한 아동에 대해서 「아동복지법」 제15조에 따른 보호조치를 지체 없이 하여야 한다.
제30조【입양의 당사자 중 일방이 외국인인 경우】 ① 이 법에 따라 양부모가 되려는 사람이 외국인인 경우에는 제18조에 따른 자격과 함께 본국법에 따른 요건을 갖추어야 한다.
② 양자가 될 아동이 외국 국적을 가진 아동일 경우 제15조 및 제16조에 따른 동의 및 승낙과 함께 본국법에 따른 동의 및 승낙 등도 받아야 한다. 다만, 아동의 본국법에 따라 친자관계의 성립에 관하여 동의 및 승낙 등이 필요하지 아니하는 경우에는 그러하지 아니하다.
③ 보건복지부장관은 제1항의 요건 및 제2항의 동의 및 승낙 여부를 확인하기 위하여 양부모가 되려는 사람 또는 양자가 될 아동의 본국에 협조를 요청할 수 있다.

제4장 입양아동 등에 대한 지원

제31조【사후서비스 제공】 ① 보건복지부장관은 입양이 성립된 후 1년 동안 양부모와 양자의 상호적응을 위하여 보건복지부령으로 정하는 바에 따라 정기적인 상담과 필요한 복지서비스를 지원하고 아동 적응보고서를 작성하여야 한다. 다만, 양부모와 양자의 요구가 있는 경우 등 보건복지부령으로 정하는 사유가 있는 경우에는 그 기간을 연장할 수 있다.
② 국가와 지방자치단체는 보건복지부령으로 정하는 바에 따라 입양가정이 입양아동을 건전하게 양육할 수 있도록 다음 각 호의 지원을 하여야 한다.
1. 입양아동의 건전한 성장 및 입양가족 간의 정보 공유와 상호 협력 등을 위한 모임이나 단체의 사업 지원
2. 입양가정에서 입양아동의 건전한 성장을 위하여 양육에 필요한 정보의 제공
3. 입양가정이 수시로 상담할 수 있는 창구의 개설 및 상담요원의 배치
제32조【양육보조금 등의 지급】 ① 국가와 지방자치단체는 입양아동이 건강하게 자랄 수 있도록 하기 위하여 필요한 경우에는 대통령령으로 정하는 범위에서 양육수당, 의료비, 아동교육지원비, 그 밖의 필요한 양육보조금을 지급할 수 있다.
② 제1항에 따른 양육보조금 등의 지급 및 절차에 필요한 사항은 대통령령으로 정한다.
제33조【입양정보의 공개 등】 ① 이 법에 따라 양자가 된 사람은 아동권리보장원의 장에게 자신과 관련된 입양정보의 공개를 청구(이하 "정보공개청구"라 한다)할 수 있다. 다만, 이 법에 따라 양자가 된 사람이 미성년자인 경우에는 양부모의 동의를 받아야 한다.
② 제1항의 청구를 받은 아동권리보장원의 장은 친생부모의 동의를 받아 보유하고 있는 입양정보를 지체 없이 공개하여야 한다. 다만, 친생부모의 동의 여부가 확인되지 아니하거나 친생부모가 동의하지 아니하는 경우에는 그 친생부모의 인적사항을 제외하고 입양정보를 공개하여야 한다.
③ 제2항 단서에도 불구하고 친생부모가 사망이나 그 밖의 사유로 동의할 수 없는 경우로서 양자가 된 사람의 의료상 목적 등 특별한 사유가 있는 경우에는 친생부모의 동의 여부와 관계없이 입양정보를 공개할 수 있다.
④ 제1항부터 제3항까지에서 정한 사항 외에 정보공개청구의 대상이 되는 입양정보의 범위, 신청 방법·절차, 그 밖에 필요한 사항은 대통령령으로 정한다.

제5장 보 칙

제34조【아동통합정보시스템】 ① 보건복지부장관 및 아동권리보장원의 장은 입양 업무에 관한 정보를 아동통합정보시스템에 입력·관리하여야 한다.
② 시·도지사등, 제13조제3항에 따라 국가와 지방자치단체로부터 양자가 될 아동을 인도받아 보호하는 「아동복지법」 제52조제1항제1호·제2호 및 제4호에 따른 아동양육시설·아동일시보호시설 및 공동생활가정의 장, 해당 위탁가정을 관리하는 같은 법 제48조의 가정위탁지원센터의 장은 양자가 될 아동의 배경과 특별한 필요 등 아동에 관한 정보를 아동통합정보시스템에 입력하여야 한다.
③ 제37조에 따라 업무를 위탁받은 사회복지법인 및 단체의 장은 입양 업무에 관한 정보를 아동통합정보시스템에 입력하여야 한다.
④ 제1항부터 제3항까지에 따른 정보의 범위 및 입력·관리 방법 등에 필요한 사항은 보건복지부령으로 정한다.
제35조【관계 기관 등에 대한 협조 요청】 ① 보건복지부장관, 시·도지사등 및 아동권리보장원의 장은 이 법에 따른 업무수행을 위하여 필요한 경우 관계 중앙행정기관 및 지방자치단체, 경찰관서, 공공기관, 「아동복지법」에 따른 아동복지시설(이하 "아동복지시설"이라 한다), 사회복지법인 또는 단체 등에 대하여 자료를 제공하도록 요청할 수 있다. 이 경우 요청을 받은 기관은 정당한 사유가 없으면 그 요청에 따라야 한다.
② 제1항에 따라 제공된 자료는 이 법에 따른 업무수행을 위한 목적 외에는 사용할 수 없다.
제36조【비밀유지의 의무】 아동권리보장원, 아동복지시설, 제13조제3항에 따라 입양 전 아동을 보호한 기관 및 제37조에 따라 업무를 위탁받은 사회복지법인 또는 단체에 종사하는 사람 또는 종사하였던 사람, 제13조제3항에 따라 입양 전 아동을 보호하는 자 또는 보호하였던 자는 이 법에 따른 업무를 행하는 과정에서 알게 된 비밀을 누설하여서는 아니 된다. 다만, 제33조에 따라 입양정보를 공개하는 때는 예외로 한다.
제37조【업무의 위탁 등】 ① 보건복지부장관은 제13조제4항, 제19조제1항·제2항 및 제31조제1항에 따른 업무를 대통령령으로 정하는 바에 따라 아동권리보장원, 그 밖에 위탁업무를 수행하는 데 필요한 시설 및 종사자 등을 갖춘 사회복지법인 및 단체에 위탁할 수 있다.
② 보건복지부장관은 제1항에 따라 위탁한 업무에 관하여 그 위탁받은 자를 지휘·감독한다.
③ 제1항에 따른 위탁에 필요한 구체적인 사항은 대통령령으로 정한다.
제38조【벌칙 적용에서의 공무원 의제】 제37조에 따라 업무를 위탁받은 사회복지법인 또는 단체의 장과 그 종사자는 「형법」 제129조부터 제132조까지에 따른 벌칙을 적용할 때에는 공무원으로 본다.
제39조【경비의 보조】 국가와 지방자치단체는 예산의 범위에서 다음 각 호의 비용을 보조할 수 있다.
1. 제12조제7항에 따른 사무국의 설치 및 운영 비용
2. 제13조제3항에 따른 아동 보호에 필요한 비용
3. 제13조제3항에 따라 아동을 보호 중인 위탁가정에 대한 양육상황 점검 및 사례관리 등 업무 수행에 필요한 비용
4. 제37조에 따른 사회복지법인 또는 단체의 업무 수행에 필요한 비용
5. 그 밖에 보건복지부령으로 정하는 업무 수행에 필요한 비용

제6장 벌 칙

제40조【벌칙】 ① 다음 각 호의 어느 하나에 해당하는 자는 3년 이하의 징역 또는 3천만원 이하의 벌금에 처한다.
1. 제17조제2항을 위반하여 입양의 동의 및 승낙의 대가로 금전 등을 주고받거나 주고받을 것을 약속한 자
2. 제21조제1항을 위반하여 입양허가를 받지 아니하고 입양을 행한 자
3. 제35조제2항을 위반하여 제공받은 자료를 이 법에 따른 업무수행을 위한 목적 외에 사용한 자
4. 제36조 본문을 위반하여 업무상 알게 된 비밀을 누설한 자
② 임시양육결정 없이 양자가 될 아동을 양부모가 되려는 사람에게 인도한 자 또는 양자가 될 아동을 인도받은 자는 1년 이하의 징역 또는 1천만원 이하의 벌금에 처한다.
③ 제19조제3항을 위반하여 사실을 왜곡·은폐·과장하거나 거짓 서류를 제출한 자는 500만원 이하의 벌금에 처한다.
제41조【양벌규정】 법인의 대표자, 법인 또는 개인의 대리인, 사용인, 그 밖의 종사자가 그 법인 또는 개인의 업무에 관하여 제40조의 위반행위를 하면 행위자를 벌하는 외에 그 법인 또는 개인에게도 해당 조문의 벌금형을 과(科)한다. 다만, 법인 또는 개인이 그 위반행위를 방지하기 위하여 해당 업무에 관하여 상당한 주의와 감독을 게을리하지 아니한 경우에는 그러하지 아니하다.
제42조【과태료】 ① 제24조제3항을 위반하여 정당한 이유 없이 양자가 될 아동을 시장·군수·구청장이 지정하는 자에게 인도하지 아니한 자에게는 1천만원 이하의 과태료를 부과한다.
② 제1항에 따른 과태료는 대통령령으로 정하는 바에 따라 보건복지부장관 또는 시장·군수·구청장이 부과·징수한다.

부 칙

제1조【시행일】 이 법은 공포 후 2년이 경과한 날부터 시행한다.
제2조【양육보조금 등의 지급에 관한 적용례】 제32조의 개정규정은 이 법 시행 전에 입양된 아동에 대하여도 적용한다.
제3조【입양정보의 공개에 관한 적용례】 제33조의 개정규정은 이 법 시행 전에 양자가 된 사람에 대하여도 적용한다.

제4조【행정처분에 관한 적용례】 이 법 시행 전의 위반 행위에 대한 행정처분에 관하여는 종전의 「입양특례법」에 따른다.
제5조【일반적 경과조치】 이 법 시행 당시 종전의 「입양특례법」에 따라 행한 처분·절차와 그 밖의 행위로서 이 법에 그에 해당하는 규정이 있을 때에는 이 법의 해당 규정에 따라 행하여진 것으로 본다.
제6조【양자가 될 자격 등에 관한 경과조치】 이 법 시행 당시 종전의 「입양특례법」 및 「아동복지법」에 따라 양자가 될 자격을 갖추고 양자가 될 아동으로 결정된 사람은 제13조제1항의 개정규정에 따른 양자가 될 아동으로 본다.
제7조【양자가 될 아동의 후견인에 관한 경과조치】 이 법 시행 당시 종전의 「입양특례법」에 따라 입양을 알선하기 위하여 양자가 될 아동을 인도받아 아동의 후견인이 된 입양기관의 장은 제14조제1항의 개정규정에도 불구하고 제22조에 따른 임시양육결정 또는 해당 아동에 대한 입양이 완료될 때까지 후견인이 된다.
제8조【입양의 동의 등에 관한 경과조치】 이 법 시행 당시 종전의 「입양특례법」에 따른 친생부모, 후견인 또는 양자가 될 아동의 동의를 받은 경우에는 제15조 또는 제16조의 개정규정에 따른 입양 동의 또는 승낙을 받은 것으로 본다.
제9조【양부모가 될 자격 등에 관한 경과조치】 종전의 「입양특례법」에 따라 양친이 될 자격 등을 갖춘 것으로 인정받은 사람은 제18조의 개정규정에 따른 양부모가 될 자격을 갖춘 것으로 본다.
제10조【결연에 관한 경과조치】 이 법 시행 당시 종전의 「입양특례법」에 따른 입양기관이 양자가 될 아동에게 적합한 양부모가 될 사람을 결정한 경우에는 제20조의 개정규정에 따라 결연한 것으로 본다.
제11조【임시양육결정에 관한 경과조치】 ① 이 법 시행 당시 가정법원의 입양허가재판이 계속 중인 사건에서 양부모가 되려는 사람이 종전의 「입양특례법」에 따른 입양기관으로부터 가정법원의 허가 이전에 양자가 될 아동을 위탁받은 경우에는 제22조제1항에 따른 임시양육결정에 의하여 인도된 것으로 본다.
② 이 법 시행 당시 종전의 「입양특례법」에 따른 입양기관으로부터 양자가 될 아동을 위탁받고도 가정법원에 입양허가 청구를 하지 아니한 양부모가 되려는 사람은 이 법 시행일부터 1개월 이내에 제21조에 따른 입양허가의 청구 및 제22조제1항에 따른 임시양육결정 신청을 하여야 한다.
③ 제2항에 따라 입양허가의 청구 및 임시양육결정 신청을 하여야 하는 사람이 같은 항에 따른 기한까지 그 청구 및 신청을 하지 아니한 경우에는 임시양육 중인 아동을 그 아동의 주소지를 관할하는 시장·군수·구청장이 지정하는 자에게 인도하여야 한다. 다만, 제2항에 따른 입양허가의 청구만 하고 임시양육결정 신청을 하지 아니하였더라도 가정법원이 직권으로 임시양육결정을 하는 경우에는 그러하지 아니하다.
제12조【가정법원의 허가에 관한 경과조치】 이 법 시행 당시 종전의 「입양특례법」에 따라 가정법원에 입양허가 청구를 한 경우에는 제21조의 개정규정에도 불구하고 종전의 규정을 따른다.
제13조【입양기관에 대한 경과조치】 종전의 「입양특례법」에 따라 입양기관의 허가를 받은 사회복지법인은 제37조제1항의 개정규정에 따른 위탁업무를 수행하는 데 필요한 시설 및 종사자 등을 갖춘 사회복지법인으로 본다.
제14조【양부모가 될 사람의 신청 등에 관한 경과조치】 이 법 시행 당시 종전의 「입양특례법」에 따른 양친이 되려는 사람의 신청, 조사 상담 등은 이 법에 따라 행하여진 것으로 본다.
제15조【입양 업무에 관한 정보 입력에 관한 경과조치】 시·도지사등, 아동권리보장원의 장, 종전의 「입양특례법」에 따른 입양기관의 장 및 입양 전 아동을 보호했던 아동복지시설의 장은 이 법 시행일 당시 보유하고 있는 입양 업무에 관한 정보를 아동통합정보시스템에 입력한 뒤 그 원본을 아동권리보장원으로 이관하여야 한다.
제16조【벌칙에 관한 경과조치】 이 법 시행 전의 위반 행위에 대하여 벌칙 규정을 적용할 때에는 종전의 규정에 따른다.
제17조【파양 청구에 관한 경과조치】 이 법 시행 당시 종전의 「입양특례법」에 따라 가정법원에 파양을 청구한 경우에는 종전의 「입양특례법」에 따른다
제18조【다른 법률의 개정】 ① (생략)
② **사회복지사업법** 일부를 다음과 같이 개정한다.
제2조제1호차목을 다음과 같이 한다.
차. 「국내입양에 관한 특별법」 및 「국제입양에 관한 법률」
③ **아동복지법** 일부를 다음과 같이 개정한다.
제15조제1항제6호 중 "「입양특례법」에"를 "「국내입양에 관한 특별법」 및 「국제입양에 관한 법률」에"로 한다.
제15조의2제2항제9호 중 "「입양특례법」에"를 "「국내입양에 관한 특별법」 및 「국제입양에 관한 법률」에"로 한다.
제28조의2제3항제6호를 다음과 같이 한다.
6. 「국내입양에 관한 특별법」 제37조제1항 및 「국제입양에 관한 법률」 제32조제1항에 따라 업무를 위탁받은 사회복지법인 및 단체의 장
제29조의3제1항제25호를 다음과 같이 한다.
25. 「국내입양에 관한 특별법」 제37조제1항 및 「국제입양에 관한 법률」 제32조제1항에 따라 업무를 위탁받은 사회복지법인 및 단체
④ **아동학대범죄의 처벌 등에 관한 특례법** 일부를 다음과 같이 개정한다.
제10조제2항제25호를 다음과 같이 한다.
25. 「국내입양에 관한 특별법」 제37조제1항 및 「국제입양에 관한 법률」 제32조제1항에 따라 업무를 위탁받은 사회복지법인 및 단체의 장과 그 종사자
⑤ **의료급여법** 일부를 다음과 같이 개정한다.
제3조제1항제4호 중 "「입양특례법」에 따라 국내에 입양된"을 "「국내입양에 관한 특별법」에 따라 입양된"으로 한다.
⑥ (생략)
⑦ **한부모가족지원법** 일부를 다음과 같이 개정한다.
제20조제5항 중 "「입양특례법」 제20조에 따른 입양기관"을 "「국내입양에 관한 특별법」 제37조제1항 및 「국제입양에 관한 법률」 제32조제1항에 따라 업무를 위탁받은 사회복지법인 및 단체"로 한다.
제19조【다른 법령과의 관계】 이 법 시행 당시 다른 법령에서 「입양특례법」 또는 그 규정을 인용한 경우에 이 법 가운데 그에 해당하는 규정이 있으면 종전의 규정을 갈음하여 이 법 또는 이 법의 해당 규정을 인용한 것으로 본다.

노인복지법 일부개정법률

<개정 2023.8.16 법률19647호>

노인복지법 일부를 다음과 같이 개정한다.

제5조의2를 다음과 같이 신설한다.
제5조의2【노인정책영향평가】 ① 국가와 지방자치단체는 대통령령으로 정하는 바에 따라 노인 관련 정책이 노인복지에 미치는 영향을 분석·평가(이하 "노인정책영향평가"라 한다)하고, 그 결과를 노인 관련 정책의 수립·시행에 반영하여야 한다.
② 그 밖에 노인정책영향평가의 방법과 절차 등에 필요한 사항은 대통령령으로 정한다.

부 칙

이 법은 공포 후 2년이 경과한 날부터 시행한다.

<개정 2024.1.23 법률20093호>

노인복지법 일부를 다음과 같이 개정한다.

제4조의3을 다음과 같이 신설한다.
제4조의3【고령친화도시】 ① 국가와 지방자치단체는 지역정책과 발전과정에 노인이 능동적으로 참여하고 노인의 역량 강화, 돌봄 및 안전, 건강하고 활력 있는 노후생활이 구현되도록 정책을 운영하는 지역(이하 이 조에서 "고령친화도시"라 한다)을 조성하도록 노력하여야 한다.
② 보건복지부장관은 특별자치시·특별자치도 또는 시·군·구(자치구를 말한다. 이하 같다)를 고령친화도시로 지정하고 이를 지원할 수 있다.
③ 고령친화도시의 지정 기준·절차·취소, 지원 내용 등에 필요한 사항은 대통령령으로 정한다.
제7조제1항 중 "구(자치구를 말한다. 이하 같다)에"를 "구에"로 한다.

부 칙

이 법은 공포 후 2년이 경과한 날부터 시행한다.

자동차관리법 일부개정법률

<개정 2023.8.16 법률19685호>→2024년 2월 17일 시행하는 부분은 본편에 가제 수록 하였음

자동차관리법 일부를 다음과 같이 개정한다.

제2조에 제1호의6을 다음과 같이 신설한다.
1의6. "구동축전지"란 자동차의 구동을 목적으로 전기에너지를 저장하는 축전지 또는 이와 유사한 기능을 하는 전기에너지 저장매체를 말한다.
제7조제6항 전단 중 "차종"을 "구동축전지 식별번호(「환경친화적 자동차의 개발 및 보급 촉진에 관한 법률」 제2조제3호에 따른 전기자동차로 한정한다), 차종"으로 한다.
제30조의3제1항 각 호 외의 부분 본문 중 "제30조의5제3항"을 "제30조의5제3항 및 제34조의3제2항"으로, "대체부품"을 "대체부품 또는 튜닝부품"으로 하고, 같은 항 제1호 중 "대체부품"을 "대체부품·튜닝부품"으로 하며, 같은 항에 제3호의4 및 제8호를 각각 다음과 같이 신설하고, **같은 조**에 제3항을 다음과 같이 신설한다.
3의4. 제34조의3제4항에 따른 튜닝부품인증기준에 적합하지 아니한 경우
8. 제34조의3에 따른 튜닝부품인증 내용과 다른 튜닝부품을 판매한 경우
③ 제2항에 따른 조사를 하는 경우 제30조의7에 따라 국토교통부장관으로부터 인증을 받아야 하는 핵심 장치 또는 부품에 대해서는 그 조사를 제외한다. 다만, 제30조의7제1항 단서에 따라 안전성인증을 받은 것으로 보는 핵심장치 또는 부품에 대해서는 그러하지 아니하다.
제30조의7 및 **제30조의8**을 각각 다음과 같이 신설한다.
제30조의7【핵심장치등의 안전성인증】 ① 자동차제작자등 및 부품제작자등(이하 "자동차 및 부품제작자등"이라 한다)은 제30조 및 제30조의2에도 불구하고 구동축전지 등 신기술 등이 적용되는 핵심 장치 또는 부품으로서 대통령령으로 정하는 핵심 장치 또는 부품(이하 "핵심장치등"이라 한다)의 경우에는 각각 제29조제1항 및 제2항에 따른 자동차안전기준 및 부품안전기준(이하 "자동차안전기준등"이라 한다)에 적합함을 국토교통부장관으로부터 인증(이하 "안전성인증"이라 한다)을 받아야 한다. 다만, 국가 간 협정에 따라 자동차 및 부품제작자등이 핵심장치등에 대해 자동차안전기준등에 적합함을 인증한 것으로 보는 경우에는 안전성인증(제2항에 따른 변경인증 또는 변경신고를 포함한다)을 받은 것으로 본다.
② 자동차 및 부품제작자등이 제1항에 따라 안전성인증을 받은 내용 중 국토교통부령으로 정하는 안전 및 성능에 영향을 주는 중요한 사항을 변경하려는 경우에는 변경인증을 받아야 한다. 다만, 그 밖에 경미한 사항을 변경하려는 경우에는 국토교통부장관에게 변경신고를 하여야 한다.
③ 자동차 및 부품제작자등이 제1항에 따라 안전성인증을 받은 경우에는 국토교통부령으로 정하는 바에 따라 안전성인증 표시를 하여야 한다.
④ 국토교통부장관은 다음 각 호의 어느 하나에 해당하는 경우에는 제1항에 따른 안전성인증을 취소할 수 있고, 자동차 및 부품제작자등에게 그 자동차 또는 핵심장치등의 제작·조립·수입 또는 판매의 중지를 명할 수 있다. 다만, 제1호에 해당하는 경우에는 안전성인증을 취소하여야 하고 그 자동차 또는 핵심장치등의 제작·조립·수입 또는 판매의 중지를 명하여야 한다.
1. 거짓이나 그 밖의 부정한 방법으로 안전성인증을 받은 경우
2. 제30조의8제5항에 따른 시정조치를 이행하지 아니한 경우
⑤ 자동차제작자등이 제1항에 따라 부품제작자등이 안전성인증을 받은 핵심장치등을 자동차에 장착하는 경우에는 그 핵심장치등에 대하여는 자동차제작자등이 안전성인증을 받은 것으로 본다.
제30조의8【핵심장치등의 안전성인증 절차 등】 ① 안전성인증을 받으려는 자는 자동차 또는 부품의 제작등을 한 때에(자동차의 경우 제30조에 따른 자동차자기인증을 하기 전을 말한다) 국토교통부령으로 정하는 바에 따라 자동차안전기준등 적합여부에 대한 시험(이하 "안전성능시험"이라 한다)을 국토교통부장관에게 신청하여야 한다. 이 경우 국토교통부장관은 핵심장치등이 자동차안전기준등에 적합하게 제작등이 되었다고 인정하는 경우 안전성인증서를 교부하여야 한다.
② 국토교통부장관은 제1항에 따른 신청을 받은 때에는 성능시험대행자로 하여금 해당 핵심장치등의 안전성능시험을 대행하게 할 수 있다.
③ 제2항에 따른 성능시험대행자의 안전성능시험은 다음 각 호의 어느 하나에 해당하는 안전성능시험으로 갈음할 수 있다. 이 경우 성능시험대행자는 안전성능시험시설이 제7항에 따른 안전성능시험시설 기준에 적합한지 확인하여야 하고, 필요한 경우에는 같은 항에 따른 안전성능시험 확인의 기준에 따라 안전성능시험을 확인할 수 있다.
1. 국토교통부장관이 지정하는 시험기관이 실시한 안전성능시험

2. 국토교통부령으로 정하는 시험시설을 갖추고 있는 자동차 및 부품제작자등이 실시한 안전성능시험
④ 국토교통부장관은 자동차 및 부품제작자등이 안전성인증을 받은 핵심장치등을 안전성인증 후에도 자동차안전기준등에 적합하게 제작등을 하는지 검사(이하 "적합성검사"라 한다)할 수 있다. 이 경우 국토교통부장관은 적합성검사를 성능시험대행자로 하여금 대행하게 할 수 있다.
⑤ 국토교통부장관은 제4항에 따른 적합성검사 결과 안전성인증을 받은 핵심장치등이 자동차안전기준등에 적합하지 아니하게 제작등을 하는 것으로 확인되는 경우 자동차 및 부품제작자등에게 시정조치를 명할 수 있다.
⑥ 국토교통부장관은 성능시험대행자에게 제2항 및 제4항에 따라 안전성능시험 및 적합성검사에 관한 업무를 대행하게 하는 경우 그에 필요한 시설, 장비 및 인증 등에 필요한 비용을 지원하여야 한다.
⑦ 제1항 및 제4항에 따른 핵심장치등의 안전성인증, 안전성능시험 및 적합성검사의 방법·절차, 제2항 및 제4항에 따른 안전성능시험 및 적합성검사의 대행, 제3항에 따른 시험기관의 지정, 안전성능시험시설 및 안전성능시험 확인의 기준·절차, 그 밖에 필요한 사항은 국토교통부령으로 정한다.
제31조에 제14항을 다음과 같이 신설한다.
⑭ 국토교통부장관은 제30조의7에 따라 안전성인증을 받은 핵심장치등의 주요부품에 결함이 있는지 여부를 확인하기 위한 조사를 할 수 있다. 이 경우 그 조사에 관하여는 제4항부터 제7항까지를 준용한다.
제32조의2제1항 각 호 외의 부분 중 "자기인증"을 "자기인증(제30조의7에 따른 안전성인증을 받은 경우를 포함한다)"으로 하고, **같은 조** 제3항 본문 중 "제34조의2에"를 "제34조의3에"로 한다.
제33조제4항 각 호 외의 부분 중 "자동차제작자등이나 부품제작자등에게"를 "자동차제작자등, 부품제작자등 및 핵심장치등의 주요부품제작자에게"로, "자동차제작자등이나 부품제작자등은"을 "자동차제작자등, 부품제작자등 및 핵심장치등의 주요부품제작자는"으로 하고, 같은 항에 제3호의2를 다음과 같이 신설한다.
3의2. 제31조제14항에 따른 조사
제34조의2제1항제2호 및 **같은 조** 제2항을 각각 삭제한다.
제34조의3 및 **제34조의4**를 각각 다음과 같이 신설한다.
제34조의3【자동차 튜닝부품인증 등】① 국토교통부장관은 자동차 튜닝용 부품(이하 "튜닝부품"이라 한다)의 성능 및 품질에 관한 인증(이하 "튜닝부품인증"이라 한다)을 할 수 있다.
② 국토교통부장관은 튜닝에 관한 전문성을 갖춘 기관·법인 또는 단체를 인증기관(이하 "튜닝부품인증기관"이라 한다)으로 지정하여 튜닝부품인증을 하게 할 수 있다.
③ 튜닝부품의 제작자 등은 제2항에 따라 튜닝부품인증기관으로부터 튜닝부품인증을 받은 사실을 튜닝부품에 표시할 수 있다.
④ 제1항부터 제3항까지에 따른 튜닝부품인증기준·인증방법 및 인증표시, 튜닝부품인증기관의 지정절차·지정기준 등에 관한 사항은 국토교통부령으로 정한다.
제34조의4【튜닝부품인증기관의 지정 취소 등】① 국토교통부장관은 튜닝부품인증기관이 다음 각 호의 어느 하나에 해당하는 경우에는 그 지정을 취소하거나 6개월 이내의 기간을 정하여 업무의 정지를 명할 수 있다. 다만, 제1호 및 제2호에 해당하는 경우에는 그 지정을 취소하여야 한다.
1. 거짓이나 그 밖의 부정한 방법으로 튜닝부품인증을 한 경우
2. 거짓이나 그 밖의 부정한 방법으로 튜닝부품인증기관 지정을 받은 경우
3. 제34조의3제4항에 따라 국토교통부령으로 정하는 튜닝부품인증기준에 부적합하게 튜닝부품을 인증한 경우
4. 제34조의3제4항에 따른 튜닝부품인증기관의 지정기준을 충족하지 못하게 된 경우
5. 제72조제1항에 따른 보고를 하지 아니하거나 거짓으로 보고한 경우
6. 제72조제2항에 따른 검사를 거부·방해 또는 기피하거나 질문에 응하지 아니하거나 거짓으로 답변한 경우
7. 그 밖에 튜닝부품인증과 관련하여 국토교통부령으로 정하는 사항을 준수하지 아니한 경우
② 국토교통부장관은 제1항에 따라 튜닝부품인증기관의 지정을 취소하거나 업무의 정지를 명하는 경우에는 국토교통부령으로 정하는 바에 따라 성능시험대행자에게 튜닝부품인증업무를 대행하게 할 수 있다.
③ 제1항에 따른 행정처분의 세부기준과 절차 등에 필요한 사항은 국토교통부령으로 정한다.
제52조 전단 중 "제7조"를 "제7조(제6항에 따른 구동축전지 식별번호 기재에 관한 사항은 제외한다)"로, "제30조의8까지"를 "제30조의8까지"로, "제34조 및"을 "제34조, 제34조의3, 제34조의4 및"으로 한다.
제72조제1항에 제13호의2를 다음과 같이 신설한다.
13의2. 튜닝부품인증기관
제75조에 제3호의2 및 제3호의3을 각각 다음과 같이 신설한다.
3의2. 제30조의7제4항(제52조에서 준용하는 경우를 포함한다)에 따른 안전성인증의 취소
3의3. 제30조의7제4항(제52조에서 준용하는 경우를 포함한다)에 따른 제작·조립·수입 또는 판매의 중지명령
제76조 각 호 외의 부분 단서 중 "제32조제3항"을 "제30조의8제1항(제52조에서 준용하는 경우를 포함한다)에 따른 안전성능시험, 제30조의8제3항(제52조에서 준용하는 경우를 포함한다)에 따른 안전성능시험시설 및 안전성능시험의 확인, 제30조의8제4항(제52조에서 준용하는 경우를 포함한다)에 따른 적합성검사, 제32조제3항"으로 하고, **같은 조**에 제8호의2부터 제8호의4까지를 각각 다음과 같이 신설한다.
8의2. 제30조의8제1항(제52조에서 준용하는 경우를 포함한다)에 따른 안전성능시험을 신청하는 자
8의3. 제30조의8제3항(제52조에서 준용하는 경우를 포함한다)에 따른 안전성능시험시설 및 안전성능시험의 확인을 받는 자
8의4. 제30조의8제4항(제52조에서 준용하는 경우를 포함한다)에 따른 적합성검사를 받는 자
제77조의2에 제2호의4부터 제2호의6까지를 각각 다음과 같이 신설한다.
2의4. 제30조의8제2항(제52조에서 준용하는 경우를 포함한다)에 따른 안전성능시험 업무
2의5. 제30조의8제3항(제52조에서 준용하는 경우를 포함한다)에 따른 안전성능시험시설 및 안전성능시험의 확인 업무
2의6. 제30조의8제4항(제52조에서 준용하는 경우를 포함한다)에 따른 적합성검사 업무
제79조에 제5호의3 및 제5호의4를 각각 다음과 같이 신설한다.
5의3. 거짓이나 그 밖의 부정한 방법으로 제30조의7(제52조에서 준용하는 경우를 포함한다)에 따른 안전성인증(제30조의7제2항에 따른 변경인증을 포함한다)을 받은 자
5의4. 제30조의7(제52조에서 준용하는 경우를 포함한다)에 따른 안전성인증을 받지 아니하고 자동차 또는 핵심장치등을 판매한 자
제81조제16호 중 "자동차부품 및 대체부품의"를 "자동차부품·대체부품 및 튜닝부품의"로 하고, **같은 조**에 제16호의2부터 제16호의4까지를 각각 다음과 같이 신설한다.
16의2. 제30조의7제2항 본문(제52조에서 준용하는 경우를 포함한다)에 따른 변경인증을 받지 아니하고 자동차 또는 핵심장치등을 판매한 자
16의3. 제30조의7제4항(제52조에서 준용하는 경우를 포함한다)에 따른 자동차 또는 핵심장치등의 제작·조립·수입 또는 판매의 중지명령을 위반한 자
16의4. 제30조의8제5항(제52조에서 준용하는 경우를 포함한다)에 따른 시정조치 명령을 위반한 자
제84조제3항에 제8호를 다음과 같이 신설한다.
8. 제30조의7제2항 단서(제52조에서 준용하는 경우를 포함한다)에 따른 변경신고를 하지 아니한 자
제84조제4항에 제13호의4를 다음과 같이 신설한다.
13의4. 제34조의3(제52조에서 준용하는 경우를 포함한다)에 따른 튜닝부품인증을 거짓으로 한 것을 알면서도 이를 판매한 자

부 칙

제1조【시행일】이 법은 공포 후 1년 6개월이 경과한 날부터 시행한다. 다만, 제30조의3제1항, 제32조의2제3항, 제34조의2, 제34조의3, 제34조의4, 제52조의 개정규정 중 튜닝부품인증에 관한 부분, 제72조제1항, 제81조제16호 및 제84조제4항의 개정규정은 공포 후 6개월이 경과한 날부터 시행한다.
제2조【자동차등록원부에 관한 적용례】제7조의 개정규정은 이 법 시행 이후 제작등을 한 자동차를 신규등록하는 경우부터 적용한다.
제3조【안전성인증에 관한 적용례】제30조의7(제52조에서 준용하는 경우를 포함한다) 및 제30조의8(제52조에서 준용하는 경우를 포함한다)의 개정규정은 이 법 시행 이후 제작등을 하여 판매하는 자동차 및 핵심장치등부터 적용한다.
제4조【안전성인증에 관한 특례】① 자동차 및 부품제작자등은 제30조의7(제52조에서 준용하는 경우를 포함한다) 및 제30조의8(제52조에서 준용하는 경우를 포함한다)의 개정규정에도 불구하고 이 법 시행일부터 1년이 경과하기 전까지는 종전의 규정을 적용할 수 있다.
② 제1항에 따라 종전의 규정을 적용한 핵심장치등에 대해서는 이 법 시행일부터 1년이 경과한 날부터는 제30조의7(제52조에서 준용하는 경우를 포함한다) 및 제30조의8(제52조에서 준용하는 경우를 포함한다)의 개정규정에 따른 안전성인증을 받은 것으로 본다.
제5조【안전성인증에 관한 경과조치】이 법 시행 당시 제30조(제52조에서 준용하는 경우를 포함한다) 또는 제30조의2(제52조에서 준용하는 경우를 포함한다)에 따라 자기인증한 핵심장치등에 대해서는 제30조의7(제52조에서 준용하는 경우를 포함한다) 및 제30조의8(제52조에서 준용하는 경우를 포함한다)의 개정규정에 따른 안전성인증을 받은 것으로 본다.
제6조【튜닝부품인증에 관한 경과조치】제34조의3의 개정규정 시행 당시 종전의 규정에 따라 튜닝부품인증을 받은 튜닝부품은 같은 개정규정에 따른 튜닝부품인증을 받은 것으로 본다.
제7조【튜닝부품인증기관의 지정에 관한 경과조치】제34조의3의 개정규정 시행 당시 종전의 규정에 따른 튜닝부품인증기관은 같은 개정규정에 따라 튜닝부품인증기관으로 지정된 것으로 본다.

<개정 2023.9.14 법률19724호>

자동차관리법 일부를 다음과 같이 개정한다.

법률 제19685호 자동차관리법 일부개정법률 제31조제1항제1호 중 "연료소비율"을 "에너지소비효율"로 하고, 같은 항에 제2호의2를 다음과 같이 신설하며, 같은 항 제3호 중 "제1호 및 제2호"를 "제1호·제2호 및 제2호의2"로 하고, **같은 조** 제8항 중 "제1항 또는 제3항"을 "제1항, 제3항 또는 제14항"으로 하며, **같은 조** 제14항을 제16항으로 하고, **같은 조**에 제14항 및 제15항을 각각 다음과 같이 신설한다.
2의2. 전기자동차(「환경친화적 자동차의 개발 및 보급 촉진에 관한 법률」 제2조제3호에 따른 전기자동차를 말한다. 이하 이 조에서 같다)의 1회 충전 후 주행가능거리의 과다 표시
⑭ 자동차제작자등이나 부품제작자등은 전기자동차에 대하여 제1항 본문에 따른 시정조치를 실시한 이후 다음 각 호의 어느 하나에 해당하는 성능이 저하된 경우에는 제1항에 따라 다시 시정조치를 하거나 이에 갈음하는 경제적 보상을 하여야 한다.
1. 에너지소비효율
2. 1회 충전 후 주행가능거리
⑮ 제14항에 따른 성능 저하의 기준은 자동차안전기준 또는 부품안전기준을 준용한다.
법률 제19685호 자동차관리법 일부개정법률 제33조제4항제3호의2 중 "제31조제14항"을 "제31조제16항"으로 한다.
제48조의 제목 중 "사용 신고"를 "사용신고"로 하고, **같은 조** 제1항 중 "사용 신고를 하고 이륜자동차 번호의 지정을 받아야"를 "사용신고(이하 "사용신고"라 한다)를 하여야"로 하며, **같은 조** 제2항 및 제3항을 각각 제3항 및 제4항으로 하고, **같은 조**에 제2항 및 제5항을 각각 다음과 같이 신설한다.
② 시장·군수·구청장은 제1항에 따라 사용신고를 받으면 이륜자동차의 번호를 지정하고 국토교통부령으로 정하는 바에 따라 이륜자동차대장에 필요한 사항을 기재한 후 이륜자동차사용신고필증(이하 "이륜자동차사용신고필증"이라 한다)을 발급하여야 한다.
⑤ 이륜자동차를 소비자에게 판매하는 자는 신규로 제작·조립 또는 수입된 이륜자동차를 판매한 경우에는 국토교통부령으로 정하는 바에 따라 이륜자동차대장의 작성에 필요한 이륜자동차 제작정보를 제69조에 따른 전산정보처리조직에 즉시 전송하여야 한다.
제49조제2항 본문 중 "제48조제1항에 따른 사용 신고"를 "사용신고"로 하고, 같은 항 단서 중 "사용 신고"를 "사용신고"로 한다.
제51조 및 **제51조의2**부터 **제51조의5**까지를 각각 다음과 같이 신설한다.
제51조【이륜자동차검사】① 이륜자동차의 소유자(제1호의 경우에는 사용신고 예정자를 말한다)는 해당 이륜자동차에 대하여 다음 각 호의 구분에 따라 국토교통부장관이 실시하는 검사(이하 "이륜자동차검사"라 한다)를 받아야 한다.
1. 이륜자동차 사용검사 : 제48조제3항에 따라 사용폐지 신고를 한 이륜자동차를 사용신고를 하고 다시 사용하려는 경우 실시하는 검사
2. 이륜자동차 정기검사 : 사용신고 후 일정 기간마다 정기적으로 실시하는 검사
3. 이륜자동차 튜닝검사 : 제52조에서 준용하는 제34조에 따라 이륜자동차를 튜닝한 경우에 실시하는 검사
4. 이륜자동차 임시검사 : 이 법 또는 이 법에 따른 명령이나 이륜자동차 소유자의 신청을 받아 비정기적으로 실시하는 검사
② 국토교통부장관은 이륜자동차검사를 할 때에는 환경부장관과 공동으로 다음 각 호에 대하여 해당 이륜자동차의 구조 및 장치가 공동부령으로 정하는 검사기준(이하 "이륜자동차검사기준"이라 한다)에 적합한지 여부를 확인하여야 한다.
1. 이륜자동차의 동일성 확인과 배출가스 관련 장치 등의 작동 상태 확인을 관능검사 및 기능검사로 하는 공통 분야
2. 이륜자동차 안전검사 분야
3. 이륜자동차 배출가스 및 소음·진동 검사 분야
③ 국토교통부장관은 이륜자동차검사를 실시한 경우에는 그 결과를 공동부령으로 정하는 바에 따라 이륜자동차 소유자에게 통지하여야 한다.
④ 국토교통부장관은 이륜자동차검사에 합격한 이륜자동차에 대하여는 다음 각 호의 구분에 따른 조치를 하여야 한다.
1. 이륜자동차 사용검사 : 이륜자동차 사용검사증명서의 발급

2. 이륜자동차 정기검사·이륜자동차 튜닝검사 또는 이륜자동차 임시검사 : 검사한 사실을 이륜자동차사용신고필증에 기록
⑤ 국토교통부장관은 이륜자동차 소유자가 천재지변이나 그 밖의 부득이한 사유로 제1항제2호부터 제4호까지의 검사를 받을 수 없다고 인정될 때에는 공동부령으로 정하는 바에 따라 그 기간을 연장하거나 이륜자동차검사를 유예할 수 있다.
⑥ 국토교통부장관은 이륜자동차 정기검사를 한 경우에는 검사 장면 및 그 결과를 제69조의 전산정보처리조직에 공동부령으로 정하는 기간까지 기록하고 보관하여야 한다.
⑦ 누구든지 이륜자동차검사에 사용하는 기계·기구에 설정된 이륜자동차검사기준의 값 또는 기계·기구를 통하여 측정된 값을 조작(造作)·변경하거나 조작·변경하게 하여서는 아니 된다.
⑧ 이륜자동차검사의 대상, 주기, 방법 및 절차, 항목 및 유효기간 등에 관하여 필요한 사항은 공동부령으로 정한다.
제51조의2【이륜자동차검사대행자의 지정 등】 ① 국토교통부장관은 한국교통안전공단을 이륜자동차검사를 대행하는 자(이하 "이륜자동차검사대행자"라 한다)로 지정하여 이륜자동차검사와 그 결과의 통지를 대행하게 할 수 있다.
② 이륜자동차검사대행자의 시설·장비 등의 기준 및 지정 절차 등에 관하여 필요한 사항은 공동부령으로 정한다.
제51조의3【이륜자동차지정정비사업자의 지정 등】 ① 국토교통부장관은 이륜자동차 정기검사를 효율적으로 하기 위하여 필요하다고 인정하면 일정한 시설·장비와 기술인력을 확보한 자를 지정하여 이륜자동차 정기검사업무(그 결과의 통지를 포함한다)를 수행하게 할 수 있다.
② 제1항에 따른 지정을 받으려는 자는 공동부령으로 정하는 시설·장비 및 기술인력기준을 갖추어 국토교통부장관에게 지정을 신청하여야 한다.
③ 제1항에 따라 지정을 받은 자(이하 "이륜자동차지정정비사업자"라 한다)는 지정받은 사항 중 공동부령으로 정하는 중요한 사항을 변경할 때에는 국토교통부장관에게 변경 지정을 신청하여야 한다. 다만, 공동부령으로 정하는 중요한 사항을 제외한 사항을 변경할 때에는 국토교통부장관에게 신고하여야 한다.
④ 이륜자동차지정정비사업자의 지정 절차 및 검사업무의 범위 등에 관하여 필요한 사항은 공동부령으로 정한다.
⑤ 제51조의4제1항에 따라 이륜자동차지정정비사업자의 지정취소 처분을 받은 이륜자동차지정정비사업자 또는 그 사업장에서 이륜자동차지정정비사업자의 지정을 신청하는 자는 그 지정이 취소된 날부터 5년이 지나지 아니한 경우에는 이륜자동차지정정비사업자로 지정을 받을 수 없다.
⑥ 이륜자동차지정정비사업자는 이륜자동차소유자로부터 이륜자동차 정기검사의 신청을 받으면 해당 이륜자동차가 이륜자동차검사기준 등에 적합한지를 확인하여야 한다.
⑦ 이륜자동차지정정비사업자는 다른 사람에게 자신의 명의로 이륜자동차 정기검사를 하게 하여서는 아니 된다.
⑧ 이륜자동차지정정비사업자는 그 사업을 휴업하거나 폐업한 경우에는 공동부령으로 정하는 바에 따라 국토교통부장관에게 신고하여야 한다.
제51조의4【이륜자동차검사대행자 등의 지정의 취소 등】 ① 국토교통부장관은 이륜자동차검사대행자 또는 이륜자동차지정정비사업자가 다음 각 호의 어느 하나에 해당하는 경우에는 그 지정을 취소하거나 6개월 이내의 기간을 정하여 업무의 전부 또는 일부의 정지를 명할 수 있다. 다만, 제1호 및 제18호에 해당하는 경우에는 그 지정을 취소하여야 한다.
1. 거짓이나 그 밖의 부정한 방법으로 지정을 받은 경우
2. 업무와 관련하여 부정한 금품을 수수하거나 그 밖의 부정한 행위를 한 경우
3. 자산상태의 불량 등의 사유로 그 업무를 계속하는 것이 적합하지 아니하다고 인정되는 경우
4. 이륜자동차검사를 실시하지 아니하고 거짓으로 이륜자동차검사표를 작성하거나 검사 결과와 다르게 이륜자동차검사표를 작성한 경우
5. 제51조제4항에 따른 이륜자동차검사 결과에 대한 조치를 하지 아니한 경우
6. 제51조제6항을 위반하여 이륜자동차검사 장면 및 결과를 기록 또는 보관하지 아니하거나 거짓으로 기록 또는 보관한 경우(이륜자동차번호판이 포함된 이륜자동차의 뒷면 전체를 촬영하지 아니하거나 이륜자동차의 일부를 가리고 촬영하는 경우를 포함한다)
7. 제51조제7항을 위반하여 이륜자동차검사에 사용하는 기계·기구에 설정된 이륜자동차검사기준의 값 또는 기계·기구를 통하여 측정된 값을 조작·변경하거나 조작·변경하게 한 경우
8. 제51조제8항에 따른 이륜자동차검사에 필요한 검사 항목 중 일부를 생략하여 검사한 경우
9. 제51조의3제1항에 따라 지정된 검사시설이 아닌 곳에서 검사를 한 경우
10. 제51조의3제2항에 따른 시설·장비 등의 지정기준에 미달한 경우
11. 제51조의3제2항 또는 같은 조 제4항에 따른 기술인력에 따른 검사능력이나 검사업무의 범위를 벗어나 검사를 한 경우
12. 제51조의3제3항을 위반하여 변경 지정을 신청하지 아니하거나 신고하지 아니한 경우
13. 제51조의3제7항을 위반하여 다른 사람에게 자신의 명의로 이륜자동차 정기검사업무를 하게 한 경우
14. 제51조의5제1항에 따른 기술인력이 아닌 자로 하여금 검사를 하게 한 경우
15. 제51조의5제2항에 따른 기술인력의 해임 또는 직무정지 명령을 이행하지 아니한 경우
16. 제72조제1항에 따른 보고를 하지 아니하거나 거짓 보고를 한 경우
17. 제72조제2항에 따른 검사를 거부·방해 또는 기피하거나, 질문에 응하지 아니하거나 거짓으로 답변한 경우
18. 이 조에 따른 업무정지명령을 위반하여 업무정지기간 중에 검사업무를 한 경우
② 국토교통부장관은 제1항에 따라 이륜자동차검사대행자 또는 이륜자동차지정정비사업자에 대한 이륜자동차검사업무 대행을 취소 또는 정지 처분한 경우 그 현황을 제69조에 따른 전산정보처리조직에 기록하여 관리하도록 한다.
③ 시·도지사 또는 시장·군수·구청장은 제1항 각 호의 사유 중 공동부령으로 정하는 사유에 따라 이륜자동차지정정비사업자의 지정이 취소된 경우 그 취소사실을 공동부령으로 정하는 바에 따라 이륜자동차 정기검사를 받은 지 6개월이 지나지 아니한 이륜자동차 소유자에게 알려야 한다.
④ 제1항 및 제2항에 따른 처분의 세부 기준과 절차, 관리방법, 그 밖에 필요한 사항은 공동부령으로 정한다.
제51조의5【이륜자동차검사 기술인력의 직무 등】 ① 이륜자동차검사대행자 및 이륜자동차지정정비사업자가 갖추어야 할 기술인력의 구분 및 직무 등에 관하여 필요한 사항은 공동부령으로 정한다.
② 국토교통부장관은 제1항에 따른 기술인력이 다음 각 호의 어느 하나에 해당하는 경우에는 해당 이륜자동차검사대행자 및 이륜자동차지정정비사업자에게 공동부령으로 정하는 바에 따라 그 해임을 명하거나 일정기간 그 직무를 정지하게 할 수 있다.
1. 업무와 관련하여 부정한 금품을 수수하거나 그 밖의 부정한 행위를 한 경우
2. 이륜자동차검사를 실시하지 아니하고 거짓으로 이륜자동차검사표를 작성하거나 검사 결과와 다르게 이륜자동차검사표를 작성한 경우
3. 제52조에서 준용하는 제46조의2제1항을 위반하여 정당한 사유 없이 이륜자동차검사에 관한 교육을 받지 아니한 경우
4. 제51조제4항에 따른 이륜자동차검사 결과에 대한 조치를 하지 아니한 경우
5. 제51조제6항을 위반하여 이륜자동차검사 장면 및 결과를 기록 또는 보관하지 아니하거나 거짓으로 기록 또는 보관한 경우
6. 제51조제8항에 따른 이륜자동차검사에 필요한 검사 항목 중 일부를 생략하여 검사한 경우
7. 제51조의3제1항에 따라 지정된 검사시설이 아닌 곳에서 검사를 한 경우
8. 제51조의3제2항 또는 같은 조 제4항에 따른 기술인력에 따른 검사능력이나 검사업무의 범위를 벗어나 검사를 한 경우
③ 제2항에 따라 해임처분을 받은 기술인력은 그 해임처분을 받은 날부터 1년이 지나지 아니하고는 제1항에 따른 기술인력으로 선임될 수 없다.
④ 국토교통부장관은 제2항에 따라 해임 또는 직무 정지 등의 처분을 받은 기술인력의 현황을 제69조에 따른 전산정보처리조직으로 하여금 관리하도록 한다.
⑤ 제2항 및 제4항에 따른 명령의 세부 기준과 절차, 관리방법, 그 밖에 필요한 사항은 공동부령으로 정한다.
법률 제19685호 자동차관리법 일부개정법률 제52조 전단 중 "제34조의3, 제34조의4 및 제37조"를 "제34조의2부터 제34조의4까지, 제35조, 제37조, 제43조의3 및 제46조의2"로 하고, **같은 조** 후단 중 ""등록"은 "신고"로, "자동차"는 "이륜자동차"로, "자동차안전기준""을 ""등록원부"는 "이륜자동차대장"으로, "신규등록"은 "사용신고"로, "자동차"는 "이륜자동차"로, "자동차등록증"은 "이륜자동차사용신고필증"으로, "등록번호판"은 "이륜자동차번호판"으로, "자동차안전기준""으로, ""이륜자동차 실측확인"으로"를 ""이륜자동차 실측확인"으로, "자동차검사"는 "이륜자동차검사"로, "정기검사"는 "이륜자동차 정기검사"로, "임시검사"는 "이륜자동차 임시검사"로, "자동차검사대행자"는 "이륜자동차검사대행자"로, "지정정비사업자"는 "이륜자동차지정정비사업자"로, "자동차 소유자"는 "이륜자동차 소유자"로"로 한다.
제72조제1항 각 호 외의 부분 중 "종합검사"를 "종합검사 및 이륜자동차검사"로 하고, 같은 항에 제11호의2 및 제11호의3을 각각 다음과 같이 신설하며, **같은 조** 제2항 전단 중 "종합검사"를 "종합검사 및 이륜자동차검사"로 하고, 같은 항 후단 중 "종합검사"를 "종합검사 또는 이륜자동차검사"로 한다.
11의2. 이륜자동차검사대행자
11의3. 이륜자동차지정정비사업자
제73조제1항제1호 중 "제35조"를 "제35조(제52조에서 준용하는 경우를 포함한다)"로 한다.
제74조제1항 본문 중 "제47조제5항"을 "제47조제5항, 제51조의4제1항"으로, "택시미터전문검정기관"을 "택시미터전문검정기관, 이륜자동차검사대행자, 이륜자동차지정정비사업자"로 한다.
제75조제1호 중 "제45조의3제1항 및 제47조제5항"을 "제45조의3제1항, 제47조제5항 및 제51조의4제1항"으로 한다.
제76조 각 호 외의 부분 본문 중 "지정신청"을 "및 이륜자동차지정정비사업자 지정신청"으로, "종합검사의"를 "종합검사 및 이륜자동차검사의"로 하고, **같은 조** 각 호 외의 부분 단서 중 "제77조제6항"을 "제51조의2제1항에 따른 이륜자동차검사, 제51조의3제1항에 따른 이륜자동차 정기검사, 제77조제6항"으로 하며, **같은 조** 제5호 중 "제45조의2 또는 제47조"를 "제45조의2, 제47조, 제51조의2 또는 제51조의3"으로, "종합검사지정정비사업자 또는 택시미터전문검정기관"을 "종합검사지정정비사업자, 택시미터전문검정기관, 이륜자동차검사대행자 또는 이륜자동차지정정비사업자"로 하고, **같은 조**에 제13호의2를 다음과 같이 신설한다.
13의2. 제51조에 따라 이륜자동차검사를 신청하는 자
제77조제2항 중 "종합검사"를 "종합검사 및 이륜자동차검사"로 하고, **같은 조** 제5항 각 호 외의 부분 중 "자동차검사대행자"를 "자동차검사대행자 또는 이륜자동차검사대행자"로 하며, **같은 조** 제6항제2호의2 중 "제34조의2제1항제1호"를 "제34조의2제1항제1호(제52조에서 준용하는 경우를 포함한다)"로 하고, 같은 항 제2호의3 중 "제34조의2제1항제1호의2"를 "제34조의2제1항제1호의2(제52조에서 준용하는 경우를 포함한다)"로 한다.
제77조의2에 제7호의3 및 제7호의4를 각각 다음과 같이 신설한다.
7의3. 제51조의2에 따른 이륜자동차검사대행업무
7의4. 제51조의3에 따른 이륜자동차 정기검사 업무
제79조에 제12호의2를 다음과 같이 신설한다.
12의2. 제51조의2 및 제51조의3에 따른 국토교통부장관의 지정을 받지 아니하고 이륜자동차검사를 한 자
제80조제4호 중 "제35조"를 "제35조(제52조에서 준용하는 경우를 포함한다)"로 하고, **같은 조**에 제4호의2를 다음과 같이 신설한다.
4의2. 이륜자동차검사대행자 또는 이륜자동차지정정비사업자나 그 종사원으로서 부정하게 이륜자동차검사 또는 이륜자동차 정기검사를 한 자와 이들에게 재물이나 그 밖의 이익을 제공하거나 제공의사를 표시하고 부정한 확인·검사를 받은 자
제81조제22호의3 중 "포함한다)"을"를 "포함한다) 및 제51조제7항을"로, "자동차검사에"를 "자동차검사 및 이륜자동차검사에"로, "자동차검사기준의"를 "자동차검사기준 및 이륜자동차검사기준의"로 하고, **같은 조** 제25호의2부터 제25호의4까지를 각각 제25호의4부터 제25호의6까지로 하며, **같은 조**에 제25호의2 및 제25호의3을 각각 다음과 같이 신설한다.
25의2. 제51조의4제1항에 따른 이륜자동차검사대행자 또는 이륜자동차지정정비사업자 업무의 전부 또는 일부의 정지명령을 위반한 자
25의3. 제51조의5제2항에 따른 해임 또는 직무정지 명령을 위반한 자
제82조에 제5호의3부터 제5호의5까지를 각각 다음과 같이 신설한다.
5의3. 제51조제1항제3호를 위반하여 이륜자동차 튜닝검사를 받지 아니한 자
5의4. 제51조제1항제4호를 위반하여 이륜자동차 임시검사를 받지 아니한 자
5의5. 제51조의5제3항을 위반하여 기간이 지나지 아니한 자를 기술인력으로 선임한 자
법률 제19685호 자동차관리법 일부개정법률 제84조 제3항에 제9호 및 제10호를 각각 다음과 같이 신설한다.
9. 제48조제1항을 위반하여 사용신고를 하지 아니하고 이륜자동차를 운행한 자
10. 제49조제1항을 위반하여 이륜자동차번호판을 붙이지 아니하고 이륜자동차를 운행한 자
제84조제4항제18호 및 제18호의2를 각각 삭제하고, 같은 항에 제19호의2를 다음과 같이 신설하며, **같은 조** 제5항제6호의2 중 "제48조제2항"을 "제48조제3항"으로 하고, 같은 항 제7호의2 중 "제8조제3항"을 "제8조제3항, 제48조제5항"으로 한다.
19의2. 제51조제1항제2호를 위반하여 이륜자동차 정기검사를 받지 아니한 자

부 칙

제1조【시행일】 이 법은 공포 후 1년 6개월이 경과한 날부터 시행한다.
제2조【제작 결함의 시정 등에 관한 적용례】 법률 제19685호 자동차관리법 일부개정법률 제31조제1항·제14항 및 제15항의 개정규정은 이 법 시행 이후 제31조제1항의 개정규정에 따라 결함 사실을 공개하는 경우부터 적용한다.
제3조【이륜자동차 제작정보의 전송에 관한 적용례】 제48조제5항의 개정규정은 이 법 시행 이후 이륜자동차를 소비자에게 판매하는 자가 신규로 제작·조립 또는 수입된 이륜자동차를 판매한 경우부터 적용한다.

제4조【이륜자동차검사에 관한 적용례】① 제51조제1항제1호의 개정규정은 이 법 시행 전에 종전의 제48조제2항에 따라 사용폐지신고를 한 이륜자동차를 이 법 시행 이후 제48조제1항의 개정규정에 따라 사용신고를 하고 다시 사용하려는 경우에도 적용한다.
② 제51조제1항제2호의 개정규정은 이 법 시행 전에 종전의 제48조제1항에 따라 사용 신고된 이륜자동차에 대해서도 적용한다.
③ 제51조제1항제3호의 개정규정은 이 법 시행 이후 제52조에서 준용하는 제34조제1항에 따라 시장·군수·구청장의 승인을 받아 이륜자동차를 튜닝하는 경우부터 적용한다.
제5조【이륜자동차검사대행자 지정에 관한 경과조치】이 법 시행 당시 제44조에 따라 자동차검사대행자로 지정받은 한국교통안전공단은 제51조의2의 개정규정에 따른 이륜자동차검사대행자로 지정받은 것으로 본다. 다만, 이 법 시행일부터 6개월 이내에 제51조의2의 개정규정에 따른 지정기준을 갖추어야 한다.

<2024.1.9 법률19980호>→2024년 7월 10일 시행하는 부분은 본편에 가제 수록 하였음

자동차관리법 일부를 다음과 같이 개정한다.

제8조제1항에 후단을 다음과 같이 신설하고, 같은 항에 각 호를 다음과 같이 신설하며, 같은 조 제3항 본문 중 "자동차를 제작·조립 또는 수입하는 자(이들로부터 자동차의 판매위탁을 받은 자를 포함하며, 이하 "자동차제작·판매자등"이라 한다)가"를 "자동차제작·판매자등이"로 한다.
이 경우 시·도지사는 신규등록을 하려는 자동차가 다음 각 호의 어느 하나에 해당하는 경우에는 구매자가 자동차를 제작·조립 또는 수입하는 자(이들로부터 자동차의 판매위탁을 받은 자를 포함하며, 이하 "자동차제작·판매자등"이라 한다)로부터 제8조의2에 따른 고지를 받았다는 사실을 국토교통부령으로 정하는 바에 따라 신규등록을 신청하는 자에게 확인하여야 한다.
1. 제13조제1항제2호에 따라 반품으로 말소등록된 자동차인 경우
2. 제작사의 공장 출고일(제작일을 말한다. 이하 같다) 이후 인도 이전에 국토교통부령으로 정하는 고장 또는 흠집 등 하자가 발생한 자동차인 경우
제8조의2제1항 중 "고지하여야"를 "고지하고 제69조에 따른 전산정보처리조직에 즉시 전송하여야"로 하고, 같은 항에 단서를 다음과 같이 신설하며, 같은 조 제2항 본문 중 "출고일(제작일을 말한다) 이후"를 "출고일 이후"로, "고장"을 "국토교통부령으로 정하는 고장"으로, "고지하여야"를 "고지하고 제69조에 따른 전산정보처리조직에 즉시 전송하여야"로 하고, 같은 항 단서를 삭제한다.
다만, 제47조의2의 교환 또는 환불 요구에 따라 반품된 자동차의 경우에는 그 사유를 포함하여 고지 및 전송하여야 하며, 자동차 제작증에도 그 사유를 기재하여야 한다.
제84조제2항에 제1호의2를 다음과 같이 신설하고, 같은 조 제4항제1호의2를 삭제하며, 같은 조 제5항제7호의2 중 "제8조제3항"을 "제8조제3항, 제8조의2제1항 및 제2항"으로 한다.
1의2. 제8조의2를 위반하여 반품된 자동차라는 사실(제47조의2의 교환 또는 환불 요구에 따라 반품된 자동차의 경우 그 사실을 포함한다) 또는 인도 이전에 발생한 하자에 대한 수리 여부와 상태 등을 구매자에게 고지하지 아니하고 판매한 자
법률 제19724호 자동차관리법 일부개정법률 제84조제5항제7호의2를 다음과 같이 한다.
7의2. 제8조제3항, 제8조의2제1항 및 제2항, 제48조제5항 또는 제58조제10항을 위반하여 전산정보처리조직에 전송하지 아니한 자

부 칙

제1조【시행일】이 법은 공포 후 6개월이 경과한 날부터 시행한다. 다만, 제8조, 제8조의2, 제84조의 개정규정은 공포 후 1년이 경과한 날부터 시행하고, 법률 제19724호 자동차관리법 일부개정법률 제84조의 개정규정은 2025년 3월 15일부터 시행한다.
제2조【이륜자동차에 대한 준용에 관한 적용례】제52조의 개정규정은 이 법 시행 이후 제30조제4항에 따른 제원이 통보된 이륜자동차부터 적용한다.

<2024.1.30 법률20176호>→2024년 7월 31일 시행하는 부분은 본편에 가제 수록 하였음

자동차관리법 일부를 다음과 같이 개정한다.

제45조의3제1항제13호 및 제14호 중 "기술인력"을 각각 "검사기술인력"으로 한다.
제46조의 제목 중 "기술인력"을 "검사기술인력"으로 하고, 같은 조 제1항 중 "기술인력"을 "기술인력(이하 "검사기술인력"이라 한다)"으로 하며, 같은 조 제2항 각 호 외의 부분 본문 중 "제1항에 따른 기술인력"을 "검사기술인력"으로 하고, 같은 항 각 호 외의 부분 단서 중 "기술인력"을 "검사기술인력"으로 하며, 같은 조 제3항 중 "기술인력은"을 "검사기술인력은"으로, "제1항에 따른 기술인력"을 "검사기술인력"으로 하고, 같은 조 제4항 중 "기술인력"을 "검사기술인력"으로 한다.
제46조의2의 제목 중 "기술인력"을 "검사기술인력"으로 하고, 같은 조 제1항 중 "제44조제1항, 제44조의2제1항, 제45조제1항 및 제45조의2제1항에 따라 지정받는 자동차검사대행자, 종합검사대행자, 지정정비사업자 및 종합검사지정정비사업자가 갖추어야 할 기술인력은"을 "검사기술인력은"으로 하며, 같은 조 제2항 중 "기술인력"을 "검사기술인력"으로 한다.
법률 제19724호 자동차관리법 일부개정법률 제52조 후단 중 ""자동차검사대행자"는 "이륜자동차검사대행자"로, "지정정비사업자"는 "이륜자동차지정정비사업자"로"를 ""검사기술인력"은 "이륜자동차검사대행자 및 이륜자동차지정정비사업자가 갖추어야 할 기술인력"으로"로 한다.
제64조제3항 중 "자격·직무 및 교육"을 "자격 및 직무"로 한다.
제64조의2를 다음과 같이 신설한다.
제64조의2【정비기술교육】① 자동차정비사업자는 정비책임자 등 국토교통부령으로 정하는 기술인력에 대하여 국토교통부장관이 실시하는 자동차 정비에 관한 교육(이하 "정비기술교육"이라 한다)을 받게 할 수 있다.
② 국토교통부장관은 정비기술교육을 실시하기 위하여 필요한 경우 공공기관 또는 정비 관련 전문단체를 전문교육기관으로 지정할 수 있다.
③ 제2항에 따라 지정된 전문교육기관은 교육을 한 경우 교육 수료증을 발급하고 교육에 관한 기록을 작성·보관하는 등 국토교통부령으로 정하는 사항을 지켜야 한다.
④ 정비기술교육의 내용 및 방법과 제2항에 따른 전문교육기관의 지정 기준·절차 및 지정해제 등에 필요한 사항은 국토교통부령으로 정한다.
제72조제1항에 제12호의2를 다음과 같이 신설한다.
12의2. 제64조의2제2항에 따라 지정된 전문교육기관
제82조제5호의2 중 "기술인력으로"를 "검사기술인력으로"로 한다.
법률 제19685호 자동차관리법 일부개정법률 제84조제3항제8호를 다음과 같이 하고, 같은 항에 제9호를 다음과 같이 신설한다.
8. 제30조의7제2항 단서(제52조에서 준용하는 경우를 포함한다)에 따른 변경신고를 하지 아니한 자
9. 제58조제6항제3호 및 제4호에 따른 준수사항을 이행하지 아니한 자
법률 제19724호 자동차관리법 일부개정법률 제84조제3항제9호를 다음과 같이 하고, 같은 항에 제11호를 다음과 같이 신설한다.
9. 제48조제1항을 위반하여 사용신고를 하지 아니하고 이륜자동차를 운행한 자
11. 제58조제6항제3호 및 제4호에 따른 준수사항을 이행하지 아니한 자

부 칙

이 법은 공포 후 1년이 경과한 날부터 시행한다. 다만, 제58조제6항, 제68조제2항, 제84조제3항의 개정규정은 공포 후 6개월이 경과한 날부터 시행하고, 법률 제19685호 자동차관리법 일부개정법률 제84조제3항의 개정규정은 2025년 2월 17일부터 시행하며, 법률 제19724호 자동차관리법 일부개정법률 제52조 및 제84조제3항의 개정규정은 2025년 3월 15일부터 시행한다.

문화재보호법 일부개정법률

<개정 2023.9.14 법률19704호>

문화재보호법 일부를 다음과 같이 개정한다.

법률 제19590호 문화재보호법 일부개정법률 제2조제4항을 삭제한다.
법률 제19590호 문화재보호법 일부개정법률 제5조제2항 중 "조사에"를 "조사, 근현대문화유산의 보존 및 활용에"로 한다.
법률 제19590호 문화재보호법 일부개정법률 제8조제1항제8호를 다음과 같이 한다.
8. 「근현대문화유산의 보존 및 활용에 관한 법률」에 따른 국가등록문화유산의 등록, 등록 말소 및 보존에 관한 사항
제8조제1항에 제8호의2를 다음과 같이 신설하고, 같은 조 제5항 중 "제11호까지"를 "제8호까지, 제8호의2 및 제9호부터 제11호까지"로 한다.
8의2. 「근현대문화유산의 보존 및 활용에 관한 법률」에 따른 근현대문화유산지구의 지정, 구역의 변경 및 지정의 해제에 관한 사항
법률 제19590호 문화재보호법 일부개정법률 제14조제1항 중 "등록문화유산"을 "「근현대문화유산의 보존 및 활용에 관한 법률」 제2조제2호에 따른 등록문화유산(이하 "등록문화유산"이라 한다)"으로 한다.
법률 제19590호 문화재보호법 일부개정법률 제5장(제53조부터 제59조까지)을 삭제한다.
제60조제1항 각 호 외의 부분 본문 중 "등록되지"를 "「근현대문화유산의 보존 및 활용에 관한 법률」에 따라 등록되지"로 한다.
제6장에 제61조의2를 다음과 같이 신설한다.
제61조의2【건조물 등에 포장되어 있는 일반동산문화유산의 발견신고 등】① 건조물 등에 포장(包藏)되어 있는 일반동산문화유산의 발견자나 그 건조물 등의 소유자·점유자 또는 관리자는 그 현상을 변경하지 말고 대통령령으로 정하는 바에 따라 그 발견된 사실을 문화재청장에게 신고하여야 한다.
② 제1항에 따라 발견신고된 일반동산문화유산의 처리방법, 소유권 판정 및 국가귀속 등에 필요한 사항은 「매장유산 보호 및 조사에 관한 법률」 제18조부터 제20조까지를 준용한다.
③ 제2항에도 불구하고 제1항에 따라 발견신고된 일반동산문화유산의 소유권을 판정하는 경우 해당 일반동산문화유산이 발견된 건조물 등을 소유 또는 점유한 자가 제1항에 따른 발견신고 후 90일 이내에 그 일반동산문화유산의 소유자임을 주장하면서 그 건조물 등을 계속하여 소유 또는 점유(승계하여 소유 또는 점유하는 경우를 포함한다)하고 있음을 역사고증 등 대통령령으로 정하는 방법으로 증명하는 때에는 그 소유권 판정 결과 정당한 소유자가 있는 것으로 판정된 경우를 제외하고는 그 건조물 등의 소유자 또는 점유자를 해당 일반동산문화유산의 소유자로 추정한다.
법률 제19590호 문화재보호법 일부개정법률 제9장의 제목 "시·도지정문화유산 및 시·도등록문화유산"을 "시·도지정문화유산"으로 한다.
법률 제19590호 문화재보호법 일부개정법률 제70조의 제목 중 "및 시·도등록문화유산의 등록 등"을 "등"으로 하고, 같은 조 제3항을 삭제하며, 같은 조 제4항 전단 중 "것을 권고하거나, 시·도등록문화유산으로 등록·보호할 것을"을 "것을"로 하고, 같은 항 후단 중 "지정절차 또는 등록절차를"을 "지정절차를"로 하며, 같은 조 제5항 중 "제1항부터 제4항까지의 규정에"를 "제1항·제2항 및 제4항에"로, "지정하거나 시·도등록문화유산으로 등록할"을 "지정할"로, "지정 또는 등록하였다는"을 "지정하였다는"으로, "또는 "등록" 앞에"를 "앞에"로 하고, 같은 조 제6항 중 "시·도등록문화유산의 등록 및 말소절차, 시·도지정문화유산, 문화유산자료 및 시·도등록문화유산의 보호"를 "보호"로 한다.
법률 제19590호 문화재보호법 일부개정법률 제71조제3항 중 "국가등록문화유산"을 "「근현대문화유산의 보존 및 활용에 관한 법률」에 따른 국가등록문화유산"으로 한다.
법률 제19590호 문화재보호법 일부개정법률 제72조제1항 중 "제70조제1항부터 제3항까지의 규정에"를 "제70조제1항 및 제2항에"로, "지정 또는 등록된 시·도지정문화유산, 문화유산자료 또는 시·도등록문화유산이"를 "지정된 시·도지정문화유산 또는 문화유산자료가"로 하고, 같은 조 제2항 중 "시·도지정문화유산, 문화유산자료 및 시·도등록문화유산"을 "시·도지정문화유산 및 문화유산자료"로 한다.
법률 제19590호 문화재보호법 일부개정법률 제73조제1항제2호를 삭제하고, 같은 항 제3호 중 "시·도지정문화유산, 문화유산자료 또는 시·도등록문화유산"을 "시·도지정문화유산 또는 문화유산자료"로 하며, 같은 항 제4호 중 "시·도지정문화유산, 문화유산자료 또는 시·도등록문화유산"을 "시·도지정문화유산이나 문화유산자료"로 한다.

제73조제2항 중 "제1항제1호부터 제3호까지의"를 "제1항제1호 및 제3호의"로 한다.
법률 제19590호 문화재보호법 일부개정법률 제74조제1항 중 "시·도지정문화유산, 문화유산자료 및 시·도등록문화유산"을 "시·도지정문화유산 및 문화유산자료"로 하고, **같은 조** 제3항을 삭제한다.
제88조제3호 중 "제39조, 제56조제2항"을 "제39조"로 한다.
제90조제1항 중 "제59조제2항과 제74조제1항"을 각각 "제74조제1항"으로 한다.
법률 제19590호 문화재보호법 일부개정법률 제99조제2항제2호를 삭제한다.
제103조제1항제4호·제5호 및 **같은 조** 제4항제2호를 각각 삭제한다.

부 칙

이 법은 공포 후 1년이 경과한 날부터 시행한다.

<개정 2023.10.31 법률19796호>

문화재보호법 일부를 다음과 같이 개정한다.

제4조의2를 다음과 같이 신설한다.
제4조의2【전문인력의 배치 등】 ① 지방자치단체의 장은 해당 기관의 문화유산 보존·관리 및 활용을 위한 시책을 수립·시행하기 위하여 소속 공무원 중에서 문화유산전담관을 지정·운영하고, 필요한 문화유산 관리 전문인력을 두어야 한다.
② 지방자치단체의 장은 해당 기관의 문화유산 업무를 수행할 전담부서를 설치하도록 노력하여야 한다.
③ 제1항에 따른 문화유산전담관과 전문인력의 지정·운영 등에 필요한 사항은 대통령령으로 정한다.
제7조제1항에 후단을 다음과 같이 신설하고, 같은 항에 각 호를 다음과 같이 신설한다.
이 경우 시행계획에는 다음 각 호의 사항이 포함되어야 한다.
1. 해당 연도의 사업 추진방향에 관한 사항
2. 주요 사업별 추진방침
3. 주요 사업별 세부계획
4. 제4조의2에 따른 전문인력의 배치에 관한 사항
5. 그 밖에 문화유산의 보존·관리 및 활용을 위하여 필요한 사항
제13조의2를 다음과 같이 신설한다.
제13조의2【주민지원사업 계획 수립·시행】 ① 시·도지사는 문화재청장과 협의하여 역사문화환경 보존지역에 거주하는 주민의 생활환경을 개선하고 복리를 증진하기 위한 지원사업(이하 "주민지원사업"이라 한다)에 관한 계획을 수립·시행할 수 있다.
② 주민지원사업의 종류는 다음 각 호와 같다.
1. 복리증진사업
2. 주택수리 등 주거환경 개선사업
3. 도로, 주차장, 상하수도 등 기반시설 개선사업
4. 그 밖에 시·도지사가 주민지원사업으로서 필요하다고 인정하는 사업
③ 시·도지사는 주민지원사업 계획 수립 과정에 역사문화환경 보존지역의 주민 의견을 청취하고, 그 의견을 반영하도록 노력하여야 한다.
④ 제1항부터 제3항까지에 따른 주민지원사업에 관한 계획의 수립·시행 절차, 지원대상·기준, 의견수렴 절차 등에 필요한 사항은 대통령령으로 정한다.

부 칙

이 법은 공포 후 1년이 경과한 날부터 시행한다.

<개정 2024.1.23 법률20077호>→2024년 7월 24일 시행하는 부분은 본편에 가제 수록 하였음

문화재보호법 일부를 다음과 같이 개정한다.

제14조제1항 중 "화재, 재난"을 "화재, 풍수해, 재난"으로 한다.
제39조제1항 단서 중 "전시"를 "전시, 조사·연구"로 한다.
제60조제1항 각 호 외의 부분 단서 중 "국외전시"를 "국외전시, 조사·연구"로 하고, 같은 항 제2호 중 "자국의 박물관 등에서 전시할"을 "문화유산 보호시설을 갖춘 자국의 박물관, 공공연구 기관 등에서 전시, 조사·연구"로 한다.

부 칙

제1조【시행일】 이 법은 공포 후 6개월이 경과한 날부터 시행한다. 다만, 제14조제1항, 제39조제1항, 제60조제1항의 개정규정은 공포 후 1년이 경과한 날부터 시행한다.
제2조【허가 처리기간에 관한 적용례】 제35조제4항의 개정규정은 이 법 시행 이후 국가지정문화유산에 대하여 제35조제1항 각 호의 어느 하나에 해당하는 허가를 받으려는 경우부터 적용한다.

전자금융거래법 일부개정법률

<개정 2023.9.14 법률19734호>

전자금융거래법 일부를 다음과 같이 개정한다.

제2조제14호 각 목 외의 부분 본문 중 "발행된 증표"를 "발행된 증표(전자적 방법으로 변환되어 저장된 증표를 포함한다)"로, "다음 각 목의 요건을 모두 갖춘 것을 말한다"를 "발행인(대통령령으로 정하는 특수관계인을 포함한다) 외의 제3자로부터 재화 또는 용역을 구입하고 그 대가를 지급하는데 사용되는 것을 말한다"로 하고, 같은 호 각 목을 삭제하며, **같은 조** 제20호를 다음과 같이 한다.
20. "가맹점"이란 다음 각 목의 자를 말한다.
가. 금융회사 또는 전자금융업자와의 계약에 따라 직불전자지급수단이나 선불전자지급수단 또는 전자화폐에 의한 거래에 있어서 이용자에게 재화 또는 용역을 제공하는 자
나. 금융회사 또는 전자금융업자와의 계약에 따라 이용자에게 재화 또는 용역을 제공하는 자를 위하여 직불전자지급수단이나 선불전자지급수단 또는 전자화폐에 의한 거래를 대행하는 자로서 대통령령으로 정하는 자
제19조제2항에 제4호를 다음과 같이 신설한다.
4. 이용자에게 불리하게 선불전자지급수단을 이용할 수 있는 가맹점을 축소하거나 선불전자지급수단의 이용조건을 변경하는 경우. 다만, 가맹점 폐업, 가맹계약기간의 만료, 그 밖에 대통령령으로 정하는 정당한 이유가 있는 경우는 제외한다.
제25조의2 및 **제25조의3**을 각각 다음과 같이 신설한다.
제25조의2【선불충전금의 보호】 ① 제28조제2항제3호의 업무를 행하기 위하여 **같은 조**에 따라 금융위원회에 등록한 전자금융업자(이하 "선불업자"라 한다)는 선불충전금(이용자가 선불전자지급수단 발행의 대가로 선불업자에게 지급한 금액으로서 대금결제, 양도, 환급 등에 사용한 금액을 차감한 잔액을 말한다. 이하 같다)의 100분의 50 이상에 해당하는 금액으로서 대통령령으로 정하는 금액을 은행 등 대통령령으로 정하는 금융회사(이하 "선불충전금관리기관"이라 한다)를 통하여 다음 각 호의 어느 하나에 해당하는 방법으로 관리(이하 "별도관리"라 한다)하여야 한다.
1. 신탁
2. 예치
3. 대통령령으로 정하는 방법에 따른 지급보증보험
② 선불업자는 별도관리하지 아니하는 선불충전금과 제1항제3호에 따라 지급보증보험을 가입한 선불충전금을 직접 운용할 수 있다.
③ 제1항에 따라 선불충전금을 별도관리하는 선불충전금관리기관과 제2항에 따라 선불충전금을 직접 운용하는 선불업자는 대통령령으로 정하는 안전한 방법으로 선불충전금을 운용하여야 한다.
④ 선불업자는 제1항에 따라 별도관리하는 선불충전금이 이용자의 재산이라는 뜻을 밝혀야 한다.
⑤ 누구든지 제1항에 따라 별도관리하는 선불충전금을 상계 또는 압류(가압류를 포함한다)하여서는 아니 된다.
⑥ 선불업자는 합병 또는 영업양도 등 대통령령으로 정하는 경우 외에는 제1항에 따라 별도관리하는 선불충전금을 양도하거나 담보로 제공하여서는 아니 된다.
⑦ 선불충전금관리기관은 선불업자가 다음 각 호의 어느 하나에 해당하게 된 경우에는 별도관리하는 선불충전금을 이용자의 청구에 따라 해당 이용자에게 우선하여 지급하여야 한다. 이 경우 이용자의 청구 방법 등 필요한 절차에 대해서는 대통령령으로 정한다.
1. 허가 또는 등록이 취소되거나 말소된 경우
2. 해산의 결의를 한 경우
3. 파산선고를 받은 경우 및 그 밖에 이와 유사한 경우로서 대통령령으로 정하는 경우
4. 제43조제2항에 따라 전자금융업무 전부의 정지명령을 받은 경우
5. 그 밖에 제1호부터 제4호까지에 준하는 사유가 발생한 경우
⑧ 제7항 각 호의 어느 하나에 해당하는 사유가 발생한 경우 해당 선불업자 등 그 사실을 알게 된 자로서 대통령령으로 정하는 자는 선불충전금관리기관 등 대통령령으로 정하는 자에게 그 사실을 즉시 통지하여야 한다.
⑨ 선불충전금관리기관은 그 선불충전금관리기관이 제7항제2호 또는 제3호에 해당하게 된 경우에는 별도관리하는 선불충전금을 선불업자에게 우선하여 지급하여야 한다. 이 경우 선불업자는 대통령령으로 정하는 기간 내에 선불충전금을 제1항에 따라 다른 선불충전금관리기관을 통하여 다시 별도관리하여야 한다.
⑩ 선불충전금을 별도관리한 선불업자는 선불충전금관리기관이 제7항에 따라 선불충전금을 이용자에게 지급하여야 하는 경우 해당 이용자에 관한 정보로서 다음 각 호의 정보를 선불충전금관리기관에 제공할 수 있다.
1. 이용자를 식별할 수 있는 정보
2. 이용자에게 지급하여야 할 선불충전금에 관한 정보
3. 그 밖에 제1호 및 제2호와 유사한 정보로서 이용자의 청구에 응하는 데 필요하다고 인정되어 대통령령으로 정하는 정보
⑪ 선불충전금에 관한 청구권을 가지는 이용자, 그 청구권의 양수인, 그 밖에 대통령령으로 정하는 자는 선불업자가 선불충전금으로 별도관리하는 재산에 대하여 다른 채권자보다 우선하여 그 청구권에 관한 금액을 변제받을 권리가 있다.
⑫ 금융위원회는 이 조에 따른 선불충전금의 관리 상황을 분기별로 점검하여야 한다.
⑬ 별도관리하여야 하는 선불충전금의 범위 및 산정방법, 별도관리의 기준 및 방법, 선불충전금 관리 상황 점검 방식, 그 밖에 선불충전금의 관리에 필요한 사항은 대통령령으로 정한다.
제25조의3【선불충전금 보호조치의 고지의무】 ① 선불업자는 제25조의2에 따른 선불충전금 보호조치의 내용을 이용자에게 고지하여야 한다.
② 제1항에 따른 고지 내용의 세부사항 및 고지 방법에 관하여 필요한 사항은 대통령령으로 정한다.
제28조제3항제1호가목 및 나목을 각각 다음과 같이 한다.
가. 하나의 가맹점(가맹점의 사업주가 동일한 경우로 한정한다)에서만 사용되는 선불전자지급수단을 발행하는 자
나. 선불전자지급수단의 발행잔액 및 연간 총발행액(두 종류 이상의 선불전자지급수단을 발행한 경우 각각의 발행잔액 및 총발행액을 합산한 금액을 말한다)이 대통령령으로 정하는 금액 미만인 자
제35조의2 및 **제36조의2**를 각각 다음과 같이 신설한다.
제35조의2【소액후불결제업무의 겸영】 ① 선불업자는 대통령령으로 정하는 바에 따라 금융위원회의 승인을 얻어 재화 또는 용역의 대가의 지급을 위하여 하는 업무로서 이용자의 선불충전금이 부족한 경우에 그 부족분에 대하여 선불업자 스스로의 신용으로 가맹점에 그 대가를 지급하는 업무(이하 "소액후불결제업무"라 한다)를 할 수 있다.
② 선불업자는 소액후불결제업무를 영위할 때 다음 각 호의 행위를 하여서는 아니 된다.
1. 선불충전금을 소액후불결제업무의 재원(財源)으로 하는 행위
2. 소액후불결제업무 이용자에게 금전의 대부 또는 융자를 하는 행위
3. 그 밖에 이용자 보호 및 건전한 거래질서를 저해할 우려가 있는 행위로서 대통령령으로 정하는 행위
③ 제1항 및 제2항에서 규정한 사항 외에 소액후불결제업무의 범위, 이용한도, 충제공한도, 경영 건전성 관리, 신용정보 관리, 채권회수 관리 방안, 이용자 보호 방안, 그 밖에 필요한 사항은 대통령령으로 정한다.
제36조의2【선불업자의 행위규칙】 선불업자는 다음 각 호에서 정하는 행위를 하여서는 아니 된다.
1. 대통령령으로 정하는 재무건전성 요건을 충족하지 아니한 자가 선불전자지급수단의 할인발행 또는 적립금 지급 등 이용자에게 경제적 이익을 부여하는 행위
2. 제1호의 해당 금액을 제25조의2에 따라 별도관리하지 아니하고 경제적 이익을 부여하는 행위
3. 대통령령으로 정하는 기간 내에 이용자에게 통지하지 아니하고 이용자에게 불리하게 선불전자지급수단을 이용할 수 있는 가맹점을 축소하거나 선불전자지급수단의 이용조건을 변경하는 행위
4. 그 밖에 이용자 보호 또는 건전한 거래질서를 저해할 우려가 있는 행위로서 대통령령으로 정하는 행위
제37조제3항 각 호 외의 부분에 단서를 다음과 같이 신설하고, **같은 조**에 제5항을 다음과 같이 신설한다.
다만, 제2조제20호나목에 따른 가맹점은 제1호·제4호 및 제5호를 적용하지 아니한다.
⑤ 제2조제20호나목에 따른 가맹점은 다음 각 호의 사항을 준수하여야 한다.
1. 재화 또는 용역의 제공 등을 하는 자의 신용정보(「신용정보의 이용 및 보호에 관한 법률」 제2조제1호에 따른 신용정보를 말한다) 및 전자화폐등에 의한 거래를 대행한 내용을 금융회사 및 전자금융업자에게 제공할 것
2. 재화 또는 용역의 제공 등을 하는 자의 상호 및 주소를 이용자 등이 알 수 있도록 할 것
3. 이용자 등이 거래취소 또는 환불 등을 요구하는 경우 이에 따를 것
4. 그 밖에 이용자 보호 및 건전한 거래질서를 위하여 대통령령으로 정하는 사항
제43조제2항제1호 중 "제35조"를 "제25조의2제1항, 제35조, 제35조의2제2항·제3항"으로 한다.
제49조제5항에 제6호의2 및 제9호의2를 각각 다음과 같이 신설한다.
6의2. 제35조의2제1항을 위반하여 승인을 받지 아니하고 소액후불결제업무를 한 자
9의2. 다음 각 목의 어느 하나에 해당하는 행위를 통하여 이용자에게 소액후불결제업무로 자금을 융통하여 준 자 또는 이를 중개·알선·권유·광고한 자
가. 재화 또는 용역의 제공을 가장하거나 실제 매출금액을 초과하여 거래하거나 이를 대행하게 하는 행위
나. 소액후불결제업무를 제공받는 이용자에게 그 소액후불결제업무로 구매하도록 한 재화·용역을 할인하여 매입하는 행위

제51조제1항 각 호 외의 부분 중 "제3호"를 "제10호"로 하고, 같은 항 제3호 및 제4호를 각각 제10호 및 제11호로 하며, 같은 항 제2호를 제4호로 하고, 같은 항에 제2호·제3호 및 제5호부터 제9호까지를 각각 다음과 같이 신설한다.
2. 제25조의2제1항을 위반하여 선불충전금을 별도관리하지 아니한 자
3. 제25조의2제6항을 위반하여 별도관리하는 선불충전금을 양도하거나 담보로 제공한 자
5. 제36조의2제1호를 위반하여 선불전자지급수단의 할인 발행 또는 적립금 지급 등 경제적 이익을 부여한 자
6. 제36조의2제2호를 위반하여 경제적 이익을 부여하고 해당 금액을 별도관리하지 아니한 자
7. 제36조의2제3호를 위반하여 해당 사실을 기간 내에 통지하지 아니한 자
8. 제36조의2제4호를 위반하여 이용자 보호 또는 건전한 거래질서를 저해할 우려가 있는 행위를 한 자
9. 제37조제5항을 준수하지 아니한 자

부 칙

제1조【시행일】 이 법은 공포 후 1년이 경과한 날부터 시행한다.
제2조【선불전자지급수단 발행 및 관리에 대한 업무 등록에 관한 경과조치】 이 법 시행 당시 제2조제14호 및 제28조제3항제1호의 개정규정에 따라 새롭게 등록의 대상이 되는 자는 이 법 시행일부터 6개월 이내에 이 법에 따른 요건을 갖추어 제28조제2항에 따라 등록하여야 한다.

도로교통법 일부개정법률

<개정 2023.10.24 법률19745호>→2023년 10월 24일 시행하는 부분은 본편에 가제 수록 하였음

도로교통법 일부를 다음과 같이 개정한다.

제2조에 제34호를 다음과 같이 신설한다.
34. "음주운전 방지장치"란 술에 취한 상태에서 자동차등을 운전하려는 경우 시동이 걸리지 아니하도록 하는 것으로서 행정안전부령으로 정하는 것을 말한다.
제44조제1항 중 "제47조"를 "제47조, 제50조의3"으로 한다.
제50조의3을 다음과 같이 신설한다.
제50조의3【음주운전 방지장치 부착 조건부 운전면허를 받은 운전자등의 준수사항】 ① 제80조의2에 따라 음주운전 방지장치 부착 조건부 운전면허를 받은 사람이 자동차등을 운전하려는 경우 음주운전 방지장치를 설치하고, 시·도경찰청장에게 등록하여야 한다. 등록한 사항 중 행정안전부령으로 정하는 중요한 사항을 변경할 때에도 또한 같다. 다만, 제2항에 따라 음주운전 방지장치가 설치·등록된 자동차등을 운전하려는 경우에는 그러하지 아니하다.
② 「여객자동차 운수사업법」에 따른 여객자동차 운수사업자의 사업용 자동차, 「화물자동차 운수사업법」에 따른 화물자동차 운수사업자의 사업용 자동차 및 그 밖에 대통령령으로 정하는 자동차등에 음주운전 방지장치를 설치한 자는 시·도경찰청장에게 등록하여야 한다. 등록한 사항 중 행정안전부령으로 정하는 중요한 사항을 변경할 때에도 또한 같다.
③ 제80조의2에 따라 음주운전 방지장치 부착 조건부 운전면허를 받은 사람은 음주운전 방지장치가 설치되지 아니하거나 설치기준에 적합하지 아니한 음주운전 방지장치가 설치된 자동차등을 운전하여서는 아니 된다.
④ 누구든지 다음 각 호의 어느 하나에 해당하는 경우를 제외하고는 자동차등에 설치된 음주운전 방지장치를 해체하거나 조작 또는 그 밖의 방법으로 효용을 해치는 행위를 하여서는 아니 된다.
1. 음주운전 방지장치의 점검 또는 정비를 위한 경우
2. 폐차하는 경우
3. 교육·연구의 목적으로 사용하는 등 대통령령으로 정하는 사유에 해당하는 경우
4. 제82조제2항제10호에 따른 음주운전 방지장치의 부착 기간이 경과한 경우
⑤ 누구든지 음주운전 방지장치 부착 조건부 운전면허를 받은 사람을 대신하여 음주운전 방지장치가 설치된 자동차등을 운전할 수 있도록 해당 장치에 호흡을 불어넣거나 다른 부정한 방법으로 음주운전 방지장치가 설치된 자동차등에 시동을 거는 행위를 하여서는 아니 된다.
⑥ 제1항 및 제2항에 따라 음주운전 방지장치의 설치 사항을 시·도경찰청장에게 등록한 자는 연 2회 이상 음주운전 방지장치 부착 자동차등의 운행기록을 시·도경찰청장에게 제출하여야 하며, 음주운전 방지장치의 정상 작동여부 등을 점검하는 검사를 받아야 한다.
⑦ 제1항 및 제2항에 따른 음주운전 방지장치 설치 기준·방법 및 등록 기준·등록 절차, 제6항에 따른 운행기록 제출 및 검사의 시기·방법, 그 밖에 필요한 사항은 행정안전부령으로 정한다.
제73조에 제6항을 다음과 같이 신설한다.
⑥ 제80조의2에 따른 음주운전 방지장치 부착 조건부 운전면허를 받으려는 사람은 대통령령으로 정하는 바에 따라 제83조제1항제2호 및 제3호의 사항에 대한 운전면허시험에 응시하기 전에 음주운전 방지장치의 작동방법 및 음주운전 예방에 관한 교통안전교육을 받아야 한다.
제80조의2를 다음과 같이 신설한다.
제80조의2【음주운전 방지장치 부착 조건부 운전면허】 ① 제44조제1항 또는 제2항을 위반(자동차등 또는 노면전차를 운전한 경우로 한정한다. 다만, 개인형 이동장치를 운전한 경우는 제외한다. 이하 같다)한 날부터 5년 이내에 다시 같은 조 제1항 또는 제2항을 위반하여 운전면허 취소처분을 받은 사람이 자동차등을 운전하려는 경우에는 시·도경찰청장으로부터 음주운전 방지장치 부착 조건부 운전면허(이하 "조건부 운전면허"라 한다. 이하 같다)를 받아야 한다.
② 음주운전 방지장치는 제82조제2항제1호부터 제9호까지에 따라 조건부 운전면허 발급 대상에게 적용되는 운전면허 결격기간과 같은 기간 동안 부착하며, 운전면허 결격기간이 종료된 다음 날부터 부착기간을 산정한다.
③ 제1항에 따른 조건부 운전면허의 범위·발급·종류 등에 필요한 사항은 행정안전부령으로 정한다.
제82조제2항에 제10호를 다음과 같이 신설한다.
10. 제80조의2제2항에 따라 음주운전 방지장치를 부착하는 기간(조건부 운전면허의 경우는 제외한다)
제85조의2를 다음과 같이 신설한다.
제85조의2【조건부 운전면허증의 발급 등】 ① 조건부 운전면허를 받으려는 사람은 제83조에 따른 운전면허시험에 합격하여야 한다.
② 시·도경찰청장은 제1항에 따라 운전면허시험에 합격한 사람에 대하여 행정안전부령으로 정하는 조건부 운전면허증을 발급하여야 한다.
③ 조건부 운전면허증을 잃어버렸거나 헐어 못 쓰게 되었을 때에는 행정안전부령으로 정하는 바에 따라 시·도경찰청장에게 신청하여 다시 발급받을 수 있다.
④ 제2항에 따라 발급한 조건부 운전면허증의 조건 기간이 경과하면 해당 조건은 소멸한 것으로 본다.
⑤ 조건부 운전면허증 발급 대상자 본인 확인에 대해서는 제87조의2를 준용한다. 이 경우 "운전면허증"은 "조건부 운전면허증"으로 본다.
제93조제1항 각 호 외의 부분 본문 중 "연습운전면허"를 "조건부 운전면허는 포함하고, 연습운전면허"로 하고, 같은 항 각 호 외의 부분 단서 중 "제20호"를 "제20호부터 제23호까지"로 하며, 같은 항에 제21호부터 제23호까지를 각각 다음과 같이 신설한다.
21. 제50조의3제1항을 위반하여 음주운전 방지장치가 설치된 자동차등을 시·도경찰청에 등록하지 아니하고 운전한 경우
22. 제50조의3제3항을 위반하여 음주운전 방지장치가 설치되지 아니하거나 설치기준에 부합하지 아니한 음주운전 방지장치가 설치된 자동차등을 운전한 경우
23. 제50조의3제4항을 위반하여 음주운전 방지장치가 해체·조작 또는 그 밖의 방법으로 효용이 떨어진 것을 알면서 해당 장치가 설치된 자동차등을 운전한 경우
제147조제5항 중 "대행"을 "대행 또는 위탁"으로 한다.
제148조의3을 다음과 같이 신설한다.
제148조의3【벌칙】 ① 제50조의3제4항을 위반하여 음주운전 방지장치를 해체·조작하거나 그 밖의 방법으로 효용을 해친 자는 3년 이하의 징역 또는 3천만원 이하의 벌금에 처한다.
② 제50조의3제4항을 위반하여 장치가 해체·조작되었거나 효용이 떨어진 것을 알면서 해당 장치가 설치된 자동차등을 운전한 자는 1년 이하의 징역 또는 300만원 이하의 벌금에 처한다.
③ 제50조의3제5항을 위반하여 조건부 운전면허를 받은 사람을 대신하여 음주운전 방지장치가 설치된 자동차등을 운전할 수 있도록 해당 장치에 호흡을 불어넣거나 다른 부정한 방법으로 음주운전 방지장치가 설치된 자동차등에 시동을 걸어 운전할 수 있도록 한 사람은 1년 이하의 징역 또는 300만원 이하의 벌금에 처한다.
제152조에 제1호의2를 다음과 같이 신설한다.
1의2. 제50조의3제3항을 위반하여 조건부 운전면허를 발급받고 음주운전 방지장치가 설치되지 아니하거나 설치기준에 적합하지 아니하게 설치된 자동차등을 운전한 사람
제160조제1항에 제9호를 다음과 같이 신설한다.
9. 제50조의3제6항을 위반하여 음주운전 방지장치가 설치된 자동차등을 등록한 후 행정안전부령에 따른 음주운전 방지장치 부착 자동차등의 운행기록을 제출하지 아니하거나 정상 작동 여부를 검사받지 아니한 사람

부 칙

제1조【시행일】 이 법은 공포 후 1년이 경과한 날부터 시행한다. 다만, 제2조제23호의 개정규정은 공포한 날부터 시행한다.
제2조【음주운전 방지장치 부착 조건부 운전면허에 관한 적용례】 제80조의2의 개정규정은 이 법 시행 후 종전의 제44조제1항 또는 제2항을 위반한 날부터 5년 이내에 다시 같은 조 제1항 또는 제2항을 위반하여 운전면허 취소처분을 받은 사람부터 적용한다.

<개정 2024.1.30 법률20155호>

도로교통법 일부를 다음과 같이 개정한다.

법률 제19745호 도로교통법 일부개정법률 제85조의2를 다음과 같이 한다.
제85조의2【모바일운전면허증 발급 및 운전면허증의 확인 등】 ① 시·도경찰청장은 제85조, 제85조의3, 제86조, 제87조에 따라 운전면허증을 발급받으려는 사람이 모바일운전면허증(「이동통신단말장치 유통구조 개선에 관한 법률」 제2조제4호에 따른 이동통신단말장치에 암호화된 형태로 설치된 운전면허증을 말한다. 이하 같다)을 신청하는 경우 이를 추가로 발급할 수 있다.
② 국가기관, 지방자치단체, 공공단체, 사회단체, 기업체 등에서 다음 각 호의 경우에 운전면허소지자의 성명·사진·주소·주민등록번호·운전면허번호 등을 확인할 필요가 있으면 증빙서류를 붙이지 아니하고 운전면허증(제1항에 따른 모바일운전면허증을 포함한다. 이하 제87조의2·제92조·제93조·제95조제1항·제139조 및 제152조에서 같다)으로 확인하여야 한다. 다만, 다른 법률에서 신분의 확인 방법 등을 정한 경우에는 그러하지 아니하다.
1. 제80조제2항에 따른 운전면허의 범위 및 운전할 수 있는 차의 종류를 확인하는 경우
2. 민원서류나 그 밖의 서류를 접수하는 경우
3. 특정인에게 자격을 인정하는 증서를 발급하는 경우
4. 그 밖에 신분을 확인하기 위하여 필요한 경우
③ 시·도경찰청장은 경찰청에 연계된 운전면허정보를 이용하여 운전면허확인서비스(이동통신단말장치를 이용하여 제2항 각 호 외의 부분 본문에 따른 성명·사진·주소·주민등록번호·운전면허번호 및 발급 관련사항을 확인할 수 있는 서비스를 말한다. 이하 같다)를 제공할 수 있다.
④ 운전면허확인서비스를 이용하여 성명·사진·주소·주민등록번호·운전면허번호 및 발급 관련사항을 확인하는 경우 제2항에 따라 운전면허증으로 성명·사진·주민등록번호·운전면허번호 및 발급 관련사항을 확인한 것으로 본다.
⑤ 모바일운전면허증 및 운전면허확인서비스의 발급 및 신청 등에 필요한 사항은 행정안전부령으로 정한다.
법률 제19745호 도로교통법 일부개정법률에 제85조의3을 다음과 같이 신설한다.
제85조의3【조건부 운전면허증의 발급 등】 ① 조건부 운전면허를 받으려는 사람은 제83조에 따른 운전면허시험에 합격하여야 한다.
② 시·도경찰청장은 제1항에 따라 운전면허시험에 합격한 사람에 대하여 행정안전부령으로 정하는 조건부 운전면허증을 발급하여야 한다.
③ 조건부 운전면허증을 잃어버렸거나 헐어 못 쓰게 되었을 때에는 행정안전부령으로 정하는 바에 따라 시·도경찰청장에게 신청하여 다시 발급받을 수 있다.
④ 제2항에 따라 발급한 조건부 운전면허증의 조건 기간이 경과하면 해당 조건은 소멸한 것으로 본다.
⑤ 조건부 운전면허증 발급 대상자 본인 확인에 대해서는 제87조의2를 준용한다. 이 경우 "운전면허증"은 "조건부 운전면허증"으로 본다.

부 칙

이 법은 공포 후 6개월이 경과한 날부터 시행한다. 다만, 법률 제19745호 도로교통법 일부개정법률 제85조의2 및 제85조의3의 개정규정은 2024년 10월 25일부터 시행한다.

농업·농촌 및 식품산업 기본법 일부개정법률

<개정 2023.10.24 법률19750호>→2025년 1월 25일 시행하는 부분은 본편에 가제 수록 하였음

농업·농촌 및 식품산업 기본법 일부를 다음과 같이 개정한다.

제52조의2를 다음과 같이 신설한다.
제52조의2【농업농촌통합정보시스템의 구축·운영 등】 ① 농림축산식품부장관은 데이터 기반의 농업·농촌 및 식품산업 정책 추진기반을 마련하고 정책자금 관리의 투명성·적정성을 높이기 위하여 다음 각 호의 업무 수행에 필요한 정보를 처리하는 농업농촌통합정보시스템을 구축·운영할 수 있다.
1. 「농어업경영체 육성 및 지원에 관한 법률」에 따른 농업경영정보의 등록 및 관리 업무
2. 제63조제2항에 따른 농업인 등에게 지원하는 융자금·보조금 등 농업 정책자금의 운용·관리 및 감독업무
3. 그 밖에 농림축산식품부가 농업·농촌 및 식품산업 정책을 수립·시행하기 위하여 수행하는 업무로서 농림축산식품부령으로 정하는 업무

② 농림축산식품부장관은 농업농촌통합정보시스템의 구축·운영을 위하여 필요한 경우에는 법원행정처장, 관계 중앙행정기관의 장, 지방자치단체의 장 및 그 밖의 관련 기관·단체의 장(이하 "관계 기관·단체의 장"이라 한다)에게 다음 각 호의 정보의 제공을 요청할 수 있다. 이 경우 정보의 제공을 요청받은 관계 기관·단체의 장은 특별한 사유가 없으면 그 요청에 따라야 한다.
1. 「가족관계의 등록 등에 관한 법률」 제11조제4항에 따른 전산정보자료
2. 「공간정보의 구축 및 관리 등에 관한 법률」 제76조의3에 따른 부동산종합공부의 등록사항
3. 「부가가치세법」 제8조, 「법인세법」 제111조 또는 「소득세법」 제168조에 따른 사업자등록에 관한 정보
4. 「소득세법」 제4조제1항제1호에 따른 종합소득 정보
5. 「주민등록법」 제30조제1항에 따른 주민등록전산정보자료
6. 그 밖에 제1항 각 호에 따른 업무의 수행을 위하여 필요한 정보로서 대통령령으로 정하는 정보

③ 관계 기관·단체의 장은 농업농촌통합정보시스템의 정보 활용이 필요한 경우 사전에 농림축산식품부장관과 협의하여야 한다. 이 경우 농림축산식품부장관은 제1항의 업무 목적 범위에서 정보를 제공할 수 있고, 정보를 제공받은 관계 기관·단체의 장은 제공받은 목적의 범위에서 이를 보유·이용할 수 있다.
④ 농림축산식품부장관은 정보기기 활용능력이나 접근성이 부족한 정보취약계층이 농업농촌통합정보시스템을 원활하게 이용할 수 있도록 지원 대책을 마련하여야 한다.
⑤ 농림축산식품부장관은 농업농촌통합정보시스템의 운영 등에 관한 업무를 대통령령으로 정하는 기관에 위임 또는 위탁할 수 있다.
⑥ 그 밖에 농업농촌통합정보시스템의 구축 및 운영 등에 필요한 사항은 대통령령으로 정한다.

부　칙

이 법은 공포 후 3개월이 경과한 날부터 시행한다. 다만, 제52조의2의 개정규정은 공포 후 1년이 경과한 날부터 시행한다.

도로법 일부개정법률

<개정 2023.10.24 법률19766호>

도로법 일부를 다음과 같이 개정한다.

제21조의2를 다음과 같이 신설한다.
제21조의2【도로 노선 지정·변경 또는 폐지의 타당성 검토 등】 ① 국토교통부장관은 지역간 연결성, 이동성, 교통량의 증감 등 교통여건 변화를 반영하여 5년마다 도로 노선 지정·변경 또는 폐지(이하 이 조에서 "지정등"이라 한다)의 타당성을 검토하고 필요한 경우 일반국도 및 국가지원지방도의 지정등을 하여야 한다.
② 제1항에도 불구하고 국토교통부장관은 대규모개발사업 등 대통령령으로 정하는 사유로 교통량이 현저하게 변화할 것으로 예상되는 경우에는 도로 노선 지정등의 타당성을 검토할 수 있으며, 필요한 경우 일반국도 및 국가지원지방도의 지정등을 할 수 있다.
③ 제1항 및 제2항에 따라 일반국도 및 국가지원지방도의 지정등을 하는 경우 국토교통부장관 또는 행정청은 국토교통부령으로 정하는 바에 따라 제19조제1항 또는 제21조제3항에 따른 고시를 하여야 한다.
④ 국토교통부장관은 제1항 및 제2항에 따라 일반국도 및 국가지원지방도의 지정등을 하려면 도로 노선을 관할하는 행정청의 의견을 미리 들어야 한다.
⑤ 제1항 및 제2항에 따른 지정등의 기준 및 절차, 그 밖에 필요한 사항은 국토교통부령으로 정한다.
제48조의2를 다음과 같이 신설한다.
제48조의2【관광도로의 지정 등】 ① 도로관리청은 소관 도로 중 다음 각 호의 기준을 모두 충족하는 구간의 도로에 대하여 국토교통부장관에게 관광도로의 지정을 요청할 수 있다. 이 경우 해당 구간의 도로관리청이 둘 이상일 경우 공동으로 관광도로의 지정을 요청하여야 한다.
1. 도로 또는 도로 주변의 자연환경이나 자연경관 또는 조경 등이 우수할 것
2. 도로 주변에 고유한 역사·문화·예술·생태 등 자원이 풍부할 것

② 도로관리청이 제1항에 따라 관광도로의 지정을 요청할 때에는 지정 필요성, 기점, 종점 등 대통령령으로 정하는 사항을 포함한 관광도로관리계획을 작성·제출하여야 한다.
③ 국토교통부장관은 제2항에 따라 관광도로관리계획을 제출받은 경우 위원회의 심의를 거쳐 관광도로로 지정할 수 있다. 이 경우 관보에 즉시 고시하고, 소관 도로관리청에 통지하여야 한다.
④ 국토교통부장관은 제3항에 따라 지정한 관광도로를 변경하거나 전부 또는 일부를 폐지할 경우에는 소관 도로관리청과 협의한 후 위원회의 심의를 거쳐 이를 고시하고, 소관 도로관리청에 통지하여야 한다.
⑤ 제1항부터 제4항까지에도 불구하고 국토교통부장관은 소관 도로 중 제1항 각 호의 기준을 모두 충족하는 구간에 대하여 관할구역의 시·도지사와 협의하여 제2항에 따른 관광도로관리계획을 작성한 후 위원회의 심의를 거쳐 관광도로로 지정할 수 있다. 이 경우 관보에 즉시 고시한다.
⑥ 국토교통부장관은 제5항에 따라 지정한 관광도로를 변경하거나 전부 또는 일부를 폐지할 경우에는 위원회의 심의를 거쳐 이를 고시한다.
⑦ 국토교통부장관은 제3항 및 제5항에 따라 지정한 관광도로와 연관된 교통정보, 관광정보 등 대통령령으로 정하는 정보를 수집·가공하여 일반 국민에게 제공하는 관광도로정보체계를 구축·운영할 수 있다.
⑧ 국토교통부장관은 중앙행정기관, 지방자치단체 및 관계 기관·법인·단체의 장에게 제7항에 따른 관광도로정보체계의 구축 및 운영에 필요한 정보를 요청할 수 있다. 이 경우 요청받은 중앙행정기관의 장 등은 정당한 사유가 없으면 이에 따라야 한다.
⑨ 제1항부터 제8항까지에서 규정하는 사항 외에 관광도로 지정, 관광도로정보체계 구축·운영 등에 필요한 사항은 대통령령으로 정한다.
제62조제1항 중 "안전시설"을 "안전요원을 배치하거나, 안전시설"로 한다.

부　칙

제1조【시행일】 이 법은 공포 후 1년이 경과한 날부터 시행한다.
제2조【도로 노선 지정·변경 또는 폐지의 타당성 검토에 관한 경과조치】 국토교통부장관은 이 법 시행 이후 3년 이내에 제21조의2제1항의 개정규정에 따라 도로 노선 지정·변경 또는 폐지의 타당성을 검토하여야 한다.
제3조【도로점용에 따른 안전관리에 관한 적용례】 제62조제1항의 개정규정은 이 법 시행 이후 도로점용허가를 받은 경우부터 적용한다.

보험업법 일부개정법률

<개정 2023.10.24 법률19780호>

보험업법 일부를 다음과 같이 개정한다.

제102조의6 및 **제102조의7**을 각각 다음과 같이 신설한다.
제102조의6【실손의료보험계약의 보험금 청구를 위한 서류 전송】 ① 실손의료보험(실제로 부담한 의료비만을 지급하는 제3보험상품을 말한다. 이하 같다)계약의 보험계약자, 피보험자, 보험금을 취득할 자 또는 그 대리인은 보험금을 청구하기 위하여 「국민건강보험법」 제42조에 따른 요양기관(이하 "요양기관"이라 한다)으로 하여금 진료비 계산서·영수증, 진료비 세부산정내역 등 보험금 청구에 필요한 서류로서 금융위원회가 정하여 고시하는 서류를 보험계약자가 실손의료보험계약을 체결한 보험회사에 전자적 형태로 전송하여 줄 것을 요청할 수 있다.
② 제1항의 요청을 받은 요양기관은 「의료법」 제21조 및 「약사법」 제30조에도 불구하고 대통령령으로 정하는 정당한 사유가 없으면 그 요청에 따라야 한다.
③ 제1항 및 제2항에 따른 요청 방법과 절차, 전송방식 등에 관하여 필요한 세부사항은 대통령령으로 정한다.
제102조의7【실손의료보험계약의 서류 전송을 위한 전산시스템의 구축·운영 등】 ① 보험회사는 제102조의6 제1항에 따른 업무를 수행하기 위하여 필요한 전산시스템을 구축·운영하여야 한다.
② 보험회사는 제1항에 따른 전산시스템의 구축·운영에 관한 업무를 공공성·보안성·전문성 등을 고려하여 대통령령으로 정하는 전송대행기관(이하 "전송대행기관"이라 한다)에 위탁하거나 직접 수행할 수 있다.
③ 제1항 및 제2항에 따른 전산시스템의 구축·운영에 관한 비용은 보험회사가 부담한다.
④ 보험회사(제2항에 따라 업무를 위탁한 경우 전송대행기관을 포함한다)는 요양기관 등과 제1항에 따른 전산시스템의 구축·운영에 관한 사항을 협의하기 위하여 대통령령으로 정하는 바에 따라 위원회를 구성·운영할 수 있다.
⑤ 제2항에 따른 전산시스템의 구축·운영에 관한 업무에 종사하거나 종사한 사람은 그 업무를 수행하는 과정에서 알게 된 정보 또는 자료를 누설하거나 제102조의6제1항에 따른 서류 전송 업무 외의 용도로 사용 또는 보관하여서는 아니 된다.
⑥ 제1항 및 제2항에 따른 전산시스템의 구축·운영, 업무위탁의 범위·방법 및 절차 등에 관하여 필요한 사항은 금융위원회가 정하여 고시한다.
제202조에 제3호의2를 다음과 같이 신설한다.
3의2. 제102조의7제5항을 위반하여 업무를 수행하는 과정에서 알게 된 정보 또는 자료를 누설하거나 제102조의6제1항에 따른 서류 전송 업무 외의 용도로 사용 또는 보관한 자

부　칙

이 법은 공포 후 1년이 경과한 날부터 시행한다. 다만, 제102조의6의 개정규정 중 「의료법」 제3조제2항제1호에 따른 의원급 의료기관과 「약사법」 제2조제3호에 따른 약국에 대하여는 공포 후 2년이 경과한 날부터 시행한다.

대 · 중소기업 상생협력 촉진에 관한 법률 일부개정법률

<개정 2023.10.31 법률19821호>

대 · 중소기업 상생협력 촉진에 관한 법률 일부를 다음과 같이 개정한다.

제21조의3을 다음과 같이 신설한다.
제21조의3【표준약정서의 제정 · 개정 등】 ① 중소벤처기업부장관은 건전한 수탁 · 위탁거래 질서를 확립하고 불공정한 내용의 약정이 통용되는 것을 방지하기 위하여 표준약정서(제21조제5항에 따른 표준약정서는 제외한다)를 제정 또는 개정하거나 다른 법령에 따라 중앙행정기관의 장이 권장하는 표준계약서를 지정하여 이 법의 적용대상이 되는 위탁기업과 수탁기업에 그 사용을 권장할 수 있다.
② 위탁기업, 수탁기업 또는 중소기업자단체는 일정한 수탁 · 위탁거래 분야에서 통용될 수 있는 표준약정서의 제정 · 개정안을 마련하여 그 내용이 이 법에 위반되는지에 관하여 중소벤처기업부장관에게 심사를 청구할 수 있다.
③ 중소벤처기업부장관은 표준약정서를 제정 또는 개정하는 경우에는 관련 분야의 거래당사자인 위탁기업과 수탁기업 또는 중소기업자단체의 의견을 들어야 한다.
④ 중소벤처기업부장관은 표준약정서 제정 · 개정과 관련된 업무를 수행하기 위하여 필요하다고 인정하면 자문위원을 위촉할 수 있다.
⑤ 제4항에 따른 자문위원의 위촉 및 운영과 그 밖에 표준약정서의 제정 · 개정 등에 필요한 사항은 대통령령으로 정한다.

부 칙

이 법은 공포 후 1년이 경과한 날부터 시행한다.

주민등록법 일부개정법률

<개정 2023.12.26 법률19841호>→2023년 12월 26일 및 2024년 6월 27일 시행하는 부분은 본편에 가제 수록 하였음

주민등록법 일부를 다음과 같이 개정한다.

제24조의2를 다음과 같이 신설한다.
제24조의2【모바일 주민등록증】 ① 시장 · 군수 또는 구청장은 제24조제1항에 따라 주민등록증을 발급받은 사람이 주민등록증과 효력이 동일한 모바일 주민등록증(「이동통신단말장치 유통구조 개선에 관한 법률」 제2조제4호에 따른 이동통신단말장치에 암호화된 형태로 설치된 주민등록증을 말한다. 이하 같다)의 발급을 신청하는 경우에는 대통령령으로 정하는 바에 따라 이를 발급할 수 있다. 이 경우 모바일 주민등록증의 기재사항 및 표시방법에 관하여는 제24조제2항 및 제3항을 준용한다.
② 제1항에 따라 모바일 주민등록증을 발급받은 사람이 다음 각 호의 어느 하나에 해당하는 경우에는 대통령령으로 정하는 바에 따라 시장 · 군수 또는 구청장에게 모바일 주민등록증의 재발급을 신청할 수 있다. 다만, 제1호부터 제3호까지의 어느 하나에 해당하는 경우에는 재발급을 신청하여야 한다.
1. 제7조의3에 따라 주민등록번호가 정정되어 주민등록증을 재발급받은 경우
2. 제24조제2항에 따른 주민등록증의 기재사항 중 주소 외의 사항이 변경되어 주민등록증을 재발급받은 경우
3. 제27조제1항제2호에 따라 주민등록증을 재발급받은 경우
4. 모바일 주민등록증이 설치된 이동통신단말장치의 분실이나 훼손으로 모바일 주민등록증의 사용이 불가능한 경우
5. 그 밖에 모바일 주민등록증의 재발급이 필요하다고 인정되는 경우로서 대통령령으로 정하는 경우
③ 시장 · 군수 또는 구청장은 모바일 주민등록증을 발급하거나 재발급하는 경우 수수료를 징수하지 못하며, 모바일 주민등록증의 발급을 이유로 조세나 그 밖의 어떠한 명목의 공과금도 징수하여서는 아니 된다.
제25조제1항 각 호 외의 부분 본문 중 "주민등록증"을 "주민등록증 또는 모바일 주민등록증(이하 "주민등록증등"이라 한다)"으로 하고, **같은 조** 제3항 중 "주민등록증"을 "주민등록증등"으로 한다.
제26조의 제목 중 "주민등록증"을 "주민등록증등"으로 하고, **같은 조** 제1항 전단 및 후단 중 "주민등록증"을 각각 "주민등록증등"으로 한다.
제35조제2호 중 "주민등록증"을 "주민등록증등"으로 한다.
제37조제1항제2호, 제3호의2 및 제8호 중 "주민등록증"을 각각 "주민등록증등"으로 한다.

부 칙

제1조【시행일】 이 법은 공포 후 1년이 경과한 날부터 시행한다. 다만, 제29조제7항부터 제11항까지의 개정규정은 공포 후 6개월이 경과한 날부터 시행하고, 제37조제1항제8호의2 및 제39조 본문의 개정규정은 공포한 날부터 시행한다.
제2조【벌칙에 관한 특례】 제37조제1항제8호의2의 개정규정은 제24조의2 및 제25조의 개정규정이 시행되기 전까지는 다음과 같이 규정된 것으로 본다.
8의2. 다른 사람의 주민등록증의 이미지 파일 또는 복사본을 부정하게 사용한 자
제3조【다른 법률의 개정】 ① **가족관계의 등록 등에 관한 법률** 일부를 다음과 같이 개정한다.
제23조제2항 전단 중 "주민등록증"을 "주민등록증(모바일 주민등록증을 포함한다)"으로 한다.
② **공인중개사법** 일부를 다음과 같이 개정한다.
제25조의2 중 "주민등록증"을 "주민등록증(모바일 주민등록증을 포함한다)"으로 한다.
③ **국민건강보험법** 일부를 다음과 같이 개정한다.
제12조제3항 중 "주민등록증"을 "주민등록증(모바일 주민등록증을 포함한다)"으로 한다.
④ **도로교통법** 일부를 다음과 같이 개정한다.
제87조의2제1항 중 "주민등록증"을 "주민등록증(모바일 주민등록증을 포함한다)"으로 한다.
⑤ **법무사법** 일부를 다음과 같이 개정한다.
제25조 중 "주민등록증"을 "주민등록증(모바일 주민등록증을 포함한다)"으로 한다.
⑥ (생략)
⑦ **사행행위 등 규제 및 처벌 특례법** 일부를 다음과 같이 개정한다.
제25조제2항 중 "주민등록증"을 "주민등록증(모바일 주민등록증을 포함한다)"으로 한다.
⑧ **위험물안전관리법** 일부를 다음과 같이 개정한다.
제22조제2항 전단 중 "주민등록증"을 "주민등록증(모바일 주민등록증을 포함한다)"으로 한다.
⑨ **의료급여법** 일부를 다음과 같이 개정한다.
제8조제3항 중 "주민등록증"을 "주민등록증(모바일 주민등록증을 포함한다)"으로 한다.
⑩ **전기통신사업법** 일부를 다음과 같이 개정한다.
제32조의4제3항 중 "주민등록증"을 "주민등록증(모바일 주민등록증을 포함한다)"으로 한다.
⑪ **청소년 보호법** 일부를 다음과 같이 개정한다.
제29조제4항 중 "주민등록증"을 "주민등록증(모바일 주민등록증을 포함한다)"으로 한다.
⑫ (생략)
⑬ **항공보안법** 일부를 다음과 같이 개정한다.
제15조의2제1항 중 "주민등록증"을 "주민등록증(모바일 주민등록증을 포함한다)"으로 한다.

(2025년 1월 3일 시행)

그린바이오산업 육성에 관한 법률(약칭 : 그린바이오산업법)

(2024년 1월 2일 법 률 제19874호)

제1조【목적】 이 법은 그린바이오산업의 육성 및 활성화에 필요한 사항을 정함으로써 농업생명자원 등에 생명공학기술의 적용을 촉진하여 농업의 부가가치를 높이고 그린바이오산업의 발전 및 지속가능한 농업의 구현에 기여하여 국민의 삶의 질 향상과 국가 경제 발전에 이바지하는 것을 목적으로 한다.
제2조【정의】 이 법에서 사용하는 용어의 뜻은 다음과 같다.
1. "그린바이오"란 「농업생명자원의 보존 · 관리 및 이용에 관한 법률」 제2조제1호에 따른 농업생명자원 등에 「생명공학육성법」 제2조제1호의 생명공학과 관련된 기술을 적용하는 것을 말한다.
2. "그린바이오산업"이란 그린바이오를 활용하여 농업 및 농업 관련 전 · 후방 산업에 부가가치를 창출하는 산업으로서, 다음 각 목과 관련된 재화 또는 서비스를 개발 · 생산 · 판매 · 유통하는 산업을 말한다.
가. 「종자산업법」 제2조제1호에 따른 종자
나. 「농업생명자원의 보존 · 관리 및 이용에 관한 법률」 제2조제1호에 따른 농업생명자원으로서의 미생물
다. 「곤충산업의 육성 및 지원에 관한 법률」 제2조제1호에 따른 곤충
라. 「천연물신약 연구개발 촉진법」 제2조제1호에 따른 천연물
마. 「식품산업진흥법」 제2조제1호의 식품의 제조에 사용되는 원재료 또는 중간생산물로서 분말, 액상 등 별도의 형태로 가공된 것
바. 그 밖에 대통령령으로 정하는 것
3. "그린바이오기업"이란 그린바이오산업을 영위하는 기업으로서 제7조에 따라 신고한 기업을 말한다.
4. "그린바이오제품"이란 그린바이오를 활용하여 생산한 재화 또는 서비스를 말한다.
5. "그린바이오소재"란 그린바이오제품의 제조에 사용되는 원재료 또는 중간생산물을 말한다.
제3조【국가와 지방자치단체의 책무】 국가와 지방자치단체는 그린바이오산업의 육성과 지속적인 발전을 위하여 필요한 시책을 수립 · 시행하여야 한다.
제4조【다른 법률과의 관계】 그린바이오산업의 육성에 관하여 다른 법률에 특별한 규정이 있는 경우를 제외하고는 이 법에서 정하는 바에 따른다.
제5조【기본계획의 수립 등】 ① 농림축산식품부장관은 그린바이오산업 육성을 위하여 5년마다 그린바이오산업 육성에 관한 기본계획(이하 "기본계획"이라 한다)을 수립 · 시행하여야 한다.
② 기본계획에는 다음 각 호의 사항이 포함되어야 한다.
1. 그린바이오산업 육성 정책의 기본방향 및 목표
2. 그린바이오제품 개발 및 이용 촉진에 관한 사항
3. 그린바이오산업과 농업의 연계강화에 관한 사항
4. 그린바이오산업 관련 기술의 개발 및 보급 등에 관한 사항
5. 그린바이오 벤처 · 창업 활성화에 관한 사항
6. 그린바이오 산업데이터 활용 촉진에 관한 사항
7. 그린바이오산업 관련 전문인력의 양성에 관한 사항
8. 그 밖에 그린바이오산업 육성을 위하여 농림축산식품부장관이 필요하다고 인정하는 사항
③ 농림축산식품부장관은 기본계획을 수립하거나 변경할 때에는 미리 관계 중앙행정기관의 장과 협의하여야 한다. 다만, 대통령령으로 정하는 경미한 사항을 변경하는 경우에는 그러하지 아니하다.
④ 농림축산식품부장관은 기본계획의 추진을 위하여 관계 중앙행정기관의 장의 의견을 들어 매년 시행계획(이하 "시행계획"이라 한다)을 수립 · 시행하여야 한다.
⑤ 농림축산식품부장관은 기본계획 및 시행계획을 수립한 때에는 관계 중앙행정기관의 장에게 통보하고 농림축산식품부령으로 정하는 바에 따라 공표하여야 한다.
⑥ 농림축산식품부장관은 기본계획 및 시행계획의 수립을 위하여 필요한 경우에는 관계 중앙행정기관의 장, 지방자치단체의 장과 관련 기관 또는 단체의 장(이하 "관계중앙행정기관의 장등"이라 한다)에게 필요한 자료의 제출을 요청할 수 있다. 이 경우 관계중앙행정기관의 장등은 특별한 사정이 없으면 자료를 제공하여야 한다.
⑦ 제1항부터 제6항까지에서 규정한 사항 외에 기본계획 및 시행계획의 수립, 변경 및 시행 등에 필요한 사항은 대통령령으로 정한다.
제6조【실태조사 및 통계작성 등】 ① 농림축산식품부장관은 기본계획 및 그린바이오산업의 육성에 필요한 시책을 효율적으로 수립하고 시행하기 위하여 그린바이오산업 현황 등에 관한 실태조사를 실시할 수 있다.
② 농림축산식품부장관은 제1항에 따른 실태조사 등을 참고하여 그린바이오산업에 관한 통계를 작성 · 관리하고 필요한 경우 통계청장과 협의할 수 있다.

③ 농림축산식품부장관은 제2항에 따른 통계작성을 위하여 필요한 경우 관계중앙행정기관의 장등에게 자료의 제공을 요청할 수 있다. 이 경우 자료제공을 요청받은 관계중앙행정기관의 장등은 특별한 사유가 없으면 자료를 제공하여야 한다.
④ 제1항에 따른 실태조사의 실시 주기, 범위와 방법 및 그 밖에 필요한 사항은 대통령령으로 정한다.
제7조【그린바이오기업의 신고 등】 ① 그린바이오산업을 영위하는 자로서 이 법에 따른 지원 등을 받으려는 자는 경영 정보 제공 등 대통령령으로 정하는 요건을 갖추어 농림축산식품부장관에게 그린바이오기업으로 신고하여야 한다.
② 제1항에 따라 신고한 그린바이오기업은 신고한 사항 중 대통령령으로 정하는 중요한 사항이 변경된 경우 농림축산식품부장관에게 변경신고를 하여야 한다.
③ 농림축산식품부장관은 제1항에 따른 신고 또는 제2항에 따른 변경신고를 받은 날부터 30일 이내에 신고수리 여부를 신고인에게 통지하여야 한다.
④ 농림축산식품부장관이 제3항에서 정한 기간 내에 신고수리 여부 또는 민원 처리 관련 법령에 따른 처리기간의 연장을 신고인에게 통지하지 아니하면 그 기간(민원 처리 관련 법령에 따라 처리기간이 연장 또는 재연장된 경우에는 해당 처리기간을 말한다)이 끝난 날의 다음 날에 신고를 수리한 것으로 본다.
⑤ 제1항에 따른 신고의 유효기간은 신고가 수리된 날부터 3년으로 하며, 계속하여 이 법에 따른 지원 등을 받으려는 경우에는 신고를 갱신하여야 한다.
⑥ 제1항부터 제5항까지에 따른 신고 및 변경신고의 요건 및 절차 등에 관하여 필요한 사항은 대통령령으로 정한다.
제8조【전담기관의 지정 등】 ① 농림축산식품부장관은 그린바이오산업 육성과 관련된 시책의 체계적인 추진을 위하여 그린바이오산업 육성 전담기관(이하 "전담기관"이라 한다)을 지정할 수 있다.
② 농림축산식품부장관은 예산의 범위에서 제1항에 따른 업무 수행에 필요한 경비의 전부 또는 일부를 전담기관에 지원할 수 있다.
③ 농림축산식품부장관은 전담기관이 다음 각 호의 어느 하나에 해당하는 경우에는 그 지정을 취소하거나 6개월 이내의 기간을 정하여 그 업무의 전부 또는 일부의 정지를 명할 수 있다. 다만, 제1호에 해당하면 그 지정을 취소하여야 한다.
1. 거짓이나 그 밖의 부정한 방법으로 지정을 받은 경우
2. 제5항에 따른 지정기준에 적합하지 아니하게 된 경우
3. 정당한 사유 없이 1년 이상 계속하여 업무를 수행하지 아니한 경우
4. 제20조제1항에 따른 보고를 거짓으로 하거나 보고·검사를 거부·기피 또는 방해하는 경우
④ 전담기관 지정의 유효기간은 지정을 받은 날부터 3년으로 하고, 유효기간이 만료된 후 계속하여 전담기관의 업무를 수행하려면 유효기간이 만료되기 전에 다시 지정을 받아야 한다.
⑤ 제1항에 따른 지정, 제3항에 따른 지정취소·업무정지 및 제4항에 따른 재지정의 기준·절차 등에 필요한 사항은 대통령령으로 정한다.
제9조【관계기관 협의】 농림축산식품부장관은 그린바이오산업 육성에 관한 다음 각 호의 사항을 농림축산식품부령으로 정하는 바에 따라 관계 중앙행정기관의 장, 지방자치단체의 장 및 「공공기관의 운영에 관한 법률」 제4조에 따른 공공기관 등과 협의하여 정할 수 있다.
1. 그린바이오산업 육성을 위한 주요 정책 수립 및 조정에 관한 사항
2. 그 밖에 그린바이오산업의 육성에 관한 사항으로서 농림축산식품부장관이 필요하다고 인정하는 사항
제10조【전문인력의 양성】 ① 국가 또는 지방자치단체는 그린바이오산업의 육성을 위하여 그린바이오 분야 전문인력을 양성하는 데에 노력하여야 한다.
② 국가와 지방자치단체는 제1항에 따른 전문인력의 양성을 위하여 「산업교육진흥 및 산학연협력촉진에 관한 법률」 제2조제2호에 따른 산업교육기관, 그린바이오산업에 관한 연구활동 등을 목적으로 설립된 연구소·기관 또는 단체를 전문인력 양성기관으로 지정하여 필요한 교육훈련을 실시하게 할 수 있다.
③ 국가와 지방자치단체는 제2항에 따라 지정된 전문인력 양성기관(이하 "전문인력 양성기관"이라 한다)에 대하여 대통령령으로 정하는 바에 따라 교육훈련에 필요한 비용의 전부 또는 일부를 지원할 수 있다.
④ 국가와 지방자치단체는 전문인력 양성기관이 다음 각 호의 어느 하나에 해당하는 때에는 그 지정을 취소하거나 6개월 이내의 범위에서 기간을 정하여 업무의 전부 또는 일부의 정지를 명할 수 있다. 다만, 제1호에 해당하면 그 지정을 취소하여야 한다.
1. 거짓이나 그 밖의 부정한 방법으로 지정을 받은 경우
2. 제6항에 따른 지정기준에 적합하지 아니하게 된 경우
3. 정당한 사유 없이 1년 이상 계속하여 교육훈련을 수행하지 아니한 경우
4. 제20조제1항에 따른 보고를 거짓으로 하거나 보고·검사를 거부·기피 또는 방해하는 경우
⑤ 전문인력 양성기관 지정의 유효기간은 지정을 받은 날부터 3년으로 하고, 유효기간이 만료된 후 계속하여 양성업무를 하려는 자는 유효기간이 만료되기 전에 다시 지정을 받아야 한다.
⑥ 제2항에 따른 지정, 제4항에 따른 지정취소·업무정지 및 제5항에 따른 재지정의 기준·절차 등에 필요한 사항은 대통령령으로 정한다.
제11조【기술개발의 촉진】 ① 국가와 지방자치단체는 그린바이오산업 관련 기술의 개발을 촉진하기 위하여 노력하여야 한다.
② 국가와 지방자치단체는 그린바이오산업 관련 기술 등을 신속하게 개발·보급하기 위하여 관련 연구기관 또는 단체 등에 그린바이오산업 관련 기술의 연구 개발을 수행하게 할 수 있다.
③ 국가와 지방자치단체는 제2항에 따라 그린바이오산업 관련 기술의 연구 개발을 수행하는 관련 연구기관 또는 단체 등에 대하여 필요한 경비를 지원할 수 있다.
제12조【벤처·창업 지원】 농림축산식품부장관 또는 지방자치단체의 장은 그린바이오산업과 관련된 창업(「중소기업창업 지원법」 제2조제2호의 창업을 말한다)을 하려는 자 및 그린바이오산업 관련 벤처기업(「벤처기업육성에 관한 특별조치법」 제2조제1항의 벤처기업을 말한다)에 대하여 다음 각 호의 지원을 할 수 있다.
1. 창업자금의 지원 및 융자
2. 창업을 위한 시설 등 공간의 임대·제공
3. 그린바이오제품의 실증 및 시제품 생산
4. 그린바이오제품의 판로 확보 및 홍보 지원
5. 창업에 필요한 법률, 세무, 회계 등의 상담 및 경영·컨설팅 지원
6. 그 밖에 농림축산식품부장관이 필요하다고 인정하는 사항
제13조【데이터 활용 지원】 농림축산식품부장관은 「농업생명자원의 보존·관리 및 이용에 관한 법률」 제2조제1호에 따른 농업생명자원의 유전체 정보 등 그린바이오산업 관련 데이터 생성·활용이 촉진될 수 있도록 다음 각 호의 사항에 관한 사업을 할 수 있다.
1. 그린바이오산업 관련 데이터에 관한 표준화
2. 그린바이오산업 관련 데이터의 생성, 수집, 보존 및 전송
3. 그린바이오산업 관련 데이터의 공유, 공동 활용 및 거래
4. 그린바이오산업 관련 데이터 플랫폼의 공동 활용 기반 구축
5. 그 밖에 그린바이오산업 디지털 전환을 지원하기 위하여 필요한 사항
제14조【우선구매】 ① 국가와 지방자치단체는 그린바이오산업의 육성을 위하여 그린바이오제품을 우선적으로 구매하도록 노력하여야 한다.
② 농림축산식품부장관 또는 지방자치단체의 장은 그린바이오제품의 구매를 촉진하기 위하여 다음 각 호의 어느 하나에 해당하는 기관 및 단체의 장에게 그린바이오제품의 우선구매 등 필요한 조치를 요청할 수 있다.
1. 「중소기업제품 구매촉진 및 판로지원에 관한 법률」 제2조제2호에 따른 공공기관
2. 「농업·농촌 및 식품산업 기본법」 제3조제4호에 따른 생산자단체
③ 제1항에 따른 우선구매의 대상이 되는 그린바이오제품의 범위는 농림축산식품부령으로 정한다.
④ 지방자치단체는 제1항에 따른 우선구매에 필요한 사항을 조례로 정할 수 있다.
제15조【그린바이오산업 육성지구의 지정 등】 ① 농림축산식품부장관은 그린바이오산업을 집적화하고, 지역단위로 확산시키기 위하여 특별시장·광역시장·특별자치시장·도지사·특별자치도지사(이하 "시·도지사"라 한다)의 신청에 따라 그린바이오산업 육성지구(이하 "육성지구"라 한다)를 지정할 수 있다.
② 농림축산식품부장관이 제1항에 따라 육성지구를 지정할 때에는 미리 관계 중앙행정기관의 장과 협의하여야 한다.
③ 시·도지사가 제1항에 따라 육성지구의 지정을 신청할 때에는 다음 각 호의 사항이 포함된 육성지구 조성계획을 농림축산식품부장관에게 제출하여야 한다.
1. 육성지구의 조성 목적
2. 육성지구의 위치 및 면적 등 입지에 관한 사항
3. 육성지구의 구체적 조성 방안 및 재원 확보방안
4. 대학·기업·연구기관 등의 집적방안
5. 연구·개발 및 생산에 필요한 장비·시설의 확충방안
6. 그 밖에 육성지구의 조성을 위하여 농림축산식품부장관이 필요하다고 인정하는 사항
④ 시·도지사(특별자치시장 및 제주특별자치도지사는 제외한다)가 제3항에 따른 육성지구 조성계획을 수립할 때에는 미리 해당 육성지구를 관할하는 시장·군수·구청장(자치구의 구청장을 말한다. 이하 같다)과 협의하여야 한다.
⑤ 농림축산식품부장관은 제1항에 따라 육성지구를 지정할 때에는 제3항에 따른 육성지구 조성계획의 타당성 및 이행 가능성 등을 종합적으로 고려하여야 한다.
⑥ 농림축산식품부장관은 제1항에 따라 육성지구를 지정하였을 때에는 육성지구의 명칭·위치·면적 등을 관보에 고시하고, 해당 시·도지사에게 통보하여야 한다.
⑦ 농림축산식품부장관은 제1항에 따라 지정된 육성지구의 조성을 위하여 필요한 지원을 할 수 있다.
⑧ 농림축산식품부장관은 다음 각 호의 어느 하나에 해당하는 경우에는 육성지구의 지정을 해제할 수 있다. 다만 제1호에 해당하는 경우에는 그 지정을 해제하여야 한다.
1. 거짓이나 그 밖의 부정한 방법으로 지정을 받은 경우
2. 육성지구 조성계획이 실현될 가능성이 없는 경우
3. 사업 지연, 관리 부실 등의 사유로 지정목적을 달성할 수 없는 경우
⑨ 제1항에 따른 지정 및 제8항에 따른 지정해제의 절차·방법 등에 관하여 필요한 사항은 대통령령으로 정한다.
제16조【육성지구에 대한 지원】 ① 농림축산식품부장관 및 지방자치단체의 장은 육성지구에서 그린바이오산업 관련 연구·개발을 수행하는 자에게 비용의 전부 또는 일부를 지원할 수 있다.
② 농림축산식품부장관 및 지방자치단체의 장은 육성지구 활성화를 위하여 다음 각 호의 지원을 할 수 있다.
1. 그린바이오제품 및 그린바이오소재의 연구·개발·생산 등을 지원하기 위한 첨단시설의 설치
2. 그린바이오제품 및 그린바이오소재 등의 공급을 위한 시설의 설치
3. 그린바이오제품 및 그린바이오소재 원료의 계약재배 지원
4. 그 밖에 농림축산식품부장관이 육성지구의 육성 및 발전을 위하여 필요하다고 인정하는 사항
③ 국가 또는 지방자치단체는 육성지구에 있거나 육성지구로 이전하는 그린바이오기업에 자금이나 그 밖에 필요한 사항을 우선하여 지원할 수 있다.
제17조【「공유재산 및 물품 관리법」에 관한 특례】 지방자치단체의 장은 「공유재산 및 물품 관리법」 제20조제2항 및 제29조제1항에도 불구하고 육성지구 내의 지방자치단체가 소유하는 시설 및 부지에 대하여 그린바이오기업에 수의(隨意)의 방법으로 사용허가를 하거나 수의계약으로 대부할 수 있다.
제18조【청문】 농림축산식품부장관 또는 지방자치단체의 장은 다음 각 호의 어느 하나에 해당하는 처분을 하려는 경우에는 청문을 하여야 한다.
1. 제8조제3항에 따른 전담기관의 지정취소 또는 업무정지
2. 제10조제4항에 따른 전문인력 양성기관의 지정취소 또는 업무정지
3. 제15조제8항에 따른 육성지구의 지정 해제
제19조【권한의 위임·위탁】 ① 이 법에 따른 농림축산식품부장관의 권한은 대통령령으로 정하는 바에 따라 그 일부를 농촌진흥청장, 산림청장 또는 시·도지사에게 위임할 수 있다.
② 이 법에 따른 농림축산식품부장관의 업무는 그 일부를 대통령령으로 정하는 바에 따라 「공공기관의 운영에 관한 법률」에 따른 공공기관, 「농업·농촌 및 식품산업 기본법」에 따른 생산자단체, 그 밖에 그린바이오산업 관련 법인 또는 단체에 위탁할 수 있다.
제20조【보고·검사 등】 ① 다음 각 호에 해당하는 사람은 각 호의 구분에 따른 자에 대하여 감독에 필요하다고 인정하는 경우에는 그 업무에 관한 보고 또는 자료의 제출을 명하거나 소속 공무원으로 하여금 현장 출입 또는 서류 검사를 하게 하는 등 필요한 조치를 할 수 있다.
1. 농림축산식품부장관 : 전담기관
2. 전문인력 양성기관 지정 중앙행정기관의 장 또는 지방자치단체의 장 : 전문인력 양성기관
② 제1항에 따라 출입·검사를 하는 사람은 그 권한을 표시하는 증표를 지니고 이를 관계인에게 내보여야 한다.
제21조【벌칙 적용에서 공무원 의제】 다음 각 호의 어느 하나에 해당하는 사람은 「형법」 제129조부터 제132조까지에 따른 벌칙을 적용할 때에는 공무원으로 본다.
1. 전담기관의 임직원
2. 전문인력 양성기관의 임직원
3. 제19조제2항에 따라 위탁받은 업무에 종사하는 기관, 단체 또는 법인의 임직원
제22조【과태료】 ① 거짓이나 그 밖의 부정한 방법으로 제7조제1항에 따른 신고 또는 같은 조 제2항에 따른 변경신고를 한 자에게는 100만원 이하의 과태료를 부과한다.
② 제1항에 따른 과태료는 대통령령으로 정하는 바에 따라 농림축산식품부장관이 부과·징수한다.

부 칙

이 법은 공포 후 1년이 경과한 날부터 시행한다.

농지법 일부개정법률

<개정 2024.1.2 법률19877호>→2024년 1월 2일 및 2024년 7월 3일 시행하는 부분은 본편에 가제 수록 하였음

농지법 일부를 다음과 같이 개정한다.

제2조에 제6호의2를 다음과 같이 신설하고, **같은 조** 제7호 본문 중 "대통령령으로 정하는 농지개량"을 "농지개량"으로 한다.

6의2. "농지개량"이란 농지의 생산성을 높이기 위하여 농지의 형질을 변경하는 다음 각 목의 어느 하나에 해당하는 행위를 말한다.

가. 농지의 이용가치를 높이기 위하여 농지의 구획을 정리하거나 개량시설을 설치하는 행위

나. 농지의 토양개량이나 관개, 배수, 농업기계 이용의 개선을 위하여 해당 농지에서 객토·성토 또는 절토하거나 암석을 채굴하는 행위

제39조제1항 각 호 외의 부분 본문 중 "농지전용신고 또는 제36조의2"를 "농지전용신고, 제36조의2"로, "일시사용신고"를 "일시사용신고 또는 제41조의3에 따른 농지개량행위의 신고"로 한다.

제41조에 제2항을 다음과 같이 신설한다.

② 토지소유자는 제1항 각 호의 어느 하나에 해당하는 사유로 토지의 형질변경 등이 완료·준공되어 토지의 용도가 변경된 경우 그 사유가 발생한 날부터 60일 이내에 「공간정보의 구축 및 관리 등에 관한 법률」 제2조제18호에 따른 지적소관청에 지목변경을 신청하여야 한다.

제41조의2 및 **제41조의3**을 각각 다음과 같이 신설한다.

제41조의2【농지개량 기준의 준수】 ① 농지를 개량하려는 자는 농지의 생산성 향상 등 농지개량의 목적을 달성하고 농지개량행위로 인하여 주변 농업환경(인근 농지의 관개·배수·통풍 및 농작업을 포함한다)에 부정적인 영향을 미치지 아니하도록 농지개량의 기준(이하 "농지개량 기준"이라 한다)을 준수하여야 한다.

② 농지개량 기준에 관한 구체적인 사항은 다음 각 호의 사항을 포함하여 농림축산식품부령으로 정한다.

1. 농지개량에 적합한 토양의 범위
2. 농지개량 시 인근 농지 또는 시설 등의 피해 발생 방지 조치
3. 그 밖에 농지의 객토, 성토, 절토와 관련된 세부 기준

제41조의3【농지개량행위의 신고】 ① 농지를 개량하려는 자 중 성토 또는 절토를 하려는 자는 농림축산식품부령으로 정하는 바에 따라 시장·군수 또는 자치구구청장에게 신고하여야 하며, 신고한 사항을 변경하려는 경우에도 또한 같다. 다만, 다음 각 호의 어느 하나에 해당하는 경우에는 그러하지 아니하다.

1. 「국토의 계획 및 이용에 관한 법률」 제56조에 따라 개발행위의 허가를 받은 경우
2. 국가 또는 지방자치단체가 공익상의 필요에 따라 직접 시행하는 사업을 위하여 성토 또는 절토하는 경우
3. 재해복구나 재난수습에 필요한 응급조치를 위한 경우
4. 대통령령으로 정하는 경미한 행위인 경우

② 시장·군수 또는 자치구구청장은 제1항에 따라 신고를 받은 경우 그 내용을 검토하여 이 법에 적합하면 신고를 수리하여야 한다.

제42조제1항 각 호 외의 부분 중 "자에게"를 "자, 해당 농지의 소유자·점유자 또는 관리자에게"로 하고, 같은 항에 제5호 및 제6호를 각각 다음과 같이 신설한다.

5. 제41조의2에 따른 농지개량 기준을 준수하지 아니하고 농지를 개량한 경우
6. 제41조의3제1항에 따른 신고 또는 변경신고를 하지 아니하고 농지를 성토 또는 절토한 경우

제42조의2를 다음과 같이 신설한다.

제42조의2【시정명령】 ① 시장·군수 또는 자치구구청장은 제32조제1항 또는 제2항을 위반한 자, 해당 토지의 소유자·점유자 또는 관리자에게 기간을 정하여 시정을 명할 수 있다.

② 제1항에 따른 시정명령의 종류·절차 및 그 이행 등에 필요한 사항은 대통령령으로 정한다.

제4장제2절에 **제43조의2**를 다음과 같이 신설한다.

제43조의2【농지에서의 구역 등의 지정 등】 ① 관계 행정기관의 장은 다른 법률에 따라 농지를 특정 용도로 이용하기 위하여 지역·지구 및 구역 등으로 지정하거나 결정하려면 대통령령으로 정하는 농지의 종류 및 면적 등의 구분에 따라 농림축산식품부장관과 미리 협의하여야 한다. 협의한 사항(대통령령으로 정하는 경미한 사항은 제외한다)을 변경하려는 경우에도 또한 같다.

② 제1항에 따른 협의의 범위, 기준 및 절차 등에 필요한 사항은 대통령령으로 정한다.

③ 국가나 지방자치단체는 불가피한 사유가 있는 경우가 아니면 농지를 농지의 보전과 관련되는 지역·지구·구역 등으로 중복하여 지정하거나 행위를 제한하여서는 아니 된다.

제60조에 제4호 및 제5호를 각각 다음과 같이 신설한다.

4. 제41조의2에 따른 농지개량 기준을 준수하지 아니하고 농지를 개량한 자
5. 제41조의3제1항에 따른 신고 또는 변경신고를 하지 아니하고 농지를 성토 또는 절토한 자

제63조제1항에 제3호를 다음과 같이 신설하고, **같은 조** 제4항 중 "처분명령 또는 원상회복 명령 이행기간"을 "처분명령·원상회복 명령 또는 시정명령 이행기간"으로, "처분명령 또는 원상회복 명령이"를 "처분명령·원상회복 명령 또는 시정명령이"로 하며, **같은 조** 제5항 중 "처분명령 또는 제42조에 따른 원상회복 명령"을 "처분명령·제42조에 따른 원상회복 명령 또는 제42조의2에 따른 시정명령"으로, "처분명령 또는 원상회복 명령을 이행하면"을 "처분명령·원상회복 명령 또는 시정명령을 이행하면"으로 한다.

3. 제42조의2에 따른 시정명령을 받은 후 그 기간 내에 시정명령을 이행하지 아니하여 시장·군수·구청장이 그 시정명령의 이행에 필요한 상당한 기간을 정하였음에도 그 기한까지 시정을 아니한 자

법률 제19639호 농지법 일부개정법률 제64조제2항 중 제1호부터 제4호까지를 각각 제2호부터 제5호까지로 하고, 같은 항에 제1호를 다음과 같이 신설한다.

1. 제41조제2항을 위반하여 지목변경을 신청하지 아니한 자

부 칙

이 법은 공포한 날부터 시행한다. 다만, 제36조제1항의 개정규정은 공포 후 6개월이 경과한 날부터 시행하고, 제2조, 제39조제1항 각 호 외의 부분 본문, 제41조제2항, 제41조의2, 제41조의3, 제42조, 제42조의2, 제43조의2, 제60조, 제63조 및 법률 제19639호 농지법 일부개정법률 제64조의 개정규정은 공포 후 1년이 경과한 날부터 시행한다.

<개정 2024.1.23 법률20083호>

농지법 일부를 다음과 같이 개정한다.

제14조를 삭제한다.

제15조 각 호 외의 부분 중 "농지이용계획에 따라 농지"를 "농지"로 한다.

제17조제1항 전단 중 "시·군·구 농업·농촌및식품산업정책심의회"를 "「농업·농촌 및 식품산업 기본법」 제15조에 따른 시·군·구 농업·농촌및식품산업정책심의회(이하 "시·군·구 농업·농촌및식품산업정책심의회"라 한다)"로 한다.

제24조의3제4항 중 "「농업·농촌 및 식품산업 기본법」 제15조에 따른 시·군·구 농업·농촌및식품산업정책심의회"를 "시·군·구 농업·농촌및식품산업정책심의회"로 한다.

제28조제1항 중 "시·도지사"를 "특별시장·광역시장·특별자치시장·도지사 또는 특별자치도지사(이하 "시·도지사"라 한다)"로 한다.

제4장에 **제3절의2**(**제47조** 및 **제48조**)를 다음과 같이 신설한다.

제3절의2 농지 관리 기본방침 등

제47조【농지 관리 기본방침의 수립 등】 ① 농림축산식품부장관은 10년마다 농지의 관리에 관한 기본방침(이하 "기본방침"이라 한다)을 수립·시행하여야 하며, 필요한 경우 5년마다 그 내용을 재검토하여 정비할 수 있다.

② 기본방침에는 다음 각 호의 사항이 포함되어야 한다.

1. 농지 관리에 관한 시책의 방향
2. 농지 면적의 현황 및 장래예측
3. 관리하여야 하는 농지의 목표 면적
4. 특별시·광역시·특별자치시·도 또는 특별자치도에서 관리하여야 하는 농지의 목표 면적 설정 기준
5. 농업진흥지역의 지정 기준
6. 농지의 전용 등으로 인한 농지 면적 감소의 방지에 관한 사항
7. 그 밖에 농지의 관리를 위하여 필요한 사항으로서 대통령령으로 정하는 사항

③ 농림축산식품부장관은 기본방침을 수립하거나 변경하려면 미리 지방자치단체의 장의 의견을 수렴하고 관계 중앙행정기관의 장과 협의한 후 위원회의 심의를 거쳐야 한다. 다만, 대통령령으로 정하는 경미한 사항을 변경하는 경우에는 그러하지 아니하다.

④ 농림축산식품부장관은 기본방침의 수립을 위하여 관계 중앙행정기관의 장 및 지방자치단체의 장에게 필요한 자료의 제출을 요청할 수 있다. 이 경우 자료제출을 요청받은 중앙행정기관의 장 등은 특별한 사유가 없으면 이에 따라야 한다.

⑤ 제1항부터 제4항까지에서 규정한 사항 외에 기본방침의 수립·시행에 필요한 사항은 대통령령으로 정한다.

제48조【농지 관리 기본계획 및 실천계획의 수립 등】 ① 시·도지사는 기본방침에 따라 관할구역의 농지의 관리에 관한 기본계획(이하 "기본계획"이라 한다)을 10년마다 수립하여 농림축산식품부장관의 승인을 받아 시행하고, 필요한 경우 5년마다 그 내용을 재검토하여 정비할 수 있다. 기본계획 중 대통령령으로 정하는 중요한 사항을 변경할 때에도 또한 같다.

② 시장·군수 또는 자치구구청장(그 관할구역에 농지가 없는 자치구구청장은 제외한다. 이하 이 조에서 같다)은 기본계획에 따라 관할구역의 농지의 관리에 관한 세부 실천계획(이하 "실천계획"이라 한다)을 5년마다 수립하여 시·도지사의 승인을 받아 시행하여야 한다. 실천계획 중 대통령령으로 정하는 중요한 사항을 변경할 때에도 또한 같다.

③ 기본계획 및 실천계획에는 다음 각 호의 사항이 포함되어야 한다.

1. 관할구역의 농지 관리에 관한 시책의 방향
2. 관할구역의 농지 면적 현황 및 장래예측
3. 관할구역별로 관리하여야 하는 농지의 목표 면적
4. 관할구역 내 농업진흥지역 지정 및 관리
5. 관할구역 내 농업진흥지역으로 지정하는 것이 타당한 지역의 위치 및 규모
6. 관할구역의 농지의 전용 등으로 인한 농지 면적 감소의 방지에 관한 사항
7. 그 밖에 관할구역의 농지 관리를 위하여 필요한 사항으로서 대통령령으로 정하는 사항

④ 시·도지사가 기본계획을 수립 또는 변경하려면 미리 관계 시장·군수 또는 자치구구청장 및 전문가 등의 의견을 수렴하고 해당 지방의회의 의견을 들어야 한다. 다만, 대통령령으로 정하는 경미한 사항을 변경하는 경우에는 그러하지 아니하다.

⑤ 시·도지사는 기본계획의 수립을 위하여 시장·군수 또는 자치구구청장에게 필요한 자료의 제출을 요청할 수 있다. 이 경우 자료제출을 요청받은 시장·군수 또는 자치구구청장은 특별한 사유가 없으면 이에 따라야 한다.

⑥ 시장·군수 또는 자치구구청장이 실천계획을 수립 또는 변경하거나 제4항에 따라 기본계획에 대한 의견을 제시하려면 대통령령으로 정하는 바에 따라 미리 주민과 관계 전문가 등의 의견을 수렴하고 해당 지방의회의 의견을 들어야 한다. 다만, 대통령령으로 정하는 경미한 사항을 변경하는 경우에는 그러하지 아니하다.

⑦ 시·도지사, 시장·군수 또는 자치구구청장은 제1항 또는 제2항에 따라 기본계획 또는 실천계획의 수립 또는 변경에 대한 승인을 받으면 대통령령으로 정하는 바에 따라 그 내용을 공고한 후 일반인이 열람할 수 있도록 하여야 한다.

⑧ 제1항부터 제7항까지에서 규정한 사항 외에 기본계획 또는 실천계획의 수립·시행에 필요한 사항은 대통령령으로 정한다.

부 칙

이 법은 공포 후 1년이 경과한 날부터 시행한다.

모자보건법 일부개정법률

<개정 2024.1.2 법률19890호>

모자보건법 일부를 다음과 같이 개정한다.

제10조의5를 다음과 같이 한다.

제10조의5【임산부의 정신건강 증진을 위한 지원】 ① 국가와 지방자치단체는 임산부가 임신 또는 출산으로 인하여 겪는 우울, 불안 등 심리적 증상(이하 "산전·산후우울증"이라 한다)을 극복하기 위한 지원을 할 수 있다.

② 제1항에 따른 지원에는 다음 각 호의 내용이 포함되어야 한다.

1. 산전·산후우울증 검사에 관한 지원
2. 임산부 및 그 배우자에 대한 산전·산후우울증 관련 상담·교육
3. 산전·산후우울증 관련 정보 제공 및 예방을 위한 홍보
4. 그 밖에 산전·산후우울증 예방 및 극복을 위하여 보건복지부장관이 필요하다고 인정하는 사업

제11조의 제목 중 "난임극복"을 "난임·유산·사산 극복"으로 하고, **같은 조** 제1항 중 "난임"을 "난임, 유산·사산"으로 하며, **같은 조**에 제3항을 다음과 같이 신설한다.

③ 유산·사산 극복 지원에는 다음 각 호의 내용이 포함되어야 한다.

1. 유산·사산 관련 상담 및 심리지원
2. 유산·사산 예방을 위한 교육 및 관련 정보 제공
3. 그 밖에 유산·사산 극복을 위하여 보건복지부장관이 필요하다고 인정하는 사업

제11조의4의 제목 중 "난임전문상담센터의"를 "난임·임산부심리상담센터의"로 하고, **같은 조** 제1항 및 제2항을 각각 다음과 같이 하며, **같은 조** 제3항 및 제4항 중 "난임전문상담센터의"를 각각 "상담센터의"로 한다.

① 보건복지부장관은 난임 극복, 산전·산후우울증 극복 및 유산·사산 예방을 위한 다음 각 호의 업무를 전문적이고 체계적으로 수행하기 위하여 중앙난임·임산부심리상담센터(이하 "중앙상담센터"라 한다)를 설치·운영할 수 있다.

1. 산전·산후우울증 관련 검사
2. 난임 극복, 산전·산후우울증 극복 및 유산·사산 예방 관련 상담 및 교육
3. 제2항에 따른 권역별 난임·임산부심리상담센터 종사자에 대한 교육
4. 제2항에 따른 권역별 난임·임산부심리상담센터와의 정보 교류 및 협력
5. 난임 극복, 산전·산후우울증 극복 및 유산·사산 예방을 위한 조사 및 연구
6. 그 밖에 난임 극복, 산전·산후우울증 극복 및 유산·사산 예방을 위하여 보건복지부장관이 정하는 업무
② 특별시장·광역시장·특별자치시장·도지사 또는 특별자치도지사(이하 "시·도지사"라 한다)는 난임 극복, 산전·산후우울증 극복 및 유산·사산 예방 관련 상담 및 교육 등의 업무를 전문적으로 수행하기 위하여 권역별 난임·임산부심리상담센터(이하 "권역별 상담센터"라 한다)를 설치·운영할 수 있다.
제21조제1항제8호 중 "중앙난임전문상담센터 및 권역별 난임전문상담센터의"를 "중앙상담센터 및 권역별 상담센터의"로 한다.

부 칙

제1조【시행일】 이 법은 공포 후 1년이 경과한 날부터 시행한다.
제2조【난임·임산부심리상담센터의 설치·운영 등에 관한 경과조치】 이 법 시행 당시 종전의 규정에 따라 설치·운영되고 있는 난임전문상담센터는 이 법에 따른 난임·임산부심리상담센터로 본다.

<개정 2024.1.23 법률20094호>

모자보건법 일부를 다음과 같이 개정한다.

제11조의7을 다음과 같이 신설한다.
제11조의7【생식세포 동결·보존 등을 위한 지원】 ① 국가와 지방자치단체는 난소 또는 고환 절제 등 대통령령으로 정하는 의학적 사유에 의한 치료로 인하여 생식건강의 손상으로 영구적인 불임이 예상되어 생식세포의 동결·보존을 통한 가임력 보전이 필요한 사람의 생식세포 보존을 위한 지원을 할 수 있다.
② 제1항에 따른 지원의 내용 및 방법 등에 필요한 사항은 보건복지부령으로 정한다.

부 칙

이 법은 공포 후 1년이 경과한 날부터 시행한다.

사회복지사업법 일부개정법률

<개정 2024.1.2 법률19893호>

사회복지사업법 일부를 다음과 같이 개정한다.

제33조제1항 각 호 외의 부분 중 "한국사회복지협의회(이하 "중앙협의회"라 한다)와 시·도 단위의 시·도 사회복지협의회(이하 "시·도협의회"라 한다)를 두며, 필요한 경우에는"을 "한국사회복지협의회(이하 "중앙협의회"라 한다), 시·도 단위의 시·도 사회복지협의회(이하 "시·도협의회"라 한다) 및"으로, "둘 수 있다"를 "둔다"로 한다.

부 칙

이 법은 공포 후 1년이 경과한 날부터 시행한다.

장애인복지법 일부개정법률

<개정 2024.1.2 법률19901호>

장애인복지법 일부를 다음과 같이 개정한다.

제58조제1항에 제2호의2를 다음과 같이 신설한다.
2의2. 장애인 자립생활지원시설 : 장애인의 자립생활 역량을 강화하기 위하여 동료상담, 지역사회의 물리적·사회적 환경개선 사업, 장애인의 권익 옹호·증진, 장애인 적합 서비스 등을 제공하는 시설

부 칙

이 법은 공포 후 1년 6개월이 경과한 날부터 시행한다.

<개정 2024.1.23 법률20111호>

장애인복지법 일부를 다음과 같이 개정한다.

제35조의2를 다음과 같이 신설한다.

제35조의2【한국수어 통역사 등 지원】 ① 국가 및 지방자치단체는 청각장애인이나 시청각장애인에 대하여 그 이동과 일상생활의 활동에서 의사소통을 원활히 할 수 있도록 경제적 부담능력 등을 고려하여 한국수어 통역사 또는 제22조제5항에 따른 시청각장애인을 위한 의사소통 지원 전문인력(이하 이 조에서 "한국수어 통역사 등"이라 한다)을 지원할 수 있다.
② 한국수어 통역사 등의 지원 기준 및 방법 등에 관하여 필요한 사항은 대통령령으로 정한다.

부 칙

이 법은 공포 후 1년이 경과한 날부터 시행한다.

정신건강증진 및 정신질환자 복지서비스 지원에 관한 법률 일부개정법률

<개정 2024.1.2 법률19902호>→2024년 7월 3일 시행하는 부분은 본편에 가제 수록 하였음

정신건강증진 및 정신질환자 복지서비스 지원에 관한 법률 일부를 다음과 같이 개정한다.

제3조제3호 각 목 외의 부분 중 "제38조까지의 규정"을 "제38조까지, 제38조의2·제38조의3"으로 한다.
제15조의4를 다음과 같이 신설한다.
제15조의4【동료지원쉼터의 설치·운영】 ① 국가와 지방자치단체는 일시적 정신건강 위기를 겪는 정신질환자등에 대하여 임시로 보호하면서 동료지원인 상담 등을 제공하는 동료지원쉼터를 설치·운영할 수 있다.
② 제1항에 따른 동료지원쉼터의 설치·운영 및 인력기준 등에 관한 사항은 보건복지부령으로 정한다.
제4장에 **제38조의2** 및 **제38조의3**을 각각 다음과 같이 신설한다.
제38조의2【절차조력】 ① 국가 및 지방자치단체는 정신질환자등이 정신건강증진시설에 입원등을 하거나 정신건강증진시설에서 퇴원등을 할 때 정신질환자등의 의사가 충실히 전달되고 반영될 수 있도록 도와주는 절차조력서비스를 제공할 수 있다.
② 절차조력인은 정신질환자등의 입원등 및 퇴원등의 과정에서 정신질환자등의 동의를 받아 다음 각 호의 행위를 할 수 있다.
1. 입원등 또는 퇴원등 절차와 관련한 서류작성 및 정신질환자등의 의견개진 보조
2. 입원적합성심사, 퇴원등 또는 처우개선 심사 등 입원등·퇴원등 관련 심사에 참여하여 정신질환자등의 의사소통 조력 및 의견개진 보조
3. 제55조에 따른 퇴원등 또는 처우개선 심사의 청구, 「인신보호법」에 따른 구제청구 등 각종 신청행위의 보조
4. 정신질환자등의 통신 및 면회 보조
5. 정신질환자등의 의료나 그 밖의 신상에 관한 자료 열람 및 수령. 이 경우 의료에 관한 자료를 열람하거나 수령할 때에는 「의료법」 제21조제3항제2호에 따른 요건에 해당하는 경우로 한정하며, 그 밖의 신상에 관한 자료를 열람하거나 수령할 때에는 명시적인 위임을 받은 경우로 한정한다.
6. 그 밖에 정신질환자등의 의사결정지원과 권리보장을 위하여 보건복지부령으로 정하는 행위
③ 정신건강증진시설의 장은 모든 입원등을 하는 정신질환자등에게 절차조력서비스를 받을 수 있다는 것과 절차조력서비스의 이용방법 등 구체적인 내용을 알려야 한다.
④ 국가 및 지방자치단체는 절차조력서비스에 관한 업무를 관계 전문기관 또는 단체에 위탁할 수 있다.
⑤ 절차조력인의 자격, 절차조력서비스 제공 절차·방법, 절차조력서비스에 관한 업무의 위탁, 그 밖에 필요한 사항은 보건복지부령으로 정한다.
제38조의3【성년후견제 이용지원】 ① 지방자치단체의 장은 성년인 정신질환자등이 다음 각 호의 어느 하나에 해당하여 후견인을 선임할 필요가 있음에도 불구하고 자력으로 후견인을 선임하기 어렵다고 판단되는 경우에는 그를 위하여 「민법」에 따라 가정법원에 성년후견개시, 한정후견개시 또는 특정후견의 심판을 청구할 수 있다.
1. 일상생활에서 의사를 결정할 능력이 충분하지 아니하거나 매우 부족하여 의사결정의 대리 또는 지원이 필요하다고 볼 만한 상당한 이유가 있는 경우
2. 정신질환자등의 권리를 적절하게 대변하여 줄 가족이 없는 경우
3. 별도의 조치가 없으면 권리침해의 위험이 상당한 경우
② 지방자치단체의 장이 제1항에 따라 성년후견개시, 한정후견개시 또는 특정후견의 심판을 청구할 때에는 대통령령으로 정하는 요건을 충족하는 사람 또는 법인을 후견인 후보자로 하여 그 사람 또는 법인을 후견인으로 선임하여 줄 것을 함께 청구하여야 한다.
③ 국가와 지방자치단체는 제1항 및 제2항에 따라 선임된 후견인의 후견사무의 수행에 필요한 비용의 일부를 예산의 범위에서 보건복지부령으로 정하는 바에 따라 지원할 수 있다.
④ 제1항부터 제3항까지에 따른 성년후견제 이용지원의 요건, 후견인 후보자의 추천 절차, 후견인 후견사무에 필요한 비용 지원 등에 필요한 사항은 보건복지부령으로 정한다.
제69조의2를 다음과 같이 신설한다.
제69조의2【동료지원인 양성 및 활동지원】 ① 국가 및 지방자치단체는 동료지원인을 양성하고 활동을 지원할 수 있다.
② 보건복지부장관은 동료지원인 양성 및 보수교육 과정을 개발할 수 있다.
③ 보건복지부장관은 보건복지부령으로 정하는 바에 따라 동료지원인 양성과정을 수료한 동료지원인에게 수료증을 배부하고, 명부를 관리하여야 한다.
④ 보건복지부장관은 동료지원인 양성 및 보수교육을 전문적으로 수행하기 위하여 동료지원인 양성 및 보수교육기관(이하 이 조에서 "교육훈련기관"이라 한다)을 지정하여 교육훈련의 실시를 위탁할 수 있다. 이 경우 보건복지부장관은 교육훈련을 위탁받은 교육훈련기관에 그 경비의 일부 또는 전부를 지원할 수 있다.
⑤ 제4항에 따라 교육훈련기관을 지정하여 위탁하는 경우에는 정신질환자 단체의 의견을 청취할 수 있다.
⑥ 국가 및 지방자치단체는 동료지원인의 취업 및 고용안정을 지원할 수 있다.
⑦ 그 밖에 동료지원인 양성 및 활동지원과 관련하여 필요한 사항은 보건복지부령으로 정한다.

부 칙

제1조【시행일】 이 법은 공포 후 6개월이 경과한 날부터 시행한다. 다만, 제3조제3호·제15조의4·제38조의2·제38조의3 및 제69조의2의 개정규정은 공포 후 2년이 경과한 날부터 시행한다.
제2조【국가계획의 수립 등에 관한 적용례】 제7조제3항의 개정규정은 이 법 시행 이후 수립하는 계획부터 적용한다.

(2025년 1월 3일 시행)

자율운항선박 개발 및 상용화 촉진에 관한 법률(약칭 : 자율운항선박법)

(2024년 1월 2일 법률 제19909호)

제1장 총 칙

제1조【목적】 이 법은 자율운항선박의 기술 및 핵심기자재 개발을 촉진하고, 자율운항선박의 안전 운항을 위한 기반을 조성하며, 해상물류체계 구축을 통한 자율운항선박의 상용화를 촉진함으로써 국가 경제의 발전에 이바지함을 목적으로 한다.

제2조【정의】 ① 이 법에서 사용하는 용어의 뜻은 다음과 같다.
1. "자율운항선박"이란 「선박법」 제1조의2에 따른 선박 중 자율단계에 따라 선원, 원격운항자 등 사람의 개입이 전혀 없거나 최소한의 개입 하에 자율운항시스템에 의하여 선박 스스로 운항이 가능한 선박을 말한다.
2. "자율운항시스템"이란 자율항해시스템, 자율기관시스템 및 이와 관련된 모든 장치를 말한다.
가. "자율항해시스템"이란 선원의 조작 없이 주변상황에 대한 외부센서 정보, 「지능형 해상교통정보서비스의 제공 및 이용 활성화에 관한 법률」 제2조제2호에 따른 해상교통정보, 「선박교통관제에 관한 법률」 제2조제1호에 따른 선박교통관제 정보, 자율운항선박의 내부기기 상태에 대한 정보 등 관련 정보를 스스로 인지하고 판단하여 선박을 운항할 수 있게 하는 자율화 장비, 소프트웨어 및 이와 관련된 모든 장치를 말한다.
나. "자율기관시스템"이란 자율운항선박의 추진 및 전력 생산을 담당하는 핵심 기관시스템의 운전 상태를 실시간 모니터링하여 계측 데이터 기반의 진단·예측을 수행하고 장애 발생 시 원격으로 전문적 정비를 수행할 수 있게 하는 자율화 장비, 소프트웨어 및 이와 관련된 모든 장치를 말한다.
3. "원격운항센터"란 원격운항자가 선박에서 보내는 센서 기반 영상·소리, 해상 및 기상 정보 등의 데이터를 이용하여 자율운항선박의 운항 지원 또는 관리를 수행하기 위해 육상에 설치하는 시설을 말한다.
4. "원격운항자"란 원격운항센터에서 자율운항선박에 대한 조종, 운항, 관리 등의 업무를 수행하는 자를 말한다.
5. "자율운항선박 운항해역"이란 자율운항선박의 운항 지원을 위한 기반 등을 고려하여 자율운항선박이 안전하게 운항할 수 있는 해역으로서 제9조에 따라 지정되는 구역을 말한다.
6. "규제특례"란 규제를 완화 또는 배제하거나 규제권한을 이양하는 것으로서 제21조에 규정된 사항을 말한다.
7. "자율운항선박 산업데이터 플랫폼"이란 자율운항선박 및 관련 산업 데이터를 효율적으로 활용하도록 지원하는 「산업 디지털 전환 촉진법」 제2조제6호에 따른 산업데이터 플랫폼을 말한다.
8. "자율운항선박 기반 해상물류체계"란 자율운항선박을 활용한 해상 운송·보관·하역 등 물류활동 등의 상용화를 위하여 필요한 「물류정책기본법」 제2조제1항제3호에 따른 물류체계를 말한다.

② 자율운항선박의 종류는 다음 각 호와 같이 구분하되, 그 자율등급은 산업통상자원부와 해양수산부의 공동부령으로 정하는 바에 따라 세분할 수 있다.
1. 부분 자율운항선박 : 자율운항시스템만으로는 운항할 수 없거나 선원의 승선, 원격운항자의 관리 등 선원, 원격운항자의 개입이 필요한 자율운항선박
2. 완전 자율운항선박 : 자율운항시스템만으로 운항할 수 있어 선원, 원격운항자 등 사람의 개입이 필요하지 아니한 자율운항선박

③ 제1항에 규정된 것 외의 용어에 관하여는 이 법에서 특별히 정하는 경우를 제외하고는 「선박안전법」 제2조, 「해사안전법」 제2조 및 「지능형 해상교통정보서비스의 제공 및 이용 활성화에 관한 법률」 제2조 등 관련 법령에서 정하는 용어의 예에 따른다.

제3조【다른 법률과의 관계】 이 법은 제21조 등에 따른 자율운항선박 운항해역에서의 규제특례에 관하여 다른 법률에 우선하여 적용한다. 다만, 다른 법률에 이 법의 규제특례보다 완화된 규정이 있으면 그 법률에 따른다.

제2장 자율운항선박 개발 및 상용화 기반 조성

제4조【기본계획의 수립】 ① 산업통상자원부장관 및 해양수산부장관은 자율운항선박의 개발과 상용화 촉진을 위하여 다음 각 호의 사항이 포함된 자율운항선박 개발 및 상용화 촉진 기본계획(이하 "기본계획"이라 한다)을 5년마다 공동으로 수립하여야 한다.
1. 자율운항선박 관련 정책의 기본방향 및 목표
2. 자율운항선박의 기술개발, 핵심기자재 개발 등에 관한 사항
3. 자율운항선박 상용화 촉진 및 지원에 관한 사항
4. 자율운항선박 중심의 해상물류체계 연구개발 및 관련 사업 육성에 관한 사항
5. 자율운항선박의 안전, 운항 지원을 위한 기반 조성 및 시험·인증 등에 관한 사항
6. 자율운항선박의 기술개발, 안전, 운항, 기반 조성 및 시험·인증 등과 관련된 전문인력 수급 및 양성에 관한 사항
7. 자율운항선박 관련 해외진출 및 국제협력 촉진에 관한 사항
8. 그 밖에 자율운항선박 기술개발 및 상용화 촉진과 관련하여 대통령령으로 정하는 사항

② 산업통상자원부장관 및 해양수산부장관은 자율운항선박 관련 여건 변화 등으로 기본계획을 변경할 필요가 있는 경우에는 기본계획을 변경할 수 있다.

③ 산업통상자원부장관 및 해양수산부장관은 제1항에 따라 기본계획을 수립하려는 경우에는 미리 관계 중앙행정기관의 장 및 특별시장·광역시장·특별자치시장·도지사·특별자치도지사(이하 "시·도지사"라 한다)의 의견을 들어야 한다. 수립된 기본계획을 변경(대통령령으로 정하는 경미한 변경은 제외한다)하려는 경우에도 또한 같다.

④ 산업통상자원부장관 및 해양수산부장관은 기본계획의 수립을 위하여 관계 중앙행정기관의 장, 시·도지사 또는 공공기관(「공공기관의 운영에 관한 법률」 제4조에 따른 공공기관을 말한다. 이하 같다)의 장, 기관 및 단체의 장 등에게 필요한 자료 및 정보의 제공을 요청할 수 있다. 이 경우 요청을 받은 기관·단체의 장은 특별한 사유가 없으면 이에 따라야 한다.

⑤ 제1항부터 제4항까지에서 규정한 사항 외에 기본계획의 수립·시행·변경 등에 필요한 사항은 대통령령으로 정한다.

제5조【개발시행계획】 산업통상자원부장관은 기본계획을 추진하기 위하여 대통령령으로 정하는 바에 따라 자율운항선박의 개발에 관한 시행계획을 수립·시행하여야 한다.

제6조【보급확산촉진시행계획】 ① 해양수산부장관은 기본계획을 추진하기 위하여 대통령령으로 정하는 바에 따라 자율운항선박의 보급·확산과 자율운항선박 기반 해상물류체계 구축 등 촉진에 관한 연도별 시행계획(이하 "보급확산촉진시행계획"이라 한다)을 매년 수립·시행하여야 한다.

② 제1항에 따른 보급확산촉진시행계획에는 다음 각 호의 사항이 포함되어야 한다.
1. 자율운항선박 보급확산 촉진을 위한 정책의 기본방향 및 목표
2. 자율운항선박의 안전 운항을 위한 기반 조성 및 안전기준 마련
3. 자율운항선박 관련 해외진출 및 국제협력 촉진에 관한 사항
4. 자율운항선박 보급확산 촉진을 위한 재원조달방안 및 재정지원 기준에 관한 사항
5. 해당 연도의 추진 목표 및 성과관리에 관한 사항
6. 그 밖에 보급확산 촉진과 관련한 기본계획 시행에 필요한 사항

③ 제1항 및 제2항에서 규정한 사항 외에 보급확산촉진시행계획의 수립·시행 등에 필요한 사항은 대통령령으로 정한다.

제7조【자율운항선박 관련 현황조사】 ① 산업통상자원부장관 및 해양수산부장관은 자율운항선박의 기술개발 및 상용화의 효과적인 정책수립을 위하여 산업통상자원부령 또는 해양수산부령으로 정하는 바에 따라 매년 현황조사를 실시할 수 있다.

② 산업통상자원부장관 및 해양수산부장관은 제1항에 따른 현황조사를 위하여 필요한 경우 관계 공공기관의 장, 기관 또는 단체의 장에게 자료의 제출을 요청할 수 있다.

③ 제2항에 따라 자료의 제출을 요청받은 자는 그 법인이나 단체가 보유한 원천기술에 대하여는 정당한 사유가 있으면 자료제출 요청에 따르지 아니할 수 있다.

④ 제1항에 따른 현황조사의 방법 및 대상 등에 관하여 필요한 사항은 대통령령으로 정한다.

제8조【위원회 구성 등】 ① 자율운항선박에 관한 정책 및 중요 사항을 심의·의결하기 위하여 산업통상자원부장관 및 해양수산부장관 소속으로 자율운항선박 정책위원회(이하 "위원회"라 한다)를 둔다.

② 위원회는 다음 각 호의 사항을 심의·의결한다.
1. 자율운항선박에 관한 기본 정책 및 제도에 관한 사항
2. 제9조제1항 및 제2항에 따른 자율운항선박 운항해역의 지정·변경 및 해제에 관한 사항
3. 제9조제4항에 따른 자율운항선박 운항해역의 운영 평가에 관한 사항
4. 제22조에 따른 규제특례 적용의 배제 및 제23조에 따른 운항정지 등에 관한 사항
5. 자율운항선박 운항해역 관련 중앙행정기관의 장 및 시·도지사 간의 의견 조정에 관한 사항
6. 그 밖에 자율운항선박 개발 및 상용화 촉진에 필요한 사항으로서 대통령령으로 정하는 사항

③ 위원회는 공동위원장 2명을 포함하여 13명 이내의 위원으로 구성한다.

④ 위원장은 산업통상자원부장관 및 해양수산부장관이 되고 위원은 다음 각 호의 사람이 된다.
1. 민간위원 : 자율운항선박 분야에 관한 학식과 경험이 풍부한 사람 중에서 산업통상자원부장관 및 해양수산부장관이 위촉하는 사람
2. 정부위원 : 대통령령으로 정하는 관계 중앙행정기관의 차관 또는 차관급 공무원

⑤ 위원회는 이 법 시행일부터 5년간 존속한다.

⑥ 이 법에서 규정한 사항 외에 위원회의 구성 및 운영 등에 필요한 사항은 대통령령으로 정한다.

제9조【자율운항선박 운항해역】 ① 해양수산부장관은 자율운항선박 운항해역을 해양수산부령으로 정하는 바에 따라 지정·변경 또는 해제할 수 있다. 이 경우 대통령령으로 정하는 바에 따라 그 내용을 관보에 고시하여야 한다.

② 해양수산부장관은 제1항에 따라 지정된 자율운항선박 운항해역을 적절히 관리하기 위하여 표지시설 및 통신망 유지·보수·개선 등 해양수산부령에 따른 필요한 조치를 직접 하거나 관할해역의 시·도지사 또는 관계기관의 장 등에게 필요한 조치를 하도록 요구할 수 있다.

③ 자율운항선박 운항해역으로 지정·고시된 구역을 관할하는 시·도지사는 사고방지를 위한 안전대책 등 해양수산부령으로 정하는 필요한 조치를 하여야 한다.

④ 해양수산부장관은 자율운항선박 운항해역의 운영에 대하여 정기적으로 또는 수시로 평가할 수 있다. 자율운항선박 운항해역의 운영에 대한 평가 기준·방법 및 절차 등에 관하여 필요한 사항은 대통령령으로 정한다.

제10조【협조요청】 ① 산업통상자원부장관 및 해양수산부장관은 자율운항선박의 운항에 필요하다고 인정할 경우에는 행정안전부장관, 과학기술정보통신부장관 등 관계 중앙행정기관의 장, 관할해역의 시·도지사 등에게 필요한 조치를 취하도록 협조를 요청할 수 있다. 이 경우 협조를 요청받은 관계 중앙행정기관의 장 등은 특별한 사유가 없으면 이에 협조하여야 한다.

② 제1항에 따른 필요한 조치에 관한 구체적 사항은 대통령령으로 정한다.

제11조【자율운항선박 성능실증 지원】 ① 산업통상자원부장관 및 해양수산부장관은 자율운항선박기술개발업무의 원활한 수행을 위하여 자율운항선박 성능실증센터 등을 통하여 성능실증을 지원할 수 있다.

② 제1항에 따른 자율운항선박 성능실증센터의 운영 및 성능실증 지원 등에 관하여 필요한 사항은 대통령령으로 정한다.

제3장 자율운항선박 개발 및 상용화 촉진을 위한 지원

제12조【자율운항선박 기반 해상물류체계 구축】 ① 해양수산부장관은 자율운항선박의 보급·확산 및 안전 운항을 위하여 자율운항선박 기반 해상물류체계 구축사업을 시행할 수 있다.

② 제1항에 따른 자율운항선박 기반 해상물류체계 구축에는 다음의 사항을 포함한다.
1. 「지능형 해상교통정보서비스의 제공 및 이용 활성화에 관한 법률」 제15조에 따른 지능형 해상교통서비스의 고도화
2. 「지능형 해상교통정보서비스의 제공 및 이용 활성화에 관한 법률」 제17조에 따른 해상교통정보의 고도화
3. 자율운항선박에서 사용하는 정보통신망(「정보통신망 이용촉진 및 정보보호 등에 관한 법률」 제2조제1항제1호에 따른 정보통신망을 말한다. 이하 같다)의 고도화 및 주파수 대역을 공동으로 사용하는 기존 정보통신망과의 상호운용성 확보
4. 「항로표지법」 제2조제4호에 따른 항로표지 지능정보화
5. 「항만법」 제2조제5호 및 제2조제11호에 따른 항만시설 및 항만배후단지의 지능화·자동화를 통한 자율운항선박과의 연계성 확보
6. 「항만법」 제26조 및 제27조에 따른 항만물류통합정보체계 및 항만건설통합정보체계와의 연계성 확보
7. 「선박의 입항 및 출항 등에 관한 법률」 제4조에 따른 출입 신고의 자동화
8. 「도선법」 제20조제2항에 따라 도선사를 승무시키지 아니할 수 있는 도선방법의 고도화
9. 「항만운송사업법」 제2조제4항에 따른 항만운송관련사업의 지능화·자동화를 통한 자율운항선박과의 연계성 확보
10. 기타 대통령령으로 정하는 자율운항선박 기반 해상물류체계 구축과 관련된 사항

제13조【행정적·재정적 지원 등】 산업통상자원부장관 및 해양수산부장관은 자율운항선박의 개발 및 상용화와 자율운항선박 기반 해상물류체계의 발전을 위하여 다음 각 호의 사업을 하는 시·도지사, 기관, 단체 또는 사업자 등에게 대통령령으로 정하는 바에 따라 필요한 행정적·재정적·기술적 지원이나 금융 관련 법률에 따른 자금 융자 등의 지원을 할 수 있다.
1. 자율운항선박의 운항을 위한 기술 및 핵심기자재의 개발을 위한 사업
2. 자율운항선박의 안전, 운항 지원을 위한 기반 조성 및 상용화 촉진에 관한 연구개발 사업

3. 자율운항선박 기반 해상물류체계에 관한 연구개발 및 관련 산업의 육성에 관한 사업
4. 자율운항선박의 운항 및 출항·입항, 상용화에 필요한 시설의 설치·운영 사업
5. 자율운항선박 산업데이터 플랫폼 구축·운영 등에 필요한 사업
6. 그 밖에 자율운항선박 개발 및 상용화 촉진, 자율운항선박 기반 해상물류체계 발전을 위하여 필요한 사업으로서 산업통상자원부령 또는 해양수산부령으로 정하는 사업

제14조【연구개발사업의 추진】 산업통상자원부장관 및 해양수산부장관은 자율운항선박의 안전 운항 지원을 위한 기술개발 및 상용화 기반을 조성하고 자율운항선박 기반 해상교통물류체계와 관련된 기술개발을 촉진하기 위하여 다음 각 호의 어느 하나에 해당하는 자로 하여금 연구개발사업을 하게 할 수 있다.
1. 국공립 연구기관
2. 「과학기술분야 정부출연연구기관 등의 설립·운영 및 육성에 관한 법률」 제8조에 따라 설립된 연구기관
3. 「특정연구기관 육성법」 제2조에 따른 특정연구기관
4. 「산업기술혁신 촉진법」 제42조에 따른 전문생산기술연구소
5. 「산업기술연구조합 육성법」에 따른 산업기술연구조합
6. 「고등교육법」 제2조에 따른 대학, 산업대학, 전문대학 또는 기술대학
7. 「기초연구진흥 및 기술개발지원에 관한 법률」 제14조의2제1항에 따라 인정받은 기업부설연구소
8. 자율운항선박과 관련된 기관, 단체 또는 사업자로서 대통령령으로 정하는 자

제15조【전문인력의 양성】 ① 산업통상자원부장관 및 해양수산부장관은 자율운항선박의 기술개발 및 상용화 지원을 위한 기반 조성 및 산업육성 발전에 필요한 전문인력을 양성하는 데 노력하여야 한다.
② 산업통상자원부장관 및 해양수산부장관은 제1항에 따른 전문인력의 양성을 위하여 「고등교육법」 제2조에 따른 대학·산업대학·전문대학·기술대학 또는 자율운항선박에 관한 연구 활동 등을 목적으로 설립된 연구소·기관·단체를 전문인력 양성기관으로 지정하여 교육 및 훈련을 실시하게 할 수 있다.
③ 산업통상자원부장관 및 해양수산부장관은 제2항에 따라 지정된 전문인력 양성기관에 대하여 대통령령으로 정하는 바에 따라 예산의 범위에서 필요한 지원을 할 수 있다.
④ 산업통상자원부장관 및 해양수산부장관은 제2항에 따라 전문인력 양성기관으로 지정된 자가 다음 각 호의 어느 하나에 해당하는 경우에는 그 지정을 취소할 수 있다. 다만, 제1호에 해당하면 그 지정을 취소하여야 한다.
1. 거짓이나 그 밖의 부정한 방법으로 지정을 받은 경우
2. 지정요건에 적합하지 아니하게 된 경우
3. 정당한 사유 없이 1년 이상 전문인력 양성업무를 하지 아니한 경우
⑤ 산업통상자원부장관 및 해양수산부장관은 제4항에 따라 전문인력 양성기관의 지정을 취소하려면 청문을 하여야 한다.
⑥ 제2항 및 제4항에 따른 전문인력 양성기관의 지정 및 취소의 기준·절차 등에 필요한 사항은 산업통상자원부와 해양수산부의 공동부령으로 정한다.

제16조【국제규정 및 표준화】 ① 산업통상자원부장관 및 해양수산부장관은 자율운항선박의 개발 및 안전 운항을 위한 국제기구 권고 및 협약 사항을 확인하고 국내법 반영을 검토하여야 한다.
② 산업통상자원부장관 및 해양수산부장관은 자율운항선박 관련 기술의 표준화를 위한 사업을 추진할 수 있다.
③ 산업통상자원부장관 및 해양수산부장관은 자율운항선박 관련 기술의 표준화가 필요한 경우 과학기술정보통신부장관 등 관계 중앙행정기관의 장에게 다음 각 호의 사항을 요청할 수 있다.
1. 자율운항선박 관련 기술에 관한 표준의 제정·개정·폐지 및 보급
2. 자율운항선박 관련 기술에 관한 국내외 표준의 조사·연구 및 개발
3. 그 밖에 자율운항선박 관련 기술의 표준화에 필요한 사항

제17조【국제협력 및 해외시장진출】 ① 산업통상자원부장관 및 해양수산부장관은 자율운항선박의 기술개발 및 상용화 지원을 위한 기반 조성 및 산업육성발전 관련 국제협력 및 해외시장 진출을 위하여 다음 각 호의 사업을 추진할 수 있다.
1. 관련 기술 및 인력의 국제교류
2. 국제공동연구개발
3. 국제전시회 참가
4. 기타 자율운항선박의 기술개발 및 상용화 촉진을 위한 기반 조성 및 산업육성과 관련된 사업
② 산업통상자원부장관 및 해양수산부장관은 대통령령으로 정하는 기관이나 단체로 하여금 제1항의 사업을 수행하게 할 수 있으며 필요한 예산을 지원할 수 있다.

제18조【협회 등의 설립】 ① 자율운항선박 관련사업자는 자율운항선박에 관한 산업을 활성화하고 자율운항선박 관련사업자의 공동이익 및 국제경쟁력 향상 등을 도모하기 위하여 협회 등을 설립할 수 있다.
② 제1항의 협회 등은 법인으로 한다.
③ 협회는 그 주된 사무소의 소재지에서 설립등기를 함으로써 성립한다.
④ 산업통상자원부장관 및 해양수산부장관은 제1항에 따라 설립된 협회 등으로 하여금 이 장에서 규정하는 사업을 대통령령으로 정하는 바에 따라 추진하게 할 수 있으며 필요한 지원을 할 수 있다.
⑤ 협회 등에 관하여 이 법에 규정된 사항을 제외하고는 「민법」 중 사단법인에 관한 규정을 준용한다.

제4장 자율운항선박 시범운항 및 규제특례

제19조【자율운항선박 및 기자재의 안전성 평가】 ① 해양수산부장관은 시범운항 및 실증에 필요한 경우 자율운항선박 및 기자재에 대하여 안전성 평가를 시행할 수 있다.
② 제1항에 따른 안전성 평가를 받으려는 자는 다음의 사항과 관련된 기준을 충족하여야 한다.
1. 제20조제1항에 따라 해양수산부장관이 부여한 안전 확보 등에 필요한 조건의 이행에 대한 점검
2. 자율항해시스템, 자율기관시스템 등을 포함한 자율운항시스템의 안정성
3. 자율운항선박과 일반선박 간의 사고 방지 등 상호 운항 안정성
4. 자율운항선박과 육상 및 해상 간 데이터 교환을 위한 호환성 및 보안성
5. 자율운항선박과 기존 통신 체계 간의 호환성
6. 제2조제2항 각 호에 따른 자율운항선박들 상호 간의 운항 적합성
7. 기타 국내법령 및 국제협약에 따른 자율운항선박의 기준 및 표준
③ 자율운항선박 및 기자재의 안전성 평가에 관한 사항은 「한국해양교통안전공단법」에 따른 한국해양교통안전공단 및 「선박안전법」 제60조제2항에 따른 선급법인에게 대행하게 할 수 있다.
④ 그 밖에 제2항에 따른 안전성 평가의 기준 및 절차 등에 필요한 사항은 해양수산부령으로 정한다.

제20조【운항의 승인】 ① 자율운항선박을 시범운항 또는 실증하려는 자는 대통령령으로 정하는 바에 따라 해양수산부장관의 승인을 받아 자율운항선박 운항해역에서 항해할 수 있다. 이 경우 해양수산부장관은 제19조에 따른 안전성 평가를 고려할 수 있고, 안전 확보 등에 필요한 조건을 붙일 수 있다.
② 제1항에 따라 승인을 받아 자율운항선박 운항해역에서 항해하려는 자는 연구·시범운항 및 실증으로 인하여 발생할 수 있는 인적·물적 손해를 배상하기 위한 책임보험에 가입하여야 한다.
③ 제1항에 따라 승인을 받아 자율운항선박 운항해역에서 항해하려는 자는 자율운항선박의 안전한 운항을 위하여 주요 장치 및 기능의 변경 사항, 운항기록 등 운항에 관한 정보 및 해양사고와 관련한 정보 등 해양수산부령으로 정하는 사항을 해양수산부장관에게 보고하여야 한다.

제21조【규제특례】 ① 자율운항선박 운항해역에서 자율운항선박을 시범운항 또는 실증하려는 자는 제20조제1항에 따라 해양수산부장관의 승인을 받은 경우 다음 각 호를 적용하지 아니한다.
1. 「선박안전법」 제7조부터 제17조까지에 따른 선박의 검사
2. 「선박안전법」 제26조부터 제30조까지에 따른 선박시설 기준
3. 「선박안전법」 제31조부터 제33조까지에 따른 안전항해를 위한 조치
4. 「선박직원법」 제11조부터 제13조까지에 따른 승무기준 및 선박직원의 직무
② 자율운항선박 관련 산업데이터를 제11조에 따른 자율운항선박 성능실증센터 또는 자율운항선박 산업데이터 플랫폼에 공유하려는 자에게는 「국제항해선박 및 항만시설의 보안에 관한 법률」 제33조제1항제4호를 적용하지 아니한다.

제22조【규제특례 적용의 배제】 해양수산부장관은 자율운항선박 운항해역에서 규제특례를 적용받은 자가 다음 각 호의 어느 하나에 해당하는 경우 제8조에 따른 위원회의 심의·의결을 거쳐 해당 규제특례의 적용을 배제할 수 있다. 다만, 제1호에 해당하는 경우에는 해당 규제특례의 적용을 배제하여야 한다.
1. 거짓 또는 그 밖의 부정한 방법으로 제20조제1항에 따른 운항의 승인을 받은 경우
2. 자율운항선박의 시범운항 또는 실증으로 다른 사람에게 위해를 끼치거나 해상교통의 위험을 발생시키는 경우

제23조【운항의 정지 등】 해양수산부장관은 다음 각 호의 어느 하나에 해당하는 경우에는 자율운항선박 운항의 정지 또는 필요한 시정조치를 명할 수 있다.
1. 제20조제1항에 따라 해양수산부장관이 부여한 안전 확보 등에 필요한 조건을 이행하지 아니한 경우
2. 제22조제1호에 따른 거짓 또는 그 밖의 부정한 방법으로 운항의 승인을 받은 경우
3. 제22조제2호에 따른 다른 사람에게 위해를 끼치거나 해상교통의 위험을 발생시키는 경우

제24조【익명처리된 개인위치정보 등의 활용에 대한 다른 법령의 배제】 자율운항선박을 운항하는 과정에서 수집한 다음 각 호의 정보의 전부 또는 일부를 삭제하거나 대체하여 다른 정보와 결합하는 경우에도 더 이상 특정 개인의 위치정보를 알아볼 수 없도록 익명처리하여 정보를 활용하는 경우에는 「위치정보의 보호 및 이용 등에 관한 법률」의 적용을 받지 아니한다.
1. 「위치정보의 보호 및 이용 등에 관한 법률」 제2조제2호에 따른 개인위치정보
2. 제1호에 준하는 정보로서 대통령령으로 정하는 정보

제25조【규제 신속확인】 ① 자율운항선박 운항해역에서 자율운항선박을 운항하려는 자는 이를 규제하는 법령의 적용 여부 및 해석 등의 확인(이하 "규제확인"이라 한다)을 해양수산부장관에게 요청할 수 있다.
② 제1항에 따라 규제확인 요청을 받은 해양수산부장관은 권한의 범위에서 규제확인을 할 수 있다. 이 경우 요청을 받은 날부터 30일 이내에 회신하여야 한다.
③ 해양수산부장관은 제1항에 따른 요청이 다른 행정기관의 소관사항인 경우 해당 행정기관의 장에게 통보하여야 한다.
④ 해당 행정기관의 장은 제3항에 따른 통보를 받은 날부터 30일 이내에 검토하여 이를 요청한 자와 해양수산부장관에게 회신하여야 한다.
⑤ 제2항 및 제4항에 따른 규제확인에 관한 사항을 검토하기 위하여 규제확인을 요청한 자에게 자료보완을 요구한 경우에는 그 보완에 걸린 기간을 해당 기간에서 제외한다.
⑥ 제1항부터 제5항까지에서 규정한 사항 외에 규제확인에 관하여 필요한 사항은 대통령령으로 정한다.

제5장 보 칙

제26조【권한의 위임 및 업무의 위탁】 ① 이 법에 따른 산업통상자원부장관 및 해양수산부장관의 권한은 대통령령으로 정하는 바에 따라 그 일부를 시·도지사 또는 관련 중앙부처의 소속기관의 장에게 위임할 수 있다.
② 이 법에 따른 산업통상자원부장관 및 해양수산부장관의 업무는 대통령령으로 정하는 바에 따라 그 일부를 위탁업무를 수행하는 데에 필요한 인력과 장비를 갖춘 기관에 위탁할 수 있다.

제27조【벌칙 적용에서 공무원 의제】 위원회의 위원 중 공무원이 아닌 위원은 「형법」 제129조부터 제132조까지를 적용할 때에는 공무원으로 본다.

제28조【벌칙】 제20조제2항을 위반하여 책임보험에 가입하지 아니한 자는 2년 이하의 징역 또는 2천만원 이하의 벌금에 처한다.

제29조【과태료】 ① 다음 각 호의 어느 하나에 해당하는 자에게는 500만원 이하의 과태료를 부과한다.
1. 거짓 또는 그 밖의 부정한 방법으로 제19조에 따른 안전성 평가를 받은 경우
2. 거짓 또는 그 밖의 부정한 방법으로 제20조제1항에 따른 승인을 받거나 승인을 받지 아니하고 자율운항선박을 운항하는 경우
② 제1항에 따른 과태료는 대통령령으로 정하는 바에 따라 해양수산부장관이 부과·징수한다.

부 칙

이 법은 공포 후 1년이 경과한 날부터 시행한다.

(2025년 1월 3일 시행)

해양이용영향평가법

(2024년 1월 2일 법 률 제19910호)

제1장 총 칙

제1조【목적】 이 법은 해양환경을 보전하고 해양의 지속가능한 이용을 도모하기 위하여 해양을 이용·개발하는 사업에 대한 해양이용의 적정성과 해양환경에 미치는 영향을 사전에 예측·평가하고 이를 관리·감독하는 데 필요한 사항을 규정함을 목적으로 한다.

제2조【정의】 이 법에서 사용하는 용어의 뜻은 다음과 같다.

1. "해양"이란 「해양수산발전 기본법」 제3조제1호에 따른 해양을 말한다.
2. "해양수산자원"이란 「해양수산발전 기본법」 제3조제2호에 따른 해양수산자원을 말한다.
3. "해양이용·개발사업"이란 해양수산자원을 이용하거나 개발하는 과정에서 해양환경이나 기존의 해양이용에 영향을 미치거나 영향을 줄 것으로 예상되는 행위 또는 사업을 말한다.
4. "해양이용협의"란 해양이용·개발사업에 대한 면허, 허가, 협의, 승인 또는 지정 등(이하 "면허등"이라 한다)을 하려는 행정기관(이하 "처분기관"이라 한다)의 장이 해당 행위 또는 사업에 대한 해양이용의 적정성과 해양환경에 미치는 영향에 관하여 해양수산부장관과 협의하는 일련의 절차를 말한다.
5. "해양이용영향평가"란 해양환경에 미치는 영향이 크거나 사회적 갈등을 유발할 우려가 있는 해양이용·개발사업에 대하여 해양환경에 미치는 영향을 사전에 조사, 예측 및 평가하여 해양환경에 미치는 부정적인 영향을 줄이기 위한 방안을 마련하고, 해당 해양이용·개발사업에 대한 이해관계자의 수용성을 확보하기 위한 일련의 절차를 말한다.

제3조【국가 등의 책무】 ① 국가, 지방자치단체, 해양이용·개발사업을 하려는 자(이하 "사업자"라 한다) 및 국민은 해양이용의 특수성과 해양생물다양성의 중요성을 인식하고 해양환경의 보전과 해양의 지속가능한 이용이 균형과 조화를 이루도록 노력하여야 한다.

② 국가, 지방자치단체 및 사업자는 해양이용·개발사업이 해양환경에 미치는 잠재적인 영향을 미리 검토하여 해양환경 오염 및 해양생태계 훼손을 최소화하기 위하여 필요한 방안을 마련하고 이를 시행하여야 한다.

③ 국가, 지방자치단체 및 사업자는 해양이용영향평가 또는 해양이용협의(이하 "해양이용영향평가등"이라 한다) 과정에서 관련 정보를 공개하고 지역의 주민 등 이해관계자(이하 "이해관계자"라 한다)의 참여 기회를 보장하기 위한 절차를 마련하여야 하며, 그 절차가 원활하게 추진될 수 있도록 노력하여야 한다.

④ 해양수산부장관은 해양이용영향평가등의 객관성, 과학성 및 예측가능성 등을 높이기 위하여 관련 절차, 지침 및 기준 등을 마련하고, 전문인력 양성 및 관련 기준의 개발·보급에 힘써야 한다.

⑤ 해양수산부장관은 해양환경에 관한 국제협약을 준수하면서 해양환경의 보전과 해양의 지속가능한 이용을 위한 국제협력에 힘써야 한다.

제4조【기본원칙】 해양이용영향평가등은 다음 각 호의 기본원칙에 따라 실시되어야 한다.

1. 해양이용영향평가등의 조사, 예측 및 평가 등은 과학적 방법과 타당한 근거에 기반하여야 한다.
2. 과거, 현재 또는 향후 계획된 행위 또는 사업으로 인하여 해양환경에 미칠 수 있는 누적적 영향을 합리적으로 고려하여야 한다.
3. 해양환경보전방안 및 그 대안은 해양생물다양성 및 사회적·경제적 영향 등에 대한 사전예방적 차원에서 마련되어야 하며, 기술적·경제적으로 실행할 수 있어야 한다.
4. 해양이용영향평가등의 과정에서 이해관계자의 의견이 반영되도록 노력하고 그 결과를 투명하게 공개하여야 한다.
5. 해양이용영향평가등은 규정된 절차에 따라 이루어져야 하며, 그 협의 결과를 성실히 이행하여야 한다.

제5조【적용범위】 이 법은 다음 각 호의 해역 또는 수역 등에서 이루어지는 해양이용영향평가등에 적용한다.

1. 「영해 및 접속수역법」에 따른 영해 및 내수(영해의 폭을 측정하기 위한 기선으로부터 「공간정보의 구축 및 관리 등에 관한 법률」 제64조제1항에 따라 지적공부(地籍公簿)에 등록된 지역까지의 사이로 한정한다)
2. 「배타적 경제수역 및 대륙붕에 관한 법률」 제2조에 따른 배타적 경제수역 및 대륙붕
3. 그 밖에 해양환경보전을 위하여 해양이용영향평가등이 필요한 수역으로서 대통령령으로 정하는 수역

제2장 해양이용영향평가등의 대상 및 절차

제1절 해양이용영향평가등의 평가분야 및 보전목표 등

제6조【해양이용영향평가등의 평가 분야 및 항목】 ① 해양이용영향평가등은 해양이용·개발사업에 대한 해양이용의 적정성평가 분야와 환경성평가 분야(이하 "해양이용영향평가분야"라 한다)에 대하여 실시하여야 한다.

② 해양이용의 적정성평가 분야는 다음 각 호의 사항을 충분히 고려하여 평가되어야 한다.

1. 해양이용·개발사업의 목적과 타당성
2. 수산업, 레저·관광, 항행 등 주변 해역 이용 활동과의 조화
3. 보호구역 등 다른 법률에서 규정하고 있는 규제와의 정합성
4. 「공유수면 관리 및 매립에 관한 법률」 제12조제2항에 따른 공유수면 점용·사용 관련 권리자 등 이해관계자의 수용성
5. 대안 설정·분석의 합리성 및 시설규모의 적정성
6. 그 밖에 해양수산부장관이 해양이용의 적정성을 위하여 고려할 필요가 있다고 인정하는 사항

③ 해양이용의 환경성평가 분야는 다음 각 호의 사항을 충분히 고려하여 평가되어야 한다.

1. 해양이용영향평가등의 대상지역 및 영향 범위 설정의 합리성
2. 해양환경 및 해양생태계 현황에 대한 해역별 특수성
3. 해양이용에 따른 물리적·화학적 해양환경의 변화, 환경위해(危害) 요인의 예측 및 해양생태계에 미치는 영향 평가의 합리성
4. 해양생태계에 미치는 영향을 최소화하기 위한 저감대책의 적정성
5. 그 밖에 해양수산부장관이 해양환경에 미치는 영향으로 인하여 고려할 필요가 있다고 인정하는 사항

④ 제1항에 따른 분야별 세부 평가항목과 평가방법 등은 해양수산부령으로 정한다.

제7조【평가항목별 보전목표의 설정】 해양이용영향평가등을 실시하려는 사업자는 해양이용·개발사업의 특성에 따라 다음 각 호의 사항을 고려하여 평가항목에 대한 해양환경보전 목표를 설정하여 제시하여야 한다.

1. 「해양환경 보전 및 활용에 관한 법률」 제13조에 따른 해양환경기준
2. 「해양생태계의 보전 및 관리에 관한 법률」 제12조에 따른 해양생태도
3. 「해양폐기물 및 해양오염퇴적물 관리법」 제7조에 따른 폐기물의 해양배출 처리 기준
4. 「해양환경관리법」 제15조의2에 따른 오염물질의 총량규제
5. 그 밖에 다른 법률에서 해양환경보전을 위하여 설정한 기준

제8조【해양공간관리계획 등과의 관계】 ① 사업자가 해양이용·개발사업을 하려는 경우 해당 사업계획은 「해양공간계획 및 관리에 관한 법률」 제7조에 따른 해양공간관리계획에 부합하여야 한다.

② 해양수산부장관은 제1항에 따른 사업계획에 대하여 해양이용영향평가등을 할 때에는 해당 사업계획에 대한 「해양공간계획 및 관리에 관한 법률」 제13조에 따른 해양공간특성평가 또는 같은 법 제15조에 따른 해양공간적합성협의등(해양공간적합성협의 대상사업의 경우만 해당한다)의 결과를 고려하여 검토하여야 한다.

제2절 해양이용협의의 대상, 협의서의 작성 및 협의

제9조【해양이용협의의 대상】 ① 처분기관의 장은 다음 각 호의 어느 하나에 해당하는 면허등을 받아야 하는 해양이용·개발사업(이하 "협의대상사업"이라 한다)을 하려는 사업자에게 면허등을 하기 전에 해양수산부장관과 해양이용협의를 하여야 한다.

1. 「골재채취법」 제21조의2에 따른 골재채취 예정지의 지정
2. 「공유수면 관리 및 매립에 관한 법률」 제8조에 따른 공유수면의 점용·사용허가
3. 「공유수면 관리 및 매립에 관한 법률」 제10조에 따른 공유수면의 점용·사용 협의 또는 승인
4. 「공유수면 관리 및 매립에 관한 법률」 제28조에 따른 공유수면의 매립면허
5. 「공유수면 관리 및 매립에 관한 법률」 제35조 또는 같은 법 제36조에 따른 공유수면의 매립 협의 또는 승인
6. 「수산업법」 제7조에 따른 어업면허 또는 「양식산업발전법」 제10조에 따른 양식업 면허. 다만, 대통령령으로 정하는 해역에서의 어업 및 양식업 면허에 한정하여 적용한다.

② 제1항제2호부터 제5호까지를 적용함에 있어서 해양수산부장관은 하나의 협의대상사업에 대하여 둘 이상의 공유수면 점용·사용이 이루어지는 경우에는 이를 통합하여 해양이용협의를 할 수 있다.

③ 다른 법률에서 제1항제2호부터 제5호까지의 어느 하나에 해당하는 면허등을 받은 것으로 보도록 규정하는 경우에도 해양이용협의를 하여야 한다.

④ 제1항 및 제3항에도 불구하고 협의대상사업이 다음 각 호의 어느 하나에 해당하는 경우 해양이용협의의 대상에서 제외한다.

1. 「재난 및 안전관리 기본법」 제37조에 따른 응급조치를 위한 사업
2. 국방부장관이 군사상의 기밀보호가 필요하거나 군사작전의 긴급한 수행을 위하여 필요하다고 인정하여 해양수산부장관과 협의한 사업
3. 국가정보원장이 국가안보를 위하여 고도의 기밀보호가 필요하다고 인정하여 해양수산부장관과 협의한 사업
4. 해양환경의 보전 및 해상교통의 안전을 위한 행위로서 대통령령으로 정하는 사업
5. 제13조에 따른 해양이용영향평가 대상사업

⑤ 협의대상사업의 구체적인 종류 및 범위 등은 대통령령으로 정한다.

제10조【해양이용협의서의 작성 등】 ① 사업자는 협의대상사업에 대한 면허등을 신청하기 전에 해양이용협의서(이하 이 절에서 "협의서"라 한다)를 작성하여 처분기관의 장에게 제출하여야 한다.

② 협의서의 작성 내용·방법 및 제출 절차 등에 필요한 사항은 해양수산부령으로 정한다.

제11조【협의 요청 등】 ① 처분기관의 장은 사업자에게 협의대상사업에 대한 면허등을 하기 전에 해양수산부장관에게 대통령령으로 정하는 바에 따라 협의서를 제출하고 협의를 요청하여야 한다.

② 처분기관의 장은 제1항에 따라 협의를 요청하는 경우 협의서에 대한 의견을 첨부할 수 있다. 다만, 처분기관의 장이 「공유수면 관리 및 매립에 관한 법률」 제4조에 따른 공유수면관리청 또는 같은 법 제28조에 따른 매립면허관청(이하 "공유수면관리청등"이라 한다)이 아닌 경우 공유수면관리청등의 의견을 첨부하여야 한다.

③ 처분기관의 장은 협의대상사업이 「환경영향평가법」 제22조에 따른 환경영향평가 대상사업에 해당하는 경우에는 같은 법 제27조제1항에 따른 환경영향평가서의 협의를 요청하기 전에 해양이용협의를 하여야 한다.

제12조【협의서의 검토 등】 ① 해양수산부장관은 제11조제1항에 따라 협의를 요청받은 경우에는 협의 대상 여부 및 협의서 내용의 타당성 등을 검토하여야 한다.

② 해양수산부장관은 제1항에 따라 협의서를 검토할 때 해양이용영향평가분야의 전문성을 갖춘 기관으로서 대통령령으로 정하는 기관(이하 "해양이용영향검토기관"이라 한다)의 의견을 들어야 한다. 다만, 협의대상사업 중 해양환경에 미치는 영향이 경미한 사업으로서 해양수산부령으로 정하는 사업은 그러하지 아니하다.

③ 해양수산부장관은 협의서의 검토를 위하여 사업자 또는 처분기관의 장에게 관련 자료의 제출을 요청할 수 있으며, 필요한 경우 관계 전문가의 의견을 듣거나 현지조사를 의뢰할 수 있다.

④ 해양수산부장관은 제1항에 따른 협의서의 검토 결과가 다음 각 호의 어느 하나에 해당하는 경우 처분기관의 장에게 협의서 또는 사업계획의 보완이나 조정을 요청할 수 있다. 이 경우 보완·조정 요청은 두 차례만 할 수 있으며, 요청을 받은 처분기관의 장은 특별한 사유가 없으면 이에 따라야 한다.

1. 해양환경에 대한 현황 조사 및 자료 분석이 미흡한 경우
2. 해양환경에 미치는 영향 분석이 누락되었거나 미흡한 경우
3. 해양환경에 대한 예측·평가 및 부정적 영향의 저감방안이 적정하지 아니한 경우
4. 해양이용의 적정성 측면에서 사업계획의 보완이나 조정이 필요하다고 판단하는 경우

⑤ 해양수산부장관은 다음 각 호의 어느 하나에 해당하는 경우에는 협의서를 반려할 수 있다.

1. 협의대상사업이 아닌 경우
2. 제4항에 따라 보완·조정을 요청하였음에도 불구하고 요청한 내용의 중요한 사항이 누락되는 등 협의서 또는 해당 사업계획이 적정하게 작성되지 아니하여 협의를 진행할 수 없다고 판단하는 경우
3. 협의서가 거짓으로 작성되었다고 판단하는 경우

⑥ 제1항에 따른 협의서의 검토 내용 및 방법, 제4항에 따른 협의서의 보완·조정 및 제5항에 따른 협의서의 반려 등에 필요한 사항은 해양수산부령으로 정한다.

제3절 해양이용영향평가의 대상, 평가서의 작성 및 협의

제13조【해양이용영향평가의 대상】 ① 다음 각 호의 어느 하나에 해당하는 해양이용·개발사업(이하 "평가대상사업"이라 한다)을 하려는 사업자는 처분기관의 장에게 면허등을 받기 전에 해양이용영향평가를 실시하여야 한다. 다만, 「환경영향평가법」 제22조에 따른 환경영향평가 대상사업 중 대통령령으로 정하는 사업은 제외한다.

1. 「골재채취법」 제22조에 따른 골재채취 중 바다골재채취사업 또는 같은 법 제34조에 따른 바다골재채취단지의 지정이 필요한 사업

2. 「공유수면 관리 및 매립에 관한 법률」 제8조에 따른 공유수면의 점용·사용허가나 같은 법 제10조에 따른 공유수면의 점용·사용 협의 또는 승인이 필요한 사업
3. 「공유수면 관리 및 매립에 관한 법률」 제28조에 따른 공유수면의 매립면허나 같은 법 제35조에 따른 공유수면의 매립 협의 또는 승인이 필요한 사업
4. 「광업법」 제3조제1호에 따른 광물을 공유수면에서 채취하는 사업
5. 「신에너지 및 재생에너지 개발·이용·보급 촉진법」 제2조제3호에 따른 신에너지 및 재생에너지 설비를 공유수면에 설치하는 사업
6. 「해양심층수의 개발 및 관리에 관한 법률」 제2조제1호에 따른 해양심층수를 이용·개발하는 사업
7. 「해양폐기물 및 해양오염퇴적물 관리법」 제9조제1항제2호에 따른 폐기물의 고립처분 또는 같은 법 제10조제1항에 따른 이산화탄소 스트림의 해양지중저장사업
8. 「해저광물자원 개발법」 제2조제1호에 따른 해저광물을 채취하는 사업
9. 그 밖에 해양환경에 영향을 미치는 사업으로서 대통령령으로 정하는 사업

② 해양이용영향평가의 제외 대상에 관하여는 제9조제4항제1호부터 제4호까지를 준용한다.
③ 평가대상사업의 구체적인 종류 및 범위 등은 대통령령으로 정한다.

제14조【평가 항목·범위 등의 결정】 ① 사업자는 해양이용영향평가 대상지역, 평가 항목·범위·방법 등(이하 "평가항목등"이라 한다)을 결정하기 위하여 처분기관의 장을 거쳐 해양수산부장관에게 심의를 요청하여야 한다.
② 사업자가 제1항에 따른 심의를 요청할 때에는 평가준비서를 작성하여 처분기관의 장에게 제출하여야 한다.
③ 해양수산부장관은 제1항에 따른 심의 요청을 받은 경우 대통령령으로 정하는 절차와 방법에 따라 심의를 거쳐 평가항목등을 결정하고, 이를 처분기관의 장 및 사업자에게 통보하여야 한다.
④ 해양수산부장관은 제3항에 따라 결정된 평가항목등을 해양수산부령으로 정하는 방법에 따라 공개하고 주민 등의 의견을 들어야 한다.
⑤ 제1항 및 제3항에 따른 평가항목등의 결정에 필요한 사항은 대통령령으로 정하고, 제2항에 따른 평가준비서의 작성방법 등에 필요한 사항은 해양수산부령으로 정한다.

제15조【해양이용영향평가서 초안의 작성 등】 ① 사업자는 제14조에 따라 결정된 평가항목등을 반영하여 해양이용영향평가서 초안(이하 이 절에서 "평가서 초안"이라 한다)을 작성하여야 한다.
② 사업자는 평가서 초안을 다음 각 호의 행정기관의 장에게 제출하여 의견을 들어야 한다.
1. 처분기관의 장
2. 해양수산부장관
3. 공유수면관리청등(처분기관의 장이 공유수면관리청등이 아닌 경우만 해당한다)
4. 그 밖에 대통령령으로 정하는 관계 행정기관의 장

③ 평가서 초안의 작성방법 및 제출방식 등에 필요한 사항은 해양수산부령으로 정한다.

제16조【평가서 초안에 대한 의견 청취】 ① 처분기관의 장은 제15조에 따라 제출된 평가서 초안을 공고·공람하여 이해관계자의 의견을 들어야 한다.
② 사업자는 제1항에 따른 공람이 끝난 후 해당 사업의 시행으로 영향을 받게 되는 이해관계자를 대상으로 설명회를 개최하여야 한다. 다만, 대통령령으로 정하는 경우에는 공청회를 개최하여야 한다.
③ 사업자가 책임질 수 없는 사유로 제2항에 따른 설명회나 공청회(이하 "설명회등"이라 한다)가 정상적으로 진행되지 못하는 등 대통령령으로 정하는 사유가 있는 경우에는 설명회등을 개최하지 아니할 수 있다. 이 경우 사업자는 대통령령으로 정하는 바에 따라 이해관계자의 의견을 들어야 한다.
④ 사업자는 제1항부터 제3항까지에 따른 이해관계자의 의견 청취 결과와 반영 여부를 대통령령으로 정하는 방법에 따라 공개하여야 한다.
⑤ 제1항, 제2항 및 제4항에도 불구하고 처분기관의 장은 다음 각 호의 어느 하나에 해당하는 사유가 있는 경우에는 평가서 초안의 일부를 공개하지 아니할 수 있다. 이 경우 처분기관의 장은 평가서 초안에 그 사유를 적어야 한다.
1. 군사상의 기밀보호 등 국가안보를 위하여 필요한 경우
2. 관계 법령에 따라 공개가 제한되는 경우

⑥ 제1항부터 제4항까지에 따른 평가서 초안의 공고·공람, 설명회등의 개최, 그 밖에 의견 청취 등에 필요한 사항은 대통령령으로 정한다.

제17조【의견 재청취】 ① 사업자는 제16조에 따른 의견 청취 절차를 거친 후 제21조에 따라 협의의견을 통보받기 전까지 사업규모의 변경 등 대통령령으로 정하는 중요한 사항을 변경하려는 경우에는 제15조 및 제16조에 따라 평가서 초안을 다시 작성하여 이해관계자의 의견을 재청취하여야 한다.
② 사업자는 제16조제4항에 따라 공개한 의견 청취 절차에 흠이 존재하는 등 해양수산부령으로 정하는 사유가 있어 이해관계자가 의견의 재청취를 신청하는 경우에는 제16조에 따라 의견을 다시 들어야 한다.
③ 제2항에 따른 의견 재청취 신청 등에 필요한 사항은 해양수산부령으로 정한다.

제18조【해양이용영향평가서의 작성 등】 ① 사업자는 제16조에 따른 이해관계자의 의견 청취 결과를 반영하여 해양이용영향평가서(이하 이 절에서 "평가서"라 한다)를 작성하고 이를 처분기관의 장에게 제출하여야 한다.
② 평가서의 내용, 작성 및 제출 방법 등에 필요한 사항은 해양수산부령으로 정한다.

제19조【협의 요청】 ① 처분기관의 장은 평가대상사업에 대한 면허등을 하기 전에 해양수산부장관에게 평가서를 제출하고 협의를 요청하여야 한다.
② 제1항에 따라 처분기관의 장이 해양수산부장관에게 협의를 요청하는 경우 처분기관의 장은 평가서에 대한 의견을 첨부할 수 있다. 다만, 처분기관의 장이 공유수면관리청등이 아닌 경우 공유수면관리청등의 의견을 첨부하여야 한다.
③ 제1항 및 제2항에 따른 협의 요청 시기 및 처분기관의 장의 의견 제출 등에 필요한 사항은 대통령령으로 정한다.

제20조【평가서의 검토 등】 ① 해양수산부장관은 제19조제1항에 따라 협의를 요청받은 경우 이해관계자 의견청취 결과의 반영 여부 및 평가서의 타당성 등을 검토하여야 한다.
② 해양수산부장관은 제1항에 따라 평가서를 검토할 때 해양이용영향검토기관의 의견을 들어야 하며, 필요한 경우 해양이용영향평가분야의 전문성을 갖춘 기관으로서 대통령령으로 정하는 기관의 의견을 추가로 들을 수 있다.
③ 해양수산부장관은 평가서를 검토하기 위하여 사업자 또는 처분기관의 장에게 관련 자료의 제출을 요청할 수 있으며, 필요한 경우 관계 전문가의 의견을 듣거나 현지조사를 의뢰할 수 있다.
④ 해양수산부장관은 처분기관의 장에게 평가서 또는 사업계획의 보완이나 조정을 요청하거나 평가서를 반려할 수 있다.
⑤ 제4항에 따른 평가서 또는 사업계획의 보완·조정 및 평가서의 반려에 관하여는 제12조제4항 및 제5항을 준용한다. 이 경우 "협의서"는 "평가서"로, "협의대상사업"은 "평가대상사업"으로 본다.
⑥ 제1항에 따른 평가서의 검토 내용 및 방법, 제4항에 따른 평가서의 보완·조정 또는 반려 등에 필요한 사항은 해양수산부령으로 정한다.

제4절 협의의견의 통보, 반영 및 이행 감독 등

제21조【협의의견의 통보 등】 ① 해양수산부장관은 제11조제1항 또는 제19조제1항에 따라 협의를 요청받은 날부터 대통령령으로 정하는 기간 내에 처분기관의 장에게 협의의견을 통보하여야 한다. 다만, 부득이한 사정이 있을 때에는 그 기간을 연장할 수 있다.
② 해양수산부장관은 제1항 단서에 따라 협의의견 통보기간을 연장할 때에는 기존 협의의견 통보기간이 끝나기 전까지 처분기관의 장에게 그 사유와 연장한 기간을 통보하여야 한다.
③ 제1항에 따른 협의의견 또는 제2항에 따른 협의의견 통보기간의 연장을 통보받은 처분기관의 장은 이를 지체 없이 사업자에게 통보하여야 한다.
④ 제1항에 따라 협의의견을 통보받은 처분기관의 장은 해당 사업자에게 면허등을 한 때에는 그 내용을 해양수산부장관에게 지체 없이 알려야 한다.

제22조【이의신청 등】 ① 사업자 또는 처분기관의 장은 제21조에 따라 통보받은 협의의견에 대하여 이의가 있는 때에는 해양수산부장관에게 이의신청을 할 수 있다. 이 경우 사업자는 처분기관의 장을 거쳐 이의신청을 하여야 한다.
② 해양수산부장관은 제1항에 따라 이의신청을 받았을 때에는 이의신청 내용의 타당성을 검토하고 그 결과를 사업자 또는 처분기관의 장에게 통보하여야 한다.
③ 사업자는 이의가 있는 경우 해당 사업에 대한 면허등을 받기 전에 제1항에 따른 이의신청을 하여야 하며, 이 경우 처분기관의 장은 제2항에 따른 통보를 받기 전까지 면허등을 하여서는 아니 된다. 다만, 이의신청과 관련된 내용을 사업계획 등에서 제외시키는 경우에는 그러하지 아니하다.
④ 제1항부터 제3항까지에 따른 이의신청의 방법, 절차 및 그 밖에 필요한 사항은 대통령령으로 정한다.

제23조【협의의견의 반영 등】 ① 사업자 또는 처분기관의 장은 제21조에 따른 협의의견(제22조에 따른 이의신청을 거친 경우를 포함한다)을 통보받았을 때에는 그 의견을 해당 사업계획 등에 반영하기 위하여 필요한 조치를 하여야 한다.
② 처분기관의 장은 해당 사업에 대한 면허등을 하기 전에 협의의견이 해당 사업계획 등에 반영되었는지 확인하여야 한다. 이 경우 협의의견이 사업계획 등에 반영되지 아니한 경우 이를 반영하게 하여야 한다.
③ 처분기관의 장은 제21조제4항에 따라 해양수산부장관에게 해당 사업에 대한 면허등의 내용을 통보할 때에는 협의의견의 반영 결과를 포함하여야 한다.
④ 해양수산부장관은 제3항에 따라 통보받은 결과에 협의의견이 반영되지 아니한 경우 처분기관의 장에게 협의의견을 반영하도록 요청할 수 있다. 이 경우 처분기관의 장은 특별한 사유가 없으면 이에 따라야 한다.
⑤ 처분기관의 장은 사업자가 해양이용영향평가등(제24조에 따른 사업계획 변경에 따른 협의를 포함한다. 이하 이 조에서 같다)을 거치지 아니하거나 해양이용영향평가등의 의견을 반영하지 아니하고 공사를 시행하였을 때에는 해당 면허등을 취소하거나 해당 사업자에게 사업의 중지, 인공구조물의 철거·운영정지, 원상복구, 주변 해양환경의 피해방지 또는 안전사고 예방조치를 명하고 그 내용을 해양수산부장관에게 지체 없이 통보하여야 한다.
⑥ 해양수산부장관은 처분기관의 장이 해양이용영향평가등을 거치지 아니하고 면허등을 하거나, 해양이용영향평가등의 의견을 반영하지 아니하고 면허등을 한 때에는 처분기관의 장에게 그 면허등을 취소하거나 처분기관의 장에게 해당 사업자에 대하여 사업의 중지, 인공구조물의 철거·운영정지, 원상복구, 주변 해양환경의 피해방지 또는 안전사고 예방조치를 명할 것을 요청할 수 있다. 이 경우 처분기관의 장은 특별한 사유가 없으면 이에 따라야 한다.

제24조【사업계획 변경에 따른 협의 등】 ① 사업자는 제21조에 따라 협의의견을 통보받은 후 사업계획 등을 변경하는 경우로서 다음 각 호의 어느 하나에 해당하는 경우에는 해양수산부장관에게 재협의를 요청하여야 한다.
1. 제21조에 따라 협의의견을 통보받은 날부터 대통령령으로 정하는 기간 내에 해당 사업을 하지 아니한 경우. 다만, 사업을 하지 아니한 기간 동안 주변 여건의 변화가 경미한 경우로서 처분기관의 장이 해양수산부장관과 협의한 경우에는 그러하지 아니하다.
2. 해양이용영향평가등 대상사업의 면적·길이 등을 대통령령으로 정하는 규모 이상으로 증가시키는 경우
3. 사업여건의 변화 등 대통령령으로 정하는 사유가 발생하여 협의의견에 따라 사업계획 등을 시행하는 것이 맞지 아니하는 경우

② 제1항에 따른 재협의에 관하여는 제10조부터 제12조까지 및 제14조부터 제23조까지를 준용한다.
③ 사업자는 협의된 사업계획 등을 변경하는 경우로서 제1항 각 호에 해당하지 아니하는 경우에는 변경협의를 거쳐야 한다. 이 경우 사업자는 사업계획 등의 변경에 따른 해양환경보전방안을 마련하여 이를 변경되는 사업계획 등에 반영하고, 그 내용을 처분기관의 장 및 해양수산부장관에게 통보하여야 한다.
④ 사업자는 제3항에 따른 해양환경보전방안에 대하여 미리 처분기관의 장의 검토를 받아야 한다. 다만, 대통령령으로 정하는 경미한 변경사항에 대해서는 그러하지 아니하다.
⑤ 처분기관의 장은 제4항에 따라 해양환경보전방안을 검토할 때에 대통령령으로 정하는 사유에 해당하면 해양수산부장관의 의견을 들어야 한다.
⑥ 제3항에 따른 해양환경보전방안의 반영 여부에 대한 확인·통보에 관하여는 제23조제2항부터 제4항까지를 준용한다. 이 경우 "협의의견"은 "해양환경보전방안"으로 본다.

제25조【협의완료 전 공사의 금지】 ① 사업자는 제10조부터 제12조까지 및 제14조부터 제24조까지에 따른 해양이용영향평가등의 협의, 재협의 또는 변경협의의 절차를 거치지 아니하거나 절차가 끝나기 전에 해당 대상사업의 공사를 하여서는 아니 된다. 다만, 다음 각 호의 어느 하나에 해당하는 경우에는 그러하지 아니하다.
1. 제21조에 따른 협의의견을 통보받은 이후 면허등을 받은 경우로서 제24조에 따른 재협의 또는 변경협의의 대상내용과 관련이 없는 행위를 하는 경우
2. 공사 시작을 준비하거나 다른 법령에 따른 의무를 이행하기 위하여 필요한 경우로서 해양수산부령으로 정하는 경미한 사항에 대한 행위를 하는 경우

② 처분기관의 장은 제10조부터 제12조까지 및 제14조부터 제24조까지에 따른 협의, 재협의 또는 변경협의의 절차가 끝나기 전에 해당 사업에 대한 면허등(종전에 면허등을 받은 내용을 변경하는 것을 포함한다)을 하여서는 아니 된다.
③ 처분기관의 장은 사업자가 제1항을 위반하여 공사를 시행하였을 때에는 해당 사업자에게 그 사업의 전부 또는 일부에 대하여 공사중지, 원상복구, 주변 해양환경의 피해방지 또는 안전사고 예방조치를 명하고 그 내용을 해양수산부장관에게 지체 없이 통보하여야 한다.
④ 해양수산부장관은 사업자가 제1항을 위반하여 공사를 시행하였을 때에는 처분기관의 장에게 해당 사업자에 대하여 공사중지, 원상복구, 주변 해양환경의 피해방지 또는 안전사고 예방조치를 명할 것을 요청할 수 있다. 이 경우 처분기관의 장은 특별한 사유가 없으면 이에 따라야 한다.

제26조【사업 진행상황 통보】 사업자는 해당 사업의 착공, 준공, 3개월 이상의 공사 중지 또는 3개월 이상 공사를 중지한 후 다시 시작하려는 경우에는 해양수산부령으로 정하는 바에 따라 처분기관의 장 및 해양수산부장관에게 그 내용을 통보하여야 한다.

제27조【협의의견의 이행 등】 ① 사업자는 사업계획 등을 시행할 때 제23조에 따라 반영된 협의의견을 이행하여야 한다.
② 사업자는 협의의견 이행 상황을 관리하기 위하여 담당자를 지정하고, 해양수산부령으로 정하는 바에 따라 관리대장에 그 이행 여부를 기록하여 관리하여야 한다. 다만, 해양환경에 미치는 영향이 경미한 사업으로서 대통령령으로 정하는 사업의 경우에는 그러하지 아니하다.
③ 제2항에 따른 담당자 지정, 관리대장 작성 등에 필요한 사항은 해양수산부령으로 정한다.
제28조【협의의견 이행의 확인 등】 ① 처분기관의 장은 면허등을 받은 사업자가 협의의견을 적정하게 이행하고 있는지 확인하여야 한다.
② 해양수산부장관은 처분기관의 장이 정당한 사유 없이 제1항에 따른 확인을 하지 아니하거나 현저히 지연할 때에는 제1항에도 불구하고 이를 직접 확인할 수 있다. 이 경우 해양수산부장관은 관계 전문가 또는 해양이용영향검토기관의 의견을 듣거나 현지조사를 의뢰할 수 있고, 처분기관의 장에게 관련 자료의 제출을 요청할 수 있다.
③ 처분기관의 장 또는 해양수산부장관은 제1항과 제2항에 따라 협의의견 이행을 확인할 때 사업자에게 필요한 자료를 제출하게 하거나 소속 공무원으로 하여금 사업장에 출입하여 조사하게 할 수 있다. 이 경우 해당 사업자는 정당한 사유 없이 자료 제출을 거부하거나 조사를 거부·방해하여서는 아니 된다.
④ 제3항에 따른 조사를 하려는 경우에는 조사 7일 전까지 조사 이유 및 내용 등에 관한 조사계획을 사업자에게 알려야 한다. 다만, 긴급히 처리할 필요가 있거나 사전에 알리면 증거인멸 등으로 조사의 목적을 달성할 수 없다고 판단하는 경우에는 그러하지 아니하다.
⑤ 제3항에 따라 출입조사를 하려는 공무원은 그 권한을 표시하는 증표를 지니고 이를 관계인에게 보여주어야 한다.
⑥ 처분기관의 장은 해당 사업에 대한 준공검사를 하려는 경우에는 협의의견 이행 여부를 확인하고 그 결과를 해양수산부장관에게 통보하여야 한다.
제29조【해양환경영향조사】 ① 사업자는 면허등을 받은 후 행하는 사업이 해양환경에 미치는 영향을 조사(이하 "해양환경영향조사"라 한다)하고, 그 결과를 적은 해양환경영향조사서를 처분기관의 장 및 해양수산부장관에게 통보하여야 한다.
② 사업자는 해양환경영향조사의 결과 주변 환경의 피해를 방지하기 위하여 조치가 필요한 경우에는 지체 없이 조치하고, 그 사실을 처분기관의 장 및 해양수산부장관에게 통보하여야 한다.
③ 해양수산부장관은 제1항에 따른 해양환경영향조사 결과 및 제2항에 따른 조치 결과를 검토하여야 하며, 해양환경에 피해가 발생하는 것으로 인정하는 때에는 처분기관의 장으로 하여금 사업자에게 공법 변경, 사업규모 축소 등 조치로서 해양수산부령으로 정하는 바에 따라 해양환경의 피해를 줄이기 위한 조치를 명하도록 하여야 한다.
④ 처분기관의 장은 제3항에 따른 조치 결과를 해양수산부장관에게 통보하여야 한다.
⑤ 해양수산부장관은 제3항에 따른 검토를 위하여 필요한 경우 사업자 또는 처분기관의 장에게 관련 자료의 제출을 요청할 수 있다. 이 경우 해당 사업자 또는 처분기관의 장은 정당한 사유가 없으면 이에 따라야 한다.
⑥ 해양환경영향조사의 대상사업, 조사항목 및 조사기간 등에 필요한 사항은 해양수산부령으로 정한다.
제30조【조치명령 등】 ① 처분기관의 장은 사업자가 협의의견을 이행하지 아니하였을 때에는 그 이행에 필요한 조치를 명하여야 한다.
② 처분기관의 장은 사업자가 제1항에 따른 조치명령을 이행하지 아니하여 해당 사업을 계속 진행하는 것이 해양환경에 중대한 부정적 영향을 준다고 판단하는 경우 해당 사업자에게 그 사업의 전부 또는 일부에 대한 공사중지, 원상복구, 주변 해양환경의 피해방지 또는 안전사고 예방조치를 명하여야 한다.
③ 해양수산부장관은 다음 각 호의 어느 하나에 해당하는 경우에는 처분기관의 장에게 해당 사업자에 대하여 공사중지, 원상복구, 주변 해양환경의 피해방지 또는 안전사고 예방조치를 할 것을 요청할 수 있다. 이 경우 처분기관의 장은 특별한 사유가 없으면 그 요청에 따라야 한다.
1. 해양환경영향조사의 결과 및 조치 내용을 검토한 결과 주변 환경의 피해가 발생하였거나 피해가 예상되는 경우
2. 그 밖에 협의의견의 이행을 관리하기 위하여 필요하다고 인정하는 경우
④ 처분기관의 장이 제1항부터 제3항까지에 따른 명령을 하거나, 사업자가 해당 명령을 이행하였을 때에는 지체 없이 그 내용을 해양수산부장관에게 통보하여야 한다.

제3장 해양이용영향평가서 작성 등의 대행

제31조【해양이용영향평가서등의 작성의 대행】 ① 사업자는 다음 각 호의 서류(이하 "해양이용영향평가서등"이라 한다)를 작성할 때에는 제33조에 따라 해양이용영향평가서등의 작성을 대행하는 사업의 등록을 한 자(이하 "평가대행자"라 한다)에게 그 작성을 대행하게 할 수 있다.
1. 해양이용협의서
2. 해양이용영향평가서 초안 및 해양이용영향평가서
3. 제24조제3항에 따른 해양환경보전방안
4. 제29조제1항에 따른 해양환경영향조사서
② 제1항에 따라 사업자가 해양이용영향평가서등의 작성을 대행하게 하기 위하여 계약을 체결하는 경우에는 대상사업의 공사에 관한 설계 등 다른 계약과 분리하여 별도로 계약을 체결하여야 한다.
③ 사업자는 해양환경에 미치는 영향이 중대한 사업 등 대통령령으로 정하는 사업에 대하여 제1항제4호에 따른 해양환경영향조사서의 작성을 대행하게 할 경우에는 제1항제1호 또는 제2호의 작성을 대행한 자가 아닌 자에게 대행하게 하여야 한다.
④ 다음 각 호의 어느 하나에 해당하는 기관이나 단체의 장이 제1항에 따라 해양이용영향평가서등의 작성을 대행하게 하려는 때에는 이에 참여하려는 평가대행자의 기술·경영능력 등의 사업수행능력을 평가하여야 한다.
1. 국가기관 또는 지방자치단체
2. 「공공기관의 운영에 관한 법률」 제5조에 따른 공기업·준정부기관
3. 「지방공기업법」에 따른 지방공사·지방공단
4. 그 밖에 대통령령으로 정하는 기관 및 단체
⑤ 제4항에 따른 사업수행능력 평가의 대상·기준·절차 등에 필요한 사항은 해양수산부령으로 정한다.
제32조【평가대행자 선정기관】 ① 사업자는 제31조에도 불구하고 협의대상사업 또는 평가대상사업 중 해양환경에 미치는 영향이 중대한 사업으로서 대통령령으로 정하는 사업을 하는 경우에는 해양환경분야의 전문성을 갖춘 기관으로서 대통령령으로 정하는 기관에 평가대행자의 선정을 요청하여야 한다.
② 제1항에 따라 평가대행자 선정을 요청하는 사업자는 해양이용영향평가서등의 작성 등에 필요한 비용을 부담하여야 한다.
③ 해양수산부장관은 제1항에 따른 기관의 업무수행에 필요한 비용을 예산의 범위에서 지원할 수 있다.
④ 제1항 및 제2항에 따른 평가대행자 선정 요청에 필요한 사항은 대통령령으로 정한다.
제33조【해양이용영향평가대행업의 등록 등】 ① 해양이용영향평가서등의 작성을 대행하는 사업(이하 "해양이용영향평가대행업"이라 한다)을 하려는 자는 해양수산부령으로 정하는 기술인력과 시설·장비를 갖추어 해양수산부장관에게 등록하여야 한다.
② 제1항에 따라 등록한 사항 중 해양수산부령으로 정하는 중요한 사항을 변경하려는 경우에는 변경등록을 하여야 한다.
③ 제1항 및 제2항에 따른 해양이용영향평가대행업의 등록·변경등록 등에 필요한 사항은 해양수산부령으로 정한다.
제34조【결격사유】 다음 각 호의 어느 하나에 해당하는 자는 해양이용영향평가대행업의 등록을 할 수 없다.
1. 피성년후견인 또는 피한정후견인
2. 제38조에 따라 해양이용영향평가대행업의 등록이 취소(제1호에 해당하여 취소된 경우는 제외한다)된 날부터 2년(제38조제1항제5호에 따라 등록이 취소된 경우는 6개월)이 지나지 아니한 자
3. 이 법을 위반하여 징역형의 실형을 선고받고 그 형의 집행이 끝나거나(집행이 끝난 것으로 보는 경우를 포함한다) 집행을 받지 아니하기로 확정된 후 1년이 지나지 아니한 사람
4. 이 법을 위반하여 징역형의 집행유예를 선고받고 그 집행유예기간이 지나지 아니한 사람
5. 대표이사가 제1호부터 제4호까지의 어느 하나에 해당하는 법인
제35조【사업자 및 평가대행자의 준수사항】 ① 사업자는 해양이용영향평가서등을 작성할 때에는 다음 각 호의 사항을 지켜야 한다.
1. 다른 해양이용영향평가서등의 내용을 복제하여 해양이용영향평가서등을 작성하지 아니할 것
2. 해양이용영향평가서등과 그 작성의 기초가 되는 자료를 거짓으로 또는 부실하게 작성하지 아니할 것
3. 해양이용영향평가서등과 그 작성의 기초가 되는 자료를 해양수산부령으로 정하는 바에 따라 제45조제2항에 따른 정보지원시스템에 등록할 것
4. 평가대행자가 제31조 또는 제32조에 따라 해양이용영향평가서등의 작성을 대행(이하 "대행업무"라 한다)하는 경우 평가대행자에게 대상사업에 관한 충분한 정보 및 자료를 제공할 것
5. 평가대행자와 계약을 하는 경우 대행업무를 제대로 수행할 수 있도록 제42조에 따른 비용 산정 기준에 따라 적정한 대가를 제공할 것
6. 평가대행자에게 해양이용영향평가서등 및 그 작성의 기초가 되는 자료를 거짓으로 또는 부실하게 작성하도록 요구하지 아니할 것
7. 대행업무와 관련하여 부당한 청탁이나 금품·향응을 평가대행자에게 제공하거나 평가대행자로부터 받지 아니할 것
② 평가대행자는 대행업무를 수행하면서 다음 각 호의 사항을 지켜야 한다.
1. 다른 해양이용영향평가서등의 내용을 복제하여 해양이용영향평가서등을 작성하지 아니할 것
2. 해양이용영향평가서등과 그 작성의 기초가 되는 자료를 거짓으로 또는 부실하게 작성하지 아니할 것
3. 해양이용영향평가서등과 그 작성의 기초가 되는 자료를 해양수산부령으로 정하는 바에 따라 제45조제2항에 따른 정보지원시스템에 등록할 것
4. 등록증이나 명의를 다른 사람에게 대여하지 아니할 것
5. 자신의 대행업무를 다른 자에게 재대행하게 하지 아니할 것. 다만, 해양수산부령으로 정하는 바에 따라 해당 업무를 발주한 자의 승인을 받은 경우는 제외한다.
6. 대행업무 수행과 관련하여 부당한 청탁이나 금품·향응을 사업자에게 제공하거나 사업자로부터 받지 아니할 것
③ 제1항제2호·제6호 및 제2항제2호에 따른 거짓 또는 부실 작성의 구체적인 판단기준은 해양수산부령으로 정한다.
제36조【권리·의무의 승계】 ① 평가대행자가 사망하거나 그 영업을 양도한 때 또는 평가대행자인 법인이 합병한 때에는 그 상속인·양수인 또는 합병 후 존속하는 법인이나 합병에 따라 설립되는 법인은 등록에 따른 종전 평가대행자의 권리·의무를 승계한다.
② 제1항에 따라 종전 평가대행자의 권리·의무를 승계한 자는 해양수산부령으로 정하는 바에 따라 1개월 이내에 그 사실을 해양수산부장관에게 신고하여야 한다.
③ 제2항에 따라 권리·의무 승계 사실을 신고한 자는 종전 대행업무 실적을 승계한다.
제37조【업무의 폐업·휴업】 평가대행자는 폐업하거나 휴업하려는 경우에는 해양수산부령으로 정하는 바에 따라 해양수산부장관에게 신고하여야 한다. 이 경우 휴업의 기간은 2년을 초과하여서는 아니 된다.
제38조【평가대행자의 등록취소 또는 업무정지】 ① 해양수산부장관은 평가대행자가 다음 각 호의 어느 하나에 해당하는 때에는 그 등록을 취소하거나 6개월 이내의 기간을 정하여 업무의 전부 또는 일부의 정지를 명할 수 있다. 다만, 제1호·제4호·제6호 또는 제7호의 어느 하나에 해당하는 때에는 그 등록을 취소하여야 한다.
1. 거짓이나 그 밖의 부정한 방법으로 등록하거나 변경등록을 한 때
2. 제33조제1항에 따른 기술인력과 시설·장비의 요건에 미달하게 된 때
3. 제33조제2항에 따른 변경등록을 하지 아니한 때
4. 제34조 각 호의 어느 하나에 해당하는 때. 다만, 같은 조 제5호에 해당하는 법인이 6개월 이내에 그 대표이사를 바꾸어 임명한 때에는 그러하지 아니하다.
5. 등록 후 2년 이내에 대행업무를 시작하지 아니하거나 계속하여 2년 이상 대행업무의 실적이 없는 때
6. 최근 1년 이내에 2회의 업무정지처분을 받고 다시 업무정지처분에 해당하는 행위를 한 때
7. 업무정지처분 기간 중 대행업무(계약 체결을 포함한다)를 한 때
8. 제35조제2항 각 호의 준수사항을 위반한 때
② 제1항에 따른 행정처분의 세부기준은 그 위반행위의 유형과 정도 등을 고려하여 해양수산부령으로 정한다.
제39조【등록취소 또는 업무정지된 평가대행자의 업무계속】 ① 제38조에 따라 등록취소 또는 업무정지의 처분을 받은 자는 그 처분 전에 체결한 대행업무에 한정하여 계속할 수 있다.
② 제1항에 따라 대행업무를 계속하는 평가대행자는 그 업무를 완료하는 때까지 이 법에 따른 평가대행자로 본다.
③ 제1항에 따라 대행업무를 계속하는 평가대행자는 그 처분 전에 체결한 대행업무 계약 외의 대행업무 계약을 새로 체결하여서는 아니 된다.
④ 해양수산부장관은 제38조제1항제1호 또는 제2호에 따른 사유로 등록취소의 처분을 받은 자가 적정한 대행업무를 할 수 없다고 인정하는 경우에는 제1항에도 불구하고 그 처분 전에 체결한 대행업무 계약 전부 또는 일부의 수행을 제한할 수 있다.
제40조【행정처분의 효과 승계】 평가대행자가 그 영업을 양도하거나 평가대행자인 법인이 합병한 때에는 종전의 평가대행자에게 한 제38조에 따른 행정처분의 효과는 그 처분기간이 끝난 날부터 1년간 양수인 또는 합병 후 존속하는 법인이나 합병에 따라 설립되는 법인에 승계되며, 행정처분의 절차가 진행 중인 때에는 양수인 또는 합병 후 존속하는 법인이나 합병에 따라 설립되는 법인에 대하여 그 절차를 계속 진행할 수 있다. 다만, 양수인 또는 합병 후 존속하는 법인이나 합병에 따라 설립되는 법인이 양수 또는 합병할 때 그 처분이나 위반사실을 알지 못하였음을 증명하면 그러하지 아니하다.
제41조【대행업무 실적의 보고 등】 ① 평가대행자는 대행업무 계약 체결 등 해양수산부령으로 정하는 대행업무 실적을 해양수산부령으로 정하는 바에 따라 대행업무 계약 체결 등이 있는 날부터 30일 이내에 해양수산부장관에게 보고하여야 한다.
② 해양수산부장관은 평가대행자의 현황과 제1항에 따라 보고된 대행업무 실적을 관리하여야 한다.
③ 해양수산부장관은 매년 한 번 이상 해양수산부령으로 정하는 바에 따라 대행업무 실적과 행정처분 내용을 공고하여야 한다.

④ 해양수산부장관은 평가대행자가 제1항에 따른 보고를 하지 아니하거나 해양이용영향평가대행업이 적정하게 수행되는지를 확인하기 위하여 필요한 경우 평가대행자에게 필요한 자료를 제출하게 하거나 소속 공무원으로 하여금 사업장에 출입하여 조사하게 할 수 있다. 이 경우 해당 평가대행자는 정당한 사유 없이 자료 제출을 거부하거나 조사를 거부·방해하여서는 아니 된다.
⑤ 제4항에 따른 조사에 관하여는 제28조제4항 및 제5항을 준용한다.
⑥ 대행업무를 수행하는 자는 대행업무 실적을 인정받으려는 경우 근무처, 경력 등에 관한 사항을 첨부하여 해양수산부장관에게 신청하여야 하며, 해양수산부장관은 그 내용을 인정하면 대행업무 실적에 관한 증명서를 발급할 수 있다. 이 경우 해양수산부장관은 신청받은 내용을 확인하기 위하여 필요한 경우 중앙행정기관, 지방자치단체, 해당 대행업무를 수행하는 자가 소속 중이거나 소속되었던 기관·업체 등 관계 기관의 장에게 관련 자료의 제출을 요청할 수 있다.
⑦ 제6항에 따른 대행업무 실적 신청 및 증명서의 발급에 필요한 사항은 해양수산부령으로 정한다.
제42조【대행업무의 비용 산정 기준】 해양수산부장관은 대행업무에 필요한 비용의 산정 기준을 정하여 고시하여야 한다.

제4장 보 칙

제43조【국제협약 이행 및 국제협력 강화】 ① 해양수산부장관은 「해양법에 관한 국제연합협약」에 따라 국가의 관할권이나 통제하에 계획된 활동이 해양환경에 미칠 수 있는 잠재적 영향을 평가하는 데 필요한 사항을 마련하여야 한다.
② 해양수산부장관은 「해양법에 관한 국제연합협약」 등 해양환경 관련 국제협약의 국내 이행 및 국제협력 강화를 위하여 노력하여야 한다.
③ 해양수산부장관은 해양환경에 대한 영향평가와 관련한 국제기구 및 다른 국가와 협조하여 해양환경보전을 위한 기술·정보 등의 교환을 위한 협력에 힘써야 한다.
제44조【연구·조사】 ① 해양수산부장관은 해양이용영향평가등의 전문성과 신뢰성을 제고하기 위하여 다음 각 호에 관한 연구·조사를 하거나 지원할 수 있다.
1. 해양이용영향평가등에 필요한 평가기준 및 평가지표의 개발
2. 해양이용영향평가등의 기법의 개발
3. 해역별 해양환경 현황 및 보전·이용 실태조사
4. 국제법규에 따라 대한민국 정부 또는 국민이 참여하는 해양이용·개발사업에 대한 조사 및 해양환경에 미치는 영향에 대한 평가
5. 해양이용영향평가등의 효과 분석
6. 그 밖에 해양이용영향평가등의 효율적인 운영을 위하여 필요한 사항
② 해양수산부장관은 제1항에 따른 연구·조사를 실시하는 경우 관계 행정기관의 장, 관련 기관·단체에 필요한 자료의 제출을 요청할 수 있다. 이 경우 자료 제출을 요청받은 자는 특별한 사유가 없으면 그 요청에 따라야 한다.
③ 해양수산부장관은 제1항에 따른 연구·조사 자료를 활용하려는 사업자 또는 평가대행자 등에게 해양수산부령으로 정하는 바에 따라 사용료를 징수할 수 있다.
④ 제1항에 따른 연구·조사에 필요한 사항은 해양수산부령으로 정한다.
제45조【정보지원시스템의 구축·운영】 ① 해양수산부장관은 해양이용영향평가등의 전문성, 객관성 및 예측가능성 등을 높이기 위하여 해양이용영향평가등에 관련된 정보를 수집하여 보급하여야 한다.
② 해양수산부장관은 다음 각 호의 업무를 수행하기 위하여 해양수산부령으로 정하는 바에 따라 해양이용영향평가등에 관한 정보지원시스템(이하 "정보지원시스템"이라 한다)을 구축·운영할 수 있다.
1. 제1항에 따른 정보의 수집·보급
2. 제35조제1항제3호 및 같은 조 제2항제3호에 따른 해양이용영향평가서등과 그 작성에 기초가 되는 자료의 등록
3. 제41조제2항에 따른 평가대행자 현황 및 대행업무 실적의 관리
4. 그 밖에 해양수산부령으로 정하는 사항
③ 해양수산부장관은 정보지원시스템의 구축·운영에 관한 업무를 대통령령으로 정하는 기관에 위탁할 수 있다.
④ 정보지원시스템의 구축·운영에 필요한 사항은 대통령령으로 정한다.
제46조【전문인력의 양성】 ① 해양수산부장관은 해양이용영향평가등의 업무 수행 인력의 전문성 제고 및 경쟁력 강화를 위하여 적절한 인력과 시설 등의 요건을 갖춘 기관 또는 단체를 대통령령으로 정하는 바에 따라 전문인력 양성기관으로 지정할 수 있다.
② 전문인력 양성기관은 다음 각 호의 사업을 수행한다.
1. 전문인력의 수요·공급 분석 및 인적자원 양성
2. 전문인력의 평가기법 및 교육프로그램의 개발·운영
3. 전문인력 양성을 위한 학계, 산업체 및 공공기관과의 협력
4. 그 밖에 해양이용영향평가등의 전문인력 양성 및 교육을 위하여 필요한 사업
③ 해양수산부장관은 지정된 전문인력 양성기관에 대하여 전문인력의 양성에 필요한 비용의 전부 또는 일부를 예산의 범위에서 지원할 수 있다.
④ 해양수산부장관은 전문인력 양성기관이 다음 각 호의 어느 하나에 해당하는 경우에는 해양수산부령으로 정하는 바에 따라 그 지정을 취소하거나 6개월 이내의 기간을 정하여 업무정지를 명할 수 있다. 다만, 제1호에 해당하는 경우에는 그 지정을 취소하여야 한다.
1. 거짓이나 그 밖의 부정한 방법으로 지정을 받은 경우
2. 제1항에 따른 지정요건을 갖추지 못하게 된 경우
3. 정당한 사유 없이 전문인력 양성을 시작하지 아니하거나 지연한 경우
4. 정당한 사유 없이 1년 이상 계속하여 전문인력 양성업무를 하지 아니한 경우
⑤ 제1항에 따른 전문인력 양성기관의 구체적인 지정요건, 제4항에 따른 처분의 세부기준 및 절차, 그 밖에 필요한 사항은 해양수산부령으로 정한다.
제47조【해양이용영향평가등에 관한 협회】 ① 평가대행자 및 해양이용영향평가등에 관한 업무에 종사하는 자는 조사·연구·교육·홍보 및 그 밖에 해양이용영향평가등의 업무의 건전한 발전을 도모하기 위하여 해양이용영향평가등에 관한 협회(이하 "협회"라 한다)를 설립할 수 있다.
② 협회는 법인으로 한다.
③ 협회를 설립하기 위하여는 정관을 수립하여 해양수산부장관의 허가를 받아야 하며, 정관을 변경하려는 경우에도 또한 같다.
④ 협회는 제3항에 따른 설립허가를 받아 그 주된 사무소의 소재지에서 설립등기를 함으로써 성립한다.
⑤ 해양수산부장관은 협회의 운영이 법령이나 정관에 위배된다고 인정하는 경우에는 그 정관 또는 사업계획을 변경하거나 임원을 바꾸어 임명할 것을 명할 수 있다.
⑥ 협회에 관하여 이 법에 규정되지 아니한 사항은 「민법」 중 사단법인에 관한 규정을 준용한다.
제48조【비밀유지의 의무】 평가대행자, 해양이용영향평가서등의 검토 과정에 참여한 관계 전문가나 전문가이었던 사람 또는 관계 전문기관의 임직원이나 임직원이었던 사람은 해양이용영향평가등과 관련하여 직무상 취득한 비밀을 다른 사람에게 누설하거나 도용(盜用)하여서는 아니 된다.
제49조【청문】 해양수산부장관은 다음 각 호의 어느 하나에 해당하는 처분을 하려면 청문을 하여야 한다.
1. 제38조제1항에 따른 평가대행자의 등록취소
2. 제46조제4항에 따른 전문인력 양성기관의 지정취소
제50조【권한 등의 위임 및 위탁】 ① 이 법에 따른 해양수산부장관의 권한은 대통령령으로 정하는 바에 따라 그 일부를 소속 기관의 장에게 위임할 수 있다.
② 이 법에 따른 해양수산부장관의 업무는 그 일부를 대통령령으로 정하는 바에 따라 협회나 관계 전문기관의 장에게 위탁할 수 있다.
③ 해양수산부장관은 예산의 범위에서 제2항에 따라 위탁한 업무의 처리에 필요한 비용의 전부 또는 일부를 지원할 수 있다.
제51조【벌칙 적용에서 공무원 의제】 다음 각 호의 어느 하나에 해당하는 사람은 「형법」 제129조부터 제132조까지에 따른 벌칙의 적용에서는 공무원으로 본다.
1. 제12조제2항, 제20조제2항 또는 제28조제2항에 따라 업무를 수행하는 해양이용영향검토기관의 임직원
2. 제32조제1항에 따라 평가대행자를 선정하는 기관의 임직원
3. 제50조제2항에 따라 업무를 위탁받은 협회 또는 관계 전문기관에 소속되어 그 위탁업무를 수행하는 사람

제5장 벌 칙

제52조【벌칙】 ① 다음 각 호의 어느 하나에 해당하는 자는 5년 이하의 징역 또는 5천만원 이하의 벌금에 처한다.
1. 제23조제5항 또는 제6항에 따른 사업중지명령, 인공구조물의 철거·운영정지명령 또는 원상복구명령을 이행하지 아니한 사업자
2. 제25조제3항 및 제30조제2항에 따른 공사중지명령 또는 원상복구명령을 이행하지 아니한 사업자
3. 제25조제4항 및 제30조제3항에 따른 공사중지명령 또는 원상복구명령을 이행하지 아니한 사업자
② 다음 각 호의 어느 하나에 해당하는 자는 2년 이하의 징역 또는 2천만원 이하의 벌금에 처한다.
1. 제29조제1항에 따른 해양환경영향조사를 실시하지 아니한 사업자
2. 제33조제1항에 따른 등록을 하지 아니하고 해양이용영향평가서등의 작성을 대행한 평가대행자
3. 거짓이나 그 밖의 부정한 방법으로 제33조제1항에 따른 등록을 한 평가대행자
4. 제35조제1항제1호 또는 같은 조 제2항제1호를 위반하여 다른 해양이용영향평가서등의 내용을 복제하여 해양이용영향평가서등을 작성한 자
5. 제35조제1항제2호 또는 같은 조 제2항제2호를 위반하여 해양이용영향평가서등을 거짓으로 작성한 자
6. 제35조제1항제6호를 위반하여 평가대행자에게 해양이용영향평가서등을 거짓으로 또는 부실하게 작성하도록 요구한 자. 다만, 협의대상사업 중 「환경영향평가법」 제22조에 따른 환경영향평가 또는 같은 법 제43조에 따른 소규모 환경영향평가를 받는 경우는 제외한다.
7. 제35조제1항제7호를 위반하여 대행업무와 관련하여 평가대행자에게 부당한 청탁이나 금품·향응을 제공하거나 평가대행자로부터 받은 자
8. 제35조제2항제6호를 위반하여 대행업무 수행과 관련하여 사업자에게 부당한 청탁이나 금품·향응을 제공하거나 사업자로부터 받은 자
9. 제39조제3항을 위반하여 등록이 취소된 후 또는 업무정지처분 기간 중에 새로 대행업무 계약을 체결한 평가대행자
③ 다음 각 호의 어느 하나에 해당하는 자는 1년 이하의 징역 또는 1천만원 이하의 벌금에 처한다.
1. 제25조제1항을 위반하여 협의 또는 재협의의 절차를 거치지 아니하거나 절차가 끝나기 전에 공사를 한 사업자
2. 제28조제3항 후단 또는 제41조제4항 후단을 위반하여 정당한 사유 없이 자료 제출을 거부하거나 출입·조사를 거부 또는 방해한 자
3. 제29조제5항 후단을 위반하여 정당한 사유 없이 자료제출을 하지 아니한 사업자
4. 제35조제2항제4호를 위반하여 등록증이나 명의를 다른 사람에게 빌려준 평가대행자
5. 제35조제2항제5호를 위반하여 자신의 대행업무를 다른 자에게 재대행하게 한 평가대행자
6. 제48조를 위반하여 비밀을 누설하거나 도용한 자
제53조【양벌규정】 법인의 대표자나 법인 또는 개인의 대리인, 사용인 및 그 밖의 종업원이 그 법인 또는 개인의 업무에 관하여 제52조의 위반행위를 하면 그 행위자를 벌하는 외에 그 법인 또는 개인에게도 해당 조문의 벌금형을 과(科)한다. 다만, 법인 또는 개인이 그 위반행위를 방지하기 위하여 해당 업무에 관하여 상당한 주의와 감독을 게을리하지 아니한 경우에는 그러하지 아니하다.
제54조【과태료】 ① 다음 각 호의 어느 하나에 해당하는 자에게는 5천만원 이하의 과태료를 부과한다.
1. 제23조제5항 또는 제6항에 따른 주변 해양환경의 피해방지 또는 안전사고 예방조치를 이행하지 아니한 사업자
2. 제25조제3항 또는 제4항에 따른 주변 해양환경의 피해방지 또는 안전사고 예방조치를 이행하지 아니한 사업자
3. 제29조제3항에 따른 피해 저감을 위한 조치명령을 이행하지 아니한 사업자
4. 제30조제1항에 따른 조치명령을 이행하지 아니한 사업자
5. 제30조제2항 또는 제3항에 따른 주변 해양환경의 피해방지 또는 안전사고 예방조치를 이행하지 아니한 사업자
② 제25조제1항을 위반하여 변경협의 절차를 거치지 아니하거나 절차가 끝나기 전에 공사를 한 사업자에게는 2천만원 이하의 과태료를 부과한다. 다만, 협의대상사업 중 「환경영향평가법」 제22조에 따른 환경영향평가 또는 같은 법 제43조에 따른 소규모 환경영향평가를 받는 경우는 제외한다.
③ 다음 각 호의 어느 하나에 해당하는 자에게는 1천만원 이하의 과태료를 부과한다.
1. 제24조제3항 후단을 위반하여 사업계획 등의 변경에 따른 해양환경보전방안을 통보하지 아니한 사업자
2. 제29조제1항을 위반하여 해양환경영향조사의 일부를 하지 아니한 사업자
3. 제29조제2항을 위반하여 필요한 조치 또는 통보를 하지 아니한 사업자. 다만, 협의대상사업 중 「환경영향평가법」 제22조에 따른 환경영향평가 또는 같은 법 제43조에 따른 소규모 환경영향평가를 받는 경우는 제외한다.
4. 제31조제2항을 위반하여 해양이용영향평가서등의 작성을 대행하게 하기 위한 계약을 다른 계약과 분리하여 별도로 체결하지 아니한 사업자
5. 제31조제3항을 위반하여 같은 조 제1항제1호 또는 제2호의 작성을 대행한 자에게 해양환경영향조사서의 작성을 대행시킨 사업자
6. 제35조제1항제2호 또는 같은 조 제2항제2호를 위반하여 해양이용영향평가서등을 부실하게 작성한 자
7. 제35조제1항제3호 또는 같은 조 제2항제3호를 위반하여 정보지원시스템에 해양이용영향평가서등과 그 작성의 기초가 되는 자료를 등록하지 아니한 자
④ 다음 각 호의 어느 하나에 해당하는 자에게는 500만원 이하의 과태료를 부과한다.
1. 제26조를 위반하여 사업의 착공·준공·중지 또는 재개를 통보하지 아니한 사업자. 다만, 협의대상사업 중 「환경영향평가법」 제22조에 따른 환경영향평가 또는 같은 법 제43조에 따른 소규모 환경영향평가를 받는 경우는 제외한다.
2. 제27조제2항을 위반하여 담당자를 지정하지 아니하거나 관리대장에 협의의견의 이행 여부를 기록·관리하지 아니한 사업자. 다만, 협의대상사업 중 「환경영향평가법」 제22조에 따른 환경영향평가 또는 같은 법 제43조에 따른 소규모 환경영향평가를 받는 경우는 제외한다.
3. 제29조제1항을 위반하여 해양환경영향조사의 결과를 통보하지 아니한 사업자
4. 제33조제2항을 위반하여 변경등록을 하지 아니하고 중요한 사항을 변경한 평가대행자

5. 제36조제2항을 위반하여 권리 · 의무 승계의 신고를 하지 아니한 자
6. 제41조제1항을 위반하여 대행업무 실적을 보고하지 아니한 평가대행자
⑤ 제1항부터 제4항까지에 따른 과태료는 대통령령으로 정하는 바에 따라 해양수산부장관이 부과 · 징수한다.

부 칙

제1조【시행일】 이 법은 공포 후 1년이 경과한 날부터 시행한다.
제2조【해양이용협의에 관한 적용례】 제9조는 이 법 시행 이후 같은 조 제1항 각 호의 어느 하나에 해당하는 면허등을 받고자 하는 사업자가 처분기관의 장에게 처음으로 제10조에 따른 협의서를 제출하는 경우부터 적용한다.
제3조【해양이용영향평가에 관한 적용례】 제13조는 이 법 시행 이후 같은 조 제1항 각 호의 어느 하나에 해당하는 해양이용 · 개발사업을 하고자 하는 사업자가 처분기관의 장에게 처음으로 제14조에 따른 심의를 요청하는 경우부터 적용한다.
제4조【일반적 경과조치】 이 법 시행 당시 종전의「해양환경관리법」에 따른 행정기관의 행위나 행정기관에 대한 행위는 그에 해당하는 이 법에 따른 행정기관의 행위 또는 행정기관에 대한 행위로 본다.
제5조【평가대행자에 대한 경과조치】 이 법 시행 당시 종전의「해양환경관리법」에 따라 평가대행자로 등록된 자는 제33조에 따른 평가대행자로 등록한 것으로 본다.
제6조【행정처분에 관한 경과조치】 이 법 시행 전의 위반행위에 대한 행정처분을 적용할 때에는 종전의「해양환경관리법」에 따른다.
제7조【벌칙 등에 관한 경과조치】 이 법 시행 전의 행위에 대하여 벌칙이나 과태료 규정을 적용할 때에는 종전의「해양환경관리법」에 따른다.
제8조【다른 법률의 개정】 ① **골재채취법** 일부를 다음과 같이 개정한다.
제34조제2항 전단 중 "「해양환경관리법」"을 "「해양이용영향평가법」"으로, "해역이용영향평가(해역이용협의"를 "해양이용영향평가(해양이용협의"로 하고, 같은 항 후단 중 "해역이용영향평가협의"를 "해양이용영향평가 협의"로 한다.
② **공익신고자 보호법** 일부를 다음과 같이 개정한다.
별표에 제473호를 다음과 같이 신설한다.
473.「해양이용영향평가법」
③ (생략)
④ **수산자원관리법** 일부를 다음과 같이 개정한다.
제41조제4항 중 "「해양환경관리법」 제84조제2항에도 불구하고 같은 조에 따른 해역이용협의"를 "「해양이용영향평가법」 제9조에 따른 해양이용협의"로, "제95조"를 "제29조"로 한다.
⑤ **해양생태계의 보전 및 관리에 관한 법률** 일부를 다음과 같이 개정한다.
제49조제2항제3호 본문을 다음과 같이 하고, 같은 호 단서 중 "제6호"를 "제1항제6호"로 한다.
「해양이용영향평가법」 제13조에 따른 해양이용영향평가 대상사업.
⑥~⑦ (생략)
⑧ **해양환경관리법** 일부를 다음과 같이 개정한다.
제9장(**제84조**부터 **제95조**까지)을 삭제한다.
제118조제1항을 삭제하고, **같은 조** 제2항 및 제3항을 각각 제1항 및 제2항으로 한다.
제120조제4호를 삭제한다.
제124조 중 "제91조제2항에 따른 해역이용영향검토기관, 공단"을 "공단"으로 한다.
제126조제2호를 삭제한다.
제128조제13호 중 "제82조제1항 및 제89조제1항의 규정"을 "제82조제1항"으로 하고, **같은 조** 제14호부터 제16호까지를 각각 삭제한다.
제129조제1항제11호부터 제13호까지를 각각 삭제하고, **같은 조** 제2항제16호 중 "제118조제2항 및 제3항의 규정"을 "제118조제1항 및 제2항"으로 한다.
제132조제2항제10호부터 제12호까지를 각각 삭제한다.
제9조【다른 법령과의 관계】 이 법 시행 당시 다른 법령에서 종전의「해양환경관리법」 또는 그 규정을 인용하고 있는 경우 이 법에 그에 해당하는 규정이 있으면 종전의 규정을 갈음하여 이 법 또는 이 법의 해당 규정을 인용한 것으로 본다.

(2025년 1월 10일 시행)

전기산업발전기본법

(2024년 1월 9일 법 률 제19956호)

제1장 총 칙

제1조【목적】 이 법은 전기산업의 경쟁력을 높이고 지속가능한 발전을 도모하기 위하여 전기산업의 지원과 육성에 필요한 사항을 규정함으로써 국민경제 및 복리(福利) 향상에 이바지하는 것을 목적으로 한다.
제2조【정의】 이 법에서 사용하는 용어의 뜻은 다음과 같다.
1. "전기"란 전자(電子)의 이동으로 생기는 에너지의 한 형태로서 빛 · 힘 또는 에너지로 변환 · 응용 · 이용되는 현상을 말한다.
2. "전기산업"이란 전기의 생산 · 공급 · 이용 및 관리 등에 관한 산업과 그 밖에 설계 · 제조 · 공사 · 감리 · 안전관리 · 진단 등과 관련된 산업으로서 대통령령으로 정하는 산업을 말한다.
3. "전기기술"이란 전기적인 현상을 이용하여 전기의 생산 · 공급 · 이용 및 관리 등에 적용되는 기술을 말한다.
4. "전기설비"란 전기의 생산 · 공급 · 이용 및 관리 등을 위하여 사용되는 기계 · 기구 · 전선로 및 그 밖에 필요한 설비를 말한다.

제3조【기본이념】 이 법은 전기산업이 국가경제와 국민생활에 중요한 영향을 미치고 있음을 인식하고, 전기의 안정적 · 경제적 · 친환경적 생산 · 공급과 합리적 이용 · 관리를 촉진하며, 전기산업을 친환경적이고 지속가능하도록 발전시키는 것을 기본이념으로 한다.
제4조【국가의 책무】 국가는 전기산업의 지속가능한 발전을 위한 시책을 수립하고, 그 추진에 필요한 행정적 · 재정적 지원방안 등을 마련하기 위하여 노력하여야 한다.
제5조【전기의 날 제정 및 운영】 ① 국가 경제발전의 원동력인 전기의 소중함을 국민에게 알리고 전기산업인의 긍지와 자부심을 고취시키기 위하여 매년 4월 10일을 전기의 날로 정한다.
② 국가와 지방자치단체는 전기의 날의 취지에 적합한 기념행사를 개최할 수 있다.
③ 제2항에 따른 전기의 날 기념행사에 필요한 사항은 대통령령으로 정한다.
제6조【다른 법률과의 관계】 ① 국가는 전기산업정책에 관한 다른 법률을 제정하거나 개정하는 경우에는 이 법의 목적과 기본이념에 맞도록 하여야 한다.
② 전기산업의 지속가능한 발전을 위한 지원과 육성에 관하여 다른 법률에 특별한 규정이 있는 경우를 제외하고는 이 법에서 정하는 바에 따른다.

제2장 전기산업정책의 수립

제7조【전기산업발전기본계획의 수립 등】 ① 산업통상자원부장관은 전기산업의 지속가능한 발전을 촉진하기 위하여 관계 중앙행정기관의 장과 협의한 후「전기사업법」 제47조의2에 따른 전력정책심의회의 심의를 거쳐 전기산업발전기본계획(이하 "기본계획"이라 한다)을 5년마다 수립하여야 한다.
② 기본계획에는 다음 각 호의 사항이 포함되어야 한다.
1. 전기산업의 지속가능한 발전을 위한 정책의 기본방향에 관한 사항
2. 국내외 전기산업의 현황 및 전망에 관한 사항
3. 전기산업 관련 연구개발 지원에 관한 사항
4. 전기산업 관련 전문인력 양성 및 일자리 창출에 관한 사항
5. 전기산업 관련 국제협력 및 해외진출 지원에 관한 사항
6. 전기기술 및 전기설비를 활용한 시장 창출에 관한 사항
7. 전기안전문화 기반조성에 관한 사항
8. 그 밖에 전기산업의 지속가능한 발전에 관한 사항으로서 대통령령으로 정하는 사항

③ 산업통상자원부장관이 기본계획을 변경하려는 경우에는 관계 중앙행정기관의 장과 협의한 후「전기사업법」 제47조의2에 따른 전력정책심의회의 심의를 거쳐야 한다. 다만, 대통령령으로 정하는 경미한 사항을 변경하는 경우에는 그러하지 아니하다.
④ 산업통상자원부장관은 기본계획의 수립 · 변경을 위하여 필요한 경우「전기사업법」 제2조제2호에 따른 전기사업자, 같은 법 제35조에 따른 한국전력거래소 및 그 밖에 대통령령으로 정하는 관계 기관 및 단체에 관련 자료의 제출을 요청할 수 있다. 이 경우 요청을 받은 자는 특별한 사유가 없으면 이에 따라야 한다.
⑤ 산업통상자원부장관 및 관계 중앙행정기관의 장은 기본계획에 따라 연도별 시행계획(이하 "시행계획"이라 한다)을 수립 · 추진하여야 한다. 이 경우 관계 중앙행정기관의 장은 그 시행계획과 추진실적을 산업통상자원부장관에게 제출하여야 한다.
⑥ 그 밖에 기본계획 및 시행계획의 수립 · 추진 등에 필요한 사항은 대통령령으로 정한다.
제8조【전기산업 실태조사】 ① 산업통상자원부장관은 기본계획과 시행계획을 효율적으로 수립 · 추진하기 위하여 전기산업에 관한 실태조사를 실시할 수 있다.
② 산업통상자원부장관은 제1항에 따른 실태조사를 위하여 필요한 경우 관계 중앙행정기관, 지방자치단체,「공공기관의 운영에 관한 법률」 제4조에 따른 공공기관(이하 "공공기관"이라 한다), 관계 기관 · 단체의 장 또는 전기산업 관련 사업자 등에게 관련 자료의 제출이나 의견의 진술을 요청할 수 있다. 이 경우 자료의 제출 또는 의견의 진술을 요청받은 자는 특별한 사유가 없으면 그 요청에 따라야 한다.
③ 그 밖에 실태조사의 대상 · 방법 등에 필요한 사항은 대통령령으로 정한다.

제3장 전기산업의 지원 및 기반조성

제9조【전기기술의 연구 · 개발 · 실증 및 보급】 ① 산업통상자원부장관은 전기산업의 지속가능한 발전을 위하여 전기기술의 연구 · 개발 등과 관련된 공공기관 · 대학 · 법인 및 단체(이들의 부설연구소 등을 포함한다. 이하 "전기기술연구기관"이라 한다)로 하여금 전기기술의 연구 · 개발 · 실증 및 보급 사업을 실시하게 할 수 있다.
② 산업통상자원부장관은 제1항에 따른 사업의 실시에 필요한 비용의 전부 또는 일부를 출연하거나 지원할 수 있다.
③ 제2항에 따른 출연금 또는 지원금의 지급 기준, 사용 및 관리 등에 필요한 사항은 대통령령으로 정한다.
제10조【전기산업 전문인력의 양성】 ① 산업통상자원부장관은 전기산업의 발전을 위하여 전문인력 양성에 필요한 시책을 수립하고 추진하여야 한다.
② 산업통상자원부장관은 다음 각 호의 기관 · 단체 중에서 전문인력 양성기관을 지정하여 교육 · 연수 · 연구 · 훈련 등(이하 "교육등"이라 한다)을 실시하게 할 수 있다.
1.「전기공사업법」 제25조에 따른 공사업자단체
2.「전력기술관리법」 제18조에 따른 전력기술인단체
3. 그 밖에 대통령령으로 정하는 전기산업 관련 기관 · 단체

③ 산업통상자원부장관은 전문인력 양성기관으로 지정된 기관 · 단체에 교육등에 필요한 비용의 전부 또는 일부를 지원할 수 있다.
④ 제2항에 따른 지정절차 및 교육등의 내용과 제3항에 따른 지원금의 지급, 사용 및 관리 등에 필요한 사항은 대통령령으로 정한다.
제11조【국제협력 및 해외시장 진출 촉진】 ① 산업통상자원부장관은 전기산업에 관한 국제적인 동향을 파악하고 국제협력을 추진하기 위하여 노력하여야 한다.
② 산업통상자원부장관은 전기산업의 국제협력 및 해외시장 진출을 촉진하기 위하여 대통령령으로 정하는 바에 따라 전기산업 관련 기술과 인력의 국제교류, 국제표준화 및 국제공동연구개발 등의 사업을 추진하는 자에게 필요한 지원을 할 수 있다.
제12조【다른 산업과의 융합 촉진】 산업통상자원부장관은 전기산업과 다른 산업의 융합을 촉진하고 새로운 기술 및 서비스를 창출하기 위하여 사업화 및 시범사업 등에 대한 지원을 할 수 있다.
제13조【전기산업의 디지털 전환 촉진】 ① 산업통상자원부장관은 전기산업의 디지털 전환을 촉진하고 그 기반을 조성하기 위하여 필요한 지원을 할 수 있다.
② 산업통상자원부장관은 전기기술연구기관으로 하여금 전기산업의 디지털 전환 촉진과 관련된 사업을 실시하게 할 수 있다.
③ 산업통상자원부장관은 제2항에 따른 사업의 실시에 필요한 비용의 전부 또는 일부를 지원할 수 있다.
④ 제2항에 따른 사업내용 및 실시 방법과 제3항에 따른 지원금의 지급, 사용 및 관리 등에 필요한 사항은 대통령령으로 정한다.
제14조【재정지원 등】 국가와 지방자치단체는 전기산업의 지속가능한 발전을 위하여 재정적 · 행정적 지원을 할 수 있다.
제15조【전기산업의 기술기준】 ① 산업통상자원부장관은 전기의 안정적인 공급과 편리한 사용을 위하여 체계적인 기술기준을 수립 · 관리 · 운영하여야 한다.
② 산업통상자원부장관은 대통령령으로 정하는 기준에 적합한 기관 또는 단체를 지정하여 제1항에 따른 기술기준의 수립 · 관리 · 운영 업무를 위탁할 수 있고, 위탁사업의 실시에 필요한 비용의 전부 또는 일부를 지원할 수 있다.
③ 제2항에 따른 지정, 위탁 및 지원금의 지급, 사용 및 관리 등에 필요한 사항은 대통령령으로 정한다.

제4장 보 칙

제16조【전기산업의 기관 간 협의체 구성】 ① 산업통상자원부장관은 전기산업의 지속가능한 발전을 위하여 관계 행정기관, 지방자치단체, 법인 및 단체와의 협의체를 설치할 수 있다.

② 산업통상자원부장관은 협의체의 운영에 필요한 지원을 할 수 있다.
③ 제1항에 따른 협의체의 조직·운영 및 업무와 제2항에 따른 지원내용 등에 필요한 사항은 대통령령으로 정한다.
제17조【협회의 설립 및 운영】 ① 전기산업 관련 사업자·기관·단체 등은 전기산업의 건전한 발전을 도모하고 효율적인 업무 수행을 위하여 산업통상자원부장관의 인가를 받아 협회를 설립할 수 있다.
② 협회는 법인으로 한다.
③ 협회에 관하여 이 법에 규정된 것 외에는 「민법」 중 사단법인에 관한 규정을 준용한다.
④ 그 밖에 협회의 정관, 설립 인가, 운영 및 감독에 필요한 사항은 대통령령으로 정한다.
제18조【권한 등의 위임·위탁】 ① 이 법에 따른 산업통상자원부장관의 권한은 대통령령으로 정하는 바에 따라 그 일부를 특별시장·광역시장·특별자치시장·도지사·특별자치도지사 또는 소속기관의 장에게 위임하거나 다른 중앙행정기관의 장에게 위탁할 수 있다.
② 이 법에 따른 산업통상자원부장관의 업무는 대통령령으로 정하는 바에 따라 그 일부를 공공기관, 협회 및 그 밖에 전기산업과 관련된 기관 또는 단체에 위탁할 수 있다.

부 칙

이 법은 공포 후 1년이 경과한 날부터 시행한다.

군인사법 일부개정법률

<개정 2024.1.16 법률20018호>

군인사법 일부를 다음과 같이 개정한다.

제6조제3항에 제1호의2를 다음과 같이 신설하고, **같은 조** 제7항제5호 중 "육군3사관학교 또는 국군간호사관학교"를 "육군3사관학교, 국군간호사관학교 또는 국방첨단과학기술사관학교"로 한다.
1의2. 국방첨단과학기술사관학교를 졸업한 사람
제7조제1항제4호 단서 중 "육군3사관학교나 국군간호사관학교를"을 "육군3사관학교, 국군간호사관학교 또는 국방첨단과학기술사관학교를"로 한다.
제11조제1항제1호 중 "사관학교나 육군3사관학교"를 "사관학교, 육군3사관학교 또는 국방첨단과학기술사관학교"로 하고, **같은 조** 제2항에 제3호의2를 다음과 같이 신설한다.
3의2. 국방첨단과학기술사관학교의 제4학년생
제12조제2항제4호가목 및 나목 중 "육군3사관학교 또는 국군간호사관학교"를 각각 "육군3사관학교, 국군간호사관학교 또는 국방첨단과학기술사관학교"로 하고, 같은 항에 제4호의3을 다음과 같이 신설한다.
4의3. 국방첨단과학기술사관학교 대학원에서 석사학위를 취득한 사람
제26조제4항에 제2호의2를 다음과 같이 신설한다.
2의2. 국방첨단과학기술사관학교과정

부 칙

이 법은 공포 후 2년이 경과한 날부터 시행한다.

군인 재해보상법 일부개정법률

<개정 2024.1.16 법률20021호>

군인 재해보상법 일부를 다음과 같이 개정한다.

제4조의2를 다음과 같이 신설한다.
제4조의2【공무상 재해의 인정 특례】 ① 유해하거나 위험한 환경에서 공무를 수행하는 군인이 공무수행 과정에서 상당기간 유해·위험 요인에 노출되어 질병에 걸리는 경우와 그 질병으로 장해를 입거나 사망한 경우에는 공무상 재해로 추정한다.
② 제1항에 따른 질병의 종류는 대통령령으로 정하고, 구체적인 질병명, 유해하거나 위험한 환경에서 근무한 기간 및 그 밖에 필요한 사항은 국방부장관이 정한다.
제5조 제목 외의 부분을 제1항으로 하고, **같은 조**에 제2항을 다음과 같이 신설한다.
② 제1항에도 불구하고 제4조제1항제1호에 따른 공무상 부상이 공무상 사고로 인하여 발생한 것이 명백한 경우에는 심의회의 심의 대상에서 제외한다.
제8조제2항 단서 중 "제20조에 따른 공무상요양비"를 "제20조에 따른 공무상요양비(제5조제2항에 해당하는 경우는 제외한다)"로 한다.
제2장에 **제6절의2**(**제41조의2**부터 **제41조의5**까지)를 다음과 같이 신설한다.

제6절의2 건강손상자녀에 대한 급여의 특례

제41조의2【건강손상자녀에 대한 공무상 재해의 인정기준】 임신 중인 군인이 공무수행 과정에서 제4조제1항제1호에 따른 공무상 부상 또는 대통령령으로 정하는 유해인자의 취급이나 노출로 인하여, 출산한 자녀에게 부상, 질병 또는 장해가 발생하거나 그 자녀가 사망한 경우 공무상 재해로 본다. 이 경우 그 출산한 자녀(이하 "건강손상자녀"라 한다)는 제2조에도 불구하고 이 법을 적용할 때에는 해당 공무상 재해의 사유가 발생한 당시 임신한 군인이 소속된 군의 군인으로 본다.
제41조의3【건강손상자녀에 대한 급여의 제한】 건강손상자녀에게 지급하는 급여의 종류는 제7조제1호의 공무상요양비, 같은 조 제2호가목의 상이연금 및 같은 조 제4호나목의 군인사망조위금으로 한정한다.
제41조의4【건강손상자녀에 대한 상이연금의 지급】 건강손상자녀에게는 제26조에도 불구하고 건강손상자녀가 18세가 된 이후 심의회의 심의를 거쳐 대통령령으로 정하는 장해의 정도에 따른 등급을 기준으로 상이연금을 지급한다.
제41조의5【건강손상자녀의 상이연금·군인사망조위금 산정기준】 건강손상자녀에게 지급하는 급여 중 상이연금 및 군인사망조위금의 산정기준이 되는 금액은 제9조제1항에도 불구하고 다음 각 호와 같다.
1. 상이연금 : 제9조제2항에 따른 최저 보상기준 금액
2. 군인사망조위금 : 제9조제2항에 따른 공무원 전체의 기준소득월액 평균액의 2배

부 칙

제1조【시행일】 이 법은 공포 후 1년이 경과한 날부터 시행한다.
제2조【공무상 재해의 인정 특례 및 군인재해보상심의회에 관한 적용례】 제4조의2, 제5조 및 제8조의 개정규정은 이 법 시행 전에 급여사유가 발생한 경우에도 적용한다.
제3조【건강손상자녀의 급여 지급에 관한 적용례】 제6절의2(제41조의2부터 제41조의5까지)의 개정 규정은 이 법 시행일 이후 출생한 자녀부터 적용한다. 다만, 이 법 시행일 전 3년 이내에 출생한 자녀로서 이 법 시행일부터 3년 이내에 제41조의3에 따른 급여 청구를 하는 경우에는 이 법 시행일 전에 출생한 자녀에게도 적용한다.

교통약자의 이동편의 증진법 일부개정법률

<개정 2024.1.16 법률20038호>

교통약자의 이동편의 증진법 일부를 다음과 같이 개정한다.

제13조제2항 중 "교통약자서비스에 관한"을 "다음 각 호의"로 하고, 같은 항에 각 호를 다음과 같이 신설하며, **같은 조** 제4항을 제7항으로 하고, **같은 조** 제3항을 제4항으로 하며, **같은 조**에 제3항·제5항 및 제6항을 각각 다음과 같이 신설하고, **같은 조** 제7항(종전의 제4항) 중 "제1항 및 제2항에"를 "제1항부터 제3항까지에"로, "해당"을 "국토교통부령으로 정하는 바에 따라 해당"으로 한다.
1. 교통약자서비스에 관한 교육
2. 성폭력 예방교육
③ 「택시운송사업의 발전에 관한 법률」 제2조제4호에 따른 택시운수종사자는 시·도지사 또는 시장·군수·구청장이 실시하는 교통약자서비스에 관한 교육을 받아야 한다. 다만, 택시운수종사자가 「여객자동차 운수사업법」 제25조제1항에 따른 운수종사자 교육을 통하여 교통약자서비스에 관한 교육을 이수한 경우에는 이 법에 따른 교육을 받은 것으로 본다.
⑤ 제1항부터 제3항까지에 따른 교육을 실시하는 시·도지사 또는 시장·군수·구청장은 국토교통부령으로 정하는 교육 실시 관련 자료를 3년간 보관하여야 한다. 이 경우 교육 실시 관련 자료는 「전자문서 및 전자거래 기본법」 제2조제1호에 따른 전자문서로 작성·보존할 수 있다.
⑥ 국토교통부장관은 제1항부터 제3항까지에 따른 교육 실시결과에 대한 점검을 할 수 있다.
제13조의2제1항 각 호 외의 부분 중 "교육을"을 "교육(이하 이 조에서 "교통약자서비스교육"이라 한다)을"로 하고, 같은 항 제3호를 제4호로 하며, 같은 항에 제3호를 다음과 같이 신설하고, **같은 조** 제2항 중 "교통약자서비스에 관한 교육"을 "교통약자서비스교육"으로 하며, 같은 항에 단서를 다음과 같이 신설하고, **같은 조** 제3항을 제7항으로 하며, **같은 조**에 제3항부터 제6항까지를 각각 다음과 같이 신설하고, **같은 조** 제7항(종전의 제3항) 중 "교육"을 "교통약자서비스교육"으로 한다.
3. 다음 각 목의 어느 하나에 해당하는 사람
가. 「여객자동차 운수사업법」 제3조제1항제1호에 따른 노선 여객자동차운송사업의 운전업무에 종사하는 사람
나. 「여객자동차 운수사업법」 제3조제1항제2호에 따른 구역 여객자동차운송사업 중 대통령령으로 정하는 여객자동차운송사업의 운전업무에 종사하는 사람
다. 「여객자동차 운수사업법」 제3조제1항제3호에 따른 수요응답형 여객자동차운송사업의 운전업무에 종사하는 사람
다만, 제1항제3호에 해당하는 사람이 「여객자동차 운수사업법」 제25조제1항에 따른 운수종사자 교육을 통하여 교통약자서비스교육을 이수한 경우에는 이 법에 따른 교육을 받은 것으로 본다.
③ 교통약자서비스교육을 실시하는 자는 국토교통부령으로 정하는 교육 실시 관련 자료를 3년간 보관하여야 한다. 이 경우 교육 실시 관련 자료는 「전자문서 및 전자거래 기본법」 제2조제1호에 따른 전자문서로 작성·보존할 수 있다.
④ 국토교통부장관은 제1항에 따른 교통약자서비스교육 실시결과에 대한 점검을 할 수 있다.
⑤ 국토교통부장관은 제4항에 따른 점검을 위하여 교통약자서비스교육을 실시하는 자에게 국토교통부령으로 정하는 바에 따라 교통약자서비스교육 실시결과 제출을 요청할 수 있다. 이 경우 요청을 받은 자는 특별한 사유가 없으면 이에 따라야 한다.
⑥ 국토교통부장관은 교통약자서비스교육이 원활하게 이루어지도록 교육교재 등을 개발하여 보급하여야 한다.
제16조의3을 다음과 같이 신설한다.
제16조의3【특별교통수단 운전업무 종사요건】 ① 특별교통수단을 운행하는 운전자는 국토교통부령으로 정하는 운전경력 등 운전업무에 필요한 요건을 갖추어야 한다.
② 다음 각 호의 어느 하나에 해당하는 사람은 제1항에 따른 특별교통수단을 운행하는 운전자가 될 수 없다.
1. 다음 각 목의 어느 하나에 해당하는 죄를 범하여 금고 이상의 실형을 선고받고 그 집행이 끝나거나(집행이 끝난 것으로 보는 경우를 포함한다) 면제된 날부터 최대 20년의 범위에서 범죄의 종류, 죄질, 형기의 장단 및 재범위험성 등을 고려하여 대통령령으로 정하는 기간이 지나지 아니한 사람
가. 「특정강력범죄의 처벌에 관한 특례법」 제2조제1항 각 호에 따른 죄
나. 「특정범죄 가중처벌 등에 관한 법률」 제5조의2, 제5조의4, 제5조의5, 제5조의9 및 제11조에 따른 죄
다. 「마약류 관리에 관한 법률」에 따른 죄
라. 「형법」 제332조(제329조부터 제331조까지의 상습범으로 한정한다), 제341조에 따른 죄 또는 그 각 미수죄

마.「성폭력범죄의 처벌 등에 관한 특례법」 제2조제1항제2호부터 제4호까지, 제3조부터 제9조까지, 제14조, 제14조의2, 제14조의3 및 제15조에 따른 죄
바.「아동·청소년의 성보호에 관한 법률」 제2조제2호에 따른 죄
2. 제1호 각 목의 어느 하나에 해당하는 죄를 범하여 금고 이상의 형의 집행유예를 선고받고 그 집행유예기간 중에 있는 사람
3. 다음 각 목의 어느 하나에 해당하는 처분을 받은 후 5년이 경과되지 아니한 사람
가.「도로교통법」 제93조제1항제1호부터 제4호까지에 해당하여 운전면허가 취소된 사람
나.「도로교통법」 제43조를 위반하여 운전면허를 받지 아니하거나 운전면허의 효력이 정지된 상태로 같은 법 제2조제21호에 따른 자동차등을 운전하여 벌금형 이상의 형을 선고받거나 같은 법 제93조제1항제19호에 따라 운전면허가 취소된 사람
다. 운전 중 고의 또는 과실로 3명 이상이 사망(사고발생일부터 30일 이내에 사망한 경우를 포함한다)하거나 20명 이상의 사상자가 발생한 교통사고를 일으켜「도로교통법」 제93조제1항제10호에 해당하여 운전면허가 취소된 사람
4. 다음 각 목의 어느 하나에 해당하는 처분을 받은 후 3년이 경과되지 아니한 사람
가.「도로교통법」 제93조제1항제1호에 해당하여 행하여진 운전면허효력 정지처분
나.「도로교통법」 제93조제1항제5호 및 제5호의2에 해당하여 행하여진 운전면허 취소처분
③ 시장이나 군수는 제1항에 따른 운전경력 및 제2항에 따른 범죄경력을 확인하기 위하여 필요한 정보에 한정하여 시·도경찰청장 또는 경찰서장에게 운전경력조회 및 범죄경력조회를 요청할 수 있다.
④ 제16조제11항에 따라 같은 조 제2항에 따른 이동지원센터 또는 제3항에 따른 광역이동지원센터의 운영을 위탁받은 기관 또는 단체의 장은 제1항에 따른 운전경력 및 제2항에 따른 범죄경력을 확인하기 위하여 본인의 동의를 받아 소재지를 관할하는 시·도경찰청장 또는 경찰서장에게 운전경력조회 및「형의 실효 등에 관한 법률」 제6조에 따른 범죄경력조회를 요청하여야 한다. 다만, 특별교통수단을 운행하는 운전자 또는 운행하려는 자가 운전경력조회 및 범죄경력조회 회신서를 해당 기관 또는 단체의 장에게 직접 제출한 경우에는 운전경력조회 및 범죄경력조회를 한 것으로 본다.
⑤ 제3항 및 제4항에 따라 운전경력조회 및 범죄경력조회를 요청받은 시·도경찰청장 또는 경찰서장은 정당한 사유가 없으면 이에 따라야 한다.
⑥ 제3항부터 제5항까지에 따른 운전경력조회 및 범죄경력조회의 절차·범위 등에 필요한 사항은 대통령령으로 정한다.

부 칙

제1조【시행일】 이 법은 공포 후 1년이 경과한 날부터 시행한다. 다만, 제13조의2제6항의 개정규정은 공포 후 1년 6개월이 경과한 날부터 시행한다.
제2조【특별교통수단 운전업무 종사요건 등에 관한 경과조치】 ① 이 법 시행 당시 특별교통수단을 운행하는 운전자는 제16조의3제1항의 개정규정에도 불구하고 이 법 시행일부터 1년이 되는 날까지 같은 개정규정에 따른 종사요건을 갖추어야 한다.
② 이 법 시행 당시 시·군이나 제16조제11항에 따라 이동지원센터 또는 광역이동지원센터의 운영을 위탁받은 기관 또는 단체에 채용되어 특별교통수단을 운행하는 운전자인 사람이 이 법 시행 전에 발생한 사유로 제16조의3 제2항 각 호의 개정규정에 따른 종사제한사유에 해당하게 된 경우에는 같은 개정규정에도 불구하고 해당 지방자치단체 또는 위탁받은 기관·단체에 소속되어 근무할 때까지는 종전의 규정에 따른다.

물류시설의 개발 및 운영에 관한 법률 일부개정법률

<개정 2024.1.16 법률20042호>

물류시설의 개발 및 운영에 관한 법률 일부를 다음과 같이 개정한다.

제21조의2제1항 각 호 외의 부분 중 ") 또는 해양수산부장관(「항만법」 제2조제4호에 따른 항만구역만 해당한다. 이하 같다)"을 "), 해양수산부장관(「항만법」 제2조제4호에 따른 항만구역 중 같은 법 제3조제2항제1호에 따른 국가관리무역항 및 같은 조 제3항제1호에 따른 국가관리연안항 구역만 해당한다. 이하 같다) 또는 시·도지사(「항만법」 제2조제4호에 따른 항만구역 중 같은 법 제3조제2항제2호에 따른 지방관리무역항 및 같은 조 제3항제2호에 따른 지방관리연안항 구역만 해당한다. 이하 이 장 및 제61조제2항에서 같다)"로 하고, **같은 조** 제5항 중 "국토교통부장관 또는 해양수산부장관"을 "국토교통부장관, 해양수산부장관 또는 시·도지사"로 한다.
제21조의9제1항을 다음과 같이 하고, **같은 조** 제3항 중 "국토교통부장관 또는 해양수산부장관은"을 "국토교통부장관, 해양수산부장관 또는 시·도지사는"으로, "예"를 "예 또는「지방행정제재·부과금의 징수 등에 관한 법률」"로 한다.
① 국토교통부장관, 해양수산부장관 또는 시·도지사는 물류창고업자가 제21조의10에 따라 준용하는 제17조제1항 각 호(제1호·제4호·제7호 및 제8호는 제외한다)의 어느 하나에 해당하여 사업의 정지를 명하여야 하는 경우로서 그 사업의 정지가 그 사업의 이용자 등에게 심한 불편을 주는 경우에는 그 사업정지처분을 갈음하여 1천만원 이하의 과징금을 부과할 수 있다.
제21조의10제1호 중 ""국토교통부장관 또는 해양수산부장관"으로"를 ""국토교통부장관, 해양수산부장관 또는 시·도지사"로"로 한다.
제61조제2항 본문 중 "국토교통부장관 또는 해양수산부장관은"을 "국토교통부장관, 해양수산부장관 또는 시·도지사는"으로, "있으며 소속"을 "있으며, 소속"으로 한다.

부 칙

제1조【시행일】 이 법은 공포 후 1년이 경과한 날부터 시행한다.
제2조【행정처분 등에 관한 일반적 경과조치】 이 법 시행 당시 종전의 규정에 따라 행정기관이 행한 처분 또는 그 밖의 행위는 이 법의 규정에 따라 행정기관이 행한 처분 또는 그 밖의 행위로 보고, 종전의 규정에 따라 행정기관에 대하여 행한 신청·신고, 그 밖의 행위는 이 법의 규정에 따라 행정기관에 대하여 행한 신청·신고, 그 밖의 행위로 본다.

(2024년 10월 17일 시행)

개인금융채권의 관리 및 개인금융채무자의 보호에 관한 법률(약칭 : 개인채무자보호법)

(2024년 1월 16일 법 률 제20054호)

제1장 총 칙

제1조【목적】 이 법은 채권금융회사 등과 개인금융채무자 사이의 개인금융채권·채무 내용의 변동에 따른 개인금융채권의 관리 및 추심·조정(調停)에 필요한 채권금융회사 등의 준수사항을 규정함으로써 개인금융채무자의 권익을 보호하고 개인금융채권·채무와 관련된 금융업의 건전한 발전에 이바지함을 목적으로 한다.
제2조【정의】 이 법에서 사용하는 용어의 뜻은 다음과 같다.
1. "개인금융채권"이란 채권금융회사등이 다음 각 목의 행위를 원인으로 보유하게 된 개인금융채무자에 대한 금전채권을 말한다.
가. 금전의 대부
나. 대위변제
다. 가목 또는 나목의 행위로 발생한 채권의 양수
라. 그 밖에 어음할인 등 대통령령으로 정하는 행위
2. "채권금융회사등"이란 개인금융채권을 보유하고 있는 다음 각 목의 자를 말한다.
가.「은행법」 등 대통령령으로 정하는 법률에 따라 인가·허가·등록·승인 등을 받아 금전의 대부를 업(業)으로 하는 자
나.「공공기관의 운영에 관한 법률」에 따른 공공기관 중 개인금융채권을 보유할 수 있는 기관으로서 대통령령으로 정하는 기관
다. 그 밖에 이 법 또는 다른 법률에 따라 개인금융채권을 보유할 수 있는 자로서 대통령령으로 정하는 자
3. "개인금융채무자"란 제1호 각 목의 행위를 원인으로 채권금융회사등에 채무를 변제할 의무가 있는 사람(보증인 및 채무인수인을 포함한다)을 말한다.
4. "추심"이란 변제하기로 약정한 날까지 채무를 변제하지 아니한 개인금융채무자를 대상으로 소재 파악, 재산조사, 변제 촉구 또는 변제금 수령 등 채권의 만족을 얻기 위하여 하는 모든 행위를 말한다.
5. "채권추심자"란 개인금융채권을 추심하는 자로서 다음 각 목의 자를 말한다.
가. 채권금융회사등
나.「신용정보의 이용 및 보호에 관한 법률」 제2조제10호의2에 따른 채권추심회사(이하 "채권추심회사"라 한다)
다.「신용정보의 이용 및 보호에 관한 법률」 제27조제2항제2호에 따른 위임직채권추심인(이하 "위임직채권추심인"이라 한다)
라.「대부업 등의 등록 및 금융이용자 보호에 관한 법률」 제2조제1호에 따른 대부채권매입추심을 업으로 하는 자로서 같은 법 제3조에 따른 대부업의 등록을 한 자(이하 "대부채권매입추심업자"라 한다)
마. 그 밖에 다른 법률에 따라 개인금융채권을 추심할 수 있는 자로서 대통령령으로 정하는 자
6. "채무조정"이란 채권금융회사등이 보유한 개인금융채권에 대하여 다음 각 목의 방법으로 그 채무의 내용을 변경하는 것을 말한다.
가. 원리금 감면 또는 이자율 조정
나. 새로운 대출을 통한 기존 채무의 변제
다. 분할 변제
라. 변제기간 연장
마. 그 밖에 채무의 내용을 변경하는 것으로서 금융위원회가 정하여 고시하는 방법
제3조【적용범위】 ① 다음 각 호의 권리로 담보된 개인금융채권에 대하여는 제6조제5항, 제9조 및 제10조제1항을 적용하지 아니한다.
1. 유치권
2. 질권
3. 저당권
4. 그 밖에 양도담보권 등 대통령령으로 정하는 권리
② 개인금융채권의 원금이 5천만원 이상의 범위에서 대통령령으로 정하는 금액 이상인 경우에는 제7조를 적용하지 아니한다.
③ 개인금융채권의 원금이 3천만원 이상의 범위에서 대통령령으로 정하는 금액 이상인 경우에는 제6조, 제9조부터 제13조까지 및 제31조부터 제40조까지를 적용하지 아니한다.
제4조【국가 등의 책무】 ① 국가는 채권금융회사등과 개인금융채무자의 권리·의무가 서로 균형을 이룰 수 있도록 개인금융채무자의 보호에 필요한 제도·정책을 정비·개선하기 위하여 노력하여야 한다.
② 채권금융회사등은 이 법에 따라 그와 개인금융채무자 사이의 채권·채무 내용의 변동에 따른 개인금융채권의

관리 및 개인금융채권의 추심·조정을 하는 과정에서 개인금융채무자의 권익을 침해하지 아니하도록 노력하여야 한다.
③ 개인금융채무자는 채무를 성실히 변제하도록 노력하여야 하고, 이 법에 따라 그와 채권금융회사등 사이의 채권·채무 내용의 변동에 따른 개인금융채권의 관리 및 개인금융채권의 추심·조정과 관련된 채권금융회사등의 요청에 성실히 협조하여야 한다.
제5조【다른 법률과의 관계】 ① 제2장에 따른 채권금융회사등과 개인금융채무자 사이의 개인금융채권의 연체 관리에 관하여는 이 법을 우선하여 적용한다. 다만, 다른 법률을 적용하는 것이 개인금융채무자에게 유리한 경우에는 그 법률을 적용한다.
② 제3장제1절에 따른 개인금융채권의 추심 시 준수사항에 관하여는 이 법을 우선하여 적용하며, 이 법에서 정하지 아니한 사항은 「채권의 공정한 추심에 관한 법률」을 적용한다.

제2장 개인금융채권의 연체 관리

제6조【기한의 이익 상실 예정의 통지】 ① 채권금융회사등은 개인금융채권의 연체 등 대통령령으로 정하는 사유로 개인금융채무자의 기한의 이익이 상실되는 경우에는 대통령령으로 정하는 바에 따라 제1호의 기한의 이익 상실 예정일의 10영업일 전까지 다음 각 호의 사항을 개인금융채무자에게 통지하여야 한다.
1. 기한의 이익 상실 예정일
2. 기한의 이익 상실 원인
3. 기한의 이익 상실 효과
4. 채무조정의 요건과 요청 절차·방법
5. 그 밖에 기한의 이익과 관련하여 개인금융채무자의 보호에 필요한 사항으로서 대통령령으로 정하는 사항
② 기한의 이익 상실일은 다음 각 호의 구분에 따른 날로 한다.
1. 제1항에 따른 통지가 같은 항 제1호의 기한의 이익 상실 예정일의 10영업일 전까지 개인금융채무자에게 도달한 경우 : 기한의 이익 상실 예정일
2. 제1항에 따른 통지가 같은 항 제1호의 기한의 이익 상실 예정일의 10영업일 전까지 개인금융채무자에게 도달하지 아니한 경우 : 그 통지가 도달한 날부터 10영업일이 지난 날
③ 채권금융회사등은 제1항에 따른 통지가 2회 이상 반송되는 등 대통령령으로 정하는 불가피한 사유로 같은 항 각 호의 사항을 통지할 수 없는 경우에는 채권금융회사등의 인터넷 홈페이지에 게재하는 등 대통령령으로 정하는 방법으로 그 통지를 갈음할 수 있다.
④ 채권금융회사등이 제3항에 따른 방법으로 제1항에 따른 통지를 갈음한 경우에는 채권금융회사등의 인터넷 홈페이지에 게재 등을 한 날부터 10영업일이 지난 날을 기한의 이익 상실일로 본다.
⑤ 제1항부터 제4항까지에도 불구하고 개인금융채무자가 다음 각 호의 구분에 따른 날까지 제35조에 따라 채무조정을 요청한 경우에는 그 채무조정의 절차가 끝나기 전까지 기한의 이익이 상실되지 아니한 것으로 본다. 다만, 다른 채권자가 해당 개인금융채무자에 대하여 「민사집행법」에 따른 강제집행을 진행하는 등 대통령령으로 정하는 사유가 발생한 경우에는 그 사유가 발생한 날에 기한의 이익이 상실된 것으로 본다.
1. 제2항제1호에 해당하는 경우 : 제1항제1호의 기한의 이익 상실 예정일 전일
2. 제2항제2호에 해당하는 경우 : 제1항에 따른 통지가 도달한 날부터 10영업일이 되는 날
3. 제4항에 해당하는 경우 : 채권금융회사등의 인터넷 홈페이지에 게재 등을 한 날부터 10영업일이 되는 날
제7조【연체이자의 제한 등】 ① 채권금융회사등은 개인금융채권에 연체가 발생하여 기한의 이익이 상실된 경우에도 개인금융채무자와의 기존 약정에 따를 때 기한의 이익이 상실되지 아니하였다면 채무이행의 기한이 도래하지 아니한 부분에 대하여는 기한의 이익이 상실되어 변제기가 도래하더라도 이에 대한 연체이자를 받을 수 없다.
② 제1항을 위반하는 내용의 약정을 체결한 경우 채무이행의 기한이 도래하지 아니한 부분에 대하여 연체이자를 받도록 하는 약정 부분은 무효로 한다.
③ 채권금융회사등은 연체된 개인금융채권의 관리 또는 회수 과정에서 실제로 발생한 비용으로서 대통령령으로 정하는 비용은 별도로 받을 수 있다.
제8조【주택 경매 예정의 통지】 ① 채권금융회사등은 「민사집행법」에 따른 강제집행이나 담보권의 실행을 위하여 개인금융채무자가 거주하고 있는 주택으로서 대통령령으로 정하는 주택의 경매를 법원에 신청하려는 경우에는 대통령령으로 정하는 바에 따라 제2호의 경매신청 예정일의 10영업일 전까지 다음 각 호의 사항을 개인금융채무자에게 통지하여야 한다.
1. 경매신청 대상 주택
2. 경매신청 예정일
3. 채무조정의 요건과 요청 절차·방법
4. 그 밖에 주택의 경매에 필요한 사항으로서 대통령령으로 정하는 사항
② 제1항제2호의 경매신청 예정일은 법원에 주택의 경매를 신청할 수 있는 사유가 발생한 날부터 1개월 이상의 범위에서 대통령령으로 정하는 기간이 지난 날 이후여야 한다.
③ 채권금융회사등은 제1항에 따른 통지를 받은 개인금융채무자가 같은 항 제2호의 경매신청 예정일 전에 경매 절차의 시작을 희망하는 의사를 채권금융회사등에 표시한 경우에는 같은 호의 경매신청 예정일 전에 경매를 신청할 수 있다.
④ 채권금융회사등은 제1항에 따른 통지가 같은 항 제2호의 경매신청 예정일의 10영업일 전까지 개인금융채무자에게 도달하지 아니한 경우에는 그 통지가 도달한 날부터 10영업일이 지난 날 이후에 같은 항에 따른 주택의 경매를 신청할 수 있다.
⑤ 채권금융회사등은 제1항에 따른 통지가 2회 이상 반송되는 등 대통령령으로 정하는 불가피한 사유로 같은 항 각 호의 사항을 통지할 수 없는 경우에는 채권금융회사등의 인터넷 홈페이지에 게재하는 등 대통령령으로 정하는 방법으로 그 통지를 갈음할 수 있다.
⑥ 채권금융회사등이 제5항에 따른 방법으로 제1항에 따른 통지를 갈음한 경우에는 채권금융회사등의 인터넷 홈페이지에 게재 등을 한 날부터 10영업일이 지난 날 이후에 제1항에 따른 주택의 경매를 신청할 수 있다.
⑦ 제1항부터 제6항까지에도 불구하고 채권금융회사등은 개인금융채무자가 다음 각 호의 구분에 따른 날까지 제35조에 따라 채무조정을 요청한 경우에는 그 채무조정의 절차가 끝나기 전까지 경매를 신청하여서는 아니 된다. 다만, 다른 채권자가 해당 주택에 대하여 「민사집행법」에 따른 강제집행을 진행하는 등 대통령령으로 정하는 사유가 발생한 경우에는 그 사유가 발생한 날부터 경매를 신청할 수 있다.
1. 제1항에 해당하는 경우 : 같은 항 제2호의 경매신청 예정일 전일
2. 제4항에 해당하는 경우 : 제1항에 따른 통지가 도달한 날부터 10영업일이 되는 날
3. 제6항에 해당하는 경우 : 채권금융회사등의 인터넷 홈페이지에 게재 등을 한 날부터 10영업일이 되는 날
제9조【장래 이자채권의 면제】 ① 채권금융회사등은 「법인세법」 제19조의2제1항에 따라 손금에 산입한 개인금융채권 등 회수할 수 없거나 회수할 가능성이 현저히 낮은 개인금융채권으로서 대통령령으로 정하는 개인금융채권을 양도하려는 경우에는 해당 개인금융채권을 양도하기 전에 장래에 발생할 이자채권을 면제하여야 하고, 양도계약을 체결할 때 그 면제 사실을 양도계약서에 포함시켜야 한다.
② 제1항에 따라 개인금융채권의 양도계약을 체결한 채권금융회사등은 장래에 발생할 이자채권의 면제 사실을 개인금융채무자에게 지체 없이 통지하여야 한다.
제10조【양도의 제한】 ① 채권금융회사등은 다음 각 호의 개인금융채권을 양도하여서는 아니 된다.
1. 제4장에 따른 채무조정의 절차가 끝나지 아니한 개인금융채권
2. 「서민의 금융생활 지원에 관한 법률」 제72조에 따른 채무조정의 절차가 끝나지 아니한 개인금융채권
3. 채권금융회사등이 개인금융채무자의 사망 사실을 알고 있는 개인금융채권으로서 그 채권의 상속 여부가 확정되지 아니한 개인금융채권
4. 채권의 존재 여부나 범위에 대한 소송이 계속 중인 개인금융채권
5. 그 밖에 개인금융채권의 양도가 이루어질 경우 개인금융채무자의 권익 보호에 중대한 영향을 미칠 수 있는 개인금융채권으로서 대통령령으로 정하는 개인금융채권
② 채권금융회사등은 다음 각 호의 자에게만 개인금융채권을 양도할 수 있다. 다만, 경영상 긴급히 처리할 필요가 있다고 인정되는 경우로서 대통령령으로 정하는 경우에는 각 호의 자 외의 자에게도 양도할 수 있다.
1. 국가
2. 지방자치단체
3. 채권금융회사등
4. 대부채권매입추심업자
5. 그 밖에 「서민의 금융생활 지원에 관한 법률」 제56조에 따른 신용회복위원회 등 금융위원회가 정하여 고시하는 자
제11조【양도 예정의 통지】 ① 채권금융회사등은 기한의 이익이 상실된 개인금융채권이나 그 밖에 대통령령으로 정하는 개인금융채권을 양도하려는 경우에는 대통령령으로 정하는 바에 따라 제2호의 개인금융채권 양도 예정일의 10영업일 전까지 다음 각 호의 사항을 개인금융채무자에게 통지하여야 한다. 다만, 해당 개인금융채권을 제2조제1호가목의 행위를 원인으로 보유하였던 채권금융회사등에 환매하거나 「한국자산관리공사 설립 등에 관한 법률」에 따른 한국자산관리공사에 양도하는 등 대통령령으로 정하는 사유에 해당하는 경우에는 제2호의 개인금융채권 양도 예정일 전까지 통지할 수 있다.
1. 양도대상 개인금융채권에 관한 사항
2. 개인금융채권 양도 예정일
3. 양수 예정인
4. 채무조정의 요건과 요청 절차·방법
5. 그 밖에 개인금융채권의 양도에 필요한 사항으로서 대통령령으로 정하는 사항
② 채권금융회사등은 제1항에 따른 통지가 같은 항 제2호의 개인금융채권 양도 예정일의 10영업일 전까지 개인금융채무자에게 도달하지 아니한 경우에는 그 통지가 도달한 날부터 10영업일이 지난 날 이후에 같은 항에 따른 개인금융채권을 양도할 수 있다.
③ 채권금융회사등은 제1항에 따른 통지가 2회 이상 반송되는 등 대통령령으로 정하는 불가피한 사유로 같은 항 각 호의 사항을 통지할 수 없는 경우에는 채권금융회사등의 인터넷 홈페이지에 게재하는 등 대통령령으로 정하는 방법으로 그 통지를 갈음할 수 있다.
④ 채권금융회사등이 제3항에 따른 방법으로 제1항에 따른 통지를 갈음한 경우에는 채권금융회사등의 인터넷 홈페이지에 게재 등을 한 날부터 10영업일이 지난 날 이후에 제1항에 따른 개인금융채권을 양도할 수 있다.
제12조【양수인에 대한 평가】 ① 채권금융회사등은 1개월 이상의 범위에서 대통령령으로 정하는 기간 이상 연체된 개인금융채권을 양도하려는 경우에는 다음 각 호의 사항에 대하여 양수인을 평가하여야 한다.
1. 추심 인력의 규모 및 전문성에 관한 사항
2. 추심 관련 민원의 주요내용·발생빈도 및 처리체계
3. 제13조에 따른 채권양도내부기준의 내용 및 양수한 채권의 양도 현황에 관한 사항
4. 제22조제1항에 따른 이용자보호기준의 내용에 관한 사항(양수인이 대부채권매입추심업자인 경우로 한정한다)
5. 제24조제1항에 따른 담보조달비율 등 양수하려는 개인금융채권의 대금(代金) 조달 방법 등에 관한 사항
6. 제30조에 따른 채권추심위탁내부기준의 내용 및 추심위탁 현황에 관한 사항(양수인이 추심을 위탁의 방법으로 수행하는 경우로 한정한다)
7. 제34조에 따른 채무조정내부기준의 내용 및 채무조정 실적에 관한 사항
8. 이 법, 「채권의 공정한 추심에 관한 법률」 및 대통령령으로 정하는 채권 추심 관련 법령을 위반한 사실에 관한 사항
9. 그 밖에 양수인의 개인금융채권과 관련된 업무 수행 능력 및 개인금융채무자의 보호 정도를 판단할 수 있는 내용으로서 대통령령으로 정하는 사항
② 제1항에도 불구하고 다음 각 호의 사유로 개인금융채권을 양도하는 경우에는 같은 항에 따른 평가를 하지 아니할 수 있다.
1. 국가 또는 지방자치단체에 양도하는 경우
2. 대통령령으로 정하는 공공기관에 양도하는 경우
3. 개인금융채권을 제2조제1호가목의 행위를 원인으로 보유하였던 채권금융회사등에 환매하는 경우
제13조【채권양도내부기준】 ① 채권금융회사등은 대통령령으로 정하는 바에 따라 그 임원·직원이 개인금융채권의 양도업무를 수행할 때 관계 법령의 준수 및 개인금융채무자의 보호를 위하여 따라야 할 기본적인 절차 및 기준(이하 "채권양도내부기준"이라 한다)을 마련·시행하여야 한다.
② 채권양도내부기준에는 다음 각 호의 사항이 포함되어야 한다.
1. 채권양도내부기준의 운영을 위한 전담조직 및 전담인력에 관한 사항
2. 임원·직원의 업무 수행 시 준수사항
3. 제12조에 따른 양수인에 대한 평가 사항
4. 채권양도내부기준의 준수 여부에 대한 점검·조치·평가 사항
5. 채권양도내부기준의 제정·변경 절차에 관한 사항
6. 업무 수행에 대한 보상체계 및 책임확보 방안에 관한 사항
7. 그 밖에 개인금융채권 양도업무의 수행에 필요한 사항으로서 대통령령으로 정하는 사항

제3장 개인금융채권의 추심 시 준수사항 등

제1절 개인금융채권의 추심 시 준수사항

제14조【추심의 제한】 채권추심자는 다음 각 호의 개인금융채권을 추심하여서는 아니 된다.
1. 제10조제1항제1호부터 제5호까지에 따른 개인금융채권. 다만, 같은 항 제1호의 경우 개인금융채무자가 같은 채무에 대한 채무조정을 2회 이상 요청한 경우는 제외한다.
2. 개인금융채무자가 「채권의 공정한 추심에 관한 법률」 제5조에 따른 채무확인서의 교부를 요청하였음에도 불구하고 그 교부가 이루어지지 아니한 개인금융채권
3. 「신용정보의 이용 및 보호에 관한 법률」 제39조의2제1항을 위반하여 채권자변동정보가 종합신용정보집중기관에 제공되지 아니한 개인금융채권
4. 그 밖에 추심을 허용할 경우 개인금융채무자의 보호 및 건전한 신용질서를 해칠 우려가 있다고 인정되는 개인금융채권으로서 대통령령으로 정하는 개인금융채권

제15조【추심의 착수 통지】 채권추심자는 개인금융채권의 추심에 착수하려는 경우(채권금융회사등이 제2조제1호가목의 행위를 원인으로 보유하게 된 개인금융채권의 추심에 직접 착수하려는 경우는 제외한다)에는 대통령령으로 정하는 바에 따라 제2호의 추심 착수 예정일의 3영업일 전까지 다음 각 호의 사항을 개인금융채무자에게 통지하여야 한다.
1. 채권자, 채무금액, 연체금액 및 연체기간 등 추심 대상 개인금융채권에 관한 사항
2. 추심 착수 예정일
3. 채권추심자의 성명·명칭 및 연락처(채권추심자가 법인인 경우에는 추심업무를 담당하는 사람의 성명 및 연락처를 포함한다)
4. 연락·독촉 등 수행하려는 추심업무의 방법
5. 불법추심이나 소멸시효 완성채권의 추심에 대한 대응요령 등 대통령령으로 정하는 개인금융채무자의 방어권 행사 방법
6. 그 밖에 개인금융채무자가 추심에 대응하기 위하여 필요한 사항으로서 대통령령으로 정하는 사항

제16조【추심연락의 횟수 제한】 ① 채권추심자는 각 채권별로 7일에 7회를 초과하여 개인금융채권의 추심을 위한 연락(개인금융채무자를 방문하거나 개인금융채무자에게 말·글·음향·영상 또는 물건 등을 도달하게 하는 행위를 말한다. 이하 "추심연락"이라 한다)을 하여서는 아니 된다.
② 추심연락의 구체적인 기준과 그 횟수의 계산방법 등에 관하여 필요한 사항은 대통령령으로 정한다.

제17조【추심연락의 유예】 채권추심자는 개인금융채무자가 다음 각 호의 어느 하나에 해당한다고 인정되는 사실을 그 개인금융채무자로부터 확인한 경우에는 그 확인한 날부터 대통령령으로 정하는 기간까지는 추심연락을 하여서는 아니 된다. 다만, 정당한 사유 없이 추심을 현저하게 지체하거나 방해할 목적이 있는 경우로서 대통령령으로 정하는 경우에는 추심연락을 할 수 있다.
1. 대통령령으로 정하는 중대한 재난상황에 처한 경우
2. 사고 등으로 즉각적인 변제가 곤란한 경우로서 대통령령으로 정하는 경우
3. 그 밖에 추심연락을 받기 어려운 경우로서 대통령령으로 정하는 경우

제18조【추심연락 유형의 제한 요청】 ① 개인금융채무자는 대통령령으로 정하는 바에 따라 채권추심자에게 특정한 시간대 또는 특정한 수단을 통하여 추심연락을 하지 아니하도록 요청할 수 있다.
② 제1항에 따른 요청을 받은 채권추심자는 정당한 사유 없이 추심을 현저하게 지체하거나 방해할 목적이 있는 경우로서 대통령령으로 정하는 경우를 제외하고는 그 요청에 따라야 한다.

제19조【추심연락 시 고지 의무】 ① 채권추심자(채권추심자가 법인인 경우에는 추심업무를 담당하는 사람을 말한다. 이하 이 조에서 같다)는 개인금융채무자나 그의 관계인(「채권의 공정한 추심에 관한 법률」에 따른 관계인을 말한다. 이하 같다)에게 추심연락을 하는 경우에는 그 소속, 성명 및 연락처를 밝히고, 추심업무에 대한 정당한 권한이 있음을 나타내는 증표(온라인으로 제시할 수 있는 증표를 포함한다)를 제시하여야 한다.
② 채권추심자는 제1항에 따라 추심연락을 하면서 자신의 소속 및 성명을 밝힐 때 정보원, 탐정, 그 밖에 이와 비슷한 명칭을 사용하여서는 아니 된다.

제20조【채권추심내부기준】 ① 채권추심자(위임직채권추심인은 제외한다)는 대통령령으로 정하는 바에 따라 그 임원·직원이 개인금융채권의 추심업무를 수행할 때 따라야 할 절차 및 기준(이하 "채권추심내부기준"이라 한다)을 마련·시행하여야 한다.
② 채권추심내부기준에는 다음 각 호의 사항이 포함되어야 한다.
1. 채권추심내부기준의 운영을 위한 전담조직 및 전담인력에 관한 사항
2. 임원·직원의 업무 수행 시 준수사항
3. 제27조 및 제29조에 따른 채권추심회사의 평가 및 관리에 필요한 사항
4. 채권추심내부기준의 준수 여부에 대한 점검·조치·평가 사항
5. 채권추심내부기준의 제정·변경 절차에 관한 사항
6. 업무 수행에 대한 보상체계 및 책임확보 방안에 관한 사항
7. 그 밖에 개인금융채권 추심업무의 수행에 필요한 사항으로서 대통령령으로 정하는 사항

제21조【채권추심회사의 이용자보호기준 및 보호감시인】 ① 채권추심회사는 대통령령으로 정하는 바에 따라 그 임원·직원이 추심업무를 수행할 때 개인금융채무자의 보호를 위하여 따라야 할 기본적인 절차 및 기준(이하 "이용자보호기준"이라 한다)을 마련·시행하여야 한다.
② 채권추심회사(총자산규모 또는 영업수익이 대통령령으로 정하는 금액 미만인 채권추심회사는 제외한다. 이하 이 조에서 같다)는 이용자보호기준의 준수 여부를 점검하고, 이용자보호기준의 위반 사항을 조사하여 감사(監査)하는 자(이하 "보호감시인"이라 한다)를 1명 이상 두어야 한다.
③ 보호감시인은 다음 각 호의 요건을 모두 갖춘 사람이어야 한다.
1. 다음 각 목의 어느 하나에 해당하는 경력이 있을 것
가. 「한국은행법」에 따른 한국은행 또는 「금융위원회의 설치 등에 관한 법률」 제38조에 따른 검사 대상 기관(이에 상당하는 외국금융회사 등을 포함한다)에서 10년 이상 근무한 경력
나. 금융 또는 법학 분야에서 석사 이상의 학위를 취득한 사람으로서 공인된 연구기관이나 「고등교육법」 제2조 각 호의 학교에서 연구원 또는 조교수 이상으로 5년 이상 근무한 경력(학위를 취득하기 전 경력을 포함한다)
다. 「변호사법」에 따른 변호사 자격을 취득한 후 해당 자격과 관련된 업무에 5년 이상 종사한 경력
라. 기획재정부, 금융위원회, 「금융위원회의 설치 등에 관한 법률」에 따른 증권선물위원회 또는 같은 법에 따른 금융감독원(이하 "금융감독원"이라 한다)에서 5년 이상 근무한 경력
마. 그 밖에 가목부터 라목까지에서 규정한 경력에 준하는 것으로서 대통령령으로 정하는 경력
2. 「신용정보의 이용 및 보호에 관한 법률」 제27조제1항 각 호의 어느 하나에 해당하는 사람이 아닐 것
3. 최근 5년간 이 법이나 금융관계법령(「금융회사의 지배구조에 관한 법률」에 따른 금융관계법령을 말한다)을 위반하여 금융위원회나 금융감독원의 장(이하 "금융감독원장"이라 한다)으로부터 주의 또는 주의 요구 이상의 조치를 받은 사실이 없을 것
4. 제1호라목의 경력이 있는 사람의 경우에는 해당 기관에서 퇴임하거나 퇴직한 후 5년이 지난 사람일 것
④ 보호감시인을 임면하는 경우에는 이사회의 의결을 거쳐야 한다. 다만, 이사회가 없는 경우에는 대표자의 서명날인 또는 기명날인으로 이사회의 의결을 갈음할 수 있다.
⑤ 보호감시인은 제3항제2호 또는 제3호에 해당하게 된 경우에는 그 직을 잃는다.
⑥ 제2항부터 제5항까지에서 규정한 사항 외에 보호감시인의 업무·임면 등에 필요한 사항은 대통령령으로 정한다.

제22조【대부채권매입추심업자의 이용자보호기준 및 보호감시인】 ① 대부채권매입추심업자는 대통령령으로 정하는 바에 따라 이용자보호기준을 마련·시행하여야 한다.
② 대부채권매입추심업자(총자산규모 또는 영업수익이 대통령령으로 정하는 금액 미만인 대부채권매입추심업자는 제외한다. 이하 제3항에서 같다)는 보호감시인을 1명 이상 두어야 한다.
③ 대부채권매입추심업자의 보호감시인에 관하여는 제21조제3항부터 제6항까지를 준용한다. 이 경우 "채권추심회사"는 "대부채권매입추심업자"로 본다.

제23조【등록취소 등에 따른 추심의 종결】 ① 대부채권매입추심업자가 다음 각 호의 어느 하나에 해당하여 대부채권매입추심업자의 지위를 상실하는 경우에도 「대부업 등의 등록 및 금융이용자 보호에 관한 법률」 제3조에 따른 대부업의 등록을 한 날부터 각 호에 해당하게 된 날까지 양수한 개인금융채권을 추심하는 범위에서는 대부채권매입추심업자로 본다.
1. 「대부업 등의 등록 및 금융이용자 보호에 관한 법률」 제3조제6항에 따른 등록의 유효기간이 만료된 경우
2. 「대부업 등의 등록 및 금융이용자 보호에 관한 법률」 제5조제2항에 따른 폐업신고를 한 경우
3. 제42조제5항 또는 「대부업 등의 등록 및 금융이용자 보호에 관한 법률」 제13조제2항에 따라 등록취소처분을 받은 경우
② 제1항에 따라 대부채권매입추심업자로 보는 자가 개인금융채권을 추심할 때에는 채권추심회사에 위탁하는 방법으로만 할 수 있다.
③ 제1항에 따라 대부채권매입추심업자로 보는 자는 개인금융채권을 같은 항 각 호에 해당하게 된 날부터 6개월 이내에 대통령령으로 정하는 바에 따라 처분하여야 한다.
④ 제3항에도 불구하고 개인금융채무자에게 미치는 영향이 경미한 경우로서 대통령령으로 정하는 경우에는 금융위원회에 신고하고 해당 개인금융채권을 처분하지 아니할 수 있다.

제24조【담보조달비율】 ① 대부채권매입추심업자가 매입하려는 채권의 대금 중 매입하려는 채권을 담보로 조달한 자금의 비율(이하 "담보조달비율"이라 한다)은 100분의 75 이하의 범위에서 대통령령으로 정하는 비율을 초과하여서는 아니 된다.
② 채권금융회사등은 대부채권매입추심업자에게 해당 대부채권매입추심업자가 매입하려는 채권을 담보로 금전을 대부하려는 경우에는 그 채권의 담보조달비율에 해당하는 금액을 초과하여 대부하여서는 아니 된다.

제2절 채권금융회사등의 추심 위탁 시 준수사항

제25조【추심 위탁의 통지】 채권금융회사등은 개인금융채권의 추심을 위탁하려는 경우에는 대통령령으로 정하는 바에 따라 추심 위탁 예정일의 5영업일 전까지 그 사실을 개인금융채무자에게 통지하여야 한다.

제26조【추심 위탁의 제한】 채권금융회사등은 개인금융채권의 추심을 채권추심회사에만 위탁하여야 한다.

제27조【채권추심회사에 대한 평가】 채권금융회사등은 개인금융채권의 추심을 위탁하기 위하여 채권추심회사를 선정하려는 경우에는 채권추심회사에 대한 다음 각 호의 사항을 평가하여야 한다.
1. 제12조제1항제1호·제2호 및 제8호의 사항
2. 이용자보호기준의 내용에 관한 사항
3. 과거 추심 과정에서의 채무조정 실적에 관한 사항
4. 그 밖에 채권추심회사의 업무 수행 능력 및 개인금융채무자의 보호 정도를 판단할 수 있는 내용으로서 금융위원회가 정하여 고시하는 사항

제28조【추심 위탁 계약서】 채권금융회사등이 체결하는 개인금융채권의 추심 위탁 계약서에는 다음 각 호의 사항이 포함되어야 한다.
1. 위탁하는 추심업무의 내용 및 범위
2. 위탁 비용
3. 위탁 기간
4. 수탁자의 의무
5. 계약의 변경 및 해지 사유·절차·방법
6. 그 밖에 개인금융채권의 추심 위탁 계약에 필요한 사항으로서 대통령령으로 정하는 사항

제29조【추심 위탁에 따른 관리 책임】 ① 채권금융회사등은 추심업무를 위탁받은 채권추심회사가 이 법이나 「채권의 공정한 추심에 관한 법률」을 위반하지 아니하도록 지도·감독하여야 한다.
② 채권금융회사등은 채권추심회사의 위법행위를 발견한 경우에는 대통령령으로 정하는 바에 따라 그 내용을 금융위원회에 보고하고 필요한 조치를 하여야 한다.
③ 채권금융회사등은 다음 각 호의 업무를 수행하기 위한 조직과 인력을 운영하여야 한다.
1. 제1항에 따른 지도·감독
2. 추심을 위탁한 개인금융채권의 개인금융채무자가 제기하는 민원의 처리

제30조【채권추심위탁내부기준】 ① 채권금융회사등은 개인금융채권의 추심을 위탁하려는 경우에는 그 임원·직원이 추심 위탁 업무를 수행할 때 따라야 할 기본적인 절차 및 기준(이하 "채권추심위탁내부기준"이라 한다)을 마련·시행하여야 한다.
② 채권추심위탁내부기준에 포함되어야 할 사항 및 채권추심위탁내부기준의 운영에 필요한 사항은 대통령령으로 정한다.

제4장 채무조정

제31조【채무조정 당사자의 책임】 ① 채권금융회사등은 개인금융채무자의 채무조정 요청을 부당하게 거절하거나 그 처리를 지연하여서는 아니 된다.
② 개인금융채무자는 채권금융회사등에 자신의 변제능력에 관한 정보와 채무조정에 필요한 자료를 성실히 제공하여야 한다.

제32조【채무조정의 안내】 ① 채권금융회사등은 채무조정에 필요한 정보로서 대통령령으로 정하는 정보를 채권금융회사등의 게시판과 인터넷 홈페이지에 공개하여야 한다.
② 채권금융회사등은 개인금융채권의 연체정보를 「신용정보의 이용 및 보호에 관한 법률」 제2조제5호가목에 따른 개인신용평가회사 등 제3자에게 제공하려는 경우에는 개인금융채무자에게 채무조정을 요청할 수 있다는 사실을 통지하여야 한다.
③ 제1항 및 제2항에서 규정한 사항 외에 채무조정에 필요한 정보의 공개 절차 등 채무조정의 안내에 필요한 사항은 대통령령으로 정한다.

제33조【채무조정 시 고려사항】 채권금융회사등은 채무조정을 하는 경우에는 다음 각 호의 사항을 충분히 고려하여야 한다.
1. 개인금융채무자의 자산, 부채, 소득 및 생활여건 등을 고려한 변제능력
2. 개인금융채권의 회수 가능성 및 비용
3. 채권금융회사등의 재무 건전성에 미치는 영향
4. 그 밖에 채무조정에 영향을 미치는 사항으로서 금융위원회가 정하여 고시하는 사항

제34조【채무조정내부기준】 ① 채권금융회사등은 대통령령으로 정하는 바에 따라 그 임원·직원이 개인금융채권의 채무조정 업무를 수행할 때 따라야 할 절차 및 기준(이하 "채무조정내부기준"이라 한다)을 마련·시행하여야 한다.
② 채무조정내부기준에는 다음 각 호의 사항이 포함되어야 한다.
1. 채무조정내부기준의 운영을 위한 전담조직 및 전담인력에 관한 사항
2. 임원·직원의 업무 수행 시 준수사항
3. 제32조에 따른 채무조정의 안내에 필요한 사항
4. 제37조에 따라 채무조정을 처리하는 데에 필요한 기준·방법 등에 관한 사항
5. 채무조정내부기준의 준수 여부에 대한 점검·조치·평가 사항
6. 업무 수행에 대한 보상체계 및 책임확보 방안에 관한 사항

7. 그 밖에 개인금융채권 채무조정 업무의 수행에 필요한 사항으로서 대통령령으로 정하는 사항
③ 채무조정내부기준을 마련하거나 개정하는 경우에는 이사회의 의결을 거쳐야 한다. 다만, 이사회가 없는 경우에는 대표자의 서명날인 또는 기명날인으로 이사회의 의결을 갈음할 수 있다.
제35조【채무조정의 요청】 ① 개인금융채무자는 개인금융채권을 연체한 경우에는 대통령령으로 정하는 바에 따라 채권금융회사등에 채무조정을 요청할 수 있다. 다만, 다음 각 호의 경우에는 채무조정을 요청할 수 없다.
1. 제40조에 따라 채무조정의 합의가 해제된 후 1개월 이상의 범위에서 대통령령으로 정하는 기간이 지나지 아니한 경우
2. 개인금융채권의 존재 여부나 범위에 대하여 소송, 조정, 중재 또는 이에 준하는 절차가 진행 중인 경우
3. 「서민의 금융생활 지원에 관한 법률」 제72조에 따른 채무조정의 절차가 진행 중인 경우
4. 「서민의 금융생활 지원에 관한 법률」 제74조제1항에 따른 채무조정의 합의가 성립된 후 합의의 효력이 상실되지 아니한 경우
5. 「채무자 회생 및 파산에 관한 법률」에 따른 회생·간이회생·개인회생 또는 파산·면책 절차가 진행 중인 경우
6. 「채무자 회생 및 파산에 관한 법률」에 따라 회생계획을 인가받은 후 회생절차폐지·간이회생절차폐지 또는 개인회생절차폐지의 결정이 확정되지 아니한 경우
② 개인금융채무자는 제1항에 따라 채무조정을 요청하려는 경우에는 다음 각 호의 서류를 채권금융회사등에 제출하여야 한다. 다만, 제2호의 서류를 작성하기 곤란한 경우에는 그 서류를 제출하지 아니할 수 있다.
1. 채무조정 요청서
2. 채무조정안
3. 개인금융채무자의 변제능력에 관한 자료
4. 그 밖에 채무조정에 필요한 서류로서 대통령령으로 정하는 서류
③ 채권금융회사등은 제2항에 따라 제출받은 서류에 미비한 사항이 있을 때에는 기간을 정하여 그 수정·보완을 요청할 수 있다.
제36조【채무조정의 거절】 ① 채권금융회사등은 다음 각 호의 경우에는 제35조에 따른 채무조정의 요청을 제37조에 따라 처리하지 아니하고 거절할 수 있다.
1. 제35조제1항 각 호의 경우
2. 개인금융채무자가 제35조제3항에 따른 채권금융회사등의 수정·보완 요청에 3회 이상 따르지 아니한 경우
3. 개인금융채무자의 변제능력에 현저한 변동이 없음에도 불구하고 제39조에 따라 채무조정의 절차가 끝난 개인금융채권에 대하여 채무조정을 다시 요청하는 경우
4. 그 밖에 채무조정을 거절할 필요가 있는 경우로서 대통령령으로 정하는 경우
② 채권금융회사등은 제1항에 따라 채무조정의 요청을 거절할 수 있는 경우에도 채무조정을 하는 것이 개인금융채권의 회수 가능성 등을 고려할 때 더욱 유리하다고 판단되는 경우에는 채무조정안을 제안할 수 있다.
제37조【채무조정의 처리】 ① 채권금융회사등은 제35조에 따른 채무조정의 요청을 받은 경우에는 채무조정내부기준에 따라 처리하여야 한다.
② 채권금융회사등은 효율적인 채무조정을 위하여 필요하다고 인정되는 경우에는 관계 기관·법인·단체의 장이나 전문가 등에게 자료·의견의 제출을 요청할 수 있다.
③ 채권금융회사등은 제35조에 따른 채무조정의 요청을 받은 날부터 10영업일 이내에 그 채무조정 여부에 관한 결정 내용을 개인금융채무자에게 통지하여야 한다. 이 경우 채무조정을 결정한 경우에는 채무조정에 따른 변제계획이 포함된 채무조정안을 작성하여 첨부하여야 한다.
④ 제3항 전단에 따른 통지 기한을 산정하는 경우에는 제35조제3항에 따른 수정·보완 기간은 제외하고 산정한다.
⑤ 제1항부터 제4항까지에서 규정한 사항 외에 채무조정의 처리 절차 및 기한 등에 관하여 필요한 사항은 대통령령으로 정한다.
제38조【채무조정의 효력】 ① 채권금융회사등은 개인금융채무자가 제36조제2항 또는 제37조제3항 후단에 따른 채무조정안에 동의하였을 때에는 조정서를 작성하여야 하며, 채무조정의 당사자는 그 조정서에 서명날인 또는 기명날인하여야 한다.
② 개인금융채무자는 제1항에 따른 동의 여부를 제36조제2항에 따라 채무조정안을 제안받은 날 또는 제37조제3항에 따른 통지를 받은 날부터 10영업일 이상의 범위에서 대통령령으로 정하는 기간 이내에 결정하여야 한다.
③ 제1항에 따라 개인금융채무자가 채무조정안에 동의하였을 때에는 채권금융회사등과 개인금융채무자 사이에 조정서와 같은 내용으로 채무조정의 합의가 성립된 것으로 본다.
④ 제1항에 따른 채무조정의 효력은 채무조정의 합의가 성립된 개인금융채권을 제3자에게 양도하는 경우 그 양수인에게도 미친다.
제39조【채무조정 절차의 종료】 다음 각 호의 경우에는 그 채무조정의 절차가 끝난 것으로 본다.
1. 제36조제1항에 따라 채권금융회사등이 채무조정 요청을 거절한 경우
2. 제36조제2항에 따라 채권금융회사등이 제안하거나 제37조제3항 후단에 따라 채권금융회사등이 첨부한 채무조정안에 대하여 개인금융채무자가 동의하지 아니한 경우
3. 제37조제3항 전단에 따라 채권금융회사등이 채무조정을 하지 아니하기로 결정하여 그 사실을 개인금융채무자에게 통지한 경우
4. 제38조제2항에 따른 기간 내에 개인금융채무자가 동의 여부를 결정하지 아니한 경우
제40조【채무조정 합의의 해제】 채권금융회사등은 개인금융채무자가 대통령령으로 정하는 바에 따라 채무조정에 따른 변제계획을 이행하지 아니하거나 그 밖에 대통령령으로 정하는 경우에는 제38조제3항에 따른 합의를 해제할 수 있다.

제5장 보 칙

제41조【감독·검사 등】 ① 금융위원회는 개인금융채무자의 보호와 건전한 거래질서를 위하여 채권금융회사등, 채권추심회사, 대부채권매입추심업자 및 위임직채권추심인(이하 "채권추심회사등"이라 한다)이 이 법이나 이 법에 따른 명령 또는 처분을 적절히 준수하는지를 관리·감독하여야 한다.
② 금융위원회는 제1항에 따른 관리·감독을 위하여 필요한 경우에는 채권추심회사등에 업무 및 재산상황에 관한 보고, 자료의 제출 등 필요한 명령을 할 수 있다.
③ 금융위원회는 채권추심회사등을 관리·감독하기 위하여 필요하다고 인정하는 경우에는 관계 중앙행정기관, 지방자치단체 또는 「공공기관의 운영에 관한 법률」에 따른 공공기관 등 대통령령으로 정하는 기관·법인·단체의 장에게 자료의 제출 또는 사실의 확인을 요청할 수 있다.
④ 제3항에 따른 요청을 받은 기관·법인·단체의 장은 특별한 사유가 없으면 그 요청에 따라야 한다.
⑤ 금융감독원장은 그 소속 직원에게 채권추심회사등의 업무와 재산상황을 검사하도록 할 수 있다.
⑥ 제5항에 따른 검사를 하는 직원은 그 권한을 표시하는 증표를 지니고 그 증표를 관계인에게 내보여야 한다.
⑦ 금융감독원장은 제5항에 따른 검사를 위하여 필요하다고 인정하는 경우에는 채권추심회사등에 보고, 자료의 제출, 관계인의 출석 및 의견의 진술을 요구할 수 있다.
⑧ 금융감독원장은 금융위원회가 정하여 고시하는 바에 따라 제5항에 따른 검사 결과를 금융위원회에 제출하여야 한다. 이 경우 이 법이나 이 법에 따른 명령 또는 처분을 위반한 사실이 있을 때에는 그 처리에 관한 의견서를 첨부하여야 한다.
⑨ 채권추심회사 및 대부채권매입추심업자는 업무의 현황 등 대통령령으로 정하는 사항이 포함된 업무보고서를 작성하여 대통령령으로 정하는 바에 따라 금융위원회에 제출하여야 한다.
제42조【채권금융회사등에 대한 조치 등】 ① 금융위원회는 「금융위원회의 설치 등에 관한 법률」 제38조에 따른 검사 대상 기관 중 채권금융회사등이 별표 각 호의 어느 하나에 해당하는 경우에는 해당 채권금융회사등에 시정을 명하거나 주의 또는 경고 조치를 할 수 있다.
② 금융위원회는 채권추심회사가 별표 각 호의 어느 하나에 해당하는 경우에는 6개월 이내의 기간을 정하여 해당 채권추심회사에 시정을 명하거나 주의 또는 경고 조치를 할 수 있다.
③ 금융위원회는 제2항에 따른 시정명령을 받은 채권추심회사가 그 시정명령을 이행하지 아니하는 경우에는 「신용정보의 이용 및 보호에 관한 법률」 제14조제1항 또는 제2항에 따라 허가를 취소하거나 업무의 정지를 명할 수 있다.
④ 금융위원회는 대부채권매입추심업자가 별표 각 호의 어느 하나에 해당하는 경우에는 6개월 이내의 기간을 정하여 해당 대부채권매입추심업자에게 시정을 명하거나 주의 또는 경고 조치를 할 수 있다.
⑤ 금융위원회는 제4항에 따른 시정명령을 받은 대부채권매입추심업자가 그 시정명령을 이행하지 아니하는 경우에는 「대부업 등의 등록 및 금융이용자 보호에 관한 법률」 제13조제1항 또는 제2항에 따라 영업의 정지를 명하거나 등록을 취소할 수 있다.
⑥ 금융위원회는 채권금융회사등, 채권추심회사 및 대부채권매입추심업자의 임원이 별표 각 호의 어느 하나에 해당하는 경우에는 다음 각 호의 조치를 하거나 금융감독원장으로 하여금 제4호 또는 제5호의 조치를 하게 할 수 있다.
1. 해임권고
2. 직무정지
3. 문책경고
4. 주의적 경고
5. 주의
⑦ 금융위원회는 채권금융회사등, 채권추심회사 및 대부채권매입추심업자의 직원이 별표 각 호의 어느 하나에 해당하는 경우에는 해당 채권금융회사등, 채권추심회사 및 대부채권매입추심업자에게 다음 각 호의 조치를 할 것을 요구하거나 금융감독원장으로 하여금 제2호부터 제5호까지에서 규정한 조치를 할 것을 요구하게 할 수 있다.
1. 면직
2. 정직
3. 감봉
4. 견책
5. 주의
⑧ 이 법이나 「채권의 공정한 추심에 관한 법률」을 위반하는 행위를 한 위임직채권추심인은 그 위반행위의 범위에서 채권추심회사의 직원으로 본다. 다만, 채권추심회사가 「신용정보의 이용 및 보호에 관한 법률」 제27조제9항에 따른 관리책임의 이행에 상당한 주의와 감독을 게을리하지 아니한 경우에는 그 채권추심회사의 직원으로 보지 아니한다.
⑨ 금융위원회나 금융감독원장은 채권금융회사등, 채권추심회사 및 대부채권매입추심업자의 퇴임한 임원이나 퇴직한 직원이 재임 중이거나 재직 중이었다면 제6항 각 호 또는 제7항 각 호의 조치를 받았을 것으로 인정되는 경우에는 그 조치의 내용을 해당 채권금융회사등, 채권추심회사 및 대부채권매입추심업자에게 통지하여야 한다.
⑩ 채권금융회사등, 채권추심회사 및 대부채권매입추심업자는 제9항에 따른 통지를 받은 경우에는 그 퇴임한 임원이나 퇴직한 직원에게 그 통지를 받은 사실 및 조치의 내용 등을 통지하고, 통지한 내용을 기록·유지하여야 한다.
제43조【손해배상책임】 ① 채권추심회사등은 그 업무 수행 과정에서 이 법을 위반하여 개인금융채무자나 그의 관계인에게 손해를 입힌 경우에는 그 손해를 배상할 책임이 있다. 다만, 채권추심회사등이 자신에게 고의 또는 과실이 없음을 입증한 때에는 그러하지 아니하다.
② 채권금융회사등은 채권추심회사에 개인금융채권의 추심을 위탁한 경우로서 채권추심회사가 이 법이나 「채권의 공정한 추심에 관한 법률」을 위반하여 개인금융채무자나 그의 관계인에게 손해를 발생시킨 경우에는 그 채권추심회사와 연대하여 손해를 배상할 책임이 있다. 다만, 제29조에 따라 채권추심회사에 대한 지도·감독 및 필요한 조치를 할 때 상당한 주의를 게을리하지 아니한 경우에는 그러하지 아니하다.
③ 채권추심회사는 소속 위임직채권추심인이 이 법이나 「채권의 공정한 추심에 관한 법률」을 위반하여 개인금융채무자나 그의 관계인에게 손해를 발생시킨 경우에는 위임직채권추심인과 연대하여 그 손해를 배상할 책임이 있다. 다만, 채권추심회사가 「신용정보의 이용 및 보호에 관한 법률」 제27조제9항에 따라 위임직채권추심인을 관리할 때 상당한 주의를 게을리하지 아니한 경우에는 그러하지 아니하다.
④ 제2항 본문에 따른 채권금융회사등의 손해배상책임은 채권추심회사에 대한 채권금융회사등의 구상권 행사를 방해하지 아니한다.
⑤ 제3항 본문에 따른 채권추심회사의 손해배상책임은 소속 위임직채권추심인에 대한 채권추심회사의 구상권 행사를 방해하지 아니한다.
제44조【법정손해배상의 청구】 ① 개인금융채무자는 채권추심회사등이 이 법을 위반한 경우에는 제43조에 따라 손해배상을 청구하는 대신 300만원 이하의 범위에서 상당한 금액을 손해액으로 하여 배상을 청구할 수 있다.
② 채권추심회사등은 제1항에 따른 청구의 내용에 대하여 자신에게 고의 또는 과실이 없음을 입증하지 아니하면 책임을 면할 수 없다.
③ 법원은 제1항에 따른 청구가 있는 경우에는 변론 전체의 취지와 증거조사의 결과를 고려하여 같은 항에 따른 손해액 상한 범위에서 상당한 금액을 손해액으로 인정할 수 있다.
④ 제43조에 따라 손해배상을 청구한 개인금융채무자는 사실심(事實審)의 변론이 종결되기 전까지 그 청구를 제1항에 따른 청구로 변경할 수 있다.
제45조【손해배상의 보장】 ① 채권추심회사 및 대부채권매입추심업자는 업무를 시작하기 전에 대통령령으로 정하는 바에 따라 제43조 및 제44조에 따른 손해배상책임 등 대통령령으로 정하는 개인금융채무자에 대한 금전적 책임의 이행을 보장하기 위한 다음 각 호의 어느 하나에 해당하는 조치를 하여야 한다.
1. 영업보증금의 예탁
2. 보험금의 지급을 보장하는 보증보험증권의 구매
3. 공제 가입
② 채권추심회사 및 대부채권매입추심업자는 각각의 허가·인가·등록이 취소되거나 등록 유효기간이 만료된 경우 또는 폐업신고를 한 경우에도 기존에 체결한 계약에 따른 거래를 종결할 때까지 제1항에 따른 조치를 유지하여야 한다.
③ 제1항에 따른 조치의 최소기준, 영업보증금 등의 사용·유지 방법 등에 필요한 사항은 대통령령으로 정한다.
제46조【행정처분 등의 공표】 금융위원회는 채권추심회사 및 대부채권매입추심업자가 최근 5년 이내에 제42조제2항부터 제5항까지에 따른 행정처분 또는 시정명령을 받은 경우에는 대통령령으로 정하는 바에 따라 그 사실을 공표하여야 한다.
제47조【업무의 위탁】 ① 금융위원회는 이 법에 따른 금융위원회의 업무 중 일부를 대통령령으로 정하는 바에 따라 다음 각 호의 자에게 위탁할 수 있다.

1. 금융감독원장
2. 「대부업 등의 등록 및 금융이용자 보호에 관한 법률」 제18조의2에 따른 대부업 및 대부중개업 협회
3. 「신용정보의 이용 및 보호에 관한 법률」 제44조에 따른 신용정보협회
4. 그 밖에 이 법에 따른 금융위원회의 업무 수행에 필요한 전문인력과 시설을 갖춘 기관으로서 대통령령으로 정하는 기관

② 제1항에 따라 금융위원회의 업무를 위탁받은 자(금융감독원장은 제외한다)는 대통령령으로 정하는 바에 따라 그 업무 처리에 관한 사항을 금융위원회에 보고하여야 한다.

제6장 벌 칙

제48조【벌칙】 제26조를 위반하여 채권추심회사 외의 자에게 개인금융채권의 추심을 위탁한 자는 5년 이하의 징역 또는 5천만원 이하의 벌금에 처한다.

제49조【벌칙】 다음 각 호의 어느 하나에 해당하는 자는 3년 이하의 징역 또는 3천만원 이하의 벌금에 처한다.
1. 제10조제2항을 위반하여 같은 항 각 호의 자 외의 자에게 개인금융채권을 양도한 자
2. 제19조제2항을 위반하여 정보원, 탐정, 그 밖에 이와 비슷한 명칭을 사용한 자

제50조【병과】 제48조 및 제49조에 따른 징역형과 벌금형은 병과(竝科)할 수 있다.

제51조【양벌규정】 법인의 대표자나 법인 또는 개인의 대리인, 사용인, 그 밖의 종업원이 그 법인 또는 개인의 업무에 관하여 제48조 또는 제49조의 위반행위를 하면 행위자를 벌하는 외에 그 법인 또는 개인에게도 해당 조문의 벌금형을 과(科)한다. 다만, 법인 또는 개인이 그 위반행위를 방지하기 위하여 해당 업무에 관하여 상당한 주의와 감독을 게을리하지 아니한 경우에는 그러하지 아니하다.

제52조【과태료】 ① 다음 각 호의 어느 하나에 해당하는 자에게는 5천만원 이하의 과태료를 부과한다.
1. 제41조제2항에 따른 명령에 따르지 아니한 자
2. 제41조제5항에 따른 검사 또는 같은 조 제7항에 따른 요구를 거부·방해하거나 기피한 자
3. 제41조제9항을 위반하여 업무보고서를 제출하지 아니하거나 거짓으로 작성된 업무보고서를 제출한 자

② 다음 각 호의 어느 하나에 해당하는 자에게는 3천만원 이하의 과태료를 부과한다.
1. 제7조제1항을 위반하여 채무이행의 기한이 도래하지 아니한 부분에 대하여 연체이자를 받은 자
2. 제10조제1항을 위반하여 같은 항 각 호의 개인금융채권을 양도한 자
3. 제14조를 위반하여 같은 조 각 호의 개인금융채권을 추심한 자
4. 제23조제2항을 위반하여 개인금융채권을 추심한 자
5. 제36조제1항 각 호 외의 사유로 채무조정의 요청을 거절한 자

③ 다음 각 호의 어느 하나에 해당하는 자에게는 2천만원 이하의 과태료를 부과한다.
1. 제8조제1항 또는 제5항에 따른 주택 경매 예정의 통지(통지를 갈음하는 방법을 포함한다)를 하지 아니하고 경매를 신청한 자
2. 제8조제4항·제6항 또는 제7항을 위반하여 경매를 신청한 자
3. 제11조제1항 또는 제3항에 따른 개인금융채권 양도 예정의 통지(통지를 갈음하는 방법을 포함한다)를 하지 아니하거나 거짓으로 통지(통지를 갈음하는 방법을 포함한다)한 자
4. 제11조제2항 또는 제4항을 위반하여 개인금융채권 양도 예정의 통지가 도달한 날부터 또는 채권금융회사등의 인터넷 홈페이지에 게재 등을 한 날부터 10영업일이 지나기 전에 개인금융채권을 양도한 자
5. 제16조제1항 또는 제17조를 위반하여 추심연락을 한 자
6. 제18조제2항을 위반하여 개인금융채무자의 요청에 따르지 아니한 자
7. 제25조에 따른 추심 위탁의 통지를 하지 아니하거나 거짓으로 통지한 자
8. 제32조제2항을 위반하여 개인금융채무자에게 채무조정을 요청할 수 있다는 사실을 통지하지 아니한 자
9. 제37조제3항 전단을 위반하여 채무조정 여부에 관한 결정 내용을 통지하지 아니하거나 거짓으로 통지한 자

④ 다음 각 호의 어느 하나에 해당하는 자에게는 1천만원 이하의 과태료를 부과한다.
1. 제15조를 위반하여 추심의 착수에 관한 같은 조 각 호의 사항을 개인금융채무자에게 통지하지 아니한 자
2. 제19조제1항을 위반하여 소속, 성명 또는 연락처를 밝히지 아니하거나 증표를 제시하지 아니한 자
3. 제32조제1항을 위반하여 채권금융회사등의 게시판과 인터넷 홈페이지에 채무조정에 필요한 정보를 공개하지 아니한 자

⑤ 제1항부터 제4항까지에 따른 과태료는 대통령령으로 정하는 바에 따라 금융위원회가 부과·징수한다.

부 칙

제1조【시행일】 이 법은 공포 후 9개월이 경과한 날부터 시행한다.

제2조【연체이자의 제한 등에 관한 적용례】 제7조는 이 법 시행 이후 채권금융회사등과 개인금융채무자가 새로 체결하거나 갱신, 연장하는 약정에 따른 개인금융채권부터 적용한다.

제3조【추심의 제한에 관한 적용례】 제14조는 이 법 시행 전에 추심에 착수하였으나 이 법 시행 당시 회수되지 아니한 같은 조 각 호의 개인금융채권에 대하여도 적용한다.

제4조【추심연락의 횟수 제한에 관한 적용례】 제16조에 따라 제한되는 추심연락의 횟수를 산정할 때에는 이 법 시행 이후 개인금융채무자에게 하는 추심연락부터 산정한다.

제5조【추심연락의 유예에 관한 적용례】 제17조는 이 법 시행 전에 개인금융채무자에게 같은 조 각 호의 사실이 발생한 경우에도 적용한다.

제6조【추심 위탁 계약서에 관한 적용례】 제28조는 이 법 시행 이후 체결하는 개인금융채권의 추심 위탁 계약부터 적용한다.

제7조【추심 위탁에 따른 관리 책임에 관한 적용례】 제29조는 이 법 시행 이후 개인금융채권의 추심을 위탁하는 경우부터 적용한다.

제8조【채무조정의 요청에 관한 적용례】 제35조는 이 법 시행 이후 개인금융채권이 연체되는 경우부터 적용한다.

제9조【등록취소 등에 따른 거래의 종결에 관한 경과조치 등】 ① 이 법 시행 당시 「대부업 등의 등록 및 금융이용자 보호에 관한 법률」 제14조에 따라 이미 체결한 대부계약에 따른 거래를 종결하는 범위에서 대부업자등(같은 법 제2조제1호에 따른 대부채권매입추심을 업으로 하는 자로 한정한다)으로 보는 자는 해당 거래를 종결하는 범위에서 제23조제1항에 따른 대부채권매입추심업자로 본다.

② 제1항에 따라 대부채권매입추심업자로 보는 자로서 「대부업 등의 등록 및 금융이용자 보호에 관한 법률」 제3조에 따른 대부업의 등록을 한 날부터 같은 법 제14조 각 호에 해당하게 된 날까지 양수한 개인금융채권을 이 법 시행 당시 처분하지 아니한 자가 제23조제3항에 따라 해당 개인금융채권을 처분하는 경우 그 처분 기한의 기산일은 같은 항에도 불구하고 이 법 시행일로 한다.

제10조【다른 법률의 개정】 ① **공익신고자 보호법** 일부를 다음과 같이 개정한다.

별표에 제472호의2를 다음과 같이 신설한다.

472의2. 「개인금융채권의 관리 및 개인금융채무자의 보호에 관한 법률」

② **금융혁신지원 특별법** 일부를 다음과 같이 개정한다.

별표 제1호를 제1호의2로 하고, **같은 표**에 제1호를 다음과 같이 신설한다.

1. 「개인금융채권의 관리 및 개인금융채무자의 보호에 관한 법률」

〔별표〕

채권금융회사등에 대한 행정처분 등 사유(제42조 관련)

1. 제7조제1항을 위반하여 채무이행의 기한이 도래하지 아니한 부분에 대하여 연체이자를 받은 경우
2. 제8조제1항을 위반하여 경매에 관한 같은 항 각 호의 사항을 통지하지 아니하거나 거짓으로 통지한 경우
3. 제8조제2항을 위반하여 경매신청 예정일을 정한 경우
4. 제8조제4항·제6항 또는 제7항을 위반하여 경매를 신청한 경우
5. 제9조제1항을 위반하여 장래 이자채권의 면제 사실을 양도계약서에 포함시키지 아니하고 양도계약을 체결한 경우
6. 제9조제2항을 위반하여 장래 이자채권의 면제 사실을 개인금융채무자에게 통지하지 아니한 경우
7. 제10조제1항을 위반하여 같은 항 각 호의 개인금융채권을 양도한 경우
8. 제10조제2항을 위반하여 같은 항 각 호의 자 외의 자에게 개인금융채권을 양도한 경우
9. 제11조제1항에 따른 개인금융채권 양도 예정의 통지를 하지 아니하거나 거짓으로 통지한 경우
10. 제11조제2항을 위반하여 개인금융채권 양도 예정의 통지가 도달한 날부터 10영업일이 지나기 전에 개인금융채권을 양도한 경우
11. 제11조제4항을 위반하여 채권금융회사등의 인터넷 홈페이지에 게재 등을 한 날부터 10영업일이 지나기 전에 개인금융채권을 양도한 경우
12. 제12조에 따른 양수인에 대한 평가를 하지 아니한 경우
13. 제13조에 따라 채권양도내부기준을 마련·시행하지 아니한 경우
14. 제14조를 위반하여 같은 조 각 호의 개인금융채권을 추심한 경우
15. 제15조를 위반하여 추심의 착수에 관한 같은 조 각 호의 사항을 개인금융채무자에게 통지하지 아니한 경우
16. 제16조제1항 또는 제17조를 위반하여 추심연락을 한 경우
17. 제18조제2항을 위반하여 개인금융채무자의 요청에 따르지 아니한 경우
18. 제19조제1항을 위반하여 소속, 성명 또는 연락처를 밝히지 아니하거나 증표를 제시하지 아니한 경우
19. 제19조제2항을 위반하여 정보원, 탐정, 그 밖에 이와 비슷한 명칭을 사용한 경우
20. 제20조에 따라 채권추심내부기준을 마련·시행하지 아니한 경우
21. 제21조제1항 또는 제22조제1항에 따라 이용자보호기준을 마련·시행하지 아니한 경우
22. 제21조제2항부터 제4항까지 또는 제22조제2항 및 제3항을 위반하여 보호감시인을 두지 아니하거나 보호감시인과 관련된 의무를 이행하지 아니한 경우
23. 제23조제2항을 위반하여 개인금융채권을 추심한 경우
24. 제23조제3항을 위반하여 개인금융채권을 처분하지 아니한 경우
25. 제24조제1항을 위반하여 담보조달비율을 초과한 경우
26. 제24조제2항을 위반하여 금전을 대부한 경우
27. 제25조에 따른 추심 위탁의 통지를 하지 아니하거나 거짓으로 통지한 경우
28. 제26조를 위반하여 개인금융채권의 추심을 위탁한 경우
29. 제27조에 따라 채권추심회사를 평가하지 아니한 경우
30. 제28조를 위반하여 계약을 체결한 경우
31. 제29조제2항을 위반하여 보고하지 아니하거나 필요한 조치를 하지 아니한 경우
32. 제29조제3항을 위반하여 조직과 인력을 운영하지 아니한 경우
33. 제30조에 따라 채권추심위탁내부기준을 마련·시행하지 아니한 경우
34. 제32조제1항을 위반하여 채무조정에 필요한 정보를 채권금융회사등의 게시판과 인터넷 홈페이지에 공개하지 아니한 경우
35. 제32조제2항을 위반하여 개인금융채무자에게 채무조정을 요청할 수 있다는 사실을 통지하지 아니한 경우
36. 제34조에 따라 채무조정내부기준을 마련·시행하지 아니한 경우
37. 제36조제1항 각 호 외의 사유로 채무조정의 요청을 거절한 경우
38. 제37조제3항 전단을 위반하여 채무조정 여부에 관한 결정 내용을 통지하지 아니하거나 거짓으로 통지한 경우
39. 제41조제2항에 따른 명령에 따르지 아니한 경우
40. 제41조제5항 또는 제7항에 따른 검사 또는 요구를 거부·방해하거나 기피한 경우
41. 제41조제9항을 위반하여 업무보고서를 제출하지 아니하거나 거짓으로 작성된 업무보고서를 제출한 경우
42. 제42조제1항·제2항 또는 제4항을 위반하여 시정명령을 따르지 아니한 경우
43. 제42조제6항제1호 또는 제2호의 해임권고 또는 직무정지나 같은 조 제7항제1호의 면직 요구에 따르지 아니한 경우
44. 제45조제1항에 따른 금전적 책임의 이행을 보장하기 위한 조치를 하지 아니하거나 같은 조 제2항에 따라 유지하지 아니한 경우
45. 채권추심자가 개인금융채권을 추심할 때 「채권의 공정한 추심에 관한 법률」 제8조의3, 제9조, 제10조제1항, 제11조부터 제13조까지 또는 제13조의2제2항을 준수하지 아니한 경우

정보통신기반 보호법 일부개정법률

<개정 2024.1.23 법률20068호>

정보통신기반 보호법 일부를 다음과 같이 개정한다.

제7조제1항제3호 중 "명령 · 권고"를 "명령"으로 한다.
제10조제1항 중 "권고할"을 "명령할"로 하고, **같은 조** 제2항을 제3항으로 하며, **같은 조**에 제2항을 다음과 같이 신설한다.
② 제1항에 따른 명령을 받은 관리기관의 장은 이를 이행하여야 한다.
제11조의 제목 중 "명령 등"을 "명령"으로 하고, **같은 조** 제목 외의 부분을 제1항으로 하며, **같은 조** 제1항(종전의 제목 외의 부분) 각 호 외의 부분 중 "명령 또는 권고할"을 "하도록 명령할"로 하고, **같은 조**에 제2항을 다음과 같이 신설한다.
② 제1항에도 불구하고 관계중앙행정기관의 장이 보호조치 명령을 하지 아니하는 경우에는 과학기술정보통신부장관과 국가정보원장등이 관계중앙행정기관의 장을 대신하여 해당 관리기관의 장에게 주요정보통신기반시설의 보호에 필요한 조치를 하도록 명령할 수 있다.
제14조제2항 및 제3항을 각각 다음과 같이 하고, **같은 조**에 제4항 및 제5항을 각각 다음과 같이 신설한다.
② 관계중앙행정기관의 장은 주요정보통신기반시설에 대한 침해사고가 발생한 때에는 해당 관리기관의 장에게 해당 정보통신기반시설의 복구 및 보호에 필요한 조치를 하도록 명령할 수 있다.
③ 제2항에도 불구하고 관계중앙행정기관의 장이 복구 및 보호조치 명령을 하지 아니하는 경우에는 과학기술정보통신부장관과 국가정보원장등이 관계중앙행정기관의 장을 대신하여 해당 관리기관의 장에게 해당 정보통신기반시설의 복구 및 보호에 필요한 조치를 하도록 명령할 수 있다.
④ 관리기관의 장은 제1항부터 제3항까지에 따른 복구 및 보호조치를 위하여 필요한 경우 관계중앙행정기관의 장 또는 인터넷진흥원의 장에게 지원을 요청할 수 있다. 다만, 제7조제2항에 해당하는 경우에는 그러하지 아니하다.
⑤ 관계중앙행정기관의 장 또는 인터넷진흥원의 장은 제4항에 따른 지원요청을 받은 때에는 피해복구가 신속히 이루어질 수 있도록 기술지원 등 필요한 지원을 하여야 하고, 피해확산을 방지할 수 있도록 관리기관의 장과 함께 적절한 조치를 취하여야 한다.
제30조제3항을 제7항으로 하고, **같은 조** 제1항 및 제2항을 각각 제2항 및 제3항으로 하며, **같은 조**에 제1항을 다음과 같이 신설하고, **같은 조** 제2항(종전의 제1항) 각 호 외의 부분 본문 중 "2천만원"을 "3천만원"으로 하며, 같은 항 제1호 중 "제11조"를 "제11조제1항 또는 제2항"으로 하고, **같은 조** 제7항(종전의 제3항) 중 "제1항 및 제2항에 따른"을 "제1항부터 제3항까지에 따른"으로, "과학기술정보통신부장관(이하 "부과권자"라 한다)"을 "과학기술정보통신부장관"으로 한다.
① 다음 각 호의 어느 하나에 해당하는 자에게는 5천만원 이하의 과태료를 부과한다. 다만, 관리기관의 장이 관계중앙행정기관의 장(그 소속기관의 장인 경우를 포함한다)인 경우에는 그러하지 아니하다.
1. 제10조제1항에 따른 명령을 이행하지 아니한 자
2. 제14조제2항 또는 제3항에 따른 복구 및 보호조치 명령을 이행하지 아니한 자

부 칙

이 법은 공포 후 1년이 경과한 날부터 시행한다.

장사 등에 관한 법률 일부개정법률

<개정 2024.1.23 법률20110호>

장사 등에 관한 법률 일부를 다음과 같이 개정한다.

제2조제3호 중 "묻어"를 "묻거나 해양 등 대통령령으로 정하는 구역에 뿌려"로 한다.
제10조제1항 중 "묻기에"를 "묻거나 뿌리기에"로 하고, **같은 조** 제3항 중 "묻는"을 "묻거나 뿌리는"으로 한다.
제17조제1호 중 "중 대통령령으로 정하는 지역"을 "및 같은 법 제40조에 따른 수산자원보호구역 중 대통령령으로 정하는 지역 · 구역"으로 하고, **같은 조** 제4호를 제5호로 하며, **같은 조**에 제4호를 다음과 같이 신설한다.
4. 「해양환경관리법」 제15조제1항에 따른 환경관리해역

부 칙

이 법은 공포 후 1년이 경과한 날부터 시행한다.

물환경보전법 일부개정법률

<개정 2024.1.23 법률20116호>

물환경보전법 일부를 다음과 같이 개정한다.

제21조의4제1항 중 "(광역시의 군수는 제외한다)"를 "(광역시의 군수는 제외한다. 이하 이 조에서 "관할 지방자치단체의 장"이라 한다)"로 하고, **같은 조** 제2항 중 "제1항에 따라 완충저류시설을 설치 · 운영하여야 하는 지방자치단체의 장"을 "관할 지방자치단체의 장"으로 하며, **같은 조** 제3항 및 제4항을 각각 제7항 및 제8항으로 하고, **같은 조**에 제3항부터 제6항까지를 각각 다음과 같이 신설하며, **같은 조** 제7항(종전의 제3항) 중 "설치 · 운영"을 "설치 · 운영 및 관리"로 하고, **같은 조** 제8항(종전의 제4항) 중 "운영"을 "운영, 기술진단의 대상 및 내용, 개선계획의 수립 · 시행과 환경부장관에 대한 통보 등"으로 한다.
③ 관할 지방자치단체의 장은 5년마다 소관 완충저류시설에 대한 기술진단을 실시하여 완충저류시설의 관리상태를 점검하여야 한다.
④ 관할 지방자치단체의 장은 제3항에 따른 기술진단의 결과 완충저류시설의 관리상태를 개선할 필요가 있는 경우에는 개선계획을 수립하여 시행하여야 한다.
⑤ 관할 지방자치단체의 장은 제3항에 따른 기술진단의 결과와 제4항에 따른 개선계획 및 개선계획에 따른 이행결과를 환경부장관에게 통보하여야 한다.
⑥ 관할 지방자치단체의 장은 한국환경공단 또는 「하수도법」 제20조의2에 따른 기술진단전문기관(이하 "기술진단전문기관"이라 한다)으로 하여금 제3항에 따른 기술진단을 대행하게 할 수 있다. 이 경우 기술진단전문기관의 기술진단 대행에 관하여는 「하수도법」 제20조의2 및 제20조의4를 준용한다.
제50조의2제1항 중 "공공폐수처리시설의"를 "공공폐수처리시설(폐수관로를 포함한다. 이하 이 조에서 같다)의"로 하고, **같은 조** 제2항 본문 중 "「하수도법」 제20조의2에 따른 기술진단전문기관(이하 "기술진단전문기관"이라 한다)으로"를 "기술진단전문기관으로"로 한다.
제51조제3항을 제10항으로 하고, **같은 조** 제4항을 제12항으로 하며, **같은 조**에 제3항부터 제9항까지 및 제11항을 각각 다음과 같이 신설한다.
③ 제2항에 따라 배수설비를 설치 · 관리하여야 하는 자는 사업장을 신설 · 증설하기 전에 공공폐수처리시설에 유입되는 오 · 폐수의 수량 · 수질 등 대통령령으로 정하는 사항에 대하여 시행자의 승인(이하 "오 · 폐수 유입처리 승인"이라 한다)을 받아야 한다. 승인을 받은 사항을 변경하려는 때에도 또한 같다.
④ 제3항에 따른 승인 신청을 받은 시행자(시행자가 환경부장관인 경우는 제외한다)는 승인 여부에 관하여 환경부장관과 협의하여야 한다.
⑤ 제3항에 따라 시행자의 오 · 폐수 유입처리 승인을 받은 자가 배수설비를 설치(오 · 폐수 유입처리 승인과 관련하여 배수설비의 규모 및 위치를 변경하는 경우를 포함한다. 이하 이 조에서 같다)하려는 경우에는 대통령령으로 정하는 바에 따라 배수설비의 설치에 대한 시행자의 승인을 받아야 한다.
⑥ 제5항에 따른 승인 신청을 받은 시행자(시행자가 국가 및 지방자치단체인 경우에 한정한다)는 배수설비의 부실시공을 방지하기 위하여 필요하다고 인정하는 경우 다음 각 호의 어느 하나에 해당하는 경우를 제외하고 제5항에 따른 승인 신청을 한 자에게 배수설비의 시공을 대통령령으로 정하는 요건을 갖춘 자로 하여금 대행하게 하도록 명할 수 있다.
1. 옥내(屋內)시설의 배수설비 공사 등 경미한 배수설비 공사에 해당하는 경우
2. 배수설비의 준설 · 보수 등 폐수관로의 기능에 장애를 주지 아니하는 유지 · 관리 공사에 해당하는 경우
⑦ 제5항에 따라 배수설비의 설치에 대한 시행자의 승인을 받은 자가 배수설비 설치를 완료한 때에는 시행자에게 준공검사를 받아야 하고, 시행자는 시설설치의 적합여부를 점검하고 적합한 경우에는 배수설비 설치완료 검사필증을 교부하여야 한다.
⑧ 제7항에 따라 배수설비의 설치를 완료한 자(이하 "배수설비설치 · 관리자"라 한다)는 제7항에 따라 시행자가 교부하는 배수설비 설치완료 검사필증을 받은 후가 아니면 배수설비를 사용할 수 없다.
⑨ 배수설비설치 · 관리자는 다음 각 호의 어느 하나에 해당하는 경우 시행자에게 신고하여야 한다.
1. 해당 배수설비의 사용을 중지하거나 폐쇄하려는 경우
2. 사용을 중지하였던 배수설비를 다시 사용하려는 경우
3. 그 밖에 공공폐수처리시설의 관리를 위하여 필요한 경우로서 대통령령으로 정하는 경우
⑪ 제3항부터 제9항까지에 따른 승인 · 신고 및 준공검사에 관하여는 대통령령으로 정하는 바에 따른다.
제3장제2절에 **제51조의2** 및 **제51조의3**을 각각 다음과 같이 신설한다.
제51조의2【배수설비 등에 관한 조치명령】 ① 시행자(시행자가 국가 및 지방자치단체인 경우에 한정한다. 이하 이 조에서 같다)는 배수설비설치 · 관리자가 다음 각 호의 어느 하나에 해당하는 경우에는 대통령령으로 정하는 바에 따라 배수설비의 설치, 구조변경, 개 · 보수, 철거 등 필요한 조치를 명할 수 있다.
1. 제51조제2항에 따른 배수설비를 설치하지 아니한 경우
2. 제51조제10항에 따른 배수설비의 설치방법, 구조기준 등에 부합하지 않게 설치된 경우
3. 사용 중인 배수설비가 관로의 부식, 접속불량, 누수 등으로 개 · 보수가 필요한 경우
② 시행자는 배수설비를 사용하는 자가 배수설비에 다른 설비를 접속하는 등의 행위로 배수설비의 기능에 장해를 발생시키는 경우에는 대통령령으로 정하는 바에 따라 해당 설비의 이전 · 철거 등 장해 제거에 필요한 조치를 명할 수 있다.
제51조의3【타인의 토지 또는 배수설비의 사용】 ① 제51조제2항에 따라 배수설비를 설치 · 관리하여야 하는 자가 타인의 토지 또는 배수설비를 사용하지 아니하고는 오 · 폐수를 공공폐수처리시설로 유입시키기 곤란하거나 이를 관리할 수 없는 때에는 타인의 토지에 배수설비를 설치하거나 타인이 설치한 배수설비를 사용할 수 있다.
② 제1항에 따라 타인의 토지를 사용하고자 하는 자는 해당 토지의 소유자나 이해관계인과 미리 협의하여야 하며, 그 사용으로 인하여 발생하는 손실에 대하여는 상당한 보상을 하여야 한다.
③ 제1항에 따라 타인의 배수설비를 사용하는 자는 그 이익을 받은 비율에 따라 그 설치 또는 관리에 소요되는 비용을 분담하여야 한다.
제82조제2항제4호의2를 제4호의3으로 하고, 같은 항에 제4호의2를 다음과 같이 신설하며, 같은 항 제4호의3(종전의 제4호의2) 중 "기술진단"을 "공공폐수처리시설(폐수관로를 포함한다)에 대한 기술진단"으로 하고, **같은 조** 제3항에 제3호의2부터 제3호의6까지를 각각 다음과 같이 신설한다.
4의2. 제21조의4제3항을 위반하여 완충저류시설에 대한 기술진단을 실시하지 아니한 자
3의2. 제51조제3항을 위반하여 사업장 신설 · 증설 전에 오 · 폐수 유입처리 승인을 받지 아니하거나 거짓이나 부정한 방법으로 승인을 받은 자
3의3. 제51조제5항에 따른 배수설비 설치 승인을 받지 아니하고 배수설비를 설치(승인과 관련하여 변경하는 경우를 포함한다. 이하 같다)한 자
3의4. 제51조제6항에 따른 명령을 위반하여 배수설비를 설치한 자
3의5. 제51조제8항을 위반하여 배수설비 설치완료 검사필증을 받지 아니하고 배수설비를 사용한 자
3의6. 제51조의2에 따른 시행자의 조치명령을 위반한 자

부 칙

제1조【시행일】 이 법은 공포 후 1년이 경과한 날부터 시행한다.
제2조【폐수관로 기술진단에 관한 적용례】 제50조의2제1항의 개정규정은 이 법 시행 이후 시행자가 공공폐수처리시설에 대한 기술진단을 실시하는 경우부터 적용한다.
제3조【완충저류시설 기술진단에 관한 경과조치】 지방자치단체의 장은 이 법 시행일 기준으로 준공연도가 5년 이상 경과한 완충저류시설의 경우 이 법 시행 이후 1년 이내에 제21조의4의 개정규정에 따른 기술진단을 실시하여야 한다.

수도법 일부개정법률

<개정 2024.1.23 법률20118호>

수도법 일부를 다음과 같이 개정한다.

제12조의2를 다음과 같이 신설한다.
제12조의2【재난에 따른 수도요금에 관한 특례】 수도사업자는 「재난 및 안전관리 기본법」 제3조제1호에 따른 재난으로 인하여 수도요금의 납부가 곤란하다고 인정할 때에는 대통령령으로 정하는 바에 따라 수도요금을 감면할 수 있다.
제33조의2 및 **제33조의3**을 각각 다음과 같이 신설한다.
제33조의2【정수장의 위생안전 인증】 ① 환경부장관은 원수나 정수를 공급하는 과정에서 발생할 수 있는 위해요소를 제거하여 위생적이고 안전한 원수나 정수를 공급할 수 있는 수도시설을 갖춘 일반수도사업자의 정수장을 위생안전 정수장으로 인증(이하 "정수장 위생안전 인증"이라 한다)할 수 있다.
② 제1항에 따라 정수장 위생안전 인증을 받으려는 일반수도사업자는 환경부령으로 정하는 인증기준에 따라 다음 각 호의 요건을 갖추어 환경부장관에게 인증을 신청하여야 한다.
1. 환경부령으로 정하는 기준에 부합하는 수도시설을 갖출 것
2. 위생 및 안전관리계획을 수립하여 제출할 것
3. 그 밖에 환경부령으로 정하는 인증기준을 갖출 것
③ 정수장 위생안전 인증의 유효기간은 일반수도사업자가 인증을 받은 날부터 3년으로 한다.
④ 정수장 위생안전 인증을 받은 일반수도사업자가 제3항에 따른 인증의 유효기간이 끝난 후에도 계속하여 그 인증을 유지하려는 경우에는 환경부령으로 정하는 바에 따라 환경부장관에게 재인증을 받아야 한다.
⑤ 환경부장관은 정수장 위생안전 인증을 받은 정수장에 환경부령으로 정하는 바에 따라 인증서를 교부하여야 한다.
⑥ 누구든지 제1항에 따른 정수장 위생안전 인증을 받지 아니하고 제5항에 따른 인증서를 제작·사용하거나 이와 비슷한 인증표시를 하여서는 아니된다.
⑦ 제1항에 따른 정수장 위생안전 인증의 방법, 절차와 그 밖에 필요한 사항은 환경부령으로 정한다.
제33조의3【정수장 위생안전 인증의 취소 등】 ① 환경부장관은 제33조의2제1항에 따라 정수장 위생안전 인증을 받은 일반수도사업자가 다음 각 호의 어느 하나에 해당하는 경우에는 그 인증을 취소할 수 있다. 다만, 제1호에 해당하는 경우에는 그 인증을 취소하여야 한다.
1. 거짓이나 그 밖의 부정한 방법으로 인증을 받은 경우
2. 제26조제2항에 따른 수질기준을 위반한 경우
3. 제28조에 따른 정수처리기준을 위반한 경우
4. 제33조의2제2항에 따른 인증기준을 충족하지 못하게 된 경우
5. 제42조에 따라 폐업 또는 휴업하는 경우
② 제1항에 따른 인증 취소의 세부 기준과 절차 등에 관하여 필요한 사항은 환경부장관이 정하여 고시한다.
제87조제2항에 제5호를 다음과 같이 신설한다.
5. 제33조의2제6항을 위반하여 같은 조 제1항에 따른 인증을 받지 아니하고 같은 조 제5항에 따른 인증서를 제작·사용하거나 이와 비슷한 인증표시를 한 자

부 칙

이 법은 공포 후 1년이 지난 날부터 시행한다.

지하수법 일부개정법률

<개정 2024.1.23 법률20120호>

지하수법 일부를 다음과 같이 개정한다.

제2조에 제7호를 다음과 같이 신설한다.
7. "지하수열"이란 지하수의 온도 특성을 이용하여 냉난방 등으로 다양하게 활용이 가능한 열에너지를 말한다.
제3조제1항 중 "이용"을 "이용하고 지하수열 등 지하수의 부가가치를 창출"로 한다.
제6조제1항에 제3호의3을 다음과 같이 신설한다.
3의3. 지하수열의 이용 활성화 및 연구개발 추진계획
제9조의2제1항제3호를 제4호로 하고, 같은 항에 제3호를 다음과 같이 신설하며, **같은 조** 제2항에 후단을 다음과 같이 신설하고, **같은 조**에 제10항을 다음과 같이 신설한다.
3. 「공공기관의 운영에 관한 법률」에 따른 공공기관 또는 「지방공기업법」에 따른 지방공기업이 건축하는 시설물이나 건축물
신고한 사항 중 환경부령으로 정하는 중요한 사항을 변경하거나 유출지하수 이용을 종료한 경우에도 또한 같다.
⑩ 환경부장관 또는 지방자치단체의 장은 제2항에 따른 유출지하수 이용으로 인하여 주변지역에 제6조의2제2항에 따른 지하수 장해가 발생하거나 발생할 우려가 있는 경우에는 환경부령으로 정하는 바에 따라 관측정 설치 등 유출지하수 이용시설 설치·운영자에게 필요한 조치를 명할 수 있다.
제21조제2항부터 제4항까지를 각각 제3항부터 제5항까지로 하고, **같은 조**에 제2항을 다음과 같이 신설하며, **같은 조** 제3항(종전의 제2항) 중 "제1항에"를 "제1항 및 제2항에"로 하고, **같은 조** 제4항(종전의 제3항) 본문 중 "제2항에"를 "제3항에"로 하며, **같은 조** 제5항(종전의 제4항) 중 "제2항에"를 "제3항에"로 한다.
② 시장·군수·구청장은 1개월 이내의 기간을 정하여 제9조의2에 따라 신고하는 자로 하여금 같은 조에 따른 유출지하수 발생현황, 이용계획 수립 등에 대한 자료를 제출하게 하거나 보고하게 할 수 있다.
제37조의3에 제5호의2를 다음과 같이 신설한다.
5의2. 제9조의2제10항에 따른 필요한 조치를 이행하지 아니한 자
제39조제7호 중 "제21조제2항"을 "제21조제3항"으로 한다.
제40조제4호 중 "신고"를 "신고·변경신고 또는 유출지하수 이용 종료신고"로 하고, **같은 조** 제10호 중 "제21조제1항"을 "제21조제1항·제2항"으로 한다.

부 칙

이 법은 공포 후 1년이 경과한 날부터 시행한다.

노인장기요양보험법 일부개정법률

<개정 2024.2.6 법률20213호>

노인장기요양보험법 일부를 다음과 같이 개정한다.

제53조의2를 다음과 같이 신설한다.
제53조의2【장기요양급여심사위원회의 설치】 ① 다음 각 호의 사항을 심의하기 위하여 공단에 장기요양급여심사위원회(이하 "급여심사위원회"라 한다)를 둔다.
1. 장기요양급여 제공 기준의 세부사항 설정 및 보완에 관한 사항
2. 장기요양급여비용 및 산정방법의 세부사항 설정 및 보완에 관한 사항
3. 장기요양급여비용 심사기준 개발 및 심사조정에 관한 사항
4. 그 밖에 공단 이사장이 필요하다고 인정한 사항
② 급여심사위원회는 위원장 1명을 포함하여 10명 이하의 위원으로 구성한다.
③ 이 법에서 정한 것 외에 급여심사위원회의 구성·운영, 그 밖에 필요한 사항은 대통령령으로 정한다.
제55조제4항을 제5항으로 하고, **같은 조**에 제4항을 다음과 같이 신설하며, **같은 조** 제5항(종전의 제4항) 중 "심사위원회의 구성·운영 및 위원의 임기"를 "이 법에서 정한 것 외에 심사위원회의 구성·운영"으로 한다.
④ 심사위원회는 위원장 1명을 포함한 50명 이내의 위원으로 구성한다.
제56조제4항 중 "재심사위원회의 구성·운영 및 위원의 임기"를 "이 법에서 정한 것 외에 재심사위원회의 구성·운영"으로 한다.

부 칙

제1조【시행일】 이 법은 공포 후 1년이 경과한 날부터 시행한다.
제2조【장기요양급여심사위원회에 관한 경과조치】 제53조의2의 개정규정 시행 당시 「장기요양급여 제공기준 및 급여비용 산정방법 등에 관한 고시」에 따라 설치한 장기요양급여심사위원회는 같은 개정규정에 따라 설치한 장기요양급여심사위원회로 본다.

실종아동등의 보호 및 지원에 관한 법률 일부개정법률

<개정 2024.2.6 법률20192호>

실종아동등의 보호 및 지원에 관한 법률 일부를 다음과 같이 개정한다.

제16조의2를 다음과 같이 신설한다.
제16조의2【연차보고】 ① 보건복지부장관과 경찰청장은 실종아동등을 위한 정책의 추진현황과 평가결과에 대한 연차보고서를 작성하여 매년 정기국회 전까지 국회 소관 상임위원회에 제출하여야 한다.
② 제1항에 따른 연차보고서에는 다음 각 호의 내용이 포함되어야 한다.
1. 실종아동등을 위한 정책의 추진 실태 및 평가결과
2. 실종아동등과 관련한 실태조사 및 연구결과
3. 실종아동등의 발생예방을 위한 연구·교육·홍보 현황
4. 실종아동등에 대한 신고체계의 구축 및 운영 현황
5. 실종아동등의 발견을 위한 수색 및 수사 통계
6. 실종아동등의 가족지원 현황
7. 실종아동등의 사례 분석
8. 실종아동등의 복귀 후 사회 적응을 위한 상담 및 치료 서비스 제공 현황
9. 그 밖에 실종아동등의 발생예방·발견·보호·지원 및 복귀에 필요한 사항
③ 보건복지부장관과 경찰청장은 연차보고서의 작성을 위하여 관계 중앙행정기관의 장 및 지방자치단체의 장에게 필요한 자료의 제출을 요청할 수 있다. 이 경우 요청을 받은 관계 중앙행정기관의 장 및 지방자치단체의 장은 정당한 사유가 없으면 이에 따라야 한다.
④ 그 밖에 연차보고서의 작성 절차 및 방법 등에 필요한 사항은 대통령령으로 정한다.

부 칙

이 법은 2025년 1월 1일부터 시행한다.

응급의료에 관한 법률 일부개정법률

<개정 2024.1.30 법률20170호>→2024년 7월 31일 시행하는 부분은 본편에 가제 수록 하였음

응급의료에 관한 법률 일부를 다음과 같이 개정한다.

제36조제2항제1호 중 "대학 또는 전문대학"을 "제36조의4제1항에 따라 지정받은 대학 또는 전문대학"으로 하고, **같은 조** 제3항제1호 중 "보건복지부장관이 지정하는 응급구조사 양성기관"을 "제36조의4제2항에 따라 지정받은 양성기관"으로 한다.

제36조의4를 다음과 같이 신설한다.

제36조의4【응급구조사 양성대학 등 지정】 ① 보건복지부장관은 1급 응급구조사의 적절한 수급 및 양성을 위하여 응급구조학과를 개설한 대학 또는 전문대학을 1급 응급구조사 양성대학으로 지정할 수 있다.

② 보건복지부장관은 2급 응급구조사의 적절한 수급 및 양성을 위하여 관련 양성과정을 개설한 기관을 2급 응급구조사 양성기관으로 지정할 수 있다.

③ 보건복지부장관은 1급 응급구조사 양성대학 또는 2급 응급구조사 양성기관(이하 "응급구조사 양성대학등"이라 한다)을 지정한 때에는 보건복지부령으로 정하는 바에 따라 지정서를 발급하고 그 사실을 관보 또는 보건복지부 인터넷홈페이지에 공고하여야 한다.

④ 보건복지부장관은 응급구조사 양성대학등이 다음 각 호의 어느 하나에 해당하는 경우에는 제1항 또는 제2항에 따른 지정을 취소할 수 있다. 다만, 제1호에 해당하는 경우에는 지정을 취소하여야 한다.

1. 거짓 또는 부정한 방법으로 지정을 받은 경우
2. 지정기준에 적합하지 아니하거나 지정목적에 충실하게 운영되지 못한 경우

⑤ 보건복지부장관은 응급구조사 양성대학등의 지정 관련 업무를 대통령령으로 정하는 바에 따라 관련 전문기관 또는 단체에 위탁할 수 있다.

⑥ 제1항 및 제2항에 따른 응급구조사 양성대학등의 지정에 필요한 기준, 교육인력, 과목 등에 관한 사항은 대통령령으로 정한다.

⑦ 제1항, 제2항 및 제4항에 따른 응급구조사 양성대학등의 지정 및 지정 취소의 절차, 방법 등에 필요한 사항은 보건복지부령으로 정한다.

부 칙

제1조【시행일】 이 법은 공포 후 6개월이 경과한 날부터 시행한다. 다만, 제36조제2항제1호, 같은 조 제3항제1호 및 제36조의4의 개정규정은 공포 후 2년이 경과한 날부터 시행한다.

제2조【1급 응급구조사 시험 응시자격에 관한 적용례 및 경과조치】 ① 제36조제2항제1호의 개정규정은 같은 개정규정 시행 이후 최초로 보건복지부장관이 제36조의4제3항의 개정규정에 따라 1급 응급구조사 양성대학의 지정 사실을 관보 또는 보건복지부 인터넷홈페이지에 공고한 이후 대학 또는 전문대학에 입학하는 사람부터 적용한다.

② 제36조의4제3항의 개정규정 시행 이후 최초로 보건복지부장관이 같은 개정규정에 따라 1급 응급구조사 양성대학의 지정 사실을 공고하기 전에 입학한 사람에 대해서는 제36조제2항제1호의 개정규정에도 불구하고 종전의 규정에 따른다.

제3조【2급 응급구조사 양성기관에 관한 경과조치】 제36조의4제2항의 개정규정 시행 당시 종전의 규정에 따라 지정된 응급구조사 양성기관은 같은 개정규정에 따라 2급 응급구조사 양성기관으로 지정받은 것으로 본다.

화학물질관리법 일부개정법률

<개정 2024.2.6 법률20231호>→2024년 2월 6일 시행하는 부분은 본편에 가제 수록 하였음

화학물질관리법 일부를 다음과 같이 개정한다.

제2조제1호 및 제2호를 각각 다음과 같이 하고, **같은 조**에 제2호의2 및 제2호의3을 각각 다음과 같이 신설하며, **같은 조** 제3호부터 제5호까지를 각각 다음과 같이 한다.

1. "화학물질"이란 「화학물질의 등록 및 평가 등에 관한 법률」 제2조제1호에 따른 화학물질을 말한다.
2. "인체급성유해성물질"이란 「화학물질의 등록 및 평가 등에 관한 법률」 제2조제6호에 따른 인체급성유해성물질을 말한다.

2의2. "인체만성유해성물질"이란 「화학물질의 등록 및 평가 등에 관한 법률」 제2조제6호의2에 따른 인체만성유해성물질을 말한다.

2의3. "생태유해성물질"이란 「화학물질의 등록 및 평가 등에 관한 법률」 제2조제6호의3에 따른 생태유해성물질을 말한다.

3. "허가물질"이란 「화학물질의 등록 및 평가 등에 관한 법률」 제2조제7호에 따른 허가물질을 말한다.
4. "제한물질"이란 「화학물질의 등록 및 평가 등에 관한 법률」 제2조제8호에 따른 제한물질을 말한다.
5. "금지물질"이란 「화학물질의 등록 및 평가 등에 관한 법률」 제2조제9호에 따른 금지물질을 말한다.

제2조제7호 중 "유독물질, 허가물질, 제한물질 또는 금지물질, 사고대비물질, 그 밖에 유해성 또는 위해성이 있거나 그러할 우려가 있는 화학물질"을 "인체급성유해성물질, 인체만성유해성물질, 생태유해성물질 및 사고대비물질"로 하고, **같은 조** 제8호를 삭제한다.

제3조제1항에 제15호를 다음과 같이 신설하고, **같은 조** 제3항 중 "제14호"를 "제15호"로 한다.

15. 「폐기물관리법」 제2조제4호에 따른 지정폐기물(같은 법 제25조제5항제1호부터 제4호까지의 폐기물처리업에서 취급하는 경우로 한정한다)

제9조제1항제3호를 다음과 같이 하고, 같은 항에 제3호의2 및 제3호의3을 각각 다음과 같이 신설한다.

3. 인체급성유해성물질

3의2. 인체만성유해성물질

3의3. 생태유해성물질

제3장의 제목 중 "유해화학물질"을 "유해화학물질 등"으로 한다.

제3장제1절의 제목 중 "유해화학물질"을 "유해화학물질 등의"로 한다.

제13조에 제3호의2를 다음과 같이 신설하고, **같은 조** 제4호 중 "유해화학물질관리자가"를 "유해화학물질 취급시설을 설치·운영하는 사업장의 대표자가"로 한다.

3의2. 유해화학물질을 담는 용기(容器) 본래의 성능이 유지될 수 있도록 관리할 것

제16조의2를 다음과 같이 신설한다.

제16조의2【소비자에 대한 특례】 제13조부터 제16조까지에도 불구하고 「소비자기본법」 제2조제1호에 따른 소비자가 소비생활을 위하여 유해화학물질을 사용하는 경우 등 대통령령으로 정하는 경우에는 제13조부터 제16조까지에 따른 기준·의무의 전부 또는 일부를 대통령령으로 정하는 바에 따라 적용하지 아니할 수 있다.

제17조의 제목 중 "유해화학물질"을 "유해화학물질등"으로 하고, **같은 조** 제1항 중 "유해화학물질로 인하여"를 "유해화학물질, 허가물질, 제한물질 또는 금지물질(이하 "유해화학물질등"이라 한다)로 인하여"로, "유해화학물질의"를 "유해화학물질등의"로 하며, **같은 조** 제2항·제3항 및 제5항 중 "유해화학물질"을 각각 "유해화학물질등"으로 한다.

제18조제1항 단서 중 "금지물질에"를 "금지물질을 국외로 전량 수출하기 위하여 제조·수입하거나 금지물질에"로 하고, **같은 조** 제2항, 제3항 및 제4항을 각각 제3항, 제4항 및 제2항으로 하며, **같은 조** 제2항(종전의 제4항)에 단서를 다음과 같이 신설하고, **같은 조** 제3항(종전의 제2항) 중 "제1항 단서에 따라 금지물질 취급의"를 "제1항 단서 또는 제2항 단서에 따른"으로 하며, **같은 조** 제4항(종전의 제3항) 중 "제1항 단서"를 "제1항 단서 또는 제2항 단서"로, "금지물질"을 "금지물질 또는 제한물질"로 한다.

다만, 제한물질을 국외로 전량 수출하기 위하여 제조·수입하려는 자가 환경부령으로 정하는 바에 따라 환경부장관의 허가를 받은 경우에는 그러하지 아니하다.

제18조에 제5항 및 제6항을 각각 다음과 같이 신설한다.

⑤ 제한물질을 제한되지 아니한 용도로 제조·수입·판매·보관·저장 또는 사용하려는 자는 환경부령으로 정하는 바에 따라 환경부장관에게 신고하여야 한다. 다만, 제한물질에 해당하는 시험용·연구용·검사용 시약을 그 목적으로 제조·수입·판매·보관·저장 또는 사용하려는 경우 등 대통령령으로 정하는 경우에는 그러하지 아니하다.

⑥ 제5항에 따라 신고를 한 자가 신고한 사항 중 환경부령으로 정하는 사항을 변경하려는 경우에는 환경부령으로 정하는 바에 따라 변경신고를 하여야 한다.

제19조제7항 및 제8항을 각각 제9항 및 제10항으로 하고, **같은 조**에 제7항 및 제8항을 각각 다음과 같이 신설한다.

⑦ 제1항에도 불구하고 허가물질을 국외로 전량 수출하기 위하여 제조·수입하려는 자 등 대통령령으로 정하는 자는 환경부령으로 정하는 바에 따라 환경부장관에게 신고하여야 한다.

⑧ 제1항 또는 제6항에 따라 허가를 받거나 제7항에 따라 신고한 사항 중 환경부령으로 정하는 사항을 변경하려는 경우에는 환경부령으로 정하는 바에 따라 변경허가를 받거나 변경신고를 하여야 한다.

제20조의 제목 "**【제한물질 수입허가 및 유독물질 수입신고 등】**"을 "**【인체급성유해성물질 등의 수입신고】**"로 하고, **같은 조** 제1항을 삭제하며, **같은 조** 제2항 중 "유독물질을"을 "인체급성유해성물질, 인체만성유해성물질 또는 생태유해성물질(이하 "인체등유해성물질"이라 한다)을"로, "유독물질의"를 "인체등유해성물질의"로 하고, **같은 조** 제3항 중 "제1항 및 제2항"을 "제2항"으로 하며, **같은 조** 제4항 중 "제1항에 따라 허가를 받거나 제2항에 따라 신고한 사항을 변경하려는 경우"를 "제2항에 따라 신고한 사항 중 환경부령으로 정하는 사항을 변경하는 경우"로, "변경허가를 받거나 변경신고"를 "변경신고"로 한다.

제23조제2항 각 호 외의 부분 전단 중 "포함하여"를 "고려하여"로 한다.

제24조제2항 중 "검사를 받고"를 "설치검사를 받아야 하며, 검사를 수행한 검사기관은 검사를 완료하면 지체 없이"로 하고, **같은 조** 제3항 본문 중 "받고"를 "받아야 하며, 검사를 수행한 검사기관은 검사를 완료하면 지체 없이"로 하며, 같은 항 단서 중 "제5항에 따라 안전진단을 실시하고 안전진단결과보고서를 제출한 자에 대하여는"을 "제5항에 따른 안전진단 결과 적합 판정을 받은 경우에는"으로 하고, **같은 조** 제4항 각 호 외의 부분 중 "제3항"을 "제2항 및 제3항"으로, "정기검사 및 수시검사"를 "다음 각 호의 구분에 따른 검사"로 하며, 같은 항 제1호 중 "연구실(환경부령으로 정하는 시험생산용 설비를 운영하는 연구실은 제외한다)"을 "연구실(환경부령으로 정하는 시험생산용 설비를 운영하는 연구실은 제외한다) : 설치검사, 정기검사 및 수시검사"로 하고, 같은 항 제2호 중 "제2조제1호의 학교"를 "제2조제1호의 학교 : 설치검사, 정기검사 및 수시검사"로 하며, 같은 항에 제3호부터 제5호까지를 각각 다음과 같이 신설한다.

3. 인체만성유해성물질만으로 분류되는 유해화학물질을 취급하는 취급시설 : 정기검사
4. 유해성 및 취급수량 등을 고려하여 환경부령으로 정하는 기준 미만의 유해화학물질을 취급하는 취급시설 : 설치검사 및 정기검사
5. 그 밖에 기계에 내장(內藏)되어 유해화학물질의 유출·누출 등 위험이 없는 취급시설 등 환경부장관이 정하여 고시하는 취급시설 : 설치검사, 정기검사 및 수시검사

제24조제5항 각 호 외의 부분 중 "검사기관에 의한 안전진단을 실시하고 취급시설의 안전 상태를 입증하기 위한"을 "검사기관에서 취급시설의 안전 상태를 입증하기 위한 안전진단을 실시하여야 하며, 안전진단을 실시한 검사기관은 안전진단을 완료하면 지체 없이"로 하고, 같은 항 제2호 중 "취급시설을"을 "취급시설(제4항 각 호에 해당하는 취급시설 등 환경부령으로 정하는 취급시설은 제외한다)을"로 한다.

제24조제6항 단서 중 "검사 또는 안전진단을 위하여 그 시설을 사용하는 경우"를 "다음 각 호의 어느 하나에 해당하는 경우"로 하고, 같은 항에 각 호를 다음과 같이 신설한다.

1. 검사 또는 안전진단을 위하여 그 시설을 사용하는 경우
2. 제25조제1항에 따른 개선명령을 이행하는 동안 그 시설을 사용하는 경우

제25조제1항제2호 중 "안전진단"을 "안전진단을 받지 아니하거나 검사 또는 안전진단"으로 한다.

제26조에 제3항을 다음과 같이 신설한다.

③ 제1항에도 불구하고 「연구실 안전환경 조성에 관한 법률」 제2조제2호에 따른 연구실 등 환경부령으로 정하는 취급시설에 대하여는 제1항을 적용하지 아니한다.

제4장제1절의 제목 중 "영업구분 및 영업허가"를 "영업허가 및 영업신고"로 한다.

제27조제1호 및 제2호 중 "유해화학물질 중 허가물질 및 금지물질을 제외한 나머지 물질을"을 각각 "유해화학물질을"로 하고, **같은 조** 제3호 중 "유해화학물질 중 허가물질 및 금지물질을 제외한 나머지 물질을 제조, 사용, 판매 및 운반할 목적으로"를 "유해화학물질을"로 하며, **같은 조** 제4호 중 "유해화학물질 중 허가물질 및 금지물질을 제외한 나머지 물질을"을 "유해화학물질을"로 하고, **같은 조** 제5호 중 "유해화학물질 중 허가물질 및 금지물질을 제외한 나머지 물질을"을 "유해화학물질을"로, "이들 물질"을 "유해화학물질"로 한다.

제28조의 제목 중 "영업허가"를 "영업허가 등"으로 하고, **같은 조** 제1항 각 호 외의 부분 중 "자는"을 "자 중 제23조제1항에 따라 화학사고예방관리계획서를 제출하여야 하는 자 등 환경부령으로 정하는 자는"으로, "서류를 제출"을 "서류를 포함한 허가신청서를 환경부장관에게 제출"로 하며, **같은 조** 제2항 중 "제1항에 따른 서류"를 "제1항에 따른 허가신청서"로 하고, **같은 조** 제3항 중 "제1항에 따라 서류"를 "제1항에 따라 허가신청서제출"로 하며, **같은 조** 제4항 본문 중 "제1항에 따른 서류제출"을

"제1항에 따른 허가신청서제출"로 하고, **같은 조** 제6항부터 제8항까지를 각각 제7항부터 제9항까지로 하며, **같은 조**에 제6항을 다음과 같이 신설하고, **같은 조** 제7항(종전의 제6항) 중 "변경신고"를 "변경신고, 제6항 전단에 따른 영업신고 및 같은 항 후단에 따른 변경신고"로 하며, **같은 조** 제8항(종전의 제7항) 중 "제3항에 따른 허가 또는 제5항에 따른 변경허가를 하거나 같은 항에 따른 변경신고를"을 "이 조에 따른 허가(변경허가를 포함한다)를 하거나 신고(변경신고를 포함한다)를"로 한다.
⑥ 제1항에 따라 허가신청서를 제출하여야 하는 자가 아닌 유해화학물질 영업을 하려는 자로서 환경부령으로 정하는 자는 환경부령으로 정하는 바에 따라 사업장마다 환경부장관에게 신고하여야 한다. 이 경우 신고한 사항 중 환경부령으로 정하는 사항을 변경하려는 경우에는 환경부령으로 정하는 바에 따라 변경신고를 하여야 한다.
제29조의 제목 중 "영업허가"를 "영업허가 등"으로 하고, **같은 조** 제4호를 제5호로 하며, **같은 조**에 제4호를 다음과 같이 신설하고, **같은 조** 제5호(종전의 제4호) 중 "제3호"를 "제4호"로, "영업허가"를 "영업허가 또는 영업신고"로 한다.
4. 유해화학물질 취급시설을 설치·운영하지 아니하고 유해화학물질 판매업을 하는 자
제29조의2의 제목 중 "시약 판매자"를 "유해화학물질등 판매자"로 하고, **같은 조** 제1항 각 호 외의 부분 중 "제29조제2호에 따라 영업허가를 면제 받아 시약"을 "유해화학물질등"으로 하며, 같은 항 각 호 외의 부분에 단서를 다음과 같이 신설한다.
다만, 「화학물질의 등록 및 평가 등에 관한 법률」 제29조에 따라 정보제공을 한 경우에는 각 호의 사항을 알려준 것으로 본다.
제29조의2제1항에 제3호 및 제4호를 각각 다음과 같이 신설한다.
3. 판매하는 화학물질이 유해화학물질등에 해당한다는 것
4. 판매하는 화학물질에 용도제한 등이 있는 경우 이를 그러한 용도로 취급하지 말 것 또는 그러한 용도로만 취급하여야 한다는 것
제29조의3의 제목 중 "판매업"을 "판매업 또는 취급시설 없는 유해화학물질 판매업의"로 하고, **같은 조** 제1항 중 "유해화학물질에 해당하는 시험용·연구용·검사용 시약을 그 목적으로 판매하는 영업을 하려는 자는"을 "다음 각 호의 어느 하나에 해당하는 자는"으로 하며, 같은 항에 단서를 다음과 같이 신설한다.
다만, 제24조제4항제5호에 따른 취급시설에 해당하는 경우는 제외한다.
제29조의3제1항에 각 호를 다음과 같이 신설한다.
1. 유해화학물질에 해당하는 시험용·연구용·검사용 시약을 그 목적으로 판매하려는 자
2. 유해화학물질 취급시설을 설치·운영하지 아니하고 유해화학물질 판매업을 하려는 자
제31조제1항 전단 중 "제27조에 따른"을 "제28조 또는 제29조의3에 따라 영업허가를 받거나 영업신고를 하고"로 한다.
제32조제3항 본문 중 "유해화학물질관리자를 선임 또는 해임하거나 유해화학물질관리자가 퇴직한 경우에는 지체 없이 이를 환경부장관에게 신고하고, 해임 또는 퇴직한 날부터 30일 이내에 다른 유해화학물질관리자를 선임하여야 한다"를 "지체 없이 그 선임 사실을 환경부장관에게 신고하여야 하며, 선임한 유해화학물질 관리자를 해임하거나 유해화학물질관리자가 퇴직한 경우에는 해임 또는 퇴직한 날부터 30일 이내(30일 이내에 선임하는 것이 곤란한 사정이 있는 경우에는 환경부장관의 승인을 받아 30일 이내의 범위에서 그 기간을 연장할 수 있다)에 다른 유해화학물질관리자를 선임하여야 한다"로 하고, 같은 항 단서를 삭제하며, 같은 항에 후단을 다음과 같이 신설한다.
이 경우 제28조제4항에 따라 유해화학물질 영업허가를 받은 자는 유해화학물질관리자의 선임, 해임 또는 퇴직 사실을 지체 없이 환경부장관에게 신고하여야 한다.
제33조에 제4항을 다음과 같이 신설한다.
④ 유해화학물질 안전교육의 내용 및 방법 등에 관하여 필요한 사항은 환경부령으로 정한다.
제34조의2제1항에 제8호의2를 다음과 같이 신설한다.
8의2. 제28조제6항에 따른 영업신고 또는 변경신고를 하지 아니한 경우
제35조제1항 각 호 외의 부분 중 "취소"를 "취소(영업신고 대상인 경우에는 신고수리의 취소를 말한다)"로 하고, **같은 조** 제2항 각 호 외의 부분 중 "해당하면"을 "해당하는 경우(제34조의2제1항에 따라 개선을 명한 경우에는 그 기간 내에 이를 이행하지 아니하거나 이행이 불가능하다고 판단되는 경우로서 다음 각 호의 어느 하나에 해당하는 경우를 말한다)"로, "취소"를 "취소(영업신고 대상인 경우에는 신고수리의 취소를 말한다)"로 하며, 같은 항 제10호 중 "제24조제5항에 따른 안전진단결과보고서를 제출하지 아니하거나 **같은 조** 제6항"을 "제24조제6항"으로 하고, 같은 항에 제15호의2를 다음과 같이 신설하며, 같은 항 제19호 중 "제32조제1항 및 제2항"을 "제32조"로 한다.
15의2. 제28조제6항에 따른 영업신고 또는 변경신고를 하지 아니하거나 거짓, 그 밖의 부정한 방법으로 신고를 한 경우

제48조의2제1항 중 "유독물질"을 "인체등유해성물질"로 한다.
제48조의4를 다음과 같이 신설한다.
제48조의4【국외제조·생산자가 선임한 자에 의한 업무 수행】 ① 국외에서 우리나라로 수입되는 화학물질을 제조·생산하려는 자(이하 "국외제조·생산자"라 한다)는 환경부령으로 정하는 요건을 갖춘 자를 선임하여 화학물질을 수입하려는 자를 갈음하여 다음 각 호의 업무를 수행하도록 할 수 있다.
1. 제9조에 따른 화학물질확인
2. 제19조제1항·제3항에 따른 허가신청 및 공동 허가신청
3. 제19조제8항에 따른 변경허가의 신청 또는 변경신고
② 제1항에 따라 선임된 자(이하 "국내대리인"이라 한다)는 국외제조·생산자에 의하여 선임되거나 해임된 사실을 환경부장관에게 신고하여야 한다.
③ 국내대리인은 선임된 사실, 선임받은 업무 등 대통령령으로 정하는 사항을 제1항에 따른 화학물질을 수입하고 있거나 수입하려는 자에게 통보하여야 한다.
④ 제2항에 따른 신고, 제3항에 따른 통보의 절차·방법 등에 관하여 필요한 사항은 환경부령으로 정한다.
제49조제1항 각 호 외의 부분 전단 중 "자에"를 "자(국내대리인이 다음 각 호에 해당하는 자가 수행하여야 하는 업무를 선임받은 경우에는 그 국내대리인을 포함한다)에"로 하고, 같은 항에 제2호의2 및 제2호의3을 각각 다음과 같이 신설한다.
2의2. 제18조제2항 단서에 따라 제한물질의 제조·수입 허가를 받아야 하는 자
2의3. 제18조제5항에 따라 제한물질의 제조·수입·판매·보관·저장 또는 사용 신고를 하여야 하는 자
제49조제1항제3호 중 "받아야"를 "받아야 하거나 제조·수입 신고를 하여야"로 하고, 같은 항 제4호를 삭제하며, 같은 항 제5호 중 "유독물질"을 "인체등유해성물질"로 하고, 같은 항에 제6호의3을 다음과 같이 신설하며, 같은 항 제7호 중 "받아야"를 "받거나 영업신고를 하여야"로 하고, 같은 항 제7호의2 및 제9호를 각각 다음과 같이 한다.
6의3. 제24조에 따라 유해화학물질 취급시설을 설치·운영하는 자
7의2. 제29조의3에 따라 시약 판매업 또는 취급시설 없는 유해화학물질 판매업 신고를 하여야 하는 자
9. 제39조에 따른 사고대비물질을 취급하는 자
제50조제1항 각 호 외의 부분 중 "5년간"을 "5년간(제3호에 해당하는 경우 제19조제5항에 따른 기간 이후 5년간을 말한다)"으로 하고, 같은 항에 제2호의2 및 제2호의3을 각각 다음과 같이 신설한다.
2의2. 제18조제2항 단서에 따라 제한물질의 제조·수입 허가를 받은 자
2의3. 제18조제5항에 따라 제한물질의 제조·수입·판매·보관·저장 또는 사용 신고를 한 자
제50조제1항제3호 중 "따른"을 "따라"로, "받은 자"를 "받거나 제조·수입 신고를 한 자"로 하고, 같은 항 제4호를 다음과 같이 하며, 같은 항 제6호 중 "받은 자"를 "받거나 영업신고를 한 자"로 하고, 같은 항 제6호의2를 다음과 같이 하며, 같은 항에 제6호의3을 다음과 같이 신설하고, 같은 항 제7호를 다음과 같이 한다.
4. 제20조제2항에 따라 인체등유해성물질의 수입신고를 한 자
6의2. 제29조의3에 따라 시약 판매업 또는 취급시설 없는 유해화학물질 판매업 신고를 한 자
6의3. 제32조에 따라 유해화학물질관리자를 선임·해임하거나 선임한 유해화학물질관리자가 퇴직한 유해화학물질 영업자(제28조제6항에 해당하는 자에 한정한다)
7. 제39조에 따른 사고대비물질을 취급하는 자(사고대비물질의 취급시설이 「연구실 안전환경 조성에 관한 법률」 제2조제2호에 따른 연구실인 경우는 제외한다)
제54조제2호를 다음과 같이 하고, **같은 조**에 제2호의2 및 제2호의3을 각각 다음과 같이 신설한다.
2. 제18조제1항 단서 및 같은 조 제3항에 따른 금지물질의 제조·수입·판매 허가 및 변경허가·변경신고
2의2. 제18조제2항 단서 및 같은 조 제3항에 따른 제한물질의 제조·수입 허가 및 변경허가·변경신고
2의3. 제18조제5항 및 제6항에 따른 제한물질 제조·수입·판매·보관·저장 또는 사용 신고 및 변경신고
제54조제3호 중 "제19조제1항"을 "제19조제1항·제6항·제8항"으로, "사용 허가"를 "사용 허가 및 변경허가"로 하고, **같은 조**에 제3호의2를 다음과 같이 신설하며, **같은 조** 제4호를 삭제하고, **같은 조** 제5호 및 제6호 중 "유독물질"을 각각 "인체등유해성물질"로 하며, **같은 조**에 제11호의2를 다음과 같이 신설한다.
3의2. 제19조제7항 및 제8항에 따른 허가물질의 제조·수입 신고 및 변경신고
11의2. 제28조제6항에 따른 유해화학물질 영업의 신고 및 변경신고
제58조 각 호 외의 부분에 단서를 다음과 같이 신설하고, **같은 조** 제1호 중 "유해화학물질"을 "유해화학물질등"으로 하며, **같은 조** 제2호의2 중 "제18조제4항"을 "제18조제2항 본문"으로 한다.
다만, 국외제조·생산자가 선임한 국내대리인이 다음 각 호의 어느 하나에 해당하는 자인 경우에는 국내대리인에 대해서만 적용한다.

제59조제5호를 삭제하고, **같은 조** 제7호 중 "안전진단결과보고서를 제출하지 아니하거나 거짓으로 제출하고"를 "안전진단을 실시하지 아니하고"로 한다.
제61조 각 호 외의 부분에 단서를 다음과 같이 신설한다.
다만, 국외제조·생산자가 선임한 국내대리인이 다음 각 호의 어느 하나에 해당하는 자인 경우에는 국내대리인에 대해서만 적용한다.
제61조에 제1호의2를 다음과 같이 신설하고, **같은 조** 제2호 중 "유독물질 수입신고"를 "신고"로, "수입한 자"를 "인체등유해성물질을 수입한 자"로 하며, **같은 조**에 제4호의2를 다음과 같이 신설하고, **같은 조** 제5호 중 "신고를"을 "신고 또는 유해화학물질 취급시설을 설치·운영하지 아니하고 유해화학물질을 판매하는 영업신고를"로 한다.
1의2. 제19조제8항에 따른 변경허가를 받지 아니하거나 거짓으로 변경허가를 받고 허가물질을 제조·수입·사용한 자
4의2. 제28조제6항에 따른 유해화학물질 영업신고를 하지 아니하거나 거짓으로 신고를 하고 유해화학물질의 영업을 한 자
제62조에 제1호의2를 다음과 같이 신설하고, **같은 조** 제2호 중 "제18조제2항"을 "제18조제3항"으로, "금지물질을 수입한"을 "금지물질을 제조·수입·판매하거나 제한물질을 제조·수입한"으로 하며, **같은 조**에 제2호의2를 다음과 같이 신설한다.
1의2. 제18조제2항 단서를 위반하여 제한물질의 제조·수입 허가를 받지 아니하거나 거짓으로 허가를 받은 자
2의2. 제20조제4항에 따른 변경신고를 하지 아니하거나 거짓으로 변경신고를 하고 인체등유해성물질을 수입한 자
제64조제1항 각 호 외의 부분에 단서를 다음과 같이 신설한다.
다만, 국외제조·생산자가 선임한 국내대리인이 다음 각 호의 어느 하나에 해당하는 자인 경우에는 국내대리인에 대해서만 적용한다.
제64조제1항에 제3호의5부터 제3호의7까지를 각각 다음과 같이 신설하고, 같은 항 제5호 중 "전단"을 "전단 및 같은 조 제6항 후단"으로 하며, 같은 항에 제5호의2를 다음과 같이 신설하고, 같은 항 제7호 중 "하지 아니한 자 또는"을 "하지 아니하거나"로 하며, 같은 항에 제10호의2 및 제10호의3을 각각 다음과 같이 신설한다.
3의5. 제18조제4항에 따른 허가조건을 이행하지 아니한 자
3의6. 제19조제7항에 따른 신고를 하지 아니하거나 거짓으로 신고를 하고 허가물질을 제조·수입한 자
3의7. 제19조제8항에 따른 변경신고를 하지 아니하거나 거짓으로 변경신고를 하고 허가물질을 제조·수입·사용한 자
5의2. 제29조의3제2항에 따른 변경신고를 하지 아니하거나 거짓으로 변경신고를 하고 영업을 한 자
10의2. 제48조의4제2항을 위반하여 국외제조·생산자에 의하여 선임되거나 해임된 사실을 신고하지 아니한 자
10의3. 제48조의4제3항을 위반하여 국외제조·생산자에게 선임된 사실, 선임받은 업무 등 대통령령으로 정하는 사항을 화학물질을 수입하고 있거나 수입하려는 자에게 통보하지 아니한 자
제64조제2항 각 호 외의 부분에 단서를 다음과 같이 신설하고, 같은 항에 제1호의2부터 제1호의4까지를 각각 다음과 같이 신설하며, 같은 항 제3호 중 "시약"을 "유해화학물질등"으로 한다.
다만, 국외제조·생산자가 선임한 국내대리인이 다음 각 호의 어느 하나에 해당하는 자인 경우에는 국내대리인에 대해서만 적용한다.
1의2. 제18조제3항에 따른 변경신고를 하지 아니하거나 거짓으로 변경신고를 하고 금지물질을 제조·수입·판매하거나 제한물질을 제조·수입한 자
1의3. 제18조제5항을 위반하여 제한물질 제조·수입·판매·보관·저장 또는 사용의 신고를 하지 아니하거나 거짓으로 신고한 자
1의4. 제18조제6항을 위반하여 제한물질 제조·수입·판매·보관·저장 또는 사용의 변경신고를 하지 아니하거나 거짓으로 변경신고를 한 자

부 칙

제1조【시행일】 이 법은 공포 후 1년 6개월이 경과한 날부터 시행한다. 다만, 제3조의 개정규정은 공포한 날부터 시행한다.
제2조【유해화학물질 영업허가·신고에 관한 경과조치】 ① 이 법 시행 전에 유해화학물질 영업허가를 받은 자가 제28조의 개정규정에 따라 영업신고를 하여야 하는 자인 경우에는 제28조제6항에 따른 영업신고를 한 것으로 본다.
② 이 법 시행 전에 유해화학물질을 취급한 자가 이 법에 따라 최초로 영업허가를 받거나 영업신고를 하여야 하는 경우에는 환경부령으로 정하는 기간 내에 제28조의 개정규정에 따른 유해화학물질 영업허가를 받거나 영업신고를 하여야 한다.
제3조【시약판매업의 유해화학물질관리자 선임 등에 관한 경과조치】 ① 이 법 시행 전에 시약판매업 신고를 한 자로서 제32조제1항에 따라 유해화학물질관리자를 선임하여야 하는 자는 이 법 시행일로부터 1년 이내에 제32조제1항 또는 제2항에 따른 유해화학물질관리자를 선임하여야 한다.

② 이 법 시행 전에 시약판매업 신고를 한 자가 선임한 유해화학물질관리자 등 제33조제1항에 따라 유해화학물질 안전교육을 받아야 하는 자는 이 법 시행일로부터 1년 이내에 제33조제1항에 따른 유해화학물질 안전교육을 받아야 한다.
제4조【벌칙 등에 관한 경과조치】 이 법 시행 전의 행위에 대한 벌칙, 행정처분, 과징금 및 과태료를 적용할 때에는 종전의 규정에 따른다.
제5조【다른 법률의 개정】 ① **공무원 재해보상법** 일부를 다음과 같이 개정한다.
제5조제9호마목을 다음과 같이 한다.
마.「화학물질관리법」 제2조제3호에 따른 허가물질, 같은 조 제4호에 따른 제한물질, 같은 조 제5호에 따른 금지물질, 같은 조 제6호에 따른 사고대비물질 또는 같은 조 제7호에 따른 유해화학물질의 취급
② **공유수면 관리 및 매립에 관한 법률** 일부를 다음과 같이 개정한다.
제5조제1호 중 "유독물"을 "인체급성유해성물질, 인체만성유해성물질, 생태유해성물질"로 한다.
③ (생략)
④ **기업활동 규제완화에 관한 특별조치법** 일부를 다음과 같이 개정한다.
제29조제2항제6호 및 **같은 조** 제3항제8호, **제30조**제1항제4호 및 **같은 조** 제3항제5호, **제40조**제1항제6호 중 "「유해화학물질 관리법」 제25조제1항에 따라 임명하여야 하는 유독물관리자"를 각각 "「화학물질관리법」 제32조제1항에 따라 선임하여야 하는 유해화학물질관리자"로 한다.
제33조 제목 중 "유독물관리자"를 "유해화학물질관리자"로 하고, **같은 조** 제목 외의 부분 본문 중 "「유해화학물질 관리법」 제25조제1항에 따라 유독물관리자를 임명하여야 하는 자는 같은 항에도 불구하고 5 이하의 사업장의 사업자가 공동으로 유독물관리자"를 "「화학물질관리법」 제32조제1항에 따라 유해화학물질관리자를 선임하여야 하는 자는 같은 항에도 불구하고 5 이하의 사업장의 사업자가 공동으로 유해화학물질관리자"로 한다.
제52조제1항 중 "「유해화학물질 관리법」 제29조에 따른 유독물에 관한 표시"를 "「화학물질관리법」 제16조에 따른 유해화학물질에 관한 표시"로 하고, **같은 조** 제2항제2호를 다음과 같이 한다.
2.「화학물질관리법」 제16조에 따른 유해화학물질에 관한 표시
⑤ **내수면어업법** 일부를 다음과 같이 개정한다.
제19조 본문, **제25조**제1항 및 **제26조**제1항 중 "유독물"을 각각 "인체급성유해성물질, 인체만성유해성물질, 생태유해성물질"로 한다.
⑥ (생략)
⑦ **물류정책기본법** 일부를 다음과 같이 개정한다.
제29조제1항제2호 중 "「화학물질관리법」 제2조제7호에 따른 유해화학물질"을 "「화학물질관리법」 제2조제3호에 따른 허가물질, 같은 조 제4호에 따른 제한물질, 같은 조 제5호에 따른 금지물질 및 같은 조 제7호에 따른 유해화학물질"로 한다.
⑧ **물환경보전법** 일부를 다음과 같이 개정한다.
제15조제1항제1호 중 "유독물질(이하 "유독물"이라 한다)"을 "인체급성유해성물질, 인체만성유해성물질, 생태유해성물질(이하 "인체등유해성물질"이라 한다)"로 한다.
제16조 중 "유독물"을 "인체등유해성물질"로 한다.
제17조제2항제4호를 다음과 같이 한다.
4. 인체등유해성물질
⑨ **보건범죄 단속에 관한 특별조치법** 일부를 다음과 같이 개정한다.
제4조제1항 각 호 외의 부분 중 "「유해화학물질 관리법」 제20조에 따른 등록을 하지 아니하고 유독물질을 제조한 사람, 같은 법 제34조에 따르지 아니하고 취급제한·금지물질을 사용한 사람 또는 이미 등록되거나 허가된 유독물 또는 취급제한·금지물질과 유사하게 위조하거나 변조한 사람"을 "「화학물질관리법」 제28조에 따른 영업허가를 받지 아니하거나 신고를 하지 아니하고 유해화학물질을 제조한 사람, 이미 허가되거나 신고한 유해화학물질과 유사하게 위조하거나 변조한 사람"으로 하고, 같은 항 제1호 및 제2호 중 "유독물 또는 취급제한·금지물질"을 각각 "유해화학물질"로 한다.
제10조 중 "「식품위생법」 또는 「유해화학물질 관리법」에 따른 식품, 유독물 또는 취급제한·금지물질"을 "「식품위생법」 또는 「화학물질관리법」에 따른 식품, 유해화학물질"로 한다.
⑩ **선원법** 일부를 다음과 같이 개정한다.
제23조제1항 중 "유독물질"을 "인체급성유해성물질, 인체만성유해성물질, 생태유해성물질"로 한다.
⑪ **소재·부품·장비산업 경쟁력 강화 및 공급망 안정화를 위한 특별조치법** 일부를 다음과 같이 개정한다.
제64조 중 "장외영향평가서를 작성하여 제출한 경우 제출된 장외영향평가서를"을 "화학사고예방계획서를 작성하여 제출한 경우 제출된 화학사고예방계획서를"로 한다.
⑫ **수도법** 일부를 다음과 같이 개정한다.
제7조제3항제1호 각 목 외의 부분 본문, 같은 호 가목·나목 중 "「화학물질관리법」 제2조제7호에 따른 유해화학물질"을 각각 "「화학물질관리법」 제2조제3호에 따른 허가물질, 같은 조 제4호에 따른 제한물질, 같은 조 제5호에 따른 금지물질 및 같은 조 제7호에 따른 유해화학물질"로 한다.
제7조제3항제1호나목 중 "유해화학물질이나 대체 유해화학물질"을 "허가물질, 제한물질, 금지물질 및 유해화학물질이나 그 대체물질"로 한다.
⑬ (생략)
⑭ **수산자원관리법** 일부를 다음과 같이 개정한다.
제25조제1항 중 "유독물"을 "인체급성유해성물질·인체만성유해성물질·생태유해성물질"로 하고, **같은 조** 제2항 중 "「화학물질관리법」 제2조제7호에 따른 유해화학물질"을 "「화학물질관리법」 제2조제3호에 따른 허가물질, 같은 조 제4호에 따른 제한물질, 같은 조 제5호에 따른 금지물질 및 같은 조 제7호에 따른 유해화학물질"로 한다.
제64조제5호 및 **제68조**제1항 중 "유독물"을 각각 "인체급성유해성물질·인체만성유해성물질·생태유해성물질"로 한다.
⑮ **야생생물 보호 및 관리에 관한 법률** 일부를 다음과 같이 개정한다.
제28조제3항제1호 중 "제2조제2호에 따른 유독물질"을 "제2조제2호·제2호의2·제2호의3에 따른 인체급성유해성물질, 인체만성유해성물질, 생태유해성물질"로 한다.
⑯ (생략)
⑰ **위험물안전관리법** 일부를 다음과 같이 개정한다.
제15조제1항 단서 중 "유독물질"을 "인체급성유해성물질, 인체만성유해성물질, 생태유해성물질"로 한다.
⑱ (생략)
⑲ **자연재해대책법** 일부를 다음과 같이 개정한다.
제35조제1항제7호 중 "유해화학물질"을 "허가물질, 제한물질, 금지물질, 유해화학물질"로 한다.
⑳ **자연환경보전법** 일부를 다음과 같이 개정한다.
제16조제1호 중 "유독물질"을 "인체급성유해성물질, 인체만성유해성물질, 생태유해성물질"로 한다.
㉑ **자원의 절약과 재활용촉진에 관한 법률** 일부를 다음과 같이 개정한다.
제12조제1항제3호를 다음과 같이 한다.
3.「화학물질관리법」 제2조제2호·제2호의2·제2호의3에 따른 인체급성유해성물질, 인체만성유해성물질, 생태유해성물질
㉒ **지하수법** 일부를 다음과 같이 개정한다.
제13조제1항제2호라목 중 "「화학물질관리법」 제2조제7호에 따른 유해화학물질"을 "「화학물질관리법」 제2조제3호에 따른 허가물질, 같은 조 제4호에 따른 제한물질, 같은 조 제5호에 따른 금지물질 및 같은 조 제7호에 따른 유해화학물질"로 한다.
㉓ **철도안전법** 일부를 다음과 같이 개정한다.
제42조제1항 중 "유해화학물질"을 "허가물질, 제한물질, 금지물질, 유해화학물질"로 한다.
㉔ (생략)
㉕ **토양환경보전법** 일부를 다음과 같이 개정한다.
제21조제1항 본문 중 "「화학물질관리법」 제2조제7호에 따른 유해화학물질"을 "「화학물질관리법」 제2조제3호에 따른 허가물질, 같은 조 제4호에 따른 제한물질, 같은 조 제5호에 따른 금지물질 및 같은 조 제7호에 따른 유해화학물질"로 한다.
제32조제2항제8호 중 "유해화학물질"을 "허가물질, 제한물질, 금지물질, 유해화학물질"로 한다.
㉖ **폐기물관리법** 일부를 다음과 같이 개정한다.
제47조제2항 전단 중 "유독물질"을 "인체급성유해성물질, 인체만성유해성물질, 생태유해성물질"로 한다.
㉗ **항만법** 일부를 다음과 같이 개정한다.
제28조제1항제1호 중 "유독물"을 "인체급성유해성물질, 인체만성유해성물질, 생태유해성물질"로 한다.
㉘ **해양생태계의 보전 및 관리에 관한 법률** 일부를 다음과 같이 개정한다.
제17조제3항제3호나목 중 "유독물질(「화학물질관리법」 제2조제2호에 따른 유독물질을 말한다. 이하 같다)"을 "인체급성유해성물질, 인체만성유해성물질, 생태유해성물질(「화학물질관리법」 제2조제2호·제2호의2·제2호의3에 따른 물질을 말한다. 이하 같다)"로 한다.
제20조제1항 각 호 외의 부분 본문, **제27조**제1항제1호·제6호, **제61조**제2호 및 **제63조의3**제1항·제2항 중 "유독물질"을 각각 "인체급성유해성물질, 인체만성유해성물질, 생태유해성물질"로 한다.
㉙ **환경범죄 등의 단속 및 가중처벌에 관한 법률** 일부를 다음과 같이 개정한다.
제2조제1호라목을 다음과 같이 한다.
라.「화학물질관리법」 제2조제2호·제2호의2·제2호의3에 따른 인체급성유해성물질, 인체만성유해성물질, 생태유해성물질
제2조제2호아목 중 "유독물질을 관리함으로써 유해화학물질을 배출·누출하는 행위"를 "인체급성유해성물질, 인체만성유해성물질, 생태유해성물질을 관리함으로써 「화학물질관리법」 제2조제3호부터 제5호까지에 따른 허가물질, 제한물질, 금지물질 및 제7호에 따른 유해화학물질을 배출·누출하는 행위"로 한다.
제12조제1항제3호 중 "유독물질"을 "인체급성유해성물질, 인체만성유해성물질, 생태유해성물질"로 한다.
㉚~㉛ (생략)
제6조【다른 법령과의 관계】 이 법 시행 당시 다른 법령에서 종전의 「화학물질관리법」의 규정을 인용하고 있는 경우 이 법에 그에 해당하는 규정이 있으면 종전의 규정을 갈음하여 이 법의 해당 규정을 인용한 것으로 본다.

화학물질의 등록 및 평가 등에 관한 법률 일부개정법률

<개정 2024.2.6 법률20232호>

화학물질의 등록 및 평가 등에 관한 법률 일부를 다음과 같이 개정한다.

제1조 중 "유해화학물질"을 "유해성·위해성이 있는 화학물질의"로 한다.
제2조제6호를 다음과 같이 하고, **같은 조**에 제6호의2 및 제6호의3을 각각 다음과 같이 신설하며, **같은 조** 제10호를 삭제하고, **같은 조**에 제10호의3을 다음과 같이 신설한다.
6. "인체급성유해성물질"이란 단회 또는 단시간 노출로 단기간 내에 사람의 건강에 좋지 아니한 영향을 미칠 수 있는 화학물질로서 대통령령으로 정하는 기준에 따라 환경부장관이 지정하여 고시한 것을 말한다.
6의2. "인체만성유해성물질"이란 반복적으로 노출되거나 노출 이후 잠복기를 거쳐 사람의 건강에 좋지 아니한 영향을 미칠 수 있는 화학물질로서 대통령령으로 정하는 기준에 따라 환경부장관이 지정하여 고시한 것을 말한다.
6의3. "생태유해성물질"이란 단기간 또는 장기간 노출로 인하여 수생생물 등 환경에 좋지 아니한 영향을 미칠 수 있는 화학물질로서 대통령령으로 정하는 기준에 따라 환경부장관이 지정하여 고시한 것을 말한다.
10의3. "유해성미확인물질"이란 제10조에 따라 환경부장관에게 등록·신고하였으나 유해성과 관련한 자료가 없는 등의 사유로 해당 화학물질의 유해성을 확인하기 곤란한 물질로서 환경부령으로 정하는 기준에 해당하는 물질을 말한다.
제5조에 제6항을 다음과 같이 신설한다.
⑥ 유해성미확인물질을 취급하는 사업자는 그 물질의 유해성이 없다는 사실이 확인될 때까지는 유해성이 있는 것으로 추정하고 사람의 건강이나 환경에 피해를 주지 아니하도록 하기 위한 적절한 조치를 하여야 한다.
제10조제1항 및 제4항제1호 중 "100킬로그램"을 각각 "1톤"으로 하고, **같은 조** 제4항제2호가목 중 "100킬로그램 이하로"를 "1톤 미만으로"로 한다.
제11조제1항제3호 중 "자"를 "자."로 하고, 같은 호에 후단을 다음과 같이 신설한다.
이 경우 제10조제1항·제5항에 따라 등록하거나 같은 조 제4항에 따라 신고하는 물량의 산정에는 등록등면제확인을 받은 물량을 제외한다.
제14조제6항제1호 중 "자료"를 "자료."로 하고, 같은 호에 단서를 다음과 같이 신설한다.
다만, 제1항제4호에 해당하는 자료의 경우 그 작성사유를 포함한다.
법률 제19964호 화학물질의 등록 및 평가 등에 관한 법률 일부개정법률에 **제19조의3**을 다음과 같이 신설한다.
제19조의3【신고 시 제출된 화학물질 자료의 검토 등】
① 환경부장관은 제10조제4항에 따라 신고된 화학물질의 분류 및 표시의 적정성을 확인하기 위하여 필요한 경우에는 제14조제6항에 따라 제출된 자료의 적정성을 검토할 수 있다.
② 환경부장관은 제1항에 따른 검토를 위하여 국내외의 관련 심사·평가·시험 등 결과를 조사하거나 유해성 시험자료 등 필요한 자료를 생산할 수 있다.
③ 제1항에 따른 검토 및 제2항에 따른 유해성 시험자료의 생산 등에 필요한 사항은 환경부령으로 정한다.
제20조의 제목 중 "유독물질"을 "인체급성유해성물질등"으로 하고, **같은 조** 중 "유해성심사"를 "유해성심사(제19조에 따른 유해성평가를 포함한다. 이하 같다)"로, "유독물질"을 "인체급성유해성물질, 인체만성유해성물질, 생태유해성물질(이하 "인체등유해성물질"이라 한다)"로 한다.
제21조제1항 중 "유독물질"을 "인체등유해성물질"로 하고, **같은 조** 제2항 단서 중 "유독물질"을 "인체등유해성물질"로 한다.
제29조제1항제2호 중 "유해화학물질"을 "인체등유해성물질, 허가물질, 제한물질 또는 금지물질"로 하고, 같은 항에 제3호를 다음과 같이 신설한다.
3. 유해성미확인물질
제42조 제목 외의 부분을 제1항으로 하고, **같은 조** 제1항(종전의 제목 외의 부분) 중 "화학물질의 명칭"을 "다음 각 호에 해당하는 화학물질의 명칭"으로 하며, 같은 항에 각 호를 다음과 같이 신설한다.
1. 제10조에 따라 등록 또는 신고된 화학물질(제12조에 따라 변경등록 또는 변경신고된 경우를 포함한다)
2. 제18조에 따른 유해성심사, 제19조에 따른 유해성평가 또는 제24조에 따른 위해성평가를 실시한 화학물질
3. 그 밖에 환경부령으로 정하는 화학물질
제42조에 제2항부터 제4항까지를 각각 다음과 같이 신설한다.
② 누구든지 제1항에 따라 공개된 화학물질의 유해성 등의 정보의 수정 또는 보완(이하 "수정등"이라 한다)이 필

요한 경우에는 환경부장관에게 해당 사실을 입증하는 자료를 첨부하여 공개된 정보의 수정등을 요청할 수 있다.
③ 환경부장관은 제2항에 따른 수정등의 요청이 있는 경우 해당 물질의 유해성 등에 관한 정보를 검토하고 필요한 경우 다음 각 호의 조치를 할 수 있다.
1. 제19조에 따른 유해성평가 또는 제24조에 따른 위해성평가의 실시
2. 제1항에 따라 공개된 정보의 수정등
④ 그 밖에 화학물질 정보의 공개, 수정등에 관한 기준·방법 및 절차 등에 관하여 필요한 사항은 환경부령으로 정한다.
제45조의3을 다음과 같이 신설한다.
제45조의3【자료유출사고】 ① 다음 각 호의 어느 하나에 해당하는 사고(이하 "자료유출사고"라 한다)가 발생한 경우 이를 인지한 자는 지체 없이 사고의 일시·장소·사고내용 및 조치사항을 환경부장관에게 통보하여야 한다.
1. 제45조제1항에 따라 보호를 요청한 자료(이하 "보호자료"라 한다)의 누설 또는 분실
2. 보호자료의 보관시설·장비의 파손 또는 파괴
3. 그 밖에 환경부장관이 정하는 사고
② 환경부장관은 자료유출사고가 발생한 경우 사고원인 규명 및 재발방지대책 마련을 위하여 자료유출사고 조사를 한다.
③ 환경부장관은 제2항에 따른 자료유출사고 조사 결과에 따라 보호자료 보관시설·장비를 교체하거나 자료보호의 효력 정지 또는 취소 등 필요한 조치를 한다.
제54조제2항을 제3항으로 하고, **같은 조**에 제2항을 다음과 같이 신설한다.
② 제45조의3제1항을 위반하여 자료유출사고를 통보하지 아니한 자에게는 300만원 이하의 과태료를 부과한다.

부 칙

제1조【시행일】 이 법은 공포한 날부터 1년 6개월이 경과한 날부터 시행한다. 다만, 제10조 및 제14조제6항의 개정규정은 2025년 1월 1일부터 시행한다.
제2조【신규화학물질의 등록신고에 관한 적용례】 제10조제1항 및 제4항의 개정규정은 같은 개정규정 시행 이후 신규화학물질을 등록하거나 신고하는 경우부터 적용한다.

마약류 관리에 관한 법률 일부개정법률

<개정 2024.2.6 법률20214호>→2024년 2월 6일, 2024년 5월 7일 및 2024년 8월 7일 시행하는 부분은 본편에 가제 수록 하였음

마약류 관리에 관한 법률 일부를 다음과 같이 개정한다.

법률 제19450호 마약류 관리에 관한 법률 일부개정법률 제30조제2항 및 제3항을 각각 제3항 및 제4항으로 하고, **같은 조**에 제2항을 다음과 같이 신설한다.
② 마약류취급의료업자는 중독성·의존성을 현저하게 유발하여 신체적·정신적으로 중대한 위해를 끼칠 우려가 있는 총리령으로 정하는 마약 또는 향정신성의약품을 자신에게 투약하거나 자신을 위하여 해당 마약 또는 향정신성의약품을 기재한 처방전을 발급하여서는 아니 된다.
제40조제2항부터 제6항까지를 각각 다음과 같이 하고, **같은 조**에 제7항부터 제12항까지를 각각 다음과 같이 신설한다.
② 제1항에 따른 치료보호기관은 다음 각 호의 시설 및 인력을 갖추어야 한다.
1. 마약류 사용 여부 감정을 위한 소변, 모발 등 생체시료를 분석할 수 있는 기기 및 장비
2. 마약류 중독 여부 판별을 위하여 정신건강의학과 전문의의 의학적 판단 등에 필요한 보조적 검사장비
3. 정신건강의학과 전문의 및 「정신건강증진 및 정신질환자 복지서비스 지원에 관한 법률」 제17조제1항에 따른 정신건강전문요원
4. 그 밖에 대통령령으로 정하는 마약류 중독자 치료보호에 필요한 시설 및 장비
③ 시·도지사가 제1항에 따라 치료보호기관을 설치·운영하거나 지정한 경우에는 이를 보건복지부장관에게 통보하여야 한다.
④ 보건복지부장관 또는 시·도지사는 제1항에 따라 지정한 치료보호기관이 제2항 각 호의 시설 및 인력을 갖추었는지 여부와 치료보호 실적 등을 3년마다 평가하여 치료보호기관으로 재지정할 수 있다.
⑤ 보건복지부장관 또는 시·도지사는 제1항 또는 제4항에 따라 지정하거나 재지정한 치료보호기관이 다음 각 호의 어느 하나에 해당하는 경우에는 그 지정 또는 재지정을 취소할 수 있다. 다만, 제1호에 해당하는 경우에는 그 지정 또는 재지정을 취소하여야 한다.
1. 거짓이나 그 밖의 부정한 방법으로 지정 또는 재지정을 받은 경우
2. 지정 또는 재지정의 취소를 요청하는 경우
3. 제4항에 따른 평가 결과 제2항 각 호의 시설 및 인력을 갖추지 못한 것으로 확인된 경우
⑥ 보건복지부장관은 제1항에 따른 치료보호기관에 종사하는 인력의 전문성 향상을 위하여 제7항에 따른 판별검사 및 치료보호를 위한 전문교육을 개발·운영하여야 하며, 이를 대통령령으로 정하는 전문기관에 위탁할 수 있다.
⑦ 보건복지부장관 또는 시·도지사는 마약류 사용자에 대하여 제1항에 따른 치료보호기관에서 마약류 중독 여부의 판별검사를 받게 하거나 마약류 중독자로 판명된 사람에 대하여 치료보호를 받게 할 수 있다. 이 경우 판별검사 기간은 1개월 이내로 하고, 치료보호 기간은 12개월 이내로 한다.
⑧ 보건복지부장관 또는 시·도지사는 제7항에 따른 판별검사 또는 치료보호를 하려면 치료보호심사위원회의 심의를 거쳐야 한다.
⑨ 제8항에 따른 판별검사 및 치료보호에 관한 사항을 심의하기 위하여 보건복지부에 중앙치료보호심사위원회를 두고, 특별시, 광역시, 특별자치시, 도 및 특별자치도에 지방치료보호심사위원회를 둔다.
⑩ 중앙치료보호심사위원회 및 지방치료보호심사위원회의 심의 내용에 관한 사항은 다음 각 호에 따른다.
1. 중앙치료보호심사위원회는 다음 각 목의 사항을 심의한다.
가. 마약류 중독자 치료보호의 기본방향에 관한 사항
나. 판별검사의 기준에 관한 사항
다. 보건복지부장관이 설치·운영하거나 지정한 치료보호기관에서의 치료보호 및 판별검사에 관한 사항
라. 마약류 중독자의 치료보호 시작·종료와 치료보호 기간 연장에 관한 사항
마. 그 밖에 마약류 중독자의 치료보호 및 판별검사에 관하여 보건복지부장관이 필요하다고 인정하는 사항
2. 지방치료보호심사위원회는 다음 각 목의 사항을 심의한다.
가. 시·도지사가 설치·운영하거나 지정한 치료보호기관에서의 치료보호 및 판별검사에 관한 사항
나. 마약류 중독자의 치료보호 시작·종료와 치료보호 기간 연장에 관한 사항
다. 그 밖에 마약류 중독자의 치료보호 및 판별검사에 관하여 시·도지사가 필요하다고 인정하는 사항
⑪ 국가 및 지방자치단체는 제7항에 따른 판별검사 및 치료보호에 드는 비용을 부담한다.
⑫ 제1항부터 제11항까지에 따른 치료보호기관의 설치·운영 및 지정·재지정, 판별검사 및 치료보호, 치료보호심사위원회의 구성·운영·직무 등에 관하여 필요한 사항은 대통령령으로 정한다.
법률 제19648호 마약류 관리에 관한 법률 일부개정법률 제51조의7을 **제51조의8**로 하고, **제51조의7**을 다음과 같이 신설한다.
제51조의7【하수역학 마약류 사용 행태조사】 ① 식품의약품안전처장은 「하수도법」 제2조제9호에 따른 공공하수처리시설 등에서 하수를 채집하여 마약류 사용 행태를 추정·분석하기 위한 조사(이하 "하수역학 마약류 사용 행태조사"라 한다)를 매년 실시한다.
② 식품의약품안전처장은 하수역학 마약류 사용 행태조사를 하는 경우 지방자치단체의 장에게 필요한 자료의 제출을 요청할 수 있다. 이 경우 요청을 받은 지방자치단체의 장은 특별한 사유가 없으면 이에 따라야 한다.
③ 하수역학 마약류 사용 행태조사의 내용 및 방법 등에 필요한 사항은 대통령령으로 정한다.
제60조제1항제4호 중 "제30조제1항"을 "제30조제1항·제2항"으로 한다.
제61조제1항제7호 중 "취급한 자"를 "취급하거나 그 처방전을 발급한 자"로 한다.
법률 제19450호 마약류 관리에 관한 법률 일부개정법률 제61조제1항제11호 중 "제30조제1항"을 "제30조제1항·제2항"으로 한다.
제63조제1항제13호 중 "제40조제2항"을 "제40조제7항"으로 한다.
법률 제19450호 마약류 관리에 관한 법률 일부개정법률 제69조제1항제6호의2 중 "제30조제2항"을 "제30조제3항"으로 한다.

부 칙

제1조【시행일】 이 법은 공포한 날부터 시행한다. 다만, 제44조제4항의 개정규정은 공포 후 3개월이 경과한 날부터 시행하고, 제44조의2의 개정규정은 공포 후 6개월이 경과한 날부터 시행하며, 법률 제19450호 마약류 관리에 관한 법률 일부개정법률 제30조제2항부터 제4항까지, 제40조제2항부터 제12항까지, 법률 제19648호 마약류 관리에 관한 법률 일부개정법률 제51조의7·제51조의8, 제60조제1항제4호, 제61조제1항제7호, 법률 제19450호 마약류 관리에 관한 법률 일부개정법률 제61조제1항제11호, 제63조제1항제13호 및 법률 제19450호 마약류 관리에 관한 법률 일부개정법률 제69조제1항제6호의2의 개정규정은 공포 후 1년이 경과한 날부터 시행한다.
제2조【허가 등 취소에 관한 적용례】 제44조제1항제2호 카목의 개정규정은 이 법 시행 이후 업무정지기간 중에 업무를 한 경우부터 적용한다.

국민체육진흥법 일부개정법률

<개정 2024.2.6 법률20193호>→2024년 8월 7일 시행하는 부분은 본편에 가제 수록 하였음

국민체육진흥법 일부를 다음과 같이 개정한다.

제11조제2항 단서 중 "성폭력 등 폭력 예방교육은"을 "스포츠윤리교육은"으로 하고, **같은 조** 제3항 중 "성폭력 등 폭력 예방교육 등 문화체육관광부령으로 정하는 사항이"를 "다음 각 호의 사항으로 구성된 스포츠윤리교육 과정이"로 하며, 같은 항에 각 호를 다음과 같이 신설한다.
1. 성폭력 등 폭력 예방교육
2. 스포츠비리 및 체육계 인권침해 방지를 위한 예방교육
3. 도핑 방지 교육
4. 그 밖에 체육의 공정성 확보와 체육인의 인권보호를 위하여 문화체육관광부령으로 정하는 교육
제11조의6제1항 중 "성폭력 등 폭력 예방교육 등의"를 "스포츠윤리교육의"로 한다.
제30조제1항 중 "「청소년보호법」 제2조제1호에 따른 청소년에게"를 "미성년자에게"로 하고, **같은 조** 제7항 및 제8항을 각각 제8항 및 제9항으로 하며, **같은 조**에 제7항을 다음과 같이 신설한다.
⑦ 수탁사업자(환급금 지급 업무를 수탁·대행하는 자 및 계약에 따라 체육진흥투표권을 판매하는 자를 포함한다)는 체육진흥투표권의 판매 또는 환급금의 지급을 위하여 필요한 경우 주민등록증 또는 그 밖에 나이를 확인할 수 있는 증표의 제시를 요구할 수 있으며, 정당한 사유 없이 증표를 제시하지 아니하는 사람에게는 체육진흥투표권의 판매 또는 환급금의 지급을 하지 아니할 수 있다.

부 칙

제1조【시행일】 이 법은 공포 후 6개월이 경과한 날부터

시행한다. 다만, 제11조제2항 및 제3항, 제11조의6제1항, 제30조의 개정규정은 2025년 1월 1일부터 시행한다.

제2조【체육지도자 연수과정 및 재교육에 관한 적용례】 제11조제2항 및 제3항, 제11조의6제1항의 개정규정은 같은 개정규정 시행 이후 체육지도자 연수과정을 실시하는 경우 및 체육지도자의 재교육을 실시하는 경우부터 적용한다.

제3조【체육단체의 결과 보고에 관한 적용례】 제18조의9 제2항의 개정규정은 이 법 시행 이후 문화체육관광부장관이 징계를 요구하는 경우부터 적용한다.

소방시설공사업법 일부개정법률

<개정 2024.1.30 법률20157호>

소방시설공사업법 일부를 다음과 같이 개정한다.

제26조의2제2항 전단 중 "시·도지사는"을 "시·도지사 또는 시장·군수가"로, "승인"을 "승인하거나 특별자치시장, 특별자치도지사, 시장, 군수 또는 자치구의 구청장이 「도시 및 주거환경정비법」 제50조제1항에 따라 사업시행계획을 인가"로 한다.

부 칙

제1조【시행일】 이 법은 공포 후 1년이 경과한 날부터 시행한다.

제2조【감리업자의 선정에 관한 적용례】 제26조의2제2항의 개정규정은 이 법 시행 이후 「주택법」 제15조제1항에 따라 시장·군수가 주택건설사업계획을 승인하는 경우 및 「도시 및 주거환경정비법」 제50조제1항에 따라 특별자치시장, 특별자치도지사, 시장, 군수 또는 자치구의 구청장이 사업시행계획을 인가하는 경우부터 적용한다.

경비업법 일부개정법률

<개정 2024.1.30 법률20152호>

경비업법 일부를 다음과 같이 개정한다.

제2조제1호에 바목을 다음과 같이 신설하고, **같은 조** 제3호 각 목 외의 부분 중 "각목의 1에"를 "각 목의 어느 하나에"로 하며, 같은 호 가목 중 "가목 내지 라목"을 "가목부터 라목까지 및 바목"으로 한다.

바. 혼잡·교통유도경비업무 : 도로에 접속한 공사현장 및 사람과 차량의 통행에 위험이 있는 장소 또는 도로를 점유하는 행사장 등에서 교통사고나 그 밖의 혼잡 등으로 인한 위험발생을 방지하는 업무

부 칙

이 법은 공포 후 1년이 경과한 날부터 시행한다.

(2025년 2월 7일 시행)

국가자원안보 특별법

(2024년 2월 6일
법 률 제20196호)

제1장 총 칙

제1조【목적】 이 법은 자원안보에 관한 위기에 대비하고 위기 발생에 효과적으로 대응하기 위하여 자원안보 추진체계와 자원안보위기 조기경보체계, 핵심자원의 공급과 수요의 관리, 위기대응체계 및 긴급대응조치 등에 관한 사항을 규정함으로써 국가의 안전보장과 국민경제의 지속가능한 발전, 국민의 복리 향상에 이바지함을 목적으로 한다.

제2조【정의】 이 법에서 사용하는 용어의 뜻은 다음과 같다.

1. "핵심자원"이란 국민생활에 미치는 영향이 크거나 경제활동 또는 산업생산 등 국민경제적 파급효과가 큰 자원 등으로서 다음 각 목의 어느 하나에 해당하는 것을 말한다.
   가. 석유, 천연가스, 석탄, 우라늄, 수소, 그 밖의 에너지원으로서 산업통상자원부장관이 정하여 고시하는 자원
   나. 「광업법」 제3조제1호에 따른 광물 중 가목 외의 광물로서 산업통상자원부장관이 정하여 고시하는 광물(이하 "핵심광물"이라 한다)
   다. 재생에너지 설비(「신에너지 및 재생에너지 개발·이용·보급 촉진법」 제2조제3호에 따른 신에너지 및 재생에너지 설비 중 재생에너지를 생산하기 위한 설비를 말한다)의 소재·부품으로서 산업통상자원부장관이 정하여 고시하는 소재·부품
2. "공급망"이란 핵심자원의 생산·수입·전환·가공·수송·저장·판매 등 국내외에서 핵심자원을 획득하고 중간 또는 최종 수요자에게 이르기까지의 모든 과정을 말한다.
3. "자원안보"란 핵심자원의 가격 안정화와 중단 없는 공급이 이루어질 수 있도록 공급망의 안정적인 유지와 관리를 저해하는 요인에 대비하고, 그 요인에 대한 대응능력을 갖추어 국가의 안전보장과 국민경제 활동에 지장을 초래하지 아니하는 상태를 말한다.
4. "자원안보위기"란 핵심자원을 안정적인 가격에 중단 없이 공급할 수 있는 능력이 제한되거나 공급망을 안정적으로 유지 및 관리할 수 없게 됨에 따라 국민생활, 경제활동 또는 산업생산에 심각한 지장이나 위해가 있어 국가가 긴급하게 대처할 필요가 있는 상황을 말한다.
5. "공급기반시설"이란 핵심자원을 생산·수입·전환·가공·수송·저장 또는 판매하기 위하여 설치하는 시설을 말한다.
6. "공급기관"이란 핵심자원을 생산·수입·전환·가공·수송·저장 또는 판매하는 업무를 수행하거나 공급기반시설을 설치·운영 또는 관리하는 기관, 단체 및 사업자를 말한다.
7. "공공공급기관"이란 다음 각 목의 어느 하나에 해당하는 공급기관을 말한다.
   가. 국가 및 지방자치단체
   나. 「공공기관의 운영에 관한 법률」 제4조에 따른 공공기관
   다. 「지방공기업법」에 따른 지방공기업
8. "민간공급기관"이란 공공공급기관 외의 공급기관을 말한다.
9. "재자원화"란 「환경친화적 산업구조로의 전환촉진에 관한 법률」 제2조제1호의2에 따른 재생부원으로부터 재생이용할 수 있는 상태로 만들어진 물질에서 핵심자원을 회수하여 산업의 원료 또는 에너지 등으로 이용하는 활동을 말한다.
10. "수요기관"이란 핵심자원을 그 사업활동을 위하여 연료, 원료 또는 소재·부품으로 직접 사용하는 기관, 단체 및 사업자를 말한다.

제3조【국가 등의 책무】 ① 국가는 자원안보와 관련된 종합적인 시책을 수립하고 시행할 책무를 진다.
② 지방자치단체는 지역적 특성을 고려한 자원안보시책이 필요한 경우 국가의 자원안보시책에 따라 지역적 특성을 고려한 지역자원안보시책을 수립·시행한다. 이 경우 지역자원안보시책의 수립·시행에 필요한 사항은 해당 지방자치단체의 조례로 정할 수 있다.
③ 공급기관은 국가와 지방자치단체의 자원안보시책에 적극적으로 참여하고 협력하여야 하며, 핵심자원의 안정적인 생산·수입·전환·가공·수송·저장·이용·판매 등을 위하여 노력하여야 한다.
④ 모든 국민은 일상생활에서 국가와 지방자치단체의 자원안보시책에 적극적으로 참여하고 협력하여야 하며, 핵심자원을 합리적이고 효율적으로 사용하도록 노력하여야 한다.

제4조【다른 법률과의 관계】 이 법은 자원안보에 관하여 다른 법률에 우선하여 적용한다.

제2장 자원안보 추진체계

제5조【자원안보기본계획의 수립 등】 ① 산업통상자원부장관은 자원안보와 관련된 업무를 효율적이고 체계적으로 추진하기 위하여 관계 중앙행정기관의 장과의 협의를 거쳐 자원안보기본계획(이하 "기본계획"이라 한다)을 5년마다 수립·시행하여야 하며, 국내외 자원안보 환경 변화 등으로 필요한 경우에는 기본계획을 변경할 수 있다.
② 기본계획에는 다음 각 호의 사항이 포함되어야 한다.
1. 자원안보시책의 기본방향에 관한 사항
2. 자원안보를 위한 제도의 수립 및 정비에 관한 사항
3. 핵심자원의 수급 현황 및 전망에 관한 사항
4. 자원안보위기 진단 및 대응 방안에 관한 사항
5. 핵심자원의 비축에 관한 사항
6. 자원안보위기 시 자원수급의 안정성 확보 방안에 관한 사항
7. 공급기반시설의 개발·확충·유지·관리에 관한 사항
8. 핵심자원의 재자원화에 관한 사항
9. 자원안보에 관한 국제협력에 관한 사항
10. 자원안보에 관한 기술개발 및 전문인력의 양성에 관한 사항
11. 그 밖에 자원안보를 위하여 필요한 사항으로서 대통령령으로 정하는 사항

③ 산업통상자원부장관은 기본계획에 따라 자원안보 관련 업무를 수행하기 위하여 자원안보시행계획(이하 "시행계획"이라 한다)을 수립·시행하여야 한다.
④ 산업통상자원부장관은 기본계획 및 시행계획을 수립하거나 변경하려는 때에는 제6조에 따른 자원안보협의회의 심의를 거쳐야 한다. 다만, 대통령령으로 정하는 경미한 사항을 변경하는 경우에는 그러하지 아니하다.
⑤ 그 밖에 기본계획 및 시행계획의 수립 또는 변경에 필요한 사항은 대통령령으로 정한다.

제6조【자원안보협의회의 기능 및 구성】 ① 자원안보에 관한 다음 각 호의 사항을 심의하기 위하여 산업통상자원부에 자원안보협의회(이하 "협의회"라 한다)를 둔다.
1. 기본계획 및 시행계획에 관한 사항
2. 자원안보와 관련된 기술·예산·자금·인력 등 규제·제도 개선을 위한 국가 전략·정책에 관한 사항
3. 제10조에 따른 자원안보 진단·평가 및 제11조에 따른 공급망 점검·분석에 관한 사항
4. 핵심자원의 지정 및 고시에 관한 사항
5. 제15조에 따른 핵심자원의 비축의무 및 제16조에 따른 비축계획에 관한 사항
6. 제18조에 따른 핵심자원의 재자원화 시책에 관한 사항
7. 제21조에 따른 핵심공급기관의 지정·관리·해제에 관한 사항
8. 제22조에 따른 핵심수요기관의 지정·관리·해제에 관한 사항
9. 자원안보위기가 발생하거나 발생할 현저한 우려가 있는지에 관한 사항
10. 이 법 또는 다른 법률에서 협의회의 심의를 거치도록 한 사항
11. 그 밖에 자원안보와 관련된 주요 정책사항에 관한 것으로 위원장이 회의에 부치는 사항

② 협의회는 위원장 1명을 포함한 20명 이내의 위원으로 구성하되, 위원장은 산업통상자원부장관이 되며, 위원은 관계 중앙행정기관(대통령 소속기관을 포함한다)의 차관급 공무원 중 대통령령으로 정하는 사람이 된다.
③ 위원장은 자원안보에 관한 전문적·기술적 자문이 필요하다고 인정하는 경우에는 관계 전문가로 구성된 자문단을 구성·운영할 수 있다.

제7조【전담기관의 지정 등】 ① 산업통상자원부장관은 자원안보와 관련된 전문성을 갖춘 하나 이상의 기관 또는 단체를 자원안보전담기관(이하 "전담기관"이라 한다)으로 지정하고 제8조에 따른 자원안보에 관한 정보의 관리 등 자원안보와 관련된 업무를 수행하게 할 수 있다.
② 산업통상자원부장관은 전담기관에 대하여 예산의 범위에서 제1항의 업무를 수행하는 데 필요한 경비의 전부 또는 일부를 지원할 수 있다.
③ 산업통상자원부장관은 제1항에 따라 전담기관으로 지정된 기관 또는 단체가 다음 각 호의 어느 하나에 해당하는 경우 그 지정을 취소할 수 있다. 다만, 제1호에 해당하는 경우에는 그 지정을 취소하여야 한다.
1. 거짓 또는 부정한 방법으로 지정을 받은 경우
2. 정당한 사유 없이 전담기관으로서의 업무를 수행하지 아니한 경우
3. 그 밖에 대통령령으로 정하는 경우

④ 그 밖에 전담기관의 지정과 취소에 관한 기준·절차, 전담기관의 업무에 필요한 사항은 대통령령으로 정한다.

제8조【자원안보정보의 종합관리】 ① 산업통상자원부장관은 자원안보위기에 대비하고 자원안보에 관한 정보를 효율적이고 체계적으로 관리하기 위하여 국가자원안보통합정보시스템(이하 "통합정보시스템"이라 한다)을 구축·운영할 수 있다.
② 산업통상자원부장관은 관계 중앙행정기관, 지방자치단체, 공공기관 등 공급기관과 수요기관 및 자원안보와 관련된 연구기관에 다음 각 호의 정보를 제공할 것을 요청할 수 있다. 이 경우 정보의 제공을 요청받은 자는 특별한 사유가 없으면 이에 따라야 한다.
1. 핵심자원의 가격
2. 핵심자원의 비축물량, 재고, 수급 현황·전망 및 수출량·수입량
3. 핵심자원을 활용한 소재·부품·제품의 재고, 수급 현황과 전망

4. 핵심자원의 공급원, 공급기반시설 및 공급위험요인
5. 핵심자원의 국내 매장량 및 광산 현황
6. 핵심자원의 해외 공급망 관련 위험을 확인하기 위하여 필요한 경우 해외 공급업체의 핵심자원 재고, 수급 현황과 전망, 공급원, 공급기반시설 및 공급위험요인(해당 공급기관 또는 수요기관에 대한 공급과 관련되는 범위로 한정한다)
7. 그 밖에 핵심자원의 수급과 관련한 정보로서 대통령령으로 정하는 정보

③ 산업통상자원부장관은 제2항에 따라 제공받은 정보를 자원안보 목적 외의 용도로 사용하여서는 아니 된다.

④ 산업통상자원부장관은 국가의 안전보장 또는 국민경제의 발전에 지장을 줄 우려가 있거나 영업비밀(「부정경쟁방지 및 영업비밀보호에 관한 법률」 제2조제2호에 따른 영업비밀을 말한다) 등 기업의 경영 활동을 보호하여야 할 필요가 있는 경우에는 「공공기관의 정보공개에 관한 법률」, 「공공데이터의 제공 및 이용 활성화에 관한 법률」의 규정에도 불구하고 제2항에 따라 제공받은 정보를 제3자에게 공개하지 아니할 수 있다.

⑤ 그 밖에 통합정보시스템의 구축·운영, 정보의 요청 및 관리에 필요한 사항은 대통령령으로 정한다.

제9조【관계 기관 등에 대한 협조 요청】 산업통상자원부장관은 이 법에 따른 업무를 수행하기 위하여 필요한 경우 관계 중앙행정기관, 지방자치단체, 공공단체, 그 밖의 관련 기관의 장에게 자료·정보의 제공이나 의견 제출 등의 협조를 요청할 수 있다. 이 경우 협조를 요청받은 기관 또는 단체의 장은 특별한 사유가 없으면 이에 협조하여야 한다.

제3장 자원안보위기 대비

제1절 자원안보위기 조기경보체계 구축

제10조【국가자원안보의 진단·평가】 ① 산업통상자원부장관은 정기적으로 다음 각 호의 사항을 포함하여 국가 차원의 자원안보에 대한 진단·평가를 하여야 한다.
1. 자원안보의 현황 및 동향
2. 국내외 자원안보 위험요인
3. 자원안보위기 대응역량
4. 핵심자원의 공급망 취약점 및 대응방안
5. 그 밖에 자원안보 진단·평가에 관하여 대통령령으로 정하는 사항

② 산업통상자원부장관은 제1항에 따른 자원안보에 대한 진단·평가 결과 시정 또는 보완이 필요한 사항에 대하여 중앙행정기관의 장, 공급기관의 장 등 관계 기관의 장에게 필요한 조치를 요청할 수 있다.

③ 산업통상자원부장관은 자원안보위기에 대비하기 위하여 필요한 경우 제2항에 따른 시정 또는 보완 조치에 소요되는 비용의 전부 또는 일부를 지원할 수 있다.

④ 그 밖에 제1항에 따른 자원안보 진단·평가의 주기, 방법 및 절차와 제2항에 따른 시정 또는 보완 조치에 필요한 사항은 대통령령으로 정한다.

제11조【공급망 점검·분석】 ① 산업통상자원부장관은 자원안보위기에 대비하기 위하여 대통령령으로 정하는 공급기관의 장에게 핵심자원의 수급 및 공급기반시설 운영 등 해당 공급기관의 공급망에 대한 취약점을 점검·분석하고 그 결과를 보고하게 할 수 있다.

② 산업통상자원부장관은 제1항에 따른 공급망 취약점 점검·분석 결과 시정 또는 보완이 필요한 사항에 대하여 공급기관의 장에게 필요한 조치를 요청할 수 있다. 이 경우 해당 공급기관의 장은 정당한 사유가 없으면 이에 따라야 한다.

③ 산업통상자원부장관은 자원안보위기에 대비하기 위하여 필요한 경우 제2항에 따른 시정 또는 보완 조치에 소요되는 비용의 전부 또는 일부를 지원할 수 있다.

④ 그 밖에 제1항에 따른 공급망 취약점 점검·분석의 방법 및 절차와 제2항에 따른 시정 또는 보완 조치에 필요한 사항은 대통령령으로 정한다.

제2절 핵심자원의 공급 및 수요 관리

제12조【핵심자원의 개발·구매·조달 등】 ① 정부는 국가의 자원안보 상황을 고려하여 핵심자원의 안정적인 개발·구매·조달 및 공급망 구축을 위하여 적극 노력하여야 한다.

② 공급기관은 핵심자원을 개발·구매·조달하거나 공급망을 구축·운영하는 때에는 공급원의 다변화 및 공급망의 안정성과 신뢰성 등 자원안보 요소를 충분히 반영하여야 한다.

③ 산업통상자원부장관은 자원안보위기에 대비하기 위하여 필요한 경우 공급기관의 장에게 대통령령으로 정하는 바에 따라 핵심자원의 개발·구매·조달 또는 국내외 공급망을 보완·강화하기 위하여 필요한 조치를 권고할 수 있다.

④ 산업통상자원부장관은 제3항에 따른 권고를 이행하는 공급기관에 대하여 소요되는 비용의 전부 또는 일부를 지원할 수 있다.

제13조【국내외 핵심광물 생산기반 확충 지원】 ① 산업통상자원부장관은 자원안보를 확보하고 자원안보위기에 대비하기 위하여 핵심광물 생산기반을 확충하기 위한 시책을 수립·시행할 수 있다.

② 산업통상자원부장관은 제1항에 따른 시책을 추진하기 위하여 예산의 범위에서 다음 각 호의 사업을 지원할 수 있다.
1. 국내외 핵심광물 생산시설의 설치·확충
2. 해외 핵심광물 생산 기업에 대한 투자 및 해외 핵심광물 생산 기업의 인수
3. 국내외 핵심광물 생산기반의 확충에 필요한 사업으로서 대통령령으로 정하는 사업

제14조【핵심자원 공급국가의 다원화】 ① 산업통상자원부장관은 자원안보위기에 대비하고 공급망을 안정화하기 위하여 핵심자원을 공급하는 국가(이하 "공급국가"라 한다)의 다원화에 필요한 시책을 수립·시행할 수 있다.

② 산업통상자원부장관은 공급국가의 다원화를 촉진할 수 있도록 제1항의 시책에 따라 공급국가의 다원화를 이행하는 기업에 대하여 공급국가의 다원화에 소요되는 비용의 전부 또는 일부를 지원할 수 있다.

제15조【비축】 ① 대통령령으로 정하는 공급기관은 자원안보위기에 대비하고 핵심자원의 수급과 가격의 안정을 위하여 대통령령으로 정하는 바에 따라 핵심자원을 비축하여야 한다.

② 산업통상자원부장관은 제1항 또는 「석유 및 석유대체연료 사업법」 제17조제1항에 따른 석유비축의무, 「도시가스사업법」 제10조의10제1항에 따른 천연가스 비축의무 등 다른 법령에 따른 핵심자원의 비축의무에도 불구하고 제23조에 따른 자원안보위기 경보가 발령된 핵심자원의 수급 안정을 위하여 필요하다고 인정하면 공급기관의 장에게 한시적으로 핵심자원을 비축하거나 비축물량을 늘릴 것을 명할 수 있다.

③ 제1항 또는 제2항에 따라 비축의무를 이행하여야 하는 공급기관(이하 "비축의무기관"이라 한다)의 장은 핵심자원의 품목·수량 및 관리상황과 그 밖의 비축에 관한 사항을 산업통상자원부장관에게 보고하여야 한다.

④ 산업통상자원부장관은 비축의무기관에 대하여 행정적·재정적 지원을 할 수 있다.

⑤ 비축의무기관 중 민간공급기관은 제1항 또는 제2항에도 불구하고 공공공급기관과 합의한 경우 핵심자원 비축의무의 전부 또는 일부를 해당 공공공급기관에 대행하게 할 수 있다.

⑥ 제1항 및 제2항에 따른 비축대상 핵심자원·비축물량·비축사유·비축기간, 제3항에 따른 비축된 핵심자원의 관리·실태보고 및 제5항에 따른 비축의무의 대행 등에 필요한 사항은 대통령령으로 정한다.

제16조【핵심자원의 비축계획】 ① 산업통상자원부장관은 자원안보위기에 대비하고 핵심자원의 수급과 가격의 안정을 위하여 대통령령으로 정하는 바에 따라 핵심자원에 관한 비축계획(이하 "비축계획"이라 한다)을 수립하여야 한다.

② 비축계획에는 다음 각 호의 사항이 포함되어야 한다.
1. 비축목표에 관한 사항
2. 비축할 핵심자원의 종류 및 비축물량에 관한 사항
3. 비축시설에 관한 사항
4. 그 밖에 비축에 관한 중요 사항

③ 산업통상자원부장관은 핵심자원의 수급 사정이나 그 밖의 경제 상황이 현저하게 변동되어 필요하다고 인정하면 비축계획을 변경할 수 있다.

④ 다른 법률에서 비축계획에 관한 사항을 규정하고 있는 핵심자원의 경우에는 제1항부터 제3항까지를 적용하지 아니한다.

⑤ 그 밖에 비축계획의 수립 또는 변경에 필요한 사항은 대통령령으로 정한다.

제17조【비상동원광산의 지정 등】 ① 산업통상자원부장관은 자원안보위기에 대비하기 위하여 핵심자원을 생산·가공할 수 있도록 하기 위한 광산 및 시설(이하 "비상동원광산"이라 한다)을 지정할 수 있다.

② 산업통상자원부장관은 「광업법」에 따른 채굴권자·조광권자 또는 운영자에게 비상동원광산의 유지·관리에 소요되는 비용을 지원할 수 있다.

③ 그 밖에 비상동원광산의 지정 및 지정해제에 필요한 사항은 대통령령으로 정한다.

제18조【재자원화 등】 ① 산업통상자원부장관은 자원안보위기에 대비하기 위하여 핵심자원의 재자원화를 촉진하는 시책을 수립·시행하여야 한다.

② 산업통상자원부장관은 제1항의 시책에 따라 핵심자원의 재자원화를 촉진하기 위하여 필요한 사업을 추진할 수 있다.

③ 산업통상자원부장관은 핵심자원의 재자원화산업과 재자원화연관산업의 집적 및 융복합을 촉진하고 그와 관련한 연구개발, 실증화 등을 지원하기 위한 지역(이하 "재자원화산업클러스터"라 한다)을 지정할 수 있다. 이 경우 관할 특별시장·광역시장·특별자치시장·도지사·특별자치도지사(이하 "시·도지사"라 한다)의 의견을 듣고 관계 중앙행정기관의 장과 협의한 후 협의회의 심의를 거쳐야 한다.

④ 산업통상자원부장관 및 지방자치단체의 장은 재자원화산업을 촉진하기 위하여 필요한 재정적·기술적 지원이나 금융 관련 법률에 따른 자금 융자 등의 지원을 할 수 있다.

⑤ 그 밖에 제1항에 따른 재자원화 시책의 수립·시행 및 제3항에 따른 재자원화산업클러스터의 지정·지정해제에 필요한 사항은 대통령령으로 정한다.

제19조【핵심자원 대체물질의 개발】 ① 산업통상자원부장관은 자원안보를 확보하고 자원안보위기에 대비하기 위하여 핵심자원을 대체할 수 있는 물질의 개발을 촉진하는 데 필요한 시책을 수립·시행할 수 있다.

② 산업통상자원부장관은 제1항에 따른 핵심자원을 대체할 수 있는 물질을 개발하는 기업에 대하여 예산의 범위에서 개발에 소요되는 비용의 전부 또는 일부를 지원할 수 있다.

③ 제2항에 따른 지원의 기준·절차 등에 필요한 사항은 대통령령으로 정한다.

제20조【공급기반시설의 설치·운영 등】 ① 공급기반시설(해외생산시설 등 대통령령으로 정하는 시설은 제외한다. 이하 이 조에서 같다)을 설치·확충·유지·관리하는 공급기관(이하 "공급기반시설 관리기관"이라 한다)은 해당 시설을 안전하고 안정적으로 운영하여야 한다.

② 공급기반시설 관리기관은 대통령령으로 정하는 바에 따라 사이버보안 위협으로부터 해당 시설의 보안을 유지하고 사이버보안 침해사고에 신속하고 효율적으로 대응하기 위한 사이버보안 예방·대응체계를 적절하게 구축·운영하여야 한다.

③ 산업통상자원부장관은 자원안보위기에 대비하기 위하여 필요한 경우 공급기반시설 관리기관의 장에게 대통령령으로 정하는 바에 따라 공급기반시설의 설치·확충·유지·관리에 필요한 조치를 권고할 수 있다.

④ 산업통상자원부장관은 공급기반시설 관리기관에 대하여 자원안보를 위한 공급기반시설의 설치·확충·유지·관리에 소요되는 비용의 전부 또는 일부를 지원할 수 있다.

제21조【핵심공급기관의 지정·관리 등】 ① 산업통상자원부장관은 자원안보위기에 효율적이고 체계적으로 대비하기 위하여 다음 각 호의 사항을 고려하여 공급기관을 협의회의 심의를 거쳐 핵심공급기관으로 지정·관리하거나 그 지정을 해제할 수 있다.
1. 핵심자원의 국민생활에 대한 영향과 국민경제적 중요성
2. 해당 공급기관의 핵심자원 공급량
3. 해당 공급기관의 매출규모
4. 그 밖에 공급망 유지·관리에 필요한 사항으로서 대통령령으로 정하는 사항

② 제1항에 따라 지정된 핵심공급기관(이하 "핵심공급기관"이라 한다)의 장은 핵심자원이 다음 각 호의 어느 하나에 해당하는 경우 지체 없이 산업통상자원부장관에게 그 사실을 알리고 관련 자료와 정보를 제공하여야 한다.
1. 국내외 공급량의 급격한 변동에 따른 중대한 수급 차질
2. 국내외 가격의 급격한 변동
3. 그 밖에 자원안보위기가 발생하거나 발생할 우려가 있는 경우

③ 그 밖에 제1항에 따른 핵심공급기관의 지정, 관리 및 지정해제에 필요한 사항은 대통령령으로 정한다.

제22조【핵심수요기관의 지정·관리 등】 ① 산업통상자원부장관은 자원안보위기에 효율적이고 체계적으로 대비하기 위하여 다음 각 호의 사항을 고려하여 수요기관을 협의회의 심의를 거쳐 핵심수요기관으로 지정·관리하거나 그 지정을 해제할 수 있다.
1. 핵심자원의 국민생활에 대한 영향과 국민경제적 중요성
2. 해당 수요기관의 핵심자원 수요량
3. 해당 수요기관의 매출규모
4. 그 밖에 공급망 유지·관리에 필요한 사항으로서 대통령령으로 정하는 사항

② 제1항에 따라 지정된 핵심수요기관(이하 "핵심수요기관"이라 한다)의 장은 핵심자원이 다음 각 호의 어느 하나에 해당하는 경우 지체 없이 산업통상자원부장관에게 그 사실을 알리고 관련 자료와 정보를 제공하여야 한다.
1. 국내외 수요량의 급격한 변동에 따른 중대한 수급 차질
2. 국내외 가격의 급격한 변동
3. 그 밖에 자원안보위기가 발생하거나 발생할 우려가 있는 경우

③ 그 밖에 제1항에 따른 핵심수요기관의 지정, 관리 및 지정해제에 필요한 사항은 대통령령으로 정한다.

제4장 자원안보위기 대응

제1절 위기대응체계

제23조【자원안보위기 경보의 발령】 ① 산업통상자원부장관은 자원안보위기에 대한 효과적이고 체계적인 대응을 위하여 자원안보위기가 발생하거나 발생할 우려가 있는 경우 핵심자원에 관한 자원안보위기 경보를 발령할 수 있다.

② 자원안보위기 경보의 발령 요건·절차·방법 등에 필요한 사항은 대통령령으로 정한다.

제24조【자원안보위기 대책본부】 ① 산업통상자원부장관은 자원안보위기가 발생하거나 발생할 현저한 우려가 있는 경우 자원안보위기에 대한 원인분석, 긴급대응 등 조치를 취하기 위하여 자원안보위기 대책본부(이하 "대책본부"라 한다)를 구성·운영할 수 있다.

② 대책본부의 장(이하 "대책본부장"이라 한다)은 산업통상자원부장관으로 한다.

③ 제2항에도 불구하고 국무총리가 범정부적 차원의 통합 대응이 필요하다고 인정하면 대책본부장은 국무총리 또는 국무총리가 지명하는 중앙행정기관의 장이 되고, 대책본부의 위원은 산업통상자원부장관과 협의회의 위원이 소속된 중앙행정기관의 장이 된다. 이 경우 간사위원은 산업통상자원부장관이 된다.
④ 대책본부장은 대책본부를 대표하고, 이 장에 따른 자원안보위기 대응활동의 업무를 총괄한다.
⑤ 대책본부장은 대책본부를 구성·운영하기 위하여 대책본부의 업무와 관련 있는 공무원의 파견을 관계 중앙행정기관의 장에게 요청할 수 있다.
⑥ 대책본부장은 관계 중앙행정기관의 장, 공급기관의 장 및 핵심수요기관의 장 등 관계 기관의 장에게 자원안보위기의 대응을 위한 협력과 지원을 요청할 수 있다. 이 경우 관계 기관의 장은 특별한 사유가 없으면 그 요청에 따라야 한다.
⑦ 그 밖에 대책본부의 구성·운영에 필요한 사항은 대통령령으로 정한다.

제25조【자원안보 위기대응 매뉴얼의 작성】 ① 산업통상자원부장관은 국가 차원에서 자원안보위기에 대비하기 위한 위기대응 매뉴얼(이하 "국가 위기대응 매뉴얼"이라 한다)을 작성·관리하여야 한다.
② 핵심공급기관의 장은 해당 기관 차원에서 자원안보위기에 대비하기 위한 위기대응 매뉴얼(이하 "기관 위기대응 매뉴얼"이라 한다)을 작성·관리하여야 한다.
③ 산업통상자원부장관은 기관 위기대응 매뉴얼의 작성·관리를 점검하고 필요한 경우에는 핵심공급기관의 장에게 그 개선을 명할 수 있다. 이 경우 해당 핵심공급기관의 장은 특별한 사유가 없으면 이에 따라야 한다.
④ 국가 및 기관 위기대응 매뉴얼의 작성·관리 점검에 필요한 사항은 산업통상자원부령으로 정한다.

제26조【대응훈련 실시】 ① 산업통상자원부장관은 자원안보위기에 대비하기 위하여 필요한 경우 공급기관을 대상으로 대통령령으로 정하는 바에 따라 자원안보위기에 대응하는 훈련(이하 "대응훈련"이라 한다)을 할 수 있다.
② 제1항에 따른 공급기관은 정당한 사유가 없으면 대응훈련을 받아야 한다.

제2절 수급관리 긴급대응

제27조【위기 시 해외개발핵심자원의 반입명령】 ① 산업통상자원부장관은 자원안보위기가 발생하거나 발생할 현저한 우려가 있는 경우 핵심자원의 수급 및 가격 안정을 위하여 해외에서 핵심자원을 개발하거나 확보한 공급기관의 장에게 그가 개발 또는 확보한 핵심자원(이하 "해외개발핵심자원"이라 한다)의 전부 또는 일부를 적정하고 합리적인 조건으로 국내에 반입할 것을 명할 수 있다. 이 경우 해당 공급기관의 장은 특별한 사유가 없으면 이에 따라야 한다.
② 산업통상자원부장관은 제1항에 따른 명령으로 인하여 해당 공급기관이 입은 손실을 보상할 수 있다.
③ 제1항 및 제2항에 따른 해외개발핵심자원의 반입명령 및 손실보상에 필요한 사항은 대통령령으로 정한다.

제28조【비축자원의 방출·사용】 ① 산업통상자원부장관은 자원안보위기가 발생하거나 발생할 현저한 우려가 있는 경우 핵심자원의 수급 및 가격 안정을 위하여 비축의무기관의 장에게 제15조제1항 및 제2항에 따라 비축된 핵심자원을 방출·사용하게 할 수 있다.
② 산업통상자원부장관은 제1항에 따른 조치로 인하여 해당 비축의무기관이 입은 손실을 보상할 수 있다.
③ 제1항 및 제2항에 따른 비축된 핵심자원의 방출·사용 및 손실보상에 필요한 사항은 대통령령으로 정한다.

제29조【비상동원광산의 채굴 등】 ① 산업통상자원부장관은 자원안보위기가 발생하거나 발생할 현저한 우려가 있는 경우 핵심자원의 수급 및 가격 안정을 위하여 비상동원광산의 채굴권자·조광권자 또는 운영자에게 핵심자원의 생산·가공을 개시·확대하거나 생산·가공한 핵심자원을 국내에 판매할 것을 명할 수 있다.
② 비상동원광산의 채굴권자·조광권자가 제1항에 따른 명령에 따르는 경우 「광업법」 제42조제1항(같은 법 제61조에 따라 준용하는 경우를 포함한다)에 따른 채굴계획의 인가 또는 변경인가를 받은 것으로 보며, 「광업법」 제43조제2항(같은 법 제61조에 따라 준용하는 경우를 포함한다)에도 불구하고 산업통상자원부장관이 다른 행정기관의 장과 협의하지 아니하더라도 해당 채굴권자·조광권자가 「광업법」 제43조제1항 각 호(같은 법 제61조에 따라 준용하는 경우를 포함한다)에 따른 허가등을 받은 것으로 본다.
③ 산업통상자원부장관은 제1항에 따른 명령으로 인하여 해당 채굴권자·조광권자 또는 운영자가 입은 손실을 보상할 수 있다.
④ 제1항에 따른 비상동원광산의 생산·가공의 개시·확대, 국내 판매의 절차·방법 및 제3항에 따른 손실보상에 필요한 사항은 대통령령으로 정한다.

제30조【수급안정을 위한 조치】 ① 산업통상자원부장관은 자원안보위기가 발생하거나 발생할 현저한 우려가 있는 경우 협의회의 심의를 거쳐 핵심자원의 수급 및 가격 안정을 위하여 필요한 범위에서 핵심자원의 공급기관·수요기관에 다음 각 호의 사항에 관한 조정 명령을 할 수 있다.
1. 지역별·주요 수급자별 핵심자원 할당
2. 공급기반시설의 가동 및 조업
3. 핵심자원의 도입·수출입 및 위탁가공
4. 공급기관 상호 간의 핵심자원의 교환 또는 분배 사용
5. 핵심자원의 유통시설과 그 사용 및 유통경로
6. 핵심자원의 배급
7. 핵심자원의 양도·양수의 제한 또는 금지
8. 핵심자원 사용의 시기·방법 등 대통령령으로 정하는 사항
9. 그 밖에 핵심자원의 수급 및 가격 안정을 위하여 대통령령으로 정하는 사항
② 산업통상자원부장관은 제1항에 따른 조정 명령을 시행하기 위하여 관계 중앙행정기관의 장이나 지방자치단체의 장에게 필요한 협조를 요청할 수 있다. 이 경우 관계 중앙행정기관의 장이나 지방자치단체의 장은 특별한 사유가 없으면 이에 협조하여야 한다.
③ 산업통상자원부장관은 제1항에 따른 조정 명령 사유가 소멸되었다고 인정하는 경우 지체 없이 이를 해제하여야 한다.
④ 산업통상자원부장관은 제1항에 따른 조치로 인하여 발생한 손실에 대하여 보상할 수 있다.
⑤ 제3항에 따른 해제 절차 및 제4항에 따른 손실보상에 필요한 사항은 대통령령으로 정한다.

제31조【핵심자원 판매가격의 최고액 설정 등】 ① 산업통상자원부장관은 자원안보위기가 발생하거나 발생할 현저한 우려가 있는 경우 협의회의 심의를 거쳐 핵심자원의 국제가격 및 국내외 경제 사정을 고려하여 해당 공급기관의 핵심자원 판매가격의 최고액을 정할 수 있다.
② 산업통상자원부장관은 제1항에 따라 핵심자원 판매가격의 최고액을 정하였을 때에는 이를 고시하여야 한다.
③ 공급기관은 제2항에 따른 최고액을 위반하여 핵심자원을 판매하여서는 아니 된다.
④ 산업통상자원부장관은 제1항에 따른 핵심자원 판매가격의 최고액 지정으로 인하여 해당 공급기관이 입은 손실을 보상할 수 있다.
⑤ 제4항에 따른 손실보상에 필요한 사항은 대통령령으로 정한다.

제5장 자원안보에 관한 특례

제32조【환경보전 등에 관한 조치】 산업통상자원부장관은 자원안보위기가 발생하거나 발생할 현저한 우려가 있는 경우 핵심자원의 안정적인 수급을 위하여 「온실가스 배출권의 할당 및 거래에 관한 법률」 제8조에 따른 주무관청에 같은 법에서 정하는 배출권 거래시장 안정화 조치와 관련된 의견을 제출할 수 있다.

제33조【도시가스 처분에 관한 특례】 ① 다음 각 호에 해당하는 자는 제15조제2항의 명령에 따라 비축한 물량을 「도시가스사업법」 제8조의3, 제8조의4, 제10조의6 및 제10조의14에 따라 처분할 수 있다.
1. 「도시가스사업법」에 따른 나프타부생가스·바이오가스제조사업자
2. 「도시가스사업법」에 따른 합성천연가스제조사업자
3. 「도시가스사업법」 제2조제9호에 따른 자가소비용직수입자
4. 「도시가스사업법」 제2조제9호의3에 따른 천연가스반출입업자
5. 「도시가스사업법」 제2조제9호의4에 따른 액화천연가스냉열이용자
6. 「도시가스사업법」 제2조제9호의6에 따른 선박용천연가스사업자
② 산업통상자원부장관은 제1항에 따른 처분이 어렵다고 판단되는 경우 협의회의 심의를 거쳐 대상물량과 기간을 정하여 그 도시가스를 국내의 제3자에게 처분하도록 할 수 있다.
③ 제1항 각 호의 어느 하나에 해당하는 자가 제2항에 따라 비축한 물량을 처분한 경우에는 대통령령으로 정하는 바에 따라 산업통상자원부장관에게 신고하여야 한다.

제34조【핵심자원 등의 구매 등에 관한 특례】 ① 공공공급기관의 장은 자원안보위기가 발생하거나 발생할 현저한 우려가 있는 경우 「공공기관의 운영에 관한 법률」 등 계약절차 관계 법령에도 불구하고 협의회의 심의를 거쳐 핵심자원 또는 그 대체 자원·물품의 구매 및 공급에 필요한 계약을 체결할 수 있다. 이 경우 계약의 대상 및 절차, 그 밖에 필요한 사항은 산업통상자원부장관이 기획재정부장관과 협의하여 정한다.
② 공무원 또는 공공공급기관의 임직원이 제1항에 따른 자원안보위기 대응을 위한 계약 및 계약 이행과 관련된 업무를 적극적으로 처리한 결과에 대하여 그의 행위에 고의나 중대한 과실이 없는 경우에는 「국가공무원법」 등 관계 법령이나 해당 공공공급기관의 사규에 따른 징계 요구 또는 문책 요구 등 책임을 묻지 아니한다.

제35조【부과금의 감면 등】 ① 산업통상자원부장관은 자원안보위기가 발생하거나 발생할 현저한 우려가 있는 경우로서 대통령령으로 정하는 사유에 해당하는 경우에는 「석유 및 석유대체연료 사업법」 제18조에 따른 석유의 수입·판매 부과금, 같은 법 제37조에 따른 석유대체연료의 수입·판매 부과금, 「액화석유가스의 안전관리 및 사업법」 제64조제1항에 따른 액화석유가스의 수입·판매 부과금, 「광업법」 제87조제1항에 따른 광물 수입부과금 또는 「고압가스 안전관리법」 제34조의2에 따른 안전관리부담금 및 「광산피해의 방지 및 복구에 관한 법률」 제24조에 따른 광해방지의무자에 대한 부담금을 부과하지 아니할 수 있다.
② 관세청장은 자원안보위기가 발생하거나 발생할 현저한 우려가 있어 협의회의 심의를 거친 경우 핵심자원 또는 그 대체 자원·물품에 대하여 「관세법」에 따라 통관절차를 간소화하거나 신속하게 처리할 수 있다.

제6장 자원안보 기반 구축

제36조【국제협력】 ① 정부는 자원안보에 필요한 국제협력을 촉진하기 위하여 다음 각 호의 업무를 추진할 수 있다.
1. 자원안보 관련 외국 정부 및 국제조직 등과의 교섭 및 협정 체결
2. 자원안보 관련 해외 정보의 수집·분석을 위한 외국 정부 및 국제조직 등과의 정보교환
3. 자원안보 관련 공동 정책 조사·연구 등 국제협력
4. 자원안보 관련 공동 기술개발 및 전문인력 양성 등 국제협력
5. 그 밖에 자원안보 관련 국제협력을 위하여 필요한 사항
② 정부는 제1항 각 호의 업무를 수행하는 기관·단체·사업자 등에게 필요한 지원을 할 수 있다.

제37조【연구개발】 ① 정부는 자원안보에 필요한 정책·기술의 개발과 수준 향상을 위하여 다음 각 호의 업무를 추진할 수 있다.
1. 자원안보와 관련된 정책 연구개발 계획의 수립·시행
2. 자원안보와 관련된 기술 수요조사 및 관련 동향분석
3. 자원안보와 관련된 기술의 개발·보급·확산
4. 그 밖에 자원안보와 관련된 기술개발 및 기술향상 등에 필요한 사항
② 정부는 제1항 각 호의 업무를 수행하는 기관·단체·사업자 등에게 필요한 지원을 할 수 있다.

제38조【인력양성 및 교육·홍보】 ① 정부는 자원안보에 필요한 전문인력을 양성하고 국민적 인식을 제고하기 위하여 다음 각 호의 업무를 추진할 수 있다.
1. 자원안보 관련 전문인력의 양성
2. 자원안보 관련 대국민 홍보활동 및 교육
3. 그 밖에 자원안보 관련 전문인력의 양성 및 교육·홍보 등에 필요한 사항
② 정부는 제1항 각 호의 업무를 수행하는 기관·단체·사업자 등에게 필요한 지원을 할 수 있다.

제7장 보 칙

제39조【권한의 위임 및 업무의 위탁】 ① 이 법에 따른 산업통상자원부장관의 권한은 대통령령으로 정하는 바에 따라 그 일부를 시·도지사에게 위임할 수 있다.
② 이 법에 따른 산업통상자원부장관의 업무는 그 일부를 대통령령으로 정하는 기관 또는 단체에 위탁할 수 있다. 이 경우 산업통상자원부장관은 위탁업무의 수행에 필요한 비용을 지원할 수 있다.

제40조【비밀준수의 의무】 다음 각 호의 어느 하나에 해당하는 자는 그 직무상 알게 된 자원안보에 관한 비밀정보를 외부에 공개 또는 누설하거나 이 법의 시행을 위한 목적 외의 용도에 이용하여서는 아니 된다.
1. 협의회의 위원이거나 위원이었던 자
2. 행정기관의 공무원이거나 공무원이었던 자
3. 전담기관의 임직원이거나 임직원이었던 자
4. 제36조 또는 제37조의 업무를 수행하거나 수행하였던 자 및 제39조제2항에 따라 업무를 위탁받은 기관 또는 단체의 임직원이거나 임직원이었던 자

제41조【벌칙 적용에서 공무원 의제】 다음 각 호의 어느 하나에 해당하는 사람은 「형법」 제129조부터 제132조까지를 적용할 때에는 공무원으로 본다.
1. 제7조제1항에 따른 업무에 종사하는 전담기관의 임직원
2. 제36조 또는 제37조의 업무를 수행하거나 수행하였던 자 및 제39조제2항에 따라 위탁받은 업무에 종사하는 기관 또는 단체의 임직원

제8장 벌 칙

제42조【벌칙】 ① 다음 각 호의 어느 하나에 해당하는 자는 3년 이하의 징역 또는 3천만원 이하의 벌금에 처한다.
1. 제15조제1항에 따른 비축의무를 위반한 자(「석유 및 석유대체연료 사업법」 제45조제2호의 자, 같은 법 제45조제9호의 자, 「액화석유가스의 안전관리 및 사업법」 제66조제2항제1호의 자 또는 「도시가스사업법」 제54조제1항제2호의2에 해당하는 자는 해당 규정의 벌칙에 따른다)
2. 제15조제2항에 따른 명령을 위반한 자
3. 제29조제1항에 따른 명령을 위반한 자
4. 제30조제1항 각 호에 따른 명령을 위반한 자(「석유 및 석유대체연료 사업법」 제45조제3호의 자, 같은 법 제46조제5호의 자, 「액화석유가스의 안전관리 및 사업법」

제66조제2항제2호의 자, 같은 법 제66조제3항제9호의 자, 같은 법 제68조제17호의 자, 「도시가스사업법」 제50조제15호의 자 또는 「석탄산업법」 제43조제1항제3호에 해당하는 자는 해당 규정의 벌칙에 따른다)
5. 제31조제3항을 위반하여 핵심자원을 판매한 자(「석유 및 석유대체연료 사업법」 제45조제10호에 해당하는 자는 해당 규정의 벌칙에 따른다)
② 다음 각 호의 어느 하나에 해당하는 자는 2년 이하의 징역 또는 2천만원 이하의 벌금에 처한다.
1. 제27조제1항을 위반하여 반입명령을 받고도 특별한 사유 없이 해외개발핵심자원을 국내에 반입하지 아니한 자(「해외자원개발 사업법」 제24조의2제4호에 해당하는 자는 해당 규정의 벌칙에 따른다)
2. 제40조를 위반하여 직무상 알게 된 자원안보에 관한 비밀정보를 외부에 공개 또는 누설하거나 이 법의 시행을 위한 목적 외의 용도에 이용한 자
③ 다음 각 호의 어느 하나에 해당하는 자는 1년 이하의 징역 또는 1천만원 이하의 벌금에 처한다.
1. 제8조제2항에 따른 정보제공 요청을 특별한 사유 없이 거부하거나 이행하지 아니한 자
2. 제11조제2항에 따른 조치를 정당한 사유 없이 이행하지 아니한 자
3. 제15조제3항에 따른 보고를 이행하지 아니하거나 거짓으로 보고를 한 자
4. 제33조제1항 및 제2항에 따르지 아니하고 물량을 처분한 자

제43조【양벌규정】 법인의 대표자나 법인 또는 개인의 대리인, 사용인, 그 밖의 종업원이 그 법인 또는 개인의 업무에 관하여 제42조의 어느 하나에 해당하는 위반행위를 하면 그 행위자를 벌하는 외에 그 법인 또는 개인에게도 해당 조문의 벌금형을 과(科)한다. 다만, 법인 또는 개인이 그 위반행위를 방지하기 위하여 해당 업무에 관하여 상당한 주의와 감독을 게을리하지 아니한 경우에는 그러하지 아니하다.

제44조【과태료】 다음 각 호의 어느 하나에 해당하는 자에게는 2천만원 이하의 과태료를 부과한다. 다만, 국가 및 지방자치단체는 제외한다.
1. 제9조에 따른 협조의무를 특별한 사유 없이 위반한 자
2. 제11조제1항에 따른 보고를 하지 아니하거나 거짓으로 보고한 자
3. 제21조제2항에 따른 사실을 알리지 아니하거나 거짓으로 알리고 관련 자료와 정보를 제공하지 아니한 자
4. 제22조제2항에 따른 사실을 알리지 아니하거나 거짓으로 알리고 관련 자료와 정보를 제공하지 아니한 자
5. 제25조제2항에 따른 기관 위기대응 매뉴얼을 작성·관리하지 아니한 자
6. 제25조제3항에 따른 명령을 위반한 자
7. 제26조제2항에 따른 대응훈련을 정당한 사유 없이 받지 아니하거나 거부한 자
8. 제33조제3항에 따른 신고를 하지 아니하거나 거짓으로 신고한 자

부　칙

이 법은 공포 후 1년이 경과한 날부터 시행한다.

(2025년 2월 7일 시행)

이산화탄소 포집·수송·저장 및 활용에 관한 법률

(2024년 2월 6일
법 률 제20203호)

제1장 총 칙

제1조【목적】 이 법은 산업활동 등에서 배출되는 이산화탄소를 효율적으로 포집하여 지중(地中)에 저장하거나 산업적·생활적 활용에 필요한 기술개발과 산업화에 필요한 사항을 정함으로써 기후위기의 심각한 영향을 예방하고 국민경제의 지속가능한 발전에 이바지함을 목적으로 한다.

제2조【정의】 이 법에서 사용하는 용어의 뜻은 다음과 같다.
1. "포집"이란 산업활동 등 온실가스 배출원에서 배출되거나 대기 중에 있는 이산화탄소를 국내외에서 저장 또는 활용하기 위하여 용기나 시설에 모으는 것을 말한다.
2. "수송"이란 포집한 이산화탄소(「해양폐기물 및 해양오염퇴적물 관리법」 제10조제1항에 따른 이산화탄소 스트림과 대통령령으로 정하는 이산화탄소를 말한다. 이하 같다)를 국내외에서 저장 또는 활용하기 위하여 대통령령으로 정하는 수단을 이용하여 저장소 또는 활용사업 시설에 도달하도록 하는 행위를 말한다.
3. "저장"이란 포집한 이산화탄소가 대기 중으로 누출되지 아니하도록 국내외 육상 또는 해양 지중에 주입하여 대기와 영구적으로 격리하는 것을 말한다.
4. "활용"이란 포집한 이산화탄소를 인간 생활이나 경제활동에 유용한 물질로 전환하여 자원으로서 산업에 이용하거나 이산화탄소를 포함하는 배출가스를 직접 이용하는 것을 말한다.
5. "이산화탄소수송관"이란 포집한 이산화탄소를 수송하는 배관 및 관계 시설로서 대통령령으로 정하는 시설을 말한다.
6. "저장소"란 포집한 이산화탄소를 대기 또는 해양으로 누출되지 아니하도록 육상 또는 해양 지중에 저장하기 위한 장소로서 대통령령으로 정하는 기준에 적합한 장소를 말한다.

제3조【국가 등의 책무】 ① 국가와 지방자치단체는 이산화탄소 포집·수송·저장 및 활용(이하 "포집등"이라 한다)의 효과적인 관리와 개선에 필요한 이산화탄소 감축 산정방법과 통계기반을 구축하고 관련 산업의 발전을 촉진시키기 위한 시책을 수립하고 추진하여야 한다.
② 국가와 지방자치단체는 포집등에 대한 국민의 인식을 제고하기 위하여 필요한 교육·홍보를 활성화하도록 노력하여야 한다.
③ 포집등을 하는 사업자는 기술개발·사업화를 위하여 노력하여야 하고, 정부가 수행하는 포집등의 정책에 적극적으로 협조하여야 한다.

제4조【다른 법률과의 관계】 ① 포집한 이산화탄소와 이를 활용하여 생산한 물질 또는 물건(활용 과정에서 생겨난 부산물로서 해당 사업활동에 필요하지 아니하게 된 것은 제외한다)은 「폐기물관리법」 제2조제1호에 따른 폐기물(이하 "폐기물"이라 한다)에 해당하지 아니한다.
② 포집한 이산화탄소에 폐기물을 혼합한 경우에는 이 법을 적용하지 아니하고 「폐기물관리법」의 해당 조항을 적용한다.

제2장 포집등에 관한 기본계획의 수립 등

제5조【포집등에 관한 기본계획】 ① 정부는 포집등을 효율적으로 추진하기 위하여 5년마다 이산화탄소 포집등에 관한 기본계획(이하 "기본계획"이라 한다)을 수립·시행하여야 한다.
② 기본계획에는 다음 각 호의 사항이 포함되어야 한다.
1. 포집등에 관한 기본방향과 목표에 관한 사항
2. 포집등에 관한 국내외 동향과 기술적·산업적 발전 전망에 관한 사항
3. 포집등의 기술연구·개발·사업화에 관한 사항
4. 제14조에 따른 이산화탄소 저장후보지의 선정·관리 등에 관한 사항
5. 포집등의 시설에 대한 투자 또는 지원에 관한 사항
6. 포집등에 관한 기술·산업의 국제경쟁력 강화에 관한 사항
7. 저장소의 안전관리 및 모니터링에 관한 사항
8. 포집등에 관한 홍보 및 수용성 향상에 관한 사항
9. 필요한 재원의 조달 및 운용에 관한 사항
10. 그 밖에 포집등에 관하여 필요한 사항으로서 대통령령으로 정하는 사항
③ 정부는 기본계획을 수립하는 경우 「기후위기 대응을 위한 탄소중립·녹색성장 기본법」 제15조에 따른 2050 탄소중립녹색성장위원회(이하 "탄소중립위원회"라 한다)의 심의를 거쳐야 한다. 기본계획의 내용 중 대통령령으로 정하는 중요 사항을 변경하려는 경우에도 또한 같다.
④ 산업통상자원부장관은 기본계획의 수립·시행 등에 관한 업무를 지원하며, 관계 중앙행정기관의 장, 지방자치단체의 장, 공공기관(「공공기관의 운영에 관한 법률」 제4조에 따른 공공기관을 말한다. 이하 같다)의 장은 산업통상자원부장관이 요청하는 자료를 제공하는 등 최대한 협조하여야 한다.
⑤ 그 밖에 기본계획의 수립 및 변경의 방법·절차 등에 필요한 사항은 대통령령으로 정한다.

제6조【포집등에 관한 시행계획】 ① 관계 중앙행정기관의 장은 기본계획에 따라 매년 이산화탄소 포집등에 관한 시행계획(이하 "시행계획"이라 한다)을 수립·시행하여야 한다.
② 관계 중앙행정기관의 장은 시행계획을 수립한 경우에는 그 계획을 전년도 시행계획의 추진 실적과 함께 탄소중립위원회에 제출하여야 한다.
③ 그 밖에 시행계획의 수립과 추진 실적의 제출 절차 등에 필요한 사항은 대통령령으로 정한다.

제3장 이산화탄소 포집·수송 시설 등의 설치

제7조【이산화탄소 포집시설 설치계획의 신고】 ① 이산화탄소 포집시설을 설치·운영하려는 자는 포집시설 설치·운영계획(이하 "설치계획"이라 한다)을 작성하여 산업통상자원부장관에게 신고를 하여야 한다.
② 설치계획에는 다음 각 호의 사항이 포함되어야 한다.
1. 이산화탄소 포집시설을 설치·운영하려는 자의 성명 또는 명칭
2. 이산화탄소 포집시설의 위치·면적 등 설치 부지에 관한 사항
3. 이산화탄소 포집시설의 용량·포집방식 등 설비에 관한 사항
4. 그 밖에 제1항에 따른 신고를 위하여 필요한 사항으로서 대통령령으로 정하는 사항
③ 제1항에 따라 신고를 한 자(이하 "포집사업자"라 한다)가 설치계획 중 대통령령으로 정하는 중요한 사항을 변경하려는 경우에는 변경신고를 하여야 한다.
④ 산업통상자원부장관은 제1항에 따른 신고 또는 제3항에 따른 변경신고를 수리하려는 때에는 미리 관계 중앙행정기관의 장과 협의를 하여야 한다.
⑤ 산업통상자원부장관은 제1항에 따른 신고 또는 제3항에 따른 변경신고를 한 자에 대하여 포집시설의 설치·운영에 필요한 행정적·재정적 지원을 할 수 있다.
⑥ 제1항 및 제3항에 따른 신고 및 변경신고, 제4항에 따른 관계 중앙행정기관의 장과의 협의, 제5항에 따른 행정적·재정적 지원 등에 필요한 사항은 대통령령으로 정한다.

제8조【이산화탄소 수송사업의 승인】 ① 제2조제2호에 따른 수송수단을 이용하여 포집한 이산화탄소를 수송하는 사업(이하 "수송사업"이라 한다)을 하려는 자는 대통령령으로 정하는 시설과 서류를 갖추어 산업통상자원부장관의 승인을 받아야 한다. 다만, 수송사업을 하려는 자 중 「해운법」 제2조제3호의 해상화물운송사업에 해당하는 수송사업을 하려는 자는 같은 법 제24조에 따라 해양수산부장관에게 미리 등록하여야 한다.
② 수송사업에 관하여 이 법에 규정된 것을 제외하고는 「고압가스 안전관리법」, 「선박안전법」, 「선박평형수(船舶平衡水) 관리법」, 「해운법」, 「자동차관리법」, 「철도사업법」, 「철도안전법」 등 다른 법률에서 정하는 바에 따른다.

제9조【안전관리규정】 ① 제8조제1항 본문에 따른 승인을 받은 자로서 이산화탄소수송관을 설치 및 운영하려는 자는 이산화탄소수송관의 안전을 확보하기 위하여 다음 각 호의 내용을 포함한 안전관리규정을 정하여 이산화탄소수송관을 설치 및 운영하기 전에 산업통상자원부장관의 승인을 받아야 한다. 승인받은 안전관리규정을 변경하려는 경우에도 또한 같다.
1. 포집한 이산화탄소 누출사고 발생 시의 긴급대처방안
2. 안전관리체계
3. 이산화탄소수송관의 안전을 확보하기 위한 사항으로서 산업통상자원부령으로 정하는 사항
② 제1항에 따른 승인을 받은 자(이하 "수송관설치운영자"라 한다)와 그 종사자는 제1항에 따른 안전관리규정을 지켜야 한다.
③ 산업통상자원부장관은 수송관설치운영자와 그 종사자가 제1항에 따른 안전관리규정을 준수하고 있는지 대통령령으로 정하는 바에 따라 주기적으로 점검하여야 한다.

제10조【안전관리자】 ① 수송관설치운영자는 이산화탄소수송관에 대한 안전관리를 위하여 산업통상자원부령으로 정하는 바에 따라 사업 개시 또는 사용 전에 안전관리자를 선임하고, 그 사실에 대하여 안전관리자를 선임한 날부터 산업통상자원부령으로 정하는 기간 내에 산업통상자원부장관에게 신고하여야 한다.
② 수송관설치운영자는 안전관리자를 해임하거나 안전관리자가 퇴직하였을 경우 해임하거나 퇴직한 날부터 산업통상자원부령으로 정하는 기간 내에 다른 안전관리자를 선임하여야 한다.
③ 수송관설치운영자는 다음 각 호의 어느 하나에 해당하는 경우에는 대리자를 지정하여 일시적으로 안전관리자의 직무를 대행하게 하여야 한다.
1. 안전관리자가 여행·질병 또는 그 밖의 사유로 일시적으로 그 직무를 수행할 수 없는 경우
2. 안전관리자가 해임되거나 퇴직한 후 후임자가 선임되지 아니한 경우

④ 제1항에 따른 안전관리자의 자격·인원·직무범위, 제3항에 따른 안전관리자의 대리자의 대행기간 및 그 밖에 필요한 사항은 대통령령으로 정한다.

제11조【안전검사】 ① 수송관설치운영자는 이산화탄소수송관에 대하여 산업통상자원부장관이 실시하는 다음 각 호의 구분에 따른 안전검사를 받아야 한다.

1. 정기검사 : 매년 실시하는 검사. 이 경우 그 유효기간은 정기검사일부터 1년으로 하며, 최초 정기검사는 준공검사일부터 1년 이내에 받아야 한다.
2. 수시검사 : 사용 중에 이산화탄소 누출사고가 발생하였거나 발생할 우려가 있는 경우로서 산업통상자원부장관이 필요하다고 인정할 때 실시하는 검사

② 산업통상자원부장관은 제1항에 따른 안전검사의 방법·절차 등에 관한 안전검사기준에 필요한 사항을 정하여 고시할 수 있다.

③ 산업통상자원부장관은 수송관설치운영자가 천재지변이나 그 밖의 부득이한 사유로 제1항에 따른 안전검사를 받을 수 없다고 인정하는 경우 대통령령으로 정하는 바에 따라 안전검사의 유효기간을 연장하거나 안전검사의 실시를 유예할 수 있다.

④ 제1항에 따른 안전검사의 실시에 필요한 사항은 대통령령으로 정한다.

제12조【타인의 토지에의 출입 등】 ① 수송관설치운영자는 이산화탄소수송관 설치공사에 관한 실지조사, 측량, 시공 및 운영 또는 이산화탄소수송관 보존을 위하여 필요한 경우 타인의 토지에 출입하거나 타인의 토지를 사용하거나 타인의 식물이나 그 밖의 장애물을 변경 또는 제거할 수 있다.

② 제1항에 따른 토지에의 출입, 토지의 사용, 식물이나 그 밖의 장애물의 변경·제거와 그 보상에 관하여는 「공익사업을 위한 토지 등의 취득 및 보상에 관한 법률」을 준용한다.

제4장 이산화탄소 저장후보지의 탐사·선정·폐쇄 등

제13조【저장소의 탐사승인】 ① 육상 또는 해양 지중에 저장소를 발굴하기 위하여 탐사를 하려는 자는 산업통상자원부장관의 승인을 받아야 한다. 이 경우 「해저광물자원 개발법」 제12조에 따라 탐사권이 설정된 지역을 포함하여 탐사승인을 신청할 수 있다.

② 제1항에 따라 탐사승인을 받으려는 자는 다음 각 호의 서류를 첨부하여 산업통상자원부장관에게 신청하여야 한다.

1. 탐사하려는 구역을 명시한 육상 또는 해저 구역도
2. 탐사계획서
3. 탐사에 필요한 주요 장비의 명세서
4. 탐사 구역의 지각 구조, 단층 분포와 지진발생 특성 조사 계획서
5. 그 밖에 대통령령으로 정하는 서류

③ 산업통상자원부장관은 제2항에 따라 제출된 서류가 대통령령으로 정하는 탐사승인 기준에 적합한 경우에는 그 탐사에 대하여 승인할 수 있다. 이 경우 해양지중저장소의 탐사승인에 관하여는 해양수산부장관의 의견을 들어야 하고, 제2항제4호에 관하여는 기상청장의 의견을 들을 수 있다.

④ 산업통상자원부장관은 제3항에 따른 탐사승인 시 탐사의 이행에 필요한 조건 또는 부담을 붙일 수 있다.

⑤ 산업통상자원부장관은 제1항에 따른 탐사승인을 받은 자(이하 "탐사권자"라 한다)가 다음 각 호의 어느 하나에 해당하는 경우에는 탐사승인을 취소할 수 있다.

1. 탐사승인 시 첨부한 조건 또는 부담을 이행하지 아니한 경우
2. 제3항에 따른 탐사승인 기준을 위반한 경우

⑥ 탐사권자는 탐사승인을 받은 날부터 3년 이내에 대통령령으로 정하는 바에 따라 산업통상자원부장관에게 탐사실적을 제출하여야 한다.

⑦ 산업통상자원부장관은 탐사권자가 불가항력으로 인하여 제6항의 기간 내에 탐사실적을 제출할 수 없거나 대통령령으로 정하는 사유에 해당하는 경우 3년의 범위에서 한 차례 탐사실적의 제출기간을 연장할 수 있다.

⑧ 제1항에 따른 탐사승인 절차, 제5항에 따른 탐사승인 취소 절차 및 그 밖에 필요한 사항은 대통령령으로 정한다.

제14조【저장후보지의 선정】 ① 산업통상자원부장관과 해양수산부장관은 다음 각 호에 따른 장소를 이산화탄소 저장후보지(이하 "저장후보지"라 한다)로 선정할 수 있다. 이 경우 미리 관계 중앙행정기관의 장의 의견을 들을 수 있다.

1. 탐사실적을 제출한 탐사권자가 저장후보지를 신청한 장소
2. 「광업법」 제12조에 따른 광업권의 존속기간이 끝나는 등 광업권이 소멸한 광구
3. 「해저광물자원 개발법」 제19조제2항에 따라 천연가스 해저조광권이 소멸된 해저조광구
4. 저장소 발굴에 관한 연구사업의 수행성과에 따라 저장후보지로 적합성을 인정받은 장소

② 제1항 각 호에 따른 장소를 저장후보지로 선정하도록 신청하려는 자는 다음 각 호의 서류를 첨부하여 산업통상자원부장관과 해양수산부장관에게 제출하여야 한다.

1. 저장후보지의 구역을 명시한 육상 또는 해저 구역도
2. 저장후보지의 탐사보고서 및 평가보고서
3. 저장후보지의 안전성·환경성 평가보고서
4. 저장후보지의 입지적정성 평가보고서
5. 탐사 구역의 지각 구조, 단층 분포와 지진발생 특성 평가보고서
6. 그 밖에 대통령령으로 정하는 서류

③ 탐사권자의 신청에 따라 저장후보지로 선정된 경우에는 탐사기간의 존속에도 불구하고 그 탐사권자의 탐사권은 소멸한다.

④ 그 밖에 저장후보지의 선정 기준과 절차 등에 필요한 사항은 대통령령으로 정한다.

제15조【저장후보지의 공표】 ① 산업통상자원부장관과 해양수산부장관은 제14조제1항에 따라 저장후보지를 선정한 경우에는 선정한 저장후보지의 위치 등 대통령령으로 정하는 사항을 공표하여야 한다.

② 제1항에 따른 저장후보지의 공표 방법과 절차 등에 필요한 사항은 대통령령으로 정한다.

제16조【저장후보지의 선정 취소】 ① 산업통상자원부장관과 해양수산부장관은 다음 각 호의 어느 하나에 해당하는 경우에는 제14조제1항에 따라 선정된 저장후보지에 대하여 그 선정을 취소할 수 있다.

1. 저장소 관련 공사를 진행하는 중에 지질적 특성 및 안전성과 관련하여 예상하지 못한 중대한 문제가 발생한 경우
2. 제18조제1항 본문에 따른 저장사업의 허가 과정에서 중대한 하자가 있어 생태계에 중대한 위해가 발생할 수 있는 경우
3. 재난 또는 재해로 인하여 제18조제1항 본문에 따른 저장사업의 허가가 불가능하게 된 경우

② 산업통상자원부장관과 해양수산부장관은 제1항에 따라 저장후보지의 선정을 취소한 때에는 그 사실을 공표하여야 한다.

③ 제1항에 따른 저장후보지의 선정 취소 및 제2항에 따른 공표의 내용·방법 등에 필요한 사항은 대통령령으로 정한다.

제17조【저장소의 폐쇄】 ① 산업통상자원부장관은 다음 각 호의 어느 하나에 해당하는 경우에는 저장소의 폐쇄를 명할 수 있다.

1. 저장용량이 포화되어 추가적인 저장이 불가능하거나 유효하지 아니한 경우
2. 제18조제1항 본문에 따른 저장사업의 허가를 받은 자(이하 "저장사업자"라 한다)의 저장소 폐쇄 요청 이후 산업통상자원부장관이 대통령령으로 정하는 바에 따라 폐쇄하기로 한 경우
3. 천재지변, 저장한 이산화탄소의 누출 등의 원인으로 산업통상자원부장관이 저장소의 폐쇄가 적합하다고 인정하는 경우
4. 그 밖에 저장소의 폐쇄가 필요한 경우로서 대통령령으로 정하는 경우

② 제1항에 따른 저장소 폐쇄비용은 저장사업자가 부담한다.

③ 제1항에 따른 저장소의 폐쇄 명령 및 저장소의 폐쇄에 관한 절차·방법 등에 필요한 사항은 대통령령으로 정한다.

④ 저장사업자는 제1항에 따른 저장소의 폐쇄가 완료되면 대통령령으로 정하는 기준과 절차에 따라 즉시 저장사업을 위하여 설치한 시설 등을 원상복구하여야 한다.

⑤ 제4항에 따른 원상복구를 완료한 저장사업자는 대통령령으로 정하는 바에 따라 산업통상자원부장관의 승인을 받아야 한다.

제5장 저장사업의 허가 등

제18조【저장사업의 허가】 ① 저장사업을 하려는 자는 대통령령으로 정하는 바에 따라 산업통상자원부장관의 허가를 받아야 하며, 허가받은 사항을 변경하는 경우에도 또한 같다. 다만, 저장사업을 하려는 자 중 이산화탄소 스트림을 해양지중저장하려는 자는 「해양폐기물 및 해양오염퇴적물 관리법」 제10조제1항 및 제2항에 따라 미리 해양수산부장관의 허가를 받아야 한다.

② 탐사권자가 탐사한 저장소에 대하여 제1항 본문에 따른 저장사업의 허가를 신청하는 경우에는 우선권을 갖는다.

③ 제1항 본문에 따른 저장사업의 허가를 신청할 때에는 다음 각 호의 서류를 첨부하여야 한다.

1. 저장소 및 관계 시설에서의 포집한 이산화탄소 관리 절차와 방법에 관한 사항
2. 저장소 및 관계 시설의 점검·유지 및 보수에 관한 사항
3. 저장 이산화탄소의 순도 및 압축상태의 관리에 관한 사항
4. 저장 이산화탄소의 누출 및 이동에 관한 사항
5. 저장소 및 관계 시설의 운영과 관련한 정보공개에 관한 사항
6. 그 밖에 저장소 및 관계 시설의 운영에 필요하다고 인정하는 사항

④ 제1항 본문에 따른 저장사업의 허가기준은 다음 각 호와 같다. 이 경우 허가기준에 관한 세부적인 사항은 대통령령으로 정한다

1. 저장사업의 개시 또는 변경으로 재해발생 방지에 지장이 없을 것
2. 저장사업을 적절하게 수행하기 위하여 필요한 재원(財源)과 기술적 능력이 있을 것
3. 포집한 이산화탄소의 안정적 저장과 사후관리에 적합한 시설을 갖춘 저장소를 보유·유지할 능력이 있을 것

⑤ 저장사업자는 제14조제1항에 따라 저장후보지로 선정된 지역에 대해서 산업통상자원부장관에게 저장소의 사용을 신고하여야 한다.

⑥ 제5항에 따른 신고 절차·방법 등에 필요한 사항은 대통령령으로 정한다.

제19조【저장사업자의 결격사유】 다음 각 호의 어느 하나에 해당하는 자는 저장사업의 허가를 받을 수 없다.

1. 피성년후견인
2. 파산선고를 받고 복권되지 아니한 사람
3. 「형법」 제172조, 제172조의2, 제173조, 제173조의2, 제174조(제164조제1항, 제165조 및 제166조제1항의 미수범은 제외한다), 제175조(제164조제1항, 제165조 및 제166조제1항의 죄를 범할 목적으로 예비하거나 음모한 자는 제외한다) 또는 이 법을 위반하여 금고 이상의 실형을 선고받고 그 집행이 종료(집행이 종료된 것으로 보는 경우를 포함한다)되거나 집행이 면제된 날부터 2년이 지나지 아니한 사람
4. 제3호에 따른 죄를 범하여 금고 이상의 형의 집행유예를 선고받고 그 유예기간 중에 있는 사람
5. 대표자가 제1호부터 제4호까지의 어느 하나에 해당하는 법인

제20조【사업의 승계 등】 ① 다음 각 호의 어느 하나에 해당하는 자로서 저장사업자의 지위를 승계하려는 자는 대통령령으로 정하는 바에 따라 산업통상자원부장관에게 신고하여야 한다.

1. 저장사업자가 그 사업의 전부 또는 일부를 양도한 경우 그 양수자(讓受者)
2. 저장사업자가 다른 법인과 합병한 경우 합병 후 존속하는 법인이나 합병에 따라 설립된 법인

② 다음 각 호의 어느 하나에 해당하는 절차에 따라 저장사업자의 저장시설 전부를 인수한 자가 종전의 저장사업자의 지위를 승계하려는 경우에는 대통령령으로 정하는 바에 따라 산업통상자원부장관에게 신고하여야 한다.

1. 「민사집행법」에 따른 경매
2. 「채무자 회생 및 파산에 관한 법률」에 따른 환가(換價)
3. 「국세징수법」, 「관세법」 또는 「지방세징수법」에 따른 압류재산의 매각
4. 그 밖에 제1호부터 제3호까지에 준하는 절차

③ 저장사업자가 사망한 경우 그 상속인이 저장사업자의 지위를 승계하려면 피상속인이 사망한 날부터 30일 이내에 산업통상자원부령으로 정하는 바에 따라 산업통상자원부장관에게 신고하여야 한다.

④ 산업통상자원부장관은 제1항부터 제3항까지에 따른 신고를 받은 경우 그 내용을 검토하여 이 법에 적합하면 신고를 수리하여야 한다. 다만, 저장사업자의 지위를 승계하려는 자가 제19조에 따른 결격사유에 해당하면 신고를 수리하여서는 아니 된다.

⑤ 제1항 또는 제2항에 따른 신고가 수리된 경우에는 양수자, 합병으로 설립되거나 합병 후 존속하는 법인이나 저장사업자의 저장소 및 관계 시설의 전부를 인수한 자는 그 양도일, 합병일 또는 인수일부터 종전의 저장사업자의 지위를 승계한다.

⑥ 제3항에 따른 신고가 수리된 경우에는 상속인은 피상속인의 저장사업자로서의 지위를 승계하며, 피상속인이 사망한 날부터 신고가 수리된 날까지의 기간 동안은 피상속인에 대한 저장사업의 허가를 상속인에 대한 저장사업의 허가로 본다.

제21조【처분효과의 승계】 제20조에 따라 저장사업자의 지위승계가 있으면 종전의 저장사업자에 대한 제23조에 따른 저장사업의 정지 또는 제한 명령(제24조에 따른 사업의 정지명령을 갈음하여 부과하는 과징금을 포함한다)의 효과는 처분기간이 만료된 날부터 1년간 그 지위를 승계받은 자에게 승계되며, 처분의 절차가 진행 중일 때에는 그 지위를 승계받은 자에게 그 절차를 진행할 수 있다. 다만, 지위승계를 받은 자가 승계를 받은 때에 그 처분 또는 위반 사실을 알지 못하였음을 증명하는 경우에는 그러하지 아니하다.

제22조【사업 개시의 신고 등】 ① 저장사업자가 저장사업을 개시하려는 경우에는 산업통상자원부장관에게 신고하여야 한다. 다만, 저장사업의 전부 또는 일부를 휴업하거나 폐업하려는 경우에는 산업통상자원부장관의 허가를 받아야 한다.

② 산업통상자원부장관은 제1항 본문에 따른 신고를 받은 경우 그 내용을 검토하여 이 법에 적합하면 신고를 수리하여야 한다.

③ 제1항에 따른 신고 및 허가의 요건과 절차 등에 필요한 사항은 대통령령으로 정한다.

제23조【저장사업 허가의 취소 등】 ① 산업통상자원부장관은 저장사업자가 다음 각 호의 어느 하나에 해당하면 그 허가를 취소하거나 6개월 이내의 기간을 정하여 그 사업의 정지나 제한을 명할 수 있다. 다만, 제1호 또는 제3호에 해당하는 경우에는 그 허가를 취소하여야 한다.

1. 거짓이나 그 밖의 부정한 방법으로 제18조제1항 본문에 따른 저장사업 허가를 받은 경우
2. 제18조제4항에 따른 허가기준에 미달하게 된 경우
3. 제19조에 따른 저장사업 허가의 결격사유에 해당하게 된 경우. 다만, 제19조제1호부터 제4호까지의 어느 하나에 해당하는 상속인이 피상속인의 사망일부터 6개월 이내에 다른 사람에게 그 사업을 양도하는 경우와 같은 조 제5호에 해당하게 된 법인이 3개월 이내에 그 대표자를 바꾸어 임명하는 경우는 제외한다.
4. 제22조제1항 단서에 따른 허가를 받지 아니한 경우
5. 제27조에 따른 저장되는 이산화탄소의 상태에 관한 의무를 위반한 경우

② 제1항에 따른 위반행위별 처분 기준은 그 사유와 위반 정도를 고려하여 산업통상자원부령으로 정한다.

제24조【과징금】 ① 산업통상자원부장관은 제23조에 따른 사업의 정지명령을 갈음하여 3천만원 이하의 과징금을 부과할 수 있다.
② 산업통상자원부장관은 제1항에 따른 과징금을 내야 할 자가 그 납부기한까지 과징금을 내지 아니하면 국세 강제징수의 예에 따라 징수한다.
③ 제1항에 따라 과징금을 부과하는 위반행위별 종류와 위반 정도에 따른 과징금의 금액 및 그 밖에 필요한 사항은 대통령령으로 정한다.

제25조【모니터링계획의 수립 등】 ① 저장사업자는 대통령령으로 정하는 사항에 대한 모니터링계획(이하 "모니터링계획"이라 한다)을 수립하여 저장소를 폐쇄하기 전까지 산업통상자원부장관의 승인을 받아야 한다. 이 경우 모니터링계획에는 저장소 폐쇄 후 15년 이상으로서 대통령령으로 정하는 기간 동안의 모니터링계획을 포함하여야 한다.
② 산업통상자원부장관은 제1항에 따라 모니터링계획을 승인하려는 경우 미리 대통령령으로 정하는 관계 중앙행정기관의 장과 협의하여야 한다.
③ 저장사업자는 제1항에 따라 승인받은 모니터링계획의 이행에 대하여 정기적으로 산업통상자원부장관에게 보고하여야 한다.
④ 제1항에 따른 승인 절차 및 제3항에 따른 보고 절차 등에 필요한 사항은 대통령령으로 정한다.

제26조【금지행위】 저장사업자는 저장소를 운영하는 경우 다음 각 호의 어느 하나에 해당하는 행위를 하여서는 아니 된다.
1. 저장소에 저장한 이산화탄소를 산업통상자원부장관의 승인 없이 배출하는 행위
2. 제25조에 따라 승인받은 모니터링계획과 다르게 운영하는 행위
3. 그 밖에 저장소 또는 모니터링 시설을 대통령령으로 정하는 사유 외의 사유로 변경하거나 승인 없이 정상적으로 가동하지 아니하는 행위

제27조【저장되는 이산화탄소의 상태】 ① 저장사업자는 저장되는 이산화탄소에 대통령령으로 정하는 불순물을 포함하게 하여서는 아니 된다.
② 저장사업자는 대통령령으로 정하는 기준에 맞도록 압축된 상태로서 이산화탄소를 주입하여 저장하여야 한다.

제28조【저장소의 운영 등】 ① 저장사업자는 저장소 및 관계 시설을 운영할 때에는 저장한 이산화탄소가 누출되지 아니하도록 위해를 방지하고 재해를 예방하기 위하여 대통령령으로 정하는 바에 따라 필요한 조치를 하여야 한다.
② 저장사업자는 저장한 이산화탄소가 대통령령으로 정하는 기준 이상으로 누출된 것을 알게 된 때에는 누출량, 누출시기와 누출원인 등에 관하여 지체 없이 산업통상자원부장관에게 통보하여야 한다.
③ 산업통상자원부장관은 제2항에 따라 누출통보를 받은 경우 대통령령으로 정하는 바에 따라 조사를 실시하여 누출원인과 누출량 등에 관하여 탄소중립위원회에 보고하여야 한다.
④ 저장사업자는 저장소의 운영을 일시 중단하려는 경우에는 대통령령으로 정하는 바에 따라 미리 산업통상자원부장관의 승인을 받아야 한다.
⑤ 저장사업자는 저장소를 운영하는 경우 대통령령으로 정하는 바에 따라 그 시설 등의 운영에 관한 상황을 기록·보존하여야 한다.
⑥ 저장사업자는 저장소의 관리에 대하여 산업통상자원부장관이 매년 실시하는 정기검사와 부정기적으로 실시하는 수시검사를 받아야 한다.
⑦ 제6항에 따른 정기검사 및 수시검사의 기준·항목 및 방법 등에 필요한 사항은 대통령령으로 정한다.

제6장 이산화탄소 포집·저장·활용 집적화단지의 지정 및 운영

제29조【이산화탄소 포집·저장·활용 집적화단지의 지정】 ① 산업통상자원부장관은 이산화탄소 포집·저장·활용 산업의 육성을 위하여 이산화탄소 포집·저장·활용 관련 기업과 그 지원 시설 등이 집단적으로 입주하여 상호 간에 산업적 상승 효과를 유발할 수 있는 지역에 대하여 특별시장·광역시장·특별자치시장·도지사·특별자치도지사(이하 "시·도지사"라 한다)의 신청을 받아 이산화탄소 포집·저장·활용 집적화단지(이하 "집적화단지"라 한다)를 지정할 수 있다. 이 경우 미리 관계 중앙행정기관의 장의 의견을 들을 수 있다.
② 집적화단지의 지정을 받으려는 시·도지사는 다음 각 호의 내용을 포함한 집적화단지육성계획을 수립하여 산업통상자원부장관에게 집적화단지의 지정을 신청하여야 한다.
1. 집적화단지의 명칭·위치·면적
2. 집적화단지의 지정 필요성 및 기대 효과
3. 집적화단지의 육성방안
4. 집적화단지에 적용되는 규제특례와 그 필요성 및 적용 범위
5. 그 밖에 집적화단지의 지정 신청 등에 필요한 사항으로서 대통령령으로 정하는 사항

③ 기업, 공공기관 또는 시장·군수·구청장(자치구의 구청장을 말한다)은 제2항 각 호의 사항이 포함된 집적화단지육성계획을 해당 지역을 관할하는 시·도지사에게 제안할 수 있다.
④ 산업통상자원부장관은 제2항에 따라 집적화단지의 지정 신청을 받은 경우 탄소중립위원회의 심의를 거쳐 집적화단지를 지정할 수 있다. 지정한 집적화단지를 변경하는 경우에도 또한 같다.
⑤ 산업통상자원부장관은 제4항에 따라 집적화단지를 지정한 경우에는 대통령령으로 정하는 바에 따라 그 내용을 고시하여야 한다. 이 경우 지형도면의 고시 등에 관하여는 「토지이용규제 기본법」 제8조에 따른다.
⑥ 그 밖에 집적화단지 지정 신청 및 절차 등에 필요한 사항은 대통령령으로 정한다.

제30조【집적화단지의 지원】 ① 정부는 집적화단지에서 다음 각 호의 사업을 수행할 수 있고 이에 필요한 비용을 지원할 수 있으며, 이와 관련하여 구체적인 사항은 대통령령으로 정하는 바에 따른다.
1. 포집등 시설의 설치 및 운영
2. 산업기반시설 및 공동연구개발 인프라의 설치 및 운영
3. 그 밖에 집적화단지 조성 및 활성화를 위하여 대통령령으로 정하는 사항

② 제1항에서 규정한 사항 외에 집적화단지의 지원에 필요한 사항은 대통령령으로 정한다.

제31조【집적화단지의 지정해제 등】 ① 시·도지사는 집적화단지가 다음 각 호의 어느 하나에 해당하는 경우에는 산업통상자원부장관에게 관할 집적화단지의 지정해제를 신청할 수 있다.
1. 집적화단지의 지정 목적을 달성할 수 없거나 달성할 수 없을 것이 예상되는 경우
2. 집적화단지에서 규제특례 등의 적용이 심각한 부작용을 유발하는 경우
3. 그 밖에 대통령령으로 정하는 사유가 있는 경우

② 제1항에 따른 신청을 받은 산업통상자원부장관은 탄소중립위원회의 심의를 거쳐 집적화단지의 지정을 해제한다.
③ 산업통상자원부장관은 시·도지사가 집적화단지의 지정해제를 신청하지 아니한 경우에도 제1항 각 호의 어느 하나에 해당하는 경우 탄소중립위원회의 심의를 거쳐 집적화단지의 지정을 해제할 수 있다.
④ 제2항 및 제3항에 따라 집적화단지 지정이 해제된 경우에는 그 내용을 고시하여야 한다.
⑤ 제1항부터 제4항까지에서 규정한 사항 외에 집적화단지의 지정해제 신청 방법 및 절차 등 집적화단지의 지정해제에 필요한 사항은 대통령령으로 정한다.

제32조【집적화단지의 운영에 대한 평가】 ① 산업통상자원부장관은 집적화단지의 운영에 대하여 정기적으로 또는 수시로 평가할 수 있다.
② 산업통상자원부장관은 제1항에 따른 평가를 위하여 필요한 경우 관계 중앙행정기관의 장 및 집적화단지 관할 시·도지사에게 관련 자료의 제출을 요청할 수 있다. 이 경우 관계 중앙행정기관의 장 및 집적화단지 관할 시·도지사는 특별한 사유가 없으면 그 요청에 따라야 한다.
③ 산업통상자원부장관은 제1항에 따른 평가 결과를 탄소중립위원회의 심의·의결을 거쳐 확정하고, 이를 관할 시·도지사에게 통보하여야 하며, 관할 시·도지사는 특별한 사유가 없으면 평가 결과에 따라 개선조치를 하여야 한다.
④ 제1항부터 제3항까지에서 규정한 사항 외에 집적화단지 운영에 대한 평가 기준·방법 및 절차 등에 필요한 사항은 대통령령으로 정한다.

제7장 이산화탄소 포집등 산업의 육성

제33조【이산화탄소 공급 특례 등】 ① 포집사업자는 이산화탄소 활용을 위한 연구, 실험, 실증화 시설 및 사업장에 이산화탄소를 공급할 수 있다.
② 제1항에 따라 이산화탄소를 공급하는 경우 해당 포집사업자가 「기후위기 대응을 위한 탄소중립·녹색성장 기본법」 제27조에 따른 관리업체 또는 「온실가스 배출권의 할당 및 거래에 관한 법률」 제8조에 따른 할당대상업체인 경우에는 공급량을 감안하여 배출량을 산정할 수 있다.
③ 제1항 및 제2항에 따른 배출량의 산정 등에 필요한 사항은 「온실가스 배출권의 할당 및 거래에 관한 법률」에 따른다.

제34조【이산화탄소 활용 기술 및 제품 인증】 ① 과학기술정보통신부장관과 산업통상자원부장관은 포집한 이산화탄소의 활용 기술 및 제품의 개발 촉진과 사업화를 위하여 포집한 이산화탄소를 활용한 기술 및 제품에 대하여 인증할 수 있다.
② 과학기술정보통신부장관과 산업통상자원부장관은 제1항에 따른 기술 및 제품 인증이 다음 각 호의 어느 하나에 해당하는 경우에는 그 기술 및 제품 인증을 취소하여야 한다.
1. 거짓이나 그 밖의 부정한 방법으로 기술 및 제품 인증을 받은 경우
2. 중대한 결함이 있어 그 기술 및 제품 인증이 적당하지 아니하다고 인정되는 경우
3. 지식재산권 등 타인의 권리를 침해한 것으로 인정되는 경우

③ 제1항에 따라 인증을 받은 자는 해당 기술 및 제품에 대하여 과학기술정보통신부와 산업통상자원부의 공동부령으로 정하는 바에 따라 인증표시를 할 수 있다.
④ 제1항에 따른 인증을 받지 아니한 기술 및 제품에 제3항에 따른 인증표시를 하거나 이와 유사한 표시를 하여서는 아니 된다.
⑤ 제1항에 따른 인증의 기준·대상·절차와 제2항에 따른 취소 절차 및 제3항에 따른 인증표시 등에 필요한 사항은 대통령령으로 정한다.

제35조【이산화탄소 활용 전문기업의 확인 등】 ① 과학기술정보통신부장관은 이산화탄소의 활용을 촉진하기 위하여 필요한 경우에는 다음 각 호의 요건을 모두 갖춘 기업을 이산화탄소 활용 전문기업으로 확인할 수 있으며, 이에 필요한 지원을 할 수 있다.
1. 총 매출액 중 이산화탄소 활용 기술 관련 연구개발 등에 대한 투자금액이 차지하는 비중이 대통령령으로 정하는 기준에 해당하는 기업
2. 그 밖에 기술수준과 경영역량 등 대통령령으로 정하는 요건을 갖춘 기업

② 이 법에 따른 지원을 받으려는 기업은 이산화탄소 활용 전문기업 해당 여부의 확인을 과학기술정보통신부장관에게 신청할 수 있다.
③ 과학기술정보통신부장관은 제2항에 따라 신청을 한 기업이 이산화탄소 활용 전문기업에 해당될 때에는 대통령령으로 정하는 바에 따라 유효기간을 정하여 이산화탄소 활용 전문기업 확인서를 발급하여야 한다.
④ 과학기술정보통신부장관은 이산화탄소 활용 전문기업이 다음 각 호의 어느 하나에 해당하는 경우에는 제1항에 따른 이산화탄소 활용 전문기업 확인을 취소하여야 한다.
1. 거짓이나 그 밖의 부정한 방법으로 확인을 받은 경우
2. 부도·폐업 또는 휴업 등으로 기업 활동을 지속적으로 영위할 수 없다고 판단되는 경우
3. 제1항 각 호에 따른 요건을 갖추지 못하게 된 경우

⑤ 제1항에 따른 확인 및 지원의 절차·방법, 제2항 및 제3항에 따른 신청 및 확인서의 발급, 제4항에 따른 취소 절차와 그 밖에 이산화탄소 활용 전문기업의 확인 및 취소를 위한 조사·사후관리 등에 필요한 사항은 대통령령으로 정한다.

제36조【포집등 관련 기술의 연구·개발 및 보급 지원 등】 ① 정부는 포집등 관련 기술의 연구·개발 및 사업화에 필요한 발전 시책을 수립하여 시행하고 이에 필요한 지원을 할 수 있다.
② 정부는 포집등 관련 기술에 관한 연구·개발의 성과를 높이기 위하여 공공기관·법인·단체 및 대학 간의 공동연구(국제공동연구를 포함한다)에 필요한 지원을 할 수 있다.
③ 그 밖에 포집등의 기술개발 지원 등에 필요한 사항은 대통령령으로 정한다.

제37조【실증사업의 실시】 ① 관계 중앙행정기관의 장은 포집등 관련 기술의 연구·개발 사업으로 개발된 기술의 이용 및 보급을 촉진하기 위하여 필요하다고 인정하는 때에는 포집등 관련 기술을 활용한 실증사업을 실시할 수 있다.
② 제1항에 따른 실증사업에 참여하려는 포집등 관련 사업자 등은 대통령령으로 정하는 바에 따라 관계 중앙행정기관의 장의 승인을 받아야 한다.
③ 관계 중앙행정기관의 장은 제2항에 따라 승인을 받은 포집등 관련 사업자 등(이하 이 조 및 제38조에서 "실증사업참여사업자등"이라 한다)에 대하여 재정적·행정적·기술적인 지원을 할 수 있으며 지원을 위하여 필요한 사항은 제40조를 준용한다.

제38조【실증사업의 특례】 실증사업참여사업자등은 다음 각 호에 따른 허가·승인 또는 등록 등을 받은 것으로 본다.
1. 「고압가스 안전관리법」 제5조에 따른 용기·냉동기 및 특정설비의 제조등록
2. 「공유수면 관리 및 매립에 관한 법률」 제8조에 따른 공유수면의 점용·사용허가 및 같은 법 제17조에 따른 점용·사용 실시계획의 승인

제39조【보조·융자】 ① 정부는 포집등에 관한 산업을 육성하기 위하여 필요한 경우에는 대통령령으로 정하는 바에 따라 관련 사업자에 대하여 다음 각 호의 어느 하나에 해당하는 비용을 보조 또는 융자할 수 있다.

1. 포집등에 관한 사업의 안전성·효율성을 혁신하기 위한 기술개발 및 전문인력 양성에 드는 비용
2. 포집등에 관한 사업에 필요한 외국과의 협력 및 기술교류에 드는 비용
3. 포집등에 관한 설비의 구축을 위한 투자 및 운영에 관한 비용
4. 국내외 저장소 확보를 위한 투자 및 운영에 관한 비용
5. 그 밖에 포집등의 촉진을 위하여 필요한 비용으로서 대통령령으로 정하는 비용

② 정부는 포집등에 관한 산업의 육성을 위하여 대통령령으로 정하는 바에 따라 관련 사업자에 대하여 필요한 금융지원을 할 수 있다.

제40조【포집등 사업 등에 대한 재원의 투자】 다음 각 호의 어느 하나에 해당하는 재원을 운영하는 자는 해당 재원으로 포집등 사업에 투자하거나 출자할 수 있다.
1. 「환경정책기본법」 제45조에 따른 환경개선특별회계
2. 「기후위기 대응을 위한 탄소중립·녹색성장 기본법」 제69조에 따른 기후대응기금
3. 그 밖에 설치목적이 제2호의 기금에 준하는 기금으로서 대통령령으로 정하는 기금

제41조【전문인력 양성】 ① 정부는 포집등 관련 기술개발 촉진 및 산업의 활성화를 위하여 필요한 전문인력을 양성할 수 있다.

② 정부는 제1항에 따른 전문인력 양성을 위하여 대학·연구소 등 적절한 시설과 인력을 갖춘 기관 또는 단체를 전문인력 양성기관으로 지정·관리할 수 있다.

③ 정부는 제2항에 따라 지정된 전문인력 양성기관에 대하여 대통령령으로 정하는 바에 따라 예산의 범위에서 그 양성에 필요한 경비를 지원할 수 있다.

④ 제2항에 따른 전문인력 양성기관의 지정 기준 및 방법 등에 필요한 사항은 대통령령으로 정한다.

제42조【국제협력의 추진】 정부는 포집등에 관한 국제적 동향의 파악 및 해외 저장소의 확보 등을 위한 국제협력을 추진할 수 있다. 이 경우 정부는 포집등 관련 기술 및 전문인력의 국제교류, 국제공동연구개발 등의 사업을 지원할 수 있다.

제43조【기술의 표준화】 ① 정부는 포집등 관련 기술의 품질을 향상시키기 위하여 포집등 관련 기술의 표준화를 추진할 수 있다. 다만, 「산업표준화법」에 따른 한국산업표준이 제정되어 있는 사항에 대하여는 그 표준에 따른다.

② 정부는 제1항에 따른 표준화를 촉진하기 위하여 포집사업자 또는 저장사업자에게 포집등 관련 기술에 대한 표준을 사용하도록 권고할 수 있다.

③ 정부는 제1항에 따른 표준화에 관한 업무를 효율적으로 추진하기 위하여 포집등 관련 기술에 관한 전문 기관 및 단체를 지정하여 표준화를 위한 연구 등을 하게 하고, 해당 기관 또는 단체에 필요한 비용의 전부 또는 일부를 지원할 수 있다.

④ 제3항에 따른 지정 및 지원 등에 필요한 사항은 대통령령으로 정한다.

제44조【이산화탄소 포집·저장·활용 진흥센터의 설립 등】 ① 산업통상자원부장관은 포집등과 관련된 기술개발 및 산업의 촉진을 효율적으로 지원하기 위하여 전문인력과 시설 등 대통령령으로 정하는 요건을 갖춘 기관 또는 법인을 이산화탄소 포집·저장·활용 진흥센터(이하 "진흥센터"라 한다)로 설립할 수 있다.

② 진흥센터는 다음 각 호의 사업을 수행한다.
1. 포집등에 관한 시장의 조사·분석과 수집 정보의 이용
2. 포집등과 관련된 연구개발사업에 대한 지원
3. 포집등과 관련된 창업 및 경영 지원과 그에 관한 정보의 수집·관리
4. 포집등과 관련된 산업육성을 위하여 관계 중앙행정기관의 장으로부터 위탁받은 사업
5. 포집등과 관련된 신산업 발굴의 지원에 관한 사업
6. 포집등과 관련된 중소기업의 신제품 개발과 신산업 발굴에 필요한 전문인력의 지원
7. 그 밖에 포집등과 관련된 신제품의 개발이나 신산업의 추진을 위하여 필요한 사항으로서 대통령령으로 정하는 사업

③ 진흥센터는 제2항 각 호에 따른 사업을 수행하기 위하여 필요한 경우에는 대통령령으로 정하는 대학·기관 또는 단체에 그 소속 연구원 또는 전문가 등의 파견을 요청할 수 있다.

④ 관계 중앙행정기관의 장은 진흥센터에 대하여 예산의 범위에서 제2항 각 호의 사업을 수행하는 데 필요한 비용의 전부 또는 일부를 보조할 수 있다.

⑤ 제3항에 따라 연구원 또는 전문가 등을 파견한 대학·기관 또는 단체의 장은 파견된 소속 연구원 또는 전문가 등에 대하여 신분상·급여상의 불이익을 주어서는 아니 된다.

⑥ 그 밖에 진흥센터의 설립과 운영 등에 필요한 사항은 대통령령으로 정한다.

제8장 보 칙

제45조【공공모니터링 체계의 구축 및 운영 등】 ① 관계 중앙행정기관의 장은 제25조에 따른 저장사업자의 모니터링계획과 별도로 포집등에 관한 공공 모니터링(이하 "공공모니터링"이라 한다) 체계를 구축·운영할 수 있다.

② 관계 중앙행정기관의 장은 공공모니터링 체계의 구축·운영을 위하여 대통령령으로 정하는 바에 따라 전담기관(이하 "전담기관"이라 한다)을 지정할 수 있다.

③ 제1항 및 제2항에서 규정한 사항 외에 공공모니터링 체계의 구축과 운영, 공공모니터링 결과보고서에 포함할 사항 및 제출주기 등에 필요한 사항은 대통령령으로 정한다.

제46조【모니터링 결과의 공개 등】 ① 정부는 제25조에 따라 저장사업자가 실시한 모니터링의 결과와 제45조에 따른 공공모니터링의 결과를 공개하여야 한다.

② 전담기관은 매년 공공모니터링 결과보고서를 관계 중앙행정기관의 장 및 탄소중립위원회에 제출하여야 한다.

③ 제1항에 따른 모니터링 결과의 공개에 관한 내용·방법 등에 필요한 사항은 대통령령으로 정한다.

제47조【보고와 검사 등】 ① 관계 중앙행정기관의 장은 포집등을 안전하고 효율적으로 관리하기 위하여 필요하다고 인정하면 대통령령으로 정하는 바에 따라 탐사권자, 수송관설치운영자, 저장사업자 및 제34조에 따라 기술 및 제품에 대한 인증을 받은 기업에 보고를 하게 하거나 자료를 제출하게 할 수 있으며, 관계 공무원에게 사무소나 사업장 등에 출입하여 관계 서류나 시설·장비 등을 검사하게 할 수 있다.

② 제1항에 따른 검사를 하는 경우에는 검사를 하기 7일 전까지 검사 일시·이유·내용 등을 포함한 검사 계획을 검사 대상자에게 알려야 한다. 다만, 긴급하거나 증거인멸 등으로 검사의 목적을 달성할 수 없다고 인정하는 경우에는 그러하지 아니하다.

③ 제1항에 따라 출입·검사를 하는 공무원은 그 권한을 표시하는 증표를 지니고 이를 관계인에게 내보여야 한다.

제48조【저장사업자 등에 대한 조치명령】 ① 산업통상자원부장관은 탐사권자, 수송관설치운영자, 저장사업자 및 전담기관이 이 법으로 정한 의무를 이행하지 아니하여 포집등에 현저한 지장을 줄 우려가 있다고 인정되면 일정한 기간을 정하여 대통령령으로 정하는 바에 따라 시정과 그 밖에 필요한 조치를 명할 수 있다.

② 산업통상자원부장관은 제1항에 따른 명령을 하려면 미리 탐사권자, 수송관설치운영자, 저장사업자 및 전담기관에 그 이유를 알려 의견과 증거를 제출할 기회를 주어야 한다. 다만, 포집한 이산화탄소와 저장시설의 안전한 관리를 위하여 긴급한 경우에는 사후에 의견과 증거를 제출할 기회를 주어야 한다.

제49조【청문】 관계 중앙행정기관의 장은 다음 각 호의 어느 하나에 해당하는 처분을 하려면 청문을 하여야 한다.
1. 제13조제5항에 따른 탐사승인의 취소
2. 제16조제1항에 따른 저장후보지 선정의 취소
3. 제23조제1항에 따른 저장사업 허가의 취소
4. 제34조제2항에 따른 기술 및 제품 인증의 취소
5. 제35조제4항에 따른 이산화탄소 활용 전문기업 확인의 취소

제50조【권한의 위임 및 업무의 위탁】 ① 이 법에 따른 중앙행정기관의 장의 권한은 대통령령으로 정하는 바에 따라 그 일부를 시·도지사에게 위임할 수 있다.

② 이 법에 따른 중앙행정기관의 장의 업무는 대통령령으로 정하는 바에 따라 그 일부를 대통령령으로 정하는 기관 또는 단체에 위탁할 수 있다.

③ 제1항에 따라 중앙행정기관의 장의 권한을 위임받은 시·도지사와 제2항에 따라 중앙행정기관의 장의 업무를 위탁받은 기관 또는 단체는 위임받거나 위탁받은 업무의 처리 결과를 중앙행정기관의 장에게 통보하여야 한다.

④ 중앙행정기관의 장은 제2항에 따라 업무를 위탁받은 기관 또는 단체에 대하여 해당 위탁 업무의 수행에 드는 경비의 전부 또는 일부를 지원할 수 있다.

제51조【벌칙 적용에서 공무원 의제】 제50조제2항에 따라 업무를 위탁받은 기관 또는 단체의 임직원은 「형법」 제129조부터 제132조까지의 벌칙을 적용할 때에는 공무원으로 본다.

제9장 벌 칙

제52조【벌칙】 ① 이산화탄소 포집시설, 수송시설, 저장시설 또는 관계 시설을 손괴 또는 제거하거나 기능에 장애를 일으켜 포집등을 방해한 자는 5년 이하의 징역 또는 1억원 이하의 벌금에 처한다.

② 다음 각 호의 어느 하나에 해당하는 자는 3년 이하의 금고 또는 3천만원 이하의 벌금에 처한다.
1. 제7조제1항에 따른 신고 또는 같은 조 제3항에 따른 변경신고를 하지 아니하고 포집시설을 설치 및 운영한 자
2. 제8조제1항 본문에 따른 승인을 받지 아니하고 수송사업을 한 자
3. 제9조제1항에 따른 안전관리규정의 승인 또는 변경승인을 받지 아니하고 이산화탄소수송관을 설치 및 운영한 자
4. 제9조제2항에 따른 안전관리규정의 준수의무를 위반한 자
5. 제10조제1항을 위반하여 안전관리자를 선임하지 아니한 자
6. 제18조제1항 본문을 위반하여 허가 또는 변경허가를 받지 아니하고 저장사업을 한 자
7. 제26조 각 호의 어느 하나에 해당하는 금지행위를 한 자
8. 제28조제1항을 위반하여 필요한 조치를 하지 아니한 자

③ 다음 각 호의 어느 하나에 해당하는 자는 1년 이하의 징역 또는 1천만원 이하의 벌금에 처하거나 이를 병과할 수 있다.
1. 제11조제1항에 따른 안전검사를 거부·방해 또는 기피한 자
2. 제13조제1항에 따른 탐사승인을 받지 아니하고 탐사를 한 자
3. 제18조제5항에 따른 신고를 하지 아니하고 저장소를 사용한 자
4. 제22조제1항 단서에 따른 허가를 받지 아니하고 휴업 또는 폐업을 한 자
5. 거짓이나 부정한 방법으로 제34조제1항에 따른 기술 및 제품 인증을 받은 자
6. 거짓이나 부정한 방법으로 제35조에 따른 이산화탄소 활용 전문기업 확인을 받은 자
7. 제48조제1항에 따른 조치명령에 따르지 아니한 자

④ 다음 각 호의 어느 하나에 해당하는 자는 2천만원 이하의 벌금에 처한다.
1. 제23조제1항제1호부터 제4호까지의 어느 하나에 해당하는 행위를 한 자
2. 제37조제2항에 따른 승인을 받지 아니하고 실증사업에 참여한 자

제53조【양벌규정】 법인의 대표자, 대리인, 사용인, 그 밖의 종업원이 그 법인의 업무에 관하여 제52조의 위반행위를 하면 그 행위자를 벌할 뿐만 아니라 그 법인에도 해당 조문의 벌금형을 과(科)한다. 다만, 법인이 그 위반행위를 방지하기 위하여 그 업무에 관하여 상당한 주의와 감독을 게을리하지 아니한 때에는 그러하지 아니한다.

제54조【과태료】 ① 다음 각 호의 어느 하나에 해당하는 자에게는 3천만원 이하의 과태료를 부과한다.
1. 제22조제1항 본문에 따른 신고를 하지 아니하고 저장사업을 개시한 자
2. 제25조제1항에 따른 모니터링계획의 승인을 받지 아니한 자
3. 제34조제4항을 위반하여 인증을 받지 아니한 기술 및 제품에 인증표시 또는 이와 유사한 표시를 한 자

② 다음 각 호의 어느 하나에 해당하는 자에게는 500만원 이하의 과태료를 부과한다.
1. 제9조제3항에 따른 안전관리규정 준수 여부의 점검을 거부·방해 또는 기피한 자
2. 제10조제1항에 따른 안전관리자 선임 신고를 하지 아니하거나 거짓으로 신고한 자
3. 제20조제1항부터 제3항까지에 따른 저장사업자의 지위승계 신고를 하지 아니하거나 거짓으로 신고를 한 자
4. 제28조제2항을 위반하여 누출 관련 통보를 하지 아니한 자
5. 제47조제1항에 따른 출입·검사를 거부·방해 또는 기피한 자

③ 제1항 및 제2항에 따른 과태료는 대통령령으로 정하는 바에 따라 관계 중앙행정기관의 장이 부과·징수한다.

부 칙

제1조【시행일】 이 법은 공포 후 1년이 경과한 날부터 시행한다.

제2조【해양지중저장 허가에 관한 경과조치】 이 법 시행 전 「해양폐기물 및 해양오염퇴적물 관리법」에 따라 이산화탄소 스트림의 해양지중저장 허가를 받은 자에 대해서는 이 법에 따라 저장사업 허가를 받은 것으로 본다.

특정중대범죄 피의자 등 신상정보 공개에 관한 법률 시행령

(2024년 1월 23일
대통령령 제34158호)

제1조【목적】 이 영은 「특정중대범죄 피의자 등 신상정보 공개에 관한 법률」에서 위임된 사항과 그 시행에 필요한 사항을 규정함을 목적으로 한다.
제2조【촬영 방법】 검사와 사법경찰관은 「특정중대범죄 피의자 등 신상정보 공개에 관한 법률」(이하 "법"이라 한다) 제4조제5항(법 제5조제7항에서 준용하는 경우를 포함한다)에 따라 특정중대범죄사건의 피의자 또는 피고인(이하 "피의자등"이라 한다)의 얼굴을 촬영하는 경우에는 피의자등의 정면·왼쪽·오른쪽 얼굴 컬러사진을 촬영하여 전자기록으로 저장·보관해야 한다.
제3조【피의자의 의견진술】 ① 검사와 사법경찰관은 피의자에게 법 제4조제6항 본문에 따라 신상정보 공개를 결정하기 전에 의견을 진술할 기회가 있다는 사실을 고지하고 별지 제1호서식의 의견진술 기회 등 고지 확인서를 제출받아야 한다.
② 검사와 사법경찰관은 법 제8조에 따른 신상정보공개심의위원회를 개최하는 경우에는 피의자에게 해당 위원회의 개최일과 위원회에 의견을 진술할 기회가 있다는 사실을 고지하고 별지 제2호서식의 신상정보공개심의위원회 개최 통지 확인서를 제출받아야 한다.
③ 검사와 사법경찰관은 제1항 또는 제2항의 고지를 받은 피의자가 의견 진술을 희망하는 의사를 표시한 경우에는 피의자에게 별지 제3호서식의 의견서 양식을 교부해야 한다. 다만, 피의자가 의견서 수령을 거부하는 의사를 밝힌 경우에는 교부하지 않을 수 있다.
제4조【피의자 신상정보 공개 결정의 통지 등】 ① 검사와 사법경찰관은 법 제4조제1항에 따라 피의자의 신상정보를 공개하기로 결정한 경우에는 지체 없이 별지 제4호서식의 피의자 신상정보 공개 결정 통지서로 피의자에게 통지해야 한다. 이 경우 피의자에게 변호인이 있는 경우에는 변호인에게도 피의자의 신상정보 공개 사실을 알려야 한다.
② 검사와 사법경찰관은 제1항에 따른 통지를 받은 피의자가 신상정보 공개 결정에 대해 이의가 없다는 의사를 표시해 법 제4조제7항 단서에 따라 유예기간을 두지 않는 경우에는 별지 제5호서식의 신상정보 공개 결정 확인서를 제출받아야 한다.
③ 사법경찰관은 신상정보를 공개하기로 결정된 특정중대범죄사건을 검사에게 송치하는 경우에는 별지 제4호서식의 피의자 신상정보 공개 결정 통지서를 수사기록에 편철하는 방식으로 신상정보 공개 결정 사실을 통보해야 한다.
④ 제3항에 따라 사법경찰관이 검사에게 사건을 송치한 경우에도 해당 사건 피의자의 신상정보 공개는 사법경찰관이 집행한다.
제5조【피의자 신상정보 공개 방법 및 공개의 종료 등】 ① 검사와 사법경찰관은 법 제4조에 따라 피의자의 신상정보를 검찰총장 또는 경찰청장이 지정하는 인터넷 홈페이지에 신상정보 공개일부터 30일간 게시하는 방법으로 공개한다. 이 경우 유죄의 판결이 확정될 때까지는 피의자가 무죄로 추정된다는 내용을 명시해야 한다.
② 검사와 사법경찰관은 법 제4조제8항에 따른 신상정보 공개기간이 지나거나 신상정보가 공개된 피의자가 불기소처분 또는 불송치결정을 받은 경우 등 피의자의 신상정보 공개를 종료해야 할 사유가 생겼을 때에는 지체 없이 공개한 신상정보를 삭제해야 한다.
제6조【불기소처분 통보 등】 ① 검사는 신상정보를 공개하기로 결정된 특정중대범죄사건 중 제4조제3항에 따라 사법경찰관으로부터 송치받은 특정중대범죄사건에 대해 전부 또는 일부 불기소처분을 한 경우에는 그 사실을 별지 제6호서식의 신상정보 공개 결정 사건 불기소처분 통보서로 사법경찰관에게 통보한다.
② 사법경찰관은 신상정보를 공개하기로 결정된 특정중대범죄사건 전부 또는 일부에 대해 불기소처분이 된 경우에는 신상정보를 공개해서는 안 되며, 이미 신상정보를 공개한 경우에는 그 신상정보를 지체 없이 삭제해야 한다. 다만, 일부 불기소처분의 경우 불기소처분이 된 부분을 제외하더라도 신상정보 공개 결정을 유지할 필요가 인정되는 경우에는 삭제하지 않을 수 있다.
제7조【피고인의 신상정보 공개】 ① 검사는 법 제5조제1항에 따라 법원에 피고인의 신상정보 공개를 청구하는 경우에는 법 제4조제1항 각 호의 요건을 갖추었음을 인정할 수 있는 자료를 제출해야 한다.
② 검사는 법 제5조제5항에 따라 피고인에 대한 신상정보 공개 결정이 있는 경우 지체 없이 별지 제7호서식의 피고인 신상정보 공개 결정 통지서로 피고인에게 통지해야 한다.
③ 피고인에 대한 신상정보 공개 방법 및 공개의 종료 등에 관하여는 제5조를 준용한다. 이 경우 "피의자"는 "피고인"으로, "불기소처분 또는 불송치결정을 받은 경우"는 "무죄재판을 받아 확정된 경우"로 본다.
제8조【신상정보공개심의위원회】 ① 법 제8조에 따른 신상정보공개심의위원회(이하 "위원회"라 한다)는 각급 검찰청(지청을 포함한다) 및 경찰관서에 둘 수 있다.
② 위원회는 위원장 1명을 포함하여 7명 이상 10명 이하의 위원으로 구성한다. 이 경우 공무원이 아닌 위원이 과반수가 되도록 하여야 한다.
③ 위원회의 위원(이하 "위원"이라 한다)은 법조계나 학계 등에서 사회적 신망이 높고 경험이 풍부한 사람 중 검찰총장 또는 경찰청장이 성별을 고려하여 임명하거나 위촉한다.
④ 위원회의 위원장(이하 "위원장"이라 한다)은 공무원이 아닌 위원 중에서 검찰총장 또는 경찰청장이 위촉한다.
⑤ 검찰총장 또는 경찰청장은 위원 및 위원장의 임명 또는 위촉 권한을 각각 각급 검찰청의 장(지청장을 포함한다) 또는 각급 경찰관서의 장에게 위임할 수 있다.
⑥ 위원은 다음 각 호의 어느 하나에 해당하는 경우에는 위원회의 심의·의결에서 제척(除斥)된다.
1. 위원이 심의 대상 사건의 피의자, 피고인, 피해자, 고소인, 고발인, 참고인 또는 증인인 경우
2. 위원이 제1호에 열거된 사람의 친족, 법정대리인, 대리인, 변호인 또는 보조인이거나 그러한 관계에 있었던 경우
3. 위원이 속한 법인이 해당 안건의 당사자의 대리인이거나 대리인이었던 경우
4. 그 밖에 위원이 심의 대상 사건의 수사나 공소유지에 관여하거나 사건관계인과 친분관계나 이해관계가 있어 심의의 공정성에 영향을 미칠 수 있다고 판단되는 경우
⑦ 위원이 제6항 각 호의 어느 하나에 해당하는 경우에는 위원회에 그 사실을 알리고 스스로 해당 안건의 심의·의결에서 회피(回避)하여야 한다.
⑧ 위원회의 심의는 공개하지 않으며, 재적위원 과반수의 찬성으로 의결한다.
⑨ 위원의 명부와 심의내용에 관한 위원의 의견서 등 위원회의 문서는 공개하지 않는다.
⑩ 제1항부터 제9항까지에서 규정한 사항 외에 위원회의 구성 및 운영에 필요한 사항은 검찰총장 및 경찰청장이 정한다.
제9조【민감정보 및 고유식별정보의 처리】 검사와 사법경찰관은 다음 각 호의 사무를 수행하기 위하여 불가피한 경우 「개인정보 보호법」 제23조에 따른 민감정보나 같은 법 시행령 제19조에 따른 주민등록번호, 여권번호, 운전면허의 면허번호 또는 외국인등록번호가 포함된 자료를 처리할 수 있다.
1. 법 제4조 및 제5조에 따른 피의자등의 신상정보 공개에 관한 사무
2. 법 제6조 및 제7조에 따른 피의자등에 대한 보상에 관한 사무
3. 법 제8조에 따른 신상정보공개심의위원회의 운영에 관한 사무

부 칙

제1조【시행일】 이 영은 2024년 1월 25일부터 시행한다.
제2조【다른 법령의 개정】 ※(해당 법령에 가제정리 하였음)

국가유공자 등 예우 및 지원에 관한 법률 일부개정법률

<개정 2024.2.13 법률20280호>

국가유공자 등 예우 및 지원에 관한 법률 일부를 다음과 같이 개정한다.

제9조제2항 본문 및 단서 중 "제14조의2제1항"을 각각 "제14조의2제1항·제3항"으로 한다.
제14조의2제3항을 제4항으로 하고, **같은 조**에 제3항을 다음과 같이 신설하며, **같은 조** 제4항(종전의 제3항) 중 "제1항"을 "제1항 및 제3항"으로 한다.
③ 국가보훈부장관은 제1항에도 불구하고 생활조정수당 수급희망자가 다음 각 호의 요건을 모두 갖춘 경우에는 담당 공무원이 생활조정수당수급희망자를 대신하여 생활조정수당 지급 신청을 하게 할 수 있다. 이 경우 제2항에 따른 서면 제출은 생략한다.
1. 「국민기초생활 보장법」 제7조제1항제1호 또는 제3호에 따른 생계급여 또는 의료급여를 받고 있을 것
2. 거동 불편 등 대통령령으로 정하는 사유로 직접 생활조정수당 지급 신청을 하기 어려울 것
3. 담당 공무원의 대리 신청에 동의할 것
제22조제4항 후단, **제63조의2**제2항 후단 및 **제68조**제3항 후단 중 "제14조의2"를 각각 "제14조의2(제3항은 제외한다)"로 한다.
제68조의3을 다음과 같이 신설한다.
제68조의3【장례서비스】 ① 국가보훈부장관은 생계가 곤란하거나, 연고자가 없는 국가유공자가 사망한 경우 예산의 범위에서 장례서비스를 제공할 수 있다. 다만, 사망한 국가유공자가 「국민기초생활 보장법」 제2조제2호에 따른 수급자인 경우에는 장례서비스를 제공하여야 한다.
② 제1항에 따른 장례서비스를 제공받으려는 유족 등 장례를 주관하는 자는 장례기간 중에 국가보훈부장관에게 장례서비스의 제공을 신청하여야 한다.
③ 제1항에 따른 장례서비스의 내용, 대상 및 방법 등은 국가보훈부장관이 정한다.
제74조의8 제목 "**【자료제출 요구권 등】**"을 "**【자료제출 요구 및 사실조사】**"로 하고 **같은 조** 제2항을 다음과 같이 하며, **같은 조** 제3항 중 "조사하거나 현지확인을"을 "사실조사를"로 한다.
② 보훈심사위원회는 제74조의5제1항 각 호의 사항에 대한 심의·의결과 관련하여 사실조사가 필요하다고 인정하면 다음 각 호의 조치를 할 수 있다.
1. 신청인 또는 참고인에 대한 진술서 제출 요구, 출석 요구 및 진술 청취
2. 조사와 관련이 있다고 인정되는 장소, 시설 또는 자료 등에 대한 현장조사
3. 감정인의 지정 및 감정 의뢰
제74조의9제2항을 다음과 같이 한다.
② 제1항에 따른 사실규명의 요구는 제74조의8제1항에 따른 자료제출 요구 및 같은 조 제2항에 따른 사실조사를 통하여 그 경위를 정확하게 파악하기 어려운 경우에만 할 수 있다.
제77조제1항 각 호 외의 부분 전단 중 "출입국"을 "생계급여·의료급여 수급에 관한 자료, 출입국"으로 하고, 같은 항에 제3호의2와 제11호의2를 각각 다음과 같이 신설한다.
3의2. 제14조의2에 따른 생활조정수당의 지급
11의2. 제68조의3에 따른 장례서비스의 제공

부 칙

이 법은 공포 후 6개월이 경과한 날부터 시행한다. 다만, 제74조의8 및 제74조의9의 개정규정은 공포한 날부터 시행한다.

독립유공자예우에 관한 법률 일부개정법률

<개정 2024.2.13 법률20281호>

독립유공자예우에 관한 법률 일부를 다음과 같이 개정한다.

제8조 단서 중 "제14조의2제1항"을 "제14조의2제1항·제4항"으로 한다.
제14조의2제4항을 제5항으로 하고, 같은 조에 제4항을 다음과 같이 신설하며, 같은 조 제5항(종전의 제4항) 중 "제1항"을 "제1항 및 제4항"으로 한다.
④ 국가보훈부장관은 제1항에도 불구하고 생활조정수당 수급희망자가 다음 각 호의 요건을 모두 갖춘 경우에는 담당 공무원이 생활조정수당수급희망자를 대신하여 생활조정수당 지급 신청을 하게 할 수 있다. 이 경우 제2항에 따른 서면 제출은 생략한다.
1. 「국민기초생활 보장법」 제7조제1항제1호 또는 제3호에 따른 생계급여 또는 의료급여를 받고 있을 것
2. 거동 불편 등 대통령령으로 정하는 사유로 직접 생활조정수당 지급 신청을 하기 어려울 것
3. 담당 공무원의 대리 신청에 동의할 것
제14조의5제2항 후단, **제19조의2**제2항 후단 및 **제24조**제3항 후단 중 "제14조의2"를 각각 "제14조의2(제4항은 제외한다)"로 한다.
제39조의2제1항 각 호 외의 부분 전단 중 "출입국"을 "생계급여·의료급여 수급에 관한 자료, 출입국"으로 하고, 같은 항에 제3호의2를 다음과 같이 신설한다.
3의2. 제14조의2에 따른 생활조정수당의 지급

부 칙

이 법은 공포 후 6개월이 경과한 날부터 시행한다.

참전유공자 예우 및 단체설립에 관한 법률 일부개정법률

<개정 2024.2.13 법률20283호>

참전유공자 예우 및 단체설립에 관한 법률 일부를 다음과 같이 개정한다.

제8조의8을 다음과 같이 신설한다.
제8조의8【장례서비스】 ① 국가보훈부장관은 생계가 곤란하거나, 연고자가 없는 참전유공자가 사망한 경우 예산의 범위에서 장례서비스를 제공할 수 있다. 다만, 사망한 참전유공자가 「국민기초생활 보장법」 제2조제2호에 따른 수급자인 경우에는 장례서비스를 제공하여야 한다.
② 제1항에 따른 장례서비스를 제공받으려는 유족 등 장례를 주관하는 자는 장례기간 중에 국가보훈부장관에게 장례서비스의 제공을 신청하여야 한다.
③ 제1항에 따른 장례서비스의 내용, 대상 및 방법 등은 국가보훈부장관이 정한다.
제39조의2제1항 각 호 외의 부분 전단 중 "자료와"를 "자료, 생계급여·의료급여 수급에 관한 자료,"로 하고, 같은 항에 제4호의2를 다음과 같이 신설한다.
4의2. 제8조의8에 따른 장례서비스의 제공

부 칙

이 법은 공포 후 6개월이 경과한 날부터 시행한다.

부패방지 및 국민권익위원회의 설치와 운영에 관한 법률 일부개정법률

<개정 2024.2.13 법률20307호>

부패방지 및 국민권익위원회의 설치와 운영에 관한 법률 일부를 다음과 같이 개정한다.

제68조제7항을 다음과 같이 하고, **같은 조**에 제8항 및 제9항을 각각 다음과 같이 신설한다.
⑦ 위원회는 제5항에 따른 구조금 지급과 관련하여 구조금 지급신청인과 이해관계인을 조사하거나 관계 기관의 장에게 필요한 사항을 조회할 수 있다. 이 경우 관계 기관의 장은 특별한 사유가 없으면 이에 따라야 한다.
⑧ 신고자 및 제65조에 따른 협조자, 그 친족 또는 동거인이 제3항 각 호의 피해 또는 비용 지출을 원인으로 하여 손해배상을 받은 경우에는 그 금액의 범위에서 구조금을 지급하지 아니한다.
⑨ 위원회는 제5항에 따라 구조금을 지급한 때에는 그 지급한 금액의 범위에서 해당 구조금을 지급받은 사람이 제3항 각 호의 피해 또는 비용 지출을 원인으로 가지는 손해배상청구권을 대위한다.
제68조의2를 다음과 같이 신설한다.
제68조의2【자료요청 등】 ① 위원회는 제68조제9항에 따른 손해배상청구권 대위에 관한 업무와 관련하여 같은 조 제3항 각 호의 피해 또는 비용 지출의 원인을 제공한 자(이하 "피해원인제공자"라 한다)의 손해배상금 지급능력을 조사하기 위하여 필요한 경우에는 대통령령으로 정하는 바에 따라 관계 기관의 장에게 다음 각 호의 자료를 제공하여 줄 것을 요청하거나 위원회가 관계 전산망을 이용하여 해당 자료를 확인할 수 있도록 하여 줄 것을 요청할 수 있다.
1. 피해원인제공자의 재산에 대한 건물등기사항증명서 및 토지등기사항증명서
2. 피해원인제공자의 주민등록 초본
3. 피해원인제공자 명의의 부동산 및 자동차·건설기계·선박·항공기·요트 등 재산 자료(등록원부를 포함한다)
4. 피해원인제공자 명의의 골프·콘도 회원권 등 시설물 이용권에 관한 자료
5. 피해원인제공자의 재산에 대한 지방세 과세증명에 관한 정보, 건축물대장, 토지대장 및 임야대장
② 제1항에 따른 요청을 받은 관계 기관의 장은 특별한 사유가 없으면 그 요청에 따라야 한다.
③ 제1항에 따라 제공받거나 수집한 자료를 활용하여 업무를 수행하거나 수행하였던 사람은 그 자료나 해당 업무를 수행하면서 취득한 정보를 이 법에서 정한 목적 외의 다른 용도로 사용하거나 다른 자에게 제공 또는 누설해서는 아니 된다.
④ 제1항에 따라 제공되는 자료에 대해서는 수수료 및 사용료 등을 면제한다.
제88조의2를 다음과 같이 신설한다.
제88조의2【자료·정보의 목적 외 사용 등 금지 위반의 죄】 제68조의2제3항을 위반하여 자료 또는 정보를 사용·제공 또는 누설한 자는 2년 이하의 징역 또는 2천만원 이하의 벌금에 처한다.

부 칙

제1조【시행일】 이 법은 공포 후 6개월이 경과한 날부터 시행한다.
제2조【손해배상청구권 대위를 위한 자료요청 등에 관한 적용례】 제68조의2의 개정규정은 이 법 시행 전에 지급한 구조금으로 인하여 손해배상청구권을 대위하는 경우에도 적용한다.

소비자기본법 일부개정법률

<개정 2024.2.13 법률20302호>

소비자기본법 일부를 다음과 같이 개정한다.

제20조의2제4항 중 "2년"을 "3년"으로 한다.
제81조의2를 다음과 같이 신설한다.
제81조의2【실태조사】 ① 공정거래위원회는 소비자의 권익증진이나 소비자정책의 효율적 추진을 위하여 필요하다고 인정하는 경우 실태조사를 실시하고, 그 결과를 공표할 수 있다.
② 공정거래위원회는 제1항에 따른 실태조사를 위하여 필요한 경우에는 관계 소비자단체·사업자·사업자단체와 관계 행정기관·공공기관에 필요한 자료 또는 의견의 제출을 요청할 수 있다. 이 경우 해당 요청을 받은 자는 정당한 사유가 없으면 그 요청에 따라야 한다.
③ 공정거래위원회는 제1항에 따른 실태조사의 효율적 추진을 위하여 필요한 경우에는 해당 실태조사 업무를 한국소비자원이나 관계 법인·단체에 위탁할 수 있다.
④ 제1항에 따른 실태조사의 절차 및 방법, 그 밖에 필요한 사항은 대통령령으로 정한다.

부 칙

제1조【시행일】 이 법은 공포 후 6개월이 경과한 날부터 시행한다. 다만, 제20조의2제4항의 개정규정은 2025년 1월 1일부터 시행한다.
제2조【소비자중심경영인증의 유효기간에 관한 적용례】 제20조의2제4항의 개정규정은 같은 개정규정 시행 전에 소비자중심경영인증을 받은 사업자로서 같은 개정규정 시행 당시 그 인증의 유효기간이 만료되지 아니한 사업자에 대해서도 적용한다.

약관의 규제에 관한 법률 일부개정법률

<개정 2024.2.6 법률20240호>

약관의 규제에 관한 법률 일부를 다음과 같이 개정한다.

제24조에 제9항부터 제11항까지를 각각 다음과 같이 신설한다.
⑨ 협의회 위원장은 그 직무 외에 영리를 목적으로 하는 업무에 종사하지 못한다.
⑩ 제9항에 따른 영리를 목적으로 하는 업무의 범위에 관하여는 「공공기관의 운영에 관한 법률」 제37조제3항을 준용한다.
⑪ 협의회 위원장은 제10항에 따른 영리를 목적으로 하는 업무에 해당하는지에 대한 공정거래위원회 위원장의 심사를 거쳐 비영리 목적의 업무를 겸할 수 있다.

부 칙

제1조【시행일】 이 법은 2024년 2월 9일부터 시행한다.
제2조【적용례】 이 법은 이 법 시행 이후 새로 구성되는 협의회의 위원장부터 적용한다.

하도급거래 공정화에 관한 법률 일부개정법률

<개정 2024.2.6 법률20241호>

법률 제19619호 하도급거래 공정화에 관한 법률 일부개정법률 일부를 다음과 같이 개정한다.

제24조에 제12항부터 제14항까지를 각각 다음과 같이 신설한다.
⑫ 조정원 협의회의 위원장은 그 직무 외에 영리를 목적으로 하는 업무에 종사하지 못한다.
⑬ 제12항에 따른 영리를 목적으로 하는 업무의 범위에 관하여는 「공공기관의 운영에 관한 법률」 제37조제3항을 준용한다.
⑭ 조정원 협의회의 위원장은 제13항에 따른 영리를 목적으로 하는 업무에 해당하는지에 대한 공정거래위원회 위원장의 심사를 거쳐 비영리 목적의 업무를 겸할 수 있다.

부 칙

제1조【시행일】 이 법은 2024년 2월 9일부터 시행한다.
제2조【적용례】 이 법은 이 법 시행 이후 새로 구성되는 조정원 협의회의 위원장부터 적용한다.

독점규제 및 공정거래에 관한 법률 일부개정법률

<개정 2024.2.6 법률20239호>

독점규제 및 공정거래에 관한 법률 일부를 다음과 같이 개정한다.

제6조 각 호 외의 부분 중 "40억원"을 "80억원"으로 한다.
제9조제5항 본문 중 "규모를 말한다"를 "규모로 한다"로 하고, 같은 항 단서를 다음과 같이 하며, 같은 항에 각 호를 다음과 같이 신설한다.
다만, 다음 각 호에 따른 회사의 자산총액 또는 매출액의 규모는 계열회사의 자산총액 또는 매출액을 합산하지 아니한 규모로 한다.
1. 계열회사 간에 제1항제3호에 해당하는 행위를 하는 경우 다음 각 목의 구분에 따른 회사
가. 제11조제1항에 따른 기업결합신고대상회사 또는 그 특수관계인이 같은 항에 따른 상대회사에 대하여 제1항제3호에 해당하는 행위를 하는 경우 해당 상대회사
나. 제11조제1항에 따른 기업결합신고대상회사 외의 회사로서 상대회사의 규모에 해당하는 회사 또는 그 특수관계인이 같은 항에 따른 기업결합신고대상회사에 대하여 제1항제3호에 해당하는 행위를 하는 경우 해당 기업결합신고대상회사
2. 영업양수의 경우 영업을 양도(영업의 임대, 경영의 위임 및 영업용 고정자산의 양도를 포함한다)하는 회사
제11조제1항제3호 및 제4호를 각각 다음과 같이 한다.
3. 임원겸임의 경우. 다만, 다음 각 목의 경우는 제외한다.
가. 계열회사의 임원을 겸임하는 경우
나. 겸임하는 임원 수가 임원이 겸임되는 회사 임원 총수의 3분의 1 미만이면서 대표이사가 아닌 임원을 겸임하는 경우
4. 제9조제1항제3호 또는 제4호에 해당하는 행위를 하는 경우(「상법」 제342조의2에 따라 모회사와 자회사 간에 합병하거나 영업양수하는 경우는 제외한다)
제11조제3항에 제4호를 다음과 같이 신설한다.
4. 기업결합신고대상회사가 「자본시장과 금융투자업에 관한 법률」 제9조제19항에 따른 사모집합투자기구의 설립에 다른 회사와 공동으로 참여하여 최다출자자가 되는 경우
제13조의2를 다음과 같이 신설한다.
제13조의2【시정방안의 제출】 ① 제11조제1항 및 제2항에 따라 기업결합의 신고를 하여야 하는 자는 해당 신고 대상 기업결합으로 초래되는 경쟁제한의 우려를 해소하기 위하여 필요한 시정방안을 공정거래위원회에 제출할 수 있다.
② 제1항에 따라 시정방안을 제출하려는 자는 제11조제7항에 따른 심사 기간 내에 시정방안을 서면으로 제출하여야 한다.
③ 공정거래위원회는 제1항에 따라 제출된 시정방안이 다음 각 호의 요건을 갖추지 못하였다고 판단되는 경우에는 시정방안을 제출한 자에게 시정방안을 수정하여 다시 제출할 것을 요청할 수 있다.
1. 기업결합으로 초래되는 경쟁제한의 우려가 있는 상태(이하 이 조에서 "경쟁제한우려상태"라 한다)를 해소하기에 충분할 것
2. 경쟁제한우려상태를 효과적으로 해소하는 데 필요한 시정방안을 적정 기간 내에 이행할 수 있을 것
④ 제3항에 따른 시정방안의 수정에 걸리는 기간은 제11조제7항에 따른 심사 기간에 산입하지 아니한다.
⑤ 제1항부터 제4항까지에서 규정한 사항 외에 시정방안의 제출 방법 및 절차 등에 필요한 사항은 공정거래위원회가 정하여 고시한다.
제14조제2항부터 제4항까지를 각각 제3항부터 제5항까지로 하고, **같은 조**에 제2항을 다음과 같이 신설한다.
② 공정거래위원회는 제11조제1항 및 제2항에 따라 신고된 기업결합이 제9조제1항을 위반하거나 위반할 우려가 있는 행위에 해당하여 제1항에 따른 시정조치를 명하려는 경우로서 해당 기업결합에 대하여 제13조의2제1항에 따라 시정방안이 제출된 경우에는 그 시정방안(같은 조 제3항에 따라 시정방안이 수정되어 제출된 경우에는 그 수정된 시정방안을 포함한다)을 고려하여 제1항에 따른 시정조치를 명할 수 있다.
제27조제1항제1호 중 "변동사항, 임원의 변동"을 "변동사항"으로, "중요사항"을 "중요사항(임원 현황 및 그 변동사항은 제외한다)"으로 한다.
제73조에 제8항부터 제10항까지를 각각 다음과 같이 신설한다.
⑧ 협의회 위원장은 그 직무 외에 영리를 목적으로 하는 업무에 종사하지 못한다.
⑨ 제8항에 따른 영리를 목적으로 하는 업무의 범위에 관하여는 「공공기관의 운영에 관한 법률」 제37조제3항을 준용한다.
⑩ 협의회 위원장은 제9항에 따른 영리를 목적으로 하는 업무에 해당하는지에 대한 공정거래위원회 위원장의 심사를 거쳐 비영리 목적의 업무를 겸할 수 있다.
제98조를 다음과 같이 한다.
제98조【문서의 송달】 문서의 송달에 관하여는 「행정절차법」 제14조부터 제16조까지를 준용한다.
제98조의2 및 **제98조의3**을 각각 다음과 같이 신설한다.
제98조의2【전자정보처리조직을 통한 문서의 제출 및 송달】 ① 당사자 등 대통령령으로 정하는 자(이하 이 조에서 "당사자등"이라 한다)는 이 법에 따른 심의에 필요한 문서와 그 밖에 대통령령으로 정하는 자료를 전자문서화하고 이를 정보통신망을 이용하여 공정거래위원회가 지정·운영하는 전자정보처리조직(이 법에 따른 심의에 필요한 전자문서를 작성·제출·송달할 수 있도록 하는 하드웨어, 소프트웨어, 데이터베이스, 네트워크, 보안요소 등을 결합하여 구축한 정보처리능력을 갖춘 전자적 장치를 말한다. 이하 같다)을 통하여 제출할 수 있다.
② 제1항에 따라 제출된 전자문서는 그 문서를 제출한 당사자등이 정보통신망을 통하여 전자정보처리조직에서 제공하는 접수번호를 확인하였을 때 전자정보처리조직에 기록된 내용으로 접수된 것으로 본다.
③ 공정거래위원회는 당사자등에게 전자정보처리조직과 그와 연계된 정보통신망을 이용하여 의결서 및 재결서와 그 밖에 이 법에 따른 심의에 필요한 문서를 송달할 수 있다. 다만, 당사자등이 동의하지 아니하는 경우에는 그러하지 아니하다.
④ 공정거래위원회는 제3항의 방법으로 문서를 송달하는 경우 해당 문서를 전자정보처리조직에 입력하여 등재한 후 그 등재 사실을 전자우편 등 대통령령으로 정하는 방법으로 당사자등에게 통지하여야 한다.
⑤ 제3항의 방법에 따른 문서의 송달은 당사자등이 제4항에 따라 등재된 전자문서를 확인하였을 때 전자정보처리조직에 기록된 내용으로 도달한 것으로 본다. 다만, 제4항에 따라 등재 사실이 통지된 날부터 2주 이내(의결서 및 재결서 외의 서류는 7일 이내)에 확인하지 아니하였을 때에는 그 등재 사실이 통지된 날부터 2주가 지난 날(의결서 및 재결서 외의 서류는 7일이 지난 날)에 도달한 것으로 본다.
⑥ 전자정보처리조직의 장애로 송달 또는 통지를 받을 자가 전자문서를 확인할 수 없는 기간은 제5항 단서의 기간에 산입하지 아니한다. 이 경우 전자문서를 확인할 수 없는 기간의 계산 방법은 대통령령으로 정한다.
제98조의3【국내 지정 대리인에 대한 문서의 송달】 ① 제98조 및 제98조의2제3항부터 제6항까지에 따른 문서의 송달에 관한 규정에도 불구하고 국외에 주소·영업소 또는 사무소를 두고 있는 사업자 또는 사업자단체에 대해서는 국내에 대리인을 지정하도록 하여 그 대리인에게 송달한다.
② 제1항에 따라 국내에 대리인을 지정하여야 하는 사업자 또는 사업자단체가 국내에 대리인을 지정하지 아니한 경우 문서의 송달에 관하여는 제98조 및 제98조의2제3항부터 제6항까지에 따른다.
제130조제3항에 후단을 다음과 같이 신설한다.
이 경우 제1항제4호에 따른 과태료는 공정거래위원회가 시정 여부, 위반의 정도, 위반의 동기 및 그 결과 등을 고려하여 대통령령으로 정하는 기준에 따라 면제할 수 있다.

부 칙

제1조【시행일】 이 법은 공포 후 6개월이 경과한 날부터 시행한다. 다만, 제6조의 개정규정은 공포한 날부터 시행하고, 제73조의 개정규정은 2024년 2월 9일부터 시행하며, 제98조, 제98조의2 및 제98조의3의 개정규정은 공포 후 3년이 경과한 날부터 시행한다.
제2조【비상장회사 등의 중요사항 공시에 관한 적용례】 제27조제1항의 개정규정은 이 법 시행 이후 공시하는 경우부터 적용한다.
제3조【공정거래분쟁조정협의회 위원장의 겸직에 관한 적용례】 제73조제8항부터 제10항까지의 개정규정은 이 법 시행 이후 새로 구성되는 협의회의 위원장부터 적용한다.
제4조【기업결합 회사의 자산총액 또는 매출액 규모 산정에 관한 경과조치】 이 법 시행 전에 종전의 규정에 따라 신고 의무가 발생한 기업결합 회사의 자산총액 또는 매출액 규모 산정에 관하여는 제9조제5항제1호의 개정규정에도 불구하고 종전의 규정에 따른다.
제5조【기업결합 신고대상 제외에 따른 기업결합의 신고에 관한 경과조치】 이 법 시행 전에 종전의 제11조제1항제3호·제4호 및 같은 조 제3항에 따라 기업결합의 신고 사유가 발생한 경우 기업결합의 신고에 관하여는 제11조제1항제3호나목, 같은 항 제4호 및 같은 조 제3항제4호의 개정규정에도 불구하고 종전의 규정에 따른다.
제6조【다른 법률의 개정】 ① **가맹사업거래의 공정화에 관한 법률** 일부를 다음과 같이 개정한다.
제37조제3항 중 "「독점규제 및 공정거래에 관한 법률」 제96조, 제97조, 제99조 및 제100조"를 "「독점규제 및 공정거래에 관한 법률」 제96조, 제97조, 제98조의2, 제99조 및 제100조"로 한다.
②~③ (생략)
④ **방문판매 등에 관한 법률** 일부를 다음과 같이 개정한다.
제57조제3항 중 "「독점규제 및 공정거래에 관한 법률」 제96조부터 제101조까지의 규정을"을 "「독점규제 및 공정거래에 관한 법률」 제96조부터 제98조까지, 제98조의2, 제98조의3 및 제99조부터 제101조까지를"로 한다.
⑤ **약관의 규제에 관한 법률** 일부를 다음과 같이 개정한다.
제30조의2제2항 중 "「독점규제 및 공정거래에 관한 법률」 제96조부터 제101조까지의 규정을"을 "「독점규제 및 공정거래에 관한 법률」 제96조부터 제98조까지, 제98조의2, 제98조의3 및 제99조부터 제101조까지를"로 한다.
⑥ **전자상거래 등에서의 소비자보호에 관한 법률** 일부를 다음과 같이 개정한다.
제39조제3항 중 "「독점규제 및 공정거래에 관한 법률」 제96조, 제97조 및 제99조부터 제101조까지의 규정을"을 "「독점규제 및 공정거래에 관한 법률」 제96조, 제97조, 제98조의2 및 제99조부터 제101조까지를"로 한다.
⑦ **표시·광고의 공정화에 관한 법률** 일부를 다음과 같이 개정한다.
제16조제1항 중 "「독점규제 및 공정거래에 관한 법률」 제96조, 제97조, 제99조부터 제101조까지의 규정을"을 "「독점규제 및 공정거래에 관한 법률」 제96조, 제97조, 제98조의2 및 제99조부터 제101조까지를"로 한다.
⑧ **하도급거래 공정화에 관한 법률** 일부를 다음과 같이 개정한다.
제27조제1항 중 "같은 법 제96조부터 제101조까지의 규정을"을 "같은 법 제96조부터 제98조까지, 제98조의2, 제98조의3 및 제99조부터 제101조까지를"로 한다.
⑨ **할부거래에 관한 법률** 일부를 다음과 같이 개정한다.
제47조제3항 중 "「독점규제 및 공정거래에 관한 법률」 제96조, 제97조, 제99조부터 제101조까지의 규정을"을 "「독점규제 및 공정거래에 관한 법률」 제96조, 제97조, 제98조의2 및 제99조부터 제101조까지를"로 한다.

전자상거래 등에서의 소비자보호에 관한 법률 일부개정법률

<개정 2024.2.13 법률20303호>

전자상거래 등에서의 소비자보호에 관한 법률 일부를 다음과 같이 개정한다.

제13조에 제6항을 다음과 같이 신설한다.
⑥ 통신판매업자는 재화등의 정기결제 대금이 증액되거나 재화등이 무상으로 공급된 후 유료 정기결제로 전환되는 경우에는 그 증액 또는 전환이 이루어지기 전 대통령령으로 정하는 기간 내에 그 증액 또는 전환의 일시, 변동 전후의 가격 및 결제방법에 대하여 소비자의 동의를 받고, 증액 또는 전환을 취소하거나 해지하기 위한 조건·방법과 그 효과를 소비자에게 고지하여야 한다.
제21조의2 및 **제21조의3**을 각각 다음과 같이 신설한다.
제21조의2【온라인 인터페이스 운영에 있어서 금지되는 행위】 ① 전자상거래를 하는 사업자 또는 통신판매업자는 온라인 인터페이스(웹사이트 또는 모바일 앱 등의 소프트웨어로서 소비자와 사업자 사이의 매개체를 말한다. 이하 같다)를 운영함에 있어 다음 각 호의 어느 하나에 해당하는 행위를 하여서는 아니 된다.
1. 사이버몰을 통하여 소비자에게 재화등의 가격을 알리는 표시·광고의 첫 화면에서 소비자가 그 재화등을 구입·이용하기 위하여 필수적으로 지급하여야 하는 총금액(재화등의 가격 외에 재화등의 제공을 위하여 필수적으로 수반되는 비용까지 포함한 것을 말한다. 이하 같다) 중 일부 금액만을 표시·광고하는 방법으로 소비자를 유인하거나 소비자와 거래하는 행위. 다만, 총금액을 표시·광고할 수 없는 정당한 사유가 있고 그 사유를 총리령으로 정하는 바에 따라 소비자에게 알린 경우는 제외한다.
2. 재화등의 구매·이용, 회원가입, 계약체결 등이 진행되는 중에 소비자에게 다른 재화등의 구매·이용, 회원가입, 계약체결 등에 관한 청약의사가 있는지 여부를 묻는 선택항목을 제공하는 경우 소비자가 직접 청약의사 여부를 선택하기 전에 미리 청약의사가 있다는 표시를 하여 선택항목을 제공하는 방법으로 소비자의 다른 재화등의 거래에 관한 청약을 유인하는 행위
3. 소비자에게 재화등의 구매·이용, 회원가입, 계약체결 또는 구매취소, 회원탈퇴, 계약해지(이하 "구매등"이라 한다)에 관한 선택항목을 제시하는 경우 그 선택항목들 사이에 크기·모양·색깔 등 시각적으로 현저한 차이를 두어 표시하는 행위로서 다음 각 목의 어느 하나에 해당하는 경우

가. 소비자가 특정 항목만을 선택할 수 있는 것처럼 잘못 알게 할 우려가 있는 행위
나. 소비자가 구매등을 하기 위한 조건으로서 특정 항목을 반드시 선택하여만 하는 것으로 잘못 알게 할 우려가 있는 행위
4. 정당한 사유 없이 다음 각 목의 어느 하나에 해당하는 방법으로 소비자의 구매취소, 회원탈퇴, 계약해지 등을 방해하는 행위
가. 재화등의 구매, 회원가입, 계약체결 등의 절차보다 그 취소, 탈퇴, 해지 등의 절차를 복잡하게 설계하는 방법
나. 재화등의 구매, 회원가입, 계약체결 등의 방법과는 다른 방법으로만 그 취소, 탈퇴, 해지 등을 할 수 있도록 제한하는 방법
5. 소비자가 이미 선택·결정한 내용에 관하여 그 선택·결정을 변경할 것을 팝업창 등을 통하여 반복적으로 요구하는 방법으로 소비자의 자유로운 의사결정을 방해하는 행위. 다만, 그 선택·결정의 변경을 요구할 때 소비자가 대통령령으로 정하는 기간 이상 동안 그러한 요구를 받지 않도록 선택할 수 있게 한 경우는 제외한다.
② 공정거래위원회는 제1항에 해당하는 행위의 예방 및 소비자보호를 위하여 사업자의 자율적 준수를 유도하기 위한 지침을 관련 분야의 거래당사자, 기관 및 단체의 의견을 들어 정할 수 있다.
제21조의3【온라인 인터페이스 관련 자율규약】 사업자 및 사업자단체는 제21조의2제1항 각 호를 위반하는 행위를 예방하기 위하여 자율적으로 규약을 정할 수 있다.
제32조제1항제1호 중 "제3항까지 및 제5항"을 "제3항까지 및 제5항·제6항"으로 하고, 같은 항에 제3호를 다음과 같이 신설한다.
3. 제21조의2제1항 각 호의 금지행위 중 어느 하나에 해당하는 행위
제45조제4항에 제5호의2 및 제7호를 각각 다음과 같이 신설한다.
5의2. 제13조제6항을 위반하여 소비자의 동의를 받지 아니하거나 소비자에게 고지하지 아니한 자
7. 제21조의2제1항 각 호의 금지행위 중 어느 하나에 해당하는 행위를 한 자

부 칙

제1조【시행일】 이 법은 공포 후 1년이 경과한 날부터 시행한다. 다만, 제21조의2제2항 및 제21조의3의 개정규정은 공포한 날부터 시행한다.
제2조【정기결제 대금의 증액 또는 유료 전환 시 소비자 동의 등에 관한 적용례】 제13조제6항의 개정규정은 이 법 시행 후 재화등의 정기결제 대금이 증액되거나 재화등이 무상으로 공급된 후 유료 정기결제로 전환이 이루어지는 경우부터 적용한다.

신용정보의 이용 및 보호에 관한 법률 일부개정법률

<개정 2024.2.13 법률20305호>

신용정보의 이용 및 보호에 관한 법률 일부를 다음과 같이 개정한다.

제14조제1항제2호 단서 중 "경우로서 제5조제1항제1호에 따른 금융기관 등이 100분의 33 이상을 출자한 경우에는 제외한다"를 "경우는 제외한다(다만, 개인신용평가회사, 개인사업자신용평가회사, 기업신용조회회사는 제5조제1항제1호에 따른 금융기관 등이 100분의 33 이상을 출자한 경우에 한정한다)"로 한다.

부 칙

이 법은 공포 후 6개월이 경과한 날부터 시행한다.

자본시장과 금융투자업에 관한 법률 일부개정법률

<개정 2024.2.13 법률20306호>

자본시장과 금융투자업에 관한 법률 일부를 다음과 같이 개정한다.

제7조제3항을 다음과 같이 한다.
③ 간행물·출판물·통신물 또는 방송 등을 통하여 개별성 없는 조언(개별 투자자를 상정하지 않고 다수인을 대상으로 일방적으로 이루어지는 투자에 관한 조언을 말한다. 이하 같다)을 하는 경우에는 투자자문업으로 보지 아니한다. 다만, 전단의 조언과 관련하여 온라인상에서 일정한 대가를 지급한 고객과 의견을 교환할 수 있는 경우에는 그러하지 아니하다.
제101조제1항 중 "불특정 다수인을 대상으로 하여 발행되는 간행물, 전자우편 등에 의하여"를 "투자자문업자 외의 자로서 고객으로부터 일정한 대가를 받고 간행물·출판물·통신물 또는 방송 등을 통하여 행하는"으로, "조언으로서 대통령령으로 정하는"을 "개별성 없는 조언을 하는"으로, "이 조에서"를 "이 조 및 제101조의2에서"로 하고, **같은 조** 제2항 각 호 외의 부분 중 "자"를 "자(이하 이 조, 제101조의2 및 제101조의3에서 "유사투자자문업자"라 한다)"로 하며, 같은 항 제3호 중 "대표자"를 "대표자 또는 임원"으로 하고, **같은 조** 제4항을 삭제하며, **같은 조** 제5항제1호 중 "이 법이나 「유사수신행위의 규제에 관한 법률」 등 대통령령으로 정하는 금융 관련"을 "이 법, 「유사수신행위의 규제에 관한 법률」 또는 「방문판매 등에 관한 법률」 등 대통령령으로 정하는 금융 또는 소비자 보호 관련"으로 하고, 같은 항 제4호 중 "자"를 "자(법인인 경우 말소에 책임 있는 임원을 포함한다)"로 하며, **같은 조** 제9항에 제1호의2를 다음과 같이 신설하고, 같은 항 제2호를 다음과 같이 하며, **같은 조** 제10항 전단 중 "제9항제1호의"를 "제9항제1호 또는 제1호의2의"로, "정보제공을"을 "정보의 제공을 요청하거나 공정거래위원회 위원장에게 시정조치 이행여부에 관한 정보의 제공을"로 하고, 같은 항 후단 중 "세무서장은"을 "세무서장 또는 공정거래위원회 위원장은"으로, "여부에"를 "여부 또는 시정조치 이행여부에"로 하며, **같은 조** 제11항제1호 및 제2호 중 "유사투자자문업을 영위하는 자"를 각각 "유사투자자문업자"로 하고, 같은 항에 제3호 및 제4호를 각각 다음과 같이 신설한다.
1의2. 「방문판매 등에 관한 법률」 제49조 또는 「전자상거래 등에서의 소비자보호에 관한 법률」 제32조에 따른 시정조치를 이행하지 아니한 자
2. 이 조, 제101조의2, 제101조의3, 제173조의2제1항, 제178조의2, 제180조 또는 제180조의2부터 제180조의4까지의 규정을 위반하여 과태료 또는 과징금 처분을 받고 그 처분을 받은 날부터 5년 이내에 위 규정 중 어느 하나를 다시 위반하여 과태료 또는 과징금 처분을 받은 자(법인인 경우에는 대표자 및 임원이 받은 과태료 또는 과징금 처분을 포함한다)
3. 유사투자자문업자가 제101조의2에 따른 불건전 영업행위의 금지 의무 등을 위반한 경우
4. 유사투자자문업자가 제101조의3에 따른 준수사항을 위반한 경우
제2편제4장제2절제3관에 **제101조의2** 및 **제101조의3**을 각각 다음과 같이 신설한다.
제101조의2【불건전 영업행위 금지 등】 ① 유사투자자문업자에 대하여는 제55조 및 제98조제1항(제3호를 제외한다)를 준용한다. 이 경우 "금융투자업자" 및 "투자자문업자 또는 투자일임업자"는 "유사투자자문업자"로, "투자자문업 또는 투자일임업"은 "유사투자자문업"으로 본다.
② 유사투자자문업자는 다음 각 호의 어느 하나에 해당하는 표시 또는 광고를 하여서는 아니 된다.
1. 유사사투자자문업자를 금융회사로 오인하게 하는 표시 또는 광고
2. 손실보전 또는 이익보장이 되는 것으로 오인하게 하는 표시 또는 광고
3. 수익률을 사실과 다르게 표시하거나 실현되지 않은 수익률을 제시하는 표시 또는 광고
4. 비교의 대상 및 기준을 명시하지 아니하거나 객관적인 근거 없이 자기의 금융투자상품에 대한 투자판단 또는 금융투자상품의 가치에 관한 조언이 다른 유사투자자문업자보다 유리하다고 주장하는 표시 또는 광고
5. 그 밖에 투자자 보호 또는 건전한 거래질서를 해할 우려가 있는 표시 또는 광고로서 대통령령으로 정하는 표시 또는 광고
제101조의3【유사투자자문업자의 준수사항】 유사투자자문업자는 그 업무나 금융투자상품에 관하여 표시 또는 광고를 하는 경우 그 표시 또는 광고에 다음 각 호의 사항을 포함하여야 한다.
1. 개별적인 투자 상담과 자금운용이 불가능하다는 사항
2. 원금에 손실이 발생할 수 있으며, 그 손실은 투자자에게 귀속된다는 사항
3. 정식 금융투자업자가 아닌 유사투자자문업자라는 사항
제444조제8호 중 "제101조제4항"을 "제101조의2제1항"으로 한다.
제445조제10호 중 "제42조제10항 또는 제52조제6항"을 "제42조제10항, 제52조제6항 또는 제101조의2제1항"으로 한다.
제446조에 제17호의3을 다음과 같이 신설한다.
17의3. 거짓이나 그 밖의 부정한 방법으로 제101조제1항에 따른 신고를 한 자
제449조제1항에 제34호의3을 다음과 같이 신설한다.
34의3. 제101조의2제2항 또는 제101조의3을 위반하여 표시 또는 광고를 한 자

부 칙

제1조【시행일】 이 법은 공포 후 6개월이 경과한 날부터 시행한다.
제2조【유사투자자문업 신고의 직권말소에 관한 적용례】 제101조제9항제1호의2의 개정규정은 이 법 시행 이후 공정거래위원회가 명한 시정조치를 이행하지 아니한 경우부터 적용한다.
제3조【유사투자자문업 신고의 직권말소에 관한 특례】 제101조제9항제2호의 개정규정에 따른 과태료 및 과징금의 부과 횟수는 이 법 시행 이후 부과받은 과태료 및 과징금 처분부터 합산한다. 다만, 이 법 시행 전에 제101조제2항 또는 제3항 후단을 위반하여 과태료 처분을 3회 미만 받았던 경우에는 이를 1회 받은 것으로 보아 같은 개정규정에 따른 과태료 및 과징금 부과 횟수에 합산한다.
제4조【다른 법률의 개정】 **금융소비자 보호에 관한 법률** 일부를 다음과 같이 개정한다.
제2조제4호가목을 다음과 같이 한다.
가. 간행물·출판물·통신물 또는 방송 등을 통하여 개별 금융소비자를 상정하지 않고 다수인을 대상으로 일방적으로 이루어지는 조언을 하는 것. 다만, 전단의 조언과 관련하여 온라인상에서 일정한 대가를 지급한 고객과 의견을 교환할 수 있는 경우에는 그러하지 아니하다.

보험사기방지 특별법 일부개정법률

<개정 2024.2.13 법률20304호>

보험사기방지 특별법 일부를 다음과 같이 개정한다.

제5조의2 및 **제5조의3**을 각각 다음과 같이 신설한다.
제5조의2【보험사기행위의 알선·권유 등의 금지】 누구든지 보험사기행위를 알선·유인·권유 또는 광고하는 행위를 하여서는 아니 된다.
제5조의3【자료제공의 요청 등】 ① 금융위원회는 보험사기행위의 효율적인 조사를 위하여 관계 행정기관, 보험회사, 그 밖에 대통령령으로 정하는 기관·단체에 보험사기행위 조사에 필요한 자료의 제공을 요청할 수 있다. 이 경우 요청 가능한 자료의 종류 및 범위는 대통령령으로 정한다.
② 금융위원회는 제5조의2를 위반하는 행위를 조사하기 위하여 정보통신서비스 제공자(「정보통신망 이용촉진 및 정보보호 등에 관한 법률」 제2조제1항제3호에 따른 정보통신서비스 제공자를 말한다. 이하 같다)에 대하여 필요한 자료의 제출을 요청할 수 있다. 이 경우 요청 가능한 자료의 종류 및 범위는 대통령령으로 정한다.
③ 제1항 및 제2항에 따른 자료제공 및 제출의 요청을 받은 자는 정당한 사유가 없으면 이에 따라야 한다.
④ 금융위원회는 제1항 및 제2항에 따라 제공 및 제출받은 자료를 제공 및 제출받은 목적 외의 다른 목적으로 사용하여서는 아니 된다.
⑤ 금융위원회는 제5조의2를 위반한 행위를 발견한 경우 「방송통신위원회의 설치 및 운영에 관한 법률」 제18조에 따른 방송통신심의위원회에 대하여 같은 법 제21조제4호에 따라 심의 및 시정요구를 할 것을 요청할 수 있다.
제7조에 제3항을 각각 다음과 같이 신설한다.
③ 건강보험심사평가원은 입원적정성에 대한 체계적인 심사를 위하여 대통령령으로 정하는 바에 따라 그 기준을 마련하여야 한다. 이 경우 수사기관 등 대통령령으로 정하는 자와 사전에 협의하여야 한다.
제7조의2를 다음과 같이 신설한다.
제7조의2【자동차보험사기 피해사실 고지의무 등】 보험회사는 자동차(「자동차손해배상 보장법」 제2조제1호에 따른 자동차를 말한다) 사고와 관련된 보험사기행위로 자동차보험(「보험업법」 제4조제1항제2호다목에 따른 자동차보험을 말한다)의 보험료가 부당하게 할증된 사실을 확인한 경우 해당 보험계약자 또는 피보험자에게 대통령령으로 정하는 바에 따라 보험사기 피해사실 및 후속 처리절차 등을 고지하여야 한다.

제8조를 다음과 같이 한다.
제8조【보험사기죄】 ① 다음 각 호의 어느 하나에 해당하는 자는 10년 이하의 징역 또는 5천만원 이하의 벌금에 처한다.
1. 보험사기행위로 보험금을 취득하거나 제3자에게 보험금을 취득하게 한 자
2. 제5조의2를 위반하여 보험사기행위를 알선ㆍ유인ㆍ권유 또는 광고한 자
② 제1항제1호의 경우 징역형과 벌금형을 병과할 수 있다.
제15조제1항을 다음과 같이 한다.
① 다음 각 호의 어느 하나에 해당하는 자에 대하여는 1천만원 이하의 과태료를 부과한다.
1. 제5조제2항을 위반하여 보험금의 지급을 지체 또는 거절하거나 보험금을 삭감하여 지급한 보험회사
2. 제5조의3제3항을 위반하여 정당한 사유 없이 자료를 제출하지 아니하거나 거짓으로 제출한 정보통신서비스 제공자

부 칙

이 법은 공포 후 6개월이 경과한 날부터 시행한다.

교육기본법 일부개정법률

<개정 2024.2.13 법률20251호>

교육기본법 일부를 다음과 같이 개정한다.

제17조의4부터 **제17조의6**까지를 각각 **제17조의5**부터 **제17조의7**까지로 하고, **제17조의4**를 다음과 같이 신설한다.
제17조의4【생명존중의식 함양】 국가와 지방자치단체는 모든 국민이 인간의 존엄성과 생명존중에 관한 건전한 의식을 함양할 수 있도록 필요한 시책을 수립ㆍ실시하여야 한다.

부 칙

이 법은 공포 후 6개월이 경과한 날부터 시행한다.

고등교육법 일부개정법률

<2024.2.13 법률20250호>

고등교육법 일부를 다음과 같이 개정한다.

제11조제9항 중 "작성ㆍ보존하고 대통령령으로 정하는 바에 따라 이를 공개하여야 한다"를 "작성ㆍ보존하고, 대통령령으로 정하는 바에 따라 이를 회의일부터 10일 이내에 학교의 인터넷 홈페이지에 게재하여 게재일부터 3년 이상 공개하여야 한다"로 한다.
제27조의2제2항에 제1호의2를 다음과 같이 신설하고, 같은 항 제4호 중 "안전교육"을 "안전교육(심폐소생술 및 자동심장충격기 등 심폐소생을 위한 응급장비 사용 방법에 대한 교육을 포함한다)"으로 하며, 같은 항에 제7호의2를 다음과 같이 신설한다.
1의2. 입학ㆍ졸업식, 학교 축제 등 학생 및 교직원 다수가 운집하는 행사로서 학교가 주최하거나 학생 또는 교직원이 학교의 장의 승인을 받아 개최하는 행사에 대한 안전관리 기본방향
7의2. 긴급구조활동과 응급대책ㆍ복구 등에 참여한 학생, 교직원 등 학교 구성원의 심리적 안정과 회복을 위한 상담지원

부 칙

제1조【시행일】 이 법은 공포 후 6개월이 경과한 날부터 시행한다.
제2조【등록금심의위원회 회의록 공개에 관한 적용례】 제11조제9항 본문의 개정규정은 이 법 시행 이후 등록금심의위원회가 회의를 개최하는 경우부터 적용한다.

정보통신망 이용촉진 및 정보보호 등에 관한 법률 일부개정법률

<개정 2024.2.13 법률20260호>

정보통신망 이용촉진 및 정보보호 등에 관한 법률 일부를 다음과 같이 개정한다.

제48조의3에 제4항을 다음과 같이 신설한다.
④ 제1항에 따른 신고의 시기, 방법 및 절차 등에 관하여 필요한 사항은 대통령령으로 정한다.
제48조의4제2항 중 "정보통신서비스 제공자에게"를 "정보통신서비스 제공자(공공기관등은 제외한다)에게"로, "하도록 권고"를 "이행하도록 명령"으로 하고, **같은 조** 제3항부터 제7항까지를 각각 제4항부터 제8항으로 하며, **같은 조**에 제3항을 다음과 같이 신설하고, **같은 조** 제6항(종전의 제5항) 본문 중 "제3항에"를 "제4항에"로 하며, **같은 조** 제7항(종전의 제6항) 중 "제5항에"를 "제6항에"로 하고, **같은 조** 제8항(종전의 제7항) 중 "제3항에 따른 민ㆍ관합동조사단의 구성ㆍ운영, 제5항"을 "제3항에 따른 점검의 방법ㆍ절차, 제4항에 따른 민ㆍ관합동조사단의 구성ㆍ운영, 제6항"으로 한다.
③ 과학기술정보통신부장관은 제2항에 따른 조치의 이행 여부를 점검하고, 보완이 필요한 사항에 대하여 해당 정보통신서비스 제공자에게 시정을 명할 수 있다.
제73조제6호 중 "제48조의4제4항"을 "제48조의4제5항"으로 한다.
제76조제1항에 제6호의6 및 제6호의7을 각각 다음과 같이 신설하고, **같은 조** 제3항제11호의2를 삭제하며, 같은 항 제11호의3 및 제12호 중 "제48조의4제5항"을 각각 "제48조의4제6항"으로 한다.
6의6. 제48조의3제1항을 위반하여 침해사고의 신고를 하지 아니한 자
6의7. 제48조의4제3항에 따른 시정명령을 이행하지 아니한 자

부 칙

이 법은 공포 후 6개월이 경과한 날부터 시행한다.

여권법 일부개정법률

<개정 2024.2.13 법률20263호>

여권법 일부를 다음과 같이 개정한다.

제16조제2호 중 "여권을"을 "여권(여권의 이미지 파일 또는 복사본을 포함한다)을 부정하게"로 한다.
제25조제1호 중 "여권 등을"을 "여권 등(여권의 이미지 파일 또는 복사본을 포함한다)을 부정하게"로 한다.

부 칙

이 법은 공포 후 6개월이 경과한 날부터 시행한다.

군인사법 일부개정법률

<2024년 1월 25일 제412회 국회 본회의 통과>

군인사법 일부를 다음과 같이 개정한다.

제10조제2항제6호의3 중 "「성폭력범죄의 처벌 등에 관한 특례법」 제2조에 따른 성폭력범죄로"를 "다음 각 목의 어느 하나에 해당하는 죄를 저질러"로 하고, 같은 호에 각 목을 다음과 같이 신설한다.
가. 「성폭력범죄의 처벌 등에 관한 특례법」 제2조에 따른 성폭력범죄
나. 「정보통신망 이용촉진 및 정보보호 등에 관한 법률」 제74조제1항제2호 및 제3호에 규정된 죄
다. 「스토킹범죄의 처벌 등에 관한 법률」 제2조제2호에 따른 스토킹범죄
제10조의2 중 "제6호의3에"를 "제6호의3 각 목에"로 한다.
제11조제2항제2호 중 "제2학년생"을 "제4학년생"으로 한다.
제40조제1항제4호나목 중 "및"을 ", 「정보통신망 이용촉진 및 정보보호 등에 관한 법률」 제74조제1항제2호 및 제3호에 규정된 죄, 「스토킹범죄의 처벌 등에 관한 법률」 제2조제2호에 따른 스토킹범죄 및"으로 한다.

부 칙

제1조【시행일】 이 법은 공포한 날부터 시행한다.
제2조【결격사유 및 제적에 관한 적용례】 제10조제2항제6호의3 및 제40조제1항제4호나목의 개정규정은 이 법 시행 이후 발생한 범죄행위로 형벌을 받는 사람부터 적용한다.

군무원인사법 일부개정법률

<2024년 1월 25일 제412회 국회 본회의 통과>

군무원인사법 일부를 다음과 같이 개정한다.

제7조제2항 각 호 외의 부분에 단서를 다음과 같이 신설한다.
다만, 제1호, 제4호부터 제6호까지 및 제6호의2의 어느 하나에 해당하는 경우 중 다수인을 대상으로 시험을 실시하는 것이 적당하지 아니하여 대통령령으로 정하는 경우에는 다수인을 대상으로 하지 아니한 시험으로 군무원을 채용할 수 있다.
제7조제2항에 제6호의2를 다음과 같이 신설하고, **같은 조** 제3항 중 "경력경쟁채용시험"을 "경력경쟁채용시험 및 같은 항 각 호 외의 부분 단서에 따른 시험(이하 이 조에서 "경력경쟁채용시험등"이라 한다)"으로 하며, **같은 조** 제4항 중 "제2항제7호에 따라 경력경쟁채용시험"을 "제2항제6호의2 또는 제7호에 따라 경력경쟁채용시험등"으로 한다.
6의2. 제7조의2에 따라 수습근무를 마친 사람을 군무원으로 채용하는 경우
제7조의2를 다음과 같이 신설한다.
제7조의2【지역 인재의 추천 채용 및 수습근무】 ① 임용권자(제6조에 따라 임용권을 위임받은 사람을 포함한다. 이하 같다)는 우수한 인재를 군무원으로 채용하기 위하여 학업 성적 등이 뛰어난 고등학교 이상 졸업자나 졸업 예정자를 추천ㆍ선발하여 3년의 범위에서 수습으로 근무하게 하고, 그 근무기간 동안 근무성적과 자질이 우수하다고 인정되는 사람을 6급 이하의 일반군무원으로 임용할 수 있다.
② 제10조 각 호의 어느 하나에 해당하는 사람은 제1항에 따른 수습근무를 할 수 없으며, 수습으로 근무 중인 사람이 제10조 각 호의 어느 하나에 해당하게 된 때에는 수습으로 근무할 수 있는 자격을 상실한다.
③ 제1항에 따라 군무원을 임용하려는 경우에는 행정 분야와 과학기술 분야별로 적정하게 구성하고 지역별 균형을 이루도록 하여야 한다.
④ 제1항에 따라 수습으로 근무하는 사람은 직무상 행위를 하거나 「형법」, 그 밖의 법률에 따른 벌칙을 적용할 때 군무원으로 본다.
⑤ 제1항에 따른 추천ㆍ선발 방법, 수습근무 기간, 임용 직급 등에 관한 사항은 대통령령으로 정한다.
제12조제2항 중 "임용권자(제6조제1항 단서 및 같은 조 제2항 각 호 외의 부분 단서에 따라 임용권을 위임받은 사람을 포함한다. 이하 같다)"를 "임용권자"로 한다.
제33조의2제1항 각 호 외의 부분 본문 중 "임용권자 또는 임용권을 위임받은 자(이하 이 조에서 "임용권자등"이라 한다)"를 "임용권자"로 하고, **같은 조** 제2항 전단 중 "임용권자등은"을 "임용권자는"으로 한다.

부 칙

이 법은 공포 후 1년이 경과한 날부터 시행한다.

정부조직법 일부개정법률

<개정 2024.2.13 법률20274호>

정부조직법 일부를 다음과 같이 개정한다.

제36조제3항 중 "문화재에"를 "국가유산에"로 하고, 같은 항 및 **같은 조** 제4항 중 "문화재청"을 각각 "국가유산청"으로 한다.

부 칙

제1조【시행일】 이 법은 2024년 5월 17일부터 시행한다. 다만, 부칙 제4조에 따라 개정되는 법률 중 이 법 시행 전에 공포되었으나 시행일이 도래하지 아니한 법률을 개정한 부분은 각각 해당 법률의 시행일부터 시행한다.

제2조【조직 명칭 변경에 따른 소관사무 및 공무원에 대한 경과조치】 ① 이 법 시행 당시 문화재청장의 소관사무는 국가유산청장이 승계한다.

② 이 법 시행 당시 문화재청 소속 공무원은 국가유산청 소속 공무원으로 본다.

제3조【종전의 법률에 따른 고시·처분 및 계속 중인 행위에 관한 경과조치】 이 법 시행 전에 부칙 제4조에서 개정되는 법률에 따라 문화재청장이 행한 고시·행정처분 및 그 밖의 행위와 문화재청장에 대한 신청·신고 및 그 밖의 행위는 각각 부칙 제4조에서 개정되는 법률에 따라 해당 사무를 승계하는 국가유산청장의 행위 또는 국가유산청장에 대한 행위로 본다.

제4조【다른 법률의 개정】 ①~⑬ (생략)

⑭ **문화재보호법** 일부를 다음과 같이 개정한다.

제2조제3항제1호, **같은 조** 제4항제1호, **제6조**제1항 각 호 외의 부분, **같은 조** 제2항부터 제4항까지, **제6조의2**제1항·제3항, **제7조**제1항부터 제3항까지, **제7조의2, 제8조**제1항제11호, **같은 조** 제2항 각 호 외의 부분, **같은 조** 제9항, **제10조**제2항·제3항, **제11조**제1항, **같은 조** 제2항 전단, **같은 조** 제3항, **제12조** 전단, **제13조**제1항, 제4항부터 제6항까지, **제14조**제1항부터 제3항까지, **제14조의2**제1항, **제14조의3**제3항 각 호 외의 부분, **제14조의5** 각 호 외의 부분, **제14조의6**제1항 전단·후단, **제15조, 제15조의2, 제16조**제1항부터 제5항까지, **제21조**제1항, **같은 조** 제2항 전단, **제22조, 제22조의3**제1항, **제22조의4**제1항, **같은 조** 제2항제5호, **같은 조** 제3항 각 호 외의 부분 본문, **같은 조** 제4항, **제22조의6**제1항부터 제3항까지, **제22조의7** 각 호 외의 부분 본문, **제22조의8**제2항·제4항·제5항, **제22조의9**제1항, **제22조의10**제1항 각 호 외의 부분, **같은 조** 제2항·제3항, **제22조의11**제1항 각 호 외의 부분, **같은 조** 제2항, **제22조의12**제1항 각 호 외의 부분, **같은 조** 제2항, **같은 조** 제3항 전단, **제22조의13**제1항·제2항, **제23조**제1항·제2항, **제26조**제1항, **제27조**제1항·제2항, **같은 조** 제3항 각 호 외의 부분 본문, **제28조**제1항, **제29조**제1항, **제31조**제1항, **같은 조** 제4항 전단, **같은 조** 제6항, **제32조**제1항, **제34조**제1항 전단, **같은 조** 제2항부터 제4항까지, **제34조의2**제1항, **제35조**제1항 각 호 외의 부분 본문, **같은 조** 제2항부터 제5항까지, **제36조**제1항 각 호 외의 부분, **같은 조** 제2항, **제37조**제1항 각 호 외의 부분, **제39조**제2항·제3항, **같은 조** 제5항 전단, **제40조**제1항 각 호 외의 부분 본문, **같은 조** 제3항 본문, **제42조**제1항 각 호 외의 부분, **같은 조** 제2항부터 제4항까지, **제43조**제1항·제2항, **제44조**제1항·제2항·제6항, **같은 조** 제7항 각 호 외의 부분, **제45조**제1항, **제48조**제2항 전단·후단, **같은 조** 제3항, **같은 조** 제4항 전단·후단, **같은 조** 제5항부터 제7항까지, **제51조**제2항, **같은 조** 제3항 단서, **제54조**제2항·제3항, **제55조** 각 호 외의 부분 본문, **제56조**제2항 각 호 외의 부분 전단, **같은 조** 제3항·제4항, **제58조**제1항·제3항, **제60조**제1항 각 호 외의 부분 단서, **같은 조** 제2항·제4항·제5항·제7항, **같은 조** 제9항 전단, **제60조의2**제1항, **제61조**제1항 전단, **같은 조** 제2항부터 제4항까지, **제62조**제1항 본문·단서, **같은 조** 제2항, **같은 조** 제3항 전단, **제63조, 제64조**제1항, **제65조, 제68조**제1항·제2항, **제69조**제1항, **제69조의2, 제69조의3**제6항제9호 후단, **같은 조** 제7항, **제69조의4**제4항·제5항, **제70조**제4항 전단·후단, **제71조**제3항, **제73조**제1항 각 호 외의 부분, **같은 조** 제2항, **제74조**제2항 후단, **제75조**제3항, **제80조의3**제3항, **제80조의4**제1항 각 호 외의 부분, **같은 조** 제2항·제3항, **제80조의6**제1항·제2항, **제80조의7**제1항·제2항, **제81조**제1항, **제82조, 제82조의3**제2항·제3항, **제83조**제1항, **제85조**제3항, **제86조**제1항, **제87조**제1항 각 호 외의 부분, **같은 조** 제5항제1호, **제88조** 각 호 외의 부분, **제89조**제4호, **제95조, 제101조**제8호 및 **제104조** 중 "문화재청장"을 각각 "국가유산청장"으로 한다.

제8조제1항 각 호 외의 부분, **제22조의8**제1항·제3항 및 **제69조의3**제1항 중 "문화재청"을 각각 "국가유산청"으로 한다.

법률 제19590호 문화재보호법 일부개정법률 제25조제1항, **제39조**제1항 단서, **제53조**제1항, **제74조**제3항 후단 및 **부칙 제7조**제1항 후단 중 "문화재청장"을 각각 "국가유산청장"으로 한다.

법률 제19704호 문화재보호법 일부개정법률 제61조의2제1항 중 "문화재청장"을 "국가유산청장"으로 한다.

법률 제19796호 문화재보호법 일부개정법률 제13조의2제1항 중 "문화재청장"을 "국가유산청장"으로 한다.

⑮ (생략)

⑯ **사법경찰관리의 직무를 수행할 자와 그 직무범위에 관한 법률** 일부를 다음과 같이 개정한다.

제5조제14호 중 "문화재청"을 "국가유산청"으로 한다.

⑰~㉑ (생략)

㉒ **야생생물 보호 및 관리에 관한 법률** 일부를 다음과 같이 개정한다.

제7조제1항 단서 중 "문화재청장"을 "국가유산청장"으로 한다.

법률 제19590호 야생생물 보호 및 관리에 관한 법률 일부개정법률 제29조제1항 각 호 외의 부분 단서 중 "문화재청장"을 "국가유산청장"으로 한다.

㉓ (생략)

㉔ **의료급여법** 일부를 다음과 같이 개정한다.

제3조제1항제6호 및 제3조의3제4항 전단 중 "문화재청장"을 각각 "국가유산청장"으로 한다.

㉕ (생략)

㉖ **자연환경보전법** 일부를 다음과 같이 개정한다.

제18조제1항 본문 및 **같은 조** 제2항 중 "문화재청장"을 각각 "국가유산청장"으로 한다.

㉗ **장사 등에 관한 법률** 일부를 다음과 같이 개정한다.

제17조제3호 단서 중 "문화재청장"을 "국가유산청장"으로 한다.

㉘~㉛ (생략)

㉜ **해양생태계의 보전 및 관리에 관한 법률** 일부를 다음과 같이 개정한다.

제17조제1항 단서 및 **제32조**제2항 중 "문화재청장"을 각각 "국가유산청장"으로 한다.

제5조【다른 법령과의 관계】 이 법 시행 당시 다른 법령(이 법 시행 전에 공포되었으나 시행일이 도래하지 아니한 법령을 포함한다)에서 문화재청장의 소관사무와 관련하여 문화재청, 문화재청장 또는 문화재청 소속 공무원을 인용한 경우에는 국가유산청, 국가유산청장 또는 국가유산청 소속 공무원을 각각 인용한 것으로 본다.

실종아동등의 보호 및 지원에 관한 법률 일부개정법률

<개정 2024.2.13 법률20273호>

실종아동등의 보호 및 지원에 관한 법률 일부를 다음과 같이 개정한다.

제6조제1항제5호 중 "의료기관의 장 또는 의료인"을 "의료기관에서 업무를 하는 의료인, 종사자 및 의료기관의 장"으로 한다.

부 칙

이 법은 공포한 날부터 시행한다.

경비업법 일부개정법률

<개정 2024.2.13 법률20266호>

경비업법 일부를 다음과 같이 개정한다.

제11조제1항 중 "각호의 1"를 "각 호의 어느 하나"로, "행정안전부령으로 정하는 교육"을 "대통령령으로 정하는 바에 따라 경찰청장이 실시하는 기본교육(이하 "기본교육"이라 한다)"으로 한다.

제11조의2부터 **제11조의4**까지·**제12조의2**·**제13조의2** 및 **제13조의3**을 각각 다음과 같이 신설한다.

제11조의2【경비지도사의 보수교육】 제12조제1항에 따라 선임된 경비지도사는 대통령령으로 정하는 바에 따라 경찰청장이 실시하는 보수교육(이하 "보수교육"이라 한다)을 받아야 한다.

제11조의3【경비지도사 교육기관의 지정 및 교육의 위탁 등】 ① 경찰청장은 경비지도사에 대한 기본교육 및 보수교육에 관한 업무를 전문인력 및 시설 등을 갖춘 법인으로서 경찰청장이 지정하는 기관 또는 단체(이하 "경비지도사 교육기관"이라 한다)에 위탁할 수 있다.

② 경찰청장은 경비지도사에 대한 기본교육 및 보수교육의 전국적 균형을 유지하기 위하여 교육수준 및 교육방법 등에 필요한 지침을 마련하여 시행할 수 있다.

③ 경찰청장은 경비지도사 교육기관이 제2항에 따른 교육지침을 위반한 경우에는 기간을 정하여 시정을 명할 수 있다.

④ 그 밖에 경비지도사 교육기관의 지정 기준 및 절차 등에 필요한 사항은 대통령령으로 정한다.

제11조의4【경비지도사 교육기관의 지정 취소 등】 ① 경찰청장은 경비지도사 교육기관이 다음 각 호의 어느 하나에 해당하는 경우에는 그 지정을 취소하거나 1년의 범위에서 기간을 정하여 업무의 전부 또는 일부를 정지할 수 있다. 다만, 제1호의 경우에는 그 지정을 취소하여야 한다.

1. 거짓이나 그 밖의 부정한 방법으로 경비지도사 교육기관의 지정을 받은 경우
2. 지정받은 사항을 위반하여 업무를 행한 경우
3. 제11조의3제3항에 따른 시정명령을 받고도 정당한 사유 없이 정해진 기간 이내에 시정하지 아니한 경우
4. 제11조의3제4항에 따른 지정 기준에 적합하지 아니하게 된 경우

② 그 밖에 경비지도사 교육기관의 지정 취소 및 업무정지에 관한 세부기준 및 절차는 그 위반행위의 유형과 위반의 정도 등을 고려하여 행정안전부령으로 정한다.

제12조의2【경비지도사의 선임·해임 신고의 의무】 경비업자는 경비지도사를 선임하거나 해임하는 때에는 행정안전부령으로 정하는 바에 따라 해당 경비현장을 관할하는 시·도경찰청장 또는 경찰서장에게 신고하여야 한다.

제13조의2【경비원 교육기관의 지정 등】 ① 경찰청장은 제13조제1항부터 제3항까지에 따른 경비원에 대한 신임교육(이하 "신임교육"이라 한다)의 효율성을 제고하기 위하여 전문인력 및 시설 등을 갖춘 기관 또는 단체를 경비원 교육기관(이하 "경비원 교육기관"이라 한다)으로 지정할 수 있다.

② 경찰청장은 경비원에 대한 신임교육의 전국적 균형을 유지하기 위하여 교육수준 및 교육방법 등에 필요한 지침을 마련하여 시행할 수 있다.

③ 경찰청장은 경비원 교육기관이 제2항에 따른 교육지침을 위반한 경우에는 기간을 정하여 시정을 명할 수 있다.

④ 그 밖에 경비원 교육기관의 지정 기준 및 절차 등에 필요한 사항은 대통령령으로 정한다.

제13조의3【경비원 교육기관의 지정 취소 등】 ① 경찰청장은 경비원 교육기관이 다음 각 호의 어느 하나에 해당하는 경우에는 그 지정을 취소하거나 1년 이내의 기간을 정하여 업무의 전부 또는 일부를 정지할 수 있다. 다만, 제1호의 경우에는 그 지정을 취소하여야 한다.

1. 거짓이나 그 밖의 부정한 방법으로 경비원 교육기관의 지정을 받은 경우
2. 지정받은 사항을 위반하여 업무를 행한 경우
3. 제13조의2제3항에 따른 시정명령을 받고도 정당한 사유 없이 정하여진 기간 이내에 시정하지 아니한 경우
4. 제13조의2제4항에 따른 지정 기준에 적합하지 아니하게 된 경우

② 그 밖에 경비원 교육기관의 지정 취소 및 업무 정지에 관한 세부기준 및 절차는 그 위반행위의 유형과 위반의 정도 등을 고려하여 행정안전부령으로 정한다.

제20조제1항 각 호 외의 부분 중 "각호의 1"를 "각 호의 어느 하나"로 하고, **같은 조** 제2항 각 호 외의 부분 중 "각호의 1"를 "각 호의 어느 하나"로 한다.

제21조 각 호 외의 부분 중 "각호의 1"를 "각 호의 어느 하나"로 하며, **같은 조** 제1호 및 제2호를 각각 제3호 및 제4호로 하고, **같은 조**에 제1호 및 제2호를 각각 다음과 같이 신설한다.

1. 제11조의4에 따른 경비지도사 교육기관의 지정 취소 또는 업무의 정지
2. 제13조의3에 따른 경비원 교육기관의 지정 취소 또는 업무의 정지

제27조제2항 중 "시험 및 교육"을 "시험"으로 한다.

제31조제2항 각 호 외의 부분 중 "경비업자 또는"을 "경비업자, 경비지도사 또는"으로 하고, 같은 항에 제3호의2 및 제4호의2를 각각 다음과 같이 신설한다.

3의2. 제11조의2를 위반하여 정당한 사유 없이 보수교육을 받지 않은 경비지도사

4의2. 제12조의2를 위반하여 경비지도사의 선임 또는 해임의 신고를 하지 아니한 자

부 칙

제1조【시행일】 이 법은 공포 후 6개월이 경과한 날부터 시행한다.

제2조【경비지도사의 보수교육에 관한 적용례】 제11조의2의 개정 규정은 이 법 시행 당시 제12조제1항에 따라 선임된 경비지도사에 대해서도 적용한다.

경찰공무원법 일부개정법률

<개정 2024.2.13 법률20267호>

경찰공무원법 일부를 다음과 같이 개정한다.

제10조제2항 중 "경찰대학을 졸업한 사람 및 대통령령으로 정하는 자격을 갖추고 공개경쟁시험으로 선발된 사람(이하 "경찰간부후보생"이라 한다)으로서 교육훈련을 마치고 정하여진 시험에 합격한"을 "다음 각 호의 어느 하나에 해당하는"으로 하고, 같은 항에 각 호를 다음과 같이 신설하며, **같은 조** 제3항제3호 중 "근무실적"을 "근무경력"으로, "연구실적"을 "연구경력"으로 하고, **같은 조** 제4항 중 "제2항에 따른 경찰간부후보생의 교육훈련, 경력경쟁채용시험"을 "경위공개경쟁채용시험합격자에 대한 제2항제2호의 교육훈련, 제3항에 따른 경력경쟁채용시험"으로, "근무실적"을 "근무경력"으로, "연구실적"을 "연구경력"으로 한다.
1. 경찰대학을 졸업한 사람
2. 대통령령으로 정하는 자격을 갖추고 공개경쟁시험으로 선발된 사람(이하 "경위공개경쟁채용시험합격자"라 한다)으로서 교육훈련을 마치고 정하여진 시험에 합격한 사람

제11조 제목 외의 부분을 제1항으로 하고, **같은 조** 제1항(종전의 제목 외의 부분) 중 "채용시험 또는 경찰간부후보생 공개경쟁선발시험에서 부정행위를 한 응시자에 대해서는 해당 시험을 정지 또는 무효로 하고, 그 처분이 있는 날부터 5년간 시험응시자격을 정지한다"를 "신규채용시험(경위 공개경쟁채용시험을 포함한다. 이하 같다), 승진시험 또는 그 밖의 시험에서 다른 사람에게 대신하여 응시하게 하는 행위 등 대통령령으로 정하는 부정행위를 한 사람에게 대통령령으로 정하는 바에 따라 해당 시험의 정지·무효 또는 합격 취소 처분을 할 수 있다"로 하며, **같은 조**에 제2항 및 제3항을 각각 다음과 같이 신설한다.

② 제1항에 따른 처분을 받은 사람에 대해서는 처분이 있은 날부터 5년의 범위에서 대통령령으로 정하는 기간 동안 신규채용시험, 승진시험 또는 그 밖의 시험의 응시자격을 정지한다.

③ 경찰청장 또는 해양경찰청장은 제1항에 따른 처분(시험의 정지는 제외한다)을 할 때에는 미리 그 처분 내용과 사유를 당사자에게 통지하여 소명할 기회를 주어야 한다.

제11조의2를 다음과 같이 신설한다.

제11조의2【채용비위 관련자의 합격 등 취소】 ① 경찰청장 또는 해양경찰청장은 누구든지 경찰공무원의 채용과 관련하여 대통령령으로 정하는 비위를 저질러 유죄판결이 확정된 경우에는 그 비위 행위로 인하여 채용시험에 합격하거나 임용된 사람에 대하여 대통령령으로 정하는 바에 따라 합격 또는 임용을 취소할 수 있다.

② 경찰청장 또는 해양경찰청장은 제1항에 따른 취소 처분을 하기 전에 미리 그 내용과 사유를 당사자에게 통지하고 소명할 기회를 주어야 한다.

③ 제1항에 따른 취소 처분은 합격 또는 임용 당시로 소급하여 효력이 발생한다.

제12조제1항 중 "경찰간부후보생을"을 "경위공개경쟁채용시험합격자를"로, ","을 "."으로 하고, **같은 조** 제4항 중 "신규채용시험에 합격한 사람이 채용후보자 명부에 등재된 이후 그 유효기간 내에 「병역법」에 따른 병역 복무를 위하여 군에 입대한 경우(대학생 군사훈련 과정 이수자를 포함한다)의 의무복무"를 "다음 각 호의 어느 하나에 해당하는"으로 하며, 같은 항에 각 호를 다음과 같이 신설한다.
1. 신규채용시험에 합격한 사람이 채용후보자 명부에 등재된 이후 그 유효기간 내에 「병역법」에 따른 병역 복무를 위하여 군에 입대한 경우(대학생 군사훈련 과정 이수자를 포함한다)의 의무복무 기간
2. 그 밖에 대통령령으로 정하는 사유로 임용되지 못한 기간

제13조제4항제1호 중 "경찰간부후보생으로서"를 "경위공개경쟁채용시험합격자로서"로 한다.

제20조제1항 본문 중 "승진시험과 경찰간부후보생 선발시험은"을 "승진시험은"으로 한다.

제29조의 제목 중 "실종된 경찰공무원의"를 "공상경찰공무원 등의"로 하고, **같은 조** 제1항 및 제2항을 각각 제2항 및 제3항으로 하며, **같은 조**에 제1항을 다음과 같이 신설하고, **같은 조** 제3항(종전의 제2항) 중 "제1항"을 "제2항"으로 한다.

① 경찰공무원이 「공무원 재해보상법」 제5조제1호 각 목에 해당하는 직무를 수행하다가 「국가공무원법」 제72조제1호 각 목의 어느 하나에 해당하는 공무상 질병 또는 부상을 입어 휴직하는 경우 그 휴직기간은 같은 조 제1호 단서에도 불구하고 5년 이내로 하되, 의학적 소견 등을 고려하여 대통령령으로 정하는 바에 따라 3년의 범위에서 연장할 수 있다.

제30조제3항 중 "보안"을 "안보"로 한다.

제35조의 제목 중 "경찰간부후보생의"를 "경위공개경쟁채용시험합격자의"로 하고, **같은 조** 중 "교육"을 "교육훈련"으로, "경찰간부후보생에게는"을 "경위공개경쟁채용시험합격자에게는"으로 한다.

부　칙

제1조【시행일】 이 법은 공포 후 6개월이 경과한 날부터 시행한다.

제2조【채용비위 관련자 합격 등 취소에 관한 적용례】 제11조의2의 개정규정은 이 법 시행 이후 경찰공무원의 채용과 관련하여 비위를 저지른 자부터 적용한다.

제3조【공상경찰공무원의 휴직기간에 관한 적용례】 제29조제1항의 개정규정은 이 법 시행 당시 「국가공무원법」 제71조제1항제1호 및 제72조제1호 단서에 따라 휴직 중인 경찰공무원에 대하여도 적용한다.

도로교통법 일부개정법률

<개정 2024.2.13 법률20270호>

도로교통법 일부를 다음과 같이 개정한다.

제76조제3항제1호를 삭제하고, 같은 항 제2호 중 "「교통사고처리 특례법」 제3조제1항 또는 「특정범죄 가중처벌 등에 관한 법률」 제5조의3을 위반하여"를 "다음 각 목의 어느 하나에 해당하는 죄를 저질러"로, "사람"을 "사람 또는 그 집행유예기간 중에 있는 사람"으로 하며, 같은 호에 각 목을 다음과 같이 신설하고, 같은 항 제3호를 삭제한다.
가. 「교통사고처리 특례법」 제3조제1항에 따른 죄
나. 「특정범죄 가중처벌 등에 관한 법률」 제5조의3·제5조의11제1항·제5조의13에 따른 죄
다. 「성폭력범죄의 처벌 등에 관한 특례법」 제2조에 따른 성폭력범죄
라. 「아동·청소년의 성보호에 관한 법률」 제2조제2호에 따른 아동·청소년대상 성범죄

제93조제1항제11호에 다목을 다음과 같이 신설한다.
다. 「보험사기방지 특별법」 중 제8조부터 제10조까지의 죄

제105조제1호를 삭제하고, **같은 조** 제2호 각 목 외의 부분 중 "학원등의 운영·관리에 관한 업무에 3년 이상 근무한 경력이 있는 사람으로서 다음 각 목의 어느 하나에 해당되지 아니하는 사람"을 "학원등의 운영·관리에 관한 업무에 3년 이상 근무한 경력이 있거나 학원등의 교육·검정 등 대통령령으로 정하는 업무에 5년 이상 근무한 경력이 있는 사람으로서 다음 각 목의 어느 하나에 해당되지 아니하는 사람"으로 한다.

제106조제3항제1호 중 "제76조제3항제1호부터 제3호까지의"를 "제76조제3항제2호의"로 하고, **같은 조** 제4항제2호를 다음과 같이 한다.
2. 다음 각 목의 어느 하나에 해당하는 죄를 저질러 금고 이상의 형(집행유예를 포함한다)을 선고받은 경우
가. 「교통사고처리 특례법」 제3조제1항에 따른 죄
나. 「특정범죄 가중처벌 등에 관한 법률」 제5조의3·제5조의11제1항·제5조의13에 따른 죄
다. 「성폭력범죄의 처벌 등에 관한 특례법」 제2조에 따른 성폭력범죄
라. 「아동·청소년의 성보호에 관한 법률」 제2조제2호에 따른 아동·청소년대상 성범죄

제107조제3항제1호를 삭제하고, 같은 항 제2호 중 "제76조제3항제2호 또는 제3호"를 "제76조제3항제2호"로 하며, **같은 조** 제4항제3호를 다음과 같이 한다.
3. 다음 각 목의 어느 하나에 해당하는 죄를 저질러 금고 이상의 형(집행유예를 포함한다)을 선고받은 경우
가. 「교통사고처리 특례법」 제3조제1항에 따른 죄
나. 「특정범죄 가중처벌 등에 관한 법률」 제5조의3·제5조의11제1항·제5조의13에 따른 죄
다. 「성폭력범죄의 처벌 등에 관한 특례법」 제2조에 따른 성폭력범죄
라. 「아동·청소년의 성보호에 관한 법률」 제2조제2호에 따른 아동·청소년대상 성범죄

부　칙

제1조【시행일】 이 법은 공포 후 6개월이 경과한 날부터 시행한다.

제2조【교통안전교육강사, 자동차운전 전문학원 강사 및 기능검정원 결격사유에 관한 적용례】 제76조제3항제2호나목·다목·라목, 제106조제3항제1호 및 제107조제3항제2호의 개정규정은 이 법 시행 이후 발생한 범죄행위로 형벌을 받은 자부터 적용한다. 다만, 「교통사고처리 특례법」 제3조제1항 또는 「특정범죄 가중처벌 등에 관한 법률」 제5조의3을 위반한 사람에 대해서는 종전의 규정에 따른다.

제3조【자동차운전 전문학원 강사 및 기능검정원 자격의 취소 처분에 관한 경과조치】 이 법 시행 전의 범죄행위에 대한 자격의 취소 처분에 관하여는 종전의 규정에 따른다.

제4조【운전면허의 취소·정지에 관한 적용례】 제93조제1항제11호의 개정규정은 운전면허를 받은 사람이 이 법 시행 이후 자동차등을 범죄의 도구나 장소로 이용하여 「보험사기방지 특별법」 중 제8조부터 제10조까지의 죄를 범한 경우부터 적용한다.

소하천정비법 일부개정법률

<개정 2024.2.13 법률20272호>

소하천정비법 일부를 다음과 같이 개정한다.

제26조의2제1항 중 "행정안전부장관에게 통지"를 "시·도지사를 거쳐(관리청이 특별자치시장인 경우는 제외한다) 행정안전부장관에게 제출"로 하고, **같은 조** 제2항 중 "통지"를 "제출"로 한다.

부　칙

제1조【시행일】 이 법은 공포 후 6개월이 경과한 날부터 시행한다.

제2조【소하천 관리실태 점검 등에 관한 적용례】 제26조의2의 개정규정은 이 법 시행 이후 소하천시설의 관리상황과 하천의 점용상황 등에 대한 점검을 실시하는 경우부터 적용한다.

풍수해보험법 일부개정법률

<개정 2024.2.13 법률20276호>

풍수해보험법 일부를 다음과 같이 개정한다.

제명 "**풍수해보험법**"을 "**풍수해·지진재해보험법**"으로 한다.

제1조 중 "풍수해로"를 "풍수해 또는 지진재해로"로, "풍수해보험"을 "풍수해·지진재해보험"으로 한다.

제2조제1호 중 "대설·지진(지진해일을 포함한다)으로"를 "대설로"로 하고, **같은 조**에 제1호의2를 다음과 같이 신설하며, **같은 조** 제2호 중 "풍수해보험"을 "풍수해·지진재해보험"으로, "풍수해로"를 "풍수해 또는 지진재해로"로 한다.
1의2. "지진재해"란 「자연재해대책법」 제2조제2호에 따른 자연재해 중 지진 또는 지진해일로 발생하는 재해를 말한다.

제3조 중 "풍수해보험사업"을 "풍수해·지진재해보험사업"으로 한다.

제4조 각 호 외의 부분 중 "풍수해보험"을 "풍수해·지진재해보험"으로 한다.

제5조 중 "풍수해보험"을 "풍수해·지진재해보험"으로 한다.

제6조제1항 각 호 외의 부분 중 "풍수해보험사업"을 "풍수해·지진재해보험사업"으로 하고, 같은 항 제2호 중 "풍수해"를 "풍수해·지진재해"로 하며, **같은 조** 제2항 각 호 외의 부분 중 "풍수해보험사업"을 각각 "풍수해·지진재해보험사업"으로 하고, **같은 조** 제4항 중 "풍수해보험사업"을 "풍수해·지진재해보험사업"으로 한다.

제8조의 제목 "**【풍수해보험심의위원회】**"를 "**【풍수해·지진재해보험심의위원회】**"로 하고, **같은 조** 제1항 각 호 외의 부분 중 "풍수해보험사업"을 "풍수해·지진재해보험사업"으로, "풍수해보험심의위원회"를 "풍수해·지진재해보험심의위원회"로 하며, 같은 항 제2호 중 "풍수해보험"을 "풍수해·지진재해보험"으로, "풍수해의"를 "풍수해·지진재해의"로 하고, 같은 항 제3호 중 "풍수해보험사업"을 "풍수해·지진재해보험사업"으로 한다.

제2장의 제목 중 "풍수해보험사업"을 "풍수해·지진재해보험사업"으로 한다.

제9조 본문 중 "풍수해보험사업"을 "풍수해·지진재해보험사업"으로 한다.

제10조 중 "풍수해보험사업"을 "풍수해·지진재해보험사업"으로 한다.

제11조 각 호 외의 부분 중 "풍수해보험"을 "풍수해·지진재해보험"으로 하고, **같은 조** 제3호 중 "풍수해보험관리지도"를 "풍수해·지진재해보험관리지도"로 한다.

제12조 중 "풍수해보험사업"을 "풍수해·지진재해보험사업"으로 한다.

제14조제1항 각 호 외의 부분 중 "풍수해보험"을 "풍수해·지진재해보험"으로 하고, **같은 조** 제2항 전단 중 "풍수해보험"을 "풍수해·지진재해보험"으로 하며, **같은 조** 제3항 중 "풍수해보험"을 각각 "풍수해·지진재해보험"으로 한다.
제15조제1항 중 "풍수해보험계약"을 "풍수해·지진재해보험계약"으로 한다.
제3장의 제목 중 "풍수해보험사업"을 "풍수해·지진재해보험사업"으로 한다.
제23조제1항 각 호 외의 부분 중 "풍수해보험"을 각각 "풍수해·지진재해보험"으로 하고, **같은 조** 제2항 각 호 외의 부분 중 "풍수해보험"을 "풍수해·지진재해보험"으로 하며, 같은 항 제4호 중 "풍수해"를 "풍수해·지진재해"로 한다.
제24조의 제목 중 "풍수해"를 "풍수해·지진재해"로 하고, **같은 조** 제1항 중 "풍수해를"을 "풍수해·지진재해를"로, "풍수해보험사업"을 "풍수해·지진재해보험사업"으로 하며, **같은 조** 제3항 중 "풍수해보험료율"을 "풍수해·지진재해보험료율"로 하고, **같은 조** 제4항 중 "풍수해"를 "풍수해·지진재해"로 한다.
제24조의 제목 중 "풍수해"를 "풍수해·지진재해"로 하고, **같은 조** 제1항 중 "풍수해를"을 "풍수해·지진재해를"로, "풍수해보험사업"을 "풍수해·지진재해보험사업"으로 하며, **같은 조** 제3항 중 "풍수해보험료율"을 "풍수해·지진재해보험료율"로 하고, **같은 조** 제4항 중 "풍수해"를 "풍수해·지진재해"로 한다.
제25조의 제목 중 "풍수해보험관리지도"를 "풍수해·지진재해보험관리지도"로 하고, **같은 조** 제1항 중 "풍수해 예방"을 "풍수해·지진재해 예방"으로, "풍수해보험사업"을 "풍수해·지진재해보험사업"으로, "풍수해 발생"을 "풍수해·지진피해 발생"으로, "풍수해 위험"을 "풍수해·지진피해 위험"으로, "풍수해보험관리지도"를 "풍수해·지진재해보험관리지도"로 하며, **같은 조** 제2항·제3항 및 제4항 중 "풍수해보험관리지도"를 각각 "풍수해·지진재해보험관리지도"로 하고, **같은 조** 제5항 중 "풍수해보험료율"을 "풍수해·지진재해보험료율"로, "풍수해보험관리지도"를 "풍수해·지진재해보험관리지도"로 한다.
제25조의2의 제목·제1항 및 제3항 중 "풍수해보험관리지도"를 각각 "풍수해·지진재해보험관리지도"로 한다.
제25조의3의 제목·제1항·제2항 및 제3항 중 "풍수해보험관리지도"를 각각 "풍수해·지진재해보험관리지도"로 한다.
제26조제1항 중 "풍수해 예방"을 "풍수해·지진재해 예방"으로, "풍수해보험"을 "풍수해·지진재해보험"으로 한다.
제27조 각 호 외의 부분 중 "풍수해보험사업"을 "풍수해·지진재해보험사업"으로, "풍수해보험 업무"를 "풍수해·지진재해보험 업무"로 한다.
제28조 중 "풍수해보험사업"을 각각 "풍수해·지진재해보험사업"으로 한다.
제29조 중 "풍수해보험"을 "풍수해·지진재해보험"으로 한다.
제31조 본문 중 "풍수해보험"을 "풍수해·지진재해보험"으로 한다.
제33조 중 "풍수해보험"을 각각 "풍수해·지진재해보험"으로 한다.
제34조제1항 본문 및 같은 조 제2항 중 "풍수해보험"을 각각 "풍수해·지진재해보험"으로 한다.
제35조제1항 전단 및 **같은 조** 제2항 전단 중 "풍수해보험사업"을 각각 "풍수해·지진재해보험사업"으로 한다.

부 칙

제1조【시행일】 이 법은 공포 후 3개월이 경과한 날부터 시행한다.
제2조【다른 법률의 개정】 농어업재해보험법 일부를 다음과 같이 개정한다.
제19조제3항 중 "「풍수해보험법」"을 "「풍수해·지진재해보험법」"으로 하고, "풍수해보험"을 "풍수해·지진재해보험"으로 한다.
제3조【다른 법령과의 관계】 이 법 시행 당시 다른 법령에서 종전의 「풍수해보험법」을 인용한 경우 이 법을 인용한 것으로 본다.

전통사찰의 보존 및 지원에 관한 법률 일부개정법률

<개정 2024.2.13 법률20289호>

전통사찰의 보존 및 지원에 관한 법률 일부를 다음과 같이 개정한다.

제10조의3을 다음과 같이 신설한다.
제10조의3【전통사찰 내 건축물 사용승인에 대한 특례】 ① 전통사찰의 주지는 제9조의2에도 불구하고 전통사찰 내에 건축허가를 받지 아니하거나 건축신고를 하지 아니하고 건축하거나 대수선한 건축물 중 다음 각 호의 요건에 모두 해당하는 건축물에 대해서는 특별자치시장·특별자치도지사 또는 시장·군수·구청장에게 건축물 사용승인을 신청할 수 있다.
1. 사실상 종교용지로 활용되고 있는 토지에 세워진 건축물일 것
2. 전통사찰 또는 전통사찰이 속한 단체의 소유로 되어 있는 대지에 건축한 건축물일 것(사용 승낙을 받은 타인 소유의 대지를 포함한다)
3. 2023년 4월 24일 이전에 사실상 완공된 건축물일 것
② 특별자치시장·특별자치도지사 또는 시장·군수·구청장은 제1항에 따라 신청받은 건축물이 「건축법」 등 관련 법령에 적합하고, 다른 법령에 따른 과태료, 이행강제금의 체납이 없는 경우에는 「건축법」 제22조제1항 및 제2항에도 불구하고 같은 법 제4조제1항에 따른 건축위원회의 심의를 거쳐 전통사찰의 주지에게 사용승인서를 내주고 건축물대장에 등재할 수 있다.
③ 건축위원회는 제2항에 따라 심의할 때 「건축법」 제2조제1항제11호, 제44조, 제46조, 제57조, 제58조 및 제61조에 따른 기준을 완화하여 적용할 수 있다.
④ 제2항에 따라 건축물의 사용승인을 받은 경우에는 제9조의2제1항 및 제2항 각 호에 따른 행위 허가, 「농지법」 제34조에 따른 농지전용의 허가 또는 협의 및 같은 법 제35조에 따른 농지전용의 신고를 모두 마친 것으로 본다.

부 칙

제1조【시행일】 이 법은 공포 후 1년이 경과한 날부터 시행한다.
제2조【유효기간】 제10조의3의 개정규정은 이 법 시행일부터 3년간 효력을 가진다. 다만, 유효기간 내에 제10조의3의 개정규정에 따라 건축물 사용승인을 신청한 경우에는 유효기간 경과 후에도 해당 신청이 종료처리 될 때까지 이 법을 적용한다.

문화재보호법 일부개정법률

<개정 2024.2.13 법률20287호>

법률 제19590호 문화재보호법 일부개정법률 일부를 다음과 같이 개정한다.

제13조제2항 전단 중 "해당 건설공사의 시행이 지정문화유산의 보존에 영향을 미칠 우려가 있는 행위에 해당하는지 여부를 검토하여야 한다"를 "「국가유산영향진단법」 제17조에 따른 약식영향진단을 실시하여야 한다"로 하고, 같은 항 후단을 삭제하며, 같은 항에 단서를 다음과 같이 신설한다.
다만, 「국가유산영향진단법」 제9조에 따른 영향진단을 실시한 경우에는 그러하지 아니하다.
제13조제7항 중 "검토는 생략한다"를 "약식영향진단은 생략한다"로 하며, 같은 항에 단서를 다음과 같이 신설한다.
다만, 그 행위기준의 범위를 초과하는 건설공사에 관하여는 제2항에 따라 약식영향진단을 실시한다.
제80조의5제2항에 제3호 및 제4호를 각각 다음과 같이 신설한다.
3. 문화유산돌봄사업을 하는 중에 지정문화유산을 파손하거나 원형을 훼손한 경우
4. 국가 및 지방자치단체에서 지원한 예산을 부당하게 집행하거나 목적과 다르게 집행한 경우

부 칙

제1조【시행일】 이 법은 공포 후 1년이 경과한 날부터 시행한다. 다만, 제80조의5제2항제3호 및 제4호의 개정규정은 공포 후 6개월이 경과한 날부터 시행한다.
제2조【지정취소에 관한 적용례】 제80조의5제2항제3호 및 제4호의 개정규정은 이 법 시행 이후 지정취소 사유가 발생한 경우부터 적용한다.

무역조정 지원 등에 관한 법률 일부개정법률

<2024년 1월 25일 제412회 국회 본회의 통과>

무역조정 지원 등에 관한 법률 일부를 다음과 같이 개정한다.

제명 "**무역조정 지원 등에 관한 법률**"을 "**통상환경변화 대응 및 지원 등에 관한 법률**"로 한다.
제1조 중 "자유무역협정의 이행"을 "통상조약 등의 이행으로 인하여 부정적 영향을 받았거나 받을 우려가 있는 제조업이나 서비스업,"으로, "국민경제"를 "산업의 경쟁력을 강화하고 국민경제"로 한다.
제2조제1호를 다음과 같이 하고, **같은 조** 제2호 중 ""무역조정(貿易調整)"이란"을 ""통상변화대응"이란"으로, ""무역조정지원대상업종""을 ""통상대응지원업종""으로, "자유무역협정"을 "통상조약 등"으로, "입었거나 입을 것이 확실한 피해(이하 "무역피해"라 한다)를 최소화하거나 그 피해를 극복하는"을 "받았거나 받을 것으로 우려되는 부정적 영향(이하 "통상영향"이라 한다)을 예방하거나 그 영향을 극복 또는 최소화하는"으로 하며, **같은 조** 제3호 중 "무역조정지원대상업종"을 "통상대응지원업종"으로 한다.
1. "통상조약 등"이란 「통상조약의 체결절차 및 이행에 관한 법률」 제2조제1호에 따른 통상조약 등 무역·통상에 관하여 우리나라가 다른 국가와 체결한 조약·협약·협정·각서 등의 국제적 합의로서, 산업통상자원부장관이 외교부장관 및 고용노동부장관과 협의하여 고시하는 것을 말한다.
제3조 중 "무역조정"을 "통상변화대응"으로 한다.
제4조의 제목 "**【무역조정지원종합대책의 수립】**"을 "**【통상변화대응지원종합대책의 수립】**"으로 하고, **같은 조** 제1항 중 "무역조정을 효과적으로 지원하기 위하여 무역조정지원종합대책"을 "효과적인 통상변화대응 지원을 위하여 통상변화대응지원종합대책"으로 하며, **같은 조** 제2항제1호부터 제3호까지 중 "무역조정"을 각각 "통상변화대응"으로 하고, **같은 조** 제4항 중 "무역피해와 무역조정의"를 "통상영향 및 통상변화대응"으로 한다.
제5조 중 "무역조정"을 "통상변화대응"으로 한다.
제5조의2를 삭제한다.
제6조의 제목 "**【무역조정지원기업의 지정 등】**"을 "**【통상변화대응지원기업의 지정 등】**"으로 하고, **같은 조** 제1항 중 "무역조정지원대상업종"을 "통상대응지원업종"으로, "무역피해를 입은"을 "통상영향을 받았거나 받을 우려가 있는"으로, "무역조정의"를 "통상변화대응의"로, ""무역조정지원기업""을 ""통상변화대응지원기업""으로 하며, **같은 조** 제2항 각 호 외의 부분 중 "무역조정지원기업"을 "통상변화대응지원기업"으로 하고, 같은 항 제1호 중 "심각한 피해"를 "실질적 영향"으로, "피해가"를 "영향이"로, "를 입었거나 입을 것이 확실할"을 "을 받았거나 받을 우려가 있을"로 하며, 같은 항 제2호를 다음과 같이 하고, **같은 조** 제5항 중 "무역조정지원기업"을 "통상변화대응지원기업"으로 하며, **같은 조** 제6항 중 "심각한 피해"를 "실질적 영향"으로, "같은 종류의 상품·서비스, 직접적으로 경쟁하는 상품·서비스 및 서비스 수입"을 "서비스 무역"으로 한다.
2. 통상조약 등의 이행으로 인한 상품 및 서비스 무역의 변화가 제1호에 따른 영향의 주된 원인일 것
제7조의 제목 "**【무역조정에 필요한 정보제공】**"을 "**【통상변화대응을 위한 기술·경영 혁신 지원】**"으로 하고, **같은 조** 제1항을 다음과 같이 하며, **같은 조** 제2항을 삭제하고, **같은 조** 제3항을 제2항으로 하며, **같은 조** 제2항(종전의 제3항) 중 "관계 중앙행정기관·지방자치단체"를 "통상변화대응지원기업의 기술·경영 혁신을 위하여 관계 중앙행정기관·지방자치단체"로, "제1항에 따른 정보제공에 필요한 자료의 제출을"을 "필요한 조치를"로 하고, **같은 조**에 제3항을 다음과 같이 신설한다.
① 정부는 통상변화대응지원기업의 기술·경영 혁신을 위하여 다음 각 호의 사항을 지원할 수 있다.
1. 기업의 기술·경영 환경 진단 및 중장기 경쟁력 강화 전략의 수립·이행
2. 통상변화대응에 필요한 자금·인력·기술·판로(販路)·입지(立地)·해외진출전략 등에 관한 정보제공·상담 및 분야별 전문가의 파견·알선
3. 그 밖에 통상변화대응지원기업의 기술·경영 혁신을 위하여 필요하다고 인정되는 사항
③ 제1항에 따른 지원의 방법과 절차 등에 관하여 필요한 사항은 대통령령으로 정한다.
제8조를 삭제한다.
제9조제1항 각 호 외의 부분 중 "무역조정지원기업"을 "통상변화대응지원기업"으로, "무역조정계획의 이행"을 "통상변화대응"으로 하고, **같은 조** 제2항 중 "무역조정지원기업"을 "통상변화대응지원기업"으로, "무역조정계획"을 "사업전환 등 통상변화대응을 위한 계획(이하 "통상변화대응계획"이라 한다)"으로 하며, **같은 조** 제3항 및 제4항 중 "무역조정지원기업이 제출한 무역조정계획"을

각각 "통상변화대응지원기업이 제출한 통상변화대응계획"으로 하고, **같은 조** 제5항 중 "무역조정지원기업"을 "통상변화대응지원기업"으로, "무역조정계획"을 "통상변화대응계획"으로 한다.

제10조제1항 중 "무역조정지원기업"을 "통상변화대응지원기업"으로 한다.

제11조의 제목 "【무역조정지원근로자의 지정 등】"을 "【통상변화대응지원근로자의 지정 등】"으로 하고, **같은 조** 제1항 중 "무역피해를 입은 무역조정지원대상업종"을 "통상영향을 받은 통상대응지원업종"으로, "무역조정의"를 "통상변화대응의"로, ""무역조정지원근로자""를 ""통상변화대응지원근로자""로 하며, **같은 조** 제2항 각 호 외의 부분 중 "무역조정지원근로자"를 "통상변화대응지원근로자"로 하고, 같은 항 제2호나목 중 "무역조정지원기업"을 "통상변화대응지원기업"으로 하며, 같은 호 다목을 다음과 같이 하고, 같은 호 라목 중 "무역조정지원기업의"를 "통상변화대응지원기업의"로, "무역조정지원기업으로"를 "통상변화대응지원기업으로"로 하며, **같은 조** 제3항 중 "무역조정지원기업으로"를 "통상변화대응지원기업으로"로, "무역조정지원기업 지정"을 "통상변화대응지원기업 지정"으로, "무역조정지원근로자"를 "통상변화대응지원근로자"로 하고, **같은 조** 제4항 중 "무역조정지원기업"을 "통상변화대응지원기업"으로 한다.

다. 통상조약 등의 이행에 따른 상품 및 서비스 무역의 변화로 인하여 제조시설을 해외로 이전한 기업

제12조제1항 중 "무역조정지원근로자에게"를 "통상변화대응지원근로자에게"로, "무역조정지원근로자가"를 "통상변화대응지원근로자가"로 한다.

제13조제1항 및 제2항 중 "무역조정지원근로자"를 각각 "통상변화대응지원근로자"로 한다.

제13조의2 중 "무역피해로"를 "통상영향으로"로, "제3조제1호"를 "제3조제1항제1호"로, "무역조정지원대상업종"을 "통상대응지원업종"으로 한다.

제14조제1항 중 "무역조정지원대상업종"을 "통상대응지원업종"으로 하고, **같은 조** 제7항 전단 중 "제5조의2(같은 조 제1항제2호는 제외한다) 및 제7조"를 "제7조"로 하며, 같은 항 후단 중 ""무역조정"은 "통상피해대응"으로, "무역피해"는 "통상피해"로, "무역조정지원기업"은 "통상피해지원기업"으로, "무역조정"을 ""통상변화대응"은 "통상피해대응"으로, "통상영향"은 "통상피해"로, "통상변화대응지원기업"은 "통상피해지원기업"으로, "통상변화대응"으로, ""무역조정계획""을 ""통상변화대응계획""으로 한다.

제15조제1항 각 호 외의 부분 중 "무역조정지원대상업종"을 "통상대응지원업종"으로 하고, **같은 조** 제3항 후단 중 ""무역피해"는 "통상피해"로, "무역조정지원근로자""를 ""통상영향"은 "통상피해"로, "통상변화대응지원근로자""로 한다.

제16조의 제목 "【무역조정지원센터의 설치】"를 "【통상변화대응지원센터의 지정 등】"으로 하고, **같은 조** 제1항 각 호 외의 부분 중 "무역조정의"를 "통상변화대응의"로, "종합적"을 "효율적"으로, "「중소기업진흥에 관한 법률」 제68조제1항에 따른 중소벤처기업진흥공단에 무역조정지원센터를 둔다"를 "고용노동부장관과 협의하여 통상변화대응지원센터를 지정할 수 있다"로 하며, 같은 항 제1호 중 "무역조정"을 "통상변화대응"으로 하고, 같은 항 제2호 및 제3호를 각각 다음과 같이 하며, 같은 항에 제4호 및 제5호를 각각 다음과 같이 신설하고, **같은 조** 제2항을 다음과 같이 하며, **같은 조**에 제3항 및 제4항을 각각 다음과 같이 신설한다.

2. 통상영향을 받았거나 받을 우려가 있는 기업이 제6조제1항에 따른 통상변화대응지원기업의 지정신청을 하기 위하여 필요한 서류의 작성 및 제출 지원
3. 제7조에 따른 통상변화대응지원기업에 대한 기술·경영 혁신 지원
4. 제9조에 따른 통상변화대응지원기업에 대한 융자 지원
5. 그 밖에 효율적인 통상변화대응의 지원을 위하여 산업통상자원부장관이 위탁하는 사항

② 통상변화대응지원센터의 장은 제1항제3호에 따른 업무를 수행하기 위하여 필요한 경우에는 전문적인 지식과 경험이 있는 관계 공공기관·연구기관·대학 또는 그 밖의 기관·단체 등에 협조를 요청할 수 있다.

③ 산업통상자원부장관은 통상변화대응지원센터에 대하여 예산의 범위에서 제1항 각 호의 사업을 수행하는 데에 필요한 비용의 전부 또는 일부를 지원할 수 있다.

④ 제1항부터 제3항까지에서 규정한 사항 외에 통상변화대응지원센터의 지정·운영 및 그 취소 등에 관하여 필요한 사항은 대통령령으로 정한다.

제17조제1항 각 호 외의 부분 본문 및 같은 항 제1호 중 "무역조정지원기업"을 각각 "통상변화대응지원기업"으로 하고, **같은 조** 제2항 각 호 외의 부분 및 같은 항 제1호 중 "무역조정지원근로자"를 각각 "통상변화대응지원근로자"로 한다.

제18조를 삭제한다.

제19조제2항 중 "무역조정지원 또는"을 "통상변화대응지원 또는"으로, "무역조정지원기업"을 "통상변화대응지원기업"으로 하고, **같은 조** 제3항 중 "무역조정지원근로자"를 "통상변화대응지원근로자"로 한다.

제20조제1항 중 "무역조정계획"을 "통상변화대응계획"으로, "무역조정지원기업"을 "통상변화대응지원기업"으로, "무역조정에"를 "통상변화대응에"로 한다.

제21조 중 "무역조정지원기업, 통상피해지원기업, 무역조정지원근로자"를 "통상변화대응지원기업, 통상피해지원기업, 통상변화대응지원근로자"로 한다.

제23조제1항제3호를 다음과 같이 한다.

3. 제16조제1항에 따른 통상변화대응지원센터

제25조를 다음과 같이 신설한다.

제25조【벌칙 적용 시 공무원 의제】 다음 각 호의 어느 하나에 해당하는 사람은 「형법」 제127조 및 제129조부터 제132조까지의 규정에 따른 벌칙을 적용할 때에는 공무원으로 본다.

1. 제16조제1항에 따라 지정받은 기관 또는 단체에서 통상변화대응지원센터의 업무를 수행하는 임직원
2. 제16조의2제1항에 따라 지정받은 기관 또는 단체에서 전담기관의 업무를 수행하는 임직원

부 칙

제1조【시행일】 이 법은 2025년 1월 1일부터 시행한다.

제2조【유효기간】 제9조는 이 법 시행일부터 5년이 되는 날까지 효력을 가진다.

제3조【무역조정지원기업에 관한 경과조치】 이 법 시행 당시 종전의 제6조에 따라 무역조정지원기업으로 지정받은 자는 제6조의 개정규정에 따라 이 법에 따른 통상변화대응지원기업으로 지정받은 것으로 본다.

제4조【무역조정지원근로자에 관한 경과조치】 이 법 시행 당시 종전의 제11조에 따라 무역조정지원근로자로 지정받은 자는 제11조의 개정규정에 따라 이 법에 따른 통상변화대응지원근로자로 지정받은 것으로 본다.

제5조【무역조정지원센터에 관한 경과조치】 이 법 시행 당시 종전의 제16조제1항에 따른 중소벤처기업진흥공단은 제16조의 개정규정에 따라 이 법에 따른 통상변화대응지원센터로 지정받은 것으로 본다.

제6조【다른 법률의 개정】 ① **조세특례제한법** 일부를 다음과 같이 개정한다.

제33조의 제목 및 **같은 조** 제1항 전단 중 "무역조정지원기업"을 각각 "통상변화대응지원기업"으로 한다.

제33조제1항 전단 중 "「무역조정 지원 등에 관한 법률」"을 "「통상환경변화 대응 및 지원 등에 관한 법률」"로 한다.

② **지방세특례제한법** 일부를 다음과 같이 개정한다.

제121조의 제목, **같은 조** 제1항 본문, **제122조**의 제목, **같은 조** 제1항 각 호 외의 부분 중 "무역조정지원기업"을 각각 "통상변화대응지원기업"으로 한다.

제121조제1항 본문 중 "「무역조정 지원 등에 관한 법률」"을 "「통상환경변화 대응 및 지원 등에 관한 법률」"로 한다.

대외무역법 일부개정법률

<2024년 1월 25일 제412회 국회 본회의 통과>

대외무역법 일부를 다음과 같이 개정한다.

제5조 각 호 외의 부분에 단서를 다음과 같이 신설한다.

다만, 제4호에 해당하는 경우에는 대통령령으로 정하는 바에 따라 물품등의 수출, 수입, 경유, 환적 또는 중개를 제한하거나 금지할 수 있다.

제19조의 제목 "【전략물자의 고시 및 수출허가 등】"을 "【전략물자】"로 하고, **같은 조** 제1항을 다음과 같이 하며, **같은 조** 제2항부터 제5항까지를 각각 삭제한다.

산업통상자원부장관은 관계 행정기관의 장과 협의하여 국제평화 및 안전유지와 국가안보를 위하여 필요하다고 인정하는 경우에는 대통령령으로 정하는 국제수출통제체제 또는 이에 준하는 다자간 수출통제 공조(이하 "국제수출통제체제등"이라 한다)에 따라 수출허가 등 제한이 필요한 물품등(대통령령으로 정하는 기술을 포함한다. 이하 이 절에서 같다)을 지정·고시하여야 한다.

제19조의2부터 **제19조의6**까지를 각각 다음과 같이 신설한다.

제19조의2【수출허가】 제19조에 따라 지정·고시된 물품등(이하 "전략물자"라 한다)을 수출(제19조에 따른 기술이 다음 각 호의 어느 하나에 해당되는 경우로서 대통령령으로 정하는 경우를 포함한다. 이하 제19조의3부터 제19조의7까지, 제20조, 제20조의2, 제21조, 제22조, 제22조의2, 제24조, 제25조, 제28조, 제30조, 제47조부터 제49조까지, 제53조제1항 및 제53조제2항제2호부터 제7의2호까지, 제53조의2제1호에서 같다)하려는 자 또는 수출신고(「관세법」 제241조제1항에 따른 수출신고를 말한다. 이하 같다)하려는 자는 대통령령으로 정하는 바에 따라 산업통상자원부장관이나 관계 행정기관의 장의 허가(이하 "수출허가"라 한다)를 받아야 한다. 다만, 「방위사업법」 제57조제2항에 따라 허가를 받은 방위산업물자 및 국방과학기술이 전략물자에 해당하는 경우에는 그러하지 아니하다.

1. 국내에서 국외로의 이전
2. 국내 또는 국외에서 대한민국 국민(국내법에 따라 설립된 법인을 포함한다)으로부터 외국인(외국의 법률에 따라 설립된 법인을 포함한다)에게로의 이전

제19조의3【상황허가】 전략물자에는 해당되지 아니하나 대량파괴무기와 그 운반수단인 미사일 및 재래식무기(이하 "대량파괴무기등"이라 한다)의 제조·개발·사용 또는 보관 등의 용도로 이용 또는 전용될 가능성이 높은 물품등을 수출하려는 자 또는 수출신고하려는 자는 수입자나 최종사용자 등이 이를 대량파괴무기등의 제조·개발·사용 또는 보관 등의 용도로 이용 또는 전용할 의도가 있음을 알았거나 다음 각 호의 어느 하나에 해당되어 그러한 의도가 있다고 의심되면 대통령령으로 정하는 바에 따라 산업통상자원부장관이나 관계 행정기관의 장의 허가(이하 "상황허가"라 한다)를 받아야 한다.

1. 수입자가 해당 물품등의 최종용도에 관하여 필요한 정보 제공을 기피하는 경우
2. 해당 물품등이 최종사용자의 사업 분야에 활용되지 아니하는 경우
3. 해당 물품등이 수입국의 기술수준과 현저한 격차가 있는 경우
4. 최종사용자가 해당 물품등이 활용될 분야의 사업 경력이 없는 경우
5. 최종사용자가 해당 물품등에 대한 전문적 지식이 없으면서도 그 물품등의 수출을 요구하는 경우
6. 최종사용자가 해당 물품등에 대한 설치·보수 또는 교육훈련 서비스를 거부하는 경우
7. 해당 물품등의 최종수하인(受荷人)이 운송업자인 경우
8. 해당 물품등에 대한 가격조건이나 지불조건이 통상적인 범위를 벗어나는 경우
9. 해당 물품등의 납기일이 통상적인 기간을 벗어난 경우
10. 해당 물품등의 수송경로가 통상적인 경로를 벗어난 경우
11. 해당 물품등의 수입국 내 사용 또는 재수출 여부가 명백하지 아니한 경우
12. 해당 물품등에 대한 정보나 목적지 등에 대하여 통상적인 범위를 벗어나는 보안을 요구하는 경우
13. 그 밖에 국제정세의 변화 또는 국가안보를 해치는 사유의 발생 등으로 관계 행정기관의 장과 협의하여 산업통상자원부장관이 상황허가를 받도록 정하여 고시하는 경우

제19조의4【경유 또는 환적허가】 전략물자 또는 제19조의3에 따른 상황허가 대상인 물품등(이하 "전략물자등"이라 한다)을 국내 항만이나 공항을 경유하거나 국내에서 환적하려는 자는 대통령령으로 정하는 바에 따라 산업통상자원부장관이나 관계 행정기관의 장의 허가(이하 "경유 또는 환적허가"라 한다)를 받아야 한다.

제19조의5【중개허가】 전략물자등을 제3국에서 다른 제3국으로 수출되도록 중개하려는 자는 대통령령으로 정하는 바에 따라 산업통상자원부장관이나 관계 행정기관의 장의 허가(이하 "중개허가"라 한다)를 받아야 한다. 다만, 「방위사업법」 제57조제2항에 따라 허가를 받은 방위산업물자 및 국방과학기술이 전략물자등에 해당하는 경우에는 그러하지 아니하다.

제19조의6【허가 심사 등】 ① 산업통상자원부장관이나 관계 행정기관의 장은 수출허가, 상황허가, 경유 또는 환적허가 및 중개허가 신청을 받으면 다음 각 호의 기준을 고려하여 해당 허가를 할 수 있다. 이 경우 대통령령으로 정하는 바에 따라 조건을 붙여 해당 허가를 할 수 있다.

1. 해당 전략물자등이 평화적 목적에 사용될 것
2. 해당 전략물자등의 거래가 국제평화 및 안전유지와 국가안보에 영향을 미치지 아니할 것
3. 해당 전략물자등의 수입자나 최종사용자 등이 거래에 적합한 자격을 가지고 있고 그 사용용도를 신뢰할 수 있을 것
4. 그 밖에 국제수출통제체제등에 따라 관계 행정기관의 장과 협의하여 산업통상자원부장관이 정하여 고시하는 기준에 부합할 것

② 산업통상자원부장관이나 관계 행정기관의 장은 제1항 각 호의 기준에 부합하는지 여부를 확인하기 위하여 필요하다고 인정하는 경우 최종사용자 및 사용용도 관련 서류 보완, 증빙자료 제출 등을 요구할 수 있다.

③ 산업통상자원부장관이나 관계 행정기관의 장은 재외공관에서 사용될 공용물품을 수출하는 경우 등 대통령령으로 정하는 사유에 해당하는 경우에는 수출허가, 상황허가, 경유 또는 환적허가 및 중개허가를 면제할 수 있다. 이 경우 해당 허가 면제 사유에 해당하는지 여부를 확인하기 위하여 허가를 면제 받은 자에게 산업통상자원부장관이 정하여 고시하는 서류를 제출하도록 할 수 있다.

제20조를 다음과 같이 한다.

제20조【전문판정】 ① 물품등을 수출, 수출신고, 경유, 환적 또는 중개하려는 자(제19조의2에 따른 기술이전 행위의 전부 또는 일부를 위임하거나 기술이전 행위를 하는 자를 포함한다. 이하 이 조, 제20조의2, 제22조, 제22조의2 및 제28조에서 같다) 또는 정보수사기관의 장 등은 해당 물품등이 전략물자인지 또는 제19조의3제13호에 따른 상황허가 대상 물품등인지 여부를 확인하기 위하여 대통령령으로 정하는 바에 따라 산업통상자원부장관이나 관계 행정기관의 장에게 판정(이하 "전문판정"이라

한다)을 신청할 수 있다. 이 경우 산업통상자원부장관이나 관계 행정기관의 장은 제25조에 따른 무역안보관리원장 또는 대통령령으로 정하는 관련 전문기관에 판정을 위임하거나 위탁할 수 있다.
② 산업통상자원부장관이나 관계 행정기관의 장은 물품등을 수출, 수출신고, 경유, 환적 또는 중개하려는 자가 전문판정 신청 시 물품등의 성능, 용도 및 기술적 특성과 관련하여 제공한 정보의 사실 여부를 점검할 수 있다.
제20조의2를 다음과 같이 신설한다.
제20조의2【자가판정】① 제20조에도 불구하고 물품등을 수출, 수출신고, 경유, 환적 또는 중개하려는 자로서 산업통상자원부장관이 고시하는 교육을 이수한 자는 해당 물품등이 전략물자인지 또는 제19조의3제13호에 따른 상황허가 대상 물품등인지 여부를 스스로 확인하기 위하여 자가판정을 할 수 있다. 이 경우 자가판정을 한 자는 물품등의 성능과 용도 및 기술적 특성 등 산업통상자원부장관이 고시하는 정보를 제24조의 전략물자 수출입관리 정보시스템에 등록하여야 한다.
② 제1항에도 불구하고 다음 각 호의 어느 하나에 해당하는 경우에는 자가판정을 할 수 없다.
1. 기술(제22조에 따른 자율준수무역거래자 중 산업통상자원부장관이 고시하는 무역거래자가 기술을 수출하는 경우는 제외한다)
2. 그 밖에 산업통상자원부장관이 자가판정 대상이 아닌 것으로 고시하는 물품등
③ 산업통상자원부장관이나 관계 행정기관의 장은 물품등을 수출, 수출신고, 경유, 환적 또는 중개하려는 자가 제1항에 따라 스스로 한 자가판정의 결과를 점검할 수 있다.
제21조를 다음과 같이 신설한다.
제21조【이동중지명령 등】① 산업통상자원부장관 또는 관계 행정기관의 장은 전략물자등이 허가를 받지 아니하고 수출, 경유, 환적되거나 거짓이나 그 밖의 부정한 방법으로 허가를 받아 수출, 경유, 환적되는 것(이하 "무허가수출등"이라 한다)을 막기 위하여 필요하면 적법한 수출, 경유, 환적이라는 사실이 확인될 때까지 이동중지명령을 할 수 있다.
② 제1항에도 불구하고 산업통상자원부장관 또는 관계 행정기관의 장은 무허가수출등을 막기 위하여 긴급하게 그 이동을 제한할 필요가 있으면 적법한 수출, 경유, 환적이라는 사실이 확인될 때까지 직접 이동중지조치를 할 수 있다.
③ 산업통상자원부장관 또는 관계 행정기관의 장은 제2항에 따른 이동중지조치를 하기가 적절하지 아니하면 다른 행정기관에 협조를 요청할 수 있다. 이 경우 협조를 요청받은 행정기관은 국가 간 무허가수출등을 막을 수 있도록 협조하여야 한다.
④ 제2항에 따라 이동중지조치를 하는 공무원은 그 권한을 표시하는 증표를 지니고 이를 관계인에게 내보여야 한다.
⑤ 제1항에 따른 이동중지명령 및 제2항에 따른 이동중지조치의 기간과 방법은 국가 간 무허가수출등을 막기 위하여 필요한 최소한도에 그쳐야 한다.
제22조의2를 다음과 같이 신설하고, **제22조**를 **제27조**로 하며, **제27조**를 **제29조**로 하고, **제29조**를 **제25조**로 하며, **제25조**를 **제22조**로 한다.
제22조의2【자율준수무역거래자 등급 조정 및 지정 취소】① 산업통상자원부장관은 제22조제1항에 따라 자율준수무역거래자를 지정하는 경우 대통령령으로 정하는 능력을 갖춘 정도에 따라 자율준수무역거래자의 등급을 달리 정할 수 있다.
② 산업통상자원부장관은 다음 각 호의 어느 하나에 해당하는 경우에는 자율준수무역거래자의 등급을 조정할 수 있다. 다만, 제1호에 따른 능력을 현저히 갖추지 못하였거나 고의나 중대한 과실로 인해 제2호부터 제4호에 해당하는 경우에는 자율준수무역거래자의 지정을 취소할 수 있다.
1. 제22조제1항에 따른 대통령령으로 정하는 능력을 유지하지 못하는 경우
2. 수출허가를 받지 아니하고 전략물자를 수출하거나 수출신고한 경우
3. 상황허가를 받지 아니하고 상황허가 대상인 물품등을 수출하거나 수출신고한 경우
4. 경유 또는 환적허가를 받지 아니하고 전략물자등을 경유 또는 환적한 경우
5. 중개허가를 받지 아니하고 전략물자등을 중개한 경우
6. 제22조제3항에 따른 보고 의무를 이행하지 아니한 경우
7. 제28조에 따른 서류 보관 의무를 이행하지 아니한 경우
제27조(종전의 **제22조**)의 제목 "**【수입목적확인서의 발급】**"을 "**【수입목적확인서】**"로 한다.
제23조를 다음과 같이 한다.
제23조【전략물자수출입고시 등】① 산업통상자원부장관은 관계 행정기관의 장과 협의하여 제19조부터 제22조의2까지, 제27조부터 제28조까지 등에 관한 요령을 고시해야 한다.
② 관세청장은 전략물자등의 수출입통관 절차에 관한 사항을 고시하여야 한다.
제24조 및 **제24조의2**를 각각 삭제하고, **제24조의3**을 **제19조의7**로 하며, **제19조의7**(종전의 **제24조의3**)의 제목 "**【수출허가 등의 취소】**"를 "**【허가 취소】**"로 하고, **같은 조**(종전의 **제24조의3**) 각 호 외의 부분 중 "산업통상자원부장관 또는 관계 행정기관의 장은 수출허가 또는 상황허가, 제23조제3항에 따른 경유 또는 환적 허가, 제24조에 따른 중개허가"를 "산업통상자원부장관이나 관계 행정기관의 장은 수출허가, 상황허가, 경유 또는 환적허가 및 중개허가"로 하며, **제19조의7** 제목 외의 부분을 제1항으로 하고, **같은 조**에 제2항을 다음과 같이 신설한다.
② 제1항에 따라 허가를 취소한 경우 산업통상자원부장관이나 관계 행정기관의 장은 그 사실을 관세청장에게 즉시 통보하여야 한다.
제22조(종전의 **제25조**)제1항 중 "관리능력을"을 "수출입관리 능력을"로, "최종 사용자에"를 "최종사용자에"로 하고, **같은 조** 제2항 중 "수출통제업무"를 "수출입관리업무"로 하며, **같은 조** 제4항을 삭제한다.
제26조를 삭제한다.
제28조를 **제24조**로 하고, **제28조**를 다음과 같이 신설하며, **제29조**(종전의 **제27조**)의 제목 중 "준수 의무"를 "준수"로 하고, **같은 조**(종전의 **제27조**) 중 "수출입통제업무와"를 "수출입관리 업무와"로, "제29조에 따른 전략물자관리원의 임직원과 제29조제5항제1호의"를 "제25조에 따른 무역안보관리원의 임직원과 제25조제5항제4호의"로, "수출입통제업무의"를 "수출입관리 업무의"로, "그 업체"를 "해당 무역거래자"로 한다.
제28조【서류 보관】무역거래자는 다음 각 호의 서류를 5년간 보관하여야 한다.
1. 전략물자등을 수출, 수출신고, 경유, 환적 또는 중개한 자의 경우 그 수출허가, 상황허가, 경유 또는 환적허가 및 중개허가에 관한 서류
2. 전문판정 및 자가판정에 관한 서류
3. 그 밖에 산업통상자원부장관이 관계 행정기관의 장과 협의하여 고시하는 서류
제24조(종전의 **제28조**)의 제목 중 "정보시스템의 구축·운영"을 "정보시스템"으로 하고, **같은 조** 제1항 각 호 외의 부분 중 "제29조에 따른 전략물자관리원"을 "제25조에 따른 무역안보관리원"으로 하며, 같은 항 제1호 중 "수출허가, 상황허가, 제20조제2항에 따른 판정, 제22조에"를 "수출허가, 상황허가, 경유 또는 환적허가, 중개허가, 전문판정, 자가판정, 제27조에"로 하고, 같은 항 제2호 중 "수출입통제"를 "수출입관리"로 한다.
제25조(종전의 **제29조**)의 제목 "**【전략물자관리원의 설립 등】**"을 "**【무역안보관리원의 설립 등】**"으로 하고, **같은 조** 제1항 중 "전략물자의 수출입 업무와 관리 업무"를 "전략물자 수출입관리 업무"로, "전략물자관리원"을 "무역안보관리원"으로 하며, **같은 조** 제3항·제3항 및 제4항 중 "전략물자관리원"을 각각 "무역안보관리원"으로 하고, **같은 조** 제5항 각 호 외의 부분 중 "전략물자관리원"을 "무역안보관리원"으로, "관리정책에"를 "수출입관리 정책에"로 하며, 같은 항 각 호를 다음과 같이 하고, **같은 조** 제6항 중 "전략물자관리원"을 "무역안보관리원"으로, "관리원"을 "무역안보관리원"으로 하며, **같은 조** 제7항 중 "전략물자관리원"을 "무역안보관리원"으로 하고, **같은 조** 제8항 중 "전략물자관리원"을 "무역안보관리원"으로 하며, **제30조**를 **제26조**로 한다.
1. 무역안보 정책수립 지원
2. 무역안보 산업영향분석 및 실태조사 지원
3. 무역안보 국제협력 지원(외교안보 관련 사항은 제외한다)
4. 제20조제1항 후단에 따른 전문판정
5. 전문판정 신청 정보 점검 및 자가판정 결과 점검 등 지원
6. 제24조제1항에 따른 전략물자 수출입관리 정보시스템의 운영
7. 제30조에 따른 전략물자등의 수출입제한 등 및 제48조에 따른 보고·검사 등 지원
8. 전략물자등의 수출입자에 대한 교육
9. 그 밖에 대통령령으로 정하는 업무
제31조를 **제30조**로 하고, **제30조**(종전의 **제31조**)제1항 각 호 외의 부분 중 "수출이나 수입을"을 "수출, 수입, 경유, 환적 또는 중개를"로 하며, 같은 항 각 호를 다음과 같이 한다.
1. 수출허가를 받지 아니하고 전략물자를 수출하거나 수출신고한 자
2. 상황허가를 받지 아니하고 상황허가 대상인 물품등을 수출하거나 수출신고한 자
3. 경유 또는 환적허가를 받지 아니하고 전략물자등을 경유 또는 환적한 자
4. 중개허가를 받지 아니하고 전략물자등을 중개한 자
5. 거짓이나 그 밖의 부정한 방법으로 수출허가, 상황허가, 경유 또는 환적허가 및 중개허가를 받은 자
6. 수출허가, 상황허가, 경유 또는 환적허가 및 중개허가를 받았으나 제19조의6제1항에 따라 산업통상자원부장관이나 관계 행정기관의 장이 정한 조건을 이행하지 아니한 자
7. 제21조제1항에 따른 이동중지명령을 위반하거나 제21조제2항에 따른 이동중지조치를 방해한 자
제47조제2호 중 "제24조의3에"를 "제19조의7에"로 한다.
제48조제1항 각 호 외의 부분 중 "제5조제4호 및 제4호의2에 따라 수출이 제한되거나 금지된 물품등, 전략물자 또는 제19조제3항에 따른 물품등에 대한 수출허가나 상황허가를 받은 자 또는 수출허가나 상황허가를 받지 아니하고 수출하거나 수출하려고"를 "제5조제4호에 따라 제한되거나 금지된 물품등을 수출, 수입, 경유, 환적 또는 중개했거나 하려고 한 자, 제5조제4호의2에 따라 제한되거나 금지된 물품등을 수출, 수입했거나 하려고 한 자 또는 수출허가, 상황허가, 경유 또는 환적허가 및 중개허가를 받지 아니하고 수출, 수출신고, 경유, 환적 또는 중개했거나 하려고"로 하고, 같은 항 제3호 중 "수입자와 최종사용자"를 "수입자·최종사용자"로 하며, 같은 항 제4호 중 "운송 수단"을 "운송수단, 경유국(經由國)"으로 하고, **같은 조** 제2항 및 제3항을 각각 제3항 및 제4항으로 하며, **같은 조**에 제2항을 다음과 같이 신설하고, **같은 조** 제4항(종전의 제3항) 중 "제2항에"를 "제3항에"로 한다.
② 산업통상자원부장관 또는 관계 행정기관의 장은 전문판정 신청 정보 점검이나 자가판정 결과 점검을 위하여 전문판정을 신청한 자 또는 자가판정을 한 자에게 물품등의 성능, 용도 및 기술적 특성을 표시하는 상품안내서, 사양서 등 자료의 제출을 명할 수 있다.
제49조제3호 중 "제23조제3항에 따른 경유 또는 환적 허가 및 제24조에 따른 중개허가를 받지 아니하고"를 "경유 또는 환적허가 및 중개허가를 받지 아니하고"로 하고, **같은 조** 제4호를 다음과 같이 하며, **같은 조**에 제5호부터 제7호까지를 각각 다음과 같이 신설한다.
4. 거짓이나 그 밖의 부정한 방법으로 경유 또는 환적허가 및 중개허가를 받은 자
5. 수출허가, 상황허가, 경유 또는 환적허가 및 중개허가를 받았으나 제19조의6제1항에 따라 산업통상자원부장관이나 관계 행정기관의 장이 정한 조건을 이행하지 아니한 자
6. 제19조의6제3항에 따른 허가 면제 사유를 입증하기 위한 서류를 제출하지 아니한 자
7. 제21조제1항에 따른 이동중지명령을 위반하거나 제21조제2항에 따른 이동중지조치를 방해한 자
제53조제1항 각 호 외의 부분 중 "수출·경유·환적·중개"를 "수출, 경유, 환적 또는 중개"로 하고, 같은 항 각 호를 다음과 같이 한다.
1. 제19조2에 따른 수출허가를 받지 아니하고 전략물자를 수출하거나 수출신고한 자
2. 제19조의3에 따른 상황허가를 받지 아니하고 상황허가 대상인 물품등을 수출하거나 수출신고한 자
3. 제19조의4에 따른 경유 또는 환적허가를 받지 아니하고 전략물자등을 경유 또는 환적한 자
4. 제19조의5에 따른 중개허가를 받지 아니하고 전략물자등을 중개한 자
제53조제2항 각 호 외의 부분 중 "수출·수입·경유·환적·중개"를 "수출, 수입, 경유, 환적 또는 중개"로 하고, 같은 항 제1호 중 "제5조 각 호의 어느 하나에 따른 수출 또는 수입"을 "제5조제1호, 제2호, 제3호, 제4호의2 또는 제5호에 따른 수출, 수입"으로 하며, 같은 항에 제1호의2를 다음과 같이 신설하고, 같은 항 제2호 및 제3호를 각각 다음과 같이 하며, 같은 항에 제3호의2를 다음과 같이 신설하고, 같은 항 제4호 및 제5호를 각각 다음과 같이 하며, 같은 항 제5호의2 및 제5호의3을 각각 제5호의3 및 제5호의4로 하고, 같은 항 제5호의2를 다음과 같이 신설하며, 같은 항 제5호의3(종전의 제5호의2) 및 제5호의4(종전의 제5호의3)를 각각 다음과 같이 하고, 같은 항에 제5호의5를 다음과 같이 신설하며, 같은 항 제6호를 다음과 같이 하고, 같은 항 제7호 중 "제24조에 따른 중개허가"를 "제19조의5에 따른 중개허가"로 하며, 같은 항에 제7호의2를 다음과 같이 신설한다.
1의2. 제5조제4호에 따른 수출, 수입, 경유, 환적 또는 중개의 제한이나 금지조치를 위반한 자
2. 제19조의2에 따른 수출허가를 받지 아니하고 전략물자를 수출하거나 수출신고한 자
3. 거짓이나 그 밖의 부정한 방법으로 제19조의2에 따른 수출허가를 받은 자
3의2. 제19조의2에 따른 수출허가를 받았으나 제19조의6제1항에 따라 산업통상자원부장관이나 관계 행정기관의 장이 정한 조건을 이행하지 아니한 자
4. 제19조의3에 따른 상황허가를 받지 아니하고 상황허가 대상인 물품등을 수출하거나 수출신고한 자
5. 거짓이나 그 밖의 부정한 방법으로 제19조의3에 따른 상황허가를 받은 자
5의2. 제19조의3에 따른 상황허가를 받았으나 제19조의6제1항에 따라 산업통상자원부장관이나 관계 행정기관의 장이 정한 조건을 이행하지 아니한 자
5의3. 제19조의4에 따른 경유 또는 환적허가를 받지 아니하고 전략물자등을 경유 또는 환적한 자
5의4. 거짓이나 그 밖의 부정한 방법으로 제19조의4에 따른 경유 또는 환적허가를 받은 자

5의5. 제19조의4에 따른 경유 또는 환적허가를 받았으나 제19조의6제1항에 따라 산업통상자원부장관이나 관계 행정기관의 장이 정한 조건을 이행하지 아니한 자
6. 제19조의5에 따른 중개허가를 받지 아니하고 전략물자 등을 중개한 자
7의2. 제19조의5에 따른 중개허가를 받았으나 제19조의6제1항에 따라 산업통상자원부장관이나 관계 행정기관의 장이 정한 조건을 이행하지 아니한 자
제53조의2제1호 중 "제23조제1항에"를 "제21조제1항에"로, "위반한"을 "위반하거나 제21조제2항에 따른 이동중지조치를 방해한"으로 한다.
제54조제7호 중 "제27조에"를 "제29조에"로 한다.
제55조 중 "제2항제2호·제4호·제6호"를 "제2항제2호·제4호·제5호의3·제6호"로 한다.
제58조 중 "제29조제5항의"를 "제25조제5항의"로, "전략물자관리원의"를 "무역안보관리원의"로 한다.
제59조제1항에 제3호의2를 다음과 같이 신설하고, 같은 항 제4호 중 "제48조제2항에"를 "제48조제3항에"로 하며, **같은 조** 제2항제1호를 제1호의3으로 한다.
3의2. 제48조제2항을 위반하여 관련되는 자료를 제출하지 아니하거나 거짓으로 자료를 제출한 자
제59조제2항에 제1호 및 제1호의2를 각각 다음과 같이 신설하고, 같은 항 제1호의3(종전의 제1호) 중 "제24조의2에"를 "제28조에"로 하며, **같은 조** 제3항을 삭제하고, **같은 조** 제4항 중 "제3항까지에"를 "제2항까지에"로 한다.
1. 제19조의6제3항에 따른 허가 면제 사유를 입증하기 위한 서류를 제출하지 아니한 자
1의2. 제20조의2제1항 전단을 위반하여 교육을 이수하지 아니하고 자가판정을 한 자 또는 같은 항 후단을 위반하여 자가판정을 한 후 물품등의 성능과 용도 등 정보를 전략물자 수출입관리 정보시스템에 등록하지 아니한 자

부 칙

제1조【시행일】 이 법은 공포 후 6개월이 경과한 날부터 시행한다.
제2조【무역안보관리원의 설치에 관한 경과조치】 ① 이 법 시행 당시 종전의 규정에 따라 설치된 전략물자관리원은 이 법에 따라 설치된 무역안보관리원으로 본다.
② 이 법 시행 당시 종전의 규정에 따른 전략물자관리원의 행위나 전략물자관리원에 대한 행위는 이 법에 따른 무역안보관리원의 행위나 무역안보관리원에 대한 행위로 본다.
제3조【다른 법률의 개정】 ① **산업기술의 유출방지 및 보호에 관한 법률** 일부를 다음과 같이 개정한다.
제11조제3항 중 "「대외무역법」 제19조제1항의"를 "「대외무역법」 제19조의"로, "같은 조 제2항에"를 "제19조의2에"로 한다.
②~③ (생략)

중소기업기본법 일부개정법률

<2024년 1월 25일 제412회 국회 본회의 통과>

중소기업기본법 일부를 다음과 같이 개정한다.

제2조제3항 본문 중 "3년"을 "5년"으로 한다.

부 칙

제1조【시행일】 이 법은 공포 후 6개월이 경과한 날부터 시행한다.
제2조【중소기업자의 범위에 관한 적용례】 제2조제3항 본문의 개정규정은 이 법 시행 이후 규모의 확대 등으로 중소기업에 해당하지 아니하게 되는 경우부터 적용한다.

부정경쟁방지 및 영업비밀보호에 관한 법률 일부개정법률

<2024년 1월 25일 제412회 국회 본회의 통과>

부정경쟁방지 및 영업비밀보호에 관한 법률 일부를 다음과 같이 개정한다.

제2조제1호카목 중 "데이터(「데이터"를 "데이터(「데이터"로, "관리되고 있으며, 비밀로서 관리되고 있지 아니한 기술상 또는 영업상의 정보를 말한다. 이하 같다)"을 "관리되는 기술상 또는 영업상의 정보(제2호에 따른 영업비밀은 제외한다)를 말한다. 이하 같다)"로 한다.
제7조의2를 다음과 같이 신설한다.
제7조의2【자료열람요구 등】 ① 제7조에 따른 조사의 양 당사자 또는 대리인 등 대통령령으로 정하는 자는 특허청장, 시·도지사 또는 시장·군수·구청장에게 제7조에 따른 조사와 관련된 자료의 열람 또는 복사를 요구할 수 있다. 이 경우 특허청장, 시·도지사 또는 시장·군수·구청장은 다음 각 호의 어느 하나에 해당하는 자료를 제외하고는 이에 따라야 한다.
1. 제2조제2호에 따른 영업비밀
2. 그 밖에 다른 법률에 따른 비공개자료
② 제1항에 따른 열람 또는 복사의 절차, 방법 및 그 밖에 필요한 사항은 대통령령으로 정한다.
제8조제1항을 제4항으로 하고, **같은 조**에 제1항을 다음과 같이 신설하며, **같은 조** 제2항 중 "특허청장, 시·도지사 또는 시장·군수·구청장"을 "특허청장"으로, "시정권고를"을 "시정권고나 시정명령을"로, "시정권고 사실"을 "시정권고나 시정명령 사실"로 하고, **같은 조** 제3항 중 "제2항"을 "제1항에 따른 시정권고나 시정명령 및 제2항"으로 하며, **같은 조** 제4항(종전의 제1항) 중 "특허청장, 시·도지사"를 "시·도지사"로, "있다"를 "있으며, 위반행위를 한 자가 시정권고를 이행하지 아니한 때에는 위반행위의 내용 및 시정권고 사실 등을 공표할 수 있다"로 하고, 같은 항에 후단을 다음과 같이 신설하며, **같은 조**에 제5항을 다음과 같이 신설한다.
① 특허청장은 제2조제1호(아목과 파목은 제외한다)의 부정경쟁행위나 제3조, 제3조의2제1항 또는 제2항을 위반한 행위가 있다고 인정되면 그 위반행위를 한 자에게 30일 이내의 기간을 정하여 위반행위의 중지, 표지 등의 제거나 수정, 향후 재발 방지, 그 밖에 시정에 필요한 사항을 권고하거나 시정을 명할 수 있다.
이 경우 시정권고 또는 공표의 절차 및 방법 등에 관하여는 제3항을 준용한다.
⑤ 시·도지사 또는 시장·군수·구청장은 위반행위를 한 자가 제4항에 따른 시정권고를 이행하지 아니한 때에는 특허청장에게 제1항에 따른 시정명령을 하여줄 것을 요청할 수 있다.
제9조 중 "시정권고"를 "시정권고, 시정명령"으로 한다.
제9조의8을 다음과 같이 신설한다.
제9조의8【영업비밀 훼손 등의 금지】 누구든지 정당한 권한 없이 또는 허용된 권한을 넘어 타인의 영업비밀을 훼손·멸실·변경하여서는 아니 된다.
제14조의2제6항 중 "3배"를 "5배"로 한다.
제14조의4제1항제1호 중 "증거에 영업비밀이 포함되어 있다는 것"을 "증거 또는 제14조의7에 따라 송부된 조사기록에 영업비밀이 포함되어 있다는 것"으로 한다.
제14조의7을 다음과 같이 신설한다.
제14조의7【기록의 송부 등】 ① 법원은 다음 각 호의 어느 하나에 해당하는 소가 제기된 경우로서 필요하다고 인정하는 때에는 특허청장, 시·도지사 또는 시장·군수·구청장에게 제7조에 따른 부정경쟁행위 등의 조사기록(사건관계인, 참고인 또는 감정인에 대한 심문조서 및 속기록 기타 재판상 증거가 되는 일체의 것을 포함한다)의 송부를 요구할 수 있다. 이 경우 조사기록의 송부를 요구받은 특허청장, 시·도지사 또는 시장·군수·구청장은 정당한 이유가 없으면 이에 따라야 한다.
1. 제4조에 따른 부정경쟁행위 등의 금지 또는 예방 청구의 소
2. 제5조에 따른 손해배상 청구의 소
② 특허청장, 시·도지사 또는 시장·군수·구청장은 제1항에 따라 법원에 조사기록을 송부하는 경우 해당 조사기록에 관한 당사자(이하 "조사기록당사자"라 한다)의 성명, 주소, 전화번호(휴대전화 번호를 포함한다), 그 밖에 법원이 제5항에 따른 고지를 하는 데 필요한 정보를 함께 제공하여야 한다.
③ 특허청장, 시·도지사 또는 시장·군수·구청장은 제1항에 따라 법원에 조사기록을 송부하였을 때에는 조사기록당사자에게 법원의 요구에 따라 조사기록을 송부한 사실 및 송부한 조사기록의 목록을 통지하여야 한다.
④ 조사기록당사자 또는 그 대리인은 제1항에 따라 송부된 조사기록에 영업비밀이 포함되어 있는 경우에는 법원에 열람 범위 또는 열람할 수 있는 사람의 지정을 신청할 수 있다. 이 경우 법원은 기록송부 요구의 목적 내에서 열람할 수 있는 범위 또는 열람할 수 있는 사람을 지정할 수 있다.
⑤ 법원은 제4항에 따라 조사기록당사자 또는 그 대리인이 열람 범위 또는 열람할 수 있는 사람의 지정을 신청하기 전에 상대방 당사자 또는 그 대리인으로부터 제1항에 따라 송부된 조사기록에 대한 열람·복사의 신청을 받은 경우에는 특허청장, 시·도지사 또는 시장·군수·구청장이 제2항에 따라 특정한 조사기록당사자에게 상대방 당사자 또는 그 대리인의 열람·복사 신청 사실 및 제4항에 따라 열람 범위 또는 열람할 수 있는 사람의 지정을 신청할 수 있음을 고지하여야 한다. 이 경우 법원은 조사기록당사자가 열람 범위 또는 열람할 수 있는 사람의 지정을 신청할 수 있는 기간을 정할 수 있다.
⑥ 법원은 제5항 후단의 기간에는 제1항에 따라 송부된 조사기록을 다른 사람이 열람·복사하게 하여서는 아니 된다.
⑦ 제5항에 따른 고지를 받은 조사기록당사자가 같은 항 후단의 기간에 제4항에 따른 신청을 하지 아니하는 경우 법원은 제5항 본문에 따른 상대방 당사자 또는 그 대리인의 열람·복사 신청을 인용할 수 있다.
⑧ 제1항, 제2항 및 제4항부터 제7항까지에 따른 절차, 방법 및 그 밖에 필요한 사항은 대법원규칙으로 정한다.
제15조제2항 중 "제3조부터 제6조까지 및 제18조제3항과"를 "제3조, 제3조의2, 제3조의3, 제4조부터 제7조까지, 제7조의2, 제8조, 제18조제4항 및 제20조와"로 한다.
제18조제3항부터 제5항까지를 각각 제4항부터 제6항까지로 하고, **같은 조**에 제3항을 다음과 같이 신설한다.
③ 부정한 이익을 얻거나 영업비밀 보유자에게 손해를 입힐 목적으로 제9조의8을 위반하여 타인의 영업비밀을 훼손·멸실·변경한 자는 10년 이하의 징역 또는 5억원 이하의 벌금에 처한다.
제18조의5를 다음과 같이 신설한다.
제18조의5【몰수】 제18조제1항 각 호 또는 제4항 각 호의 어느 하나에 해당하는 행위를 조성한 물건 또는 그 행위로부터 생긴 물건은 몰수한다.
제19조 중 "제4항"을 "제5항"으로, "법인 또는 개인에게도"를 "법인에게는 해당 조문에 규정된 벌금형의 3배 이하의 벌금형을, 그 개인에게는"으로 한다.
제19조의2를 다음과 같이 신설한다.
제19조의2【공소시효에 관한 특례】 제19조에 따른 행위자가 제18조제1항 또는 같은 조 제2항의 적용을 받는 경우에는 제19조에 따른 법인에 대한 공소시효는 10년이 지나면 완성된다.
제20조제1항에 제1호의2를 다음과 같이 신설한다.
1의2. 제8조제1항에 따른 시정명령을 정당한 사유 없이 이행하지 아니한 자

부 칙

제1조【시행일】 이 법은 공포 후 6개월이 경과한 날부터 시행한다.
제2조【손해배상책임에 관한 적용례】 제14조의2제6항의 개정규정은 이 법 시행 이후 발생하는 위반행위부터 적용한다.
제3조【몰수에 관한 적용례】 제18조의5의 개정규정은 이 법 시행 이후 발생한 범죄행위부터 적용한다.
제4조【공소시효에 관한 경과조치】 이 법 시행 전에 범한 죄에 대하여는 제19조의2의 개정규정에도 불구하고 종전의 규정에 따른다.

중소기업제품 구매촉진 및 판로지원에 관한 법률 일부개정법률

<2024년 1월 25일 제412회 국회 본회의 통과>

중소기업제품 구매촉진 및 판로지원에 관한 법률 일부를 다음과 같이 개정한다.

제5조에 제6항 및 제7항을 각각 다음과 같이 신설한다.
⑥ 중소벤처기업부장관이 「조달사업에 관한 법률」 제9조제1항에 따른 통계를 활용하여 공공기관의 중소기업제품 구매실적을 확인할 수 있는 경우에는 그 확인으로 제1항 및 제4항에 따른 구매실적의 통보 및 제출을 갈음할 수 있다.
⑦ 중소벤처기업부장관은 조달청장에게 제6항에 따른 구매실적의 확인을 위하여 필요한 통계의 제공을 요청할 수 있다. 이 경우 요청을 받은 조달청장은 특별한 사유가 없으면 이에 따라야 한다.
제16조 본문 및 단서 중 "3년"을 각각 "4년"으로 한다.
제34조제2항 중 "제13조제2항"을 "제13조제2항, 제15조, 제17조제3항 및 제4항"으로 한다.

부 칙

이 법은 공포 후 6개월이 경과한 날부터 시행한다. 다만, 제5조제6항 및 제7항의 개정규정은 공포한 날부터 시행한다.

특허법 일부개정법률

<2024년 1월 25일 제412회 국회 본회의 통과>

특허법 일부를 다음과 같이 개정한다.

제128조제8항 중 "3배"를 "5배"로 한다.

부 칙

제1조【시행일】 이 법은 공포 후 6개월이 경과한 날부터 시행한다.
제2조【손해배상책임에 관한 적용례】 제128조제8항의 개정규정은 이 법 시행 이후 발생하는 위반행위부터 적용한다.

식품위생법 일부개정법률

<개정 2024.2.13 법률20308호>

식품위생법 일부를 다음과 같이 개정한다.

제7조에 제5항을 다음과 같이 신설한다.
⑤ 식품의약품안전처장은 거짓이나 그 밖의 부정한 방법으로 제2항에 따른 기준 및 규격의 인정을 받은 자에 대하여 그 인정을 취소하여야 한다.
제9조에 제5항을 다음과 같이 신설한다.
⑤ 식품의약품안전처장은 거짓이나 그 밖의 부정한 방법으로 제2항에 따른 기준 및 규격의 인정을 받은 자에 대하여 그 인정을 취소하여야 한다.
제9조의2제6항을 제7항으로 하고, **같은 조**에 제6항을 다음과 같이 신설한다.
⑥ 식품의약품안전처장은 거짓이나 그 밖의 부정한 방법으로 제5항에 따른 재생원료에 관한 인정을 받은 자에 대하여 그 인정을 취소하여야 한다.
제18조제7항 및 제8항을 각각 제8항 및 제9항으로 하고, **같은 조**에 제7항을 다음과 같이 신설하며, **같은 조** 제8항(종전의 제7항) 중 "그 밖에"를 "제2항부터 제6항까지에서 규정한 사항 외에"로 한다.
⑦ 식품의약품안전처장은 거짓이나 그 밖의 부정한 방법으로 제1항에 따른 안전성 심사를 받은 자에 대하여 그 심사에 따른 안전성 승인을 취소하여야 한다.
제81조에 제1호의3을 다음과 같이 신설한다.
1의3. 제7조제5항·제9조제5항·제9조의2제6항에 따른 인정의 취소 또는 제18조제7항에 따른 안전성 승인의 취소
제95조에 제1호의2를 다음과 같이 신설한다.
1의2. 거짓이나 그 밖의 부정한 방법으로 제7조제2항·제9조제2항·제9조의2제5항에 따른 인정 또는 제18조제1항에 따른 안전성 심사를 받은 자

부 칙

이 법은 공포 후 3개월이 경과한 날부터 시행한다.

장애인복지법 일부개정법률

<개정 2024.2.13 법률20291호>

장애인복지법 일부를 다음과 같이 개정한다.

제32조제8항을 제9항으로 하고, **같은 조** 제9항(종전의 제8항) 중 "제1항 및 제3항부터 제6항까지"를 "제1항, 제3항부터 제6항까지 및 제8항"으로, "장애판정위원회"를 "장애판정위원회, 등록증의 진위 또는 유효 여부 확인"으로 하며, **같은 조**에 제8항을 다음과 같이 신설한다.
⑧ 보건복지부장관 또는 특별자치시장·특별자치도지사·시장·군수·구청장은 「사회보장기본법」 제37조에 따른 사회보장정보시스템을 이용하여 등록증의 진위 또는 유효 여부 확인이 필요한 경우에 이를 확인하여 줄 수 있다.
제32조의3제2항제1호에 단서를 다음과 같이 신설한다.
다만, 제1항제1호의 경우는 제외한다.
제59조의5 제목 중 "불이익조치"를 "불이익조치 등"으로 하고, **같은 조** 제목 외의 부분을 제1항으로 하며, **같은 조**에 제2항을 다음과 같이 신설한다.
② 누구든지 장애인학대 및 장애인 대상 성범죄 신고를 하지 못하도록 방해하거나 장애인학대 및 장애인 대상 성범죄 신고인에게 신고를 취소하도록 강요하여서는 아니 된다.
제59조의8제1항 중 "장애인학대사건"을 "장애인학대관련범죄"로 한다.
제59조의15제1항 중 "장애인학대사건"을 "장애인학대관련범죄"로 한다.
제62조제1항제6호를 제7호로 하고, 같은 항에 제6호를 다음과 같이 신설한다.
6. 장애인복지시설에서 다음 각 목의 성폭력범죄 또는 학대관련범죄가 발생한 때
가. 「성폭력범죄의 처벌 등에 관한 특례법」 제2조제1항제3호부터 제5호까지의 성폭력범죄
나. 「아동·청소년의 성보호에 관한 법률」 제2조제3호의 아동·청소년대상 성폭력범죄
다. 「아동복지법」 제3조제7호의2의 아동학대관련범죄
라. 「노인복지법」 제1조의2제5호의 노인학대관련범죄
마. 「장애인복지법」 제2조제4항의 장애인학대관련범죄
바. 그 밖에 대통령령으로 정하는 성폭력범죄 또는 학대관련범죄
제72조제3항 중 "기사자격증은"을 "기사자격증을"로, "자에게 대여하지 못한다"를 "사람에게 빌려주거나 빌리는 행위 또는 이를 알선하는 행위를 하여서는 아니 된다"로 한다.
제72조의2제4항 중 "자격증은"을 "자격증을"로, "대여하지 못한다"를 "빌려주거나 빌리는 행위 또는 이를 알선하는 행위를 하여서는 아니 된다"로 한다.
제72조의3제4항 중 "자격증은"을 "자격증을"로, "대여하지 못한다"를 "빌려주거나 빌리는 행위 또는 이를 알선하는 행위를 하여서는 아니 된다"로 한다.
제86조의2제1항 중 "제59조의5제1호에 해당하는 불이익조치를 한"을 "다음 각 호의 어느 하나에 해당하는"으로 하고, 같은 항에 각 호를 다음과 같이 신설하며, **같은 조** 제2항 중 "제59조의5제2호"를 "제59조의5제1항제2호"로 한다.
1. 제59조의5제1항제1호에 해당하는 불이익조치를 한 자
2. 제59조의5제2항을 위반하여 장애인학대 및 장애인 대상 성범죄 신고를 방해하거나 장애인학대 및 장애인 대상 성범죄 신고를 취소하도록 강요한 자
제87조에 제2호의2 및 제13호부터 제16호까지를 각각 다음과 같이 신설한다.
2의2. 다른 사람의 등록증을 사용하거나 제32조의3제1항에 따라 장애인 등록이 취소된 이후에 등록증을 사용한 자
13. 제72조제3항을 위반하여 의지·보조기 기사자격증을 빌려주거나 빌리는 행위 또는 이를 알선하는 행위를 한 사람
14. 제72조의2제4항을 위반하여 언어재활사 자격증을 빌려주거나 빌리는 행위 또는 이를 알선하는 행위를 한 사람
15. 제72조의3제4항을 위반하여 장애인재활상담사 자격증을 빌려주거나 빌리는 행위 또는 이를 알선하는 행위를 한 사람
16. 제76조에 따라 자격이 취소된 후 의지·보조기 기사, 언어재활사, 장애인재활상담사의 업무를 한 사람
제88조제2호를 삭제한다.

부 칙

이 법은 공포 후 3개월이 경과한 날부터 시행한다. 다만, 제32조, 제32조의3 및 제87조제2호의2의 개정규정은 공포한 날부터 시행하고, 제59조의8, 제59조의15 및 제62조의 개정규정은 공포 후 6개월이 경과한 날부터 시행한다.

영유아보육법 일부개정법률

<개정 2024.2.13 법률20290호>

영유아보육법 일부를 다음과 같이 개정한다.

제8조제2항을 다음과 같이 하고, **같은 조** 제6항 중 "제2항제3호 및 제4호"를 "제2항제8호"로 한다.
② 진흥원은 다음 각 호의 업무를 수행한다.
1. 보육정책 및 보육사업에 관한 조사·연구 및 정책분석
2. 원활한 어린이집 운영 및 보육서비스 제공을 위한 지원
3. 제22조제1항에 따른 보육교직원의 자격 검정 및 자격증 교부 등 지원
4. 제23조 및 제23조의2에 따라 실시하는 보수교육의 총괄 관리 및 지원
5. 보육서비스 품질 관리를 위하여 제25조의2에 따른 부모모니터링단 운영의 지원, 제30조에 따른 어린이집 평가의 지원 및 제30조의2에 따른 공공형어린이집의 지정을 위한 지원과 제41조에 따른 지도와 명령 및 제42조에 따른 보고와 검사에 대한 사전준비 또는 사후관리 지원
6. 제26조에 따라 실시하는 취약보육 관련 사업의 지원
7. 제26조의2에 따라 제공하는 시간제보육 서비스 관련 사업의 지원
8. 영유아 보육 관련 교육 및 홍보에 관한 업무
9. 가정양육 지원에 관한 업무
10. 그 밖에 이 법 또는 다른 법령 등에 따라 보건복지부장관, 국가 또는 지방자치단체로부터 위탁받은 업무
법률 제19898호 영유아보육법 일부개정법률 제8조제2항제1호를 다음과 같이 한다.
1. 보육정책 및 보육사업에 관한 조사·연구 및 정책분석
제34조의2제5항을 제7항으로 하고, **같은 조**에 제5항 및 제6항을 각각 다음과 같이 신설한다.
⑤ 양육수당을 받을 권리는 양도하거나 담보로 제공할 수 없으며, 압류 대상으로 할 수 없다.
⑥ 양육수당으로 지급받은 금품은 압류할 수 없다.
제36조 중 "보육교사"를 "보육교직원"으로 한다.

부 칙

이 법은 공포한 날부터 시행한다. 다만, 제34조의2제5항·제6항 및 제36조의 개정규정은 공포 후 6개월이 경과한 날부터 시행한다.

달빛철도 건설을 위한 특별법

(2024년 2월 13일
법 률 제20294호)

제1장 총 칙

제1조【목적】 이 법은 광주광역시와 대구광역시를 연결하는 철도의 신속한 건설에 필요한 사항을 규정함으로써 국토의 균형발전 및 국가경쟁력 강화에 이바지함을 목적으로 한다.

제2조【정의】 이 법에서 사용하는 용어의 뜻은 다음과 같다.

1. "달빛철도"란 광주광역시와 대구광역시를 잇기 위해 건설되는 「철도의 건설 및 철도시설 유지관리에 관한 법률」 제2조제4호에 따른 일반철도를 말한다.
2. "달빛철도 건설사업"이란 달빛철도 건설을 위한 다음 각 목의 사업을 말한다.
   가. 「철도의 건설 및 철도시설 유지관리에 관한 법률」 제2조제6호 각 목의 시설 건설사업
   나. 「철도의 건설 및 철도시설 유지관리에 관한 법률」 제2조제6호 각 목에 따른 건설사업으로 인하여 주거지를 상실하는 자를 위한 주거시설 등 생활편익시설의 기반조성사업
   다. 「철도의 건설 및 철도시설 유지관리에 관한 법률」 제15조제1항에 따라 설치하는 공공시설·군사시설 또는 공용건축물(철도시설은 제외한다)의 건설사업
   라. 건설된 철도시설의 토지등(「공익사업을 위한 토지 등의 취득 및 보상에 관한 법률」 제2조제1호에 따른 토지등을 말한다)을 취득하거나 그 사용권원(使用權原)을 확보하는 사업
   마. 그 밖에 철도 건설과 관련한 시설의 조성 등 대통령령으로 정하는 사업

제3조【기본방향】 국가는 다음 각 호의 특성이 구현될 수 있는 방향으로 달빛철도를 건설하여야 한다.

1. 영호남 간 여객·물류의 확장과 향후 미래 수요를 반영한 첨단화 추진
2. 철도시설 관리 및 철도차량 운행에 대한 안전이 확보된 철도의 신속한 건설
3. 영호남 간 지역화합과 상생발전
4. 수도권의 집중을 완화하고 지방을 활성화하는 국토의 균형발전

제4조【국가와 지방자치단체의 책무】 ① 국가와 지방자치단체는 달빛철도 건설사업을 원활하고 효율적으로 추진하기 위하여 상호 협력하여야 하며, 사업의 성공적 추진을 위하여 노력하여야 한다.
② 국가는 달빛철도 건설사업이 안정적으로 추진될 수 있도록 재원조달계획 등을 수립하여 필요한 재원이 반영되도록 노력하여야 한다.

제5조【다른 법률과의 관계】 ① 이 법은 달빛철도 건설사업에 대하여 다른 법률에 우선하여 적용한다. 다만, 다른 법률에 이 법의 규제에 관한 특례보다 완화된 규정이 있으면 그 법률에서 정하는 바에 따른다.
② 달빛철도 건설사업에 관하여 이 법에 규정된 것을 제외하고는 「철도의 건설 및 철도시설 유지관리에 관한 법률」에 따른다.

제6조【다른 계획과의 관계】 이 법에 따른 달빛철도 건설에 관한 기본계획과 실시계획은 다른 법률에 따른 계획에 우선한다. 다만, 다음 각 호에 해당하는 계획에 대하여는 그러하지 아니하다.

1. 「국토기본법」 제6조제2항제1호에 따른 국토종합계획
2. 「국가통합교통체계효율화법」 제4조에 따른 국가기간교통망계획
3. 「철도의 건설 및 철도시설 유지관리에 관한 법률」 제4조에 따른 국가철도망 구축계획

제2장 달빛철도 건설 및 지원 등

제7조【예비타당성조사 실시에 관한 특례】 기획재정부장관은 달빛철도 건설사업의 신속하고 원활한 추진을 위하여 필요하다고 인정되는 경우에는 「국가재정법」 제38조제1항에도 불구하고 예비타당성조사를 면제할 수 있다.

제8조【기본계획의 수립】 ① 국토교통부장관은 달빛철도 건설에 관한 기본계획(이하 "기본계획"이라 한다)을 수립하여야 한다.
② 기본계획에는 다음 각 호의 사항이 포함되어야 한다.

1. 달빛철도의 수요 예측
2. 철도 건설의 경제성·타당성과 그 밖의 관련 사항의 평가
3. 개략적인 노선 및 차량 기지 등의 배치계획
4. 공사 내용, 공사 기간 및 사업시행자
5. 개략적인 공사비 및 재원조달계획
6. 연차별 공사시행계획
7. 환경의 보전·관리에 관한 사항
8. 지진 대책
9. 그 밖에 대통령령으로 정하는 사항

③ 기본계획의 수립 또는 변경에 관하여는 「철도의 건설 및 철도시설 유지관리에 관한 법률」 제7조제3항부터 제5항까지를 준용한다.
④ 「환경영향평가법」 제9조에 따른 전략환경영향평가에 대해서는 기본계획을 같은 법 제9조제1항제7호에 따른 철도의 건설에 관한 계획으로 본다.

제9조【달빛철도 건설사업의 시행자】 ① 달빛철도 건설사업은 국가, 지방자치단체 또는 「국가철도공단법」에 따라 설립된 국가철도공단(이하 "국가철도공단"이라 한다)이 시행한다. 다만, 「사회기반시설에 대한 민간투자법」에 따라 철도를 건설하는 경우에는 그 법에서 정하는 자가 시행한다.
② 국토교통부장관은 달빛철도 건설사업을 효율적으로 시행하기 위하여 필요하다고 인정하면 대통령령으로 정하는 바에 따라 그 사업의 전부 또는 일부를 제1항에 규정한 자 외의 「공공기관의 운영에 관한 법률」 제4조에 따른 공공기관으로 하여금 시행하게 할 수 있다.

제10조【실시계획의 승인 등】 ① 제9조에 따른 달빛철도 건설사업의 시행자(이하 "사업시행자"라 한다)는 사업의 규모와 내용, 사업 구역, 사업 기간, 그 밖에 대통령령으로 정하는 사항을 포함한 달빛철도 건설사업 실시계획(이하 "실시계획"이라 한다)을 작성하여 국토교통부장관의 승인을 받아야 한다. 이 경우 사업시행자는 달빛철도 건설사업을 효율적으로 하기 위하여 필요하다고 인정하면 기본계획의 범위에서 구간별 또는 시설별로 실시계획을 작성할 수 있다.
② 실시계획의 승인, 고시 및 변경에 관하여서는 「철도의 건설 및 철도시설 유지관리에 관한 법률」 제9조제2항부터 제9항까지를 준용한다.
③ 「환경영향평가법」 제22조에 따른 환경영향평가에 대해서는 달빛철도 건설사업을 같은 법 제22조제1항제7호에 따른 철도의 건설사업으로 본다.

제11조【인·허가등의 의제】 ① 국토교통부장관이 제10조제1항 및 제2항에 따라 실시계획을 승인 또는 변경승인을 한 경우에는 다음 각 호의 협의·승인·허가·인가·동의·해제·결정·신고·지정·면허·심의·처분·등록 등(이하 "인·허가등"이라 한다)이 있는 것으로 보고, 제10조제2항에 따라 실시계획의 승인이 고시된 때에는 다음 각 호의 법률에 따른 인·허가등의 고시 또는 공고가 있는 것으로 본다.

1. 「건설기술 진흥법」 제5조에 따른 건설기술심의위원회의 심의
2. 「건축법」 제4조에 따른 건축위원회의 심의, 같은 법 제11조에 따른 건축허가, 같은 법 제14조에 따른 건축신고, 같은 법 제20조에 따른 가설건축물의 허가·신고, 같은 법 제29조에 따른 공용건축물의 건축 협의
3. 「공간정보의 구축 및 관리 등에 관한 법률」 제86조제1항에 따른 사업의 착수·변경 또는 완료의 신고
4. 「공유수면 관리 및 매립에 관한 법률」 제8조에 따른 공유수면의 점용·사용허가, 같은 법 제17조에 따른 점용·사용 실시계획의 승인 또는 신고, 같은 법 제28조에 따른 공유수면의 매립면허, 같은 법 제35조에 따른 국가등이 시행하는 매립의 협의 또는 승인 및 같은 법 제38조에 따른 공유수면매립실시계획의 승인
5. 「광업법」 제24조에 따른 광업권설정의 불허가처분, 같은 법 제34조에 따른 광업권의 취소 및 광구(鑛口)의 감소처분
6. 「국토의 계획 및 이용에 관한 법률」 제30조에 따른 도시·군관리계획의 결정(같은 법 제2조제6호의 기반시설만 해당한다), 같은 법 제56조에 따른 개발행위허가, 같은 법 제86조에 따른 도시·군계획시설사업시행자의 지정 및 같은 법 제88조에 따른 도시·군계획시설사업 실시계획의 인가
7. 「군사기지 및 군사시설 보호법」 제9조제1항제1호에 따른 통제보호구역 등에의 출입허가, 같은 법 제13조에 따른 행정기관의 허가등에 관한 협의
8. 「농지법」 제34조에 따른 농지의 전용허가 또는 협의
9. 「대기환경보전법」 제23조, 「물환경보전법」 제33조 및 「소음·진동관리법」 제8조에 따른 배출시설 설치의 허가 또는 신고
10. 「도로법」 제107조에 따른 도로관리청과의 협의 또는 승인(같은 법 제19조에 따른 도로 노선의 지정·고시, 같은 법 제25조에 따른 도로구역의 결정, 같은 법 제36조에 따른 도로관리청이 아닌 자에 대한 도로공사 시행의 허가 및 같은 법 제61조에 따른 도로의 점용허가에 관한 것으로 한정한다)
11. 「부동산 거래신고 등에 관한 법률」 제11조에 따른 토지거래계약에 관한 허가
12. 「사도법」 제4조에 따른 사도(私道) 개설의 허가
13. 「사방사업법」 제14조에 따른 사방지에서의 벌채 등의 허가 및 같은 법 제20조에 따른 사방지지정의 해제
14. 「산림보호법」 제9조제1항 및 제2항제1호·제2호에 따른 산림보호구역(산림유전자원보호구역은 제외한다)에서의 행위의 허가·신고, 같은 법 제11조제1항제1호에 따른 산림보호구역 지정의 해제, 「산림자원의 조성 및 관리에 관한 법률」 제36조제1항 및 제5항에 따른 입목벌채등의 허가·신고
15. 「산업집적활성화 및 공장설립에 관한 법률」 제13조에 따른 공장설립등의 승인 및 신고(철도건설사업에 직접 필요한 공사용시설로서 건설 기간 중에 설치되는 공장만 해당한다)
16. 「소방시설 설치 및 관리에 관한 법률」 제6조제1항에 따른 건축허가등의 동의, 「소방시설공사업법」 제13조제1항에 따른 소방시설공사의 신고, 「위험물안전관리법」 제6조제1항에 따른 제조소등의 설치허가
17. 「수도법」 제17조제1항에 따른 일반수도사업의 인가, 같은 법 제52조 및 제54조에 따른 전용수도설치의 인가
18. 「자연공원법」 제71조제1항에 따른 공원관리청과의 협의(같은 법 제23조에 따른 공원구역에서의 행위허가에 관한 것만 해당한다)
19. 「장사 등에 관한 법률」 제27조제1항에 따른 무연분묘(無緣墳墓)의 개장(改葬) 허가
20. 「전기안전관리법」 제8조에 따른 자가용전기설비의 공사계획의 인가 또는 신고
21. 「초지법」 제21조의2에 따른 초지에서의 형질변경 등 같은 조 각 호의 행위에 따른 허가, 같은 법 제23조에 따른 초지전용의 허가 또는 협의
22. 「폐기물관리법」 제29조에 따른 폐기물처리시설 설치의 승인 또는 신고
23. 「하수도법」 제16조에 따른 공공하수도 공사시행의 허가, 같은 법 제24조에 따른 공공하수도의 점용허가 및 같은 법 제34조에 따른 개인하수처리시설의 설치·신고
24. 「하천법」 제6조에 따른 하천관리청과의 협의 또는 승인(같은 법 제30조에 따른 하천공사시행의 허가 및 같은 법 제33조에 따른 하천의 점용 등의 허가에 관한 것에 한정한다), 같은 법 제50조에 따른 하천수의 사용허가

② 제1항에서 규정한 사항 외에 인·허가등 의제의 기준 및 효과 등에 관하여는 「행정기본법」 제24조부터 제26조까지에 따른다. 이 경우 같은 법 제24조제4항 전단 중 "20일"은 "30일"로 본다.

제12조【역세권개발사업】 국토교통부장관 또는 특별시장·광역시장·특별자치시장·도지사·특별자치도지사는 달빛철도 역세권을 체계적이고 효율적으로 개발하기 위해 「역세권의 개발 및 이용에 관한 법률」에 따라 역세권 개발구역 지정 및 역세권개발사업 등을 추진할 수 있다.

제13조【비용부담】 ① 달빛철도 건설사업 시행에 필요한 비용의 부담은 「철도의 건설 및 철도시설의 유지관리에 관한 법률」에서 정하는 바에 따른다.
② 제12조에 따른 역세권개발사업의 시행에 필요한 비용의 부담은 「역세권의 개발 및 이용에 관한 법률」에서 정하는 바에 따른다.

제14조【지역기업의 우대】 사업시행자는 대통령령으로 정하는 공사·물품·용역 등의 계약을 체결하는 경우에는 달빛철도 건설사업이 시행되는 지역에 주된 영업소를 두고 있는 자를 대통령령으로 정하는 바에 따라 우대할 수 있다.

제3장 보 칙

제15조【보고·검사 등】 ① 국토교통부장관은 이 법의 시행을 위하여 필요한 경우에는 사업시행자에게 달빛철도 건설사업에 관하여 필요한 보고를 하게 하거나 자료의 제출을 명할 수 있으며, 소속공무원으로 하여금 사업시행자의 사무실·사업장 또는 그 밖에 필요한 장소에 출입하여 달빛철도 건설사업에 관한 업무를 검사하게 할 수 있다.
② 제1항에 따라 달빛철도 건설사업에 관한 업무를 검사하는 공무원은 그 권한을 표시하는 증표를 지니고 이를 관계인에게 보여주어야 한다.
③ 제2항에 따른 증표에 관하여 필요한 사항은 국토교통부령으로 정한다.

제16조【승인의 취소 및 공사의 중지 명령 등】 ① 국토교통부장관은 사업시행자가 다음 각 호의 어느 하나에 해당하는 경우에는 제10조제1항에 따른 실시계획의 승인 또는 제10조제2항에 따른 실시계획의 변경승인(이하 "실시계획의 승인등"이라 한다)을 취소하거나, 공사의 중지·변경, 시설물 또는 물건의 개축·변경 또는 이전 등을 명할 수 있다.

1. 거짓이나 그 밖에 부정한 방법으로 허가 또는 승인을 받은 경우
2. 실시계획의 승인등의 내용을 위반한 경우
3. 이 법에 따른 명령이나 처분을 위반하는 경우
4. 사정이 변경되어 달빛철도 건설사업을 계속 할 수 없게 되는 경우

② 국토교통부장관은 제1항에 따른 처분 또는 명령을 하였을 때에는 대통령령으로 정하는 바에 따라 그 사실을 고시하여야 한다.
③ 제1항에 따른 처분의 세부기준 및 그 밖에 필요한 사항은 국토교통부령으로 정한다.

제17조【청문】 국토교통부장관은 제16조제1항에 따른 처분을 하려면 「행정절차법」에 따라 청문을 하여야 한다.

제18조【권한의 위임】 이 법에 따른 국토교통부장관의 권한은 대통령령으로 정하는 바에 따라 그 일부를 소속기관의 장 또는 관계 지방자치단체의 장에게 위임할 수 있다.

제4장 벌 칙

제19조【벌칙】 정당한 사유 없이 제16조에 따른 명령을 위반한 자는 300만원 이하의 벌금에 처한다.
제20조【양벌규정】 법인의 대표자나 법인 또는 개인의 대리인, 사용인, 그 밖의 종업원이 그 법인 또는 개인의 업무에 관하여 제19조에 해당하는 위반행위를 하면 행위자를 벌하는 외에 그 법인 또는 개인에게도 해당 조문의 벌금형을 과(科)한다. 다만, 법인 또는 개인이 그 위반행위를 방지하기 위하여 해당 업무에 관하여 상당한 주의와 감독을 게을리하지 아니한 경우에는 그러하지 아니하다.
제21조【과태료】 ① 다음 각 호의 어느 하나에 해당하는 자에게는 300만원 이하의 과태료를 부과한다.
1. 정당한 사유 없이 제5조제2항에서 준용하는 「철도의 건설 및 철도시설 유지관리에 관한 법률」 제10조에 따른 사업시행자의 행위를 거부 또는 방해한 자
2. 제15조제1항에 따른 보고 또는 자료 제출을 하지 아니하거나 거짓으로 한 자 및 검사를 거부·방해 또는 기피한 자
② 제1항에 따른 과태료는 대통령령으로 정하는 바에 따라 국토교통부장관이 부과·징수한다.

부 칙

이 법은 공포 후 6개월이 경과한 날부터 시행한다.

기업도시개발 특별법 일부개정법률

<개정 2024.2.13 법률20293호>

기업도시개발 특별법 일부를 다음과 같이 개정한다.

제6조제2항 각 호 외의 부분 본문 중 "100만제곱미터"를 "50만제곱미터"로 하고, 각 호 외의 부분 단서를 다음과 같이 하며, 같은 항 제1호 중 "혁신도시와"를 "혁신도시 등 산업 및 생활 여건이 우수한 지역과"로, "경우 : 최소면적의 2분의 1 이상"을 "경우"로 하고, 같은 항 제2호 중 "경우 : 최소면적의 3분의 2 이상"을 "경우"로 하며, 같은 항 제3호를 삭제한다.
다만, 다음 각 호의 경우에는 개발구역의 면적을 최소면적의 2분의 1 이상으로 한다.
제8조제2항제2호 중 "해당 기업도시의 산업시설용지"를 "산업·연구·관광·레저·업무 등 해당 기업도시의 주된 기능에 사용되는 토지의"로 하고, 같은 항에 제3호를 다음과 같이 신설한다.
3. 「중소기업창업 지원법」 제53조제1항에 따른 창업보육센터 등 해당 기업도시의 일자리 창출을 위한 시설의 설치비용에의 충당
제12조의2 및 **제12조의3**을 각각 다음과 같이 신설한다.
제12조의2【통합개발계획의 승인 등】 ① 제4조에 따라 개발구역 지정을 제안하는 자가 제10조제3항부터 제5항까지에 따른 개발사업의 시행자의 요건을 모두 충족하였을 경우에는 개발계획과 실시계획을 통합한 개발계획(이하 "통합계획"이라 한다)을 작성하여 국토교통부장관의 승인을 받을 수 있다. 승인받은 통합계획을 변경(대통령령으로 정하는 경미한 사항의 변경은 제외한다)하는 경우에도 같다.
② 제1항에 따라 국토교통부장관이 통합계획을 승인하였을 경우 다음 각 호의 사항 또한 지정 또는 승인한 것으로 본다.
1. 제5조에 따른 개발구역의 지정
2. 제10조에 따른 개발사업의 시행자 지정
3. 제11조에 따른 개발계획의 승인
4. 제12조에 따른 실시계획의 승인
③ 통합계획에 따른 개발구역 지정의 제안 및 개발구역 지정·지정요건·해제에 관한 사항은 제4조부터 제7조까지를 준용한다.
④ 통합계획에 대하여는 제8조, 제11조부터 제14조까지, 제14조의2, 제17조, 제18조, 제21조, 제22조, 제24조, 제27조부터 제30조까지, 제33조, 제34조의2, 제35조, 제37조, 제47조 및 제48조를 준용한다. 이 경우 "개발계획" 및 "실시계획"은 "통합계획"으로 본다.
⑤ 국토교통부장관은 제1항에 따라 통합계획을 승인하거나 변경승인하는 경우에는 대통령령으로 정하는 바에 따라 공청회를 열어 주민 및 관계 전문가 등의 의견을 들어야 한다.
⑥ 국토교통부장관은 제1항에 따라 통합계획을 승인하거나 변경승인하였을 때에는 대통령령으로 정하는 바에 따라 그 사실을 관보에 고시하여야 한다.
⑦ 통합계획에 「환경영향평가법」 제9조에 따른 전략환경영향평가의 대상이 되는 사항이 포함되어 있는 경우에는 같은 법 제50조가 정하는 바에 따른다.
제12조의3【통합심의】 ① 위원회는 실시계획 및 통합계획과 관련된 다음 각 호의 사항을 통합하여 심의(이하 "통합심의"라 한다)할 수 있다.
1. 「건축법」 제4조에 따라 건축위원회가 심의하는 사항
2. 「경관법」 제27조 및 제28조에 따른 경관에 관한 사항
3. 「교육환경 보호에 관한 법률」 제6조에 따른 교육환경에 대한 평가
4. 「국가통합교통체계효율화법」 제38조에 따른 연계교통체계구축대책
5. 「국토의 계획 및 이용에 관한 법률」 제2조제4호에 따른 도시·군관리계획 관련 사항
6. 「대도시권 광역교통 관리에 관한 특별법」 제7조 및 제7조의2에 따른 광역교통개선대책
7. 「도시교통정비 촉진법」 제16조에 따른 교통영향평가
8. 「산지관리법」에 따른 해당 기업도시 예정지역의 산지이용계획 관련 사항
9. 「자연재해대책법」 제4조에 따른 재해영향평가등
10. 그 밖에 국토교통부장관이 필요하다고 인정하여 위원회에 부치는 사항
② 제1항에 따라 통합심의를 받으려는 자는 위원회에 제1항 각 호와 관련된 서류를 제출하여야 하며 최종의견서를 제출할 수 있다. 이 경우 위원회는 승인과 관련된 사항, 제안자의 최종의견서 및 관계 기관 의견서 등을 종합적으로 검토하여 심의하여야 한다.
③ 통합심의를 거친 경우에는 다음 각 호에서 정한 위원회의 심의를 거친 것으로 본다.
1. 「건축법」 제4조에 따라 설치된 건축위원회
2. 「경관법」 제29조에 따라 설치된 경관위원회
3. 「교육환경 보호에 관한 법률」 제5조에 따라 설치된 시·도교육환경보호위원회
4. 「국가통합교통체계효율화법」 제106조에 따른 국가교통위원회
5. 「국토의 계획 및 이용에 관한 법률」 제106조에 따른 중앙도시계획위원회 및 제113조에 따른 지방도시계획위원회
6. 「대도시권 광역교통 관리에 관한 특별법」 제8조에 따른 대도시권광역교통위원회
7. 「도시교통정비 촉진법」 제19조에 따른 교통영향평가심의위원회
8. 「산지관리법」 제22조에 따라 설치된 산지관리위원회
9. 「자연재해대책법」 제4조제8항에 따른 재해영향평가심의위원회
제33조의2 제목 외의 부분을 제1항으로 하고, **같은 조**에 제2항 및 제3항을 각각 다음과 같이 신설한다.
② 국토교통부장관은 「국토의 계획 및 이용에 관한 법률」 제40조의3제1항에도 불구하고 개발구역의 일부 또는 전부를 도시혁신구역으로 지정 또는 변경할 수 있다.
③ 그 밖에 도시혁신구역 지정 등에 관한 사항은 「국토의 계획 및 이용에 관한 법률」 제40조의3제2항·제3항·제5항 및 제40조의6제1항·제2항을 준용한다. 다만, 같은 법 제40조의3제7항에도 불구하고 도시혁신구역의 지정 및 변경과 도시혁신계획의 수립 및 변경에 관한 사항은 대통령령으로 달리 정할 수 있다.
제34조의2에 제3항을 다음과 같이 신설한다.
③ 기업도시에서 신기술이 효율적으로 활용될 수 있도록 시장·군수 및 개발사업의 시행자는 입주기업이 다음 각 호의 법률에 따른 임시허가, 실증 및 규제 적용의 특례 등을 부여받을 수 있도록 지원하여야 하며, 해당 특례의 신청을 받은 중앙행정기관의 장은 그 적용을 적극적으로 검토하여야 한다.
1. 「금융혁신지원 특별법」
2. 「산업융합 촉진법」
3. 「스마트도시 조성 및 산업진흥 등에 관한 법률」
4. 「정보통신 진흥 및 융합 활성화 등에 관한 특별법」
5. 「행정규제기본법」 제5조의2에 따라 우선허용·사후규제 원칙을 규정하는 법률
제38조 전단 중 "외국교육기관(「초·중등교육법」 제2조에 따른 학교는 제외한다)"을 "외국교육기관"으로 한다.
제39조제2항에 제4호의2를 다음과 같이 신설한다.
4의2. 통합계획에 관한 사항
제39조의2를 다음과 같이 신설한다.
제39조의2【실무위원회 설치 등】 ① 위원회는 효율적인 운영을 위하여 위원회로부터 위임받은 사항을 심의하는 실무위원회를 둘 수 있다. 이 경우 실무위원회의 심의를 거친 사항은 위원회의 심의를 거친 것으로 본다.
② 실무위원회의 위원장은 실무위원회의 심의 결과에 대하여 위원회의 의견을 들어야 하며, 위원회 위원장이 해당 심의 결과에 대하여 재심의를 할 필요가 있다고 판단하는 경우에는 위원회에서 재심의를 하여야 한다.
③ 실무위원회의 위원은 다음 각 호의 사람이 되고, 위원장은 제2호에 해당하는 사람 중 위원들이 호선하며, 위원장은 원활한 심의를 위하여 필요한 경우 제1호의 사람 중 국토교통부 소속 공무원을 부위원장으로 임명할 수 있다.
1. 관계 중앙행정기관 및 해당 개발구역 또는 혁신도시를 관할하는 시·도(이하 "해당 시·도"라 한다) 소속의 관계 부서의 장으로서 고위공무원단에 속하는 공무원(시·도의 경우에는 3급 이상인 공무원을 말한다)과 국토교통부에서 기업도시 또는 혁신도시 관련 업무를 담당하는 고위공무원단에 속하는 공무원
2. 도시계획·건축·교통·환경·재해 분야 등에 학식과 경험이 풍부한 전문가로서 위원회의 위원장이 위촉하는 사람
3. 다음 각 목의 위원회의 위원으로서 해당 위원회의 위원장이 추천하는 사람
가. 「건축법」 제71조제4항에 따른 중앙건축위원회
나. 「경관법」 제29조에 따라 해당 시·도에 설치된 경관위원회
다. 「교육환경 보호에 관한 법률」 제5조에 따른 시·도교육환경보호위원회
라. 「대도시권 광역교통 관리에 관한 특별법」 제8조에 따른 대도시권광역교통위원회
마. 「국가통합교통체계효율화법」 제106조에 따른 국가교통위원회
바. 「도시교통정비 촉진법」 제19조에 따른 국토교통부 소속의 교통영향평가심의위원회
사. 「산지관리법」 제22조에 따라 개발구역에 속한 산지의 이용계획에 대한 심의권한을 가진 산지관리위원회
아. 「자연재해대책법」 제4조제8항에 따른 재해영향평가심의위원회
4. 「국토의 계획 및 이용에 관한 법률」 제113조제1항에 따라 해당 시·도에 설치된 시·도도시계획위원회의 위원 중 도시계획전문가·설계전문가·환경전문가 각 1인 이상을 포함하여 해당 위원회의 위원장이 추천하는 사람
④ 제3항 각 호에 따른 위원별 최소 구성 인원 등 실무위원회의 구성 및 운영 등에 필요한 사항은 대통령령으로 정한다.
제6장에 **제51조의2**를 다음과 같이 신설한다.
제51조의2【벌칙 적용 시의 공무원 의제】 위원회 및 제39조의2에 따른 실무위원회의 위원 중 공무원이 아닌 위원은 「형법」 제129조부터 제132조까지를 적용할 때에는 공무원으로 본다.
제52조제1호 중 "제10조제1항 또는 제2항"을 "제10조제1항·제2항 또는 제12조의2제2항제2호"로 하고, **같은 조** 제2호 중 "제11조제1항"을 "제11조제1항 또는 제12조의2제2항제3호"로 하며, **같은 조** 제3호 중 "제12조제1항"을 "제12조제1항 또는 제12조의2제2항제4호"로 한다.
제53조제1호의2 중 "제12조제1항"을 "제12조제1항 또는 제12조의2제2항제4호"로 한다.

부 칙

제1조【시행일】 이 법은 공포 후 6개월이 경과한 날부터 시행한다.
제2조【개발구역 지정의 요건 등에 관한 적용례】 제6조제2항의 개정규정은 이 법 시행 이후 개발구역을 지정하는 경우부터 적용한다.
제3조【도시혁신구역 지정 등에 관한 적용례】 제33조의2의 개정규정은 이 법 시행 후 개발구역을 지정하거나 승인된 개발계획 및 실시계획을 변경하는 경우부터 적용한다.

도로법 일부개정법률

<개정 2024.2.13 법률20295호>

도로법 일부를 다음과 같이 개정한다.

제56조제1항에 후단을 다음과 같이 신설하고, **같은 조** 제2항을 제5항으로 하며, **같은 조**에 제2항부터 제4항까지를 각각 다음과 같이 신설하고, **같은 조** 제5항(종전의 제2항) 중 "제1항에"를 "제1항부터 제4항까지에"로, "그"를 "관리, 그"로 한다.

이 경우 도로대장은 전자적 처리가 불가능한 특별한 사유가 없으면 전자적 처리가 가능한 방법으로 작성하고 보관·관리하여야 한다.

② 제1항 전단에도 불구하고 도로관리청은 도로관리청이 아닌 자가 도로대장의 변경을 수반하는 도로공사 등 대통령령으로 정하는 도로공사를 시행하는 경우에는 도로대장의 작성에 관한 업무를 해당 도로공사의 시행자가 대행하게 하여야 한다.

③ 제2항에 따라 도로대장의 작성에 관한 업무를 대행하는 자는 도로공사를 준공하였을 때에는 지체 없이 도로대장을 작성하여 대통령령으로 정하는 바에 따라 도로관리청에게 제출하여야 한다.

④ 도로관리청은 도로공사, 도로의 유지·관리 등에 따라 도로대장의 정보가 생성되거나 변경된 때에는 도로대장을 작성 또는 수정하여 대통령령으로 정하는 바에 따라 국토교통부장관에게 제출하여야 한다.

제56조의2 및 **제56조의3**을 각각 다음과 같이 신설한다.

제56조의2【도로대장 통합관리체계】 ① 국토교통부장관은 도로대장을 활용 및 관리하기 위하여 도로대장 통합관리체계를 구축·운영하여야 한다.

② 국토교통부장관은 제1항에 따른 도로대장 통합관리체계를 효율적으로 관리하기 위하여 도로관리청, 관계 행정기관 및 「공공기관의 운영에 관한 법률」 제4조에 따른 공공기관(이하 이 조에서 "도로관리청등"이라 한다)에 필요한 자료를 요청할 수 있다. 이 경우 도로관리청등은 특별한 사유가 없으면 그 요청에 따라야 한다.

③ 도로관리청은 제1항에 따른 도로대장 통합관리체계를 활용하여 다음 각 호의 업무를 수행할 수 있다.

1. 제56조에 따른 도로대장의 작성·보관·관리 및 제출
2. 제2항에 따른 자료의 제출
3. 그 밖에 국토교통부장관이 도로대장의 효율적인 활용 및 관리를 위하여 필요하다고 인정하는 업무

④ 제1항부터 제3항까지의 규정에 따른 도로대장 통합관리체계의 구축·운영·관리·활용 및 그 밖에 필요한 사항은 대통령령으로 정한다.

제56조의3【도로대장 활용지원】 국토교통부장관 및 시·도지사는 도로대장의 활용을 촉진하기 위하여 필요한 지원을 할 수 있다.

제108조 중 "제55조,"를 "제55조, 제56조의2제3항,"으로 한다.

제110조제3항 각 호 외의 부분 중 "다음"을 "제56조의2에 따른 도로대장 통합관리체계의 구축·운영 업무와 다음"으로 한다.

제117조제2항 각 호 외의 부분 후단 중 "제1호 및 제2호에"를 "제2호 및 제3호에"로 하고, 같은 항 제1호부터 제7호까지를 각각 제2호부터 제8호까지로 하며, 같은 항에 제1호를 다음과 같이 신설한다.

1. 제56조제3항을 위반하여 도로대장을 제출하지 아니하거나 거짓으로 제출한 자

부 칙

제1조【시행일】 이 법은 공포 후 1년이 경과한 날부터 시행한다.

제2조【도로대장 작성 업무의 대행에 관한 적용례】 제56조제2항의 개정규정은 이 법 시행 이후 도로관리청이 아닌 자가 도로대장의 변경을 수반하는 도로공사 등 대통령령으로 정하는 도로공사를 시행하는 경우부터 적용한다.

제3조【도로대장의 보관·관리 등에 관한 경과조치】 도로관리청은 이 법 시행일 당시 종전의 규정에 의하여 작성된 소관 도로대장을 2031년 12월 31일까지 제56조제1항의 개정규정에 따라 보관·관리하고 제56조의2에 따른 도로대장 통합관리체계에 등재하여야 한다.

자동차관리법 일부개정법률

<개정 2024.2.13 법률20299호>

자동차관리법 일부를 다음과 같이 개정한다.

법률 제19685호 자동차관리법 일부개정법률 제2조에 제1호의7 및 제4호의3부터 제4호의6까지를 각각 다음과 같이 신설하고, **같은 조** 제11호에 단서를 다음과 같이 신설한다.

1의7. "커넥티드자동차"란 「국가통합교통체계효율화법」 제2조제3호에 따른 교통수단, 같은 조 제4호에 따른 교통시설, 그 밖의 장치·시설·장비·기기 등과 무선 정보통신 기술을 활용하여 정보를 송신 또는 수신하는 자동차를 말한다.

4의3. "자동차 사이버공격·위협"이란 해킹, 컴퓨터바이러스, 서비스 거부, 전자기파 등 전자적 수단으로 자동차의 부품·장치·정보통신기기 또는 이와 관련된 정보시스템을 침입·교란·마비·파괴하거나 자동차의 소프트웨어, 자동차제어 정보 등을 위조·변조·훼손·유출하는 행위 및 그와 관련된 위협을 말한다.

4의4. "자동차 사이버보안 관리체계"란 자동차 사이버공격·위협으로부터 자동차를 보호하기 위한 관리적·기술적·물리적 보호조치를 포함한 종합적 관리체계를 말한다.

4의5. "소프트웨어"란 「소프트웨어 진흥법」 제2조제1호에 따른 소프트웨어로서 자동차에 설치되는 것을 말한다.

4의6. "소프트웨어 업데이트"란 소프트웨어를 변경, 추가 또는 삭제하는 것을 말한다.

다만, 자동차의 구조·장치의 물리적 변경 없이 소프트웨어 업데이트만 하는 경우는 제외한다.

제4조의2제2항제4호의2 중 "신기술이"를 "커넥티드자동차 등 신기술이"로, "마련 및"을 "마련, 안전관리 및"으로 한다.

제29조의2제1항 후단 중 "지원하여야"를 "출연하거나 지원하여야"로 한다.

제29조의3제1항 중 "자동차제작·판매자등이 사고기록장치를 장착할 경우에는"을 "자동차제작·판매자등은 차종, 용도, 승차인원 등 국토교통부령으로 정하는 기준에 따른 자동차에"로, "장착하여야"를 "사고기록장치를 장착하여야"로 하고, **같은 조** 제4항 중 "기록정보 및 결과보고서의 제공방법"을 "기록정보의 제공방법, 결과보고서의 작성기준 및 제공방법"으로 한다.

법률 제19685호 자동차관리법 일부개정법률 제30조의3제1항제3호의4를 제3호의6으로 하고 제3호의4, 제3호의5 및 제9호를 각각 다음과 같이 신설한다.

3의4. 제30조의9제1항을 위반하여 자동차 사이버보안 관리체계 인증을 받지 아니한 경우

3의5. 제30조의11제1항에 따라 자동차 사이버보안 관리체계 인증이 취소되었거나 효력이 정지된 경우

9. 자동차 사이버보안 관리체계 인증의 내용과 다르게 제작등을 한 자동차를 판매한 경우

법률 제19685호 자동차관리법 일부개정법률 제30조의9를 다음과 같이 신설한다.

제30조의9【자동차 사이버보안 관리체계 인증 등】 ① 자동차의 종류·생산수량·기능 등을 고려하여 국토교통부령으로 정하는 자동차(이하 "인증 적용 자동차"라 한다)에 대하여 자동차자기인증을 하려는 자동차제작자등은 자동차 사이버보안 관리체계를 수립하여 국토교통부장관의 인증(이하 "자동차 사이버보안 관리체계 인증"이라 한다)을 받아야 한다.

② 자동차 사이버보안 관리체계 인증을 받은 자가 인증받은 사항을 변경하려는 경우에는 국토교통부장관의 변경인증을 받아야 한다. 다만, 국토교통부령으로 정하는 경미한 사항을 변경하는 경우에는 국토교통부장관에게 신고하여야 한다.

③ 국토교통부장관은 자동차 사이버보안 관리체계 인증을 위하여 관리적·기술적·물리적 보호조치를 포함한 인증기준(이하 "자동차 사이버보안 관리체계 인증기준"이라 한다)과 그 밖에 필요한 사항을 정하여 고시할 수 있다.

④ 국토교통부장관은 제3항에 따른 자동차 사이버보안 관리체계 인증기준을 정하는 경우에는 미리 과학기술정보통신부장관과 협의하여야 한다.

⑤ 국토교통부장관은 제1항 및 제2항에 따른 자동차 사이버보안 관리체계 인증 등에 관한 업무를 효율적으로 수행하기 위하여 성능시험대행자로 하여금 다음 각 호의 업무를 대행하게 할 수 있다. 이 경우 국토교통부장관은 자동차 사이버보안 관리체계 인증을 위한 시설의 구축, 장비의 설치 및 심사 등에 드는 비용을 출연하거나 지원하여야 한다.

1. 자동차 사이버보안 관리체계 인증을 신청한 자동차제작자등이 수립한 자동차 사이버보안 관리체계가 자동차 사이버보안 관리체계 인증기준에 적합한지 여부를 확인하기 위한 심사 또는 제2항에 따른 변경인증에 대한 심사
2. 인증서 발급·관리
3. 그 밖에 자동차 사이버보안 관리체계 인증을 위하여 국토교통부장관이 필요하다고 인정하는 업무

⑥ 자동차 사이버보안 관리체계 인증 및 제2항에 따른 변경인증의 절차·방법·유효기간, 그 밖에 필요한 사항은 국토교통부령으로 정한다.

법률 제19685호 자동차관리법 일부개정법률 제30조의10을 다음과 같이 신설한다.

제30조의10【자동차 사이버보안 관리체계 관련 자료의 제출 요구】 ① 국토교통부장관은 자동차 사이버보안 관리체계의 안전성·신뢰성 확보를 위하여 필요하다고 인정하는 경우에는 자동차 사이버보안 관리체계 인증을 받은 자에게 국토교통부령으로 정하는 바에 따라 자동차 사이버보안 관리체계 수립 및 운영에 관한 자료의 제출을 요구할 수 있다. 이 경우 자료의 제출을 요구받은 자는 정당한 사유 없이 자료의 제출을 거부할 수 없다.

② 국토교통부장관은 제1항에 따른 자료를 제69조에 따른 전산정보처리조직을 통하여 기록하여 관리할 수 있다.

법률 제19685호 자동차관리법 일부개정법률 제30조의11을 다음과 같이 신설한다.

제30조의11【자동차 사이버보안 관리체계 인증의 취소 등】 ① 국토교통부장관은 자동차 사이버보안 관리체계 인증을 받은 자가 다음 각 호의 어느 하나에 해당하면 그 인증을 취소하거나 6개월 이내의 기간을 정하여 그 효력의 정지를 명할 수 있다. 다만, 제1호 또는 제2호에 해당하는 경우에는 그 인증을 취소하여야 한다.

1. 거짓이나 그 밖의 부정한 방법으로 자동차 사이버보안 관리체계 인증을 받은 경우
2. 자동차 사이버보안 관리체계 인증의 효력정지기간 중에 인증 적용 자동차를 판매한 경우
3. 제30조의9제2항을 위반하여 변경인증을 받지 아니하고 인증받은 사항을 변경하거나 변경신고를 하지 아니한 경우
4. 자동차 사이버보안 관리체계 인증기준에 적합하지 아니하게 된 경우
5. 제30조의10을 위반하여 정당한 사유 없이 자료의 제출을 거부한 경우

② 제1항에 따른 자동차 사이버보안 관리체계 인증의 취소·효력정지의 기준 및 절차, 그 밖에 필요한 사항은 국토교통부령으로 정한다.

법률 제19685호 자동차관리법 일부개정법률 제30조의12를 다음과 같이 신설한다.

제30조의12【자동차 사이버공격·위협의 신고 등】 ① 제30조의9제1항에 따라 자동차 사이버보안 관리체계 인증을 받은 자동차제작자등은 제2조제4호의3에 따른 자동차 사이버공격·위협과 관련된 사고가 발생한 때에는 국토교통부장관에게 즉시 그 사실을 신고하여야 한다.

② 국토교통부장관은 제1항에 따른 신고가 「정보통신망 이용촉진 및 정보보호 등에 관한 법률」 제2조제7호에 따른 침해사고에 해당하는 경우에는 이와 관련된 정보를 과학기술정보통신부장관 또는 한국인터넷진흥원에 지체 없이 공유하여야 한다.

③ 자동차 사이버공격·위협에 관하여 이 법에서 규정한 사항 외에는 「정보통신망 이용촉진 및 정보보호 등에 관한 법률」을 적용한다.

제31조제6항 중 "화재"를 "화재, 자동차의 장치가 운전자의 의도와 다르게 작동하여 발생한 사고"로 한다.

법률 제19685호 자동차관리법 일부개정법률 제34조의5를 다음과 같이 신설한다.

제34조의5【자동차제작자등의 소프트웨어 업데이트】

① 자동차제작자등이 소프트웨어 업데이트(이하 "업데이트"라 한다)를 실시(자동차사용자 또는 자동차정비업자 등에게 업데이트를 수행하는 소프트웨어를 제공하는 것을 포함한다. 이하 같다)하는 경우에는 다음 각 호의 사항을 준수하여야 한다.

1. 업데이트를 한 후에도 자동차의 모든 장치 및 기능이 정상적으로 작동되도록 할 것
2. 업데이트를 한 후에도 자동차의 해당 업데이트와 관련된 구조 및 장치가 자동차안전기준에 적합하도록 할 것
3. 업데이트가 자동차 사이버공격·위협으로부터 보호되는 상태에서 안전하게 실시되도록 할 것
4. 업데이트 실시 전·후 해당 업데이트에 관한 정보를 자동차사용자에게 제공할 것
5. 업데이트의 내용과 이력을 기록·보관하고, 해당 정보의 훼손, 손실 및 위조·변조를 방지할 것
6. 그 밖에 안전하고 원활한 업데이트에 필요한 사항으로서 국토교통부령으로 정하는 사항

② 자동차제작자등은 국토교통부령으로 정하는 자동차의 안전운행과 관련된 업데이트를 하려는 때에는 그 내용과 방법 등이 제1항 각 호에 적합하다는 사실을 증명하는 자료를 국토교통부장관에게 미리 제출하여야 한다.

③ 제30조제3항에 따라 자동차자기인증을 한 자동차제작자등은 국토교통부장관에게 제2항에 따른 자료를 제출하려는 경우 국토교통부령으로 정하는 사항에 대하여 성능시험대행자의 확인을 거쳐야 한다.

④ 자동차제작자등은 업데이트를 한 이력과 그 내용에 관한 자료를 국토교통부령으로 정하는 바에 따라 국토교통부장관에게 제출하여야 한다.

⑤ 국토교통부장관은 제2항 및 제4항에 따른 자료를 제69조에 따른 전산정보처리조직을 통하여 처리할 수 있다.
⑥ 다음 각 호의 자동차에 대해서는 제1항부터 제5항까지를 적용하지 아니한다.
1. 제27조제1항에 따른 임시운행허가를 받아 허가 기간 내에 운행하는 자동차
2. 제70조에 따른 특례를 인정받은 자동차
3. 운행 목적이나 특성 상 별도로 관리할 필요가 있다고 인정되는 것으로서 국토교통부령으로 정하는 자동차
⑦ 제2항 및 제4항에 따라 제출하여야 하는 자료와 제출방법 등은 국토교통부령으로 정한다.
법률 제19685호 자동차관리법 일부개정법률 제34조의6을 다음과 같이 신설한다.
제34조의6【업데이트의 적정성 조사 등】 ① 국토교통부장관은 업데이트의 안전성 확보를 위하여 필요하다고 인정하는 경우에는 성능시험대행자에게 업데이트의 내용과 방법 및 관리실태의 적정성에 관한 조사를 하게 할 수 있다. 이 경우 국토교통부장관은 조사에 드는 비용을 출연하거나 지원하여야 한다.
② 성능시험대행자는 제1항에 따른 조사를 실시하는 경우 조사를 받는 자의 업데이트와 관련된 시설, 장비, 자동차, 장부, 서류 또는 그 밖의 물건을 검사하거나 관계인에게 질문할 수 있다.
③ 제1항에 따른 조사의 절차 등에 관하여서는 제72조제3항 및 제4항을 준용한다. 이 때 "검사"는 "조사"로, "공무원"은 "성능시험대행자"로 본다.
④ 국토교통부장관은 제1항에 따른 조사 결과 등에 따라 업데이트가 적정하게 이루어지지 아니하였거나 그러할 우려가 있다고 인정하는 경우 해당 업데이트를 하였거나 하려는 자에게 국토교통부령으로 정하는 바에 따라 시정을 명할 수 있다.
⑤ 제4항에 따른 시정명령을 받은 자는 국토교통부령으로 정하는 바에 따라 시정조치 계획과 진행 상황을 국토교통부장관에게 보고하여야 한다.
법률 제19685호 자동차관리법 일부개정법률 제34조의7을 다음과 같이 신설한다.
제34조의7【커넥티드자동차의 운행·관리에 대한 지원】 국토교통부장관은 커넥티드자동차의 안전하고 원활한 운행·관리를 위하여 자동차제작자등 및 국토교통부령으로 정하는 자동차와 관련된 사업을 하는 자에게 다음 각 호의 시설·장비·서비스 등을 사용하게 할 수 있다.
1. 「자율주행자동차 상용화 촉진 및 지원에 관한 법률」 제21조에 따라 구축한 자율협력주행시스템
2. 「자율주행자동차 상용화 촉진 및 지원에 관한 법률」 제22조에 따라 구축한 정밀도로지도
3. 「자율주행자동차 상용화 촉진 및 지원에 관한 법률」 제27조에 따라 설치·운영하는 자율협력주행 인증관리센터 및 자율협력주행 인증서비스 등
4. 그 밖에 커넥티드자동차의 안전하고 원활한 운행·관리를 위하여 필요한 것으로서 국토교통부령으로 정하는 시설·장비·서비스 등
법률 제19980호 자동차관리법 일부개정법률 제35조의 제목 중 "금지"를 "금지 등"으로 하고, **같은 조** 제목 외의 부분을 제1항으로 하며, **같은 조**에 제2항을 다음과 같이 신설한다.
② 누구든지 자동차의 안전한 운행에 영향을 줄 수 있는 소프트웨어를 임의로 변경, 설치, 추가 또는 삭제하여서는 아니 된다.
제47조의3 중 "6개월"을 "1년"으로 한다.
법률 제19724호 자동차관리법 일부개정법률 제52조 중 "제35조"를 "제35조제1항"으로 한다.
제58조제1항 각 호 외의 부분 중 "자동차매매업자"를 "자동차매매업자(종사원을 포함한다)"로 하고, 같은 항 제1호 중 "구조"를 "침수 사실·구조"로 한다.
제59조에 제4항을 다음과 같이 신설한다.
④ 자동차매매업자는 다음 각 호의 자를 종사원으로 둘 수 없다.
1. 제58조제1항제1호를 위반하여 자동차성능·상태점검한 내용 중 침수 사실을 고지하지 아니하거나 거짓으로 고지하고 자동차의 매도 또는 매매를 알선하여 징역 이상의 실형을 선고받고 그 집행이 종료(집행이 종료된 것으로 보는 경우를 포함한다)되거나 그 집행이 면제된 날부터 2년이 지나지 아니한 사람
2. 제58조제1항제1호를 위반하여 자동차성능·상태점검한 내용 중 침수 사실을 고지하지 아니하거나 거짓으로 고지하고 자동차의 매도 또는 매매를 알선하여 징역 이상의 형의 집행유예를 선고받고 그 유예기간 중에 있는 사람
제64조제3항을 제4항으로 하고, **같은 조**에 제3항을 다음과 같이 신설한다.
③ 시장·군수·구청장은 정비책임자가 자동차정비사업자에게 침수 사실을 보고하지 않거나 거짓으로 보고하는 경우에는 해당 자동차정비사업자에게 국토교통부령으로 정하는 바에 따라 일정기간 해당 정비책임자의 직무를 정지하도록 명할 수 있다.
제66조제1항 각 호 외의 부분 단서 중 "제15호"를 "제12호라목(고의 또는 과실로 침수 사실을 고지하지 아니하거나 거짓으로 고지한 경우로 한정한다), 제15호"로 하고, 같은 항 제13호에 차목을 다음과 같이 신설한다.
차. 정비의뢰자가 침수 사실을 고지하였거나 정비책임자가 침수 사실을 보고하였음에도 불구하고 제58조제10항에 따라 전산정보처리조직에 전송하는 국토교통부령으로 정하는 사항 중 침수 사실을 전송하지 아니하거나 거짓으로 전송하는 경우
법률 제19724호 자동차관리법 일부개정법률 제73조제1항제1호 중 "제35조"를 "제35조제1항"으로 하고, 같은 항에 제1호의2를 다음과 같이 신설한다.
1의2. 제35조제2항을 위반하여 자동차의 안전한 운행에 영향을 줄 수 있는 소프트웨어를 임의로 변경, 설치, 추가 또는 삭제하는 경우
제74조제2항 중 "제31조제1항(제52조에서 준용하는 경우를 포함한다)을 위반하여 결함을 은폐, 축소 또는 거짓으로 공개하거나 결함을 안 날부터 지체 없이 시정하지 아니한"을 "다음 각 호의 어느 하나에 해당하는"으로 하고, 같은 항에 각 호를 다음과 같이 신설한다.
1. 제31조제1항(제52조에서 준용하는 경우를 포함한다)을 위반하여 결함을 은폐, 축소 또는 거짓으로 공개하거나 결함을 안 날부터 지체 없이 시정하지 아니한 자
2. 제34조의6제4항에 따른 시정명령을 이행하지 아니한 자
제74조제3항에 제6호를 다음과 같이 신설한다.
6. 제34조의5제1항제1호부터 제3호까지의 규정을 위반하여 준수사항을 이행하지 아니하고 업데이트를 실시한 자
법률 제19685호 자동차관리법 일부개정법률 제75조제5호의2 및 제5호의3을 제5호의3 및 제5호의4로 하고, **같은 조**에 제3호의4 및 제5호의2를 각각 다음과 같이 신설한다.
3의4. 제30조의11제1항에 따른 자동차 사이버보안 관리체계 인증의 취소 또는 효력의 정지
5의2. 제34조의6제4항에 따른 업데이트에 대한 시정명령
법률 제19685호 자동차관리법 일부개정법률 제76조 각 호 외의 부분 단서 중 "적합성검사"를 "적합성검사, 제30조의9제5항 각 호에 따른 자동차 사이버보안 관리체계 인증 등에 관한 업무"로, "장치의 성능시험"을 "장치의 성능시험, 제34조의5제3항에 따른 자료 확인"으로 하며, **같은 조** 제10호의2부터 제10호의4를 제10호의3부터 제10호의5로 하고, **같은 조**에 제8호의5, 제8호의6 및 제10호의2를 각각 다음과 같이 신설한다.
8의5. 제30조의9제1항에 따라 자동차 사이버보안 관리체계 인증을 신청하는 자
8의6. 제30조의9제2항에 따라 변경인증을 신청하는 자
10의2. 제34조의5제3항에 따른 자료 확인을 신청하는 자
법률 제19685호 자동차관리법 일부개정법률 제77조의2에 제2호의7을 다음과 같이 신설한다.
2의7. 제30조의9제5항 각 호에 따른 자동차 사이버보안 관리체계 인증 등에 관한 업무
제79조제5호의2 중 "제35조를"을 "제35조제1항을"로 한다.
법률 제19724호 자동차관리법 일부개정법률 제80조제4호 중 "제35조"를 "제35조제1항"으로 하고, **같은 조** 제4호의2를 제4호의3으로 하며, **같은 조**에 제4호의2를 다음과 같이 신설한다.
4의2. 제35조제2항을 위반하여 자동차의 안전한 운행에 영향을 줄 수 있는 소프트웨어를 임의로 변경, 설치, 추가 또는 삭제한 자
제80조제6호 및 제7호 중 "구조"를 각각 "침수 사실·구조"로 한다.
법률 제19685호 자동차관리법 일부개정법률 제81조에 제16호의5 및 제16호의6을 각각 다음과 같이 신설하고, 제20호의2부터 제20호의7을 제20호의3부터 제20호의8로 하며, 제20호의2를 다음과 같이 신설하고, 제20호의3(종전 제20호의2) 중 "제35조를"을 "제35조제1항을"으로 한다.
16의5. 제30조의9제1항을 위반하여 자동차 사이버보안 관리체계 인증을 받지 아니하고 인증 적용 자동차를 판매한 자
16의6. 제30조의11제1항에 따라 자동차 사이버보안 관리체계 인증이 취소되었거나 효력이 정지된 자로서 인증 적용 자동차를 판매한 자
20의2. 제34조의5제1항제1호부터 제3호까지의 규정(제74조제3항에 해당하는 경우는 제외한다)을 위반하여 준수사항을 이행하지 아니하고 업데이트를 실시한 자
제82조에 제8호를 다음과 같이 신설한다.
8. 제64조제3항에 따른 정비책임자에 대한 직무정지 명령을 받고 이행하지 아니한 자
제84조제1항에 제4호 및 제5호를 각각 다음과 같이 신설하고, **같은 조** 제2항제2호의2를 제2항제2호의3으로 하며, **같은 조** 제2항에 제2호의2 및 제3호의2를 각각 다음과 같이 신설하고, **같은 조** 제3항제4호를 삭제하며, **같은 조** 제4항제14호 중 "제72조제2항"을 "제34조의6제1항, 제72조제2항"으로 하고, 같은 항에 제23호의2를 다음과 같이 신설한다.
4. 제34조의5제2항을 위반하여 업데이트를 실시하기 전에 자료를 미리 제출하지 아니하거나 거짓으로 제출한 자
5. 제34조의5제4항을 위반하여 자료를 제출하지 아니하거나 거짓으로 제출한 자
2의2. 제26조의2제1항을 위반하여 폐차 요청을 하지 아니한 자
3의2. 제34조의5제1항제4호부터 제6호까지의 규정을 위반하여 준수사항을 이행하지 아니하고 업데이트를 실시한 자
23의2. 제59조제4항을 위반하여 종사원을 둔 자동차매매업자

부 칙

제1조【시행일】 이 법은 공포 후 1년 6개월이 경과한 날부터 시행한다. 다만, 제29조의3의 개정규정은 공포 후 1년이 경과한 날부터 시행하고, 제31조제6항·제58조제1항·제59조제4항·제64조제3항·제64조제4항·제66조제1항·제80조제6호·제80조제7호·제82조제8호·제84조제2항제2호의2·제84조제2항제2호의3·제84조제3항제4호·제84조제4항제23호의2의 개정규정은 공포 후 6개월이 경과한 날부터 시행하며, 제47조의3의 개정규정은 공포 후 3개월이 경과한 날부터 시행한다.
제2조【사고기록장치의 장착에 관한 적용례】 제29조의3제1항의 개정규정은 자동차제작·판매자등이 이 법 시행 이후 제작·조립 또는 수입하여 판매하는 자동차부터 적용한다. 다만, 이 법 시행 당시 제작·조립 또는 수입된 자동차와 동일한 형식의 자동차에 대해서는 이 법 시행일부터 2년이 경과한 날부터 적용한다.
제3조【자동차 사이버보안 관리체계 인증의무에 관한 적용례】 제30조의9의 개정규정은 자동차제작자등이 이 법 시행 이후 제작·조립 또는 수입되는 자동차에 대하여 자동차 자기인증을 하는 경우부터 적용한다.
제4조【자동차 소프트웨어 업데이트에 관한 적용례】 제34조의5 및 제34조의6의 개정규정은 자동차제작자등이 이 법 시행 이후 제작·조립 또는 수입하는 자동차부터 적용한다. 다만, 이 법 시행 당시 제작·조립 또는 수입한 자동차와 동일한 형식의 자동차에 대해서는 이 법 시행일부터 2년이 경과한 날부터 적용한다.
제5조【하자의 추정에 대한 적용례】 제47조의3의 개정규정은 자동차제작·판매자등이 이 법 시행 전 신차로의 교환 또는 환불을 요구받은 자동차부터 적용한다.
제6조【자동차 사이버보안 관리체계 인증의무에 관한 경과조치】 자동차제작자등은 이 법 시행 당시 제작·조립 또는 수입된 인증 적용 자동차에 대하여 이 법 시행 이후 2년 이내에 제30조의9의 개정규정에 적합하게 자동차 사이버보안 관리체계 인증을 받아야 한다.

여객자동차 운수사업법 일부개정법률

<개정 2024.2.13 법률20297호>

여객자동차 운수사업법 일부를 다음과 같이 개정한다.

제5조의2를 **제5조의3**으로 하고, **제5조의2**를 다음과 같이 신설한다.
제5조의2【노선의 타당성 평가】 ① 국토교통부장관은 「대도시권 광역교통 관리에 관한 특별법」 제2조제3호에 따른 광역버스운송사업(이하 "광역버스운송사업"이라 한다)에 대하여 제4조에 따른 면허를 하려는 경우에는 대통령령으로 정하는 바에 따라 광역버스운송사업의 필요성·적합성 등에 대한 종합적인 타당성을 평가할 수 있다.
② 국토교통부장관은 제1항에 따른 평가를 위하여 관계 중앙행정기관의 장, 지방자치단체의 장, 「공공기관의 운영에 관한 법률」 제4조에 따른 공공기관(이하 "공공기관"이라 한다)의 장 등 관계 기관의 장에게 필요한 자료의 제출을 요청할 수 있다. 이 경우 자료의 제출을 요청받은 관계 중앙행정기관의 장 등은 정당한 사유가 없으면 이에 따라야 한다.
제10조제5항제5호 중 "제5조의2제3항"을 "제5조의3제3항"으로 한다.
제49조제1항 중 "군수"를 "군수(광역시의 군수는 제외한다)"로 한다.
제50조제8항 전단 중 "「공공기관의 운영에 관한 법률」에 따른 공공기관"을 "공공기관"으로 한다.
제75조제1항 중 "대도시권광역교통위원장"을 "대도시권광역교통위원장(이하 "대도시권광역교통위원장"이라 한다)"으로 한다.
제76조제1항 중 "국토교통부장관"을 "국토교통부장관, 대도시권광역교통위원장"으로, "자동차손해배상진흥원"을 "자동차손해배상진흥원, 「정부출연연구기관 등의 설립·운영 및 육성에 관한 법률」 제2조에 따른 정부출연연구기관"으로 하고, **같은 조** 제2항 중 "자동차손해배상진흥원"을 "자동차손해배상진흥원, 「정부출연연구기관 등의 설립·운영 및 육성에 관한 법률」 제2조에 따른 정부출연연구기관"으로 한다.

부 칙

제1조【시행일】 이 법은 공포 후 3개월이 경과한 날부터 시행한다. 다만, 제49조제1항의 개정규정은 공포한 날부터 시행한다.
제2조【노선의 타당성 평가에 대한 경과조치】 이 법 시행 당시 국토교통부장관이 광역버스운송사업 노선의 타당성 평가를 하고 있는 경우에는 제5조의2의 개정규정에 의하여 노선의 타당성 평가를 하고 있는 것으로 본다.

하도급거래 공정화에 관한 법률 일부개정법률

<2024년 2월 1일 제412회 국회 본회의 통과>

하도급거래 공정화에 관한 법률 일부를 다음과 같이 개정한다.

제35조제2항 본문 중 "손해의 3배를 넘지 아니하는"을 "손해에 대하여 다음 각 호에서 정한"으로 하고, 같은 항에 각 호를 다음과 같이 신설한다.
1. 제4조, 제8조제1항, 제10조, 제11조제1항·제2항 및 제19조를 위반한 경우 : 손해의 3배 이내
2. 제12조의3제4항을 위반한 경우 : 손해의 5배 이내
제35조의6을 다음과 같이 신설한다.
제35조의6【손해액의 추정 등】 ① 원사업자가 제12조의3제4항을 위반함으로써 손해를 입은 자(이하 이 조에서 "기술유용피해사업자"라 한다)가 제35조에 따른 손해배상을 청구하는 경우 원사업자 또는 기술자료를 제공받은 제3자가 제12조의3제4항의 위반행위(이하 "침해행위"라고 한다)를 하게 한 목적물 등을 판매·제공하였을 때에는 다음 각 호에 해당하는 금액의 합계액을 기술유용피해사업자가 입은 손해액으로 할 수 있다.
1. 그 목적물 등의 판매·제공 규모(기술유용피해사업자가 그 침해행위 외의 사유로 판매·제공할 수 없었던 사정이 있는 경우에는 그 침해행위 외의 사유로 판매·제공할 수 없었던 규모를 뺀 규모) 중 기술유용피해사업자가 제조·수리·시공하거나 용역수행할 수 있었던 목적물 등의 규모에서 실제 판매·제공한 목적물 등의 규모를 뺀 나머지 규모를 넘지 아니하는 목적물 등의 규모를 기술유용피해사업자가 그 침해행위가 없었다면 판매·제공하여 얻을 수 있었던 이익액
2. 그 목적물등의 판매·제공 규모 중 기술유용피해사업자가 제조·수리·시공하거나 용역수행할 수 있었던 목적물 등의 규모에서 실제 판매·제공한 목적물 등의 규모를 뺀 규모를 넘는 규모 또는 그 침해행위 외의 사유로 판매·제공할 수 없었던 규모가 있는 경우 그 규모에 대해서는 기술자료의 사용에 대하여 합리적으로 얻을 수 있는 이익액
② 기술유용피해사업자가 제35조에 따른 손해배상을 청구하는 경우 원사업자 또는 기술자료를 제공받은 제3자가 그 침해행위로 인하여 얻은 이익액을 기술유용피해사업자의 손해액으로 추정한다.
③ 기술유용피해사업자가 제35조에 따른 손해배상을 청구하는 경우 침해행위의 대상이 된 기술자료의 사용에 대하여 합리적으로 받을 수 있는 금액을 자기의 손해액으로 하여 손해배상을 청구할 수 있다.
④ 제3항에도 불구하고 손해액이 같은 항에 따른 금액을 초과하는 경우에는 그 초과액에 대해서도 손해배상을 청구할 수 있다. 이 경우 원사업자에게 고의 또는 중대한 과실이 없으면 법원은 손해배상액을 산정할 때 그 사실을 고려할 수 있다.
⑤ 법원은 침해행위로 인한 소송에서 손해가 발생한 것은 인정되나 그 손해액을 증명하기 위하여 필요한 사실을 증명하는 것이 해당 사실의 성질상 극히 곤란한 경우에는 제1항부터 제4항까지의 규정에도 불구하고 변론 전체의 취지와 증거조사의 결과에 기초하여 상당한 손해액을 인정할 수 있다.

부 칙

제1조【시행일】 이 법은 공포 후 6개월이 경과한 날부터 시행한다.
제2조【손해배상책임에 관한 적용례】 제35조의 개정규정은 이 법 시행 이후 최초로 발생하는 위반행위부터 적용한다.
제3조【손해액 추정에 관한 적용례】 제35조의6의 개정규정은 이 법 시행 이후 기술유용피해사업자가 제35조에 따른 손해배상을 청구하는 경우부터 적용한다.

유사수신행위의 규제에 관한 법률 일부개정법률

<2024년 2월 1일 제412회 국회 본회의 통과>

유사수신행위의 규제에 관한 법률 일부를 다음과 같이 개정한다.

제2조 각 호 외의 부분 중 "신고"를 "신고(「특정 금융거래정보의 보고 및 이용 등에 관한 법률」 제7조에 따른 신고를 포함한다)"로, "자금"을 "자금[가상자산(「가상자산 이용자 보호 등에 관한 법률」 제2조제1호의 가상자산을 말한다)을 포함한다]"으로 한다.

부 칙

제1조【시행일】 이 법은 공포 후 3개월이 경과한 날부터 시행한다.
제2조【가상자산에 관한 경과조치】 제2조의 개정규정 중 "「가상자산 이용자 보호 등에 관한 법률」 제2조제1호의 가상자산"은 2024년 7월 18일까지 "「특정 금융거래정보의 보고 및 이용 등에 관한 법률」 제2조제3호의 가상자산"으로 본다.

전기통신금융사기 피해 방지 및 피해금 환급에 관한 특별법 일부개정법률

<2024년 2월 1일 제412회 국회 본회의 통과>

전기통신금융사기 피해 방지 및 피해금 환급에 관한 특별법 일부를 다음과 같이 개정한다.

제2조의5제1항 중 "자체점검을 통하여 이용자의 계좌가 전기통신금융사기의 피해를 초래할 수 있는 의심거래계좌(이하 "피해의심거래계좌"라 한다)로 이용되는 것으로 추정할 만한 사정이 있다고 인정되면"을 "다음 각 호의 어느 하나에 해당하는 경우"로 하고, 같은 항에 제1호 및 제2호를 각각 다음과 같이 신설하며, **같은 조**에 제4항을 다음과 같이 신설한다.
1. 대통령령으로 정하는 절차에 따라 자체점검을 상시적으로 실시하여 이용자의 계좌가 전기통신금융사기의 피해를 초래할 수 있는 의심거래계좌(이하 "피해의심거래계좌"라 한다)로 이용되는 것으로 추정할 만한 사정이 있다고 인정되는 경우
2. 제15조제3항에 따라 이용자의 계좌가 피해의심거래계좌로 추정된다는 정보를 제공받은 경우
④ 금융회사는 제2항 및 제3항에 따른 임시조치에 관한 통지·해제 및 본인확인조치를 한 때에는 그 내역을 서면, 녹취, 그 밖에 대통령령으로 정하는 방법 중 하나 이상의 방법으로 대통령령으로 정하는 바에 따라 보존하여야 한다.
제2조의6 및 **제2조의7**을 각각 다음과 같이 신설한다.
제2조의6【금융거래의 목적 확인】 ① 금융회사는 전기통신금융사기 피해 방지를 위하여 다음 각 호의 어느 하나에 해당하는 경우에는 고객의 금융거래의 목적을 확인하여야 한다. 이 경우 금융회사는 이를 위한 업무 지침을 작성하고 운용하여야 한다.
1. 고객이 계좌의 개설을 신청하는 경우
2. 고객이 제4항에 따른 계좌의 이체·송금·출금 한도 제한을 해제하려는 경우
3. 그 밖에 대통령령으로 정하는 경우
② 금융회사는 제1항에 따른 확인을 위하여 대통령령으로 정하는 바에 따라 고객에게 관련 증빙서류의 제출을 요청할 수 있다.
③ 금융회사는 제1항에 따른 확인을 한 결과 금융거래의 목적이 전기통신금융사기와 관련되어 있거나 고객이 신원확인 등을 위한 정보 제공을 거부하여 확인을 할 수 없는 경우에는 그 계좌의 개설을 거절하거나 기존 계좌를 해지할 수 있다.
④ 금융회사는 고객이 제2항에 따른 증빙서류를 제출하지 아니하거나 제출한 증빙서류가 금융거래의 목적을 확인하는 데 충분하지 아니한 경우에는 계좌의 이체·송금·출금 한도를 제한할 수 있다.
제2조의7【전기통신금융사기 통합신고대응센터의 설치 등】 ① 전기통신금융사기에 대한 신고 및 제보 접수 등의 업무를 효율적으로 수행하기 위하여 경찰청에 전기통신금융사기 통합신고대응센터(이하 "센터"라 한다)를 설치한다.
② 센터는 다음 각 호의 업무를 수행한다.

1. 전기통신금융사기에 관한 신고의 접수 · 상담
2. 전기통신금융사기에 관한 제보의 접수 · 처리
3. 전기통신금융사기에 관한 예 · 경보 발령
4. 전기통신금융사기에 관한 피해금 환급의 상담
5. 전기통신금융사기에 이용된 사기이용계좌의 지급정지 요청 및 사기이용계좌로 의심되는 경우의 정보제공
6. 전기통신금융사기에 이용된 전화번호에 대한 전기통신역무 제공의 중지 요청
7. 전기통신금융사기에 이용된 전화번호 · 사기이용계좌 등의 정보에 대한 데이터 분석과 관계 행정기관 및 관련 기관 · 법인 · 단체로의 정보 전파
8. 그 밖에 전기통신금융사기 대응에 필요한 업무로서 대통령령으로 정하는 업무

③ 경찰청장은 센터의 업무 수행을 위하여 필요한 경우에는 대통령령으로 정하는 바에 따라 관계 행정기관과 관련 기관 · 법인 · 단체에 대하여 소속 공무원 또는 임직원의 파견을 요청할 수 있다.

④ 그 밖에 센터의 구성 · 운영 등에 관한 사항은 대통령령으로 정한다.

제4조제1항제4호를 제5호로 하고, 같은 항에 제4호를 다음과 같이 신설한다.

4. 제15조제3항에 따라 사기이용계좌에 관한 정보를 제공받은 경우

제7조제1항에 제3호를 다음과 같이 신설한다.

3. 해당 계좌가 피해금 편취를 위하여 이용된 계좌가 아니라는 사실을 객관적인 자료로 소명하는 경우

제8조제1항제2호에 단서를 다음과 같이 신설하고, **같은 조** 제2항제2호 단서 중 "제7조제1항제1호 또는 제2호에"를 "제7조제1항 각 호의 어느 하나에"로 한다.

다만, 제7조제1항제3호에 따른 이의제기가 있는 경우에는 해당 사기이용계좌에 예치된 금액 중 전기통신금융사기 피해금을 제외한 금액에 한정한다.

제11조의2를 다음과 같이 신설한다.

제11조의2【거짓 피해구제 신청에 따른 손해배상책임】 거짓으로 제3조제1항 또는 제6조제1항에 따른 피해구제를 신청한 자는 제4조제1항에 따라 지급정지된 계좌의 명의인이 그 피해구제 신청으로 인하여 손해를 입은 경우 그 손해를 배상할 책임을 진다.

제13조제1항제1호 중 "제7조제1항제1호 또는 제2호에"를 "제7조제1항 각 호의 어느 하나에"로 한다.

제15조에 제3항을 다음과 같이 신설한다.

③ 금융회사 및 「전자금융거래법」 제2조제4호에 따른 전자금융업자로서 대통령령으로 정하는 자는 「금융실명거래 및 비밀보장에 관한 법률」 제4조, 「신용정보의 이용 및 보호에 관한 법률」 제32조 · 제33조 및 「전자금융거래법」 제26조에도 불구하고 전기통신금융사기의 사기이용계좌와 피해의심거래계좌에 관한 정보를 대통령령으로 정하는 바에 따라 서로 공유하여야 한다.

제18조제1항에 제2호의2 및 제2호의3을 각각 다음과 같이 신설한다.

2의2. 제2조의5제4항을 위반하여 임시조치에 관한 통지 · 해제 또는 본인확인조치의 내역을 서면, 녹취 등의 방법으로 보존하지 아니한 금융회사
2의3. 제2조의6제1항을 위반하여 고객의 금융거래의 목적을 확인하지 아니한 금융회사

부 칙

제1조【시행일】 이 법은 공포 후 6개월이 경과한 날부터 시행한다.

제2조【내역 보존에 관한 적용례】 제2조의5제4항의 개정규정은 이 법 시행 이후 임시조치에 관한 사항을 통지하거나 본인확인조치를 하거나 임시조치를 해제한 경우부터 적용한다.

제3조【금융거래의 목적 확인에 관한 적용례】 제2조의6의 개정규정은 이 법 시행 이후 제2조의6제1항 각 호의 어느 하나에 해당한 경우부터 적용한다.

제4조【지급정지 등에 대한 이의제기에 관한 적용례】 제7조제1항제3호의 개정규정은 이 법 시행 당시 종전 규정에 따른 지급정지, 전자금융거래 제한 및 채권소멸절차가 진행중인 사기이용계좌의 명의인에 대하여도 적용한다.

제5조【거짓 피해구제 신청에 따른 손해배상책임에 관한 적용례】 제11조의2의 개정규정은 이 법 시행 이후 제3조제1항 또는 제6조제1항에 따른 피해구제신청이 있는 경우부터 적용한다.

공익신고자 보호법 일부개정법률

<2024년 2월 1일 제412회 국회 본회의 통과>

공익신고자 보호법 일부를 다음과 같이 개정한다.

별표를 별지와 같이 한다.

부 칙

제1조【시행일】 이 법은 공포한 날부터 시행한다. 다만, 부칙 제2조제1항은 2024년 5월 17일부터 시행하고, 같은 조 제2항은 2024년 10월 17일부터 시행하며, 같은 조 제3항은 2025년 1월 3일부터 시행한다.

제2조【다른 법률의 개정】 ① **법률 제19590호 문화유산의 보존 및 활용에 관한 법률** 일부를 다음과 같이 개정한다.

부칙 제9조제7항을 다음과 같이 한다.

⑦ 공익신고자 보호법 일부를 다음과 같이 개정한다.
별표 제151호를 다음과 같이 한다.
151. 「문화유산의 보존 및 활용에 관한 법률」
별표 제340호의2를 다음과 같이 신설한다.
340의2. 「자연유산의 보존 및 활용에 관한 법률」

② **법률 제20054호 개인금융채권의 관리 및 개인금융채무자의 보호에 관한 법률** 일부를 다음과 같이 개정한다.

부칙 제10조제1항을 다음과 같이 한다.

① 공익신고자 보호법 일부를 다음과 같이 개정한다.
별표에 제10호의2를 다음과 같이 신설한다.
10의2. 「개인금융채권의 관리 및 개인금융채무자의 보호에 관한 법률」

③ **법률 제19910호 해양이용영향평가법** 일부를 다음과 같이 개정한다.

부칙 제8조제2항을 다음과 같이 한다.

② 공익신고자 보호법 일부를 다음과 같이 개정한다.
별표에 제472호의2를 다음과 같이 신설한다.
472의2. 「해양이용영향평가법」

[별표]

공익침해행위 대상 법률(제2조제1호 관련)

1. 「119구조 · 구급에 관한 법률」
2. 「가맹사업거래의 공정화에 관한 법률」
3. 「가정폭력방지 및 피해자보호 등에 관한 법률」
4. 「가정폭력범죄의 처벌 등에 관한 특례법」
5. 「가축 및 축산물 이력관리에 관한 법률」
6. 「가축분뇨의 관리 및 이용에 관한 법률」
7. 「가축전염병 예방법」
8. 「간선급행버스체계의 건설 및 운영에 관한 특별법」
9. 「감염병의 예방 및 관리에 관한 법률」
10. 「개발제한구역의 지정 및 관리에 관한 특별조치법」
11. 「개인정보 보호법」
12. 「갯벌 및 그 주변지역의 지속가능한 관리와 복원에 관한 법률」
13. 「건강검진기본법」
14. 「건강기능식품에 관한 법률」
15. 「건설근로자의 고용개선 등에 관한 법률」
16. 「건설기계관리법」
17. 「건설기술 진흥법」
18. 「건설산업기본법」
19. 「건설폐기물의 재활용촉진에 관한 법률」
20. 「건축물관리법」
21. 「건축물의 분양에 관한 법률」
22. 「건축법」
23. 「건축사법」
24. 「검역법」
25. 「게임산업진흥에 관한 법률」
26. 「결핵예방법」
27. 「경륜 · 경정법」
28. 「경비업법」
29. 「경찰관 직무집행법」
30. 「계량에 관한 법률」
31. 「고등교육법」
32. 「고령친화산업 진흥법」
33. 「고압가스 안전관리법」
34. 「고용보험법」
35. 「고용상 연령차별금지 및 고령자고용촉진에 관한 법률」
36. 「골재채취법」
37. 「공간정보의 구축 및 관리 등에 관한 법률」
38. 「공공기관의 운영에 관한 법률」
39. 「공공보건의료에 관한 법률」
40. 「공공주택 특별법」
41. 「공동주택관리법」
42. 「공사중단 장기방치 건축물의 정비 등에 관한 특별조치법」
43. 「공연법」
44. 「공유수면 관리 및 매립에 관한 법률」
45. 「공유재산 및 물품 관리법」
46. 「공인중개사법」
47. 「공중 등 협박목적 및 대량살상무기확산을 위한 자금조달행위의 금지에 관한 법률」
48. 「공중보건 위기대응 의료제품의 개발 촉진 및 긴급 공급을 위한 특별법」
49. 「공중위생관리법」
50. 「공중화장실 등에 관한 법률」
51. 「공항시설법」
52. 「관광진흥법」
53. 「광산안전법」
54. 「광산피해의 방지 및 복구에 관한 법률」
55. 「교육시설 등의 안전 및 유지관리 등에 관한 법률」
56. 「교통안전법」
57. 「교통약자의 이동편의 증진법」
58. 「국가기술자격법」
59. 「국가보안법」
60. 「국가재정법」
61. 「국가통합교통체계효율화법」
62. 「국군포로의 송환 및 대우 등에 관한 법률」
63. 「국민 평생 직업능력 개발법」
64. 「국민건강보험법」
65. 「국민건강증진법」
66. 「국민기초생활 보장법」
67. 「국민연금법」
68. 「국민영양관리법」
69. 「국민체육진흥법」
70. 「국유림의 경영 및 관리에 관한 법률」
71. 「국유재산법」
72. 「국제상거래에 있어서 외국공무원에 대한 뇌물방지법」
73. 「국제항해선박 등에 대한 해적행위 피해예방에 관한 법률」
74. 「국제항해선박 및 항만시설의 보안에 관한 법률」
75. 「국제형사재판소 관할 범죄의 처벌 등에 관한 법률」
76. 「국토의 계획 및 이용에 관한 법률」
77. 「군보건의료에 관한 법률」
78. 「군복 및 군용장구의 단속에 관한 법률」
79. 「군사기밀 보호법」
80. 「군사기지 및 군사시설 보호법」
81. 「군형법」
82. 「궤도운송법」
83. 「귀속재산처리법」
84. 「근로기준법」
85. 「근로복지기본법」
86. 「근로자퇴직급여 보장법」
87. 「금강수계 물관리 및 주민지원 등에 관한 법률」
88. 「금융복합기업집단의 감독에 관한 법률」
89. 「금융산업의 구조개선에 관한 법률」
90. 「금융소비자 보호에 관한 법률」
91. 「금융실명거래 및 비밀보장에 관한 법률」
92. 「금융지주회사법」
93. 「금융회사의 지배구조에 관한 법률」
94. 「급경사지 재해예방에 관한 법률」
95. 「기계설비법」
96. 「기부금품의 모집 및 사용에 관한 법률」
97. 「기초연금법」
98. 「기후위기 대응을 위한 탄소중립 · 녹색성장 기본법」
99. 「낙동강수계 물관리 및 주민지원 등에 관한 법률」
100. 「낚시 관리 및 육성법」
101. 「남녀고용평등과 일 · 가정 양립 지원에 관한 법률」
102. 「내수면어업법」
103. 「노숙인 등의 복지 및 자립지원에 관한 법률」
104. 「노인복지법」
105. 「노인장기요양보험법」
106. 「노후준비 지원법」
107. 「농수산물 유통 및 가격안정에 관한 법률」
108. 「농수산물 품질관리법」
109. 「농수산물의 원산지 표시 등에 관한 법률」
110. 「농약관리법」
111. 「농어촌도로 정비법」
112. 「농어촌정비법」
113. 「농업기계화 촉진법」
114. 「농업생명자원의 보존 · 관리 및 이용에 관한 법률」
115. 「농지법」
116. 「다중이용업소의 안전관리에 관한 특별법」
117. 「담배사업법」
118. 「대 · 중소기업 상생협력 촉진에 관한 법률」
119. 「대규모유통업에서의 거래 공정화에 관한 법률」
120. 「대기관리권역의 대기환경개선에 관한 특별법」
121. 「대기환경보전법」
122. 「대리점거래의 공정화에 관한 법률」
123. 「대부업 등의 등록 및 금융이용자 보호에 관한 법률」
124. 「대외무역법」
125. 「대중교통의 육성 및 이용촉진에 관한 법률」
126. 「댐 주변지역 친환경 보전 및 활용에 관한 특별법」
127. 「댐건설 · 관리 및 주변지역지원 등에 관한 법률」
128. 「도로교통법」
129. 「도로법」
130. 「도선법」
131. 「도시 및 주거환경정비법」
132. 「도시가스사업법」
133. 「도시공원 및 녹지 등에 관한 법률」
134. 「도시교통정비 촉진법」
135. 「도시숲 등의 조성 및 관리에 관한 법률」
136. 「도시와 농어촌 간의 교류촉진에 관한 법률」
137. 「도시철도법」
138. 「독도 등 도서지역의 생태계 보전에 관한 특별법」
139. 「독립유공자예우에 관한 법률」
140. 「독점규제 및 공정거래에 관한 법률」
141. 「동물보호법」
142. 「디엔에이신원확인정보의 이용 및 보호에 관한 법률」
143. 「마약류 관리에 관한 법률」
144. 「마약류 불법거래 방지에 관한 특례법」
145. 「말산업 육성법」
146. 「먹는물관리법」
147. 「모자보건법」
148. 「목재의 지속가능한 이용에 관한 법률」

149. 「무인도서의 보전 및 관리에 관한 법률」
150. 「문화산업진흥 기본법」
151. 「문화재보호법」
152. 「물가안정에 관한 법률」
153. 「물류시설의 개발 및 운영에 관한 법률」
154. 「물류정책기본법」
155. 「물의 재이용 촉진 및 지원에 관한 법률」
156. 「물환경보전법」
157. 「미세먼지 저감 및 관리에 관한 특별법」
158. 「민·군기술협력사업 촉진법」
159. 「민간임대주택에 관한 특별법」
160. 「민방위기본법」
161. 「발달장애인 권리보장 및 지원에 관한 법률」
162. 「방문판매 등에 관한 법률」
163. 「방사성폐기물 관리법」
164. 「방송광고판매대행 등에 관한 법률」
165. 「방송법」
166. 「방위사업법」
167. 「방위산업기술 보호법」
168. 「백두대간 보호에 관한 법률」
169. 「범죄수익은닉의 규제 및 처벌 등에 관한 법률」
170. 「병역법」
171. 「병원체자원의 수집·관리 및 활용 촉진에 관한 법률」
172. 「보건범죄 단속에 관한 특별조치법」
173. 「보건의료기술 진흥법」
174. 「보안관찰법」
175. 「보조금 관리에 관한 법률」
176. 「보행안전 및 편의증진에 관한 법률」
177. 「보험사기방지 특별법」
178. 「보험업법」
179. 「보호관찰 등에 관한 법률」
180. 「보훈보상대상자 지원에 관한 법률」
181. 「복권 및 복권기금법」
182. 「부동산 거래신고 등에 관한 법률」
183. 「부정경쟁방지 및 영업비밀보호에 관한 법률」
184. 「부정수표 단속법」
185. 「북한이탈주민의 보호 및 정착지원에 관한 법률」
186. 「불공정무역행위 조사 및 산업피해구제에 관한 법률」
187. 「비료관리법」
188. 「비상대비에 관한 법률」
189. 「비상사태등에 대비하기 위한 해운 및 항만 기능 유지에 관한 법률」
190. 「비파괴검사기술의 진흥 및 관리에 관한 법률」
191. 「사격 및 사격장 안전관리에 관한 법률」
192. 「사료관리법」
193. 「사립학교법」
194. 「사방사업법」
195. 「사행행위 등 규제 및 처벌 특례법」
196. 「사회보장급여의 이용·제공 및 수급권자 발굴에 관한 법률」
197. 「사회복지공동모금회법」
198. 「사회복지사업법」
199. 「사회서비스 이용 및 이용권 관리에 관한 법률」
200. 「산림문화·휴양에 관한 법률」
201. 「산림보호법」
202. 「산림자원의 조성 및 관리에 관한 법률」
203. 「산업기술의 유출방지 및 보호에 관한 법률」
204. 「산업기술혁신 촉진법」
205. 「산업디자인진흥법」
206. 「산업안전보건법」
207. 「산업재해보상보험법」
208. 「산업집적활성화 및 공장설립에 관한 법률」
209. 「산업표준화법」
210. 「산지관리법」
211. 「상표법」
212. 「상호저축은행법」
213. 「새마을금고법」
214. 「생명윤리 및 안전에 관한 법률」
215. 「생물다양성 보전 및 이용에 관한 법률」
216. 「생활주변방사선 안전관리법」
217. 「생활화학제품 및 살생물제의 안전관리에 관한 법률」
218. 「서민의 금융생활 지원에 관한 법률」
219. 「석면안전관리법」
220. 「석유 및 석유대체연료 사업법」
221. 「석탄산업법」
222. 「선박 및 해상구조물에 대한 위해행위의 처벌 등에 관한 법률」
223. 「선박교통관제에 관한 법률」
224. 「선박안전법」
225. 「선박의 입항 및 출항 등에 관한 법률」
226. 「선박직원법」
227. 「선박평형수(船舶平衡水) 관리법」
228. 「선원법」
229. 「성매매방지 및 피해자보호 등에 관한 법률」
230. 「성매매알선 등 행위의 처벌에 관한 법률」
231. 「성폭력방지 및 피해자보호 등에 관한 법률」
232. 「성폭력범죄의 처벌 등에 관한 특례법」
233. 「소금산업 진흥법」
234. 「소나무재선충병 방제특별법」
235. 「소방기본법」
236. 「소방시설 설치 및 관리에 관한 법률」
237. 「소방시설공사업법」
238. 「소방장비관리법」
239. 「소비자기본법」
240. 「소음·진동관리법」
241. 「소재·부품·장비산업 경쟁력 강화 및 공급망 안정화를 위한 특별조치법」
242. 「소하천정비법」
243. 「송유관 안전관리법」
244. 「수도법」
245. 「수목원·정원의 조성 및 진흥에 관한 법률」
246. 「수산물 유통의 관리 및 지원에 관한 법률」
247. 「수산생물질병 관리법」
248. 「수산업법」
249. 「수산자원관리법」
250. 「수산종자산업육성법」
251. 「수상레저안전법」
252. 「수상에서의 수색·구조 등에 관한 법률」
253. 「수입식품안전관리 특별법」
254. 「수자원의 조사·계획 및 관리에 관한 법률」
255. 「수중레저활동의 안전 및 활성화 등에 관한 법률」
256. 「순환경제사회 전환 촉진법」
257. 「습지보전법」
258. 「승강기 안전관리법」
259. 「시설물의 안전 및 유지관리에 관한 특별법」
260. 「식물방역법」
261. 「식물신품종 보호법」
262. 「식품 등의 표시·광고에 관한 법률」
263. 「식품·의약품분야 시험·검사 등에 관한 법률」
264. 「식품산업진흥법」
265. 「식품안전기본법」
266. 「식품위생법」
267. 「신에너지 및 재생에너지 개발·이용·보급 촉진법」
268. 「신용정보의 이용 및 보호에 관한 법률」
269. 「신용협동조합법」
270. 「실내공기질 관리법」
271. 「아동복지법」
272. 「아동수당법」
273. 「아동학대범죄의 처벌 등에 관한 특례법」
274. 「아동·청소년의 성보호에 관한 법률」
275. 「아이돌봄 지원법」
276. 「악취방지법」
277. 「액화석유가스의 안전관리 및 사업법」
278. 「야생생물 보호 및 관리에 관한 법률」
279. 「약사법」
280. 「양곡관리법」
281. 「양식산업발전법」
282. 「어린이 식생활안전관리 특별법」
283. 「어린이놀이시설 안전관리법」
284. 「어린이제품 안전 특별법」
285. 「어선법」
286. 「어장관리법」
287. 「어촌·어항법」
288. 「에너지법」
289. 「에너지이용 합리화법」
290. 「여객자동차 운수사업법」
291. 「여신전문금융업법」
292. 「연구실 안전환경 조성에 관한 법률」
293. 「연안관리법」
294. 「연안사고 예방에 관한 법률」
295. 「영산강·섬진강수계 물관리 및 주민지원 등에 관한 법률」
296. 「영유아보육법」
297. 「영해 및 접속수역법」
298. 「영화 및 비디오물의 진흥에 관한 법률」
299. 「예금자보호법」
300. 「예비군법」
301. 「오존층 보호 등을 위한 특정물질의 관리에 관한 법률」
302. 「옥외광고물 등의 관리와 옥외광고산업 진흥에 관한 법률」
303. 「온라인투자연계금융업 및 이용자 보호에 관한 법률」
304. 「온실가스 배출권의 할당 및 거래에 관한 법률」
305. 「외국환거래법」
306. 「외식산업 진흥법」
307. 「우편법」
308. 「원자력시설 등의 방호 및 방사능 방재 대책법」
309. 「원자력안전법」
310. 「원전비리 방지를 위한 원자력발전사업자등의 관리·감독에 관한 법률」
311. 「위생용품 관리법」
312. 「위치정보의 보호 및 이용 등에 관한 법률」
313. 「위험물안전관리법」
314. 「유사수신행위의 규제에 관한 법률」
315. 「유선 및 도선 사업법」
316. 「유아교육법」
317. 「유전자변형생물체의 국가간 이동 등에 관한 법률」
318. 「유통산업발전법」
319. 「은행법」
320. 「음악산업진흥에 관한 법률」
321. 「응급의료에 관한 법률」
322. 「의료급여법」
323. 「의료기기법」
324. 「의료기사 등에 관한 법률」
325. 「의료법」
326. 「의료사고 피해구제 및 의료분쟁 조정 등에 관한 법률」
327. 「의사상자 등 예우 및 지원에 관한 법률」
328. 「이동통신단말장치 유통구조 개선에 관한 법률」
329. 「인공조명에 의한 빛공해 방지법」
330. 「인삼산업법」
331. 「인체조직안전 및 관리 등에 관한 법률」
332. 「인터넷 멀티미디어 방송사업법」
333. 「인터넷전문은행 설립 및 운영에 관한 특례법」
334. 「임금채권보장법」
335. 「임업 및 산촌 진흥촉진에 관한 법률」
336. 「입양특례법」
337. 「자격기본법」
338. 「자동차관리법」
339. 「자본시장과 금융투자업에 관한 법률」
340. 「자연공원법」
341. 「자연재해대책법」
342. 「자연환경보전법」
343. 「자원의 절약과 재활용촉진에 관한 법률」
344. 「자유무역지역의 지정 및 운영에 관한 법률」
345. 「잔류성오염물질 관리법」
346. 「장기등 이식에 관한 법률」
347. 「장애아동 복지지원법」
348. 「장애인 건강권 및 의료접근성 보장에 관한 법률」
349. 「장애인 등에 대한 특수교육법」
350. 「장애인·고령자 등 주거약자 지원에 관한 법률」
351. 「장애인·노인 등을 위한 보조기기 지원 및 활용촉진에 관한 법률」
352. 「장애인·노인·임산부 등의 편의증진 보장에 관한 법률」
353. 「장애인고용촉진 및 직업재활법」
354. 「장애인기업활동 촉진법」
355. 「장애인복지법」
356. 「장애인연금법」
357. 「장애인차별금지 및 권리구제 등에 관한 법률」
358. 「장애인활동 지원에 관한 법률」
359. 「재난 및 안전관리 기본법」
360. 「재난안전통신망법」
361. 「재난적의료비 지원에 관한 법률」
362. 「재일교포 북송저지 특수임무수행자 보상에 관한 법률」
363. 「재해구호법」
364. 「재해위험 개선사업 및 이주대책에 관한 특별법」
365. 「저수지·댐의 안전관리 및 재해예방에 관한 법률」
366. 「저작권법」
367. 「전기·전자제품 및 자동차의 자원순환에 관한 법률」
368. 「전기공사업법」
369. 「전기사업법」
370. 「전기안전관리법」
371. 「전기용품 및 생활용품 안전관리법」
372. 「전기통신금융사기 피해 방지 및 피해금 환급에 관한 특별법」
373. 「전기통신기본법」
374. 「전기통신사업법」
375. 「전력기술관리법」
376. 「전자금융거래법」
377. 「전자문서 및 전자거래 기본법」
378. 「전자상거래 등에서의 소비자보호에 관한 법률」
379. 「전자서명법」
380. 「전자어음의 발행 및 유통에 관한 법률」
381. 「전자장치 부착 등에 관한 법률」
382. 「전통 소싸움경기에 관한 법률」
383. 「전통주 등의 산업진흥에 관한 법률」
384. 「전파법」
385. 「정보통신공사업법」
386. 「정보통신기반 보호법」
387. 「정보통신망 이용촉진 및 정보보호 등에 관한 법률」
388. 「정신건강증진 및 정신질환자 복지서비스 지원에 관한 법률」
389. 「제대혈 관리 및 연구에 관한 법률」
390. 「제주특별자치도 설치 및 국제자유도시 조성을 위한 특별법」
391. 「제품안전기본법」
392. 「종자산업법」
393. 「주거급여법」
394. 「주민투표법」
395. 「주식회사 등의 외부감사에 관한 법률」
396. 「주차장법」
397. 「주택법」
398. 「중소기업은행법」
399. 「중소기업제품 구매촉진 및 판로지원에 관한 법률」
400. 「중소기업창업 지원법」
401. 「중증장애인생산품 우선구매 특별법」
402. 「지뢰 등 특정 재래식무기 사용 및 이전의 규제에 관한 법률」
403. 「지뢰피해자 지원에 관한 특별법」
404. 「지방세기본법」
405. 「지방자치단체 보조금 관리에 관한 법률」
406. 「지방재정법」
407. 「지역농산물 이용촉진 등 농산물 직거래 활성화에 관한 법률」
408. 「지역보건법」
409. 「지진·지진해일·화산의 관측 및 경보에 관한 법률」
410. 「지진·화산재해대책법」
411. 「지하수법」
412. 「지하안전관리에 관한 특별법」
413. 「직업안정법」
414. 「진폐의 예방과 진폐근로자의 보호 등에 관한 법률」
415. 「집단에너지사업법」
416. 「집회 및 시위에 관한 법률」
417. 「채용절차의 공정화에 관한 법률」
418. 「철도사업법」
419. 「철도안전법」
420. 「철도의 건설 및 철도시설 유지관리에 관한 법률」
421. 「청소년 기본법」
422. 「청소년 보호법」
423. 「청소년복지 지원법」
424. 「청소년활동 진흥법」
425. 「청원경찰법」
426. 「체외진단의료기기법」
427. 「체육시설의 설치·이용에 관한 법률」
428. 「초·중등교육법」
429. 「초고층 및 지하연계 복합건축물 재난관리에 관한 특별법」
430. 「초지법」
431. 「총포·도검·화약류 등의 안전관리에 관한 법률」
432. 「축산물 위생관리법」
433. 「축산법」
434. 「출입국관리법」
435. 「출판문화산업 진흥법」
436. 「치료감호 등에 관한 법률」
437. 「친환경농어업 육성 및 유기식품 등의 관리·지원에 관한 법률」
438. 「택시운송사업의 발전에 관한 법률」

439. 「토양환경보전법」
440. 「통신비밀보호법」
441. 「특수임무수행자 보상에 관한 법률」
442. 「특정 금융거래정보의 보고 및 이용 등에 관한 법률」
443. 「폐기물관리법」
444. 「폐기물의 국가 간 이동 및 그 처리에 관한 법률」
445. 「표시·광고의 공정화에 관한 법률」
446. 「풍속영업의 규제에 관한 법률」
447. 「하도급거래 공정화에 관한 법률」
448. 「하수도법」
449. 「하천법」
450. 「학교급식법」
451. 「학교보건법」
452. 「학교폭력예방 및 대책에 관한 법률」
453. 「학원의 설립·운영 및 과외교습에 관한 법률」
454. 「한강수계 상수원수질개선 및 주민지원 등에 관한 법률」
455. 「한국마사회법」
456. 「한부모가족지원법」
457. 「할부거래에 관한 법률」
458. 「항공·철도 사고조사에 관한 법률」
459. 「항공보안법」
460. 「항공사업법」
461. 「항공안전법」
462. 「항로표지법」
463. 「항만법」
464. 「항만운송사업법」
465. 「항만지역등 대기질 개선에 관한 특별법」
466. 「해사안전기본법」
467. 「해상교통안전법」
468. 「해양경비법」
469. 「해양사고의 조사 및 심판에 관한 법률」
470. 「해양생태계의 보전 및 관리에 관한 법률」
471. 「해양수산생명자원의 확보·관리 및 이용 등에 관한 법률」
472. 「해양심층수의 개발 및 관리에 관한 법률」
473. 「해양조사와 해양정보 활용에 관한 법률」
474. 「해양폐기물 및 해양오염퇴적물 관리법」
475. 「해양환경관리법」
476. 「해운법」
477. 「혈액관리법」
478. 「호스피스·완화의료 및 임종과정에 있는 환자의 연명의료결정에 관한 법률」
479. 「화물자동차 운수사업법」
480. 「화염병 사용 등의 처벌에 관한 법률」
481. 「화장품법」
482. 「화재의 예방 및 안전관리에 관한 법률」
483. 「화학무기·생물무기의 금지와 특정화학물질·생물작용제 등의 제조·수출입 규제 등에 관한 법률」
484. 「화학물질관리법」
485. 「환경범죄 등의 단속 및 가중처벌에 관한 법률」
486. 「환경보건법」
487. 「환경분야 시험·검사 등에 관한 법률」
488. 「환경영향평가법」
489. 「환경오염시설의 통합관리에 관한 법률」
490. 「환자안전법」
491. 「후천성면역결핍증 예방법」

사립학교법 일부개정법률

<2024년 2월 1일 제412회 국회 본회의 통과>

사립학교법 일부를 다음과 같이 개정한다.

제32조의2제6항 및 제7항을 각각 제8항 및 제9항으로 하고, **같은 조**에 제6항 및 제7항을 각각 다음과 같이 신설하며, **같은 조** 제8항(종전의 제6항) 중 "해당"을 "제7항에 따른 실태점검 결과 및 해당"으로 한다.
⑥ 대학교육기관의 장 및 대학교육기관을 설치·경영하는 학교법인의 이사장은 대통령령으로 정하는 바에 따라 성격에 따른 적립금별 적립 규모 및 사용내역을 공시하여야 한다.
⑦ 교육부장관은 대학교육기관 및 대학교육기관을 설치·경영하는 학교법인의 적립금 현황 및 사용내역에 대하여 대통령령으로 정하는 바에 따라 실태점검을 하여야 한다.

부 칙

제1조【시행일】 이 법은 공포 후 6개월이 경과한 날부터 시행한다.
제2조【적립금 공시에 관한 적용례】 제32조의2제6항의 개정규정은 이 법 시행일이 속한 회계연도의 다음 회계연도의 적립금별 적립 규모 및 사용내역부터 적용한다.

사립학교교직원 연금법 일부개정법률

<2024년 2월 1일 제412회 국회 본회의 통과>

사립학교교직원 연금법 일부를 다음과 같이 개정한다.

제10조제2항을 다음과 같이 하고, **같은 조** 제3항부터 제6항까지를 각각 다음과 같이 신설한다.
② 이사장은 이사장추천위원회가 복수로 추천한 사람 중에서 교육부장관이 임명한다.
③ 상임이사는 이사장이 임명한다.
④ 비상임이사는 교육부장관이 임명한다.
⑤ 감사는 이사회가 복수로 추천한 사람 중에서 교육부장관이 임명한다.
⑥ 제2항의 이사장추천위원회의 구성에 관하여는 「공공기관의 운영에 관한 법률」 제29조를 준용하며, 그 밖에 이사장추천위원회의 운영 등에 필요한 사항은 정관으로 정한다.
제16조제2항 중 "「공공기관의 운영에 관한 법률」 제26조에"를 "제10조에"로 한다.
법률 제16744호 사립학교교직원 연금법 일부개정법률 부칙 제3조 중 "사립학교 사무직원이 재직 중의 사유로 금고 이상의 형을 받고 그로 인하여 당연 퇴직되는"을 "퇴직하는"으로 한다.

부 칙

제1조【시행일】 이 법은 공포한 날부터 시행한다.
제2조【사립학교교직원연금공단의 임원에 관한 경과조치】 이 법 시행 당시 종전의 제10조에 따라 임명된 사립학교교직원연금공단의 임원은 남은 임기 동안 이 법에 따라 임명된 것으로 본다.

장애인 등에 대한 특수교육법 일부개정법률

<2024년 2월 1일 제412회 국회 본회의 통과>

장애인 등에 대한 특수교육법 일부를 다음과 같이 개정한다.

제2조에 제11호의2를 다음과 같이 신설한다.
11의2. "통합학급"이란 특수교육대상자와 또래 일반학생이 함께 편성된 학급을 말한다.
제21조를 다음과 같이 한다.
제21조【통합교육】 ① 교육감은 특수교육대상자가 일반학교에서 또래와 함께 교육받을 수 있도록 시책을 수립·시행하여야 한다.
② 각급학교의 장은 교육에 관한 각종 시책을 시행하는 경우 특수교육대상자가 통합교육을 원활히 받을 수 있도록 하여야 한다.
③ 특수교육대상자가 배치된 일반학교의 장은 일반교육교원 및 특수교육교원의 협력을 통하여 차별의 예방, 교육과정의 조정, 제28조에 따른 지원인력의 배치, 교구·학습보조기·보조공학기기의 지원 및 교원연수 등을 포함한 통합교육계획을 수립·시행하여야 한다.
④ 일반학교의 장은 제3항에 따라 통합교육을 실시하는 경우에는 제27조의 기준에 따라 특수학급을 설치·운영하고, 대통령령으로 정하는 시설·설비 및 교재·교구를 갖추어야 한다.
⑤ 교육부장관 및 교육감은 특수교육대상자의 통합학급 교육활동을 지원하기 위하여 대통령령으로 정하는 바에 따라 특수교육교원을 둘 수 있다.
제28조제9항을 제10항으로 하고, **같은 조**에 제9항을 다음과 같이 신설하며, **같은 조** 제10항(종전의 제9항) 중 "제8항까지의"를 "제9항까지의"로 한다.
⑨ 교육감(국립학교의 경우에는 해당 학교의 장을 말한다)은 「의료법」 제3조에 따른 의료기관과 협의하여 해당 의료기관에 소속된 같은 법 제2조에 따른 의료인으로 하여금 학교 내에서 특수교육대상자에게 의료적 지원을 제공하도록 할 수 있다. 이 경우 의료인이 제공하는 의료적 지원의 구체적 범위는 대통령령으로 정한다.

부 칙

이 법은 공포 후 1년이 경과한 날부터 시행한다.

군인사법 일부개정법률

<2024년 2월 1일 제412회 국회 본회의 통과>

군인사법 일부를 다음과 같이 개정한다.

제10조제2항에 제2호의2를 다음과 같이 신설한다.
2의2. 마약·대마 또는 향정신성의약품 중독자

부 칙

제1조【시행일】 이 법은 공포 후 6개월이 경과한 날부터 시행한다.
제2조【결격사유에 관한 적용례】 제10조제2항제2호의2의 개정규정은 이 법 시행 이후 마약·대마 또는 향정신성의약품 중독자로 인정되는 사람부터 적용한다.

위험물안전관리법 일부개정법률

<2024년 2월 1일 제412회 국회 본회의 통과>

위험물안전관리법 일부를 다음과 같이 개정한다.

제29조의2를 다음과 같이 신설한다.
제29조의2【위험물 안전관리에 관한 협회】 ① 제조소등의 관계인, 위험물운송자, 탱크시험자 및 안전관리자의 업무를 위탁받아 수행할 수 있는 안전관리대행기관으로 소방청장의 지정을 받은 자는 위험물의 안전관리, 사고 예방을 위한 안전기술 개발, 그 밖에 위험물 안전관리의 건전한 발전을 도모하기 위하여 위험물 안전관리에 관한 협회(이하 "협회"라 한다)를 설립할 수 있다.
② 협회는 법인으로 한다.
③ 협회는 소방청장의 인가를 받아 주된 사무소의 소재지에 설립등기를 함으로써 성립한다.
④ 협회의 설립인가 절차 및 정관의 기재사항 등에 관하여 필요한 사항은 대통령령으로 정한다.
⑤ 협회의 업무는 정관으로 정한다.
⑥ 협회에 관하여는 이 법에서 규정한 것 외에는 「민법」 중 사단법인에 관한 규정을 준용한다.

부 칙

이 법은 공포 후 1년이 경과한 날부터 시행한다.

지방재정법 일부개정법률

<2024년 2월 1일 제412회 국회 본회의 통과>

지방재정법 일부를 다음과 같이 개정한다.

제29조제3항을 다음과 같이 한다.
③ 시·도지사는 화력발전·원자력발전에 대한 각각의 지역자원시설세를 다음 각 호의 구분에 따라 관할 시·군에 각각 배분하여야 한다. 이 경우 제2호에 따른 금액은 같은 호에 따른 시·군 및 제29조의2제2항제2호에 따른 자치구에 균등 배분한다.
1. 화력발전·원자력발전에 대한 지역자원시설세의 100분의 65에 해당하는 금액(「지방세징수법」 제17조제2항에 따른 징수교부금을 교부한 경우에는 그 금액을 뺀 금액을 말한다) : 화력발전소·원자력발전소가 있는 시·군
2. 원자력발전에 대한 지역자원시설세의 100분의 20의 범위에서 조례로 정하는 비율에 해당하는 금액 : 「원자력시설 등의 방호 및 방사능 방재 대책법」 제2조제1항제9호에 따른 방사선비상계획구역의 전부 또는 일부를 관할하는 시·군(해당 원자력발전소가 있는 시·군은 제외한다)
제29조의2제2항을 제3항으로 하고, **같은 조**에 제2항을 다음과 같이 신설한다.
② 특별시장 및 광역시장은 화력발전·원자력발전에 대한 각각의 지역자원시설세를 다음 각 호의 구분에 따라 관할 자치구에 각각 배분하여야 한다. 이 경우 제2호에 따른 금액은 같은 호에 따른 자치구 및 제29조제3항제2호에 따른 시·군에 균등 배분한다.
1. 화력발전·원자력발전에 대한 지역자원시설세의 100분의 65에 해당하는 금액(「지방세징수법」 제17조제2항

에 따른 징수교부금을 교부한 경우에는 그 금액을 뺀 금액을 말한다) : 화력발전소·원자력발전소가 있는 자치구
2. 원자력발전에 대한 지역자원시설세의 100분의 20의 범위에서 조례로 정하는 비율에 해당하는 금액 : 「원자력시설 등의 방호 및 방사능 방재 대책법」 제2조제1항제9호에 따른 방사선비상계획구역의 전부 또는 일부를 관할하는 자치구(해당 원자력발전소가 있는 자치구는 제외한다)

부 칙

제1조【시행일】 이 법은 2024년 4월 1일부터 시행한다.
제2조【지역자원시설세 조정교부금에 관한 적용례】 제29조제3항 및 제29조의2제2항의 개정규정은 이 법 시행 이후 납세의무가 성립하는 지역자원시설세분부터 적용한다.

저작권법 일부개정법률

<2024년 2월 1일 제412회 국회 본회의 통과>

저작권법 일부를 다음과 같이 개정한다.

제25조제3항 각 호 외의 부분 본문 중 "학교 또는 교육기관"을 "학교·교육기관 또는 교육훈련기관"으로 하고, 같은 항에 제4호를 다음과 같이 신설하며, **같은 조** 제5항 중 "학교 또는 교육기관"을 "학교·교육기관 또는 교육훈련기관"으로 하고, **같은 조** 제12항 중 "학교·교육기관"을 "학교·교육기관·교육훈련기관"으로 한다.
4. 「학점인정 등에 관한 법률」 제3조에 따라 평가인정을 받은 학습과정을 운영하는 교육훈련기관(정보통신매체를 이용한 원격수업기반 학습과정에 한한다)

부 칙

이 법은 공포 후 6개월이 경과한 날부터 시행한다.

관광진흥법 일부개정법률

<2024년 2월 1일 제412회 국회 본회의 통과>

관광진흥법 일부를 다음과 같이 개정한다.

제3조제1항제6호 중 "유원시설업(遊園施設業)"을 "테마파크업"으로, "유기시설(遊技施設)이나 유기기구(遊技機具)를"을 "테마파크시설을"로, "유기시설이나 유기기구를"을 "테마파크시설을"로 한다.
제5조제2항 중 "유원시설업"을 각각 "테마파크업"으로 하고, **같은 조** 제4항 전단 중 "유원시설업"을 각각 "테마파크업"으로 한다.
제7조제1항제3호 중 "자"를 "자."로 하고, 같은 호에 단서를 다음과 같이 신설한다.
다만, 제1호 또는 제2호에 해당하여 제2항에 따라 등록등 또는 사업계획의 승인이 취소되거나 영업소가 폐쇄된 경우는 제외한다.
제8조제8항 본문 중 "휴업"을 "1개월 이상 휴업"으로 하고, 같은 항 단서 중 "휴업"을 "휴업(휴업기간이 1개월 미만인 경우를 포함한다)"으로 한다.
제11조제1항제4호 중 "유기시설 및 유기기구"를 "테마파크시설"로 한다.
제26조의2를 다음과 같이 신설한다.
제26조의2【유사행위 등의 금지】 카지노사업자가 아닌 자는 영리 목적으로 제26조에 따른 카지노업의 영업 종류를 제공하여 이용자 중 특정인에게 재산상의 이익을 주고 다른 이용자에게 손실을 주는 행위를 하여서는 아니 된다.
제2장제5절의 제목 "유원시설업"을 "테마파크업"으로 한다.
제31조제1항 본문 중 "유원시설업"을 "테마파크업"으로 한다.
제32조의 제목 중 "유원시설업자"를 "테마파크업자"로 하고, **같은 조** 중 "유원시설업의"를 "테마파크업의"로, "유원시설업자"를 "테마파크업자"로, "유기시설 또는 유기기구를"을 "테마파크시설을"로 한다.
제33조제1항 전단 중 "유원시설업자"를 "테마파크업자"로, "유원시설업의"를 "테마파크업의"로, "유기시설 또는 유기기구"를 각각 "테마파크시설"로 하고, **같은 조** 제2항 중 "유원시설업자"를 "테마파크업자"로, "유기시설 및 유기기구"를 "테마파크시설"로 하며, **같은 조** 제3항 중 "유기시설 및 유기기구"를 "테마파크시설"로 하고, **같은 조** 제4항 중 "유원시설업자"를 "테마파크업자"로 한다.
제33조의2제1항 중 "유원시설업자"를 "테마파크업자"로, "유기시설 또는 유기기구"를 "테마파크시설"로 하고, **같은 조** 제2항 중 "유원시설업자"를 "테마파크업자"로 하며, **같은 조** 제3항 중 "유기시설 또는 유기기구가"를 "테마파크시설이"로, "유원시설업자"를 "테마파크업자"로 한다.
제34조제1항 중 "유원시설업자"를 "테마파크업자"로 하고, **같은 조** 제2항 중 "유원시설업자"를 "테마파크업자"로, "유기시설·유기기구"를 "테마파크시설"로, "유기기구의"를 "테마파크시설의"로 한다.
제34조의2의 제목 중 "유원시설"을 "테마파크시설"로 하고, **같은 조** 제1항 중 "유원시설의"를 "테마파크시설의"로, "유원시설업자"를 "테마파크업자"로, "유원시설안전정보시스템"을 "테마파크시설안전정보시스템"으로 하며, **같은 조** 제2항 각 호 외의 부분 중 "유원시설"을 "테마파크시설"로 하고, 같은 항 제1호 중 "유원시설업"을 각각 "테마파크업"으로 하며, 같은 항 제2호, 제3호 및 제7호 중 "유원시설업자"를 각각 "테마파크업자"로 하고, 같은 항 제8호 중 "유원시설"을 "테마파크시설"로 하며, **같은 조** 제3항 전단 중 "유원시설업자"를 "테마파크업자"로, "유원시설안전정보시스템"을 "테마파크시설안전정보시스템"으로 하고, **같은 조** 제4항 및 제5항 중 "유원시설"을 각각 "테마파크시설"로 한다.
법률 제19586호 관광진흥법 일부개정법률 제34조의3의 제목 중 "유원시설"을 "테마파크"로 하고, **같은 조** 제1항 전단 중 "유원시설업"을 "테마파크업"으로, "유원시설을"을 "테마파크를"로, "유기시설 및 유기기구"를 "테마파크시설"로, "유기시설등"을 "테마파크시설"로 하며, 같은 항 후단 중 "유기시설등"을 "테마파크시설"로 하고, **같은 조** 제2항 중 "유기시설등"을 각각 "테마파크시설"로 한다.
제35조제1항제14호 중 "유원시설 등의"를 "테마파크시설의"로 하고, 같은 항 제15호 중 "유기시설 또는 유기기구"를 "테마파크시설"로 한다.
제47조의3제1항 중 "필요한"을 "종합적인"으로 한다.
제5장제1절에 **제69조의2**를 다음과 같이 신설한다.
제69조의2【관광지등에 설치·방치된 물건등의 제거】
① 누구든지 관광지등에서 이 법에 따른 등록·허가·신고 또는 지정을 받지 아니하고 야영용품이나 취사용품 등 대통령령으로 정하는 물건(이하 이 조에서 "물건등"이라 한다)을 무단으로 설치 또는 방치하여 관광객의 원활한 관광 및 휴양을 방해하여서는 아니 된다.
② 관광지등을 관할하는 특별자치시장·특별자치도지사·시장·군수·구청장은 제1항을 위반하여 관광지등의 이용·관리에 지장을 줄 것으로 인정되는 경우로서 문화체육관광부령으로 정하는 바에 따라 긴급하게 실시할 필요가 있고, 「행정대집행법」 제3조제1항 및 제2항의 절차에 따르면 그 목적을 달성하기가 곤란하다고 인정되는 경우에는 그 절차를 거치지 아니하고도 설치 또는 방치되어 있는 물건등을 제거하는 등 필요한 조치를 할 수 있다.
③ 제2항에 따른 조치는 관광지등의 이용·관리에 필요한 최소한도에 그쳐야 한다.
④ 제2항에 따른 조치로 제거된 물건등의 보관 및 처리에 필요한 사항은 대통령령으로 정한다.
제79조제3호 중 "유원시설업"을 각각 "테마파크업"으로 한다.
제81조 제목 외의 부분을 제1항으로 하고, **같은 조** 제1항(종전의 제목 외의 부분) 각 호 외의 부분 전단 중 "5년"을 "7년"으로, "5천만원"을 "7천만원"으로 하며, **같은 조** 제2호 중 "제28조제1항제1호 또는 제2호"를 "제26조의2"로, "자"를 "자(제1호에 해당하는 자는 제외한다)"로 하며, **같은 조**에 제2항 및 제3항을 각각 다음과 같이 신설한다.
② 제28조제1항제1호 또는 제2호를 위반한 자는 5년 이하의 징역 또는 5천만원 이하의 벌금에 처한다. 이 경우 징역과 벌금은 병과할 수 있다.
③ 제1항의 미수범은 처벌한다.
제82조제2호 중 "유원시설업"을 "테마파크업"으로 한다.
제84조제1호 및 제2호 중 "유원시설업"을 각각 "테마파크업"으로 하고, **같은 조** 제3호 중 "유기시설 또는 유기기구를"을 "테마파크시설을"로 하며, **같은 조** 제4호 중 "유기시설·유기기구"를 "테마파크시설"로, "유기기구의"를 "테마파크시설의"로 한다.

부 칙

제1조【시행일】 이 법은 공포 후 1년 6개월이 경과한 날부터 시행한다. 다만, 제7조제1항제3호, 제8조제8항, 제26조의2 및 제81조의 개정규정은 공포한 날부터 시행하고, 제47조의3제1항 및 제69조의2의 개정규정은 공포 후 6개월이 경과한 날부터 시행한다.
제2조【유원시설업 등의 명칭 변경에 관한 경과조치】
① 이 법 시행 당시 종전의 제5조에 따라 유원시설업을 허가(변경허가 및 종전의 제31조에 따른 조건부 영업허가를 포함한다)받거나 신고(변경신고를 포함한다)한 자는 제5조의 개정규정에 따라 테마파크업을 허가(변경허가 및 제31조의 개정규정에 따른 조건부 영업허가를 포함한다)받거나 신고(변경신고를 포함한다)한 자로 본다.
② 이 법 시행 당시 종전의 제33조에 따라 유기시설 또는 유기기구에 대하여 안전성검사를 받거나 안전성검사 대상에 해당되지 아니함을 확인하는 검사를 받은 경우에는 제33조의 개정규정에 따라 테마파크시설에 대하여 안전성검사를 받거나 안전성검사 대상에 해당되지 아니함을 확인하는 검사를 받은 것으로 본다.
제3조【다른 법률의 개정】 ① **건설산업기본법** 일부를 다음과 같이 개정한다.
제41조제2항제4호 중 "유기시설"을 "테마파크시설"로 한다.
② **게임산업진흥에 관한 법률** 일부를 다음과 같이 개정한다.
제2조제1호나목 단서 중 "유기시설(遊技施設) 또는 유기기구(遊技機具)"를 "테마파크시설"로 하고, **같은 조** 제6호바목 본문 중 "유기시설 또는 유기기구를"을 "테마파크시설을"로 하며, 같은 목 단서 중 "유기시설 또는 유기기구로서"를 "테마파크시설로서"로 한다.
③ **경제자유구역의 지정 및 운영에 관한 특별법** 일부를 다음과 같이 개정한다.
제27조제1항제11호 중 "유원시설업"을 "테마파크업"으로 한다.
④ **공무원연금법** 일부를 다음과 같이 개정한다.
제78조제2항제2호 중 "유원시설업"을 "테마파크업"으로 한다.
⑤ (생략)
⑥ **물환경보전법** 일부를 다음과 같이 개정한다.
제2조제19호가목 중 "유원시설업"을 "테마파크업"으로, "유기시설(遊技施設) 또는 유기기구(遊技機具)"를 "테마파크시설"로 한다.
⑦ **실종아동등의 보호 및 지원에 관한 법률** 일부를 다음과 같이 개정한다.
제9조의3제2항제2호 중 "유원시설"을 "테마파크"로 한다.
⑧~⑨ (생략)
⑩ **유통산업발전법** 일부를 다음과 같이 개정한다.
제9조제1항제5호 중 "유원시설업(遊園施設業)"을 "테마파크업"으로 한다.
⑪ **자연재해대책법** 일부를 다음과 같이 개정한다.
제20조제1항제3호 중 "유원시설(遊園施設)"을 "테마파크시설"로 한다.
제26조의4제1항제3호 중 "유원시설"을 "테마파크시설"로 한다.
⑫~⑬ (생략)
⑭ **지진·화산재해대책법** 일부를 다음과 같이 개정한다.
제14조제1항제27호 중 "유기시설(遊技施設)"을 "테마파크시설"로 한다.
⑮ **초고층 및 지하연계 복합건축물 재난관리에 관한 특별법** 일부를 다음과 같이 개정한다.
제2조제2호나목 중 "유원시설업(遊園施設業)"을 "테마파크업"으로 한다.

체육시설의 설치·이용에 관한 법률 일부개정법률

<2024년 2월 1일 제412회 국회 본회의 통과>

체육시설의 설치·이용에 관한 법률 일부를 다음과 같이 개정한다.

제4조의2제1항 중 "제4조의7까지"를 "제4조의8까지"로 한다.
제4조의3 제목 외의 부분을 제1항으로 하고, **같은 조**에 제2항을 다음과 같이 신설한다.
② 문화체육관광부장관, 제4조의4제1항에 따라 체육시설 안전점검 업무를 위임받은 시·도지사, 시장·군수 또는 구청장(자치구의 구청장에 한정한다. 이하 같다)은 체육시설 안전점검을 위하여 체육시설업자의 휴업 또는 폐업 사실의 확인이 필요한 경우 「부가가치세법」 제8조에 따른 관할 세무서장에게 휴업 또는 폐업 여부에 대한 정보 제공을 요청할 수 있다. 이 경우 요청을 받은 관할 세무서장은 정당한 사유가 없으면 휴업 또는 폐업 여부에 대한 정보를 제공하여야 한다.
제4조의5제1항 중 "구청장(자치구의 구청장에 한정한다. 이하 같다)에게"를 "구청장에게"로 하고, **같은 조** 제2항 중 "중대한"을 "이용자에게 위해(危害)·위험을 발생시킬 수 있는"으로 한다.
제1장에 **제4조의8**을 다음과 같이 신설한다.
제4조의8【체육시설 안전관리 등 교육】 ① 문화체육관광부장관은 체육시설의 소유자·관리자 및 체육시설업자 등에 대하여 체육시설과 관련된 사고를 예방하기 위한 교육 및 체육시설의 안전관리를 위한 교육(이하 "체육시설 안전관리 등 교육"이라 한다)을 실시하여야 한다.
② 체육시설 안전관리 등 교육의 내용 및 방법, 대상, 기간 등 필요한 사항은 문화체육관광부령으로 정한다.
제6조제2항 중 "장애인이"를 "노인과 장애인이"로, "쉽게"를 "쉽고 안전하게"로 한다.
제21조에 제4항을 다음과 같이 신설한다.
④ 제2항 및 제3항에도 불구하고 비회원제 골프장을 운영하는 자는 대통령령으로 정하는 상품·단체·기간 등의 범위 내에서 다음 각 호의 이용을 위한 이용 우선권을 제공하거나 판매할 수 있다.
1. 골프장과 숙박시설 등을 함께 묶은 상품의 이용
2. 대통령령으로 정하는 인원수 이상으로 구성된 단체의 정기적 이용
3. 국가행정기관, 지방자치단체, 「국민체육진흥법」에 따른 경기단체가 주관 또는 주최하는 대회, 청소년 선수 후원 등을 위한 공익 목적의 대회, 청소년 선수 연습지원

부 칙

제1조【시행일】 이 법은 공포 후 6개월이 경과한 날부터 시행한다.
제2조【안전점검 실시결과의 이행에 관한 적용례】 제4조의5제2항의 개정규정은 이 법 시행 이후 안전점검 결과를 통보받은 경우부터 적용한다.

중소기업창업 지원법 일부개정법률

<2024년 2월 1일 제412회 국회 본회의 통과>

중소기업창업 지원법 일부를 다음과 같이 개정한다.

제2조에 제2호의2 및 제3호의2를 각각 다음과 같이 신설한다.
2의2. "국외 창업"이란 대한민국 국민(대한민국 법률에 따라 설립된 법인을 포함한다)이 외국의 법률에 따라 보유 주식 총수나 출자 지분 총액 등 대통령령으로 정하는 실질적인 지배력을 가지는 법인을 외국에 새로 설립하는 것을 말한다.
3의2. "국외 창업기업"이란 국외 창업하여 사업을 개시한 날부터 7년이 지나지 아니한 법인을 말한다. 이 경우 사업 개시에 관한 사항 등 국외 창업기업의 범위에 관한 세부사항은 대통령령으로 정한다.
제5조의2를 다음과 같이 신설한다.
제5조의2【준용 규정】 국외 창업기업에 대해서는 제3조, 제7조, 제8조, 제10조, 제25조 및 제26조를 준용한다.
제10조제3항 중 "창업 관련 단체, 창업기업등에 해당"을 "기업 등 해당 사업을 수행하는 자에게"로 한다.
제42조제3항 중 "재창업 관련 단체, 창업기업 및 예비재창업자에게 해당"을 "기업 등 해당 사업을 수행하는 자에게"로 한다.
제56조제3항부터 제5항까지를 각각 제5항부터 제7항까지로 하고, **같은 조**에 제3항 및 제4항을 각각 다음과 같이 신설한다.
③ 중소벤처기업부장관은 제44조에 따른 성실경영 평가 전담기관이 다음 각 호의 어느 하나에 해당하면 대통령령이 정하는 바에 따라 지정을 취소할 수 있다. 다만, 제1호에 해당하는 경우에는 그 지정을 취소하여야 한다.
1. 거짓이나 그 밖의 부정한 방법으로 지정을 받은 경우
2. 제44조제6항에서 정하는 지정 요건에 적합하지 아니하게 된 경우
3. 정당한 사유 없이 1년 이상 운영하지 아니한 경우
4. 스스로 지정의 취소를 원하는 경우
④ 제3항에 따라 지정이 취소된 성실경영 평가 전담기관은 그 지정이 취소된 날부터 2년 이내에는 성실경영 평가 전담기관으로 재지정받을 수 없다.
제57조제3호부터 제5호까지를 각각 제4호부터 제6호까지로 하고, **같은 조**에 제3호를 다음과 같이 신설한다.
3. 제44조제1항에 따른 성실경영 평가 전담기관의 지정
제62조제3항제4호를 제9호로 하고, 같은 항에 제4호부터 제8호까지를 각각 다음과 같이 신설한다.
4. 「외국인투자 촉진법」 제21조제1항에 따른 정보로서 당사자의 동의를 받은 외국인투자금액 : 산업통상자원부장관
5. 「대외무역법」 제2조제1호나목 및 다목의 무역에 대한 정보로서 당사자의 동의를 받은 다음 각 목의 정보 : 산업통상자원부장관
가. 회사명 및 사업자등록번호
나. 수출 실적 확인기간, 수출품목명, 수출 실적 및 대상국가
6. 「관세법」 제241조제1항에 따른 정보로서 당사자의 동의를 받은 다음 각 목의 정보 : 관세청장
가. 수출 신고서의 품명, 거래품명, 품목번호
나. 수출 신고서의 총신고가격, 목적국, 신고일자
7. 「출입국관리법」 제10조의2제1항제2호의 장기체류자격을 가진 자에 대한 정보로서 당사자의 동의를 받은 같은 법 제31조제5항에 따른 외국인등록번호 : 법무부장관
8. 「출입국관리법」 제10조의2제1항제2호의 장기체류자격을 가진 자에 대한 정보로서 당사자의 동의를 받은 「부가가치세법」 제8조제7항 및 「소득세법」 제168조제3항에 따른 사업자등록번호 : 국세청장

부 칙

제1조【시행일】 이 법은 공포 후 6개월이 경과한 날부터 시행한다.
제2조【성실경영 평가 전담기관 재지정 제한에 관한 적용례】 제56조제4항의 개정규정은 이 법 시행 이후 성실경영 평가 전담기관 지정이 취소되는 경우부터 적용한다.

중소기업 사업전환 촉진에 관한 특별법 일부개정법률

<2024년 2월 1일 제412회 국회 본회의 통과>

중소기업 사업전환 촉진에 관한 특별법 일부를 다음과 같이 개정한다.

제6조의 제목 중 "설치"를 "설치 등"으로 하고, **같은 조** 제4항을 제7항으로 하며, **같은 조**에 제4항부터 제6항까지를 각각 다음과 같이 신설하고, **같은 조** 제7항(종전의 제4항) 중 "지원센터"를 "제1항에 따른 지원센터"로, "운영"을 "운영 및 제4항에 따른 지정취소"로 한다.
④ 중소벤처기업부장관은 제1항에 따라 지정한 지원센터가 다음 각 호의 어느 하나에 해당하는 경우 그 지정을 취소할 수 있다. 다만, 제1호에 해당하는 경우에는 그 지정을 취소하여야 한다.
1. 거짓이나 그 밖의 부정한 방법으로 지원센터로 지정받은 경우
2. 제7항에 따른 지정기준에 적합하지 아니하게 된 경우
⑤ 중소벤처기업부장관은 제4항에 따라 지원센터의 지정을 취소하고자 하는 경우에는 청문을 실시하여야 한다.
⑥ 제4항에 따라 지정이 취소된 지원센터는 지정이 취소된 날부터 2년 이내에는 제1항에 따른 지정을 받을 수 없다.

부 칙

제1조【시행일】 이 법은 공포 후 6개월이 경과한 날부터 시행한다.
제2조【지원센터의 지정 제한에 관한 적용례】 제6조제6항의 개정규정은 이 법 시행 이후 지정이 취소된 지원센터부터 적용한다.

중소기업기본법 일부개정법률

<2024년 2월 1일 제412회 국회 본회의 통과>

중소기업기본법 일부를 다음과 같이 개정한다.

제25조의 제목 중 "지정"을 "지정 등"으로 하고, **같은 조** 제3항을 제6항으로 하며, **같은 조**에 제3항부터 제5항까지를 각각 다음과 같이 신설하고, **같은 조** 제6항(종전의 제3항) 중 "전문연구평가기관"을 "제1항에 따른 전문연구평가기관"으로, "운영"을 "운영과 제3항에 따른 지정취소"로 한다.
③ 중소벤처기업부장관은 제1항에 따라 지정한 전문연구평가기관이 다음 각 호의 어느 하나에 해당하는 경우 그 지정을 취소할 수 있다. 다만, 제1호에 해당하는 경우에는 그 지정을 취소하여야 한다.
1. 거짓이나 그 밖의 부정한 방법으로 전문연구평가기관으로 지정받은 경우
2. 제6항에 따른 지정기준에 적합하지 아니하게 된 경우
④ 중소벤처기업부장관은 제3항에 따라 전문연구평가기관의 지정을 취소하고자 하는 경우에는 청문을 실시하여야 한다.
⑤ 제3항에 따라 지정이 취소된 전문연구평가기관은 지정이 취소된 날부터 2년 이내에는 제1항에 따른 지정을 받을 수 없다.

부 칙

제1조【시행일】 이 법은 공포 후 6개월이 경과한 날부터 시행한다.
제2조【전문연구평가기관의 지정 제한에 관한 적용례】 제25조제5항의 개정규정은 이 법 시행 이후 지정이 취소된 전문연구평가기관부터 적용한다.

약사법 일부개정법률

<2024년 2월 1일 제412회 국회 본회의 통과>

약사법 일부를 다음과 같이 개정한다.

제22조의2를 다음과 같이 신설한다.

제22조의2【약국·약사 등의 보호】 ① 누구든지 약국(약국 외에서 조제 업무가 이루어지는 경우 그 장소를 포함한다. 이하 이 조에서 같다)에서 약국의 시설, 기재, 의약품, 그 밖의 기물 등을 파괴·손상하거나 점거하여 약사 또는 한약사의 업무를 방해해서는 아니 되며, 이를 교사하여서는 아니 된다.

② 누구든지 약국에서 조제 또는 복약지도 업무를 수행하는 약사·한약사 또는 약국 이용자를 폭행·협박하여서는 아니 된다.

제31조제12항 본문 중 "함량 및 투여경로가"를 "함량, 투여경로, 효능·효과 및 용법·용량이"로 하고, 같은 항 제2호 중 "생물학적 동등성자료"를 "제10항에 따라 자료를 제출하여야 하는 의약품과의 생물학적 동등성자료"로 하며, **같은 조** 제14항 각 호 외의 부분에 단서를 다음과 같이 신설한다.

다만, 제31조의6제1항 본문에 해당하는 경우에는 그러하지 아니하다.

제31조의5제2항을 삭제하고, **같은 조** 제3항 및 제6항 중 "제1항 및 제2항"을 각각 "제1항"으로 한다.

제31조의6을 다음과 같이 신설한다.

제31조의6【허가 시 제출된 임상시험자료의 보호】 ① 제31조제1항에 따른 의약품 제조업자 또는 같은 조 제3항에 따른 위탁제조판매업 신고를 한 자는 다음 각 호의 어느 하나에 해당하는 의약품(이하 "자료보호의약품"이라 한다)의 품목허가(변경허가를 포함한다. 이하 이 조에서 같다) 당시 제출되었던 임상시험자료(생물학적 동등성시험에 관한 자료는 제외한다. 이하 이 조에서 같다)를 근거로 하여 다음 각 호의 구분에 따른 기간(이하 "자료보호기간"이라 한다) 동안 새롭게 의약품의 품목허가를 신청하거나 품목신고(변경신고를 포함한다. 이하 이 조에서 같다)를 할 수 없다. 다만, 제31조제10항제2호 및 제3호와 동등한 수준 이상의 자료를 별도로 작성하여 제출한 경우에는 그러하지 아니하다.

1. 희귀의약품 : 품목허가를 받은 날부터 10년(소아 적응증을 추가하는 경우에는 1년을 연장할 수 있다)
2. 신약 : 품목허가를 받은 날부터 6년
3. 이미 품목허가를 받은 의약품의 안전성·유효성·유용성을 개선하기 위하여 유효성분 종류를 변경하는 등 중요한 사항을 변경함에 따라 새로운 임상시험자료를 제출하여야 하는 총리령으로 정하는 의약품 : 새로운 임상시험자료를 제출하여 품목허가를 받은 날부터 6년
4. 그 밖에 자료를 보호할 필요가 있다고 인정되는 경우로서 새로운 임상시험자료를 제출하여야 하는 총리령으로 정하는 의약품 : 새로운 임상시험자료를 제출하여 품목허가를 받은 날부터 4년

② 제1항에도 불구하고 다음 각 호의 어느 하나에 해당하는 경우에는 자료보호기간에도 품목허가를 신청하거나 품목신고를 할 수 있다.

1. 자료보호의약품의 품목허가를 받은 자가 해당 의약품의 임상시험자료를 근거로 하여 다른 의약품의 제조업자 또는 위탁제조판매업 신고를 한 자가 품목허가를 신청하거나 품목신고를 하는 것에 동의한 경우
2. 그 밖에 식품의약품안전처장이 「공중보건 위기대응 의료제품의 개발 촉진 및 긴급 공급을 위한 특별법」에 따른 공중보건 위기상황에 효과적으로 대응하기 위하여 필요하다고 인정하는 경우

③ 식품의약품안전처장은 자료보호의약품의 제품명 및 자료보호기간 등 총리령으로 정하는 사항을 인터넷 홈페이지에 공개해야 한다.

④ 제1항부터 제3항까지에서 규정한 사항 외에 자료보호의약품의 자료보호 및 공개 등에 관하여 필요한 사항은 총리령으로 정한다.

제32조를 삭제한다.

제32조의2를 다음과 같이 신설한다.

제32조의2【신약 등의 위해성 관리】 ① 다음 각 호의 어느 하나에 해당하는 의약품에 대하여 제31조제2항 및 제3항에 따라 품목허가를 신청하거나 품목신고를 하려는 자(「첨단재생의료 및 첨단바이오의약품 안전 및 지원에 관한 법률」 제23조제2항·제3항에 따라 품목허가를 신청하려는 자를 포함한다)는 안전성·유효성에 관한 정보 수집이 필요한 항목 및 위해성 완화 조치방법 등을 포함하는 종합적인 의약품 안전관리 계획(이하 "위해성 관리 계획"이라 한다)을 수립하여 식품의약품안전처장에게 제출해야 한다. 위해성 관리 계획의 내용을 변경하려는 경우에도 또한 같다.

1. 신약
2. 희귀의약품
3. 「첨단재생의료 및 첨단바이오의약품 안전 및 지원에 관한 법률」 제2조제5호에 따른 첨단바이오의약품
4. 이미 품목허가를 받은 의약품과 유효성분의 종류 또는 배합비율이 다른 전문의약품 등 총리령으로 정하는 의약품

② 식품의약품안전처장은 제31조제2항 및 제3항에 따라 품목허가를 받거나 품목신고를 한 의약품이 제1항 각 호의 어느 하나에는 해당하지 않으나 시판 후 안전성 등에 우려가 있어 위해성 관리 계획의 수립이 필요하다고 인정되면 해당 의약품의 품목허가를 받은 자에게 위해성 관리 계획을 수립하여 제출하도록 명할 수 있다.

③ 제1항 및 제2항에 따라 위해성 관리 계획을 수립한 의약품의 품목허가를 받은 자는 위해성 관리 계획에 따라 위해성 관리를 실시하고 그 결과를 식품의약품안전처장에게 정기적으로 제출하여야 한다.

④ 제1항 및 제2항에 따른 위해성 관리 계획의 수립·제출 방법 및 변경 절차와 제3항에 따른 위해성 관리의 방법 및 결과 제출 등에 관하여 필요한 사항은 총리령으로 정한다.

제37조의3제1항 본문 중 "재심사"를 "위해성 관리"로 한다.

제42조제5항 전단 중 "제32조"를 "제31조의6, 제32조의2"로 한다.

제62조제2호 중 "제31조제2항·제3항·제9항 또는 제41조제1항"을 "제31조제2항·제3항·제9항, 제41조제1항 또는 제42조제1항"으로 한다.

제68조의8제1항 및 제2항 중 "유해사례"를 각각 "이상사례"로 한다.

제86조의5제2항 각 호 외의 부분 중 "피해구제급여액(제1호의 경우에는 그 급여액의 2배를 말한다)"을 "피해구제급여액의 5배 이내에서 대통령령으로 정하는 금액"으로 하고, 같은 항 제1호 중 "거짓"을 "피해구제급여를 청구할 자격이 없는 사람이 거짓"으로 하며, 같은 항 제2호 및 제3호를 각각 제3호 및 제4호로 하고, 같은 항에 제2호를 다음과 같이 신설한다.

2. 거짓 또는 그 밖의 부정한 방법으로 받아야 할 피해구제급여보다 과다하게 피해구제급여를 받은 경우

제88조의 제목 중 "보호"를 "비공개"로 하고, **같은 조** 제1항 본문 중 "제32조부터 제34조까지"를 "제32조의2, 제33조, 제34조"로 한다.

법률 제19359호 약사법 일부개정법률 제89조제1항 각 호 외의 부분 본문 중 "자, 의약품"을 "자, 수입자, 의약품"으로 하고, 같은 항 제2호 및 제3호를 각각 제3호 및 제4호로 하며, 같은 항에 제2호를 다음과 같이 신설하고, **같은 조** 제3항제1호 중 "자 및"을 "자,"로, "한 자의"를 "한 자, 수입자, 임상시험계획의 승인을 받은 자 및 검사기관 등으로 지정받은 자의"로 한다.

2. 수입자 : 제42조제4항 각 호의 어느 하나에 해당하는 경우

제92조의2제4호를 제5호로 하고, **같은 조**에 제4호를 다음과 같이 신설한다.

4. 심의위원회 위원 중 공무원이 아닌 사람

제93조제1항에 제2호의2 및 제2호의3을 각각 다음과 같이 신설한다.

2의2. 제22조의2제1항을 위반하여 약국의 시설 등을 파괴·손상 또는 점거하여 약사·한약사의 업무를 방해하거나 이를 교사한 자

2의3. 제22조의2제2항을 위반하여 약사·한약사 또는 약국 이용자를 폭행·협박한 자. 다만, 피해자의 명시한 의사에 반하여 공소를 제기할 수 없다.

제98조제1항제7호의8 중 "유해사례"를 "이상사례"로 한다.

부 칙

제1조【시행일】 이 법은 공포 후 1년이 경과한 날부터 시행한다. 다만, 제22조의2, 제62조제2호, 제68조의8제1항 및 제2항, 제92조의2제4호 및 제5호, 제93조제1항제2호의2 및 제2호의3, 제98조제1항제7호의8의 개정규정은 공포한 날부터 시행하고, 법률 제19359호 약사법 일부개정법률 제89조제1항 및 제3항의 개정규정은 2024년 10월 19일부터 시행한다.

제2조【허가 시 제출한 임상시험자료 보호에 대한 적용례】 제31조의6의 개정규정(제42조제5항의 개정규정에 따라 준용되는 경우를 포함한다)은 제31조의6제1항 각 호의 어느 하나에 해당하는 의약품에 대하여 품목허가·변경허가 신청 시 제출한 임상시험자료를 근거로 하여 이 법 시행 이후에 품목허가·변경허가를 신청하거나 품목신고·변경신고를 하는 경우부터 적용한다.

제3조【피해구제급여 부당이득 징수에 관한 적용례】 제86조의5제2항의 개정규정은 이 법 시행 이후 제86조의5 제2항 각 호의 어느 하나에 해당하는 경우부터 적용한다.

제4조【신약 등의 재심사에 대한 경과조치】 이 법 시행 당시 종전의 제32조(제42조제5항에 따라 준용되는 경우를 포함한다)에 따라 재심사 기간을 부여받은 품목에 대해서는 제31조의5제2항, 제32조, 제32조의2, 제42조제5항 및 제88조제1항의 개정규정에도 불구하고 종전의 규정에 따른다.

제5조【다른 법률의 개정】 (생략)

국민건강보험법 일부개정법률

<2024년 2월 1일 제412회 국회 본회의 통과>

국민건강보험법 일부를 다음과 같이 개정한다.

제44조제2항 전단 중 "제1항에 따라 본인이 연간 부담하는 본인일부부담금의 총액이"를 "본인이 연간 부담하는 다음 각 호의 금액의 합계액이"로 하고, 같은 항에 각 호를 다음과 같이 신설하며, **같은 조** 제4항 중 "제2항에 따른 본인일부부담금 총액"을 "제2항 각 호에 따른 금액 및 합계액"으로 한다.

1. 본인일부부담금의 총액
2. 제49조제1항에 따른 요양이나 출산의 비용으로 부담한 금액(요양이나 출산의 비용으로 부담한 금액이 보건복지부장관이 정하여 고시한 금액보다 큰 경우에는 그 고시한 금액으로 한다)에서 같은 항에 따라 요양비로 지급받은 금액을 제외한 금액

제47조의2제3항 및 제4항을 각각 제4항 및 제5항으로 하고, **같은 조**에 제3항을 다음과 같이 신설하며, **같은 조** 제4항(종전의 제3항) 중 "공단은 지급 보류된"을 "공단은 지급보류 처분을 취소하고, 지급 보류된"으로 하고, 같은 항에 후단을 다음과 같이 신설하며, **같은 조** 제5항(종전의 제4항) 중 "지급 절차와 이자의 산정 등에"를 "지급 절차 등에"로 한다.

③ 공단은 요양기관이 「의료법」 제4조제2항, 제33조제2항·제8항 또는 「약사법」 제20조제1항, 제21조제1항을 위반한 혐의나 「의료법」 제33조제10항 또는 「약사법」 제6조제3항·제4항을 위반하여 개설·운영된 혐의에 대하여 법원에서 무죄 판결이 선고된 경우 그 선고 이후 실시한 요양급여에 한정하여 해당 요양기관이 청구하는 요양급여비용을 지급할 수 있다.

이 경우 이자는 「민법」 제379조에 따른 법정이율을 적용하여 계산한다.

제72조제1항 단서 중 "「금융실명거래 및 비밀보장에 관한 법률」 제2조제1호에 따른 금융회사등(이하 "금융회사등"이라 한다)으로부터 대출을 받고"를 "다음 각 호의 어느 하나에 해당하는 대출을 받고"로 하고, 같은 항에 각 호를 다음과 같이 신설한다.

1. 「금융실명거래 및 비밀보장에 관한 법률」 제2조제1호에 따른 금융회사등(이하 "금융회사등"이라 한다)으로부터 받은 대출
2. 「주택도시기금법」에 따른 주택도시기금을 재원으로 하는 대출 등 보건복지부장관이 정하여 고시하는 대출

부 칙

제1조【시행일】 이 법은 공포 후 6개월이 경과한 날부터 시행한다. 다만, 제72조제1항 단서의 개정규정은 공포 후 3개월이 경과한 날부터 시행한다.

제2조【공단이 부담하는 본인부담상한액의 초과 금액에 관한 적용례】 제44조제2항의 개정규정은 이 법 시행일이 속하는 해에 공단이 부담하여야 하는 본인부담상한액의 초과 금액을 산정한 경우에도 적용한다.

제3조【무죄판결 선고에 따른 요양급여비용의 지급에 관한 적용례】 제47조의2제3항의 개정규정은 이 법 시행 전에 법원에서 무죄 판결이 선고되어 이 법 시행일까지 그 판결이 확정되지 않은 경우에도 적용한다.

제4조【지역가입자의 보험료 부과점수 산정에 관한 적용례】 부칙 제1조 단서에 따른 제72조제1항 단서의 개정규정의 시행일 전에 제72조제1항제2호의 개정규정에 해당하는 대출을 받은 경우에 대해서는 제72조제1항 단서의 개정규정의 시행일부터 6개월 내 그 사실을 공단에 통보하면 2022년 9월 1일에 통보한 것으로 보아 같은 개정규정을 적용한다. 다만, 해당 대출일이 2022년 9월 2일 이후인 경우에는 대출일을 통보일로 본다.

생명윤리 및 안전에 관한 법률 일부개정법률

<2024년 2월 1일 제412회 국회 본회의 통과>

생명윤리 및 안전에 관한 법률 일부를 다음과 같이 개정한다.

제27조의 제목 중 "난자"를 "생식세포"로 하고, **같은 조** 제1항 중 "난자를"을 "난자 또는 정자(이하 이 조에서 "생식세포"라 한다)를"로, "난자 기증자"를 "생식세포 기증자"로 하며, **같은 조** 제2항 중 "난자"를 "생식세포"로 하고, **같은 조** 제4항 중 "난자"를 각각 "생식세포"로 한다.
제55조제1항제1호 중 "난자"를 "난자 및 정자"로 한다.
제67조제1항제3호 중 "난자 기증자"를 "난자 또는 정자 기증자"로, "제2항이나"를 "제2항을 위반하여 난자 또는 정자를 채취하거나"로 한다.

부 칙

이 법은 공포 후 6개월이 경과한 날부터 시행한다.

장기등 이식에 관한 법률 일부개정법률

<2024년 2월 1일 제412회 국회 본회의 통과>

장기등 이식에 관한 법률 일부를 다음과 같이 개정한다.

제6조제2항에 제6호를 다음과 같이 신설한다.
6. 다음 각 목의 어느 하나에 해당하는 신분증명서를 발급·재발급 또는 갱신받으려는 사람을 대상으로 한 장기등의 기증 및 장기등기증희망등록 안내
 가. 「주민등록법」 제24조에 따른 주민등록증
 나. 「여권법」 제4조에 따른 여권
 다. 「도로교통법」 제85조에 따른 운전면허증
 라. 「선원법」 제48조에 따른 선원신분증명서
제14조제1항 단서 중 "1명"을 "1명이나 제16조제4항에 따른 뇌사판정기관의 장(뇌사자 또는 사망자가 제15조에 따른 장기등기증희망등록을 한 경우에 한한다)"으로 한다.
제28조의 제목 중 "장기등의 적출사실 통보"를 "제출"로 하고, **같은 조** 제1항 중 "이식받은"을 "기증한 살아있는 사람과 이식받은"으로 하며, **같은 조** 제2항 본문 중 "보건복지부령으로 정하는 바에 따라 그 내용을 이식 후 1년이 경과하기 전에는 6개월마다, 1년이 경과한 후에는 매년"을 "장기등을 기증한 살아있는 사람과 장기등 이식을 받은 사람으로 구분하여 그 내용을"으로 하고, **같은 조** 제3항을 삭제하며, **같은 조**에 제4항을 다음과 같이 신설한다.
④ 제2항에 따른 제출 기간·방법 및 절차 등에 필요한 사항은 보건복지부령으로 정한다.
제29조제2항 중 "이식받은"을 "기증한 살아있는 사람과 이식받은"으로 한다.
제35조제6호 중 "이식받은"을 "기증한 살아있는 사람과 이식받은"으로 하고, **같은 조** 제7호 중 "제2항 또는 제3항"을 "제2항"으로 한다.
제49조제2호를 삭제한다.

부 칙

이 법은 공포 후 1년 6개월이 경과한 날부터 시행한다. 다만, 제28조제3항, 제35조제7호 및 제49조제2호의 개정규정은 공포한 날부터 시행한다.

국민건강증진법 일부개정법률

<2024년 2월 1일 제412회 국회 본회의 통과>

국민건강증진법 일부를 다음과 같이 개정한다.

제18조의 조 번호 및 제목을 다음과 같이 하고, **같은 조** 제1항제4호를 제5호로 하며, 같은 항에 제4호를 다음과 같이 신설한다.
제18조【구강건강사업】
4. 아동·노인·장애인·임산부 등 건강취약계층을 위한 구강건강증진사업

부 칙

이 법은 공포한 날부터 시행한다.

식품위생법 일부개정법률

<2024년 2월 1일 제412회 국회 본회의 통과>

식품위생법 일부를 다음과 같이 개정한다.

제51조제1항제3호 중 "경우"를 "경우. 다만, 총리령으로 정하는 규모 이하의 집단급식소에 한정한다."로 한다.
제52조제1항제3호 중 "경우"를 "경우. 다만, 총리령으로 정하는 규모 이하의 집단급식소에 한정한다."로 한다.

부 칙

이 법은 공포 후 1년이 경과한 날부터 시행한다.

검역법 일부개정법률

<2024년 2월 1일 제412회 국회 본회의 통과>

검역법 일부를 다음과 같이 개정한다.

제29조의2제3항부터 제5항까지를 각각 제4항부터 제6항까지로 하고, **같은 조**에 제3항을 다음과 같이 신설하며, **같은 조** 제5항(종전의 제4항) 및 제6항(종전의 제5항) 중 "및 제2항"을 각각 "부터 제3항"으로 한다.
③ 질병관리청장은 검역감염병 전파 방지 등 검역업무를 위하여 제1항에 따른 시스템을 다음 각 호의 정보시스템과 전자적으로 연계하여 활용할 수 있다. 이 경우 연계를 통하여 수집·제공할 수 있는 정보는 입국정보, 건강상태 등 대통령령으로 정한다.
1. 「감염병의 예방 및 관리에 관한 법률」 제33조의4에 따른 예방접종통합관리시스템
2. 「감염병의 예방 및 관리에 관한 법률」 제40조의5에 따른 감염병관리통합정보시스템
3. 그 밖에 보건복지부령으로 정하는 정보시스템

부 칙

이 법은 공포 후 3개월이 경과한 날부터 시행한다.

먹는물관리법 일부개정법률

<2024년 2월 1일 제412회 국회 본회의 통과>

먹는물관리법 일부를 다음과 같이 개정한다.

제43조제8항제2호 중 "발급한 경우"를 "발급하거나 제12항에 따른 검사결과의 기록을 거짓으로 작성한 경우"로 하고, 같은 항에 제9호를 다음과 같이 신설하며, **같은 조**에 제14항을 다음과 같이 신설한다.
9. 제14항을 위반하여 검사업무를 재위탁하거나 재위탁을 받은 경우
⑭ 검사기관이 검사를 하는 경우 검사업무를 재위탁하거나 재위탁을 받아서는 아니 된다.
제43조의2를 다음과 같이 신설한다.
제43조의2【검사기관 기술인력의 자격정지】 ① 환경부장관은 제43조제1항에 따라 지정받은 검사기관에서 이 법 또는 다른 법률(제43조에 따른 검사기관의 검사를 받도록 규정한 법률만 해당한다)에 따른 검사를담당하는 기술인력이 다음 각 호의 어느 하나에 해당하는 경우에는 「국가기술자격법」 제10조제3항에 따른 국가기술자격 검정별 소관 주무부장관에게 해당 사실을 통보하여야 한다.
1. 검사를 하면서 고의 또는 중대한 과실로 거짓의 검사성적서를 발급하거나 거짓의 검사결과기록을 작성한 경우
2. 검사기관의 업무정지기간 중 검사업무를 수행한 경우
② 제1항에 따라 해당 사실을 통보받은 주무부장관은 1년의 범위에서 해당 기술인력의 국가기술자격을 정지시켜야 한다.
③ 제2항에 따른 국가기술자격의 정지기간 등에 관하여 필요한 사항은 대통령령으로 정한다.
제58조제7호의3 중 "발급한 자"를 "발급하거나 검사결과기록을 작성한 자"로 한다.
제59조제16호의2 중 "발급한 자"를 "발급하거나 검사결과기록을 작성한 자"로 한다.

부 칙

제1조【시행일】 이 법은 공포 후 1년이 경과한 날부터 시행한다.
제2조【적용례】 제43조의2의 개정규정은 검사기관에서 검사업무를 담당하는 기술인력이 이 법 시행 이후 검사업무를 수행하는 경우부터 적용한다.

하천법 일부개정법률

<2024년 2월 1일 제412회 국회 본회의 통과>

하천법 일부를 다음과 같이 개정한다.

제3조제2항 및 제3항을 각각 제3항 및 제4항으로 하고, **같은 조**에 제2항을 다음과 같이 신설한다.
② 국가 및 지방자치단체는 하천의 이수·치수·물환경 관리에 지장이 없는 범위 안에서 하천구역에서의 불법행위 등으로 인해 국민이 하천구역을 여가 활동의 공간으로 이용하는데 제한을 받지 않도록 필요한 시책을 강구하여야 한다.
제25조제4항을 다음과 같이 한다.
④ 하천기본계획에는 다음 각 호의 사항을 포함하여야 한다.
1. 하천기본계획의 목표
2. 하천의 개황(槪況)에 관한 사항
3. 홍수방어계획에 관한 사항
4. 하천공사의 시행에 관한 사항
5. 자연친화적 하천 조성에 관한 사항
6. 이 법에 따른 불법행위의 감시를 위한 인력 확보에 관한 사항
7. 그 밖에 하천기본계획 수립을 위하여 대통령령으로 정하는 사항
제74조제2항을 제3항으로 하고, **같은 조**에 제2항을 다음과 같이 신설하며, **같은 조** 제3항(종전의 제2항) 중 "제1항"을 "제1항 및 제2항"으로 한다.
② 하천관리청은 하계기간 등 환경부령으로 정하는 기간에는 불법 점용으로 인하여 하천의 보전·관리에 지장을 줄 우려가 있다고 판단되는 경우에는 집중 점검을 실시하고 필요한 조치를 하여야 한다.

부 칙

제1조【시행일】 이 법은 공포 후 6개월이 경과한 날부터 시행한다.
제2조【하천기본계획에 관한 적용례】 제25조제4항의 개정규정은 이 법 시행 이후 수립하는 하천기본계획부터 적용한다.

환경영향평가법 일부개정법률

<2024년 2월 1일 제412회 국회 본회의 통과>

환경영향평가법 일부를 다음과 같이 개정한다.

제4조에 제7호를 다음과 같이 신설한다.

7. 환경영향평가등은 계획 또는 사업으로 인한 온실가스 배출 및 감축 효과와 온실가스 배출이 미치는 영향을 최소화할 수 있는 방안을 고려하여 실시되어야 한다.

제13조제3항 후단 중 "이 경우"를 "이 경우 정보통신망을 이용하여 온라인 설명회 또는 공청회를 개최하거나"로 하고, **같은 조** 제4항 중 "제1항 및 제2항"을 "제1항부터 제3항까지"로 하며, **같은 조** 제5항 중 "제1항 및 제2항"을 "제1항부터 제3항까지"로, "공고·공람,"을 "공고·공람, 설명회 또는 공청회 개최, 정보통신망을 이용한 온라인"으로 한다.

제23조에 제4호를 다음과 같이 신설한다.

4. 「재난 및 안전관리 기본법」 제60조에 따른 특별재난지역으로 선포된 지역에서 「자연재해대책법」 제46조에 따른 재해복구계획 및 「재난 및 안전관리 기본법」 제59조에 따른 재난복구계획에 따라 시행하는 사업으로서 행정안전부장관이 긴급한 복구를 위하여 필요하다고 인정하여 환경부장관과 협의한 사업. 이 경우 행정안전부장관은 환경보전방안 등 대통령령으로 정하는 서류를 첨부하여 협의를 요청하여야 한다.

제42조제1항 단서 중 "다만,"을 "다만, 다음 각 호의 어느 하나에 해당하는 기관이나 단체가 시행하는 사업으로서"로 하고, 같은 항에 각 호를 다음과 같이 신설하며, **같은 조** 제3항 중 "해당 시·도의 조례"를 "대통령령으로 정하는 기준에 따라 해당 시·도의 조례"로 한다.

1. 국가 또는 지방자치단체
2. 「공공기관의 운영에 관한 법률」에 따른 공공기관
3. 「지방공기업법」에 따른 지방공기업

제43조제2항에 제4호를 다음과 같이 신설한다.

4. 「재난 및 안전관리 기본법」 제60조에 따른 특별재난지역으로 선포된 지역에서 「자연재해대책법」 제46조에 따른 재해복구계획 및 「재난 및 안전관리 기본법」 제59조에 따른 재난복구계획에 따라 시행하는 사업으로서 행정안전부장관이 긴급한 복구를 위하여 필요하다고 인정하여 환경부장관과 협의한 사업. 이 경우 행정안전부장관은 환경보전방안 등 대통령령으로 정하는 서류를 첨부하여 협의를 요청하여야 한다.

제44조제3항에 제3호를 다음과 같이 신설한다.

3. 소규모 환경영향평가 대상사업에 대하여 제42조제1항에 따라 시·도의 조례에 따른 환경영향평가를 실시한 경우

부 칙

이 법은 공포 후 1년이 경과한 날부터 시행한다. 다만, 제4조의 개정규정은 공포한 날부터 시행한다.

부동산투자회사법 일부개정법률

<2024년 2월 1일 제412회 국회 본회의 통과>

부동산투자회사법 일부를 다음과 같이 개정한다.

제22조의3제4항 중 "미리 국토교통부장관의 예비인가를"을 "제2항제2호 및 제3호에 대하여 미리 국토교통부장관의 확인을"으로 하고, **같은 조** 제5항을 삭제하며, **같은 조** 제6항을 다음과 같이 하고, **같은 조** 제7항 중 "하거나 제4항에 따라 예비인가를 하였을"을 "하였을"으로 하며, **같은 조** 제8항 중 "예비인가 및 설립인가"를 "설립인가"로 한다.

⑥ 국토교통부장관은 제1항에 따라 설립인가 여부를 결정할 때 경영의 건전성 확보 및 투자자 보호에 필요한 조건을 붙일 수 있다.

제26조의3제4항에 제3호를 다음과 같이 신설한다.

3. 주주가 부동산투자회사에 현물출자한 날부터 1년이 경과할 것

제28조제1항 전단 중 "이익배당한도"를 "이익배당한도〔자산의 평가손실(직전 사업연도까지 누적된 평가손실을 포함한다)은 고려하지 아니한다. 이하 이 조에서 같다〕"로 한다.

제37조제2항 중 "구성 현황"을 "구성·변동 현황"으로 한다.

제50조제6호 중 "예비인가·설립인가"를 "설립인가"로 한다.

부 칙

이 법은 공포 후 6개월이 경과한 날부터 시행한다. 다만, 제26조의3제4항 및 제28조제1항의 개정규정은 공포한 날부터 시행한다.

교통약자의 이동편의 증진법 일부개정법률

<2024년 2월 1일 제412회 국회 본회의 통과>

교통약자의 이동편의 증진법 일부를 다음과 같이 개정한다.

제16조제4항을 삭제한다.

제16조의3을 다음과 같이 신설한다.

제16조의3 【장애인전용주차구역 등】 ① 제9조제2호 및 제3호의 시설을 설치하는 자는 「주차장법」과 제10조에 따른 이동편의시설의 설치기준에 따라 장애인전용주차구역을 설치하여야 한다.

② 누구든지 다음 각 호의 어느 하나에 해당하지 아니하는 차량을 제1항에 따라 설치된 장애인전용주차구역(이하 "장애인전용주차구역"이라 한다)에 주차하여서는 아니된다.

1. 특별교통수단(특별교통수단을 이용할 수 있는 교통약자가 탑승하지 아니한 경우는 제외한다)
2. 「장애인·노인·임산부 등의 편의증진 보장에 관한 법률」 제17조제2항에 따른 장애인전용주차구역 주차표지를 붙인 자동차(장애인전용주차구역 주차표지를 발급받은 보행에 장애가 있는 사람이 탑승하지 아니한 경우는 제외한다)

③ 누구든지 장애인전용주차구역에 물건을 쌓거나 그 통행로를 가로막는 등 주차를 방해하는 행위를 하여서는 아니 된다.

④ 제3항에 따른 주차 방해 행위의 기준은 대통령령으로 정한다.

법률 제20038호 교통약자의 이동편의 증진법 일부개정법률 제16조의3을 **제16조의4**로 한다.

법률 제19723호 교통약자의 이동편의 증진법 일부개정법률 제33조제2항 중 "제11조제2항을 위반하여 장애인을 위한 보도의 이용을 방해하거나 이를 훼손한"을 "다음 각 호의 어느 하나에 해당하는"으로 하고, 같은 항에 각 호를 다음과 같이 신설하며, **같은 조** 제3항 중 "제16조제4항을"을 "제16조의3제2항을"로 한다.

1. 제11조제2항을 위반하여 장애인을 위한 보도의 이용을 방해하거나 이를 훼손한 자
2. 제16조의3제3항을 위반하여 주차 방해 행위를 한 자

법률 제20038호 교통약자의 이동편의 증진법 일부개정법률 부칙 제2조제1항 중 "제16조의3제1항의"를 "제16조의4제1항의"로 하고, **같은 조** 제2항 중 "제16조의3제2항"을 "제16조의4제2항"으로 한다.

부 칙

제1조 【시행일】 이 법은 2024년 9월 15일부터 시행한다. 다만, 법률 제20038호 교통약자의 이동편의 증진법 일부개정법률 제16조의4 및 부칙의 개정규정은 2025년 1월 17일부터 시행한다.

제2조 【장애인전용주차구역에 관한 경과조치】 이 법 시행 당시 종전의 규정에 따라 설치된 장애인전용주차구역은 제16조의3제1항의 개정규정에 따라 설치된 것으로 본다.

자동차관리법 일부개정법률

<2024년 2월 1일 제412회 국회 본회의 통과>

자동차관리법 일부를 다음과 같이 개정한다.

제10조제1항 본문 중 "붙이고 봉인을 하여야"를 "붙여야"로 하고, 같은 항 단서 중 "등록번호판의 부착 및 봉인을 하려는"을 "등록번호판을 부착하려는"으로, "등록번호판의 부착 및 봉인을 직접 하게"를 "등록번호판을 직접 부착하게"로 하며, **같은 조** 제2항 각 호 외의 부분 중 "등록번호판 및 봉인은"을 "등록번호판은"으로 하고, **같은 조** 제3항 중 "등록번호판이나 봉인이"를 "등록번호판이"로, "부착 및 봉인을"을 "부착을"로 하며, **같은 조** 제4항 본문 중 "부착 또는 봉인을"을 "부착을"로 하고, **같은 조** 제8항 중 "등록번호판 및 그 봉인을"을 "등록번호판을"로 하며, **같은 조** 제9항 중 "부착 및 봉인 이외의"를 "부착 이외의"로, "붙이거나 봉인하여서는"을 "붙여서는"으로 한다.

제13조제1항 각 호 외의 부분 본문 중 "등록번호판 및 봉인을"을 "등록번호판을"로 하고, **같은 조** 제5항 후단 중 "등록번호판 및 봉인을"을 "등록번호판을"로 하며, **같은 조** 제6항 중 "등록번호판 및 봉인을"을 "등록번호판을"로 한다.

제19조 중 "및 봉인방법"을 "방법"으로 한다.

제20조제1항 전단 중 "및 봉인 업무를"을 "업무를"로 하고, **같은 조** 제3항 중 "및 봉인 수수료를"을 "수수료를"로 한다.

제21조제1항제8호 중 "발급 또는 봉인을"을 "발급을"로 한다.

제27조제3항 중 "임시운행허가증 및 임시운행허가번호판"을 "임시운행허가번호판"으로 한다.

제30조의5제4항 중 "인증대체부품"을 "품질인증부품"으로 한다.

제32조의2제3항 본문 중 "인증대체부품과"를 "품질인증부품과"로 한다.

제47조의8제1항에 제10호를 다음과 같이 신설한다.

10. 대학이나 공인된 연구기관에서 부교수 이상 또는 이에 상당하는 직에 있거나 있었던 사람으로서 정보통신기술·사이버보안이나 소프트웨어 관련 분야를 전공한 사람

제49조제2항 본문 중 "붙이고 봉인을 하여야"를 "붙여야"로 하고, 같은 항 단서 중 "이륜자동차번호판의 부착 및 봉인을 하려는"을 "이륜자동차번호판을 부착하려는"으로 한다.

제58조제5항제2호 중 "신부품(新部品), 중고품, 재생품 또는 제30조의5에 따른 대체부품"을 "신부품(자동차제작사가 주문하여 생산한 부품이나 품질인증부품을 포함한 대체부품 중 사용되지 아니한 부품을 말한다), 중고부품 또는 재생부품"으로 하고, 같은 항 제3호 중 "중고품"을 "중고부품"으로, "재생품"을 "재생부품"로 하며, **같은 조** 제6항제1호 중 "등록번호판 및 봉인을"을 "등록번호판을"로 하고, 같은 항 제2호 중 "등록번호판 및 봉인은"을 "등록번호판은"으로 한다.

제66조제1항제14호마목 중 "등록번호판 및 봉인을"을 "등록번호판을"로 한다.

제70조 각 호 외의 부분 중 "등록번호판(이륜자동차의 경우에는 이륜자동차번호판을 말한다) 및 봉인에"를 "등록번호판(이륜자동차의 경우에는 이륜자동차번호판을 말한다)에"로 한다.

제76조제4호 중 "발급 또는 봉인을"을 "발급을"로 한다.

제79조제1호를 제1호의3으로 하고, **같은 조**에 제1호 및 제1호의2를 각각 다음과 같이 신설한다.

1. 제5조를 위반하여 등록하지 아니하고 자동차를 운행한 자

1의2. 제12조제3항을 위반하여 자기 명의로 이전 등록을 하지 아니하고 다시 제3자에게 양도한 자

제80조제1호 및 제2호를 각각 다음과 같이 하고, **같은 조** 제9호 중 "등록번호판 및 봉인을"을 "등록번호판을"로 한다.

1. 제12조제1항을 위반하여 정당한 사유 없이 자동차 소유권의 이전등록을 신청하지 아니한 자
2. 제12조제2항을 위반하여 자동차 소유권의 이전등록을 신청하지 아니한 자

제81조제1호 중 "등록번호판 또는 그 봉인을"을 "등록번호판을"로 하며, **같은 조** 제2호 및 제3호를 각각 삭제한다.

제82조제1호의2 중 "부착 또는 봉인하거나"를 "부착하거나"로 하고, **같은 조** 제2호 중 "등록번호판 및 봉인을"을 "등록번호판을"로 한다.

제84조제3항제1호 중 "부착 또는 봉인하지"를 "부착하지"로 하고, 같은 항 제7호 중 "임시운행허가증 및 임시운행허가번호판을"을 "임시운행허가번호판을"로 하며, **같은 조** 제4항제2호 중 "자동차등록번호판의 부착 또는 봉인을 하지"를 "자동차등록번호판을 부착하지"로 하고, 같은 항 제3호 중 "부착 및 봉인의 재신청을 하지"를 "부착을 다시 신청하지"로 하며, 같은 항 제18호의3 중 "부착 또는 봉인을"을 "부착을"로 한다.

부 칙

이 법은 공포 후 1년이 경과한 날부터 시행한다. 다만, 제27조제3항, 제79조, 제80조제1호 및 제2호, 제81조제2호 및 제3호 및 제84조제3항제7호의 개정규정은 공포 후 3개월이 경과한 날부터 시행하고, 제30조의5제4항, 제32조의2제3항, 제47조의8제1항 및 제58조제5항의 개정규정은 공포한 날부터 시행한다.

자동차손해배상 보장법 일부개정법률

<2024년 2월 1일 제412회 국회 본회의 통과>

자동차손해배상 보장법 일부를 다음과 같이 개정한다.

제15조의2제6항 및 제7항을 각각 제9항 및 제10항으로 하고, **같은 조**에 제6항부터 제8항까지를 각각 다음과 같이 신설하며, **같은 조** 제10항(종전의 제7항) 중 "제6항"을 "제9항"으로 한다.
⑥ 협의회는 매년 9월 30일까지 제1항제1호에 따른 정비요금의 산정에 관한 사항을 정하여야 한다.
⑦ 제6항에 따른 기한으로부터 60일을 경과하고서도 정비요금의 산정에 관한 사항이 정하여지지 아니한 경우 협의회의 위원장은 국토교통부령으로 정하는 바에 따라 정비요금에 대한 심의촉진안을 표결에 부칠 수 있다.
⑧ 협의회는 제1항 각 호의 사항에 대한 협의를 도출하기 위하여 필요하다고 인정하면 국내외 연구기관, 대학, 전문단체 또는 산업체에 연구용역을 의뢰할 수 있다.
제29조제1항제2호 중 "사고"를 "사고(사고 발생 후 「도로교통법」 제44조제2항에 따른 경찰공무원의 호흡조사 측정에 응하지 아니하는 경우를 포함한다)"로 한다.
제45조제2항 중 "한국교통안전공단에"를 "한국교통안전공단 또는 자동차손해배상진흥원에"로 한다.

부 칙

제1조 【시행일】 이 법은 공포 후 6개월이 경과한 날부터 시행한다. 다만, 제29조제1항제2호의 개정규정은 공포 후 즉시 시행한다.
제2조 【보험금등의 구상에 관한 적용례】 제29조제1항제2호의 개정규정은 이 법 시행 이후 발생한 자동차사고부터 적용한다.

정치자금법 일부개정법률

<2024년 2월 1일 제412회 국회 본회의 통과>

정치자금법 일부를 다음과 같이 개정한다.

제6조제2호의2를 제2호의3으로 하고, **같은 조**에 제2호의2를 다음과 같이 신설하며, **같은 조** 제6호 중 "한다)"를 "한다). 다만, 후원회를 둔 지방의회의원의 경우에는 그러하지 아니하다."로 한다.
2의2. 지방의회의원(지방의회의원선거의 당선인을 포함한다)
제7조제3항을 다음과 같이 한다.
③ 후원회를 둔 후원회지정권자는 다음 각 호의 어느 하나에 해당하는 경우 각 호에서 정하는 바에 따라 기존의 후원회를 다른 후원회로 지정할 수 있다. 이 경우 그 대통령후보자등·대통령선거경선후보자·당대표경선후보자등 또는 지방자치단체장후보자등의 후원회의 대표자는 후원회지정권자의 지정을 받은 날부터 14일 이내에 그 지정서와 회인(會印) 및 그 대표자 직인의 인영을 첨부하여 관할 선거관리위원회에 신고하여야 한다.
1. 후원회를 둔 국회의원이 대통령후보자등·대통령선거경선후보자 또는 당대표경선후보자등이 되는 경우 : 기존의 국회의원후원회를 대통령후보자등·대통령선거경선후보자 또는 당대표경선후보자등의 후원회로 지정
2. 후원회를 둔 대통령예비후보자가 대통령선거경선후보자가 되는 경우 : 기존의 대통령예비후보자후원회를 대통령선거경선후보자후원회로 지정
3. 후원회를 둔 지방의회의원이 대통령선거경선후보자·당대표경선후보자등 또는 해당 지방자치단체장후보자등이 되는 경우 : 기존의 지방의회의원후원회를 대통령선거경선후보자·당대표경선후보자등 또는 지방자치단체장후보자등의 후원회로 지정
제11조제2항제2호마목을 삭제하고, 같은 항에 제3호 및 제4호를 각각 다음과 같이 신설한다.
3. 다음 각 목의 후원회에는 각각 200만원
가. 시·도의회의원후원회(후원회지정권자가 동일인인 지역구시·도의회의원선거 후보자·예비후보자의 후원회와 시·도의회의원후원회는 합하여 200만원)
나. 지역구시·도의회의원선거 후보자·예비후보자의 후원회(후원회지정권자가 동일인인 경우 합하여 200만원)
4. 다음 각 목의 후원회에는 각각 100만원
가. 자치구·시·군의회의원후원회(후원회지정권자가 동일인인 지역구자치구·시·군의회의원선거 후보자·예비후보자의 후원회와 자치구·시·군의회의원후원회는 합하여 100만원)
나. 지역구자치구·시·군의회의원선거 후보자·예비후보자의 후원회(후원회지정권자가 동일인인 경우 합하여 100만원)
제12조제1항제5호를 다음과 같이 하고, **같은 조** 제2항 단서 중 "국회의원후원회"를 "국회의원후원회 및 지방의회의원후원회"로 한다.
5. 지방의회의원후원회 및 지방의회의원후보자등후원회는 다음 각 목의 구분에 따른 금액(후원회지정권자가 동일인인 지방의회의원후보자등후원회는 합하여 다음 각 목의 구분에 따른 금액)
가. 시·도의회의원후원회 및 지역구시·도의회의원선거 후보자·예비후보자의 후원회는 각각 5천만원
나. 자치구·시·군의회의원후원회 및 지역구자치구·시·군의회의원선거 후보자·예비후보자의 후원회는 각각 3천만원
제13조제1항제3호 중 "중앙당후원회 및 해당 선거구에 후보자를 추천한 정당의 지역구국회의원후원회"를 "중앙당후원회, 해당 선거구에 후보자를 추천한 정당의 지역구국회의원후원회 및 지역구에 후보자로 등록한 지방의회의원후원회"로 한다.
제19조제1항 단서 중 "국회의원후보자가 국회의원으로"를 "국회의원후보자 또는 지방의회의원후보자가 각각 국회의원 또는 지방의회의원으로"로, "등록된 중앙당 또는 당선된 국회의원의 후원회"를 "등록된 중앙당, 당선된 국회의원 또는 당선된 지방의회의원의 후원회"로, "국회의원당선인후원회는 국회의원후원회로"를 "국회의원당선인후원회·지방의회의원당선인후원회는 국회의원후원회·지방의회의원후원회로"로 하고, **같은 조** 제2항 중 "중앙당후원회 및 국회의원후보자후원회"를 "중앙당후원회·국회의원후보자후원회 및 지방의회의원후보자후원회"로 하며, **같은 조** 제3항제2호 중 "국회의원의"를 "국회의원 또는 지방의회의원의"로 한다.
제21조제1항제1호 단서 중 "둔 경우 또는"을 "둔 경우,"로, "둔 경우로서"를 "둔 경우 또는 후원회를 둔 지방의회의원이 대통령선거경선후보자후원회·당대표경선후보자등후원회나 지방자치단체장후보자등후원회를 둔 경우로서"로 한다.
제34조제1항제3호 중 "국회의원"을 "국회의원·지방의회의원"으로 하고, **같은 조** 제2항 단서 중 "두는"을 "두거나 후원회를 둔 지방의회의원이 대통령선거경선후보자후원회·당대표경선후보자등후원회 또는 지방자치단체장후보자등후원회를 두는"으로 하며, **같은 조** 제3항 전단 중 "공직선거의"를 "지방의회의원, 공직선거의"로 한다.
제36조제1항 각 호 외의 부분 본문 중 "후원회를 둔 국회의원"을 "후원회를 둔 국회의원·지방의회의원"으로 하고, **같은 조** 제3항 후단 중 "국회의원이 당해 국회의원선거"를 "국회의원·지방의회의원이 해당 국회의원선거·지방의회의원선거"로, "선거일 전 120일"을 "해당 선거의 예비후보자등록신청개시일"로 한다.
제37조제1항제3호 각 목 외의 부분 중 "국회의원"을 "국회의원·지방의회의원"으로 한다.
제40조제1항제2호 각 목 외의 부분 중 "국회의원"을 "국회의원·지방의회의원"으로 하고, 같은 항 제3호 각 목 외의 부분 중 "국회의원후원회"를 "국회의원후원회·지방의회의원후원회"로 하며, 같은 항 제4호 후단 중 "국회의원"을 "국회의원·지방의회의원"으로 하고, **같은 조** 제2항제4호 중 "국회의원"을 "국회의원·지방의회의원"으로 한다.
제42조제2항 본문 중 "3월간"을 "6개월간"으로 한다.
제52조제1항 중 "국회의원"을 "국회의원·지방의회의원"으로 한다.
제58조제2항 중 "국회의원선거의 당선인은 제1항의 규정에"를 "국회의원선거 또는 지방의회의원선거의 당선인은 제1항에도"로 하고, **같은 조** 제3항 중 "국회의원"을 "국회의원 또는 지방의회의원"으로 한다.

부 칙

제1조 【시행일】 이 법은 공포한 날부터 시행한다.
제2조 【지방의회의원의 후원회 지정에 관한 특례】 제6조제2호의2의 개정규정에도 불구하고 지방의회의원은 2024년 7월 1일부터 후원회를 지정하여 둘 수 있다.
제3조 【회계보고서 등의 열람에 관한 특례】 이 법 시행 당시 종전의 제42조제2항에 따라 열람 중인 재산상황, 정치자금의 수입·지출내역 및 첨부서류는 제42조제2항의 개정규정에도 불구하고 이 법 시행일부터 6개월간 열람할 수 있다.

저작권법 시행령 일부개정령

<개정 2024.2.6 대통령령34181호>

저작권법 시행령 일부를 다음과 같이 개정한다.

제14조 및 **제15조**를 각각 **제14조의2** 및 **제14조**로 하고, **제14조**(종전의 **제15조**) 각 호 외의 부분을 다음과 같이 한다.

법 제33조제1항에서 "대통령령으로 정하는 사람"이란 다음 각 호의 어느 하나에 해당하는 사람을 말한다.

제14조의2(종전의 **제14조**)의 제목 "**【복제 등이 허용된 시각장애인 등의 시설 등】**"을 "**【시각장애인등을 위한 복제·변환 등이 허용되는 시설 및 대체자료의 범위】**"로 하고, **같은 조** 제1항제1호가목을 다음과 같이 하며, 같은 호 다목, 같은 항 제2호 및 제3호 중 "시각장애인등"을 각각 "시각장애인등"으로 한다.

가. 제14조 각 호의 어느 하나에 해당하는 사람(이하 "시각장애인등"이라 한다)을 위한 장애인 거주시설

제14조의2(종전의 **제14조**)제2항을 다음과 같이 한다.

② 법 제33조제2항 및 제3항에 따른 시각장애인등이 인지할 수 있는 대체자료의 범위는 각각 다음 각 호와 같다.

1. 「장애인차별금지 및 권리구제 등에 관한 법률」 제14조제1항제4호에 따른 인쇄물 접근성바코드가 삽입된 자료
2. 시각장애인등을 위하여 저작물등의 시각적 표현을 음성으로 변환하여 녹음한 자료
3. 시각장애인등을 위하여 표준화된 디지털음성정보기록방식으로 작성된 자료
4. 화면의 장면, 자막 등을 음성으로 전달하는 화면해설자료
5. 그 밖에 문자 및 영상 등의 시각적 표현을 청각·촉각 등 시각장애인등이 인지할 수 있는 형태로 변환한 자료로서 시각장애인등 외에는 이용할 수 없도록 하는 기술적 보호조치가 적용된 자료

제15조의2의 제목 "**【복제 등이 허용된 청각장애인 등의 시설】**"을 "**【청각장애인 등을 위한 복제·변환 등이 허용되는 시설 및 대체자료의 범위】**"로 하고, **같은 조** 제목 외의 부분을 제1항으로 하며, **같은 조**에 제2항을 다음과 같이 신설한다.

② 법 제33조의2제2항 및 제3항에 따른 청각장애인 등이 인지할 수 있는 대체자료의 범위는 각각 다음 각 호와 같다.

1. 음성 및 음향 등을 화면에 글자로 전달하는 자료
2. 그 밖에 음성 및 음향 등을 시각·촉각 등 청각장애인 등이 인지할 수 있는 형태로 변환한 자료로서 청각장애인 등 외에는 이용할 수 없도록 하는 기술적 보호조치가 적용된 자료

제15조의3을 **제15조**로 하고, **제15조**(종전의 **제15조의3**) 중 "법 제33조의2"를 "법 제33조의2제1항부터 제3항까지"로 한다.

제24조에 제4호를 다음과 같이 신설한다.

4. 업무상저작물인 경우에는 해당 저작물의 업무상 작성에 참여한 사람의 성명 및 생년월일

제27조제1항 각 호 외의 부분 중 "기재하여야"를 "기재해야"로 하고, 같은 항에 제7호를 다음과 같이 신설한다.

7. 업무상저작물인 경우에는 해당 저작물의 업무상 작성에 참여한 사람의 성명 및 생년월일

제38조의2를 다음과 같이 신설한다.

제38조의2【방송사업자의 실연자에 대한 보상금 관련 조정신청】 법 제75조제4항에 따른 조정신청에 관하여는 제61조제1항 및 제2항을 준용한다. 이 경우 "법 제114조의2에 따른 분쟁의 조정"은 "법 제75조제4항에 따른 조정"으로 본다.

제68조제1항에 제3호를 다음과 같이 신설하고, 같은 항 제6호를 제3호의2로 하며, 같은 호(종전의 제6호) 중 "제52조제3항"을 "법 제108조제1항"으로 한다.

3. 법 제105조제3항 및 제4항에 따른 저작권대리중개업의 신고 및 변경신고의 접수

부 칙

제1조【시행일】 이 영은 2024년 2월 9일부터 시행한다. 다만, 제24조제4호 및 제27조제1항제7호의 개정규정은 공포 후 3개월이 경과한 날부터 시행하고, 제38조의2, 제68조제1항제3호 및 제3호의2의 개정규정은 공포한 날부터 시행한다.

제2조【저작권 등록 사항 및 저작권등록부 기재 사항에 관한 적용례】 제24조제4호 및 제27조제1항제7호의 개정규정은 이 영 시행 전에 법 제53조에 따른 등록을 신청하여 이 영 시행 당시 그 절차가 진행 중인 경우에도 적용한다.

대기환경보전법 시행령 일부개정령

<개정 2024.2.6 대통령령34191호>

대기환경보전법 시행령 일부를 다음과 같이 개정한다.

제63조제2항 각 호 외의 부분 본문 중 "(제4호의16부터 제4호의19까지의 권한을 위임하는 경우 한강유역환경청장은 제외한다)"를 "(한강유역환경청장의 경우에는 제4호의20에 따른 권한만 위임한다)"로 하고, 같은 항 제4호를 삭제하며, 같은 항 제4호의21 및 제4호의22를 각각 제4호의22 및 제4호의23으로 하고, 같은 항에 제4호의21을 다음과 같이 신설한다.

4의21. 법 제60조제7항에 따른 제품의 회수, 폐기 등의 조치명령

〔별표15〕(※ 해당 별표에 가제 수록 하였음)

부 칙

이 영은 2024년 2월 17일부터 시행한다.

공직자윤리법 시행령 일부개정령

<개정 2024.2.6 대통령령34207호(식품·의약품등의안전및제품화지원에관한규제과학혁신법시)>

공직자윤리법 시행령 일부를 다음과 같이 개정한다.

제33조제5항제2호 중 "「식품·의약품 등의 안전기술 진흥법」"을 "「식품·의약품 등의 안전 및 제품화 지원에 관한 규제과학혁신법」"으로 한다.

부 칙

제1조【시행일】 이 영은 2024년 2월 17일부터 시행한다.(이하 생략)